SHOGAKUKAN
プログレッシブ
DICTIONNAIRE
仏和辞典
FRANÇAIS-JAPONAIS
第2版

編集委員
大賀正喜
兼子正勝
川竹英克
田桐正彦
水林 章

DEUXIÈME ÉDITION

小学館

まえがき

『プログレッシブ仏和辞典』の初版が世に送られたのは1993年のことであった．「現用主義の徹底」，「連語関係の重視」，「語法解説の充実」などの特長は幸いなことに多くの読者から支持をいただいた．

しかし時のたつのは早く，あれから15年が経過した．その間にフランス内外ともに多くの変化があった．上述の長所は今でもその価値を失っていないと確信するが，新しい時代に応えるために『プログレッシブ仏和辞典』を改訂する必要が年々痛感されるようになってきた．

改訂作業の結果，今こうしてお届けするのが『プログレッシブ仏和辞典』第2版である．改訂の主眼は次の3点である．

1 新しくすること
- 『プログレッシブ仏和辞典』第2版では最新の知見をもとにして新語や新語義をとことんまで追求した．代表例として altermondialisme（もう一つのグローバル化主義），délocalisation（企業の国外移転），télévision numérique terrestre（地上デジタルテレビ），îlot de chaleur（ヒートアイランド），pirate informatique（ハッカー），le moral（景況感），désactivation（（核施設の）無能力化）などが挙げられる．
- 新しい成句表現も多く追加した．
- 辞典において伝統的に男性名詞として立項されてきた avocat, écrivain, professeur などの名詞の女性形 avocate, écrivaine, professeure が近年用いられるようになった．これらの女性形も取り上げた．

2 見やすくすること
- 重要語義や重要構文，会話でそのまま使える表現を太字にして目立たせた．
- 見出し語を例文中で「〜」で置き換えることはせず，全書した．

3 わかりやすくすること
- 重要語にはカナ発音をつけた．
- 重要語の中心的語義にはイラストを添え，視覚的にも際立つようにした．
- 英語はフランス語から多くの語彙を取り入れているが，英語の知識がフランス語の学習に役立つ．その一方で英語とフランス語には faux amis（偽りの友）と呼ばれる，形は似ているが意味が異なる紛らわしい単語があることも事実である．第2版では「英仏そっくり語」と称して基本語レベルの faux amis を取り上げ，学習者が英語の知識を活用しつつ，混乱することなくフランス語の語彙力をつけられるよう工夫した．

外国語の学習に音声が重要なのは言うまでもない．そこで，巻頭の発音解説のフランス語音声と，巻末の動詞活用表の重要な動詞活用形の音声をインターネットで無料ダウンロードできるようにした．詳細は小学館外国語のウェブサイト**小学館ランゲージワールド**（www.l-world.shogakukan.co.jp）をごらんいただきたい．

幅広く使っていただける学習仏和辞典を目指したつもりであるが，その評価は読者の判断に委ねるほかない．ご助言，ご叱咤をいただければ幸いである．

2008年1月

編者代表　大賀　正喜

第 2 版執筆者・協力者

執筆

青木　三郎	喜田　浩平	長沼　圭一	舟杉　真一
阿尾　安泰	佐野　敦至	西山　教行	松浪未知世
伊藤　達也	塩田　明子	原田　早苗	室井幾世子
井上　美穂	瀬倉　正克	原山　潤一	渡邊　淳也
大久保政憲	髙田　晴夫	平塚　徹	
奥田　智樹	中尾　和美	福島　祥行	

発音解説
小島　慶一

英仏そっくり語・イラスト原案
武本　雅嗣

協力
François Roussel
Georges Conreur
山口　孝行

イラスト
滝田　梨羅
メルダス研究所
渋谷　千鶴
浜田さゆり
川口　純

装丁・本文レイアウト
堀渕伸治◎tee graphics

見返し地図
小学館クリエイティブ

初版執筆者・協力者

校閲
小倉　孝誠
中沢　信一
吉田　典子
Jean Claude Jugon
Bernard Leurs
Josiane 川竹 Pinon
Michèle 水林

発音
小野　正敦

巻末文法
山田　博志

執筆

阿尾　安泰	田村　順子
石川　光一	田村　達郎
泉　利明	寺迫　紀子
植田　裕志	寺迫　正廣
江花　輝昭	中島　公子
小倉　和子	中地　義和
梶谷　温子	中村　俊直
木村　恵一	長谷川　洋
木村　信子	原山　潤一
後藤　辰男	久松　健一
佐藤　公彦	日比野雅彦
佐藤　正明	藤井　契
Chiche 由紀子	松浪未知世
柴田　睦夫	三上　純子
瀬倉　正克	村上　伸子
高尾　歩	森田　秀二
田崎　明子	矢賀部悦次
谷　昌親	横地　卓哉

編集
株式会社　表現研究所

装丁
馬淵　晃

装画
岸　弘子

図版作成
木村図芸社
藤井　實

地図作成
表現研究所
今尾　惠介
平林　邦史

凡　例

I　見出し語

本辞典で取り扱う学習者向け現代フランス語の語彙の範囲を確定するための基準としておもに, *Le Petit Larousse illustré, Larousse Dictionnaire de français 35000, Le Robert méthodique* の3書の収録語彙の比較検討から出発した. さらに学習仏和辞典という性格から基本単語約3000語をフランス基本語辞典, *Dictionnaire du français langue étrangère* (Niveau I, II) などを比較検討して確定し, その重要度において大活字や*や*を使用し, これらに相当する見出し語はすべてカラーを使用した. また現代の生きたフランス語の記述という観点から必要不可欠と判断された語は *Dictionnaire des Mots contemporains* などの現代用語辞典から積極的に抽出した.

専門語については「小学館ロベール仏和大辞典」をベースに各学習用仏々辞典との比較検討により収録してある.

以下, 実状に則して述べる.

1. 一般語のほか, 固有名詞(人名は巻末一覧表に), 略語, 記号, 接辞(接尾辞は巻末に), 主要不規則動詞の変化形, ラテン成句などを収録し, すべてアルファベット順に配列した.
2. つづり字が同じ場合, 大文字で始まる語は小文字で始まる語の前に配置した.
3. 同一つづりの語では語源の異なる語, および語源が同じでも語義が著しく異なる語は別見出しに立て, それぞれ右肩に番号をつけて区別した.
4. 見出し語が性によって語尾変化する場合には, その変化する部分をイタリック体で示した. ただし単音節の女性形は全形を示した.
5. 同一見出し語内における品詞の転換はダッシュ(──)で示し, 準見出し語として掲出した. その際, 親見出し語と同じ形をとり, かつ親見出し語に続いて記される場合はダッシュ(──)のみとし, つづり字は省略した. ただし, 準見出し語でも*や*のついた重要語についてはつづり字を提示した.
6. 代名動詞に付される se および s' はそれぞれ語頭に付し, 配列上は無視した. たとえば, se moquer は moquer を引けばよい.
7. 名詞, 形容詞の複数形は, セミコロン(;)のあとにイタリック体で表示した. ただし, 単に語尾に s を付すだけの語および単複形の語尾が -s, -x, -z で終わり, 単複同形となる語には原則として複数形の表示はしていないが, 発音が異なる場合, また単数形語尾が -al で終わり, その複数形が -als で終わる場合は例外的に示した.
   例: **œuf** /œf/; 《複》 ***œufs*** /ø/
8. 固有名詞に伴う冠詞は発音欄の直後に(　)内で示した.
9. 大文字のアクサンは省略した.

II　発音

1. 発音は見出し語の直後の[　]に入れ, 国際音標文字で示した. ただし接頭辞, 不規則動詞変化形の語幹のみを見出し語にしてある場合には発音を付さず, 略語についてはアルファベット読みでない場合に限って発音を付した.
   例: **ENA** /ena/
2. 女性形の発音はカンマのあとに見出し語のイタリック体に合わせて示した. 複数形の発音も同様にした.
3. 同一語で複数の発音がある場合には, (;)で示した. また省略可能のときは(　)を用いているが語末の(ə)はいくつかの例外を除いて採用していない.
4. 親見出し語になる代名動詞の se, s' は発音表示に入れた.
5. 見出し語が2語以上併記された場合, 発音が同じ場合には第一提示の語の直後に示し, 異なる場合はそれぞれの語の直後に示した.
6. 有音の h には見出し語の左肩上に†または(†)で示した. (†)は無音もありうることを示す.
7. 子音扱いの y は見出し語の左肩上に†で示した.

III　動詞の活用形

巻末に掲げた「動詞活用表」と対応した番号を, 発音欄の直後に示した. ただし第1群, 第2群規則動詞は除いた.

例： **écrire** /ekriːr/ 78 他動

IV 品詞
1. 品詞の表示は略語表に示す日本語の略号を用い，原則として発音欄の直後に示した．
2. 同一語で2つ以上の品詞がある場合は，ダッシュ(──)をもって区切りとしてあるが，形容詞と名詞あるいは名詞と形容詞で，語として意味がつながる場合は品詞を併記した．
   例： **électrotechnique** / / 女, 形
   電気工学(の).

V 語義
1. 語義の配列順は，現代の用法を最重要視し，一般的な語義から特殊な語義へと配列した．
2. 語義分類は Ⅰ, Ⅱ, Ⅲ…, ❶, ❷, ❸…, ❶, ❷, ❸…, (1), (2), (3)…の順位とし，一般的には ❶, ❷, ❸…を用いた．また，大項目や機能語などを中心に，語義に広がりを持つ語には，主要語義を太活字で示した．
3. 語義に対応する一定の連語関係の表示を< >で，語義区分内で特に強調したい連語表示を◆で示した．
   例： **s'agir** / / 代動 ❷ ‹Il *s'agit* (là) de +不定冠詞+名詞›
   これら連語表示の訳文での[ ]はおもに動詞の目的語および主語を，また形容詞では潜在的な非修飾語を示した．
4. 語義の補足説明は( )で示し，語の置換には[ ]を用いた．
5. 専門分野の語義の説明はコロン(:)のあとで示した．

VI 用例
1. 用例は語義のあとに▶を付して示した．
2. 用例中においても大文字のアクサン記号は省略した．
3. 同義の用例を2つ以上併記する場合は＝で示し，その際必要に応じて位相ラベルを付した．
4. 用例中の人称代名詞，所有形容詞の訳語は性・数2通りの訳語を提示することを原則とした．
5. 用例中2語以上の語句の置換には置換えの始まりを示す記号「を設け[ ]との対応を明示した．

VII 成句
1. 成句は原則として各品詞ごとに項目本文の最後にイタリックの太活字で掲出した．
2. 配列は冠詞も含めて，単純にアルファベット順とした．
3. 成句中でも，連語関係を必要に応じて◆を付して表示した．
4. おもに諺などでは，必要に応じて(→)で直訳を示し，その直後に慣用的な表現を示した．

VIII 類義語，反義語
1. 本辞典では語義，用例に対する類義語 synonyme を(=)の形式で示した．
   例： **élève** / / 名 ❷ 弟子, 門弟
   (=disciple).
2. 用例中，訳語のあとに置かれた(=)は仏文全体と置換可能であることを示す．
   例： **indiquer** / / 他動 …▶ Son visage *indique* sa colère. (=trahir) 彼(女)の顔には怒りが表われている．
3. 類義語欄に準じて，反義語も(↔)を用いて表示した．

IX 略語
略語の使用頻度が極めて高いフランス語では，その消長もはげしい．本辞典では略語の定着度に注目しつつ，厳選して積極的に取り込んである．また略語が一つの語単位として発音できるものについては発音記号を付した．
   例： **OTAN** /ɔtã/ 女《略語》…

X 比較欄
1. 日本語をキーワードにして類義語約200点を選定し，それぞれについて，(1)意味の強弱，(2)意味内容の違い，(3)言葉の位相の差，(4)連語関係(用法)における違いを適宜解説を付して記述した．
2. 意味の強弱には，不等号(<または>)を使用した所もある．
3. 比較欄は 比較 で示した．

XI 語法欄
おそらく仏和辞典界では初めての試みと思われる語法の充実に努めた．語の運用についてしばしば誤りに陥りやすい言葉や表現方法について，約80点を本文中に，また囲み欄として提示した．その際，語法は 語法 で示した．

XII 外来語

現代フランス語において,外国語からの借用語は極めて多い.本辞典は外来語の表示を次のようにした.語形がフランス語の影響を受けず,原つづりがそのまま用いられている語は,原則として品詞表示のすぐあと(準見出し語がある場合は,親見出し語の品詞表示のすぐ前)に外来語ラベルをつけた.

例：**shampooing** / /, **shampoing** 男《英語》…

XIII 英仏そっくり語

形は似ているが意味が異なる基本的な英語とフランス語を挙げ,英語の知識を利用しつつ混乱せずにフランス語の語彙を増やせるようにした.なお,ここでは英語とフランス語の主要な意味のみを掲載した.

例： 英仏そっくり語
英 actual 実際の.
仏 actuel 現在の.

XIV 固有名詞

見出し語として採用した固有名詞は主として地名である.主要各国名に品詞を明記し,その国名と共に用いられる前置詞を用例で明示した.また首都名をフランス語で記載した.

例：**France** / / 固有 女 フランス：首都 Paris. ▶en *France* フランスに[で,へ].

またフランス国内については全県名,旧州名,行政地域圏,県庁所在地名を収録(いずれも本辞典の表紙見返しのカラー地図によって容易に検索できる).その他主要外国都市名も収録した.また,人名については巻末に一覧表にして掲載した.

囲み語法欄目次

- A: B d'ailleurs C　38
- aimer いろいろ　39
- amener と emmener　55
- Je suis allé(e) au cinéma avec des amis.「私は友達と映画に行った」　56
- 定冠詞か不定冠詞か　96
- assister à と participer à　102
- avant　125
- 「たくさん」のいろいろ　153
- 文, + ce qui fait que +直説法　231
- comme と冠詞　292
- se coucher, être couché, coucher　347
- de と無冠詞名詞または冠詞+名詞　387
- Je n'ai pas de l'argent pour le gaspiller.　388
- décider de と se décider à　397
- département　429
- 過去時制と義務・必要・推定と宿命・予定　458
- on dit que と il paraît que　469
- écouter と entendre　508
- 「実際に(は)」の実体　513
- encore か toujours か　538
- endroit, lieu, place　540
- entre と parmi　563
- 「彼はX大学の学生だ」　586
- 「する,やる」の faire　616
- le fait que +直説法［接続法］　618
- 女性名詞の国名と de と冠詞　663
- l'histoire de France か l'histoire de la France か　734
- 「人」をどう訳すか　736
- 観念を表わす言葉　748
- 直説法半過去とはどんな時制か　756
- au moins と du moins　931
- écouter de la musique　952
- nombreux の使い方　970
- parce que, car, puisque　1027
- parler と dire qc　1032
- 「大金を払う」は payer beaucoup d'argent ではない　1050
- pendant と durant, de　1056
- 「少しのいろいろ」　1075
- 直説法大過去の間違いやすい用法　1105
- professeur をめぐって　1163
- quelques と plusieurs の「いくつか」　1191
- question と problème　1194
- récemment と類似表現　1222
- 「(病気の際に)保険がきく」は être remboursé par la Sécurité sociale　1248
- un point de repère　1261
- 帰る,戻る　1288
- savoir と connaître の使い分け　1329
- la Sécurité sociale, la protection sociale, la couverture sociale　1338
- 乗り物をめぐって(前置詞に注意)　1477
- voyage をうまく使う　1553

発音について （小島 慶一）

「発音について」のフランス語音声を無料でダウンロードすることができます．詳しくは小学館外国語辞典のウェブサイト「小学館ランゲージワールド」(www.l-world.shogakukan.co.jp) をご覧下さい．

初めに

音声は言葉の大事な要素である．間違った発音や，汚い発音をしても理解されないわけではないが，それは決して友好的ではない．

日本語を学んでいるフランス人がいるとしよう．もしそのフランス人が粗雑な発音をして，例えば「知らない」を「知らねえ」と言ったら，耳障りとなる．これは /ai/ が /ɛ/ になるフランス語の発音習慣が原因である．フランス人なのだからといって，その場限りの面白さはあっても，よい響きではない．

外国語でコミュニケーションする上で発音は大事であるということを納得していただければ幸いである．

発音をカナ表記する時の注意

フランス語の発音をカナで書くことには限界がある．たとえば日本語には母音が 5 つあるが，フランス語には正規には 16 あって（寛容に考えれば 10），日本語の 5 つのカナではとうてい表せない．また子音についても，フランス語では l と r は区別され，特に特徴的な r 音は，仮名では書けない．

しかし発音記号に不慣れな初学者には何らかの近似的な目安が必要となることも事実である．そこでやむなく本書は大事な語には特別に仮名を採用した．これは方向付けであり，早く発音記号に慣れることが望ましい．

つづりと発音の対応
母音

/i/ 喧嘩したときに「イーだ」という．この時，唇は横に引っ張られる．これがフランス語の /i/ であるが，日本語の「イ」でも通じないことはない．綴り字は i，î，y．
 midi 正午　six 6
 île 島　stylo 万年筆

/e/ 「エ」に似たフランス語の母音には，2 種類ある．/e/ は顎を閉じ気味にして発音する「エ」である．実際の発音は「エ」でよい．綴り字は e，é．
 nez 鼻　été 夏
 bébé 赤ん坊　thé 茶

/ɛ/ 顎を少々開き加減にして発音する「エ」．これも日本語の「エ」でよい．/e/ と /ɛ/ の違いをあまり気にする必要はない．綴り字は e，è，ê，ai，ei．
 texte テキスト　bec くちばし
 père 父　pêche 桃
 mai 5月　neige 雪

/a/ 「ア」に似た母音も 2 種類ある．/a/ を発音するときは舌の動きが若干前に出る．日本語の「ア」で代用してよい．綴り字は a，à．
 ami 友　papa 父
 café コーヒー　là そこに

/ɑ/ /ɑ/ を発音するとき，舌が若干後退する．学習し始めの時は「ア」でよい．/a/ と /ɑ/ の違いをあまり気にする必要はなく，日本語の「ア」で通じないことはない．綴り字は a，â．
 bas 低い　pas 歩み
 classe クラス　âme 魂

/o/ 「オ」に似た母音も 2 種類ある．/o/ は顎の開き具合が比較的に閉じた「オ」である．実際の発音は日本語の「オ」でよい．綴り字は o，ô，au，eau．
 mot 語　tôt 早く
 haut 高い　beau 美しい

/ɔ/ これは /o/ を少々開き加減にした音であるが，「オ」でよい．/o/ と /ɔ/ の違いをあまり気にする必要はない．綴り字は o．
 homme 男　poche ポケット
 port 港　or 金（㍉）

/u/ 日本語の「ウ」は唇がとがらないが，フランス語の /u/ は唇が丸くとがる．この音は日本人には注意が必要である．綴り字

は ou, où, oû.
  cou 首　goût 味
  doux 甘い　amour 愛

/y/「ユ」の音とは違う．唇を横に少々おおげさに引き，「イイイ・・・」と発音しながら，舌の位置をそのままにして，唇をとがらせる．緊張した /y/ の音が得られる．綴り字は u, û．
  musique 音楽　lune 月
  but 目的　flûte フルート

/ø/ エでもオでもないその中間の音であるが，日本語においても，話しながら次の言葉を探している時に，「ウ・・・」と言って，「ウ」でも「オ」でも「エ」でもない音を発していることがある．この音に唇の丸めを加えるとよい．或いは /y/ の音ができたら少々口を開いてもよい．綴り字は eu, œu．
  deux 2　bleu 青い
  feu 火　vœu 願い

/ə/ 曖昧音であり，最初は単独に発音することは難しいが，/ø/ と同じように発音するとよい．/ə/ と /ø/ がきちんと区別されているわけではなく，違いを気にする必要はない．綴り字は e．
  me 私を　te 君を
  sommelier ソムリエ

/œ/「エ」でも「オ」でも「ア」でもない中間音．唇を丸めにして，/ə/, /ø/ の音の口の開きをもう少し広げるとこの音が得られるが，/ø/, /ə/, /œ/ を区別しなくても支障はない．綴り字は eu, œu．
  neuf 9　peuple 国民
  œuf 卵　cœur 心臓

鼻母音

「鼻母音とは，鼻にかかった母音である」といっても理解しにくい．日本語には5つの母音が独立単位としてあるが，鼻母音という単位はない．しかし鼻にかかった母音は多数ある．

「先生」と言うとき，最初の「せ」/se/ の /e/ は途中から，鼻声になっている．「たんす」や「とんび」と言うときも /a/ や /o/ も鼻声になっている．つまりnやmの前の母音は，鼻母音化といって鼻にかかる．指を小鼻にかるく押し当てると響きが伝わるのがわかる．

フランス語には独立した音単位として，鼻母音と呼ばれる音がある．鼻母音は発音記号の上に ˜ をつけて表わす．

気を付けることは鼻にかけた音の後にn（舌の先が上の歯の裏側に接する）の音をつけないこと．つまり /ɔ̃/ を /on/, /ɛ̃/ を /ɛn/, /œ̃/ を /œn/, /ɑ̃/ を /ɑn/ と発音してはならない．例えば bon（良い）/bɔ̃/ を /bon/ と発音すると文法的に男性形容詞が女性形容詞に変わってしまうというようなことが起こる．

/ɛ̃/「亜鉛を」と言いながら，「あ」と「を」を省くとよい．綴り字は in, im, ain, aim, ein, eim．
  vin ワイン　pain パン
  faim 空腹　rein 腰

/œ̃/ この音は /ɛ̃/ に変化しており，フランス人がすべて知っているわけでもない．/ɛ̃/ で発音してよい．正確には「案を」と言いながら，「を」を省くとよい．綴り字は un, um．
  un 1　parfum 香水
  lundi 月曜日　brun 茶色

/ɑ̃/ 舌を幾分後ろに引いて「案を」と言いながら，「を」を省くとよい．綴り字は an, am, en, em．
  tante おば　jambe 足
  dent 歯　ensemble いっしょに

/ɔ̃/「恩を」と言いながら，「を」を省くとよい．綴り字は on, om．
  pont 橋　ombre 影

次の例で鼻母音が出せるようにするとよい．
  un bon vin blanc おいしい白ワイン
  un fin jambon 高級ハム
  Un bon vent vint.
  良い風がやってきた．
  un grand blond 大きな金髪の人

子音

ほとんどが日本語の子音で代用できる．特に注意を要する子音についてはその項で説明する．

/p/ パ行の p でよい．
  épée 剣　poupée 人形
  potage ポタージュ　parler 話す

/b/ バ行の b でよい．
  bateau 船　bouche 口

/t/「テタト」の t ．/ti/ はチ，/tu/ はツ，/ty/ は「チュ」にならないように気をつける．
　tête 頭　petit 小さい
　tout すべて　tu 君は

/d/「デダド」の d．/di/ はヂに，/du/ はヅにならないように気をつける．
　début 初め　cadeau プレゼント
　dimanche 日曜日　dur 固い

/k/ カ行の k でよい．綴り字は c，qu．
　Canada カナダ　cause 理由
　qui 誰が　quai プラットホーム

/g/ ガ行の g でよい．綴り字は g，gu．
　gâteau 菓子　gorge のど
　gai 陽気な　guide 案内

/f/ 英語の /f/ と同じである．日本語の「フ」は両方の唇を用いるが，/f/ は下の唇を上の前歯に軽く当てる．富士山のフと英語の fight の f と比較するとよい．綴り字は f または ph．
　fête 祭り　enfant 子供
　photo 写真　philosophie 哲学

/v/ 英語の /v/ と同じである．日本語にはない音で，「バビブベボ」で代用してはいけない．/v/ は /f/ の息の音に声を付加（声帯振動）すればよい．綴り字は v．
　vacances 休暇　ville 町
　vérité 真実　veau 子牛

/s/「サスセソ」の s．/si/ は「シ」とならないように．綴り字は s，c，ç．
　salle 部屋　cil まつげ
　concert コンサート
　français フランス語

/z/「ザズゼゾ」の z．/zi/ は「ジ」とならないように．綴り字は s，z．
　zéro ゼロ　zoo 動物園
　saison 季節　plaisir 喜び

/ʃ/「シャ，シ，シュ，シェ，ショ」の子音．綴り字は ch．
　chat 猫　cheval 馬
　chou キャベツ　douche シャワー

/ʒ/「ジャ，ジ，ジュ，ジェ，ジョ」の子音．ただし舌先は上前歯茎に接しない．綴り字は j，g．
　Japon 日本　jour 日
　girafe キリン　gens 人々

/m/「マミムメモ」の m．綴り字は m．
　madame マダム　mouton 羊
　sommeil 睡眠　samedi 土曜日

/n/「ナヌネノ」の n．/ni/ は「ニ」とならないように．日本語の「ニ」の音は後述の /ɲi/．綴り字は n．
　nature 自然　nid 巣

/ɲ/ 日本語の「ニャ，ニ，ニュ，ニェ，ニョ」の子音．綴り字は gn
　cognac コニャック　signe 記号
　magnifique すばらしい
　agneau 子羊

/l/ 英語の /l/ には2種類ある．little の初めの /l/ は明るい /l/，語末の /l/ は暗い /l/ といって，舌先が明るい /l/ よりもすこし後退し，/u/ の音に近づく．フランス語の /l/ は明るい l であり，英語の語末に聞かれるような l はない．日本語の「ラリルレロ」は舌先のわずか裏が前上歯茎を弾くので音質が違うが，明るい /l/ に近く，初めはこれで代用してよい．綴り字は l．
　lit ベッド　loup 狼
　sel 塩　tableau 絵

/r/ フランス語の /r/ は子音の中で一番頻繁に用いられ，個性のある音なので要注意．英語の /l/ と /r/，日本語のラ行とまったく違う．発音の練習は呼気（吐息）を使って，いびきの音を出してみる．自然に舌の後ろが持ち上がり，口の奥の方で舌の表面と軟らかい口蓋が接近して摩擦した音が出る．この音は国際音声記号では /ʁ/ で示される．

本辞典では，初学者のために慣習的表記の /r/ を用いたが，これは /ʁ/ の音のことである．またカナ表記があるときは，/l/ と /r/ の違いを発音記号を見ながら区別してほしい．
　Paris パリ　fleur 花
　rouge 赤い　France フランス
　chambre 部屋　arbre 木

語末に -e がある時の子音の発音
　例えば homme /ɔm/ の発音記号は /m/ で終わっているが，実際の音は /mə/ に近く，唇が閉じたままではない．末部が -pe, -te, -que, -be, -de, -gue, me, -ne, -gne, -le の綴りの時は，息が漏れることに注意が必要．

半母(子)音

/j/ /i/ の音のときの舌の前部分を更に上あご前部（硬口蓋）に接近させる. /i/ に摩擦の雑音が加わる. 綴り字は i [y] ＋母音字, ill, 母音字＋ il [ill].
    pied 足　chien 犬
    famille 家族　travail 仕事
    soleil 太陽　juillet 7月
    œil 目　feuille 葉

/ɥ/ /y/ の音のときの舌を更に上あご（口蓋）に接近させる. /y/ に摩擦の雑音が加わる. 綴り字は u ＋母音字.
    nuit 夜　nuage 雲

/w/ /u/ の音のときの舌を更に上あご後部（軟口蓋）に接近させる. /u/ に摩擦の雑音が加わる. 綴り字は ou ＋母音字, oi.
    oui はい　ouest 西
    poisson 魚　loin 遠い

母音の長短

日本語では「オジサン」/o(d)ʒisan/,「オジイサン」/o(d)ʒiːsan/ のように音調変化（この場合は高い→低い）を伴いながら, 同じ母音を重ねて意味を変えるが, フランス語は母音を長音化したり, 同じ母音を重ねても意味に変化はない.

フランス語では, 次の場合に語末の母音が長くなる. 長母音の記号は /ː/ を用いる.

1. /r z ʒ v vr/ の前.
    mer /mɛːr/ 海
    rose /roːz/ バラ
    page /paːʒ/ ページ
    cave /kaːv/ 地下室
    livre /liːvr/ 本

2. 鼻母音や /ø/, /o/, /ɑ/ の母音の後に子音が続くとき.
    langue /lɑ̃ːg/ 舌, 言語
    oncle /ɔ̃ːkl/ おじ
    feutre /føːtr/ フェルト
    autre /oːtr/ 他の
    passe /pɑːs/ ボールのパス

母音の長音化は語末以外の母音では起きない. 下記の2例を比較されたい.
    pince /pɛ̃ːs/ ペンチ
    pinceau /pɛ̃ so/ 筆
    passe /pɑːs/ ボールのパス
    passé /pɑ se/ 過去

アクセント

通常アクセントは発音される語末の音節に置かれる. この時アクセントが置かれた音節は先行の音節より高く, いくぶん長い.
    i**ci** ここに
    é**té** 夏
    ca**mé**ra テレビカメラ
    auto 自動車

単語が集まってひとつの意味単位を作るとき, それをリズムグループと呼ぶ. アクセントはこの単位の最後の音節に置かれ, 他の語のアクセントは消失する. 移動アクセントと呼ばれる.
    Bon**jour**. こんにちは.
    Bonjour, mon**sieur**.
    (男の人に) こんにちは.
    Bonjour, Monsieur Du**pont**.
    デュポンさん, こんにちは.
    De l'**eau**. 水.
    De l'eau, s'il vous **plaît**.
    水を下さい.

ただしこの意味単位の中で, 末部にない単語でも重要性が大きいときはアクセントを留める. そしてその語の意味が強調されたり, また別の意味合いが生じたりする.
    un signa**lement** 人相書き
    un **signe** allemand ドイツ徽章

フランス人はアクセント意識があまりなく, 実際には必ずしも末部にはなく, 話者, 状況, 内容によって非常に多様である. もちろん語頭に置くことも頻繁である.
    maison 家　**lun**di 月曜日
    mardi 火曜日
    Il y a un **cha**peau sur la table.
    机の上に帽子がある.

話の中で相手に特に伝達したい部分は, 音声的に突出する. これを強調アクセントという. 強調アクセントは第1音節または第2音節に置かれる.
    Formidable! すっごい!
    Epouvantable! おっそろしい!
    Naturellement! もちろん!
    Inutile! むだだ!

強調アクセントは頻繁に用いられ, これが一般化する傾向が見られる.

イントネーション

フランス語の意味単位（リズムグループ）の音連続は，日本語を平らに言っても意味が通じるように，音の上がり下がりは目立たなく，平らに言ってかまわない．ただ次のリズムグループが後続するとき，先行末部の音声変化には注意が必要．

日本語は下降調を示す．

「晴れたら，出かけます」

この時，「ら」の音調は下降調．

フランス語は上昇調を示す．

S'il fait **beau**, je sortirai.

この時，/bo/ の音調は上昇調．

上昇調が得られたとして，更に注意すべきは，日本語の高低アクセントの音声特徴をもってフランス語に応用すると声の上がり方が違う．例えば日本語は花という時に，/na/ が /n/ から声が高く，/na/ 全体が /ha/ より高い（ha̲na）．しかしフランス語式に発音すれば，/n/ の途中，あるいは /a/ から声が高くなり（ha n̲a, ha na̲），しかもフランス語は，先行音節からすでに下降調を示し，後続の上昇調に結合するという傾向も見られる（ha na̲）．上記のフランス語を日本人が発音すると，s'il fait が平らで，beau 全体が高い（s'il fait̲ beau）．フランス人は fait から下降し始め，beau の /o/ が緩やかに上昇する（s'il fait beau̲）．これは一見大したことでもないように見えるが，フランス語の音らしさということであれば大事であり，長めの文や発話の連続音声においては，響きの違いがはっきりと現れる．

リエゾン（連音）

発音されない語末子音と，後続の語頭母音が連結されて発音されることをリエゾンという．

例えば，des /de/ と amis /ami/ が続くと des amis /dezami/ となる．

この時発音は /dez ami/ ではなく，/de za mi/ となる．つまりフランス語は音節が /de za mi/ に見るように，母音で終わる傾向が強い．

リエゾンするときに，以下の子音字は次のように発音される．

s→/z/　x→/z/　f→/v/
d→/t/　g→/k/

リエゾンはどのように行われるか

1．必ず行うとき

❶冠詞［形容詞］＋名詞

les enfants（s が /z/ でリエゾン）
子供たち
dix enfants（x が /z/ でリエゾン）
10人の子供たち
neuf heures（f が /v/ でリエゾン）
9時
neuf ans（同上）9歳
f が /v/ でリエゾンされるのは上記の2例のみ．
un grand homme（d が /t/ でリエゾン）偉人
un long hiver（g が /g/ でリエゾン）長い冬
un petit enfant（t が /t/ でリエゾン）小さな子供

❷代名詞＋動詞

nous avons
我々は持っている
vous les avez
あなたはそれらを持っている
vous en avez
あなたはそれをいくつか持っている
nous y allons
我々はそこへ行く
on a 人は持っている

❸動詞＋主語代名詞

Que fait-elle?
彼女は何をしていますか．
Quelle heure est-il?
何時ですか．

❹前置詞の後で

dans un hôtel ホテルで
en été 夏に
chez elle 彼女の家に
sans arrêt 絶え間なく
sans hésiter ためらわずに

❺副詞＋形容詞

très agréable とても快適な
tout entier 全部の

❻接続詞 quand の後で（d は /t/ でリエゾン）

quand il fait beau
晴れたときに

❼関係代名詞 dont の後で

le dictionnaire dont on a besoin

必要としている辞書
❽命令文中の動詞＋代名詞
Pensez-y.
そのことを考えなさい．
Prenez-en.
それを取りなさい．
Emmenez-les-y.
彼らをそこにつれて行きなさい．
Allez-vous-en.
立ち去りなさい．
❾成句で
pas à pas 一歩一歩
mot à mot 一語一語
de plus en plus 次第に
de moins en moins だんだん少なく
2．リエゾンしてはいけない場合
❶ et の後で
Il a vingt ans et / elle a dix-neuf ans. 彼は20歳で彼女は19歳だ．
❷主語が名詞のとき
Les enfants / aiment les animaux.
子供たちは動物が好きだ．
❸単数名詞の後に形容詞がある場合
un moment / agréable
楽しいひととき
❹有音の h (後述) の前で
les / héros 英雄たち
❺ -es で終わる動詞語尾と後続語
Tu chantes / admirablement
君の歌はすばらしい．
3．リエゾンしてもしなくてもいい場合
❶ être の活用形の後
Elle est heureuse.
彼女は幸せだ．
❷助動詞＋過去分詞
Ils ont été arrêtés.
彼らは逮捕された．
❸動詞＋不定詞
On peut entrer?
入っていいですか．
❹否定の pas の後
Pas encore. まだです．
現代パリではリエゾンしない傾向にある．

アンシェヌマン（連読）

単語の語末子音が c, r, f, l の時はほとんど発音される．後続語の語頭が母音の場合，これらの発音される語末子音と後続する母音が連続して発音されることをアンシェヌマンという．

ところでリエゾンは語末子音が発音されない場合のことであるがリエゾン，アンシェヌマンのいずれも音節が母音で終わるように区切る点では結果的に似ている．

sac /sak/ バッグ
sac à main /sa ka mɛ̃/
ハンドバッグ
autre /otr/ 他の
autre homme /o trɔm/
別の男性
neuf /nœf/ 9
neuf enfants /nœ fɑ̃ fɑ̃/
9人の子供
quel /kɛl/ 何の
quel âge /kɛ lɑːʒ/ 何歳

ほとんどの音節が母音で終わるように区切られることは，フランス語の音節構造の特徴である．

エリズィオン（母音字省略）

語末が母音 e, a, i の時に，後続語頭母音との母音連続を避けるために e, a, i が「'」（アポストロフ）をもって省略される．このことをエリズィオンという．エリズィオンは次の場合行われる．
❶ le, la（定冠詞）
le ＋ ami → l'ami 友達
la ＋ étoile → l'étoile 星
❷ je, me, te, se, le, la
j'ai 私は持っている
Je t'aime. 愛してる．
Je l'aime. 彼（女）を愛している．
❸ ce
C'est un cadeau.
これはプレゼントです．
❹ de, ne, que
raison d'être 存在理由
je n'ai pas
私は持っていない
Qu'est-ce que c'est?
それは何ですか．
❺ si ＋ il [ils]
s'il vient
もし彼が来るなら
s'ils viennent
もし彼らが来るなら

フランス語は語が連続するとき，母音が重なることを嫌う．そのためリエゾンやエリズィオンという処理が行われることを見てきた．ところで倒置疑問で動詞＋主語となったときに，これまでとは別の音添加現象が起こる．on a（人は持っている）を倒置疑問にすると a と on の間に t が挿入され，a-t-on /a tɔ̃／ となり，フランス語的音声やリズムが得られる．

  il a → a-t-il
  elle a → a-t-elle

など注意が必要．日本語でも春雨というときに，/s/ の音が挿入されることと似ている．

h について

フランス語は h の音を発音しない．日本語で「ハ」/ha/，「ヘ」/he/，「ホ」/ho/ という時には /h/ の音を用いるが，フランス人は「ア」，「エ」，「オ」となる．

ただしフランス語では 2 種類の h があって，区別しなければならない．

一方の h で始まる語ではリエゾンやエリズィオンが行われる．このような h を無声の h という．

  un homme /œ̃ nom/　1 人の男
  des hommes /de zɔm/　男たち
  les hommes /le zɔm/　その男たち
  l'homme /lɔm/　その男

もう 1 つの h で始まる語ではリエゾンやエリズィオンは行われない．このような h を有声の h という．

  un héros /œ̃ ero/　1 人の英雄
  des héros /de ero/　英雄たち
  les héros /le ero/　その英雄たち
  le héros /lə ero/　その英雄

無音，有音の区別はそれぞれの単語で覚えなければならないが，冠詞と一緒に覚えるのがよい．本辞典では，有声の h の前には † がつけてある．

リズム

フランス語のリズムは何かというと，日本語について聞かれた場合と同様にひと言では語れない．リズムについて理論を理解しても必ずしも実用的ではないので，日本語を確認しながら考えてみる．日本語とフランス語のリズム展開は，どこに音声特徴を置くかということをつかめば，あとはよく似ている．

日本語は拍とか音節という単位に等時性があるといわれ，比較的その長さが一定している．仮名はほとんど音節を示し，仮名連続と強弱が関係している．日本語の 3 拍リズムを例に考えると，強弱弱，つまり

  〇・・　　はるの　おがわ

のようになる．一方フランス語では

  ・・〇　　・・〇

のように末部に音声特徴が置かれる．それは強いというよりは高くて，長い．フランス人が日本語を話すと，「はる**の**　おが**わ**」のようになる．この時「の」「わ」を上昇調で長めに発音するとフランス語調子になる．

Comment allez-vous?
お げんき です か.
Je pars pour Paris / demain matin.
わたしはあすのあさ　パリにでかけます．
Je pars / pour Paris / demain matin.
わたしは　あすのあさ　パリに　でかけます．

どこでリズムのグループを切るかというのは，話し手によって違う．

音節

音節の構造は基本的には母音，子音＋母音，母音＋子音であるが，日本語の音節とフランス語の音節はよく似ている．それは母音で終わるということで，英語と異なる特徴である．

英語はたとえば

  This is a table.
  /ð is iz ə teɪ bl/

においては，a/ə/ と ta/teɪ/ を除いてあとは子音で終わっている．しかし /teɪ/ の場合も口を閉じようとする方向に動いている．これを日本人が発音すると，

  /ʒi sɯ iz a teɛ bɯ ɾɯ/
  （ɯ の音は日本語の「ウ」）

となり，音節の末部に母音を付加する．そして英語と違って，/teɛ/ では口が開く方向に動いている．

しかもフランス人が発音すると

  /zi zi za ta blə/

となり，聞こえは日本語と違うが，音節の構造は母音で終わるという共通な現象が見られ

る．リエゾンやアンシェヌマンやエリズィオンはこうした現象にするフランス語の音声特徴である．

フランス語文の読み方

文を読む時には切れ目が大切である．この切れ目はリズムグループといって，意味単位を表す．どこで切るかは話し手のイメージと関係があるので，決定的規則はない．だが単語の途中で切れることはまずない．

読むとき重要なのは，イメージを描きながら進めることである．日本語を読むときに，我々はただ字面を追っているのではない．発声しながら目は既に先の方を追っている．そしてイメージを頭に描きつつ，アクセントやイントネーションが音声に付随してくる．

日本人が特に注意しなければならないのは，日本語リズムグループの末部のイントネーションは一般に下降調であるが，これをフランス語に持ち込むとフランス語らしくなくなることである．

「むかしむかし↘ あるところに↘ おじいさんと↘ おばあさんが↘ いました↘」の中で，「し，に，と，が」の音声は下降調である．フランス語では

　Il était une fois↗ un vieil homme↗ et une vieille dame↘．

の /fwa/, /jɔm/ の音声は上昇調である．日本語の上記の例を上昇調で読むと少し気障に感じる．

次の文を聞き，フランス語のリズムに慣れてみよう．

会話文から

Il y a du pain / et de la confiture / sur la table.
テーブルの上にはパンとジャムがある．
Quand partez-vous / pour la France ?
—Je pars pour la France / lundi prochain.
「いつフランスに出発しますか」
「フランスには次の月曜日に出発します」
S'il fait beau demain, / j'irai faire une promenade / à la campagne / avec mes camarades.
明日天気がよければ，仲間と一緒に田舎に散歩しに行くだろう．

早口ことば

Un chasseur sachant chasser sans son chien est un bon chasseur.
猟犬なしに狩ができる狩人はよい狩人である．
Il était une fois,
Une marchande de foie,
Qui vendait du foie,
Dans la ville de Foix.
むかし一人のレバー商人がいた．
彼女はレバーを売っていた．
フォアという町で．
Trois gros rats gris dans trois gros trous ronds rongent trois gros croûtons ronds.
3つの大きな丸い穴で，3匹の太った灰色ねずみが，3つの大きな丸いパンをかじっている．

小説文から

Et il revint vers le renard :
«Adieu, dit-il...
—Adieu, dit le renard. Voici mon secret. Il est très simple : on ne voit bien qu'avec le cœur. L'essentiel est invisible pour les yeux.
—L'essentiel est invisible pour les yeux, répéta le petit prince, afin de se souvenir. (*Le Petit Prince*)
それから彼は狐の方に戻ってきた．
「お別れだね…」と彼は言った．
「そうだね」と狐は言った．「ここに私の秘密がある．とても簡単なことだけど，人は心を持ってはじめてよく見えるということなんだ．大事なことは目に見えないのさ」
「大事なことは目に見えない…か」王子様は繰り返した．忘れないようにするために．
（『星の王子様』）

略語表

品詞ラベル

名	名詞
男	男性名詞
女	女性名詞
男複	男性名詞複数形
女複	女性名詞複数形
男/女	男性または女性名詞
男(稀に女)	男性稀に女性名詞
代	代名詞
代(人称)	人称代名詞
代(指示)	指示代名詞
代(所有)	所有代名詞
代(不定)	不定代名詞
代(疑問)	疑問代名詞
代(関係)	関係代名詞
形	形容詞
形(不定)	不定形容詞
形(所有)	所有形容詞
形(数)	数形容詞
形(疑問)	疑問形容詞
形(関係)	関係形容詞
形(感嘆)	感嘆形容詞
副	副詞
副(疑問)	疑問副詞
副(関係)	関係副詞
他動	他動詞
間他動	間接他動詞
自動	自動詞
代動	代名動詞
非人称	非人称動詞
前	前置詞
接	接続詞
間投	間投詞
《擬音》	擬音語
形句	形容詞句
副句	副詞句
前句	前置詞句
接句	接続詞句
接頭	接頭辞
活用	動詞活用形
固有	固有名詞
《不変》	名詞, 形容詞において, 男性形, 女性形が同じで, かつ, 単数形, 複数形が同じであることを示す
《男女同形》	語尾が -e 以外の語に表示した
《単複同形》	語尾が -s, -x, -z 以外の語に表示した
qc	quelque chose 物, 無生物を示す
qn	quelqu'un 人, 動物, 擬人化された物を示す

位相に関するラベル

話	話し言葉
文章	現代の文章語
俗	俗語
卑	卑語
隠	隠語
隠(学生)	学生の隠語
隠(船員)	船員の隠語
隠(軍隊)	軍隊の隠語
稀	稀にしか用いない語
古	古語
古風	現代の語彙に含まれない語
地域	地域語
パリ	パリの地域語
南仏	南仏の地域語
ベルギー	ベルギー語法
カナダ	カナダ語法
スイス	スイス語法
方言	フランス語の方言
古/文章	古語または文章語
古文章	古語で文章語
詩語	詩で用いられる語
幼児語	子供言葉
商標	商品名
諺	諺, 格言などを示す

記号類

( )	:省略または追加可能な語句 訳語の補足説明, 例示 間接他動詞以外の前置詞の被辞解を示す 引用した用例の著作家名など		例:《Quel âge avez-vous? — J'ai trente ans.》		連語表現の表示
《 》	:文法ラベル, 語義ラベル, 語形ラベル 各品詞の用法の表示 例:形(所有) 外来語ラベル 例:《英語》	「 」	:文学作品など 会話表現, 決まり文句の訳文	〈 〉	:語義に対応する一定の連語表現のパターン
[ ]	:直前の語句と置き換え可能の部分. 仏文・和文ともに用いる フランス県番号	(→)	:諺, 成句の直訳, 原義	,	:見出し語の異形の併記 位相, 文法, 語法など各種ラベルの併記
〔 〕	:連語関係を示す(他動詞および代名動詞の直接目的語, 間接他動詞の目的語, 動詞・動詞句の主語, 形容詞・形容詞句の被修飾語(句))	〖 〗	:専門語ラベル 例:〖法律〗〖化学〗	//	:〈 〉および◆の定型表示で, 2つ以上の文型を示す
		(↔)	:語義欄での見出し語の反義語	注	:語法, 文化背景などの簡単な注記
		(＝)	:語義欄での見出し語の類義語 用例中の見出し語に対応する類義語 例文・成句などのフランス語の言い換え	**	:見出し語の左肩につけて, 重要語を示す
		:	:専門語などの解説開始	=	:発音で長音を示す
		▶	:用例の開始. ただし成句欄では省略	＝	:同義の用例を併記
《 》	:応答形式の会話表現	...	:訳語の省略部分 定型表示で限定しがたい部分	⌐	:仏文用例中で2語以上の置き換えの時 [ ] 内との置き換え開始位置を示す
		◆	:用例の展開中で, 定型的	†	:見出し語の左肩につけて, 有音の h, 子音扱いの y を示す

参考文献

Dictionnaire de français 35000 mots, Larousse, 1989 / *Dictionnaire des mots contemporains*, P. Gilbert, Le Robert, 1980 / *Dictionnaire du français argotique et populaire*, F.Caradec, Larousse, 1977 / *Dictionnaire du français branché*, P.Merle, Editions du Seuil, 1986 / *Dictionnaire du français contemporain illustré*, Larousse, 1980 / *Dictionnaire du français langue ètrangère*, Larousse, niveau 1, 1979 ; niveau 2, 1980 / *Dictionnaire du français non conventionnel*, J.Cellard, Hachette, 1980 / *Grand dictionnaire encyclopédique*, *Larousse*, 10vol., Larousse, 1982–1985 / *Larousse maxi débutants, le dictionnaire CE 2, CM*, Larousse, 1986 / *Le Grand Robert de la langue française, dictionnaire alphabétique et analogique de la langue française*, 2e édition, 9vol., Le Robert, 1985 / *Le petit Robert 1, dictionnaire alphabétique et analogique de la langue française 2008*, Le Robert, 2007 / *Le petit Robert 2, dictionnaire universel des noms propres alphabétique et analogigue*, Le Robert, 1983 / *Le Robert méthodique, dictionnaire méthodique du français actuel*, Le Robert, 1982 / *Petit Larousse illustré 2007*, Larousse / *Trésor de la langue française*, tome 1–12, Centre national de la recherche scientifique, 1971–1987 / *Dictionnaire des anglicismes*, J. Rey-Debove, G. Gagnon, Le Robert, 1980 / *Dictionnaire des expressions et locutions*, 2e édition, A.Rey, S.Chartreau, Le Robert, 1993 / *Dictionnaire des synonymes*, H. B. du Chazaud, Le Robert, 1979 / *Dictionnaire étymologique du français*, J.Picoche, Le Robert, 1979 / *Le Bon Usage, grammaire française avec des remarques sur la langue française d'aujourd'hui*, 11e édition, M. Grevisse, Duculot, 1980 / *L'art de conjuguer, le nouveau Bescherelle 1*, Librairie Hatier, 1980 / *Le Robert des sports, dictionnaire de la langue des sports*, G. Petiot, Le Robert, 1982 / *Dictionnaire grec-français*, A. Bailly, Hachette, 1950 / *Dictionnaire latin-français*, F. Gaffiot, Hachette, 1934 / *Le Robert & Collins, Dictionnaire français-anglais English-French*, Le Robert, Collins, 1978 / *Dictionnaire du français parlé*, Editions du Seuil, 1989 / *Le Robert Micro*, Le Robert, 2006 / *Dictionnaire Hachette*, édition 2007, Hachette, 2006 / *Harper Collins Robert French Unabridged Dictionary*, 7th edition, 2005 / *Oxford Hachette French Dictionary*, Hachette-Oxford University Press, 2004 / *Larousse du collège*, Larousse, 2004 / *Dictionnaire du français*, Le Robert & CLE International, 1999 / *Larousse Super Major*, Larousse, 2005 / *Dictionnaire des faux amis*, 3e édition, Editions Duculot, 1998 / *Larousse de poche 2006*, Larousse, 2005 / *Le Robert de poche*, nouvelle édition, Le Robert, 2006 / *Le Grand Larousse Gastronomique*, Larousse, 2007 / *Marques de toujours*, Larousse, 2003

新スタンダード仏和辞典、鈴木信太郎他著、大修館書店、1987／プチ・ロワイヤル仏和辞典、旺文社、2003／ロワイヤル仏和中辞典、田村毅他編、旺文社、2005／ディコ仏和辞典、中條屋進他編、白水社、2005／白水社ラルース仏和辞典、三宅徳嘉他編、白水社、2001／フランス新語辞典、大井正博編著、エディション・フランセーズ、2003／現代フランス情報辞典、草場安子著、大修館書店、2003／フランス略語辞典、大井正博編著、エディション・フランセーズ、2005／クラウン仏和辞典（第6版）、大槻鉄男他編、三省堂、2006／新和仏小辞典、三宅徳嘉他編、白水社、1973／フランス文法事典、朝倉季雄著、白水社、1980／現代仏作文のテクニック、大修館書店、1981／小学館伊和中辞典、池田廉他編、小学館、1987／アポロ仏和辞典、角川書店、1991／コンコルド和仏辞典、白水社、1990／ニューセンチュリー英和辞典（第2版）、三省堂、1991／ラーナーズプログレッシブ英和辞典、小学館、1992／書きながら考えるフランス語、大賀正喜著、大阪日仏センター編、白水社、1985／和文仏訳のサスペンス、大賀正喜著、大阪日仏センター編、白水社、1987／広辞苑（第4版）、新村出編、岩波書店、1991／現代国語例解辞典、林巨樹監修、小学館、1985／カタカナ語の辞典、小学館、1990／日本大百科全書ニッポニカ　全25巻、小学館、1988／平凡社大百科事典　全15巻、平凡社、1985／岩波西洋人名辞典（増補版）、篠田英雄編、岩波書店、1986／ギリシア・ローマ神話辞典、高津春繁著、岩波書店、1985／キリスト教大辞典、教文館、1983／言語学用語辞典、丸山圭三郎編訳、大修館書店、1980／事典現代のフランス（新版）、新倉俊一他編、大修館書店、1985／読む事典フランス、菅野昭正他編、三省堂、1990／情報知識 imidas、集英社、1992／英語図詳大辞典、小学館、1985／聖書（新共同訳）、日本聖書協会、1987／フランス史（新版）世界各国史2、井上幸治編、山川出版社、1984／フランス文学事典、日本フランス語フランス文学会編、白水社、1979

発音記号の読み方 (詳細は「発音について」を参照)

口母音			鼻母音		
/a/	ア	Paris /pari/ パリ			
/ɑ/	ア	gaz /gɑːz/ ガーズ	/ã/	アン	enfant /ãfã/ アンファン
/e/	エ	café /kafe/ カフェ			
/ɛ/	エ	elle /ɛl/ エル	/ɛ̃/	アン	fin /fɛ̃/ ファン
/i/	イ	chic /ʃik/ シック			
/o/	オ	pot-au-feu /pɔtofø/ ポトフー			
/ɔ/	オ	mode /mɔd/ モド	/ɔ̃/	オン	chanson /ʃãsɔ̃/ シャンソン
/u/	ウ	nous /nu/ ヌー			
/ø/	ウ	deux /dø/ ドゥー			
/œ/	ウ	fleur /flœːr/ フルール	/œ̃/	アン	parfum /parfœ̃/ パルファン
/ə/	ウ	Notre-Dame /nɔtrədam/ ノートルダム			
/y/	ユ	purée /pyre/ ピュレ			

半子音 (半母音ともいう)

/j/	イ	fiancé /f(i)jãse/ フィヤンセ (/fijãse/ と /fjãse/ の2通りの発音がある)
/ɥ/	ユ	nuance /nɥɑ̃ːs/ ニュアーンス
/w/	ウ	trois /trwa/ トロワ

子音 (これらフランス語本来の子音のほかに，i) 外来語が特殊な子音を含む場合〔例: parking /parkiŋ/〕, ii) 感嘆語で /h/ が発音される場合〔例: ha /a;ha/〕がある)

/b/	ブ	Bordeaux /bɔrdo/ ボルドー	/ɲ/	ニュ	cognac /kɔɲak/ コニャック
/d/	ドゥ	début /deby/ デビュ	/p/	プ	poésie /pɔezi/ ポエズィ
/f/	フ	franc /frã/ フラン	/r/	ル	rouge /ruːʒ/ ルージュ
/ʒ/	ジュ	bourgeois /burʒwa/ ブルジョワ	/s/	ス	salon /salɔ̃/ サロン
/g/	グ	garçon /garsɔ̃/ ギャルソン	/ʃ/	シュ	château /ʃato/ シャトー
/k/	ク	concours /kɔ̃kuːr/ コンクール	/t/	トゥ	travail /travaj/ トゥラヴァイユ
/l/	ル	Louvre /luːvr/ ルーヴル	/v/	ヴ	vacances /vakɑ̃ːs/ ヴァカーンス
/m/	ム	Madame /madam/ マダム	/z/	ズ	partisan /partizã/ パルチザン
/n/	ヌ	nouveau /nuvo/ ヌーヴォー			

A, a

A¹, a /a/ 男 ❶ フランス字母の第1字. ❷ le *a* commercial アットマーク(@).
depuis A jusqu'à Z= *de A jusqu'à Z* A から Z まで, 初めから終わりまで. ▶ connaître le règlement *depuis A jusqu'à Z* 規則のことなら一から十まで心得ている.
ne savoir ni A ni B 初歩的なことさえ知らない.
prouver [démontrer] par A + B 理詰めで証明する.
A² ❶《記号》❶ ampère アンペア. ❷『音楽』イ音; イ調. ❷《略語》囡『軍事』bombe *A* 原子爆弾. ❷《略語》autoroute 高速道路.
a¹《記号》『計量単位』are アール.
a² /a/ 活用 ⇨ AVOIR¹ Ⅰ
à /a ア/ 前

《場所》…に;へ. ▶ *à* Paris パリに[で].
《時間》…に. ▶ *à* cinq heures 5 時に.
《対象》…に. ▶ parler *à* qn …に話す.
《所有, 所属》…の. ▶ C'est *à* moi. それは私のです.
《特徴》…をもつ, のある. ▶ stylo *à* bille ボールペン.
<*à* + 不定詞>《義務》…すべき. ▶ maison *à* vendre 売り家.
<*à* + 不定詞>《目的》…するための. ▶ salle *à* manger 食堂.

《定冠詞 le, les を伴う場合は, à+le →au/o/, à+les →aux /o/ と縮約される. 大文字の場合は, アクサン・グラーヴは省略されることが多い》

❶《名詞, 代名詞を伴って》
❶《場所, 方向》…に, で, では; …へ. ▶ Il vit *à* Paris. 彼はパリで暮らしている / Elle est *à* la maison. 彼女は家にいる / aller *au* bureau 事務所へ行く / Ma maison est *à* cinq cents mètres *au* nord de la gare. 私の家は駅から北へ500メートルのところにある / *Au* Japon, on mange du riz. 日本では米を食べる.

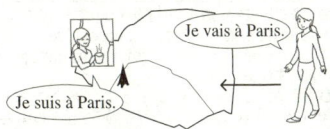

語法 **à [en, dans] + 地名**
(1) 国名 普通は<au(x) + 男性名詞>, <en + 女性名詞または母音で始まる男性名詞>となるが, 修飾語によって限定されている場合は<dans + 定冠詞 + 名詞>となる.

• Il habite *au* Japon. 彼は日本に住んでいる.
• Il a vécu *dans le* Japon des années trente. 彼は1930年代の日本で暮らした.
(2) 地方名 <dans le + 男性名詞>, <en + 女性名詞または母音で始まる男性名詞>が原則だが, この区別は厳密ではない.
• *dans le* Périgord = *en* Périgord ペリゴール地方で.
(3) 都市名 <à + 無冠詞の都市名>が原則. ただし, 都市を限定された空間として考えるときは<dans + 無冠詞の都市名>. また修飾語による限定を受けた場合は, <dans + 定冠詞 + 都市名>となる.
• Je vais *à* Paris. 私はパリに行く.
• Il est agréable de se promener *dans* Paris. パリの町を散歩するのは気持ちがいい.
• *dans le* Paris d'aujourd'hui 今日のパリで.

❷《時間》…に. ▶ *à* cinq heures 5 時に / *à* cette époque その時期に / *au* début 始めに[に] / A quel âge est-ce qu'elle s'est mariée? 彼女は何歳のとき結婚したんですか / A demain. ではまたあした / A lundi. 月曜日に会いましょう / *au* printemps 春に. 注 他の季節には en を用いる. 例 en été 夏に.
❸《同時性, 原因》…と同時に; …で. ▶ Je n'étais pas là *à* leur arrivée. 彼らが到着したとき, 私はそこにいなかった / A ces mots, il a rougi. その言葉を耳にするや, 彼は真っ赤になった.
❹《対象; 動詞の間接目的語を導いて》…に; parler *à* qn …に話す / Elle offre une cravate *à* son ami. 彼女は恋人にネクタイをあげる / J'ai téléphoné *à* Paul. 私はポールに電話した / Il obéit *à* ses parents. 彼は両親の言うことを聞く / A quoi pensez-vous? 何を考えているんですか.

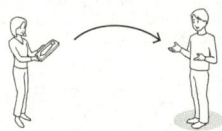

❺《対象; 名詞・形容詞・副詞の補語を導いて》…への, に対する; …の. ▶ la participation *à* un complot 陰謀への荷担 / être nuisible *à* la santé 健康を害する / contrairement *à* la loi 法を破って.
❻《分離; 特定の動詞の間接目的語を導いて》…から. ▶ Le chien a échappé *à* son maître. 犬が飼い主から逃げた / J'ai emprunté un stylo à bille *à* Pierre. 私はピエールからボールペンを借りた. 注「分離の *à* 」をとる動詞はこのほかに, acheter, arracher, boire, dérober, enlever,

ôter, prendre, soustraire, voler など.

❼《所有, 所属》…の, …に属する. ▶ C'est à moi. これは私のです. ◆名詞 + à + 人称代名詞強勢形 ▶ C'est un ami *à* lui. それは彼の友人です /《所有形容詞を強調して》mes amis *à* moi 私の友人たち.

❽《目的》…のために; ための. ▶ à cette fin この目的のために / tasse *à* thé ティーカップ / brosse *à* dents 歯ブラシ / Il n'est bon à rien. 彼は何の役にも立たない.

❾《A *à* B》《特徴》B を持つ A, B のある A. ▶ stylo *à* bille ボールペン / un garçon *aux* cheveux blonds 金髪の青年 / train *à* grande vitesse フランス新幹線(略 TGV) / café *au* lait カフェ・オ・レ.

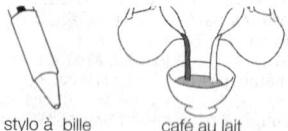

stylo à bille　　café au lait

❿《様態》…で; …では. ▶ parler *à* haute voix 大声で話す / *à* la mode 流行の / acheter *à* crédit つけで買う / *à* ce train-là この調子でいくと / *à* nous deux 我々 2 人で.

⓫《手段, 判別材料》…で, …によって. ▶ écrire *au* crayon 鉛筆で書く / peinture *à* l'huile 油絵 / aller *à* pied 徒歩で行く / Je t'ai reconnu *à* ta voix. 声で君と分かったよ.

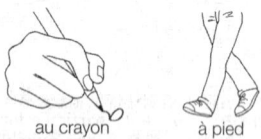

au crayon　　à pied

⓬《適合, 準拠》…のとおりに; に合う; によれば. ▶ *à* son gré 好きなように / *à* mon avis 私の意見では / *à* ce qu'il dit 彼の言うところによると.

⓭《程度, 結果》…するほど; …なことには. ▶ chauffer *à* blanc 白熱させる / rire *aux* larmes 涙が出るほど笑う, 笑いすぎて涙が出る / *à* ma grande surprise なんと驚いたことに.

⓮《配分, 単位》…当たり. ▶ faire quatre-vingts kilomètres *à* l'heure 時速80キロを出す / Je suis payé *à* l'heure. 私は時間給で給料をもらっている.

⓯《漸進》…ずつ. ▶ pas *à* pas 一歩ずつ / petit *à* petit 少しずつ.

⓰《値段, 数量》▶ Cette robe est *à* trois cents euros. このドレスは 300 ユーロです / le menu *à* dix-huit euros 18ユーロの定食.

⓱《資格》…として. ▶ prendre qn *à* témoin …を証人とする.

⓲《比 較》…より. ▶ Je préfère le café *au* thé. 私は紅茶よりコーヒーの方が好きだ /《形容詞, 副詞の補語》un événement antérieur *à* sa mort 彼(女)の生前のある出来事 / préalablement *au* vote 投票に先立って. 注 ほかに, postérieur, inférieur, supérieur などの形容詞, antérieurement, postérieurement などの副詞が, 「…より」の意で que ではなく, à をとる.

⓳《動作主》…に, …によって. ▶《使役, 放任の faire, laisser とともに, 不定詞の意味上の主語を導いて》Il laisse tout faire *à* sa femme. 彼はすべてを妻に任せている.

❷《不定詞を伴って》

❶《対象》…することを[に]. ▶ commencer *à* travailler 仕事を始める / être prêt *à* partir 出発する用意ができている.

❷《変化の方向》…するように. ▶ forcer qn *à* obéir …を従うようにしむける, 無理に従わせる.

❸《限定》…するの, …する点では. ▶ une chanson agréable *à* entendre 聞いて心地よい歌 / des idées difficiles *à* exprimer 表現しにくい考え / Elle a été la première *à* le dire. 彼女が最初にそう言った.

❹《義務, 予定》…すべき, …するはずの. ▶ maison *à* vendre 売り家 / Il reste encore beaucoup de choses *à* faire. まだしなければならないことがたくさん残っている / une lettre *à* poster 投函(とうかん)すべき手紙. ◆*à* ne pas + 不定詞 してはいけない. ▶ un film *à* ne pas manquer 見逃してはならない映画.

❺《目的》…するための; …するために. ▶ fer *à* repasser アイロン / salle *à* manger 食堂, ダイニング・ルーム /《省略形で》donner *à* manger 食べ物を与える.

❻《程度》…するほど; …するほどの. ▶ s'ennuyer *à* mourir 死ぬほど退屈する / Elle est bouleversée *à* ne savoir que faire. 彼女はどうしていいか分からないほど動転している. ◆Il est homme *à* + 不定詞. 彼は…するような[しかねない]男だ.

❼《条件, 仮定, 譲歩》…すれば; …するとしても. ▶ *à* vrai dire 実を言えば / *à* l'en croire 彼(女)の言うことを信じるならば / *à* en juger par qc …から判断するすれば.

❽《手段, 原因》…することで. ▶ passer le temps *à* lire 読書をして時を過ごす / s'ennuyer *à* ne rien faire することがなくて退屈する / *A* le voir si amaigri, j'ai eu peur. 彼があんなにやせてしまったのを見て, 私は心配になった.

❾《状態, 継続, 同時性》…して; …しているところで[を]. ▶ Il est dans sa chambre *à* écrire une lettre. 彼は自室で手紙を書いているところだ

/ La voici à pleurer. ほら〔おや〕彼女が泣き出した〔泣いている〕. ◆trouver qn à + 不定詞 …が…しているところを見つける. ▶ Je l'ai trouvée à se maquiller. 彼女は化粧の最中だった.
❿〈être + 数量表現 + à + 不定詞〉…人(数)が…する. ▶ Nous étions cinq à voir cela. それを見たのは我々5人だった.

A est à B ce que C est à D. AのBに対する関係はCのDに対する関係に等しい. ▶ Le rythme est à la musique ce que la forme est aux beaux-arts. 音楽におけるリズムは美術におけるフォルムのようなものだ.

*__à la__ + 形容詞女性形〔人名〕…風〔式〕に, …風〔式〕の. 注 à la は à la manière (+ 形容詞[de + 名詞])の省略. ▶ vivre à l'américaine アメリカ式の生活をする / un tableau à la Picasso ピカソ風の絵.

*__avoir à__ + 不定詞 …しなければならない. ▶ J'ai eu à attendre longtemps. 私は長いこと待たなければならなかった / Je n'ai pas à vous répondre. あなた(方)にお答えする必要はありません.

◆**n'avoir qu'à** + 不定詞 …しさえすればよい. ▶ Tu n'as qu'à téléphoner à ta mère. 君はお母さんに電話するだけでいいんだよ.

(C'est) à qn de 〔à〕 + 不定詞. 今度は…が…する番だ. 〔…するのはあなた(方)ですよ. ▶ A vous de décider. 決めるのはあなた(方)ですよ.

C'est à qui + 直説法単純未来. 我がちに〔争って〕…する. 過去の場合,〈C'était à qui + 条件法現在〉となる. ▶ C'est à qui partira le premier. 人々は競って真っ先に出発しようとしている.

*__de A à B__ AからBまで, AからBへ. ▶ de Paris à Dakar パリからダカールまで / du matin au soir 朝から晩まで / passer de la crainte à l'espoir 不安から希望に変わる / des groupes de huit à dix personnes 8人から10人ぐらいのグループ.

face à face = **tête à tête** = **nez à nez** 向かい合って, 鼻を突き合わせて.

a- 接頭〔形, 德に つく〕(母音字, 無音のhの前で an-)「否定, 欠如」を表わす. ▶ **a**normal 異常な.

abaissable /abɛsabl/ 形 引き下げられる.

abaiss__ant, ante__ /abɛsɑ̃, ɑ̃ːt/ 形 (人の)品位を落とさせる, 下品な.

abaissement /abɛsmɑ̃/ 男 ❶ 低くすること; 低下, 減少. ▶ un abaissement de la température 温度の低下 / un abaissement des impôts 税金の引き下げ. ❷ 文章 品位を落とすこと, 堕落.

*__abaisser__ /abese/ アベセ/ 他動 ❶ …を下げる. ▶ abaisser la vitre (車の)窓を開ける / abaisser le mur d'un mètre 塀を1メートル低くする.
❷〔量, 程度〕を減らす, 下げる. ▶ abaisser le prix de vente 販売価格を引き下げる / La loi a abaissé à dix-huit ans l'âge de la majorité. 法律により成人年齢は18歳に引き下げられた.
❸ 文章〔人〕の品位を落とす; 〔名誉〕を傷つける.

— *__s'abaisser__ 代動 ❶ 低くなる, 下がる. La température s'abaissera à un ou deux degrés dans le Nord. 北部地方では気温は1度か2度に下がるでしょう. ❷ 身を落とす; へりくだる. ▶ Quiconque s'abaissera sera élevé. (聖書) だれでも自分を低くする者は高くされるだろう. ❸〈s'abaisser (à qc/不定詞)〉(…まで)身を落とす. ▶ Il s'abaissa à leur demander pardon. 彼は体面を捨てて彼らに許しを乞うた.

abandon /abɑ̃dɔ̃/ 男 ❶ 捨てること, 放棄; (スポーツで)棄権. ▶ l'abandon d'un projet 計画の断念 / Il y a eu huit abandons à la dernière étape. 最終区間で8人の棄権者が出た / faire abandon de qc (権利など)を放棄する. ❷ 見捨てられた状態. ▶ mourir dans l'abandon et la misère 孤独と貧困のうちに死ぬ. ❸〈態度, 話し方などの〉屈託のなさ, 気ままさ; なげやり.
à l'abandon 打ち捨てられて, ほったらかしで. ▶ laisser qc/qn à l'abandon …をほったらかしにする / Le jardin est à l'abandon. 庭は荒れるがままだ.
avec abandon 屈託なく, 打ち解けて; 無造作に. ▶ parler avec abandon ざっくばらんに話す / étendu sur le sofa avec abandon ソファーに横になって.

abandonné, e /abɑ̃dɔne/ 形 ❶ 捨てられた, 見放された. ▶ un enfant abandonné 捨て子 / être abandonné à soi-même ぽつんと頼りなげな状態にある. ❷ もう使われていない. ▶ une maison abandonnée 廃屋. ❸ くつろいだ; なげやりの. ▶ une position abandonnée 楽な姿勢.
— 名 見捨てられた人.

*__abandonner__ /abɑ̃dɔne/ アバンドネ/ 他動 ❶ …を捨てる, 見捨てる, 放棄する. ▶ abandonner un malade 病人を見放す / abandonner sa foi 信仰を捨てる / Beaucoup de jeunes abandonnent la campagne. 田舎を離れる若者が多い / Son courage l'abandonna. 勇気(彼女)は勇気がうせた. ◆abandonner qn dans qc …を(ある状態のまま)でほうっておく. ▶ abandonner un ami dans une situation difficile 苦しい立場にある友人をほうっておく. ◆abandonner qn/qc à qc …を(物の力, 作用)に任せる, ほうっておく. ▶ abandonner une barque au courant ボートを流れに任せる.
❷〔仕事, 試合など〕を断念する, 棄権する. ▶ abandonner les recherches 研究を投げ出す /《目的語なしに》Deux coureurs ont abandonné. 2人のランナーが棄権した / J'abandonne! もうやめた. ❸〈abandonner qc à qn〉…を…に譲る, ゆだねる. ▶ abandonner à qn le soin de décider (=laisser) 決定を…に任せる.

— **s'abandonner** 代動 ❶〈s'abandonner à qc〉…に身をゆだねる. ▶ s'abandonner au désespoir 絶望に陥る / s'abandonner à son métier 仕事に没頭する. ❷ (努力, 構えをやめて)くつろぐ, 楽にする. ❸ 気持ちを打ち明ける; 打ち解ける.

abasourdir /abazurdiːr/ 他動 ❶ …を唖然(あぜん)とさせる. ▶ Il est tout abasourdi par cette nouvelle. 彼はその知らせに茫然(ぼうぜん)自失の体だ. ❷ (大きな音で)…の耳を聾(ろう)する.

abasourdiss__ant, ante__ /abazurdisɑ̃, ɑ̃ːt/ 形 ❶ 唖然(あぜん)とさせる. ❷ 耳を聾(ろう)する.

abasourdissement /abazurdismɑ̃/ 男 文章 ❶ 仰天, 茫然(ぼうぜん)自失. ❷ 耳を聾(ろう)すること.

abat /aba/ 活用 ⇨ ABATTRE 64

abâtardir /abɑtardiːr/ 他動 文章 …を退化させ

る; 堕落させる. — **s'abâtardir** 代動 文章 退化する; 堕落する.

abat-jour /abaʒuːr/ 男 《単複同形》❶（電気スタンドなどの）笠, シェード. ❷ よろい戸; 庇(ひさし).

abats¹ /aba/ 男複 （食用の）臓物.

abats² /aba/ 活用 ⇨ ABATTRE 64

abattage /abataːʒ/ 男 ❶（木などの）伐採; 取り壊し. ❷ 獣を殺すこと;《特に》畜殺.
avoir de l'abattage 元気旺盛(おうせい)である, 威勢がいい.
vente à l'abattage 粗悪品の大量大安売り.

abattaient, abattais, abattait /abatɛ/ 活用 ⇨ ABATTRE 64

abattant /abatā/ 男（机などの）垂れ板, 跳ね板;（便器などの）上げぶた.

abatte /abat/ 活用 ⇨ ABATTRE 64

abattement /abatmā/ 男 ❶ 衰弱; 意気消沈, 落胆. ▶ être dans un état d'*abattement* 衰弱している; 落ち込んでいる. ❷ 割り引き;（税の）控除.

abattes, abattent /abat/ 活用 ⇨ ABATTRE 64

abattez /abate/ 活用 ⇨ ABATTRE 64

abatti-, abattî- 活用 ⇨ ABATTRE 64

abattis¹ /abati/ 男 ❶（切り倒された木などの）山, 堆積(たいせき). ❷《複数で》（家禽(かきん)の）くず肉: 頭, 手羽, 脚, 臓物など. ❸《複数で》俗（人間の）手足.

abattis² /abati/ 活用 ⇨ ABATTRE 64

abattis- 活用 ⇨ ABATTRE 64

abattoir /abatwaːr/ 男 食肉処理場; 話 殺戮(さつりく)の場.

abattons /abatɔ̃/ 活用 ⇨ ABATTRE 64

*****abattre** /abatr/ アバトル 64 （過去分詞 abattu, 現在分詞 abattant）他動 ❶ …を切り倒す, 打ち壊す. ▶ *abattre* une forêt 森林を伐採する / *abattre* un mur 壁を取り壊す. ❷ …を打ち［撃ち］殺す, 撃ち落とす. ▶ *abattre* un bœuf 牛を畜殺する / *abattre* un avion 飛行機を撃墜する / un homme à *abattre* 消すべき男. ❸ …を打ち負かす. ▶ *abattre* le gouvernement 政府を打倒する. ❹ …を疲労させる; 落胆させる, 打ちのめす. ▶ *être abattu par la chaleur* 暑さで参っている / Cette triste nouvelle m'a complètement *abattu*. その悲報に私は完全に打ちひしがれた. ❺〔雨や風, ほこりなど〕を抑える, 鎮める. ❻（苦労して）〔行程, 仕事〕をこなす. ▶ *abattre* du travail 仕事をどんどん片付ける / *abattre* trente kilomètres par jour 1日に30キロメートルを踏破する.
abattre「son jeu［ses cartes］(1)（トランプで）ショウダウンする, 手を明かす.(2) 手の内を明かす.
ne pas se laisser abattre くじけない, 落ち着いている.
— *****s'abattre** 代動《s'abattre (sur qn/qc)》
❶（…に）襲いかかる. ▶ Le typhon *s'est abattu* sur toute la région. 台風はその地方全域を襲った. ❷（…の上に）倒れ落ちる, 崩れ落ちる. ▶ L'avion *s'est abattu*. 飛行機が墜落した / Le plafond *s'est abattu* sur les spectateurs. 観客の上に天井が崩れ落ちた.

abattu, e /abaty/ 形（abattre の過去分詞）❶ 落胆し, 打ちのめされた;〔病人が〕衰弱した. ▶ Depuis la mort de son mari, elle est très *abattue*. 夫に死なれてから彼女はすっかり参っている. ❷ 打ち［撃ち］倒された, 撃ち落とされた.

abbatial, ale /abasjal/;《男複》**aux** /o/ 形 大修道院(長)の.
— **abbatiale** 女 大修道院付属教会.

abbaye /abei/ 女 大修道院.

*****abbé** /abe/ アベ 男 ❶（教区内司祭の呼称として）司祭様, …神父様 / L'*abbé* Dupont est le curé de la paroisse. デュポン神父はこの小教区の主任司祭だ. 比較 ⇨ PRÊTRE. ❷ 大修道院長.

abbesse /abɛs/ 女 女子大修道院長.

abc /abese/ 男《単複同形》初歩, 基本.
l'abc du métier 仕事のいろは.

abcès /apsɛ/ (b は /p/ と発音する) 男 ❶ できもの, 膿瘍(のうよう). ❷（社会・社会的な）問題の種.
abcès de fixation (1)（人工的に作った）固定膿瘍. (2)（問題が広がるのを防ぐための）必要悪.
crever［vider］l'abcès (1) 膿(うみ)を出す. (2)（荒っぽいやり方で）問題の種を取り除く; 事態を打開する.

abdication /abdikasjɔ̃/ 女 ❶（権利, 権威などの）放棄. ❷ 退位, 譲位.

abdiquer /abdike/ 自動 ❶ 誇りを捨てる; 降参する, あきらめる. ▶ J'*abdique*.（なぞなぞなどのゲームで）降参だよ. ❷ 退位する, 譲位する.
— 他動 文章 …を捨てる, 放棄する. ▶ *abdiquer* toute dignité 一切の品位を捨てる. ❷〔王位, 高位など〕を退く, 譲位する.

abdomen /abdɔmɛn/ 男《解剖》腹部, 腹.

abdominal, ale /abdɔminal/;《男複》**aux** /o/ 形 腹(部)の.
— **abdominaux** 男複 ❶ 腹筋. ❷ 腹筋運動.
faire des abdominaux 腹筋運動をする.

abécédaire /abesedɛːr/ 男（文字を学ぶための）初歩読本, 入門書.

abeille /abɛj/ 女 ミツバチ.

aberrant, ante /abɛrɑ̃, ɑ̃ːt/ 形 非常識な, ばかげた. ▶ Qu'il parte par un pareil temps, c'est *aberrant*! こんな天気に出かけるなんて非常識だ.

aberration /abɛrasjɔ̃/ 女 ❶ 錯乱, 錯誤, 非常識（な考え［行動］）. ▶ Par quelle *aberration* a-t-il accepté une telle tâche? 何を血迷って彼はそんな仕事を引き受けたのだ. ❷《光学》収差. ❸《生物学》*aberration* chromosomique 染色体異常.

abêtir /abetiːr/ 他動 …を愚かにする.
— **s'abêtir** 代動 愚かになる.

abêtissant, ante /abetisɑ̃, ɑ̃ːt/ 形 愚かにする. ▶ passer son temps à des lectures *abêtissantes* 低俗な本ばかり読んで時間をつぶす.

abêtissement /abetismɑ̃/ 男 愚かにすること; 愚かになること.

abhorrer /abɔre/ 他動 文章 …を嫌悪する, 忌み嫌う.
— **s'abhorrer** 代動 文章 ❶ 自己嫌悪する. ❷ 嫌い合う.

abîme /abim/ 男 ❶ 深淵(しんえん), 底知れぬ深み. ▶

un *abîme* océanique 海の深淵. ◆un *abîme* de + 無冠詞名詞 底知れぬほどの…. ▶ C'est un *abîme* de science. 彼(女)らはたいへんな学者だ / Il est plongé dans un *abîme* de réflexion. 彼は思索のふちに沈んでいる. ❷ 越えがたい溝, 断絶. ▶ Il y a un *abîme* qui s'est creusé entre nous. 我々の間には深い溝ができてしまった. ❸ 奈落の底, どん底; 破滅. ▶ courir à l'*abîme* 破滅に向かって突き進む.

au bord de l'abîme 破滅の危機に瀕(%)した; 絶望のふちに立った.

abîmé, e /abime/ 形 ❶ 傷んだ, だめになった. ▶ Elle a les cheveux *abîmés* par la permanente. 彼女の髪はパーマで傷んでいる. ❷ 話 痛めつけられた, ぶちのめされた. ❸ 文章〈*abîmé* dans qc〉…に沈んだ, ふけった.

*****abîmer** /abime/ アビメ 他動 ❶ …を傷める, だめにする. ▶ Le déménagement *a abîmé* les meubles. 引っ越しで家具に傷がついた. ❷ 話〔人〕をぶちのめす, 痛めつける.

— **s'abîmer** 代動 ❶ 傷む, だめになる. ▶ Range ces photos, elles vont *s'abîmer* au soleil. 写真をかたづけなさい, 日に当たると傷んでしまうよ. ❷〈*s'abîmer* + 定冠詞 + 名詞〉〔自分の身体の一部〕を傷める. 注 se は間接目的. ▶ *s'abîmer* les yeux 目を悪くする. ❸〈*s'abîmer* dans qc〉〔船などが〕…に沈む. ❹ 文章〈*s'abîmer* dans qc〉〔人が〕(ある状態)に沈み込む, 沈潜する.

abject, e /abʒɛkt/ 形 下劣な, 卑しむべき, おぞましい.

abjection /abʒɛksjɔ̃/ 女 下劣さ, 卑しさ, おぞましさ.

abjuration /abʒyrasjɔ̃/ 女 ❶ 棄教; 異端誓絶, 異端公式放棄宣言. ❷ (意見, 主義などの) 放棄, 撤回.

abjurer /abʒyre/ 他動 ❶〔ある宗教, 特に異端〕を(宣誓のうえ)放棄する. ❷〔意見, 主義など〕を公然と捨てる, 撤回する.

ablatif /ablatif/ 男【言語】奪格.

ablation /ablasjɔ̃/ 女【外科】切除.

ablution /ablysjɔ̃/ 女 ❶【宗教】沐浴(%), 禊(%), 潔斎. ❷【カトリック】洗浄:ミサ中に司祭が水で指とカリス(聖杯)を洗う儀式. ❸ 体を洗うこと. ▶ faire ses *ablutions* 体を洗う.

abnégation /abnegasjɔ̃/ 女 自己犠牲, 献身; 克己. ▶ faire *abnégation* de son propre intérêt 私利私欲を捨てる.

aboiement /abwamɑ̃/ 男 ❶ (犬の)ほえ声; (人の)わめき声. ❷ (多く複数で)激しい言葉.

abois /abwa/ 男複〔獲物を追い詰めたときの〕猟犬のほえ声.

être aux abois (特に経済的に)窮地にいる, 絶体絶命である. ▶ Mon oncle *est* financièrement *aux abois*. おじは経済的に逼迫(%)している.

abolir /abɔliːr/ 他動〔制度, 慣習〕を廃止する. ▶ *abolir* la peine de mort 死刑を廃止する.

abolition /abɔlisjɔ̃/ 女 (制度, 慣習の) 廃止.

abolitionnisme /abɔlisjɔnism/ 男 死刑廃止論; 奴隷制廃止論.

abolitionniste /abɔlisjɔnist/ 形 死刑廃止(論)の; 奴隷制廃止(論)の.

— 名 死刑廃止論者; 奴隷制廃止論者.

abominable /abɔminabl/ 形 ❶ ぞっとするような, 忌まわしい. ▶ un crime *abominable* 恐ろしい犯罪 / un *abominable* personnage おぞましい人物. ❷ ひどい. ▶ Quel temps *abominable*! なんて嫌な天気だ.

abominablement /abɔminabləmɑ̃/ 副 ❶ おぞましく, 忌むべきやり方で. ▶ Elle chante *abominablement*. 彼女の歌は聞くに堪えない. ❷ たいそう, ひどく. ▶ *abominablement* cher (=extrêmement) 恐ろしく高価な.

abomination /abɔminasjɔ̃/ 女 文章 忌まわしいもの[こと]; 嫌悪.

abominer /abɔmine/ 他動 文章 …を忌み嫌う.

abondamment /abɔ̃damɑ̃/ 副 多量に, 豊富に.

abondance /abɔ̃dɑ̃ːs/ 女 ❶〈l'*abondance* de + 定冠詞 + 名詞〉…のあり余る豊かさ. ▶ L'*abondance* des récoltes dépasse les prévisions. 収穫の豊富さは予想を上回る. ❷〈(une) *abondance* de + 無冠詞名詞〉多量の…, 豊富な…. ▶ une *abondance* de larmes あふれる涙 / Il y a (une) *abondance* de poissons ici. ここには魚がたくさんいる. ❸ 豊かであること, 富, 豊作. ▶ une année d'*abondance* 豊年 / société d'*abondance* 豊かな社会 / vivre dans l'*abondance* あり余る富に浸って暮らす.

Abondance de biens ne nuit pas. 諺 財産が多いのは邪魔にならない, 多くて困ることはない.

en abondance 豊かに, たっぷりと (=abondamment). ▶ Il y a des fruits *en abondance*. 果物がたくさんある.

parler avec abondance 滔々(%)と弁ずる.

parler d'abondance 文章 (下準備なしに)即興で話す.

*****abondant, ante** /abɔ̃dɑ̃, ɑ̃ːt/ アボンダン, アボンダーント/ 形 たくさんの, 豊富な. ▶ récolte *abondante* 豊作.

abonder /abɔ̃de/ 自動 たくさんある, 豊富にある. ▶ Les fautes *abondent* dans ce manuel. このテキストは間違いだらけだ.

— 間他動 ❶〈*abonder* en + 無冠詞名詞〉…に富む, で満ちている. ▶ Les forêts *abondent* en gibier. 森は獲物であふれている. ❷ *abonder* dans le sens de qn …と同意見である.

abonné, e /abɔne/ 形〈*abonné* à qc〉❶ …の定期予約をしている; に加入している. ▶ lecteurs *abonnés* 予約購読者 / être *abonné* au téléphone 電話に加入している / être *abonné* au Centre Pompidou ポンピドゥー・センターの会員である. ❷ …の(悪い)習慣がある. ▶ être *abonné* à la place de dernier いつもビリだ. ◆y être *abonné* 毎度のことだ, 常習犯である. ▶ Il a subi de nouveaux échecs; il y est *abonné*! あいつはまた失敗した, もう癖になってるんだ. ❸ (ある場所)の常連である. ▶ être *abonné* à un café 喫茶店の常連である.

— 名 ❶ (新聞, 雑誌の) 予約購読者; (劇場などの) 定期会員; (鉄道の) 定期券利用者; (ガス, 電気, 電話などの) 加入者. ❷ 話 常連.

être aux abonnés absents 応答しない, 反応

がない，だんまりを決め込む；生死不明である．

abonnement /abɔnmɑ̃/ 男 ❶ (新聞，雑誌の)予約購読；(鉄道の)定期券購入，(劇場などの)定期会員加入；(ガス，電気，電話などの)加入契約．▶ carte *d'abonnement* 定期券；prendre [souscrire] un *abonnement* à un journal pour un an 新聞を1年間予約購読する．❷ (新聞，雑誌などの)購読料；(定期公演の)会費，入会金；(ガス，電気，電話などの)料金．

s'abonner /sabɔne/ 代動 <*s'abonner* (à qc)> (…を)定期予約する；(…に)加入する．▶ *s'abonner* à un journal 新聞を予約購読する．

— **abonner** /abɔne/ 他動 <*abonner* qn à qc> …を…の予約購読[購読]者にする，加入者にする．

abord /abɔːr/ 男 ❶ (人に与える)感じ，当たり，印象．▶ être d'un *abord* facile 親しみやすい，近づきやすい／être d'un *abord* difficile 近づきにくい．❷ (複数で)近辺，付近．▶ Les *abords* de cette ville sont très boisés. その町の周辺は緑が多い．❸ 文章 (場所への)接近．

au premier abord=*de prime abord* 文章 最初は[一見したところでは]…だが．▶ *Au premier abord*, j'ai cru à une erreur, mais j'ai compris ensuite que c'était intentionnel. 最初は間違いだと思ったが，そのあとで意図的だと気がついた．

d'abord ❶ 第一に，まず初めに．▶ Écoutons *d'abord* ce qu'il en pense, nous déciderons ensuite. まず彼がどう考えているか聞いてみて，それから決めることにしよう．(2) まず何よりも (=avant tout). ▶ L'homme est *d'abord* un animal. 人間は何よりもまず動物である．(3) 話 第一．▶ Laissez-moi tranquille; et puis, *d'abord*, qui vous a permis d'entrer ici? ほっといてください，それに第一，ここに入っていいとだれが言いました．

abordable /abɔrdabl/ 形 ❶ (値段が)手ごろな．▶ un restaurant *abordable* 手ごろな値段のレストラン．❷ (人が)親しみやすい，愛想のよい．

abordage /abɔrdaːʒ/ 男 ❶ (敵船などへの)接舷(訳)；(接舷しての)攻撃，襲撃．❷ (船同士の)衝突．❸ 接岸，着岸．

***aborder** /abɔrde/ アボルデ/ 他動 ❶ …に(近づいて)話しかける，声をかける．▶ *aborder* un passant dans la rue 路上で通行人に話しかける．❷ (問題，テーマに)取りかかる，取り組む．▶ *aborder* un sujet difficile 難しいテーマに取り組む／La question a été abordée, mais pas approfondie. 問題は一応取り上げられたが，突っ込んだところまでは行かなかった．❸ (場所，状況)に近づく，差しかかる．▶ *aborder* un virage カーブに差しかかる／*aborder* la vieillesse avec prudence 不安な思いで老境を迎える．❹ (船が岸，他船に)横付けする；(他船に)衝突する．

— 自動 船が(岸に)着く．▶ *aborder* sur la côte 海岸に着く／*aborder* dans [à] un port 港に着く，入港する．

aborigène /abɔriʒɛn/ 形 土着の，先住民の；(植物が)原生の，原産の．

— 名 (多く複数で)先住民；オーストラリアの先住民，アボリジニー．

abortif, ive /abɔrtif, iːv/ 形 流産の；流産させる．— **abortif** 男 堕胎薬．

abouchement /abuʃmɑ̃/ 男 (管の)接合．

aboucher /abuʃe/ 他動 ❶ (管など)を接合する．❷ <*aboucher* qn avec qn> …に…を引き合わせる，接触させる．

— **s'aboucher** 代動 ❶ <*s'aboucher* à qc> …とつながる，接合する．❷ <*s'aboucher* avec qn> (多く悪い意味で)…と接触する，談合する．

abouler /abule/ 他動 俗 …を与える (=donner)；持ってくる (=apporter).

abouti, e /abuti/ 形 うまくいった，成功した．▶ projet *abouti* 成功した計画．

***aboutir** /abutiːr/ アブティール/ 自動 ❶ …に達する；行き着く．▶ Le Rhône *aboutit* à la Méditerranée. ローヌ川は地中海に注いでいる／Après deux heures de marche, nous *avons aboutis* dans un village. 2時間歩いたあとで，我々はやっと一つの村に出た．比較 ARRIVER．❷ <*aboutir* à qc/不定詞> (結果，結論など)に達する，至る．▶ Les négociations n'*ont abouti* à rien. 交渉からはなんの成果も得られなかった．❸ (目的語なしに)成功する，成果を上げる．▶ Les négociations *ont abouti*, l'accord est réalisé. (=réussir) 交渉は成立し，協定が結ばれた／Nos efforts n'*ont pas abouti*. 我々の努力は実を結ばなかった．

aboutissants /abutisɑ̃/ 男複 (次の句で)
les tenants et les aboutissants ⇨ TENANTS．

aboutissement /abutismɑ̃/ 男 ❶ 結果，成果．❷ 終点，端．

***aboyer** /abwaje/ アボワイエ/ 10 自動

直説法現在	j'abo*ie*	nous aboyons
	tu abo*ies*	vous aboyez
	il abo*ie*	ils abo*ient*

(犬が)ほえる．話 (人が)がなり立てる．▶ Chien qui *aboie* ne mord pas. 諺 吠える犬ははかまない．

aboyeur, euse /abwajœːr, øːz/ 名 話 叫ぶことを職業とする人；(証券取引所の)場立ち人；(レセプションなどで来客の名を告げる)取次係；新聞の売り子．

abracadabrant, ante /abrakadabrɑ̃, ɑ̃ːt/ 形 話 奇妙きてれつな，支離滅裂な．▶ une histoire complètement *abracadabrante* 荒唐無稽(ﾅい)な話．

abrasif, ive /abrazif, iːv/ 形 研磨用の．— **abrasif** 男 研磨材．

abrégé /abreʒe/ 男 要約，概要；概説書．▶ faire l'*abrégé* d'une conférence 講演の内容をかいつまんで言う／un *abrégé* de géographie générale (=précis) 一般地理概要．

en abrégé 略式で／ ▶ mot *en abrégé* 略語／《Mademoiselle》 s'écrit 《Mlle》 *en abrégé*. Mademoiselle は略して Mlle と書く．

— **abrégé, e** 形 短縮された，縮約された．

abrégement /abreʒmɑ̃/, **abrègement** 男 (文，期間などの)短縮．

abréger /abreʒe/ [7] 他動 ❶〔期間など〕を短縮する．▶ Le mauvais temps *a abrégé* nos vacances．(=réduire) 悪天候のために休暇を早めに切り上げた．❷〔話，文〕を簡略にする，要約する．▶ *abréger* un texte (=raccourcir) 原文を短くする / *abréger* un mot 語(のつづり)を略記する．

abreuver /abrœve/ 他動 ❶〔牛，馬など〕に水を飲ませる，を水飼いする．❷〈*abreuver* qc (de qc)〉〔地面など〕を(…で)たっぷり湿らす，ぬらす．▶ La rupture de la canalisation *a abreuvé* le sol d'eau．水道管破裂で地面が水浸しになった．❸〈*abreuver* qn de qc〉〔人〕を…で満たす，に…を浴びせる．▶ *être abreuvé* d'informations de toutes sortes 情報の洪水の中にいる / Ils l'*ont abreuvé* d'injures．彼らは彼をさんざんにののしった．— **s'abreuver** 代動〔動物が〕水を飲む；〔人が〕したたかに酒を飲む．

abreuvoir /abrœvwa:r/ 男 (家畜などの)水飲み場，水飼い桶(誡)；給水器．

abréviatif, ive /abrevjatif, i:v/ 形 省略を示す，省略の．▶ signe *abréviatif* 省略記号．

abréviation /abrevjasjɔ̃/ 女 (語句の)短縮，略記；略語．▶ par *abréviation* 略して．

*****abri** /abri/ アブリ / 男 ❶(危険，悪天候などから身を守る)避難所．▶ un *abri* contre la pluie 雨宿りの場所 / chercher un *abri* sous un arbre 木の下に逃げ込む / sans *abri* 住む家がない；〖名詞的に〗家がない人，ホームレス / *abri* fiscal 節税対策．❷ 仮小屋，バラック；〔バス停などの，屋根のある〕待合所；〔山の〕避難小屋．▶ *abri* à vélos 自転車置き場 / construire un *abri* pour sa voiture マイカー用にカーポートを作る．❸ 待避壕(⻇)．*abri* antiatomique 核シェルター．

à l'abri 保護された状態に，安全な場所に．▶ Les documents sont *à l'abri*．書類は安全な所にある．

à l'abri de qc (1) …から保護されて，を免れて．▶ se mettre *à l'abri du* vent 風を避ける / Personne n'est *à l'abri d'une* erreur．間違えない人はいない．(2) …で守られて，に隠れて．

abribus /abribys/ 男 (屋根付きの)バス停，バス待合所．

abricot /abriko/ 男 アンズ(の実)．— 形《不変》あんず色の．

abricoté, e /abrikote/ 形 ❶ アンズのような，アンズに似た．❷ アンズ入りの．

abricotier /abrikotje/ 男 アンズ(の木)．

abrité, e /abrite/ 形 雨風の当たらない；保護された．

*****abriter** /abrite/ アブリテ / 他動 ❶ …を**保護する**，守る．▶ Je l'*ai abrité* sous mon parapluie．私は彼を傘に入れてあげた．▶ *abriter* qn/qc de [contre] qc …を…から保護する．▶ Un grand parasol nous *abrite du* soleil．大きなパラソルが日差しから我々を守っている．❷〔建物が人，組織，施設〕を収容する (=héberger)．▶ Cet immeuble *abrite* environ cent locataires．このマンションには約100人の借家人がいる．— **s'abriter** 代動 身を守る，避難する．▶ *Abritez-vous* sous le porche, l'orage arrive! にわか雨だ，ポーチの下で雨宿りだ．◆ *s'abriter* de [contre] qc …から避難する．▶ *s'abriter du* vent 風をよける．◆ *s'abriter* derrière qn/qc …にすがる，を盾に身を守る．*s'abriter derrière* la loi 法を盾に取る．

abrogation /abrɔgasjɔ̃/ 女 (法律，制度などの)廃止．

abroger /abrɔʒe/ [2] 他動〔法律，制度など〕を廃止する．— **s'abroger** 代動 廃止される．

abrupt, e /abrypt/ 形 ❶ 斜面が切り立った，険しい．❷〔人，振る舞いなどが〕ぶっきらぼうな，ぶしつけな．▶ Le professeur fut embarrassé par une question *abrupte* de l'élève．教師は生徒の思いがけない質問にどぎまぎした．— **abrupt** 男 急斜面．

abruptement /abryptəmɑ̃/ 副 ぶっきらぼうに，ぶしつけに．

abruti, e /abryti/ 形 (abrutir の過去分詞) ❶(頭の働きの)鈍った，痴呆(讀)状態に陥った．❷ 話 頭の悪い，鈍い．— 名 ばか，あほう．

abrutir /abryti:r/ 他動〈*abrutir* qn(de qc)〉(…で)〔人〕をへとへとにさせる，痴呆(讀)状態にする．▶ *abrutir* un enfant de devoirs 子供を勉強でくたくたにさせる．❷ …を愚かにする，鈍くする．▶ une propagande qui *abrutit* les masses 大衆を愚民化する宣伝．— **s'abrutir** 代動 (疲労などで)へとへとになる，ばかになる；頭が麻痺(讀)する．

abrutissant, ante /abrytisɑ̃, ɑ̃:t/ 形 (abrutir の現在分詞)へとへとにさせる，痴呆(讀)状態にさせる．

abrutissement /abrytismɑ̃/ 男 痴呆(讀)化，愚鈍化．

abscisse /apsis/ 女〖数学〗横座標；x 座標．

abscons, onse /apskɔ̃, ɔ̃:s/ 形 文章〖人，考え方，文章など〗分かりにくい，難解な．

*****absence** /apsɑ̃:s/ アプサーンス / 女 ❶ 不在，留守；欠席，欠勤，不参加．(↔présence) ▶ une *absence* de trois mois 3 か月にわたる欠勤［不在］/ pendant mon *absence* 私が留守の間に / faire de fréquentes *absences* 頻繁に休む / Il s'est excusé de son *absence* du [au] débat．彼は討論に参加しなかったことを詫(ゎ)びた．❷〈*absence* de + 無冠詞名詞〉…がないこと，の欠如．▶ accuser une *absence* complète *de* goût (=manque) センスがまったくないことをさらけ出す / L'*absence de* père est néfaste à un enfant．父親の不在は子供にとって不幸だ（注 父親の留守は l'*absence* du père）．❸ 放心；記憶喪失 (= absence de mémoire)．▶ avoir des *absences* ぼんやりするときがある．

en l'absence de qn/qc (1) …がいないときに，いない場合には．▶ *En l'absence du* maire, voyez son adjoint．市長不在の折は助役に会ってください．(2) …がない［いない］ので．▶ *En l'absence de* preuves, les prévenus ont été acquittés．証拠がないので容疑者たちは釈放された．

*****absent, ente** /apsɑ̃, ɑ̃:t/ アプサン，アプサーント / 形 ❶〈*absent* (de qc)〉(いるべき場所に)いない；不在の，留守の，欠席の (↔présent)．▶ Il est *absent* de chez lui．彼は自宅にいない / Elle est *absent* de Paris．彼女はパリにいない / être

absentéisme

absent en classe 授業を欠席している. ❷ ⟨*absent* de qc⟩…にない, 欠けている. ▶ Son nom est *absent* de la liste. 彼(女)の名前はリストにはない. ❸〔人, 態度が〕ぼんやりした;放心状態の. ▶ avoir「un air [l'air]*absent*(=distrait)放心した様子である.
— 名 不在者, 欠席者.

Les absents ont toujours tort. 諺 いない者はいつも悪者, 欠席裁判.

absentéisme /apsɑ̃teism/ 男〔頻繁な〕欠勤, 欠席;ずる休み. ▶ reprocher son *absentéisme* à qn …に休むとを非難する.

absentéiste /apsɑ̃teist/ 形, 名 よく休む(人).

s'absenter /sapsɑ̃te/ 代動 ⟨*s'absenter* (de qc)⟩(ある場所を)いっとき離れる, 留守にする;欠席する, 休む. ▶ *s'absenter* pour quelques instants ちょっとの間留守にする / *s'absenter* de chez soi 家をあける / *s'absenter* de son travail 仕事を休む.

absinthe /apsɛ̃:t/ 女 ❶〔植物〕ニガヨモギ. ❷ アブサン:ニガヨモギで香りをつけた酒.

***absolu, e** /apsɔly/ アプソリュ 形 ❶ 絶対の, 完全な;制約のない. ▶ monarchie *absolue* 絶対君主制 / majorité *absolue* (議会などでの)絶対多数 / Elle a une confiance *absolue* en son fiancé.(=total) 彼女は婚約者を信頼しきっている. ❷ 固有の, 独立の. ▶ Les mots d'une phrase n'ont pas un sens *absolu*. 文を構成する単語には(文脈と無関係な)独立した意味はない. ❸ 究極の, 極限的な. ▶ la misère *absolue* d'une population 住民の極貧状態. ❹〔人, 態度が〕断定的な, 有無を言わさぬ. ▶ une affirmation *absolue* 断言 / Vous êtes trop *absolu*. あなたは断定的すぎる. ❺〔言語〕絶対的な. ▶ l'emploi *absolu* d'un verbe transitif(目的語なしの)他動詞の絶対用法. ❻〔物理〕température *absolue* 絶対温度. ❼〔数学〕valeur *absolue* 絶対値.
— absolu 男 絶対, 絶対的なもの.

dans l'absolu 無条件で. ▶ On ne peut pas juger de cela *dans l'absolu*. それについては状況を考慮しないで判断してはいけない.

***absolument** /apsɔlymɑ̃/ アプソリュマン 副 ❶ 絶対に, 断固として. ▶ Il faut *absolument* vous coucher. ぜひともお休みにならなければなりません. ❷《強意》まったく, まさに. ▶ Je n'avais *absolument* pas faim. 私は全然空腹ではなかった / Ce n'est pas *absolument* faux. まったく間違いというわけではない(⇨ 語法) / (oui の強調形として)«Vous êtes sûr?—*Absolument*[*Absolument* pas]!»「確信がありますか」「もちろん〔全然〕」 ❸《文法》絶対的に, (他動詞が)目的語なしで.

語法 *absolument* pas(全体否定)と pas *absolument*(部分否定)は意味が異なる.
(1) Je ne suis *absolument pas* d'accord avec lui. 私は彼と全然意見が違う. 注 *absolument* の最初の音節に強勢をおく.
(2) Je ne suis *pas absolument* d'accord avec lui. 私は彼と完全に意見が同じというわけではない. 注 (1) とは違い, *absolument* を強く発音することはない.

absolution /apsɔlysjɔ̃/ 女 ❶〔カトリック〕(告解の秘跡で司祭が与える)罪の赦(ゆる)し, 赦免. ❷〔法律〕被告人の無罪放免, 公訴の棄却.

absolutisme /apsɔlytism/ 男 絶対主義.

absolutiste /apsɔlytist/ 形, 名 絶対主義の(人).

absolv- 活用 ⇨ ABSOUDRE 82

absorbant, ante /apsɔrbɑ̃, ɑ̃:t/ 形 ❶ 吸収性の, 吸収力のある. ❷ 心を奪う, 没頭させる.

***absorber** /apsɔrbe/ アプソルベ 他動 ❶〔液体, 気体など〕を吸収する, 吸い込む. ▶ Le buvard *absorbe* l'encre. 吸い取り紙はインクを吸い取る. ❷ …を飲む;食べる. ▶ Je n'ai rien *absorbé* depuis hier. 私は昨日から何も口にしていない. ❸〔時間, 金銭〕を食う, 使い果たす. ▶ Cet achat *a absorbé* presque toutes mes économies. その買い物で貯金をほとんどはたいてしまった. ❹〔物が, 人の関心など〕を独占する, 拘束する. ▶ Ce travail l'*absorbe* complètement.(=accaparer) 彼(女)はこの仕事にかかりっきりだ / *être absorbé* dans qc〔人が〕…に没頭する. ❺〔作業〕をこなす, さばく. ▶ On a réussi à *absorber* tout le travail en retard. 遅れていた仕事をすっかりかたづけることができた.
— **s'absorber** 代動 ⟨*s'absorber* dans qc⟩…に没頭する, 専念する. ▶ *s'absorber* dans la lecture d'un journal 新聞を夢中になって読む.

absorption /apsɔrpsjɔ̃/ 女 ❶ 吸収, 吸い込むこと. ❷ 摂取;《特に》(有害物の)飲食. ▶ l'*absorption* d'un poison 服毒 / La vitamine C favorise l'*absorption* du fer. ビタミン C は鉄分の吸収を促す. ❸ (企業などの)吸収, 合併.

absoudre /apsudr/ 82〔直説法単純過去, 接続法半過去は用いない〕他動(過去分詞 absous, absoute, 現在分詞 absolvant)❶〔人, 行為〕を許す. ❷〔カトリック〕〔告解者〕に罪の赦(ゆる)しを与える.

absoudre la faute de qn …の過ちを許す.

absous, absout /apsu/ 活用 ⇨ ABSOUDRE

s'abstenir /sapstəni:r/ 28 代動 (過去分詞 abstenu, 現在分詞 s'abstenant) ❶ ⟨*s'abstenir* de qc/不定詞⟩…を断つ, 節制する. ▶ *s'abstenir* de café コーヒーを断つ / *s'abstenir* de fumer 禁煙する. ❷ ⟨*s'abstenir* de qc/不定詞⟩…を差し控える, 慎む. ▶ *s'abstenir* de tout commentaire(=se garder) 一切の論評を差し控える. ❸ 関与しない;遠慮する;(投票で)棄権する. ▶ De nombreux électeurs *se sont abstenus*. 多くの有権者が棄権した.〔ときに広告文で, 不定詞で〕Pas sérieux *s'abstenir*. ひやかしお断り.

Dans le doute, abstiens-toi. 諺 疑わしければ手を出すな.

abstention /apstɑ̃sjɔ̃/ 女 (行動の)自粛, 回避;(投票の)棄権. ▶ Il y a eu une *abstention* massive aux élections municipales. 市議会議員選挙では大量の棄権者が出た.

abstentionnisme /apstɑ̃sjɔnism/ 男 棄権;棄権主義.

abstentionniste /apstɑ̃sjɔnist/ 形, 名 投票を棄権する(人);棄権主義の(人).

abstien-, abstiendr-, abstin-, abstîn-

académie

活用 ⇨ s'ABSTENIR 28

abstinence /apstinɑ̃:s/ 女 ❶(飲食物の)節制, 断食; 禁欲. ▶ prescrire à qn l'*abstinence* d'alcool …に禁酒を命じる. ❷『カトリック』小斎(しょうさい), 肉断ち.

abstin*ent, ente* /apstinɑ̃, ɑ̃:t/ 形 (飲食などを)節制している; 禁欲している.
— 名 節制家, 禁欲家; 禁欲生活者.

abstinss- 活用 ⇨ s'ABSTENIR 28

abstraction /apstraksjɔ̃/ 女 ❶ 抽象すること, 抽象(作用). ▶ L'homme est capable d'*abstraction* et de généralisation. 人間には物事を抽象化し, 一般化する能力がある. ❷ 抽象的観念; 夢想, 空想. ▶ La vieillesse n'est encore pour elle qu'une *abstraction*. 老いは彼女にとってまだ頭の中だけの問題だ.

abstraction faite de qc …を考慮に入れなければ, 除外すれば.

faire abstraction de qc …を捨象する, 考慮に入れない(=ne pas tenir compte de).

abstraire /apstrɛ:r/ 68 《直説法単純過去, 接続法半過去は用いない》(過去分詞 abstrait, 現在分詞 abstrayant) 他動 <*abstraire* A de B> A を B から分離する, 抽象する.
— **s'abstraire** 代動 <*s'abstraire* (de qc)> (…から)自分を引き離す; 超然とする; (周囲を)忘れる. ▶ J'ai du mal à *m'abstraire* au milieu de ce bruit infernal. このものすごい騒音の中では心静かにものを考えることが難しい.

abstr*ait, aite* /apstrɛ, ɛt/ 形 ❶ 抽象的な(↔concret). ▶ au sens *abstrait* 抽象的な意味で. ❷ 具体性をもたない, 観念的な. ▶ des spéculations *abstraites* 抽象的な思考; 机上の空論. ❸(抽象的すぎて)難解な. ▶ un texte trop *abstrait* pour les lycéens リセの生徒には難しすぎる文章. ❹『芸術』抽象の, 非具象な(=non-figuratif). ▶ peinture *abstraite* 抽象画.
— **abstrait** 男 ❶ 抽象, 抽象的なもの. ❷ 抽象美術; 抽象画.

abstraitement /apstrɛtmɑ̃/ 副 ❶ 抽象的に; 観念的に. ❷ 理論的に; 理屈では.

abstray- 活用 ⇨ ABSTRAIRE 68

*****absurde** /apsyrd/ アプシュルド/ 形 **不合理な**, ばかげた, 不条理な. ▶ une question *absurde* ばかげた質問 / Ne sois pas *absurde*. とんでもないことを言うなよ. ◆《非人称構文で》Il est[C'est] *absurde* de + 不定詞. …するのはばかげている.
— 男 不合理, 不条理. ▶ la philosophie de l'*absurde* 不条理の哲学 / raisonnement[démonstration] par l'*absurde* 背理法.

absurdité /apsyrdite/ 女 ❶ 不合理, 不条理, ばからしさ. ▶ l'*absurdité* de l'existence 存在の不条理 / dire des *absurdités* ばかなことを言う / C'est une *absurdité* d'abandonner ce projet maintenant. 今になってこの計画をあきらめるなんて, そりゃめちゃくちゃだ.

abus /aby/ 男 ❶ 乱用, 悪用. ▶ *abus* de pouvoir 権力の乱用 / *abus* d'autorité 職権乱用 / *abus* sexuel 性的虐待 / *abus* d'alcool 酒の飲みすぎ / C'est l'*abus* de tabac qui l'a rendu malade. たばこをすいすぎたから彼は病気になったんだ. ❷《多く複数で》悪習, 悪弊. ❸ *abus*「de langages[de mots]」言葉の誤用.

abus de confiance (1) 背信行為. (2)『法律』背任(罪).

Il y a de l'abus. 話 それはむちゃだ[行きすぎだ].

*****abuser** /abyze/ アビュゼ/ 間他動 ❶<*abuser* de qc>…を乱用する, 悪用する. ▶ N'*abusez* pas des somnifères. 睡眠薬を飲みすぎてはいけません / Il *abuse* de la supériorité de sa position pour m'imposer des conditions inacceptables. 彼は自分が優位にあることを利用して, 私に承服しがたい条件を押し付けようとしている /《目的語なしに》Alors là, tu *abuses*! (=exagérer) ああ, そりゃちょっとやりすぎだよ.
❷<*abuser* de qn/qc>〔人の好意など〕につけ込む; 〔人〕に迷惑をかける. ▶ Je ne veux pas *abuser* de votre bonté. 御親切に甘えて御迷惑をおかけしたくありません. ❸<*abuser* de qn>〔女性〕を犯す, 慰みものにする.
— 他動 文章 …をだます, 欺く.
— **s'abuser** 代動 思い違いをする, 誤る(=se tromper). ▶ Il y a de cela cinq ans, si je ne *m'abuse*. 私の思い違いでなければ, そのことがあったのは5年前です.

abus*if, ive* /abyzif, i:v/ 形 ❶ 度を超した, 不当な; 誤った. ▶ l'usage *abusif* d'un médicament 薬の乱用 / l'emploi *abusif* d'un mot ある語の誤用.
❷(子供などを)度を超して構う; 不当に利用する. ▶ mère *abusive* 過保護な母親.

abusivement /abyzivmɑ̃/ 副 不当に, 過度に; 誤って.

abyss*al, ale* /abisal/;《男複》*aux* /o/ 形 ❶ 深海(性)の. ❷ 文章 底知れぬほどの.

abysse /abis/ 男 深海(部), 海溝; 深淵(しんえん).

abyss*in, ine* /abisɛ̃, in/, **abyssin*ien, enne*** /abisinjɛ̃, ɛn/ 形 アビシニア Abyssinie の. — **Abyss*in, ine*, Abyssin*ien, enne*** 名 アビシニア人.

AC《略語》Ante Christum 紀元前.

acabit /akabi/ 男《次の句で》

de cet[du même] acabit 話「(悪い意味で)あの手の, あのタイプの; 似たりよったりの. ▶ Ils sont tous *du même acabit*. 連中は皆同じ穴のむじなだ.

acacia /akasja/ 男『植物』❶ アカシア. ❷ ニセアカシア, ハリエンジュ.

académic*ien, enne* /akademisjɛ̃, ɛn/ 名 アカデミー会員, (特に)アカデミー・フランセーズ会員.

académie /akademi/ 女 ❶《Académie》(科学者, 芸術家などの)協会, 学士院, アカデミー. ▶ l'*Académie* Goncourt アカデミー・ゴンクール(ゴンクール(文学)賞の選定を行う). ❷ (l'*Académie*) アカデミー・フランセーズ (=l'*Académie* française): 1635年リシュリューが創設したフランス語の保存と純化を目的とする学術団体. ❸ (絵画, 音楽などの)学院, 学校. ▶ l'*Académie* nationale de musique et de danse 国立音楽舞踊学院(パリ・オペラ座の正式名称). ❹ (フランスの大学の)学区. ▶ L'Université de Paris X appartient à l'*académie* de Versailles. パリ第10大学はヴェルサイユ学区の管轄である. ❺『美術』裸体画の習作.

❻ 話 古風 体つき、肉体。

フランス学士院 Institut de France

5つのアカデミーから成る。
Académie française アカデミー・フランセーズ(1635年創設；フランス語の保存と純化)
Académie des inscriptions et belles-lettres 碑文・文芸アカデミー(1663年創設；歴史、考古学、文献学)
Académie des sciences 科学アカデミー(1666年創設；数学、物理学、医学など)
Académie des sciences morales et politiques 人文・社会科学アカデミー(1795年創設、1832年再設；哲学、倫理・社会学、法学、経済学、歴史学など)
Académie des beaux-arts 芸術アカデミー(1816年創設；絵画、建築、音楽など)

---

académique /akademik/ 形 ❶ アカデミーの；《特に》アカデミー・フランセーズの。❷ 古風で型にはまった、堅苦しい。▶ une mise en scène trop *académique* 型にとらわれすぎた演出。❸ 大学区の。

académisme /akademism/ 男 (伝統的)形式主義；紋切り型。

acajou /akaʒu/ 男 マホガニー(材)。

acalorique /akalɔrik/ 形 ノンカロリーの、カロリーの少ない。

acariâtre /akarjɑːtr/ 形 〔特に女性が〕気難しい、怒りっぽい。

accablant, ante /akɑblɑ̃, ɑ̃ːt/ 形 ❶ 耐えがたい、やりきれない。▶ un travail *accablant* 過酷な労働 / une nouvelle *accablante* つらい知らせ。❷ 圧倒的な、打ちのめすような。▶ une preuve *accablante* de culpabilité 有罪の有無を言わせぬ証拠。❸〔人が〕うるさい、迷惑な。▶ Il est très *accablant* avec toutes ses questions. 彼は質問を次から次へとしてでうるさくしようがない。

accablé, e /akɑble/ 形 打ちのめされた、参った。▶ être *accablé* de dettes 借金で首が回らない / être *accablé* de chaleur 暑さでぐったりしている / être *accablé* sous le poids de qc …の重圧に苦しむ。

accablement /akɑbləmɑ̃/ 男 打ちひしがれること、意気消沈。

accabler /akɑble/ 他動 ❶〈*accabler* qn (de qc)〉…を(…で)打ちのめす、苦しめる。▶ *accabler* le peuple d'impôts 国民を重税で苦しめる / Cette triste nouvelle l'*accabla*. この悲報に接し、彼(女)は悲嘆にくれた。❷〈*accabler* qn de qc〉…に(非難、悪口)を浴びせる。▶ *accabler* qn d'injures …を罵倒(ᵇᵃ)する。❸〈*accabler* qn de qc〉…を…で悩ませる、攻めにする。▶ *accabler* qn de questions …を質問攻めにする。

accalmie /akalmi/ 女 ❶ (風雨の)小やみ；(風の)凪(ᵍ)。❷ (活動、騒ぎなどの)一時的鎮静、小康状態。

accaparement /akapɑrmɑ̃/ 男 買い占め、独占、専有。

accaparer /akapɑre/ 他動 ❶ …を買い占める。▶ *accaparer* les actions 株を買い占める。❷ …を独り占めする。▶ *accaparer* la conversation 会話を独り占めする。❸〔人〕をつかまえて放さない；《受動態で》…に忙殺される。▶ Ce client *accaparait* la vendeuse. その客は売り子をつかまえて放さなかった / être *accaparé* par des tâches domestiques 家事に忙殺される。

accapareur, euse /akapɑrœːr, øːz/ 形, 名 買い占めをする(人)、独占をする(人)。

accédant, ante /aksedɑ̃, ɑ̃ːt/ 名 *accédant* à la propriété 初めて家を買う人。

accéder /aksede/ 自動 〔場所〕に行き着く、達する。▶ Ce passage *accède* au quai.(=mener) この通路を行くとプラットホームに出る。注 人が主語になる場合は多くは on が用いられる。❷〔地位、状態〕に到達する。▶ *accéder* au pouvoir (=arriver) 権力の座に就く。❸〔情報など〕を手に入れる。▶ Ce sont des choses confidentielles auxquelles on ne peut pas *accéder* normalement. それは通常では知ることができない秘密事項です。❹〔要求〕を聞き入れる、に同意する。▶ *accéder* aux désirs de qn …の望みをかなえる。

accélérateur /akseleratœːr/ 男 ❶ (車などの)アクセル、スロットル。▶ appuyer sur l'*accélérateur* アクセルを踏む / l'*accélérateur* au plancher フルスロットル、スロットル全開。❷〔物理〕粒子加速器。❸〔化学〕(反応)促進剤。

coup d'accélérateur (アクセルを踏むこと→)加速、推進。▶ donner un *coup d'accélérateur* (計画などの)実現促進に努める。

accélération /akselerɑsjɔ̃/ 女 ❶ 加速；(活動の)促進。▶ une voiture qui a des *accélérations* foudroyantes ものすごい加速力を持つ車 / Les grèves ont conduit à l'*accélération* de la déroute économique. ストが経済の混乱に拍車をかける結果となった。❷〔物理〕加速度。

accéléré, e /akselere/ 形 加速された、速度が速い。▶ se développer à un rythme *accéléré* 急ピッチで発展する。

—— *accéléré* 男〔映画〕コマ落とし。

accélérer /akselere/ 他動 …を速める、加速する；促進する。▶ *accélérer* le pas ピッチを上げる / *accélérer* l'inflation インフレに拍車をかける。

—— 自動〔自動車などが〕加速する；アクセルを踏む、スロットルを開ける。

—— **s'accélérer** 代動 速まる、勢いを増す。▶ Le progrès scientifique ne cesse de s'*accélérer*. 科学の進歩はとどまるところを知らない勢いだ。

*****accent** /aksɑ̃/ アクサン 男 ❶ アクセント、強勢。▶ En français, l'*accent* tonique porte sur la dernière syllabe. フランス語では強勢アクセントは最終音節にある。❷ アクセント記号；(フランス語の)アクサン記号。▶ *accent aigu* アクサン・テギュ(´) / *accent grave* アクサン・グラーヴ(`) / *accent circonflexe* アクサン・シルコンフレクス(^)。▶ avoir l'*accent* parisien パリ訛がある / parler sans *accent* 訛なしで話す / parler avec l'*accent* du Midi 南仏訛で話す。❹ (感情を表わす)口調、語調；調子。▶ Il y avait dans sa lettre un *accent* de tristesse. 彼(女)の手紙には悲しみの色がにじんでいた。

accession

mettre l'accent sur qc …を強調する，際立たせる．▶ Le ministre a mis l'accent sur les problèmes sociaux. 大臣は特に社会問題に力点を置いた．

accentuation /aksɑ̃tɥasjɔ̃/ 囡 ❶ アクセントを置くこと；アクサン記号をつけること．❷ 強調，強化．

accentué, e /aksɑ̃tɥe/ 形 ❶ アクセントのある；アクサン記号のついた．❷ 強調された，際立った．▶ Aux Antilles, il n'y a pas de saison sèche accentuée. (西インド諸島の)アンティル諸島にははっきりした乾季はない．

accentuer /aksɑ̃tɥe/ 他動 ❶〔音節〕にアクセントを置く；〔文字〕にアクサン記号をつける．❷ …を強調する，際立たせる．▶ un maquillage qui accentue le regard 目元を強調する化粧．❸ …を強化する，強化する．▶ La spéculation immobilière accentue encore les inégalités sociales. 不動産投機が社会的不平等をさらに増大させている．

— **s'accentuer** 代動 ❶ アクセントが置かれる；アクサン記号がつく．❷ 顕著になる；増大する．▶ La crise économique ne cesse de s'accentuer. (=s'aggraver) 経済危機は強まる一方だ．

acceptabilité /akseptabilite/ 囡〘言語〙容認可能性．

acceptable /akseptabl/ 形 ❶ 受け入れられる，承認できる．▶ une explication acceptable 納得のいく説明．❷ まずまずの，我慢できる．▶ Le salaire est acceptable, mais il y a trop de travail. 給料はまあまあだが，仕事が多すぎる．

acceptation /akseptasjɔ̃/ 囡 ❶ 承認，同意；受け入れ．▶ donner son acceptation à un projet 計画に承認を与える〔賛成する〕．❷《修飾語なしに》(運命，逆境などの)甘受，忍従．

*accepter /aksepte/ アクセプテ 他動 ❶〔申し出など〕を受け入れる，承諾する（↔refuser）．▶ accepter une invitation 招待を受ける / Je ne peux pas accepter votre proposition. あなた(方)の提案は受け入れられません / Vous acceptez les cartes de crédit？ クレジットカードは使えますか /《目的語なしに》J'accepte volontiers. 喜んでお受けします．

❷〔考えなど〕を正しいと認める；に同意する．▶ accepter une théorie ある理論を是認する / Je ne peux pas accepter sa critique. 私は彼(女)の批判を認めることはできない．

❸ …を受容する，甘受する；に耐える．▶ accepter la vieillesse 老いを甘んじて受け入れる．

❹〔人，動物〕を受け入れる，温かく迎える．▶ On n'accepte pas les chiens dans ce bâtiment. この建物には犬は入れません．

❺〈accepter de + 不定詞 // accepter que + 接続法〉…(すること)を承知する，甘受する．▶ accepter de faire des heures supplémentaires 残業を承知する / Je n'accepte pas d'être traité en enfant. 子供扱いされるなんて我慢ならない．

— **s'accepter** 代動 ❶ 受け入れられる，認められる．▶ Une telle proposition ne peut s'accepter tout de suite. このような提案は，にわかには受け入れられない．❷〔人が〕自己を受け入れる，自己を容認する．

acception /aksɛpsjɔ̃/ 囡 (語の)意味，語義．▶ acception propre〔figurée〕本義〔転義〕．

dans toute l'acception du terme その語のあらゆる意味で，言葉どおり (=à la lettre).

sans acception de + 無冠詞名詞 文語 …による差別なしに，特別待遇せずに．▶ rendre la justice sans acception de personne 人を分け隔てせずに，公正に裁く．

*accès /aksɛ/ アクセ 男 ❶ 近づく〔入る〕こと，接近，到達；通路，入り口．▶《Accès aux quais》(駅の表示で)「プラットホーム入り口」/ L'accès du musée est interdit après seize heures. 16時以後美術館への入場は禁止されている．

❷ (地位などへの)到達；(知識などの)獲得．▶ le libre accès à l'éducation 教育を受ける自由．

❸ (人，作品などへの)接触，近づき；取り付き．▶ Il〔Ce livre〕est d'accès difficile. 彼〔この本〕は取り付きにくい / d'accès facile 取っ付きやすい．

❹〈accès de + 無冠詞名詞〉(病気の)発作；(感情)の高まり，激発．▶ un accès de fièvre 発熱 / être dans un accès de découragement 気持ちが落ち込んでいる / Il a été pris d'un accès de colère. 彼は突然怒り出した．

❺〘情報〙(データの)アクセス，呼び出し．▶ autorisation d'accès アクセス許可 / accès refusé アクセス拒否．

avoir accès à qc (場所)に入れる，近づける；…を入手できる，自由に扱える．▶ Il avait l'avantage d'avoir accès à de précieux documents. 彼には貴重な資料を自由に扱える強みがあった．

avoir accès auprès de qn …に近づける，面会できる．

donner accès à qc (地位，役職など)への到達を可能にする，門戸を開く．▶ Le baccalauréat donne accès aux universités. バカロレア(大学入学資格)があれば大学に入学できる．

donner accès + 場所〔通路が〕…に通じる．▶ Deux escaliers donnent accès aux étages supérieurs. 上の階へは2つの階段が通じている．

par accès 発作的に，思い出したように．

accessibilité /aksesibilite/ 囡 近づきやすさ，到達できること；(職などに)就ける可能性．

accessible /aksesibl/ 形 ❶〔場所が〕近づきやすい，行きやすい；接近できる．▶ un endroit accessible aux voitures 車で行ける場所 / La région sinistrée n'est accessible que par hélicoptère. 被災地へはヘリコプターでしか行けない．

❷ 獲得しやすい，入手しやすい．▶ à un prix accessible 手ごろな値段で / À présent, le golf est un sport accessible à tous. 今ではゴルフは，だれにでもできるスポーツだ．

❸〔人，作品などが〕近づきやすい，取っ付きやすい．▶ un jargon difficilement accessible ほとんど理解できない専門的な言葉．

❹〈accessible à qc〉(感情)に左右されやすい，感じやすい．▶ être facilement accessible à la pitié (=sensible) 情にもろい．

accession /aksesjɔ̃/ 囡 ❶ (地位，権利などへの)到達；獲得．▶ l'accession au trône de Louis XIV〔quatorze〕ルイ14世の即位．❷〘国際法〙

accessit /aksesit/ 男 (学校での)次席賞.

accessoire /akseswa:r/ 男 ❶ (多く複数で)付属品, 小物, アクセサリー. ▶ *pièces et accessoires* d'automobile 車の部品と付属品. ❷ 副次的なこと. ▶ distinguer le principal et l'*accessoire* 主要なものと二義的なものを区別する. ❸《複数で》(芝居などの)小道具.

abandonner [*mettre, ranger*] *qc au rang des accessoires* …を遠ざける, 無用のものとみなす.

— 形 付随的な, 副次的な, 二義的な. ▶ une clause *accessoire* 付帯条項 / C'est tout à fait *accessoire*. それはどうでもよいことだ.

accessoirement /akseswarmɑ̃/ 副 付随的に, 必要ならば, ついでに.

accessoiriser /akseswarize/ 他動 (装い)にバックなどの小物(類)を添える, (装い)を小物で引き立たせる.

accessoiriste /akseswarist/ 名 ❶ (芝居, 映画などの)小道具係. ❷ 自動車用品販売業者.

‡**accident** /aksidɑ̃/ アクスィダン 男 ❶ 事故, 災難. ▶ *accident* d'avion 飛行機事故 / *accident* de voiture 自動車事故 / avoir un *accident* 事故に遭う / *accident* du travail 労働災害 / être tué dans un *accident* de la circulation [route] 交通事故で死ぬ. 比較 ⇒ ÉVÉNEMENT. ❷ 偶然の出来事, 不測の事態;《複数で》文章 (人生の)波瀾(らん), 浮沈. ▶ Il y a eu un petit *accident* cet après-midi: Catherine a perdu sa poupée. 今日の午後ちょっとしたことがあった, カトリーヌが大事な人形をなくしちゃったんだ / une vie calme sans *accidents* 波瀾のない人生.

accident de parcours (一時的に進行を狂わす)些細(ささい)な事故.

accident de terrain (単調な風景に変化をもたらす)土地の起伏(凹凸).

par accident 偶然に, たまたま(=par hasard).

accidenté, e /aksidɑ̃te/ 形 ❶ 話 事故に遭った, 事故で破損した. ▶ une voiture *accidentée* 事故車. ❷ 起伏の多い, 変化に富んだ. ▶ une région peu *accidentée* あまり起伏のない地域.
— 名 事故の犠牲者 [被害者].

accidentel, le /aksidɑ̃tɛl/ 形 ❶ 偶然の, 偶発的な. ▶ Cette erreur est *accidentelle*. この間違いはたまたま起きたものだ. ❷ 事故による. ▶ une mort *accidentelle* 事故死.

accidentellement /aksidɑ̃tɛlmɑ̃/ 副 ❶ 偶然に, たまたま. ❷ 事故で, 事故によって.

accidenter /aksidɑ̃te/ 他動 話 (事故で)…に損害を与える, …を傷つける.

acclamation /aklamasjɔ̃/ 女《多く複数で》歓呼, 歓声, 喝采(さい). ▶ La salle retentit des *acclamations* de la foule. ホールは観衆の喝采で割れんばかりだ.

par acclamation (挙手や賛同の歓声による)満場一致で.

acclamer /aklame/ 他動 …を歓呼して迎える, に喝采(さい)を送る. ▶ La foule *a acclamé* le vainqueur. 群衆は勝者に喝采を送った.

acclimatation /aklimatasjɔ̃/ 女 (動植物の)順化;気候順化.

acclimatement /aklimatmɑ̃/ 男 (環境への)適応, 順応.

acclimater /aklimate/ 他動 ⟨*acclimater qn/qc à qc*⟩ …を(新しい環境などに)順応させる, 適応させる. ▶ *acclimater* des phoques à l. chaleur アザラシを暑さに慣れさせる. ❷ 《思想, 慣習》を導入する, 定着させる. ▶ *acclimater* la mode française au Japon フランスのモードを日本に取り入れる.

— **s'acclimater** 代動 ⟨*s'acclimater à qc*⟩ …に順応する, 順応して, 適応する. ▶ Elle *s'est acclimatée* à la vie de pension. (=s'accoutumer) 彼女は寄宿生活に慣れた.

accointances /akwɛ̃tɑ̃:s/ 女複 話 (悪い意味で)付き合い, なれ合い. ▶ Il avait des *accointances* dans le monde de la police. 彼は警察に顔が利いた.

accolade /akɔlad/ 女 ❶ (勲章授与など公の儀式での)抱擁. ▶ donner l'*accolade* à qn …を抱擁する. ❷ ブレース, 中かっこ({ }).

accoler /akɔle/ 他動 ⟨*accoler qc à qc*⟩ …を…に並べる, くっつける. ▶ *accoler* l'oreille à la porte ドアに耳をつける / *accoler* la particule à un nom 姓に小辞(貴族を示す de)をつける.

accommodant, ante /akɔmɔdɑ̃, ɑ̃:t/ 形 (人柄が)話の分かる, 協調的な;《ときに軽蔑して》迎合的な, 調子がいい.

accommodation /akɔmɔdasjɔ̃/ 女 ❶ (環境への)適応, 順応, 順化. ❷ (目の)視力調節.

accommodement /akɔmɔdmɑ̃/ 男 和解, 妥協, 示談.

s'accommoder /sakɔmɔde/ 代動 ❶ ⟨*s'accommoder de qc*⟩ …に甘んじる, で我慢する(=se contenter de). ▶ *s'accommoder* de peu わずかなもので満足する / Pour une nuit, je m'*accommoderai* de cette petite chambre. 一晩だけなら, この小部屋で間に合わせておきましょう. ❷ 文章 ⟨*s'accommoder* (à qc)⟩ (…に)順応する, 慣れる. ▶ *s'accommoder* à sa vie nouvelle (=s'habituer) 新しい暮らしに慣れる.

— **accommoder** /akɔmɔde/ 他動 ❶ …を調理する, 料理する. ▶ dix recettes pour *accommoder* le poulet (=préparer) 若鶏の10通りの調理法 / *accommoder* une salade サラダにドレッシングで味をつける. ❷ ⟨*accommoder qc* (à qc/qn)⟩ …を(…に)合わせる, 適応させる. ▶ *accommoder* son enseignement au public 教わる側のレベルに応じた教育をする.

accompagnateur, trice /akɔ̃paɲatœ:r, tris/ 名 ❶ (子供, 病人などの)付き添い人, 同伴者;(観光の)ガイド, 添乗員. ❷ 伴奏者.

accompagné, e /akɔ̃paɲe/ 形 ❶ ⟨*accompagné de qn*⟩ …を連れた, に付き添われた. ▶ Il est toujours *accompagné* de gardes du corps. 彼にはいつもガードマンがついている. ❷ ⟨*accompagné de qc*⟩ …を伴った.

accompagnement /akɔ̃paɲmɑ̃/ 男 ❶ 伴奏. ▶ chanter「avec l'*accompagnement* de piano [sans *accompagnement*]」ピアノ伴奏[無伴奏]で歌う. ❷《料理》(肉料理に添える)付け合わ

せ. ❸ 文章 同伴, 随行. ❹ 看護, 支援. ▶ *accompagnement* de fin de vie 末期患者の看護 / *accompagnement* scolaire 学習支援.

*accompagner /akɔ̃paɲe アコンパニェ/ 他動 ❶ …と**一緒に行く**〔来る〕, …を連れていく, 引率する. ▶ *accompagner* son enfant à l'école 子供を学校まで送る / *accompagner* un malade à l'hôpital 病人に付き添って病院まで行く. ❷ …に伴う, 伴って起こる. ▶ Une lettre *accompagnait* les fleurs. (贈られた)花には手紙が添えられていた. ❸ <*accompagner* A de B> 〔人が〕A に B を付け加える, 添える. ▶ Elle *a accompagné* sa réponse d'un joli sourire. 彼女は美しい笑みを浮かべて答えた. ❹ 〔ワインなどが料理〕と一緒に出される. ▶ Voici du vin blanc pour *accompagner* les huîtres. 白ワインです, カキと一緒にどうぞ. ❺ …の伴奏をする. ▶ *accompagner* un chanteur (au piano) (ピアノで)歌手の伴奏をする. ❻ (末期患者を)看護する.

— **s'accompagner** 代動 <*s'accompagner* de qc> …を伴う. ▶ L'expansion économique *s'accompagne* d'une rénovation des structures sociales. 経済発展は社会構造の変革を伴う.

accompli, e /akɔ̃pli/ 形 ❶ 完全な, 完璧(なん)な, 理想的な. ▶ C'est une maîtresse de maison *accomplie*. 彼女は主婦の鑑(かがみ)だ. ❷ 〔時間が〕経過した, 過ぎ去った. ▶ Il a soixante ans *accomplis*. 彼は満60歳だ.

fait accompli /fɛtakɔ̃pli/ 既成事実.

— **accompli** 男 『言語』完了相(例: J'ai dit. 言い終わった).

*accomplir /akɔ̃pliːr アコンプリール/ 他動 ❶ …を**実行する**, 成し遂げる. ▶ *accomplir* une mission …の任務を実行する / *accomplir* une mauvaise action (=faire, commettre) 悪いことをする / *accomplir* son devoir 義務を果たす. 比較 ⇨ EFFECTUER. ❷ 〔期間〕を終える, 完了する. ▶ *accomplir* son service militaire 兵役を終える.

— **s'accomplir** 代動 実行される, 成し遂げられる. ▶ Mon souhait *s'est accompli*. 私の願いがかなった.

accomplissement /akɔ̃plismɑ̃/ 男 実行, 遂行, 成就. ▶ jusqu'à l'*accomplissement* de votre tâche あなた(方)の任務が達成されるまで.

*accord /akɔːr アコール/ 男 ❶ (意見などの)**一致**, **合意**. ▶ vivre en parfait *accord* avec qn …と仲むつまじく暮らす / arriver à un *accord* 合意に達する / Un *accord* se réalise entre A et B. A と B の間に合意が成立する.

❷ (人からの)賛同, **同意** (=consentement, approbation). ▶ demander l'*accord* de qn …の賛同を求める / donner〔refuser〕son *accord* à qn/qc …に同意する〔しない〕. ◆avec〔sans〕l'*accord* de qn …の同意を得て〔なしで〕. ▶ Je ne peux rien faire sans l'*accord* de mes collègues. 同僚の同意なしには何もするわけにいかない.

❸ (国家・法人間の)**協定**, 取り決め. ▶ l'*accord* culturel franco-japonais 日仏文化協定 / un *accord* de salaires 賃金協定 / passer〔signer〕un *accord* avec qn …と協定を結ぶ〔に調印する〕. ❹ (物と物との)調和, 一致 (=harmonie). ▶ l'*accord* des couleurs 色彩の調和. ❺ 『音楽』和音; 調律. ❻ 『文法』(性, 数などの)一致. ❼ 『電気』同調, チューニング.

accord de principe 原則的合意, 基本協定 (↔*accord* définitif).

d'un commun accord 全員一致で, 満場一致で.

en accord avec qc …と調和して. ▶ Ses paroles ne sont pas *en accord avec* ses actes. 彼(女)は言うこととやることがちぐはぐだ.

en accord avec qn …との同意に基づいて, の承認を得て (=d'accord avec qn).

terrain d'accord 合意の成立基盤.

— **‡d'accord** /dakɔːr ダコール/ 副句 ❶ はい, オーケー, 分かった. 注 俗語では d'acc, d'ac /dak/ と略す. ▶ «On se voit demain chez moi? — D'accord.» 「明日うちで会うかい」「いいとも」/ On se fait un petit thé, *d'accord*? お茶でも入れようか, どうだい. ❷ <*d'accord* (avec qn/qc)> (…と)同意見で. ▶ Je suis tout à fait *d'accord* avec vous. あなた(方)の言われることにはまったく同感です. ◆être *d'accord* sur qc // être *d'accord* pour + 不定詞 …に同意する. ▶ Etes-vous *d'accord* pour venir ce soir? 今晩おいでいただくということでよろしいですか. ◆*d'accord* avec qn …の〔承認〕を得て.

mettre d'accord qn …を仲裁する, 和解させる. ▶ *Mettre d'accord* les deux camps opposés, ce n'est pas une tâche facile. 2つの対立する陣営を和解させるのは容易なことではない.

se mettre d'accord avec qn …と合意する, 和解する.

tomber d'accord (*avec qn*) (*que* + 接続法) (…と) (…という内容の)合意に達する. ▶ Nous *sommes tombés d'accord*. 私たちは合意に達した.

accord-cadre /akɔrkadr/ 男 枠組み合意.

accordéon /akɔrdeɔ̃/ 男 ❶ アコーデオン. ▶ jouer de l'*accordéon* アコーデオンを弾く. ❷ porte *accordéon* アコーデオンドア.

coup d'accordéon (1)『経済』(為替の)乱高下. (2)(急激な)逆行, 反転.

en accordéon (1) ひだのついた; しわくちゃになった. ▶ chaussettes *en accordéon* しわになった靴下. (2) (道路で車が)断続的に流れる.

accordéoniste /akɔrdeɔnist/ 名 アコーデオン奏者.

*accorder /akɔrde アコルデ/ 他動 ❶ <*accorder* qc (à qn/qc)> (…に)…を**与える**, 許す. ▶ Pouvez-vous m'*accorder* quelques minutes? 数分割いていただけますか / *accorder* une interview au *Monde* 「ル・モンド」紙のインタビューに応じる / *accorder* de l'importance à qc (=attacher) …を重要視する.

❷ …を**一致させる**, 調和させる. ▶ *accorder* la couleur du tapis avec celle des rideaux 絨毯(じゅうたん)の色とカーテンの色をマッチさせる / *accorder* ses principes et sa vie 自己の信条と生活を一致させる.

❸ 〔考えなど〕に同意する, **認める**. ▶ Je vous *accorde* que vous avez raison sur ce sujet. そ

accordeur

の点についてはあなたが正しいと認めます. ❹〔楽器〕を調律する；の音合わせをする. ❺〖文法〗…を一致させる. ▶ *accorder* le verbe avec le sujet en personne et en nombre 動詞を主語の人称と数に一致させる.
accorder (*la main de*) *sa fille à qn* 娘を…にやる，娘を…と婚約させる.
accorder sa main à qn〔女性が〕…との結婚を承諾する.
— **s'accorder** 代動 ❶ 同意する，意見が合う. ▶ Pierre *s'accorde* bien [mal] avec Paul. ピエールはポールと気が合う[合わない] / Ils *s'accordent* avec moi sur ce point. その点で彼らは私と同意見だ. ◆*s'accorder* pour [à] + 不定詞 一致して…する. ▶ Ils *s'accordent* pour lui donner tort. 彼らは一致して彼(女)が間違っていると言う. ❷ 調和する，合う. ▶ Le bleu et le blanc *s'accordent* bien. 青と白はよく合う. ❸ 〖自分に〗…を与える，許す. 注 se は間接目的. ▶ *s'accorder* une journée de repos 1日休養する. ❹〖文法〗一致する.
accordeur /akɔrdœːr/ 男 調律師.
accostage /akɔsta:ʒ/ 男 (船の)横付け，接岸；(宇宙船の)ドッキング.
accoster /akɔste/ 他動 ❶〔人〕に近づいて話しかける. ▶ *être accosté* par un inconnu 見知らぬ男に声をかけられる. ❷〔船が埠頭〕などに〕横付けする，接岸する.
accotement /akɔtmɑ̃/ 男 路肩，道端.
accoter /akɔte/ 他動 <*accoter* qc à [contre] qc> …を…にもたせかける，寄りかからせる.
— **s'accoter** 代動 <*s'accoter* à [contre] qc> …にもたれる，寄りかかる.
accotoir /akɔtwaːr/ 男 (椅子(ﾅ)の)ひじ掛け.
accouchée /akuʃe/ 女 産婦.
accouchement /akuʃmɑ̃/ 男 ❶ 出産，分娩(ﾍﾞﾝ). ▶ *accouchement* prématuré 早産 / *accouchement* sans douleur 無痛分娩 / avoir un *accouchement* facile [difficile] 安産[難産]である. ❷ 出産させること，分娩介助. ▶ faire un *accouchement*〔医師などが〕分娩させる. ❸ (作品などの)産出，制作.
accoucher /akuʃe/ ❶ 間他動 <*accoucher* de qn> …を出産する. 注 動物の出産には mettre bas を用いる. ▶ Elle *a accouché* d'une fille. 彼女は女の子を産んだ / 《目的語なしに》*accoucher* à terme 予定日に出産する. ❷ <*accoucher* de qc>〔作品など〕を生み出す，ひねり出す. ❸ 話《目的語なしに》白状する，思い切って口に出す，ぶちまけて話す. ▶ *Accouche*! 言っておしまい.
(*C'est*) *la montagne qui accouche d'une souris.* 諺 大山鳴動して鼠(ﾈｽﾞﾐ)一匹.
— 他動〔医師などが〕…を出産させる，の分娩(ﾍﾞﾝ)を助ける.
accoucheur, euse /akuʃœːr, øːz/ 名 産科医 (=médecin *accoucheur*).
s'accouder /sakude/ 代動 …にひじをつく. ▶ *s'accouder* sur une table テーブルにひじをつく.
accoudoir /akudwaːr/ 男 ひじ掛け (=accotoir).
accouplement /akuplǝmɑ̃/ 男 ❶ 連結，接続. ❷ 交尾，交配.
accoupler /akuple/ 他動 ❶ …を連結する，接続する. ❷ …を組み合わせる，結びつける. ▶ *accoupler* deux idées disparates ちぐはぐな2つの観念を結びつける. ❸〔動物〕を交尾させる.
— **s'accoupler** 代動〔動物が〕交尾する.
*****accourir** /akuriːr/ アクリール/ 23 自動

過去分詞 accouru	現在分詞 accourant
直説法現在 j'accours	nous accourons
複合過去 j'ai accouru	単純未来 j'accourrai

《助動詞は多くêtre》(…の方へ)駆けつける，走って来る. ▶ Elle *est accourue* (pour) le voir. 彼女は彼に会いに駆けつけた.
accoutrement /akutrǝmɑ̃/ 男 奇妙な身なり，おかしな服装. ▶ un *accoutrement* de clown 道化師の扮装(ﾌﾝｿｳ).
accoutrer /akutre/ 他動 (多く受動態で)…に奇妙な身なりをさせる，おかしな服装をさせる. ▶ *être accoutrée* d'une robe bizarre とっぴなドレスを着ている.
— **s'accoutrer** 代動 奇妙な身なりをする.
accoutumance /akutymɑ̃:s/ 女 ❶ <*accoutumance* (à qc)> (…に)慣れること，順応. ▶ l'*accoutumance* au bruit 騒音に慣れること. ❷ (薬に対する)習慣性.
accoutumé, e /akutyme/ 形 ❶ <*accoutumé* à qc/不定詞> …に慣れた，なじんだ. ▶ être *accoutumé* à se lever tôt 早起きに慣れている. ❷ 文章 いつもの，平生の. ▶ à l'heure *accoutumée* (=habituel) いつもの時刻に.
— **accoutumée** 女《次の句で》
comme à l'accoutumée いつものように，例によって.
accoutumer /akutyme/ 他動 <*accoutumer* qn à qc/不定詞> …を…に慣らす，習慣づける. ▶ *accoutumer* qn à la règle …を規律に慣れさせる / *accoutumer* un enfant à étudier 子供に勉強の習慣をつける.
— **s'accoutumer** 代動 <*s'accoutumer* à qc/不定詞> …に慣れる，習慣がつく. ▶ *s'accoutumer* à un inconnu 知らない人と親しくなる / *s'accoutumer* à vivre à la campagne 田舎での生活になじむ.
accréditer /akredite/ 他動 ❶〔ニュース，うわさなど〕を真実であると認める，真実であることを裏付ける；正しいものとして流布させる. ▶ *accréditer* une expression nouvelle 新語法を広める / La thèse de l'accident *a été* officiellement *accréditée* par le gouvernement. それを事故とする見方は政府によって公式に認められた. ❷〔外交官〕に信任状を与えて派遣する. ▶ *accréditer* un ambassadeur auprès d'un gouvernement étranger 大使に外国政府あての信任状を与える. ❸ …に(信用状を持参させて)銀行に口座を開かせる. ▶ *être accrédité* auprès d'une banque 銀行に口座を持っている.
— **s'accréditer** 代動〔うわさなどが〕信憑(ｼﾝﾋﾟｮｳ)性を得る，広まる.

accro /akro/ 形名 ❶ 薬物依存の(人). ▶ être *accro* à l'héroïne ヘロイン中毒である. ❷ …に夢中な(人). ▶ Je suis *accro* à l'ordinateur. 私はコンピュータ中毒だ.

accrobranche /akrɔbrɑ̃ʃ/ 女 アクロブランシュ, スポーツ木登り.

accroc /akro/ 男 ❶ 鉤(ぎ)裂き. ▶ faire un *accroc* à son pantalon ズボンに鉤裂きを作る. ❷ 傷, 汚点; 違反. ▶ faire un *accroc* à la réputation de qn …の評判を傷つける. ❸ 支障, 差し障り. ▶ sans *accroc* 無事に, つつがなく.

accrochage /akrɔʃa:ʒ/ 男 ❶ (鉤などに)かけること. ❷ (車の)軽い衝突, 接触事故. ▶ avoir un *accrochage* avec une voiture 車の接触事故を起こす. ❸ 口論, 喧嘩. ❹ (小規模な)交戦, 小競り合い. ❺ 話 (放送局などの)選局, 受信.

accroche /akrɔʃ/ 女 キャッチフレーズ, キャッチコピー.

accroché, e /akrɔʃe/ 形 ❶ <*accroché* à qc>…にひっかかった, しがみついた. ▶ être *accroché* à une branche 枝にぶらさがっている / une maison *accrochée* à la montagne 山腹にへばりつくように建った家. ❷ <*accroché* à qc/qn>…に執着した. ▶ Il est très *accroché* à cette idée. 彼はその考えにとてもこだわっている.

accroche-cœur /akrɔʃkœ:r/; (複) 〜-〜s) 男 (こめかみでカールした)愛敬(ぎ)毛.

*****accrocher** /akrɔʃe/ アクロシェ/ 他動 ❶ <*accrocher* qc (à qc) >…を(鉤(ぎ), 釘(ぎ)などに)掛ける, つるす. ▶ *accrocher* son manteau au portemanteau コートをコート掛けに掛ける.
❷ …を(ひっかけて)留める, 引き寄せる. ▶ *accrocher* sa ceinture ベルトを締める / *accrocher* une embarcation avec une gaffe ボートを鉤竿(ぎ)で引き寄せる.
❸ …を(ひっかけて)破る; ひっくり返す. ▶ *accrocher* son bas ストッキングに鉤裂きを作る.
❹ 〔車が〕…に軽くぶつかる, 接触する. ▶ *accrocher* une camionnette 小型トラックと接触事故を起こす. ❺ 〔注意など〕を引き付ける. ▶ *accrocher* le regard 人目を引く / Ce film *accroche* les spectateurs dès le début. この映画は出だしから見る者の心を捕らえて離さない. ❻ …を(うまく)手に入れる, ものにする. ▶ *accrocher* une bonne place よい地位にありつく. ❼ 話 …を呼び止める, 引き止める. ❽ 〔敵軍〕と小競り合いをする.
── 自動 ❶ (障害物に)ひっかかる, つまずく. ▶ La négociation *a accroché* sur un point délicat. 交渉は微妙なところでつまずいた. ❷ 人目を引く, 注目を浴びる. ▶ une publicité qui *accroche* 人目を引く広告. ❸ うまく行く, 成功する. ▶ En philosophie, il *accroche* très bien. 彼は哲学でたいへんよい成績を取っている / Ça n'*accroche* pas avec lui. 彼とは馬が合わない.
── **s'accrocher** 代動 ❶ <*s'accrocher* à qc>…にひっかかる. ▶ La manche de sa chemise *s'est accrochée* au clou. 彼のシャツのそでが釘にひっかかった. ❷ <*s'accrocher* à qc/qn>…にしがみつく. ▶ *Accrochez-vous* à la rampe! 手すりにつかまりなさい. ❸ <*s'accrocher* à qc/qn>…に執着する, 愛着を覚える. ▶ *s'accrocher* à un passé 過去に執着する. ❹ 話 頑張る, 粘る. ▶ Il est indispensable de *s'accrocher* pour réussir. 成功するには頑張りが不可欠である. ❺ 話 <*s'accrocher* (avec qn) (…に)口論する, 喧嘩(%^)する. ▶ Ils *s'accrochent* tout le temps. 彼らはしょっちゅうけんかしている.

se l'accrocher 話 あきらめる. ▶ Tu peux *te l'accrocher*. あきらめたほうがいいよ.

accrocheur, euse /akrɔʃœ:r, ø:z/ 形 ❶ 粘り強い; ファイトのある. ❷ 人目を引く, 派手な.
── 名 粘り強い人; ファイトのある人.

accroire /akrwa:r/ 他動 (不定詞のみ) <faire *accroire* à qn qc [que +直説法]>…に…を信じさせる, 思い込ませる.

en faire accroire à qn …をだます, かつぐ.

s'en laisser [*faire*] *accroire* 《多く否定的表現で》だまされる.

accrois, accroît /akrwa/ 活用 ⇨ ACCROÎTRE 50

accroiss- 活用 ⇨ ACCROÎTRE 50

*****accroissement** /akrwasmɑ̃ アクロワスマン/ 男 増大, 増加; 発展. ▶ un *accroissement* de la production industrielle (=augmentation) 工業生産の増大 / être en constant *accroissement* 絶え間なく増加している.

accroître /akrwatr/ 50 (過去分詞 accru, 現在分詞 accroissant) 他動 …を増大 [増加] させる; 発展させる. ▶ *accroître* ses biens (=augmenter) 財産を殖やす / *accroître* le niveau de vie 生活水準を引き上げる.
── **s'accroître** 代動 増大 [増加] する; 発展する. ▶ La production industrielle *s'est accrue* de 30% [trente pour cent]. 工業生産高は30パーセント増加した.

accroupi, e /akrupi/ 形 しゃがみ込んだ, うずくまった.

s'accroupir /sakrupi:r/ 代動 しゃがむ, うずくまる.

accroupissement /akrupismɑ̃/ 男 しゃがむこと; うずくまった姿勢.

accru, e /akry/ 形 (accroître の過去分詞)増大 [増加]した. ▶ assumer des responsabilités *accrues* さらに重い責任を引き受ける.

accru-, accrû-, accruss- 活用 ⇨ ACCROÎTRE 50

accu /aky/ 男 《多く複数で》(accumulateur の略) 話 蓄電池.

recharger ses [*les*] *accus* 話 充電する; 精力 [体力] を回復する.

accueil /akœj/ 男 ❶ (人を)迎えること, もてなし. ▶ recevoir un *accueil* chaleureux 熱烈な歓迎を受ける / Je vous remercie de l'*accueil* que vous m'avez réservé. 皆さんのおもてなしに感謝いたします. ❷ (作品, 意見などに対する)受け止め方. ▶ Le public a fait un *accueil* froid à ce film. この映画に対する人々の反応は冷たかった.

d'accueil (1) 歓迎の. ▶ discours *d'accueil* 歓迎演説. (2) 受け入れの, 収容の. ▶ centre *d'accueil* (難民, 罹災(%^)者などの)受け入れセンター / hôtesse *d'accueil* 案内嬢, コンパニオン / page

accueillant

d'accueil (インターネットの)ホームページ.
faire bon [mauvais] accueil à qn/qc …を歓迎する[しない].

accueill*ant*, *ante* /akœjɑ̃, ɑ̃:t/ 形 (accueillir の現在分詞)もてなしのよい, 愛想のよい. ▶ un hôte *accueillant* 温かく客をもてなす主人.

accueiller- 活用 ⇨ ACCUEILLIR 18

accueillir /akœji:r/ アクイール 18 他動

過去分詞 accueilli	現在分詞 accueillant
直説法現在 j'accueille	nous accueillons
複合過去 j'ai accueilli	
単純未来 j'accueillerai	

❶ …を迎える. ▶ *accueillir* un ami à la gare 友人を駅に出迎える / *accueillir* les invités chaleureusement 招待客を温かくもてなす / être *accueilli* par des applaudissements 拍手で迎えられる. ❷ …を(ある評価とともに)受け入れる. ▶ *accueillir* favorablement une proposition 提案を好意的に受け入れる. ◆*être bien [mal] accueilli* / Son film a été bien [mal] *accueilli*. 彼(女)の映画は好評[不評]だった. ❸[施設などが]…を収容する, 受け入れる. ▶ Cette salle peut *accueillir* 50 personnes. この会議室には 50 人はいれる / un établissement qui *accueille* les étudiants étrangers 外国人学生を受け入れる教育機関.

accueilliss- 活用 ⇨ ACCUEILLIR 18

acculer /akyle/ 他動 ❶ …を追い詰める, 追い込む. ▶ *acculer* un voleur contre un mur 泥棒を塀際に追い詰める. ❷ ⟨*acculer* à qc⟩ …に(窮地)に追いやる. ▶ *acculer* qn à la démission …を辞任に追い込む.

acculturation /akyltyrasjɔ̃/ 女 [社会学] 文化変容: 異文化の接触による相互的変容; (社会, 個人の)異文化への適応[同化].

accumulateur /akymylatœ:r/ 男 蓄電池.

accumulation /akymylasjɔ̃/ 女 ❶ 集積, 集積. ▶ l'*accumulation* des stocks 在庫の蓄積 / *accumulation* du capital [経済] 資本蓄積. ◆ une *accumulation* de + 無冠詞複数名詞 大量に蓄積された…; 山積みの…. ▶ examiner une *accumulation* d'informations 大量の情報を検討する. ❷ chauffage à [par] *accumulation* 蓄熱暖房: 電気料金の安い夜間に貯熱する方式の暖房.

accumuler /akymyle/ 他動 ❶ …を蓄積する; 積み重ねる. ▶ *accumuler* les richesses 財産をためる / *accumuler* des documents en vue de la rédaction d'un rapport 報告書作成のために資料を集める. ❷ [過ちなど]を重ねる. ▶ Il *accumule* les sottises. あいつはへまばかりしている.

— **s'accumuler** 代動 蓄積される; 積み重なる. ▶ Les difficultés économiques *s'accumulent*. 経済的な難問が山積している.

accusateur, trice /akyzatœ:r, tris/ 形 ❶ 告発する, 起訴の. ▶ documents *accusateurs* 起訴資料. ❷ 非難を込めた, とがめるような. ▶ un regard *accusateur* 非難の眼差(ざ)し.

accusatif /akyzatif/ 男 [言語] 対格.

accusation /akyzasjɔ̃/ 女 ❶ 非難, 糾弾. ▶ une *accusation* d'hypocrisie 偽善的だという非難 / porter [faire] une *accusation* contre qn …を非難する, とがめる / être mis en *accusation* par qn …に非難される. ❷ 起訴, 告発. ▶ acte d'*accusation* 起訴状 / Chambre d'*accusation* (控訴院の)重罪起訴部. ❸ 検察局; 検察官.

accusé, e /akyze/ 形 ❶ 際立った, 目立った. ▶ une tendance nettement *accusée* vers la hausse des prix 物価上昇の顕著な傾向. ❷ 起訴された, 告発された.
— 名 [刑法] 被告人, 刑事被告人.
— **accusé** 男 *accusé* de réception (郵便物, 荷物などの)受け取り通知, 受領証.

accuser /akyze/ アキュゼ 他動 ❶ ⟨*accuser* qn /qc (de qc/不定詞)⟩ …を(…だと)非難する, 責める; に責任を負わせる. ▶ *accuser* qn 「de lâcheté [d'être lâche]」 …を卑劣だといって責める / *accuser* la malchance de ses insuccès aux examens 試験の失敗を不運のせいにする.
❷ [法律] ⟨*accuser* qn de qc/不定詞⟩ …を(犯罪, 違法行為のかどで)告発する, 起訴する. ▶ On l'a *accusé* de meurtre. 彼は殺人のかどで起訴された. ❸ …をはっきり示す; 目立たせる. ▶ Son visage *accuse* la fatigue. 彼(女)の顔には疲労がありありと出ている. ❹ [人, 活動などが] …を経験する. ▶ La France va *accuser* un déficit extérieur très important. フランスは巨額の対外収支赤字を見ることになろう.

accuser le coup 熟 受けたショックを顔[態度]に出す.

accuser réception de qc (郵便物, 荷物など)の受領を通知する. ▶ J'*accuse* réception de votre lettre du 18 mai. 5月18日付けの手紙を受け取りました.

— **s'accuser** 代動 ❶ ⟨*s'accuser* (de qc /不定詞)⟩ (罪などを)認める, 自白する. ▶ *s'accuser* de ses fautes 過ちを認める. ❷ はっきり現れる, 目立つ. ▶ Leurs différences d'opinions *se sont accusées* avec le temps. 彼らの意見の相違は時間がたつにつれてはっきりしてきた.

acerbe /asɛrb/ 形 ❶ 辛辣(らつ)な, 手厳しい. ▶ une critique *acerbe* 手厳しい批評. ❷ [文章] 酸っぱい, 苦い.

acéré, e /asere/ 形 ❶ 鋭利な, 鋭い. ❷ 辛辣(らつ)な.

acétaldéhyde /asetaldeid/ 男 [化学] アセトアルデヒド.

acétique /asetik/ 形 酢酸の. ▶ acide *acétique* 酢酸.

achalandé, e /aʃalɑ̃de/ 形 品物の豊富な. ▶ un magasin bien *achalandé* 品数が豊富な店.

acharné, e /aʃarne/ 形 ❶ 激しい, 必死の. ▶ un combat *acharné* 激戦 / un travail *acharné* 猛烈な仕事ぶり. ❷ ⟨*acharné* à qc /不定詞⟩ …に熱中した. ▶ être *acharné* à résoudre un problème 問題を解くのにやっきになっている. ❸ ⟨*acharné* contre [après, sur] qc/qn⟩ …を激しく攻撃する. ▶ être *acharné* contre la

acharnement /aʃarnəmɑ̃/ 男 熱心さ, 激しさ, 執拗(しつよう)さ. ▶ travailler avec *acharnement* 猛烈に働く / Je ne comprends pas son *acharnement* à me critiquer. 彼(女)があんなに執拗に私を非難しようとするわけが分からない / *acharnement* thérapeutique 過剰な延命治療.

s'acharner /saʃarne/ 代動 ❶ 〈*s'acharner* contre [sur, après] qn/qc〉…を激しく攻撃する, に襲いかかる. ▶ Pourquoi tu *t'acharnes* comme ça contre moi? なんで私にそんなに突っかかるんだ / *s'acharner* sur sa proie 獲物に襲いかかる. ❷〈*s'acharner* à qc/不定詞〉…に夢中になる. ▶ *s'acharner*「au travail [à travailler]」仕事に熱中する.

*__achat__ /aʃa/ アシャ/ 男 ❶ 買うこと, 購入. ▶ *achat* au comptant 現金買い / *achat* à crédit クレジット購入 / pouvoir d'*achat* 購買力 / prix d'*achat* 仕入れ価格 / faire l'*achat* d'une nouvelle voiture 新車を買う / Tu as fait un bon *achat*. いい買い物をしたね / faire des *achats* 買い物をする (= faire des courses).
❷ 買った品物. ▶ Montrez-moi vos *achats*. お買いになった物を見せてください.

> 比較 買い物
> **achat** が最も広く使われるが, 日用品の買い物を集合的にいう場合は **faire des [les, ses] courses, faire les commissions** の熟語的表現を用いる. **acquisition** 《改まった表現》所有権の獲得という法的行為を指し, 高価なものの購入について用いられる.

acheminement /aʃminmɑ̃/ 男 ❶ 輸送, 発送; 運行. ▶ *acheminement* des colis vers Paris パリへの小荷物輸送. ❷ …への歩み, 道程. ▶ *acheminement* vers la paix 平和への歩み.

acheminer /aʃmine/ 他動 ❶ …を(…へ)向かわせる, 送る. ▶ *acheminer* un train supplémentaire sur Dijon ディジョン行きの臨時列車を走らせる. ❷ …を(目的, 結果などに)導く. ▶ L'alcool l'a *acheminé* vers la déchéance. 酒が彼を破滅に導いた.
— **s'acheminer** 代動 …へ向かう, 進む.

*__acheter__ /aʃte/ アシュテ/ 5 他動

直説法現在	j'achète	nous achetons
	tu achètes	vous achetez
	il achète	ils achètent
複合過去	j'ai acheté	半過去 j'achetais
単純未来	j'achèterai	単純過去 j'achetai

❶ …を買う (↔vendre). ▶ *acheter* qc cher [bon marché] …を高く[安く]買う / *acheter* une robe huit cents euro ドレスを800ユーロで買う / *acheter* qc pour un prix intéressant …を格安の値段で買う / *acheter* qc dans un magasin …を店で買う / *acheter* qc chez un libraire …を書店で買う / 〈目的語なしに〉Elle aime *acheter*. 彼女は買い物が好きだ. / *acheter* qc à qn …から…を買う. ▶ *acheter* un objet d'art à un antiquaire 骨董(こっとう)屋から美術品を買う. ◆*acheter* qc à [pour] qn …に…を買う. ▶ *acheter* un cadeau à [pour] son fils 息子に贈り物を買う. 注 à qn にして「…に」か「…から」か紛らわしい場合には pour qn の形を使う. ◆*acheter* + 人の形容詞 …国の製品を買う. ▶ *Achetez* français! フランス製品を買いましょう.
❷ …を買収する, 金で買う. ▶ *acheter* un fonctionnaire 役人に賄賂(わいろ)を贈る / se faire *acheter* par qn …に買収される.
❸ (代償を払って)…を手に入れる, 勝ち得る. ▶ *acheter* son bonheur de lourds sacrifices 大きな犠牲と引き換えに幸福を手に入れる.
— **s'acheter** 代動 ❶ 自分のために…を買う. 注 se は間接目的. ▶ Je *me suis acheté* un jean. ジーンズを買いました. ❷ 買える. ▶ Ça *s'achète* dans les supermarchés. これはスーパーマーケットで買えます / L'amour ne *s'achète* pas. 愛は金では買えない. ❸ 買収される.

acheteur, euse /aʃtœːr, øːz/ 名 ❶ 買い手, 客. ▶ Ce bijou est trop cher, je ne suis pas *acheteur*. この宝石は高価すぎるので買う気はありません. ❷ (デパートの)仕入れ係; バイヤー.
— 形 買う, 購入する. ▶ un pays *acheteur* de sucre 砂糖の輸入国.

achevé, e /aʃve/ 形 ❶ 完成した, 完了した. ▶ une œuvre *achevée* 完成作品. ❷ 文章 完全な, 完璧(かんぺき)な;《反語的に》この上ない. ▶ Une telle conduite est d'un ridicule *achevé*. そんな行為は滑稽(こっけい)の極みだ.
— **achevé** 男 ❶ 仕上げ. ❷ 〖印刷〗*achevé* d'imprimer (書物の)奥付.

achèvement /aʃɛvmɑ̃/ 男 完了, 完成; 竣工(しゅんこう).

*__achever__ /aʃve/ アシュヴェ/ 3 他動

直説法現在	j'achève	nous achevons
	tu achèves	vous achevez
	il achève	ils achèvent

> 英仏そっくり語
> 英 to achieve 成しとげる, 達成する.
> 仏 achever 終える, 完了する.

❶ …を終える, 完了する. ▶ *achever* sa mission 任務を果たす / *achever* un livre 本を読み[書き]終える / *achever*「sa vie [ses jours]」生涯を終える. 比較 ⇨ FINIR.
❷ 〈*achever* de + 不定詞〉…し終える; 完全に…する. ▶ *achever* de ranger des papiers 書類の整理を終える / L'inflation *achèvera* de modifier la politique économique du pays. インフレは国の経済政策をすっかり変えてしまうだろう.
❸《目的語なしに》話し終える, 言い終える. ▶ Laissez-moi *achever*. 最後まで言わせてください.
❹ …を破滅させる, (体調, 精神状態などを)だめにする; にとどめを刺す. ▶ Cette perte *a achevé* le marchand. この損失で商人は完全に破産した / *achever* un cheval blessé 傷ついた馬を殺す.
— **s'achever** 代動 (…で)終わる. ▶ *s'achever* sur un échec 失敗に終わる / Ce concerto *s'achève* sur un allegro. この協奏曲はアレグロで終わる / Ainsi *s'achèvent* nos émis-

sions de la journée. これをもって本日の放送を終了いたします.
❷ 達成される, 出来上がる. ▶ Enfin son roman s'acheva. 彼の小説はようやく出来上がった.
Achille /aʃil/ 固有〖ギリシア神話〗アキレウス. ▶ talon d'*Achille* アキレスの踵(かかと); 弱点 / tendon d'*Achille* アキレス腱(けん).
achoppement /aʃɔpmɑ̃/ 男 つまずき, 障害. ▶ pierre d'*achoppement* つまずきの石; 思わぬ障害.
achopper /aʃɔpe/ 間他動 〈*achopper* sur [à] qc〉〔障害, 困難〕にぶつかる, つまずく. ▶ *achopper* sur un problème 難問に突き当たる.
— **s'achopper** 代動 〈*s'achopper* à qc〉〔障害, 困難〕につまずく.
acide /asid/ 形 ❶ 酸っぱい, すっぱい. ▶ pomme *acide* 酸っぱいリンゴ / un vin *acide* 酸味のあるワイン. ❷ 刺すような; 辛辣(しんらつ)な, 嫌みな. ▶ un froid *acide* 身を切るような寒さ / adresser une remarque *acide* à qn …に手厳しい指摘をする. ❸ 酸(性)の. ▶ pluies *acides* 酸性雨.
— 男 ❶〖化学〗酸. ▶ *acide* gras trans トランス脂肪酸. ❷ LSD.
tourner à l'acide (1) 酸っぱくなる. (2) 辛辣になる, 攻撃的になる.
acidifier /asidifje/ 他動 ❶ …を酸性化する. ❷ …に(レモン汁, 酢などで)酸味をつける.
— **s'acidifier** 代動 酸性になる; 酸っぱくなる.
acidité /asidite/ 女 ❶ 酸っぱさ, 酸味. ❷ 辛辣(しんらつ)さ. ❸ 酸度, 酸性度.
acidulé, e /asidyle/ 形 ❶ 少し酸っぱい, やや酸味を加えた. ❷ 少し辛辣(しんらつ)な. ▶ remarque *acidulée* ややとげのある指摘.
acier /asje/ 男 ❶ 鋼鉄, 鋼. ▶ *acier* inoxydable ステンレス鋼. ❷ 鉄鋼業. ▶ travailler dans l'*acier* 鉄鋼関係の仕事をする.
d'acier (1) 鋼鉄のような, 強固な. ▶ muscles d'*acier* 強靱(きょうじん)な筋肉 / un moral d'*acier* 不屈の精神. (2) 非情な. ▶ un regard d'*acier* 冷酷な眼差(まなざ)し.
aciérie /asjeri/ 女 製鋼所.
acné /akne/ 女〖医学〗痤瘡(ざそう), アクネ.
acolyte /akɔlit/ 男 ❶〖悪い意味で〗配下, 手下, 仲間, 取り巻き. ❷〖カトリック〗侍祭; 侍者.
acompte /akɔ̃:t/ 男 ❶ 前金, 内金, 手付け金.
s'acoquiner /sakɔkine/ 代動 〈*s'acoquiner* avec [à] qn〉〖悪い連中〗と仲間になる, 付き合う.
à-côté /akote/ 男 ❶ 枝葉末節, 余談. ❷《多く複数で》副収入; 余分の出費.
à-coup /aku/ 男 ❶ (機械などの)がたつき, 不規則な動き. ▶ Le moteur a eu quelques *à-coups*. エンジンが少しノッキングした. ❷ (経済, 生産などの)好不況の波, 変動.
par à-coups 断続的に, 発作的に. ▶ Il travaille *par à-coups*. 彼はときどき思い出したように仕事をする.
sans à-coups 円滑に, スムーズに.
acousticien, enne /akustisjɛ̃, ɛn/ 名 音響学者; 音響技術者.
acoustique /akustik/ 形 ❶ 聴覚の, 聴くための. ▶ nerf *acoustique* 聴神経 / appareil *acoustique* 補聴器. ❷ 音響の; 音響学の. ▶ phonétique *acoustique* 音響音声学. — 女 ❶ 音響効果. ❷ 音響学.
acquérant /akerɑ̃/ 活用 acquérir 27 の現在分詞.
acquéreur, euse /akerœ:r, ø:z/ 名 取得者; 買い手. 注 女性形は法律用語を除いては稀.
*****acquérir** /akeri:r/ アケリール 27 他動

過去分詞 acquis	現在分詞 acquérant
直説法現在 j'acquiers	nous acquérons
複合過去 j'ai acquis	単純未来 j'acquerrai

❶ …を取得する. ▶ *acquérir* un bien par succession 相続によって財産を得る. 比較 ⇨ OBTENIR.
❷ …を獲得する, 身につける. ▶ *acquérir* de l'expérience 経験を積む / Ces tableaux *ont acquis* beaucoup de valeur. これらの絵はずいぶん値打ちが上がった.
❸〈*acquérir* qc à qn〉〔物が〕…に…を得させる, もたらす. ▶ Ceci lui *acquit* une excellente réputation. そのおかげで彼(女)は名声を博した.
— **s'acquérir** 代動 ❶ 獲得される, 自分のものになる. ▶ L'expérience *s'acquiert* avec le temps. 経験は時間とともに身につく / une habitude qui *s'acquiert* difficilement なかなか身につかない習慣. ❷ (自分のために)…を獲得する. 注 se は間接目的. ▶ Elle *s'est acquis* l'estime de son chef. 彼女は上司の評価を得た.
acquerr-, acquièr- 活用 ⇨ ACQUÉRIR 27
acquiescement /akjesmɑ̃/ 男 同意, 承諾. ▶ donner son *acquiescement* à qc (要求など)に同意する.
acquiescer /akjese/ 自〖他動 ❶〈*acquiescer* à qc〉…に同意する, を承諾する. ▶ *acquiescer* aux termes du contrat 契約条項に同意する. ❷ 文章〖目的語なしに〗同意する, 受諾する. ▶ *acquiescer* d'un signe de tête うなずいて同意する.
acquîmes /akim/, **acquirent** /aki:r/ 活用 ⇨ ACQUÉRIR 27
acquis[1], ise /aki, i:z/ 形 (acquérir の過去分詞)
❶ 獲得された, 後天性の (↔inné). ▶ caractères *acquis*〖生物学〗獲得形質 / le syndrome immuno-déficitaire *acquis* 後天性免疫不全症候群, エイズ(略 SIDA). ❷ 既定の, 既得の. ▶ un fait *acquis* 既成事実 / défendre des droits *acquis* 既得権を守る / tenir qc pour *acquis* = considérer qc comme *acquis* …を既定のことと見なす. ❸〈être *acquis* à qn/qc〉…に忠実である, 賛同する, 味方する. ▶ Vous pouvez compter sur moi, je vous suis tout *acquis*. 私にお任せください, なんでもお役に立ちます.
Bien mal acquis ne profite jamais. 諺 悪銭身につかず.
— **acquis** 男 獲得したもの; 知識, 経験.
acquis[2] /aki/ 活用 ⇨ ACQUÉRIR 27
acquisition /akizisjɔ̃/ 女 ❶ 獲得, 取得; 購入.

▶ faire l'*acquisition* d'un terrain (=achat) 地所を買う / l'*acquisition* du langage 言語の習得. 比較 ⇨ ACHAT. ❷ 獲得したもの；購入品. ▶ Cette montre n'a pas été une bonne *acquisition*. この時計はあまりよい買い物ではなかった. ▶ 企業買収. ▶ fusions et *acquisitions* 企業の合併と買収. ❹〖情報〗データ取得.

acquiss- ⇨ ACQUÉRIR ⑦

acquit[1] /aki/ 男 領収証, 受領証. ▶ pour *acquit* 領収済み(注 請求書, 送り状などに書く書式).

par acquit de conscience 念のために, 心残りがないように.

acquit[2], **acquît** /aki/ 活用 ⇨ ACQUÉRIR ㉗
acquîtes /akit/ 活用 ⇨ ACQUÉRIR ㉗

acquittement /akitmɑ̃/ 男 ❶（重罪院による）無罪判決. ❷（借金の）返済；（義務の）履行.

acquitter /akite/ 他動 ❶ …に無罪を言い渡す. ▶ Le tribunal *a acquitté* l'accusé. 法廷は被告に無罪を宣告した. ❷ …を支払う, 納入する. ▶ *acquitter* une dette 借金を返済する / *acquitter* un impôt 税金を納める. ❸ …に領収済みの署名をする. ▶ *acquitter* une facture 請求書に領収済みのサインをする. ❹ ‹*acquitter* qn de qc› (義務, 借金など)から解放する. ❺〖約束など〗を果たす, 実行する.

— **s'acquitter** 代動 ❶ ‹*s'acquitter* de qc› (義務など)を果たす, 履行する；返済する. ▶ *s'acquitter* de sa promesse envers qn …に対し約束を実行する / *s'acquitter* de ses dettes 借金を返済する. ❷ 報いる, 恩返しをする. ▶ Comment *m'acquitter* envers vous ? あなた(方)にどのようにお礼をすればよいのでしょうか.

acre /akr/ 女 エーカー：土地の面積単位.

âcre /ɑːkr/ 形 ❶〖味, においが〗きつい, いがらっぽい. ▶ la saveur *âcre* des bananes vertes 青いバナナのえぐい味. ❷ 文章 辛辣(しんらつ)な, 手厳しい.

âcreté /akrəte/ 女 ❶ いがらっぽさ；苦味. ❷ 文章 辛辣(しんらつ)さ, とげとげしさ.

acrimonie /akrimɔni/ 女（語気の）険しさ.

acrobate /akrɔbat/ 名 ❶ 軽業師, 曲芸師. ❷ 名素（悪い意味で）業師. ▶ un *acrobate* du volant ハンドルさばきの名手.

acrobatie /akrɔbasi/ 女 軽業, アクロバット；離れ業. ▶ faire des *acrobaties* 軽業を演じる / Ce n'est plus du piano, c'est de l'*acrobatie*. これはもうピアノ(演奏)ではない, 曲芸だ.

acrobatique /akrɔbatik/ 形 軽業の, アクロバットの.

acronyme /akrɔnim/ 男 頭字語：数語の頭文字をつなげて1語として読む略語(例: ovni = objet volant non identifié 未確認飛行物体, UFO).

acropole /akrɔpɔl/ 女〖古代ギリシア〗アクロポリス. ▶ *Acropole* d'Athènes アテネのアクロポリス.

acrylique /akrilik/ 形〖有機化学〗❶ acide *acrylique* アクリル酸. ❷ アクリル系(樹脂)の, アクリル性の. — 男 アクリル(樹脂).

***acte**[1] /akt/ 男 アクト 男 ❶ 行為. ▶ un *acte* criminel 犯罪行為 / un *acte* de violence 暴力行為 / les *actes* de gouvernement 統治行為 / passer aux *actes* 行動に移る / traduire qc en *actes* …を実行する.

❷〖法律〗証書. ▶ *acte* de naissance 出生証書 / *acte* de l'état civil 身分証書 / dresser [établir] un *acte* 証書を作成する.

❸（複数で）議事録；記録. ▶ les *actes* d'un congrès de sociologie 社会学会の議事録 / *Actes des Apôtres*〖聖書〗使徒行伝.

❹〖哲学〗現働, 現実態 (↔puissance). ▶ en *acte* 現実態の.

demander acte (‹*de qc* [*que* + 直説法]›)（…の)公式[法的]確認を求める.

donner acte (‹*de qc* [*que* + 直説法]›)（…の)公式[法的]確認を与える.

dont acte (1)（証書類の末尾で）上記証明する, 以上の通り相違ありません. (2)（新聞記事などで）念のため.

faire acte de + 無冠詞名詞 (1) …を行為に移す, の意を示す. ▶ faire *acte* de bonne volonté 善意を示す / faire *acte* d'autorité 強権を行使する / faire *acte* de candidature 立候補する / faire *acte* de présence (会合などに)ちょっと顔を出す. (2) …として行動する. ▶ faire *acte* d'honnête homme 紳士として振る舞う.

prendre acte ‹*de qc* [*que* + 直説法]› (1) …(という事実)を公式[法的]に認める. (2)（後日のために）…(という事実)をしっかり記憶する；の言質(げんち)を取る.

比較 行動, 行為
acte 結果としてみた個人の個々の行為についていう. **action** 集団についても用い, おもに目的を持った持続的な活動をいう. un *acte* politique といえば, 投票やデモへの参加など, 個人の政治行動を, une *action* politique といえば, グループでの持続的な政治活動を指す.

***acte**[2] /akt/ アクト 男 (戯曲の) 幕. ▶ une tragédie en cinq *actes* 5幕構成の悲劇 / *acte* III [trois] scène II [deux] 第3幕第2場.

***acteur**, **trice** /aktœːr, tris/ アクトゥール, アクトリス 名 ❶ 俳優, 役者. ▶ C'est surtout l'*actrice* principale qui a mal joué. 特に主演女優の芝居がまずかった. ❷（事件などの）主役, 張本人. ▶ *acteurs* et témoins 当事者と目撃者 / les *acteurs* de la politique mondiale 国際政治の当事者 / Je préfère être *acteur* que spectateur. 手をこまねいて見ているより, 積極的な働きがしたい.

***actif**, **ive** /aktif, iːv/ アクティフ, アクティーヴ 形 ❶ 活動的な, 活発な. ▶ un secrétaire *actif* et dévoué 仕事熱心で献身的な秘書 / un garçon *actif* 元気な男の子.

❷ 活動中の, 現役の. ▶ un volcan *actif* 活火山 / la population *active* 労働力人口 / la vie *active* (一生のうちでの)就業期間 / entrer dans la vie *active* 実社会に入る, 就職する.

❸ 積極的な, 能動的な. ▶ prendre une part *active* à un projet 計画に積極的に参画する. ❹ 効力の強い. ▶ une crème riche en principes *actifs* 薬用有効成分に富んだクリーム. ❺〖文法〗能動の. ▶ voix *active* 能動態.

— **actif** 男 ❶（多く複数で）〖統計〗労働者. ❷〖簿記〗〖法律〗資産, 借方. ❸〖文法〗能動態.

à son actif（自分の資産として→）自分の功績[利

actinie

点]として. ▶ avoir plusieurs records *à son actif* 数々の記録を誇る.
— **act*if, ive*** 名 働いている人.
— **active** 女 現役軍.

actinie /aktini/ 名【動物】イソギンチャク.

action¹ /aksjɔ̃/ アクション 女 ❶《単数で》《修飾語なしに》**行動, 活動.** ▶ un homme d'*action* 行動の人 / un champ d'*action* 活動範囲 / un film d'*action* アクション映画 / préférer l'*action* à la réflexion 考えることより行動することを好む. 比較 ⇨ ACTE. ❷（政治的, 社会的）**運動, 闘争.** ▶ une action politique 政治活動[闘争] / l'*action* pour la protection de l'environnement 環境保護運動 / lancer [organiser, mener] une *action* contre qc …に反対して運動を開始する[組織する, 行う]. ❸ **戦闘.** ▶ une *action* anti-sous-marine 対潜水艦戦闘. ❹（個人の）行為. ▶ faire une bonne *action* 善行を施す / commettre une mauvaise *action* 悪いおこないをする. ❺ **作用, 影響力.** ▶ avoir de l'*action* sur qn/qc …に作用する, 影響を及ぼす / être sans *action* sur qc …に影響を与えない / Ce médicament est sans *action*. この薬は効き目がない. ◆ sous l'*action* de qn/qc …の作用によって, …の力で. ▶ Le mur s'est détérioré sous l'*action* de l'humidité. 壁は湿気のために傷んでしまった.
❻（小説などの）**筋, プロット；展開.** ▶ unité d'*action*【文学】（古典劇の規範としての）筋の一致 / L'*action* du film se passe en Grèce. この映画のストーリーはギリシアを舞台に展開する. ❼【法律】（裁判上の）**訴え, 訴権.** ▶ *action* d'état 身分訴訟 / *action* directe 直接訴権.

Ça manque d'action. 《話》なにも起こらない；退屈である.

en action 動いている, 活動している. ▶ entrer en *action* 活動を開始する / Le dispositif de sécurité se mit *en action*. 安全装置が作動した.

mettre qn/qc en action …を作動させる；動員する. ▶ Il va falloir *mettre en action* vos relations. あなた（方）のコネを動員しなければならないようです.

action² /aksjɔ̃/ アクション 女 **株, 株式.** ▶ la cote des *actions* en Bourse 株式相場 / société par *actions* 株式会社 / *action* cotée (en Bourse) 上場株.

Ses actions montent [baissent]. 彼（女）の株［名声］が上がっている［下がっている］.

actionnaire /aksjɔnɛːr/ 名 株主.

actionnariat /aksjɔnarja/ 男 ❶ 従業員持株制度（=*actionnariat* ouvrier）. ❷ 株主であること；《集合的に》株主.

actionner /aksjɔne/ 他動 ❶【機械など】を動かす, 作動させる；［人］に働きかける. ▶ *actionner* la sonnette 呼び鈴を鳴らす. ❷【法律】…に対して訴訟を起こす.

activement /aktivmɑ̃/ 副 活発に；積極的に.

activer /aktive/ 他動 ❶【活動】を促進する. ▶ *activer* les travaux 工事のペースを早める / Allons, *activons*! さあ急ごう. ❷ …の勢いを強める. ▶ Le vent *activait* l'incendie. 風がますます火

勢をあおっていた. ❸【情報】…をアクティブにする.
— **s'activer** 代動 ❶ 活動的に動き回る；せっせと働く. ❷ 話 急ぐ.

activisme /aktivism/ 男 積極的行動主義, 過激主義.

activiste /aktivist/ 名, 形 （過激な）活動家（の）, 積極的行動主義者（の）.

activité /aktivite/ アクティヴィテ 女 ❶ **活動；働き, 作用.** ▶ une *activité* volcanique 火山活動 / Le Centre Pompidou est un important centre d'*activités* culturelles. ポンピドゥー・センターは文化活動の重要な拠点になっている.
❷《単数で》**活発さ, 活力.** ▶ Les rues sont pleines d'*activité*. 通りは活気に満ちている.

en activité (1) 現役の, 在職中の（↔en retraite）. (2) 活動中の, 操業中の, 営業中の. ▶ un volcan en *activité* 活火山 / entrer en *activité* 活動[操業]を開始する.

actuaire /aktųɛːr/ 名（保険料率, 償却率などを算出する）保険数理士, （保険会社の）保険計理人.

actualisation /aktųalizasjɔ̃/ 女 ❶ 現代化；（教科書などの）改訂. ❷（潜在的, 可能的なものの）現実化, 実現. ❸【経済】アクチュアリゼーション.

actualiser /aktųalize/ 他動 ❶ …を現代化する, 今様にする. ▶ *actualiser* une encyclopédie (=mettre à jour) 百科事典を最近の事情に合わせて改編する. ❷（潜在的, 可能的なものの）を現実化する, 実現する. ❸【経済】［将来の価値など］を現在の価値で見積もる.

actualité /aktųalite/ アクチュアリテ 女 ❶ **現代性, 現代的意義.** ▶ l'*actualité* des problèmes de l'environnement 環境問題の今日性.
◆ **d'*actualité*** 今日性を帯びた. ▶ Ce sujet n'est plus d'*actualité*. その話題はもう古い. ❷ **時事, 現状.** ▶ l'*actualité* sportive スポーツニュース / s'intéresser à l'*actualité* politique 政治の現況に関心を持つ. ❸《複数で》（特にテレビなどの）ニュース. ▶ *actualités* télévisées テレビニュース.

actuel, le /aktųɛl/ アクチュエル 形
英仏そっくり語
英 actual 実際の.
仏 actuel 現在の.
❶ **現在の, 今の.** ▶ la vie *actuelle* 現代の生活 / le cours *actuel* du dollar ドルの目下の相場 / l'*actuel* Premier ministre 現首相. ❷ **今日的な, 現代的意義のある**（=d'actualité）. ▶ un sujet *actuel* 現代のテーマ / Ce film reste très *actuel*. その映画は今なお新しさを失わない.

à l'heure actuelle 今のところ, 現時点では.
比較 **現在の, 今の**
actuel 最も一般的. **contemporain**「同時代の」の意. **moderne** 新しさを強調するか, 「現代」という多少の幅を持った時代を想定し, その「現代に属している」ことを示す. *actuel* の代わりに **d'aujourd'hui, de nos jours, d'à présent** などの形容詞句を用いることも多い.

actuellement /aktųɛlmɑ̃/ 副 現在, 今.

acuité /akųite/ 女 ❶（感覚の）鋭さ, 鋭敏；（知性の）明敏さ. ▶ l'*acuité* d'une douleur 痛みの激しさ / l'*acuité* visuelle [auditive] 視力[聴力].

❷ (問題などの)深刻さ,重大さ. ▶ Le problème se pose avec *acuité*. 問題は鋭く提起されている.

acupuncteur /akypɔ̃ktœːr/, **acuponcteur** 男 鍼(はり)師.

acupuncture /akypɔ̃ktyːr/, **acuponcture** 女 (刺)鍼(しん)術, 鍼(はり).

A.D. (略語)《ラテン語》Anno Domini キリスト紀元, 紀元後.

adage /adaːʒ/ 男 諺; 法諺(ほうげん).

adagio /ada(d)ʒjo/《イタリア語》副【音楽】アダージョ, 緩やかに. — 男 アダージョ(の曲).

adaptabilité /adaptabilite/ 女 適合[適応]性, 順応性.

adaptable /adaptabl/ 形 適応させうる, 適応性のある; 脚色しうる, 取り付けうる.

adapta*teur, trice* /adaptatœːr, tris/ 名 翻案者; 脚本家, シナリオライター.
— **adaptateur** 男 アダプター.

adaptation /adaptasjɔ̃/ 女 ❶ (…への)適応, 順応. ▶ *adaptation* à l'environnement 環境への適応. ❷ 適用. ▶ l'*adaptation* d'un enseignement à l'âge des élèves 生徒の年齢に合わせた教育の実施. ❸ 脚色(物), 翻案(物); 【音楽】編曲. ▶ *adaptation* d'un roman de Jules Verne ジュール・ヴェルヌの小説の翻案.

*****adapter** /adapte/ 他動 ❶ <*adapter* A à B> A を B に**適合させる**, 調和させる. ▶ *adapter* les produits aux exigences des consommateurs 製品を消費者の要求に合わせる / *adapter* qn à son travail 〜を仕事に慣らす. ❷ <*adapter* A (à [pour] B)> A を (B に) **脚色**する, アレンジする. ▶ *adapter* un roman à l'écran 小説を映画化する. ❸ <*adapter* A à B> B に A を取り付ける.
— **s'adapter** 代動 <*s'adapter* (à qc)> (…に)適合する, ぴったりと合う. ▶ *s'adapter* à la réalité 現実に順応する / La clef ne *s'adapte* pas à la serrure. 鍵(かぎ)が錠と合っていない.

addenda /adɛ̃da/ 男 (単複同形)《ラテン語》(書物などの)付録, 補遺.

addict /adikt/ 形 名 (薬物などに)依存した(人); …に夢中な(人). ▶ être *addict* au tabac たばこ中毒である / les *addicts* des jeux vidéo テレビゲームの大ファンたち.

addict*if, ive* /adiktif, iːv/ 形 依存症の, 中毒の. ▶ conduite *addictive* 依存行為, どうしても何かをしてしまうこと.

addiction /adiksjɔ̃/ 女 (薬物などの)常用, 依存. ▶ *addiction* à l'alcool アルコール依存.

addit*if, ive* /aditif, iːv/ 形 ❶【数学】加法的な. ❷ 付加する, 追加の.
— **additif** 男 ❶ 付加物. ▶ un *additif* au budget 予算の追加条項. ❷ 添加物.

*****addition** /adisjɔ̃/ アディスィョン/ 女

英仏そっくり語
英 addition 追加, 足し算.
仏 addition 勘定, 足し算, 追加.

❶ (飲食店などの)**勘定**, 勘定書. ▶ **L'*addition*, s'il vous plaît!** お勘定をお願いします.
❷ 足し算, 加法 (↔ soustraction). ▶ faire l'*addition* 足し算をする. ❸ 加えること, 付加; 加えられたもの, 付加物. ▶ les *additions* marginales à une lettre 手紙の余白への書き足し.

payer l'addition (1) 勘定を支払う. (2) (向こう見ずな行為の)報いを受ける.

勘定を依頼するしぐさ. 書くまねをする

additionnel, le /adisjɔnɛl/ 形 追加の, 付加すべき. ▶ budget *additionnel* 追加予算.

additionner /adisjɔne/ 他動 ❶ <数, 量>を加算する, 合計する. ❷ <*additionner* A à B> A を B に加える, 添加する. ▶ Des colorants *ont été additionnés* aux aliments. それらの食料品に着色剤が添加された. ❸ <*additionner* A de B> A に B を混ぜる. ▶ *additionner* d'eau le vin ワインを水で割る. — **s'additionner** 代動 加えられる, 加算される.

adducteur /adyktœːr/ 男 《男性形のみ》(ガスや石油などを)引く; 導水の. — 男 パイプ, 導水路.

adduction /adyksjɔ̃/ 女 (ガスや石油などを)引くこと; 導水.

adepte /adɛpt/ 名 (宗教の)信者; (学説, イデオロギーなどの)信奉者, 同調者; (スポーツなどの)愛好者, ファン. ▶ faire des *adeptes* 信奉者を集める.

adéqua*t, ate* /adekwa, at/ 形 <*adéquat* (à qc)> (目的や状況に)ぴったりした, 適切な. ▶ C'est une réponse *adéquate*. これこそ求めていた答えだ / Elle porte une tenue *adéquate* à la circonstance. 彼女はこの場にふさわしく装っている.

adéquation /adekwasjɔ̃/ 女 適合, 一致. ▶ l'*adéquation* de l'offre et de la demande 需要と供給の一致.

adhérence /aderɑ̃ːs/ 女 ❶ 張り付くこと, 密着, 粘着. ▶ l'*adhérence* des pneus au sol タイヤの路面接着(グリップ力). ❷【医学】癒着.

adhér*ent, ente* /aderɑ̃, ɑ̃ːt/ 形 ❶ 張り付く, 密着する, 粘着力のある. ▶ une gomme très *adhérente* 粘着力の強いゴム糊(のり). ❷ (人, 思想, 主義などを)信奉している. — 名 加入者, 会員; 支持者. ▶ carte d'*adhérent* 会員証.

adhérer /adere/ 自 間接他動 <*adhérer* à qc> ❶ …に加盟する, 加入する. ▶ *adhérer* à l'Union européenne 欧州連合に加盟する /《目的語なしに》Il a cessé d'*adhérer* depuis l'année dernière. 彼は昨年以来組織を抜けている. ❷ …にくみする, を支持する. ▶ *adhérer* à une politique de non-violence 非暴力政策にくみする / J'*adhère* à ce que vous dites. 御意見に賛成です. ❸ …にくっつく, 密着する, 接着する. ▶《目的語なしに》Ces pneus *adhèrent* bien dans les virages. (=coller) このタイヤはカーブで非常によくグリップする.

adhés*if, ive* /adezif, iːv/ 形 くっつく, 接着力のある. ▶ bande *adhésive* = ruban *adhésif* 接着テープ, セロハンテープ.

— **adhésif** 男 接着剤; 接着テープ.
adhésion /adezjɔ̃/ 女 ❶ 入会, 加入. ▶ l'*adhésion* à l'Union européenne 欧州連合加盟 / bulletin d'*adhésion* 入会申込書. ❷ 賛同, 支持; 信奉. ▶ donner son *adhésion* à qc/qn …に賛同する / obtenir l'*adhésion* de qn (団体, 世論などの)支持を受ける.
ad hoc /adɔk/ 形句 (不変) ❶ 適切な, 専用の. ▶ fournir des arguments *ad hoc* 適切な論拠を提示する. ❷ (しばしば皮肉に)あつらえ向きの. ▶ C'est l'homme *ad hoc*. 打って付けの人物だ. ❸ 特別の, そのための. ▶ comité *ad hoc* 特別委員会
***adieu** /adjø/ アディユ 間投 (長期の別れ, 永別の際の)さようなら. ▶ dire *adieu* à qn …に別れを告げる, いとまごいをする / *Adieu*, les amis! さあみんな, これでお別れだ / dire *adieu* au monde この世に別れを告げる.
— **adieu**:《複》**x** 男《多く複数で》別れ, 永別; 別れの言葉. ▶ le dernier *adieu* = les derniers *adieux* (臨終の床にある人への)最後の別れ / faire ses *adieux* à qn …に別れの挨拶(ぬい)をする.
adipeux, euse /adipø, øːz/ 形 ❶《解剖》脂肪の, 脂肪質の. ❷《軽蔑して》肥えた, 脂肪太りの.
adjacent, ente /adʒasɑ̃, ɑ̃ːt/ 形 <*adjacent* (à qc)>(…に)隣接した, 近隣の. ▶ maisons *adjacentes* (=voisin) 近所の家々 / la philosophie et les disciplines *adjacentes* 哲学とその隣接分野.
adjectif /adʒɛktif/ 男 形容詞. ▶ *adjectif* qualificatif 品質形容詞. — **adjectif, ive** /adʒɛktif, iːv/ 形 形容詞の, 形容詞的.
adjectival, ale /adʒɛktival/;《男 複》**aux** /o/ 形 形容詞の
adjectivement /adʒɛktivmɑ̃/ 副 形容詞的に, 形容詞として.
adjoindre /adʒwɛ̃ːdr/ 81 (過去分詞 adjoint, 現在分詞 adjoignant) 他動 ❶ <*adjoindre* qn à qn> …に(助手など)をつける. ▶ *adjoindre* un inspecteur au commissaire principal 警察署長に私服警官を 1 人つける. ❷ <*adjoindre* A à B> B に A を付け加える, 取り付ける (=ajouter).
— **s'adjoindre** 代動 <s'*adjoindre* qn> (助手など)を自分につける, に助けてもらう. 注 se は間接目的. ▶ Il s'est adjoint deux collaborateurs. 彼は 2 人の協力者を得た.
adjoins, adjoint /adʒwɛ̃/ 活用 ⇨ ADJOINDRE 81
adjoint, ointe /adʒwɛ̃, wɛ̃ːt/ 形 (adjoindre の過去分詞)補助する, 補佐役の. ▶ rédacteur en chef *adjoint* 副編集長.
— 名 補佐する人, 助手. ▶ *adjoint* au maire 助役 / *adjoint* d'enseignement 助教員.
adjonction /adʒɔ̃ksjɔ̃/ 女 付け加えること, 添加; 付加物, 添加物 (=addition).
adjudant /adʒydɑ̃/ 男 (陸軍, 空軍の)曹長; いばりちらす人.
adjudant-chef /adʒydɑ̃ʃɛf/;《複》**〜s-〜s** 男 (陸軍, 空軍の)上級曹長.
adjudicataire /adʒydikatɛːr/ 名《法律》(競売の)落札者.

adjudication /adʒydikasjɔ̃/ 女 競売, 入札; 落札. ▶ mettre qc en *adjudication* …を競売[入札]に付する.
adjuger /adʒyʒe/ 2 他動 ❶ (競売で)…を落札させる; (入札で)(仕事)を請け負わせる. ▶ *Adjugé!* 落札. ❷ (賞など)を授与する, 与える. ❸ (判決によって)…を与える.
— **s'adjuger** 代動 <s'*adjuger* qc> …を勝手に自分の物にする; (賞など)を獲得する. 注 se は間接目的. ▶ s'*adjuger* la part du lion いちばんよい分け前を得る.
adjuration /adʒyrasjɔ̃/ 女《多く複数で》懇願, 切願.
adjurer /adʒyre/ 他動 <*adjurer* qn de + 不定詞> …に…してくれるよう懇願する. ▶ Je vous *adjure* d'avoir pitié de lui. どうか彼を哀れんでください.
adjuvant /adʒyvɑ̃/ 男 ❶《文章》(精神的な)刺激物, 活性剤. ❷ 補助剤, 添加剤;《土木》(コンクリートの)混合剤; 混和剤.
ad libitum /adlibitɔm/ 副句 (ラテン語)自由に, 随意に;《音楽》即興的に, アドリブで.
***admettre** /admɛtr/ アドメトル 65 他動

過去分詞 admis	現在分詞 admettant
直説法現在 j'admets	nous admettons
複合過去 j'ai admis	単純未来 j'admettrai

❶ (場所, 組織に)…が入ることを許す, を受け入れる; の入会を認める. ▶ *admettre* un pays à l'ONU ある国の国連加盟を認める / Les chiens ne *sont* pas *admis* dans le magasin. 犬を店内に入れてはいけません / La salle ne pouvait *admettre* que 20 personnes. 部屋には20人しか入れなかった / se faire *admettre* dans un club クラブの入会を認められる / être *admis* troisième à l'Ecole polytechnique 理工科学校に 3 番の成績で合格する. 比較 ⇨ PERMETTRE.
❷ <*admettre* qn à + 不定詞> …が…するのを許す. ▶ *admettre* qn à participer à une course …のレース参加を認める.
❸ (真実, 事実として)…を認める, 承認する. ▶ *admettre*「son erreur [s'être trompé]」自分の間違いを認める. ◆*admettre* que + 直説法 …であることを認める. ▶ Il *est* communément *admis* que… …ということは広く認められている. ◆*admettre* que + 接続法 …と仮定する. ▶ *Admettons* que cela soit vrai. それが本当だと仮定しよう.
❹《多く否定的表現で》<*admettre* qc // *admettre* de + 不定詞 // *admettre* que + 接続法>…を容認する, 我慢する. ▶ Il n'*admet* pas d'être traité ainsi. (=tolérer) 彼はこんな扱いを受けて黙っている男ではない.
❺ (物が)…を許す, の余地を残す. ▶ Cette règle n'*admet* aucune exception. この規則にはいかなる例外も設けられていない.
Admettons! (他人の意見などについて)まあそういうことにしておこう.
admîmes /admim/ 活用 ⇨ ADMETTRE 65
administrateur, trice /administratœːr, tris/ 名 管理者, 取締役; 行政官. ▶ *administra-*

teur délégué 代表取締役 / *administrateur civil* (各省の)上級職事務官 / *administrateur de réseau* ネットワーク管理者.

administrat*if, ive* /administratif, iːv/ 形 ❶ 行政の, 管理の. ▶ le droit *administratif* 行政法 / les services *administratifs* 行政諸機関. ❷(悪い意味で)お役所仕事的な;[態度などが]事務的な. ▶ des complications *administratives* 役所につきものの煩雑な手続き.

*****administration** /administrasjɔ̃/ アドミニストラスィヨン/ 女 ❶ 行政, 行政機関, 官公庁;[集合的に]公務員, 役人. ▶ *administration centrale* 中央行政庁 / l'Ecole nationale d'*administration* 国立行政学院(略 ENA /ena/: フランスの高級官僚養成学校) / l'*administration* Bush ブッシュ政権. ◆ l'*Administration* 行政機構の(全体);役所当局(=les pouvoirs publics). ▶ entrer dans l'*Administration* 公務員になる. ❷ 管理, 経営. ▶ l'*administration* d'une société (=gestion) 会社の経営 / conseil d'*administration* 取締役会, 理事会. ❸〖医学〗(薬の)投与.

administrativement /administrativmɑ̃/ 副 管理上, 行政上;行政的に.

administré, e /administre/ 形 管理された; 統治された. ― 名(多く複数で)(行政機関に対してその管轄にある)[市, 町, 村]民.

administrer /administre/ 他動 ❶[国, 地方など]の行政を行う, を治める. ▶ Le maire *administre* la commune. 市[町, 村]長は自治体の行政に当たる. ❷ …を経営する;管理する. ▶ *administrer* une grande entreprise (=diriger) 大企業を経営する. ❸〔薬〕を投与する;〔治療〕を施す. ▶ *administrer* un antidote à qn …に解毒剤を飲ませる. ❹〘話〙〔罰〕を与える;〔打撃〕を食らわす. ▶ *administrer* une fessée à un enfant お仕置きとして子供の尻(ﾘ)をぶつ. ❺〖カトリック〗(1)〔秘跡〕を授ける. ▶ *administrer* le baptême à un enfant 子供に洗礼を授ける. (2)…に終油の秘跡を授ける.

administrer une preuve 証拠を提出する.

*****admirable** /admirabl/ アドミラーブル/ 形 ❶ 見事な, すばらしい. ▶ un père *admirable* 立派な父親 / un paysage *admirable* すばらしい景色 / l'essor *admirable* d'une entreprise 企業の目覚ましい躍進. ❷(皮肉に)あきれるほどの, たいした. ▶ Ta paresse est vraiment *admirable*. 君の怠け癖には恐れ入ったよ.

比較 **すばらしい, 見事な**
おもなものを意味の強さにしたがって並べれば次のようになる. **beau** < **magnifique** < **extraordinaire** < **merveilleux** (やや紋切り型). さらに意味が強く「美しさ」や「壮大さ」の観念を含むのは, **splendide, superbe** (改まった表現). **sublime** は最も意味が強いが, 特に改まった場合にしか使わない. ほかにくだけた表現としては, **formidable, terrible, chouette** などがある.

admirablement /admirabləmɑ̃/ 副 すばらしく, 見事に.

admira*teur, trice* /admiratœːr, tris/ 名 ファン, 賛美者. ▶ fervent *admirateur* d'Elvis Presley エルビス・プレスリーの熱烈なファン.

admirat*if, ive* /admiratif, iːv/ 形 感心した, 感嘆した;見とれている. ▶ regard *admiratif* うっとりした眼差(ﾏﾅ)し.

*****admiration** /admirasjɔ̃/ アドミラスィヨン/ 女 感嘆, 賛美. ▶ avoir [éprouver] de l'*admiration* pour qn/qc …をすばらしいと思う / pousser un cri d'*admiration* 感嘆の声をあげる / regarder qn/qc avec *admiration* …をほれぼれと眺める / faire l'*admiration* de qn 称賛の的になる / être [tomber] en *admiration* devant qn/qc …のすばらしさに感心している[してしまう].

admirent /admiːr/ 活用 ⇨ ADMETTRE 65

*****admirer** /admire/ アドミレ/ 他動 …に見とれる;感心する, 感嘆する. ▶(皮肉に)…に驚きあきれる. ▶ *admirer* un tableau 絵に見とれる / *admirer* son maître 先生を敬愛している / Je vous *admire*. あなたには敬服します / *J'admire* ta confiance. いやはや, そこまで信頼するとは恐れ入ったよ. ◆ *admirer* qn de + 不定詞 ▶ Je l'*admire* d'avoir eu une telle patience. 彼にあれほどの忍耐強さがあったとは見上げたものだ. ◆ *admirer* comme [comment] + 直説法 ▶ *Admirez* comme elle est vulgaire! 彼女の下品なことといったらたいへんなものだ. ◆ *admirer que* + 接続法 ▶ J'*admire* qu'on puisse si bien mentir. (=s'étonner) そこまでうまくうそがつけるとはねえ.

adm*is*[1], **ise** /admi, iːz/ 形 (admettre の過去分詞) ❶ 入場[加入, 参加]を許可された;(入学・入社試験などに)合格した. ❷ 当然[正しい]と認められた. ▶ C'est une chose communément *admise*. それは一般に認められていることだ. 《非人称構文で》Il est *admis* que + 直説法. …ということは一般に認められている.
― 名 入学[入社]試験合格者.

admis[2] /admi-/ 活用 ⇨ ADMETTRE 65

admiss- 活用 ⇨ ADMETTRE 65

admissibilité /admisibilite/ 女 ❶ 容認できること;許容度. ❷ 第2次(口述)試験受験資格. ▶ la liste d'*admissibilité* 1次試験合格者名簿.

admissible /admisibl/ 形 ❶ 受け入れられる, 容認できる. ▶ une excuse *admissible* (=acceptable) もっともな言い訳. ◆《非人称構文で》Il n'est pas *admissible* que + 接続法 ▶ Il n'est pas *admissible* que vous arriviez en retard. あなた(方)の遅刻はとうてい見過ごすわけにいかない. ❷ (第1次試験に合格して)第2次(口述)試験の受験を許された. ▶ être *admissible* au baccalauréat (↔refusé) バカロレアの第1次試験に合格する. 注 第2次の最終試験の合格には admis が用いられる. ― 名 第2次試験受験資格者, 第1次試験合格者.

admission /admisjɔ̃/ 女 加入許可;入学許可, 合格. ▶ un examen d'*admission* 採用[入学, 進級]試験 / l'*admission* à l'Ecole normale supérieure 高等師範学校への入学許可.

admissions /admisjɔ̃/, **admit, admît** /admi/, **admîtes** /admit/ 活用 ⇨ ADMETTRE 65

admonestation /admɔnɛstasjɔ̃/ 女 〘文章〙厳し

admonester

い叱責(ﾋｯｾｷ), 譴責(ｹﾝｾｷ).

admonester /admɔnɛste/ 他動 文章 …を厳しくしかる, 叱責(ﾋｯｾｷ)する.

ADN 男《略語》acide désoxyribonucléique デオキシリボ核酸, DNA.

ado /ado/ 名 adolescent の略.

***adolescence** /adɔlesɑ̃:s/ アドレサーンス 女 青年期, 思春期(男子は14-20歳, 女子は12-18歳ぐらい);《集合的に》若者. ▶ à l'*adolescence* 青年期には / les années d'*adolescence* 青春時代 / être dans son *adolescence* 青春真っ盛りである.

adolesc*ent, ente* /adɔlesɑ̃, ɑ̃:t/ 名 青少年, 若者, 未成年者. 比較 ⇨ JEUNE.

Adonis /adɔnis/ 固有 男《ギリシア神話》アドニス; 女神アフロディテに愛された美青年.

adonis /adɔnis/ 男《しばしば皮肉に》(アドニス Adonis のような)美男子.

—— 女《植物》フクジュソウ(属).

adonn*é, e* /adɔne/ 形 <adonné à qc>に没頭した, ふけった.

s'adonner /sadɔne/ 代動 <s'adonner à qc> …に没頭する; ふける. ▶ *s'adonner* à la boisson 酒におぼれる.

adopt*é, e* /adɔpte/ 形 ❶ 養子[養女]になった. ❷〔意見, 提案などが〕採用された. ▶ *Adopté*! 採択します〔議員の発言〕. —— 名 養子, 養女.

***adopter** /adɔpte/ 他動 ❶〔意見, 態度などを〕自分のものとして取り入れる, **採用する**. ▶ *adopter* une mode 流行を取り入れる / *adopter* une attitude prudente 慎重な態度をとる. ❷〔法案, 宣言などを〕**採択する**, 可決する. ▶ Cette déclaration *a été adoptée* à l'unanimité. その宣言は満場一致で採択された. ❸ …を**養子にする**; を家族同様に扱う. ▶ *adopter* une petite fille 小さな女の子を養女にする.

adopt*if, ive* /adɔptif, i:v/ 形 ❶ 養子縁組の. ▶ fils *adoptif* 養子 / mère *adoptive* 養母. ❷ patrie *adoptive* 第2の祖国, 帰化した国.

adoption /adɔpsjɔ̃/ 女 ❶ 採用. ▶ l'*adoption* du système métrique メートル法の採用. ❷ 採択, 可決. ❸ 養子縁組. ▶ père [fils] par *adoption* 養父[養子].

d'adoption (生まれによるのではなく)選び取った. ▶ pays [patrie] *d'adoption* 第2の祖国, 帰化した国.

adorable /adɔrabl/ 形 ❶《ときに名詞の前で》実にかわいい, すてきな. ▶ une *adorable* petite fille とてもかわいい小さな女の子 / Vous êtes *adorable*. 話 あなたはすばらしい. 比較 ⇨ BEAU. ❷ 崇拝すべき.

adorablement /adɔrabləmɑ̃/ 副 すばらしく, ほれぼれするほど(=merveilleusement).

adora*teur, trice* /adɔratœ:r, tris/ 名 崇拝者; ファン.

adoration /adɔrasjɔ̃/ 女 ❶〔神などに対する〕礼拝, 崇拝. ▶ *adoration* des idoles 偶像崇拝 / *Adoration* des Mages《図像》東方の三博士の礼拝. ❷ 熱愛. ▶ avoir de l'*adoration* pour qn = être en *adoration* devant qn …を熱愛している.

***adorer** /adɔre/ アドレ 他動 ❶ 話 <adorer qn/qc /不定詞 // *adorer* que + 接続法 // *adorer* quand + 直説法>…が**大好きである**; を熱愛する. ▶ J'*adore* les fraises. 私はイチゴが大好きだ / Les mangas, j'*adore* ça. マンガが大好きだ / J'*adore* écrire. 私は書くのが大好きだ / Les enfants *adorent* qu'on leur lise des histoires. 子供たちはお話を読んでもらうのが好きだ / J'*adore* quand elle sourit comme ça. 私は彼女がこんなふうに微笑する時が大好きだ. ❷〔神などを〕礼拝する, 崇拝する.

adoss*é, e* /adose/ 形 ❶ <adossé à [contre] qc>…に背をもたせかけた, を背にした. ▶ une plage *adossée* à la falaise 断崖(ﾀﾞﾝｶﾞｲ)を背にした浜辺. ❷ (互いに)背中合わせになった, 隣接した.

adossement /adosmɑ̃/ 男 …を背にすること.

adosser /adose/ 他動 <adosser qn/qc à [contre] qc>…を…にもたせかける. ▶ *adosser* une échelle contre un mur 壁にはしごを立てかける / *Adossez* le piano au mur. ピアノを壁際につけてください.

—— **s'adosser** 代動 <s'adosser à [contre] qc>…に背をもたせかける.

adoucir /adusi:r/ 他動 ❶ …を和らげる, 穏やかにする. ▶ *adoucir* les douleurs d'estomac 胃の痛みを和らげる / Cette averse *a adouci* la température. このにわか雨で暑さがしのぎやすくなった / Le tribunal en appel *a adouci* les peines. 控訴審は量刑を軽くした. ❷ …を滑らかにする, 磨く. ▶ *adoucir* la peau〔化粧品などが〕肌を滑らかにする. ❸ *adoucir* l'eau 水を軟水化する.

—— **s'adoucir** 代動 和らぐ, 穏やかになる. ▶ Le climat *s'est adouci*. 気候が穏やかになった.

adoucis*sant, ante* /adusisɑ̃, ɑ̃:t/ 形 (adoucir の現在分詞)和らげる;〔痛みを〕緩和する;〔肌などを〕滑らかにする.

—— **adoucissant** 男 ❶ 鎮痛薬. ❷ 〔洗濯物の〕柔軟仕上げ剤.

adoucissement /adusismɑ̃/ 男 和らげること, 和らぐこと, 軽減, 緩和. ▶ un *adoucissement* de la douleur 苦痛の軽減 / un *adoucissement* du climat 気候の緩み.

ad patres /adpatres/ 副句《ラテン語》祖先のいるところに. ▶ envoyer qn *ad patres* …をあの世に送る, 殺す.

adrénaline /adrenalin/ 女 アドレナリン.

adressage /adresa:ʒ/ 男《情報》アドレッシング, アドレス指定.

***adresse¹** /adres/ アドレス 女 ❶ **住所**, 所在地, あて名, アドレス. ▶ un carnet d'*adresses* 住所録 / changer d'*adresse* 住所を変える / donner son *adresse* à qn …に自分の住所を教える / Quelle est votre *adresse*? あなたの住所はどこですか? / Avez-vous son *adresse*? 彼(女)の住所はわかりますか / *adresse* électronique [e-mail] 電子メールアドレス / A Paris je connais quelques *adresses* de restaurants. パリのレストランなら, いくつかいいところを知っている. ❷〔辞書などの〕見出し(語);《情報》〔記憶装置の〕アドレス. ❸ 上奏, 請願.

à l'adresse de qn …にあてて[た], 向けて[た].

▶ C'est un compliment *à votre adresse*. それはあなた(方)に対する褒め言葉です.
bonne adresse (レストラン, 小売店などで)いい店の所在地. ▶ Il m'a donné une *bonne adresse*. 彼はいい店を教えてくれた.
se tromper d'adresse 住所を間違える; お門違いをする.

*adresse² /adrɛs アドレス/ 女 ❶ 器用さ, 巧みさ (↔maladresse). ▶ un tour d'*adresse* 早業, 手品 / des *adresses* de pinceau (絵画の)巧みなタッチ. ❷ 巧妙さ; 抜け目のなさ. ▶ acquérir de l'*adresse* こつを身につける / avec *adresse* 巧妙に. ◆avoir l'*adresse* de + 不定詞 巧みに…する. ▶ Il a eu l'*adresse* de ne rien révéler. 彼はうまい具合に何も漏らさなかった. ◆l'*adresse* de qn à + 不定詞 ▶ Son *adresse* à inventer des histoires drôles est tout à fait exceptionnelle. 笑い話を作りあげる彼(女)のうまさときたら, まさに絶妙だ.

avoir de l'adresse (1) 器用である. (2) こつ[要領]をのみこんでいる.
manquer d'adresse (1) 不器用である. (2) 気が利かない.

*adresser /adrese アドレセ/ 他動 ❶ <adresser qc à qn>…に[視線, 言葉など]を投げかける. ▶ *adresser* la parole à qn …に話しかける.
❷ <adresser qc à qn>…に…を送る. ▶ *adresser* un colis à qn (=envoyer)…に荷物を送る.
❸ <adresser qn à qn/qc>…に…を差し向ける, 行かせる. ▶ *adresser* un malade à un spécialiste 病人を専門医のところへ回す.

— ***s'adresser** 代動 <s'adresser à qn/qc>
❶ (…に)話しかける; 訴えかける. ▶ *s'adresser* à un passant pour demander son chemin 道を聞くために通行人に話しかける.
❷ (…に)出向く, 赴く; 問い合わせる, 照会する. ▶ Je ne peux pas vous renseigner, *adressez-vous* à la gardienne. 私にはお教えできません, 管理人にお尋ねください.
❸ (…に)当てられている, 向けられている. ▶ Ce magazine *s'adresse* à un public féminin. この雑誌は女性層を対象としている.

Adriatique /adrijatik/ 国有 女 アドリア海.

*adroit, oite /adrwa, wat アドロワ, アドロワット/ 形 ❶ 器用な, 巧みな. ▶ être *adroit* de ses mains 指先が器用である / *adroit* à [dans] tous les exercices あらゆる運動に長じている.
❷ 巧妙な, 抜け目ない. ▶ une politique *adroite* 巧妙な政策.

adroitement /adrwatmɑ̃/ 副 巧みに, 巧妙に, 器用に; 抜け目なく.

adula*teur, trice* /adylatœːr, tris/ 形, 名 文章 へつらう(人), おべっかを使う(人).

adulation /adylasjɔ̃/ 女 文章 褒めそやすこと, もてはやすこと; へつらい, おべっか.

aduler /adyle/ 他動 …を褒めそやす, もてはやす; にへつらう, おべっかを使う.

*adulte /adylt アデュルト/ 名 大人, 成人. ▶ cours pour *adultes* 成人講座 / un film réservé aux *adultes* 成人向け映画.

— 形 成長した, 成人した. ▶ un insecte *adulte* 成虫 / l'âge *adulte* 成年(期) / Tu es *adulte* maintenant! 君はもう大人だ.

adultération /adylterasjɔ̃/ 女 古風 ❶ (薬, 酒, 食品などに)混ぜ物をすること. ❷ (貨幣, 文書の)偽造, 変造.

adultère /adyltɛːr/ 形 不義の, 不倫の. ▶ un amour *adultère* 不倫の恋 / entretenir des relations *adultères* 不倫の関係を続ける.
— 男 不倫, 不義, 密通, 姦通. ▶ commettre un *adultère* 密通する.
— 名 文章 不貞の夫[妻], 姦通者.

adulté*rin, ine* /adylterɛ̃, in/ 形 婚姻関係以外によって生まれた; 不義による. — 名 私生児.

ad valorem /advalɔrem/ 形句 (不変)(ラテン語)〖税制〗従価の. ▶ les droits *ad valorem* 従価税.

advenir /advəniːr/ 28 (不定詞, 分詞と3人称のみ用いる. 助動詞は être. 多くは非人称構文で用いる)自動 (過去分詞 advenu, 現在分詞 advenant) 起こる, 生じる, 偶発する. ▶ Il lui *est advenu* un malheur. 彼(女)に不幸が起きた / Quoi qu'il *advienne*, elle partira. 何が起ころうとも彼女は出発するだろう / Qu'est-il *advenu* d'eux? 彼らはどうなったのか / Que peut-il *advenir* de ce projet? この計画はどうなるのだろうか. ◆Il *advient* que + 直説法[接続法]…ということがある. 注 既成の事実は直説法で, 起こる可能性のあることは接続法で表わす. ▶ Il *advient* qu'il pleuve quelquefois dans ce désert. この砂漠でもたまには雨が降ることがある.

Advienne que pourra! (起こりうることは起こるがよい→)なるようになれ.

advent*ice* /advɑ̃tis/ 形 付随的な, 偶発的な. ▶ problèmes *adventices* 付随的[副次的]問題.

adverbe /advɛrb/ 男 〖文法〗副詞. ▶ *adverbes* de lieu 場所を表わす副詞.

adverb*ial, ale* /advɛrbjal/; (男 複) **aux** /o/ 形 〖文法〗副詞の, 副詞的な. ▶ locution *adverbiale* 副詞句.

adverbialement /advɛrbjalmɑ̃/ 副 副詞的に, 副詞として.

***adversaire** /advɛrsɛːr アドヴェルセール/ 名 競争相手, ライバル, 敵. ▶ un *adversaire* politique 政敵.

> 比較 敵, 競争相手
> **adversaire** 利害関係, 競合関係で対立する相手を広く指す. **ennemi** こちらに危害を加える相手としての敵. **concurrent** スポーツ, 商売などでの競争相手. **rival**《改まった表現》concurrent よりも主観性が強い. 恋敵を指すこともある.

adverse /advɛrs/ 形 反対の, 敵対する, 相手の. ▶ les forces *adverses* 敵の軍隊 / l'équipe *adverse* 相手のチーム / la partie *adverse* (訴訟の)相手方 / Les circonstances nous sont *adverses*. 情勢は我々に不利である.

adversité /advɛrsite/ 女 文章 逆境, 不運, 不幸. ▶ faire face à l'*adversité* 逆境に立ち向かう / Avant de réussir, ce chanteur a connu une longue *adversité*. この歌手は成功するまでに長く下積み生活を経験してきた.

advien-, adviendr-, advin-, advîn-

AELE

活用 ⇨ ADVENIR 28

AELE 囡《略語》Association européenne de libre échange ヨーロッパ自由貿易連合, エフタ (英語で EFTA).

aérateur /aeratœ:r/ 男 換気装置, 換気扇.

— aérateur, trice /aeratœ:r, tris/ 形 換気の, 通風の.

aération /aerasjɔ̃/ 囡 換気, 通風. ▶ un conduit d'*aération* 通気ダクト / Cette pièce a une mauvaise *aération*. この部屋は換気が悪い.

aéré, e /aere/ 形 ❶ 風の通る, 換気のよい. ▶ une maison bien [mal] *aérée* 風通しのよい [悪い] 家. ❷ (適度にすき間があって) 読みやすい, 見やすい. ▶ La mise en page de cet article est bien *aérée*. この記事のレイアウトは実にすっきりしている. ❸ centre *aéré* (休日, 休暇に園児や児童を預かる) 児童センター.

aérer /aere/ 6 他動 ❶ …の換気をする, を風に当てる. ▶ Il faut *aérer* la pièce quand on utilise un poêle à gaz. ガスストーブを使う場合は部屋の換気をする必要がある / *aérer* des vêtements d'hiver avant de les utiliser 冬物の衣類を使う前に風に当てる. ❷ (適度にすき間を入れて) 〔文章など〕を読みやすくする, 見やすくする.

— s'aérer 代動 新鮮な空気を吸う; 戸外に出る. ▶ Il s'est *aéré* à la campagne. 彼は田舎に新鮮な空気を吸いに行った.

***aérien, enne** /aerjɛ̃, ɛn/ アエリヤン, アエリエヌ/ 形 ❶ 航空の; 空軍の. ▶ compagnie *aérienne* 航空会社 / ligne *aérienne* 航空路 / transport *aérien* 航空輸送, 空輸 / forces *aériennes* 空軍 / par voie *aérienne* 空路で / photographie *aérienne* 航空写真. ❷ 空中にある; 架設の. ▶ pont *aérien* 架設橋, つり橋 / métro *aérien* (大都市の) 高架鉄道; (地下鉄の) 高架線. ❸ 空気の, 大気の. ▶ des courants *aériens* de la haute atmosphère 上層の大気の流れ. ❹ (空気のように) 軽い, 軽やかな. ▶ une démarche *aérienne* 軽快な身のこなし.

aéro- 接頭「空気, 気体, 航空(機)」の意.

aérobic /aerɔbik/ 男 囡 エアロビクス.

aérobie /aerɔbi/ 形 ❶《生物学》好気性の. ❷《航空》空力推進の. — 男 ❶《生物学》好気菌, 好気性菌. ❷《航空》内燃機関.

aéro-club /aeroklœb/ 男 飛行クラブ, 民間パイロット養成センター.

aérodrome /aerɔdro:m/ 男 飛行場.

aérodynamique /aerɔdinamik/ 囡 空気力学, 航空力学. — 形 ❶ 空気力学の, 航空力学の. ❷ 空力的な. ▶ ligne *aérodynamique* 流線型.

aérofrein /aerɔfrɛ̃/ 男 エアブレーキ, スピードブレーキ.

aérogare /aerɔga:r/ 囡 エアターミナル.

aéroglisseur /aerɔglisœ:r/ 男 ホーバークラフト.

aérogramme /aerɔgram/ 男 エアログラム, 航空書簡.

aérolit(h)e /aerɔlit/ 男 隕石 (いんせき).

aéronautique /aerɔnotik/ 形 航空の, 航空学の. ▶ industrie *aéronautique* 航空産業 / construction *aéronautique* 航空機製造. — 囡 航空学, 航空術. ▶ école d'*aéronautique* 飛行学校 / ingénieur de l'*aéronautique* 航空技師.

aéronaval, ale /aeronaval/;《男複》**als** 形《軍事》海空の.

— aéronavale 囡 (多く Aéronavale) 海軍航空隊.

aéronef /aerɔnɛf/ 男 航空機: 飛行機, ヘリコプター, 飛行船などの総称.

aérophagie /aerɔfaʒi/ 囡《医学》空気嚥下 (えんげ) 症, 呑気 (どんき) 症.

***aéroport** /aerɔpɔ:r アエロポール/ 男 空港, エアポート.

aéroporté, e /aerɔporte/ 空輸の, 空挺 (くうてい) の. ▶ troupes *aéroportées* 空輸部隊, 空挺部隊.

aéroportuaire /aerɔpɔrtɥɛ:r/ 形 空港の.

aéropostal, ale /aerɔpɔstal/;《男複》**aux** /o/ 形 航空郵便の.

aérosol /aerɔsɔl/ 男 ❶ スプレー (=bombe); 噴霧式薬剤. ▶ un *aérosol* insecticide エアゾール式殺虫剤. ❷《物理》エーロゾル, 煙霧質. ▶ l'*aérosol* atmosphérique (汚染大気中の) スモッグ.

aérospatial, ale /aerɔspasjal/;《男複》**aux** /o/ 形 航空宇宙の.

— aérospatiale 囡 航空宇宙産業 (=industrie aérospatiale).

aérostat /aerɔsta/ 男 軽航空機, エアロスタット: 気球, 飛行船の総称.

aérostatique /aerɔstatik/ 囡 空気静力学.

aérostier /aerɔstje/ 男 軽航空機操縦者.

aérotrain /aerɔtrɛ̃/ 男 アエロトラン, ホーバートレイン.

AF 囡《略語》❶ audio-fréquence 可聴周波数. ❷ Action française アクシオン・フランセーズ: 第2次世界大戦以前のフランスの右翼組織.

affabilité /afabilite/ 囡 愛想のよさ, 親切さ. ▶ un homme d'une grande *affabilité* たいへん愛想のよい人.

affable /afabl/ 形 愛想のよい, 親切な, 感じのよい. ▶ Ce ministre n'a jamais été *affable* avec les journalistes. その大臣は一度として記者たちに愛想よくしたことがない.

affablement /afabləmɑ̃/ 副 愛想よく, 物柔らかに.

affabulation /afabylasjɔ̃/ 囡 ❶ (小説などの) 筋立て, プロット. ❷ 作り話, 作り事.

affabuler /afabyle/ 他動〔小説などの筋〕を組み立てる. — 自動 作り話をする, 事実をでっち上げる.

affadi, e /afadi/ 形 風味を失った; 精彩を失った.

affadir /afadi:r/ 他動〔飲食物〕の風味をなくさせる;〔文章など〕の精彩を失わせる. ▶ Il y a trop d'eau, ça *affadit* la soupe. 水が多すぎて, スープの味が台なしだ.

— s'affadir 代動 風味がなくなる; 精彩を失う.

affadissement /afadismɑ̃/ 男 (食べ物などの) 風味がなくなること; (文章などの) 精彩がなくなること.

affaibli, e /afebli/ 形 衰えた, 弱まった, 和らいだ. ▶ un malade *affaibli* 衰弱した病人.

affaiblir /afebli:r/ 他動 ❶ 衰弱させる. ▶ La fièvre *a affaibli* le malade. 熱で病人は衰弱した. ❷ …を弱める, 弱体化させる. ▶ Les dou-

bles fenêtres *affaiblissent* le bruit de la route. 二重窓で道路の騒音は和らげられている / Ce scandale *a affaibli* le crédit du parti. 汚職によって党への信頼は低下した.
— *s'affaiblir* 衰える, 弱まる. ▶ Le malade *s'affaiblit* peu à peu. その病人は少しずつ衰弱している / La valeur du yen *s'affaiblit* sensiblement. 円の価値が著しく下がっている.

affaiblissant, ante /afeblisɑ̃, ɑ̃ːt/ 形 文章 体力を弱らせる, 衰弱させる.

affaiblissement /afeblismɑ̃/ 男 衰弱, 低下. ▶ L'*affaiblissement* intellectuel du malade est très net. 病人の知力の衰えは極めて顕著である.

**affaire /afɛːr アフェール/ 女

❶ (…にかかわる)事, 問題; 関心事. ▶ C'est mon *affaire*, et non la tienne. これは私の問題で君には関係がない / C'est une *affaire* délicate. それは微妙な問題だ / Occupe-toi de tes *affaires*. 人の事はかまうな / La protection de la nature est l'*affaire* de tous. 自然保護は万人にかかわる問題だ / Son *affaire* à lui, c'est la musique. 彼が関心を持っているのは[得意なのは]音楽だ / Quelle *affaire* ! なんてことだ, いやはやまったく. ◆ affaire de + 無冠詞名詞 …に関わる事柄だ. C'est (une) *affaire* de goût. それは好みの問題だ / Le reste est *affaire* de temps. あとは時間次第だ.

❷ (すべき)事, 用事, 仕事. ▶ C'est une *affaire* urgente. それは急を要する事柄だ / J'ai une *affaire* importante pour vous. あなた(方)に大切な用があるんです.

❸ 《複数で》公務, 国務. ▶ le ministère des *Affaires* étrangères 外務省.

❹ 面倒な事, 厄介. ▶ Dix kilomètres à pied, ce n'est pas une *affaire*. 10キロ歩くくらいはたいしたことではない / C'est toute une *affaire* = Ce n'est pas une petite [mince] *affaire*. それは厄介極まりない仕事だ / C'est toute une *affaire* de + 不定詞. …するのは一仕事である.

❺ 事件; スキャンダル, 紛争, 訴訟事件. ▶ une *affaire* de vol 窃盗事件 / une *affaire* de fausses factures (会計の不正による)横領事件 / étouffer une *affaire* 事件をもみ消す / l'*affaire* Dreyfus ドレフュス事件 / l'*affaire* palestinienne パレスチナ紛争 / *Une ténébreuse affaire* 「暗黒事件」(バルザックの小説).

❻ 取引, 売買;《特に》得な取引. ▶ faire une bonne *affaire* 得な買い物をする / conclure une *affaire* 取引を成立させる / Achetez-le, vous ferez une *affaire*. お買いなさい, お得ですよ / A ce prix-là, c'est une *affaire*. この値段なら得だ.

❼ 事業; 会社. ▶ gérer une *affaire* 会社[店]を経営する.

❽ 《複数で》ビジネス, 実業, 商売. ▶ M. Petit est dans les *affaires*. プチ氏は実業に携わっている / classe *affaires* ビジネスクラス / le français des *affaires* ビジネスフランス語 / Les Japonais sont durs en *affaires*. 日本人はビジネスではしたたかだ / Les *affaires* sont les *affaires*. 商売だ, 同情は禁物. ◆ 名詞 + d'*affaires* ▶ homme d'*affaires* 実業家 / femme d'*affaires* 女性実業家 / voyage d'*affaires* 出張旅行 / déjeuner d'*affaires* 商談のための昼食会, 接待 / chiffre d'*affaires* 売上高, 取引高.

❾《複数で》(個人の)経済状態, 資産. ▶ les *affaires* privées 個人資産 / Cet héritage a bien arrangé mes *affaires*. この相続で私の財政状態はかなりよくなった / Il a fait ses *affaires*. 彼は一財産築き上げた.

❿《複数で》(多く所有形容詞とともに)身の回りの品, 持ち物; 衣類. ▶ des *affaires* de toilette 洗面(化粧)用具 / fouiller dans les *affaires* de qn …の持ち物の中を探る / Il ne range jamais ses *affaires*. 彼は身の回りのものを全然整理しない. 比較 ▷ VÊTEMENT.

⓫《複数で》(政治・経済的な)情勢, 事情. ▶ un expert des *affaires* asiatiques アジア情勢の専門家.

⓬《複数で》🔒 色恋沙汰(ざた); (特にその)進み具合. ▶ Où en sont tes *affaires* ? 彼(女)との仲はどこまで行っているんだい.

avoir affaire à qn/qc …を相手にする, と争う. ▶ Vous aurez [Tu auras] *affaire* à moi. その気ならいつでも相手になってやるぞ.

C'est l'affaire de + 時間. …でできる簡単なことである. ▶ *C'est l'affaire d'un instant*. そのくらいはあっという間にできることだ.

C'est une autre affaire. それとこれとは話が別だ, それとは関係がない.

(être) à son affaire 得意な[好きな]ことをしている, お手のものだ. ▶ Le voilà à son *affaire*. 彼は水を得た魚のようだ.

être hors d'affaire = ***être tiré d'affaire*** 窮地を脱している. ▶ Le malade *est hors d'affaire*. 病人は危険な状態を脱した.

faire affaire (avec qn) (1) (…と)取引する. (2) (…と)意見が一致する.

faire l'affaire (de qn) (…の)気に入る, 役に立つ, 目的にかなう.

faire son affaire de qc/不定詞 …を引き受ける, の面倒を見る. ▶ Ne t'en fais pas, j'*en fais mon affaire*. 心配するな, 私が引き受ける.

La belle affaire !《反語的に》なんだ, それだけのことか.

se tirer d'affaire 窮地を脱する.

toutes affaires cessantes 何をおいても.

affairé, e /afere/ 形 忙しい, 忙しそうな. ▶ Il a toujours l'air *affairé*. 彼はいつも忙しそうである.

affairement /afɛrmɑ̃/ 男 多忙, 慌ただしさ. ▶ Dans l'*affairement* du départ, il a oublié de fermer le gaz. 出発の慌ただしさで彼はガス栓を閉め忘れた.

s'affairer /safere/ 代動 忙しく働く. ▶ *s'affairer* auprès d'un malade 病人の看護に忙しく立ち働く. ◆ *s'affairer* à qc/不定詞 忙しく…する. ▶ Elle *s'affaire* à préparer son départ. 彼女は出発の準備に忙しい.

affairisme /aferism/ 男 あくどい金もうけ(主義), 利権あさり.

affairiste /aferist/ 名 あくどい事業家, もうけ主義

affaissé

の人，利権屋．

affaissé, e /afese/ 形 ❶ へこんだ，沈下した．▶ un sol *affaissé* 沈下した地盤．❷〔人が〕倒れ込んだ，衰弱した．▶ Epuisée, elle est *affaissée* sur le divan. 彼女は力尽きて長椅子(ﾂ)に倒れ込んでいる．

affaissement /afɛsmɑ̃/ 男 ❶ 沈下，陥没，たわむこと．▶ Cet *affaissement* de terrain est dû aux pluies. この地盤沈下は雨によるものである．❷ 衰弱，弱体化．▶ un *affaissement* des muscles 筋肉のたるみ / un *affaissement* de l'intelligence 知力の低下．

s'affaisser /safese/ 代動 ❶ くぼむ，たわむ，沈下する；崩れる．▶ Le plancher *s'est affaissé* par endroits. 所々床がたわんだ．❷〔人が〕倒れる，衰弱する．

affalé, e /afale/ 形 話 (椅子(ﾂ)などに)倒れ込んだ．▶ Il reste *affalé* dans un fauteuil, sans rien faire. 彼は何もしないでひじ掛け椅子に座り込んだままである．

s'affaler /safale/ 代動 話 倒れ込む，崩れ落ちる．▶ *s'affaler* sur son siège 椅子(ﾂ)にぐったりと座り込む．

affamé, e /afame/ 形 ❶ 飢えた，ひもじい．▶ des réfugiés *affamés* 飢餓に苦しむ難民たち．❷ 文章 <*affamé* de + 無冠詞名詞>〔金，名誉など〕を渇望している．
── 名 ❶ 飢えた人．❷ (名誉などを)追求する人．

affamer /afame/ 他動 …を飢えさせる．

affectation¹ /afɛktasjɔ̃/ 女 ❶ 割り当て，配分．▶ l'*affectation* de 10% [dix pour cent] du budget à la Défense nationale 国防費に予算の10パーセントを割り当てること．❷ 配属，任用．▶ J'ai reçu un changement d'*affectation*. 私は配置転換(の命令)を受けた．

affectation² /afɛktasjɔ̃/ 女 気取り，わざとらしさ．▶ un style plein d'*affectation* 非常に気取った文体 / parler avec *affectation* 気取った話し方をする．◆ *affectation* de + 無冠詞名詞 …を装うこと，のふりをすること．▶ On sent dans son attitude une *affectation* de bonhomie. 彼の態度には善良を装ったところが感じられる．

affecté, e /afɛkte/ 形 気取った，わざとらしい．▶ un ton *affecté* きざな口調 / avoir des manières *affectées* 気取った[わざとらしい]態度を取る．

affecter¹ /afɛkte/ 他動 ❶ …のふりをする，を装う．▶ *affecter* la tristesse 悲しそうなふりをする / Quoique très inquiet, il *affecte* un air calme. 非常に不安であるが，彼は平静さを装っている．◆ *affecter* de + 不定詞 …のふりをする．▶ Il *affecte* d'être ému par les malheurs de son rival. 彼は自分のライバルの不幸を悲しんでいるふりをしている．❷〔物がある形態〕を取る．▶ La montagne *affecte* une forme curieuse. その山は奇妙な形をしている．❸ <*affecter* A de B> AにBを付けて意味を変える；〖数学〗(数などに符号，係数)を付ける．▶ *affecter* un nombre du signe moins ある数にマイナスの符号をつける / L'auteur *affecte* ces mots de connotations plutôt négatives. 作者はこれらの語にむしろ否定的な意味をもたせている．

affecter² /afɛkte/ 他動 ❶ …につらい思いをさせる，を悲しませる．▶ La nouvelle de sa mort m'*a* beaucoup *affecté*. 彼(女)の死の知らせは私をひどく悲しませた / Elle *a été* très *affectée* par l'échec de son fils. 彼女は息子の失敗にとても悩んだ．❷ …に悪く作用する，悪影響を与える．▶ Une crise économique *affecte* ce pays. 経済危機がこの国に悪影響を及ぼしている / Cette maladie *affecte* surtout la vue. この病気は特に視力に障害をもたらす．❸ …にかかわる，関係する．▶ C'est une question d'importance qui *affecte* le bien-être des habitants. これは住民の福祉にかかわる重要な問題である．

affecter³ /afɛkte/ 他動 ❶ <*affecter* qc (à qc/qn)>〔目的，用途に〕を用いる，割り当てる．▶ Il *affecte* une grande partie de ses revenus au remboursement de sa dette. 彼は収入の大半を借金の返済に当てている / *affecter* un local à un service public 建物の一部を公共機関の使用に供する．❷ <*affecter* qn à qc>〔職務など〕に…を配属する，任ずる．▶ *affecter* une recrue à une unité 新兵をある部隊に配属する / Il s'est fait *affecter* au secrétariat. 彼は秘書課に配置された．

affect*if*, *ive* /afɛktif, i:v/ 形 文章 感情面の，情緒的な．▶ C'est une réaction purement *affective*. それはまったく感情的な反応だ / Elle est *affective*. 彼女は感情面の強い女性だ．

*****affection** /afɛksjɔ̃/ アフェクスィオン 女 ❶ 愛情，情愛，友情．▶ *affection* maternelle [fraternelle] 母性[兄弟]愛 / l'*affection* d'une mère pour ses enfants 母の子供に対する愛情 / prendre qn en *affection* …をいとおしく思う / se prendre d'*affection* pour qn …を好きになる / gagner l'*affection* de ses camarades 同僚たちに愛されるようになる / J'ai de l'*affection* pour lui. 私は彼に親愛の情を抱いている．比較 ⇨ AMOUR．❷〖医学〗疾患，症状．▶ *affection* nerveuse 神経の疾患 / *affection* aiguë [chronique] 急性[慢性]疾患．

affectionné, e /afɛksjɔne/ 形《手紙の末尾で》親愛なる，愛する．▶ Votre fils *affectionné*. 愛する息子より / 《名詞的に》Votre *affectionné*. 愛する者より．

affectionner /afɛksjɔne/ 他動 …を愛する，に愛情を抱く；を特に好む．▶ *affectionner* sa grand-mère 祖母が大好きである / Au cinéma, ce que j'*affectionne*, ce sont les films policiers. 映画で私が特に好きなのは探偵映画です．

affectivité /afɛktivite/ 女 感情，情緒；情動性．

affectueusement /afɛktɥøzmɑ̃/ 副 愛情を込めて．▶ embrasser *affectueusement* 優しく抱く / Elle parle *affectueusement* à son enfant. 彼女は子供に愛情を込めて話す / Bien *affectueusement*.《手紙の末尾で》心を込めて．

*****affectueux, euse** /afɛktɥø, ø:z/ アフェクテュー, アフェクテューズ 形 愛情深い，情愛のこもった；人なつっこい．▶ regard *affectueux* 愛情のこもったまなざし / paroles *affectueuses* 優しい言葉 / Ce chat est *affectueux*. この猫は人なつっこい．

afférent, ente /aferɑ̃, ɑ̃:t/ 〈*afférent* (à qn/qc)〉(…に)帰属する;付属する. ▶ la part *afférente* à cet héritier この相続人に帰属する相続分 / Le Conseil des ministres a discuté de la hausse du prix des terrains et des questions *afférentes*. 閣議で地価高騰とそれに付随する問題が討議された.

affermage /aferma:ʒ/ 男 (農地の)賃貸借, 小作.

affermer /aferme/ 他動 (農地, 草地など)を賃貸しする;賃借りする.

affermir /afermi:r/ 他動 …を強固にする, 強くする, しっかりさせる. ▶ *affermir* les muscles 筋肉を強化する / *affermir* sa voix しっかりした声を出す;声の調子を整える / *affermir* la paix par un accord sur le désarmement (=consolider) 軍縮協定によって平和を確かなものにする.
— **s'affermir** 代動 強固になる, 強くなる.

affermissement /afermismɑ̃/ 男 強固にする[なる]こと, 強化. ▶ l'*affermissement* du pouvoir de l'Etat 国家権力の確立 / l'*affermissement* de la santé 丈夫になること, 健康増進.

*****affichage** /afiʃa:ʒ/ アフィシャージュ 男 ❶ ポスター[びら]を張ること, 掲示;ひけらかし. ▶ panneau d'*affichage* 掲示板 / 《*Affichage* interdit》「張り紙禁止」❷ 【情報】表示, ディスプレー. ▶ *affichage* numérique [analogique] デジタル [アナログ] 表示 / tableau d'*affichage* (競技場の)記録表示板, スコアボード.

*****affiche** /afiʃ/ アフィッシュ 女 ❶ ポスター, 張り紙, 掲示. ▶ *affiche* publicitaire [électorale] 広告[選挙]用ポスター / par voie d'*affiches* 掲示によって / poser [coller, placarder] une *affiche* sur le mur 壁にポスターを張る. ❷ (劇場, 音楽会の)上演プログラム;配役, キャスト. ▶ changer l'*affiche* 芝居の出し物を変える / A l'Opéra, qu'est-ce qu'il y a ce soir à l'*affiche* ? 今晩オペラ座では何をやっていますか.
être [*rester*] *à l'affiche* 上演されている.
mettre une pièce à l'affiche ある芝居を上演演目に入れる;ある芝居の上演を予告[宣伝]する.
quitter l'affiche (芝居が)上演中止になる.
tenir l'affiche 上演を長く継続する. ▶ Cette comédie musicale *a tenu l'affiche* pendant deux ans. このミュージカルは2年間のロングランだった.
tête d'affiche 主役.

*****afficher** /afiʃe/ アフィッシェ 他動 ❶ …を掲示する, 広告する, 予告する. ▶ *afficher* une vente aux enchères 競売を告示する / *afficher* complet 「満席」の表示をする / L'Opera *affiche* le programme de l'année prochaine. オペラ座の来年度の演目の予告が出ている / 《目的語なしに》《Défense d'*afficher*》「張り紙を禁ず」
❷ (知識, 感情)を見せびらかす, 誇示する. ▶ *afficher* un savoir tout récent 最新の知識をひけらかす / Il *affiche* son mépris pour l'argent. 彼は金銭への侮蔑(ぶ)の念をことさらに示そうとしている.
❸ 【情報】…を表示する.
— **s'afficher** 代動 ❶ 〈*s'afficher* + 属詞〉…

ぶる. ▶ *s'afficher* démocrate 民主主義者ぶる.
❷ これ見よがしに振る舞う. ▶ Il *s'affiche* avec sa maîtresse. 彼は公然と愛人を連れ歩いている.

affichette /afiʃɛt/ 女 (店内用)ポスター, びら.

afficheur, euse /afiʃœ:r, ø:z/ 名 ポスター張りをする人;広告業者.
— **afficheur** 男【情報】表示装置, ディスプレー. ▶ *afficheur* à cristaux liquides 液晶パネル.

affichiste /afiʃist/ 名 グラフィック・デザイナー.

affilage /afila:ʒ/ 男 (刃物を)研ぐこと, 刃をつけること.

affilé, e /afile/ 形 研ぎ澄まされた, 鋭い.

affilée /afile/ (次の句で)
d'affilée 副句 一気に, 続けざまに (=sans interruption). ▶ travailler huit heures *d'affilée* 8時間ぶっ通しで働く.

affiler /afile/ 他動 (刃物)を砥石(といし)で仕上げる, 研ぎ上げる.

affiliation /afiljasjɔ̃/ 女 加盟, 入会;提携関係. ▶ l'*affiliation* à la sécurité sociale 社会保険への加入.

affilié, e /afilje/ 形 加盟した, 入会している. ▶ un syndicat *affilié* à la CGT 労働総同盟加盟組合. — 名 加入者, 加盟者, 会員.

affilier /afilje/ 他動 〈*affilier* qn à qc〉…を…に加盟させる, 入会させる. ▶ Un ami m'*a affilié* au syndicat. 友人が私を組合に加入させた.
— **s'affilier** 代動 〈*s'affilier* à qc〉…に加盟する, 入会する. ▶ Elle *s'est affiliée* au parti socialiste. 彼女は社会党に入党した.

affinage /afina:ʒ/ 男 精錬, 精製.

affinement /afinmɑ̃/ 男 洗練;細くすること. ▶ l'*affinement* du goût 趣味の洗練 / l'*affinement* du corps シェイプアップ.

affiner /afine/ 他動 ❶ …を精錬する, 精製する. ▶ *affiner* des métaux 金属を精錬する / *affiner* du sucre 砂糖を精製する / *affiner* un fromage チーズを熟成させる. ❷ …を洗練する, 練り上げる. ▶ La Lecture *a affiné* son esprit. 読書は彼の知性を練磨した. ❸ …を鋭[細く]する. ▶ *affiner* des épingles ピンの先をとがらせる.
— **s'affiner** 代動 ❶ 洗練される. ▶ Son goût *s'est affiné*. 彼(女)の趣味は洗練された. ❷ 細くなる.

affineur, euse /afinœ:r, ø:z/ 名 精錬工, 精製工, 仕上げ工.

affinité /afinite/ 女 ❶ 類似性, 共通点, 関連. ▶ une *affinité* de caractères 性格の類似性 / y a entre eux des *affinités* de goût. 彼らには似通った趣味がある. ❷ 【化学】親和力.

affirmatif, ive /afirmatif, i:v/ 形 ❶ 断定的な, 確信に満ちた, きっぱりとした. ▶ parler d'un ton *affirmatif* 断定的な口調で話す / Il s'est montré très *affirmatif*. 彼は非常に確信に満ちた態度を示した.
❷ 肯定の (↔négatif). ▶ proposition *affirmative* 肯定文;肯定命題 faire une réponse *affirmative* はいと返事する / Il m'a fait un signe de tête *affirmatif*. 彼は私にうなずいた.
— **affirmative** 女 肯定 (↔négative). ▶ Elle a répondu par l'*affirmative*. 彼女はそうだ

affirmation

と答えた / dans l'*affirmative* 肯定の場合には；そうであるならば．
— **affirmatif** 副 はい (=oui)． 注 通信，軍隊などで常用され，日常会話では特に男同士で用いられる． ▶ «Me recevez-vous?—*Affirmatif*.»（無線通信などで）「聞こえますか」「感度良好」

affirmation /afirmasjɔ̃/ 女 ❶ 断言，主張． ▶ En dépit de vos *affirmations*, je n'en crois rien. あなた(方)が断言しても，私は何も信じない． ❷（意志，態度などの）明確化，確立，表明． ❸ 肯定；肯定命題． ▶ adverbes d'*affirmation* 肯定の副詞(oui, certainement など)．

affirmativement /afirmativmɑ̃/ 副 肯定的に (↔négativement).

***affirmer** /afirme/ アフィルメ 他動 ❶ …と断言する，主張する；を肯定する． ▶ J'*affirme* la réalité de ce que je viens de vous dire. 私が今申し上げたことは本当のことなのです． ◆ *affirmer* + 不定詞 ▶ Le témoin *affirme* avoir vu l'ovni. その目撃者は UFO を見たのは確かだと言っている． ◆ *affirmer* que + 直説法 ▷ 否定形のときは que 以下は接続法． ▶ Il *affirme* que tu es responsable de toutes ces erreurs. これらの過ちすべては君に責任があると彼は言い切っている / J'*affirme* que oui [non]. 絶対そうだ[断じてそんなことはない]． 比較 ⇨ PARLER¹. ❷ …を明確にする，確立する． ▶ *affirmer* sa volonté 意志をはっきり示す / Le professeur a cherché à *affirmer* son autorité auprès de ses élèves. その教師は生徒たちの前で自分の権威をはっきり示そうとした / Laissez-le *affirmer* sa personnalité. 彼の個性を発揮させてあげなさい．
— **s'affirmer** 代動 ❶ 明確になる，明確に現れる． ▶ Son talent *s'affirme* dans sa dernière œuvre. 彼(女)の才能はその最新作ではっきり現れている． ❷ ⟨*s'affirmer* (comme) + 属詞⟩自分は…であると断言する． ▶ Il *s'est affirmé* comme l'un de nos meilleurs romanciers. 彼は我が国最高の小説家の一人だと自任していた．

affixe /afiks/ 男 [言語] 接辞：接頭辞，接尾辞などの非自律的な形態素．

affleurement /aflœrmɑ̃/ 男 ❶（鉱脈などの）露出，露頭． ❷（感情などの）露出，表面化． ▶ l'*affleurement* d'un souvenir à la conscience ある記憶の意識への浮上．

affleurer /aflœre/ 自動 ❶（表面すれすれに）姿を現す，露出する． ▶ Les rochers *affleurent* à la surface des eaux. 岩礁が海面すれすれに頭を出している． ❷ 文章 感情などが現れる，顔をのぞかせる． ▶ Le doute commençait à *affleurer* en lui. 彼の心に疑いが芽生え始めた．— 他動 …と同じ高さにする[達する]． ▶ La rivière *affleure* ses bords. 川の水が岸すれすれまで達している．

afflictif, ive /afliktif, i:v/ 形 [刑法] peine *afflictive* et infamante 体刑・名誉刑．

affliction /afliksjɔ̃/ 女 文章 深い悲しみ，悲嘆．

affligé, e /afliʒe/ 形 ⟨*affligé* de qc/不定詞⟩…に苦しめた，悩まされた． ▶ Il est *affligé* de l'allergie aux pollens. 彼は花粉アレルギーに悩まされている． 比較 ⇨ TRISTE.
— 名 苦しんでいる人，悲嘆にくれている人．

affligeant, ante /afliʒɑ̃, ɑ̃:t/ 形 ❶ 悲しい，痛ましい． ▶ Il est dans une situation *affligeante*. 彼は痛ましい境遇にいる． ❷ ひどい，耐えがたい． ▶ C'est un film *affligeant* et nul. この映画はひどくて見るに耐えないし，中身ゼロだ．

affliger /afliʒe/ 2 他動 ❶ …を悲嘆にくれさせる，深く悲しませる． ▶ Sa mort m'*a affligé*. 彼(女)の死は私を非常に悲しませた． ❷ 文章 (病気，不幸などが)…を襲う．
— **s'affliger** 代動 ⟨*s'affliger* de qc/不定詞⟩…を深く悲しむ，嘆く．

affluence /aflyɑ̃:s/ 女 群衆；雑踏，混雑． ▶ Il y a une grande *affluence* au cinéma. 映画館はたいへんな込みようだ / L'*affluence* des vacanciers commence fin juin. バカンス客の流れは 6 月末から始まる． ▶ une *affluence* de + 無冠詞名詞 大勢の…． ▶ Pour cette cérémonie, il y avait une *affluence* de spectateurs. その式典には見物人がどっと詰めかけていた．
heures d'affluence ラッシュ・アワー (=heures de pointe).

affluent /aflyɑ̃/ 男 支流，分流．
— **affluent, ente** /aflyɑ̃, ɑ̃:t/ 形 支流の，分流の．

affluer /aflye/ 自動 ❶ たくさん集まる，押し寄せる． ▶ Les manifestants *affluent* sur la place. デモの参加者が広場に殺到している． ❷ 流入する，流れ込む． ▶ Beaucoup de cours d'eau *affluent* dans la Seine. 多くの河川がセーヌ川に注ぐ．

afflux /afly/ 男 ❶ 殺到，大量流入；横溢(おういつ)． ▶ *afflux* des capitaux 資本の流入 / un *afflux* d'idées あふれ出るアイデア / L'année dernière, il y a eu un *afflux* de réfugiés dans ce pays. 昨年この国では大量の難民流入があった． ❷ [医学] *afflux* du sang 充血．

affolant, ante /afolɑ̃, ɑ̃:t/ 形 気を動転させる，ひどく心配な． ▶ La vie augmente tous les jours, c'est *affolant*. 物価は毎日上がるし，不安なことだ．

affolé, e /afole/ 形 ❶ 気が動転した，取り乱した，パニック状態の． ▶ La foule *affolée* s'est précipitée vers la sortie. パニックに陥った群衆は出口に殺到した． ❷ 文章 夢中になった． ▶ *affolé* d'amour 恋に狂った． ❸（機械などの）調子が狂った．— 名 気が動転した人．

affolement /afolmɑ̃/ 男 気持ちの動転，パニック． ▶ Allons, pas d'*affolement*! さあ，慌てないで．

affoler /afole/ 他動 ❶ …の気を動転させる，をパニック状態に陥れる；おびえさせる． ▶ La disparition de son fils l'a complètement *affolée*. 自分の息子が行方不明になって彼女は錯乱状態になった / Ne va pas trop vite! ta façon de conduire m'*affole*. あまりスピードを出すんじゃない．君の運転には肝を冷やすよ． ❷ 文章 …を夢中にさせる． ❸ [機械など]を狂わせる．
— **s'affoler** 代動 正気を失う，パニック状態になる；おびえる． ▶ Ne t'*affole* pas! On retrouvera ton portefeuille. 慌てるんじゃないよ．財布は見つかるさ．

affranchi, e /afrɑ̃ʃi/ 形 ❶ 因習や慣習にとら

われない，自由な．▶ un esprit *affranchi* 自由な精神 / une femme *affranchie* 進んだ女性．❷ 切手をはった．▶ une lettre insuffisamment *affranchie* 料金不足の手紙．❸〖歴史〗esclave *affranchi* 解放奴隷．
── 图圄 規範にとらわれない人．

affranchir /afrɑ̃ʃiːr/ 他動 ❶ <*affranchir* qn /qc (de qc)> …を(…から)解放する，自由にする．▶ *affranchir* des femmes du machisme 女性たちを男の横暴から解放する / *affranchir* un esclave 奴隷を解放する．❷ …に切手をはる．▶ *affranchir* une lettre 手紙に切手をはる / Il faut *affranchir* à combien? いくらの切手をはればいいの．❸ 語 …に知らせる，教える．
── **s'affranchir** 代動 <*s'affranchir* de qc> …から解放される，を免れる．

affranchissement /afrɑ̃ʃismɑ̃/ 男 ❶ 解放, 独立．▶ l'*affranchissement* des colonies 植民地の解放 / l'*affranchissement* de la femme 女性解放．❷ (切手などによる)郵便料金の納付．tarifs d'*affranchissement* 郵便料金(表) / insuffisance d'*affranchissement* 郵便料金不足.

affres /afr/ 女複 文章 苦悩, 苦悶(もん).

affrètement /afrɛtmɑ̃/ 男 (船, 飛行機などの)チャーター.

affréter /afrete/ 6 他動 [船, 飛行機, 列車, バスなど]をチャーターする, 借りる.

affréteur /afretœːr/ 男 チャーター主, 借り主.

affreusement /afrøzmɑ̃/ 副 恐ろしく, ものすごく, ひどく.

***affreux, euse** /afrø, øːz/ アフルー, アフルーズ/ 形 (ときに名詞の前で)❶ 恐ろしい, ぞっとするような; ひどく醜い. ▶ un crime *affreux* 恐ろしい犯罪 / un *affreux* cauchemar 身の毛もよだつ悪夢. ❷ 不快な, ひどい. ▶ une odeur *affreuse* ひどい悪臭 / Quel temps *affreux*! なんてひどい天気だ / C'est un *affreux* malentendu. とんでもない誤解だ / J'ai une faim *affreuse*. 腹が減って死にそうだ.
── **affreux** 男 ❶ 恐ろしいこと, 不愉快さ. ❷ 語 不快なやつ.

affriolant, ante /afrijɔlɑ̃, ɑ̃ːt/ 形 欲望をそそる, 魅力的な.

affront /afrɔ̃/ 男 侮辱; 語 非礼. ▶ faire un *affront* à qn (人前で)…を侮辱する (=insulter) / subir un *affront* 侮辱を受ける.

affronté, e /afrɔ̃te/ 形 ❶ <*affronté* (à qc)> (…に)直面した, (…と)対立した. ▶ le gouvernement *affronté* à une crise économique (=confronté) 経済危機に直面する政府. ❷〖紋章〗(獣が)向かい合った.

affrontement /afrɔ̃tmɑ̃/ 男 対立, 衝突. ▶ l'*affrontement* entre la police et les manifestants 警官隊とデモ隊の衝突.

affronter /afrɔ̃te/ 他動 …に(敢然と)立ち向かう. ▶ *affronter* le danger 危険に立ち向かう / *affronter* une crise économique 経済危機に対処する.
── **s'affronter** 代動 ❶ 敵対し合う, 対立する. ▶ Ils *s'affrontent* sans cesse. 彼らは絶えず敵対し合っている. ❷ <*s'affronter* à qc> …に直面す

る. ▶ *s'affronter* à un obstacle 障害にぶつかる.

affubler /afyble/ 他動 <*affubler* qn (de qc)> 《悪い意味で》…に(奇妙な服などを)身に着けさせる; (妙な名前, 肩書きを)つける. ▶ On avait *affublé* l'enfant d'un costume d'adulte ridicule. その子は奇妙な大人の服を着せられていた.
── **s'affubler** 代動 <*s'affubler* de qc> (奇妙な服)を身に着ける; (妙な名前, 肩書き)を名乗る.

affût /afy/ 男 ❶ (獲物などの)待ち伏せ場所. ❷〖軍事〗砲架, 銃架.
être à l'affût (de qc) (好機などを)待ち構える, うかがう. ▶ être à l'*affût* de tout ce qui se passe 出来事すべてに目を光らせている.

affûtage /afytaːʒ/ 男 (刃物などを)研ぐこと, 研磨.

affûter /afyte/ 他動 (刃物など)を研ぐ. ▶ *affûter* une scie 鋸(のこ)の目立てをする.

affûteur, euse /afytœːr, øːz/ 名 (刃物などの)研ぎ師; (工具の)研削工.
── **affûteuse** 女 工具研削盤.

afghan, ane /afgɑ̃, an/ 形 アフガニスタン Afghanistan の.
── **Afghan, ane** 名 アフガニスタン人.

Afghanistan /afganistɑ̃/ 固有 男 アフガニスタン: 首都 Kaboul. ▶ en *Afghanistan* アフガニスタンに[で, へ].

aficionado /afisjonado/ 男 《スペイン語》闘牛ファン; (スポーツや芸術などの)愛好家, ファン. ▶ les *aficionados* du football サッカーの熱狂的ファン.

***afin de** /afɛ̃d(ə)/ アファンド/ 前句 文章 <*afin de* + 不定詞> …するために (=pour + 不定詞). ▶ Il prit son carnet *afin d*'y noter une adresse. 住所を書き留めるために彼は手帳を取り出した.

***afin que** /afɛ̃k(ə)/ アファンク/ 接句 文章 <*afin que* + 接続法> …するために (=pour que + 接続法). ▶ Vous laisserez votre adresse *afin que* nous puissions vous rejoindre. あなた(方)に御連絡できるように住所を教えておいてください.

a fortiori /afɔrsjɔri/ 副句 《ラテン語》ましてや, なおさら (=à plus forte raison).

AFP 女《略語》Agence France-Presse フランス通信社.

africain, aine /afrikɛ̃, ɛn/ 形 アフリカ Afrique の; 《特に》(サハラ以南の)ブラックアフリカの. ▶ continent *africain* アフリカ大陸.
── **Africain, aine** 名 アフリカ人.

africanisation /afrikanizasjɔ̃/ 女 アフリカ化; (独立後のアフリカ諸国で官吏などへの)アフリカ人登用.

africaniser /afrikanize/ 他動 …をアフリカ化する; (白人幹部に替えて)〔行政, 企業など〕をアフリカ人の管理下に置く.

africaniste /afrikanist/ 名 アフリカ学者.

Afrique /afrik/ 固有 女 アフリカ, アフリカ大陸.

Afrique du Sud /afrikdysyd/ 固有 女 南アフリカ共和国: 首都 Pretoria. ▶ en *Afrique du Sud* 南アフリカに[で, へ].

afro /afro/ 形 《不変》〔髪形が〕アフロの. ▶ coiffure *afro* アフロヘア.

afro-asiatique /afroazjatik/ 形 アジア・アフリカの, AA 諸国の.

— **Afro-asiatique** 名 AA 諸国の人.
after-shave /aftœrʃɛːv/ 男《単複同形》《英語》アフターシェーブ・ローション.
AG 女《略語》assemblée générale 総会.
agaç*ant, ante* /agasã, ãːt/ 形 神経をいらだたせる. ▶ un bruit *agaçant* 耳障りな音.
agacement /agasmã/ 男 いらだち, 焦燥感；不快感.
agacer /agase/ ① 他動 ❶ …をいらだたせる, に不快な刺激を与える. ▶ Ce bruit m'*agace*.(=énerver) あの騒音にはいらいらさせられる / *agacer* les dents〔酸っぱい飲み物などが〕歯を浮かせる. ❷ 古風〔媚態(びたい)を示して〕〔男〕の気を引く.
agacerie /agasri/ 女《多く複数で》媚態(びたい), 思わせぶりなしぐさ〔表情, 言葉〕(=coquetterie). ▶ faire des *agaceries* à qn …に思わせぶりな様子を見せる.
Agamemnon /agamɛmnɔ̃/ 固有 男〖ギリシア神話〗アガメムノン：トロイア戦でのギリシアの総大将.
agar-agar /agaragaːr/《複》〜**s**-〜**s** 男〖マライ語〗寒天.
agate /agat/ 女〖鉱物〗瑪瑙(めのう).
age /aː3/ 男〔農耕用の犂(すき)の〕轅(ながえ).
***âge** /aː3 アージュ/ 男

❶〔人や事物の〕**年齢**. ▶ «Quel *âge* avez-vous?—J'ai quarante ans.»「おいくつですか」「40歳です」/ à l'*âge* de trente ans 30歳のとき / Ils sont du même *âge*.＝Ils ont le même âge. 彼らは同い年だ / Il ne paraît pas son *âge*.＝On ne lui donnerait pas son *âge*. 彼はそんな年には見えない / Il fait plus jeune que son *âge*. 彼は年より若く見える / Ma fille a l'*âge* d'aller à l'école. 私の娘は学校へ行く年齢だ. / *âge* légal〔就学, 結婚などの〕法定年齢 / *âge* scolaire 学齢 / *âge* mental 精神年齢 / Ce vin a vingt ans d'*âge*. このワインは20年物だ.
❷ 年ごろ, **年代**. ▶ *âge* tendre 幼少期 / *âge* de raison 物心がつく年ごろ（7 歳ごろ）/ bel *âge* 青春時代 / *âge* ingrat 思春期 / *âge* mûr 壮年期 / premier *âge*〔生後6か月未満の〕乳児期 / deuxième *âge*〔生後6か月以後の〕乳幼児期 / troisième *âge*〔定年退職後の〕老後 / quatrième *âge*〔75歳以上の〕老年期 / l'*âge* de la retraite 定年の年齢.
❸ 老齢, 高齢 (=vieillesse). ▶ courbé par l'*âge* 寄る年波に腰の曲がった / un homme d'*âge* 年寄り.
❹〔歴史的な〕**時代**. 注 限られた表現中で用いられる. ▶ les premiers *âges* 太古の昔 / le Moyen Age /mwajenaːʒ/ 中世 / les *âges* préhistoriques 先史時代 / l'*âge* glaciaire 氷河時代, 氷河期 / *âge* de (*la*) pierre 石器時代 / *âge* du bronze 青銅器時代 / *âge* du fer 鉄器時代 / l'*âge* actuel 現代 (=notre époque) / l'*âge* d'or 黄金時代. 比較 ⇨ ÉPOQUE.
avec l'âge 年を取るにつれて. ▶ *Avec l'âge*, il se calmera. 相応の年配になれば彼も落ち着くだろう.
avoir passé l'âge《話》もう若くはない.
Ce n'est plus de mon âge. もうそんな年ではない. 注 mon は各人称に変化させて用いる.
Chaque âge a ses plaisirs. 諺 どの年齢にもそれ相応の楽しみがある.
d'un certain âge もう若くはない, 年配の.
en bas âge 幼年期に.
entre deux âges 壮年の.
être d'âge à ＋ 不定詞 ＝être en âge de ＋ 不定詞 …ができる［をする］年齢である. ▶ *être en âge de* se marier 結婚適齢期である.
être dans「la fleur［la force］de l'âge 青春［人生］の真っ盛りである.
l'âge du capitaine 答えようのない問題.
On a l'âge de ses artères. 動脈の年齢がその人の本当の年齢.
pour son âge 年の割りには.
sans âge 年齢不詳の.
***âg*é, e** /aʒe アジェ/ 形 ❶〈*âgé* de ＋ 数詞 ＋ ans〉…歳の. ▶ être *âgé* de neuf ans 9歳である (=avoir neuf ans). ❷ 年を取った；老齢の. 注 vieux より丁寧な言い方. ▶ être plus [moins, aussi] *âgé* que qn …より年上［より年下, と同い年］である / Elle est assez *âgée*. 彼女はかなり年配だ. / personnes *âgées* 老齢者(比較 ⇨ VIEILLARD).

Agen /aʒɛ̃/ 固有 アジャン：Lot-et-Garonne 県の県庁所在地.
***agence** /aʒãːs アジャーンス/ 女 ❶ 代理店, 取次店. ▶ *agence* de publicité 広告代理店 / *agence* de voyages 旅行代理店 / s'adresser à l'*agence* 取次店に問い合わせる / *agence* de notation 格付け会社 / *agence* matrimoniale 結婚紹介所 / *agence* immobilière 不動産仲介業.
❷（公的）機関. ▶ *Agence* nationale pour l'emploi 職業安定所（略 ANPE）/ *Agence* internationale de l'énergie atomique 国際原子力機関. ❸ 通信社 (=*agence* de presse). ▶ *Agence* France-Presse フランス通信社 / *Agence* Chine nouvelle 新華社通信. ❹（銀行などの）支店. ▶ *agence* bancaire 銀行の支店.
agencement /aʒãsmã/ 男 配置, 組み合わせ.
agencer /aʒãse/ ① 他動〔全体, 要素〕を案配する, 組み合わせる, 配置する. ▶ Cette maison *est* bien *agencée*. この家は間取りがうまくできている / Il a réussi à *agencer* toutes les pièces du puzzle. 彼はジグソーパズルを全部はめこむことに成功した. ― **s'agencer** 代動〔全体, 要素が〕〔調和が取れるように〕配列される.
agenda /aʒɛ̃da/ 男〔日付入りの〕手帳, 備忘録, 日記帳. ▶ *agenda* de poche 手帳 / *agenda* électronique 電子手帳.
agenouillé, e /aʒnuje/ 形 ❶ ひざまずいた. ❷ 屈従した.
agenouillement /aʒnujmã/ 男 文章 ひざまずくこと, 跪坐(きざ), 跪拝(きはい)；服従.
s'agenouiller /aʒnuje/ 代動 ❶ ひざまずく. ❷ 文章 服従する. ▶ *s'agenouiller* devant le pouvoir 権力の前に屈服する.
agenouilloir /aʒnujwaːr/ 男 祈禱椅子(きとう)；小祈禱台.
***agent¹** /aʒã アジャン/ 男 ❶ 役人, 官公吏 (=fonctionnaire). ▶ *agent* administratif [de l'Ad-

ministration〕行政官. / *agent* de l'Etat 国家公務員. / *agent* diplomatique 外交官.
❷ 警官, 巡査 (=*agent* de police). ▶ *agent* de la circulation 交通巡査 / appeler un *agent* 警官を呼ぶ / Monsieur l'*agent*, s'il vous plaît. おまわりさん, すみません. 比較 ⇨ POLICIER.
❸ 代理人, 仲介者, エージェント. ▶ *agent* commercial 販売代理人, / *agent* comptable 会計士 / *agent* d'affaires 周旋人 / *agent* d'assurances 保険代理業者 / *agent* de change (証券の) 公認仲買人, / *agent* immobilier 不動産仲介業者 / *agent* littéraire 作家エージェント, 著作権代理人 / *agent* de publicité 広告代理店.
❹ スパイ, 諜報(ちょうほう)員 (=*agent* secret, *agent* de renseignements); 工作員. ▶ *agent* provocateur おとり捜査官 / *agent* double 二重スパイ.

**agent*² /aʒɑ̃ アジャン/ 男 ❶ 物理[化学]的変化を起こさせるもの; 薬剤; 作因, 動因. ▶ *agent* de pollution 汚染物質 / *agent* cancérigène 発癌(がん)物質 / *agents* pathogènes 病原体.
❷ 張本人, 元凶; 主導者, 促進者. ▶ l'*agent* principal d'une intrigue 陰謀の首謀者.
❸〘文法〙動作主. ▶ complément d'*agent* (受動文の)動作主補語.

AGF 女〘略語〙Assurances générales de France アージェーエフ: 国有保険会社の一つ.

agglomérat /aglɔmera/ 男 ❶ 集塊岩. ❷ 凝集物.

agglomération /aglɔmerasjɔ̃/ 女 ❶ 都市圏.
▶ l'*agglomération* parisienne パリおよびその周辺の市街化地域 / une *agglomération* de plus de cent mille habitants 人口10万人以上の都市圏. ❷ 集落, 村, 町. ❸ (人などの)集合体. ▶ La nation française est une *agglomération* de peuples. フランスという国はさまざまな民族の集合体だ.

aggloméré /aglɔmere/ 男 ❶ (おがくず, 粉コークスなどを)固めて作った燃料. ▶ *aggloméré* de charbon 練炭. ❷〘建築〙コンクリートブロック. 注 agglo と略す.

agglomérer /aglɔmere/ ⑥ 他動 …を塊にする, 凝集する. ▶ Les vents *ont aggloméré* les sables en dunes. 砂が風に吹き寄せられて砂丘ができた. — **s'agglomérer** 代動 塊になる. ▶ Autour de la gare *s'aggloméraient* des hôtels, des restaurants, et des magasins. 駅の周りにはホテルやレストラン, 商店が密集していた.

agglutinant, ante /aglytinɑ̃, ɑ̃ːt/ 形 ❶ 粘着させる, 粘着性の. ▶ pouvoir *agglutinant* 粘着力. ❷〘言語〙膠着(こうちゃく)(型)の. ▶ langues *agglutinantes* 膠着言語(トルコ語, 日本語など).

agglutination /aglytinasjɔ̃/ 女 ❶ 粘着, 密着, 密集. ❷〘医学〙(細菌, 赤血球などの)凝集(反応). ❸〘言語〙膠着(こうちゃく): 独立した2語(以上)が融合して1語を形成すること(例: long + temps → longtemps).

agglutiner /aglytine/ 他動 〈*agglutiner* qc (à qc)〉…を密着させる. ▶ La chaleur *a agglutiné* les bonbons en un gros bloc. 暑さのために飴(あめ)がくっついて固まってしまった.
— **s'agglutiner** 代動 密着する; 群がる. ▶ Des mouches *s'agglutinent* sur le pot de confiture. ジャムの瓶にハエがびっしりたかっている.

aggravant, ante /agravɑ̃, ɑ̃ːt/ 形〔罪, 罰などを〕重くする;(病気, 情勢を)悪化させる. ▶ circonstances *aggravantes*〘刑法〙加重(かじゅう)情状.

aggravation /agravasjɔ̃/ 女 重くする[なる]こと. ▶ *aggravation* de peine 刑の加重(かじゅう) / *aggravation* du chômage 失業の増加.

aggraver /agrave/ 他動 ❶〔病気, 情勢など〕を悪化させる. ▶ *aggraver* l'inflation インフレを深刻化させる / Le politicien *a aggravé* sa position par un nouveau mensonge. うその上塗りでその政治家は自分の立場をいっそう危うくした. ❷〔刑, 刑罰, 税金など〕を重くする. ▶ *aggraver* les impôts 税金を重くする. ❸〔不安, 怒りなど〕を激しくする. ▶ *aggraver* la colère de qn …の怒りを募らせる. — **s'aggraver** 代動〔病気, 情勢などが〕悪化する.

agile /aʒil/ 形 ❶〔人, 動作などが〕身軽な, 軽快な, 機敏な. ▶ les doigts *agiles* d'un pianiste ピアニストの軽やかな指 / C'est un enfant *agile* comme un singe. この子は猿のように身軽だ.
❷〔頭脳などが〕鋭敏な, 理解が速い. ▶ un esprit *agile* 明敏な頭; 回転の速い人.

agilement /aʒilmɑ̃/ 副 敏捷(びんしょう)に, 軽快に.

agilité /aʒilite/ 女 ❶ 敏捷(びんしょう)さ, 軽快さ. ▶ grimper avec *agilité* 身軽によじ登る(注 avec *agilité*=*agilement*)/Cette danseuse est d'une *agilité* prodigieuse. このダンサーは驚くほど身のこなしが軽い. ❷ 鋭敏さ. ▶ une grande *agilité* d'esprit たいへんな頭の回転の速さ.

agio /aʒjo/ 男 ❶ (銀行の)手形割引条件, 手形割引料. ❷〔為替, 株式の〕打歩(うちぶ); 利鞘(りざや); 通貨の交換差益, 為替差益.

agiotage /aʒjɔtaːʒ/ 男〘法律〙(不正な)投機売買.

***agir** /aʒiːr アジール/ 自動

直説法現在	j'agis	nous agissons
	tu agis	vous agissez
	il agit	ils agissent
複合過去	j'ai agi	半過去	j'agissais
単純未来	j'agirai	単純過去	j'agis

❶ 行動する; 振る舞う. ▶ Réfléchissez avant d'*agir*. 行動する前によく考えなさい / *agir* bien [mal] avec qn …によくする[ひどい扱いをする] / *agir* en honnête homme 紳士らしく振る舞う / *agir* comme un enfant 子供のように振る舞う / *agir* en toute liberté 自由奔放に振る舞う / *agir* par calcul 打算で動く / *agir* à la légère 軽はずみな行動をする / une manière d'*agir* 行動様式 / Le temps est venu d'*agir*. 行動の時が来た.

❷ 〈*agir* (sur qn/qc)〉(…に)影響を及ぼす, 作用する. ▶ laisser *agir* la nature 自然の働きに任せる / Ce médicament n'*agit* plus (sur lui). その薬はもう(彼には)効かない.

❸ 〈*agir* auprès de qn〉…に働きかける. ▶ Essayez d'agir en sa faveur auprès du ministre. 彼(女)のために大臣に働きかけてみてください. ❹〖法律〗⟨agir contre qn⟩…に対し訴えを起こす. **faire agir qn/qc** …を動かす. ▶ *faire agir* la loi 法律を発動させる.

比較 振る舞う,行動する

agir 最も広く用いられる. ある状況の中でどのように振る舞うかを問題とし, 様態を示す副詞などとともに用いられる. **se conduire** 礼儀作法の点から用いられることが多い. *se conduire* bien 品行方正である. **se comporter** 《改まった表現》他人の視点から見た行動について用いる. *se comporter* avec élégance 上品に振る舞う.

— 他動 文章 …を動かす, 駆り立てる.

＊s'agir /saʒiːr サジール/ 代動《非人称構文で》
❶《新しい話題の提示》⟨Il s'agit de + 定冠詞[指示・所有形容詞] + 名詞⟩…が問題である, に関わる;(本, 映画などで)…が主題である, 取り上げられている. ▶ J'ai un problème ; il *s'agit* de mon travail. 困ったことがある, 仕事のことなのだが / Il ne *s'agit* pas de ça. (相手の説に対して)それは違いますよ / Il *s'agit* dans ce livre des origines de la Révolution. この本ではフランス革命の原因が論じられている.
❷《既出の話題の説明》⟨Il s'agit (là) de + 不定冠詞 + 名詞⟩それは…である. 注 ほとんどC'est … と同じ意味で用いられる. ▶ Il a choisi de quitter la capitale pour vivre au pays ; il *s'agissait* d'une décision irrévocable. 彼は首都を捨て故郷で暮らす道を選んだ, それは後戻りのきかない選択であった.
❸⟨Il s'agit de + 不定詞⟩…することが必要である, …すべきである. ▶ Il *s'agit* d'abord d'analyser la situation. まず最初に必要なのは状況を分析することだ. ◆Il ne *s'agit* pas de + 不定詞 …してはならない;する必要はない.
❹居⟨Il s'agit que + 接続法⟩…しなければならない. ▶ Il *s'agit* que vous le retrouviez, et rapidement ! それを捜し出すことです, それも急いで.

De quoi s'agit-il ? 何が問題なのですか, なんのことですか. ▶ Ils parlent trop vite. Je ne comprends rien du tout. *De quoi s'agit-il* ? あの人たち, あんまり早口なのでさっぱり分からない, 何を話しているの.

Quand il s'agit de + 不定詞 …のこととなると.
s'agissant de qc/qn 不定詞 文章 (1)《多く文頭で》…が問題なのだから(=puisqu'il s'agit de); …に関する限り, ついでに言えば(=en ce qui concerne). (2)《文中で前置詞的に》…について, 関して, 対して.

âgisme /aʒism/ 男 高齢者差別.

agissant, ante /aʒisɑ̃, ɑ̃ːt/ 形 影響力のある, 強力な, 効力のある. ▶ un remède *agissant* よく効く薬 / minorité *agissante* 影響力のある少数派.

agissement /aʒismɑ̃/ 男《多く複数で》背理行為, 術策, 陰謀, 策略.

agitateur, trice /aʒitatœːr, tris/ 名 アジテーター, 扇動者.

— **agitateur** 男 撹拌(かくはん)器.

agitation /aʒitasjɔ̃/ 女 ❶(物の)動揺, 揺れ;(人々, 街頭などの)慌ただしさ, 喧噪(けんそう). ▶ l'*agitation* de la mer しけ / l'*agitation* des feuilles 葉のそよぎ / l'*agitation* de la foule 群衆のどよめき. ❷(心の)動揺, 不安, 興奮状態. ▶ Il est dans un état d'*agitation* indescriptible. 彼は極度に混乱している. ❸(政治的, 社会的)騒乱, 騒擾(そうじょう), 不穏な動き.

agité, e /aʒite/ 形 荒れた, 乱れた;〔人が〕動きの多い, 興奮した. ▶ une mer *agitée* (=houleux) 荒れた海 / mener une vie *agitée* 落ち着かない生活をする / avoir le sommeil *agité* (=tourmenté) 安眠できない. — 名 動きの多い人, 落ち着きのない人;興奮した人.

＊agiter /aʒite/ 他動 ❶〔物, 体の一部を〕揺する, 振る;〔液体を〕攪拌(かくはん)する. ▶ *agiter* son mouchoir ハンカチを振る / Le vent *agite* les feuilles. 風が木の葉を揺すっている / Le chien *agite* la queue. 犬が尾を振っている / *agiter* un liquide dans un récipient 容器の中の液体をかき混ぜる. ❷ …を動揺させる, 取り乱させる. ▶ La mort de cet acteur par le sida *a agité* beaucoup de monde. その俳優がエイズで死んだことは多くの人々を動揺させた. ❸ …を扇動する, あおる. ▶ *agiter* l'opinion 世論をかき立てる. ❹〔問題〕を討議する. ▶ Nous *avons* longuement *agité* la question. 私たちは長時間その問題を討議した. ❺〔脅し文句など〕を振りかざす, ちらつかせる. ▶ *agiter* la menace de sanctions 制裁をちらつかせる.

— **s'agiter** 代動 ❶ せわしなく動き回る;落ち着かない. ▶ Ne *t'agite* pas comme ça. そんな風に体をゆするのはやめなさい. ❷ 揺れる. ▶ La mer *s'agite*. 海が荒れている. ❸ 動揺する, 興奮する, 取り乱す. ▶ les pensées qui *s'agitent* dans la tête 頭の中で揺れ動いている考え.

＊agneau /aɲo アニョ/ (複) X ❶(1歳以下の)子羊. 注 雌は agnelle. ❷〖食肉〗ラム, 子羊肉. *agneau* rôti 子羊のロースト. ❸〖皮革〗ラムスキン. ▶ manteau d'*agneau* ラムのコート. ❹〖宗教〗l'*Agneau* (de Dieu)(神の)小羊, キリスト / *agneau* pascal 過越(すぎこし)の小羊.

doux [tendre] comme un agneau 子羊のようにおとなしい.

agnelet /aɲ(ə)lɛ/ 男 小さい子羊.

agnosticisme /aɡnɔstisism/ 男〖哲学〗不可知論.

Agnus Dei /aɡnysdei/ 男〖単複同形〗〖カトリック〗❶ 平和の賛歌, アニュス・デイ. ❷ 小羊を刻んだ蠟(ろう)メダル(原則として教皇が祝別したもの). 注 この意味では agnus-Dei ともつづる.

agonie /aɡɔni/ 女 臨終, 死に際, 断末魔. être à l'*agonie* いまわの際にある.

agonir /aɡɔniːr/ 他動 ⟨agonir qn de + 無冠詞複数名詞⟩…を(悪口などで)浴びせる. ▶ *agonir* qn 'd'injures [de reproches] …に悪口 [非難] を浴びせる.

agonisant, ante /aɡɔnizɑ̃, ɑ̃ːt/ 形 瀕死(ひんし)の, いまわの際にある. — 名 瀕死の人.

agoniser /aɡɔnize/ 自動 ❶〔人が〕死に瀕(ひん)している, いまわの際にある (=être à l'agonie). ❷

[国家, 文明などが]滅びかけている, 崩壊寸前にある.

agoraphobie /agɔrafɔbi/ 囡〖精神医学〗広場恐怖(症).

agrafe /agraf/ 囡 ❶ (衣服の)ホック, 鉤(*)ホック, 留め金. ❷ ホッチキスの針. ❸〖外科〗(縫合・接骨用)クリップ. ❹〖建築〗かすがい, また釘(*).

agrafer /agrafe/ 他動 ❶〔洋服など〕をホックで留める, の留め金をかける;〔書類など〕をホッチキスでとじる. ❷ 話 …を捕らえる; 引き止める. ▶ Il s'est fait *agrafer* par les flics. 彼はお巡りにぱくられた.

agrafeuse /agrafø:z/ 囡 ホッチキス.

agraire /agre:r/ 形 農地の, 土地の; 土地所有の. ▶ une civilisation *agraire* 農耕文明 / une réforme *agraire* 農地改革 / la loi *agraire* (フランス革命期の)農地均分法.

agrandir /agrɑ̃di:r/ 他動 ❶ …を大きくする, 拡張する. ▶ *agrandir* sa maison 家を建て増しする / *agrandir* son entreprise 事業を拡張する / faire *agrandir* une photo (↔réduire) 写真を引き伸ばしてもらう. ❷ …を大きく見せる; 誇張する, 力強くする. ▶ Ce miroir *agrandit* le salon. この鏡は客間を大きく見せる.
— **s'agrandir** 代動 ❶ 大きくなる, 広がる. ▶ La ville *s'agrandit* d'année en année. 町は年々大きくなっている. ❷(自分の)領域[事業]を広げる. ❸ 話(自分の)家を大きくする; 大きな家に移る.

agrandissement /agrɑ̃dismɑ̃/ 男 ❶ 拡大, 拡張; 増強. ❷〖写真〗引き伸ばし(写真). ▶ Faites-moi un *agrandissement* de ce format-là. この判の大きさに引き伸ばしてください.

agrandisseur /agrɑ̃disœ:r/ 男〖写真〗引き伸ばし機.

agrarien, enne /agrarjɛ̃, ɛn/ 形 ❶ 土地均分論(者)の. ❷〖歴史〗parti *agrarien* (19世紀ドイツの)農本党;(スカンジナビア諸国などの)農民政党. — 名 農地均分主義者, 農本主義者;〖歴史〗農本党員, 農民党員.

*****agréable** /agreabl/ 形(ときに名詞の前で)❶ 快い, 快適な, 感じのよい, 楽しい. ▶ une maison *agréable* 住み心地のよい家 / passer une journée *agréable* 楽しい1日を過ごす. / des gens *agréables* (=sympathique) 感じのよい人たち. ◆ *agréable* à qc/不定詞 ▶ une musique *agréable* à l'oreille 耳に快い音楽 / *agréable* à vivre 暮らしやすい. ❷ <*agréable* à qn> …の意にかなう, 気に入る. ▶ si cela peut vous être *agréable* もしお気に召しますなら / Votre visite nous serait *agréable*. おいでいただければうれしく思います. ◆《非人称構文で》Il est [C'est] *agréable* (à qn) 'de + 不定詞 [que + 接続法]. (…にとって)…する[である]のは喜ばしい. ▶ Il me serait *agréable* de vous rencontrer. お目にかかれればうれしいのですが.
— 男 快いもの, 心地よさ.

agréablement /agreabləmɑ̃/ 副 心地よく, 快適に, 楽しく.

agréé, e /agree/ 形 公認された, 認可された. ▶ un comptable *agréé* 公認会計士.

*****agréer** /agree/ アグレエ 他動 ❶〔願い, 謝罪など〕

を受け入れる, 聞き届ける. ▶ Le ministre a *agréé* la demande des habitants. 大臣は住民たちの願いを聞き届けた / Veuillez *agréer*, Monsieur, mes salutations distinguées. (手紙の末尾で)敬具. ❷ 文章〔団体, 階級などに〕…を受け入れる. ▶ se faire *agréer* dans [par] un milieu ある社会に受け入れられる. ❸ …を(正式に)承認[公認]する; 認可する. ▶ *agréer* le projet d'un traité 条約草案を承認する.
— 間他動 文章 <*agréer* à qn> …の気に入る. ▶ Si cela vous agrée… もしお気に召すなら.

agrég /agreg/ 囡 (agrégation の略)話 教授資格(試験).

agrégat /agrega/ 男(異質な物質の)集合体, 集塊.

agrégatif, ive /agregatif, i:v/ 名, 形 大学教授[上級教員]資格試験準備学生(の).

agrégation /agregasjɔ̃/ 囡 ❶(中等教育の)上級教員資格(試験);(法学, 経済学, 医学, 薬学の)大学教授資格(試験), アグレガシヨン.

agrégé, e /agreʒe/ 名 上級教員資格者, アグレジェ. ▶ un *agrégé* de mathématiques 数学科上級教員資格者.
— 形 アグレジェの資格を持つ.

agréger /agreʒe/ 刀 他動 ❶〔分子, 粒子など〕を凝集させる, 固める (=agglomérer). ❷ <*agréger* qn à qc> …を(団体, 共同体などに)加入させる. — **s'agréger** 代動 ❶ (一塊に)凝集する, 固まる. ❷ <*s'agréger* à qc>(団体に)加入する.

agrément /agremɑ̃/ 男 ❶(多く複数で)楽しみ, 魅力. ▶ les *agréments* de la vie 人生の楽しみ(事) / C'est une ville sans *agrément*. おもしろくない町だ. ❷(権力による)承認, 同意, 認可;〖外交〗アグレマン. ▶ demander [obtenir] l'*agrément* du ministre 大臣の承認を求める[得る] / Il a décidé avec [sans] l'*agrément* de ses supérieurs. (=accord) 彼は上司の同意を得て[得ずに]決めた.

d'agrément 楽しみのための; 趣味の. ▶ voyage d'*agrément* 物見遊山, 観光旅行.

agrémenter /agremɑ̃te/ 他動 <*agrémenter* qc (de qc)> …を(…で)飾る, 引き立たせる; 楽しくする. ▶ *agrémenter* son récit d'anecdotes 逸話を交えて話をおもしろくする.

agrès /agrɛ/ 男複 体操器具(鉄棒, 平行棒, つり輪, 鞍馬(**)), 平均台など).

agresser /agrese/ 他動 ❶ …を不意に攻撃する, 襲う. ▶ Deux individus l'*ont agressé* la nuit dernière.(=attaquer) 昨夜2人組が彼を襲った / Les Pluies acides *agressent* les forêts. 酸性雨が森林に打撃を与えている. ❷(乱暴な言葉などで)〔人〕に攻撃的な振る舞いをする. ▶ Je me sens *agressé* par sa lettre très grossière. 彼のひどく無礼な手紙に私は平手打ちを食らったような気持ちだ.

agresseur /agresœ:r/ 形《男性形のみ》攻撃する, 侵略する. ▶ le pays *agresseur* 侵略国.
— 男 攻撃者, 侵略者.

agressif, ive /agresif, i:v/ 形 ❶ 攻撃的な. ▶ se montrer *agressif* 攻撃的な態度を示す. ❷ どぎつい; 強引な. ▶ une couleur *agressive* け

agression

けばしい色彩 / un commerçant *agressif* 押しの強い商人. ❸ 意欲的な, 積極的な. 注 英語 aggressive から. ▶ une publicité *agressive* パンチのきいた広告 / un jeu *agressif* (テニスなどの) 積極的な試合運び.

agression /agrɛsjɔ̃/ 囡 ❶ 攻撃；侵略. ▶ Il y a eu plusieurs *agressions* de femmes seules dans ce quartier. この界隈(かいわい)で一人歩きの女性が襲われたことが何度もあった / une guerre d'*agression* 侵略戦争. ❷ (生活環境による) 精神的圧迫, ストレス. 注 英語 aggression から.

agressivité /agresivite/ 囡 攻撃 [侵略] 的な性質.

agreste /agrɛst/ 形 文章 田園の, 田舎の, ひなびた. ▶ la vie *agreste* (=rustique) 田園生活.

***agricole** /agrikɔl/ アグリコル 形 農業の, 農耕の, 農事の. ▶ la population *agricole* 農業人口 / pays *agricole* 農業国 / produits *agricoles* 農産物.

***agriculteur, trice** /agrikyltœːr, tris/ アグリキュルトゥール, アグリキュルトリス 名 **農業従事者; 農業経営者**. 比較 ➪ PAYSAN.

***agriculture** /agrikylty:r/ アグリキュルテュール 囡 **農業**. ▶ ministère de l'*Agriculture* 農務省 / Ecole nationale d'*agriculture* 国立農学校.

agripper /agripe/ 他動 ...をしっかりつかむ.
— **s'agripper** 代動 <*s'agripper* à qc/qn> ...にしがみつく.

agroalimentaire /agroalimɑ̃tɛːr/ 形 (食料, 飼料用の) 農産物加工の. ▶ l'industrie *agroalimentaire* 農産物加工業. — 男 農産物加工業.

agro-industrie /agroɛ̃dystri/ 囡 農業関連産業.

agronome /agrɔnɔm/ 名 農学者; 作物学者. ▶ ingénieur *agronome* (国立高等農学校の学位を取得した) 農業技師.

agronomie /agrɔnɔmi/ 囡 農学; 作物学.

agronomique /agrɔnɔmik/ 形 農学の; 作物学の. ▶ l'Institut national *agronomique* 国立農学院.

agrotourisme /agroturism/ 男 アグリツーリズム, 農村体験旅行.

agrumes /agrym/ 男複 【植物】柑橘(かんきつ)類.

aguerrir /agerri:r/ 他動 ❶ 〈しばしば受動態で〉 ...を戦争に慣れさせる. ▶ des troupes *aguerries* 歴戦の部隊. ❷ <*aguerrir* qn à [contre] qc> ...を (辛苦, 困難) に慣らす; に対して鍛える. ▶ *aguerrir* les enfants au froid 子供たちを寒さに慣らす. — **s'aguerrir** 代動 慣れる; したたかになる. ▶ *s'aguerrir* aux [contre les] peines 辛苦に慣れる.

aguets /agɛ/ 《次の句で》
aux aguets /ozagɛ/ 副句 監視して, 見張って, 注意して; 待ち伏せして. ▶ être [rester] *aux aguets* 見張る, 様子をうかがう.

aguichant, ante /agiʃɑ̃, ɑ̃:t/ 形 気をそそる, 扇情的な, つやっぽい. ▶ une fille *aguichante* (=séduisant) 色っぽい女.

aguiche /agiʃ/ 囡 ティーザー, じらし広告.

aguicher /agiʃe/ 他動 〔女が〕 ...の気をそそる, に色目をつかう.

aguicheur, euse /agiʃœːr, øːz/ 形, 名 扇情的な (人). ▶ un sourire *aguicheur* なまめかしい微笑.

***ah** /a/ ア 間投 ❶ 《さまざまな感情を表わす》ああ. ▶ *Ah*! j'ai mal aux dents! ああ, 歯が痛い / *Ah*! le pauvre enfant! ああ, かわいそうな子 / *Ah*? c'est vrai? えっ, ほんとなの. ❷ 《文意を強める》 ▶ *Ah* oui! もちろんそうだ / *Ah* non alors! そりゃ違う. ❸ 《反復して, 驚き, 当惑, 皮肉を表わす》 ▶ *Ah*! *ah*! c'est vous! おやおや, あなたですか / *Ah*! *ah*! comme c'est drôle! あはは, これはおかしい.

Ah bien oui! 〔失望〕 *Ah bien oui*! j'ai échoué à l'examen. そうなんですよ, 試験うまくいかなかったんですわ.

***Ah bon!** (1) 〔了解〕 *Ah bon*! très bien, je comprends. ああそう, そうですか, 分かりました. (2) 〔疑問〕 *Ah bon*? tu en es sûr? ああそう, 確かなんだね.

Ah ça! 〔いらだち〕 *Ah ça*! vas-tu te taire! いいかげんで黙ったらどうだ.

Ah mais! 〔抗議の強調〕 *Ah mais*! maman va se fâcher! ほんとにもう, お母さん怒るわよ.

ahou /au/ 間投 アーア (あくび).

ahuri, e /ayri/ 形 面食らった, 呆然(ぼうぜん)とした. ▶ Elle restait *ahurie* devant le spectacle. 彼女はその光景を目にしてただ呆然としていた. 比較 ÉTONNÉ. — 名 面食らった人, 呆然とした人.

ahurir /ayri:r/ 他動 ...を呆然(ぼうぜん)とさせる.

ahurissant, ante /ayrisɑ̃, ɑ̃:t/ 形 唖然(あぜん)とさせる.

ahurissement /ayrismɑ̃/ 男 茫然(ぼうぜん)自失.

ai /e/ 活用 ➪ AVOIR[1]

***aide** /ɛd/ エド 囡 ❶ 援助, 助力 (=appui, secours). ▶ J'ai besoin de votre *aide*. 私はあなたの助けが必要だ / demander [recevoir] de l'*aide* 援助を求める [受ける] / offrir [prêter] son *aide* 援助を与える / appeler à l'*aide* 助けを呼ぶ / *aide* en ligne 【情報】オンラインヘルプ. ❷ (経済的) 援助 (= subvention). ▶ accorder une *aide* financière de cinq millions d'euros 500万ユーロの財政援助を与える / le bureau d'*aide* sociale 社会扶助事務所 (略 BAS) / *aide* humanitaire 人道的援助 / *aide* alimentaire 食糧援助.

A l'aide! 助けて (=Au secours!).

à l'aide de qc ...を使って (=au moyen de qc). ▶ marcher *à l'aide de* béquilles 松葉杖(つえ)にすがって歩く.

avec l'aide de qn ...の助けを借りて. ▶ J'ai réussi *avec l'aide de* ma sœur. 私は姉 [妹] の助けを借りて成功した.

sans aucune aide なんの助力もなしに.

venir à l'aide à qn ...を助ける.

— 名 ❶ 助手, 補佐. 注 しばしば職名とハイフン (-) で結ばれ, 複数形は *aides-aides* となる. ▶ *aide* de laboratoire 実験助手 / *aide*-comptable 会計補佐 / *aide*-conducteur 運転助士. ❷ 【軍事】 *aide* de camp (高官付きの) 副官. ❸ *aide* familial ホームヘルパー.

aide-mémoire /ɛdmemwaːr/ 男〔単複同形〕

(学生用，暗記本位の)要約参考書，便覧．

*aider /ede エデ/ 他動

❶ …を助ける，彼に立つ．▶ *Aidez*-moi. 手伝って下さい / Pouvez-vous m'*aider*? 手伝ってもらえますか / *aider* qn financièrement (=soutenir) …を金銭的に援助する / *aider* qn de ses conseils …に助言を与える / se faire *aider* par ses collaborateurs (=seconder) 協力者たちに援助してもらう / Vos conseils m'ont beaucoup *aidé*. あなたの助言はとても役に立った．

❷《*aider* qn à +[不定詞]*aider* qn dans qc》…が…するのを助ける．▶ *aider* sa mère à faire la vaisselle 母親の皿洗いを手伝う．注「…の仕事を手伝う」という場合は，*aider* le travail de qn ではなく，*aider* qn dans son travail が正しい．

… *aidant* …の助けで，も加わって．▶ Dieu *aidant* 神の御加護で / L'expérience *aidant*, il s'est bien débrouillé. 経験のおかげで彼は困難をうまく切り抜けた．

── 間他動《*aider* à qc/[不定詞] // *aider* à ce que +[接続法]》…に役立つ，貢献する．▶ Ces notes *aident* à la compréhension du texte. これらの注はこの本文の理解に役立つ．

── **s'aider** 代動 ❶《*s'aider* de qc》…を使う，利用する．▶ *s'aider* d'un dictionnaire pour comprendre un texte 原文を理解するために辞書を用いる．❷ 助け合う．▶ Entre voisins il faut *s'aider*. 隣人同士は助け合わなくてはいけない．

Aide-toi, le ciel t'aidera. 諺 天は自ら助くる者を助く．

aide-soignant, ante /ɛdswaɲɑ̃, ɑ̃:t/ (複)〜s〜s 名 準看護人，看護助手．

aie /ɛ/ 活用 ⇨ AVOIR¹ Ⅰ

aïe /aj/ 間投 ❶ ああ痛い．▶ *Aïe*! ça fait mal! あっ痛い．❷ (しばしば反復して)いやはや(不愉快，困惑) ▶ *Aïe aïe aïe*! いやはや．

AIEA 安〔略語〕Agence internationale de l'énergie atomique 国際原子力機関．

aient, aies /ɛ/ 活用 ⇨ AVOIR¹ Ⅰ

aïeul, e /ajœl/ 名 文章 祖父，祖母；(一家の)長老．

aïeux /ajø/ 男複 文章 祖先，先祖．
Mes aïeux! 参ったく，ほんとに．

aigle /ɛgl/ 男〔鳥類〕ワシ(類)．▶ nez en bec d'*aigle* ワシ鼻．
avoir des yeux d'aigle 眼光鋭い．
Ce n'est pas un aigle. 話 あいつは切れるやつじゃない，たいしたやつじゃない．

── 安 ❶ 雌ワシ．❷〔軍事〕鷲；章旗：ローマ帝国，ナポレオン軍の軍旗．

aiglefin /ɛgləfɛ̃/ 男〔魚類〕モンツキダラ．

aigre /ɛgr/ 形 ❶ (不快に)酸っぱい．▶ fruit *aigre* (=âcre) 酸味の強い果物 / Ce vin est *aigre*. このワインは酸っぱい．❷ 甲高い．▶ son *aigre* 耳をつんざく音 / le grincement *aigre* d'une porte 扉がきしむ耳障りな音．❸ 身に染みる．▶ vent *aigre* 肌を刺すような風．❹ 辛辣な．▶ critique *aigre* (=acerbe) 手厳しい批判．

── 男 酸っぱい味；鼻を刺すにおい．
tourner à l'aigre (1)(ワイン，牛乳が)酸っぱくなる．(2)〔議論などが〕とげとげしくなる．

aigre-doux, ouce /ɛgrədu, us/; (複) 〜s-〜, aigres-douces 形 ❶〔果物などが〕甘酸っぱい．❷〔言葉，態度などが〕優しそうで裏に刺(ǎ)がある．▶ sur un ton *aigre-doux* 真綿に針を包んだような口調で．

aigrelet, ette /ɛgrəlɛ, ɛt/ 形 ❶〔果物，ワインなどが〕少し酸っぱい．❷〔音，声が〕やや甲高い．❸〔言葉，口調が〕辛辣(らっ)味を帯びた．

aigrement /ɛgrəmɑ̃/ 副 辛辣(らっ)に．

aigreur /ɛgrœːr/ 安 ❶ (果物，ワインなどの)酸味．❷ とげとげしさ，気難しさ．▶ répliquer avec *aigreur* とげとげしく言い返す．❸《複数で》胸焼け．

aigri, e /ɛgri/ 形，名 (辛酸をなめて)気難しくなった(人)，怒りっぽくなった(人)．

aigrir /ɛgriːr/ 他動 ❶ …を酸敗させる．▶ La chaleur *aigrit* le lait. 暑いと牛乳は腐る．
❷ …を気難しくする，とげとげしくする．
── 自動 酸敗する．
── **s'aigrir** 代動 ❶ 酸敗する．❷ 気難しくなる，とげとげしくなる．

aigu, ë /ɛgy/ 形 ❶ (先端の)とがった．▶ angle *aigu* (↔obtus) 鋭角 / un couteau à la lame *aiguë* (=tranchant) 切れ味のよいナイフ．❷〔音，声が〕鋭い，甲高い，高音の．▶ cri *aigu* (=strident) 鋭い叫び声 / note *aiguë* (↔grave) 高音．❸〔苦痛が〕激しい．▶ douleur *aiguë* 激痛．❹〔事態などが〕重大な，深刻な．▶ Il y a un conflit *aigu* entre les deux pays. 両国間には深刻な対立がある．❺〔知性，洞察力，感覚などが〕鋭敏な．▶ Il a un sens *aigu* des réalités. 彼には鋭敏な現実感覚がある．❻〔文法〕accent *aigu* アクサンテギュ(´)の e の上に付き，/e/ と発音されることを示す．❼〔医学〕急性の．▶ maladie *aiguë* 急性疾患．

── **aigu** 男〔音楽〕高音 (↔grave).

aiguillage /ɛɡɥijaːʒ/ 男 ❶〔鉄道〕転轍(てつ)機，ポイント(の操作)．▶ poste [cabine] d'*aiguillage* 信号所，転轍機操作室．❷ 方向づけ；進路指導[決定]．
erreur d'aiguillage 方針[判断，計算]の誤り．

*aiguille /eɡɥij/ エギュイーユ 安 ❶〔種々の〕針．▶ *aiguille* à coudre 縫い針 / *aiguille* à injection 注射針 / enfiler une *aiguille* 針に糸を通す / grande [petite] *aiguille* (時計の)長[短]針．❷〔鉄道〕転轍(てつ)機，ポイント．❸〔建築〕(鐘楼の)尖塔(とう)；(オベリスク，ピラミッドの)先端部．❹ (松などの)針葉．

chercher une aiguille dans「une botte [une meule] de foin (干し草の山の中に1本の針を探す→)見つけにくいものを探す；むだぼねを折る．
dans le sens des aiguilles d'une montre (時計の針の回る方向に→)右回りに．
de fil en aiguille 少しずつ，順々に，気づかないうちに．▶ *De fil en aiguille* nous en sommes venus à parler de la guerre. 徐々に話題は移って戦争の話になった．

aiguiller /eɡɥije/ 他動 ❶ (転轍(てつ)機で)〔列車〕を他の線路に移す．▶ Ce wagon a été mal *aiguillé* au triage. この車両は入れ換え作業で誤って仕分けられた．❷ …を(…へ)向かわせる，導く．

aiguiller la conversation sur un autre sujet 会話を別の話題に持っていく.

— **s'aiguiller** 代動 〔…に〕向かう, 進む. ▶ Ce jeune homme *s'est aiguillé* vers l'électronique. この青年はエレクトロニクス関係に進んだ.

aiguillette /egɥijɛt/ 囡 ❶ (昔の軍服などの)飾りひも. ❷〖食肉〗牛のランプ肉の外側上端部.

aiguilleur /egɥijœːr/ 男 ❶〖鉄道〗転轍(てっ)手. ❷ *aiguilleur* du ciel 航空管制官.

aiguillon /egɥijɔ̃/ 男 ❶ (牛追い用の)突き棒. ❷ 奮起させるもの. ▶ La soif de célébrité est un puissant *aiguillon*. 有名になりたいという欲求は人を行動に駆り立てる大きな要因だ.

aiguillonner /egɥijɔne/ 他動 ❶ (しばしば受動態で)…を刺激する, 駆り立てる(=stimuler). ▶ *aiguillonner* l'appétit 食欲を刺激する. ❷〔牛などを〕突き棒で追う.

— **s'aiguillonner** 代動 自分を励ます; 刺激し合う.

aiguisage /egiza:ʒ/, **aiguisement** /egizmã/ 男 〔刃物などを〕研ぐこと, 研磨.

aiguiser /egize/ 他動 ❶〔ナイフ, 工具など〕を研ぐ, とがらせる. ▶ *aiguiser* un couteau ナイフを研ぐ. ❷〔感情など〕をかき立てる, 〔感覚など〕を鋭くする, 研ぎ澄ます. ▶ *aiguiser* l'appétit (=stimuler) 食欲〔欲望〕をそそる / La lecture a *aiguisé* son jugement. 読書が彼(女)の判断力を養った. ❸〔文体, 思想など〕を洗練する, に磨きをかける.

— **s'aiguiser** 代動〔感覚など〕が鋭くなる, 研ぎ澄まされる.

ail /aj/; 〈複〉 **ails** (または 古風 **aulx** /o/) 男 ニンニク. ▶ mettre de l'*ail* dans la soupe スープにニンニクを入れる.

*****aile** /ɛl エル/ 囡 ❶ (鳥の)翼;(昆虫の)翅(はね). ▶ battre des *ailes* 〔鳥が〕羽ばたく / déployer les *ailes* 翼を広げる. ❷ (鶏などの)手羽肉. ❸ 文章 (気持ち, 信仰などの)高揚. ❹ (航空機の)(主)翼; 航空機. ▶ *aile* en delta デルタ翼, 三角翼. ❺ (ヘリコプターの)翼; 回転翼. ❻ (建物の)翼; 翼棟. ❼〖軍事〗翼, 翼側部隊. ❽〖スポーツ〗(サッカー, ラグビーなどの)ウイング. ❾〖自動車〗フェンダー. ❿ les *ailes* du nez 小鼻.

avoir des ailes 身も心も軽い.

battre de l'aile = *n'aller* [*ne battre*] *que d'une aile* (1) 〔鳥が〕傷ついている. (2) 〔事業, 計画などが〕うまくいかない, 片肺飛行である.

d'un coup d'aile 〔飛行機が〕直行で. ▶ L'avion relie *d'un coup d'aile* Tokyo à New York. 飛行機は東京‐ニューヨークの直行便だ.

voler de ses propres ailes 独り立ちする, 自力でやる; 単独行動をとる.

ailé, e /ele/ 形 羽〔翼〕のある. ▶ insecte *ailé* 有翅(し)の昆虫 / le cheval *ailé* (ギリシア神話の)天馬, ペガサス.

aileron /ɛlrɔ̃/ 男 ❶ 鳥の翼の先端部; (ある種の魚の)ひれ. ▶ *ailerons* de requin サメのひれ. ❷〖航空〗補助翼, エルロン.

ailette /elɛt/ 囡 ❶ (タービン, ジェットエンジンなどの)推進翼, ファン. ❷ (ラジエーターなどの放熱用の)ひれ, フィン. ❸ (爆弾, 魚雷などの)安定翼, スタビ

ライザー.

ailier /elje/ 男 (サッカー, ラグビーなどの)ウイング. ▶ *ailier* gauche レフトウイング.

aille, aillent /aj/ 活用 ⇨ ALLER¹ Ⅴ

ailler /aje/ 他動〖料理〗…にニンニクをこすりつける〔差し込む〕.

ailles /aj/ 活用 ⇨ ALLER¹ Ⅴ

*****ailleurs** /ajœːr アイユール/ 副 よそに, 別の所にそで(は). ▶ partout *ailleurs* ほかのどこでも, ほかの至る所に / comme *ailleurs* よその(国)と同様 / aller *ailleurs* よそに行く / Vous ne trouverez cela nulle part *ailleurs*. これはよそではどこにも見られないでしょう / La question est *ailleurs*. 問題は別の所にある / Son esprit est *ailleurs*. 彼(女)はぼんやりしている. ◆ *ailleurs que* + 場所 …の所で(=en un autre endroit). ▶ Vous trouverez ce livre *ailleurs* que dans cette librairie. その本はこの本屋とは別の所にあります.

*****d'ailleurs** /dajœːr ダイユール/ (1) それに, その上; そもそも, だいたい. ▶ Tu as assez regardé la télévision, *d'ailleurs* il est l'heure de te coucher. テレビはたっぷり見たんだし, 第一寝る時間ですよ. (2) もっとも, …ではあるが. ▶ Je ne l'ai pas rencontré, heureusement *d'ailleurs*. 彼には出会わなかった, 幸いなことにね. (3)〘(しばしば venir *d'ailleurs* の形で)〙ほかの場所〔国〕から; ほかの理由から. ▶ Son échec ne vient pas de lui-même, mais *d'ailleurs*. 彼の失敗の原因は彼自身にではなく他にある.

par ailleurs 他方, 一方; 別の面では, 反面; ほかの場合には; その上. ▶ Cette méthode, qui *par ailleurs* a donné de bons résultats, se révèle ici inefficace. その方法はほかの場合にはよい結果をもたらしたが, ここでは役に立たないことが分かった.

— 男 文章 よそ, 異郷, 異国.

語法 A : B d'ailleurs C

(1) *d'ailleurs* の基本

話し手の最終的な結論をA, Aを正当化する論拠をBとする. しかし話し手はその論拠Bだけでは満足せず, もう1つの論拠Cを持ち出す. このとき日本語では「しかも」「さらに」「その上」といった言葉で2つの論拠が接続される. この接続詞がフランス語では *d'ailleurs* に相当する. 論拠Bは結論Aを正当化するのに必要にして十分な論拠であり, *d'ailleurs* によって導かれる論拠Cは単に「おまけ」として副次的な理由を構成する.

```
                      A
• Je ne veux pas acheter ce costume. Il
         B                        C
est trop cher. D'ailleurs, il ne me plaît
pas. 私はこのスーツを買いたくない. 高すぎるし,
それに気に入らないから.
```

(2) 「譲歩」を表わす *d'ailleurs* のメカニズム

結論Aの主たる論拠がBで, それに付け足される「おまけ」の論拠がCであるということは, BとCは同じ方向を向いた議論であることを示している. 実際にはBとCが一見矛盾することがある.

• Il y a dans ce roman, ―B― dont certaines ―C― pages sont d'ailleurs très belles, ―B― quelque chose d'artificiel. この小説にはとても美しいページがあるのだが何かいかにも作り話的なところがある。
Bから導き出される結論(結論Aとしては明示されていない)は「この小説は出来が悪い」だが、Cは「いくばくかのページは美しい」と譲歩してBとは逆方向の断言をしている。しかし実際にはCは「話し手が小説のポジティブな面を見る客観性を持っていること」を暗示し、それによってBの断言内容の客観性を補強している。一見矛盾していても、d'ailleurs で導かれた論拠Cは、やはりBの断言に対する「おまけ」なのである。

ailloli /ajoli/ 男 [料理] アイオリ: ニンニク入りマヨネーズソース。

*__aimable__ /ɛmabl エマーブル/ 形 ❶ 愛想のいい、感じのいい; (言動、表情などが) 優しい。▶ un sourire *aimable* 愛想のいい笑い / un commerçant *aimable* 感じのいい商人。◆ être *aimable* avec [à l'égard de] qn …に対して愛想がいい。▶ Il est *aimable* avec tout le monde. 彼はだれにでも愛想がいい。比較 ⇨ GENTIL.
❷ 《儀礼的表現で》親切な。▶ Vous êtes bien *aimable* [C'est bien *aimable* à vous] d'être venu. 来てくださってどうもありがとう / C'est très *aimable* de votre part. どうもありがとう、御親切さま。
❸ 《ときに名詞の前で》(物が) 心地よい、魅力のある。▶ passer d'*aimables* moments 楽しい時を過ごす。
— 名 愛想のいい人。▶ faire l'*aimable* 努めて愛想を振りまく、愛想のいいふりをする。

aimablement /ɛmabləmɑ̃/ 副 愛想よく、丁重に、親切に。▶ refuser *aimablement* 丁重に断る。

aimant¹ /ɛmɑ̃/ 男 磁石; [鉱物] 天然磁石、磁鉄鉱。▶ *aimant* permanent 永久磁石。

aim*ant*², **ante** /ɛmɑ̃, ɑ̃:t/ 形 情愛の深い、優しい。

aimantation /ɛmɑ̃tɑsjɔ̃/ 女 磁化; 磁力。

aimanter /ɛmɑ̃te/ 他動 (鉄など)を磁化する。
— s'aimanter 代動 磁化する。

aimé, e /eme/ 形、名 愛されている(人)。

*__aimer__ /eme エメ/ 他動

直説法現在	j'aime	nous aimons
tu aimes	vous aimez
il aime	ils aiment
複合過去 j'ai aimé	半過去 j'aimais
単純未来 j'aimerai	単純過去 j'aimai

❶ …を愛する。▶ *aimer* sa patrie 祖国を愛する / Je t'*aime*. 君が好きだ / un ami que j'*aime* beaucoup 私の大好きな友人 (⇨ 語法) / Ce type, je ne l'*aime* pas trop. あいつはあまり虫が好かない / Elle est *aimée* de tout le monde. 彼女はみんなに愛されている / Il l'*aime* d'un amour fou. 彼は彼女を狂おしいほどに愛している / 《目的語なしに》*aimer* sans être payé de retour 片思いをする。
❷ …を好む、愛好する。▶ *aimer* la lecture 読書好きだ (=*aimer* lire ⇨ ④) / *aimer* passionnément la musique 音楽に夢中だ / J'*aime* le thé. 私は紅茶が好きだ / J'*aime* les chats. 私は猫が好きだ / J'ai beaucoup *aimé* ce livre. この本はとてもよかった / Les tomates, je les *aime* bien mûres. トマトはよく熟したのが好きだ / 《前文を ça で受けて》 Il se moque des gens, je n'*aime* pas ça. 意 彼は人をばかにするが、そういうのは私は好きではない。
❸ (成長するために) (動植物が、ある条件)を好む。▶ Les hortensias *aiment* l'ombre. アジサイは日陰を好む。
❹ 〈*aimer* + 不定詞 // 文章 *aimer* à + 不定詞〉 …するのが好きだ; …したい。▶ Il n'*aime* pas conduire. 彼は運転が嫌いだ / J'*aimerais* bien avoir une maison comme ça. こんな家が１軒欲しいものだ。◆ *aimer* à croire que + 直説法 …と思いたい。▶ J'*aime* à croire qu'après un pareil échec, il ne recommencera pas. あんな失敗のあとだから、彼は二度とそんなまねはしないと思うが。
❺ 〈*aimer* que + 接続法〉 …であることを好む; であって欲しい。▶ Les enfants *aiment* qu'on s'occupe d'eux. 子供は人に構ってもらうのが好きだ / J'*aimerais* qu'il vienne. 彼が来るといいんだが。
注 語義④⑤について *aimer* が直説法の場合は、一般にある事柄を「好む」ことを示す。条件法の場合は、個別的状況について「できれば…であってほしい、…したい」という願望を示す (例: J'*aime* [J'*aimerais*] travailler. 私は仕事好きだ [できれば働きたいのだが])。

aimer mieux A que B B よりA が好きだ (=préférer A à B)。▶ *aimer mieux* la viande *que* le poisson 魚より肉を好む / Il *aime mieux* jouer *que* (de) travailler. 彼は働くより遊ぶ方が好きだ。

aimer mieux que + 接続法 …の方がいい。▶ J'*aime mieux qu*'elle ne vienne pas. 彼女には来てほしくない。

— s'aimer 代動 ❶ (自分の姿、状態が)気に入っている。▶ Je ne m'*aime* pas dans cette robe. どうもこのドレスは私にしっくりしない。
❷ 愛し合う。▶ Ils s'*aiment*. 彼らは愛し合っている。
❸ 文章 性的関係を持つ (=faire l'amour)。

語法 **aimer** いろいろ

(1) **J'aime le café.** と **J'aime les chiens.**

「…が好きだ」を表わす〈*aimer* + 定冠詞 + 名詞〉構文で、*aimer* のあとの名詞は、数えられる名詞の場合には複数、数えられない名詞(通常部分冠詞とともに用いられる)の場合には単数にしなければならないことに注意しよう。

• J'aime le café [le fromage]. 私はコーヒー [チーズ] が好きだ。
• J'aime les chiens. 私は犬が好きだ。
また、名詞の意味がその一般性、抽象性においてとらえられる場合は定冠詞は単数になる。⇨ AR-

Ain

TICLE 語法
- J'aime la montagne [le cinéma]. 私は山[映画]が好きだ.

◆ただし、単数、複数ともに可能で、意味に違いがある場合がある（J'aime le poisson. 私は魚を食べるのが好きだ. J'aime les poissons; j'en ai de différentes sortes dans mon aquarium. 私は魚が好きで、水槽にはいろいろな種類の魚がいます.

(2) **Oui, j'aime beaucoup.** Vous aimez la musique?（あなたは音楽が好きですか）と聞かれて、Oui, je l'aime. とは答えられない.「…というのが好きですか」と聞かれた場合には Oui, j'aime ça. または Oui, j'aime beaucoup. と le, la, les などの代名詞を使わずに答えるのが正しい. 代名詞を使って答えられるのは目的語が人の場合のみ. 目的語が物の場合は,「この…が好きですか」というように質問が個別的な場合に限って代名詞 le, la, les を使い, その際 beaucoup, bien などの副詞を伴う.

- 《Vous aimez cette musique? —Oui, je l'aime beaucoup.》「あなたはこの音楽が好きですか」「ええ、とても」

(3) **J'aime Paul.**
人を目的語にとった場合に beaucoup, bien を伴うと単に aimer というより意味が弱くなる.
- J'aime Paul. 私はポールを愛している.
- J'aime beaucoup Paul. ポールはいい人なので大好きだ.
- J'aime bien Paul. 私はポールが嫌いではありません.

Ain /ɛ̃/ 固有 男 ❶ アン県 [01]：フランス東部.
❷ アン川：ローヌ川支流.

aine /ɛn/ 女 [解剖] 鼠径(そけい)部.

*****aîné, e** /ene エネ/ 形 (兄弟姉妹, 子供たちの中で) 年上の; 最年長の. ▶ fils aîné 長男 / fille aînée 長女 / frère aîné 兄 / sœur aînée 姉.
—— 名 ❶ 長男, 長女; 兄, 姉. ❷ 年長者; 先達. ▶ Il est mon aîné de deux ans. 彼は私より2歳年上だ.

aînesse /ɛnɛs/ 女 [歴史] droit d'aînesse 長子相続権.

*****ainsi** /ɛ̃si アンスィ/ 副

❶ このように, そのように; そういう. ▶ Je ne vous parlerais pas ainsi si vous n'étiez pas mon ami. あなたが友人でなかったら, 私はこんなふうには話しませんよ / Paul est ainsi. ポールはそういう人間だ. ◆ Ainsi + 倒置文. ▶ Ainsi s'est terminée son aventure. かくして彼(女)の冒険は終わった.

❷《しばしば強調の donc を伴って》したがって, だから; そうすることにより. ▶ Ce que tu gagnes d'un coté, tu le perds de l'autre: ainsi cette affaire est sans intérêt. 君は一方でもうけても他方では損をする, だからこの一件[商売]は無意味だ / Venez vers midi, ainsi on pourra déjeuner ensemble. (=comme ça) 正午ごろに来てください, そうすれば一緒に食事ができますから.

❸ たとえば. ▶ Certains trains s'arrêtent chez nous; ainsi celui de deux heures et demie. この町にも止まる列車はいくつかあるよ, たとえば2時30分のだ.

*****ainsi que ...** (1) …のように, とおりに (=comme). 注 que 以下は直説法. ▶ Faites ainsi qu'il vous plaira. あなたのやりなさい. (2) …と同様に, のように (=comme). ▶ Paul, ainsi que son frère, est un garçon intelligent. 兄[弟]同様ポールは頭の良い少年だ. (3) …と (=et, et aussi). 注 主語並置の際は動詞は複数. ▶ L'assassin ainsi que ses complices ont été arrêtés hier à Tokyo. 暗殺者とその一味は昨日東京で逮捕された.

Ainsi soit-il.《キリスト教》かくあらしめたまえ, アーメン (=amen).

C'est ainsi que + 直説法. そのように…する, かくして…する; たとえば…. ▶ C'est ainsi qu'il faut agir. こういうふうに行動しなければならない.

Comme ..., ainsi ... 文語 …と同様に…である.

et ainsi de suite 以下同様に.

pour ainsi dire ほとんど, いわば (=en quelque sorte).

puisqu'il en est ainsi そういう事情であるからには (=puisque c'est comme ça).

s'il en est ainsi 事情がそうなら (=cela étant).

:**air**¹ /ɛːr エール/ 男

❶ 空気, 大気. ▶ air pur [pollué] きれいな[汚れた]空気 / la pollution de l'air 大気汚染.

❷ 風, 微風, 空気の流れ. ▶ Il y a un peu d'air ce matin. 今朝はそよ風が吹いて気持ちがいい / On manque d'air ici. ここは息が詰まりそうだ.

❸ 空, 空中; 航空. ▶ s'élever dans l'air [les airs] 空高く昇る / armée de l'air 空軍 / hôtesse de l'air 客室乗務員, エアホステス / trou d'air エアポケット / mal de l'air 飛行機酔い.

❹ 雰囲気, 環境. ▶ l'air du temps 時代の空気, 時流.

air conditionné 冷房. ▶ avoir l'air conditionné 冷房がある.

changer d'air 気分を変える;（療養などのために）転地する.

courant d'air すき間風; 気流.

donner de l'air 換気する, 風を入れる.

en l'air (1) 空の方に, 空に向けて. ▶ regarder en l'air 空の方を見上げる. (2) 根拠のない, いいかげんな. ▶ parler en l'air いいかげんなことを言う. (3) ほうり出して, めちゃくちゃに. ▶ Il a envie de tout flanquer en l'air. 彼はすべてを投げ出したいと思っている. (4) 乱雑に. ▶ mettre qc en l'air …を散らかす.

être dans l'air 広まっている, 流行している. ▶ La grippe est dans l'air. 流感がはやっている.

plein air 野外. ▶ vivre en plein air 野外で生活する / loisirs de plein air 野外レジャー.

prendre l'air 外気を吸う, 戸外を散歩する.

vivre de l'air du temps 無一文で暮らす.

*****air**² /ɛːr エール/ 男 様子, 外観; 態度. ▶ un air important 偉そうな様子 / Sous un air calme, c'est un homme énergique. 外見はもの静かでも彼は精力的な人だ. ◆un air de + 無冠詞名詞 …らしい様子[雰囲気]. ▶ Il y a dans les rues

un petit *air* de fête. 街にはちょっとしたお祭り気分が漂っている.
avoir grand air 堂々としている, 気品がある.
***avoir l'air** + 形容詞(句) // **avoir l'air de** + 不定詞* …のようである, のように見える[思える]. ▸ Ces pommes *ont l'air* bonnes. これらのリンゴはおいしそうだ / Il *a l'air* en colère. 彼は怒っているようだ / Ça m'*a l'air* d'être assez facile. それは私にはかなり容易に見える. 注 avoir l'air のあとの形容詞は, 主語が物の場合には, 主語と性数の一致を行う. 主語が人の場合には, 主語または air のいずれと一致してもよい.
avoir un air de famille よく似ている.
avoir un faux air de qn/qc 一見…のように見える, に似ている.
donner à A l'air de B A を B のように見せる. ▸ Ce chapeau lui *donne l'air* d'un cow-boy. この帽子をかぶると, 彼はカウボーイのように見える.
n'avoir l'air de rien 〔人が〕一見なんでもない様子である; 〔物が〕たいしたものには見えない.
prendre de grands airs 横柄な態度をとる.
sans avoir l'air de rien さりげなく.
sans en avoir l'air そうは見えないが. ▸ Il est très ambitieux *sans en avoir l'air*. 見かけによらず彼はなかなかの野心家だ.

air³ /ɛːr/ 男 ❶ 歌曲, 歌, アリア; (歌の)節(ふし), 旋律. ▸ *air* d'opéra オペラのアリア / *air* de flûte フルート曲 / *air* à la mode 流行歌.
C'est l'air qui fait la chanson. (歌を生かすも殺すも旋律次第→)諺 言葉の真意は語調で決まる.
en avoir l'air et la chanson 諺 見かけどおりである.
L'air ne fait pas la chanson. 諺 人は見かけによらない.

airain /ɛrɛ̃/ 男 ❶ 文章 〈d'airain〉堅固に; 容赦しない. ▸ bras d'*airain* たくましい腕 / cœur d'*airain* 非情な心. ❷ 古 文章 青銅, ブロンズ.

Airbus /ɛrbys/ 男 商標 エアバス: 大型ジェット旅客機.

aire /ɛːr/ 女 ❶ 平らな地面, エリア. ▸ *aire* de repos (高速道路の)パーキングエリア / *aire* de jeux pour les enfants 子供たちの遊び場 / *aire* de lancement (ロケットなどの)発射基地. ❷ (活動, 現象などの)領域, 範囲 (=domaine, zone). ▸ *aire* culturelle 文化圏 / étendre son *aire* d'influence [d'activité] 勢力[活動]範囲を広げる. ❸ 猛禽(きん)の巣.

aisance /ezɑ̃s/ 女 ❶ (生活の)ゆとり, 裕福. ▸ vivre dans l'*aisance* sans être vraiment riche 本当の金持ちというわけではないが楽に暮らしている. ❷ (行動などの)自然さ, たやすさ. ▸ avec *aisance* 楽々と / avoir de l'*aisance* dans ses manières 態度が自然である.

aise /ɛːz/ 女 ❶ (複数で)(生活の)快適さ, 安楽. ❷ 文章 満足, 喜び.
à l'aise = à son aise (1) 快適に, くつろいで. ▸ Il est *à l'aise* en toute circonstance. 彼はどんな場合でものびのび振る舞う. (2) 裕福で. (3) 話 たやすく. ▸ Ça passe *à l'aise*. それは簡単さ.
A l'aise, Blaise! (1) 気楽にいこう, くつろぎなさい. (2) 簡単に, 朝飯前だ.
en parler à son aise (他人のことを考慮せずに)好き勝手なことを言う.
en prendre à son aise (avec qc/qn**)** (…に対し)気ままに振る舞う; (約束, 規則などを)守らない.
mal à l'aise [à son aise] 窮屈で, 気兼ねして, 落ち着かず; 気分の悪い. ▸ Le silence me met [rend] *mal à l'aise*. 沈黙は私はいたまれない気持ちになる.
mettre qn **à l'aise [à son aise]** …をくつろがせる. ▸ *se mettre à l'aise* (楽な服装に着替えるなどして)くつろぐ / **Mettez-vous à l'aise.** どうぞお楽に.
prendre ses aises 快適に暮らす; 遠慮しない.
— 形 文章 〈être bien *aise* de + 不定詞〉être bien *aise* que + 接続法〉…するのをとても喜ぶ (=content). ▸ Je suis bien *aise* que tu sois venu. 君が来てくれてとてもうれしい.

aisé, e /eze/ 形 ❶ (行動, 様子などが)自然な, くつろいだ (=naturel). ▸ parler d'un ton *aisé* 自然такに話で話す. ❷ 裕福な. ▸ une famille *aisée* 裕福な家庭 / classe *aisée* 富裕階級. ❸ 文章 容易な (=facile). ▸ 〈非人称構文で〉Il est *aisé* de + 不定詞 …するのは容易である.

aisément /ezemɑ̃/ 副 ❶ たやすく, 容易に (=facilement). ❷ 裕福に.

Aisne /ɛn/ 固有 男 エーヌ県 [02]: フランス北部.
— 固 エーヌ川: オアーズ川支流.

aisselle /ɛsɛl/ 女 わきの下. ▸ porter qn/qc sous l'*aisselle* …を小わきに抱える.

ait /ɛ/ 活用 ⇨ AVOIR¹]

Aix-en-Provence /ɛksɑ̃prɔvɑ̃:s/ 固有 エクス=アン=プロヴァンス: 南仏文化の中心都市.

Aix-la-Chapelle /ɛkslaʃapɛl/ 固有 エクス=ラ=シャペル: ドイツの都市.

Aix-les-Bains /ɛkslebɛ̃/ 固有 エクス=レ=バン: サヴォワ地方の温泉地.

aixois, oise /ɛkswa, waːz/ 形 ❶ エクス=アン=プロヴァンス Aix-en-Provence の. ❷ エクス=レ=バン Aix-les-Bains の.
— **Aixois, oise** 名 ❶ エクス=アン=プロヴァンスの人. ❷ エクス=レ=バンの人.

AJ 女 《略語》auberge de jeunesse ユースホステル.

Ajaccio /aʒaksjo/ 固有 アジャクシオ: Corse du Sud 県の県庁所在地.

ajouré, e /aʒure/ 形 明かり取りのついた; 透かし彫りのある. ▸ une boiserie *ajourée* 透かし彫りを施した木工品.

ajourer /aʒure/ 他動 …に透かし細工を施す; 明かり取りをつける.

ajourné, e /aʒurne/ 形 ❶ 延期された. ❷ 不合格の. ▸ la liste des candidats *ajournés* 落第者リスト.
— 名 不合格者; 〔軍事〕召集延期者.

ajournement /aʒurnəmɑ̃/ 男 ❶ 延期 (=renvoi). ▸ l'*ajournement* d'un procès 裁判の延期. ❷ 落第, 不合格; 〔軍事〕召集延期.

ajourner /aʒurne/ 他動 ❶ …を延期する. ▸

A

ajourner une réunion d'une semaine 集会を1週間延期する. ❷〔受験者〕を落第させる;〖軍事〗…の召集を延期する.

— **s'ajourner** 代動 延期される.

ajout /aʒu/ 男 付加, 追加; 加筆.

****ajouter** /aʒute アジュテ/ 他動

❶〈*ajouter* qc (à qc)〉…を(…に)付け加える, 足す. ▶ *ajouter* de l'eau à son whisky ウイスキーを水で割る.

❷〔言葉〕を付け加える, 言い足す. ▶ Permettez-moi d'*ajouter* un mot. もうひとこと言わせてください / J'*ajoute* que c'est bien naturel. さらに言えば, それはごく当たり前のことですよ. 比較 ⇨ PARLER[1].

ajouter foi à qc (言葉など)を信じる. ▶ Elle n'*ajoutait* aucune *foi à* ces nouvelles. 彼女はこれらのニュースをまったく信用していなかった.

ajoutez à cela qc [***que*** + 直説法] さらに…, その上に…. ▶ *Ajoutez à cela* une question de tempérament. それに気質の問題もある / *Ajoutez à cela qu'*il pleuvait. さらに雨まで降っていた.

— 間他動〈*ajouter* à qc〉…を増やす, 増大させる (=augmenter). ▶ Le mauvais temps *ajoute* aux encombrements de la circulation. 悪天候で交通渋滞がますますひどくなる.

— **s'ajouter** 代動 付け加わる. ▶ Au salaire viennent *s'ajouter* diverses primes. 給料に諸手当がつく.

ajustage /aʒysta:ʒ/ 男〖機械〗(部品の)はめ合わせ, すり合わせ, 調整.

ajusté, *e* /aʒyste/ 形〔服が〕ぴったりしている.

ajustement /aʒystəmɑ̃/ 男 適合, 調整. ▶ le choix et l'*ajustement* des termes 用語の選択と組み合わせ / apporter des *ajustements* à un projet de loi (=retouche) 法案にいくつかの修正を加える.

ajuster /aʒyste/ 他動 ❶〈*ajuster* qc (à qc)〉(規格, 用途に応じて)…を(…に)ぴったり合わせる, 適合させる. ▶ *ajuster* une balance 秤(はかり)を調整する / On a fait *ajuster* à sa taille le costume de son frère aîné. 兄の背広を彼の体に合わせて仕立て直させた / Il veut *ajuster* les faits à sa théorie. 彼は自分の理論に合わせて事実を歪曲(わいきょく)しようとする.

❷〈ajuster + 複数名詞〉…を合致させる, 調整する. ▶ *ajuster* des idées différentes et même opposées (=concilier) 異なり, 対立しさえする考え方を調整する. ❸(銃で)…をねらう. ❹〔服装, 髪〕を整える. ▶ *ajuster* son chapeau 帽子をかぶり直す.

— **s'ajuster** 代動 ❶〈*s'ajuster* à qc〉…に合致する, ぴったり合う. ❷ 身繕いする.

alaise /alɛ:z/, **alèse** 女 (病人, 幼児のベッドに敷く)防水シーツ.

alambic /alɑ̃bik/ 男 (特にアルコールを蒸留するための)蒸留器.

alambiqué, *e* /alɑ̃bike/ 形〔文章, 思考などが〕凝りすぎた, 綿密に過ぎる.

alanguir /alɑ̃gi:r/ 他動 ❶ …を疲れさせる, 衰弱させる. ❷ …の生気をそぐ. ▶ des descriptions qui ne font qu'*alanguir* le récit 話をだらけさせるだけの描写.

— **s'alanguir** 代動〔人が〕衰弱する

alanguissement /alɑ̃gismɑ̃/ 男 衰弱, 元気のなさ, けだるさ. ▶ Son état d'*alanguissement* fait peine à voir. 彼(女)の元気のない様子は見るに忍びない.

alarm*ant, ante* /alarmɑ̃, ɑ̃:t/ 形〔物が〕不安を与える, 心配させる, 憂慮すべき (=inquiétant). ▶ une nouvelle *alarmante* 不安な知らせ / Le chômage atteint un niveau *alarmant*. 失業が憂慮すべき段階に達している.

alarme /alarm/ 女 ❶ 警報. ▶ sonnette d'*alarme* 非常ベル / signal d'*alarme* (列車の)非常停車装置 / donner [sonner] l'*alarme* 警報を発する / lancer un cri d'*alarme* 警戒を呼びかける, 危惧(きぐ)の念を表わす.

❷(危険の接近による)不安, 恐れ. ▶ être en état d'*alarme* 不安な状態にある / Ce n'était qu'une fausse *alarme*. それは杞憂(きゆう)であった.

alarmer /alarme/ 他動 …を不安にする, 心配させる. ▶ Ces nouvelles *ont alarmé* la population. これらのニュースは人心を不安に陥れた.

— **s'alarmer** 代動〈*s'alarmer* de qc〉…を心配する, におびえる.

alarmiste /alarmist/ 形〔記事, うわさなどが〕人を不安に陥れる.

— 名 人騒がせな人.

Alaska /alaska/ 固有 男 アラスカ.

alban*ais, aise* /albanɛ, ɛ:z/ 形 アルバニア Albanie の.

— **Alban*ais, aise*** 名 アルバニア人.

Albanie /albani/ 固有 女 アルバニア: 首都 Tirana. ▶ en *Albanie* アルバニアに[で, へ].

albâtre /albɑ:tr/ 男 アラバスター: 石膏質または石灰質の白い石の俗称; (アラバスター製の)彫刻, 工芸品.

albatros /albatro:s/ 男〖鳥類〗アホウドリ.

Albi /albi/ 固有 アルビ: Tarn 県の県庁所在地.

albige*ois, oise* /albiʒwa, wa:z/ 形 アルビ Albi の.

— **Albige*ois, oise*** 名 アルビの人.

— **albigeois** 男・複〖歴史〗アルビ派.

album /albɔm/ 男 ❶ アルバム. ▶ un *album* de photos 写真のアルバム. ❷ 写真集, 画集 ▶ un *album* de bandes dessinées (フランスの)マンガ本. ❸(レコード, CD の)アルバム.

albumine /albymin/ 女〖生化学〗アルブミン. ▶ avoir de l'*albumine* 話 尿にたんぱくが出る.

alcali /alkali/ 男 ❶〖化学〗アルカリ. ❷ *alcali* volatil アンモニア水.

alcal*in, ine* /alkalɛ̃, in/ 形 アルカリ性の.

alcalinité /alkalinite/ 女〖化学〗アルカリ性, アルカリ度.

alcaloïde /alkalɔid/ 男〖化学〗アルカロイド, 植物塩基.

alcarazas /alkarazas/ 男 (飲み物を冷やすための)素焼きの壺(つぼ).

alchimie /alʃimi/ 女 錬金術.

alchimique /alʃimik/ 形 錬金術の.

alchimiste /alʃimist/ 名 錬金術師.

algorithme

*alcool /alkɔl/ アルコル/ 男 ❶ アルコール. ▶ *alcool* à brûler 燃料用アルコール / *alcool* éthylique エチルアルコール / lampe à *alcool* アルコールランプ. ❷ アルコール飲料;《特に》(アルコール含有度の高い)蒸留酒. ▶ boire un d'*alcool* 酒を飲む.

alcoolique /alkɔlik/ 形 ❶ アルコールの, アルコール入りの. ❷ アルコール性の;アルコール中毒の.
— 名 アルコール中毒者.

alcoolisation /alkɔlizasjɔ̃/ 女 ❶〖化学〗〖医学〗アルコール化. ❷ アルコール添加.

alcoolisé, e /alkɔlize/ 形〖飲み物が〗アルコール入りの. ▶ boisson *alcoolisée* アルコール飲料.

alcooliser /alkɔlize/ 他動 ❶〖化学〗…をアルコール化する. ❷ …にアルコールを加える.
— **s'alcooliser** 代動 話 大酒を飲む, 酔っ払う;アルコール中毒になる.

alcoolisme /alkɔlism/ 男 アルコール中毒, 飲酒癖. ▶ *alcoolisme* aigu [chronique] 慢性[急性]アルコール中毒.

alcoolo /alkɔlo/ 形 名 話 アルコール依存の(人).

alcoomètre /alkɔmɛtr/ 男 (アルコール濃度を計る)アルコール計.

alcootest /alkɔtɛst/ 男 飲酒検知器;アルコール検査. ▶ faire subir un *alcootest* à un automobiliste ドライバーに飲酒検査を受けさせる / un ballon d'*alcootest* アルコール検査用風船.

alcôve /alko:v/ 女 ❶〖建築〗アルコーブ:寝台を置くために壁に設けたくぼみ. ❷ 閨房(%);房事. ▶ secret d'*alcôve* (男女間の)秘め事 / des histoires d'*alcôve* 艶事(%).

aldéhyde /aldeid/ 男〖化学〗アルデヒド.

aléa /alea/ 男《多く複数で》偶然, 運, 不確実性;《特に》危険性, 不測の事態. ▶ les *aléas* de la politique 政治につきものの不測の事態 / compter avec tous les *aléas* あらゆる事態[危険]を考慮に入れる.

aléatoire /aleatwa:r/ 形 偶然に左右される;不確実な, 当てにならない;ランダムな. ▶ Son succès est bien *aléatoire*.(↔certain) 彼(女)の成功は極めて疑わしい / accès *aléatoire* ランダムアクセス / musique *aléatoire* 偶然性音楽.
— 男 不確実性, 危険性.

ALENA 男《略語》Accord de libre-échange nord-américain 北米自由貿易協定(英 NAFTA).

Alençon /alɑ̃sɔ̃/ 固有 アランソン:Orne 県の県庁所在地.

alentour /alɑ̃tu:r/ 副《動詞または名詞のあとで》近くに, 周囲に. ▶ Le champ de blé s'étendait tout *alentour*.(=autour) 辺り一面に麦畑が広がっていた.
d'alentour 周囲の. ▶ les maisons *d'alentour* 周囲の家々.

alentours /alɑ̃tu:r/ 男複 ❶ 周囲, 付近. ▶ les *alentours* de la ville 都市の近郊 / Il n'y a personne aux [dans les] *alentours*. 辺りにはだれもいない. ❷ (あるテーマの)関連事項. ▶ étudier les *alentours* d'un problème ある問題の関連事項を検討する.
aux alentours de (1) …ころに(=vers), およそ, 約(=environ). ▶ *aux alentours de* huit heures 8時ごろ / *aux alentours de* cent euros およそ100ユーロ. (2) …の周囲に, 近くに(=dans le voisinage de). ▶ Maintenant, il doit être *aux alentours de* Bordeaux. 今ごろ, 彼はボルドー辺りにいるはずだ.

alerte[1] /alɛrt/ 女 ❶ 警報;警戒. ▶ donner l'*alerte* 警報を発する, 注意を喚起する / en (état d') *alerte* 警戒体制を[の] / en cas d'*alerte* 警報発令の際には, 危急の場合には / atteindre la cote d'*alerte*〖川が〗危険水位に達する. ❷ 脅威, 危機感, 不安. ▶ La foudre est tombée très près; l'*alerte* a été vive.(=frayeur) 雷はすぐ近くに落ちた, ほんとに怖かった.
— 間投 *Alerte !* 気をつけろ, 警戒せよ.

alerte[2] /alɛrt/ 形 (高齢, 肥満などにもかかわらず)敏捷(%)な, すばやい;活発な, 生き生きした. ▶ avoir les jambes *alertes* 足が達者だ / Il garde son esprit *alerte* malgré son âge. 彼は老いてはいるが頭はしっかりしている / un style *alerte* 軽快な文体.

alertement /alɛrtəmɑ̃/ 副 敏捷(%)に, 活発に, 身軽に, 元気に.

alerter /alɛrte/ 他動 …に警告する, 通報する;警戒心を起こさせる. ▶ *alerter* la police (=avertir) 警察に通報する / Nous *avons été alertés* par des bruits étranges. 聞きなれない物音に我々はぎょっとした. 比較 ➡ INFORMER.

alésage /aleza:ʒ/ 男〖機械〗(穴の内部を削る)中ぐり加工, ボーリング加工.

alèse /alɛ:z/ 女 ➡ ALAISE.

aléser /aleze/ [6] 他動 …に中ぐり[ボーリング, ブローチ]加工をする.

aléseuse /alezø:z/ 女〖機械〗中ぐり盤, 穿孔(%)機.

alevin /alvɛ̃/ 男 稚魚.

alevinage /alvina:ʒ/ 男 稚魚の放流;水産増殖(業).

alexandrin[1], **ine** /alɛksɑ̃drɛ̃, in/ 形 アレキサンドリア Alexandrie の.
— **Alexandrin, ine** 名 アレキサンドリアの人.

alexandrin[2] /alɛksɑ̃drɛ̃/ 男〖詩法〗アレクサンドラン, 12音節詩句.

alezan, ane /alzɑ̃, an/ 形〖馬が〗栗毛の.
— **alezan** 男 栗毛(の馬).

algarade /algarad/ 女 けんか;(激しい)口論. ▶ passer une *algarade* à qn …に突っかかる, かみつく.

algèbre /alʒɛbr/ 女 ❶ 代数(学);代数学の本. ❷ 難解なこと. ▶ C'est de l'*algèbre* pour moi. 私には訳の分からないことだ.

algébrique /alʒebrik/ 形 代数(学)の.

algébriquement /alʒebrikmɑ̃/ 副 代数的に.

Algérie /alʒeri/ 固有 女 アルジェリア:首都 Alger. ▶ en *Algérie* アルジェリアに[で, へ] / la guerre d'*Algérie* アルジェリア戦争.

algérien, enne /alʒerjɛ̃, ɛn/ 形 アルジェリア Algérie の. — **Algérien, enne** 名 アルジェリア人.

algérois, oise /alʒerwa, wa:z/ 形 アルジェ Alger の. — **Algérois, oise** 名 アルジェの人.

algorithme /algɔritm/ 男〖数学〗〖情報〗アルゴ

リズム：ある問題を解決するための一連の手順.

algue /alg/ 囡 藻類. ▶ *algues* maritimes 海藻 / *algues* d'eau douce 淡水藻.

alias /aljɑːs/ 副 またの名は, 別名. ▶ Henri Beyle, *alias* Stendhal アンリ・ベール, またの名はスタンダール. ―― 名 《情報》エイリアス.

alibi /alibi/ 男 ❶ アリバイ. ▶ un *alibi* irrécusable 確かなアリバイ / fournir un *alibi* アリバイを立証する. ❷ 言い訳, 口実, 逃げ道. ▶ chercher un *alibi* 口実を探す.

alicament /alikamɑ̃/ 男 栄養調整食品. ▶ *alicament* sous forme de barres chocolatées チョコバータイプの栄養バランス食品.

aliénabilité /aljenabilite/ 囡 《法律》譲渡性.

aliénable /aljenabl/ 形 《法律》〔財産が〕譲渡できる, 譲渡可能な.

aliénation /aljenasjɔ̃/ 囡 ❶《法律》(財産などの)譲渡. ▶ l'*aliénation* d'un domaine 所有地の譲渡. ❷ (自由などの) 喪失, 放棄. ❸ 疎外. ▶ l'*aliénation* de l'homme dans la société moderne 現代社会における人間の疎外. ❹ *aliénation* mentale 精神病. 注 今日では法律・行政用語としてのみ用いられる.

aliéné, e /aljene/ 形 ❶ 疎外された, 自主性を喪失した. ▶ être [se sentir] *aliéné* 自己を失っている [失っていると感じる]. ❷《法律》譲渡された. ―― 名 精神病者. 比較 ➡ HANDICAPÉ.

aliéner /aljene/ ⑥ 他動 ❶《法律》〔財産など〕を譲渡する. ▶ *aliéner* sa maison à fonds perdu 終身年金と引き換えに家を譲渡する.
❷〔自由など〕を失う, 放棄する. ▶ *aliéner* l'indépendance nationale 国家の独立を失う.
❸ …を疎外する, の人間性を奪う. ▶ Le travail automatique *aliène* l'homme. 機械的な作業は人間を疎外する. ❹〔物が〕…を(人から)奪う; 離反させる. ▶ Sa conduite lui *a aliéné* beaucoup de ses amis. 自らの振る舞いで彼(女)は多くの友人を失った.
―― **s'aliéner** 代動 …を失う, 離反させる. 注 se は間接目的. ▶ *s'aliéner* l'affection de qn …の愛情を失う.

alignement /aliɲmɑ̃/ 男 ❶ 一列に並ぶ〔並べる〕こと, 整列; 列. ▶ se mettre à l'*alignement* 整列する / sortir de l'*alignement* 列から はみ出す.
◆〈*alignement* de + 無冠詞名詞〉…の列. ▶ de puissants *alignements* de montagnes 雄大な山並み. ❷〈*alignement* sur qc〉…への追随, 同調. ▶ l'*alignement* inconditionnel d'un parti sur la politique du gouvernement 政府の政策への党の無条件同調. ❸《経済》*alignement* monétaire 通貨調整, 為替相場調整.

aligner /aliɲe/ 他動 ❶〔しばしば受動態で〕…を一列に並べる, 配列する, 配備する. ▶ *aligner* des soldats 兵士を一列に並べる / Des chaises *sont alignées* contre le mur. 壁際に椅子が並んでいる / *aligner* une rue (区画整理で)街路をまっすぐにする.
❷〈*aligner* qc sur qc〉…を…に合わせる, 一致〔連動〕させる. ▶ *aligner* sa conduite sur celle de qn 自分の行動を…に合わせる / *aligner* une monnaie sur une autre ある通貨を他の通貨に連動させる. ❸ …を列挙する, 順序立てて挙げる. ▶ *aligner* des exemples 例を列挙する / *aligner* des preuves 証拠を並べる.

les aligner 紙幣を並べる, 払う.

―― **s'aligner** 代動 ❶ 一列に並ぶ, 整列する. ▶ *Alignez-vous* ! (号令で)整列. ❷〈*s'aligner* sur qc/qn〉…に忠実に従う, 同調する, ならう. ▶ *s'aligner* sur les positions officielles du parti 党の公式見解に従う.

Tu peux toujours t'aligner! 俗 おまえなんか相手にならん.

aligoté /aligote/ 男 アリゴテ：ブルゴーニュ地方の白ブドウ品種, またそれから造るワイン.

*****aliment** /alimɑ̃/ アリマン 男 ❶ 食料, 食品, 栄養物. ▶ *aliments* naturels [surgelés] 自然 [冷凍] 食品 / *aliment* de base 主食. ❷ 糧; 原動力. ▶ *aliment* de notre esprit 我々の心の糧. ❸《複数で》《法律》扶養料.

donner [*fournir*] *un aliment à qc* …に(絶好の)材料を提供する; をいっそう刺激する.

alimentaire /alimɑ̃tɛːr/ 形 ❶ 食料の, 食品に関する. ▶ produits (denrées) *alimentaires* 食料品 / industrie *alimentaire* 食品工業 / intoxication *alimentaire* 食中毒 / régime *alimentaire* 食餌〕療法 / banque *alimentaire* フードバンク / sécurité *alimentaire* 食の安全.
❷ 食べるための, 生計を立てるための. ▶ un besogne *alimentaire* 食っていくためだけの仕事. ❸《法律》扶養の. ▶ pension *alimentaire* (離婚後に毎月払う)扶養料.

*****alimentation** /alimɑ̃tasjɔ̃/ アリマンタスィヨン 囡 ❶ 食べ物の供給; 食べ物を取ること, 栄養摂取, 食生活. ▶ *alimentation* des troupes 軍隊への食糧供給 / *alimentation* équilibrée バランスのよい食事 / *alimentation* insuffisante [surabondante] 栄養不足 [過多].
❷《集合的に》食料. ▶ magasin d'*alimentation* 食料品店 / travailler dans l'*alimentation* 食品業界で働く. ❸ …への(燃料, 材料などの)供給, 補充. ▶ *alimentation* d'une chaudière (en eau) ボイラーへの給水.

alimenter /alimɑ̃te/ 他動 ❶ …に食べ物を与える, を養う. ▶ *alimenter* un malade 病人に食事を与える / *alimenter* un animal 動物を飼う.
❷ …に(必要なものを)供給する, 補充する. ▶ *alimenter* son compte en banque 銀行口座に入金する / Le scandale *a alimenté* les colonnes des journaux. そのスキャンダルは新聞に話題を提供した. ◆*alimenter* A en B A に B を供給する. ▶ *alimenter* une ville en gaz 町にガスを供給する. ❸ …を維持する; 助長する. ▶ *alimenter* le feu 火種を絶やさないようにする / *alimenter* la conversation 会話に話題を提供する.

―― **s'alimenter** 代動 ❶ 食べ物を取る. ▶ Le malade ne *s'est* pas *alimenté* depuis deux jours. 患者は2日前から食事を取っていない / *s'alimenter* mal 栄養の取り方が悪い. ❷〈*s'alimenter* de qc〉…を食べる. ❸〈*s'alimenter* à qc〉…から(主題, 着想などを)得る.

alinéa /alinea/ 男 改行; 段落, パラグラフ.

alité, e /alite/ 形〔患者が〕ベッドに寝た,床に就いた,安静を要する.

aliter /alite/ 他動〔病人〕を床に就かせる. ▶ Cette maladie l'*a alité* pendant un mois. この病気で彼は1か月も床に就いた.
— **s'aliter** 代動〔病人が〕床につく.

alizé /alize/ 男,形《男性形のみ》貿易風(の).

alla /ala/ 活用 ⇨ ALLER¹ Ⅴ.

Allah /alla/ 固有男 アラーの神.

allai /ale/**, allaient, allais, allait** /alɛ/ 活用 ⇨ ALLER¹ Ⅴ.

allaitement /aletmɑ̃/ 男 哺乳(にゅう),授乳. ▶ *allaitement* maternel 母乳栄養.

allaiter /alete/ 他動…に哺乳(にゅう)〔授乳〕する. ▶ *allaiter* un enfant au sein 子供に母乳を与える.

allâmes /alam/ 活用 ⇨ ALLER¹ Ⅴ.

allant, ante /alɑ̃, ɑ̃:t/ 形 文章 活動的な,元気な. — **allant** 男 活力,元気,やる気.

allass-, alla-, allâ- 活用 ⇨ ALLER¹ Ⅴ.

allé, e /ale/ 活用 aller¹ Ⅴ の過去分詞.

alléchant, ante /aleʃɑ̃, ɑ̃:t/ 形 うまそうな;誘惑的な.

allécher /aleʃe/ 6 他動…を(うまい物で)引き寄せる;(金などで)誘惑する. ▶ être *alléché* par l'odeur いいにおいに引き寄せられる / *allécher* qn par de belles promesses …をうまい話で釣る.

allée /ale/ 女 ❶〔庭園,森などの〕並木道,散歩道;〔教会,劇場などの〕通路. ▶ les *allées* du bois de Boulogne ブーローニュの森の散歩道. ❷ ⟨*allée* et venue⟩ 行き来;《複数形》奔走 (=démarches). ▶ J'ai perdu mon temps en *allées* et *venues* pour avoir ce renseignement. この情報を得るためにあちこち走り回って時間をむだにした.

allégation /a(l)legasjɔ̃/ 女 ❶〔正当化のための〕申し立て,主張. ❷ 引用,援用.

allégé, e /aleʒe/ 形 低脂肪の,低糖の(食品). ▶ un fromage *allégé* 低脂肪チーズ.

allégeance /aleʒɑ̃:s/ 女〔国家,団体などへの〕従属,忠誠;(封建制下での)忠誠.

allégement /aleʒmɑ̃/, **allègement** 男 ❶〔重荷,負担などの〕軽減 (=diminution). ▶ un *allégement* fiscal de 10%〔dix pour cent〕10 パーセントの減税. ❷〔苦痛,不幸などの〕緩和,慰め.

alléger /aleʒe/ 7 他動 ❶…の重さを軽くする;〔荷重〕を減らす (↔alourdir);…の負担を軽減する,緩和する. ▶ *alléger* un camion トラックの積み荷を軽くする / *alléger* les impôts de 10%〔dix pour cent〕10パーセント減税する. ◆*alléger* qn de qc〔人〕の…を軽減してやる,部分的に免除する. ❷〔苦しみなど〕を和らげる (=calmer, apaiser).
— **s'alléger** 代動 ⟨*s'alléger* (de qc)⟩〔重荷,負担を減らして〕身軽になる;〔苦痛などが〕和らぐ.

allégorie /a(l)legɔri/ 女 ❶ 寓意(ぐうい),アレゴリー:たとえばキツネが「狡猾(こうかつ)」を表わし,天秤(てんびん)を掲げる女性が「正義」を表わす表現法. ❷ 寓意作品.

allégorique /a(l)legɔrik/ 形 寓意(ぐうい)の,アレゴリーの.

allégoriquement /a(l)legɔrikmɑ̃/ 副 寓意(ぐうい)的に.

allègre /a(l)lɛgr/ 形 陽気な,爽快(そうかい)な,溌剌(はつらつ)とした,軽やかな. ▶ se sentir *allègre* 気分爽快である / marcher d'un pas *allègre* (=alerte) 足どり軽く歩く.

allégrement /a(l)lɛgrəmɑ̃/, **allègrement** 副 ❶ 陽気に,快活に,さっそうと;軽々と,順調に. ▶ partir *allégrement* au travail いそいそと仕事に出かける / Le chiffre d'affaires augmente *allégrement*. 売上高は順調に伸びている. ❷《皮肉に》ほいほいと,無造作に,無頓着(むとんちゃく)に.

allégresse /a(l)legrɛs/ 女 歓喜,大喜び. ▶ avec *allégresse* うきうきして;《皮肉に》ほいほいと,無頓着(むとんちゃく)に (=allégrement).

allegretto /a(l)legreto/《イタリア語》副【音楽】アレグレット,やや速く. — 男 アレグレット(の曲).

allegro /a(l)legro/《イタリア語》, **allégro** 副【音楽】アレグロ,快速に. — 男 アレグロ(の曲).

alléguer /a(l)lege/ 6 他動 (根拠として,または正当化のために)…を言い立てる,持ち出す;口実にする. ▶ *alléguer* des raisons 理由を並べ立てる. ◆*alléguer* que + 直説法 ▶ Pour excuser son retard, il *a allégué* que sa voiture était tombée en panne. 遅れたことの弁解に,彼は車が故障したのだと言い張った.

alléluia /aleluja/ 間投 アレルヤ,ハレルヤ:神をたたえる叫び. — 男〔カトリック〕アレルヤ唱.

Allemagne /alman/ 固有 女 ドイツ:首都 Berlin. ▶ en *Allemagne* ドイツに〔で,へ〕.

*****allemand, ande** /almɑ̃, ɑ̃:d/ 形 アルマン,アルマーンド/ 形 ドイツ Allemagne の;ドイツ人の;ドイツ語の.
— **Allemand, ande** 名 ドイツ人.
— **allemand** 男 ドイツ語.
— **allemande** 女 アルマンド:16世紀,ドイツで生まれた4拍子のダンス.

⁚aller¹ /ale/ アレ/ Ⅴ

過去分詞 allé	現在分詞 allant
直説法現在 je vais	nous allons
tu vas	vous allez
il va	ils vont
単 純 未 来 j'irai	nous irons
tu iras	vous irez
il ira	ils iront
半 過 去 j'allais	nous allions
tu allais	vous alliez
il allait	ils allaient
複 合 過 去 je suis allé(e)	
tu es allé(e)	
il est allé	
elle est allée	
nous sommes allé(e)s	
vous êtes allé(e)(s)	
ils sont allés	
elles sont allées	
命 令 法 va*	allons allez
*en, y の前で不定詞を伴わない場合は vas	

aller

> ― 自動 行く. ▶ *aller* à Paris パリに行く. <*aller* + 不定詞>…しに行く. ▶ *aller* travailler 仕事に行く. 健康である, (体の具合が)…である. ▶ Vous *allez* bien? お元気ですか.
> 〔活動が〕進む, はかどる. ▶ Comment *vont* les affaires? 仕事はどうだい.
> <*aller* + 不定詞>《近接未来》…だろう.
> ― **s'en aller** 代動 行ってしまう.

自動《助動詞は être》

1 ❶ 行く, 進む, 向かう. ▶ *aller* à Paris パリに行く / *aller* en France フランスに行く / *aller* aux États-Unis アメリカに行く / *aller* à l'école 学校に行く / *aller* au bureau 会社に行く / *aller* chez le boucher 肉屋に行く / *aller* à son travail 仕事に行く / *aller* (tout) droit まっすぐに進む / *aller* à [en] bicyclette 自転車で行く / *aller* à pied 徒歩で行く / *aller* en [par le] train 列車で行く / *aller* en avion [bateau] 飛行機[船]で行く. 注 複合過去形 être allé は「…に行く, しに行く」の意では, しばしば avoir été で置き換えられる(例: Je *suis* allé à Paris. 「私はパリに行った」→ J'ai été à Paris).

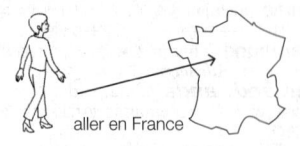

aller en France

❷ 達する, 至る. ▶ la route qui *va* à Rome (=conduire) ローマに至る道 / Sa propriété *va* jusqu'à la rivière. 彼(女)の土地は川岸まで続いている / *aller* à l'échec 失敗する / *aller* au succès 成功する.

❸ 〔人が〕健康である; (体の具合が)…である (=se porter). ▶ *aller* bien [mal, mieux] 具合がよい[悪い, 前よりよい] /《**Comment allez-vous?―Je vais très bien, merci.**》「御機嫌いかがですか」「元気です, おかげさまで」/ J'espère que vous *allez* bien. (手紙などで)お元気ですか / Qu'est-ce qui ne *va* pas? どこが悪いのですか.

❹ 〔機械が〕機能する, 動く (=marcher). ▶ Ma montre *va* bien [mal]. 私の腕時計は調子がいい[悪い].

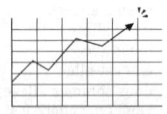

Les affaires vont bien.

❺ 〔活動が〕進む, はかどる. ▶ Comment *vont* les affaires? 仕事はどうだい / Les recherches *vont* bon [petit] train. 研究は順調に[地道に]進んでいる / Ça *ira* mal, si tu continues. そのまま続けたらひどいことになるよ.

❻ <*aller* à qn/qc>…に似合う, 合う; ふさわしい. ▶ Cette cravate lui *va* très bien. このネクタイは彼にとてもよく似合う / Cette clef ne *va* pas à la serrure. この鍵(き)は錠前と合わない.

❼ <*aller* (avec qn/qc)>(…と)調和する, 合う. ▶ Cette musique ne *va* pas avec les images du film. この音楽では映画の画像に調和しない / Ces deux couleurs *vont* bien ensemble. この2つの色はよく調和する.

❽ <*aller* (à qn)>(…に)都合がいい, の気に入る. ▶ Votre projet me *va*. あなた(方)の計画は私の考えにぴったりです /《Rendez-vous, demain à quatre heures?―Oui, ça me *va*.》「明日4時に待ち合わせはどうですか」「はい, 結構です」

2 <*aller* + 不定詞>

❶ …しに行く. ▶ *aller* travailler [se promener] 仕事[散歩]に行く / *aller* chercher qn à la gare …を駅に迎えに行く.

❷《近接未来》…だろう, するところだ. ▶ Je *vais* partir tout de suite. 私はすぐ出発します / Ça *va* finir mal. 悪い結果になるだろう / Eh bien, vous *allez* voir. よろしい, 見ててごらんなさい / J'*allais* te téléphoner quand tu es arrivé. ちょうど電話しようとしていたら君が着いた. 注 過去時制では, 過去のある一点から見た近い未来を表わし, 必ず半過去形になる(語法 ⇨ IMPARFAIT).

❸《2人称で命令の意味で》▶ *Vas*-tu te taire un peu! ちょっと黙っていてくれ / Vous *n'allez* pas me laisser seule, j'ai peur. 私を独りにしないでください, 怖いのです.

❹《意味を強めて》▶ Si elle *allait* ne pas venir! もし彼女が来なかったらどうしよう / *Allez* donc savoir si c'est vrai! 本当かどうか確かめてごらんなさいよ(うそだと言っているのに) / N'*allez* surtout pas croire que… 間違っても…などとは思わないでください.

3 <*aller* + en + 現在分詞>…しつつある, 次第に…する[になる]. ▶ *aller* en s'aggravant 次第にひどくなる. 注 現在分詞は変化を示す動詞に限る. 古style や文章語では<*aller* + 現在分詞>の形もある(例: L'inquiétude *allait* croissant. 不安が募っていた).

4《命令形で, 間投詞的に》じゃあ, ほら, さあさあ(慰め, 励まし, 勧誘, 不信, いらだちなど). ▶ *Allez*, au revoir! じゃあ, さようなら / *Allons*, dépêche-toi! さあさあ急いでよ / *Allez*, un peu de courage! ほらどうした, 少し元気を出したまえ / *Allez* le Japon! 日本がんばれ / *Allons* bon! なんということだ; あきれたことだ. ◆ *Allons* [*Allez*] (donc)! まさか! おやおや(皮肉など). ▶ *Allons* donc! Vous dites là des bêtises. ほらまた, ばかなことを言って. ◆ *Va*! ⇨ VA¹. 注 命令形

aller

が間投詞的に使われる場合 *Allez!* on y va.（さあ行こう）のように必ずしも主語の性数に一致した形でなくてもよい.

aller comme A à B 話《ふざけて》(A が B に似合わないと同様)まるで似合わない. ▶ **Ça te va comme** un tablier *à* une vache! 君にそんなのはまるで牛にエプロンだよ.

aller contre qn/qc …に逆らって進む, 対立する. ▶ *aller contre* le courant 流れに逆行する / *aller contre* la volonté de qn …の意志に背く.

aller de A à B (1) A から B に行く. ▶ un avion qui *va de* Paris *à* Londres パリ発ロンドン行きの飛行機. (2) A から B に及ぶ. ▶ le chapitre qui *va de* la page 51 [cinquante et un] *à* la page 74 [soixante-quatorze] 51 ページから74ページまでの章.

aller de soi = **aller sans dire** 自明である, 言うまでもない. ▶ Cela *va*「*de soi* [*sans dire*]. それは言うまでもない /《非人称構文で》Il *va sans dire* que + 直説法 …であることは言うまでもない.

aller jusqu'à qc/不定詞 …まで行く; 範囲が及ぶ. ▶ *aller jusqu'au* bout 最後までやり抜く / Il *est allé jusqu'à* dire que vous êtes un parfait idiot. 彼はあなたがどうしようもないばかだとまで言い切った.

aller loin (1) 遠くまで行く. (2)《未来形で》偉くなる, 出世する. (3) 先に進む; 高い水準に達する. ▶ *aller* très *loin* dans ses réflexions sur qc …についての考察を大いに掘り下げる / On ne *va* pas *loin* avec cent euros. 100ユーロではたいしたことはできない. (4) 重大な結果を招く. ▶ C'est un conflit qui peut *aller loin*. それは重大な結果を招きかねない紛争だ.

aller sur + 年齢 …に近づく. ▶ Il *va sur* ses cinquante ans. 彼はそろそろ50歳だ.

aller trop [un peu] loin 誇張する, 度を過ごす.

Allez-y [Vas-y]!（相手に行動を促して）どうぞ[さあやれ].

Allons-y! さあ行こう, さあ始めよう.

****Ça va.** (1)《挨拶で》元気だ. ▶《Ça *va*?—Ça *va*.》「やあ, 元気かい」「うん」/ Ça *va* comme ci comme ça. なんとかやっているよ. (2)《物事が》うまくいく. ▶《Ça *va*, la réparation?—Faudra bien que ça aille.》「修理はうまくいきそうかい」「なんとかね」(3) 十分だ, 結構だ. ▶《Dans huit jours, ça *va*?—Ça *va*.》「1週間後ではどうだい」「いいよ」

Ça va comme ça.=Ça va très bien (comme ça).=**Ça va très bien (comme ça).** 話 (1) これで結構, それでいい. 話 (2)（食べ物や飲み物を勧められて）もう十分だ, もうたくさんだ.

Ça va comme tu veux? 話《くだけた挨拶》元気かい.

Ça va comme un lundi. 話 (Ça va? に対する返事で) どうもあんまりね; ちょっとつらいげだ.

Ça va tout seul. それは何もしなくてもひとりでうまくいく.

faire aller (1) 話 なんとかやっていく, どうにかこうにかやっていく. ▶《Ça *va*?—On *fait aller*.》「や

あ元気かい」「まあなんとかね」(2) 便意を催させる.

faire aller qn/qc …を動かす, 機能させる, 進行させる. ▶ Il s'entend à *faire aller* son monde. 彼は周りの人間を動かすのがうまい.

Il en va + 様態(+ de [pour] qc).《非人称構文で》(…についての)事態は…だ. ▶ *Il en va*「*de même* [*tout autrement*] *pour* cette question. この問題についても同様だ［は別だ］/ *Il en va de* cette affaire comme de la précédente. この件についても前の件と(事情は)同じだ.

Il y va de qc.《非人称構文で》…がかかわっている, の問題だ (= Il s'agit de qc). ▶ *Il y va de* votre vie. あなた(方)の生命にかかわる問題だ.

Je ne sais pas (où on va), mais on y va. 話 なるようになるさ; どっちみちまもなく決着がつく.

laisser aller (qn/qc) (…を)放任する, 成り行きに任せる.

ne pas aller sans qc …なしでは済まない, が付き物だ. ▶ La vie ne *va pas sans* difficultés. 人生には苦労が付き物だ.

Rien ne va plus.《ルーレットで》賭け金はここまで.

se laisser aller 投げやりになる.

se laisser aller à qc/不定詞 …に身をゆだねる, 我を忘れる, 思わず…する. ▶ *se laisser aller* au désespoir 絶望に打ちひしがれる.

Va pour qc. 話 …はよい, 受け入れよう. ▶ *Va pour* samedi. 土曜でいいよ / *Va pour* une nouvelle voiture. 仕方がない, 新しい車を買おう.

y aller (1) そこに行く; そのために行く. ▶ Le voilà. On *y va*. 彼が来た, さあ出発しよう / La caméra est prête, on *y va*? カメラの準備はできた, 始めるうか. (3) 話《様態の副詞句とともに》振る舞う, やり方をする. ▶ *y aller* avec prudence 慎重にやる / Vous *y allez* fort. それはやりすぎ[言いすぎ]ですよ / Comme vous *y allez*! そりゃあんまりですよ. / Quand (il) faut *y aller*, (il) faut *y aller*. 話 やるべきときはやる / Tu peux *y aller* (voir [franco]). 話 間違いない, 本当に.

y aller de qc (1)（ある金額）を投資する, 賭(か)ける. ▶ J'*y vais de* cent euros. 100ユーロ賭けよう. (2) 話 …を提供する, 持ち出す.

— **:s'en aller** /sãnale サンナレ/ 代動

直説法現在	je m'en vais	nous nous en allons
	tu t'en vas	vous vous en allez
	il s'en va	ils s'en vont

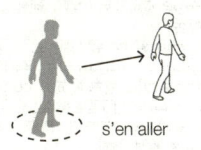

s'en aller

❶ 立ち去る, 行ってしまう, 姿を消す, 帰る. ▶ *s'en aller* d'ici [du quartier] ここから[街から]いなくなる / Elle *s'en va* en vacances demain. 彼女は明日バカンスに発つ / Elle *s'en est allée* fu-

aller

rieuse. 彼女は怒って行ってしまった / *Allez-vous-en!* = *Va-t'en!* 出て行け, 行っちまえ. ❷ 文章 死に瀕(ﾋﾝ)する, 死ぬ. ▸ *Le malade s'en est allé.* あの病人は死んでしまった.

❸ 消える, なくなる; 〔時間などが〕流れ去る. ▸ *Les taches d'encre s'en vont avec ce produit.* インクの染みはこの薬品を使えば消える / *Le temps s'en va.* 時は流れる.

❹ <*s'en aller* + 不定詞>(1) …しに行く. ▸ *Ils s'en sont allés boire ensemble.* 彼らは一緒に一杯やりに行ってしまった. (2) 話〔近接未来〕…するところで. ▸ *Je m'en vais faire la cuisine.* これから食事の支度をします. 注 近接未来としては, 今日では直説法現在1人称単数の形だけを用いる. また aller を用いた近接未来よりも俗語的調子が強くなる.

❺ 文章 <*s'en aller* + 現在分詞>次第に…する. ▸ *cette musique mystérieuse qui s'en va déclinant* 次第に音を弱めていくその神秘的な音楽. 注 複合時制での en の位置は助動詞の前(例: *Je m'en suis allé*)だが, くだけた調子では *Je me suis en allé.* という形がよく用いられる.

aller² /ale/ 男 ❶ 行くこと, 行き, 往路. ▸ *faire l'aller à pied* 行きは歩いて行く / *J'ai pris l'aller le train du matin.* 私は往路は朝の列車を利用した. ❷ 行きの切符. 注 複数形は allers, または不変. ▸ *un aller* (simple) *pour Marseille* マルセイユ行き片道切符.

aller et retour = ***aller-retour*** (1) 往復切符. ▸ *prendre un aller-retour pour Paris* パリ行き往復切符を買う. (2) 往復. 《同格的に》*le tarif aller-retour* 往復運賃.

allèrent /alɛːr/ 活用 ⇨ ALLER¹ Ⅴ
allergie /alɛrʒi/ 女 ❶ アレルギー. ▸ *allergie aux pollens* 花粉アレルギー. ❷ 毛嫌い, 反感. ▸ *allergie à la politique* 政治アレルギー.
allergique /alɛrʒik/ 形 ❶ アレルギー(性)の. ▸ *réaction allergique* アレルギー反応 / *être allergique au blanc d'œuf* 卵白アレルギーである. ❷ <*allergique à qc/qn*>…が嫌いな, 性に合わない. ▸ *Il est allergique à la télévision.* 彼はテレビが大嫌いだ.
aller-retour /alerətuːr/; 《複》 ~**s**-~**s** 男 往復; 往復切符.
allez /ale/ 活用 ⇨ ALLER¹ Ⅴ
alliacé, e /aljase/ 形 ニンニクの; ニンニク臭の.
alliage /aljaʒ/ 男 合金(を作ること). ▸ *alliage de cuivre et d'étain* 銅と錫(ｽｽﾞ)の合金 / *alliage à mémoire* 形状記憶合金.
sans alliage 混じり気のない, 純粋な. ▸ *or sans alliage* 純金.
alliance /aljɑ̃s/ 女 ❶〔国, 党派間の〕同盟, 連合. ▸ *alliance militaire* 軍事同盟 / *une alliance électorale* 選挙協定 / *conclure* [*rompre*] *une alliance* 同盟を結ぶ[破棄する].
❷ 結婚指輪; 結婚, 姻戚(ｲﾝｾｷ)関係. ▸ *un neveu par alliance* 義理の甥(ｵｲ).
❸〔個人間の〕協調, 友好. ▸ *faire alliance avec qn* …と結託する / *faire alliance contre qn* …に反対して互いに手を組む.
❹《異質な物の》結び付き; 調和. ▸ *une alliance*

de couleurs très agréable とても感じのよい配色 / *alliance de mots*《レトリック》撞着(ﾄﾞｳﾁｬｸ)語法.
❺《ユダヤ教》《キリスト教》(神と人間の)契約.
❻ l'*Alliance française* アリアンス・フランセーズ: 1883年に創設され, パリに本部を置く, フランス語普及のための民間団体.
allié, e /alje/ 形 ❶ 同盟の; 連合国の. ▸ *les pays alliés* 同盟国 / *les troupes alliées* 連合軍. ❷ …と姻戚(ｲﾝｾｷ)関係にある. ❸ …と結び付いた.
─ 名 ❶ 同盟国, 連合国; 支持国; 友党. ▸ *les Alliés* 連合国 / *un allié du parti socialiste* 社会党の友党. ❷ 支持者, 理解者, 友人. ▸ *se faire des alliés fidèles* 忠実な同志を作る. ❸ 縁戚, 姻族. ▸ *les parents et alliés* 親類縁者.
Allier /alje/ 固有 男 ❶ アリエ県 [03]: フランス中部. ❷ アリエ川: ロアール川の支流.
allier /alje/ 他動 <*allier* A et [à] B> A と B をうまく合わせる, 調和させる; A を B に結び合わせる. ▸ *allier les mets et les vins* 料理と酒を上手に取り合わせる.
❷〔金属〕を合金にする. ▸ *allier le cuivre et l'étain* 銅と錫(ｽｽﾞ)の合金をつくる.
❸〔国, 党派〕を同盟させる, 連合させる.
❹〔人, 家〕を縁組みさせる.
─ **s'allier** 代動 ❶〔人, 家〕が縁組みをする. ▸ *s'allier à une famille riche* 金持ちの家と縁組みをする. ❷〔国, 党派〕が同盟を結ぶ, 連合する. ▸ *Ces pays se sont alliés contre les envahisseurs.* これらの国は侵略者に対抗して同盟を結んだ.
❸〔異質の物同士が〕うまく組み合わさる, 調和する. ▸ *Ces couleurs s'allient bien.* これらの色はとてもよく調和する.
alliez /alje/ 活用 ⇨ ALLER¹ Ⅴ
alligator /aligatɔːr/ 男《英語》《動物》アリゲーター: アリゲーター科のワニの総称.
allions /aljɔ̃/ 活用 ⇨ ALLER¹ Ⅴ
allitération /a(l)literasjɔ̃/ 女《レトリック》頭韻(法), 畳韻(法): 同一子音を繰り返して音楽的・擬音的効果を生むこと(例: *Pour qui sont ces serpents qui sifflent sur vos têtes?* (ラシーヌ)).
***allô** /alo/ アロ, **allo** 間投 もしもし(電話での呼びかけ). ▸ *Allô! Qui est à l'appareil?* もしもし, どちらさまですか.
alloc /alɔk/ 女 話 allocation の略.
allocataire /alɔkatɛːr/ 名〔手当ての〕受給者.
allocation /alɔkasjɔ̃/ 女 ❶ 支給金, 手当て. ▸ *allocations familiales* 家族手当て / *toucher une allocation* (*de*) *chômage* [*logement*] 失業[住宅]手当てを受け取る. ❷ 支給, 割り当て.
allocution /a(l)lɔkysjɔ̃/ 女〔短い〕演説, 談話. ▸ *une allocution radiotélévisée du président de la République* 大統領のラジオ・テレビ演説 / *prononcer* [*faire*] *une allocution* スピーチをする.
allogène /alɔʒɛn/ 形 (一国内で)他種族の, 異民族の, 少数民族の.
─ 名 (一国内での)他種族の人.
allonge /alɔ̃ʒ/ 女 (ボクサーの)リーチ. ▸ *avoir une bonne allonge* リーチが長い.

allongé, e /alɔ̃ʒe/ 形 ❶ 横たわった、寝そべった. ▶ Il restait *allongé* sur ˈle dos [le ventre]. 彼は仰(あお)向け［うつぶせ］になったままでいた. ❷ 長めの、長く伸びた. ▶ un visage *allongé* 面長の顔.

allongement /alɔ̃ʒmɑ̃/ 男 延長、伸長、伸び方；寝そべること. ▶ l'*allongement* d'une tige 茎の伸び.

*****allonger** /alɔ̃ʒe/ アロンジェ/ [2] 他動

過去分詞 allongé	現在分詞 allongeant
直説法現在 j'allonge	nous allongeons
tu allonges	vous allongez
il allonge	ils allongent

❶ …を長くする、伸ばす；(時間的に)延長する. ▶ *allonger* une jupe de cinq centimètres スカートの丈を5センチ長くする / *allonger* ses vacances 休暇を延長する / *allonger* le pas (急いで)大またで歩く.
❷〔手・足など〕を伸ばす. ▶ *allonger* le bras vers le téléphone 受話器の方へ手を伸ばす.
❸〔人、体つき〕を長く見せる. ▶ Sa nouvelle coiffure lui *allonge* le visage. 今度のヘアスタイルは彼(女)を少し面長に見せる.
❹ …を横たえる、寝かせる. ▶ *allonger* un malade sur le lit 病人をベッドに寝かせる.
❺〔ソースなど〕を薄める、延ばす.
❻ 話〔敵〕を殴り倒す、打ちのめす. ▶ Il s'est fait *allonger* au premier round. 彼は第1ラウンドでノックアウトされた.
❼ 話〈*allonger* qc à qn〉…に〔打撃〕を加える. ▶ *allonger* un coup de poing à qn …にげんこつを一発食らわせる. ❽ 話〈*allonger* qc à qn〉…に〔金〕を払う. ▶ *allonger* un pourboire au garçon ボーイにチップを与える.
allonger la sauce (1) だらだらと話す；長々と書く. (2) 勘定［請求］を水増しする.
── 自動 長くなる、伸［延］びる. ▶ Les jours *allongent*. (=rallonger) 日脚が伸びる.
── **s'allonger** 代動 ❶ 長くなる、伸［延］びる. ▶ Les rails *s'allongent* sous l'effet de la chaleur. 暑さでレールが伸びる. ❷ 長々と横たわる；延々と続いている. ▶ Je vais *m'allonger* un peu. ちょっと横になるよ. ❸ 浮かぬ顔をする. ▶ Son visage *s'allongea* à ces mots. その言葉に彼(女)は失望の色を浮かべた.

allons /alɔ̃/ 活用 ⇨ ALLER¹ V

allopathie /alɔpati/ 女 〖医学〗逆症療法 (↔homéopathie).

allouer /alwe/ 他動〈*allouer* A (à B)〉B に A を支給する、給付する；割り当てる. ▶ *allouer* une indemnité pour le transport 交通費を支給する / Le temps *alloué* pour ce travail était trop court. その仕事に当てられた時間は短すぎた.

allumage /alymaːʒ/ 男 ❶ 点火、点灯. ▶ l'*allumage* d'un poêle ストーブの点火 / l'*allumage* des phares ヘッドライトの点灯. ❷ (エンジンの)点火、着火；点火装置. ▶ bougie d'*allumage* 点火プラグ.

avoir ˈde l'avance [du retard] à l'allumage 話〔人が〕反応が早い［鈍い］.

allumé, e /alyme/ 形 ❶ 点火された、スイッチの入った；明かりのついた. ▶ une cigarette *allumée* 火のついたたばこ / La radio est restée *allumée*. ラジオがつけっぱなしになっていた. ❷〔顔、肌などが〕赤くなった、ほてった. ❸ 話 頭がおかしい.

allume-cigare(s) /alymsigaːr/ 男 (自動車内の)シガーライター.

allume-gaz /alymɡɑːz/ 男 (ガスレンジ、オーブンなどの点火に用いる)ガス点火器.

*****allumer** /alyme/ アリュメ/ 他動 ❶ …に火をつける、点火する；〔場所〕に明かりをつける；〔電気器具〕にスイッチを入れる. ▶ *allumer* une cigarette たばこに火をつける / *allumer* la lumière 明かりをつける / *allumer* la télé テレビをつける. ❷ 文章〔欲望、情熱、感情〕をかき立てる；〔争い、不和〕を引き起こす. ▶ *allumer* la colère de qn …の怒りをかき立てる. ❸ 話〔女が男〕を(性的に)挑発する. ❹ 撃つ；酷評する. ▶ se faire *allumer* par la critique 批評家にさんざん叩かれる.
── **s'allumer** 代動 ❶ 火がつく、燃える；明かりがともる、明るくなる；スイッチが入る、作動する. ▶ quand les maisons *s'allument* 家々に明かりがともるとき / Comment ça *s'allume*? これはどうやってスイッチを入れるの. ❷〔目が〕輝く. ❸ 文章〔欲望、感情などが〕かき立てられる；〔争い、不和が〕起こる、勃発(ぼっぱつ)する.

allumette /alymɛt/ 女 ❶ マッチ. ▶ gratter [craquer] une *allumette* マッチを擦る / boîte d'*allumettes* マッチ箱. ❷ 〖料理〗アリュメット. ▶ pommes *allumettes* (細切り)フライドポテト.

avoir les jambes comme des allumettes 話 マッチ棒のようにひょろ長い足をしている.

allumeur /alymœːr/ 男 (エンジンの)点火器、起爆装置.

allumeuse /alymøːz/ 女 話 扇情的な女、男を挑発する女.

*****allure** /alyːr/ アリュール/ 女 ❶ ❶ 様子、風采(ふうさい)；話(物の)外観. ▶ avoir une drôle d'*allure* 奇妙な風体をしている / Elle a quelque chose de sensuel dans l'*allure*. 彼女は身のこなしがどこか扇情的だ. ◆avoir [prendre, se donner] l'*allure* de qc/qn …の様子をしている. ▶ Il a l'*allure* d'une star de cinéma. 彼は映画スターのような様子をしている. ❷《多く複数で》振る舞い、行動、態度. ▶ Il a des *allures* de voyou. 彼の振る舞いはまるでチンピラだ.
❷ ❶ 速さ、速力；足どり. ▶ accélérer [modérer, ralentir] l'*allure* 加速［減速］する / *allure* légère [lourde] 軽い［重い］足どり.
❷ (物事の)運び具合、進展、成り行き. ▶ Cette affaire prend (une) mauvaise *allure*. 事態は悪化している. ❸ 〖馬術〗(馬の)歩法.

à cette allure (-là) この速さ［リズム］では.

à toute [belle, grande, vive] allure 全速力で、大急ぎで.

avoir belle [bonne] allure〔物が〕見かけがいい.

avoir de l'allure (1)〔人が〕気品［威厳］がある. (2)〔物が〕秀でている、非凡である.

allus*if*, *ive* /a(l)lyzif, iːv/ 形 暗示的な、当てこすりの。

allusion /a(l)lyzjɔ̃/ 女 ❶ 暗示、ほのめかし。▶ une *allusion* blessante 当てこすり / parler par *allusion* 遠回しに言う、婉曲に言う。◆faire *allusion* à qn/qc …のことをほのめかす、さりげなく触れる。▶ Evite de faire toute [la moindre] *allusion* à son passé. 彼(女)の過去に触れるようなことは一切口にしないようにしなさい。❷【レトリック】引喩(いんゆ)。

alluv*ial*, *ale* /a(l)lyvjal/;《男複》***aux*** /o/ 形 沖積土の、沖積層の。▶ plaine *alluviale* 沖積平野。

alluvion /a(l)lyvjɔ̃/ 女《多く複数で》(河川の水が運ぶ)沖積土、沖積層;(沖積土でできた)新生地、寄洲(よりす)。

almanach /almana/ 男 ❶ 暦、万用暦:日の出・日没時間、星座、故事、俚諺(りげん)、定期市などを暦日ごとに記した暦。❷ 年鑑。

aloès /alɔɛs/ 男【植物】アロエ.

aloi /alwa/ 男《次の句で》 *de bon* [*mauvais*] *aloi* 良質[悪質]な。▶ une gaieté *de bon aloi* 底抜けの陽気さ / une plaisanterie *de mauvais aloi* たちの悪い冗談。

:alors /alɔːr アロール/ 副

❶ その時、その当時。▶ Luc était *alors* étudiant. リュックは当時学生だった。◆ *d'alors* その時の。▶ les mœurs *d'alors* 当時の風習.

❷ それならば、それでは。▶ *Alors*, n'en parlons plus. それじゃ、もうその話はよしましょう.

❸《接続詞的に》それゆえ、だから。▶ Ma voiture était en panne, *alors* j'y suis allé par le train. 車が故障していたので、私は列車でそこへ行った.

❹ 話《腹立ち、驚き、感嘆、疑問などの強調》▶ Chic *alors*! しめしめ / Zut [Mince, Merde] *alors*! ちぇっ / *Alors* quoi? だからどうなんだ! なんだい / *Alors* quoi, tu ne viens pas! なんだ、君は来ないのか / Ça *alors*! いやまったく、なんてこった.

❺《呼びかけで》▶ *Alors*, on part? さあ、出かけようか.

alors (*même*) *que* + 条件法 たとえ…だとしても。▶ *Alors* qu'il pleuvrait, nous partirions. たとえ雨が降っても、私たちは出かけるだろう.

alors que + 直説法 (1) …なのに; であるのに対して。▶ Elle est allée le voir, *alors que* je l'avais défendu. 私は禁じたのに、彼女は彼に会いに行った. (2) 文章 …の時に。▶ Je l'ai connue *alors que* j'étais à Paris. 彼女にはパリにいた時出会った.

et (*puis*) *alors*? それで、それから; だからどうしたというんだ。▶ Il est très connu, d'accord, *et alors*? 彼は確かに有名だ、でもそれがどうだっていうんだ.

jusqu'alors その時まで.

non mais alors …! あんまりだ、冗談じゃない.

ou alors さもなければ.

alouette /alwɛt/ 女【鳥類】ヒバリ.

alourd*i*, *e* /alurdi/ 形 重い、重くなった; 肥えた、鈍った.

alourdir /alurdiːr/ 他動 …を重くする; 悪化させる、鈍らせる。▶ Il *alourdit* son sac en le chargeant de livres inutiles. 彼は使いもしない本を詰め込んでかばんを重くしている / La nouvelle taxe *a alourdi* nos charges de 3% [trois pour cent]. 新税で私たちの税負担は3パーセント重くなった.

— *s'alourdir* 代動 ❶ 重くなる、重量を増す; 不活発になる; 重苦しくなる。❷ 悪化する。▶ Le bilan *s'alourdit*. 被害[死傷者数]はさらに増えている.

alourdissement /alurdismɑ̃/ 男 ❶ 重くなること、重くすること;(負担の)増加。❷(肉体的・知的活動の)鈍化.

aloyau /alwajo/;《複》***x*** 男【食肉】アロワイヨー: ロース、サーロイン、ランプを含む牛肉の部位.

alpaga /alpaga/ 男 ❶【動物】アルパカ:南米アンデス産の家畜。❷【織物】アルパカ:アルパカの毛を用いた、あるいはアルパカ類似の織物.

alpage /alpaːʒ/ 男 山岳高地(特にアルプス)の夏牧場.

Alpes /alp/ 固有 女複 アルプス山脈; アルプス地方.

Alpes-de-Haute-Provence /alp(ə)dəotprɔvɑ̃ːs/ 固有 女複 アルプ=ド=オート=プロヴァンス県 [04]: フランス南東部.

Alpes-Maritimes /alp(ə)maritim/ 固有 女複 アルプ=マリティーム県: 地中海沿岸.

alpestre /alpɛstr/ 形 ❶ アルプス地方(特有)の; アルプス風の。❷ 亜高山性の。▶ plantes *alpestres* 亜高山植物.

alpha /alfa/ 男 ❶ アルファ(Α, α):ギリシア字母の第1字。❷ *l'alpha* et l'*oméga* アルファとオメガ、初めと終わり; 根本原理。❸【物理】particule *alpha* アルファ[α]粒子:ヘリウムの原子核。❹【天文】*Alpha* = l'étoile *Alpha* アルファ[α]星:星座中で明るさが第1位の星.

alphabet /alfabɛ/ 男 ❶ アルファベット、字母。▶ *alphabet* phonétique international 国際音標文字(略 API) / *alphabet* braille 点字。❷(子供に文字を教えるための)初歩読本; 入門書.

alphabétique /alfabetik/ 形 アルファベットの; アルファベット順の。▶ écriture *alphabétique*【言語】単音文字(法) / classer qc par ordre *alphabétique* …をABC順に並べる.

alphabétisation /alfabetizasjɔ̃/ 女 ❶(読み書きのできない人々に対する)読み書き教育; 識字運動。❷(移民に対する)語学教育.

alphabétis*é*, *e* /alfabetize/ 形(大人になってから)字が読めるようになった.

alphabétiser /alfabetize/ 他動〔ある社会集団〕に読み書きを教える。▶ *alphabétiser* les travailleurs immigrés 移民労働者に読み書きを教える.

alphanumérique /alfanymerik/ 形 ❶ 文字と数字の両方に対応する。▶ clavier *alphanumérique*(携帯電話などに並ぶ)アルファベットと数字の打てるプッシュボタン。❷ 文字と数字を用いる。▶ combinaison *alphanumérique* 文字と数字の組合せ(暗証コード).

alp*in*, *ine* /alpɛ̃, in/ 形 ❶ アルプス les Alpes の; 山岳の; 高山性の。▶ club *alpin* 山岳会 / plantes *alpines* 高山植物。❷ ski *alpin*(スキーの)アルペン種目.

alpinisme /alpinism/ 男 登山, アルピニズム. ▶ faire de l'*alpinisme* 登山をする.

alpiniste /alpinist/ 名 登山家, アルピニスト. ▶ cordée d'*alpinistes* 登山家の一行.

Alsace /alzas/ 固有 女 アルザス地方: フランス東部, ドイツに接する.

alsacien, enne /alzasjɛ̃, ɛn/ 形 アルザス Alsace の.
— **Alsacien, enne** 名 アルザス人.
— **alsacien** 男 〔ドイツ語の〕アルザス方言.

Altaï /altai/ 固有 男 アルタイ山脈: アジア中部の山脈.

alter /altɛːr/ 形 名 altermondialiste の略.

altérable /alterabl/ 形 変質〔悪化〕しやすい.

altération /alterasjɔ̃/ 女 ❶ (普通の状態が)悪く変わること, 変質, 悪化. ▶ l'*altération* d'une marchandise durant son transport 商品の輸送中の損傷 / l'*altération* des couleurs d'une étoffe 布の変色〔退色〕.
❷ 歪曲(ねょっ); 変造, 改竄(かい). ▶ Ce texte ancien a subi de nombreuses *altérations*. この古文書には多くの改竄の跡がある.
❸〖音楽〗(シャープ, フラットなどの)調号, 変化〔臨時〕記号.

altercation /altɛrkasjɔ̃/ 女 (激しい)口論, 口喧嘩(じゃ). ▶ avoir une *altercation* avec qn …と口論する.

altéré, e /altere/ 形 ❶〔物が〕変質した, 損なわれた;〔表情などが〕〔感動, 苦痛で〕変わった. ▶ du vin *altéré* 変質したワイン / une voix *altérée* むせぶような声. ❷ 喉(②)の渇いた;〔植物が〕水気を失った. ❸ <*altéré* de qc> …を渇望した, に飢えた.

alter ego /altɛrego/ 男〈ラテン語〉分身, 親友, 腹心; 同僚.

altérer /altere/ ⑥ 他動 ❶ …を(悪い状態に)変える, 変質させる, 劣化させる;〔感動, 苦痛が表情などを変える. ▶ La chaleur *altère* la viande. 暑さは肉を傷める / Rien ne peut *altérer* mes sentiments à son égard. 何ものも私の彼(女)に対する気持ちを変えるだろない.
❷ …を歪曲(ねょっ)する, 変造する, 改竄(かい)する. ▶ *altérer* les faits 事実をねじ曲げる / *altérer* un texte テキストを改竄する.
❸ …の喉(②)を渇かせる. ❹〖音楽〗*altérer* une note 半音上げる〔下げる〕.
— **s'altérer** 代動 変質する, 傷む; 悪化する. ▶ Le vin *s'altère* au contact de l'air. ワインは空気に触れると味が変わる.

altermondialisation /altɛrmɔ̃djalizasjɔ̃/ 女 もう一つのグローバル化: 自由放任経済によるグローバル化に反対し, 人権や環境に配慮した発展を探る考え.

altermondialisme /altɛrmɔ̃djalism/ 男 もう一つのグローバル化主義.

altermondialiste /altɛrmɔ̃djalist/ 形 もう一つのグローバル化に関する, もう一つのグローバル化を推進する. ▶ militant *altermondialiste* もう一つのグローバル化主義活動家.
— 名 もう一つのグローバル化を推進する人.

alternance /altɛrnɑ̃ːs/ 女 (規則正しい)交替, 入れ替わり. ▶ l'*alternance* des saisons 四季の移り変わり / l'*alternance* au pouvoir du parti travailliste et du parti conservateur (イギリスにおける)労働党と保守党の政権交替.

en alternance 交互に; 交互に. ▶ formation **en alternance** 学校と企業で交互に行う研修

alternant, ante /altɛrnɑ̃, ɑ̃ːt/ 形 交互に来る, 代わる代わるの.

alternatif, ive /altɛrnatif, iːv/ 形 ❶ 交替の, 交互の, 周期的な, 往復の. ▶ courant *alternatif*〖電気〗交流.
❷ 二者択一の. ▶ proposition *alternative*〖論理学〗(排他的)選言命題. ❸ 代替の, 代わりの. ▶ énergies *alternatives* 代替エネルギー / médecine *alternative* 代替医学.

mouvement alternatif(振り子, ピストンなどの)往復運動.

alternative /altɛrnatiːv/ 女 ❶ (多く複数で)交替, 交互継起. ▶ passer par des *alternatives* de guerre et de paix 戦争と平和を交互に経験する.
❷ 二者択一; 選択肢. ▶ être dans une *alternative* 二者択一を迫られている / Il n'y a pas d'*alternative*. 選択の余地がない.
❸ <*alternative* à qc> …に取って代わるもの, の代案, に代わる解決策. ▶ une *alternative* au régime communiste 共産党体制に代わるもの.

alternativement /altɛrnativmɑ̃/ 副 交替で, 交互に.

alterné, e /altɛrne/ 形 交互の, 代わる代わるの. ▶ rimes *alternées*〖詩法〗交韻.

alterner /altɛrne/ 自動 <*alterner* (avec qn /qc)>(…と)交替し合う, 交互に入れ替わる. ▶ une période où le beau temps *alterne* avec la pluie. 晴天と雨天が交互にやってくる季節 / J'ai mon permis moi aussi, nous *alternerons* au volant. 私も免許を持っていますから, 交互に運転しましょう.
— 他動 ❶ …を交互に行う. ▶ *alterner* l'exercice et le repos 運動と休憩を交互に続ける.
❷〖農業〗*alterner* des cultures 輪作する.

Altesse /altɛs/ 女 (王族, 皇族に対する敬称で)殿下. ▶ Votre *Altesse*《呼びかけで》殿下 / Son *Altesse* Royale le prince de … …王国皇太子殿下.

altier, ère /altje, ɛːr/ 形 文章 尊大な, 横柄な.

altimètre /altimɛtr/ 男 高度計.

altiste /altist/ 名〖音楽〗ヴィオラ奏者; アルトサックス奏者.

***altitude** /altityd/ アルティテュード 女 ❶ 海抜(高度), 標高. ▶ à cinq cents mètres d'*altitude* = à l'*altitude* de cinq cents mètres 海抜〔標高〕500メートルで〔の〕.
❷ (飛行機などの)高度. ▶ prendre〔perdre〕de l'*altitude*〔飛行機などが〕上昇する〔高度を下げる〕/ le mal d'*altitude* 高度病(高山病, 航空病など). ❸ 高所, 高地. ▶ élevage en *altitude* 高地放牧.

alto /alto/ 男《イタリア語》〖音楽〗❶ アルト(=contralto): 女声の最低声種. ❷ ビオラ. ❸ アルト楽器. ▶《同格的に》saxophone *alto* アルトサックス.

altruisme /altrɥism/ 男 愛他心, 利他主義 (↔égoïsme).

altruiste /altrɥist/ 形, 名 愛他的な(人), 利他的な(人), 利他主義の(人) (↔égoïste).

aluminium /alyminjɔm/ 男《英語》《化学》アルミニウム.

alunissage /alynisaːʒ/ 男 月面着陸 (=atterrissage sur la Lune).

alvéolaire /alveɔlɛːr/ 形 ❶《解剖》歯槽の. ❷《音声》歯茎の, 歯茎音の. ❸ 肺胞の.
—— 女《音声》歯茎音; 舌先を上歯茎に当てて発音される.

alvéole /alveɔl/ 女 ❶ (ハチの)巣房. ❷《解剖》*alvéoles* dentaires 歯槽 / *alvéoles* pulmonaires 肺胞.

Alzheimer /alzajmɛːr/ 固有 maladie d'*Alzheimer* アルツハイマー病.

amabilité /amabilite/ 女 ❶ 親切, 優しさ. ▶ avec *amabilité* 親切に, 愛想よく / Je vous remercie de votre *amabilité*. ご親切にありがとうございます / Il est plein d'*amabilité* pour [envers] moi. 彼は私にたいへん親切だ. ◆ avoir l'*amabilité* de + 不定詞 …する心遣いを持つ, 親切にも…する. ▶ Veuillez avoir l'*amabilité* de vous asseoir? 恐れ入りますが, 座っていただけませんか / Auriez-vous l'*amabilité* de m'ouvrir la porte? ドアを開けていただけますか. ❷《多く複数で》親切な行為[言葉], 心遣い. ▶ faire mille *amabilités* à qn …に親切を尽くす.

amadouer /amadwe/ 他動 …をなだめる, の機嫌を取る; を手なずける, 丸め込む.
—— **s'amadouer** 代動 おとなしくなる, 丸め込まれる.

amaigri, e /amegri/ 形 やせた. ▶ le visage *amaigri* d'un malade 病人のやせこけた顔. / Il est sorti de l'hôpital très *amaigri*. 彼はすっかりやつれて退院した.

amaigrir /amegriːr/ 他動 ❶ …をやせさせる; 疲弊させる. ▶ Dix années de prison l'*ont* beaucoup *amaigri*. 10年の刑務所暮らしで彼はすっかりやせ細った. ❷《土地》をやせさせる, 不毛にする.
—— **s'amaigrir** 代動 やせる.

amaigrissant, ante /amegrisɑ̃, ɑ̃ːt/ 形 (amaigrir の現在分詞)スリムにする, やせさせる.

amaigrissement /amegrismɑ̃/ 男 ❶ やせていること; やせること. ❷ (木材, 鉄骨などを)細く[薄く]すること.

amalgame /amalgam/ 男 ❶ 混合物, 寄せ集め, まぜこぜ. ▶ un *amalgame* de plusieurs langues いくつもの言語の混在. ❷ (誤ったあるいは意図的な)同一視, 同類扱い. ▶ faire l'*amalgame* entre les révolutionnaires et les terroristes 革命家とテロリストを同類に扱う. ❸《金属》アマルガム.

amalgamer /amalgame/ 他動 …をアマルガムにする; 混合する. ▶ *amalgamer* de l'étain 錫(す)のアマルガムを作る / *amalgamer* les œufs et [à] la farine 卵と小麦粉を混ぜる.
—— **s'amalgamer** 代動〈*s'amalgamer* (à [avec] qc)〉…と混合する, 合体する.

amande /amɑ̃ːd/ 女 アーモンド. ▶ un gâteau d'*amandes* [aux *amandes*] アーモンド(クリーム)入り菓子 / pâte d'*amande* アーモンドペースト /《同格的に》vert *amande* アーモンドグリーン色の.

en amande アーモンド形の. ▶ des yeux *en amande* アーモンド形の切れ長の目.

amandier /amɑ̃dje/ 男 アーモンドの木.

amant /amɑ̃/ 男 ❶ 愛人, 情夫. 注 女性は maîtresse (⇨比較) ▶ avoir un *amant* 男がいる. ❷ (les *amants*) 愛人同士.

> 比較 **恋人, 愛人**
> フランス語には日本語の「恋人」に相当する適当な語がない. **amant** および **maîtresse** は, 不倫の関係にある男女をいい, 日常の会話ではほとんど使われない. 「恋人」を指す場合には普通「友人」の意味の **ami(e)** を転用する. また特別な関係であることを強調するためには **petit(e) ami(e)** というが, これも日本語の「恋人」ほど固定した表現ではない.

—— **amant, ante** /amɑ̃, ɑ̃ːt/ 名 文章〈*amant* de qc〉…の愛好者. 注 女性形は稀.

amarrage /amaraːʒ/ 男 (船の)停泊, 係留; (飛行船の)係留; 《宇宙航行》ドッキング.

amarre /amaːr/ 女 (船の)係留索; (荷を固定する)ロープ; (気球の)係留索.

amarrer /amare/ 他動 ❶《船》をつなぐ. ▶ *amarrer* un navire à [au] quai 船を波止場に係留する. ❷ …を結び付ける. ▶ *amarrer* des caisses sur un camion トラックに箱をくくりつける.
—— **s'amarrer** 代動《船が》係留索でつながれる, 停泊する.

amas /amɑ/ 男 (土砂, がらくたなどの)山; (富, 知識などの)集積. ▶ un *amas* de neige 雪の吹きだまり / débiter un *amas* de sottises ばかなことをたくさん言う.

amasser /amɑse/ 他動 …を集める; 蓄積する. ▶ *amasser* des preuves 証拠を集める / *amasser* une fortune colossale 巨万の富を蓄える.

Pierre qui roule n'amasse pas mousse.
諺 転石苔(こけ)を生ぜず.
—— **s'amasser** 代動 集まる, たまる; 群がる. ▶ Les livres *s'amassaient* sur le bureau. 本は机の上にうずたかく積み重なっていた.

***amateur** /amatœːr アマトゥール/ 男 ❶〈*amateur* de + 無冠詞名詞〉…の愛好家. ▶ un *amateur* de musique 音楽愛好家 / un *amateur* de bonne cuisine 美食家, グルメ / Je suis *amateur* de vin. 私はワイン愛好家です / Je ne suis pas *amateur* de café. 私はコーヒーは飲みません / Avis aux *amateurs*. 愛好家はぜひお試しを. ❷ アマチュア, 素人 (↔professionnel). ▶ former un orchestre d'*amateurs* アマチュアオーケストラを編成する. ◆ *en amateur* 道楽で, 気ままに, いいかげんに. ❸ 美術愛好家, 美術品収集家; 目利き, 通. ❹ 買い手, ごひいき ▶ Je ne suis pas *amateur*. 私は買わない, 食指が動かない.
注 女性にも男性形を用いる. 特に女性を強調するときは, une femme amateur などという.

—— 形《男性形のみ》愛好家の; アマチュアの, 素人

âme

の, ノンプロの. ▶ un boxeur [photographe] *amateur* アマチュアボクサー [カメラマン].

amateurisme /amatœrism/ 男 ❶ アマチュア資格; アマチュア精神. ❷《軽蔑して》(真剣でない)素人流儀; 素人芸, 道楽仕事.

Amazone /amazo:n/ 固有 女 アマゾン川.

amazone /amazo:n/ 女 ❶ 女性騎手; 馬に乗る女性. ▶ monter en *amazone* 馬に横乗りする. ❷ 女性用乗馬服. ❸ 文章 男勝りの女性.

Amazones /amazo:n/ 固有 女複 『ギリシア神話』アマゾネス: 北方の未知の地に住む伝説上の好戦的な女人族.

ambages /ãba:ʒ/ 女複《多く否定的表現で》回りくどい言い方, 遠回しな表現. ▶ sans *ambages* 率直に, ずばりと.

*****ambassade** /ãbasad/ アンバサド/ 女 ❶ 大使館;《集合的に》大使館員. ▶ *Ambassade* de France フランス大使館 / *Ambassade* du Japon 日本大使館 / attaché [secrétaire] d'*ambassade* 大使館員 [書記官]. ❷ 大使の職 [任務]. ❸ 使節, 代表団, 外交使節団; 外交使節の任務. ❹ (個人間の)重要な使い, 使命. ▶ envoyer qn en *ambassade* …を使者として派遣する.

*****ambassadeur** /ãbasadœ:r/ アンバサドゥール/ 男 ❶ 大使. ▶ *ambassadeur* de France au Japon 駐日フランス大使 / rappeler un *ambassadeur* 大使を召還する / Elle a été nommée *ambassadeur*. 彼女は大使に任命された. ❷ (文化, 経済などの)使節, 使者, 代表. ▶ un *ambassadeur* de la culture française フランス文化使節. ❸ 使い. ▶ Soyez mon *ambassadeur* auprès de lui. 私のことを彼に取りなしてください.

ambassadrice /ãbasadris/ 女 女性大使; 大使夫人.

ambi- 接頭 「どちらも, 両方」の意.

ambiance /ãbjã:s/ 女 ❶ (人を取り巻く物質的, 精神的な)環境, 雰囲気. ▶ *ambiance* chaleureuse [hostile] 温かい [敵意に満ちた] 雰囲気 / l'*ambiance* de la salle 部屋の雰囲気, 観客のムード / Il vit dans une *ambiance* calme. 彼は静かな環境に住んでいる. ◆*ambiance* de + 無冠詞名詞 …気分, …的雰囲気. ▶ une *ambiance* de fête お祭り気分. 比較 ⇨ ATOMOSPHÈRE.

❷ 園 陽気な [和やかな] 雰囲気. ▶ Il y a de l'*ambiance* ici. ここはいい雰囲気だ.

d'ambiance 〔照明, 音楽などが〕心地よい, ソフトな. ▶ musique *d'ambiance* バックグラウンド・ミュージック, BGM.

ambiant, ante /ãbjã, ã:t/ 形 周囲の, 取り巻く. ▶ la température *ambiante* 周囲の気温.

ambidextre /ãbidɛkstr/ 形, 名 両手利きの(人).

ambigu, ë /ãbigy/ 形 ❶ 〔言葉, 行為などが〕曖昧な, どちらにも意味がとれる;〔性格などが〕なぞめいた, 矛盾に満ちた. ▶ une réponse *ambiguë* どっちつかずの返事 / un personnage *ambigu* 捕らえどころのない人. ❷ 怪しげな. ▶ Il y a quelque chose d'*ambigu* dans le livre de comptes.(=obscur) 帳簿には何か不明瞭なところがある.

ambiguïté /ãbigɥite/ 女 〔言葉, 行為などの〕曖昧(ぁぃ)さ;《多く複数で》曖昧な表現. ▶ parler sans *ambiguïté* はっきりと話す.

ambitieusement /ãbisjøzmã/ 副 野心を抱いて, 野心的に; もったいぶって, 気取って.

ambitieux, euse /ãbisjø, ø:z/ 形 野心のある, 野心的な, 覇気に満ちた (↔modeste).
— 名 野心家.

*****ambition** /ãbisjõ/ アンビスィヨン/ 女 ❶ 野心, 大志, 功名心. ▶ une *ambition* politique 政治的野心 / avoir de l'*ambition* 野心を抱く / manquer d'*ambition* 覇気に欠ける.

❷ 願望, 熱望. ▶ avoir l'*ambition* de + 不定詞 …したいと渇望する.

ambitionner /ãbisjɔne/ 他動 …を熱心に追い求める, 切望する.

ambivalence /ãbivalã:s/ 女 『心理』アンビヴァレンツ, 両価性: 同一の対象に対して相反する態度や感情が同時に存在すること. ❷ 両面性, 両義性.

ambivalent, ente /ãbivalã, ã:t/ 形 『心理』アンビヴァレンツの, 両価性の. ❷ 両面性 [両義性] を持つ.

Amboise /ãbwa:z/ 固有 アンボワーズ: ロアール川沿いの町.

ambre /ã:br/ 男 ❶ 琥珀(ェは)(=*ambre* jaune). ❷ 琥珀色, 黄褐色 (=couleur d'*ambre*). ❸ 竜涎(ッェぅ)香 (=*ambre* gris): マッコウクジラの腸結石から得る香料.

ambré, e /ãbre/ 形 ❶ 琥珀(ェは)色の, 黄褐色の. ❷ 竜涎(ッェぅ)香の香りがする.

ambroisie /ãbrwazi/ 女 ❶『ギリシア神話』アンブロシア: オリュンポスの神々の食べ物. 永遠の生命を与えるとされる. ❷ 文章 美味な料理, 珍味.

ambulance /ãbylã:s/ 女 救急車. ▶ transporter un malade en *ambulance* 病人を救急車で運ぶ / Appelez l'*ambulance*! 救急車を呼んでくれ.

tirer sur l'ambulance(救急車を撃つ→)不幸な人にさらに追い討ちをかける.

ambulancier, ère /ãbylãsje, ɛ:r/ 名 ❶ 救急車運転手. ❷ 移動救急要員, 救急看護隊員.

ambulant, ante /ãbylã, ã:t/ 形 ❶ 巡回する, 移動する. ▶ comédiens *ambulants* 旅役者の一行 / marchand *ambulant* 行商人 / vente *ambulante* (飲食物などの)車内販売.

C'est un cadavre ambulant. 死人のようにやせ衰えた人だ.

C'est un dictionnaire ambulant. 話 彼(女)は生き字引だ.

ambulatoire /ãbylatwa:r/ 形 外来の, 通院の. ▶ traitement *ambulatoire* 通院治療.

*****âme** /ɑ:m/ アーム/ 女 ❶ 魂, 霊魂. ▶ croire en l'immortalité de l'*âme* 霊魂の不滅を信じる.

❷ 精神, 心;(民族などの)魂. ▶ une *âme* noble [vile] 高貴な魂 [卑しい心] / force d'*âme* 精神力 / la spécificité de l'*âme* japonaise 日本的精神の特殊性 / avoir une *âme* généreuse おおらかな心を持っている. ◆avoir une *âme* de + 無冠詞名詞 …としての心を持っている. ▶ Il a une *âme* de voyageur. 彼は旅心のある人だ [旅行好きだ].

❸ (物事の)本質, 精髄, 中心原理;(事件, 運動な

A

どの)中心人物, 指導者. ▶ La perfection de la forme, c'est là l'*âme* du style classique. 形式の完璧(かんぺき)さ, それこそ古典派の様式の本質である.

❹ 人, 人間; 住民. ▶ un village de six cents *âmes* 人口600人の村. ◆âme qui vive《否定文で》だれも…ない. ▶ ne pas rencontrer *âme* qui vive だれにも会わない / Il n'y a pas *âme* qui vive. 人っ子一人いない(注 il n'y a pas *âme* qui vive = il n'y a personne).

❺ 感情, 心; 生気. ▶ une maison qui a une *âme* 人間らしい温かみの感じられる家 / Il a une technique pianistique parfaite, mais hélas! sans *âme*. 彼のピアノはテクニックのうえでは申し分ないが, 残念なことに心が通っていない.

bonne âme 善良な人; お人よし;《反語的に》食わせ者.

corps et âme /kɔrzeɑm/ 身も心も. ▶ se donner *corps et âme* à qn/qc 身も心も…にささげる.

dans l'âme 心(しん)から. ▶ Il est musicien *dans l'âme*. 彼は心の底から音楽家なのだ.

de toute son âme 全力で. ▶ aimer qn *de toute son âme* …を命がけで愛する.

en son âme et conscience 誠心誠意, 正しいと思って(=en toute honnêteté). 注 son は各人称に変化させて用いる.

errer [***être***] ***comme une âme en peine*** 途方にくれてさまよう[何もすることがなく退屈する].

état d'âme 心持ち, 気分. ▶ L'état de notre corps est l'exact reflet de notre *état d'âme*. 私たちの体の状態は私たちの心持ちをそのまま反映している.

états d'âme 心の迷い, 弱気. ▶ avoir des *états d'âme* ためらう, 迷う.

jusqu'au fond de l'âme 心の底まで.

la mort dans l'âme 不承不承; 悲しみに耐えながら. ▶ faire qc *la mort dans l'âme* …をいやいやする.

rencontrer [***trouver***] ***l'âme sœur*** 心の友に出会う[を見つける]; 生涯の伴侶に出会う[を見つける].

rendre l'âme 死ぬ; 〔物が〕だめになる.

vague à l'âme ふさぎの虫, もの憂い感じ. ▶ avoir du *vague à l'âme* ふさぎ込んでいる, メランコリックになっている.

> 比較 **心, 精神**
> **âme** 物質, 肉体に対して霊魂を指す. **cœur** 感性的な面での心.「良心, 熱意, 優しさ」の意でも用いられる. avoir le *cœur* gai 陽気な気分である. le cri du *cœur* 良心の叫び. **esprit** 物質, 肉体に対して知的側面での精神の意. avoir l'*esprit* lucide 頭脳明晰(めいせき)である.

améliorable /ameljɔrabl/ 形 改良できる, 改善できる.

***amélioration** /ameljɔrasjɔ̃ アメリオラスィヨン/ 女 ❶ **改良**, 改善, 向上; (天気, 健康の)回復. ▶ une *amélioration* du niveau de vie 生活水準の向上 / une *amélioration* des conditions de travail 労働条件の改善 / apporter des *améliorations* à qc …を改良する / Quelle pluie! Il paraît qu'il n'y aura pas d'*amélioration* avant la fin de la semaine. よく降るね, 今週いっぱいはこういう調子らしいよ.

❷《複数で》(建物の)改良工事, リフォーム. ▶ faire des *améliorations* dans une maison (=transformation) 家を直す, リフォームする.

***améliorer** /ameljɔre アメリオレ/ 他動 …を**改善する**, よくする. ▶ *améliorer* un produit 製品を改良する / *améliorer* la qualité des services サービスの質を向上させる.

— **s'améliorer** 代動 よくなる, 向上する; 〔天気, 健康が〕回復する. ▶ La situation économique japonaise *s'est* rapidement *améliorée* après la guerre. (↔s'aggraver) 日本の経済状態は戦後急速に改善された.

amen /amɛn/ 間投 アーメン, 然(しか)あらしめたまえ: キリスト教の祈りで結びの言葉.

— 男《単複同形》アーメン.

dire amen à qc 話 …に同意する, を認める.

aménagement /amenaʒmɑ̃/ 男 ❶ (建物, 場所などの)整備, 改造. ▶ l'*aménagement* d'une usine 工場の整備 / commencer les travaux d'*aménagement* de la place de la gare 駅前広場の再開発工事に着手する.

❷ (土地, 資源などの)合理的開発. ▶ l'*aménagement* du territoire 国土の整備 / un plan d'*aménagement* régional 地方開発計画.

❸ (計画などの)調整, 修正. ▶ l'*aménagement* des horaires de travail 仕事のスケジュールの調整.

aménager /amenaʒe/ 2 他動 ❶ (家具などの配置を決めて)…を住める状態にする, 整える; 〔工場など〕に設備を施す; 〔土地など〕を整備する. ▶ *aménager* son nouvel appartement (=arranger) (引っ越して)新居のアパルトマンを整える / *aménager* un terrain pour faire des courts de tennis 土地を整備してテニスコートを作る. ◆*aménager* qc en qc …を…に改造する. ▶ *aménager* un grenier en une jolie chambre (=transformer) 屋根裏の物置を改造してきれいな部屋にする. 比較 ⇨ PRÉPARER.

❷〔スケジュールなど〕をうまく組む, 調整する. ▶ *aménager* son emploi du temps pour avoir un long week-end 週末の休みが長くなるように時間を上手に割り振る.

amende /amɑ̃:d/ 女 罰金. ▶ payer une *amende* 罰金を払う / condamner qn à une *amende* …に罰金刑を科す / Il a eu cent euros d'*amende*. 彼は100ユーロの罰金を取られた.

être mis à l'amende 話 罰金を取られる. ▶ Tu *seras mis à* l'*amende* pour avoir parlé du travail pendant les vacances! 休暇中に仕事の話をしたから罰金だぞ.

faire amende honorable (***de qc***) (…の)非を認めて(公的に)謝罪する.

amendement /amɑ̃dmɑ̃/ 男 (法案などの)修正, 修正案. ▶ adopter [rejeter, déposer] un *amendement* 修正案を可決[否決, 上程]する / droit d'*amendement* 修正権.

amender /amɑ̃de/ 他動 〔法案など〕を修正する.

amène /amɛn/ 形《しばしば皮肉に》丁寧な, 愛想のよい, 穏和な. ▶ des propos *amènes*《皮肉に》

お愛想, いやみな言葉.

*amener /amne アムネ/ ③ 他動

直説法現在	j'amène	nous amenons
	tu amènes	vous amenez
	il amène	ils amènent
複合過去 j'ai amené	半過去 j'amenais	
単純未来 j'amènerai	単純過去 j'amenai	

❶〔人を〕(…に)**連れてくる**；**連れていく**. ▶ *Amenez-*le immédiatement. 彼をすぐに連れて来たまえ / Qu'est-ce qui vous *amène* (ici)? なんの御用でいらっしゃったのですか / Il m'a *amené* à la gare dans sa voiture. 彼は私を車で駅まで送ってくれた / Je t'*amènerai* ce soir au cinéma. (=emmener) 今夜は映画に連れていってやろう.

Amène-le.

❷〈*amener* qc + 場所〉…を…へ導く, 運ぶ. ▶ Ces conduites *amènent* l'eau à la maison. これらの水道管で水が家庭に送られている.
❸［話］〔物を〕(…に)**持ってくる**；**持っていく**. 注 この意味では apporter を用いるのが正しい. ▶ *Amène-*moi le livre que j'ai laissé sur la table. テーブルの上に置いた本を持ってきてくれ.
❹〈*amener* qn à + 不定詞〉…を…するようにしむける. ▶ La hausse du prix des terrains *a amené* le gouvernement à prendre des mesures énergiques.(=pousser) 土地価格の上昇で, 政府は強硬な措置を取った / Cela nous *amène* à conclure que … そのことで私たちは…と結論づけることができる.
❺〈*amener* qn/qc à qc〉…を(ある状態)に導く, しむける. ▶ L'auteur a réussi à *amener* son œuvre à un très haut degré de perfection.(=porter) その作家は作品を極めて完成度の高いものに仕上げることができた.
❻〔ある事態, 事件〕を引き起こす, もたらす, 招く. ▶ Cela ne nous *amènera* que des ennuis. それではかえって面倒なことになるだろう.
❼〈*amener* qc sur qc〉〔会話, 議論〕を…に向ける. ▶ *amener* la discussion sur le problème des immigrés 議論を移民問題に移す.
❽〔網, 魚など〕を引き寄せる；〔帆など〕を降ろす.
Quel bon vent vous amène? おや, どんな風の吹き回しでここへいらしたのですか.
— **s'amener** 代動 話 **来る**, やって来る. ▶ *Amène-toi* ici. こっちへ来いよ.

語法 amener と emmener

(1) 〈**amener qn**〉
この動詞の中心的な意味は,「人または動物を**話し手のいる場所に連れてくる**」ことである.
• Si tu viens chez moi, tu amènes tes enfants. Ils pourront jouer avec les miens. もし家に来るんだったら, 子供たちを連れていらっしゃい. うちの子たちと一緒に遊べるから.
「人または動物を**対話者のいる場所**に連れていく」場合にも用いられる.
• Ça ne vous ennuie pas que j'amène mon fils chez vous? 息子をお宅に連れていっても構いませんか.
amener は, このほか, 人を話し手や対話者がいるところ以外の場所に連れていく場合にも使われることがあるが, その際重要なのは,「**人の移動先に力点が置かれている**」ということで, したがって必ず行き先が明示される.
• amener un enfant à l'école［chez le médecin］子供を学校［医者］に連れていく.

(2) 〈**emmener qn**〉
この動詞の中心的な意味は,「人を話し手または対話者のいるところから**別の場所へ連れていく**」ことにある.
• Si ça t'arrange, je peux emmener Paul à l'école demain matin. もし君に好都合ならあしたの朝, ポールを学校に連れていってあげるよ.
• Papa, tu m'emmèneras au cinéma demain? パパ, あした映画に連れていってよ.
amener と違って, 意味の力点はあくまでも「別の場所に行くという運動」それ自体にある.「子供を学校に連れて行く」では, amener un enfant à l'école と emmener un enfant à l'école の両方が使われるが, 前者では「行き先」にアクセントが置かれ, 後者では「家から学校へ行くという運動」の方に注意が向いている.「学校」や「医者」は amener も使われるが,「映画館」や「レストラン」では, 行き先よりは「家を出て…に行く」という事実が強調されるので, emmener qn au cinéma［restaurant］というべきである.
◆amener と emmener はいずれも「人」を目的語にとるのが原則で,「物」が目的語の場合は, 普通 apporter, emporter を使い, amener, emmener はくだけた感じになるので注意.

aménité /amenite/ 女 文語 愛想のよさ, 穏やかさ, 親切さ. ▶ traiter qn sans *aménité* 人を邪険に扱う /「se dire［échanger］des *aménités* 《皮肉に》」いやみを言い合う.

amenuisement /amənɥizmɑ̃/ 男 細くする［なる］こと, 薄くする［なる］こと；(利益, 価値, 可能性などの)減少, 低下, 縮小.

amenuiser /amənɥize/ 他動 …を細くする, 薄くする；小さくする. ▶ *amenuiser* une planche 板を薄く削る / La paresse *amenuise* ses chances de réussite.(=diminuer) 努力しなければ成功するチャンスは少なくなる.
— **s'amenuiser** 代動 細くなる, 薄くなる；小さくなる. ▶ Les profits *s'amenuisent*. 収益が落ちている.

*amer, ère /amɛːr アメール/ 形 ❶《名詞のあとで》苦い. ▶ confiture d'oranges *amères* 橙(だいだい)のマーマレード.
❷《名詞の前ではたいてい》つらい. ▶ *amère* réalité 厳しい現実 / souvenirs *amers* つらい思い出 / éprouver une *amère* déception 苦い失望を味わう / avec un sourire *amer* 苦笑いして.

amèrement

❸《名詞の前またはあとで》辛辣(しんらつ)な, 手厳しい. ▶ d'*amers* reproches 痛烈な非難 / Il est très *amer*. 彼は辛辣だ.
Ce qui [Qui] est amer à la bouche est doux au cœur. 良薬は口に苦し.

amèrement /amɛrmɑ̃/ 副 ❶ 苦い[つらい]思いで, 痛切に. ❷ 辛辣(しんらつ)に, 苦々しく.

américain, aine /amerikɛ̃, ɛn/ アメリカン, アメリケーヌ /形 アメリカ(大陸) Amérique の; アメリカ合衆国 Etats-Unis の. ▶ le gouvernement *américain* 米国政府.
à l'américaine アメリカ風の[に]. ▶ homard *à l'américaine* ロブスターのアメリカ風.
— **Américain, aine** 名 アメリカ人; 米国人. ▶ un *Américain* du Sud = un Sud-*Américain* 南米人 / un *Américain* du Nord = un Nord-*Américain* 北米人 / *Un Américain à Paris*「パリのアメリカ人」(ガーシュウィンの交響詩).
— **américain** 男 アメリカ英語, 米語.

américanisation /amerikanizasjɔ̃/ 女 アメリカ化.

américaniser /amerikanize/ 他動 …をアメリカ化する, アメリカ風にする.
— **s'américaniser** 代動 アメリカ化する, アメリカ風になる.

américanisme /amerikanism/ 男 ❶ アメリカ英語特有の語法. ❷ アメリカかぶれ, アメリカびいき.

amérindien, enne /amerɛ̃djɛ̃, ɛn/ 形 アメリカ先住民の. — **Amérindien, enne** 名 アメリカ先住民.

Amérique /amerik/ 固有 女 アメリカ; アメリカ大陸. ▶ l'*Amérique* du Nord [Sud] 北[南]アメリカ.

Amerlo(t) /amerlo/ 名 俗 (軽蔑的に)アメリカ人. 注 Amerloque /amerlɔk/ ともいう.

amerrir /ameriːr/ 自動《水上飛行機, 宇宙船など が》着水する.

amerrissage /amerisaːʒ/ 男【航空】着水. ▶ *amerrissage* forcé 不時着水.

amertume /amertym/ 女 ❶ 苦さ, 苦み. ❷ つらさ; 痛恨. ▶ ressentir l'*amertume* d'un échec 挫折(ざせつ)の苦汁をなめる / les *amertumes* de la vie 人生の辛酸 / avec *amertume* 苦い[つらい]思いで.

améthyste /ametist/ 女 アメジスト, 紫水晶. ▶ bague d'*améthyste* アメジストの指輪.

ameublement /amœbləmɑ̃/ 男《集合的に》家具, 調度品. ▶ l'*ameublement* Louis XV [quinze] d'un château ある城館のルイ15世様式の室内調度品 / tissu d'*ameublement* (カーテン, 椅子(いす)など)室内調度用の布.

ameublir /amœbliːr/ 他動【土壌】をすき返して柔らかくする;〔固い土〕をほぐす.

ameuter /amøte/ 他動 ❶ (騒いで)…を群がらせる, 寄せ集める. ▶ Ses cris *ameutèrent* les passants. 彼(女)の叫び声に道行く人々が何事かと集まってきた.
❷〔民衆, 世論〕を扇動する. ▶ *ameuter* le peuple contre un despote 民衆を扇動して独裁者に対する反乱に立ち上がらせる.
— **s'ameuter** 代動 (抗議行動のために)寄り集

まる; 蜂起(ほうき)する.

ami, e /ami アミ/ 名

❶ 友達(⇨比較, 語法). ▶ un de mes *amis* = un *ami* à moi 私の友人(の 1 人) / mon meilleur *ami* 私の一番の友人 / *ami* d'enfance 幼友達 / Ce sont「de grands *amis* [des *amis* intimes]. 彼らは本当に仲のいい友達同士だ / C'est un vieil *ami*. 彼は私の古くからの友人だ / en *ami* 友人[味方]として / Je vous dis ça *en ami*. 友人としてこう言ってるんだ / se faire des *amis* 友達を作る / se réunir entre *amis* 仲間だけで集まる.

❷《所有形容詞をつけて》恋人, 愛人. ▶ Il m'a présenté son *amie*. 彼は私にガールフレンドを紹介した / petit *ami* ボーイフレンド / petite *amie* ガールフレンド. 比較 ⇨ AMANT.

❸《呼びかけで》▶ mon *ami* 君, あなた / mes chers *amis* (仲間に)やあ, 諸君.

❹ <*ami* de qc/qn> …の愛好家, 愛護者, 信奉者, …びいき. ▶ *ami* des livres 愛書家 / *ami* du Japon 親日家 / *ami* des animaux 動物愛護家.
faux ami 空似(そらに)言葉: 異言語間で, 形態や音が似ていても, 意味が異なる語(例: 英語の actual「実際の」とフランス語の actuel「現在の」など).
prix d'ami 仲間内の値段, 特別サービス価格.
un ami qui vous veut du bien あなたのためを思う友人(匿名の手紙の差し出し人).

比較 友達, 仲間
ami《最も一般的》友人, 友達. *camarade* 職業, 趣味など共通の活動によって結び付いた仲間. *camarade* de classe 級友. *collègue* 職場の仲間, 同僚. *copain*, *copine*《くだけた表現》*ami* の代わりに用いる.

— 形 親しい, 友好的な, 味方の;〔態度などが〕親しげな, 好意的な. ▶ être *ami* avec qn …と親しい / Nous sommes très *amis*. 私たちはとても仲がよい / pays *ami* 友好国 / troupes *amies* 友軍 / tendre à qn une main *amie* …に手を貸す.
◆(être) *ami* de qc …を好む. ▶ Avec l'âge on devient *ami* de la tranquillité. 年を取るにつれて平穏な生活を好むようになる.

語法 *Je suis allé(e) au cinéma avec des amis.*「私は友達と映画に行った」

「私は友達と映画に行った」という文をフランス語に訳してみるとどうなるか考えてみよう.

Je suis allé(e) au cinéma avec
(1) un ami.
(2) une amie.
(3) des amis.
(4) mon ami(e).
(5) mes amis.

(1)は「1 人の男友達」, (2)は「1 人の女友達」, (3)は「何人かの友達(男女が混じってよい)」, (4)は「特別な関係にある男あるいは女友達, つまり恋人」, (5)は「すべての友達」と行った場合の言い方である.
(5)は可能性としてまずあり得ない. したがって「私は友達と映画に行った」に当たるフランス語としては, (1) 男子が言う場合, (2) 女子が言う場合, そして(3)だろう.

◆なぜ un ami, une amie, des amis なの

か．この「友達」は話し手にとってはだれのことか分かっていても、聞き手はまだ「どの友達か」を知らない。つまり話し手と聞き手を包み込むコミュニケーションの場においては「友達」は話し手と聞き手の共通認識として「特定」されている。不定冠詞を使うのは、「友達」が具体的にはだれかということが、対話者には知られていないということを表わす．⇨ ARTICLE 語法

amiable /amjabl/ 形《法律》協議による．▸ un accord *amiable* 協議による一致．

à l'amiable 相談によって，合意の上で；《法律》協議による．▸ arrangement *à l'amiable* 示談(による解決) / divorce *à l'amiable* 協議離婚．

amiante /amjɑ̃:t/ 男 (白色の)アスベスト，石綿．▸ poussières d'*amiante* アスベスト粉塵(ﾌﾝｼﾞﾝ).

amibe /amib/ 女 アメーバ．

***amical, ale** /amikal/ アミカル/；《男複》**aux** /o/ 形 友情のこもった，好意的な，友好的な．▸ paroles *amicales* 好意に満ちた言葉 / match *amical* 親善試合 / avoir [entretenir] des relations *amicales* avec qn …と友達付き合いをする[維持する]；…と友好関係を持つ［維持する］/ Il a été *amical* avec moi. 彼は私に好意的だった．
— **amicale** 女 親睦会，クラブ，友の会．▸ *amicale* des anciens élèves 同窓会．

amicalement /amikalmɑ̃/ 副 友情を込めて，親しく，親切に．▸ Nous avons causé *amicalement*. 我々は親しく語り合った / *Amicalement* (vôtre). 《親しい人への手紙の末尾で》さようなら．

amidon /amidɔ̃/ 男 ❶ でんぷん．❷ (衣類の糊(ﾉﾘ)付け用の)でんぷん糊 (=empois d'*amidon*).

amiénois, oise /amjenwa, wa:z/ 形 アミアン Amiens の．
— **Amiénois, oise** 名 アミアンの人．

Amiens /amjɛ̃/ 固有 アミアン：Somme 県の県庁所在地．

amincir /amɛ̃si:r/ 他動 ❶ …をやせさせる，細くする；薄くする．❷ …を細く見せる．
— **s'amincir** 代動 やせる，細く[薄く]なる．

amincissant, ante /amɛ̃sisɑ̃, ɑ̃:t/ 形 ❶ 細くする，やせさせる．❷ (衣服などが)細く見せる．

amincissement /amɛ̃sismɑ̃/ 男 細く[薄く]すること；細く[薄く]なること．

aminé, e /amine/ 形 acide *aminé* アミノ酸．

amiral /amiral/；《複》**aux** /o/ 男 ❶ 海軍上級大将，司令官，提督．❷ *amiral* de France (海軍の)元帥．— **amiral, ale** /《男複》**aux** 形 《軍艦が》司令官［提督］の乗っている．

amirauté /amirote/ 女 ❶ 海軍提督の職［位］．❷ 海軍本部；将官部．

***amitié** /amitje/ 女 ❶ 友情，親交；好意，親切．▸ solide *amitié* 固い友情 / se lier d'*amitié* avec qn …と親しくなる，友達になる / avoir de l'*amitié* pour qn …に友情を抱いている / faire qc par *amitié* (pour qn)（…への)友情から…をする / vivre en *amitié* 仲むつまじく暮す．❷《複数で》友情のしるし；友人．▸ garder des *amitiés* d'enfance 幼友達との付き合いを続けている / faire mille *amitiés* à qn 《改まった表現で》…に親切にする / *Amitiés*. 《手紙の末尾で》友情を込めて．❸ 友好，親善．▸ traité d'*amitié* 友好条約．

faire à qn l'amitié de + 不定詞 話《丁寧な表現》…に親切に…してやる．▸ *Faites*-moi l'*amitié* de vous occuper de cette affaire. どうかこの仕事を引き受けてくださいますように．

faire ses amitiés à qn …によろしくと伝える．注 ses は各人称に変化させて用いる．▸ *Faites*-lui mes amitiés. 彼(女)に伝えて．

prendre qn en amitié [目下の者]に目をかける．

ammoniac /amɔnjak/ 男 アンモニア．
— **ammoniac, aque** 形 アンモニアの．
— **ammoniaque** 女 アンモニア水．

ammoniacal, ale /amɔnjakal/；《男複》**aux** /o/ 形 アンモニアの；アンモニア性の．

ammonite /amɔnit/ 女《古生物》アンモナイト，アンモン貝，菊石．

amnésie /amnezi/ 女 健忘(症)，記憶喪失．▸ être frappé d'*amnésie* 健忘症になる．

amnésique /amnezik/ 形，名 健忘症の(患者)，記憶喪失の(人)．

amnistie /amnisti/ 女 (国会の議決に基づく)大赦：国家元首が与える恩赦 grâce と区別される．

amnistier /amnistje/ 他動 …に大赦を与える．

amocher /amɔʃe/ 他動 話 …をひどく痛めつける；(めちゃめちゃに)壊す，破損させる．
— **s'amocher** 代動 話 痛めつけられる，大けがをする．

amoindrir /amwɛ̃dri:r/ 他動 …を減ずる，弱める，小さくする．▸ *amoindrir* la fortune 財産を減らす．— **s'amoindrir** 代動 減る，弱まる．

amoindrissement /amwɛ̃drismɑ̃/ 男 減少，低下；衰弱．

amollir /amɔli:r/ 他動 …を柔らかくする；柔弱にする．— **s'amollir** 代動 柔らかくなる；柔弱になる．

amollissant, ante /amɔlisɑ̃, ɑ̃:t/ 形 柔弱にする，無気力にする，弛緩(ｼｶﾝ)させる．

amollissement /amɔlismɑ̃/ 男 柔らかにする[なる]こと；柔弱化，無気力化，衰弱．▸ l'*amollissement* du courage 気力喪失．

amonceler /amɔ̃sle/ 4 他動 …を積み上げる；寄せ集める．▸ *amonceler* des feuilles mortes 落ち葉の山を作る / *amonceler* des preuves 証拠を集める．— **s'amonceler** 代動 積み重なる，山積みになる；寄り集まる．

amoncellement /amɔ̃sɛlmɑ̃/ 男 堆積(ﾀｲｾｷ)；寄せ集め．▸ un *amoncellement* de lettres 手紙の山．

amont /amɔ̃/ 男 ❶ 川上，上流（↔aval）．▸ pays d'*amont* 上流地方 / aller vers l'*amont* 上流に向かって行く / vent d'*amont* 陸から吹く風．❷《経済》上流部門，アップストリーム（↔aval）：生産・流通過程での先行部門．

en amont de qc (1) …の上流に．(2) …の事前に，前もって．
— 形 《不変》《スキー》山側の；山足の（↔aval）．

Amora /amora/ 商標 アモラ：マスタードのブランド名．

amoral, ale /amɔral/；《男複》**aux** /o/ 形 道

amoralisme

徳と無関係な, 善悪と無縁な; 道徳意識のない, 無道徳な.

amoralisme /amoralism/ 男 ❶ 無道徳的な生き方や思想; 普遍的道徳の否定. ❷ 道徳観念の不在.

amoralité /amoralite/ 女 ❶ (事物の)無道徳性. ❷ 道徳心を欠く振る舞い.

amorçage /amorsaːʒ/ 男 (交渉, 放電などの)開始.

amorce /amors/ 女 ❶ 始まり; 端緒, 糸口; 兆し. ▶ Sa déclaration servira d'*amorce* à nos débats. 彼(女)の声明は我々の議論のきっかけとなるだろう / trouver une *amorce* de solution おぼろげながら解決の糸口を見つける. ❷ 〔工事の〕起工部分. ❸ 〔釣り〕まき餌(ᵉ). ❹ 起爆薬, 雷管, 導火線; 紙火薬. ❺ 〔フィルムや磁気テープの〕リーダー.

amorcer /amorse/ ①他動 ❶ …を開始する, に着手する; を起工する. ▶ *amorcer* des négociations 交渉を開始する / La campagne électorale *est amorcée* depuis un mois. 選挙運動は1か月前から始まっている. ❷ 〔釣り糸, 釣り鉤(ᵏ)〕に餌(ᵉ)をつける; 〔魚〕をまき餌(ᵉ)でおびき寄せる. ❸ …に雷管を装着する, 導火線を取り付ける. ❹ 〔ポンプ〕に呼び水を注ぐ. ❺ 〔情報〕〔コンピュータ〕を起動する.
— **s'amorcer** 代動 始まる, 始まりつつある.

amorphe /amorf/ 形 ❶ 特徴のない; 生彩に乏しい, 無気力な. ❷ 形をなさない, 無定形の;〔結晶〕アモルファスの, 非晶質の.

amorti, e /amorti/ 形 ❶ 和らげられた, 弱まった. ❷ 償却した; 減価償却した.
— **amorti** 男 〔サッカーで〕トラッピング; 〔テニスで〕ドロップショット; 〔卓球で〕プッシュ.

amortir /amortiːr/ ①他動 ❶ …を和らげる. ▶ Il est tombé sur un massif qui *a amorti* sa chute. 彼は茂みの上に落ちたので, 落下の衝撃が弱められた / Le temps *avait amorti* son chagrin.(=apaiser) 年月がすでに彼(女)の悲しみを和らげてくれていた. ❷ …を償却する; 減価償却する. ▶ Il ne peut pas *amortir* ses dettes. 彼は借金の返済ができない. ❸ 〔スポーツ〕〔サッカーで〕〔ボール〕をトラップする; 〔テニスで〕〔ボール〕をドロップショットする; 〔卓球で〕〔ボール〕をプッシュする.
— **s'amortir** 代動 ❶ 和らぐ, 弱まる. ❷ 償却される; 減価償却される.

amortissable /amortisabl/ 形 〔負債が〕償却しうる; 減価償却しうる.

amortissement /amortismã/ 男 ❶ 緩和, 和らげること; 和らぐこと. ❷ 〔負債の〕償却, 償還; 減価償却. ❸ 〔建築〕建物の頂上の飾り.

amortisseur /amortisœːr/ 男 〔機械〕ショックアブソーバー, ダンパー, 緩衝装置.

:**amour** /amuːr アムール/ 男

注 語義 ①②③で, 文章語では複数が女性名詞として扱われることがある.

❶ 愛, 愛情; 愛着, 好み. ▶ l'*amour* de Dieu 神への愛; 神の愛 / l'*amour* du prochain 隣人愛 / l'*amour* de l'humanité 人類愛 / l'*amour* de la patrie 愛国心, 祖国愛 / *amour* paternel [maternel] 父性[母性]愛 / *amour* de soi 自己愛. ◆ avoir l'*amour* de qc …が好きである. ▶ Il a l'*amour* de son métier. 彼は自分の仕事に情熱を傾けている; 彼は勤勉だ.

❷ 恋, 恋愛. ▶ mariage d'*amour* 恋愛結婚 / lettre d'*amour* 恋文, ラブレター / chanson d'*amour* 恋の歌 / roman d'*amour* 恋愛小説 / film d'*amour* 恋愛映画 / *amour* physique [charnel] 性愛 / *amour* platonique プラトニックラブ / déclaration d'*amour* 愛の告白 / avoir [éprouver] de l'*amour* pour qn …に愛情を抱く / avouer son *amour* à qn …に愛を打ち明ける.

❸ 《多く複数で》(具体的な, 個々の)恋愛, 恋愛体験. ▶ son premier *amour* = ses premières *amours* 彼(女)の初恋.

❹ 愛する人, 恋人; 情熱の対象, 好きな物. ▶ mon *amour* (呼びかけで)ねえ, 君; ねえ, あなた.

❺ (動物の)発情, 盛り. ▶ la saison des *amours* 発情期 / animaux en *amour* 発情期の動物.

❻ 《ときに Amour》愛の神, キューピッド.

A tes [vos] amours! (1) お気をつけて: くしゃみをした人に言うおまじない. (2) 乾杯.

avec amour 丹念に; 愛情を込めて.

être un amour 話 (1) たいへん親切である. ▶ Vous *seriez* un *amour* si … …していただけたらありがたい / Passe-moi l'eau, tu *seras* un *amour*. いい子だからそのお水取ってちょうだい. (2) とてもかわいい[すてきだ].

faire l'amour (avec qn) 俗 (…と)性交する, 寝る.

par amour 愛によって, 好きで; 利害を超えて.

pour l'amour de Dieu (1) お願いですから, 後生だから. ▶ *Pour l'amour de Dieu*, laissez-moi en paix! お願いだから, そっとしておいて. (2) 利害を離れて.

pour l'amour de qn/qc …のことを考えて, ために思って.

revenir à ses premières amours いったん止めていた習慣を再開する.

travailler pour l'amour de l'art (お金のためでなく)好きで[楽しみで]仕事をする.

un amour de + 無冠詞名詞 話 たいへんきれいな[かわいい, すてきな]…. ▶ Elle porte *un amour de* chapeau. 彼女はとてもすてきな帽子をかぶっている.

比較 愛情
amour 最も一般的で, 人や生き物以外にも使う. **affection, tendresse** (< amour) 対象が人, 生き物に限られる. **attachement** 長い付き合いや習慣によって生じる愛着. **passion** (>amour) 激しい恋愛感情や憎悪.

s'amouracher /samuraʃe/ 代動 <*s'amouracher* de qn/qc> 《軽蔑して》…にほれる, のぼせ上がる. ▶ *s'amouracher* de son professeur 先生に夢中になる.

amourette /amurɛt/ 女 浮気, 一時の恋.

amoureusement /amurøzmã/ 副 ❶ 愛情を込めて, 優しく; 情熱的に.

*****amoureux, euse** /amurø, øːz アムルー, アムルーズ/ 形 ❶ <*amoureux* (de qn)> (…に)恋して

いる．▶ être [devenir] *amoureux* de qn …に恋している [を好きになる] / tomber *amoureux* de qn …と恋に落ちる / Il est visiblement *amoureux*. 彼が恋しているのは一目で分かる．

❷ ほれっぽい；恋の，愛情に満ちた．▶ un tempérament *amoureux* ほれっぽい性分 / regards *amoureux* 恋の眼差(ﾏﾅｻﾞ)し．❸〈*amoureux* de qc〉…に夢中の，が大好きな．▶ tomber *amoureux* du cinéma 映画に夢中になる．

── 图 恋をしている人；恋人．❷ 愛好家．

amour-propre /amurprɔpr/；〈複〉 ～s-~s 男 自尊心，誇り；うぬぼれ．▶ flatter [blesser] l'*amour-propre* de qn …の自尊心をくすぐる [傷つける] / Elle a beaucoup d'*amour-propre*. 彼女はプライドが高い．

amovible /amɔvibl/ 形 ❶ 取り外しのできる．▶ imperméable à doublure *amovible* ライナー付きレインコート．❷ 【法律】〔公務員が〕免職 [解任，転任] されうる；〔職務が〕異動 [更迭] のある．

ampère /ɑ̃pɛːr/ 男【電気】アンペア．

ampère-heure /ɑ̃pɛrœːr/；〈複〉 ～s-~s 男【電気】アンペア時．

ampèremètre /ɑ̃pɛrmɛtr/ 男【電気】電流計，アンメーター．

amphétamine /ɑ̃fetamin/ 囡 アンフェタミン(覚醒剤).

amphi /ɑ̃fi/ 男 (amphithéâtreの略) 話 ❶ 階段教室，大教室，講堂．❷ 大教室での講義．

amph(i)- 接頭「両側に；周囲に」の意．

amphibie /ɑ̃fibi/ 形 ❶ 水陸両生の；水陸両用の．❷【軍事】陸海共同の，上陸作戦用の．▶ opérations *amphibies* 上陸作戦．

── 男 ❶ 両生動物 [植物]．❷ 水陸両用機．

amphibiens /ɑ̃fibjɛ̃/ 男複【動物】両生類，両生綱．

amphibologie /ɑ̃fibɔlɔʒi/ 囡〔構文が不明確なために生ずる〕文意多義，多義構文(例: Il loue son appartement. 彼はアパルトマンを借りる [貸す]).

amphigouri /ɑ̃figuri/ 男文章 意味のつかめない文章 [話].

amphithéâtre /ɑ̃fiteɑːtr/ 男 ❶ 階段教室，大教室，講堂；大教室での講義．注 話し言葉では amphi と略す．❷【演劇】階段桟敷：バルコニー席，ギャラリー席の上に位置する．❸〔古代ローマの〕円形闘技場，円形闘技場．❹ 階段状の地形，段丘．

amphitryon /ɑ̃fitrijɔ̃/ 男文章〔食事の〕接待役，主人役．注 モリエールの同名の喜劇から．

amphore /ɑ̃fɔːr/ 囡【古代史】アンフォラ：両耳付きの壺．

ample /ɑ̃ːpl/ 形 ❶ ゆったりした．▶ un manteau *ample* ゆったりとしたオーバー / un geste *ample* 大きな身振り / une voix *ample* 声域の広い [よく響く] 声．比較 ⇨ GRAND．❷ 内容の豊かな [広い]，詳細な．▶ avoir des vues *amples* (= vaste) 広い視野を持つ / C'est un sujet très *ample*. それは非常に発展性のある主題だ / Donnez-moi de plus *amples* informations. もっと詳しく教えてください．

jusqu'à plus ample informé より多くの情報が得られるまでは，詳しい調べがつくまでは．

amplement /ɑ̃pləmɑ̃/ 副 ゆったりと，豊かに；十分に；詳細に．

ampleur /ɑ̃plœːr/ 囡 ❶ 規模，広がり．▶ l'*ampleur* d'un désastre 災害の大きさ．◆ d'une *ampleur* + 品質形容詞 …な規模の．▶ Les pertes étaient d'une *ampleur* inouïe. 損失は未曾有(ﾐｿﾞｳ)のものであった．◆ d'*ampleur* + 関連形容詞 …的規模 [レベル] の．▶ un projet d'*ampleur* nationale 国家的規模の計画．❷ 豊富さ，豊満．▶ L'*ampleur* de ses connaissances me confond. 彼(女)の知識には圧倒されてしまう．❸ 重要性．▶ Face à l'*ampleur* du problème, le ministre hésite à prendre parti. 重大な問題に直面して大臣は態度を決めかねている．❹ 服のたっぷりしたゆとり．▶ Cette robe a de l'*ampleur*. このドレスはゆったりしている．

de grande ampleur = ***d'ampleur*** 大規模な；重大な．

prendre de l'ampleur 発展 [進展] する，甚だしくなる，大きくなる．

ampli /ɑ̃pli/ 男 (amplificateur の略) 話 アンプ，増幅器．

amplificateur /ɑ̃plifikatœːr/ 男 増幅器，アンプ．注 話し言葉では ampli と略す．

amplification /ɑ̃plifikasjɔ̃/ 囡 ❶ 拡大，増加，増大；(表現の) 誇張，潤色．❷【電気】増幅．

amplifier /ɑ̃plifje/ 他動 ❶ …を大きくする，増大させる；増幅する．▶ *amplifier* le son 音を大きくする / Cette loi *amplifie* la crise immobilière. この法律は住宅難に拍車をかけるものだ．❷ …を敷衍(ﾌｴﾝ)する；誇張する，潤色する．

── **s'amplifier** 代動 ❶ 拡大する，大きくなる；増大する．❷ 誇張される．

amplitude /ɑ̃plityd/ 囡 ❶【気象】気温較差 (= *amplitude* hermique)：同一期間内の最高気温と最低気温の差．▶ *amplitude* moyenne annuelle 年較差 / *amplitude* diurne 日較差．❷（周期的に変化する現象の）上・下限の差，振幅；【物理】振動；【天文】出没方位角．❸ 重大さ．▶ l'*amplitude* d'une catastrophe 惨事の規模．

ampli-tuner /ɑ̃plitynœːr；ɑ̃plitynɛːr/；〈複〉 ～s-~s 男【オーディオ】レシーバー：チューナーとアンプを一体化した機器．

***ampoule** /ɑ̃pul/ アンプル 囡 ❶ 電球 (= *ampoule* électronique)．▶ une *ampoule* de 100W [cent watts] 100ワットの電球 / L'*ampoule* est grillée, il faut la changer. 電球が切れたから取り替えなければならない．❷【薬学】アンプル(剤)．❸（皮膚にできる）まめ，水ぶくれ．▶ J'ai une *ampoule* au pied droit. 右足にまめができた．

ne pas se faire d'ampoules (***aux mains***) 話〔手にまめを作らない→〕仕事をしない．

ampoulé, e /ɑ̃pule/ 形 仰々しい，大げさな．

amputation /ɑ̃pytasjɔ̃/ 囡 ❶ 切断(術)．▶ subir l'*amputation* d'une jambe 片足の切断手術を受ける．❷ 削除，削減．▶ l'*amputation* des effectifs de l'armée de terre 陸軍兵力の削減．

amputé, e /ɑ̃pyte/ 形〈*amputé* (de qc)〉 ❶ (…を)切断された．❷ (…を)削除された．

── 图 切断を受けた人．

amputer

amputer /ɑ̃pyte/ 他動 ❶ …に切断手術を施す. ▶ On lui *a amputé* un bras. = On l'*a amputé* d'un bras. 彼は片腕の切断手術を受けた. ❷ …に削除を加える. ▶ *amputer* un texte ある原文の一部を削除する. ▶ *amputer* A de B A からBを削除する. ▶ *amputer* un film de plusieurs scènes 映画から数シーンをカットする.
— **s'amputer** 代動 ❶ ⟨*s'amputer* de qc⟩ (自分の体の一部を)切断する. ❷ 切断される.

amulette /amylɛt/ 囡 お守り, 護符.

***amusant, ante** /amyzɑ̃, ɑ̃ːt アミュザン, アミュザーント/ 形 楽しい, おもしろい, 愉快な, 快い. ▶ un jeu *amusant* おもしろい遊び / C'est un type *amusant*. やつは愉快な人物だ. 比較 ⇨ DRÔLE, 語法 ⇨ INTÉRESSANT.

amuse-gueule /amyzgœl/ 男 [単複同形] ❶ 園 (食前酒と一緒に出すサンドイッチ, ビスケットなどの)おつまみ. ❷ 添えもの, つまらないもの, 前置き.

amusement /amyzmɑ̃/ 男 楽しみ, 気晴らし, 娯楽.
être l'amusement de qn …の笑い物である.

***amuser** /amyze アミュゼ/ 他動

| 直説法現在 j'amuse | nous amusons |
| 複合過去 j'ai amusé | 単純未来 j'amuserai |

❶ …を楽しませる, おもしろがらせる, 愉快にする. ▶ Il nous *a* tous *amusés* par ses réparties. 彼は当意即妙の受け答えで我々みんなを楽しませた / Tu m'*amuses*! 笑わせるぜ / *amuser* le regard 目を楽しませる. ◆ (非人称構文で) Cela [Ça] m'*amuse* de + 不定詞. 注 me は各人称に変化させて用いる. ▶ Cela m'*amuserait* de venir avec vous. あなた(方)と御一緒できたら楽しいと思うのですが. ❷ …の注意をそらす.
Si ça t'amuse もしそうしたかったら
— **s'amuser** 代動 ❶ 楽しむ, 遊ぶ. ▶ *s'amuser* avec un chien 犬と遊ぶ / **Amusez-vous [Amuse-toi] bien!** (出かける人に)楽しんでいらっしゃい / Vous *vous êtes* bien *amusés* pendant votre promenade? あなたたち, 散歩は楽しかったですか. ◆ *s'amuser* à qc/不定詞 …して楽しむ. ▶ On *s'est* bien *amusé* à ce jeu-là. このゲームは本当におもしろかった / Il *s'amuse* à découper des photos. 彼は写真のスクラップを趣味にしている. ❷ 時間をむだにする. ▶ *s'amuser* en chemin 道草を食う.
pour s'amuser ふざけて, 冗談に.

amusette /amyzɛt/ 囡 話 ちょっとした気晴らし, 気慰み.

amus*eur, euse* /amyzœːr, øːz/ 图 人を楽しませる人; おどけ者.

amygdale /ami(g)dal/ 囡 扁桃(腺). ▶ se faire opérer des *amygdales* 扁桃腺の手術を受ける.

amylacé, e /amilase/ 形 でんぷん質の, でんぷんを含む.

:an /ɑ̃ アン/

❶ ⟨基数詞 + *an*⟩…年, 年間. ▶ Il a vécu à Londres (pendant) deux *ans*. 彼は2年間ロンドンで生活した / la guerre de Cent *Ans* 百年戦争 / Il a loué cette maison pour un *an*. 彼はこの家を1年契約で借りた / En dix *ans*, que de changements! 10年でなんたる変わりよう / Il est malade depuis trois *ans*. 彼は3年来病気です / tous les trois *ans* 3年ごとに. ◆ 基数詞 + *an* de + 無冠詞名詞 …年間の…. ▶ au bout de quarante-six *ans* de mariage 46年間の結婚生活の末に.
❷ ⟨定冠詞 + *an* (+ 基数詞) [形容詞]⟩ (暦の上で)(…)年. ▶ l'*an* passé [dernier] 去年 / l'*an* prochain 来年 / le Nouvel *an* 新年 / le Jour [le Premier] de l'*an* 元日 / tous les *ans* 毎年 / en l'*an* 2008 [deux mille huit] 西暦2008年に / l'*an* 300 [trois cents] avant [après] Jésus-Christ 紀元前[後]300年.
❸ ⟨基数詞 + *an*⟩…歳. ▶ à (l'âge de) vingt *ans* 20歳で / un enfant de six *ans* 6歳の子供 / aller sur ses vingt *ans* やがて20歳になる / Il a trente *ans*. 彼は30歳だ / Il doit avoir dans les cinquante *ans*. 彼は50歳くらいだろう.
bon an mal an /bɔnɑ̃malɑ̃/ (よい年も悪い年も→)年平均で.
par an 1年につき. ▶ trois fois *par an* 年に3度.
s'en moquer comme de l'an quarante 話 そんなことはどうでもいい, まるで気にならない.

> 比較 **an と année**
> **an** 年を数える単位. il y a deux ans 2年前に. J'ai vingt ans. 私は20歳だ. tous les ans 毎年.
> **année** 1年の期間を表す. cette année 今年. l'année prochaine 来年. En quelle année? 何年に. année scolaire 学年度.
> **année** は次のようにも使う. quelques années 数年. plusieurs années 何年も. une dizaine d'années 約10年.

ana /ana/ 男 [単複同形] 語録, 名言集, 逸話集.

anabaptisme /anabatism/ (p は発音せず) 男 [キリスト教] 再洗礼派の教義.

anabaptiste /anabatist/ (p は発音せず) 图 [キリスト教] 再洗礼派教徒. — 形 再洗礼派の.

anacarde /anakard/ 男 [植物] カシューナッツ.

anachronique /anakrɔnik/ 形 ❶ 年代[日付]を間違えた. ❷ 時代錯誤の, 時代遅れの.

anachronisme /anakrɔnism/ 男 ❶ 年代[日付]の錯誤; 時代考証の誤り. ❷ 時代錯誤, アナクロニズム.

anaconda /anakɔ̃da/ 男 [動物] アナコンダ.

anaérobie /anaerɔbi/ 形 [生物学] 嫌気性の; 無酸素で生育する. — 男 嫌気性生物.

anagramme /anagram/ 囡 アナグラム: ある語句の文字を並べ換えて別の語句を作ること(例: ange → nage).

anal, ale /anal/; (男複) **aux** /o/ 形 肛門(¾)の. ▶ sphincter *anal* 肛門括約筋 / stade (sadique-)*anal* [精神分析] 肛門(サディズム)期.

analgésie /analʒezi/ 囡 [医学] 痛覚脱失, 無痛覚症.

analgésique /analʒezik/ 形 [医学] 鎮痛性の. — 男 鎮痛薬.

analogie /analɔʒi/ 囡 ❶ 類似(性), 相似(点). ❷ 類推, 類比.
 par analogie (*avec qc*) (…からの)類推で.
analogique /analɔʒik/ 厖 ❶ 類似の; 類推に基づく. ▶ dictionnaire *analogique* 類語・関連語辞典. ❷〖情報〗アナログの (↔numérique, digital).
analogiquement /analɔʒikmɑ̃/ 副 ❶ 類推的に, 類似によって. ❷ アナログ式に.
analogue /analɔg/ 厖 〈*analogue* (à qc)〉(…に)類似した, 相似の, 同類の. ▶ Vous faites des erreurs *analogues* aux miennes. あなた(方)も私と同じような間違いをしている.
 ― 男 類似物. ▶ une catastrophe sans *analogue* 類を見ない大惨事.
analphabète /analfabɛt/ 厖, 名 読み書きのできない(人), 識字能力のない(人).
analphabétisme /analfabetism/ 男 読み書きのできないこと, 識字能力の欠如.
analysable /analizabl/ 厖 分析[解析]できる; 要約できる.
*__analyse__ /analiːz/ アナリーズ 囡 ❶ 分析. ▶ *analyse* qualitative 定性分析 / *analyse* quantitative 定量分析 / *analyse* économique 経済分析 / *analyse* des données データ分析 / roman d'*analyse* 心理分析小説 / *analyse* du sang 血液検査 / faire l'*analyse* de qc …を分析する / soumettre qc à l'*analyse* …を分析に付す. ❷ (作品, 本などの)要約, 梗概(こうがい). ❸ 精神分析. être en *analyse* 精神分析を受ける. ❹〖数学〗解析; 解析学. ❺〖情報〗解析. ▶ *analyse* organique システム解析. ❻〖電気通信〗走査.
 en dernière analyse 要するに, 結局.
analyser /analize/ 他動 ❶ 分析する, 解析する, 詳しく調べる. ▶ *analyser* des documents 資料を分析する. ❷〔文学作品など〕を要約する. ❸ …を精神分析する. ― **s'analyser** 代動 ❶ 自己分析する. ❷ 分析される; 要約される.
analyste /analist/ 名 ❶ 分析家, アナリスト. ❷ 心理分析家; 精神分析学者.
analytique /analitik/ 厖 ❶ 分析的な, 解析的な. ▶ méthode *analytique* 分析的方法. ❷ 精神分析の, 精神分析による. ▶ cure *analytique* 精神分析療法. ❸ 要約的な, 梗概(こうがい)の. ▶ table *analytique* 内容詳解付き目次.
ananas /anana(s)/ 男 パイナップル.
anaphylaxie /anafilaksi/ 囡〖医学〗アナフィラキシー; 過敏な抗原抗体反応によるショック.
anar /anaːr/ 名, 厖〔男女同形〕(anarchiste の略) 留 無政府主義者(の), アナーキスト(の).
anarchie /anarʃi/ 囡 ❶ 無政府状態; 無政府主義 (=anarchisme). ▶ Le pays est dans l'*anarchie*. その国は無政府状態だ. ❷ 無秩序, 混迷, 混乱. ▶ Quelle *anarchie* dans cette chambre! この部屋はなんという散らかりようだ.
anarchique /anarʃik/ 厖 ❶ 無政府状態[主義]の. ❷ 無秩序の, でたらめな. ▶ une gestion *anarchique* 放漫経営.
anarchisant, ante /anarʃizɑ̃, ɑ̃ːt/ 厖 無政府主義的傾向の, 無政府主義に同調する.
anarchisme /anarʃism/ 男 ❶ 無政府主義, アナーキズム. ❷ 権威否定, 秩序の無視.
anarchiste /anarʃist/ 厖 ❶ 無政府主義(者)の, アナーキストの. ❷ 権威を否定する, 秩序を無視する. ― 名 無政府主義者, アナーキスト; (権威, 秩序に対する)反逆者.
anarcho /anarko/ 名 (anarchiste の略) 留 無政府主義者.
anarcho-syndicalisme /anarkɔsɛ̃dikalism/ 男 アナルコ・サンジカリズム: 労働組合運動にアナーキストが合流し, 労働者による生産管理を実現しようとする主義.
anastomose /anastɔmoːz/ 囡〖解剖〗吻合(ふんごう); 吻合術.
anathématiser /anatematize/ 他動 ❶〖カトリック〗…を破門する. ❷ …を排斥する; 呪(のろ)う.
anathème /anatɛm/ 男 ❶〖カトリック〗破門, アナテマ, 異端排斥. ❷ 非難排斥, 糾弾; 呪(のろ)い. ▶ jeter l'*anathème* sur [à] qn/qc …を激しく非難する; 呪う. ❸ 非難の対象; タブー.
 ― 名 破門[排斥]された人.
anatomie /anatɔmi/ 囡 ❶ 解剖学. 注「解剖」は dissection という. ▶ planche d'*anatomie* 解剖図 / faire l'*anatomie* de qn/qc …を解剖学的に研究する / *anatomie* artistique 美術解剖学(美術表現のための, 生体構造, 運動, 表情などの研究). ❷ (生体の)解剖学的構造; 解剖標本. ❸ 解剖体; 解剖模型. ❹ (美的見地から見た)体形; (ふざけて)肉体, 裸. ▶ avoir une belle *anatomie* 立派な体格をしている / exhiber son *anatomie* 人前で裸を見せる.
anatomique /anatɔmik/ 厖 解剖学(上)の, 解剖の.
anatomiquement /anatɔmikmɑ̃/ 副 解剖(学)的に, 解剖学上.
ancestral, ale /ɑ̃sɛstral/; (男複) **aux** /o/ 厖 ❶ 父祖伝来の; 祖先の. ❷ 古来の, 大昔の.
ancêtre /ɑ̃sɛtr/ 名 ❶ (祖父母以前の)父祖, 祖先; (複数で)遠い先祖, 遠祖. ▶ nos *ancêtres* les Gaulois 我らの祖先ガリア人(フランス人がガリア人の子孫であることを言う表現). ❷ 創始者, 始祖. ❸ (生物種の)祖先; (器具, 製品などの)原型, 祖型. ❹名 (皮肉に)老人; (年齢に関係なく一番の年長者を指して)長老.
anche /ɑ̃ːʃ/ 囡 (管楽器の)リード, 舌.
anchois /ɑ̃ʃwa/ 男 アンチョビー: イワシ科の魚.
*__ancien, enne__ /ɑ̃sjɛ̃, ɛn/ アンシャン, アンシエヌ/ (母音字, 無音の h で始まる男性名詞単数形の前では /ɑ̃sjɛn/ となる. 例: ancien ami /ɑ̃sjɛnami/) 厖

英仏そっくり
英 ancient 古代の.
仏 ancien 古い, 古代の, 元の.

❶ (おもに名詞のあとで)古くからある, 古い, 昔(から)の; 古代の. 注 固定的な表現などでは名詞の前に置かれることもある. ▶ une coutume très *ancienne* 昔からある習慣 / la Grèce *ancienne* 古代ギリシア / l'histoire *ancienne* 古代史 / des livres *anciens* 古書 / Il y a beaucoup de temples *anciens* à Kyoto. 京都には古い寺がたくさんある / l'une des plus *anciennes* familles de cette région この地方の旧家の一つ / dans l'*ancien* temps 古くは, 昔は.

anciennement

❷《身分や職業を表わす名詞の前で》かつての, 以前の, 元…. ▶ un *ancien* ministre 元大臣（注 前大臣は ex-ministre）/ un *ancien* élève de l'École normale supérieure 高等師範学校卒業生 / son *ancienne* femme 彼の元妻.
❸《名詞の前で》旧…; かつての, 今は存在しない. ▶ l'*Ancien* Régime 旧体制, アンシャン・レジーム.
❹〈l'*ancien* ＋ 名詞〉《新しいものとの対比で》旧…. ▶ l'*Ancien* Testament 旧約聖書（↔le Nouveau Testament）/ l'*Ancient* Monde 旧世界（↔le Nouveau Monde）.
❺ 先輩の, 年長の. ▶ Il est plus *ancien* que moi dans le métier. この仕事では彼の方が古株だ.
à l'ancienne 昔風の.
— ❶ 先輩, 古参; 年長者, 年寄り, 長老.
— **ancien** 男 ❶ 古物, 骨董(š)品; 中古家屋. ❷《多く Anciens》古代人; 古代ギリシア・ローマの作家. 》〈2 人の同名の人物を区別して〉大…. ▶ Pline l'*Ancien* et Pline le Jeune 大プリニウスと小プリニウス.

> 比較 古い
> vieux 長い年月を経ていることをいう. 古いゆえに, 価値が減じたり, 逆に愛着が増していることを含意する. ancien 名詞のあとで用いて「古くからある, 古代の《古くからある》の意. 古代では ほとんど vieux と同義だが, 多くは別の時代に属していることを意味し, 骨董や歴史学の対象として価値があるというニュアンスを持つ. meubles *anciens* 年代物の家具, *vieux* meubles 古びた家具. また, ancien は名詞の前で「かつての, 元の」の意, この場合の vieux との使い分けははっきりしている. *ancien* ami 昔の友人（今は友人ではない), *vieil* ami 旧友（今も友人である).

anciennement /ɑ̃sjɛnmɑ̃/ 副 昔は, 以前は.
ancienneté /ɑ̃sjɛnte/ 安 ❶ 勤続年数, 在職年数. ▶ avoir dix ans d'*ancienneté* 勤続 10 年である. ◆à［par］l'*ancienneté* 年功による. ▶ salaire à l'*ancienneté* 年功給与. ❷ 古さ. ▶ l'*ancienneté* d'une famille 家柄の古さ.
de toute ancienneté 大昔から, 太古以来.
ancolie /ɑ̃kɔli/ 安〖植物〗オダマキ.
ancrage /ɑ̃kraːʒ/ 男 ❶《習慣, 組織などの》定着（化). ❷ 投錨(šw); 錨地; 停泊料. ❸ 固定, 取り付け. ❹〖電気〗架線金具.
point d'ancrage 固定点; 拠点.
ancre /ɑ̃ːkr/ 安 ❶ 錨(ůw), アンカー;《気球の》係留鉤(ů);〖建築〗(T 字, X 字型などの）控え金物;〖時計〗アンクル.
ancre de salut (1) 大錨. (2) 最後の頼みの綱.
être [demeurer] à l'ancre 錨泊(šw)している. (2) じっと動かない.
jeter l'ancre (1) 投錨する. (2)《ある場所に》落ち着く.
lever l'ancre (1) 揚錨する. (2) 話 立ち去る.
ancrer /ɑ̃kre/ 他動 ❶《考え, 感情》を植えつける;〔習慣, 制度など〕を定着させる. ▶ *ancrer* une idée chez qn ある考えを抱かせる. ❷〔船〕を錨(ůw)で止める;《目的語なしに》投錨(šw)する. ❸〖土木〗〔ケーブル, 鉄筋など〕の端部を定着させる;〖建築〗…を控え金物で留める.

— *s'ancrer* 代動 ❶ 根を下ろす, 定着する. ❷ 長居する, 居つく. ❸ 錨を下ろす.
andalou, ouse /ɑ̃dalu, uːz/ 形 アンダルシア Andalousie の.
— **Andalou, ouse** 名 アンダルシアの人.
— **andalou** 男 アンダルシア方言.
Andalousie /ɑ̃daluzi/ 固有 安 アンダルシア: スペイン南部の地方.
andante /ɑ̃dɑ̃t ; ɑ̃dɑ̃ːt/ 副《イタリア語》〖音楽〗アンダンテで, 歩くような速さで.
— 男 アンダンテ: ソナタなどの緩徐楽章.
andantino /ɑ̃dɑ̃tino/ 副《イタリア語》〖音楽〗アンダンティーノで, ややゆっくりした調子で.
— 男 アンダンティーノの曲.
Andes /ɑ̃ːd/ 固有 安複 cordillère des *Andes* アンデス山脈.
andin, ine /ɑ̃dɛ̃, in/ 形 アンデス Andes 山脈の;〖地質〗アンデス型（造山運動）の.
— **Andin, ine** 名 アンデス山地の人.
Andorre /ɑ̃dɔːr/ 固有 安 アンドラ: 首都 Andorre-la-Vieil. ▶ en *Andorre* アンドラに［で, へ］.
andouille /ɑ̃duj/ 安 ❶〖料理〗アンドゥイユ: 豚や子牛の胃, 腸などを詰めたソーセージ. ❷ 話 間抜け, とんま. ▶ faire l'*andouille* ばかなまねをする; 無邪気を装う.
andouiller /ɑ̃duje/ 男《鹿の》枝角.
andouillette /ɑ̃dujɛt/ 安〖料理〗アンドゥイエット: 小型のアンドゥイユ（ソーセージ).
androgyne /ɑ̃drɔʒin/ 形 男女両性の特徴を持つ; 半陰陽の, 二形(šw)の. ❷〖植物学〗両性花を持つ, 雌雄同株の. — 男 両性具有者.
androïde /ɑ̃drɔid/ 男 アンドロイド.
Andromède /ɑ̃drɔmɛd/ 固有 安 ❶〖ギリシア神話〗アンドロメダ: 海の怪物の人身御供にされるが, ペルセウスに救われる. ❷〖天文〗アンドロメダ座.
andropause /ɑ̃drɔpoːz/ 安 男性更年期.
***âne** /ɑːn/ アーヌ 男 ❶〖動物〗ロバ. 注 雌ロバは ânesse, ロバの子は ânon という.
❷ ばか, 間抜け. ▶ *âne* bâté 大ばか者.
❸ 万力. ▶ banc d'*âne* 万力台, 工作机.
bonnet [oreilles] d'âne ロバの帽子: 昔, 成績の悪い生徒に罰としてかぶせた長い耳付きの紙帽子.

bonnet d'âne

dos d'âne《道などの》起伏, 凸状の部分. ▶ un pont en *dos d'âne* 太鼓橋.
entêté [têtu] comme un âne とても頑固な.
être comme l'âne de Buridan どちらか決めかねて悩む.
le coup de pied de l'âne《ロバの足蹴(ů)→》恐れる必要のなくなった相手に卑怯(šw)者が浴びせる攻撃（ラ・フォンテーヌ『寓話』).
méchant [mauvais] comme un âne rouge ひどく意地悪な.

anglais

peau d'âne 圕 卒業証書.

anéantir /aneɑ̃ti:r/ 他動 ❶ …を無に帰せしめる, 消滅させる;〖敵〗を全滅〖壊滅〗させる. ▶ *anéantir un plan* 計画をつぶす / *Cette nouvelle brutale a anéanti tous mes espoirs.* その突然の知らせは私の希望を打ち砕いた / *L'incendie a anéanti toute la ville.* 火事で町は灰燼(ﾊｲｼﾞﾝ)に帰した. ❷〖しばしば受動態で〗…を疲れ果てさせる;打ちのめす, 意気消沈させる. ▶ *Il restait anéanti par cet échec.* 彼はその失敗から立ち直れずにいた.
— **s'anéantir** 代動 ❶ 無に帰する, 消滅する;全滅〖壊滅〗する. ▶ *Nos espérances se sont anéanties.* 我々の希望はついえ去った.
❷〈*s'anéantir* dans [en] qn/qc〉…に沈み込む;没頭する;身をささげる. ▶ *s'anéantir* dans l'oubli 忘れ去られる / *s'anéantir* dans son désespoir 絶望の淵(ﾌﾁ)に沈む / *s'anéantir* dans le travail 仕事に専心する.

anéantissement /aneɑ̃tismɑ̃/ 男 ❶ 消滅, 壊滅;廃止;死. ❷ 疲労困憊(ｺﾝﾊﾟｲ);意気消沈, 茫然(ﾎﾞｳｾﾞﾝ)自失. ❸ 忘我(神に対する)恭順.

anecdote /anɛkdɔt/ 女 ❶ 奇聞, 奇談;逸話, 秘話. ❷〖l'anecdote〗枝葉末節, 些末(ｻﾏﾂ)事.

anecdotier, ère /anɛkdɔtje, ɛːr/ 名 逸話の語り手;逸話収集家.

anecdotique /anɛkdɔtik/ 形 逸話的な;些末(ｻﾏﾂ)の, 枝葉の.

anémiant, ante /anemjɑ̃, ɑ̃ːt/ 形 ❶ 貧血の原因になる. ❷ 疲れさせる.

anémie /anemi/ 女 ❶ 貧血. ❷ 衰退, 減退, 低下, 不振.

anémié, e /anemje/ 形 ❶ 貧血になった. ❷ 衰退した, 不振の.

anémier /anemje/ 他動 ❶ …に貧血を起こさせる. ❷ …を衰えさせる. — **s'anémier** 代動 ❶ 貧血を起こす. ❷ 衰える, 不振になる.

anémique /anemik/ 形 ❶ 貧血の. ❷ 衰退した, 活力のない, 不振の. — 名 貧血の人.

anémomètre /anemɔmɛtr/ 男 風速計.

anémone /anemɔn/ 女 ❶〖植物〗アネモネ. ❷〖動物〗*anémone* de mer イソギンチャク類.

ânerie /ɑnri/ 女 ❶ ひどい無知〖愚かさ〗. ❷ ばかげた言行.

ânesse /ɑnɛs/ 女 雌ロバ.

anesthésie /anɛstezi/ 女 ❶ 麻酔. ▶ *anesthésie locale* 局所麻酔 / *anesthésie générale* 全身麻酔. ❷ 知覚麻痺(ﾏﾋ);無感覚, 無感動, 無気力.

anesthésier /anɛstezje/ 他動 ❶ …に麻酔をかける. ❷ 〖文章〗…を鈍らせる, 無感覚にする, 無効にする. ▶ *anesthésier l'opinion publique* 世論を鎮める. — **s'anesthésier** 代動 鈍る, 無感覚〖無気力〗になる.

anesthésique /anɛstezik/ 男 ❶ 麻酔薬. ▶ *anesthésique local* 局所麻酔薬. ❷ 無感覚〖無気力〗にするもの. — 形 ❶ 麻酔の;麻酔作用のある. ❷ 無感覚〖無気力〗にする, 眠気を催させる.

anesthésiste /anɛstezist/ 名 麻酔医.

anévrisme /anevrism/, **anévrysme** 男〖医学〗動脈瘤(ﾘｭｳ). ▶ *rupture d'anévrisme* 動脈瘤破裂.

*****ange** /ɑ̃ːʒ/ 男 ❶ 天使. ▶ *bon ange =* *ange blanc* よい天使(⇨成句) / *mauvais ange = ange noir* 悪い天使(⇨成句) / *ange déchu* 堕天使 / *ange de l'Annonciation* お告げの天使, 大天使ガブリエル. ❷ (優しく, 品性が高く, 慎み深い)天使のような人. 注 文章語では稀に女性名詞として用いられる. ▶ *Sa femme est un(e) ange.* 彼の奥さんは天使のような人だ / *Vous seriez un ange si vous vouliez bien me rendre ce service.* この仕事をしていただけるなら, とてもありがたく思います. ◆〈un *ange* de + 無冠詞名詞〉…を最高度に体現した人. ▶ *C'est un ange de douceur.* その方は優しさの化身です. ❸ かわいい人. ▶ *Mon ange.* = *Mon bel* [*petit*] *ange.* 愛する人よ. ❹ かわいらしい子供(= *petit ange*). ❺ 圕 番人, 護衛;看守, 警官.

ange gardien (1)〖カトリック〗守護天使. (2) 保護者. (3) 圕 ボディーガード;看守.

comme un ange このうえなく, 完璧(ｶﾝﾍﾟｷ)に. ▶ *chanter comme un ange* うっとりするほどうまく歌う.

d'ange すばらしい. ▶ *une patience d'ange* 超人的な忍耐力.

discuter du sexe des anges (天使の性別について論じる→)無益な議論をする.

être aux anges 有頂天である, 幸せでうっとりしている.

le bon [*mauvais*] *ange de qn* …によい[悪い]感化を与える人.

rire [*sourire*] *aux anges* 独りでにやにやする;〖赤ん坊が〗睡眠中にほほえむ.

Un ange passe. おや, 天使が通った(会話がとぎれ, 気詰まりなときに言う言葉).

angélique /ɑ̃ʒelik/ 形 ❶ 天使の. ▶ *salutation angélique* 天使祝詞, アベ・マリア. ❷ 天使のような. ▶ *un sourire angélique* 天使のようなほほえみ / *avec une patience angélique* 完璧(ｶﾝﾍﾟｷ)な忍耐力をもって. — /anemik/ 女 ❶〖植物〗アンジェリカ. ❷〖菓子〗アンジェリカの茎の砂糖漬.

angélisme /ɑ̃ʒelism/ 男 現実離れした考え.

angelot /ɑ̃ʒlo/ 男 (宗教画などの)子供の天使.

angélus /ɑ̃ʒelys/ 男〖カトリック〗❶ (朝・昼・晩の)お告げの祈り, アンジェラス. ❷ (お告げの祈りを知らせる)お告げの鐘, アンジェラスの鐘.

Angers /ɑ̃ʒe/ 固有 アンジェ:Maine-et-Loire 県の県庁所在地.

angevin, ine /ɑ̃ʒvɛ̃, in/ 形 ❶ アンジェ Angers の. ❷ アンジュー Anjou 地方の.
— **Angevin, ine** 名 ❶ アンジェの人. ❷ アンジュー地方の人.

angine /ɑ̃ʒin/ 女〖医学〗❶ アンギナ, 口峡炎. ❷ *angine de poitrine* 狭心症.

angiospermes /ɑ̃ʒjɔspɛrm/ 女複〖植物〗被子植物亜門 (↔ *gymnospermes*).

*****anglais, aise** /ɑ̃glɛ, ɛːz/ アングレ, アングレーズ/ 形 ❶ イギリス Angleterre の, 英国の;イングランドの. ▶ *la couronne anglaise* イギリス王室 / *crème anglaise*〖料理〗カスタード・ソース. ❷ イギリス人の, 英国人の;イングランド人の. ❸ = *Canadiens anglais* イギリス系カナダ人. ▶ *dictionnaire anglais-français* 英仏辞典.
— *****Anglais, aise** 名 イギリス人, 英国人;イ

ングランド人.
— ***anglais** 男 英語. ▶ l'*anglais* américain アメリカ英語, 米語 / l'*anglais* britannique イギリス英語.
— **anglaise** 女 ❶ イギリス風書体：右に傾いた草書体. ❷《複数で》長い巻き毛.
filer [***partir, s'en aller***] ***à l'anglaise*** こっそり立ち去る (⇨ FILER).

*angle /ā:gl アーングル/ 男 ❶ 角(かど), 隅. ▶ meuble d'*angle* コーナー家具 / dans l'*angle* supérieur droit de l'enveloppe 封筒の右上隅に / Je t'attendrai à l'*angle* de la rue Lepic. ルピック通りの角で待っているよ.
❷ 角(かく), 角度. ▶ un *angle* de soixante degrés 60度の角(度) / *angle* mort 死角 / *angle* droit [aigu, obtus] 直角 [鋭角, 鈍角]. ❸ 撮影アングル; (ものを見る) 角度. ❹ (性格, 表現などの) 角(かど), とげとげしさ.
arrondir [***adoucir***] ***les angles*** 丸く治める, 対立を和らげる.
en angle とがった；《ふざけて》がりがりの.
faire l'angle avec [***de***] ***qc*** …の角にある. ▶ le café qui *fait l'angle de* deux rues 2つの通りの角にあるカフェ.
faire un angle 〔道などが〕折れる. ▶ La rue *fait un angle* après la place. 通りは広場の先で折れている.
sous cet angle この観点から (=de ce point de vue). ▶ Vues *sous cet angle*, les choses sont plus simples. こういう見地に立てば事はもっと単純になる.
sous l'angle de qc …の観点から. ▶ Il faut envisager la question *sous tous ses angles*. 問題はあらゆる角度から検討しなければならない.

Angleterre /āglətɛ:r/ 固有 女 イングランド, イギリス. ▶ en *Angleterre* イギリスに [で, へ].
anglican, ane /āglikā, an/ 形 英国国教(徒)の. ▶ l'Eglise *anglicane* 英国国教会, 英国聖公会. — 名 英国国教徒.
anglicanisme /āglikanism/ 男 英国国教.
angliciser /āglisize/ 他動 …を英語風にする；イギリス風にする. — **s'angliciser** 代動 英語化する；イギリス風になる.
anglicisme /āglisism/ 男 英語からの借用語, 英語風の言い回し；英語特有語法, 英国語法.
angliciste /āglisist/ 名 英語 [英文] 学者, イギリス文化研究者；英語専攻学生.
anglo- 接頭 「イギリス；英語」の意.
anglomane /āglɔman/ 形, 名 イギリスかぶれの (人).
anglomanie /āglɔmani/ 女 イギリスかぶれ.
anglo-normand, ande /āglɔnɔrmā, ā:d/ 形 イングランドとノルマンディーの.
— **Anglo-Normand, ande** 名 (チャンネル諸島に住む) アングロノルマン人.
anglophile /āglɔfil/ 形, 名 イギリスびいきの (人)；《特に》(政治的に) 親英派の (人).
anglophilie /āglɔfili/ 女 イギリスびいき, 親英.
anglophobe /āglɔfɔb/ 形, 名 イギリス嫌いの (人).
anglophobie /āglɔfɔbi/ 女 イギリス嫌い.

anglophone /āglɔfɔn/ 形 英語を話す, 英語を使う；英語圏の. ▶ les pays *anglophones* 英語圏諸国. — 名 英語を話す人.
anglo-saxon, onne /āglɔsaksɔ̄, ɔn/ 形 ❶ 英国 (系) の. ❷《歴史》(5世紀に英国に侵入した) アングロサクソン人の.
— **Anglo-saxon, onne** 名 アングロサクソン人. — **anglo-saxon** 男 アングロサクソン語, 古期英語 (=vieil anglais).
angoissant, ante /āgwasā, ā:t/ 形 不安に陥れる, とても心配な.
*angoisse /āgwas/ 女 ❶ 不安, 心配, 苦悩；苦悶(くもん). ▶ passer une nuit d'*angoisse* 不安な一夜を過ごす / *angoisse* de la mort 死の恐怖. 比較 ⇨ INQUIÉTUDE. ❷ 話 どうしようもないもの. ▶ C'est l'*angoisse*.《大げさに》最悪だ, ひどすぎる.
angoissé, e /āgwase/ 形 ひどく不安な, 心を痛めた；苦悩に満ちた.
— 名 不安にさいなまれる人, 苦悶(くもん)する人.
angoisser /āgwase/ 他動 …をひどく不安にする, たいへん心配させる. — 自動 話 不安になる.
— **s'angoisser** 代動 ひどく不安 [心配] になる, 心を痛める.
Angola /āgɔla/ 固有 男 アンゴラ：首都 Luanda. ▶ en *Angola* アンゴラに [で, へ].
angolais, aise /āgɔlɛ, ɛ:z/ 形 アンゴラ Angola の. — **Angolais, aise** 名 アンゴラ人.
angora /āgɔra/ 形《男女同形》❶ ヤギ, 猫, ウサギが アンゴラ種の. ❷《繊維》アンゴラの, モヘアの.
— 男 ❶ アンゴラヤギ [猫, ウサギ]. ❷《繊維》アンゴラ. ▶ pull en *angora* アンゴラのセーター.
Angoulême /āgulem/ 固有 女 アングレーム：Charente 県の県庁所在地.
Angoumois /āgumwa/ 固有 男 アングーモア地方：フランス西部.
anguille /āgij/ 女 ウナギ.
Il y a (***quelque***) ***anguille sous roche***. 何かたくらんで [隠し事をして] いるようだ, どうも うさん臭い.
angulaire /āgylɛ:r/ 形 ❶ 角(かど)の；角張った. ❷《数学》《物理》角(かく)の, 角度の.
pierre angulaire (1)《建築》隅石. (2) 基礎, かなめ. ▶ la *pierre angulaire* de l'Eglise (教会の礎石→) イエス・キリスト.
anguleux, euse /āgylø, ø:z/ 形 ❶ 角(かど)の多い, ギザギザの. ❷〔性格, 顔つき〕角のある.
anhydre /anidr/ 形《化学》無水の.
anhydride /anidrid/ 男《化学》無水物.
anicroche /anikrɔʃ/ 女 話 (些細(ささい)な) 障害, 支障. ▶ Il est arrivé sans *anicroche*(s). 彼は無事到着した.
aniline /anilin/ 女《有機化学》アニリン.
*animal /animal アニマル/；《複》*aux* /o/
❶ 動物. ▶ *animal* sauvage 野生動物 / *animal* de compagnie ペット / *animal* domestique 家畜 / *animal* de laboratoire 実験動物 / *animal* à sang froid 冷血動物 / la Société protectrice des *animaux* 動物愛護協会 (略 SPA). ❷《ののしって》畜生, ばか. ▶ Rien à faire avec

cet *animal*-là! あん畜生ときたらまったく手に負えないよ.

比較 **動物**
animal 普通は人間以外の動物を指すが, 文章語としては植物に対して動物一般を指し, 人間を含むことがある. **bête** animal よりくだけた表現で, 人間以外の動物を指す.

— **animal, ale**; (男複) ***aux*** 形 ❶ 動物の; 動物特有の. ▶ le règne *animal* 動物界[植物界 règne végétal, 鉱物界 règne minéral に対する]. ❷ 動物的な, 本能的な.

animalcule /animalkyl/ 男 (肉眼では見えない) 微小動物.

animalerie /animalri/ 女 ❶ 実験用動物飼育場. ❷ ペットショップ.

animalier, ère /animalje, ɛːr/ 形 動物の. ▶ peintre [sculpteur] *animalier* 動物画家[彫刻家] / parc *animalier* 小動物園.
— 名 ❶ 動物画家[彫刻家]. ❷ 動物飼育係.

animalité /animalite/ 女 ❶ 動物的な性質. ❷ (人間の)動物的側面, 獣性.

animateur, trice /animatœːr, tris/ 名 ❶ (会合, グループの)推進者. ❷ アニメーター: 余暇活動, リゾート・ライフや職業訓練でのグループ活動を円滑にする指導員. ▶ *animateur* d'un centre de loisirs 青少年レジャーセンターの指導員. ❸ 司会者, 進行係. ❹ 〖映画〗アニメーター.

animation /animasjɔ̃/ 女 ❶ 活気, 生気, にぎわい, 人出. ▶ *animation* de l'industrie informatique 情報産業の活況 / discuter avec *animation* 熱っぽく議論する / Il y a beaucoup d'*animation* dans ce quartier. この界隈(かいわい)はたいへんにぎやかだ. ❷ (団体活動の)推進, 運営, 指導; 活発な団体活動. ▶ s'occuper de l'*animation* dans un club du troisième âge 老人クラブの指導に当たる. ❸ 動画, アニメーション. ▶ film d'*animation* アニメ映画.

animé, e /anime/ 形 ❶ 生命のある. ▶ êtres *animés* 生き物. ❷ [話, 議論が]活発な; [通りなどが]にぎやかな. ❸ [物が]動く, 動きの多い. ▶ dessin *animé* アニメ, 動画.

*****animer** /anime/ アニメ 他動 ❶ …を**活気づける**, にぎわす. ▶ *animer* la conversation 会話を活気づける / Un festival international de musique *anime* cette petite ville durant tout le mois d'août. この小さな町は8月いっぱい国際音楽祭でにぎわう.
❷ (しばしば受動態で)…を駆り立てる. ▶ Il *était animé* d'une colère. 彼は怒りに駆られていた.
❸ [会など]を**司会する**; [集団]を推進する, リードする. ▶ *animer* une émission 番組の司会をする / *animer* une course (競走で)先頭を切る / *animer* une équipe チームのリードをとる.
❹ [神, 芸術家が]…に魂を与える, 命を吹き込む.
❺ [物]を動かす.
❻ 〖映画〗…をアニメーション撮りする.
— **s'animer** 代動 ❶ 活気づく, にぎわう. ▶ Les jours de marchés, la rue *s'anime*. 市の立つ日は通りがにぎわう. ❷ 生命を得る, 動く. ❸ 興奮する, 夢中になる.

animisme /animism/ 男 アニミズム: 万物に生命

[霊魂]が宿ると考える世界観.

animiste /animist/ 形, 名 アニミズムの(信奉者).

animosité /animozite/ 女 ❶ 敵意, 憎しみ, 反感, 恨み. ▶ avoir [éprouver] de l'*animosité* contre qn …に敵意を抱く. ❷ (議論の際の)興奮, 激高; (対立などの)激烈さ.

anis /ani(s)/ 男 アニス: (セリ科, モクレン科などの)香料植物. ▶ *anis* étoilé シキミ / faux *anis* クミン / sorbet à l'*anis* アニスシャーベット.

aniser /anize/ 他動 …にアニスの香りをつける.

anisette /anizɛt/ 女 アニス酒, アニゼット: アニスを香料としたリキュール.

Anjou /ɑ̃ʒu/ 固有 男 アンジュー地方: フランス西部の旧州.

ankylose /ɑ̃kiloːz/ 女 ❶ 〖医学〗強直(症), 関節強直症. ❷ 沈滞, 停滞. ▶ une *ankylose* de l'économie 経済の不振.

ankylosé, e /ɑ̃kiloze/ 形 関節が強直した. ▶ J'ai les jambes *ankylosées* d'être resté accroupi. しゃがんでいたので足がしびれた.

ankyloser /ɑ̃kiloze/ 他動 …の関節を強直させる; [反応, 行動力など]を鈍らせる.
— **s'ankyloser** 代動 ❶ 関節が強直する. ❷ [反応, 行動力などが]鈍る. ▶ L'esprit *s'ankylose* dans l'inactivité. 何もしないでいると精神が麻痺(ひ)する.

annales /anal/ 女複 ❶ 年代記, 編年史. ❷ (雑誌, 会報名などで)…年報, 紀要. ▶ *annales* de médecine 医学年報. ❸ 過去の記録, 歴史. ▶ être célèbre dans les *annales* du crime 犯罪史上にその名をとどめる.

annaliste /analist/ 名 年代記作者.

Annam /a(n)nam/ 固有 男 アンナン, 安南: 仏領インドシナ時代のベトナム中部の呼称.

annamite /anamit/ 形 アンナン Annam の.
— **Annamite** 名 アンナン人.

anneau /ano/ × 男 ❶ 輪, 環, リング. ▶ *anneau* de rideau カーテンリング / *anneaux* chinois 知恵の輪. ◆en *anneau* 円状に, リング状の. ▶ île en *anneau* (サンゴなどの)環礁 / des cheveux en *anneaux* 巻き毛 / les vagues en *anneau* 波紋. ❷ 指輪. ▶ *anneau* de mariage = *anneau* nuptial 結婚指輪. ❸ (複数で)〖体操〗つり輪. ❹ リング状のもの; (都市の)環状バイパス; (船の)係留環[所]. ❺〖数学〗環, 円環.

Annecy /ansi/ 固有 アヌシー: Haute-Savoie 県の県庁所在地.

*****année** /ane/ アネ 女

❶ **年, 1年**. ▶ cette *année* 今年 / chaque *année* 毎年 / l'*année* prochaine [dernière] 来年 [去年] / l'*année* suivante [précédente] 翌年 [前年] / le début de l'*année* 年頭 / la fin de l'*année* 年末 / dans l'*année* 年内に / la nouvelle *année* 新年 / l'*année* 2008 西暦2008年 / *année* de lumière 光年 (=année-lumière).
◆数量表現 + *année* …年間. ▶ un travail de trois *années* 3年間の仕事 / une *année* de loyer 1年分の家賃 / les trois dernières *années* ここ3年間. ◆dans les *années* qui viennent [à venir] 今後数年間のうちに.

année-lumière

❷ 年度. ▶ *année* fiscale 会計年度(フランスでは1-12月) / *année* scolaire 学年度(フランスでは9-7月) / *année* budgétaire 予算年 / *année* universitaire 大学の学年度(フランスでは10-6月) / l'*année* de la femme (国際)女性年 / l'*Année* du Japon 日本年.

❸《多く序数詞とともに》歳；学年. ▶ Il est dans sa vingt-cinquième *année*. 彼は25歳だ(=Il a vingt-cinq ans) / un homme d'une soixantaine d'*années* 60がらみの人 / étudiant de deuxième *année* 2年生 / Elle est en quatrième *année* de médecine. 彼女は医学部の4年生だ.

❹《複数で》時期, 時代. ▶ les dernières *années* de qn …の晩年 / les *années* 1920 1920年代 / les premières *années* 60 60年代初頭 / les *années* folles 狂騒の時代(1920-30年代).

❺ …年報［年鑑］. ▶ *année* scientifique 科学年報.

à l'année 1年契約で. ▶ Il travaille *à l'année*. 彼は1年契約で働いている.

Bonne (et heureuse) année! 新年おめでとう.

d'année en année 年ごとに, 年を追って. ▶ Le salaire s'améliore *d'année en année*. 給料は毎年改善される.

d'une année à l'autre 年によって. ▶ La moisson est variable *d'une année à l'autre*. 収穫は年ごとに出来不出来がある.

souhaiter à qn la [une] bonne année …に新年の祝辞を述べる (⇨ SOUHAITER).

toute l'année 一年中.

année-lumière /anelymjɛːr/;《複》~s-~ 囡『天文』光年.

annelé, e /anle/ 形 輪になった. ▶ cheveux *annelés* カールした髪 / colonne *annelée* 環縁(かんえん)のある円柱 / vers *annelés* 環形動物.

annélides /anelid/ 男|複 囡|複『動物』環形動物(門)：ミミズ, ゴカイなど.

annexe /aneks/ 形 付属の；付随的な. ▶ bâtiment *annexe* 別館 / école *annexe* 付属小学校 / pièces *annexes* d'un dossier 書類の添付文書 / questions *annexes* 副次的問題.

— 囡 ❶ 別館；支店, 支局. ❷ 付属文書；補遺, 付録. ❸ 付属要素；付属物.

annexer /anekse/ 他動 ❶〈*annexer* qc à qc〉…を…に付け加える, 添付する, 付属させる. ❷〔国, 領土など〕を併合する. ❸〈*annexer* qn (à qc)〉…を〔集団, 組織に〕加入させる, 引き入れる. ❹…を独り占めにする, 捕らえて離さない.

— **s'annexer** 代動 ❶…を自分のものにする, 独占する；〔国など〕を併合する. 注 se は間接目的. ❷〈*s'annexer* à qc〉〔国など〕…に併合される.

annexion /aneksjɔ̃/ 囡 ❶〔領土などの〕併合；併合された領土. ❷ 掌握, 支配.

annexionnisme /aneksjɔnism/ 男 併合主義［政策］.

annexionniste /aneksjɔnist/ 形 併合主義の, 併合論の. — 名 併合主義者, 併合論者.

annihilation /aniilasjɔ̃/ 囡 ❶ 無にすること, 消滅；根絶. ❷ 取り消し, 破棄. ❸『物理』対(つい)消滅.

annihiler /aniile/ 他動 ❶ …を無に帰させる, 消滅させる；〔努力など〕をむだにさせる. ❷ …を無効にする, 廃止する. ▶ *annihiler* un testament 遺言を破棄する. ❸ …の意欲を失わせる, を呆然(ぼうぜん)とさせる. — **s'annihiler** 代動 ❶ 消滅する, 消えてなくなる. ❷ 自分を無にする.

***anniversaire** /anivɛrsɛːr アニヴェルセール/ 男

英仏そっくり語

英 anniversary 記念日
仏 anniversaire 記念日, 誕生日.

❶ 記念日. ▶ l'*anniversaire* de la Révolution 革命記念日 / célébrer [fêter] le cinquantième *anniversaire* de son mariage 金婚式を祝う. ❷ 誕生日. ▶ **Bon anniversaire!** お誕生日おめでとう / Aujourd'hui, c'est l'*anniversaire* de mon fils. 今日は息子の誕生日だ / cadeau d'*anniversaire* 誕生日のプレゼント. ❸ 命日, 年忌. ▶ messe d'*anniversaire* 命日のミサ. — 形 記念日の. ▶ jour [fête] *anniversaire* 記念日［祭］.

***annonce** /anɔ̃ːs アノーンス/ 囡 ❶ 知らせ, 発表, アナウンス. ▶ l'*annonce* de la venue au Japon du Premier ministre français フランスの首相が訪日するという発表 / effet d'*annonce* アナウンス効果. ◆à l'*annonce* de qc 文章 …の知らせに接して. ❷ 広告, 案内. ▶ *annonce* publicitaire 宣伝広告 / petites *annonces*（新聞の求人, 求職, 交際などに関する）三行広告 / faire passer une *annonce* dans le journal 新聞に広告を出す. ❸ 前兆, 兆し. ▶ Cette douce chaleur, c'est l'*annonce* du printemps. この心地よい暖かさは, もう春がそこまでやって来ているしるしだ. ❹（テレビ番組などの）予告.

***annoncer** /anɔ̃se アノンセ/ [1] 他動

過去分詞	annoncé	現在分詞	annonçant
直説法現在	j'annonce		nous annonçons
	tu annonces		vous annoncez
	il annonce		ils annoncent

❶ …を知らせる；発表する. ▶ Il m'*a annoncé* son départ [qu'il partait] pour la France. 彼は私にフランスへ発(た)つと告げた / Le gouvernement *a annoncé* une série de mesures contre l'inflation. 政府はインフレに対する一連の措置を発表した. 比較 ⇨ PARLER¹, INFORMER.

❷ …を予告する；予言する. 天気予報では明日は晴れだ / On *annonce* l'inspecteur pour lundi prochain. 来週の月曜日に視察官がやって来ることになっている.

❸〔客〕の来訪を告げる, を取り次ぐ. ▶ Au milieu de la soirée, on *annonça* Monsieur et Madame X. 夜会もたけなわの頃, X 夫妻の到着が告げられた / Si vous voulez bien m'*annoncer* à Madame. 奥様にお取り次ぎください.

❹〔物事が〕…の兆しとなる, を告げる；表わす, 示す. ▶ Ce geste violent *annonçait* une grande colère. その乱暴な振る舞いには激しい怒りがはっきり表われていた.

annoncer la couleur 意見をはっきり述べる, 立

場を明確にする；〔物が〕内容を明示する．
— **s'annoncer** /anɔ̃se/ 代動 ❶ 兆しがある；予測される． ▶ La guerre *s'annonce*. 戦争の兆しがある． ◆*s'annoncer* + 属詞 …となる兆しがある，となりそうだ． ▶ *Ça s'annonce* mal [bien]. 幸先(ｻｲｻｷ)が悪い[よい]． ❷ 文 〔人が〕到着を告げる；〔取り次ぎを求めて〕名を告げる．

annonceur, euse /anɔ̃sœːr, øːz/ 名（新聞，ラジオ，テレビの）スポンサー；広告業者．

annonciateur, trice /anɔ̃sjatœːr, tris/ 形 予告する，前触れとなる． ▶ les cygnes *annonciateurs* de l'hiver 冬を告げる白鳥． ◆ un signe *annonciateur* de qc …の兆し，前触れ．

Annonciation /anɔ̃sjasjɔ̃/ 女 〖カトリック〗神のお告げ：大天使ガブリエルによるマリアへの受胎告知；お告げの祭日（3月25日）．

annotateur, trice /anɔtatœːr, tris/ 名 注釈者，注解者．

annotation /anɔtasjɔ̃/ 女 《多く複数で》注，注釈，書き込み． ▶ *annotations* au bas des pages (=note) 脚注．

annoter /anɔte/ 他動 ❶ …に注をつける；書き込みをする． ▶ *annoter* une œuvre de Virgile (=commenter) ウェルギリウスのある作品に注釈をつける． ❷〔教師が宿題など〕に意見，注意などを記入する．

annuaire /anɥɛːr/ 男 ❶ 年鑑，年報；（年刊の）人名録． ❷ 電話帳 (=*annuaire* téléphonique).

annualisation /anɥalizasjɔ̃/ 女（行事などを）1年ごとにすること，1年制．

annualiser /anɥalize/ 他動 …を1年ごとにする，1年周期にする．

*__annuel, le__ /anɥɛl/ アニュエル/ 形 ❶ 1年間の． ▶ revenu *annuel* 年収 / budget *annuel* 年間予算 / rente *annuelle* 年金 / congés *annuels* 年次休暇 / fonction *annuelle* 任期1年の役職 / plante *annuelle* 1年生植物． ❷ 例年の，年1回の． ▶ fête *annuelle*（年1度の）記念日，年祭 / fermeture *annuelle*（バカンス時の）年次休業．

annuellement /anɥɛlmɑ̃/ 副 毎年，年間に．

annuité /anɥite/ 女 ❶《多く複数で》年賦払い，年賦償還金． ▶ payer une maison en trente *annuités* 家を30年の分割払いにする． ❷ 年金． ▶ *annuité* à vie 終身年金． ❸（年金計算などの基礎になる）勤続年数．

annulaire /anylɛːr/ 男 薬指． — 形 環状の． ▶ éclipse *annulaire* (de Soleil) 金環食．

annulation /anylasjɔ̃/ 女 取り消し，キャンセル；破棄，廃止． ▶ *annulation* in extremis ドタキャン．

*__annuler__ /anyle/ アニュレ/ 他動 ❶〔予約など〕を取り消す；〔契約〕を解約する；〔判決〕を破棄する． ▶ *annuler* un voyage 旅行を取りやめる / *annuler* un concert コンサートを中止する / *annuler* une commande 注文をキャンセルする / Le vol pour Tokyo *a été annulé*. 東京行きの便は欠航になった． ❷《de 名, 不定詞, 効果など》を相殺する，帳消しにする． ▶ L'augmentation des salaires *est annulée* par la hausse des prix. 給料は上がったが物価も上がったので帳消しだ． — **s'annuler** 代動 ❶ 無効になる． ▶ un contrat qui *s'annule* automatiquement au bout d'un an 1年後に自動的に失効する契約． ❷ 打ち消し合う，相殺される．

anode /anɔd/ 女 〖物理〗陽極，アノード（↔cathode）．

anodin, ine /anɔdɛ̃, in/ 形 ❶ 取るに足りない，どうということのない；〔病気が〕危険を伴わない． ▶ une blessure *anodine* (=léger) 軽傷 / se disputer pour une raison *anodine* (=insignifiant, sans importance) 些細(ｻｻｲ)なことで口論する． ❷ ぱっとしない，特徴のない． ▶ phrases *anodines* (=banal) 平凡な文章．

anomal, ale /anɔmal/;《男複》**aux** /o/ 形 例外的な；変則の，不規則な．

anomalie /anɔmali/ 女 異常，変則；奇妙なこと． ▶ *anomalie* héréditaire 遺伝性の異常 / Il y a des *anomalies* frappantes dans sa déposition. (=bizarrerie) 彼(女)の証言には明らかにおかしなところがある．

ânon /ɑnɔ̃/ 男 ロバの子；小さなロバ．

ânonnement /ɑnɔnmɑ̃/ 男 つかえながら読むこと，たどたどしい朗読［話し方］．

ânonner /ɑnɔne/ 他動 …をつかえながら朗読［暗唱］する，棒読みする．
— 自動 たどたどしく朗読する；口ごもる．

anonymat /anɔnima/ 男 ❶ 匿名；作者不明． ▶ garder l'*anonymat* 名前を明かさない / sous (le couvert de) l'*anonymat* 匿名で． ❷ 無名． ❸ 個性［特徴］のなさ．

anonyme /anɔnim/ 形 ❶ 匿名の；作者不詳の． ▶ lettre *anonyme* 匿名の手紙． ❷〔人が〕名前の分からない． ▶ un poète *anonyme* du Moyen-Age 中世のある不詳詩人 / L'auteur de l'assassinat reste *anonyme*. 暗殺の犯人はまだ判明していない． ❸〔物が〕個性のない；ありふれた． ▶ des vêtements *anonymes* 特色のない服． ❹ société *anonyme* 株式会社（略 SA）．
— 名 匿名［無名］の人物．

anonymement /anɔnimmɑ̃/ 副 匿名で．

anorak /anɔrak/ 男 アノラック．

anorexie /anɔrɛksi/ 女 〖医学〗食欲不振，無食欲症． ▶ *anorexie* mentale 拒食症．

anormal, ale /anɔrmal/;《男複》**aux** /o/ 形 ❶ 異常な，例外的な；変則の． ▶ une chaleur *anormale* pour l'automne (=inhabituel, exceptionnel) 秋には珍しい暑さ． ❷ 不当な，不公平な． ▶ distribution *anormale* des richesses 富の不公平な配分． ◆《非人称構文で》Il est *anormal* que + 接続法 …は変だ．
— 名 異常者．

anormalement /anɔrmalmɑ̃/ 副 異常に，例外的に；変則的に．

anovulatoire /anɔvylatwaːr/ 形 〖医学〗無排卵(の)の；排卵を抑止する．

ANPE 女〖略語〗Agence nationale pour l'emploi 国立雇用局，職業安定所．

anse /ɑ̃ːs/ 女 ❶ 取っ手，握り． ▶ l'*anse* d'une tasse コーヒーカップの取っ手． ❷ 〖地理〗入り江． *faire danser* [*sauter*] *l'anse du panier*（召し使いが）買い物の金をちょろまかす．

antagonique

antagonique /ɑ̃tagɔnik/ 形 対立する, 相いれない. ▶ intérêts *antagoniques* 対立する利害.

antagonisme /ɑ̃tagɔnism/ 男 対立, 対抗, 敵対関係.

antagoniste /ɑ̃tagɔnist/ 形 対立する, 敵対する. ▶ des partis *antagonistes* 対立党派.
— 名 反対者, 敵. 注 この語は改まった表現で, 普通は adversaire を用いる.

antalgique /ɑ̃talʒik/ 形 鎮痛の. — 名 鎮痛剤.

antan /ɑ̃tɑ̃/ 男 (次の句で)
d'antan 文章 昔の, 往時の.

antarctique /ɑ̃tarktik/ 形 南極の (↔arctique). ▶ pôle *antarctique* 南極.
— **Antarctique** 男/女 南極大陸.

ant(é)- 接頭 (形, 名につく) 「以前に; 前方に」の意.

antécédent /ɑ̃tesedɑ̃/ 男 ❶ 〖文法〗先行詞. ❷ 《複数で》前歴. ▶ Cet inculpé a des *antécédents* qui pèseront lourd. この被疑者には, かなり不利になりそうな前科がある. ❸ 前例. ▶ invoquer un *antécédent* 前例を持ち出す. ❹ 《多く複数で》〖医学〗病歴. 〖論理学〗前件: 「…ならば…」という推断命題の条件部分.
— **antécédent, ente** /ɑ̃tesedɑ̃, ɑ̃:t/ 形 以前の, 先行する.

antéchrist /ɑ̃tekrist/ 男 〖キリスト教〗(しばしば Antéchrist) 反キリスト: キリストの名と権威を否定するもの. 終末の世に現れるとされる.

antédiluvien, enne /ɑ̃tedilyvjɛ̃, ɛn/ 形 ❶ 図 大昔の, 古臭い. ❷ ノアの洪水以前の.

anténatal, ale /ɑ̃tenatal/ (男 複) **als** 形 〖医学〗出産前の. ▶ diagnostic *anténatal* 出産前診断.

antenne /ɑ̃tɛn/ 女 ❶ アンテナ. ▶ *antenne* parabolique パラボラアンテナ / *antenne* collective 共同アンテナ. ❷ (テレビ, ラジオの)放送. ▶ le temps d'*antenne* 放送時間 / être sur [à l']*antenne* (生番組で)放送中である / rendre l'*antenne* au studio (中継現場などから)マイクをスタジオに戻す / Je donne [passe] l'*antenne* à Paris. (中継放送で)パリどうぞ. ▶ prendre l'*antenne* de + 放送局名 …放送を聴く. ❸ 情報源, 情報提供者. ▶ être l'*antenne* de qn …に情報を流して[与えて]いる. ❹ 支部, 支局, 出張所. ❺ *antenne* chirurgicale 救急[前進]医療班. ❻ 〖動物学〗(節足動物の)触角.
avoir des antennes 敏感である, 勘がいい.
avoir「une antenne [des antennes] + 場所」…に情報源を持っている, 情報提供者がいる.

antépénultième /ɑ̃tepenyltjɛm/ 形 〖音声〗(音節が)語末から3番目の. — 女 第3尾音節.

antéposé, e /ɑ̃tepoze/ 形 〖言語〗前置された.

***antérieur, e** /ɑ̃terjœ:r/ アンテリュール 形 ❶ (時間的に)前の, 以前の. ▶ vie *antérieure* 前世. ◆*antérieur* à qc …より前の. ▶ C'est un événement très lointain, *antérieur* à ma naissance. (↔postérieur) それはずっと昔の, 私が生まれる前の出来事だ. 比較 ▷ PRÉCÉDENT. ❷ 《空間的に》前方の. ▶ les membres *antérieurs* du cheval (↔postérieur) 馬の前肢. ❸ 〖文法〗 passé *antérieur* 前過去 / futur *antérieur* 前未来. ❹ 〖音声〗前舌の. ▶ voyelle *antérieure* 前舌母音.

antérieurement /ɑ̃terjœrmɑ̃/ 副 ＜*antérieurement* (à qc)＞ 〈…の〉前には, 以前には.

antériorité /ɑ̃terjɔrite/ 女 (時間的に)先であること, 先行.

anthologie /ɑ̃tɔlɔʒi/ 女 アンソロジー, 詞華集; 傑作集.
morceau d'anthologie (選集に収められるほどの)名品, 傑作, アンソロジー・ピース.

anthracite /ɑ̃trasit/ 男 無煙炭.
— 形 《不変》チャコールグレーの, ダークグレーの.

anthrax /ɑ̃traks/ 男 〖医学〗癰(よう), カルブンケル: 皮下や皮脂腺(せん)にできる炎症性の腫(は)れ物.

anthropo- 接頭 「人間, 人類」の意.

anthropocentrique /ɑ̃trɔpɔsɑ̃trik/ 形 人間中心的な.

anthropocentrisme /ɑ̃trɔpɔsɑ̃trism/ 男 人間中心主義: 人間が宇宙, 世界の中心であるとする考え方.

anthropoïde /ɑ̃trɔpɔid/ 形 〖動物〗(猿が)人類に似た. — 男 〖動物〗類人猿.

anthropologie /ɑ̃trɔpɔlɔʒi/ 女 人類学; 人間学. ▶ *anthropologie* culturelle 文化人類学.

anthropologique /ɑ̃trɔpɔlɔʒik/ 形 人類学の.

anthropologue /ɑ̃trɔpɔlɔg/ 名 人類学者.

anthropomorphe /ɑ̃trɔpɔmɔrf/ 形 人間の形をした, 人間に似ている.

anthropomorphisme /ɑ̃trɔpɔmɔrfism/ 男 神人同形論, 擬人主義: 人間の形態や属性を人以外のもの, 特に神に付与する態度.

anthropophage /ɑ̃trɔpɔfaʒ/ 形 人食いの.
— 名 人食い, 食人者 (=cannibale).

anthropophagie /ɑ̃trɔpɔfaʒi/ 女 食人の風習 (=cannibalisme).

anti- 接頭 ❶ 《形, 名につく》「反…, 対抗, 予防」の意. ▶ *antibiotique* 抗生物質. ❷ 「前方の; 以前の」の意. ▶ *anticiper* 前もってする.

antiaérien, enne /ɑ̃tiaerjɛ̃, ɛn/ 形 対空の, 高射の, 防空の. ▶ un missile *antiaérien* 対空ミサイル / un abri *antiaérien* 防空壕(ごう).

anti-âge /ɑ̃tiɑ:ʒ/ 形 《不変》老化防止の, アンチエージングの.

antialcoolique /ɑ̃tialkɔlik/ 形 禁酒の, 節酒の.

antialcoolisme /ɑ̃tialkɔlism/ 男 禁酒運動; 禁酒, 節酒.

antiatomique /ɑ̃tiatɔmik/ 形 (原爆の)放射能を防ぐ. ▶ abri *antiatomique* 核シェルター.

Antibes /ɑ̃tib/ 固有 アンティーブ: コートダジュールの観光地.

antibiotique /ɑ̃tibjɔtik/ 男 形 抗生物質(の).

antibrouillard /ɑ̃tibruja:r/ 形 《男女同形》phare *antibrouillard* (自動車などの)フォグランプ. — 男 フォグランプ.

antibruit /ɑ̃tibrɥi/ 形 《不変》防音, 騒音防止の. ▶ mur *antibruit* 防音壁 / législation *antibruit* 騒音規制法.

anticancéreux, euse /ɑ̃tikɑ̃serø, ø:z/ 形 〖医学〗制癌(がん)の, 抗癌の.
— **anticancéreux** 男 抗癌物質.

anticapitaliste /ɑ̃tikapitalist/ 形 反資本主義

の. ― 名 反資本主義者.
anticasseurs /ɑ̃tikɑsœːr/ 形《不変》loi *anticasseurs* 破壊者取締法.
antichambre /ɑ̃tiʃɑ̃ːbr/ 女 ❶（大きなマンションなどの）玄関口にある部屋, 控えの間; 待合室. ❷ 前段階, 一歩手前.
faire antichambre 待合室で面会を待つ; 長時間［期間］待つ.
antichar /ɑ̃tiʃaːr/ 形《男女同形》〖軍事〗対戦車用の. ▶ canon *antichar* 対戦車砲.
antichoc /ɑ̃tiʃɔk/ 形《男女同形》衝撃を和らげる, 耐衝撃性のある.
anticipation /ɑ̃tisipasjɔ̃/ 女 ❶ 前もって行うこと. ▶ *anticipation* de paiement 前払い. ❷ 予想, 予測. ▶ *anticipation* sur l'avenir 未来の先取り［予測］. ❸ littérature [film] d'*anticipation* SF 文学［映画］.
par anticipation 前もって, あらかじめ（=par avance）. ▶ régler une dette *par anticipation* 借金を期日前に支払う / Il part demain pour Paris, mais il y est déjà *par anticipation*. 彼は明日パリに発(ﾀ)つが, 心はもうそちらへ飛んでいる.
anticipé, e /ɑ̃tisipe/ 形 期日前の; 早めの. ▶ remboursement *anticipé* 期日前の償還 / retraite *anticipée* 定年前の退職 / Avec mes remerciements *anticipés*.《依頼の手紙の末尾で》あらかじめお礼申し上げます.
anticiper /ɑ̃tisipe/ 間他動〈*anticiper* sur qc〉…を先取りする; にあらかじめ備える. ▶ *anticiper* sur un héritage 遺産を当てにして先に使う / *anticiper* sur son âge 年よりも老けて見える.
(*Mais*) *n'anticipons pas.* まあ, あまり先回りするのはよそう.
― 他動 …を（期限より）前に行う. ▶ *anticiper* le paiement 支払いを前倒しにする.
anticlérical, ale /ɑ̃tiklerikal/;《男複》*aux* /o/ 形 反教権主義の. ― 名 反教権主義者.
anticléricalisme /ɑ̃tiklerikalism/ 男 反教権主義, 反聖職者主義.
anticlinal, ale /ɑ̃tiklinal/;《男複》*aux* /o/ 形〖地質〗〔褶曲(ᄇᆝラく)が〕背斜の（↔synclinal）.
anticoagulant, ante /ɑ̃tikɔagylɑ̃, ɑ̃ːt/ 形 血液凝固を阻止する.
― **anticoagulant** 男 抗凝固薬.
anticolonialisme /ɑ̃tikɔlɔnjalism/ 男 反植民地主義.
anticolonialiste /ɑ̃tikɔlɔnjalist/ 形 反植民地主義の. ― 名 反植民地主義者.
anticommunisme /ɑ̃tikɔmynism/ 男 反共主義.
anticommuniste /ɑ̃tikɔmynist/ 形 反共主義の. ― 名 反共主義者.
anticonceptionnel, le /ɑ̃tikɔ̃sɛpsjɔnɛl/ 形 避妊の; 産児制限の.
― **anticonceptionnel** 男 避妊薬.
anticonformisme /ɑ̃tikɔ̃fɔrmism/ 男 反画一［反順応］主義, 非同調的態度.
anticonformiste /ɑ̃tikɔ̃fɔrmist/ 形 反画一［反順応］主義の, 同調しない.
― 名 反画一［反順応］主義者.

anticonstitutionnel, le /ɑ̃tikɔ̃stitysjɔnɛl/ 形〔法律の規定などが〕憲法に違反する, 違憲の（=inconstitutionnel）.
anticonstitutionnellement /ɑ̃tikɔ̃stitysjɔnɛlmɑ̃/ 副 憲法に違反して.
anticopie /ɑ̃tikɔpi/ 形《不変》違法コピー防止の.
anticorps /ɑ̃tikɔːr/ 男〖医学〗抗体.
anticyclone /ɑ̃tisiklɔːn/ 男 高気圧（の中心）. ▶ *anticyclone* migrateur 移動性高気圧.
antidate /ɑ̃tidat/ 女 前日付.
antidater /ɑ̃tidate/ 他動〔証明書など〕に（実際の日付より）前の日付をつける, を前日付にする.
antidémarrage /ɑ̃tidemaraːʒ/ 名 自動車盗難防止装置, イモビライザー.
― 形《不変》自動車盗難防止の.
antidémocratique /ɑ̃tidemɔkratik/ 形 反民主主義の.
antidépresseur /ɑ̃tidepresœːr/ 形《男性形のみ》〖医学〗抗うつの. ― 男 抗うつ剤.
antidérapant, ante /ɑ̃tiderapɑ̃, ɑ̃ːt/ 形 滑り止めの. ― **antidérapant** 男 滑り止め用具;〖自動車〗ノンスキッドタイヤ.
antidiphtérique /ɑ̃tidifterik/ 形〖医学〗ジフテリア治療［予防］の.
antidopage /ɑ̃tidɔpaːʒ/, **antidoping** /ɑ̃tidɔpiŋ/《英語》形《男女同形》〖スポーツ〗ドーピング防止の. ▶ contrôle *antidopage* ドーピングチェック.
antidote /ɑ̃tidɔt/ 男 ❶ 解毒剤. ❷（精神的な苦痛をいやす）薬, 憂さ晴らし.
antidouleur /ɑ̃tidulœːr/ 形《不変》鎮痛の. ▶ médicament *antidouleur* 鎮痛薬.
antidumping /ɑ̃tidœmpiŋ/ 形《男女同形》〖経済〗ダンピング防止の.
antienne /ɑ̃tjɛn/ 女 ❶ 繰り言. ❷〖カトリック〗交唱.
antiesclavagiste /ɑ̃tiesklavaʒist/ 形 奴隷制反対の, 奴隷制廃止論の. ― 名 奴隷制廃止論者.
antifasciste /ɑ̃tifaʃist/ 形, 名 反ファシズムの（人）; 全体主義［極右］に反対する（人）.
antifiscal, ale /ɑ̃tifiskal/;《複》*aux* /o/ 形 課税［増税］反対の.
antigang /ɑ̃tigɑ̃ːg/ 形《男女同形》brigade *antigang* 凶悪犯罪対策班.
antigel /ɑ̃tiʒɛl/ 男 凍結防止剤, 不凍液.
― 形《不変》凍結を防ぐ.
antigène /ɑ̃tiʒɛn/ 男〖医学〗抗原.
antigouvernemental, ale /ɑ̃tiguvɛrnəmɑ̃tal/;《男複》*aux* /o/ 形 反政府の. ▶ un journal *antigouvernemental* 反政府の新聞.
antihausse /ɑ̃tioːs/ 形《不変》物価の上昇を抑制する.
antihéros /ɑ̃tiero/ 男 アンチヒーロー: 小説などで, 伝統的ヒーローとは異なり, 特に華々しい資質を持たない主人公.
anti-impérialisme /ɑ̃tiɛ̃perjalism/ 男 反帝国主義.
anti-impérialiste /ɑ̃tiɛ̃perjalist/ 形 反帝国主義の. ― 名 反帝国主義者.
anti-inflationniste /ɑ̃tiɛ̃flasjɔnist/ 形〖経済〗反インフレの.

antillais

antill*ais*, *aise* /ɑ̃tije, ɛːz/ 形 アンティル諸島 Antilles の.
— **Antill*ais*, *aise*** 名 アンティル諸島の人.

Antilles /ɑ̃tij/ 固有 女複 アンティル諸島：西インド諸島の主島群. ▶ aux *Antilles* アンティル諸島に［で, へ］.

antilope /ɑ̃tilɔp/ 女 ❶【動物】レイヨウ. ❷【皮革】アンティロープ：レイヨウのスエード革.

antimatière /ɑ̃timatjɛːr/ 女【物理】反物質.

antimilitarisme /ɑ̃timilitarism/ 男 反軍思想, 反軍国主義.

antimilitariste /ɑ̃timilitarist/ 形 反軍思想の, 軍国主義反対の.
— 名 反軍思想の持ち主, 反軍国主義者.

antimissile /ɑ̃timisil/ 形《不変》ミサイル防衛の. ▶ l'agence de la défense *antimissile* ミサイル防衛局 (MDA) / bouclier *antimissile* ミサイル防衛 (MD) システム.

antimite /ɑ̃timit/ 形 しみよけの, 防虫の.
— 男 防虫剤.

antimoine /ɑ̃timwan/ 男【化学】アンチモン.

antimondialisation /ɑ̃timɔ̃djalizasjɔ̃/ 女 反グローバリゼーション主義.
— 形《不変》反グローバリゼーション主義の.

antimondialiste /ɑ̃timɔ̃djalist/ 形 反グローバリゼーション主義の. ▶ mouvement *antimondialiste* 反グローバリゼーション主義運動.
— 名 反グローバリゼーション主義者.

antinomie /ɑ̃tinɔmi/ 女 ❶ 矛盾. ❷【哲学】二律背反. ❸【論理学】パラドックス.

antinucléaire /ɑ̃tinykleɛːr/ 形 原発反対の. ▶ manifestation *antinucléaire* 反原発デモ.
— 名 反原発論者.

antiparasite /ɑ̃tiparazit/ 形 雑音防止の.
— 男 雑音防止装置, ノイズ・サプレッサー.

antiparasiter /ɑ̃tiparazite/ 他動 ［モーター, エンジンなど］に雑音防止装置をつける.

antiparlementaire /ɑ̃tiparləmɑ̃tɛːr/ 形 反議会主義の, 議会制度反対の；反議会の.
— 名 反議会主義者.

antiparlementarisme /ɑ̃tiparləmɑ̃tarism/ 男 反議会主義.

antipathie /ɑ̃tipati/ 女（生理的な）反感, 反発. ▶ avoir［éprouver］de l'*antipathie* pour qn /qc …を毛嫌いする.

antipathique /ɑ̃tipatik/ 形 反感をそそる, 感じの悪い, 嫌な. ▶ physionomie *antipathique* 虫の好かない顔 / Il m'est très *antipathique*. あいつは実に嫌な男だ.

antipatriotique /ɑ̃tipatrijɔtik/ 形 文章 愛国心のない；反愛国主義の.

antipelliculaire /ɑ̃tipelikylɛːr/ 形 ふけ取りの, ふけ止めの.

antipersonnel /ɑ̃tipɛrsɔnɛl/ 形《不変》（兵器が）対人の. ▶ mines *antipersonnel* 対人地雷.

antiphrase /ɑ̃tifrɑːz/ 女【レトリック】反語(法).

antipode /ɑ̃tipɔd/ 男 ❶ 対蹠(たいしょ)地［点］, 地球の反対側. ❷《多く複数で》遠隔地.
être aux antipodes de qc/qn …と正反対である；かけ離れている. ▶ La réalité *est aux antipodes* de ce que je rêvais. 現実は私が夢見ていたのとは大違いだ.

antipoison /ɑ̃tipwazɔ̃/ 形《不変》centre *antipoison*（薬物中毒患者専門の）中毒治療センター.

antipoliomyélitique /ɑ̃tipɔljɔmjelitik/ 形【医学】抗ポリオ性の. 注 antipolio と略す. ▶ vaccin *antipoliomyélitique* ポリオワクチン.

antipollution /ɑ̃tipɔlysjɔ̃/ 形《不変》汚染［公害］防止の.

antipsychiatrie /ɑ̃tipsikjatri/ 女 反精神医学.

antipub /ɑ̃tipyb/ 形 名 広告に反対する（人）. ▶ mouvement *antipub* 広告反対運動.

antipyrétique /ɑ̃tipiretik/ 形【医学】解熱性の, 解熱作用の. — 男 解熱剤.

antipyrine /ɑ̃tipirin/ 女【薬学】アンチピリン：鎮痛・解熱剤.

antiquaille /ɑ̃tikɑːj/ 女（多く複数で）（商業的価値のない）骨董(こっとう), 古いがらくた.

antiquaire /ɑ̃tikɛːr/ 名 古美術商, 骨董(こっとう)屋.

antique /ɑ̃tik/ 形

> 英仏そっくり語
> 英 antique 骨董(こっとう)品.
> 仏 antique 古代の.

❶ 古代の；（特に）古代ギリシア・ローマの. ▶ les civilisations *antiques* 古代文明 / la Grèce *antique* 古代ギリシア. ❷ 古い, 昔の；時代遅れの, 古臭い. ▶ une *antique* tradition 古い伝統 / un vêtement *antique* 流行遅れの服 / un vieillard *antique* 昔かたぎの老人.
— 男 ❶ 古代の様式. ❷ 古代美術品. 注 古くは女性名詞としても用いられた.
❸ 女【印刷】アンチック体.

antiquité /ɑ̃tikite/ 女 ❶《多く Antiquité》古代, 古代文明；（特に）古代ギリシア・ローマ（文明）；古代（ギリシア・ローマ）の人々. ▶ l'*antiquité* orientale 古代オリエント / Les écrivains du XVIIe［dix-septième］siècle s'inspirent de l'*Antiquité*. 17世紀の作家たちは古代ギリシア・ローマに着想を得ている.
❷《複数で》古代の遺跡, 出土品；骨董(こっとう)品, 古美術. ▶ les *antiquités* de Rome ローマの遺跡 / marchand d'*antiquités* 骨董屋.
❸ 話【皮肉に】ぽんこつ, がらくた, 骨董品；旧習, 遺風. ▶ Sa voiture ? Ah, tu parles de cette *antiquité*! 彼（女）の車だって, あのぽんこつのことかい. ❹ 文章（漠然と）大昔.
de toute antiquité ずっと昔から（＝depuis toujours）.

antirabique /ɑ̃tirabik/ 形【医学】抗狂犬病の. ▶ vaccination *antirabique* 狂犬病予防接種.

antiraciste /ɑ̃tirasist/ 形, 名 人種差別に反対の（人）.

antiréglementaire /ɑ̃tireɡləmɑ̃tɛːr/ 形 規則に反する.

antireligieux, euse /ɑ̃tir(ə)liʒjø, øːz/ 形 反宗教的な.

antirétroviral, ale /ɑ̃tiretroviral/；(男複) *aux* /o/ 形 男【医学】抗レトロウイルスの（薬）.

antirides /ɑ̃tirid/ 形《不変》【美容】しわ防止の, しわ取りの.

antiroman /ɑ̃tirɔmɑ̃/ 男 アンチロマン, 反小説：サルトルの造語. 後の nouveau roman.

antirouille /ɑ̃tiruj/ 形《不変》錆(髭)止めの; 防錆(髭)の. — 男 防錆剤, 腐食防止剤.
antiroulis /ɑ̃tiruli/ 形《不変》(車や船の)横揺れ防止の, 横揺れ止めの.
antiscientifique /ɑ̃tisjɑ̃tifik/ 形 反科学的な.
antisèche /ɑ̃tisɛʃ/ 女《俗》カンニングペーパー.
antiségrégationniste /ɑ̃tisegregasjɔnist/ 形 人種差別[隔離]反対の. — 名 人種差別[隔離]反対論者.
antisémite /ɑ̃tisemit/ 形 反ユダヤ人の, ユダヤ人排斥の. — 名 反ユダヤ主義者.
antisémitisme /ɑ̃tisemitism/ 男 反ユダヤ主義; ユダヤ人排斥運動.
antisepsie /ɑ̃tisɛpsi/ 女《医学》消毒(法), 殺菌(法); 防腐(法).
antiseptique /ɑ̃tisɛptik/ 形《医学》消毒の, 殺菌の; 防腐の. — 男 消毒薬, 殺菌剤; 防腐剤.
antisida /ɑ̃tisida/ 形《不変》エイズ防止の.
antisismique /ɑ̃tisismik/ 形 耐震の.
antisocial, ale /ɑ̃tisɔsjal/ (男複) **aux** /o/ 形 ❶ 公共の福祉に反する. ❷ 反社会的な, 社会規範に敵対する. ▶ conduite *antisociale* 反社会的行動.
antispasmodique /ɑ̃tispasmɔdik/ 形《医学》抗痙攣(痃)性の, 痙攣止めの. — 男 鎮痙(痃)剤.
antisportif, ive /ɑ̃tispɔrtif, iːv/ 形 ❶ スポーツ嫌いの, スポーツマンシップに反する.
antistatique /ɑ̃tistatik/ 形 帯電防止の. — 男 帯電防止剤.
antitabac /ɑ̃titaba/ 形《不変》嫌煙の. ▶ campagne *antitabac* 嫌煙キャンペーン.
antiterroriste /ɑ̃titerɔrist/ 形 テロ防止の, テロ対策の.
antitétanique /ɑ̃titetanik/ 形《医学》抗破傷風の.
antithèse /ɑ̃titɛːz/ 女 ❶《レトリック》対照法, 対句(法): 正反対の意味の２つの表現を一文中に並べる方法. ❷《哲学》反定立, アンチテーゼ. ❸ …の正反対のもの. ▶ Anaïs est l'*antithèse* de sa sœur. アナイスは姉[妹]とは正反対だ.
antithétique /ɑ̃titetik/ 形 ❶《レトリック》対照法的な, 対句を用いた. ❷《哲学》反定立を含む. ❸ 正反対の, 相反する.
antituberculeux, euse /ɑ̃tityberkylø, øːz/ 形 ❶《医学》抗結核性の. ❷ 結核予防の.
antivariolique /ɑ̃tivarjɔlik/ 形《医学》天然痘(鬣)予防の, 痘瘡(鬣)予防の.
antivénéneux, euse /ɑ̃tivenenø, øːz/ 形 抗毒性の.
antiviral, ale /ɑ̃tiviral/; (男複) **aux** /o/ 形 抗ウイルスの. — 男 抗ウイルス剤
antivirus /ɑ̃tivirys/ 男《情報》ウイルス防止ソフト.
antivol /ɑ̃tivɔl/ 男 (自動車, 自転車などの)盗難防止装置. — 形《不変》盗難防止の.
antonyme /ɑ̃tɔnim/ 男 反意語, 反義語 (↔ synonyme).
antonymie /ɑ̃tɔnimi/ 女 反意(性), 反義(性).
antre /ɑ̃ːtr/ 男 ❶《文章》洞窟(鬣)の (特に)(野獣のすむ)洞穴. ❷ (盗賊, うさん臭い人物などの)巣窟, 隠れ家; 危険な場所. ▶ l'*antre* des conspira-teurs 陰謀家たちの巣窟.
anus /anys/ 男《解剖》肛門(鬣).
Anvers /ɑ̃vɛːr/ 固有 アントワープ, アンベルス: ベルギーの都市.
anversois, oise /ɑ̃vɛrswa, waːz/ 形 (ベルギーの都市) アントワープ Anvers の. — **Anversois, oise** 名 アントワープの人.
anxiété /ɑ̃ksjete/ 女 不安, 心配. ▶ avec *anxiété* 心配な気持ちで / vivre dans l'*anxiété* 不安の中で暮らす / être en proie à une vive *anxiété* 激しい不安にとらわれている. 比較 ⇨ INQUIÉTUDE.
anxieusement /ɑ̃ksjøzmɑ̃/ 副 心配して, 不安げに.
anxieux, euse /ɑ̃ksjø, øːz/ 形 ❶ 不安の, 心配な, 心配そうな. ▶ un regard *anxieux* 不安な眼差(影)し / un caractère *anxieux* 心配性. ◆ être *anxieux* de qc/qn …に不安を抱く, を心配する. ▶ Je suis *anxieux* de l'avenir. 先行きが心配だ. ❷〈être *anxieux* de + 不定詞〉かんかんじりじりする, 非常に…したがる. ▶ Il est *anxieux* de connaître le résultat du concours. 彼は選抜試験の結果を早く知りたがっている. — 名 心配性の人.

AOC 女《略語》appellation d'origine contrôlée (ワインの)原産地呼称統制.
aorte /aɔrt/ 女 大動脈.
aortique /aɔrtik/ 形 大動脈の.
*****août** /u ウ/ (ときに /ut ウット/)

❶ ８月. ▶ en *août* = au mois d'*août* ８月に. ❷《カトリック》le Quinze-*Août* (８月15日の)聖母の被昇天祭 (= Assomption).
aoûtien, enne /ausjɛ̃, ɛn/ 名 ８月にバカンスをとる人.
apache /apaʃ/ 男 古風 (大都会の)ごろつき, ちんぴら. 注 北米先住民のアパッチ族 Apaches から.
apaisant, ante /apezɑ̃, ɑ̃ːt/ 形 気持ちを和らげる, 落ち着かせる, 静める.
apaisement /apezmɑ̃/ 男 ❶ 鎮静, 和らぎ. ▶ éprouver un grand *apaisement* 大いにほっとする / politique d'*apaisement* 宥和(鬣)政策. ❷ (人を)安心させるための約束[声明]. ▶ donner des *apaisements* à qn 約束して…を安心させる.
*****apaiser** /apeze/ アペゼ 他 ❶ …を落ち着かせる, なだめる; 静める. ▶ *apaiser* un enfant qui pleure 泣く子をなだめる / *apaiser* la douleur 苦しみをいやす / *apaiser* les esprits 人心を鎮める / *apaiser* un conflit 紛争を収める.
— **s'apaiser** 代動 収まる, 和らぐ, 静まる. ▶ L'orage s'est *apaisé*. 嵐(鬣)は静まった.
apanage /apanaːʒ/ 男 ❶ 特性, 特権; 専有物. ▶ L'art n'est pas l'*apanage* d'une élite. 芸術はエリートだけのものではない. ◆ avoir l'*apanage* de qc …を専有する. ▶ Il croit avoir l'*apanage* du bon sens. 彼は常識があるのは自分だけだと思っている. ❷《歴史》国王親族封, 親王采地(鬣): 国王が長子以外の王子に与えた封土.
aparté /aparte/ 男 ❶ 傍白, わきぜりふ. ❷ (大きな会合などでの)密談, ひそひそ話. ▶ faire des *apartés* avec qn …とひそひそ話をする.

apartheid

en aparté こっそりと, 内密に.

apartheid /aparted/ 男 《アフリカーンス語》アパルトヘイト: 南アフリカ共和国の有色人種隔離政策. 1991年に廃止.

apathie /apati/ 女 無気力, 無関心, 無感動.

apathique /apatik/ 形 無気力な, 無関心な.
— 名 無気力な人, 無感動な人.

apatride /apatrid/ 名 無国籍者.
— 形 無国籍の.

***apercevoir** /apersəvwa:r/ アペルスヴォワール/ 45 他動

過去分詞	aperçu	現在分詞	apercevant
直説法現在	j'aperçois		nous apercevons
	tu aperçois		vous apercevez
	il aperçoit		ils aperçoivent
複合過去	j'ai aperçu	半過去	j'apercevais
単純未来	j'apercevrai	単純過去	j'aperçus

❶ …が見える; を見かける; (不意に) …が目に入る. ▶ On *apercevait* au loin un clocher. 遠くに鐘楼が見えていた / J'*ai aperçu* Maurice ce matin dans sa voiture. 今朝車に乗っているモーリスを見かけた / Au détour d'une rue, il *aperçut* un enfant qui jouait aux billes. 通りの角を曲がるとビー玉遊びをする子供の姿が彼の目に入った. ❷ …に気づく. ▶ Nous *avons aperçu* d'emblée la difficulté du problème. 我々はすぐにその問題の難しさに気づいた.

— ***s'apercevoir** 代動 ❶ ⟨*s'apercevoir* de qc // *s'apercevoir* que + 直説法⟩ …に気づく. ▶ *s'apercevoir* de son erreur 自分の誤りに気づく / sans *s'en apercevoir* そうと気づかずに / Ils ne *se sont* pas *aperçus* tout de suite qu'elle était partie. 彼らは彼女が行ってしまったことにすぐには気づかなかった. ❷ 互いに気づく. ▶ Ils *se sont aperçus* dans la foule. 彼らは人込みの中で互いの姿を認め合った. ❸ 〔物が〕見える, 認められる. ▶ Cette tour *s'aperçoit* de très loin. この塔はずいぶん遠くから見える. ❹ 自分の姿を見る. ▶ Elle *s'aperçut* dans le miroir. 彼女は鏡で自分の姿を見た.

apercevr-, aperçoi-, aperçoiv- 活用 ⇨ APERCEVOIR 45

aperçu /apersy/ 男 ❶ 概観; 概要. ▶ l'*aperçu* d'une affaire 事件のあらまし / donner un *aperçu* de la situation 状況をざっと説明する. ❷ 洞察, 着眼, 発想.

aperçu-, aperçuss- 活用 ⇨ APERCEVOIR 45

apéritif /aperitif/ 男 ❶ 食前酒, アペリチフ (↔ digestif); アペリチフの時間. ❷ 《料理と飲み物の出る》パーティー. — **apéritif, ive** /aperitif, i:v/ 形 食欲を増進する.

apéro /apero/ 男 (apéritif の略) 話 食前酒.

apesanteur /apəzɑ̃tœ:r/ 女 無重力(状態).

apétale /apetal/ 形 《植物学》花弁のない.
— **apétales** 女複 無花弁花類.

à peu près /apøpre/ 副句 ほぼ, およそ. ⇨ PRÈS (成句).

à-peu-près /apøprɛ/, **à peu près** 男 おおよそ, あらまし, 概算. ▶ faire des calculs sur des *à-peu-près* 概数で計算する / se contenter d'*à-peu-près* おおよそのところで満足する / répondre par des *à-peu-près* 適当にごまかして答える.

apeuré, e /apœre/ 形 おびえた, びくびくした.

apeurer /apœre/ 他動 …を怖がらせる, おびえさせる. — **s'apeurer** 代動 怖がる, おびえる.

aphasie /afazi/ 女 《医学》失語症.

aphasique /afazik/ 形 《医学》失語症の.
— 名 失語症患者.

aphérèse /aferɛ:z/ 女 《言語》語頭音消失 (例: autocar → car).

aphone /afon/ 形 声が出ない; 《医学》失声症の.

aphorisme /aforism/ 男 アフォリズム, 警句, 格言; 《軽蔑して》月並みな格言.

aphrodisiaque /afrɔdizjak/ 形 催淫(さいいん)性の, 性欲を高める. — 男 催淫薬, 性欲促進薬.

Aphrodite /afrɔdit/ 固有 女 《ギリシア神話》アフロディテ: 愛, 美, 豊饒(ほうじょう)の女神. ローマ神話のヴィーナスにあたる.

aphte /aft/ 男 《医学》アフタ: 口腔(こうこう), 咽頭(いんとう), 陰部の粘膜にできる小潰瘍(かいよう).

aphteux, euse /aftø, ø:z/ 形 《医学》アフタ性の. ▶ fièvre *aphteuse* 口蹄疫.

API /apɪ/ 男 《略語》alphabet phonétique international 国際音標文字, 国際音声字母.

apiculteur, trice /apikyltœ:r, tris/ 名 養蜂(ようほう)家.

apiculture /apikylty:r/ 女 養蜂(ようほう).

apitoiement /apitwamɑ̃/ 男 同情, 哀れみ.

apitoyer /apitwaje/ 10 他動 ⟨*apitoyer* qn (sur qn/qc)⟩ (…に対し) …の同情を引く, に憐憫(れんびん)の情を催させる.
— **s'apitoyer** 代動 ⟨*s'apitoyer* sur qn/qc⟩ …に同情する, を哀れむ. ▶ Il *s'est apitoyé* sur ces orphelins. 彼はこの孤児たちに同情した.

aplanir /aplani:r/ 他動 ❶ …を平らにする. ▶ *aplanir* un terrain 地面をならす / *aplanir* le bois 材木の表面を滑らかにする. ❷ 〔進路など〕を容易にする;〔困難など〕を取り除く.
— **s'aplanir** 代動 ❶ 平らになる. ❷〔進路などが〕容易になる;〔困難などが〕取り除かれる.

aplanissement /aplanismɑ̃/ 男 平らにする[なる]こと, 容易にする[なる]こと; (困難などの) 解消, 除去.

aplati, e /aplati/ 形 平たくなった, つぶれた. ▶ un visage *aplati* のっぺりした顔.

aplatir /aplati:r/ 他動 ❶ …を平たくする; ぺしゃんこにする. ▶ *aplatir* de la pâte avec un rouleau 生地を麺棒(めんぼう)でのばす / *aplatir* les cheveux 髪をなでつける. ❷ 話 …をやり込める, 黙らせる. ❸ 《ラグビー》《目的語なしに》トライする.
— **s'aplatir** 代動 ❶ 〔物が〕平たくなる; ぺしゃんこになる. ▶ Sa voiture *s'est aplatie* contre un arbre. 彼(女)の車は立ち木にぶつかってぺしゃんこになった. ❷ 〔人が〕長々と寝そべる; ばったり倒れる. ▶ *s'aplatir* à plat ventre sur son lit ベッドに腹ばいになる. ❸ 話 ⟨*s'aplatir* devant qn⟩ …の前で平身低頭する. ❹ 〔髪が〕ぺたっとなる; 髪をぴったりなでつける. ❺ se は間接目的.

aplatissement /aplatismɑ̃/ 男 ❶ 平らになる

[する]こと；つぶす[つぶれる]こと．❷ 壊滅；衰弱；凡庸[平板]化．

aplomb /aplɔ̃/ 男 ❶ 鉛直，垂直(性)；(垂直状態での)均衡，安定性． ▶ Cette maison n'a pas son *aplomb*. この家は傾いている． ❷ 冷静，落ち着き． ▶ Ce jeune politicien manque d'*aplomb*. あの若い政治家は沈着さに欠けている． ❸ 厚かましさ，ずうずうしさ． ▶ Vous en avez de l'*aplomb*! 厚かましいにも程がありますよ． ◆ avoir l'*aplomb* de + 不定詞 厚かましくも…する．

d'aplomb 垂直に，安定して，正常に． ▶ Le soleil tombe *d'aplomb*. 太陽が真上から照りつけている / Mon fils n'est pas encore *d'aplomb* sur ses jambes. 私の息子はまだしっかり立てない / se remettre *d'aplomb* après une maladie 病後に健康を回復する．

apnée /apne/ 女 無呼吸． ▶ plonger en *apnée* 素潜りをする / syndrome d'*apnée* du sommeil 睡眠時無呼吸症候群．

apnéiste /apneist/ 名 素潜りする人．

apocalypse /apɔkalips/ 女 ❶ 黙示録；《Apocalypse》ヨハネの黙示録：新約聖書最後の書． ❷ (この世の終わりを思わせるような)大惨事．

apocalyptique /apɔkaliptik/ 形 ❶ 黙示録の；ヨハネ黙示録の． ❷ すさまじい． ▶ un spectacle *apocalyptique* この世のものとも思われぬ無残な光景． ❸ 象徴的で分かりにくい． ▶ style *apocalyptique* 難解な文体．

apocope /apɔkɔp/ 女《言語》語尾音消失，語尾省略(例: télévision → télé)．

apocopé, e /apɔkɔpe/ 形《音声》語尾音消失した．

apocryphe /apɔkrif/ 形 ❶ (真実性の)疑わしい，典拠の怪しい(↔authentique)． ❷ 正典外の． ▶ Évangiles *apocryphes* 外典福音書．— 男 ❶ 《複数で》聖書外典，アポクリファ． ❷ 偽書，典拠の怪しい本．

apogée /apɔʒe/ 男 ❶ (栄光，権勢，危機などの)頂点，極． ▶ être à l'*apogée* de sa grandeur 栄華の絶頂にある． ❷《天文》遠地点：月や人工衛星の軌道上で地球から最も遠い点．

apolitique /apɔlitik/ 形, 名 政治色のない(人)，ノンポリの(人)．

apolitisme /apɔlitism/ 男 非政治性，脱政治的態度，ノンポリ．

Apollon /apɔlɔ̃/ 固有 男《ギリシア神話》アポロン：太陽神．

apollon /apɔlɔ̃/ 男 ❶ 話 (アポロンのような)美男子． ❷《昆虫》アポロチョウ．

apologétique /apɔlɔʒetik/ 形 弁明の；キリスト教擁護の．— 女 (キリスト教)護教学．

apologie /apɔlɔʒi/ 女 弁明，擁護；賛辞． ▶ faire [présenter] son *apologie* 自己弁護をする / faire l'*apologie* de qn/qc …をたたえる[擁護する]．

apologiste /apɔlɔʒist/ 名 ❶ 文章 弁護者，擁護者． ❷《キリスト教》護教論者．

apologue /apɔlɔɡ/ 男 教訓話．

apoplectique /apɔplɛktik/ 形《医学》卒中の；卒中体質の．— 名 卒中体質の人．

apoplexie /apɔplɛksi/ 女《医学》卒中(発作)；(特に)脳卒中． ▶ être frappé d'*apoplexie* 卒中に襲われる．

a posteriori /aposterjori/《ラテン語》副句 アポステリオリに，経験に基づいて；帰納的に(↔ a priori)．— 形句《不変》アポステリオリな，経験に基づく．

apostolat /apɔstɔla/ 男 ❶ 使徒職；伝道，布教． ❷ (主義，思想などの)普及，宣伝． ❸ 献身を要する任務，聖職．

apostolique /apɔstɔlik/ 形 ❶ 使徒の(使命にかなった)；使徒伝来の． ▶ pères *apostoliques* 使徒教父(2世紀前半における12使徒に続くキリスト教著作家)． ❷ ローマ教皇庁の． ▶ siège *apostolique* 教皇座 / nonce *apostolique* 教皇大使． ❸ 司教区の．

apostrophe¹ /apɔstrɔf/ 女 ❶《レトリック》頓呼(とんこ)法：文の途中で人，物，観念などに呼びかける表現法． ❷《言語》呼びかけ(例: Toi, viens ici! 「君，こっちにおいで」の toi)． ❸ 乱暴な呼びかけ，ぶしつけな言葉． ▶ lancer une *apostrophe* injurieuse à qn …に罵言(ばげん)を吐く．

apostrophe² /apɔstrɔf/ 女《言語》アポストロフ，省略記号(')．

apostropher /apɔstrɔfe/ 他動 …に乱暴に[ぞんざいに]呼びかける；をののしる． ▶ se faire *apostropher* par le gardien 守衛にいきなり乱暴に呼び止められる．— *s'apostropher* 代動 ののしり合う．

apothéose /apɔteo:z/ 女 ❶ 最高の栄誉，至上の光栄． ❷ (才能などの)見事な開花；最高頂，頂点． ❸ (ショーなどの)華麗な終幕，フィナーレ． ❹ (皇帝・英雄の)神格化．

apothicaire /apɔtikɛ:r/ 男 古 薬剤師． 注 現在では次の成句でのみ用いられる．

compte d'apothicaire (詳細の確認が難しい)こまごまとして煩雑な[法外な]勘定書．

apôtre /apo:tr/ 男 ❶《キリスト》(キリストに選ばれた12人の)使徒． ▶ Actes des *Apôtres* 使徒行伝 / l'*Apôtre*「des gentils [des nations]」聖パウロ / le Premier des *apôtres* 聖ペトロ． ❷《キリスト教》(の)布教者，伝道者． ▶ l'*Apôtre* des Indes 聖フランシスコ・ザビエル．

faire le bon apôtre 善人ぶる，猫をかぶる．— 名 (主義などの)宣伝者，擁護者． ▶ Gandhi, *apôtre* de la non-violence 非暴力の唱導者ガンジー．

se faire l'apôtre de qc …を熱心に宣伝[擁護]する．

apparai-, apparaiss- 活用 ⇨ APPARAÎTRE 50

*apparaître /aparɛtr/ アパレートル / 50 自動

過去分詞	apparu	現在分詞 apparaissant
直説法現在	j'apparais	nous apparaissons
	tu apparais	vous apparaissez
	il apparaît	ils apparaissent
複合過去	je suis apparu(e)	
半過去	j'apparaissais	
単純未来	j'apparaîtrai	単純過去 j'apparus

apparat

《助動詞はおもに être》 ❶ (急に, 思いがけなく)現れる, 姿を現す, 見えるようになる; 生まれる, 出現[発生]する (↔disparaître). ▶ Une moto *apparut* brusquement sur la gauche. 1台のオートバイが突然左手に現れた / De nombreuses difficultés *sont apparues* lors de l'exécution. 実際にやってみると多くの困難が生じた.

❷ 明らかになる, 分かる. ▶ *apparaître*「au grand jour [dans sa pleine lumière] 明るみに出る, 露見する / L'examen attentif des comptes a fait *apparaître* une mauvaise gestion. 綿密な会計検査によって乱脈経営が明るみに出た.

❸ <*apparaître* + 属詞 (+ à qn)> (…に)…のように見える, 思われる. ▶ Tout ceci m'*apparaît* inutile. 私にはそんなことは無益に思える.

❹ <*apparaître* (à qn) comme qc> (…に)…のように見える. ▶ Elle m'*est apparue* comme une fille très sympathique. 彼女は私にはとても感じのよい娘に思えた.

Il apparaît (à qn) que + 直説法/接続法.《非人称構文で》…が明らかになる, 判明する. ▶ De cette enquête, *il apparaît que* la lutte contre l'inflation est insuffisante. この調査から, インフレ対策が不十分であることが分かる. 注 主節が否定か疑問である場合は que 以下は接続法.

Il apparaît (à qn) + 形容詞 + 「*que* + 直説法/接続法」[*de* + 不定詞].《非人称構文で》…であることは(…には)…のように見える. ▶ *Il apparaît* vraisemblable *que* les transplantations de gènes seront autorisées. 遺伝子の組み替えが許可されることは確実と思われる. 注 形容詞が impossible などのように否定的な場合は que 以下は接続法.

Il apparaît + 名詞.《非人称構文で》…が現れる, 姿を現す, 見られる.

apparat /apara/ 男 ❶ 豪華さ, 華麗さ, 華美. ❷ 【文学】*apparat* critique (研究用のテキストの注, 異本などの)考証資料.

avec apparat = *en grand apparat* 豪華に, 盛大に, 派手に.

d'apparat (儀式などにふさわしく)豪華な. ▶「un costume [un habit] *d'apparat* 盛装.

apparatchik /aparatʃik/ 男 (ロシア語)(特に共産党の)活動家専従党員;《悪い意味で》(政党や労働組合などの)有力[エリート]メンバー.

‡**appareil** /aparɛj/ アパレイユ 男 ❶ 器具, 装置;体操器具. ▶ *appareil* électrique 電気器具 / *appareil* ménager 家電製品 / *appareil* à sous スロットマシン. 比較 ⇨ MACHINE.

❷ カメラ, 写真機 (= *appareil* photo, *appareil* photographique). ▶ *appareil* numérique デジタルカメラ / *appareil* reflex à un objectif 一眼レフカメラ.

❸ 電話, 受話器 (= *appareil* téléphonique). ▶ **Qui est à l'appareil ?** (電話で)どなたですか.

❹ 飛行機. ▶ *appareil* de transport 輸送機.

❺ (政治, 行政などの)機構. ▶ l'*appareil* policier 警察機構.

❻ (身体の)器官. ▶ *appareil* digestif 消化器.

❼ 【建築】切り石(法); 組積み(法).

❽ 《料理》数種の材料を混ぜ合わせたもの.

appareillage /apareja:ʒ/ 男 ❶ (集合的に)装置一式. ▶ *appareillage* électrique 電気設備. ❷ 出航準備.

appareiller[1] /apareje/ 自動 (船が)出航する.
— 他動 ❶ (船の)出航準備をする. ❷ 【建築】…の石割りをする. ❸ 【外科】…に人工器具をつける.

appareiller[2] /apareje/ 他動 ❶ (対のもの, 似たものを)そろえる. ▶ *appareiller* des couverts 食器をとりそろえる. ❷ [家畜]を番(つが)わせる.
— *s'appareiller* 代動 ❶ *s'appareiller* à [avec] qc …によく合う, 調和する. ❷ (動物が)番う, 交尾する.

apparemment /aparamã/ 副 ❶ 見たところ, 外見上は. ▶ deux idées *apparemment* contradictoires 一見矛盾する2つの考え. ❷ どうやら, おそらく. ▶ *Apparemment* que + 直説法.おそらく…だろう.

*****apparence** /aparã:s/ アパランス 女 ❶ 外見, 外観, 様子, 風采(ふうさい), うわべ. ▶ *apparence* physique 容姿 / un garçon d'*apparence* maladive 虚弱な感じの少年 / avoir une *apparence* + 形容詞 …な外見である / juger sur les *apparences* 外見で判断する / Les *apparences* sont contre lui, mais il est innocent. 状況は彼に不利であるが, 彼は無実だ. ❷ 印, 痕跡(こんせき), 名残. ▶ Il n'a plus une *apparence* de respect pour son père. 彼はもう父に対して敬意のかけらも持っていない. ❸ 【哲学】仮象.

avoir 「*de l'apparence* [*quelque apparence*] 見かけがよい, 立派な体裁をしている.

contre toute apparence 見かけとは反対に, 大方の見方に反して.

en apparence うわべは, 見かけは (= apparemment). ▶ *en* première *apparence* ちょっと見ると, 一見したところ.

malgré 「*l'apparence* [*les apparences*] 見かけに反して. ▶ *Malgré les apparences*, la situation économique est stable. 見かけに反して, 経済状態は安定している.

sauver [*ménager, garder*] *les apparences* 体面を保つ, 体裁を繕う.

selon toute apparence おそらく, きっと.

apparent, ente /aparã, ã:t/ 形 ❶ 目に見える; 目を引く, 目立つ; 明白な. ▶ un défaut très *apparent* はっきり目につく欠陥 / changer d'avis sans cause [raison] *apparente* はっきりした理由もなく意見を変える. ❷ うわべの, 見かけの, 偽りの. ▶ une raison *apparente* 表向きの理由 / Sa gaieté n'est qu'*apparente*. 彼(女)の陽気さはうわべだけだ.

apparenté, e /aparãte/ 形 <*apparenté* (à qn/qc)> ❶ (ある家柄, 人と)縁続きの, 親戚(しんせき)関係にある. ▶ Il est *apparenté* à une famille riche. 彼はある金持ちの家と縁続きだ. ❷ (…と)類似した, 共通点を持った. ▶ deux couleurs *apparentées* 似通った2つの色. ❸ (他の党派と)行動を共にする; 選挙協定を結んだ.

apparentement /aparãtmã/ 男 ❶ 縁組み, 姻戚(いんせき)関係. ❷ (複数の政党間の)選挙協定;(無

所属議員のある党派との)協調行動.

s'apparenter /saparɑ̃te/ 代動 ⟨*s'apparenter* à qc/qn⟩ ❶〔物が〕…に類似する, と共通点を持つ. ❷(ある階層, 家)と縁組みによって結び付く, 縁続きになる. ❸(他の党派)と行動を共にする; 選挙協定を結ぶ.

appariement /aparimɑ̃/ 男 文章 対にすること, と対にしてそろえること; 対, そろい. ❷番(つが)い形成.

apparier /aparje/ 他動 ❶ 文章 …を対にする, (対にして)そろえる. ❷〔鳥〕を番(つが)わせる.
— **s'apparier** 代動〔鳥が〕番(つが)う.

appariteur /aparitœːr/ 男 (大学などの)守衛, 管理人; 下級職員. ▶ un *appariteur* musclé (学園紛争などに備えた大学の)ガードマン.

apparition /aparisjɔ̃/ 女 ❶ 出現, 登場; 発生. ▶ l'*apparition* de la fièvre 発熱 / l'*apparition* de nouvelles technologies 新技術の出現. ❷ 幻, 亡霊.
faire son apparition 現れる, 登場する.
ne faire qu'une (courte) apparition ちょっとだけ立ち寄る, ちょっと顔を見せる.

apparoir /aparwaːr/ 自動〔不定詞および直説法現在3人称単数 il appert のみ〕〔法律〕明白である; 証明する. ▶ faire *apparoir* de son bon droit 自分の正当な権利を証明する /〔非人称構文で〕Il *appert* de ces résultats que + 直説法. これらの結果からして…は明瞭(めいりょう)である.

appart /apart/ 男 (appartement の略) 話 アパルトマン.

＊appartement /apartəmɑ̃ アパルトゥマン/ 男
アパルトマン, マンション. 注 集合住宅内の1世帯用の住居を指し, 日本のアパートとは異なる. 建物全体は immeuble という. ワンルームのものは studio という. ▶ occuper [habiter] un *appartement* アパルトマンに住む / un *appartement* à louer 貸しマンション / un *appartement* meublé 家具付きのアパルトマン / *appartement*-témoin モデルルーム / *appartement* de quatre pièces 4部屋のアパルトマン / Il y a deux *appartements* par étage dans cet immeuble. このマンションは各階に2戸入っている. 比較 ⇨ MAISON.

appartenance /apartənɑ̃ːs/ 女 ❶⟨*appartenance* (à qc)⟩ (政治的, 社会的集団への)所属, 帰属. ▶ un syndicat d'*appartenance* socialiste 社会党系の組合. ❷〖数学〗(集合の)元[要素]であること.

＊appartenir /apartəniːr アパルトゥニール/ 28 間他動

過去分詞	apparten	u 現在分詞	appartenant
直説法現在	j'appartiens		nous appartenons
	tu appartiens		vous appartenez
	il appartient		ils appartiennent
複合過去	j'ai appartenu		
半 過 去	j'appartenais		
単純未来	j'appartiendrai		
単純過去	j'appartins		

⟨*appartenir* à qn/qc⟩…の所有である, に所属する. ▶ Cette maison *appartient* à mon grand-père. この家は祖父のものだ / Cette question *appartient* à la philosophie. この問題は哲学の領域に入る.
Il appartient à qn de + 不定詞.〘非人称構文で〙…することは…の権利[義務]である; にふさわしい. ▶ Il ne m'*appartient* pas d'en décider. それを決めるのは私ではない.
— **s'appartenir** 代動 (多く否定形で)自由に行動できる. ▶ Un médecin ne *s'appartient* pas. 医者には自由な時間がない.

appartien-, appartiendr-, appartin-, appartîn- 活用 ⇨ APPARTENIR 28

apparu, e /apary/ 活用 apparaître 50 の過去分詞.

apparu-, apparû-, apparuss- 活用 ⇨ APPARAÎTRE 50

appas /apɑ/ 男複 文章 /(ふざけて)(女性の)性的魅力; 胸元. ▶ avoir des *appas* 色気がある.

appât /apɑ/ 男 ❶ (獲物を捕るための)餌(えさ). ▶ mordre à l'*appât* 餌に食いつく. ❷⟨l'*appât* de qc⟩…の誘惑, 魅. ▶ L'*appât* d'une récompense l'a amené à me trahir. 褒賞金の誘惑に目がくらんで彼は私を裏切った.

appâter /apate/ 他動 ❶〔鳥, 魚など〕を餌(えさ)でおびき寄せる; 〔罠(わな), 釣り針〕に餌をつける. ❷…を誘惑する, 釣る. ▶ *appâter* qn 'par de belles promesses [avec de l'argent] …を空約束[金]で釣る. ❸〔家禽(かきん)〕に強制給餌(きゅうじ)する (=gaver).

appauvrir /apovriːr/ 他動 ❶…を貧しくする. ▶ Des guerres continuelles *ont appauvri* ce pays. (=épuiser) 打ち続く戦争がこの国を疲弊させた.
❷…の活力[豊かさ]を失わせる, 貧弱にする, 衰えさせる. ▶ *appauvrir* une terre 土地をやせさせる / *appauvrir* le sang 貧血を起こさせる (=anémier).
— **s'appauvrir** 代動 ❶ 貧しくなる. ❷ 活力[豊かさ]を失う, 貧弱になる, 衰える.

appauvrissement /apovrismɑ̃/ 男 貧しくなる[する]こと, 貧窮; 疲弊, 衰弱, 弱体化. ▶ l'*appauvrissement* de la classe ouvrière 労働者階級の貧困化.

＊appel /apel アペル/ 男 ❶ (来るように)呼ぶこと, 呼び声. ▶ *appel* au secours 助けを呼ぶ声 / accourir à un *appel* 助けを求める声を聞いて駆けつける.
❷ (電話の)コール, 通話; (呼び出しの)合図. ▶ *appel* téléphonique 電話をかけること, 電話がかかってくること / Il y a eu trois *appels* pour vous. 3回電話がかかってきました / *appel* en PCV コレクトコール / centre d'*appels* コールセンター.
❸ 点呼. ▶ être présent [absent] à l'*appel* 点呼の時にいる[いない] / répondre à l'*appel* 点呼に答える / faire l'*appel* des élèves 生徒の出席をとる.
❹ (行動などへの)呼びかけ, 訴え, アピール; 誘惑. ▶ lancer un *appel* pressant pour une aide

appelant

économique à l'Afrique アフリカへの経済援助のため緊急のアピールを行う / l'*appel* de la conscience 良心の声 / l'*appel* des sens 官能の誘惑 / prix d'*appel* 客寄せ価格. ◆à l'*appel* de qn/qc …の呼びかけに応じて.

❺〖軍事〗召集；集合らっぱ.
❻〖法律〗控訴. ▶ cour d'*appel* 控訴院 / faire *appel* d'un jugement 判決を不服として控訴する.
❼〖情報〗呼び出し，コール.

appel du large 航海熱，航海に出たいと思うこと.
appel d'air 空気を入れること，通風，通気.
appel de phares ヘッドライトの点滅による合図，パッシング.
appel du pied 〖話〗(さりげない)誘い，申し出，言い寄り.
faire appel à qn/qc …に訴える；助けを求める. ▶ *faire appel au* bon sens de qn …の良識に訴える / *faire appel aux* techniciens étrangers 外国の技術者の援助を求める.
produit d'appel 目玉商品，特売品.
sans appel (1)〖法律〗控訴を認めない(で). (2)決定的な[に]. ▶ décision *sans appel* 最終決定.

appelant, ante /aplɑ̃, ɑ̃ːt/ 〖法律〗控訴する. ── 图〖法律〗控訴人.
── **appelant** 男〖狩猟〗おとりの鳥.

appelé, e /aple/ 形 ❶〈*appelé* + 名称〉…と呼ばれる，という名の. ▶ un ami *appelé* Jean ジャンという名の友人. ❷〈*appelé* à qc/不定詞〉おのずと…する，…の運命[見込み，予定]である. ▶ un musicien *appelé* à un brillant avenir 輝かしい将来を約束されている音楽家 / Ce secteur est *appelé* à jouer un rôle important. この部門は今後大きな役割を果たす見込みがある.
── **appelé** 男〖軍事〗召集兵，徴兵.

Il y a beaucoup d'appelés, mais peu d'élus. (1)〖聖書〗招かれる者は多いが選ばれるものは少ない. (2)競争者は多いが成功する者は少ない.

*appeler /aple アプレ/ ④ 他動

直説法現在	j'app**ell**e	nous appelons
	tu app**ell**es	vous appelez
	il app**ell**e	ils app**ell**ent
複合過去	j'ai appelé	半過去 j'appelais
単純未来	j'appellerai	単純過去 j'appelai

〖英仏そっくり語〗
英 to appeal 訴える，懇願する.
仏 appeler 呼ぶ，電話をかける.

❶ …を呼ぶ，呼び出す；召喚する. ▶ *appeler* le garçon ボーイを呼ぶ / *appeler* qn au téléphone …を電話口へ呼ぶ / *appeler*「le médecin [un taxi, la police]」医者[タクシー，警察]を呼ぶ / faire *appeler* qn/qc …を呼びにやる / *appeler* qn en témoignage …を証人として喚問する.

❷ …に電話をかける. ▶ *appeler* les réclamations (=téléphoner à) 苦情係に電話する / *Appelez*-moi vers deux heures. 2時ごろ電話してください / 《目的語なしに》Il a appelé d'un café. 彼は喫茶店から電話をかけてきた.

❸〈*appeler* qn/qc + 属詞〉…を…と名づける，呼ぶ. ▶ Ils vont *appeler* leur prochaine fille Cécilia. 彼らは次の女の子にはセシリアという名前をつけるつもりだ / ce qu'on *appelle* le post-modernisme ポストモダニズムと呼ばれているもの.

❹ …の名前を呼ぶ，を点呼する. ▶ *appeler* les candidats 受験者の氏名を読み上げる / Attendez, je vais *appeler* votre nom. お待ちください，お名前をお呼びしますから.

❺〈*appeler* qn à qc/不定詞〉…に…を呼びかける，要請する；〔物事が〕…をおのずと…に導く. ▶ *appeler* les travailleurs à la solidarité 労働者に連帯を呼びかける / Ses affaires l'*appellent* à voyager beaucoup. 彼(女)は仕事上あちこち飛び回らなくてはならない /《目的語なしに》*appeler* à voter pour qn …への投票を呼びかける.

❻〈*appeler* qn à qc〉…を(地位など)に就ける. ▶ *appeler* qn à de hautes fonctions …を重要な職務に就かせる.

❼〈*appeler* qc〉…を喚起する，招来する；必要とする；望む. ▶ *appeler* l'attention de qn sur qc …に対して…の注意を促す / *appeler* une solution urgente 早急な解決を要する.

❽〖軍事〗〖兵〗を召集する.
❾〖情報〗〔サブルーチン〕を呼び出す.

appeler les choses par leur nom (物をその名で呼ぶ→)歯に衣(きぬ)を着せない.
appeler qn/qc "à son [au] secours" 助けを求めて…を呼ぶ，…の力を借りる. ▶ *appeler* son ami au secours 友人の力を借りる.
appeler un chat un chat はっきり言う.

── **:s'appeler** 代動 ❶〈*s'appeler* + 属詞〉名は…である，と呼ばれる；自称する. ▶ 《Comment t'*appelles*-tu？ ─ Je m'*appelle* Jean.》「君はなんという名前なの」「ジャンっていうんだ」/ Comment s'*appelle* cet apéritif？ この食前酒はなんという名前ですか / Ça s'*appelle* comment？ これはなんという名前ですか. ❷ 呼び合う. ❸ 互いに電話をする. ▶ On s'*appelle* demain. 明日電話で連絡しよう.

Cela [Voilà (ce) qui] s'appelle qc /不定詞 それこそ…だ. ▶ *Voilà qui s'appelle* parler. 〖話〗ものの言い方はそうでなければいけない，実に立派なことを言ってくれた.
Je vais te montrer comment je m'appelle. 〖話〗私をだれだと思っているんだ，思い知らせてやる.

── **appeler** 間他動〖法律〗(en) *appeler* d'un jugement (第1審)判決に対して控訴する / en *appeler* 控訴する.

en appeler à qn/qc …に訴える；頼る. ▶ J'*en appelle à* votre bon sens. 私はあなたの良識に訴えます / *en appeler à* la postérité 評価を後世に託す.

en appeler de qc …に異議を申し立てる. ▶ J'*en appelle de* sa décision. 私は彼(女)の決定には承服しかねる.

appellation /apɛ(l)lasjɔ̃/ 女 呼び名，呼称(=nom). ▶ *appellation* officielle 公式名称 / une *appellation* injurieuse 蔑称(べっしょう) / *appellation* d'origine〖商法〗原産地表示 / *appella-*

tion d'origine contrôlée 〖ワイン〗原産地呼称統制(略 AOC).

appendice /apɛ̃dis/ 男 ❶ (巻末の)補遺, 付録. ❷ (本体の)付属物, 突起. ▶ un garage formant un *appendice* à la villa 別荘に付属したガレージ. ❸《ふざけて》長い鼻 (= *appendice* nasal). ❹ (人体の)付属物;《特に》虫垂.

appendicite /apɛ̃disit/ 女 虫垂炎.

appentis /apɑ̃ti/ 男 ❶ 庇(ひさし); 差し掛け屋根. ❷ (母屋から差し掛け屋根を張り出して建てた)小屋 (納屋, 車庫など).

appert /apɛːr/ 活用 ⇨ APPAROIR.

appesantir /ap(ə)zɑ̃tiːr/ 他動 ❶ [束縛, 権威, 支配など]を重くのしかからせる, 強める. ▶ *appesantir*「sa domination [son joug] 支配[束縛]を強化する / *appesantir* son autorité sur qn …に権威の重圧をかける. ❷ …を重くする, 鈍くする, 緩慢にする. ▶ des pas *appesantis* par la fatigue 疲れて重い足どり.

— **s'appesantir** 代動 ❶ 重くなる, 鈍くなる, 緩慢になる. ▶ sentir ses paupières *s'appesantir* まぶたが重くなるのを感じる. ❷《*s'appesantir* (sur qc)》(…について)長々(くどくど)と述べる. ▶ Je ne veux pas *m'appesantir* sur les détails. 詳細にわたって事細かに述べるつもりはない. ❸《*s'appesantir* sur qn/qc》[束縛, 権威, 運命など]が…に重くのしかかる.

appesantissement /ap(ə)zɑ̃tismɑ̃/ 男 ❶ (心身の活動の)鈍化, 鈍さ, 緩慢さ. ❷ 文章 重くのしかかること.

appétence /apetɑ̃ːs/ 女 文章 (本能, 性向に根ざした)欲求, 渇望.

appétissant, ante /apetisɑ̃, ɑ̃ːt/ 形 ❶ 食欲をそそる. ▶ un mets *appétissant* うまそうな料理. ❷ 魅力的な;《特に》[女性が]情欲をそそる.

***appétit** /apeti/ アペティ/ 男 ❶ 食欲. ▶ avoir beaucoup d'*appétit* 大いに食欲がある / satisfaire l'*appétit* 食欲を満たす / perdre l'*appétit* 食欲をなくす / manger avec *appétit* もりもり食べる / Cette longue promenade m'a donné de l'*appétit*. こんなに長い散歩をしたのでおなかがすいた / L'émotion m'a coupé l'*appétit*. 感動のあまり食欲をなくした. ❷ 欲求, 欲望. ▶ *appétit* de pouvoir 権力欲 / *appétit* de savoir 知識欲 / *appétit* sexuel 性欲 / un énorme *appétit* de curiosité 旺盛(おうせい)な好奇心 / refréner ses *appétits* 自分の欲望に歯止めをかける.

***Bon appétit!** たっぷり召し上がれ(食事をする人に対する挨拶(あいさつ)). 注 略して Bon app /bɔnap/ とも言う.

demeurer [rester] sur son appétit 食べ足りない; 飽き足りない, 物足りない.

L'appétit vient en mangeant. 諺 食欲は食べているうちに出てくる; 欲に頂(いただ)きなし.

Bon appétit ! いい食事を！

日本では食事を始めるとき「いただきます」と言うが, これに当たるフランス語はない. 強いて言えば Bon appétit！であるが, これとて自分以外の人に「たくさん召しあがれ」と言っているのであり, 最近では食卓で次第に聞かれなくなっている. 最もよく使うのは, 相手がこれから家やレストランで食事をすることが分かっている場合である. これから仕事をする人に Bon travail！(いい仕事を！)と言うように, 食事に向かう人に Bon appétit！(いい食事を！)と言うのである.

---

applaudimètre /aplodimɛtr/ 男 拍手測定器, 人気のバロメータ.

***applaudir** /aplodiːr アプロディール/

直説法現在	j'applaudis	nous applaudissons
複合過去	j'ai applaudi	
単純未来	j'applaudirai	

自動 拍手喝采(かっさい)する. ▶ *applaudir* à tout rompre 割れんばかりの拍手を送る.

— 間他動《*applaudir* à qc》…に賛成する. ▶ *applaudir* des deux mains à qc …にもろ手を挙げて賛成する / *applaudir* à un coup d'Etat クーデターに賛同する. — 他動 …に拍手を送る; 感心する. ▶ *applaudir* un acteur 役者に拍手を送る / Son arrivée a été chaleureusement *applaudie*. 彼(女)の到着は熱烈な拍手喝采で迎えられた.

— **s'applaudir** 代動《*s'applaudir* (de qc / 不定詞)》(…を)喜ぶ, (…に)満足する;(…を)自慢する. ▶ *s'applaudir* de son succès 上首尾に満足する.

applaudissement /aplodismɑ̃/ 男 ❶ 拍手喝采(かっさい). ▶ un tonnerre d'*applaudissements* 万雷の拍手 / soulever des *applaudissements* 拍手喝采を巻き起こす[受ける]. ❷ 文章 賛同, 称賛.

applicable /aplikabl/ 形 ◀《*applicable* (à qn/qc)》(…に)適用[応用]できる; 実行できる; 充当できる. ▶ Cette loi n'est pas *applicable* aux étrangers. この法律は外国人には適用されない. ❷《*applicable* sur qc》…に付着しうる; 接着[塗布]できる.

applicateur, trice /aplikatœːr, tris/ 形 (薬, 塗料などの)塗布用の. ▶ tampon *applicateur* 塗布用綿棒. — **applicateur** 男 塗布器 (具), 綿棒, アプリケーター.

***application** /aplikasjɔ̃ アプリカスィヨン/ 女 ❶ 張り付け, 取り付け; 塗布. ▶ l'*application* d'un papier sur le mur 壁紙の張り付け. ❷ 適用, 応用; 実施;《多く複数で》用途, 応用例. ▶ *application* des sciences à l'industrie 科学の産業への応用 / les *applications* d'un remède 薬の適応症 / l'*application* d'une loi 法律の施行[適用]. ◆ entrer en *application* 施行される. ▶ Cette loi est entrée en *application* en 1973. この法律は1973年に施行された. ◆ mettre qc en *application* …を実践する, 施行する. ▶ mettre une théorie en *application* 理論を実用化する. ◆ en *application* de qc (法律など)を適用して, に基づき. ❸ 熱心, 勤勉; 専心. ▶ *application* au travail 勉強[仕事]に対する熱心さ / *application* à faire qc …する熱心さ. ◆ avec *application* 熱心に, 勤勉に. ▶ travailler avec *application* 熱心に勉強する. ❹〖情報〗アプリケーション.

applique

champ d'application 適用範囲, 応用範囲.
applique /aplik/ 囡 ❶ 壁灯, ブラケット灯. ❷ 化粧[装飾, 補強]材(の取り付け).
appliqué, e /aplike/ 厖 ❶ 応用された, 適用された; 実施された. ▶ *sciences appliquées* 応用科学. ❷ 熱心な, 勤勉な; 入念な. ❸ 塗られた, 張られた, 取り付けられた; 命中した.
*****appliquer** /aplike/ 他動 ❶ <*appliquer* qc (sur [à, contre] qc)>(…に)…押し当てる, 張る; 取り付ける; 塗る. ▶ *appliquer* une couche de peinture sur un mur 壁にペンキを塗る / *appliquer* une échelle sur [contre] un mur はしごを壁に立てかける / *appliquer* son oreille sur [à] une porte ドアに耳を押し当てる / *appliquer* un baiser sonore sur la joue d'un enfant 子供の頬(ほお)に大きな音を立ててキスする.
❷ <*appliquer* qc à qc/qn>…を…に適用[応用]する; 当てる, 充当する. ▶ *appliquer* un traitement à une maladie 病気にある治療法を施す / *appliquer* une règle à tous 1つの規則を万人に適用する / *appliquer* un surnom à qn …にあだ名をつける.
❸ …を実行[実施]する; 課す, 執行する. ▶ *appliquer* les ordres 命令を実行する / L'accord a été *appliqué* à 100% [cent pour cent]. 協定は100パーセント実施された / *appliquer* une peine sévère à un accusé 被告に厳罰を課す / coup bien *appliqué* 見事に決まった一撃.
❹ <*appliquer* qc à qc/不定詞>…を…に集中[傾注]する. ▶ *appliquer* son esprit à l'étude 研究に専念する.
appliquer une (bonne) gifle sur la joue de qn = *appliquer sa main sur la figure de qn* …に平手打ちを食わせる.
── *****s'appliquer** 代動 ❶ 張り付く, くっつく. ▶ Ce vernis *s'applique* bien. このニスは乗りがよい.
❷ <*s'appliquer* à qc/qn>…に適用[応用]される; 当てはまる, 適合する. ▶ Cette remarque ne *s'applique* pas à vous. この指摘はあなた(方)には当てはまらない. ❸ <*s'appliquer* (à qc/不定詞)>(…に)専念する, 没頭する. ▶ *s'appliquer* à son travail 仕事に専念する / *s'appliquer* à garder tout son calme 懸命に冷静さを保とうとする / Cet écolier *s'applique*. この生徒は勉強熱心だ.
appoint /apwɛ̃/ 男 ❶ (総額中の)端数の金額, 小銭. ❷ 補助; 援助, 支援; 寄与. ▶ demander l'*appoint* à qn …に助力を求める / apporter son *appoint* à qc …に貢献する / avec l'*appoint* de qc …を援用して.
d'appoint 副次的な, 補助の. ▶ salaire *d'appoint* 副収入 / moteur *d'appoint* 補助エンジン.
faire [donner] l'appoint 端数を小銭で払う; 釣り銭のいらないように払う. ▶ Le public est tenu de *faire l'appoint*. (注意書などで)釣り銭のいらないようにお支払いください.
appointé, e /apwɛ̃te/ 厖 有給の, 給料をもらっている. ── 名 給料取り, サラリーマン.
appointements /apwɛ̃tmɑ̃/ 男複 給料, 固定給. ▶ recevoir [toucher] ses *appointements* 給料を受け取る / *appointements* mensuels 月給. 比較 ⇨ RÉMUNÉRATION.
appointer[1] /apwɛ̃te/ 他動 …に給料を払う. ▶ *appointer* un employé 従業員に給料を払う / *être appointé* à l'année [au mois] 年俸[月給]制で給料をもらっている.
appointer[2] /apwɛ̃te/ 他動 …をとがらす. ▶ *appointer* un crayon 鉛筆を削る.
appontement /apɔ̃tmɑ̃/ 男 (船荷の積み降ろしのための)桟橋.
apponter /apɔ̃te/ 自動〖軍事〗(空母に)着艦する.
apport /apɔːr/ 男 ❶ 貢献, 寄与, 恩恵. ▶ les *apports* de la technologie à la société 社会へのテクノロジーの貢献. ❷ 供給(物); 援助(物資); 出資. ▶ l'*apport* en vitamines d'un aliment 食品のビタミン供給量 / *apport* financier [militaire] 財政的[軍事的]援助 / *apport* en société 組合[会社]への出資. ❸〖民法〗*apport* en communauté 夫婦の持ち寄り財産.
*****apporter** /apɔrte/ アポルテ/ 他動

| 直説法現在 j'apporte | nous apportons |
| 複合過去 j'ai apporté | 単純未来 j'apporterai |

❶ <*apporter* qc (à qn)>…を(…に)持ってくる, 運んでくる. ▶ *apporter* une bonne nouvelle よい知らせを持ってくる / *Apportez*-moi ce livre. その本を持ってきてください / *Apporte* le café aux invités. お客様にコーヒーをお持ちしなさい / *apporter* des cadeaux de l'étranger 外国から土産を持ち帰る.

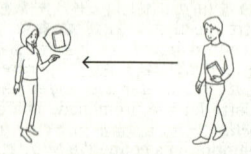

❷ <*apporter* qc (à qn/qc) // *apporter* qc (dans qc)>(…に)…を与える, 提供する; もたらす, 引き起こす. ▶ *apporter* son soutien à qn /qc …に支持を与える / *apporter* de l'argent dans une affaire 事業に出資する / *apporter* des preuves 証拠を挙げる / *apporter* des ennuis 面倒を引き起こす / *apporter* des améliorations à [dans] une maison 家を改築[改装]する / Ce livre ne m'*a* rien *apporté*. この本からは何も得られなかった.

❸ [注意, 情熱など]を注ぐ. ▶ *apporter* 「du soin [de l'ardeur]」 à qc/不定詞 …に気を配る[熱意を注ぐ].

apposé, e /apoze/ 厖〔語が〕同格に置かれた.
apposer /apoze/ 他動 ❶ …を張る. ▶ *apposer* une affiche sur un mur ポスターを壁に張る. ❷〔印〕を押す;〔署名〕を添える.
apposition /apozisjɔ̃/ 囡 ❶〖文法〗同格. ❷ (びら, 切手などを)張ること, 貼付(ちょうふ);(署名などを)

添えること. ▶ *apposition* d'un timbre sur un passeport パスポートへの印紙貼付.

appréciable /apresjabl/ 形 ❶ 評価できる, かなりの; 貴重な. ▶ résultats *appréciables* 評価できる［相当な］成果 / Un grand jardin en ville, c'est très *appréciable*. 町の中にある大きな公園というのは，たいへん貴重ですね. ❷ 測定可能な, 感知できる. ▶ différence à peine *appréciable* à l'œil nu 肉眼ではほとんど見分けのつかない差.

appréciation /apresjasjɔ̃/ 女 ❶ 評価, 鑑定, 測定. ▶ une *appréciation* favorable [défavorable] 好評［不評］/ une *appréciation* de la situation 状況判断 / critère d'*appréciation* 評価基準 / les *appréciations* du professeur sur un élève 生徒に対する教師の評価. ❷ (検討に基づく)判断, 意見. ▶ éléments d'*appréciation* 判断材料 / laisser une décision à l'*appréciation* de qn 決定を…の判断にゆだねる / donner son *appréciation* sur qc …について自分の判断を示す. ❸ (株や通貨などの)値上がり.

*apprécier /apresje/ アプレスィエ/ 他動 ❶ …を高く評価する, の重要性［価値］を認める, を尊重する. (↔déprécier) ▶ *apprécier* les conseils de qn …の忠告を重視する / ne pas *apprécier* les plaisanteries 冗談を好まない / Je l'*apprécie* beaucoup pour sa discrétion. 彼(女)は控え目なところがとてもいい / Ce film japonais *est* très *apprécié* en France. この日本映画はフランスで高く評価されている.

❷ …を評価する, 鑑定する; 見積もる. ▶ *apprécier* un immeuble ビルの価格を鑑定する / *apprécier* qc au-dessus［au-dessous］de sa valeur …を過大［過小］評価する.

❸ …を感知する, 見て取る, とらえる. ▶ *apprécier* la nouvelle situation politique 新たな政治情勢を把握する.

— **s'apprécier** 代動 ❶ (物が)真価を認められる; 価値が上がる. ▶ L'euro *s'est apprécié* vis-à-vis du dollar. ユーロがドルに対して上がった. ❷ (高く)評価し合う, 尊敬し合う.

appréhender /apreɑ̃de/ 他動 ❶ …を恐れる, 心配する. ▶ *appréhender* un accident 事故を心配する. ◆*appréhender* de + 不定詞 …するのを恐れる. ▶ Elle *appréhendait* de laisser son enfant tout seul à la maison.(=craindre) 彼女は子供をひとりで家に残しておくのが心配だった. ◆*appréhender* que + 接続法 …ではないかと恐れる. ▶ J'*appréhende* qu'il ne revienne malade. 私は彼がまた病気になって帰ってくるのではないかと心配だ. ❷ …を把握する, 理解する. ▶ *appréhender* les problèmes dans leur globalité 問題を全体として把握する. ❸ …を逮捕する.

— **s'appréhender** 代動 ❶ 自分自身を把握する. ❷ 把握される.

appréhension /apreɑ̃sjɔ̃/ 女 ❶ (漠然とした)不安, 心配, 懸念. ▶ l'*appréhension* d'un malheur 不幸が起こるのではないかという不安. ◆avec *appréhension* …を恐れて. ▶ se présenter à l'examen avec *appréhension* 不安な気持ちで試験に臨む. ◆avoir［éprouver］de l'*appréhension* (à + 不定詞) (…するのに)不安を抱く. ◆ avoir l'*appréhension* que + 接続法 …ではないかと不安を抱く. ❷ 把握, 理解(力).

apprenant, ante /aprənɑ̃, ɑ̃:t/ 名 学習者.

***apprendre** /aprɑ̃:dr/ アプランドル/ 87 他動

過去分詞 appris	現在分詞 apprenant
直説法現在 j'apprends	nous apprenons
tu apprends	vous apprenez
il apprend	ils apprennent
複合過去 j'ai appris	半過去 j'apprenais
単純未来 j'apprendrai	単純過去 j'appris

注「だれそれに何々を」と, 直接目的・間接目的の両方があるときのみ,「教える, 知らせる」の意味となる (⇨2). それ以外は,「教わる」の意味(⇨1).

■ ［知識, 情報］を得る, 聞く.

❶ …を学ぶ, 習う, 覚える. ▶ *apprendre* le français フランス語を学ぶ (=faire du français) / *apprendre* un métier 仕事を身につける / *apprendre* un texte par cœur 文章を暗記する /〈目的語なしに〉*apprendre* vite すぐに覚える / un enfant qui *apprend* facilement 覚えのいい［のみ込みの早い］子供 / J'ai beaucoup *appris*. 私は多くのことを学んだ. ◆*apprendre* à + 不定詞 ▶ *apprendre* à lire et à écrire avec qn …に読み書きを習う / *apprendre* à supporter la douleur 苦痛に耐える術()を学ぶ. 比較 ⇨ ÉTUDIER.

❷ ⟨*apprendre* qc ∥ *apprendre* que + 直説法⟩ …を知る, 知らされる. ▶ *apprendre* une nouvelle par la radio ラジオでニュースを知る / J'ai appris que vous étiez rentré de voyage. あなたが旅から帰ったことはもう聞きました / Il l'*a appris* de (la bouche de) son père. 彼は父親の口からそれを知らされた.

② ［知識, 情報］を与える, 通知する.

❶ ⟨*apprendre* qc à qn ∥ *apprendre* à qn que + 直説法⟩ …に…を知らせる. ▶ *apprendre* une nouvelle à qn …にニュースを知らせる / Je viens vous *apprendre*「son arrivée［qu'il est arrivé］. 彼の到着を知らせに来ました.

❷ ⟨*apprendre* qc/不定詞 + à qn⟩ …に…を教える. ▶ Elle *apprend* le dessin aux élèves. 彼女は生徒に図画を教えている / *apprendre* à faire du ski à qn …にスキーの滑り方を教える / Cette lecture m'*a* beaucoup *appris*. あの読書は大いに私の勉強になった. 比較 ⇨ ENSEIGNER.

apprendre à vivre à qn …にいい教訓を与える, にとっていい薬になる.

Cela [***Ça***] ***vous apprendra*** (***à qc***/不定詞). これで(…が)どういうことか分かるだろう. ▶ *Ça t'apprendra* à mentir. 嘘をつくとこうなるんだ / *Ça t'apprendra* à vivre. いい教訓になるだろう.

Je lui apprendrai. あいつに思い知らせてやる.

— **s'apprendre** 代動 学習される, 覚えられる. ▶ Les langues étrangères ne *s'apprennent* pas facilement. 外国語は簡単に覚えられるものではない / Bien des choses ne *s'apprennent* pas à l'école. 学校では教えてくれないことがたくさんある.

apprends /aprɑ̃/ 活用 ⇨ APPRENDRE 87
apprenn- 活用 ⇨ APPRENDRE 87
apprenti, e /aprɑ̃ti/ 名 実習生, 見習い; 初心者, 新米. ▶ l'*apprenti* d'une modéliste デザイナーの卵 / *apprenti*-député 新人代議士.

apprenti sorcier 手に負えない事態を招く人. ▶ jouer aux *apprentis sorciers* 危険な行動に出る.

le travail d'un apprenti 新米の(やるような へたな)仕事.

apprentissage /aprɑ̃tisaʒ/ 男 ❶ 実習[見習い, 研修](期間). ▶ centre (école) d'*apprentissage* 職業訓練センター[学校] / l'*apprentissage* des cadres 管理職研修 / être en *apprentissage* 見習い中である / mettre un garçon en *apprentissage* chez un boulanger 男の子をパン屋の見習いに出す.

❷ 〖心理〗〖生物学〗学習. ▶ *courbe* d'apprentissage 学習曲線.

à apprentissage 学習機能を備えた. ▶ robot *à apprentissage* 学習ロボット.

faire l'apprentissage de qc …を学ぶ, に慣れる. ▶ faire l'*apprentissage* ˹de la patience [du malheur]˼ 耐えることを学ぶ[不幸に慣れる]. 注 <l'*apprentissage* de + 名詞> の名詞には「学習する対象」と「学習する者」のどちらを当てはめてもよい(例: l'*apprentissage* du français フランス語の学習 / l'*apprentissage* des cadres 管理職研修). ただし <faire l'*apprentissage* de + 名詞> の形では, 名詞は常に「学習する対象」になる.

apprêt /aprɛ/ 男 ❶ (布, 紙, 皮革などの)仕上げ加工, 艶だし, 光沢加工;(糊, ゴム引きのゴムなど)仕上げ加工材;(塗装の)下塗り. ❷ 文章 わざとらしさ, 気取り. ❸ 古風 調理. ❹ 《複数で》古風 (旅や祭りなどの)支度, 準備.

apprêté, e /aprete/ 形 不自然な, 凝った, わざとらしい. ▶ une expression *apprêtée* 気取った表現.

s'apprêter /saprete/ 代動 ❶ < s'apprêter à qc / 不定詞 > の準備をする; まさに…しようとしている. ▶ *s'apprêter* au combat 戦闘に備える / *s'apprêter* à partir 出発の準備をする; まさに出発しようとしている.

< *s'apprêter* pour qc> …のために身支度をする. ▶ Elle est en train de *s'apprêter* pour le bal. 彼女は舞踏会のための身支度をしている最中だ.
— **apprêter** /aprete/ 他動 ❶ …を(すぐ使えるように)準備する, の支度をする. ▶ *apprêter* une chambre pour recevoir qn …を迎えるために寝室の用意をする / *apprêter* une mariée 花嫁の身支度を整える. ❷ 〖布, 紙など〗に仕上げを施す.

apprîmes /aprim/, **apprirent** /apriːr/ 活用 ⇨ APPRENDRE 87

appris¹, ise /apri, iːz/ 形 (apprendre の過去分詞)学ばれた, 習得された; 覚えた.

appris² /apri/ 活用 ⇨ APPRENDRE 87

appriss-, appri-, apprî- 活用 ⇨ APPRENDRE 87

apprivoisable /aprivwazabl/ 形 飼い慣らすことのできる.

apprivoisé, e /aprivwaze/ 形 飼い慣らされた; 従順になった, なついた.

apprivoisement /aprivwazmɑ̃/ 男 飼い慣らすこと, 飼い慣らされていること; なじませること.

apprivoiser /aprivwaze/ 他動 ❶ 〖動物〗を飼い慣らす. ❷ 〖人〗を手なずける, 従順にする.
— **s'apprivoiser** 代動 ❶ 飼い慣らされる; なつく, 従順になる. ❷ 文章 <s'apprivoiser à qc> …に慣れる, なじむ.

approbateur, trice /aprɔbatœːr, tris/ 名 賛同者; 称賛者.
— 形 〔身ぶりなどが〕賛同[称賛]を示す.

approbatif, ive /aprɔbatif, iːv/ 形 賛成の, 承認の; 称賛の. ▶ faire un signe de tête *approbatif* (同意を示して)うなずく.

approbation /aprɔbasjɔ̃/ 女 同意, 賛成; 承認. ▶ *approbation* tacite 黙認 / donner son *approbation* à qc (=accord) …に同意する.

approchable /aprɔʃabl/ 形 (否定的表現で)近づきやすい, 近寄れる. ▶ Il n'est pas *approchable* aujourd'hui, il est de mauvaise humeur. 今日は彼に近寄らない方がいい, 機嫌が悪いから.

approchant, ante /aprɔʃɑ̃, ɑ̃ːt/ 形 似ている; 近い. ▶ calcul *approchant* 概算. ◆ quelque chose d'*approchant* 何かそれに近いもの[似たもの]. ◆ Ça vaut dans les cent euros ou quelque chose d'*approchant*. これは約100ユーロかそこらの値打ちがある.

approche /aprɔʃ/ 女 ❶ (人, 物が)近づくこと, 接近. ▶ l'*approche* de l'hiver 冬の訪れ / L'*approche* d'un inconnu a fait hurler le chien. 知らない人の気配に犬がほえ立てた. ◆ d'(une) *approche* difficile [facile] 近づきにくい[やすい]; 分かりにくい[やすい]. ▶ un homme d'*approche* facile 親しみやすい人 / une œuvre d'une *approche* difficile 分かりにくい作品.

❷《複数で》付近, 周辺. ▶ les *approches* d'une ville 都市近郊.

❸ (問題に対する)取り組み方, アプローチ. 注 英語 approach から. ▶ l'*approche* sociologique des faits linguistiques 言語事象に対する社会学的アプローチ.

❹ 〖航空〗(飛行場への)進入, 着陸進入.

à l'approche de …が[に]近付くと. ▶ *à l'approche de* ma maison 我が家に近づくにつれて.

aux approches de …の近くで. ▶ *aux approches de* la trentaine 30歳になろうとして.

travaux d'approche (目的達成のための)準備工作, 奔走.

approché, e /aprɔʃe/ 形 おおよその. ▶ avoir une idée *approchée* de la question 問題をだいたい把握している.

*****approcher** /aprɔʃe/ アプロシェ 他動 ❶ <*approcher* qc (de qc/qn)> …を(…に)近づける. ▶ *approcher* une chaise de la fenêtre (↔éloigner) 椅子(ヤ)を窓際に寄せる / *Approche* un peu la lampe.(=avancer) 電気スタンドをこちらに少し寄せてくれ.

❷ …に近づく, 近寄る; と近づきになる, 親しくする. ▶ Ne m'*approchez* pas. そばに来ないでください / C'est un homme qu'on ne peut *appro-

cher. あれは近寄りがたい人物だ.
— ***approcher** 間他動 ＜approcher de qc/qn＞ ❶ …に近づく, 接近する; 近い, 匹敵する. ▶ N'*approchez* pas du feu. 火に近寄ってはいけません / Il *approche* de la cinquantaine. 彼は50歳に手が届こうとしている / un roman qui *approche* de la réalité (=être proche) 現実に近いことが書いてある小説 /《目的語なしに》*Approchez, approchez*! いらっしゃい, いらっしゃい(物売りの呼び声).
❷〔目的語なしに〕〔時間, 出来事, 天候などが〕近づく. ▶ L'heure du départ *approche*. 出発の時間が迫っている / L'orage *approchait*. 嵐(あらし)が近づいていた.
❸〔目的語なしに〕〔ゴルフ〕アプローチする.
— ***s'approcher** 代動 ❶＜s'approcher (de qc/qn)＞ (…に)近づく, 接近する. ▶ *Approchez-vous* du feu. 火のそばにいらっしゃい / La nuit *s'approchait*. 夜が近づいていた.
❷＜s'approcher de qc/qn＞ …とほぼ同じである, に近い, 匹敵する. ▶ un film historique qui *s'approche* de la vérité 真実に近いことを描いている歴史映画.

比較 近づく
approcher 単に間隔が狭まること. **s'approcher** 能動的に間隔を狭めようとする意図を含む. **se rapprocher** すでにある程度までは近づいていて, さらに接近すること.

approfondi, e /apʀɔfɔ̃di/ 形〔知識, 経験などが〕深い, 深められた;〔研究, 調査などが〕徹底的な. ▶ un examen médical *approfondi* 精密検査 / avoir des connaissances *approfondies* en matière d'histoire 歴史に深い知識を持っている.

approfondir /apʀɔfɔ̃diːʀ/ 他動 ❶〔知識, 理解などを〕深める;〔問題などを〕深く掘り下げる. ▶ *approfondir* sa connaissance de l'anglais 自分の英語力を向上させる. ◆sans *approfondir* 深く掘り下げすぎずに. ▶ Il touche à tout sans rien *approfondir*. 彼は広く浅く何にでも手を出す.
❷〔感情などを〕深める, 強める. ▶ *approfondir* une amitié 友情を深める / Ce malentendu a *approfondi* leur mésentente. この誤解が彼らの不和をよりいっそう大きなものにした.
❸〔溝, 穴などを〕深くする.
— **s'approfondir** 代動〔川などが〕深くなる;〔問題などが〕深刻化する.

approfondissement /apʀɔfɔ̃dismɑ̃/ 男 ❶〔問題などの〕掘り下げ, 徹底的検討;〔知識などを〕深くきわめること. ❷〔感情などの〕深まり. ❸〔溝, 穴などを〕深くすること.

appropriation /apʀɔpʀijasjɔ̃/ 女 ❶ 自分のものにすること, 占有; 横領. ▶ l'*appropriation* des moyens de production 生産手段の占有.
❷ 適応させること; 適合していること.

approprié, e /apʀɔpʀije/ 形＜*approprié* (à qc)＞(…に)適応した, ふさわしい. ▶ chercher un terme *approprié* 適切な語を探す / une réponse *appropriée* à la question 質問にぴったりの答え.

approprier /apʀɔpʀije/ 他動＜*approprier* qc à qc＞ に…を合わせる, 適応させる. ▶ *approprier* le style au sujet du livre 本のテーマにふさわしい文体を採用する.
— **s'approprier** 代動 …を我が物とする, 占有する; 横領する. ※ se は間接目的. ▶ *s'approprier* le bien d'autrui 他人の財産を横領する.

*approuver /apʀuve/ アプルヴェ/ 他動 ❶ …に同意する, 賛成する. ▶ Je vous *approuve*. 私はあなた(の方)の意見に賛成だ (= Je suis d'accord avec vous) / *approuver* le mariage de sa fille 娘の結婚を認める. ◆*approuver* qn de + 不定詞 ▶ Je ne les *approuve* pas d'avoir agi ainsi. 彼らがあのような行動に出たのはいただけない.
❷ …を(公的に)承認する, 認可する.

approvisionnement /apʀɔvizjɔnmɑ̃/ 男 ❶〔必需品, 食糧の〕供給, 補給, 調達. ▶ renforcer la capacité d'*approvisionnement* 自給能力を高める. ◆*approvisionnement* (de A) en B (A への) B の供給. ▶ l'*approvisionnement* en énergie エネルギー供給 / assurer l'*approvisionnement* du pays en pétrole 自国への石油供給を確保する. ❷《多く複数で》貯蔵品, 蓄え, 備蓄.

approvisionner /apʀɔvizjɔne/ 他動＜*approvisionner* qn/qc (de [en] qc)＞ ❶ …に〔必需品, 食糧などを〕供給 [補給] する. ▶ *approvisionner* une armée 軍隊に物資を補給する / *approvisionner* un détaillant 小売商に品物を卸す / Ce pays nous *approvisionne* en vivres. この国は我々に食糧を供給している. ❷〔口座〕に金を振り込む. ▶ *approvisionner* son compte (en banque) 自分の口座に入金する.
— **s'approvisionner** 代動＜*s'approvisionner* (de [en] qc)＞ (〔必需品, 食糧などを〕買い込む, 仕入れる. ▶ *s'approvisionner* au supermarché スーパーマーケットで買い出しをする.

approximatif, ive /apʀɔksimatif, iːv/ 形 ❶ おおよその, だいたいの. ▶ faire le calcul *approximatif* des dépenses 出費をおおまかに計算する.
❷〔表現などが〕精密でない, 大ざっぱな. ▶ s'exprimer en termes *approximatifs* 厳密でない言葉で自分の考えを表現する.

approximation /apʀɔksimasjɔ̃/ 女 ❶ 概算, 近似値; 近似的なもの. ▶ Ce chiffre n'est qu'une *approximation*. この数字は概数にすぎない. ❷〔数学〕近似(法).
par approximation 近似法で; 概算で, おおよその見当で. ▶ calculer *par approximation* 近似法で計算する / Voyez *par approximation* ce que cela peut coûter. いったいいくらかかるかざっと計算してみてください.

approximativement /apʀɔksimativmɑ̃/ 副 おおよそ, 概算で. ▶ évaluer *approximativement* おおよその見積もりをする.

*appui /apɥi/ アピュイ/ 男 ❶ 支え, 支えるもの. ▶ mettre un *appui* à un mur 壁が倒れないようにつっかい棒をする / mur d'*appui* 支えとなる壁. ❷ 支持, 支援, 援助. ▶ obtenir [gagner, s'assurer] l'*appui* de qn …の支持を得る / donner [prêter] son *appui* à qn …を支援する, に力を貸す / Il a de puissants *appuis* dans le mi-

lieu politique. 彼には政界に強力な後ろ盾がある.
à l'appui (de qc)（…の）裏付けとして, 証拠として(の). ▶ Plusieurs arguments viennent *à l'appui* de cette thèse. いくつかの論拠がこの説の正しさを証明している. ◆無冠詞名詞 + *à l'appui* …を証拠として, 援用して. ▶ avec preuves *à l'appui* 確かな証拠をもって / Il nous expliqua, chiffres *à l'appui*, les conditions de vie dans ce pays. 彼はその国の生活水準を数字を挙げて説明してくれた.
prendre appui sur qc/qn …に寄りかかる, つかまる; を足場にする (=s'appuyer sur qc/qn). ▶ Il a escaladé le mur en *prenant appui sur* le rebord de la fenêtre. 彼は窓枠をたよりに壁をよじ登った.

appuie-bras /apɥibʁa/《単複同形》男《座席の》ひじ掛け.

appuie-tête /apɥitɛt/:《複》~-~s, または《単複同形》男（美容院などの椅子(す)の）頭支え;（自動車の座席の）ヘッドレスト.

appuyé, e /apɥije/形 ❶ 力が入った, 強調した; 押しつけがましい. ▶ un regard *appuyé* じっと見据えるような眼差(まなざ)し / un ton d'une politesse trop *appuyée* 慇懃(いんぎん)無礼な口調.
❷〈*appuyé sur* [à, contre] qc/qn〉…に寄りかかった, 支えられた. ▶ une échelle *appuyée* contre le mur 壁に立てかけられたはしご.
❸〈*appuyé par* qc/qn〉…に支持された. ▶ un candidat *appuyé* pour le maire de Paris パリ市長に支持されている候補.
❹〈*appuyé sur* qc〉…に基づいた, 裏付けられた. ▶ une accusation *appuyée* sur des témoignages solides 確固とした証言に裏付けられた告訴.

appuyer /apɥije/ アピュイエ/ 11 他動

直説法現在	j'appu*i*e	nous appuyons
	tu appu*i*es	vous appuyez
	il appu*i*e	ils appu*i*ent
複合過去	j'ai appuyé	半過去 j'appuyais
単純未来	j'appuierai	単純過去 j'appuyai

❶ …を（支柱などで）支える. ▶ *appuyer* un mur par [avec] des arcs-boutants 壁に飛梁(とびばり)を渡して支える.
❷〈*appuyer* qc sur [contre, à] qc〉…を…にもたせかける, 寄りかからせる. ▶ *appuyer* une échelle「contre le [au] mur はしごを壁に立てかける / *appuyer* ses coudes sur la table テーブルにひじをつく / *appuyer* sa tête sur l'épaule de qn …の肩にもたれかかる.
❸〈*appuyer* qc sur qc〉…を…に押しつける;〔手や足で〕…を押す. ▶ *appuyer* le revolver sur la poitrine de qn …の胸にピストルをつきつける / *appuyer* le doigt sur le pansement 指で包帯を押さえる / *appuyer* son regard sur qn/qc …をじっと見つめる.
❹ …を支持する, 支援する, 援護する. ▶ *appuyer* une proposition ある提案を支持する.
❺〈*appuyer* qc sur [par, de] qc〉…を…に基づかせる; の根拠を…に置く. ▶ *appuyer* sa pensée 「sur des raisons convaincantes [par des exemples concrets] 説得力のある理由［具体的な例］を挙げながら自分の考えを述べる.
❻〔言葉を〕強調する.
── 間他動 ❶〈*appuyer* sur qc〉…を押す, 押さえつける. ▶ *appuyer* sur le frein ブレーキを踏む.
❷〈*appuyer* sur qc〉を強調する, に力を込める. ▶ *appuyer* sur une idée ある考えを力説する / Le ministre *a appuyé* sur le terme «indispensable».(=insister) 大臣は「必要不可欠な」という語を特に力を入れて発言した.
❸〈*appuyer* sur [contre, à] qc〉〔物が〕…に支えられている, もたれかかっている. ▶ Un des pieds de la table n'*appuie* pas au sol. テーブルの足が1本床に着いていない.
❹〈*appuyer* sur [à] qc〉〔ある方向〕に向く, 寄る. ▶ *appuyer* sur la droite = *appuyer* à droite 右に寄る.
── **s'appuyer** 代動 ❶〈*s'appuyer* sur [à, contre] qc〉…に寄りかかる, もたれかかる. ▶ *s'appuyer* sur un mur 壁に寄りかかる / Appuyez-vous sur mon bras. 私の腕につかまれ.
❷〈*s'appuyer* sur qn/qc〉…をよりどころとする, に頼る. ▶ Sur quoi *s'appuie* cette affirmation?(=se fonder) 何を根拠にそう断定できるのか / Vous pouvez vous *appuyer* entièrement sur elle. 彼女をすっかり頼りにできますよ.
❸〔俗〕〈*s'appuyer* qc/qn〉〔厄介事など〕をしょい込む. 注 se は間接目的. ▶ Je me suis *appuyé* ce gosse toute la journée! 私は一日中この子の面倒を見させられた.

âpre /ɑːpʁ/ 形 ❶〔味, 音, 感触などが〕不快な, 嫌な. ▶ goût *âpre* (=âcre)（熟していない果実, ワインなどの）渋み［酸味］/ voix *âpre* 耳障りな声.
❷〔行為などが〕激しい, 荒々しい;〔気候などが〕厳しい. ▶ lutte *âpre* 熾烈(しれつ)な戦い / caractère *âpre* 激しい気性 / froid *âpre* 厳しい寒さ. ❸ être *âpre* au gain 金もうけに熱心である.

âprement /ɑpʁəmɑ̃/ 副 激しく, 厳しく. ▶ critiquer *âprement* 痛烈に批判する.

:après /apʁɛ/ 前 (↔avant)

❶《時間について》…のあとに, あとで.
▶ Il est arrivé *après* tout le monde. 最後に彼がやって来た / *Après* beaucoup d'hésitations, il a accepté. さんざんためらったあげく彼は承諾した. /《無冠詞名詞とともに》*après* décès 死亡後〔注 無冠詞名詞の使用は公文書などの常套(じょうとう)的表現に多い〕. ◆*après* ＋ 時点 ▶ *après* le 1er [premier] novembre 11 月 1 日以降 / Il est parti un peu *après* dix heures. 彼は10時ちょっと過ぎに出発した. ◆*après* ＋ 時間 ＋ de ＋ 無冠詞名詞 …の（期間）を経て. ▶ Il a été libéré *après* deux ans de détention. 2年服役して彼は釈放された. ◆期間 ＋ *après* qc …のあと…たって. ▶ Tous les exemplaires de ce roman ont été vendus quelques jours *après* sa parution. この小説は発売数日後で全部売り切れた. ◆*après* ＋ 不定詞複合形 …したあと. ▶ *Après* avoir mangé, il s'est remis au travail. 食事したあと彼は再び仕事に取りかかった.

après-midi

注 〈après + 不定詞単純形〉は若干の定型的表現のみ (例: après déjeuner 昼食後 / après dîner 夕食後 / après boire 酒を飲んだあとで). ◆ **après que** + [直説法]/[接続法] ▶ Je suis arrivé à la gare, après que le train soit [est] parti. 私は列車が出発したあと駅に着いた.
❷《場所について》…の向こうに, 後ろに. ▶ Sa maison est après l'église. 彼(女)の家は教会を通り越したところにある (⇨ 成句 être après qc) / Cent mètres après la poste, il y a la gare. 郵便局を過ぎて100メートル行くと駅があります.
❸《序列, 順位を示して》…のあとに, 次に. ▶ Le favori s'est classé deuxième, après l'outsider. 本命は穴馬に次いで2着でゴールした. ◆ passer [venir] après …に次ぐ. ▶ Sa famille passe après ses malades. 彼(女)にとっては患者が第一で家族は二の次だ.
❹《動詞とともに, 追求, 愛着の対象を示して》…のあとを, …に. ▶ courir après 「un ballon [l'argent]」ボールを追いかける [金もうけに血眼になる] / soupirer après qc …を熱望する / Dépêchez un hélicoptère après les naufragés! 遭難者救出のためヘリコプターを急行させてください.
❺ 話《à, sur, contre の代わりに用いて》…に, …の上に, …に対して. ▶ aboyer après qn [犬が]…にほえかかる; [人が]…に向かってわめき立てる / crier après qn/qc …をしかる; 非難する / La clef est après la porte. 鍵(ぎ)はドアに差し込んだままになっている (⇨ 成句 être après qc).

après cela [**ça**] (1) そのあとで. (2)《因果関係を示して》そのために; それにもかかわらず. ▶ Il m'a insulté, après cela je l'ai frappé. 彼が僕を侮辱したので殴りつけてやった.
après coup あとになって, 遅ればせに. ▶ Je n'ai compris qu'après coup. あとになってようやく分かった.
après Jésus-Christ 紀元後.
après quoi そのあとで.
après tout つまるところ, 結局. ▶ Après tout, cela m'est égal. 要するに私にはどうでもいいことだ.
Après vous(**, je vous en prie**). お先にどうぞ.
*****d'après qc/qn** (1) …によれば. ▶ d'après la presse 新聞によれば / d'après ce que je sais 私の知るところでは. (2) …に基づいて, ならって. ▶ juger d'après l'expérience 経験によって判断する.
demander après qn 話 …の来訪を求める, に取り次ぎを求める.
être après qc …に専念する, を引き受ける.
être après qn (↔avant) ❶ ▶ Vous êtes après moi, madame. (列に割り込む相手などに)奥さん, 後ろに並んでください. (2) …につきまとう.
l'un après l'autre 次々に, 代わる代わる.
無冠詞名詞 + **après** + 無冠詞名詞《同じ名詞を繰り返して》のあとまた…. ▶ jour après jour 毎日毎日 / ville après ville 町から町へ.

── *****après** 副 (↔avant) ❶《時間について》あとで. ▶ Qu'est-ce qu'on fait après? そのあとどうするの / Téléphonez d'abord, nous nous verrons après. まず電話をしてください, それから会いましょう. ◆期間 + après それから…後に. ▶ Trois jours après, il est revenu. それから3日後, 彼は戻ってきた.

語法 **après** と **dans**「…後に」
現在から見て「…後に」という場合は〈dans + 期間〉, 過去のある時点から見て「…後に」という場合は〈期間 + après〉を用いる. 前者では動詞は未来形または現在形.

• Je partirai en Europe dans un mois. 1か月後にヨーロッパに発(た)ちます.
• Il devait quitter la France trois jours après. 彼は3日後にフランスを離れることになっていた.

なお,〈期間 + après〉が「…後に」を意味するのに対し,〈期間 + 時点〉は「…以降」という意味になる (⇨ 前 ❶◆).

❷《場所について》向こうに, 後ろに. ▶ Allez jusqu'à la poste, la gare est après. 郵便局まで行きなさい, 駅はその向こうです.
❸《序列, 順位を示して》その次に. ▶ Il n'est pas le premier en maths, mais juste après. 彼は数学では1番ではなく2番だ / Son affaire à lui, c'est le travail, le reste ne vient qu'après. 彼の関心事は仕事であり, 他のことは二の次だ.
❹《追求, 愛着を示して》そのあとを. ▶ L'autobus a démarré et il a couru après. バスは発車し, 彼はそのあとを追いかけた.
❺ 話《à [sur, contre] + 名詞の代わりに用いて》その上に, それに対して. ▶ Va chercher le cintre, son manteau est après. ハンガーを持ってて, 彼(女)のオーバーがかかっているから / Laisse ton fils tranquille, tu cries toujours après. 息子をそっとしといてやりなさい, いつもがみがみ言って.

Après? = **Et** (**puis**) **après?** (1) それで, それから. ▶ Et après? Qu'est-ce qu'il t'a dit? それで, 彼はなんて言ったんだ? (2) それがどうした. ▶ Ce rôle ne lui plaît pas? Et après? Nous ne manquons pas de remplaçants. この役が彼の気に入らないって. それも結構, 代役には事欠かないよ.
Cela [**Ça**] **passe après**. それは二の次だ, それはたいしたことじゃない.
d'après 次の. ▶ le jour d'après 次の日.

── 男 あと, 続き. ▶ Il n'y a pas eu d'après. それっきりだった.

*****après-demain** /apʀədmɛ̃ アプレドゥマン/ 副 明後日, あさって. ▶ après-demain mardi [soir] あさっての火曜日 [晩] に / après après-demain 話 しあさって (=dans trois jours).

après-guerre /apʀəɡɛːʀ/ 男 (特に第1次・第2次大戦の)戦後, アプレゲール.

*****après-midi** /apʀəmidi アプレミディ/ 男/女《単複同形》
午後. ▶ l'après-midi / cet après-midi 今日の午後に / demain après-midi 明日の午後に / dimanche après-midi 日曜日の午後に / à trois heures de l'après-midi 午後3時に / dans l'après-midi du 31 [trente et un] juillet 7月31日の午後に / en début [fin] d'après-midi 午後早く [遅く] / Il passe ses

après-rasage

après-midi au cinéma. 彼は毎日午後は映画を見に行くことにしている.

après-rasage /aprɛraza:ʒ/ 男 アフターシェーブローション[クリーム].
── 形 《不変》ひげそりあと用の.

après-shampooing /aprɛʃɑ̃pwɛ̃/ 男 ヘアリンス, ヘアトリートメント.

après-ski /aprɛski/ 男 スキー後の団欒(だんらん); (スキーの)スナフターブーツ.

après-vente /aprɛvɑ̃:t/ 形 《不変》販売後の.
▶ service *après-vente* アフターサービス.

âpreté /ɑprəte/ 女 ❶ (行為などの)激しさ, 荒々しさ; 文章 (気候などの)厳しさ. ▶ l'*âpreté* de la concurrence internationale 国際競争の熾烈(しれつ)さ / avec *âpreté* 激しく, 厳しく.
❷ 文章 (味, 音, 感触などの)不快な刺激, 不快さ.
▶ l'*âpreté* d'un vin ワインの渋み / l'*âpreté* d'une voix 声のとげとげしさ.
❸ 貪欲さ. ▶ *âpreté* au gain 強欲.

a priori /aprijɔri/ 《ラテン語》副 ❶ アプリオリに, 先験的に (↔a posteriori). ▶ justifier qc *a priori* …を先験的に根拠づける.
❷ 予備知識なしに, 一目見て; 経験によらずに, 事実を無視して. ▶ refuser *a priori* toute proposition (=par principe) あらゆる提案を理屈抜きに拒否する /《TU es libre demain ? ― *A priori*, je n'ai rien de prévu.》「明日, あいてる」「(手帳などを見ないとはっきりとは言えないが)今のところなんにも予定はないです」.
── 形句 《不変》アプリオリな, 先験的な.
── 男 《単複同形》❶ 先験的推論[認識]. ❷ (悪い意味で)(経験や事実に基づかない)予断, 偏見. ▶ Elle a beaucoup d'*a priori* contre le mariage. 彼女は結婚というものに非常に偏見を持っている.

apriorisme /aprijɔrism/ 男 先験的推論; 先天説, 先験主義.

à-propos /aprɔpo/ 男 (言動が)時宜にかなっていること; 適切さ. ▶ esprit d'*à-propos* 当意即妙の才, 機知 / répondre avec *à-propos* 臨機応答に答える / En cette circonstance imprévue, il a fait preuve d'*à-propos*. この思いもかけぬ事態に, 彼は機転の利くところを見せた.

apte /apt/ 形 《*apte* à qc》《不定詞》❶ 〈人, 団体が〉…に適した, の能力[素質]がある. ▶ Je crois que Pierre est *apte* à (faire) ce travail. ピエールはこの仕事に向いていると思うよ. ❷ 《法律》…の資格がある. ▶ être *apte* (et idoine) à hériter 相続する資格を有する.

*****aptitude** /aptityd/ アプティテュード/ 女 《*aptitude* (à [pour] qc)》《*aptitude* (à + 不定詞)》(…に対する)素質, 適性, 能力. ▶ avoir des *aptitudes* pour les mathématiques 数学の素質がある / Elle a une grande *aptitude* à parler en public. 彼女は人前で話すのが得意だ / test d'*aptitude* 適性検査 / certificat d'*aptitude* professionnelle 職業適任証(略 CAP : 職業技術教育課程の卒業証).

apurer /apyre/ 他動 ❶ 〔会計〕を検査[監査]する. ❷ 〔負債〕を清算する.

aqua-, aqui- 接頭 「水」の意.

aquagym /akwaʒim/ 女 アクアジム(水中で行う運動).

aquanaute /akwano:t/ 男 アクアノート, 潜水技術者: おもに海底の仮宿所を拠点として長期間海中の探索を行う.

aquaplanage /akwaplana:ʒ/, **aquaplaning** /akwaplaniŋ/ 男 《自動車》ハイドロプレーニング: 水溜(みずた)りのできた路面を高速走行する際にタイヤと路面の間に水膜ができる現象.

aquaplane /akwaplan/ 男 水中翼船.

aquarelle /akwarɛl/ 女 水彩画; 水彩画法. ▶ peindre à l'*aquarelle* 水彩で描く.

aquarelliste /akwarɛlist/ 名 水彩画家.

aquarium /akwarjɔm/ 男 ❶ アクアリウム, 水槽. ❷ 水族館.

aquatique /akwatik/ 形 水辺の, 水生の; 水の.
▶ les plantes *aquatiques* 水生植物 / les oiseaux *aquatiques* 水鳥.

aqueduc /akdyk/ 男 水道, 送水路; 水道橋, 水路橋.

aqueux, euse /akø, ø:z/ 形 水を含んだ, 水気の多い. ▶ fruit *aqueux* 水分の多い果物.

aquifère /akifɛ:r/ 形 水を含んだ; 水を導く. ▶ nappe *aquifère* 地下水層.

aquilin, ine /akilɛ̃, in/ 形 ワシのくちばし形の. ▶ nez *aquilin* 鷲(わし)鼻.

aquitain, aine /akitɛ̃, ɛn/ 形 アキテーヌ Aquitaine 地方の.
── **Aquitain, aine** 名 アキテーヌ地方の人.

Aquitaine /akitɛn/ 固有 女 アキテーヌ地方: フランス南西部.

arabe /arab/ 形 アラビア Arabie の, アラブの; アラブ人の. ▶ les pays *arabes* アラブ諸国 / Ligue *arabe* アラブ連盟 / chiffres *arabes* (↔romain) アラビア数字 / cheval *arabe* アラブ(馬).
── **Arabe** 名 アラビア人, アラブ人.
── **arabe** 男 ❶ アラビア語. ❷ アラブ(馬).

arabesque /arabɛsk/ 女 ❶ 《美術》アラベスク: 動植物を唐草模様や幾何学的模様に描いた装飾. ❷ 《バレエ》《音楽》アラベスク.

arabica /arabika/ 男 アラビア産のコーヒー(の木).

Arabie /arabi/ 固有 女 アラビア; アラビア半島.

Arabie Saoudite /arabisaudit/ 固有 女 サウジアラビア: 首都 Riyad. ▶ en *Arabie* サウジアラビアに[で, へ].

arabique /arabik/ 形 アラビアの. ▶ gomme *arabique* アラビアゴム.

arabisant, ante /arabizɑ̃, ɑ̃:t/ 名 アラビア語学者, アラブ学者; アラブ問題専門家.

arabisation /arabizasjɔ̃/ 女 (特に独立後のアラブ諸国における)アラブ化.

arabiser /arabize/ 他動 …をアラブ化する. ▶ *arabiser* l'enseignement 教育をアラブ語で行う.

arable /arabl/ 形 耕された; 耕作に適した.

arabophone /arabofon/ 形 アラビア語を話す(人).

arachide /araʃid/ 女 《植物》ラッカセイ, ナンキンマメ, ピーナッツ.

arachnides /araknid/ 男複 《動物》クモ形類: クモ, サソリ, ダニなど.

Aragon /aragɔ̃/ 固有 男 アラゴン：スペイン北東部の地方．

aragonais, aise /aragonɛ, ɛ:z/ 形 アラゴンの；Aragon 地方の；アラゴン人の．
— **Aragonais, aise** 名 アラゴン人．

araignée /arɛɲe/ 女【動物】クモ．▶ fils d'*araignée* クモの糸／L'*araignée* file sa toile. クモが巣をかける／*araignée* de mer ケアシガニ．

avoir une araignée au plafond 話 頭が少し変だ．

toile d'araignée クモの巣；クモの巣状(の広がり)．

aratoire /aratwa:r/ 形 耕作の，農耕の．

arbitrage /arbitra:ʒ/ 男 ❶ 仲裁，調停；仲裁裁定．▶ soumettre un différend à l'*arbitrage* de qn 紛争を…の調停にかける．
❷ (スポーツの)審判；判定．
❸ (株式の)鞘(さや)，(為替相場の)鞘取り操作．

arbitraire /arbitrɛ:r/ 形 ❶ 自由意志による，任意の；勝手な，恣意(し)的な．▶ un choix *arbitraire* (=gratuit) 任意の(何の根拠もない)選択／une interprétation *arbitraire* 勝手な解釈．
❷ 専制的な，独裁的な．▶ pouvoir *arbitraire* (=despotique) 独裁権力／une arrestation *arbitraire* (=injustifié) 不当逮捕．
❸【言語】〖言語記号の〗恣意的な．
❹【法律】(裁判官の)自由裁量による．
— 男 ❶ 独裁，専制．▶ lutter contre l'*arbitraire* 独裁と闘う．❷【言語】恣意性．

arbitrairement /arbitrɛrmɑ̃/ 副 ❶ 勝手に，恣意(し)的に．❷ 専断的に，不当に．

arbitre[1] /arbitr/ 男 ❶ (スポーツの)審判，レフェリー．❷ 仲裁者，調停者；(法的)仲裁人．▶ prendre qn comme *arbitre* d'un conflit …を争議の調停役にする／s'en remettre à la décision de l'*arbitre* 調停者の決定にゆだねる．❸ (情勢や運命を)左右する存在，決定者．▶ être l'*arbitre* d'une crise politique 政治危機［政局］打開の鍵(かぎ)を握る．

arbitre[2] /arbitr/ 男 libre *arbitre* 自由意志．

arbitrer /arbitre/ 他動 ❶ …を仲裁する，調停する．❷【スポーツ】…の審判を務める．❸〖政治的危機〗を打開する．

arboré, e /arbore/ 形 木の植わった，茂みのある．

arborer /arbore/ 他動 ❶〖旗〗を掲げる．
❷ …をこれ見よがしに身につける．▶ *arborer* une fleur à sa boutonnière ボタンホールに誇らしげに花をつける．
❸〖新聞などの見出し〗を大きく掲げる．▶ *arborer* un titre sur cinq colonnes 5 段抜きの見出しを掲げる．
❹〖感情，考えなど〗を公然と表わす．

arborescence /arborɛsɑ̃:s/ 女【植物学】高木性，木本性．❷ 文章 樹木状であること．

arborescent, ente /arborɛsɑ̃, ɑ̃:t/ 形 高木性の，木本状の．▶ schéma *arborescent* 樹形図．

arbor(i)- 接頭「樹木」の意．

arboriculteur, trice /arborikyltœ:r, tris/ 名 樹木栽培家，樹芸家．

arboriculture /arborikylty:r/ 女 樹木栽培．

arbouse /arbu:z/ 女【植物】西洋ヤマモモの実．
arbousier /arbuzje/ 男【植物】西洋ヤマモモ．

*****arbre** /arbr/ 男
❶ 木，樹木；高木，喬木(きょうぼく)．▶ *arbre* fruitier 果樹／planter [abattre, arracher] un *arbre* 木を植える［切る，根こそぎにする］／grimper à un *arbre* 木に登る／*arbre* de Noël クリスマスツリー．
❷ 枝分かれ図．▶ *arbre* généalogique 系統樹；家系図．
❸【言語】樹形図：文の階層的構造をその構成要素とともに示す枝分かれの形をした図．
❹ (機械の)シャフト，軸．▶ *arbre* moteur 駆動軸／*arbre* à cames カムシャフト，カム軸．

arbre de vie (1)【聖書】命の木．(2)【医学】小脳活樹，生命樹．

couper l'arbre pour avoir le fruit 目先の利益を追って大切なものを失う．

Les arbres cachent la forêt. 諺 木を見て森を見ず．

arbrisseau /arbriso/;(複) **x** 男 (1-4 メートルの)低木，灌木(かんぼく)．

arbuste /arbyst/ 男 (10 メートル以下の)低木，灌木(かんぼく)．

arc /ark/ 男 ❶ 弓；弓形．▶ le tir à l'*arc* 弓術，アーチェリー／tirer à l'*arc* 弓を射る／bander [tendre] l'*arc* 弓を引き絞る．❷【数学】(曲線の)弧．▶ La Terre effectue par heure un *arc* de 15°〖quinze degrés〗. 地球は 1 時間に 15度自転する／en *arc* de cercle 円弧状に，弓形に．❸【建築】アーチ，迫(せ)り持ち；拱門(きょうもん)．▶ pont en *arc* アーチ橋／*arc* de triomphe 凱旋(がいせん)門．❹【電気】アーク，電弧．

avoir ⸢*plusieurs cordes* [*plus d'une corde*]⸥ *à son arc* (弓の弦を数本持っている→) (目的達成の)手段をいくつも持っている．

Arcachon /arkaʃɔ̃/ 固有 アルカション：ボルドー南西の都市．

arcade /arkad/ 女【建築】アーチ型建造物，拱門(きょうもん)；(複数で)アーケード，拱廊．▶ *arcade* de verdure アーケード状生け垣／les *arcades* de la rue de Rivoli リヴォリ街のアーケード．

arcane /arkan/ 男 《多く複数で》奥義，秘密．▶ les *arcanes* de la science 学問の神軸．

arc-boutant /arkbutɑ̃/;(複) **~s-~s** 【建築】飛梁(とびばり)，飛控え，フライング・バットレス．

arc-bouté, e /arkbute/ 形 《*arc-bouté* (contre [à, sur] qc)》(…を支えにして)ふんばった．

arc-bouter /arkbute/ 他動〖壁，ボールなど〗に飛梁(とびばり)を架け渡す．
— 代動 《*s'arc-bouter* (contre [à, sur] qc)》(…を支えにして)ふんばる；(…に)体の重みをかける．▶ *s'arc-bouter* (des pieds) pour pousser le charriot 荷車を押そうと力いっぱいふんばる．

arceau /arso/;(複) **x** 男 ❶【建築】(アーチやボールトなどの)アーチ形の部分．❷ アーチ形のもの．

*****arc-en-ciel** /arkɑ̃sjɛl/ 男 アルカンスィエル；(複) **~s-~-~** 虹(にじ)．▶ en *arc-en-ciel* 虹のような［形］をした．— 形《不変》虹色の．

passer par toutes les couleurs de

archaïque

l'arc-en-ciel 屋〔感情のたかぶりで〕赤くなったり青くなったりする.

archaïque /aʀaik/ 形 ❶ 古風な; 時代遅れの. ▶ mot [tournure] *archaïque* 古語[古い言い回し] (=archaïsme). ❷〔美術〕アルカイックの, 古典期以前の. ▶ sourire *archaïque* アルカイック・スマイル.

archaïsant, ante /aʀkaizɑ̃, ɑ̃:t/ 形〔作家などが〕古語［古風な表現］を用いる;〔文体などが〕擬古調の. ─ 名 擬古作家, 擬古主義者.

archaïsme /aʀkaism/ 男 ❶ 古語; 古風な表現 (↔néologisme). ❷ 古風, 時代遅れ. ❸〔文学, 芸術における〕擬古主義, アルカイスム.

archange /aʀkɑ̃:ʒ/ 男 大天使: 9 階級の天使のうち第 8 階級の天使.

arche[1] /aʀʃ/ 女 ❶ ノアの箱船 (=*arche* de Noé);〔象徴的に〕教会. ❷ *arche*「d'alliance [sainte]」契約の箱: モーセの十戒 les tables de la Loi を刻んだ石板を収めた箱.

arche[2] /aʀʃ/ 女 ❶〔橋, 陸橋の〕アーチ, 迫(ﾏ)持ち; 橋弧. ❷ l'*Arche* (de la Défense) アルシュ: フランス革命 200 年を記念して, デファンス地区に建てられたもの.

archéo /aʀkeo/ 形 屋〔政治的に〕古くさい, 旧態依然とした.

archéologie /aʀkeɔlɔʒi/ 女 考古学.

archéologique /aʀkeɔlɔʒik/ 形 考古学の.

archéologue /aʀkeɔlɔg/ 名 考古学者.

archer /aʀʃe/ 男〔弓の〕射手(ﾖ).

archet /aʀʃɛ/ 男〔弦楽器の〕弓. ▶ avoir un bon coup d'*archet* 弓使いがいい.

archétypal, ale /aʀketipal/;〔男 複〕**aux** /o/ 形 原型の, 原型になる.

archétype /aʀketip/ 男 原型; 手本, 模範.

archevêché /aʀʃəveʃe/ 男 大司教(管)区; 大司教座のある都市; 大司教職.

archevêque /aʀʃəvɛk/ 男〔カトリックの〕大司教;〔ギリシア正教の〕大主教;〔プロテスタントの〕大監督.

archi- 接頭 ❶〔形につく〕屋「極端に, あまりにも」の意. ▶ *archi*connu だれでも知っている / *archi*fou 大ばかの. ❷〔名につく〕（母音字の前で arch-)「上位; 首位」の意. ▶ *arch*evêque 大司教.

archipel /aʀʃipɛl/ 男 ❶ 列島, 群島, 諸島. ▶ l'*archipel* nippon = l'*archipel* du Japon 日本列島. ❷ 群がり, 連なり. ▶ des *archipels* de glaçons 流氷の群れ.

*****architecte** /aʀʃitɛkt/ アルシテクト/ 名 ❶ 建築家, 建築士; 設計者. ▶ agence d'*architecte* 建築[設計]事務所 / *architecte* naval 造船技師 / *architecte* d'intérieur 室内装飾家, インテリアデザイナー / *architecte* paysagiste 造園家, 景観デザイナー. ❷ 考案者, 創始者. ▶ *architecte* de réseaux ネットワーク設計者.

architectonique /aʀʃitɛktɔnik/ 形 ❶ 建築術の, 建築技法にかなった. ▶ règles *architectoniques* 建築術上の規則. ❷ 構造の; 体系的な. ▶ l'analyse *architectonique* d'un ouvrage 作品の構成分析. ─ 女 建築術.

architectural, ale /aʀʃitɛktyʀal/;〔男 複〕**aux** /o/ 形 建築の, 建築術の.

*****architecture** /aʀʃitɛkty:ʀ/ アルシテクテュール/ 女 ❶ 建築, 建築術, 建築学. ▶ *architecture* moderne 現代建築, 近代建築 / *architecture* navale 造船学 / *architecture* urbaine 都市工学. ❷ 建築様式;〔建築の〕構造, 構え. ▶ l'*architecture* byzantine ビザンティン様式. ❸〔作品などの〕構成, 組み立て. ❹〔文章〕建築物, 建造物. ❺〔情報〕アーキテクチャ, 計算機構成.

architecturer /aʀʃitɛktyʀe/ 他動〔作品など〕をしっかり組み立てる, 構成する.

architrave /aʀʃitʀav/ 女〔建築〕アーキトレーブ: エンタブレチュア entablement の最下部で, 柱の上に渡される部分. 木構造の桁(ｹﾀ)に相当する.

archivage /aʀʃiva:ʒ/ 男 古文書の保存.

archiver /aʀʃive/ 他動 ❶ …を古文書として保存する. ❷〔情報〕〔データ〕をアーカイブに保存する.

archives /aʀʃi:v/ 女複 ❶〔集合的に〕古文書,（古い）記録文書. ❷ 古文書館; 資料館. ▶ *Archives* nationales（パリの）国立古文書館. ❸〔情報〕アーカイブ.

garder [*mettre*] *qc dans ses archives* …を大切に保管する, 大事に取っておく.

archiviste /aʀʃivist/ 名 古文書保管者; 古文書学者.

archivolte /aʀʃivɔlt/ 女〔建築〕アーキボールト, 飾り迫縁(ﾌﾁ): アーチの内周に沿って帯状に付けられた飾り縁.

arçon /aʀsɔ̃/ 男 鞍骨(ﾎﾈ).

arctique /aʀktik/ 形 北極の, 北極地方の (↔antarctique). ▶ expédition *arctique* 北極探検 / océan *Arctique* 北極海.
─ **Arctique** 男 北極(地方). ▶ aller dans l'*arctique* 北極へ行く.

Ardèche /aʀdɛʃ/ 固有 ❶ アルデーシュ県 [07]: フランス南東部. ❷ アルデーシュ川: ローヌ川支流.

ardemment /aʀdamɑ̃/ 副 熱心に, 熱烈に.

Ardenne /aʀdɛn/ 固有 女 アルデンヌ山地.

Ardennes /aʀdɛn/ 固有 女複 アルデンヌ県 [08]: フランス北部.

ardent, ente /aʀdɑ̃, ɑ̃:t/ 形 ❶ 情熱的な, 熱烈な; 激しい, 猛烈な. ▶ un *ardent* patriote (=passionné) 熱烈な愛国者 / une *ardente* conviction 確固たる信念 / avoir une nature *ardente* 情熱的な性格である. ◆ être *ardent* à qc〔不定詞〕〔文章〕…に熱心である, 熱中する. ❷ 燃えている, 火のついた. ▶ des charbons *ardents* 赤々と燃える石炭. ❸〔文章〕熱い, 焼けつくような. ▶ soleil *ardent* 灼熱(ｼｬｸﾈﾂ)の太陽 / sous d'*ardents* climats (=brûlant, chaud) 酷暑の風土で / une soif *ardente* 焼けつくような渇き. ❹〔文章〕〔色などが〕燃えるような, 鮮やかに輝く.

chapelle ardente（棺(ﾋﾂｷﾞ)の周りに多数のろうそくをともした）遺体安置室.

ardeur /aʀdœ:ʀ/ 女 ❶ 熱意, 情熱; 激しさ, 強さ. ▶ exalter l'*ardeur* des manifestants (=enthousiasme) デモ隊の士気を高める / montrer de l'*ardeur* au travail 仕事への熱意を示す. ◆ avec *ardeur* 熱意を持って. ▶ soutenir une opinion avec *ardeur* (=passion) ある意見を熱烈に主張する. ❷〔文章〕激しい暑さ; 熱.

ardillon /ardijɔ̃/ 男 (バックルなどの)留め金.

ardoise /ardwa:z/ 女 ❶ スレート, 粘板岩. ▶ toit d'*ardoises* スレートぶきの屋根. ❷ (筆記用の)石盤. ❸ 語 (買い物, 飲食代金などの)つけ, 借り. 由来 昔, 勘定を石板に書いたことから. ▶ avoir une *ardoise* chez un commerçant 店でつけで買う; 店に借りがある.

ardoisé, e /ardwaze/ 形 スレート色[青灰色]の.

ardoisier, ère /ardwazje, ɛ:r/ 形 スレート質の, スレートを含む; スレートの.
— **ardoisier** 男 スレート採掘業者[工].
— **ardoisière** 女 スレート採掘場.

ardu, e /ardy/ 形 難しい, 困難な, 骨の折れる.

are /a:r/ 男 【計量単位】アール.

areligieux, euse /arəliʒjø, ø:z/ 形 無宗教の, 非宗教的な.

arène /arɛn/ 女 ❶ (円形劇場, 闘牛場内の砂敷きの)アレーナ, 闘技場;《複数で》(古代ローマの)円形劇場; 闘牛場. ▶ l'*arène* politique 政治の舞台. ❷ 比喩 (政治的論争などの)舞台. ▶ l'*arène* politique 政治の舞台.
descendre [*entrer*] *dans l'arène* 挑戦に応じる, 論争に加わる.

aréole /areɔl/ 女 ❶ 【解剖】乳輪, 乳頭輪. ❷ 【医学】輪(り), 暈(ぅん): 皮膚の炎症などの周囲にできる輪状の帯.

aréomètre /areɔmɛtr/ 男 液体比重計, 浮き秤(ばかり).

aréopage /areɔpa:ʒ/ 男 審議会.

arête /arɛt/ 女 ❶ (魚の)骨. ▶ enlever les *arêtes* d'un poisson 魚の骨を取る / s'étrangler avec une *arête* 魚の骨をのどにひっかける. ❷ (2つの面が合う)稜, 稜(りょう)線. ▶ l'*arête* du nez 鼻梁(びりょう), 鼻筋. ❸ 【建築】穹稜(きゅうりょう), ▶ voûte d'*arêtes* 交差ボールト. ❹ 【地理】尾根, 山稜.

a-reu a-reu /arøarø/ 間投 アブアブ, アバアバ (赤ん坊が機嫌のいいときに出す声).

*argent /arʒɑ̃/ アルジャン/ 男

❶ お金, 金銭, 貨幣; 財産. ▶ *argent* de poche ポケットマネー, 小遣い / *argent* liquide 現金 / *argent* électronique 電子マネー / *argent* facile 楽して得た金; 低金利の金 / payer en *argent* comptant 現金で支払う (↔payer à crédit) / avoir de l'*argent* お金がある; 裕福だ / avoir beaucoup d'*argent* お金をたくさん持っている / avoir des difficultés d'*argent* 金に困っている / toucher [gagner] de l'*argent* お金を受け取る[稼ぐ] / dépenser de l'*argent* お金を使う / mettre de l'*argent* de côté お金を貯める / Il me doit de l'*argent*. 彼は私から金を借りている / Malheureusement, je n'ai pas d'*argent* sur moi. あいにく, 今, お金の持ち合わせがない. ◆ somme d'*argent* 金額. ▶ Dix mille euros, c'est une somme d'*argent* importante. 1万ユーロだって, 大きな金額だ.

❷ 銀. ▶ cuillère en *argent* 銀製のスプーン.

d'argent (1) お金の, 貨幣の; 財産の. ▶ envoi d'*argent* 送金 / homme [femme] d'*argent* 金に汚い人; 蓄財家 / puissances d'*argent* 財界勢力. (2) 銀の; 文章 銀色の. ▶ médaille d'*argent* 銀メダル / cheveux d'*argent* 銀髪.

en avoir [*en vouloir*] *pour son argent* 使った金相当の利益を得る[欲する]; 苦労に見合う成果をあげる[得たいと思う].

faire [*tirer*] *argent de tout* なんでも金に換える; あらゆるものを自分の有利な方に利用する.

faire de l'argent 金持ちになる, 金をもうける.

jeter l'argent par les fenêtres 湯水のように金を使う.

L'argent n'a pas d'odeur. (金に匂いなし→) 不浄な金も金は金.

L'argent ne fait pas le bonheur. 諺 金で幸福は買えぬ.

manger de l'argent 金を浪費する.

prendre [*accepter*] *qc「pour argent comptant* [*pour bon argent*]〔人の話など〕をすぐ真に受ける.

> 比較 お金
> **argent** 不可算名詞として一般的に「お金」をいう. 同じ意味でのくだけた表現が **fric**. 具体的な対象として金銭をいう場合には **pièce**「硬貨」, **billet**「紙幣」, **monnaie**「硬貨; 小銭, 釣り銭; 通貨」, **espèces**「現金」

お金のしぐさ. 親指と人差し指をこすり合わせる

argenté¹, e /arʒɑ̃te/ 形 ❶ 銀めっきした, 銀張りの. ▶ cuillère en métal *argenté* 銀めっきのスプーン. ❷ 銀色の.

argenté², e /arʒɑ̃te/ 形 語 (否定文で)金のある, 金持ちの. ▶ Il n'est pas *argenté*. 彼は金がない.

argenter /arʒɑ̃te/ 他動 ❶ …を銀めっきする, 銀張りにする. ❷ 文章 …を銀色に照らす; 銀色にする.

argenterie /arʒɑ̃tri/ 女 銀(食)器; 銀めっき製品.

Argenteuil /arʒɑ̃tœj/ 固有 アルジャントゥーユ: パリ北西郊.

argentier /arʒɑ̃tje/ 男 grand *argentier* 語 財務大臣 (=ministre des Finances).

argentifère /arʒɑ̃tifɛ:r/ 形 銀を含む.

argentin¹, ine /arʒɑ̃tɛ̃, in/ 形 文章〔音が〕銀鈴を振るような, さえた. ▶ voix *argentine* 高く澄んだ声.

argentin², ine /arʒɑ̃tɛ̃, in/ 形 アルゼンチンArgentine の.
— **Argentin, ine** 名 アルゼンチン人.

Argentine /arʒɑ̃tin/ 固有 女 アルゼンチン: 首都 Buenos Aires. ▶ en *Argentine* アルゼンチンに[で, へ].

argentique /arʒɑ̃tik/ 形 銀を含む. ▶ photographie *argentique* 銀塩写真.

argenture /arʒɑ̃ty:r/ 女 銀張り, 銀めっき.

argile /arʒil/ 女 粘土, クレー. ▶ *argile* cuite テラコッタ.
statue [*colosse, géant*] *aux pieds d'argile* (粘土の足の立像[巨像]→) 土台のしっかりし

argileux

ていない人［物］, 見かけ倒しの人［国, 権力］.

argil*eux*, *euse* /arʒilø, ø:z/ 形 粘土のような; 粘土を含む; 粘質の.

argon /argɔ̃/ 男 【化学】アルゴン.

Argonautes /argono:t/ 固有 男複《ギリシア神話》アルゴナウタイ: 大型船アルゴ号で金羊毛を求める冒険をした英雄たち.

argot /argo/ 男 隠語, スラング, 符丁. ▶ l'*argot* du milieu やくざ言葉 / l'*argot* scolaire [des écoles] 学生言葉 / parler *argot* 隠語を話す.

argotique /argɔtik/ 形 隠語の, 隠語的な.

arguer /argɥe/ 他動 文章 ❶ ‹*arguer* que + 直説法›…という理由を持ち出す, と言い訳をする. ▶ Pour obtenir un congé, il *a argué* que sa femme était tombé malade. 彼は妻が発病したことを理由に休暇を取った. ❷ ‹*arguer* qc de qc // *arguer* de qc que + 直説法›…から…を結論する. ▶ Vous ne pouvez rien *arguer* de ce fait. あなた(方)は, そのことからいかなる結論も引き出せない. ❸〖法律〗*arguer* qc de faux …が偽物であると主張する.
— 間他動 ‹*arguer* de qc›…を言い訳にする. ▶ *arguer* d'un accident pour expliquer son retard 事故を遅刻の言い訳にする.
注 活用では u /y/ の発音を示すため, tréma (¨) をつけて j'argüe /ʒargy/, nous argüions /nuzargyjɔ̃/ の形が正しいとされるが, 今日ではつけないことも多く, 発音の面でもよく /y/ が脱落する.

argument /argymɑ̃/ 男 ❶ 論拠, 説得手段; 議論; 論法. ▶ développer des *arguments* convaincants sur qc …について説得力のある議論を展開する / Les larmes sont parfois un *argument* efficace. 涙はときに有効な説得手段だ / *argument* de vente セールスポイント / *argument* de campagne 選挙公約. ◆ tirer *argument* de qc (pour + 不定詞) (…するために)…を論拠とする, 口実とする. ❷ (小説, 芝居などの)筋書き, あらすじ, 梗概(ごぅ). ▶ On trouve l'*argument* de la pièce dans le programme. 劇のあらすじがプログラムに載っている. ❸〖情報〗引数(ひきすう).

argumentaire /argymɑ̃tɛ:r/ 男 商品説明つきカタログ. — 形 商品説明用の.

argumentation /argymɑ̃tasjɔ̃/ 女 論拠の列挙, 立論, 論証. ▶ une *argumentation* serrée 緻密(ちみつ)な論理の組み立て.

argumenter /argymɑ̃te/ 自動 議論する, 論証する. ▶ *argumenter* sur (contre, pour) qc …について［反対の, 賛成の］議論をする.
— 間他動 文章 ‹*argumenter* de qc›…を論拠とする, 口実にする. ▶ Il *argumente* de cette situation pour retarder les élections. 彼はこうした状況を理由に選挙を遅らせるよう主張している.

argus /argys/ 男 ❶《多く Argus》専門情報誌. ▶ l'*Argus* de l'automobile アルギュス(中古車の標準価格を載せた週刊新聞) ❷ マジックミラー. ❸ 文章 監視, (有能な)スパイ; 慧眼(けいがん)の士.
n'être plus côté à l'Argus. ポンコツである.

argutie /argysi/ 女 瑣末(さまつ)な議論へ理屈, 空理空論.

aria /arja/ 女《イタリア語》【音楽】アリア, 詠唱.

aride /arid/ 形 ❶ (気候などが)乾燥した; (土地などが)不毛の. ▶ climat *aride* 乾燥気候 / terre *aride* 乾燥した［不毛の］土地 (= terre sèche). ❷ (テーマなどが)無味乾燥な, 魅力のない; 難しい. ▶ un texte *aride* 難しいだけでおもしろみのない文章. ❸ 文章〔心が〕潤いのない, ぎすぎすした. ▶ esprit *aride* 硬直した精神.

aridité /aridite/ 女 ❶ 乾燥, 乾き. ❷ (文章などの)無味乾燥, 難しそうなこと.

Arièges /arjɛ:ʒ/ 固有 女 ❶ アリエージュ県 [09]: ピレネー山脈中部. ❷ アリエージュ川: ガロンヌ川支流.

ariette /arjɛt/ 女【音楽】アリエッタ, 小アリア.

aristocrate /aristɔkrat/ 名 ❶ 貴族. ❷ 特権身分の人; エリート. ❸ 貴族政治主義者;《軽蔑して》(フランス革命当時の)貴族, 旧体制支持派.
— 形 貴族の, 貴族的の; 貴族政治主義の.

aristocratie /aristɔkrasi/ 女 ❶ 貴族階級;《集合的に》貴族. ❷ 文章 特権階級;《集合的に》エリート集団. ❸ 貴族政治; 貴族制.

aristocratique /aristɔkratik/ 形 ❶ 貴族(階級)の; 貴族政治の. ❷ 貴族的な, 上品な.

aristotélic*ien*, *enne* /aristɔtelisjɛ̃, ɛn/ 形 アリストテレス Aristote 哲学の; アリストテレス学派の. — 名 アリストテレス学派の人.

arithmétique /aritmetik/ 形 算数の, 計算(方法)の. ▶ opérations *arithmétiques* 四則演算, 加減乗除.
C'est arithmétique. 話 それは計算上明らかなことだ; それは確かな［当然の］ことだ.
— 女 算数, 算術; 計算(方法); 整数論.

arlequin /arləkɛ̃/ 男 ❶《Arlequin》アルルカン: コメディア・デラルテの道化役. ❷《同格的に》アルルカン風の;（色とりどりの）いろ模様の.
un habit d'arlequin (雑多なものの)寄せ集め, 継ぎはぎ.

arlequinade /arləkinad/ 女 ❶ (アルルカンを主役とする)道化芝居; (アルルカンの)おどけ. ❷ くだらない［珍妙な］作品.

Arles /arl/ 固有 アルル: 南仏の都市.

arlési*en*, *enne* /arlezjɛ̃, ɛn/ 形 アルル(Arles)の. — 名 **Arlési*en*, *enne*** アルルの人. ▶ l'*Arlésienne* 噂に上るが, 姿を見せない人(ドーデの短編小説 l'*Arlésienne*「アルルの女」から).

armada /armada/ 女 ❶ 大艦隊. ❷ 話 大群, 大量.

Armagnac /armaɲak/ 固有 男 アルマニャック地方: フランス南西部.

armagnac /armaɲak/ 男 アルマニャック: アルマニャック Armagnac 地方産のブランデー.

armateur /armatœ:r/ 男 船主; 船舶艤装(ぎそう)者.

armature /armaty:r/ 女 ❶ (建築物などの)骨組み, 鉄筋;（傘などの）骨. ▶ l'*armature* d'un abat-jour (= carcasse) 電灯の笠の骨組み / soutien-gorge à *armature* ワイヤー入りブラジャー. ❷ 土台, 骨格, 支柱. ▶ l'*armature* fondamentale d'un roman 小説の基本的構造.

★arme /arm/ アルム 女 ❶ 武器, 兵器. ▶ *arme* biologique [chimique] 生物［化学］兵器 / *arme* conventionnelle 通常兵器 / *arme* nucléaire 核兵器 / *arme* de destruction massive 大量破壊兵器 / *arme* blanche（腰につける）刀剣類 / *arme* à feu（ピストル，小銃などの）小火器 / *arme* stratégique 戦略兵器 / manier une *arme* 武器を操る / vente d'*arme* 武器輸出 / Jetez votre *arme*！武器を捨てよ / soldats en *armes* 武装兵士.

❷ 攻撃［防御］手段. ▶ L'opinion publique est une *arme* redoutable. 世論というのは恐るべき武器である / L'embargo est une *arme* économique. 禁輸措置は一つの経済的武器である.

❸ 兵科，部隊. ▶ *arme* de l'artillerie 砲兵隊.

❷《複数で》❶ 軍務，軍職. ▶ la carrière des *armes* 軍人生活 / compagnons［frères］d'*armes* 戦友 / appeler qn sous les *armes* …を軍隊に召集する.

❷ 戦闘，武力. ▶ par les *armes* 武力で（⇨ 成句）.

❸ フェンシング；フェンシングで用いる剣. ▶ faire des *armes* フェンシングをする. ❹ 紋章.

Aux armes! 武器を取れ, 戦闘準備.
déposer ［*mettre bas, rendre*］ *les armes* 降伏する.
donner ［*fournir*］ *des armes contre soi-même* 敵に有利な情況を作り出す；すきを見せる.
faire ses premières armes デビューする.
par les armes 力ずくで，武力で. ▶ prendre le pouvoir *par les armes* 軍事クーデターを決行する.
passer l'arme à gauche 〔話〕死ぬ.
passer qn par les armes …を銃殺する.
porter les armes (*contre qn*)（…に向けて）武器を取る；（…に）刃向かう.
prendre les armes 武器を取る；戦う準備をする.
prise d'armes 閲兵式.
tourner ses armes contre qn （昨日までの友人に）突然敵対する.

armé, e /arme/ 形 ❶ 武装した；武力を用いた. ▶ une intervention *armée* 武力介入 / groupes *armés* 武装集団. ◆*armé* de qc …で武装した, を備えた. ▶ une personne *armée* d'un pistolet 拳銃（ピストル）所持者. ◆*armé* contre qc …に対して備えのできた. ▶ être mal *armé* contre le froid 寒さに対する備えが十分でない. ❷ 強化された. ▶ béton *armé* 鉄筋コンクリート.

à main armée 武器［凶器］を持って.
(*être*) *armé jusqu'aux dents* (1) 完全武装している. (2)《皮肉に》過剰武装して（いる）, ものものしい.

— **armé** 男 射撃準備完了の状態；(銃の)撃鉄を起こした状態.

*****armée** /arme/ アルメ/ 囡 ❶ 軍，軍隊；部隊. ▶ les *armées* alliées 連合軍 / l'*armée* française［nationale］フランス［国］軍 / *armée* de volontaires 義勇軍 / *armée* d'occupation 占領軍 / *armée* blindée 機甲部隊 / *armée* de l'air 空軍 / *armée* de terre 陸軍 / être［entrer］dans l'*armée* 軍人である［になる］/ être à l'*armée* 兵役についている. ❷《une *armée* de ＋ 無冠詞複数名詞》…の集団，大群. ▶ une *armée* de sauterelles イナゴの大群. ❸ Grande *Armée* ナポレオン軍. ❹ *Armée* du Salut 救世軍.

armement /arməmɑ̃/ 男 ❶ 武装；《集合的に》(兵士, 軍の)装備, 兵器. ▶ un *armement* moderne 近代的装備 / l'industrie de l'*armement* 軍事産業 / *armement* nucléaire 核武装 ❷《複数で》軍備. ▶ réduction des *armements* 軍備縮小 / freiner la course aux *armements* 軍拡競争にブレーキをかける. ❸ 艤装（ぎそう）：海運業(界).

Arménie /armeni/ 固有 囡 アルメニア：トルコに接する共和国.

arménien, enne /armenjɛ̃, ɛn/ 形 アルメニア Arménie の；アルメニア人の.
— **Arménien, enne** 名 アルメニア人.
— **arménien** 男 アルメニア語.

*****armer** /arme/ アルメ/ 他動 ❶ …を武装させる，に武器を供与する；〔場所〕に防備を施す. ▶ *armer* les recrues 新兵に武器を供与する / *armer* une forteresse 要塞（ようさい）の防備を強化する. ◆*armer* qn de qc …を…で武装させる；(攻撃や防衛の手段）を与える. ▶ *armer* son pays d'un équipement moderne 自国を近代兵器で武装させる. ◆*armer* qn contre qc …を（苦難など）に対抗できるよう鍛える［備えさせる］. ▶ *armer* ses enfants contre les difficultés de la vie 人生の苦難に耐えられるよう子供を教育する.

❷〈*armer* qn contre qn〉…を…に敵対させる. ▶ Les problèmes raciaux *ont* souvent *armé* les peuples les uns contre les autres. 人種問題はしばしば諸国民を互いに抗争させてきた.

❸〈*armer* qc (de qc)〉…を（…で）補強する, 強化する. ▶ *armer* le béton コンクリートを鉄筋で補強する.

❹〔銃〕を装塡（そうてん）する；〔カメラ〕のフィルムを巻き上げる；〔船〕を艤装する.

— **s'armer** 代動 ❶〈*s'armer* de qc〉…で武装する；を用意する, 携行する；で身を固める. ▶ *s'armer* d'un revolver ピストルで武装する / *s'armer* d'un parapluie contre les averses にわか雨に備えて傘を持っていく. ❷〈*s'armer* contre qn/qc〉…に対して防備する, 身を守る. ▶ *s'armer* contre un danger 危険に備える. ❸ 武器を取る；戦争の準備をする.

armistice /armistis/ 男 休戦(協定). ▶ l'*Armistice* de 1945 第 2 次大戦対独戦勝記念日(5 月 8 日).

*****armoire** /armwaːr/ アルモワール/ 囡 (開き戸式の)衣装だんす, 整理戸棚. ▶ *armoire* à glace 鏡つきの衣装だんす；肩幅の広い大男 / *armoire* à linge (シーツ, タオルなどを収納する)整理棚 / *armoire* à chaussures 靴箱 / *armoire* de toilette 洗面用キャビネット / *armoire* frigorifique (冷蔵庫の)冷凍室；大型冷蔵庫.

armoiries /armwari/ 囡複 大紋章, アチーブメント：盾に各種のアクセサリーをつけた紋章.

armoricain, aine /armɔrikɛ̃, ɛn/ 形 アルモリカ Armorique の，ブルターニュ地方の.
— **Armoricain, aine** 名 アルモリカ［ブルターニュ］の人.

armorié, e /armɔrje/ 形 紋章で飾られた, 紋章の入った.

Armorique /armɔrik/ 固有 囡 アルモリカ：ブルタ

armure

ーニュ地方の旧名.

armure /armyːr/ 囡 甲冑(ちゅぅ), 鎧(よろい)かぶと.

armurerie /armyrri/ 囡 ❶ 銃砲店; 銃砲販売業. ❷ 兵器庫; 兵器工場.

armurier /armyrje/ 男 銃砲販売業者, 武器製造業者.

ARN 男《略語》acide ribonucléique リボ核酸, RNA.

arnaque /arnak/ 囡 話 ぺてん, さぎ.

arnaquer /arnake/ 他動 ❶ ぺてんにかける, 巻き上げる. ❷ 捕まえる, 逮捕する. ▶ se faire *arnaquer* 捕まる.

arobase /arɔbɑːz/ 囡 アットマーク(@).

aromate /arɔmat/ 男 香辛料, スパイス, 香料.

aromathérapie /arɔmaterapi/ 囡 アロマセラピー.

aromatique /arɔmatik/ 形 ❶ 芳香性の, 香りのよい, 香料の. ▶ plante *aromatique* 芳香性の植物 / huile *aromatique* 香油. ❷【有機化学】芳香族の. ── 男【有機化学】芳香族化合物.

aromatisé, e /arɔmatize/ 形 香り[風味]をつけた. ▶ une glace *aromatisée* à la vanille バニラ風味のアイスクリーム.

aromatiser /arɔmatize/ 他動 …に香り[風味]をつける, (フレーバーを)付香する.

arôme /aroːm/, **arome** 男 芳香, 香気, 香り. ▶ un délicieux *arôme* de café コーヒーのえも言われぬ香り. 比較 ⇨ ODEUR.

arpège /arpɛːʒ/ 男【音楽】アルペッジョ, 分散和音.

arpéger /arpeʒe/ 7 他動【音楽】〔パッセージ, 和音〕をアルペッジョで弾く.

arpent /arpɑ̃/ 男 ❶ わずかな土地. ▶ posséder quelques *arpents* de terre 少しばかりの土地を持っている. ❷【計量単位】アルパン: 土地の面積の旧単位. 約20-50アールと地方によって異なる.

arpentage /arpɑ̃taːʒ/ 男 (土地)測量; 測量学[技術].

arpenter /arpɑ̃te/ 他動 ❶ …を大またで歩き回る. ❷〔土地〕を測量する.

arpenteur /arpɑ̃tœːr/ 男 測量士. ▶ chaîne d'*arpenteur* (長さ10メートルの)測鎖.

arqué, e /arke/ 形 弓形に曲がった, 弓形の. ▶ sourcils bien *arqués* 整った弓形のまゆ / nez *arqué* (=busqué) わし鼻, 鉤鼻(かぎ) / avoir les jambes *arquées* がにまたである.

arquer /arke/ 他動 …を弓なりに曲げる.
── **s'arquer** 代動 弓なりに曲がる, たわむ.

arrachage /araʃaːʒ/ 男 根こぎ, 掘り出し. ▶ l'*arrachage* des carottes ニンジンの収穫 / l'*arrachage* d'une dent 医 抜歯.

arraché /araʃe/ 男【ウエイトリフティング】スナッチ.
à l'arraché 力づくの[で]. ▶ vol *à l'arraché* ひったくり (=détroussage) / obtenir qc *à l'arraché* …を腕ずくで[強引に]手に入れる.

arrachement /araʃmɑ̃/ 男 ❶ (別離の)つらさ, 切なさ. ▶ Quel *arrachement* de le voir partir. (=déchirement) 去り行く彼を見るのは断腸の思いだ. ❷ <*arrachement* de A à B> A の B との別離, 別れ.

arrache-pied /araʃpje/《次の句で》
d'arrache-pied 副句 たゆまず, 熱心に (=avec acharnement). ▶ travailler *d'arrache-pied* たゆまず仕事をする.

*****arracher** /araʃe/ アラシェ/ 他動

直説法現在 j'arrache　nous arrachons
複合過去 j'ai arraché　単純未来 j'arracherai

❶ …を引き抜く, 根こそぎにする. ▶ *arracher* une dent 歯を抜く / *arracher* des mauvaises herbes 除草する / *arracher* un clou 釘(くぎ)を抜く.

❷ …を引きちぎる. ▶ *arracher* une affiche ポスターをはがす / *arracher* une page d'un livre 本のページを破りとる.

❸ <*arracher* qc à qn> …から…を奪う; 取り上げる. ▶ *arracher* de l'argent à qn …から金をゆすり取る / *arracher* un contrat à qn …から契約を取りつける / *arracher* des larmes à qn …に涙を流させる / On lui *a arraché* son sac à main. 彼女はハンドバッグをひったくられた.

❹ <*arracher* qn/qc de qc> (手, 腕など)から…を取り上げる, 引き離す. ▶ *arracher* une arme des mains de qn …の手から武器を取り上げる / *arracher* un enfant des bras de sa mère 母親の腕から無理やり子供を取り上げる / *arracher* qn du lit …を叩き起こす.

❺ <*arracher* qn à qc/qn> …から…を引き離す, 遠ざける; 救い出す. ▶ *arracher* qn au sommeil …を眠りから覚まさせる / *arracher* qn à ses habitudes …の習慣をやめさせる / *arracher* qn à la misère …を貧窮から救い出す.

── **s'arracher** 代動 ❶ <s'*arracher* à [de] qc/qn> …から自分を引き離す, 無理に離れる. ▶ s'*arracher* des bras de qn …の腕から身をほどく / s'*arracher* au sommeil やっとの思いで目を覚ます / s'*arracher* de son lit 意を決して起きる. ❷ 自分の…を引き抜く. 注 se は間接目的. ▶ s'*arracher* un cheveu blanc 白髪を抜く. ❸ …を奪い合う. 注 se は間接目的. ▶ Je n'aime pas le spectacle des gens qui s'*arrachent* les places assises dans le train. 私は電車の中で席を取り合う人の姿は嫌いだ. ❹ 引き抜かれる. ❺ 出かける, 逃げる. ▶ Viens, on s'*arrache*. おいで, 行くよ.

s'arracher les cheveux 髪をかきむしる; 絶望する, 激怒する, 苦悶する.

s'arracher les yeux 激しく争う.

arracheur, euse /araʃœːr, øːz/ 名 (株, 根などを)引き抜く人.
mentir comme un arracheur de dents 平気でうそをつく. 注「痛くはないよ」という抜歯屋の無責任な前口上から.

arraisonnement /arɛzɔnmɑ̃/ 男 (船舶の)臨検; (不意の)検疫.

arraisonner /arɛzɔne/ 他動〔船舶〕を立入検査する, 臨検する; (予告なしに)検疫する.

arrangeant, ante /arɑ̃ʒɑ̃, ɑ̃ːt/ 形〔人が〕協調的な, 話の分かる.

arrangement /arɑ̃ʒmɑ̃/ 男 ❶ (適切に)並べる

こと, 配置; 整理. ▶ modifier l'*arrangement* de la salle de séjour 居間の模様替えをする / l'*arrangement* des fiches dans un classeur (=classement) ファイルにカードを分類すること / l'*arrangement* d'une coiffure 整髪, 調髪 / l'*arrangement* des fleurs (日本の)生け花.
❷ 協定, 取り決め; 示談, 調停. ▶ un *arrangement* diplomatique 外交協定 / un *arrangement* de famille (相続に関する)家族内の取り決め / arriver à un *arrangement* avec qn …と調整がつく.
❸〖音楽〗編曲, アレンジ. ▶ un *arrangement* pour piano ピアノ用編曲. ❹〖数学〗順列.

*__arranger__ /arɑ̃ʒe アランジェ/ ② 他動

過去分詞	arrangé	現在分詞	arrangeant
直説法現在	j'arrange	nous arrangeons	
	tu arranges	vous arrangez	
	il arrange	ils arrangent	
複合過去	j'ai arrangé	半過去	j'arrangeais
単純未来	j'arrangerai	単純過去	j'arrangeai

❶〔家, 部屋など〕を(家具を入れたり, 絵を飾ったりして)**整える**. ▶ *arranger* son appartement アパルトマンを整える 比較 ⇨ PRÉPARER.
❷ …を整理する, 整える. ▶ *arranger* des livres dans une bibliothèque 本棚に本を整理して入れる / *arranger* sa coiffure 髪の乱れを直す.
❸〔予定, 約束など〕…に**都合がよい**. ▶ Quel est la date qui vous *arrange* le mieux? (=convenir) いちばん都合のいい日はいつですか / Ça m'*arrangerait* s'il venait [qu'il vienne]. 彼が来てくれたら助かるんだけどね.
❹ …の**手はずを整える**, を手配する, 準備する. ▶ *arranger* une conférence de presse (=ménager) 記者会見の手はずを整える / Il *a* tout *arrangé* pour que son enfant ne reste jamais seul à la maison. 彼は子供がひとりで家にいるということが絶対にないように手はずを整えた. 比較 ⇨ PRÉPARER.
❺〔紛争など〕を調停する, 解決する. ▶ Il faut *arranger* cette affaire le plus tôt possible. (=régler) この一件をなるべく早くかたづけなければ / Ça n'*arrange* rien. それはなんの解決にもならない.
❻ …を修理[修繕]する. ▶ donner sa voiture à *arranger* = faire *arranger* sa voiture (=réparer) 車を修理に出す.
❼ …をアレンジする; 脚色する. ▶ *arranger* un morceau d'orchestre pour le piano オーケストラ用の楽曲をピアノ用に編曲する.
❽ 話 …をひどい目に遭わせる; の悪口を言う; をだます. ▶ La pluie vous *a* bien *arrangé*. 雨でさんざんの体ですね.

— **s'arranger** 代動 ❶〔事態が〕**好転する**;〔紛争が〕**解決する**. ▶ Tout finira par s'*arranger*. 万事うまく決着するだろう / Le temps n'a pas l'air de s'*arranger*. 天候は回復の兆しがない.
❷ <s'*arranger* (pour + 不定詞)〉 // s'*arranger* (pour que + 接続法)〉>(…する)手はずを整える, 準備する; (…するように)うまく立ち回る. ▶ *Arrange-toi* pour partir avec nous. 私たちと一緒に出発できるようにうまくやってよ / «Tu auras le temps de manger?—Oh, ne t'inquiète pas. Je m'*arrangerai*.»(=se débrouiller)「食事する時間はあるの」「心配しないでいいですよ. なんとかなるから」
❸ <s'*arranger* (avec [de] qn)〉(…と)和解する, 折り合いをつける, 仲よくやる. ▶ s'*arranger* à l'amiable 示談で和解する.
❹ <s'*arranger* de qc〉…で我慢する, 済ませる. ▶ Il s'est *arrangé* du fauteuil pour dormir. 彼はひじ掛け椅子でなんとか我慢して眠った.
❺ 修理[修繕]される. ▶ Ne jetez pas cette montre. Elle peut s'*arranger*. (=se réparer) この時計を捨ててはいけないよ, 直るかもしれないから.
❻ 容姿が整う, 垢(あか)抜けする. ▶ Tu *t'es* bien *arrangé*! とてもかっこよくなったね.

arrangeur /arɑ̃ʒœːr/ 男 ❶〖音楽〗編曲者, アレンジャー. ❷(問題などの)まとめ役; 調停者.
Arras /arɑːs/ 固有 アラス: Pas-de-Calais 県の県庁所在地.
arrérages /arera:ʒ/ 男複 (年金, 利息などの)定期支給[支払]額.
arrestation /arɛstasjɔ̃/ 囡 逮捕; 勾留(こうりゅう), 拘置. ▶ mandat d'*arrestation* 逮捕状 / *arrestation* arbitraire 不当逮捕 / *arrestation* préventive 予防拘禁 / procéder à l'*arrestation* de qn …を逮捕する / être en (état d')*arrestation* 勾留されている.

*__arrêt__ /arɛ アレ/ 男 ❶ **停車**. ▶ faire un *arrêt* brusque 突然立ち止まる; 急停車する / faire plusieurs *arrêts* au cours d'un voyage (=halte) 旅行中に数か所で休む / un *arrêt* de cinq minutes = cinq minutes d'*arrêt* 5分間の停車 / «*Arrêt* demandé»(バスの車内表示で)次停車します / *arrêt*(-)pipi [buffet] (長距離バスで)トイレ[食事]のための停車.
❷ **停止, 休止, 中断.** ▶ un *arrêt* de [du] travail (休暇, 病気などによる)休業; 職場放棄 / un *arrêt* d'urgence (原子炉の)緊急停止 / un *arrêt* du moteur エンジンストップ / un *arrêt* cardiaque 心停止, 心拍停止 / *arrêt* sur image (動画の)一時停止 / *arrêt* maladie 病気休職.
❸(特にバスの)**停留所**. ▶ Je descends au prochain *arrêt*. 次の停留所で降ります. 比較 ⇨ GARE.
❹(破毀院, 控訴院などの)判決;(天の)裁き. ▶ un *arrêt* de cassation 破毀判決 / *arrêt* de mort 死刑判決 / rendre [prononcer] un *arrêt* (=jugement) 判決を下す / un *arrêt* de la Providence 神の裁き.
❺〖刑法〗mandat d'*arrêt* 逮捕状 / maison d'*arrêt* 拘置所.
❻〘複数で〕営倉への監禁. ▶ être aux *arrêts* 営倉入りを命じられている.
coup d'arrêt (事態の進行を食い止めるための)歯止め. ▶ Le *coup d'arrêt* donné à la baisse des taux d'intérêt a refroidi le marché. 金

arrêté

利引き下げの動きに歯止めがかけられて市場が冷えた.
sans arrêt 絶え間なしに, 休みなしに, 絶えず. ▶ Il pleut *sans arrêt* depuis deux jours.（=interruption）2日前からずっと雨だ.
temps d'arrêt 小休止,（短い）中断. ▶ Il faut marquer un *temps d'arrêt* avant de passer à l'étape suivante. 次の段階に移る前に, 一息入れなくては.
tomber [**rester, être**] **en arrêt**（驚き, 感嘆のあまり）立ち止まる, 棒立ちになる.
arrêté, e /arete/ 形 ❶ 決まった, 決定的な; 確固たる, 揺るぎない. ▶ C'est une chose *arrêtée*, il n'y a plus à y revenir. それはもう決まったことだ, 蒸し返すことはない / Il a la volonté bien *arrêtée* de refuser.（=ferme）彼は断固拒否するつもりでいる. ❷ 止まった, 停止した. ▶ une voiture *arrêtée* 停止している自動車.
— **arrêté** 男 法令, 布告. ▶ *arrêté* ministériel 大臣の布告.

*arrêter /arete/ アレテ/

直説法現在	j'arrête	nous arrêtons
	tu arrêtes	vous arrêtez
	il arrête	ils arrêtent

[英仏そっくり語]
英 to arrest 逮捕する.
仏 arrêter 止める, やめる, 逮捕する.

他動 ❶ …を止める, 停止させる. ▶ *arrêter* une sa voiture 自動車を止める / *arrêter* un passant pour lui parler 通行人を呼び止めて話しかける / Tu m'*arrêtes*, si je parle trop vite. 話し方が速すぎるようなら, ストップをかけてね / *arrêter* la radio（=éteindre）ラジオを消す.
❷ …をやめる, 中止する. ▶ *arrêter* ses études（=abandonner）勉学を放棄する / *arrêter* la fabrication d'un produit ある製品の製造を中止する. ◆ *arrêter* de + 不定詞 …するのをやめる.
▶ *arrêter* de fumer 禁煙する / Il n'*arrête* pas de parler. 彼はおしゃべりをやめない.
❸ …を阻止する, 抑える. ▶ *arrêter* le progrès d'une maladie（=stopper）病気の進行を抑える / Rien ne l'*arrête*, quand il a décidé de faire quelque chose. 彼が何かをやろうと決めたら, もう何をしても止められない / Le médecin l'a *arrêté*（pour）huit jours. 医師は彼に1週間の休養を取らせた.
❹ …を決定する, 決める. ▶ *arrêter* le lieu d'un rendez-vous 待ち合わせの場所を決める / *arrêter* son choix sur qc（=fixer）…について態度を決める /〔非人称構文で〕Il a été *arrêté* qu'on se réunirait chez vous. あなた（方）の家に集まることに決まった.
❺ …を逮捕する, 捕らえる. ▶ *arrêter* un voleur 泥棒を逮捕する / *arrêter* qn pour meurtre …を殺人容疑で逮捕する.
❻ <*arrêter* qc sur qn/qc>〔視線, 考えなど〕を…にくぎづけにする, 向ける. ▶ *arrêter* son attention sur qn …に注意を向ける.
— 自動 止まる, 停止する; やめる. ▶ Dites au chauffeur d'*arrêter*. 運転手に止まれと言ってください / Arrête! ça suffit comme ça! やめてくれ. もうたくさんだ.
— ***s'arrêter** 代動 ❶〔乗り物が〕止まる, 停止する;〔人が〕立ち止まる, とどまる, 休む. ▶ *s'arrêter* en chemin 道の途中で止まる / Est-ce que ce train *s'arrête* à Avignon? この列車はアヴィニョンに止まりますか / *s'arrêter* dans un café（=se reposer）カフェで休む / Nous *nous sommes arrêtés* quelques jours à Nîmes. 我々は数日間ニームに滞在した.
❷〔活動, 機能が〕止まる, 終わる. ▶ Ma montre *s'est arrêtée*. 腕時計が止まってしまった / L'hémorragie *s'est arrêtée*. 出血が止まった.
❸ <*s'arrêter* de + 不定詞> …するのをやめる（=arrêter de + 不定詞）. ▶ Il *s'est* enfin *arrêté* de fumer. 彼はやっとのことでたばこをやめた.
❹ <*s'arrêter* à [sur] qc> …に注意を向ける, こだわる; …に決める;〔選択が〕…に定まる. ▶ Il ne faut pas *s'arrêter* à des détails. 細かいことにこだわってはいけない / Son choix *s'est arrêté* finalement sur cette voiture. 彼（女）は結局この車を買うことにした.

arrhes /aːr/ 安複 手付け金, 予約金, 前払い金. ▶ verser des *arrhes* 手付け金を払う.

*arrière /arjεːr/ アリエール/ 男 ❶（列車, 船などの）後部,（自動車の）後部（座席）. ▶ l'avant et l'*arrière* d'une voiture 自動車の前部と後部 / l'*arrière* du train（=queue）列車の後尾 / Vous serez mieux à l'*arrière*. 後ろの座席に座ったほうが楽でしょう. ❷《軍事》銃後;《仏》大きな軍事基地. ▶ menacer les *arrières* de l'ennemi 敵の後方（陣地）を脅かす. ❸《スポーツ》(サッカーなどの) 後衛, バック.

*en arrière (1) 後ろへ, 後ろに, 後ろで（↔en avant）. ▶ marcher *en arrière* 後ずさりする / faire un pas *en arrière* 後ろへ1歩下がる / regarder *en arrière* 後ろを振り向く; 往時を回顧する. (2)《命令文で》*En arrière*, vous gênez! そこのけ, 邪魔だぞ.

en arrière de qc/qn …の後ろに（=derrière）; …より遅れて; se tenir *en arrière de* qc/qn …の背後に身を置く / Sur le plan de la protection sociale, nous sommes complètement *en arrière des* Occidentaux. 社会保障という点では, 私たちは西欧諸国よりはるかに遅れている.

— 副 ❶ 後ろに, 後ろへ. 注 現在では一部の慣用表現でのみ用いる（⇨ 成句）. ❷《具象名詞のあとで形容詞的に》後方の, 後方への, 後方からの. ▶ feux *arrière* 後尾灯, テールランプ / pneus *arrière* 後輪 / sièges *arrière* 後部座席 / vent *arrière* 追い風, 順風. ❸《間投詞的に》下がれ, あっちへ行け.

faire marche [machine] arrière〔車などが〕バックする; 引き下がる, 要求を後退させる.

arriéré, e /arjere/ 形 ❶（文明や経済の）発達が遅れている. ▶ une région *arriérée* 発達が遅れている地域. ❷（軽蔑して）時代遅れの. ▶ avoir des idées *arriérées* 考えが古臭い. ❸ 知能［情緒］の発達が遅れた（=débile）.
— 名 知能［情緒］の発達の遅れた者.
— **arriéré** 男 未払い金. ▶ l'*arriéré* d'une pension 年金の未払い分.

arrière-boutique /arjerbutik/ 囡 店舗の奥の部屋, 店の次の間.

arrière-cour /arjerkuːr/ 囡 裏庭 (↔avant-cour).

arrière-cous*in, ine* /arjerkuzɛ̃, in/ 图 遠縁のいとこ; またいとこ.

arrière-garde /arjergard/ 囡 ❶〖軍事〗後衛 (↔avant-garde). ❷ <*d'arrière-garde*>時代遅れの. ▶ les professeurs *d'arrière-garde* 時代遅れの教師たち.

combat d'arrière-garde 後衛戦; 引き延ばし戦術.

arrière-goût /arjergu/ 囲 後口(ः), 後味; (あとからの)感想, 思い. ▶ un *arrière-goût* désagréable 嫌な後味.

arrière-grand-mère /arjergrɑ̃mɛːr/;《複》～-～*s*-～*s* 囡 曾(ः)祖母.

arrière-grand-père /arjergrɑ̃pɛːr/;《複》～-～*s*-～*s* 囲 曾(ः)祖父.

arrière-grands-parents /arjergrɑ̃parɑ̃/ 囲複 曾(ः)祖父母.

arrière-neveu /arjernəvø/;《複》～-～*x* 囲 甥(ः)[姪(ः)]の息子 (=petit-neveu).

arrière-pays /arjerpei/ 囲 内陸地域; 後背地.

arrière-pensée /arjerpɑ̃se/ 囡 下心, 魂胆. ▶ Elle lui attribue des *arrière-pensées* malveillantes. 彼(女)にはよからぬ魂胆があると彼女は見ている / sans *arrière-pensée* 下心なしに; 率直に.

arrière-petite-fille /arjerpətitfij/;《複》-～*s*-～*s* 囡 曾孫(ः)女, ひまご娘.

arrière-petit-fils /arjerpətifis/;《複》～-～*s*-～ 囲 曾孫(ः)男, ひまご.

arrière-petits-enfants /arjerpətizɑ̃fɑ̃/ 囲複 曾孫(ः), ひまご.

arrière-plan /arjerplɑ̃/ 囲 ❶ 遠景, 背景, 後景. ▶ *l'arrière-plan* politique d'un scandale あるスキャンダルの政治的背景. ❷ 目立たぬ立場. ▶ reléguer qn à *l'arrière-plan* …を日の当たらぬ地位に追いやる. ❸〖情報〗バックグラウンド.

arrière-saison /arjersɛzɔ̃/ 囡 晩秋, 初冬. ▶ les fruits et légumes de *l'arrière-saison* 初冬の果物と野菜 / *l'arrière-saison* de la vie 人生の秋.

arrière-train /arjertrɛ̃/ 囲 ❶ (動物の)後半身, 後軀(ः) (↔avant-train). ❷ (4輪車の)後部. ❸ 俗 (人間の)臀部(ः), 尻(ः).

arrimage /arima:ʒ/ 囲 (船, 車両などへの貨物の)積み込み; (綱などによる)固定.

arrimer /arime/ 他動 [船荷, 小包など]を整然と積む; (綱などで)固定する. ▶ *arrimer* des colis dans un wagon 貨車に貨物をきちんと積み込む / un chargement mal *arrimé* 積み方の悪い荷.

arrivage /ariva:ʒ/ 囲 (商品の)到着; 入荷[到着した]商品; 話 (観光客などが)どっと押し寄せること. ▶ attendre le prochain *arrivage* 次の入荷を待つ / Ici, il y a encore des *arrivages* de vacanciers en septembre. ここは9月になってもまだバカンス族がどっとやって来る.

arriv*ant, ante* /arivɑ̃, ɑ̃:t/ 图 到着した[する]人. ▶ les *arrivants* et les partants 到着組と出発組.

arrivé, e /arive/ 形 ❶ 到着した, 新来の. ❷ 成り上がりの, (世俗的に)成功した. —— 图 到着者.

＊arrivée /arive/ 囡 ❶ 到着; 到来, 到達. ▶ le point de départ et le point *d'arrivée* 出発点と到着点 / attendre *l'arrivée* du courrier 郵便が来るのを待っている / Je vous téléphonerai dès mon *arrivée*. 着いたらすぐにあなたに電話します / *l'arrivée* du printemps 春の訪れ.

❷ (駅, 空港などの)**到着場所**;〖スポーツ〗ゴール. ▶ Où est *l'arrivée* ? 到着ホーム[ロビー]はどこですか / ligne *d'arrivée* ゴールライン / franchir *l'arrivée* ゴールに入る. ❸ (燃料などの)注入, 供給; 注入口, 引き入れ口. ▶ *arrivée* d'air 空気取り入れ口 / *arrivée* de gaz ガス栓.

à l'arrivée (*de qn*/*qc*) (…の)到着[到来]時に.

＊arriver /arive アリヴェ/ 自動

直説法現在	j'arrive	nous arrivons
	tu arrives	vous arrivez
	il arrive	ils arrivent
複合過去	je suis arrivé(e)	
半過去	j'arrivais	
単純未来	j'arriverai	単純過去 j'arrivai

英仏そっくり語
英 to arrive 着く.
仏 arriver 着く, 起こる.

《助動詞は être》❶ ❶ **着く**, 到着する; 届く, 来る, 到来する. ▶ Vous *arrivez* de Londres ? ロンドンからおいでですか / A quelle heure est-ce que nous *arriverons* à Paris ? パリには何時に着くのですか / *arriver* en voiture [par le train] 自動車で[列車で]到着する / *arriver* de bonne heure [en retard, tard] 早い時間に[遅れて, 遅い時間に]着く / Le taxi *arrive*. タクシーが来た / Le voici qui *arrive*. ほら, 彼がやって来た / **J'arrive !** (人に呼ばれて)ただいま, 参ります / Le Beaujolais nouveau *est arrivé*. (店の張り紙で)ボージョレ・ヌーボー入荷 / Le gaz *arrive* par ce tuyau. ガスはこの管を通ってくる.

❷ <*arriver* à qc/不定詞> …に到達する, うまく…できる. ▶ Il *arrive* toujours à ses fins. 彼はいつも目的を達成する / *J'arrive* à vivre, mais c'est tout juste. なんとか食べてはいけるけれど, やっとというところだ / Je n'*arrive* pas à comprendre pourquoi il fait ça. 彼がどうしてそんなことをするのか, どうしても分からない.

❸ **成功する, 出世する**, 成り上がる. ▶ un homme volontaire qui veut absolument *arriver* なんとしても出世したいと思っている意志の強い人.

❹ [出来事が]**起こる**. ▶ Qu'est-ce qui *est arrivé* ? 何が起きたんですか / Qu'est-ce qui lui *est arrivé* ? 彼(女)にはいったいどうしたのですか, 彼(女)に何があったのですか / Tu as cassé un verre ? Oh, ne t'en fais pas. Ça *arrive* à tout le monde. コップを割ったって, 気にしないで, だれだっ

arrivisme

❺ ⟨*arriver* à qc⟩(ある水準, 数量, 限界など)に達する. ▶ *arriver* à un certain âge ある年齢に達する / Cet enfant grandit beaucoup, il m'*arrive* déjà à l'épaule. この子はどんどん大きくなって, もう私の肩に届く.

❷《非人称構文で》❶ ⟨Il *arrive* (à qn/qc) + 不定冠詞[部分冠詞] + 名詞⟩(…に)…が来る; 起こる. ▶ Qu'est-il *arrivé*? 何が起きたのですか / Il m'*est arrivé* une aventure extraordinaire. 私はちょっとすごいことを経験した / Il lui *est arrivé* un accident. 彼(女)は事故に遭った.
❷ ⟨Il *arrive* (à qn/qc) de + 不定詞⟩(…は)…することがある. ▶ Il m'*arrive* de travailler jusqu'à deux ou trois heures du matin. 私は夜中の2時, 3時まで仕事をすることがある.
❸ ⟨Il *arrive* que + 接続法⟩…ということもある. ▶ Il *arrive* que nous sortions après le dîner. 私たちは夕食後に外出することがある(=Il nous arrive de sortir après le dîner).

arriver ⌈*le premier* [*le dernier*] = *arriver en tête* [*en queue*]⌋ 一番に[最後に]着く; (成績などが)一番[びり]である; (リスト, 階層などの)一番上[一番下]にある.
Ça n'arrive qu'aux autres. 諺 それは他人事だ; 自分は大丈夫.
croire que c'est arrivé 諺 (成功したと信じている→)自信満々である, 偉そうな態度を取る.
en arriver à qc [不定詞] ついに…にまで至る[達する]. ▶ J'*en arrive* à me demander s'il est vraiment utile de faire ce travail. (あれこれ考えていると)この仕事をして何か役に立つのかと思ってしまうのです / Comment en est-on *arrivé* là? どうしてそんなことにまでなってしまったのか.
quoi qu'il arrive 何が起ころうとも, どっちにしても(=en tout cas).
Un malheur n'arrive jamais seul. 諺 悪いことは重なるものだ.

> 比較 到着する, 到達する
> **arriver** 最も広く用いられる. **atteindre, parvenir**《改まった表現》到着するまでの, 困難, 努力が強調される. **aboutir** 思いがけない場所に到達する場合に多く用いられる.

arrivisme /arivism/ 男 出世主義, 出世欲.
arriviste /arivist/ 名 出世主義者.
— 形 出世欲の強い, 出世欲に凝り固まった.
arrogance /aRɔgɑ̃s/ 女 横柄, 尊大, 傲慢(ごうまん). ▶ répondre avec *arrogance* 高飛車に答える.
arrogant, ante /aRɔgɑ̃, ɑ̃ːt/ 形, 名 横柄な(人), 傲慢(ごうまん)な(人).
s'arroger /saRɔʒe/ 代動 ② 文章 (権利, 資格など)を不当に取得する, 横取りする. 注 se は間接目的.
arrondi, e /aRɔ̃di/ 形 ❶ 丸みのある, 丸い. ▶ un visage *arrondi* 丸顔. ❷〔数字, 金額などの〕端数をなくした.
— **arrondi** 男 丸くなった部分, 丸み; (スカートの)ヘムライン.
arrondir /aRɔ̃diːR/ 他動 ❶ …を丸くする, 丸みをつける. ▶ *arrondir* les coins d'une table テーブルの角を丸くする. ❷〔収入, 財産など〕を増やす. ▶ *arrondir* sa propriété 所有地を広げる / faire des heures supplémentaires pour *arrondir* son mois 残業をして給料の手取りを増やす. ❸ …の端数をなくす, を概数にする. ▶ *arrondir* une somme à l'euro inférieur [supérieur] 金額の端数を切り捨てる[切り上げて]ユーロ単位にする / *arrondir* un chiffre à la dizaine 10の位で切りのいい数字にする. ❹〔服飾〕 *arrondir* une jupe スカートの床上り寸法[ヘムライン]をそろえる.

arrondir ses phrases 文章を流麗にする.
— **s'arrondir** 代動 ❶ 丸くなる;〔話〕〔人, 体つきが〕丸みを帯びる. ▶ Sa taille *s'arrondit*. 彼(女)は太ってきた;〔妊娠して〕彼女はおなかが目立ってきた. ❷ 私財を増やす;〔資産が〕増える.

arrondissement /aRɔ̃dismɑ̃/ 男 ❶〔特別市の〕区: パリ, マルセイユ, リヨンの行政区分. ▶ Il habite dans le XVIᵉ [seizième] *arrondissement* de Paris. 彼はパリ16区に住んでいる. ❷ 郡: 県 département の下位行政区分. ▶ chef-lieu d'*arrondissement* 郡庁所在地.
arrosage /aRozaːʒ/ 男 ❶ 水まき, 灌水(かんすい). ▶ tuyau d'*arrosage* 散水ホース. ❷ 話 (仲間うちの)祝賀パーティー. ❸ 話 贈賄, 買収.
arrosé, e /aRoze/ 形 ❶ 水をまかれた; (水などで)ぬれた. ▶ visage *arrosé* de larmes 涙にぬれた顔. ❷ 〔料理, 飲み物に〕酒を加えた;〔食事などが〕ワインを伴った. ▶ un café *arrosé* アルコールをたらしたコーヒー / un dîner bien *arrosé* ふんだんに[うまい]ワインの出た夕食. ❸〔地域, 時期が〕降水のある; 河川の多い.
**arroser /aRoze/ アロゼ 他動 ❶ …に水をかける, 水をまく. ▶ *arroser* un jardin 庭に水をまく / se faire *arroser* 話 (水などで)ずぶぬれになる.
❷〔雨, 川などが土地〕を潤す. ▶ La Seine *arrose* le Bassin parisien. セーヌ川はパリ盆地を流れている.
❸ ⟨*arroser* qc/qn (de qc)⟩…に(液体を)かける, 注ぐ. ▶ *arroser* d'essence un fagot avant d'y mettre le feu 火をつける前に薪(たきぎ)にガソリンをかける / *arroser* un rôti de porc (de son jus)(焼きながら)豚肉のローストに肉汁をかける / *arroser* son café コーヒーにアルコールをたらす.
❹ ⟨*arroser* qc de qc⟩〔食事〕に(酒)を添える. ▶ *arroser* un dîner de vin blanc 白ワインを飲みながら夕食を取る.
❺ 話〔幸せな出来事〕を祝って飲む. ▶ *arroser* la promotion de qn au [avec du] champagne …の昇進を祝ってシャンパンを飲む / Il faut *arroser* ça. 祝杯をあげなきゃ. ❻ ⟨*arroser* qn/qc de qc⟩…に(砲弾など)を浴びせる. ❼ 話 …に賄賂(わいろ)を贈る, を買収する.
— **s'arroser** 代動 〔食事が〕酒がつく;〔慶事が〕酒で祝われる. ▶ un repas qui *s'arrose* de bons vins (=être arrosé) うまい酒を飲みながらの食事. ▶ *Ça s'arrose.* それは祝杯ものだ.

arroseur, euse /aRozœːR, øːz/ 名 散水作業員. ▶ l'*arroseur arrosé* ミイラ取りがミイラになった. — **arroseur** 男 散水機, スプリンクラー.
— **arroseuse** 女 散水車.
arrosoir /aRozwaːR/ 男 じょうろ.
arsenal /aRsənal/; (複) *aux* /o/ 男 ❶ 海軍造

船所);兵器廠(ｼｮｳ);兵器庫;大量の武器. ▶ l'*arsenal* nucléaire d'un pays 一国の核兵器全体. ❷〈un *arsenal* de + 無冠詞複数名詞〉大量の(武器,手段など). ▶ un *arsenal* de ruses あれやこれやの策略. ❸ 装備一式,一そろい. ▶ l'*arsenal* du pêcheur 釣り具セット. ❹(種々の)攻撃[防御]手段. ▶ user de l'*arsenal* des lois pour obtenir une révision 再審を勝ち取るために法が保障する権利を行使する.

arsenic /arsənik/ 男 ヒ素; ヒ化合物.
arsouille /arsuj/ 名 俗 ならず者, ごろつき.
— 形 俗 やくざっぽい, ちんぴらの.

*art /aːr/ 男/ アール/

❶ 芸術; 美術. ▶ l'*art* populaire 大衆芸術 / l'*art* abstrait [figuratif] 抽象[具象]芸術 / critique d'*art* 美術批評家 / galerie d'*art* 画廊, ギャラリー / livre d'*art* 美術書 / objet d'*art* 工芸品 / œuvre d'*art* (一般に文学以外の)芸術作品, 美術品 / Musée national d'Art moderne 国立近代美術館 / le septième *art* 第7芸術(映画) / le huitième *art* 第8芸術(テレビ) / le neuvième *art* 第9芸術(漫画) / l'*art* dramatique 舞台芸術; 演劇 / l'*Art* déco アール・デコ / l'*Art* nouveau アール・ヌーボー.
❷〈複数で〉美術 (=beaux-arts). ▶ l'Ecole des beaux-*arts* 美術学校 / les *arts* décoratifs 装飾美術(タペストリー,ステンドグラス,家具,陶芸,金属工芸など) / les *arts* plastiques 造形芸術; (特に)彫刻.
❸ 技術, 術, こつ, ノウハウ. ▶ l'*art* poétique 詩法 / l'*art* culinaire 料理法 / les *arts* martiaux 武術 / les *arts* ménagers 家政学 / avoir l'*art* et la manière ノウハウを得ている / un homme de l'*art* その道の専門家; (特に)医者 / l'*art* de vivre 生きる術(ｽﾍﾞ)[知恵,作法]. ◆ avoir l'*art* (et la manière) de + 不定詞 (=talent)〈しばしば皮肉に〉…するのが実にうまい. ▶ avoir l'*art* de plaire 人に気に入られるこつを心得ている.
❹ *arts* libéraux 自由科目,教養学科.
avec art 巧みに.

Artémis /artemis/ 固有 女【ギリシア神話】アルテミス; 狩猟の女神. ローマ神話のダイアナにあたる.
artère /artɛːr/ 女 ❶ 動脈 (↔veine). ▶ *artère* pulmonaire 肺動脈(幹). ❷ 幹線道路. ▶ les grandes *artères* de Paris パリの大動脈.
artériel, le /arterjɛl/ 形 動脈の.
artériosclérose /arterjɔsklero:z/ 女【医学】動脈硬化(症).
artésien, enne /artezjɛ̃, ɛn/ 形 ❶ アルトア地方 Artois の. ❷ puits *artésien* 自噴井, 掘り抜き井戸.
— **Artésien, enne** 名 アルトアの人.
arthrite /artrit/ 女【医学】関節炎.
arthritique /artritik/ 形【医学】関節炎体質の; 関節炎の; 関節炎にかかった.
— 名 関節病体質の人; 関節炎患者.
arthropodes /artrɔpɔd/ 男複【動物】節足動物(門).
artichaut /artiʃo/ 男 アーティチョーク, チョウセンアザミ. ▶ fond d'*artichaut* アーティチョークの芯(ｼﾝ).

avoir un cœur d'artichaut 区 浮気っぽい.

*article /artikl/ 男 ❶(新聞,雑誌の)記事; 論文. ▶ *article* de fond 論説記事 / publier un *article* dans un journal 新聞に記事を掲載する.
❷(規約,文書などの)条項, 箇条; (辞書などの)見出し項目, (法文の)条. ▶ les *articles* d'un traité 条約の条項 / reprendre *article* par *article* les divers points du rapport 報告書の内容を問題点に沿って一つ一つ検討する.
❸ 点, 問題, 事柄. ▶ C'est un *article* à part. それは別に考えるべき問題だ. ◆ sur l'*article* de qc …に関して. ▶ Sur un *article* sur lequel je ne vous suis pas. その点に関してはあなたに従えません.
❹ 品物, 商品. ▶ *articles* de bureau 事務用品 / *articles* de luxe 高級品 / les *articles* de première nécessité 必需品 / Nous n'avons pas cet *article* en magasin この商品は店で扱っていません.
❺ 冠詞 (⇨語法 p.96). ▶ *article* défini 定冠詞 (le, la, les) / *article* indéfini 不定冠詞 (un, une, des) / *article* partitif 部分冠詞 (du, de la).

à l'article de la mort 死に瀕(ﾋﾝ)して, 死に際に.
article de foi (1)【カトリック】信仰箇条. (2)信じて疑わない事柄; 金科玉条.
faire l'article〈商品を〉宣伝する,売り込む; 〈人, 物を〉ほめそやす.

articulaire /artikylɛːr/ 形 関節の.
articulation /artikylasjɔ̃/ 女 ❶ 関節. ▶ l'*articulation* du genou 膝(ﾋｻﾞ)関節 / avoir mal aux *articulations* (熱があって)体の節々が痛い. ❷(はっきりした)発音の仕方. ▶ avoir une mauvaise *articulation* 発音が分かりにくい. ❸(有機的な)連関, 連結; 構成, 筋立て. ▶ Les *articulations* du raisonnement ne sont pas évidentes dans ce texte. この文章の議論の進め方は今一つはっきりしない. ❹【言語】分節; 調音.
articulatoire /artikylatwaːr/ 形【言語】調音の, 分節の.
articulé, e /artikyle/ 形 ❶ 連結した; 関節のある. ▶ une poupée *articulée* 手足の動く人形. ❷ はっきり発音された, 分節された. ▶ langage *articulé* (↔inarticulé)【言語】分節言語.
— **articulés** 男複【動物】体節動物, 環節動物; 環形動物と節足動物.
articuler /artikyle/ 他動 ❶ …をはっきり発音する; 区切って発音する, 分節する. ▶ bien *articuler* chaque mot (=prononcer) 一語一語区切って発音する / ne pas *articuler* un seul mot (=dire) 一言も言わない. ❷〔複数の要素〕を有機的に構成する, 関連づける. ▶ bien *articuler* les principales parties d'un exposé 報告の主要部分をうまく関連づける.
— **s'articuler** 代動 ❶〈 s'*articuler* (à [avec, sur] qc)〉〈骨, 部品などが〉(…と)つながる, 連結する; かみ合う, 調和する. ▶ Les trois chapitres de ce livre s'*articulent* parfaite-

A

語法 定冠詞か不定冠詞か ——冠詞使用の基本事項——

《具体的事物や現象が話題になる場合》

1. 定冠詞（le, la, les）使用の条件：定冠詞を使うには，名詞が形容詞や関係詞節によって「限定」déterminer されるだけでは不十分で，聞き手が名詞の指す物・人を「特定」identifier できなければならない．定冠詞は話し手だけでなく聞き手も話題になっている物・人を「特定」できる場合（つまり聞き手に既知の情報の場合）にのみ使われる．

(1) 話題になる物・人が単数なら，定冠詞単数 **le, la** を使う．

- Dis Julie, tu peux aller chercher une petite cuillère à **la** cuisine ? ねえ，ジュリー，台所に行って小さいスプーンを1つ持ってきてくれる？
  ◆ 1軒の家に台所は1つしかないので特定できる（状況・常識による既知情報）．
- Prends **le** café. Il va être froid. コーヒーを飲んで．冷めてしまうよ．
  ◆ コーヒーは聞き手の目の前にある（状況による既知情報）．
- **Le** soleil se couche bien tard en ce moment. このごろは日が沈むのが遅い．
  ◆ 太陽は1つ（常識による既知情報）．ただし，形容詞がついてある1つの状態の太陽を指せば不定冠詞（un soleil radieux さんさんと降り注ぐ太陽）．
- Je trouve très intéressant **le** livre que tu m'as prêté. 君が貸してくれた本はとてもおもしろいと思う．
  ◆ 借りた本は1冊で，聞き手はそれを特定できる（聞き手に固有の既知情報）．

(2) 話題になる物・人が複数なら，定冠詞複数 **les** はそのすべてを指す．

- Je trouve très intéressants (tous) **les** livres que m'as prêtés. 君が貸してくれた本はみんなおもしろいと思う．
  ◆ 借りた本のうちの一部がおもしろいのであれば un [certains] des livres（貸してもらった本の中の1冊［何冊か］）．

2. 不定冠詞（un, une, des）の使用：話し手には明らかなことでも，聞き手が話題になっている物・人を「特定」できないときは不定冠詞を使う．

- Hier, je suis allée au cinéma avec **un** garçon que tu connais. 昨日，私あなたが知ってる男の子と映画に行ったの．
  ◆ 聞き手には自分の知っている男の子のうちのだれか特定できない．
- J'ai lu **des** articles qu'il a publiés dans *Le Monde*. 私は彼が「ル・モンド」紙に発表した記事をいくつか読んだ．
  ◆ 聞き手にはどの記事なのか特定できない．

《事物を総称的に扱う場合》

1. 数えられる名詞を総称的にいう場合は定冠詞複数 les を使う．

- aimer **les** femmes 女好きである（⇨ AIMER 語法）．
- **Les** hommes recherchent le confort matériel. 人間はだれでも物理的な快適さ［豊かさ］を求めるものだ．
  ◆ 下記3の例と比較．
- **Les** Français sont individualistes. フランス人は個人主義だ．
  ◆ 一般化してすべてのフランス人という場合の表現．下記4の例と比較．
- Quand on se promène dans **les** rues de Tokyo, on s'aperçoit qu'il y a énormément de bicyclettes. 東京の道を歩いていると，自転車が非常に多いことに気付く．
  ◆ 「道を歩く」という場合には marcher dans la rue という．

2. 数えられない名詞を総称的にいう場合は定冠詞単数 le, la を使う．

- **L'**eau n'est pas bonne à Paris. パリの水はおいしくない．
- **Le** pain français est délicieux. フランスのパンはとてもおいしい．

3. 事物をその一般性・抽象性においてとらえる場合は，定冠詞単数 le, la を使う．

- **L'**homme est un animal social. 人間とは社会的な動物だ．
  ◆ l'homme は高度に抽象化された概念の「人間」であり，定義付けに適している．上記1の例と比較．
- aller à **la** mer [**au** cinéma, **au** restaurant] 海［映画，レストラン］へ行く．
- **L'**ordinateur a révolutionné notre façon de travailler. コンピュータは私たちの仕事の仕方をすっかり変えた．
- **l'**homme de la rue 普通の人．
- **le** Français moyen 平均的フランス人．

4. 構成要素の一つに全体を代表させる場合は，不定冠詞単数 un, une を使う．

- **Un** Français ne ferait pas ça. フランス人ならそんなことはしないだろう．
  ◆ ある1人の日本人にかかわる場面で「その日本人の代わりに1人のフランス人を置いたら」という場合の表現．上記1の例と比較．
- C'est trop difficile pour **un** enfant de cinq ans. それは5歳の子供には難しすぎる．

articulet /artikylɛ/ 男 小記事; 三文記事.

artifice /artifis/ 男 トリック, からくり, 詭計; 技巧, うまいやり方. ▶ démasquer les *artifices* d'un escroc 詐欺師の手口を暴く / user d'*artifices* pour cacher la vérité うまいことやって真実を隠す / résoudre un problème de mathématiques par un *artifice* de calcul 巧みな計算方法で数学の問題を解く.

feu d'artifice (1) 花火. ▶ tirer un *feu d'artifice* 花火を上げる. (2) 才気にあふれるもの. ▶ C'est un vrai *feu d'artifice*. (演説, 話術が)まさに才気煥発(かんぱつ)だ.

artificiel, le /artifisjɛl/ 形 ❶ 人工の, 模造の (↔naturel). ▶ satellite *artificiel* 人工衛星 / intelligence *artificielle* 人工知能 / lac *artificiel* 人造湖 / textile *artificiel* 人造繊維 / fleur *artificielle* 造花 / dent *artificielle* 義歯. ❷ 人為的な, 不自然な. ▶ La société moderne crée des besoins *artificiels*. 現代社会は自然からはほど遠い人為的な欲望を作り出す. ❸ わざとらしい, 装った. ▶ un sourire *artificiel* 作り笑い.

artificiellement /artifisjɛlmɑ̃/ 副 人工的に, 人為的に; / 不自然に.

artificier /artifisje/ 男 花火師, 花火職人.

artificieux, euse /artifisjø, øːz/ 形 (文章) ずる賢い, 狡猾(こうかつ)な.

artillerie /artijri/ 女 ❶ (集合的に)砲, 大砲. ▶ une pièce d'*artillerie* (=canon) 大砲 / *artillerie* lourde 重砲. ❷ 砲兵隊; (集合的に)砲兵, 砲兵隊.

artilleur /artijœːr/ 男 砲兵.

*****artisan, ane** /artizɑ̃, an/ アルティザン, アルティザヌ/ 名注 女性形は稀. ❶ 職人. ▶ l'atelier d'un *artisan* 工房 / une femme *artisan* 女性職人. 比較 ⇨ TRAVAILLEUR. ❷ <l'*artisan* de qc>…を作り上げた人; の張本人, 原因. ▶ l'*artisan* de la paix 調停者 / Elle est l'*artisan*(e) de sa propre ruine. 彼女が破滅したのは自業自得だ.

artisanal, ale /artizanal/; 《男 複》 **aux** /o/ 形 ❶ 職人の; 手仕事の, 手作りの (↔industriel). ▶ pain *artisanal* 職人が作ったパン. ❷ 機械化[自動化]されていない, 初歩的な手段による.

artisanalement /artizanalmɑ̃/ 副 職人のやり方で, 手仕事で, 手作りで.

artisanat /artizana/ 男 ❶ 職人仕事, 手仕事. ❷ 職人階級, 職人の身分; (集合的に)職人.

*****artiste** /artist/ 名 ❶ 芸術家; (特に)画家, 彫刻家. ▶ *artiste* peintre (ペンキ職人 peintre en bâtiment と区別して)画家. ❷ 俳優; 歌手, 演奏家; 芸人; 舞踊家. ▶ *artiste* dramatique 舞台俳優 / entrée des *artistes* 楽屋口. ❸ 名人, 達人. ▶ travail d'*artiste* 職人芸. ❹ 社会のしきたりを嫌って自由奔放に生きる人.
—— 形 芸術家(肌)の, 美的感覚を持った. ▶ un peuple *artiste* 芸術好きな国民 / avoir un tempérament *artiste* 芸術家的気風がある.

artistement /artistəmɑ̃/ 副 趣味よく, 美しく.

artistique /artistik/ 形 芸術の; 芸術的な, 美的な. ▶ patinage *artistique* フィギュアスケート / avoir le sens *artistique* 芸術的センスがある.

artistiquement /artistikmɑ̃/ 副 芸術的に.

Artois /artwa/ 固有 アルトア地方: 北仏の旧州.

aryen, enne /arjɛ̃, ɛn/ 形 アーリア人の.
—— **Aryen, enne** 名 ❶ アーリア人: インド北部に侵入した先史時代の民族. ❷ (ナチスが白人の純粋種として想定した)アーリア人種.

as¹ /ɑːs/ 男 ❶ (トランプの)エース. ▶ l'*as* de cœur ハートのエース. ❷ 話 名人, 第一人者. ▶ l'*as* de la classe クラスで1番の生徒 / un *as* en cuisine 料理の名人.

être fichu [ficelé] comme l'as de pique 話 (1) ひどい服を着ている, 不格好だ. (2)〔仕事などが〕ぞんざいになされている.

être (plein) aux as 話 金をたんまり持っている.

passer à l'as 話 抜かされる, とばされる, 忘れられる; 無駄になる; 失敗に終わる.

passer qc à l'as 話 …を抜かす, とばす, 避けて通る.

as² /a/ 活用 ⇨ AVOIR¹ [I].

asbeste /asbɛst/ 男 / 女 アスベスト, 石綿.

asbestose /asbɛstoːz/ 女 〖医学〗石綿症, 石綿沈着症: 石綿の粉末吸入によって起こる肺疾患.

ascendance /asɑ̃dɑ̃ːs/ 女 ❶ (集合的に)先祖, 祖先 (↔descendance). ▶ *ascendance* paternelle 父方の先祖. ❷ 家系; 血統. ▶ être d'*ascendance* bourgeoise ブルジョアの家系である.

ascendant, ante /asɑ̃dɑ̃, ɑ̃ːt/ 形 上昇する (↔descendant). ▶ mouvement *ascendant* 上昇運動. —— *ascendant* 男 ❶ (上位の者の)影響力, 支配力. ▶ avoir [exercer] de l'*ascendant* sur qn (=influence) …に影響力を持つ[及ぼす]. ❷ (多く複数で)先祖.

*****ascenseur** /asɑ̃sœːr/ アサンスール/ 男 ❶ エレベーター, 昇降機. ▶ appeler [prendre] l'*ascenseur* エレベーターを呼ぶ[に乗る] / monter par l'*ascenseur* エレベーターで昇る / *ascenseur* social 社会エレベーター: より上の社会層に上げてくれるもの. ❷ 〖情報〗スクロールボックス.

renvoyer l'ascenseur 話 (使ったあとでエレベーターを戻す→)(受けた親切と同種の)お返しをする.

ascension /asɑ̃sjɔ̃/ 女 ❶ 上昇; 登山, 登攀(とうはん). ▶ l'*ascension* d'un ballon dans les airs 気球の上昇 / faire l'*ascension* de l'Everest (=escalade) エベレストに登る / La première *ascension* du mont Blanc eut lieu en 1786. モンブラン初登頂は1786年のことだった. ❷ (地位の)上昇, 出世, 向上. ▶ *ascension* professionnelle 昇進 / une classe en pleine *ascension* sociale (=promotion) 新興階級 / l'*ascension* de la Chine 中国の台頭. ❸ (l'Ascension)主の昇天(の祭日): 復活の主日から40日目.

ascensionnel, le /asɑ̃sjɔnɛl/ 形 上昇の. ▶ force *ascensionnelle* 浮力, 揚力 / parachute *ascentionel* パラセンディング, パラセーリング.

ascensionner /asɑ̃sjɔne/ 自動 登山する.

ascèse /asɛːz/ 女 難行苦行; 禁欲; 修徳.

ascète /asɛt/ 名 ❶ 苦行者. ❷ 禁欲主義者, 厳

ascétique

格な生活を送る人 (↔jouisseur). ▶ mener une vie d'*ascète* 禁欲的な生活を送る.
ascétique /asetik/ 形 苦行の, 禁欲的; 修徳の; 苦行者の. ▶ vie *ascétique* 禁欲生活.
ascétisme /asetism/ 男 ❶ 禁欲主義; 禁欲生活. ❷(宗教的理由による)苦行, 修道.
asepsie /asɛpsi/ 女 無菌(法).
aseptique /asɛptik/ 形 無菌(法)の.
aseptisé, e /asɛptize/ 形 ❶ 殺菌された. ❷〔環境, 生活, 作品などが〕人間味[おもしろさ]のなくなった.
aseptiser /asɛptize/ 他動 …を殺菌する.
asexué, e /asɛksɥe/ 形 ❶ 〖生物学〗無性の. ▶ reproduction *asexuée* 無性生殖. ❷ 男女の区別がはっきりしない, 性をもたない.
asiatique /azjatik/ 形 アジア Asie の; アジア風の. — **Asiatique** 名 アジア人.
Asie /azi/ 固有 女 アジア. ▶ en *Asie* アジアで[へ] / l'*Asie* du Sud-Est 東南アジア.
asilaire /azilɛːr/ 形 養老院の, 精神科病院の.
asile /azil/ 男 ❶ 避難場所, 逃げ場; 安らぎの場. 注 間接句では無冠詞になることが多い. ▶ trouver (un) *asile* chez qn (=refuge) …の所にかくまってもらう / donner (un) *asile* aux réfugiés politiques 政治亡命者を保護する / demander (un) *asile* au gouvernement britannique 英国政府に保護を求める / *asile* politique 政治亡命 / droit d'*asile* 亡命権 / demandeur d'*asile* 亡命希望者. ❷〔古風〕(貧民, 孤児などの)保護[収容]施設; 養老院; 精神科病院 (=*asile* d'aliénés). ▶ *asile* de nuit (ホームレスの人々の)簡易宿泊施設. 比較 ➪ HÔPITAL. ❸〖歴史〗(中世の)アジール, 聖域; 犯罪者などが逃げ込んだ治外法権の寺院, 王宮など.
asocial, ale /asɔsjal/;〔男複〕**aux** /o/ 形, 名 非社会的な(人), 社会生活に適合しない(人); 人付き合いが嫌いな(人).
aspartame /aspartam/ 男 アスパルテーム: 人工甘味料の一種.
*****aspect** /aspɛ/ 男 ❶ (問題などの)面, 局面, 見地. ▶ les *aspects* positifs [négatifs] de la vie citadine 都会生活のプラス[マイナス]面 / envisager une question sous tous ses *aspects* 問題をあらゆる角度から検討する.
❷ 様子, 外観, 見かけ, 外見. ▶ être jeune d'*aspect* 見かけが若い / un immeuble d'*aspect* moderne モダンな感じのビル / un homme d'*aspect* misérable 哀れな見なりの男 / prendre l'*aspect* de qc …の観を呈する. ◆avoir l'*aspect* d'un [d'une] + 名詞 …のように見える; に似ている. ▶ une grosse pierre qui a l'*aspect* d'une tête d'homme 人間の顔の形をした大きな石. ❸ 〖文法〗相, アスペクト.
à l'aspect de qc/qn … を見て (=à la vue de).
au premier aspect ひと目見て.
asperge /aspɛrʒ/ 女 ❶ アスパラガス. ❷〔話〕背高のっぽの娘〔少年〕.
asperger /aspɛrʒe/ [2] 他動 ❶ …に水をかける. ▶ *asperger* une plante 植物に軽く水をやる. ❷ <*asperger* qc/qn (de qc)>…に(水, 液体を)振

りかける. ▶ Une voiture m'a *aspergé* (de boue) en passant dans une flaque d'eau. 水たまりの上を走った車に泥水をかけられた. — **s'asperger** 代動 ❶ <s'asperger de qc>(水, 液体)を自分に振りかける. ▶ Elle *s'est aspergée* d'eau froide. 彼女は冷たい水を体にかけた. ❷ <s'asperger A sur B> A を自分のB に振りかける. ▶ Elle *s'est aspergé* de l'eau froide sur le visage 顔を冷たい水でぬらす.
aspérité /asperite/ 女 (多く複数で)(表面の)ざらざら, でこぼこ.
aspersion /aspɛrsjɔ̃/ 女 ❶ (水などを)振りかけること; 聖水散布.
asphaltage /asfaltaːʒ/ 男 アスファルト舗装.
asphalte /asfalt/ 男 アスファルト; 話 (アスファルトの)道路, 舗道.
asphalter /asfalte/ 他動 …にアスファルト舗装を施す. ▶ une route *asphaltée* 舗装道路.
asphyxiant, ante /asfiksjɑ̃, ɑ̃ːt/ 形 ❶ 窒息させる; 〔雰囲気などが〕息詰まるような. ▶ un gaz *asphyxiant* 窒息性ガス.
asphyxie /asfiksi/ 女 ❶ 窒息, 呼吸困難; 仮死. ❷ (経済活動, 精神活動などの)停滞, 麻痺.
asphyxié, e /asfiksje/ 形 ❶ 窒息した. ❷〔経済活動などが〕停滞した, 麻痺(§)した. — 名 窒息した人.
asphyxier /asfiksje/ 他動 ❶ …を窒息させる. ❷ 〔活動〕を停滞させる, 麻痺(§)させる; 危機的な状態に陥れる. — **s'asphyxier** 代動 ❶ 窒息する; 窒息自殺する. ▶ *s'asphyxier* avec le gaz ガス自殺する. ❷ 停滞する; 麻痺状態に陥る.
aspic /aspik/ 男 〖料理〗アスピック, ゼリー寄せ: 肉, 野菜などをゼリーで固めた冷製料理.
aspirant, ante /aspirɑ̃, ɑ̃ːt/ 形 吸い込む, 吸い上げる. ▶ pompe *aspirante* 吸い上げポンプ. — **aspirant** 男 見習い士官.
aspirateur /aspiratœːr/ 男 ❶ 電気掃除機. ▶ passer l'*aspirateur* dans une pièce 部屋に掃除機をかける / passer des tapis à l'*aspirateur* 絨毯(ﾞ)に掃除機をかける. ❷ 吸引[吸入]器; 排気装置, 換気扇.
aspiration /aspirasjɔ̃/ 女 ❶ 熱望, 希求; あこがれ. ▶ l'*aspiration* d'un peuple à la liberté 人民の自由への渇望 / répondre aux légitimes *aspirations* de qn …の当然の要求にこたえる. ❷ 吸気; 吸引. ▶ l'*aspiration* et l'expiration 呼吸 (=respiration). ❸ 〖音声〗帯気音, 帯気.
aspiré, e /aspire/ 形 ❶ 帯気音の. ▶ consonne *aspirée* 帯気音: 息の音が聞こえる閉鎖音. ❷ h *aspiré* (↔muet)(フランス語で)有音[気音]の h: 実際は無音だがélision も liaison もされない. — **aspirée** 女 帯気音.
aspirer /aspire/ 間他動 <*aspirer* à qc/不定詞>…を切望する, 熱望する. ▶ *aspirer* à la célébrité 名声を求める / *aspirer* à réussir 成功することを切望する. — 他動 …を吸う, 吸い上げる. ▶ *aspirer* une boisson avec une paille ストローで飲み物を飲む / Il a ouvert la fenêtre pour *aspirer* de l'air frais. 彼は窓を開けて新鮮な空気を吸った / 《目的語なしに》*Aspirez* profondément et expirez. 深く息を吸って, 吐いて.

assener

aspirine /aspirin/ 囡 商標 アスピリン. ▶ prendre deux *aspirines* アスピリンを2錠飲む.

assagir /asaʒiːr/ 他動 …をおとなしくする; 穏やかにする. ▶ Le temps *assagit* les passions. (=tempérer) 時とともに情熱は鎮まる.
— **s'assagir** 代動 おとなしくなる; 穏やかになる.

assagissement /asaʒismɑ̃/ 男 落ち着くこと, 穏やかになること.

assaillant, ante /asajɑ̃, ɑ̃ːt/ 名 攻撃者.
— 形 攻撃する, 襲いかかる. ▶ une armée *assaillante* 攻囲軍.

assaillir /asajiːr/ 17 他動

過去分詞 assailli	現在分詞 assaillant
直説法現在 j'assaille	nous assaillons
複合過去 j'ai assailli	
単純未来 j'assaillirai	

❶ …を襲撃する, 不意に撃つ;〔困難, 痛みなどが〕…を襲う, 苦しめる. ▶ *assaillir* une forteresse 要塞(ようさい)に急襲をかける / être *assailli* par des malfaiteurs ならず者に襲われる / être *assailli* par toutes sortes de soucis (=accabler) 種々の心配事に悩まされる. ❷ <*assaillir* qn de qc>…を〔質問などで〕悩ませる. ▶ J'ai été *assailli* de questions après mon exposé. (=harceler) 私は発表のあと, 質問攻めにあった.

assailliss- 活用 ⇨ ASSAILLIR 17

assainir /aseniːr/ 他動 ❶ …を清潔にする, 衛生的にする. ▶ *assainir* l'eau 水をきれいにする. ❷ 〔経済, 国際関係など〕を正常化する, 安定させる. ▶ *assainir* une monnaie 通貨を安定させる. ❸ 〔風紀, 集団〕を健全な状態にする, 浄化する.
— **s'assainir** 代動 ❶ 清潔になる, 衛生的になる. ❷〔経済, 国際関係など〕が安定する. ❸〔風紀, 集団など〕が浄化される.

assainissement /asenismɑ̃/ 男 清潔〔衛生的〕にすること; 浄化, 正常化, 安定化. ▶ l'*assainissement* du marché financier 金融市場の健全化.

assaisonnement /asezɔnmɑ̃/ 男 ❶ 味付け. ❷（多く砂糖以外の）調味料, 香辛料, 薬味.

assaisonner /asezɔne/ 他動 ❶ <*assaisonner* qc (avec [à] qc)>〔調味料, ソースなどで〕〔料理〕を味付けする. ▶ *assaisonner* la salade (avec une vinaigrette) サラダに〔ドレッシングで〕味付けする / *assaisonner* un poisson à la mayonnaise 魚をマヨネーズ風味に仕上げる. ❷ 〔調味料などが料理〕の味を引き立たせる. ❸ 文章 <*assaisonner* qc de qc>〔話, 文章, 行為など〕に…で興趣を添える. ❹ 話 …をこっぴどくやっつける, どやしつける.

assassin /asasɛ̃/ 男 人殺し, 暗殺者. 注 女性についても男性形を用いる. ▶ Au secours, à l'*assassin*! 助けて, 人殺しだ.
— **assass*in, ine*** /asasɛ̃, in/ 形 ❶ 文章 /（ふざけて）悩殺する, 男殺しの. ▶ une œillade *assassine* 悩ましげなウィンク. ❷ 文章 人殺しの.

assassinat /asasina/ 男 ❶ 暗殺; 殺人; 謀殺.
▶ commettre un *assassinat* 殺人を犯す. ❷ 圧殺, 侵犯, 蹂躙(じゅうりん).

assassiner /asasine/ 他動 ❶ …を殺す, 暗殺する, 謀殺する. ▶ *assassiner* le président 大統領を暗殺する. ❷ …を蹂躙(じゅうりん)する, 圧殺する. ▶ *assassiner* les libertés par une répression sans pitié 容赦のない弾圧で自由を圧殺する. ❸ （下手な演奏, 翻訳などで）〔芸術作品〕を台なしにする. — **s'assassiner** 代動 殺し合う.

assaut /aso/ 男 襲撃, 攻撃; 文章（台風などの）襲来. ▶ une troupe d'*assaut* 突撃部隊 / donner [livrer] l'*assaut* à une base militaire 軍事基地を攻撃する / monter [s'élancer, partir] à l'*assaut* de qc …を急襲する.
faire assaut de + 無冠詞名詞 …を競う. ▶ *faire assaut* d'esprit 才知を競う.
prendre d'assaut qc …を攻略する, 襲撃する; …に殺到する. ▶ La foule des réfugiés *prit d'assaut* les derniers camions. 大勢の避難民が最後の数台のトラックに殺到した.

assèchement /aseʃmɑ̃/ 男 乾かす〔干す〕こと, 干拓; 干上がること.

assécher /aseʃe/ 6 他動〔土地, 池など〕を干す, 乾かす;〔…〕の水抜きをする.
— **s'assécher** 代動 乾く, 干上がる.

ASSEDIC 囡（略語）Association pour l'emploi dans l'industrie et le commerce 商工業雇用協会.

assemblage /asɑ̃blaːʒ/ 男 ❶〔部品などの〕組み立て, 組み合わせ. ▶ l'*assemblage* des pièces d'une machine 機械部品の組み立て. ❷ 集まり, 集合, 寄せ集め. ▶ un *assemblage* d'idées disparates (=mélange) ちぐはぐな考えの寄せ集め.

***assemblée** /asɑ̃ble/ アサンブレ 囡 ❶ 会議, 会合. ▶ *assemblée* générale 総会 / convoquer [tenir] une *assemblée* générale ordinaire [extraordinaire] 通常〔臨時〕総会を招集〔開催〕する / L'*assemblée* annuelle se tient à Washington. 年次総会はワシントンで開催される. 比較 ⇨ RÉUNION.
❷（集合的に）集まった人々, 参会者, 会衆. ▶ en présence d'une *assemblée* nombreuse (=assistance) 多数の出席者の前で.
❸《多く Assemblée》議会, 議院. ▶ *Assemblée* nationale 国民議会（フランスの下院）/ *Assemblée* législative 立法議会 / Haute *Assemblée* 上院（元老院 Sénat の別称）/ *Assemblée* nationale populaire （中国の）全国人民代表大会.

assembler /asɑ̃ble/ 他動 ❶〔材料, 部品など〕を組み立てる, 組み合わせる, 寄せ集める. 注 材料, 部品でなく完成品を目的語にとる場合は monter を用いる. ▶ *assembler* les pièces d'un puzzle ジグソーパズルのピースを組み合わせる / *assembler* les matériaux d'un roman (=réunir) 小説の素材を集める. ❷〔考え, 言葉など〕をまとめる, 結び付ける, 集結する. — **s'assembler** 代動〔人, 集団が〕集まる, 集結する. ▶ Les manifestants *s'assemblent* devant la mairie. (=se rassembler) デモ隊は市庁舎前に結集している.
Qui se ressemble s'assemble. 諺 類は友を呼ぶ.

assener /asene/ 3 / **asséner** /asene/ 6 他動 <*assener* qc (à qn)> ❶ …（の痛打）を（…）に食らわす.

assentiment

▶ *assener* à l'agresseur un violent coup de poing 犯人に派手になげんこつを一発見舞う. ❷〔言葉, 視線など〕を…にぶつける, 突きつける.

assentiment /asɑ̃timɑ̃/ 男 同意, 賛同; 承認. ▶ donner son *assentiment* à qc/qn …に同意する.

✽s'asseoir /saswa:r サスワール/ 41 代動

過去分詞 assis	現在分詞 s'asseyant
直説法現在 je m'assi*e*ds	nous nous asseyons
tu t'assi*e*ds	vous vous asseyez
il s'ass*ie*d	ils s'asseyent
命 令 法 Assieds-toi	Asseyons-nous
Asseyez-vous	

*je m'assois 型の活用もある.

❶ 座る, 腰を下ろす. (↔se lever) ▶ *Asseyez-vous.* おかけください / *Je me suis assis.* 私は座った / *s'asseoir* sur une chaise 椅子(ｲｽ)に腰掛ける / *s'asseoir* dans fauteuil ひじ掛け椅子に腰を下ろす / *s'asseoir* à table (=se mettre) 食卓に着く / *s'asseoir* sur ses talons しゃがむ / *s'asseoir* par terre 床に座わる / *s'asseoir* en tailleur あぐらをかく / *Ne t'assieds pas là.* そこに座ってはいけないよ. ❷〈faire *asseoir* qn〉…を座らせる, 席に着かせる. 注 se を省略した形. ▶ faire *asseoir* les invités dans le salon 招待客を客間に通して腰掛けさせる. ❸〔名声などが〕確立される.

s'asseoir dessus 気にしない, 無視する. ▶ Les rumeurs, je *m'assois dessus.* うわさなんか気にしない.

— ✽**asseoir** /aswa:r/ 他動 ❶ …を座らせる. ▶ *asseoir* un malade sur son lit 病人を起こしてベッドに座らせてやる. ❷〈*asseoir* qc (sur qc)〉(…を基礎, 土台にして)…を据える, 築く. ▶ *asseoir* une théorie sur des bases solides (=fonder) 確かな基盤の上に理論を築く. ❸〔課税〕の対象額を定める.

s'asseoir
être assis

assermenté, e /asɛrmɑ̃te/ 形〔証人(が証言の前に), 公務員などが(職に就く前に)〕宣誓した. —名 宣誓した人.

assermenter /asɛrmɑ̃te/ 他動 …に宣誓をさせる.

assertion /asɛrsjɔ̃/ 女 ❶ 主張, 断言. ❷〔言語〕断定.

asservir /asɛrvi:r/ 他動 ❶〈*asservir* qc/qn (à qc)〉…を(…に)隷属させる. ▶ *asservir* un pays ある国を隷属状態におく. ❷ …を統御する; 抑制する. ▶ *asservir* les forces de la nature (=dominer, maîtriser) 自然の力を支配する.
— **s'asservir** 代動 ❶〈*s'asservir* à qc/qn〉…に隷属する, の奴隷となる. ▶ *s'asservir* à un tyran 暴君〔法〕に服従する. ❷ …を自分に服従させる. 注 se は間接目的.

asservissement /asɛrvismɑ̃/ 男 隷属, 奴隷化. ▶ *asservissement* à la mode 流行への盲従.

assesseur /asesœ:r/ 男 ❶ 補佐, 陪席者. ❷〖法律〗〔刑訴で〕参審員.

assey- 活用 ⇨ ASSEOIR 41

asseyant /asejɑ̃/ 活用 asseoir 41 の現在分詞.

✽**assez** /ase アセ/ 副

❶ 十分に. ▶ «Voulez-vous encore du vin?—Non merci, j'ai *assez* bu.» 「もっとワインいかがですか」「いや, もう結構, 十分いただきました」 / «Combien veux-tu? Vingt euros c'est *assez*?» 「いくらほしいの, 20ユーロで足りるの」「うん, それで十分」/ *Assez* discuté, il faut agir. 議論は十分したから, 行動に移るべきだ. ◆*assez pour qn/qc* …にとって十分に. ▶ Cette maison n'est pas *assez* grande pour une famille de six personnes. この家は6人家族には十分な広さとはいえない. ◆*assez de* + 数詞 + 名詞 …で十分に. ▶ J'aurai *assez* de deux couvertures. 毛布2枚あれば間に合うでしょう.

❷〈*assez* de + 無冠詞名詞〉十分の… (=suffisamment). ▶ Il n'y a pas *assez* de touristes pour un mois d'août. 8月にしては観光客があまりいない / «Avez-vous *assez* d'argent?—Oui, j'en ai *assez*.» 「お金足りますか」「ええ足ります」

❸〔強調〕かなり, 相当. ▶ Il était déjà *assez* tard quand ils sont partis. 彼らが帰ったのは夜もすでにかなり更けてからだった.

❹〔緩和〕まあまあ, ほどほどに, 結構. ▶ Il a été reçu avec la mention «*assez bien*». 彼は「良」の成績で合格した (注 秀 très bien, 優 bien の下で, 可 passable の上の評価).

Assez! たくさんだ, やめてくれ (=Ça suffit!). ▶ *Assez!* Tais-toi! いいかげんにしろ, うるさい.

Assez de ...! …はもうたくさん. ▶ *Assez de* discours! 演説はもう結構.

✽*assez ... pour* + 不定詞 //*assez ... pour que* + 接続法 …するに十分に. ▶ «Vous avez *assez* de temps *pour* finir ce travail avant la fin du mois?—Oui, ça ira.» 「月末までにこの仕事を終わらせるだけの時間的余裕がありますか」「大丈夫だと思います」/ Notre professeur parle *assez* fort *pour que* tout le monde l'entende. 私たちの先生は大きな声で話してくれるのでみんなよく聞こえる.

C'est assez! = *C'en est assez!* = *En voilà assez!* もう結構, いいかげんにして.

en avoir assez (de qn/qc 不定詞*)* (…に)うんざりする (=俗 en avoir marre, en avoir ras le bol). ▶ *J'en ai assez!* うんざりだ / *J'en assez de* toi. お前にはうんざりだ / *Il en a eu assez d'attendre.* 彼は待ちくたびれた.

assidu, e /asidy/ 形 ❶ 欠席[欠勤]しない; 勤勉な. ▶ un employé *assidu* 欠勤しない[仕事熱心な]職員 / un élève *assidu* aux cours 授業を休まない生徒. ❷ 常連の;(人に)つきまとう. ▶ un lecteur *assidu* 愛読者. ❸〔仕事ぶりなどが〕たゆまぬ. ▶ fournir des efforts *assidus* たえざる努力を払う.

assiduité /asidyite/ 女 ❶ 精勤; 熱心, 勤勉, ▶ avec *assiduité* 休まず, 欠かさず / contrôler l'*assiduité* des employés 従業員の出勤状況を管理する. ❷ (人に)つききりになること;(場所に)通いつめること. ❸《複数で》(女に)つきまとうこと.
avec assiduité せっせと, 勤勉に, 熱心に.

assidûment /asidymɑ̃/ 副 熱心に, 勤勉に, せっせと, たゆまず.

assied, assieds /asje/ 活用 ⇨ ASSEOIR 41

assiégé, e /asjeʒe/ 形 ❶ 包囲[攻囲]された, 取り囲まれた. ❷ 文章 つきまとわれた. ▶ être *assiégé* d'ennui 倦怠(けんたい)感に悩まされている. ―― 名 包囲[攻囲]された人;《集合的に》籠城(ろうじょう)軍.

assiégeant, ante /asjeʒɑ̃, ɑ̃:t/ 形 包囲[攻囲]する. ―― 名 包囲[攻囲]者;《集合的に》攻囲軍, 寄せ手.

assiéger /asjeʒe/ 7 他動 ❶ …を包囲[攻囲]する; 取り囲む, 閉じ込める. ▶ *être assiégé* par les glaces durant tout l'hiver 冬の間中氷に閉ざされる.
❷ …に殺到する, 押しかける. ▶ Des clients *assiègent* les guichets. 客が窓口に詰めかけている.
❸ 文章 …にしつこくつきまとう, を悩ませる. ▶ *être assiégé* par ses admirateurs ファンにつきまとわれる / Ces pensées m'*assiègent*. その考えが私の脳裏から消えない.

assiér- 活用 ⇨ ASSEOIR 41

*__assiette__ /asjɛt/ アスィエット/ 女 ❶ 皿. 注 料理を取り分けるためのもので, plat より小さい. ▶ *assiette* plate 平皿 / *assiette* à soupe スープ皿 / *assiette* à dessert デザート皿 / un service d'*assiettes* 皿一式 / Finis ton *assiette*. 皿の料理を終えてしまいなさい.
❷〈*assiette* de + 無冠詞名詞〉(料理の) 1 皿分. ▶ manger une *assiette* de potage ポタージュを 1 杯飲む.
❸『料理』*assiette* anglaise 冷肉類とハムの取り合わせ / *assiette* volante オードブル盛り合わせ.
❹ 騎座, 騎手の姿勢;(体の)安定, 平衡. ▶ avoir une bonne *assiette* 乗馬の姿勢がよい / perdre son *assiette* et tomber à terre バランスを失って落馬する. ❺(物の)安定, 座り. ▶ L'*assiette* de la statue n'est pas solide. その彫像は座りが悪い. ❻『法律』(課税の)基礎, 査定対象. ❼ *assiette* politique 政治的基盤, 地盤.
assiette au beurre 利権.
ne pas être dans son assiette 話 具合[気分]が悪い.

assiettée /asjete/ 女 (料理の) 1 皿分. ▶ manger une *assiettée* de soupe 1 皿のスープを飲む.

assignation /asiɲasjɔ̃/ 女 ❶ 割り当て; 指定. ▶ *assignation* des parts『民法』相続分割り当て / chèque d'*assignation* 受取人指定小切手. ❷『法律』(民訴で)呼び出し(状). ▶ *assignation* comme témoin 証人召喚(状).

assigner /asiɲe/ 他動 ❶〈*assigner* qc à qn /qc〉…を…に割り当てる, 割り振る; 帰する. ▶ *assigner* une tâche à qn …に仕事を与える / *assigner* de nouveaux crédits à l'enseignement 教育に新しく予算を割り振る. ❷〈日時, 場所などを〉定める, 指定する. ▶ *assigner* une date pour la réunion 会合の日取りを決める / *assigner* des limites à une activité ある活動に制限を設ける. ❸〔人〕を(役職などに)任命する. ▶ *assigner* qn à une fonction de grande responsabilité …を重い実務に就かせる. ❹『法律』…を(裁判所に)呼び出す.
assigner qn à résidence …に居住指定する.
―― **s'assigner** 代動〈*s'assigner* qc〉〔任務, 目的など〕を自分自身に定める. 注 se は間接目的.

assîmes /asim/ 活用 ⇨ ASSEOIR 41

assimilable /asimilabl/ 形 ❶〈*assimilable* à qc/qn〉…と同一視できる, 比肩する. ▶ Son travail est *assimilable* à celui d'un journaliste. 彼(女)の仕事はジャーナリストの仕事に引けを取らない. ❷〔異民族などが〕同化しうる, 適応できる, 溶け込める. ❸〔食べ物, 知識が〕同化[消化吸収]しうる.

assimilation /asimilasjɔ̃/ 女 ❶ 同一視, 同列に扱うこと. ▶ *assimilation* de la vie à un rêve = *assimilation* de la vie et du rêve 人生と夢の同一視. ❷〔異民族などの〕同化. ▶ l'*assimilation* des naturalisés (=intégration) 帰化人の同化. ❸〔食べ物などの〕同化, 消化, 吸収;〔知識などの〕理解, 会得. ▶ l'*assimilation* de la vitamine C ビタミン C の吸収 / l'*assimilation* de connaissances nouvelles 新しい知識の消化吸収. ❹『言語』同化(作用).

assimilé, e /asimile/ 形 ❶〈*assimilé* (à qc)〉(…と)同一視された, (…に)類似した, 相当する. ▶ les plastiques et les produits *assimilés* プラスティックおよび類似品. ❷〔異民族などが〕同化された. ❸〔食べ物, 知識などが〕消化された. ▶ des connaissances mal *assimilées* 生半可な知識.
―― 名 ❶『軍事』相当官: 一般の軍人の階級に相当する身分を与えられる軍医, 主計官など. ❷(ある役職と同等待遇を受ける)相当職. ▶ les fonctionnaires et *assimilés* 公務員および準公務員.

assimiler /asimile/ 他動 ❶〈*assimiler* A à B〉A を B と同一視する, 同列に置く. ▶ *assimiler* la réalité à l'apparence 現実と見かけの区別がつかない / *assimiler* un homme politique à de Gaulle ある政治家をド・ゴールになぞらえる.
❷〔異民族など〕を同化させる, 適応させる.
❸〔知識など〕を理解する. ▶ *assimiler* le vocabulaire et la grammaire 語彙と文法を身につける /《目的語なしに》un élève qui *assimile* bien 理解力のある生徒.
❹〔食べ物など〕を消化する, 吸収する; 同化する.
―― **s'assimiler** 代動 ❶〈*s'assimiler* à qc/qn〉…と自分を同一視する; 同一視される. ▶ Il *s'assimile* à un dirigeant. 彼はリーダーを自認している. ❷〔異民族などが〕(ある集団に)同化される,

なじむ. ▶ Les immigrés *se sont assimilés peu à peu*. 移民たちは少しずつ同化した. ❸〔食べ物などが〕消化される. ❹〔食べ物などを〕同化する;〔知識など〕を自分のものにする. 注 se は間接目的.

assirent /asi:r/ 活用 ⇨ ASSEOIR 41

***assis¹, ise** /asi, i:z/ アスィ, アスィーズ/ 形 (asseoir の過去分詞) ❶ 座っている, 座った. ▶ une position *assise* 座った姿勢 / un travail *assis* 座ってする仕事 / place *assise* (↔debout)（劇場, 乗り物などの）座席 / On est bien [mal] *assis* sur cette chaise. この椅子(¸)は座り心地がよい［悪い］/ *Assis*!（犬に）お座り. ❷ *assise* のしっかりした, 確固とした, 安定した. ▶ une situation bien *assise* 安定した地位 / mener une vie *assise* 安定した生活を送る, 安穏に暮らす. ❸〔人が〕落ち着いた; 現状に安じた. ❹〔法律〕magistrature *assise*（集合的に）裁判官.

en être [rester] assis 慣 唖然(あぜん)としている.

── *assis* 男 voter par *assis* et levé 起立採決する.

assis² /asi/ 活用 ⇨ ASSEOIR 41

assise /asi:z/ 女 ❶ ❶（多く複数で）基礎, 基盤, 土台. ▶ établir son pouvoir sur des *assises* solides 確固たる基盤の上に権力を築く / Ce parti a une bonne *assise* régionale. この政党は地方にしっかりとした地盤がある. ❷〔建築〕（切り石積みなどの水平な）層, 列.

❷《複数で》❶（政党, 学会などの）総会, 会議. ▶ organiser ses *assises* nationales 全国大会を開催する / tenir les [ses, des] *assises* 会合を開く. ❷〔法律〕重罪裁判(所); 重罪院 (=cour d'*assises*).

assiss- 活用 ⇨ ASSEOIR 41

assistanat /asistana/ 男（大学の）助手職.

assistance /asistã:s/ 女 ❶ 補助, 援助, 扶助, 救済(事業), 協力. ▶ donner [prêter] *assistance* à qn …を援助する / demander l'*assistance* de qn …に助けを求める / *assistance* économique [militaire] 経済[軍事]援助 / *assistance* technique（途上国への）技術協力 / *assistance* sociale 社会福祉(事業) / *assistance* médicale 医療扶助［保護］.

❷ 出席, 列席; 立ち会い. ▶ *assistance* à la messe ミサへの参列 / *assistance* irrégulière aux cours 講義への不規則な出席.

❸《集合的に》出席者, 参列者; 観客, 聴衆. ▶ Sa conférence a charmé l'*assistance*. 彼(女)の講演は聴衆を魅了した.

assistant, ante /asistã, ã:t/ 名 ❶ 助手, アシスタント. ▶ *assistant* dentaire 歯科助手 / *assistante* maternelle 保母 / «*assistant* social [*assistante* sociale]» 民生委員, ソーシャル［ケース］ワーカー / *assistant* metteur en scène 演出助手, 助監督, アシスタント・ディレクター / *assistant* personnel 携帯情報端末, PDA. ❷（多く複数で）参加者, 会衆, 観衆, 聴衆. ❸（リセの）外国人講師;（大学の）助手. ▶ maître(-)*assistant*（大学の）専任講師.

── 形 補佐［補助］する, 手伝う. ▶ médecin *assistant* 病院助手.

assisté, e /asiste/ 形 ❶（機械装置の）補助装置のついた, 機械装置で補助された. ▶ direction *assistée*（自動車の）パワーステアリング.

❷ *assisté* par ordinateur コンピュータ援用の. ▶ publication *assistée* par ordinateur デスクトップパブリシング / conception *assistée* par ordinateur コンピュータによる自動設計.

── 名（生活保護など）社会扶助を受けている人.

***assister** /asiste/ アスィステ/ 間他動

英仏そっくり語
英 to assist 助ける.
仏 assister à qc …に出席する, …を目撃する.
   assister 助ける.

〈*assister* à qc〉 ❶ …に出席する, 立ち会う; 見物する, 目撃する. ▶ *assister* à un mariage 結婚式に列席する / *assister* à un match de tennis テニスの試合を観戦する. ❷〔状況, 変化など〕を確認する, …に気づく. ▶ Nous *assistons* à une baisse du taux de natalité. 出生率の低下が認められる.

── 他動 ❶（仕事などで）…を助ける, 補佐する. ▶ *assister* qn dans son travail …の仕事に力を貸す. ❷ …を援助する, 救済する. ▶ *assister* des réfugiés 難民を救援する. ❸ …を看護する, 死を看取る. ❹ *assister* un film 映画の助手をする.

語法 **assister à** と **participer à**

「国際会議に出席する」などという場合の「出席する」には, assister à ではなく participer à を用いる. 日本語の「出席する」には, (1)「傍観者的に何かに立ち会う」という意味と, (2)「参加する」という意味があるが, (1) は assister à で, (2) は participer à で処理するのが原則である.

(1)〈**assister à qc**〉

「…の場に居合わせる, を目撃する」は対象に参入せず, あくまで外部にとどまる場合に用いる.

• *assister* à un accident [une bagarre] 事故[取っ組み合いの喧嘩(ﾎ)]を目撃する.
• *assister* à une discussion 議論を傍観する.

(2)〈**participer à qc**〉

「…に（積極的に）参加する」は対象に参入して, 何らかの役割を担う場合に用いられる.

• *participer* à un congrès 会議に出席する.
• *participer* à un cours 授業に積極的にかかわる.

assit, assît /asi/, **assîtes** /asit/ 活用 ⇨ ASSEOIR 41

associatif, ive /asɔsjatif, i:v/ 形 会の, 団体の. ▶ mouvement *associatif* 団体の活動.

***association** /asɔsjasjɔ̃/ アソスィアスィヨン/ 女 ❶ 会, 団体, 協会, 組合, 結社. ▶ former une *association* 会を結成する / *association* amicale 同好会 / *association* sportive スポーツクラブ / *association* culturelle 文化団体 / *association* politique 政治結社 / *association* de consommateurs 消費者団体 / *association* de parents d'élèves PTA / *association* reconnue d'utilité publique 公益法人 / liberté d'*association* 結社の自由.

❷ 協力, 提携, 協同. ▶ travailler en *association* avec un ami 友人と協力して仕事をする.

❸〈*association* de qn à qc〉…の…への参加, 関与. ▶ l'*association* des travailleurs aux bénéfices de l'entreprise 労働者を企業利益配分にあずからせること.

❹組み合わせ, 配合;【心理】連合, 連想. ▶ *association* d'idées 連想 / libre *association* 自由連想 / *association* de couleurs 配色.

associé, e /asɔsje/ 形 ❶〈*associé* à qc〉…と結びついた. ▶ un grand complexe pétrochimique *associé* à un port 港湾に直結した大石油化学コンビナート. ❷ 連合した, 参加した; 正規に準ずる. ▶ membre *associé* 準会員 / professeur *associé* 客員教授.

— 名 ❶ 協力者, 仲間, 会員, 組合員. ▶ prendre qn comme *associé* …を協力者にする. ❷ 社員;株主,出資者;共同経営者.

*associer /asɔsje/ アソシェ 他動 ❶〈*associer* qn à qc〉…を…の**仲間にする**;に(責任,運命など)を共にさせる;を(分け前など)にあずからせる. ▶ *associer* qn à ses responsabilités …に連帯責任を負わせる / *associer* des travailleurs aux bénéfices d'une entreprise 労働者を企業の利益配分にあずからせる.

❷〈*associer* qc à [avec] qc〉…を…に結び付ける; と…を合わせ持つ. ▶ *associer* un paysage au souvenir de qn ある風景を…の思い出と重ね合わせる / *associer* l'amour propre à l'orgueil 自尊心と傲慢(ごうまん)さとを兼ね備える.

❸ …を組み合わせる; 連合する;〔生活など〕を共にする. ▶ *associer* des couleurs 配色する / Une communauté de vues les *associent*.(=rapprocher) 意見の一致が彼らを結束させている.

— ***s'associer** 代動 ❶〈*s'associer* à qc/qn〉…に加わる, 参加する, の仲間に入る;〔感情, 意見など〕にくみする. ▶ *s'associer* à une révolte 暴動に加担する / *s'associer* aux vues de qn …の見解に同調する / Je m'*associe* à votre douleur. 心からお悔み申し上げます.

❷〈*s'associer* à [avec] qn〉…と協力する; 交際する. ▶ Il ne faut pas *s'associer* avec le premier venu. 相手構わず付き合ってはいけません.

❸〈*s'associer* à [avec] qc〉〔物が〕…と調和する,(うまく)結び付く. ❹ …を(自分の)協力者にする. 注 se は間接目的. ❺ 協力し合う, 連合する. ❻〔物が〕互いに調和する.

assoi- 活用 ⇨ ASSEOIR 41

assoiffé, e /aswafe/ 形 ❶ 喉(のど)の渇いた;文章水不足の. ▶ une terre *assoiffée* 干上がった土地. ❷〈*assoiffé* de + 無冠詞名詞〉…に飢えた. ▶ *assoiffé* de pouvoir (=avide) 権力の追求に貪欲(どんよく)な / être *assoiffé* d'argent 金の亡者である.

assoiffer /aswafe/ 他動 …の喉(のど)を渇かせる.

assoir- 活用 ⇨ ASSEOIR 41

assolement /asɔlmɑ̃/ 男【農業】輪作.

assombrir /asɔ̃briːr/ 他動 ❶ …を暗くする, 曇らせる. ▶ Les nuages *assombrissent* le ciel. 雲が空を暗くしている. ❷ …を暗い気持ちにさせる, 悲しませる.

— **s'assombrir** 代動 ❶ 暗くなる, 曇る. ❷〔表情などが〕曇る;〔気持ちが〕暗くなる;〔情勢が〕悪化する.

assombrissement /asɔ̃brismɑ̃/ 男 暗くなる[する]こと, 暗くなった状態;陰気さ, 悲哀;(情勢などの)悪化.

assommant, ante /asɔmɑ̃, ɑ̃ːt/ 形 ひどく退屈な, うんざりする. ▶ un film *assommant* 退屈な映画.

assommer /asɔme/ 他動 ❶ …をたたき殺す, 撲殺する. ▶ *assommer* un bœuf 牛を撲殺する. ❷ …の頭を激しく殴る. ▶ Le voleur *a assommé* le gardien de nuit. 泥棒は夜警の頭を殴りつけた. ❸ …を殴とする;打ちのめす. ▶ être *assommé* par la chaleur 暑さに参る. ❹ 話 …をうんざりさせる, 閉口させる. ▶ Il nous *assomme* avec ses discours. 彼の話にはうんざりだ.

— **s'assommer** 代動 ❶ 激しく頭をぶつける. ❷〔頭を〕殴りつけられる. ❸ 殴り[殺し]合う. ❹ うんざりする, 閉口する.

assommoir /asɔmwaːr/ 男 ❶(先端に鉛玉のついた)棍棒(こんぼう). ❷ *L'Assommoir*「居酒屋」(ゾラの小説).

coup d'assommoir 殴打;仰天する事件. ▶ C'est *un coup d'assommoir*.(値段が)目玉が飛び出るほど高い.

assomption /asɔ̃psjɔ̃/ 女 ❶【カトリック】聖母の被昇天;《Assomption》聖母被昇天の祝日(8月15日);聖母被昇天画[図]. ❷ 文章(責任などの)引き受け, 受け止め. ❸【哲学】仮定[仮説](の設定);【論理学】(三段論法の)小前提.

assonance /asɔnɑ̃s/ 女【詩法】半諧(はんかい)音:連続する2語または各行末における同一の強勢母音の反復(例: belle と rêve). 強勢母音のあとの子音まで一致させると韻 rime になる.

assonancé, e /asɔnɑ̃se/ 形【詩法】半諧(はんかい)音の.

assorti, e /asɔrti/ 形 ❶〈*assorti* (à qc)〉(…と)釣り合った, 調和した, 似合いの. ▶ un ménage bien [mal] *assorti* 似合いの[不釣り合いな]夫婦 / une peine *assortie* à la faute 罪にふさわしい罰. ❷〈*assorti* de qc〉…を伴った, 含んだ. ▶ un traité *assorti* de clauses défavorables pour le Japon 日本にとって不利な条項を盛り込んだ条約. ❸ 品物の豊富な. ▶ un magasin bien *assorti* 品ぞろえのよい店. ❹〔料理などが〕取り合わせの, 盛り合わせの. ▶ fromages *assortis* チーズの盛り合わせ.

assortiment /asɔrtimɑ̃/ 男 ❶ 組み合わせ, 配合, 調和. ▶ un heureux *assortiment* de couleurs 見事な配色. ❷ 一組, 一式, 一そろい. ▶ un *assortiment* de vaisselle 食器一式. ❸(同種商品の)取りそろえ, 在庫品. ▶ un *assortiment* de soieries 各種絹織物の在庫 / livres d'*assortiment*(版元からの)仕入れ本. ❹(同種材料の)取り合わせ, 盛り合わせ. ▶ un *assortiment* de fromages チーズの盛り合わせ.

assortir /asɔrtiːr/ 他動 ❶(釣り合うように)…を組み合わせる, 配合する. ▶ *assortir* deux couleurs 2色を取り合わせる / *assortir* ses invités 招待客をうまく配する. ❷〈*assortir* qc à [avec] qc〉…に…を釣り合わせる, 調和させる. ▶ *assortir* une cravate à son costume スーツに

合わせてネクタイを選ぶ. ❸ ⟨*assortir* qc de qc⟩…に…を伴わせる, 付け加える. ▸ *assortir* les critiques de quelques compliments 賛辞も混ぜて批判を和らげる. ❹ ⟨*assortir* qn/qc de qc⟩…に（商品）を供給する；卸す.

— **s'assortir** 代動 ❶ 互いに釣り合う, 似合う, 調和する. ▸ Nos natures *s'assortissent* mal. 我々はもともと馬が合わない. ❷ ⟨*s'assortir* à [avec] qc⟩…と調和する, 似合う. ▸ La tapisserie *s'assortit* aux rideaux. 絨毯(じゅうたん)はカーテンとよく合っている. ❸ ⟨*s'assortir* de qc⟩…を伴う, 含む.

assoupi, e /asupi/ 形 ❶ まどろんだ, 半睡状態の. ❷〔苦しみなどが〕和らいだ, 鎮まった. ❸ 無気力な；休眠状態の.

assoupir /asupi:r/ 他動 ❶…をまどろませる, うとうとさせる. ▸ Ce bon repas l'*a assoupi*. このおいしい食事に満腹した彼は眠気に襲われた. ❷（一時的に）…を和らげる, 鎮める. ▸ *assoupir* une douleur 苦痛を和らげる.

— **s'assoupir** 代動 ❶ まどろむ, うとうとする；〔精神, 思考などが〕活気を失う, 鈍る. ❷ 和らぐ, 鎮まる.

assoupissement /asupismɑ̃/ 男 ❶ まどろみ, 半睡. ❷（活動などの）停滞, 休眠状態；無気力.

assouplir /asupli:r/ 他動 ❶…を柔らかくする. ▸ *assouplir* le corps 体を柔らかくする / *assouplir* du cuir 皮をなめす. ❷〔性格など〕を穏やかにする；〔規則など〕を緩和する.

— **s'assouplir** 代動 柔らかくなる；穏やかになる；緩和される.

assouplissement /asuplismɑ̃/ 男 柔らかくする[なる]こと；和らげること, 緩和, 軟化. ▸ exercices d'*assouplissement* (du corps) 柔軟体操.

assourdir /asurdi:r/ 他動 ❶（一時的に）…の耳を聞こえなくする, 耳を聾(ろう)する. ▸ Ne crie pas si fort, tu m'*assourdis* ! そんなにどならないで, 耳ががんがんする /《目的語なしに》Le bruit des machines *assourdit*. 機械の音が耳をつんざく. ❷（騒音, 饒舌(じょうぜつ)で）…を疲れさせる；うんざりさせる. ❸〔音〕を弱める, 消す；〔部屋など〕を防音する. ❹〔色, 光〕を弱める, ぼかす. ❺〔苦痛〕を軽減する. ❻〔音声〕〔有声音〕を無声化する.

— **s'assourdir** 代動 ❶〔声, 音〕が弱まる, かすかになる. ❷〔音声〕〔有声音〕が無声化する.

assourdissant, ante /asurdisɑ̃, ɑ̃:t/ 形 耳を聾(ろう)する；騒々しい；〔物音, 会話などが〕うんざりさせる, うるさい.

assourdissement /asurdismɑ̃/ 男 ❶（一時的に）耳を聞こえなくすること；聾(ろう)状態. ❷（音を）弱めること,（音が）弱まること；防音, 消音(化). ❸〖音声〗〔有声音の〕無声化 (= dévoisement).

assouvir /asuvi:r/ 他動〔欲望, 欲求〕を満たす. ▸ *assouvir* sa faim 飢えを満たす / *assouvir* sa curiosité 好奇心を満足させる.

— **s'assouvir** 代動 文章 満たされる, 満ち足りる. ▸ Sa haine ne *s'assouvira* jamais. 彼(女)の憎しみは決して晴れることはあるまい.

assouvissement /asuvismɑ̃/ 男〔欲望, 欲求の〕充足；満足感.

assoy- 活用 ⇨ ASSEOIR 41

assoyant /aswajɑ̃/ 活用 asseoir 41 の現在分詞.

assuétude /asɥetyd/ 女〖精神医学〗（覚醒(かくせい)剤, アルコールなどに対する）習慣性, 依存.

assujetti, e /asyʒeti/ 形 ❶（納税などの）義務を負った；拘束された；支配された. ▸ des peuples *assujettis* 被征服民族. ❷ 固定された, つながれた.
— 名 支払い義務者, 納税義務者；強制加入者.

assujettir /asyʒeti:r/ 他動 ❶ ⟨*assujettir* qn /qc à qc⟩…を…に無理やり従わせる；に…を課す. ▸ *assujettir* qn à de dures règles …に厳しい規則を守らせる / *assujettir* qn à l'impôt …に税を課す. ❷…を固定する, 留める. ▸ *assujettir* un cordage ロープを固定する. ❸ 文章 …を束縛する, 屈服させる；〔感情, 情などを〕抑制する. ❹ 文章〔国家, 民族など〕を支配下に置く, 隷属させる.

— **s'assujettir** 代動 ❶…に従う. ▸ *s'assujettir* à des habitudes 習慣に従う. ❷…を自分に服従させる；の心をとらえる. 注 se は間接目的.

assujettissant, ante /asyʒetisɑ̃, ɑ̃:t/ 形〔仕事などが〕人を縛りつける, 非常に忙しい.

assujettissement /asyʒetismɑ̃/ 男 ❶…に従うこと, への従属；（納税などの）義務. ❷ 文章 束縛, 拘束；（国家, 民族の）支配；隷属.

assumer /asyme/ 他動〔仕事, 義務など〕を引き受ける；〔責任など〕を負う. ▸ *assumer* un rôle 役割を引き受ける / *assumer* une faute 過ちを認める, 責任を取る /《目的語なしに》J'*assume*. 責任は私が取る. ❷〔立場, 状況〕を進んで受け入れる；〔価値体系など〕を容認する.

— **s'assumer** 代動（ありのままの）自分を受け入れる；自己(の立場)を受け止める, 受容する.

assurable /asyrabl/ 形 保険のかけられる；〔損害が〕保険で塡補(てんぽ)されうる.

***assurance** /asyrɑ̃:s/ アスューランス 女 ❶ 自信, 確信. ▸ parler avec *assurance* 自信をもって話す / avoir [prendre, donner] de l'*assurance* 自信がある[がつく, をつけさせる] / perdre son *assurance* 自信を失う.

❷ 保証, 確約；《複数で》（物的）保証, 担保. ▸ donner [prendre] des *assurances* 担保を与える[取る]. ◆une *assurance* de + 無冠詞名詞 …の保証. ▸ Cette légère amélioration n'est pas une *assurance* de reprise économique. このわずかな好転は景気回復の保証にはならない. ◆l'*assurance* de qc 不定詞 / l'*assurance* que +直説法 …という保証〔確約, 言質〕. ▸ Elle m'a donné l'*assurance* de son amitié. 彼女は私に固い友情を約束してくれた / Veuillez agréer l'*assurance* de ma considération distinguée.《手紙の末尾で》敬具.

❸ 保険. ▸ *assurance* maladie 医療保険 / *assurance*-vie 生命保険 / *assurance* contre les accidents 災害保険 / *assurance* contre l'incendie = *assurance*-incendie 火災保険 / *assurance* contre le vol 盗難保険 / *assurance*-automobile 自動車保険 / compagnie d'*assurances* 保険会社 / prime d'*assurance* 保険料 / prendre une *assurance* 保険をかける / Il est (inscrit) aux *assurances* sociales. 彼は社会

❹ 保険料 (=prime d'*assurance*); 《複数で》保険会社.

en toute assurance 安心しきって; まったく安全に.

assurance-crédit /asyrɑ̃skredi/; 《複》 ~s-~s 囡 信用保険, 貸倒保険: 債務者の支払い不能で債権者が受ける損失を塡補(ﾃﾝﾎ)するもの.

assuré, e /asyre/ 形 ❶ 確実な; 保証された, 確保された. ▶ un succès *assuré* (=sûr) 間違いない成功 / Tenez pour *assuré* qu'il viendra. 彼は必ず来ますとも. ❷ 〔足元などが〕しっかりとした. ❸ 自信に満ちた, 確固とした. ▶ d'un pas *assuré* しっかりとした足どりで / d'une voix mal *assurée* 自信のなさそうな声で. ❸ <*assuré* de qc 不定詞 // *assuré* que + 直説法> …を確信した, 保証されている. ▶ Il se dit *assuré* de qc. 彼は…に自信があると言う. ❹ 保険をかけた.

— 名 ❶ (契約者と保険の利益を受ける者が同一人である, 損害保険の) 保険契約者; (生命・傷害保険の) 被保険者. ❷ *assuré* social 社会保険加入者.

assurément /asyremɑ̃/ 副 ❶ 確かに, 間違いなく. ▶ *Assurément*, il viendra. = *Assurément* qu'il viendra. 彼は必ずやって来ます.
❷〔返答で〕そのとおり, もちろん. ▶ «Viendrez-vous ? — *Assurément*.»(=absolument)「おいでになりますか」「もちろんですとも」

***assurer** /asyre/ アスュレ 他動

直説法現在	j'assure	nous assurons
複合過去	j'ai assuré	単純未来 j'assurerai

❶ ❶ <*assurer* (à qn) que + 直説法 // *assurer* (à qn) + 不定詞複合形> <…に>…を**断言する**, 請け合う, 保証する. ▶ Il m'*a assuré* qu'il m'écrirait à ce sujet. 彼はその件で必ず手紙を書いてよこすと言った. Elle nous *assura* avoir envoyé le paquet.(=jurer) 彼女は確かに荷物を送ったと私たちに言った /〔直接目的語なしに〕Je vous *assure*. 本当ですよ.
❷ <*assurer* qn de qc> …に…を**保証する**, 確信させる. ▶ Je peux vous *assurer* de sa bonne foi. 彼(女)に誠意があることは保証します / Sa conduite passée nous *assure* de l'avenir. 彼(女)の過去の行動を見れば将来についても確信が持てる.

❷ ❶〔業務, 生産など〕を**確実に行う**. ▶ *assurer* la marche de l'usine 工場の操業を行う / *assurer* la garde de l'immeuble ビルの管理をする / *assurer* l'exécution des lois 法律を確実に執行する.
❷ <*assurer* qc (à qn)> <…に>…を保証[保障]する, 確保する. ▶ *assurer* la sécurité 安全を保障する / Ça lui *a assuré* la victoire. これで彼(女)の勝利は確実になった.
❸ …に**保険をかける**;〔保険業者が〕…を保険で保証する. ▶ *assurer* sa voiture contre le vol 自動車に盗難保険をかける / *assurer* qn sur la vie …に生命保険をかける.
❹ …を**固定する**, ぐらつかないようにする. ▶ tenir un enfant par la main pour *assurer* ses pas 足元がふらつかないように子供の手を支えている.
❺〔態度, 視線など〕をしっかりさせる.
❻〔登山〕〔足場など〕を確保する.

— 自動 俗 (ある方面で)できる, しっかりしている. Elle *assure* en informatique. 彼女はコンピュータに詳しい.

— ***s'assurer*** 代動 ❶ < *s'assurer* de qc // *s'assurer* que [si] + 直説法>〔事実など〕を**確かめる**, 確認する. 注 se は間接目的. ▶ *Assurez-vous* de l'exactitude de cette nouvelle. そのニュースが事実かどうか確かめなさい / *s'assurer* si [que] la porte est bien fermée 戸がちゃんと閉まっているかどうか確認する / Je vais m'en *assurer*. 確かめてみます.
❷ <*s'assurer* (de) qc> …を確保する. 注 de なしの場合, se は間接目的. ▶ Elle *s'est assurée* d'une place. = Elle *s'est assuré* une place. 彼女は席を確保した. ❸ <*s'assurer* contre qc /qn> …から身を守る, に備える; 用心する. ▶ *s'assurer* contre les incursions de l'ennemi 敵の侵入に備える. ❹ 保険に入る. ▶ *s'assurer* contre l'incendie 火災保険に入る / *s'assurer* la vie 生命保険に入る. ❺ しっかりした姿勢をとる, 自分の体を安定させる.

assureur /asyrœːr/ 男 保険者.

Assyrie /asiri/ 固有 囡 アッシリア.

assyrien, enne /asirjɛ̃, ɛn/ 形 アッシリアの.
— **Assyrien, enne** 名 アッシリア人.

astérisque /asterisk/ 男 ❶ アステリスク, 星印 (*). ❷〖情報〗アステリスク: プログラムで用いる乗算記号.

astér(o)- 接頭 「星; 星の形の」の意.

astéroïde /asteroid/ 男 小惑星, 小遊星.

asthénie /asteni/ 囡〖医学〗無力(症).

asthénique /astenik/ 形〖医学〗無力(症)の.
— 名 無力症患者.

asthmathique /asmatik/ 形〖医学〗喘息(ｾﾞﾝｿｸ)の. — 名 喘息患者.

asthme /asm/ 男〖医学〗喘息(ｾﾞﾝｿｸ). ▶ avoir de l'*asthme* 喘息持ちである / crise d'*asthme* 喘息の発作.

asti /asti/ 男 アスティ: イタリア産の発泡性マスカットワイン.

asticoter /astikɔte/ 他動 話 悩ませる, いじめる.

astigmate /astigmat/ 形〖医学〗乱視の.

astigmatisme /astigmatism/ 男 ❶〖医学〗乱視. ❷〖光学〗非点収差.

astiquage /astikaːʒ/ 男 磨くこと; 艶(ﾂﾔ)出し.

astiquer /astike/ 他動 …を磨く.

astrakan /astrakɑ̃/ 男 アストラカン: 旧ソ連のアストラハン Astrakhan 地方産の子羊の毛皮.

astral, ale /astral/; 《男複》**aux** /o/ 形 ❶〖占星術〗星の, 天体の. ▶ signe [thème] *astral* 天宮図. ❷ lampe *astrale* 無影灯: 手術室などの影を作らない照明器具.

astre /astr/ 男 ❶ 星, 天体. ▶ le cours des *astres* 天体の運行. ❷〖占星術〗(運命を左右する)星. ▶ l'*astre* de qn …の運命をつかさどる星 / consulter les *astres* 星を占う / être né sous un *astre* favorable [funeste] 幸運な[不運な]

星の下に生まれた.

astreign- 活用 ⇨ ASTREINDRE 80

astreignant, ante /astrɛɲɑ̃, ɑ̃:t/ 形 (astreindre の現在分詞)〔仕事などが〕骨の折れる, 手の離せない.

astreindre /astrɛ̃:dr/ 80 (過去分詞 astreint, 現在分詞 astreignant) 他動 ‹astreindre qn à qc 不定詞›…を強いて…に従わせる, に…させる. ▶ *astreindre* qn à une discipline (=forcer)…を規律に縛りつける / La situation difficile m'*astreint* à être prudent. 困難な状況のため私は慎重にならざるをえない / Ils *étaient astreints* à de dures privations. 彼らはひどい窮乏生活を強いられていた. — **s'astreindre** 代動 ‹s'astreindre à qc 不定詞› 努めて…に従う […する]. ▶ *s'astreindre* à respecter la limitation de vitesse 努めて制限速度を守る.

astreins, astreint /astrɛ̃/ 活用 ⇨ ASTREINDRE 80

astreinte /astrɛ̃:t/ 女 ❶〖民法〗(民事の)罰金強制. ❷ 強制, 束縛, 拘束.

astringence /astrɛ̃ʒɑ̃:s/ 女 (薬剤の) 収斂(しゅうれん)性.

astringent, ente /astrɛ̃ʒɑ̃, ɑ̃:t/ 形〔薬剤などが〕収斂(しゅうれん)性の. ▶ lotion *astringente* アストリンゼン, 収斂化粧水. — **astringent** 男 収斂薬.

astro- 接頭「星; 星の形の」の意.

astrologie /astrɔlɔʒi/ 女 占星術.

astrologique /astrɔlɔʒik/ 形 占星術の. ▶ thème *astrologique* 出生図, ホロスコープ.

astrologue /astrɔlɔg/ 名 占星術師.

astronaute /astrɔnoːt/ 名 宇宙飛行士.

astronautique /astrɔnotik/ 女 宇宙航行学, 航宙学. — 形 宇宙航行(学)の.

astronef /astrɔnɛf/ 男 宇宙船.

astronome /astrɔnɔm/ 名 天文学者.

astronomie /astrɔnɔmi/ 女 天文学.

astronomique /astrɔnɔmik/ 形 ❶ 天文学の, 天文の. ▶ observation *astronomique* 天体観測 / lunette *astronomique* 天体望遠鏡 / tables *astronomiques* 天体暦. ❷ 話〔数が〕天文学的な, 膨大な. ▶ à un prix *astronomique* 法外な値段で.

astrophysicien, enne /astrofizisjɛ̃, ɛn/ 名 天体物理学者.

astrophysique /astrofizik/ 女 天体物理学.

astuce /astys/ 女 ❶ (よい意味で) 巧妙さ, 抜かりなさ; 機転; 妙策. ▶ les *astuces* du métier (= ficelle) 商売のこつ〔かけひき〕. ❷ 話 アイデア商品; 発明, 新機軸. ❸ 話 冗談, しゃれ. ▶ faire des *astuces* 冗談を言う.

astucieusement /astysjøzmɑ̃/ 副 巧みに, 巧妙に, うまく.

astucieux, euse /astysjø, øːz/ 形 ❶ 巧妙な, 才気のある, 抜かりのない. ▶ une réponse *astucieuse* 気の利いた答え / d'une manière *astucieuse* 巧みに. ❷〔製品などが〕創意に富む, 新機軸の, 画期的な.

Asturies /astyri/ 固有 女複 アストゥリアス: スペイン北西部地方.

asymétrie /asimetri/ 女 不均斉; 非対称.

asymétrique /asimetrik/ 形 不均斉の, 不釣り合いの; 非対称の; 不相称の.

asymptote /asɛ̃ptɔt/ 女〖数学〗漸近線. — 形 漸近の, 漸近的な.

AT 男 (略語) Ancien Testament 旧約聖書.

atavique /atavik/ 形 遺伝の, 先祖伝来の; 隔世遺伝の.

atavisme /atavism/ 男 ❶ 遺伝的特性; (共同体の中で受け継がれる)特性. ▶ C'est de l'*atavisme*! それは遺伝だよ. ❷〖生物学〗隔世遺伝; 先祖返り.

atchoum /atʃum/ 間投 ハクション(くしゃみ).

*****atelier** /atəlje/ アトゥリエ 男 ❶ (職人の)仕事部屋; (画家, 彫刻家などの)アトリエ, 工房. ▶ un *atelier* de charpentier 大工の仕事場 / *atelier* de production (テレビ局の)制作ユニット. ❷ (工場内で特定の仕事を行う)作業場, 作業部門; 小工場. ▶ *atelier* de montage 組み立て作業部門 / *atelier* de réparations 修理工場. 比較 ⇨ USINE. ❸ (集合的に) (同じ作業場で働く)作業員, 工員. ❹ (集合的に) (画家などのアトリエで働く)弟子, 門下生; (芸術家の)一派. ❺ 研究会, 研修会. ▶ *atelier* de théâtre 演劇研究会 / *atelier* de travail ワークショップ.

atemporel, le /atɑ̃pɔrɛl/ 形 時間を超越した, 永遠の, 無窮の.

atermoiement /atɛrmwamɑ̃/ 男 ❶ (多く複数で)延期; 優柔不断, ためらい. ❷〖法律〗(和議による)支払い猶予.

atermoyer /atɛrmwaje/ 10 自動 時間稼ぎをする, 引き延ばしをする, ぐずぐずする.

athée /ate/ 形 無神論の. — 名 無神論者.

athéisme /ateism/ 男 無神論.

Athéna /atena/ 固有 女〖ギリシア神話〗アテナ, アテネ: 知恵, 学問, 芸術, 技術, 戦術をつかさどる豊饒(ほうじょう)の女神. ローマ神話のミネルヴァにあたる.

athénien, enne /atenjɛ̃, ɛn/ 形 ❶ アテネ Athènes の; アテナイの. ❷ 文章 (アテナイ人のように)明敏な, 怜悧(れいり)な. — **Athénien, enne** 名 アテネの人; (古代)アテナイ人.

athlète /atlɛt/ 名 陸上競技の選手, 運動選手, スポーツマン; 筋骨たくましい人. ▶ un *athlète* complet 万能選手 / avoir un corps d'*athlète* 体つきがしっかりしている / pied d'*athlète* 水虫.

athlétique /atletik/ 形 ❶ 陸上競技の, 運動競技の; 運動選手の. ▶ exercices *athlétiques* 運動, トレーニング. ❷ 筋骨たくましい.

athlétisme /atletism/ 男 ❶ 陸上競技: 競走, 跳躍, 投擲(とうてき)の総称. ❷〖古代史〗闘技者の技能.

atlantique /atlɑ̃tik/ 形 ❶ 大西洋の; 大西洋沿岸諸国の. ❷ 北大西洋条約の. — **Atlantique** 男 大西洋. ▶ Organisation du traité de l'*atlantique* nord 北大西洋条約機構 (略 OTAN, 英語で NATO).

atlantisme /atlɑ̃tism/ 男 大西洋同盟振興主義, 親米路線.

Atlas /atlɑːs/ 固有 男〖ギリシア神話〗アトラス: 巨人族の一人. オリュンポスの神々と争い, 罰として天

空を肩に担う運命を負わされた.

atlas /atlɑːs/ 男 地図帳, 地図書；(書名などに用いて)地図集. ▶ *atlas* historique 歴史地図帳.

*atmosphère /atmɔsfɛːr アトゥモスフェール/ 女 ❶ (場の)雰囲気, 環境. ▶ détendre une *atmosphère* lourde 重苦しい雰囲気を和らげる. ◆ *atmosphère* de + 無冠詞名詞 …の雰囲気, 気分. ▶ une *atmosphère* de travail amicale 和やかな職場の雰囲気. ❷ 大気, (大)気圏；空気. ▶ couches de l'*atmosphère* 大気層 / rafraîchir l'*atmosphère* 空気を清浄にする. ❸ 〖計量単位〗 *atmosphère* normale 標準大気圧, 気圧.
changer d'atmosphère 國 生活環境を変える, 気分を一新する.

⎡比較⎤ 雰囲気
atmosphère「大気の状態」が元来の意味なので, その場その場の一時的な雰囲気のことをいう.
ambiance「周囲にあるもの, 周りの様子」が元来の意味であり, ある場所や立場に密接に結びついた雰囲気をいう.

atmosphérique /atmɔsferik/ 形 大気の, 大気圏の. ▶ de mauvaises conditions *atmosphériques* 悪天候 / courant *atmosphérique* 気流 / pollution *atmosphérique* 大気汚染 / pression *atmosphérique* 大気圧.

atoll /atɔl/ 男 環礁；環状のサンゴ礁.

*atome /atom/ アトム/ 男 ❶ 原子. ▶ *atome* d'hydrogène 水素原子 / *atome* radioactif 放射性原子. ❷ 〖原子力〗. ▶ l'ère de l'*atome* 原子力時代. ❸ 微量, みじん. ▶ Il n'a pas un *atome* d'intelligence. 彼には知性のかけらもない.
avoir des atomes crochus avec qn 國 …と心が通じ合う. ▶ Je n'ai pas d'*atomes crochus* avec elle. 私は彼女と気が合わない.

*atomique /atɔmik アトミック/ 形 ❶ 原子力利用の (=nucléaire). ▶ bombe *atomique* 原子爆弾 / guerre *atomique* 核戦争 / puissances *atomiques* 核保有国 / centrale *atomique* 原子力発電所. ❷ 原子の. ▶ nombre [numéro] *atomique* 原子番号. ❸ 〖哲学〗théorie *atomique* 原子論.

atomisation /atɔmizasjɔ̃/ 女 ❶ 核兵器による破壊. ❷ (組織の)分散化, 分裂, 解体. ❸ (物質の)微粒子化, 霧化.

atomisé, e /atɔmize/ 形 ❶ 被爆した. ❷ 〔組織が〕細分化された, 分裂した. —— 名 原爆被災者.

atomiser /atɔmize/ 他動 ❶ …を微粒子にする；〔液体を〕霧状にする. ❷ …を核兵器で破壊する. ❸ 〔組織など〕を分裂させる, 解体させる.
—— **s'atomiser** 代動 分裂する, 細分化する.

atomiseur /atɔmizœːr/ 男 (香水などの)スプレー. ▶ *atomiseur* à parfum 香水スプレー.

atomisme /atɔmism/ 男 ❶ 〖哲学〗原子論. ❷ 〖化学〗原子仮説.

atomiste /atɔmist/ 名, 形 ❶ 原子物理学者(の). ❷ 〖哲学〗原子論者(の).

atonal, ale /atɔnal/；(男複) **als** 形 〖音楽〗無調の. ▶ musique *atonale* 無調音楽.

atone /atɔn/ 形 ❶ 無気力な, 活気のない；〔目などが〕生気のない. ▶ un être *atone* 無気力な人間 / un regard *atone* うつろな眼差(まなざ)し. ❷ 〖医学〗〔筋肉, 器官が〕弛緩(しかん)した. ❸ 〖音声〗無強勢の. ▶ syllabe [voyelle] *atone* 無強勢音節 [母音].

atonie /atɔni/ 女 ❶ 〖医学〗無緊張症, アトニー. ❷ 無気力, 弛緩(しかん)；落ち込み. ▶ l'*atonie* de la vie économique 経済活動の沈滞.

atonique /atɔnik/ 形 〖医学〗無緊張症の, アトニーの.

atours /atuːr/ 男複 文章 (ふざけて)(婦人の)装飾品, 衣装. ▶ mettre [se parer de] ses plus beaux *atours* 精いっぱいめかしこむ.

atout /atu/ 男 ❶ 〖トランプの〗切り札. ▶ *atout* cœur ハートの切り札. ❷ 決め手, 切り札, 有利な条件. ▶ un bon *atout* 強力な武器 / sortir son dernier *atout* 最後の切り札を出す.
avoir [mettre] tous les atouts dans son jeu 成功するためのあらゆる切り札がそろっている.

atrabilaire /atrabilɛːr/ 形, 名 文章 気難しい(人), 怒りっぽい(人)；不機嫌な(人).

âtre /ɑːtr/ 男 暖炉；(暖炉の)火床, 炉床.

atroce /atrɔs/ 形 ❶ 残忍な, むごたらしい. ▶ un crime *atroce* 残虐極まる犯罪 / commettre des actes *atroces* 残虐行為を犯す (=commettre des atrocités). ❷ 耐えがたい, 恐ろしい；國 ひどい, 実に嫌な. ▶ un temps *atroce* ひどい天気.

atrocement /atrɔsmɑ̃/ 副 ❶ 残忍に, むごたらしく. ▶ un cadavre *atrocement* mutilé ばらばらにされた惨殺死体. ❷ 非常に, ひどく. ▶ souffrir *atrocement* 七転八倒の苦しみをする.

atrocité /atrɔsite/ 女 ❶ 残忍さ；(多く複数で)残虐行為. ▶ commettre des *atrocités* 残虐行為を犯す. ❷ 醜悪なもの. ▶ Ce bâtiment est une *atrocité*. この建物は醜悪そのものだ. ❸ ひどい悪口[中傷]. ▶ répandre des *atrocités* sur qn …の悪口を言いふらす.

atrophie /atrɔfi/ 女 ❶ 〖医学〗*atrophie* musculaire 筋萎縮(いしゅく). ❷ 減退, 衰弱. ▶ l'*atrophie* de l'industrie automobile américaine アメリカ自動車産業の衰退.

atrophié, e /atrɔfje/ 形 ❶ 〖医学〗〔器官などが〕萎縮(いしゅく)した. ❷ 減退した, 衰弱した.

s'atrophier /satrɔfje/ 代動 減退する, 衰弱する；〖医学〗(器官などが)萎縮する.
—— **atrophier** /atrɔfje/ 他動 減退させる, 衰弱させる；〖医学〗萎縮させる.

attablé, e /atable/ 形 食卓に就いた；机に向かった.

s'attabler /satable/ 代動 食卓に就く.

attachant, ante /ataʃɑ̃, ɑ̃ːt/ 形 感興をそそる, 心を引く. ▶ une personnalité *attachante* 心引かれる人物.

attache /ataʃ/ 女 ❶ つなぐ[縛る]もの, 留め具：ひも, 鎖, ベルト, クリップ, ホッチキス, ボタン, ファスナーなど. ▶ réunir deux lettres par une *attache* 2通の手紙をクリップで留める. ❷ 〔四肢, 指などの〕付け根. ❸ (複数で)手首；足首, 踝(くるぶし). ▶ avoir des *attaches* fines 手首[足首]がほっそりしている. ❹ (多く複数で)縁故, コネ；縁戚(えんせき). ▶ avoir des *attaches* avec le pouvoir 権力筋にコネがある.
à l'attache つながれた. ▶ chien *à l'attache* つ

attaché

ながれた犬 / tenir qn *à l'attache* …を意のままに従わせている.
port d'attache 船籍港; 母港.

attaché, e /ataʃe/ 形 ❶ つながれた, 留めてある; [衣類が]ボタンのかけてある. ▶ un chien *attaché* つながれた犬 / une robe mal *attachée* ホックがきちんとかかっていないドレス.
❷ <*attaché* à qc>…と結びついた, に伴う; 配属された. ▶ les privilèges *attachés* à cette fonction その職務に付随する特典.
❸ <*attaché* à qn/qc/不定詞>…に愛着をもった, を大切に思う; に執着する; 懸命な. ▶ Je suis très *attaché* à cette montre. 私はこの時計にたいへん愛着がある / Il est très *attaché* à son père. 彼は父親をとても慕っている.
── 名 ❶ 大使［公使］館員 (=*attaché* d'ambassade). ▶ *attaché* commercial 商務官 / *attaché* culturel 文化担当官 / *attaché* de presse 報道担当官;（企業の）宣伝広報係 / *attaché* militaire [naval] 陸軍［海軍］駐在武官. ❷ 補佐官; 補佐役. ▶ *attaché* de direction 部長［局長］補佐.

attaché-case /ataʃekɛːz/ 男 《英語》アタッシェケース.

attachement /ataʃmɑ̃/ 男 愛情; 愛着; 執着. ▶ un profond *attachement* au passé 過去への深い愛着 / avoir de l'*attachement* pour qn …に愛着を抱いている. 比較 ⇨ AMOUR.

:attacher /ataʃe アタシェ/ 他動

直説法現在	j'attache	nous attachons
	tu attaches	vous attachez
	il attache	ils attachent
複合過去	j'ai attaché	半過去 j'attachais
単純未来	j'attacherai	単純過去 j'attachai

❶（ひも, 留め具などで）…を縛る, つなぐ, 留める. ▶ *attacher* un cheval à un arbre 馬を木につなぐ / *attacher* ses cheveux avec un ruban リボンで髪を束ねる / *attacher* un fichier à un mail メールにファイルを添付する.
❷ …の留め具をかける, ひもを結ぶ. ▶ *attacher* son tablier エプロンのひもを結ぶ / *attacher* ses (lacets de) chaussures 靴のひもを結ぶ / 《**Attachez vos ceintures.**》「安全ベルトをお締めください」
❸ <*attacher* qn à qn/qc>〔心情, 習慣, 義務などが〕…を…に結び付ける. ▶ Une grande affection les *attache* l'un à l'autre. 大きな愛情が彼らを結び付けている.
❹ <*attacher* qc à qc>…に〔価値, 意義〕を認める;〔意味, 意図〕を読み取る. ▶ *attacher* une signification particulière à qc （態度や言葉に）何か特別な意味があると思う / *attacher* de l'importance à qc …に重要性を認める.
❺ 文章 <*attacher* qc sur qn/qc>〔注意など〕を…に集中する. ▶ *attacher*「son regard [ses yeux]」sur qn/qc …をじっと見つめる, に見入る / *attacher* sa pensée sur un projet 計画を熟考する.
── 自動 話 <*attacher* (à qc)>〔食べ物, 泥などが〕（…に）こびりつく, 焦げつく. ▶ Le riz *a attaché* (à la casserole). （鍋(ᴺ)に）御飯が焦げついた / Cette poêle n'*attache* pas. このフライパンは焦げつかない.
── **s'attacher** 代動 ❶《主語は人》❶ <*s'attacher* (à qn/qc)>（…に）愛着を抱く; 執着する, こだわる. ▶ *s'attacher* à une ville この街に愛着を感じる / Elle *s'est attachée* à moi. 彼女は私を好きになった. ❷ <*s'attacher* à qc/不定詞>…に専念する;（問題）と取り組む. ▶ Il ne faut pas *s'attacher* à des détails inutile. どうでもいい細部にこだわってはいけない / *s'attacher* à prouver l'innocence de qn …の無実を証明しようと努める. ◆*s'attacher* à ce que + 接続法 …となるよう懸命に努める. ❸ <*s'attacher* à qc>（座席などに）身を固定する. ▶ *s'attacher* à son siège シートベルトを締める.
❷《主語は物》❶ <*s'attacher* à qc>…と結び付く. ▶ les avantages qui *s'attachent* à ce poste この役職に付き物の特典. ❷〔衣類が〕（ボタンなどで）留められる. ▶ une robe qui *s'attache* derrière avec [par] des boutons 後ろボタンで留めるドレス. ❸ <*s'attacher* (à qc)>（…に）絡みつく; 付着する, こびりつく.

attaquant, ante /atakɑ̃, ɑ̃ːt/ 形 攻撃する, 攻撃側の. ── 名 ❶ 攻撃者, 戦闘員. ❷《スポーツ》アタッカー.

*****attaque** /atak アタック/ 女 ❶（戦争での）攻撃, 襲撃. ▶ A l'*attaque*! 攻撃! / *attaque* aérienne 空襲 / *attaque* préventive 先制攻撃. / déclencher [repousser] une *attaque* 攻撃を開始する［退ける］/ passer à l'*attaque* 攻勢に移る. ❷ （暴漢などによる）襲撃. ▶ l'*attaque* d'une banque 銀行襲撃 / *attaque* à main armée 凶器を使った襲撃. ❸（多く複数で）非難, 批判. ▶ les *attaques* de l'opposition contre le gouvernement 政府に対する野党の批判 / *attaque* personnelle 個人攻撃. ❹（病気の）発作. ▶ *attaque* cardiaque 心臓発作 / *attaque* des nerfs （ヒステリーなどの）神経発作 / avoir une *attaque* (d'apoplexie) 卒中で倒れる. ❺《スポーツ》攻撃, アタック; 攻撃陣 (=ligne d'*attaque*). ❻《音楽》アタック,（曲の）弾き出し, 歌い出し. ❼《化学》（酸などによる）腐食.
d'attaque 話 元気いっぱい［やる気十分］の. ▶ ne pas se sentir *d'attaque* pour + 不定詞 …するだけの元気がない.

*****attaquer** /atake アタケ/ 他動 ❶ …を攻撃する, 攻める. ▶ *attaquer* une troupe 部隊を攻撃する /《目的語なしに》*attaquer* au canon 砲撃する / donner l'ordre d'*attaquer* 攻撃命令を出す.
❷ …を襲う. ▶ *attaquer* une banque 銀行を襲う / se faire *attaquer* par un malfaiteur 暴漢に襲われる.
❸〔病気, 害毒が〕…をむしばむ, 冒す;〔虫, 酸, 錆(ᵇ)が材質〕を傷める. ▶ Les termites *attaquent* le bois. シロアリは木材を食う / Le poumon *est attaqué*. 肺が冒されている.
❹ …を非難する, けなす; 訴える. ▶ *attaquer* la réputation de qn …の名声を傷つける / Les cri-

tiques *ont* violemment *attaqué* ce livre. 批評家たちはその本を猛烈にけなした / *attaquer* qn en justice〚法律〛…を告訴する / *attaquer* qn sur qc …について…に激しく詰め寄る.

❺〔困難,病気などに〕挑む,立ち向かう. ▶ *attaquer* de front les difficultés 困難に正面から取り組む.

❻ …を始める,に取りかかる;を弾き[歌い]出す;〚話〛〔料理〕に手をつける. ▶ *attaquer* un discours 演説を始める / 《目的語なしに》Allez, on *attaque*. さあ始めるぞ / *attaquer* la viande (=entamer) 肉料理に手をつける.

❼〚スポーツ〛《目的語なしに》攻撃[アタック]する.

── **s'attaquer** 代動 ❶〈*s'attaquer* à qc/qn〉…と闘う,に挑む;を非難する. ▶ *s'attaquer* aux préjugés 偏見と闘う / *s'attaquer* à une politique 政策を批判する. ❷〈*s'attaquer* à qc〉…に取りかかる,取り組む. ▶ *s'attaquer* à un travail 仕事に取りかかる / *s'attaquer* au problème du chômage 失業問題に取り組む. ❸ 攻撃し合う.

attardé, e /atarde/ 形, 名 帰りの遅れた(人);知恵遅れの(子供);時代遅れの(人).

s'attarder /satarde/ 代動 ❶〈…に〉遅くまでいる, 長居する. ▶ *s'attarder* en chemin 道草を食う / *s'attarder* chez qn …の家に長居する / Ne nous *attardons* pas. (帰りが)遅くならないようにしよう. ❷〈*s'attarder* à [sur] qc / *s'attarder* à + 不定詞 〉…に手間取る,長々とかかずらう,長々と…している. ▶ *s'attarder* à des détails 細かいことにいつまでもかずらう / *s'attarder* à bavarder 長々と話し込む.

── **attarder** /atarde/ 他動〔出来事などが人〕を遅らせる(=retarder).

*****atteindre** /atɛ̃:dr アタンドル 80 他動

過去分詞 atteint	現在分詞 attei**gn**ant
直説法現在 j'atteins	nous attei**gn**ons
tu atteins	vous attei**gn**ez
il atteint	ils attei**gn**ent
複合過去 j'ai atteint	半過去 j'attei**gn**ais
単純未来 j'atteindrai	単純過去 j'attei**gn**is

❶〔目的地〕に到着する;〔目指すもの〕に到達する,を達成する. ▶ *atteindre* Paris avant la nuit 夜になる前にパリに着く / *atteindre* le sommet 山頂に達する / *atteindre* son but 目的を達成する / *atteindre* (le niveau de) qn (優れた人物の)水準に達する, …に追いつく. 比較 ⇨ ARRIVER.

❷〔ある年齢,度合い,数値など〕に**達する**. ▶ *atteindre* la majorité 成年に達する / *atteindre* la cote d'alerte 危険水位に達する / Le taux de chômage *a atteint* 7,8% [sept virgule huit pour cent]. 失業率は7.8パーセントに達した.

❸ …に手が届く;(手を伸ばして)…を取る. ▶ *atteindre* le plafond 天井に手が届く / Pouvez-vous *atteindre* ce livre sur l'étagère? 棚の上のあの本を取っていただけませんか.

❹〔弾丸,石など〕に…に当てる,ぶつける;〔弾丸などが〕…に当たる. ▶ La balle *l'a atteint* à l'épaule. 弾は彼の肩に当たった.

❺〔病気,災害,不幸などが〕…を襲う,損なう;に及ぶ,広がる. ▶ La gelée *a atteint* les récoltes. 霜で収穫に被害が出た / La maladie *a atteint* les os. 病気は骨にまで及んだ.

❻(心理的に)…を動揺させる,傷つける. ▶ *atteindre* qn dans son amour-propre …の自尊心を傷つける.

── 間他動 文章 〈*atteindre* à qc〉(努力して)…に到達する. ▶ *atteindre* au bonheur ついに幸せをつかむ.

atteins, atteint /atɛ̃/ 活用 ⇨ ATTEINDRE 80

att*eint, einte /atɛ̃, ɛ̃:t/ 形 (atteindre の過去分詞) ❶ 傷つけられた,打撃を受けた;(病気に)冒された. ▶ être *atteint* d'un cancer de l'estomac 胃癌(ﾞ)にかかっている. ❷〔目標〕が達成された.

être très [*un peu*] *atteint* 話 頭がいかれている[少しおかしい].

atteinte /atɛ̃:t/ 女 ❶〈*atteinte* à qc〉…に対する侵害, 毀損(ｷｿﾝ). ▶ une *atteinte* à l'honneur 名誉毀損 / une *atteint* à la vie privée プライバシーの侵害. ❷〔複数形〕(天候などによる)被害,(病気, 老衰の)兆候, 症状. ▶ ressentir les premières *atteintes* d'une maladie 病気の初期症状を覚える. ❸(目的, 目標の)達成, 実現;到達.

hors d'atteinte (*de qn/qc*) (人の手, 追跡, 危害の)及ばぬところに. ▶ *hors d'atteinte* des enfants 子供の手の届かない場所に / Sa réputation est *hors d'atteinte* de toute *atteinte*. 彼(女)の名声は不動である.

porter atteinte à qc …を侵害する. ▶ porter *atteinte* à la liberté d'expression 言論の自由を侵害する.

attelage /atlaʒ/ 男 ❶(牛, 馬を車や犂(ｽｷ)に)つなぐこと;引き具. ❷(車や犂につないだ)1組の牛[馬]. ❸(車両などの)連結;連結器. ▶ l'*attelage* d'engins spatiaux 人工衛星のドッキング.

atteler /atle/ 4 他動 ❶〔牛, 馬など〕を(車, 犂(ｽｷ)に)つなぐ〔馬車など〕を繋駕(ｹｲｶﾞ)する. ▶ *atteler* les bœufs à la charrue 牛を犂につなぐ / *atteler* une voiture 馬車に馬をつなぐ. ❷〔車両〕を(別の車両に)連結する. ▶ *atteler* une locomotive au train 機関車を列車に連結する. ❸ …を(難しい仕事)に就かせる, に(任務)を課す.

── **s'atteler** 代動 〈*s'atteler* à qc〉(難しい仕事に)取り組む. ▶ *s'atteler* à une thèse 博士論文に取り組む.

attelle /atɛl/ 女 ❶ 頸木(ｸﾋﾞｷ):馬の首輪の両側につける曲がり棒. ❷〚外科〛副木.

attenant, ante /atnɑ̃, ɑ̃:t/ 形 〈*attenant* à qc〉…に隣接した, 接する. ▶ un cimetière *attenant* à l'église (=contigu) 教会に隣接した墓地.

attend /atɑ̃/ 活用 ⇨ ATTENDRE 58
attendant /atɑ̃dɑ̃/ 《次の句で》
en attendant 副句 (1) それまで;とりあえず, 当分は. ▶ Le train ne part que dans une heure. Allons prendre un café *en attendant*. 列車が出るのは1時間後だから, それまでコー

attendre

ヒーでも飲みに行こう. (2) とにかく, それにしても, それでも. ▶ C'est un beau projet, mais, *en attendant*, on n'en a pas les moyens. 計画はすばらしいんだが, とにかく金がない.
en attendant de + 不定詞 // ***en attendant que*** + 接続法 …するまで. ▶ *en attendant de* trouver un emploi 就職口を見つけるまでは / *en attendant qu*'il fasse beau 天気が良くなるまで.
en attendant mieux とりあえずは, 当座しのぎに, 差し当たり.

*attendre /atɑ̃:dr アターンドル/ 58

過去分詞 attendu	現在分詞 attendant
直説法現在 j'attends	nous attendons
tu attends	vous attendez
il attend	ils attendent
複合過去 j'ai attendu	半過去 j'attendais
単純未来 j'attendrai	単純過去 j'attendis
接続法現在 j'attende	

英仏そっくり語
英 to attend 出席する.
仏 attendre 待つ.

他動 ❶ **…を待つ**. ▶ *Attends*-moi. 待って / *attendre* (l'arrivée de) qn avec impatience …(の到着)を首を長くして待つ / *attendre* l'autobus バスを待つ / *attendre* son tour 順番を待つ / *attendre* le moment favorable 好機を待つ / Je viendrai vous *attendre* à la gare. 駅にお迎えに上がります / On ne vous *attendait* plus. もう来ないものと思っていました / *En attendant Godot*「ゴドーを待ちながら」(ベケットの戯曲). ◆*attendre de* + 不定詞 ▶ *Attendez* d'en savoir plus avant de décider. 決める前にもっと詳しい情報が入るのを待ちなさい. ◆*attendre que* + 接続法 ▶ *attendre que* l'orage cesse pour partir 夕立がやむのを待って出発する. ◆ne pas *attendre* qn/qc après + 不定詞 ▶ Il *n'a* pas *attendu* mon avis pour se marier. 彼は私の意見を待たずに［聞きもせずに］結婚した.

❷ **…を期待する, 予想する, 予期する**. ▶ Il n'*attendait* pas un tel accueil. 彼はこのような迎えられ方をされるとは思っていなかった / On *attend* son retour pour demain. 彼(女)が帰ってくるのは明日の予定だ. ◆*attendre* qc de qn/qc …から…を期待する. ▶ Que peut-on *attendre* de ces entretiens? この会談に何が期待できるだろう / J'*attendais* mieux de lui. 彼はもっとやってくれると思っていた.

❸〔物が〕**…を待ち受けている**. ▶ Le dîner vous *attend*. 夕食の用意ができています / Une brillante carrière l'*attend*. 輝かしい将来が彼(女)を待ち受けている.

❹〖話〗〈*attendre* qn à qc〉**…の折に〔人〕が手痛い目に遭うのを心待ちにする**. ▶ Je l'*attends* aux prochaines élections! 今度の選挙でやつがどうなるか見物(ぞ)のだ / Je t'*attends* au tournant! 今に見ていろ.

attendre qn de pied ferme 〔手ごわい相手〕をたじろがずに待ち受ける.
attendre un enfant 〘婉曲に〙妊娠している.
C'est là que je l'attends. そこで彼(女)がどうするか見物だ.
Qu'est-ce que tu attends pour + 不定詞 ? 〘話〙…せずに何をぐずぐずしているんだい, さっさと…したまえ. ▶ *Qu'est-ce que tu attends pour* te décider? 何をうじうじと決めかねているんだ.
se faire attendre 待たせる; 来るのが遅い, なかなか来ない. ▶ Le résultat *se fait attendre*. 結果がなかなか出てこない.

— 自動 ❶ **待つ**. ▶ *Attendez* un instant. 少々お待ちください / J'*ai attendu* deux heures. 2時間待った / faire *attendre* qn jusqu'à cinq heures …を5時まで待たせる / Je suis désolé de vous avoir fait *attendre*. お待たせしてすみません. ❷ **後回しにできる, ほうっておける; 長持ちする**. ▶ Ça *attendra*. それは後回しだ / Ce travail peut *attendre*. この仕事は後にしてもいい / La crise est là, et n'*attend* pas. 危機はすでに到来している, ほうってはおけない / Les fruits ne peuvent pas *attendre* (jusqu'à demain). この果物は(明日まで)持たない. ❸ 〈*attendre* après qn/qc〉**…を待ちかねる, が早く欲しい;**〘話〙〔乗り物〕を待っている. ▶ On *attend* après vous. 皆さんお待ちかねです. ◆ne pas *attendre* après qn/qc …を当てにしない. ▶ Je n'*attends* pas après votre aide. 別にあなた(方)の助けは必要ありません.

Attendez [Attends] (un peu)! (1)〔今…するから〕まあちょっと待って; 〔考えて〕ええと. (2) 今に見ていろ.
Attendez voir! 〘話〙待ってください(ちょっと今考えてみますから).
J'ai failli attendre. 待たされたよ, 遅かったね(ルイ14世が言ったとされる).
Tout vient à point à qui sait attendre. 〘諺〙待てば海路の日和あり.
Tu peux toujours attendre. いくら待ってもむだだ.

— ***s'attendre*** 代動 〈s'attendre à qc/不定詞〉**…を予想する, 予期する; 懸念する, 覚悟する**. ▶ Je m'y *attendais*. そんなことだろうとは思っていた / Il ne s'*attendait* pas à gagner. 彼は勝つとは思っていなかった / Tu t'*attendais* à quoi? 何を期待していたの / Avec lui, on peut s'*attendre* à tout. 彼は何をしでかすか分からない. ◆s'*attendre* à ce que + 接続法 ▶ Il s'*attend* à ce que je revienne. 彼は私が戻ってくると思っている.

attendri, e /atɑ̃dri/ 形 ❶〔肉などが〕柔らかくなった. ❷ ほろりとした, 優しい, なごんだ. ▶ d'un air *attendri* ほろりとした様子で / un regard *attendri* 共感に満ちた視線.

attendrir /atɑ̃dri:r/ 他動 ❶〔肉など〕を柔らかくする. ▶ *attendrir* le bifteck avec un couteau ステーキ肉を包丁でたたいて柔らかくする. ❷ **…の同情を誘う; 心を動かす, 和らげる**. ▶ Cette scène *attendrit* les spectateurs. この場面は観客をほろりとさせる.

— ***s'attendrir*** 代動 ❶ 柔らかくなる. ❷ 心を動かされる; 〔気持ちなどが〕和らぐ. ▶ Je m'*attendris* à ce souvenir. あの事を思い出すと胸が熱く

attendrissant, ante /atɑ̃drisɑ̃, ɑ̃:t/ 形 いじらしい, 感動的な. ▶ une candeur *attendrissante* いじらしい無邪気さ.

attendrissement /atɑ̃drismɑ̃/ 男 ❶ 感動, 同情, 哀れみ. ▶ des larmes d'*attendrissement* 同情の涙. ❷ (肉などが)柔らかくすること, 柔らかくなること.

attendrisseur /atɑ̃drisœ:r/ 男 ジャガード, 肉たたき: 肉を柔らかくする機械.

attends /atɑ̃/ 活用 ⇨ ATTENDRE 58

attendu, e /atɑ̃dy/ 形 (attendre の過去分詞) 待ち望まれていた; 予期された. ▶ un livre *attendu* 待望の本 / des résultats *attendus* 予想どおりの結果. ― **attendu** 前 文章 …のゆえに, にかんがみ. ▶ *attendu* les circonstances atténuantes 軽減情状があることにかんがみ.

attendu que + 直説法 文章 …であるがゆえに.
― **attendu** 男《多く複数で》『法律』(判決などの)理由.

attentat /atɑ̃ta/ 男 ❶ テロ(行為), 暗殺の企て, 襲撃. ▶ *attentat* (-) suicide 自爆テロ / *attentat* à la bombe 爆弾テロ / *attentat* à la voiture piégée 自動車爆弾テロ / préparer [commettre] un *attentat* contre qn …に対するテロを企てる[遂行する] / revendiquer un *attentat* テロの犯行声明を出す. ❷ 侵害; (法律上の)侵犯. ▶ *attentat* à la pudeur (未成年に対する)強制猥褻(わいせつ)罪.

attentatoire /atɑ̃tatwa:r/ 形《*attentatoire* à qc》…を侵害する. ▶ mesures attentatoires aux droits de l'homme 人権を踏みにじる措置.

*****attente** /atɑ̃:t/ 女 ❶ 待つこと; 待ち時間. ▶ une heure d'*attente* 1時間の待ち(時間) / L'*attente* n'a pas été longue. 長くは待たされなかった / tromper l'*attente* en lisant 何か読んで待ち時間をつぶす / salle d'*attente* 待合室 / file d'*attente* 順番待ちの列 / liste d'*attente* 空席待ち[ウエイティング]リスト.
❷ 期待, 予想. ▶ répondre à l'*attente* de qn …の期待にこたえる / contre toute *attente* 予期に反して, まったく意外なことに.

dans l'attente de qc 不定詞 …を待ちつつ. ▶ *dans l'attente de*「votre réponse [vous revoir]」《手紙の末尾で》お返事[再会]を楽しみにしつつ / être inquiet *dans l'attente des* résultats 結果を不安げに待っている.

en attente 待機状態の;『航空』空中待機している. ▶ des dossiers *en attente* 未決書類 / laisser qc *en attente* …を後回しにする.

attenter /atɑ̃te/ 間他動《*attenter* à qc》❶〔生命〕を奪おうとする. ▶ *attenter* à la vie de qn …の殺害を企てる / *attenter* à ses jours 自殺を図る. ❷ …を侵害する, 侵犯する.

*****attentif, ive** /atɑ̃tif, i:v/ アタンティフ, アタンティーヴ/ 形 ❶ (見ること, 聞くことに)注意深い. ▶ un auditeur *attentif* 注意深い聴講者 / un regard *attentif* 注意深い眼差(まなざ)し / Sois donc *attentif*. 気をつけてね. ❷ 文章《*attentif* à qc /不定詞》…に注意を払う. ▶ un homme *attentif* aux règles 規則を忠実に守る人 / être *attentif* à plaire 気に入られようと努める. ❸ 文章 思いやりのある. ▶ soins *attentifs* 行き届いた世話.

*****attention** /atɑ̃sjɔ̃ アタンスィヨン/

❶ 注意(力), 関心, 用心. ▶ examiner avec *attention* 注意深く調べる / prêter *attention* à qc …に注意を払う / attirer l'*attention* de qn …の目[関心]を引く / fixer son *attention* sur qc …に注意を集中する / Ce livre mérite toute notre *attention*. この本は注目に値する / J'attire votre *attention* sur ce fait. この事実にあなた(方)の注意を促したい / «**Votre attention, s'il vous plaît.**»《アナウンスで》お知らせいたします / Je vous remercie de votre *attention*. (講演などの終わりに)ご清聴ありがとうございました.
❷《多く複数で》思いやり, 心遣い, 配慮. ▶ entourer qn d'*attentions* なにくれとなく…の世話を焼く / avoir des *attentions* délicates pour qn …にこまやかな気遣いをしている.

à l'attention de qn (事務書簡などで)…様あて. ▶ *à l'attention de* Mme Leblanc ルブラン様あて.

*****Attention!** 気をつけろ, 危ない. ▶ *Attention*! tu vas tomber! 危ない, 転ぶぞ / *Attention* à la voiture! 車に気をつけて / *Attention* à la marche. 足もとに気をつけて / «*Attention* au chien méchant»「猛犬注意」.

Attention les yeux! 話 いいですか, 気をつけて.

faire attention (*à qc/qn*) (…に)気をつける, 注意する, 用心する. ▶ sans *faire attention* うっかりして / Faites *attention* à la marche. 段があるから注意してください / Il n'a même pas *fait attention* à moi. 彼は私に目もくれなかった. ◆

faire attention à [**de**] + 不定詞 // **faire attention** (**à ce**) **que** + 接続法 …するように[であるように]気をつける. ▶ *faire attention à* ne pas grossir 太らないように気をつける / Fais *attention que* la porte soit fermée. ちゃんとドアを閉めておいてね. ◆ **faire attention que** + 直説法 …であることに注意[留意]する. ▶ Fais *attention que* la route est glissante. 道路が滑るから注意しろ.

attentionné, e /atɑ̃sjɔne/ 形 思いやりがある, 親切な, 優しい.

attentisme /atɑ̃tism/ 男 日和見主義, 静観主義.

attentiste /atɑ̃tist/ 形 日和見の, 成り行きを待つ, 静観派の. ― 名 日和見主義者.

attentivement /atɑ̃tivmɑ̃/ 副 注意深く.

atténuant, ante /atenɥɑ̃, ɑ̃:t/ 形 和らげる, 軽減する. ▶ circonstances *atténuantes*『刑法』軽減情状.

atténuation /atenɥasjɔ̃/ 女 軽減; 緩和. ▶ *atténuation* de la douleur 苦痛の軽減 / *atténuation* des inégalités 格差の是正 / *atténuation* de peine『法律』減刑.

atténuer /atenɥe/ 他動 …を弱める, 和らげる; 軽減する. ▶ *atténuer* un mal de tête 頭痛を鎮める / *atténuer* un son 音を弱める / *atténuer* la

atterrer

responsabilité 責任を軽くする.
— **s'atténuer** 代動 和らぐ, 弱まる, 減じる.
atterrer /atere/ 他動 (精神的に)…を打ちのめす; 愕然(がくぜん)[啞然(あぜん)]とさせる. ▶ Ce malheur l'a *atterré*. その不幸に彼は打ちのめされた / *être atterré par une nouvelle* ある知らせに愕然となる.
atterrir /ateri:r/ 自動 ❶ 着陸する. ▶ On [L'avion] *a atterri* à Orly à l'heure prévue. 飛行機は定刻にオルリー空港に着陸した. ❷ (人が)(ついに)たどり着く; (物が)届く. ▶ *atterrir* dans une auberge ようやくとある宿屋にたどり着く / Son rapport *a atterri* dans le bureau du ministre. 彼(女)の報告書は大臣のもとに届いた.
atterrissage /aterisa:ʒ/ 男 着陸. ▶ *atterrissage* en douceur 軟着陸, ソフトランディング / à l'*atterrissage* 着陸時に / piste d'*atterrissage* 滑走路 / *atterrissage* sur le ventre 胴体着陸 / faire un *atterrissage* forcé dans le désert 砂漠に不時着する.
atterrissement /aterismɑ̃/ 男 (海や川の流れによって生じた)堆積(たいせき)地, 州; 堆積土砂.
attestation /atestasjɔ̃/ 男 ❶ 証明書. ▶ une *attestation* de paiement 支払い証明書 / délivrer [fournir] une *attestation* à qn …に証明書を交付する. ❷ 証明, 証言; 証拠, 実例.
attesté, e /ateste/ 形 証言[証拠]のある. ▶ un fait *attesté* 実証済みの事実 / un mot *attesté* 文献に実例のある語.
attester /ateste/ 他動 ❶ ⟨*attester* qc // *attester* que +直説法⟩…を証明する, と証言する; (物が)…の証拠となる. ▶ Je vous *atteste* qu'il est innocent. 彼が潔白なことは私が保証します / Cette remarque *atteste* son intelligence. この指摘は彼(女)の聡明さを物語っている. ❷ (文献が語形, 用例など)を提供する. J'*atteste* ⌈les dieux [le ciel] ⌈de qc [que+直説法]. 文章 神明に誓って…だ. ▶ J'en *atteste* le ciel. 天も照覧あれ.
attiédir /atjedi:r/ 他動 ❶ (熱いもの, 冷たいもの)をぬるくする. ▶ *attiédir* un bain trop chaud 熱すぎる風呂をぬるめる / de la bière *attiédie* なまぬるくなったビール. ❷ 文章 (時などが感情)を冷ます.
— **s'attiédir** 代動 ❶ なまぬるくなる. ❷ 文章 (感情)が冷める; (関係)が冷やかになる.
attiédissement /atjedismɑ̃/ 男 ❶ なまぬるくなる[する]こと. ❷ (感情)が冷めること, 冷却.
attifer /atife/ 他動 …にごてごてした[異様な]身なりをさせる. ▶ *être attifé* de qc みっともない…を着ている.
— **s'attifer** 代動 異様[悪趣味]な服装をする.
Attique /atik/ 固有 女 アッティカ: ギリシア南東地方.
attique /atik/ 形 アッティカ Attique の; アテナイ Athènes (人)の; (文体が)アッティカ風に洗練された. — 男 アッティカ方言.
attirail /atiraj/ 男 (ごたごたした)用具[用品]一式. ▶ un *attirail* de voyage 旅行用品 / Débarrasse-toi de tout cet *attirail*. こんな余計な物はみんなお払い箱にしたまえ.
attirance /atirɑ̃:s/ 女 誘引力, 魅力. ▶ exer-cer une *attirance* sur qn …の心を引き付ける / avoir [éprouver] de l'*attirance* pour qn /qc …に心を引かれる.
attirant, ante /atirɑ̃, ɑ̃:t/ 形 魅力的な.
***attirer** /atire/ 他動 ❶ …を引き寄せる, 引き付ける. ▶ L'aimant *attire* le fer. 磁石は鉄を引き付ける / *attirer* qn dans ses bras …を抱き寄せる. ❷ …をおびき寄せる, 誘い込む. ▶ *attirer* qn dans un guet-apens …を罠(わな)に誘い入れる / *attirer* des touristes 観光客を集める. ❸ …の心を引き付ける. ▶ Son charme *attire* tout le monde. 彼(女)の魅力にはだれもが引かれる / *être attiré* par qn/qc …に心引かれている. ❹ (注意など)を引く. ▶ *attirer* le regard 人目を引く / *attirer* l'attention de qn sur qc …に…への注意を促す. ❺ ⟨*attirer* qc à [sur] qn⟩ …に…を招く, もたらす. ▶ Ça lui *attirera* des ennuis. そのことでは彼(女)も厄介な羽目に陥るだろう / *attirer* à soi des partisans 味方を得る.
— **s'attirer** 代動 ❶ …を自分に招く. 注 se は間接目的. ▶ *s'attirer* des ennemis 敵をつくる / *s'attirer* le mépris [l'estime] de qn …の軽蔑を買う [尊敬を集める]. ❷ 引き付け合う.
attiser /atize/ 他動 ❶ (火)をかき立てる, あおる. ❷ (感情, 欲望など)をあおる. ▶ *attiser* les rivalités entre les deux pays 両国間の対立を激化させる.
attitré, e /atitre/ 形 ❶ 正式の資格を持つ. ▶ un fournisseur *attitré* de la cour 王室御用達(ごようたし). ❷ (商人が)出入りの, ひいきの.
***attitude** /atityd/ アティテュード 女 ❶ 態度. ▶ prendre une *attitude* décidée [arrogante] きっぱりとした[横柄な]態度を取る / modifier son *attitude* envers qn …に対する態度を変える / Quelle est son *attitude* à l'égard de ce problème? この問題について彼(女)はどんな態度なのですか. ❷ 姿勢. ▶ une *attitude* naturelle 自然な姿勢 / prendre une *attitude* forcée 無理な姿勢を取る. ❸ 見せかけ, ふり. ▶ se donner une *attitude* bienveillante 親切ぶる / prendre des *attitudes* 気取る / Ce n'est qu'une *attitude*. それは単なるポーズにすぎない.
attouchement /atuʃmɑ̃/ 男 (手による)接触, 愛撫(あいぶ); (特に)自慰行為, ペッティング.
attractif, ive /atraktif, i:v/ 形 ❶ 引き付ける. ▶ la puissance *attractive* du soleil 太陽の引力. ❷ 魅力的な. ▶ une personnalité *attractive* 魅力的な人柄.
attraction /atraksjɔ̃/ 女 ❶ 引力. ▶ la loi de l'*attraction* universelle 万有引力の法則. ❷ (人を)引き付けること; 魅力. ▶ Marie exerce une grande *attraction* sur les hommes. マリーは男たちを引き付ける強烈な魅力を振りまいている. ❸ (大衆を)引き付けるもの, (ショーなどの)呼びもの; 話 興味 [好奇心]をそそるもの[人]. ▶ On parle beaucoup de vous, vous savez. Vous êtes la grosse *attraction*. みんなあなたの話で持ちきり, あなたは好奇の的ですよ. ❹ (多く複数で)アトラクション, ショー; (縁日などの)遊戯(施設). ❺ 言語 牽引(けんいん): 語が近くの語の影響によって受ける

形態的変形.
centre d'attraction 人が集まる中心地.
parc d'attractions 遊園地.
pôle d'attraction (1) 注目［好奇，関心］の的. (2)（経済活動の）誘致拠点.

attrait /atrɛ/ 男 ❶ 魅力，誘惑. ▶ l'*attrait* de l'inconnu 未知のものの持つ魅力 / une ville sans *attrait* 魅力のない町. ❷ 好み，愛着. ▶ avoir［éprouver］de l'*attrait* pour qn/qc …に引かれている / Il éprouve un vif *attrait* pour le jazz. 彼はジャズに強く引かれている.

attrape /atrap/ 女 des farces et *attrapes*（人をかつぐための）いたずら玩具.

attrape-mouche /atrapmuʃ/;〈複〉〜-〜(**s**) 男［植物］食虫植物（モウセンゴケなど）.

attrape-nigaud /atrapnigo/;〈複〉〜〜-〜(**s**) 男 子供だまし，見え透いた手.

*****attraper** /atrape/ アトラペ／他動 ❶ …を捕まえる. ▶ *attraper* un poisson 魚を捕まえる / Le voleur s'est fait *attraper* par la police. 泥棒は警察に捕まった. ◆*attraper* qn à + 不定詞 …が…している現場を押さえる. ▶ Je l'*ai attrapé* à fouiller dans le tiroir. あいつが引き出しをごそごそやっている現場を捕まえた.
❷ …をつかむ，キャッチする. ▶ Il l'*a attrapée* par le bras. 彼は彼女の腕をつかんだ／*attraper* le ballon ボールをキャッチする. 比較 ⇨ PRENDRE.
❸［乗り物］に間に合う. ▶ *attraper* l'autobus バスに間に合う.
❹［病気］にかかる；［悪癖］に陥る；［打撃，刑罰など］を食らう. ▶ *attraper* un rhume 鼻風邪を引く / *attraper* froid 悪寒を催す / *attraper* une mauvaise habitude 悪い習慣を身につける / *attraper* une contravention 交通違反で罰金を取られる / Tiens, *attrape* ça! 喰らえ！
❺ …を聞きつける；目に留める. ▶ *attraper* quelques mots au passage 通りすがりにいくつかの言葉を小耳に挟む. ❻［筆跡，言葉遣いなど］を上手にまねる，の特徴をつかむ. ▶ *attraper* l'accent parisien パリのアクセントが身につく. ❼［話］をしかり飛ばす. ▶ *attraper* un enfant 子供をしかりつける / se faire *attraper* par son professeur 先生にどなられる. ❽（しばしば受動態で）…をだます，がっかりさせる. ▶ Tu *as été* bien *attrapé*! 君はまんまと一杯食わされたな，お気の毒様（がっかりしたろう）.
— **s'attraper** 代動 ❶［話］［病気］が移る，伝染する；［悪癖］がつく. ▶ Avec ce froid, la grippe *s'attrape* facilement. この寒さでは流感にかかりやすい. ❷［話］非難し合う；つかみ合う. ▶ *s'attraper* aux cheveux 髪をつかみ合って喧嘩（ﾆﾞん）する. ❸ 捕獲される；ひっかかる. ▶ *s'attraper* à un clou 釘（ぎ）にひっかかる.

attrayant, ante /atrejɑ̃, ɑ̃ːt/ 形 人を引き付ける，魅力のある.

attribuable /atribɥabl/ 形 <*attribuable* à qn /qc> 〔過ちなど〕…に帰することができる，を原因とする.

attribuer /atribɥe/ 他動 <*attribuer* qc à qn /qc> ❶ …を…に割り当てる，与える. ▶ *attribuer* une part des gains à l'investissement 利益の一部を投資にあてる / *attribuer* de nombreux avantages à qn …に数多くの特権を与える. ❷［美点など］を…にあると認める［見なす］. ▶ *attribuer* de l'importance à qc …に重要性を認める. ❸［失敗，功績など］…に帰する；〔作品］を…の作と見なす. ▶ A quoi *attribuez*-vous cet échec? この失敗は何が原因だと思いますか / On *attribue* ce tableau à Rubens. この絵はルーベンス作とされている.
— **s'attribuer** 代動 …を我が物とする，自分のものであると主張する. 注 se は間接目的. ▶ Elle *s'est attribué* tous les succès de son équipe. 彼女はチームの勝ち取った勝利をすべて自分の功績であるかのように言った.

attribut /atriby/ 男 ❶ 属性，特性. ❷ 象徴，標章. ▶ La justice a pour *attribut* la balance et le glaive.(=symbole) 正義は天秤（ぷん）と剣に象徴される. ❸［言語］属詞，属辞. ❹［論理学］述語 (=prédicat).

attribution /atribysjɔ̃/ 女 ❶ 割り当て，授与；帰属，（役の）割り振り. ▶ procéder à une *attribution* de crédits 予算の割り当てを行う. ❷（複数で）権限，権能. ▶ Cela "n'est pas [n'entre pas] dans ses *attributions*. それは彼（女）の権限外だ. ❸［言語］complément d'*attribution* 付与の補語：「与える」の意味を含む動詞の間接目的語.

attristant, ante /atristɑ̃, ɑ̃ːt/ 形 人を悲しませる，悲しい. ▶ une nouvelle *attristante* 悲しい知らせ.

attrister /atriste/ 他動 …を悲しませる.
— **s'attrister** 代動 悲しむ；［物が］悲しげになる.

attroupement /atrupmɑ̃/ 男 ❶ 人だかり，群衆；不穏な群衆. ❷ 群がり集まること.

attrouper /atrupe/ 他動 …を呼び集める；〔不穏な群衆〕を集める.
— **s'attrouper** 代動 寄り集まる，群がる.

au /o/ ⇨ à.

aubade /obad/ 女 オーバード：表敬のため戸口や窓の下で夜明け，午前中に行う奏楽，またその曲.

aubaine /obɛn/ 女 思わぬ幸運，僥倖（ぎょう）；もうけ物. ▶ Quelle (bonne) *aubaine*! なんてついているんだろう.

Aube /oːb/ 固有 女 ❶ オーブ県 [10]：シャンパーニュ地方の県. ❷ オーブ川：セーヌ川支流.

aube[1] /oːb/ 女 ❶ 夜明け，黎明（ﾚﾞぃ）；夜明けの薄明. ▶ à l'*aube* 早朝に／partir dès l'*aube* 夜明けとともに出発する. ❷ <l'*aube* de qc> …の発端，初期，黎明期. ▶ à l'*aube* des temps modernes 近代初頭に／depuis l'*aube* de l'humanité 人類の出現以来.

aube[2] /oːb/ 女［カトリック］（司祭や初聖体を受ける子供が着用する）白長衣，アルバ.

aubépine /obepin/ 女［植物］サンザシ.

auberge /obɛrʒ/ 女 ❶（田舎の小さな）レストラン兼ホテル. 比較 ⇨ RESTAURANT, HÔTEL. ❷（田舎風の）レストラン. ❸ *Auberge* de (la) jeunesse ユースホステル（略 AJ）.

auberge espagnole それぞれが自分勝手なことをしていること.

aubergine

On n'est pas sorti de l'auberge. 話 厄介事から抜け出せずにいる，まだまだ困難が続く．

aubergine /oberʒin/ 女《植物》ナス，ナスビ．▶ une *aubergine* farcie ナスの肉詰め．— 形《不変》なす色の，なす紺の，暗紫色の．

aubergiste /oberʒist/ 名 宿屋の主人．

aubier /obje/ 男 辺材，白太(しらた): 木材の周辺の白っぽい部分．

Auch /oʃ/ 固有 オーシュ: Gers 県の県庁所在地．

:aucun, une /okœ̃, yn/ オカン，オキュヌ／ 形《不定》

1 ❶《否定》(ne, sans とともに)どんな…も…ない．▶ Il n'a *aucun* talent. 彼にはなんの才能もない／ Ils n'ont eu *aucun* mal à trouver le chemin. 彼らは難なく道を見つけた／ *Aucunes* funérailles n'ont attiré autant de monde. これほどたくさん参列者を集めた葬式はかつてなかった／ sans *aucun* doute 疑いもなく／ sans faire *aucun* bruit 物音一つ立てずに．

❷《単独で》全然．▶《Avez-vous des nouvelles?—*Aucune*.》「何かニュースがありますか」「全然」

文章《名詞のあとで，否定を強調》▶ sans pudeur *aucune* 恥も外聞もなく／ sans crainte *aucune* なんの懸念もなく．注 普通 aucun は単数形で用いる．複数形の名詞を持たない名詞(funérailles など)，または単数と複数で意味の異なる名詞(gages など)の前でのみ使用．

❷ 文章《肯定》《比較，疑問，仮定を表わす文中で》どんな，なんらかの…よりも．いずれ…わず．▶ Paul lit plus qu'*aucun* autre enfant. ポールは他のどの子よりもよく読書する．

— 代《不定》**❶**《否定》(ne, sans とともに)何も[どれも，だれも]…ない．▶ Je ne connais *aucun* d'(entre) eux. 私は彼らの中のだれも知らない／ *Aucun* de ses amis n'a réussi à l'examen. 彼(女)の友人はだれ一人として試験にパスしなかった／ Il a parlé sans qu'*aucun* le contredît. 彼の話には，だれも異論を差し挟まなかった／《単独で》《Lequel prendrez-vous?—*Aucun*.》「どちらになさいますか」「どちらもいりません」

❷ 文章《肯定》《主語として》《d'*aucuns*》ある人々．▶ D'*aucuns* estiment que … …という評価をする人々もいる／ D'*aucuns* considèrent ces dessins humoristiques comme obscènes. ある人たちはそのユーモラスな漫画を猥褻(わいせつ)だと見なしている．

❸ 文章《比較，疑問，仮定を表わす文中で》だれか，どれか，何か．▶ Il aime ses chiens plus qu'*aucun* de ses enfants. 彼は実の子のだれよりも飼い犬をかわいがっている／ Je doute qu'*aucun* d'eux réussisse. 彼らのうちのだれかが成功するとは思えない．

aucunement /okynmɑ̃/ 副《否定》(ne, sans とともに)全然，少しも．▶ sans *aucunement* intervenir いっさい介入することなく／ Je n'ai *aucunement* envie de me charger des enfants. 子供たちのお守りをする気はない／《単独で》《Vous croyez ça?—*Aucunement*.》「本当にそう思いますか」「とんでもない」／ (ne, sans なしで) J'aime cet auteur, mais *aucunement* ses épigones. この作家は好きだが，彼の亜流はお断りだ．

*audace /odas/ オダス／ 女 **❶** 大胆さ; ずうずうしさ，厚かましさ．▶ avec *audace* 大胆に／ La confiance en soi donne de l'*audace*. 自信があれば勇気もわく／ être plein d'*audace* 実に大胆な／ Quelle *audace*! なんてあつかましい／ De l'*audace*, encore de l'*audace*. 大胆なれ，更に大胆なれ(ダントンの言葉)．◆ avoir l'*audace* de + 不定詞 大胆にも[厚かましくも]…する．▶ Il a eu l'*audace* de me contredire. やつは無謀にも私に逆らった．**❷**《多く複数で》《文体，様式などの》大胆さ，奇抜さ．

payer d'audace 一か八かやってみる．

audacieusement /odasjøzmɑ̃/ 副 大胆に (=avec audace); 斬新(ざんしん)《奇抜》に; ずうずうしく．

audacieux, euse /odasjø, ø:z/ 形 **❶** 大胆な; 斬新(ざんしん)な，奇抜な．**❷** 古風 無遠慮な，ぶしつけな; 無礼な．— 名 大胆[勇敢]な人; 斬新[奇抜]な試みをする人; ずうずうしい人．

Aude /o:d/ 固有 男 **❶** オード県 [11]: フランス南部．**❷** オード川: ピレネー山脈に源を発し地中海に注ぐ．

au-dedans /od(ə)dɑ̃/ 副 **❶** 中で[に]，内部で[に]; 国内で[に]．**❷** 心の中で，内心では．

au-dehors /odəɔ:r/ 副 **❶** 外で[に]，戸外で[に]，国外で[に]．**❷** 外見上，外観では．

au-dehors de qc …の外で[に]．

*au-delà /od(ə)la オドゥラ／ 副 **❶** その向こうに[で] (↔en deçà)．▶ Vous voyez la mairie, la poste est un peu *au-delà*. 市役所が見えるでしょう，郵便局はもう少し向こうです．**❷** それを超えて，それ以上に．▶ Il a eu ce qu'il voulait, et bien *au-delà*. 彼は望みのものどころか，それ以上のものを手に入れた．

au-delà de qc …の向こうに[で]，を越えて; 越えた所で．▶ La frontière est *au-delà de* cette montagne. 国境はこの山の向こうにある／ C'est une question qui va *au-delà de* ma compétence. それは私の手に余る問題だ．

— **au-delà** 男《単数形のみ》あの世，来世．

:au-dessous /od(ə)su オドゥスー／ 副 **❶** 下で，その下に．▶ Ma tante habite *au-dessous*. おばは下の階に住んでいる．**❷**《数，程度などが》より下に，それ以下に．▶ Les enfants de dix ans et *au-dessous* paient demi-place. 10 歳以下の子供は半額料金で．

au-dessous de qc (1) …の下に．▶ jupe *au-dessous du* genou ひざ下のスカート．(2)《数が》…より下の，を下回る，未満の．▶ Il faisait 20°[vingt degrés] *au-dessous de* zéro. 零下 20 度だった．(3)《程度などが》…より低い，より劣った．▶ Je trouve ce roman bien *au-dessous du* précédent. この小説は前作よりはるかに出来が悪いと思う／ être *au-dessous de* tout 話 まったく無能だ，はしにも棒にもかからない．

:au-dessus /od(ə)sy オドゥスュ／ 副 **❶** 上に，その上に．▶ Mon oncle habite *au-dessus*. おじは上の階に住んでいる．**❷**《数，程度などが》より上に，それ以上に．▶ Dans cette région, la température atteint 50°[cinquante degrés] et *au-dessus*. この地方では気温が 50 度以上になる．

au-dessus de qc (1) …の上に．▶ L'avion

vole *au-dessus de* la Manche. 飛行機は英仏海峡上空を飛んでいる．(2)(数が)…より上の，を上回る．▶ un salaire *au-dessus de* la moyenne 平均以上の給料．(3)(程度などが)…より高く，より優れて，を超えて．▶ être *au-dessus de* tout 傑出している，ぬきんでている．

au-devant /od(ə)vɑ̃/ 副 前に；迎えに．▶ Le voilà qui arrive, allez *au-devant*. あっ，彼が着いた，迎えに行きなさい．

au-devant de qn/qc …に先んじて；を迎えに．▶ aller *au-devant des* désirs de qn …の望みを前もってかなえてやる / aller *au-devant de qn* …を迎えに行く．

audibilité /odibilite/ 囡 聴き取れること．
audible /odibl/ 形 聴き取れる，聴くに堪える．
audience /odjɑ̃ːs/ 囡 ❶(大衆の)支持，注目；評判；(集合的に)支持者；読者(層)．▶ Ce parti a perdu beaucoup d'*audience*. この党は支持層が大幅に減った．❷ 接見，会見．▶ obtenir une *audience* 謁見を許される / donner *audience* à qn = recevoir qn en *audience* …に接見する．❸〘法律〙法廷，公判(期日)；(刑事で)審問；(民事で)弁論．▶ tenir *audience* 公判を開く / ouvrir l'*audience* 開廷する / fermer [lever] l'*audience* 閉廷する．❹ 視聴者；視聴率；(集合的に)視聴者(層)．▶ *audience* instantanée 時間帯別視聴者数．

Audimat /odimat/ 商標 男 ❶ オディマット：視聴率調査システム．❷ 視聴率．
audio /odjo/ 形(不変)音声の，オーディオの．
audi(o)- 接頭「聴くこと，聴覚」の意．
audiogramme /odjogram/ 男 オーディオグラム，聴力図．
audioguide /odjogid/ 男 オーディオガイド，音声ガイド．
audiomètre /odjometr/ 男 オーディオメータ，聴力計．
audionumérique /odjonymerik/ 形 デジタルオーディオの．▶ disque *audionumérique* デジタルオーディオディスク，コンパクトディスク．
audiophile /odjofil/ 名 オーディオ・マニア．
audiophone /odjofon/ 男 補聴器．
audiovisuel, le /odjovizɥɛl/ 形 視聴覚の．▶ un matériel *audiovisuel* AV 製品 / méthodes *audiovisuelles* (語学教育の)視聴覚方式．
—— **audiovisuel** 男 ❶(マスメディアとしての)ラジオ・テレビ．❷ 視聴覚設備[器材]．
audit /odit/ 男〘英語〙監査(役)．▶ *audit* extérieur [intérieur] 外部[内部]監査．
auditer /odite/ 他動 を監査する．
***auditeur, trice** /oditœːr, tris オディトゥール，オディトリス/ 名 ❶ 聴衆；(ラジオの)聴取者．▶ Chers *auditeurs*, chères *auditrices*. ラジオをお聞きの皆さん．❷ *auditeur* libre (大学などの)聴講生．❸〘言語〙聞き手．
auditif, ive /oditif, iːv/ 形 耳の，聴覚[聴力]の．▶ nerf *auditif* 聴神経 / appareil de correction *auditive* 補聴器．
audition /odisjɔ̃/ 囡 ❶ 聴覚，聴力．▶ avoir des troubles de l'*audition* 聴力障害がある．❷ 聴くこと；〘法律〙尋問．▶ la première *audition* mondiale d'une œuvre ある(音楽)作品の世界初演 / procéder à l'*audition* des témoins 証人尋問を行う．❸(歌手や俳優の)オーディション．▶ passer une *audition* オーディションを受ける．❹ *audition* publique 公開ヒヤリング，公聴会．

auditionner /odisjone/ 自動 オーディションを受ける．—— 他動 ❶ …のオーディションをする．❷ …を試聴する．
auditoire /oditwaːr/ 男 (集合的に)聴衆，傍聴者；読者．
auditorium /oditorjom/ 男〘ラテン語〙スタジオ，録音室，試聴室；(音楽，講演のための)ホール．
auge /oːʒ/ 囡 ❶(特に豚の)飼い桶(ぼ)．❷(漆喰(しっくい)やセメントをこねる)ふね，平桶．
***augmentation** /ɔgmɑ̃tasjɔ̃/ 囡 ❶ 増すこと，増加，増大．▶ *augmentation* du pouvoir d'achat 購買力の増大．❷(物価の)値上がり，上昇．▶ *augmentation* des loyers 家賃の値上がり / Les prix sont en légère *augmentation*. 物価はわずかに上がっている．❸ 賃上げ，昇給．▶ demander [accorder] une *augmentation* 賃上げを要求する[に応ずる]．

語法 〈*augmentation de* ＋ 無冠詞名詞〉の形では，無冠詞名詞は特定のものを指さず，*augmentation* と結び付いて成句化する．une *augmentation des* impôts 諸税の引き上げ．une *augmentation* d'impôt 増税．

***augmenter** /ɔgmɑ̃te オグマンテ/ 他動 ❶〈*augmenter qc* (*de* ＋ 数量表現)〉…を(…だけ)増やす，増大させる；(給料，経費)を上げる．▶ *augmenter* le son d'un poste de radio ラジオのボリュームを上げる / *augmenter* les dépenses militaires 軍事費を増額する / *augmenter* l'appétit 食欲を増進させる / *augmenter* la hauteur de deux mètres 高さを 2 メートル上げる．注「…に増やす」は〈porter qc à ＋ 数量表現〉を用いる．❷〈*augmenter qn* (*de* ＋ 数量表現)〉を(…だけ)昇給させる．▶ *augmenter* ses employés de cinquante euros 使用人の賃金を 50 ユーロ増額する / J'ai été *augmenté*. 給料が上がった．
—— 自動 ❶〈*augmenter* (*de* ＋ 数量表現)〉(…だけ)増加する，増大する；高まる．▶ La population *augmente* chaque année. 人口は年々増加している / Le prix des livres a *augmenté* de 7% [sept pour cent]. 本の値段は 7 パーセント上がった．注「…に増える」は〈passer à ＋ 数量表現〉を用いる．❷ 値上がりする．▶ La vie *augmente*. 生活費が上がっている．
—— **s'augmenter** 代動 〈*s'augmenter de* ＋ 数量表現〉…だけ増す，増える．

augure /ogyːr/ 男 ❶(未来を)予測する人；予言者．❷ 前兆，縁起，幸先(さいさき)．▶ tirer un bon *augure* de qc …を吉兆と取る．❸〘古代ローマ〙卜占(ぼくせん)，鳥占い．
être de bon [mauvais] augure 吉兆[凶兆]だ，縁起がよい[悪い]．
J'en accepte l'augure. 予想どおりだといいが．
oiseau de mauvais augure 縁起の悪い人，いつも悪い知らせをもたらす人．
augurer /ogyre/ 他動 〈*augurer qc de qc*〉…から…を占う；予測する，推測する．▶ Que faut-il

auguste

augurer de son silence? 彼の沈黙をどう解釈すればよいのだろう / 《目的語なしに》*augurer* bien [mal] de qc …について楽観的[悲観的]予測をする.

auguste /ogyst/ 形 文章 尊敬すべき, 厳かな, いかめしい. ❷ 王侯の, 高貴な. — **Auguste** 男 アウグストゥス: ローマ皇帝の尊称.

:aujourd'hui /oʒurdɥi オジュルデュイ/

❶ 今日, 本日. ▶ *Aujourd'hui* nous sommes le 2 octobre. 今日は10月2日だ / C'est tout pour *aujourd'hui*. 今日はこれでおしまい / jusqu'(à) *aujourd'hui* 今日まで / à partir d'*aujourd'hui* 今日から / dès *aujourd'hui* 今日早速. ❷ 今では, 当節は, 現代では. ▶ *Aujourd'hui*, le pétrole est indispensable à la vie quotidienne.(=de nos jours) 今日では石油は日常生活に欠かせない.

au jour d'aujourd'hui 話 今日では, 当節では.
aujourd'hui en huit 来週の今日.
C'est pas d'aujourd'hui. 話 今に始まったことではない.
C'est pour aujourd'hui (ou pour demain)? 話 さあ, 早くしてよ.
d'aujourd'hui (1) 今日の. ▶ les Etats-Unis *d'aujourd'hui* 今日の合衆国. ⇨ ACTUEL. (2) 今日から. ▶ Ça ne date pas *d'aujourd'hui*. それは今日に始まったことではない. (3)《否定文で》今日一日中. ▶ Je ne l'ai pas vu *d'aujourd'hui*. 今日一日中彼を見ていない.

aulne /o:n/ 男 《植物》ハンノキ.

aumône /omo:n/ 女 ❶ 施し, 施し物. ▶ faire [donner] l'*aumône* à qn …に施しを与える. ❷ 情け, 恵み.

aumônerie /omonri/ 女 ❶ 施設付き司祭の職; 施設付き司祭派遣本部. ❷《集合的に》施設付き司祭.

aumônier /omonje/ 男 ❶《修道院, 学校, 病院, 刑務所などの》施設付き(指導)司祭. ❷《かつての》聖堂付き牧師分配司祭.

Aunis /onis/ 固有 男 オニス地方: フランス西部の旧州.

auparavant /oparavɑ̃/ 副 前に, 以前に; その前に, 前もって. ▶ Je viendrai vous chercher, mais *auparavant* donnez-moi un coup de téléphone. あなたを迎えにうかがいますが, 前もって電話をください / quelques jours *auparavant* その何日か前に / comme *auparavant* 以前のように.

auprès de /opredə オプレドゥ/ 前句 ❶ …のそばに. ▶ Elle est restée toute la nuit *auprès* de son fils malade.(=au chevet de) 彼女は一晩中病気の息子のそばにいた. ❷《機関, 人》のもとで; に対して. ▶ ambassadeur *auprès de* la République française 駐仏大使 / faire des démarches *auprès de* ministre 大臣に陳情[工作]する. ❸ …に対して, の間で. ▶ Ce roman a emporté un grand succès *auprès des* jeunes. この小説は若者に好評を博した. ❹ …に比べて. ▶ Notre revenu est élevé *auprès du* leur. 私たちの収入は彼らに比べれば多い. 注 この意味では現在は à côté de や par rapport à の方がよく用いる.

auquel /okel オケル/ 代《疑問》《関係》, 形《関係》 ⇨ LEQUEL.

aura[1] /ɔra/ 女《オカルト》オーラ, 霊気; 文章 霊的な雰囲気, 影響力.

aura[2] /ɔra/ 活用 ⇨ AVOIR[1] I

aurai /ɔre/, **auraient, aurais, aurait** /ɔre/ 活用 ⇨ AVOIR[1] I

auras /ɔra/ 活用 ⇨ AVOIR[1] I

auréole /ɔreɔl/ 女 ❶《聖人像などの》後光, 光輪, 光背. ❷ 栄光, 威光. ▶ Sa mort lui a donné l'*auréole* du martyre. 彼(女)は死んで殉教者の栄誉を得た. ❸《太陽や月の》かさ. ❹《染み抜きの》丸い跡.

auréoler /ɔreɔle/ 他動 ❶ …を後光[光輪]で包む. ❷ …を栄光で包む.
— s'**auréoler** 代動 後光[栄光]で包まれる.

au revoir /orvwa:r/ 間投 さようなら (⇨ REVOIR[2] 成句).

auriculaire /ɔrikylɛ:r/ 形 ❶《解剖》耳の, 耳状の; ❷《法律》témoin *auriculaire* 自分の耳で聴いた事柄を証言する証人.
— 男 小指 (=petit doigt). 関連語 ⇨ DOIGT.

auriez /ɔrje/ 活用 ⇨ AVOIR[1] I

aurifère /ɔrifɛ:r/ 形 金を含む; 金の採れる.

aurifier /ɔrifje/ 他動〖歯〗に金を詰める.

Aurillac /ɔrijak; orijak/ 固有 オーリヤック: Cantal 県の県庁所在地.

aurions /ɔrjɔ̃/, **aurons, auront** /ɔrɔ̃/ 活用 ⇨ AVOIR[1] I

aurore /ɔrɔ:r/ 女 ❶ 夜明けの光; 明け方. ▶ la lumière de l'*aurore* 曙の光 / se lever 〈à l'*aurore* [aux *aurores*] 明け方に起きる. ❷ 文章 初期, 黎明(れいめい)期. ❸ 極光, オーロラ (=*aurore polaire*). ❹ 太陽の昇る彼方, 東方.

auscultation /ɔskyltasjɔ̃/ 女 聴診.

ausculter /ɔskylte/ 他動 …を聴診する.

auspice /ɔspis/ 男《多く複数で》❶ 幸先(さいさき), 前触れ. ▶ sous d'heureux [de favorables] *auspices* 幸先よく / sous de fâcheux *auspices* 幸先悪く. ❷ 庇護(ひご); 指導. ▶ sous les *auspices* de qn/qc …の庇護のもとに, 後援を受けて (=sous l'égide de) ❸《古代ローマ》鳥占い.

:aussi /osi オスィ/

— 副《*aussi* + 形容詞[副詞] + que …》…と同じように…. ▶ Paul est *aussi* grand que Jean. ポールはジャンと身長が同じだ. それほど, これほど. ▶ Ce n'est pas *aussi* simple. そんなに単純ではない.
同様に. ▶ Moi *aussi*. 私もだ.
— 接《文頭で》だから, それゆえに.

副 ❶《同等比較》《*aussi* + 形容詞[副詞] + que …》…と同じく[同じほど, 同じように] …(⇨ PLUS, MOINS). ▶ Il est *aussi* gentil que sa femme. 彼は奥さんと同じように親切だ / Son ami est *aussi* grand que beau. 彼(女)の友人はハンサムで背も高い / Cours *aussi* vite que tu pour-

ras. 精いっぱい速く走りなさい / Ce n'est pas *aussi* simple qu'on le dit. それは人が言うほど簡単ではない(注 否定文では aussi の代わりに si を用いて Ce n'est pas si simple ... としてもよい).
◆*aussi* + 形容詞[副詞] + que si + 直説法 まるで…のように…である. 注 si 以下は, 主節と同時であれば半過去, 主節より以前であれば大過去. ▶ Je suis *aussi* seul que si je me trouvais au milieu d'un désert. 私はまるで砂漠の真ん中にいるように孤独だ / Je suis *aussi* fatigué que si j'avais marché dix kilomètres. まるで10キロ歩いたみたいに私は疲れている.
❷ それ[あれ, これ]ほど, そんなに. ▶ Je ne croyais pas *aussi* bête! 君がこんなにばかとは思わなかったよ / Je ne pensais pas qu'elle était *aussi* vieille. 彼女がそんなに年を取っているとは思ってなかった.
❸ 同様に, もまた, やはり. ▶ Il parle *aussi* espagnol. 彼はスペイン語も話す / Moi *aussi*, je suis de votre avis. 私もあなたと同意見です / Je pars, et elle *aussi* 私は出発する, そして彼女もまた. 注 否定文では non plus を用いる(例: Je ne pars pas, et elle non plus. 私は出発しない, そして彼女も).

aussi bien (*que* ...) (…と)同じく, 同じように. ▶ Vous le savez *aussi bien que* moi. あなた(方)も私と同様, そのことは御存じだ / Tu peux *aussi bien* dire non. いいえと言ってもいいんだよ.

aussi [*d'aussi*] ***loin que*** + 接続法/直説法 …する限り遠く[昔]. ▶ *Aussi loin que* ma vue puisse [peut] s'étendre, je n'aperçois rien. 見渡す限り何一つ見えない.

aussi longtemps que + 直説法 …する限り (=tant que). ▶ *aussi longtemps que* je vivrai 私の生きている限り.

aussi + 形容詞[副詞] + ***que possible*** できるだけ, 可能な限り…. ▶ expliquer en termes *aussi* simples *que possible* できる限り易しい言葉で.

aussi + 形容詞[副詞] + ***que*** + 接続法 いかに…であろうとも. ▶ *Aussi* riche *qu'*il soit ... = *Aussi* riche soit-il ... 彼がどれほど金持ちであろうと….

non seulement A, mais aussi B A だけでなく, B もまた…(⇨ SEULEMENT).

── 接《文頭に置かれ, 主語と動詞を倒置することもある》だから, それゆえに. ▶ L'égoïste n'aime que lui, *aussi* tout le monde l'abandonne.(=c'est pourquoi) エゴイストは自分しか愛さない. だから皆に見捨てられる / *Aussi* est-il difficile de fournir des preuves matérielles. そういうわけで物的証拠を示すのは難しい.

aussi bien 文章 それに, いずれにせよ.

mais aussi しかし同時に. ▶ Cet appartement est cher, *mais aussi* il est beau. このマンションは高価だが, 確かにすばらしい.

*****aussitôt** /osito オスィト/ 副 ただちに, すぐに, 即刻. ▶ Il s'enfuit (tout) *aussitôt*. 彼はすぐさま逃げだした / Je l'ai appelé et il est venu *aussitôt*. 私が彼を呼ぶと, 彼はすぐ来た / 《過去分詞とともに》 *Aussitôt* arrivée, elle se coucha. 到着

したらすぐ彼女は寝た / *Aussitôt* la lettre reçue, vous partirez. 手紙を受け取ったらすぐに出発しなさい / 《(après, avant などとともに)》 Il est arrivé *aussitôt* après votre départ. 彼はあなたが出発したすぐあとにやって来た.

Aussitôt dit, aussitôt fait. 言うやいなや実行された.

*****aussitôt que*** + 直説法 …するとすぐに. ▶ *Aussitôt qu'*il 'fut parti [partit], l'autre arriva. 彼が出発するとすぐにもう1人が到着した.

austère /ostɛːr/ 形 ❶(自分に)厳しい, 峻厳(しゅんげん)な; いかめしい. ❷味けない; 地味な.

austèrement /ostɛrmɑ̃/ 副 厳しく, 厳格に; 簡素に.

austérité /osterite/ 女 ❶ 厳しさ, 厳格. ❷ 飾りけのなさ, 簡素. ❸ (財政の)引き締め, 緊縮. politique d'*austérité* 引き締め政策. ❹ 《複数で》《宗教》難行, 苦行.

austral, ale /ɔstral/; 《男 複》 **als** (または **aux** /o/) 形 南の; 南半球の; 南極の. ▶ hémisphère *austral* 南半球 / pôle *austral* 南極.

Australie /ɔstrali/ 固有 女 オーストラリア: 首都 Canberra. ▶ en *Australie* オーストラリアに[で, へ].

australien, enne /ɔstraljɛ̃, ɛn/ 形 オーストラリア Australie の.
── **Australien, enne** 名 オーストラリア人.

*****autant** /otɑ̃ オタン/ 副

〈*autant* que ...〉 …と同じくらい. ▶ Elle mange *autant* que lui. 彼女は彼と同じくらい食べる.
〈*autant* de + 名詞 + que ...〉 …と同数[同量]の…. ▶ Il a *autant* de CDs que moi. 彼は私と同じくらいの枚数の CD を持っている.
《単独で》これほど, それほど. ▶ Pourquoi travaille-t-il *autant*? 彼はどうしてそんなに働くのだろう.

❶〈*autant que* ...〉❶ …と同じくらい…; …と同様に…. ▶ Elle mange *autant* que lui. 彼女は彼と同じくらい食べる / Elle mange deux fois *autant* que lui.(=plus) 彼女は彼の2倍は食べる / J'aime le tennis *autant* que la natation. 私はテニスも水泳も好きだ / Vous connaissez ce problème tout *autant* que moi.(=aussi bien) あなた(方)だって私と同じくらいこの問題について知っているでしょう.
❷ 《否定文で》 …ほど(…でない). ▶ Elle ne mange pas *autant* que lui. 彼女は彼ほどは食べない.
❸ 《形容詞を受ける中性代名詞 le とともに》 同じく. ▶ Intelligent, il l'est *autant* que vous. 頭がいいという点では, 彼もあなた(方)と同じだ.

❷〈*autant de* + 名詞〉❶〈*autant* de + 名詞 + que ...〉 …と同数[同量]の…, …ぐらいの…. ▶ Il a *autant* de CDs que moi. 彼は私と同じくらいの枚数の CD を持っている / Elle a montré *autant* de courage que lui. 彼女は彼

autarcie

にまさるとも劣らない勇気を示した.

❷《名詞を受ける中性代名詞 en とともに》同じだけ, 同数[同量]を. ▶ Il a trente mille euros d'économies, mais moi, je n'en ai pas *autant*. 彼は3万ユーロの貯金を持っているが, 私にはそんなにはない.

❸ これ[それ, あれ]ほどの. ▶ Vous invitez toujours *autant* de gens? いつもこんなに大勢の人を招待するんですか.

❹ <A être *autant* de B> (A は同じ数の B に相当する→) A はいずれも B である. ▶ Toutes ces promesses sont *autant* de mensonges. これらの約束はみなことごとくうそである.

❺《列挙を受けて, 同格的に》これら(いずれも)…. ▶ Paris, Londres, New-York, Tokyo, *autant* de villes géantes パリ, ロンドン, ニューヨーク, 東京, これらのマンモス都市.

③《単独で》❶ これほど, それほど, あれほど. ▶ Pourquoi travaille-t-il *autant*? 彼はどうしてそんなに働くのだろう. ❷《前文を受けて》同じくらい, 同様に. ▶ Il a gagné *autant*. 彼も同じくらいもうけた.

④ <*autant* (vaut) + 不定詞> ❶ …する方がよい. ▶ *Autant* mourir! 死んだ方がましだ / *Autant* vaut partir que d'attendre ici pour rien. ここでむだに待つよりも出かけた方がよい. ❷ …するも同然である. ▶ *Autant* parler à un mur. (壁に話しかけるも同然だ→)馬の耳に念仏.

Autant (de) ..., *autant* (de) ... …と同じだけ…. ▶ *Autant* le théâtre m'amuse, *autant* le ciné m'ennuie. 芝居はおもしろいと思うが, その分, 映画はもの足りなく思う.

Autant dire (que + 直説法). いわば(…も同然である); つまり(…と言ってよい). ▶ *Autant* dire que tous ces projets sont des rêves enfantins. この計画は要するにおとぎ話だ.

Autant pour moi! 話 しまった, 間違えた.

autant que possible できる限り.

*autant que + 接続法 …の限りでは. ▶ *autant que* je sache 私の知る限りでは.

*autant que + 直説法 …と同じだけ; の範囲内で. ▶ Tu peux crier *autant que* tu veux. 好きなだけわめくがいい.

C'est autant de + 過去分詞. それだけ…したことになる. ▶ *C'est autant de* gagné [pris]. これだけでももうけ物だ.

d'autant それに応じて, その分だけ.

**d'autant mieux* [*plus, moins*] それだけいっそう. ▶ C'est la deuxième fois qu'il voit ce film, et il le comprend *d'autant mieux*. 彼がこの映画を観るのは2回目なので, それだけおもしろさがよく分かる.

**d'autant plus* [*moins, mieux*] *que* + 直説法 …だからいっそう. ▶ Il est *d'autant plus* exigeant pour la musique *qu'*il joue lui-même du piano. 彼自身ピアノを弾くだけに, 音楽にはうるさい.

d'autant que + 直説法 …だから.

en faire autant 同じことをする. ▶ Elle va passer un an à Londres. J'aimerais *en faire autant*. 彼女は1年間ロンドンに行く. 私もできればそうしたいな.

*pour autant 《否定文, 疑問文で》だからといって, にもかかわらず. ▶ Il a fait tous ses efforts, il n'a pas réussi *pour autant*. 彼は手を尽くした, それでもうまくいかなかった.

pour autant que + 接続法 …である限りでは. 注 稀に直説法を用いる.

autarcie /otarsi/ 囡(国家の)自給自足体制; アウタルキー, 自給自足経済.

autarcique /otarsik/ 形 (国家が)自給自足体制の; 自給自足経済の, アウタルキーの.

autel /otɛl/ 男 ❶ 祭壇. ❷《古代宗教の》供物台, 犠牲(いけにえ)台. ❸ (l'autel) 文章 宗教; 教会. ▶ le trône et l'*autel* 王権と教会.

sacrifier A sur l'autel de B B のために A を犠牲にする. ▶ Ils *sacrifièrent* leur fils *sur l'autel* de la patrie. 彼らは息子を祖国にささげた.

***auteur, e** /otœːr/ オトゥール 图 ❶ 作家, 著者; (音楽, 彫刻などの)作者, 製作者. 注 auteur は女性についても用いる. また une femme auteur, une auteure ということもある. ▶ droit d'*auteur* 著作権 (=copyright) / droits d'*auteur* 著作権料; 印税 / Elle est un *auteur* célèbre. 彼女は有名な作家だ / *auteur* d'un roman 小説の著者 / *auteur* d'un film 映画の作者. ❷ 創始者, 考案者. ▶ se prendre pour l'*auteur* d'une réforme politique 改革の推進者をもって任ずる. ❸ (犯罪, 事件, たくらみなどの)張本人, 犯人. ▶ *auteur* du crime 犯人. ❹ 作詞家.

auteur-compositeur シンガーソングライター.

authenticité /otãtisite/ 囡 ❶ 本物であること, 真正さ; 信憑(しんぴょう)性, 確実性. ▶ vérifier l'*authenticité* d'un tableau 絵画の真贋(しんがん)を鑑定する. ❷ (人物などの)真率, 誠実み.

authentification /otãtifikasjɔ̃/ 囡 ❶ 真正さの証明, 鑑定. ❷《情報》認証.

authentifier /otãtifje/ 他動 〔文書など〕を真正なものとする, 認証する; 鑑定する.

authentique /otãtik/ 形 ❶ 本物の, 真実の, 正真の. ▶ signature *authentique* 自筆署名 / un Rembrandt *authentique* レンブラントの真作 / C'est une histoire *authentique*. これは実話だ. 比較 ⇨ VRAI. ❷ 真情の, 真率の. ▶ une émotion *authentique* (=naturel) 心の底からの感動. ❸《法律》公署の. ▶ acte *authentique* 公署証書.

authentiquement /otãtikmã/ 副 真に, 本当に; 正しく, 間違いなく.

autisme /otism/ 男〘精神医学〙自閉(症).

autiste /otist/ 形 图 自閉症の(患者).

***auto** /oto/ 囡 (automobile の略) 自動車. 注 一般には voiture を用いることが多い. ▶ aller en *auto* 車で行く / le Salon de l'*auto* モーターショー.

auto- 接頭 ❶《母音字の前で aut-》「自分で; 自動の」の意. ▶ *auto*censure 自主規制 / *auto*matiser 自動化する. ❷「自動車」の意. ▶ *auto*route 高速道路.

autoaccusation /otoakyzasjɔ̃/ 囡 自責; 自責観念.

autoadhésif, ive /otoadezif, iːv/ 形 接着式の,

— **autoadhésif** 男 接着テープ，糊付きシール，ステッカー．

autoallumage /otoalyma:ʒ/ 男 自己発火，自発火．

autobiographie /otobjografi/ 女 自叙伝，自伝．

autobiographique /otobjografik/ 形 自叙伝の，自伝の．▶ roman *autobiographique* 自伝的小説．

autobronzant, ante /otobrɔ̃zɑ̃, ɑ̃:t/ 形 セルフタンニングの，人工日焼けの．— 名 セルフタンニング剤．

***autobus** /otobys オトビュス/ 男〔市内，近郊を走る〕路線バス，バス．話 話し言葉では bus と略す．▶ prendre l'*autobus* バスに乗る / arrêt d'*autobus* バス停 / ligne d'*autobus* バス路線．

autocar /otoka:r/ 男〔英語〕〔都市間の〕長距離バス；観光バス．話 話し言葉では car と略す．▶ voyager en *autocar* バスで旅行する．

autocassable /otokɑsabl/ 形〔アンプルが〕手で折って開けられる．

autocensure /otosɑ̃sy:r/ 女 自己検閲，自主規制，自粛．

autochenille /otoʃnij/ 女 カタピラー車．

autochtone /otoktɔn/ 形 土着の，現地の．
— 名 現地人，原住民．

autoclave /otokla:v/ 形〔内部の蒸気圧による〕自動密閉式の．▶ une marmite *autoclave* 圧力鍋(なべ)．— 男 耐圧釜(がま)；加圧蒸気滅菌器．

autocollant, ante /otokolɑ̃, ɑ̃:t/ 形 接着式の，糊(のり)付きの．▶ étiquette *autocollante* ステッカー． — **autocollant** 男 ステッカー，シール．

autocouchette(s) /otokuʃɛt/ 形〔不変〕⇨ AUTOS-COUCHETTES.

autocrate /otokrat/ 名 専制君主．

autocratie /otokrasi/ 女 専制（政治），独裁（政治）（=despotisme）．

autocratique /otokratik/ 形 専制的な；独裁の．

autocritique /otokritik/ 女 自己批判．
faire son autocritique 句 自分の非を認める．

autocuiseur /otokɥizœ:r/ 男 圧力鍋(なべ)，圧力釜(がま)．

autodafé /otodafe/ 男 ❶ 焼却；（特に）焚書(ふんしょ)．❷『歴史』（スペインの宗教裁判所の）判決宣言；（異端者に対する）火刑，処刑．

autodébrayage /otodebrɛja:ʒ/ 男〔セミオートマチック車の〕自動クラッチ．

autodéfense /otodefɑ̃:s/ 女 自衛，自主防衛．▶ un groupe d'*autodéfense* 自警団．

autodestructeur, trice /otodɛstryktœ:r, tris/ 形 自己破壊的な，自壊的な．

autodestruction /otodɛstryksjɔ̃/ 女 自己破壊；自殺．

autodétermination /otodeterminasjɔ̃/ 女 ❶『政治』le droit à l'*autodétermination* 民族自決権．❷ 自主的決定．

autodidacte /otodidakt/ 形 独学の．
— 名 独学者，独修者．

autodiscipline /otodisiplin/ 女 自己規律，自己規制．

autodrome /otodro:m/ 男〔自動車，オートバイの〕レースコース，テストコース．

auto-école /otoekɔl/ 女 自動車教習所．

autofiction /otofiksjɔ̃/ 女〔自伝的要素とフィクションを混在させた〕自伝的小説．

autofinancement /otofinɑ̃smɑ̃/ 男『経済』自己金融．

autofinancer /otofinɑ̃se/ ① 他動『経済』…を自己資金でまかなう．

autogène /otoʒɛn/ 形 自生の，自己発生の．

autogéré, e /otoʒere/ 形 自主管理された．

autogérer /otoʒere/ ⑥ 他動〔工場，組合など〕を自主管理する．

autogestion /otoʒɛstjɔ̃/ 女 自主管理．

autogestionnaire /otoʒɛstjɔnɛ:r/ 形 自主管理による．

autographe /otograf/ 形 自筆の，肉筆の．▶ une lettre *autographe* de Napoléon ナポレオン自筆の手紙．— 男〔有名人の献辞のついた〕サイン．▶ demander un *autographe* à une vedette スターにサインを求める．

autoguidage /otogida:ʒ/ 男〔飛行機，ミサイルなどの〕ホーミング，自動誘導．

autoguidé, e /otogide/ 形 自動誘導による．

automate /otomat/ 男 ❶ ロボット，自動人形．❷『情報』オートマトン．

automation /otomasjɔ̃/ 女〔英語〕オートメーション（=automatisation）．

***automatique** /otomatik オトマティック/ 形 ❶ 自動の．▶ distributeur *automatique* 自動販売機 / voiture *automatique* オートマチック車 / traduction *automatique* 機械翻訳．❷ 無意識の，反射的な，無意志の．▶ mouvement *automatique* du cœur 心臓の不随意運動 / l'écriture *automatique*『文学』（シュルレアリスムの）自動記述．❸ 定まった，前もって決まった．▶ système de relèvement *automatique* des salaires 定期昇給制度．❹ 話 必然的な，不可避の．▶ C'est *automatique*. 必ずそうなる，いつもそうだ．
— 男 ❶ ダイアル式電話機．❷ 自動拳銃．
— 女 オートメーション工学，自動化工学．

automatiquement /otomatikmɑ̃/ 副 ❶ 自動的に；機械的に，無意識に．▶ La mise au point se fait *automatiquement* sur cet appareil. このカメラはオートフォーカスだ．❷ 話 必然的に，不可避的に．

automatisation /otomatizasjɔ̃/ 女 自動化，オートメ化，オートメーション（=automation）．

automatiser /otomatize/ 他動 …を自動化する，オートメ化する．▶ Le contrôle des tickets de métro a été *automatisé*. 地下鉄の改札は自動化された．

automatisme /otomatism/ 男 ❶ 機械的動作，無意識的動作．▶ l'*automatisme* des gestes instinctifs 本能的動作の自動性．❷ オートメーションシステム，自動制御（装置）．

automédication /otomedikasjɔ̃/ 女 セルフメディケーション．

automitrailleuse /otomitrajø:z/ 女『軍事』機関銃装備装甲車両．

automnal, ale /ɔtɔ(m)nal/:《男 複》**aux** /o/ 形 秋の. ▶ fleurs *automnales* 秋咲きの花.

＊automne /otɔn, ɔtɔn オトンヌ/ 男 秋. ▶ un *automne* pluvieux 雨の多い秋 / équinoxe d'*automne* 秋分 / cet *automne* 今年の秋に / à l'] *automne* 秋に. ▶ La chasse s'ouvre en *automne*. 狩猟は秋に始まる / à l'*automne* 2007 2007年秋に.

à l'*automne* de la vie 文章 人生の秋に、晩年に.

automobile /ɔtɔmɔbil/ 女 ❶ 自動車. 注 行政・技術用語. 略して auto, 話し言葉では voiture を用いる. ▶ *automobile* de tourisme 乗用車 / accident d'*automobile* 自動車事故, 交通事故. ❷ 《l'*automobile*》自動車の運転, モータースポーツ; 自動車産業.
— 形 ❶ 原動機で動く. ▶ canot *automobile* モーターボート. ❷ 自動車の. ▶ industrie *automobile* 自動車産業 / coureur *automobile* レーシングドライバー, レーサー.

automobilisme /ɔtɔmɔbilism/ 男 モータースポーツ.

automobiliste /ɔtɔmɔbilist/ 名 (自家用車の) ドライバー. 比較 ⇨ CONDUCTEUR.

automoteur, trice /ɔtɔmɔtœːr, tris/ 形 自走(型)の. — **automoteur** 男 大型輸送船.
— **automotrice** 女 軌動車.

autonome /ɔtɔnɔm/ 形 ❶ 自治の; 自主管理の. ▶ un territoire *autonome* 自治領 / budget *autonome* (自治団体の) 独立予算. ❷ 自主独立の, 自立した; 自律的な. ▶ mener une existence *autonome* 独立して暮らす. ❸《情報》ネットワークに接続していない, スタンドアローンの.

autonomie /ɔtɔnɔmi/ 女 ❶ 自治(権); 自立, 自律, 自主性. ▶ réclamer l'*autonomie* 自治権を要求する / *autonomie* financière 独立採算制; 《財政》(県, 市町村などの) 財政自治 / *autonomie* économique 経済的自立 / l'âge où l'enfant conquiert son *autonomie* 子供が自立する年ごろ. ❷ (飛行機, 船, 車などの) 航続[走行] 距離. ▶ avoir une *autonomie* de 500km 500キロの航続距離がある. ❸ 電池の持続時間.

autonomisation /ɔtɔnɔmizasjɔ̃/ 女 独立, 自立.

autonomisme /ɔtɔnɔmism/ 男 自治主義.

autonomiste /ɔtɔnɔmist/ 形 自治論(者)の; . ▶ un mouvement *autonomiste* 自治独立運動. — 名 自治論者, 自治主義者.

autoportrait /ɔtɔpɔrtrɛ/ 男 自画像.

s'autoproclamer /sotoprɔklame/ 代動 …と自称する. ▶ L'homme politique *s'autoproclame* "héritier" de de Gaulle. その政治家はド・ゴールの「後継者」と自称している.

autopropulsé, e /ɔtɔprɔpylze/ 形 自動推進(式)の; 自動推進装置のついた.

autoprotection /ɔtɔprɔtɛksjɔ̃/ 女 ❶ (自動警報装置による) 自己防衛, 自衛. ❷ (原子炉の) 自己遮蔽（しゃへい）.

autopsie /ɔtɔpsi/ 女 ❶ 死体解剖, 検死. ❷ 綿密な検討.

autopsier /ɔtɔpsje/ 他動〔死体を〕解剖する, 剖検する.

autoradio /ɔtɔradjo/ 男 カーラジオ; カーステレオ, カーオーディオ.

autorail /ɔtɔraːj/ 男 軌動車.

autorisation /ɔtɔrizasjɔ̃/ 女 ❶ 認可, 許可, 同意, 承認. ▶ quitter son poste sans *autorisation* 許可なく部署を離れる. ◆ *autorisation* de ＋ 無冠詞名詞 / *autorisation* de ＋ 不定詞 …する許可. ▶ demander l'*autorisation* de construire 建築許可を申請する / donner une *autorisation* de sortie 外出[出国] 許可を出す. ❷ 許可証, 許可状.

autorisé, e /ɔtɔrize/ 形 ❶ 権威ある, 定評ある. ▶ un critique *autorisé* 権威ある批評家 / C'est le livre le plus *autorisé* sur ce sujet. これがこの問題について最も信頼できる書物だ. ❷ 許可された, 認められた. ▶ «Stationnement *autorisé*» (↔interdit)「駐車可」/ Ici, la baignade est *autorisée*. ここでは遊泳が許可されている.

＊autoriser /ɔtɔrize オトリゼ/ 他動 ❶ 〈*autoriser* qn à ＋ 不定詞 〉〔人〕に…することを**許可する**, 認可する; 可能にする. ▶ On nous a *autorisés* à sortir. 外出が許可された / Rien ne vous *autorise* à dire qu'il avait tort. 彼が間違っていたというあなた(方)の言い分は通りませんよ. ❷ 〈*autoriser* qc (à qn) 〉…を(人に) 許可する; 可能にする. ▶ *autoriser* la visite d'une base militaire 軍事基地の見学を許可する. 比較 ⇨ PERMETTRE.

— **s'autoriser** 代動 文章 ❶ 〈*s'autoriser* de qc/qn (pour ＋ 不定詞)〉(…するために)…を根拠にする, 口実にする. ▶ Je *m'autorise* de notre amitié pour t'exprimer mon désaccord. 君の友情に甘えて私の不満な点を君に説明したい.
❷ 〈*s'autoriser* qc // *s'autoriser* à ＋ 不定詞 〉 …(すること)を自分に許す. 注 se は間接目的.

autoritaire /ɔtɔritɛːr/ 形 ❶ 独裁の, 専制の; 権威主義の. ▶ régime *autoritaire* 独裁体制. ❷ 威圧的な, 専断的な. ▶ un homme *autoritaire* 横柄な人 / un air *autoritaire* 高圧的な態度.
— 名 独裁的な[専横的な]人.

autoritarisme /ɔtɔritarism/ 男 独裁主義, 全体主義; 権威主義.

＊autorité /ɔtɔrite オトリテ/ 女 ❶ **権力**, 権限; 職権. ▶ l'*autorité* du chef de l'Etat 大統領の権限 / abuser de son *autorité* 自分の権力を乱用する / l'*autorité* de la loi 法の強制力 / faire acte d'*autorité* 権力を行使する; 強硬手段に訴える / exercer son *autorité* sur qn …に対して権力を振るう / être sous l'*autorité* de qn/qc …の管轄下にある.

❷ 《les autorités》**当局**, 官庁. ▶ les *autorités* françaises フランス政府当局 / les *autorités* municipales 市当局 / La manifestation a été interdite par les *autorités* デモは当局によって禁止された.

❸ **権威**, 威信, 影響力; 権威者, 大家; 権威書. ▶ *autorité* morale 精神的権威 / Ce professeur n'a aucune *autorité* sur ses élèves. この教師は生徒にまったくにらみが利かない / perdre de son *autorité* 威信を落とす.

d'autorité (1) 独断で, 有無を言わさずに. ▶ décider qc *d'autorité* …を独断で決定する. (2) 威圧的な. ▶ parler sur un ton *d'autorité* 威圧的な調子で話す.
de sa propre autorité 独断で, 自分勝手に.
faire autorité 権威がある, 規範となる. ▶ un historien qui *fait autorité* 権威ある歴史家.

autoroute /oturut/ 囡 高速道路, 自動車専用道路. ▶ *autoroute* à six voies 6車線の高速道路 / échangeur *d'autoroute* 高速道路のインターチェンジ.

autorouti*er, ère* /otɔrutje, ɛːr/ 形 高速道路の, 自動車専用道路の.

autosatisfaction /otosatisfaksjɔ̃/ 囡 自己満足.

autos-couchettes /otokuʃɛt/ 形《不変》 train *autos-couchettes* カー・スリーパー, 自動車・寝台列車.

auto(-)stop /otostɔp/ 男 ヒッチハイク. 注 多くstopと略す. ▶ voyager en *autostop* ヒッチハイクで旅行する / faire de l'*autostop* ヒッチハイクをする.

auto(-)stopp*eur, euse* /otostɔpœːr, øːz/ 图 ヒッチハイク旅行者.

autosubsistance /otosybzistɑ̃ːs/ 囡 自活, 自立, 自立能力.

autosuffisance /otosyfizɑ̃ːs/ 囡 (国, 集団の) 自給自足, 自給能力.

autosuffis*ant, ante* /otosyfizɑ̃, ɑ̃ːt/ 形 自給可能な.

autosuggestion /otosygʒɛstjɔ̃/ 囡 自己暗示.

autotour /ototuːr/ 男 (レンタカー代とホテル代込みの)オートツアー.

autour¹ /otuːr/ 副 周りに, あたりに. ▶ regarder (tout) *autour* あたりを見回す.
*****autour de qn/qc*** (1) …の周りを, 周りに; を中心にして. ▶ un voyage *autour du* monde 世界一周旅行 / un colloque organisé *autour de* trois thèmes 3つの中心テーマを巡るシンポジウム / tourner *autour du* pot 本題を避けて遠回しに言う. (2) …の近くに, そばに (=auprès de, aux côtés de). ▶ Cet enfant est toujours *autour de* sa mère. あの子供はいつも母親のそばにまとわりついている. (3) およそ [約] …. ▶ Il a *autour de* cinquante ans. (=environ) 彼は50歳くらいだ.

autour du monde

autour² /otuːr/ 男《鳥類》オオタカ.

*****autre** /oːtr/ オートル/

── 形《不定》〈un [une] autre + 名詞〉別の, もう一つの. ▶ une *autre* personne 別の人.

〈d'autres + 複数名詞〉他のいくつかの. ▶ *d'autres* choses ほかのこと.
〈l'autre + 名詞〉もう一方の. ▶ l'*autre* côté 反対側.
〈les autres + 複数名詞〉残りの. ▶ les *autres* gens ほかの人たち.
autre chose 別のもの.

── 代《不定》〈un [une] *autre*〉別の人 [物], もう一人 [一つ].
〈d'autres〉他の何人か [いくつか].
〈l'autre〉もう一方.
〈les autres〉その他の人々 [物].
〈l'un(e) … l'*autre* …〉一方は…他方は….

形《不定》
❶〈不定冠詞など + autre + 名詞〉❶〈un [une] *autre* + 名詞〉別の…, 他の…, もう一つの …. ▶ Je peux avoir un *autre* bol de riz? 御飯をもう1膳(ﾟ)いただけますか / Demandez à une *autre* personne! だれか別の人に頼んでください. ◆*autre* … que … …とは別の…, …以外の…. ▶ Ecoutons un *autre* CD que celui-ci. これとは別の CD を聞きましょう / Nous n'avons pas *d'autre* désir que de vous satisfaire. 私どもはあなた (方) に御満足いただくことだけを望んでおります. ◆*autre* + 時間表現 (1) またいつかの…, 別の…. ▶ Venez un *autre* jour. また別の日にいらしてください. (2) かつての, 昔の. ▶ technologie *d'un autre* âge 一昔前の技術.
❷〈d'autres + 複数名詞〉他のいくつかの…. ▶ J'ai encore *d'autres* choses à faire. 私にはほかにいろいろしなければならないことがある.
❸〈数詞 [疑問・不定形容詞] +*autre* + 名詞〉別の…, 他の…. ▶ Elle a encore deux *autres* enfants. 彼女にはあと2人子供がいる / Quelques *autres* personnes ont protesté comme lui. 彼と同じように抗議した人々が何人かほかにもいた.
❷〈定冠詞など + autre + 名詞〉❶〈l'*autre* + 名詞〉もう一方の…. ▶ l'*autre* côté 反対側 / Montre-moi l'*autre* main. もう片方の手を見せてごらん.
❷〈l'*autre* + 時間表現〉この前の…; 翻 この次の [今度の]…. ▶ l'*autre* jour 先日, この間 / l'*autre* semaine 何週間か前の週に [来週].
❸〈les *autres* + 複数名詞〉他のすべての…; 残りの…. ▶ les *autres* gens ほかの人たち / Tous les *autres* passagers ont trouvé la mort. ほかの乗客は全員死亡した.
❹〈所有・指示形容詞 +*autre* + 名詞〉別の…, 他の…. ▶ Prends ton *autre* veste! (君の)もう一つのジャケットを着なさい.
❸〈不定代名詞 + d'*autre*〉別の…, 他の…. 注 *d'autre* は英語の else に相当. ▶ quelque chose *d'autre* 何か別のもの / quelqu'un *d'autre* だれか別の人 / Personne *d'autre* ne viendra. ほかにはだれも来ないだろう / Ce n'est rien *d'autre* qu'une fraude. それは不正行為以外の何ものでもない / Quoi *d'autre* encore? まだほかに何かありますか.
❹〈属詞として〉別の, 他の. ▶ Son opinion est tout *autre*. 彼(女)の意見はまったく別だ / Il pa-

autre

rait tout *autre* qu'il n'était autrefois. 彼はかつての彼とはまるで別人のようだ。

5 <*autre* + 固有名詞> もう一つ［一人］の． ▶ C'est un *autre* Versailles. これはまるでヴェルサイユ宮にそっくりだ．

6 （多く強調の tout を伴って）段違いの，比べものにならない；ずっとひどい． ▶ Ce vin-là n'est pas mal, mais celui-ci est d'une *autre* qualité! そのワインも悪くはないが，こちらはまた飛び切りだ．

*autre chose 別のこと［物］． 注 quelque chose と同様，不定代名詞として1語扱い，冠詞はとらず，複数形はない．形容詞を付加する場合は <*autre chose* de + 形容詞男性単数形 > の形をとる． ▶ C'est (tout) *autre chose*. それは別の事柄だ；そうなるとまた話は別だ／ *autre chose* d'important もう一つ重要なこと／ Cette robe est un peu trop grande. Vous n'avez pas *autre chose* ? このドレスはちょっと大きすぎます，ほかのはありますか．／ (Ben) voilà *autre chose*! 圄（いや）これは意外だ，予想だにしなかった． ◆*C'est une autre chose de* + 不定詞 , *c'est une autre chose de* + 不定詞 . ∥ *Autre chose est de* + 不定詞 *et autre chose* (*est*) *de* + 不定詞 . …するのと…するのはまったく別の事柄だ． ▶ *Autre chose* est de faire des projets et *autre chose* (est) de les réaliser. 計画を立てるのとそれを実行するのはまったく別のことだ．

autre part 別の所で［に］．

**d'autre part* 他方では，さらに．

et autres + 複数名詞（列挙のあとに付け加えて）及びその他の…．

*nous [*vous*] *autres* （他の人々との違いを強調して）我々［あなた方］． ▶ *nous autres* Japonais （外国人に対して）我々日本人．

l'autre monde [*vie*] あの世，来世．

l'un(e) et l'autre ... どちらの…も． ▶ dans *l'un et l'autre* cas いずれの場合も．

— ***autre** 代《不定》《前出の名詞を受けて》

1 <不定冠詞など + **autre**> **①** <un [une] *autre*> 別の人［物］，もう一人［一つ］． ▶ un *autre* だれかの男［同じ種類の］別の物］／ Elle a eu du courage, une *autre* ne l'aurait pas fait. 彼女は勇敢だった，ほかの女性だったらそうはできなかっただろう／ « C'est délicieux, cette orange. —Prends-en une *autre*! »「このオレンジはおいしいね」「もう一つどうぞ」 ◆ *un(e) autre que ...* …とは別の人［物］．

② <*d'autres*> 他の何人か，他のいくつか． ▶ N'en parlez pas à *d'autres*! このことは他人に言ってはいけませんよ／ Cette estampe est excellente. Je voudrais en voir *d'autres* du même auteur. この版画はすばらしい．同じ作者のほかのを見てみたいものだ．

❸ <数詞［不定形容詞など］+ *autres*> ▶ C'est Jean qui m'a prêté cet appareil : il en a deux *autres*. このカメラはジャンが貸してくれたんだ．彼はこれ以外に2台持っているんだ／ Il en est venu beaucoup *d'autres*. ほかにも大勢来ました．

2 <定冠詞など + **autre**> **①** <*l'autre*> もう一方． ▶ Je connais cet homme, mais je ne connais pas l'*autre*. あの男は知っているが，もう一人の方は知らない．

② <les *autres*> その他の人々［物］． ▶ Quand elle est arrivée, les *autres* avaient commencé à manger. 彼女が着いた時にはほかの人たちはもう食べはじめていた／ Il faut écouter ce que disent les *autres*. ほかの人々の言うことに耳を傾ける必要がある．

❸ <指示形容詞など + *autre*> ▶ Tu n'aimes pas ce foulard ? Essaie cet *autre* alors. そのスカーフは好きじゃないの，ではこっちのも試してみたら．

3 <*l'un(e) ... l'autre ... // les un(e)s ... les autres*> **①** 一方は…他方は…，ある者たちは…残りは…． ▶ Les uns ont pris le funiculaire, les *autres* sont montés à pied. ある者はケーブルカーを利用したが，残りの者は歩いて登った．

② <代名動詞 + *l'un(e) l'autre* // les *un(e)s* les *autres*> 相互に． 注 代名動詞の相互的用法の強調． ▶ Elles se respectent l'une l'*autre*. 彼女たち2人は互いに相手を尊敬している．

❸ <*l'un(e)* + 前置詞 + *l'autre*> // les *un(e)s* + 前置詞 + les *autres*> 互いに． ▶ Ils dépendent l'un de l'*autre*. 彼らは依存し合っている／ rester l'un à côté de l'*autre* = rester à côté l'un de l'*autre* そばにいる．

❹ <*l'un(e) et* [ou] *l'autre* // les *un(e)s et* [ou] les *autres*> どちらも；どちらか． ▶ L'un et l'*autre* sont venus. 2人とも来た． ◆ *ni l'un(e) ni l'autre* どちらも…ない． ▶ Il rejette les deux propositions, il n'accepte ni l'une ni l'*autre*. 彼はこの2つの申し出をはねつけている，どちらも受け入れようとしない．

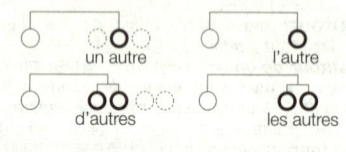

○　○　　　　○　　　○
┊　　　　　　┊　　　　┊
un autre　　　　　l'autre

○　○　　　　○　　　○
┊　　　　　　┊　　　　┊
d'autres　　　　　les autres

○　　　○　　　○　　　○
┊　　　┊　　　┊　　　┊
l'un　l'autre　les uns　les autres

A d'autres! 圄（だれかほかの者に言ってみるんだな→）私がそれを信じると思うなよ，私はだまされないよ．

C'est tout l'un ou tout l'autre. 2つに1つどちらかに決めろ，2つのうちのどちらかだ．

Comme dit [*dirait*] *l'autre* 圄（諺(ことわざ)などを引用する際に）よく言われるように．

de part et d'autre (1) 両側に［で］；双方とも． (2) 互いに．

*de temps à autre ときどき．

**d'un côté ..., de l'autre ...* 一方では…他方では…．

**d'un(e)* + 名詞 + *à l'autre* (1) 一方の…から他方へ． ▶ traverser Paris *d'un* bout *à l'autre* パリの町を端から端まで横切る．(2) …によって，…ごとに． ▶ L'attitude à l'égard de ce problème varie *d'un* pays *à l'autre*. この問題に対する対応の仕方は国によってまちまちである． (3) …の間に．

avalanche

▶ Il va arriver *d'un* moment *à l'autre*. 彼は間もなくやって来るでしょう.

en avoir vu bien d'autres (似たようなものをほかにもいくつか見たことがある→)これくらいのことでは驚かない; もっとひどい目に遭ったことだってある.

entre autres 中でも, とりわけ.

et autres (列挙のあとで) 及びそのほかの人々〔物〕, …等々 (=et cetera).

Il n'en fait jamais d'autres. (彼はほかのやり方は決してできない→)彼はまたいつものへまをやらかした.

l'un dans l'autre 結局, 要するに; 平均して.

parler de choses et d'autres あれこれいろいろなことを話す, とりとめのない話をする.

un(e) + 名詞 + parmi (beaucoup) d'autres 数ある…のうちの一つ〔一人〕. ▶ Ce n'est qu'*un roman policier parmi d'autres*. これはごくありきたりの推理小説の一つにすぎない.

un jour ou l'autre いつかそのうち, いずれ.

Vous en êtes un(e) autre. 話 あなたの方こそ; あなたには言われたくない.

— 男 (l'autre)『哲学』他者.

autrefois /otrəfwa/ 副 昔, かつて, 以前は. ▶ *Autrefois*, j'allais souvent au cinéma. 私は以前はよく映画に行っていた / *Autrefois*, le travail était plus dur. 昔は仕事はきつかった. 語法 ⇨ IMPARFAIT.

d'autrefois 昔の (=d'antan). ▶ jeux *d'autrefois* 昔の遊び

autrement /otrəmã/ 副 ❶〔動詞とともに〕別な風に. ▶ On ne peut pas faire *autrement*. ほかにどうしようもない / Notre enfant voulait aller à la mer, mais nous en avons décidé *autrement*. うちの子供は海に行きたがっていたが, 私たちは別の所に行くことに決めた.

❷ <*autrement* + 形容詞 (+ que …)> (…)より一層, はるかに. ▶ pour des raisons *autrement* sérieuses もっと深刻な理由で / C'est *autrement* meilleur. この方がずっといい / dans des conditions *autrement* plus difficiles 話 (比較を強調して) それよりもはるかに厳しい条件で.

❸〔文頭で〕そうしないと, さもなくば; それを除けば. ▶ Pars tout de suite, *autrement* tu vas être en retard. (=sinon) すぐ出発しなさい, でないと遅れるよ / La viande était bonne, *autrement* le repas était quelconque. (=à part cela) 肉はうまかったがあとはもの足りない食事だった.

autrement (appelé) 別名 (=alias).

autrement dit 換言すれば, つまり (=en d'autres termes).

autrement que …と違う仕方で. ▶ ne pas pouvoir faire *autrement que* de + 不定詞 …するほかしようがない / Il agit *autrement qu*'il (ne) parle. 彼の言行は一致しない.

pas autrement 話 あまり [さほど] …ない (=pas beaucoup). ▶ Cela n'est *pas autrement* utile. それは別にそれほど役に立つわけでもない.

Autriche /otriʃ/ 固有 女 オーストリア; 首都 Vienne. ▶ en *Autriche* オーストリアに [で, へ].

autrichien, enne /otriʃjɛ̃, en/ 形 オーストリアの.

— **Autrichien, enne** 名 オーストリア人.

autruche /otryʃ/ 女『鳥類』ダチョウ.

avoir un estomac d'autruche 話 胃がとても丈夫である.

pratiquer la politique de l'autruche 話 危険な事態を直視しない. 注 危険が迫るとダチョウは頭を砂の中に隠すといわれることから.

autrui /otrɥi/ 代『不定』文章 他人. 注 主語としては用いない. ▶ agir pour le compte *d'autrui* 他人のために行動する.

Ne fais pas à autrui ce que tu ne voudrais pas qu'on te fît. 諺 己の欲せざることを人に施すなかれ.

Autun /otœ̃/ 固有 オータン: ブルゴーニュ地方の都市.

auvent /ovã/ 男 ❶ (出入り口や窓の) 庇(ひさし); 雨よけ. ❷ (果樹園(かじゅえん)の) 風 [霜] よけ用覆い.

auvergnat, ate /overɲa, at/ 形 オーヴェルニュ Auvergne の.

— **Auvergnat, ate** 名 オーヴェルニュ人.

Auvergne /ɔverɲ; overɲ/ 固有 女 オーヴェルニュ地方: 中央山地の中心.

aux /o/ ⇨ à.

Auxerre /osɛ:r/ 固有 オーセール: Yonne 県の県庁所在地.

auxiliaire /ɔksiljɛːr/ 形 補助の, 補佐の; 副次的な. ▶ maître *auxiliaire* (中等教育の) 非常勤教員 / personnel *auxiliaire* (官庁などの) 臨時職員 / moteur *auxiliaire* (ヨットなどの) 補助エンジン / verbe *auxiliaire* 助動詞.

— 名 ❶ 補助者, 助手. ❷ 補充要員, 臨時職員.

— 男『文法』助動詞.

auxquels /okɛl/ 代『疑問』『関係』, 形『関係』 ⇨ LEQUEL.

av. 女〔略語〕avenue 大通り.

avachi, e /avaʃi/ 形 ❶ 型の崩れた. ❷ chaussures *avachies* 型崩れした靴. ❷ 無気力な, だらけた.

avachir /avaʃiːr/ 他動 ❶〔靴, 服など〕の型を崩す. ▶ L'usage *a avachi* ces pantoufles. このスリッパは使い古して型が崩れてしまった. ❷ …を無気力にする. — **s'avachir** 代動 ❶〔靴, 服などが〕型崩れする. ❷ 無気力になる, だらける.

avachissement /avaʃismã/ 男 ❶ 型崩れ. ❷ 無気力 (状態), たるみ.

avaient, avais, avait /avɛ/ 活用 ⇨ AVOIR[1].

aval[1] /aval/ 男〔単数形のみ〕 ❶ 下流, 川下 (↔amont). ❷『経済』下流部門, ダウンストリーム (↔amont): 生産・流通過程での後続部門.

en aval de qc (1) …の下流で. ▶ La ville de Rouen est *en aval de* Paris, sur la Seine. ルーアンの町はパリからセーヌ川を下ったところにある. (2)『経済』…の下流部門で.

— 形『不変』『スキー』谷側の; 谷足の (↔amont).

aval[2] /aval/; (複) *avals* 男 ❶ 手形保証. ❷ 支持, 賛同, 承認. ▶ donner son *aval* à un programme politique 政策を支持する.

avalanche /avalɑ̃ʃ/ 女 ❶ 雪崩. ▶ Les alpi-

avalancheux

nistes ont été emportés par une *avalanche*. その登山者たちは雪崩に巻き込まれた. ❷ 大量. ▶ arriver en *avalanche* どっと押し寄せる. ◆ <une *avalanche* de ＋ 無冠詞複数名詞>大量の…, おびただしい…. ▶ recevoir *une avalanche de* mails 大量の電子メールを受け取る.

avalancheux, euse /avalɑ̃ʃø, ø:z/ 形 雪崩の起きやすい, 雪崩の.

***avaler** /avale/ アヴァレ/ 他動 ❶ …を飲み込む, 飲む, 食べる. ▶ Il *a avalé* son verre de bière d'un trait. 彼はコップのビールを一気に飲み干した / Pressé par le temps, il *a avalé* son sandwich. 時間に追われて彼はサンドイッチを大急ぎで食べた / *avaler* une gorgée de vin (=boire) ワインを一口飲む. ◆*avaler*（qc）de travers (…にむせる. ▶ N'ayant pas l'habitude de l'alcool, elle *a avalé* de travers. 酒を飲みつけない彼女は(酒に)むせてしまった.

❷ …をむさぼり読む. ▶ Il faut *avaler* tout ce livre pour réussir cet examen. その試験に合格するにはこの本をすっかり飲み込まなければだめだ.

❸ 話 …をうのみにする, 信じこむ. ▶ Il *avale* tout ce qu'on lui dit. 彼は言われたことをなんでもうのみにする / Cette histoire est difficile à *avaler*. この話は信じ難い.

❹〔感情〕を押し殺す;〔不快事〕を耐え忍ぶ. ▶ *avaler* sa rage 怒りを抑える. ◆faire *avaler* qc à qn …に…を受諾させる. ▶ On peut lui faire *avaler* n'importe quoi. 彼にはなんでも押しつけることができる.

❺〔言葉〕を口の中でもぐもぐ言う, 飲み込む. ▶ *avaler* ses mots en parlant 口ごもりながら話す.

vouloir tout avaler 話 血気盛んである, 怖いものなしである.

— **s'avaler** 代動 飲み下せる; 我慢できる.

avaleur, euse /avalœ:r, ø:z/ 名 ❶ *avaleur* de sabres (奇術で)剣を飲んで見せる芸人. ❷ 話 大食漢; 大酒飲み.

avaliser /avalize/ 他動 ❶〔計画, 発言など〕を支持する, に賛同する. ❷〔手形〕を保証する.

***avance** /avɑ̃:s/ アヴァーンス/ 女 ❶ 前進. ▶ l'*avance* d'une armée（↔retraite）進軍.

❷（時間, 距離, 得点での）先行, リード; 優位. ▶ Ma montre a cinq minutes d'*avance*. 私の時計は5分進んでいる / Le premier coureur a pris une *avance* de vingt mètres sur le second. トップランナーは2位を20メートル引き離した / l'*avance* du Japon dans le domaine économique 経済の分野における日本の優位.

❸ 前払い, 前渡し(金); (短期)貸し付け. ▶ demander une *avance* sur son salaire 給料の一部前払いを要求する / faire une *avance* de dix mille euros 1000ユーロの前貸しをする.

❹〔複数で〕申し入れ, 提案; 言い寄り. ▶ faire des *avances* à qn …に交渉を申し出る; 言い寄る.

à l'avance 前もって, あらかじめ. ▶ Dis-moi *à l'avance* si tu viens. 来るならその前に知らせてくれ / étudier *à l'avance* la faisabilité d'un projet 計画の実現可能性をあらかじめ検討する.

d'avance 《動詞のあとで》あらかじめ, 初めから, 前もって. ▶ payer *d'avance* 前払いする / Merci *d'avance*.（先にお礼を言っておく→）よろしく頼みますよ.

en avance (1)（予定より）早く (↔en retard). ▶ Nous sommes arrivés *en avance* à la gare. 私たちは予定より早く駅に着いた. (2)（他より）進んで. ▶ être *en avance* sur qn/qc …に進んでいる / Le pays est *en avance* dans ce domaine. その国はこの分野では進んでいる.

La belle avance!（見事な前進ぶりだ→）《反語的に》なんの役に立つものか.

par avance 文章 あらかじめ, 前もって. ▶ prendre *par avance* toutes les mesures nécessaires あらかじめ必要な手はすべて打つ.

avancé, e /avɑ̃se/ 形 ❶〔時間・位置的に〕進んだ, 経過した; 前方の. ▶ à une heure *avancée* de la nuit (=tardif) 夜遅くに / L'été est bien *avancé*. 夏も終わりに近づいた.

❷〔技術, 考え方などが〕先進的な, 進歩した. ▶ technologie *avancée* 先進技術 / un enfant *avancé* pour son âge 年の割りに知能が発達した子供 / pays industriel *avancé* 先進工業国.

❸〔仕事が〕はかどった. ▶ Son travail est peu *avancé*. 彼女の仕事はほとんど進んでいない.

❹〔食べ物が〕傷みかけた.

être bien avancé《反語的に》(むだ骨を折った人のことを皮肉って) たいそう仕事がはかどった. ▶ Tu as fait ça? Ah 「tu *es* 「te voilà〕 *bien avancé*! そんなことやったのか, まあ, さぞ仕事がはかどったことだろうよ.

avancée /avɑ̃se/ 女 ❶ 前進, 進出. ▶ l'*avancée* du yen 円の値上がり. ❷ 突出部.

avancement /avɑ̃smɑ̃/ 男 ❶ 昇進, 昇級 (=promotion). ▶ avoir de l'*avancement* 昇進する. ❷ 進展, 向上. ▶ l'*avancement* des négociations 交渉の進展.

***avancer** /avɑ̃se/ アヴァンセ/ ❶ 他動

過去分詞 avancé	現在分詞 avançant
直説法現在 j'avance	nous avançons
tu avances	vous avancez
il avance	ils avancent
複合過去 j'ai avancé	半過去 j'avançais
単純未来 j'avancerai	単純過去 j'avançai

❶〔物, 体〕を前に出す; 差し向ける. ▶ *avancer* la table de dix centimètres テーブルを10センチ前に出す / *avancer* la main vers la bouteille 瓶の方へ手を伸ばす.

❷〔時間, 予定〕を早める, 繰り上げる. ▶ *avancer* (les aiguilles d')un réveil d'un quart d'heure 目覚まし時計(の針)を15分進める / *avancer* (la date de) son départ 出発(の期日)を早める.

❸〔意見など〕を持ち出す, 提唱する. ▶ *avancer* une proposition 提案をする / N'*avancez* rien sans preuves. 根拠のないことを口にしてはいけない.

❹〔給料など〕を前払いする. 注 対応する名詞は avance. ▶ Le patron *a avancé* cinq cents euros à cet employé sur son salaire. 雇い主

はその従業員に給料から500ユーロを前払いした.
❺〔仕事など〕をはかどらせる；〔人〕の仕事などをはかどらせる. ▶ Je vais t'aider, ça t'*avancera* ! 手伝うよ. そうしたらはかどるから / Cela ne nous *avance* à rien. そんなことをしても何の役にも立たない. 注 対応する名詞は avancement.

— 自動 ❶ 前に出る, **前進する**. 注 対応する名詞は avance. ▶ *Avancez*, s'il vous plaît ! (乗り物の中などで)先へ進んでください / L'armée *a avancé* de quelques kilomètres. 軍隊は数キロメートル前進した.
❷ はかどる, 進展する. 注 対応する名詞は avancement. ▶ « Alors, tu *avances* dans ton travail ? —Non, ça n'*avance* pas du tout. »「どう, 仕事は進んでいるかい」「いや, それがさっぱりなんだ」
❸〔時計が〕**進む**；〔時節が〕終わりに近づく. 注 対応する名詞は avance. ▶ Ma montre *avance* d'une minute par jour. 私の時計は1日に1分進む / La nuit *avance*. 夜が間もなく明ける.
❹ 前方に突き出ている. ▶ Son ventre *avance* légèrement. 彼(女)はおなかが少し出ている.
❺ 昇進する. ▶ *avancer* en grade 昇進する.
avancer en âge 年を取る, 老いる (=vieillir).
— **s'avancer** 代動 ❶ 前に出る, 前進する. ▶ Tous les acteurs *se sont avancés* sur le devant de la scène. 役者が全員舞台の前に出てきた. ❷ はかどる, 進展する. ▶ *s'avancer* dans son travail 仕事がはかどる. ❸〔時節が〕終わりに近づく, 進む. ▶ La nuit *s'avance*. (=avance) 夜が更ける. ❹ 前方に突き出ている. ❺ 思い切ったことを言う[行う]. ▶ Je *me suis* trop *avancé* pour reculer. 言い[やり]過ぎて引っ込みがつかなくなった / Elle *s'est avancée* jusqu'à me traiter de lâche. 彼女は私のことを卑怯(ひきょう)者呼ばわりさえした.

avanie /avani/ 女 (公然の)侮辱. ▶ faire [infliger] une *avanie* à qn …を侮辱する / subir une *avanie* 辱めを受ける.

*avant /avɑ̃/ アヴァン/ 前 (↔après)

avant les vacances　　après les vacances

❶《時間について》**…以前に, までに, より先に**. ▶ Reviens *avant* huit heures. 8時までに戻っていらっしゃい / Il est parti *avant* nous. 彼は我々より先に出発した / Il m'a téléphoné juste [quelques jours] *avant* mon départ. 彼は私の出発の直前[数日前]に電話してきた /《無冠詞名詞とともに》accoucher *avant* terme 早産する.
◆ *avant* + 期間 …以内に. ▶ Il faut finir ce travail *avant* une semaine. (=d'ici) 1週間以内にこの仕事を終える必要がある. ◆ *avant* de + 不定詞 …する前に. ▶ Il faut se laver les mains *avant* de manger. 食べる前に手を洗わなければいけない. ◆ *avant* que (ne) + 接続法 …す

る前に. ▶ Rentrons vite *avant* qu'il (ne) pleuve. 雨が降らない内に急いで帰りましょう.
❷《場所について》…の手前に. ▶ Arrêtez-vous *avant* le feu. 信号の手前で止めてください.
❸《序列, 順位について》…より上位に, 先に. ▶ Elle est toujours *avant* moi en maths. 彼女は数学でいつも私より上だった. ◆ passer *avant* qn/qc …にまさる, より重要である. ▶ La santé passe *avant* le travail. 仕事より健康の方が大事だ.

avant cela それ以前に.
avant Jésus-Christ 紀元前.
avant tout = **avant toute chose** 何よりもまず, 第一に.

— ***avant** 副 (↔après) ❶《時間について》**以前に, 先に**. ▶ Ça se passait bien *avant*. 以前はうまく行っていた / Réfléchis *avant*, tu parleras après. 先によく考えて, 口に出すのはあとにしなさい. ◆ 期間 + *avant* …前に(に). ▶ Il faut commencer à préparer cet examen au moins une semaine *avant*. この試験は少なくとも1週間前に準備を始める必要がある.
❷《場所について》手前に. ▶ Tu vois la gare ? Il habite juste *avant*. 駅が見えるだろう. 彼はあのちょっと手前に住んでいる / Je l'ai cité *avant*, dans l'introduction. 私はそれを先に序論で引用した.
❸《序列, 順位について》先に. ▶ placer son intérêt *avant* celui des autres 自分の利益を他人のそれより優先させる.
❹《assez, bien, fort, plus, si, trop とともに》先へ, 前へ. ▶ fort *avant* dans la nuit 夜更けに / s'enfoncer plus *avant* dans la forêt 森のもっと奥へ入っていく / Il s'est engagé trop *avant*. 彼は深入りしすぎた.

d'avant 前の, 先の. ▶ le jour *d'avant* その前日.
en avant 前に, 先に. ▶ aller *en avant* 前に進む / *En avant* ! 前へ進め / bond *en avant*. 躍進.
en avant de qc/qn …の前に, 先に (=devant). ▶ Le guide marche *en avant du* groupe. ガイドがグループの先頭を行く.
mettre qc en avant …を強調する, 前面に出す.
se mettre en avant 出しゃばる, 自分を目立たせる.

— 男 (↔derrière) ❶ (自動車, 船などの)前部, フロント. ▶ l'*avant* d'un bateau 船首. ❷『軍事』前線. ❸『スポーツ』(ラグビー, サッカーなどの)フォワード, 前衛.

aller de l'avant (障害などを気にせず)前進する；積極的に行動する.

— 形《不変》前(部)の. ▶ les roues *avant* 前輪.

語法 **avant**

(1) **avant** (…までに)と **jusqu'à** (…まで)
jusqu'à がある時点までの継続力を表わすのに対して, avant は行為が行われる最終的な限界点を示す. 次の2つの文を比較してみよう.
• Hier soir j'ai travaillé jusqu'à minuit.

avantage

昨晩私は夜中の12時まで仕事をした.
- Je dois finir ce travail avant midi. 私は昼までにこの仕事を仕上げなければならない.

(2) **avant** と **il y a** (…前に)

「…前に」という場合, 現在から見たときは〈il y a + 時間表現〉, 過去のある時点から見たときは〈時間表現 +avant〉を用いる.

- J'ai fait ma thèse il y a trois ans. 私は3年前に博士論文を書いた.
- Il m'a dit qu'il avait terminé son devoir deux jours avant. 彼は2日前に宿題を終えたと言った.

*avantage /avɑ̃taːʒ/ アヴァンタージュ / 男 ❶ 優位, 優勢, 優越. ▶ prendre [perdre] l'*avantage* sur ses adversaires (=dessus) 敵に対して優位に立つ [失う].
❷ 利点, 長所, 優れた点. ▶ Cette solution présente de grands *avantages*. この解決法にはたいへん優れた点がある.
❸ 特典; 利益. ▶ bénéficier [jouir] de nombreux *avantages* 数多くの特権を享受する / *avantages* sociaux 社会福祉の恩典.
❹ 〖スポーツ〗(テニスで)アドバンテージ: ジュースのあとの最初の得点.

à l'avantage de qn …に有利に. ▶ parler *à l'avantage de* qn …のことを好意的に話す.

avoir avantage à + 不定詞 …した方がよい. ▶ Tu *aurais avantage à* te tenir tranquille.(=intérêt) おとなしくしていた方がいいよ.

avoir l'avantage de + 不定詞 …という利点がある.

tirer avantage de qc (状況など)を生かす.

avantager /avɑ̃taʒe/ ② 他動 ❶ …を有利にする, に利益を与える. ▶ *avantager* un héritier 相続人の1人を優遇する. ❷ …の魅力を引き立たせる. ▶ Cette coiffure l'*avantage* beaucoup. このヘアスタイルは彼(女)をたいへん引き立てている.

avantageusement /avɑ̃taʒøzmɑ̃/ 副 有利に; 好意的に.

avantageux, euse /avɑ̃taʒø, øːz/ 形 ❶ 有利な, 好都合の, 条件のよい; 格安な. ▶ offre *avantageuse* 有利な提案 / billet d'avion à (un) prix *avantageux* 格安な値段の航空券.
❷ (実物以上に)よく見せる, 得な感じの. ▶ Il a une idée *avantageuse* de lui-même. 彼は自分をかなり買いかぶっている.
❸ うぬぼれの強い, 傲慢(ごうまん)な. ▶ air *avantageux* うぬぼれた態度.
— **avantageux** 男 うぬぼれ屋. ▶ faire l'*avantageux* うぬぼれた[もったいぶった]様子をする.

avant-bras /avɑ̃bra/ 男 前腕.

avant-centre /avɑ̃sɑ̃tr/; 〈複〉~s-~s 男 〖スポーツ〗センターフォワード.

avant-corps /avɑ̃kɔːr/ 男 (建築物正面の)張り出し部.

avant-cour /avɑ̃kuːr/ 女 (城, 宮殿, 邸宅などの正面中庭の手前にある)前庭.

avant-coureur /avɑ̃kurœːr/ 形 〈男性形のみ〉前触れの, 前兆の. ▶ les signes *avant-coureurs* du printemps (=annonciateur) 春の前触れ.

avant-dernier, ère /avɑ̃dɛrnje, ɛːr/ 形 最後から2番目の. ▶ l'*avant-dernier* jour 前々日.
— 名 最後から2番目の人 [物].

avant-garde /avɑ̃gard/ 女 ❶ 〖軍事〗前衛. ▶ combats d'*avant-garde* 前衛戦. ❷ (進歩, 発展の)先駆, 先端. ▶ l'*avant-garde* de la science 科学の最前線. ❸ 前衛芸術, アバンギャルド.

à l'avant-garde de qc …の先端に立って. ▶ être à l'*avant-garde* du progrès 最も進歩している.

d'avant-garde 前衛的な, アバンギャルドの. ▶ littérature *d'avant-garde* 前衛文学.

avant-gardiste /avɑ̃gardist/ 形 前衛的な, 前衛派の, アバンギャルドの. — 名 前衛芸術家.

avant-goût /avɑ̃gu/ 男 前兆, 予感. ▶ Ce soleil a un *avant-goût* des vacances. この日差しはバカンス近しを思わせる.

avant-guerre /avɑ̃gɛːr/ 男 / 女 (特に第1次・第2次大戦の)戦前.

*avant-hier /avɑ̃tjɛːr/ アヴァンティエール / 副 一昨日, おととい.
— 男 〈単複同形〉一昨日, おととい.

avant-première /avɑ̃prəmjɛːr/ 女 (劇, 映画, 展覧会の)試演会, 試写会, プレミアショー. ▶ voir un film en *avant-première* ある映画を試写会で見る.

avant-propos /avɑ̃prɔpo/ 男 (短い)前書き, 序文.

avant-scène /avɑ̃sɛn/ 女 ❶ 前桟敷 (=loge d'*avant-scène*): 舞台の両側2階, 3階などにつけた貴賓席. ❷ 〖建築〗エプロン, 前舞台.

avant-veille /avɑ̃vɛj/ 女 一昨日.

*avare /avaːr/ アヴァール / 形 ❶ けちな, 吝嗇(りんしょく)な, 守銭奴の. ▶ Elle est économe sans être *avare*. 彼女は締まり屋だけがけちではない.
❷ 〖文章〗 *avare de qc* …を浪費しない, 出し惜しむ. ▶ Il est *avare* de compliments. 彼はめったに人を褒めない.

A père avare, fils prodigue. 〖諺〗 けちな父親に道楽息子.
— 名 けち, 吝嗇家, 守銭奴.

avarice /avaris/ 女 吝嗇(りんしょく), けち.

avarie /avari/ 女 (船, 積み荷などの)損傷, 損害.

avarié, e /avarje/ 形 損害 [損傷] を受けた; 傷んだ. ▶ avion *avarié* 損傷した飛行機 / viande *avariée* (=pourri) 腐った肉.

avarier /avarje/ 他動 …に損害 [損傷] を与える, を傷める, 駄目にする.
— **s'avarier** 代動 (船荷などが)損傷を受ける, 傷む.

avatar /avataːr/ 男 ❶ 変身, 転身; 変化, 変更. ▶ un projet qui a connu bien des *avatars* 紆余(うよ)曲折のあった計画.
❷ 災難, 事故. ▶ On a eu un *avatar* en allant au Japon. 日本に行く途中, 思いがけない災難に遭った.
❸ 〖情報〗アバター: 仮想現実における自分の化身.

à vau-l'eau /avolo/ 副句 ⇨ VAU-L'EAU.

Avé /ave/, **Ave Maria** /avemarja/ 男 〈単複同形〉〖カトリック〗天使祝詞, アヴェ・マリア(の言

り). ▶ dire des *Avé* 天使祝詞を唱える.

*avec /avɛk アヴェック/ 前

❶《同伴》…と**一緒に**,を伴って. ▶ se promener *avec* qn …と一緒に散歩する / faire un voyage *avec* des copains 仲間たちと旅行する / Il a toujours son chien *avec* lui. 彼はいつも犬を一緒に連れている / un film *avec* Isabelle Adjani イザベル・アジャーニ主演の映画.

Je me promène avec elle.

❷《一致》…と同意見で. ▶ être d'accord *avec* qn …に賛成する / On peut penser *avec* cet auteur que + 直説法. この著者と同じく…と考えることができる.

❸《同時, 比例》…とともに. ▶ se lever *avec* le jour 日の出とともに起きる / La température décroit *avec* la latitude et l'altitude. 気温は緯度と高度に応じて下がる.

se lever avec le jour

❹《関係》…と, との間で. ▶ faire connaissance *avec* qn …と知り合う / être bien [mal] *avec* qn …と仲が良い［悪い］ / comparer une copie *avec* l'original コピーを原本と照合する / se battre *avec* qn …と(殴り合いの)喧嘩(炒)をする / la guerre *avec* l'Allemagne 対独戦争.

❺《所有, 付属》…を持って, のついた. ▶ une robe *avec* des dentelles レースのついたワンピース. ◆avec + 無冠詞名詞 ▶ des cigarettes *avec* filtre フィルター付きたばこ / une chambre *avec* vue sur la mer 海の見える部屋.

❻《手段》…を使って, によって. ▶ frapper *avec* un marteau ハンマーで打つ / *Avec* une telle somme, vous pouvez acheter n'importe quel appartement. それだけお金があればどんなアパルトマンだって買えますよ.

❼《無冠詞名詞とともに》《様態》…をもって, の様子で. ▶ *avec* plaisir 喜んで / *avec* précaution 用心しながら / répondre *avec* humour ユーモアに富んだ返答をする / *avec* prudence 慎重に(= prudemment). 注 名詞が形容詞などによって限定されると不定冠詞を伴う(例: accepter qc *avec* une grande joie …を大きな喜びをもって受け入れる).

❽《文頭で》《理由, 原因》…によって, のおかげで. ▶ *Avec* ce brouillard, il n'y aura pas de vols. この霧ではフライトはないだろう.

❾《条件》…をもってすれば. ▶ *Avec* de la patience, on arrive à tout. 忍耐力があれば何事もうまくいく.

❿《逆接》…をもってしても, にもかかわらず. ▶ *Avec* tant d'effort, il n'a pas réussi. あれほど努力したのに彼は成功しなかった.

⓫《多く文頭で》《関与》…が相手では, に関しては. ▶ *Avec* lui, il n'y a que l'argent qui compte. 彼にかかると金だけが問題なんだ.

avec ça 話 そのうえ, おまけに. ▶ Il conduit mal et *avec ça*, il conduit trop vite. 彼は運転が下手だし, おまけにスピードを出しすぎる / Et *avec ça*?(店員が客に向かって)ほかにお入り用の物は.

d'avec 《分離, 区別》…との, …から. ▶ depuis son divorce *d'avec* lui 彼女が彼と離婚して以来.

être avec qn …と一緒にいる; の味方である.

— 副話 ❶ それを持って, それとともに. ▶ Il pris son manteau et il est sorti *avec*. 彼はマントを取って, それを着て出かけた. ❷ それに伴って. ▶ les sacrifices qui vont *avec* それに伴う犠牲.

avenant¹**, ante** /avnɑ̃, ɑ̃:t/ 形 愛想がよい, 感じがいい.

à l'avenant それ相応の[に]; 同様に. ▶ La maison était luxueuse et le mobilier était *à l'avenant*. 家は豪華で家具もそれにふさわしいものだった.

et tout à l'avenant そしてすべてに関して同様である. ▶ Il ne va pas jusqu'au bout de ses efforts, en musique, en sport, *et tout à l'avenant*. 彼は最後まで努力しない. 音楽の勉強でも, スポーツでも, なんでもそうだ.

avenant² /avnɑ̃/ 男 《法律》契約変更.

avènement /avɛnmɑ̃/ 男 ❶ 即位. ▶ l'*avènement* de Louis XIV [quatorze] ルイ14世の即位. ❷《新しい時代の》到来. ▶ l'*avènement* de l'ère numérique デジタル時代の到来.

*avenir /avni:r アヴニール/ 男 《単数形のみ》将来, 未来; 前途; 運命. ▶ dans un proche *avenir* 近々, 近い将来に / dans un *avenir* lointain 遠い未来に / avoir de l'*avenir* 将来性がある / briser son *avenir* 将来を台なしにする.

à l'avenir 今後は, これからは. ▶ A l'*avenir*, soyez à l'heure. これからは時間に遅れないようにしなさい.

d'avenir (1) 将来の. ▶ une belle perspective *d'avenir* 将来の明るい見通し. (2) 将来性のある. ▶ un jeune médecin *d'avenir* 前途有望な青年医師.

avent /avɑ̃/ 男 《カトリック》待降節: クリスマス前の4週間.

*aventure /avɑ̃ty:r アヴァンテュール/ 女 ❶ 意外な出来事, 驚くべき事件. ▶ une heureuse [fâcheuse] *aventure* 幸運な出来事［厄介な事件］ / Il lui est arrivé une drôle d'*aventure* au cours de son voyage. 彼(女)は旅行中奇妙な事件に出くわした. 比較 ❷ 冒険. ▶ roman d'*aventures* 冒険小説 / film d'*aventures* アドベンチャー映画 / tenter l'*aventure* 一か八(%)かやってみる. ❸ 色恋沙汰(%), 情事.

à l'aventure 行き当たりばったりに, 当てずっぽうに, 適当に(=au hasard). ▶ marcher *à l'aventure* 当てもなくぶらぶら歩く.

aventuré

dire la bonne aventure 吉凶を占う.
d'aventure** = **par aventure 文章 偶然に, たまたま.
aventuré, e /avɑ̃tyre/ 形 危険な, 大胆な.
aventurer /avɑ̃tyre/ 他動〔生命, 財産など〕を危険にさらす. ▸ *aventurer* sa vie dans l'ascension de l'Everest (=risquer) 命がけでエベレスト登攀(とう)を試みる.
— **s'aventurer** 代動 冒険を試みる, 危険を冒す. ▸ Par curiosité, elle *s'est aventurée* dans des rues inconnues. 好奇心から彼女は見知らぬ通りに入ってみた. ◆ *s'aventurer* à + 不定詞 危険を冒して…する. ▸ *s'aventurer* à traverser l'Atlantique 大西洋横断に挑戦する.
s'aventurer sur un terrain glissant 危ない橋を渡る.
aventureusement /avɑ̃tyrøzmɑ̃/ 副 文章 大胆に, 危ない目をして, 危険を冒して.
aventureux, euse /avɑ̃tyrø, øːz/ 形 ❶ 冒険好きな, 向こう見ずな, 無鉄砲な. ▸ une imagination *aventureuse* (=audacieux) 奔放な想像力. ❷ 波瀾(はらん)に富んだ. ▸ mener une vie bien *aventureuse* 波瀾万丈の人生を送る.
aventurier, ère /avɑ̃tyrje, ɛːr/ 名 ❶ 山師, ぺてん師. ▸ un *aventurier* de la politique 政治ゴロ. ❷ 冒険家, あえて危険を求める人.
aventurisme /avɑ̃tyrism/ 男 (政治上の無定見な) 冒険主義.
aventuriste /avɑ̃tyrist/ 形 (政治的) 冒険主義の.
avenu, e /avny/ 形 nul et non *avenu* /nylenɔnavny/ 存在しない, 効力のない.
***avenue** /avny/ アヴニュ/ 女 〔広場, 公共の建物などに通じる直線の〕**大通り**, 並木道. ▸ l'*avenue* de l'Opéra (パリの) オペラ通り / une *avenue* de marronniers マロニエの並木道. 比較 ⇨ CHEMIN.
avéré, e /avere/ 形 事実と認められた. ▸ C'est un fait *avéré*. それは確かな事実だ.
s'avérer /savere/ [6] 代動 文章 〈s'avérer + 属詞〉…であるのが明らかになる. ▸ Il *s'est avéré* incapable de faire ce travail. 彼にはこの仕事ができないことがはっきりした. ◆ 《非人称構文で》 Il *s'avère* que + 直説法 …であるのが明らかになる.
avers /avɛːr/ 男 〔貨幣, メダルの〕表.
averse /avɛrs/ 女 ❶ にわか雨, 驟雨(しゅう). ▸ recevoir [être pris par] une *averse* にわか雨に遭う. ❷ 文章 〈une *averse* de + 無冠詞複数名詞〉たくさん [多量] の…. ▸ subir une *averse* de reproches ごうごうたる非難を浴びる.
de la dernière averse 話 つい最近の.
aversion /avɛrsjɔ̃/ 女 嫌悪, 反発, 反感. ▸ J'ai de l'*aversion* pour ce travail. 私はこの仕事が嫌いだ / Cette publicité m'inspire de l'*aversion*. このコマーシャルに私は嫌悪感を催す / *aversion* au risque リスク忌避. ◆ avoir [prendre] qn/qc en *aversion* …を嫌う [嫌いになる].
averti, e /avɛrti/ 形 熟知した; 経験豊かな, 老練な. ▸ un critique *averti* 老練な批評家 / C'est un film averti pour un public *averti*. これは通向きの映画だ. ◆ *averti* de qc (最新の出来事)をよく知っている. ▸ Il est *averti* des derniers travaux en informatique. 彼は情報科学の最新の成果をよく把握している (注 *averti* de = au courant de).
se tenir pour averti 用心する.
Un homme averti en vaut deux. 諺 老練な1人は2人分の価値がある.
***avertir** /avɛrtiːr/ アヴェルティール/ 他動 …に知らせる; 警告する, 注意する. ▸ *avertir* la police 警察に通報する / Je vous *aurais averti*! あなたに知らせておいたのに. ◆ *avertir* qn de qc ▸ Il faut *avertir* tes parents du retard de l'avion. 飛行機が遅れたことをあなたの両親に知らせなさい. ◆ *avertir* qn que + 直説法 ▸ Il m'*a averti* que le passeport était périmé. 彼は私にパスポートが期限切れだと注意した. ◆ *avertir* qn de + 不定詞 ▸ *Avertissez*-le d'éviter cette route. (=prévenir) その道は通らないようにと彼に伝えてください. 比較 ⇨ INFORMER.
avertissement /avɛrtismɑ̃/ 男 ❶ 知らせ, 通知, 予告, 忠告, 警告. ▸ suivre [négliger] un *avertissement* 忠告に従う [を無視する] / donner un *avertissement* à un élève. 生徒に注意する. ❷ 譴責(けんせき), 戒告. ❸ 〔書物の〕前書き, 緒言. ❹ 納税通知.
avertisseur /avɛrtisœːr/ 男 警報器, 警報装置, 警笛. ▸ *avertisseur* sonore (自動車の) クラクション.
— **avertisseur, euse** /avɛrtisœːr, øːz/ 形 警告する, 警報 [警告] 用の. ▸ panneau *avertisseur* 注意標識.
aveu /avø/; 〈複〉 **x** 男 告白, 打ち明け話; 〈複数で〉 自白, 自供. ▸ faire un *aveu* franc 率直に打ち明ける / faire l'*aveu* d'une faute 過ちを白状する / passer aux *aveux* 自白する.
de l'aveu de qn …の証言によると, の意見では.
homme sans aveu ならず者.
aveuglant, ante /avœglɑ̃, ɑ̃ːt/ 形 ❶ まぶしい, 目をくらませる. ▸ une lumière *aveuglante* まぶしい光. ❷ 明白な. ▸ une preuve *aveuglante* de son innocence 彼 (女) の無実を示す歴然たる証拠.
***aveugle** /avœgl/ アヴーグル/ 形 ❶ 目の不自由な, 盲目の. 注 対応する名詞は cécité. ▸ Ce pianiste est *aveugle* de [depuis sa] naissance. あのピアニストは生まれつき目が見えない / devenir *aveugle* 失明する.
❷〔人が〕盲目的な, 分別を欠く. ▸ La passion l'a rendu *aveugle*. 激情が彼の理性を失わせた. ◆ être *aveugle* à [sur] qc …が分からない, に気がつかない. ▸ Il est *aveugle* à la réalité sociale. 彼には社会の現実が見えないのだ.
❸〔感情, 行動などが〕理性を欠く, 一徹な; 見境のない. ▸ L'amour est *aveugle*. 恋は盲目 / des bombardements *aveugle* 無差別爆撃.
❹〔建築〕開口部のない, 光が入り込まない. ▸ une fenêtre *aveugle* 化粧窓.
— 名 盲人. ▸ alphabet [écriture] des *aveugles* 点字 (=braille) / chien d'*aveugle* 盲導犬.
double aveugle 二重盲検法.
en aveugle 盲目的に, 無分別に. ▸ juger *en*

aveugle よく考えもせず判断を下す.

aveuglement /avœɡləmɑ̃/ 男 理性の喪失, 無分別; 逆上; 片意地. ▶ dans l'*aveuglement* de la colère 怒りに我を忘れて.

aveuglément /avœɡlemɑ̃/ 副 盲目的に, 無分別に. ▶ obéir *aveuglément* 盲従する.

aveugle-né, e /avœɡləne/; 《複》 ~s-~s 形, 名 生まれながら盲目の(人).

aveugler /avœɡle/ 他動 ❶ …を失明させる.
❷《多く受動態で》《強い光などが》…の目をくらませる. ▶ être *aveuglé* par le soleil 太陽の光に目がくらむ.
❸ …の理性を曇らせる, 分別を失わせる. ▶ La haine *aveugle* les hommes. 憎しみは人を盲目にする.
❹〖穴, すき間など〗をふさぐ. ▶ *aveugler* une fenêtre 窓をふさぐ.
— **s'aveugler** 代動 盲目[無分別]になる.

aveuglette /avœɡlɛt/《次の句で》
à l'aveuglette 副句 (1) 手探りで. ▶ chercher qc *à l'aveuglette* …を手探りで捜す. (2) 行き当たりばったりに, でたらめに.

aveulir /avøliːr/ 他動 文章 …を無気力にする, 惰弱(だじゃく)にする.
— **s'aveulir** 代動 文章 無気力になる.

aveulissement /avølismɑ̃/ 男 文章 無気力にす(なる)こと; 無気力, 惰弱(だじゃく).

Aveyron /avɛrɔ̃/ 固有 男 ❶ アヴェロン県 [12]: 中央山地南西部.
❷ アヴェロン川: タルン川支流.

avez /ave/ 活用 ⇨ AVOIR¹ Ⅰ

aviaire /avjɛːr/ 形 鳥の. ▶ grippe *aviaire* 鳥インフルエンザ.

aviateur, trice /avjatœːr, tris/ 名 飛行士, 飛行家;〖軍事〗航空兵.

aviation /avjasjɔ̃/ 女 ❶〖飛行機の〗飛行, 航空; 航空機産業. ▶ *aviation* civile 民間航空 / *aviation* militaire 軍事飛行 / compagnie d'*aviation* 航空会社 / terrain d'*aviation* 飛行場.
❷《集合的に》航空機隊. ▶ *aviation* de chasse 戦闘機隊.

avicole /avikɔl/ 形 家禽(かきん)飼育の.

aviculteur, trice /avikyltœːr, tris/ 名 家禽(かきん)飼育者.

aviculture /avikyltyːr/ 女 家禽(かきん)飼育.

***avide** /avid/ アヴィド / 形 ❶〈*avide* de qc/不定詞〉…を渇望する, に飢えた. ▶ être *avide* de pouvoir 権力に飢えている / Cet enfant est *avide* d'apprendre. この子は知識欲が旺盛だ.
❷ 貪欲(どんよく)な; 熱心な. ▶ un regard *avide* むさぼるような眼差(まなざし)し / tendre une oreille *avide* 熱心に耳をそばだてる.
❸ 食い意地の張った, がつがつした.

avidement /avidmɑ̃/ 副 熱心に, むさぼるように; がつがつと.

avidité /avidite/ 女 貪欲(どんよく); 渇望; 食い意地.
▶ manger avec *avidité* がつがつと食べる.

aviez /avje/ 活用 ⇨ AVOIR¹ Ⅰ

Avignon /aviɲɔ̃/ 固有 アヴィニョン: Vaucluse 県の県庁所在地.

avilir /aviliːr/ 他動 ❶ …の品位を落とす, を堕落させる. ▶ On cherche à l'*avilir* par des calomnies. 彼(女)は中傷で名誉を傷つけられようとしている. ❷ 古風〖貨幣など〗の価値を下げる.
— **s'avilir** 代動 ❶〖自分の〗品位を落とす, 堕落する. ❷ 古風〖貨幣などが〗価値が下がる.

avilissant, ante /avilisɑ̃, ɑ̃ːt/ 形 文章 品位を落とす, 堕落させる. ▶ une conduite *avilissante* 恥ずべき行為.

avilissement /avilismɑ̃/ 男 品位の低下. ▶ tomber dans l'*avilissement* 堕落する.

aviné, e /avine/ 形 酔っ払った.

***avion** /avjɔ̃/ アヴィョン 男

飛行機, 航空機. ▶ prendre l'*avion* 飛行機に乗る / *avion* pour Paris パリ行きの飛行機 / *avion* de ligne 定期航空機 / *avion* de chasse 戦闘機 / *avion* à réaction ジェット機 (=jet) / *avion* gros-porteur ジャンボジェット機 / *avion* supersonique 超音速旅客機, SST.

en avion 飛行機で. ▶ voyager [aller] *en avion* 飛行機で旅行する[行く].

par avion 航空便で. ▶ envoyer une lettre *par avion* 手紙を航空便で送る.

avion-cargo /avjɔ̃kargo/; 《複》 ~s-~s 男 貨物輸送機.

avion-citerne /avjɔ̃sitɛrn/; 《複》 ~s-~s 男 〖空中〗給油機.

avion-école /avjɔ̃ekɔl/; 《複》 ~s-~s 男 練習機.

avionique /avjɔnik/ 女 航空電子工学, アビオニクス;《総称的に》航空電子機器.

avionneur /avjɔnœːr/ 男 飛行機の機体組み立て工.

avions /avjɔ̃/ 活用 ⇨ AVOIR¹ Ⅰ

aviron /avirɔ̃/ 男 ❶ オール, 櫂(かい). ▶ aller à l'*aviron* 漕(こ)ぐ. ❷〖スポーツ〗ボートレース, レガッタ, 漕艇(そうてい). ▶ faire de l'*aviron* ボートレースをする.

***avis** /avi/ アヴィ 男 ❶ 意見. ▶ Quel est votre *avis* ? あなたの意見はどうですか / donner son *avis* sur qc …について意見を述べる / changer d'*avis* 意見を変える / partager l'*avis* de qn …の意見に同意する / Je suis du même *avis*. 私は同じ意見です / Il est de mon *avis*. 彼は私と同じ意見です / Les *avis* sont partagés. 意見はまちまちだ. ◆être d'*avis* que + 直説法 …だと考える. ▶ Je suis d'*avis* qu'il s'en ira demain. きっと彼は明日出ていくと思う. ◆être d'*avis* que + 接続法 / être d'*avis* de + 不定詞 …すべきだと考える. ▶ Je suis d'*avis* de prendre l'autoroute. 高速道路で行くべきだと私は思う. 比較 ⇨ OPINION.
❷ 忠告, 助言. ▶ donner [recevoir] un *avis* amical 親身な忠告を与える[受ける].
❸《文書, 掲示などによる》告示, 通知; 指示. ▶ *avis* au public お知らせ / *avis* de décès (新聞の)死亡記事 / *avis* d'expédition 発送通知 / jusqu'à nouvel *avis* 追って通知があるまで, 詳細を待って / sauf *avis* contraire 取り消し通知がないかぎり / agir sur *avis* 指令に従って行動する.

*à mon avis 私の意見[考え]では. 注 mon は各

人称に変化させて用いる. ▶ Qu'est-ce que ça veut dire, *à ton avis*? それはどういう意味だと思う.

avis au lecteur (1)(書物の)序文. (2)戒め, 警告.

C'est mon avis, et je le partage. (ふざけて)これが私の意見です, 私は賛成です.

avisé, e /avize/ 形 ❶ 慎重な, 思慮深い, 用心深い. ▶ un homme bien *avisé* 思慮深い人 / Vous avez été bien *avisé* de venir. おいでになったのは賢明でした.
❷〔忠告などが〕適切な, よく考えられた.

aviser¹ /avize/ 他動 文章〈*aviser* qn (de qc)〉/*aviser* qn (que 直説法)〉…に(…を)通知する, 予告する. ▶ Il m'*a avisé* de son départ. 彼は私に出発を知らせてよこした.

aviser² /avize/ 他動 …をふと見つける. ▶ Il *a avisé* dans la foule un de ses amis. 彼は群衆の中に1人の友人の姿を認めた.
── 間他動〈*aviser* à qc/不定詞〉…のことを熟考する, に備える. ▶ *aviser* à la situation 状況をよく考えて対処する /〈目的語なしに〉Il est temps d'*aviser*. どうするか考えるべき[決断すべき]時だ.
── **s'aviser** 代動 ❶〈*s'aviser* de qc // *s'aviser* que 直説法〉…に気づく, を発見する. ▶ Il s'est avisé d'un moyen plus efficace. 彼はより有効な方法を思いついた / Elle s'est avisée qu'elle avait vécu dans le mensonge. 彼女は自分がうそで固めた生活をしてきたことに気がついた.
❷〈*s'aviser* de + 不定詞〉(妙なこと, 大それたこと)をする気を起こす, してかす. ▶ Ne t'avise pas de recommencer! 二度とやるやんじゃないよ.

avitaminose /avitaminoːz/ 女【医学】ビタミン欠乏症. ▶ *avitaminose* A ビタミンA欠乏症.

aviver /avive/ 他動 ❶ …を生き生きとさせる, 勢いづける, 盛んにする. ▶ *aviver* le feu 火をかき立てる / *aviver* le teint 血色をよくする.
❷〔苦痛, 感情など〕をより強くする, 刺激する. ▶ *aviver* une blessure 傷を刺激する / *aviver* des regrets 後悔の念をかき立てる.
── **s'aviver** 代動 生き生きする, 勢いがよくなる;〔苦痛, 感情などが〕より強くなる.

avocat¹, **ate** /avɔka, at/ ア ヴォ カ, ア ヴォ カット/ 名 ❶ 弁護士. 注 女性についても男性形を用いることがある. une femme avocat, une avocate ともいう. ▶ Maître Martin, *avocat*. 弁護士マルタン(maître は弁護士に対する敬称) / consulter un *avocat* 弁護士に相談する / prendre un *avocat* 弁護士を依頼する / *avocat* commis [d'office] 国選弁護人 / *avocat* consultant 顧問弁護士 / *avocat* général 次席検事 / *avocat* plaidant 法廷弁護士 / l'ordre des *avocats* 弁護士会.
❷ 弁護する人. ▶ se faire l'*avocat* de qn/qc …の肩をもつ, を弁護する.

avocat du diable (正しい結論に導くために)あえて異論を唱える人.

avocat² /avɔka/ 男【植物】アボカド(の実).

avocatier /avɔkatje/ 男【植物】アボカドの木.

avoine /avwan/ 女【植物】エンバク, カラスムギ. ▶ farine d'*avoine* オートミール.

:avoir¹ /avwaːr アヴォワール/ Ⅰ 他動

過去分詞 eu		現在分詞 ayant

直説法現在	j'ai	nous avons
	tu as	vous avez
	il a	ils ont
単純未来	j'aurai	nous aurons
	tu auras	vous aurez
	il aura	ils auront
半過去	j'avais	nous avions
	tu avais	vous aviez
	il avait	ils avaient
複合過去	j'ai eu	nous avons eu
	tu as eu	vous avez eu
	il a eu	ils ont eu
命令法	aie,	ayons, ayez

《所有》…を持つ.
《経験》…に出会う.
《行為》…を手に入れる.
〈*avoir* + 過去分詞〉《複合時制をつくる》
〈*avoir* à + 不定詞〉…しなければならない.
〈*avoir* qn/qc à + 不定詞〉…すべき…がある.
〈*avoir* + 数量表現〉…だけある.
〈*avoir* + 年齢〉…歳である.
〈Il y a〉⇨ IL Y A

Ⅰ ❶《所有》
❶ …を持つ, 所有する. ▶ *avoir* une maison 家を1軒持っている / *avoir* trois enfants 子供が3人いる / *avoir* un record 記録を保持している / *avoir* le droit de + 不定詞 …する権利を有する.

J'ai une maison.

❷〔時間, 余裕〕がある. ▶ *avoir* le temps de + 不定詞 …する時間がある / Vous *avez* une semaine pour vous décider. 決心するのに1週間の猶予をあげます.

❷《属性》
❶〔特徴, 特性〕を備えている, もっている. ▶ Il *a* mauvais caractère. やつは性悪だ / Cela n'*a* aucun intérêt. それにはちっともおもしろみがない. ◆ avoir + 名詞 + 形容詞(句) …が…である. ▶ *avoir* les cheveux en désordre 髪が乱れている / *avoir* l'oreille fine 耳が鋭い.
❷〈*avoir* + 数量表現〉(寸法, 分量について)…だけある. ▶ Ce mur *a* deux mètres de haut. この塀は高さが2メートルある / Notre village *a* dix mille habitants. 我々の村の人口は1万人だ.
❸〈*avoir* + 年齢〉…歳である. ▶ «Quel âge *avez*-vous? —J'*ai* vingt ans.»「あなたはおいく

つですか」「20歳です」

3《経験, 状態》

❶ …を経験する, に出会う. ▶ *avoir* du beau temps 好天に恵まれる / *avoir* de la chance 幸運である / Ma voiture *a eu* une panne d'essence au cours de la route. 私の車は途中でガス欠を起こした.

❷〔ある種の状態に〕ある;〔病気〕にかかる. ▶ *avoir* de la fièvre 熱がある / *avoir* une santé robuste 頑健である / **Qu'est-ce que vous avez ?** Vous êtes tout pâle. どうしたんですか, 真っ青ですよ.

4《行為》

❶ …を手に入れる, 受け取る; 買う. ▶ *Avez*-vous sa réponse ? あの人の返事をもらいましたか / Je n'arrive pas à *avoir* Paris. (電話などで)パリがなかなかつながらない / J'*ai eu* trois pommes pour un euro. リンゴ3個を1ユーロで買った.

❷〔動作, 発言など〕をする, 行う. ▶ Elle *eut* un cri. 彼女は叫び声を上げた.

❸ 話 …をだます; やっつける; しとめる. ▶ On les aura. やつらを打ちのめしてくれよう / se faire [se laisser] *avoir* 一杯食わされる, だまされる / *avoir* une femme 俗 女をものにする.

5《提示》▶ Nous *avons* deux types d'économies: une libérale, l'autre dirigée. 経済には2つのタイプがある. 1つは自由経済, もう1つは統制経済である.

6《*avoir* + 無冠詞名詞》《種々の成句表現で用いられる》▶ *avoir* faim 空腹である / *avoir* soif 喉が渇いている / *avoir* chaud 暑い / *avoir* froid 寒い / *avoir* sommeil 眠い / *avoir* mal à la tête 頭が痛い / *avoir* peur 怖い / *avoir* raison (言い分が)正しい / *avoir* tort 間違っている. 注 心身の状態を示す表現を強調するためには, (1) 名詞に冠詞と修飾語をつける(例: J'*ai* une faim de loup), (2)très を入れる(例: J'*ai* très faim). ただし(2)は俗語的とされる.

Ⅲ《助動詞として》

1《*avoir* + 過去分詞》《他動詞, 大部分の自動詞の助動詞として用いられ, 複合時制, 重複合時制をつくる》▶ (直説法複合過去で) J'*ai* fini. 終わった / Je n'*ai* pas encore déjeuné. まだ昼食を済ませていません / (直説法大過去で) J'*ai* été chez un ami d'enfance que je n'*avais* pas revu depuis longtemps. 私は, 長い間会っていなかった幼な友達の家に行った / (重複合過去で) Dès qu'il *a eu* fini d'écrire, il est sorti. 書き終えるとすぐに彼は外出した.

2《*avoir* à + 不定詞》

❶《*avoir* à + 不定詞》…しなければならない. ▶ J'*ai* à lui parler. 私は彼(女)に話がある / Vous n'*avez* pas à vous en soucier. 御心配には及びません.

❷《n'*avoir* qu'à + 不定詞》…しさえすればよい. ▶ Tu n'*as* qu'à appuyer sur le bouton et ça se met en marche. ボタンを押すだけですぐに動き出すよ / Vous n'*aviez* qu'à faire attention. ちょっと注意すればよかったのに.

❸《n'*avoir* plus qu'à + 不定詞》…するしか残されていない. ▶ Nous n'*avons* plus qu'à démissionner. 我々はもはや辞表を出すまでだ.

3《*avoir* qn/qc à + 不定詞》…を…しなければならない, …すべき…がある. ▶ J'*ai* un travail à faire. しなければならない仕事があります / Il n'*avait* rien à faire. 彼には何もすることがなかった / Vous n'*avez* qu'un mot à dire. ひとことおっしゃれば済むことです.

Ⅲ《**il y a**》 ⇨ IL Y A.

avoir pour + 無冠詞名詞 + ***de*** + 不定詞 …することを(目的, 使命, 習慣など)とする. ▶ La commission *a pour* tâche de faire une enquête sur cette affaire. 委員会はこの事件について調査を行うことを任務としている.

avoir qn pour [***comme***] + 無冠詞名詞 …を…とする, として持つ. ▶ Je l'*ai pour* ami [ennemi]. 彼は僕の友[敵]だ.

avoir quelque chose contre qn/qc …に含むところがある, 不満[反感]を抱いている.

en avoir (1) 話 肝っ玉が大きい. ▶ Il n'*en a* pas, ce type-là. あいつは意気地なしだよ. (2) Vous *en aurez*. 今に見ていろ, 思い知らせてやる.

en avoir à [***après, contre***] qn …を恨んでいる, に腹を立てている.

en avoir assez [***marre, plein le dos, par-dessus la tête, ras le bol***] 話 うんざりする, もうたくさんだ.

en avoir pour + 数量表現 (1) …だけ費用[時間]がかかる. ▶ J'*en ai pour* cent euros. それに100ユーロかかった / Tu *en as* encore *pour* longtemps? まだ大分かかるの. (2) …だけ続く, 持続する. ▶ On *en a* encore *pour* vingt kilomètres. まだこの先20キロもある.

l'avoir mauvaise = ***l'avoir sec*** 話 がっかりした.

n'avoir que faire de qn/qc …にまったく用がない, があってもなんの足しにもならない.

n'avoir rien contre qn …に含むところはない.

avoir² /avwaːr/ 男 ❶ 財産, 資産. ❷《簿記》貸方.

avoisinant, ante /avwazinɑ̃, ɑ̃ːt/ 形 近隣の, 隣接した.

avoisiner /avwazine/ 他動 ❶ …に隣接している. ▶ Notre village *avoisine* la forêt. 私たちの村は森に隣接している. ❷ …に近い; と似通っている. ▶ Son calme *avoisine* l'indifférence. 彼(女)の落ち着きようは無関心とも見える.

avons /avɔ̃/ 活用 ⇨ AVOIR¹ Ⅰ.

avorté, e /avɔrte/ 形 挫折した, 実らなかった.

avortement /avɔrtəmɑ̃/ 男 ❶ 流産; 中絶, 堕胎. ▶ *avortement* involontaire 自然流産 (=fausse couche) / *avortement* volontaire 人工流産, 中絶. ❷ 破綻, 挫折. ▶ l'*avortement* d'un projet 計画の失敗. ❸〔植物の〕発育不全.

avorter /avɔrte/ 自動 ❶ 流産する; 中絶する, 堕胎する. 注 自然流産する場合はむしろ faire une fausse couche という. ▶ Elle s'est fait *avorter*. 彼女は子供をおろした. ❷〔計画, 事業などが〕破綻する, 挫折する. ❸〔植物が〕成熟しない.

avorteur

avort*eur*, *euse* /avɔrtœːr, øːz/ 名 (無許可の)堕胎医.

avorton /avɔrtɔ̃/ 男 ❶ うらなり,青びょうたん,ちび. ❷ 発育不全の動植物.

avouable /avwabl/ 形 おおっぴらにできる,恥じるところのない.

avoué[1] /avwe/ 男【法律】代訴士;訴訟手続を担当する. ▶ cabinet [étude] d'*avoué* 代訴士事務所.

avoué[2], ***e*** /avwe/ 形 告白された,公表された;認められた. ▶ un ennemi *avoué* 公然の敵 / un principe *avoué* de tous 万人の認める原理.

*__avouer__ /avwe/ アヴェ/ 他動 ❶ …を告白する,打ち明ける;を自ら認める. ▶ *avouer* un crime 罪を告白する / Il lui *a avoué* son amour. 彼は彼女に愛を打ち明けた / *avouer* son ignorance 自分の無知を認める. ◆ *avouer* que + 直説法 // *avouer* + 不定詞 ▶ Il *a avoué* qu'il avait menti. 彼はうそをついたことを白状した / J'*avoue* avoir été imprudent. 確かに私は軽率でした. ◆ il faut l'*avouer* // je l'*avoue* 《挿入句で》実のところ,白状すると. ▶ Elle avait raison, je l'*avoue*. 正直言って彼女の方が正しかったのです.
❷《目的語なしに》自供する,犯行を自白する. ▶ Le conpable *a avoué*. 犯人が自白した.
— **s'avouer** 代動 ⟨*s'avouer* + 属詞⟩自分を…であると認める. ▶ *s'avouer* coupable [vaincu] 自分の有罪[敗北]を認める.

*__avril__ /avril アヴリル/ 男

4 月. ▶ en *avril* = au mois d'*avril* 4 月に / début [fin] *avril* 4 月初めに[末に].
En avril ne te découvre pas d'un fil; en mai, fais ce qu'il te plaît. 諺 (4 月には糸 1 本脱ぐな,5 月になったら好きにせよ→) 4 月は寒の戻りがあるから薄着はするのは 5 月まで待て.
poisson d'avril エープリルフール. 注 背中に魚の絵を貼る慣習がある. ▶ faire un *poisson d'avril* à qn …を 4 月ばかで担ぐ.

poisson d'avril

avulsion /avylsjɔ̃/ 女 抜歯.

axe /aks/ 男 ❶ 軸,中心線;スピンドル. ▶ tourner sur [autour d'] un *axe* 軸の周りを回転する / *axe* de symétrie 対称軸 / l'*axe* d'une rue 道路のセンターライン. ❷ 幹線,要路. ▶ les grands *axes* routiers 主要幹線道路. ❸(思想,行動などの)主軸,路線. ▶ l'*axe* d'une politique ある政策の基本方針. ❹【歴史】les puissances de l'*Axe*(第 2 次大戦中の)枢軸国.

axer /akse/ 他動 ⟨*axer* qc sur [autour de] qc⟩…を…の基軸の上に据える,に沿って配置する. ▶ *axer* son discours sur un thème ある主題を中心として話を展開する / Il *est axé* sur … 彼の関心は…の方に向いている.

axial, ale /aksjal/《男複》**aux** /o/ 形 軸の;軸に沿った. ▶ symétrie *axiale* 軸対称.

axiomatique /aksjɔmatik/ 形 ❶ 公理の,自明の. ❷ 公理に基づく.
— 女 公理的体系,公理系;公理論.

axiome /aksjoːm/ 男 ❶ 公理. ❷(万人の認める自明の)原則,基準. ❸ 格言,金言.

ayant /ɛjɑ̃/ 活用 avoir[1] の現在分詞.

ayant droit /ɛjɑ̃drwa/《複》〜**s** 〜 男【法律】権利継承人.

ayatollah /ajatɔla/ 男 ❶ アヤトラ:イスラム教シーア派の最高宗教指導者に与えられる称号. ❷ 大御所,大家.

ayez /eje/ 活用 ▷ AVOIR[1][I]

ayons /ejɔ̃/ 活用 ▷ AVOIR[1][I]

ayurvéda /ajyrveda/ 男 アーユルベーダ.

azalée /azale/ 女【植物】アザレア(ツツジ科).

AZERTY /azɛrti/ 形《不変》(キーボードが)フランス語配列の. ▶ clavier *AZERTY* フランス語配列キーボード.

azimut /azimyt/ 男 方位,方位角.
dans tous les azimuts 話 四方八方に,あらゆる方向に.
tous azimuts /tuzazimyt/ (1) 全方位の,あらゆる領域[種類,次元]にわたる. ▶ une politique étrangère *tous azimuts* 全方位外交. (2) 四方八方に,あらゆる方向に. ▶ chercher *tous azimuts* そこら中を探し回る.

azotate /azɔtat/ 男【化学】硝酸塩.

azote /azɔt/ 男【化学】窒素. ▶ oxydes d'*azote* 窒素酸化物.

azoté, *e* /azɔte/ 形 窒素を含む. ▶ engrais *azotés* 窒素肥料.

azotique /azɔtik/ 形 古風【化学】硝酸の.

aztèque /astɛk/ 形 アステカ人の. ▶ civilisation *aztèque* アステカ文明. — **Aztèque** 名 アステカ人:アステカ帝国をつくったメキシコの先住民族.
— **aztèque** 男 アステカ語.

azur /azyːr/ 男 ❶ 文章 紺碧(こんぺき),空色. ▶ un ciel d'*azur* 青空 / la Côte d'*Azur* コート・ダジュール,紺碧海岸. ❷ 詩語 空. ❸(コバルト添加による)青色ガラス. ❹【紋章】青.

azuré, *e* /azyre/ 形 文章 紺碧(こんぺき)の. ▶ la voûte *azurée* 青天,蒼穹(そうきゅう) / la plaine *azurée* 青海原.

azuréen, enne /azyreɛ̃, ɛn/ 形 コート・ダジュール Côte d'Azur の.
— 名 コート・ダジュールのバカンス族.

azurer /azyre/ 他動 …を青く染める.

azyme /azim/ 形 pain *azyme* (カトリック)聖体用のパン;(ユダヤ教で過越(すぎこし)の祭に食べる)種なしパン. — 男 種なしパン,無酵母パン. ▶ la fête des *azymes* 過越の祭.

B, b

B¹, b /be/ 男 フランス字母の第2字.
B² 《記号》〖音楽〗変ロ音; 変ロ調: ロ音, ロ調.
baba¹ /baba/ 形《不変》話 あっけにとられた. ▶ (en) être [rester] *baba* あいた口がふさがらない.
baba² /baba/ 男《ポーランド語》〖菓子〗ババ: キルシュなどに浸した干しブドウ入りスポンジケーキ.
baba³ /baba/ 名《男女同形》《英語》ババ(=*baba cool*): ヒッピーに代わって登場した自然志向の反体制的な若者.
b.a.-ba /beaba/ 男《単数形のみ》話〈le *b.a.-ba* de qc〉…の基本, いろは. ▶ enseigner le *b.a.-ba* des mathématiques 数学の基礎を教える. 注 読み方を習う際にまず b, a とつづり字を区別って読み、次に ba と続けて読むところから.
babélisme /babelism/ 男 文語 ❶〔異なる言語, 意見が入り乱れる〕喧噪(-{#})、混乱. ❷ 難解な言葉(遣い), 専門語(の乱用).
babeurre /babœːr/ 男 バターミルク, 脱脂乳.
babil /babil/ 男〔たわいない〕おしゃべり.
babillage /babijaːʒ/ 男〔たわいない〕おしゃべり(をすること).
babill*ard, arde* /babijaːr, ard/ 形, 名 文語 おしゃべりな(人), 話し好きな(人).
babiller /babije/ 自動〔子供などが〕たわいないことをぺちゃくちゃとしゃべる.
babine /babin/ 女《多く複数で》❶〔猿, ラクダなどの〕垂れた唇. ❷ 話〔人の〕唇. ▶ s'essuyer les *babines*（食後に）口をぬぐう.
 s'en lécher les babines 話〔御馳走(-{#})を期待して〕舌なめずりする.
babiole /babjɔl/ 女 ❶ つまらない物, がらくた. ❷ つまらないこと, 取るに足りないこと.
bâbord /baboːr/ 男〖海事〗左舷(-{#})(↔tribord).
babouche /babuʃ/ 女 バブーシュ: トルコ風のスリッパ型革製上履き.
babouin /babwɛ̃/ 男〖動物〗ヒヒ.
baby /bebi/ 形《不変》《英語》ベビー用の; 小型の, ミニの.
baby-boom /bebibum/; babibum/ 男《英語》ベビーブーム.
baby-foot /babifut/ 男《単複同形》〔卓上の〕サッカーゲーム.
Babylone /babilon/ 固有 バビロン: 古代バビロニアの首都.
Babylonie /babilɔni/ 固有 女 バビロニア: 古代メソポタミア南部.
babyloni*en, enne* /babilɔnjɛ̃, ɛn/ 形 バビロニア Babylonie の; バビロン Babylone の.
— **Babyloni*en, enne*** 名 バビロニア人; バビロン人.
baby-sitter /bebisitœːr; babisitœːr/ 名《男女同形》《英語》ベビーシッター.
baby-sitting /bebisitiŋ; babisitiŋ/ 男《英語》ベビーシッターの仕事, 子守り.
bac¹ /bak/ 男 ❶〔船底が平らで広い〕渡し船; フェリー(ボート). ❷〔平底の〕容器; 桶(#); 槽. ▶ *bac* à glace（冷蔵庫の）製氷皿 / *bac* à plantes プランター.
bac² /bak/ 男 (baccalauréat の略) 話 バカロレア. ▶ passer le [son] *bac* バカロレアを受験する / *bac*+2 大学一般教育修了免状 (DEUG) 取得者 / *bac*+3 学士号 (licence) 取得者 / *bac*+4 修士号 (maîtrise) 取得者 / *bac*+5 博士課程1年次修了免状 (DEA) 取得者.
bacante /bakɑ̃ːt/ 女 ⇨ BACCHANTE².
baccalauréat /bakalɔrea/ 男 バカロレア資格(試験), 大学入学資格(試験). ▶ être reçu [refusé] au *baccalauréat* バカロレアに合格[失敗]する.
baccara /bakara/ 男〖カード〗バカラ: 9点にいちばん近くカードをそろえた者が勝ち.
baccarat /bakara/ 男 バカラ: バカラ Baccarat 産のクリスタルガラス.
bacchanale /bakanal/ 女 ❶ 文語 らんちき騒ぎ, 無礼講 (=orgie). ❷《複数で》〖古代ローマ〗バッカス祭.
bacchante¹ /bakɑ̃ːt/ 女 ❶〖古代ギリシア〗ディオニュソスの巫女(-{#}). ❷ 文語 乱酔する女, 淫奔(-{#})な女.
bacchante² /bakɑ̃ːt/ 女《多く複数で》話 口ひげ, 上ひげ (=moustache).
Bacchus /bakys/ 固有 男〖ローマ神話〗バッカス (⇨ DIONYSOS).
bâchage /bɑʃaːʒ/ 男〔トラックなどに〕防水シート[幌(#)]をかけること.
bâche /baːʃ/ 女 ❶ 防水シート, 幌(#), 帆布. ❷ 話〔粗末な布製の〕ハンチング.
bacheli*er, ère* /baʃəlje, ɛːr/ 名 大学入学資格者, バカロレア合格者.
bâcher /bɑʃe/ 他動 …を防水シートで覆う.
bachique /baʃik/ 形 ❶〖ローマ神話の酒神〗バッカス Bacchus の. ▶ fêtes *bachiques* バッカス祭 (=bacchanales). ❷ 酒の; 酒飲みの. ▶ une chanson *bachique* 酒の歌.
bachot¹ /baʃo/ 男 渡し舟,〔平底の〕小舟.
bachot² /baʃo/ 男 話 バカロレア. ▶ boîte à *bachot* バカロレア受験のための予備校.
bachotage /baʃɔtaːʒ/ 男 話〔バカロレアなどの受験のための〕詰め込み式の猛勉強.
bachoter /baʃɔte/ 自動 話〔バカロレアなどの受験のために〕詰め込み式の猛勉強をする.
bacillaire /basi(l)lɛːr/ 形〖医学〗桿菌(-{#})性の;〔特に〕結核菌の. — 名 肺結核患者.
bacille /basil/ 男 桿菌(-{#}), バチルス.
bâclage /bɑklaːʒ/ 男 話〔仕事などを〕ぞんざいにか

bâcler

bâcler /bakle/ 他話 〔仕事など〕をぞんざいにかたづける. ▶ *bâcler* ses devoirs 宿題をいいかげんにやる / C'est du travail *bâclé*. やっつけ仕事だ.

bacon /bekɔ̃/ 男《英語》ロースベーコン；ベーコン. ▶ œufs au *bacon* ベーコンエッグ.

bactéricide /bakterisid/ 形 殺菌性の. — 男 殺菌剤.

bactérie /bakteri/ 女 細菌, バクテリア.

bactérien, enne /bakterjɛ̃, ɛn/ 形 細菌の；細菌による；細菌性の.

bactériologie /bakterjɔlɔʒi/ 女 細菌学.

bactériologique /bakterjɔlɔʒik/ 形 細菌学の；細菌の. ▶ guerre *bactériologique* 細菌戦.

bactériologiste /bakterjɔlɔʒist/ 名 細菌学者.

badaboum /badabum/ 間投 どしん, どすん,（物が落ちる音）.

bad*aud*, *aude* /bado, oːd/ 形, 名 物見高い(人), やじ馬根性の(人).

badauderie /badodri/ 女 文章 物見高さ, やじ馬根性.

baderne /badɛrn/ 女 話 老いぼれ軍人；役立たずの老いぼれ.

badge /badʒ/ 男《英語》❶ バッジ, 記章. ❷〖情報〗(個人を識別するためのバッジカード, ID カード.

badger /badʒe/ 自動 (カード類を) リーダーに通す.

badgeuse /badʒøːz/ 女 カード読み取り機.

badiane /badjan/ 女〖植物〗シキミ類：モクレン科の常緑小高木.

badigeon /badiʒɔ̃/ 男 ❶(壁などに塗る)石灰乳塗料［ペイント］. ❷〖医学〗塗布剤.

badigeonnage /badiʒɔnaːʒ/ 男 ❶(石灰乳)塗装. ❷(薬剤の)塗布.

badigeonner /badiʒɔne/ 他動 ❶(ペンキなどを)…に塗る. ▶ *badigeonner* un mur avec de la chaux 壁に漆喰(いっくい)を塗る. ❷(薬, 顔料などを)…に塗る. — **se badigeonner** 代動 自分の…に薬, 顔料などを塗る. 注 se は間接目的. ▶ *se badigeonner* le genou d'un [avec un] désinfectant ひざに消毒薬を塗る.

bad*in, ine* /badɛ̃, in/ 形 文章 〔人が〕冗談好きな；〔態度などが〕ちょっとふざけた, 陽気な.

badinage /badinaʒ/ 男 文章 軽い冗談を言うこと, おどけ, ふざけ (=plaisanterie).

badine /badin/ 女 (細くしなやかな) 棒, 鞭(むち).

badiner /badine/ 自動 冗談を言う, ふざける, 戯れる. ▶ J'ai dit ça pour *badiner*. それは冗談だよ / On ne *badine* pas avec qc. …を軽く考えてはいけない, まじめにとらえなければならない.

badinerie /badinri/ 女 文章 冗談, ふざけ.

badminton /badmintɔn/ 男《英語》バドミントン.

Badoit /badwa/ 商標 バドワ：炭酸ミネラルウォーターのブランド名.

baffe /baf/ 女 俗 平手打ち.

baffle /bafl/ 男《英語》❶ (スピーカーの)バッフル. ❷ (スピーカーの)エンクロージャー.

bafouer /bafwe/ 他動 …を嘲弄(ちょうろう)する. ▶ *bafouer* la tradition 伝統を無視する.

bafouillage /bafujaːʒ/ 男 話 口ごもること；訳の分からない言葉［文章］.

bafouille /bafuj/ 女 俗 手紙.

bafouiller /bafuje/ 自動 口ごもる, もごもご言う. — 他動 …を口ごもって［しどろもどろに］言う.

bafouill*eur, euse* /bafujœːr, øːz/ 名 口ごもって不明瞭(めいりょう)に話す(人) / 訳の分からないことを言う(人).

bâfrer /bɑfre/ 他動 俗 …をむさぼり食う.

*****bagage** /bagaʒ/ 男 ❶ (多く複数で) (旅行のための)荷物；かばん類. ▶ *bagage* à main 手荷物, 手回り品 / préparer ses *bagages* (旅の)荷造りをする / livraison de *bagages* (空港の)荷物引き渡し. ❷ (集合的に) (知識, 教養などの)蓄え, 学識. ▶ *bagage* professionnel 職業上の知識［経験］/ Son *bagage* intellectuel est très important. 彼(女)はたいへん学識豊かだ.

faire ses bagages (1) 荷造りをする. (2) 話 出発する, 出かける.

partir avec armes et bagages 所持品全部を持って立ち去る.

plier bagage(s) そそくさと立ち去る, 逃げ出す.

prendre [amener] qn dans ses bagages …を一緒に連れて行く.

bagagerie /bagaʒri/ 女 (客車の)手荷物置場.

bagagiste /bagaʒist/ 男 (ホテル, 駅, 空港などの)手荷物運搬係, ポーター.

bagarre /bagaːr/ 女 ❶ 乱闘, 殴り合い. ▶ Des *bagarres* ont éclaté entre la police et les manifestants. 警官とデモ隊との間で乱闘が起こった. ❷ 争い, 抗争；(スポーツの)熱戦. ▶ une *bagarre* commerciale 激しい商戦 / Il va y avoir de la *bagarre*. ひともめありそうだ.

chercher la bagarre 喧嘩(けんか)を売る.

bagarrer /bagare/ 自動 話 (ある目的のために)闘争する；論戦する. — **se bagarrer** 代動 喧嘩(けんか)する, 殴り合う.

bagarr*eur, euse* /bagarœːr, øːz/ 形, 名 喧嘩(けんか)［論争］好きな(人).

bagatelle /bagatɛl/ 女 ❶ つまらない物；取るに足りないこと, 些細(ささい)なこと. ▶ perdre son temps à des *bagatelles* くだらないことに時間を費やす. ❷ わずかな金額. ▶ Je l'ai eu pour une *bagatelle*. 私はそれをただ同然で手に入れた / L'accident m'a coûté la *bagatelle* de trois mille euros. (反語的に) その事故で大枚3000ユーロの物入りになった. ❸ (la bagatelle) 話 肉体交渉.

bagnard /baɲaːr/ 男 徒刑囚.

vie de bagnard ひどく苦しい生活.

bagne /baɲ/ 男 ❶ 監獄, 徒刑場. ❷ 強制労働. ▶ trente ans de *bagne* 30年の強制労働. ❸ 酷使［虐待］される場所；つらい単調な仕事. ▶ Quel *bagne*! なんてひどい所［仕事］だ.

bagnole /baɲɔl/ 女 話 自動車；ぽんこつ車.

bagou(t) /bagu/ 男 話 饒舌(じょうぜつ), 口達者. ▶ avoir du *bagou(t)* 口がうまい.

baguage /bagaʒ/ 男 (鳥に)足輪をつけること.

*****bague** /bag/ 女 ❶ 指輪. ▶ *bague* de fiançailles 婚約指輪 (=anneau) / porter une *bague* au doigt 指輪をはめている. ❷ (鳥の)足輪. ❸ 環状のもの. ▶ *bague* d'un cigare 葉巻の帯.

avoir la bague au doigt 話 結婚している.

baguenauder /bagnode/ 自動 話 当てもなくぶらつく. — **se baguenauder** 代動 ぶらつく, 散歩する.

baguer /bage/ 他動 …に(指)輪をはめる. ▶ une main *baguée* 指輪をはめた手 / *baguer* un pigeon voyageur 伝書鳩に足輪をはめる.

*****baguette** /baget/ バゲット 女 ❶ 細い棒, 杖(3); 指揮棒;《多く複数で》箸(は). ▶ *baguette* magique 魔法の杖 / *baguette* de tambour 太鼓のばち / *baguette* de chef d'orchestre (オーケストラの)指揮棒 / manger avec *des baguettes* 箸で食べる. ❷〘パン〙バゲット: 棒状のフランスパン. ❸〘建築〙丸胴形(の);(室内配線用の)コード隠し.

à la baguette 指揮棒で; 意のままに. ▶ commander [mener] qn *à la baguette* …を意のままに操る / marcher *à la baguette* 言われるがままに従う.

d'un coup de baguette (*magique*) (魔法の杖の一振りで→)あっと言う間に; いとも簡単に.

baguier /bagje/ 男 ❶ 宝石箱, 指輪ケース. ❷ 指輪のリングサイズゲージ.

bah /ba/ 間投 話 ふうん, なに, へえ, まさか(無関心, 失望, 驚きなど). ▶ «Mais, tu as dû être malheureux.— *Bah*! j'en ai vu bien d'autres.» 「さぞつらかったでしょうね」「なあに, もっとつらい目にも遭ってきたよ」

bahut /bay/ 男 ❶ (民芸調の丈の低い)食器戸棚. ❷ 話〘学生〙中学, 高校. ❸ 話 タクシー, 車.

bai, baie /be/ 形, 名 鹿毛(¼)の(馬). 注 形容詞 bai が他の形容詞を伴うときは不変.

baie¹ /be/ 女 湾. ▶ la *baie* de Tokyo 東京湾.

baie² /be/ 女〘建築〙開口(部), 窓, 出入り口. ▶ une *baie* vitrée ガラス戸, ガラス窓.

baie³ /be/ 女〘植物学〙: ブドウ, ミカンなどのように水分の多い果肉が種子を包んでいる果実.

baignade /beɲad/ 女 水浴;(川などの)水浴場. ▶ «*Baignade* interdite»「遊泳禁止」

*****baigner** /beɲe/ 他動 ❶ (液体に)…をつける, 浸す. ▶ *baigner* ses pieds dans l'eau 足を水に浸す. ❷〘人〙を入浴 [水浴] させる. ▶ *baigner* un bébé 赤ん坊を風呂(¾)にいれる. ❸〘顔や体〙をぬらす. 注 多く受動態で用いられる. ▶ être *baigné* de sueur 汗まみれである. ❹〘川などが〙…を流れる, 洗う. ▶ La Seine *baigne* Paris. セーヌ川はパリを流れている. ❺ 文章〘光, におい, 雰囲気などが〙…を包む, 浸す. ▶ Le soleil *baignait* ma chambre. 日の光が私の寝室を包み込んでいた. — 自動 〈*baigner* dans qc〉…につかっている, 浸る; 包まれる. ▶ La viande *baignait* dans la sauce. 肉はソースに漬け込んであった / Il *baigne* dans la joie. 彼は喜びに浸っている / La ville *se baigne* dans le brume. 街は霧につつまれている.

baigner dans l'huile 万事順調である.
baigner dans son sang 血まみれである.
Ça baigne! 万事順調である.

— ***se baigner** 代動 水遊びをする, 泳ぐ. ▶ *se baigner* dans la mer 海水浴をする / *se baigner* dans une piscine プールで泳ぐ.

baigneur, euse /beɲœːr, øːz/ 名 水浴する人; 海水浴客. — **baigneur** 男 (セルロイドの)ベビー人形.

baignoire /beɲwaːr/ 女 ❶ 浴槽. ❷ (劇場の)1階ボックス席.

bail /baj/;《複》*baux* /bo/ 男 ❶ 賃貸借; 賃貸借契約. ▶ passer un *bail* 賃貸借契約を結ぶ / donner [prendre] qc à *bail* …を賃貸 [賃借] する. ❷ 話 長い期間. ▶ Ça fait un *bail* que ne l'ai pas vu. ずいぶん彼に会っていないな.

bâillement /bajmɑ̃/ 男 ❶ あくび. ❷ すき間; たるみ.

bâiller /baje/ 自動 ❶ あくびをする. ▶ *bâiller* de sommeil 眠くてあくびをする / un spectacle qui fait *bâiller* 退屈な芝居. ❷〘扉などが〙きちっと閉まっていない;〘衣服などが〙たるむ, 空きがある.

bailleur, eresse /bajœːr, bajres/ 名 ❶ 賃貸人. ❷ *bailleur* de fonds (個人, 企業などへの)出資者; スポンサー.

bâillon /bajɔ̃/ 男 ❶ 猿轡(&話;). ❷ 言論の抑圧 [統制], 箝口(¾)令. ▶ mettre un *bâillon* à la presse 新聞の言論を統制する.

bâillonnement /bajɔnmɑ̃/ 男 ❶ 猿轡(&話;)をかませること. ❷ 言論の抑圧 [統制].

bâillonner /bajɔne/ 他動 ❶ …に猿轡(&話;)をかませる. ❷ …の言論の自由を抑圧 [統制] する. ▶ *bâillonner* la presse 報道を規制する.

*****bain** /bɛ̃/ バン 男
❶ 入浴; 風呂(¾)の水 [湯]; 浴槽. ▶ prendre un *bain* 入浴する / donner un *bain* à un bébé 赤ん坊を風呂に入れる / faire chauffer le *bain* 風呂を沸かす / remplir le *bain* 風呂に水を張る / salle de *bain(s)* 浴室 / serviette de *bain* バスタオル. ❷ 海水浴, 水浴. ▶ maillot de *bain* 水着 / *bain* de mer 海水浴 / *bain* en piscine プールで泳ぐこと. ❸ *bain* de soleil 日光浴. ❹《複数で》入浴施設; 海水浴場. ▶ *bains* publics = établissement de *bains* 公衆浴場. ❺ 物を浸す溶液; 水槽. ▶ *bain* de développement 現像液.

bain de foule (政治家, 要人の)大衆との接触. ▶ prendre des *bains de foule* 大衆とふれあう.
bain de langue = *bain linguistique* 外国語漬け(外国語を現地で学ぶこと).
envoyer qn au bain 話 …を厄介払いする.
être dans le bain 話 (問題, 事件などに)深くかかわっている; 内情に精通している.
mettre qn dans le bain 話 …を危険な仕事にかかわり合わせる.
se remettre dans le bain (中断のあとで)元の環境 [仕事] に再び慣れる [なじむ].

bain-marie /bɛ̃mari/;《複》*~s-~* 男〘料理〙湯煎(%);湯煎なべ.

baïonnette /bajɔnɛt/ 女 ❶ 銃剣. ❷ une douille à *baïonnette* 差し込みソケット.

baise /beːz/ 女 俗 セックス, 性交.

baise-en-ville /bɛzɑ̃vil/ 男《単複同形》話 化粧用具入れ, 洗面道具入れ.

baisemain /bɛzmɛ̃/ 男 (貴婦人などの手にする)接吻(蒀).

baiser¹ /beze/ 他動 ❶ 俗 …とセックスする, 寝る. ❷ 話 …をだます. ▶ Elle *est baisée* dans l'affaire. この件で彼女はだまされている. ❸〘学生〙

理解する. ▶ On n'y *baise* rien. 何もわからない. ❹ 文語 (畏敬(いけい)を込めて)…に接吻(せっぷん)する, 口づけする. 注 人が目的語の場合, 現在では embrasser を用いる. ▶ *baiser* la croix 十字架に接吻する / *baiser* la main d'une dame 婦人の手に口づけする. 比較 ⇨ EMBRASSER.
— 自動 話 セックスをする.

baiser² /beze/ 男 キス, 口づけ, 接吻(せっぷん). 注 動詞 baiser¹ よりもを普通に用いられる. ◆ un *baiser* d'adieu 別れのキス / un *baiser* sur le front 額へのキス / donner un *baiser* à qn …にキスする.
baiser de Judas 偽りの接吻; 偽りの友情.
donner le baiser de paix à qn …と和解する.

baisse /bes/ 女 ❶ 低下, 減少. ▶ une *baisse* des eaux 水位の低下 / une *baisse* de la natalité 出生率の低下 / Les baromètres enregistrent une *baisse* spectaculaire. 気圧計は気圧の著しい低下を示している. ◆《多く目的語として》une *baisse* de + 無冠詞名詞 ▷ On craint une *baisse* de fréquentation des salles. 映画館の客足が遠のくおそれがある.
❷〔価格, 相場などの〕下落; 値下げ. ▶ une *baisse* du blé 小麦の値下がり / une *baisse* des actions 株価の下落.
à la baisse 〔価格, 相場が〕下落傾向にある. ▶ L'or est *à la baisse*. 金相場は下落傾向にある.
en baisse 低下[下落]している. ▶ Sa cote est *en baisse* constante. 彼(女)の人気は低下の一途をたどっている.
jouer à la baisse 相場の下げを見越して先物を売る.
réviser à la baisse 下方修正する.

:**baisser** /bese/ ベセ 他動 ❶ …を下げる; 低くする. ▶ *baisser* un store ブラインドを下ろす. ❷ …の強度を弱める, 低下させる. ▶ *baisser* la voix 声を落とす / *baisser* le ton 語調[態度]を和らげる. ❸〔値段など〕を下げる, 安くする.
baisser la garde 〔格闘技で〕ガードを下げる; すきを見せる.
baisser「la tête[le nez] うつむく; うなだれる; 困惑する, 恥じ入る.
baisser les bras 負けを認める, 駄目とあきらめる.
baisser les yeux (1) 視線を落とす. (2)〔困惑, 羞恥(しゅうち)などで〕目を伏せる.
baisser pavillon devant qn …に降参する.
— 自動 ❶ 低くなる, 下がる, 減る. ▶ La rivière a *baissé* d'un mètre. 川は 1 メートル減水した / La mer *baisse*. 潮が引いている. ❷ 減退する, 弱化する; 〔体力, 知力が〕低下する. ▶ Le vent *baisse*. 風が弱まっている / Sa vue a *baissé*. 彼(女)は視力が落ちた. ❸〔値段, 評価が〕下がる; 〔商品, 人が〕価値を下げる. ▶ Ses actions *baissent*. 彼(女)の株[評判]は下落中だ / Le vin a *baissé*. ワインが安くなった.
— **se baisser** 代動 身をかがめる. ▶ *Baissez-vous*. 身をかがめて下さい.
Il n'y a qu'à se baisser pour ramasser [prendre]. (かがみさえすれば拾える→)たやすいこと; それはどこにでもいくらでもある.

bajoue /baʒu/ 女《多く複数で》❶〔哺乳(ほにゅう)動物の〕頬(ほお). ❷〔人の〕たるんだ[垂れた]頬.

bakchich /bakʃiʃ/ 男 話〔アラブ諸国の〕チップ, 賄賂(わいろ).

bakélite /bakelit/ 女 商標 ベークライト.

bal /bal/ 男 ❶ 舞踏会, ダンスパーティー. ▶ un *bal* costumé [masqué] 仮装[仮面]舞踏会 / donner un grand *bal* 大舞踏会を催す / ouvrir le *bal* 舞踏会で皮切りに踊る.
❷ 舞踏会場; ダンスホール (=dancing).
conduire [mener] le bal 主導権を握る, 中心になって事を進める.

balade /balad/ 女 話 散歩 (=promenade); 遠出. ▶ être en *balade* 散歩をしている / faire une *balade* 散歩する.

balader /balade/ 他動 話〈balader qn/qc + 場所〉…を…で散歩させる, 連れ歩く; へ持ち歩く.
envoyer balader qn/qc 話 …を手ひどくはねつける, 追い払う; 投げ捨てる.
— **se balader** 代動 話 ❶ 散歩する, ぶらつく (=se promener); 遠足[遠出]をする.
❷〔物が〕散らばっている.

baladeur, euse /baladœ:r, ø:z/ 形 ❶ ぶらぶら歩きが好きな. ▶ avoir l'humeur *baladeuse* そぞろ歩きが好きである. ❷ micro *baladeur* 移動マイク. ❸ main *baladeuse* 痴漢.
— **baladeur** 男 携帯用ヘッドホンステレオ. ▶ *baladeur* numérique デジタルオーディオプレーヤー.
— **baladeuse** 女 ハンドランプ.

balafre /balafr/ 女 (特に顔の) 切り傷; 傷跡.

balafré, e /balafre/ 形 切り傷のある, 傷跡のある. ▶ avoir le visage *balafré* 顔に切り傷がある.

balafrer /balafre/ 他動 …に切り傷を負わせる.

*****balai** /balɛ/ バレ 男 ❶ ほうき. ▶ passer le *balai* 掃除をする / donner un coup de *balai* dans la chambre 部屋をさっと掃く (⇨ 成句 coup de balai). ❷ 話 終電, 終バス. ❸ 話 …歳. ▶ avoir cinquante *balais* 50 歳である. ❹ *balai* d'essuie-glace〔自動車の〕ワイパーブレード.
coup de balai 突然の解雇; 大量の首切り. ▶ Il y a eu un *coup de balai* dans la société. 会社で大量の首切りがあった.
Du balai! 話 行っちまえ, 出て行け.
manche à balai (1) ほうきの柄. (2) 話 がりがりにやせた人. (3)〔航空〕操縦桿(かん).

balai-brosse /balɛbrɔs/ 男《複》~s-~s (床磨き用の) 柄付きブラシ.

balalaïka /balalaika/ 女〔音楽〕バラライカ.

*****balance** /balɑ̃:s/ バランス 女 ❶ 秤(はかり), 天秤(てんびん). ▶ ajuster une *balance* automatique 自動秤を調整する / *balance* romaine さお秤. ❷ 平衡状態, 均衡. ▶ la *balance* des forces 勢力均衡. ❸ 収支(表), 差し引き, 残高; 《複数》(ある通貨の対外的)貸借残高. ▶ *balance* des paiements 国際収支(表) / *balance* commerciale 貿易収支 / *balance* des comptes 国際貸借. ❹〔オーディオ〕バランス調整. ❺〔Balance〕〔天文〕天秤座[宮]. ▶ Je suis *Balance*. 私は天秤座だ.
faire pencher la balance (en faveur de

qn/qc（…に）有利に取り計らう,（…の）肩を持つ.
jeter qc dans la balance（事を決定する）…に物を言わせる. ▶ Il *a jeté* toute son autorité *dans la balance* et a fait accepter cette proposition. 彼は権威に物を言わせてその提案を受け入れさせた.
mettre qc ⌈dans la ⌈en⌉ balance …を比較検討する,（双方）を秤にかける.
peser dans la balance 重きをなす, たいへん重要である.
tenir ⌈maintenir⌉ la balance égale（entre A et B）（A と B の間で）公平な立場をとる.

balancé, e /balɑ̃se/ 形 釣り合いのとれた, 均斉のとれた. ▶ une phrase harmonieusement *balancée* 整った文章 / une femme bien *balancée* 話 スタイルのいい女性.

balancement /balɑ̃smɑ̃/ 男 ❶ 揺れ, 揺れ動き. ▶ un *balancement* continuel de la tête 絶えず首を振ること. ❷ 釣り合い, 均衡, 均整.

balancer /balɑ̃se/ 12 他動 ❶ …を（ゆっくり）揺り動かす. ▶ *balancer* les bras en marchant 歩きながら腕を振る. 比較 ⇨ AGITER. ❷ 話 …を放る; 投げ捨てる, 追い出す. ▶ *balancer* un objet par la fenêtre (=jeter) 窓から物を投げる / Il a *balancé* toutes ses vieilleries. 彼はがらくたを一切合切処分した / *balancer* un employé (=renvoyer) 従業員を首にする. ❸ 話〖悪口など〗を浴びせる. ▶ *balancer* une gifle à qn …にびんたを食らわす / Il m'a *balancé* que j'étais un imbécile. あいつは僕のことをばかだと言った. 文章 …を釣り合わせる, の均斉をとる. ▶ *balancer* ses phrases 文章全体のバランスをとる / *balancer* un compte 帳尻（ﾁﾘ）を合わせる. ❺ 文章 …を比較考量する (=peser). ▶ *balancer* le pour et le contre どちらに決めるか考える. ❻ 隠 密告する.
— 自動 ❶ 揺れる. ❷ 文章 どうするかためらう.
— **se balancer** 代動 ❶ 体を揺する;〖物が〗揺れる. ❷ シーソー［ぶらんこ］遊びをする. ❸ 釣り合う; 均衡を保つ. ▶ Les forces militaires des deux pays *se balancent*. 両国の軍事力は均衡している.
s'en balancer 俗 問題にしない, どうでもよい.

balancier /balɑ̃sje/ 男 ❶（時計の）振り子. ❷（綱渡り芸人が使う）長い棒.

balançoire /balɑ̃swaːr/ 女 シーソー; ぶらんこ. ▶ faire de la *balançoire* シーソー［ぶらんこ］で遊ぶ.

balayage /balɛjaːʒ/ 男 ❶ 清掃; 一掃.
❷（サーチライトなどによる）探照.
❸〖エレクトロニクス〗（画像信号の）走査.

*****balayer** /balɛje/ バレイエ / 12 他動

直説法現在	je balaie	nous balayons
	tu balaies	vous balayez
	il balaie	ils balaient
*je balaye 型の活用もある. ⇨ 動詞活用表12		

❶ …を掃く, 掃除する;《目的語なしに》ほうきで掃く. ▶ *balayer* les débris d'un verre cassé 割れたコップの破片を掃き取る / *balayer* sa chambre 部屋を掃除する / *balayer* sous la table テーブルの下をほうきで掃く. ❷ …を吹き飛ばす, 押し流す; 一掃する. ▶ *balayer* les soucis 心配の種をぬぐい去る / *balayer* les ennemis 敵を掃討する. ❸〖場所〗(の全体)を動き回る, 覆う. ▶ Les vagues *balayaient* la jetée. 波が埠頭（ﾌﾄｳ）を洗っていた / Avec sa mitraillette, il *a balayé* la rue. 自動小銃で彼は街路を掃射した. ❹ 話 …を解雇する, の首を切る. ❺〖エレクトロニクス〗(画像信号)を走査する.

balayette /balɛjɛt/ 女 小ぼうき, ハンドブラシ.

balayeur, euse /balɛjœːr, øːz/ 名 道路清掃人. — **balayeuse** 女 道路清掃車.

balayures /balɛjyːr/ 女複 ごみ, くず.

balbutiement /balbysimɑ̃/ 男 ❶ 口ごもること, たどたどしい話し方;（幼児の）片言. ❷《多く複数で》（科学技術などの）揺籃（ﾖｳﾗﾝ）期, 暗中模索の段階. ▶ les *balbutiements* de l'aviation 航空技術の揺籃期. ◆en être à ses *balbutiements* 初歩的な段階にある. ▶ La médecine sportive en était encore à ses premiers *balbutiements*. スポーツ医学はまだその第一歩を踏み出したばかりだった.

balbutier /balbysje/ 自動 ❶ 口ごもって［たどたどしく］しゃべる, もぐもぐ言う. ❷〖科学技術などが〗初期の段階にある. ▶ Cette science ne fait que *balbutier*. この学問はまだ揺籃期にある.
— 他動〖言い訳, 祈りなど〗を口ごもって言う;〖考えなど〗をたどたどしく表現する. ▶ *balbutier* une réponse 返事を言いよどむ.

balcon /balkɔ̃/ 男 ❶ バルコニー, 露台. ▶ sortir sur le *balcon* バルコニーに出る. ❷（バルコニー, 窓の）手すり. ❸〖演劇〗2［3］階正面桟敷.
Il y a du monde au balcon.（女性が）豊かな胸をしている.

baldaquin /baldakɛ̃/ 男（寝台, 王座, 祭壇などの）天蓋（ﾃﾝｶﾞｲ）.

Bâle /bɑːl/ 固有 バーゼル: スイスの都市.

baleine /balɛn/ 女 ❶〖動物〗クジラ. ▶ la pêche à la *baleine* 捕鯨. ❷ 鯨のひげ;（コルセットなどの）骨. ▶ des *baleines* de parapluie 傘の骨.
rire comme une baleine 話 大口を開けて笑う.

baleiné, e /balene/ 形 鯨のひげを入れた,（鋼, プラスチックなどの）芯（ｼﾝ）を入れて形作った.

baleineau /balɛno/;《複》✕ 男 鯨の子.

baleinier, ère /balenje, balenjɛːr/ 形 捕鯨の. — **baleinier** 男 ❶ 捕鯨船. ❷ 捕鯨船の乗組員. — **baleinière** 女 ❶ キャッチャーボート, 捕鯨艇. ❷ 作業艇.

balèse, balèze /balɛːz/ 形, 名 俗 でかい（人）, たくましい（人）.

balisage /balizaːʒ/ 男 ❶（ブイなどによる）航路標示; 航路標識の設置. ❷《集合的に》航路標識, 路側標示.

balise /baliːz/ 女 ❶（航路や道路などの）標識. ❷〖情報〗タグ.

baliser /balize/ 他動 ❶ …に標識を設置する, ラジオビーコンを設置する. ▶ chemin *balisé* コース標示のある遊歩道. ❷〖情報〗タグをつける.
— 自動 こわがる.

balistique /balistik/ 形 弾道(学)の. ▶ missile *balistique* 弾道ミサイル / trajectoire *balistique* 放物軌道. — 囡 弾道学.

balivernes /balivɛrn/ 囡複 駄弁; くだらない話.

balkanique /balkanik/ 形 バルカン Balkans の. ▶ la péninsule *balkanique* バルカン半島.

balkanisation /balkanizasjɔ̃/ 囡 ❶ (バルカン半島のような)領土の分裂; 分断化政策. ❷ (組織や制度の)細分化.

balkaniser /balkanize/ 他動 …を細分化する.
— **se balkaniser** 代動 細分化される.

ballade /balad/ 囡 ❶〖文学〗バラード. (1)14世紀に定型化した叙情詩. (2) ロマン主義以降の物語詩. ❷〖音楽〗バラード, 譚詩(たん)曲.

ball*ant, ante* /balɑ̃, ɑ̃:t/ 形〔腕, 足などが〕揺れている, だらりと垂らした. ▶ des enfants assis sur un banc, les jambes *ballantes* ベンチに腰かけ, 足をぶらぶらさせている子供たち.
— **ballant** 男 ❶(車, 荷などの)揺れ; (重りなどの)ぶれ. ▶ avoir [prendre] du *ballant* 揺れる[揺れ始める].

ballast /balast/ 男 ❶(船の安定を保つための)バラスト; (潜水艦の)バラストタンク.
❷〖鉄道〗バラスト; 枕木の下に敷く砂利, 砕石.

***balle¹** /bal/ バル 囡 ❶ ボール, 球(た). 注 野球, テニス, 卓球など小さなボール. ▶ *balle* de ping-pong [golf, tennis] ピンポン[ゴルフ, テニス]のボール / lancer [recevoir] la *balle* ボールを投げる[受ける] / jouer à la *balle* ボールで遊ぶ / faire des [quelques] *balles* (テニスでウォーミングアップの)ラリーをする.
❷ 弾丸, 弾(たま). ▶ *balle* de revolver ピストルの弾丸, 撃たれる. ❸〔複数で〕俗 フラン (=franc).
à cent balles 取るに足らない.
avoir la (belle) balle サーブ権を持つ; 優位に立っている.
enfant de la balle 親の職を継いだ人(特に役者, 芸人など). 注 昔, ポーム球戯師範の子供が幼時から球戯を覚えていたことから.
flanquer [mettre, donner] douze balles dans la peau à qn 俗 …を銃殺刑に処す.
La balle est dans votre camp. ボールはあなたの側にある; 次はあなたの出番だ.
prendre [saisir] la balle au bond (ボールがバウンドしたところをつかむ→)好機をすかさず捕らえる.
raide comme une balle 俗 容赦なく.
renvoyer la balle à qn (1) …に激しく反論する. (2) …に責任を押し付ける.
T'as pas cent balles? 金を少し貸してくれないか(balle はかつてのフランの意味に).

balle² /bal/ 囡 (商品の)荷, 梱(こ). ▶ faire une *balle* de coton 綿の梱を作る.

balle³ /bal/ 囡 (穀物の)殻, 籾殻(もみがら).

ballerine /balrin/ 囡 ❶ バレリーナ; プリマバレリーナ. ❷ バレリーナシューズ: バレエシューズ風の靴.

***ballet** /balɛ/ バレ 男 ❶ バレエ; バレエ音楽;《集合的に》バレエダンサー; バレエ団. ▶ danser un *ballet* バレエを踊る. ❷ (特に政治的な)かけひき, 慌ただしい動き. ▶ *ballet* diplomatique 外交のめまぐるしい動き.

***ballon** /balɔ̃/ バロン 男 ❶ (大型の)ボール. ▶ jouer au *ballon* ボールで遊ぶ / *ballon* de basket-ball [football] バスケットのボール[サッカーボール]. ❷ ゴム風船; アルコール検査用風船 (=*ballon* d'alcootest). ▶ souffler dans le *ballon* (アルコールテストのため)風船を膨らます. ❸ 気球. ▶ *ballon* dirigeable 飛行船 / voyage en *ballon* 気球旅行. ❹ バルーングラス (=verre *ballon*); バルーングラス 1杯; 丸底フラスコ.

ballon d'essai (1) 風向測定気球. (2)(世論の反応を見るための)試み, 観測気球. ▶ lancer un *ballon d'essai* さぐりを入れてみる.

ballon d'oxygène (1) (救急用)酸素ボンベ. (2) (一時的な)助け. ▶ apporter un *ballon d'oxygène* à qn …を一時的に助ける.

ballonn*é, e* /balɔne/ 形 (風船のように)膨らんだ;〔腹, 胃が〕張った. ▶ avoir l'estomac *ballonné* おなかが張る.

ballonnement /balɔnmɑ̃/ 男〖医学〗鼓脹, お腹が張ること.

ballonnet /balɔnɛ/ 男 小気球, 小風船.

ballon-sonde /balɔ̃sɔ̃:d/;〔複〕～s-～s 男 探測気球.

ballot /balo/ 男 ❶ (商品, 衣類などの)包み, 荷物. ▶ un *ballot* d'effets 身の回り品の包み / mettre en *ballot* 荷作りする, 包む. ❷ 俗 ばか, 薄のろ.

ballottage /balɔta:ʒ/ 男 (第1回投票での)当選未定: だれの得票も絶対多数に満たない状態. ▶ Il y a *ballotage*. 当選者は決まっていない / scrutin de *ballottage* 決選投票(相対的多数票を獲得した候補者が当選する).

ballottement /balɔtmɑ̃/ 男 (船, 車などの)激しい揺れ.

ballotter /balɔte/ 他動《多く受動態で》❶ …を激しく揺さぶる. ▶ On est sans cesse *ballotté* dans cette voiture. この車はひっきりなしに揺れる. ❷ <*être ballotté* entre A et B> (矛盾する感情)の間を揺れ動く; AとBの板挟みになる. ▶ *être ballotté* entre la joie et l'appréhension 喜びと不安の間を行き交う. — 自動 揺れ動く.

ballottine /balɔtin/ 囡〖料理〗バロティヌ: 詰め物をしたり, ロール巻きにした肉などを白ブイヨンで煮たアントレ.

ball-trap /baltrap/ 男〔英語〕❶ (クレー射撃の)トラップ, クレー放出機. ❷ クレー射撃.

balluchon /balyʃɔ̃/ 男 俗 (衣類, 身の回り品の)包み.
faire son balluchon 俗 出発する, 旅立つ.

balnéaire /balnee:r/ 形 海水浴の. ▶ une station *balnéaire* 海水浴場, 海浜リゾート地.

bâl*ois, oise* /bɑlwa, wa:z/ 形 バーゼル Bâle の. — **Bâl*ois, oise*** 名 バーゼルの人.

balourd, ourde /balur, urd/ 形, 名 愚鈍な(人), 不器用な(人); 無骨な(人), やぼな(人).

balourdise /balurdi:z/ 囡 愚かな行為[言葉], へま; 愚かさ, 愚鈍.

balsa /balza/ 男〖植物〗バルサ(材): 軽いので模型などに用いられる.

balsamine /balzamin/ 囡〖植物〗ホウセンカ.

balsamique /balzamik/ 形〔植物, 薬が〕バルサ

ムを含んだ, 芳香性の. ▶ vinaigre *balsamique* バルサミコ酢.

balte /balt/ 形 バルト海の; バルト海沿岸の. ▶ les pays *baltes* バルト諸国.

baltique /baltik/ 形 バルト海の; バルト海沿岸の. ▶ la mer *Baltique* バルト海.

balustrade /balystrad/ 囡 (橋, 回廊などの)欄干; (バルコニー, 階段などの)手すり.

balustre /balystr/ 男 手すり子: 手すり, 欄干を支える小柱; (椅子(ˢ)の背もたれの)小柱.

balzacien, enne /balzasjɛ̃, ɛn/ 形 バルザック Balzac の; バルザック風の.

bambin, ine /bɑ̃bɛ̃, in/ 名 話 (2～4歳の)幼児. 注 女性形は稀.

bambocher /bɑ̃bɔʃe/ 自動 古風·話 放蕩(ほう)[道楽]にふける; 浮かれ騒ぐ.

bambocheur, euse /bɑ̃bɔʃœːr, øːz/ 名, 形 放蕩(ほう)者(の), 道楽者(の).

bambou /bɑ̃bu/ 男 ❶ 竹; ササ. ▶ pousse de *bambou* たけのこ. ❷ 竹材. ▶ canne de *bambou* 竹のステッキ.

attraper un coup de bambou 話 日射病にかかる.

avoir le bambou 俗 勃起している.

C'est le coup de bambou. 値段がとても高い.

ban /bɑ̃/ 男 ❶ 『機械の特性を調べる』『法律』(婚姻の)事前公示. ▶ publier les *bans* 結婚を告示する. ❷〔(布告や勲章授与の際に鳴る)太鼓, らっぱ, ファンファーレ. ▶ ouvrir [fermer] le *ban* (太鼓やらっぱで)儀式を始める［終える］. ❸『古法』(集合的に)(召集された)家臣. ❹ 話 拍手喝采(ﾎﾞ), 手拍子. ▶ faire un *ban* à qn …に拍手をする / Un *ban* pour le vainqueur! 勝利者に拍手をどうぞ.

être en rupture de ban (*avec qn*) (周囲との)しがらみを断っている.

le ban et l'arrière-ban 全員, だれもかれも.

mettre qn au ban de qc …を(組織, 仲間)からのけ者にする, 追放する.

*banal, ale /banal/ 形;〈男複〉 **als** 形 平凡な, ありきたりの. ▶ un cas assez *banal* 割とよくあるケース / compliments *banals* 月並みなお世辞 / un esprit *banal* 凡庸な精神 / Ça, ce n'est pas *banal*! それは変わっている.

banalement /banalmɑ̃/ 副 平凡に, 月並に.

banalisation /banalizasjɔ̃/ 囡 ❶ 一般化, 大衆化. ❷ (自治権を持った施設などから)特権を外すこと; (識別標などの)取り外し.

banalisé, e /banalize/ 形 ❶ 月並にされた; 大衆化された. ❷ 特権を外された; 識別標を取り外した. ▶ voiture (de police) *banalisée* 覆面パトカー.

banaliser /banalize/ 他動 ❶ …を平凡なものにする, 通俗化[一般化]する. ▶ Le cinéma *a banalisé* ces thèmes, scandaleux il y a trente ans. 30年前はスキャンダラスであったそれらのテーマを映画は日常茶飯のものにしてしまった. ❷ (自治権を持つ施設など)から特権を外す; …の識別標を取り外す.

― **se banaliser** 代動 平凡[月並]になる.

banalité /banalite/ 囡 平凡さ, 月並, 陳腐(↔originalité); (多く複数で)平凡なこと. ▶ Il n'y a que des *banalités* dans ce livre. この本には月並なことしか書かれていない.

*banane /banan/ バナヌ 囡 ❶ バナナ(の実). ▶ peler une *banane* バナナの皮をむく / un régime de *bananes* 一房のバナナ. ❷ 記章, 勲章; 戦功章. ❸ 話 (自動車の)バンパーガード. ❹ ウエストポーチ. ❺ (髪型の)リーゼントスタイル.

peau de banane (人をおとし入れるための)卑劣な手段.

ras la banane うんざりしている.

bananeraie /bananrɛ/ 囡 バナナ畑［農園］.

Banania /bananja/ 商標 バナニア: バナナの粉末チョコレート風味飲料.

bananier¹ /bananje/ 男 ❶ バナナ(の木). ❷ バナナ輸送船 (=cargo *bananier*).

bananier², ère /bananje, jɛːr/ 形 ❶ バナナ栽培の. ❷ république *bananière* バナナ共和国: 政情不安な中南米の小国.

*banc /bɑ̃/ バン 男 ❶ ベンチ, 長椅子(ﾁ). ▶ *banc* de bois 木のベンチ. ⇨ CHAISE 図. ❷ (特定の人のための)席, 座席. ▶ être au [sur le] *banc* des accusés 被告席に立つ, 告訴されている / le *banc* des jurés 陪審席. ❸ 作業台; 試験台. ▶ un *banc* de tourneur 旋盤台. ❹ (同種の魚の)群れ, 大群. ▶ un *banc* de sardines イワシの大群. ❺ 堆積(ﾀﾞ), 州, 層. ▶ *banc* de sable 砂州 / *banc* de coraux サンゴ礁.

banc d'essai (1) (機械の特性を調べる)テストベンチ, 試験台. (2) (人や物の価値をはかる)試金石; (若い才能の)登竜門. ▶ mettre qc au *banc d'essai* …を試してみる.

sur les bancs (*de l'école*) 学校で. ▶ Ils ont été ensemble *sur les mêmes bancs*. 彼らは同じ学校で勉強した.

bancaire /bɑ̃kɛːr/ 形 銀行の, 銀行業務の. ▶ chèque *bancaire* 銀行小切手 / carte *bancaire* (クレジットカードを兼ねた)キャッシュカード.

bancal, ale /bɑ̃kal/〈男複〉 **als** 形 ❶〔足が〕湾曲した;〔人が〕足の不自由な. ❷〔家具などが〕脚の長さがふぞろいの; 不安定な. ▶ chaise *bancale* ぐらぐらする椅子(ﾁ). ❸ 構成の悪い;〔計画などが〕基礎のあやふやな. ▶ phrase *bancale* ぎくしゃくした文章.

bancassurance /bɑ̃kasyrɑ̃ːs/ 囡『金融』銀行保険: 銀行が扱う保険業務.

banco /bɑ̃ko/ 男『イタリア語』❶〔カード〕バンコ. (1) バカラの一種. (2) faire *banco*〔子が〕親と1対1の勝負をする. ❷ (間投詞的に) *Banco*! (挑戦, 依頼などに対して)よし, 乗った.

bancroche /bɑ̃krɔʃ/ 形 がに股(ﾏ)の.

bandage /bɑ̃daːʒ/ 男 ❶ 包帯; 包帯をすること. ▶ faire un *bandage* à une plaie 傷口に包帯をする. ❷ (自動車)タイヤ;『鉄道』(車輪のリムに巻く)鉄帯.

bandagiste /bɑ̃daʒist/ 名 包帯製造［販売］業者.

*bande¹ /bɑ̃ːd/ バーンド 囡 ❶ 帯, テープ, バンド. ▶ une *bande* de papier 紙テープ / *bande* de Möbius『数学』メビウスの帯. ❷ 包帯. ▶ mettre une *bande* autour d'une plaie 傷口に包帯をする / défaire une *bande* 包帯を外す. ❸ 帯状の区画; 車線. ▶ *bande* d'arrêt d'urgence 非常駐車帯 / une chaussée à trois *bandes* 3車

bande

線道路 / la *bande* de Gaza (パレスチナの)ガザ地区. ❹ (録音用などの)テープ. ▶ *bande* magnétique 磁気テープ / *bande* vidéo ビデオテープ. ❺ (映画, 写真の)フィルム; 映画. ▶ *bande* sonore =*bande*-son サウンドトラック / passer une *bande* comique (=film) 喜劇映画を上映する. ❻ *bande* dessinée (新聞, 雑誌の)こま割り漫画, 劇画(略 BD). ❼『電気通信』*bande* de fréquences 周波数帯. ❽『ビリヤード』クッション.
donner de la bande 〔船が〕ひどく傾く.
par la bande 〔話〕間接的に, 遠回しに.

***bande*²** /bɑ̃:d/ 囡 ❶ バンド, グループ;《特に》(犯罪者などの)一味, 徒党. ▶ *bande* de voleurs (=gang) 泥棒の一味 / former une *bande* 徒党を組む / Je ne suis pas de leur *bande*. 私は彼らの仲間ではない / *bande* des quatre (中国の文革時の)4人組.
❷ 俗《ののしって》…ども. ▶ *Bande* d'idiots! 間抜けどもめ.
en bande 集団で (=en groupe).
faire bande à part 別にグループを作る; 仲間から自分(たち)だけ離れる.

bande-annonce /bɑ̃danɔ̃:s/ 囡 (映画の)予告編.

bandeau /bɑ̃do/; 〔複〕**x** 男 ❶ (額や頭などに巻く)細い布, 鉢巻き. ❷ 目隠し. ▶ On m'a mis un *bandeau* sur les yeux. 私は目隠しをされた. ❸《複数で》真ん中で分けてひっつめにした長髪.
avoir un bandeau sur les yeux 目隠しをしている; 現実〔真実〕が分からない.
arracher la bandeau des yeux de qn …の目を開かせる.

bandelette /bɑ̃dlɛt/ 囡 細い帯[テープ]. ▶ les *bandelettes* d'une momie ミイラを包む細布.

bander /bɑ̃de/ 他動 ❶ …に包帯をする. ▶ avoir la jambe *bandée* 足に包帯をしている. ❷〔目〕に目隠しをする. ▶ *bander* les yeux de qn …に目隠しをする. ❸ ピンと張る, 強く引く. ▶ *bander* (la corde d') un arc (=tendre) 弓(の弦)を引き絞る. ── 自動 俗 勃起[立]する.

banderille /bɑ̃drij/ 囡 バンデリリャ: 闘牛で牛の背に2本対で刺す, リボンの飾りのついた槍(⁀).

banderole /bɑ̃drɔl/ 囡 (文字の書かれた)横断幕, 吹き流し; (槍(⁀)の先などにつける)細長い旗.

bandit /bɑ̃di/ 男 ❶ 強盗, 山賊. ▶ *bandit* d'honneur 義賊 / un *bandit* de grand chemin (街道筋の)追いはぎ. ❷ 悪党. ▶ Ce commerçant est un véritable *bandit*. あの商人はまったくあくどき男だ.

banditisme /bɑ̃ditism/ 男 強盗(行為);《集合的に》犯罪(行為).

bandoulière /bɑ̃duljɛ:r/ 囡 (銃, 剣などを斜めにつる)肩帯, 肩ひも, 負い革.
en bandoulière 肩から斜めに. ▶ porter un appareil photo *en bandoulière* 肩からカメラをぶら下げる.

bang /bɑ̃:ŋ/ 間投 バーン, ドーン (爆発音).
── 男 (飛行機が音速を超えたときの)衝撃波音.

Bangladesh /bɑ̃ɡladɛʃ/ 固有 男 バングラデシュ: 首都 Dacca. ▶ au *Bangladesh* バングラデシュに[で, へ].

banjo /bɑ̃(d)ʒo/ 男 (米語)バンジョー. ▶ jouer du *banjo* バンジョーをひく.

***banlieue** /bɑ̃ljø/ 囡 ❶ 郊外;《特に》パリ郊外. ▶ la proche *banlieue* 近郊 / la grande *banlieue* (街の中心部から離れた)遠郊 / un train de *banlieue* 郊外電車 / la *banlieue* résidentielle 近郊住宅街 / habiter en *banlieue* 郊外に住む / dans la *banlieue* de Paris パリ郊外に. ❷ les *banlieues* 大都市郊外の, 移民が多く住む公営集合住宅地帯.

banlieue-dortoir /bɑ̃ljødɔrtwa:r/; 〔複〕 ~**s**-~**s** 囡 ベッドタウン.

banlieus*ard*, *arde* /bɑ̃ljøza:r, ard/ 名 (特にパリの)郊外の住民; 郊外居住の通勤者.

banne /ban/ 囡 ❶ (店先の)日よけ; 雨よけ. ❷ (果物などを運ぶ)柳かご.

banni, *e* /bani/ 形, 名 追放された(者).

bannière /banjɛ:r/ 囡 ❶ (行列のときに持ち歩く)のぼり. ❷ 俗 シャツの裾(⁀). ❸『情報』バナー.
C'est la croix et la bannière pour + 不定詞. 話 …するのは大仕事だ, たいへんな苦労だ.
combattre [se ranger] sous la bannière de qn …と意見を同じくする, の味方をする.
sous la bannière de qc …を旗印に. ▶ placer sa politique *sous la bannière du* slogan «Achetez français» 「フランス製品を買おう」というスローガンを旗印に政策を打ち出す.

bannir /bani:r/ 他動 …を追放する; 排除する. ▶ *bannir* qn d'un pays …を国外追放する / J'ai *banni* complètement le café. コーヒーはすっぱりやめた.

bannissement /banismɑ̃/ 男 (国外)追放;『刑法』追放刑.

***banque** /bɑ̃:k/ 囡 ❶ 銀行; 銀行業務. ▶ billet de *banque* 銀行券 / employé de *banque* 銀行員 / carnet de *banque* 銀行通帳 / *Banque* de France 銀行(フランスの中央銀行) / déposer de l'argent à la *banque* 銀行に預金する / avoir 1000 euros en *banque* 銀行に1000ユーロある / ouvrir un compte en *banque* 銀行に口座を開く / *Banque* Centrale Européenne 欧州中央銀行 / *banque* à domicile ホームバンキング. ❷『医学』銀行, バンク. ▶ *banque* du sang 血液銀行 / *banque* des yeux アイバンク / *banque* génomique 遺伝子バンク.
❸『情報』*banque* de données データバンク.
❹『ゲーム』(賭博(ば⁀), トランプの)親元にある金.
tenir la banque 胴元 親になる.

banqueroute /bɑ̃krut/ 囡 ❶『法律』破産(罪). ▶ être en *banqueroute* 破産者となる / faire *banqueroute* 破産する. ❷ 大失敗, 挫折(ざ⁀).

banqueroutier, *ère* /bɑ̃krutje, ɛ:r/ 名 破産者, 倒産した人.

banquet /bɑ̃kɛ/ 男 宴会, 祝宴. ▶ salle de *banquet* 宴会場 / assister à un *banquet* 宴会に出席する / donner un *banquet* en l'honneur de qn …のために祝宴を催す.

banqueter /bɑ̃kte/ 自動 ❶ 宴会に列席する. ❷ (大勢で)御馳走を食べる, 宴会をする.

banquette¹ /bɑ̃kɛt/ 囡 (背もたれのない)長椅子(⁀), ベンチ; (電車などの)座席; (自動車の)ベンチ

—ト. ▶ une *banquette* de piano ピアノスツール / la *banquette* arrière d'une voiture 自動車の後部座席. ⇨ CHAISE 図.
jouer devant les banquettes まばらな観客の前で芝居[演奏]をする.

banquette[2] /bɑ̃kɛt/ 囡 ❶ 盛り土;(自然または人工の)台地. ▶ des *banquettes* de fleurs 花壇. ❷〖ゴルフ〗バンカー.

banquier /bɑ̃kje/ 男 ❶ 銀行家, 銀行業者. ▶ *banquier* cambiste 両替商. ❷ 出資者. ▶ être le *banquier* de qn …に資金を融通する, 融資する. ❸〖ゲーム〗(トランプ, 賭(かけ)の)親元, 胴元.

banquise /bɑ̃kiːz/ 囡 流氷, 氷原.

baobab /baɔbab/ 男〖植物〗バオバブ: アフリカのサバンナに生じる高木. 幹が太く実は食用.

baptême /batɛm/ (p は発音せず)男 ❶ 洗礼; 洗礼式. ▶ nom de *baptême* 洗礼名, クリスチャンネーム / donner [conférer] le *baptême* 洗礼を授ける / recevoir le *baptême* 洗礼を受ける / tenir un enfant sur les fonts du *baptême* 子供を洗礼盤の上にささげ持つ(代父, 代母となるの意). ❷ 最初の体験. ▶ *baptême* de l'air 初めての飛行機旅行 / *baptême* ゛de la ligne [du tropique]゛(赤道を通過する際に船上で行う)赤道祭 / recevoir le *baptême* du feu 砲火の洗礼を受ける, 戦闘を初体験する. ❸(船, 鐘などの)祝別式, 命名式.

baptisé, e /batize/ (p は発音せず)名 受洗者.

baptiser /batize/ (p は発音せず)他動 ❶ …に洗礼を授ける. ▶ faire *baptiser* le nouveau-né 赤ん坊に洗礼を授けてもらう. ❷ …に洗礼名[名前]をつける, 命名する; あだ名をつける. ▶ *baptiser* un enfant Paul 子供にポールという名をつける / *baptiser* une rue du nom d'un écrivain ある通りに作家の名をつける / *baptiser* un navire 船を祝福して命名する. ❸ 話 …に水を加える, を水で薄める. ▶ *baptiser* du vin ワインを水で割る. ❹ 話〖新品〗を初めて汚す.

baptismal, ale /batismal/;(男 複) **aux** /o/ (p は発音せず)形 洗礼の. ▶ l'eau *baptismale* / les fonts *baptismaux* 洗礼盤.

baptisme /batism/ (p は発音せず)男〖キリスト教〗バプテスト派の教義: 洗礼は自ら信仰告白できる年齢になってから授けるべきだとする説.

baptiste /batist/ (p は発音せず)形 バプテスト派の. — 名 バプテスト教会信者.

baptistère /batistɛːr/ (p は発音せず)男 洗礼室; 洗礼盤.

baquet /bakɛ/ 男 ❶ 桶(おけ), たらい. ❷(スポーツカーなどの)バケットシート(=siège-*baquet*).

bar[1] /baːr/ 男 ❶(カウンターで飲ませる)酒場, バー, パブ. ▶ *bar* à vins ワインバー. ❷(酒場, カフェの)カウンター. ▶ tabouret de *bar* カウンターの腰掛け, 止まり木. ❸ ホームバー; サイドボード.

bar[2] /baːr/ 男〖魚類〗スズキ.

bar[3] /baːr/ 男 バール: 気圧の単位.

baragouin /baragwɛ̃/ 男 話 不正確でわけの分からない言葉; (ちんぷんかんぷんの)外国語.

baragouinage /baragwinaːʒ/ 男 話 わけの分からない話し方; ちんぷんかんぷんな話.

baragouiner /baragwine/ 他動 話〖外国語〗を下手に話す; 分かりにくく言う. ▶ Il *baragouine* un peu le français. 彼は下手なフランス語をいくらか話す.
— 自動 話 わけの分からない言葉を話す.

baragouineur, euse /baragwinœːr, øːz/ 名 話 わけの分からない言葉を話す人; ちんぷんかんぷんの話し方をする人; 片言の外国語をしゃべる人.

baraque /barak/ 囡 ❶ 仮小屋, バラック;〖軍事〗仮兵舎. ❷ 家; 安普請の家, あばら家.
casser la baraque (1)〖芝居, 芸術家が〗大成功を収める. (2)計画[秩序]をぶち壊す.
faire sauter la baraque 話(ギャンブルで)大儲けする.

baraqué, e /barake/ 形 話 体格のよい, 大きくてがっしりした.

baraquement /barakmɑ̃/ 男(避難民, 労務者などの)バラック, 仮小屋, 飯場; 仮兵舎.

baratin /baratɛ̃/ 男 話 長広舌, 舌先三寸, 巧言; 甘言. ▶ faire du *baratin* à qn …を口車に乗せようとする; うまい言葉で…を誘惑する.

baratiner /baratine/ 自動 話 ぺらぺらしゃべる.
— 他動 話〖人〗をだまそう[たらし込もう]とする. ▶ *baratiner* un client 調子よく客を言いくるめる.

baratineur, euse /baratinœːr, øːz/ 形, 名 話 口達者な(人), 口のうまい(人).

barattage /barataːʒ/ 男 チャーニング: バター製造用のクリームを攪拌(かくはん)すること.

baratte /barat/ 囡 バター製造用の攪乳(かくにゅう)器.

baratter /barate/ 他動〖クリーム〗をチャーニングする, 攪拌(かくはん)する.

barbacane /barbakan/ 囡〖建築〗(石垣などの)水抜き孔; 銃眼.

barbant, ante /barbɑ̃, ɑ̃ːt/ 形 話 うんざりさせる, 退屈な. ▶ un cours *barbant* 退屈な授業.

barbaque /barbak/ 囡 話(質の悪い)肉.

barbare /barbaːr/ 形 ❶ 未開の, 野蛮な. ▶ coutumes *barbares* 未開の風習. ❷ 粗野な, 良識に反した; 〔言葉が〕慣用に反した. ▶ une musique *barbare* 耳障りな音楽 / une façon de parler *barbare* (文法無視の)乱暴なしゃべり方. ❸〔行為が〕残忍な, 手ひどい. ▶ un crime *barbare* 残忍な犯罪. ❹〖歴史〗(古代ギリシア・ローマ, 後にはキリスト教徒から見て)外国の, 異国の. ▶ les invasions *barbares* 蛮族侵寇(しんこう): 古代のゲルマン民族大移動を指す.
— 名 ❶ 未開人, 野蛮人. ❷ 粗野な人, 趣味の悪い人, 教養のない人. ❸ 残忍な人, 人非人. ❹〖歴史〗外国人, 異邦人, バルバロイ.

barbarie /barbari/ 囡 ❶ 残忍性, 野蛮. ▶ un acte de *barbarie* 残虐な行為. ❷ 粗野, 洗練されていないこと. ❸ 〔国, 民族について〕文明化されていない状態, 未開(↔civilisation). ▶ tirer un peuple de la *barbarie* ある民族を文明化する.

barbarisme /barbarism/ 男〖言語〗不純正語法(の語句): ある言語の規則から特に形態, 音韻の面で外れた語形. たとえば vous disez(正しくは vous dites)など.

*****barbe** /barb/ 囡 ❶(あご, 頬(ほお)の)ひげ. 田 口ひげは moustache という. ▶ avoir de la *barbe* ひげが生えている / porter la *barbe* あごひげを蓄えている / se raser la *barbe* = faire la

barbeau

barbe ひげをそる / fausse barbe つけひげ / barbe de bouc やぎひげ. ❷〔動物の〕ひげ. ▶ barbe de baleine 鯨のひげ / barbe de poisson 魚のひげ. ❸ barbe à papa 綿菓子. ❹〔大麦などの〕芒(のぎ).
(au nez et) à la barbe de qn …の面前［鼻先］で. ▶ Le voleur a réussi à fuir sans peine à la barbe des policiers. 泥棒は警官たちを尻(しり)目に難なく逃げ去った.
avoir de la barbe au menton もう一人前の男である.
La barbe! = Quelle barbe! = C'est la barbe! 〔話〕もうたくさんだ, うんざりだ. ▶ Quelle barbe de se lever si tôt! こんなに早く起きるなんてうんざりだ.

うんざりしたときのしぐさ

parler [marmonner] dans sa barbe 低い声でつぶやく, もぐもぐ言う.
rire dans sa barbe ⇨RIRE¹.
une vieille barbe 老いぼれ,；時代遅れの男.
barbeau¹ /barbo/;〔複〕x 男 ❶〔魚類〕ニゴイ. ❷〔話〕（売春婦の）ひも.
barbeau² /barbo/;〔複〕x 男 ❶〔植物〕ヤグルマギク. ❷〔不変〕bleu barbeau 鮮やかな青.
barbecue /barbəkju/ 男〔米語〕バーベキューセット；バーベキュー（料理）.
barbelé, e /barbəle/ 形（麦の芒(のぎ)のような）とげのある. ▶ fil de fer barbelé 有刺鉄線.
— **barbelé** 男（多く複数で）有刺鉄線；鉄条網 (=réseau de barbelés).
barber /barbe/ 他動〔話〕…をうんざりさせる, 退屈させる. — **se barber** 代動 うんざりする.
barbet /barbɛ/ 男 バーベット犬；かも猟に適する.
barbiche à /barbiʃ/ 女 やぎひげ.
barbichette /barbiʃɛt/ 女 小さなやぎひげ.
barbier /barbje/ 男〔古〕ひげそり人；理髪師, 床屋. 注 今日では coiffeur を用いる. ▶ le Barbier de Séville 「セヴィリアの理髪師」（ボーマルシェの戯曲, ロッシーニのオペラ）.
barbillon /barbijɔ̃/ 男〔魚の〕ひげ；〔鶏の雄の〕肉垂れ.
barbiturique /barbityrik/ 形〔化学〕acide barbiturique バルビツル酸. — 男〔薬学〕バルビツル酸剤；バルビタールなどの鎮静・鎮痛剤.
Barbizon /barbizɔ̃/ 固有 バルビゾン：パリ近郊フォンテーヌブローの森の西北部.
barbon /barbɔ̃/ 男〔古風〕／〔ふざけて〕年寄り.
barbotage /barbɔtaʒ/ 男 ❶（水や泥の中で）跳ね回ること, はしゃぐこと. ❷〔俗〕盗み, 万引き.
barboter /barbɔte/ 自動 ❶ 水や泥の中で跳ね回る［はしゃぐ］；ぬかるみを歩く. ❷ 泥沼にはまり込む, 窮地に陥る. ▶ barboter dans une situation difficile 困難な事態に陥る.
— 他動〔barboter qc (à qn)〕〈…から〉…を盗む, ちょろまかす, 抜き取る.
barboteur, euse /barbɔtœːr, øːz/ 名〔話〕か

っぱらい, 泥棒.
— **barboteuse** 女 ロンパース：子供の遊び着.
barbouillage /barbuja:ʒ/ 男 ❶ 塗りたくること；粗塗り. ❷ 下手な絵.
barbouiller /barbuje/ 他動 ❶〈barbouiller qc (de + 無冠詞名詞)〉〔…で〕…を汚す. ▶ barbouiller un livre d'encre 本をインクで汚す / Le petit a le visage barbouillé de confiture. この子は顔中ジャムだらけだ. ❷〔文章〕を書きなぐる；〔下手な絵〕を描く. ▶ barbouiller une lettre 手紙を書きなぐる / De temps en temps il barbouille des toiles en amateur. 彼はときどき素人絵を描いている. ❸〔話〕〔胃, 胸〕をむかつかせる. ▶ avoir l'estomac [le cœur] barbouillé 胃［胸］がむかつく.
— **se barbouiller** 代動 自分の体や衣服を汚す. ▶ se barbouiller le visage de chocolat 顔中チョコレートでべたべたになる.
barbouilleur, euse /barbujœːr, øːz/ 名 へぼ作家 (=barbouilleur de papier)；下手な画家.
barbouze /barbu:z/ 女 ❶ ひげ. ❷（秘密警察, 公安警察の）刑事, 秘密諜報(ちょうほう)員. 注 つけひげをよく用いることから.
barbu, e /barby/ 形 ひげを生やした, ひげのある. ▶ un homme barbu ひげのある男 / une figure barbue ひげ面.
— **barbu** 男 ❶ ひげを生やした男. ❷ イスラム原理主義者. — **barbue** 女〔魚類〕ナメラビラメ.
barcarolle /barkarɔl/ 女 バルカロール：ベネチアのゴンドラの舟歌.
barcelonais, aise /barsəlɔnɛ, ɛːz/ 形 バルセロナ Barcelone の.
— **Barcelonais, aise** 名 バルセロナの人.
Barcelone /barsəlɔn/ 固有 バルセロナ：スペインの都市.
barda /barda/ 男〔話〕道具一式；厄介な荷物；（兵士の）装具一式.
bardane /bardan/ 女〔植物〕（野生の）ゴボウ.
barde¹ /bard/ 女 ❶ 古代ケルト族の吟唱詩人. ❷〔文章〕叙事［叙情］詩人. ❸〔話〕民謡歌手.
barde² /bard/ 女〔料理〕（肉を焼くときに巻く）脂身の帯.
bardé, e /barde/ 形 ❶ …で補強された, に覆われた. ▶ un coffre bardé de serrures 錠前を何個も取り付けた金庫 / être bardé de décorations 勲章をいっぱいつけている. ❷〈être bardé contre qc〉…に対して万全の備えがある.
bardeau /bardo/;〔複〕x 男 ❶ 屋根板；柿板(こけら). ❷（床の）下地板；（屋根の）野地板.
barder¹ /barde/ 他動 ❶ …を（金具などで）覆う, 補強する. ▶ barder une porte de ferrures ドアに防犯［補強］金具をがっちり取り付ける. ❷〔焼く肉〕を脂身で巻く.
barder² /barde/ 自動〔俗〕険悪な事態［雰囲気］になる；（会議などで）荒れる, 一波瀾(らん)ある. 注 主語は ça, cela. ▶ Ça va barder! やばいぞ.
barefoot /berfut/ 男〔英語〕ベアフット（足の裏で滑る水上スキー）.
barème /barɛm/ 男 計算表；（価格, 料金, 運賃などの）一覧表. ▶ barème des salaires 給与表

barge /barʒ/ 囡 艀(はしけ).

baril /baril/ 男 ❶ 小樽(だる); 小樽1杯分. ▶ un *baril* de vin 1樽のワイン.
❷〘計量単位〙(石油の)バレル: 159リットル.
baril de poudre (火薬樽→)一触即発の危険な状態[地域].

barillet /barijɛ/; barilɛ/ 男 ❶ 小樽(だる). 注 baril は小さい. ❷ (機械の)円筒部, シリンダ;(リボルバー式拳銃の)弾倉.

bariolage /barjolaːʒ/ 男 ❶ 不調和な配色, 雑色(にすること). ❷ (様式, 表現の)ごたまぜ.

bariolé, e /barjole/ 形 ❶ 配色のけばけばしい, 雑色の. ❷〔様式などが〕ごたまぜの, 雑多な.

barioler /barjole/ 他動 <barioler qc de qc>…に(雑多な色を)塗りたくる.

Bar-le-Duc /barlədyk/ 固有 バール=ル=デュック: Meuse 県の県庁所在地.

barmaid /barmɛd/ 囡〘英語〙女性のバーテンダー; バーのホステス.

barman /barman/;〘複〙**barmans** (または **barmen** /barmɛn/) 男〘英語〙バーテンダー, 酒場のボーイ.

baromètre /barɔmɛtr/ 男 ❶ 気圧計, 晴雨計.
▶ Le *baromètre* est「au beau fixe [au variable, à la pluie]. 晴雨計は安定した晴天[変わりやすい天気, 雨天]を示している.
❷ 指標, バロメーター.

barométrique /barɔmetrik/ 形 気圧計の, 晴雨計の.

baron /barɔ̃/ 男 ❶ 男爵. ▶ le *baron* Haussmann オスマン男爵. ❷ (特に財界の)大物, 大立者. ▶ les *barons* de la presse 新聞界の大物たち. ❸ 共犯者; さくら.

baronne /barɔn/ 囡 ❶ 女男爵. ❷ 男爵夫人.

baroque /barɔk/ 形 ❶ 風変わりな, 奇妙な. ▶ idées *baroques* 奇抜な着想. ❷ バロック様式の. ▶ peinture *baroque* バロック絵画. — 男 バロックの芸術家. — 男 バロック様式[絵画, 文学, 音楽].

baroquisme /barɔkism/ 男 バロック的傾向[趣味].

baroud /barud/ 男 話〘軍隊〙戦闘.
baroud d'honneur (敗北を承知で最後にしかける)名誉の戦闘;(政治・社会活動等の)最後の抵抗.

baroudeur /barudœːr/ 男 ❶ 話 好戦的な人.
❷ 話 突撃レポーター.

barouf /baruf/ 男 話 大騒ぎ, 喧噪(けんそう). ▶ faire du *barouf* 大騒ぎする.

***barque** /bark/ 囡 ボート, 小船. ▶ *barque* de pêcheur 漁船, 釣り舟 / *barque* de passage 渡し舟, フェリー / promenade en *barque* 舟遊び.
charger sa barque 高望みする.
mener [conduire] la [sa] barque (事業などの)舵(かじ)を取る, 采配(さいはい)を振るう.
mener qn en barque 話 …を口車に乗せる, だます, 惑わす.

barquette /barkɛt/ 囡 ❶〘菓子〙バルケット: 舟形の小タルト, 小型パイ. ❷ (スーパーなどで食品を入れる)トレイ, パック.

***barrage** /baraːʒ/ 男 ❶ ダム, 堰(せき). ▶ *barrage* de retenue 貯水ダム / *Barrage* des Trois-Gorges (中国・長江にかかる)三峡ダム. ❷ 通行止め, 封鎖; 柵(さく), 障害物;〘特に〙非常線. ▶ établir un *barrage* à l'entrée d'une rue 通りの入り口に通行止めの柵をする / franchir un *barrage* de police 警察の非常線を突破する. ❸〘スポーツ〙(同点者同士の)決定戦 (=match de *barrage*).
faire barrage à qn/qc …を邪魔する, 妨害する.

***barre** /baːr/ バール 囡 ❶ 棒; 閂(かんぬき). ▶ *barre* de fer 鉄の棒 / *barre* de chocolat チョコレートバー / fermer une porte avec une *barre* 扉を閂で閉める. ❷ 棒線, (文字などの)横線;〘音楽〙小節線 (=*barre* de mesure). ▶ la *barre* du «t» t の字の横線 / tirer une *barre* pour biffer un passage 線を引いて文章の一節を削除する / code à *barres* バーコード / *barre* oblique スラッシュ / *barre* oblique renversée バックスラッシュ. ❸ (バレエの練習用の)バー;(スポーツ用の)棒, バー. ▶ *barre* fixe 鉄棒 / exercices à la *barre* バー練習 / *barre* à disques バーベル. ❹ (裁判官と傍聴人を隔てる)柵(さく); 証人席, 弁護人席; 法廷. ▶ comparaître à la *barre* 証人として出廷する. ❺ (コンピュータ画面の)バー, バー. ▶ *barre* de menu メニューバー / *barre* d'outils ツールバー / *barre* de déroulement スクロールバー. ❻ 話 激痛. ▶ avoir une *barre*「sur l'estomac [dans la tête] 胃がきりきり[頭がずきずき]痛む. ❼〘海事〙舵(かじ). ▶ homme de *barre* 舵取り, 操舵(そうだ)手 / mettre la *barre* à gauche [droite] 取り舵[面舵]を取る. ❽ 海嘯(かいしょう), 高潮; 州, 砂州. ❾〘複数で〙〘ゲーム〙鬼ごっこ, 陣取り遊び.

avoir [prendre] barre(s) sur qn …に対して優位に立っている[立つ].

avoir la barre (à mine) 俗 勃起している.

C'est de l'or en barre. (金の延べ棒だ→)(もうけ話や人物が)絶対確実である.

coup de barre 話 (1) 急に襲う疲労. ▶ avoir un *coup de barre* 突然疲労を覚える. (2) (レストランなどの)法外な勘定. (3) 方向転換. ▶ Notre société a dû donner un *coup de barre*. 我が社は方針転換を迫られた.

être à la barre = prendre [tenir] la barre 舵を取る; 指導的立場にある, 指導[指揮]する.

jouer aux barres avec qn (…と鬼ごっこをする→)…と行き違いになる.

la barre de ＋ 数量表現 …のライン. ▶ L'inflation est tombée au-dessous de *la barre des* 4% [quatre pour cent] par an. インフレは年間4 % のラインを割った / franchir [passer] *la barre de* ＋ 数量表現 …を越える.

mettre [placer] la barre haut 話 ハードルを高くする. 高い目標を掲げる.

placer trop haut la barre (1) 途方もない野心を抱く. (2) 過度の条件を課する.

barré, e /bare/ 形 ❶ 通行を遮断した. ▶ «Rue *barrée*»「通行止め」❷ 線を引いた; 抹消された. ▶ des noms *barrés* 抹消された氏名 / chèque *barré* 線引き小切手 (⇨ BARRER).

barreau /baro/;〘複〙**x** 男 ❶ 格子, 桟. ▶ les

barrer

barreaux d'une fenêtre 窓格子.
❷〖法廷の〗弁護士席; 弁護士業; 弁護士会. ▶ entrer au *barreau* 弁護士になる.
barreau de chaise 〖話〗太い葉巻.
être derrière les barreaux 獄中にある.

barrer /bare/ 他動 ❶〖通行, 流れなど〗を遮断する. ▶ *barrer* une rue 通りを通行止めにする / Cette construction nous *barre* la vue. この建物が視界を遮っている. ❷ …を阻止する, 妨害する. ▶ *barrer* les ambitions de qn …の野望を阻む. ❸ …に横線を引く; を(線を引いて)抹消する. ▶ *barrer* un «t» t の横線を引く / *barrer* une phrase 文章を抹消線で消す / *barrer* un chèque (銀行に対してのみ支払われるように)小切手を線引きをする. ❹〖船〗の舵(かじ)を取る.
barrer [*la route* [*le chemin*] *à qn* …の行く手を阻む; …の計画を妨害する. ▶ Son rival lui *a barré la route* du pouvoir. 彼(女)はライバルに権力への道を阻まれた.
être mal barré 出だしでつまずく, 幸先がよくない. ▶ C'est mal barré. しょっぱなからつまずいた.
— se barrer /s(ə)bare/ 代動 〖話〗立ち去る, 逃げ出す, ずらかる. ▶ *Barre-toi* ! うせろ; 逃げろ.

barrette¹ /baret/ 女〖カトリック〗ビレッタ: 聖職者の四角形の縁なし帽.

barrette² /baret/ 女 ❶ 棒型ブローチ. ❷ 髪留め, バレッタ. ❸ バレット, 棒綬(ぼうじゅ): 勲章を帯びるための細長い板状のリボン.

barreur, euse /barœːr, øːz/ 名 舵手(だしゅ) (ボート競技の)コックス.

barricade /barikad/ 女 ❶ バリケード, 障害物. ▶ dresser [élever] des *barricades* バリケードを築く. ❷ 〖複数で〗内乱, 暴動. ▶ les *barricades* de mai 68 [soixante-huit] 68年の5月革命.
être [*passer*] *de l'autre côté de la barricade* 敵方である〖につく〗.

barricader /barikade/ 他動 ❶ …をしっかり閉める, 固く閉ざす. ▶ *barricader* une porte avec des planches 板を打ちつけてドアをふさぐ.
❷〖街路など〗をバリケードで封鎖する.
— se barricader 代動 ❶ バリケードに立てこもる. ❷ 閉じこもる;〖隠れて〗身を守る.

barrière /barjɛːr/ 女 ❶ (畑, 牧場などの)柵(さく); (踏み切りの)遮断機. ▶ la *barrière* d'un jardin 庭の柵 / ouvrir [fermer] une *barrière* 柵を開く[閉じる]. ❷ 障壁, 障害. ▶ *barrière* douanières 関税障壁 / une *barrière* de la langue 言葉の壁 / mettre une *barrière* à la réalisation d'un projet 計画の実現を妨害する.
être de l'autre côté de la barrière 反対の立場に立つ.

barrique /barik/ 女 ❶ (200-250リットル入りの)大樽(たる); 大樽1杯分. ❷ 〖話〗でぶ, 太っちょ.
être plein [*rond*] *comme une barrique* 〖話〗(1) 飲み[食べ]過ぎて腹がはちきれそうだ. (2) べろべろに酔っぱらっている.

barrir /bariːr/ 自動〖象, サイが〗鳴く.

barrissement /barismɑ̃/ 男 (象, サイの)鳴き声.

barycentre /barisɑ̃ːtr/ 男〖数学〗重心.

barye /bari/ 女〖物理〗バリー: 圧力の単位.
baryton /baritɔ̃/ 男〖音楽〗バリトン(歌手).
baryum /barjɔm/ 男〖化学〗バリウム.

*bas¹, basse /bɑ, bɑːs バ, バース/ 形

男性単数 bas	女性単数 basse
男性複数 bas	女性複数 basses

❶ 《ときに名詞の前で》(空間的に)低い.

❶ 〔高さ, 位置が〕低い; 低いところにある, 低地の. ▶ Cette chaise est trop *basse* pour s'asseoir. この椅子(いす)は低すぎて座れない / une maison *basse* 屋根の低い家 / coup *bas*〖ボクシング〗ローブロー / marcher 「la tête *basse* [les yeux *bas*]うなだれて[伏し目がちに]歩く / les *bas* quartiers 下町 / en ce *bas* monde (天上界に対して)この世で. ◆*bas* de + 無冠詞名詞 …が低い. ▶ un appartement *bas* de plafond 天井の低いアパルトマン. ❷ 水位が低い. ▶ la marée *basse* 干潮, 引き潮 / Le fleuve est *bas*. 川の水位が低い. ❸〔雲などが〕低くて暗い. ▶ des nuages *bas* 重く垂れ込めた雲 / Le jour est *bas*. 日が暮れかけている / Le ciel est *bas*. 空がどんより曇っている.

❷《ときに名詞の前で》(程度が)低い, 小さい.

❶〔音, 声が〕低い, 小さい. ▶ une note *basse* 低音 / parler à voix *basse* 低い声で話す; 小声で話す. ❷ (数量的に)低い, 少ない. ▶ Sa pression sanguine est très *basse*. 彼(女)の血圧はとても低い / conserver qc à *basse* température …を低温で保存する / *bas* salaires 低賃金 / acheter qc à *bas* prix …を安い値段で買う / enfant en *bas* âge 幼児. ❸ (価値, 地位が)低い, 劣った, 下級の. ▶ un *bas* produit 粗悪品 / *basses* cartes (トランプの)弱い札 / *bas* morceaux くず肉 / les *basses* classes 下層階級. ❹ 卑劣な; 卑しい. ▶ une *basse* vengeance 卑劣な復讐(ふくしゅう) / avoir une âme *basse* 卑しい心の持ち主だ.

❸《名詞の前で》(時代的に)下った, 後期の. ▶ le *bas* latin 後期ラテン語 / le *Bas-Empire* 後期ローマ帝国.

au bas mot 最低に見積もっても.
faire main basse sur qc …を盗む.

— *bas* 副 ❶ 低く, 下に. ▶ voler *bas* 低空を飛ぶ / Il habite deux étages plus *bas*. 彼は2階下に住んでいる. ❷ 小声で, 低い声で. ▶ parler *bas* 小声で話す / Plus *bas*, parce qu'on n'entend que vous. もっと小さな声で話してください, あなた(方)の声しか聞こえませんから. ❸〈plus *bas*〉〖手紙, 文書で〗以下に. ▶ Voir plus *bas*. 以下を参照のこと (圓 plus *bas* = ci-dessous, infra).

Bas les armes! 武器を捨てろ, 降服しろ.
Bas les mains [*pattes*]*!* 〖話〗手を出すな[放せ].
Ça vole bas. 〖話〗(会話, 作品などが)低調で, レベルが低い.
être bas 〔人が〕衰弱している, 危篤状態だ; 意気消沈している. ▶ Le malade *est* bien *bas*. 病人は

重態だ.
jeter bas qc …を打ち壊す；打ち倒す.
mettre bas (1) 置く, 下ろす. (2) 〔動物が〕子を産む.
tomber bas (1) 低下する, 下落する. (2) 堕落する, 零落する.

— ***bas*** 男〈単数形のみ〉❶ 下の方, 下部. ▶ le *bas* d'une page ページの下 / le *bas* d'une jupe スカートの裾(ホ) / le *bas* de l'échelle sociale 社会の底辺層 / le *bas* de gamme 普及品, 低価格［低品質］の製品. ❷《音楽》低音(部).
à bas 下に. ▶ mettre［jeter］qc *à bas* …を取りこわす.
A bas qn/qc!〈抗議の叫び〉…を倒せ, 打倒せよ. ▶ *A bas* la tyrannie! 独裁政権打倒.
au bas de qc …の下部に.
de bas en haut 下から上へ, 下から上まで.
de haut en bas ⇨ HAUT.
des hauts et des bas /deozedəba/＝*des bas et des hauts* /debazedo/［好不調［幸不幸, 好不況］の波, 浮き沈み. ▶ Il a dirigé ce pays avec *des hauts et des bas*, mais sans échec. 彼は良い悪いの波はあったが、まず大過なく国を治めた.
en bas 下に［で, の］；1 階に, 階下に. ▶ tomber la tête *en bas* 頭から真っ逆様に落ちる / loger *en bas* 下の階に住む / Le bruit vient d'*en bas*. 物音は下の階から聞こえてくる / la France d'*en bas* フランスの下流層.
en bas de qc …の下に；1 階に, 階下に. ▶ *En bas de* chez moi, il y a un café. うちの建物の 1 階にカフェがある.

bas² /bɑ/ 男 ストッキング；長靴下. 注 パンティーストッキングは collant, 紳士用靴下は chaussettes という. ▶ une paire de *bas* ストッキング 1 足 / mettre［enlever］des *bas* ストッキングを履く［脱ぐ］.
bas de laine（毛糸の靴下 →）へそくり(の隠し場所). 注 昔, 農民が毛の靴下に小金をためたことから.

basalte /bazalt/ 男 玄武岩.
basane /bazan/ 女 羊のなめし革.
basané, e /bazane/ 形（ときに軽蔑して）日焼けした, 赤銅色の, 浅黒い.
basaner /bazane/ 他動 …を日焼けさせる, 赤銅色にする, 浅黒くする.
bas-bleu /bɑblø/ 男 古風 才女気取り, 青鞜(ホシ)婦人. 注 英語 bluestocking の訳.
bas-côté /bɑkote/ 男 ❶ 路側帯, 路肩.
❷《建築》(教会の)側廊.
basculant, ante /baskylɑ̃, ɑ̃ːt/ 形〈装置, 機械が〉上下に動く, 傾く. ▶ benne *basculante* ダンプカーの荷台 / pont *basculant* 跳ね橋.
bascule /baskyl/ 女 ❶ 台秤(鉣㡚), 計量台. ▶ peser qc sur une *bascule* …を台秤で計る. ❷ シーソー. ▶ jeu de *bascule* シーソー遊び / politique de *bascule* 二股政策.
à bascule 揺らす装置を備えた. ▶ un fauteuil *à bascule* ロッキングチェア.
faire la bascule 上下［前後］に揺れる, ぐらぐらする.
basculement /baskylmɑ̃/ 男 ❶ 上下運動；転覆, 転倒. ❷（立場, 主義の）転向, 転換.
basculer /baskyle/ 自動 ❶（支点を中心に）上下に動く, 傾く. ▶ faire *basculer* la benne d'un camion ダンプカーの荷台を傾ける. ❷ 平衡を失う, ぐらつく；ひっくり返る. ▶ Mal installé, l'échafaudage *a basculé* sur la route. 設置が悪かったので, 足場は崩れに倒れた. ❸（別の立場, 方向に）転換する, 急変する. ▶ *basculer* dans l'opposition 反対派に寝返る / Après le penalty, le match *a basculé* en faveur de l'équipe de France. ペナルティーのあと, 試合は一転してフランス・チーム有利となった.

— 他動 …を傾ける, ひっくり返す. ▶ *basculer* une brouette pour la vider 手押し車を傾けて中身をあける / *basculer* qn en arrière …を仰(紤)向けに転ばす.

base /bɑːz/ バーズ/ 女 ❶ 土台, 基部；ふもと；（図形の）底辺, 底面. ▶ la *base* d'un édifice 建物の土台 / la *base* d'une colonne 柱脚 / la *base* du cou 首のつけ根 / la *base* d'une colline (↔sommet) 丘のふもと / la *base* d'un triangle 3 角形の底辺.
❷《しばしば複数で》基礎, 根本, 原理. ▶ jeter［établir］les *bases* de qc …の基礎を作る / Il a des *bases* solides en anglais. 彼は英語の基礎をしっかり身につけている / Ces produits constituent la *base* du commerce de cette région. これらの産物がその地方の商業の基盤となっている.
❸ 基地. ▶ *base* aérienne［navale］空軍［海軍］基地 / *base* militaire 軍事基地 / *base* d'opérations 作戦基地 / *base* de lancement (ミサイルなどの)発射基地.
❹《集合的に》（政党, 労働組合の）下部組織. ▶ consulter la *base* 下部の意見を求める / militant de *base* 下部党員, 下部組織の活動家.
❺ 主成分；（化粧品の）下地, ベース. ▶ *base* de maquillage メイキャップ下地［ベース], 下地クリーム. ❻《化学》塩基. ❼ *base* de données データベース.

à base ＋ 形容詞［*de* ＋ 無冠詞名詞］…を主成分にした, …に基礎を置いた. ▶ un aliment *à base de* maïs トウモロコシをベースにした食品 / des villes *à base* tertiaire 第 3 次産業を基盤にした都市群.
base de départ (1)（軍隊, ゲリラなどの）発進基地, 拠点. ▶ *base de départ* du terrorisme international 国際テロの拠点. (2)（行動, 議論などの）出発点, 起点.
de base 基礎の, 基本的な. ▶ salaire *de base* 基本給 / français *de base* 基礎フランス語 / établir un camp *de base* ベース・キャンプを設営する.
être à la base de qc …の基礎［起点, 原動力］となる. ▶ Son ardeur au travail *est à la base de* sa réussite. 仕事への熱意が彼(女)の成功の原因だ.
par la base 基礎から, 根底から. ▶ Ce raisonnement pèche *par la base*. その考え方は根本から間違っている.
prendre［avoir］qc pour base（de qc） …を(…の)よりどころとする. ▶ Il *a pris pour base* de sa théorie cette hypothèse. 彼はこの仮説を自分の理論の出発点とした.

basé

sur la base de qc …の基礎[基準]の上に; の率[割合]で. ▶ ***sur la base*** *d'une loi* ある法律に基づいて / *échanger des yens* ***sur la base*** *des cours du jour* 円をその日の相場で換金する.
sur「une base [des bases] + 形容詞 …な基礎の上に.

basé, e /baze/ 形 ❶ «*basé sur qc*» …に基づいた. ▶ *une argumentation* ***basée*** *sur des faits incontestables* 議論の余地のない事実に基づいた論証. ❷ …を基地[拠点]とする. ▶ *des navires de guerre* ***basés*** *à Brest* ブレストを母港とする軍艦.

base-ball /bɛzbo:l/ 男 《英語》野球.

baser /baze/ 他動 ❶ «*baser qc sur qc*» …の基礎を…に置く, を…に基づかせる. ▶ *baser* *son raisonnement sur une hypothèse* 仮説に基づいて推論する / *baser ses espoirs sur qc* …に期待をかける. ❷〔兵器, 部隊など〕の基地を…に置く, を…に配備する. — **se baser** 代動 «*se baser sur qc*» …を根拠とする, に基づく, 立脚している.
▶ *Il s'est* ***basé*** *sur quoi pour dire ça?* 彼は何が根拠でそんなことを言ったのか.

bas-fond /bafɔ̃/ 男 ❶ 浅瀬 (=*haut-fond*).
▶ *Le bateau s'est échoué sur un* ***bas-fond***. 船は浅瀬に乗り上げた. ❷ くぼ地, 低地. ❸《複数で》(社会の)底辺, 最下層; スラム街. ▶ *les* ***Bas-Fonds*** (ゴーリキーの)「どん底」.

basic /bazik/ 男《米語》(しばしば Basic)《情報》ベーシック: コンピュータのプログラム言語の一つ.

basilic[1] /bazilik/ 男《動物》バシリスク: 熱帯アメリカ産イグアナ科のトカゲ.

basilic[2] /bazilik/ 男《植物》バジリコ: 香辛料として用いられる.

basilique /bazilik/ 女 ❶《キリスト教》大聖堂, バシリカ. 比較 ⇨ ÉGLISE.
❷《建築》バシリカ式聖堂: キリスト教聖堂の原型.

basique /bazik/ 形 ❶《化学》塩基性の. ❷ 基本的な, 基礎的な. ▶ *le français* ***basique*** 基礎フランス語.

basket[1] /basket/, **basket-ball** /basketbo:l/ 男《米語》バスケットボール. ▶ *jouer au basket* バスケットをする.

basket[2] /basket/ 女 バスケットシューズ (=*chaussure de basket*). ▶ *porter des* ***baskets*** バスケットシューズをはく.

être à l'aise dans ses baskets 話 くつろいでいる.
faire basket 話 こっそり立ち去る.
Lâche-moi les baskets 話 ほっといてくれ.

basketteur, euse /basketœ:r, ø:z/ 名 バスケットボールの選手.

basoche /bazɔʃ/ 女《集合的に》《軽蔑して》法律関係の連中, 法律屋.

basquais, aise /baske, ε:z/ 形 ❶ 稀 バスク Basque の. ❷《料理》poulet (à la) ***basquaise*** 若鶏のバスク風, 若鶏の白ワイン煮.

basque[1] /bask/ 形 バスク地方の; バスク語の. ▶ *le Pays* ***basque*** バスク地方: スペイン, フランス両国にまたがるピレネー山脈西部地帯.
— **Basque** 名 バスク地方の人, バスク人.
— **basque** 男 バスク語.

basque[2] /bask/ 女 (上着の)すそ.
s'accrocher aux basques de qn …につきまとう, まわりつく.

bas-relief /barəljef/ 男《美術》浅浮き彫り.

Bas-Rhin /barɛ̃/ 固有 男 バ=ラン県 [67]: フランス東部.

basse[1] /ba:s/ 女《音楽》バス; バス歌手; ベース; 低音. ▶ ***basse*** *continue* 通奏低音.
Doucement les basses! 話 やり過ぎだよ.

basse[2] /ba:s/ bas[1] の女性形.

basse-cour /basku:r/,《複》〜s-〜s 女 ❶ (家禽,う)や家畜の)飼育場; 家畜小屋, 鶏小屋. ❷《集合的に》家禽, 家畜.

bassement /basmɑ̃/ 副 下品に; 卑劣に, 浅ましく.

Basse-Normandie /basnɔrmɑ̃di/ 固有 女 バス=ノルマンディ地方: フランス北西部.

bassesse /bases/ 女 ❶ 下品さ, 卑しさ; 卑屈.
▶ *flatter qn avec* ***bassesse*** …に卑屈にへつらう. ❷《多く複数で》卑劣な行為, 浅ましい行い. ▶ *être prêt à toutes les* ***bassesses*** *pour arriver* 出世のためにどんな破廉恥なことでもしかねない.

basset /base/ 男 バセット: 足の短い猟犬.

bassin /basɛ̃/ 男 ❶ (公園などの人工の)池, 貯水槽, タンク; プール. ▶ *le* ***bassin*** *d'une fontaine* 泉水[噴水]の水盤 / ***bassin*** *d'arrosage* ため池 / ***bassin*** *de [pour la] natation* 水泳用プール. ❷ 金だらい, 洗面器; 大皿, 鉢; おまる (=*bassin hygiénique*). ▶ *un* ***bassin*** *de métal* 金属製の洗面器 / ***bassins*** *d'une balance* 秤(はかり)皿. ❸《海事》ドック (=*bassin de port*). ❹ 盆地; 流域. ▶ *le* ***Bassin*** *parisien* パリ盆地 / *le* ***bassin*** *de la Seine* セーヌ川流域. ❺ 鉱床. ▶ ***bassin*** *houiller* 炭田 / ***bassin*** *pétrolifère* 油田.

bassinant, ante /basinɑ̃, ɑ̃:t/ 形 古風・話 小うるさい, くどい.

bassine /basin/ 女 ❶ (底の深い大きな)ボール, なべ, たらい. ▶ *une* ***bassine*** *en [de] cuivre* 銅製ボール / *laver la vaisselle dans une* ***bassine*** 洗い桶(おけ)で食器を洗う. ❷ ボール[なべ, たらい]1 杯分の量.

bassiner /basine/ 他動 ❶ 話 (むだ話や質問などで)…をうんざりさせる; 悩ませる. ❷〔体の一部を〕軽く湿らせる. ▶ ***bassiner*** *une plaie avec des compresses humides* 湿布で傷口を湿らせる.

bassinet /basine/ 男《解剖》腎盂(う), 腎盤.

bassiste /basist/ 名《音楽》コントラバス奏者, ベーシスト (=*contrebassiste*).

basson /basɔ̃/ 男《音楽》ファゴット, バスーン; ファゴット[バスーン]奏者.

basta /basta/ 間投《イタリア語》話 もうたくさんだ (無関心, あきらめ, 軽蔑).

Bastia /bastja/ 固有 バスティア: Haute-Corse 県の県庁所在地.

bastiais, aise /bastje, ε:z/ 形 バスティア Bastia の. — **Bastiais, aise** 名 バスティアの人.

bastide /bastid/ 女 ❶ 地域 (プロヴァンス地方の)農家の別荘. ❷ (フランス南西部の, 中世の)城塞(じょう)都市.

bastille /bastij/ 女 ❶ (la Bastille) バスティーユ監獄: 国事犯収容所. 1789 年 7 月 14 日パリ市民が

襲撃，フランス革命の発端となった．現在は広場．▶ la prise de *la Bastille* (1789年の)バスティーユ奪取 / la place de *la Bastille* バスティーユ広場．❷ (中世の都市の入り口を守る)城塞(じょう)．❸ 〚文章〛圧制，弾圧，迫害．

bastingage /bastɛ̃ɡa:ʒ/ 男 (甲板，船橋の)手すり．

bastion /bastjɔ̃/ 男 ❶ 稜堡(りょう)，防衛拠点，防塞(ぼう)．▶ faire tomber le *bastion* 敵塁を陥落させる．❷ (主義，思想の)拠点，とりで．◆ Ce journal est le dernier *bastion* de la liberté. この新聞は自由の最後のとりでだ．

bastonnade /bastɔnad/ 女 棒の連打；棒打ちの刑．▶ donner [recevoir] une *bastonnade* 棒で打ちのめす[打ちのめされる]．

bastringue /bastrɛ̃:ɡ/ 男 〚話〛❶ 道具一式，手回り品，所持品；がらくた．❷ 喧嘩(けんか)，どんちゃん騒ぎ；騒々しい楽団[音楽]．❸ (場末の酒場の)ダンスパーティー；場末の酒場．

bas-ventre /bavɑ̃:tr/ 男 下腹．

bat /ba/ 〚活用〛⇨ BATTRE 64

bât /bɑ/ 男 (馬，ロバの)荷鞍(にぐら)．
C'est là que [où] le bât (le) blesse. = *Voilà où le bât (le) blesse.* そこが(彼の)弱点だ．

bataclan /bataklɑ̃/ 男 〚話〛邪魔になる[厄介な]荷物；がらくた．
et tout le bataclan (= reste) その他もろもろ，一切合切．

*****bataille** /batɑ:j/ バタイユ 女 ❶ 戦闘，会戦．▶ gagner [perdre] une *bataille* 戦いに勝つ[敗れる] / la *bataille* de la Marne マルヌの戦い．❷ (社会・政治上の)戦い．▶ *bataille* d'idées 論争 / *bataille* pour l'héritage 相続争い / *bataille* électorale 選挙戦 / La vie est une dure *bataille*. 人生は厳しい闘いだ．◆ <la *bataille* de + 定冠詞 + 名詞〉…に関する戦い．▶ la *bataille* de la vie 生存競争 / la *bataille* de l'audience (テレビの)視聴率合戦．❸ 喧嘩(けんか)；戦争ごっこ．▶ *bataille* de rue 路上の取っ組み合い / *bataille* de boules de neige 雪合戦．❹〚カード〛バタイユ．
arriver après la bataille 遅れて[時機を逸して]着く．
bataille rangée (1) (戦列を組んでの)会戦．(2) (集団と集団の)全面衝突，乱闘．
champ de bataille 戦場．▶ abandonner le *champ de bataille* 戦場を放棄する，打ち負かされる．
cheval de bataille (軍馬→)得意の話題[議論]，おはこ．▶ Le chômage et la hausse des prix sont les *chevaux de bataille* des partis politiques. 失業と物価高騰は諸政党が好んで取り上げる問題だ．
en bataille (1) 乱れた，めちゃくちゃな；いいかげんに．▶ cheveux [barbe] *en bataille* もじゃもじゃの髪[ひげ]．(2) (歩道に対して)斜めに．▶ stationner *en bataille* (↔file) 斜め駐車する．(3) 戦闘隊形に．
livrer bataille (à [contre] qn/qc) (…と)戦いを交える，(…に)戦いを挑む．▶ Les deux armées *se sont livré bataille*. 両軍は戦いを交えた / *livrer bataille* contre le chômage 失業問題と闘う．
plan de bataille 作戦，戦法；(事業の)推進計画．▶ dresser un *plan de bataille* 作戦を立てる．

batailler /bataje/ 自動 (目的達成のために)闘う．▶ *batailler* contre qn/qc …を相手に闘う．〚比較〛⇨ LUTTER．

batailleur, euse /batajœ:r, ø:z/ 形, 名 好戦的な(人)，喧嘩(けんか)早い(人)．

bataillon /batajɔ̃/ 男 ❶ 大隊．▶ *bataillon* d'infanterie 歩兵大隊 / chef de *bataillon* 陸軍少佐 (= commandant)．❷ <*bataillon* de + 無冠詞複数名詞>…の群れ，大勢の…．▶ Elle a un *bataillon* d'enfants. 彼女は子だくさんだ．

bâtard, arde /bɑta:r, ard/ 形 ❶ 非嫡出の，私生の．▶ un(e) enfant *bâtard(e)* 私生児．❷ 〚動物が〛雑種の．▶ un chien *bâtard* 雑種犬；〚特に〛イギリス種とフランス種の猟犬．❸ (多く軽蔑して)〚事物が〛異種混合の，折衷の，中間の．▶ une solution *bâtarde* (どちらも満足しない)妥協的解決(案)．
— 名 ❶ 非嫡出子，私生児．❷ 雑種；雑種犬 (= chien *bâtard*)．
— **bâtard** 男 バタール：バゲットより太く短い棒状のフランスパン．⇨ PAIN 男

batardeau /batardo/; (複) **x** 男 (水面下の工事で水をせき止める)締め切り；潜函(せん)，ケーソン．

bâtardise /bɑtardi:z/ 女 非嫡出，庶出．

batavia /batavja/ 女 レタス，チシャ．

bâté, e /bate/ 形 荷鞍(にぐら)をつけた．
âne bâté (荷鞍をつけたロバ→)ばか，のろま．

*****bateau** /bato/ バトー; (複) **x** 男
❶ 船，舟，ボート．▶ *bateau* à moteur モーターボート / *bateau* de pêche 漁船 / *bateau* à voiles 帆船 / *bateau* à vapeur 汽船 / *bateau* de plaisance レジャー用の船 / voyage en *bateau* 船旅 / aller en *bateau* 船で行く / prendre le *bateau* (pour Marseille) (マルセイユ行きの)船に乗る．❷ 船1隻分の積み荷．▶ un *bateau* de charbon 船1隻分の石炭．❸ (歩道の)切り下げ：車の出入りに削った部分．形の連想から．
en bateau 舟形の，舟の形をした．
être (embarqué) dans le même bâteau 〚話〛いやでも団結しなければならない．
être du dernier bateau 最新流行である．
faire du bateau (ヨットなどで)船遊びをする．
mener qn en bateau = *monter un bateau à qn* 〚話〛…を担ぐ，に一杯食わせる．

〚比較〛船
bateau《最も一般的》船，舟．**navire**《改まった表現》船舶．大洋航海用の大型船をいう．**bâtiment**《改まった表現》船舶．大型の艦船．**paquebot** 大型客船．**embarcation** 小型船，小舟の総称．**vaisseau** 大型艦船．成句や詩句表現以外ではほとんど用いられない．*vaisseau spatial* [*cosmique*] 宇宙船．

— 形《不変》❶ 陳腐な，使い古された (= banal)．▶ une question *bateau* 陳腐な質問．❷ 舟形の．▶ lit *bateau* 舟形ベッド．

bateau-citerne /batositɛrn/;《複》～**x**-～**s** 男 タンカー.
bateau-mouche /batomuʃ/;《複》～**x**-～**s** 男 バトー・ムーシュ：セーヌ川の遊覧船.
bateau-pompe /batopɔ̃:p/;《複》～**x**-～**s** 男 消火艇.
batel*eur*, *euse* /batlœ:r, ø:z/ 名 大道芸人, 手品師, 軽業師, 道化師.
batel*ier*, *ère* /batəlje, ɛ:r/ 名 (川船の)船頭；渡し守.
batellerie /batɛlri/ 女 ❶ (河川の)水上運送[交通]業. ❷《集合的に》川船.
bâter /bɑte/ 他動 (馬など)に荷鞍(にぐら)をつける.
bat-flanc /baflɑ̃/ 男《単複同形》❶ (厩舎(きゅう)の)仕切り板. ❷ (寄宿舎の寝室の)間仕切り板. ❸ (監獄, 兵舎の)簡易ベッド.
bathyscaphe /batiskaf/ 男《海洋学》バチスカーフ：深海観測用の潜水艇.
bâti, *e* /bɑti/ 形 ❶ [場所が]建物の建っている；[建物などが]建てられた. ▶ une propriété *bâtie* 建物[家]付き地所 / une ville *bâtie* sur un promontoire 岬の上に造成された町. ❷ 確立された, 組み立てられた. ▶ une thèse bien *bâtie* 骨組みのしっかりした論文. ❸ [人が](ある特性, 体格に)作られた, できている. ▶ Il est mal *bâti*. 彼は貧弱な体格をしている.
— **bâti** 男 ❶ (戸, 窓の)枠, 建具枠；(機械の)フレーム. ▶ *bâti* de fenêtre 窓枠. ❷ 仮縫い, しつけ縫い；しつけ糸.
batifolage /batifɔlaʒ/ 男 話 遊びほうけること, 浮かれ騒ぎ.
batifoler /batifɔle/ 自動 はしゃぎ回る, ふざける；たわむれることをする. ▶ Les enfants *batifolent* sur la plage. 子供たちが砂浜ではしゃぎ回っている.
*****bâtiment** /bɑtimɑ̃/ バティマン 男 ❶ 建物, 建造物. ▶ *bâtiments* publics 公共建造物 / un *bâtiment* d'habitation 居住用建物.
❷ 建築(業), 建設(業). ▶ l'industrie du *bâtiment* 建設業(界) / ouvrier du *bâtiment* 建築作業員 / être dans le *bâtiment* 建築関係の仕事をしている. ❸ 船舶, 艦艇. ▶ *bâtiment* de tête 旗艦 / *bâtiment* de guerre 軍艦. 比較 ⇨ BATEAU.
être du bâtiment (大工組合に属する→)玄人(くろうと)[通, ベテラン]である.
Quand le bâtiment va, tout va. 家が盛んに建つのは景気のよいしるし.

> 比較 建物
> **bâtiment**《広く一般的に》ビルディング, マンション, 家屋, 工場など建物全般を指す. **construction** 橋やダムなどを含む建造物を広く指す. **édifice** 外観の壮麗な公共建築物, モニュメント. **immeuble** 主として住居用, オフィス用の共用ビルをいう. **building**《官庁・商業用語》ビルディング.

*****bâtir** /bɑti:r/ バティール/ 他動

| 直説法現在 je bâtis | nous bâtissons |
| 複合過去 j'ai bâti | 単純未来 je bâtirai |

❶ [建物, 船舶など]を建てる, 建造する；[国, 都市など]を建設する, 築く. ▶ se faire *bâtir* une maison 家を建てさせる / *bâtir* un empire 帝国を建設する /《目的語なしに》pierre à *bâtir* 建設用石材. 比較 ⇨ CONSTRUIRE. ❷ …を確立する, 築き上げる；[計画, 作品など]を組み立てる, 練り上げる. ▶ *bâtir* une théorie ある理論を構築する / *bâtir* sa fortune 財産を築く. ❸ [動物が巣]を作る. ❹ [服飾] [服]を仮縫いする. ▶ *bâtir* une jupe pour l'essayage 試着用にスカートの仮縫いをする /《目的語なしに》fil à *bâtir* しつけ糸.
bâtir qc sur le [du] roc (1) 岩の上に…を建てる. (2) …を確固たるものにする；《目的語なしに》堅固なものを作る, 確実な事業を企てる. ▶ *bâtir* sa situation *sur du roc* 自分の地位を不動のものにする.
bâtir sur le [du] sable 砂上の楼閣を築く；不確実な事業を企てる.
— ***se bâtir*** 代動 ❶ …を(自分用に)建てる；(自分の)…を築く. 注 se は間接目的. ▶ Elle *s'est bâti* une maison. 彼女は自分の家を建てた. ❷ 建設される；確立される. ▶ Une société sans inégalité ne *se bâtira* pas en un jour. 平等な社会は一朝一夕には築かれないだろう /《非人称構文で》Il *s'est bâti* de nouveaux quartiers. 新しい市街地が建設された.

bâtisse /bɑtis/ 女 ❶《悪い意味で》巨大な建物, 建造物. ❷ (建物の)石造部分, 土台.
bâtiss*eur*, *euse* /bɑtisœ:r, ø:z/ 名 ❶ 建築者；建築家；(国, 都市などの)建設者, 創始者. ❷《軽蔑して》(幻想などの)作り手, 創作屋.
*****bâton** /bɑtɔ̃/ バトン 男 ❶ 棒；杖(つえ)；支え. ▶ le *bâton* du chef d'orchestre 指揮棒 / s'appuyer sur un *bâton* (=canne) 杖にすがる / *bâton* de ski スキーのストック.
❷ (打つための)棒, 棍棒(こんぼう)；棒打ち(の刑). ▶ donner des coups de *bâton* 棒でたたく.
❸ 棒状のもの；(特に)リップスティック. ▶ *bâton* de rouge à lèvres 口紅 / un *bâton* de craie チョーク.
❹ 高圧策, 強権. ▶ la politique du *bâton* 強圧政治.
❺ (字の練習のために引く)縦線. ▶ faire des *bâtons*
à bâtons rompus 脈絡なく, とぎれとぎれに；脈絡のない, 支離滅裂な. ▶ parler *à bâtons rompus* とりとめのない話をする.
à coups de bâton 棒を構えて. ▶ poursuivre un voleur *à coups de bâton* 棒を振り上げて泥棒を追いかける.
bâton de maréchal 元帥杖(じょう)；(到達しうる)最高の位. ▶ avoir son *bâton de maréchal* 極めうる最高位に就く.
bâton de vieillesse 老人の杖；文章 老後の面倒を見てくれる人.
mener une vie de bâton de chaise 波瀾(はらん)に満ちた生活 [放蕩(ほうとう)生活] を送る.
mettre des bâtons dans les roues à qn /qc …の邪魔をする, を妨げる.
retour de bâton しっぺ返し.
tour de bâton 不正な利益.

bâtonnat /bɑtɔna/ 男 弁護士会会長の職[任期].

bâtonner /bɑtɔne/ 他動 …を棒で打つ.

bâtonnet /bɑtɔnɛ/ 男 小さな棒；小さな棒状のもの. ▶ un *bâtonnet* de craie 短いチョーク.

bâtonnier /bɑtɔnje/ 男 弁護士会会長.

batraciens /batrasjɛ̃/ 男複 ⇨ AMPHIBIENS.

bats /ba/ 活用 ⇨ BATTRE 64

battage /bataːʒ/ 男 ❶〔物を〕打つこと，たたくこと. ▶ le *battage* de l'or (金箔(ﾊｸ)にするための) 金の打ち延ばし. ❷〖農業〗麦打ち，脱穀；《しばしば複数で》麦打ち[脱穀]の時期 (=*battage* du blé). ❸ 話 鳴り物入りの宣伝，誇大広告. ▶ faire du *battage* "autour de [pour] qn/qc …を大々的に宣伝する，はでに売り込む.

battaient, battais, battait /batɛ/ 活用 ⇨ BATTRE 64

battant, ante /batɑ̃, ɑːt/ 形 ❶ 打ちつける，たたきつく；ばたつく. ▶ une pluie *battante* たたきつける雨，しのつく雨 / porte *battante* 自在戸；風でばたつく戸. ❷ 鼓動する，脈打つ. ▶ avoir le cœur *battant* 胸がどきどきする[高鳴る].

à + 数詞 + ***heure(s) battante(s)*** ちょうど…時に，…時きっかりに. ▶ Venez *à* six *heures battantes*. 6時ちょうどに来てください.

tambour battant 太鼓の音に合わせて；堂々と；てきぱきと. ▶ mener une affaire *tambour battant* てきぱきと仕事をこなす.

— 名 闘志のある人，攻撃型の人；《特に》《スポーツで》ファイター.

— **battant** 男 ❶ (鐘の)舌. ❷ (戸，窓，家具などの)扉；(テーブル，カウンターなどの)跳ね板，跳ねぶた. ▶ porte à un *battant* 片開きの戸 / porte à deux *battants* 両開きの戸.

batte¹ /bat/ 女 (物を打つための)棒；槌(ﾂﾁ)；(野球，クリケットの)バット.

batte² /bat/ 活用 ⇨ BATTRE 64

battement /batmɑ̃/ 男 ❶〔繰り返し〕打つこと；打つ音. ▶ le *battement* de la pluie contre les vitres 窓ガラスをたたく雨音 / *battement* de mains 拍手 (=applaudissement) / *battement* d'ailes (鳥の)羽ばたき，羽音 / *battement* "des cils [des paupières]" まばたき / *battement* du cœur 心臓の鼓動 / avoir "un *battement* [des *battements*] de cœur 動悸(ﾄﾞｳｷ)がする，胸がどきどきする. ❷ 空き時間，待ち時間. ▶ Nous avons un *battement* de vingt minutes pour changer de train. 列車の乗り換えには20分の待ち時間がある. ❸〖水泳〗キック，ビート.

battent /bat/ 活用 ⇨ BATTRE 64

batterie /batri/ 女 ❶〖電気〗蓄電池，電池，バッテリー. ▶ *batterie* sèche 乾電池 (=pile) / *batterie* solaire 太陽電池 (=photopile) / recharger une *batterie* バッテリーを充電する / La *batterie* est à plat. バッテリーが上がった. ❷〈*batterie* de + 無冠詞複数名詞〉一連の…，…一式[一そろい]. ▶ une *batterie* de projecteurs 投光機設備一式. ❸〖軍事〗砲兵中隊；砲座，砲台；砲列. ❹〖音楽〗打楽器の総称；オーケストラの打楽器群；ドラムス，ドラムセット. ▶ tenir la *batterie* 打楽器(ドラムス)を担当する. ❺《複数で》方策，手だて；策略. ▶ dresser [établir] ses *batteries* 策を練る，手はずを整える.

batterie de cuisine (1) 台所用具一式，料理用金物類. (2) 話 (軍人が胸に飾った)勲章一式.

démasquer [dévoiler] ses batteries 本心を吐露する.

mettre une arme en batterie 火器をいつでも発射できる状態にする.

recharger ses batteries 屈 《比喩的に》充電する.

battes /bat/ 活用 ⇨ BATTRE 64

batteur, euse /batœːr, øːz/ 名 ❶ 打ちたたく人，打ち手. ▶ *batteur* en grange (穀類の)脱穀人. ❷〖音楽〗打楽奏者；ドラマー. ❸ (クリケットや野球の)打者.

— **batteur** 男〖料理〗攪拌(ｶｸﾊﾝ)器，ビーター.

— **batteuse** 女〖農業〗脱穀機.

battez /bate/ 活用 ⇨ BATTRE 64

batti-, battî-, battiss- 活用 ⇨ BATTRE 64

battoir /batwaːr/ 男 ❶ (昔，洗濯の仕上げに用いた)洗濯べら. ❷ 話 大きい手，ごつい手.

*****battre** /batr/ バトル 64 他動

過去分詞 battu	現在分詞 battant
直説法現在 je bats	nous battons
tu bats	vous battez
il bat	ils battent
複合過去 j'ai battu	半過去 je battais
単純未来 je battrai	単純過去 je battis
接続法現在 je batte	

❶〔人〕を殴る，ぶつ. ▶ *battre* qn à coups de poing [pied] …を殴る[蹴る] / Il *a été battu* à mort. 彼は死ぬほど殴られた. 比較 ⇨ FRAPPER.

❷〔物〕を打つ，たたく. ▶ *battre* un tambourin タンバリンを打つ / *battre* le blé 麦を脱穀する / La pluie *bat* les vitres. 雨が窓ガラスに打ちつけている.

❸〔敵，記録〕を破る，に打ち勝つ. ▶ *battre* son adversaire 相手を打ち負かす / *battre* un record mondial 世界記録を破る / Il s'est fait *battre* à la dernière élection. 彼は先日の選挙で敗退した.

❹ (強く)…をかき混ぜる，攪拌(ｶｸﾊﾝ)する. ▶ *battre* des blancs d'œuf en neige 卵白を泡立てる / *battre* les cartes トランプのカードを切る.

❺〔リズム〕を刻む，打つ. ▶ *battre* la mesure (身振りなどで)拍子をとる.

❻〔土地〕を踏破する，くまなく歩き回る. ▶ *battre* le pays 国中を歩き回る. ❼〖軍事〗…を砲撃する.

battre le tambour (1) 太鼓をたたく；太鼓をたたいて触れ回る. (2) 鳴り物入りの宣伝をする，吹聴(ﾌﾁｮｳ)する.

battre monnaie 硬貨を鋳造する.

battre pavillon 〔船が〕旗を掲げて航行する.

battre son plein (1)〔海が〕満潮である. (2) 最高潮に達している. ▶ La saison touristique *bat son plein*. 観光シーズンは今やたけなわである.

battu

Il faut battre le fer pendant qu'il est chaud. 諺 鉄は熱いうちに打て.

— 他動 ❶ 〈*battre* de qc〉…を打つ, 打ち合わせる. ▶ *battre* des mains 拍手する; 手を打って喜ぶ / *battre* des paupières まばたきをする / L'oiseau *bat* des ailes. 鳥ははばたく / *battre* du tambour 太鼓をたたく.

❷ 〈*battre* contre qc〉…にぶつかる, 打ち当たる. ▶ Les vagues *battent* contre le quai. 波が埠頭(ふとう)に打ち寄せる.

— 自動 ❶ 〔心臓が〕脈を打つ. ▶ Son pouls *bat* vite. 彼(女)は脈が速い / avoir le cœur qui *bat* 胸が高なる. ❷ 〔戸, 窓が〕ばたばたする. ❸ 〔太鼓が〕鳴る, 高鳴る.

battre en retraite 撤退する;(論争などで)譲歩する.

— ***se battre*** 代動 ❶ 殴り合う, 互いに戦う. ▶ *se battre* à coups de poing 殴り合いの喧嘩(けんか)をする Ces deux frères *se battent* sans arrêt. この兄弟は絶えずけんかしている.

❷ 〈*se battre* (contre [avec] qn/qc)〉(…と)戦う, 闘う, 争う. ▶ *se battre* contre les préjugés 偏見と闘う. 比較 ⇨ LUTTER.

❸ 〈*se battre* pour qc/不定詞〉…のために全力を傾ける. ▶ *se battre* pour l'abolition de la peine de mort 死刑廃止を目指して闘う.

❹ 自分の…を打つ. 注 se は間接目的. ▶ *se battre* la poitrine (後悔や詫(わ)びの身振りとして)自分の胸をたたく.

battu, e /baty/ 形 (battre の過去分詞) ❶ 敗北した, 打ち負かされた. ▶ une armée *battue* 敗軍 / s'avouer *battu* 負けを認める, 降参する / avoir l'air *battu* しょげ返った様子をしている. ❷ 殴られた, たたかれた. ❸ 踏み固められた. ▶ un court en terre *battue* (テニスの)クレーコート. ❹ 打たれた; かき混ぜられた. ▶ fer *battu* 鍛鉄, 錬鉄 / œufs *battus* en neige 泡立てた卵白.

avoir l'air d'un chien battu おどおどしている; しょげ返っている.

avoir les yeux battus 目にくまができている.

sentier [chemin] battu (1) 踏み固められた道, 人通りの多い道. (2)《複数で》紋切り型, 常套(じょう)手段. suivre les *sentiers battus* ありふれた方法に従う, 安全策をとる.

— 名 敗者.

baudet /bodɛ/ 男 俗 ロバ (=âne).

baudrier /bodrije/ 男 ❶ (剣や旗の)負い帯. ❷ (落下防止用の)安全ベルト; 〔登山用〕ハーネス.

baudroie /bodrwa/ 女 〖魚類〗アンコウ.

baudruche /bodryʃ/ 女 ❶ (風船用の)ゴムの薄膜; 風船 (=ballon de *baudruche*). ▶ un animal en *baudruche* (空気で膨らませる)動物の人形. ❷ (うわべだけで)中身のない人間, ふぬけ; 見かけ倒し, 空論.

bauge /boʒ/ 女 ❶ (イノシシなどの)巣, 巣窟(そうくつ). ❷ ぼろ屋, あばら屋; 汚い場所.

baume /bom/ 男 芳香性樹脂, バルサム; (オリーブ油に混ぜる)香料.

mettre du baume au [dans le] cœur à qn …の心を和ませる, 元気づける.

bauxite /boksit/ 女 〖鉱物〗ボーキサイト.

*bav**ard, arde** /bavaːr, ard/ バヴァール, バヴァルド/ 形 ❶ おしゃべりの, 話し好きな; 口の軽い. ▶ être *bavard* comme une pie とてもおしゃべりである / Tu es *bavard* aujourd'hui. 君は今日はよくしゃべるね. ❷ 〚文章〛文章などが冗漫な, 冗長な.

— 名 おしゃべりな人; 口の軽い人.

bavardage /bavardaʒ/ 男 ❶ おしゃべり, 雑談, むだ話. ▶ Assez de *bavardages*! むだ話はもう結構だ. ❷ 《多く複数で》悪口, 告げ口; ゴシップ. ❸ 〚文章〛冗長, 冗漫.

***bavarder** /bavarde/ バヴァルデ 自動 ❶ (長々と)おしゃべりをする, くだらない話をする, 雑談する. ▶ *bavarder* avec ses voisins 近所の人々と井戸端会議をする. 比較 ⇨ PARLER¹.

❷ 秘密を漏らす; 陰口をきく. ▶ On a arrêté tout le gang: un complice *avait bavardé*. 悪党一味は全員逮捕された, 仲間の一人がしゃべったのだ / On *bavarde* beaucoup sur sa soudaine promotion. 彼(女)の突然の昇進についてはいろいろ取りざたされている.

bavarois, oise /bavarwa, waːz/ 形 バイエルン Bavière の.

— **Bavarois, oise** 名 バイエルン人.

— **bavarois** 男 〘菓子〙ババロア.

bavasser /bavase/ 自動 話 ぺちゃくちゃしゃべる; 悪口を言う, 陰口をきく.

bave /baːv/ 女 ❶ よだれ; (病人や動物が口から出す)泡. ▶ laisser couler de la *bave* よだれを垂らす / essuyer la *bave* d'un bébé 赤ん坊のよだれをふく. ❷ (カタツムリの)粘液. ❸ 〚文章〛悪口, 毒舌.

baver /bave/ 自動 ❶ よだれを垂らす; 泡を吹く; 食べ物 [飲み物] を口から垂らす; [カタツムリが] 粘液を出す. ▶ Il *bave* en parlant. 彼は口角泡を飛ばして話す; (食事の最中に)彼はおしゃべりで口の中のものを垂らす. ❷ 〔インキ, 血などが〕流れ出る, にじむ. ▶ On ne peut rien lire, l'encre *a bavé*. ちっとも読めない, インキがにじんでいるから. ❸ 〈*baver* de + 無冠詞名詞〉(ある感情)にとらわれる, をあらわにする. ▶ *baver* de stupéfaction びっくり仰天する. ❹ 〚文章〛 *baver* sur qn/qc〉…の悪口を言う, を中傷する. ❺ 話 うらやむ, ねたむ.

en baver 話 (つらい仕事で)苦しむ, へとへとになる; ひどい目に遭う.

en faire baver à qn 話 …を苦労させる.

bavette /bavɛt/ 女 ❶ (エプロン, サロペットの)胸当て. ❷ 〚食肉〛バヴェット: 牛の上方腹部肉.

tailler une bavette 話 おしゃべりする.

baveux, euse /bavø, øːz/ 形 ❶ よだれを垂らした. ▶ avoir la bouche *baveuse* よだれで口がべっとり汚れている. ❷ omelette *baveuse* 中身の柔らかいオムレツ. ❸ lettres *baveuses* インキがにじんで不鮮明な文字.

Bavière /bavjɛːr/ 固有 女 バイエルン, バヴァリア: ドイツ南東部地方.

bavoir /bavwaːr/ 男 よだれ掛け.

bavolet /bavɔlɛ/ 男 (農婦の)フード付き帽子; (婦人帽の後ろに垂れる)飾りリボン.

bavure /bavyːr/ 女 ❶ (印刷, インクの)にじみ. ❷ 過ち, 失敗; 《特に》(公的権力などの)不手際, 失態, 権力の乱用. ▶ *bavure* policière 警察の

態.
sans bavure(s) 完璧(な)に, 完璧に.
bayadère /bajadɛːr/ 囡 (ヒンズー教の)舞姫, 巫女(念).〔布地が〕鮮やかな多色縞(½)の.
bayer /baje/ ⑫ 自動《次の句で》
bayer aux corneilles 〔ぽかんと口を開けてカラスに見とれる→〕ぼんやりして時を過ごす.
Bayonne /bajɔn/ 固有 バイヨンヌ: スペインとの国境近くのフランスの都市.
bazar /bazaːr/ 男 ❶ 囷《集合的に》乱雑に散らかっている物, (こまごまとした)所持品. ▶ *Quel bazar*! なんて散らかっていること.
❷ (中近東や北アフリカの)市場, バザール. ❸ 雑貨店, よろず屋.
de bazar 囷 粗悪な, 低級な. ▶ un article *de bazar* 粗悪品.
et tout le bazar 囷《列挙を受けて》その他もろもろ.
bazarder /bazarde/ 他動 囷 …を急いで処分する, さっさと手放す; (安値で)売り払う.
bazooka /bazuka/ 男《米語》バズーカ砲.
BCBG 《略語》 bon chic bon genre ⇨ CHIC.
bd. 《略語》 boulevard 大通り.
BD /bede/ 囡《略語》 bande dessinée (新聞, 雑誌などの)連載漫画.
bé /be/ **bê** /bɛ/ 間投 メエ(羊, ヤギの鳴き声).
béant, ante /beɑ̃, ɑ̃ːt/ 形 大きく開いた. ▶ une plaie *béante* 大きく開いた傷口 / regarder qn bouche *béante* 口をぽかんと開けて…に見とれ
Béarn /bearn/ 固有 男 ベアルン地方: 南仏の旧州.
béarnais, aise /bearne, ɛːz/ 形 ベアルンBéarn 地方の. ▶ sauce *béarnaise*《料理》ベアルネーズソース(白ワイン, 卵黄, バター, エシャロットなどで作るソース).
― **Béarnais, aise** 名 ❶ ベアルン地方の人. ❷ (le Béarnais)アンリ 4 世の別名.
― **béarnaise** 囡《料理》ベアルネーズソース.
beat /bit/《英語》形《不変》ビート族の, ビートニックの. ― 男《単複同形》ビート族, ビートニック.
béat, ate /bea, at/ 形 ❶ 屈託のない, 穏やかな;《皮肉に》おめでたい, 満足しきった. ▶ un optimisme *béat* おめでたい楽天主義. ❷《カトリック》至福なる.
béatement /beatmɑ̃/ 副 屈託なく, 穏やかに;《皮肉に》おめでたそうに, さも満足げに.
béatification /beatifikasjɔ̃/ 囡《カトリック》 ❶ 列福: 死者を福者の列に加えること. ❷ 列福式.
béatifier /beatifje/ 他動《カトリック》〔教皇が死者〕を列福する, 福者の列に加える.
béatitude /beatityd/ 囡 ❶《カトリック》(福者の天国での)至福. ❷ 完全な幸福, 悦. ▶ un air de *béatitude* 幸せいっぱいの様子.
les huit béatitudes = ***les Béatitudes***《聖書》真福八端(½§½); 八福: キリストが山上の垂訓でたたえた八つの幸福.
beatnik /bitnik/ 名, 形《男女同形》《米語》ビートニック(の), ビート族(の). 注 1950年代アメリカの反抗的な若者.
:beau, belle /bo, bɛl/ ボ, ベル/ 形

男性単数 beau	女性単数 belle
男性第2形 bel	
男性複数 beaux	女性複数 belles

*bel は母音または無音のhで始まる男性名詞の前で用いる.

❶ 美しい, きれいな; 着飾った. ▶ un *beau* cheval 美しい馬 / une *belle* musique 美しい音楽 / Il a de très *beaux* yeux. 彼はたいへんきれいな目をしている / Quelle *belle* vue! なんていい眺めでしょう / se faire *beau* [*belle*] めかし込む / Il est *beau* comme un dieu. 彼は美男子だ.
❷ 見事な, すばらしい; 立派な. ▶ un *beau* discours 見事な演説 / une *belle* partie d'échecs チェスの好勝負 / obtenir de *beaux* résultats すばらしい結果を得る / une *belle* action 立派な行動 / avoir de *belles* manières 態度が上品である. 比較 ⇨ ADMIRABLE.
❸ 快い;〔天気が〕よい;〔年齢, 時代が〕盛りの. ▶ un *beau* voyage (=agréable) 楽しい旅 / Il fait *beau* temps. 天気がいい / le *bel* âge 青春時代 (=la jeunesse)《注》un *bel* âge は「老年」.
❹ 有利な, 好都合の. ▶ une *belle* occasion 好機 / Tu ne vois que le *beau* côté des choses. 君は物事の都合のいい面しか見ていない.
❺《量や程度などを強調して》大きな, かなりの (=grand, important); ひどい. ▶ une *belle* tranche de viande 大きな肉片 / un *beau* salaire かなりの収入 / manger d'un *bel* appétit もりもり食べる / J'ai eu une *belle* peur. とても怖かった / remporter un *beau* succès かなりの成功を収める.
❻《反語的に》結構な, 見事な. ▶ un *beau* parleur 口先だけの人 / de *belles* paroles うまい言葉, 甘言 / arranger qn de (la) *belle* manière …を乱暴に扱う.
❼ 上流の, 高級な. ▶ le *beau* monde 上流社会 / un *beau* quartier 高級住宅街.
❽ <un *beau* + 時間表現》《意味を弱めて冗語的に》ある…. ▶ un *beau* jour ある日 / un *beau* matin [soir] ある朝[晩].
「***bel homme [belle femme]*** (1) 美男子[美女]. (2) 立派な体格の男[女].
belle mort 大往生, 安らかな死. ▶ mourir de sa *belle mort* 天寿を全うする.
Ce serait trop beau. それでは話がうますぎる.
C'est trop beau pour être vrai. 話がうますぎてとても本当とは思えない.
de plus belle いっそう激しく, 前よりひどく. Le débat a repris *de plus belle*. 議論はさらに白熱して再開した.
en + 動詞 + de belles 囷 ひどい[ばかな]ことを…する. ▶ *en* dire [raconter] *de belles* ばかげたことを言う.
(et) le plus beau, c'est que +《直説法》(それに)何より驚くのは…である. ▶ L'enfant est tombé du deuxième étage, *et le plus beau, c'est qu*'il n'a pas une égratignure. 子供は3階から転落したが, 驚いたことにかすり傷一つ負ってい

Beaubourg

Il est [話 **C'est**] **beau de** + 不定詞 …するのは心地よい；立派だ．▶ *Ce n'est pas beau de parler la bouche pleine.* 口に物を入れたままで話をするのは行儀が悪い．

Il y a beau temps que + 直説法 …してから久しい．▶ *Il y a beau temps que je le connais.* 私はずっと前から彼を知っている．

se la faire belle 話 裕福である．

Sois belle et tais-toi.（男尊女卑的考えを示して）女は美人で無口がいい．

Tout cela est bel et bon, mais … それは確かにそうだが，しかし…．▶ *Tout cela est bel et bon, mais* enfin c'est inutile. それは確かにそうだろうが，結局何の役にも立たない．

比較 美しい
beau (↔laid) 最も広く用いられる．あらゆる点で完璧(%)で，気高さや壮大さによって強い印象を与えるものについていう．**joli** 見たり聞いたりして快いもの，魅力的なものについていう．**mignon** 小さくてかわいらしい，愛くるしいの意．**adorable** (> mignon) mignon のやや気取った表現．

— **beau / bel** 副 (次の句で)

***avoir beau** + 不定詞 …してもむだである；いかに…しようとも．▶ On *a beau* protester, personne n'écoute. いくらそうじゃないと言っても，だれも耳を貸さない / Vous *avez beau* faire, c'est inévitable. 何をしてもむだですよ，それは避けられないことですから．

bel et bien 本当に，間違いなく．▶ Il s'est *bel et bien* trompé. 彼は完全に間違ったのだ．

***il fait beau.** 天気がいい，晴れている．

Il ferait beau voir que + 接続法 …するのは許しがたい；危険を伴う．▶ *Il ferait beau voir que* tu ne respectes pas ma volonté. 私の言うとおりにしないとひどいことになる．

— **beau**: (複) **x** 男 ❶ 美；美しい物，高級品．▶ culte du *beau* 美の礼賛 / le *beau* idéal 理想美 / n'acheter que du *beau* いい物しか買わない．❷ 晴天．▶ Le temps se met au *beau*. 天気は回復に向かっている．❸ ⟨le *beau* de qc⟩ …の大事な部分，おもしろいところ．▶ le *beau* de cette histoire その話のおもしろいところ．

beau fixe (1) 安定した晴天．▶ Le temps est au *beau fixe*. 天気は快晴である．(2) 好調．▶ avoir le moral au *beau fixe* 気力が充実している．

C'est du beau! ひどいことだ；(行儀の悪い子に向かって) いけないよ．

en beau 楽観的に，よい方に．▶ Il est optimiste, il voit tout *en beau*. 彼は楽観論者だ，すべてをよい方に考える．

faire le beau 〔犬が〕ちんちんする．

— **belle** 女 ❶ (勝ち負け同数の場合の) 同点決勝戦．▶ jouer la *belle* 同点決勝戦をする．❷ 話 《所有形容詞とともに》恋人．▶ Il a rendez-vous avec sa *belle*. 彼は恋人と待ち合わせの約束がある．❸ (美人にたとえて) 車．❹ (しばしば皮肉に) 女性；古風 美女．▶ Il court les *belles*. 彼は女となると目がない / *la Belle au bois dormant*「眠れる森の美女」(ペローの童話).

(*se*) *faire la belle* 脱獄する；逃げ出す．

Beaubourg /bobu:r/ 固有 ボブール：パリのポンピドゥーセンター界隈(ホミミ)．▶ Centre *Beaubourg* ポンピドゥーセンターの別称．

Beauce /bo:s/ 固有 女 ボース地方：パリ南部．

beauceron, onne /bosrɔ̃, ɔn/ 形 ボース Beauce 地方の．
— **Beauceron, onne** 名 ボース地方の人．

***beaucoup** /boku ボク—/ 副

《優等比較級 plus, 同等比較級 autant, 劣等比較級 moins》

❶ たくさん，大いに，たいへん (↔peu)．▶ Merci *beaucoup*. どうもありがとう / Il travaille *beaucoup*. 彼はよく働く [勉強する] / J'ai *beaucoup* attendu. 私はかなり待った / Elle ne lit pas *beaucoup*. 彼女はあまり本を読まない．

❷ ⟨*beaucoup de* + 無冠詞名詞⟩ たくさんの…，多くの… (↔(un) peu de)．▶ *Beaucoup de* questions ont été posées. 多くの問いが出された / Il a *beaucoup de* patience. 彼は実に忍耐力がある / Il n'y a pas *beaucoup de* monde. それほどたくさん人はいない / 《beaucoup de + 無冠詞名詞の代わりに中性代名詞 en を用いて》《Tu aimes le fromage?—Oui, j'en mange *beaucoup*.》「チーズはお好き」「はい，たくさん食べます」．

❸ 《名詞的に》(1) たくさんの人 (=*beaucoup* de gens)．▶ *Beaucoup* sont contents de ce résultat. 多くの人がこの結果を喜んでいる / Au dîner, nous étions *beaucoup*. 夕食は大人数だった．(2) 多くの物 [事柄] (=*beaucoup* de choses)．▶ avoir *beaucoup* à faire なすべきことがたくさんある / Cela fait *beaucoup*. それはずいぶん多いね．

❹ 《比較級, trop の前で》ずっと，はるかに．▶ C'est une maison *beaucoup* plus grande que la nôtre. それは我が家よりはるかに大きな家だ / Il y a *beaucoup* moins de bruit ici. ここはずっと騒音が少ない / Il travaille *beaucoup* trop lentement. 彼は仕事があまりにも遅い．

❺ 《先行の形容詞に代わる中性代名詞 le を修飾して》非常に．▶ 《Ce gâteau est bon?—Oui, il l'est *beaucoup*.》「このお菓子おいしいかい」「ええ，とても」．

à beaucoup près 《多く否定的表現で》大いに，はるかに．▶ Il n'a pas le talent de son frère, *à beaucoup près*. 彼は兄 [弟] の才能には遠く及ばない．

C'est beaucoup dire. それは言いすぎだ．

C'est (déjà) beaucoup (pour qn/qc) ⟨*de* + 不定詞 [*que* + 接続法, *si* + 直説法]⟩ (…にとっては)…だけでもたいしたものだ．▶ *C'est beaucoup* d'avoir maîtrisé l'incendie. 火を消し止めただけでもたいしたことだ / *C'est déjà beaucoup* qu'il t'ait écouté. 彼が君に耳を貸しただけでもたいしたことだ．

compter pour beaucoup 重要である，重視される．

de beaucoup 《比較級，最上級，優劣・比較を示す動詞とともに》ずっと，はるかに．▶ Il est *de beaucoup* le plus jeune d'entre nous. 彼は我々の中でとび抜けて年が若い / Je préfère *de beaucoup* le vin à la bière. 私はビールよりもワインのほうがずっと好きだ.

être pour beaucoup dans qc …に大いに関係がある[寄与する], 大きな意味を持つ. ▶ Tu *es pour beaucoup dans* sa nomination à un grade supérieur. 彼(女)の昇進には君の力が大きい.

un peu beaucoup 話 ちょっと…すぎる. ▶ Tu plaisantes *un peu beaucoup* sur sa naïveté. 君は彼(女)の世間知らずを茶化すが, ちょっと度が過ぎる.

語法 「たくさん」のいろいろ

「たくさんの」に当たる表現は「人, 物, 数, 量」のいずれの場合に使えるか知っておく必要がある.

(1)「人, 物, 数, 量」
⟨beaucoup [話 pas mal, énormément] de + 単数・複数名詞⟩
・Il a beaucoup de livres. 彼は本をたくさん持っている.

(2)「人, 物, 数」
⟨bien des + 複数名詞 // de nombreux [nombreuse] + 複数名詞 // nombre de + 複数名詞 // *un grand [bon] nombre de + 複数名詞 // un nombre considérable de + 複数名詞 // 話 *un tas de [des tas de] + 複数名詞 // *une multitude de + 複数名詞 // 話 *une foule de + 複数名詞⟩
・Bien des années sont passées depuis notre rencontre. 私たちの最初の出会いから何年もたった.

(3)「人, 物, 数」
⟨quantité [des quantités] de + 複数名詞⟩
・Des quantités de maisons ont été détruites à cause de ce typhon. この台風で多くの家屋が破壊された.

(4)「物, 数」
⟨une quantité de + 複数名詞⟩
・J'ai une quantité de choses à faire aujourd'hui. 私は今日たくさんやることがある.

(5)「物, 数, 量」
⟨* une grosse quantité [une quantité impressionnante] de + 単数・複数名詞⟩
・consommer une grosse quantité d'électricité 大量の電気を消費する.

◆ *がついている表現は, 文中で主語の役割を担う と対象を1つの集団として見るか, 個々の要素に注目するかによって, 動詞が単数, 複数のどちらにもなりうる.
・Chaque été, une multitude de touristes inondent [inonde] la capitale de la France. 毎夏, 非常に多くの観光客がフランスの首都にあふれる.

beauf /bof/ 男 (beau-frère の略) 俗 ❶ 兄, 義弟. ❷ (軽蔑して) 保守的・中道的な小市民.

*beau-fils /bofis/ ボフィス; ⟨複⟩ 〜x-〜 男 ❶ 義理の息子, 継子. ❷ 婿(むこ)(=gendre).

*beau-frère /bofʀɛːʀ/ ボフレール; ⟨複⟩ 〜x-〜s 男 義兄, 義弟.

beaujolais /boʒɔlɛ/ 男 《ワイン》ボージョレ.

beau-parent /boparɑ̃/ ; ⟨複⟩ 〜x-〜s 男 実の親の再婚相手.

*beau-père /bopɛːʀ/ ボペール; ⟨複⟩ 〜x-〜s 男 ❶ 義父, 舅(しゅうと). ❷ 継父(けいふ).

*beauté /bote/ ボテ/ 女 ❶ 美, 美しさ (↔laideur). ▶ la *beauté* d'un paysage 風景の美しさ / Ce tableau est d'une grande *beauté*. この絵はとても美しい / concours de *beauté* 美人コンテスト / grain de *beauté* ほくろ / institut [salon] de *beauté* 美容院 / produits de *beauté* 化粧品 / soins de *beauté* 美容術.
❷ (倫理的な) 立派さ, 高貴さ; 見事さ. ▶ la *beauté* d'une action (=noblesse) 行為の立派さ.
❸ 美人, 美女. ▶ une *beauté* blonde 金髪の美女 / Toutes les *beautés* de la ville étaient à cette fête. 町中の美人がこぞってその祭りに来ていた.
❹ 《複数で》美しい物 [場所], 名品; 魅力. ▶ visiter les *beautés* d'une ville 町の名所を訪れる / les *beautés* artistiques de la France フランスの美術品 / les *beautés* de la nature 自然の魅力.

de toute beauté このうえなく美しい.

en beauté 立派に[見事に]. ▶ mourir *en beauté* 大往生を遂げる / finir qc *en beauté* …を立派に成し遂げる.

être en beauté (いつもより) 一段と美しい. ▶ Elle n'*est* pas *en beauté* ce soir. 今夜の彼女はいつもほどきれいじゃない.

la beauté du diable (悪魔の美しさ→)娘十八, 番茶も出花.

pour la beauté du geste 下心なしに.

「se faire [se refaire] une beauté 化粧する[を直す].

Beauvais /bovɛ/ 固有 ボーヴェ: Oise 県の県庁所在地.

Beauvau /bovo/ 固有 Place-*Beauvau* ボーヴォー広場: パリのフランス内務省所在地.

beaux-arts /bozaʀ/ 男複 ❶ 美術.
❷ (美術に音楽, 舞踊を含めた) 芸術.
❸ 《les Beaux-Arts》話 美術学校, ボ・ザール.

*beaux-parents /boparɑ̃/ ボパラン/ 男複 義父母, 舅(しゅうと), 姑(しゅうとめ).

*bébé /bebe/ ベベ/ 男 ❶ 赤ん坊. ▶ Il faut laver le *bébé*. 赤ちゃんをお風呂に入れなくては / *bébé* Cadum 丸々と太った赤ん坊(石鹸(せっけん)のブランドのイラストから) / 《冠詞なしで》*Bébé* pleure. 赤ん坊が泣いている.
❷ 話 ねんね, ひよっこ. ▶ C'est un vrai *bébé*, malgré ses huit ans. 8歳にもなって, まるで赤ん坊だ / 《形容詞的に》Elle reste très *bébé*. 彼女はいまだにまるでねんねだ. ❸《動物名と多くハイフン(-) 結びついて》▶ un *bébé*-chat 子猫. ❹ ベビー人形.

attendre un bébé 妊娠している.

faire le bébé 話 だだをこねる, 赤ん坊のように振る舞う.

hériter du bébé 厄介事を背負い込む.

jeter le bébé avec l'eau du bain 細事にこだわり大事を逸する; (有用な面を無視して) 丸ごとだめにする.

refiler le bébé à qn …に厄介なことを押しつける.

bébé-éprouvette /bebeepʀuvɛt/ ; ⟨複⟩ 〜s-

bébête

〜 男 試 試験管ベビー.

bébête /bebɛt/ 形 話 幼稚な; ばかげた.

*bec /bɛk/ ペック/ 男 ❶ (鳥の)くちばし; (亀(ﾎ)、タコなどの)口. ▶ piquer avec son *bec* くちばしでつつく. ❷ 話 (人の)口. ▶ avoir le *bec* dans l'eau パイプをくわえている / N'ouvre pas [Ferme] ton *bec*! おまえはお黙り. ❸ (くちばし状の)先端; 注ぎ口; 吸い口; (吹奏楽器の)マウスピース. ▶ le *bec* d'une plume ペン先 / le *bec* d'une pipe パイプの吸い口. ❹ (ランプの)筒先, 発火口; バーナー; 古風 ガス灯(=*bec* de gaz).

avoir bon bec おしゃべりである.

avoir une prise de bec (*avec qn*) (…と)口論する. ▶ Ils *ont* tout le temps *des prises de bec*. 彼らは口喧嘩(ｹﾝｶ)が絶えない.

bec fin 食通. 比較 ⇨ GOURMAND.

clouer le bec à qn 話 …を黙らせる.

être [*rester*] *le bec dans l'eau* 返答に詰まる, 決め手なしの状態にある.

lancer [*donner*] *un coup de bec* (*à qn*) 話 (…に)辛辣(ｼﾝﾗﾂ)なことを言う.

nez en bec d'aigle 鷲(ﾜｼ)鼻, 鉤(ｶｷﾞ)鼻.

se défendre bec et ongles 必死に身を守る.

tomber sur un bec (*de gaz*) 思わぬ障害にぶつかる.

bécane /bekan/ 女 ❶ 話 自転車; バイク. ❷ 俗 機械, コンピュータ.

bécarre /bekaːr/ 男 『音楽』本位記号, ナチュラル(記号♮).

bécasse /bekas/ 女 ❶『鳥類』ヤマシギ. ❷ ばかな女, 愚かな女.

bécassine /bekasin/ 女 ❶『鳥類』ジシギ類; (特に)タシギ. ❷ 話 (お人よしで)間抜けな娘.

bec-de-cane /bɛkdəkan/; 《複》〜s-〜-〜 男 ❶ (ノブの回転やボタンで開けられる)ばね錠(の舌). ❷ (くちばし型の)ノブ, 取っ手.

bec-de-corbeau /bɛkdəkɔrbo/; 《複》〜s-〜-〜 男 ❶ 針金切り, ペンチ. ❷ 切っ先の湾曲した刃物.

bec-de-lièvre /bɛkdəljɛːvr/; 《複》〜s-〜-〜 男 口唇裂; 口蓋裂の人.

béchamel /beʃamɛl/ 女『料理』ベシャメルソース: ホワイトルーと牛乳で作るソース.

bêche /bɛʃ/ 女 シャベル, 鋤(ｽｷ).

bêcher[1] /beʃe/ 他動 話 …を鼻であしらう; に横柄な態度を取る. — 自動 話 横柄である, 人を見下す.

bêcher[2] /beʃe/ 他動『土地』をすく, 掘り返す.

bêcheur, euse /beʃœːr, øːz/ 形 話 尊大な(人), 気取った(人).

bécot /beko/ 男 話 (軽い)キス.

bécoter /bekɔte/ 他動 話 …に(軽く)キスする.
— **se bécoter** 代動 話 (軽く)キスし合う.

becquée /beke/, **béquée** 女 (親鳥がひなに与える1回分の)餌(ｴｻ); (くちばしでついばむ)一口分の餌.

becquet /bekɛ/, **béquet** 男 ❶ 付箋(ﾌｾﾝ). ❷『演劇』(作者による)せりふの追加. ❸ (スポーツカーの)エアースポイラー.

becquetance /bɛktɑːs/, **bectance** 女 俗 飯, 食事.

becqueter /bɛkte/, **béqueter** ④ 他動 ❶ [鳥が]…をくちばしでつつく, ついばむ. ❷ 俗 …を食う. 注 目的語なしでも用いる.

bedaine /bədɛn/ 女 話 太鼓腹.

bedeau /bədo/; 《複》**x** 男 (教会の)奉仕者, 案内係.

bédéphile /bedefil/ 名 形 マンガ愛好家(の).

bedon /bədɔ̃/ 男 話 太鼓腹.

bedonnant, ante /bədɔnɑ̃, ɑ̃ːt/ 形 話 腹の出た, 太鼓腹の.

bedonner /bədɔne/ 自動 話 腹が出る.

bédouin, ine /bedwɛ̃, in/ 形 ベドウィンの.
— **Bédouin, ine** 名 ベドウィン人.

bée /be/ 形 [次の句で]
bouche bée 口をぽかんと開けて, 啞然(ｱﾌﾞｾﾞﾝ)として; 感心して, 見とれて.

béer /bee/ 自動 文章 ぽっかり口を開ける; 口を開けて見とれる, 啞然(ｱﾌﾞｾﾞﾝ)とする.

beffroi /befrwa/ 男 ❶ (中世自由都市の)鐘塔; 鐘楼. ❷ 鐘, 警鐘.

bégaiement /begɛmɑ̃/ 男 ❶ どもり, 吃音(ｷﾂｵﾝ); (幼児の)片言. ❷ (初期の)たどたどしい試み, 手探り.

bégayer /begeje/ ⑫ 自動 どもる; 口ごもる, たどたどしく話す. — 他動 …をどもりながら言う, たどたどしく話す. ▶ *bégayer* des excuses もごもごとわびを言う.

bégonia /begɔnja/ 男『植物』ベゴニア.

bègue /bɛg/ 形, 名 どもる(人), 吃音(ｷﾂｵﾝ)障害のある(人).

bégueule /begœl/ 女 淑女ぶった女, 気取ったすまし屋. — 形 上品ぶった, 取り澄ました.

bégueulerie /begœlri/ 女 古風 文章 淑女ぶった態度, 気取り, 猫かぶり.

béguin[1] /begɛ̃/ 男 ❶ ベギン会修道女の頭巾(ｽﾞｷﾝ). ❷ ピギン(帽).

béguin[2] /begɛ̃/ 男 話 (一時の)恋心, 浮気心; 恋人, 愛人.

avoir le [*un*] *béguin pour qn/qc* 話 …にのぼせている, ほれ込んでいる.

béguinage /begina:ʒ/ 男 ベギン会修道院.

béguine /begin/ 女 ベギン会修道女.

behaviorisme /bievjɔrism; biavjɔrism/ 男『心理』行動主義.

beige /bɛːʒ/ 形 ベージュ色の, 淡い褐色の.
— 男 ベージュ色, 淡褐色.

beigne /bɛɲ/ 女 話 平手打ち, びんた. ▶ donner une *beigne* à qn …に一発お見舞いする.

beignet /bɛɲɛ/ 男『料理』ベニエ: 肉, 魚, 野菜, 果物の衣揚げ.

béjaune /beʒoːn/ 男 (若鳥の)黄色いくちばし; 若鳥.

bel /bɛl/ beau の男性第2形.

bêlant, ante /bɛlɑ̃, ɑ̃ːt/ 形 ❶ [羊, ヤギが]めえと鳴く. ❷ 話 震え声の; 哀れっぽい [愚痴っぽい]口調の. ▶ un chanteur *bêlant* 震え声の歌手.

bel canto /bɛlkɑ̃to/ 男『イタリア語』『音楽』ベルカント.

bêlement /bɛlmɑ̃/ 男 ❶ 羊 [ヤギ]の鳴き声. ❷ 震え声; 泣き言, 愚痴.

bêler /bele/ 自動 ❶ [羊, ヤギが]めえと鳴く. ❷ 震え声で話す [歌う]; 泣き言を並べる.

belette /bəlɛt/ 女【動物】イイズナ, コエゾイタチ.
Belfort /bɛlfɔːr/ 固有 ベルフォール: Territoire de Belfort 県の県庁所在地.
belge /bɛlʒ/ 形 ベルギー Belgique の.
— **Belge** 名 ベルギー人.
belgicisme /bɛlʒisism/ 男 ベルギー特有のフランス語の語法.
Belgique /bɛlʒik/ 固有 女 ベルギー: 首都 Bruxelles. ▶ en *Belgique* ベルギーに［で, へ］.
bélier /belje/ 男 ❶ 雄羊. 雌羊は brebis, 子羊は agneau, 去勢羊は mouton という.
❷ (Bélier)【天文】牡羊(座);【占星術】白羊宮.
bélière /beljɛːr/ 女 (群れを先導する羊の) 鈴.
belladone /beladon/ 女【植物】ベラドンナ: ナス科の有毒植物. 中枢性疾患などの治療に用いる.
bellâtre /bɛlaːtr/ 男 (軽蔑して) のっぺりした美男子; 器量を鼻にかける男.
—形〔男が〕のっぺりした顔の, 安っぽい美しさの.
belle /bɛl/ beau の女性形.
belle-de-jour /bɛldəʒuːr/; 《複》〜s-〜-〜 女【植物】ヒルガオ.
belle-de-nuit /bɛldənɥi/;《複》〜s-〜-〜 女【植物】オシロイバナ.
belle-famille /bɛlfamij/;《複》〜s-〜 女 夫［妻］の家族.
***belle-fille** /bɛlfij/ ベルフィユ/;《複》〜s-〜 女 ❶ 義理の娘, 継娘(ﾏﾏ). ❷ 嫁 (=bru).
***belle-mère** /bɛlmɛːr/ ベルメール/;《複》〜s-〜 女 ❶ 義母, 姑(ﾄﾒ). ❷ 継母.
belles-lettres /bɛlletr/ 女複 (文法, 雄弁術, 詩などを含めて, 広く) 文芸; 文芸研究.
***belle-sœur** /bɛlsœːr/ ベルスール/;《複》〜s-〜 女 義姉, 義妹.
bellicisme /be(l)lisism/ 男 好戦主義; 主戦論 (↔pacifisme).
belliciste /be(l)lisist/ 形 好戦(主義)的な; 主戦論の. — 名 好戦主義者; 主戦論者.
belligérance /be(l)liʒerɑ̃ːs/ 女 交戦状態, 戦争状態.
belligér*ant, ante* /be(l)liʒerɑ̃, ɑ̃ːt/ 形 交戦中の, 参戦している. ▶ les parties *belligérantes* 戦争当事国. — **belligérant** 男 (多く複数で) 交戦国, 戦争当事国;（正規軍の）戦闘員.
belliqu*eux, euse* /be(l)likø, øːz/ 形 ❶ 好戦的な; 戦意高揚の, 戦争賛美の. ▶ un discours *belliqueux* (↔pacifique) 戦意をあおる演説.
❷ 喧嘩(ｹﾝｶ)好きな; 攻撃的な.
belon /bəlɔ̃/ 女 ブロン牡蠣(ｶﾞｷ): ブルターニュ地方南部のブロン川で養殖される.
belote /bəlɔt/ 女【カード】ブロット: 2-4人で32枚のカードを使うトランプゲーム.
béluga /beluga/ 男 ❶【動物】シロイルカ. ❷【魚類】サメ, マグロ類の総称;（特に）ベルーガ. ❸ 小型ヨット.
belvédère /bɛlvedeːr/ 男 展望台, 見晴らし台;（建物上階の）眺望広間.
bémol /bemɔl/ 男【音楽】変記号, フラット (記号 ♭). ▶ en si *bémol* majeur 変ロ長調の.
mettre un bémol 話 口調［物腰］を和らげる, 声の調子を落とす.
ben /bɛ̃/ 副 俗 えっ, まあ, ねえ (=eh bien). ▶

Eh *ben*! いやはや / *Ben* oui. まあそうだ / *Ben* quoi? えっ, なんだって.
bénédicité /benedisite/ 男【カトリック】ベネディチテ, 食前の祈り.
bénédict*in, ine* /benediktɛ̃, in/ 名 ❶ ベネディクト会修道者. ❷ 篤学の士. ▶ un travail de *bénédictin* 根気のいる学問的な仕事.
— **Bénédictine** 女 商標 ベネディクティン: ブランデーベースの香草系リキュール.
bénédiction /benediksjɔ̃/ 女 ❶ (神の) 加護, 天恵, 恩寵(ｵﾝﾁｮｳ); ▶ implorer les *bénédictions* du ciel 神の加護を求める / une terre de *bénédiction* 豊饒(ﾎﾞｳ)な土地. ❷ 祝福(式), 祝別(式). ▶ *bénédiction* du saint sacrement 聖体降福式 / *bénédiction* nuptiale (教会での) 結婚式. ❸ 同意; 幸運［成功, 繁栄］の祈念, 祝意, 激励の辞.
C'est une bénédiction. 話 (しばしば皮肉に) 思いも寄らない幸運だ.
donner sa bénédiction à qn (1) (司祭が) …に祝福を授ける. (2) 話 …に全面的に賛成する, を好きにさせる.
bénef /benɛf/ 男 (bénéfice の略) 俗 利益, もうけ. ▶ faire du *bénef* もうける.
***bénéfice** /benefis/ ベネフィス/ 男 ❶ 利益, 収益, 利潤, もうけ. ▶ *bénéfice* brut 総収益, 粗利益 / *bénéfice* net 純利益 / *bénéfice* d'exploitation 営業利益 / faire des *bénéfices* もうける / faire un *bénéfice* de cent mille euros 10万ユーロもうける / réaliser de gros *bénéfices* 高収益を上げる. ❷ 利点, 得, 益. ▶ tirer un *bénéfice* de qc …で得をする / Il a perdu le *bénéfice* de ses efforts. 彼は努力したかいがなかった / Quel *bénéfice* as-tu à agir ainsi? そんなことをしてなんの得になるんだ. ❸【法律】(法律が認める) 恩典, 特典, 特権. ▶ le *bénéfice* du doute 疑わしきは罰せずの原則. ❹【カトリック】聖職禄(ﾛｸ).
au bénéfice de qn/qc (1) …のために, 利益となるように. ▶ donner un concert *au bénéfice* d'une œuvre 慈善のためにコンサートを催す / conclure une affaire *à* son *bénéfice* 自分に有利な取引を結ぶ. (2) …の特典により. ▶ être élu *au bénéfice* de l'âge (得票が同数のとき) 最年長であるために選ばれる.
sous bénéfice d'inventaire あとで確認するという条件で. ▶ Je ne le crois que *sous bénéfice d'inventaire*. よく調べてからでないと彼の言うことは信じられない.
bénéficiaire /benefisjɛːr/ 名 利益［恩恵］を受ける人, 受益者;（社会保険などの）受給者. ▶ *bénéficiaire* d'une allocation 手当の受給者 / *bénéficiaire* d'un chèque 小切手の受取人.
— 形 ❶ ‹*bénéficiaire* de qc› (融資, 給付金など) を受けている. ▶ étudiant *bénéficiaire* d'une bourse 奨学生. ❷ 利益を生む. ▶ une opération *bénéficiaire* 有利な取引 / une marge *bénéficiaire* マージン, 利鞘(ﾊﾞｻﾝ).
***bénéficier** /benefisje/ ベネフィスィエ/ 間他動 ❶ ‹*bénéficier* de qc› …の恩恵に浴する, を享受する, で得をする. ▶ Cette maison *bénéficie* d'un bon ensoleillement. この家は日当たりがよい. ❷

bénéfique

⟨*bénéficier* à qn/qc⟩ …のためになる.
bénéfique /benefik/ 形 有益な, ためになる.
Benelux /benelyks/ 固有 ベネルクス: ベルギー, オランダ, ルクセンブルグ3国の総称.
beneluxien, enne /benelyksjɛ̃, ɛn/ 形 ベネルクス Benelux の.
benêt /bənɛ/ 男, 形《男性形のみ》とんま(な), 間抜け(な). 注 若い男についている.
bénévolat /benevɔla/ 男 無償奉仕, ボランティア活動. ▶ pratiquer le *bénévolat* ボランティア活動を行う.
bénévole /benevɔl/ 形 無報酬の, ボランティアの; 好意ある. ▶ fournir une aide *bénévole* 無償の援助を与える. ― 名 ボランティア.
bénévolement /benevɔlmɑ̃/ 副 無償で, ボランティアで.
bengali /bɛ̃gali/; 《複》**bengali(s)** 形《男女同形》ベンガル Bengale の; ベンガル語の.
― 男【鳥類】ベニスズメ.
― **Bengali** 名《男女同形》ベンガル人.
bénin, igne /benɛ̃, iɲ/ 形 ❶ 軽微な, 軽度の; 穏やかな. ▶ tumeur *bénigne* (→maligne) 良性腫瘍(しゅよう) / accident *bénin* 軽い事故 / punition *bénigne* (=léger) 軽い処罰. ❷ 文章 寛大な, 優しい; 柔弱な.
béninois, oise /beninwa, waːz/ 形 ベナン Bénin の.― **Béninois, oise** 名 ベナン人.
bénir /beniːr/ 他動〈過去分詞 béni, ②の意味で受動態の場合のみ bénit(e)〉❶ …を祝福する. ▶ Le prêtre *bénit* les fidèles. 司祭は信徒たちに祝福を与える. ❷〔司祭が物を祝別する; に聖水をかける. ▶ *bénir* des objets du culte 祭具を祝別する / *bénir* un mariage 結婚を司式する. ❸ …をたたえる, 賛美する; に感謝する; を喜ぶ. ▶ *bénir* l'Eternel 永遠者[神]の栄光をたたえる / Je *bénis* le médecin qui m'a sauvé. 私は命を救ってくれた医者に心から感謝している. ❹〔神が〕…を加護する, に恵みを垂れる.
(*Que*) *Dieu vous [te] bénisse.* 話 神のお恵みを. 【くしゃみをした人に言う】.
bénisseur, euse /benisœːr, øːz/ 形, 名 話《ふざけて》お世辞を言う(人), 口先のうまい(人).
bénit, ite /beni, it/ 形《bénir ②の過去分詞》(司祭に)祝別された. ▶ eau *bénite* 聖水 / pain *bénit* 祝別されたパン.
C'est pain bénit. 話 願ったりかなったりだ; 当然の結果だ.
bénitier /benitje/ 男 ❶（教会入り口の）聖水盤. ❷【貝類】シャコガイ;（特に）オオジャコガイ.
「*se démener [s'agiter] comme un diable dans un bénitier* 話 苦境を脱しようともがく[じたばたする].
benjamin, ine /bɛ̃ʒamɛ̃, in/ 名 ❶ 末っ子, 末娘 (↔aîné). ❷（グループの中の）最年少の人. 注 旧約聖書のヤコブの末子 Benjamin の名から.
benji /bɛnʒi/ 男 バンジージャンプ.
benne /bɛn/ 女 ❶（鉱山などで用いる）バケット, トロッコ;（ロープウェーの）ゴンドラ. ▶ *benne* roulante（鉱山内の）鉱石運搬車. ❷（ダンプカーなどの）可動式荷台. ▶ camion à *benne* basculante ダンプトラック. ❸（クレーンの）バケット.

bennier /benje/ 男 ダンプカーの荷台[クレーンのバケット]を操作する人.
benoît, oîte /bənwa, wat/ 形 文章 ❶《皮肉に》殊勝げな, 猫かぶりの, 親切気な. ❷ 穏やかな.
benoîtement /bənwatmɑ̃/ 副 文章 殊勝げに.
benzène /bɛ̃zɛn/ 男【化学】ベンゼン.
benzine /bɛ̃zin/ 女【化学】ベンジン, 揮発油.
benzol /bɛ̃zɔl/ 男【化学】ベンゾール.
béotien, enne /beɔsjɛ̃, ɛn/ 形, 名 愚鈍な(人), がさつな(人), 無教養な(人);（ある学問・芸術分野に）疎い(人).
BEP 男《略語》brevet d'études professionnelles 職業教育免状.
BEPC 男《略語》brevet d'études du premier cycle du second degré 中等教育第一期課程修了証書.
béquée /beke/ 女 ⇨ BECQUÉE.
béquet /beke/ 男 ⇨ BECQUET.
béqueter /bekte/ 4 他動 ⇨ BECQUETER.
béquille /bekij/ 女 ❶ 松葉杖(づえ). ▶ marcher avec des *béquilles* 松葉杖をついて歩く. ❷ 支え(となる器具[部品]);（オートバイなどの）スタンド.
berbère /bɛrbɛːr/ 形 ベルベル人の.
― **Berbère** 名 ベルベル人: ベルベル語を話し, 北アフリカの山岳地帯や砂漠に広く分布する.
― **berbère** 男 ベルベル語.
bercail /bɛrkaj/ 男《単数形のみ》家庭, 生家; 故郷. ▶ rentrer [revenir] au *bercail*（一度捨てた）我が家に戻る.
berceau /bɛrso/;《複》**x** 男 ❶ 揺りかご. ▶ un bébé dans un *berceau* 揺りかごの中の赤ん坊. ❷ 幼児期. ▶ dès le *berceau* 幼いころから / du *berceau* à la tombe 揺りかごから墓場まで, 一生の間. ❸ 揺籃(らん)期, 初期; 発祥地, 出生地. ▶ A cette époque, la science était encore au *berceau*. その頃, 科学はまだ揺籃期にあった / L'Angleterre est le *berceau* de la révolution industrielle. 英国は産業革命発生の地である. ❹ 樹木のアーケード. ▶ une allée en *berceau* 樹木がアーチのようになっている歩道.
bercelonnette /bɛrsəlɔnɛt/ 女（2つの半月形の脚に乗せた）小型の揺りかご.
bercement /bɛrsəmɑ̃/ 男 静かに揺すること;（単調に寄せては返す）揺れ.
bercer /bɛrse/ 1 他動

過去分詞 bercé	現在分詞 berçant
直説法現在 je berce	nous berçons
tu berces	vous bercez
il berce	ils bercent

❶ …を揺する. ▶ *bercer* un enfant dans ses bras 子供を腕に抱いてあやす / une barque *bercée* par les vagues 波に揺られる小舟. ❷ …を和ませる. ▶ La musique *a bercé* ses oreilles. 音楽が彼(女)の耳に心地よく響いた. ❸〔苦しみなど〕を和らげる, 鎮める. ❹⟨*bercer* qn de qc⟩…を（甘言などで）惑わす. ▶ *bercer* qn de vaines promesses …を空約束でたぶらかす. ❺

⟨*être bercé* de [par] qc⟩…ではぐくまれる. ▶ une enfance *bercée* de récits merveilleux 数々のおとぎ話を聞いて育った幼年時代.
— **se bercer** 代動 ⟨*se bercer* de qc⟩(現実離れした夢想)にふける；(甘言)に惑わされる. ▶ *se bercer* d'illusions むなしく幻想を抱く.

berceur, euse /bɛrsœːr; øːz/ 形 単調に揺れる；眠りを誘う.

berceuse /bɛrsøːz/ 女 ❶ 子守歌. ❷ ロッキングチェア.

Bercy /bɛrsi/ 固有 ベルシー：パリのフランス財務省所在地.

***béret** /bere/ ベレ/ 男 ❶ ベレー帽. ▶ *béret* basque バスクベレー. ❷〖軍事〗*bérets* rouges 空挺(くうてい)部隊の隊員 / *bérets* verts 米国陸軍特殊部隊の隊員、グリーンベレー.

bérézina /berezina/ 女 完全な失敗.

bergamasque /bɛrgamask/ 女 ベルガマスカ：イタリア北部ベルガモ地方起源の舞踏(曲).

bergamote /bɛrgamɔt/ 女 ❶〖植物〗ベルガモット(の実)：ダイダイの一種. ▶ essence de *bergamote* ベルガモットエッセンス(香水・製菓用). ❷ ベルガモット香料入りのキャンディー.

berge¹ /bɛrʒ/ 女 ❶ 河岸、土手、堤；堤防上の道路、土手道. ❷ (道、溝の)縁の盛り上がった部分、路肩.

berge² /bɛrʒ/ 女 俗 …歳.

berger, ère /bɛrʒe, ɛːr/ 名 ❶ 羊飼い；牧童. ▶ chien de *berger* 牧羊犬 / vie de *berger* 羊飼いの生活；牧歌的生活. ❷ 人を導く者、牧者. N'écoutez pas la voix des mauvais *bergers*. 悪い指導者の声に耳を貸すな.
la bergère de Domrémy ドンレミーの羊飼いの娘(ジャンヌ・ダルクの別称).
la réponse du berger à la bergère (話にケリをつけるような)見事な切返し.
l'étoile du berger (羊飼いが目印にした星 →) 金星、明け[宵]の明星.
— **berger** 男 羊の番犬、牧羊犬. ▶ *berger* allemand シェパード.

bergère /bɛrʒɛːr/ 女 クッション付き安楽椅子(いす).

bergerie /bɛrʒəri/ 女 ❶ 羊小屋. ❷ (デパートの)売り場カウンター. ❸〖多く複数で〗牧歌的恋愛を主題とした田園詩[物語、絵画、タピスリー].
enfermer [faire entrer] le loup dans la bergerie (オオカミを羊小屋に入れる →) 危険人物[悪い人間]を不用意に内部に招き入れる.

bergeronnette /bɛrʒərɔnɛt/ 女〖鳥類〗セキレイ(=hochequeue).

béribéri /beriberi/ 男〖医学〗脚気(かっけ).

berk /bɛrk/, **beurk** /bœrk/ 間投 オェ、ゲー(嫌悪、不快の念).

Berlin /bɛrlɛ̃/ 固有 ベルリン：ドイツの首都.

berline /bɛrlin/ 女 ❶〖自動車〗(フォードア)セダン. ❷ 鉱石運搬車. ❸ ベルリン型馬車.

berlingot /bɛrlɛ̃go/ 男 ❶ ベルランゴ：4面体の硬いボンボン. ❷ (牛乳などの)テトラパック.

berlinois, oise /bɛrlinwa, waːz/ 形 ベルリンBerlin の.
— **Berlinois, oise** 名 ベルリンの人.

berlue /bɛrly/ 女 avoir la *berlue* 話 幻覚を見る；錯覚する；幻想を抱く.

bermuda /bɛrmyda/ 男(米語)バーミューダ(ショーツ)：ひざまでの細いショーツ.

bernard-l'ermite /bɛrnarlɛrmit/, **bernard-l'hermite** 男〖単複同形〗〖動物〗ヤドカリ類.

berne /bɛrn/ 女〖次の句で〗
en berne [旗が]半旗の；巻かれた. ▶ drapeau *en berne* 半旗；巻かれたままの旗 / pavillon *en berne*〖海事〗半旗、弔旗.

berner /bɛrne/ 他動 …をだます、かつぐ、一杯食わす. ▶ se laisser *berner* par qn …にかつがれる.

bernois, oise /bɛrnwa, waːz/ 形 ベルンBerne の；ベルン地方の.
— **Bernois, oise** 名 ベルンの人.

berrichon, onne /bɛriʃɔ̃, ɔn/ 形 ベリーBerry 地方の.
— **Berrichon, onne** 名 ベリー地方の人.

Berry /bɛri/ 固有 男 ベリー地方：フランス中部の旧州.

béryl /beril/ 男〖鉱物〗緑柱(りょくちゅう)石、ベリル.

besace /bəzas/ 女 (肩に振り分けてかつぐ)ずだ袋、合切袋.

Besançon /bəzɑ̃sɔ̃/ 固有 ブザンソン：Doubs 県の県府所在地.

bésef /bezef/, **bézef** 副 話 (多く否定的表現で)たくさん、大いに. ▶ Y a pas *bésef* d'argent. あまり金がない.

besogne /b(ə)zɔɲ/ 女 (課せられた)仕事；労役. ▶ une lourde *besogne* つらい仕事 / abattre de la *besogne* 大量の仕事をてきぱきとこなす. 比較 ⇨ TRAVAIL.
aller vite en besogne (1) 仕事をすばやくかたづける. (2) 拙速に陥る、手を抜く.
faire de la belle [bonne] besogne (1) 立派な仕事をする. (2) 皮肉で へまをする.

besogner /b(ə)zɔɲe/ 自動 つらい仕事をする.

besogneux, euse /b(ə)zɔɲø, øːz/ 形, 名 つらい仕事をして実入りの少ない(人)；貧乏な(人).

***besoin** /bəzwɛ̃/ ブゾワン/ 男

❶ 必要、欲求. ▶ répondre aux *besoins* des habitants 住民の生活上の要求にこたえる / Il éprouve le *besoin* d'échapper au bruit de la grande ville. 彼は都会の喧噪(けんそう)から逃れたい欲求を感じている. ◆*besoin* de + 無冠詞名詞 ▶ un *besoin* de changement 変化への欲求.
❷ (多く複数で)需要、(経済・社会的)必要(量). ▶ les *besoins* énergétiques エネルギー需要 / Les *besoins* en pétrole de ce pays sont considérables. この国の石油需要は相当多い.
❸ 必要物、必需品；(複数で)生活必需品、生活費. ▶ Le café est devenu pour lui un *besoin*. コーヒーは彼にとって欠かせないものになった / subvenir aux *besoins* de ses parents 両親の生活費を出す.
❹ 貧困、窮乏. ▶ être dans le *besoin* 貧しい.
❺ (多く複数で) 婉 排泄(はいせつ)の欲求 (=besoins naturels). ▶ faire ses *besoins* 用便をする.
au besoin = 文章 *en cas de besoin* 必要な場合には. ▶ N'hésitez pas, *au besoin*, à me té-

bestial

léphoner. 必要な場合には遠慮なく電話をください.

***avoir besoin de qn/qc** /不定詞/ ∥ **avoir besoin que** +接続法 …を必要とする. ▶ J'ai besoin de toi. 私には君が必要だ / J'ai besoin d'air frais. 私には新鮮な空気が必要だ / Ce tapis a besoin d'être nettoyé. このカーペットはクリーニングの必要がある / J'ai besoin que vous m'aidiez. 私はあなたの助けが必要だ.

avoir bien besoin de + 不定詞 《反語的に》…すべきでなかった. 注 avoir は半過去で用いられる. ▶ Vous aviez bien besoin d'aller lui parler de cela! よくも彼(女)にそのことを話しましたね.

Il est besoin de + 不定詞《文章》《否定文, 疑問文で》…する必要がある. ▶ Il n'est pas besoin de faire toutes ces vérifications. これらの確認を全部することはない.

Pas besoin de + 不定詞. …する必要はない.

Point n'est besoin de + 不定詞.《文章》…する必要はまったくない.

pour ˹le besoin [les besoins] de la cause 弁解の都合上, 自分の立場を守るために.

si besoin est = s'il en est besoin もし必要なら. ▶ Je t'aiderai, si besoin est. 必要なら君を手伝おう.

bestial, ale /bɛstjal/;《男複》**aux** /o/ 形 獣のような, 動物的な.

bestialement /bɛstjalmɑ̃/ 副 獣のように.

bestialité /bɛstjalite/ 女 獣性, 残酷さ.

bestiau /bɛstjo/; 《複》× 男 ❶《複数で》家畜;《開墾用の》大形家畜. ❷俗 動物, 獣.

bestiole /bɛstjɔl/ 女 小動物;(特に)小さな虫.

best of /bɛstɔf/ 男《不変》《英語》ベストアルバム;《テレビ番組の》ハイライト.

best-seller /bɛstsɛlɛːr; bɛstsɛlœːr/ 男《米語》ベストセラー.

bêta¹, asse /bɛta, ɑːs/ 形 話 ばかな.
— 名 話 ばか, とんま. ▶ gros bêta《愛情表現で》おばかさん.

bêta² /beta/ 男 ❶ ベータ (B, β)：ギリシア文字の第2字. ❷《物理》rayons bêta ベータ [β] 線.

bêtacarotène /betakarɔtɛn/ 男 ベータカロテン.

bétail /betaj/ 男《単数形のみ》《集合的に》家畜. ▶ le gros bétail 大形家畜(牛, 馬など) / le petit [menu] bétail 小形家畜(羊, 豚など) / traiter les gens comme du bétail 人間を牛馬のように扱う.

bétaillère /betajɛːr/ 女 家畜移送用トレーラー[トラック].

***bête** /bɛt ベット/ 女

❶《人間以外の》動物；獣；家畜. ▶ bête sauvage 野獣 / nourrir les bêtes 家畜を飼育する. 比較 ⇨ ANIMAL. ❷ 虫, 昆虫; 害虫. ▶ bête à bon Dieu テントウムシ. ❸ けだものような人間;《人間の》獣性. ▶ méchante [vilaine] bête 意地悪な[卑しい]奴. ❹ 話 おばかさん, 甘えたおばかさん. ▶ C'est une bonne [brave] bête! やつはまったくお人よしだ / Grosse [Grande] bête! おばかさん. 比較 ⇨ SOT.

Aucune bête au monde … 世界のどんなやつでも…ない.

bête à concours 話 試験[勉強]の虫, がり勉.

bête noire 嫌悪の的, 苦手. ▶ La philosophie, c'est ma bête noire. 哲学は大の苦手だ.

chercher la petite bête あら捜しをする, 重箱の隅をほじくる.

comme une bête 話 非常に; がむしゃらに. ▶ être malade comme une bête 病気でとても苦しんでいる / travailler comme une bête がむしゃらに働く.

faire la bête ばかのふりをする, とぼける; ばかなことをする[言う]. ▶ Arrête de faire la bête. とぼけるのはやめろ.

petite bête 小動物; 虫. ▶ J'ai été piqué par une petite bête. 私は虫にさされた / La petite bête qui monte, qui monte … ほら虫だ, 虫だ(幼児をくすぐる時のセリフ).

regarder [dévisager] qn comme une bête curieuse《珍獣でも見るように》…をじろじろ見る.

se payer sur la bête《借金を返せない債務者を》殴る.

— 形 愚かな, ばかな. うかつな, 軽率な. ▶ Elle a l'air bête. 彼女は見るからに頭が悪そうだ / C'est un roman bête. くだらない小説だ / J'ai été bête de le croire sur parole. 彼の言うことをうのみにするなんて, 私はばかだった / C'est bête, je ne m'en souviens pas. しまった, おもいだせない / Ce n'est pas bête. それは悪くない.

bête à pleurer = bête comme ses pieds とことんばかな, 愚にもつかない.

C'est bête comme chou. 話 ごく簡単なことだ.

Pas si bête! そんなにばかじゃない, その手は食わん.

bétel /betɛl/ 男 ❶《植物》キンマ.
❷ ベテル：ビンロウジュの実に石灰を加えて練り, キンマの葉で包んだ口中清涼剤.

bêtement /bɛtmɑ̃/ 副 ❶ 愚かに; 意味もなく. ▶ Il s'est fait tuer bêtement. 彼は犬死にした. ❷ tout bêtement 単に, 率直に.

Bethléem /bɛtleɛm/ 固有 ベツレヘム：ヨルダン西部の町.

bêtifiant, ante /betifjɑ̃, ɑ̃ːt/ 形 愚かな, ばかな, 程度の低い.

bêtifier /betifje/ 自動 幼稚なまねをする, ばかなことをする[言う].

***bêtise** /betiːz ベティーズ/ 女 ❶ 愚かさ, 愚鈍. ▶ Il est d'une rare bêtise. 彼は稀に見るばかだ / J'ai eu la bêtise d'accepter sa proposition. 私は愚かにも彼(女)の申し出を承諾してしまった. ❷ 愚かな[軽率な]言動: くだらぬ話題. ▶ faire [dire] des bêtises たわけたことをする[言う]. ❸ 取るに足りないこと. ▶ se brouiller pour une bêtise つまらぬことで仲たがいする.

béton /betɔ̃/ 男 ❶ コンクリート. ▶ béton armé 鉄筋コンクリート / construire un immeuble en béton コンクリートのビルを建てる / dur comme du béton コンクリートのように堅い〔耐久力の強い〕. ❷《le béton》〔コンクリートに囲まれた〕都市.

de [en] béton 話 絶対確かな; 屈強な. ▶ un alibi en béton 強固なアリバイ.

Laisse béton! 放っておけ, やめておけ (= Laisse

bétonnage /betonaːʒ/ 男 ❶ (コンクリートの)打ち込み. ❷〖サッカー〗全員でディフェンスすること.
bétonné, e /betone/ 形 ❶ コンクリートを打ち込んだ. ▶ un mur *bétonné* コンクリート壁. ❷ 強固な; 完璧(숛ᵏᵉ)な.
bétonner /betone/ 他動 …にコンクリートを打ち込む, をコンクリートで固める.
―自動〖サッカー〗全員でディフェンスする.
bétonnière /betonjɛːr/, **bétonneuse** /betonøːz/ 女 コンクリートミキサー.
bette /bɛt/, **blette** /blɛt/ 女〖植物〗フダンソウ; 野菜, 飼料用.
betterave /bɛtraːv/ 女〖植物〗テンサイ, サトウダイコン. ▶ *betterave* sucrière ビート, サトウダイコン / sucre de *betterave* テンサイ糖.
betteravier, ère /bɛtravje, ɛːr/ 形 テンサイ(栽培)の. ▶ industrie *betteravière* テンサイ栽培業.
beuglement /bøgləmɑ̃/ 男 ❶ 牛の鳴き声. ❷ 話 わめき声; 騒音, 長く尾を引く不快な音. ▶ le *beuglement* d'une sirène サイレンのけたたましい響き.
beugler /bøgle/ 自動 ❶〖牛が〗モーと鳴く. ❷ どなる, 大声でわめく［歌う］; うるさい音を立てる. ▶ Le voisin fait *beugler* sa télé. 隣人がテレビの音量をいっぱいに上げている.
―他動〖歌など〗を声を張り上げて歌う; がなり立てる.
beur /bœːr/ 名 形 (女性形は beure, beurette となることがある) 話 フランスで生まれたアラブ系の若者(の). ▶ la culture *beur* アラブ系若者文化. 注 arabe の逆さ言葉.
beurette /bœrɛt/ 女 アラブ系の若いフランス人女性.
beurk /bœrk/ 間投 ⇨ BERK.

:beurre /bœːr/ 男 ブール
❶ バター. ▶ mettre du *beurre* sur une tartine 薄切りパンにバターを塗る / un morceau de *beurre* バター1かけ / une motte de *beurre* (小売り用の)バターの塊 / *beurre* salé [sans sel] 加塩 [無塩] バター / *beurre* doux 薄塩バター / crème au *beurre* バタークリーム / pot à *beurre* バター壺(⁽ᵇᵉ⁾) / *beurre* frais 新鮮なバター(⇨ 成句) / *beurre* fondu 溶かしバター. ❷ 植物性バター, 植物性脂肪. ▶ *beurre* d'arachide ピーナッツバター / *beurre* de cacao カカオバター.
assiette au beurre (権力と結びついた)利権, 役得; もうけ口, 金づる.
beurre(-)frais 〔革, 手袋などは〕明るい黄色の, ブロンド色の. 注 不変化形容詞として用いる.
beurre noir (1)〖料理〗焦がしバター(ソース). (2) œil au *beurre noir* 話 (殴られて)青あざのできた目.
compter pour du beurre (fondu) 話 価値がない, 問題にされない; 数のうちに入らない. ▶ Dans cette affaire, il *compte pour du beurre*. この事業では彼は問題にされない.
Du beurre ou des canons. バターか大砲か.
entrer dans qc comme dans du beurre 話 …に簡単に入る. ▶ Le couteau *entre dans* cette viande *comme dans du beurre*. この肉は楽にナイフが入る.
faire [battre] son beurre 話 大金を稼ぐ.
mettre du beurre dans les épinards 話〔人が〕生活が楽になる; 〔仕事が〕暮らし向きをよくする.
On ne peut pas avoir le beurre et l'argent du beurre. (バターとその代金を同時に持つことはできない→) 2 つのうちどちらかにしなくてはいけない, あれもこれも持てない.
pour du beurre 話 本気でなく, お芝居の.
beurré, e /bœre/ 形 ❶ バターを塗った. ❷ 話 酔っ払った.
beurrer /bœre/ 他動 …にバターを塗る. ▶ *beurrer* du pain パンにバターを塗る.
― **se beurrer** 代動 話 酔っ払う.
beurrier, ère /bœrje, ɛːr/ 形 バター(製造)の. ▶ industrie *beurrière* バター製造業.
― **beurrier** 男 バターケース, バター皿.
beuverie /bøvri/ 女 酒宴, どんちゃん騒ぎ.
bévue /bevy/ 女 ばかげた誤り, 大失敗.
bézef /bezɛf/ ⇨ BÉSEF.
bhoutanais, aise /butanɛ, ɛːz/ 形 ブータンBhoutan の.
― **Bhoutanais, aise** 名 ブータン人.
bi /bi/ 名 (bisexuel の略) 両性愛の人.
bi- 接頭 (別形 bis-)「2, 2重, 2回」を表わす. ▶ *bi*cyclette 自転車 / *bi*lingue 2 か国語の / *bi*mensuel 月 2 回の.
biais /bjɛ/ 男 ❶ 斜め, はすかい, 傾斜. ▶ le *biais* d'un mur 壁の傾斜. ❷ (問題, 性格などの)一面, 側面; 見地, 観点. ▶ C'est par ce *biais* qu'il faut considérer le problème. その問題はこの角度から考察すべきだ. ❸ 遠回しの手段 [表現]; 《特に》(厄介事からの)うまい逃げ道, 逃げ口上. ▶ chercher [prendre] un *biais* うまい方法を探す [とる]. ❹〖服飾〗バイアス(テープ), (布地の織り目に対する)斜め.
de [en] biais (1) 斜めに, はすかいに. ▶ Il a traversé rapidement la rue *en biais*. 彼は急いで通りを斜めに渡った / jeter un coup d'œil *en biais* 横目で見る. (2) 間接的に; 遠回しに.
par le biais de qc …という(間接的な)手段で, を媒介として.

― **biais, biaise** /bjɛ, bjɛz/ 形〔建築物が〕斜めの, 傾斜した, はすかいの.
biaisé, e /bjɛze/ 形 偏った, 偏向した. ▶ une perception *biaisée* de la réalité 現実の偏向したとらえ方.
biaiser /bjɛze/ 自動 ❶ (正攻法でない)遠回しの手段 [表現]をとる; 言い逃れをする. ▶ Avec lui, inutile de *biaiser*. 彼に対しては持って回った言い方をする必要はない. ❷ 妥協する, 手心を加える. ▶ *biaiser* avec sa conscience 良心を曲げる.
Biarritz /bjarits/ 固有 ビアリッツ: スペイン国境近くの保養地.
biathlon /biatlɔ̃/ 男〖スポーツ〗バイアスロン.
bibande /bibɑ̃d/ 形〖情報〗(携帯電話が) 2 つの電波帯でつかえる.
bibelot /biblo/ 男 (棚などに飾る)置物, 工芸品, 骨董(ᶜᵒᵘ)品.

bibendum /bibɛ̃dɔm/ 男 ❶ 肥満体の男性. ❷ ミシュラン社の従業員(ミシュラン社のマスコットの名前から).

biberon /bibʁɔ̃/ 男 ❶ 哺乳(ﾆｭｳ)瓶. ▶ nourrir un bébé au *biberon* 赤ん坊をミルクで育てる. ❷ (病人用などの)吸い飲み.
prendre qn au biberon 話〔ごく若い人〕を雇う.

biberonner /bibʁɔne/ 自動 大酒を飲む, 酒浸りになる.

bibi¹ /bibi/ 男 話 (小さい)婦人帽.

bibi² /bibi/ 男 俗 私 (=moi).

bibine /bibin/ 女 安酒;(特に)まずいビール.

***bible** /bibl/ 女 ❶ (la Bible)聖書. ▶ jurer sur la *Bible* 聖書にかけて誓う. ❷ 聖書に等しい書物, 絶対的な権威のある書物. ▶ Ce livre est une véritable *bible* pour moi. この本は私にとってまさに聖書. ❸ papier *bible* インディアペーパー:辞書などに用いる印刷用薄葉紙.

biblio- 接頭「書物, 本」の意.

bibliobus /biblijɔbys/ 男 移動図書館, 巡回文庫.

bibliographe /biblijɔgʁaf/ 男 書誌学者;書誌作成者.

bibliographie /biblijɔgʁafi/ 女 ❶ 参考文献目録, 著作目録. ❷ 書誌学.

bibliographique /biblijɔgʁafik/ 形 文献に関する;書誌学の.

bibliomanie /biblijɔmani/ 女 蔵書癖, 稀覯(ｷｺｳ)書収集熱.

bibliophile /biblijɔfil/ 名 愛書家, 稀覯(ｷｺｳ)書収集家.

bibliophilie /biblijɔfili/ 女 (稀覯(ｷｺｳ)本などの)書籍収集趣味.

bibliothécaire /biblijɔtekɛːʁ/ 名 図書館員, 司書.

***bibliothèque** /biblijɔtɛk/ ビブリオテック 女 ❶ 図書館, 図書室;書斎, 書庫. ▶ *bibliothèque* municipale [universitaire] 市立[大学]図書館 / la *Bibliothèque* nationale (パリの)国立図書館 / *bibliothèque* numérique 電子図書館. ❷ 書架, 本箱. ▶ une *bibliothèque* vitrée ガラス戸付きの本棚. ❸ 蔵書. ▶ Elle a une importante *bibliothèque* chez elle. 彼女は自宅に相当な蔵書を持っている. ❹ 叢書(ｿｳ). ▶ la *Bibliothèque* rose「ばら色文庫」(少年少女向け叢書). ❺ 〔情報〕ライブラリ, プログラムライブラリ.
rat de bibliothèque 話 本の虫.

biblique /biblik/ 形 ❶ 聖書の, 聖書に関する. ❷ 聖書のような. ▶ style *biblique* 聖書風の文体.
d'une simplicité biblique 話 まったく簡素な.

bic /bik/ 男 商標 ビック社のボールペン;(一般に)ボールペン (=stylo à bille).

bicarbonate /bikaʁbɔnat/ 男 〔化学〕重炭酸塩. ▶ *bicarbonate*「de sodium [de soude]」重炭酸ナトリウム, 重曹.

bicentenaire /bisɑ̃tnɛːʁ/ 男 200周年, 200年記念(祭). ▶ le *bicentenaire* de la Révolution (française) フランス革命200年記念.
— 形 200年を経た;200年記念の.

bicéphale /bisefal/ 形 双頭の, 二頭体の. ▶ aigle *bicéphale* 双頭の鷲 / gouvernement *bicéphale* 二頭政治.

biceps /bisɛps/ 男 力こぶ;〔解剖〕二頭筋.
avoir des biceps 話 腕っ節が強い, 筋骨たくましい.

biche /biʃ/ 女 雌鹿 (↔cerf). ▶「des yeux [un regard] de *biche* 柔和な目[眼差(ﾏﾅｻﾞ)し].

bicher /biʃe/ 自動 ❶ (非人称構文で)うまくいく (=aller bien). ▶ Ça *biche*? 元気かい. ❷ 話 うれしがる, 喜ぶ.

bichon, onne /biʃɔ̃, ɔn/ 名 マルチーズ.

bichonner /biʃɔne/ 他動 ❶ …を着飾らせる, 飾りたてる. ▶ *bichonner* un enfant 子供におめかしをさせる. ❷ …をかわいがる, の世話をやく.
— *se bichonner* 代動 めかし込む, 着飾る.

bicolore /bikɔlɔːʁ/ 形 2色の.

bicoque /bikɔk/ 女 話 あばら家, バラック.

bicorne /bikɔʁn/ 男 二角帽:縁が2つに折れ上った帽子. ナポレオンの肖像画などに見られる.

bicot /biko/ 男 〘軽蔑して〙アラブ人.

bicross /bikʁɔs/ 男 商標 マウンテンバイク(競技).

***bicyclette** /bisiklɛt/ ビシクレット 女 自転車 (=話 vélo). ▶ monter à *bicyclette* 自転車に乗る / *bicyclette* à moteur モーターバイク / faire de la *bicyclette* 自転車に乗る, サイクリングをする / aller en ville à [en] *bicyclette* 自転車で町に行く.

bidasse /bidas/ 男 俗 兵隊, 一兵卒.

bide /bid/ 男 話 ❶ 腹. ▶ avoir un gros *bide* 太鼓腹をしている / gras du *bide* 腹の出た. ❷ 大失敗;〘特に〙(芝居, 興行の)不入り. ▶ Le film fit un *bide*. その映画は不入りだった. ❸ うそ. ▶ C'est du *bide*. うそだ.

bidet /bidɛ/ 男 ❶ ビデ:女性用性器洗浄器. ❷ (乗馬用の)小馬, 駄馬.

bidoche /bidɔʃ/ 女 話 肉;質の悪い肉.

bidon /bidɔ̃/ 男 ❶ (液体用の)缶, 容器;(兵士などの)水筒;(オートバイの)ガソリンタンク. ❷ 話 うそ, 虚仮. ▶ C'est du *bidon*. うそだ / C'est pas du *bidon*. うそなんかじゃない. ❸ 話 腹.
— 形 〘不変〙偽の, 見せかけの, いんちきな. ▶ une société *bidon* 幽霊会社.

bidonnage /bidɔnaːʒ/ 男 話 (番組や記事などの)でっち上げ, やらせ.

bidonnant, ante /bidɔnɑ̃, ɑ̃ːt/ 形 話 笑わせる, おかしくてたまらない.

bidonner /bidɔne/ 他動 話 (番組や記事などで)…をでっちあげる, やらせをする. ▶ reportage *bidonné* やらせのルポ.
— *se bidonner* 代動 話 笑いこける.

bidonville /bidɔ̃vil/ 男 スラム街, 貧民窟(ｸﾂ).

bidouillage /biduja:ʒ/ 男 話 ごまかし.

bidouiller /biduje/ 他動 話 ❶ …を自作する;改造する. ❷ …を細工してごまかす.

bidouilleur, euse /bidujœːʁ, øːz/ 名 話 自作[改造]する人.

bidule /bidyl/ 男 話 (物または人を指して)あれ, それ, しろもの. ▶ Qu'est-ce que c'est que ce *bidule*? こついったいなんだ.

bien

*bien /bjɛ̃ ビヤン/

― 副 よく, 上手に. ▶ Elle chante *bien*. 彼女は歌がうまい.
《意味を強めて》たいへん; 確かに; とにかく. ▶ *bien* s'amuser. 大いに楽しむ.
《数量を示して》〈*bien* de qc〉多くの….
― 間投 よし, 分かった.
Eh *bien*. ⇨ EH
― 形《不変》よい, 心地よい, 元気な. ▶ C'est *bien*. 結構です.
― 男 善.
《多く複数で》財産.

副《優等比較級 mieux, 最上級 le mieux》
1《よく》(↔mal).
❶ よく, 申し分なく; しっかりと; **上手に**, うまく. ▶ Elle chante *bien*. 彼女は歌がうまい / Ses études marchent *bien*. 彼(女)の勉強は順調に進んでいる / Cette porte ne ferme pas *bien*. このドアはきちんと閉まらない / J'ai *bien* dormi. よく眠った. 注 複合時制では, bien は助動詞と過去分詞の間に置かれる. **❷**(道徳的, 社会的に)正しく, 立派に. ▶ une fille *bien* élevée 育ちのよい娘 / Il a *bien* agi. 彼は立派に振る舞った. **❸** 親切に, 好意的に. ▶ être *bien* accueilli 厚いもてなしを受ける / Il est très *bien* vu de ses chefs. 彼は上司にたいへん目をかけられている.

2《意味を強めて》たいへん; 確かに; とにかく.
❶ 大いに, とても, たいへん. ▶ *bien* s'amuser 大いに楽しむ / J'espère *bien* qu'il se trompe. 本当に彼の間違いであってくれるといいのだが /《形容詞, 副詞, 比較級を強調して》Nous sommes *bien* contents. 我々はたいへん満足している / Tu es *bien* plus heureux que moi.(=beaucoup) 君は私よりずっと幸せだ.
❷ 確かに, 本当に. ▶ Nous sommes *bien* le mardi 16［seize］? 今日は確かに16日の火曜日ですか / Vous avez *bien* raison. まさにあなた(方)のおっしゃるとおりです / Je te l'avais *bien* dit. 言わないこっちゃない.
❸《譲歩, 同意を示して》とにかく, まあ; 確かに(…ではあるが). 注 しばしば mais, pourtant などとともに用いられる. ▶ On verra *bien*. いずれ分かるさ, どうなるかみてみましょう / Je sais *bien* la vérité, mais je ne la dirai pas. 私は確かに本当のことを知っているが, それを言うつもりはない.
❹《疑問文で pouvoir とともに》いったい. ▶ Qu'est-ce que ça peut *bien* vous faire? それがあなた(方)といったい何の関係があるのですか.

3《数量を示して》
❶〈*bien* des ＋ 複数名詞 // *bien* du［de la］＋ 単数名詞〉多くの…. ▶ *bien* des gens 多くの人 / depuis *bien* des années 何年も前から / J'ai eu *bien* du mal à me faire comprendre. 私は理解してもらうのにひと苦労した.
❷〈*bien* ＋ 数量表現〉少なくとも(=au moins).
▶ Il y a *bien* deux heures de trajet. 優に2時間はかかる行程だ / J'ai *bien* appelé dix fois. 少なくとも10回は呼んだ.

*aller bien (1) 元気である. ▶ Je *vais bien*. 私は元気です. (2)［活動, 機能などが］好調である. ▶ Ce commerce *va bien*. この商売はうまくいっている. (3)［衣服などが］似合う, 適合する. ▶ Cette robe lui *va bien*. このドレスは彼女によく似合う.
assez bien まあまあ, かなり. ▶ Il connaît *assez bien* la sculpture. 彼はかなり彫刻に詳しい.
aussi bien 文章《付帯的理由》というのも, それに…なのだから. ▶ Je ne pourrai pas venir demain; *aussi bien* vous n'avez plus besoin de mon aide. 私は明日来られない, それにあなた(方)はもう私の助けを必要としないのだから.
aussi bien que ...《並列》…と同様に. ▶ Cette nouvelle intéresse les adultes *aussi bien que* les enfants. これは大人も子供も関心があるニュースだ.
bel et bien 本当に, 実際(⇨ BEAU).
bien à vous《手紙の末尾で》敬具, 草々.
*bien que ＋ 接続法《譲歩, 対立》…ではあるが, にもかかわらず(=quoique). ▶ Je vais me promener *bien qu*'il fasse froid. 寒いけれど散歩に出よう / *Bien que* ［*Bien qu*'il soit］fatigué, il travaille. 疲れているのに彼は働いている. 注 従属節の主語が主節と同じで動詞が être の場合, その主語と動詞は省略できる).
c'est bien fait (pour qn). (…には)当然の報いだ, いい気味だ.
faire bien 話 よく映える, 似合う. ▶ Ce tableau *ferait bien* dans le living. この絵は居間によく合うだろう.
faire bien de ＋ 不定詞 …するのはよい［正しい］ことだ. ▶ Vous *avez bien fait d*'acheter cette maison. あなたがこの家を買ったのは賢明だった /《条件法で》Tu *ferais bien de* vérifier la date. 日付を確かめた方がいいよ. ◆《非人称構文で》*Ça fait bien de* ＋ 不定詞. 話 …するのは格好がいい, 聞こえがいい.
mais bien《否定文のあとで》そうではなくて. ▶ Ce n'est pas lui, *mais bien* son père qui est docteur. 医者をしているのは, 彼ではなくて彼の父親だ.
ni bien ni mal 可もなく不可もなく, まあまあ.
si bien que ＋ 直説法 = **tant et si bien que**
＋ 直説法《結果》それゆえ, したがって(=de sorte que). ▶ Il y a eu une erreur dès le début, *si bien que* tous les calculs sont faux. 最初からすでに間違いがあったから, 全部の計算が違っている.
tant bien que mal どうにかこうにか, まずまず.

― ***bien** 間投 **❶**《同意を示して》よし, 結構, 分かった. ▶《Un chocolat, s'il vous plaît.― *Bien*, Monsieur.》「ココアを1杯ください」「かしこまりました」 **❷**《話題の転換》では, さて. ▶ Vous avez compris? *Bien*, alors passons à une autre question. 分かりました, それでは次の問題に移りましょう.
Eh bien. ⇨ EH.

― ***bien** 形《不変》《比較級 mieux, 最上級 le mieux》**❶** よい, 心地よい; 元気な; きれいな. ▶ C'est *bien*. よかったね; 結構です / On est très *bien* chez vous. お宅はとても気持ちがいい / Je

me sens *bien* aujourd'hui. 私は今日は気分がいい / Elle est encore très *bien*. 彼女はまだまだきれいだ / Il est *bien* de sa personne. 彼は風采(きさい)がよい. ❷ 立派な, 信頼できる; (道徳的, 社会的に)正しい. ▶ un monsieur très *bien* たいへん立派な紳士 / Je ne trouve pas ça *bien*. 私はそれをよいことだとは思わない. ❸〈être *bien* avec qn〉…と仲がよい. ▶ Il est très *bien* avec son patron. 彼は上司と至極折り合いがよい. ❹ (学校の成績評価で)優; 20点満点で14点以上. ▶ très *bien* 秀(16点以上) / *assez bien* 良(12点以上).
C'est bien à qn de + 不定詞 …してくれるとは…に親切だ. ▶ *C'est bien à vous de* les aider. 彼らを助けてくださって御親切さまです.
C'est bien de + 不定詞 // *C'est bien que* + 接続法 …するのはいいことだ. ▶ Ce n'est pas *bien d*'agir ainsi. そんなふうに振る舞うのは感心しない.
Nous voilà bien! 〔反語的に〕厄介なことになったものだ. 注 Nous は各人称に変化させて用いる.
Tout est bien qui finit bien. 諺 終わりよければすべてよし.

── *bien 男 ❶ 善; 善行. ▶ discerner le *bien* du mal 善と悪を判別する / un homme de *bien* 善行の士; 誠実な人. ❷ 利益, 幸福. ▶ le *bien* public 公益 / Si j'agis ainsi, c'est pour son *bien*. 私がこのように行動するのも, 彼(女)のためを思ってのことだ. ❸(多く複数で)財産;〔特に〕不動産;〔法律〕〔経済〕財. ▶ avoir du *bien* 資産家である / *biens* immeubles [meubles] 不動産[動産] / *biens* de consommation 消費財 / *biens* de production 生産財.
Bien mal acquis ne profite jamais. 諺 悪銭身につかず.
dire du bien de qn/qc …をよく言う, 褒める.
en bien よい方に, 好意的に. ▶ C'est un optimiste qui prend [voit] tout *en bien*. あれは何事もよい方に解釈する楽天家だ.
en tout bien tout honneur 善意で, 誠意を持って.
faire du bien à qn/qc〔物が〕…によい効果をもたらす, ためになる. ▶ Ses paroles m'*ont fait du bien*. 私は彼(女)の言葉に大いに慰められた / Ce remède lui *a fait* grand *bien*. その薬は彼(女)にはよく効いた / Ça *fait du bien* quand ça s'arrête. 諺 やれやれやっと終わりか.
Grand bien vous fasse! 〔反語的に〕成功を祈るよ(本心では成功しないと思っているときに使う表現). 注 vous は各人称に変化させて用いる.
mener qc à bien …を成し遂げる, 完成する.
vouloir du bien à qn …に好意的である, のためを思う.

比較 財産
bien〔多く複数で〕人が所有する財産を広く一般に指す. **fortune** かなりの額の財産をいう. **propriété** 特に家屋, 土地などが不動産を指す.

bien-aimé, e /bjɛ̃neme/ 形, 名 最愛の(人), いとしい(人).
bien-être /bjɛ̃nɛtr/ 男〔単複同形〕❶ 満足感, 幸福; 快適さ, アメニティ. ❷(経済的な)安定, 充足. ▶ rechercher son *bien-être* 生活の安定を求める.

bienfaisance /bjɛ̃fəzɑ̃ːs/ (-fai- の発音に注意) 女(公共の利益となる)善行, 慈善. ▶ association [œuvre] de *bienfaisance* 慈善団体[事業] / soirée de *bienfaisance* チャリティー・パーティー.
bienfais*ant, ante* /bjɛ̃fəzɑ̃, ɑ̃ːt/ (-fai- の発音に注意) 形 ❶ 有益な, よく効く, 効用のある. ▶ un climat *bienfaisant* 健康によい気候 / l'action *bienfaisante* d'une cure 治療の効き目. ❷ 文章 人が慈悲深い, 情け深い.
bienfait /bjɛ̃fɛ/ 男 ❶〔多く複数で〕恩恵, 効用. ▶ jouir des *bienfaits* de la civilisation 文明の恩恵に浴する. ❷ 文章 善行, 親切, 情け.
Un bienfait n'est jamais perdu. 諺 情けは人のためならず.
bienfait*eur, trice* /bjɛ̃fɛtœːr, tris/ 名 恩人; 慈善家, 後援者. ▶ un *bienfaiteur* de l'humanité 人類の恩人(大発明家, 大学者など). ── 形 慈善的な, 後援する.
bien-fondé /bjɛ̃fɔ̃de/ 男 ❶ (意見などの)正当さ, 妥当性. ▶ examiner le *bien-fondé* d'une réclamation 異議の正当性を検討する. ❷〔法律〕適法性, 合法性.
bien-fonds /bjɛ̃fɔ̃/; 〔複〕 ~s-~ 男〔法律〕不動産.
bienheur*eux, euse* /bjɛ̃nœrø, øːz/ 形 話 幸運な, 好都合な. ▶ *bienheureux* hasard うまい巡り合わせ.
Bienheureux les pauvres en esprit.〔聖書〕心の貧しい人たちは幸いである.
bienn*al, ale* /bjenal/;〔男複〕*aux* /o/ 形 ❶ 2年間続く. ▶ plan *biennal* 2か年計画. ❷ 2年ごとの. ▶ exposition *biennale* 隔年開催の展覧会. ── **biennale** 女 2年ごとに行われる催し, ビエンナーレ. ▶ la *biennale* de Venise ベネチアのビエンナーレ(美術展, 映画祭).
bien-pens*ant, ante* /bjɛ̃pɑ̃sɑ̃, ɑ̃ːt/ 形, 名〔多く軽蔑して〕保守的な(人), 体制的な(人).
bienséance /bjɛ̃seɑ̃ːs/ 女 文章 ❶ 礼儀, 礼節. ▶ garder [sauvegarder] la *bienséance* 礼節を守る. ❷〔複数で〕作法, しきたり.
bienséant, ante /bjɛ̃seɑ̃, ɑ̃ːt/ 形 古風 礼儀[しきたり]にかなった;(地位などに)ふさわしい.

:bientôt /bjɛ̃to/ ビヤント/ 副

やがて, 間もなく; 近いうちに. ▶ Nous reviendrons *bientôt*. 私たちはじきに戻ります / J'aurai *bientôt* fini. もうすぐ終わります / C'est *bientôt* la fin des vacances. もうじきバカンスも終わりだ.
◆*depuis bientôt* + 期間 (…してから[するようになってから])間もなく…になる. ▶ Je suis mariée à un Japonais depuis *bientôt* vingt ans. 私は日本人と結婚して間もなく20年になります. ◆ *pour bientôt* もうすぐ, 間近に迫って. ▶ C'est pour *bientôt*, ton voyage au Japon? もうじきだね, 君の日本行き.
**A (très) bientôt.* 話 じゃまた, 近いうちに.
bienveillance /bjɛ̃vejɑ̃ːs/ 女 文章 好意, 厚情, (目下の者に対する)親切, 思いやり. ▶ montrer de la *bienveillance* à qn …に好意を示す / ga-

bienveill*gner* [se concilier] la *bienveillance* de qn … の気に入る / par *bienveillance* 親切心から.

bienveillant, ante /bjɛ̃vejɑ̃, ɑ̃:t/ 形 文章 好意的な; 親切な. ▶ critique *bienveillante* 好意的な批評 / être *bienveillant* avec [envers, pour] qn …に対して親切[好意的]である.

bienvenu, e /bjɛ̃vny/ 形 文章 ❶〔物が〕いい時に来た, 時宜にかなった. ▶ C'est une remarque *bienvenue*. 当を得た指摘だ. ❷〔人が〕歓迎[歓待]される. ▶ Il est *bienvenu* de tout le monde. 彼はだれからも歓迎される.
── 名《定冠詞とともに》歓迎される人[物](↔ malvenu). ▶ Vous serez toujours ˈle *bienvenu* [la *bienvenue*]. どうぞいつでもいらしてください / Soyez ˈle *bienvenu* [la *bienvenue*]! ようこそいらっしゃいました.

bienvenue /bjɛ̃vny/ 女 歓迎, 歓待. ▶ discours de *bienvenue* 歓迎の挨拶(ぎょ) / souhaiter la *bienvenue* à qn …を歓迎する / *Bienvenue* à Paris. ようこそパリへ.
Bienvenue au club. 話 本クラブにようこそ(大仰に新会員歓迎の辞を転用したもの).

***bière** /bjɛ:r/ 女 ビール. ▶ boire de la *bière* ビールを飲む / *bière* blonde [brune] 淡色 [濃色] ビール / *bière* (à la) pression 生ビール / *bière* forte = double *bière* 強いビール / petite *bière* 弱いビール / verre à *bière* ビアグラス. 同 カフェでは une *bière* というと通常 un demi (小ジョッキ程度の生ビール1杯)を指す.
Ce n'est pas de la petite bière. 話 (弱いビールではない→)ただごと[ただ者]ではない.

biffage /bifa:ʒ/ 男 (線を引いて)消すこと, 抹消, 削除.

biffer /bife/ 他動 …を(線を引いて)削除する.

bifidus /bifidys/ 男 『生物』ビフィズス菌.

***bifteck** /biftɛk/ 男 『料理』ステーキ; (おもに牛の)ステーキ肉. ▶ *bifteck* aux pommes = *bifteck*-frites フライドポテト添えビーフステーキ / *bifteck* dans le filet ヒレステーキ / *bifteck* saignant [à point, bien cuit] レア[ミディアム, ウェルダン]のステーキ / *bifteck* bleu (レアより生の)軽くあぶっただけのステーキ / *bifteck* haché ハンバーグステーキ.
défendre son bifteck 自分の利益を守る.
gagner son bifteck 暮らしを立てる.

bifurcation /bifyrkɑsjɔ̃/ 女 ❶ 二またに分かれること, 分岐, 分岐点, 岐(き). ▶ gare de *bifurcation* 連絡[乗り換え]駅.
❷ (学業, 経歴などにおける)岐路; 進路変更. ▶ *bifurcation* des études (中等教育における)文系・理系へのクラス分け.

bifurquer /bifyrke/ 自動 ❶〔道路, 枝などが〕2 つに分かれる, 分岐する. ▶ La voie de chemin de fer *bifurque* à cet endroit. 鉄道はここで二またに分かれる.
❷ ‹*bifurquer* sur [vers] qc› …へ方向転換する, 進路を変える. ▶ Après des études de droit, elle a *bifurqué* vers les mathématiques. 彼女は法律を学んだ後, 数学に転じた.

bigame /bigam/ 形 重婚の. ── 名 重婚者.

bigamie /bigami/ 女 重婚.

bigarré, e /bigare/ 形 ❶ 雑色の, 色とりどりの. ❷ 雑多な, ちぐはぐな; 多様な.

bigarrer /bigare/ 他動 ❶ 文章〔布地など〕に雑多な色[模様]をつける. ❷ …を統一しにする. ▶ *bigarrer* un récit de détails saugrenus 話にとんでもない尾ひれをつける.

bigarrure /bigary:r/ 女 ❶ 雑色, 雑多な模様. ❷ 雑多, 不統一, 不調和.

big bang /bigbɑ̃:ŋ/ 男《単数形のみ》(米語)『天文』ビッグバン.

bigler /bigle/ 間他動 ‹*bigler* sur [dans] qn /qc› …を横目で見る, 羨望(ぼ)の目で見る, じろじろ見る. ── 他動 …を横目で[物欲しそうに]見る.

bigleux, euse /biglø, ø:z/ 形, 名 話 やぶにらみ[斜視]の(人); 目の弱い(人).

bigot, ote /bigo, ɔt/ 形, 名 信心[迷信]に凝り固まった(人).

bigoterie /bigɔtri/ 女 偏狭な信心, 狂信.

bigoudi /bigudi/ 男 『美容』カールクリップ.

bigre /bigr/ 間投 ちえっ, 畜生, わあ(怒り, 驚き, 感嘆).

bigrement /bigrəmɑ̃/ 副 ひどく, すごく. ▶ Il fait *bigrement* chaud! すごく暑い.

bihebdomadaire /biɛbdɔmadɛ:r/ 形 週2回の. ▶ un journal régional *bihebdomadaire* 週2回発行の地方新聞.

*:**bijou** /biʒu/ ビジュー/-; 《複》**x** 男 ❶ 宝石; (指輪, ネックレス, ブローチなどの)装身具. ▶ faux *bijou* 模造宝石, イミテーション / boîte à *bijoux* 宝石箱, アクセサリー入れ / *bijou* de fantaisie ファッションアクセサリー / *bijou* de portable 携帯電話のストラップ. ❷ 珠玉の作品. ▶ un *bijou* de voiture 意匠を凝らした見事な車. ❸ 話 感じのいい人; (特に)愛らしい子供. ▶ mon (petit) *bijou*《愛情表現で》ねえ, 君, あなた.

bijouterie /biʒutri/ 女 ❶ 宝石店, 装身具店, 貴金属店. ❷《集合的に》宝石類, アクセサリー. ▶ *bijouterie* d'or 金製宝飾品.

bijoutier, ère /biʒutje, ɛ:r/ 名 宝石商, 宝石[貴金属]細工師.《同格的に》un ouvrier *bijoutier* 宝石加工職人.

bikini /bikini/ 男 ビキニ(型水着).

bilan /bilɑ̃/ 男 ❶ (企業などの)貸借対照表, バランスシート. ▶ dresser [établir] le *bilan* 貸借対照表を作成する; 決算をまとめる / déposer son *bilan* 破産を申し立てる / dépôt de *bilan* 破産申し立て. ❷ (情勢などの)総決算, 総括; 現状. ▶ faire le *bilan* de qc …の総決算をする. ❸ (災害, 事故などの)被害状況, 死傷者数. ▶ Le *bilan* fait état de dix morts. 事故[災害]状況は死者10人となっている. ❹ 『医学』*bilan* de santé 健康診断, 人間ドック.

bilatéral, ale /bilateral/;《男複》**aux** /o/ 形 ❶ 両側の, 両側にわたる. ▶ stationnement *bilatéral* (道の)両側駐車. ❷ 双方の; 2国間の; 『法律』双務的な. ▶ accord *bilatéral* 2国間協定 / contrat *bilatéral* 双務契約.
── **bilatérale** 女 『音声』両側音.

bilatéralité /bilateralite/ 女 相互[両面]性.

bilboquet /bilbɔkɛ/ 男 ❶ 剣玉. ▶ jouer au *bilboquet* 剣玉遊びをする. ❷ 起き上がりこぼし.

bile /bil/ 女 ❶〘医学〙胆汁. ▶ *bile* noire 古 黒胆汁(中世医学で憂鬱(ゆう)や陰気の元になると考えられていた). ❷ 不機嫌, いらだち; 怒り. ▶ épancher sa *bile* 怒りをぶちまける / échauffer la *bile* de qn …を怒らせる / se faire de la *bile* 気をもむ, やきもきする.

bileux, euse /bilø, ø:z/ 形 話 苦労[心配]性の.

biliaire /biljɛ:r/ 形〘医学〙胆汁の. ▶ vésicule *biliaire* 胆嚢(たんのう)/ calculs *biliaires* 胆石.

bilieux, euse /biljø, ø:z/ 形 ❶ 胆汁の; 胆汁過多の. ▶ un teint *bilieux* 黄色っぽい顔. ❷ 怒りっぽい, 気難しい. ▶ un tempérament *bilieux* 胆汁質, 怒りっぽい気質.
— 名 怒りっぽい人, 胆汁質の人.

bilingue /bilɛ̃:g/ 形 2か国語の, 2か国語を話す, バイリンガルの. ▶ une édition *bilingue* 対訳版 / une secrétaire *bilingue* 2か国語を操る秘書.
— 名 2か国語を(自由に)話す人, バイリンガル.

bilinguisme /bilɛ̃gɥism/ 男 2言語併用.

billard /bija:r/ 男 ❶ ビリヤード, 玉突き; 玉突き台; 玉突き室, 玉突き場. ▶ queue de *billard* 玉突きのキュー / boule [bille] de *billard* ビリヤードの球 / faire un (petit) *billard* 話 玉突きを一勝負する / *billard* électrique ピンボール. ❷ 話 手術台. ▶ monter [passer] sur le *billard* 手術を受ける. ❸ 話 (走りやすい)広く平坦(へいたん)な道.
C'est du billard. 話 いともたやすいことだ.

bille /bij/ 女 ❶(ビリヤード, ルーレットなどの)球. ❷ ビー玉;《複数で》ビー玉遊び. ▶ jouer aux *billes* ビー玉遊びをする. ❸(金属の)球, 鋼球. ▶ stylo à *bille* ボールペン. ❹ 話 顔, 面. ▶ *bille* de billard (ビリヤードの球 →)はげ頭 / *bille* de clown おどけた顔 / Il a une bonne *bille*. 彼は親しみの持てる顔をしている.
bille en tête 話 大胆に; 率直に.
compter ses billes 話 収支計算をする; 締まり屋ぶりを発揮する.
défendre ses billes 話 損をしないようにする, 利益を確保する.
placer ses billes 有利な立場に立つ.
reprendre [***retirer***] ***ses billes*** (事業などから)手を引く.
toucher sa bille …に精通している. ▶ Il *touche sa bille* en mécanique. 彼はメカに強い.

****billet** /bijɛ ビエ/ 男 ❶ **切符, 券.** ▶ prendre [retenir] un *billet* 切符を買う[予約する] / *billet* de train 列車の切符 / *billet* d'avion 航空券 / *billet* de cinéma 映画の入場券 / *billet* de faveur 招待券, 優待券 / *billet* de quai (駅の)入場券 / *billet* de loterie 宝くじ券 / *billet* d'aller retour 往復切符 / *billet* circulaire 周遊券. ❷ **銀行券, 紙幣, 札** (=*billet* de banque). ▶ *billet* de cent euros 100ユーロ札 / faux *billet* 偽札 / le *billet* vert ドル(紙幣) / payer en *billets* 札で払う. 比較 ⇨ ARGENT. ❸ 手形. ▶ faire un *billet* sur qn …に手形を振り出す / *billet* à ordre 約束手形 / *billet* au porteur 持参人払い手形. ❹(略式の)短い手紙, 通知状, メッセージ. ▶ *billet* 「de naissance [de mariage] 出産[結婚]通知状 / *billet* de faire-part (慶弔)通知状. ❺ 証明書. ▶ *billet* de santé 健康証明書, 検疫証明書. ❻ 話 10フラン; 旧1000フラン.
donner [***ficher, foutre***] ***à qn son billet*** 「***de qc*** [***que*** + 直説法] 話 …に…を請け合う, 太鼓判を押す.

比較 **切符**
billet 劇場などの入場券および列車, 飛行機などの切符. **ticket** 地下鉄やバスの切符. 「入場券」の意味では使わない.

billetterie /bijɛtri/ 女 ❶ 切符の販売業務; 切符売り場, プレイガイド. ❷ 現金自動支払い機.

billion /biljɔ̃/ 男 1兆. 注 以前はほとんど使われず, 5兆ユーロは 5000 milliards d'euros のようにいっていたが, 最近は徐々に使われるようになった.

billon /bijɔ̃/ 男 ❶〘農業〙畝(うね). ❷ 原木, 丸太. ❸ 補助貨幣銅貨.

bimane /biman/ 形, 名 2つの手がある(動物).

bimbeloterie /bɛ̃blɔtri/ 女 ❶ 雑貨[小間物, 玩具(がんぐ)]の製造販売. ❷《集合的に》雑貨, 小間物; 玩具.

bimensuel, le /bimɑ̃sɥɛl/ 形 月2回の.

bimestriel, le /bimɛstrijɛl/ 形 2か月ごとの, 隔月の.

bimoteur /bimɔtœ:r/ 形《男性形のみ》双発の.
— 男 双発機 (=avion bimoteur).

binaire /binɛ:r/ 形 2つの要素から成る, 二元的な. ▶ numération *binaire* 2進法 / rythme *binaire*〘音楽〙2拍子系.

binette /binɛt/ 女 俗 つら, 顔.

bing /biŋ/ 間投 ガチャン(ガラスなどの割れる音).

biniou /binju/ 男〘音楽〙ビニウ: ブルターニュ地方の小型バグパイプ.

binoclard, arde /binɔkla:r, ard/ 形, 名 話 めがねをかけている(人).

binocle /binɔkl/ 男 ❶ 鼻めがね. ❷《複数で》話 めがね.

binoculaire /binɔkylɛ:r/ 形 両眼用の, 双眼用の. ▶ télescope *binoculaire* 双眼鏡.

binôme /bino:m/ 男 ❶〘数学〙2項式. ❷ 2人組, コンビ.

binz /bins/ 男 話 ❶ 面倒なこと, やっかいなこと. ❷ 混乱, 乱雑なこと.

bio /bjo/ 男 ❶(biographie の略)伝記, 経歴. ❷(produit biologique の略)自然食品. ▶ marché du *bio* 自然食品市場.
— 形(biologique の略)《不変》有機栽培の, 無農薬栽培の, 自然食品の. ▶ produits *bio* 自然食品 / manger *bio* 自然食品を食べる.

bio- 接頭「生命, 生物, 生体」の意.

biocarburant /bjokarbyrɑ̃/ 男 バイオ燃料.

biochimie /bjɔʃimi/ 女 生化学.

biochimique /bjɔʃimik/ 形 生化学の.

biodégradable /bjɔdegradabl/ 形 生分解性の.

biodégradation /bjodegradasjɔ̃/ 女 生分解性.

biodiesel /bjodjezɛl/ 男 バイオディーゼル燃料.

biodiversité /bjodivɛrsite/ 女 生命の多様性.

bioénergie /bjɔenɛrʒi/ 女 生体エネルギー.

bioéthanol /bjoetanɔl/ 男 バイオエタノール.

bioéthique /bjɔetik/ 女 生命倫理学, バイオエシ

biographe /bjɔgraf/ 名 伝記作者.

***biographie** /bjɔgrafi/ ビオグラフィ 女 伝記.

biographique /bjɔgrafik/ 形 伝記の. ▶ étude *biographique* 伝記研究 / dictionnaire *biographique* 人名辞典.

bio-industrie /bjoɛ̃dystri/ 女 バイオインダストリー, 生命工学産業.

bio-informatique /bjoɛ̃fɔrmatik/ 女 形 生命情報科学(の).

***biologie** /bjɔlɔʒi/ ビオロジ 女 生物学. ▶ *biologie* moléculaire 分子生物学.

***biologique** /bjɔlɔʒik/ ビオロジック 形 ❶ 生物学の, 生物の. ▶ arme *biologique* 生物兵器 / guerre *biologique* 生物戦争 / mère [père] *biologique* 血のつながった母［父］/ horloge *biologique* 体内時計. ❷ 有機の. ▶ culture *biologique* 有機栽培 / produits *biologiques* 有機作物 / alimentation *biologique* 有機食品.

biologiste /bjɔlɔʒist/ 名 生物学者.

biomasse /bjɔmas/ 女【生態学】バイオマス, 生物量:ある地域内の動植物の総量.

biomatériau /bjɔmaterjo/; (複) **x** 男【医学】(人工臓器用の)生体適合材料.

biométrie /bjɔmetri/ 女 生体認証.

biométrique /bjɔmetrik/ 形 生体認証の.

biomoléculaire /bjɔmolekylɛːr/ 形 分子生物学の. ▶ génie *biomoléculaire* 分子生物工学.

bionique /bjɔnik/ 女 生体工学, バイオニクス.

biophysique /bjɔfizik/ 女 生物物理学.

biopsie /bjɔpsi/ 女【医学】生検, バイオプシー:顕微鏡検査のために生体組織の一部を採取すること.

biopuce /bjɔpys/ 女 バイオチップ, 生体素子.

bioréacteur /bjɔreaktœːr/ 男 バイオリアクター.

biorythme /bjɔritm/ 男 バイオリズム.

biosciences /bjɔsjɑ̃ːs/ 女複 生命科学.

biosécurité /bjɔsekyrite/ 女 バイオセキュリティ.

biotechnologie /bjɔtɛknɔlɔʒi/ 女 生物工学, バイオテクノロジー.

biotechnologique /bjɔtɛknɔlɔʒik/ 形 生物工学の, バイオテクノロジーの.

bioterrorisme /bjɔterɔrism/ 男 バイオテロリズム.

biovigilance /bjɔviʒilɑ̃ːs/ 女 ❶ バイオ製品［農法］の安全性チェック. ❷【医学】(治療に用いる)生体組織の安全検査(装置).

bip /bip/ 男 ❶ ピーという音. ▶ Laissez votre message après le *bip* sonore. ピーという音の後にメッセージを残してください. ❷ ピーという音を出す装置.

biparti, e /biparti/ , **bipartite** /bipartit/ 形 2つの要素から成る, 2つの部分から成る, 2つに分かれた. ▶ un accord *biparti* 2党間協定.

bipartisme /bipartism/ 男 二党制, 二大政党制.

bipartition /bipartisjɔ̃/ 女 (細胞, 原子核などが)2つに分かれること, 分裂.

bip-bip /bipbip/ 男 ピーピーという音(無線機などの連続する信号音).

bipède /bipɛd/ 形 2本足の. ── 男 二足動物; 話 人間.

biplan /biplɑ̃/ 男【航空】複葉機.

bipolaire /bipɔlɛːr/ 形 二極の.

bipolarisation /bipɔlarizasjɔ̃/ 女 (政治勢力の)二極化, 二分化, 両極化.

bipolarité /bipɔlarite/ 女 両極性, 二極性.

bique /bik/ 女 話 雌ヤギ.

biquet, ette /bikɛ, ɛt/ 名 話 子ヤギ. ▶ mon *biquet* // ma *biquette* // (呼びかけで)ねえ君.

birbe /birb/ 男 話 (軽蔑して) vieux *birbe* (時代遅れの理屈っぽい中年男, 老人を指して)老いぼれ.

biréacteur /bireaktœːr/ 男 双発ジェット機.

birman, ane /birmɑ̃, an/ 形 ビルマ［ミャンマー］ Birmanie の.
── **Birman, ane** 名 ビルマ［ミャンマー］人.

Birmanie /birmani/ 固有 女 ビルマ(現在ミャンマー国). ▶ en *Birmanie* ビルマに［で, へ］.

bis[1] /bis/ 男 アンコール. ▶《間投詞的に》*Bis*! *bis*! アンコール, アンコール.
── 副 (番号, 番地, 条項などで)…の2. ▶ habiter au (numéro) 10 [dix] *bis* de la rue du Bac バック通り10番地の2に住む.

bis[2] **, bise** /bi, biːz/ 形 灰褐色の. ▶ pain *bis* (麩(ふすま)入りの)ブラウンブレッド.

bis- 接頭「2, 2重, 2回」を表わす(⇨ BI-).

bisaïeul, e /bizajœl/ 名 文章 曾(ひい)祖父［母］.

bisannuel, le /bizanɥɛl/ 形 ❶ 2年ごとの, 1年おきの. ❷【植物学】2年生の, 越年性の.

bisbille /bisbij/ 女 話 ちょっとした喧嘩(けんか), 仲違い. ▶ être en *bisbille* avec qn つまらないことで…と仲違いしている.

biscornu, e /biskɔrny/ 形 ❶ でこぼこした, 不格好な. ▶ un chapeau *biscornu* 形の崩れた帽子. ❷ 話 とっぴな, 奇妙な.

biscotte /biskɔt/ 女 ビスコット, ラスク:オーブンできつね色に焼いた薄切りパン.

***biscuit** /biskɥi/ ビスキュイ 男 ❶ ビスケット, クッキー; スポンジケーキ. ▶ *biscuit* à la cuiller フィンガービスケット / *biscuits* salés クラッカー / *biscuit* de Savoie スポンジケーキ. ❷ (保存用の)乾パン, 堅パン. ❸【陶芸】素焼き(の陶磁器).

s'embarquer [partir] sans biscuit 話 きちんと準備せずに事を始める.

biscuiterie /biskɥitri/ 女 ビスケット製造(業); ビスケット製造工場.

bise[1] /biːz/ 女 寒風, 北風. 比較 ⇨ VENT.

bise[2] /biːz/ 女 話 (頬(ほほ)にする軽い)キス. 比較 ⇨ EMBRASSER.

Bonjour, ça va?

頬へのキス

「頬へのキス」の親密度

人に出会ったときや別れる際のボディランゲージの基本は, 日本では「お辞儀」で, フランスでは「握手」が一般的である. 男同士, 女同士, 男と

女, どの組み合わせでも「握手」(se serrer la main) が最も一般的で, 初対面では必ず《Bonjour. Enchanté(e).》と言って手を差し出すのが礼儀である. ところで「握手」は一般だけに親密さには欠けている. 家族同士や親しさが増した友人同士では, 頬をすり合わせたり, 頬にキスし合い, これを bise という. 男同士では家族や特に親しい間柄の場合, しかも久しぶりの再会や長い別れのときに限られるが, 男女間や女同士では極めて日常的である. bise は「握手」より一歩進んだ親愛の表現ではあるが, 間違っても恋愛感情だと思ってはならない.

biseau /bizo:/ 〖複〗 **x** 男 ❶ (ガラス, 金属などの) 面取り (加工); 面取りした縁. ❷ (刃が斜めの) の.
biseautage /bizota:ʒ/ 男 面取り.
biseauter /bizote/ 他動 ❶ …(の縁)を斜めに切る, 面取りする. ▶ *biseauter* un diamant ダイヤモンドをカットする. ❷〖カード〗〔いかさま用カード〕の端をわずかに断ち落として細工する.
bisexualité /biseksyalite/ 女 ❶ 両性具有; 雌雄同体〔同称〕. ❷ 両性愛.
bisexué, e /biseksue/ 形 両性具有の; 両性の.
bisexuel, le /biseksuɛl/ 形 名 両性愛の(人).
bismuth /bismyt/ 男〖化学〗ビスマス, 蒼鉛(ﾂﾅ).
bison /biz3/ 男〖動物〗バイソン.
bisontin, ine /biz3tɛ̃, in/ 形 ブザンソン Besançon の. — **Bisontin, ine** 名 ブザンソンの人.
bisou /bizu/ 男 幼児語 キス.
bisque /bisk/ 女〖料理〗ビスク: エビ, カニなどを殻ごと裏ごしにしたポタージュ.
bisquer /biske/ 自動 話 くやしがる, 不機嫌になる. ▶ faire *bisquer* qn …をくやしがらせる / *Bisque, bisque,* rage! やあい, やあい, 怒れ〔子供が相手をばかにするときの表現〕.
bissecteur, trice /bisɛktœ:r, tris/ 形〖数学〗2等分する. — **bissectrice** 女 2等分線.
bisser /bise/ 他動 ❶ …に〔の〕アンコールを求める. ▶ *bisser* le pianiste ピアニストにアンコールを求める. ❷ (アンコールにこたえて)…を演奏する.
bissextile /bisɛkstil/ 形 année *bissextile* 閏(ﾀﾞ)年.
bistouri /bisturi/ 男 (外科用の)メス. ▶ donner un coup de *bistouri* メスを入れる.
bistre /bistr/ 男 濃褐色. — 形〖不変〗濃褐色の.
bistré, e /bistre/ 形 濃褐色の.
bistro(t) /bistro/ 男 ❶ ビストロ, 居酒屋; 安価な小レストラン. ❷ style *bistro(t)* ビストロスタイル: 20世紀初頭のビストロ独特の食器や家具類のスタイル.
bistrotier, ère /bistrotje, jɛ:r/ 名 カフェ経営者.
bit /bit/ 男 (英語)〖情報〗ビット: 情報量の単位.
bitter /bitɛ:r/ 男 (食前酒として飲む) 苦味酒.
bitture /bity:r/ 女 俗 酔い, 酩酊(ﾒﾃ).
à toute bitture 全速力で.
prendre une bitture 酔っ払う.
se bitturer /s(ə)bityre/ 代動 俗 酔っ払う.
bitumage /bityma:ʒ/ 男 アスファルト舗装.
bitume /bitym/ 男 ❶ アスファルト (=asphalte).
❷〖美術〗ビチューム: 暗褐色の絵の具.
bitumer /bityme/ 他動 …をアスファルトで舗装する.
bitumineux, euse /bityminø, ø:z/, **bitumeux, euse** /bitymø, ø:z/ 形 アスファルト混合物の.
biture /bity:r/ 女 ⇨ BITTURE.
se biturer /s(ə)bityre/ 代動 ⇨ SE BITTURER.
bivalve /bivalv/ 形 二枚貝の.
— **bivalves** 男複 二枚貝類.
bivouac /bivwak/ 男 ❶ 野営, 露営; 野宿;〖登山〗ビバーク. ❷ 野営地.
bivouaquer /bivwake/ 自動 野営する; 野宿する;〖登山〗ビバークする.
*****bizarre** /biza:r/ 形 奇妙な, 風変わりな.
▶ un vêtement *bizarre* 変な服 / J'ai fait un rêve *bizarre.* 変な夢を見た / Il ne m'écrit pas, c'est *bizarre.* 彼は私に手紙をくれない, どうもおかしい.

> 比較 **奇妙な, 変な**
> **bizarre** 通常の形や様子から逸脱していること. 「奇妙な」の意味で最も普通に用いられる. **étrange**「謎(ﾅｿﾞ)めいた」というニュアンスが加わる. **singulier** 比較を絶してユニークなこと. **curieux** 好奇心, 関心をかき立てるものについている. **drôle de** 名詞 くだけた表現. **insolite** (改まった表現) 上記のいずれのものより意味が強く, 常識からひどく逸脱していること. **extravagant** さらに意味が強い.

bizarrement /bizarmɑ̃/ 副 奇妙に, 変に; 不可解なことに.
bizarrerie /bizarri/ 女 奇妙, 風変わり, 特異; 奇行. ▶ La *bizarrerie* de son attitude nous donne des soupçons. 彼(女)の奇妙な態度が我々に疑惑を抱かせる.
bizarroïde /bizarɔid/ 形 妙ちきりんな.
bizutage /bizyta:ʒ/ 男〖学生〗(歓迎の儀式として)新入生にいたずらを仕掛けること.
bizuter /bizyte/ 他動〖学生〗〔新入生〕にいたずらを仕掛ける.
bizut(h) /bizy/ 男 ❶〖学生〗(グランドゼコールおよびその予備クラスの) 新入生, 1年生. ❷ 話 新人, 新米, 初心者.
blablabla /blablabla/, **blabla** /blabla/ 男〖単複同形〗話 (内容のない)おしゃべり, 駄弁. ▶ faire du *blablabla* 駄弁を弄(ﾖﾛ)する.
black /blak/ 名 形 (英語) 黒人(の).
black-blanc-beur /blakblɑ̃bœ:r/ 形 白人と黒人とアラブ系の.
blackboulage /blakbula:ʒ/ 男 落選〔落第〕させること; 落選, 落第.
blackbouler /blakbule/ 他動 話 …に反対投票する; を落選させる; 落第させる. 注 英語 blackball から.
black-out /blakaut/ 男〖単複同形〗(英語) ❶ 灯火管制; 停電. ❷ 報道管制, 箝口(ｶﾝｺｳ)令. ▶ faire le *black-out* sur un scandale〔政府, 報道機関が〕汚職事件について口を閉ざす.
blafard, arde /blafa:r, ard/ 形 青白い; ほの暗い. ▶ teint *blafard* 青白い顔色.
blague¹ /blag/ 女 話 ❶ うそ, でたらめ; 冗談. ▶

raconter des *blagues* でたらめ[冗談]を言う / C'est de la *blague*! まさか；冗談じゃないよ / Sans *blague(s)*! 冗談じゃない；本当かい / prendre tout à la *blague* 何事も本気に考えない、すべてを冗談に取る. ❷ いたずら、悪ふざけ. ❸ 軽率な失敗、へま.

blague à part = ***blague dans le coin*** 話 冗談は抜きにして.

blague² /blag/ 囡 (布や革製の)たばこ入れ.

blaguer /blage/ 自動 でたらめを言う、ほらを吹く；冗談を言う. ▶ Tu *blagues*! 冗談はよせ.
— 他動 …をからかう、冷やかす.

blagueur, euse /blagœːr, øːz/ 形, 名 話 でたらめを言う(人)、冗談好きな(人).

blair /blɛːr/ 男 俗 鼻；顔.

blaireau /blɛro/ (複) **x** 男 ❶ アナグマ. ❷ (アナグマの毛で作った)ひげそり用ブラシ；絵筆. ❸ 話 間抜け.

blairer /blere/ 他動 話 《多く疑問文や否定的表現で》…を好む. ▶ Je ne peux pas le *blairer*. あいつは鼻持ちならん.

blâmable /blɑmabl/ 形 非難に値する.

blâme /blɑːm/ 男 ❶ 非難、叱責(しっせき)、とがめ. ▶ 「s'attirer [encourir] le *blâme* de qn …からの非難を招く / jeter un *blâme* sur qn …に非難を浴びせる. ❷ 譴責(けんせき)、戒告. ▶ infliger un *blâme* à un fonctionnaire ある役人を戒告処分にする.

***blâmer** /blɑme/ 他動 ❶ …を非難する. ▶ *blâmer* les défauts des autres 他人の欠点をとがめる. ◆ *blâmer* qn de [pour] qc // *blâmer* qn de + 不定詞 …を…で非難する. ▶ *blâmer* un enfant pour sa maladresse 不手ぎわをしたことで子供をしかる / Il *a blâmé* son fils d'avoir mal travaillé. 彼は勉強をおろそかにしたと息子をしかった. ❷ …を譴責(けんせき)する、戒告処分にする.
— **se blâmer** 代動 ❶ 自分を責める、気がとがめる. ❷ 非難し合う.

***blanc, blanche** /blɑ̃, blɑ̃ːʃ/ ブラン、ブラーンシュ/ 形

| 男性単数 blanc | 女性単数 blanche |
| 男性複数 blancs | 女性複数 blanches |

英仏そっくり語
英 blank 空白、白紙.
仏 blanc 白、白い.

❶ 白い. ▶ cheveux *blancs* 白髪 / drapeau *blanc* (休戦、降伏の)白旗；(安全運転宣言の印で車に掲げる)白旗 / produits *blancs* 白物家電 / la Maison *Blanche* ホワイトハウス；アメリカ政府 / livre *blanc* 白書.
❷ 白っぽい、淡色の、無色の. ▶ vin *blanc* 白ワイン / viande *blanche* 白身の肉(子牛、鶏など) / sauce *blanche* ホワイトソース / une arme *blanche* 刀剣 (↔ une arme à feu).
❸ 白人の. ▶ la race *blanche* 白色人種.
❹ 白髪の. ▶ Il était tout *blanc* à trente ans. 30ですでに彼は頭が真っ白だった.
❺ 蒼白(そうはく)の、青ざめた. ▶ piquer une colère *blanche* (顔面さざめるほど)怒る、激怒する / Il est devenu tout *blanc* de peur [colère]. 彼は恐怖[怒り]で顔面蒼白になった / Vous êtes tout *blanc*. Vous ne vous sentez pas bien? 顔が真っ青ですけど、気分が悪いんですか.
❻ 何も書かれていない、白紙の. ▶ une page *blanche* 真っ白なページ / bulletin (de vote) *blanc* 白票 / rendre (une) copie *blanche* (試験を)白紙で出す. ❼ 実効のない；あるべきものがない、何もない. ▶ une voix *blanche* 抑揚のない[平板な]声 / vers *blanc* 無韻詩. ❽ 汚れのない、罪のない. ▶ drap *blanc* 清潔なシーツ / salle *blanche* クリーンルーム / avoir les mains *blanches* 手を汚していない、罪を犯していない / Il n'est pas *blanc*. 彼にはやましいところがある. ❾ 話 日焼けしてない.

blanc comme neige (雪のように白い→)清廉潔白である.

blanc comme un linge (シーツのように白い→)非常に青白い、血の気のうせた.

carré [rectangle] blanc 白い四角：フランスのテレビで成人向けであることを示すマーク.

donner carte blanche à qn …に白紙委任する.

examen blanc 模擬試験.

mariage blanc 性交渉のない結婚.

nuit blanche (1) (極地の)白夜. (2) 徹夜. ▶ passer des *nuits blanches* à travailler 何日も徹夜で仕事をする.

plus blanc que blanc 白より白く(洗剤の宣伝文句から).

— 名 《多く Blanc》白人.
— **blanc** 男 ❶ 白、白色. ▶ un *blanc* éclatant 輝くような白 / un *blanc* immaculé 純白 / un *blanc* cassé 少しくすんだ白. ❷ 白い衣服；家庭用リンネル製品(下着、シーツ、タオル、布巾(ふきん)など). ▶ être vêtu de *blanc* 白い服を着ている / Il ne porte que du *blanc*. 彼は白い服しか着ない. ❸ 白ワイン. ▶ un petit *blanc* sec 辛口でおいしいワイン / *blanc* de *blanc*(s) 白ブドウだけから作った白ワイン[シャンパン]. ❹ 白いもの；白い部分. / *blanc* de Chine 白磁 / *blanc* d'œuf 卵白 / *blanc* de poulet 若鶏のささ身[胸肉]. ❺ 白色顔料[塗料]. ▶ une porte passée au *blanc* 白く塗られたドア.
❻ (原稿、印刷物の)余白；(会話、議論の最中の)途切れ、沈黙；空白の時間；【情報】空白、ブランク.
❼ 【農業】うどん粉病.

à blanc (1) 白く、白くなるまで. ▶ Il a gelé *à blanc*. 畑に霜が降りた. (2) 空(から)の. ▶ tir *à blanc* 空包射撃.

aller [changer, passer] du blanc au noir 極端から極端へと走る；がらりと意見を変える.

chauffer qc/qn à blanc …を白熱させる；熱狂させる. ▶ un métal *chauffé à blanc* 白熱した金属.

de but en blanc 突然、いきなり、単刀直入に.

dire tantôt blanc tantôt noir 矛盾したことを言う、言を左右にする、くるくる意見を変える.

en blanc (1) 白色の[に]. ▶ un mur peint *en blanc* 白塗りの壁. (2) 白い服の[に]. "se mettre [s'habiller] *en blanc* 白い服を着る. (3) 未記入[無記名]の[で]. ▶ faire [signer] un chèque

en blanc 持参人払いの小切手を切る / une procuration *en blanc* 白紙委任状.
noir sur blanc 明らかに, 反論の余地なく. ▶ C'est écrit *noir sur blanc*. それはちゃんと明記されている.
regarder qn dans le blanc des yeux …を真正面からじっと見据える.
rougir jusqu'au blanc des yeux（恥ずかしさで）赤面する, 真っ赤になる.
── **blanche** 囡 ❶ 俗 ヘロイン. ❷〖音楽〗二分音符. ❸ 白人女性.
── **blanc** 副 白く. ▶ Il gèle *blanc*. 霜が降りる / voter *blanc* 白票を投じる / Ça lave très *blanc*, cette lessive. この洗剤はとてもよく落ちる.

blanc-bec /blɑ̃bɛk/; 《複》**~s-~s** 男 《ふざけて》青二才, くちばしの黄色いやつ. 文章
blanchâtre /blɑ̃ʃɑ:tr/ 形 白みがかった.
blanche /blɑ̃ʃ/ blanc の女性形.
blancheur /blɑ̃ʃœ:r/ 囡 白さ, 白色.
blanchiment /blɑ̃ʃimɑ̃/ 男 ❶（壁などの）白塗り. ❷ 漂白. ❸（麻薬などで不正に得た金を金融機関を通して）浄化すること, マネーロンダリング.
blanchir /blɑ̃ʃi:r/ 他動 ❶ …を白くする, 漂白する, 白く塗る. ▶ *blanchir* les dents 歯を白くする / *blanchir* le sucre 砂糖を精製する / L'âge a *blanchi* ses cheveux. 年のせいで彼（女）の髪は白くなった. ❷ …を洗濯する;〔人〕の衣類を洗う. ▶ *blanchir* des draps シーツを洗濯する / un étudiant pensionnaire nourri et *blanchi* 賄いと洗濯つきの下宿に住んでいる学生. ❸〔野菜, 肉など〕を湯がく, 湯通しする. ❹ …の無罪を証明する, 嫌疑を晴らす. ❺ 資金洗浄する, マネーロンダリングする. ▶ *blanchir* l'argent de la drogue ドラッグの金をマネーロンダリングする.
── 自動 ❶ 白くなる. ▶ Le jour [L'aube] *blanchit*. 夜が白々と明ける. ❷ 白髪になる; 老いる.
blanchir sous le harnais 軍職に身を置いて年老いる; その道一筋に年輪を重ねる.
── **se blanchir** 代動 ❶（自分の）嫌疑［汚名］を晴らす. ❷（自分の衣服などに）白いものをつける. ▶ *se blanchir* en se frottant à un mur 壁に擦れて服に白いものをつける.
blanchissage /blɑ̃ʃisaːʒ/ 男 洗濯, クリーニング. ▶ envoyer du linge au *blanchissage* 洗濯物をクリーニングに出す.
blanchissant, ante /blɑ̃ʃisɑ̃, ɑ̃:t/ 形 ❶ 白くする. ▶ produit *blanchissant* 漂白剤. ❷ 白くなる, 白みを帯びる. ▶ une aube *blanchissante* 白みかけた夜明け.
blanchissement /blɑ̃ʃismɑ̃/ 男 白くなること.
blanchisserie /blɑ̃ʃisri/ 囡 クリーニング店; クリーニング業.
*****blanchisseur, euse** /blɑ̃ʃisœːr, øːz/ ブランシスール, ブランシスーズ/ 名 クリーニング店主.
blanc-seing /blɑ̃sɛ̃/;《複》**~s-~s** 男 白紙証書（への署名）.
donner un blanc-seing à qn …に全権を委任する, 白紙委任する.
blanquette /blɑ̃kɛt/ 囡 ❶ ブランケット: ラングドック地方の発泡性白ワイン. ❷ 子羊［子牛, 鶏］のクリーム煮, ブランケット. ▶ *blanquette* de veau à l'ancienne 昔風の子牛のブランケット.

blasé, e /blɑze/ 形 無感動な, 冷めきった. ▶ Je suis *blasé* de ce genre de film. この種の映画にはうんざりしている. ── 名 無感動な人, 冷めきった人. ▶ faire le *blasé* 無感動を装う.
blaser /blɑze/ 他動 ＜*blaser* qn (de qc)＞（…に）無感動にする, 飽きさせる. ▶ Cette vie luxueuse l'*a blasé* de tout. この贅沢三昧（ざんまい）の生活で彼はすべてに新鮮味を感じなくなってしまった. ── **se blaser** 代動 ＜*se blaser* (de qc /不定詞)＞（…に）無感動になる, 飽きがくる, 嫌になる.
blason /blɑzɔ̃/ 男 紋章; 紋章学, 紋章研究.
redorer son blason〔貴族が〕（資産家の娘と結婚して）家を再興する.
blasonner /blɑzɔne/ 他動〔紋章〕を描く;（紋章学に従って）〔紋章〕の図柄を説明する.
blasphémateur, trice /blasfematœːr, tris/ 名 冒瀆（ぼうとく）者, 不敬の徒. ── 形 冒瀆的な.
blasphématoire /blasfematwaːr/ 形 冒瀆（ぼうとく）的な, 不敬の.
blasphème /blasfɛm/ 男 冒瀆（ぼうとく）的表現; 不敬な言葉. ▶ proférer des *blasphèmes* 冒瀆の言葉を口にする.
blasphémer /blasfeme/ 6 自動 ＜*blasphémer* (contre qn/qc)＞（…に対し）冒瀆（ぼうとく）の言葉を吐く, 侮辱する, 嘲（あざけ）る.
── 他動 文章 …を冒瀆する, ののしる, 侮辱する, 嘲弄する.
blatte /blat/ 囡 ゴキブリ.
blazer /blazœːr/ 男《英語》ブレザー（コート）.
:blé /ble/ ブレ/ 男 ❶ 小麦（の穀粒）. ▶ semer du *blé* 小麦をまく / battre le [du] *blé* 小麦を脱穀する / un champ de *blé* 小麦畑. ❷ 穀物, 穀類. ▶ *blé* noir ソバ, ソバムギ (=sarrasin) / *blé* de Turquie トウモロコシ. ❸ 陰 金（かね）.
blé en herbe (1)（まだ穂の出ていない）青い麦 (=*blé* vert). (2) 新人, 若者.
blond comme les blés 見事な金髪である.
manger son blé en herbe（青い麦を食べる →）収入を見越して金を使う.
bled /blɛd/ 男 ❶ 話 僻地（へきち）, 片田舎, 寒村. ❷（北アフリカの）内陸部, 奥地.
Blédina /bledina/ 商標 ブレディナ: ベビーフードのブランド名.
blème /blɛm/ 男 (problème の省略) 問題.
blême /blɛm/ 形 ❶（顔色が）青白い, 青ざめた. ❷〔光が〕ほのかな.
blêmir /blemiːr/ 自動 青白くなる. ▶ *blêmir* de rage 激怒のあまり蒼白（そうはく）になる.
── 他動《おもに過去分詞形で》…を青白くする. ▶ un visage *blêmi* 青ざめた顔.
blêmissement /blemismɑ̃/ 男 青ざめること.
blennorragie /blenɔraʒi/ 囡〖医学〗膿漏（のうろう）症.
bléser /bleze/ 6 自動 歯音不全の発音をする: /ʃ/ を /s/ で, /ʒ/ を /z/ で発音すること.
blessant, ante /blesɑ̃, ɑ̃:t/ 形 感情を害する, 侮辱的な; 不愉快な. ▶ dire des choses *blessantes* 人を傷つけることを言う.
blessé, e /blese/ 形 傷ついた, けがをした. ▶ être *blessé* à la tête 頭に負傷している / griève-

ment *blessé* 重傷の.
── 名 負傷者, けが人. ▶ L'accident a fait un mort et trois *blessés*. その事故は死者1名, 負傷者3名を出した.

*blesser /blese ブレセ/ 他動 ❶ …を負傷させる. ▶ *blesser* qn légèrement [grièvement] …に軽傷[重傷]を負わせる / *blesser* qn mortellement [à mort] …に致命傷を与える. ❷ 〔靴などが〕…に痛みを与える. ▶ Ces souliers neufs me *blessent* le talon. この新しい靴はかかとが痛い. ❸ …に不快感を与える. ▶ des bruits qui *blessent* l'oreille 耳障りな音. ❹ …を(精神的に)傷つける, 不愉快な目に遭わせる. ▶ *blesser* qn au vif …の心をひどく傷つける. ❺ 文章 〔規則, 良識などに〕背く, 反する;〔利益など〕を害する.
── **se blesser** 代動 ❶ 負傷する. ▶ Il s'est *blessé* (à) la tête en tombant. 彼は転んで頭にけがをした(注 à がないとき se は間接目的). ❷ (精神的に)傷つく, 不愉快に思う.

*blessure /blesy:r ブレスュール/ 女 ❶ 傷, けが. ▶ *blessure* grave [mortelle] 重傷[致命傷] / *blessure* légère [superficielle] 軽傷[かすり傷] / soigner une *blessure* 傷の手当てをする / recevoir une *blessure* 負傷する / guérir de ses *blessures* 傷が治る. ❷ (精神的な)傷, 痛手. ▶ Ça a été pour lui une *blessure* d'amour-propre. それで彼は自尊心を傷つけられた.

blet, blette /blɛ, blɛt/ 形 〔果物が〕熟れすぎた, 過熟した.

blette /blɛt/ 女 ⇨ BETTE.

blettir /bleti:r/ 自動 〔果物が〕熟しすぎる.

*bleu, bleue /blø ブルー/ 形
❶ 青い. ▶ un ciel *bleu* 青空 / écrire à l'encre *bleue* 青インキで書く / une blonde aux yeux *bleus* 青い目の金髪女性 / la grande *bleue* 地中海 / une barbe *bleue* (青く光って見えるほど)真っ黒なひげ. 注 名詞または形容詞とともに複合形容詞として用いられる場合, 性数は不変(例: des yeux *bleu* vert 青緑色の目). ❷ 青ざめた; 青あざができた. ▶ Il était *bleu* de froid. 彼は寒さで青い顔をしていた / Son coup de poing m'a laissé une trace *bleue* autour de l'œil. 彼(女)に殴られて目の周りに青いくまができた. ❸ maladie *bleue* 青色(症)病: チアノーゼを呈する先天性の疾患. ❹ zone *bleue* 駐車時間制限区域. ❺ 〔ステーキが〕ブルーの. 注 レア saignant より生焼けのもの.
(*en*) *être* [*rester*] *bleu* (驚いて)あっけに取られる, びっくり仰天する.
peur bleue (顔色が真っ青になるほどの)激しい恐怖. ▶ J'ai eu une *peur bleue*. 身の毛がよだつほど恐ろしかった.
sang bleu 文章 高貴な血筋.
── 名 話 新入り, 新入社員, 新入生, 新兵, 初心者. ▶ Tu me prends pour un *bleu* ! 新米あつかいするな.
── **bleu** 男 ❶ 青, 青色. ▶ *bleu* clair 明るいブルー / *bleu* foncé 濃い青 / *bleu* noir ブルーブラック / *bleu* ciel スカイブルー. ❷ 作業服. ▶ porter un *bleu* de travail 青い作業服を着る / mettre ses *bleus* 仕事着を着る. ❸ 青色塗料[染料];(洗濯に用い, 白さを引き立てる)蛍光染料. ▶ acheter un *bleu* de cobalt コバルトブルーの絵の具を買う. ❹ 話 (打撲による)青あざ. ▶ se faire un *bleu* 青あざをこしらえる. ❺ ブルーチーズ. ▶ *bleu* d'Auvergne オーベルニュ地方産のブルーチーズ. ❻ gros *bleu* 安物の赤ワイン. ❼ les *Bleus* サッカーなどのフランスチーム(ユニフォームの色から). ▶ Allez les *Bleus* ! フランスがんばれ.
au bleu (魚を)クールブイヨンで煮た, 酢を加えてゆで煮した.
grand bleu グランブルー, 海の神秘的青さ(映画のタイトルから).
n'y voir que du bleu さっぱりわけが分からない, 理解できない.
passer qc au bleu 話 (不正に)…を隠す, なくす, くすねる;〔職務など〕を忘れる, 怠る

bleuâtre /bløa:tr/ 形 青みがかった.

bleuet /bløɛ/, **bluet** /blyɛ/ 男 【植物】ヤグルマギク(矢車菊).

bleuir /bløi:r/ 他動 …を青くする, 青く見せる. ▶ Le froid lui *bleuit* le visage. 寒さで彼(女)の顔は紫色になっている.
── 自動 青くなる, 青みがかる.

bleusaille /bløza:j/ 女 話 【軍隊】(集合的に)新兵.

bleuté, e /bløte/ 形 薄く青みをつけた; 薄青い.

blindage /blɛ̃da:ʒ/ 男 ❶ (車両, 艦艇などの)装甲; 装甲板. ❷ 遮蔽(しゃへい)(物), シールド.

blindé, e /blɛ̃de/ 形 ❶ 装甲化した, 機甲化した; 鋼板で補強された. ▶ porte *blindée* 防犯扉, 補強ドア. ❷ 話 <*blindé* (contre qc)> (…に対して)強くなった, 免疫になった. ❸ 話 酔っぱらった.
── **blindé** 男 装甲車両.

blinder /blɛ̃de/ 他動 ❶ 〔車両, 艦艇など〕を装甲化する;〔扉など〕を鋼板で覆う. ❷ …を遮蔽(しゃへい)する. ❸ 話 …を図太くする, 免疫にする.
── **se blinder** 代動 話 <*se blinder* contre qc> …に対して強くなる, 免疫になる.

blizzard /bliza:r/ 男 (米語)(北米または極地の)ブリザード, 雪あらし.

*bloc /blɔk ブロック/ 男 ❶ 塊. ▶ un *bloc* de marbre 大理石塊 / briser un *bloc* en morceaux 塊を砕く. ❷ (1枚ずつはぎ取れる)紙のつづり;(特に)メモ帳 (=bloc-notes). ▶ un *bloc* de papier à lettres 1冊の便箋(びんせん) / un *bloc* de bureau デスクパッド, メモ用箋. ❸ ユニット, 一式;(建物の)一群, ブロック. ▶ *bloc*-bains ユニットバス / *bloc* opératoire 外科手術用ブロック(場所と器材一式) / des *blocs* d'immeubles semblables 同じような建物[マンション]の並ぶ数区画. ❹ (政治・経済面での)連合, グループ, ブロック. ▶ le *Bloc* des gauches 左翼連合 / *bloc* monétaire 通貨圏. ❺ (分割できない)総体. ▶ Ces éléments forment un *bloc*. これらの要素は1つのまとまりを成す. ❻ <un *bloc* de + 無冠詞複数名詞> 多量の…. ▶ un *bloc* de propositions 提案の山. ❼ 俗 刑務所, 留置場. ❽ 【土木】ブロック;(特に)コンクリートブロック (=*bloc* en béton).
à bloc 完全に, 最大限に. ▶ fermer un robinet *à bloc* 蛇口をしっかり締める / être *à bloc* 忍

blocage

耐の限界である，もう我慢できない / être gonflé à bloc 〖話〗活気に満ちている，自信たっぷりである / travailler à bloc 〖話〗目いっぱい働く．

en bloc 一まとめにして，全体で，大ざっぱに． ▶ acheter qc *en bloc* …をまとめ買いする / démissionner *en bloc* 総辞職する．

faire bloc 団結［結束］する，強固に連合する． ▶ faire bloc avec qn …と連帯する，手を結ぶ / faire bloc contre qn/qc …に対して結束する．

(tout) d'un bloc 全体で． ▶ Elle se retourna *tout d'un bloc*. 彼女は体ごと後ろを振り向いた．

blocage /blɔka:ʒ/ 男 ❶〔物価，賃金などの〕凍結． ▶ *blocage* des prix 物価凍結．❷ 停止，固定，締め付け． ▶ le *blocage* des freins ブレーキロック．❸〔無意識の〕拒絶反応．❹〔基礎などに用いる〕砕石，割りぐり，煉瓦(がも)片．

bloc-cuisine /blɔkkɥizin/;《複》〜**s**-〜**s** 男 ユニットキッチン．

bloc-eau /blɔko/;《複》〜**s**-〜**x** 男 水洗ユニット.

blockhaus /blɔko:s/ 男〔ドイツ語〕トーチカ；装甲舎．

bloc-moteur /blɔkmɔtœ:r/;《複》〜**s**-〜**s** 男『自動車』パワーユニット，パワープラント.

bloc-notes /blɔknɔt/;《複》〜**s**-〜 男（1枚ずつはぎ取れる）メモ用ノート；パッド，（用紙）．

blocus /blɔkys/ 男 封鎖，包囲；経済封鎖（=*blocus* économique）． ▶ faire le *blocus* d'un port ある港を封鎖する / *blocus* continental 大陸封鎖．

blog /blɔg/ 男〔英語〕ブログ．

blogosphère /blɔgosfɛ:r/ 女 ブログ圏（ブログを行う人たちにより構成される空間）．

bloguer /blɔge/ 自動 ブログを配信する．

blogueur, euse /blɔgœ:r, ø:z/ 名 ブログを配信する人．

Blois /blwa/ 固有 ブロワ：Loir-et-Cher 県の県庁所在地．

*blond, blonde /blɔ̃, blɔ̃:d/ ブロン，ブロンド/ 形 ❶ ブロンドの，金髪の． ▶ être *blond* = avoir les cheveux *blonds* ブロンドの髪をしている．❷ 淡い黄色の．

  les chères têtes blondes 〖話〗幼い子供たち．

  ―名 ブロンドの髪の人，金髪の人．

  ― **blond** 男 ブロンド色． ▶ *blond* doré 黄金色 / cheveux d'un *blond* filasse 白っぽいブロンドの髪．― **blonde** 女 ❶ 淡色ビール，ラガービール（=bière blonde）．❷ 黄色の発酵させていない（刻み）たばこ，バージニアたばこ（=tabac blond）．

blondasse /blɔ̃das/ 形, 名 あせたブロンドの髪の(人).

blondeur /blɔ̃dœ:r/ 女 金髪の輝き．

blondin, ine /blɔ̃dɛ̃, in/ 形, 名 ブロンドの髪をした(子供〔青年，娘〕).

blondinet, ette /blɔ̃dinɛ, ɛt/ 形, 名 ブロンドの髪の(子供)．

blondir /blɔ̃di:r/ 自動 ブロンド［黄金色］になる． ▶ Elle *blondit* au soleil. 日の光を受けると彼女の髪は黄金色に輝く / faire *blondir* des oignons タマネギをきつね色になるまでいためる．

  ―他動〔髪〕をブロンドに染める．

  ― **se blondir** 代動 *se blondir* les cheveux 髪をブロンドに染める．注 se は間接目的．

bloqué, e /blɔke/ 形 ❶ 動けない，動かない，ロックされた． ▶ un camion *bloqué* dans une rue étroite 狭い通りで立ち往生したトラック．❷〔資産，物価などが〕凍結された．❸〔事態，交渉などが〕行き詰まった．❹〖話〗（心理的に）どうしていいか分からない，拒否反応を示す．

bloquer /blɔke/ 他動 ❶ …を動けなくする，拘束する；固定する，締める． ▶ *bloquer* la porte 戸を開かなくする / *bloquer* un écrou ナットを締める / *bloquer* qn contre le mur …を壁に押しつける．❷〔道路，町など〕を封鎖する；〔通行〕を止める． ▶ La route *est bloquée* par des travaux. (↔débloquer) 工事のため道路は通行止めだ / Nous avons été bloqués dans un embouteillage. 交通渋滞のため足どめをくらった．❸ …を停止させる，妨げる． ▶ *bloquer* les négociations 交渉を止める．❹〔取引〕を停止する；〔資産，賃金，物価など〕を凍結する． ▶ *bloquer* un compte en banque 銀行口座を封鎖する / *bloquer* les prix 物価を凍結する．❺〖話〗…をどうしていいか分からなくさせる．L'idée de mon départ l'a *bloqué*. 私が出発すると考えただけで彼は途方に暮れてしまった．❻ …を1つにまとめる． ▶ *bloquer* tous ses cours sur un mois まとめて1か月の集中講義を行う．❼〔ボール〕をブロックする．

  ― **se bloquer** 代動 ❶ 動かなくなる，停止する．❷ 行き詰まる．❸ 拒絶反応を示す．

se blottir /s(ə)blɔti:r/ 代動 縮こまる，丸くなる；身を寄せる，隠れる． ▶ *se blottir* dans son lit ベッドの中で丸くなる / *se blottir* contre qn …に身をすり寄せる．

blousant, ante /bluzɑ̃, ɑ̃:t/ 形 ブラウジングした，膨らみを持たせた．

*blouse /blu:z/ ブルーズ／ 女 ❶ 仕事着，作業服，上っ張り． ▶ *blouse* blanche (医師や科学者の)白衣 / les *blouses* blanches (集合的に)科学者，医師 / *blouse* grise (小学生の)スモック．❷ ブラウス．

blouser¹ /bluze/ 自動 ギャザーで身ごろが膨らんでいる，ブラウジングされている．

blouser² /bluze/ 他動 〖話〗…をたぶらかす，ひっかける．― **se blouser** 代動 〖話〗間違える，考え違いをする．

blouson /bluzɔ̃/ 男 ジャンパー，ブルゾン． ▶ *blouson* de cuir 革ジャンパー．

  blouson noir (黒の革ジャンパーを着た)不良．

blue-jean /bludʒin/ 男《米語》ジーンズ，ジーパン，ブルージーン．注 jean と略す．

blues /blu:z/ 男《米語》ブルース．

bluet /blyɛ/ 女 文章 ⇨ BLEUET.

bluette /blyɛt/ 女 文章 軽妙な小品．

bluff /blœf/ 男《米語》こけおどし，はったり，空いばり． ▶ faire du *bluff* はったりを利かす；(ポーカーで)ブラフをする．

bluffer /blœfe/ 自動 はったりを利かす，虚勢を張る；(ポーカーで)ブラフをする．

  ―他動 …にはったりをかける；をだます．

bluffeur, euse /blœfœ:r, ø:z/ 名, 形 はったり屋(の)，ほら吹き(の)．

blutage /blytaːʒ/ 男 篩(ふるい)分け.

bluter /blyte/ 他動 …を篩(ふる)に掛ける；〔粉砕した穀物を〕篩い分ける.

BN[1] 女《略語》Bibliothèque nationale（パリの）国立図書館. 注 1994年に Bibliothèque nationale de France となる.

BN[2] 商標 ベーエヌ：ビスケットのブランド名

BNP 女《略語》Banque nationale de Paris パリ国立銀行. 注 1999年に Paribas（パリバ銀行）と合併して BNP Paribas となった.

BO 女《略語》Bande originale（映画の）サントラ盤.

boa /boa/ 男 ❶《動物》ボア：南米産の無毒の大蛇. ❷《服飾》ボア：羽毛, 毛皮などの細長い女性用襟巻き.

bob /bɔb/ 男 (bobsleigh の略) ボブスレー.

bobard /bɔbaːr/ 男 話 虚報, うそ, デマ. ▶ raconter des *bobards* でたらめを言う.

bobèche /bɔbɛʃ/ 女 (燭台(しょくだい)の) 蠟(ろう)受け皿；蠟受け.

Bobigny /bɔbiɲi/ 固有 ボビニー：Seine-Saint-Denis 県の県庁所在地.

bobinage /bɔbinaːʒ/ 男 (糸, フィルムなどの) 巻き取り.

bobine /bɔbin/ 女 ❶ (糸, フィルムなどを巻きつける) 巻き枠, ボビン, リール, ロール, スプール. ▶ enrouler du fil sur une *bobine* 糸巻きに糸を巻く. ❷ (エンジンの) 点火コイル. ❸ 話 (おかしな) 顔；顔つき, 表情.

bobiner /bɔbine/ 他動 …を(巻き枠に)巻き取る, 巻き戻す.

bobo[1] /bobo/ 男 幼児語／話 痛み, かすり傷. ▶ avoir *bobo* (à la gorge) (喉(のど)が)痛い／Ça te fait *bobo*? 痛いの？

bobo[2] /bobo/ 名《略語》bourgeois bohème ブルジョアボヘミアン（ボヘミアン志向のニューリッチ層）.

bobonne /bɔbɔn/ 女 話 おまえ(夫から妻への愛称)；(軽蔑して)(すっかり所帯じみた)かみさん, 古女房.

bobsleigh /bɔbslɛ(g)/ 男《米語》《スポーツ》ボブスレー.

bocage /bɔkaːʒ/ 男 ❶《地理》ボカージュ, (境界林による) 囲い地の地帯：畑地, 牧草地, 農家の境界などを生け垣や林で区切った風景. フランス西部に見られる. ❷ 文章 小さな森；木陰.

bocager, ère /bɔkaʒe, ɛːr/ 形 ボカージュの, 囲い地の.

bocal /bɔkal/；(複) **aux** /o/ 男 広口瓶, つぼ. *agité du bocal* 俗 興奮した人, 舞い上がった人.

bock /bɔk/ 男 生ビールのグラス, 小ジョッキ(約250cc 入り).

body /bɔdi/；(複) **bodys, bodies** 男 ボディスーツ.

*bœuf /bœf ブフ/；(複) **bœufs** /bø ブ/ (f は発音せず) 男

英仏そっくり語
英 beef 牛肉.
仏 bœuf 牛, 牛肉.

❶ 牛；(特に)去勢牛. 注 狭義には雌牛は vache, 子牛は veau, 雄牛で去勢していないものは taureau, 去勢牛は bœuf という. ▶ un troupeau de *bœufs* 牛の群れ／*bœuf* de labour [trait] 役用牛／*bœuf* de boucherie 肉牛／Le *bœuf* mugit [meugle, beugle]. 牛はモーと鳴く(注 擬声語は meuch) ／*bœuf* sauvage 野牛.
❷《料理》牛肉. 注 子牛の肉は veau. ▶ *bœuf* grillé 網焼きの牛肉／rôti de *bœuf* = *bœuf* rôti ローストビーフ (=rosbif) ／conserve de *bœuf* コンビーフ／langue de *bœuf* 牛タン／*bœuf* bourguignon 牛肉の赤ワイン煮.
❸ 頑健な人；よく働く人；少し鈍い人. ▶ On n'est pas des *bœufs*! おれたちは奴隷ではない.

avoir un bœuf sur la langue 口止め料を握らされて黙っている.

comme un bœuf 牛のように. ▶ fort *comme un bœuf* タフな, 強健な／lourd *comme un bœuf* 鈍重な, のろまな.

faire un bœuf 大成功する.

mettre la charrue avant [devant] les bœufs 物事の順序を逆にする.

── 形《不変》話 すごい, でかい. ▶ un effet *bœuf* すごい効果／un succès *bœuf* 大成功.

bof /bɔf/ 間投 話 ほう, ふうん(無関心, 軽蔑, 懐疑).

bof génération しらけ世代.

bogie /bɔʒi/, **boggie** /bɔgi； bɔ(g)ʒi/ 男《英語》《鉄道》ボギー台車.

bogue[1] /bɔg/ 女 (栗の) いが.

bogue[2] /bɔg/ 男《情報》バグ.

bogué, e /bɔge/ 形 バグのある. ▶ logiciel *bogué* バグのあるソフト.

Bohême /bɔɛm/ 固有 女 ボヘミア：チェコ西部.

bohème /bɔɛm/ 名 ボヘミアン. ▶ mener une vie de *bohème* = vivre en *bohème* 自由奔放な暮らしをする.
── 形 ボヘミアン的な.
── 女 (集合的に) ボヘミアン；(ボヘミアンの) 自由気ままな生活.

bohémien, enne /bɔemjɛ̃, ɛn/ 形 ❶ ボヘミア Bohême の. ❷ ジプシーの.
── 名 ❶ (Bohémien) ボヘミア人. ❷ ジプシー. ❸ 話 浮浪者.

*boire[1] /bwaːr ボワール/ 86 他動

過去分詞 bu	現在分詞 buvant
直説法現在 je bois	nous buvons
tu bois	vous buvez
il boit	ils boivent
複合過去 j'ai bu	半過去 je buvais
単純未来 je boirai	単純過去 je bus
接続法現在 je boive	

❶ ❶ …を飲む. ▶ *boire* de l'eau 水を飲む／*boire* une tasse de thé 紅茶を 1 杯飲む／Voulez-vous *boire* quelque chose? 何かお飲みになりますか.

❷ 〔液体を〕吸う, 吸い込む. ▶ Ce buvard *boit* bien l'encre. この吸い取り紙はインクをよく吸う／(目的語なし) du papier qui *boit* インクの文字がにじむ紙.

❸ …を受ける, 受け入れる. ▶ *boire*「la lumière

boire

[de l'air] 光をいっぱいに浴びる [空気を思いきり吸い込む] / *boire* une injure 文語 侮辱を耐え忍ぶ.

❷《目的語なしに》❶ 飲み物を飲む;《特に》酒を飲む. ▶ Donnez-moi à *boire*. 飲み物をください / *boire* à petits coups ちびちび飲む / *boire* à grands traits がぶがぶ飲む / *boire* dans un verre グラスで飲む / *boire* à la bouteille らっぱ飲みする / Il *a bu*, c'est évident. 彼は明らかにアルコールが入っている.

❷ 乾杯する. ▶ Nous allons *boire* à votre santé. あなた(方)の健康を祝して乾杯しましょう.

boire sec 大酒を飲む.

boire les paroles de qn …の言葉に聞きほれる.

faire boire〔塩辛い物が〕喉(2)を渇かせる.

Il y a à boire et à manger. (1)(スープなどに)澱(½)[かす]が混じっている. (2) 一長一短がある, 玉石混交だ; すっきりしない.

Qui a bu boira. 諺 悪い癖は決して直らない.

— ***se boire*** 代動 <*se boire* + 形容詞[手段]>〔飲み物が〕…で飲まれるべきである. ▶ Le vin rouge *se boit* chambré ou frais. 赤ワインは室温で, もしくは冷やして飲む.

飲みに誘うときのしぐさ

boire² /bwaːr/ 男 話 en perdre [oublier] le *boire* et le manger (仕事や心配事のために)寝食を忘れる.

* **bois**¹ /bwa/ 男 ボワ

❶ 森, 林. ▶ le *bois* de Boulogne ブローニュの森 / aller se promener dans les *bois* 森へ散歩に行く / *bois* domaniaux 国有林 / Robin des *Bois* ロビンフッド.

❷ 木材, 材木; 木. ▶ *bois* d'œuvre 用材 / pièce de *bois* 木材 / scier du *bois* 木を(のこぎりで)切る / *bois* mort 枯れ木. ◆ de [en] *bois* 木製の, 木造の. ▶ meubles en *bois* 木製の家具 / jambe de *bois* 義足.

❸ 木製の部分;《特に》柄, 取っ手. ▶ un *bois* de lit ベッドの木枠 / le *bois* d'une pioche つるはしの柄.

❹ 薪(ホツ), たきぎ. ▶ *bois* de chauffage 薪, たきぎ / charbon de *bois* 木炭 / poêle à *bois* 薪ストーブ / faire [fendre] du *bois* 薪を作る[割る].

❺《版画》木版 (=*bois* gravé); 木版画 (=gravure sur *bois*).

❻《複数で》木管楽器 (=instruments en *bois*).

❼《複数で》鹿(ゼ)の角, 枝角(ホだ) (=*bois* de cerf).

❽《複数で》柱《サッカーなどのゴール(ポスト).

avoir la gueule de bois 二日酔いである, 飲み過ぎで口の中がねばつく.

chèque en bois 不渡り小切手.

être du bois dont on fait les flûtes(性格が)付き合いやすい, 取っ付きやすい.

homme des bois (1) 野蛮人; 田舎者. (2) オランウータン.

langue de bois(政治的宣伝の)硬直した言辞, 決まり文句.

ne pas être de bois 木石(ﾎゼ)ではない, 情がある.

sortir du bois 姿を現わす.

tête de bois 話 頑固者, 石頭.

toucher du bois (1) (小さな失敗のあとで)身近の木でできた物に触れて厄よけをする. (2) チェスをする, チェッカーをする.

visage de bois 冷ややかな顔.

比較 森.
bois《最も一般的》それほど深くない林や森. **forêt** 広く深い森. **bosquet** 憩いの場所として植林された木立, 茂み.

bois² /bwa/ 活用 ⇨ BOIRE¹ 86

boisé, e /bwaze/ 形 森林で覆われた; 植林された.

boisement /bwazmɑ̃/ 男 植林.

boiser /bwaze/ 他動 ❶ …に植林する. ❷〔坑道などに〕坑木[支柱]を当てる.

boiserie /bwazri/ 女(多く複数で)(天井, 壁の)造作; 造作木工事, (建物内の)板張り. ▶ des panneaux de *boiserie* 天井板, 羽目板, 鏡板.

boisseau /bwaso/ 男;《複》✕ ボワソー: かつての穀量の単位. 約12.7リットル.

mettre [laisser, garder] qc sous le boisseau …を秘密にしておく.

***boisson** /bwasɔ̃/ 女 ❶ 飲み物, 飲料. ▶ *boisson* froide [chaude] 冷たい[温かい]飲み物 / *boisson* gazeuse 炭酸飲料 / Et comme *boisson*, que prendrez-vous? ところで飲み物は何にします. ❷ アルコール飲料 (=*boisson* alcoolisée). ▶ débit de *boissons* 酒類販売業者; 酒場 / ruiner sa santé par la *boisson* 酒で健康を害する. ❸ 常習的飲酒. ▶ s'adonner à la *boisson* 酒におぼれる.

être pris de boisson 文語 酔っ払っている.

boit /bwa/ 活用 ⇨ BOIRE¹ 86

***boîte** /bwat/ 女 ボワット

❶ 箱, 缶; ケース. ▶ *boîte* en carton 段ボール箱 / ouvrir une *boîte* 箱[缶]を開ける / mettre qc en *boîte* …を箱[ケース]に入れる; 缶詰にする / *boîte* de conserve 缶詰. ◆ *boîte* à + 無冠詞名詞 …用の箱[缶]. ▶ *boîte* à bijoux (=coffret) 宝石箱 / *boîte* à ordures ごみ箱 (=poubelle) / *boîte* à outils 道具箱, ツールボックス. ◆ *boîte* de + 無冠詞名詞 …の入った箱[缶]. ▶ *boîte* d'allumettes マッチ箱 / *boîte* de sardines イワシの缶詰.

❷ 郵便ポスト; 郵便受け (=*boîte* à [aux] lettres). ▶ *boîte* postale 私書箱(略 BP) / mettre une lettre dans [à] la *boîte* 手紙を投函(ﾄｳ)する / *boîte* à [aux] lettres électroniques 電子メールボックス.

❸ 話 ナイトクラブ, キャバレー (=*boîte* de nuit). ▶ *boîte* de jazz ジャズクラブ / faire plusieurs *boîtes* キャバレーのはしごをする.

❹ 話 職場; 家. ▶ travailler dans une bonne [sale] *boîte* いい[ひどい]職場で働く / quitter sa *boîte* 勤め先を辞める. 比較 ⇨ ENTREPRISE.

❺〖学生〗リセ (=lycée); 学校. ▶ *boîte* à bachot [bac]〖軽蔑して〗(バカロレア受験のための)予備校 / aller en *boîte* 学校に通う.
❻〖解剖〗頭蓋(ﾂﾞ)(=crâne). ❼〖自動車〗*boîte* de vitesses ギアボックス, トランスミッション.
boîte à idées (会社などの)投書箱, 提案箱.
boîte à malice [*surprise*] (1) びっくり箱. (2) 陰謀術策, 手練手管.
boîte à musique オルゴール.
boîte à ouvrage 裁縫箱.
boîte noire ブラックボックス.
Boucle [*Ferme*] *ta boîte.* 話 黙れ.
mettre qn en boîte 話 …をばかにする, からかう.
mise en boîte 話 冷やかし, あざけり, からかい.
servir de boîte à [*aux*] *lettres* (郵便ポストの役を果たす →) (1) 文通の仲立ちをする. (2) レポ[連絡員]として働く.

boiter /bwate/ 自動 ❶ 足が不自由である, 足をひきずる; 〖馬が〗跛行(ﾞ)する. ▶ *boiter* du pied droit 右足が不自由である / *boiter* bas 足がひどく不自由である / marcher en *boitant* 足を引きずって歩く. ❷ 不安定である, ぐらつく. ▶ Cette chaise *boite.* この椅子(ﾞ)はぐらぐらしている / un raisonnement qui *boite* 首尾一貫しない議論.

boiterie /bwatri/ 女 足の不自由さ, 跛行(ﾞ).

boiteux, euse /bwatø, ø:z/ 形 ❶ 足が不自由な. ❷ 不安定な, しっかりしない. ▶ une table *boiteuse* 座りの悪いテーブル / une explication *boiteuse* ぎこちない説明 / une union *boiteuse* 不釣り合いな結婚. — 名 足の不自由な人.

boîtier /bwatje/ 男 収納箱, ケース. ▶ *boîtier* de chirurgie 外科器具分類箱 / *boîtier* d'appareil photo (カメラの)ボディー / *boîtier* de montre (腕時計の)側(ﾞ).

boitiller /bwatije/ 自動 軽く足を引きずって歩く.

boit-sans-soif /bwasɑ̃swaf/ 名〖不変〗話 酔っ払い, 大酒飲み.

boive, boivent, boives /bwaːv/ 活用 ⇨ BOIRE[1] 86

bol /bɔl/ 男 ❶ 椀(ﾜﾝ), 鉢, 大きめのカップ. ▶ boire un *bol* de café au lait カフェオレを大きなカップ1杯飲む. ❷ 話 運. ▶ avoir du *bol* 運がよい / Pas de *bol*! ついてないよ / C'est un coup de *bol.* ついてるね. ❸ 卑 尻(ﾆ), けつ.
en avoir ras le bol = *en avoir son bol* 話 うんざりする (=en avoir assez.)

bolchevik 男 /bɔlʃəvik/, **bolchevique** 名 ❶ ボルシェビキ: レーニン指導のロシア社会民主労働党多数派. ❷ 旧ソビエト共産党員. ❸ 古風〖軽蔑して〗コミュニスト, 共産主義者 (=communiste). — 形 ボルシェビキの; 旧ソビエト共産党の.

bolchevisme /bɔlʃəvism/ 男 ボルシェビズム: 1917年十月革命で実権を握ったロシアの革命的社会民主主義者の政治理論.

boléro /bɔlero/ 男 ボレロ. (1) ウェスト丈より短い前開きのボタンなし上着. (2) 4分の3拍子の軽快なスペイン舞踊とその音楽. (3) ビートの利いた2拍子のキューバの踊りと歌.

bolide /bɔlid/ 男 ❶ 速い車. ❷ 目にも止まらぬパンチ; 不意打ち.

Bolivie /bɔlivi/ 固有 女 ボリビア: 首都 La Paz. ▶ en *Bolivie* ボリビアに [で, へ].
bolivien, enne /bɔlivjɛ̃, ɛn/ 形 ボリビア Bolivie の. — **Bolivien, enne** 名 ボリビア人.

Bologne /bɔlɔɲ/ 固有 女 ボローニャ: イタリアの都市.
bolonais, aise /bɔlɔnɛ, ɛːz/ 形 ボローニャ Bologne の.
— **Bolonais, aise** 名 ボローニャの人.

bombage /bɔ̃baːʒ/ 男 スプレーで落書きすること, スプレーで書いた落書き.

bombance /bɔ̃bɑ̃ːs/ 女 古風 御馳走(ﾁｿｳ), 大宴会. ▶ faire *bombance* 御馳走を食べる, 大供宴を催す.

bombardement /bɔ̃bardəmɑ̃/ 男 ❶ 砲撃, 爆撃. ▶ *bombardement* aérien 空爆 / *bombardement* atomique [*nucléaire*] 原爆[核]攻撃 / avion de *bombardement* 爆撃機 (=bombardier). ❷ 〖花, 紙吹雪などを〗投げつけること, 浴びせること. ❸〖物理〗(原子核の)衝撃; (放射線の)照射.

bombarder /bɔ̃barde/ 他動 ❶ …を爆撃する, 砲撃する. ▶ Les avions *ont bombardé* les usines d'armement. 爆撃機は兵器工場を爆撃した. ❷ <*bombarder* qn de + 無冠詞名詞>…に…をたくさん投げつける, 浴びせる. ▶ *bombarder* qn de cailloux …に投石する / *bombarder* qn de coups de téléphone …を電話攻めにする. ❸ <*bombarder* qn à qc // *bombarder* qn + 属詞>…を突然…に任命する, 抜擢(ﾊﾞｯﾃｷ)する. ▶ On l'*a bombardé* directeur. 彼はいきなり重役に抜擢された. ❹〖物理〗〖原子核〗を衝撃する.

bombardier /bɔ̃bardje/ 男 ❶ 爆撃機. ▶ *bombardier* stratégique 戦略爆撃機 / chasseur *bombardier* 戦闘爆撃機 / *bombardier* d'eau (森林火災などの)消防飛行艇. ❷ (爆撃機の)爆撃手.

*****bombe**[1] /bɔ̃ːb/ ポンプ 女 ❶ 爆弾, 砲弾; 爆発物. ▶ Une *bombe* a explosé. 爆弾が爆発した / attentat à la *bombe* 爆弾テロ / *bombe* atomique 原子爆弾 / *bombe* H 水爆 / *bombe* à retardement 時限爆弾 / *bombe* sale 汚い爆弾(放射性物質を詰めた爆弾) / *bombe* logique 〖情報〗論理爆弾(ウイルスの一種) / lancer [lâcher, larguer] des *bombes* sur un objectif 目標に爆弾を投下する / *bombe* d'artifice 打ち上げ花火 / la *bombe* 核爆弾. ❷ 爆弾発言, 決定的証拠; 衝撃的ニュース, 大スクープ. ❸ (エアゾル式の)スプレー (=aérosol). ▶ *bombe* à [de] laque ヘアスプレー; ラッカースプレー / *bombe* de mousse à raser シェービング・フォーム / déodorant en *bombe* スプレー式デオドラント. ❹〖菓子〗ボンブグラッセ (=*bombe* glacée) = 円錐(ｴﾝｽｲ)形のアイスクリーム.

à toute bombe 話 大急ぎで, 全速で.

comme une bombe 話 突然に, 出し抜けに. ▶ arriver [tomber] *comme une bombe* 不意にやってくる.

faire [*produire*] *l'effet d'une bombe* 話 〖ニュース, 事件などが〗人を驚かせる.

bombe[2] /bɔ̃ːb/ 女 〖faire la *bombe* の略〗話 乱痴気騒ぎ, 大酒盛り. ▶ faire la *bombe* どんちゃん騒ぎをする; 放蕩(ﾎｳﾄｳ)生活を送る.

bombé

bombé, e /bɔ̃be/ 形 凸型の、膨らんだ。▶ un front *bombé* 出っ張った額 / verre *bombé* プランデーグラス.

bombement /bɔ̃bmɑ̃/ 男 凸型、中高;膨らみ、反り。▶ le *bombement* d'un mur 壁の膨らみ.

bomber /bɔ̃be/ 他動 …を凸形[中高]にする;膨らませる、反らせる。▶ *bomber* une chaussée (水はけをよくするため)車道の中央を高くする.

bomber `le torse [la poitrine]` 得意げに胸を反らす、ふんぞり返る.

— 自動 凸形[中高]になる;膨らむ、反る.

bombeur, euse /bɔ̃bœːr; øːz/ 名 スプレーで壁に落書きする人.

:bon, *bonne* /bɔ̃, bɔn/ ボン、ボヌ/

男性単数 bon	女性単数 bonne
男性複数 bons	女性複数 bonnes
優等比較級 meilleur	劣等比較級 moins bon

— 形 よい。▶ un *bon* film 質のいい映画.
<*bon* pour qc/qn/不定詞> …に適した.
おいしい、快適な、愉快な。▶ un *bon* repas おいしい食事
<*bon* à qc/不定詞> …できる.
— **bon** 間投 よし、分かった.
— 副 il fait *bon* …

形 (一般に名詞の前に置かれ、リエゾンの際には非鼻母音化され /bɔn/ と発音される(例: un bon ami /æbɔnami/))

❶ よい、優れた、よくできた。▶ un *bon* élève 出来のよい生徒 / un *bon* film [roman] 質のいい映画[小説] / une *bonne* traduction (=excellent) 立派な翻訳 / Ça, c'est du *bon* travail. これはなかなか立派な仕事だ / Elle est *bonne* en physique.(=fort) 彼女は物理が得意だ.

❷ <*bon* pour [contre] qc // *bon* pour qn/不定詞> …に適した、効果のある。▶ un médicament *bon* pour le foie 肝臓に効く薬 / Il est *bon* pour ce métier. 彼はこの仕事に向いている / Je reste encore une semaine au Japon. C'est une *bonne* occasion pour voir un peu le pays. まだ1週間日本にいますので、あちこち見るいい機会だ.

❸ 正しい、適切な。▶ s'exprimer en *bon* français (=correct) 正しいフランス語で話す[書く] / Le compte est *bon*. 計算は合っている / C'est la *bonne* direction pour la gare? 駅に行くにはこの方向でいいですか.

❹ 有効な、通用する。▶ Mon ticket n'est plus *bon*.(=valable) 私の切符はもう使えない.

❺ 好ましい、申し分のない、(機能的に)満足のいく。▶ une *bonne* nouvelle 朗報、吉報 / faire une *bonne* affaire うまい取引[商売]をする / avoir une *bonne* vue 目がいい.

❻ おいしい;気持ちいい、快適な、愉快な。▶ C'est *bon*. おいしい⇨ 成句 / un *bon* repas おいしい食事 / une *bonne* odeur いいにおい / passer de *bonnes* vacances 快適なバカンスを過ごす.

❼ かなりの、相当の、たっぷりの。▶ un *bon* nombre de voyageurs かなりの数の旅行者 / attraper une *bonne* grippe ひどいインフルエンザにかかる / attendre une *bonne* heure たっぷり1時間待つ / Il y a trois *bons* kilomètres pour aller à la gare. 駅まで行くには3キロは十分にある / pour une *bonne* part (=large) 大部分は.

❽ 《ときに名詞のあとで》寛大な、親切な、優しい;友好的な。▶ de *bonnes* paroles 親切な言葉 / un homme *bon* et généreux 優しくて心の広い人 / cette *bonne* Louise あの優しいルイーズ / Il est *bon* avec tout le monde. 彼はだれに対しても親切だ.

❾ 話 お人よしの、単純な。▶ Tu es bien *bon* de te laisser faire comme ça.(=simple) そんなことをされて何も言わないなんて、君もずいぶんお人よしだね.

❿ 《祈願、祝意などを示して》よき…。▶ *Bon* voyage! よい御旅行を / *Bonne* année! よいお年を / *Bon* anniversaire! 誕生日おめでとう.

⓫ <*bon* à qc/不定詞> …できる;する方がいい、…すべき。▶ La soupe est *bonne* à jeter. そのスープは捨てた方がいい / Toute vérité n'est pas *bonne* à dire. 真実ならば何を言ってもいいというものではない / C'est *bon* à savoir. それは知っておいて損はない.

⓬ 話 <*bon* pour qc/不定詞> (面倒なこと、厄介事などを)逃れられない、避けられない。▶ Si tu te gares ici, tu es *bon* pour la contravention! ここに駐車すると罰金は避けられないよ.

⓭ 《呼びかけで》mon *bon* monsieur (男性に対して)失礼ですが / ma *bonne* dame 奥様.

⓮ (テニス、卓球で)[ボールが]インの、アウトでない.

A quoi bon (+ 不定詞/qc)? (…が)何の役に立つのか。▶ *A quoi bon* travailler? 働いたって何になる / *A quoi bon* tous ces efforts? こんなに努力していったいどうなるんだ.

avoir tout bon 話 満足である.

C'est bon! 《同意、無関心、妥協などを示して》よし、分かった、もういい.

C'est bon pour ce que tu as. それは今の君に必要だ.

C'est toujours bon à prendre. ばかにしたものではない.

C'est tout bon. 話 ばっちりだ、完璧.

comme bon vous semble あなたの勝手に、好きなように。話 vous は各人称に変化させて用いる.

Elle est bien bonne, celle-là. 話 それはおかしな[信じられないような]話だ.

en avoir de bonnes 話 ふざけた話をする、冗談を言う。▶ Vous *en avez de bonnes*. 御冗談でしょう、ばかをおっしゃい.

Il est bon `de + 不定詞 [que + 接続法]`. …が望ましい、…すべきである。▶ *Il est bon de* lui écrire pour lui expliquer la situation. 事情を説明するために彼(女)に手紙を書くのが賢明だ.

Tout lui est bon. 彼(女)はなんでも受け入れる;なんであれ彼(女)の役に立つ.

trouver [***croire, juger***] ***bon*** `de + 不定詞 [que + 接続法]` …が望ましい[…すべきである]と

思う. ▶ Il *a trouvé bon de* partir avant le coucher du soleil. 日が暮れる前に出かけた方がいいと彼は思った.

une bonne fois 一度は，1回だけ，これを最後に.
—❶《多く男性複数で》善人. ▶ les *bons* et les méchants 善人と悪人. ❷ «un *bon* [une *bonne*] à rien 無能な人, 役立たず. ❸ 話「mon *bon* [ma *bonne*]《呼びかけで》ねえ, 君, あなた.
— **bonne** 囡 話 おもしろい話, 愉快な話 (=histoire bonne). ▶ en raconter une bien *bonne* おかしな話をする.

avoir qn à la bonne …に好意[敬意]を抱く.

prendre qc à la bonne …をよい方にとる, 楽観視する.

— **bon** 間投 話《同意, 確認, 結論などを示して》よし, 分かった, それでいい. ▶ Ah *bon*! ああそう, ああ本当／ On prend un petit café? *Bon*. Je vais faire chauffer de l'eau. コーヒーでも飲もうか. よし, それじゃ, 私はお湯をわかすよ.

—副《次の句で》

Il fait bon.（ちょうどよい気温で）気持ちがいい.

Il fait bon + 不定詞 …するのは楽しい. ▶ *Il fait bon* vivre à la campagne. 田舎暮らしは快適だ.

◆***Il ne fait pas bon*** + 不定詞 …するのは危ない, 不快である.

pour (tout) de bon 本当に, 本気で. ▶ Cette fois-ci, je me suis mis en colère *pour de bon*. 今度という今度は僕は本当に怒った.

sentir bon いいにおいがする. ▶ Ça sent *bon*. いにおいがする.

tenir bon 持ちこたえる, 耐え抜く.

—男 ❶ いい面, 長所; おもしろみ, 妙味. ▶ Il y a du *bon* et du mauvais chez lui. 彼にはいい面もあれば悪い面もある. ❷ 引き換え券, 証書, 証券, 証書. ▶ *bon* de caisse（企業, 銀行などの）債券／ *bon* du Trésor（短期）国債／ *bon* de commande 注文書／ *bon* de livraison 納品書.

bonapartisme /bɔnapartism/ 男 ボナパルト主義：ナポレオン1世・3世の統治形態, およびそれを支持する立場.

bonapartiste /bɔnapartist/ 形 ボナパルト主義の. —名 ボナパルト主義者.

bonasse /bɔnas/ 形 人がよすぎる, ばか正直な.

***bonbon** /bɔ̃bɔ̃/ ボンボン 男 ボンボン, キャンディー. ▶ *bonbon* anglais ドロップ／ *bonbon* fourré（ゼリー, リキュールなどの）センター入りボンボン／ *bonbon* au chocolat チョコレートボンボン／ sucer un *bonbon* あめ玉をしゃぶる.

bonbonne /bɔ̃bɔn/ 囡（アルコール, 油などを入れる）細口大瓶.

bonbonnière /bɔ̃bɔnjɛːr/ 囡 ❶ ボンボン入れ. ❷ 話 小ぎれいな家, しゃれたアパルトマン.

bond /bɔ̃/ 男 ❶ 跳躍, ジャンプ; バウンド. ▶ faire un *bond* 跳び上がる, 跳ねる／ Le ballon fait plusieurs *bonds*. ボールが何度もバウンドした／ faire un faux *bond* イレギュラーバウンドをする. ❷ 飛躍, 躍進;（物価などの）急騰. ▶ le grand *bond* en avant de l'industrie 工業の大躍進／ Les prix ont fait un *bond* inattendu. 物価が急上昇した.

attraper [prendre] la balle au bond ボールがバウンドしたところを取る; 好機をすかさずつかむ.

d'un (seul) bond 一跳びで, 一挙に. ▶ franchir un obstacle *d'un bond* 一跳びで障害を越える.

faire faux bond à qn …との約束を破る; 面会の約束をすっぽかす.

ne faire qu'un bond 大急ぎで行く. ▶ Il *ne fit qu'un bond* jusqu'à chez lui. 彼は自分の家まで飛んで帰った.

par bonds 跳びはねながら. ▶ avancer [procéder] *par bonds* 跳びはねながら進む〔飛躍的に進歩する〕.

bondage /bɔ̃daːʒ/ 男《サドマゾの》緊縛, ボンデージ.

bonde /bɔ̃ːd/ 囡 ❶（流し, 浴槽の）栓. ❷（樽(たる)の）呑(の)み口(くち); 栓.

bondé, e /bɔ̃de/ 形《*bondé* (de qc/qn)》（…が）ぎっしり詰まった,（…で）いっぱいの. ▶ un train *bondé* (de voyageurs)（乗客で）満員の列車. 比較 ⇨ PLEIN.

bondieuserie /bɔ̃djøzri/ 囡 ❶《複数で》（悪趣味な）祭具. ❷（内実の伴わない）凝り固まった信心.

bondir /bɔ̃diːr/ 自動 ❶（1回, または数回連続して）跳ぶ, 跳ねる, ジャンプする. ▶ Une balle *a bondi*. ボールが飛んできて跳ねた［ポンポンと転がった］／ *bondir* sur le lit ベッドの上でぴょんぴょん跳びはねる. ❷（激しい感情に）跳び上がる,〔胸が〕高鳴る. ▶ *bondir* de surprise [joie] 跳び上がって驚く［喜ぶ］／ Cette réponse m'a fait *bondir*. その返事に私は怒り狂った. ❸（大急ぎで）飛んでいく. ▶ *bondir* au [vers le] téléphone 電話口へ飛んでいく. 間接他動《*bondir* sur qn/qc》…に飛びかかる, 飛びつく. ▶ Le tigre *bondit* sur sa proie. トラは獲物に飛びかかった［飛びかかる］／ *bondir* sur l'occasion チャンスに飛びつく.

bondissement /bɔ̃dismɑ̃/ 男 文章 跳躍, ジャンプ;（胸の）高鳴り,（精神の）高揚.

bondon /bɔ̃dɔ̃/ 男（樽(たる)の）栓.

bon enfant /bɔnɑ̃fɑ̃/ 形《不変》純朴な, 人のよい.

:bonheur /bɔnœːr ボヌール/ 男

❶ 幸福 (↔malheur). ▶ le *bonheur* de vivre 生きることの幸せ／ trouver son *bonheur* dans qc …に幸せを見出す／ C'est un grand *bonheur* pour moi. それは私にとって大きな喜びです／ nager dans le *bonheur* 幸福にひたる／ Quel *bonheur* de te rencontrer! 君に会えるなんて, なんてうれしいんだろう. ❷ 幸運 (↔malchance). ▶ un *bonheur* imprévu 予期せぬ幸運／ avoir du *bonheur* 運がいい, ついている／ jouer de *bonheur*（強運で）成功する. ❸（表現の）見事さ, 巧み. ▶ écrire avec *bonheur* 見事に文章を書く／ Le tigre *bondit* dans son expression. 彼(女)の表現は見事だ.

au petit bonheur (la chance) 運を天に任せて, 行き当たりばったりに (=au hasard). ▶ *Au petit bonheur*! 出たとこ勝負だ.

avoir le bonheur de + 不定詞 幸いにも［幸運にも］…する, …する幸せを得る. ▶ Il *a eu le bon-*

bonhomie

heur de voir son fils réussir. 息子が成功して彼も幸せ者だ / Depuis que j'*ai le bonheur* de vous connaître ... 幸いにも御面識を得まして以来….

faire le bonheur de qn (1) …を幸せにする。(2) 話 …の役に立つ。▶ Si ce bibelot peut *faire* votre *bonheur*, je vous le donne. このがらくたがお役に立つなら差し上げます.

L'argent ne fait pas le bonheur. 諺 金では幸福にはなれない.

Le malheur des uns fait le bonheur des autres. 諺 一方の不幸は他方の幸福.

ne pas connaître son bonheur 話 自分の恵まれた立場に気づいていない.

par bonheur 幸運にも.

porter bonheur (à qn) (…に)幸運をもたらす、つきを呼ぶ.

bonhomie /bɔnɔmi/ 囡 善良さ,親切さ,率直さ,気立てのよさ.

bonhomme /bɔnɔm/ ; 《複》 **bonshommes** /bɔ̃zɔm/ (俗語では **bonhommes**) 男 注 女性形は bonne femme という。❶ 話 人,男,やつ.▶ Maman, y a un *bonhomme* qui veut te parler. ママ,知らないおじさんがお話があるって言ってるよ / C'est un sacré *bonhomme*. 彼はまったくすごいやつだ。❷《親愛感を込めて》坊や。▶ Dis-moi, mon petit *bonhomme*. さあ,坊や,言ってごらん / Allez-y, mes *bonshommes*!(=enfant) さあやってごらん,みんな。❸ (子供などが描(ﾞ)く)人の絵;人の形をした物。▶ *bonhomme* de neige 雪だるま。❹ 俗 夫,亭主;兵卒.

aller [faire, poursuivre] son petit bonhomme de chemin (仕事,事業などを)地道にこつこつと進める.

Nom d'un petit bonhomme! 話 ちぇっ,畜生.

— **bonhomme:**《複》**bonhommes** 形 文章 善良な,お人よしの,素朴な.

boni /bɔni/ 男 ❶ 剰余金;利益,利潤。❷ ボーナス,特別手当.

boniche /bɔniʃ/ 囡 俗《軽蔑して》(若い)女中,下女.

bonification[1] /bɔnifikasjɔ̃/ 囡 改良,改善;向上.▶ la *bonification* de la terre 土地改良.

bonification[2] /bɔnifikasjɔ̃/ 囡 ❶ 価格の割引,リベート。❷ (被雇用者への)報償金,特別手当。❸ (スポーツなどの)アドバンテージ.

bonifier /bɔnifje/ 他動 ❶〔土地,ワインなど〕を改良する。❷〔性格など〕を向上させる,よくする.

— **se bonifier** 代動 改良される;向上する,よくなる.

boniment /bɔnimɑ̃/ 男 (商人,店員の)誇大な宣伝文句,口上;話 でたらめ.

bonimenter /bɔnimɑ̃te/ 自動 口上を並べ立てる;誇大宣伝をする.

bonite /bɔnit/ 囡《魚類》カツオ,ハガツオ.

:bonjour /bɔ̃ʒuːr/ ボンジュール/

❶《日中の挨拶》おはよう(ございます),こんにちは;ただいま,お帰りなさい。注 客と店員・係員の挨拶としても用いられる。▶ *Bonjour*, monsieur [madame]! おはようございます,こんにちは; いらっしゃいませ / Dis *bonjour* à ton grand-père. おじいちゃんに御挨拶(ﾞ)しなさい / Il vous souhaite bien le *bonjour*. 彼からよろしくとのことです / Tu diras [Donne le] *bonjour* aux amis de ma part. みんなによろしく言っといてくれ.

❷ 話〈*bonjour* + 定冠詞 + 名詞〉《皮肉に》結構な…だよ。注 予想に反してひどい目に遭ったときに言う。▶ J'ai trouvé un job, mais alors, *bonjour* la galère! バイトを見つけたけど,それがきついのなんって.

Bien le bonjour. ではまた.

bonjour, bonsoir 話 会えば挨拶するだけの関係(bonjour-bonsoir とも綴る).

C'est simple [facile] comme bonjour. ごく簡単だ,たやすいことだ.

*****bon marché** /bɔ̃marʃe/ ボンマルシェ/ 形《不変》安い,廉価の。注 比較級は meilleur marché という。▶ des articles *bon marché* 安い品物 / Ceux-ci sont bien *meilleur marché* que ceux-là. あちらよりこちらの方がはるかにお買い得です.

— 男《単数形のみ》〈le *bon marché* de qc〉…の安さ。▶ Le *bon marché* de cette étoffe m'a tenté. この生地が安いので買いたくなった.

à bon marché (1) 安く,廉価で;安い,廉価の。▶ fabriquer *à bon marché* 低コストで製造する / édition *à bon marché* 廉価版。(2) 難なく,労せず.

faire bon marché de qc …を軽んじる.

— 副 安く,廉価で(=à bon marché)。▶ acheter [vendre] *bon marché* 安く買う[売る].

bonne[1] /bɔn/ 囡 ❶ (住み込みの)お手伝い,女中(=*bonne* à tout faire)。比較 ◇ DOMESTIQUE.▶ Je ne suis pas ta *bonne*! 私はあなたの女中じゃないのよ。❷ *bonne* d'enfant 子守り(=nurse).

bonne[2] /bɔn/ 形 bon の女性形.

Bonne-Espérance /bɔnɛsperɑ̃ːs/ 固有 cap de *Bonne-Espérance* 喜望峰.

bonne femme /bɔnfam/ ;《複》**bonnes femmes** 囡 注 男性形は bonhomme という。❶ 話 女。▶ une petite *bonne femme* 小さな女の子,お嬢ちゃん / une vieille *bonne femme* おばあさん / une *bonne femme* d'une trentaine d'années 30がらみの女。❷ 俗 女房.

conte [histoire] de bonne femme おとぎ話;まゆつば物の話.

remèdes de bonne femme (効き目の怪しい)民間療法.

bonne-maman /bɔnmamɑ̃/ ;《複》 **~s-~s** 囡 幼児語 おばあちゃん.

bonnement /bɔnmɑ̃/ 副《tout とともに》本当に,実際に,まったく;率直に.

bonnet /bɔnɛ/ 男 ❶ 縁なし帽,頭巾(ﾞ),キャップ。▶ *bonnet* de laine ウールの縁なし帽 / *bonnet* de dentelle レースのボンネット / *bonnet* de bain 水泳帽.

❷《服飾》(ブラジャーの)カップ.

avoir la tête près du bonnet 話 怒りっぽい,かっとなりやすい.

bonnet de nuit (1) (昔,男性がかぶった)ナイトキ

ャップ. (2) 陰気[退屈]な人. ▶ être triste comme un *bonnet de nuit*〔人が〕陰気である, さびしい.

C'est blanc bonnet et bonnet blanc. それはまったく同じことだ.

deux (***trois***) ***têtes sous un*** (***même***) ***bonnet*** いつも同じ意見の2[3]人, 同じ穴のむじな.

gros bonnet 大物, 重要人物, お偉方.

prendre sous son bonnet qc [***de*** + 不定詞] 独断で…をする, …に関して責任を持つ; を思いつく.

se casser le bonnet 頭を使う.

bonneteau /bɔnto/; (複) **x** 男 ❶ 札当てゲーム, スリー・カード・モンテ: 3枚のカードを相手に見せたあと裏返し, あちこち動かして特定の1枚がどれかを当てさせる. ❷ いかさま賭博(ばく).

bonneterie /bɔnɛtri ; bɔntri/ 女 ❶ メリヤス工業[産業]. ❷ メリヤス製品, ニット製品; (メリヤス製品専門の)洋品店.

bonneteur /bɔntœːr/ 男 札当て賭博(ばく)屋, いかさま賭博師.

bonnetier, ère /bɔntje, ɛːr/ 名 メリヤス製品製造[販売]人. — **bonnetière** 女 小だんす.

bonniche /bɔniʃ/ 女 ⇨ BONICHE.

bon-papa /bɔ̃papa/; (複) ～**s**-～**s** 男 幼児語 おじいちゃん.

bonsaï /bɔ̃zaj/ 男 《日本語》盆栽.

bon sens /bɔ̃sɑ̃ːs/ 男 良識, 分別; 常識 (=sens commun). ▶ avoir du *bon sens* 思慮分別がある / un homme de *bon sens* 良識ある人 / gros [robuste] *bon sens* ごくあたりまえの常識 / Un peu de *bon sens*, vous voyez bien que c'est impossible. ちょっと考えれば不可能だと分かるでしょう / Le *bon sens* est la chose du monde la mieux partagée. 良識はこの世でもっとも公平に分け与えられているものである(デカルト).

****bonsoir** /bɔ̃swaːr/ 男

❶《夕刻から寝るまでの間の挨拶》今晩は; さようなら, お休みなさい; ただいま, お帰りなさい. ▶ dire *bonsoir* à qn = souhaiter le *bonsoir* à qn …に(夜の)挨拶(おう)をする, 今晩はを言う / Le *bonsoir* à qn. …によろしくと言ってください / Tiens, *bonsoir* Marie! おやマリー, 今晩は.

❷ 話 おさらばだ, それまでさ. ▶ S'il refuse, *bonsoir*! もし彼が嫌だと言うなら, それまでさ.

***bonté** /bɔ̃te/ 女 ❶ 善良, 優しさ, 思いやり(の心); 親切, 好意. ▶ un sourire plein de *bonté* 善意に満ちたほほえみ / la *bonté* envers qn …に対する親切 / être d'une grande *bonté* とても思いやりがある / traiter [accueillir] qn avec *bonté* …を親切に扱う[迎える] / faire qc par *bonté* 好意から…をする. ◆avoir la *bonté* de 不定詞 親切にも…する. ▶ Il a eu la *bonté* de m'écrire. 彼はわざわざ私に手紙をくれた / Ayez la *bonté* de sortir d'ici. (皮肉に)ここから出ていってもらえませんか. ❷《複数に行為》[態度]. ▶ Merci des *bontés* que vous avez eues pour moi. 御厚意感謝します.

Bonté divine!=Bonté du ciel!=Bonté de Dieu! おや, まさか(強い驚き, 感動).

bonus /bɔnys/ 男 《英語》 ❶ 賞与, ボーナス.

❷ (自動車保険料の)無事故割引.

bonze /bɔ̃ːz/ 男 ❶ (仏教の)坊主, 僧侶(そう). ❷ 話 大御所, お偉がた.

bonzesse /bɔ̃zes/ 女 (仏教の)尼僧; 尼寺.

bookmaker /bukmɛkœːr/ 男《英語》賭けの胴元(book と略す).

boom /bum/ 男《米語》❶ 急上昇, 成長, 発展, ブーム. ▶ le *boom* des exportations 輸出の急伸 / connaître un *boom* 発展する, 急成長する. ❷ 大安売り. ❸《学生》パーティー, コンパ; (グランドゼコールの)学園祭.

en plein boom (1) 急上昇中の, 躍進中の. (2) 話 仕事中の; 勉強中の.

boomerang /bumrɑ̃ːg/ 男《英語》ブーメラン.

faire boomerang = avoir un effet boomerang 〔行為が〕我が身に[我々に]跳ね返る.

booster /bustœːr/ 男《英語》❶ ブースター. ❷ (カーラジオの)アンプ.

boots /buts/ 男複《英語》ブーツ.

boqueteau /bɔkto/; (複) **x** 男 小さな森; 木立, 茂み.

borborygme /bɔrbɔrigm/ 男 ❶《医学》腹鳴(ふく), グル音. ❷ 話 不明瞭(りょう)で分かりにくい言葉; (水などが管の中で立てる)ごぼごぼという音.

***bord** /bɔːr/ 男 ❶ 岸; 道端. ▶ Elle passe ses vacances au *bord* de la mer. 彼女は海岸で休暇を過ごす / En été, les plages de la ville sont envahis de touristes. 夏になると湖畔は観光客でいっぱいになる / Il est resté sur le *bord* de la route. 彼は道端にとどまった. ❷ 縁, へり; 端. ▶ un verre rempli jusqu'au *bord* 縁までなみなみとつがれたコップ / s'asseoir sur le *bord* d'une chaise 椅子(いす)のへりに腰掛ける / avoir le *bord* des yeux rougi 目の縁を赤くはらしている. ❸《海事》舷(げん), 舷側. ▶ être *bord* à quai 接岸している. ❹ 船; 飛行機. ▶ les hommes du *bord* 乗組員, 乗務員, クルー / commandant de *bord* 機長 / journal [carnet] de *bord* 航海日誌; 飛行日誌 / rallier le *bord* 帰船する / quitter le *bord* 下船する.

à bord (***de qc***) (船, 飛行機, 自動車などに)乗って. ▶ monter *à bord* 乗船[搭乗, 乗車]する.

bord à bord 縁と縁を合わせて. ▶ coller du papier *bord à bord* 壁紙を重ならないように縁を合わせて張る.

changer de bord 意見を変える, 変節する.

de bord(***s***) + 形容詞 …の階層の, 立場の. ▶ candidats de tous (les) *bords* さまざまな立場を代表する候補者たち.

(***être***) ***au*** [***sur le***] ***bord de qc*** 今にも…しそうで(ある). ▶ *être au* [*sur le*] *bord de la tombe* 死に瀕(ひん)する / *être au bord des larmes* 今にも泣きそうである.

(***être***) ***du bord de qn*** = (***être***) ***du même bord*** (***que qn***) …と同じ階層である; 同じ意見[考え方]を持つ.

maître à bord (企業などの)絶対的支配者, ワンマン.

sur les bords 話 (しばしば un peu とともに) 少しだけ; (反語的に)たいした. ▶ Il est un peu escroc *sur les bords*. 彼はちょっとぺてん師めいてい

bordages

る〔たいしたぺてん師だ〕.
　[比較] ❶ **岸**, **bord** 海や川の岸辺だけでなく、森や道路に隣接する部分までを広く指す.「…のほとりで、岸辺で」という副詞句として使われることが多い. **rive** 川や湖などの岸、場合によっては挟んだかなり広い空間を指すこともある. **rivage**《改まった表現》海や大きな湖などの岸、波打ち際、なぎさ. **plage** 特に砂浜、海水浴場をいう. **côte** 地理学的にとらえた海岸.
　(2) 縁, へり. **bord**（一般的に）物の表面の端、縁の部分. **bordure** 物の端が何でできているかを示す. 縁取り. **lisière** 地所、地域の境界部分.

bordages /bɔrdaʒ/ 男複（船を覆う）張り板.

bordé, e /bɔrde/ 形 〈*bordé* de qc〉…に縁取られた；が並んだ. ▶ un mouchoir *bordé* de dentelle レースの縁飾りのついたハンカチ / La rue est *bordée* de villas. その通りに沿って別荘が建ち並んでいる.

Bordeaux /bɔrdo/ 固有 ボルドー: Gironde 県の県庁所在地.

bordeaux /bɔrdo/ 男 ❶〔ワイン〕ボルドー. ❷ 赤紫色. — 形（不変）赤紫色の.

bordée /bɔrde/ 女 ❶（集合的に）舷側（ﾀﾞﾝ）砲；（舷側砲の）一斉射撃. ▶ lâcher sa *bordée* 舷側砲の一斉射撃を行う. ❷（船の）当直員.

une bordée d'injures [d'insultes] 話 罵詈雑言（ﾀﾞﾝ）の雨.

bordel /bɔrdɛl/ 男 ❶ 俗 売春宿. ❷ 俗 大騒ぎ、乱雑.

Bordelais /bɔrdəlɛ/ 固有 男 ボルドー地方.

bordelais, aise /bɔrdəlɛ, ɛːz/ 形 ボルドー Bordeaux の；ボルドー地方 Bordelais の. ▶ sauce *bordelaise*《料理》ボルドレーズソース.
　— **Bordelais, aise** 名 ボルドー人；ボルドー地方の人.
　— **bordelaise** 女 ❶〔ワイン〕(1)（容量 225–230 リットルの）ボルドーワイン用大樽. (2) ボルドー瓶. ❷《料理》〈à la *bordelaise*〉ボルドー風.

bordélique /bɔrdelik/ 形 俗〔場所が〕散らかった；〔人が〕だらしない.

border /bɔrde/ 他動 ❶ …を縁取る、に縁飾りをつける. ▶ *border* un rideau d'une frange 房ありでカーテンを縁取りする. ❷ …に沿って続く〔並べる〕. ▶ Les rochers *bordent* le rivage. 海岸に沿って岩礁が続く / une allée *bordée* de peupliers 両側にポプラが植えられている小道. ❸ *border* un lit ベッドを整える, シーツや毛布の縁をマットレスの下に折り込む.

bordereau /bɔrdəro/;（複）**x** 男 明細書. ▶ *bordereau* d'achat 売り上げ明細書.

bordure /bɔrdyːr/ 女 縁, 縁取り；(道, 海などに)沿った地帯. ▶ papier à *bordure* noire 黒枠の入った紙 / Le long de l'allée, il y avait une *bordure* de gazon. 道に沿って芝生が植えられていた. [比較] ⇨ BORD.

en bordure de qc …に沿って、のほとりに. ▶ Sa maison est *en bordure de* la rivière. 彼(女)の家は川沿いにある.

bore /bɔːr/ 男《化学》ホウ素.

boréal, ale /bɔreal/；（男複）**aux** /o/ 形 北の；北半球の；北極（圏）の. ▶ hémisphère *boréal*（↔austral）北半球 / pôle *boréal* 北極（=pôle Nord）/ l'océan *Boréal* 北氷洋.

borgne /bɔrɲ/ 形 ❶ 片目の. ❷ 片方だけの；不完全な. ▶ fenêtre *borgne*（外の見えない）明かり取りの窓. ❸ いかがわしい. ▶ hôtel *borgne* いかがわしいホテル. — 名 片目の人.

borique /bɔrik/ 形 acide *borique* ホウ酸.

bornage /bɔrnaʒ/ 男 ❶（土地の）境界決定. ❷ 制限, 限定.

borne /bɔrn/ 女 ❶（複数で）限界, 限度. ▶ mettre des *bornes* à un pouvoir 権力を制限する / La patience humaine a des *bornes*. 人間の忍耐には限度がある / ne pas avoir [connaître] de *bornes* 際限がない / dépasser les *bornes* (de qc)（…の）限度を超える. ❷ 標石；境界標識；（形や用途が）標石に似たもの. ▶ planter [poser] une *borne* 境界標を設置する / *borne* communale 市町村界標 / *borne* kilométrique（1 キロごとの）里程標 / *borne* d'incendie 消火栓. ❸ 話 1 キロメートル. ❹《電気》端子, ターミナル；（電池の）極（=pôle）.

être [rester] planté comme une borne 棒のように突っ立って動かない.

sans borne(s) 無限の, 非常に大きな（=sans limites）.

borné, e /bɔrne/ 形 ❶〈*borné* (de qc)〉（…によって）限られた、周囲を囲まれた. ▶ la vue *bornée* par des arbres 木に遮られた視界 / La place est *bornée* de maisons anciennes. 広場の周りには古い家々が並んでいる. ❷ 視野の狭い、偏狭な. ▶ esprit *borné* 頭の固い人物.

borne-fontaine /bɔrnəfɔ̃ten/;（複）**~s-~s** 女（市街地道路の）水道栓, 給水栓.

*****borner** /bɔrne/ 他動 ❶〈*borner* qc à qc / 不定詞〉…を…だけにとどめる. ▶ *borner* son enquête à interroger quelques témoins 調査を数人の証人から事情聴取するにとどめる. ❷ …の境界を定める；境をなす. ▶ *borner* une propriété 所有地の境界を定める. ❸ 文章 …を制限する, 抑制する. ▶ *borner* ses désirs 欲望を抑える.
　— **se borner** 代動〈*se borner* à qc / 不定詞〉…だけにとどめる, …に限定される. ▶ Je ne réfléchis pas: je *me borne* à suivre mon instinct. 私は深く考え込みはしない、直感に従うだけだ / Son rôle *se borne* à présider les débats. 彼(女)の役割は議長を務めることに限られている.

bortsch /bɔrtʃ/ 男《料理》ボルシチ.

bosniaque /bɔsnjak/ 形 ボスニア Bosnie の.
　— **Bosniaque** 名 ボスニアの人.

Bosnie-Herzégovine /bɔsnierzegɔvin/ 固有 女 ボスニアヘルツェゴビナ: バルカン半島の共和国.

bosquet /bɔske/ 男 小さな林；（庭園などの）植え込み, 木立. [比較] ⇨ bois¹.

boss /bɔs/ 男《米語》雇用主, 社長, ボス；（政界の）首領, ドン.

bossa-nova /bɔsanɔva/;（複）**~s-~s** 女《ポルトガル語》《音楽》ボサノバ.

bosse /bɔs/ 女 ❶ こぶ；（動物の背中にある）こぶ. ▶ se faire une *bosse* au front 額にこぶをつくる. ❷（平らな表面の）隆起, 凹凸. ▶ un terrain qui présente des creux et des *bosses* でこぼ

こした土地.
avoir la bosse de qc 話 …に天賦の才能がある.
▶ Il *a* vraiment *la bosse du* commerce. 彼は天成の商売人だ.
「*ne rêver* [*ne chercher*] *que plaies et bosses* 喧嘩(げんか)っ早い.
rouler sa bosse (1) 絶えず旅行している. (2) 転々と仕事を変える；いろいろな人生経験を積む.

bosselage /bɔsla:ʒ/ 男 ❶ でこぼこ. ❷〔金銀器の〕浮き彫り.

bosseler /bɔsle/ ④ 他動 ❶ …をでこぼこにする, へこませる. ❷〔金銀細工〕に打ち出し模様をつける, を浮き彫りにする. ― *se bosseler* 代動 へこむ, へんかで変形する.

bosselure /bɔsly:r/ 女〔金銀細工, 食器などの〕浮き彫り, 打ち出し模様.

bosser /bɔse/ 他動 話〔一生懸命〕…の仕事をする, 勉強をする (=travailler). ▶ Il faut que je *bosse* mon examen. 試験勉強をしなければ /〔目的語なしに〕 Où est-ce que tu *bosses* maintenant? 今どこで働いているんだい.

bosseur, euse /bɔsœ:r, ø:z/ 名 話 がり勉家；働き者. ― 形 話 がり勉の, 働き者の.

bossu, e /bɔsy/ 形 背中のひどく曲がった；猫背の；〔動物が〕こぶのある.
― 名 背中のひどく曲がった人.
rire [*rigoler, se tordre*] *comme un bossu* 話 腹の皮がよじれるほど笑う, 笑い転げる.

bossuer /bɔsɥe/ 他動 …をでこぼこにする, に起伏をつける.

bot, e /bo, bɔt/ 形〔手, 足が〕ねじれた, 湾曲した.

botanique /bɔtanik/ 形 植物の；植物学の. ▶ jardin *botanique* 植物園. ― 女 植物学.

botaniste /bɔtanist/ 名 植物学者.

*****botte**[1] /bɔt/ ボット/ 女〔多く複数で〕長靴, ブーツ. ▶ mettre [ôter] ses *bottes* 長靴を履く[脱ぐ] / *botte* basse = demi-*botte* ハーフブーツ, 半長靴 / *botte* de cheval 乗馬靴 / les *bottes* de sept lieues 7里靴 (1歩で7里歩けるという靴).
à propos de bottes ささいなことで, 大した理由もなく.
bruits de bottes 軍靴の音；戦争の脅威.
cirer [*lécher*] *les bottes de qn* 話 …にへつらう, おべっかを使う.
coup de botte 話 蹴(け)ること；〖スポーツ〗キック, シュート.
en avoir plein les bottes 話 歩き疲れる；うんざりする.
être à la botte de qn …に従っている, の支配下にある.
(être) droit dans ses bottes ぶれない, 変わらない.
graisser ses bottes 話 出かける準備をする.
mettre [*avoir*] *du foin dans ses bottes* たくさん金を稼ぐ[持っている].
sous la botte (+ 形容詞 [*de qn*]) (…の) 支配下に, 圧政下に. ▶ La France était alors *sous la botte* nazie. フランスは当時ナチの支配下に.

*****botte**[2] /bɔt/ ボット/ 女 ❶ 束. ▶ *botte* de paille わら束. ❷ 俗〔理工科学校の〕優等卒業生. ▶ sor- tir dans la *botte* 優秀な成績で卒業する.
Il n'y en a pas des bottes. 話 そうたくさんはない, あまりない.

botte[3] /bɔt/ 女 ❶〖フェンシング〗突き. ❷ 意表を突く質問, 厳しい批判.
botte secrète 不意の突き；不意打ち.
porter [*pousser*] *une botte* (*à qn*) (…に) 突きを入れる；(…の) 虚を突く；(…に) 厄介な質問を浴びせる.

botté, e /bɔte/ 形 長靴を履いた. ▶ *Le Chat botté*「長靴を履いた猫」(ペローの童話) / Elle est *bottée* de cuir. 彼女は革のブーツを履いている.

botter /bɔte/ 他動 ❶ …に長靴を履かせる；に長靴を供給する. ❷ 話 …の気に入る, に好都合である. ▶ Ton copain [Ça] me *botte*. 僕は君の友達が[それが]気に入った. ❸〔尻(しり)などを〕蹴(け)飛ばす；(サッカー, ラグビーなどで)〔ボール〕をキックする. ▶ *botter* le cul à qn …の尻を蹴る.
― *se botter* 代動 長靴を履く；長靴を買う.

bottier /bɔtje/ 男 オーダーメードの靴屋, 注文靴業者；(昔の) 長靴職人.

bottillon /bɔtijɔ̃/ 男 アンクルブーツ, ハーフブーツ.

bottin /bɔtɛ̃/ 男 ❶ 年鑑；リスト. ❷ ▶ le *Bottin* mondain 紳士録.

bottine /bɔtin/ 女 ボティーヌ：履き口がひもやゴムなどのアンクルブーツ, ハーフブーツ.

botulisme /bɔtylism/ 男〖医学〗ボツリヌス中毒症.

boubou /bubu/ 男 ブーブー：アフリカ黒人のゆったりした長衣.

bouc /buk/ 男 ❶ 雄ヤギ (注 雌は chèvre)；反芻(はんすう)類の雄. ❷ やぎひげ. ▶ porter le *bouc* やぎひげを生やす. ❸ 話 好色な人.

bouc émissaire (1)〔ユダヤ教〕贖罪(しょくざい)のヤギ. (2) 身代わり, スケープゴート. ▶ Je ne veux pas servir de *bouc émissaire* dans cette affaire. この事件の罪をかぶるのは御免だ.
puer comme un bouc ひどく臭い.

boucan /bukɑ̃/ 男 話 大騒ぎ；喧嘩(けんか). ▶ faire du *boucan* 大騒ぎする；激しく抗議する.

boucaner /bukane/ 他動 ❶〔肉, 魚〕を薫製にする. ❷〔肌〕を焼く.

bouchage /buʃa:ʒ/ 男 (瓶にコルクなどで) 栓をすること；穴ふさぎ.

*****bouche** /buʃ/ ブッシュ/ 女 ❶ (人の) 口；唇. 注 肉食動物の口は gueule, 鳥のくちばしは bec という. ▶ une jolie petite *bouche* かわいらしい口元 / ouvrir la *bouche* 発言する / s'embrasser sur la *bouche* 唇にキスし合う / avoir la *bouche* pâteuse [sèche] 口の中がねばつく[からからである] /〔副詞的に〕 *bouche* bée [béante] ぽかんと口をあけて / parler la *bouche* pleine 口に物を頬(ほお)張ったまましゃべる / sentir mauvais de la *bouche* 口が臭い. ❷ (口から転じて) 人. ▶ des *bouches* à nourrir 扶養すべき人；être fine *bouche* 食通である. ❸ 開口部, 出入り口；〔複数で〕河口, 湾口, 海峡の入り口. ▶ *bouche* de métro 地下鉄の出入り口 / la *bouche* d'un volcan 火山の噴火口 / *bouche* d'air 換気口 / *bouche* d'égout 下水口 / les *bouches* du Rhône ローヌ川河口. ❹ (家畜, 魚などの) 口.

bouché

à bouche que veux-tu (1) 豊富に，たっぷりと．▶ parler *à bouche que veux-tu* 大いにしゃべりまくる．(2) 口いっぱいに；熱烈に (=à pleine bouche)．

aller [*passer, se transmettre*] *de bouche en bouche* 〔ニュースなどが〕口コミで伝わる．

à pleine bouche (1) 口いっぱいに；熱烈に．▶ manger qc *à pleine bouche* …を口いっぱいに頬張る／s'embrasser *à pleine bouche* 激しい口づけを交わす．(2) 大声で．▶ rire *à pleine bouche* 大口を開けて笑う．

avoir [*faire*] *la bouche en cœur* 話（口をハート形にして）しなを作る．

avoir la bouche pleine de qn/qc = *avoir plein la bouche de qc/qn* …のことをしょっちゅう話す，熱烈に話す．

avoir qc à la bouche …を常に言いたがる．▶ L'argent, elle n'*a* que ce mot *à la bouche*. 彼女は口を開けば金の話だ．

bonne bouche よい後味，あとの楽しみ．▶ garder qc pour la *bonne bouche* …をあとの楽しみに取っておく．

bouche-à-oreille 口コミ，口づて．

Bouche cousue! 話 黙っていろ，他言無用．

沈黙を表すしぐさ．口にチャックする

dans la bouche de qn …の言うところによれば，に言わせると；が言うと．▶ Le mot d'«amour» *dans ta bouche* est étonnant. 君が「愛」という言葉を口にするとは驚いたね．

de bouche à oreille 耳打ちして，ひそひそと；口コミで．

demeurer bouche close [*cousue*] 沈黙［秘密］を守る．

être dans la bouche de tout le monde = *être sur toutes les bouches* 話題の中心である；流行している．

faire la fine [*petite*] *bouche sur qc* （…について）口うるさい，通ぶる．

Ferme ta bouche! = *Ta bouche!* 話 黙れ．

l'eau à la bouche つば，よだれ．▶ avoir *l'eau à la bouche* （欲しくて）よだれが出る．

parler [*s'exprimer*] *par la bouche de qn* …の口を通して語る．▶ Nos sentiments *s'expriment par sa bouche*. 我々の気持ちは彼（女）が代弁してくれている．

bouché, e /buʃe/ 形 ❶ 栓をされた，ふさがった．▶ une bouteille bien *bouchée* しっかり栓をした瓶／cidre *bouché* 瓶詰りんご酒／avoir le nez *bouché* 鼻が詰まっている／La route est *bouchée*. 道路が渋滞している．❷〔職業などが〕将来性がない．▶ carrière *bouchée* 先のない仕事．❸ どんよりした．▶ le ciel *bouché* どんよりした空．❹ 愚鈍な．▶ avoir l'esprit *bouché* 頭が悪い．

bouche-à-bouche /buʃabuʃ/ 男《単複同形》 口対口人工呼吸(法)．

bouchée /buʃe/ 女 ❶（食べ物の）一口分．▶ une *bouchée* de viande 一口の肉／ne manger qu'une *bouchée* ごくわずかしか食べない．❷ チョコレートの一口菓子；一口パイ．▶ *bouchée* à la reine 鶏肉ソース入り一口パイ．

mettre les bouchées doubles さっさとやる，急いで仕事をする．

ne faire qu'une bouchée de qn/qc …をぺろりと平らげる；に楽々と勝つ．

pour une bouchée de pain （一口分のパンで→）ただ同然の値段で．

*****boucher**[1] /buʃe/ 他動 ❶ …をふさぐ，に栓をする．▶ *boucher* une bouteille 瓶に栓をする／Des saletés *bouchent* le conduit. 汚物で導管がふさがった．❷〔通路，視界など〕を妨げる，遮る．▶ Un gros camion *bouche* la rue. 大きなトラックが道をふさいでいる／*boucher* la route à qn …の計画を妨害する／*boucher* la vue 視界を遮る．

en boucher un coin à qn …を唖然(あぜん)とさせる．▶ Ça m'*en bouche un coin*. そりゃ驚いた．

— **se boucher** 代動 ❶ 詰まる．▶ Ce lavabo *se bouche* facilement. この洗面台はすぐに詰まる．❷ 自分の…をふさぐ．注 se は間接目的．▶ *se boucher* les oreilles 耳をふさぐ．

*****boucher**[2], **ère** /buʃe, ɛːr/ 名 ❶ 精肉店主．▶ *boucher*-charcutier 豚肉店／aller chez le *boucher* 精肉店に行く．❷ と畜業者．

— **boucher** 男 残虐非道な男，人殺し．

— **boucher, ère** 形〔家畜が〕食肉用の．

boucherie /buʃri/ 女 ❶ 精肉店；食肉業．▶ aller à la *boucherie* 精肉店に行く／viande de *boucherie* (牛，豚，羊などの)食肉／*boucherie* chevaline 馬肉店．❷ 殺戮(さつりく)，虐殺．

Bouches-du-Rhône /buʃdyroːn/ 固有 女複 ブーシュ＝デュ＝ローヌ県 [13]：フランス南部．

bouche-trou /buʃtru/; 〔複〕～(s)-~(s) 男 話 穴埋め，間に合わせ．

*****bouchon** /buʃɔ̃/ 男 ❶（瓶，樽などの）栓，キャップ；《特に》コルク栓 (=*bouchon* de liège)．▶ enlever le *bouchon* d'une bouteille 瓶の栓を抜く／faire sauter le *bouchon* シャンパンの栓を開ける／Ce vin sent le *bouchon*. このワインはコルクのにおいがする．❷（管などの）詰まり．❸ 交通渋滞．▶ Un *bouchon* de 3 km [trois kilomètres] s'est formé sur la Nationale 7 [sept]. 国道7号線で3キロの渋滞があった．比較 ⇨ EMBOUTEILLAGE．❹（釣りの）浮き．❺（わらや干し草の）束．

C'est plus fort que de jouer au bouchon. 話 驚いた，信じられない．

bouchonnage /buʃɔnaːʒ/, **bouchonnement** /buʃɔnmɑ̃/ 男（馬を）わら束でこすること．

bouchonné, e /buʃɔne/ 形 ワインがコルク臭い．

bouchonner /buʃɔne/ 他動〔動物〕をわら束［干し草の束］でこする；マッサージする．— 自動 込む；交通が渋滞する．▶ Ça *bouchonne* sur l'autoroute. 高速道路は渋滞している．

bouchot /buʃo/ 男 (ムール貝などの)養殖場.
bouclage /bukla:ʒ/ 男 ❶ (バックルなどで)締めること;(鍵)をかけて閉じ込めること. ❷ (軍隊、警察による)包囲 (=encerclement). ❸ (髪を)カールすること.
boucle /bukl/ 女 ❶ バックル、留め金. ▶ une *boucle* de ceinture ベルトのバックル / une *boucle* de soulier 靴の留め金. ❷ 輪、輪状のもの. ▶ *boucles* d'oreille イヤリング. ❸ 巻き毛 (=*boucle* de cheveux);《複数で》詩語 髪. ❹ 結び目. ▶ faire [défaire] une *boucle* 結び目を作る[ほどく]. ❺ (河川の)蛇行、湾曲部. ❻《情報》ループ.
boucler la boucle コースを1周する;出発点に戻る.
La Grande Boucle ツール・ド・フランスのコース.
bouclé, e /bukle/ 形 ❶ 巻き毛の. ❷ 閉め切った;閉じこもった.
boucler /bukle/ 他動 ❶ (バックルなどで)…を締める、留める. ▶ *boucler* son sac バッグを締める / *Bouclez* vos ceintures de sécurité. 安全ベルトを締めてください. ❷ …を閉じる. ▶ Il est l'heure de *boucler* le magasin. 店を閉める時間だ. ❸ …を包囲する;閉じ込める. ▶ La police *a bouclé* le quartier. 警察はその地区を包囲した / On l'*a bouclé* pour deux ans. 彼は2年の刑で投獄された. ❹ …を終える;の収支を合わせる. ▶ *boucler* une affaire 事にけりをつける / *boucler* son emploi du temps やるべきことをすべてやり終える / *boucler* son budget 収支〔帳尻(ちょうじり)〕を合わせる. ❺〔トラックなど〕を1周する、走破する. ▶ *boucler* le kilomètre en dix minutes 1キロ〔コース〕を10分で走る. ❻ …に輪を作る;〔髪〕をカールさせる. ▶ *boucler* une corde ロープに結び目を作る / *boucler* des cheveux 髪をカールさせる.
boucler sa valise (旅行かばんの留め金を締める→)荷造りする、出発の準備をする.
la boucler 俗 口をつぐむ、黙る.
— 自動 ❶〔髪が〕巻き毛になる. ❷《情報》ループする.
— **se boucler** 代動 ❶ (自分の)〔髪〕をカールする. 注 se は間接目的. ❷ 閉じこもる. ▶ Elle s'est *bouclée* dans sa chambre. 彼女は部屋に閉じこもった.
bouclette /buklɛt/ 女 小さい巻き毛.
bouclier /buklije/ 男 ❶ 盾. ❷ 文章 盾となるもの、防御物. ▶ compter sur le *bouclier* atomique américain 米国の核の傘を当てにする / *bouclier* antimissile ミサイル防衛システム / *bouclier* humain 人間の盾 / *bouclier* fiscal 税負担の上限. ❸《地質》楯(たて)状地. ❹《動物学》甲殻、甲皮;翅鞘(ししょう)、さやばね.
faire un bouclier de son corps (à qn) (…を)身をもって守る.
levée de boucliers 反対、抗議.
bouddha /buda/ 男 ❶ 仏陀(ぶっだ). ❷ 仏像;仏画.
bouddhique /budik/ 形 仏教の. ▶ art *bouddhique* 仏教美術.
bouddhisme /budism/ 男 仏教.
bouddhiste /budist/ 名 仏教徒.
— 形 仏教の、仏教徒の.
bouder /bude/ 自動 すねる、むくれる (=faire la tête). ▶ Elle *boude* toujours, elle n'est jamais contente. 彼女はいつもふくれてばかりいる. 決して満足することがない. ◆*bouder* à qc いやいや…する. ▶ ne pas *bouder* à la besogne 仕事をいとわない、せっせと働く.
bouder contre son ventre すねて食事しない、やせがまんする.
— 他動 ❶ …に不満を示す. ▶ J'ai l'impression qu'elle me *boude*. 彼女は私におかんむりらしい. ❷ 話 …を避ける;に不信感を抱く. ▶ *bouder* un lieu trop fréquenté 人出の多い所に近づかない.
— **se bouder** 代動 互いに口をきかない.
bouderie /budri/ 女 ❶ すねること;不機嫌、仏頂面. ❷ 敬遠、(客などが)寄りつかないこと.
boudeur, euse /budœ:r, ø:z/ 形、名 すぐふくれる(人)、不機嫌な(人).
— **boudeuse** 女 (背中合わせに座る) 2人掛けの椅子(いす).
boudin /budɛ̃/ 男 ❶ ブーダン (=*boudin* noir):豚の血と脂身で作る腸詰め. ❷ 円筒状のもの;太くて丸い指. ❸ 俗 ぶす.
faire du boudin 話 つむじを曲げる (=bouder).
s'en aller [*tourner, finir*] *en eau de boudin* 〔事業などが〕失敗に終わる、水泡に帰する.
boudiné, e /budine/ 形 ❶ 窮屈な服を着た. ▶ Elle est *boudinée* dans sa robe. 彼女はきちきちのドレスを着ている. ❷ 太く短い、ずんぐりした.
boudiner /budine/ 他動 話 〔服が人〕を締めつける. — **se boudiner** 代動 話 (衣服で)体を締めつける. ▶ *se boudiner* dans un corset コルセットで体を締める.
boudoir /budwa:r/ 男 (女性が客を迎えるための)居間、閨房(けいぼう).
*****boue** /bu/ 女 ❶ 泥、ぬかるみ;泥土. ▶ un vêtement taché de *boue* 泥のついた服 / *boues* industrielles ヘドロ. ❷ 文章 汚辱、汚れ;堕落. ▶ tirer qn de la *boue* …を惨めな境涯から救い出す. ❸ 沈殿物. ▶ la *boue* d'un encrier インク壺(つぼ)の澱(おり).
couvrir qn de boue = traîner qn dans la boue 〔人〕をおとしめる、侮辱する.
se vautrer dans la boue 落ちるところまで落ちる.
tas de boue 話 ポンコツ車.
bouée /bwe/ 女 ❶ ブイ、浮標. ❷ 浮き輪、浮き袋;頼みの綱.
boueux¹ /bwø/ 男 (市町村の)清掃作業員. 注 正式には éboueur を用いる.
boueux², boueuse /bwø, bwø:z/ 形 ❶ 泥の、泥だらけの. ▶ un chemin *boueux* 泥道. ❷ 泥のような、どろどろした.
bouffant, ante /bufɑ̃, ɑ̃:t/ 形〔衣類や髪などが〕膨らんだ、膨らみをつけた.
bouffarde /bufard/ 女 話 パイプ;《特に》短くて太いパイプ.
bouffe¹ /buf/ 形《音楽》喜劇風の、ブッファの、おどけた. ▶ opéra *bouffe* オペラ・ブッファ、喜歌劇.
— 男 オペラ・ブッファの歌手〔道化役〕.
bouffe² /buf/ 女 話 食べ物、料理;食事. ▶ faire la *bouffe* 料理をする / C'est l'heure de la *bouffe*. 食事の時間だ / acheter la *bouffe* 食材を買う.

bouffée

la grande bouffe 話 (1) 暴食；盛大な御馳走(ごち). (2) 大量消費.
On se téléphone, on se fait une bouffe. 話 電話で連絡を取って一緒に食事でもしましょう(別れるときの決まり文句. 口先だけの場合もある).

bouffée /bufe/ 囡 ❶ (息, 風などの)一吹き, 空気のそよぎ. ▶ une *bouffée* de vent 一陣の風 / tirer des *bouffées* de sa pipe パイプを吹かす. ❷ (感情, 熱などの)激発, 発作. ▶ la *bouffée* de colère 怒りの爆発 / la *bouffée* de fièvre 急な発熱.
par bouffées ときどき, 間を置いて.

bouffer[1] /bufe/ 自動 膨らむ. ▶ faire *bouffer* ses cheveux 髪に膨らみをもたす / La pâte *bouffe*. パン生地が膨らむ.

bouffer[2] /bufe/ 他動 話 ❶ …を食べる, (がつがつ)食う. ▶ *bouffer* un kilo de viande 1キロの肉を平らげる /〔目的語なしに〕*bouffer* au resto レストランで食事する. ❷〔時間〕を奪う;〔燃料〕を消費する. ▶ Il se laisse *bouffer* par son travail. 彼は仕事にかかりっきりだ / Cette voiture *bouffe* beaucoup d'essence. この車はガソリンをよく食う.
avoir envie de bouffer qn …に激怒している.
bouffer des briques 話 食べる物が何もない.
Je l'aurais bouffé. あいつは本当に頭にきた.
— **se bouffer** 代動 *se bouffer* le nez 口論する, 喧嘩(けん)する. 注 se は間接目的.

bouffetance /buftɑ̃:s/ 囡 話 食べ物, 食料 (=bouffe).

bouff*eur, euse* /bufœːr, øːz/ 名 話 大食い; (燃料を)大量に消費する機械〔自動車〕.

bouffi, e /bufi/ 形 ❶ むくんだ, はれた. ▶ visage *bouffi* むくんだ顔. ❷ <*bouffi* de qc>(功績などに)うぬぼれた;(心が)高ぶった. ▶ Il est *bouffi* de ses succès. 彼は自分の成功を鼻にかけている. ❸ style *bouffi* 誇張した文体.

bouffir /bufiːr/ 他動 …をむくませる, はれ上がらせる (=enfler). — 自動 むくむ, はれる. ▶ Ses yeux *ont bouffi* à force de pleurer. 泣きすぎて彼(女)の目ははれてしまった.

bouffissure /bufisyːr/ 囡 ❶ (体の)はれ, むくみ. ❷ (文体などの)誇張, 仰々しさ.

bouffon, onne /bufɔ̃, ɔn/ 形 おどけた, 滑稽(こっ)な. ▶ une scène *bouffonne* 滑稽な場面.
— 名 道化者, ひょうきん者；笑い物. ▶ faire le *bouffon* おどけてみせる / être le *bouffon* de qn …の笑い物になる.

bouffonner /bufɔne/ 自動 文語 滑稽(こっ)なことをする, おどける；気取る.

bouffonnerie /bufɔnri/ 囡 滑稽(こっ)さ, 滑稽な言動. ▶ faire des *bouffonneries* おどける, ふざける.

bougainvillée /bugɛ̃vile/ 囡, **bougainvillier** /bugɛ̃vilje/ 男【植物】ブーゲンビレア.

bouge /buːʒ/ 男 ❶ むさくるしい家, 陋屋(ろう). ❷ いかがわしいバー〔ホテル〕. ❸ 膨らんだ〔曲がった〕部分, 反り. ▶ la *bouge* d'un tonneau 樽(たる)の胴.

bougeoir /buʒwaːr/ 男 小型のろうそく立て, 手燭(しょく).

bougeotte /buʒɔt/ 囡 話 じっとしていられない性分；旅行癖. ▶ avoir la *bougeotte* 絶えずそわそわ動き回る.

*****bouger** /buʒe/ ブジェ/ [2]

過去分詞 bougé	現在分詞 bougeant
直説法現在 je bouge	nous bougeons
tu bouges	vous bougez
il bouge	ils bougent

自動 ❶ 動く, 身動きする. ▶ Ne *bouge* pas. 動くな / Vous *avez bougé*, la photo est ratée. あなた(方)が動いたから写真は失敗だ / J'ai une dent qui *bouge*. 歯が1本ぐらぐらしている.
❷ <*bouger* (de + 場所)>《多く否定的表現で》(…から)移動する. ▶ Je n'*ai* pas *bougé* de chez moi hier. 私は昨日は一日中家にいた.
❸《多く否定的表現で》変質する, 変化する. ▶ L'indice des prix n'*a* pas *bougé*. 物価指数の変動はなかった.
❹〔事態, 社会情勢などが〕動き出す;〔人, 組織が〕(抗議のために)行動を起こす. ▶ La société *bouge* très rapidement aujourd'hui. 今日, 社会は急激に変貌(ぼう)しつつある / Le peuple commence à *bouger*. 民衆は立ち上がり始めている / une ville qui *bouge* 活気のある街.
— 他動 話 …を移動させる. ▶ *bouger* un meuble 家具を動かす.
sans bouger le petit doigt 話 何もしないで, 手をこまぬいて.
— **se bouger** 代動 話 体を動かす；移動する；行動する. ▶ *Bouge-toi* de là! そこをどけ.

bougie /buʒi/ 囡 ❶ ろうそく. ▶ allumer [éteindre] une *bougie* ろうそくをともす [消す] / travailler à la *bougie* ろうそくの明かりで勉強する. ❷【自動車】【機械】プラグ, 点火プラグ.

bougnat /buɲa/ 男 古風 話 石炭商, 炭屋.

bougon, onne /bugɔ̃, ɔn/ 形 ぶつぶつ不平を言う, 気難しい；機嫌の悪い. ▶ un enfant *bougon* ぐずる子供 / une humeur *bougonne* 不機嫌 / Elle est *bougon* aujourd'hui. 今日の彼女は御機嫌斜めだ(注 人について言う場合は男性形だけを使う). — 名 不平を言う人, こぼし屋.

bougonnement /bugɔnmɑ̃/ 男 ぶつぶつ不平を言うこと；ぼやき.

bougonner /bugɔne/ 自動 ぶつぶつ不平を言う. ▶ *bougonner* contre les voisins 隣人に文句を言う. — 他動 …をぶつぶつ言う.

bougre, *bougresse* /bugr, bugrɛs/ 名 話 やつ, 野郎；あま. ▶ un pauvre *bougre* かわいそうなやつ / Il est bon *bougre*. あいつはいいやつだ / *Bougre* de temps! ひどい天気だ.
— **bougre** 間投 話 畜生, へえ(怒り, 軽蔑, 驚き). ▶ *Bougre*, que c'est cher! まったく, えらく高いんだ.

bougrement /bugrəmɑ̃/ 副 話 とても, ひどく.

boui-boui /bwibwi/; (複) ~s-~s 男 話 ❶ いかがわしいカフェ；安レストラン. ❷ 低級なミュージックホール.

bouillabaisse /bujabɛs/ 囡 ❶【料理】ブイヤベース：魚やエビをトマト, サフランなどで煮込んだ南仏料

理. ❷話 ごった煮, 雑多な寄せ集め.

bouillant, ante /bujɑ̃, ɑ̃:t/ 形 ❶ 沸騰している; たいへん熱い. ▶ eau *bouillante* 熱湯 / Son front était *bouillant* de fièvre. 彼(女)の額は熱でほてるようになかった.
❷ 文章 熱烈な, 激昂(ぽっ)した. ▶ avoir le sang *bouillant* 怒りっぽい, 短気だ / Il est tout *bouillant* d'impatience. 彼は待ちきれなくてかっかしている.

bouille[1] /buj/ 女 顔. ▶ avoir une bonne *bouille* 人好きのする顔をしている.

bouille[2] /buj/ 活用 ⇨ BOUILLIR 24

bouilles, bouillent /buj/, **bouillez** /buje/ 活用 ⇨ BOUILLIR 24

bouilleur /bujœ:r/ 男 蒸留酒［ブランデー］を作る人.

bouilli, e /buji/ 形 (bouillir の過去分詞) 沸かした, 煮た; 煮沸処理された. ▶ eau *bouillie* 熱湯.
— **bouilli** 男 ゆで肉 (=viande bouillie).

bouillie /buji/ 女 ❶ (穀粉を牛乳などで煮た)粥(か). ▶ *bouillie* de pommes de terre ジャガイモの粥 / *bouillie* d'avoine オートミール / préparer une *bouillie* pour un bébé 赤ん坊にお粥を作る. ❷ ごちゃ混ぜ; 曖昧模糊(ミキレ). ▶ une *bouillie* de mots わけの分からない言葉. ❸ *bouillie* bordelaise ボルドー液(農業用殺菌剤).
C'est de la bouillie pour les chats. 話 (1) わけの分からない話［文］だ. (2) むだだ, 骨折り損だ.
en bouillie (1) 粥状の, どろどろの. ▶ de la viande trop cuite et réduite *en bouillie* 煮すぎてどろどろになった肉. (2) めちゃめちゃになった. ▶ une automobile *en bouilli* 大破した自動車.
mettre [réduire] qn/qc en bouillie 話 …をたたきつぶす, ひどく痛めつける.

*bouillir /buji:r/ ブイール 24 自動

過去分詞 bouilli	現在分詞 bouillant
直説法現在 je bous	nous bouillons
複合過去 j'ai bouilli	単純未来 je bouillirai

❶ 沸騰する, 沸き立つ. ▶ L'eau *bout* à gros bouillons. 湯が大きな泡を立てて沸騰している.
❷ 煮える, ゆだる; 煮沸する. ▶ La viande doit *bouillir* pendant deux heures. 肉は2時間煮る必要がある / faire *bouillir* une seringue 注射器を煮沸消毒する. ❸ 文章 興奮する, 激昂(ぽっ)する. ▶ Sa lenteur me fait *bouillir*. 彼(女)のぐずさ加減にはいらいらさせられる. ▶ *bouillir* de colère 怒りで腹が煮えくり返る / *bouillir* d'impatience いらだちでかっとなる.
avoir le sang qui bout dans les veines 血気盛んである; 激怒している.
faire bouillir (1)(水などを)沸かす. ▶ *faire bouillir* du lait 牛乳を沸かす. (2) ゆでる, 煮る. ▶ *faire bouillir* des légumes 野菜をゆでる. (3) 煮沸消毒する.
faire bouillir la marmite 話 暮らしを立てる.

bouilliss- 活用 ⇨ BOUILLIR 24

bouilloire /bujwa:r/ 女 やかん, 湯沸かし.

bouillon /bujɔ̃/ 男 ❶ [料理] スープ; ブイヨン, 肉や野菜のだし汁. ▶ *bouillon* de légumes 野菜スープ / *bouillon* gras 肉汁, 肉スープ / *bouillon* industriel ブイヨンキューブ; 濃縮ブイヨン. ❷ (沸騰による)泡, 気泡; 泡立ち. ▶ retirer les légumes au premier *bouillon* 一煮立ちしたら野菜を取り出す. ▶ *à gros bouillons* 大きな泡を立てて; どくどくと. ▶ L'eau sort à gros *bouillons* de la source. 泉から水がごぼごぼと流れ出ている.
boire un bouillon (1)(水泳中に)水を飲む. (2) 話 (商売や株で)大損をする.

bouillon de culture 温床. ▶ L'injustice sociale est le *bouillon de culture* du terrorisme. 社会的不公平がテロリズムを生み出す温床である.

bouillon d'onze heures 毒入りの飲み物.
être (réduit) au bouillon [病人が]流動食しか取れない.

bouillonnant, ante /bujɔnɑ̃, ɑ̃:t/ 形 沸き立つ, 泡立つ.

bouillonnement /bujɔnmɑ̃/ 男 沸騰, 沸き立つこと; 激しい興奮; 激動.

bouillonner /bujɔne/ 自動 ❶ [液体が]沸騰する; 泡立つ. ▶ la source qui *bouillonne* ぷくぷくとわき出る泉. ❷ [思想などが]わき出る. ▶ Des souvenirs *bouillonnaient* en lui. 彼の脳裏にさまざまな想い出が駆け巡るのだった. ❸ (感情などで)激する. ▶ *bouillonner* d'ardeur 熱意を燃やす. ❹ [新聞, 雑誌が]たくさん売れ残る.

bouillotte /bujɔt/ 女 湯たんぽ; 電気あんか.

bouillotter /bujɔte/ 自動 ことこと煮る.

boulange /bulɑ̃:ʒ/ 女 パン製造［販売］業.

*boulanger[1]**, ère** /bulɑ̃ʒe, ɛːr/ ブランジェ, ブランジェール 名 パン屋. ▶ aller chez le *boulanger* パン屋に行く / *boulanger*-pâtissier パン・洋菓子店. — 形 パン屋の, パン製造の.
pommes (à la) boulangère ジャガイモとタマネギの煮込み焼き.

boulanger[2] /bulɑ̃ʒe/ 7 他動 (パン)を焼く; (小麦粉)をこねる. — 自動 パンを作る［焼く］.

*boulangerie /bulɑ̃ʒri/ ブランジュリ 女 ❶ パン製造［販売］業. ❷ パン屋(の店). ▶ aller à la *boulangerie* パン屋に行く.

boulangisme /bulɑ̃ʒism/ 男 ブーランジスム: 1885年から1889年にかけてブランジェ将軍を中心に展開された, 第3共和政打倒の運動.

bouldozeur /buldozœ:r/ 男 ⇨ BULLDOZER.

*boule /bul/ ブル 女 ❶ 球, 玉; 球状のもの. ▶ bataille de *boules* de neige 雪合戦 / rouler comme une *boule* ころころ転がる / *boule* de gomme トローチ / une *boule* de glace 1スクープのアイスクリーム. ❷ (ペタンク, ボウリングなどの)球, ボール; (複数で)ペタンク (=jeu de boules). ▶ jouer aux *boules* ペタンクをする (=jouer à la pétanque). ❸ 話 頭 (=tête). ▶ avoir une bonne *boule* 人好きのする顔をしている / perdre la *boule* 取り乱す / avoir la *boule* à zéro 丸坊主［スキンヘッド］にしている / *coup* de *boule* 頭突き. ❹ 丸パン (=boule de pain).
avoir les boules うんざりする.
avoir les nerfs en boule かんかんになる.
avoir une boule dans la gorge 胸がつまる.

bouleau

en boule 丸くなって. ▶ des arbres taillés *en boule* 丸く刈り込まれた木.
faire boule de neige 雪だるま式に大きくなる.
filer [foutre] les boules à qn 話 …を不安にする, いらだたせる, 緊張させる, うんざりさせる, 怖がらせる.
「*se mettre [être] en boule* 話 かっとなる [怒っている].

bouleau /bulo/; 《複》 x 男 《植物》カバノキ, シラカバ.

bouledogue /buldɔg/ 男 ブルドッグ.
aimable comme un bouledogue 気難しい, 怒りっぽい.

bouler /bule/ 自動 話 (球のように)ごろごろ転がる, 転げる.
envoyer qn bouler 話 …を追い払う.

boulet /bulɛ/ 男 ❶ (19世紀中頃までの)砲弾 (=*boulet* de canon). ❷ (昔, 囚人の足につけた)大きな鉄の玉. ❸ 厄介, 重荷, 足かせ. ▶ traîner un *boulet* 厄介をしょい込んでいる / Quel *boulet* なんて厄介なんだ. ❹ 粉炭を卵形に固めた燃料; たどん (=*boulet* de charbon).
arriver comme un boulet (de canon) すごい勢いでやってくる.
pour un boulet de canon 話 金輪際, 断じて.
▶ Il ne céderait pas sa place *pour un boulet de canon*. 彼は何があっても自分の席を譲るまい.
tirer sur qn à boulets rouges …を激しく攻撃する, 非難する.

boulette /bulɛt/ 女 ❶ 小さく丸めた球. ▶ lancer des *boulettes* de papier 紙つぶてを投げる. ❷ 《料理》ミートボール; (魚や米などの)揚げだんご. ❸ 話 大失敗 (=gaffe).

*****boulevard** /bulvar/ ブルヴァール/ 男 ❶ (一般に, 並木の)大通り. 注 Bd. と略す. ▶ Il habite *boulevard* Magenta. 彼はマジャンタ大通りに住んでいる / les (Grands) *Boulevards* グラン・ブールヴァール(パリのマドレーヌ寺院からレピュブリック広場に至る大通り) / le *boulevard* périphérique (パリを囲む)外環状高速道路. 比較 ⇨ CHEMIN. ❷ ブールヴァール劇 (=théâtre de *boulevard*) パリのグラン・ブールヴァールの劇場で上演される軽妙な風俗喜劇.

boulevardier, ère /bulvardje, ɛːr/ 形 ❶ グラン・ブールヴァール風の; 伊達(ﾀﾞﾃ)な, 軽妙な. ❷ ブールヴァール劇のような, 通俗的な.

bouleversant, ante /bulvɛrsɑ̃, ɑ̃ːt/ 形 衝撃的な; 感動的な.

bouleversement /bulvɛrsəmɑ̃/ 男 ❶ 変動, 激動, 大混乱. ▶ le *bouleversement* des valeurs traditionnelles 伝統的な価値観の大変動 / La crise économique a provoqué un *bouleversement* politique 経済危機が大きな政治的混乱が起こった. ❷ (精神的な)動揺.

*****bouleverser** /bulvɛrse/ 他動 ❶ …を激変させる, 一変させる. ▶ une théorie qui *bouleverse* les idées reçues (=renverser) 常識を覆す理論 / Notre planning *a été bouleversé* par cet accident. (=perturber) この事故で私たちの作業計画は狂ってしまった.
❷ …を動転させる, の心を揺さぶる, を感動させる.

▶ *être bouleversé* par la disparition de qn …の死に強い衝撃を受ける. ❸《物, 場所》を乱す, 散らかす. ▶ *bouleverser* une armoire (=déranger) 戸棚をひっかき回す.

boulier /bulje/ 男 そろばん.

boulimie /bulimi/ 女 ❶《医学》過食症 (↔ anorexie). ❷ 強い欲求. ▶ être saisi d'une *boulimie* de lecture 無性に本が読みたくなる.

boulimique /bulimik/ 形, 名《医学》過食症の(患者).

Boul'Mich' /bulmiʃ/ 固有 男 話 ブルミッシュ, サン=ミッシェル大通り (=le boulevard Saint-Michel).

boulodrome /bulɔdroːm/ 男 (ペタンクなどの)ボールゲームの競技場.

Boulogne /bulɔɲ/ 固有 bois de *Boulogne* ブローニュの森. パリ西部の公園.

Boulogne-sur-Mer /bulɔɲsyrmɛːr/ 固有 ブローニュ=シュル=メール: 北フランスの港町.

boulon /bul5/ 男 ボルト, ピン.
serrer [resserrer] les boulons (1) ボルトを締める[締め直す]. (2) (体制などを)引き締めを行う[引き締め直す].

boulonner /bulɔne/ 他動 …をボルトで締める. ▶ *boulonner* une statue à son socle 立像を台座にボルトで留める. ― 自動 話 働く; 勉強する.

*****boulot**¹ /bulo/ プロ/ 男 話 仕事, 職. ▶ chercher du *boulot* 仕事を探す / trouver un bon *boulot* いい職を見つける / C'est son *boulot*. それは彼(女)の仕事だ(私には関係ない) / Ce n'est pas mon *boulot*. 私の仕事じゃない / Le *boulot* c'est le *boulot*. 仕事は仕事だ / Au *boulot* ! さあ仕事だ / un petit *boulot* アルバイト. 比較 ⇨ TRAVAIL.
être boulot boulot 仕事一筋だ.

boulot², otte /bulo, ɔt/ 形, 名 ずんぐりした(人), 太った(人).

boulotter /bulɔte/ 他動 話 …を食べる.

boum¹ /bum/ 間投 ドーン, バーン (物が落ちたり爆発するときの鈍い音).
― 男 ❶ ドーン[バーン]という音. ❷ 大成功, ブーム.
(être) en plein boum 大忙しで(ある), 躍進中で(ある).
faire boum 幼児語 転ぶ, 爆発する.
faire un boum 大発展する, ブームを呼ぶ.

boum² /bum/ 女 (surboum の略) 話 (若者が自宅で開く)ダンスパーティー.

boumer /bume/ 自動 話 調子がいい. ▶ Ça *boume*. うまくいっている; 元気だ (=Ça va bien).

*****bouquet** /bukɛ/ ブケ/ 男 ❶ 花束, ブーケ (=*bouquet* de fleurs). ▶ faire un *bouquet* 花束を作る / *bouquet* de roses バラの花束. ❷ 束, 房. / *bouquet* de cerises サクランボの房 / *bouquet* garni《料理》ブーケガルニ(パセリ, タイムなどの香草の束. 煮込み物やスープに香りを添える). ❸ 木立, 茂み (=*bouquet* d'arbres). ❹《ワイン》ブーケ, 芳香, 熟成香. ▶ Ce vin a du *bouquet*. このワインはブーケがある. 比較 ⇨ ODEUR. ❺ 最後に打ち上げる花. ❻ 衛星テレビやケーブルテレビの有料チャンネルパッケージ. ▶ *bouquet* numérique 有料デジタルテレビパック / *bouquet* de programmes チ

ャンネルパック.
C'est le bouquet. 話 それはひどい［あんまりだ］，泣き面にハチだ (=C'est le comble).

bouqueté, e /bukte/ 形 〔ワインが〕ブーケのある，芳香がある．

bouquetière /buktjɛːr/ 女 花売り娘［女］．

bouquin /bukɛ̃/ 男 話 本 (=livre), 古本．

bouquiner /bukine/ 自動 話 本を読む．
— 他動 〔本〕を読む．

bouquiniste /bukinist/ 名 古本屋；《特に》パリのセーヌ河岸の古本屋, ブキニスト．

bourbe /burb/ 女〔沼, 池の底の〕泥．

bourbeux, euse /burbø, øːz/ 形 泥だらけの，ぬかるんだ．

bourbier /burbje/ 男 ❶ 泥沼；ぬかるみ. ❷ 苦境，窮地．

Bourbon /burbɔ̃/ 固有 ブルボン. ▶ les *Bourbons* ブルボン王家 / palais *Bourbon* ブルボン宮：パリ左岸にある国民議会議事堂．

bourbon /burbɔ̃/ 男《米語》バーボンウイスキー．

bourbonien, enne /burbɔnjɛ̃, ɛn/ 形 ブルボン Bourbon 家の. ▶ nez *bourbonien*（ブルボン家特有の）わし鼻．

Bourbonnais /burbɔnɛ/ 固有 男 ブルボネ地方：フランス中部, 中央山地北方．

bourdaine /burdɛn/ 女【植物】セイヨウクロウメモドキ：樹皮は煎〔じ〕薬用．

bourde /burd/ 女 大失敗, 大失策. ▶ faire [commettre] une *bourde* (=faute) とんでもない失敗をする. ❷ でたらめ, うそ．

bourdon /burdɔ̃/ 男【昆虫】マルハナバチ.
avoir le bourdon 気がめいっている．

bourdonnant, ante /burdɔnɑ̃, ɑ̃ːt/ 形 ぶんぶんいう, ざわめく. ▶ une ville *bourdonnante* d'activité 活気にあふれてにぎやかな町．

bourdonnement /burdɔnmɑ̃/ 男 ❶ ぶんぶんいう音；うなり, ざわめき. ▶ un *bourdonnement* de mouches ハエの羽音 / le *bourdonnement* d'un moteur d'avion 飛行機のエンジンのうなり / le *bourdonnement* d'une foule 群衆のざわめき. ❷ 耳鳴り (=*bourdonnement* d'oreilles).

bourdonner /burdɔne/ 自動 ❶〔昆虫が〕ぶんぶんいう, 羽音を立てる. ▶ les abeilles qui *bourdonnent* autour de la ruche 巣の周りをぶんぶん音を立てて飛ぶミツバチ.
❷〔機械などが〕うなりを立てる；〔群衆が〕がやがや言う. ▶ Le salon *bourdonnait* du bruit des invités. サロンは客でざわめいていた．
❸ 耳鳴りがする；〔頭などが〕がんがんする．

bourg /buːr/ 男〔市（いち）の立つ〕大きな村, 小さな町；〔町, 村の〕中心部．

bourgade /burgad/ 女〔民家が散在している〕小さな村, 部落．

bourge /burʒ/ 名 形 bourgeois の略．

Bourg-en-Bresse /burkɑ̃brɛs/ 固有 ブール=カン=ブレス：Ain 県の県庁所在地．

*bourgeois, oise /burʒwa, waːz/ ブルジョワ, ブルジョワーズ/ 名 ❶ 有産階級の人；資産家, ブルジョア. ▶ grand *bourgeois* (大)資本家 / petit *bourgeois* 中産階級の人, 小市民, プチブル / vivre [penser] en *bourgeois* ブルジョア的に生き

る〔考える〕. ❷〔軽蔑して〕小心姑息（こそく）な人, 保守的な人物；〔芸術家, 知識人に対して〕俗物, 凡人.
❸〔軍人に対して〕民間人. ❹【歴史】(1)〔中世の〕都市住民. (2)〔旧体制下の〕平民, 第三身分.
épater le bourgeois 俗物のど肝を抜く, 世間をあっと言わせる.
— 形 ❶ 有産階級の；ブルジョアの, 資産家の. ▶ habiter un quartier *bourgeois* 高級住宅地に住む / la classe *bourgeoise* 有産階級. ❷ つましいが上質の, 堅実な. ▶ la cuisine *bourgeoise* 質素だがおいしい料理 / Il a reçu une bonne éducation *bourgeoise*. 彼は中流家庭にふさわしい堅実な教育を受けた. ❸〔軽蔑して〕小市民的な, 保守的な；俗物的な. ▶ avoir l'esprit (petit) *bourgeois* 考え方がけち臭い / Il est devenu bien *bourgeois*. 彼も結構保守的〔俗物〕になった.

bourgeoisement /burʒwazmɑ̃/ 副 ブルジョア風に；堅実に．

bourgeoisie /burʒwazi/ 女 ❶ 有産階級；《集合的に》金持ち. ▶ L'Opéra, autrefois, c'était le rendez-vous de la bonne *bourgeoisie* parisienne. オペラ座は, 昔はパリの金持ち連中の社交の場だった. ❷ ブルジョアジー；労働者階級 classe ouvrière, 農民階級 classe paysanne との対比で使われる. ▶ la grande *bourgeoisie* 大ブルジョアジー, 資本家階級 / la petite *bourgeoisie* プチブル, 小市民階級；〔中小の自営業者, サラリーマンなどの〕中産階層. ❸【歴史】〔旧体制下の〕市民階級.

bourgeon /burʒɔ̃/ 男 芽. ▶ un arbre en *bourgeons* 芽吹いている木．

bourgeonnement /burʒɔnmɑ̃/ 男 発芽．

bourgeonner /burʒɔne/ 自動 ❶ 芽を出す. ▶ Les arbres *bourgeonnent* au printemps. 木々は春になると芽吹く. ❷ 吹き出物ができる. ▶ un nez *bourgeonné* にきびのできた鼻. ❸〔傷が〕（盛り上がって）癒着する．

Bourges /burʒ/ 固有 ブールジュ：Cher 県の県庁所在地．

bourgmestre /burgmɛstr/ 男（ドイツ, ベルギー, オランダ, スイスなどの）市長, 町長．

Bourgogne /burgɔɲ/ 固有 女 ブルゴーニュ地方：フランス中東部．

bourgogne /burgɔɲ/ 男 ブルゴーニュ産のワイン．

bourguignon, onne /burgiɲɔ̃, ɔn/ 形 ブルゴーニュ Bourgogne の.
— **Bourguignon, onne** 名 ブルゴーニュ人.
— **bourguignon** /burgiɲɔ̃/ 男【料理】ブルゴーニュ風牛肉の赤ワイン煮 (=bœuf bourguignon).

bourlinguer /burlɛ̃ge/ 自動 ❶〔船が〕難航する.
❷ 方々を航海する；話 各地を旅行〔放浪〕する．

bourlingueur, euse /burlɛ̃gœːr, øːz/ 形, 名 話 旅行〔冒険〕好きの（人）．

bourrache /buraʃ/ 女 ❶【植物】ルリジサ属. ❷ ルリジサの煎（せん）じ薬．

bourrade /burad/ 女 小突くこと, 突き飛ばすこと. ▶ écarter qn d'une *bourrade* …をはねのけること．

bourrage /buraːʒ/ 男 ❶〔物を〕詰めること；詰め物. ▶ le *bourrage* d'une pipe パイプにたばこを詰めること / le *bourrage* d'un coussin クッション

bourrasque

の詰め物. ❷ (カメラ, コピー機などの)詰まり.

bourrage de crâne 話 (1) 誇大宣伝, 洗脳. (2) 詰め込み教育.

bourrasque /burask/ 女 ❶ 突風, 旋風. ▶ entrer comme une *bourrasque* 疾風のごとく入ってくる. 比較 ⇨ VENT. ❷ 文章 (怒りなどの)激発, 発作; 突発的な行動[事件]. ▶ une *bourrasque* de colère (=accès) 癇癪(しゃく)/ une *bourrasque* populaire 民衆の暴動.

bourratif, ive /buratif, iːv/ 形 話 〔食べ物が〕腹の膨れる; 胃にもたれる, こってりした.

bourre[1] /buːr/ 女 ❶ (牛馬などの皮なめし前に採る)毛の塊, プール. ❷ 繊維くず; (クッションなどの)詰め物. ❸ (木の芽などの)綿毛.

de première bourre 話 優秀な, 第一級の.

être à la bourre 話 遅れている; 急いでいる. ▶ Tout le travail arrive en même temps, je *suis à la bourre*. 仕事が全部重なってしまって, 猫の手も借りたいほどだ.

bourre[2] /buːr/ 男 俗 警官, でか.

bourré, e /bure/ 形 ❶ <*bourré* (de + 無冠詞名詞)> (…で)いっぱいの, ぎゅうぎゅう詰めの. ▶ une dictée *bourrée* de fautes (=plein) 間違いだらけの書き取り / des voyageurs *bourrés* dans le métro (=tassé) 地下鉄にすし詰めの乗客. ❷ 話 酔っ払った.

bourré comme un œuf ひどく酔った.

bourreau /buro/ (複) ✕ 男 ❶ 体刑の執行人; 《特に》死刑執行人. ❷ 残虐な人, 虐待者. ▶ *bourreau* d'enfants 小児虐待者 / Quel *bourreau*! 人でなし.

bourreau des cœurs (ふざけて)ドンファン, 女たらし.

bourreau de travail 仕事の鬼[虫].

bourrèlement /burɛlmã/ 男 文章 精神的苦痛, 苦悩.

bourreler /burle/ 4 他動 文章 (多く受動態で) <*bourreler* qn de qc> …を(ある感情)で責めさいなむ. ▶ être *bourrelé* de remords 後悔の念にさいなまれる.

bourrelet /burlɛ/ 男 ❶ (窓, ドアの)すき間ふさぎ, 目張り材. ❷ 筒状に膨れたもの; 《特に》(首や胴回りなどの)贅肉(ぜいにく), たるみ.

bourrelier, ère /burəlje, ɛːr/ 名 馬具職人[販売人]; 革細工職人[販売人].

bourrellerie /burɛlri/ 女 古風 ❶ 馬具製造[販売]; 革細工製造[販売]. ❷ 馬具[革細工]店.

bourrer /bure/ 他動 ❶ <*bourrer* qc (de qc)> …を(…で)いっぱいにする, (…を)詰め込む. ▶ *bourrer* un poêle de bûches ストーブに薪(まき)をいっぱいくべる / *bourrer* une pipe パイプにたばこを詰め込む / *bourrer* un fauteuil ひじ掛け椅子(いす)に詰め物をする. ❷ <*bourrer* qn (de qc)> …に(知識を)詰め込む; (食べ物を)いっぱい食べさせる. ▶ *bourrer* un enfant de latin 子供にラテン語をたたき込む / *bourrer* un enfant de friandises 子供に菓子を腹いっぱい食べさせる. ❸ 話 …を殴る, たたきのめす. ▶ *bourrer* la gueule de qn (…の)顔をぶん殴る.

bourrer「le crâne [le mou] à qn 話 …に作り話をする; (誇大な宣伝によって)…を洗脳する.

bourrer qn de coups 話 …をぼこぼこ殴る.

—— 自動 ❶ 〔食べ物が〕腹をいっぱいにする; 胃にもたれる. ▶ un aliment qui *bourre* 胃にもたれる食べ物. ❷ 話 (作業などを)急ぐ, (車を)飛ばす. ❸ 〔コピー機などが〕詰まる. ▶ Le papier *bourre* dans l'imprimante. プリンターの紙が詰まった.

—— **se bourrer** 代動 ❶ 話 <*se bourrer* de qc> (食べ物を)たらふく食べる. ❷ 俗 酔っ払う. ❸ 殴り合う.

bourriche /buriʃ/ 女 (狩の獲物, 魚などを運ぶ取っ手のない)かご; かごの中身.

bourrichon /buriʃɔ̃/ 男 話 頭. ▶ monter le *bourrichon* à qn …を興奮させる.

bourricot /buriko/ 男 小さなロバ.

bourrin /burɛ̃/ 男 俗 馬.

bourrique /burik/ 女 ❶ 雌ロバ; (一般に)ロバ. ❷ 話 頑固者, 石頭; ばか.

faire tourner qn en bourrique 話 (困らせて)…の頭を変にする, をいらいらさせる.

têtu comme une bourrique こちこちの石頭で, ばかみたいに頭が固い.

bourru, e /bury/ 形 ❶ 無愛想な, つっけんどんな (=rude). ▶ avoir un air *bourru* とっつきにくそうな人. ❷ 粗い; 精製されていない.

Bourse /burs/ 女 ❶ 証券取引所 (=*Bourse* des valeurs); パリ証券取引所 (=*Bourse* de Paris). ❷ 証券取引, 株式取引; 株式相場, 株価. ▶ le cours de la *Bourse* 株価 / une société cotée en *Bourse* 上場会社 / introduction en *Bourse* 株式公開 / spéculer à la *Bourse* 株式に投機する / La *Bourse* a monté [baissé]. 株価は上昇した[下落した]. ❸ (各種の)取引所. ▶ *Bourse* de commerce 商品取引所 / *Bourse* du travail 労働組合会館 / *Bourse* de l'emploi 雇用情報センター.

*****bourse** /burs/ ブルス 女 ❶ 財布, 巾着(きんちゃく)(注 今日では porte-monnaie が普通); 財布の金. ▶ dépenser toute sa *bourse* あり金を残らず使う / C'est trop cher pour ma *bourse*. 高くて手が出ない. ❷ 奨学金, 給費 (=*bourse* d'études). ▶ la *bourse* d'Etat 国費奨学金 / avoir une *bourse* 奨学金をもらっている.

à la portée de toutes les bourses だれにも買える値段の, 安価な.

avoir la bourse plate [bien garnie] 財布が軽い[膨らんでいる], 懐が寂しい[温かい].

faire bourse commune [à part] (avec qn) (…と)生計を一つにする[別々にする].

La bourse ou la vie! 命が惜しけりゃ金を出せ(強盗, 追いはぎの決まり文句).

ouvrir la bourse à qn …を経済的に援助する.

sans bourse délier 一銭も払わずに.

tenir les cordons de la bourse 財布のひもを握っている, 家計[財政]を一切預かっている.

boursicoter /bursikɔte/ 自動 小口の相場を張る.

boursicoteur, euse /bursikɔtœːr; øːz/ 名 小口の相場をはる人.

boursier[1], **ère** /bursje, ɛːr/ 名 株式仲買人, 相場師. —— 形 証券取引の. ▶ marché *boursier* 株式市場 / opérations *boursières* 証券取引.

bout

boursier², ère /bursje, ɛːr/ 名 給費生, 奨学生. ▶ les *boursiers* de l'Etat 国費奨学生.
— 形 奨学金を受けている. ▶ élève *boursier* 奨学生.

Boursin /bursɛ̃/ 商標 男 ブルサン: ガーリックやハーブの入ったチーズ.

boursouflage /bursufla:ʒ/, **boursouflement** /bursufləmɑ̃/ 男 膨らむこと, 腫(は)れ上がること; 膨らみ, 腫れ.

boursouflé, e /bursufle/ 形 ❶ 膨らんだ, 腫(は)れ上がった. ▶ visage *boursouflé* むくんだ顔.
❷ 〔文体などが〕誇張された, 大げさな.

boursoufler /bursufle/ 他動 …を膨らませる, 腫(は)れ上がらせる.
— **se boursoufler** 代動 膨らむ, 腫れ上がる.

boursouflure /bursufly:r/ 女 ❶ 膨らみ, 腫れ, 盛り上がり. ❷ 〔文体の〕誇張.

bous /bu/ 活用 ⇨ BOUILLIR 24

bousculade /buskylad/ 女 ❶ 乱暴に押すこと, 突き飛ばすこと. ❷ 人込み, 混雑, 雑踏. ▶ être pris dans la *bousculade* 人込みでもみくちゃにされる. ❸ 大騒ぎ, 大慌て.

bousculer /buskyle/ 他動 ❶ …にぶつかる, を突き飛ばす. ▶ *être bousculé* par la foule 人込みにもみくちゃにされる / Il *a été bousculé* par une voiture, mais ce n'est pas grave. 彼は車にひっかけられたが, たいしたことはない. ❷ ひっくり返す, めちゃめちゃにする. ▶ On *a* tout *bousculé* dans mon bureau. だれかが私の仕事部屋をめちゃくちゃにかき回した. ❸ …を覆す, 一変させる. ▶ *bousculer* les traditions 伝統を覆す. ❹ …を急がせる, せかす. ▶ Il *a été* très *bousculé* la semaine dernière. 彼は先週とても忙しかった.
— **se bousculer** 代動 ❶ 押し合いへし合いする, ひしめく. ❷ 話 急ぐ.

bouse /bu:z/ 女 牛糞(ふん).

bousier /buzje/ 男 〘昆虫〙クソムシ(糞虫)類.

bousillage /buzija:ʒ/ 男 ❶ やっつけ仕事で; (機械などを)壊すこと. ❷ (わらを切り泥に混ぜて作った)荒壁土.

bousiller /buzije/ 他動 話 ❶ …を壊す, 破損する. ❷ 〔仕事など〕をぞんざいにする. ▶ *bousiller* son travail (=bâcler) やっつけ仕事をする. ❸ …を殺す. ▶ se faire *bousiller* 殺される.

bousilleur, euse /buzijœ:r, ø:z/ 名 話 雑な仕事をする人; 不器用者, なんでも壊してしまう人.

boussole /busɔl/ 女 磁針盤〔儀〕, 磁石.
perdre la boussole 話 気が狂う, 頭が変になる; 慌てる, 取り乱す.

boustifaille /bustifɑ:j/ 女 話 食べ物; 御馳走(ちそう), 宴会.

***bout¹** /bu ブ/ 男

❶ 端, 先, 末端. ▶ le *bout* du pied つま先 / le *bout* du doigt 指先 / le *bout* de la langue 舌先 / être assis au *bout* de la table テーブルの端に座っている.
❷ 果て, 外れ, 終わり. ▶ Nous voyons venir avec plaisir le *bout* de la semaine. 週末が近づいてくるのはうれしいことだ / au *bout* de qc …の果てに, 終わりに(⇨ 成句) / à *bout* (de qc) …が尽きた(⇨ 成句).
❸ 〈un *bout* de + 無冠詞名詞〉…の**断片**; 少しの…, わずかの…. ▶ un *bout* de papier 一片の紙切れ / écrire un *bout* de lettre 短い手紙を書く / jouer un *bout* de rôle 端役を演じる / Allons faire un (bon) *bout* de promenade. ちょっと散歩しよう / un (bon) *bout* de temps 〔反語的に〕かなりの時間 / Ça fait un *bout* de chemin! かなり距離がある / un *bout* de chou (子供や小柄な人に)おちびさん / 《de 以下を省略で》manger un *bout* 話 一口食べる, 軽い食事をする.
❹ 〘映画〙 *bout* d'esssai テストフィルム; (俳優の)スクリーンテスト.

à bout de bras (1) 腕を伸ばして. (2) 一生懸命に.
***à bout** (*de* + 無冠詞名詞)(体力, 財力などの)尽きた, (特に)疲れはてた. ▶ *être à bout* de souffle 息を切らして, *être à bout* de ressources 万策尽きた, 八方ふさがりである / *être à bout* de force 力尽きている / *être à bout* de nerfs とてもいら立っている / Je suis *à bout*. もうへとへとだ.
à bout portant 間近から. ▶ tirer *à bout portant* (sur qn) (…を)至近距離から撃つ.
à tout bout de champ しょっちゅう; 何事につけ.
***au bout de qc** …の果てに, 終わりに. ▶ 《空間》 suivre qn jusqu'*au bout du monde* …に世界の果てまでついていく / 《状態, 行為》 arriver *au bout d*'un travail 仕事をやり終える / Il n'est pas *au bout de* ses peines. 彼はまだ難渋している / 《時間》 *au bout d*'un certain temps しばらくたって / Même *au bout de* deux heures d'explications, il n'a rien compris. 2時間説明しても彼には少しも飲み込めなかった.
***au bout du compte** つまり, 結局, 要するに.
avoir qc sur le bout 「*de la langue* [*des lèvres*]」 (名前など)が口元まで出かかっているのに思い出せない.
bout à bout /butabu/ 端と端を合わせて. ▶ coudre deux morceaux de tissu *bout à bout* 2 枚の布の端と端を縫い合わせる.
Ce n'est pas le bout du monde. それはそんなに難しくない.
commencer par un bout (どこからでも)とにかく事を始める, 仕事に手をつける.
de bout en bout /dəbutɑ̃bu/ 文章 = *d'un bout à l'autre* /dœ̃butalotr/ 端から端まで; 始めから終わりまで.
du bout 「***des dents*** [***des lèvres***]」 不承不承, しぶしぶ.
en connaître un bout (*sur qn/qc*)(…に関して)よく知っている, 有能だ.
joindre les deux bouts 話 苦労して収支を合わせる, なんとか帳尻(ちり)を合わせる.
****jusqu'au bout*** (*de qc*) (…の)最後まで. ▶ aller *jusqu'au bout de* ses idées 考えをとことん突き詰める.
le bout du tunnel (トンネルの出口 →)長く苦しい時期の終わり.
mettre les bouts (***de bois***) 話 立ち去る, 逃げる.
On ne sait par quel bout le prendre. 彼は

bout

取っつきにくい男だ，気難しい．
pousser qn à bout …を怒らせる．
prendre qc par le bon bout …を上手に扱う．
savoir qc sur le bout du doigt …に精通している，を熟知している．
tenir le bon bout (de qc) (…に)成功しそうである；(…で)有利な立場にある．
venir à bout de qc/qn (苦労して)…に成功する，をやり遂げる；(敵，困難などに)打ち勝つ．

bout² /bu/ 活用 ⇨ BOUILLIR 24

boutade /butad/ 女 警句，機知，冗談．

boute-en-train /butɑ̃trɛ̃/ 男《単複同形》(パーティーなどで)座を愉快にする人．

***bouteille** /butɛj/ ブティユ/ 女

❶ 瓶，ボトル． ▶ ouvrir [déboucher] une *bouteille* 瓶を開ける / boire à la *bouteille* らっぱ飲みをする / mettre du vin en *bouteilles* ワインを瓶に詰める / le vin qui a dix ans de *bouteille* 10年ボトルで寝かせたワイン． ❷ 瓶の中身；《特に》ワイン，酒． ▶ boire une *bouteille* de rouge 赤ワインを1瓶飲む / aimer la *bouteille* = être porté sur la *bouteille* 酒好きである． ❸ (特殊用途の)瓶，ボンベ． ▶ *bouteille* à gaz ガスボンベ / *bouteille* thermos [isolante] 魔法瓶．
Avec des si, on mettrait Paris en bouteille. 想像上のことなら何でも可能に．
avoir [prendre] de la bouteille (1)〔酒が〕年代を経てうまくなる．(2)年を取る；年の功を積む． ▶ ***la bouteille à l'encre*** 話 もつれきった状態． ▶ C'est *la bouteille à l'encre*. そいつはもうお手上げだ．
lancer [jeter] une bouteille à la mer 届く当てのないメッセージを出す．

bouteur /butœːr/ 男 ブルドーザー．

***boutique** /butik/ ブティック/ 女 ❶ 店，小売店． ▶ *boutique* d'alimentation 食料品店 / *boutiques* de foire 縁日の露店 / tenir *boutique* 小売店を営む． ❷ (ブランド商品を売るブティック(= boutique de mode)；(デパートなどの)ブティックコーナー． ▶《同格的に》robes *boutique* (ブティックの)プレタポルテ. 比較 ⇨ MAGASIN. ❸ 話 (居心地の悪い)家，仕事場，会社．
parler boutique 仕事の話をする．

boutiquier, ère /butikje, ɛːr/ 名〔しばしば軽蔑して〕小売店主，小商人．

boutoir /butwaːr/ 男 イノシシ〔豚〕の鼻．
coup de boutoir 激しい攻撃；辛辣(ﾗ̆ﾂ)な言葉．

***bouton** /butɔ̃/ ブトン/ 男 ❶ (衣服の)ボタン． ▶ engager un *bouton* dans sa boutonnière ボタンをはめる / recoudre un *bouton* とれたボタンをつけ直す / *boutons* de manchette カフスボタン / pile *bouton* ボタン電池．
❷ (器具の)ボタン，スイッチ． ▶ le *bouton* de sonnerie 呼び鈴のボタン / tourner le *bouton* スイッチを回す / appuyer sur le *bouton* ボタンを押す．
❸ 芽，蕾(ﾂﾎ̆ﾐ)． ▶ une fleur en *bouton* まだ蕾の状態にある花(⇨ 成句)．◆un *bouton* de + 無冠詞名詞 まだ蕾の…． ▶ acheter un *bouton* de rose 蕾のバラを一本買う．
❹ ノブ，取っ手． ▶ le *bouton* d'un tiroir 引き出しの取っ手．
❺ 吹き出物，発疹(ﾊｯｼﾝ)，にきび (= *bouton* de jeunesse).
donner des boutons à qn 話 …をいら立たせる． ▶ Ça me *donne des boutons*. ムカつく．
en bouton 将来のある，先が楽しみな． ▶ des promesses *en bouton* 見込みある将来，明るい見通し．

bouton-d'or /butɔ̃dɔːr/;《複》~s-~s 男 (キンポウゲなど)黄金色の小花をつける草．

boutonnage /butɔnaʒ/ 男 ボタンをかけること，ボタンのかけ方．

boutonner /butɔne/ 自動 ❶ 芽を出す，蕾(ﾂﾎ̆ﾐ)をつける．❷ 吹き出物[にきび]ができる． ▶ Son visage *boutonne*. 彼(女)の顔にはできものができている．❸ ボタンがかかる．
— 他動 …(の衣服)にボタンをかける． ▶ *boutonner* sa veste 上着のボタンをかける．
— ***se boutonner*** 代動 ボタンがかかる． ▶ Ce gilet *se boutonne* sur le côté. このチョッキはわきでボタンをかける．

boutonneux, euse /butɔnø, øːz/ 形 吹き出物[にきび]のできた．

boutonnier, ère /butɔnje, ɛːr/ 名 ボタン製造職人，ボタン商．
— **boutonnière** 女 ❶ ボタン穴． ▶ avoir une fleur à la *boutonnière* ボタンホールに花を挿している．❷ 医 切り傷．

bouton-pression /butɔ̃presjɔ̃/;《複》~s-~ 男《服飾》スナップ．

bouture /butyːr/ 女 挿し木，挿し芽．

bouturer /butyre/ 他動《植物》を挿し木する，取り木する．

bouvier, ère /buvje, ɛːr/ 名 牛飼い．

bouvillon /buvijɔ̃/ 男 去勢された雄の子牛．

bouvreuil /buvrœj/ 男《鳥類》ウソ．

bovidés /bɔvide/ 男複《動物》ウシ科．

bovin, ine /bɔvɛ̃, in/ 形 ❶ 牛の． ▶ l'élevage *bovin* 牛の飼育．❷〔表情などが〕輝きのない，さえない，鈍重な． ▶ œil *bovin* とろんとした目．— **bovin** 男 牛，家畜牛．

bowling /bolɪŋ/ 男《米語》ボウリング；ボウリング場． ▶ jouer au *bowling* ボウリングをする．

bow-window /bowindo/ 男《英語》出窓，ボーウインドー：特に凸曲面をなす出窓．

box /bɔks/;《複》***box(es)*** 男《英語》❶ (共同で使う部屋の)仕切った一区画，(特に)(大部屋の)仕切り病室；被告席 (=le *box* des accusés)；判事席 (=le *box* des jurés)．❷ 馬房，厩舎(ｷｭｳｼｬ)の仕切り．❸ (1, 2台用の)車庫，ガレージの一区画．

box-calf /bɔkskalf/，**box** /bɔks/ 男《米語》ボックスカーフ：クロムでなめした子牛の革．

boxe /bɔks/ 女 ボクシング (= *boxe* anglaise). ▶ faire de la *boxe* ボクシングをする / match de *boxe* ボクシングの試合 / *boxe* française フランス式キックボクシング．

boxer¹ /bɔkse/ 自動 話 ボクシング(の試合)をする．
— 他動 話 …を殴る．

boxer² /bɔksɛːr/ 男 ボクサー犬．

boxeur /bɔksœːr/ 男 ボクサー．

box-office /bɔksɔfis/ 男《米語》(映画などの)興行成績、(レコードなどの)売り上げ [人気] 順位.

boy /bɔj/ 男《英語》❶ (植民地での)召使いの少年. ❷ (レビューの群舞の)男性ダンサー.

boyau /bwajo/;(複) **x** 男 ❶ (多く複数で)(動物の)腸. 話(人の)はらわた. ❷ (弦楽器、ラケットなどの)ガット(弦). ❸ 細長い管、ホース、チューブ. ❹ (トンネル状の、あるいは壁に挟まれた)細長い通路、狭い小道;〖軍事〗ジグザグ状の連絡壕(⁻).

rendre tripes et boyaux 話 食べた物を全部吐く.
se tordre les boyaux 話 腹の皮をよじって笑う.

boycottage /bɔjkɔta:ʒ/, **boycott** /bɔjkɔt/《英語》男 ボイコット;不買 [不売] 運動.

boycotter /bɔjkɔte/ 他動 …をボイコットする、排斥する. ▶ *boycotter* les produits étrangers 外国製品をボイコットする.

boycotteur, euse /bɔjkɔtœːr, øːz/ 形、名 ボイコットする(人).

boy-scout /bɔjskut/;(複) ~(**s**)-~**s** 男《英語》❶ (皮肉に)単純素朴な理想家. ❷ 古 ボーイスカウト. 注 普通は単に scout という.

BP (略語) boîte postale 私書箱.

brabançon, onne /brabɑ̃sɔ̃, ɔn/ 形 (ベルギーの)ブラバント Brabant 地方の.
— **Brabançon, onne** 名 ブラバントの人.
— **Brabançonne** 女 (la Brabançonne) ベルギー国歌.

Brabant /brabɑ̃/ 固有 男 ブラバント:ベルギー中部地方.

*****bracelet** /brasle/ ブラスレ/ 男 ❶ ブレスレット、腕輪;腕時計のバンド. ▶ *bracelet* électronique 電子腕輪(性犯罪者などの所在地を明らかにするために信号を発信する腕輪). ❷ (手首を保護する)リストパッド (= *bracelet* de force).

bracelet-montre /braslɛmɔ̃:tr/;(複) ~**s**-~**s** 男 ブレスレットウォッチ.

braconnage /brakɔnaʒ/ 男 密猟、密漁.

braconner /brakɔne/ 自動 密猟 [密漁] する.
braconner sur les terres de qn …の縄張りを荒らす、権利を侵害する;を剽窃(ʰʲ)する.

braconnier, ère /brakɔnje, ɛːr/ 名 密猟 [密漁] 者. — 形 密猟 [密漁] の.

brader /brade/ 他動 ❶ …を捨て値で売り払う、大安売りする. ❷ [領土、権益、大義など]をやすやすと放棄する、見限る.

braderie /bradri/ 女 ❶ (商店街の)在庫品処分セール. ❷ (北仏、ベルギーの)ブラドリー:年1回の住民バザー. ❸ (領土、植民地の)放棄、見限り.

braguette /bragɛt/ 女 ズボンの前あき.

brahmane /braman/ 男 バラモン(波羅門):インドのカースト制度で最高身分.

brahmanique /bramanik/ 形 バラモン教の.
brahmanisme /bramanism/ 男 バラモン教.

brai /brɛ/ 男 ピッチ:タール、原油などを蒸留したときの残留物.

braillard, arde /brajaːr, ard/ 形、名 話 わめく(人)、がなりたてる(人).

braille /braj/ 男 点字. ▶ transcription en *braille* 点字訳. [考案者 L. Braille の名から]

braillement /brajmɑ̃/ 男 わめくこと、がなること;わめき声、どなり声.

brailler /braje/ 自動 話 わめく、がなる;泣きわめく. — 他動 話 [人が]…をわめきちらす.

brailleur, euse /brajœːr, øːz/ 形、名 ⇨ BRAILLARD.

braiment /brɛmɑ̃/ 男 (ロバの)鳴き声.

brainstorming /brɛnstɔrmiŋ/ 男《米語》ブレーンストーミング.

brain-trust /brɛntrœst/ 男《米語》ブレーントラスト:政策立案などに関する非公式の顧問団.

braire /brɛːr/ 68 自動 《不定形、分詞および直説法現在、単純未来、条件法現在の各3人称のみ》(過去分詞 brait, 現在分詞 brayant) ❶ [ロバが]鳴く. ❷ 話 [人が]わめく、がなる.
faire braire うんざりさせる.

braise /brɛːz/ 女 燠(⁻);炭火. ▶ griller de la viande sur la *braise* 炭火で肉を焼く.
avoir des yeux de braise 爛々(ラン)とした [情熱的な] 目をしている.

braisé, e /brɛze/ 形〖料理〗蒸し煮した. ▶ saumon *braisé* au champagne サケのシャンパン蒸し.

braiser /brɛze/ 他動〖料理〗…を弱火で蒸し煮する. — 自動 弱火で蒸し煮する.

brame /braːm/, **bramement** /bramɑ̃/ 男 (発情期の)鹿の鳴き声.

bramer /brame/ 自動 ❶ [鹿が]鳴く. ❷ 話 大声で泣く、わめく.

brancard /brɑ̃kaːr/ 男 ❶ 担架;(担架の)柄. ▶ Le blessé a été transporté sur un *brancard*. けが人は担架で運ばれた. ❷ (馬車の)かじ棒、轅(ᵗᵉˢᵈ).
ruer dans les brancards ([馬の]轅から逃れようとする→)激しく反抗する、食ってかかる.

brancardier /brɑ̃kardje/ 男 担架係.

branchage /brɑ̃ʃaːʒ/ 男 ❶《複数で》(切り取った)枝、粗朶(ᵗ). ❷《集合的に》(1本の木の全部の)枝.

*****branche** /brɑ̃ːʃ/ ブランーシュ/ 女 ❶ 枝. ▶ ramasser des *branches* mortes 枯れ枝を拾い集める. ❷ 枝状のもの;支線、支流. ▶ les *branches* d'une paire de lunettes めがねのつる / les *branches* du compas コンパスの両脚 / les *branches* d'un fleuve 河の支流. ❸ 家系(の一系統)、分家. ▶ la *branche* aînée d'une famille ある家の長子の家系. ❹ 分野、部門. ▶ les différentes *branches* de la science moderne 現代科学の諸分野.

avoir de la branche 血筋がよい、名門の出である;気品がある.
être comme l'oiseau sur la branche 不安定 [危険] な立場にいる.
scier la branche sur laquelle on est assis 自ら墓穴を掘る.
se rattraper aux branches 窮地を脱する.
vieille branche 話 (呼びかけで)やあ、おい.

branché, e /brɑ̃ʃe/ 形 ❶ 流行の、流行に通じた. ▶ le style *branché* 流行のスタイル / un restaurant *branché* はやりのレストラン / la jeunesse *branchée* 先端を行く若者たち. ❷ <*branché* (sur qc)>(…について)よく知っている. ▶ Il est bien *branché* sur l'actualité politique.

branchement

彼は現在の政治状況に詳しい.

branchement /brɑ̃ʃmɑ̃/ 男 ❶ (導管, 導線などの) 接続, 配置. ▶ un *branchement* de téléphone 電話の設置. ❷ 分岐した管［線］; 『電気』引込線. ❸『鉄道』*branchement* de voie ポイント.

brancher /brɑ̃ʃe/ 他動 ❶ < *brancher* qc/qn (sur qc) > …を (…に) つなぐ. ▶ *brancher* une lampe sur la prise 電気スタンドをコンセントにつなぐ. ❷ <*brancher* A sur B> A を B に向ける, 紹介する. ▶ *brancher* la conversation sur des souvenirs de guerre 戦争中の思い出に話題を向ける / Il m'a *branché* sur un de ses amis. 彼は私を友人の一人に紹介した. ❸ 知らせる. ▶ Est-ce qu'il t'a *branché*? 彼から聞いたかい. ❹ 関心をひく. ▶ Ça te *branche* d'aller au ciné? 映画を見に行かないか.
— **se brancher** 代動 ❶ <*se brancher* (sur qc)> (…に) つながる, 接続する; (放送を) 受信する. ❷ 話 <*se brancher* sur qc> …に興味を持つ.

branchette /brɑ̃ʃɛt/ 女 文章 小枝.
branchie /brɑ̃ʃi/ 女 (多く複数で) 鰓 (えら).
branchu, e /brɑ̃ʃy/ 形 枝が多い [よく茂った].
brandade /brɑ̃dad/ 女『料理』ブランダード: 塩抜きした干ダラのクリームペーストにオリーブ油を加えて練り上げる南仏料理.
brandir /brɑ̃di:r/ 他動 (脅したり注意を引くために) …を振りかざす, 振り回す. ▶ *brandir* une épée 剣を振り上げる / *brandir* la loi 法を振りかざして脅す.
brandon /brɑ̃dɔ̃/ 男 ❶ 火の粉; 燃え残り. ❷ 文章 *brandon* de discorde 不和 [内紛] の火種; いざこざの火つけ役.
brandy /brɑ̃di/ 男〔英語〕ブランデー.
branlant, ante /brɑ̃lɑ̃, ɑ̃:t/ 形 揺れる, ぐらつく, 不安定な. ▶ table *branlante* ぐらぐらするテーブル.

château branlant (歩き始めたばかりの) よちよち歩きの子供.

branle /brɑ̃:l/ 男 ❶ 大きな揺れ, 振動. ❷ 弾み, 起動力.

donner le branle à qc …に弾みをつける, を始動させる, 活気づける.

mettre qc/qn en branle …を大きく揺する; 動かす, 始動させる. ▶ *mettre en branle* une cloche 鐘を大きく揺すって鳴らし始める / *mettre en branle* une réforme institutionnelle 制度改革をスタートさせる.

se mettre en branle 動き出す, 活気づく.

branle-bas /brɑ̃lba/ 男 てんやわんや, 大騒動. ▶ Le gouvernement se trouvait dans le *branle-bas* des élections. 政府は選挙で大わらわだった.
branlement /brɑ̃lmɑ̃/ 男 *branlement* de tête 首を縦［横］に振ること.
branler /brɑ̃le/ 他動 ❶ *branler* la tête 首を縦［横］に振る. ❷ 話 …をする, やる (=faire). ▶ Qu'est-ce que tu *branles*? 何をしているんだ.
— 自動 ぐらぐらする, 不安定である. ▶ J'ai une dent qui *branle*. 歯が1本ぐらぐらする.

branler dans le manche (1) 〔道具の〕 柄がぐらぐらする. (2) 〔体制, 事業, 地位などが〕 不安定である.

n'avoir rien à branler どうでもよい, 気にしない.
— **se branler** 代動 ❶ 話 <*s'en branler*> ばかにする, 無視する, 問題にしない. ❷ 俗 オナニーする.
braquage /braka:ʒ/ 男 ❶ 操舵 (だ), ステアリング. ❷ 俗 ピストル強盗, 武装襲撃.
braque /brak/ 男 ポインター: 短毛で垂れ耳の代表的猟犬. — 形 話 (少々) 頭がおかしい.
braquer /brake/ 他動 ❶ < *braquer* qc sur [vers] qn/qc> 〔武器, 視線など〕 を…に向ける. ▶ *braquer* un fusil sur la poitrine de qn …の胸元に銃口を向ける / *braquer* les yeux sur qn/qc …を見詰める, 注視する. ❷ 〔車輪〕 の向きを大きく変える; 《仏語なしに》 (いっぱいに) ハンドルを切る. ▶ *braquer* (les roues avant) à gauche 左に大きくハンドルを切る. ❸ <*braquer* qn (contre qn/qc)> (…に対する) …の反発 [反感] を引き起こす. ▶ Tu finiras par le *braquer* (contre toi) avec tes remarques désagréables. そんなにいやみな小言を言っていると彼を敵に回すことになるぞ. ❹ 俗 …を銃で脅す, 武装して襲う. ▶ *braquer* une banque 銀行強盗する.
— 自動 〔車が〕 方向を変える. ▶ une voiture qui *braque* bien 小回りの利く車.
— **se braquer** 代動 ❶ < *se braquer* sur [vers] qn/qc> 〔視線など〕 …に向けられる, 注がれる. ❷ …に反対する. ▶ *se braquer* contre un projet 計画に反対する.
braquet /brakɛ/ 男 『自転車』歯数比, ギア比. ▶ mettre le grand [petit] *braquet* 変速ギアをトップ [ロー] に入れる.

changer de braquet ギアを変える.
braqueur /brakœ:r/ 男 俗 拳銃 (けんじゅう) 強盗.

*bras /bra ブラ/

❶ 腕; 上腕, 二の腕. ▶ se casser le *bras* 腕の骨を折る / donner [offrir] le *bras* à qn (歩くとき) …に腕を貸す / prendre le *bras* à qn …の腕を取る / être au *bras* de qn …と腕を組んでいる / retenir qn par le *bras* …の腕をつかんで引き止める / porter [tenir] qc sous le *bras* …をわきに抱える / serrer qn dans ses *bras* …を抱き締める.

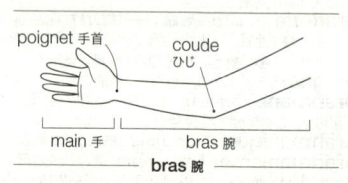

poignet 手首　coude ひじ
main 手　bras 腕
bras 腕

❷ 人, 人手; 協力者; 助力, 援助. ▶ L'industrie réclame des *bras*. 企業は人手を必要としている / le *bras* droit de qn …の右腕, おもな協力者 / Il a refusé son *bras* à ce projet. 彼はその計画への協力を拒んだ.
❸ 権力, 威力. ▶ le *bras* de Dieu 神の力 / le *bras* de la Justice 法の力 / le *bras* séculier

（教会の権力に対して）世俗の権力.
❹（椅子などの）ひじ掛け；（担架の）柄；（器具などの）腕，アーム. ▶ le *bras* d'un fauteuil ひじ掛け椅子のひじ掛け / le *bras* de levier てこのひじ，てこ比. ❺ le *bras* de mer 入り江.

à bout de bras (1) 腕の先で，腕を伸ばして. (2) 一生懸命に.

à bras （機械の助けを借りずに）腕で，手で，人力で；手動の.

à bras le corps ⇨ BRAS-LE-CORPS.

à bras ouverts もろ手を挙げて，歓迎して. ▶ recevoir qn *à bras ouverts* …を大歓迎する.

à bras raccourcis 激しく，荒々しく.

à bras tendu 腕を伸ばして.

à pleins bras (1) 両腕いっぱいに. (2) 精いっぱいに. ▶ travailler *à pleins bras* 懸命に働く.

*****à tour de bras*** 全力を込めて；惜しみなく. ▶ battre qn *à tour de bras* …を思い切り殴る / jeter l'argent *à tour de bras* 惜しげもなく金をばらまく.

avoir le bras long 影響力がある，顔が広い.

avoir les bras rompus 仕事でへとへとに疲れる，疲労困憊する.

avoir qn/qc sur les bras …をしょい込んでいる；の責任を負っている. ▶ *avoir* une mauvaise affaire *sur les bras* 厄介な仕事を背負い込む；面倒なことになる.

baisser les bras (1) 腕を下げる. (2) 屈する，降参する；手を引く，断念する.

bras cassé 役立たず.

bras de fer 腕相撲；（互いに譲らない）対決，抗争.

*****bras dessus, bras dessous*** 互いに腕を組んで；一致協力して. ▶ Ils se promenaient *bras dessus, bras dessous*. 彼らは腕を組んで散歩していた.

couper [***casser, rompre***] ***bras et jambes à qn*** = ***couper les bras à qn*** (1) …を（肉体疲労で）ぐったりさせる. (2) …を茫然とさせる.

faire un bras d'honneur à qn （左手を右ひじの内側に置いて，右腕を上方に勢いよく上げて）…に対してあざけり［挑発］の身振りをする.

gros bras 〖話〗屈強な男，タフガイ；荒くれ者，乱暴者. ▶ jouer les *gros bras* 強がる. (2) 警備員，ガードマン. (3) 大型トラックの運転手.

J'ai pas quatre bras. これが精一杯だ.

Les bras m'en tombent. 唖然とする，仰天する；疲れ果てている.

ouvrir les bras à qn (1) …を喜んで迎える. (2) …を救う，援助する；許す.

*****se croiser les bras*** = ***rester***［***demeurer***］***les bras croisés*** 腕組みをする；手をこまぬく，何もしないでいる.

tendre les bras à qn (1) …を歓迎する. (2) …に救い［援助］の手を差し伸べる；を許す. (3) …に救い［援助，許し］を求める. (4)〔ポスト，場所などが〕…のために空いている，のものになる.

vivre de ses bras 腕一本で生活する.

braser /braze/ 他動 〔金属〕を蠟付けする.

brasero /brazero/ 男〖スペイン語〗（屋外で使われる暖房用の）金属製焜炉（ゴン），火鉢.

brasier /brazje/ 男 ❶ 燃え盛る火，猛火；大火事；戦火. ▶ L'incendie a transformé les maisons en *brasier*. 火事で家々は燃え盛る火の塊と化した. ❷ 激情，熱情.

bras-le-corps /bralkɔːr/《次の句で》
à bras-le-corps 副句 四つに組んで；敢然と，大胆に. ▶ Je vais prendre ce problème *à bras-le-corps*. この問題に真正面から取り組んでみよう.

brassage /brasaːʒ/ 男 ❶ 混合；（人，文化などの）交流. ▶ le *brassage* des races 人種の混交. ❷ ビール醸造.

brassard /brasaːr/ 男 腕章. ▶ *brassard* de deuil 喪章.

brasse /bras/ 女 ❶ 平泳ぎ，ブレスト. ▶ *brasse* papillon バタフライ. ❷ （平泳ぎの）1 かき，ストローク. ❸ ブラス，尋（ひろ）. 1.66メートル.

brassée /brase/ 女 一抱え. ▶ une *brassée* de fleurs 一抱えの花束 / une *brassée* d'enfants 多くの子供たち.

brasser /brase/ 他動 ❶ …をかき混ぜる，かき回す；混合させる. ▶ *brasser* les cartes 〘話〙トランプを切る. ❷〔金〕を動かす；…を扱う，手がける. ▶ *brasser* des millions 巨額の金を動かす / *brasser* des affaires 多角経営をする，さまざまな事業に手を出す. ❸〔ビール〕を醸造する.
— ***se brasser*** 代動 混ざり合う.

brasserie /brasri/ 女 ❶ ビール醸造業；ビール醸造工場. ❷（大きな）カフェレストラン，パブ.

brasseur¹, euse /brasœːr, øːz/ 名 ❶ ビール醸造業者；ビール問屋. ❷ *brasseur* d'affaires 〘多くを軽蔑して〙（手広く事業を行う）やり手実業家.

brasseur², euse /brasœːr, øːz/ 名 平泳ぎの選手［泳者］.

brassière /brasjɛːr/ 女 ❶ 乳幼児用肌着；乳幼児用セーター. ❷〖海事〗救命衣.

bravache /bravaʃ/ 形 文章 空威張りをする，虚勢を張る. ▶ prendre un air *bravache* 豪傑ぶって見せる. — 男 文章 空威張りをする人，虚勢を張る人. ▶ faire le *bravache* 虚勢を張る.

bravade /bravad/ 女 挑戦的態度［言動］；虚勢，強がり. ▶ par *bravade* 強がって［虚勢を張って］.

*****brave** /braːv ブラーヴ/ 形 ❶〈名詞のあとで〉勇敢な，勇ましい（↔lâche）. ▶ un homme *brave* 勇気のある男 / se montrer *brave* dans le malheur 逆境にあっても毅然とした［けなげな］ところを見せる. ❷〈名詞の前で〉善良な，正直な，律義な，まじめな，純朴な. ▶ un *brave* homme 善人，正直者；お人よし / C'est un *brave* type. 彼はいいやつだ. / mon *brave* homme // ma *brave* femme〔やや見下して〕君，あんた，おまえさん.
— 名 勇敢な人，勇者；勇士. ▶ faire le *brave* 勇者ぶる，空威張りする.

bravement /bravmɑ̃/ 副 勇敢に，勇ましく，果敢に；大胆に，きっぱりと.

braver /brave/ 他動 …に勇敢に立ち向かう，歯向かう；をものともしない，無視する. ▶ *braver* l'ennemi 敵に敢然と立ち向かう / *braver* un danger あえて危険を冒す / *braver* la mort 死をものともしない.

***bravo** /bravo ブラヴォ/ 《イタリア語》 間投 うまいぞ, いいぞ, 万歳, ブラボー.
— 男 《多く複数で》拍手喝采(かっさい), 歓声.

bravoure /bravuːr/ 女 ❶ 勇気, 勇敢, 雄々しさ, 大胆さ (=courage). ▶ faire preuve de *bravoure* 勇気の程を示す. ❷ morceau de *bravoure* (芸術作品中の)さわり, 華麗な一節, 見せ所.

break[1] /brɛk/ 男 《英語》ステーションワゴン.

break[2] /brɛk/ 男 《米語》 ❶ (ジャズの)ブレーク: ソロ演奏の間, 他のメンバーが演奏を休止すること. ❷ ブレークダンス. ❸ 休憩.

breakfast /brɛkfœst/ 男 《英語》(英国風の)朝食: 卵, ベーコン, オートミールなど.

brebis /brəbi/ 女 ❶ 雌羊. 注 雄羊は bélier.
❷ 忠実なキリスト教信者, 神の僕(しもべ). ▶ *brebis* égarée 迷える小羊. ❸ 優しい人, 純真無垢(むく)な人.
brebis galeuse (集団から嫌われる)厄介者, 危険分子, 鼻つまみ.

brèche /brɛʃ/ 女 ❶ (壁, 塀などの)割れ目, 裂け目, 穴. ▶ une *brèche* ouverte par la mer dans la digue 波が突堤にうがった穴. ❷ (敵陣戦線の)突破口. ▶ ouvrir une *brèche* dans le front ennemi 敵の前線に突破口を開く. ❸ 損害, 打撃, 痛手. ▶ faire une *brèche* dans [à] l'honneur de qn …の名誉を傷つける. ❹ (刃の)こぼれ; (皿やグラスの)欠け傷.
battre qc/qn en brèche 〔人, 思想, 権威など〕を激しく攻撃する, 揺るがす, に打撃を与える.
être* (*toujours*) *sur la brèche 絶えず活動[仕事]している; 臨戦態勢にある.
mourir sur la brèche 戦いで死ぬ.

bredouille /brəduj/ 形 (猟などで)獲物のない; (交渉, 会議などで)成果のない. ▶ revenir [rentrer] *bredouille* 手ぶらで帰る; 成果なく終わる.

bredouillement /brədujmɑ̃/ 男 早口で分かりにくい話し方[言葉].

bredouiller /brəduje/ 自動 (分かりにくく)早口で話す; (焦って)口ごもる.
— 他動 …を早口でもぐもぐ言う.

bredouill*eur, euse* /brədujœːr, øːz/ 形, 名 早口で分かりにくい話し方をする(人).

bref**[1]**, *brève /bref, brɛːv ブレフ, ブレーヴ/ 形

男性単数 bref	女性単数 brève
男性複数 brefs	女性複数 brèves

❶ (時間的に)短い. ▶ une vie *brève* 短い生涯 / une *brève* rencontre つかの間の出会い / à *brève* échéance 短期の[に].
❷〔表現, 話が〕短い, 簡潔な;〔口調, 声などが〕そっけない, ぶっきらぼうな. ▶ une *brève* allocution 短いスピーチ / une lettre *brève* 簡単な手紙, 短信 / d'un ton *bref* そっけない口調で / Soyez *bref*. 手短にお願いします.
pour être bref 要するに, 簡単に言えば.
— **bref** 副 要するに, 一言で[簡単に]言えば. ▶ *Bref*, il n'y a rien de changé. 要するに, 何も変わっていないということだ.
en bref 文章 要するに; 簡潔に.

bref[2] /brɛf/ 男 〘カトリック〙教皇書簡.

brelan /brəlɑ̃/ 男 (ポーカーの)スリーカード; (ダイスゲームで)同じ目を3つ出すこと.

breloque /brəlɔk/ 女 (時計の鎖, 腕輪などにつける)小さな飾り.
battre la breloque 〔機械, 器官などが〕調子が悪い, 不規則な動き方をする;〔人が〕たわごとを言う.

Brême /brɛm/ 固有 ブレーメン: ドイツの都市.

Brésil /brezil/ 固有 男 ブラジル: 首都 Brasilia. ▶ au *Brésil* ブラジルに[で, へ].

brésili*en, enne* /breziljɛ̃, ɛn/ 形 ブラジル Brésil の; ブラジル・ポルトガル語の.
— **Brésili*en, enne*** 名 ブラジル人.
— **brésilien** 男 ブラジル・ポルトガル語.

bress*an, ane* /brɛsɑ̃, an/ 形 ブレス Bresse 地方の. — **Bress*an, ane*** 名 ブレス地方の人.

Bresse /brɛs/ 固有 女 ブレス地方: フランス中東部地方.

Brest /brɛst/ 固有 ブレスト: ブルターニュの港町.

brest*ois, oise* /brɛstwa, waːz/ 形 ブレスト Brest の.
— **Brest*ois, oise*** 名 ブレストの人.

Bretagne /brətaːɲ/ 固有 女 ブルターニュ地方: 大西洋に突き出た半島にあり, 独自の文化と言語を持っている.

bretelle /brətɛl/ 女 ❶ 負い革, 負いひも, (銃の)つり革. ▶ porter le fusil à la *bretelle* 銃を肩にかける. ❷ 《多く複数で》(婦人服, シュミーズなどの)肩つりひも, ストラップ; サスペンダー, ズボンつり. ❸ (高速道路の)ランプ; 〘鉄道〙交差渡り線. ▶ *bretelle* d'accès 進行ランプ.
piano à bretelle アコーデオン.
remonter les bretelles à qn …に説教する, 叱る, とっちめる.

bret*on, onne* /brətɔ̃, ɔn/ 形 ❶ ブルターニュ Bretagne の. ❷ ブルトン語の.
— **Bret*on, onne*** 名 ブルターニュ地方の人.
— **breton** 男 ブルトン語.

bretonn*ant, ante* /brətɔnɑ̃, ɑ̃ːt/ 形 ブルトン語を話す. ▶ les Bretons *bretonnants* (ブルターニュの伝統を守り, ブルトン語を話す)生粋のブルターニュ人.

bretzel /brɛtsɛl/ 男/女 ブレッツェル: 8の字形で塩とクミンの種をまぶしたクラッカー.

breuvage /brœvaːʒ/ 男 《多く形容詞を伴って》飲料.

brève /brɛːv/ bref[1] の女性形.
— 女 ❶ 短母音; 短音節. ❷ ミニ情報.
brève de comptoir カフェのカウンターで交されるちょっとした話.

brevet /brəvɛ/ 男 ❶ 免(許)状, 資格証, 修了証, 免許証. ▶ *brevet* d'apprentissage 研修期間修了証 / *brevet* des collèges コレージュ修了証書 / Il a son *brevet* de pilote. 彼はパイロットのライセンスを持っている. ❷ (発明の)特許(証), 特許権, パテント (=*brevet* d'invention). ▶ prendre un *brevet* 特許を取る. ❸ (特質の)証拠, 保証. ▶ délivrer à qn un *brevet* d'honnêteté …が誠実であることを請け負う.

breveté, *e* /brəvte/ 形 ❶ 免状[免許証]を持った. ▶ un ingénieur *breveté* 有資格の技師.
❷ 特許権を持った. ▶ un procédé de fabrica-

tion *breveté* 特許を取った製法. — 名 ❶ 免状[免許(証)]取得者. ❷ 特許(権)取得者.

breveter /brəvte/ [4] 他動 …に特許(権)を与える. ▶ faire *breveter* une invention 発明の特許を取得する.

bréviaire /brevjε:r/ 男 ❶《カトリック》聖務日課書. ❷ 座右の書, 愛読書.

briard, arde /brija:r, ard/ 形 ブリー Brie 地方の.
— **Briard, arde** 名 ブリー地方の人.
— **briard** 男 ブリアール(= berger de Brie): 毛の長い牧羊犬.

bribe /brib/ 女《多く複数で》❶《食べ物などの残り, くず; 少量. ▶ des *bribes* de viande 肉の切れ端. ❷《記憶などの》断片. ▶ des *bribes* d'une conversation 会話の断片 / *bribes* de souvenirs 断片的な記憶.
par bribes 断片的に, 切れ切れに.

bric /brik/ 男《次の句で》
de bric et de broc 副句 てんでんばらばらに[行き当たりばったりに]寄せ集めて. ▶ un appartement meublé *de bric et de broc* ちぐはぐな家具で飾ったアパルトマン.

bric-à-brac /brikabrak/ 男《単複同形》❶《雑多な》骨董品, 古道具; がらくたの山. ❷ 骨董品店, 古道具屋. ❸ 陳腐な趣向[手法].

bricolage /brikɔla:ʒ/ 男 ❶ 日曜大工; 《家庭内の》修繕, 手入れ; 工作. ▶ faire du *bricolage* 日曜大工をする. ❷ やっつけ仕事, 脚色修理; あり合わせのものでの問題解決. ❸《文化人類学》ブリコラージュ.

bricole /brikɔl/ 女 ❶ 取るに足りない物[事], 些事(ピ). ❷ 小物, 小さなアクセサリー. ❸《小さな》修理仕事, 手仕事. ❹《馬具の》胸繋(ぢ); 背負い革.
Il va lui arriver des bricoles. 彼(女)はやっかいなことになりそうだ.

bricoler /brikɔle/ 自動 ❶ 日曜大工をする. ❷《修理などの》手間仕事をして生計を立てる; 雑用をする. — 他動 素人が家具, 器械など》修繕する, こしらえる, 細工する.

bricoleur, euse /brikɔlœ:r, ø:z/ 名 器用な人, 修理[工作]好きの人, 日曜大工; 何でも屋, 便利屋. — 形 器用な; 日曜大工の.

bride /brid/ 女 ❶ 手綱. ❷《服飾》(輪, 半円状の)ひも; (帽子の)あごひも; (ボタンホールの)縁かがり. ❸《機械》輪金; フランジ.
à bride abattue = *à toute(s) bride(s)* 手綱を放して; 全速力で, まっしぐらに.
la bride sur le cou 自由に. ▶ laisser *la bride sur le cou* à qn …を自由にさせる, 野放しにする.
lâcher la bride à qn/qc …の手綱を緩める, を野放しにする. ▶ Elle a *lâché la bride à* ses passions. 彼女は情熱に身をゆだねた.
tenir la bride (haute) à qn/qc = retenir [serrer] la bride à qn/qc …の手綱を締める, を抑える, 自由にさせない.
tenir qn/qc en bride …の手綱を締める を抑える.
tourner bride = retourner sa bride (1) 道を引き返す. (2) 意見[態度]を変える.

bridé, e /bride/ 形 ❶ yeux *bridés*《黄色人種特有の》つり上がった目, 切れ長の目. ❷ moteur *bridé* 回転数をおとしたエンジン.

brider /bride/ 他動 ❶《馬》に勒(ぅ)を着ける. ❷ (衣服が体)を締めつける. ❸ 文章《人, 行動など》を束縛する; 《感情など》を抑える.

bridge[1] /bridʒ/ 男《英語》《カード》ブリッジ.
bridge[2] /bridʒ/ 男《英語》《歯科》ブリッジ.

bridger /bridʒe/ 2 自動《カード》ブリッジをする.

bridgeur, euse /bridʒœ:r, ø:z/ 名《カード》ブリッジをする人.

Brie /bri/ 固有 女 ブリー地方: パリ東方.

brie /bri/ 男 ブリーチーズ.

briefer /brife/ 他動 …に業務上の指示を与える, 状況説明を行う, 情報を伝える.

briefing /brifiŋ/ 男《英語》❶《航空》ブリーフィング: 飛行前の最終指示, 打ち合わせ. ❷ 打ち合わせ, ブリーフィング; 状況説明.

brièvement /brijɛvmɑ̃/ 副 手短に, 簡潔に.

brièveté /brijɛvte/ 女《時間の》短さ, つかの間; 《表現, 話の》簡潔, 簡明. ▶ s'exprimer avec *brièveté* 手短に考えを述べる.

brigade /brigad/ 女 ❶《軍事》旅団. ▶ général de *brigade* 旅団長, 少将 / *brigades* internationales (スペイン内戦時の)国際義勇軍(1936-39年). ❷《軍事, 警察などの》分隊, 小隊, 班. ❸《官公庁などの》班, 組, チーム.

brigadier /brigadje/ 男 ❶《軍事》(機甲・砲兵・輜重)隊の上等兵. ❷ 最高級校友. ❸ 巡査部長. ❹《官公庁の》作業班長, 業務主任.

brigadier-chef /brigadjeʃɛf/《複》~s-~s 男 ❶《機甲・砲兵・輜重(ちょう)隊の兵長. ❷《警察の》主任巡査部長.

brigand /brigɑ̃/ 男 ❶《多くふざけて》悪党; いたずらっ子, 悪がき. ▶ Petit *brigand*! 悪い子ね. ❷ 古風 山賊, 強盗.
des histoires de brigands 腰 途方もないほら.

brigandage /brigɑ̃da:ʒ/ 男 ❶《徒党を組んだ》強盗, 略奪, 強奪. ❷ 悪質な行為, 不正; 汚職.

brigue /brig/ 女 文章 権謀術数.

briguer /brige/ 他動 …を熱望する; を志願する, に立候補する.

brillamment /brijamɑ̃/ 副 ❶ 輝かしく, 見事に, 目覚ましく, 華々しく. ▶ passer *brillamment* un examen 立派な成績で試験に合格する. ❷ 明るく, まばゆく. ▶ un salon *brillamment* éclairé 煌々(ら)と明かりのともった客間.

brillance /brijɑ̃:s/ 女 文章 輝き, きらめき; 艶(ら), 光沢.

***brillant, ante** /brijɑ̃, ɑ̃:t/ ブリヤン, ブリヤーント/ 形 ❶ 輝く, 光る; 色鮮やかな. ▶ une lumière *brillante* まばゆい光 / des cheveux *brillants* 艶(ら)やかな髪 / un visage *brillant* de bonheur 幸福に輝いている顔 / Il avait les yeux *brillants* de fièvre. 彼の目は熱で潤んでいた. ❷《ときに名詞の前で》輝かしい; 優れた, 際立った, 才気煥発(ぬ)な; 派手な. ▶ un *brillant* succès 輝かしい成功 / faire un *brillant* mariage 豪華な結婚式を挙げる / un *brillant* élève 優秀な生徒 / être *brillant* en sciences 理科系の学科に秀でている. ❸ <ne pas être *brillant*>《業績, 情勢が》思わし

brillanter

くない；〔体調が〕すぐれない. ▶ Ses résultats ne sont pas *brillants*. 彼(女)の成績はぱっとしない.

比較 〔人が〕優れた，傑出した

brillant 人物やその行為について，資質や成果が卓越していて（ときに皮肉な意味で）輝かしく，人目を引くことをいう. **remarquable** 事物について用いられるが，人については特に知的・芸術的方面で注目に値すること，すばらしい能力を持っていることをいう. **distingué** 他を圧して卓越していることをいうが，やや古めかしい表現. **excellent** 事物についても用いられるが，人については特に技芸の面で傑出していることを示すことが多い. たとえば un *excellent* peintre という場合，絵画のテクニックは優れているが，必ずしも un grand peintre「偉大な画家」ではないという含みがある.

— **brillant** 男 ❶ 輝き，光沢；（色の）鮮やかさ. ▶ donner du *brillant* aux cheveux 髪に艶を与える. ❷ 華々しさ，華やかさ；文章 派手 華美 な外見. ▶ le *brillant* d'une cérémonie 式典の華麗さ / le *brillant* d'un style 文体の華やかさ. ❸ 【宝飾】ブリリアントカット（のダイヤモンド）.

brillanter /brijɑ̃te/ 他動 ❶ 〔宝石を〕ブリリアントカットにする. ❷ …を輝かす.

brillantine /brijɑ̃tin/ 女 （髪に艶を与える）ブリリアンティーン，ポマード.

brillantiner /brijɑ̃tine/ 他動 〔髪〕にブリリアンティーン〔ポマード〕をつける.

***briller** /brije/ ブリエ/ 自動 ❶ 輝く，光る. ▶ Le soleil *brille*. 太陽が輝いている / faire *briller* des chaussures 靴をぴかぴかに磨き上げる. ❷ 〔顔，目などが〕輝いて見える；〔感情，資質などが〕輝き出る. ▶ Ses yeux *brillent* de joie. 彼(女)の目は喜びで輝いている. ❸ 〔人が〕際立つ，目立つ，光る，秀でる. ▶ le désir de *briller* (=paraître) 自己顕示欲 / *briller* en société 社交界で注目を引く / Il a *brillé* au concours. コンクールで目覚ましい成功を収めた / *briller* par son esprit 才気煥発(*か*)である / Il ne *brille* pas par le courage. 諺 彼は勇気がある方ではない / *briller* par son absence いないことでかえって目立つ.

faire briller qc (*à* [*aux yeux de*] *qn*) （…の気を引こうと）〔利点など〕を力説する，強調する.

Tout ce qui brille n'est pas or. 諺 光るもの必ずしも金(*きん*)ならず.

brimade /brimad/ 女 ❶ 新入生〔新兵〕いじめ. ❷ 嫌がらせ，虐待，冷遇.

brimbaler /brɛ̃bale/ 他動，自動 ⇨ BRINGUEBALER.

brimborion /brɛ̃bɔrjɔ̃/ 男 （多く複数で）（こまごました）がらくた，安物，雑品.

brimer /brime/ 他動 ❶ 〔新人など〕をいじめる，いびる. ❷ …に嫌がらせをする；を抑圧する.

brin /brɛ̃/ 男 ❶ 〔草花の〕細長い茎；若い茎；芽生え. ▶ un *brin* de persil パセリの1茎. ❷ 〔糸状の物の〕切れ端，1片，1本. ▶ un *brin* de fil 糸切れ，糸くず. ❸ 〈un *brin* (de + 無冠詞名詞)〉少量(の…)，わずか(な…). ▶ faire un *brin* de toilette さっと身繕いする〔顔を洗う〕 / Il n'y a pas un *brin* de vent. (=peu) 風がそよとも吹かない / Il est un *brin* plus grand que moi. 彼は私よりちょっと背が高い.

❹ 【繊維】〔ロープなどの〕子縄，撚(*よ*)り糸；（特に）（麻などの）繊維. ▶ fil de long *brin* 亜麻糸.

un beau brin de fille 話 すらりとした長身の娘.

brindille /brɛ̃dij/ 女 小枝，細枝.

bringue¹ /brɛ̃:g/ 女 話 une grande *bringue* のっぽでひょろひょろした娘.

bringue² /brɛ̃:g/ 女 話 酒盛り，どんちゃん騒ぎ. ▶ faire la *bringue* 浮かれ騒ぐ，羽目を外す.

bringuebaler /brɛ̃gbale/, **brinquebaler** /brɛ̃kbale/ 自動 激しく〔がたがた〕揺れる.

brio /brijo/ 男 （単数形のみ）（イタリア語）❶ 腕のさえ，名人芸，妙技. ▶ jouer avec *brio* 見事に演奏する. ❷ 潑剌(*はつらつ*)さ，活発さ.

brioche /brijɔʃ/ 女 ❶ ブリオッシュ：バター，卵を豊富に使った丸いパン. ⇨ PAIN 図. ❷ 話 腹，太鼓腹. ▶ prendre [avoir] de la *brioche* 腹が出る.

brioché, e /brijɔʃe/ 形 風味や舌触りがブリオッシュのような. ▶ pain *brioché* ブリオッシュ風のパン.

***brique** /brik/ ブリック/ 女 ❶ 煉瓦(*がゎら*)；（単数で）（集合的に）煉瓦造り. ▶ un mur de *briques* 煉瓦塀 / une maison en *brique* rouge 赤煉瓦の家. ❷ 煉瓦形のもの. ▶ *brique* de béton コンクリートブロック. ❸ （飲料用の）ブリックパック. ▶ une *brique* de lait 牛乳のパック. ❹ 話 （1960年以前の）100万旧フラン（の札束）.

bouffer des briques 食べるものがない.

— 形 《不変》煉瓦色の. ▶ couleur *brique* 煉瓦色.

briquer /brike/ 他動 話 〔家具，靴など〕をごしごし磨く.

***briquet** /brike/ ブリケ/ 男 ライター. ▶ allumer une cigarette avec son *briquet* ライターでたばこに火をつける / *briquet* à gaz ガスライター.

briqueter /brikte/ 他動 ❶ 〔壁などを煉瓦造り〔張り〕にする；に煉瓦模様の塗装を施す.

briqueterie /briketri / brikt(ə)ri/ 女 煉瓦(*がゎら*)工場.

briquetier /briktje/ 男 煉瓦(*がゎら*)製造工.

briquette /briket/ 女 （煉瓦(*がゎら*)型の）煉炭.

bris /bri/ 男 【法律】故意の破壊，毀損(*きそん*). ▶ *bris* de clôture 不法浸入 / *bris* de scellés 信書開披(*かいひ*) / *bris* de prison 脱獄.

brisant, ante /brizɑ̃, ɑ̃:t/ 形 ❶ 破壊力の強い. ❷ 〔海が〕波の砕け散る.

— **brisant** 男 ❶ （波が砕け散る）岩礁；浅瀬. ❷ 砕け散る波.

briscard /briska:r/ 男 vieux *briscard* 話 ベテラン.

brise /bri:z/ 女 そよ風，微風. 比較 ⇨ VENT.

brisé, e /brize/ 形 ❶ 壊れた，破れた. ▶ une vase *brisé* 壊れた花瓶 / une amitié *brisée* 壊れた友情 / une voix *brisée* かすれた声. ❷ 〔活動，意欲などが〕くじかれた. ▶ Sa carrière politique semble *brisée*. 彼(女)の政治生命もこれまでのようだ. ❸ 〔人が〕疲れ果てた；へばばった. ▶ être *brisé* de fatigue へとへとである. ❹ 【数学】ligne *brisée* 折れ線.

— **brisées** 女複 【狩猟】（獣道(*けものみち*)を示すために猟師が折る）折り枝.

aller [***marcher***] ***sur les brisées de qn*** …の縄張りを侵す；競合する．

brise-fer /brizfɛ:r/ 男《単複同形》(頑丈な物でも壊してしまう)乱暴な子；粗忽(そこつ)者 (=brise-tout).

brise-glace(s) /brizglas/ 男《単複同形》砕氷船．

brise-jet /brizʒɛ/ 男《単複同形》(蛇口などの)活栓：水の噴出を和らげるために管の先につけるゴムまたはプラスチックの栓．

brise-lames /brizlam/ 男 防波堤．

***briser** /brize/ プリゼ/ 他動 ❶ …を壊す，砕く．▶ *briser* une vitre de la voiture 車の窓ガラスをたたき割る / *briser* une chaîne 鎖を切る．

❷ …を打ち切る，断つ；〔統一，結びつき〕を壊す．▶ *briser* un contrat 契約を打ち切る / *briser* une longue tradition 長い伝統を打破する / Cet incident a *brisé* sa carrière politique. この事件で彼(女)の政治生命は断たれた / *briser* un entretien 会話[対話]を打ち切る．

❸〔敵対者，抵抗〕を打ち砕く，たたく．▶ *briser* une grève ストライキをつぶす，ストを破りに出る / *briser* la concurrence de qn …との競争に勝つ．

❹ …を(精神的，社会的に)打ちのめす．▶ *briser* le cœur 胸の張り裂ける思いをさせる，打ちひしぐ / *briser* l'orgueil de qn …の高慢の鼻をへし折る．❺ …を疲労困憊(こんぱい)させる，くたくたにさせる．▶ être *brisé* de fatigue くたくたである．

briser des chaussures (折り曲げたりして)新しい靴を柔らかくする，履き慣らす．

briser les fers [***liens***] ***de qn*** …を解放する．

— 自動 ❶ 〈*briser* avec qn/qc〉…と縁を切る．▶ *briser* avec son ami 恋人と別れる．❷〔波〕が砕ける，泡立つ．

— **se briser** 代動 ❶ 砕ける；壊れる．▶ La porcelaine se *brise* facilement. 磁器は割れやすい．❷ 挫折(ざせつ)する；失敗する．

brise-soleil /brizsɔlɛj/ 男《単複同形》【建築】ルーバー：窓の外部に取り付けられる日よけ．

brise-tout /briztu/ 男《単複同形》(なんでも壊してしまう)粗忽(そこつ)者，そこつ屋．

briseur, euse /brizœ:r, ø:z/ 名 破壊者．▶ *briseur* de grève スト破り．

brisure /brizy:r/ 女 ❶ 割れ目，裂け目．❷ 破片，かけら．

britannique /britanik/ 形 英国の，イギリスの．▶ l'Empire *britannique* 大英帝国 / Sa majesté *britannique* 英国国王[女王]陛下．

— **Britannique** 名 英国人，イギリス人．

broc /bro/ 男 (取っ手と広い注ぎ口のついた)水差し；水差し1杯分．

brocante /brɔkɑ̃:t/ 女 古物売買，古道具[骨董(こっとう)品]売業；《集合的に》古物商．

brocanter /brɔkɑ̃te/ 自動 古物を商う，古道具屋[骨董(こっとう)屋]を営む．

brocanteur, euse /brɔkɑ̃tœ:r, ø:z/ 名 古物商，古道具屋，骨董(こっとう)屋．

brocard /brɔka:r/ 男《多く複数で》文章 嘲笑(ちょうしょう)，あざけり．

brocarder /brɔkarde/ 他動 文章 …をあざける，ばかにする．

brochage /brɔʃa:ʒ/ 男 (本の)仮綴(かりとじ)．

broche /brɔʃ/ 女 ❶【料理】大串(ぐし)，焼き串．▶ mettre un gigot à la *broche* 羊の腿(もも)肉を大串に刺す．❷ ブローチ．❸ (紡績機のボビンの)スピンドル．❹【電気】(プラグの)ピン，差し込み．❺【機械】(穴開け用)ブローチ．❻【外科】(接骨用の)ピン．

broché, e /brɔʃe/ 形 ❶ 仮綴(かりとじ)の；仮綴本の．▶ livre *broché* 仮綴じ本．❷【織物】ブロケード(織)の．— **broché** 男【織物】ブロケード織(の織物)；ブロケード模様．

brocher /brɔʃe/ 他動 ❶〔本〕を仮綴(かりとじ)にする．❷【織物】〔布地〕をブロケードにする，に金銀の糸を用いて浮き模様を織り出す．❸【機械】〔工作物〕にブローチで穴をあける．

brochet /brɔʃɛ/ 男【魚類】カワカマス．

brochette /brɔʃɛt/ 女 ❶ 串(くし)焼き，ブロシェット；小さな焼き串．▶ une *brochette* de rognons 腎臓のブロシェット．❷【服飾】ブロシェット：略章を並べて胸につけるための細いピン．❸〈une *brochette* de + 無冠詞複数名詞〉一列に並んだ…；一群の….▶ une (belle) *brochette* de malfaiteurs ずらりと並んだギャングたち；犯人一味．

brocheur, euse /brɔʃœ:r, ø:z/ 名 ❶ 仮綴(かりとじ)工[職人]．❷ ブロケード織工．— **brocheuse** 女 (本の)仮綴機．

brochure /brɔʃy:r/ 女 ❶ 仮綴(かりとじ)本；(特に)小冊子，パンフレット．▶ une *brochure* touristique 旅行パンフレット．❷ 仮綴業；仮綴工場．❸ ブロケードの浮き模様，錦(にしき)模様．

brocoli /brɔkɔli/ 男【植物】ブロッコリー．

brodequin /brɔdkɛ̃/ 男 編み上げ靴．

broder /brɔde/ 他動 …を刺繡(ししゅう)する；〔図柄〕を刺繡する．▶ *broder* un mouchoir ハンカチに刺繡する / *broder* des initiales sur une chemise シャツに頭文字の縫い取りをする．

— 自動 尾ひれをつける，誇張する．▶ *broder* sur un sujet ある話題を誇張して話す．

broderie /brɔdri/ 女 ❶ 刺繡(ししゅう)．▶ *broderie* à la main [machine] 手縫い[ミシン]刺繡 / faire de la *broderie* 刺繡する．❷ 刺繡業．

brodeur, euse /brɔdœ:r, ø:z/ 名 刺繡(ししゅう)職人．— **brodeuse** 女 刺繡機械．

brome /bro:m/ 男【化学】臭素．

bronche /brɔ̃:ʃ/ 女《多く複数で》気管支．

broncher /brɔ̃ʃe/ 自動 ❶《多く否定的表現で》(不満，怒りなどの)感情を表に出す，反抗を示す，身じろぎする．▶ obéir sans *broncher* 不平を言わずに従う / En face de lui, personne n'ose *broncher*. 彼の前ではだれも身じろぎ一つしない．❷ 古風〔馬，ロバなどが〕つまずく；へまをする；しくじる．

bronchique /brɔ̃ʃik/ 形【解剖】気管支の．

bronchite /brɔ̃ʃit/ 女 気管支炎．

broncho-pneumonie /brɔ̃kɔpnømɔni/ 女 気管支肺炎．

brontosaure /brɔ̃tɔzɔ:r/ 男【古生物】ブロントザウルス，雷竜．

bronzage /brɔ̃za:ʒ/ 男 ❶ 肌を日に焼くこと；日焼け．❷ (金属，木，石膏(せっこう)などの)ブロンズ仕上げ．

bronze /brɔ̃:z/ 男 ❶ ブロンズ，青銅．▶ statut

de [en] *bronze* ブロンズ像 / l'âge du *bronze* 青銅器時代 / médaille de *bronze* 銅メダル. ❷ 青銅製品；ブロンズ像.

de bronze 〔文章〕 冷たい, 冷酷な. ▶ avoir un cœur *de bronze* 冷酷無情である；物に動じない.

bronzé, e /brɔ̃ze/ 〔形〕 ❶ 日焼けした, 赤銅色の. ❷ ブロンズ〔青銅〕色をした；ブロンズ仕上げの.

bronzer /brɔ̃ze/ 〔他動〕 ❶ …を日焼けさせる, 小麦色にする. ▶ Le soleil *a bronzé* son visage. 彼(女)の顔は日焼けした. ❷ …をブロンズ〔青銅〕風に仕上げる, ブロンズまがいにする.
── 〔自動〕〔肌, 人が〕日焼けする, 小麦色になる. ▶ *bronzer* facilement 日焼けしやすい / crème à *bronzer* 日焼け用クリーム.
── **se bronzer** 〔代動〕 肌を焼く, 日光浴をする.
▶ *se bronzer* au soleil 太陽で体を焼く.

bronzette /brɔ̃zɛt/ 〔女〕〔話〕 肌を焼くこと, 日光浴. ▶ faire *bronzette* 日焼けする.

brossage /brɔsaːʒ/ 〔男〕 ブラシをかけること, ブラッシング. ▶ le *brossage* des dents 歯磨き.

***brosse** /brɔs/ ブロス 〔女〕 ❶ ブラシ. ▶ *brosse* à cheveux ヘアブラシ / *brosse* à dents 歯ブラシ / donner un coup de *brosse* à qc …にさっとブラシをかける. ❷ 絵筆, 刷毛(はけ)(=*brosse* à peindre). ▶ peindre à la *brosse* 刷毛で塗る. ❸ (ブラシ状に)毛先の立った短い毛. ▶ les cheveux en *brosse* 短く刈った髪 / porter la *brosse* スポーツカットにしている.

manier [passer] la brosse à reluire 〔話〕 人にぺこぺこする, ごまをする, おべんちゃらを言う.

brosser /brɔse/ 〔他動〕 ❶ …にブラシをかける；をブラシで磨く. ▶ *brosser* les cheveux 髪をブラッシングする. ❷ …を(刷毛(はけ)で)ざっと描き上げる, 粗描きする, 粗塗りする.

brosser un tableau (de qc) (…の)絵をざっと描く；…のことをかいつまんで述べる.
── **se brosser** 〔代動〕 ❶ (自分の)服にブラシをかける. ❷ (自分の)〔体の一部〕にブラシをかける. 注 se は間接目的. ▶ *se brosser* les dents 歯を磨く. ❸ (欲しいものを)なしで済ませる, あきらめる.
▶ Tu peux *te brosser*. 当てにできないよ, おあいにくさま.

brosserie /brɔsri/ 〔女〕 ブラシ類の製造〔販売〕；ブラシ類製造工場；ブラシ製品.

brouette /bruɛt/ 〔女〕(1輪の)手押し車, 手車.

en faire des brouettes 誇張する, 大げさに言う.

… et des brouettes …とちょっと.

brouettée /bruete/ 〔女〕 手押し車1台分.

brouetter /bruete/ 〔他動〕 …を手押し車で運ぶ.

brouhaha /bruaa/ 〔男〕 ざわつき, ざわめき.

brouillage /brujaːʒ/ 〔男〕 電波妨害；混信.

brouillamini /brujamini/ 〔男〕〔話〕 紛糾, 混乱.

brouillard /bruja:r/ 〔男〕 ▶ Il fait [Il y a] du *brouillard*. 霧が出ている / Le *brouillard* se dissipe. 霧が晴れる / *brouillard* épais〔dense〕濃霧 / *brouillard* photochimique 光化学スモッグ.

avoir un brouillard devant les yeux 目がかすむ.

être dans le brouillard 五里霧中である, わけが分からない.

〔比較〕霧
brouillard 広く一般に霧, もや. **brume** 気象用語としては視界1キロメートル以上の薄い霧. 特に海上, 水面上にかかる霧についてよく用いられる.

brouillasse /brujas/ 〔女〕〔話〕 霧雨, もや.

brouillasser /brujase/ 〔非人称〕 霧が立ち込める.

brouille /bruj/ 〔女〕 仲たがい, 不和. ▶ une *brouille* légère ちょっとしたいさかい / jeter la *brouille* dans une famille 家庭内にいさかいの種をまく / être en *brouille* avec qn …と仲が悪い.

brouillé, e /bruje/ 〔形〕 ❶ 混乱した, かき混ぜられた. ▶ œufs *brouillés* スクランブルエッグ. ❷〔ガラス, 空などが〕曇っている；〔目が〕かすんでいる. ▶ Le ciel est *brouillé*. 空が曇っている. ❸ 〈être *brouillé* (avec qn)〉 (…と)仲たがいしている. ▶ Il est *brouillé* avec sa famille. 彼は家族とうまくいっていない. ❹〔話〕〈être *brouillé* avec qc〉 …が苦手である. ▶ Il est *brouillé* avec les maths. 彼は数学が不得手だ.

brouiller /bruje/ 〔他動〕 ❶ …をごちゃごちゃにする, かき混ぜる. ▶ *brouiller* des dossiers 書類をごちゃまぜにする / *brouiller* les cheveux 髪をかき乱す. ❷ …を濁らせる, 曇らせる. ▶ *brouiller* du vin (瓶を振って)ワインを濁らせる / Les larmes lui *brouillent* la vue. 涙で彼(女)には目がかすんでいる. ❸〔考え, 頭〕を混乱させる. ▶ Vous ne faites que *brouiller* mes idées. あなた(方)のお話を聞いているとますますわけが分からなくなる. ❹〔記憶, 日付など〕をごっちゃにする. ▶ Elle perdait la mémoire, *brouillait* souvent les dates. 彼女は物忘れがひどくなり, 日付を混同することがしばしばだった. ❺ …を仲たがいさせる, 不和にする. ▶ *brouiller* qn avec un ami …を友人と仲たがいさせる. ❻〔放送, 交信〕に雑音を入れる；を電波妨害する.

brouiller les cartes (1)(トランプの)カードを切る. (2) わざと事を面倒〔曖昧(あいまい)〕にする.

brouiller les pistes 足跡を分からなくする；手がかりを消して〔偽の手がかりで〕捜査を混乱させる.
── **se brouiller** 〔代動〕 ❶ もつれる, 混乱する. ▶ Tout se *brouilla* dans sa tête. 彼(女)はすっかり頭の中が混乱してしまった.
❷〔天候などが〕曇る；〔目が〕かすむ；〔色, 液体が〕濁る. ▶ Le ciel *se brouille*. 空が曇る.
❸ 〈*se brouiller* (avec qn)〉 (…と)仲たがいする.
▶ Ils *se sont brouillés* depuis deux mois. 彼らは2カ月前から仲たがいしている.

se brouiller avec la justice 法を犯す, 司直のお尋ね者になる.

brouilleur /brujœːr/ 〔男〕〔電気通信〕妨害機, ジャマー.

brouillon¹ /brujɔ̃/ 〔男〕 下書き, 草稿. ▶ un *brouillon* de lettre 手紙の下書き.

brouillon², onne /brujɔ̃, ɔn/ 〔形〕 ❶ 物事を混乱させる, いざこざを起こす. ▶ une activité *brouillonne* 支離滅裂な行動. ❷ 混乱した. ▶ une écriture *brouillonne* 読みにくい筆跡.
── 〔名〕〔古風〕物事を混乱させる人, トラブルメーカー.

broum /brum/ 〔間投〕 ブルンブルン(エンジン音).

broussaille /brusɑːj/ 女 ❶ (多く複数で)(茨(いばら), 低木の)茂み, やぶ. ▶ terres couvertes de *broussailles* 低木の生い茂った土地. ❷ cheveux en *broussaille(s)* ぼうぼうとした髪.

broussailleux, euse /brusɑjø, øːz/ 形 ❶ 茨(いばら)[雑草]の茂った. ❷ もじゃもじゃの. ▶ avoir une barbe *broussailleuse* ひげもじゃである.

brousse /brus/ 女 ❶ (熱帯の)低木林(地帯), 小灌木(かんぼく)林(地帯). ❷ (アフリカなどの)僻地(へきち), 奥地. ❸ 話 片田舎.

brouter /brute/ 他動 [動物が草, 新芽など]を食べる, かじる. ▶ *brouter* l'herbe d'un pré 牧場の草をはむ. ── 自動 [切削機, 伝動装置などが]がたがたする, スムーズに動かない.

broutille /brutij/ 女 些細(ささい)な事[物], つまらない事[物].

brownien /bronjɛ̃/ 形 (男性形のみ) 【物理】 mouvement *brownien* ブラウン運動.

broyage /brwajaːʒ/ 男 砕くこと, 粉砕.

broyer /brwaje/ 10 他動 ❶ …を細かく砕く, 粉砕する, すりつぶす. ▶ *broyer* du poivre コショウをひく. ❷ (事故などで)…を押しつぶす. ▶ Il s'est fait *broyer* deux doigts dans la machine. 彼はその機械に挟まれて指を2本つぶした. ❸ …を打ち砕く, 打ちのめす. ▶ *broyer* la résistance ennemie 敵の抵抗を粉砕する / *être broyé* de fatigue 疲れ果てている.

broyer du noir 暗い思いに沈む, 気がふさぐ.

broyeur, euse /brwajœːr, øːz/ 形 砕く, つぶす. ── 名 (鉱石, 麻の茎などを)砕く職人.

broyeur de noir 陰気な人.

── **broyeur** 男 粉砕機, クラッシャー.

brrr /brrr/ 間投 ぶるぶる, ひゃあ(寒さ, 恐怖). ▶ *Brrr*! l'eau est froide. ひゃあ, 水が冷たい.

bru /bry/ 女 古風 息子の妻, 嫁. 注 普通は belle-fille を用いる.

bruant /bryɑ̃/ 男 【鳥類】ホオジロ.

Bruges /bryːʒ/ 固有 ブリュージュ: ベルギーの都市.

brugnon /bryɲɔ̃/ 男 【植物】ネクタリン.

bruine /bryin/ 女 霧雨, 小糠(こぬか)雨.

bruiner /bryine/ 非人称 霧雨が降る.

bruineux, euse /bryinø, øːz/ 形 ❶ 霧雨の降る[多い]. ❷ pluie *bruineuse* 霧雨.

bruire /bryiːr/ 54 自動 (不定形, 現在分詞および直説法現在, 直説法半過去, 接続法現在の各3人称のみ)(現在分詞 bruissant) 文章 かすかな音を立てる, ざわめく. ▶ Les feuilles *bruissaient* doucement. 木の葉がかすかにざわめいていた.

bruiss- 活用 ⇨ BRUIRE 54

bruissement /bryismɑ̃/ 男 ざわめき, かすかな音. ▶ le *bruissement* de l'eau 水のせせらぎ / *bruissement* des vagues 潮騒(しおさい) / le *bruissement* d'une robe 衣(きぬ)擦れの音 / un *bruissement* d'oreilles 耳鳴り.

***bruit*¹** /brɥi/ ブリュイ 男

❶ 音, 物音. ▶ J'entends 「un *bruit* [des *bruits*] dans la chambre voisine. 隣室で物音がする / le *bruit* du tonnerre 雷鳴 / les *bruits* de la rue 通りの騒音 / avec un *bruit* effroyable すさまじい音を立てて / sans *bruit* = sans faire de *bruit* 音を立てずに, 静かに(⇨ 成句 faire du bruit) / le *bruit* et la fureur 響きと怒り(シェークスピアの「マクベス」から. フォークナーの小説のタイトルにもなった). ❷ (単数で) 騒音 官噪(かんそう). ▶ la lutte contre le *bruit* 騒音防止対策 / mesure du *bruit* 騒音測定. ❸ (しばしば複数で)うわさ, 風聞, 風説. ▶ répandre un *bruit* うわさを流す / faux *bruit(s)* 間違ったうわさ, デマ / Ce n'est qu'un *bruit*. それは噂にすぎない / des *bruits* de couloir ロビーのうわさ, 非公式のニュース. ❹ 雑音, 異常音, ノイズ. ▶ Cette auto a un *bruit* dans le moteur. この車のエンジンは異常音を出す.

à grand bruit 騒がしく. ▶ manifester *à grand bruit* 騒々しくデモをする.

Beaucoup de bruit pour rien. 諺 大山鳴動してねずみ一匹, 空騒ぎ.

Ça va faire du bruit dans Landerneau. これは大変な反響を呼ぶだろう.

faire du [beaucoup de] bruit (1) 音を立てる, うるさくする. ▶ Ne *fais pas de bruit*! うるさくしないで. (2) 反響を呼ぶ, 大評判になる. ▶ Ce livre *a fait beaucoup de bruit*. この本はたいへん反響を呼んだ.

faire du [beaucoup de] bruit autour de qc …について騒ぎ立てる; を重視する.

faire grand bruit de qc …を重視する; 自慢する, ひけらかす.

Il n'est bruit que de cela. 文章 その話で持ちきりだ.

Le bruit court que + 直説法. …といううわさである.

bruit² /brɥi/ 活用 ⇨ BRUIRE 54

bruitage /brɥitaːʒ/ 男 (放送, 映画, 演劇などの)音響効果, サウンドエフェクト, 音作り.

bruiter /brɥite/ 自動 (放送, 映画, 演劇などの)音を作る, 音響効果を作る.

bruiteur, euse /brɥitœːr, øːz/ 名 (ラジオ, 映画, 演劇などの)音響効果係.

brûlage /brylaːʒ/ 男 ❶ (地面の雑草などを)焼くこと, 野焼き. ❷ 【美容】(傷んだ部分の除去に)髪を焼くトリートメント法, 毛先焼き.

brûlant, ante /brylɑ̃, ɑ̃ːt/ 形 ❶ 燃えるような, 焼けるように熱い. ▶ le soleil *brûlant* 灼熱(しゃくねつ)の太陽 / du café *brûlant* やけどするほど熱いコーヒー. ❷ 熱烈な, 情熱的な. ▶ une foi *brûlante* 熱烈な信仰 / un regard *brûlant* 熱い眼差(まなざ)し / *être brûlant* d'impatience 待ち焦がれている. ❸ 危険な, 慎重を要する; うかつに手を出せない. ▶ terrain *brûlant* 慎重を要する領域, 一触即発の状況 / question *brûlante* 厄介な問題.

d'une actualité brûlante [問題などが]目下話題の中心となっている.

brûlé, e /bryle/ 形 ❶ 焼けた, 燃えた, 焦げた. ▶ du pain *brûlé* 焦げたパン / crème *brûlée* クレームブリュレ / mourir *brûlé* 焼死する. ❷ 日焼けした. ▶ avoir le teint *brûlé* 日焼けした顔をしている. ❸ 見破られた, 暴かれた. ▶ Leur réseau d'espionnage est *brûlé*. 彼らのスパイ網は発覚している. ❹ 信用を失った. ▶ un marchand *brûlé*

brûle-gueule

信用を失った商人. ❺ <*brûlé de qc*>（激しい欲求など）に駆られた.

cerveau brûlé = tête brûlée 激情家；向こう見ずな人，無鉄砲な人.

── 名 やけど食った人；火刑に処せられた人. ▶ *un grand brûlé* 大やけどした人.

── **brûlé** 男 焦げたもの，焦げ. ▶ ôter le *brûlé* 焦げた部分を取り除く.

sentir le brûlé (1) 焦げたにおいがする. (2)〔状況が〕うまく運ばない；きな臭い. ▶ Ça *sent le brûlé*. 雲行きがあやしいぞ.

brûle-gueule /brylgœl/；(複) ~-~(**S**) 男 短いパイプ.

brûle-parfum /brylparfœ̃/；(複) ~-~(**S**) 男 香炉.

brûle-pourpoint /brylpurpwɛ̃/ (次の句で)
à brûle-pourpoint 副句 いきなり. ▶ dire [demander] qc *à brûle-pourpoint* 単刀直入に…を言う〔尋ねる〕.

:brûler /bryle ブリュレ/ 他動

❶ を焼く，燃やす. ▶ *brûler* des mauvaises herbes 雑草を燃やす / Les flammes *ont* tout *brûlé*. 炎はすべてを焼き尽くした / *être brûlé* vif 焼け死ぬ；火刑に処せられる.

❷ …を焦がす，やけどさせる；〔食品を〕煎（い）る. ▶ *brûler* une chemise au repassage アイロンでワイシャツを焦がす / L'eau bouillante m'*a brûlé* la main. 私は熱湯で手をやけどした / *brûler* du café コーヒー豆を煎る.

❸〔燃料など〕を燃やす，消費する；〔火薬など〕を爆発させる. ▶ *brûler* du bois 薪（まき）を燃やす / *brûler* une bougie ろうそくをともす / *brûler* des calories カロリーを消費する / un appareil qui *brûle* peu d'électricité あまり電力を消費しない器具.

❹ …に焼けるような痛みを与える，をひりひりさせる. ▶ La fumée me *brûle* les yeux. 煙で目がひりひりする / L'estomac me *brûle*. ひどく胸焼けがする. ❺ …を傷める，駄目にする. ▶ L'acide *brûle* les tissus. 酸は布地を傷める / *brûler* sa santé 健康を損なう. ❻ …(の心) をかき立てる，燃え立たせる. ▶ Le désir de l'aventure le *brûlait*. 冒険心が彼を燃え立たせていた / Cette question me *brûlait* les lèvres. その質問をしてうずうずしていた. ❼〔信号，規則を〕無視する；…を止まらずに通過する. ▶ *brûler* un feu rouge 赤信号を無視する. ❽ …の正体を暴く；信用を失わせる. ❾ 俗 …を撃ち殺す.

brûler la cervelle à qn 俗〔ピストルなどで〕…の頭を撃ち抜く.

brûler la politesse à qn …に挨拶（あいさつ）をしないで立ち去る〔通り過ぎる〕.

brûler «les étapes [les échelons] (1)〔仕事や議論などで〕先へ急ぐ. (2) 早く昇進〔出世〕する.

brûler ses vaisseaux = brûler les ponts derrière soi 背水の陣を敷く.

── 自動 ❶ 燃える，焼ける；焦げる. ▶ Le feu *brûle* dans la cheminée. 暖炉で火が燃えている / un bois qui *brûle* mal 燃えにくい薪 / La maison *brûle*! 家が火事だ. ❷〔電灯などが〕ともる，つ

く. ▶ Une lampe *brûle*. 電灯がともっている / laisser *brûler* l'électricité 電気をむだにつけっぱなしにする. ❸ 焼きつくように熱い〔暑い〕，焼けるように痛い. ▶ Le soleil *brûle*. 太陽がじりじりと照りつけている / Son front *brûle* de fièvre. 彼 (女) の額は熱で燃えるように熱い / Attention, ça *brûle*! 熱いから気をつけて. ❹<*brûler* (de qc /不定詞)>〔激しい感情に〕燃え立たせる，じりじりする. ▶ *brûler* d'impatience 辛抱できずにじれる / Elle *brûle* de lui parler. 彼女は彼 (女) に話しかけたくてうずうずしている. ❺ (ゲーム，クイズなどで) 正解であまた一歩に近づいている. ▶ Tu y es presque, tu *brûles*! いい線行ってるよ，もう一歩だ.

Les mains lui brûlent. 彼 (女) はうずうずしている.

── **se brûler** 代動 ❶ やけどする；焼身自殺する. ▶ *se brûler* avec de l'huile bouillante 煮えたぎった油でやけどをする. ❷〔自分の〕〔体の一部〕にやけどをする；が焼けるように痛む. 注 se は間接目的. ▶ *se brûler* la main 手にやけどする.

brûlerie /brylri/ 女 コーヒー焙煎（ばいせん）所.

brûleur /brylœːr/ 男 バーナー，火口. ▶ *brûleurs* d'une cuisinière à gaz ガスレンジのバーナー.

brûloir /brylwaːr/ 男 (コーヒーの) 焙煎（ばいせん）機.

brûlot /brylo/ 男 ❶ (敵船焼き討ちのため火をつけて流す) 火船（かせん）. ❷ 激しい論調の新聞，攻撃びら.

***brûlure** /brylyːr/ ブリュリュール/ 女 ❶ やけど，傷. ▶ *se faire* une *brûlure* (à la main)〔手に〕やけどする. ❷ 焼け焦げ（の穴）. ▶ Il a une *brûlure* de cigarette à son gilet. 彼のチョッキにはたばこの焼け焦げがある. ❸ (焼けつくような) 痛み. ▶ *brûlure* d'une plaie 傷の痛み / avoir des *brûlures* d'estomac 胸やけがする，胃が焼けつくように痛む. ❹ (日照りによる植物の) 焼け枯れ；霜枯れ.

brumaire /brymɛːr/ 男 ブリュメール，霧月：フランス革命暦第 2 月．現行暦では10月22日から11月21日. ▶ coup d'Etat du 18 [dix-huit] *Brumaire* ブリュメール18日のクーデター (1799年)：ナポレオンが総裁政府を倒して軍事的独裁を樹立した.

***brume** /brym ブリュム/ 女 ❶ (薄い) 霧，もや；靄状のもの. ▶ *brume* du soir 夕霧，夜霧 / une nappe de *brume* 一面に広がるもや / une *brume* de poussière 土煙. 比較 ⇨ BROUILLARD. ❷ (特に海や川の上の) 霧，海霧. ▶ corne de *brume* 霧笛. ❸《多く複数で》文章 もうろうとしていること，ぼうっとした状態.

brumeux, euse /brymø, øːz/ 形 ❶ もや〔霧〕のかかった. ❷ 不明瞭な，漠然とした. ▶ esprit *brumeux* 明晰（めいせき）さを欠く頭脳；ぼんやりした人.

***brun, brune** /brœ̃, bryn ブラン, ブリュヌ/ 形 ❶ 褐色の，（焦げ）茶色の. ▶ une robe *brune* 茶のワンピース / Il est *brun* de peau. = Il a la peau *brune*. 彼は褐色の肌をしている / sauce *brune*〔料理〕ブラウンソース / produits *bruns* AV 機器. 注 色彩を表わす他の形容詞 (句) が加わると無変化 (例：cheveux *brun* roux とび色の髪). ❷〔人が〕褐色の〔黒い〕髪の；褐色の肌の. ▶ une femme *brune* ブルネット〔黒髪〕の女性 / Il est revenu très *brun* de ses vacances. 彼は真っ黒に焼けてバカンスから帰ってきた.

── 名 褐色〔黒い〕の髪の人.

aller de la brune à la blonde 女から女へと渡り歩く.
— **brun** 男 ❶ 褐色, 茶色. ▶ un *brun* jaune 黄土色 / un *brun* rouge 赤褐色. ❷ 褐色の絵の具［顔料］.
— **brune** 女 ❶〔発酵させた〕黒褐色のたばこ (=tabac brun). ❷ 濃色ビール (=bière brune).
à [sur] la brune 文章 黄昏(然)に.
brunâtre /brynɑ:tr/ 形 褐色［茶色］がかった. 注 髪の色については用いない.
brunch /brœn(t)ʃ/;《複》**brunches** 男《英語》ブランチ（昼食兼用の遅い朝食）.
brunet, ette /bryne, et/ 形, 名 褐色の髪の（人）, ブルネットの.
brunir /bryni:r/ 他動 ❶ …を褐色にする；褐色に塗る. ▶ *brunir* la peau 肌を焼く.
❷〔金属, 機械部品など〕を磨く, 艶(染)出しする.
— 自動 褐色になる, 日焼けする.
— **se brunir** 代動 肌を焼く, 褐色になる.
brunissage /brynisaʒ/ 男《金属》艶(染)出し, 研磨.
brunissement /brynismɑ̃/ 男（肌, 髪が）褐色になること；日焼け.
brunisseur, euse /brynisœ:r, ø:z/ 名 金属研磨工；（金, 銀, 宝石の）艶(染)出し師.
— **brunisseur** 男 サンオイル.
brushing /brœʃiŋ/ 男《英語》ヘアブロー.
*****brusque** /brysk/ ブリュスク/ 形 ❶ ぶっきらぼうな, 乱暴な. ▶ un ton *brusque* つっけんどんな口調 / être *brusque* dans ses manières 態度がぞんざいである / Vous avez été trop *brusque* avec lui. あなたは, 彼に対してあまりに素っ気なかった. ❷《ときに名詞の前で》突然の, 急激な, 不意の. ▶ changement *brusque* 急激な変化 / La route fait des virages *brusques*. 道路は所々急カーブしている.
*****brusquement** /bryskəmɑ̃/ ブリュスクマン/ 副 突然, 不意に, いきなり. ▶ Sa voiture s'est arrêtée *brusquement*. 彼(女)の車は急停車した.
brusquer /bryske/ 他動 ❶ …を乱暴［ぞんざい］に扱う. ▶ Vous avez tort de *brusquer* cet enfant. その子を手荒に扱うのは間違いだ. ❷〔期日など〕を早める；（早く終わるように）…を切り上げる. ▶ Il a *brusqué* son départ. 彼は出発を早めた / Leur voyage a été *brusqué*. 彼(女)らの旅行は予定よりも短くなった［予定よりも早まった］.
brusquerie /bryskəri/ 女 ❶ つっけんどん, ぶっきらぼう. ▶ traiter qn avec *brusquerie* …をぞんざいに扱う. ❷ 唐突, 不意. ▶ La *brusquerie* de sa décision a étonné tout le monde. 彼(女)の突然の決心は皆を驚かせた.
brut, brute /bryt/ 形 ❶ 未加工の. ▶ matière *brute* 原料 / pétrole *brut* 原油 / diamant *brut* ダイヤ原石 / soie *brute* 生糸 / sucre *brut* 粗糖. ❷〔事実, 情報などが〕生の, 手を加えていない；元のままの. ▶ un fait *brut* あるがままの事実 / des données *brutes* 未処理［生］のデータ / le projet *brut* 計画原案. ❸ 粗暴な, 野蛮な. 注 今日では次の表現でのみ用いる. ▶ une bête *brute* 手のつけられない乱暴者［ばか者］/ la force *brute* 暴力. ❹《経済》（税金, 諸経費を差し引く前の）総額の. ▶ bénéfice *brut* 総収益 / salaire [traitement] *brut* 給与総額 / produit national *brut* 国民総生産（略 PNB）/ produit intérieur *brut* 国内総生産（略 PIB）. ❺《商業》（風袋(ぷ)込みの）総重量の（↔net）. ▶ poids *brut* 総重量. ❻〔シャンパン, 発泡性ワインが〕極辛口の.
brut de décoffrage (1) コンクリート打ちっ放しの. (2) 粗野な.
— **brut** 副 税［諸経費］込みで, 総額で；風袋込みで, 総重量で（↔net）. ▶ produire *brut* un million 総額100万の売り上げがある / peser *brut* cinquante kilos 風袋込みで50キロある.
— 男 ❶ 原油. ❷ 極辛口シャンパン［発泡性ワイン］. ❸ 給与総額.
— **brute** 女 ❶ 粗野［無教養］な人；乱暴者. ❷ 文章 野獣, 畜生.
comme une brute 獣のように（分別なく）. ▶ frapper *comme une brute* めちゃくちゃに殴る.
*****brutal, ale** /brytal/ ブリュタル/;《男複》**aux** /o/ 形 ❶ 粗暴な, 乱暴な；つっけんどんな. ▶ Il est *brutal* avec sa femme. 彼は妻に対して乱暴だ / des manières *brutales* 乱暴な態度 / la force *brutale* 暴力. ❷ むき出しの, 容赦のない, 厳しい. ▶ une vérité *brutale* 冷厳な事実 / parler avec une franchise *brutale* 歯に衣(ぎ)を着せずに話す. ❸ 突然の, 急激な. ▶ une baisse *brutale* de la production 生産の急激な低下.
— 名 粗暴な人, 乱暴者.
brutalement /brytalmɑ̃/ 副 ❶ 乱暴に, 手荒く, 激しく. ▶ agir *brutalement* 粗暴に振る舞う. ❷ 容赦なく, 露骨に. ▶ refuser *brutalement* つっけんどんに断わる / parler *brutalement* ずけずけ言う. ❸ 急に, いきなり.
brutaliser /brytalize/ 他動 …に暴力を振るう, を虐待する；をつっけんどん［手荒］に扱う.
brutalité /brytalite/ 女 ❶ 荒々しさ, 乱暴, がさつさ；《多く複数で》乱暴, 蛮行, 暴言. ▶ parler avec *brutalité* ぶっきらぼうに［ずけずけ］物を言う / une victime des *brutalités* policières 警察による暴力行為の犠牲者. ❷（不意打ちの）激しさ, 唐突さ.
Bruxelles /brysɛl/ 固有 ブリュッセル：ベルギーの首都.
bruxellois, oise /brysɛlwa, wa:z/ 形 ブリュッセル Bruxelles の.
— **Bruxellois, oise** 名 ブリュッセルの人.
bruyamment /brɥijamɑ̃/ 副 大きな音を立てて, 騒々しく.
*****bruyant, ante** /brɥijɑ̃, ɑ̃:t/ ブリュイヤン, ブリュイヤント/ 形 ❶ 騒音を出す, やかましい. ▶ une machine *bruyante* 音を出す機械 / des enfants *bruyants* うるさい子供たち / une couleur *bruyante* けばけばしい色. ❷（悪い意味で）うわさの高い；鳴り物入りの. ▶ un scandale *bruyant* 世間を騒がすスキャンダル.
bruyère /bryjɛ:r/ 女 ❶《植物》エリカ, ヒース. ▶ pipe de *bruyère* ブライヤ（エリカの根）のパイプ / terre de *bruyère* ヒースの腐植土. ❷ ヒースの荒野.
BTS 男《略語》brevet de technicien supérieur 上級技術者免状.

buanderie /bɥɑ̃dri/ 女 洗濯場, 洗濯室.

bubble-gum /bœbœlgɔm/; 〈複〉 ~s-~s 男 《英語》風船ガム.

buccal, ale /bykal/; 〈男複〉 **aux** /o/ 形 口腔の, 口の. ▶ la cavité buccale 口腔.

bûche /byʃ/ 女 ❶ 薪(まき). ▶ mettre une bûche dans la cheminée 暖炉に薪をくべる. ❷（パイプたばこに混入した）木片. ❸ ばか, のろま. ▶ rester là comme une bûche 動かずにぼけっとしている. ❹ ⦅話⦆ 転倒, 転落. ▶ ramasser [prendre] une bûche 倒れる, 落ちる.

bûche de Noël （薪をかたどった）クリスマスケーキ. (2) クリスマスイブにたく太い薪.

bûcher¹ /byʃe/ 男 ❶ 火刑台; 焚書(ふんしょ)台; 火葬台. ▶ supplice du bûcher 火刑 / condamner qn au bûcher …を火刑に処する. ❷ 薪(まき)小屋, 薪置き場.

bûcher² /byʃe/ 他動 ⦅話⦆〔学科〕を猛勉強する. ▶ Il bûche son droit. 彼は法律の猛勉強をしている.
— 自動 bûcher dur [ferme, fort] 猛勉強をする, がり勉する.

bûcheron, onne /byʃrɔ̃, ɔn/ 名 木樵(きこり), 伐採人.

bûchette /byʃɛt/ 女 木切れ, 小さな薪(まき).

bûcheur, euse /byʃœːr, øːz/ 形, 名 ⦅話⦆ 猛勉強をする(人), がり勉の(人).

bucolique /bykɔlik/ 形 ⦅文章⦆ 田園(詩)の, 牧歌的な. ▶ un paysage bucolique 牧歌的な風景.
— 女 牧歌, 田園詩.

*****budget** /bydʒɛ/ 男 ❶（国, 地方自治体の）**予算**. ▶ dresser [voter] un budget 予算を作成 [可決] する / budget de l'Etat 国家予算 / budget général 一般予算 / budget ordinaire 通常 [臨時] 予算 / budget provisoire 暫定予算 / budget rectificatif 補正予算. ❷（一般的に団体, 個人の）**予算**; **家計**; 懐具合. ▶ budget de publicité 広告予算 / budget familial [domestique] 家計 / un budget large [étroit] ゆとりのある [苦しい] 家計 / boucler son budget 収支勘定をやりくりする, 帳尻(ちょうじり)を合わせる.

budgétaire /bydʒetɛːr/ 形 予算の. ▶ année budgétaire 予算 [会計] 年度 / prévision budgétaire 予算の見積もり.

budgétisation /bydʒetizasjɔ̃/ 女 予算に計上すること, 予算化; 予算配分.

budgétiser /bydʒetize/ 他動 …を予算化する, 予算に計上する.

budgétivore /bydʒetivɔːr/ 形 《皮肉で》〔公務員などが〕予算を食う, 税金で生活する.
— 名 ⦅話⦆《皮肉で》税金泥棒.

buée /bɥe/ 女 水蒸気, 結露. ▶ Il y a de la buée sur les vitres. ガラスが蒸気で曇っている.

*****buffet** /byfɛ/ ビュフェ 男 ❶ **食器棚**, サイドボード. ▶ buffet de cuisine 台所の食器棚. ❷（立食パーティーの）テーブル; （立食の）料理; **立食パーティー**. ▶ un buffet campagnard （ハム, ソーセージとワインなどの）田舎風立食パーティー（料理）/ être invité à un buffet 立食パーティーに招かれる. ❸（駅の）レストラン, ビュッフェ （=buffet de gare）. ▶ manger au buffet 駅のレストランで食事をする / buffet roulant = voiture buffet （プラットホームで飲食物を販売する）ワゴン車. ⇨ RESTAURANT. ❹ ⦅話⦆ 胃袋; 腹; 胸. ▶ n'avoir rien dans le buffet 何も食べていない, 腹ぺこである.

danser devant le buffet 食べるものがない.

buffle /byfl/ 男 ❶ 水牛. ❷ 水牛の革; 水牛の角.

buffleterie /byflɛtri/ 女 《武器や弾薬をつるす兵隊用の》革装具.

bug /bœg/ 男《英語》〔情報〕バグ.

bugle /bygl/ 男《英語》〔音楽〕ビューグル: 特に軍楽隊で用いるサクソホン属の金管楽器.

building /bildiŋ/ 男《米語》古風 ビルディング. 比較 ⇨ BÂTIMENT.

buis /bɥi/ 男〔植物〕ツゲ.

buisson /bɥisɔ̃/ 男 ❶（野生の低木の）茂み, やぶ;（小さな）叢林(そうりん). ▶ un buisson de genêts = des genêts en buisson エニシダの茂み. ❷〔料理〕（エビやアスパラガスの）ピラミッド盛り, ビュイソン. ▶ buisson de homards オマールのピラミッド盛り.

battre les buissons (1)（やぶをたたいて）獲物を捜す. (2) 徹底的に捜す.

buisson ardent〔聖書〕燃える柴(しば)（神はこの炎の中でモーセに現れた）.

buissonneux, euse /bɥisɔnø, øːz/ 形 ❶ 茂みの多い, やぶで覆われた. ▶ un terrain buissonneux 茂みで覆われた土地. ❷ やぶ状の, 低木状の.

buissonnier, ère /bɥisɔnje, ɛːr/ 形 わき道にそれた; 自由な. ▶ un tourisme buissonnier 観光ルートを外れた旅行, 気ままな旅.

faire l'école buissonnière 学校をサボってぶらつく; 仕事をサボる.

bulbaire /bylbɛːr/ 形〔解剖〕延髄の.

bulbe /bylb/ 男 ❶ 球根. ▶ un bulbe de la jacinthe ヒヤシンスの球根 / plantes à bulbes 球根植物. ❷〔解剖〕延髄 （=bulbe rachidien）. ❸（ロシアの教会などの）球根状の丸屋根.

bulbeux, euse /bylbø, øːz/ 形 球根を持つ; 球根状の. ▶ plante bulbeuse 球根植物.

bulgare /bylgaːr/ 形 ブルガリア Bulgarie の.
— **Bulgare** 名 ブルガリア人.
— **bulgare** 男 ブルガリア語.

Bulgarie /bylgari/ 固有 女 ブルガリア: 首都 Sofia. ▶ en Bulgarie ブルガリアに [で, へ].

bulldozer /byldozɛːr; byldozœːr/ 男《米語》❶ ブルドーザー. ❷ ブルドーザーのような人物, 猛進型の人物.

bulle¹ /byl/ 女 ❶ 泡, あぶく, 気泡. ▶ faire des bulles de savon シャボン玉を作る. ❷（漫画の）吹き出し（=ballon）. ❸〔医学〕水疱(すいほう). ❹ 零点. ▶ avoir une bulle en maths 数学で零点を取る. ❺（経済の）bulle immobilière 不動産バブル / La bulle a éclaté. バブルがはじけた.

coincer la bulle 何もしない, 休む.

bulle² /byl/ 女 ❶（ローマ教皇の）勅書, 教書. ❷〔歴史〕（印璽(いんじ)についた）鉛 [金] の玉; 印璽.

*****bulletin** /byltɛ̃/ ビュルタン 男 ❶（公的な）**報告**（書）. ▶ bulletin météorologique [météo] 天気予報 / bulletin administratif 行政公報 / bulletin d'état civil 身分証書作成票（身分変動について市町村が作成する資料）/ bulletin de santé（重要人物の）病状報告書. ❷（各種の）**証明書**. ▶ *bulletin* de naissance 出生証明書, 戸籍抄本 / *bulletin* de paie [salaire] 給与明細書 / *bulletin* de bagages 手荷物預かり証. ❸（学会, 団体の）**会報**, 年報, 紀要. ▶ *bulletin* bibliographique 書誌目録. ❹（学校の）通信簿, 成績表（= *bulletin* scolaire）. ❺ ニュース, ニュース解説. ▶ *bulletin* de l'étranger 海外時評（欄）/ *bulletin* d'informations（テレビ, ラジオの）ニュース番組. ❻ 投票用紙（= *bulletin* de vote）. ▶ *bulletin* blanc 白紙票 / *bulletin* nul 無効票 / mettre [déposer] son *bulletin* dans l'urne 投票箱に投票用紙を入れる.

bûmes /bym/ 活用 ⇨ BOIRE¹ 86

bungalow /bœ̃galo/ 男《英語》バンガロー.

buraliste /byralist/ 名 ❶（郵便局, 税務署などの）窓口職員. ❷ たばこ屋経営者.

bure /by:r/ 女 ❶《織物》ブール: 褐色で厚地の毛織物. ❷ ブール地の服; 修道服.

＊**bureau** /byro/ ビュロー/-; 《複》✗ 男

英仏そっくり語
英 bureau 案内所,（政府の）局.
仏 bureau オフィス, 机.

❶ 机, デスク. ▶'s'asseoir [se mettre] à son *bureau* 机に向かう / *bureau* d'acajou マホガニーの机. ❷ **事務室**, 執務室, 研究室; 書斎. ▶ le *bureau* du directeur 部長［所長, 支配人］室 / Passez dans mon *bureau*. 私の部屋に来てください. ❸ **会社**, 事務所, オフィス. ▶ employé de *bureau*（事務系の）会社員 / aller au [à son] *bureau* 会社に出勤する / travailler dans un *bureau* 事務関係の仕事をしている; 会社員である / heures de *bureau* 勤務時間 / le *bureau* à l'étranger d'un journal 新聞社の海外支局. 比較 ⇨ ENTREPRISE. ❹（企業, 官庁の）部局, 部署, 部課. ▶ *bureau* administratif 総務部 / *bureau* de création（企業の）開発部 / chef de *bureau* 部長, 課長, 主任. ❺（公共の）事業所,（官製品, 専売品の）販売所;（劇場の）窓口, 切符売り場. ▶ *bureau* de poste 郵便局 / *bureau* de tabac たばこ販売所 / *bureau* de renseignements 案内所 / le *bureau* de location d'un théâtre 劇場の（前売り）切符売り場. ❻（団体, 役員などの）事務局, 執行部, 委員会. ▶ réunion du *bureau* 幹部会議 / *bureau* politique（政党の）政治局. ❼（集合的に）社員, 職員. ❽ 情報 デスクトップ.

bureau de vote (1) 投票所. (2) 選挙管理委員会.

homme de bureau（根っからの）官僚, 事務屋; 書斎人.

bureau des pleurs 話 苦情窓口.

bureaucrate /byrokrat/ 名 ❶（権力を笠に着る）官僚. ❷（軽蔑して）事務屋, 小役人.

bureaucratie /byrokrasi/ 女 ❶ 官僚体制, 官僚主義. ❷（集合的に）官僚, 役人.

bureaucratique /byrokratik/ 形 官僚的な, 役人の, お役所風の. ▶ un régime *bureaucratique* 官僚主義体制.

bureaucratisation /byrokratizasjɔ̃/ 女《軽蔑して》官僚（主義）化.

bureaucratiser /byrokratize/ 他動〔社会, 企業など〕を官僚化する, 官僚の支配下に置く.

bureautique /byrotik/ 女, 形 オフィスオートメーション(の), 文書処理(の). ▶ logiciels *bureautiques* オフィスソフト.

burent /by:r/ 活用 ⇨ BOIRE¹ 86

burette /byrɛt/ 女 ❶（油や酢を入れる首の細長い）食卓用小瓶. ❷（機械などの）油差し. ❸《カトリック》（ミサに用いる水, ぶどう酒の）小瓶. ❹《化学》ビュレット: 滴定用目盛り付きガラス管.

burin /byrɛ̃/ 男 ❶ ビュラン, 鏨(たがね). ❷ ビュラン彫りの版画（= gravure au *burin*）.

buriné, e /byrine/ 形 visage *buriné* 深いしわの刻まれた顔.

buriner /byrine/ 他動 ❶〔鏨(たがね), ビュランで〕…を彫る, 削る. ▶ *buriner* un portrait 肖像を版画に彫る. ❷ 文章 …を力強く記述する.

burlesque /byrlɛsk/ 形 ❶ 滑稽(けい)な, 道化た; でたらめな. ▶ une histoire *burlesque* 荒唐無稽(けい)な笑い話 / un film *burlesque* どたばた喜劇映画. ❷《文学》滑稽劇の, ビュルレスクの. —— 男《文学》滑稽劇, ビュルレスク.

burnous /byrnu(s)/ 男《服飾》❶ バーヌース: アラブ人の頭巾(きん)付き袖(そで)なし外套(がいとう). ❷（赤ん坊, 婦人用の）バーヌーススタイルのケープ.

burqa /burka/ 女 ブルカ: イスラム教徒女性の全身を包む服.

bus¹ /bys/ 男 (autobus の略) 話 ❶ バス. ▶ prendre le *bus* バスに乗る / aller en *bus* バスで行く / arrêt de *bus* バス停. ❷ 情報 バス, 母線.

bus² /by/ 活用 ⇨ BOIRE¹ 86

buse¹ /by:z/ 女 ❶《鳥類》ノスリ. ❷ 話 ばか, とんま.

buse² /by:z/ 女 導管, パイプ, ノズル.

business /biznɛs/ 男《英語》❶ ビジネス, 商売, 仕事.〔旧〕bisness, bizness ともつづる. ▶ faire du *business* ビジネスをする / charité *business* チャリティビジネス. ❷ ややこしい事柄;（呼び方のわからないものを指して）あれ, そいつ（= truc）. ▶ Qu'est-ce que c'est que ce *business*-là? そりゃまた, いったい何事だい.

busqué, e /byske/ 形（弓形に）張り出した, 曲がった. ▶ nez *busqué* わし鼻.

busquer /byske/ 他動 ❶《服飾》〔コルセット〕に張り骨をつける. ❷ 文章 …を弓形に曲げる.

buste /byst/ 男 ❶ 上半身. ▶ rejeter le *buste* en arrière のけぞる / marcher en redressant le *buste* 胸を張って歩く. ❷ 胸像, 半身像. ❸ バスト, 乳房.

bustier /bystje/ 男《服飾》（ウエストまでの）ロング・ブラジャー.

＊**but¹** /byt, by/ ビュット, ビュ 男 ❶ **目的**, 意図, ねらい, 目標. ▶ poursuivre [manquer] son *but* 目的を追求する［逸する］/ atteindre un *but* 目的を果たす / se fixer un *but* 目標を定める / dans un *but* politique 政治的な目的で. ◆ dans le *but* de + 不定詞 …する目的で. ◆ dans le *but* de satisfaire les exigences des consommateurs 消費者の要求を満足させるために. ◆ avoir

but

[se donner] pour *but* de + 不定詞 …することを目的とする. ▶ Ces discussions avaient pour *but* d'aplanir le désaccord. これらの討論は, 意見の不一致を解消することを目的としたものだった. ❷ 目的地, 行き先. ▶ le *but* d'une expédition 遠征の目的地 / marcher sans *but* あてもなく歩く. ❸ 的, 標的 (= cible). ▶ viser le *but* 標的をねらう. ❹【スポーツ】(サッカーなどの)ゴール; 得点; (ペタンクの)的. ▶ gardien de *but* ゴールキーパー / marquer [réussir] un *but* 得点を挙げる / gagner par trois *buts* à un (試合に)3対1で勝つ.

aller (droit) au but (1) 目的[目標]に向かって直進する. (2) 単刀直入に言う.

de but en blanc /dəbytɑ̃blɑ̃/ いきなり, 単刀直入に.

frapper au but 核心を突く.

renvoyer qn dans ses buts 身のほどをわきまえさせる.

toucher au but (1) 核心を突く, 正鵠(せいこく)を射る. (2) 目的に近づく.

> 比較 **目的, 目標**
> **but, objectif, objet, fin** はほとんど同義だが, 連語関係で次のような違いがある. avoir pour **but** [**objectif**, **objet**] de + 不定詞「…することを目的とする」, および Le **but** [L'**objectif**, L'**objet**] de qn/qc est de + 不定詞「…の目的は…することである」の形では fin は用いられない. また「dans des **buts** [à des **fins**] + 形容詞「…の目的の」の形では objet, objectif は用いない. なお, これらのうち最も普通に用いられるのは **but** である.

but[2], **bût** /by/ 活用 ⇨ BOIRE[1] 86

butane /bytan/ 男【化学】ブタン.

buté, e /byte/ 形〖人, 態度が〗頑固な, 意固地な. ▶ être *buté* comme「une mule [un âne]」非常に強情である.

buter /byte/ 間他動 ❶ ⟨*buter* contre [sur, à] qc⟩ …にぶつかる, つまずく. ▶ Il a *buté* contre [sur] une pierre. 彼は石ころにつまずいた / *buter* sur une difficulté 困難にぶつかる.
❷ ⟨*buter* contre qc⟩〖建材, 建築物が〗…を支えにする. ▶ La poutre *bute* contre le mur. 梁(はり)は壁に支えられている.
── 自動〖サッカーなどで〗ゴールする; 得点する.
── 他動 ❶ …にぶつかる. ▶ Il vint *buter* la porte avec [de] son front. 彼はドアに額をぶつけた. ❷ …を(突っかいで)支える, 固定する. ▶ *buter* un pont par [avec] une culée 橋を橋台で支える. ❸ …を意固地にさせる. ▶ Ses échecs l'*ont buté* davantage. 失敗が彼をさらに意固地にさせた.
── **se buter** 代動 ❶ ⟨*se buter* à qc/qn⟩ …にぶつかる; 遭遇する. ▶ Ils *se sont butés* aux traditions. 彼らは因習の壁にぶち当たった. ❷ 意固地になる; 固執する. ▶ *se buter*「à une décision [dans une idée]」決定[考え]に固執する / *se buter* contre qn …に反発する.

bûtes /byt/ 活用 ⇨ BOIRE[1] 86

buteur /bytœːr/ 男〖サッカー〗のポイントゲッター; (ラグビーの)キッカー.

butin /bytɛ̃/ 男 ❶ 戦利品, ぶんどり品; 盗品. ❷ (探索の)収穫, 成果.

butiner /bytine/ 他動 ❶ ⟨働きバチが花⟩から蜜(みつ)を集める. ❷〖情報など〗を拾い集める, 採集する.
── 自動〖働きバチが〗蜜をあさる. ▶ Les abeilles *butinent* sur les fleurs. ミツバチは花から蜜を集める.

butoir /bitwaːr/ 男 止め, 緩衝装置;【鉄道】車止め; (ドアの)戸当たり. ▶ date *butoir* 最終期限.

butor /bytɔːr/ 男 ❶【鳥類】ヨシゴイ類. ❷ 図 粗野[無神経]なやつ, 無作法者.

butte /byt/ 女 ❶ 小山, 小さな丘. ▶ monter sur une *butte* 丘に登る / la *Butte* Montmartre モンマルトルの丘. ❷【軍事】射垜(しゃだ)(= *butte* de tir): 標的を据える盛り土.

être en butte à qc(非難, 攻撃)の的になる. ▶ Elle *était en butte à* l'hostilité générale. 彼女はみんなから白い目で見られていた.

butter /byte/ 他動〖植物〗の根元に土をかぶせる; 〖土〗を盛る, 畝状にする.

buvable /byvabl/ 形 ❶ 飲める; おいしく飲める. ▶ eau *buvable* 飲んで差し支えない水(里 飲料水には potable が使われる) / Ce vin n'est pas *buvable*. このワインは飲めたものではない. ❷ 許容できる, 我慢できる. ▶ un roman *buvable* なんとか読める小説. ❸〖薬が〗経口摂取の.

buvaient, buvais, buvait /byvɛ/ 活用 ⇨ BOIRE[1] 86

buvard /byvaːr/ 男 吸い取り紙.

buvette /byvɛt/ 女 ❶ (駅, 劇場の)軽食堂, ビュッフェ, スタンド. ❷ (湯治場の)鉱泉飲み場.

buveur, euse /byvœːr, øːz/ 名 ❶ 酒飲み. ▶ C'est un grand *buveur*. あいつは大酒飲みだ. ❷ ⟨*buveur* de + 無冠詞名詞⟩ …を好んで飲む人. ▶ un *buveur* de bière ビール好き / un *buveur* d'eau (水しか飲まない人 →) 下戸. ❸ (喫茶店, 酒場などの)客; (湯治場で)鉱泉を飲む人.

buvez /byve/, **buviez** /byvje/, **buvions** /byvjɔ̃/, **buvons** /byvɔ̃/ 活用 ⇨ BOIRE[1] 86

BVA (略語) Brûle Ville associés 市場調査・世論調査の機関.

Byzance /bizɑ̃ːs/ 固有 ビザンティウム: 古代トラキアの町, 後のコンスタンティノープル.

C'est Byzance! すごい, 豪華だ.

byzantin, ine /bizɑ̃tɛ̃, in/ 形 ❶ ビザンティウム Byzance の; ビザンティン帝国の. ▶ Empire *byzantin* ビザンティン帝国, 東ローマ帝国 / style *byzantin* ビザンティン(様)式.
❷〖discussions [querelles] *byzantines*〗内容空疎で瑣末(さまつ)な議論: ビザンティンの神学論争から.
── **Byzantin, ine** 名 ビザンティン人.

byzantinisme /bizɑ̃tinism/ 男 空疎でつまらない議論. 匣 トルコの侵攻を前にしながら宗教論争にふけっていたビザンティン帝国の故事に由来する.

C, c

C¹, c /se/ 男 フランス字母の第3字. 注 e, i の前では /s/, a, o, u の前で /k/ と発音される. ただし ç は /s/, ch は通常 /ʃ/ と発音する.

C²(記号) ❶【化学】carbone 炭素. ❷ degré Celsius セ氏…度. ❸【音楽】ハ音；ハ調. ❹(ローマ数字の) 100.

c' 指示代名詞 ce の省略形: e で始まる être の変化形の前で用いる.

ç' 指示代名詞 ce の省略形: 母音字 a の前で用いる.

*__ça¹__ /sa/ サ 代《中性指示》(cela の短縮形)

❶《物, 事柄などを指す》▶ Donnez-moi *ça*. それをください / *Ça* m'étonne. そいつは驚きだ / Je n'ai jamais dit *ça*. そんなことは言った覚えがない / J'aime bien *ça*, le vin.《強意表現》私はこれが好きなんだ, ワインがね.

❷《状況, 事柄を漠然と指す》▶ Comment *ça* va? 元気ですか / *Ça* marche? うまくいっているかい / *Ça* sent mauvais ici. ここは嫌なにおいがする / *Ça* a été? (1) おいしかったですか (=C'était bon?). (2)(試験などが)うまく行きましたか.《非人称動詞の主語としてil の代わりに》*Ça* pleut. 雨が降る / *Ça* arrive qu'il se trompe. 彼だって間違えることはある.

❸《軽蔑, 親愛を込めて人を指す》▶ Fichez-moi *ça* dehors, pas d'ivrogne chez moi. あいつを追い出してくれ, 酔っ払いは御免だ / Les enfants, *ça* grandit vite. 子供はすぐに大きくなるものだ.

❹《疑問, 肯定, 否定の強調》▶ Qui *ça*? それはだれ / Où [Quand, Pourquoi] *ça*? いったいどこで[いつ, どうして] / *Ça* oui [non]. そうだとも [いや違うよ].

❺《驚き, 憤慨, 感嘆》▶ *Ça* (alors)! おやまあ, なんだって / *Ça*, par exemple! なんてことだ.

avec ça ⇨ AVEC.

avoir de ça 話 あれ(知恵, 勇気, 金など)がある;《女性が》魅力がある, 胸が大きい.

__Ça (ne) fait rien.__ 話 なんでもありません.

__Ça va (bien).__ 話 (1) 元気である. ▶ *Ça va?* — *Ça va*.「元気?」「元気だよ」(2)(物事が)うまく行く；よろしい, オーケー. ▶ *Ça va pour demain?* — Oui, *ça va*.「明日だいじょうぶですか」「だいじょうぶです」

__Ça y est.__ 話 (1) これでよし, さあできた. ▶ *Ça y est?* 用意はいいかい. (2) ほらきた, やっぱり. ▶ *Ça y est*, tu as encore cassé un verre! ほら, またグラスを割ってしまった!

__C'est ça.__ 話 そうそう, そのとおり. 注 ときに皮肉に用いられることもある.

C'est pas tout ça ... それだけじゃない.

C'est toujours ça (de gagné). 話 それでもまだましだ.

__comme ça__ 話 (1) そんな風に [な], このように [な]. ▶ Ne me regarde pas *comme ça*. そんな風に私を見ないで / Ça va *comme ça*? これでいいですか / une robe *comme ça* こんな感じのドレス. (2)(大きさ, 量など) これくらいの. (3) それで, というわけで. ▶ Alors, *comme ça*, vous nous quittez? それじゃあ行ってしまうのですか. (4) まあまあ, どうにか (=comme ci comme *ça*). (5) なんとなく；不意に, 気まぐれに；あてもなく. ▶ Un rêve ne se réalise pas *comme ça*. 夢はなんとなく実現できるものではない / Une idée m'est venue *comme ça*. ふとひらめいた / On s'est croisé dans la rue *comme ça*. 通りで偶然すれ違った / Je me baladais *comme ça*. 私はぶらぶら歩いていた.

Il y a de ça. 話 まあそんなところだ.

Pas de ça! 話 まっぴら御免だ；それは駄目だ.

pour ça 話 そのために；(否定文で)だからといって.

sans ça 話 さもなければ.

ça² /sa/ 男 【精神分析】イド, エス: 自我 moi, 超自我 surmoi とともに精神の一部を成すとされる, 無意識的な衝動エネルギーの源泉.

çà /sa/ 副《次の句で》*çà et là* あちらこちら. ——間投《Ah とともに驚き, いらだち, 憤慨, 激励などを表わす》▶ Ah! *çà*, par exemple. ああ, なんてことだ / Ah, *çà*! racontez votre histoire. さあ, 事情を話してください.

cabale /kabal/ 女 ❶ 陰謀, 謀反, 策動. ▶ faire [monter] une *cabale* contre qn …に対して陰謀を企てる. ❷【ユダヤ教】カバラ (=kabbale): ラビたちによる旧約聖書の伝統的かつ神秘的解釈.

cabalistique /kabalistik/ 形 ❶【ユダヤ教】カバラの (=kabbalistique). ❷ 降神術の, オカルトの. ❸ 神秘的な, 難解な.

caban /kabɑ̃/ 男 ❶ (水兵用の厚地防水) ピージャケット. ❷ 厚地のスポーツジャケット.

cabane /kaban/ 女 ❶ 小屋, バラック, 掘っ立て小屋. ▶ *cabane* de bûcheron 樵(きこり)の小屋 / *cabane* à outils 道具小屋 / *cabane* à lapins ウサギ小屋；画一的な団地. ❷ 話 刑務所, 牢屋(ろうや). ▶ faire de la *cabane* むしょ暮らしをする.

cabanon /kabanɔ̃/ 男 (浜辺の)小屋；(プロヴァンス地方で)別荘.

cabaret /kabaʁɛ/ 男 ナイトクラブ. ▶ passer la soirée au *cabaret* ナイトクラブで夜を過ごす.

cabas /kaba/ 男 ❶ (広口の)買い物かご, 買い物袋. ❷ 果物かご.

cabernet /kabɛʁnɛ/ 男 カベルネ: ブドウの品種.

cabestan /kabɛstɑ̃/ 男 【機械】キャプスタン, ウィンチ.

cabillaud /kabijo/ 男 【料理】生ダラ. 注 塩漬けは morue という.

__cabine__ /kabin/ キャビヌ 女 ❶ ボックス, (部屋の) 仕切り. ▶ *cabine* téléphonique 電話ボックス / *cabine* d'ascenseur エレベーターのかご[ケージ]

cabinet

/ *cabine* d'essayage 試着室 / *cabine* de bain（プールなどの）脱衣室.
❷ 船室, キャビン. ▶ *cabine* de luxe 特等船室.
❸（飛行機などの）操縦室, コックピット (= *cabine de pilotage*);（列車, トラックなどの）運転室.

*cabinet /kabinɛ/ 男 ❶ 小部屋, 小室.
▶ *cabinet* de toilette 化粧室 / *cabinet* de débarras 物置部屋, 納戸 / *cabinet* particulier（レストランの）個室.
❷ 書斎, 仕事部屋, 事務室 (= bureau). ▶ *cabinet* de travail 書斎, 勉強部屋 / un homme de *cabinet* 書斎人, 学究の徒.
❸（弁護士など自由業の）事務所, 営業所;（医者の）診察室;（集合的に）弁護士, 医者などの仕事; 顧客, 患者. ▶ le *cabinet* d'affaires 会計事務所 / ビジネスコンサルタント業 / le *cabinet* (de consultation) d'un dentiste 歯科医の診察室 / *cabinet* d'avocats 弁護士事務所 / *cabinet* d'études コンサルタント会社.
❹（収集品の）陳列室, 収集室; コレクション.
❺ 内閣, 政府 (= gouvernement). ▶ le conseil de *cabinet*（首相主宰の）閣議 / former un *cabinet* 組閣する / le *cabinet* de Bruxelles（対外的に）ベルギー政府. ❻（大臣, 知事などの）官房. ▶ le *cabinet* ministériel [d'un ministre] 大臣官房 / le chef du *cabinet* 官房長. ❼（多く複数で）トイレ (= *cabinet* d'aisances). ▶ aller aux *cabinets* トイレに行く. 比較 ⇨ TOILETTE.

câblage /kablaːʒ/ 男 ❶ ロープ［ケーブル］製造.
❷（電気・電子機器の）配線, ワイヤリング. ❸ 打電.

câble /kɑːbl/ 男 ❶ ロープ, ケーブル. ▶ *câble* métallique ワイヤーロープ / *câble* de traction 牽引（ﾗﾌﾟ）ロープ,（通信用の）ケーブル. ❷ *câble* sous-marin 海底ケーブル / *câble* à fibres optiques 光ファイバーケーブル / le *câble* = la télévision par *câbles* ケーブルテレビ (= télédistribution). ❸ 電報, 電信.

câblé, e /kable/ 形 ❶ 撚(ﾖ)り合わされた. ❷ 通信回線などが)有線の, ケーブルでつながった. ❸ 話 流行の先端をゆく, 情報通の (= branché).

câbler /kable/ 他動 ❶〖糸, 鋼線など〗を撚(ﾖ)り合わせる. ❷ …を打電する. ❸ …の配線をする. ▶ *câbler* un quartier ある地域に（テレビなどの）ケーブルを敷設する.

câblerie /kɑbləri/ 女 ロープ［ケーブル］製造; ロープ［ケーブル］製造工場.

câbleur, euse /kɑblœːr, øːz/ 名（電線の）架設職工, ケーブル工.

câblier /kablije/ ❶ 海底ケーブル敷設船.
❷ ケーブル製造者.

câblo-opérateur /kabloɔpɛratœːr/;（複）~-~s ケーブルネットワーク会社.

cabochard, arde /kabɔʃaːr, ard/ 形 頑固な, 強情な, 融通の利かない.
—— 名 頑固者, 偏屈者, 意地っ張り.

caboche /kabɔʃ/ 女 話 頭. ▶ avoir une rude [bonne] *caboche* 石頭である［物分かりがよい］ / avoir la *caboche* dure 頭が鈍い; 頑固である.

cabochon /kabɔʃɔ̃/ 男 ❶ カボション: カットせず曲面状に磨いた宝石, クリスタルガラス.
❷（頭部の丸い）飾り釘(ｸｷﾞ).

cabosser /kabɔse/ 他動 …をでこぼこにする, へこませる. ▶ *cabosser* un chapeau 帽子をへこませる.

cabot[1] /kabo/ 男 話《軽蔑的》犬, 犬ころ.

cabot[2] /kabo/ 男 (cabotin の略) ❶ 大根役者.
❷ 芝居がかった人, 気取り屋.

cabotage /kabɔtaːʒ/ 男 沿岸航海, 沿岸貿易.

caboter /kabɔte/ 自動 沿岸航海［貿易］をする.

caboteur /kabɔtœːr/ 男 沿岸航海船.

cabotin, ine /kabɔtɛ̃, in/ 名《軽蔑して》❶ 大根役者. ❷ 芝居がかった人, はったり屋, 気取り屋.
——形《軽蔑して》芝居がかった, 気取った.

cabotinage /kabɔtinaːʒ/ 男 ❶ 大根役者の演技. ❷ 芝居がかった態度, 気取り, わざとらしさ.

cabotiner /kabɔtine/ 自動 話 芝居がかった態度を取る, 気取る.

caboulot /kabulo/ 男 話 評判の悪いカフェ, いかがわしいキャバレー;（常連客相手の）小さなカフェ, 小料理屋.

cabrer /kɑbre/ 他動 ❶〖動物〗を後足で立たせる.
❷〖飛行機（の機首）〗を上に向ける;《目的語なしで》急上昇する. ❸〖人〗を反抗させる; 怒らせる.
—— **se cabrer** 代動 ❶〖動物〗が後足で立ち上がる. ❷〖飛行機〗機首を上げる, 急上昇する. ❸ 反抗する, 反発する; 憤慨する.

cabriole /kabrijɔl/ 女 はね回ること, 跳躍; とんぼ返り. ▶ faire des *cabrioles* 跳んだりはねたりする. ❷ 身をかわすこと; はぐらかし.

cabrioler /kabrijɔle/ 自動 はね回る, 跳びはねる; とんぼ返りをする.

cabriolet /kabrijɔlɛ/ 男 ❶ オープンカー, カブリオレ. ❷（折り畳み式幌(ﾎﾛ)付き）1頭立て2輪馬車.

CAC /kak/ 男《略》cotation assistée en continu. ▶ (indice) *CAC* 40 パリ証券取引所特定銘柄40社平均株価指数（フランスの代表的な株式指数）.

caca /kaka/ 男 話 幼児語 うんこ. ▶ faire *caca* うんちをする. ❷ 汚らしいもの; 無価値なもの.

cacahouète /kakawɛt/, **cacahuète** /kakɥɛt/ 女 ラッカセイ（の実）, ナンキンマメ, ピーナッツ (= arachide).

cacao /kakao/ 男《スペイン語》カカオマメ, カカオ［ココア］粉末. ▶ beurre de *cacao* カカオバター.

cacaoté, e /kakaɔte/ 形 カカオ入りの.

cacaoyer /kakaɔje/, **cacaotier** /kakaɔtje/ 男〖植物〗カカオの木.

cacaoyère /kakaɔjɛːr/, **cacaotière** /kakaɔtjɛːr/ 女 カカオ畑, カカオ農園.

cacatoès /kakatɔɛs/ 男〖鳥類〗オウム.

cachalot /kaʃalo/ 男〖動物〗マッコウクジラ.

cache /kaʃ/ 男 ❶（テキストなどの一部を隠すために使う）小紙片. ❷〖情報〗キャッシュメモリ. ❸〖写真〗ネガマスク;〖映画〗マスク.

caché, e /kaʃe/ 形 隠れた, 秘密の, 見えない. ▶ trésor *caché* 秘宝; 隠れた才能の持ち主 / mener une vie *cachée* = vivre *caché(e)* ひっそりと暮らす; 隠遁(ｲﾝﾄﾝ)生活を送る / Tu es *caché* derrière l'arbre! 君は木の後ろに隠れているんだろう.

cache-cache /kaʃkaʃ/ 男《単複同形》かくれんぼ.

jouer à cache-cache (1)かくれんぼをする. (2)行き違いになる.

cache-col /kaʃkɔl/《複》～-～(**S**) 男 襟巻き, マフラー; スカーフ.

cachemire /kaʃmiːr/ 男 ❶ カシミヤ. ▶ pull-over en *cachemire* カシミヤのセーター. ❷(特に)カシミヤのショール (=châle en *cachemire*);(カシミヤショール特有の)ペーズリー柄.

cache-nez /kaʃne/ 男《単複同形》(防寒用に鼻まで覆える)襟巻き, マフラー.

cache-pot /kaʃpo/ 男《単複同形》(素焼きの植木鉢を隠す)鉢カバー, 装飾鉢.

cacher /kaʃe/ カシェ/ 他動

❶ …を隠す. ▶ *cacher* son argent dans son matelas マットレスの中にお金を隠す / *cacher* ses inquiétudes 不安を見せない / Je ne vous *cache* pas que je suis assez mécontent. はっきり言って私はかなり不満です.

❷ …を遮る. ▶ Cet arbre *cache* la vue. この木が視界を遮っている / Tu me *caches* la lumière. 君のせいで光が当たらない.

❸ …を行内に含む, 内蔵する; 秘める. ▶ Ce placard *cache* en fait un lavabo. このクロゼットの内部は実は洗面台になっています.

cacher ⌈*son jeu* [*ses cartes*]⌉ (1)(トランプで)自分の手を見せない. (2)意図を隠す.

L'arbre cache la forêt. 諺 木を見て森を見ず.

On ne peut rien te [*vous*] *cacher.* 話 君には[あなたには]なんでもお見通しだ.

pour ne rien vous cacher 洗いざらい話しますと.

Un train peut en cacher un autre. 危いぞ, 列車の後にまた列車: 踏切事故をなくすための標語.

比較 隠す
cacher 最も一般的. **dissimuler** 人の目を欺いて隠すというニュアンスが加わる. **masquer** 具体的に視界を遮って隠す場合におもに用いられる. 感情や真実などを隠すことをいう場合には dissimuler とほぼ同義. **receler** 隠すことが犯罪を構成する場合に用いる.

— ***se cacher*** 代動 ❶ 隠れる, 潜む. ▶ *se cacher* derrière un arbre 木の背後に身を潜める / Va *te cacher*! うせろ. ◆ *se cacher* à qn …を避ける. ▶ *se cacher* au [aux yeux du] monde 世間を逃れて暮らす.

❷〈*se cacher* de qc/不定詞〉…を隠す,(本当だと)認めない. ▶ Il ne *se cache* pas d'avoir de grands desseins politiques. 彼は大きな政治的野心を抱いていることを隠さない / Il ne *s'en cache* pas. 彼はそのことを隠そうとしない, 公言する.

❸〈*se cacher* de qn〉…に隠れて行動する. ▶ Il *se cache* de sa femme pour boire. 彼は妻に隠れて酒を飲んでいる.

❹ 見えなくなる, 消えうせる. ▶ Où *se cachent* mes lunettes? 私のめがねはどこへ消えたんだろう.

❺〔意図, 感情などが〕隠されている.

cache-radiateur /kaʃradjatœːr/ 男《単複同形》ラジエーターカバー.

cache-sexe /kaʃsɛks/ 男《単複同形》(極めて露出度の高い)ビキニショーツ.

cachet /kaʃɛ カシェ/ 男 ❶ ❶(薬の)**1錠**, 1カプセル. ▶ prendre un *cachet* d'aspirine アスピリンを1錠飲む. ❷(粉薬用の)オブラート; オブラート包.

❷ ❶ 印, スタンプ; 封印, 封蠟(ふぅ). ▶ un *cachet* de la poste 消印 / apposer un *cachet* スタンプを押す / à envoyer le 10 octobre au plus tard, le *cachet* faisant foi 10月10日の消印有効. ❷(性格などの)刻印, 特徴, 個性. ▶ le *cachet* du génie 天才の刻印 / un château portant le *cachet* de la Renaissance ルネッサンス時代の名残をとどめる城. ◆ avoir du *cachet* (=caractère)個性がある. ▶ Ce petit village a du *cachet*. この小さな村には独特の風情がある.

❸ 出演料, ギャラ;(個人教授などで1回ごとの)受講料, 謝礼(金). ▶ le *cachet* d'un acteur 俳優のギャラ / leçons à deux cents euros le *cachet* 1回200ユーロのレッスン. 比較 ➡ RÉMUNÉRATION.

courir le cachet 古風《音楽家や画家などが》個人教授で生活費を稼ぐ.

cachetage /kaʃtaːʒ/ 男 封印(すること).

cache-tampon /kaʃtɑ̃pɔ̃/;《複》～-～(**S**) 男《ゲーム》宝探し.

cacheter /kaʃte/ 4 他動 …に封をする, 封印する. ▶ *cacheter* une lettre 手紙に封をする / une bouteille de vin *cachetée* 封印されたワインボトル / la cire à *cacheter* 封蠟(ふぅ).

cachette /kaʃɛt/ 女 隠し場所; 隠れ場所.

en cachette こっそり, 隠れて. ▶ *en cachette* de qn …に隠れて, …の知らぬ間に.

cachot /kaʃo/ 男(監獄内の)独房;(多く複数で)監獄, 牢獄. ▶ trois jours de *cachot* 3日間の独房入り.

cachotterie /kaʃɔtri/ 女《多く複数で》話 秘密めかすこと. ▶ faire des *cachotteries* à qn …につまらない隠しだてをする.

cachottier, ère /kaʃɔtje, ɛːr/ 形, 名 秘密めかすことを好む(人), つまらない隠しだてをする(人).

cachou /kaʃu/ 男 ❶《薬学》カテキュ, ペグ阿仙(ぁ)葉. ❷(口臭を消す)カテキュ入りドロップ.

cacique /kasik/ 男《スペイン語》❶(中南米の先住民の)首長. ❷ 話 第一位入賞者;(特に)(高等師範学校の)首席合格者. 注 この語義では女性形 une cacique も用いる. ❸ ボス, 大物.

cacochyme /kakɔʃim/ 形, 名 古 /(ふざけて)病弱な(人), ひ弱な(人).

cacophonie /kakɔfɔni/ 女 ❶(同じ音などの)耳障りな繰り返し(例: Je peux peu) (↔euphonie). ❷(不快な)騒音, 騒ぎ.

cacophonique /kakɔfɔnik/ 形 耳障りな; 騒がしい.

cactus /kaktys/ 男 ❶《植物》サボテン. ❷ 話 障害, 問題. ▶ Il y a un *cactus*! 困ったな.

c.-à-d.《略語》➡ C'EST-À-DIRE.

cadastral, ale /kadastral/;《男 複》*aux* /o/ 形 土地台帳の; 土地台帳課の. ▶ la matrice *cadastrale* 土地台帳原簿.

cadastre /kadastr/ 男 ❶ 土地台帳. ❷(役所の)土地台帳課.

cadastrer /kadastre/ 他動〔地域〕の土地台帳を作成する;〔地所〕を土地台帳に記入する.

cadavéreux

cadavéreux, euse /kadaverø, ø:z/ 形 死人［死体］のような． ▶ odeur *cadavéreuse* 腐臭.

cadavérique /kadaverik/ 形 死体の; 死人のような． ▶ rigidité *cadavérique* 死後硬直.

cadavre /kadɑ:vr/ 男 ❶ 死体; 死骸(ﾊﾞｨ). ▶ enterrer un *cadavre* 死体を埋葬する / un *cadavre* ambulant 骨と皮ばかりにやせ衰えた人, 生ける屍(ﾊﾞｪ). ❷ 話《飲み干した酒の》空き瓶.

avoir un cadavre dans le placard やましいことがある.

Il y a un cadavre entre eux. 彼らはぐるだ.

caddie¹ /kadi/ 男《英語》《ゴルフの》キャディー.

caddie² /kadi/ 男 商標《スーパーマーケット, 空港などの》カート.

cade /kad/ 男《植物》ビャクシン.

＊**cadeau** /kado カドー/; 〜x 男 ❶ 贈り物, プレゼント． ▶ *cadeau* de mariage 結婚祝い / *cadeau* d'anniversaire 誕生日のプレゼント / donner [recevoir] qc en [pour] *cadeau* …を贈り物としてあげる［もらう］/ faire un *cadeau* à qn …にプレゼントをする． ◆ faire *cadeau* de qc à qn …を…にプレゼントする． ▶ Pour mon anniversaire, ils m'ont fait *cadeau* d'un très beau livre. 誕生日に彼らからたいへん立派な本をもらった． ❷《他の名詞と多くハイフン(-)で結び付いて》贈り物としての, プレゼント用の． ▶ paquet-*cadeau* (贈答用の)化粧箱 / *cadeau*-souvenir お土産.

C'est un cadeau. ただだよ; 楽勝だ.

Ce n'est pas [C'est pas] un cadeau. 話 厄介な仕事だ, 嫌なこと［やつ］だ.

ne pas faire de cadeau(x) à qn 話 …に手厳しい態度で臨む; 容赦ない.

cadenas /kadna/ 男 南京(ﾅﾝ)錠． ▶ fermer une porte au *cadenas* 戸に南京錠をかける.

cadenasser /kadnase/ 他動 ❶ …に南京(ﾅﾝ)錠をかける． ❷ 話 …を閉じ込める, 監禁する.

＊**cadence** /kadɑ̃:s カダンス/ 女 ❶ リズム, 拍子;《詩の》韻律． ▶ la *cadence* des pas 歩調 / donner [suivre, perdre] la *cadence* 拍子を取る［に合わせる, を外す］. ❷《仕事, 生産などの》速さ, テンポ． ▶ la *cadence* de la vie 生活のテンポ / augmenter la *cadence*《作業などの》速度を速める． ◆ à une *cadence* + 形容詞 …のリズム［テンポ］で． ▶ à une *cadence* rapide 急ピッチで． ❸《音楽》終止(形), カデンツ; カデンツァ． ▶ la *cadence* parfaite 完全終止. ❹《軍事》《銃, 大砲などの1分間の》連続発射回数 (= *cadence* de tir).

à la cadence de qc …のリズムで, の割合で.

en cadence 規則正しいリズムで, 調子を合わせて (= régulièrement).

cadencé, e /kadɑ̃se/ 形 一定のリズムを持った, 律動的な.

cadencer /kadɑ̃se/ ① 他動 …に一定のリズムをつける, 律動を与える． ▶ *cadencer* son pas 歩調を整えて歩く.

cadet, ette /kadε, εt/ 名 ❶ 弟, 妹;《特に》末っ子 (↔ aîné). ▶ Les *cadets* obéissent à l'aîné. 弟たちは長兄に従う /「le *cadet* [la *cadette*] de la famille 末っ子 (= benjamin). ❷ 年下の者; 後輩; 最少年者． ▶ Il est mon *cadet* de deux ans. 彼は私より2歳年下だ / C'est le *cadet* du groupe. 彼が仲間内でいちばん若い． ❸《スポーツ》少年クラスの選手: juniors の下, 13歳から16歳まで.

C'est le cadet de mes soucis. 話 そんなことは少しも気にしていない．

— 形 ❶ 年下の; 末っ子の． ▶ frère *cadet* 弟 / sœur *cadette* 妹． ❷ branche *cadette* 分家(の系統).

— **cadet** 男 ❶《歴史》《修業のために従軍した》青年貴族． ❷《米国, 英国の》士官学校生徒.

cadmium /kadmjɔm/ 男《化学》カドミウム.

cadrage /kadraːʒ/ 男 ❶《カメラの》フレーミング. ❷《印刷》割り付け.

cadran /kadrɑ̃/ 男 ❶《時計の》文字盤; 時計． ▶ *cadran* solaire 日時計． ❷ 目盛盤, 計器盤, ダイヤル． ▶ *cadran* à touches《電話の》プッシュボタン.

faire le tour du cadran 話《時計の針が文字盤を1周する→》(1) 12時間ぶっ続けに眠る． (2) 出発点に戻る.

＊**cadre** /kɑ:dr カードル/ 男 ❶ ❶ 額縁, フレーム． ▶ mettre une photo dans un *cadre* 写真を額に収める / mettre un *cadre* à un tableau 絵に額縁をつける / Ne rien écrire dans ce *cadre*. この欄には何も書かないこと． ❷ 枠, 枠組み, 骨組み． ▶ le *cadre* d'une fenêtre 窓枠 / le *cadre* d'une bicyclette 自転車のフレーム / *cadre* de déménagement 引っ越し用大型ケース, コンテナ. ❸《情報》《ブラウザー上の》フレーム.

❷ ❶《生活などの》枠組み, 環境． ▶ *cadre* de vie 生活環境 / habiter dans un *cadre* agréable 快適な環境に住む．
❷ 範囲, 限界． ▶ respecter le *cadre* de la légalité 法の枠を尊重する / sortir du *cadre* de ses fonctions 自分の役目の枠から外れる．
❸《他の名詞とハイフン(-)で結び付いて》基本的枠組み, 大綱． ▶ loi-*cadre* 基本法.

❸ ❶ 幹部, 管理者, エグゼクティブ． ▶ la conférence des *cadres* 幹部会議 / les *cadres* dirigeants 最高幹部; トップマネージメント / les *cadres* supérieurs [moyens] 上級［中間］管理職 / Il est passé *cadre*. 彼は役付きになった /《同格的に》une femme *cadre* 女性管理職． 比較 TRAVAILLEUR.

❷《官庁, 会社の》役職表, 職員名簿． ▶ figurer parmi les *cadres* d'une compagnie 《会社の》職員名簿に載る, 正職員になる / être rayé des *cadres* 解雇される, 免職される.

❸《軍事》幹部《将校と下士官の総称》． ▶ *cadre* d'activité 現役幹部 / *cadre* de réserve 予備役幹部.

dans le cadre de qc (1) …の枠内［範囲内］で． ▶ *dans le cadre des* accords de commerce internationaux 国際通商協定の枠内で． (2) …の一環として． ▶ présenter un film *dans le cadre d'*un festival フェスティバルの一環として映画を上映する.

cadrer /kadre/ 自動 〈*cadrer* (avec qc)〉《…と》合う, 適合する, 一致する． ▶ Son train de

vie ne *cadre* pas avec ses revenus. 彼(女)の暮らしぶりが収入と釣り合っていない / faire *cadrer* un compte 帳尻(じん)を合わせる.
── 他動 …をフレーミングする, (カメラの)フレームに入れる. ▶ une image mal *cadrée* (余計なものが映っていたりして)フレーミングのまずい画像.

cadreur, euse /kɑdrœːr, øːz/ 名 (映画, テレビの)カメラマン (=cameraman).

caduc, uque /kadyk/ 形 ❶ 時代遅れの, 廃れた. ▶ une théorie (devenue) *caduque* 古くなった説. ❷《法律》無効の, 失効した. ❸《生物学》脱落性の; 凋落(ちょう)性の. ▶ des arbres à feuilles *caduques* 落葉樹. ❹《音声》脱落性の. ▶ e *caduc* 脱落性の e (例: petit の発音が /pti/ となるとき e が脱落している).

caducée /kadyse/ 男 ❶ 医師[薬局, 病院]のシンボル: 1匹の蛇が巻きついた杖(つえ). ❷ ヘルメスの杖: 2匹の蛇が巻きついた杖.

caducité /kadysite/ 女 文章 ❶ 時代遅れ, 古さ;《法律》失効. ❷《植物学》脱落性.

Cadum /kadɔm/ 商標 カドム: ベビー石鹸のブランド名.

cæcum /sekɔm/ 男《解剖》盲腸.

Caen /kɑ̃/ 固有 カーン: Calvados 県の県庁所在地.

caennais, aise /kanɛ, ɛːz/ 形 カーン Caen の. ── **Caennais, aise**

cafard¹ /kafaːr/ 男 ❶ アブラムシ, ゴキブリ (=blatte). ❷ 話 ふさぎの虫, 憂鬱(ゆう). ▶ Cela me donne le *cafard*. それを考えると憂鬱だ / avoir le *cafard* 気がめいる, ふさぐ.

cafard², arde /kafaːr, ard/ 名 ❶ 古 信仰家ぶる者, えせ信者; 偽善者. ❷ 話 告げ口をする人; 密告者.
faire le cafard (1) 信心家ぶる. (2) 話 密告する.
── 形 信仰家ぶった; 偽善的な.

cafardage /kafardaːʒ/ 男 話 密告, 告げ口.

cafarder¹ /kafarde/ 自動 話 気がめいる, ふさぐ, 憂鬱(ゆう)になる.

cafarder² /kafarde/ 他動 話 (特に学校で)…を言いつけたり, 告げ口する.

cafardeur, euse /kafardœːr, øːz/ 形, 名 話 告げ口をする(人), 密告する(人).

cafardeux, euse /kafardø, øːz/ 形 話 気のめいった, 憂鬱(ゆう)の; 陰気な. ▶ Je me sens *cafardeux*. 僕は気持ちが晴れない / le ciel *cafardeux* 重苦しい空.

caf'conc' /kafkɔ̃ːs/ 男 (café-concert の略) 話 カフェ・コンセール, 寄席喫茶.

***café** /kafe/ カフェ 男 ❶ コーヒー; コーヒー豆. ▶ une tasse de *café* = un *café* 1 杯のコーヒー / Un *café*, s'il vous plaît. コーヒーを1つお願いします / faire du *café* コーヒーを入れる / prendre du *café* コーヒーを飲む / *café* au lait カフェオレ / *café* noir ブラックコーヒー / *café* crème ミルクコーヒー / *café* glacé アイスコーヒー / *café* express エスプレッソコーヒー / *café* filtre ドリップコーヒー / *café* instantané インスタントコーヒー / plantation de *café* コーヒー園 / moulin à *café* コーヒーミル. ❷ カフェ, 喫茶店. ▶ garçon de *café* カフェのボーイ / terrasse [comptoir] d'un *café* カフェのテラス [カウンター] / *café*-restaurant カフェレストラン. ❸ (食後の)コーヒーの時間. ▶ arriver au *café* 食事がほぼ済んだころに顔を出す.
C'est (un peu) fort de café. 話 大げさだ, やりすぎだ, 信じられない.
discussions de café du commerce 床屋談義: café du commerce はありふれたカフェの名.
── 形《不変》コーヒーブラウンの. ▶ une robe *café* コーヒーブラウンのドレス / une peau *café*(-)au(-)lait カフェオレ色の肌

café-concert /kafekɔ̃sɛːr/ 《複》～s-～s 男 カフェ・コンセール, 寄席喫茶: 飲み付きで歌やショーを見せる店.

caféier /kafeje/ 男《植物》コーヒーの木.

caféière /kafejɛːr/ 女 コーヒー畑, コーヒー園.

caféine /kafein/ 女 カフェイン.

caféisme /kafeism/ 男 コーヒー中毒; カフェイン中毒.

cafetan /kaftɑ̃/ 男 カフタン: 中近東の, 腰帯を巻いて着用する盛装用長上着.

cafeteria /kafeterja/ 《英語》, **cafétéria** 女 カフェテリア.

café-théâtre /kafeteɑːtr/ 《複》～s-～s 男 カフェ・テアトル; (軽演劇などを見せる)演劇喫茶.

cafetier /kaftje/ 男 古風 カフェの主人.

cafetière /kaftjɛːr/ 女 ❶ コーヒーポット; コーヒーメーカー. ❷ 話 頭.

cafouillage /kafujaːʒ/ 男 話 不手際, まごつき; (機械などの)不調.

cafouiller /kafuje/ 自動 話〔人, 機械などが〕もたつく. ▶ *cafouiller* dans ses explications 説明がしどろもどろになる.

cafouilleux, euse /kafujø, øːz/, **cafouilleur, euse** /kafujœːr, øːz/ 形, 名 話 不手際な, へまな;〔機械などが〕不調の; 混乱した.
── 名 話 混乱を引き起こす人, とんま.

cafouillis /kafuji/ 男 話 混乱, もたつき.

caftan /kaftɑ̃/ 男 ⇨ CAFETAN.

cage /kaːʒ/ 女 ❶ (動物の)檻(おり); 鳥かご. ▶ *cage* aux [des] lions ライオンの檻 / *cage* à oiseaux 鳥かご. ❷ 話 監獄. ❸ 箱, 保護ケース. ❹《スポーツ》(サッカー, ホッケーなどの)ゴール (=but).
cage à lapins ウサギ小屋; 画一的な団地.
cage à poules 鶏小屋; 狭い家.

cageot /kaʒo/ 男 (傷みやすい野菜や果物, 家禽(かきん)などを運ぶ)木枠箱, 柳かご.

cagibi /kaʒibi/ 男 (狭苦しい)小部屋, 物置.

cagna /kaɲa/ 女 ❶ (塹壕(ざんごう)内などに設けた)待避壕. ❷ 粗末な家, あばら家, バラック.

cagne /kaɲ/ 女 ⇨ KHÂGNE.

cagneux¹, euse /kaɲø, øːz/ 形 X脚の. ▶ jambes *cagneuses* X脚. ── 名 X脚の人.

cagneux², euse /kaɲø, øːz/ 名 ⇨ KHÂGNEUX.

cagnotte /kaɲɔt/ 女 ❶ (ゲームの)賭(か)け金入れ; (集まった)賭け金. ❷ (サークル, 団体などの)醵金(きょ)箱; 共同積立金. ❸ 貯金, へそくり. ▶ *cagnotte* fiscale [budgétaire] 予算の余り.

cagot, ote /kago, ɔt/ 名, 形 文章 古 似非(えせ)信者, 篤信家ぶった人; 偽善者. ── 形 古風 文章 偽善(者)的な, 猫をかぶった; 篤信家ぶった.

cagoterie /kagɔtri/ 囡 古風 文章 狂信的言動, 偏狭な信心, 信心家ぶった態度.

cagoule /kagul/ 囡 ❶目出し帽. ❷(顔だけ出る, 子供用の)防寒帽.

cagoulé, e /kagule/ 形 話 覆面をつけた. ▶ malfaiteur *cagoulé* 目出し帽をかぶった犯人.

***cahier** /kaje/ カイエ 男 ❶ノート, 帳面. ▶ *cahier* de musique 楽譜帳 / *cahier* de brouillon 雑記帳, 下書きノート / *cahier* d'écolier (小学生の)学習帳 / *cahier* de correspondance 通知簿 / *cahier* d'appel 出席簿 / noter qc sur [dans] un *cahier* …をノートに記す. ❷«多く Cahiers»(研究誌, 文芸誌のタイトルとして)研究手帳. ▶ *Cahiers du cinéma*「カイエ・デュ・シネマ」(フランスの映画批評誌). ❸ 法律 *cahier* des charges 受注条件明細書, 仕様書. ❹ 印刷 折り丁: 製本するために折り畳んだ印刷紙.

cahin-caha /kaɛ̃kaa/ 副 話 どうにかこうにか.

Cahors /kaɔːr/ 固有 カオール: Lot 県の県庁所在地.

cahot /kao/ 男 ❶(でこぼこ道を行く車の)揺れ, 動揺;(道の)でこぼこ. ❷(複数で)困難, 障害.

cahotant, ante /kaotɑ̃, ɑ̃ːt/ 形 ❶揺れを引き起こす. ❷〔乗り物が〕揺れる. ❸〔人生が〕浮き沈みのある, 苦難に満ちた;〔筆跡などが〕乱れた.

cahotement /kaotmɑ̃/ 男 (車の)振動(音), 揺れ.

cahoter /kaote/ 他動 ❶〔車, 乗客など〕を揺り動かす, 揺さぶる. ▶ Nous *étions cahotés* sur de mauvaises routes. 我々は悪路でさんざん揺られていた. ❷…をひどい目に遭わせる. ▶ une famille *cahotée* par la guerre 戦争に翻弄(ほんろう)された一家. — 自動〔車などが〕揺れる, がたがたする.

cahoteux, euse /kaotø, øːz/ 形 揺れを引き起こす. ▶ chemin *cahoteux* でこぼこ道.

cahute /kayt/ 囡 小屋, あばら屋.

caïd /kaid/ 男 ❶カイド: 北アフリカで警察, 司法, 徴税などをつかさどるイスラム教徒の地方官. ❷ 話 重要人物, 大物, 実力者; ボス, 親分.
faire son [*le*] *caïd* 親分風を吹かす, 権力をほしいままにする.

caillage /kajaːʒ/ 男 (血液, 牛乳などの)凝結, 凝固.

caillasse /kajas/ 囡 話 (集合的に)小石, 砂利.

caillasser /kajase/ 他動 …に投石する.

caille /kɑːj/ 囡 ❶ 鳥類 ウズラ. ❷(子供や女性に愛情を込めて)おまえ, 君. ▶ ma petite *caille* ねえ, 君〔坊や〕.
gras [*rond*] *comme une caille* 話 グラマーな, ぽっちゃりした.

caillé /kɑje/ 男 食品 カード: 脱脂乳の凝固物;(特に)(カードからつくった)フレッシュチーズ.

cailler /kɑje/ 他動 …を凝結[凝固]させる.
— 自動 ❶凝結[凝固]する. ❷ 話 冷える, 凍(い)てつく. ▶ On *caille* ici, fermez la fenêtre! ここは寒いね, 窓を閉めなさい / «非人称構文で» Ça *caille* ce soir. 今夜はひどく冷え込む.
— *se cailler* 代動 ❶凝結[凝固]する. ❷ 話 «se les *cailler*»〔人が〕凍える.

caillette /kajɛt/ 囡 (反芻(はんすう)動物の)第四胃.

caillot /kajo/ 男 (液体の)凝固物, 凝塊;(特に)血塊, 血餅(けっぺい), 血栓.

caillou /kaju/ 男 (複) **x** ❶小石, 砂利. ▶ un chemin plein de *cailloux* 石ころだらけの道. ❷ 俗 頭; はげ頭.

cailloutage /kajutaːʒ/ 男 砂利を敷くこと, 砂利舗装; 砂利(舗装)の道.

caillouter /kajute/ 他動 …に砂利を敷く.

caillouteux, euse /kajutø, øːz/ 形 石ころだらけの. ▶ chemin *cailloutteux* 石ころだらけの道.

cailloutis /kajuti/ 男 道路舗装用の砕石; 砕石を敷くこと.

caïman /kaimɑ̃/ 男 ❶ 動物 カイマン: 中南米産のワニ. ❷ 隠 学生 (高等師範学校の)助教, 受験指導教師.

***caisse** /kɛs/ ケス 囡 ❶(運搬・保管用などの)箱, ケース; 1箱分. ▶ emballer des marchandises dans une *caisse* 商品を箱に入れて梱包(こんぽう)する. ◆une *caisse* de + 無冠詞名詞 …入りの箱; 1箱分の…. ▶ une *caisse* d'oranges オレンジ1箱. / *caisse* à + 無冠詞名詞 …用の箱. / *caisse* à outils 道具箱.
❷金庫(=coffre-fort); (金庫の中の)金, 資金. ▶ *caisses* de l'Etat 国庫 / *caisse* noire (企業などの)隠し資金, 裏金 / *caisse* enregistreuse レジスター, 金銭登録機 / avoir une somme en [dans sa] *caisse* ある金額が金庫にある, 手持ちの金がある.
❸レジ, 精算窓口; 会計(課), 帳場. ▶ livre de *caisse* 現金出納簿, 会計簿 / faire la [sa] *caisse* (売上金などの)会計をする, 勘定をする / tenir la *caisse* 会計係[レジ]をする.
❹(金融機関としての)金庫, 公庫, 基金. ▶ *caisse* d'épargne (郵便)貯蓄金庫 / la *caisse* de (la) Sécurité sociale 社会保障金庫 / *caisse* de retraite 年金基金.
❺(機械部分を保護する)外箱, ケース; (自動車の)車体, ボディ; 話 自動車. ▶ *caisse* d'horlogerie 時計の外箱 / *caisse* de piano ピアノの外装〔胴体〕. ❻ 話 胸. ▶ partir [s'en aller] de la *caisse* 咳(せき)や痰(たん)に苦しむ; 肺病にかかる. ❼ 解剖 *caisse* du tympan 鼓室. ❽ 音楽 太鼓, 胴. ▶ grosse *caisse* 大太鼓, グロスケース / *caisse* claire スネア・ドラム, 小太鼓.
à fond la caisse 全速力で.
des [*six, dix*] *caisses* 大量 [の], かなり [の].
passer [*aller*] *à la caisse* (1)(金銭の支払いや賃金などの受け取りのため)会計窓口[レジ]へ行く. (2) Vous *passerez à la caisse*. (賃金を精算して行け→)お前(たち)は首だ.
rouler la caisse 偉そうにする.

caissette /kɛsɛt/ 囡 (おもに果物を詰める)小箱; 小箱1杯分.

caissier, ère /kesje, kesjɛːr/ 名 レジ係, 現金出納係, 会計係.

caisson /kɛsɔ̃/ 男 ❶ 土木 (水中工事用などの)潜函(せんかん), ケーソン. ▶ maladie [mal] des *caissons* 医学 潜函病, ケーソン病. ❷ 建築 格間(ごうま). ▶ un plafond à *caissons* 格天井. ❸ 話 頭. ▶ se faire sauter le *caisson* 自分の頭をピストルで撃ち抜く.

cajoler /kaʒɔle/ 他動 …をかわいがる, 甘やかす,

cajolerie /kaʒɔlri/ 囡 《多く複数で》優しい言葉[態度]，甘やかし；おもねり． ▶ faire des *cajoleries* à un enfant 子供をあやす．

cajol*eur*, *euse* /kaʒɔlœːr, øːz/ 形, 名 甘い言葉をかける(人)，御機嫌をとる(人)．

cajou /kaʒu/ 男 カシューナッツ (=noix de *cajou*)．

cajun /kaʒœ̃/ 形 《男女同形》(米国の)ルイジアナのフランス系住民の．
— **Cajun**:《複》***cajun(s)*** 名 《男女同形》ケイジャン，ルイジアナのフランス系住民．

cake /kɛk/ 男 《英語》❶ フルーツケーキ (干しぶどうや砂糖漬け果物の入ったもの)．❷ en *cake* 〔化粧品が〕固形の．
tronche [tranche] de cake 俗 ばか；からっぽのおつむ．

cal /kal/ 男 ❶(手足の)たこ，まめ． ▶ se faire des *cals* aux mains 手にまめを作る．❷(木の)瘤(ニミ)，カルス．

calage /kalaːʒ/ 男 ❶ 固定，据え付け．❷(機械などの不意の)停止． ▶ le *calage* d'un moteur エンスト．

Calais /kalɛ/ 固有 カレー：ドーバー海峡の港町．

calaisi*en*, *enne* /kalɛzjɛ̃, ɛn/ 形 カレーの人． — **Calais*ien*, *enne*** カレーの人．

calamine /kalamin/ 囡 カーボン(デポジット)：エンジンの燃焼室，ピストンなどに蓄積した煤(ザ)．

calaminé, e /kalamine/ 形 〔内燃機関が〕煤(ザ)をつけた．

se calaminer /s(ə)kalamine/ 代動 〔内燃機関が〕煤(ザ)をつける．

calamistré, e /kalamistre/ 形 〔髪が〕ポマードをつけた；カールした．

calamité /kalamite/ 囡 ❶(飢饉(ネェ)，戦争，疫病などの)災害，災禍． ▶ les *calamités* naturelles 天災．❷(個人的な)不幸，災難． ▶ Quelle *calamité*! なんと不幸なことだ！《冗談で》とんだ災難だ．

calamit*eux*, *euse* /kalamitø, øːz/ 形 文章 ❶ 災害の多い；災いをもたらす． ▶ une époque *calamiteuse* 災禍の時代．❷〔人が〕哀れな，悲惨な．

calandre /kalɑ̃ːdr/ 囡 ❶(布や紙の)艶(ミ)出し機，光沢機，カレンダー．❷(自動車の)ラジエータ・グリル．

calcaire /kalkɛːr/ 形 ❶ 石灰質の，石灰を含む． ▶ terrain *calcaire* 石灰質の土壌 / adoucir une eau *calcaire* 硬水を軟水にする．❷《化学》カルシウムの．—男 石灰岩，石灰質．

calcédoine /kalsedwan/ 囡 《鉱物》玉髄(ホォィ)．

calcifié, e /kalsifje/ 形 石灰化した．

calciner /kalsine/ 他動 ❶ …を焦がす，黒焦げにする，焼き尽くす．❷〔金属など〕を高熱で焼く．❸〔石灰石〕を焼いて生石灰にする，煆焼(ヵ゚ッ)する．

calcium /kalsjɔm/ 男 《化学》カルシウム． ▶ prendre du *calcium* 《話》カルシウム剤を服用する．

*****calcul**[1] /kalkyl/ カルキュル/ 男 ❶ 計算；《単数で》算数． ▶ faire les *calculs* de tête (=calculer) / se tromper dans ses *calculs* 計算違いをする / faire une erreur de *calcul* 計算違いをする / *calcul* mental 暗算 / *calcul* différentiel [intégral] 微分(学) [積分(学)] / être bon en *calcul* 算数が得意である．❷ 予測，目算；思惑，計略． ▶ faire un mauvais *calcul* 目算[思惑]が外れる / déjouer les *calculs* de qn …の思惑の裏をかく / D'après mes *calculs*, il arrivera demain. 私の計算[予測]では彼の到着は明日になる．
par calcul 計算ずくで．
sans (aucun) calcul 打算[下心]なしに．

calcul[2] /kalkyl/ 男 《医学》結石． ▶ *calcul* biliaire 胆石 / *calcul* rénal 腎(ジ)結石 / *calcul* vésical 膀胱(ボウ)結石．

calculable /kalkylabl/ 形 計算できる，測定可能な，予測できる．

calcula*teur*, *trice* /kalkylatœːr, tris/ 形 見通しが利く，抜け目がない，打算的な． ▶ un esprit *calculateur* 目端の利く人．
—名 計算のできる人；打算的人物． ▶ un bon *calculateur* 計算上手 / un froid *calculateur* 冷酷な打算家．
— **calculateur** 男 計算機；(小型の計算用)コンピュータ．
— **calculatrice** 囡 小型計算器，卓上計算器． ▶ *calculatrice* de poche ポケット電卓 (=calculette)．

calculé, e /kalkyle/ 形 ❶〔言葉，行為が〕計算された，打算的な．❷ 予測される． ▶ des risques *calculés* 予見しうるリスク．

*****calculer** /kalkyle/ カルキュレ/ 他動 ❶ …を計算する，算定[算出]する． ▶ *calculer* une dépense 支出を計算する / *calculer* la surface d'un terrain 土地の面積を計算する / 《目的語なしに》*calculer* de tête 暗算する / machine à *calculer* 計算器 (=calculateur, calculatrice)．
❷ …を予測する，予想する． ▶ *calculer* les conséquences d'un acte ある行為の結果を予測する / J'*ai calculé* qu'il faudra trois jours pour y aller. 私はそこへ行くのに3日はかかるとふんでいる．
❸〔言葉，行為〕を慎重に選ぶ，工夫する． ▶ *calculer* son coup 慎重に計画する．

calculette /kalkylɛt/ 囡 ポケット電卓．

cale[1] /kal/ 囡 ❶ 船倉． ▶ mettre la cargaison dans la *cale* 船倉に船荷を積む．❷ 船台，船架． ▶ *cale* sèche [de radoub] (船の補修のための)乾ドック．
être à fond de cale 慣 無一文である．

cale[2] /kal/ 囡 かいもの，くさび；輪止め． ▶ *cale* de départ スタディング・ブロック．

calé, e /kale/ 形 話 ❶ 物知りの，博識の． ▶ Cet élève est *calé* en mathématiques. この生徒は数学が強い．❷ 難しい，込み入った． ▶ Ce problème est trop *calé* pour moi. この問題は私には難しすぎる．❸ <*calé* + 場所> …に身を落ち着けた． ▶ Bien *calé* dans un fauteuil, il se mit à lire. ひじ掛け椅子(*s*)に腰を落ち着けて彼は本を読み始めた．❹ 話 être *calé* 満腹である．

calebasse /kalbas/ 囡 ❶ ひょうたん，ひさご；(ひょうたん形の)瓶．❷ 俗 頭；垂れ乳．

calèche /kalɛʃ/ 囡 小型4輪馬車：後ろに折り畳み式の幌(ホロ)がある．

caleçon /kalsɔ̃/ 男 (男性用)パンツ；ズボン下．注

Calédonie

ブリーフは slip という. ▶ être en *caleçon* パンツ姿でいる.

se retrouver en caleçon すべてを失う.

Calédonie /kaledɔni/ 固有 女 カレドニア: スコットランドの旧名.

calédonien, enne /kaledɔnjɛ̃, ɛn/ 形 カレドニア Calédonie の.
— **Calédonien, enne** 名 カレドニアの人.

calembour /kalɑ̃bu:r/ 男 (同音意義の)語呂あわせ, 地口(ぢぐち)(例: Au lion d'or「金獅子(ぎし)亭」というホテル名は, Au lit, on dort.「ベッドで眠る」の地口である).

calembredaine /kalɑ̃brədɛn/ 女 《多く複数で》ばか話, 冗談, でたらめ. ▶ débiter [dire] des *calembredaines* ほらを吹く, いいかげんなことを言う.

calendes /kalɑ̃:d/ 女複 〖古代ローマ〗一日(ついたち), 月の第一日.
renvoyer [remettre] *qc* aux calendes grecques …を無期延期する. 注 ギリシア暦にはこの語 calendes に相当するものがなかったため.

***calendrier** /kalɑ̃drije/ カランドリエ 男 ❶ 暦(こよみ), 暦法. ▶ *calendrier* solaire 太陽暦 / *calendrier* lunaire 太陰暦 / *calendrier* grégorien グレゴリオ暦 / *calendrier* républicain (フランス革命期の)共和暦, 革命暦.
❷ カレンダー, 暦(こよみ). ▶ consulter le *calendrier* d'un agenda 手帳のカレンダーを見る / *calendrier* à effeuiller = bloc calendrier 日めくり / *calendrier* scolaire 学年暦.
❸ 日程, スケジュール. ▶ établir un *calendrier* de voyage 旅行のスケジュールを立てる / avoir un *calendrier* très chargé 予定がぎっしり詰まっている.

cale-pied /kalpje/ 男 (自転車の)トークリップ: 足の保持用にペダルにつける金具.

calepin /kalpɛ̃/ 男 手帳, メモ帳.

caler¹ /kale/ 他動 ❶ (かいもの, くさびなどで)…を固定する, 安定させる; 据え付ける. ▶ *caler* le pied d'une table テーブルの脚にかいものをする.
❷ 話 *caler* l'estomac 〔食べもの〕がおなかをいっぱいにする. 注 目的語なしに Ça cale. のようにも用いる.
— **se caler** 代動 ❶ 《*se caler* + 場所》…に身を落ちつける. ❷ 話 *se caler* 'les joues [l'estomac] たらふく食う. 注 se は間接目的.

caler² /kale/ 自動 ❶ エンストする. ▶ J'ai calé en plein milieu du carrefour. 私は交差点の真ん中でエンストを起こした.
❷ 話 これ以上食べられない. ▶ Non merci, ni fruit, ni dessert, je *cale*. もう結構です. 果物もデザートもいりません. もうおなかいっぱいです.
❸ 《*caler* sur *qc*》…をあきらめる, に屈伏する. ▶ J'ai calé sur ce problème, il était trop difficile. この問題は難しすぎてとても歯が立たなかった.
— 他動 〔エンジン〕を停止させる, エンストさせる.

caler³ /kale/ 他動 〔マスト, 帆架〕を下ろす.
— 自動 〖海事〗喫水がある.

caleter /kalte/ 自動 俗 走って逃げる, ずらかる.

calfatage /kalfata:ʒ/ 男 (船板のすき間, 継ぎ目の)コーキング, 填隙(てんげき).

calfater /kalfate/ 他動 〔船板のすき間, 継ぎ目〕をコーキングする, ふさぐ.

calfeutrage /kalføtra:ʒ/ 男 (窓などの)目張り; 目張り用の詰め物.

calfeutrer /kalføtre/ 他動 〔窓など〕のすき間をふさぐ, 目張りをする.
— **se calfeutrer** 代動 閉じこもる. ▶ *se calfeutrer* chez soi 家に引きこもる.

calibrage /kalibra:ʒ/ 男 ❶ (銃砲などの)口径 [内径]決定, 口径 [内径]測定, キャリブレーション. ❷ (果物などの大小による)選別.

calibre /kalibr/ 男 ❶ (管の)内径; (銃砲の)口径. ▶ revolver de gros *calibre* 大口径のピストル. ❷ (球体の)直径. ▶ fruits de *calibres* différents さまざまな大きさの果物. ❸ 測径器, ゲージ. ❹ 図 重要性, 大きさ, 程度. ▶ une bêtise de gros *calibre* たいへんな失策.

calibrer /kalibre/ 他動 ❶ …の口径 [直径]を決める; 口径 [直径]を測定する. ❷ 〔卵, 果物など〕を大きさで分類する. ❸ 〖印刷〗〔原稿〕の組みページ数を見積もる, 字数 [行数]計算をする.

calibreur /kalibrœ:r/ 男 ❶ 口径測定器, ノギス. ❷ (卵などの)選別機; 選果機.

calice¹ /kalis/ 男 〖カトリック〗カリス, 聖杯.
boire [avaler] le calice jusqu'à la lie 文章 苦難を忍ぶ. 注「キリストの受難の血を受けた杯を干す」ことから.

calice² /kalis/ 男 〖植物学〗萼(がく).

calicot /kaliko/ 男 〖織物〗キャラコ, キャリコ.

califat /kalifa/ 男 〖歴史〗❶ カリフの位. ❷ カリフの在位期間.

calife /kalif/ 男 〖歴史〗カリフ: イスラム世界で最高指導者の称号.

Californie /kalifɔrni/ 固有 女 カリフォルニア.

californien, enne /kalifɔrnjɛ̃, ɛn/ 形 カリフォルニア Californie の.
— **Californien, enne** 名 カリフォルニアの住民.

califourchon /kalifurʃɔ̃/ 《次の句で》
à califourchon (sur *qn/qc*) 副句 (…に)馬乗りになって, (…に)またがって.

câlin, ine /kɑlɛ̃, in/ 形 甘えた, かわいらしい; 甘やかす, 優しい. — 名 甘えん坊; 甘やかす人.
— **câlin** 男 抱擁, 愛撫(あいぶ). ▶ faire (un) *câlin* avec qn …と愛撫を交わす.

câlinement /kɑlinmɑ̃/ 副 甘ったるいしぐさで, 情愛を込めて; 優しく.

câliner /kɑline/ 他動 …をかわいがる, に優しくする. ▶ *câliner* un enfant 子供をあやす.

câlinerie /kɑlinri/ 女 《多く複数で》甘ったれたしぐさ, 甘い言葉; 愛撫(あいぶ).

calisson /kalisɔ̃/ 男 〖菓子〗カリソン: アーモンドの砂糖漬け菓子.

calleux, euse /kalø, ø:z/ 形 〔皮膚が〕硬くなった, たこのできた.

calligraphe /kaligraf/ 名 書家; 能書家.

calligraphie /kaligrafi/ 女 ❶ 書道; 能書. ❷ 書家の作品; 名筆.

calligraphier /kaligrafje/ 他動 …を見事な書体で書く, 丁寧に書く.

calligraphique /kaligrafik/ 形 書の, 書道の, 能書法の. ▶ exercices *calligraphiques* 習字.

calmant, ante /kalmɑ̃, ɑ̃:t/ 形 鎮める；〔薬が〕鎮痛の. ― **calmant** 男 鎮静[鎮痛]剤.
calmar /kalma:r/ 男〖動物〗ヤリイカ.
*****calme** /kalm/ カルム 形 ❶ 静かな, 穏やかな. ▶ une mer *calme* 穏やかな海 / une rue *calme* 閑静な通り / mener une vie très *calme* 平穏無事の生活を送る. ❷ 平静な, 落ち着いた；おとなしい. ▶ un homme *calme* もの静かな人 / rester *calme* 平静を保つ / avoir l'esprit *calme* 冷静な精神の持ち主である. ❸《多く皮肉に》〔政治, 経済活動などが〕停滞している, 活気のない. ▶ Les affaires sont *calmes*. 事業は不振だ.

> 比較 静かな
> **calme, tranquille** ともに最も一般的に用いられ,「音がない, 変化や混乱がない」状態を示す. どちらかといえば tranquille は外面的であり, calme は内面的・継続的な状態を示す. Les enfants, restez *tranquilles*! 子供たち, 騒がないで. Restez *calme*! 落ち着きなさい. **paisible**「平和な, 平穏な」の意. **silencieux**「音がしない, 声を出さない」の意, 平穏さのニュアンスはない.

― 男 ❶ 静けさ, 穏やかさ；凪(なぎ). ▶ travailler dans le *calme* 静かな所で仕事をする / Le malade a un moment de *calme*. 病人はしばしば小康を得ている. ❷ 平静, 落ち着き. ▶ garder son *calme* 冷静を保つ / perdre son *calme* 平常心を失う / Allez, du *calme*! まあ落ち着いて.

calme plat (1)〔海の〕無風, べた凪. (2) 音信不通. (3)〔政治, 経済などの〕停滞.
calmement /kalməmɑ̃/ 副 静かに, 平穏に；冷静に, 落ち着いて.
*****calmer** /kalme/ カルメ 他動 …を鎮める, 落ち着かせる. ▶ *calmer* une querelle 喧嘩(けんか)を収める / Ce médicament *calmera* votre douleur. = Ce médicament vous *calmera*. この薬で痛みが鎮まりますよ.
― **se calmer** 代動 静まる, 和らぐ, 落ち着きを取り戻す. ▶ La tempête *s'est calmée*. 嵐(あらし)は静まった / *Calmez-vous*, je vous en prie. どうか落ち着いてください.
On se calme. 頭を冷やそう, 落ち着け.
calomniateur, trice /kalɔmnjatœ:r, tris/ 形, 名 中傷する(人), 誹謗(ひぼう)する(人).
calomnie /kalɔmni/ 女 中傷, 誹謗(ひぼう).
calomnier /kalɔmnje/ 他動 …を中傷する, 不当に非難[攻撃]する.
calomnieusement /kalɔmnjøzmɑ̃/ 副 不当に, 中傷して.
calomnieux, euse /kalɔmnjø, ø:z/ 形 中傷[誹謗(ひぼう)]の. ▶ propos *calomnieux* 中傷的発言 / dénonciation *calomnieuse*〖法律〗誣告(ぶこく)(罪).
calorie /kalɔri/ 女 カロリー. ▶ un aliment riche [pauvre] en *calories* 高[低]カロリー食品.
calorifère /kalɔrifɛ:r/ 男 セントラル・ヒーティング, 集中暖房装置.
calorifique /kalɔrifik/ 形 熱をもたらす, 熱の. ▶ rayons *calorifiques* 熱線.
calorifuge /kalɔrify:ʒ/ 形 断熱性の, 保温用の.
― 男 断熱材, 電気絶縁体, 保温材.
calorifuger /kalɔrifyʒe/ ⓘ 他動 …を断熱材で

覆う, 断熱加工する.
calorique /kalɔrik/ 形 熱の, カロリーの. ▶ ration *calorique*（1日に必要とする）カロリー摂取量.
calot¹ /kalo/ 男 カロ：兵士, 警察官などの庇(ひさし)のない舟形をした略帽.
calot² /kalo/ 男 ❶ 大きなビー玉. ❷ 俗 目玉. ▶ rouler des *calots*. 驚いて目をむく.
calotin /kalɔtɛ̃/ 男 話《軽蔑して》司祭, 坊主.
― **calotin, ine** /kalɔtɛ̃, in/ 形, 名《軽蔑して》信心ぶった(人), 信心でこちこちの(人).
calotte /kalɔt/ 女 ❶ キャロット. (1) 頭頂だけを包む小さい球帽. (2) 聖職者がかぶる丸形の帽子. ❷《集合的に》《軽蔑して》司祭連中；信者連中. ❸ 話 平手打ち, びんた. ▶ donner [recevoir] une *calotte* 平手打ちを食らわす[食らう]. ❹〖建築〗半球形の円天井.
calotter /kalɔte/ 他動 ❶ …の顔をひっぱたく, をはり飛ばす. ❷ 話 …を盗む.
calquage /kalka:ʒ/ 男 ❶ トレーシング, 透写. ❷ 模倣.
calque /kalk/ 男 ❶ 透写(図), トレース. ▶ prendre un *calque* d'un plan 図面をトレースする / papier-*calque* トレーシングペーパー. ❷ 模倣, 剽窃(ひょうせつ)；焼き直し. ▶ Ce film est le *calque* d'un vieux succès. この映画は昔のヒット作のリメイクだ. ❸〖言語〗敷写し：他言語からの直訳表現（例えばフランス語 gratte-ciel は英語 skyscraper から）.
calquer /kalke/ 他動 ❶ …を透写する, 敷き写しする. ❷ …を模倣する, まねる. ▶ *calquer* l'attitude de son frère 兄弟の態度を見習う / *calquer* qc sur qc/qn …をまねて[手本にして]…を作る / *calqué* de [sur] qc/qn …をまねた.
Calvados /kalvado:s/ 固有 カルヴァドス県[14]：フランス北部.
calvados /kalvado:s/, 話 **calva** /kalva/ 男 カルヴァドス：りんご酒を蒸留したブランデー.
calvadosien, enne /kalvadozjɛ̃, ɛn/ 形 カルヴァドス Calvados 県の.
― **Calvadosien, enne** 名 カルヴァドス県の人.
calvaire /kalvɛ:r/ 男 ❶《le Calvaire》カルヴァリオの丘, ゴルゴタの丘：キリスト磔刑(たっけい)の地. ❷（特に屋外の）キリストの磔刑像〔図〕. ❸（長く苦しい）試練, 苦難.
calvinisme /kalvinism/ 男 カルヴァン主義；カルヴァン派の教会.
calviniste /kalvinist/ 形 カルヴァン主義の, カルヴァン派の. ― 名 カルヴァン主義者.
calvitie /kalvisi/ 女 はげ；はげ頭.
camaïeu /kamajø/;《複》**x** 男〖絵画〗単彩画(法). ▶ peindre en *camaïeu* 単彩で描く.

calvaire ❷

camail

camail /kamaj/ 男 ❶(中世の騎士の)鎖かたびら製の頭巾(ৰ্কঁ). ❷(聖職者の)頭巾付きケープ. ❸(雄鶏などの)首[胸]の羽毛.

***camarade** /kamarad/ カマラド/ 名 ❶ 仲間, 同僚. ▶ *camarade* de bureau 職場の同僚 / *camarade* de classe クラスメート / *camarade* d'enfance 幼友達 / *camarade* de régiment 軍隊仲間 / *camarade* de chambre ルームメート / Nous étions de bons *camarades*. 私たちはいい友達だった. 比較 ⇨ AMI.
❷(左翼組織内での呼称として)同志, 党員.

camaraderie /kamaradri/ 女 仲間意識, 連帯感; 友情, 友人関係.

camard, arde /kama:r, ard/ 形, 名 古風·文章 獅子(と)鼻の(人), 鼻ぺちゃの(人).
— **camarde** 女 (la camarde) 文章 死神. 注 骸骨(ৎৢ)に鼻がないことから.

Camargue /kamarg/ 固有 女 カマルグ: 南仏のデルタ地帯.

Cambodge /kɑ̃bɔdʒ/ 固有 男 カンボジア: 首都 Phnom Penh. ▶ au *Cambodge* カンボジアに[で, へ].

cambodgien, enne /kɑ̃bɔdʒjɛ̃, ɛn/ 形 カンボジア Cambodge の.
— **Cambodgien, enne** 名 カンボジア人 (=Khmer).

cambrage /kɑ̃braːʒ/, **cambrement** /kɑ̃brəmɑ̃/ 男 反りをつけること, 反らすこと.

cambré, e /kɑ̃bre/ 形 弓形に反った, 湾曲した.

cambrer /kɑ̃bre/ 他動 …を軽く弓形に反らせる. ▶ *cambrer* la semelle d'un soulier 靴底に反りをつける / *cambrer* la poitrine 胸を張る.
— **se cambrer** 代動 反り身になる, 胸を張る.

cambriolage /kɑ̃brijɔlaːʒ/ 男 押し込み強盗, 泥棒.

cambrioler /kɑ̃brijɔle/ 他動 …に押し込み強盗に入る, 空き巣にする. ▶ *cambrioler* une bijouterie 宝石店に強盗に入る / se faire *cambrioler* 強盗に入られる.

cambrioleur, euse /kɑ̃brijɔlœːr, øːz/ 名 押し込み強盗, 空き巣ねらい, 泥棒.

cambrousse /kɑ̃brus/ 女 俗 (軽蔑して)田舎. ▶ se perdre en pleine *cambrousse* 草深い片田舎に埋もれる.

cambrure /kɑ̃bryːr/ 女 ❶ 反り, 弓形.
❷(足, 靴の)アーチ, 土踏まず.

cambuse /kɑ̃byːz/ 女 ❶ 俗 (むさ苦しい)部屋; あばら屋. ❷(船の)食糧貯蔵室. ❸(工事現場の)食堂.

came¹ /kam/ 女『機械』カム. ▶ arbre à *cames* カム軸, カムシャフト.

came² /kam/ 女 ❶ 話 商品 (=camelote).
❷ 話 麻薬, コカイン.

camé, e /kame/ 形 麻薬中毒の.
— 名 麻薬中毒患者, 麻薬常習者.

camée /kame/ 男 カメオ.

caméléon /kameleɔ̃/ 男 ❶『動物』カメレオン. ❷ 豹変(ڦُن)する人, 無節操な人.

camélia /kamelja/ 男『植物』ツバキ(の花).

camelot /kamlo/ 男 ❶(安物の)行商人, 露天商. ❷ 歴史 *Camelot* du roi カムロ·デュ·ロア: 機関紙「アクション·フランセーズ」を発行していた極右王党派の行動隊.

camelote /kamlɔt/ 女 話 ❶ 粗悪品, 安物; ぞんざいな仕事. ❷ 品物, 商品; 麻薬.

camembert /kamɑ̃bɛːr/ 男 ❶『チーズ』カマンベール. ❷ 円グラフ.

caméra /kamera/ 女 映画カメラ; テレビカメラ (=*caméra* de télévision); ビデオカメラ (=*caméra* vidéo). 注 写真のカメラは appareil (de) photo という.
être derrière le caméra 映画の監督をする.

cameraman /kameraman/ ; (複) **men** /mɛn/ 男 (英語)(テレビ, 映画の)カメラマン (=cadreur).

camérier /kamerje/ 男 ローマ教皇侍従.

camériste /kameriste/ 女 ❶ 小間使い. ❷(昔のスペイン, イタリアなどの貴婦人の)侍女, 腰元.

Cameroun /kamrun/ 固有 男 カメルーン: 西アフリカの国. 首都 Yaoundé. ▶ au *Cameroun* カメルーンに[で, へ].

camerounais, aise /kamrunɛ, ɛːz/ 形 カメルーン Cameroun の.
— **Camerounais, aise** 名 カメルーン人.

caméscope /kameskɔp/ 男 商標 携帯用ビデオカメラ.

***camion** /kamjɔ̃/ カミヨン/ 男 トラック, 貨物自動車. ▶ *camion* à benne ダンプカー / *camion* de six tonnes 6トン積みトラック.
être beau comme un camion とても美男である.

camion-citerne /kamjɔ̃sitɛrn/; (複) **~s-~s** 男 タンクローリー, タンク車.

camionnage /kamjɔnaːʒ/ 男 トラック運送[輸送]; トラック運送費.

camionnette /kamjɔnɛt/ 女 (1.5トン以下の)小型トラック.

camionneur /kamjɔnœːr/ 男 トラックの運転手; トラック運送業者. 比較 ⇨ CONDUCTEUR.

camisole /kamizɔl/ 女 ❶ キャミソール: 婦人用下着, 化粧着. ❷ 拘束, 締め付け. ❸(凶暴性のある者に着せる)拘束衣 (=*camisole* de force). ❹ *camisole* chimique 精神安定剤.

camomille /kamɔmij/ 女『植物』カミツレ.

camouflage /kamuflaːʒ/ 男 偽装, 迷彩, カムフラージュ; ごまかし, 隠蔽(ঙ্ক).

camoufler /kamufle/ 他動 ❶ [武器, 車両, 兵など]を偽装[カムフラージュ]する, に迷彩を施す. ❷ [意図など]をごまかす.

camouflet /kamuflɛ/ 男 文章 侮辱, 屈辱. ▶ essuyer *camouflet* 侮辱される.

***camp** /kɑ̃/ カン/ 男 ❶ キャンプ(場). ▶ partir en *camp* キャンプをしに出かける / faire un *camp* キャンプをする / feu de *camp* キャンプファイヤー.
❷ 野営(地); 基地. ▶ établir [dresser] un *camp* 野営地を設営する / lit de *camp* 折り畳み簡易ベッド / *camp* d'aviation 軍用飛行場.
❸ 収容所. ▶ *camp* de prisonniers 捕虜収容所 / *camp* de concentration 強制収容所 / *camp* de réfugiés 難民キャンプ.
❹(対立する)陣営; (ゲーム, スポーツでの)サイド, チーム. ▶ le *camp* opposé 対立党派 / être dans

le *camp* de qn …の味方である / diviser la classe en deux *camps* クラスを2チームに分ける.
camp volant (1) (軍隊, 登山・探検隊の)仮設キャンプ. (2) 放浪生活; 仮住まい; 臨時雇い. ▶ être en *camp* volant 仮住まいをしている [臨時雇いの身である].
changer de camp 立場を変える, 敵に寝返る.
ficher le camp 話 =俗 **foutre le camp** (1) 立ち去る, ずらかる. ▶ *Fous le camp*! とっととうせろ. (2) 駄目になる, 消えうせる.
lever le camp 話 出発する, 立ち去る; 逃げる.
campagnard, arde /kɑ̃paɲaːr, ard/ 形 田舎の; 田舎風の; (軽蔑して)粗野な.
— 名 田舎の人; (軽蔑して)田舎者.

*campagne /kɑ̃paɲ/ 女

英仏そっくり語
英 campaign キャンペーン.
仏 campagne 田舎, キャンペーン.

❶ ❶ (都市に対する)田舎, 農村; 田畑. ▶ aller passer le week-end à la *campagne* 週末を田舎で過ごす / les travaux de la *campagne* 野良仕事. ❷ (山地, 森林, 海辺に対する)平地, 平原.
❷ ❶ キャンペーン. ▶ *campagne* commerciale キャンペーンセール, 商戦 / *campagne* publicitaire 広告キャンペーン / *campagne* de presse マスコミのキャンペーン / *campagne* électorale 選挙戦, 選挙運動 / lancer une *campagne* contre le tabac 禁煙キャンペーンをする / faire *campagne* pour [contre] qn/qc …に賛成して [反対して] 運動する.
❷ 軍事行動; 作戦; 従軍; 野戦, 遠征. ▶ la *campagne* d'Egypte (ナポレオンの)エジプト遠征.
battre la campagne (1) (地域一帯を)くまなく探し回る. (2) 話 とめどのない空想 [おしゃべり] にふける.
de campagne 田舎の; 田舎風の. ▶ maison *de campagne* 別荘 / pain *de campagne* 田舎風パン: 粉の吹いた大きな丸いパン(⇨ PAIN 図) / pâté *de campagne* 田舎風パテ.
en rase campagne 何もない平地で.
se mettre en campagne (目標に向かって)邁進(まいしん)する, 奔走する.

比較 田舎
campagne 都市 ville に対立する意味での「田舎, 農村」を指す. **province** 首都パリに対立する意味での「地方」全体を指す.

campagnol /kɑ̃paɲɔl/ 男 [動物] ハタネズミ.
campanile /kɑ̃panil/ 男 ❶ カンパニーレ: 教会堂から独立した鐘楼. ❷ (建物の屋上の)小鐘楼, 頂塔.
campanule /kɑ̃panyl/ 女 [植物] カンパヌラ, ツリガネソウ.
campé, e /kɑ̃pe/ 形 ❶ しっかりと据えられた, 固定した. ❷ 毅然(きぜん)とした, ひるまない. ▶ être *campé* (sur ses jambes) 毅然としている.
bien campé 巧みに描写された [演じられた].
campement /kɑ̃pmɑ̃/ 男 ❶ 野営(地), キャンプ(場). ❷ le matériel de *campement* 野営用具. ❷ 仮住まい. ▶ être en *campement* 仮住まいをしている.

***camper** /kɑ̃pe/ 自動 ❶ キャンプをする, キャンプに出かける. ▶ *camper* en montagne 山でキャンプをする. ❷ (一時的に)寝泊まりする, 仮住まいする. ❸ [軍隊が]野営する.
— 他動 ❶ (絵, 物語など)を生き生きと描写する. ▶ *camper* un récit 話を引き立たせる / *camper* un portrait まるで生きているような肖像を描く. ❷ [軍隊]を野営させる. ❸ …をしっかりと置く. ▶ *camper* son chapeau sur l'oreille 帽子をぐっと斜めにかぶる.
— **se camper** 代動 大胆に身構える, 立ちはだかる. ▶ *se camper* devant qn …の前に立ちはだかる.

***campeur, euse** /kɑ̃pœːr, øːz/ 名 キャンプをする人, キャンパー.
camphre /kɑ̃ːfr/ 男 樟脳(しょうのう).
camphré, e /kɑ̃fre/ 形 樟脳(しょうのう)入りの.
camphrier /kɑ̃frije/ 男 [植物] クスノキ.
camping /kɑ̃piŋ/ 男 [英語] キャンプ. ▶ faire du *camping* キャンプをする / partir en *camping* キャンプに行く / terrain de *camping* キャンプ場 / *camping* sauvage キャンプ場以外でキャンプすること.
camping-car /kɑ̃piŋkaːr/ 男 [英語] キャンピングカー.
campo /kɑ̃po/ 男 話 (特に学校の)休み, 休暇.
campus /kɑ̃pys/ 男 [米語] (大学の)キャンパス; (郊外の)大学.
camus, use /kamy, yːz/ 形, 名 鼻の低い(人), 獅子(じ)鼻の(人).
Canada /kanada/ 固有 男 カナダ: 首都 Ottawa. ▶ au *Canada* カナダに [で, へ].
canadair /kanadeːr/ 男 (山火事の消火に使用する)貯水槽付き飛行機.
canadianisme /kanadjanism/ 男 カナダフランス語特有の語法.
canadien, enne /kanadjɛ̃, ɛn/ 形 カナダ Canada の.
— **Canadien, enne** 名 カナダ人.
— **canadienne** 女 ❶ (毛皮などを裏張りした)カナディエンヌ・ジャケット. ❷ 小型の丸木舟.
canaille /kanɑːj/ 女 ❶ ごろつき, げすなやつ. ▶ C'est une *canaille*. あいつは悪党だ. ❷ 話 (ふざけて)いたずらっ子. ▶ Ah, petite *canaille*! ああ, このちびっ子ギャングが.
— **canaille**: (複) **canaille(s)** 形 下卑た, 嫌らしい; 不良っぽい.
canaillerie /kanɑjri/ 女 卑しさ, 下品さ; 下品な言葉.

***canal** /kanal/ 男 :(複) **aux** /o/ 男 ❶ 運河, 水路; 海峡. ▶ le *canal* de Suez スエズ運河 / *canal* d'irrigation 灌漑(かんがい)用水路. ❷ パイプ, 輸送管, 導管. ▶ *canal* biliaire 胆管. ❸ *Canal* + カナル・プリュス: フランスの有料テレビ放送局. ❹ 伝達手段 [媒体].
par le canal de qn/qc …を介して, 通じて (= par l'intermédiaire de). ▶ J'ai appris cela *par le canal d*'un ami. 私は友人を介してそれを知った.
canalisable /kanalizabl/ 形 [河川などが]運河にできる.

canalisation

canalisation /kanalizasjɔ̃/ 囡 ❶ 航行可能にすること；運河開設. ▶ la *canalisation* du Rhône ローヌ川の運河化. ❷ 配管, 配線；導管. ▶ la *canalisation* de gaz ガス管(の敷設).

canaliser /kanalize/ 他動 ❶〔河川〕を航行可能にする；〔地方, 平原〕に運河を開く.
❷ …を一定方向に向かわせる, 整理誘導する. ▶ *canaliser* la foule vers la sortie (=diriger) 人々を出口に誘導する / *canaliser* les demandes すべての申請を受理する窓口となる.

canapé /kanape/ 男 ❶ 長椅子(ﾂ), ソファー. ❷ カナッペ. ▶ un *canapé* de caviar キャビアのカナッペ.

canapé-lit /kanapeli/;(複) 〜s-〜s 男 ソファーベッド.

***canard** /kana:r/ カナール/ 男 ❶ アヒル (=*canard* domestique)；カモ(鴨) (=*canard* sauvage)；鴨の肉, 鴨料理. 注 雌は cane, 子は caneton という. ▶ la chasse aux *canards* カモ猟 / *canard* rôti 鴨のロースト / Le vilain petit *canard*「みにくいアヒルの子」(アンデルセンの童話) / *canard* laqué 北京ダック.
❷ 虚報, デマ. ❸ 匿 新聞, 三流新聞. ▶ *Le Canard enchaîné*「カナール・アンシェネ」紙(痛烈な政治風刺で有名な週刊新聞). ❹〔歌手や吹奏楽器などの〕調子外れの声〔音〕. ❺ コーヒーやリキュールに浸した角砂糖.

canard boiteux 匿 落伍者, 経営不振の企業.
marcher comme un canard 体を左右に振って歩く.
mouillé [trempé] comme un canard ずぶぬれになった.

canarder /kanarde/ 他動 匿 …を隠れて撃つ. ▶ *canarder* qn/qc avec des pierres …に物陰から石を投げる.

canardière /kanardjɛ:r/ 囡 ❶ アヒル飼育用の池. ❷ カモ撃ち場. ❸ カモ撃ち銃.

canari /kanari/ 男〔鳥類〕カナリア.

Canaries /kanari/ 固有 囡複 カナリア諸島：大西洋上のスペインの群島.

canasson /kanasɔ/ 男 匿 やせ馬, 駄馬.

cancan¹ /kɑ̃kɑ̃/ 男《多く複数で》匿 陰口, 悪口, ゴシップ (=potin).

cancan² /kɑ̃kɑ̃/ 男 カンカン, フレンチ・カンカン (=french *cancan*).

cancaner /kɑ̃kane/ 自動 悪口を言う.

cancanier, ère /kɑ̃kanje, ɛ:r/ 形, 名 しょっちゅう陰口を利く(人).

cancer /kɑ̃sɛ:r/ 男 ❶ 癌(ｶﾞﾝ)；悪性腫瘍(ｼﾞｭﾖｳ). ▶ avoir un *cancer* du foie 肝臓癌にかかっている. ❷ 厄介なもの, 癌. ❸《Cancer》蟹(ｶﾆ)〔座〕；巨蟹(ｷﾞｮｶｲ)宮.

cancéreux, euse /kɑ̃serø, ø:z/ 形 癌(ｶﾞﾝ)性の；癌にかかった. — 名 癌患者.

se cancériser /s(ə)kɑ̃serize/ 代動〘医学〙癌化する.

cancérogène /kɑ̃serɔʒɛn/, **cancérigène** /kɑ̃seriʒɛn/ 形 発癌性の. — 名 発癌物質.

cancérologie /kɑ̃serɔlɔʒi/ 囡 癌(ｶﾞﾝ)学.

cancérologue /kɑ̃serɔlɔg/ 名 癌(ｶﾞﾝ)専門医, 癌研究者.

cancéropôle /kɑ̃seropol/ 男 ガンの研究・治療センター.

cancre /kɑ̃:kr/ 男 匿 劣等生, 怠惰な生徒.

candélabre /kɑ̃dela:br/ 男 枝付き大燭台(ｼｮｸﾀﾞｲ).

candeur /kɑ̃dœ:r/ 囡 純真さ, 無邪気さ.

candi, e /kɑ̃di/ 形〔砂糖が〕結晶化した. ▶ sucre *candi* 氷砂糖. — **candi** 男 氷砂糖.

***candidat, ate** /kɑ̃dida, at/ カンディダ, カンディダット/ 名 志願〔候補〕者, 受験者. ▶ être *candidat* au baccalauréat バカロレア受験生である.
Je ne suis pas candidat. 自分は興味がない.

candidature /kɑ̃didaty:r/ 囡〔選挙, 候補などへの〕立候補, 応募, 受験出願. ▶ poser sa *candidature* aux élections législatives 国民議会議員選挙に立候補する.

candide /kɑ̃did/ 形 純真な；無邪気な.

candidement /kɑ̃didmɑ̃/ 副 純真に.

cane /kan/ 囡 アヒル〔カモ〕の雌. 注 雄は canard という.

caner /kane/ 自動 尻(ｼﾘ)込みする, おじけづく.

caneton /kantɔ̃/ 男 アヒル〔カモ〕の子.

canette¹ /kanɛt/ 囡 雌アヒル〔雌ガモ〕の雛(ﾋﾅ)；小ガモ.

canette² /kanɛt/ 囡〔織機, ミシンの〕糸巻き.

canette³ /kanɛt/ 囡〔ビールやジュースの〕缶.

canevas /kanva/ 男 ❶ 下絵, 素描；骨子, 構想. ▶ le *canevas* d'un roman 小説の構想.
❷〔布巾(ﾌｷﾝ)などに使う〕キャンバス地, 帆布. ❸〔縫い取りタピストリーの〕基布(ｷﾌ)；刺繍(ｼｼｭｳ)用キャンバス. 注 絵のカンバスは toile という.

caniche /kaniʃ/ 男 プードル(犬).

caniculaire /kanikylɛ:r/ 形 焼けつくような. ▶ chaleur *caniculaire* 酷暑.

canicule /kanikyl/ 囡 盛夏；猛暑；熱波.

canif /kanif/ 男〔折り畳み式〕ポケットナイフ.
donner un coup de canif dans le contrat [de mariage] 浮気をする.

canin, ine /kanɛ̃, in/ 形 犬の. ▶ exposition *canine* 犬の品評会. — **canine** 囡〘解剖〙犬歯.

caniveau /kanivo/;(複) x 男〔歩道沿いの〕排水溝, 側溝.

canna /kana/ 男〘植物〙カンナ.

cannabique /kanabik/ 形 大麻の.

cannabis /kanabis/ 男 大麻, マリファナ.

cannage /kana:ʒ/ 男〔椅子などの〕籐(ﾄｳ)張り；籐張りされた部分.

canne /kan/ 囡 ❶ 杖(ﾂｴ), ステッキ. ▶ marcher avec une *canne* 杖をついて歩く. ❷ *canne* à sucre サトウキビ. ❸ *canne* à pêche 釣り竿(ｻｵ).
canne blanche〔盲人用の〕白い杖；盲人.

canné, e /kane/ 形 籐(ﾄｳ)張りの.

cannelé, e /kanle/ 形 縦溝のある, 筋の入った. ▶ colonne *cannelée* 縦溝のある円柱.

cannelle¹ /kanɛl/ 囡〘肉桂(ﾆｯｹｲ)〙, シナモン.

cannelle² /kanɛl/ 囡 ❶〔樽(ﾀﾙ)などの〕取り付け蛇口, 栓, コック. ❷〔織機の〕ボビン.

cannelloni /kanelɔni; kanelɔni/;(複) **cannelloni(s)** 男〘イタリア語〙《多く複数で》〘料理〙カネロニ：太い筒状のパスタ.

canner /kane/ 他動〔椅子(ｲｽ)〕に籐(ﾄｳ)を張る.

Cannes /kan/ 固有 カヌ: 南仏の保養地. 映画祭で知られる.

canneur, euse /kanœːr, øːz/ 名 (椅子(す)の)籘(ỳ)張り職人.

cannibale /kanibal/ 形 ❶ 人食いの. ❷ 残忍な. ── 名 ❶ 人食い人種. ❷ 残忍な人.

cannibalisation /kanibalizasjɔ̃/ 女 (使える部品などの)回収;(新製品の市場への)進出.

cannibaliser /kanibalize/ 他動 ❶ (廃品から)〔使える部品〕を回収する. ❷ 社内で他の製品のシェアを奪う.

cannibalisme /kanibalism/ 男 ❶ 人食い(の風習). (=anthropophagie). ❷ 残忍さ.

canoë /kanɔe/ 男 カヌー; カヌー競技.

canoéiste /kanɔeist/ 名 カヌーを漕(こ)ぐ人; カヌー競技者.

*****canon**[1] /kanɔ̃/ カノン 男 ❶ 大砲. ▶ tirer au *canon* 大砲を発射する, 砲撃する. ❷ 砲身; 銃身. ▶ le *canon* d'un revolver リボルバーの銃身 / *canon* à eau 水鉄砲 / *canon* à neige スノーマシン. ❸ 俗 (なみなみとついだ)ワイン1杯. ▶ boire un *canon* de beaujolais ボージョレを1杯やる.

canon[2] /kanɔ̃/ 男 ❶ 文章 規範, 手本;(理想的な)モデル. ❷ 教会法, 教会法令集. ❸ 《形容詞的に》 le droit *canon* 教会法. ❸ 聖典;(特に)(キリスト教で)聖書正典. ▶ *canon* 'de l'Ancien [du Nouveau] Testament 旧約[新約]聖書正典. ❹ カノン; 輪唱. ▶ chanter en *canon* 輪唱する.

cañon /kaɲɔ̃/, **canyon** 男 《スペイン語》峡谷, キャニオン.

canonial, ale /kanɔnjal/;《男複》 **aux** /o/ 形 宗規にかなった.

canonique /kanɔnik/ 形 ❶ 教会法にかなった, 宗規上の. ❷ 規則にかなった. *âge canonique* (1) 規定年齢, 40歳: 聖職者の家政婦となる最低年齢. (2) 話 être d'un *âge canonique* かなりの年配である.

canonisation /kanɔnizasjɔ̃/ 女 《カトリック》列聖; 列聖式.

canoniser /kanɔnize/ 他動〔教皇(庁), 教会が〕…を聖人の列に加える.

canonnade /kanɔnad/ 女 砲撃.

canonnage /kanɔnaːʒ/ 男 砲撃;(特に艦上での)砲術.

canonner /kanɔne/ 他動 …を砲撃する.

canonnier /kanɔnje/ 男 砲手.

canonnière /kanɔnjɛːr/ 女 砲艦.

canot /kano/ 男 ボート, 小舟. ▶ *canot* de sauvetage 救命ボート.

canotage /kanɔtaːʒ/ 男 ボート遊び.

canoter /kanɔte/ 自動 ボートに乗る.

canoteur, euse /kanɔtœːr, øːz/ 名 ボート遊びをする人, ボートを漕(こ)ぐ人.

canotier /kanɔtje/ 男 ❶ ボートの漕(こ)ぎ手. ❷ カンカン帽.

Cantal /kɑ̃tal/ 固有 男 カンタル県 [15]: フランス中部.

cantal /kɑ̃tal/ 男 (オーヴェルニュ地方の)カンタル・チーズ.

cantalien, enne /kɑ̃taljɛ̃, ɛn/ 形 カンタル Cantal 県の.

── **Cantalien, enne** 名 カンタル県の人.

cantaloup /kɑ̃talu/ 男 カンタループ (=melon *cantaloup*): 濃いオレンジ色の果肉のメロン.

cantate /kɑ̃tat/ 女 《音楽》カンタータ.

cantatrice /kɑ̃tatris/ 女 (歌劇, 声楽曲の有名な)女流歌手, 歌姫.

cantilène /kɑ̃tilɛn/ 女 ❶ 哀(あ)しい単調な歌[旋律]. ❷ カンチレーナ: 中世の単声の歌曲.

cantine /kɑ̃tin/ 女 ❶ 社員食堂, 学生食堂;(食堂の)料理. 比較 ⇨ RESTAURANT. ❷ (軍人の)旅行用トランク.

cantinier, ère /kɑ̃tinje, ɛːr/ 名 (学校, 会社などの)食堂の従業員.

cantique /kɑ̃tik/ 男 聖歌; 賛美歌. ▶ le *Cantique* des *cantiques* (旧約聖書の)ソロモンの雅歌.

canton /kɑ̃tɔ̃/ 男 ❶ 小郡: 県 département, 郡 arrondissement に次ぐ行政区分. さらに町村 commune に分かれる. ▶ chef-lieu de *canton* 小郡役場所在地. ❷ (鉄道, 道路の維持・管理上の)区間. ❸ スイス 州.

cantonade /kɑ̃tɔnad/ 女 舞台裏. *parler [dire, raconter] à la cantonade* 周りの人々に聞こえるよう[聞こえがし]に言う; だれにともなく話す.

cantonal, ale /kɑ̃tɔnal/;《男複》 **aux** /o/ 形 ❶ 小郡の, 小郡単位の. ▶ élections *cantonales* (小郡を選挙区とする)県議会選挙. ❷ スイス 州の.

cantonnement /kɑ̃tɔnmɑ̃/ 男 (兵隊の)宿営(地). ▶ le *cantonnement* chez l'habitant 民家での宿営.

cantonner /kɑ̃tɔne/ 他動 ❶ 古風 (多く受動態で)〔部隊など〕を宿営させる. ❷ …の活動を(…に)制限する, 隔離する. ▶ *cantonner* qn dans un service peinard …を閑職に追いやる. ── 自動 …に宿営する.
── **se cantonner** 代動 閉じこもる; 限る. ▶ *se cantonner* dans le silence かたくなに沈黙を守る / *se cantonner* à une explication sommaire 簡単な説明だけにとどめる.

cantonnier /kɑ̃tɔnje/ 男 道路作業員; 保線作業員.

canulant, ante /kanylɑ̃, ɑ̃ːt/ 形 話 うんざりさせる, しつこい.

canular /kanylaːr/ 男 話 (人を)担ぐこと; 悪ふざけ, いたずら; 冗談.

canularesque /kanylarɛsk/ 形 話 人をばかにした, ふざけた.

canule /kanyl/ 女 カニューレ: 体内に挿入し, 体液抽出や薬物注入などに用いる管;(注射器, 洗浄器などの先につける)管.

canuler /kanyle/ 他動 話 …をうんざりさせる, いらいらさせる.

canyon /kaɲɔ̃/ 男 ⇨ CAÑON.

CAO 女 (略語) conception assistée par ordinateur コンピュータ援用設計.

*****caoutchouc** /kautʃu/ カウチュ 男 ❶ ゴム. ▶ balle en *caoutchouc* ゴムボール. ❷ ゴムひも, 輪ゴム, ゴムバンド; レインコート. ▶ attacher des fiches avec un *caoutchouc* カードを輪ゴムで束ねる. ❸ 古風 《複数で》ゴム靴, オーバーシューズ. ❹ ゴムの木.

caoutchoutage /kautʃutaːʒ/ 男 (布などの)ゴム引き, ゴムコーティング.
caoutchouter /kautʃute/ 他動 〔布など〕にゴムで防水加工を施す, をゴム引きする.
caoutchoute*ux*, *euse* /kautʃutø, øːz/ 形 ゴム質の, ゴム状の. ▶ viande *caoutchouteuse* ゴムみたいに固い肉.
Cap /kap/ **(le)** 固有 ケープタウン: 南アフリカ共和国の都市.
cap[1] /kap/ 男 岬. ▶ le *cap* de Bonne Espérance 喜望峰.
 changer de cap 方向を変える.
 de pied en cap 足の先から頭のてっぺんまで; すっかり, 完全に (=des pieds à la tête).
 doubler [dépasser, franchir, passer] le cap 危機を乗り切る. ▶ Le malade *a passé le cap*. 病人は峠を越した.
 mettre le cap sur qc …の方に向かう.
cap[2] /kap/ 形 *capable* の略. ▶ (T'es) pas *cap*. 話 (挑発して)弱虫め, 意気地なし / Moi, pas *cap* ? (この私が弱虫だって→)へっ, 笑わすなよ.
CAP /seape/ 男 (略語) certificat d'aptitude professionnelle 職業適格証.
***capable** /kapabl/ カパーブル 形 ❶ <*capable* de + 不定詞 / qc> <人が>…できる, する能力がある, の素質がある. ▶ Elle est *capable* de comprendre cette explication. 彼女にはこの説明が理解できる / Il n'est *capable* de rien. あいつは役立たずだ / Il est *capable* des pires bassesses pour obtenir ce qu'il désire. 彼は欲しいものを手に入れるにはどんな卑劣なことでもやりかねない.
 ❷ <*capable* de + 不定詞> …する可能性がある, するかもしれない. ▶ un détail *capable* de passer inaperçu 見落とされがちな細部 / Elle est bien *capable* de s'être perdue. 彼女のことだから道に迷ったのかもしれない.
 ❸ 有能な, 能力のある. ▶ un ouvrier *capable* (=compétent) 熟練工.
 être capable de tout (目的のために)どんなこともいとわない, どんなことでもやりかねない.
***capacité** /kapasite/ カパスィテ 女 ❶ 能力; 適性; (複数で)(個人の)才能, 力量. ▶ la *capacité* économique d'un pays ある国の経済力 / C'est une tâche au-dessus de mes *capacités*. これは私の手に余る仕事です / faire preuve d'une *capacité* de travail extraordinaire 人並み以上に優れた仕事の能力を示す. ▶ *capacité* de production 生産力. ◆la *capacité* de qn à + 不定詞 …の…する能力. ▶ ma *capacité* à dormir malgré le bruit 騒がしくても眠れるという私の特技.
 ❷ 容積, 容量, 収容力. ▶ la *capacité* d'un récipient 器の容量 / *capacité* de stockage (ディスクなどの)記憶容量.
cape /kap/ 女 袖(そで)無しマント, ケープ (=pèlerine).
 roman [film] de cape et d'épée (「三銃士」のような)冒険活劇小説〔映画〕.
capeline /kaplin/ 女 キャプリン: 柔らかい布地のつばの広い婦人帽.
CAPES /kapes/ 男 (略語) certificat d'aptitude pédagogique à l'enseignement secondaire 中等教育教員免状.
capéti*en*, *enne* /kapesjɛ̃, jɛn/ 形 カペー王朝の.
capharnaüm /kafarnaɔm/ 男 話 乱雑に散らかった場所; がらくたの山.
capillaire /kapi(l)lɛːr/ 形 ❶ 毛髪の. ▶ lotion *capillaire* ヘアローション. ❷ 毛管の, 毛細管の. ▶ vaisseaux *capillaires* 毛細管. ― 男 ❶ (複数で)毛管, 毛細管. ❷〔植物〕ハコネシダ属.
capillarité /kapi(l)larite/ 女 ❶ 毛状(性), 毛(細)管状態. ❷ 毛(細)管現象.
capilotade /kapilɔtad/ 女 (次の句で)
 en capilotade 話 (1) 粉々に, ぐしゃぐしゃに. ▶ Les œufs étaient *en capilotade* au fond du sac. 卵は袋の底でぐしゃぐしゃにつぶれていた. (2) (疲労で)痛む. ▶ avoir le dos *en capilotade* 背中がずきずきする.
***capitaine** /kapitɛn/ カピテーヌ 男 ❶ (陸軍, 空軍の)大尉; (海軍の)大尉. ❷ (商船の)船長. ❸ (集団, チームの)キャプテン, リーダー. ▶ *capitaine* d'industrie (ときに軽蔑して)(企業の)社長.
 l'âge du capitaine 話 答えようのないばかげた問題.
capitainerie /kapitɛnri/ 女 港湾事務所.
capit*al*[1], *ale /kapital/ カピタル/; 〈男複〉 *aux* /o/ 形 ❶ 主要な, 重大な; 最も基本的の. ▶ un événement *capital* 極めて重要な事件 / jouer un rôle *capital* 重要な役割を演じる. ◆《非人称構文で》Il est *capital* de + 不定詞. // Il est *capital* que + 接続法. …することが大切である. ❷ 生命にかかわる, 死罪に値する. ▶ peine *capitale* 死刑 / crime *capital* 死刑に値する罪. ❸ lettre *capitale* 大文字.
 les sept péchés capitaux〔神学〕7 つの大罪: 傲慢(ごうまん), 物欲, 色欲, ねたみ, 貪食(どんしょく), 憤怒(ふんぬ), 怠惰を指す.
***capit*al*[2]** /kapital/ ; 〈複〉 *aux* /o/ 男 ❶ 資産, 財産. ▶ avoir un joli *capital* en immeubles 不動産で相当な資産を持つ / manger son *capital* 財産を少しずつ換金して暮らす.
 ❷ 資本, 資本金; (複数で)資金; (集合的に)資本家. ▶ *capital* financier 金融資本 / société au *capital* de cent millions d'euros 資本金 1 億ユーロの会社 / investir des *capitaux* dans une entreprise ある企業に投資する / empêcher la fuite des *capitaux* 資本の流出を防ぐ.
 ❸ (知的, 精神的な)富, 宝; 蓄積. ▶ un *capital* de connaissances 蓄積された知識 / le *capital* artistique d'un pays ある国の文化資産.
 ❹ (借金の)元金. ▶ Il a tout remboursé *capital* et intérêt. 彼は元利ともに返済した.
capitale /kapital/ 女 ❶ 首都. ❷ (活動などの)中心地. ❸ 大文字 (=majuscule).
capitalisable /kapitalizabl/ 形 資本化できる.
capitalisation /kapitalizasjɔ̃/ 女 ❶ 資本化, 資本〔元本〕組み入れ. ▶ *capitalisation* boursière 株式時価総額. ❷ 蓄積, 蓄財.
capitaliser /kapitalize/ 他動 ❶ …を資本化する, 資本〔元本〕に組み入れる. ▶ *capitaliser* les intérêts 利子を元金に繰り込む. ❷ …を蓄える; 貯金する. ▶ *capitaliser* des connaissances 知

識を蓄える. — 自動 蓄財する, 金をためる.

capitalisme /kapitalism/ 男 資本主義. ▶ le *capitalisme* libéral 自由主義的資本主義.

***capitaliste** /kapitalist/ カピタリスト/ 形 資本主義の, 資本家の.
— 名 ❶ 資本家. ❷ 資本主義者. ❸ 話 金持ち.

capital-risque /kapitalrisk/ 男 〔単数形のみ〕危険投下資本, ベンチャーキャピタル.

capital-risqueur /kapitalriskœːr/; 〔複〕〜- 〜s 男 ベンチャーキャピタリスト.

capit*eux*, *euse* /kapitø, øːz/ 形 ❶〔酒などが〕強い, 濃厚な. ❷ 文章 官能的な, 魅惑的な.

capiton /kapitɔ̃/ 男 ❶〔布団張りの釘打ちによる〕菱形模様の一画. ❷〔詰め物用〕絹くず繊維. ❸ 緩衝物, クッション.

capitonnage /kapitɔnaːʒ/ 男 ❶ 布団張り; 椅子(い゚)などの詰め物をした釘(く゚)打ち仕上げ. ❷ 詰め物.

capitonner /kapitɔne/ 他動〔椅子(い゚), 壁面など〕を布団張りする. ▶ fauteuil *capitonné* 布団張りした椅子.
— **se capitonner** 代動 話 厚着する, 衣服にぬくぬくとくるまる.

capitul*ard*, *arde* /kapityla:r, ard/ 名, 形 《軽蔑して》降伏論者(の); 腰抜けの(の).

capitulation /kapitylasjɔ̃/ 女 ❶ 降伏; 降伏条約. ▶ *capitulation* sans conditions 無条件降伏. ❷ 妥協, 譲歩; 変節.

capituler /kapityle/ 自動 ❶〔降伏条約により〕降伏する. ❷〔…に〕降参する, 屈服する. ▶ *capituler* devant ses enfants 子供たちの言いなりになる.

capor*al /kapɔral/; 〔複〕*aux* /o/ 男 上等兵; 〔昔の〕伍長(ご゚). ▶ le Petit *Caporal* 小さな伍長〔ナポレオンのあだ名〕.

caporalisme /kapɔralism/ 男 ❶〔軽蔑して〕軍国主義(体制). ❷〔命令服従を強いる〕権威的な振る舞い〔性格〕.

capot /kapo/ 男 〖自動車〗ボンネット.

capotage /kapɔtaːʒ/ 男〔船, 車, 飛行機などの〕転覆, 横転.

capote /kapɔt/ 女 ❶〔オープン車の〕幌(ぽ). ❷〔フード付きの〕軍用コート. ❸ 話 コンドーム (=*capote* anglaise).

capoter /kapɔte/ 自動 ❶〔自動車が〕転覆する;〔飛行機が〕反転する. ❷ 話 失敗する, 挫折する.

câpre /kɑːpr/ 女 〖料理〗ケーパー.

caprice /kapris/ 男 ❶ 気まぐれ, 思いつき; わがまま. ▶ agir par *caprice* 気まぐれに行動する / avoir des *caprices* 気まぐれである / faire un *caprice* わがままを言う, だだをこねる / passer à qn tous ses *caprices* …のわがままを許す. ❷〔多く複数で〕予測のつかない変化, 急激な変化. ▶ les *caprices* de la mode 流行の目まぐるしい変化 / les *caprices* du sort 運命のいたずら. ❸ かりそめの恋;〔一時的な〕熱中. ❹ 〖音楽〗カプリッチォ, 綺想(き゚)曲. ❺ 〖絵画〗奇想画.

capricieusement /kaprisjøzmɑ̃/ 副 気まぐれに.

capricieu*x*, *euse* /kaprisjø, øːz/ 形 ❶ 気まぐれな; わがままな. ▶ un enfant *capricieux* わがままな子供. ❷ 変化に富む. ▶ un temps *capricieux* 変わりやすい天候.
— 名 気分屋; 気まぐれな人, わがままな人.

capricorne /kaprikɔrn/ 男 ❶ 〔*Capricorne*〕〖天文〗(1) 山羊(や゚)〔座〕; 磨羯宮(ま゚きつ). ▶ être du (signe du) *Capricorne* 山羊座の生まれである. (2) le tropique du *Capricorne* 南回帰線 (↔le tropique du *Cancer*). ❷ 〖昆虫〗カミキリムシ.

câprier /kɑprije/ 男 〖植物〗ケーパー: 地中海地方原産フウチョウソウ科の低木. 蕾(つ゚)が食用.

capr*in*, *ine* /kaprɛ̃, in/ 形 ヤギの.

capsulage /kapsylaːʒ/ 男 口金〔王冠〕の取り付け.

capsule /kapsyl/ 女 ❶〔瓶の〕口金, 王冠, キャップ. ▶ enlever la *capsule* d'une bouteille 瓶の栓を抜く. ❷ カプセル錠〔剤〕. ❸ 宇宙カプセル (=*capsule* spatiale).

capsuler /kapsyle/ 他動〔瓶〕に口金〔王冠〕を取り付ける.

captage /kaptaːʒ/ 男〔水, 電気などを〕引くこと;《集合的に》集水施設.

capter /kapte/ 他動 ❶〔人, 注意〕を巧みに引き寄せる;〔遺産, 信用など〕を巧妙な手段で得る. ▶ *capter* (l'attention de) qn …の注意を引きつける. ❷〔電波, 通信〕をキャッチする, 受信する. ▶ *capter* un SOS SOSを受信する. ❸〔水, エネルギーなど〕を取り込む;〔煤塵(ば゚)など〕を集塵する. ▶ *capter* une rivière ある川の水を引き込む.

capteur /kaptœːr/ 男 ❶ 太陽エネルギー収集装置. ❷〔自動制御のための〕センサー.

captieu*x*, *euse* /kapsjø, øːz/ 形 まことしやかな. ▶ argument *captieux* もっともらしい議論.

capt*if*, *ive* /kaptif, iːv/ 形 ❶ 捕虜の, とらわれの身の; 自由を奪われた. ▶ un roi *captif* 虜囚の王 / être *captif* de ses passions 激情のとりこである. ❷〔動物が〕檻(お゚)に入れられた. ▶ un oiseau *captif* かごの鳥. ❸ 〖航空〗 ballon *captif* 係留気球. — 名 文章 捕虜, 虜囚.

captiv*ant*, *ante* /kaptivɑ̃, ɑ̃ːt/ 形 心を奪う, 魅惑する.

captiver /kaptive/ 他動 …の心をとらえる, を魅惑する. ▶ *captiver* son auditoire 聴衆を魅了する / Les enfants *étaient captivés* par le spectacle. 子供たちは劇に夢中だった.
— **se captiver** 代動 ⟨*se captiver* à [pour] qn/qc⟩ …に夢中になる.

captivité /kaptivite/ 女 捕虜生活; とらわれの身, 自由を奪われた状態. ▶ tenir qn en *captivité* …を抑留する.

capture /kaptyːr/ 女 ❶ 逮捕; 捕獲. ❷ 獲物, 捕獲品. ❸ 拿捕(だ゚); 押収. ❹ 〖情報〗 *capture* d'écran スクリーンショット.

capturer /kaptyre/ 他動 ❶ …を逮捕する, 捕獲する. ❷〔船舶〕を拿捕する, …を押収する.
— **se capturer** 代動 捕らえられる, 捕まる.

capuche /kapyʃ/ 女 ❶〔レーンコートなどの取り外し可能な〕フード (=capuchon). ❷〔肩覆いのついた〕婦人用の頭巾(ず゚).

capuchon /kapyʃɔ̃/ 男 ❶ フード. ▶ un manteau à *capuchon* フード付きオーバー. ❷〔婦人・子供用の〕フード付きケープ〔マント〕. ❸〔万年筆の〕キ

capuchonné

ャップ, ふた.
capuchonné, e /kapyʃɔne/ 形 ふたのついた.
capucin, ine /kapysɛ̃, in/ 名 カプチン会修道者.
capucine /kapysin/ 女 ノウゼンハレン科キンレンカ属のつる草. ── 形 《不変》赤だいだい色の.
caquet /kakɛ/ 男 ❶ (無遠慮な)おしゃべり, むだ口, うわさ話;《特に》自慢話, 陰口. ❷ (産卵時のめんどりの)くわっくわっという声.
  rabattre [*rabaisser*] *le caquet à* [*de*] *qn* …を黙らせる; おとなしくさせる.
caquetage /kakta:ʒ/ 男 ❶ (無遠慮な)おしゃべり, むだ口. ❷ (産卵時にめんどりが)鳴くこと[声].
caqueter /kakte/ 4 自動 ❶ (卵を産むときなどに)くわっくわっと鳴く. ❷ (無遠慮に)おしゃべりする, むだ口をたたく.
*__car__¹ /ka:r/ カール/
  なぜそんなことを言うかといえば, というのは, というのも …だから. ▶ Il n'est pas venu aujourd'hui, *car* il est malade. 彼は今日は来なかった, 病気だからね. 語法 ⇨ PARCE QUE.
  car en effet 話 実際…なのだから.
  car enfin 話《意味を強めて》まったく…だから, ほんとに…なのだから.
*__car__² /ka:r/ カール/ 男 (長距離・観光用, または特殊)バス. ▶ prendre le *car* バスに乗る / partir en *car* バスで行く / un *car* de police 警官隊[囚人]護送車.
carabin /karabɛ̃/ 男 医学生.
carabine /karabin/ 女 カービン銃. ▶ *carabine* à air comprimé 空気銃.
carabiné, e /karabine/ 形 話 激しい, ひどい. ▶ un orage *carabiné* 猛烈な雷雨 / une grippe *carabinée* ひどい風邪.
carabinier /karabinje/ 男 ❶ (イタリアの)憲兵. ❷ (スペインの)税関吏.
  arriver comme des carabiniers 話 手遅れになってから来る.
caracoler /karakɔle/ 自動 ❶ [馬術] [馬が] (半)回転する, 跳ね回る;〔騎手が〕(半)回転を行う, 馬を跳ね回らせる. ❷ 身軽に飛び回る.
  caracoler en tête (世論調査で)トップである.
*__caractère__ /karaktɛ:r/ カラクテール/ 男
  [英仏そっくり語]
  英 character 性格, 特徴, 登場人物, 文字.
  仏 caractère 性格, 特徴, 文字.
  ❶ 性格, 特徴. ❶ (人の)性格. ▶ être épicurien de [par] *caractère* 根っからの享楽主義者である / avoir bon [mauvais] *caractère* 性格がよい[悪い] / être jeune de *caractère* 気が若い. ◆ avoir [être d']un *caractère* + 形容詞 …な性格である. ▶ Elle est d'un heureux *caractère*. 彼女は楽天的な性格だ / avoir un fichu *caractère* 話 嫌な性格である. 比較 ⇨ NATURE.
  ❷ 気骨, 根性; 文章 気骨[根性]のある人物. ▶ avoir du *caractère* 気骨がある / manquer de *caractère* 意気地がない / un homme sans *caractère* 腹のすわらない人 / un homme de *caractère* しっかりした人.
  ❸ (事物の)性質. ▶ Ce déficit budgétaire ne présente aucun *caractère* pernicieux. この予算の赤字はなんら危険な性質のものでない / Cette entreprise a un *caractère* de service public. この企業は公共機関的性格を有している. ◆ à *caractère* + 形容詞 …な性格を帯びた. ▶ Noël est une fête à *caractère* familial. クリスマスは家族的な祝日である.
  ❹ (事物の)特徴, 特色, 個性. ▶ Cet immeuble a du *caractère*. この建物は風格がある / un style sans *caractère* 没個性的な文体.
  ❷ 文字, 活字. ❶ 文字; 記号. ▶ écrire le nom en *caractères* chinois 漢字で名前を書く. ❷ 字体; 活字. ▶ *caractères* italiques イタリック体 / *caractères* gras ボールド体. ❸ [情報] *caractère* de commande [contrôle] コマンド[コントロール]キャラクター / *caractère* générique ワイルドカード.
  avoir son caractère 話 気難しい.
  de caractère (建物の)風格のある. ▶ maison *de caractère* 風格のある家.

  > 比較 特徴, 特性
  > **caractère** 物や人について普通に用いられる.
  > **caractéristique** 主として機械などの技術的特性についていい, 人については用いない. **trait** 物や人を特徴づける要素をいい, distinctif, caractéristique などの形容詞(相当語句)を伴うことが多い. **particularité** 物の特殊性を指し, 多くその内容の説明を伴う. **propriété** ある物体に固有な物理的・化学的特性についていう.

caractériel, le /karakterjɛl/ 形 性格(上)の; 性格障害の. ▶ troubles *caractériels* 性格障害. ── 名 性格障害児[者].
caractérisation /karakterizasjɔ̃/ 女 特徴[性格]づけ; 特徴の現れ方[形成].
caractérisé, e /karakterize/ 形 典型的な, 際立った.
caractériser /karakterize/ 他動 …を特徴づける, の特色を表わす. ▶ Il a agi avec la franchise qui le *caractérise*. 彼はいかにも彼らしく率直に振る舞った / Cette maladie *est caractérisée* par une forte fièvre. この病気は高熱が出るのが特徴だ.
  ── *se caractériser* 代動 《*se caractériser par qc*》…を特色とする. ▶ Ce quartier *se caractérise* par la forte présence d'une population étrangère. この界隈(かいわい)の特色は外国人人口が多いことだ.
caractéristique /karakteristik/ 形 特徴的な, 特有の. ▶ la propriété *caractéristique* de qc …の特性 / une voix *caractéristique* 特徴のある声. ◆ (être) *caractéristique* de qn/qc …特有のものである. ▶ Une forte fièvre est *caractéristique* de cette maladie. この病気の特徴は高い熱だ.
  ── 女 特徴, 特性, 特色. ▶ Quelles sont les *caractéristiques* de cette nouvelle voiture? この新車の特色は何ですか. 比較 ⇨ CARACTÈRE.
caractérologie /karakterɔlɔʒi/ 女 性格学.
carafe /karaf/ 女 ❶ カラフ, 卓上用ガラス瓶; カラフ1杯の容量. ▶ une *carafe* d'eau 水差し1杯の水. ❷ 話 頭.

laisser qn/qc en carafe 話 …を置き去りにする；のけ者にする，ほうっておく．
rester [être] en carafe 話 (1) 待ちぼうけを食う，ほうっておかれる．(2) 立往生する；〔車が〕故障している．
carafon /karafɔ̃/ 男 ❶ カラフォン，小型ガラス瓶；カラフォン1杯分の容量（約250cc）．❷ 俗 頭．
caraïbe /karaib/ 形 カリブの．— **Caraïbe** 名 カリブの人．▶ la mer des *Caraïbes* カリブ海．
Carambar /kaʀɑ̃baːʀ/ 男 商標 キャランバール：キャラメルバー．
carambolage /kaʀɑ̃bɔlaːʒ/ 男 ❶『ビリヤード』キャロム：手球を2つの的球に続けて当てること．❷ 話 連続衝突．▶ Il y a eu un *carambolage* sur l'autoroute. 高速道路で玉突き事故が起こった．
caramboler /kaʀɑ̃bɔle/ 自動『ビリヤード』キャロムする．— 他動 話〔車が〕…に次々とぶつかる．
— **se caramboler** 代動〔車が〕玉突き衝突する．
carambouillage /kaʀɑ̃buja:ʒ/ 男, **carambouille** /kaʀɑ̃buj/ 女 取り込み詐欺．
carambouill*eur, euse* /kaʀɑ̃bujœːʀ, øːz/ 名 取り込み詐欺師．
caramel /kaʀamɛl/ 男『菓子』キャラメル；『料理』カラメルソース．▶ crème (au) *caramel* カスタードプリン / *caramels* au lait ミルクキャラメル．
— 形《不変》カラメル色の．
caramélisation /kaʀamelizasjɔ̃/ 女（砂糖の）カラメル化．
caraméliser /kaʀamelize/ 他動 ❶〔砂糖〕をカラメルにする．❷〔菓子など〕にカラメルをかける［加える］．— 自動〔砂糖が〕カラメルになる．
— **se caraméliser** 代動〔砂糖が〕カラメルになる．
carapace /kaʀapas/ 女 ❶ 甲皮．▶ la *carapace* d'une tortue 亀(ｶﾒ)の甲羅．❷（堅い）覆い（精神的な）殻，鎧(ﾖﾛｲ)．▶ une *carapace* de béton コンクリートの被覆 / la *carapace* de l'égoïsme エゴイズムの殻．
se carapater /s(ə)kaʀapate/ 代動 俗 一目散に逃げ出す，ずらかる．
carat /kaʀa/ 男 ❶ 金位．▶ or à vingt-quatre *carats* 24（純）金．❷ カラット（記号 ct）．▶ diamant de dix *carats* 10カラットのダイヤ．
dernier carat 話 最終期限．▶ jusqu'à dix heures *dernier carat* ぎりぎりで10時まで．
caravane /kaʀavan/ 女 ❶ 隊商，キャラバン．❷（旅行者などの）グループ，一行．▶ en *caravane* 団体で，列を作って / une *caravane* d'alpinistes 登山隊．❸ キャンピングトレーラー．▶ voyager en *caravane* キャンピングカーで旅する．
caravani*er, ère* /kaʀavanje, ɛːʀ/ 名 ❶ 隊商のらくだ引き．❷ オートキャンプをする人．
caravaning /kaʀavaniŋ/ 男《英語》オートキャンプ；オートキャンプ場．
caravansérail /kaʀavɑ̃seʀaj/ 男 ❶（広い中庭がある）隊商宿．❷ 文章 外国人の集まる場所．
caravelle /kaʀavɛl/ 女〔Ｃ~〕《Caravelle》カラベル機：フランス製中距離ジェット機．
carbonarisme /kaʀbɔnaʀism/ 男 カルボナリの主義［運動］．

carbonaro /kaʀbɔnaʀo/；《複》***carbonari*** /kaʀbɔnaʀi/ 男《イタリア語》カルボナリ党員，炭焼き党員：19世紀イタリア，フランスで活躍した秘密結社．
carbone /kaʀbɔn/ 男 ❶ 炭素．▶ hydrate de *carbone* 炭水化物 / monoxyde de *carbone* 一酸化炭素 / fibre de *carbone* カーボンファイバー．❷ カーボン紙（=papier *carbone*）．
copie carbone 〘情報〙カーボンコピー（名宛人以外に送られる電子メール）
carbonifère /kaʀbɔnifɛːʀ/ 形 石炭［炭質物］を含む．▶ un terrain *carbonifère* 炭田．
— 男〘地質〙石炭紀［系］．
carbonique /kaʀbɔnik/ 形 炭酸の．▶ acide *carbonique* 炭酸 / gaz *carbonique* 炭酸ガス / neige *carbonique* ドライアイス．
carbonisation /kaʀbɔnizasjɔ̃/ 女 ❶ 炭化．❷ 黒焦げになる［する］こと．
carboniser /kaʀbɔnize/ 他動 …を炭化する；炭にする．▶ un rôti *carbonisé* 黒焦げになったロースト．— **se carboniser** 代動 ❶ 炭化する，炭になる．❷ 黒焦げになる．
carbur*ant, ante* /kaʀbyʀɑ̃, ɑ̃ːt/ 形 炭化水素を含む．— **carburant** 男 気化燃料：ガソリン，軽油など．
carburateur /kaʀbyʀatœːʀ/ 男 キャブレター，気化器．
carburation /kaʀbyʀasjɔ̃/ 女（燃料の）気化．
carburer /kaʀbyʀe/ 自動 ❶〔エンジンが〕燃料を気化する．❷ 話〔事が〕順調に運ぶ．▶ Ça *carbure* ? うまくいっているかい．
***carburer* à la vodka [au whisky]** ウォッカ［ウイスキー］を常飲する．
— 他動〔エンジンの燃料〕を気化する．
carcan /kaʀkɑ̃/ 男 ❶（昔の刑罰用の）首かせ．❷ 拘束，束縛．
Carcasonne /kaʀkasɔn/ 固有 カルカソンヌ：Aube 県の県庁所在地．
carcasse /kaʀkas/ 女 ❶（動物の）骸骨(ｶﾞｲｺﾂ)；〘食肉〙枝肉．▶ *carcasse* de poulet 鶏のがら．❷ 骨組み，フレーム．❸ 話（人間の）体．▶ traîner sa vieille *carcasse* 老いぼれた体をひきずって歩く．
carcér*al, ale* /kaʀseʀal/；《複》***aux*** /o/ 形 刑務所の．▶ l'univers *carcéral* 刑務所を思わせる．
cardage /kaʀdaːʒ/ 男〘繊維〙カーディング：繊維塊を梳(ｽ)く紡績工程．
cardan /kaʀdɑ̃/ 男〘機械〙ユニバーサルジョイント，自在継手（=joint de *cardan*）．
carde /kaʀd/ 女〘繊維〙（繊維塊から夾雑(ｷｮｳｻﾞﾂ)物を取り除く）梳綿(ｿﾒﾝ)機，梳毛機；梳(ｽ)き櫛(ｸｼ)．
carder /kaʀde/ 他動〘繊維〙を梳(ｽ)く．
card*eur, euse* /kaʀdœːʀ, øːz/ 名（紡績工場の）梳毛(ｿﾓｳ)工，梳綿工．
— **cardeuse** 女〘繊維〙梳毛機，梳綿機．
*****cardiaque** /kaʀdjak/ カルディヤック 形 心臓の；心臓病の．▶ crise *cardiaque* 心臓発作 / insuffisance *cardiaque* 心不全 / chirurgie *cardiaque* 心臓外科．— 名 心臓病患者．
cardigan /kaʀdigɑ̃/ 男《英語》カーディガン．
*****cardinal[1], ale*** /kaʀdinal/ カルディナル；《男複》***aux*** /o/ 形 基本的な，かなめとなる．▶ nombres

cardinal

cardinaux 基数 (↔nombres ordinaux) / les (quatre) points *cardinaux*〖天文〗(方位の)基点(東,西,南,北).
— **cardinal**〖文法〗基数形容詞.

cardinal² /kardinal/;《複》***aux*** /o/ 男〖カトリック〗枢機卿(きょう):教皇に次ぐ高位聖職者.

cardinalat /kardinala/ 男〖カトリック〗枢機卿(きょう)の位.

cardio- 接頭「心臓」の意.

cardiogramme /kardjɔgram/ 男〖医学〗心拍(動)曲線,カルジオグラム.

cardiographie /kardjɔgrafi/ 女〖医学〗心拍動記録法,カルジオグラフィ.

cardiologie /kardjɔlɔʒi/ 女 心臓(病)学.

cardiologue /kardjɔlɔg/ 名 心臓病専門医.

cardon /kardɔ̃/ 男〖植物〗カルドン:キク科のアーティチョークに近縁の植物.葉肋(ようろく)を食用にする.

carême /karɛm/ 男 ❶〖カトリック〗四旬節:灰の水曜日から復活祭の前日までの,日曜日を除く祈りと悔悛(かいしゅん)の40日間. ❷ (四旬節中の)断食,大斎.
▶ faire *carême* 断食をする.
arriver [*tomber*] *comme mars en carême* 必ずやって来る.
face de carême やつれた陰気な顔.

carénage /karena:ʒ/ 男 ❶ 船底の修理[掃除]; 修理ドック. ❷ (船体,車体などの)流線化.

carence /karɑ̃:s/ 女 ❶ 欠如;不足. ▶ *carence* alimentaire 栄養失調 / *carence* en vitamines ビタミン不足. ❷ 無策,無力,無能. ▶ la *carence* du gouvernement 政府の無力.

carène /karɛn/ 女〖吃水(きっすい)線下の〗船底部;船底修理[清掃].

caréner /karene/ 6 他動 ❶ …の船底を修理[清掃]する. ❷〖車体など〗を流線型にする.

caressant, ante /karesɑ̃, ɑ̃:t/ 形 ❶ 優しさのこもった,愛撫するような. ▶ un regard *caressant* 優しい眼差(まなざ)し / un vent *caressant* 肌に心地よい風. ❷ 愛撫(あいぶ)されることが好きな. ▶ un enfant *caressant* 甘えっ子.

caresse /karɛs/ 女 ❶ 愛撫(あいぶ). ▶ faire des *caresses* à un chat 猫をなでる. ❷ (風などが)心地よく触れること.

***caresser** /karese/ カレセ/ 他動 ❶ …を愛撫(あいぶ)する,なでる. ▶ *caresser* un enfant *caresser* les touches du piano 優しいタッチでピアノを弾く. ❷ 〔風,光などが〕…に優しく触れる. ❸〔構想など〕を温める. ▶ *caresser* un project 計画を温める.
caresser les côtes à qn 話〖反語的に〗…をかわいがる(殴る).
caresser qn/qc du regard …をいとおしげに見る.
— **se caresser** 代動 愛撫し合う.

car-ferry /karferi/ ;《複》***car-ferries*** /karferi(:z)/ 男〖英語〗カーフェリー.

cargaison /kargɛzɔ̃/ 女 ❶ (船の)積み荷,貨物. ▶ décharger la *cargaison* de bananes バナナの積み荷を船から降ろす.
❷ 話〖*une cargaison de* + 無冠詞複数名詞〗多数の…. ▶ Il a toute une *cargaison* d'histoires drôles. 彼は笑い話をたくさん知っている.

cargo /kargo/ 男〖英語〗❶ 貨物船. ❷ avion-*cargo* 貨物輸送機.

cariatide /karjatid/ 女〖建築〗(ギリシアの)女像柱,カリアティッド.

caribou /karibu/ 男〖動物〗カリブー.

caricatural, ale /karikatyral/;《男複》***aux*** /o/ 形 戯画化した,風刺的な.

caricature /karikaty:r/ 女 ❶ 戯画,風刺画,カリカチュア;戯画化. ▶ faire la *caricature* d'une société dans un roman 小説で社会を風刺する. ❷ 模倣物. ▶ C'est une *caricature* de procès. それは裁判とは名ばかりの茶番だ.

caricaturer /karikatyre/ 他動 ❶ …の戯画[漫画]を描く. ❷ …を戯画化する,風刺する;(極端に単純化して)歪曲(わいきょく)する.

caricaturiste /karikatyrist/ 名 風刺画家,漫画家.

carie /kari/ 女 ❶ 虫歯. ❷ カリエス.

carié, e /karje/ 形〖歯が〗虫歯になった. ▶ dent *cariée* 虫歯.

carier /karje/ 他動〖歯〗を虫歯にする.
— **se carier** 代動〖歯が〗虫歯になる.

carillon /karijɔ̃/ 男 ❶ カリヨン(教会の塔につるし,鍵盤や時計仕掛けで鳴らす組み鐘);(にぎやかな)鐘の音. ❷ チャイム;チャイム式時計. ❸〖音楽〗カリヨン(鉄琴の一種);カリヨン風楽曲.

carillonnement /karijɔnmɑ̃/ 男 ❶ カリヨンを鳴らすこと. ❷ カリヨンの音.

carillonner /karijɔne/ 自動 ❶〖鐘が〗カリヨンを鳴り響かせる. ❷ 話 呼び鈴をうるさく鳴らす.
— 他動 ❶〔時刻,祭りなど〕をカリヨン[チャイム]で告げる. ❷〔曲など〕をカリヨンで奏でる. ❸ 話 …を鳴り物入りで告知する.

carillonneur, euse /karijɔnœ:r, ø:z/ 名 (教会などで)カリヨンを鳴らす人.

carlin /karlɛ̃/ 男 パグ:中国原産の愛玩(あいがん)犬.

carlingue /karlɛ̃:g/ 女 (飛行機の)機内,キャビン.

carmagnole /karmaɲɔl/ 女 カルマニョール. (1) フランス革命期に革命家たちが着たジャケット. (2) フランス革命期に流行した革命歌ならびに輪舞.

carme /karm/ 男〖カトリック〗カルメル会修道者.

carmélite /karmelit/ 女〖カトリック〗カルメル会修道女.

carmin /karmɛ̃/ 男 ❶ (染料,顔料の)洋紅,カーマイン. ❷ 洋紅色. — 形〖不変〗洋紅色の.

carminé, e /karmine/ 形 文章 洋紅色の;カーマインを含む.

Carnac /karnak/ 固有 カルナック:ブルターニュ地方の町.巨石群で知られる.

carnage /karna:ʒ/ 男 殺戮(さつりく),虐殺.

carnassier, ère /karnasje, ɛ:r/ 形 肉食性の. ▶ les animaux *carnassiers* 肉食獣.
— **carnassier** 男 肉食動物.

carnation /karnasjɔ̃/ 女 (白人の)肌の色;(裸体画などの)肌の色.

carnaval /karnaval/ ;《複》***als*** 男 ❶ 謝肉祭,カーニバル;カーニバルのお祭り騒ぎ. ❷ (Carnaval) カーニバルの人形:謝肉祭最後の灰色の水曜日に火葬あるいは埋葬される,グロテスクな大人形.

carnavalesque /karnavalɛsk/ 形 ❶ 謝肉祭[カーニバル]の. ❷ カーニバル的な;異様な. ▶ un spectacle *carnavalesque* まるでカーニバルのような大騒ぎ.

carne /karn/ 囡 俗 質の悪い肉, 堅い肉.

carné, e /karne/ 厖 肉から成る. ▶ alimentation *carnée* 肉を中心にした食事.

***carnet** /karnɛ カルネ/ 男 ❶ **手帳**, メモ帳. ▶ *carnet* de poche ポケット手帳 / *carnet* d'adresses 住所録 / *carnet* de maternité 妊婦手帳 / *carnet* de bal 舞踏会の手帖(女性が踊る相手の名を書く) / *carnet* de route 走行日誌.
❷ (切符, 切手などの)**1綴**(シェ)り. ▶ *carnet* (de tickets) de métro 地下鉄の回数券 / *carnet* de chèques 小切手帳.
❸ (特定の用途の)帳面, 帳簿; 成績簿 (= *carnet* de notes). ▶ *carnet* de commandes 受注記録帳. ❹ (新聞などの)消息欄.

carnivore /karnivɔːr/ 厖 ❶ 肉食性の. ▶ les animaux *carnivores* 肉食動物. ❷ 图 肉が大好きな. ― 图 肉食動物 [植物]; 图 肉が大好きな人.
― **carnivores** 男複 [動物] 食肉目.

carolingien, enne /karɔlɛ̃ʒjɛ̃, ɛn/ 厖 カロリング朝の. ― **Carolingiens** 男複 カロリング朝 (751-987). フランク王国後期の王朝.

carotène /karɔtɛn/ 男 [化学] カロテン.

carotide /karɔtid/ 厖 artère *carotide* 頸(ケイ)動脈. ― 囡 頸動脈.

carottage /karɔtaːʒ/ 男 詐欺.

***carotte** /karɔt/ カロット/ 囡 ❶ ニンジン. ❷ (ニンジン形の)たばこ屋の看板.

la carotte et le bâton 飴(アメ)と鞭(ムチ).

Les carottes sont cuites. 話 もう終わってしまったことだ; 万事休す.

marcher à la carotte 金儲けの誘惑にかられて行動する.

poil de carotte 赤毛(の); 赤毛の人. ▶ *Poil de carotte* 「にんじん」(ルナールの小説)
― 厖 《不変》 ニンジン色の, 赤茶色の.

carotter /karɔte/ 他動 話 ❶ <*carotter* qc (à qn)> (…から)…をだまし取る, くすねる. ❷ <*carotter* qn (de qc)> (…を)…から巻き上げる, だまし取る. ― 自動 話 ❶ <*carotter* sur qc> …の一部を横領する. ❷ <*carotter* avec qc> …で大稼ぎする. ― **se carotter** 代動 <*se carotter* qc> 互いにだまして…を取り合う. 注 se は間接目的.

carotteur, euse /karɔtœːr, øːz/, **carottier, ère** /karɔtje, ɛːr/ 厖 話 (金品を)詐取する. ― 囡 話 (金品を)詐取する人.

caroube /karub/ 囡, **carouge** /karuːʒ/ 囡 [植物] イナゴマメの実.

caroubier /karubje/ 男 [植物] イナゴマメ.

carpe /karp/ 囡 コイ.
saut de carpe (1) (横たわった姿勢からの)跳ね起き. (2) [水泳] ジャックナイフ: ダイビングの型.

carpette /karpɛt/ 囡 小型カーペット, マット.

carquois /karkwa/ 男 矢筒.

carre /kaːr/ 囡 (スキーなどの)エッジ.

***carré, e** /kare カレ/ 厖 ❶ 正方形の; 4角形の, 四角い. ▶ pilier *carré* 角柱 / boîte *carrée* 四角い箱. ❷ 平方の. ▶ une chambre de douze mètres *carrés* 12平方メートルの部屋 / la racine *carrée* d'un nombre ある数の平方根. ❸ 角張った. ▶ épaules *carrées* がっちりした怒り肩. ❹ きっぱりした, 率直な. ▶ un refus *carré* きっぱりした拒絶 / un homme *carré* en affaires 商売では断固としている男.
― **carré** 男 ❶ 正方形; 4角形; 四角いもの. ▶ les *carrés* d'un échiquier チェス盤の升目 / un *carré* de soie 絹のスカーフ. ❷ **2乗**, 平方. ▶ élever [mettre, porter] un nombre au *carré* ある数を2乗する / Le *carré* de quatre est seize. 4の2乗は16である. ❸ (四角い)土地, 畑の区画. ▶ cultiver un *carré* de choux 畑の一画にキャベツを作る. ❹ [海事] *carré* des officiers 士官食堂. ❺ (ポーカーで)フォア・カード. ❻ *Carré* de l'Est カレドレスト(角型のチーズ).

au carré 直角の. ▶ cheveux coupés au *carré* [理容] ブラントカット.

mettre [faire] à qn la tête au carré 話 …をひどく殴る.

***carreau** /karo カロ/ 《複》 **x** 男 ❶ (格子状の)**窓ガラス**. ▶ casser un *carreau* 窓ガラスを割る / faire les *carreaux* 窓をふく.
❷ タイル, 床石; タイル張りの床 [壁]. ▶ Le mur de la salle de bains est en *carreaux* de faïence. 浴室の壁は陶器タイル張りだ.
❸ 格子縞(ジマ), 碁盤縞, チェック. ▶ une veste à grands *carreaux* 大柄のチェックの上着 / une feuille de papier à *carreaux* 方眼紙(注 フランスのノートは罫(ケイ)紙ではなく方眼紙).
❹ (トランプの)ダイヤ; ダイヤのカード. ▶ l'as de *carreau* ダイヤのエース. ❺ (一定目的のための)区域, 施設. ▶ *carreau* de mine 鉱山地上施設.

demeurer [rester] sur le carreau 話 殺される; 打ちのめされる; 除外される.

laisser qn sur le carreau 話 …を殺す; 打ちのめす; 見殺しにする.

se tenir [se garder] à carreau 話 用心する, 警戒する.

***carrefour** /karfuːr カルフール/ 男 ❶ **交差点**, 十字路. ▶ Tournez à droite au prochain *carrefour*. 次の四つ角を右に曲がりなさい. ❷ (思想, 文明, 物資などの)交流点, 合流点; 討論会, シンポジウム. ▶ un *carrefour* d'idées 思想交流の場 / sciences *carrefours* 境界領域の科学. ❸ (選択の)岐路. ▶ se trouver à un *carrefour* de sa vie 人生の岐路に立つ. ❹ 《Carrefour》 カルフール(フランスの大手スーパー).

carrelage /karlaːʒ/ 男 タイル張り; タイル敷き.

carreler /karle/ ④ 他動 …にタイルを張る.

carrelet /karlɛ/ 男 ❶ カレイの一種. ❷ [漁業] 四つ手網.

carreleur /karlœːr/ 男 タイル張り職人, タイル工.

carrément /karemɑ̃/ 副 ❶ きっぱりと, 思い切って. ▶ refuser *carrément* きっぱり断る. ❷ 率直に, 少なくとも. ▶ Il est arrivé *carrément* une demi-heure en retard. 彼は優に半時間は遅れて来た.

se carrer /s(ə)kare/ 代動 <*se carrer* (dans [sur] qc)> (…に)ゆったり座る; 悠然と構える.

carrier /karje/ 男 石切り工; 採石業者.

carrière[1] /karjɛːr/ 囡 石切り場, 採石場.

carrière

*carrière² /karjɛːr カリエール/ 囡 ❶ (生涯的な)職業; キャリア; 昇進, 出世. ▶ le choix d'une *carrière* 職業の選択 / plan de *carrière* キャリアプラン / en début [fin] de *carrière* 駆け出しの頃に[引退間際に] / la *carrière* 「des armes [des lettres]」軍職[文筆業] / un militaire de *carrière* 職業軍人 / Sa *carrière* politique a été brisée par ce scandale. この醜聞で彼(女)の政治生命は絶たれた / faire une *carrière* rapide 急速に昇進する. 比較 ⇨ PROFESSION. ❷ 《la Carrière》外交官の職. ❸ 文章 生涯, 人生の歩み; 活動の場. ▶ entrer dans la *carrière* 実社会に出る.

donner carrière à qc …を自由に活動させる. ▶ *donner carrière à* sa colère 怒りに身を任せる.

faire carrière (dans qc) (1)(…の職業で)出世する, 成功する. ▶ Il *a fait carrière* dans les lettres. 彼は文壇で名を上げた. (2)…を職業とす.

se donner carrière 思う存分に活動する.

carriérisme /karjerism/ 男《軽蔑して》(政党, 組合内の)出世主義.

carriériste /karjerist/ 名 (政党, 組合内の)出世主義者.

carriole /karjɔl/ 囡 覆い付き2輪馬車.

carrossable /karɔsabl/ 形 車の通れる.

carrossage /karɔsaʒ/ 男 〖自動車〗ボディの架装[取り付け].

carrosse /karɔs/ 男 (覆い付きの)豪華4輪馬車.

avoir [rouler] carrosse (4輪馬車を持てるほど)裕福である.

la cinquième roue du carrosse (4輪馬車の5番目の車輪→)役立たず.

carrosser /karɔse/ 他動 〖自動車〗[車, シャーシー]にボディを架装する.

carrosserie /karɔsri/ 囡 (自動車, 馬車などの)ボディ, 車体; 車体製造(業).

carrossier /karɔsje/ 男 車体設計・製造者, カーデザイナー; (自動車修理の)板金工.

carrure /karyːr/ 囡 ❶ 肩幅. ▶ un homme de forte *carrure* 肩幅の広いがっしりした男 / une veste trop étroite de *carrure* 肩幅の狭すぎる上着. ❷ (人間の)幅, 器, 力量.

cartable /kartabl/ 男 (小学生の)通学かばん. ▶ *cartable* à bretelles ランドセル.

*carte /kart カルト/ 囡 ❶ 証明書, …証, …券. *carte* d'identité 身分証明書 / *carte* d'étudiant 学生証 / *carte* de séjour 滞在許可証 / *carte* de travail 労働許可証 / *carte* de fidélité ポイントカード / *carte* d'abonnement 定期乗車券 (公演などの)定期会員券 / *carte* d'embarquement 搭乗整理券; 出国記録カード / *carte* orange (パリの)バス・地下鉄共通乗車パス / *carte* grise 自動車登録証 / *carte* senior (交通機関での)老齢者割引カード.

❷ (銀行, 電話などの)カード. ▶ *carte* de crédit クレジット・カード / *carte* bleue (フランスの銀行グループの)クレジット・カード兼キャッシュ・カード / *carte* de paiement (現金自動支払機用の)キャッシュ・カード / *carte* à puce チップ・カード(不正防止の装置がしてある銀行の半導体カード) / *carte* bancaire (クレジットカードをかねた)キャッシュカード / *carte* de téléphone テレフォンカード / Vous payez avec une *carte* ou par chèque? お支払いはカードになさいますか, 小切手になさいますか.

❸ 名刺 (=*carte* de visite). ▶ déposer [laisser] sa *carte* (不在の訪問先に)名刺を置いてくる.

❹ (絵)はがき (=*carte* postale); グリーティングカード. ▶ écrire [envoyer] à qn une *carte* postale …に絵はがきを出す / *carte* d'invitation 招待状 / *carte* de Noël クリスマスカード / *carte* de vœux グリーティングカード / *carte* de Nouvel An 年賀状 / *carte* d'anniversaire バースデーカード.

❺ 《la carte》メニュー, 献立表; 一品料理. ▶ **La carte, s'il vous plaît.** メニューをお願いします / la *carte* des vins ワインリスト / consulter la *carte* メニューを見る. 比較 ⇨ MENU².

❻ 〖情報〗*carte* magnétique 磁気カード / *carte* de circuits intégrés ICカード / *carte* mère マザーボード.

❼ トランプの札 (=*carte* à jouer). ▶ jouer aux *cartes* トランプをする / battre [brasser, mêler] les *cartes* カードをシャッフルする / faire une partie de *cartes* トランプの勝負をする.

❽ 地図 (=*carte* géographique); 図(表). ▶ consulter [regarder] une *carte* de France フランス地図を調べる / dresser [tracer, faire] la *carte* d'une région ある地方の地図を作る / *carte* routière ロードマップ / *carte* marine 海図 / *carte* scolaire (義務教育における)学区, 学区制. 注 *carte* は国や地方レベルの地図. 都市や町内の地図は plan という.

à la carte (1)(料理の注文が)アラカルトの. ▶ manger *à la carte* 一品料理をとる (「コースをとる」は manger au menu). (2)自由選択による. ▶ programme *à la carte* 自由に選べるカリキュラム.

avoir plus d'une carte dans son jeu 困難を切り抜ける手段がいくつもある.

brouiller les cartes 事態を混乱させる.

carte maîtresse 切り札; 奥の手; 利点.

carte postale ありきたりのもの.

château de cartes (トランプで組み立てた城→)もろいもの, はかない夢.

connaître [découvrir, voir] le dessous des cartes de qc/qn …の裏[秘密]を知っている.

donner [laisser] carte blanche à qn …に白紙委任する, 自由に行動させる.

jouer [mettre] cartes sur table 手の内を見せてゲームする; 正々堂々と振る舞う.

jouer la carte de qc (1)…の札に賭(か)ける. (2)…の策を選ぶ.

jouer sa dernière carte 最後の運を試す.

On t'enverra de nos cartes postales. (旅行に出かける際の挨拶)絵葉書でも送るよ.

tirer [faire] les cartes à qn カードで…の運命を占う.

cartel /kartɛl/ 男 ❶ カルテル, 企業連合. ❷ (

党, 労働組合の)連合, 共同戦線. ▶ le *Cartel des gauches* (1924-26年の)左翼連合政権. ❸ (時計や額の)縁飾り; 飾り枠付きの掛け時計.

carte-lettre /kartəletr/; (複) ~**s**-~**s** 囡 郵便書簡, ミニレター.

cartelliser /kartelize/ 他動 〔企業など〕をカルテル化する, 連合させる.

carter /kartɛːr/ 男《英語》(機械部分を覆い保護する)カバー, ケース. ▶ le *carter* d'une chaîne de bicyclette 自転車のチェーンカバー.

carte-réponse /kartərepɔ̃s/; (複) ~**s**-~**s** 囡 (アンケートなどの)回答用はがき.

cartésianisme /kartezjanism/ 男 デカルト哲学, デカルト派(の哲学).

cartésien, enne /kartezjɛ̃, ɛn/ 形 ❶ デカルト(哲学)の. ❷〔人, 考えなどが〕デカルト的な; 論理的で明晰(※)な.
— 名 デカルト主義者; 論理的で明晰な人.

Carthage /kartaːʒ/ 固有 カルタゴ: 北アフリカの古代都市国家.

carthaginois, oise /kartaʒinwa, waːz/ 形 カルタゴの Carthage の.
— **Carthaginois, oise** 名 カルタゴ人.

cartilage /kartilaʒ/ 男 軟骨.

cartilagineux, euse /kartilaʒinø, øːz/ 形 軟骨(性)の.

cartographe /kartograf/ 名 地図製作者.

cartographie /kartografi/ 囡 ❶ 地図作成法. ❷ 遺伝子地図作成.

cartographique /kartografik/ 形 地図学の, 地図作成法の.

cartomancie /kartomɑ̃si/ 囡 トランプ[カード]占い.

cartomancien, enne /kartomɑ̃sjɛ̃, ɛn/ 名 トランプ[カード]占い師.

*__carton__ /kartɔ̃/ カルトン 男 ❶ ボール紙, 厚紙. ▶ *carton* ondulé 段ボール / assiette en *carton* 紙皿 / envelopper dans du *carton* 厚紙にくるむ. ❷ ボール箱; 書類整理箱. ▶ *carton* à chaussures 靴箱 / mettre des bouteilles dans un *carton* 瓶をボール箱に入れる. ▶ *carton* à dessin 大形のボール紙製画用紙入れ. ❹ (射撃訓練用の)標的. ❺ 招待状. ▶ envoyer un *carton* 招待状を送る. ❻《サッカー》*carton* rouge レッドカード / *carton* jaune イエローカード.

faire un carton 標的を撃つ; 狙撃(ᵗᵉᵏ)する; 得点する; 成功する.

prendre [ramasser] un carton 話 (スポーツで)完敗を喫する.

rester [dormir] dans les cartons 話 (計画などが)お蔵入りになる.

carton-feutre /kartɔ̃fø:tr/; (複) ~**s**-~**s** 男 フェルト紙.

cartonnage /kartonaʒ/ 男 ❶ 厚紙製品(製造). ❷ ボール箱; 紙器. ❸ (背がクロースの)厚表紙製本. ▶ *cartonnage* pleine toile クロース製本.

cartonné, e /kartone/ 形 厚紙[ボール紙]ででき た; 厚表紙製本の, ハードカバーの.

cartonner /kartone/ 他動〔本〕を厚紙製本にする, ハードカバーにする.

cartonnerie /kartɔnri/ 囡 厚紙[ボール紙]製造(所).

cartonnier, ère /kartɔnje, ɛ:r/ 形 厚紙(製品)を製造[販売]する. — 囡 厚紙製品製造[販売]人. — **cartonnier** 男 書類整理棚.

cartoon /kartun/ 男《英語》漫画; アニメーション映画.

cartophile /kartofil/ 名 絵はがき収集家.

cartouche /kartuʃ/ 囡 ❶ (弾丸の)薬筒, 実包; (小銃などの)弾. ▶ la douille d'une *cartouche* 薬莢(ᵏᵏᵉᵘ) / *cartouche* à blanc 空包. ❷ (爆薬を詰める)薬包. ▶ *cartouche* de dynamite ダイナマイトの筒. ❸ (万年筆, ライターなどの)カートリッジ, ボンベ. ❹ (たばこの)カートン.

brûler [épargner] ses dernières cartouches 最後の手段を行使する[取っておく].

cartoucherie /kartuʃri/ 囡 弾薬製造所; 弾薬貯蔵所.

cartouchière /kartuʃjɛ:r/ 囡 (猟師などが携帯する)弾薬入れ, 弾帯.

*__cas__¹ /kɑ/ 男 ❶ 場合, ケース, 事例. ▶ dans ce *cas*-là その場合には / en pareil *cas* そのような場合には / en ce *cas* その場合には, そういうことなら / dans la plupart des *cas* たいていの場合は / dans mon *cas* 私の場合は / si tel est le *cas* もし事情がそうなら / Parfois les réfugiés sont mal accueillis, mais, ici, ce n'est pas le *cas*. 往々にして難民の受け入れ態勢は十分でないが, ここは違う / un *cas* urgent 緊急の場合 / un *cas* imprévu 予期せざる出来事 / C'est un *cas* de vie ou de mort. 非常に深刻な事態だ. ❷ 立場, 事態; (原因, 理由となる)事実, 事由. ▶ *cas* de force majeur 不可抗力の事態 / être dans un *cas* de légitime défense 正当防衛である. ❸ 症例; 患者. ▶ un *cas* désespéré 末期症状 / un *cas* clinique 臨床例. ❹ 変人. ▶ Cette femme, c'est vraiment un *cas*. あの女は本当に変わり者だ.

au cas où /okazu/ 副 万一に備えて, 念のため.

*__「au cas __[__dans le cas__]__ où__ + 条件法 …の場合には, もし…ならば.

au cas par cas ケースバイケースで.

cas de conscience 微妙な問題, 難しい問題.

cas de figure 想定される場合(ケース).

*__C'est le cas de__ + 不定詞. まさに…するのにふさわしい時である. ▶ C'est *le cas de* le dire. その言葉はこの場合にぴったりだ.

en aucun cas … いかなる場合にも…ない. ▶ *En aucun cas*, je ne veux vendre cette maison. どんなことがあってもこの家は売りたくない.

en cas de + 無冠詞名詞 …の場合には, もし…なら. ▶ *en cas de* besoin もし必要なら.

en tout [tous] cas = **dans tous les cas** いずれにせよ, とにかく (=de toute façon).

être dans le cas de + 不定詞 …できる立場[状態]にある.

faire cas de qn/qc …を尊敬[重視, 評価]する. ▶ *faire* grand [peu de] *cas* de qn/qc …を非常に重視する[あまり重視しない].

le cas échéant /ləkazeʃeɑ̃/ 万一の場合には.

selon le(s) cas = **suivant les cas** 場合に応

じて.
cas[2] /kɑ/ 男 《文法》格. ▶ *cas* sujet 主格.
Casablanca /kazablɑ̃ka/ 固有 カサブランカ：モロッコ中部の都市.
casanier, ère /kazanje, ɛːr/ 形 名 出不精な(人), 外出嫌いの(人).
casaque /kazak/ 女 競馬騎手のシャツ；(カミソールに似た)婦人用上着.
tourner casaque 成 逃げる；味方に背を向ける, 脱党する, 変節する.
cascade /kaskad/ 女 ❶ 滝. ❷ ⟨une *cascade* de + 無冠詞複数名詞⟩次々に続く[あふれ出る]…. ▶ une *cascade* d'applaudissements 鳴りやまぬ拍手.
en cascade 連続して, 次々に. ▶ Les difficultés sont arrivées *en cascade*. 困難が次から次へと持ち上がった.
cascader /kaskade/ 自動 滝となって落ちる.
cascadeur, euse /kaskadœːr, øːz/ 名 スタントマン；曲芸師.
cascatelle /kaskatɛl/ 女 文章 小さな滝.
case[1] /kɑːz/ 女 (先住民の)家, 小屋.
case[2] /kɑːz/ 女 ❶ (引き出し, 箱などの)仕切り, 仕分けボックス. ▶ les *cases* d'une boîte à outils 道具箱の仕切り. ❷ (ノートやチェス盤などの)升目, 枠. ▶ *case* départ 振り出し, 出発点, 最初.
Il lui manque une case. = *Il a une case vide [en moins].* 成 彼は少し頭が足りない, いかれている.
revenir à la case départ 振り出しに戻る.
caséine /kazein/ 女 《化学》カゼイン.
casemate /kazmat/ 女 トーチカ.
caser /kaze/ 他動 ❶ …を無理に入れる, 押し込む. ❷ …に職[住居]を見つけてやる；を結婚させる. ▶ trouver un logement pour *caser* un ami とりあえず友人を泊める宿を見つけてやる.
— **se caser** 代動 入り込む, なんとか収まる；結婚する.
caserne /kazɛrn/ 女 ❶ 兵舎；(集合的に)(兵舎内の)部隊. ▶ être à la *caserne* 入営している, 兵役にある. ❷ (兵舎のように)個性的な大きな建物.
casernement /kazɛrnəmɑ̃/ 男 ❶ (部隊を)兵舎に収容すること；駐屯. ❷ 兵営設備, 兵舎.
caserner /kazɛrne/ 他動 [部隊を]駐屯させる.
cash /kaʃ/ 《英語》副 話 現金で (=comptant).
— 男 話 手付金, 前払金；現金.
casier /kɑzje/ 男 ❶ (仕切りのある)整理箱, 整理棚；(郵便物などの)仕分けボックス. ▶ *casier* à disques レコードキャビネット / *casier* à œufs (冷蔵庫の)卵入れ. ❷ *casier* judiciaire (刑事事件の)前科簿；前科簿保存所. ▶ avoir un *casier* judiciaire vierge [chargé] 前科がない[ある].
casino /kazino/ 男 《イタリア語》カジノ.
casoar /kazoaːr/ 男 ❶ 《鳥類》ヒクイドリ. ❷ (陸軍士官学校生徒の軍帽の)紅白の羽根飾り.
Caspienne /kaspjɛn/ 固有 女 カスピ海 (=la mer caspienne).
*****casque** /kask/ 男 ❶ かぶと；ヘルメット. ▶ mettre un *casque* ヘルメットをかぶる / les *Casques* bleus 国連平和維持軍. ❷ ヘッドホン. ▶ écouter au *casque* ヘッドホンで聴く. ❸ (美容院の)大型ヘアドライヤー.
casqué, e /kaske/ 形 ヘルメットをかぶった.
casquer /kaske/ 自動 話 金を払う, 金を出す.
*****casquette** /kaskɛt/ 女 ❶ 庇(ひさし)のある帽子, ハンチング；制帽. ▶ une *casquette* de jockey 騎手帽. ❷ 肩書；役職, 役目, 地位.
avoir plusieurs casquettes いくつかの要職を兼任している.
casquette en plomb 二日酔の頭痛.
en avoir par-dessus la casquette うんざりだ.
en avoir sous la casquette 物知りである, 頭がいい.
plein [ras] la casquette うんざりだ.
cassable /kɑsabl/ 形 壊れやすい, もろい.
cassage /kɑsaːʒ/ 男 砕くこと.
Cassandre /kasɑ̃dr/ 固有 女 ❶《ギリシャ神話》カッサンドラ. ❷ 不吉な予言をする者.
cassant, ante /kɑsɑ̃, ɑ̃ːt/ 形 ❶ 壊れやすい, もろい. ❷ [人の態度などが]そっけない, 横柄な. ▶ sur un ton *cassant* 高飛車な口調で. ❸ [否定的表現で]疲れさせる；すごい. ▶ C'est un boulot pas *cassant*. 楽な仕事さ.
cassate /kasat/ 女 《菓子》カッサート：砂糖漬け果物入りアイスクリーム.
cassation /kasasjɔ̃/ 女 (判決の)破毀(はき)；(特に)(破毀院による)原判決の破毀. ▶ la Cour de *cassation* 破毀院(フランスの最高裁判所) / se pourvoir en *cassation* 破毀院に上告する.
casse /kɑːs/ 女 ❶ 壊すこと, 破損；破損物. ▶ payer la *casse* 破損品を弁償する / Il y a de la *casse*. 壊れたものがある. ❷ スクラップ, 廃品. ▶ mettre [envoyer] une voiture à la *casse* 自動車をスクラップにする.
Il va y avoir de la casse. 話 一悶着(もんちゃく)ありそうだ.
cassé, e /kase/ 形 ❶ 壊れた, 割れた. ▶ voix *cassée* しわがれ声. ❷ 腰の曲がった.
casse-cou /kasku/ 男《単複同形》❶ 話 向こう見ずな人. ❷ 危険な場所[道].
crier casse-cou à qn …に危険を知らせる.
— 形《不変》話 向こう見ずな.
casse-croûte /kaskrut/ 男《単複同形》(急いで取る)軽食；弁当.
casse-cul /kasky/ 形, 名《不変》うんざりさせる(人[もの], 面倒(めんどう)らしい(人[もの]).
casse-gueule /kasɡœl/ 男《単複同形》俗 ❶ 危険な場所；危険な計画. ❷ 向こう見ずな人.
— 形《不変》俗 ❶ [企て, 場所などが]危険な. ❷ [人が]向こう見ずな.
cassement /kasmɑ̃/ 男 (次の句で)
cassement de tête 神経の疲労；心労, 頭痛の種.
casse-noisettes /kasnwazɛt/, **casse-noix** /kasnwa/ 男 クルミ割り器.
casse-pieds /kaspje/ 形, 名《不変》話 うんざりさせる(人[もの]).
casse-pipe(s) /kaspip/ 男《単複同形》話 戦争；前線. ▶ monter au *casse-pipe(s)* 前線に赴く.

*casser /kɑse カセ/ 他動 ❶ …を割る、壊す、折る；〔綱、ひもなど〕を切る. ▶ casser une vitre ガラスを割る / casser un œuf 卵を割る / Les pompiers ont cassé la porte pour entrer dans la maison. 消防士たちはドアを壊して家の中に入った / Elle a le bras cassé. 彼女は腕の骨が折れている. ◆casser qc en deux [mille] morceaux …を2つ[粉々]に砕く.
❷ 話〔機械など〕を壊す、動かなくする. ▶ casser une montre 時計を駄目にする.
❸ casser le rythme リズムを壊す、調子を狂わす.
❹ …を破棄する、無効にする. ▶ casser un contrat 契約を破棄する / casser un jugement 判決を破棄する / casser un mariage 結婚を解消する.
❺ 話 …を打ちのめす、打撃を与える.
❻ 〔士官など〕を降格する；免職する. ▶ casser un fonctionnaire 公務員を罷免(ひめん)する.
❼ 〔値〕を崩れさせる；〔市場〕を(値崩れで)混乱させる. ▶ casser les prix 価格破壊する.
à tout casser (1) 途方もない、すばらしい. ▶ un film à tout casser ものすごい映画. (2) 力いっぱい；全速力で. ▶ Il conduit sa voiture à tout casser. 彼はフルスピードで車を走らす. (3) せいぜい. ▶ Ça vous coûtera dix euros à tout casser. せいぜい10ユーロ払えば済むさ.
Ça ne casse rien. 話 たいしたことはない、月並だ.
casser du sucre sur le dos de qn 話 …を中傷する、の悪口を言う.
casser la baraque 話〔芝居などで〕大当たりをとる.
casser ⌈la croûte [la graine⌉ 話 飯を食う.
casser ⌈la figure [la gueule⌉ à qn …をぶん殴る.
casser ⌈la tête [les oreilles⌉ à qn …をうるさがらせる、疲れさせる.
casser la voix 声をかすれさせる. ▶ Le rhume m'a cassé la voix. 風邪のせいで声が変になっています.
casser le moral à qn … の士気をくじく.
casser le morceau (à qn) 話 (…に)共犯者の名を漏らす；自白する.
casser les pieds à qn …をうるさがらせる、うんざりさせる.
casser les reins à qn (1) …をたたきのめす. (2) …を挫折(ざせつ)させる.
casser sa pipe = la casser 俗 くたばる、死ぬ.
— 自動 壊れる、割れる、折れる、切れる. ▶ Le verre a cassé en tombant.(=se casser) コップが落ちて割れた.
Ça passe ou ça casse. 一か八かだ.
Quand la corde est trop tendue, elle casse. 諺 何事にも限度がある.
— *se casser 代動 ❶ 壊れる、割れる、折れる、切れる. ▶ La tasse s'est cassée en tombant. カップが落ちて割れた. ❷ <se casser qc> (自分の)…を折る、痛める. 注 se は間接目的. ▶ se casser la jambe 足を折る / se casser la voix 声をからす. ❸ 話 いち早く立ち去る、さっさと逃げ去る. ❹ 俗 <ne pas se casser> 努力しない、苦労しない.
J'aurais mieux fait de me casser une jambe (le jour où ...) 話〔(…したとき)いっそ足を折って動けなくなったほうがましだった→〕(…するなんて)ああなんであんなことをしてしまったのだろう.
se casser ⌈la figure [la gueule⌉ 話 転ぶ；事故に遭う；失敗する.
se casser la tête 話 頭を悩ます. ▶ Ne te casse pas la tête. 気にするな、心配するな.
se casser le nez 失敗する.
se casser le nez (à la porte de qn) (…の家を)訪ねたが留守である.
se casser les pieds 退屈する、うんざりする.

*casserole /kɑsrɔl カスロル/ 女 ❶ 片手鍋(なべ)、キャセロール. ▶ une casserole d'eau 鍋一杯の水. ◆à la casserole キャセロールで煮込んだ[蒸し焼きした]. ▶ faire un poulet à la casserole 若鶏をキャセロールで蒸し焼きにする. ❷ 話 音程の狂ったピアノ[楽器、音声].
attacher [accrocher] une casserole à qn …に悪い評判をたてる、スキャンダルをおこす.
avoir une casserole sur le feu [gaz] 話 今忙しくて相手をしている暇がない.
passer à la casserole 俗 ひどい目に遭う；殺される、消される.
traîner une casserole スキャンダルに見舞われる.
casse-tête /kɑstet/ 男〔単複同形〕❶ 棍棒(こんぼう). ❷ 根気のいる仕事、厄介な問題[パズル] (=casse-tête chinois). ❸ 騒音.
cassette /kɑset/ 女 ❶ カセット(テープ). ▶ cassette vidéo ビデオカセット (=vidéo-cassette) / poste de radio à cassettes ラジカセ. ❷ (貴重品を入れる)小箱. ▶ une cassette à bijoux 宝石箱. ❸ (王侯の)個人財産；(個人の)貯金、へそくり (=cassette personnelle).
casseur, euse /kɑsœːr, øːz/ 名 ❶ (不器用で)よく物を壊す人、<casseur de + 無冠詞名詞>…を壊す人. ▶ casseur de prix 価格破壊者. ❸ (車の)スクラップ業者. ❹ デモで(公共物などを壊す)壊し屋. — 形 ❶ (不器用で)よく物を壊す. ❷ 破壊好き.
Cassiopée /kasjɔpe/ 固有 女 ❶《ギリシア神話》カシオペア：娘アンドロメダの美しさを誇ったために、海神の怒りを買った. ❷《天文》カシオペア座.
cassis[1] /kasis/ 男 ❶ クロスグリ；クロスグリの実. ❷ カシス酒 (=liqueur de cassis). ❸ 話 頭.
cassis[2] /kasi(s)/ 男 (道路などの)窪(くぼ)み、陥没.
cassolette /kasɔlet/ 女 ❶ 香炉. ❷ (オードブルなどを盛りつける香炉の形をした)小型容器、カソレット；カソレットに入れた料理.
cassonade /kasɔnad/ 女 粗糖.
cassoulet /kasule/ 男 カスレ：白インゲン豆と肉などを煮込んだ南仏料理.
cassure /kɑsyːr/ 女 ❶ 裂け目、割れ目、ひび. ❷ 断絶、仲たがい. ❸ (布の)折り目、折れ目.
castagnettes /kastaɲet/ 女複 カスタネット.
caste /kast/ 女 ❶ (インドの)カースト、世襲的階級制度. ▶ la caste des prêtres 聖職者階級. ❷ (悪い意味で)特権階級.
castel /kastel/ 男 文章 小さい城館、地方の豪邸.
castillan, ane /kastijɑ̃, an/ 形 カスティーリャ Castille の.

Castille

— **Castill*an, ane*** 名 カスティーリャ人.
— **castillan** 男 カスティーリャ語：スペインの公用語の一つで、標準語といわれる.

Castille /kastij/ 固有 囡 カスティーリャ：スペイン中北部地方.

casting /kastiŋ/ 男《英語》(映画、テレビの)配役、キャスティング.

castor /kastɔːr/ 男 ビーバー(の毛皮).

castrat /kastra/ 男 (高い声域を保つために)去勢した歌手、カストラート；去勢された男.

castrat*eur, trice* /kastratœːr, tris/ 形《精神分析》去勢コンプレックスを引き起こす.

castration /kastrasjɔ̃/ 囡 去勢、生殖器官の除去.

castrer /kastre/ 他動 …を去勢する(=châtrer)；[家畜の雌に]不妊手術を行う.

casuiste /kazɥist/ 男 ❶《神学》決疑論者. ❷ 詭弁家.

casuistique /kazɥistik/ 囡 ❶《神学》決疑論. ❷ 詭弁(ぎべん). ▶ faire de la *casuistique* へ理屈をこねる.

cata /kata/ 囡 (catastrophe の略)災難. ▶ C'est la *cata*. 最悪だ.

cataclysme /kataklism/ 男 ❶ (大洪水、地震などの)大異変、大災害. ❷ (社会、個人の境遇の)激変、破局；(国家の)動乱.

catacombes /katakɔ̃ːb/ 囡複 (初期キリスト教徒の)地下墓地、カタコンベ.

catafalque /katafalk/ 男 (葬儀の間の)遺体安置壇；棺上の装飾.

catal*an, ane* /katalā, an/ 形 カタロニア Catalogne の.
— **Catal*an, ane*** 名 カタロニア人.
— **catalan** 男 カタロニア語：スペインの公用語の一つ.

catalepsie /katalɛpsi/ 囡《精神医学》カタレプシー、強硬症：一定の姿勢を維持し続ける症状.

cataleptique /kataleptik/ 形, 名《精神医学》カタレプシーの(患者)、強硬症の(患者).

Catalogne /katalɔɲ/ 固有 囡 カタロニア、カタルーニャ：スペイン北東部地方.

*****catalogue** /katalɔg/ カタログ/ 男 **目録、カタログ；蔵書目録**. ▶ le *catalogue* d'une exposition 展覧会のカタログ / *catalogue* de vente par correspondance 通販カタログ.

cataloguer /kataloge/ 他動 ❶ …の目録[カタログ]を作成する；目録に記載する. ▶ *cataloguer* (les livres d')une bibliothèque 図書館の蔵書目録を作成する. ❷ 話《*cataloguer* qn (comme + 属詞)》…を(…として)(悪い方に)類別する、レッテルをはる. ▶ *cataloguer* qn comme un vaniteux …を見えっ張りと決めつける / Après une telle action, il *a été catalogué*. あんなことをしたから彼はマークされてしまった.

catalyse /kataliːz/ 囡《化学》触媒反応[作用].

catalyser /katalize/ 他動 ❶《化学》…に触媒作用を及ぼす；触媒を加える. ❷《変化、反応》を引き起こす. ▶ *catalyser* le désordre 混乱を引き起こす. ❸《勢力など》を結集する.

catalyseur /katalizœːr/ 男 ❶《化学》触媒. ❷ 触発する人[出来事]. ▶ jouer le rôle de *catalyseur* 火付け役を演じる.

catalytique /katalitik/ 形 触媒の[による].

cataplasme /kataplasm/ 男 パップ剤、湿布.

catapulte /katapylt/ 囡 ❶《航空》カタパルト. ❷ (城攻めに用いた)カタパルタ、大型投石器.

catapulter /katapylte/ 他動 ❶《飛行機》をカタパルトで射出する. ❷ …を急激に(遠くへ)投げ飛ばす. ❸ 話《人》を抜擢(ばってき)する；(地方などに)飛ばす、送り込む.

cataracte[1] /katarakt/ 囡 瀑布(ばく)、大滝. ▶ les *cataractes* du Niagara ナイアガラの滝.

cataracte[2] /katarakt/ 囡《医学》白内障.

catarrhe /kataːr/ 男《医学》カタル. ▶ *catarrhe* nasal 鼻カタル、鼻炎.

catarrh*eux, euse* /katarø, øːz/ 形, 名《医学》カタルにかかりやすい(人)；カタルにかかった(人).

*****catastrophe** /katastrɔf/ カタストロフ/ 囡 ❶ **大災害、大惨事、破局**. ▶ *catastrophe* aérienne 航空機事故 / L'économie court à la *catastrophe*. 経済は破局に向かっている. ❷ (個人的な)不幸、不慮の災厄. ▶ La mort de son père est une *catastrophe* pour lui. 父の死は彼にとってたいへんな痛手だ. ❸ 話 厄介事、災難. ▶《間投詞的に》*Catastrophe*! J'ai oublié ma clef ! たいへん、鍵(ぎ)を忘れてきた.

en catastrophe 緊急に[の]；大慌てで[の]. ▶ atterrir *en catastrophe*〔航空機が〕緊急着陸する.

catastroph*é, e* /katastrofe/ 形 話 がっくりきた、打ちのめされた.

catastropher /katastrofe/ 他動 話《出来事が人》をがっくりさせる；茫然(ぼう)とさせる.

catastrophique /katastrɔfik/ 形 ❶ 大災害の、天変地異の；破局の、壊滅的な. ▶ un événement *catastrophique* 破局的な出来事、大災害. ❷ 悲惨な、最悪の. ▶ un résultat *catastrophique* 惨憺(さんたん)たる結果.

catastrophiste /katastrofist/ 形 極端に悲観的な.

catch /katʃ/ 男 プロレス.

catcher /katʃe/ 自動 プロレスの試合をする.

catch*eur, euse* /katʃœːr, øːz/ 名 プロレスラー.

catéchiser /kateʃize/ 他動 ❶《キリスト教》…に問答形式で教理を教える. ❷ …に教条を教え込む；を説得する、諭す.

catéchisme /kateʃism/ 男《キリスト教》カテキスム、教理問答書；(カトリックで)カトリック要理、公教要理；(プロテスタントで)信仰問答.

catéchiste /kateʃist/ 名 教理問答の教師.

catéchumène /katekymɛn/ 名 ❶《キリスト教》洗礼志願者；公教要理受講者. ❷ 入門者、初心者.

*****catégorie** /kategori/ カテゴリ/ 囡 ❶ **カテゴリー；種類、部類**. ▶ des tissus de toutes *catégories* (=espèce) あらゆる種類の布地 / *catégorie* sociale 社会階層. ◆**la *catégorie* de** + 定冠詞 + 名詞 …の部類. ▶ Il est de la *catégorie* des obstinés. あいつはしつこい部類だ. ◆**不定冠詞** + ***catégorie*(s)** + **de** + 無冠詞名詞 ある部類の…. ▶ une nouvelle *catégorie* d'électeurs 新しいタイプの有権者.

❷ 等級; 階級. ▶ un boxeur de la *catégorie* des poids légers 軽量級のボクサー / la viande de première *catégorie* 一級品の肉 / hors-*catégorie* 例外の, 特別な. ❸《哲学》《言語》範疇(はんちゅう). ▶ *catégorie* grammaticale 文法範疇.

catégoriel, le /kategɔrjɛl/ 形〔労働者,組合などが〕職種[部門]別の. ▶ les revendications *catégorielles* 職種[部門]別の要求.

catégorique /kategɔrik/ 形 ❶ 断定的な, 断固とした. ▶ une réponse *catégorique* きっぱりした回答 / sur un ton *catégorique* 決めつけるような口調で / Il a été *catégorique* sur ce point. その点について彼は断定的であった. ❷《哲学》定言的な.

catégoriquement /kategɔrikmɑ̃/ 副 きっぱりと.

catégorisation /kategɔrizasjɔ̃/ 女〔カテゴリーによる〕分類, 類別.

catégoriser /kategɔrize/ 他動 …を〔カテゴリーに〕分類する, 類別する.

caténaire /katenɛ:r/ 形《鉄道》suspension *caténaire* カテナリー吊架(ちょうか), 架空線.
— 女 カテナリー吊架, 架空線.

cathare /kata:r/ 形 名 カタリ派の(信徒).

catharsis /katarsis/ 女《哲学》《精神分析》カタルシス, 浄化.

*cathédrale /katedral/ カテドラル, 女〔司教座のある〕大聖堂, カテドラル. 比較 ⇨ ÉGLISE.
— 形《不変》verre *cathédrale* 不透明な板ガラス;〔模様を刻印した〕型板ガラス.

catherinette /katrinɛt/ 女〔11月25日の聖カタリナ祭を祝う〕未婚の25歳の娘.

cathéter /katetɛ:r/ 男《医学》カテーテル.

catho /kato/ 名 形 catholique の略.

cathode /katɔd/ 女 陰極 (↔anode).

cathodique /katɔdik/ 形 ❶ 陰極の, 陰極から出る. ▶ tube *cathodique* ブラウン管. ❷ テレビ(メディア)の.

catholicisme /katɔlisism/ 男 カトリシズム, カトリック教; カトリック教義.

catholicité /katɔlisite/ 女 ❶ カトリック教義にかなうこと;〔カトリック教会の属性としての〕普遍性. ❷ 全カトリック教徒.

*catholique /katɔlik/ カトリック/ 形 ❶ カトリック (教会)の; カトリック教徒の. ▶ religion *catholique* カトリックの教え. ❷ 話 <pas (très) *catholique*> 良心に背いた; 普通でない. ▶ Il n'a pas l'air bien *catholique*. 彼には後ろ暗いところがありそうだ. — 名 カトリック教徒.

catimini /katimini/ 男《次の句で》
en catimini 人目を盗んで, ひそかに, こそこそと.

Caucase /koka:z/ 固有 男 カフカス山脈.

caucasien, enne /kɔkazjɛ̃, ɛn/ 形 カフカス Caucase 地方の.
— **Caucasien, enne** 名 カフカス地方の人.

cauchemar /koʃma:r/ 男 ❶ 悪夢. ▶ faire un affreux *cauchemar* ひどく怖い夢を見る ❷ / avoir des *cauchemars* 悪夢にうなされる. ❷〔悪夢のように〕恐ろしいもの, 嫌なもの. ▶ faire un *cauchemar* éveillé 悪夢のような体験をする / L'orthographe, c'est mon *cauchemar*. スペリングが私の悩みの種だ. 比較 ⇨ RÊVE.

cauchemarder /koʃmarde/ 自動 悪夢を見る, うなされる.

cauchemardesque /koʃmardɛsk/, **cauchemardeux, euse** /koʃmardø, ø:z/ 形 悪夢のような.

caudal, ale /kodal/;《男複》**aux** /o/ 形 尾の, 尾部の. — **caudale** 女〔魚の〕尾びれ.

causal, ale /kozal/;《男複》**als**〔または **aux** /o/〕形 原因を示す, 因果関係を示す. ▶ un lien *causal* 因果関係.

causalité /kozalite/ 女 因果性, 因果関係. ▶ le principe de *causalité* 因果律.

causant, ante /kozɑ̃, ɑ̃:t/ 形 話 話好きな.

:**cause** /ko:z コーズ/

❶ 原因, 理由. ▶ On ne connaît pas la *cause* de son retard.(=raison) 彼(女)がなぜ遅れたのかは分からない.
❷ 大義, 主義主張; 立場. ▶ consacrer sa vie à la *cause* de la paix 平和の大義に一生をささげる / défendre [soutenir] la *cause* de qn …の立場を擁護[支持]する / épouser une *cause* ある主義を奉ずる.
❸ 訴訟事件. ▶ *cause* civile [criminelle] 民事[刑事]事件 / plaider la *cause* de qn (法廷で)…の弁護をする / *cause* célèbre 有名訴訟事件.

*à cause de qn/qc (1) …の理由で (=en raison de qn/qc); …のせいで. ▶ Je suis arrivé en retard *à cause de* la neige. 雪のせいで遅れました. (2) …を考慮して, に免じて (=par égard pour). ▶ Je lui pardonne *à cause de* son âge. 彼(女)の年齢を考えて許してやろう.

avoir [obtenir] gain de cause = avoir cause gagnée (1) 訴訟に勝つ. (2) 議論に勝つ; 押し通す, 望んでいたものを手に入れる.

avoir pour cause qc …が原因である.

donner gain de cause à qn (1) …に有利な判定を下す. (2) …の主張を認める, 要求をいれる.

et pour cause それもそのはずだ, 当然だ. 注 理由が明白なのでわざと言わない表現. ▶ Il n'a pas osé venir, *et pour cause*! 彼は来ようとはしなかった, それもそのはずだ.

être cause '*de qc* [*que* + 直説法] …の原因となる, をもたらす. ▶ Il *est* toujours *cause* de troubles. 彼はいつも悶着(もんちゃく)を引き起こす.

être en cause (1) 係争中である. (2) 問題になっている, 疑われている. ▶ Certains députés du parti au pouvoir *sont en cause* dans cette affaire. この事件では何人かの与党議員が疑われている / C'est votre avenir qui *est en cause*. あなたの将来がかかっているのですよ / Tu n'es pas *en cause*.(=concerné) 君には関係のないことだ.

être hors de cause (1) 事件[本件]と無関係である, かかわりがない. (2) 問題外である.

faire cause commune avec qn …と一致協力する; 共同戦線を張る.

Il n'y a pas d'effet sans cause. 諺 火のない所に煙は立たない (=Pas de fumée sans feu).

La cause est entendue. (1)(訴訟で)本件は結

審した．(2) 議論は出尽くした．
mettre qn/qc en cause (1) …を喚問する．(2) …を問題にする；疑う；非難する． ▶ *mettre en cause des personnalités de l'Etat* 国家の要人に疑いの目を向ける．
mettre qn hors de cause …の嫌疑を晴らす，無罪を明らかにする．
plaider la cause de qn/qc (1) …を弁護する，擁護する．(2)〔事情などが〕…に有利に働く．
pour cause de + 無冠詞名詞 …につき，理由で． ▶ «*Fermé pour cause de décès*»〔掲示で〕「忌中につき休業」
pour la bonne cause (1) 立派な理由で，大義のために．(2) 話〔しばしば皮肉に〕結婚目当てに．
remettre qc en cause …を問い直す，再び問題にする；〔決定など〕を白紙に戻す．

*causer¹ /koze/ コゼ/ 他動 …の原因となる，を引き起こす． ▶ *causer un malheur* 不幸をもたらす / *causer du chagrin à qn* …を悲しませる / *causer des ennuis* 問題を引きおこす．

*causer² /koze/ コゼ/ 自動〔打ち解けて〕話す，おしゃべりをする． ▶ *causer avec qn* …とおしゃべりする． 比較 ⇨ PARLER¹.
Assez causé! もう十分話した．
Cause toujours(, tu m'intéresses). 話《皮肉に》好きなだけしゃべるがいいさ（こっちは聞いてないから）．
C'est (juste [seulement]) pour causer. 話《失言して》いや、ちょっと言ってみただけですよ．
— *causer 間接他動〈*causer de qc/qn*〉…について話す． ▶ *causer de politique avec ses amis* 友人と政治を論ずる．
❷ 話〈*causer à qn (de qn/qc)*〉…に（…のことを）話す．注 *à* avec *qn* は正しい使い方（⇨ 自動）．
▶ *Il m'a causé de cette affaire.* 彼は私にその事件のことを話したよ / *Je te cause.* 君に話してるんだ．
❸〈*causer sur qn*〉…の陰口を言う，うわさをする．
▶ *Les voisins causent sur ton compte.* 隣近所のことをとやかく言っているよ．
causer «de choses et d'autres [de la pluie et du beau temps] 話 とりとめのないおしゃべりをする，四方山(よもやま)話をする．
On en cause. それは世間のうわさになっている、だれでも知っている．
trouver à qui causer 手ごわい人を相手にする．
— 他動〈*causer* + 無冠詞名詞〉…の話をする，を論ずる． ▶ *causer politique* 政治の話をする．

causerie /kozri/ 囡 ❶ 気軽な講演，談話．
❷ 雑談，おしゃべり．

causette /kozet/ 囡 話 ちょっとした雑談．

causeur, euse /kozœːr, øːz/ 形, 名 話好きの(人), 話のうまい(人).

causse /koːs/ 男（フランス南部の）石灰岩台地, カルスト台地．

causticité /kostisite/ 囡 ❶ 腐食性. ❷ 文章 辛辣(しんらつ)さ, 痛烈さ.

caustique /kostik/ 形 ❶ 腐食性の. ▶ *soude caustique* 苛性(かせい)ソーダ. ❷ 辛辣(しんらつ)な.
— 男 腐食剤.

cauteleux, euse /kotlø, øːz/ 形 文章 偽善的な, 猫をかぶった.

cautère /kotɛːr/ 男【医学】（皮膚や組織を壊死(えし)させる）焼灼(しょうしゃく)器, 焼灼剤.
C'est un cautère sur une jambe de bois. (義足に焼灼器→) 話 効き目のないやり方だ．

cautérisation /koterizasjɔ̃/ 囡【医学】（レーザーメスなどによる）焼灼(しょうしゃく).

cautériser /koterize/ 他動【医学】〔皮膚や組織〕を焼灼(しょうしゃく)する.

caution /kosjɔ̃/ 囡 ❶ 保証金, 担保; 敷金. ▶ *verser une caution* 保証金を払い込む / *payer la caution de qn* …の保釈金を払う, を保釈してもらう. ❷ 保証人. ▶ *caution solidaire* 連帯保証人 / *se porter caution pour qn* …の保証人になる. ❸ 保証; 推薦, 支援. ▶ *avoir la caution d'un parti* 党の支援を得ている.
mettre qn en liberté sous caution …を保釈する.
sujet à caution 当てにならない, 信用できない.

cautionnement /kosjɔnmɑ̃/ 男 ❶ 保証金, 保釈金. ❷ 保証, 保証契約. ❸（政策などに対する）支持, 賛同.

cautionner /kosjɔne/ 他動 …を支持する, に保証する; を保証する.

Caux /ko/ 固有 *pays de Caux* コー地方：ノルマンディー地方の泥土地域.

cavalcade /kavalkad/ 囡 ❶ 話 騒々しく走り回ること; 騒々しい一団. ❷ 騎馬パレード, 山車(だし)行列.

cavalcader /kavalkade/ 自動 俗〔人, 動物などの集団が〕走り回る, 跳ね回る.

cavale /kaval/ 囡 俗 逃亡.

cavaler /kavale/ 自動 俗 走る, 逃げ出す.
— **se cavaler** 代動 俗 走る, 逃げ出す.

cavalerie /kavalri/ 囡 ❶ 騎兵, 騎兵隊; 機甲部隊. ▶ *une division de cavalerie* 騎兵【機甲】師団. ❷《集合的に》馬.
la grosse cavalerie 実用本位で洗練されていないこと. 由来「第1次大戦以前の重騎兵」の意から. ▶ *C'est de la grosse cavalerie.* （商品などについて）ありきたりだ, おもしろみがない.

cavaleur, euse /kavalœːr, øːz/ 形, 名〔男〕好きな(人), 浮気な(人).

cavalier, ère /kavalje, ɛːr/ 名 ❶ 騎手, 馬に乗る人. ▶ *être bon [mauvais] cavalier* 乗馬が上手【下手】だ. ❷（パーティーなどの）相手役;《特に》（ダンスの）パートナー.
faire cavalier seul 単独行動をとる;（人の中から）離れる, 身を遠ざける.
— 形 ❶ 乗馬用の. ▶ *allée [piste] cavalière* （公園や森などの）乗馬専用路, 乗馬コース.
❷ 横柄な, 不作法な.
— **cavalier** 男 ❶ 騎兵; 戦車兵. ❷（チェスの）ナイト;（タロットカードの）騎士.

cavalièrement /kavaljɛrmɑ̃/ 副 無礼な態度で, ぞんざいに.

*cave¹ /kaːv/ カーヴ/ 囡 ❶ 地下室;《特に》地下のワイン貯蔵庫（= *cave à vin*）. ▶ *cave à provisions* 食料の地下貯蔵庫.
❷《集合的に》地下倉の貯蔵ワイン. ▶ *avoir une bonne cave* よいワインを貯えている. ❸ 地下酒場, ダンスホール. ❹（ワインなどを収納する仕切り付き

の)キャビネット. ▶ une *cave* à liqueurs リキュールキャビネット.
de la cave au grenier(地下室から屋根裏まで→)下から上まで, 隅々まで.

cave² /kaːv/ 形 ❶ 〔文章〕くぼんだ. ▶ les yeux *caves* 落ちくぼんだ目. ❷ veine *cave* 大静脈.

cave³ /kaːv/ 男 圏 (やくざから見て)堅気の人, 素人; かも, 間抜け.

cave⁴ /kaːv/ 男 俗 (ポーカーなどの)賭け金.

caveau /kavo/; (複) **× ⁻aux** 男 ❶ (教会や墓地の)地下埋葬室〔所〕. ❷ (小さい)地下倉.

caverne /kavɛrn/ 女 洞穴, 洞窟(どうくつ). ▶ l'âge des *cavernes* 穴居時代.

caverneux, euse /kavɛrnø, øːz/ 形 ❶ voix *caverneuse* (洞穴に響くような)くぐもった声. ❷《医学》(1) 空洞性の. ▶ poumon *caverneux* 空洞のできた肺. (2) corps *caverneux* 海綿体.

caviar /kavjaːr/ 男 ❶ キャビア. ❷ gauche *caviar* 富裕な暮らしをしている左翼政治家.

caviardage /kavjardaːʒ/ 男 (検閲による)記事の一部削除.

caviarder /kavjarde/ 他動 (検閲によって)〔出版物の一部〕を黒で塗りつぶす; 削除する.

caviste /kavist/ 名 (ホテル, レストラン, ワイン醸造所の)酒庫係.

cavité /kavite/ 女 ❶ 穴, くぼみ, 空洞. ▶ la *cavité* des rochers 岩窟(がんくつ). ❷《解剖》腔(こう), 窩(か). ▶ *cavité* des yeux 眼窩 / *cavité* buccale 口腔.

Cayenne /kajɛn/ 固有 カイエンヌ: 南アメリカのフランス領ギアナの首都.

CBI 安《略語》Commission baleinière internationale 国際捕鯨委員会.

CCP 男《略語》compte courant postal 郵便振替口座.

CDD 男《略語》contrat à durée déterminée 期限付き雇用契約.

CDI¹ 男《略語》contrat à durée indéterminée 期限なし雇用契約.

CDI² 男《略語》centre de documentation et d'information 資料情報センター.

CD-ROM /sederɔm/ 男《略語》(英語) compact disc read only memory シーディー・ロム.

***ce**¹**, cette** /s(ə), sɛt/ ス, セット/; (複) **ces** /se/ セ/ 形《指示》

男性単数 ce	女性単数 cette
男性第2形 cet	
複　　数 ces	

*cet は母音または無音の h で始まる男性名詞の前で用いる.

❶ ❶《人, 物》この, その, あの. ▶ *Ce* livre est à moi. この本は私のです / *cet* hôtel そのホテル / *cette* femme あの女性 / *ces* gens これらの人々.
❷《時間, 場所》この, 今の; 次の; 前の. ▶ *ce* matin 今朝 / *ce* soir 今晩 / *cette* nuit 昨夜; 今夜 / en *ce* moment 今, 現在 / *ce* dimanche 2日前の〔次の〕日曜日 / *cette* ville (自分が今いる)この町 / *ce* monde この世.

❸《既知の事柄》例の, その, あの; 前述の. ▶ Et *ce* rhume, comment ça va? ところで風邪の方はどうだい.
❹《次に述べる事柄》次の, 以下の. ▶ Ecoutez bien *cette* question. 次の質問をよく聞いてください.
❺《限定句〔節〕を伴い強意的に》その, そのような. ▶ Il a *ce* livre dont vous avez besoin. 彼はあなた(方)が必要としているその本を持っている.
❻ 話《感嘆, 驚き, 憤慨, 同情》なんという (=quel). ▶ *Cette* bonne idée! なんていい考えなんだ / *Ce* toupet! なんたる厚かましさだ.
❼《軽蔑, 皮肉》あの, 例の. ▶ *Ce* type est trop curieux. あいつはまったく詮索(せんさく)好きだ.
❷《ce + 名詞 +-ci [-là]》こちらの[あちらの]…, この[あの]…. ▶ *Ce* vin-ci est meilleur que *ce* vin-là. こちらのワインの方があちらのワインよりもおいしい / Je ne l'ai pas vue *ces* jours-ci. 最近彼女を見かけない / *ces* temps-ci 近年 / en *ce* temps-là そのころ, 当時 / Je ne veux pas voir *cet* homme-là.《指示の強調》あいつとは顔を合わせたくない.

un(e) de ces + 複数名詞 (1) これらの…のうちの一つ. ▶ *un de ces* jours 近日中に. (2) 話 ひどい, ものすごい. ▶ J'ai *un de ces* rhumes! ひどい風邪を引いているんです.

***ce**² /s(ə)/ ス/ 代《中性指示》

《人, 物, 事を指して》〈*C'est* ...〉
《強調構文の形式主語として》〈*C'est* ... qui [que] ...〉
《関係代名詞の先行詞として》〈*ce* qui ... // *ce* que ...〉
est-ce que ... ⇨ EST-CE QUE
n'est-ce pas ... ⇨ N'EST-CE PAS

《e, é の前では c', a の前では ç' となる (例: *C'est*, *c'était*, *ç'a été*)》これ, それ, あれ.

Ⅰ《être の主語》これは, それは, あれは.
❶《目下の人〔物〕, 話題に上った人〔物〕を直接指したり, 状況や事柄を漠然と指して》❶〈*C'est* [*ce sont*] + 名詞〔代名詞〕〉▶《Qui est-*ce*?—*C'est* la mère de Paul.》「あれはどなたですか」「ポールのお母さんです」/《Qu'est-ce que *c'est*?—*C'est* un crayon [*Ce* sont des crayons].》「これは何ですか」「これ[これら]は鉛筆です」/ *C'est* aujourd'hui samedi. 今日は土曜日です / *C'était* l'heure de partir. 出発の時刻だった / *C'est* moi. (それは)私です / *C'est* tout. これで全部です / *C'est* cela [話 ça]. そうです.

注 (1) 複数名詞の前では一般に ce sont を用いるが, 話し言葉では c'est も可能. また数量表現の前や列挙された最初の名詞が単数形のときは c'est が普通. (2) c'est の倒置形は est-ce となる. ただし ce sont の倒置形 sont-ce は文章語で, 普通は est-ce que ce sont を用いる. (3) 次に人称代名詞がくる場合は強勢形が用いられる (例: *C'est* moi [lui]). 人称代名詞が複数形の場合, 1・2 人称は C'est nous [vous]. 3 人称は Ce sont eux [elles]. ただし話し言葉では C'est eux [elles]. また否定文, 疑

ce

問文では一般に c'est を用いる.

❷《C'est [Ce sont] + 形容詞[過去分詞, 副詞, 前置詞など]》 ▶ *C'est sûr.* それは確かだ / *C'est fini.* これで終わりだ / *C'est bien.* それはいい / *C'est à vous.* それはあなたのものです / *C'est pour rire.* ほんの冗談です / *C'est à refaire.* やり直しだ.

❸《Ce doit [peut] être ...》 ▶ *Ce doit être vrai.* それは本当に違いない / *Ce pourrait être lui.* それは彼かもしれない.

② 《同じ文中の要素を指して》…は.

❶《..., c'est ... // ..., c'est que ...》《ce は文頭に遊離した主語を受ける》 ▶ *Le coupable, c'est lui.* 悪いのは彼だ / *Vouloir, c'est pouvoir.* 《望むことはなしうることだ→》精神一到何事か成らざらん / *Ce qui me plaît, c'est son attitude.* 私の気に入ったのは彼(女)の態度だ / *L'essentiel, c'est qu'ils se mettent d'accord.* 肝心なのは彼らが合意することだ. 注 属詞が形容詞の場合, ce が受ける名詞の性数にかかわらず, 形容詞は常に男性単数形(例: *Ces pommes, c'est très bon.* これらのリンゴはとてもおいしい).

❷《C'est ... (que) ...》《ce は文末に置かれた主語を予告する》 ▶ *Ce sont elles les victimes.* 犠牲者は彼女たちだ / *C'est une belle fleur que la rose.* バラというのは美しい花だ.

❸《C'est ... (que) de + 不定詞 // C'est ... que ...》 ▶ *C'est une chance (que) de vous rencontrer.* あなたに出会うとは幸運だ / *C'est indéniable qu'il est très brillant.* 彼が非常に優秀であることは否定できない. 注 属詞が形容詞の場合は il est も用いられるが, c'est の方が主観的・強意的. 会話ではこのような区別なしに c'est の方が多用される.

❹《C'est à qn de [à] + 不定詞》…するのは…だ, …すべきだ. ▶ *C'est à vous de jouer.*(トランプなどで)次はあなたの番です.

③ 《強調構文の形式主語として》…なのは.

❶《C'est ... qui ...》《主語を強調》 ▶ *C'est sa femme qui a téléphoné.* 電話したのは彼の妻だ / *C'est moi qui suis la plus heureuse.* 一番幸せなのは私です.

❷《C'est ... que ...》《主語以外の要素を強調》 ▶ *C'est Paul qu'elle aime.* 彼女が愛しているのはポールだ / *C'est à eux que je pense.* 私が考えているのは彼らのことだ / *C'est demain qu'il part.* 彼の出発は明日だ.

Ⅱ 《関係代名詞の先行詞として》

❶ …であるところのもの[こと].

❶《ce qui》 ▶ *Ce qui est important, c'est de réussir.* 重要なのは成功することだ.

❷《ce que》 ▶ *C'est justement ce que je voulais dire.* 私が言いたかったのは, まさにそのことだ / *Tu vois ce que je veux dire.* 《ほのめかして》どういう意味かおわかりでしょう. ◆ *ce que ... de + 形容詞[名詞]* ▶ *ce qu'il y a de (plus) compliqué dans cette affaire* この事件の(最も)複雑なところ / *C'est tout ce que j'ai comme argent.* これが私のあり金すべてだ.

❸《ce dont》 ▶ *Je fais ce dont je suis capable.* 私は自分にできることをやる.

(4)《ce + 前置詞 + quoi》 ▶ *ce à quoi j'aspire* 私が望んでいること / *Voilà ce sur quoi je comptais.* それが私の当てにしていたことです.

❷《前の文全体を受けて》そのこと, その点. ▶ *Ils n'ont pas d'enfants, ce qui est dommage.* 彼らに子供がいないのは残念だ / *Elle est toujours célibataire, ce que je ne savais pas.* 彼女がまだ独身でいるとは知らなかった / *Il a été reçu à son examen, ce à quoi il ne s'attendait guère.* 彼は試験に合格したが, そのことはほとんど予期していなかった.

❸《間接疑問節を導いて》

❶《ce qui ...》何が…. ▶ *Je me demande ce qui s'est passé.* いったい何が起こったのだろう.

❷《ce que ...》何を…. ▶ *Il ne sait pas ce que vous faites.* 彼はあなたが何をしているのか知らない. ◆ *ce que c'est que* 「名詞[de + 不定詞]」 ▶ *Je sais ce que c'est que 「la faim [d'avoir faim].* 私は飢え[飢える]とはどういうことかを知っている.

❸《ce dont ...》 ▶ *J'ignore ce dont il est question.* 私は何が問題なのか知らない.

❹《ce + 前置詞 + quoi ...》 ▶ *Je ne comprends pas ce à quoi on fait allusion.* 何に対するほのめかしなのか私には分からない.

❹ 話《感嘆文を導いて》《Ce que ...! // Qu'est-ce que ...!》なんと…, どんなに…(=comme). ▶ *Ce qu'on s'ennuie!* 退屈だなあ / *Qu'est-ce que tu es susceptible!* なんて君は怒りっぽいんだ / *Tu ne peux pas savoir ce que c'était beau!* それがどんなに美しかったか君には分かるまい. ◆(Qu'est-)ce qu'il y a comme + 無冠詞名詞たくさんの…. ▶ *Ce qu'il y a comme poussière!* なんてひどいほこりだ. ◆*Ce que c'est que + 「名詞[de + 不定詞]」!*《非難》 ▶ *Ce que c'est que de conduire si vite!* そんなにスピードを出してはだめだ.

❺《補足節, 状況節を導いて》《前置詞 + ce que + 直説法/接続法》 ▶ *à ce que je crois* 私の思うところでは / *D'après ce que j'ai entendu dire, il est malade.* 私の聞いたことでは, 彼は病気だ / *Sa tristesse vient de ce qu'il est très solitaire.* 彼の暗さは彼が非常に孤独であることに原因がある / *J'attends jusqu'à ce qu'elle revienne.* 彼女が戻ってくるまで私は待つ.

Ⅲ 《その他の機能》注 古典語の名残りで, 今日では一般に cela [話 ça]を用いる. 現用されるのは, 以下のような定形表現のみ. ▶ *ce faisant [disant]* 文章 そうしながら[言いながら] / *pour ce faire* そうするために / 《主語として》*ce (me) semble* 私が思うに / 《前置詞とともに》*pour ce* そのために / *Sur ce, je m'en vais.* それでは, 私は行きます. ◆*..., et ce ...* …しかも…(=et cela). *Il a refusé, et ce après toutes nos prières.* 彼は断った, それも我々がさんざん頼み込んだあとでだ.

Ce n'est pas que + 接続法. (1) …だからというわけではない. ▶ *S'il ne vient pas, ce n'est pas qu'il t'en veuille.* 彼が来ないのは君を恨んでいるからではない. (2) …ということではない, と言うつもりはない. ▶ *Ce n'est pas qu'il soit bête, mais il*

céder

ne travaille pas. 彼ががむしゃらというわけではない、ただ勉強しないのだ.

C'est ainsi que + 直説法. このようにして…. ▶ *C'est ainsi que* s'est terminée cette affaire. その事件はこうして終わりを告げた.

C'est à qui ... 競って…する. 注 qui のあとの動詞は単純未来か条件法現在. ▶ *C'est à qui* parlera le plus fort. 皆が我がちに大声でしゃべろうとする.

C'est pourquoi + 直説法. そういうわけで…、だから….

C'est que + 直説法. (1) 《理由を表わす》それは…だからだ (=C'est parce que + 直説法). ▶ «Pourquoi n'êtes-vous pas venu hier ? —*C'est que* j'avais mal à la tête.» 「どうして昨日いらっしゃらなかったのですか」「頭が痛かったもので」 ◆ *Si* [*Quand, Puisque*] ..., *c'est que* 直説法. …なのは…だからだ、…するところを見ると…だ. ▶ S'il écrit, *c'est qu*'il a besoin d'argent. 彼が手紙をよこすのは、金が必要だからだ. (2) 《強意》Eh ! *C'est qu*'il fait froid. ああ、なんて寒いんだろう.

est-ce que ... …ですか (⇨EST-CE QUE).
fût-ce [***serait-ce***] ... 文章 たとえ…であっても.
ne fût-ce que ... [***ne serait-ce que ...***] 文章 たとえ…にすぎなくとも.
n'est-ce pas ? …ですね (⇨N'EST-CE PAS).
si ce n'est ... 文章 …でなければ、…を除いて.
si ce ⌈***n'était*** [***n'étaient***] 文章 …がなければ (⇨ÊTRE¹).

語法 文，+ **ce qui fait que** + 直説法

文がひとまず終わったところで、〈ce qui fait que + 直説法〉を付け加えることによって、「その結果…である.」ということは…である」というニュアンスを出すことができる.
- Paul et Catherine ne peuvent pas venir ce soir, ce qui fait que nous serons seulement cinq pour le dîner. ポールとカトリーヌは今晩来れない. ということは、夕食は5人だけということだ.
- Ce caméscope ne pèse que 350g, ce qui fait qu'on peut l'emporter n'importe où, très facilement. このビデオカメラは重さがたったの350グラムなので、どこにでも簡単に持っていける.

ce qui fait que + 直説法の代わりに次のような言い方が来る場合もある.

ce qui { signifie / veut dire / suppose } +qc [que + 直説法]
représente +qc [パーセンテージ]
est + 形容詞

- J'adore la France. Je vais chaque année en France, ce qui veut dire que mon compte en banque est presque toujours vide. 私はフランスが大好きで、フランスには毎年行っている. ということは、私の銀行口座はいつもほとんど空っぽということだ.
- Cette année je touche 50 euros de plus chaque mois, ce qui représente 2% d'augmentation par rapport à l'année dernière. 今年は毎月50ユーロ多くもらっているが、それは去年と比較すると2パーセントの昇給ということになる.

- Il vient avec sa femme, ce qui est tout à fait exceptionnel. 彼は奥さんと一緒に来る、珍しいことに.

CE 男 《略語》cours élémentaire 《小学校の》初級科. 注 CE1 と CE2 はそれぞれ日本の小学校2年生、3年生に相当.

céans /seɑ̃/ 副 次の成句でのみ用いられる.
maître [***maîtresse***] ***de céans*** この家の主人 [女主人].

CEAP 女 《略語》Coopération économique Asie-Pacifique アジア太平洋経済協力会議 (英語 APEC).

*ceci /səsi スゥスィ/ 代 《中性指示》

1 《cela と区別される用法》**①** 《空間的、時間的に近いものを指して》これ、このこと. 注 cela は遠いものを指す. ▶ *Ceci* est meilleur que cela. この方がそれよりよい. ◆ *... ceci, ... cela* 話 あれこれ. ▶ parler de *ceci*, de cela よもやま話をする.
② 《次に述べる事柄を指して》次のこと、このこと. 注 cela は既に述べた事柄を指す. ▶ Retenez bien *ceci*. 次のことをよく覚えておきなさい.

2 《cela との区別のない用法》注 一般には cela [話 ça] を用いる. **①** 《単独で、物・事柄などを指して》これ、それ. ▶ Lisez *ceci*. これをお読みなさい.
② 《直前に述べた事柄を指して》▶ *ceci* dit それはさておき / *ceci* fait そうした上で / *ceci* étant こういう次第なので.

ceci (***de*** + 形容詞) ***que ...*** ▶ …という (…な) 点. ▶ Ce roman a *ceci* de particulier *que* le narrateur est un chat. この小説には語り手が猫であるという特異な点がある.

ceci cela あれやこれや ; 様々のもの.

cécité /sesite/ 女 **①** 盲目 ; 失明. ▶ être frappé [atteint] de *cécité* 失明する. **②** 文章 無理解，無分別.

*céder /sede セデ/ ⑥

直説法現在	je cède	nous cédons
	tu cèdes	vous cédez
	il cède	ils cèdent
複合過去	j'ai cédé	半過去 je cédais
単純未来	je céderai	単純過去 je cédai

他動 **①** …を譲る. ▶ *céder* la parole à qn 発言を…に譲る / Elle s'est levée pour *céder* sa place à une vieille dame. 彼女は老婦人に席を譲るために立ち上がった.
② 《法律》…を売却する ;《権利など》を譲渡する. ▶ *Cède* maison avec jardin 《広告で》庭つきの家売りたし.

céder du terrain 退却する ; 譲歩する.
céder le pas à qn/qc …に譲歩する.
⌈***ne pas le céder en qc*** [***ne le céder en rien***] ***à qn/qc*** …の点では [いかなる点でも] …にひけをとらない. ▶ Il *ne le cède* à personne *en* patience. 辛抱強いことにかけては彼はだれにも負けな

い.
— ***céder** 間他動 ❶ ⟨*céder* à qn/qc⟩ …に譲歩する；屈する，負ける． ▶ *céder* à un rival ライバルに勝ちを譲る / *céder* à la tentation 誘惑に負ける． ❷⟨*céder* à qn⟩（男が男に）身を任せる．
— ***céder** 自動 ❶ 譲歩する；屈服する，負ける． ▶ *céder* devant les menaces 脅しに屈する / Je ne *céderai* pas sur ce point. その点だけは譲らないつもりだ．
❷〔物が〕折れる，曲がる，壊れる． ▶ La digue *a cédé*. 堤防が決壊した / La corde *a cédé*. ひもが切れた． ❸〔熱などが〕下がる，消える．

cédérom /sederom/ 男 CD-ROM.
cédétiste /sedetist/ 形, 名 フランス民主主義労働同盟 CFDT の［に加盟している］（組合員）．
cedex /sedɛks/ 男 (略語) courrier d'entreprise à distribution exceptionnelle セデックス：大口利用者など特別配達郵便物．
cédille /sedij/ 女《文法》セディーユ（，）：a, o, u の前に置かれた c の下について，c が /s/ と発音されることを示す記号． ▶ c *cédille* セーセディーユ（セディーユのついた c, ç のこと）．
cédrat /sedra/ 男 シトロン（の実）．
cèdre /sɛdr/ 男 ヒマラヤスギ（材）．
CEE 女 (略語) Communauté économique européenne ヨーロッパ経済共同体．
CEG 男 (略語) collège d'enseignement général 普通教育コレージュ．
cégétiste /seʒetist/ 形, 名 （フランス）労働総同盟 CGT の［に加盟している］（組合員）．
CEI 女 (略語) Communauté des États indépendants 独立国家共同体（旧ソ連の一部で構成）．
ceign- ⇨ CEINDRE 80
ceindre /sɛ̃:dr/ 80 他動 (過去分詞 ceint, 現在分詞 ceignant) 文章 ❶⟨*ceindre* A (de B)⟩⟨B を⟩A に巻く，つける． ▶ Il *ceignit* sa tête d'un turban. 彼は頭にターバンを巻いていた．
❷〔鎧(よろい)，王冠など〕を身に着ける．

ceindre l'écharpe municipale 文章 市［区，町，村］長になる．
ceindre le diadème [la couronne] = ceindre son front d'un diadème 文章 王冠を頂く；王位に就く．
ceindre l'épée [l'arme] 文章 刀を差す；戦闘準備をする．

ceins, ceint /sɛ̃/ 活用 ⇨ CEINDRE 80

***ceinture** /sɛ̃ty:r サンテュール/ 女 ❶ ベルト，バンド，帯． ▶ boucler [attacher, serrer] sa *ceinture* ベルトを締める / *ceinture* de sécurité（飛行機，自動車の）安全ベルト，シートベルト / *ceinture* de sauvetage (=gilet) 救命胴衣．
❷ ウエスト，腰部． ▶ entrer dans l'eau jusqu'à la *ceinture* 腰まで水につかる / nu jusqu'à la *ceinture* 上半身裸で．
❸ 環状地帯（鉄道，バスの）環状線． ▶ *ceinture* verte（都市周辺の）緑地帯，グリーンベルト / chemin de fer de *ceinture* 環状鉄道 / la Petite *Ceinture*（パリの）内環状線；（パリ市周辺を走る）環状バス路線（略 PC）．
❹《スポーツ》(1)（柔道の）帯． ▶ Ce judoka est *ceinture* noire. あの柔道家は黒帯である． (2)（レスリングの）胴タックル．

Attachez vos ceintures. (1)（飛行機などで）安全ベルトをお締めください． (2) 危ない，気をつけろ．
au-dessous de la ceinture 話 下半身の，しもがかった．
Ceinture! 節約，節約！；我慢，我慢．

「我慢」のしぐさ．ベルトを締め直すまねをする

se mettre [se serrer] la ceinture = faire ceinture 食べずに済ませる；何もなしで済ませる；切り詰めた生活をする．

ceinturer /sɛ̃tyre/ 他動 ❶ …の胴に組みつく，にタックルをかける． ▶ *ceinturer* le malfaiteur 悪党に飛びついて取り押さえる． ❷〔多く受動態で〕⟨*ceinturer* qc (de qc)⟩（…で）…を取り囲む，取り巻く． ▶ Autrefois, la ville *était ceinturée* de fossés. 昔，町は堀に囲まれていた．

ceinturon /sɛ̃tyrɔ̃/ 男（軍服などの剣をつるす）ベルト；幅広ベルト．

***cela** /s(ə)la スラ/ 代 (中性指示)
《話し言葉では ça となることが多い》
❶《ceci と区別される用法》❶《空間的，心理的に遠いものを指して》それ，あれ，そのこと．注 ceci は近いものを指す． ▶ Prenez *cela*, je garde ceci. そちらをお取りなさい，私はこちらを取っておきます．
❷《既に述べた事柄を指して》そのこと． 注 ceci は次に述べる事柄を指す． ▶ Il a échoué à l'examen : *cela* lui a fait perdre la face. 彼は試験に失敗し，それで面目をつぶした． ◆…, et *cela* …しかも． ▶ Il m'a empêché de travailler, et *cela* toute la journée. 彼は私の仕事の邪魔をした，しかも一日中だ．
❷《ceci との区別のない用法》❶《単独で，物・事柄などを指して》これ，それ．注 一般には ceci よりも cela を用いる． ▶ Je vous prête *cela*. これをあなたにお貸しします / Ne parlez pas de *cela*. そのことは言わないでください / *Cela* va de soi. それは当然だ / Tout *cela* sont [est] des mensonges. それらはすべてうそっぱちだ．
❷《次に述べる事柄を指して》次のこと，このこと． 注 この意味では ceci を用いることが多い． ▶ Ils ont *cela* en commun : l'amour de la paix. 彼らには次の共通点がある，すなわち平和を愛することだ．
❸《cela 特有の用法》❶《（同じ文内の要素を指して）》 ▶ Perdre, *cela* doit arriver un jour. いつかは負けるときがくる． ❷《非人称構文の主語として》 ▶ *Cela* me fait plaisir de vous rencontrer. あなた（方）にお会いできてうれしい / *Cela* va sans dire que la vie est chère à Paris. パリの物価が高いのは言うまでもない． ❸《軽蔑・親愛を込めて，人を指して》⇨ ÇA[1]． ❹《疑問，肯定，否定の強調》⇨ ÇA[1]．

avec (tout) cela それに加えて，その上；それにもかかわらず，とにかく．

cela (de + 形容詞) *que* ... …という(…な)点.
▶ Il a *cela* de curieux *que* personne ne lui connaît de liaison. 彼にはだれもその交友関係を知らないという奇妙な点がある.
Cela est. そのとおりである. ▶ Si *cela* était, ce serait lui le coupable. もしそうだとすれば悪いのは彼だ.
C'est cela. そうです, そのとおり (=C'est ça).
de cela それについて; そのとき以来.
en cela (*que* ...) その(…という)点で.
pour cela (1) そのために. (2) その点について. (3) 《否定的表現で》だからといって (=pour autant).

célébrant /selebrɑ̃/ 男《カトリック》ミサ執行司祭 (=prêtre célébrant).

célébration /selebrasjɔ̃/ 女 (儀式, 祭典などの) 挙行; 祝賀. ▶ *célébration* du mariage 結婚の挙式.

***célèbre** /selɛbr/ セレーブル/ 形 《ときに名詞の前で》有名な, 知名度の高い. 比較 ▶ acteur *célèbre* 有名な俳優 / monument *célèbre* 名高い建造物 / se rendre *célèbre* 有名になる. ◆ *célèbre* pour [par] + 所有形容詞 + 名詞 // *célèbre* pour + 不定詞複合形 …で有名な. ▶ Sèvres est *célèbre* par [pour] sa manufacture de porcelaine. セーヴルは磁器生産で名高い.

比較 **有名な**
(**bien**) **connu** < **célèbre** ともに最も一般的で, 必ずしも善悪の価値判断を伴わない. **fameux** 文章語としては célèbre と同義. ただし現用では「ひとりで勝手に騒いでいる」という皮肉なニュアンスで使う. **illustre** (> célèbre) 改まった表現で, 人についておもによい意味で使う. **réputé, renommé** 店や産物についてよく用いる. **notoire** 悪い意味で使うことが多い.

***célébrer** /selebre/ セレブレ/ 6 他動 ❶〔儀式, 祭典など〕を**挙行する**. ▶ *célébrer* un mariage 結婚式を挙げる / *célébrer* la messe ミサを挙げる / *célébrer* les Olympiques オリンピックを開催する.
❷ …の記念行事を行う, を祝う. ▶ *célébrer* une victoire 勝利を祝う. 比較 ⇨ FÉLICITER.
❸ 文章 (公に) …を褒めたたえる, 称賛する. ▶ *célébrer* la mémoire de qn …の遺徳を称揚する.
— **se célébrer** 代動 〔儀式, 祭典などが〕挙行される.

célébrité /selebrite/ 女 ❶ 名声, 評判の高さ. ▶ acquérir de la *célébrité* 名声を得る. ❷ 有名人, 名士.

celer /s(ə)le/ 5 他動 文章 …を隠す, 秘匿にする.

céleri /selri/ 男《植物》セロリ.

célérité /selerite/ 女 文章 迅速(ｼﾞﾝｿｸ), 敏速. ▶ agir avec *célérité* 迅速に行動する.

céleste /selɛst/ 形 ❶ 空の, 天の. ▶ le corps *céleste* 天体 (=astre). ❷ 文章 《ときに名詞の前で》天上の, 天上の; 神の. ▶ *céleste* patrie = cité *céleste* 福者の住処(ｽﾐｶ), 天国 / les esprits *célestes* 天使, 聖者. ❸ 文章 《ときに名詞の前で》天上的な, 妙なる. ▶ un regard *céleste* 天使のような微笑(ﾎﾎｴ)み.
le Céleste Empire = **l'Empire céleste** (歴代の) 中国王朝.

célibat /seliba/ 男 独身.

***célibataire** /selibatɛr/ セリバテール/ 形 **独身の**. ▶ mère *célibataire* シングルマザー / rester *célibataire* 独身のままでいる. ― 名 独身者.
en célibataire 夫〔妻〕とは離れて, 別に.

celle /sɛl/ celui の女性形.

cellier /selje/ 男 (ワインなどの) 貯蔵室, 倉.

cellophane /selɔfan/ 女《英語》商標 セロハン.

cellulaire /selylɛːr/ 形 ❶ 細胞の, 細胞から成る; 細胞状の. ▶ division *cellulaire* 細胞分裂. ❷ 独房の. ▶ prison *cellulaire* 独房 / voiture [fourgon] *cellulaire* 囚人護送車 (=話 panier à salade).

cellule /selyl/ 女 ❶《生物学》細胞. ▶ les *cellules* nerveuses 神経細胞 / cellule embryonnaire 胚(ﾊｲ)細胞 / la *cellule* reproductrice [génitale] 生殖細胞. ❷ (社会組織などの) 構成要素; (政党などの) 細胞, 組織. ▶ La famille est la *cellule* de la société. 家族は社会の基本的な単位である / *cellule* communiste 共産党細胞 / *cellule* de crise 危機対策本部. ❸ (修道院などの) 独居房; 独房, 営倉. ❹《養蜂》巣房(ﾎｳ). ❺《エレクトロニクス》*cellule* photo(-)électrique 光電管. ❻《化学》*cellule* solaire 太陽電池. ❼《情報》(表計算ソフトの) セル.

cellulite /selylit/ 女 ❶ セルライト, 皮下脂肪. ❷《医学》蜂巣(ﾎｳｿｳ)炎.

celluloïd /selylɔid/ 男 商標 セルロイド.

cellulose /selyloːz/ 女 セルロース, 繊維素.

cellulosique /selylozik/ 形《化学》セルロース性の; セルロースを含んだ.

celte /sɛlt/, **celtique** /sɛltik/ 形 ケルト人の. ▶ le tigre *celtique* ケルトの虎 (経済発展が著しいアイルランドのこと).
― **Celte** 男 ケルト人.

***celui, celle** /s(ə)lɥi, sɛl/ スリュイ, セル/;《男複》**ceux** /sø/ スー/ 代《指示》

| 男性単数 celui | 女性単数 celle |
| 男性複数 ceux | 女性複数 celles |

❶《限定句〔節〕を伴い, 前出の名詞を受けて》(…の) それ, (…の) もの. ❶ <**celui de qn/qc**《不定詞》> ▶ Ce chapeau est *celui* de mon père. この帽子は私の父のです / Les paysages d'Asie sont plus variés que *ceux* d'Asie. ヨーロッパの風景はアジアのそれよりも変化に富んでいる / Il n'a qu'un désir, *celui* de devenir médecin. 彼にはただ一つの願望しかない, 医者になるという願望だ.
❷ <**celui** + 関係代名詞> ▶ Ses romans sont *ceux* qui se vendent le mieux. 彼(女)の小説がいちばんよく売れる小説だ / La France qu'il découvre n'est pas *celle* qu'il a connue. 彼が目の当たりにしているフランスは彼の知っていたフランスではない.
❸《限定句を伴って》▶ Le problème qui m'intéresse, c'est *celui* de mon avenir. 私に興味がある問題は自分の将来に関するものだ / ma maison et *celle* habitée par mes parents 私の家と両親の住む家 / les témoignages douteux et *ceux* dignes de foi 疑わしい証言と信頼の置ける

証言 / les objets en bois et *ceux* en plastique 木製品とプラスチック製品.

❷《限定節［句］を伴い,人を指して》(…である)人(々). ❶〈celui＋関係代名詞〉▶ C'est *celui* dont je t'ai parlé hier. あれが昨日君に話した男だ / Ce livre est pour *ceux* d'entre vous que la peinture intéresse. この本はあなた方の中で絵に興味を持つ人たちのためのものです / Tu fais *celui* qui ne sait rien. 君は何も知らないふりをしている. ❷《限定句を伴って》▶ *ceux* ayant le même âge que moi 私と同い年の人たち.

❸《-ci, -là を伴い,人,物を指して》❶(celui-ci, celui-là を対比させて遠近関係を示す)(1) こちらの人［物］…, あちらの人［物］…. ▶ Voilà deux chaises; *celle*-ci est plus élégante que *celle*-là. ここに椅子が2脚あるが, こちらの方があちらよりも上品だ. (2) 後者…, 前者…. ▶ J'ai rencontré Pierre et Jacques; *celui*-ci avait l'air triste, *celui*-là était joyeux. 私はピエールとジャックに出くわした. 後者(ジャック)が悲しそうな様子で, 前者(ピエール)はうれしそうだった.

❷《celui-ci 単独で》(1) これ, この人. (2)《直前の名詞を受けて》▶ Sylvie travaille avec Sophie; *celle*-ci ne cesse de l'importuner. シルヴィはソフィと一緒に仕事をしているが, ソフィはシルヴィの邪魔ばかりする. (3) 次のこと. ▶ La question est *celle*-ci: ... 問題は以下のことである….

❸《celui-là 単独で》(1) それ［これ］, その人［この人］. 注この用法では celui-ci も celui-là も区別しないが, celui-là の方が一般的だ. また人に用いられると, 皮肉や軽蔑のニュアンスが加わる. ▶《Quelle cravate veux-tu?—*Celle*-là.》「どのネクタイがいい」「これだよ」/ Il a de la chance, *celui*-là. 運がいいよ, あいつは. (2)《関係代名詞の先行詞として》▶ *Ceux*-là qui croient au paradis sont heureux. 天国の存在を信じている人たちは幸せだ.

cément /semɑ̃/ 男〘歯の〙セメント質.

cénacle /senakl/ 男 (主義, 思想で結ばれた芸術家, 哲学者などの)小グループ, 結社.

*****cendre** /sɑ̃:dr サーンドル/ 女 ❶ 灰. ▶ *cendre* volcanique 火山灰 / Mets ta *cendre* dans le cendrier. たばこの灰は灰皿に. ❷《複数で》(火葬後の)遺骨, 遺灰(ぎょん). ❸〘キリスト教〙〘ユダヤ教〙(改悛(かいしゅん), 喪を象徴する)灰;(les Cendres)(肉体の腐敗を象徴する)聖灰. ▶ le mercredi des *Cendres* 灰の水曜日(復活の主日の46日前).

couver sous la cendre 〔情熱などが〕くすぶる; 〔計画などが〕ひそかに進行する.

Paix à ses cendres! (死者の眠りを妨げるな→)死者を中傷するなかれ.

réduire [*mettre*] *qc en cendres* …を灰塵(じん)に帰する.

cendré, e /sɑ̃dre/ 形 ❶ 灰(白)色の. ▶ un gris *cendré* 灰白色 / des cheveux *cendrés* 灰色(白髪交じり)の髪. ❷ 灰をまいた;〘スポーツ〙石炭殻を敷いた. ❸〘天文〙lumière *cendrée* 地球照: 太陽光を受けない月面の青白い光.

— **cendrée** 女 ❶〘スポーツ〙石炭殻;石炭殻敷きの)トラック. ❷ (小鳥を撃つ)散弾;(釣用の)鉛のおもり, ばらだま.

cendrer /sɑ̃dre/ 他動 ❶ 文章 …を灰色にす

る. ❷ …に灰をまく;石炭殻を敷く.

cendreux, euse /sɑ̃drø, ø:z/ 形 灰を含んだ, 灰まみれの;灰状の;灰(白)色の. ▶ un teint *cendreux* くすんだ顔色.

*****cendrier** /sɑ̃drije サンドリエ/ 男 ❶ 灰皿. ❷ (暖炉, ストーブの)灰止め石, 灰受け.

cénobite /senɔbit/ 男 ❶〘キリスト教〙共住生活修道士. ❷〘動物〙オカヤドカリ.

cénotaphe /senɔtaf/ 男 (遺骸(がい)のない場所に建てられた)墓標, 記念碑.

censé, e /sɑ̃se/ 形 〈être *censé* ＋ 不定詞〉…と見なされている. ▶ Il est *censé* être à Paris. 彼はパリにいることになっている / Nul n'est *censé* ignorer la loi. 何人も法律を知らないとは見なされない.

censément /sɑ̃semɑ̃/ 副 見たところ;いわば. ▶ Elle est *censément* guérie. (=apparemment) 彼女はどうやら治ったようだ.

censeur /sɑ̃sœ:r/ 男 ❶ (映画, 出版物などの)検閲官, 審査員. ❷ 文章 あら捜し屋, 意地の悪い批評家.

censure /sɑ̃sy:r/ 女 ❶ (映画, 出版物などの)検閲;検閲機関. ▶ la *censure* d'un film 映画の検閲 / les ciseaux de la *censure* 検閲によるカット［削除］. ❷ 非難;懲罰, 譴責(けんせき). ▶ motion de *censure* (議会の)不信任［懲罰］動議. ❸〘精神分析〙検閲:苦痛で不安な観念や欲望を無意識に抑圧すること.

censurer /sɑ̃syre/ 他動 ❶〔映画, 出版物など〕を検閲によって禁止する［削る］;規制する. ▶ Cette émission a été largement *censurée*. この放送番組は検閲によって大幅にカットされた. ❷ …を非難する;を譴責(けんせき)［懲罰］する. ▶ *censurer* le gouvernement 政府への非難決議を採択する.

— **se censurer** 代動〔著者, 演奏者などが〕(事前に)自主検閲を行う, 表現を自主規制する.

*****cent**¹ /sɑ̃ サン/ (母音で始まる名詞の前ではリエゾンするが(例: *cent* ans /sɑ̃tɑ̃/), 数詞の前ではリエゾンしない(例: *cent* un /sɑ̃œ̃/)) 形 (数) ❶《名詞の前で》100 の. 注 複数にはsをつけるが, 端数または mille を伴うときは s をつけない. ▶ billet de *cent* euros 100 ユーロ札 / *cent* un [une] 101 の / deux *cents* hommes 200 人 / deux *cent* dix euros 210 ユーロ / onze *cents* = mille *cent* 1100 (の) / *cent* mille 10 万(の) / deux *cents* millions 2 億 / le *cent* mètres 100 メートル競走 / les *Cent*(-)Jours (ナポレオンの)百日天下.

❷《おもに名詞のあとで序数詞として》100 番目の. 注 複数形は不変. ▶ le numéro quatre *cent* 400 番 / Ouvrez votre livre à la page deux *cent*. テキストの 200 ページを開いてください.

❸《名詞の前で》たくさんの, 多大の. ▶ Il a eu *cent* occasions de le faire. 彼がそうする機会は数えきれないほどあった.

attendre [*pendant*] *cent sept ans* じっと長い間待つ.

cent (*et cent*) *fois* 100 回(も), 100 倍(も); 何度も;非常に. ▶ On vous l'a déjà dit *cent et cent fois*. そのことは口を酸っぱくして言っておいたはずだ.

cent et un [*une*] ＋ 複数名詞 数多くの….

cent sept ans 〖話〗非常に長い間.
être aux cent coups 〖話〗不安で仕方がない, 気が動転している, おろおろしている.
faire les quatre cents coups ⇨ COUP.
faire les cent pas 行ったり来たりする.
piquer un cent mètres 早く走る.
— *cent 男 ❶100. ❷（およそ）100個；100番地. ▶ vendre au *cent* 100 単位で売る / acheter un *cent* d'huîtres カキを100個ほど買う.
(*à*) *cent contre un* 100対1で；九分九厘, 絶対確実に.
(*à*) *cent pour cent* 100パーセントの, 完全な[に], すっかり. ▶ du tissu *cent pour cent* laine 純毛 / Il est antijaponais à *cent pour cent*. 彼はまったくの日本嫌いだ.
avoir [*gagner*] *des mille et des cents* 〖話〗大金持ちである［したま稼ぐ］.
en un mot comme en cent 手短に言えば；早い話が.
Je vous le donne en cent. 当てられるものなら当ててごらん, 当てたら偉い.
— *数詞 + *pour cent* (1) …パーセント（記号 %）. ▶ Cinquante *pour cent* des présents 'ont voté [a voté]. 出席者の50パーセントが投票した. (2) 利率…パーセント；年利…パーセントの国債. ▶ acheter du quatre *pour cent* 年利4パーセントの国債を買う.
vivre à cent à l'heure せわしなく暮らす.
cent² /sɑ̃/ 男 サン（1ユーロの100分の1）.
***centaine** /sɑ̃tɛn/ 女 ❶100倍；100の位. ▶ une *centaine* de mille 10万 / Il y a une erreur dans les *centaines*. 100の位に誤りがある. ❷およそ100, 100くらい. ▶ J'ai des *centaines* d'euros dans ma poche. ポケットに何百ユーロか持っている / Une *centaine* de personnes 'ont été blessées [a été blessée]. 100人あまりの負傷者が出た. ❸100個；100単位のもの. ▶ dix euros la *centaine* 100個につき10ユーロ. ❹100歳.
à la centaine = *par centaines* （数）百ずつ；多数(で).
centaure /sɑ̃toːr/ 男 ❶《多く Centaure》『ギリシア神話』ケンタウロス：腰から上が人間の姿をした馬身の怪物. ❷〖文章〗(乗り物と一体になった)名騎手；乗り手. ❸《Centaure》『天文』ケンタウルス（座）.
centaurée /sɑ̃tore/ 女 ヤグルマギク（矢車菊）（属）.
centenaire /sɑ̃tnɛːr/ 形 100年（以上）たった, 100歳(以上)の. ▶ un arbre *centenaire* 樹齢100年の木. — 名 100歳(以上)の人. — 男 100周年, 100年祭. ▶ célébrer le *centenaire* de la naissance de qn …の生誕100周年を祝う.
centésimal, ale /sɑ̃tezimal/；《男 複》*aux* /o/ 形 100分の1の, 100等分の, 100分法の. ▶ fraction *centésimale* 分母を100とする分数.
centi- 接頭 『計量単位』センチ（記号 c）：「100分の1」の意.
centième /sɑ̃tjɛm/ 形 ❶100番目の. ❷100分の1の.
— 男 ❶100分の1. ❷ごく少量, ほんの少し.
— 女 《la centième》(劇の)100回目の上演.

centigrade /sɑ̃tigrad/ 男 センチグラード（記号 cgr）：100分の1グラード.
— 形 thermomètre *centigrade* セ氏温度計.
centigramme /sɑ̃tigram/ 男 センチグラム：100分の1グラム.
centilitre /sɑ̃tilitr/ 男 センチリットル：100分の1リットル. 注 日本ではあまりなじみがないが, フランスではよく使われる.
centime /sɑ̃tim/ 男 ❶ サンチーム：100分の1ユーロまたはユーロ以前の100分の1フラン. ❷《多く否定的表現で》ごくわずかの金. ▶ ne pas avoir un *centime* 一文もない. ❸〖財政〗*centimes* additionnels 付加税.
***centimètre** /sɑ̃timɛtr/ サンティメートル／男 ❶センチメートル(記号 cm). ▶ *centimètre* carré 平方センチメートル(記号 cm²) / *centimètre* cube 立方センチメートル(記号 cm³). ❷ (洋服屋などの)巻き尺, メジャー（=*centimètre* de couturière）.
centon /sɑ̃tɔ̃/ 男 (引用句を寄せ集めた)継ぎはぎの詩文；独創性のない作品.
centrafricain, aine /sɑ̃trafrikɛ̃, ɛn/ 形 中央アフリカの. ▶ République *centrafricaine* 中央アフリカ共和国.
— **Centrafricain, aine** 名 中央アフリカ人.
centrage /sɑ̃traːʒ/ 男 ❶中心（線）の決定；中心合わせ. ❷ (工作機の)心出し, 心立て. ❸ (サッカーなどの)センタリング.
***central, ale** /sɑ̃tral/ サントラル／；《男 複》*aux* /o/ 形 ❶中心の, 中央に位置する, 中部の. ▶ le point *central* 中心点 / habiter un quartier *central* 町の中心街に住む / l'Asie *centrale* 中央アジア / le Massif *central* (フランスの)中央山地 / chauffage *central* セントラルヒーティング. ❷中枢をなす, 中央（集権）の. ▶ le bureau *central* de la poste 中央郵便局, 本局 / la maison [prison] *centrale* (長期服役者を収容する)中央刑務所 / l'administration *centrale* 中央行政[官庁]. ❸主要な, 核心の. ▶ les idées *centrales* d'un ouvrage ある作品の根幹をなす思想.
— **central**；《複》*aux* 男 ❶電話交換局（=*central* téléphonique）；中央電報局（=*central* télégraphique）. ❷中央情報処理装置.
centrale /sɑ̃tral/ 女 ❶発電所. ▶ *centrale* hydraulique [hydroélectrique] 水力発電所 / *centrale* nucléaire 原子力発電所 / *centrale* thermique 火力発電所. ❷労働組合連合：CGT, CFDT などを指す. ❸中央刑務所（=maison centrale）. ❹《Centrale》パリ中央工芸学校（=Ecole centrale）.
centralisateur, trice /sɑ̃tralizatœːr, tris/ 形 中央に集める, 中央集権的な. ▶ régime *centralisateur* 中央集権制度. — 名 中央集権主義者.
centralisation /sɑ̃tralizasjɔ̃/ 女 中央に集めること；中央集権化（↔décentralisation）.
centraliser /sɑ̃tralize/ 他動 …を中央に集める, 一局集中させる；中央集権化する（↔décentraliser）. ▶ *centraliser* les pouvoirs administratifs 行政権を中央に集中する.
centralisme /sɑ̃tralism/ 男 中央集権制. ▶ le *centralisme* démocratique 民主集中制.

Centre

Centre /sɑ̃:tr/ 固有 男 サントル地方：フランス中部.

:centre /sɑ̃:tr サーントル/ 男 ❶ 中心, 中央. ▶ le *centre* d'un cercle 円の中心 / *centre* de gravité 重心 / placer la table au *centre* de la pièce 部屋の真ん中にテーブルを据える.
❷ (活動の)**中心地**；都心，(町の)中心街. ▶ *centre* industriel 産業の中心地 / Osaka est un des grands *centres* des affaires du Japon. 大阪は日本の商業の一大中心地である / aller faire des courses「au [dans le] *centre* (de la ville)」繁華街へ買い物に行く / *centre*-ville 中心街.
❸ (話題，問題などの)**中心**，核心；中心人物. ▶ *centre* d'intérêt 関心の的；テーマ / Cette question sera au *centre* de l'entretien. この問題は会談の中心議題になるだろう.
❹ 中心施設, センター. ▶ *centre* commercial [culturel] ショッピング［文化］センター / *centre* sportif スポーツセンター / *Centre* national de la recherche scientifique 国立科学研究センター (略 CNRS) / *Centre* national d'art et de culture Georges-Pompidou 国立芸術文化センター (略 CNAC：通称ポンピドゥー・センター).
❺【政治】**中道派**；中道派政党 (=parti du *centre*). ▶ le *centre* droit [gauche] 中道右派［左派］.
❻【スポーツ】(サッカーなどの)センター；(ボールの)センタリング. ▶ avant-*centre* センターフォワード / demi-*centre* センターハーフ / faire un *centre* センタリングする.
❼【解剖】【生理学】中枢. ▶ *centre* nerveux 中枢神経 (⇨ 成句).

centre nerveux de qc (国, 機関などの)中枢部.

centrer /sɑ̃tre/ 他動 ❶ …を中心に据える, 中央に置く；の中心を決める. ▶ *centrer* un titre dans une page 題を ページの中央に置く / *centrer* un cercle en O 点 O を円の中心にとる.
❷ ＜*centrer* qc sur qc＞〔関心, 活動など〕を…に向ける，集中させる. ▶ *centrer* la discussion sur le chômage 失業問題を中心に議論する / Cet article *est centré* sur ce problème. この記事では主にこの問題に焦点が当てられている.
❸【スポーツ】〔ボール〕をセンタリングする.

centrifugation /sɑ̃trifygasjɔ̃/ 女 遠心分離，遠心分離機にかけること.

centrifuge /sɑ̃trify:ʒ/ 形 遠心力の；遠心性の. ▶ force *centrifuge* (↔centripète) 遠心力.

centrifuger /sɑ̃trifyʒe/ 2 他動 …を遠心分離する, 遠心分離機にかける.

centrifugeur /sɑ̃trifyʒœ:r/ 男 遠心分離機.

centrifugeuse /sɑ̃trifyʒø:z/ 女 ❶ (総称としての)遠心分離機. ❷ ジューサー (=*centrifugeuse* ménagère).

centripète /sɑ̃tripet/ 形【物理】求心性の, 向心性の. ▶ force *centripète* 求心力, 向心力.

centrisme /sɑ̃trism/ 男【政治】中道主義, 中道政治.

centriste /sɑ̃trist/ 形, 名【政治】中道派の(人, 政治家), 中道主義的な(人, 政治家).

centuple /sɑ̃typl/ 形 100倍の.
— 男 (le centuple) 100倍.

au centuple 100倍にして；何倍にもして. ▶ être récompensé *au centuple* 十二分に報いられる.

centupler /sɑ̃typle/ 他動 …を100倍にする；何倍にも増やす. — 自動 100倍になる；何倍にも増える.

cep /sep/ 男 ブドウの株.

cépage /sepa:ʒ/ 男 ブドウ品種；ブドウの苗木.

cèpe /sep/ 男 セップ, ヤマリタケ：食用キノコ.

***cependant** /s(ə)pɑ̃dɑ̃ スパンダン/ 副 ❶ しかしながら，それにもかかわらず. ▶ Personne ne l'a cru, *cependant* il disait la vérité. だれも彼の言うことを信じなかった，しかし彼は真実を述べていたのだ / C'est incroyable et *cependant* c'est vrai. 信じられないが本当のことだ.
❷ 文章 その間に (=pendant ce temps-là).

cependant que + 直説法 文章 (1) …している間に (=pendant que). (2) …なのに (=tandis que).

céphalique /sefalik/ 形【動物】頭の, 頭部の.

céphalopodes /sefalɔpɔd/ 男複【動物】頭足類(タコ, イカなど).

céramique /seramik/ 女 ❶ 陶芸；窯業.
❷ 陶磁器, 焼き物；窯業製品, セラミック(ス). ▶ carreaux de *céramique* peinte 陶製タイル / *céramique* industrielle 工業用セラミックス.
— 形 陶芸の, 窯業の；陶磁器の, 陶製の.

céramiste /seramist/ 名 陶芸家, 陶工；窯業家.

cerbère /serbɛ:r/ 男 融通の利かない管理人［門番］.

cerceau /sɛrso/;(複) **x** 男 ❶ (輪回し遊び, 曲芸の)輪. ❷ (半)円形の枠.

cerclage /sɛrkla:ʒ/ 男 (樽(たる)などに)輪[たが]をはめること；(荷物などの)ひも掛け.

***cercle** /sɛrkl セルクル/ 男 ❶ 円, 輪, 円形, 丸. ▶ le diamètre d'un *cercle* 円の直径 / un demi-*cercle* 半円 / l'arc de *cercle* 円弧 / *cercle* annuel (木の)年輪 / tracer un *cercle* au compas コンパスで円を描く / Entourez d'un *cercle* le chiffre correct. 正しい数字を丸で囲みなさい / s'asseoir en *cercle* 丸く輪になって座る / faire [former un] *cercle* autour de qn/qc …の周りに輪になって集まる, をぐるりと取り囲む.
❷ 輪金, たが；腕輪. ▶ un *cercle* de roue 車輪のリム / un *cercle* d'un tonneau 樽(たる)のたが.
❸ 集まり；サークル, クラブ；集会所. ▶ fréquenter un *cercle* d'amis 友人の集まりによく顔を出す / *cercle* de famille 一家総揃い.
❹ (活動の)**範囲**, 領域, 枠. ▶ briser le *cercle* des habitudes 習慣の枠を突き破る.
❺ 循環. ▶ le *cercle* des saisons 文章 季節の巡り. ❻【地理】【天文】圏, 環. ▶ le *cercle* (polaire) arctique [antarctique] 北極［南極］圏.

cercle vicieux (1) 悪循環, 堂々巡り. (2)【論理学】循環, 定義における）循環, ディアレーレ.

cercler /sɛrkle/ 他動 …に輪[たが]をはめる. ▶ *cercler* un tonneau 樽(たる)にたがをはめる / des lunettes *cerclées* d'or 金縁の眼鏡.

cercueil /sɛrkœj/ 男 棺, ひつぎ. ▶ du berceau au *cercueil* 揺りかごから墓場まで / avoir un pied dans le *cercueil* 棺桶(かんおけ)に片足を突っ

céréale /sereal/ 囡 穀物；(オートミール、コーンフレークなどの)穀物食、セリアル.

céréali|er, ère /serealje, ɛːr/ 形 穀物の. ▶ une région *céréalière* 穀倉地帯.
— **céréalier** 男 穀物生産者.

Cérébos /serebos/ 商標 セレボス：塩のブランド名.

cérébr|al, ale /serebral/;《男複》**aux** /o/ 形 ❶〖解剖〗脳の、大脳の. ▶ hémisphère *cérébral* 大脳半球 / hémorragie *cérébrale* 脳出血 / mort *cérébrale* 脳死. ❷ 頭を使う、知的な. ▶ un travail *cérébral* (=intellectuel) 知的労働. — 名 知性派、主知的な人.

cérébro-spin|al, ale /serebrɔspinal/;《男複》**aux** /o/ 形〖解剖〗脳脊髄(ずい)の. ▶ axe *cérébro-spinal* 中枢神経系.

cérémoni|al /seremɔnjal/;《複》**als** 男 ❶ 儀式、式典などのしきたり、礼式；礼儀、作法. ❷〖カトリック〗典礼［儀式］書.

*****cérémonie** /seremɔni/ セレモニ 囡 ❶ 儀式、式典、式；祭礼. ▶ *cérémonie* de mariage 結婚式 / *cérémonie* du baptême 洗礼式 / tenue [habit] de *cérémonie* 式服、礼服 / maître de *cérémonie* 儀式の進行役、司会；古式 式部官. ❷（堅苦しい、仰々しい）礼儀；儀礼. ▶ Il nous a reçus avec *cérémonie*. 彼は我々を恭しく出迎えた / faire une visite de *cérémonie* 儀礼的訪問をする. ❸ *cérémonie* du thé（日本の）茶道.

en (grande) cérémonie 厳かに；盛大に.
faire des cérémonies 格式張る.
sans cérémonie 格式張らずに、気楽に、略式の.

cérémonieusement /seremɔnjøzmɑ̃/ 副 もったいぶって、儀式めかして.

cérémoni|eux, euse /seremɔnjø, øːz/ 形 もったいぶった、格式張った.

cerf /sɛːr/ 男 雄鹿. 注 雌鹿は biche、子鹿は faon という.

cerfeuil /sɛrfœj/ 男〖植物〗セルフィーユ：セリ科の香草.

cerf-volant /sɛrvɔlɑ̃/;《複》**~s-~s** 男 ❶ 凧(たこ). ▶ lancer un *cerf-volant* 凧を揚げる. ❷ クワガタ.

cerisaie /s(ə)rizɛ/ 囡 サクランボ畑.

*****cerise** /s(ə)riːz/ スリーズ 囡 サクランボ、桜桃. ▶ tarte aux *cerises* サクランボのタルト / eau-de-vie de *cerises* キルシュ、チェリーブランデー / au temps des *cerises* = aux *cerises* サクランボの頃に.

avoir la cerise (=guigne) 俗 運が悪い、ついていない.
C'est la cerise sur le gâteau. これがなくては様にならない. 画竜点睛を欠く. ◆**Cerise sur le gâteau...** さらに….
pour des queues de cerises わずかな利益で.
— 形《不変》さくらんぼ色の、真紅の. 注 日本のものとは色が異なる. — 男 さくらんぼ色、真紅.

cerisier /s(ə)rizje/ 男 桜の木；桜材.

cerne /sɛrn/ 男 ❶（目の縁の）隈(くま)；青あざ. ❷（染み抜きしたあとに残る布地の）円い染み跡. ❸〖美術〗輪郭線.

cerné, e /sɛrne/ 形 ❶〔目が〕隈のできた. ▶ avoir les yeux *cernés* de fatigue 疲労で目に隈ができている. ❷ 包囲された、取り囲まれた.

cerner /sɛrne/ 他動 ❶ …を取り巻く、囲む；包囲する. ▶ Tout le secteur a été cerné par la police.(=boucler) その地区は警察によってすっかり包囲された. ❷ <cerner qc (de qc)>(…で)…を縁どる、…の輪郭をはっきりさせる. ▶ *cerner* le visage du portrait d'un trait bleu 肖像画の顔の輪郭を青い線で縁どる / La fatigue *cerne* ses yeux. 疲労で彼(女)の目には隈(くま)ができている. ❸〔問題など〕の範囲を明確にする、を見極める.

:certain, aine /sɛrtɛ̃, ɛn/ セルタン、セルテーヌ

❶【名詞のあと、または属詞として】❶ 確かな、確実な (⇨語法). ▶ faire des progrès *certains* 確かな進歩を遂げる / Son succès est *certain*. 彼(女)の成功は間違いない. ◆《非人称構文で》Il est *certain* que + 直説法 . …であるのは確実だ. 注 否定文では que 以下は接続法. ▶ Il est maintenant *certain* qu'elle ne reviendra plus. 彼女が二度と戻って来ないことは、今や疑いない / Il n'est pas *certain* qu'on puisse vous donner une place côté fenêtre. 窓際の席をお取りできるとは限りません.
❷ <*certain* de qc/不定詞 // *certain* que + 直説法>…を確信した、疑わない. 注 否定文では que 以下は接続法. ▶ Nous sommes *certains* de la qualité de nos produits. 我々は製品の品質については自信を持っています / Vous êtes donc bien *certain* de venir demain ? では明日必ずおいでいただけるわけですね / Je suis *certain* qu'il n'aura pas son concours. 彼は絶対試験に受からないと思う / Je ne suis pas *certain* qu'il me réponde. 彼が返事をするという確信はない.

❷【名詞の前で；単数で不定冠詞とともに】❶ ある…、なんらかの…；かなりの…、相当の…(⇨語法). ▶ un *certain* jour ある日 / d'une *certaine* manière ある意味で、ある観点からすれば / Elle a un *certain* charme. 彼女にはなかなか魅力がある / un homme d'un *certain* âge 年配の男性 / au bout d'un *certain* temps しばらくしてから / Cela demande une *certaine* patience. それはかなりの忍耐を必要とする.

❷（しばしば軽蔑して）…とかいう人. ▶ Un *certain* Michel est venu vous chercher. ミシェルとかいう人があなたを尋ねてきた. 注 あえて距離を置いて指示するために、だれでも知っている著名な人物の前に certain が置かれることがある.

❸【名詞の前で；複数で無冠詞で】ある…、いくつかの…；特定の…(⇨語法). ▶ dans *certaines* conditions ある状況下では、ある条件の下では / *Certains* passages de ce texte sont totalement incompréhensibles. この文章にはまったく理解不可能なところがいくつかある. 比較 ⇨ DIFFÉRENT.

sûr et certain 絶対確実な、間違いのない.

語法 **certain(e)(s)** は名詞を前から修飾するときと後ろから修飾するときとでは、意味が異なる.
(1) 名詞のあとでは「確かな、確実な」の意. un talent *certain* 確かな才能.
(2) 名詞の前で単数の場合は「ある、なんらかの」の意. 構文は〈un(e) *certain(e)* + 名詞〉となる.

un *certain* nombre de personnes 何人かの人たち（比較 ⇨ PLUSIEURS）. dans une *certaine* mesure ある程度は.

(3) 名詞の前で複数の場合は「ある，いくつかの」の意．構文は〈*certain(e)s* + 名詞〉となり，不定冠詞はつかない．dans *certaines* régions de la France フランスのいくつかの地方では．

── ***certains, aines** 代《不定》ある何人か，いくつかのもの． ▶ *certain* d'entre nous 我々のうち何人か / dans *certain* de ces cas こうしたケースのうちいくつかにおいては / *Certain* disent que l'argent est tout. 金がすべてだという人々がいる．

── **certain** 男 確実さ．

***certainement** /sɛrtɛnmɑ̃ セルテヌマン/ 副 ❶ 確実に，必ず，きっと． ▶ Cela arrivera *certainement*. それは必ず起こる / Il a *certainement* trop mangé. 彼はきっと食べすぎたんだ． ❷《肯定，否定の強調》もちろん． ▶《"Tu lui pardonneras?─*Certainement* [*Certainement* pas]."》「彼（女）のこと許せる？」「そりゃあもちろん[許せるもんか]」

certainement que + 直説法 話 …であるのは確実だ． ▶ *Certainement qu*'il vous écrira. 彼から手紙が必ず来ますよ．

certes /sɛrt/ 副 ❶〈*certes* …, mais …〉《譲歩》なるほど…だが，しかし…． ▶ Il l'a dit, *certes*, mais il s'est contredit le lendemain. 彼は確かにそう言ったんだが，翌日にはそれと矛盾したことを言った． ❷ 確かに，もちろん． ▶ Oui, *certes*! ええ，もちろん．

certif /sɛrtif/ 男 certificat の略．

certifiant, ante /sɛrtifjɑ̃, ɑ̃:t/ 形 資格を取得できる．

***certificat** /sɛrtifika セルティフィカ/ 男 ❶ 証明書． ▶ *certificat* de scolarité[d'inscription] 在学証明書 / *certificat* de résidence 居住証明書 / *certificat* médical 診断書 / *certificat* de travail（雇用者が被雇用者の退職時に出す）労働証明書 / *certificat* d'origine 原産地証明書 / délivrer [fournir] un *certificat* 証明書を交付 [提示] する．

❷ 資格取得証書，免状；資格取得試験． ▶ le *certificat* d'aptitude au professorat de l'enseignement du second degré 中等教育教員適性証（略 CAPES）/ le *certificat* d'aptitude professionnelle 職業適性証書（略 CAP）/ passer son *certificat* 検定試験を受ける． ❸ 初等教育修了証書（=*certificat* d'études primaires）．

certification /sɛrtifikasjɔ̃/ 女 ❶《法律》証明；（小切手の）支払保証． ❷《航空》耐空証明．

certifié, e /sɛrtifje/ 形 ❶ 中等教員免状 CAPES を取得した． ❷ copie *certifiée* conforme 正本と一致する写し / chèque *certifié*（署名の確かさを）保証された小切手．

── 名 中等教員免状取得者．

certifier /sɛrtifje/ 他動〈*certifier* qc ∥ *certifier* que + 直説法〉…を証明する，保証する． ▶ Je vous *certifie* l'exactitude de cette information. この情報に間違いのないことは私が請け合います．

certitude /sɛrtityd/ 女 ❶ 確実性，確かさ；確かなこと． ▶ la *certitude* d'un fait 事柄の確実性． ❷ 確信． ▶ acquérir une *certitude* 確信を得る．◆avoir la *certitude*「de qc／不定詞［que + 直説法］…の確信を持つ．注 疑問文，否定文のとき que は句に接続法． ▶ J'ai la *certitude* d'être le plus fort. 僕は自分がいちばんできると確信している / Avez-vous la *certitude* qu'il puisse nous aider? 彼が我々を助けてくれるという確信がありますか．

avec certitude 確信を持って，確実に．

en toute certitude 確信を持って，確実に． ▶ *en toute certitude* de succès 成功を確信して．

cérumen /serymɛn/ 男 耳垢（ぁゕ）.

céruse /seryːz/ 女《化学》白鉛，鉛白：猛毒性の白色顔料．

***cerveau** /sɛrvo セルヴォ/《複》**x** 男 ❶ 脳；大脳． ▶ *cerveau* gauche 左脳 / un rhume de *cerveau* 鼻風邪 / transport au *cerveau* のぼせ，脳充血． ❷ 頭脳；知性；知能の優れた人（=un grand *cerveau*）． ▶ *cerveau* étroit [borné] 低い知能 / *cerveau* puissant 優れた頭脳 / fuite [exode] des *cerveaux* 頭脳流出 / Laissez reposer votre *cerveau*. 頭を休ませなさい / C'est un (grand) *cerveau*. 彼は本当に頭がいい / avoir le *cerveau* dérangé [brouillé] 話 頭がおかしい． ❸（地域，組織などの）中枢機関；（非合法組織などの）指導部［者］． ❹ *cerveau* électronique 電子頭脳，電子計算機．

cerveau brûlé 激情家；無謀な人．

lavage de cerveau 話 洗脳．

se creuser le cerveau 話 脳みそを絞って考える．

cervelas /sɛrvəla/ 男 セルブラソーセージ．

cervelet /sɛrvəlɛ/ 男 小脳．

cervelle /sɛrvɛl/ 女 ❶ 脳髄（のずい），脳みそ． ❷ 話 知的能力；頭． ▶ C'est 'une petite *cervelle* [une *cervelle* légère]. やつは頭が弱い［考えが足りない］．

avoir une cervelle「de moineau [d'oiseau] 愚かである，軽率である．

brûler la cervelle à qn 話 …の頭を（ピストルで）ぶち抜く．

tête sans cervelle 頭のおかしい［からっぽな］人；軽率な人．

se brûler la cervelle 頭を撃って自殺する．

cervical, ale /sɛrvikal/《男複》**aux** /o/ 形 首の，頸（けい）の． ▶ vertèbres *cervicales* 頸椎（けいつい）．

cervidés /sɛrvide/ 男複《動物》シカ科．

Cervin /sɛrvɛ̃/ 固有 le mont *Cervin* マッターホルン（=Matterhorn）．

CES[1] /sɛs/ 男《略語》contrat emploi solidarité 雇用連帯契約．

CES[2] 男《略語》collège d'enseignement secondaire 中等教育コレージュ．

ces /se/ ce, cette の複数形．

césar /sezaːr/ 男 ❶ カエサル，ローマ皇帝． ❷ カイザー：ドイツ皇帝の称号． ❸ 皇帝；独裁者． ❹《*César*》《映画》セザール賞：米国のアカデミー賞にならって1976年に制定された．

césarien, enne /sezarjɛ̃, ɛn/ 形 ❶ カエサルの

の，ローマ皇帝の．❷ 文章 独裁(者)の．▶ un régime *césarien* (軍事)独裁体制．
césarienne /sezarjɛn/ 女 帝王切開(術)．
césarisme /sezarism/ 男 カエサル的政体：民主的な独裁政治．
cess*ant, ante* /sɛsɑ̃, ɑ̃:t/ 形 (次の句で) ***toute(s) chose(s) [affaire(s)] cessante(s)*** ほかのことはすべて後回しにして，何はさておき．
cessation /sɛsasjɔ̃/ 女 停止，中止．▶ la *cessation* des hostilités 休戦，停戦 / la *cessation* du travail 失業；ストライキ．
***cesse** /sɛs/ 女 中止；中断．注 無冠詞で成句表現でのみ用いる．
 n'avoir (pas [point]) de cesse「que + 接続法] [***avant de*** + 不定詞]」…するまではやめない．▶ Il n'*a eu de cesse qu*'elle ne lui réponde positivement. 彼女がイエスと言うまで彼は執拗(しつよう)に食い下がった．
sans cesse 絶えず，ひっきりなしに．▶ La neige tombe *sans cesse* depuis hier. 雪は昨日からひっきりなしに降っている．
***cesser** /sese/ セセ 他動 ❶〔人が〕…をやめる，中止［中断］する (=arrêter)．▶ La femme salariée qui attend un bébé a le droit de *cesser* son travail. 出産を控えた働く女性は休職する権利がある．❷〈*cesser* de + 不定詞〉…するのをやめる，しなくなる (=arrêter)．▶ Je te conseille de *cesser* de fumer. たばこはやめた方がいいよ．◆ne (pas) *cesser* de + 不定詞 …をやめない，絶えず…する．▶ La tempête n'*a* pas *cessé* de souffler toute la nuit. 嵐(あらし)は一晩中吹きやまなかった．
── 自動 〔物事が〕終わる，やむ (=s'arrêter)．▶ La fièvre *a cessé*. 熱が引いた / faire *cesser* qc …をやめさせる /《非人称構文で》Il n'*a* pas *cessé* de pleuvoir hier. 昨日は一日中雨だった．
cessez-le-feu /seselføe/ 男《単複同形》停戦，休戦 (=armistice)．
cessible /sesibl/ 形 法律 譲渡可能な．
cession /sɛsjɔ̃/ 女 法律 譲渡．▶ faire *cession* de ses biens 財産を譲渡する．
cessionnaire /sɛsjɔnɛ:r/ 名 法律 譲受人．
***c'est-à-dire** /sɛtadi:r/ 接句 すなわち，言い換えると；いや実は …と略す．▶ Vous pouvez entrer au tarif étudiant, *c'est-à-dire* dix euros. 学割料金で入れますよ，10 ユーロでね / J'ai divorcé il y a sept ans, *c'est-à-dire*, non, il y a déjà plutôt huit ans. 7年前に離婚しました，いや，もう8年になります．
 c'est-à-dire que + 直説法 (1) つまり …ということだ．▶ «J'ai mal à la tête.— *C'est-à-dire* que tu as trop bu hier.»「頭が痛い」「つまり昨日飲みすぎったってわけだ」(2)《言いにくい返事に先立って》いや実は …ということなんです．
césure /sezy:r/ 女 (詩の)句切り：1詩行を2つに分割する韻律上の切れ目．
CET 男《略語》collège d'enseignement technique 技術教育コレジュ．
cet /sɛt/ ce の男性第2形．

cétacés /setase/ 男複 動物 鯨類：クジラ，イルカ，シャチなど．
cette /sɛt/ ce の女性形．
ceux /sø/ celui の複数形．
Cévennes /sevɛn/ 固有 女複 セヴェンヌ：中央山地南東部の国立公園地帯．
cévenol, e /sevnɔl/ 形 セヴェンヌ Cévennes 地方の．
── **Cévenol, e** 名 セヴェンヌ地方の人．
Ceylan /sɛlɑ̃/ 固有 男 セイロン島：今日のスリランカ共和国．
cf. /kɔfe:r/《略語》⇒ CONFER.
CFAO 女《略語》conception et fabrication assistée par ordinateur コンピュータ援用設計製造．
CFC 男《略語》chlorofluorocarbone フロンガス．
CFDT 女《略語》Confédération française démocratique du travail フランス民主主義労働同盟．
CGC 女《略語》Confédération générale des cadres 幹部総同盟．
CGT 女《略語》Confédération générale du travail 労働総同盟．
chabrol /ʃabrɔl/, **chabrot** /ʃabro/ 男 地域 (フランス南西地方の)シャブロル，シャブロ：皿に残ったスープに赤ワインをつぎ足して飲むワインスープ．
chac*al* /ʃakal/;《複》***als*** /ʃakal/ 男 ❶ 動物 ジャッカル．❷（弱者にたかる）卑劣漢，残忍な男．
chacon(n)e /ʃakɔn/ 女 音楽 ダンス シャコンヌ．
***chacun, une** /ʃakœ̃, yn/ シャカン，シャキュヌ/ 代 不定《単数形のみ》❶ それぞれ，おのおの．▶ Que *chacun* reste à sa place. 各自席に着くように（⇒ 注 (1)) / *Chacune* d'elles a donné son avis. 彼女たちはめいめい自分の意見を述べた / Voilà j'ai coupé le gâteau ; un morceau pour *chacun*. ケーキを切りました，1人1切れずつです / Elles feront *chacune* ce qui lui [leur] plaira. 彼女たちはそれぞれ好き勝手にやっていくだろう / Ces bouquets coûtent dix euros, *chacun*. こちらの花束はどれも10ユーロです．
❷《単独で》だれでも，人はみな．注 この語義では男性形のみ用いる．▶ *Chacun* son tour! みんな代わる代わるだよ / *Chacun* pense d'abord à soi. だれしもまず自分のことを考えるものだ（⇒ 注 (2)).
❸《tout un *chacun*》だれもが，だれであろうと (=toute personne)．▶ comme tout un *chacun* 皆と同様に．
注 (1) *chacun* が主語の場合，所有形容詞は一般に son, sa, ses をとるが，主語以外は関係する人称の所有形容詞をとる．(2) *chacun* が一般を指すと，人称代名詞強勢形は原則として soi となる．
(A) ***chacun***「***son goût*** [***ses goûts***]．諺 たで食う虫も好き好き．
Chacun pour soi (et Dieu pour tous)．諺 (各人は己のために，神は万人のために→)めいめい自分の事だけ考えて，他人のことは神様に任せておれ．
Chacun son métier(, les vaches seront bien gardées)．各自が自分の仕事をすればいい

chafouin

(そうすればうまくいく).
— **chacun** 囡 chacun (avec) sa *chacune* それぞれ自分の女性を伴って.

chafou*in*, *ine* /ʃafwɛ̃, in/ 形〖人,表情が〗陰険な,腹黒そうな,抜け目のない.

***chagrin**¹ /ʃagrɛ̃/ 男 悲しみ,心痛. ▶ un *chagrin* d'amour 失恋の痛手 / faire du *chagrin* à qn …を悲しませる / avoir du *chagrin* 悲しむ, 胸を痛める. 比較 ⇨ PEINE.
— **chagr*in*, *ine*** /ʃagrɛ̃, in/ 形 文章 陰気な, 不機嫌な; 悲しげな, 打ち沈んだ. ▶ avoir l'air *chagrin* 気の晴れぬ様子である / un ciel *chagrin* 陰鬱な空.

chagrin² /ʃagrɛ̃/ 男 〖皮革〗(おもに製本用の)シャグリーン, 粒起(ツブキ)なめし革.
peau de chagrin あら皮; だんだんと減ってなくなってしまうもの. 注 バルザックの小説「あら皮」より. ▶ Nos économies diminuent comme une *peau de chagrin*. 我々の貯金は徐々に減ってゆくばかりで, この分だとなくなってしまう.

chagrin*ant*, *ante* /ʃagrinɑ̃, ɑ̃:t/ 形 悲しませる, 心を痛ませる.

chagriner /ʃagrine/ 他動 …を悲しませる, に心痛をもたらす. ▶ Sa conduite *a* vivement *chagriné* ses parents. 彼(女)のとった行動は, 両親を大いに悲しませました.
— **se chagriner** 代動 悲しむ, 心を痛める.

chah /ʃa/ 男 ⇨ S(C)HAH.

chahut /ʃay/ 男 大騒ぎ, ばか騒ぎ; (特に)(教室での)騒ぎ; (不満の意を示す)騒音, やじ. ▶ faire du *chahut* 大騒ぎをする.

chahuter /ʃayte/ 自動 話 (教室などで)騒ぎ立てる; ばか騒ぎをする.
— 他動 ❶ …をやじる, はやし立てる; 非難する. ▶ *chahuter* un professeur (授業中)先生をやじる. ❷ …を手荒に扱う.

chahut*eur*, *euse* /ʃaytœ:r, ø:z/ 形, 名 騒々しい(人), よく騒ぐ(人).

chai /ʃɛ/ 男 〖樽〗詰めワイン, ブランデーの醸造室; (一階にある)酒倉.

Chaillot /ʃajo/ 固名 Palais de *Chaillot* シャイヨー宮: パリ16区にある建造物で, 博物館やシネマテークなどからなる.

***chaîne** /ʃɛn/ シェヌ/ 囡
> 英仏そっくり語
> 英 chain 鎖.
> 仏 chaîne 鎖, テレビチャンネル.

❶ 鎖, チェーン. ▶ *chaîne* de sûreté ドアチェーン /《*chaînes* à neige obligatoires》(交通標識で)「チェーン規制」 / *chaînes* de pneus タイヤチェーン.
❷ 系列(店), チェーン(店); (新聞, 雑誌などの)グループ, 系列. ▶ *chaîne* d'hôtels ホテルチェーン.
❸ (ラジオ, テレビの)放送網, ネットワーク, チャンネル. ▶ *chaîne* privée [publique] 民間 [公共] 放送 / *chaîne* payante [gratuite] 有料 [無料] チャンネル / *chaîne* hertzienne [câblée] 地上波 [ケーブル] チャンネル / Sur quelle *chaîne*? 何チャンネルですか / changer de *chaîne* チャンネルを変える / mettre la deuxième *chaîne* 2 チャンネルを見る / Il y a un film français sur la première *chaîne*. 第1チャンネルでフランス映画がある.
❹ ステレオ (=*chaîne* stéréo). ▶ *chaîne* haute-fidélité = *chaîne* hi-fi ハイファイ・ステレオ / *chaîne* compacte ミニコンポ.
❺ (物事, 思考などの)連続, 連鎖. ▶ *chaîne* alimentaire 食物連鎖 / *chaîne* de commande 指揮系統 / une longue *chaîne* d'expérimentations 長期間にわたる一連の実験.
❻ 連続作業(の行程). ▶ une *chaîne* de montage 組み立ての流れ作業 / *chaîne* du froid コールドチェーン.
❼《多く複数で》文章 絆(キズナ); 束縛, 隷属. ▶ les *chaînes* de l'affection 愛情の絆 / briser [rompre] ses *chaînes* 束縛を断ち切る.
❽〖地質〗山脈 (=*chaîne* de montagnes).
à la chaîne (1) 流れ作業で. ▶ travail *à la chaîne* 流れ作業; 単調で退屈な仕事. (2) 次々に. ▶ Il produit des romans *à la chaîne*. 彼は次から次へと長編小説を書く.
en chaîne 連鎖的な. ▶ collision *en chaîne* 玉突き衝突 / réaction *en chaîne* 連鎖反応.
faire la chaîne (リレー方式で物を手渡すために)列を作る.

chaînette /ʃenɛt/ 囡 小さな鎖. ▶ la *chaînette* de bracelet ブレスレットの鎖.

chaînon /ʃenɔ̃/ 男 ❶ (鎖の)環. ❷ (事実, 思考などのつながりをなす)一要素. ❸ (山脈の)支脈; 山稜(リョウ). ❹〖古生物〗*chaînon* manquant ミッシング・リンク, 失われた環.

***chair** /ʃɛ:r/ シェール/ 囡 ❶ (人間, 動物の)肉; 筋肉組織. ❷ 食肉; (魚の)身; 果肉. ▶ *chair* blanche (子牛や鶏の)ホワイトミート / *chair* rouge [牛や羊などの]レッドミート. ❸ (霊魂, 精神に対する)肉体; 肉欲. ▶ les plaisirs de la *chair* 肉の歓び / l'œuvre de (la) *chair* 肉の交わり. ❹《複数で》〖美術〗〖彫刻〗(表現された人物の)裸体部分.
chair à canon 話 大砲の餌食(エジキ), (戦場で死すべき)一兵卒.
chair vive 生体, 生身.
couleur chair 淡いピンクの, (白人の)肌の色の.
de chair et d'os = *de chair et de sang* 生身の, 神ならぬ身の.
en chair et en os 本人自ら; 生身の, 現に生きている.
entre cuir et chair ⇨ CUIR.
être bien en chair 適度に太っている.
la chair de poule 鳥肌. ▶ avoir *la chair de poule* 鳥肌が立つ.
n'être ni chair ni poisson 優柔不断である, どっちつかずである.

chaire /ʃɛ:r/ 囡 ❶ 教授職, 講座; 教壇. ▶ être titulaire d'une *chaire* de droit 法学の正教授である / créer une nouvelle *chaire* 講座を新設する. ❷ 説教壇; 説教(者). ▶ monter en *chaire* 説教壇に上る / éloquence de la *chaire* 説教.
la chaire de saint Pierre (聖ペテロの使徒座→)教皇座[位].

***chaise** /ʃɛ:z シェーズ/ 囡 椅子(イス). ▶ s'asseoir

sur une *chaise* 椅子に座る / prendre une *chaise* 椅子を取る; / *chaise* pliante 折り畳み椅子 / *chaise* haute 幼児用の高椅子 / *chaise* longue (伸縮式の)寝椅子, リクライニング・チェア / *chaise* roulante 車椅子 / *chaise* de cuisine キッチンチェア / *chaise* de jardin ガーデンチェア / *chaise* électrique 電気椅子; 電気椅子刑.

chaise percée (昔の)腰掛け式便器; 〘話〙(トイレの)便座.

être [*se trouver*] *assis entre deux chaises* ＝〘俗〙*avoir le cul entre deux chaises* (2つの椅子の間に座る→)あやふやな状態にいる, 不安定な立場にある.

faire de la chaise longue 寝椅子に寝そべる; 体を伸ばして休息する.

faire la chaise (人を乗せるために)手車を作る.

intellectuel en chaise longue 観念的な知識人.

mener une vie de bâton de chaise 乱れた[忙しい]生活を送る.

politique de la chaise vide (政府, 政党などの)欠席戦術.

chaisier, ère /ʃɛzje, ɛːr/ 图 (教会, 公園などの)貸し椅子(✓)の料金徴集人.

chakra /ʃakra/ 男 『ヨーガ』チャクラ.

chaland /ʃalɑ̃/ 男 艀(はしけ).

chalcographie /kalkɔgrafi/ 女 銅版画, 凹版画.

châle /ʃɑːl/ 男 ショール, 肩掛け.

chalet /ʃalɛ/ 男 山小屋;(山小屋風の)別荘.

***chaleur** /ʃalœːr/ シャルール/ 女 ❶ 暑さ, 暑気; 《複数で》暑い時期. ▶ Quelle *chaleur*! 何て暑いんだ / une *chaleur* accablante [humide] うだるような暑さ[蒸し暑さ]/ les premières [dernières] *chaleurs* 初夏 [残暑]. ❷ 熱, 熱さ; 熱感. ▶ une bouffée de *chaleur* 顔のほてり / sentir une brusque *chaleur* à la tête 急に頭が熱っぽくなる(のぼせてくる). ❸ 熱意, 熱心さ; 興奮, 熱気. ▶ défendre son ami avec *chaleur* 友人の弁護に熱弁を振るう/ Dans la *chaleur* de la discussion, j'ai oublié mon rendez-vous. 議論に熱中して約束を忘れてしまった. ❹〖物理〗(エネルギーとしての)熱. ▶ *chaleur* de vaporisation 気化熱. ❺ (動物の雌の)発情; 発情期. ▶ en *chaleur* 発情中の, 盛りのついた.

«*craint la chaleur*»「要冷蔵」

chaleureusement /ʃalœrøzmɑ̃/ 副 熱烈に; 真心から. ▶ accueillir qn *chaleureusement* …を温かくもてなす.

chaleureux, euse /ʃalœrø, øːz/ 形 熱心な, 熱烈な; 温かい, 真心のこもった. ▶ applaudissements *chaleureux* 熱烈な拍手 / accueil *chaleureux* 歓待 / Il est *chaleureux*. 彼は真心がある.

châlit /ʃali/ 男 ベッドの枠 [骨組み].

challenge /ʃalɑ̃ːʒ/ 男『英語』選手権試合, タイトルマッチ; チャンピオンシップ.

challenger /ʃalɑ̃ʒɛːr, tʃalɛndʒœːr/ 『英語』

challengeur /ʃalɑ̃ʒœːr/ 男 チャレンジャー, 選手権挑戦者.

chaloir /ʃalwaːr/ 非人称文《次の句で》

Peu me chaut (qc [que ＋ 接続法]). (…など)私には関係ない, どうでもよい. 注 me は各人称に変化させて用いる. ▶ *Peu lui chaut que je m'en aille*. 私が去ってしまっても彼(女)にはどうということはないのだ.

Châlons-sur-Marne /ʃalɔ̃syrmarn/ 固有 シャロン＝シュール＝マルヌ: Marne 県の県庁所在地.

chaloupe /ʃalup/ 女 ランチ, 小艇; 艦載ボート.

chaloupé, e /ʃalupe/ 形 (歩行などが)体を揺する; (ダンスが)スイングした.

chalumeau /ʃalymo/;《複》**x** 男 ❶ トーチ, 吹管. ▶ *chalumeau* soudeur 溶接トーチ. ❷〖音楽〗シャリュモー: クラリネットの原型.

chalut /ʃaly/ 男 トロール網, 引き網.

chalutier /ʃalytje/ 男 トロール船.

chamade /ʃamad/ 女 (籠城(ろうじょう))軍が降伏を告げる)太鼓 [らっぱ]の合図.

battre la chamade 激しく動悸(どうき)を打つ.

se chamailler /s(ə)ʃamaje/ 代動 つまらないことで喧嘩(けんか)をする.

chamaillerie /ʃamajri/, **chamaille** /ʃamaj/ 女《多く複数で》〘話〙(つまらない)喧嘩(けんか), 口論.

chamailleur, euse /ʃamajœːr, øːz/ 形, 名〘話〙喧嘩(けんか)好きな(人).

chaman /ʃamɑ̃/ 男『民族学』シャーマン: 忘我状態で神霊と交流する人.

chamanisme /ʃamanism/ 男 シャーマニズム.

chamarrer /ʃamare/ 他動 <*chamarrer* qc de ＋ 無冠詞名詞> [衣服など]を…で派手に飾り立てる.

chamarrure /ʃamaryːr/ 女《多く複数で》けばけばしい飾り, けばけばしさ.

chambard /ʃɑ̃baːr/ 男〘話〙騒動.

chambardement /ʃɑ̃bardəmɑ̃/ 男〘話〙騒動, 混乱. ▶ le grand *chambardement* (革命, 戦争などによる)大混乱.

chambarder /ʃɑ̃barde/ 他動〘話〙…をひっかき回す, めちゃくちゃにする.

Chambéry /ʃɑ̃beri/ 固有 シャンベリー: Savoie

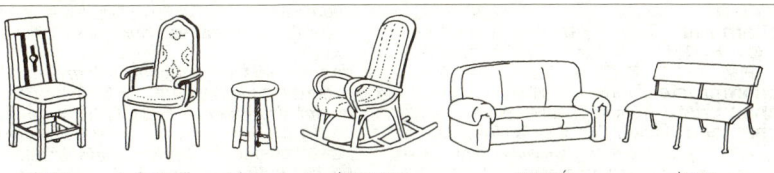

---

chaise 椅子 fauteuil ひじ掛け椅子 tabouret スツール berceuse 揺り椅子 canapé ソファー banc ベンチ

県の県庁所在地.

Chambord /ʃɑ̃bɔːr/ 固有 シャンボール: 古城で有名なフランス中部の村.

chamboulement /ʃɑ̃bulmɑ̃/ 男 話 ひっくり返すこと, 乱雑, 混乱.

chambouler /ʃɑ̃bule/ 他動 話 …をひっかき回す, めちゃくちゃにする.

chambranle /ʃɑ̃brɑ̃ːl/ 男 (ドアや窓の)縁枠.

＊chambre /ʃɑ̃ːbr シャーンブル/ 女

❶ (普通ベッドがある)**部屋, 寝室** (= *chambre* à coucher). ▶ *chambre* d'amis 来客用寝室 / *chambre* d'enfants 子供部屋 / *chambre* meublée [garnie] 家具付きの貸し間 / *chambre* à un lit = une *chambre* individuelle 個室, シングルルーム / *chambre* à deux lits ツインルーム / *chambre* à un grand lit ダブルルーム / réserver une *chambre* dans un hôtel ホテルに部屋を予約する / robe de *chambre* (女性用の)部屋着, ガウン / pot de *chambre* 溲瓶(しびん) / femme de *chambre* (部屋付き)メイド; 小間使い / valet de *chambre* 部屋係, ボーイ.

❷ 会議所; 院. ▶ la *chambre* de commerce et d'industrie 商工会議所.

❸ 《Chambre》【政治】議院. ▶ la *Chambre* des députés (フランスの)下院(1946年以降は国民議会 Assemblée nationale).

❹【法律】(裁判所の)部. ▶ la *chambre* d'accusation [des appels correctionnels] (控訴院の)重罪起訴部 [軽罪即控訴部] / la *chambre* civile [criminelle] (破毀院の)民事部 [刑事部].

❺【音楽】musique de *chambre* 室内楽.

❻【金融】*chambre* forte (銀行の)金庫室.

❼【機械】*chambre* de combustion 燃焼室; (ボイラーの)火炉 / *chambre* à vapeur 蒸気室 / *chambre* froide 冷蔵室 / *chambre* à air (タイヤの)チューブ.

❽【軍事】*chambre* de sûreté (憲兵隊の)営倉.

❾【写真】*chambre* noire 暗箱, 暗室.

❿ *chambre* à gaz (処刑用の)ガス室.

en chambre (1) 自宅で. ▶ un artisan qui travaille *en chambre* 自宅で仕事をする職人. (2)《ふざけて》素人の, アマチュアの.

faire chambre commune [*à part*]〔夫婦が〕寝室を共に [別に] する.

faire sa chambre 寝室をかたづける.

garder la chambre (病気で)家に引きこもる.

mettre [*tenir*] *qn en chambre* …に賭(か)けを強要し, いかさまで金を巻き上げる.

chambrée /ʃɑ̃bre/ 女 ❶ (集合的に)同室の人々. 注 特に兵隊についていう. ❷ 兵営の大寝室, 共同寝室.

chambrer /ʃɑ̃bre/ 他動 ❶〔ワイン〕を室温にする. ❷ …を(周囲から)切り離す; (わきに呼んで)説得 [籠絡(ろうらく)] する. ❸ …をばかにする, からかう.

chambrette /ʃɑ̃bret/ 女 小部屋.

chambriste /ʃɑ̃brist/ 名 室内楽演奏者.

chameau /ʃamo/ 男《複》**x** ❶【動物】ラクダ; (特に)フタコブラクダ (= *chameau* à deux bosses). ▶ *chameau* à une bosse ヒトコブラクダ (= dromadaire). ❷【織物】キャメル, ラクダの毛織物. ❸ 話 意地悪なやつ, 嫌なやつ. ▶ Le *chameau*! あん畜生め! 注 女性には俗語で La *chameau*! ともいう).

vouloir faire passer un chameau par le trou d'une aiguille (ラクダに針の穴をくぐらせようとする→)不可能なことを試みる.

― 形《不変》意地悪な, 憎たらしい. ▶ être *chameau* avec qn …に意地悪をする.

chamelier, ère /ʃamǝlje, ɛːr/ 名 ラクダ引き; ラクダの世話係.

chamelle /ʃamɛl/ 女 雌ラクダ.

chamois /ʃamwa/ 男 ❶【動物】シャモア: ヤギに似た哺乳(ほにゅう)類. ❷【皮革】(1) カモシカ革, セーム革. (2) 油なめしスエード羊革 (= peau de *chamois*). ❸《スポーツ》シャモア: スキー学校のスラローム検定.

― 形《不変》淡黄色の.

chamoniard, arde /ʃamɔnjaːr, ard/ 形 シャモニーの.

― **Chamoniard, arde** 名 シャモニーの人.

＊champ /ʃɑ̃ シャン/ 男 ❶ 畑. ▶ *champ* de blé 小麦畑 / cultiver [labourer] un *champ* 畑を耕す / fleur des *champs* 野の草花.

❷《複数》農地, 放牧地; 文章 野原, 田園. ▶ les travaux des *champs* 野良仕事 / mener les bêtes aux *champs* 家畜を放牧地に連れて行く.

❸ (ある目的のための)場; 広場. ▶ *champ* de bataille 戦場 / *champ* de pétrole 油田 / *champ* de manœuvres (軍事)演習場 / *champ* de courses 競馬場 / *champ* de foire 市の立つ場所 / *champ* de mines 地雷原.

❹ 範囲, 分野, 領域. ▶ *champ* d'action 活動の場, 行動範囲 / *champ* d'application 適用 [応用] 範囲 / *champ* visuel 視界 / élargir le *champ* de ses recherches 研究分野を拡大する.

❺【物理】(力学, 電気などの)場, 界. ▶ *champ* de gravité 重力場 / *champ* électrique [magnétique] 電界 [磁界].

❻【言語】場. ▶ *champ* sémantique 意味場.

à tout bout de champ 始終, 何かにつけて, ひっきりなしに.

à travers champs (道を通らずに)畑を横切って.

avoir du champ (1) ゆったりしている, 動きがとれる. (2) 自由裁量の余地がある.

champ de bataille (1) 戦場. (2) 散らかり放題の場所.

champ libre = *libre champ* 自由な行動 [発言]. ▶ donner *libre champ* à sa colère 思う存分怒りをぶちまける / avoir le *champ libre* 束縛されない; 勝手気ままである.

champs clos (柵(さく)で囲った中世の騎馬試合場→)対決の場. débat en *champ clos* (1対1の)大論戦.

donner [*laisser*] *du champ à qn* …に活躍の余地を残す; ある程度自由にさせる.

la clef des champs 行動の自由. ▶ donner *la clef des champs* à qn …を解放する, 自由の身にする / prendre *la clef des champs* 逃亡する.

laisser le libre champ à qn …に自由にさせる.

prendre* [*se donner*] *du champ (1)(はずみをつけるため)後ろに下がる. (2)距離をあける, 離れる; 間隔をあける; 時間を置く.
sur(-)le(-)champ 即座に, すぐに. ▶ ne pas répondre *sur le champ* 即答を避ける.

Champagne /ʃɑ̃paɲ/ 固有 女 シャンパーニュ地方: パリ東部.

***champagne** /ʃɑ̃paɲ/ シャンパーニュ 男 ❶ シャンパン. ▶ flûte [coupe] à *champagne* (シャンパン用)フルート[ソーサー]グラス / *champagne* frappé よく冷えたシャンパン / *champagne* brut [doux] 辛口[甘口]のシャンパン / déboucher une bouteille de *champagne* シャンパンを抜く / sabler le *champagne* (祝宴で)シャンパンを浴びるほど飲む. ❷ *champagne* nature (非発泡性の)シャンパーニュワイン.
— 形《不変》シャンパン色の, 淡黄色の.

Champagne-Ardenne /ʃɑ̃paɲarden/ 固有 女 シャンパーニュ=アルデンヌ地方: フランス北東部.

champagnisation /ʃɑ̃paɲizasjɔ̃/ 女 【ワイン】シャンパン方式による発泡酒製造.

champagniser /ʃɑ̃paɲize/ 他動 【ワイン】(原酒ワイン)をシャンパンにする.

Champ-de-Mars /ʃɑ̃dmars/ 固有 シャン=ド=マルス: パリのエッフェル塔のある広場.

champenois, oise /ʃɑ̃pənwa, wa:z/ 形 シャンパーニュ Champagne 地方の.
— **Champenois, oise** 名 シャンパーニュ地方の人.
— **champenoise** 女 シャンパン用の瓶.

champêtre /ʃɑ̃petr/ 形 文章 田園の. ▶ vie *champêtre* 田園生活 / bal *champêtre* (村祭りなどでの)野外舞踏会 / garde *champêtre* 農村保安官.

champignon /ʃɑ̃piɲɔ̃/ 男 ❶ キノコ; 菌類. ▶ *champignons* comestibles [vénéneux, mortels] 食用[毒, 猛毒]キノコ / le chapeau [pied] des *champignons* キノコの笠[柄] / la cueillette des *champignons* キノコ狩り / *champignon* de couche [Paris] マッシュルーム. ❷ *champignon* atomique (核爆発による)きのこ雲. ❸ 話 アクセルペダル. ❹ 帽子掛け(の頭部).
appuyer sur le champignon 話 (1)アクセルを踏む. (2)拍車をかける, スピードアップする.
pousser [***venir***] ***comme un champignon*** どんどん大きくなる, 急成長する.

champignonnière /ʃɑ̃piɲɔnjɛ:r/ 女 マッシュルーム栽培会.

champion, onne /ʃɑ̃pjɔ̃, ɔn/ 名 ❶ チャンピオン, 選手権保持者. ▶ le titre de *champion* チャンピオンシップ, 選手権 / le *champion* du monde de boxe ボクシングの世界チャンピオン. ❷ 一流選手, 名選手.
❸ 話 (特定分野で)第一人者, ナンバーワン. ▶ Cette région est la *championne* de la production de vin. この地方はワインの生産では断然トップである. ❹ 文章 (主義, 信条の)擁護者, 支持者; 体現者, 権化. ❺ 話 【間投詞的に】すばらしい, すごい.
— 形 一流の, 優秀な. ▶ Pour mentir, il est *champion*. 彼はうそをつかせたら一流だ.

championnat /ʃɑ̃pjɔna/ 男 選手権争奪戦[試合]. ▶ remporter le *championnat* de Formule 1 [un] F1 選手権で優勝する. 比較 ⇨ COMPÉTITION.

Champs-Elysées /ʃɑ̃zelize/ (**les**) 固有 男複 (パリの)シャンゼリゼ大通り.

chançard, arde /ʃɑ̃sa:r, ard/ 形 話 幸運な(人), ついている(人).

‡**chance** /ʃɑ̃:s/ 女
英仏そっくり語
英 chance 機会.
仏 chance 幸運.

❶《単数で》つき, 運, 幸運. ▶ **Bonne chance!** 幸運を祈ります / **Pas de chance!** ついてない / **Quelle chance!** 何てついているんだ / souhaiter bonne *chance* à qn …の幸運を祈る / La *chance* a tourné. つきが変わった / C'est bien ma *chance*! 【反語的に】ついてない, やれやれ. ◆avoir de la *chance* // avoir de la *chance* de + 不定詞 // avoir de la *chance* que + 接続法 (…とは)運がいい. ▶ **J'ai de la chance.** 運がいい / Je n'ai pas de *chance*. ついてない / Il a de la *chance* d'être en vacances. 休暇中とは彼もいい御身分だな. ◆avoir la *chance* de + 不定詞 // avoir la *chance* que + 接続法 …という幸運に恵まれる, 幸いにも…する. ▶ Il a la *chance* d'être en bonne santé. 彼は幸い健康に恵まれている.

❷《多く複数で》(成功の)可能性, 見込み, チャンス. ▶ calculer ses *chances* de succès どれほどの成算があるかを検討する / Il y a beaucoup [peu] de *chances* (pour) que + 接続法 …である可能性は大きい[小さい] / Il y a une *chance* sur deux qu'il soit nommé. 彼が任命される確率は五分五分だ.

C'est une chance (***que*** + 接続法). (…とは)幸運だ, ついている. ▶ *C'est une chance* qu'il ait pu venir. 彼がここまで来られたなんて幸運としかいようがない.
coup de chance まぐれ当たり.
donner [***laisser***] ***sa chance*** [***ses chances***] ***à qn*** …に(成功の)機会を与える.
La chance me sourit. 幸運の女神がほほえんでくれた, 運が開けてきた. 注 me は各人称に変化させて用いる.
La chance voulut [***a voulu***] ***que*** + 接続法. 偶然にも[たまたま]…となった.
par chance 運よく, 幸い(=par bonheur).
porter chance〔出来事などが〕幸運をもたらす.

chancelant, ante /ʃɑ̃slɑ̃, ɑ̃:t/ 形 ぐらついた, 揺れ動く, 不安定な. ▶ marcher d'un pas *chancelant* よろめきながら歩く.

chanceler /ʃɑ̃sle/ 4 自動 よろめく; ぐらつく. ▶ Il *chancelle* dans sa résolution. 彼の決心はぐらついている.

chancelier, ère /ʃɑ̃səlje/ 名 ❶ (官庁, 団体の印章を預かる)事務局長; (外務省, 領事館の)外務書記; (名誉)総裁. ▶ *chancelier* d'université 大学区事務総長. ❷ (ドイツ, オーストリアの, 旧ドイツ帝国の)宰相. ▶ *Chancelier* de fer 鉄血宰相(ビスマルクの異名). ❸ *Chancelier* de

chancellerie

l'Echiquier（英国の）財務大臣．

chancellerie /ʃɑ̃sɛlri/ 囡 ❶（大使館などの）事務局．❷ Grande *chancellerie* レジオンドヌール賞勲局 / la *chancellerie* des universités 大学区事務院．❸ 司法省．

chanc*eux, euse* /ʃɑ̃sø, ø:z/ 形, 名 幸運な（人），ついている（人）．

chancre /ʃɑ̃:kr/ 男 ❶【医学】下疳(かん); 潰瘍(よう)．❷〖文章〗（根源という）悪(弊)．
  manger [*bouffer*] *comme un chancre* 話 やたらがつがつ食う．

chandail /ʃɑ̃daj/ 男 セーター，プルオーバー．

chandeleur /ʃɑ̃dlœ:r/ 囡〖カトリック〗主の奉献の祝日; 聖母マリアの清めの祝日（2月2日）．

chandelier /ʃɑ̃dəlje/ 男 燭台(しょく)．

chandelle /ʃɑ̃dɛl/ 囡 ❶ ろうそく（=bougie）．▶ souffler la *chandelle* ろうそくを吹き消す．❷〖テニス〗ロブ．❸（飛行機の）急上昇．▶ monter en chandelle 急上昇する．
  brûler la chandelle par les deux bouts (1) 乱費する．(2) 心身をすり減らす．
  devoir une (*belle* [*fière*]) *chandelle à qn* …に大恩を受ける．
  (*en*) *voir trente-six* [*cent mille*] *chandelles*（頭を殴られて）目から火が出る，目がくらむ．
  faire des économies de bouts de chandelles（軽蔑して）わずかな出費を切り詰める，爪(つめ)に火をともすような倹約をする．
  Le jeu n'en vaut pas la chandelle. 骨折りがいがない，割りに合わない．

chanfrein /ʃɑ̃frɛ̃/ 男 ❶ 馬などの鼻づら．❷【建築】（金属，木材などの角をそいだ）隅切り（面），面取り．

chanfreiner /ʃɑ̃frene/ 他動【建築】〔部材〕を面取りする，平面を作る．

change /ʃɑ̃:ʒ/ シャンジュ 男 ❶ 両替; 両替所; 為替; 〖経済〗為替相場; 為替制度．▶ bureau de *change* 両替取引所 / la cote [cours] des *changes* 為替相場（表） / lettre de *change* 為替手形 / le marché des *changes* 為替市場 / opération de *change* 為替取引 / agent de *change* 証券の公認仲買人; 証券会社．
❷ 替わりのもの，替え．▶ un *change* complet （おむつカバーを兼ねた）紙おむつ．
  donner le change à qn (1) …に（巧みに）偽物を本物と信じ込ませる．(2) …をだます，たぶらかす．(3) …の注意［疑い］をそらす．
  gagner [*perdre*] *au change* 得［損］な交換をする．

changeable /ʃɑ̃ʒabl/ 形 取り替えられる，変更可能な．

change*ant, ante* /ʃɑ̃ʒɑ̃, ɑ̃:t/ 形 ❶ 変わりやすい; 気まぐれな．▶ temps *changeant* 変わりやすい天気．❷ さまざまに変化する．▶ tissu *changeant* 玉虫織の布．

changement /ʃɑ̃ʒmɑ̃/ シャンジュマン 男 ❶ 変化，変更; 交替，転換．▶ *changement* de temps 天候の変化 / *changement* d'adresse 住所変更 / *changement* de programme 計画の変更 / *changement* de gouvernement 政権交替 / *changement* d'air 転地 / *changement* de vitesse ギアチェンジ，変速（機） / Il y a eu beaucoup de *changements* ici: je ne reconnais plus rien. ここはすっかり変わってしまったなあ，もう何ひとつ見覚えがないよ．❷ 乗り換え，乗り継ぎ（=correspondance）．▶ A quelle gare est le *changement* ? どの駅で乗り換えますか．
  changement de décor (1) 舞台転換．(2) 場所を移すこと; 状況の変化，環境の一変．

changer /ʃɑ̃ʒe/ シャンジェ ②

過去分詞	changé	現在分詞	changeant
直説法現在	je change		nous changeons
	tu changes		vous changez
	il change		ils changent
複合過去	j'ai changé	半過去	je changeais
単純未来	je changerai	単純過去	je changeai

他動 ❶ …を変える，改める．▶ *changer* la société 社会を変える / *changer* le programme プログラムを変更する．◆ *changer* qc en qc …を…に変える．▶ *changer* qc en bien [mal] …を改善する［悪化させる］．◆ *changer* qc/qn de + 無冠詞名詞 …の…を変える．▶ *changer* qn de poste …の配置転換を行う / *changer* qc de place〔家具など〕の場所を変える．
❷ <*changer* qc (pour [contre] qc)> …を(…と)交換する，取り替える．▶ *changer* sa voiture pour une nouvelle 今の車を新車に買い替える / *changer* une ampoule 電球を取り替える / *changer* les assiettes pour la salade サラダを食べるために皿を替える．
❸ <*changer* qc (en [pour, contre] qc)> …を(…と)両替する; 小銭にする．▶ *changer* des dollars en [contre des] euros ドルをユーロに替える / *changer* un billet 紙幣をくずす．
❹ …を交替させる，更迭する．▶ *changer* le directeur commercial 営業部長を更迭する / *changer* le personnel 人事異動を行う．
❺〔人〕の様子を変える; 衣類を取り替える．▶ Ce chapeau la *change*. あの帽子をかぶると彼女は別人に見える / *changer* un malade 病人に着替えをさせる / *changer* un bébé 赤ん坊のおむつを替える．
  changer les idées à qn〔物が〕…の気分転換になる．▶ Allons au cinéma, ça te *changera* les idées. 映画に行こうよ，気分転換になるよ．
  changer quelque chose à qc …をどこか変える．▶ Tu *as changé quelque chose à* ta coiffure? 髪形を少し変えたのですか．
  ne rien changer à qc …をまったく変えない．▶ Cela *ne change rien à* l'affaire. そんなことをしても事情は全然変わらない / Vous *n'y changerez rien*. 話 もうどうにもなりません，仕方ありません．

— ***changer*** 間他動 <**changer de** + 無冠詞名詞> ❶ …を変える．▶ *changer* de coiffure 髪形を変える / *changer* de vitesse ギアチェンジする / *changer* de vêtements 着替える / *changer* de domicile 転居する / *changer* de sujet de conversation 話題を変える．❷〔列車，バスなど〕を乗り換える．注 しばしば目的語なしで用いられる．▶ *changer* de train 電車を乗り換える / *changer*

à Concorde コンコルドで乗り換える.
changer d'air 1 転地療養をする. (2) 話 移り住む, 別の土地に行って暮らす.
changer「***de couleur***［***de tête, de visage***］顔色［表情］を変える; 冷静さを失う.
Il n'y a que les imbéciles qui ne changent pas d'avis. 話 誤りを認めるのは賢明なことだ.

語法 〈changer qc〉と〈changer de ＋ 無冠詞名詞〉 この2つの表現はともに「…を替える, 取り替える, 変える」などと訳されるが, どういうふうに使い分けられるのだろうか

(1)〈changer qc〉は, まず形のうえから,〈changer A pour［contre］B〉という構文で使用されることが多い. 重要なのは, この構文が「Aが古くなったり汚れたりして駄目なので, Aと等価値のBにする」というニュアンスを持っていることである. このことは, 単に changer qc と言うだけでも当てはまる. *changer* les draps 汚れたシーツを新しいものと交換する. *changer* un billet de cent euros 100ユーロ紙幣を両替する(100ユーロ紙幣は使えないので, 細かいお金で等価額をもらう).

(2)〈changer de ＋ 無冠詞名詞〉の特徴は, まず形の点では, pour や contre に導かれる補語を伴わないということである. 意味的には, 「ほかのものの方がよいので, ある物や人をやめて, それと同じカテゴリーに属する物や人を採用する」ということを表わす. *changer* d'avis 意見を変える. *changer* de boulanger パン屋を替える(別のパン屋にする).

— ****changer*** 自動 ❶ 変わる, 変化する. ▶ Les choses ont changé. 事態は変わった / Elle a beaucoup changé, je ne la reconnais pas. 彼女はすっかり変わっていて私にはだれだか分からなかった / Les temps sont bien changés. 昔と今では雲泥の差がある(注)状態を強調するときは助動詞は être). ❷ 入れ替わる. ▶ Dans ce pays, le gouvernement *change* tous les trois mois. この国では3か月ごとに内閣が交替している.
changer du tout au tout すっかり変わる, 大変身する.
pour changer 話 (皮肉に)相変わらず. ▶ Et pour changer, il est encore en retard. いつものことながら, やつはまた遅刻だよ.

— ***se changer*** 代動 ❶ 着替える. ▶ *se changer* pour dîner 夕食のために着替える. ❷〈*se changer* en qc〉…に変わる.

changeur, euse /ʃɑ̃ʒœːr, øːz/ 图 両替商; (銀行の)両替係. — ***changeur*** 男 両替機.
chanoine /ʃanwan/ 男【カトリック】司教座聖堂参事会員.
chanoinesse /ʃanwanɛs/ 女【カトリック】盛式修道会修道女.
*chanson /ʃɑ̃sɔ̃/ シャンソン 女 ❶ 歌, 歌謡, シャンソン. ▶ chanter une *chanson* 歌を歌う / écrire［composer］des *chansons* 歌の作詞［作曲］をする / *chanson* d'amour ラブソング / *chanson* populaire 民謡; 歌謡曲 / *chanson* folklorique フォークソング, 民謡 / *chanson* à boire 酒を飲う歌 / *chanson* à succès ヒットソング / En France, tout finit par des *chansons*. フランスでは, 最後は必ず歌だ(ポーマルシェ). ❷ (中世フランスの)叙事詩, 叙情詩. ▶ *chanson* de geste 武勲詩 / *chanson* courtoise 宮廷風詩歌. ❸ 文章 (鳥などの)さえずり, 鳴き声; 耳に快い音. ❹ 話 (軽蔑して)口癖; 決まり文句. ▶ Il n'a qu'une *chanson*. まったくあいつときたら, ばかの一つ覚えだ / C'est toujours la même *chanson*. = On connaît la *chanson*. もうそのせりふは聞き飽きた.
L'air ne fait pas la chanson. 諺 (節だけでは小唄(こうた)にならぬ→)人は見かけによらぬ.
Voilà［***C'est***］***une autre chanson.*** また厄介なことが起きた; それは別の問題だ.

比較 歌
chanson 通俗的な歌を広く指す. **chant** chanson より荘重な歌曲を指す.

chansonnette /ʃɑ̃sɔnɛt/ 女 (小粋な, または風刺的な)軽い小曲, 小唄(こうた).
chansonnier, ère /ʃɑ̃sɔnje, ɛːr/ 图 シャンソニエ: 風刺的でユーモラスな自作の歌や小話を聴かせる舞台芸人. — 女性形は女師.

*chant¹ /ʃɑ̃/ シャン 男 ❶ 歌, 歌曲. ▶ *chant* choral 合唱曲 / *chant* grégorien グレゴリオ聖歌 / *chant* d'Eglise 聖歌, 賛美歌 / *chant* populaire 民衆歌, 俗謡. 比較 ⇨ CHANSON. ❷ 歌唱(法), 声楽. ▶ professeur de *chant* 声楽の先生 / apprendre le *chant* 声楽を学ぶ. ❸ (楽器の)音色; (鳥などの)鳴き声. ▶ écouter le *chant* des oiseaux 鳥のさえずりを聞く. ❹ (吟唱される)叙事［叙情］詩; 詩編, 詩歌. ▶ le premier *chant* de l'*Odyssée*「オデュッセイア」の第1歌.
au（***premier***）***chant du coq*** 夜明けに.
le chant du cygne 白鳥の歌, 最後の名作, 絶筆. 注 白鳥は死に際し, 美しい声で鳴くという.
chant² /ʃɑ̃/ 男【建築】長手: 直方体の切り石や煉瓦(れんが)の最長辺方向の幅の小さい面.
chantable /ʃɑ̃tabl/ 形 歌うことのできる, 歌いやすい.
chantage /ʃɑ̃taːʒ/ 男 ゆすり, 恐喝; 脅し. ▶ exercer un *chantage* sur un homme politique 政治家を恐喝する. ◆faire du *chantage* (à ＋ 定冠詞 ＋ 名詞)(…に訴えて)脅す. ▶ faire du *chantage* à l'affection 情につけ込んで脅す.
chantant, ante /ʃɑ̃tɑ̃, ɑ̃ːt/ 形 ❶ 歌うような, 響きのよい. ▶ Les Méridionaux ont un accent *chantant*. 南仏の人には抑揚豊かななまりがある. ❷ 歌いやすくて覚えやすい. ▶ une mélodie très *chantante* 口ずさみやすいメロディー. ❸ 主旋律を歌う. ▶ basse *chantante* バス・シャンタント(滑らかな旋律を歌うのに適した声を持つバス歌手).

*chanter /ʃɑ̃te/ シャンテ 自動

❶ 歌う. ▶ Vous *chantez* bien. あなたは歌がうまい / *chanter* juste 正しく歌う / *chanter* faux 調子外れに歌う / *chanter* en solo［en chœur］独唱［合唱］する. ❷〔鳥, 虫が〕鳴く, さえずる;〔物が〕音を立てる, 鳴る.
C'est comme si on chantait. 話 まったくむだだ, 何の効果もない.
faire chanter qn …を恐喝する, ゆする.

— 他動 ❶〔歌など〕を歌う. ▶ *Chantez*-nous

chanterelle

quelque chose. 私たちに何か歌ってください. ❷ 文章 …を歌で祝う, 詩歌でたたえる. ▶ *chanter* Noël クリスマスを祝って歌う. ❸ 話 〔軽蔑して〕〔くだらないこと〕を言う, ほざく. ▶ Qu'est-ce que tu nous *chantes* là? おまえは何をほざいているのだ.
chanter les louanges de qn/qc …を大いに褒めたたえる.
chanter victoire ⇨ VICTOIRE.
— 間他動 話〈*chanter* à qn〉…の気に入る. ▶ si ça vous *chante* もしよかったら / Il vient si ça lui *chante*. 彼は気が向けば来るよ / comme ça vous *chante* お好きなように.

chanterelle[1] /ʃɑ̃trɛl/ 囡 〖音楽〗シャントレル: 最高音の弦.
appuyer sur la chanterelle（相手を納得させるために）要点［急所］を突く.

chanterelle[2] /ʃɑ̃trɛl/ 囡 〖菌類〗アンズタケ: 食用キノコ.

*****chanteur, euse** /ʃɑ̃tœːr, øːz/ シャントゥール, シャントゥーズ 图 ❶ 歌い手, 歌手. ▶ *chanteuse* d'opéra (女性)オペラ歌手 / *chanteurs* d'église 聖歌隊員 / *chanteur* de charme（甘く感傷的な歌を歌う歌手, クルーナー / (同格的に) *chanteur* compositeur シンガーソングライター. ❷ maître(-)*chanteur* ゆすり屋. ❸〔形容詞的に〕oiseaux *chanteurs*（カナリアなどの）鳴禽(きん).

chantier /ʃɑ̃tje/ 男 ❶ 工事［作業, 建設〕現場. ▶ chef de *chantier* 現場監督 / travailler sur un *chantier* de construction 建設現場で働く / «*chantier* interdit au public»「工事中につき関係者以外立入禁止」/ *chantier* naval 造船所. ❷（建設資材, 石炭, 薪(まき)）置き場, 倉庫. ❸ 話 ごちゃごちゃした場所. ▶ Quel *chantier* dans ta chambre！足の踏み場もないね, 君の部屋は. ❹（酒樽(だる)の）置き台；（石, 木材を加工する）作業台；端艇架, ボートチョック. ▶ navire sur le *chantier* 建造［改修］中の船.
en chantier 作業中の, 進行中の. ▶ Il a deux livres *en chantier*. 彼は本を 2 冊執筆中だ.
mettre qc en [sur le] chantier …に着工する; 着手する. ▶ *mettre* un enfant *en chantier* 子供を身ごもる.
mise en chantier 着工; 着手. ▶ la *mise en chantier* d'un grand ensemble 団地の着工.

Chantilly /ʃɑ̃tiji/ 固有 シャンティイ: パリ北方の町.

chantilly /ʃɑ̃tiji/ 囡 〖菓子〗ホイップ・クリーム.

chantonnement /ʃɑ̃tɔnmɑ̃/ 男 鼻歌.

chantonner /ʃɑ̃tɔne/ 自動 鼻歌を歌う, ハミングする. — 他動 …をハミングする; 口ずさむ.

chantourner /ʃɑ̃turne/ 他動〔木, 金属板〕を輪郭どおりに切り抜く, 曲線状にひく.

chantre /ʃɑ̃tr/ 男 ❶（カトリック教会の）聖歌隊主席歌手;（プロテスタント教会の）聖歌隊員, カントール. ❷ 文章〈*chantre* de qc/qn〉…をたたえる者.

chanvre /ʃɑ̃ːvr/ 男 アサ, 大麻. ▶ *chanvre* de Manille マニラアサ.

chaos /kao/ 男 ❶ 大混乱, 無秩序. ▶ le *chaos* des immeubles effondrés 倒壊した家屋の瓦礫(がれき)の山. ❷（天地創造以前の）混沌(こんとん), カオス.

chaotique /kaɔtik/ 形 混沌(こんとん)とした, 混乱した; 乱雑な.

chapardage /ʃaparda:ʒ/ 男 話 盗み, くすね, い, 万引き.

chaparder /ʃaparde/ 他動 話〔あまり値打ちのないもの〕をくすねる, ちょろまかす (=chiper).

chapardeur, euse /ʃapardœːr, øːz/ 形 話 盗癖のある, 手癖の悪い.
— 名 話 こそ泥, 万引きの常習犯.

chape /ʃap/ 囡 ❶ 大外衣, カッパ: 祭式のとき聖職者が着用するので無しマント. ❷ 覆い, カバー. ❸（タイヤの）踏面, トレッド.

*****chapeau** /ʃapo/ シャポ;〔複〕**x** 男 ❶（縁付きの）帽子. ▶ mettre [enlever] son *chapeau* 帽子をかぶる［脱ぐ］/ *chapeau* de paille 麦わら帽 / *chapeau* de soleil 日よけ帽 / *chapeau* haut de forme シルクハット / *chapeau* melon 山高帽 / *chapeau* mou ソフト帽. ❷（キノコの）笠(かさ). ❸ 話（新聞, 雑誌の）リード: 見出しのあと, 本文の前に入れる短い前書き.
Chapeau ! 話 脱帽だ, すごい, まいった. ▶ Il a réussi？Eh bien *chapeau* ! うまくいったって. へえ, さすがだね.
chapeau bas 脱帽して; うやうやしく. ▶ saluer qn *chapeau bas* …にうやうやしく挨拶(あいさつ)する.
coup de chapeau 帽子を軽く持ち上げてする挨拶；敬意の表明. ▶ donner un *coup de chapeau* à qn 帽子を持ち上げて…に挨拶する[敬意を表する].
Je veux bien manger mon chapeau si … 話（もし…なら帽子を食べてみせます→）…などということは絶対にあり得ない.
porter le chapeau 失敗の責任を負わされる. ▶ faire *porter le chapeau* à qn …に責任をかぶせる.
sur les chapeaux de roues 話 全速力で.
tirer son chapeau à qn …にすっかり感服する, …に脱帽する.
travailler du chapeau 話 少し頭がおかしい.

chapeauté, e /ʃapote/ 形 帽子製造の.

chapeauter /ʃapote/ 他動 ❶〔人, 組織〕を取り仕切る, 統括する. ❷ …に帽子をかぶせる.

chapelain /ʃaplɛ̃/ 男 礼拝堂付き司祭〔牧師〕.

chapelet /ʃaplɛ/ 男 数珠；〔特に〕ロザリオ；ロザリオの祈り. ▶ dire [réciter] son *chapelet* ロザリオの祈りを唱える. ◆〈un *chapelet* de + 複数無冠詞名詞〉数珠つなぎの…, 一連の…. ▶ un *chapelet* d'îles 列島 / débiter un *chapelet* d'injures 悪口をまくし立てる.
débiter son chapelet 話 言いたいことを立て続けに言う.

chapelier, ère /ʃapəlje, ɛːr/ 名 帽子製造［販売〕業者; 帽子屋. 注 婦人帽を扱う業者は modiste ともいう. — 形 帽子製造［販売］の.

chapelle /ʃapɛl/ 囡 ❶（教区教会堂または大聖堂以外の）小教会堂, 礼拝堂. ▶ la Sainte-*Chapelle*（パリの）サント=シャペル / la *chapelle* Sixtine（バチカンの）システィナ礼拝堂. ⇨ ÉGLISE. ❷（病院, 学校, 私邸などの）付属礼拝堂, チャペル. ❸（教会堂内部の）祭室, 小聖堂: 側廊

後陣に設けられ, 聖人を祭る. ❹ *chapelle* ardente (埋葬までの)棺つきの安置所. ❺ maître de *chapelle* 教会合唱団長. ❻ (閉鎖的な)グループ, 仲間. ▶ avoir l'esprit de *chapelle* 排他的な仲間意識がある.

chapellerie /ʃapɛlri/ 囡 帽子製造[販売]業; 帽子屋[店].

chapelure /ʃaply:r/ 囡 パン粉.

chaperon /ʃaprɔ̃/ 男 ❶ (社交界などで若い女性に付き添う)介添えの婦人; 付き添い, 保護者. ▶ servir de *chaperon* à qn …の介添え役を務める. ❷ (中世の, 肩まで覆う)垂れ頭巾(ずきん). ▶ *Le Petit Chaperon rouge* (ペローの)「赤頭巾ちゃん」

chaperonner /ʃaprone/ 他動〖若い女性〗に付き添う, の介添え役を務める.

chapiteau /ʃapito/, (複) x 男 ❶ 柱頭. ▶ *chapiteau* dorique [ionique, corinthien] ドーリア[イオニア, コリント]式柱頭. ❷ (サーカスの)テント.

dresser le [*son*] *chapiteau* 俗 勃起している; セックスする.

***chapitre** /ʃapitr/ シャピトル/ 男 ❶ (本, 条約, 規則などの)章. ▶ le quatrième *chapitre* = *chapitre* quatre 第4章.

❷ (国, 公共体の予算の)項目, 編成部分. ▶ voter le budget par *chapitres* 予算を項目ごとに票決する. ❸ 主題, 問題. ▶ Changeons de *chapitre*. 話題を変えましょう / sur ce *chapitre* この点に関して. ❹ 司教座聖堂参事会; 教会参事会; 修道院参士会.

au chapitre de qc …に関して; の項[章]で. ▶ *aux chapitres des* faits divers 三面記事欄に.

avoir voix au chapitre 話 発言権を持つ.

sur le chapitre de qc …について, 関して. ▶ être très sévère *sur le chapitre de la* discipline 規律についてはとても厳格である.

chapitrer /ʃapitre/ 他動 …をしかる, 訓戒する.

chapon /ʃapɔ̃/ 男 去勢鶏; 食用にされる若鶏.

chaptalisation /ʃaptalizasjɔ̃/ 囡〖ワイン〗加糖, 補糖: アルコール分の供給などのため, 発酵前のブドウ液に糖分を添加する作業.

chaptaliser /ʃaptalize/ 他動〖ワイン〗〖発酵前のブドウ液〗に糖分を添加する.

***chaque** /ʃak/ シャク/ 形 (不定)(単数形のみ) (単数名詞の前で)

❶ それぞれの, 各々の; どの…も. ▶ *Chaque* élève a donné une fleur à sa maîtresse. 生徒は一人一人先生に花を贈った / *Chaque* homme naît libre. 人は皆, 生まれながらにして自由である / stationner de *chaque* côté de la rue 道の両側に駐車する.

❷ 毎…, …ごとに. ▶ *chaque* jour [semaine, mois, année] 毎日[週, 月, 年] / *chaque* trimestre 3か月ごとに / (à) *chaque* automne 毎年秋になると / aller à la messe *chaque* dimanche 毎日曜にミサに行く / à *chaque* instant 刻一刻と. ◆*chaque* + 基数詞 + 複数名詞 話 …ごとに, …おきに. ▶ *chaque* trois jours 3日ごと[2日おき]に (=tous les trois jours).

***chaque fois que* + 直説法 …するたびに. ▶ *Chaque fois* qu'elle passe devant le portrait de son fils mort, elle a le cœur fendu. 息子の遺影の前を通るたびに彼女の胸は張り裂けそうになる.
—— 代 (不定) 話〖名詞のあとで chacun の代わりに用いて〗それぞれ. ▶ Ces livres coûtent vingt euros *chaque*. これらの本はどれも20ユーロだ.

char /ʃa:r/ 男 ❶ 戦車, タンク (=*char* d'assaut, *char* de combat). ❷ (古代の)2輪馬車, 2輪戦車. ❸ (祭りなどの)花車, 山車(だし). ▶ *char* de carnaval カーニバルの山車. ❹ (牛馬が引く)4輪荷車. ▶ *char* à foin 干し草用の荷車 / *char* à bœufs 牛車.

char funèbre 文章 霊柩(れいきゅう)車 (=corbillard).

charabia /ʃarabja/ 男 わけの分からない言葉[文体]. ▶ le *charabia* administratif ちんぷんかんぷんなお役所言葉.

charade /ʃarad/ 囡 ❶ 言葉当て遊び: まず1音節ずつ, それから全体のヒントを出す (例: Mon premier est un métal précieux, mon second est un habitant du ciel, et mon tout est un fruit exotique.「私の頭は貴金属, 私の2番目の部分は天の住人, そして私の全体は外国産の果物」で, 答えは or + ange で orange). ❷ シャレード, ジェスチャー・ゲーム (=*charade* in action).

***charbon** /ʃarbɔ̃/ シャルボン/ 男 ❶ 石炭; 木炭, 炭 (=*charbon* de bois). ▶ *charbon* actif [activé] 活性炭 / mine de *charbon* 炭鉱. ❷ 石炭[炭]の粉.

aller au charbon 話 骨の折れる仕事をする.

être sur des charbons ardents 身を焼かれる思いだ, はらはら気をもんでいる.

charbonnage /ʃarbɔnaʒ/ 男 採炭; (複数で)炭田, 炭鉱. ▶ les *Charbonnages* de France フランス石炭公団.

charbonner /ʃarbɔne/ 他動 …を(炭などで)黒くする. —— 自動 (炎を上げずに)炭化する, いぶる.

charbonneux, euse /ʃarbɔnø, ø:z/ 形 炭[石炭]に似た, 炭[石炭]のように黒い, 黒く汚れた.

charbonnier, ère /ʃarbɔnje, ɛ:r/ 形 石炭業の. ▶ industrie *charbonnière* 石炭産業.
—— 名 ❶ 石炭商, 炭屋; 炭焼き人. ❷ (19世紀イタリアの)カルボナリ党員.

la foi du charbonnier 素朴な信仰.

—— **charbonnier** 男 運炭船, 石炭船.

charcuter /ʃarkyte/ 他動 話 ❶ …に下手くそな手術を施す, を切り刻む. ❷〖原文〗をずたずたにする, めちゃくちゃに変えてしまう.

***charcuterie** /ʃarkytri/ シャルキュトリ/ 囡 ❶ 豚肉店; 豚肉加工業. ▶ acheter du jambon à la *charcuterie* 豚肉屋でハムを買う. ❷ 豚肉加工食品 (ソーセージ, ベーコン, パテなど).

***charcutier, ère** /ʃarkytje, ɛ:r/ シャルキュティエ, シャルキュティエール/ 名 豚肉加工業者, 豚肉屋.
—— 形 豚肉加工の.

chardon /ʃardɔ̃/ 男〖植物〗アザミ.

chardonneret /ʃardɔnrɛ/ 男〖鳥類〗ゴシキヒワ.

charentais, aise /ʃarɑ̃tɛ, ɛ:z/ 形 シャラント Charente 県の.
—— **Charentais, aise** 名 シャラント県の人.

Charente /ʃarɑ̃:t/ 固有 囡 ❶ シャラント県 [16]: フランス西部. ❷ シャラント川: フランス中部リムーザ

Charente-Maritime

ン高地に発し大西洋に注ぐ.
Charente-Maritime /ʃarɑ̃tmaritim/ 固有 女 シャラント=マリティム県 [17]：フランス西部.

*__charge__ /ʃarʒ シャルジュ/ 女 **1** **❶** 荷, 積み荷；積載量；荷重, 重み. ▶ la *charge* utile d'un véhicule 車両の有効積載量 / *charge* maximale 最大積載量 / fléchir sous la *charge* 重みでたわむ. **❷** 充電；電荷, 電気量 (=*charge* électrique). ▶ mettre un accumulateur en *charge* 蓄電池に充電する / Cette batterie ne tient plus la *charge*. このバッテリーはもう充電が効かない. **❸** (鉄砲などに詰めた)火薬の量, 装薬量；(燃料の)投入量. ▶ *charge* nucléaire (原子炉に装荷された)核燃料；核弾頭.

2 **❶** 負担. ▶ Ce travail n'est pas une *charge* pour moi. 私にこの仕事が苦にならない / Cinq enfants, c'est une lourde *charge*. 5人の子供, これを扶養するのはたいへんだ. **❷** 責任, 職責, 任務；(公)職. ▶ *charge* publique 公職 / On m'a confié la *charge* de diriger cette équipe. 私はこのチームを指揮する役目を負わされた / une *charge* de notaire 公証人の職. ◆ avoir la *charge* de qc/qn …の責任を負っている. **❸** (被告に)不利な要素［証言, 証拠］. ▶ témoin à *charge* 検察側証人.

3 《複数で》 **❶** 金銭的負担, 出費；税負担. ▶ avoir de grosses *charges* familiales 家計にお金がかかる, 扶養家族が多い / supporter de lourdes *charges* 多額の出費を負担する. **❷** (借家人が負担する)雑費, 管理費. ▶ *charges* comprises (貸家広告などで)雑費込み / *charges* locatives 賃借人負担の費用. **❸** *charges* sociales (事業主の)社会保障負担分.

4 **❶** 戯画；風刺. ▶ Ce dessin est une *charge* de la vie américaine. このデッサンはアメリカ人の生活を風刺したものだ. **❷** 猛攻撃；(白兵戦での)突撃；[古風] 突撃のらっぱ [太鼓].

à *charge* de revanche 対等のお返しをするという条件で. ▶ J'accepte ton invitation *à charge de revanche*. 次は私のおごりということで今回は御馳走(を)しておきます.
à *charge* (pour qn) de ＋ 不定詞 (…が)…するという条件で. ▶ *à charge pour* lui *de* payer 彼が支払ってくれるのならば.
avoir qn à (sa) *charge* …を扶養する.
être à *charge* à qn …の負担になる. ▶ Elle est si maladive que les moindres travaux ménagers lui *sont à charge*. 彼女はひどく病気がちなのでちょっとした家事もこたえる.
être à la *charge* de qn (1) …に扶養されている. (2) …に支払い義務がある. ▶ L'entretien de l'immeuble *est à la charge du* locataire. 建物の維持費は借家人持ちである.
prendre qc/qn en *charge* (1) …の費用を負担する. ▶ Votre voyage *sera pris en charge* par l'organisateur. 旅費は主催者が負担します. (2) …を引き受ける, の面倒をみる；を扶養する. (3) [タクシー, 運転手が客]を乗せる.
prise en *charge* (1) 世話；扶養. (2) (タクシーの)初乗り運賃, 基本料金. (3) (社会保障の)払い戻し.
revenir [retourner] à la *charge* (失敗しても)根気よく試みる, やり直す.

chargé, e /ʃarʒe/ 形 <*chargé* (de qc/qn)> **❶** (…を)積んだ, 持った. ▶ cheval *chargé* 荷物を背負った馬. **❷** (…を)装備(誌)された, セットされた；充電された. ▶ fusil *chargé* 弾を込めた銃. **❸** (…で)覆われた, いっぱいの；過度の；[日程が]過密な, 多忙な. ▶ 「un ciel [un temps] *chargé* 曇天 / un homme *chargé* de dettes 借金だらけの男 / une décoration *chargée* くどすぎる装飾 / un emploi du temps *chargé* 詰まった日程 / une journée très *chargée* 多忙な1日. **❹** (…について)責任のある. ▶ un avocat *chargé* d'une affaire importante 大事件担当の弁護士. **❺** (…で)重苦しい. ▶ avoir l'estomac *chargé* 胃がもたれる. **❻** 誇張された. ▶ un portrait *chargé* 人物の風刺画. **❼** lettre *chargée* (有価証券を入れた)保険付き書状.
— 名 **❶** *chargé* d'affaires 代理大使. **❷** *chargé* de cours (大学の)非常勤講師. **❸** *chargé* de mission 特別な任務を帯びた官吏 [閣僚].

*__chargement__ /ʃarʒəmɑ̃ シャルジュマン/ 男 **❶** (車両, 船舶などに)荷物を積むこと, 荷物の積載；積み荷. ▶ Attention, le *chargement* est mal fixé. あぶない, 積み荷の固定が不十分だ. **❷** (弾薬, フィルムなどの)装填(誌)；補充. **❸** [情報] データをロードすること.

:__charger__ /ʃarʒe シャルジェ/ [2] 他動

過去分詞	chargé	現在分詞	chargeant
直説法現在	je charge	nous chargeons	
	tu charges	vous chargez	
	il charge	ils chargent	
複合過去	j'ai chargé	半過去	je chargeais
単純未来	je chargerai	単純過去	je chargeai

❶ [乗り物]に荷を積む；[人]に荷を運ばせる. ▶ *charger* un camion トラックに荷を積む. ◆ *charger* qc/qn de qc …に…を積み込む；持たせる. ▶ *charger* un navire de charbon 船に石炭を積む.
❷ [荷物]を積む；[話] [人]を乗せる. ▶ *charger* un sac sur son épaule 袋を肩に担ぐ / Trouvez vite le taxi qu'*a chargé* l'assassin. 殺人犯を乗せたタクシーを早急に割り出せ.
❸ …に(必要なものを)装填(誌)する；充電する. ▶ *charger* un appareil photo カメラにフィルムを入れる / Le revolver *est chargé*, n'y touche pas. 弾を込めてあるからピストルには触るな.
❹ <*charger* qc/qn de qc> …を…でいっぱいにする；…を負わせ, 課す. ▶ *charger* le peuple d'impôts 国民に課税する.
❺ <*charger* qn de qc/ 不定詞> …に…の役目を負わせる, を担当させる. ▶ *charger* son enfant d'un petit travail 子供にちょっとした用事を言いつける / On l'*a chargé* de recevoir les visiteurs. 彼は接待係を言いつかった.
❻ …の負担になる, に重くのしかかる. ▶ La trahison envers son ami *charge* sa conscience. 友人を裏切ったことが彼(女)の良心の呵責(誌)になっ

ている / plat qui *charge* l'estomac 胃にもたれる料理. ❼ …に突撃する, 襲いかかる. ▶ Le sanglier aux abois *a chargé* les chiens. 追い詰められた猪(いのしし)と犬に襲いかかった / 《目的語なしに》 *Chargez*! 突撃. ❽ …に罪を負わせる, 不利な証言をする; の悪口をたたく. ❾ …を誇張する, 戯画化する. ❿〖情報〗…をロードする.
— **se charger** 代動 ❶ ‹*se charger* de qc /qn/不定詞›…を引き受ける, 担当する; の責任を負う. ▶ Je me chargerai de vos enfants pendant votre absence. あなた方の留守中, 子供の面倒を見てあげましょう / Elle *s'est chargée* de louer les places. 彼女が席を手配してくれた / *se charger* d'une faute 他人の過失の責任を負う. ❷ 荷が積み込まれる; セットされる. ▶ Cet appareil ne *se charge* pas automatiquement. このカメラはフィルムが自動的に装填されない.

chargeur, euse /ʃarʒœːr, øːz/ 名 ❶ 荷役作業員. ❷ (船荷の)荷主. ❸ (大砲などの)装填(そうてん)手. — **chargeur** 男 ❶ 装填装置; (小銃などの)弾倉. ❷ 充電器. ❸ (フィルムの入った)マガジン, マガジンケース.

charia /ʃarja/ 男 シャリア, イスラム法.

chariot /ʃarjo/ 男 ❶ (4 輪の)荷車; (空港, 駅, スーパーマーケットなどの)荷物運搬車; (台所用)ワゴン. ▶ *chariot* à bagages 手荷物運搬用カート / *chariot* de supermarché スーパーのカート / *chariot* élévateur フォークリフト / *chariot* à desserte キッチンワゴン. ❷ (機械の)移動部分. ▶ *chariot* de machine à écrire タイプライターのキャリッジ. ❸〖映画〗(移動撮影用の)移動車.

charismatique /karismatik/ 形 カリスマの; カリスマ的な力を持った, 教祖的な.

charisme /karism/ 男 (一般大衆に影響力, 支配力を及ぼす)カリスマ性.

charitable /ʃaritabl/ 形 慈善を施す; 慈悲深い, 情深い. ▶ œuvres *charitables* 慈善事業 / Vous n'êtes pas très *charitable* envers lui. あなたは彼にはあまり思いやりがない.

charitablement /ʃaritabləmɑ̃/ 副 (しばしば皮肉に)慈悲深く, 親切にも.

***charité** /ʃarite/ 女 ❶ 隣人愛; 思いやり, 情け. ▶ Faites-moi [Ayez] la *charité* de m'écouter. お願いです, 私の話を聞いてください / Il a eu la *charité* de ne pas relever mon erreur. ありがたいことに彼は私の誤りをあげつらったりしなかった. ❷ 慈善, 奉仕; 施し (=aumône). ▶ œuvre de *charité* 慈善事業 / vente [fête] de *charité* チャリティーバザー / faire [demander] la *charité* à qn …に施しを与える [乞う]. ❸〖神学〗愛徳, カリタス: 三徳(信 foi, 望 espérance, 愛 charité)の一つ.

charivari /ʃarivari/ 男 けたたましい物音.

charlatan /ʃarlatɑ̃/ 男 ❶ いかさま治療師, やぶ医者. ❷ 山師, ぺてん師, いかさま師.

charlatanisme /ʃarlatanism/ 男 いかさま, ぺてん.

Charleville-Mézières /ʃarləvilmezjeːr/ 固有 シャルヴィル=メジエール: Ardennes 県の県庁所在地.

charlot /ʃarlo/ 男 ❶ 《Charlot》チャップリン. ❷ 話 不真面目な男.

charlotte /ʃarlɔt/ 女 シャルロット: 丸い型に食パンやビスケットを張りつけ, 中に果物やクリームを詰めたデザート.

*charm**ant, ante** /ʃarmɑ̃, ɑ̃ːt/ シャルマン, シャルマーント/ 形 ❶ かわいい, すてきな, 魅力的な, 感じのよい. ▶ le prince *charmant* おとぎ話のすてきな王子様; 女性にとっての理想の男性 / une jeune fille *charmante* チャーミングな女の子 / Merci pour cette soirée *charmante*. すてきな夜のひとときをありがとう / un petit hôtel *charmant* au bord du lac 湖畔の瀟洒(しょうしゃ)なホテル. ❷ (皮肉に)結構な. ▶ Il a plu pendant toutes mes vacances; c'était *charmant*! 休暇中ずっと雨続きでね, 結構な休暇だったよ.

*charme[1] /ʃarm/ シャルム/ 男 ❶ 魅力. ▶ Il n'est pas beau, mais il a du *charme*. 彼は美男ではないがどこか魅力がある / Le climat tempéré, c'est ce qui fait le *charme* de cette région. 穏やかな気候, それがこの地方だ / subir le *charme* de qn/qc …に魅せられる. ❷ (複数で) 古風 肉体的魅力, 色香.

de charme 魅惑の. ▶ un chanteur *de charme* (甘く感傷的に歌う)魅惑の歌手, クルーナー / magazine *de charme* お色気雑誌.

être sous le charme de qn/qc …に魅了されている.

faire du charme (**à qn**) 話 (…に)魅力を振りまく, 色目を使う.

offensive [opération] de charme 魅力攻撃 [作戦]. (愛想をふりまいて人を魅了すること)

rompre le charme 幻想を打ち砕く, 現実に引き戻す.

se porter comme un charme 話 元気潑剌(はつらつ)としている.

charme[2] /ʃarm/ 男〖植物〗クマシデ.

charmer /ʃarme/ 他動 ❶ …を魅了する, 楽しませる. ▶ Ce livre nous *a charmés*. 我々はすっかりこの本が気に入った. ❷ ‹*être charmé* de qc /不定詞›(儀礼的表現で)…してうれしい. ▶ Je *suis charmé* de faire votre connaissance. お知り合いになれてうれしく存じます. ❸ *charmer* un serpent (蛇使いが)(笛で)蛇を踊らせる.

charmeur, euse /ʃarmœːr, øːz/ 名 ❶ 魅惑する人, 魅力的な人. ❷ *charmeur* de serpents 蛇使い. — **charmeur** 形 魅惑的な.

charmille /ʃarmij/ 女 (トンネル状になった)クマシデの並木道.

charnel, le /ʃarnɛl/ 形 肉体の; 肉欲の, 官能の. ▶ désirs *charnels* 肉欲 / amour *charnel* 性愛.

charnellement /ʃarnɛlmɑ̃/ 副 肉体的に; 肉欲で.

charnier /ʃarnje/ 男 死体置き場; 納骨堂.

charnière /ʃarnjɛːr/ 女 ❶ 蝶番(ちょうつがい). ❷ 接点, 転換点, 変わり目. ▶ 《同格的に》 période *charnière* 転換期 / œuvre *charnière* ターニングポイントとなる作品 / groupe *charnière* (キャスティングボートを握る)中間的党派. ◆à la *charnière* de qc

charnu

…の接点[変わり目]に. ▶ être à la *charnière* de deux époques 2つの時代のはざまにいる.

charnu, e /ʃarny/ 形 ❶ 肉でできた; 肉付きのよい. ▶ lèvres *charnues* 分厚い唇. ❷ fruit *charnu* 多肉果, 液果(洋梨, 桃など).

charognard /ʃarɔɲa:r/ 男 ❶ ハゲタカ. ❷ 俗 (人の不幸を食い物にする)悪党, 人でなし.

charogne /ʃarɔɲ/ 女 ❶ (動物の)腐った死骸(がい), 腐肉. ❷ 俗 ろくでなし, 悪党.

charolais, aise /ʃarɔlɛ, ɛ:z/ 形 シャロレー地方(牛肉の名産地)の. ▶ bœuf *charolais* シャロレー牛. ─ シャロレー牛.

charpente /ʃarpɑ̃:t/ 女 ❶ (建造物の)骨組み; 屋根組み(=*charpente* de toit). ❷ (人体の)骨格. ▶ Il a la *charpente* solide. 彼はがっしりした体格をしている. ❸ (文学作品などの)骨組み, 構成(=structure).

charpenté, e /ʃarpɑ̃te/ 形 bien [solidement] *charpenté* (人が)がっしりした;〔文学作品などが〕構成がしっかりした.

charpenter /ʃarpɑ̃te/ 他動 ❶ (骨組み用に)〔木材〕を切る, 削る. ❷〔作品, 演説など〕の骨組みを作る.

charpentier /ʃarpɑ̃tje/ 男 大工.

charpie /ʃarpi/ 女 (昔の)綿撒糸(さん): 古布をほぐしてガーゼの代わりに使ったもの.
en charpie ずたずたの, ぼろぼろの. ▶ viande *en charpie* 煮崩れた肉 / mettre qc/qn *en charpie* …をずたずたにする; をひどい目に遭わせる.

charretée /ʃarte/ 女〈une *charretée* de + 無冠詞名詞〉❶ 荷車1台分の…. ▶ une *charretée* de foin 荷車1台分の干し草. ❷ 話 多量の….

charretier, ère /ʃartje, ɛ:r/ 名 荷車引き.

charrette /ʃarɛt/ 女 ❶ (2輪の)荷車, 荷馬車. ▶ *charrette* à bras 人力荷車. ❷ 話 (解雇, 追放された)一団. ▶ Le patron prépare des *charrettes* de licenciements. 経営者は大幅な人減らしを考えている. ❸ 話 (建築・広告・通信関係の仕事で, 完成前の)最後の追い込み.
être (en) charrette 急ぎの仕事で山ほどある.

charriage /ʃarja:ʒ/ 男 ❶ 荷車での運搬; (川による土砂などの)運搬. ❷ 俗 かつぐこと, ぺてん.

charrier /ʃarje/ 他動 ❶ …を荷車で運搬する. ❷〔川が土砂, 水塊などを〕運ぶ, 押し流す. ❸ 俗 …をかつぐ, からかってだます.
─ 自動 俗 冗談が過ぎる, 大げさに言う. ▶ Tu *charries*! うそをつけ.

charroi /ʃarwa/ 男 荷車(chariot, charette)による運搬.

charroyer /ʃarwaje/ 10 他動 …を荷車で運ぶ(=charrier).

charrue /ʃary/ 女 (車輪付きの)犂(すき), プラウ.
mettre la charrue avant [devant] les bœufs (牛の前に犂をつける→)しかるべき手順を踏まない, 本末を転倒する.

charte /ʃart/ 女 ❶ (多く Charte)憲章. ▶ la *Charte* des Nations unies 国連憲章 / la Grande *Charte* マグナ・カルタ. ❷ (中世の)証書, 文書; 勅許状. ▶ l'Ecole (nationale) des *chartes* (パリの)古文書学校.

charter /ʃartɛ:r/ 男《英語》チャーター機, チャーター便. ▶ vol *charter* チャーター便 / prix *charter* チャーター便料金 / train *charter* 貸し切り列車.

chartisme /ʃartism/ 男 チャーチスト運動: 1837-48年労働者の地位向上を唱えた英国の急進主義運動.

chartiste¹ /ʃartist/ 名 (パリの)古文書学校の学生[卒業生].

chartiste² /ʃartist/ 形, 名 チャーチスト運動の(参加者, 支持者).

chartrain, aine /ʃartrɛ̃, ɛn/ 形 シャルトル Chartres の; シャルトル大聖堂の.
─ **Chartrain, aine** 名 シャルトルの人.

Chartres /ʃartr/ 固有 シャルトル: Eure-et-Loire 県の県庁所在地.

chartreux, euse /ʃartrø, ø:z/ 名《カトリック》カルトゥジオ会修道者.
─ **chartreuse** 女 ❶ シャルトルーズ: グランド・カルトゥジオ会修道院で作るリキュール. ❷ カルトゥジオ会修道院. ▶ la Grande *Chartreuse* グランド・カルトゥジオ会修道院.

chas /ʃa/ 男 (針の)穴, 針孔(き).

*chasse /ʃas/ シャス 女 ❶ 狩り, 狩猟; 採集. ▶ aller à la *chasse* au canard カモ猟に行く / *chasse* au fusil 鉄砲猟 / *chasse* aux champignons キノコ狩り / *chasse* à courre (銃なしに)猟犬で獲物を追いつめる狩. ◆ de *chasse* 狩猟(用)の. ▶ chien [fusil] de *chasse* 猟犬[猟銃]. ❷ 猟期; 狩り場. ▶ La *chasse* est ouverte [fermée]. 狩猟シーズンが始まった[終った] / *chasse* réservée 禁猟区 / *chasse* gardée (一般人立ち入り禁止の)監視付き狩猟地; 所有者専用狩猟地. ❸ 獲物, 猟の成果. ▶ faire bonne *chasse* 獲物をたくさんにする. ❹ 追求, 追跡; 撃退, 排斥. ▶ être à la *chasse* de livres rares 珍本をあさる. ◆ *chasse* à qn/qc …の追求; 排除. ▶ *chasse* à l'homme (犯人などの)追跡 / faire la *chasse* aux honneurs 名誉を追い求める / faire la *chasse* aux fraudeurs 脱税者[密輸入者]の摘発に乗り出す. ❺《軍 事》追 撃; 戦 闘 機 隊(=aviation de *chasse*). ▶ avion de *chasse* 戦闘機. ❻ (トイレの)水洗装置;〔下水, 運河を清掃するための〕放水(=*chasse* d'eau). ▶ actionner [tirer] la *chasse* d'eau トイレの水を流す.

chasse aux sorcières (1) 魔女狩り. (2) (一般に)反対派の追放, 粛清. (3) (1950-55年ごろの米国の共産主義者追放運動, 赤狩り, レッドパージ.

donner la chasse à qn …を追いかける.

être en chasse (1)〔犬が〕獲物を追いかける. (2)〔発情期の雌が〕雄を追う(=être en chaleur).

prendre qn/qc en chasse …を追跡[追撃]する.

Qui va à la chasse perd sa place. 諺 留守をすると居場所を取られる.

se mettre en chasse 探し始める. ▶ se *mettre en chasse* pour trouver un emploi 勤め口を見つけようと駆け回る.

châsse /ʃɑ:s/ 女 (聖者の遺体, 遺物を納めてある)聖遺物箱.

chassé-croisé /ʃasekrwaze/ ;《複》~s-s-s 男 ❶《ダンス》クロスシャッセ. ❷ (ちぐはぐな)やりと

り；(人と会うときの)行き違い．❸ (立場, 地位などの)交換．

chasselas /ʃɑsla/ 男 シャスラ: 黄金色をした生食用ブドウ．

chasse-neige /ʃɑsnɛːʒ/ 男 (単複同形)(機関車などにつける)除雪機; 除雪車．

***chasser** /ʃase/ シャセ/

[英仏そっくり語]
英 to chase 追跡する．
仏 chasser 狩る, 追う．

他動 ❶ …を狩る, 狩り立てる． ▶ *chasser* le lièvre 野ウサギ狩りをする．

❷ …を追う, 追い払う． ▶ *chasser* les vaches aux champs 牛を牧場へと追い立てる / *chasser* les mouches de la main 手でハエを追う / *chasser* des idées noires de son esprit 暗い考えを頭から払いのける / *chasser* un employé 従業員を首にする． ❸ …を追い求める, あさる． ▶ *chasser* les autographes (スターの)サインを集める．

— 自動 ❶ 狩りをする． ▶ *chasser* au fusil 鉄砲で狩りをする． ❷ (車が)横滑りする, スリップする． ▶ Les roues *ont chassé* sur le verglas. 氷でタイヤがスリップした． ❸ 押し流される． ▶ Les nuages *chassent* du sud. 雲は南から流れている．

chasseresse /ʃɑsrɛs/ 形 (女性形のみ) 詩語 狩りをする． ▶ Diane *chasseresse* 狩りをする女神ディアナ． — 名 詩語 女狩人(かりゅうど)．

chasseur, euse /ʃɑsœːr, øːz/ 名 ❶ 猟師, 狩人(かりゅうど)．注 女性形は稀． ▶ *chasseur* sans permis 密猟者． ❷ (*chasseur* de + 無冠詞名詞)…を追い求める人, の収集家． ▶ *chasseur* d'objets d'art 美術品マニア．

chasseur de têtes 語 ヘッドハンター．
chasseur d'images 映像の狩人: 新しい[珍しい]被写体を追い求める写真家や映画人．

— **chasseur** 男 ❶ (ホテルなどで制服を着た)ボーイ (=groom)．
❷ 戦闘機 (=avion de chasse); 戦闘機乗り．
❸ (歩兵隊や騎兵隊の)兵士．

chassie /ʃasi/ 女 目やに．
chassieux, euse /ʃasjø, øːz/ 形, 名 目やにの出ている(人)．

châssis /ʃɑsi/ 男 ❶ (窓, 扉などの)框(かまち); (絵の)カンバス枠; (温室などの)フレーム． ❷ シャーシー, 車台． ❸ 俗語 un beau *châssis* 女性の見事な体．

chaste /ʃast/ 形 (ときに名詞の前で) 純潔[清純]な; 貞淑な． ▶ un amour *chaste* 純愛 / choquer de *chastes* oreilles (下品な話などで)うぶな人を驚かす．

chastement /ʃastəmɑ̃/ 副 清らかに． ▶ baisser les yeux *chastement* 恥ずかしそうに目を伏せる．

chasteté /ʃastəte/ 女 純潔, 貞潔． ▶ ceinture de *chasteté* (中世の)貞操帯 / faire vœu de *chasteté* [聖職者の]貞潔の誓願をする．

chasuble /ʃazybl/ 女 ❶ カズラ: 司祭がミサで羽織る袖()無しの外衣． ❷ robe *chasuble* (婦人の)ジャンパードレス．

***chat¹, chatte** /ʃa, ʃat シャ, シャット/ 名 ❶ 猫; ネコ科の動物． ▶ J'ai un *chat*. 私は猫を飼っている / *chat* de gouttière ありきたりの猫, 雑種の猫 / *chat* siamois [persan] シャム[ペルシア]猫 / *chat* sauvage ヨーロッパヤマネコ / Le *chat* miaule. 猫はにゃあと鳴く． ❷ 語 (愛情表現で)かわいい人． ▶ mon *chat* ねえ． ❸ (男性形で)鬼ごっこ; 鬼． ▶ jouer à *chat* 鬼ごっこをする(タッチされた者が今度は鬼 chat になる)．

A bon chat, bon rat. 諺 (よい猫にはよいネズミ →)敵もさるもの, 好敵手．
appeler un chat un chat (猫を猫と呼ぶ→)率直に[ずけずけと]ものを言う, 歯に衣(きぬ)着せぬ．
avoir un chat dans la gorge 喉(のど)がつかえる, 急に声がしわがれる．
Chat échaudé craint l'eau froide. 諺 (熱湯でやけどした猫は水まで恐れる →)羹(あつもの)に懲りて膾(なます)を吹く．
donner sa langue au chat (解決法が見つからず)さじを投げる．
être [*se faire*] *chatte* (女性が)甘え上手である[甘える]．
être [*vivre*] *comme chien et chat* 犬猿の仲である．
Il n'y a pas de quoi fouetter un chat. それは大したことではない, 目くじらをたてることではない．
La nuit tous les chats sont gris. 諺 夜になると物の区別がつかなくなる．
Quand le chat n'est pas là, les souris dansent. 諺 (猫がいないとネズミが踊る→)鬼のいぬ間の洗濯．
Il n'y a pas un chat. 語 人っ子一人いない．

chat² /tʃat/ 男 (英語) 『情報』 チャット: インターネット上でメッセージをリアルタイムにやりとりすること．

châtaigne /ʃɑtɛɲ/ 女 ❶ 栗(くり)(の実) (=marron)． ❷ 俗 (顔面への)一発, げんこ．
châtaigneraie /ʃɑtɛɲrɛ/ 女 栗(くり)林, 栗園．
châtaignier /ʃɑtɛɲje/ 男 栗(くり)の木．
châtain, aine /ʃɑtɛ̃, ɛn/ 形 栗(くり)色の; 栗色の髪の． ▶ une femme *châtain(e)* 栗色の髪の女．注 不変形容詞として用いられることも多い．特に女性形は稀． — **châtain** 男 栗色．

***château** /ʃɑto シャトー/; (複) **x** 男 ❶ 城, 城館, 宮殿． ▶ le *château* de Versailles ヴェルサイユ宮殿 / visiter les *châteaux* de la Loire ロアール地方の城を巡る / *château* fort 中世の城塞(じょうさい)． ❷ (田舎の)大邸宅, 広壮な別荘． ❸ 『ワイン』 シャトー: ブドウ栽培から瓶詰めまでを行うボルドー地方のブドウ園． ❹ *château* d'eau 貯水塔, 給水塔．

bâtir [*faire*] *des châteaux en Espagne* 実現不可能な計画を立てる．
château de cartes (1)トランプで組み立てた城. (2)もろいもの, 空中楼閣．
vie de château 優雅で豪勢な生活． ▶ mener une *vie de château* 大名暮らしをする / C'est la *vie de château*, pourvu que ça dure! (反語)(体罰を課す際などに)どうぞ楽しいだろう, もってやりたいか．

chateaubriand /ʃɑtobrijɑ̃/, **châteaubriant** 男 『料理』 シャトーブリアン: 分厚い牛ヒレ肉の網焼きステーキ．

Chateauroux /ʃɑtoru/ 固有 シャトールー: Indre 県の県庁所在地.

châtelain /ʃatlɛ̃/ 男 城主；大邸宅の主.

châtelaine /ʃatlɛn/ 女 城主の奥方；大邸宅の女主人.

chat-huant /ʃaɥɑ̃/；(複) ～s-～s 男 〖鳥類〗モリフクロウ.

châtier¹ /ʃatje/ 他動 文章 ❶ …を厳罰に処する，に制裁を加える. ▶ *châtier* l'insolence de qn …の無礼を懲らしめる. ❷ *châtier*「son style [ses écrits] 文体［文］を推敲(すいこう)する.
Qui aime bien châtie bien. 諺 (よく愛する者は厳しく罰する→) 愛するがゆえの鞭(むち).

chatière /ʃatjɛːr/ 女 (扉の下部の) 猫の出入り口；(屋根の)換気口；(洞窟(どうくつ)などの)細い抜け穴.

châtiment /ʃatimɑ̃/ 男 罰，懲罰. ▶ *châtiment* corporel 体罰.

chatoiement /ʃatwamɑ̃/ 男 (宝石や布地などの)玉虫色の輝き.

chaton¹ /ʃatɔ̃/ 男 ❶ 子猫. ❷ 〖植物学〗尾状花序：ヤナギの穂など.

chaton² /ʃatɔ̃/ 男 (指輪の)伏せ込み枠；宝石を留める金具の枠.

chatouille /ʃatuj/ 女 (多く複数で) くすぐること；くすぐったさ. ▶ faire des *chatouilles* à qn …をくすぐる / craindre les *chatouilles* くすぐったがり屋である.

chatouillement /ʃatujmɑ̃/ 男 ❶ くすぐり；くすぐったさ. ▶ craindre le *chatouillement* くすぐったがり屋である. ❷ むずむず［ちくちく］する感じ. ▶ éprouver un *chatouillement* dans la gorge 喉(のど)がいがらっぽい.

chatouiller /ʃatuje/ 他動 ❶ …をくすぐる；ちくちく刺激する. ▶ Ça me *chatouille*. くすぐったい / *chatouiller* qn à la plante des pieds …の足の裏をくすぐる / Ce tricot me *chatouille*. この毛糸のセーターはちくちくする. ❷ 〔五感〕に快い刺激を与える. ▶ Ce parfum *chatouille* l'odorat. この香水はえも言われぬ香りがする. ❸ …をそそる，かき立てる；刺激する. ▶ *chatouiller* l'amour-propre de qn …の自尊心をそそる / *chatouiller* qn à l'endroit sensible …を喜ばせる.

chatouill*eux, euse* /ʃatujø, øːz/ 形 ❶ くすぐったがりの. ▶ Je suis spécialement *chatouilleux* des côtes. 僕はわき腹が特にくすぐったい. ❷ 過敏な，神経質な. ▶ Il est *chatouilleux* sur ce sujet. そのことになると彼はすぐぴりぴりする.

chatouillis /ʃatuji/ 男 話 軽くくすぐること.

chatoy*ant, ante* /ʃatwajɑ̃, ɑ̃ːt/ 形 玉虫色に光る，きらめく.

chatoyer /ʃatwaje/ 10 自動 玉虫色に光る；〔表現などが〕多彩にきらめく.

châtrer /ʃɑtre/ 他動 ❶ 〔動物〕を去勢する.
❷ 〔作品〕を一部削除［カット〕する.

chattemite /ʃatmit/ 女 話 文章 猫かぶりの人. ▶ faire la *chattemite* 猫をかぶる.

chatter /tʃate/ 自動 〖情報〗チャットをする.

chatterie /ʃatri/ 女 ❶ 甘いもの，甘味類.
❷ 甘えた態度；追従(ついしょう)，へつらい. ▶ faire des *chatteries* à qn …に取り入る，媚(こび)を売る.

chatterton /ʃatɛrtɔn/ 男 (電気の) 粘着絶縁テープ，ブラックテープ.

chatt*eur, euse* /tʃatœːr, øːz/ 名 チャットをする人.

chat-tigre /ʃatigr/；(複) ～s-～s 男 野生ネコ(の類)：オセロット，サーバルキャットなど.

＊chaud, chaude /ʃo, ʃoːd/ ショー，ショード/ 形
❶ 熱い，暑い，温かい ▶(⇔froid, frais). ▶ Attention, c'est *chaud*. 熱いから気をつけて / chocolat *chaud* ココア / eau *chaude* 湯 / climat *chaud* et humide 蒸し暑い気候 / Mange ta soupe pendant qu'elle est *chaude*. 熱いうちにスープをお上がり / Cet enfant est *chaud*. この子は熱がある / animal à sang *chaud* 温血動物.
❷〔衣類などが〕暖かい. ▶ mettre des vêtements *chauds* pour aller au ski 暖かい格好をしてスキーに行く.
❸〔多く名詞の前で〕熱心な，熱烈な；熱気を帯びた，激しい. ▶ un *chaud* admirateur de jazz 熱狂的なジャズファン / recevoir de *chaudes* félicitations 熱烈な賛辞［心のこもった祝辞〕を受ける / une *chaude* discussion 白熱した議論.
❹ 緊迫した，不穏の，騒然とした. ▶ une *chaude* alerte ひしひしと迫る脅威 / des mois *chauds* 激動の数か月.
❺ 温かい〔強い〕印象を与える. ▶ couleurs *chaudes* 暖色 / une parole *chaude* 胸を打つ言葉 / un parfum *chaud* 強い香水. ❻ かっとなりやすい，のぼせやすい. ▶ avoir le sang *chaud* = avoir la tête *chaude* 血の気が多い，気が短い.
Chaud devant!（レストランで熱い料理を運ぶときに〕熱いのでご注意ください；道を空けてください.
ne pas être très chaud pour qc /不定詞 …にあまり乗り気でない.
pendant [tant] que c'est chaud 話 忘れぬうちに，今のうちに，とっとと.
pleurer à chaudes larmes さめざめと泣く.
point chaud 激戦地；(事故，犯罪の)多発地点；争点，焦点；(…の)名所.
tout chaud (1)〔調理したてで〕熱々の，ほかほかの.
(2)〔体験などが〕真新しい，ほやほやの. ▶ des nouvelles *toutes chaudes* ホットニュース / Il était encore *tout chaud* de l'accident. 彼はまだ事故のショックから覚めやらぬ様子だった.
— *chaud* 副 熱いうちに，熱くして. ▶ manger [servir] *chaud* 熱い料理を食べる［出す〕 / Quand on est enrhumé, il faut boire *chaud*. 風邪を引いたら温かい物を飲むとよい.
＊Il fait chaud.〔天気，場所が〕暑い.
Il fera chaud le jour où + 直説法. 話 …はずいぶん先のことだ.
tout chaud 直ちに，即座に. ▶ porter *tout chaud* une nouvelle 即座にニュースを知らせる.
— *chaud* 男 熱さ，暑さ，暖かさ；熱い飲食物.
▶ souffrir autant du *chaud* que du froid 寒さにも暑さにも弱い / Je ne supporte pas le *chaud*. 私は猫舌なんです.
à chaud (1)〔その場で〔の〕，生々しい. ▶ un reportage écrit *à chaud* 現場で書かれたルポ. (2) 興奮して. (3) 熱して；火にかけて. (4) 切迫した状態で. ▶ opérer *à chaud* 急性期に手術する.

au chaud (1) 暖かい[熱い]状態に. ▶ mettre [tenir] un plat *au chaud* 料理を温める[保温する] / Reste bien *au chaud* dans ton lit. 寝床で暖かくしておいで. (2)(現金などが)自由に使える状態で. ▶ avoir de l'argent *au chaud* 自由に使える金がある.

avoir chaud (1) 暑く[暖かく]感じる. ▶ Ouvre la fenêtre, j'*ai* trop *chaud*. 窓を開けろ, 暑くてやりきれない / Je n'*ai* pas *chaud* aux pieds. 足が冷たい. (2)話(複合過去形で)間一髪で切り抜ける, 怖い思いをする (=avoir peur). ▶ Ma voiture a dérapé, j'*ai eu chaud*! 車がスリップしてね, 冷や汗ものだった.

ne faire ni chaud ni froid à qn …にとってどうでもよい, なんの影響もない.

tenir chaud (*à qn*) (衣服が)(…にとって)暖かい. ▶ Ces chaussettes te *tiendront chaud* aux pieds. この靴下を履くと足が冷えないよ.

un chaud et froid 話 悪寒, 寒け. ▶ prendre *un chaud et froid* 悪寒に襲われる.

— **chaude** 囡 古風 たき火.

chaud-chaud /ʃoʃo/ 形 (不変) ne pas être *chaud-chaud* pour qc …に乗り気でない.

chaudement /ʃodmã/ 副 ❶ 暖かく. ▶ Habille-toi *chaudement*, il gèle. 厚着をしなさい, ひどい冷え込みようだから. ❷ 熱心に, 熱烈に.

chaud-froid /ʃofrwa/ 男 (複) ~**s**-~**s** 男 [料理]ショーフロワ: 鶏肉, 卵などをゼリーやマヨネーズソースで包んだ冷製料理.

chaudière /ʃodjɛːr/ 囡 ボイラー.

chaudron /ʃodrɔ̃/ 男 (つる付きの)鍋(な).

chaudronnerie /ʃodrɔnri/ 囡 ❶ (鍋(な), 釜(ま), ボイラーなどの)金属製容器類, 金物類. ❷ 金物業, 金物屋. ❸ (鉄, 銅などの)金属加工; 槌(な)打ち加工.

chaudronnier, ère /ʃodrɔnje, ɛːr/ 名 鍋釜(な)製造業者; 金物屋; 鋳掛け屋.

***chauffage** /ʃofaːʒ/ ショファージュ 男 暖房; 暖房設備. ▶ appareils de *chauffage* 暖房器具 / charges de *chauffage* 暖房費 / *chauffage* central セントラル・ヒーティング / *chauffage* au gaz ガス暖房 / *chauffage* électrique [solaire] 電気[太陽熱]暖房 / *chauffage* par le sol 床暖房 / mettre [allumer] le *chauffage* 暖房を入れる / Le *chauffage* est en panne. 暖房が故障している.

chauffagiste /ʃofaʒist/ 男 セントラル・ヒーティングの専門技術者.

chauffant, ante /ʃofã, ãːt/ 形 暖める, 熱する. ▶ une couverture *chauffante* 電気毛布.

chauffard /ʃofaːr/ 男 無謀な運転手.

chauffe /ʃoːf/ 囡 (暖房のための)火焚(た)き, 燃焼加熱; 燃焼時間. ▶ chambre de *chauffe* (船の)汽缶室 / bleu de *chauffe* ボイラーマンの作業服.

chauffe-assiette(s) /ʃofasjɛt/ 男 皿温め器.

chauffe-bain /ʃofbɛ̃/ 男 (風呂用)瞬間湯沸かし器. ▶ *chauffe-bain* à gaz ガス瞬間湯沸かし器.

chauffe-eau /ʃofo/; (複) ~-~ (✗) 男 湯沸かし器, 温水器.

chauffe-plat /ʃofpla/ 男 (料理を温めておく)保温器, 保温トレー.

***chauffer** /ʃofe/ ショフェ/ 他動 ❶ …を暖める, 熱する; 暖房する. ▶ *chauffer* du lait 牛乳を温める / Avant la course, il faut *chauffer* les muscles. レースの前にはウォーミングアップが必要だ / Vous êtes bien *chauffé* chez vous? お宅の暖房は十分ですか / 《目的語なしに》Ce radiateur *chauffe* mal. この暖房はあまり効かない. ❷ 話 …を奮い立たせる, 活気づける. ▶ *chauffer* un candidat 受験生に猛勉強をさせる / *chauffer* un public 観客を沸かせる. ❸ 俗 …をくすねる, ちょろまかす (=voler).

chauffer les oreilles à [de] qn 話 …をいらいらさせる, 激昂(どう)させる.

Tu nous les chauffes! お前にはうんざりだ.

— 自動 ❶ 暖まる, 熱くなる. ▶ faire *chauffer* de l'eau 湯を沸かす / Le café *chauffe* sur le feu. コーヒーが沸いてるよ.
❷ (エンジンなどが)オーバーヒートする.

Ça va chauffer. = ***Ça chauffe.*** 話 これはたいへんなことになるぞ, 一荒れしそうだ; 盛り上がるぞ.

faire chauffer sa carte de crédit クレジットカードを使いまくる.

— **se chauffer** 代動 ❶ 暖まる; 暖房を使う. ▶ *se chauffer* au soleil 日なたぼっこをする / Nous nous *chauffons* au gaz. 私の家は暖房にガスを使っている. ❷ (自分の)(体の一部)を暖める. 注 se は間接目的. ▶ *se chauffer* les mains 手を温める. ❸ ウォーミングアップする.

montrer à qn de quel bois on se chauffe 目にもの見せる, 思い知らせる. 注 on は各人称に変化させて用いる. ▶ Je vais lui *montrer de quel bois je me chauffe*. 彼(女)に思い知らせてやるつもりだ.

chaufferette /ʃofrɛt/ 囡 あんか.

chaufferie /ʃofri/ 囡 ボイラー室.

***chauffeur** /ʃofœːr/ ショフール 男 ❶ (タクシーなどプロの)運転手. 注 一般のドライバーは automobiliste. ▶ *chauffeur* de camion トラック運転手 / Elle est (femme) *chauffeur* de taxi. 彼女はタクシーの運転手だ / *chauffeur* du dimanche 下手な運転手. 比較 ⇨ CONDUCTEUR. ❷ 火夫, ボイラーマン.

chauffeuse /ʃoføːz/ 囡 (炉端に置く低い)椅子(な).

chaufournier /ʃofurnje/ 男 石灰製造工.

chaulage /ʃolaːʒ/ 男 石灰施用[散布].

chauler /ʃole/ 他動 …に石灰処理をする. ▶ *chauler* des terres (土壌改良のため)土地に石灰をまく / *chauler* un mur 壁に石灰を塗る.

chaume /ʃoːm/ 男 ❶ (穀物の)刈り株;《複数で》刈り株畑. ❷ toit de *chaume* わらぶき屋根.

chaumière /ʃomjɛːr/ 囡 ❶ わらぶきの家.
❷ 田舎造りのレストラン.

Ça fait pleurer dans les chaumières. それは一般読者を泣かせる.

dans les chaumières 話 庶民の間で.

une chaumière et un cœur 一軒のわらぶき家と一つの心(質朴な生活の理想).

Chaumont /ʃomɔ̃/ 固有 ショーモン: Haute Marne 県の県庁所在地.

chaussée /ʃose/ 囡 ❶ 車道, 路面. ▶ «*Chaus*-

chausse-pied

sée glissante»（交通標識で）「スリップ注意」/ *paver la chaussée* 路面を舗装する．❷ 土手道，堤防．

chausse-pied /ʃospje/ 男 靴べら．

***chausser** /ʃose ショセ/ 他動 ❶〔靴，靴下など〕を履く．▶ *chausser des sandales* サンダルを履く / *chausser des skis* スキーを履く．❷〈*chausser qn/qc* (de qc)〉…に〔靴などを〕履かせる．▶ *chausser un enfant* (*de souliers*) 子供に靴を履かせる / *chausser une voiture de pneus neufs* 車に新しいタイヤをつける．❸〔靴屋が〕…に靴を作る．▶ *se faire chausser chez qn* …の店で靴を作ってもらう．❹〔靴が〕…の足に合う．▶ *Ces bottes me chaussent mal.* このブーツは私の足に合わない．❺〔靴〕を身に着ける．▶ *chausser ses lunettes* めがねをかける．— 自動 ❶〔靴が〕足に合う．▶ *Ces chaussures chaussent bien* [*large*]. この靴はぴったりだ［大きい］．❷〈*chausser du* + 数詞〉…サイズの靴を履く．▶《*Quelle pointure chaussez-vous* [*Vous chaussez du combien*]?—*Je chausse du 40* [*quarante*].》「靴のサイズはいくつですか」「40です」

— **se chausser** 代動 靴を履く；靴を買う．▶ *se chausser sur mesure chez X* Xの店で靴をあつらえる．

chausse-trap(p)e /ʃostrap/ 女〔キツネなどを捕らえる〕落とし穴，罠(わな)；註 計略．

***chaussette** /ʃoset ショセット/ 女 靴下，ソックス．註 ストッキングは bas，パンティストッキングは collant．▶ *une paire de chaussettes* ソックス1足 / *chaussettes hautes* ハイソックス / *mettre des chaussettes* ソックスを履く．

avoir le moral dans les chaussettes 落ちこんでいる．

jus de chaussette まずいコーヒー．

laisser tomber qn comme une vieille chaussette …をお払い箱にする．

retourner qn comme une vieille chaussette …の意見をやすやすと変えさせる．

chausseur /ʃosœːr/ 男 靴屋．

chausson /ʃosɔ̃/ 男 ❶（布・革製の軽い）室内履き；（乳児用の）毛糸の靴．▶ *rester en chaussons* 上履きのままでいる / *chaussons de danse* ダンス用シューズ．❷ *chausson aux pommes* 半月型アップルパイ．

***chaussure** /ʃosyːr/ 女 ❶ 靴，短靴；履き物．▶ *mettre* [*enlever*] *ses chaussures* 靴を履く［脱ぐ］/ *cirer ses chaussures* 靴を磨く / *une paire de chaussures* 靴1足 / *chaussures basses*（短）靴 / *chaussures de tennis* [*ski*] テニス［スキー］シューズ / *chaussures à talon haut* ハイヒール / *chaussures de marche* ウォーキングシューズ．❷ 靴製造業；靴屋．

trouver chaussure à son pied 話 自分の求めていた物［相手］を見つける．

chaut /ʃo/ 活用 chaloir の直説法現在3人称単数形．

chauve /ʃoːv/ 形 はげた．— 名 はげ頭の人．

chauve comme une boule de billard 話 つるっぱげの．

chauve-souris /ʃovsuri/;《複》~**s**-~ 女 コ

ウモリ．

chauvin, ine /ʃovɛ̃, in/ 形 盲目的愛国心の；排外主義の．— 名 盲目的愛国者；排外主義者．

chauvinisme /ʃovinism/ 男 盲目的愛国心；排外主義．

chaux /ʃo/ 女 石灰．▶ *chaux vive* [*éteinte*] 生［消］石灰 / *eau de chaux* 石灰水 / *lait de chaux* 石灰乳；（石灰を用いた）のろ．

bâti à chaux et ⌈*à sable* [*à ciment*]⌉ 頑丈な体つきの．

chavirement /ʃavirmɑ̃/ 男 転覆，ひっくり返ること．

chavirer /ʃavire/ 自動 ❶〔船〕が転覆する．❷ よろめく，ひっくり返る；動転する．▶ *Ses yeux ont chaviré* et elle s'est évanouie. 彼女は目を回すと気を失ってしまった．— 他動 ❶〔船〕を転覆させる．❷ …をひっくり返す，動転させる．▶ *J'en suis tout chaviré.* それにはたまげた．

check-list /(t)ʃeklist/ 女《英語》（飛行機の機体，装置などの）チェックリスト．

check-up /(t)ʃekœp/ 男《単複同形》《英語》健康診断（=*bilan de santé*）．

***chef** /ʃef シェフ/ 男 ❶ 長，頭(かしら)，リーダー．註 女性についてはときに *femme chef*, *la chef* ともいう．▶ *chef de famille* 家長 / *chef d'Etat*（一般的に）国家元首 / *le chef de l'Etat*（特定の国の）国家元首 / *chef d'entreprise* 社主，社長 / *chef de bureau* 課長 / *chef d'équipe*（作業）班長，職長 / *chef de rayon* 売り場主任 / *chef de bande*（ギャングなどの）親玉 / *chef de file* リーダー格，統率者 / *chef de gare* 駅長 / *chef d'orchestre* オーケストラの指揮者 /〔他の名詞とハイフン(-)で結び付いて〕*médecin-chef* 医長 / *sergent-chef* 軍曹 / *petit chef* 話 いばる下級管理職．◆ *en chef* 長として（の）．▶ *rédacteur en chef* 編集長，主筆 / *ingénieur en chef* 主任技師 / *commander en chef* 総指揮を執る．❷ 料理長，シェフ（= *chef de cuisine*, *chef cuisinier*）．▶ *gâteau du chef* シェフのおすすめケーキ．❸ 話 第一人者，エース．❹【法律】*chef d'accusation* 告訴箇条．

au premier chef まず第一に，何にもまして．*Il importe, au premier chef, que vous veniez.* 何より肝心なのは，あなたがおいでくださることです．

comme un chef 話 いともやすやすと，余裕で．

de ce chef 文章 かかる理由により，かような次第で．

de son (*propre*) *chef* 文章 自らの権限で，自ら進んで，独断で．▶ *J'ai pris cette décision de mon propre chef.* 私は自分の意志でこの決定を下したのだ．

du chef de qn【法律】…の権利委譲により．

se débrouiller comme un chef みごとに切り抜ける．

chef-d'œuvre /ʃɛdœːvr/;《複》~**s**-~ 男 ❶ 傑作，代表作品．▶ *Les Fleurs du mal* est le *chef-d'œuvre* de Baudelaire. 「悪の華」はボードレールの代表作だ．❷〈*chef-d'œuvre de* + 無冠詞名詞〉…を極めた…，極め付きの…．▶ *déployer des chefs-d'œuvre d'habileté* 見事な腕前を披露する / *Cet appartement est un chef-d'œuvre de mauvais goût.* そのアパルトマンは悪趣味

chefferie /ʃefri/ 囡 ❶〚民族学〛首長制；首長領．❷ (1945年以前の)工兵管区．

chef-lieu /ʃefljø/；(複)〜**s**-〜**x** 圐 県庁[郡役所]所在地．▶ un *chef-lieu* de département 県庁所在地．

cheftaine /ʃeften/ 囡 (カブスカウト, ガールスカウトの)女性隊長．

cheik(h) /ʃɛk/ 圐 シャイフ. (1) アラブの族長．(2) イスラム教徒の尊称としての長老, 師．

chelem /ʃlεm/ 圐 ❶ スラム, グランド・スラム (=grand *chelem*)：ブリッジ, ホイストなどでデクレアラー側が13トリック全部に勝つこと. ▶ petit *chelem* スモール・スラム(12トリックを取ること). ❷〚スポーツ〛faire le grand *chelem* グランド・スラムを達成する；全勝する．

***chemin** /ʃ(ə)mɛ̃/ シュマン/ 圐

❶ 道；田舎道. ▶ demander son *chemin* 道を尋ねる / indiquer [montrer] le *chemin* à qn …に道を教える / perdre son *chemin* 道に迷う / se tromper de *chemin* 道を間違える / Quel *chemin* faut-il prendre? どの道を通ればいいですか / le *chemin* qui mène à l'église 教会に通じる道 / *chemin* de traverse 近道. ◆le *chemin* de + 名詞 …に向かう道 ▶ prendre le *chemin* de la ville 街に向かう. 比較 ⇨ ITINÉRAIRE.
❷ 道のり, 距離. ▶ faire le *chemin* à pied 徒歩で行く / Il y a deux heures de *chemin*. (徒歩で) 2 時間の道のりだ (注 deux heures de route は車で2時間).
❸ (ある目的に到達するための)道, 手段 (=moyen). ▶ le *chemin* de la gloire 栄光への道 / Il n'arrivera pas à ses fins par ce *chemin*. あんなやり方ではとうてい目標は達成できまい．
❹〚物理〛軌道, 軌跡, 行程. ▶ *chemin* parcouru par un projectile 弾道．

aller son chemin 我が道を行く. ▶ *Allez votre chemin.* 行きたまえ．
à mi-chemin 途中で(⇨ MI-CHEMIN).
chemin de Damas〚聖書〛ダマスクスへの道, 回心の道. 注 ダマスクスへ向かうパウロが天の声を聞き, キリスト教に回心したことから．
chemin faisant 途中で, 歩きながら, 道々．
chemins battus (1) 人の踏み固めた道. (2) ありふれた方法, 既成の慣習. ▶ suivre les *chemins battus* ありふれたやり方を踏襲する．
chemin de table 細長いテーブル掛け.
couper [barrer] le chemin à qn (1) …の行く手を阻む, 邪魔をする. (2) …の計画を阻む．
en chemin (1) 途中で. ▶ J'ai rencontré Marie *en chemin.* 途中でマリに会った. (2) 中途半端に. ▶ rester *en chemin* しりきれとんぼのままである．
être en bon chemin 順調である, うまくいっている．
faire du chemin 前進する, 進歩する (=faire du progrès).
faire la moitié du chemin (和解などの)申し入れをする, 譲歩する．
faire son chemin (1) 出世する, 成功する. (2) 進展する, 広まる. ▶ Dans son esprit, l'idée d'une politique d'austérité *fait son chemin*. 彼(女)の頭の中では引き締め政策という考えが強くなっている．
faire voir du chemin à qn …を痛い目に遭わせる．
montrer [tracer] le chemin 先駆けとなる, 手本を示す (=donner l'exemple).
ne pas en prendre le chemin 実現にほど遠い．
ne pas y aller par quatre chemins 回り道しない, 目的に直進する．
rebrousser chemin ⇨ REBROUSSER.
rester dans le droit chemin 身持ちがいい (=rester honnête).
se mettre en chemin 出発する．
sur le chemin de qc …(へ)の途中で. ▶ *sur le chemin du* retour 帰り道で, 帰りに．
sur son chemin 途中で. ▶ Je m'arrêterai chez le boulanger, c'est *sur mon chemin*. パン屋に寄ろう, 行く途中にあるから．
Tous les chemins mènent à Rome. 諺 (すべての道はローマに通ず→)一つの目的に達するにも方法はいろいろある．
trouver qn/qc sur son chemin …が(計画の)障害になる．

比較 道
chemin, sentier, route は都市の外の道をいい, chemin が一般的. sentier は野山の小道, route は都市間を結ぶ道路を指す. **rue, boulevard, avenue** は都市の中の道, 街路. rue が一般的で, boulevard は並木のある大通り. avenue は主要建造物に通じる直線道路．

***chemin de fer** /ʃ(ə)mɛ̃dfɛːr シュマンドフェール/；(複) **chemins de fer** 圐 ❶ 鉄道. ▶ ligne de *chemin de fer* 鉄道路線 / l'horaire des *chemins de fer* 鉄道時刻表 / un réseau de *chemin de fer* 鉄道網 / prendre le *chemin de fer* 列車に乗る / voyager en [par le] *chemin de fer* 列車で旅行する. ❷(複数で)鉄道会社. ▶ la Société nationale des *chemins de fer* français フランス国有鉄道 (略 SNCF). ❸ 鉄道模型, おもちゃの鉄道．

***cheminée** /ʃ(ə)mine シュミネ/ 囡 ❶ 暖炉；マントルピース. ▶ faire du feu dans la *cheminée* 暖炉で火を燃やす / *cheminée* de marbre 大理石のマントルピース. ❷ 煙突. ▶ *cheminée* d'usine 工場の煙突 / Les *cheminées* fument sur les toits. 屋根の煙突が煙を吐いている. ❸ (排気用などの)パイプ, ダクト. ▶ *cheminée* d'aération 換気ダクト. ❹ (火山の)火道. ❺〚登山〛チムニー：体がやっと入る程度の, 岩壁の縦穴．

cheminement /ʃ(ə)minmɑ̃/ 圐 歩み, 前進；進展. ▶ le *cheminement* de la pensée 思考の歩み．

cheminer /ʃ(ə)mine/ 自動 (ゆっくり着実に)進む, (長い道のりを)歩く；〔思考などが〕進展する. ▶ *cheminer* avec peine 苦労しながら前進する / Cette idée *cheminait* dans mon esprit. その考えが私の脳裏で熟しつつあった．

cheminot /ʃ(ə)mino/ 圐 鉄道員．

***chemise** /ʃ(ə)miːz シュミーズ/ 囡 ❶ ワイシャツ,

chemiserie

シャツ；(女性・子供用の)肌着, 下着. ▶ mettre [ôter] sa *chemise* シャツを着る[脱ぐ] / *chemise* à manches longues [courtes] 長袖(㋰)[半袖]シャツ / *chemise* à col ouvert 開襟シャツ / *chemise*-polo ポロシャツ / *chemise* de nuit ネグリジェ / *chemise* américaine メリヤス肌着. ❷ 紙ばさみ, ファイル. ▶ ranger des papiers dans une *chemise* 書類をファイルに整理する. ❸〖機械〗(内面, 外面の)被覆(保護層), 内張り, ライナー. ❹〖歴史〗*Chemises* noires 黒シャツ隊：イタリアのファシスト党員の通称 / *Chemises* brunes ナチス党員.

changer de + 無冠詞名詞 + ***comme de chemise*** 語 …を始終変える. ▶ Il *change* d'avis *comme de chemise*. 彼の意見はくるくる変わる.

˹***en bras [en manches] de chemise*** 上着を脱いで, ワイシャツ1枚で.

donner (jusqu'à) sa chemise《条件法で》(シャツまでやってしまうほどだ→)とても気前がよい.

être comme cul et chemise 切っても切れない仲である.

mouiller sa chemise 労を惜しまない.

se soucier de qc comme de sa première chemise …を全く気にかけない.

chemiserie /ʃ(ə)mizri/ 囡 (シャツなどの)紳士用品製造業；紳士洋品販売店.

chemisette /ʃ(ə)mizɛt/ 囡 ❶(男物の)開襟半袖(㋰)シャツ. ❷ シュミゼット：薄地で作られた女性・子供用の半袖または袖無しブラウス.

chemisier, ère /ʃ(ə)mizje, ɛːr/ 图 (シャツなどの)紳士洋品製造業者.
— **chemisier** 囲 (女性用の)シャツブラウス.

chênaie /ʃɛne/ 囡 ナラ[カシ]林.

chenal /ʃənal/ 《複》 ***aux*** /o/ 囲 ❶(港付近などの狭い)航路. ❷(工場などの)用水路.

chenapan /ʃ(ə)napɑ̃/ 囲 腕白小僧.

chêne /ʃɛn/ 囲〖植物〗(カシ, カシワ, ナラなど)コナラ属の総称；オーク材 (= bois de *chêne*). ▶ *chêne* vert セイヨウヒイラギガシ / une armoire de *chêne* ナラ材のたんす.

chéneau /ʃeno/ 《複》 **x** 囲 (屋根の)樋(㋭)；(特に)軒樋.

chêne-liège /ʃɛnljɛːʒ/《複》 **~s-~s** 囲〖植物〗コルクガシ：地中海地方産の高木で樹皮からコルクを取る.

chenet /ʃ(ə)nɛ/ 囲 (暖炉の)薪(㋖)載せ台.

chenil /ʃ(ə)nil/ 囲 ❶犬小屋；犬の飼育場. ❷(犬小屋のようなむさ苦しい)家.

chenille /ʃ(ə)nij/ 囡 ❶毛虫, 芋虫, 青虫. ❷(ブルドーザー, 戦車などの)キャタピラ.

chenillé, e /ʃ(ə)nije/ 囮 キャタピラ付きの.

chenillette /ʃ(ə)nijɛt/ 囡 小型キャタピラ式装甲車両.

Chenonceaux /ʃənɔ̃so/ 固名 シュノンソー：城で有名なロアール河畔の町.

chenu, e /ʃ(ə)ny/ 囮 文章 (老いて)白髪になった；[木が]梢(㋓)の枯れた.

cheptel /ʃɛptɛl/ 囲 家畜 (= *cheptel* vif)；(一定の地域あるいは国で飼育されている)家畜総頭数. ▶ Le *cheptel* bovin français フランスの畜牛.

***chèque** /ʃɛk/ シェク/ 囲 ❶ 小切手. ▶ *chèque* bancaire 銀行小切手 / carnet de *chèques* 小切手帳 (= chéquier) / payer par *chèque* 小切手で支払う / faire un *chèque* à qn …に小切手を切る / tirer un *chèque* 小切手を振り出す / endosser [toucher] un *chèque* 小切手の裏書きをする[を現金化する] / *chèque* au porteur 持参人払い小切手 / *chèque* barré 線引小切手 / *chèque* de voyage トラベラーズチェック / *chèque* en blanc (金額未記入の)白地小切手 / *chèque* postal 郵便小為替 / *chèque* sans provision 不渡り小切手 / *chèque* en bois 不渡小切手. ❷ (他の名詞と多くハイフン(-)で結び付いて)…用の券[クーポン]. ▶ *chèque*-essence ガソリン回数券 / *chèque*-restaurant レストラン・チケット(社員に支給する食券).

donner un chèque en blanc à qn …に白紙委任する, …の自由にさせる.

chéquier /ʃekje/ 囲 小切手帳 (= carnet de chèques).

Cher /ʃɛːr シェール/ 固名 囲 ❶ シェール県 [18]：フランス中部. ❷ シェール川：ロアール川支流.

*cher, chère /ʃɛːr シェール/ 囮

❶ <*cher* à qn>(…にとって)大切な, 貴重な, 重要な. ▶ Cette photo m'est *chère*. この写真は私にとって大事なものだ / expressions *chères* aux hommes politiques 政治家が好んで用いる言い回し.

❷《多く名詞の前で》愛する, 親しい. ▶ Il a retrouvé en pleurant ses *chers* enfants. 彼は愛する子供たちと涙の再会をした / C'est mon amie le plus *cher*. これが私の一番の友人です / *Cher* Monsieur [*Chère* Madame] / *Cher* ami《手紙の冒頭で》拝啓 / (Mes) *chers* auditeurs 聴衆の皆様.

❸《名詞のあとで》高価な, 値の張る, 経費のかさむ. ▶ C'est *cher*. 高いです / une voiture *chère* 値の張る車 / un restaurant pas *cher* 安いレストラン / La vie est *chère* à Paris. パリは生活費がかかる / De *chères* vacances《名詞の前で強調して》金がいくらあっても足りないバカンス.

Il y a mieux, mais c'est plus cher. 他にいい物はあるが, 値が張る.

— **cher** 副 ❶高価に, 高く. ▶ vendre [acheter] *cher* 高く売る[買う] / Cela [Ça] coûte *cher*. それは高い / pour pas *cher* 安い値段で. ❷大きな犠牲を払って. ▶ La victoire a coûté *cher*. その勝利には多大の犠牲が払われた / Il a payé *cher* son imprudence. 彼の軽率な行為は高いものについた.

donner cher pour qc/不定詞/ …の[…する]ためなら何でもする. ▶ Je *donnerais cher pour* savoir la vérité. 真実を知るためなら何でもする.

Il me le payera cher. = ***Je le lui ferai payer cher.*** いずれあいつに思い知らせてやる.

ne pas donner cher de qc …は先が長くないと思う.

ne pas valoir cher たいした値打ちがない, たいした人物ではない.

— **cher, chère** 图 いとしい人. ▶ mon *cher* [ma *chère*]《呼びかけで》あなた[おまえ].

Cherbourg /ʃɛrbuːr/ 固有 シェルブール：英仏海峡沿いの町．

*chercher /ʃɛrʃe シェルシェ/ 他動

直説法現在	je cherche	nous cherchons
	tu cherches	vous cherchez
	il cherche	ils cherchent
複合過去	j'ai cherché	半過去 je cherchais
単純未来	je chercherai	
単純過去	je cherchai	

❶ …を捜す，探す．▶ Je *cherche* Paul. 私はポールを探している / *chercher* qn dans la foule 人込みの中で…を捜す / *chercher* qn/qc 「du regard [des yeux]」 …を目で捜す / 《目的語なしに》 As-tu bien *cherché* sous ta chaise ou dans ta poche ? 椅子(ฯ)の下とかポケットの中とか，ちゃんと捜したの．

❷ …を(頭の中に)探る，見いだそうとする；思い出そうとする．▶ *chercher* la solution d'un problème 問題の解決策を探る / *chercher* ses mots en parlant 言葉を探しながら話す / *chercher* le nom d'un camarade d'enfance dans sa mémoire 幼馴染(なじみ)の名前を思い出そうと記憶を探る．

❸ …を探し求める，手に入れようとする；〔災難，不幸など〕を好んで招く．▶ *chercher* un emploi 職を探す / *chercher* du secours 援助を求める / Il ne *cherche* que son avantage. 彼は自分の利益ばかり追いかけている / *chercher* le risque 自ら危険を招く．

❹ 《aller, venir などとともに》▶ aller [venir] *chercher* qn/qc …を迎えに行く[来る]；取りに行く[来る] / Venez me *chercher* ce soir. 今晩迎えに来てください / Va me *chercher* un verre d'eau. 水を 1 杯持ってきてくれ / Il faut que j'aille *chercher* un ami à la gare. 友人を駅まで迎えに行かねばならない．

❺ 《*chercher* à + 不定詞》 …しようと努める，試みる (=「s'efforcer [essayer] de」). ▶ J'ai *cherché* en vain à prendre contact avec elle. 彼女に連絡しようとしたが駄目だった．比較 ⇨ ESSAYER．

❻ 話〔人〕を挑発する．▶ Si tu me *cherches*, tu vas me trouver ! 喧嘩(けんか)を売る気ならいつでも相手になるぞ．

aller chercher dans les + 数量表現 話 およそ…に上る．▶ Ça va *chercher* dans les mille euros. それには約1000ユーロかかるだろう．

chercher「des histoires [des ennuis, des crosses]」à qn 話 …にいちゃもんをつける．

chercher la petite bête あらさがしをする．

chercher midi à quatorze heures 事をわざわざ面倒にする．

chercher querelle à qn …に喧嘩を売る．

l'avoir cherché 自業自得である．▶ Tu l'*as* bien *cherché*, c'est bien fait pour toi ! 自分でまいた種じゃないか，いい気味だ．

— se chercher 代動 ❶ 捜し[探し]合う．❷ 己を知ろうとする．

chercheur, euse /ʃɛrʃœːr, øːz/ 名 ❶ 研究者．▶ un *chercheur* du CNRS フランス国立科学研究所研究員．❷ 探す人．▶ *chercheur* d'or (特にゴールドラッシュ時代の)金を探す人．❸《男性形のみ》《天文》(望遠鏡の)ファインダー．

chère /ʃɛːr/ 女 文章 料理；御馳走(ちそう)．▶ faire bonne *chère* 御馳走をたらふく食べる．

chèrement /ʃɛrmɑ̃/ 副 ❶ 高い犠牲を払って．▶ Il paya *chèrement* son succès. 彼は大きな犠牲を払って成功した．❷ 文章 愛情を込めて，心から．

vendre chèrement sa vie 勇敢に戦って死ぬ．

chéri, e /ʃeri/ 形 深く愛された；いとしい．— 名 ❶ いとしい人，愛する人．▶ mon *chéri* // ma *chérie*(呼びかけで)あなた［おまえ］. ❷ お気に入り，寵児(ちょうじ). ▶ le *chéri* de ses parents 両親の秘蔵っ子．

chérir /ʃeriːr/ 他動 …を深く愛する；に固執する．▶ *chérir* ses amis 友人を大切にする．

cherr- 活用 ⇨ CHOIR 36

cherry /ʃɛri/;《複》***cherries*** 男《英語》チェリーブランデー．

cherté /ʃɛrte/ 女 値段が高いこと；物価高．

chérubin /ʃerybɛ̃/ 男 ❶ ケルビム, 智(ち)天使：9階級の上から2番目の天使で知に秀でる．❷ (天使のように)愛らしい子供．▶ avoir une face de *chérubin* ふっくらとして血色のよい顔をしている．

chétif, ive /ʃetif, iːv/ 形 ❶ 虚弱な；発育の悪い (↔robuste). ▶ enfant d'aspect *chétif* 見るからに弱々しい子供 / arbre *chétif* 生育の悪い木．❷ 文章 貧弱な，不十分な．▶ mener une existence *chétive* 貧しい生活をする．

*cheval /ʃ(ə)val シュヴァル/;《複》***aux*** /o/ 男

❶ 馬；(特に)雄馬．注 雌馬は jument, 子馬は poulain という．▶ *cheval* de selle 乗用馬, 乗馬 / *cheval* de course 競走馬 / course de *chevaux* 競馬 / *cheval* pur sang 純血馬, サラブレッド / monter sur un *cheval* 馬に乗る / tomber [faire une chute] de *cheval* 落馬する / *cheval* de bois 木馬；回転木馬, メリーゴーラウンド (=manège).

❷《単数形で》乗馬, 馬術 (=équitation). ▶ costume de *cheval* 乗馬服 / faire du *cheval* 乗馬をする．

❸ 馬肉 (=viande de *cheval*). ▶ manger du *cheval* 馬肉を食べる．

❹ 働き者，頑健で疲れを知らぬ人．▶ C'est un vrai *cheval*. 彼は実によく働く / C'est un grand *cheval*. (女性について)男のような(がっしりした)女だ．

❺《自動車》馬力, 仏馬力 (=*cheval*-vapeur) (略号 ch). ▶ *cheval* fiscal 課税馬力(略号 CV) / une quatre *chevaux* カトルシュヴォー(課税馬力で 4 馬力の車) / Cette voiture fait combien de *chevaux* ? その車は何馬力ですか．❻《体操》 *cheval* d'arçons 鞍馬(あんば) / *cheval* de saut 跳馬．❼《ゲーム》petits *chevaux* 競馬ゲーム：さいころを振って盤上の 4 頭の馬を進ませ，厩舎(きゅうしゃ)に入れるゲーム．

à cheval 馬に乗って[乗った]. ▶ aller *à cheval* 馬に乗っていく / A *cheval* !(軍隊で)乗馬！

à cheval sur qc (1) …に馬乗りになって (=à califourchon). ▶ être *à cheval sur* une branche d'arbre 木の枝にまたがっている. (2) (2つの場所、期間) にまたがって. ▶ un village *à cheval sur* deux départements 2つの県にまたがった村. (3) (規則、作法など) に厳格な. ▶ être *à cheval sur* les principes 原則にうるさい.

C'est le bon [mauvais] cheval. 話 あの人には勝算がある [まるで勝算がない].

changer son cheval borgne pour un aveugle (片目の馬を全盲の馬と交換する→) 話 損な取引をする、さらに泥沼にはまる.

cheval de bataille 得意の話題、おはこ. ▶ enfourcher son *cheval de bataille* おはこを持ち出す.

cheval de retour 再 [累] 犯者; 常習犯.

cheval de Troie (1) トロイの木馬. (2) (敵陣や閉鎖的organに入り込むための) 秘策. (3) 《情報》トロイの木馬: コンピュータに潜伏するコンピュータウィルス.

de cheval 激しい、強い. ▶ fièvre *de cheval* 非常な高熱 / remède *de cheval* 劇薬.

J'en parlerai à mon cheval. 俗 (つまらぬことを長々と聞かされて) 馬に言っとくよ、勝手にほざけ.

monter sur ses grands chevaux 居丈高になる、むかっ腹を立てる、いきり立つ.

chevaleresque /ʃ(ə)valresk/ 形 騎士の、騎士にふさわしい; 高貴な.

chevalerie /ʃ(ə)valri/ 囡 (中世の) 騎士制度; 騎士団. ▶ actes de *chevalerie* 騎士道的行為 / romans de *chevalerie* 騎士道物語.

chevalet /ʃ(ə)valε/ 男 ❶ 架台; (特に) 画架、イーゼル. ❷ (弦楽器の) 駒(こま)、ブリッジ.

chevalier /ʃ(ə)valje/ 男 ❶ (中世の) 騎士、高位貴族. ▶ armer qn *chevalier* …を騎士の位に叙する / les *chevaliers* de la Table ronde (アーサー王伝説の) 円卓の騎士 / *chevalier* errant 遍歴の (武者修行の) 騎士. ❷ シュヴァリエ章、レジオンヌール5等勲章; シュヴァリエ章佩用(はいよう)者. ❸ (貴族制度で) 騎士、ナイト: 男爵 baron の下の位.

chevalier d'industrie 詐欺師.

chevalier servant 女性に尽くす男.

chevalière /ʃ(ə)valjε:r/ 囡 (紋章や頭文字を刻んだ) 印台指輪.

chevalin, ine /ʃ(ə)valɛ̃, in/ 形 ❶ 馬の. ▶ boucherie *chevaline* 馬肉店. ❷ 馬のような、馬に似た. ▶ visage *chevalin* 馬面(うまづら).

cheval-vapeur /ʃ(ə)valvapœ:r/; 《複》**chevaux-vapeur** /ʃ(ə)vo-/ 男 仏馬力、PS (記号 ch): 内燃機関に用いる仕事率の旧単位. 735.5ワットに相当.

chevauchée /ʃ(ə)voʃe/ 囡 文章 騎行. ▶ faire plusieurs lieues de *chevauchée* 馬で数里を行く.

chevauchement /ʃ(ə)voʃmɑ̃/ 男 (物が部分的に) 重なり合うこと、重複.

chevaucher /ʃ(ə)voʃe/ 自動 ❶ 部分的に重なり合う、重複する. ❷ 文章 馬に乗っていく.
── 他動 ❶ …に馬乗りになる、またがる. ❷ [物が他の物に] 部分的に重なっている.

chevelu, e /ʃəvly/ 形 ❶ 髪がふさふさした. ❷ [根、種子などが] 毛のある.

chevelure /ʃəvly:r/ 囡 ❶ 《集合的に》頭髪;《特に》長く豊かな髪. ❷ 彗星(すいせい)の尾.

chevet /ʃ(ə)vε/ 男 ❶ 枕(まくら)元. ▶ lampe de *chevet* ベッドランプ / table de *chevet* ナイトテーブル. ❷ (教会の) 後陣.

au chevet de qn …の枕元で. ▶ rester *au chevet d'*un malade 病人に付ききりで看病をする.

livre de chevet (=chevelure), 愛読書.

:**cheveu** /ʃ(ə)vø/ シュヴー/;《複》**x** 男

❶ 《多く複数で》頭髪、髪の毛. ▶ avoir les *cheveux* longs [courts] 髪が長い [短い] / *cheveux* poivre et sel ごま塩頭 / *cheveux* frisés カールした髪 / faux *cheveux* 入れ毛、かつら (=perruque) / avoir des *cheveux* blancs 白髪交じりである / se faire couper les *cheveux* 髪をカットしてもらう / se peigner les *cheveux* 髪をとかす / perdre ses *cheveux* 髪を失う. ❷ 《集合的に》頭髪 (=chevelure). ▶ avoir le *cheveu* rare 髪の毛が薄い. ❸ 話 厄介、障害. ▶ Il y a un *cheveu*. 厄介なことになった.

arriver [venir] comme un cheveu sur la soupe 間の悪いときにやって来る;〔批判などが〕的はずれである.

avoir mal aux cheveux 話 酒を飲みすぎて頭が痛い、二日酔いで気分が悪い.

avoir un cheveu sur la langue 軽い訛(なま)りがある (=zézayer).

Cela ne tient qu'à un cheveu (que + 接続法**). = Il s'en faut d'un cheveu (que +** 接続法**).** 話 今にも…しそうになる. ▶ *Cela n'a tenu qu'à un cheveu* que je leur dise ce que j'en pensais. すんでのところで私は彼ら(女)に本心を明かしてしまいそうになった.

couper les cheveux en quatre 細かいところにこだわりすぎる.

faire dresser les cheveux sur la tête 身の毛もよだつような恐怖を与える.

saisir l'occasion aux [par les] cheveux 機敏にチャンスをつかむ.

s'arracher les cheveux 髪をかきむしる.

se faire des cheveux (blancs) 心配する、気苦労をする.

se prendre aux cheveux 話 取っ組み合いの喧嘩(けんか)をする.

tiré par les cheveux 〔論証などが〕無理にこじつけた、強引な. ▶ une explication *tirée par les cheveux* 苦しい説明.

toucher (à) un cheveu (de la tête) de qn …に触れる. ▶ Si vous *touchez (à) un cheveu de sa tête* … もしも彼(女)に指一本でも触れてみろ.

chevillard /ʃ(ə)vija:r/ 男 食肉卸売商.

cheville /ʃ(ə)vij/ 囡 ❶ 踝(くるぶし). ▶ se tordre la *cheville* 足首をくじく / avoir la *cheville* fine ほっそりした足首をしている. ❷ 釘(くぎ)、ボルト; (物をつるす) 鉤(かぎ). ❸ 《詩法》(韻律を合わせるために挿入する) 余分な語、埋め草. ❹ 《音楽》(バイオリンなどの弦を締める) 糸巻き.

avoir les chevilles qui enflent いばる、もったいぶる.

Ça va, les chevilles? = **Ça enfle [gonfle] pas trop, les chevilles?** 〖話〗自惚れるのもいい加減にしてくれよ.
cheville ouvrière (1)（馬車などの前輪と車体をつなぐ）連結ボルト. (2)〔事業, 組織などの〕中心人物.
être en cheville avec qn 〖話〗（仕事, 行動などで）…と組んでいる, 利害をともにしている.
ne pas arriver à la cheville de qn …の足もとにも及ばない.
chevillé, e /ʃ(ə)vije/ 形 釘打ちされた, ボルトで締められた.
avoir l'âme chevillée au corps（大事故や重病にも）屈しない, 強い生命力を持っている.
avoir l'espoir chevillé à l'âme 何があろうと希望を失わない.
cheviller /ʃ(ə)vije/ 他動 …を釘(ﾞ)打ちにする; ボルトで締める.
cheviotte /ʃəvjɔt/ 女〚織物〛チェビオット: スコットランド産チェビオット種の羊毛, および毛織物.
***chèvre** /ʃɛːvr/ シェーヴル 女 ❶ ヤギ,（特に）雌ヤギ. 注 雄ヤギは bouc, 子ヤギは chevreau. ▶ tapis en peau de *chèvre* ヤギ革の敷き物. ❷ 雌シャモア; 雌ノロ（ジカ）.
devenir chèvre 〖話〗ひどくいらいらする.
ménager la chèvre et le chou 〖話〗二またをかける, 態度 [決定] を保留する.
— 男 ヤギ乳チーズ (= fromage de *chèvre*).
chevreau /ʃəvro/; （複）**x** 男 ❶ 子ヤギ. ❷（子）ヤギのなめし革, キッド.
chèvrefeuille /ʃɛvrəfœj/ 男〚植物〛スイカズラ（属）.
chevrette /ʃəvrɛt/ 女 ❶ 小さな（雌）ヤギ, 子ヤギ. ❷ 雌ノロ（ジカ）.
chevreuil /ʃəvrœj/ 男〚動物〛ノロジカ.
chevrier, ère /ʃəvrije, ɛːr/ 名 ヤギの番人, ヤギ飼い.
chevron /ʃəvrɔ̃/ 男 ❶〚建築〛（屋根の）垂木(ﾀﾙｷ); 垂木材. ❷（軍人の）山形袖(ｿﾃﾞ)章; ジグザグ模様. ▶ tissu à *chevrons* 杉綾(ｱﾔ).
chevronné, e /ʃəvrɔne/ 形 ❶ ベテランの, 経験豊かな (= expérimenté). ❷ 〖古風〗〔軍人が〕山形袖(ｿﾃﾞ)章をつけた; 古参の.
chevrotant, ante /ʃəvrɔtɑ̃, ɑ̃ːt/ 形〔声が〕震えた; 震え声の.
chevrotement /ʃəvrɔtmɑ̃/ 男 震え声; 声が震えること.
chevroter /ʃəvrɔte/ 自動 ❶〔ヤギが〕メエーと鳴く (= bêler). ❷ 震え声で話す [歌う].
chevrotine /ʃəvrɔtin/ 女〚狩猟〛鹿弾(ｼｶﾀﾞﾏ): 大粒の散弾.
chewing-gum /ʃwiŋɡɔm/ 男〘米語〙チューインガム. ▶ mastiquer du *chewing-gum* ガムをかむ.

***chez** /ʃe/ シェ/ 前 〈*chez* qn〉
❶ …の家に, 店で. ▶ Je reste *chez* moi ce soir. 私は今晩家にいます / Venez *chez* moi. 私の家に来て下さい / Comment ça va *chez* vous? お宅の皆さんはお元気ですか / aller *chez* le boulanger パン屋に行く (= aller à la boulangerie) / Je suis bien *chez* Monsieur Martin? （電話で）マルタンさんのお宅ですか / Il travaille *chez* Renault. 彼はルノーで働いている / *chez* Paul ポールの店: シェフやオーナーの名とともにレストランなどの屋号として用いる / un sac de *chez* Hermès エルメスのバッグ.
❷ …の集団において; …の国(民)では. ▶ On trouve l'instinct maternel *chez* beaucoup d'animaux. 多くの動物に母性本能が見られる / *chez* les Britanniques イギリスでは; イギリス国民の間では / L'inflation régresse *chez* nous. 我が国のインフレは収まりつつある.
❸ …の（精神, 身体など）において;〔作品中で. ▶ C'est une réaction courante *chez* lui. (= en) これは彼のいつもの反応だ / Ce récit se trouve *chez* Balzac. この話はバルザックの作品にある.
❹《他の前置詞のあとで》▶ Je viens de *chez* Paul. ポールの家から来ました / La gare se trouve près de *chez* moi. 駅はうちから近い.
bien de chez nous (1) 我が国特有の. ▶ une coutume *bien de chez* nous 我が国独特の慣習. (2)〖皮肉に〗いかにもフランス的な.
être partout chez soi = **se sentir chez soi** どこに行っても気がねしない.
faire comme chez soi（自分の家にいるように）くつろぐ. ▶ *Faites comme chez* vous. どうぞお楽に.
chez-moi /ʃemwa/, **chez-soi** /ʃeswa/, **chez-toi** /ʃetwa/ 男〔単複同形〕自宅, マイホーム. ▶ J'aurai bientôt mon *chez-moi*. もうすぐマイホームが持てる.
Mieux vaut un petit chez-soi qu'un grand chez les autres. 〖話〗（広いよその家よりも狭いわが家→）収入や財産が少なくても他人に気を遣わずにすむ方がよい.
chiadé, e /ʃjade/ 形 俗 ❶〔問題が〕難解な. ▶ un problème *chiadé* 難問. ❷〔仕事などが〕念入りに仕上げられた.
chiader /ʃjade/ 他動 俗 ❶〔試験に備えて猛勉強する. ❷〔問題を深く掘り下げる;〔仕事〕を念入りにやる.
chialer /ʃjale/ 自動 俗 泣く, べそをかく.
chialeur, euse /ʃjalœːr, øːz/ 名, 形 俗 泣き虫(の).
chiant, chiante /ʃjɑ̃, ʃjɑ̃ːt/ 形 俗 うんざりする, わずらわしい, 面倒な.
chianti /kjɑ̃ti/ 男 キャンティ: イタリアのトスカナ地方産の赤ワイン.
chiasme /kjasm/ 男〚レトリック〛交差法, 交錯配語法: 対照語句の順を逆にすること（例: Il faut manger pour vivre et non pas vivre pour manger. 生きるためには食べなければならない, 食べるために生きてはならない).
chiasse /ʃjas/ 女 俗 ❶ 下痢 (= colique). ❷ 面倒, 厄介事.
***chic** /ʃik シック/;（不変）**chic(s)** 形 ❶ 粋(ｲｷ)な, シックな, しゃれた. ▶ une femme *chic* 粋な女. 比較 ⇨ ÉLÉGANT. ❷ 〖話〗《名詞の前で》すばらしい, 快適な. ▶ Ça, c'est un *chic* appareil. こいつはいいカメラだ. ❸ 〖話〗（ときに名詞の前で）〔人, 行為が〕感じのいい; 親切な. ▶ Elle a été *chic* avec nous. (= gentil) 彼女は私たちによくしてくれた

chicane

/ C'est un *chic* type. 感じのいい奴だ / C'est *chic* de sa part. それは彼(女)のおかげです. 比較 ⇨ GENTIL.

— **chic** 名 粋(⅔), シック, おしゃれ. ▶ être habillé avec *chic* シックな服装をしている / avoir du *chic* 粋である.

avoir le chic pour [*de*] *qc* [不定詞] …の要領を心得ている, はお手のものだ. ▶ *avoir le chic des* réparations invisibles 目立たないように修理するのがうまい / Tu *as le chic pour* m'énerver.《皮肉に》神経を逆なでするのが君は上手だなあ.

bon chic bon genre 上品な; ブルジョア的な. 注 BCBG /besebeʒe/ と略す.

de chic 思いつきにまかせて, 不用意に. ▶ Sa traduction, faite *de chic*, manque parfois de précision. 彼(女)の翻訳は勢いにまかせて仕上げたものなので, ときどき不正確なところがある.

— **chic** 間投 話 すてきだ, すごいぞ. ▶ *Chic* alors! そりゃすばらしい.

chicane /ʃikan/ 女 ❶ 言いがかり, 難癖. ▶ chercher *chicane* à qn …に言いがかりをつける. ❷ 煩瑣(½ሬ)な訴訟手続(:訴訟で)ごたごた紛糾を求めること. ❸ (通行を妨げるよう)ジグザグに置かれた障害物; 障害物の間のジグザグの通路.

en chicane ジグザグに, 斜めに.

chicaner /ʃikane/ 間他動 <*chicaner* sur qc> …のことで言いがかりをつける. ▶ *chicaner* sur tout 何にでもけちをつける.

— 他動 ❶ <*chicaner* qn (sur qc)> (…のことで) …に難癖をつける, 文句を言う. ▶ On l'*a chicané* sur l'emploi de ce mot. この語を用いたことで彼はとやかく言われた. ❷ <*chicaner* qc à qn> …について…に異議を唱える. ▶ On lui *a chicané* ses frais de déplacement.(=discuter) 彼(女)は出張費のことで文句をつけられた. ❸ 話 …を悩ませる, 苦しめる.

— **se chicaner** 代動 言い争う.

chicanerie /ʃikanri/ 女 言いがかり, 難癖, つまらぬいさかい.

chicaneur, euse /ʃikanœːr, øːz/ 名, 形 言いがかり屋(の).

chiche[1] /ʃiʃ/ 形 ❶ <être *chiche* de qc> …を出し惜しむ(=avare). ▶ Il est *chiche* de compliments. 彼はめったに人を褒めたりしない. ❷ けち臭い, しみったれた.

chiche[2] /ʃiʃ/ 形 話 <être *chiche* de + [不定詞]> …できる(=capable). ▶ Je suis *chiche* de lire ce livre en trois heures. 私ならやる本は3時間で読める.

— 間投 話 よし行ていろ(挑戦). ▶《Tu n'oserais jamais.—*Chiche*!》「君には絶対できっこない」「よし行ていろ」/ *Chiche* que je le fais! よし, やって見せよう.

chiche[3] /ʃiʃ/ 形【植物】pois *chiche* ヒヨコマメ, エジプトマメ:地中海沿岸で栽培される.

chichement /ʃiʃmɑ̃/ 副 けちけちと, つましく.

chichi /ʃiʃi/ 男 気取り. ▶ faire ⌈du *chichi* [des *chichis*]⌋ 気取る / Pas tant de *chichi*! そんなにもったいぶるな.

chichiteux, euse /ʃiʃitø, øːz/ 形, 名 気取った(人), もったいぶった(人).

chicorée /ʃikɔre/ 女 ❶【植物】キクヂシャ; チコリ. ❷ チコリ:チコリの根の粉末. コーヒーに混ぜたり, 煎(¼)じ薬に用いる.

chicot /ʃiko/ 男 ❶ (歯の)残根; みそっ歯. ❷ (木の)切り株.

chiée /ʃje/ 女 俗 <*chiée* de + 無冠詞複数名詞> 多数の…, 大量の…. ⌈des *chiées* [une *chiée*] d'amis 大勢の友.

***chien** /ʃjɛ̃/ シャン 男 ❶ 犬. ▶ J'ai un *chien*. 私は犬を飼っている / *chien* de race 純血種の犬 / *chien* bâtard 雑種犬 / *chien* de garde 番犬 / *chien* d'aveugle 盲導犬 / *chien* de berger 牧羊犬 / *chien* de chasse 猟犬 / *chien* policier 警察犬 / Un *chien* aboie au loin. 遠くで犬がほえている /《*Chien* méchant》「猛犬注意」/《同格的に》maître *chien* 犬の調教師. ❷ <de *chien*> ひどい, 惨めな, つらい(⇨ ❷). ▶ travail [métier] de *chien* つらい仕事 [職業] / vie de *chien* 惨めな生活 / temps de *chien* 悪天候. ❸ (女性の)魅力, 色気. ▶ avoir du *chien* 魅力的である. ❹ 撃鉄.

Ce n'est pas fait pour les chiens. どしどし使う [利用する] べきである.

chiens écrasés つまらない三面記事.

****comme un chien*** (1) ひどい, むごい; ひどく, むごく. ▶ traiter qn *comme un chien* …を手荒に扱う. (2) 惨めな状態で. ▶ mourir *comme un chien* のたれ死にする.

en chien de fusil (銃の撃鉄の格好で→)体を丸めて.

entre chien et loup (犬とオオカミの見分けがつかなくなるような)たそがれに, 夕暮れに.

garder à qn un chien de sa chienne 話 …への恨みを晴らそうと誓う.

ne pas donner sa part aux chiens 自分の分け前にこだわる, 権利に固執する.

ne pas être bon à jeter aux chiens (犬に投げ与える値打ちもない→)まったく取るに足りない, つまらない.

Nom d'un chien! くそっ, 畜生.

se regarder en chiens de faïence (置き物の陶器の犬のように見つめ合う→)じっとにらみ合う.

vivre [*s'entendre, être*] *comme chien et chat* 犬猿の仲である.

— **chienne** /ʃjɛn/ 女 雌犬.

— **chien, chienne** 名 ❶ 話 けち, 締まり屋. ❷ <*chien* de + 無冠詞名詞> ひどい [惨めな] …. 注 chien は名詞の性数に一致する. ▶ une *chienne* de vie 悲惨な生活 (=vie de chien) / Quel *chien* de temps! なんてひどい天気だ.

— 形 けちな (=avare), 意地悪な.

chiendent /ʃjɛ̃dɑ̃/ 男 ❶【植物】カモジグサ属. ▶ brosse de *chiendent* たわし. ❷ 話 厄介な [困った] こと.

chienlit /ʃjɑ̃li/ 女 混乱, 無秩序, 騒乱.

chien-loup /ʃjɛ̃lu/; (複) ~s-~s 男 シェパード (=berger allemand).

chier /ʃje/ 自動 俗 糞(½)をする.

faire chier qn …をうんざりさせる, 悩ませる (=embêter). ▶ Tu me *fais chier*. お前にはうんざりだ / Ça me *fait chier*. こりゃ困った.

chinoiser

Ça va chier (*des bulles*). 俗 面倒なことになりそうだ.
ne pas se faire chier 俗 あつかましい, ずぶとい.
se faire chier うんざりする, 退屈する.
chiffe /ʃif/ 女 無気力な人.
***chiffon** /ʃifɔ̃/ シフォン/ 男 ❶ 雑巾(ぞうきん), ぼろ切れ; しわくちゃの服. ▶ *chiffon* à poussière ちりふき / passer un coup de *chiffon* sur un meuble 家具にさっと雑巾をかける. ❷ 紙くず, しわくちゃの紙. ❸(複数で)話〔女性用の〕服飾品.
agiter le chiffon rouge (闘牛の赤い布を振る→)議論の相手を挑発する.
chiffon de papier 紙くず同然の文書[条約].
en chiffon しわくちゃの; しわだらけの.
parler chiffons 話 おしゃれの話をする.
chiffonnage /ʃifɔnaːʒ/, **chiffonnement** /ʃifɔnmɑ̃/ 男(布, 紙などを)しわくちゃにすること; (布, 衣類の)しわ.
chiffonné, e /ʃifɔne/ 形〔布, 紙などが〕しわくちゃの. ▶ repasser un vêtement *chiffonné* しわになった服にアイロンをかける.
visage chiffonné やつれた顔.
chiffonner /ʃifɔne/ 他動 ❶〔布, 紙など〕をしわくちゃにする. ❷ 話〔事態, 行為などが〕…を困らせる, 悩ます.
chiffonnier, ère /ʃifɔnje, ɛːr/ 名 廃品回収業者.
「*se battre* [*se disputer*] *comme des chiffonniers* 激しく殴り合う[言い争う].
chiffrable /ʃifrabl/ 形 計算できる, 見積もれる; 数で表わせる.
chiffrage /ʃifraːʒ/ 男 ❶ 算定, 見積もり. ❷ 暗号化.
***chiffre** /ʃifr/ シフル/ 男 ❶ 数字. ▶ les *chiffres* arabes [romains] アラビア[ローマ]数字 / écrire un nombre en *chiffres* 数を数字で書く / nombre de quatre *chiffres* 4桁の数. ❷(いくつかの数字から成る)数; 総額. ▶ en *chiffres* ronds 概数で / le *chiffre* des dépenses 支払い総額. ❸ 暗号;(各庁の)暗号局[課](= service du *chiffre*). ▶ avoir la clef du *chiffre* 暗号の鍵(かぎ)を握る. ❹(金庫, 錠などの組み合わせ番号, 暗証番号. ❺(名前の頭文字の)組み合わせ文字, 花文字. ▶ offrir à qn une bague chevalière gravée à son *chiffre* イニシャルを刻んだ指輪を…に贈る.
chiffre d'affaires 総売り上げ高, 取引総額.
faire du chiffre 売り上げを伸ばす.
chiffré, e /ʃifre/ 形 ❶ 暗号で書かれた. ▶ une lettre *chiffrée* 暗号文書. ❷ 番号を打たれた; 計算された. ▶ objectif *chiffré* 数値目標.
chiffrement /ʃifrəmɑ̃/ 男(通信文の)暗号化(= codage), 暗号文作成.
chiffrer /ʃifre/ 他動 ❶ < *chiffrer* qc (à + 金額) > …を…と算定する. ▶ *chiffrer* la somme de la dépense à cinq mille euros 支出を5000 ユーロと見積もる. ❷ …を暗号で書く. ▶ *chiffrer* une correspondance secrète 秘密文書を暗号で書く. ❸ …に番号をつける.
— 自動 たいへんな金額になる.
— *se chiffrer* 代動 < *se chiffrer* à + 金額 > …に達する, 総計…になる.
chiffreur, euse /ʃifrœːr, øːz/ 名 暗号作成[解読]係.
chignole /ʃiɲɔl/ 女 ❶ 手動ドリル;(小型の)電動ドリル. ❷ 話 ぽんこつ車.
chignon /ʃiɲɔ̃/ 男(女性の)巻き髪, シニョン. ▶ se faire un *chignon* シニョンにする.
chiisme /ʃiism/ 男〔イスラム教〕シーア派.
chiite /ʃiit/ 名, 形 シーア派教徒(の).
chikungunya /ʃikungunja/ 男 チクングニャ: 蚊によって媒介される伝染病.
Chili /ʃili/ 固有 男 チリ: 首都 Santiago. ▶ au *Chili* チリに[で, へ].
chilien, enne /ʃiljɛ̃, ɛn/ 形 チリ Chili の.
— **Chilien, enne** 名 チリ人.
chimère /ʃimɛːr/ 女 ❶(Chimère)〔ギリシア神話〕キマイラ: ライオンの頭, ヤギの胴, 蛇の尾を持ち, 火を吐く怪獣. ❷ 幻想; 実現不可能な計画. ▶ poursuivre des *chimères* あてどもない夢を追いかける. ❸〔生物〕キメラ.
chimérique /ʃimerik/ 形 ❶ 非現実的な, 夢のような. ▶ projets *chimériques* 実現不能の計画. ❷ 空想好きな. ▶ esprit *chimérique* 空想家.
***chimie** /ʃimi/ シミ/ 女 化学. ▶ expérience de *chimie* 化学の実験 / *chimie* biologique 生化学(= biochimie) / *chimie* organique 有機化学.
chimio /ʃimjo/ 女(chimiothérapie の略)化学療法.
chimiothérapie /ʃimjoterapi/ 女 化学療法.
***chimique** /ʃimik/ シミック/ 形 化学の, 化学的な. ▶ produits *chimiques* 化学製品 / réaction *chimique* 化学反応 / symbole *chimique* 化学記号 / arme *chimique* 化学兵器.
chimiquement /ʃimikmɑ̃/ 副 化学的に; 化学作用によって.
chimiquier /ʃimikje/ 男 化学物質[製品]輸送船.
chimiste /ʃimist/ 名 化学者.
chimpanzé /ʃɛ̃pɑ̃ze/ 男〔動物〕チンパンジー.
chinchilla /ʃɛ̃ʃila/ 男《スペイン語》〔動物〕チンチラ; チンチラの毛皮.
Chine /ʃin/ 固有 女 中国: 首都 Pékin. ▶ en *Chine* 中国に[で, へ].
chine /ʃin/ 男 ❶ 唐紙(とうし). ❷ 中国製磁器.
chiné, e /ʃine/ 形〔布地が〕斑(まだら)模様織りの.
chiner /ʃine/ 自動 古物〔骨董(こっとう)品〕を探す.
— 他動 …を冷やかす.
chineur, euse /ʃinœːr, øːz/ 名 古物商.
***chinois, oise** /ʃinwa, waːz/ シノワ, シノワーズ/ 形 ❶ 中国 Chine の; 中国語[人]の; 中国風の. ▶ cuisine *chinoise* 中華料理 / caractères *chinois* 漢字 / quartier *chinois* 中国人街. ❷ 話〔人が〕(こまごまと)口うるさい, わざと事を複雑にする;〔物が〕込み入った, あまりにも煩瑣(はんさ)な.
— ***Chinois, oise** 名 ❶ 中国人. ❷ 話 古風 七面倒くさい人.
— **chinois** 男 ❶ 中国語. ❷〔料理〕シノワ: 円錐(えんすい)形のこし器.
C'est du chinois. 話 ちんぷんかんぷんだ.
chinoiser /ʃinwaze/ 自動 話 小うるさく文句をつける(= chicaner).

chinoiserie /ʃinwazri/ 女 ❶ 中国(風)の工芸品, 中国風装飾モチーフ; 中国趣味. ❷《多く複数で》むだな煩わしさ. ▶ *chinoiseries administratives* 官僚的形式主義.

chiot /ʃjo/ 男 子犬.

chiottes /ʃjɔt/ 女複 俗 便所.
goût de chiotte(s) 俗 ひどい悪趣味.

chiper /ʃipe/ 他動 話 *<chiper qc à qn>* …をくすねる, 盗む (=piquer). ▶ *Il m'a chipé mon stylo.* 彼は私のペンをくすねた.

chipie /ʃipi/ 女 話 口やかましい女, 横柄な女. ▶ *Vieille chipie!* くそばばあ.

chipolata /ʃipɔlata/ 女《料理》チポラタ・ソーセージ: 羊の腸に豚肉を詰めた小型ソーセージ.

chipotage /ʃipɔtaːʒ/ 男 ❶ まずそうにちびちび食べること. ❷ 些細(ささい)なことに難癖をつけること, つまらぬ言い争い; けち臭く値切ること.

chipoter /ʃipɔte/ 自動 話 *<chipoter (sur qc)>* ❶ (…を)いやいや食べる. ▶ *Il chipote sur tous les plats.* 彼はどんな料理でもまずそうに食べる.
❷ (些細(ささい)なことに)文句をつける. ▶ *Ne chipote pas pour un si faible somme.* そんなわずかなお金のことでつべこべ言うな.
── 他動 話 …をけちくさく値切る.
── **se chipoter** 代動 つまらないことで言い争う.

chipoteur, euse /ʃipɔtœːr, øːz/ 形, 名 まずそうに食べる(人); つまらぬ文句をつける(人), けち臭く値切る(人).

chips /ʃips/ 男複《英語》ポテトチップ (=pommes *chips*).

chique /ʃik/ 女 ❶ 噛(か)みたばこ. ❷ 話 頬(ほお)(歯ぐき)のはれ.
couper la chique à qn 話 …を驚かす, 当惑させる; の話を遮る.

chiqué /ʃike/ 男 話 気取り, わざとらしさ; こけおどし. ▶ *faire du chiqué* もったいぶる.

chiquement /ʃikmɑ̃/ 副 話 ❶ 粋(いき)に, シックに. ❷ 親切に.

chiquenaude /ʃiknoːd/ 女 ❶ 指ではじくこと. ▶ *donner une chiquenaude à qc* …を指ではじく. ❷ 軽い衝撃.

chiquer /ʃike/ 他動〔噛(か)みたばこ〕を噛む. ▶ *tabac à chiquer* 噛みたばこ.
── 自動 噛みたばこを噛む.

chiqueur, euse /ʃikœːr, øːz/ 名 噛(か)みたばこ愛好家.

chiro- 接頭「手」の意.

chiromancie /kirɔmɑ̃si/ 女 手相術［占い］.

chiromancien, enne /kirɔmɑ̃sjɛ̃, ɛn/ 名 手相見.

chiropracteur, trice /kirɔpraktœːr, tris/, **chiropraticien, enne** /kirɔpratisjɛ̃, ɛn/ 名 指圧療法師.

chiropractie /kirɔprakti/, **chiropraxie** /kirɔpraksi/ 女《医学》指圧療法, カイロプラクティック.

chirurgical, ale /ʃiryrʒikal/; 《男複》**aux** /o/ 形 外科(学)の. ▶ *opération [intervention] chirurgicale* 外科手術.

chirurgie /ʃiryrʒi/ 女 外科(学). ▶ *chirurgie générale* 一般外科 / *chirurgie esthétique* 美容[整形]外科.

***chirurgien, enne** /ʃiryrʒjɛ̃, ɛn/ シリュルジャン, シリュルジェヌ/ 名 外科医. 注 女医を指す場合も男性形を用いることが多い.

chirurgien-dentiste /ʃiryrʒjɛ̃dɑ̃tist/;《複》**～s-～s** 名 歯科医師 (=dentiste).

chistera /(t)ʃistera/ 女/男《スポーツ》セスタ: ペロタ競技で用いる細長いかご状のラケット.

chlore /klɔːr/ 男《化学》塩素.

chlorhydrique /klɔridrik/ 形《化学》*acide chlorhydrique* 塩酸.

chlorofluorocarbone /klɔrɔflyɔrokarbɔn/ 男《化学》フロンガス. 略 CFC.

chloroforme /klɔrɔfɔrm/ 男《化学》クロロホルム.

chloroformé, e /klɔrɔfɔrme/ 形 ❶ クロロホルムで麻酔された[眠らされた]. ❷〔精神などが〕麻痺(ひ)した.

chloroformer /klɔrɔfɔrme/ 他動 ❶ …をクロロホルムで全身麻酔する[眠らせる]. ❷〔精神など〕を麻痺(ひ)させる.

chlorophylle /klɔrɔfil/ 女 葉緑素.

chlorure /klɔryːr/ 男《化学》塩化物. ▶ *chlorure de sodium* 塩化ナトリウム / *chlorures décolorants* (さらし粉などの)漂白剤.

chnoque /ʃnɔk/ 男, 形 ➡ SCHNOCK.

***choc** /ʃɔk/ ショック/ 男 ❶〔物体の〕**衝突, 衝撃**; 衝撃音. ▶ *choc de voitures* 自動車の衝突事故 / *La corde s'est brisée sous le choc.* ロープ[弦]は衝撃で切れてしまった.
❷ (軍隊などの)衝突; 突撃. ▶ *succomber [plier] sous le choc* 攻撃に屈する.
❸ (意見などの)対立, 衝突. ▶ *choc des opinions [des intérêts]* 意見[利害]の対立 / *choc des civilisations* 文明の衝突. ❹ (心理的, 社会的)ショック, 激しい動揺. ▶ *choc pétrolier* 石油ショック / *choc culturel* カルチャー・ショック / *La mort de sa mère a été pour lui un choc.* 母の死は彼にとってショックだった. ❺《医学》ショック. ▶ *traitement de choc* ショック療法.
choc en retour 反動, はねかえり (=contre-coup); 結果; 報い.
de choc (1) 突撃専門の. ▶ *unité [troupe] de choc* (前線に配置される)特殊戦闘部隊. (2) 行動的な, 戦闘的な. ▶ *patron de choc* 精力的な経営者.
── 形《不変》衝撃的な, 驚くべき. 注 しばしばハイフン (-) を伴う. ▶ *prix-choc* 激安 / *photo-choc* 衝撃的な写真 / *discours-choc* 爆弾演説.

chochotte /ʃɔʃɔt/ 女 話〔軽蔑して〕気取り屋の[お上品ぶった]女.

***chocolat** /ʃɔkɔla/ ショコラ/ 男 ❶ **チョコレート**. ▶ *une tablette de chocolat* 板チョコ / *chocolat au lait* ミルクチョコレート / *gâteau au chocolat* チョコレートケーキ / *chocolat amer* ビターチョコレート / *glace au chocolat* チョコレートアイスクリーム.
❷ ココア, ホットチョコレート. ▶ *une tasse de chocolat* = 🔳 *un chocolat* ココア 1 杯 / *prendre du chocolat* ココアを飲む.
── 形《不変》チョコレート色の.

être [rester] chocolat 話 当てが外れる.
chocolaté, e /ʃɔkɔlate/ 形 チョコレート入りの, チョコレート風味の.
chocolaterie /ʃɔkɔlatri/ 女 チョコレート製造工場; チョコレート店.
chocolatier, ère /ʃɔkɔlatje, ɛːr/ 名 チョコレート製造[販売]業者.
— **chocolatière** 女 ココア沸かし.
chocottes /ʃɔkɔt/ 女複 話 恐怖. ▶ avoir les *chocottes* 怖がる.
chœur /kœːr/ 男 ❶ 合唱団, コーラス; (教会の)聖歌隊. ▶ un *chœur* d'enfants 少年合唱団 [聖歌隊] / chef de *chœur* 合唱指揮者 / maître de *chœur* 聖歌隊指揮者, 聖歌隊長.
❷ 合唱(曲). ▶ *chœur* à quatre parties 4部合唱 / *chœur* mixte 混声合唱.
❸ (意見などを同じくする人々の)集団, 一団;(集団があげる)異口同音の言葉. ▶ le *chœur* des mécontents 不平分子の一団 / un *chœur* de protestations 一斉にあがる抗議.
❹ (教会の)内陣: 典礼中, 聖職者と聖歌隊が位置する場所. ❺ (ギリシア悲劇の)合唱隊, コロス.
en chœur 一緒に, 全員そろって. ▶ répondre *en chœur* 一斉に答える.
enfant de chœur (1) ミサの侍者. (2) 世間知らず, お人よし.
choir /ʃwaːr/ 36 自動 (過去分詞 chu) 古 /文章 落ちる, 倒れる (=tomber). 注 不定詞で用いられることが多い. ▶ se laisser *choir* dans un fauteuil ひじ掛け椅子(ヾ)に倒れ込む.
laisser choir qn/qc 話 …を見放す; 放棄する.
choisi, e /ʃwazi/ 形 (choisir の過去分詞) 精選された; 洗練された. ▶ morceaux *choisis* 選文集.

*choisir /ʃwaziːr ショワズィール/

直説法現在	je choisis	nous choisissons
	tu choisis	vous choisissez
	il choisit	ils choisissent
複合過去	j'ai choisi	
半過去	je choisissais	
単純未来	je choisirai	単純過去 je choisis

他動 ❶ …を選ぶ, 選出する, 選択する. ▶ *choisir* un mari 夫を選ぶ / *choisir* son successeur 後任を選ぶ / On l'a *choisi* pour ce poste. そのポストには彼が選任された / Nous avons *choisi* M. Dupont comme délégué. 我々はデュポン氏を代表に選んだ.
❷ ⟨*choisir* de + 不定詞⟩ …することに決める (=décider de). ▶ Finalement, j'ai *choisi* de décliner sa proposition. 結局, 私は彼(女)の申し出を断ることにした.
❸ ⟨*choisir* + 間接疑問節⟩ …かどうか [いつどこで…に]決める. ▶ J'ai *choisi* où aller en vacances. 私はバカンスでどこに行くか決めた / A vous de *choisir* si vous restez ou si vous m'accompagnez. ここに残るか, 私と一緒に行くか, 決めるのはあなた(方)だ.
choisir son moment …する好機を選ぶ.
— 自動 選ぶ, 選択する. ▶ Vous avez *choisi*?

お決まりですか (レストランなどで) / *choisir* entre plusieurs possibilités 数ある可能性の一つを選ぶ.
— **se choisir** 代動 ❶ …を自分のために選ぶ. 注 se は間接目的. ▶ *se choisir* un avocat 自分の弁護士を選ぶ. ❷ 選び合う.

*choix /ʃwa ショワ/ 男 ❶ 選択, 選定, 選出. ▶ faire son *choix* 選択を行う / arrêter [fixer, porter] son *choix* sur qc/qn …に決める / Il a eu à faire un *choix* entre ces deux solutions. 彼はこの2つの解決策のどちらかを選ばなければならなかった / à *choix* multiple 多項目選択形式の. ❷ 選択権; 選択の自由. ▶ ne pas avoir le *choix* 選択の余地がない / laisser le *choix* à qn …に選択を任せる / Vous avez le *choix* entre le café et le thé. コーヒーでも紅茶でもお好きな方をどうぞ. ❸ (商品などの) 選択の種類; 品数. ▶ Ce restaurant offre un grand *choix* de plats. このレストランは料理の品数が豊富だ. ❹ 精選品; 選集. ▶ *choix* de poésies →(anthologie) 名詩集. ❺ (品物の) 品質, 等級. ▶ un article de premier *choix* 一級品.
au choix (*de qn*) (…の)好みに応じて, 自由選択で. ▶ Vous pouvez prendre, *au choix*, fruits ou fromage. 果物でもチーズでもお好きな方をどうぞ / Le mode de paiement est *au choix du* client. 支払い方法はお客様の方で自由に選べます / Il y a plusieurs menus. A votre *choix*. 数種類のメニューがあります, 自由にお選びください.
avancement [promotion] au choix 抜擢(ばってき)による昇進.
de choix えり抜きの; 特上の. ▶ hommes *de choix* よりすぐった人々 / morceau *de choix* 極上肉.
de mon choix 私が選んだ, 好みの. 注 mon は各人称に変化させて用いる.
faire choix de qc/qn …を選ぶ (=choisir).
n'avoir que l'embarras du choix (多すぎて)選択に困るほどだ.
sans choix 手当たり次第に.
cholédoque /kɔledɔk/ 形 [解剖] canal *cholédoque* 総胆管.
choléra /kɔlera/ 男 ❶ [医学] コレラ. ❷ 話 意地の悪い人.
cholestérol /kɔlɛsterɔl/ 男 コレステロール.
*chômage /ʃomaːʒ ショマージュ/ 男 (単数形のみ)
❶ 失業. ▶ taux de *chômage* 失業率 / ouvriers en *chômage* 失業者 / être au *chômage* 失業中である / *chômage* structurel 構造的失業 / *chômage* technique 操業休止による失業 / allocation [indemnité] de *chômage* 失業手当て / assurance *chômage* 失業保険 / toucher le *chômage* 失業手当を受ける. ❷ 操業停止. ▶ *chômage* partiel 操業短縮.
chômé, e /ʃome/ 形 (祝祭日などで労働者が) 仕事を休む. ▶ jour *chômé* 休日.
chômedu /ʃomdy/ 男 話 失業. ▶ être au *chômedu* 失業している.
chômer /ʃome/ 自動 ❶ 失業する;〔事業などが〕行き詰まる. ▶ Il *chôme* depuis deux mois.

chômeur

(=être en chômage) 彼は2か月前から仕事にあぶれている． ❷〔資本, 設備などが〕活用されない． ▶ laisser *chômer* son capital 資本を遊ばせておく．
ne pas chômer 話 大いに働く． ▶ Je t'assure que je *ne chôme pas* en ce moment. このごろは本当に忙しいですよ．

*chôm*eur*, euse /ʃomœːr, øːz/ ショムール, ショムーズ/ 名 失業者． ▶ *chômeur* partiel 一時解雇者．

chope /ʃɔp/ 女 ビールジョッキ; ジョッキ1杯の量． ▶ boire une *chope* ジョッキ1杯飲む．

choper /ʃɔpe/ 他動 ❶＜*choper* qc (à qn)＞…を(…から)盗む, かっぱらう． ❷…を逮捕する, 捕まえる． ❸〔病気などに〕かかる．

chopine /ʃɔpin/ 女 話 (ワインの)瓶． ▶ On a été boire une *chopine*. 一杯やりに行った．

choqu*ant*, ante /ʃɔkɑ̃, ɑ̃ːt/ 形 不快で, 気に障る; けしからぬ． ▶ propos *choquants* ぶしつけな言葉 / injustice *choquante* 目に余る不正．

choquer /ʃɔke/ 他動 ❶…を不快にする, 傷つける;〔良識などに〕反する． ▶ Ses propos m'*ont choqué*. 彼(女)の発言にはカチンときた / Je *suis choqué* par cette façon d'agir. 私はこのような行動に憤慨している / *choquer* la vue 目に不快である / *choquer* la raison 理性に反する / Ce roman risque de *choquer*. この小説はスキャンダルになりかねない． ◆*être choqué*「de ＋不定詞[(de ce) que ＋接続法]」…に腹を立てる, 気分を害する． ▶ Elle *a été choquée* de ne pas recevoir d'invitation. 彼女は招待状を受け取らなかったので気を悪くした / J'*ai été choqué* (de ce) qu'il ne m'ait pas remercié. 彼がお礼を言わなかったので私は感情を害した． ❷(精神的に)ショックを与える．
— **se choquer** 代動 ＜*se choquer* (de qc)＞ (…に)気を悪くする, 腹を立てる． ▶ Ne *vous choquez* pas de ma question. 私の質問に気を悪くしないでください．

choral, ale /kɔral/;《男複》**als**《稀に **aux** /o/》形 合唱団の, 合唱用の． ▶ chant *choral* 合唱曲． — **choral**;《複》**als** 男 賛美歌, コラール． — **chorale** 女 合唱団．

chorégraphe /kɔregraf/ 名 振り付け師．

chorégraphie /kɔregrafi/ 女 振り付け, コレグラフィ．

chorégraphique /kɔregrafik/ 形 ❶ 振り付けの． ❷ バレエの; ダンスの．

choriste /kɔrist/ 名 合唱団員．

chorizo /ʃɔrizo, tʃɔriso/ 男 (スペイン語)〚料理〛チョリソー: とうがらし入りソーセージ．

chorus /kɔrys/ 男 ❶ 話 faire *chorus* (avec qn) (…と)口をそろえる, 唱和する． ❷ コーラス: ジャズの演奏単位．

**chose /ʃoːz/ ショーズ/ 女
❶(具体的な)物, 事物, 品物． ▶ C'est quoi cette *chose*? これは何ですか / les mots et les *choses* 言葉と物 / manger de bonnes *choses* おいしいものを食べる / traiter qn comme une *chose*「人」を物のように扱う / la *chose* en soi〚哲学〛物自体．
❷(漠然と)こと, もの． ▶ avoir beaucoup de *choses* à faire することがたくさんある / Il y a des *choses* que je ne peux pas dire à mes parents. 私には両親に言えないことがある / Ce n'est pas une *chose* à faire [dire]. それはする[言う]べきことではない / Ce n'est pas *chose* facile de ＋不定詞．…するのは容易なことではない．
❸《la chose》(話題になっている)こと, そのこと． ▶ Je vais vous expliquer la *chose*. その問題を御説明いたしましょう / La *chose* parle d'elle-même. 事は明々白々だ．
❹《文頭で》＜*chose* ＋ 形容詞＞…であること(には)． ▶ *Chose* étonnante, il est venu. 驚いたことに彼はやって来た．
❺＜la même chose＞同じもの, 同じこと． ▶ Monsieur, la même *chose* s'il vous plaît. 同じものをもう1杯ください / Les films policiers, c'est toujours la même *chose*. 探偵ものの映画はいつも同じだ．
❻(多く複数で)事態, 状況, 現実． ▶ les *choses* de ce monde この世の現実 / dans l'état actuel des *choses* 現在の状況では / regarder les *choses* en face 現実を正面から見据える / Les *choses* vont [tournent] mal. 事態が悪化しつつある．
❼(不定代名詞として)＜quelque *chose*＞ ⇨ QUELQUE CHOSE．

appeler les choses par leur nom 率直に言う．
*autre chose (不定代名詞として)別のもの, 別のこと(⇨ AUTRE)．
avant toute chose まず第一に, 何はさておき．
Bon [Ben] v'là aut'chose! また問題だ！
C'est chose faite. それはもう済んだことだ．
C'est [Voilà] une bonne chose de faite. うまくいった．
Chaque chose en son temps. 物事にはすべて潮時がある．
de deux choses l'une 2つのうちのどちらかだ． ▶ *De deux choses l'une*: ou bien il est stupide, ou bien il se moque de moi. あいつは本当にばかなのか, あるいは私をからっているのかどちらかだ．
dire bien des choses (aimables) à qn …によろしくと言う． ▶ *Dites*-lui *bien des choses* de ma part. 彼(女)に私からよろしくとお伝えください．
dire le mot et la chose 下品な冗談を言う, あけすけに物を言う．
en mettant les choses au mieux [pire] 最善[最悪]の事態を仮定して．
être dans l'ordre des choses 自然の成り行きだ, 当然だ．
être à la chose de qn …の言いなりである．
faire bien les choses 万事手抜かりなく手配する, することが周到である．
faire des choses セックスする．
les choses de la vie 実生活．
ne pas faire les choses à demi [moitié] (1) 中途半端にしない, 徹底的にやる． (2) 金に糸目をつけずにやる．
parler [話 causer, discuter] de choses et d'autres とりとめのない話をする．

peu de chose《不定代名詞として》わずかなもの[こと], 取るに足りないもの[こと]. ▶ C'est (bien) *peu de chose*. それは(まったく)たいしたもの[こと]ではありません；(礼を言われたときに)どういたしまして / On est (bien) *peu de chose* (tout de même)! 翻 人間なんて(しょせん)はかないものだ.

toute(s) chose(s) cessante(s) 即座に, 何をおいても.

― 男 翻(はっきり名前を言わずに)だれそれさん, 某, なにがし；あれ, なに. ▶ madame [monsieur] *chose* 何とかさん / Donnez-moi ce *chose*. その何とかいうやつを下さい.

― 形《un peu, tout とともに》狼狽(ﾊﾟｲ)した；居心地が悪い. ▶ se sentir tout *chose* なんとなく気分[居心地]が悪い(注 主語が女性の場合は tout à toute になる).

*chou /ʃu/ シュー；《複》**x** 男 ❶ キャベツ. ▶ *choux* de Bruxelles 芽キャベツ / *chou* rouge 紫キャベツ / *chou* farci 肉詰めキャベツ, ロールキャベツ.

❷ シュークリーム(=*chou* à la crème). ▶ pâte à *choux* シュー生地.

aller planter ses choux 翻(キャベツを植えに行く→)(1) 田舎に引きこもる. (2)(仕事に疲れて)もっと単純で楽な[性に合う]仕事に転職する.

bête comme chou（問題が）とても簡単な.

bout de chou 翻 ちびっ子, おちびちゃん.

entrer [rentrer] dans le chou à qn …をやっつける, 殴る.

être dans les choux 翻 びりになる；(試験などで)失敗する；窮地に陥る.

faire chou blanc 失敗する, ねらいが外れる.

faire ses choux gras de qc 翻(…で自分のキャベツを大きくする→)(1)(人が見向きもしないようなもの)を喜んでもらっていく. (2)…から甘い汁を吸う, を食い物にする.

feuille de chou (1) キャベツの葉. ▶ avoir les oreilles en *feuille de chou* 耳が大きい. (2) 三流新聞.

― **chou, choute** /ʃu, ʃut/；《男 複》**x** 名 翻 かわいい子, いとしい人. 注 女性に対しても男性形が用いられることがある. ▶ mon (petit) *chou*《愛情表現で》ねえ坊や；ねえあなた[おまえ].

― 形 翻 優しい；すてきな. 注 女性形は稀. ▶ Ce qu'elle est *chou* [*choute*]. いい子だねえ.

chouan /ʃwɑ̃/ 男【歴史】ふくろう党員：1793年にフランス西部で結成された反革命王党派党員.

chouannerie /ʃwanri/ 女 ふくろう党の蜂起(ﾎｳｷ).

chouchou, oute /ʃuʃu, ut/ 名 翻 お気に入り, 秘蔵っ子.

chouchoutage /ʃuʃutaːʒ/ 男 翻 甘やかすこと；えこひいき.

chouchouter /ʃuʃute/ 他動 〔子供など〕を甘やかす, に甘い；をひいきにする.

choucroute /ʃukrut/ 女【料理】シュークルート：発酵させた千切りの塩漬けキャベツ. ▶ *choucroute* garnie ソーセージやハム入りシュークルート / manger de la *choucroute* シュークルートを食べる.

chouette¹ /ʃwɛt/ 女【鳥類】フクロウ.

vieille chouette 意地悪ばばあ.

chouette² /ʃwɛt/ 形 翻 すてきな, きれいな；感じがいい. ▶ une *chouette* femme すてきな女性 / Elle est *chouette*, sa bagnole. すてきだね, 彼(女)の車は / C'est *chouette*. それはすごい, すばらしい. 比較 ⇨ ADMIRABLE.

― 間投 翻 *Chouette* (alors)! (思いどおりになって)しめた, やった(満足の感情を示す).

chouettement /ʃwɛtmɑ̃/ 副 翻 すてきに, 格好よく.

chou-fleur /ʃufloeːr/；《複》**~x-~s** 男【植物】カリフラワー.

oreille en chou-fleur つぶれた耳.

chouïa /ʃuja/ 男 翻 un *chouïa* 少し(= un peu) / un *chouïa* de 少しの(= un peu de).

chou-rave /ʃuraːv/；《複》**~x-~s** 男【植物】コールラビー, カブキャベツ.

choute /ʃut/ chou の女性形.

choyer /ʃwaje/ 10 他動 ❶ …をかわいがる. ▶ *choyer* son enfant à l'excès 自分の子供を猫かわいがりする. ❷〔感情, 考えなど〕を抱く, はぐくむ.

*chrétien, enne /kretjɛ̃, ɛn/ クレティヤン, クレティエヌ/ 形 ❶ キリスト教の, キリスト教徒の. ▶ le monde *chrétien* キリスト教世界 / l'ère *chrétienne* キリスト紀元, 西暦 / la religion *chrétienne* キリスト教(=christianisme). ❷ キリスト教徒にふさわしい；《特に》慈悲深い, 隣人愛あふれる. ❸ 名 キリスト教徒.

chrétiennement /kretjɛnmɑ̃/ 副 キリスト教徒らしく, キリスト教の教えに従って.

chrétienté /kretjɛ̃te/ 女《集合的に》キリスト教徒；キリスト教国(民), キリスト教世界.

christ /krist/ 男 ❶《le Christ》キリスト(=Jésus-Christ). 注 プロテスタントでは冠詞をつけない. ❷ 磔刑(ﾀｯｹｲ)のキリスト像(=crucifix).

christianisation /kristjanizasjɔ̃/ 女 キリスト教化, キリスト教への改宗.

christianiser /kristjanize/ 他動 …をキリスト教に改宗させる, キリスト教化する.

― **se christianiser** 代動 キリスト教に改宗する, キリスト教化する.

christianisme /kristjanism/ 男 キリスト教.

chromat-, chromo- 接頭「色, 着色」の意.

chromatique /kromatik/ 形 ❶【音楽】半音(階)の(↔diatonique). ▶ gamme *chromatique* 半音階. ❷【光学】色彩の. ❸【生物学】染色体の.

chromatisme /kromatism/ 男 ❶ 文章 色彩, 彩色. ❷【音楽】半音階主義；半音階多用. ❸【光学】色収差.

chrome /kroːm/ 男 ❶【化学】クロム. ❷《複数で》クロムめっき部分.

chromé, e /krome/ 形 ❶ クロムを含む；クロムめっきした. ▶ acier *chromé* クロム鋼. ❷【皮革】cuir *chromé* クロム革：クロムなめし剤でなめした革.

chromer /krome/ 他動 …をクロムめっきする.

chromo /kromo/ 男 (chromolithographie の略) ❶ 多色刷石版画, カラーリトグラフ. ❷《軽蔑して》けばけばしい彩色画.

chromolithographie /kromɔlitɔɡrafi/ 女 多色刷石版技法；多色刷石版画.

chromosome /kromozoːm/ 男 染色体.

chromosomique

chromosomique /krɔmozomik/ 形 染色体の.

chronique¹ /krɔnik/ 女 ❶ 年代記, 編年史. ❷ (新聞, テレビ, ラジオなどの)コラム, …欄; 時評. ▶ écrire une *chronique* financière [littéraire] [économique] 経済[文芸]の時評を書く / tenir la *chronique* sportive d'un journal 新聞のスポーツ欄のコメントを担当する. ❸《集合的に》うわさ, ゴシップ. ▶ défrayer la *chronique* うわさの種になる.

chronique² /krɔnik/ 形 慢性の. ▶ maladie *chronique* 慢性病 / chômage *chronique* 慢性的な失業状態.

chroniquement /krɔnikmɑ̃/ 副 慢性的に.

chroniqueur, euse /krɔnikœːr, øːz/ 名 時評欄担当者. ▶ un *chroniqueur* littéraire [sportif] 文芸欄[スポーツ欄]担当記者. ━**chroniqueur** 男 年代記作者, 編年史家.

chrono /krɔno/ 男(chronomètre の略)話 ❶ ストップウォッチ. ❷ faire du 120 km/h *chrono* 手動計時で時速120キロだす. ❸(スポーツの)タイム.

chrono- 接頭「時, 時間」の意.

chronologie /krɔnɔlɔʒi/ 女 年表, 年譜; 時順. ▶ établir la *chronologie* d'une époque ある時代の年表を作成する.

chronologique /krɔnɔlɔʒik/ 形 年代順の; 年代学の. ▶ table *chronologique* 年表.

chronologiquement /krɔnɔlɔʒikmɑ̃/ 副 年代順に; 年代学的に.

chronométrage /krɔnɔmetraːʒ/ 男(精密な)時間測定, 計時.

chronomètre /krɔnɔmɛtr/ 男 ❶ ストップウォッチ. ❷ クロノメーター; マリンクロノメーター (=*chronomètre de marine*).
réglé comme un chronomètre 規則正しい, 時間に正確な.

chronométrer /krɔnɔmetre/ 6 他動 ❶ …を(ストップウォッチで)計時する. ▶ *chronométrer* une course 競走のタイムをとる. ❷ …の時間を正確に測定する.

chronométreur /krɔnɔmetrœːr/ 男『スポーツ』時間測定係, 計時員, タイムキーパー.

chronométrique /krɔnɔmetrik/ 形 ❶ クロノメーターの. ❷(時間が)正確な. ▶ une exactitude *chronométrique* クロノメーターで計ったような正確さ.

chrysalide /krizalid/ 女 蛹(さなぎ).
sortir de sa chrysalide (1) 蛹からかえる. (2) 立派になる; 世に出る, ベールを脱ぐ.

chrysanthème /krizɑ̃tɛm/ 男 キク(菊).
inaugurer les chrysanthèmes 実質的な権力のない地位につく.

chtimi /ʃtimi/ 形 名 北フランスの(人).

chu, chue /ʃy/ 活用 choir 36 の過去分詞.

chu- 活用 ⇨ CHOIR 36.

CHU 男《略語》Centre hospitalier universitaire 大学病院センター.

chuchotement /ʃyʃɔtmɑ̃/ 男 ❶ ささやき, ひそひそ話. ❷文章(風や葉の)さざめき.

chuchoter /ʃyʃɔte/ 自動 ささやく, ひそひそ話をする. ❷〔物が〕かすかな音を立てる, ざわめく. ━ 他動 …をささやく; うわさする. ▶ *chuchoter* quelques mots à l'oreille de qn …に一言二言耳打ちする. ◆On *chuchote* que + 直説法. …だといううわさだ, らしい.

chuchoteur, euse /ʃyʃɔtœːr, øːz/ 形 ささやき声の, ひそひそ話の好きな.
━ 名 ささやき声で話す人, ひそひそ話の好きな人.

chuchotis /ʃyʃɔti/ 男文章 かすかなささやき, さざめき.

chuintant, ante /ʃɥɛ̃tɑ̃, ɑ̃ːt/ 形『音声』シュー音の. ━ **chuintante** 女 シュー音: /ʃ/, /ʒ/.

chuintement /ʃɥɛ̃tmɑ̃/ 男 ❶『言語』シュー音を出すこと; /s//z/ をそれぞれ /ʃ//ʒ/ で発音する誤り. ❷(液体やガスの)しゅうしゅういう音.

chuinter /ʃɥɛ̃te/ 自動 ❶〔フクロウが〕鳴く. ❷〔ガスなどが〕しゅうしゅういう. ❸『音声』シュー音を出す.

chut /ʃyt/ 間投 しっ, 静かに.

*****chute** /ʃyt/ シュット 女 ❶ 転倒, 転落. ▶ faire une *chute* dans l'escalier 階段で転ぶ(=tomber dans l'escalier)/ une *chute* de cheval 落馬.

❷ 落下; 脱落. ▶ jusqu'à la *chute* du jour 日没まで / la *chute* des cheveux 脱毛 / la *chute* des feuilles 落葉 / des *chutes* de pluie 降雨 / Attention, *chute* de pierres! 危ない, 落石だ.

❸ 低下, 減少, 下落(=baisse). ▶ *chute* de la monnaie 貨幣価値の下落 / *chute* de la natalité 出生率の低下 / *chute* de popularité 人気の低下. 比較 ⇨ DIMINUTION.

❹ <la *chute* de qn/qc> …の失敗, 挫折(ざ); 崩壊. ▶ la *chute* de Napoléon ナポレオンの失脚 / la *chute* de l'Empire romain ローマ帝国の没落 / la *chute* du mur de Berlin ベルリンの壁の崩壊.

❺ 堕落. ▶ la *chute* d'Adam アダムの堕罪.

❻ 滝, 瀑布(ばく)(=*chute d'eau*). ▶ les *chutes* du Niagara ナイアガラ瀑布.

❼(物語, 戯曲などの)終結部, 結び; (詩句, 楽句の最後で)声を落とすこと.

❽(布, 金属, 木材などの裁断後の)残片, 切れ端.

chute des reins 臀部(でん).

chute libre (1)『物理』自由落下. (2)(価値, 信用の)急激な低下. ▶ Le taux d'audience du journal est *en chute libre*. この新聞の購読率は急速に低下している.

point de chute (1) 落下点. (2) 話 (旅行, 移動などのあとで)身を寄せる場所, 落ち着き先. ▶ Avez-vous un *point de chute* à Paris? パリには, どこか落ち着く先があるのですか.

chuter /ʃyte/ 自動 ❶ 話 落ち込む, 低下する. ▶ Les ventes *ont chuté* de 5% [cinq pour cent]. 売り上げが5パーセント落ち込んだ. ❷ 話 落ちる, 倒れる(=tomber). ❸ 話〔制度, 組織などが〕崩壊する; 失敗する.

Chypre /ʃipr/ 固有 女 キプロス: 首都 Nicosie. ▶ à *Chypre* キプロスに[で, へ].

chypriote /ʃiprijɔt/ 形, 名 ⇨ CYPRIOTE.

*****ci**¹ /si/ スィ 副 ❶《指示形容詞のついた名詞または指示代名詞のあとにハイフンで連結して, しばしば -là と

対立的に）この、こちらの. ▶ ce livre-*ci* こちらの本 / cette heure-*ci* この時間 / ces jours-*ci* ここ数日 / Ce n'est pas celui-*ci*, c'est celui-là. これじゃない、あれだ. ❷《形容詞, 副詞とともに》ここに. ▶ les témoins *ci*-présents ここに出席の証人 / Vous trouverez *ci*-joint les photos que l'on a prises l'autre jour. （手紙で）先日撮った写真を同封いたします. 注〈ci + 形容詞〉は名詞のあとにくるときは性数が一致するが、名詞の前に来るときは不変.

de-ci, de-là あちこちに［で］；ときどき.

par-ci, par-là (1) あちこちに［で］；所々. ▶ Il a relevé *par-ci*, *par-là* quelques erreurs dans ma thèse. 彼は私の論文の所々に誤りがあると指摘した. (2) 時折；何度も.

ci² /si/ 代《指示》《ça とともに用いて》これ. ▶ Il exige *ci* et ça. 彼はあれこれと要求が多い.

comme ci, comme ça 話 まあまあ、まずまず (=tant bien que mal).

ciao /tʃao/ 間《イタリア語》話 さよなら、あばよ.

ci-après /siaprɛ/ 副 ❶ 以下に、次に、下記に. ❷ 今後、将来.

***cible** /sibl/ スィブル/ 女 的, 標的；目標. ▶ tirer à la *cible* 的を撃つ / prendre qn/qc pour *cible* …を目標にする / Ces deux publicités ont la même *cible*. その2つの広告は同一の客層をねらっている. ◆ servir de *cible* à qc …の的になる. ▶ servir de *cible* aux railleries de qn …の揶揄（ゆ）にさらされる.

cibler /sible/ 他動《広告》…にターゲット［標的］を定める.

ciboire /sibwaːr/ 男《カトリック》チボリウム, 聖体容器: 聖体拝領用のパンを入れる器.

ciboulette /sibulɛt/ 女《植物》アサツキ.

cicatrice /sikatris/ 女 傷跡. ▶ *cicatrice* de brûlure やけどの跡 / les *cicatrices* d'un amour déçu 失恋の痛手 / *cicatrices* de la guerre 戦争の傷跡.

cicatrisant, ante /sikatrizɑ̃, ɑ̃ːt/ 形 癒合を促進する.

— **cicatrisant** 男 癒合剤；瘢痕（はんこん）形成剤.

cicatrisation /sikatrizasjɔ̃/ 女 ❶ (傷の) 癒合. ❷ 文章 (痛手からの) 回復；心の傷がいえること.

cicatriser /sikatrize/ 他動 ❶ (傷など) を癒合させる、治す. ❷ (心の傷) をいやす；(苦しみなど) を和らげる. ▶ Le temps *cicatrise* les peines. 悲しみは時がいやしてくれる.

— 自動 (傷などが) 癒合する、治る.

— **se cicatriser** 代動 (傷が) 癒合する、治る.

cicérone /siserɔn/ 男 古風／《ふざけて》(外国人観光客相手の) 多弁なガイド；案内人.

ci-contre /sikɔ̃ːtr/ 副 反対側ページに；欄外に. ▶ Voir (page) *ci-contre*. 反対ページ参照.

ci-dessous /sid(ə)su/ 副 下に, 下記に. ▶ Voir la liste *ci-dessous*. 下記［後出］のリスト参照.

ci-dessus /sid(ə)sy/ 副 上に, 上記に. ▶ Voir l'article *ci-dessus*. 上記［前出］記事参照.

ci-devant /sid(ə)vɑ̃/ 副 不変 かつて、先に、前記に.

— 形《不変》元の、旧：特にフランス革命で失われた身分についていう. ▶ *ci-devant* roi 旧国王.

— 名《不変》旧貴族.

CIDJ 男《略語》centre d'information et de documentation de la jeunesse 青年情報資料センター.

cidre /sidr/ 男 シードル、りんご酒.

cidrerie /sidrəri/ 女 シードル醸造所［法].

Cie 《略語》⇨ COMPAGNIE.

ciel** /sjɛl/ スィエル/；《複》cieux*** /sjø/ スィユー/ (または **ciels**) 男

❶ 空, 天. ▶ l'état du *ciel* 空模様 / un *ciel* dégagé [couvert, gris] 雲一つない［どんよりした］空 / un *ciel* clair 晴れた空 / Les étoiles brillent dans le *ciel*. 空には星が輝いている / Le *ciel* est orageux. 空は荒れ模様だ / Il y aura du *ciel* bleu ce week-end. 週末には青空が期待できそうだ / en plein *ciel* 中空に.

❷ 気候、風土；地方. 注 複数形は cieux. ▶ aller vivre sous d'autres *cieux* 異国に移住する (=aller vivre dans un autre pays).

❸ 天国, 天上. 注 複数形は cieux. ▶ aller [monter] au *ciel* 死ぬ, 昇天する / Notre Père qui es aux *cieux* 天にまします我らの父よ (「主の祈り」の冒頭句).

❹《単数形》神；摂理. ▶ grâce au *ciel* 神様のおかげで / Le *ciel* m'(en) est témoin. 神も御照覧あれ、神かけて. ❺《天文》天空、宇宙空間.

❻《家具》天蓋（がい）. 注 複数形は ciels.

à ciel ouvert (1) 戸外の；露天で. ▶ une piscine *à ciel ouvert* 屋外プール. (2) 公然に；おおっぴらに. ▶ la politique *à ciel ouvert* ガラス張りの政治.

Aide-toi, le ciel t'aidera. 諺 天は自ら助くる者を助く.

au nom du ciel 後生だから.

entre ciel et terre 空中に、宙ぶらりんの［で].

être au ciel (1) 話 天国にいる、死んでいる. (2) 天にも昇る気持ちである.

être au septième ciel 天にも昇る心地である, 有頂天である.

lever les bras [les yeux] au ciel 天に向って両手を上げる［天を見上げる].

remuer ciel et terre (何かを得るために) 八方手を尽くす, 奮闘する.

sous le ciel この世で、現世で (=ici-bas).

sous le ciel + 形容詞 [de …] …の地で、の空の下で. ▶ *sous le ciel* méditerranéen 地中海地方で / *sous le ciel* de Naples ナポリで.

tomber du ciel (1) 幸運などが) 降ってわいてくる；(人が) ちょうどよい時に不意に現れる. (2) とても驚く, 茫然（ぼうぜん）自失する. ▶ avoir l'air de *tomber du ciel* あっけにとられた様子である.

— **ciel, cieux** 間感 ありがたい；どうしよう、なんとしたことだ (=O *ciel*!, Juste *ciel*!, Justes *cieux*!). ▶ *Ciel*! mon mari. どうしよう、夫だ (ヴォードヴィル劇で, 不倫の現場を夫に見られた妻の叫び).

— **ciel** 形《不変》空色の、スカイブルーの (=bleu *ciel*). ▶ robe bleu *ciel* 空色のドレス.

cierge /sjɛrʒ/ 男 (教会用の) 大ろうそく. ▶ *cierge* pascal 復活祭用のろうそく.

brûler un cierge à qn …に感謝の意を表わす.

cieux

être [se tenir] droit comme un cierge 直立不動でいる, しゃちこぱっている.

cieux /sjø/ ciel の複数形.

cigale /sigal/ 囡 ❶ 〖昆虫〗セミ. ❷ 〖動物〗 *cigale de mer* セミエビ, シャコ.

cigare /siga:r/ 男 葉巻. ▶ fumer un gros *cigare* 太巻き葉巻をふかす.
avoir du cigare 俗 頭がいい, 切れ者である.

*****cigarette** /sigarɛt/ 囡 紙巻きたばこ. ▶ un paquet de *cigarettes* たばこ 1 箱 / fumer une *cigarette* たばこを吸う / rouler ses *cigarettes* たばこを巻く.

cigarillo /sigarijo/ 男 《スペイン語》シガリロ: 細巻きの小型葉巻.

ci-gît /siʒi/ 〔墓碑銘で〕…ここに眠る. ▶ *Ci-gît* Voltaire. ヴォルテールここに眠る.

cigogne /sigɔɲ/ 囡 〖鳥類〗コウノトリ. ▶ nid de *cigogne* コウノトリの巣.

ciguë /sigy/ 囡 〖植物〗ドクニンジン(の毒).

ci-inclus, use /siɛ̃kly, y:z/ 形 同封の, 同封された. 注 名詞の前では不変. ▶ lettre *ci-incluse* 同封の手紙 / Vous trouverez *ci-inclus* une copie. コピーを 1 枚同封してあります.

ci-joint, ointe /siʒwɛ̃, wɛ:t/ 形 添付の, 添付された. 注 名詞の前では不変. ▶ Vous trouverez *ci-joint* une photocopie de ma carte d'étudiant. 私の学生証のコピーを一部添付します.

cil /sil/ 男 まつげ. ▶ faux *cils* つけまつげ / battre des *cils* まばたきする; 目をぱちぱちさせる.

cilice /silis/ 男 〔粗布や馬の毛でできた修道者の〕苦行衣.

cillement /sijmã/ 男 まばたき.

ciller /sije/ 自動 まばたきする. ▶ *ne pas ciller* まばたき一つしない; (恐怖などで)微動だにしない.
— 他動 文章〔目〕をしばたたく, ぱちぱちさせる.

cimaise /simɛ:z/ 囡 ❶ 〖建築〗サイマ, (葱花(そうか)形)線状または S 字形の〕刳(く)り形. ❷ 〔展覧会場の〕絵の展示場所. ▶ avoir les honneurs de la *cimaise* 〔絵が〕展覧会に入選する.

cime /sim/ 囡 ❶ 頂, 頂上. ▶ la *cime* d'une montagne 山の頂上. ❷ 文章 〔栄光などの〕絶頂.

*****ciment** /simã/ スィマン 男 ❶ セメント. ▶ *ciment armé* 鉄筋コンクリート (= béton armé). ❷ 文章 (精神的な)絆(きずな), 強い結び付き.

cimenter /simãte/ 他動 ❶ …をセメントで接合する; にセメントを塗る. ❷ …を強固にする (= consolider). ▶ *cimenter* la paix internationale 国際平和を確かなものにする.
— **se cimenter** 代動〔平和, 友情などが〕強化される, しっかりしたものになる.

cimenterie /simãtri/ 囡 セメント工業; セメント工場.

cimeterre /simtɛ:r/ 男 三日月刀.

*****cimetière** /simtjɛ:r/ スィムティエール 男 ❶ 墓地, 墓場. ❷ 廃品置き場, 廃物処理場. ▶ *cimetière* de voitures 廃車置き場.

cimier /simje/ 男 〔かぶとの〕前立て, 羽根飾り.

ciné /sine/ 男 (*cinéma* の略) 話 映画(館).

cinéaste /sineast/ 名 映画作家, 映画監督.

ciné-club /sineklœb/ 男 シネクラブ; 映画研究会.

*****cinéma** /sinema/ スィネマ 男 ❶ 映画, 映画産業. ▶ *cinéma* français フランス映画 / *cinéma* muet 無声映画 / *cinéma* parlant トーキー(映画) / *cinéma* en couleurs カラー映画 / réalisateur de *cinéma* 映画監督 (= metteur en scène, réalisateur de films, cinéaste) / travailler dans le *cinéma* 映画界で働く. ❷ 映画館 (= salle de *cinéma*). 注 話し言葉では ciné あるいは cinoche ともいう. ▶ aller au *cinéma* 映画に行く / *cinéma* d'exclusivité ロードショー館 / *cinéma* d'art et d'essai アートシアター. ❸ 話 芝居, はったり. ▶ Arrête ton *cinéma*. お芝居はよせ.
C'est du cinéma. 話 そんなことはうそっぱちだ, ただの狂言だ.
faire du [*tout un*] *cinéma* 話 芝居がかったまねをする, 一騒動演じる.
se faire du [*son*] *cinéma* 話 幻想を抱く, 好き勝手なことを考える.
toujours le même cinéma 話 いつも同じことの繰り返しである.
Tu as vu ça au cinéma! (相手の言うことが信じられなくて)おおかた映画でも見たんだろう.

比較 映画
cinéma 映画という芸術ジャンルを指す. **film** 個々の映画作品を指す.

cinémascope /sinemaskɔp/ 商標 シネマスコープ.

cinémathèque /sinematɛk/ 囡 シネマテーク, フィルム・ライブラリー.

cinématographe /sinematɔgraf/ 男 ❶ シネマトグラフ: リュミエール兄弟の発明した撮影機兼映写機. ❷ 古風 映画 (= *cinéma*).

cinématographie /sinematɔgrafi/ 囡 映画技術.

cinématographique /sinematɔgrafik/ 形 映画の. ▶ art *cinématographique* 映画芸術 / industrie *cinématographique* 映画産業.

cinéphile /sinefil/ 名 映画ファン, 映画好き; 映画通.
— 形 映画好きな; 映画通の. ▶ être très *cinéphile* すごく映画が好きだ.

cinéraire /sinerɛ:r/ 形 死者の灰を納める. ▶ une urne *cinéraire* 骨壺(つぼ).

cinérama /sinerama/ 男 商標 シネラマ.

ciné-shop /sineʃɔp/ 男 シネショップ: 映画関係のレコード, 本, ポスターなどを売る店.

cing(h)alais, aise /sɛ̃galɛ, ɛ:z/ 形 セイロン Ceylan の, スリランカの.
— **Cing(h)alais, aise** 名 セイロン人, スリランカ人.

cinglant, ante /sɛ̃glã, ã:t/ 形 ❶ 仮借ない, 痛烈な. ▶ critique *cinglante* 手厳しい批判. ❷ 〔雨, 風が〕激しく降る, 吹きつける. ▶ pluie *cinglante* たたきつける雨.

cinglé, e /sɛ̃gle/ 形 俗 頭の変な, いかれた (= dingue).
— 名 俗 頭のおかしい人.

cingler¹ /sɛ̃gle/ 自動〔船が〕…に向かう, 進路をとる. ▶ *cingler* aux Indes インドに向かう.

cingler² /sɛ̃gle/ 他動 ❶ 〔鞭(むち)などで〕…を強く打つ. ❷ 〔雨などが〕…を絶え間なく打つ. ▶ La pluie *cinglait* les vitres. 雨が窓ガラスを打ちつけ

ていた. ❸ (辛辣(½?)な言葉で)…を非難攻撃する. ▶ Il m'a cinglé d'une critique acerbe. 彼は手厳しい批判を私にぶつけた.

cinoche /sinɔʃ/ 男 俗 映画(館).

***cinq** /sɛ̃:k サーンク/ 形《数》(不変)(子音字と有音のhの前では原則的には /sɛ̃/. ただしこの場合でも /sɛ̃:k/ と発音することがある)
❶《名詞の前で》5つの. ❷《おもに名詞のあとで序数詞として》▶ chapitre cinq 第5章.
cinq minutes ごくわずかな時間. ▶ dans cinq minutes すぐに.
les cinq lettres 語 5文字(語), くそっ, 畜生. 注 5文字の merde を遠回しに示す表現.
— ***cinq*** 男《単複同形》(語末子音 /k/ は常に発音される) ❶ (数, 数字の)5. ❷《le cinq》5番, 5号; 5日. ▶ le cinq août 8月5日. ❸ (トランプ, ドミノの)5の札; (さいころの)5の目.
C'était [Il était] moins cinq. 語 (5分前だった→)危うく間に合った.
en cinq sec 語 すばやく, 手早く.
recevoir [entendre] cinq sur cinq (電話, 無線などで)全部[よく]聞こえる; 完全に理解する.

cinq-à-sept /sɛ̃kasɛt/ 男《単複同形》語 (午後5時から7時までの)パーティー.

***cinquantaine** /sɛ̃kɑ̃tɛn サンカンテーヌ/ 女 ❶ 約50. ▶ une cinquantaine d'étudiants およそ50人の学生.
❷《la cinquantaine》50歳(前後). ▶ approcher de la cinquantaine 50歳に近づく.

***cinquante** /sɛ̃kɑ̃t サンカーント/ 形《数》(不変) ❶《名詞の前で》50の. ▶ Mon père a cinquante ans. 私の父は50歳だ / Je ne vous le répéterai pas cinquante fois. 何度も繰り返しませんよ. ❷《おもに名詞のあとで序数詞として》50番目の. — 男《単複同形》50, 50番地, 50号.

cinquantenaire /sɛ̃kɑ̃tnɛ:r/ 形 50歳の. une amitié cinquantenaire 50年来の友情. — 名 50歳[代]の人. — 男 50周年, 50年祭.

cinquantième /sɛ̃kɑ̃tjɛm/ 形 ❶ 50番目の. ❷ 50分の1の. — 名 50番目の人[物].
— 男 50分の1.

cinquième /sɛ̃kjɛm/ 形 ❶ 5番目の, 第5の. ❷ 5分の1の. — 名 5番目の人[物].
— 男 ❶ 5分の1. ❷ 6階. ❸ (パリなどの)第5区 (=le cinquième arrondissement).
— 女《教育》第5学級: 中等教育の第2年目で, コレージュの第2学年に相当.

cinquièmement /sɛ̃kjɛmmɑ̃/ 副 5番目に.

cintrage /sɛ̃traːʒ/ 男 (木材, 鉄材, 金属板などの)曲げ加工.

cintre /sɛ̃:tr/ 男 ❶ ハンガー (=portemanteau).
▶ mettre sa veste sur un cintre 上着を洋服掛けに掛ける. ❷《建築》(円天井, アーチなどの)湾曲面, 内輪. ❸《複数で》《劇場の》簀(†)のこ: 舞台上部の照明や装置用の骨組み.

cintré, e /sɛ̃tre/ 形 ❶ アーチ形の, 曲がった. ▶ une fenêtre cintrée アーチ形の窓. ❷ ウエストを絞った. ❸ 俗 頭が少しおかしい.

cintrer /sɛ̃tre/ 他 ❶ …をアーチ形にする, 曲げ加工する. ▶ cintrer une porte 門をアーチ形に造る. ❷ (仕立ての際)(服)のウエストを絞る, を体にぴったりさせる.

cirage /siraːʒ/ 男 ❶ ワックス; 靴墨. ▶ brosse à cirage 靴ブラシ. ❷ ワックスかけ; 靴磨き.
être dans le cirage 語 (1) 何も見えない, 何も分からない. (2) 朦朧(½?)としている; 酔っ払っている.

Circé /sirse/ 固有 女《ギリシア神話》キルケ: 太陽神ヘリオスの娘. 魔術師.

circon- 接頭「周囲」の意.

circoncire /sirkɔ̃siːr/ 69 他動 (過去分詞 circoncis, 現在分詞 circoncisant)…に割礼を行う.

circoncis, ise /sirkɔ̃si, iːz/ 形 割礼を受けた.
— **circoncis** 男 割礼を受けた男.

circoncision /sirkɔ̃sizjɔ̃/ 女 割礼.

circonférence /sirkɔ̃ferɑ̃:s/ 女 ❶《数学》円; 円周. ❷ 周り, 周囲. ▶ la circonférence d'une ville 町の周囲.

circonflexe /sirkɔ̃flɛks/ 形《文法》accent circonflexe アクサン・シルコンフレックス (ˆ).

circonlocution /sirkɔ̃lɔkysjɔ̃/ 女 遠回しな話し方, 婉曲な表現 (=périphrase). ▶ parler par circonlocution 回りくどい話し方をする.

circonscription /sirkɔ̃skripsjɔ̃/ 女 区画, 管轄区域;《特に》選挙区 (=circonscription électorale). ▶ circonscription administrative 行政区画.

circonscrire /sirkɔ̃skriːr/ 78 (過去分詞 circonscrit, 現在分詞 circonscrivant) 他動 ❶《空間, 土地など》を囲む, の境界を定める. ▶ circonscrire une propriété par des piquets 地所を杭(¼)で囲う. ❷《災害など》の広がりを防ぐ. ▶ circonscrire une épidémie 伝染病の蔓延(¾)を防止する. ❸「問題, 対象」を限定する.
— **se circonscrire** 代動 ≪se circonscrire à [autour de] qc≫…に限定される, 制限される. ▶ Le débat s'est circonscrit à [autour de] cette idée. 論議はこの意見に集中した.

circonscris, circonscrit /sirkɔ̃skri/ 活用 ⇨ CIRCONSCRIRE 78

circonscriv- 活用 ⇨ CIRCONSCRIRE 78

circonspect, ecte /sirkɔ̃spɛ(kt), ɛkt/ 形 用心深い, 慎重な, 熟慮する.

circonspection /sirkɔ̃spɛksjɔ̃/ 女 用心深さ, 慎重さ. ▶ sans circonspection 軽率に.

***circonstance** /sirkɔ̃stɑ̃:s/ 女 ❶《多く複数で》情勢, 状況; 事情. ▶ circonstances imprévues 不測の事態 / examiner les circonstances d'un accident 事故の状況を細かく調査する / Cela dépend des circonstances. それは事と次第による / dans les circonstances actuelles (=condition) 現状では / en pareille(s) circonstance(s) (=cas) このような場合は / en raison des circonstances 現下の事情にかんがみて / en toute(s) circonstance(s) どんな場合でも, 常に (=toujours).
❷ 機会. ▶ la salle de séjour transformée pour la circonstance en salle de réunion 臨時に会議室に早変わりした居間. ❸《多く複数で》《法律》circonstances atténuantes [aggravantes] 情状酌量[加重情状]. ❹《文法》complément de circonstance 状況補語.
concours de circonstances 偶然の一致, 巡り

circonstancié

de circonstance (1) 時宜にかなった, 当を得た. ▶ un habit *de circonstance* その場にふさわしい服装 / Ce n'est pas *de circonstance*. それは場違いだ. (2) 特定の出来事に想を得た. ▶ un ouvrage *de circonstance* 時事問題に取材した作品. (3) その場だけの, 一時的な. ▶ un visage *de circonstance*（葬式などでの）深刻ぶった表情.
en la circonstance 目下の事態では, このような場合には.
pour la circonstance その場に応じて, この機会に.
se montrer à la hauteur des circonstances 状況に適応できる, 落ち着いて対処できる.

circonstancié, e /sirkɔ̃stɑ̃sje/ 形 詳細な.

circonstanciel, le /sirkɔ̃stɑ̃sjɛl/ 形 ❶ 状況による, 状況に応じた. ❷〖文法〗状況を示す. ▶ complément *circonstanciel* 状況補語.

circonvenir /sirkɔ̃vniːr/ 28 他動（過去分詞 circonvenu, 現在分詞 circonvenant）…を籠絡(ﾛｳﾗｸ)する, 丸め込む.

circonvien-, circonvin-, circonvîn- 活用 CIRCONVENIR 28

circonvolution /sirkɔ̃vɔlysjɔ̃/ 女 渦巻き, 渦状. ▶ décrire des *circonvolutions* 渦を描く.

***circuit** /sirkɥi/ スィルキュイ/ 男 ❶ 周囲, 一周. ▶ Ce village a douze kilomètres de *circuit*. その村は周囲12キロある. ❷（競走の）コース, トラック；サーキット；（自動車の）テストコース；（周回の）自動車レース. ❸ 周遊（コース）；観光コース（=*circuit* touristique）. ▶ le *circuit* des châteaux de la Loire ロアール川の古城巡り. ❹ 回り道, 迂路(ｳﾛ)；（煩雑な）手順, 段階. ▶ suivre le *circuit* administratif もろもろの行政上の手順を踏む. ❺〖経済〗流通. ▶ *circuits* de distribution 流通経路. ❻〖電気〗回路, 回線. ▶ couper le *circuit*（スイッチを切って）電気回路を遮断する / mettre une lampe en [hors] *circuit* 電灯のスイッチを入れる [切る] / *circuit* intégré 集積回路, IC.
en circuit fermé 外部との接触を断って；内輪で. ▶ une économie *en circuit fermé* 自給自足的な経済.
être hors circuit （流れから）取り残されている, 局外に置かれている.
ne plus être dans le circuit 事情に疎い；関係していない.
remettre qn/qc dans le circuit …を再び流通させる, 再び用いる；〔人〕に事情を伝える.

circulaire /sirkylɛːr/ 形 ❶ 円形の, 丸い；環状の. ▶ mouvement *circulaire* 円運動 / boulevard *circulaire*（都市の）環状道路 / fonctions *circulaires*〖数〗三角関数. ▶ billet [voyage] *circulaire* 周遊券 [旅行]. ❸ 堂々巡りの, 循環的な. ▶ raisonnement *circulaire* 循環論法.
— 女 回状, 通達（=lettre circulaire）. ▶ *circulaire* ministérielle 本省通達.

circulairement /sirkylɛrmɑ̃/ 副 円形に, 円を描くように.

***circulation** /sirkylasjɔ̃/ スィルキュラスィヨン/ 女 ❶（液体, 気体などの）循環；《特に》血液循環, 血行. ▶ la *circulation* de l'air dans une pièce 室内の空気の循環 / la *circulation* sanguine [du sang] 血液循環 / avoir une bonne [mauvaise] *circulation* 血行がいい [血行不良である]. ❷ 交通(量), 通行. ▶ la *circulation* routière [ferroviaire] 道路 [鉄道] 交通 / accident de la *circulation* 交通事故 / Il y a beaucoup de *circulation* dans ce quartier. この近辺は交通量が多い. ❸（財, 貨幣, 資本などの）流通. ▶ monnaie en *circulation* 流通貨幣 / mettre qc en *circulation* …を流通させる, 広める. ❹（情報などの）流布, 伝播.
disparaître de la circulation 姿を消す, 行方をくらます.

circulatoire /sirkylatwaːr/ 形 血液循環の. ▶ l'appareil *circulatoire* 循環器系 / troubles *circulatoires* 血行障害.

***circuler** /sirkyle/ スィルキュレ/ 自動 ❶〔液体, 気体など〕循環する, 流れる. ❷ 通行する, 行き来する. ▶ Les voitures *circulent* nuit et jour dans cette ville. この町では昼も夜も車が走り回っている / Circulez ! Ne restez pas là !（警官が通行人に）前に進んで下さい. 立ち止まらないで下さい. ❸（人から人へと）回される；流通する. ▶ Faites *circuler* le plat, s'il vous plaît. 料理(の皿) を回してください / Les nouveaux billets de banque commencent à *circuler*. 新しい紙幣が流通し始める. ❹〔うわさ, 思想などが〕広まる, 流布する. ▶《非人称構文で》Il *circule* des bruits étranges sur son compte. 彼(女)に関して変なうわさが流れている.
Circulez, y a rien à voir ! 帰ってください, 見せ物じゃありません.

circumnavigation /sirkɔmnavigasjɔ̃/ 女（大陸, 地球を一巡りする）一周航海, 周航.

cire /siːr/ 女 ❶ 蠟(ﾛｳ)；蜜(ﾐﾂ)蠟（=*cire* d'abeille）；蠟人形, 蠟細工. ▶ arbre à *cire* 蠟を分泌する木本（ハゼノキなど）/ un musée de *cires* 蠟人形館. ❷ ワックス. ▶ frotter un parquet avec de la *cire* 床をワックスで磨く. ❸ 封蠟（=*cire* à cacheter, *cire* d'Espagne）. ▶ cacheter une lettre à la *cire* 手紙を封蠟で封印する.

ciré, e /sire/ 形 ワックスをかけた, 蠟(ﾛｳ)引きした；防水した. ▶ une toile *cirée* オイルクロス, 油布.
— **ciré** 男（レインコートなどの）防水加工した服.

cirer /sire/ 他動 …にワックスを塗る, 蠟(ﾛｳ)を引く；〔靴〕を靴墨で磨く.
cirer les pompes de [à] qn 話 …にこびへつらう.
n'en avoir rien à cirer 俗 何の関係もない.

cireur, euse /sirœːr, øːz/ 名 ワックスで磨く人；靴磨き. — **cireuse** 女 ポリッシャー, フロアマシン：床をワックスがけする機械.

cireux, euse /sirø, øːz/ 形 蠟(ﾛｳ)色の, 淡黄色の.

cirque /sirk/ 男 ❶ サーカス. ▶ *cirque* ambulant 巡回サーカス / emmener les enfants au *cirque* 子どもをサーカスに連れて行く. ❷ 話 騒ぎ, 混乱; 騒々しい場所. ▶ Arrêtez ce *cirque* ! ばか騒ぎはやめにしろ. ❸ [地形] (氷河に削られてできた) カール, 圏谷.

cirrhose /siro:z/ 女 [医学] 肝硬変(症). ▶ *cirrhose* alcoolique アルコール性肝硬変.

cirrus /si(r)rys/ 男 [気象] 巻雲(ｹﾝ).

cisaille /sizɑ:j/ 女 (多く複数で) (庭木刈り込み用の) 大ばさみ; 金属せん断機.

cisaillement /sizajmɑ̃/ 男 ❶ せん断, 切断. ❷ (道路の) 平面交差地点.

cisailler /sizaje/ 他動 ❶ …をせん断する, 挟み切る. ❷ …を (刃物で) 傷つける.

*****ciseau** /sizo/ 男 (複) **×** 男 ❶ (複数で) はさみ. 注 数形容詞が先行する場合は必ず paire de を伴う (例: deux paires de *ciseaux* はさみ2丁). ▶ des *ciseaux* de couturière 裁ちばさみ / un coup de *ciseaux* はさみを入れること (⇨ 成句). ❷ のみ, 鑿(ﾉﾐ). ▶ tailler au *ciseau* のみで彫る. ❸ (複数で) [スポーツ] (陸上競技の) 挟み跳び; (レスリングで) シザー・ホールド. ▶ sauter en *ciseaux* 挟み跳びする.

 donner des coups de ciseaux dans un texte 原文を何箇所か削除する.

ciseler /sizle/ 5 他動 ❶ …を彫金する, …に刻みを入れる. ▶ *ciseler* un détail de sculpture 彫刻の細部を彫る / les traits finement *ciselés* 整った目鼻だち. ❷ [文章など] を推敲(ｽｲｺｳ) する.

ciselet /sizlɛ/ 男 小型のみ, 彫刻刀.

ciseleur /sizlœ:r/ 男 彫金師.

ciselure /sizly:r/ 女 彫金(術).

citadelle /sitadɛl/ 女 ❶ 城塞(ｼﾞｮｳ), 砦(ﾄﾘﾃﾞ). ❷ 文章 拠点, 牙城(ｶﾞｼﾞｮｳ).

citadin, ine /sitadɛ̃, in/ 形 都市の (=urbain). — la vie *citadine* 都市生活. — 名 都市生活者, 都会人. 注 女性形は稀.

citation /sitɑsjɔ̃/ 女 ❶ 引用; 引用文. ▶ une *citation* de Racine ラシーヌからの引用. ❷ (裁判所への) 呼び出し; 召喚状. ❸ [軍事] 表彰.

 fin de citation 引用終わり: 口頭発表, ニュースなどで引用の終わりを示す表現.

*****cité** /site スィテ/ 女 ❶ 都市, 都; (Cité) (中世以来の) 旧市街, シティ. ▶ Lyon, *cité* de la soie 絹の都リヨン / l'île de la *Cité* (パリの) シテ島 / *Cité* interdite (北京の) 紫禁城. 比較 ⇨ VILLE. ❷ 集合住宅地区. ▶ *cité* universitaire 大学寮(地区) / *cité* ouvrière 労働者用共同住宅地区. ❸ 低所得層が住む郊外の集合住宅地. ▶ les *cités* de banlieue 郊外の集合住宅地 / les jeunes des *cités* 郊外の若者たち.

 avoir [obtenir] droit de cité 市民権がある [を得る]; 一般に認められている [認められる].

cité-dortoir /sitedɔrtwa:r/; (複) **~s-~s** 女 ベッドタウン (=ville-dortoir).

*****citer** /site スィテ/ 他動 ❶ …を引用する. ▶ *citer* un passage de *Madame Bovary* 「ボヴァリー夫人」の一節を引用する / *citer* Balzac バルザックから引用する / (目的語なしに) Je *cite*. 以下で引用します (口頭発表, ニュースなどで用いられる表現).

❷ …を引き合いに出す, 挙げる. ▶ *citer* ses sources 出典を明示する / *citer* qn en exemple …を例として挙げる / *Citez-*moi dix capitales d'Europe. ヨーロッパの主要都市を10挙げなさい. ❸ [法律] …を (裁判所に) 呼び出す. ▶ On l'*a cité* comme témoin à charge. 彼は原告側証人として喚問された.

 — **se citer** 代動 自分を引き合いに出す.

citerne /sitɛrn/ 女 ❶ 雨水だめ, 貯水槽. ❷ (燃料などの) タンク. ▶ bateau-*citerne* タンカー / camion-*citerne* タンクローリー.

cithare /sita:r/ 女 ❶ チター: 平らな箱形の弦楽器. ❷ キタラ: 古代ギリシアの撥弦(ﾊﾂｹﾞﾝ) 楽器.

cithariste /sitarist/ 名 チター奏者.

*****citoyen, enne** /sitwajɛ̃, ɛn スィトワイエンヌ/ 名 ❶ 市民, 国民. ▶ Déclaration des droits de l'homme et du *citoyen*「人および市民の権利宣言」(1789年の人権宣言) / Il vit à l'étranger, mais il est toujours *citoyen* français. 彼は外国で暮らしているが今もフランス国民である. 注 単に都市の住民という意味の市民を表わす場合には citoyen は用いない. les habitants de Kyoto (京都市民) のようにいう. ❷ 話 野郎, やつ. ▶ un drôle de *citoyen* おかしなやつ. ❸ [歴史] 市民, 同志: フランス革命期に, monsieur, madame, mademoiselle の代わりに呼称として用いられた.

 accomplir son devoir de citoyen 投票する.

 droit de citoyen 市民 [公民] 権. ▶ être déchu de ses *droits de citoyen* 市民権を剥奪(ﾊｸﾀﾞﾂ) される.

citoyenneté /sitwajɛnte/ 女 市民権. ▶ la *citoyenneté* américaine アメリカの市民権.

citrique /sitrik/ 形 [化学] acide *citrique* クエン酸.

*****citron** /sitrɔ̃ スィトロン/ 男 ❶ レモン. ▶ *citron* pressé レモン (の) ジュース / thé au *citron* レモンティー. ❷ 俗 顔, 頭.

 presser qn comme un citron 話 …から搾れるだけ搾り取る.

 — 形 《不変》 レモン色の, 淡黄色の. ▶ robe jaune *citron* レモンイエローのドレス.

citronnade /sitrɔnad/ 女 レモネード.

citronnelle /sitrɔnɛl/ 女 ❶ レモンの香りのする植物: メリッサ, ヤマハッカなど. ❷ シトロネル: レモンの皮を浸したリキュール酒.

citronnier /sitrɔnje/ 男 [植物] レモンの木.

citrouille /sitruj/ 女 ❶ カボチャ. ❷ 俗 (大きな) 頭.

civet /sivɛ/ 男 [料理] シヴェ: ウサギ, 鹿(ｼｶ) などの赤ワイン煮込み.

civière /sivjɛ:r/ 女 担架.

*****civil, e** /sivil スィヴィル/ 形 ❶ 市民の. ▶ vie *civile* 市民生活 / guerre *civile* 内戦 / société *civile* 市民社会.

❷ [法律] 民事の. ▶ le Code *civil* 民法典 / le droit *civil* 民法 / procédure *civile* 民事訴訟 / tribunal *civil* 民事裁判所 / se porter partie *civile* 損害賠償を請求する.

❸ (軍に対して) 民間の, 文民の (↔militaire). ▶ l'aviation *civile* 民間航空 / 「rentrer dans [re-

tourner à] la vie civile 退役する.
❹(教会に対して)世俗の, 非宗教的な (↔religieux). ▶ mariage civil (役所に届け出る)民法上の結婚. ❺古風 礼儀正しい, 丁寧な.
— **civil** 男 ❶ 一般市民; 民間人, 文民.
❷ 市民生活. ▶ Qu'est-ce que vous faites dans le civil? (兵士などに対して)普段は何をしているのですか.
❸〖法律〗民事 (↔pénal).
en civil 私服の, 平服の. ▶ un policier en civil 私服警官 / se mettre en civil 私服[平服]を着る.

civilement /sivilmɑ̃/ 副 ❶〖法律〗民事上, 民法上 (↔pénalement). ▶ poursuivre qn civilement …を民事事件として訴える.
❷ 宗教の儀式によらずに (↔religieusement). ▶ se marier civilement (教会ではなく)区役所で結婚する.

civilisateur, trice /sivilizatœːr, tris/ 形 文明化を促進する, 教化する.

*__civilisation__ /sivilizasjɔ̃/ スィヴィリザスィヨン/ 女
❶ 文明, 文化. ▶ une aire de civilisation 文明圏 / maladie de civilisation 文明病 / la civilisation égyptienne エジプト文明 / la civilisation industrielle 工業文明. ❷ 文明化, 開化.

civilisé, e /sivilize/ 形 文明化[開化]した; 洗練された. ▶ la vie civilisée 文明生活 / un pays civilisé 文明国.

civiliser /sivilize/ 他動 ❶ …を文明化する, 開化する. ❷ 話 …に行儀を教える, 垢(あか)抜けさせる.
— **se civiliser** 代動 ❶ 文明化する, 開化する.
❷ 話 礼儀正しくなる, 洗練される.

civilité /sivilite/ 女 ❶(複数で)文章 敬意, 挨拶(あいさつ). ▶ présenter ses civilités à qn …に敬意を表する. ❷ 古風 儀礼, 礼儀作法.

civique /sivik/ 形 公民の, 市民の. ▶ droits civiques 公民権 / vertus civiques 市民道徳 / sens civique 市民意識, 公徳心 / instruction civique 公民教育.

civisme /sivism/ 男 公民精神, 市民意識.

clac /klak/ 間投 ピシッ, ピシャリ, パチッ, カチャッ(鞭など), 平手打ち, 戸の閉まるときなどの音). 注 clic とともに用いられることが多い.

clafoutis /klafuti/ 男〖菓子〗クラフティ: 器に果物とクレープ生地を流し込んで焼いた菓子. ▶ un clafoutis aux cerises サクランボのクラフティ.

claie /klɛ/ 女(柳の枝などを並べて編んだ, チーズを乾燥させるための)すのこ; 金網.

*:**clair, claire** /klɛːr/ クレール/ 形
❶ 明るい. ▶ un ciel clair 明るく晴れわたった空 / Cette chambre est très claire. (↔sombre) この部屋はとても明るい / Il fait encore clair. まだ明るい.
❷〔色が〕薄い, 淡い, 明るい. ▶ avoir le [un] teint clair 色白の顔をしている / vêtements clairs (↔foncé) 明るい色の衣服. 注 色を示す語とともに用いられるときは不変(例: robes bleu clair 空色のドレス).
❸ 透明な, 澄んだ (=limpide) (↔trouble). ▶ de l'eau claire 澄んだ水.
❹〔ソースなどが〕薄い, さらっとした (↔épais).
❺〔音, 声が〕よく通る, 明瞭な; 音程の高い.
▶ un son clair (↔sourd) さえた音 / d'une voix claire 澄んだ声で.
❻ 明快な, 分かりやすい; 明晰(めいせき)な (↔obscur).
▶ une explication claire 明快な説明 / avoir une idée claire de qc …を明確に把握している / Sa conduite n'est pas claire. 彼(女)の行動はどうもはっきりしない / avoir l'esprit clair 頭が切れる / Ce qui n'est pas clair n'est pas français. 明晰でないものはフランス語ではない(リヴァロール).
❼ 明白な, 疑う余地のない. ▶ La chose est claire. 事は明白だ. ◆ Il est clair que + 直説法. …ということは明らかである.
clair comme「le jour [de l'eau de roche] 明々白々な, 火を見るより明らかな.
le plus clair de qc …の大部分; 重要部分, 核心. ▶ passer le plus clair de son temps à dormir ほとんど眠ってばかりいる.
Son affaire est claire. 彼(女)は罰を受けずには済むまい.
— **clair** 副 明るく; はっきりと, 明確に. ▶ voir clair はっきり見える, よく分かる / parler clair 率直にものを言う / refuser clair et net きっぱり断わる. ◆ voir clair dans qc …を見抜く, 見通す.
▶ Je ne vois pas clair dans ses intentions. 彼(女)の意図がよく分からない / Essayons d'y voir clair. その点を見極めよう.
— 男 ❶ 光, 明るさ. 比較 ⇨ LUMIÈRE. ▶ au clair de la lune 月明かりを浴びて. ❷(複数で)(絵画などの)明るい部分.
en clair (1) 明確に, はっきり言えば. ▶ dire [écrire] en clair 明瞭に言う[書く] / En clair, ça ne m'intéresse pas. はっきり言って, 私はそんなことに興味がない. (2)(暗号でなく)普通の文字の[で].
mettre qc au clair …をはっきりさせる, 整える.
▶ mettre un brouillon au clair 下書きを清書する / mettre ses idées au clair 考えを整理する.
tirer au clair「une affaire [une question] 事態[問題]をはっきりさせる.
— **claire** 女 ❶(水の澄んだ入り江から転じて)高級カキ養殖池. ❷ クレール (=fine de claire): 養殖カキの一種.

clairement /klɛrmɑ̃/ 副 はっきりと, 明確に (=avec clarté). ▶ distinguer qc clairement …をはっきり見分ける / clairement et simplement 簡単明瞭に.

clairet, ette /klɛrɛ, ɛt/ 形 ❶〔色, 液体の濃度が〕薄い; 淡色の. ▶ vin clairet 薄色の赤ワイン. ❷〔声が〕鋭い, よくとおる.
— **clairet** 男 薄色の赤ワイン.

claire-voie /klɛrvwa/; (複) ～s-～s 女 ❶ 格子, 柵(さく). ❷〖建築〗(教会などの)高窓列[層].
à claire-voie 透かしになった, 光を通す. ▶ un tissu à claire-voie (目の粗い)透かし織り, 透き織り / semer à claire-voie (種子を)まばらにまく.

clair-obscur /klɛrɔpskyːr/; (複) ～s-～s 男
❶〖絵画〗明暗描法, 明暗効果. ❷(和らいだ)淡い光, 薄明かり.

clairon /klɛrɔ̃/ 男 (軍隊の)らっぱ；らっぱ手.
claironnant, ante /klɛrɔnɑ̃, ɑ̃:t/ 形〔声などが〕甲高い，けたたましい.
claironner /klɛrɔne/ 他動 …を吹聴(ﾌｯｼｮｳ)する，触れ回る. — 自動 甲高い声を出す；歓声をあげる.
clairsemé, e /klɛrsəme/ 形 まばらな. ▶ une tête aux cheveux *clairsemés* 髪の薄い頭 / des villages *clairsemés* 点在する村々.
clairvoyance /klɛrvwajɑ̃:s/ 女 洞察力, 慧眼(ｹｲｶﾞﾝ), 先見の明. ▶ analyser la situation avec *clairvoyance* 鋭く情勢を分析する.
clairvoyant, ante /klɛrvwajɑ̃, ɑ̃:t/ 形, 名 洞察力のある(人), 慧眼(ｹｲｶﾞﾝ)の(人).
clamer /klame/ 他動 …を大声で叫ぶ, わめく. ▶ *clamer* son indignation 怒りをぶちまける.
clameur /klamœ:r/ 女 騒然たる叫び, 騒ぎ；轟々(ｺﾞｳｺﾞｳ)たる非難, 激しい抗議.
clamser /klɑmse/ 自動 俗 死ぬ, くたばる.
clan /klɑ̃/ 男《英語》❶ 徒党, 派閥. ▶ former un *clan* 徒党を組む／ l'esprit de *clan* 派閥心. ❷〔民族学〕クラン：共通の祖先を持つ単系的な親族集団；氏族.
clandestin, ine /klɑ̃dɛstɛ̃, in/ 形 秘密の, 隠れた；違法の, 闇(ﾔﾐ)の. ▶ réunion *clandestine* 秘密集会／ passager *clandestin* 密航者／ travailleurs *clandestins* 不法滞在の外国人労働者／ marché *clandestin* (=noir) 闇市場〔取引〕.
— 名 不法滞在者.
clandestinement /klɑ̃dɛstinmɑ̃/ 副 ひそかに, こっそりと, 不法に.
clandestinité /klɑ̃dɛstinite/ 女 秘密であること, 内密；非合法性. ▶ imprimer un pamphlet dans la *clandestinité* 政府攻撃文書をひそかに印刷する／ entrer dans la *clandestinité* 潜行生活に入る.
clanique /klanik/ 形 ❶ 徒党の, 一味の, 仲間の. ❷〔民族学〕氏族の, クランの.
clapet /klapɛ/ 男 ❶ 弁, バルブ. ❷ 俗 口；おしゃべり. ▶ Ferme ton *clapet*! 黙れ.
clapier /klapje/ 男 ❶ ウサギ小屋. ❷ 話 狭くて汚い住居.
clapir /klapi:r/ 自動〔ウサギが〕鋭い声で鳴く.
clapotage /klapɔta:ʒ/ 男 (水面の)波打ち；(波の)ひたひたいう音.
clapoter /klapɔte/ 自動〔波が〕ひたひた[ぴちゃぴちゃ]音を立てる.
clapotis /klapɔti/, **clapotement** /klapɔtmɑ̃/ 男 (水面の)波打ち；ひたひたいう音.
clappement /klapmɑ̃/ 男 舌をならすこと[音], 舌鼓, 舌打ち.
clapper /klape/ 自動 舌をならす, 舌鼓を打つ, 舌打ちする.
claquage /klaka:ʒ/ 男 肉離れ, 靭帯(ｼﾞﾝﾀｲ)破裂.
claquant, ante /klakɑ̃, ɑ̃:t/ 形 疲れさせる. ▶ un travail *claquant* くたびれた仕事.
claque /klak/ 女 ❶ 平手打ち. ▶ donner une *claque* sur la joue de qn …の頬(ﾎｵ)に平手打ちを食わせる. ❷《集合的で》(芝居, 演説会などの)さくら. ▶ faire la *claque* さくらになる. ❸ 話 失敗, 損害. ▶ Il a pris une bonne *claque* à la Bourse. 彼は株で大損した.

en avoir sa claque (*de qc/qn*) 熟 (…は)もうたくさんだ. ▶ J'*en ai ma claque* de vos histoires. あなた(方)の話はもううんざりだ.
tête [figure] à claques 熟 不愉快な顔；嫌なやつ.
claquement /klakmɑ̃/ 男 (戸, 歯, 旗などが)立てる音. ▶ le *claquement* des dents (寒さなどで)歯がガチガチ鳴る音.
claquemurer /klakmyre/ 他動 …を(狭い所に)閉じ込める. — **se claquemurer** 代動 閉じこもる, 引きこもる.
claquer /klake/ 自動 ❶〔戸, 歯, 旗などが〕音を立てる. ▶ un drapeau qui *claque* au vent 風にばたばた鳴る旗／ faire *claquer*「sa langue [ses doigts] 舌打ちをする[指を鳴らす]／ faire *claquer* la porte 戸を乱暴に閉める. ◆ *claquer* de qc (体の一部)で音を立てる, を鳴らす. ▶ *claquer*「des doigts [des mains] 指を鳴らす[拍手する]／ 歯がガチガチ鳴る (寒さ, 恐れなどで). ❷ 話 壊れる, 切れる, 破裂する. ▶ Une ampoule *a claqué*. 電球が1個切れた. ❸ 話〔人が〕死ぬ.
claquer「**dans les mains [dans les doigts]** 熟〔事業などが〕失敗する, つぶれる.
claquer du bec 熟 空腹である.
— 他動 ❶ …に平手打ちを食わす (=gifler). ❷〔ドア, 歯を〕手荒く閉じる. ❸ 話〔金〕を浪費する. ▶ *claquer* un héritage 遺産を浪費する. ❹ 話 …をへとへとにさせる, 疲れさせる.
claquer la langue 舌を鳴らす, 舌打ちする.
claquer la porte au nez de [à] qn …に門前払いを食わせる.
— **se claquer** 代動 ❶ 話 疲れ果てる, 精根尽きる. ❷ 話 *se claquer* un muscle 肉離れをおこす.
claquette /klakɛt/ 女 ❶〔映画〕かちんこ. ❷《複数で》タップ；タップダンス (=danse à *claquettes*).
claquoir /klakwa:r/ 男 ❶ 拍子木. ❷〔映画〕かちんこ.
clarification /klarifikasjɔ̃/ 女 ❶ (液体などの)浄化, 濾過(ﾛｶ). ❷ (立場などの)明確化, 解明.
clarifier /klarifje/ 他動 ❶〔液体など〕を浄化する, 漉(ｺ)す；精製する. ❷〔考え, 立場など〕を明確にする.
— **se clarifier** 代動 ❶〔液体〕が澄む；はっきりする.
clarinette /klarinɛt/ 女 クラリネット.
clarinettiste /klarinetist/ 名 クラリネット奏者.
*****clarté** /klarte/ 女 ❶ 光, 明かり；明るさ. 比較 ⇨ LUMIÈRE. ▶ *clarté* de la lune 月明かり／ La lampe répand une douce *clarté* dans la pièce. ランプが柔らかな光を部屋に投げかけている. ❷ (水などの)透明さ；(声などが)澄んでいること；光沢. ❸ 明晰(ﾒｲｾｷ)さ, 明瞭(ﾒｲﾘｮｳ)さ. ▶ s'exprimer avec *clarté* はっきりと自分の考えを述べる. ❹《複数で》文章 知識, 情報.
à la clarté de qc …の明かりを頼りに.
pour plus de clarté もっとわかりやすくするために.
clash /klaʃ/；《複》 **clashs** (または **clashes**) 男《米語》激突, 激しい対立；劇的な決裂.
*****classe** /klɑ:s/ クラース／ 女 ❶ 階級, 階層；身

classement

分. ▶ *classe* sociale 社会階級 / les *classes* moyennes 中産階級 / la *classe* dominante 支配階級 / la *classe* bourgeoise 有産階級 / la *classe* ouvrière 労働者階級 / la lutte des *classes* 階級闘争. ❷ **種類**, タイプ; **等級**. ▶ selon les *classes* d'âge 年齢層の違いによって / hôtel de première *classe* 一流のホテル / voiture de grande *classe* 高級車 / voyager en seconde *classe* 2等で旅行する. ◆ **de** *classe* 優れた, 高級な. ▶ artiste [hôtel] de *classe* 一流芸術家[ホテル]. ❸《軍事》(兵隊の)入隊期; 同年兵. ▶ *classe* de 2007=区 *classe* 2007 2007年度兵.

❷❶ **学級**, クラス. ▶ camarade de *classe* 同級生 / une *classe* forte よくできるクラス / la rentrée des *classes* 新学期の開始 / passer [monter] dans la *classe* supérieure 進級する / redoubler une *classe* 留年する / sauter une *classe* 1学年飛び級する. ❷ **教室**(=salle de *classe*). ❸ **授業**. ▶ un livre de *classe* 教科書 / une *classe* d'histoire 歴史の授業 / Demain, il n'y a pas de *classe*. 明日は授業がない. 比較 ⇨ COURS¹.

avoir classe 授業がある.
avoir de la classe (1) 風格を備えている, 品がある. (2)〔芸術家などが〕才能がある;〔作品などが〕優れている, すばらしい.
classes vertes [de neige] 緑[雪]の学級: 林間学校, スキー教室のことをいう.
en classe 学校で. ▶ aller *en classe* 通学する / entrer *en classe* 学校に行く; 授業を始める / être *en classe* 授業中である / un élève attentif *en classe* 授業中熱心な生徒.
être de la classe 間もなく除隊になる.
faire classe〔先生が〕授業中である.
faire la classe 授業をする; 教師の職にある.
faire ses classes (1) 初等教育を受ける. (2)《軍事》軍隊で基礎訓練を受ける, 新兵教育を受ける.
hors classe 別格の.

─ 形 気品がある, 上品な. ▶ Elle est très *classe*. 彼女はとても気品がある.

classement /klasmɑ̃/ 男 ❶ **分類**, 整理, ファイリング. ▶ procéder au *classement* alphabétique de ses livres 蔵書をアルファベット順に分類する / faire un *classement* par sujet 項目[主題]別に分類整理する. ❷ **席次**, **順位**; **格付け**. ▶ avoir un bon *classement* よい成績を取る, 好順位を占める.

***classer** /klase/ クラセ/ 他動 ❶〔複数のもの〕を **分類する**; ランク付けする. ▶ *classer* des plantes 植物を分類する / *classer* ses livres par sujet テーマ別に蔵書を分類する. ❷〔単一のもの〕を分類する; ランク付けする, 評価する. ▶ La baleine *est classée* parmi les mammifères クジラは哺乳(ほにゅう)類に分類される / *classer* un vin ワインの格付けをする / *classer* un monument 歴史的建造物を指定する. ◆ *être classé* + 無冠詞名詞 …に評価[認定]される. ▶ *être classé* parc national 国立公園に指定される. ❸〔事件, 問題など〕を処理済みとする, 解決済みとする. ▶ L'affaire *est classée*. 一件落着 / C'est *classé*. それはもう済んだことだ. ❹ …を駄目な人間と決めつ

けるる, 見限る.

─ **se classer** 代動 ❶< *se classer* parmi [dans] + 複数名詞>…に分類される. ▶ Le rat *se classe* parmi les rongeurs. ネズミは齧歯(げっし)類に入る. ❷< *se classer* (parmi [dans] + 複数名詞)>(優れたものの)部類に入る; 順位づけられる. ▶ Proust *se classe* parmi les plus grands écrivains du XXᵉ [vingtième] siècle. プルーストは20世紀最高の作家の一人に数えられる. ◆ < *se classer* + 序数詞>第…位になる. ▶ Il s'est classé premier en latin. 彼はラテン語で首席になった.

classeur /klasœːr/ 男 (分類用)紙挟み, ファイル; ファイリング・キャビネット.

classicisme /klasisism/ 男 ❶ 古典主義: 古代ギリシャ・ローマ, および17世紀フランスの文学, 芸芸運動の総称. ❷ 古典的風格; 伝統の尊重.

classificateur, trice /klasifikatœːr, tris/ 形 分類する; 分類能力のある.
─ 名 分類する人, 分類学者.

classification /klasifikasjɔ̃/ 女 分類(法).

classifier /klasifje/ 他動 …を分類[類別]する.

***classique** /klasik/ クラシック/ 形 ❶ (古代ギリシャ・ローマを指して)**古典の**. ▶ les langues *classiques* 古典語(ギリシャ語, ラテン語).
❷ **古典主義の**: 17世紀と18世紀の一部の芸術家, 作品を指していう. ▶ le style *classique* 古典主義様式 / la littérature *classique* 古典主義文学 / la musique *classique* クラシック音楽.
❸ **規範となる**, **権威のある**. ▶ Cette thèse est désormais devenue *classique*. この説は今や古典的なものとなっている.
❹ **伝統的な**, **正統的な**. ▶ un veston de coupe *classique* オーソドックスな仕立ての上着.
❺ 話 **ありきたりの**, **月並な**. ▶ Son mari buvait, alors elle l'a quittée, c'est le coup *classique*. 夫が酒浸りだったので彼女は逃げた, よくある話だ.
❻ **学校の**, **学校で教えられる**. ▶ les auteurs *classiques* 学校で習う作家.

─ 男 ❶ (古代ギリシャ・ローマの)古典作家;(フランス17世紀の)古典主義作家; 古典主義者. ❷ (権威ある)古典的作家[作品]; 学校で教えられる作家[作品]. ▶ C'est un *classique* du jazz. それはジャズの古典だ. ❸ クラシック音楽; クラシックバレエ. ❹ 伝統的なもの[風格], オーソドックス. ▶ s'habiller en *classique* オーソドックスな身なりをする.
connaître ses classiques するべきことを心得ている, つぼを知っている.

classiquement /klasikmɑ̃/ 副 古典的に; 伝統的に, 慣例的に; ありきたりの方法で.

claudication /klodikasjɔ̃/ 女 文章 足が不自由なこと; 跛行(はこう).

claudiquer /klodike/ 自動 文章 (ふざけて)足をひきずって歩く; ひょこひょこ歩く.

clause /kloːz/ 女 (契約, 法律などの)条項.
clause de style (1) (契約書の)決まり文句, 例文. (2) たいした意味のない言葉.

claustral, ale /klostral/; (男複) *aux* /o/ 形 修道院の; 厳格な. ▶ un silence *claustral* 修道院のような静けさ.

claustration /klostrasjɔ̃/ 女 文章 監禁, 幽閉;

蟄居(ﾁｯｷｮ).
claustrer /klostre/ 他動 文章 …を閉じ込める，監禁する．— **se claustrer** 代動 文章 閉じこもる．
claustrophobe /klostrɔfɔb/ 形, 名 閉所恐怖症の(患者).
claustrophobie /klostrɔfɔbi/ 女 閉所恐怖(症).
clavecin /klavsɛ̃/ 男 チェンバロ，クラヴサン，ハープシコード．
claveciniste /klavsinist/ 名 チェンバロ奏者．
clavicule /klavikyl/ 女 鎖骨．
***clavier** /klavje クラヴィエ/ 男 ❶ 鍵盤(ｹﾝﾊﾞﾝ); (タイプライター，コンピュータなどの)キーボード．❷ (声, 楽器の)音域．❸ (芸術家などの)能力, 多彩ぶり; (才能などの)多様性．
clayette /klɛjɛt/ 女 ❶ (食品運搬用の)かご．❷ 小型の籠子(ﾗﾝｽ); (冷蔵庫内の)棚．
clayonnage /klɛjɔnaːʒ/ 男 (杭(ｸｲ)と木の枝で組んだ)土砂止め(の編み垣)．
clean /klin/ 形 [英語] ❶ きれいな, 清潔な．❷ 麻薬をしていない．
clebs /klɛps/ 男 俗 犬, 犬ころ．
***clef** /kle クレ/, **clé** 女 ❶ 鍵(ｶｷﾞ), キー． ▶ fermer une porte à *clef* ドアに鍵をかける / trousseau de *clefs* 鍵束 / mettre [introduire] la *clef* dans la serrure 鍵穴にキーを入れる．
❷ (成功への)足がかり，鍵; 要所． ▶ Ce poste lui a donné la *clef* du pouvoir. その地位に就いたことで彼(女)は権力への切符を手に入れた．
❸ (解決, 理解などの)手がかり, 糸口; (暗号解読の)鍵語． ▶ la *clef* de l'énigme 謎を解く鍵 / la *clef* du chiffre 暗号のコード[解法]．
❹ (他の名詞と多くハイフン(-)で結び付いて同格的に)鍵となる, 主要な． ▶ position(-)*clef* 主要な位置 / point(-)*clef* キーポイント / mots(-)*clefs* キーワード / industrie(-)*clef* 基幹産業．
❺ スパナ; 栓． ▶ la *clef* d'un robinet (ガス, 水道の)栓, コック / *clef* anglaise モンキーレンチ / *clef* USB USB メモリー．
❻〖音楽〗(1) 音部記号． ▶ *clef* de sol ト音記号 / *clef* de fa ヘ音記号 / *clef* d'ut ハ音記号．(2) (管楽器の)鍵(ｷｰ), キー．
❼〖情報〗見出し, キー． ▶ *clef* d'accès アクセスキー / *clef* de recherche (検索用の)キーワード．
❽ (レスリング, 柔道の)ロック, 固め．
à la clef 当然の結果として, 最後に． ▶ Travaillez bien, et il y a une récompense *à la clef*. よく働きなさい, あとでもちろん報酬が出ます．
clef de voûte (1) ボールトの要(ｶﾅﾒ)石．(2) 要, 根本, 中枢． ▶ Le président est la *clef de voûte* de la démocratie américaine. 大統領はアメリカ民主主義の要である．
clefs en main すぐ使える状態の; 即日入居可能な． ▶ acheter un appartement *clefs en main* すぐ入居できるアパルトマンを買う / l'exportation d'une usine *clefs en main* プラント輸出．
la clef des champs 行動の自由． ▶ avoir [prendre] *la clef des champs* 自由の身になる, 逃げ出す．
mettre la clef sous la porte こっそり引っ越す, 夜逃げする．
roman à clef(s) モデル小説: 実在の人物や史実を名称を変えて描いた小説．
sous clef 鍵をかけて; 閉じ込めて． ▶ mettre [tenir, garder] qc *sous clef* …に鍵をかけてしまっておく / Il est *sous clef*. 彼は監禁されている．
clématite /klematit/ 女〖植物〗クレマチス．
clémence /klemɑ̃ːs/ 女 ❶ 寛大さ, 仁慈．❷ (気候などの)穏やかさ, 温暖．
clém*ent*, *ente* /klemɑ̃, ɑ̃ːt/ 形 ❶ 寛容な, 寛大な． ▶ se montrer *clément* envers qn …に寛大な態度を示す．❷〖気候が〗穏やかな, 温暖な． ▶ un hiver *clément* 暖冬．
clémentine /klemɑ̃tin/ 女〖植物〗クレマンティヌ: ミカンの一種．
cleptomane /klɛptɔman/ 名 病的盗癖者．
cleptomanie /klɛptɔmani/ 女 病的盗癖．
clerc /klɛːr/ 男 ❶ (代訴士, 公証人の)見習い, 書生．❷ 聖職者．
ne pas être clerc en la matière 文章 その問題については知らない, 無知である．
clergé /klɛrʒe/ 男〖集合的に〗聖職者．
clergy*man* /klɛrʒiman/, (複) **men** /mɛn/ 男〖英語〗(英国国教の)聖職者, 牧師．
clérical, ale /klerikal/; (男複) **aux** /o/ 形 ❶ 聖職者の．❷ (多く悪い意味で)聖職者至上主義者の, 教権支持の．
── 名 聖職者至上主義者, 教権支持者．
cléricalisme /klerikalism/ 男 (多く悪い意味で)聖職者至上主義: 聖職者が政治その他世俗の事柄にまで干渉すること．
Clermont-Ferrand /klɛrmɔ̃fɛrɑ̃/ 固有 クレルモンフェラン: Puy-de-Dôme 県の県庁所在地．
clic /klik/ 間投 カチッ, カチリ, カタン, ピシッ．注 多く clic-clac の形で用いる．
── 男 (マウスの)クリック． ▶ Le menu s'ouvre d'un *clic* de souris. マウスをクリックするとメニューが開く / faire un *clic* droit 右クリックする．
cliché /klife/ 男 ❶ (しばしば軽蔑して)型にはまった表現[考え], 決まり文句, 紋切り型．❷〖印刷〗版．❸〖写真〗ネガ, 陰画; 写真．
***client, ente** /klijɑ̃, ɑ̃ːt クリヤン, クリヤーント/ 名 ❶ (店などの)客; (弁護士などへの)依頼人; 患者． ▶ un magasin plein de *clients* 客でいっぱいの店 / Le *client* est roi. お客様は神様．❷ なじみ客, ごひいき, 常連．❸ 取引先, クライアント． ▶ La Belgique est un gros *client* de la France. ベルギーはフランスの重要な輸出相手国である．❹ 話 やつ, 野郎． ▶ C'est un drôle de *client*. あれはおかしなやつだ．
ne pas être client …に関心がない, いらない．
***clientèle** /klijɑ̃tɛl クリヤンテル/ 女 ❶〖集合的に〗客, 顧客層; (弁護士などへの)依頼人; 患者． ▶ avoir une grosse *clientèle* お客[依頼人, 患者]がたくさんある / *clientèle* fidèle 常連顧客層．❷ ひいき, 愛顧, 厚遇． ▶ obtenir la *clientèle* d'une famille riche〔商店的〕金持ちの家にひいきにしてもらう．❸ 取引先; 市場． ▶ s'assurer la *clientèle* de l'Amérique du Sud 南米の市場を確保する．❹〖集合的に〗支持者(層)． ▶ *clientèle* électorale 選挙での支持者．

accorder [retirer] sa clientèle à qn …の店のなじみになる［なじみをやめる］.
avoir la clientèle de qn …を常連客にしている.

clientélisme /klijɑ̃telism/ 男 利益誘導政策, 人気取り政策.

clignement /kliɲmɑ̃/ 男 ❶ 目を細めること；まばたき. ▶ *clignement* d'yeux まばたき / *clignement* d'œil ウインク. ❷ 文章(光が)ちらちらすること, 点滅.

cligner /kliɲe/ 他動〔目, まぶた〕をぱちぱちさせる, しばたたく；〔目〕を細める.
— 間他動 <*cligner* de qc>〔目, まぶた〕を細める；しばたたく. ▶ *cligner* des yeux まばたきする / *cligner* de l'œil ウインク［目くばせ］する.
— 自動〔目が〕細くなる, まばたきする.

clignotant, ante /kliɲɔtɑ̃, ɑ̃:t/ 形 ❶ 目がまばたく. ❷〔光, 明かりが〕ちかちかする, 点滅する. ▶ un feu *clignotant* 点滅信号；〔自動車の〕ウインカー. — **clignotant** 男 ❶〔自動車の〕方向指示器, ウインカー. ▶ mettre son *clignotant* pour tourner à gauche 左折のウインカーを出す. ❷〔経済〕赤信号, 危険警告指標.

clignotement /kliɲɔtmɑ̃/ 男 ❶ まばたき. ❷（光の）点滅.

clignoter /kliɲɔte/ 自動 ❶ まばたきする. ❷〔光が〕点滅する；〔星が〕またたく.

clim /klim/ 女 話 climatisation の略.

*****climat** /klima/ クリマ 男 ❶ 気候, 風土. ▶ un *climat* sec 乾燥した気候 / le *climat* méditerranéen 地中海性気候. ❷ 環境, 雰囲気；情勢, 風潮. ▶ le *climat* politique 政治的風潮 / dans un *climat* d'amitié 友好ムードの中で.

climatérique /klimaterik/ 形〔年齢, 時期が〕危険な. ▶ année *climatérique* 厄年.
— 女 厄年.

climatique /klimatik/ 形 ❶ 気候の, 風土の. ▶ dans des conditions *climatiques* différentes 違う気候条件のもとで. ❷ station *climatique* 保養地.

climatisation /klimatizasjɔ̃/ 女 空気調節, エア・コンディショニング；(特に)冷房.

climatisé, e /klimatize/ 形 空調［冷房］装置を備えた.

climatiser /klimatize/ 他動〔部屋など〕に空調［冷房〕設備をつける.

climatiseur /klimatizœ:r/ 男 空調［冷房］装置.

climatologie /klimatɔlɔʒi/ 女 気候学.

clin d'œil /klɛ̃dœj/；(複) **clins d'œil** (ときに **clins d'yeux** /klɛ̃djø/) 目くばせ, ウインク. ▶ faire un *clin* à qn …に目くばせをする.
en un clin d'œil またたく間に.

clinicien, enne /klinisjɛ̃, ɛn/ 形 médecin *clinicien* 臨床医. — 名 臨床医.

*****clinique** /klinik/ クリニック 形 臨床の. ▶ examens *cliniques* 臨床検査.
— 女 ❶ 私立病院, 外来診療所 ▶ *clinique* d'accouchement 産院. 比較 ⇨ HÔPITAL. ❷ 臨床医学；臨床教育.

clinquant, ante /klɛ̃kɑ̃, ɑ̃:t/ 形 金ぴかの, けばけばしい. — **clinquant** 男 ❶ うわべだけの美しさ. ❷ 粗悪な模造品.

clip¹ /klip/ 男《英語》クリップ：おもにブローチなどバネ式の金具で留める宝飾品.

clip² /klip/ 男《米語》プロモーション・ビデオ.

cliquable /klikabl/ 形《情報》クリックできる. ▶ image *cliquable* クリック可能な画像.

clique /klik/ 女 ❶ 話《軽蔑して》一味, 仲間；(特に政治的な)徒党, 派閥. ❷ (太鼓とらっぱの)軍楽隊.

cliquer /klike/ 自動 クリックする. ▶ *Cliquez* ici. ここをクリック / *cliquer* sur un bouton ボタンをクリックする.

cliques /klik/ 女複 地域 木靴.
prendre ses cliques et ses claques 話 (一切合切持って)急いで立ち去る.

cliquet /klikɛ/ 男〔機械の〕歯止め.

cliqueter /klikte/ 4 自動〔固い物が〕がちゃがちゃ音を立てる. ▶ On entend *cliqueter* les verres. グラスがかちかち鳴るのが聞こえる.

cliquetis /klikti/ 男 ❶（固い物の）かち合う音. ▶ le *cliquetis* des chaînes 鎖のカチャカチャいう音. ❷ un *cliquetis* de mots 内容のない大げさな言葉遣い.

clitoridien, enne /klitɔridjɛ̃, ɛn/ 形 クリトリスの, 陰核の.

clitoris /klitɔris/ 男《解剖》クリトリス, 陰核.

clivage /kliva:ʒ/ 男 ❶ 区分, 区別, 隔たり. ▶ Les *clivages* sociaux sont de plus en plus profonds. 社会階層間の溝は深まるばかりだ. ❷（鉱物などの）劈開(^きかい).

cliver /klive/ 他動 ❶〔鉱物〕を劈開(^きかい)させる. ❷〔集団など〕を分裂させる.
— ***se cliver*** 代動 ❶〔鉱石が〕劈開する. ❷〔集団などが〕分裂する, 真っ二つに割れる.

cloaque /klɔak/ 男 ❶ 汚水だめ；不潔な場所. ❷（悪の）巣窟(^そうくつ).

clochard, arde /klɔʃa:r, ard/ 名 ホームレス.

clochardisation /klɔʃardizasjɔ̃/ 女（人, 社会集団の）ホームレス化.

clochardiser /klɔʃardize/ 他動 …をホームレス化する.
— ***se clochardiser*** 代動〔人, 社会集団が〕ホームレス化する.

*****cloche** /klɔʃ/ クロッシュ 女 ❶ 鐘, つり鐘, ベル；鐘の音. ▶ sonner la *cloche* 鐘を鳴らす / Les *cloches* de l'église sonnent. 教会の鐘が鳴る. ❷（鐘型の）カバー. ▶ *cloche* à fromage (乾燥防止用の)チーズカバー. ❸《同格的に》jupe *cloche* 鐘型スカート.
avoir la cloche fêlée 頭がおかしい.
déménager à la cloche des bois 夜逃げする, こっそり引っ越す.
se taper la cloche 話 たらふく食べる.
sonner les cloches à qn 話 …をこっぴどくしかる.
son de cloche（鐘の音 →）意見, 見解. ▶ entendre plusieurs *sons de cloche* いくつかの違った意見を耳にする.

cloche² /klɔʃ/ 女 話 ❶ 能なし, とんま, 間抜け. ▶ Quelle *cloche*! なんてとんまなんだ. ❷《la *cloche*》ホームレス暮らし；《集合的に》ホームレス. ▶

être de la *cloche* ホームレス暮らしをする.
— 形 話 間抜けな, 滑稽(ಜ)な.

cloche-pied /kloʃpje/ 男《次の句で》
à cloche-pied 副句 片足で, けんけんで. ▶ sauter *à cloche-pied* 片足で跳ぶ, けんけんで行く.

*__clocher__¹ /kloʃe クロシェ/ 男 ❶ (教会などの)鐘楼, 鐘塔. ❷ 生まれ故郷;(自分の住む)教区, 町.
esprit de clocher 話 狭い愛郷心.
querelles [rivalités] de clocher 話 偏狭な利害対立; 些細(ﾞ)な対立.

clocher² /kloʃe/ 自動 話 しっくりしない, うまくいかない. ▶ Il y a quelque chose qui *cloche* dans le moteur. どこかエンジンの具合が悪い.

clocheton /kloʃtɔ̃/ 男〖建築〗小尖塔(ﾞ).
clochette /kloʃɛt/ 女 ❶ 小さな鈴. ❷ 鐘形の花; 鐘形の花冠. ▶ les *clochettes* du muguet スズランの花.

clodo /klodo/ 男 話 ホームレス.
cloison /klwazɔ̃/ 女 ❶ 仕切り壁, 隔壁; 仕切り. ▶ la *cloison* d'un tiroir 引き出しの仕切り. ❷ 障壁, 隔たり. ▶ abattre les *cloisons* qui séparent l'Administration du public 行政と国民を隔てる壁を打ち破る.

cloisonné, e /klwazɔne/ 形 ❶〔部屋, 引き出しなどが〕仕切られた.
❷〔学問, 組織などが〕細分化された.

cloisonnement /klwazɔnmɑ̃/ 男 ❶ 間仕切り. ❷ 区分, 細分化; 障壁. ▶ le *cloisonnement* des sciences 科学の細分化.

cloisonner /klwazɔne/ 他動 …を仕切る; 分割する, 細分する.

cloître /klwatr/ 男 (修道院の中庭を囲む)回廊, クロイスター; 修道院, 僧院.

cloîtré, e /klwatre/ 形 修道院にこもった, 俗世間から離れた; 閉じこもった.

cloîtrer /klwatre/ 他動 ❶ …を修道院に入れる. ❷ …を閉じ込める, 隔離する.
— **se cloîtrer** 代動 ❶ 引きこもる, 隠棲(ﾞ)する. ▶ Il *se cloître* chez lui; il ne veut voir personne. 彼は自分の家に閉じこもったきり, だれにも会おうとしない. ❷〈*se cloîtrer* dans qc〉(自分の考えなどに)閉じこもる, 専心する.

clonage /klɔnaʒ/ 男〖生物〗クローン化, クローンを作ること. ▶ *clonage* humain 人間のクローン化 / *clonage* thérapeutique 体細胞核移植.

clone /klon/ 男 ❶ クローン. ❷ 互換機.
cloné, e /klone/ 形 クローン化された. ▶ brebis clonée クローン羊.

cloner /klone/ 他動〖生物〗…をクローン化する, クローンを作る.

clope /klɔp/ 男 俗 (たばこの)吸い殻.
— 女 俗 紙巻きたばこ.

cloper /klɔpe/ 自動 たばこを吸う.
clopin-clopant /klɔpɛ̃klɔpɑ̃/ 副 話 ❶ 足を引きずって. ❷ どうにかこうにか. ▶ Les affaires vont *clopin-clopant*. 仕事のほうはぼちぼちだ.

clopiner /klɔpine/ 自動 足を引きずってやっと歩く.

clopinettes /klɔpinɛt/ 女複 話 何もないこと, 無, ゼロ; すずめの涙.

cloporte /klɔpɔrt/ 男 ワラジムシ類.

vivre comme un cloporte 家に閉じこもる.
cloque /klɔk/ 女 (やけどなどによる)水疱(ﾞ), 水膨れ; 気泡.
être en cloque 俗 妊娠している

cloqué, e /klɔke/ 形 ❶ 気泡[水泡]を生じた. ❷ étoffe *cloquée* 浮き模様のある織物.

cloquer /klɔke/ 自動 ❶ 気泡[水泡]を生じる. ❷〔皮膚が〕火膨れ[水膨れ]になる.

clore /klɔːr/ 不規 他動 (半過去, 単純過去および命令法現在1・2人称複数では用いない)

過去分詞 clos	現在分詞 closant
直説法現在 je clos	nous closons
複合過去 j'ai clos	単純未来 je clorai

❶ …を終える, の終了を告げる. ▶ *clore* un débat 討論を終わりにする / *clore* une négociation 交渉をまとめる. ❷古風〔土地〕を(柵(ﾞ)などで)囲う. ❸古/文章 …を閉じる, 閉ざす (=fermer). 注 今日でもいくつかの表現において用いられる. ▶ *clore* une lettre (=cacheter) 手紙に封をする / *clore* la marche 列のしんがりを務める.
clore [la bouche [le bec] à qn …を黙らせる.

clos¹, close /klo, kloːz/ 形 (clore の過去分詞) ❶ 終わった, 終了した. ▶ La séance est *close*. 会議は終わった. ❷ 閉じられた, 閉じた; 囲まれた. ▶ volets *clos* 閉まったよろい戸 / La liste des candidatures sera *close* dans trois jours. 立候補の締め切りは3日後である.
les yeux clos 目をつぶったままで; やみくもに.
maison close 売春宿.

clos² /klo/ 男 ❶ (囲いのある)畑. ❷ ブドウ畑, ブドウ園.

clos³ /klo/ 活用 ⇨ CLORE 74
clos- 活用 ⇨ CLORE 74
clôt /klo/ 活用 ⇨ CLORE 74
clôture /klotyːr/ 女 ❶ 囲い, 塀, 垣, 柵(ﾞ). ▶ mur de *clôture* 囲いの壁 / *clôture* de haies vives 生け垣. ❷ 終了;閉店, 閉鎖. ▶ séance de *clôture* 閉会式 / *clôture* d'une session parlementaire 国会の会期終了 / la *clôture* d'un compte en banque 銀行口座の解約. ❸ (修道院の俗人禁制の)禁域.

clôturer /klotyre/ 他動 ❶ …を囲う. ❷ …を終える, 閉じる. ▶ *clôturer* la séance 閉会にする.

*__clou__ /klu クル/ 男 ❶ 釘(ﾞ), 鋲(ﾞ). ▶ planter des *clous* 釘を打つ / arracher les *clous* 釘を抜く. ❷《複数で》横断歩道 (=passage clouté). ▶ traverser dans les *clous* 横断歩道を渡る. ❸話 質屋 (=mont-de-piété). ▶ mettre sa montre au *clou* 腕時計を質に入れる. ❹話 vieux *clou* ぽんこつ(機械), おんぼろ自転車[自動車]. ❺〈le *clou* de qc〉(催し物)の呼び物, 目玉. ▶ Le *clou* de l'exposition est un tableau de Renoir. 展覧会の目玉はルノワールの絵だ. ❻話 はれ物, おでき. ❼ *clou* de girofle 丁字(ﾞ), クローブ.

Ça ne vaut pas un clou. 話 それは三文の値打ちもない.
Des clous! 話 とんでもない, 勝手にしろ.

clouer

maigre comme un clou ガリガリにやせた.
Un clou chasse l'autre. 諺 新しい物[人]が古い物[人]を忘れさせる.

*clouer /klue クルエ/ 他動 ❶ …に釘(ぎ)[鋲(びょう)]を打つ, を釘で留める. ▶ *clouer* une caisse 木箱に釘を打つ / *clouer* un tableau au mur 絵を壁に釘で留める. ❷〔病気, 恐怖感などが〕…を…にくぎづけにする, 動けなくする. ▶ La surprise le *cloua* sur sa chaise. 驚きのあまり彼は椅子(いす)から立ち上がれなかった / *être cloué* au lit par une grosse grippe ひどい風邪で寝たきりになる.
clouer le bec à qn 諺 …を黙らせる. ▶ Cette repartie inattendue lui *a cloué le bec.* この思いがけない反撃に彼(女)は沈黙した.

clouté, e /klute/ 形 飾り鋲(びょう)を打った; 鋲[釘(ぎ)]を打った.
passage clouté 横断歩道. 注 かつては鋲で表示されたため. 現在はペンキを用いるようになった.

clouter /klute/ 他動 …に(飾り)鋲(びょう)を打つ. 注 おもに過去分詞形で使われる.

clouterie /klutri/ 女 ❶ 釘(ぎ)製造[販売]. ❷ 釘製造所[工場].

clovisse /klɔvis/ 女 ハマグリ, アサリの類.

clown /klun/ 男〖英語〗❶（サーカスの）ピエロ, 道化師. ▶ *clown* blanc 白塗りのピエロ. ❷ おどけ者, ひょうきん者. ▶ faire le *clown* おどけてみせる.

clownerie /klunri/ 女 道化, おどけ.

clownesque /klunɛsk/ 形 道化の, 道化師の; 滑稽(こっけい)な, おかしな.

club /klœb/ 男〖英語〗❶ クラブ, 同好会; 団体, 結社. ▶ *club* sportif スポーツクラブ / *club* de bridge ブリッジ・クラブ / s'inscrire à un *club* クラブに加入する. ❷ クラブチェア, (革張りで大型の)ひじ掛け椅子(いす) (= fauteuil *club*).

Cluny /klyni/ 固有 クリュニー: ブルゴーニュ地方の都市. 有名な修道院がある. ▶ Musée *Cluny* (パリの)クリュニー美術館.

cm《略語》centimètre センチメーター.

CM《略語》cours moyen (初等教育課程の)中級科. 注 日本の小学校4年, 5年に相当.

CNRS 男《略語》Centre national de la recherche scientifique 国立科学研究センター.

co- 接頭（別形 col-, com-, con-, cor-）❶「共同, 同時, 相互」の意. ▶ *co*opération 協力. ❷「1点に集まること; 強意・完結」を表わす. ▶ *co*hérent 首尾一貫した.

coaccusé, e /kɔakyze/ 名 共同被告人.

coach /kotʃ/;《複》*coaches* 男〖英語〗〖スポーツ〗コーチ, 指導員.

coacher /kotʃe/ 他動 ❶〔スポーツ選手〕をコーチする. ❷ …を仕事に関してコーチする.

coaching /kotʃiŋ/ 男〖英語〗❶ スポーツ選手のコーチをすること, 指導. ❷ 仕事上のコーチをすること.

coacquéreur /kɔakerœːr/ 男 共同取得者.

coadministrateur, trice /kɔadministratœːr, tris/ 名 共同管理人, 共同管財人.

coagulabilité /kɔagylabilite/ 女 凝固[凝結]性.

coagulable /kɔagylabl/ 形 凝固[凝結]しうる.

coagulant, ante /kɔagylɑ̃, ɑ̃ːt/ 形 凝固[凝結]させる, 凝固[凝結]性の.
— **coagulant** 男 凝固[凝結]剤.

coagulation /kɔagylasjɔ̃/ 女 凝固, 凝結, 凝集. ▶ *coagulation* sanguine 血液凝固.

coaguler /kɔagyle/ 他動 …を凝固[凝結]させる, 固まらせる. — 自動 凝固する, 固まる.
— **se coaguler** 代動 凝固する, 固まる.

coalisé, e /kɔalize/ 形 同盟[連合]した. ▶ les puissances *coalisées* 連合国.
— 名 ❶ 同盟の一員. ❷（複数で）連合国[軍].

se coaliser /s(ə)kɔalize/ 代動 連合[同盟]する; 団結する, 結束する. ▶ Ces deux partis *se sont coalisés.* この2党は連合した.
— **coaliser** /kɔalize/ 他動 …を同盟させる; 結束させる.

coalition /kɔalisjɔ̃/ 女 同盟, 連合, 協定. ▶ *coalition* politique 政治同盟 / ministère de *coalition* 連立内閣 / *coalition* d'intérêts 利害を共にする者の団結.

coaltar /koltar/ 男〖英語〗コールタール.
être dans le coaltar 話 ぼーっとしている.

coassement /kɔasmɑ̃/ 男 カエルの鳴き声.

coasser /kɔase/ 自動〔カエルが〕鳴く.

coassocié, e /kɔasɔsje/ 名〔事業などの〕協同者, パートナー.

coauteur /kootœːr/ 男 ❶ 共著者, 共同執筆者. ❷〖刑法〗共同正犯.

coaxial, ale /kɔaksjal/;《男複》*aux* /o/ 形 同軸の. ▶ câble *coaxial* 同軸ケーブル.

cobalt /kɔbalt/ 男 コバルト. ▶ bleu de *cobalt* コバルトブルー / bombe au *cobalt* コバルト治療装置.

cobaye /kɔbaj/ 男 ❶〖動物〗モルモット. ❷ 話 実験材料. ▶ servir de *cobaye* 実験材料になる.

cobol /kɔbɔl/ 男〖英語〗〖情報〗コボル: 事務用データ処理に用いられるプログラム言語.

cobra /kɔbra/ 男〖動物〗コブラ.

coca[1] /kɔka/ 男〖スペイン語〗〖植物〗コカ.

coca[2] /kɔka/ 男〖単複同形〗〖英語〗コーラ飲料.

cocagne /kɔkaɲ/ 女（次の句で）
mât de cocagne 宝棒: 祭りなどの賞品をつるした滑りやすい高い棒で, 参加者がよじ登り, 賞品を取る.
pays de cocagne 桃源郷, 楽園.
vie de cocagne 極楽生活, 安楽な生活.

cocaïne /kɔkain/ 女〖化学〗コカイン.

cocaïnomane /kɔkainɔman/ 名 コカイン中毒者.

cocarde /kɔkard/ 女 ❶ 花形帽章[標章]; 国籍標識. ▶ *cocarde* tricolore（フランスの国旗を示す）三色帽章. ❷（リボンの）飾り結び.

cocardier, ère /kɔkardje, ɛːr/ 形（熱狂的, 盲目的な）愛国主義の, 国粋主義の. ▶ avoir l'esprit *cocardier* 愛国心がある.
— 名 盲目的愛国主義者.

cocasse /kɔkas/ 形 話 滑稽(こっけい)な, 奇妙な. 比較 ⇨ DRÔLE.

cocasserie /kɔkasri/ 女 滑稽(こっけい)さ, 珍妙さ.

coccinelle /kɔksinɛl/ 女〖昆虫〗テントウムシ (= bête à bon Dieu).

coccyx /kɔksis/ 男 尾骨.

coche /kɔʃ/ 男（昔の）乗り合い馬車, 駅馬車.

faire la mouche du coche いらぬおせっかいを焼く(ラ・フォンテーヌ「寓話(ぐう)」).

manquer [louper, rater] le coche 話 好機を逸する.

cochenille /kɔʃnij/ 女 エンジムシ;カイガラムシ類.

cocher¹ /kɔʃe/ 男 ❶ (馬車の)御者. ❷《Cocher》《天文》御者(ぎょ)(座).

Fouette, cocher! 古風 さあ行こう, 進め;頑張れ.

cocher² /kɔʃe/ 他動 …に(短い横線などで)印をつける. ▶ *cocher* les noms des absents 欠席者の名前に横線をつける.

cochère /kɔʃɛːr/ 形《女性形のみ》porte *cochère* (車の通行可能な両開きの)表門, 正門.

*cochon /kɔʃɔ̃ コション/ 男 ❶ 豚. ▶ *cochon* de lait (食肉用の)幼豚 / élever des *cochons* 豚を飼育する. ❷ 豚肉. 比較 ⇒ PORC. ❸ *cochon* d'Inde テンジクネズミ, モルモット (=cobaye).

Cochon qui s'en dédit! 話 うそついたら針千本飲ます.

comme un cochon 話 豚みたいに, 汚らしく. ▶ écrire comme un *cochon* ひどく字が汚い.

copains comme cochons 話 ごく親しい友達.

de cochon 話 悪い, 嫌な, 不快な. ▶ temps *de cochon* 悪天候 / caractère *de cochon* 最低な性格 / avoir une tête *de cochon* 非常に意地悪である / jouer un tour *de cochon* à qn …に汚い[意地の悪い]まねをする.

Nous n'avons pas gardé les cochons ensemble. 話 あまりなれなれしくしないでもらおう.

jeter des perles aux cochons = donner de la confiture à un cochon 話 豚に真珠.

Les cochons n'en veulent plus. 話 (作物が豊作で)あり余るほどある.

— **cochon, onne** /kɔʃɔ̃, ɔn/ 名 話 ❶ 不潔な人;すけべえ, 卑怯(ひきょう)者, 下劣なやつ.

Mon cochon! (ごく親しい友人に)こいつめ(やってくれるじゃないか), まあ大将.

— 形 話 汚い;みだらな, 下劣な. ▶ histoires *cochonnes* 猥談(わい)/ film *cochon* ポルノ映画.

Ce n'est [C'est] pas cochon. 話 そいつは悪くない, これはいける.

cochonnaille /kɔʃɔnɑːj/ 女 話 (ハム, ソーセージ, パテなど)豚肉加工食品;簡単な豚肉料理.

cochonner /kɔʃɔne/ 他動 話 ❶ (仕事など)を雑にする. ❷(服など)を汚す.

cochonnerie /kɔʃɔnri/ 女 話 ❶ 卑猥(ひわい)な言動;不潔. ▶ dire des *cochonneries* 下品なことを言う. ❷ 粗悪品, がらくた. ▶ C'est de la *cochonnerie*. これは安物だ.

cochonnet /kɔʃɔnɛ/ 男 ❶ (ペタンクの)的球(まと), ビュット, コショネ. ❷ 子豚.

cocker /kɔkɛːr/ 男《英語》コッカースパニエル(犬).

cockpit /kɔkpit/ 男《英語》(ヨット, 飛行機などの)操縦席, コックピット.

cocktail /kɔktɛl/ 男《英語》❶ カクテル. ▶ *cocktail* au gin ジンのカクテル. ❷ カクテルパーティー. ▶ une robe de *cocktail* カクテルドレス. ❸《un *cocktail* de + 無冠詞名詞》…の混合, まぜこぜの…. ▶ un *cocktail* d'idées empruntées 借り物のごたまぜ思想. ❹ *cocktail* Molotov 火炎瓶.

coco¹ /koko/ 男 ❶ ココヤシ(の実), ココナッツ (=noix de *coco*). ▶ lait de *coco* ココナッツミルク / huile de *coco* やし油.
❷ 甘草水: カンゾウの汁入り清涼飲料水.

coco² /koko/ 男 ❶ 幼児語 卵. ❷ mon petit *coco* (男の子に対して)ちびちゃん.

coco³ /koko/ 男 話 奇妙なやつ, 怪しい男. ▶ C'est un joli *coco*! どうにも臭いやつだ!

coco⁴ /koko/ 女 話 コカイン (=cocaïne).

cocon /kɔkɔ̃/ 男 繭;(特に)蚕の繭 (=*cocon* de ver à soie).

s'enfermer dans son cocon 自分の殻に閉じこもる, 世を避けて暮らす.

cocooner /kokune/ 自動 家にこもる.

cocooning /kokuniŋ/ 男《英語》コクーニング, 引きこもり.

cocorico /kɔkɔriko/ 男 コケコッコー(雄鶏の鳴き声). ▶ chanter *cocorico* = pousser un *cocorico* フランスの勝利をよろこぶ / *Cocorico*! 万歳! 注 雄鶏はフランスの象徴とされている.

cocotier /kɔkɔtje/ 男 ココヤシ(の木).

cocotte¹ /kɔkɔt/ 女 ❶ 幼児語 こっこ, めんどり. ❷ 話 折り紙の鶏 (=*cocotte* en papier). ❸ 話《女の子, 女性に対する呼びかけで》かわいこちゃん. ▶ Viens ici, ma petite *cocotte*. こっちへおいで, かわいこちゃん. ❹ (馬を励ますかけ声で)はいどう. ▶ Hue, *cocotte*! はいしっ. ❺ 古風話 娼婦.

cocotte² /kɔkɔt/ 女 ココット, 両手鍋(なべ). ▶ mijoter un poulet dans une *cocotte* ココットで若鶏を煮込む / *cocotte*-minute 商標 圧力鍋.

cocu /koky/ 男 話 ❶ 妻[恋人]を寝取られた男, コキュ. ❷《ののしって》ばか, 間抜け. ▶ Va donc, eh *cocu*! なんだ, この野郎.

avoir une veine de cocu 話 たいへんな幸運に恵まれる;(特に賭(か)け事などで)ばかづきする.

— **cocu, e** 形 話 ❶ 寝取られた. ❷ だまされた.

cocuage /kɔkɥaːʒ/ 男 話 妻を寝取られること, コキュであること.

cocufier /kɔkyfje/ 他動 話 〔夫〕をコキュにする.

codage /kɔdaːʒ/ 男 コード化;記号 [符号, 暗号] 化.

*code /kɔd コド/ 男 ❶ 法典, (特定の分野の)法規;法律. ▶ *code* civil 民法典 / *code* pénal 刑法典 / *code* de commerce 商法典 / *code* de la route 道路交通法 / se tenir dans les marges du *code* 法の網をくぐる.

❷ (社会的な)規範, 作法. ▶ le *code* de la politesse 礼儀作法.

❸ 符号, 暗号. ▶ *code* postal 郵便番号 / *code* à barres = *code-barres* バーコード / *code* secret 暗号 / écrire qc en *code* …を暗号を使って書く / *code* confidentiel 暗証番号.

❹ コード, 記号体系. ▶ *code* linguistique 言語コード / *code* oral 音声コード.

❺《生物学》*code* génétique 遺伝コード[暗号].

❻ (自動車の)ロービーム (=phares [éclairage] *code*). ▶ se mettre en *code* (車のライトを)ロービームにする.

❼《情報》*code* ASCII アスキーコード / *code* source ソースコード / *code* malicieux 悪意あるコ

codé, e /kɔde/ 形 符号化された，コード化された．
▶ un message *codé* コード化されたメッセージ．

code-barres /kɔdbaːr/;《複》〜**s**-〜**s** 男 バーコード．（または code à barres）

codécision /kodesizjɔ̃/ 女 共同決定．

codéine /kɔdein/ 女【化学】コデイン．

coder /kɔde/ 他動 …をコード化する，記号［符号，暗号］化する．

codétenu, e /kɔdetny/ 名 同囚，刑務所仲間．

codicille /kɔdisil/ 男【法律】遺言変更証書．

codification /kɔdifikasjɔ̃/ 女 ❶ 法典編纂(さん)，(慣習法などの)成文化，法典化．❷ 体系化；コード化．▶ la *codification* d'un message en langue de programmation プログラム言語によるメッセージのコード化．

codifier /kɔdifje/ 他動 ❶ …を法典に編纂(さん)する，法典化する．❷ …を体系化する；コード化する．

codirec*teur, trice* /kɔdirektœːr, tris/ 形 共同管理［主宰，経営］の．――名 共同管理［主宰，経営］者．

codirection /kɔdireksjɔ̃/ 女 共同管理［主宰，経営］．

coédi*teur, trice* /kɔeditœːr, tris/ 形 共同で出版する，共編の．――名 共同出版者．

coédition /kɔedisjɔ̃/ 女 共同出版．

coefficient /kɔefisjɑ̃/ 男 ❶【数学】【物理】係数，率．▶ *coefficient* de dilatation 膨張率．❷（計算に関する）要因，比率．▶ *coefficient* d'erreur 誤差の比率［程度］／ *coefficient* personnel（判断，評価に際しての）主観的要素．❸（試験の）配点指数．

cœlacanthe /selakɑ̃ːt/ 男【古生物】シーラカンス．

coépouse /koepuːz/ 女（一夫多妻での）妻の1人．

coéqui*pier, ère* /kɔekipje, ɛːr/ 名【スポーツ】チーム［クルー］の仲間，チームメイト．

coerci*tif, ive* /kɔɛrsitif, iːv/ 形 強制的な．▶ prendre des mesures *coercitives* 強制措置をとる．

coercition /kɔɛrsisjɔ̃/ 女 強制(権)．▶ par *coercition* 強制によって．

***cœur** /kœːr クール/ 男

❶ 心臓．▶ Le *cœur* bat. 心臓がどきどきする／ la greffe du *cœur* 心臓移植．

❷ 胸．▶ presser［serrer］qn sur［contre］son *cœur* …を胸に抱き締める．

❸（感情の主体としての）心，胸のうち．▶ le cri du *cœur* 心の叫び，真情の発露／ gagner le *cœur* de qn …の心をつかむ／ agir selon son *cœur* 心の命じるままに行動する／ épancher［ouvrir］son *cœur* 心中を打ち明ける，胸襟を開く／ renfermer qc dans son *cœur* …を心の中にしまい込む． 比較 ⇨ ÂME．

❹（一時的な状態を反映した）心，胸，気分．▶ avoir le *cœur* gai 明るい気分である／ avoir la joie au *cœur* 心がうきうきする／ avoir la rage au *cœur* 怒り心頭に発する／ agiter le *cœur* 不安にする／ faire battre le *cœur*（胸をどきどきさせる→）不安にする；感動させる／ arracher［serrer］le *cœur* 胸が引き裂かれる［締めつけられる］思いをさせる．

❺（傾向としての）心，性格；（心の持ち主としての）人．▶ avoir un *cœur* sensible やさしい心を持っている／ C'est un brave *cœur*. 正直な人だ．

❻ 愛，恋愛(感情)．▶ affaire de *cœur* 色恋沙汰／ courrier du *cœur*（雑誌などの）恋愛コーナー／ offrir［refuser］son *cœur* 愛をささげる［拒む］．

❼ 良心，真心，優しさ，善良さ．▶ homme［femme］de *cœur* 心優しい男［女］／ avoir bon *cœur* = avoir du *cœur* 思いやりがある／ manquer de *cœur* 思いやりに欠ける／ être sans *cœur* 冷酷である／ A votre bon *cœur*. 話（寄付などを求めて）どうか温かいお気持ちを．

❽ 意欲，熱意；勇気．▶ reprendre *cœur* 気を取り直す／ avoir du *cœur* à l'ouvrage 仕事熱心である／ Le *cœur* me manque. 意欲［勇気］が失せた．

❾ mon (petit) *cœur*《愛する人への呼びかけで》ねえ，おまえ．

❿ (1) 芯(しん)；中心；核心．▶ le *cœur* d'une laitue レタスの芯／ le *cœur* de la ville 町の中心／ au *cœur* de l'hiver 真冬に／ le *cœur* de la question 問題の核心／ entrer dans le *cœur* du sujet 討論の核心に入る．(2)（原子炉の）炉心．(3) 樹心（= *cœur* de l'arbre）；心材（= bois de *cœur*）．

⓫ ハート形(の物)；（カードの）ハート(の札)．▶ *cœur* suspendu à un collier ネックレスにぶら下げたハート形の飾り／ *cœur* à la crème ハート形のクリームチーズ／ as de *cœur* ハートのエース．

à *cœur* （食べ物などについて）芯まで．▶ un fromage fait *à cœur* 完全に熟成したチーズ．

à *cœur* joie 大喜びで，心ゆくまで．▶ s'en donner *à cœur joie* 思いっきり楽しむ．

à *cœur* ouvert (1) 心臓を切開して．▶ On l'a opéré *à cœur ouvert*. 彼は開心手術を受けた．(2) 心を開いて，何も隠さずに．▶ un entretien *à cœur ouvert* 打ち解けた会談．(3) 熱烈に．▶ recevoir qn *à cœur ouvert* …を心から歓迎する．

aller (droit) au *cœur* à qn …を感動させる．

avec *cœur* 熱心に．

avoir à *cœur* de + 不定詞 **= prendre à *cœur* qc [de +** 不定詞**]** …に熱意を燃やしている，専心する．▶ Il a à *cœur* d'améliorer la situation des gens pauvres. 彼は貧困者の現状改善に熱心だ．

avoir [faire] chaud au *cœur* 心打たれる，胸が熱くなる．

avoir du *cœur* au ventre 根性［気力］がある．

avoir le *cœur* à + 不定詞 …したい(気持ちでいる)．▶ Je n'*ai* pas *le cœur à* rire. 私は笑う気になれない．

avoir le *cœur* de + 不定詞 …する勇気がある，あえて…する．▶ Je n'*avais* pas *le cœur de* les laisser partir sans leur donner un espoir. 望みの一つも与えずに彼(女)らを立ち去らせるなんて，私にはできなかった．

avoir le *cœur* gros [serré] 悲しみで胸がいっ

cohérence

avoir le cœur sur la main 親切である、思いやりがある；気前がよい.

avoir le cœur sur les lèvres 今にも吐きそうである.

*avoir mal au cœur 吐き気がする.

beau [joli] comme un cœur 非常に美しい.

cœur à cœur 文章 心から打ち解けて、率直に.

coup de cœur 一目ぼれ.

cœur de lion 大変な勇気.

cœur d'or 優しい[寛大な]心.

cœur sec [dur] = cœur ˹de pierre [d'airain] 非情な心、冷酷な人.

de bon [de grand, de tout (son)] cœur 喜んで、心から. ▶ Je vous souhaite *de tout mon cœur* de réussir. 御成功を心から祈ります.

... de mon cœur (皮肉で)親愛なる.

donner [mettre] du cœur au ventre à qn …を勇気づける、にやる気を起こさせる.

en avoir le cœur net 事情をはっきり知る、見極めがつく.

être de (tout) cœur avec qn …に共感する.

faire mal au cœur à an …に吐き気を催させる、…の気分を害する.

Le cœur n'y est pas. 心そこにあらず、うわの空だ.

lever [soulever] le cœur 吐き気を催させる；不快な気分にする. ▶ une odeur qui *soulève le cœur* 胸が悪くなるようなにおい.

Loin des yeux, loin du cœur. 諺 (目から遠くなると、心からも遠くなる→)去る者は日々に疎し.

ne pas porter qn dans son cœur …を嫌っている、に反感を持っている.

*par cœur 暗記して、そらで. ▶ savoir un poème *par cœur* 詩を暗記している[そらで言える] / apprendre une leçon *par cœur* 課業を暗記する / réciter *par cœur* 暗誦(*あんしょう*)する.

si le cœur vous en dit よかったら、お望みなら.

sur le cœur (1) 胃にもたれて. ▶ J'ai encore mon dîner *sur le cœur*. 夕食がまだ胃にもたれている. (2) 胸につかえて、わだかまって. ▶ avoir [garder] une injure *sur le cœur* 受けた侮辱を忘れられないでいる.

tenir à [au] cœur à qn …の心にかかる、にとって重要である. ▶ C'est la question qui nous *tient* le plus *à cœur*. これこそ我々にとって最も気がかりな問題だ.

un cœur grand [gros] comme ça 話 気前のいい性格.

coexistence /kɔɛgzistɑ̃:s/ 囡 共存.

coexister /kɔɛgziste/ 自動 <*coexister* (avec qc/qn)>（…と）共存する、矛盾しない.

coffrage /kɔfraʒ/ 男 ❶ (コンクリート工事の)型枠；型枠の組み立て、型枠工事. ❷ (坑道や堀などの)土止め板、堰(*せき*)板.

*coffre /kɔfr/ コフル 男 ❶ 金庫 (=*coffre*-fort)；貸し金庫. ▶ *coffres* de l'État 国庫. ❷ (自動車の)トランク. ❸ (ふた付きの)大箱. ▶ *coffre* à outils 道具箱. ❹ 話 胸；肺；声.

avoir du coffre 話 (1) 胸が大きく分厚い. (2) 声量がある. (3) 勇気がある、大胆である.

coffre-fort /kɔfrəfɔːr/；複 ~s-~s 男 金庫 (=*coffre*).

coffrer /kɔfre/ 他動 ❶ …に枠板を組む. ❷ 話 …を逮捕する、牢(*ろう*)へ入れる.

coffret /kɔfrɛ/ 男 ❶ (多くは鍵(*かぎ*)付きの、装飾を施した)小箱、貴重品入れ. ▶ *coffret* à bijoux 宝石箱. ❷ (分冊をまとめて収納した)箱入り本.

cofinancement /kofinɑ̃smɑ̃/ 男 共同出資.

cofinancer /kofinɑ̃se/ 他動 …に共同出資する.

cofondateur, trice /kofɔ̃datœːr, tris/ 名 共同創立者.

cogénération /kɔʒenerasjɔ̃/ 囡 コジェネレーション.

cogérer /kɔʒere/ ⑥ 他動 …を共同管理[運営]する.

cogestion /kɔʒɛstjɔ̃/ 囡 [法律]共同管理、共同法定：従業員が経営の意思決定に参加すること.

cogitation /kɔʒitasjɔ̃/ 囡 (多く複数で)話 (皮肉に)思索、熟考.

cogiter /kɔʒite/ 自動 話 (皮肉に)思索する、熟考する. ── 他動 話 (皮肉に)…を思索する、熟考する.

cogito /kɔʒito/ 男 [哲学] コギト：デカルトが「方法序説」で哲学の第一原理として立てた命題 Cogito, ergo sum. (Je pense, donc je suis. 我思う、ゆえに我在り)の略.

Cognac /kɔɲak/ 固有 コニャック：フランス西部の都市.

cognac /kɔɲak/ 男 コニャック：Cognac 産のブランデー.

cognassier /kɔɲasje/ 男 [植物]マルメロ、カリン.

cognée /kɔɲe/ 囡 斧(*おの*)、まさかり.

jeter le manche après la cognée さじを投げる、すっかりあきらめる.

cognement /kɔɲmɑ̃/ 男 打つこと、たたくこと；こつこついう音.

cogner /kɔɲe/ 間他動 ❶ <*cogner* à [sur, contre] qc> …をたたく、にぶつかる. ▶ *cogner* du poing sur la table こぶしでテーブルをたたく. ❷ 俗 <*cogner* sur qn> …を殴る. 比較 ⇒ FRAPPER. ── 他動 ❶ 話 …にぶつかる；をぶつける. ▶ *cogner* un passant 通行人にぶつかる. ❷ …をたたく；俗 …を殴る. ▶ *cogner* qn du coude …をひじで突く / Je vais te *cogner*! 殴るぞ. ── 自動 ❶ どんどん音を立てる；ノッキングする. ❷ Le soleil *cogne*. = Ça *cogne*. かんかん照りだ. ── **se cogner** 代動 ❶ ぶつかる、突き当たる. ▶ *se cogner* à un meuble 家具にぶつかる. ❷ (自分の)[手足など]をぶつける. 注 se は間接目的. ▶ Elle *s'est cogné* la tête. 彼女は頭をぶつけた. ❸ 俗 殴り合う.

se cogner la tête contre les murs 壁に頭をぶつける；悪戦苦闘する.

cognitif, ive /kɔgnitif, iːv/ 形 認識の. ▶ sciences *cognitives* 認知科学.

cohabitation /kɔabitasjɔ̃/ 囡 ❶ 同居、共同生活；同棲(*どうせい*). ❷ [政治]保革共存：フランスでは特に、大統領と首相がそれぞれ対立政党に属する状態.

cohabiter /kɔabite/ 自動 ❶ 同居する、共同生活をする；同棲(*どうせい*)する. ❷ 共存する.

cohérence /kɔerɑ̃:s/ 囡 (論理的な)一貫性、整

合性, まとまり. ▶ un projet qui manque de *cohérence* 整合性を欠く計画.

cohérent, ente /kɔerɑ̃, ɑ̃:t/ 形 ❶ 首尾一貫した, 矛盾のない, 一貫性のある. ▶ argument *cohérent* 筋の通った議論. ❷ まとまりのよい. ▶ une équipe *cohérente* よくまとまったチーム.

cohéritier, ère /kɔeritje, ɛ:r/ 名『法律』共同相続人.

cohésif, ive /kɔezif, i:v/ 形 結合する, 凝集する. ▶ force *cohésive* 凝集力.

cohésion /kɔezjɔ̃/ 女 緊密な結びつき, まとまり, 統一 (=unité). ▶ la *cohésion* des pays occidentaux 西側諸国の団結 / *cohésion* sociale 社会団結; 社会への一体化.

cohorte /kɔɔrt/ 女 ❶ 〘多く皮肉に〙一群, 一団. ▶ s'avancer en *cohorte* 一団となって進む / la *cohorte* de ses admirateurs 彼(女)の賛美者の一団. ❷『古代ローマ』歩兵隊.

cohue /kɔy/ 女 群集; 雑踏, 混雑.

coi, coite /kwa, kwat/ 形〘次の句で〙
en rester coi(te) 呆然として声も出せないでいる.
「*se tenir [demeurer, rester] coi(te)* 黙ったままじっとしている, 身動きしないでいる.

coiffe /kwaf/ 女 (地方色豊かな婦人用)かぶり物, 頭巾(ずきん).

coiffé, e /kwafe/ 形 ❶ 髪を結った, 調髪した; 〔髪が〕整った. ▶ Elle est *coiffée* court. 彼女はショートカットにしている / Elle est bien *coiffée* aujourd'hui. 彼女は今日はヘアスタイルがきまっている. ❷ <*coiffé de qc*> …をかぶった, で覆われた. ▶ *coiffé* d'un casque ヘルメットをかぶった.
coiffé comme un dessous de bras 話 髪が乱れている.
être né coiffé(e) 幸運児である.

***coiffer** /kwafe/ 他動 ❶ 〘しばしば目的語なしに〙…の髪を結う, を散髪[調髪]する; 〔髪〕を整える. ▶ cheveux faciles [difficiles] à *coiffer* セットしやすい[しにくい]髪 / aller se faire *coiffer* 散髪[セット]に行く.
❷〔帽子類〕をかぶる. ▶ *coiffer* un chapeau melon 山高帽をかぶる. ❸ <*coiffer qn/qc de qc*> …に…をかぶせる, 載せる. ▶ *coiffer* un bébé d'un bonnet 赤ちゃんにボンネットをかぶせる / *coiffer* une lampe d'un abat-jour 電灯に笠(かさ)をかける. ❹〔組織, 団体〕のトップに立つ, を支配下に置く. ▶ Il *coiffe* tous les services commerciaux. 彼は営業部門全体のトップである. ❺(ゴール寸前に)〔相手〕を追い抜く, かわす. ▶ *coiffer* un concurrent au [sur le] poteau ゴールの手前で相手を抜く; 土壇場で勝利を得る.
coiffer sainte Catherine 話〔女性が〕未婚で25歳を迎える.
── *se coiffer* 代動 (自分の)髪を結う, 髪を整える.

***coiffeur, euse** /kwafœ:r, ø:z コワフール, コワフーズ/ 名 理髪師, 美容師. ▶ aller chez le *coiffeur* = 話 aller au *coiffeur* 理髪店に行く.
des minutes de coiffeur (床屋のもうすぐ→)かなりの時間.
── *coiffeuse* 女 鏡台, ドレッサー.

***coiffure** /kwafy:r コワフュール/ 女 ❶ 髪形, ヘアスタイル. ▶ changer de *coiffure* 髪形を変える / *coiffure* longue [courte] 長い[短い]髪形. ❷ 理髪, 整髪, 理容. ▶ salon de *coiffure* 美容院, ヘアサロン. ❸ かぶり物, 帽子. ▶ sortir sans *coiffure* 何もかぶらずに外出する.

:**coin** /kwɛ̃ コワン/ 男
〖英仏そっくり語〗
英 coin 硬貨.
仏 coin 隅, 角.

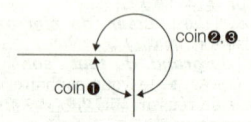

coin❷,❸

coin❶

❶(部屋などの)隅, コーナー. ▶ les quatre *coins* d'une pièce 部屋の四隅 / un *coin* fenêtre [couloir] (列車の)窓側[通路側]の席 / 〘同格的に〙 salle de séjour avec *coin*(-)cuisine キッチンコーナー付きの居間.

❷(道の)曲がり角; 街角. ▶ au *coin* de la rue 通りの角で / La blanchisserie fait le *coin*. 洗濯屋は角にある / café du *coin* 角のカフェ. ❸ 角(かど), 端, へり. ▶ se cogner contre le *coin* d'un meuble 家具の角にぶつかる / marquer la page en repliant le *coin* 目印にページの端を折る / avoir des rides au *coin* de l'œil 目尻(めじり)にしわがある / faire un signe à qn du *coin* de l'œil …に目くばせする / sourire en *coin* (口元に浮かべる)ほほえみ. ❹ 片隅; 一角, 一隅. ▶ Jetez cela dans un *coin*. それを人目につかない隅に捨てなさい / se cacher dans un *coin* de Paris パリの片隅に身を潜める / Vous êtes du *coin* ? この近所にお住まいですか / Je ne suis pas du *coin*. 私はこの近所の者ではありません / Il doit être dans le *coin*. 彼はその辺にいるはずだ / cultiver un *coin* de terre 土地の一角[わずかな土地]を耕す / dans un *coin* de sa mémoire 記憶の片隅に. ❺ 楔(くさび); 楔形の留め具〔固定具〕. ▶ enfoncer un *coin* dans qc …に楔を打ち込む. ❻(貨幣, メダルの)鋳型打ち抜き型.

à tous les coins de rue = *à chaque coin de rue* どこでも.
au coin du feu 炉辺で, くつろいだ雰囲気の中で.
au coin d'un bois 人里離れた寂しい所で.
aux quatre coins de qc …の四方八方に, 至る所に. ▶ chercher *aux quatre coins de* la ville 町中をくまなく探す.
connaître qc dans les coins …を知り尽くす.
*dans tous les coins 話 隅々まで, 至る所に. ▶ chercher qc *dans tous les coins* et recoins …を隅々まで探す.
de coin 角の; 隅に置く. ▶ place *de coin* 角の席 / meuble *de coin* コーナー家具.
en boucher un coin à qn 話 (思いがけない言動で)あきれさせる. ▶ Tu m'*en bouches un coin*. 君にはあきれたものも言えない.
le(s) petit(s) coin(s) 便所. ▶ aller *au petit coin* トイレへ行く. 比較 ⇨ TOILETTE.

rester dans son coin 自分の殻に閉じこもる.

coincé, e /kwɛse/ 形 ❶ 挟まった, 身動きが取れない. ❷（対人関係で）気詰まりになった, 気後れした.

coincement /kwɛsmɑ̃/ 男（機械の）故障;（弁などの）詰まり.

coincer /kwɛse/ ① 他動 ❶（多く受動態で）…を動かなくする; 身動きさせない. ▶ *être coincé par la porte automatique* 自動ドアに挟まれて動けなくなる / *Elle est coincée à la maison à cause de ses enfants.* 彼女は子供がいるので家にくぎづけだ. ❷ 人を追い詰める, 立ち往生させる. ▶ *Les journalistes l'ont coincé sur cette question.* 報道陣はその問題で彼を立ち往生させた. ❸ 話〔犯罪者, 違反者〕を捕まえる. ▶ *coincer un voleur* 泥棒を捕まえる. ❹ 話〔通路など〕をふさぐ, 詰まらせる. ❺ …を楔（くさび）で留める［締める］.
— 自動 …が理解できない. ▶ *Elle coince sur les maths.* 彼女は数学がだめだ.
— **se coincer** 代動 ❶〔体の一部〕を挟む;〔関節など〕をくじく. 注 se は間接目的. ▶ *se coincer le doigt dans une porte* ドアに指を挟む. ❷〔物が〕動かなくなる, 故障する. ▶ *La fermeture éclair s'est coincée* ファスナーがひっかかった.

coïncidence /kɔɛ̃sidɑ̃:s/ 女 ❶（偶然の）一致. ▶ *par une simple coïncidence* (=hasard) 単なる偶然に. ❷〔数学〕一致, 合同.

coïncident, ente /kɔɛ̃sidɑ̃, ɑ̃:t/ 形 一致する, 合同の; 同時（発生）の.

coïncider /kɔɛ̃side/ 自動〈 *coïncider* (avec qc)〉 ❶ (…と)同時に起こる［生じる］. ▶ *Son anniversaire coïncide avec le mien.* 彼（女）の誕生日は私と同じ日だ. ❷ (…と)ぴたりと一致する, 完全に符合する. ▶ *Ton désir coïncide avec le mien.* 君の望みは私の望みと同じだ. ❸〔数学〕(…と)一致する, 合同である.

coin-coin /kwɛ̃kwɛ̃/ 男（単複同形）（アヒルの）ガアガアいう声.

coing /kwɛ̃/ 男〔植物〕マルメロ（の実）.
bourré [*plein*] *comme un coing* 話 ぐでんぐでんに酔っ払った.
être jaune comme un coing 話 顔が真っ黄色である, 顔色が悪い.

coït /kɔit/ 男 性交; 交尾.

coke /kɔk/ 男〔英語〕コークス, 骸炭（がいたん）.

cokéfaction /kɔkefaksjɔ̃/ 女 ❶（石炭の）コークス化. ❷〔石油化学〕コーキング.

cokéfier /kɔkefje/ 他動〔石炭〕をコークスにする.

cokerie /kɔkri/ 女 コークス製造工場.

*****col** /kɔl/ コル/ 男 ❶ 襟, カラー. ▶ *col de chemise* ワイシャツのカラー / *chandail à col roulé* タートルネックセーター / *chemise à col tenant* カッターシャツ / *Ça baille du col.* 襟元がはだけている. ❷（フラスコ, 瓶などの）首. ❸（山の）鞍部（あんぶ）, 峠, コル. ❹ *col de l'utérus* 子宮頸（けい）部.
col blanc ホワイト・カラー（事務労働者）.
col bleu ブルー・カラー（肉体労働者）.
faux col (1) 替えカラー. (2)〔生〕ビールの泡.
se pousser du col 話 いばる.

col- 接頭 ⇨ co-

cola /kɔla/ 男 ⇨ KOLA.

colback /kɔlbak/ 男 ❶ 昔の前立て付き毛皮の縁なし軍帽. ❷ 話 襟首, 首筋.

colchique /kɔlʃik/ 男〔植物〕イヌサフラン.

col-de-cygne /kɔldəsiɲ/〈複〉〜**s**-〜-〜 男（二重に湾曲した）グースネック水栓, S 字形コック.

coléoptères /kɔleɔpte:r/ 男複〔昆虫〕鞘翅（しょうし）類.

：colère /kɔlɛ:r/ コレール/ 女 怒り. ▶ *accès* [*crise*] *de colère* 怒りの爆発, 癇癪（かんしゃく） / *parler avec colère* ののしる / *sous le coup de la colère* 腹立ちまぎれに / *être rouge de colère* 怒りで顔が赤くなる. ◆ *en colère* 怒った. ▶ *Je suis en colère.* 私は怒っている / *être en colère contre qn* …に腹を立てている / *mettre qn en colère* …を怒らせる / *se mettre en colère* 怒る.
colère noire [*bleue*] 激怒.
coup de colère 怒りの爆発; 急な決断.
faire [*piquer*] *des colères* 話〔子供が〕癇癪を起こす, 怒って火のついたように泣く.
passer sa colère (*sur qn/qc*) (…に当たって) 鬱憤（うっぷん）を晴らす, 八つ当たりする.

coléreux, euse /kɔlerø, ø:z/ 形, 名 怒りっぽい（人）.

colérique /kɔlerik/ 形, 名 怒りっぽい（人）.

colibacille /kɔlibasil/ 男 大腸菌.

colibacillose /kɔlibasilo:z/ 女 大腸菌感染症.

colibri /kɔlibri/ 男〔鳥類〕ハチドリ.

colifichet /kɔlifiʃɛ/ 男 安ぴか物,（ごたごたした）小間物, アクセサリー.

colimaçon /kɔlimasɔ̃/ 男〔動物〕リンゴマイマイ, 食用カタツムリ (=escargot).
en colimaçon らせん状に［の］. ▶ *escalier en colimaçon* らせん階段.

colin /kɔlɛ̃/ 男〔魚類〕❶ ホンメルルーサ (=merlu). ❷ シロイトダラ (=lieu noir).

colin-maillard /kɔlɛ̃maja:r/ 男 目隠し鬼ごっこ. ▶ *jouer à colin-maillard* 鬼ごっこをする.

colique /kɔlik/ 女 ❶ 仙痛, 腹痛. ❷ 下痢, 腹下し.
avoir la colique (1) 下痢している. (2) 話 怖がる, 怖（こわ）じ気づく.
Quelle colique! 話 嫌だなあ; 嫌なやつだ.

*****colis** /kɔli/ コリ/ 男 小包, 小荷物, 運送荷物. ▶ *envoyer* [*expédier*] *un colis* 小包を発送する / *faire* [*ficeler*] *un colis* 荷造りする / *services des colis*（駅の）小荷物取扱所 / *colis par avion* 航空小包 / *colis postal* 郵便小包, 小包郵便物.

colite /kɔlit/ 女〔医学〕大腸炎, 結腸炎.

collabo /kɔlabo/ 名〔男女同形〕(collaborateur の略)〔軽蔑して〕(1940-44 年のドイツ占領期の) 対独協力者.

collaborateur, trice /kɔ(l)labɔratœ:r, tris/ 名 ❶ 協力者; 共同執筆〔制作〕者. ❷ (1940-44 年のドイツ占領期の) 対独協力者.

collaboration /kɔ(l)labɔrasjɔ̃/ 女 ❶ 協力, 共同研究〔事業〕; 寄稿. ▶ *apporter sa collaboration à une œuvre* ある仕事に協力する / *une œuvre de collaboration* 共著. ◆ *en collaboration* (*avec qn*) (…との) 協同による, (…と) 協力して. ▶ *ouvrage en collaboration* 共同制作による作品. ❷ (1940-44 年のドイツ占領期の) 対独協

collaborer

力.

collaborer /kɔ(l)labɔre/ 自他動 ❶ 〈*collaborer* (avec qn) à qc〉(…と)…に協力する;《目的語なしに》協力し合う. ▶ *collaborer* à une revue 雑誌に寄稿する / J'ai collaboré avec lui à la réalisation de ce projet. 私はその企画実現のため彼と一緒に働いた. ❷《目的語なしに》(1940-44年のドイツ占領期に)対独協力する.

collage /kɔlaːʒ/ 男 ❶ 張ること, 接着. ▶ le *collage* d'une affiche ポスター張り. ❷《絵画》《文学》コラージュ. ❸ 話 内縁関係, 同棲(どうせい).

collant, ante /kɔlɑ̃, ɑ̃ːt/ 形 ❶ べとつく, くっつく; 接着力のある. ▶ papier *collant* 接着テープ(=scotch). ❷〔服などが〕体にぴったりの. ▶ jeans *collants* ぴっちりしたジーンズ. ❸ 話〔人が〕うるさくつきまとう.

— **collant** 男 タイツ; パンティーストッキング.

— **collante** 女 [学生](日時, 場所を知らせる)試験通知; 試験成績表.

collatéral, ale /kɔ(l)lateral/; (男 複 **aux** /o/ 形 ❶ 側面の, 横手の. ▶ un boulevard et ses rues *collatérales* 大通りとその横町 / nef *collatérale* (教会の)側廊 (=bas-côté). ❷《法律》傍系の. ▶ ligne *collatérale* (↔direct) 傍系. ❸《地理》points *collatéraux* 八方位: 四正方位の中間方位, 北東, 南東, 南西, 北西のこと. ❹ dommages [dégâts] *collatéraux* 付随的損害: 軍事行動によって一般市民が被る損害.

— **collatéral**; (複) **aux** 男 ❶《複数で》《法律》傍系血族. ❷ (教会の)側廊.

collation /kɔlasjɔ̃/ 女 ❶ (午後の)軽食, 間食. ❷ (写本, 原稿などの)照合, 校合(きょうごう).

collationnement /kɔlasjɔnmɑ̃/ 男 ❶ 照合, 校合(きょうごう). ❷《製本》丁合調べ.

collationner /kɔlasjɔne/ 他動 ❶〔写本, 原稿などを〕照合する, 校合(きょうごう)する. ❷《製本》…の丁合調べをする.

***colle** /kɔl/ コル 女 ❶ 糊(のり), 接着剤; 膠(にかわ);(洗濯の)仕上げ糊. ▶ *colle* à bois 木工用接着剤 / pinceau à *colle* 糊用の刷毛(はけ) / Ce riz, c'est de la vraie *colle*. この米は糊みたいだ. ❷ 話[学生]模擬試験; 難問. ▶ passer une *colle* d'anglais 英語の模擬試験を受ける / poser une *colle* 難問を出す. ❸ 話[学生の](罰としての)居残り, 休日登校; 宿題. ▶ mettre une *colle* à qn …を居残らせる.

être [*vivre*] *à la colle* 話 同棲する.

Faites chauffer la colle! 話 糊を煮なさい(物が割れる音がしたときに言う).

pot de colle うるさくつきまとう人.

collé, e /kɔle/ 形 ❶ 張られた. ❷ ぴったりくっついた, 密着した. ❸ 話[学生が]居残りさせられた; 落第した. ❹ 話 〈*collé* avec qn〉…と同棲(どうせい)している.

collecte /kɔlɛkt/ 女 ❶ (寄付, 署名などの)募集, 募金, カンパ. ▶ faire une *collecte* de sang 献血を募る / organiser une *collecte* カンパを募る. ❷ 収集, 集積. ▶ la *collecte* des ordures ménagères 家庭ごみの回収.

collecter /kɔlɛkte/ 他動 ❶〔寄付, 署名など〕を集める, 募る. ❷ …を収集する, (生産者から)買い集める. ❸〔銀行が預金〕を獲得する, 集める.

collecteur, trice /kɔlɛktœːr, tris/ 形 (分散しているものを)寄せ集める.

— 名 (寄付金, 基金などの)集金係.

— **collecteur** 男 ❶ (排水, 排気ガスなどの)収集管;《特に》排水弁 (=égout collecteur). ❷ (トランジスタの)コレクター;《電気》整流子.

***collectif, ive** /kɔlɛktif, iːv/ コレクティフ, コレクティーヴ 形 ❶ 集団の, 集団で行う, 共同でやる (↔individuel). ▶ travail *collectif* 共同作業 / vie *collective* 集団生活 / sport *collectif* 団体競技 / biens *collectifs* 共有財産 / habitat *collectif* 集合住宅 / donner une punition *collective* 全員に同じ罰を与える. ❷《言語》集合的な. ▶ nom *collectif* 集合名詞(plumage, foule, dizaine など集合体を示す名詞).

— **collectif** 男 ❶ (共通の目的のための)集団, グループ, スタッフ. ❷ 補正予算案 (=*collectif* budgétaire). ❸《言語》集合名詞.

***collection** /kɔlɛksjɔ̃/ コレクション 女 ❶ 収集品, コレクション. ▶ une belle *collection* d'estampes すばらしい版画の収集 / les *collections* du Louvre ルーブル美術館所蔵品 / *collection* particulière [privée] 個人所蔵. ◆ de *collection* 収集品としての価値のある. ▶ une vraie pièce de *collection* 逸品. ❷ 全作品集, 全巻揃(ぞろ)い; 叢書(そうしょ), シリーズ. ❸ (服飾の)新作コレクション.

faire collection de + 無冠詞複数名詞 …を収集する. ▶ *faire collection de* livres rares 希覯(きこう)書を集める.

(*toute*) *une collection de* + 無冠詞複数名詞 たくさんの…の集まり. ▶ *une* véritable *collection de* fautes d'orthographe おびただしいつづりの間違い.

collectionner /kɔlɛksjɔne/ 他動 ❶ …を収集する, 集める. ▶ *collectionner* des timbres de tous les pays 世界中の切手を集める. ❷ 話[失敗など]を重ねる.

collectionneur, euse /kɔlɛksjɔnœːr, øːz/ 名 収集家, コレクター. ▶ *collectionneur* de timbres 切手収集家 (=philatéliste).

collectivement /kɔlɛktivmɑ̃/ 副 共同で; まとめて.

collectivisme /kɔlɛktivism/ 男 集産主義; 集産主義体制.

collectiviste /kɔlɛktivist/ 形 集産主義の.

— 名 集産主義者.

collectivité /kɔlɛktivite/ 女 ❶ 集団, 共同社会. ▶ *collectivité* professionnelle (組合などの)職能集団 / vivre en *collectivité* 集団生活を営む. ❷ (行政区分としての)公共団体. ▶ les *collectivités* locales 地方公共団体, 地方自治体(県, 市町村, 海外県を指す) / *collectivités* publiques 公共団体(国, 県, 市町村, その他の行政組織体の総称) / *collectivités* d'outre-mer 海外公共団体.

collector /kɔlɛktɔːr/ 男 コレクターズ・アイテム, 収集家垂涎の品.

***collège** /kɔlɛːʒ/ コレージュ /

colloque

[英仏そっくり語]
英 college 単科大学.
仏 collège 中学校.

男 ❶ コレージュ, **中学校**: 中等教育の前期課程で, 修学期間は4年. ▶ entrer au *collège* コレージュに入学する. 比較 ⇨ ÉCOLE. **❷** 中学生時代;〈集合的に〉中学生. ▶ camarade de *collège* コレージュの同級生. **❸** *Collège* de France コレージュ・ド・フランス: パリにある公開講座制の高等教育機関. **❹**（同位階, 同権利を持つ人々の結成した）団体, 会. ▶ le *collège* exécutif de la CGT 労働総同盟執行部会 / le *collège* des cardinaux = le sacré *collège*《カトリック》枢機卿(ほさ)会. **❺**《政治》（選挙区内の）全有権者, 選挙母体 (=*collège* électoral). ▶ le *collège* salarié d'une circonscription ある選挙区のサラリーマン有権者層.

collégial, ale /kɔleʒjal/;〈男複〉**aux** /o/ 形 **❶** 合議制の, グループによる. ▶ direction *collégiale* 集団指導体制. **❷**《カトリック》聖堂参事会の. ▶ chapitre *collégial* 聖堂参事会会議.
— **collégiale** 安《カトリック》参事会教会 (=église collégiale).

collégialement /kɔleʒjalmɑ̃/ 副 合議して, 合議の上で.

collégialité /kɔleʒjalite/ 安 集団[合議]指導制;（裁判所などの）合議制.

collégien, enne /kɔleʒjɛ̃, ɛn/ 名 **❶** コレージュの生徒, 中学生. 比較 ⇨ ÉLÈVE. **❷** 話 世間知らず, 青二才.

collègue /kɔ(l)leg/ 名（公職, 軍務での）同役;（職場の）同僚, 仲間; 同業者. ▶ *collègues* de bureau 会社の同僚. 比較 ⇨ AMI.

*__coller__ /kɔle コレ/ 他動 **❶** …を（糊などで）張る, 張り付ける, 接着する. ▶ *coller* des affiches sur le mur 壁にポスターを張る.
❷〔雨, 汗などが〕…を張り付かせる; べとつかせる. ▶ La pluie lui *collait* les cheveux sur le front. 雨で彼(女)の髪は額に張り付いていた.
❸〔情報〕…をペーストする, 張り付ける.
❹ <*coller* qc à [contre] qc>…を…にくっつける, 押し当てる. ▶ *coller* son visage contre la vitre 窓に顔をくっつける / Cette table *est* trop *collée* contre le mur. そのテーブルは壁にくっつきすぎている.
❺ …をほうり込む, ほうり投げる; 押し込む. ▶ *Collez* ça dans un coin. これを隅にやっといてくれ.
❻ 話 <*coller* qc/qn à qn>…に[不快なもの]を押し付ける; 課す, 食らわす. ▶ *coller* une gifle à qn …に平手打ちを食らわす / On m'a *collé* un sale travail. 私は嫌な仕事を押し付けられた.
❼ 話 …にうるさくつきまとう. ▶ Arrête de me *coller*. 私につきまとうのはやめてくれ.
❽ 話 <*coller* qn en [sur] qc>…について…に難問をぶつける, を返答につまらせる.
❾ 話〔学生〕を落第させる;（罰として）居残らせる.
— 自動 **❶** <*coller* (à qc/qn)>(…に)くっつく, べとつく. ▶ Ça *colle* aux doigts. これはべとべと指にくっつく /〈非人称構文で〉Ça *colle* par terre. 話 床がべとついている. **❷** <*coller* (à qc/qn)>…

に）密着する; ぴったり合う. ▶ une robe qui *colle* au corps 体にぴったりのドレス. **❸** <*coller* (avec qc)>（…と）調和する, 合う. ▶ Ce qu'il a dit *colle* avec les autres témoignages. 彼が言ったことは他の証言とも一致している. **❹** 順調にいく. ▶ Est-ce qu'il y a quelque chose qui ne *colle* pas? うまくいってないことがあるのか.

Ça colle. (1) 話 分かったよ, オーケーだ. (2) 俗 うまくいっている. ▶ *Ça colle*? やあ, どうだい; 元気かい.

coller au cul à qn 俗 …にぴったりくっつく, すり寄る, つきまとう.

— **se coller** 代動 **❶** 張られる. **❷** <*se coller* à [contre] qc/qn>…にへばりつく, くっつく; つきまとう. ▶ L'enfant *se collait* aux jupes de sa mère. 子供は母親のスカートにしがみついていた. **❸** くっつき合う. **❹** 話 <*se coller* à qc>（仕事などに）精を出す. ▶ C'est une corvée, mais il faut s'y *coller*. つらい仕事だけど, 頑張らなければ. **❺** 話 …を我慢する, に耐える. 注 se は間接目的. ▶ *se coller* la vaisselle 辛抱して皿洗いをする.

collerette /kɔlret/ 安《服飾》コルレット: ギャザーのついたレースの飾り襟.

collet /kɔle/ 男 **❶**《服飾》(1) 短いケープ. (2) ラバ (=rabat): 肩を覆うほど大きなレースなどの襟. **❷**《狩猟》輪奈(ざ), くくり罠(な). **❸**《解剖》歯頸(けい): 歯の付け根.

collet monté 形句〈不変〉（襟を立てた女性のように）もったいぶった, 気取った, 堅苦しい.

prendre [saisir] qn au collet = mettre la main au collet de qn …の襟首を捕まえる; を逮捕する.

se prendre au collet 喧嘩(ぜん)する, 殴り合う.

se colleter /s(ə)kɔlte/ 4 代動 <*se colleter* avec qn/qc>…と殴り合いをする, 争う; に立ち向かう. ▶ *se colleter* avec son voisin 隣人と喧嘩(けん)する.

colleur, euse /kɔlœːr, øːz/ 名（ポスター, 壁紙などを）張る職人.

colley /kɔle/ 男 コリー(犬).

*__collier__ /kɔlje コリエ/ 男 **❶** 首飾り, ネックレス. ▶ *collier* de perles 真珠のネックレス. **❷**（ペットの）首輪. **❸**（もみあげまである, 細い）あごひげ.

collier de misère つらい仕事, 苦役.

donner un coup de collier ひとふんばりする.

prendre le collier つらい仕事に取り組む.

reprendre le collier（休題, 休暇が終わって）再びつらい仕事を始める.

collimateur /kɔlimatœːr/ 男《光学》コリメーター. ▶ *collimateur* de visée 照準コリメーター.

avoir [prendre] qn dans le collimateur …にねらいをつける, を監視する.

*__colline__ /kɔlin コリーヌ/ 安 丘, 小山. ▶ monter sur une *colline* 丘に登る.

collision /kɔlizjɔ̃/ 安 **❶** 衝突. ▶ *collision* entre deux voitures (=heurt) 2台の車の衝突 / entrer en *collision* (avec qc)（…と）衝突する. **❷**（勢力間の）衝突, 対立, 争い.

colloïde /kɔ(l)lɔid/ 男 コロイド, 膠質(こう).

colloque /kɔ(l)lɔk/ 男 **❶** 討論会, シンポジウム. ▶ organiser [tenir] un *colloque* シンポジウムを

collusion

主催する. 比較 ⇨ RÉUNION. ❷ 対談, 会談.
collusion /kɔlyzjɔ̃/ 囡 共謀, 結託, 談合.
collutoire /kɔlytwaːr/ 男 うがい薬.
collyre /kɔliːr/ 男〖薬学〗洗眼剤.
Colmar /kɔlmaːr/ 固有 コルマール: Haut-Rhin 県の県庁所在地.
colmatage /kɔlmataːʒ/ 男 ❶（穴, 割れ目を）ふさぐこと. ❷（管などが）詰まること.
colmater /kɔlmate/ 他動 ❶〔穴, 割れ目など〕をふさぐ, 詰める. ❷ …の欠陥を補う；〔不足〕を補塡(ほてん)する. ▶ *colmater* un déficit 赤字を埋める. ❸〖軍事〗〔敵軍によって作られた〕〔突破口〕をふさぐ.
colo /kolo/ 囡 話 (colonie de vacances の略) 林間［臨海］学校.
coloc /kɔlɔk/ 囡 話 colocation の略.
colocataire /kɔlɔkatɛːr/ 名 ❶ 共同借家人, 共同テナント. ❷ ルームメート.
colocation /kɔlɔkasjɔ̃/ 囡 共同借家.
Cologne /kɔlɔɲ/ 固有 囡 ケルン: ドイツの都市. ▶ eau de *Cologne* オーデコロン.
colombage /kɔlɔ̃baːʒ/ 男〖建築〗ハーフティンバー: 柱, 梁(はり)などの木材を外部に露出させ, その間を石材, 土壁, 煉瓦(れんが)などで埋める構造. ▶ maison à *colombages* 木枠の家.

maison à colombages

colombe /kɔlɔ̃ːb/ 囡 ❶ 文章（優しさ, 純潔, 平和の象徴としての）白鳩(しろばと). ❷（小・中形の）鳩. 注 一般の鳩は pigeon という. ❸（政治上の）ハト派 (↔ faucon).
Colombie /kɔlɔ̃bi/ 固有 囡 コロンビア: 首都 Bogota. ▶ en *Colombie* コロンビアに［で, へ］.
colombien, enne /kɔlɔ̃bjɛ̃, ɛn/ 形 コロンビア Colombie の.
— **Colombien, enne** 名 コロンビア人.
colombier /kɔlɔ̃bje/ 男 鳩小屋.
colombophile /kɔlɔ̃bɔfil/ 形, 名 伝書鳩(でんしょばと)を飼育する(人).
colombophilie /kɔlɔ̃bɔfili/ 囡 伝書鳩(でんしょばと)飼育.
colon /kɔlɔ̃/ 男 ❶ 植民者, 入植者；（植民地に住む）本国人, 居留民. ❷ 林間［臨海］学校の生徒. ❸〖法律〗小作人.
côlon /kolɔ̃/ 男〖解剖〗結腸.
colonel /kɔlɔnɛl/ 男 陸軍［空軍］大佐, 連隊長. 注 隠語では colon と略す.
colonelle /kɔlɔnɛl/ 囡 ❶（女性の）陸軍［海軍］大佐, 連隊長. ❷ 話 大佐夫人.
colonial, ale /kɔlɔnjal/;(男複) **aux** /o/ 形 植民地の. ▶ régime *colonial* 植民地体制 / style *colonial* コロニアル様式.
— **colonial**;(複) **aux** 男 ❶ 植民地在住者；植民地生活経験者. ❷ 植民地駐留の軍人.
colonialisme /kɔlɔnjalism/ 男 植民地主義.
colonialiste /kɔlɔnjalist/ 形 植民地主義の；植民地主義者の. — 名 植民地主義者.
***colonie** /kɔlɔni/ コロニ 囡 ❶ 植民地. ▶ *colonie* romaine ローマ帝国の植民地. ❷《集合的に》植民者. ❸《集合的に》(在外の)同胞, 同郷人グループ；（共同生活をする人々の）集団. ▶ la *colonie* française de Londres ロンドン在住のフランス人グループ / une petite *colonie* d'artistes 芸術家の小集団. ❹ *colonie* de vacances (市町村などが組織する) 林間［臨海］学校. 注 話し言葉では colo と略す. ❺〖生物学〗コロニー, 群体.
colonisateur, trice /kɔlɔnizatœːr, tris/ 形〔人, 集団, 国が〕植民を行う, 植民地を建設する. — **colonisateur** 男 植民地の建設者［開拓者, 支配者］(↔ colonisé).
colonisation /kɔlɔnizasjɔ̃/ 囡 ❶ 入植；植民地化；植民地の開発. ❷（宣伝, 商業目的の）開発. ▶ la *colonisation* des sites 観光開発.
colonisé, e /kɔlɔnize/ 形〔国, 地方が〕植民地化された；植民の行われた. — 名 植民地の被支配者 (↔ colonisateur).
coloniser /kɔlɔnize/ 他動 ❶ …を植民地化する；に移民を入植させる. ❷（観光客などが）…に大挙してやってくる, を占領する.
colonnade /kɔlɔnad/ 囡〖建築〗コロネード, 列柱. ▶ *colonnades* des temples grecs ギリシア神殿の列柱.
***colonne** /kɔlɔn/ コロヌ 囡 ❶ 円柱, 柱；（円柱形の）碑. ▶ *colonne* grecque ギリシア様式の円柱 / *colonne* de marbre 大理石の柱 / *colonne* commémorative 記念柱. ❷ 円柱状の物, 柱状体. ▶ *colonne* Morris (パリの街路の)広告塔 / *colonne* de mercure (温度計の)水銀柱. ❸（印刷物の）段；欄, 記事. ▶ titre sur deux *colonnes* 2 段抜きの見出し / cinq *colonnes* à la une 第 1 面 5 段抜きの記事(大事件の記事) / Ne rien inscrire dans cette *colonne*. この欄には何も記入しないこと. ❹ 縦列, 縦隊. ▶ défiler en *colonne* par un［deux］1 列［2 列］縦隊で行進する. ❺ *colonne* de chiffres（計算や一覧のために）縦に並べた数字 / *colonne* des unités 1 の位 / *colonne* des dizaines 10 の位. ❻〖解剖〗*colonne* vertébrale 脊柱(せきちゅう).
cinquième colonne 第五列, スパイ.
une colonne de + 複数名詞 …の山. ▶ *une colonne de* boîtes de conserve 積み上げられた缶詰.
colonnette /kɔlɔnɛt/ 囡 小円柱.
colorant, ante /kɔlɔrɑ̃, ɑ̃ːt/ 形 着色する, 染色する. ▶ matières *colorantes* 染料, 着色料. — **colorant** 男 着色剤；染料, 顔料.
coloration /kɔlɔrasjɔ̃/ 囡 ❶ 着色, 彩色, 染色；（自然な）変色. ❷ 色, 色合い. ▶ *coloration* du teint（顔の）血色. ❸（感情, 声などの）色, 陰影.
coloré, e /kɔlɔre/ 形 ❶ 染まった, 着色した；赤く染まった. ▶ verre *coloré* 着色ガラス / avoir le teint *coloré* 血色のよい顔色をしている. ◆ *coloré* de qc …色に染まった. ▶ l'horizon *coloré* de rouge 真赤に染まった地平線. ❷《*coloré* (de qc)》（感情などの）色濃く現れた, 色合いを帯びた. ▶ un sourire *coloré* d'ironie 皮肉っぽい微笑. ❸ 精彩のある, 生き生きした. ▶ une conversa-

tion *colorée* 生き生きと弾む会話.
colorer /kɔlɔre/ 他動 ❶ …に着色する，染める，彩る. ▶ *colorer* qc en bleu …を青く染める / La joie lui *a coloré* le visage. 喜びで彼(女)の顔は紅潮していた. ❷〈*colorer* qc (de qc)〉…に(…の)含みを持たせる，陰影を与える. ▶ Son attitude *est légèrement colorée* de mépris. 彼(女)の態度にはかすかに軽蔑の色がある.
— **se colorer** 代動 ❶ 色づく，染まる. ▶ Le ciel *se colore* de rose. 空がばら色に染まっている. ❷〈*se colorer* de qc〉…の含み［陰影］を帯びる.
coloriage /kɔlɔrjaːʒ/ 男 ❶ 彩色，着色. ❷ 塗り絵(帳).
colorier /kɔlɔrje/ 他動 …に色を塗る，彩色する；〔目的語なしに〕塗り絵をする.
coloris /kɔlɔri/ 男 ❶〖絵画〗配色法，彩色法，配色法の効果. ❷ 色，色合い；(果物，顔などの)色艶(る).
coloriste /kɔlɔrist/ 名 ❶ 色彩表現に優れた画家，色彩画家. ❷〖美容〗毛染技術者. ❸〖建築，工業デザイン〗の配色専門家.
colossal, ale /kɔlɔsal/; 〈男複〉 *aux* /o/ 形 巨大な. ▶ taille *colossale* 巨体 / une érudition *colossale* なみはずれた学識.
colossalement /kɔlɔsalmɑ̃/ 副 大規模に，とてつもなく，なみはずれて.
colosse /kɔlɔs/ 男 ❶ 巨像. ▶ le *colosse* de Rhodes ロードス島の巨像. ❷ 巨人. ❸ 大立者；巨大組織，大企業. ▶ un *colosse* de la littérature 文壇の大御所，偉大な文学者 / un *colosse* de l'industrie aérospatiale 宇宙航空産業の巨大企業.
colosse aux pieds d'argile ひよわな巨人.
colportage /kɔlpɔrtaːʒ/ 男 ❶ 行商，訪問販売. ❷ 吹聴(ホェゥ)，喧伝(ハミン).
colporter /kɔlpɔrte/ 他動 ❶ …を行商する，売って回る. ❷ …を言い触らす，吹聴(ホェゥ)する.
colporteur, euse /kɔlpɔrtœːr, øːz/ 名 ❶ 行商人，訪問販売のセールスマン. ❷ 吹聴(ホェゥ)者.
colt /kɔlt/ 男〖米語〗〖商標〗自動拳銃；コルト.
coltiner /kɔltine/ 他動〔重い荷物〕を担ぐ，運ぶ.
— **se coltiner** 代動 話〔つらい仕事，嫌なこと〕をする，引き受ける. 注 se は間接目的. ▶ *se coltiner* la vaisselle 皿洗いをする.
columbarium /kɔlɔ̃barjɔm/ 男 納骨堂.
colza /kɔlza/ 男〖植物〗セイヨウアブラナ，ナタネ.
COM 女(略) collectivités d'outre-mer 海外共同団体.
com /kɔm/ 女 話 (communication の略) 広報，PR.
com- 接頭 (co- の別形. b, m, p の前で) ❶「共同，同時，相互」の意. ▶ *com*pagnie 同伴，会社. ❷「1点に集めること；強意，完結」を表わす. ▶ *com*plet 完全な，満員の.
coma /kɔma/ 男〖医学〗昏睡(ﾌﾝ). ▶ entrer [être] dans le *coma* 昏睡状態に入る［ある］.
comateux, euse /kɔmatø, øːz/ 形〖医学〗昏睡性の，昏睡性の；昏睡状態にある. ▶ être dans un état *comateux* 昏睡状態にある.
— 名 昏睡患者.
combat[1] /kɔ̃ba/ コンバ 男 ❶ 戦闘，交戦. ▶ *combat* aérien [terrestre, naval] 航空戦［地上戦，海戦］ / *combat* de rue(s) 市街戦 / Des *combats* acharnés se livrent dans la ville. 激しい戦闘が市内で行われている. 比較 ⇨ GUERRE. ❷ (思想，体制に対する)闘争，(障害，危険などに対する)闘い (=lutte). ▶ engager le *combat* contre l'inflation インフレ抑制対策を講じる. ❸ (格闘技の)試合，勝負. ▶ *combat* de boxe ボクシングの試合. 比較 ⇨ COMPÉTITION. ❹ 文章 (相反する)力の対立，せめぎ合い. ▶ le *combat* de la vie et de la mort 死と生のせめぎ合い.
Continuons le combat! くじけずにがんばろう.
de combat (1) 戦争(用)の. ▶ tenue *de combat* 戦闘服 / char *de combat* 戦車. (2) (社会・政治の)闘争的な. (3) 闘技用の. ▶ coq *de combat* 闘鶏，シャモ.
livrer combat (*à* [*contre*] *qn*/*qc*) (…と)交戦する；一戦交える.
mettre qn/*qc hors* (*de*) *combat* …の戦闘能力を失わせる；話〔障害などが〕…を無力にする.
combat[2] /kɔ̃ba/ 活用 ⇨ COMBATTRE 64
combatif, ive /kɔ̃batif, iːv/ 形 闘争的な；闘志あふれる. ▶ esprit *combatif* 闘争心，戦意.
combativité /kɔ̃bativite/ 女 闘争心，闘志；(軍隊の)戦意，士気.
combats /kɔ̃ba/ 活用 ⇨ COMBATTRE 64
combattant, ante /kɔ̃batɑ̃, ɑ̃ːt/ コンバタン，コンバタント/ 形 戦う，戦闘する. ▶ troupes *combattantes* 戦闘部隊.
— 名 殴り合う人.
— **combattant** 男 実戦兵，兵士；戦闘員. ▶ non-*combattant* 非戦闘員.
ancien combattant 退役軍人；《皮肉に》過去の社会的・政治的闘争に参加した人.
combatti-, combattî-, combattiss- 活用 ⇨ COMBATTRE 64
combattre /kɔ̃batr/ コンバトル/ 64

| 過去分詞 combattu | 現在分詞 combattant |

直説法現在 je combats	nous combattons
複合過去 j'ai combattu	
単純未来 je combattrai	

他動 ❶〔敵〕と戦う. ▶ Napoléon *combattit* l'Europe. ナポレオンは全ヨーロッパを敵に回して戦った. ❷〔体制，思想など〕に反対する，を攻撃する. ▶ La presse *a combattu* le gouvernement. 新聞は政府を激しくたたいた. ❸〔障害，危険など〕に立ち向かう，の制圧に努める. ▶ *combattre* une maladie 病気と闘う / *combattre* l'inflation インフレーションの抑制に努める. 比較 ⇨ LUTTER.
— 間他動 ❶〈*combattre* contre qn/qc〉…に抗して戦う；〔障害など〕に立ち向かう. ▶ *combattre* contre les préjugés 偏見と闘う. ❷〈*combattre* pour qn/qc〉不定詞〉…を守るために戦う；求めて闘う. ▶ *combattre* pour l'indépendance 独立を目指して戦う / *combattre* pour faire régner la paix dans le monde 世界平和のために闘う.
— **se combattre** 代動 相争う，一戦交える.
combattu, e /kɔ̃baty/ 活用 combattre 64 の過去分詞.

combien /kɔ̃bjɛ̃ コンビヤン/ 副

❶《疑問》⟨**combien de** + 無冠詞名詞⟩どれだけの…. ▶ «*Combien* de frères avez-vous [*Combien* avez-vous de frères]?—J'en ai deux.»「御兄弟は何人ですか」「2人います」/ «Depuis *combien* de temps est-il au Japon?—Depuis un an et demi.»「彼はどのくらい前から日本にいますか」「1年半前からです」/ *Combien* de places 'y a-t-il [est-ce qu'il y a] dans cette salle de concert? そのコンサートホールの座席数はどれだけですか / *Combien* de livres as-tu lus? ＝ *Combien* as-tu lu de livres? 君は何冊の本を読んだのか(注 複合時制の文で直接目的⟨*combien* de + 名詞⟩が文頭に出ると, 過去分詞の性数は名詞に一致) / *Combien* de personnes sont venues? 何人来ましたか(注 *Combien* de personnes sont-elles venues? は不可) /《間接疑問文で》Il te demande *combien* de fois tu es allé en France. 彼は君に，フランスに何回行ったのか尋ねているのです.

❷《感嘆》⟨**combien de** + 無冠詞名詞⟩どれほど多くの…. ▶ *Combien* de livres sont publiés chaque année! 毎年いかに多くの本が出版されていることか / *Combien* de temps ai-je mis à [pour] le persuader! 彼を説得するのにどれほど時間をかけたか.

❸ 文章《譲歩》⟨*combien* de + 無冠詞名詞 + que + 接続法⟩いかに…しようとも. ▶ *Combien* de larmes que vous versiez, je ne vous épouserai pas. どんなに涙を見せられても，あなたと結婚しません.

❹《疑問》(de なしで)どれだけ, いくら. ▶ *Combien* mesures-tu? 君の身長はどのくらいありますか / *Combien* pèse ce colis? ＝ *Combien* ce colis pèse-t-il? この小包の重量はどれほどですか / *Combien* 'y a-t-il [est-ce qu'il y a] d'ici à la gare? ここから駅までどのくらいありますか / *Combien* vous faut-il pour venir ici? ここに来るのにどのくらいの時間がかかりますか / «*Combien* êtes-vous dans votre famille?—Nous sommes cinq.»「お宅は何人家族ですか」「5人です」/ «Vous êtes *combien*?—On est trois.»「(レストランなどで)何名さまですか」「3名です」/ *Combien* sont venus? (＝ combien de gens) 何人来ましたか / *Combien* avez-vous payé? いくら払いましたか / **C'est combien?** これはいくらですか / **Ça fait combien?** ＝ *Combien*? 話 いくらになりますか / De *combien* est-il plus âgé que moi? 彼は私よりいくつ年上ですか /《間接疑問文で》Vous verrez *combien* il a changé. 彼がどれほど変わったかお分かりになりますよ.

❺《感嘆》(de なしで)なんと，いかに，どれほど. ▶ *Combien* je suis heureux! (＝comme) なんて幸せなんだろう / *Combien* facilement il se console! 彼はなんてあきらめがいいのだろう / *Combien* il a souffert! 彼はどんなに苦しんだことか.

je ne sais combien (**de** + 無冠詞名詞) 数えられないほど多くの(…). ▶ Il y avait *je ne sais combien* de livres dans son cabinet de travail. 彼(女)の書斎にはおびただしい数の本があった / Je l'ai averti depuis *je ne sais combien* (de temps). もうずっと以前に彼に警告しました.

ô combien! どれほどに, たいへん. 注 気取りのこもった挿入句でよく用いる. ▶ Je vous admire, *ô combien*! あなた(方)に，ああ，どれほど感服していることか / Il est bête, *ô combien*! 彼はとても愚かだ.

— 男《le combien》話(日付の)何日;(順位の)何番目. ▶ Le *combien* sommes-nous aujourd'hui? 今日は何日ですか (＝ Quel jour du mois sommes-nous?) / Le *combien* es-tu dans ta classe? 君はクラスで(成績が)何番ですか / Du *combien* chaussez-vous? あなた(方)の靴のサイズはいくらですか.

tous les combien どれほどの頻度[間隔]で. «L'autobus passe *tous les combien*?—Toutes les vingt minutes.»「バスは何分おきに出ますか」「20分おきです」.

combientième /kɔ̃bjɛtjɛm/ 形 俗《疑問文で》何番目の, 何回目の, 何人目の.
— 名 俗《疑問文で》何番目の人.

combinable /kɔ̃binabl/ 形 組み合わせうる, 結合できる; 化合可能な.

*combinaison /kɔ̃binɛzɔ̃/ コンビネゾン/ 女 ❶ 組み合わせ, 配合; 結合. ▶ *combinaison* de couleurs 配色 / *combinaison* ministérielle 組閣, 閣僚構成. ❷（金庫などの）組み合わせ数字[文字]. ▶ changer la *combinaison* d'un coffre-fort 金庫の鍵(?)のナンバーを変える. ❸（多く軽蔑して）術策, たくらみ. ▶ trouver des *combinaisons* pour se tirer d'affaire 色々うまい気を考えて難局を切り抜ける / *combinaisons* financières 金融のからくり. ❹ オーバーオール, つなぎ; スリップ; シュミーズ. ▶ *combinaison* de ski (スキーの)ジャンプスーツ, ワンピース / *combinaison* de plongée 潜水服, ウェットスーツ / *combinaison* spatiale 宇宙服. ❺『数学』組み合わせ. ❻『化学』化合(物).

combinard, arde /kɔ̃binaːr, ard/ 形, 名 話（軽蔑して）悪賢い(人).

combinat /kɔ̃bina/ 男 (旧ソ連の)コンビナート.

combinatoire /kɔ̃binatwaːr/ 形 組み合わせの; 結合する.

combine /kɔ̃bin/ 女 (combinaison の略) 話 術策, ずるい手口. ▶ Elle a trouvé une *combine* pour entrer sans payer. 彼女はただで入るうまい手を見つけた.
être dans la combine ぐるである.

combiné, e /kɔ̃bine/ 形 ❶ 組み合わされた, 結合[連合]した. ❷『軍事』(陸・海・空) 3軍連合の. ▶ opérations *combinées* 連合作戦.
— **combiné** 男 ❶ (電話の)受話器. ❷『スポーツ』(特にスキーの)複合競技. ▶ *combiné* alpin (スキーの)アルペン複合. ❸ 複合機能の家電製品. ▶ *combiné* réfrigérateur congélateur 冷凍冷蔵庫.

*combiner /kɔ̃bine/ コンビネ/ 他動 ❶ …を組み合わせる, 調和させる. ▶ *combiner* des couleurs 色彩を配合する / *combiner* le travail et les loisirs 仕事とレジャーをうまく組み合わせる. ❷ …を計画する, の手はずを整える; をたくらむ. ▶ *combiner* son emploi du temps 日程を組む / J'ai tout *combiné* pour partir demain. 明日出発できるように準備万端整えた / *combiner* un mauvais coup 悪事をもくろむ. — **se combiner** 代動 組み合わさる；巧みに構成される.

comble¹ /kɔ̃:bl/ 男 ❶ 最高度, 絶頂, 頂点. ▶ mettre le [un] *comble* à qc …を頂点に至らしめる, 一層強烈なものにする / C'est le *comble* de la barbarie. それは野蛮の極みだ. ◆ être au *comble* de qc 〔人が〕…の頂点にある. ▶ Il est au *comble* du désespoir. 彼は絶望のどん底にある. ◆ être à son *comble* 〔事柄, 状況が〕その絶頂にある. ▶ Le désordre est à son *comble*. 混乱はピークに達している. ◆ Le *comble*, c'est que + 直説法. // Le *comble* est que + 直説法. あきれたことに…である. ▶ Le *comble*, c'est qu'il est parti sans payer. ひどいことに, 彼は金を払わずに行ってしまった.
❷ 屋根組み；《多く複数で》屋根裏 (部屋). ▶ loger sous les *combles* 屋根裏部屋に住む.
C'est le [un] comble! それはひどい, あんまりだ.
de fond en comble 下から上まで；すっかり, 完全に.
pour comble de + 無冠詞名詞 さらに…なことには. ▶ *pour comble de* malheur 一層悪いことには.

comble² /kɔ̃:bl/ 形 満員の, いっぱいの.
faire salle comble 〔芝居などが〕大成功を収める, 大入り満員である.
La mesure est comble. もう我慢も限界だ.

comblé, e /kɔ̃ble/ 形 満ち足りた, 幸せな；〔願いなどが〕かなえられた.

comblement /kɔ̃bləmɑ̃/ 男 埋めること, 埋め立て. ▶ terrain de *comblement* 埋め立て地.

*combler /kɔ̃ble/ コンブレ/ 他動 ❶ …を埋める. ▶ *combler* un fossé 溝を埋める / *combler* un déficit 赤字を埋める / *combler* son retard 遅れを取り戻す. ❷ 〔欲求など〕を満たす；〔人〕の望みをかなえる. ▶ *combler* l'attente de qn …の期待にこたえる / Vous me *comblez*! なんとお礼を申してよいやら分かりません. ❸ <*combler* qn de + 無冠詞名詞>…に…を豊富に与える. ▶ On m'*a comblé* de cadeaux. 私は贈り物をたくさんもらった.
combler la mesure 堪忍袋の緒を切らせる.

combustibilité /kɔ̃bystibilite/ 女 可燃性, 燃焼力.

combustible /kɔ̃bystibl/ 形 可燃性の, 燃える. — 男 燃料. ▶ pile à *combustible* 燃料電池 / *combustibles* solides 固体燃料.

combustion /kɔ̃bystjɔ̃/ 女 燃焼. ▶ moteur à *combustion* interne 内燃機関.

come-back /kɔmbak/ 男《単数形のみ》《英語》カムバック, 復帰.

*comédie /kɔmedi/ コメディ/ 女 ❶ 演劇；(特に) 喜劇, コメディー (↔tragédie). ▶ une *comédie* en trois actes 3幕の喜劇 / *La Comédie humaine* (バルザックの)「人間喜劇」/ *comédie* musicale ミュージカル. ❷ 見せかけ, 茶番, 芝居. ▶ Je ne suis point dupe de vos *comédies*. あなた(方)の下手な芝居にごまかされはしませんよ. ❸ 話 面倒なこと. ▶ Quelle *comédie* pour se garer! 駐車するのに何とめんどうなんだ. ❹ 話 (子どもの)わがまま. ▶ Allons, pas de *comédie*. ほら, わがまま言わないで. ❺ (théâtre de) la *Comédie-Française* コメディ=フランセーズ劇場.
C'est de la comédie. 茶番だ, 芝居だ.
faire toute une comédie 大騒ぎする, 一悶着(もんちゃく)起こす.
jouer la comédie (感情などを)偽る, ふりをする.

comédien, enne /kɔmedjɛ̃, ɛn/ 名 ❶ 俳優, 役者. 注 悲劇, 喜劇の区別なしに広く用いられる. ▶ un grand *comédien* 名優 / un mauvais *comédien* 大根役者. ❷ 芝居がかった人；うそつき, 偽善者. ▶ Il est très bon *comédien*. 彼はたいした役者だよ.
— 形 うわべを装った, 芝居がかった.

comédon /kɔmedɔ̃/ 男 にきび.

comestible /kɔmestibl/ 形 食べられる, 食用の.
— **comestibles** 男複 食物, 食料品.

comète /kɔmɛt/ 女 彗星(すいせい). ▶ la *comète* de Halley ハレー彗星 / queue [noyau] de *comète* 彗星の尾 [核].
tirer des plans sur la comète 実現しそうもない計画を立てる.

comices /kɔmis/ 男複《農業》*comices* agricoles 農業共進会 [振興会].

*comique /kɔmik コミック/ 形 ❶ 滑稽(こっけい)な, おかしい. ▶ Il est *comique* avec ses grands airs. 彼のいばりくさった様子ときたら吹き出してしまう. 比較 ▷ DRÔLE. ❷ 喜劇の. ▶ film *comique* 喜劇映画.
— 名 ❶ 道化役；喜劇俳優；話 ひょうきん者. ❷ 喜劇作家.
— 男 滑稽さ, おかしさ, 喜劇性. ▶ avoir le sens du *comique* 物事のおかしみが分かる, 冗談が分かる. ◆ Le *comique* de l'histoire, c'est que + 直説法. その [この] 話の滑稽なところは….

comiquement /kɔmikmɑ̃/ 副 滑稽(こっけい)に, おもしろおかしく, コミカルに.

*comité /kɔmite コミテ/ 男 委員会. ▶ *comité* d'entreprise (労使の代表から成る)企業委員会 / *comité* de gestion 管理委員会 / *comité* électoral (選挙の)後援会 (注 選挙管理委員会は bureau de vote という) / présider un *comité* 委員長を務める / Le *comité* siégera le 28 novembre. 委員会は11月28日に開かれる.
en petit comité = *en comité restreint* 内輪に, 内々に. ▶ se réunir *en petit comité* 内輪で集まる.

比較 **委員会**
comité 多く民間企業, 労働組合, 政党などの中の委員会. **commission** 多く政府機関, 国際機関の中の委員会. ときに臨時に作られるものを指す.

*commandant /kɔmɑ̃dɑ̃ コマンダン/ 男 ❶ 指揮官, 司令官. ▶ *commandant* en chef 総司令 [指揮] 官 / le *commandant* d'une compagnie 中隊長. ❷ (陸・空軍の)少佐；(海軍の)佐官. ❸ 船長；艦長；機長 (=*commandant* de bord).

*commande /kɔmɑ̃:d コマンド/ 女 ❶ 注文；注文の品. ▶ bon de *commande* 注文カード / être en *commande* 〔商品が〕注文中である / à la *commande* 注文の際に / passer une *com-*

mande 発注する / prendre la *commande* d'un client 客の注文を取る / livrer une *commande* 注文の品を引き渡す. ❷ 操縦, 制御, コントロール; 操縦[制御]装置. ▶ les organes de *commande* 操縦装置 / levier de *commande* 操縦桿(かん), 操作レバー / *commande* automatique 自動制御 / *commande* à distance 遠隔制御, リモートコントロール (=télécommande) / Le pilote s'est mis aux *commandes* de son avion. パイロットは飛行機の操縦席に着いた.

de commande うわべの, 装った, 偽りの. ▶ un rire *de commande* 作り笑い, 愛想笑い.

passer les commandes à qn …に操縦[指揮]をゆだねる.

prendre [*tenir*] *les commandes* 舵(かじ)を取る; (事業, 国政などで) 指揮を執る, 掌握する.

sur commande あつらえの, 注文に応じた; 指図どおりに. ▶ un complet *sur commande* あつらえの背広.

commandement /kɔmɑ̃dmɑ̃/ 男 ❶ 命令; 号令. ▶ parler sur un ton de *commandement* 命令口調で話す. ❷ 指揮権, 命令権; 指揮. ▶ avoir le *commandement* d'une armée 軍隊の指揮権を持つ / exercer [prendre] le *commandement* 指揮権を行使する, 指揮を執る. ❸ 〖軍事〗司令部. ▶ le haut *commandement* 最高司令部. ❹ (宗教・道徳上の) 戒律, 掟(おきて), 義務. ▶ les dix *commandements* (モーセの) 十戒. ❺ 〖スポーツ〗先頭, トップ. ▶ groupe de *commandement* 先頭グループ.

être au commandement (競走で) トップに立つ; (作戦などの) 指揮を執る.

*****commander** /kɔmɑ̃de コマンデ/ 他動

英仏そっくり語
英 to command 命じる, 指揮する.
仏 commander 命じる, 指揮する, 注文する.

❶ …を命じる, の号令をかける. ▶ *commander* une attaque 攻撃を命ずる / Il m'a *commandé* le silence. (=ordonner) 彼は私に沈黙を命じた. ◆ *commander* à qn de + 不定詞 または *commander* (à qn) que + 接続法 ▶ L'agent leur a *commandé* de partir. (=ordonner) 警官は彼(女) らに立ち去るよう命じた.

❷ …に指図する; を指揮する. ▶ Il n'aime pas qu'on le *commande*. 彼は人にあれこれと指図されるのを好まない / *commander* une armée 軍隊を率いる.

❸ …を注文する; 依頼する. ▶ *commander* un costume à [chez] un tailleur 仕立て屋に背広を注文する / *commander* un taxi タクシーを呼ぶ / *commander* un café コーヒーを注文する / 《目的語なしに》Avez-vous déjà *commandé*? もう注文はお済みですか.

❹ 〔物事が態度, 行為など〕を要請する, 必要とする; 〔感情など〕を起こさせる. ▶ L'intérêt général nous *commande* de nous réunir. 皆の利益のためには我々の団結が必要だ / Son attitude *commande* le respect. 彼(女)の態度は尊敬の念を起こさせる. ❺ 〔物が〕…への進入をコントロールする; を見下ろす位置にある. ▶ la porte qui *commande* l'entrée de la cave 地下室の出入りをコントロールする扉. ▶ forteresse qui *commande* le détroit 海峡を見下ろす要塞. ❻ …を作動させる, 操作する. ▶ la pédale qui *commande* les freins ブレーキを操作するペダル.

── 間他動 ❶ 〈*commander* à qn〉…に指図する, を支配する. ▶ *commander* à une équipe チームの指揮を執る. ❷ 〈*commander* à qc〉〔感情, 反応など〕を制御する, 自由にする. ▶ *commander* à sa colère 怒りを制する (注 *commander* à = maîtriser). ❸ 《目的語なしに》指図する, 命令する, 支配する. ▶ Il ne sait pas *commander*. 彼は人を動かすことができない. ❹ 《目的語なしに》〔義務, 仕事など〕優先する, 第一である.

── **se commander** 代動 ❶ 〔部屋が〕互いにつながっている, 廊下などで隔てられていない.

❷ 《多く否定的表現で》〔感情などが〕押し付けられる, 思いどおりになる. ▶ L'amour ne *se commande* pas. 愛を強いることはできない.

commandeur /kɔmɑ̃dœːr/ 男 コマンドゥール章(佩用(はいよう)者). 注 5 階級勲章の勲 3 等相当, また 3 階級勲章では最高位の勲章. ▶ croix de *commandeur* レジオンドヌール 3 等十字勲章.

commanditaire /kɔmɑ̃ditɛːr/ 男 (合資会社の) 有限責任社員; 出資者, スポンサー.

── 形 有限責任社員の; 出資者の. ▶ associé *commanditaire* 共同出資者.

commandite /kɔmɑ̃dit/ 女 société en *commandite* 合資会社.

commandité, e /kɔmɑ̃dite/ 名 (合資会社の) 無限責任社員.

commanditer /kɔmɑ̃dite/ 他動 (有限責任社員として)〔合資会社〕に出資する; (一般に) …に金を出す, 出資する.

commando /kɔmɑ̃do/ 男 特別攻撃隊, コマンド; ゲリラ(兵). ▶ un raid de *commandos* コマンドによる急襲.

⁑comme /kɔm コム/

── 接 《比較, 様態》…のように.
《類似, 例示》…のような.
《資格》〈*comme* + 無冠詞名詞〉…として.
《理由》…なので.
《同時性》…していた時に.
── 副 《感嘆》なんと.

接 ❶ ❶ 《比較, 様態》…のように, と同じく. ▶ Il est brillant *comme* son frère. 彼は彼の兄[弟]と同じように優秀だ / *Comme* vous aimez beaucoup la musique classique, il adore le jazz. あなたがクラシック音楽をとてもお好きなように, 彼はジャズが大好きです / Il fait chaud *comme* en été. 夏のように暑い / Fais *comme* tu veux. 君のしたいようにしなさい / **Faites *comme* chez vous.** 自分の家にいるつもりで楽にしてください. ◆ *comme* + 不定冠詞 + 名詞 まるで…のように. ▶ Il est sale *comme* un cochon. 彼は(豚のように)ひどく汚い.

❷ 《類似, 例示》…のような, たとえば…. ▶ un homme *comme* lui 彼のような男 / J'ai payé quelque chose *comme* cent euros. 私はおよそ

100ユーロ払った / des compositeurs français *comme* Fauré, Debussy, Ravel フォーレ, ドビュッシー, ラヴェルといったフランスの作曲家 / C'est une jolie maison *comme* on en voit dans la banlieue parisienne. それはパリ郊外によくあるようなきれいな家だ.

❸《並置, 付加》…も…も, …と同じように…も. ▶ à la ville *comme* à la campagne 都会でも田舎でも / La mère *comme* la fille aiment beaucoup les fleurs. 母も娘も花が大好きだ / L'un *comme* l'autre commençaient à s'y habituer. 2人とも慣れてきた. 注 付加を表わす場合, 動詞は複数形.

❹《資格》〈comme + 無冠詞名詞［属詞］〉…として［…なものとして］(=en tant que) (⇨ 語法). ▶ Je te dis ça *comme* ami. これは友人として君に言うのだ / Elle est efficace *comme* secrétaire. 彼女は秘書として有能だ / Qu'est-ce que vous prenez *comme* boisson? 飲み物は何になさいますか /《前置詞的に属詞を導いて》Je considère son intervention *comme* insolente. 彼(女)の発言は無礼だと思う.

❺《断定を弱めて》まるで…のような, …も同然, …のようなもの (=quelque chose *comme*). ▶ Il était *comme* fasciné par la chanteuse. 彼はその女性歌手に魅せられたようだった / On aperçoit *comme* une fumée sur le flanc de la montagne. 山の中腹に煙のようなものが見える.

❷ ❶《理由》《多く主節の前に出て》…なので. ▶ *Comme* la voiture est en panne, il faut y aller en train. 車が故障しているので, 列車で行かねばならない. ❷《同時性》《あとの動詞は多く直説法半過去》…していた時に. ▶ La téléphone a sonné *comme* je sortais de l'appartement. アパルトマンを出ようとしていた時に, 電話が鳴った.

comme ça 図 (1) この［その］ように, こう［そう］すれば, こう［そう］いうわけで, この［その］ような. ▶ *Comme ça*, ça marche. こうやって動きますよ / C'est *comme ça*, la vie. 人生はこんなものさ / Deux daurades *comme ça*, ça coûte combien? これくらいの鯛(たい) 2匹でおいくらでしょう. (2) すごい, すばらしい. ▶ 注 しばしば身振りや手振りを伴う. J'ai rencontré une fille *comme ça*! すごい女の子に会ったんだ. (3) 簡単に.

comme ci, comme ça 図 まあまあだ, よくも悪くもない. 注 単に comme ça ともいう.《Comment vas-tu? ─*Comme ci, comme ça*.》「元気かい」「うん, まあまあだ」

「まあまあ」のしぐさ

comme ┌*de juste*［*de raison*┐ 当然ながら, 案の定. ▶ *Comme de juste*, il est arrivé en retard. 案の定, 彼は遅刻した.

comme d'habitude 例によって, いつものように.

comme il faut しかるべく, きちんとした. ▶ Fais ton travail *comme il faut*. 君の仕事をきちんとやりなさい / une fille *comme il faut* 申し分のない娘.

comme (il) suit 次［以下］のように. ▶ Je lui ai répondu *comme suit*. 私は彼(女)に次のように答えた.

comme jamais かつてないほど.

comme on dit いわゆる.

comme prévu 予想どおり.

comme qui dirait いわば. ▶ Elle est *comme qui dirait* leur protectrice. 彼女は言ってみれば彼(女)らの庇護(ひご)者だ.

comme quoi (1)《前文を受けて》つまり, 要するに; 文章 そういうわけで. ▶ Il a fini par venir. *Comme quoi* la réunion l'intéressait. 結局彼はやって来た, つまりはこの集まりに興味があったわけだ. (2)《手紙, 書物などが》…という内容の. ▶ Pourriez-vous me faire une attestation *comme quoi* je prépare une thèse sous votre direction? 私が先生の御指導のもとに論文を準備中であるという内容の証明書を, お書き願えないでしょうか.

comme si + 直説法半過去［直説法大過去］まるで…のように. ▶ Il parle de vous *comme s'il* vous connaissait. 彼はまるであなたを知っているかのような口の利き方をする / L'air était transparent *comme s'il* avait plu. まるで雨が降ったあとのように, 空気が澄んでいた. 注 一般に comme si のあとの動詞は, 主節の動詞と同時制を表わすときは直説法半過去, 主節の動詞に先行する時制を表わすときは直説法大過去を用いる.

comme toujours いつものように.

comme tout 図 非常に, 実に. ▶ Elle est belle *comme tout*. 彼女は実に美しい.

comme toi［*vous*］*et moi* (おまえ［あなた］と自分のように→) (1) 普通の, 普通に. ▶ des gens *comme vous et moi* 普通の人たち. (2) 上手に. (3) 下手に.

faire comme si なにくわぬ顔をする, 平然としている.

tout comme (1) まったく同じやり方で. ▶ Je l'aide *tout comme* je vous ai aidé. あなたを援助したのとまったく同じように彼(女)を助けています. (2)《文末で》…も同然で. ▶ Il ne sont pas mariés, mais c'est *tout comme*. 彼らは結婚していないが, 結婚したも同然だ.

形容詞 + *comme il est*《形容詞の強調》彼は…なので［なのに］. 注 il est は各人称に変化させて用いる. ▶ Maigre *comme il est*, il mange beaucoup! やせているのに, 彼の食べることときたら.

── 副 ❶《感嘆》なんて. ▶ *Comme* elle chante bien! 彼女はなんて歌が上手なんだ / *Comme* il a changé! 彼はなんと変わったのだろう.

❷《間接話法で》どれほどに, どのように. ▶ Regardez *comme* ils courent! 彼らのあの走りっぷりを御覧なさい / Tu ne sauras jamais *comme* j'ai été malheureux! 私がどんなにつらい目に遭ったか, 君は決して分からないだろう.

Comme vous y allez! 図 大げさですよ, 少しやりすぎじゃありませんか.

Dieu sait comme うさん臭いやり方で.

commedia dell'arte

il faut voir comme 見事に. ▶ Elle a répondu, *il faut voir comme*! 彼女の返答は実に見事だったよ.

語法 **comme** と無冠詞名詞または冠詞＋名詞

(1)〈**comme** ＋ 無冠詞名詞〉…として.
- Emilie a reçu un joli pull comme cadeau d'anniversaire. ＝ Comme cadeau d'anniversaire, Emilie a reçu un joli pull.
エミリーは誕生日のプレゼントにきれいなセーターをもらった.

この構文では「AはBである」という事実として示されている.〈Comme B, … A〉というように comme B が文頭に出ても文は成立する. この comme は en tant que と同じだが, en tant que はおもに論文などで用いられる.

(2)〈**comme** ＋ 冠詞［所有形容詞］＋ 名詞〉として.
- Il considère ce roman comme un chef-d'œuvre. Mais, en fait, ce n'est pas un chef-d'œuvre. 彼はこの小説を傑作と見なしている. しかし実を言うとそれは傑作ではない.

(1)と異なり, この構文では「AはBである」という断言が客観的事実になっていない. 発話者は「この小説は傑作である」という断言の責任を il「彼」にまかせている. それはあとに続く「それは傑作ではない(AはBでない)」という発話者自身の断言と両立可能である点に表われている.

◆comme との関係で動詞は次のように分かれる.

(1)〈comme ＋ 無冠詞名詞〉の形を取るもの：avoir, choisir, embaucher など.
- avoir comme but［partenaire］qn/qc 目的［相手］として…を持つ.

(2)〈comme ＋ 冠詞［所有形容詞］＋ 名詞〉の形を取るもの：considérer, traiter など.
- considérer qn comme un ami …を友人と見なす.

(3) 両方が可能な場合：recevoir, prendre, présenter など.
- prendre qn comme assistant …を助手として採用する.
- prendre qc comme une provocation …を挑発として受け取る.

commedia dell'arte /kɔmedjade lart(e)/ 囡《イタリア語》コメディア・デラルテ：16世紀末から17世紀初めのイタリアの即興仮面喜劇.

commémoratif, ive /kɔmemɔratif, iːv/ 形 記念する, 記念の. ▶ timbre *commémoratif* 記念切手.

commémoration /kɔmemɔrasjɔ̃/ 囡 記念祭；追悼, 記念. ▶ Ce monument a été érigé pour la *commémoration* de l'armistice de 1918［mil neuf cent dix-huit］. この記念碑は1918年の休戦を記念して建立された. ◆en *commémoration* de qn/qc …を記念して.

commémorer /kɔmemɔre/ 他動 …を記念して式典を行う, 祝賀する. ▶ *commémorer* la mort de qn …の死にあたって記念行事を催す.

commençant, ante /kɔmɑ̃sɑ̃, ɑ̃ːt/ 形 初めの, 初期の；始まりの. — 名 古風 初心者, 入門者（＝débutant）.

***commencement** /kɔmɑ̃smɑ̃ コマンスマン/ 男

❶ 初め, 始まり. ▶ du *commencement* à la fin 最初から最後まで / le *commencement* de l'année 年の初め / Le *commencement* du travail était attendu depuis longtemps. ずいぶん前から作業の開始が待たれていた. ◆depuis le *commencement*（de qc）（…の）初めから. ◆dès le *commencement*（de qc）（…の）当初から, 初めから. ▶ Les négociations s'annoncent difficiles dès le *commencement*. 交渉は初めから難航の気配だ. ◆au *commencement* 初めに, 最初は（＝au début）. ◆Au *commencement* je ne comprenais pas ce qu'il voulait dire. 初めは彼の言いたいことが分からなかった. ◆un *commencement* de ＋ 無冠詞名詞 …の最初の状態［兆し］. ▶ un *commencement* d'incendie ぼや / éprouver un *commencement* de fatigue 疲れを感じ始める. ❷（複数で）（制度などの）初期, 草創期；（学問などの）初歩, 基礎. ❸ 文章 第一原因, 原理.

Il y a (un) commencement à tout. 諺 (何事にも始めがある→)事をなすには時間がかかる.

le commencement de la fin 終わりの始まり, 不運［衰退, 没落］の始まり.

比較 初め, 始まり

commencement, début あらゆるものの「初め, 始まり」を指して一般的に使われるが, **début** は成句の形を取ることが多い. ほかに会議などの始まりには **ouverture**, 大規模な組織的行動, 特に戦争などの始まりには **déclenchement** が好んで使われる.

***commencer** /kɔmɑ̃se コマンセ/ ①

過去分詞 commencé	現在分詞 commençant

直説法現在	je commence	nous commençons
	tu commences	vous commencez
	il commence	ils commencent

複合過去	j'ai commencé
半過去	je commençais
単純未来	je commencerai
単純過去	je commençai

他動 ❶ …を始める, 開始する, に着手する. ▶ *commencer* un livre 本を読み始める；執筆に取りかかる / *commencer* ses études universitaires 大学で勉強し始める /《目的語なしに》*Commencez* sans moi. J'arriverai un petit peu en retard. 私を待たずに始めてください. ちょっと遅れるものですから. ◆*commencer* qc par qc/不定詞 を…から始める. ▶ Elle *commence* sa journée par un quart d'heure de gymnastique. 彼女の1日はまず15分間の体操から始まる.

❷ …の初めにある, 冒頭に来る. ▶ le numéro qui *commence* le spectacle 最初の出し物 / Quel est le mot qui *commence* la phrase? 文の最初の単語はなんですか.

比較 始める
commencer 最も一般的. **se mettre à** おもに日常的な行動について用いられる. *se mettre au travail* 仕事を始める. **entreprendre, entamer** 重要なことに決意をもって取りかかること. **engager**《改まった表現》交戦, 論争, 交渉など相手のある行為を始めること. **déclencher** 政治・社会的に多大な影響を及ぼす行為を始めること.

── 他動 ❶ ⟨**commencer à** + 不定詞⟩…し始める. ▶ Je *commence* à comprendre. わかり始めてきた / A quel âge ta fille *a-t-*elle *commencé* à parler? 君のところのお嬢ちゃんは何歳でしゃべり始めたの /《非人称構文で》Il *commence* à neiger. 雪がちらつき始めた.
❷ ⟨**commencer par qc/qn** 不定詞⟩…から始める, 初めは…である. ▶ Je ne sais pas par quoi *commencer*. 何から始めていいのか分からない / Cette maladie *commence* par des migraines. この病気は初めに頭痛が出る.
à commencer par qc/qn…を手始めとして. ▶ Tous les pays d'Europe de l'Est, *à commencer par* l'Union Soviétique ont beaucoup changé politiquement. ソ連をはじめとするすべての東欧諸国は政治的に大きく変化した.
bien [mal] commencer《人生, 学業などで》幸先(さいさき)のよいスタートを切る[スタートをしくじる].
Ça commence à bien faire. 話 もううんざりだ (=J'en ai assez).
pour commencer 手始めに, まず.

── 自動 始まる, 出現する, 発生する. ▶ Silence! le spectacle *est commencé*. お静かに, 芝居が始まっています. 注 動作の起点を強調する場合は助動詞として avoir をとるが, 現在の状態に重点が置かれている場合は être を用いる.
Ça commence bien. 話《反語的に》調子は上々である; 出足はよくない.

commensal, ale /kɔ(m)māsal/;《男複》**aux** /o/ 名 文章 食卓を共にする常連, 食事仲間; 客.

commensurable /kɔ(m)māsyrabl/ 形《数学》通約できる; 同じ単位で計れる.

＊comment /kɔmā コマン/

副《疑問》❶《方法, 仕方, 進展状況》どのように, どんなふうに; なんと. ▶ *Comment* allez-vous? 御機嫌いかがですか / *Comment* ça va? 元気かい / *Comment* t'appelles-tu? 君の名前はなんていうの / *Comment* s'écrit son nom? 彼(女)の名前はどうつづりますか / *Comment* vont les affaires? 仕事の進み具合はどうですか / *Comment* dit-on «rivière» en japonais? rivière (川) は日本語でなんと言いますか /《挿入句で》*Comment* dirais-je? なんと言ったらいいでしょうか /《間接疑問文で》Je ne sais pas *comment* il a pu réussir. 彼がどうやって成功できたのか私には分からない / Voilà *comment* nous en sommes arrivés là. そんなふうにして私たちはそういう結論に達したのです. ◆ *Comment* + 不定詞 どうやって…しよう. ▶ *Comment* faire? どうすればいいだろう / *Comment* dire? どう言えばいいのだろう.
❷《ありさま, 形状, 性質》どのような, どんなふうな. ▶ *Comment* est son appartement? = 話 Il [Elle] a un appartement *comment*? 彼(女)のアパルトマンはどんなですか /《*Comment* est ce garçon?—Il est sympathique.»「その少年はどんな子ですか」「感じのいい子です」/ *Comment* trouvez-vous cette musique? この音楽をどう思いますか.
❸《理由, 非難》どうして, なぜ. ▶ *Comment* n'êtes-vous pas avec les autres? どうしてほかの人たちと一緒ではないのですか / *Comment* cela? どうしてそうなんですか / *Comment* n'as-tu pas compris que je plaisantais? どうして私が冗談を言っているのが分からなかったのだ / *Comment* osez-vous me faire des reproches? よくもまあ, 私を非難したりできますね.
❹《単独で; 聞き返して》えっ, なんですって. ▶ *Comment*? Qu'est-ce que vous avez dit? えっ, なんとおっしゃいましたか. 注 *Comment*? は *Comment dites-vous*? の略. Pardon? は *Comment*? よりも丁寧, Quoi? は逆に粗野な聞き返し方.
❺《間投詞的に; 驚き, 憤慨》えっ, なに, なんだって. ▶ *Comment*? elle n'est pas venue? なんだって, 彼女来なかったのか / *Comment*, tu es encore ici? おやおや, まだここにいるの / *Comment*! C'est ainsi que tu me parles! なんとまあ, よくそんなことが私に言えるね.
comment donc! = 話 **Et comment!** もちろんですとも, どうぞどうぞ, 当たり前さ. ▶ «Puis-je entrer?—Mais *comment donc*!»「入ってよろしいですか」「どうぞどうぞ」.
Dieu sait comment 神のみぞ知る[思いもよらない]やり方で. ▶ Il a fait fortune *Dieu sait comment*. 彼はなにやら怪しいやり方で一財産築いた.
je ne sais comment どのようにしてかは知らないが. ▶ Il s'est débrouillé *je ne sais comment*. どのようにしてかは知らないけれども, 彼はうまく切り抜けた.
n'importe comment どんなふうでもいいから, でたらめに;《文頭で》とにかく. ▶ «*Comment* faut-il lui transmettre cette nouvelle, par téléphone ou par écrit?—*N'importe comment*.»「このニュースを彼(女)にどんなふうに伝えるべきでしょうか, 電話で, それとも書面で」「どんな形でもいいです」/ *N'importe comment* je vous attendrai ce soir. とにかく今晩お待ちしています.

── 男《単複同形》やり方, 手段, あり方. ▶ Tu ne t'intéresses pas au *comment*, tu ne vois que le résultat. 君は事の次第には興味がない, 結果しか見ない / L'enfant demande tout le temps les pourquoi et les *comment*. 話 子供はすぐ「なぜ, どうして」と聞きたがる.

commentaire /kɔmātɛːr/ 男 ❶ 解説; 論評. ▶ *Libération* donne cette nouvelle sans faire de *commentaires*.「リベラシオン」紙はそのニ

commentateur

ユースを論評抜きで伝えている. ❷(テキストなどの)注釈, 注解. ▶ édition avec notes et *commentaire(s)* 注釈版. ❸《多く複数で》(言動についての)意地の悪い解釈, とやかく言うこと.
Cela se passe de commentaire(s). 話 それは明らかなことだ, 説明するまでもない.
Pas de commentaire! 話 黙りなさい, つべこべ言うな.
Sans commentaire! 話 分かりきったことだ, 明々白々だ.

commenta*teur, trice* /kɔmɑ̃tœːr, tris/ 名 ❶(テレビ, ラジオの)解説者. ▶ *commentateur* sportif スポーツ番組解説者. ❷(テキストなどの)注釈者.

commenter /kɔmɑ̃te/ 他動 ❶ …を解説する. ▶ *commenter* un événement 事件の解説をする. ❷〔テキスト, 作品〕を注釈する.

commérage /kɔmeraːʒ/ 男《多く複数で》話 世間話, よもやま話; 陰口, ひそひそ話.

*****commerç*ant, ante*** /kɔmersɑ̃, ɑ̃ːt/ コメルサン, コメルサーント/ 名 商人;《特に》小売商; 商店. ▶ petit *commerçant* 小商店主; 小売商人 / gros *commerçant* = *commerçant* en gros 卸商人.
— 形 商業の(盛んな); 商店の多い; 商売上手な. ▶ un quartier *commerçant* 商店街 / un boulanger *commerçant* 商売上手なパン屋 / rue très *commerçante* とてもにぎやかな通り.

*****commerce*** /kɔmɛrs/ コメルス/ 男 ❶ 商業, 商売, 商取引; 貿易. ▶ faire du *commerce* 商売をする / faire le *commerce* de détail 小売業を営む / chambre de *commerce* 商工会議所 / Organisation mondiale du *commerce* 世界貿易機関, WTO / maison de *commerce* 商社, 商会, 商店 / représentant voyageur de *commerce* セールスマン, 外交販売員 / *commerce* extérieur 対外貿易 / *commerce* intérieur 国内取引 / *commerce* électronique = *commerce* en ligne 電子商取引 / *commerce* équitable フェアトレード. ◆faire le *commerce* de qc …の取引をする, 商売をする(注 企業規模の取引のニュアンスを持つ).
❷ 商店, 小売店. ▶ ouvrir un *commerce* 店を開く, 開業する / fermer son *commerce* 商売をやめる. ◆un *commerce* de + 無冠詞名詞 …店, …屋. ▶ tenir un *commerce* de vêtements 洋品店を営む.
❸《集合的に》商人, 商店経営者, 商業界. ▶ le petit *commerce* 零細小売業.
❹ 古風 恥ずべき取引. ▶ faire *commerce* de son nom 売名行為をする. ❺ 文章 交際, 人間関係;(思想, 感情などの)交流. ▶ renoncer au *commerce* des hommes 人と付き合うのをやめる / Il est d'un *commerce* difficile. 彼は付き合いにくい人だ.

être dans le commerce (1) 市販されている. (2) 商売に携わっている.
hors commerce 〔品物が〕非売の.

比較 商売, 取引
commerce 最も一般的. **échange** 経済用語. *échanges* commerciaux 貿易. **trafic** 不正取引. *trafic* des drogues 麻薬取引. **troc** 物々交換, バーター取引.

commercer /kɔmerse/ 自動 商売する; 貿易をする. ▶ *commercer* avec tous les pays du monde 世界中の国と交易する.

*****commerci*al, ale*** /kɔmɛrsjal/ コメルスィヤル/;《男複》*aux* /o/ 形 ❶ 商業の, 営業の, 貿易の. ▶ société *commerciale* 商事会社 / directeur *commercial* 営業部長 / centre *commercial*(都市の)商業地区; ショッピングセンター / balance *commerciale* 貿易収支. ❷ 金もうけが目的の, 商業的な. ▶ un film *commercial* 商業映画.
— **commercial** 男 (企業の)営業部門.
— **commerciale** 女 ライトバン.

commercialement /kɔmɛrsjalmɑ̃/ 副 商業的に, 商業的見地から言えば.

commercialisation /kɔmɛrsjalizasjɔ̃/ 女 商品化, 販売. ▶ réglementer la *commercialisation* des produits agricoles 農産物の販売を規制する.

commercialiser /kɔmɛrsjalize/ 他動 …を商品化する, 販売する. ▶ Ce produit n'est pas encore *commercialisé*. この製品はまだ市販されていない.

commère /kɔmɛːr/ 女 おしゃべり女, うわさ好きな人. 注 男性にも用いられる.

commet, commets /kɔmɛ/ 活用 ⇨ COMMETTRE 65

*****commettre*** /kɔmɛtr/ コメトル/ 65 他動

| 過去分詞 | commis | 現在分詞 | commettant |

直説法現在 je commets   nous commettons
複合過去 j'ai commis   単純未来 je commettrai

❶〔罪, 過ちなど〕を犯す;〔愚行〕をなす. ▶ *commettre* une erreur 間違える / *commettre* un crime 罪を犯す. ❷ <*commettre* qn à qc /不定詞/> …を…に任ずる;〔法律〕…に…を委任する; の代理権を与える. ▶ *commettre* un avocat à la défense d'un meurtrier 弁護士に殺人犯の弁護を委任する. ❸ 話〔失敗作, 問題作〕を書き著す.
— **se commettre** 代動 ❶〔罪, 過ちなどが〕なされる, 犯される. ▶《非人称構文で》Il *se commet* beaucoup d'atrocités pendant la guerre. 戦争時には多くの残虐行為が行われる.
❷ 文章 <*se commettre* avec qn> …とかかわり合いになる. ▶ *se commettre* avec des gens peu recommandables いかがわしい連中とかかわり合いになる.

commîmes /kɔmim/ 活用 ⇨ COMMETTRE 65
comminatoire /kɔminatwaːr/ 形 文章 脅迫的な, すごみの利いた.
commirent /kɔmiːr/ 活用 ⇨ COMMETTRE 65
commis¹ /kɔmi/ 男 下級官吏, 事務職員; 店員. ▶ *commis* des douanes 税関吏 / *commis* d'un grand magasin デパート店員.
les grands commis de l'Etat 高級官僚.
commis² /kɔmi/ 活用 ⇨ COMMETTRE 65
commisération /kɔmizerasjɔ̃/ 女 文章 同情,

憐憫(ﾋﾞﾝ). ▶ éprouver de la *commisération* pour qn …を不憫に思う.

commiss- 活用 ⇨ COMMETTRE 65

***commissaire** /kɔmisɛːr/ コミセール/ 男 ❶ 委員, 役員, 幹事. ▶ les *commissaires* d'une fête 祭典の役員[幹事] / haut-*commissaire* 高等弁務官 / *commissaire* européen 欧州委員会委員 / *commissaire* aux comptes (会計)監査役 / *commissaire* du bord (客船の)パーサー, 事務長. ❷ 警視(=*commissaire* de police). ▶ *commissaire* principal 警視正. ❸《スポーツ》(競技会などの)運営委員, コミッショナー, 監視員.

commissaire-priseur /kɔmisɛːrprizœːr/;《複》~s-~s 男 競売吏.

***commissariat** /kɔmisarja コミサリア/ 男 ❶ 警察署(=*commissariat* de police). ❷ 委員の職, 委員会(事務局).

***commission** /kɔmisjɔ̃ コミシィョン/ 女 ❶ 用事, 使い走り, 伝言. …を使いにやる / Voulez-vous que je lui fasse une *commission*? 彼(女)に何か御伝言いたしましょうか / J'ai une *commission* à vous remettre. あなたにお渡しするように預かっている物があります.

❷《複数で》(日用品の)買い物, お使い;(買い物で)買った品. ▶ Maman est partie faire les *commissions*. おかあさんは買い物に行きました. 比較 ⇨ ACHAT.

❸ 委員会. ▶ *commission* du budget 予算委員会 / *commission* d'enquête 調査委員会 / *commission* européenne 欧州委員会. 比較 ⇨ COMITÉ.

❹ 手数料, コミッション;歩合. ▶ toucher 15% [quinze pour cent] de *commission* 15パーセントを手数料として受け取る / travailler à la *commission* 歩合制で働く / *commission* secrète 袖(ｿﾃﾞ)の下, 賄賂(ﾜｲﾛ).

❺(販売, 買い入れ業務の)委託, 代理[取次]業;(公務, 職権の)委任, 委託. ▶ contrat de *commission* 委託売買契約, 代理契約.

faire la grosse [petite] commission 幼児語 うんち[おしっこ]をする.

faire ses propres commissions 自分のことは自分でする.

commissionnaire /kɔmisjɔnɛːr/ 男 ❶ 仲介[取次, 代理]業者, 仲買人. ▶ *commissionnaire* importateur 輸入代理業者 / *commissionnaire* de transport 運送業者. ❷ メッセンジャーボーイ.

commissionner /kɔmisjɔne/ 他動 …に権限[職務]を委託する, 委任する;売買を委託する, 取り次ぎを依頼する.

commissure /kɔmisyːr/ 女 *commissure* des lèvres 口角.

commit, commît /kɔmi/, **commîtes** /kɔmit/ 活用 ⇨ COMMETTRE 65

***commode** /kɔmɔd コモド/ 形 ❶ < *commode* (pour qc/qn/ 不定詞) > (…に)便利な, 好都合な. ▶ C'est une occasion *commode* pour aller la voir. 彼女に会うのにちょうどいい機会だ. ❷ < *commode* (à + 不定詞) > (…が)容易な, 簡単な. ▶ La réalisation de ce plan n'est pas *commode*. そのプランを実行するのはたやすいことではない / un dictionnaire *commode* à consulter (=facile) 引きやすい辞書. ❸《否定的表現で》気さくな, 付き合いやすい. ▶ Elle est peu *commode* à vivre. 彼女は付き合いにくい人だ.

C'est (trop) commode. 諺 それは安易すぎる, それは御都合主義というものだ.

— **commode** 女 整理だんす.

commodément /kɔmɔdemɑ̃/ 副 心地よく, 快適に.

commodité /kɔmɔdite/ 女 ❶ 便利さ, 都合のよさ;快適さ. ▶ la *commodité* d'une maison 家の住み心地のよさ / pour plus de *commodité* より便利なように. ❷《複数で》便利な器具[設備];(上下水道, 電気などの)住居諸設備, ユーティリティー. ▶ appartement pourvu de toutes les *commodités* (=éléments de confort) あらゆる設備の整ったアパルトマン.

commotion /kɔmosjɔ̃/ 女 ショック, 衝撃;(精神的, 社会的)動揺. ▶ *commotion* électrique 電気ショック / *commotion* cérébrale 脳振盪(ﾄｳ).

commotionner /kɔmosjɔne/ 他動 …に衝撃を与える;を動転させる.

commuer /kɔmɥe/ 他動《法律》減刑する. ▶ *commuer* la peine de mort en celle de prison à vie 死刑を終身刑に減刑する.

***commun, une** /kɔmœ̃, yn コマン, コミュヌ/ 形 ❶ 共通の, 共有の, 共同の. ▶ un ami *commun* 共通の友人 / points *communs* 共通点 / les parties *communes* d'un immeuble ビルの共用部分 / une œuvre *commune* 共同作業 / vie *commune* 共同生活, 夫婦生活 / le Marché *commun* 共通市場 / avoir des intérêts *communs* avec qn …と利害を共にする. ◆ *commun* à qn/qc …に共通の. ▶ Le jardin est *commun* aux deux maisons. 庭は2軒の共用である. ❷ 万人に共通する;全体の, 公共の. ▶ le sens *commun* 常識 / l'intérêt *commun* 公共の利益 / le bien *commun* 公共福祉 / d'un *commun* accord 全員一致で. ❸ 普通の, 平凡な, 陳腐な. ▶ année *commune* 平年 / La morue est un poisson *commun*. タラは珍しくもない魚だ / Il est d'une force peu *commune* pour son âge. 彼はあの年にしてはまれに見る体力の持ち主だ. ❹ 粗野な, 下品な, 低俗な. ▶ avoir un langage *commun* 品のない言葉遣いをする. ❺《文法》nom *commun* 普通名詞.

n'avoir rien de commun (avec qn/qc) (…と)共通点[類似点]が何もない. ▶ Il *n'a rien de commun* avec son frère. 彼は兄[弟]にまったく似ていない.

— **commun** 男 ❶ 大多数, 一般. ▶ le *commun* des mortels 一般大衆;だれでもみんな. ❷《複数で》(城館などの)付属建物(女中部屋, 台所, 車庫, 厩舎(ｷｭｳｼｬ)など).

en commun 共同で;共同の. ▶ mettre des biens *en commun* 財産を共有する[分かち合う] / transports *en commun* 公共輸送機関.

hors du commun なみはずれた, 非凡な.

communal, ale /kɔmynal/;《男複》**aux** /o/

形 市町村の, 地方自治体の, 公営の. ▶ école *communale* 公立小学校 / l'autonomie *communale* 地方自治.
— **communaux** 男複 共同地, 入会地.
— **communale** 女複 公立小学校.

commun*ard, arde* /kɔmynaːr, ard/ 形, 名 (1871年の) パリ・コミューンの (参加者).

communautaire /kɔmynoteːr/ 形 ❶ 共同の, 共同体の. ▶ vie *communautaire* 共同生活.
❷ 欧州共同体の, EC の, 欧州連合の. ▶ prix *communautaire* EC 域内統一価格.

communautarisme /kɔmynotarism/ 男 共同体主義.

*****communauté** /kɔmynote/ コミュノテ 女 ❶ 共同, 共有; 共通性. ▶ vivre en *communauté* 共同生活をする. ◆*communauté* de + 無冠詞名詞 …の共有, 一致. ▶ Il y a entre eux une indéniable *communauté* de pensée. 彼らの間には否定しがたい思想的一致が見られる.
❷ 共同体, コミュニティー, 地域社会. ▶ *communauté* urbaine 都市共同体 / *communauté* linguistique (同一の言語を話す人々からなる) 言語共同体 / la *communauté* francophone フランス語圏 (の諸国 [人々]) / *communauté* juive ユダヤ人コミュニティ / vivre en *communauté* コミュニティで暮らす. ❸ [政治] (国家間の) **共同体, 連合体**. ▶ *Communauté* européenne 欧州共同体 / *Communauté* économique européenne 欧州経済共同体 / *Communauté* des Etats indépendants 独立国家共同体 (旧ソ連) (略 CEI). ❹ [民法] (夫婦の) 共同生活; 共通財産 (制).

*****commune** /kɔmyn/ コミュヌ 女 ❶ 市町村, 地方自治体, 市町村民. ❷ la *Commune* de Paris (1) パリのコミューン (1789–95年): パリの革命自治政府. (2) パリ・コミューン (1871年3月18日から5月28日): 労働者階級主導の革命的自治政権. ❸ [歴史] 中世の自治都市. ❹ *commune* populaire (中国の) 人民公社. ❺ [政治] la Chambre des *Communes* = les *Communes* 英国下院.

communément /kɔmynemã/ 副 普通に, 一般に. ▶ C'est une idée *communément* admise. それは広く認められている考え方である.

communi*ant, ante* /kɔmynjã, ãːt/ 名 (カトリックで) 聖体拝領者; (プロテスタントで) 聖餐 (せい) 拝受者.

communicable /kɔmynikabl/ 形 (多く否定的表現で) 伝えうる, 伝達できる. ▶ un sentiment difficilement *communicable* 伝えにくい気持ち.

communic*ant, ante* /kɔmynikã, ãːt/ 形 (複数で) 連結された, 連絡し合う. ▶ deux chambres *communicantes* (ドアで) 続いた2部屋.

communica*teur, trice* /kɔmynikatœːr, tris/ 名 ❶ 説明がうまい人. ❷ 広報担当者.

communic*atif, ive* /kɔmynikatif, iːv/ 形 ❶ [感情などが] 人に移りやすい, 伝染しやすい. ❷ 気さくな, あけっぴろげな. ▶ un caractère peu *communicatif* (=ouvert) 打ち解けない性格.
❸ [言語教育のメソッドが] コミュニケーション能力の養成を主眼とする.

*****communication** /kɔmynikasjɔ̃/ コミュニカスィヨン 女 ❶ コミュニケーション, 意思の疎通; 伝達, 広報 (活動). ▶ la *communication* par le geste 身振りによるコミュニケーション / Entre lui et moi, aucune *communication* n'est possible. 彼と私の間では話がまったく通じない / *communication* de masse マスコミュニケーション / moyen de *communication* 情報伝達手段; 交通手段 / 《同格的に》 le secteur *communication* d'une entreprise 企業の PR 部門.
❷ **通信**, (特に) 電話連絡, 通話 (= *communication* téléphonique). ▶ satellite de *communication* 通信衛星 / demander une *communication* avec préavis パーソナルコール [指名通話] を申し込む / Vous avez la *communication*. お電話がつながりました / être en *communication* 通話中である / *communication* en PCV コレクトコール.
❸ (学会などでの) **報告**, 発表 (=exposé); メッセージ, 伝言. ▶ faire une *communication* dans un congrès 学会で報告する.
❹ **交通**, 往来; 連絡. ▶ porte de *communication* 連絡口, 通用口 / voie de *communication* 交通路 / Les *communications* entre ces deux villes ont été coupées. 両市間の交通網は寸断された.
❺ (文書や本の) **提供, 閲覧**. ▶ demander la *communication* d'un livre 本の閲覧を求める.

entrer en communication avec qn (面識のない人) と連絡を取る, 交渉を持つ.

communier /kɔmynje/ 自動 (カトリックで) 聖体拝領をする; (プロテスタントで) 聖餐 (せい) を受ける.
— 間他動 文章 <*communier* dans qc (avec qn)>(…と) [感情, 思想など] を分かち合う, 共有する. ▶ Ils *communient* dans un même idéal. 彼らは同じ理想を共有している.

communion /kɔmynjɔ̃/ 女 ❶ (思想, 感情の) 一致; 一体性. ▶ renforcer une *communion* d'esprit 連帯感を強める. ◆être en *communion* (de + 無冠詞名詞) + avec qn/qc …と (…の点で) 一体になっている, 一致している. ▶ Je suis en parfaite *communion* d'idées avec vous. 私はあなたとまったく同じ考えです. ❷ 文章 (同じ宗教の) 信徒共同体, 教団, 宗派. ❸ (カトリックで) 聖体拝領; (プロテスタントで) 陪餐 (ばい) (聖餐にあずかる行為). ▶ la première *communion* 初聖体 (拝領).

communiqué /kɔmynike/ 男 (報道機関を通しての) 声明, 公式発表, コミュニケ. ▶ *communiqué* commun [conjoint] 共同声明 / publier un *communiqué* 声明を発表する.

*****communiquer** /kɔmynike/ コミュニケ 他動 ❶ <*communiquer* qc à qn> // *communiquer* (à qn) que + 直説法>…(ということ) を (…に) 知らせる, 教える. ▶ *communiquer* une nouvelle ニュースを伝える / On nous *communique* que cette autoroute est fermée pour la journée. (=faire savoir) その高速道路は終日閉鎖だそうです. ❷ <*communiquer* qc à qn>[自分の感情, 能力など] を…に伝える, 分け与える; [病気] を…に移す. ▶ *communiquer* ses sentiments à qn (=transmettre) …に自分の気持ちを伝える / J'ai *communiqué* la grippe à mes en-

fants.(=passer) 子供に風邪を移してしまった. ❸〔物が熱, 力, 運動など〕を伝える. ❹〔書類など〕を渡す, 回す; 貸し出す.
— *__communiquer__ 自動 ❶ ‹communiquer (avec qn + 手段)›(…で…と)連絡を取る, 意思の疎通を図る. ▶ _communiquer_ par téléphone 電話で連絡を取る.
❷ ‹communiquer (avec qc + 手段)›(…に…で)通じる, つながる; 連結する. ▶ Ma chambre _communique_ avec la salle à manger par cette porte. 私の寝室はこのドア1枚で食堂につながっている.
— __se communiquer__ 代動 ‹_se communiquer_ (à qn/qc)›(…に)伝わる, 広がる, 伝染する;〔知識などが〕伝えられる. ▶ Le rire _s'est communiqué_ à toute l'assemblée. 笑いの波が全員に広がった / un savoir-faire qui _se communique_ de mère en fille 母から娘に伝えられる生活の知恵.

__communisant, ante__ /kɔmynizɑ̃, ɑ̃:t/ 形 共産主義に同調した, 共産党支持〔系〕の.
— 名 共産党同調者〔シンパ〕.

*__communisme__ /kɔmynism/ 男 __共産主義__, コミュニズム. ▶ le _communisme_ primitif 原始共産制.

__communiste__ /kɔmynist/ 形 共産主義の, 共産主義者の, 共産党員の. ▶ le parti _communiste_ 共産党.
— __communiste__ 名 共産主義者, 共産党員.

__commutable__ /kɔmytabl/ 形 ❶〔電気〕換え可能な. ❷〔数学〕〔集合の2つの元が〕可換な.

__commutateur__ /kɔmytatœ:r/ 男〔電気〕整流子, (切り換え)スイッチ.

__commutation__ /kɔmytasjɔ̃/ 女 ❶〔要素の〕交換;〔言語〕換入. ❷〔法律〕_commutation_ de peine 減刑.

__commuter__ /kɔmyte/ 他動〔2つの要素〕を入れ換える;〔電気〕〔回路〕を切り換える.

__compacité__ /kɔ̃pasite/ 女 密度, 緻密(ちみつ)性.

__compact, e__ /kɔ̃pakt/ 形 ❶ 密度の高い, 緻密(ちみつ)な, 密集した. ▶ une foule _compacte_ 密集した群衆. ❷ 小型の, コンパクトサイズの. ▶ édition _compacte_ 縮刷版 / disque _compact_ コンパクトディスク. — __compact__ 男 ミニコンポ (=chaîne compacte); コンパクトスコア.

__compacter__ /kɔ̃pakte/ 他動 ❶ …を圧縮する. ❷〔情報〕〔データ〕を圧縮する.

__compagne__ /kɔ̃paɲ/ 女 ❶ (女性の)連れ, 友達, 仲間. ❷ 文章 妻, (男性にとっての)伴侶(はんりょ); 愛人.

*__compagnie__ /kɔ̃paɲi/ 女 ❶ __一緒にいること__; 同席, 同行; 連れ. ▶ animal de _compagnie_ ペット / Il n'a pour toute _compagnie_ que sa vieille maman. 彼は年取った母と2人きりで暮らしている. ◆en _compagnie_ de qn …と一緒に, を同伴して (=avec). ◆J'ai dîné en _compagnie_ d'une collègue. 私は同僚と食事をした.
❷ 会社, 商社, 商会. 注 公共性の強い運輸・保険・金融関係の会社名に多い. ▶ _compagnie_ d'assurances 保険会社 / _compagnie_ aérienne 航空会社. ◆固有名詞 + et Cie …会社〔商会〕. 注 et Cie は et compagnie の略. ▶ Etablissements Dupont et Cie デュポン商会. 比較 ⇨ ENTREPRISE.
❸ 団体;(劇, バレエなどの)一座. ▶ la _Compagnie_ de Jésus イエズス会 / _compagnie_ de ballet バレエ団.
❹〔集合的に〕一同, 一座. ▶ égayer toute la _compagnie_ 一座を笑わせる.
❺ (1)(歩兵, 工兵などの)中隊. (2) _Compagnies_ républicaines de sécurité 共和国機動隊(略 CRS). ❻ (鳥獣の同種の)群れ, コロニー.

__dame [demoiselle] de compagnie__ (老人, 病人などの)付き添いの女性; お付き.

__de bonne [mauvaise] compagnie__ 〔人が〕育ちのよい〔悪い〕.

__de compagnie__ 一緒に, 連れ立って (=ensemble). ▶ voyager _de compagnie_ avec qn …と一緒に旅をする.

__en galante compagnie__〔男が〕(お目当ての)女性と一緒に; 女連れで.

__et compagnie__ 話 とその同類. ▶ Ces gens-là, c'est voyous _et compagnie_. あいつらは不良やその手合いの連中だ.

__fausser compagnie à qn__ …に挨拶(あいさつ)もせずに立ち去る, 急に消える.

__tenir compagnie à qn__ …と一緒にいてあげる, のお相手をする.

*__compagnon__ /kɔ̃paɲɔ̃/ 男 ❶ (男性の)連れ, 仲間, 相棒, 友達. ▶ _compagnon_ de voyage 旅の道連れ / _compagnon_ de jeu 遊び仲間 / _compagnon_ de travail 僚友. ❷ 職人;《特に》大工.〔歴史〕(同職組合の)職人.

__compagnon de route__ (1) 旅の道連れ. (2) (政治, 特に共産主義運動の)道を)ともに歩む人, 同調者.

__compagnonnage__ /kɔ̃paɲɔna:ʒ/ 男〔歴史〕同業組合, ギルド; 職人身分; 職人修業期間.

__comparable__ /kɔ̃parabl/ 形 ‹comparable (à qc/qn)›(…に)比べられる, 匹敵した;(…に)似通った. ▶ Rien n'est _comparable_ à la beauté de cette église. この教会の美しさに匹敵するものは何もない.

__comparais, comparaît__ /kɔ̃parɛ/ 活用 ⇨ COMPARAÎTRE 50

*__comparaison__ /kɔ̃parɛzɔ̃/ 女 ❶ __比較__, 対照, 対比. ▶ mettre une chose en _comparaison_ avec une autre ある物を他の物と比較する / établir une _comparaison_ entre deux cultures 2つの文化を比較する / Il n'y a pas de _comparaison_ possible. 比較の余地がない. ◆faire la _comparaison_ entre A et B AとBを比較する / C'est sans (aucune) _comparaison_. (全く)比較にならない(ぐらい良い) / soutenir la _comparaison_ avec qn …と肩を並べる, …に匹敵する. ❷ 比喩(ひゆ), たとえ;〔レトリック〕直喩: prompt comme l'éclair (稲妻のようにすばやい)のように, comme, tel, ainsi que などの語句によって示される比喩. ❸〔文法〕比較.

__Comparaison n'est pas raison.__ 諺 たとえは論拠にならない, 比喩はなんの証しにもならない.

__en comparaison (de qc/qn)__ (…に)比べれば. ▶ La hausse des prix est relativement fai-

comparaiss-

ble, *en comparaison de* l'année dernière. 物価上昇は去年と比べれば低い方だ.
par comparaison ⟨*à* [*avec*] *qc/qn*⟩ (…に)比較して.
sans comparaison ⟨*avec qc/qn*⟩ (…とは)比べものにならぬほど, 比類なく. ▶ En français, elle est *sans comparaison avec* ses camarades de classe. フランス語にかけては, 彼女はほかのクラスメートとは比較にならないくらいよくできる.

comparaiss- 活用 ⇨ COMPARAÎTRE 50

comparaître /kɔ̃paretr/ 50 自動 (過去分詞 comparu, 現在分詞 comparaissant) 〖法律〗 (命令によって)出頭する. ▶ *comparaître* devant un juge 判事の前に出頭する / Il *a comparu* au tribunal en qualité de témoin. 彼は証人として出廷した.

comparateur /kɔ̃paratœːr/ 男 ❶ 〖計量〗 コンパレーター, 比較器, 比較測長器. ❷ *comparateur de prix* 価格比較サイト.

comparat*if, ive* /kɔ̃paratif, iːv/ 形 ❶ 比較の, 比較のための, 比較に基づく. ▶ étude *comparative* 比較研究. ❷〖文法〗比較を示す.
— **comparatif** 男〖文法〗比較級. ▶ un adjectif au *comparatif* 比較級の形容詞.

comparatisme /kɔ̃paratism/ 男 (言語学, 文学などの)比較研究.

comparatiste /kɔ̃paratist/ 名 (言語学, 文学などの)比較学者, 比較研究家.

comparativement /kɔ̃parativmɑ̃/ 副 ⟨*comparativement* (*à qn/qc*)⟩ (…に)比較して; 比較的. ▶ Il fait froid aujourd'hui, *comparativement* à hier. きのうに比べて今日は寒い.

compar*é, e* /kɔ̃pare/ 形 ❶ 比較された; 比較の観点を持った. ▶ la littérature *comparée* 比較文学. ❷ ⟨*comparé* à *qc/qn*⟩ …に比べて. ▶ *Comparée* à sa sœur, elle est très forte en maths. 姉[妹]に比べて彼女は数学がとてもよくできる.

*****comparer** /kɔ̃pare/ コンパレ/ 他動 ❶ ⟨*comparer qc/qn* avec [*à*, *et*] *qc/qn*⟩ …を(…と)比べる, 比較する. ▶ *comparer* un écrivain avec [à] un autre ある作家を別の作家と比較する / *comparer* plusieurs films entre eux 数本の映画を互いに比較する. ❷ ⟨*comparer* A *à* B⟩ A を B になぞらえる, たとえる. ▶ *comparer* la vie à un cours d'eau 人生を水の流れにたとえる.
— **se comparer** 代動 ⟨*se comparer* à *qc/qn*⟩ (自分を)…と比べる; …と比較される, にたとえられる. ▶ Shakespeare ne peut *se comparer* à à aucun autre écrivain. シェークスピアは他のいかなる作家とも比較できない / Ça ne *se compare* pas. それは比べられない.

comparse /kɔ̃pars/ 名 ❶ (せりふのない)端役, ちょい役. ❷ 手先, 下っ端.

compartiment /kɔ̃partimɑ̃/ 男 ❶ 仕切り, 区画; 格子(模様). ▶ un coffre à *compartiments* 仕切り付きの箱. ❷ (列車の)コンパートメント, ボックス席.

compartimentation /kɔ̃partimɑ̃tasjɔ̃/ 女,
compartimentage /kɔ̃partimɑ̃taːʒ/ 男 仕切ること; 区分, 細分化.

compartimenter /kɔ̃partimɑ̃te/ 他動 …を仕切る, 区分する; 細分化する.

comparu, e /kɔ̃pary/ 活用 comparaître 50 の過去分詞.

comparu-, comparû-, comparuss- 活用 ⇨ COMPARAÎTRE

comparution /kɔ̃parysjɔ̃/ 女〖法律〗(裁判所への)出頭, 出廷. ▶ mandat de *comparution* 召喚状.

compas /kɔ̃pɑ/ 男 ❶ コンパス. ▶ tracer au *compas* un cercle コンパスで円を描く. ❷ 羅針盤, コンパス (=boussole).
avoir le compas dans l'œil (目の中にコンパスがある→)正確に目測する.

compass*é, e* /kɔ̃pase/ 形 堅苦しい; もったいぶった.

compassion /kɔ̃pasjɔ̃/ 女 文章 同情, 哀れみ. ▶ avoir de la *compassion* pour qn …に同情する.

compatibilité /kɔ̃patibilite/ 女 ❶ 相いれること, 両立 (↔incompatibilité). ▶ la *compatibilité* d'humeur 相性 / la *compatibilité* sanguine 血液型の適合性. ❷〖情報〗(コンピュータ, プログラムの)互換性.

compatible /kɔ̃patibl/ 形 ❶ ⟨*compatible* (*avec qc*)⟩ (…と)相いれる, 両立しうる. ▶ Ces deux interprétations sont parfaitement *compatibles*. この 2 つの解釈は完全に両立しうる / La fonction de préfet n'est pas *compatible* avec celle de député. 知事職と代議士職とは兼任できない. ❷〖情報〗(コンピュータ, プログラムが)互換性のある. — 名 互換機.

compatir /kɔ̃patiːr/ 間接他動 ⟨*compatir* à *qc*⟩ 苦しみ, 運命などに同情する.

compatiss*ant, ante* /kɔ̃patisɑ̃, ɑ̃ːt/ 形 同情的な, 思いやりのある.

compatriote /kɔ̃patrijɔt/ 名 同国[同郷]人.

compensa*teur, trice* /kɔ̃pɑ̃satœːr, tris/ 形 償う, 補償する. ▶ indemnité *compensatrice* 補償手当.

compensation /kɔ̃pɑ̃sasjɔ̃/ 女 ❶ 代償, 補償, 埋め合わせ. ▶ à titre de *compensation* pour les dégâts 被害に対する補償として / Le salaire élevé n'est pas qu'une médiocre *compensation* du danger de ce travail. 高い給料も, この仕事の危険さの代償としてはささやかなものにすぎない. ❷〖民法〗(負債などの)相殺(蒜); 補償. ❸〖金融〗手形交換による決済[清算].
en compensation その代わり. ▶ Si l'appartement est petit, *en compensation* nous avons une vue magnifique. (=revanche) アパルトマンは狭いが, その代わり眺めは最高だ.
en compensation de qc …の代わり[代償]として.

compens*é, e* /kɔ̃pɑ̃se/ 形 ❶ 釣り合いのとれた. ❷〖靴〗semelle *compensée* ウェッジ・ヒール: 踵(な)と一体になった舟型靴底.

*****compenser** /kɔ̃pɑ̃se/ コンパンセ/ 他動〖損失, 欠陥などを〗償う, 補う, 埋め合わせる; 釣り合わせる. ▶ *compenser* ses échecs précédents par un brillant succès 華々しい成功によってこれまでの失

compère /kɔ̃pɛ:r/ 男 ❶《香具師(やし)の)さくら, 相棒;（喜劇役者の）相方. ❷ 古風・話《親しみを込めて》相棒, 大将.

compère-loriot /kɔ̃pɛrlɔrjo/ ;（複）~s-~s 男《(瞼(まぶた)の)ものもらい.

compétence /kɔ̃petɑ̃:s/ 女 ❶（物事を判断, 処理する）能力, 力量, 専門知識. ▶ avoir ⌈de la *compétence* [des *compétences*] 能力がある / dépasser la *compétence* de qn …の能力を超える / Cela n'entre pas dans ma *compétence*. = Cela n'est pas de ma *compétence*. = Je n'ai pas de *compétence* en la matière. それは私には畑違いです. ❷ 専門家, 権威. ▶ les plus hautes *compétences* médicales 医学界の最高権威たち. ❸（為政者, 官庁などの）管轄, 権限. ▶ Cela relève de la *compétence* du maire. それは市長の職務権限に属することだ / contester la *compétence* d'un tribunal 裁判所の管轄ではないと異議申し立てをする. ❹[言語]言語能力：文法的に正しい文を無限に作成し理解する能力.

compétent, ente /kɔ̃petɑ̃, ɑ̃:t/ 形 ❶ 有能な, 適任の. ▶ un professeur *compétent* 有能な教師. ▶ *compétent* en [dans] qc（ある分野）での知識が豊富な. ▶ consulter une personne *compétente* dans ce domaine その分野に明るい人に相談する. ❷[為政者, 官庁などが]権限のある, 管轄権を持つ. ▶ les autorités *compétentes* 所轄官庁 / Le maire n'est pas *compétent* pour prendre cette décision. 市長にはその決定を下す権限がない.

compétiteur, trice /kɔ̃petitœ:r, tris/ 名 競争相手, ライバル；（スポーツ競技での）対戦者.

compétitif, ive /kɔ̃petitif, i:v/ 形 ❶ 競争力のある；遜色(そんしょく)のない. ▶ un prix *compétitif* 競争できる価格. ❷[経済]競争原理が働く. ▶ le marché *compétitif* 自由競争市場.

***compétition** /kɔ̃petisjɔ̃/ コンペティション/ 女
❶ 競争, 対抗. ▶ sortir vainqueur d'une *compétition* 競争に勝つ. ◆ être en *compétition*（avec qn/qc）（…と）競争している. ▶ Ces deux entreprises sont en *compétition* sur le marché européen. 欧州市場ではこの2社が競い合っている.

❷《スポーツの》競技, 試合. ▶ participer à une *compétition* d'athlétisme 陸上競技大会に出場する / esprit de *compétition* 闘志.

比較 試合, 競技
compétition 個人競技, 団体競技の別を問わず, 広く一般に用いられる. **match** 団体競技の試合. **course** 競走競技の試合. **combat** 格闘技の試合. **championnat** 選手権試合. **tournoi** トーナメント試合. **épreuve** 同一競技の諸段階. *épreuve éliminatoire* 予選.

compétitivité /kɔ̃petitivite/ 女（企業などの）競争力.

Compiègne /kɔ̃pjɛɲ/ 固有 コンピエーニュ：パリ北東の町.

compilateur, trice /kɔ̃pilatœ:r, tris/ 名 資料整理係, 編纂(へんさん)者；（軽蔑して）盗作者, 剽窃(ひょうせつ)者.

― **compilateur** 男[情報]コンパイラー.

compilation /kɔ̃pilasjɔ̃/ 女 ❶ 集成, 編纂；編集物. ❷《軽蔑して》他人の主張をつなぎ合わせただけの本, 剽窃(ひょうせつ)（作品）. ❸[情報]コンパイル：高級言語からマシン言語に訳すこと.

compiler /kɔ̃pile/ 他動 ❶《軽蔑して》…を剽窃(ひょうせつ)する, 盗用する. ❷…を編纂(へんさん)する；1冊の本にまとめる. ❸[情報]…をコンパイルする.

complainte /kɔ̃plɛ̃:t/ 女 ❶[法律]占有保持の訴え. ❷ 嘆き歌, 哀歌.

complaire /kɔ̃plɛ:r/ 73（過去分詞 complu, 現在分詞 complaisant）間他動 文章〈*complaire* à qn〉…の気に入るようにする, を喜ばせる.

― **se complaire** 代動《多く過去分詞は不変》〈*se complaire* dans qc // *se complaire* à + 不定詞〉…に喜びを見いだす, をおもしろがる. ▶ *se complaire* dans ses illusions 幻想を抱いて独り悦に入る.

complais /kɔ̃plɛ/ 活用 ⇨ COMPLAIRE 73
complais- 活用 ⇨ COMPLAIRE 73
complaisamment /kɔ̃plɛzamɑ̃/ 副 ❶ うぬぼれて, いい気になって. ❷ 好意をもって, 親切に.

complaisance /kɔ̃plɛzɑ̃:s/ 女 ❶ 心遣い, 気配り, 親切, 好意；甘やかし. ▶ abuser de la *complaisance* de qn …の好意につけ込む / montrer de la *complaisance* 心遣いを示す. ◆ avoir la *complaisance* de + 不定詞 親切にも…する. ▶ Il a eu la *complaisance* de me prévenir de sa démission. 彼は親切なことに, 私に辞職のことを前もって知らせてくれた.

❷ うぬぼれ, 自己満足. ▶ Je ne supporte pas la *complaisance* avec laquelle il parle de ses conquêtes féminines. 口説いた女の話をするときの彼のうぬぼれた態度には我慢できない.

avec complaisance 悦に入って, いい気になって.
de complaisance《軽蔑して》お愛想の, お義理の. ▶ sourire *de complaisance* 追従笑い, 愛想笑い / certificat *de complaisance*（資格がないのに発行される）情実的証明書.
par complaisance お義理で, 礼儀上.

complaisant, ante /kɔ̃plɛzɑ̃, ɑ̃:t/ 形 ❶ 親切な, 好意的な. ▶ se montrer *complaisant* pour [envers] qn …に愛想を振りまく. ❷ 寛大な, 甘い. ▶ père trop *complaisant* aux caprices de ses enfants 子供のわがままに甘すぎる父親 / mari *complaisant* 妻の浮気に目をつぶる夫. ❸ うぬぼれた, 自己満足した.

complaît /kɔ̃plɛ/ 活用 ⇨ COMPLAIRE 73
***complément** /kɔ̃plemɑ̃ コンプレマン/ 男 ❶（完全なものにするための）補足物；当然つくべきもの. ▶ *complément* alimentaire サプリメント / Voici mille euros, je vous paierai le *complément* demain.（=reste）今ここに1000ユーロあります, 残りは明日支払います. ◆〈un *complément* de + 無冠詞名詞〉補足的…. ▶ demander un *complément* d'information 不足している情報を求める. ❷[文法]補語. ▶ *complément*（d'objet）direct [indirect] 直接[間接]（目的）補語.

complémentaire

***en complément** (**de qc**)* (…の)補足として.
complémentaire /kɔ̃plemɑ̃tɛːr/ 形 補足する; 補完的な. ▶ une clause *complémentaire* 補足条項 / Souhaitez-vous avoir des renseignements *complémentaires*? もっとほかにいろいろお知りになりたいのですか.
complémentarité /kɔ̃plemɑ̃tarite/ 囡 補完性; 相補性.
*****complet, ète** /kɔ̃plɛ, ɛt コンプレ, コンプレト/ 形 ❶ 完全な, 全部そろった. ▶ œuvres *complètes* 全集 / Le dossier est-il *complet*? 書類は全部そろっていますか / aliment *complet* 完全食 / pain *complet* 全粒パン / petit déjeuner complet 朝食セット (コーヒー, パン, バター, ジャムがついている). 比較 ⇨ ENTIER.
❷ (ときに名詞の前で)徹底的な, まったくの. ▶ victoire *complète* 完勝 / connaître un échec *complet* (=total) 完全失敗を経験する.
❸ 〔乗り物, 場所が〕満席の, 満員の. ▶ Le train est *complet*. 列車は満席だ. ▶ 《*Complet*》(ホテル, 劇場などの掲示で)「満席」「空室なし」 比較 ⇨ PLEIN.
❹ 完璧(%)な, 申し分のない; あらゆる面を含んだ. ▶ homme *complet* 非の打ち所のない人物, 万能の人 / C'est un *idiot* complet. あいつは完全なばかだ / La natation est un sport *complet*. 水泳は全身運動だ.
❺ 〔時間, 年月などが〕まる…の, 満…の. ▶ dix années *complètes* 満10年.
à temps complet (↔*partiel*) (パートでなく)本採用で, フルタイムで.
C'est complet! 泣き面に蜂(")だ, ひどすぎる.
— **complet** 男 ❶ (三つぞろいの)スーツ. ❷ 朝食セット.
au* (*grand*) *complet 何一つ欠けずに; 全員そろって.
(*en*) *complet cravate* ブルジョワっぽくドレスアップしている.

*****complètement** /kɔ̃plɛtmɑ̃ コンプレトマン/ 副 完全に, すっかり; まったく, 本当に;《応答で》まったく, 絶対に. ▶ lire un ouvrage *complètement* ある作品を読破する / Il est *complètement* fou. 彼は頭がどうかしている.
*****compléter** /kɔ̃plete コンプレテ/ 6 他動

直説法現在	je complète	nous complétons
	tu complètes	vous complétez
	il complète	ils complètent

❶ …の不足部分を補う, を補って完全なものにする. ▶ *compléter* une somme 金額の不足分を足す.
❷ …を仕上げる; 全うする. ▶ *compléter* son œuvre 作品を仕上げる.
— **se compléter** 代動 ❶ 不足部分が補充される, 完全になる. ▶ La collection *se complète* peu à peu. コレクションは少しずつそろってきた. ❷ 互いに補い合う. ▶ Leurs caractères *se complètent*. 彼らの性格は補い合っている.
complétif, ive /kɔ̃pletif, iːv/ 形 〔言語〕補語の役割をする. ▶ proposition *complétive* 補足節. — **complétive** 囡 補足節.

complexe /kɔ̃plɛks/ 形 ❶ 複雑な, 込み入った (=compliqué); 複合の. ▶ problème *complexe* 込み入った問題. ❷ 〔数学〕nombre *complexe* 複素数.
— 男 ❶ 複合的なもの, 複雑なもの. ❷ 総合施設; 《特に》コンビナート. ▶ un grand *complexe* sidérurgique 巨大な製鉄コンビナート / un *complexe* culturel 総合文化施設. ❸ コンプレックス;《特に》劣 等 感 (=*complexe* d'infériorité). ▶ avoir un *complexe* d'infériorité devant [à l'égard de] qn …に対して劣等感を抱く / *complexe* d'Œdipe エディプス・コンプレックス.
avoir des complexes 話 引っ込み思案である.
sans complexe(s) 平然と, 屈託なく. ▶ Elle est arrivée en retard *sans complexe(s)*. 彼女は遅刻してきたが悪びれた様子もなかった.
complexé, e /kɔ̃plɛkse/ 形, 名 話 コンプレックス〔劣等感〕を持った(人), 屈折した(人).
complexion /kɔ̃plɛksjɔ̃/ 囡 文章 体質. ▶ une personne de *complexion* délicate 虚弱体質の人.
complexité /kɔ̃plɛksite/ 囡 複雑さ.
complication /kɔ̃plikasjɔ̃/ 囡 ❶ 複雑さ, 錯綜(翁). ❷《多く複数で》紛糾, もめ事, いざこざ. ❸《多く複数で》〔病気などの〕悪化; 併発, 合併症.
complice /kɔ̃plis/ 形 ❶ 共犯の. ▶ être *complice* d'un vol 窃盗の共犯である. ❷ 〔物が〕味方になる, 好都合の. ❸ 〔視線, 態度などが〕暗黙の了解を示す, 合図の. ▶ échanger un regard *complice* 目くばせで示し合わす.
— 名 共犯者.
complicité /kɔ̃plisite/ 囡 ❶ 共犯, 共謀. ▶ agir en *complicité* avec qn …と共謀する. ❷ 暗黙の合意; 示し合わせ. ▶ une *complicité* muette 暗黙の了解.
*****compliment** /kɔ̃plimɑ̃ コンプリマン/ 男《多く複数で》❶ 褒め言葉; お世辞. ▶ Il m'a fait des *compliments* sur mon travail. 彼は私の仕事ぶりを褒めてくれた / sans *compliment* お世辞抜きで, 率直に. ❷ (第三者への)挨拶(訟)の言葉, …によろしく. ▶ Faites bien [Vous ferez] mes *compliments* à votre femme. 奥様によろしく. ❸ 祝辞. ▶ réciter un *compliment* お祝いのスピーチを述べる.
Mes compliments! 《ときに皮肉に》すばらしい, 上出来だ.
retourner son compliment à qn …に向かって「あなたこそ…」と即座に褒め返す〔応酬する〕. 注 所有形容詞は qn に一致させる.
complimenter /kɔ̃plimɑ̃te/ 他動 <*complimenter* qn pour [sur] qc // *complimenter* qn de + 不定詞> …について…のお祝いを言う, を褒める.
complimenteur, euse /kɔ̃plimɑ̃tœːr, øːz/ 形, 名 お世辞を言う(人), へつらう(人).
*****compliqué, e** /kɔ̃plike コンプリケ/ 形 ❶ 複雑な, 込み入った, 分かりにくい (↔*simple*). ▶ mécanisme *compliqué* 複雑なメカニズム / histoire *compliquée* 込み入った話. ❷ 〔人が〕気難しい, 一筋縄ではいかない.
— 名 気難しい人, 一筋縄ではいかない人.
C'est pas compliqué. 話 簡単なことだよ.

compliquer /kɔ̃plike コンプリケ/ 他動 …を**複雑にする**, 分かりにくくする, ややこしくする. ▶ *compliquer* la situation à plaisir いたずらに事態を紛糾させる.

— **se compliquer** 代動 複雑になる, ややこしくなる, こじれる;〖病気が〗悪化する. ▶ La situation *se complique*. 事態は面倒になってきた.

se compliquer la vie 物事を難しく考える, 事を面倒にする. 注 は間接目的.

complot /kɔ̃plo/ 男 ❶ 陰謀. ▶ faire［tramer］un *complot* 陰謀を企てる / théorie du *complot* 陰謀論 / *complot* contre l'Etat 国家反逆のたくらみ. ❷ 内緒の計画［相談事］. ▶ mettre qn dans le *complot* …をこっそり計画していることの仲間に引き入れる.

comploter /kɔ̃plɔte/ 他動 <*comploter* qc // *comploter* de + 不定詞>❶〖陰謀〗をたくらむ. ▶ *comploter* un coup d'Etat クーデターをたくらむ. ❷ …をこっそり相談する, 隠れて計画する. ▶ Vous *complotez* encore une farce dans votre coin. 君たちはまた陰でこっそりいたずらの相談をしているな.

— 自動 <*comploter* (contre qn/qc)> (…に対して) 陰謀を企てる.

comploteur, euse /kɔ̃plɔtœːr, øːz/ 名 陰謀を企てる人; こっそり計画する人.

complu /kɔ̃ply/ 活用 PLAIRE 73 の過去分詞.
complu- 活用 ⇨ COMPLAIRE 73

componction /kɔ̃pɔ̃ksjɔ̃/ 女 ❶〖しばしば皮肉に〗もったい, しかつめらしさ. ❷ 文章〖潰神(ぎしん)に対する〗良心の呵責(かしゃく), 悔恨.

comportement /kɔ̃pɔrtəmɑ̃/ 男 行動, 振る舞い; 態度. ▶ Son *comportement* avec moi est agressif. (=attitude) 彼(女)の私に対する態度は挑戦的だ / avoir un *comportement* incompréhensible (=conduite) 不可解な行動をとる / psychologie du *comportement* 行動心理学.

***comporter** /kɔ̃pɔrte/ 他動《受動態には用いられない》❶ …を含む, 備えている. ▶ Cette maison *comporte* cinq pièces. この家には5部屋ある. ❷〖結果的または本来的に〗…を伴う. ▶ Cette décision *comporte* de graves menaces pour notre indépendance. この決定は我が国の独立に重大な脅威をもたらすことになろう / Toute règle *comporte* des exceptions. どんな規則にも例外は付き物だ.

— ***se comporter** 代動 ❶ 振る舞う, 行動する. ▶ *se comporter* en gentleman 紳士として振る舞う / Il s'est mal *comporté* avec sa mère. (=se conduire) 彼は母親にひどい振る舞いをした. 比較 ⇨ AGIR. ❷ 機能する, 動く. ▶ Le moteur *se comporte* bien. エンジンは快調だ.

composant, ante /kɔ̃pozɑ̃, ɑ̃ːt/ 形《あるものを》構成する, 組成する. ▶ les corps *composants* d'un produit chimique ある化学製品の成分.

— **composant** 男 ❶ 成分, 構成要素. ❷〖エレクトロニクス〗(システムの一部をなす) 機器; 部品, 素子.

— **composante** 女 ❶ (現象などの) 構成要素, 要因; (組織内の) 勢力, 流派. ▶ Le chômage est une des *composantes* principales du malaise social. 失業問題は社会不安を生み出している主要因の一つだ.
❷〖数学〗〖物理〗(ベクトルなどの) 成分.

composé, e /kɔ̃poze/ 形 ❶ (複数の要素から) 構成された; 合成された, 複合の. ▶ salade *composée* コンビネーションサラダ / ouvrage bien *composé* 構成のしっかりした作品 / Le Japon est principalement *composé* de quatre îles. 日本はおもに4つの島から成る. ❷〖化学〗corps *composé* 化合物. ❸〖言語〗mot *composé* 合成語, 複合語 / temps *composé* 複合時制.

— **composé** 男 ❶ 混合［合成］物. ❷〖化学〗化合物. ❸〖言語〗合成語, 複合語.

***composer** /kɔ̃poze/ コンポゼ/ 他動 ❶ …を作り上げる, **構成する**; 構成要素となる. ▶ *composer* un bouquet avec des fleurs de la saison 季節の花を取り合わせて花束にする / Notre équipe *est composée* à 60% de femmes. 私たちのチームは60%が女性だ. ⇨ FAIRE¹.
❷〖番号, 組み合わせ記号〗を**打ち込む, 入力する**. ▶ *composer* un numéro (de téléphone) 電話番号を回す［押す］/ *composer* un code d'accès アクセスコードを入力する.
❸〖作品など〗を**創作する**;《特に》**作曲する**. ▶ *composer* un poème 詩を書く / *composer* (une musique) pour un opéra オペラのために曲を作る. ❹ 文章 <*composer* + 所有形容詞 + 名詞>〖自分の態度, 表情など〗を取り繕う, それらしく作る. ▶ *composer* son visage 澄ました顔をする. ❺〖印刷〗…を活字に組む.

— 間他動 ❶ <*composer* avec qn/qc> …と**妥協する**, 示談にする;〖原則など〗を曲げる. ▶ *composer* avec ses adversaires ライバルたちと折り合いをつける / *composer* avec sa conscience 良心を曲げる. ❷ <*composer* en + 無冠詞名詞>〖ある課目〗の答案を書く. ▶ *composer* en mathématiques 数学の答案を書く.

— ***se composer** 代動 <*se composer* de qn/qc> (複数の要素から) **成る, 構成される**. ▶ un menu qui *se compose* de trois plats 3品から成る定食.

composite /kɔ̃pozit/ 形 混成の, 雑多な要素から成る. ▶ un mobilier *composite* さまざまなスタイルが入り混じった家具調度品.

compositeur, trice /kɔ̃pozitœːr, tris/ 名 ❶ 作曲家. 注 女性についても男性形を用いることが多い. ❷〖印刷〗植字工.

***composition** /kɔ̃pozisjɔ̃ コンポズィシィョン/ 女 ❶ **構成すること, 組み立て, 調整**. ▶ Le Premier ministre a achevé la *composition* du gouvernement. 首相は組閣を完了した / *composition* d'un médicament 薬の調合.
❷ **構成 (のされ方); 組成, メンバー構成**. ▶ Voici la *composition* du nouveau cabinet. 新内閣の顔ぶれは以下のとおりです / Quelle est la *composition* de cette sauce? このソースの材料はなんですか. ◆ entrer dans la *composition* de qc …の構成要素となる.
❸ (芸術) **作品, 楽曲**; (作品の) **制作, 作曲**; (作品の) **構成, 構図**. ▶ écrire une *composition*

pour piano ピアノ曲を書く / La *composition* de ce roman lui a demandé deux années. 彼(女)はこの小説の執筆に2年かかった / *composition* d'un roman 小説の構成.

❹ 作文;(小・中・高校の)試験. ▶ être premier en *composition* de français フランス語の作文の試験でトップになる. 比較 ⇨ RÉDACTION.

❺〖印刷〗植字;組み版.

(être) de bonne composition 〔人, 性格が〕気安い;協調性がある;くみしやすい.

de la composition de qn …が作った. ▶ une chanson *de ma composition* 私が作った歌.

rôle de composition 演じるのが難しい役.

compost /kɔ̃pɔst/ 男 堆肥(ホニ), 腐葉土.

compostage /kɔ̃pɔstaːʒ/ 男〔切符, 書類に〕パンチ〔日付, 番号など〕を入れること, 印字.

composter[1] /kɔ̃pɔste/ 他動〔土壌〕に堆肥(ホニ)を施す.

composter[2] /kɔ̃pɔste/ 他動〔切符〕に(自動改札機で)改札印を入れる;(スタンプなどで)〔書類〕に印字する;〔日付, 番号など〕を打つ.

composteur[1] /kɔ̃pɔstœːr/ 男 (ワンマンバス, 改札口の)自動改札機;(書類などに文字, 数字を打つ)スタンプ, ナンバリング, パンチャー.

composteur[2] /kɔ̃pɔstœːr/ 男 コンポスター, 生ゴミ処理機.

compote /kɔ̃pɔt/ 女 コンポート, 果物の砂糖煮.

en compote 話 痛めつけられた, ぐちゃぐちゃになった. ▶ avoir le visage *en compote* 殴られて顔がはれあがっている.

compotier /kɔ̃pɔtje/ 男 (コンポートや果物を盛る)脚付きグラス, コンポート鉢.

compréhensibilité /kɔ̃preɑ̃sibilite/ 女 理解されうること, 分かりやすさ.

compréhensible /kɔ̃preɑ̃sibl/ 形 ❶ 理解しやすい. ▶ expliquer d'une manière *compréhensible* 分かりやすく説明する. ❷ もっとも, 納得のいく. ▶ Sa réaction est excessive, mais bien *compréhensible*. 彼(女)の反応は極端だが, 当然といえば当然のことだ.

compréhens*if, ive* /kɔ̃preɑ̃sif, iːv/ 形 ❶ (他人に対して)理解のある, 寛大な. ▶ se montrer *compréhensif* envers qn …に対して理解のあるところを示す. ❷〖論理学〗内包の (↔extensif).

compréhension /kɔ̃preɑ̃sjɔ̃/ 女 ❶ 理解, 理解力;分かりやすさ. ▶ Il a la *compréhension* facile. 彼はのみ込みが早い / Ce texte est d'une *compréhension* difficile. この文章は分かりにくい. ❷ (他人に対する)思いやり, 寛容. ▶ être plein de *compréhension* à l'égard des autres 他人に対して極めて理解がある. ❸〖論理学〗内包 (↔extension).

:comprendre /kɔ̃prɑ̃ːdr/ コンプラーンドル/ 87 他動

過去分詞	compris	現在分詞	comprenant

直説法現在	je comprends	nous comprenons
	tu comprends	vous comprenez
	il comprend	ils comprennent
複合過去	j'ai compris	
半過去	je comprenais	
単純未来	je comprendrai	単純過去 je compris

■❶ …を理解する, が分かる;を察する. ▶ *Comprenez*-vous le français? フランス語が分かりますか / Comment *comprenez*-vous son attitude? 彼(女)の態度をどう理解なさいますか / Il n'*a* pas encore *compris* la gravité de son acte. 彼は自分の行為の重大さにまだ気づいていない. ◆faire *comprendre* qc à qn …に…を理解させる. ◆*comprendre* que + 直説法 ▶ J'*ai compris* que tu ne voulais pas le voir. 君が彼に会いたくないのだということが分かったよ. ◆*comprendre* + 間接疑問節. ▶ Je ne *comprends* pas comment elle peut dire ça. 彼女がどうしてそんなことを言えるのかわからない.

Je comprends.

❷ …を納得する, もっともだと思う, …(の言動, 心情)に理解を示す. ▶ Sans doute, il a tort, mais je le *comprends*. たぶん彼がいけないんだろうが, 彼の気持ちはよく分かる /《Je vous *ai compris*.》「あなたたちの言うことはわかった」(ドゴールが1958年にアルジェリアで行った演説から). ◆*comprendre* que + 接続法 ▶ Je *comprends* qu'il soit mécontent. 私は彼が不満なのはもっともだと思う.

■❷ ❶〔物, 団体が〕…から成る;を含む. ▶ Ce manuel *comprend* trois parties. この参考書は3つの部分から成っている / Ce forfait *comprend* le transport et l'hôtel. このパックは交通費・宿泊費込みです.

comprendre trois parties

❷ …を含める, 入れる. ▶ J'*ai compris* les frais dans la somme totale. 合計額に諸経費を含めてあります.

comprendre quelque chose à qc …のことが少しはわかる.

comprendre les choses 物分かりがいい, 寛大である.

ne rien comprendre à qc …のことが何もわからない. ▶ Je n'*y comprends rien*. 私はそれがまったくわからない.

Je comprends! なるほど, そうですね.

se faire comprendre 自分の言いたいことを理解してもらう. ▶ J'ai pu *me faire comprendre* en français. フランス語が通じた.

— **se comprendre** 代動 ❶ 理解される. ▶ Ça *se comprend*. それは容易に納得がゆく[もっともだ].
❷ 理解し合う. ▶ Nous *nous comprenons* bien. 私たちはお互いによく理解し合っている.
❸ 自分自身を理解する. ▶ Je *me comprends*. 自分の言いたいことはわかっている.

comprenette /kɔ̃prənɛt/ 女 話 理解力. ▶ avoir la *comprenette* rapide 理解が早い.

comprenn- 活用 ⇨ COMPRENDRE 87

compresse /kɔ̃prɛs/ 女 ガーゼ, 圧定布.

compresser /kɔ̃prese/ 他動 ❶ …を詰め込む, 押し込む. ❷〖情報〗〔データ〕を圧縮する. ▶ *compresser* un fichier ファイルを圧縮する.

compresseur /kɔ̃prɛsœ:r/ 男 ❶〖機械〗コンプレッサー, 圧縮機. ❷《形容詞的に》rouleau *compresseur* 道路ローラー.

compressibilité /kɔ̃presibilite/ 女 ❶ 圧縮率; 圧縮性. ❷ (支出などの)削減可能性.

compressible /kɔ̃presibl/ 形 ❶ 圧縮できる. ❷ 抑制できる; 削減しうる.

compression /kɔ̃prɛsjɔ̃/ 女 ❶ 圧縮. ▶ pompe de *compression* 圧縮ポンプ. ❷(予算, 人員の)削減, 縮小. ▶ *compression* des dépenses 出費の削減. ❸(データの)圧縮.

compri-, comprî- 活用 ⇨ COMPRENDRE 87

comprimé, e /kɔ̃prime/ 形 ❶ 圧縮された; 圧迫された. ▶ air *comprimé* 圧縮空気 / voyageurs *comprimés* dans un autobus バスにすし詰めになった乗客. ❷ 文章 抑圧された.
— **comprimé** 男 錠剤. ▶ prendre un *comprimé* d'aspirine アスピリンを1錠飲む.

comprimer /kɔ̃prime/ 他動 ❶ …を圧縮する; 圧迫する, 締めつける. ▶ *comprimer* de l'air 空気を圧縮する. ❷〖感情〗を抑制する. ▶ *comprimer* sa colère 怒りをこらえる. ❸〔支出, 価格など〕を抑える; 〔人員〕を削る.
— **se comprimer** 代動 圧縮される.

compris, ise /kɔ̃pri, i:z/ 形 (comprendre の過去分詞) ❶ 含まれた. ▶ *service compris* サービス料込み. ❷ 理解された. ▶ un auteur mal *compris* 理解されていない作家. ❸ 〈*compris* entre qc et qc〉 …と…の間にある.

(*C'est*) *compris*? 話 (念を押して)いいかね, 分かったろ?
Compris! 話 分かりました.
「*y compris* [*non compris*] …を含めて[は含めずに]. 注 compris は名詞の前では不変. 名詞のあとでは先行名詞と性数一致. ▶ Le loyer est de mille euros,「*y compris* l'électricité [charges non *comprises*]. 家賃は電気料込みで[諸経費別で]1000ユーロです.

compromet, compromets /kɔ̃prɔmɛ/ 活用 ⇨ COMPROMETTRE 65

compromettant, ante /kɔ̃prɔmɛtɑ̃, ɑ̃:t/ 形 立場を危うくする, 名誉を傷つける; 巻き添えにする. ▶ avoir des relations *compromettantes* 危険な人物とかかわり合う.

compromettre /kɔ̃prɔmɛtr/ 65 (過去分詞 compromis, 現在分詞 compromettant) 他動 ❶ 〔名声, 財産, 生命など〕を危険にさらす, 危うくする. ▶ *compromettre* la réputation de qn …の評判を傷つける. ❷〈*compromettre* qn (dans qc)〉 …を(危険なことに)巻き込む, 巻き添えにする; の評判を傷つける. ▶ *compromettre* un député dans un scandale financier 代議士を疑獄に巻き込む.
— 自動 〖法律〗仲裁契約を行う.
— **se compromettre** 代動 ❶ 自分(の評判)を危うくする. ❷〈*se compromettre* dans qc〉 …に巻き込まれる.

compromi-, compromî- 活用 ⇨ COMPROMETTRE 65

compromis¹, ise /kɔ̃prɔmi, i:z/ 形 (compromettre の過去分詞) ❶ 危うくなった; 評判を傷つけられた. ▶ l'autorité *compromise* par une démarche inconsidérée まずいやり方で危うくなった権威. ❷〈(être) *compromis* dans qc〉 …に巻き込まれる(いる); (評判を傷つけるようなこと)に荷担して(いる).

compromis² /kɔ̃prɔmi/ 男 ❶ 妥協; 〖法律〗示談, 仲裁契約. ▶ trouver un *compromis* 妥協点を見つける / signer un *compromis* 示談書にサインする. ❷ 中間(の状態).

compromission /kɔ̃prɔmisjɔ̃/ 女 ❶ 身[立場]を危くすること. ❷《悪い意味で》妥協.

comptabiliser /kɔ̃tabilize/ 他動 ❶ …を帳簿に記入する. ❷ …の数をも見積もる.

comptabilité /kɔ̃tabilite/ 女 ❶ 会計, 簿記. ▶ tenir une *comptabilité* 帳簿をつける / livres de *comptabilité* 帳簿. ❷ 会計課, 経理部 (= service de *comptabilité*).

comptable /kɔ̃tabl/ 形 ❶ 会計の, 簿記の. ▶ agent *comptable* 会計係 / quittance *comptable* 会計受領証書. ❷ 文章 責任のある. ▶ être *comptable* de ses actions 自分の行動に責任がある. — 名 会計係.

comptage /kɔ̃ta:ʒ/ 男 数えること, 集計.

comptant /kɔ̃tɑ̃/ 形《男性形のみ》現金の.
argent comptant (1) 現金. (2) 確実なもの. ▶ prendre qc pour *argent comptant* …を間違いないと簡単に信じ込む.
— 男 現金. ▶ acheter au *comptant* 現金[即金]で買う.
— 副 現金で, 即金で. ▶ verser cinq mille euros *comptant* 即金で5000ユーロ支払う.

***compte** /kɔ̃:t/ コーント 男 ❶ 数えること, **計算**. ▶ faire le *compte* de sa fortune 財産の額を算出する / Le *compte* est bon. 計算が合っている / Le *compte* n'y est pas. 計算が合わない.
❷ 勘定, 勘定書. ▶ dresser un *compte* 勘定書を書く / régler son *compte* chez le boucher 肉屋の勘定を清算する.
❸ 会計, 収支. ▶ faire les [ses] *comptes* 収支計算をする / livre de *comptes* 会計簿, 帳簿 / arrêter [clore] un *compte* 決算する / rendre ses *comptes* 会計報告をする / la Cour des *comptes* 会計検査院.
❹ 口座, 預金. ▶ *compte* bancaire 銀行口座 / numéro de *compte* 口座番号 / *compte* courant 当座預金 / *compte* d'épargne 普通預金

/ *compte* à terme 定期預金 / *compte* chèque postal 郵便振替口座(略 CCP) / faire ouvrir un *compte* dans une banque 銀行に口座を開く. ❺ 報告, 説明;《多く複数で》釈明, 弁明. ▶ demander *compte* de qc à qn …についての説明[申し開き]を求める / Il me doit des *comptes* à propos de cette perte. 彼にはこの損失についてきちんと説明をしてもらわなければならない. ❻ 有利な点, 得. ▶ Cela fait mon *compte*. それは都合がよい / Il y a trouvé son *compte*. 彼はそのことで得をした. ❼《ボクシング》カウント. ❽《情報》アカウント.

à bon compte (1) 安価で, 安上がりに. ▶ vivre *à bon compte* 安上がりに生活する. (2) 大過なく, わずかの被害で. ▶ s'en tirer *à bon compte* たいした被害なく切り抜ける.

à ce compte(-là) そんな事情ならば, そういうわけだと.

à compte 内金として.

allonger [*étendre*] *qn pour le compte* 話 …をノックアウトする.

au bout du compte 結局, 要するに.

au compte de qn = *à son compte* (1) …の費用[負担]で; …の責任で. ▶ Il voyage *à son compte*. 彼は身銭を切って旅行する / travailler [s'établir] *à son compte* 独立して働く, 自営する, 自立する / prendre qc *à son compte* …の責任を負う. (2) …の意見によれば.

avoir son compte 話 ひどい目に遭わされる;殺される.

avoir son compte de qc …を十分に[うんざりするほど]持つ. ▶ *avoir son compte de* sommeil 寝ても寝ても眠りたい / J'en *ai mon compte de* toutes vos histoires. あなた(方)のお話はうんざりするほどうかがいました.

compte à rebours 秒読み, カウントダウン;(日程などの)逆算.

compte rendu ⇨ COMPTE RENDU.

compte rond 端数のない金額.

compte tenu de qc …を考慮に入れれば.

demander son compte 〔使用人が〕(退職のために)給料の精算を求める.

donner [*régler*] *son compte à qn* …に勘定を支払う;(給金を精算して)(使用人など)を解雇する.

en fin de compte 結局, 要するに.

entrer en ligne de compte 〔物事が〕考慮される, 問題になる;重要性を持つ.

être loin du compte 計算[勘定]がひどく違っている;事実からかけ離れている.

laisser qc pour compte 〔買った商品〕を引き取らない;見捨てる, 無視する.

Les bons comptes font les bons amis. 諺 勘定をきちんとしておけばよい友達づきあいができる.

mettre qc sur le compte de qn/qc …のせいにする. ▶ mettre une erreur *sur le compte de* la fatigue 間違いを疲労のせいにする.

pour le compte de qn (1) …の(利益の)ために. ▶ travailler en sous-traitance *pour le compte d*'une grande firme 大企業の下請けとして働く. (2) …としては. ▶ Pour mon *compte*, je n'ai rien à dire. 私としては何も言うことはない.

prendre qc en compte …を考慮に入れる.

réglement de compte (暴力による)決着;仕返し.

régler ses comptes (*avec qn*) (…と)もめごとを解決する;(…に)自分の行動を釈明する. ▶ Nous avons *réglé nos comptes* à l'amiable. 我々は示談で済ました.

régler son compte à qn (1) …に勘定を支払う. (2) 話 …をひどい目に遭わせる;に(暴力を用いて)復讐(ふくしゅう)する. (3) 俗 …を殺す.

**rendre compte de qc à qn* …に対し…の報告[釈明]をする.

**se rendre compte de qc* ∥ *se rendre compte que* + 直説法 …に気づく, が分かる, を納得する. ▶ *se rendre compte de* son erreur 自分の誤りに気づく / Je *me suis rendu compte que* je n'étais pas doué en musique. 私は自分に音楽の素質がないことを悟った / Tu *te rends compte!* 分かるかい, すごいだろう.

Son compte est bon. 話 彼(女)はひどい目に遭うぞ.

sur le compte de qn …に関して.

**tenir compte de qc* …を考慮に入れる, 尊重する. ▶ Il *n'a* pas *tenu compte de* mon conseil. 彼は私のアドバイスを無視した / Je vous *tiens compte de* votre dévouement. あなた(方)の献身に感謝します.

tout compte fait 結局, 要するに.

compte-gouttes /kɔ̃tgut/ 男 滴瓶;ピペット, スポイト.

au compte-gouttes ごく少しずつ, ちびちびと.

***compter** /kɔ̃te コンテ/

直説法現在	je compte	nous comptons
	tu comptes	vous comptez
	il compte	ils comptent
複合過去	j'ai compté	半過去 je comptais
単純未来	je compterai	単純過去 je comptai

他動 ❶ ❶ …を数える. ▶ *compter* les élèves d'une classe あるクラスの生徒数を数える / *compter* les voix 得票数を数える / *compter* son argent 金を数える.

❷ …を持っている;に及ぶ. ▶ La ville *compte* cent mille habitants. その町は人口10万を数える / Il *compte* déjà dix ans de service. 彼はもう勤続10年になる.

❸ …を見積もる;請求する. ▶ Combien de temps *comptez*-vous pour finir les travaux? 工事を終えるのにどれだけ時間がかかると思いますか / Il *m'a compté* la réparation (à) cent euros. 彼は私に修理代を100ユーロ請求した.

❹ …を払う(=payer). ▶ Vous lui *compterez* deux cents euros pour la journée. 日当として彼(女)に200ユーロ支払ってください.

❺ …を数に入れる. ▶ Le garçon n'*a* pas *compté* le café dans l'addition. ボーイはコーヒー代を勘定に入れなかった / Ils étaient quatre, sans *compter* les enfants. 子供は別にして彼らは4人だった. ◆ *compter* qn/qc parmi qn/qc

…を…の中に数える. ▶ Je le *compte* parmi mes ennemis. 私は彼を敵と見ている.

❻ …を細かく数える, 出し惜しむ. ▶ *compter* l'argent qu'on dépense 細かい支出にまで目を光らす.

❼ …を考慮する, 評価する. ▶ Il ne *compte* pas notre fatigue. 彼は我々の疲労を考えていない. ◆ *compter* qn/qc pour +…を…と見なす, 考える. ▶ *compter* qc pour beaucoup [rien] …を重視[無視]する / *compter* qc pour du beurre 話 …をへとも思わない.

❷ ❶ ＜**compter** +不定詞＞…するつもりである. 注 不定詞は y で受ける. 《Vous *comptez* partir demain ? —J'y *compte* bien.》「明日出発の御予定ですか」「ええ, そのつもりです」

❷＜*compter* que +直説法＞…と思う, 予想している. 注 疑問文, 否定文では que 以下は接続法. ▶ Je *compte* qu'il viendra. 私は彼が来ると思う.

à pas comptés ゆっくりと; 着実に.

On ne compte plus qc. …は数えきれないくらい多い.

On peut compter qc. …は数えられるほど少ない.

sans compter que +直説法 …を別にしても, その上; であるからなおさらに. ▶ Il n'est pas doué, *sans compter qu*'il est paresseux. 彼には才能がない, その上, 怠け者だ.

Ses jours sont comptés. 彼(女)は余命いくばくもない.

tout bien compté 熟慮の末, 結局.

— ***compter** 間他動 ❶＜*compter* sur qn/qc＞…を当てにする, 期待する. ▶ Je *compte* sur toi. 頼りにしているよ / Vous pouvez *compter* sur moi. 任せて下さい / Ne *comptez* pas 「sur moi pour vous aider [sur mon aide]. 私の助けを当てにしないでください / N'y *comptez* pas trop ! = Ne *comptez* pas trop là-dessus. その点はあまり当てにしないでください / J'y *compte* bien きっとそうなると期待しています. 比較 ⇨ SE FIER.

❷＜*compter* avec [sans] qn/qc＞…を考慮に入れる[入れない], 心にかける[無視する]. ▶ Il faut *compter* avec le mauvais temps. 悪天候を考慮に入れなければならない.

— ***compter** 自動 ❶ 数を数える, 計算する. ▶ *compter* jusqu'à cent 100まで数える / *compter* sur ses doigts 指折り数える.

数えるしぐさ

❷ 重要である, 物の数に入る. ▶ Ce qui *compte*, c'est de réussir. 大切なのは成功することだ / Cela ne *compte* pas. それは重要ではない / Cela *compte* pour beaucoup. それは重要だ / Cela (ne) *compte* pour rien. それはまったく意味がない / Il *compte* pour deux à table. 彼は人の2倍食べるとみなされている. ◆ *compter* parmi [au nombre de] qn/qc …の中に数えられる. ▶ Ce tableau *compte* parmi les chefs-d'œuvre du musée. この絵は当美術館の所蔵する傑作の一つです. ❸ 倹約する. ▶ dépenser sans *compter* 金づかいがあらい.

***à compter de** +日付 …から. ▶ *à compter d*'aujourd'hui 今日から / *à compter du* 27 [vingt-sept] janvier 1月27日から.

sans compter 気前よく, 鷹揚(おうよう)に. ▶ donner *sans compter* 惜しみなく与える.

— **se compter** 代動 数えられる, 計算される. ▶ Ses erreurs ne *se comptent* plus. 彼(女)の間違いは数知れない.

compte rendu /kɔ̃trɑ̃dy/; (複) 〜**s** 〜**s** 男 報告, 書評, 劇評; 議事録.

compte-tours /kɔ̃ttu:r/ 男 (エンジン, タービンなどの)回転計, タコメーター.

compteur /kɔ̃tœ:r/ 男 メーター, 計器. ▶ *compteur* de vitesse 速度計 / *compteur* de taxi タクシーのメーター / *compteur* à électricité 電気メーター.

remettre les compteurs à zéro ゼロから出直す.

comptine /kɔ̃tin/ 女 (子供の遊びで鬼などを決めるときに歌う)童歌(Am, stram, gram, …などと歌う).

comptoir /kɔ̃twa:r/ 男 ❶ (バー, 銀行, 空港などの)カウンター, (商店の)売り台. ▶ prendre un verre au *comptoir* カウンターで一杯やる. ❷ (商社や銀行などの)海外支店.

compulser /kɔ̃pylse/ 他動 …を調べる, 参照する.

comte /kɔ̃:t/ 男 伯爵.

comté¹ /kɔ̃te/ 男 ❶ 伯爵領. ❷ (英国, アングロサクソン諸国の)地域, 州.

comté² /kɔ̃te/ 男『チーズ』コンテ: フランシュ＝コンテ産のグリュイエールタイプの硬質チーズ.

comtesse /kɔ̃tɛs/ 女 ❶ 女伯爵. ❷ 伯爵夫人.

con, conne /kɔ̃, kɔn/ 名 俗 ばか, 愚か者. ▶ Bande de *cons* ! ばか者どもめ ! / Quelle *conne* ! このばか女 !

faire le con = *jouer au con* 俗 ばかなことをする.

être[*se trouver, se retrouver*]*comme un con* 俗 途方に暮れた.

— 形 俗 ばかな, くだらない. ▶ film *con* くだらない映画 / Elle est vraiment *con* [*conne*] 彼女は本当にばかだ. (注 属詞の場合, 女性についても男性形のまま用いる傾向がある)

à la con 俗 こっけいな, ばかげた.

con comme la lune = *con comme un balai* = *con comme une valise* 俗 どうしようもなくばかな.

se retrouver tout con 話 途方に暮れる.

— **con** 男 女性性器, 女陰.

con- 接頭 (co- の別形) ❶ 「共同, 同時, 相互」の意. ▶ *contemporain* 同時代の.

❷ 「1点に集중することを; 強意, 完結」を表わす. ▶ *conserver* 保存する.

conard, arde /kɔna:r, ard/, **connard, arde** 名, 形 俗 ばか(な), 間抜け(な).

conasse /kɔnas/, **connasse** 形《女性形のみ》, 女 俗 ばかな(女).

concassage /kɔ̃kasaːʒ/ 男 粉砕, 砕石.

concasser /kɔ̃kase/ 他動 …を細かく砕く.

concasseur /kɔ̃kasœːr/ 男 クラッシャー, 砕石機;〖形容詞的に〗粉砕用の.

concave /kɔ̃kaːv/ 形 凹(面)の(↔convexe), くぼんだ. ▶ miroir *concave* 凹面鏡.

concavité /kɔ̃kavite/ 女 ❶ 凹状;(レンズなどの)凹面. ❷ くぼみ.

concéder /kɔ̃sede/ ⑥ 他動 ❶ 〈*concéder* qc à qn〉〔権利など〕を…に譲渡する, 認可する. ▶ *concéder* un privilège à qn …に特権を与える / *concéder* à une entreprise l'exécution de travaux ある企業に工事施行を認可する. ❷〔論点などを〕譲歩して認める. ▶ Je vous *concède* ce point. この点はあなた(方)に譲歩しよう. ❸〔得点など〕を相手に許す.

concélébrer /kɔ̃selebre/ ⑥ 他動 〖カトリック〗〔ミサ〕を共同で挙げる.

*****concentration** /kɔ̃sɑ̃trasjɔ̃/ コンサントラスィヨン/ 女 ❶ 集中;企業集中. ▶ une forte *concentration* urbaine 極度の都市集中. ❷ (人口, 産業の)集中地, 密集地. ❸ 精神集中 (=*concentration* d'esprit). ▶ Ce travail exige une grande *concentration*. この仕事は相当の集中を要する. ❹ camp de *concentration* 強制収容所. ❺〖化学〗濃度;濃縮.

concentrationnaire /kɔ̃sɑ̃trasjɔnɛːr/ 形 強制収容所の, 強制収容所ながらの.

concentré, e /kɔ̃sɑ̃tre/ 形 ❶ 集中した. ▶ En France, le sixième de la population est *concentrée* dans la capitale. フランスでは人口の6分の1が首都に集中している. ❷ 精神を集中した. ▶ avoir l'air *concentré* 真剣な顔つきである. ❸ 濃縮した;〔香りなどが〕強い. ▶ lait *concentré* sucré 加糖練乳, コンデンスミルク.
— **concentré** 男 濃縮物;濃縮製品. ▶ *concentré* de tomate トマトピューレ.

*****concentrer** /kɔ̃sɑ̃tre/ コンサントレ/ 他動 ❶ …を集中する, 一箇所に集める (↔disperser). ▶ *concentrer* tous les pouvoirs dans les mains d'un seul 全権力を一手に集中する. ❷〈*concentrer* qc (sur qc/qn)〉〔精神〕を(…に)集中する. ❸ …を濃縮する. ▶ *concentrer* une sauce ソースを煮詰める. — **se concentrer** 代動 ❶ (一点に)集まる, 集中する. ▶ Les regards se *concentrèrent* sur lui. 視線が一斉に彼に注がれた. ❷ 精神集中をする;じっくり考える. ▶ Taisez-vous, je *me concentre*. 静かにして下さい, 今集中しているところです.

concentrique /kɔ̃sɑ̃trik/ 形〔球, 円などが〕同心の;同心円を描く.

concentriquement /kɔ̃sɑ̃trikmɑ̃/ 副 文章 中心を同じくして, 同心的に.

concept /kɔ̃sɛpt/ 男 ❶〖哲学〗概念. ▶ le *concept* de temps 時間の概念.
❷ 構想, 発想. ▶ une revue élaborée selon un nouveau *concept* 新しいコンセプトに基づいて企画された雑誌.

concepteur, trice /kɔ̃sɛptœːr, tris/ 名 (宣伝, 映画, 建築, デザインなどの)企画者, 立案者. ▶ *concepteur*-rédacteur コピーライター.

*****conception** /kɔ̃sɛpsjɔ̃/ コンセプスィヨン/ 女 ❶ 着想, 構想. ▶ un produit d'une *conception* inédite 斬新(ざん)なアイデアの製品 / Le projet n'est encore qu'au stade de la *conception*. 計画はまだ構想の段階にすぎない / *conception* assistée par ordinateur〖情報〗コンピュータ支援設計, CAD (フランス語の略語はCAO). ❷ 観念, 物の見方, 見解. ▶ se rallier à une *conception* politique ある政治的見解に賛同する / la *conception* du monde 世界観. 語法 ⇨ IDÉE.
❸ 理解(力). ▶ Ce phénomène dépasse la *conception* humaine. この現象は人間の理解力を超えている. ❹ 妊娠, 受胎. ▶ éviter la *conception* 避妊する.

conceptualisation /kɔ̃sɛptɥalizasjɔ̃/ 女 概念形成, 概念化.

conceptualiser /kɔ̃sɛptɥalize/ 他動 …から概念を形成する;を概念化する.

conceptuel, le /kɔ̃sɛptɥɛl/ 形 ❶ 概念の, 概念的の. ❷〖美術〗art *conceptuel* コンセプチュアルアート.

concernant /kɔ̃sɛrnɑ̃/ 前 …に関して, について. ▶ une loi *concernant* les étrangers 外国人を対象とした法律.

concerné, e /kɔ̃sɛrne/ 形〈*concerné* (par qc)〉(…と)関係する[がある]. ▶ les Etats *concernés* 関係諸国 / Je suis directement *concerné* par cette affaire. 私はこの件に直接かかわっている.

*****concerner** /kɔ̃sɛrne/ コンセルネ/ 他動 …と関係がある, にかかわる. ▶ Ecoute la radio, cela te *concerne*. ラジオを聞きたまえ, 君に関係することを言っているよ.

*****en [pour] ce qui concerne qn/qc** …に関しては, いうと. ▶ *en ce qui concerne* cette question この問題に関しては / *en ce qui* me *concerne* 私としては (=pour ma part).

*****concert** /kɔ̃sɛːr/ コンセール/ 男 ❶ 演奏会, コンサート. ▶ aller au *concert* 音楽会に行く / donner un *concert* de jazz ジャズの演奏会を行う / salle de *concert* コンサートホール. ❷〈*concert* de + 無冠詞複数名詞〉(いっせいに沸き上がる音や声)のとどろき, 異口同音に…すること. ▶ Cette politique a soulevé un *concert* de protestations. この政策はごうごうたる抗議の嵐(あらし)を巻き起こした. ❸ 文章 協調, 協力. ▶ le *concert* des grandes puissances 列強間の協調.

de concert (avec qn) (…と)協同[協力]して, 一致して. ▶ travailler *de concert* 協同して働く.

concertant, ante /kɔ̃sɛrtɑ̃, ɑ̃ːt/ 形〖音楽〗symphonie *concertante* 協奏交響曲.

concertation /kɔ̃sɛrtasjɔ̃/ 女 協議. ▶ une *concertation* préalable 事前協議.

concerté, e /kɔ̃sɛrte/ 形〔計画, 行為などが〕協議[合議]に基づく;(念入りに)準備された. ▶ économie *concertée*〖経済〗協調経済(体制).

concerter /kɔ̃sɛrte/ 他動 協議する, 打ち合わせる. ▶ *concerter* un projet ある計画を協議する.

— **se concerter** 代動 協議する, 打ち合わせる; 共謀する.
concertiste /kɔ̃sertist/ 名 ❶ (コンサートの)演奏者. ❷ (コンチェルトの)ソリスト, 独奏者.
concerto /kɔ̃sɛrto/ 男《イタリア語》協奏曲, コンチェルト.
concessif, ive /kɔ̃sesif, iːv/ 形《文法》譲歩の. ▶ proposition *concessive* 譲歩節.
concession /kɔ̃sesjɔ̃/ 女 ❶ 譲歩. ▶ faire une *concession* à son adversaire 相手に譲歩する. ❷ (土地, 権利などの)委譲;(委譲された)土地, 払い下げ地. ▶ faire la *concession* d'un terrain 土地を譲渡する / *concession* française à Shanghai 上海のフランス租界. ❸ 利用[施業]権の認可, 契約; 利権. ▶ la *concession* de travaux publics par adjudication 入札による公共事業権委託 / la *concession* exclusive 特約店契約. ❹《文法》譲歩.
concessionnaire /kɔ̃sesjɔnɛːr/ 名 ❶ 総代理店, 特約店. ❷ 施業[利用]権所持者, 譲り受け人. — 形 ❶ (払い下げの土地を)譲り受けた. ❷ 施業[利用, 専売]権を得た.
concevable /kɔ̃svabl/ 形 考えられる, 理解できる, 想像しうる.
***concevoir** /kɔ̃s(ə)vwaːr コンスヴォワール/ 45 他動

過去分詞 conçu	現在分詞 concevant
直説法現在 je conçois	nous concevons
複 合 過 去 j'ai conçu	単純未来 je concevrai

❶ …を思いつく, 考案する. ▶ *concevoir* un projet ある計画を思いつく.
❷ …を理解する, 納得する. ▶ Je *conçois* sa déception. 私には彼の失望が理解できる / Je *conçois* mal qu'il ait pu manquer à sa parole. どうして彼が約束を破ることになったのか, 私にはよく分からない / Ce que l'on *conçoit* bien s'énonce clairement. よくわかっていることは明確に表現される(ボワローの言葉). ❸ 文章《感情》を抱く. ▶ *concevoir* de l'amitié pour qn …に友情を抱く. ❹ 〔子供〕を宿す;《目的語なしに》妊娠する.
— **se concevoir** 代動 ❶ 考えられる, 生み出される. ❷ 理解できる, 納得できる. ▶ Cela *se conçoit* facilement. それはすぐに分かる.
concevr- 活用 ⇨ CONCEVOIR 45
***concierge** /kɔ̃sjɛrʒ コンスィエルジュ/ 名 ❶ (アパルトマンやビルの)管理人, 守衛 (=gardien). 注 カタカナ語の「コンシェルジュ」のように「デパートなどの案内係」という意味ではない. ▶ la loge de *concierge* 管理人室, 守衛室. ❷ 話 おしゃべりな人, ゴシップ屋. ▶ C'est une vraie *concierge*. 話 本当におしゃべりな人だ.
conciergerie /kɔ̃sjɛrʒəri/ 女 ❶ (公共建物の)守衛詰所. ❷《Conciergerie》《歴史》コンシエルジュリ: フランス革命時に重罪犯を収監したパリ高等法院付属監獄.
concile /kɔ̃sil/ 男《カトリック》公会議.
conciliable /kɔ̃siljabl/ 形〔意見などが〕両立[妥協]しうる.

conciliabule /kɔ̃siljabyl/ 男 内緒話, 密談.
conciliaire /kɔ̃siljɛːr/ 形《カトリック》公会議の.
conciliant, ante /kɔ̃siljɑ̃, ɑ̃ːt/ 形〔人が〕妥協的な, 協調性のある.
conciliateur, trice /kɔ̃siljatœːr, tris/ 名 仲裁人, 調停人. — 形 和解を期した, 調停する.
conciliation /kɔ̃siljasjɔ̃/ 女 ❶ 和解, 協調. ▶ chercher des moyens de *conciliation* 和解案を探す / esprit de *conciliation* 協調的精神. ❷《法律》調停. ▶ le comité de *conciliation* (労働争議の)調停委員会.
concilier /kɔ̃silje/ 他動 ❶ …を和解させる, 両立させる;調停する. ▶ *concilier* les intérêts divers さまざまな利害の調停を図る / *concilier* le plaisir avec [et] le travail 仕事と遊びを両立させる. ❷ 〈*concilier* qc/qn à qn〉…に〔好意, 人気など〕を得させる;〔人〕の心を引き付ける. ▶ Son discours lui *a concilié* les faveurs du public. 彼(女)は演説で聴衆の人気を博した.
— **se concilier** 代動 ❶ 〔好意など〕を勝ち得る;…を味方につける. 注 se は間接目的. ▶ *se concilier* l'amitié de ses camarades 仲間の友情を勝ち得る. ❷ 〈*se concilier* (avec qc)〉〈(…と)両立する.
concis, ise /kɔ̃si, iːz/ 形 簡潔な, むだのない. ▶ en termes *concis* 手短に言えば.
concision /kɔ̃sizjɔ̃/ 女 簡潔さ, むだのなさ.
concitoyen, enne /kɔ̃sitwajɛ̃, ɛn/ 名 同じ町[市]の人;同国[同郷]人.
conclave /kɔ̃klaːv/ 男《カトリック》教皇選挙会議(場).
conclu, e /kɔ̃kly/ 活用 conclure 57 の過去分詞.
conclu-, conclû- 活用 ⇨ CONCLURE 57
concluant, ante /kɔ̃klyɑ̃, ɑ̃ːt/ 形 結論を下すような, 決定的な.
conclûmes /kɔ̃klym/ 活用 ⇨ CONCLURE 57
***conclure** /kɔ̃klyːr コンクリュール/ 57

過去分詞 conclu	現在分詞 concluant
直説法現在 je conclus	nous concluons
複 合 過 去 j'ai conclu	単純未来 je conclurai

他動 ❶〔協定など〕を結ぶ. ▶ *conclure* un traité 条約を結ぶ / *conclure* la paix avec un pays ある国と講和条約を締結する.
❷ (…で)…を終える, 締めくくる. ▶ Il *a conclu* son allocution par [sur] un appel à la solidarité. 彼は連帯への呼びかけで演説を締めくくった.
❸ 〈*conclure* qc (de qc) / *conclure* (de qc) que + 直説法〉(…から)…と結論する. ▶ On ne peut rien *conclure* de cette expérience. その実験からはどんな結論も出し得ない / J'en *conclus* qu'il s'agit donc d'un incendie criminel. よって私の結論はこれは放火だということだ.
Marché conclu! 商談成立;よし, それで行こう.
— 間他動 文章〈*conclure* à qc (de qc)〉(…から)…と結論する, 判断する. ▶ Les enquêteurs *ont conclu* à l'assassinat. 捜査官は殺人事件であるという結論を出した.

conclusion

— 自動 結論を下す；締めくくる. ▶ pour *conclure* 結論として，終わりに.

— **se conclure** 代動 ❶（ある手段で）結ばれる；（ある結果に）終わる. ▶ Les négociations *se sont conclues* par un échec. 交渉は失敗に終わった. ❷ 結論が下される. ▶《非人称構文で》Il *se conclut* de ce raisonnement que + 直説法. この推論から…と結論される.

***conclusion** /kɔ̃klyzjɔ̃ コンクリュズィヨン/ 女 ❶ 結末；結論. ▶ Les événements approchent de la *conclusion*. 事件はいよいよ終わりに近づいた / tirer une *conclusion* de qc …から結論を引き出す / arriver à la *conclusion* que + 直説法 …という結論に達する.

❷（契約などの）取り決め，締結. ▶ la *conclusion* d'un accord de sécurité 安全保障協定の締結. ❸《複数で》【法律】(裁判上の）結論の申し立て；論告；意見陳述. ▶ déposer des *conclusions* 申し立てをする.

(**en**) **conclusion**《副詞的に》結論として，結局.

concocter /kɔ̃kɔkte/ 他動 話 …を準備する，練り上げる，念入りにこしらえる.

— **se concocter** 代動 仕上げられる.

conçoi-, conçoiv- 活用 ⇨ CONCEVOIR 45

concombre /kɔ̃kɔ̃:br/ 男 キュウリ.

concomitance /kɔ̃kɔmitɑ̃:s/ 女（2つの事実，現象の間の）相伴［随伴］関係.

concomitant, ante /kɔ̃kɔmitɑ̃, ɑ̃:t/ 形 付随する，同時に起こる. ▶ les circonstances *concomitantes* 付帯状況.

concordance /kɔ̃kɔrdɑ̃:s/ 女 ❶ 一致，符合. ▶ la *concordance* de deux témoignages 2つの証言の一致 / la *concordance* des temps【文法】時制の一致 / mettre A en *concordance* avec B AとBを一致させる. ❷（聖書，文学作品などの）用語索引.

concordant, ante /kɔ̃kɔrdɑ̃, ɑ̃:t/ 形（多く複数で）一致する，符合する. ▶ témoignages *concordants* 一致する証言.

concordat /kɔ̃kɔrda/ 男 ❶【カトリック】政教条約，コンコルダート：カトリック教会の地位に関するローマ教皇と政府間の協約. ❷【商法】強制和議.

concordataire /kɔ̃kɔrdatɛ:r/ 形 ❶【カトリック】政教条約（1801年のコンコルダートの. ❷【商法】強制和議を認めれた.

concorde /kɔ̃kɔrd/ 女 ❶ 和合，融和. ▶ La *concorde* ne règne pas toujours entre eux. 彼らの仲はいつもしっくりいっているわけではない. ❷ la place de la *Concorde*（パリの）コンコルド広場.

— **Concorde** 男 コンコルド：英仏共同開発による超音速旅客機.

concorder /kɔ̃kɔrde/ 自動 一致する，符合する，合う. ▶ Les témoignages *concordent*. 証言は一致している. ◆ *concorder* avec qc …と一致する. ▶ Ses actes *concordent* avec ses idées. 彼(女)の行動と思想は一致している.

concourant, ante /kɔ̃kurɑ̃, ɑ̃:t/ 形〔努力，力，直線などが〕一点に集中する.

concourir /kɔ̃kuri:r/ 23（過去分詞 concouru, 現在分詞 concourant）間他動 *concourir* à qc /不定詞〔同じ目的／に向かって協力する，貢

献する. ▶ Tous ces éléments *concourent* au développement de la région. これらすべての要素が共に地域の発展にプラスに働いている.

— 自動 コンクールに参加する，競い合う. ▶ Il *a concouru* à l'ENA 彼は国立行政学院を受験した.

concouriste /kɔ̃kurist/ 名 コンクールやクイズ番組の参加者.

concour- 活用 ⇨ CONCOURIR 23

***concours**[1] /kɔ̃ku:r/ 男 ❶ 選抜試験，競争試験. ▶ *concours* d'entrée 入学試験 / se présenter au *concours* 試験を受ける / Ce candidat a été reçu quatrième au *concours*. その受験生は4番で合格した. / être refusé au *concours* 試験に落ちる / *concours* général 全仏高校学力コンクール / une bête à *concours* 試験秀才. ❷ コンクール，コンテスト；競技会. ▶ *concours* hippique 馬術競技会 / *concours* de beauté 美人コンテスト.

❸ 協力，援助，賛助. ▶ prêter son *concours* à qn/qc …に協力の手を差し延べる / avec le *concours* de qn …の協力を得て.

concours de circonstances さまざまな事情の重なり，偶然の一致，巡り合わせ.

hors concours（特に優れているために）選抜外の，別格の. ▶ une intelligence *hors concours* ずば抜けた頭のよさ.

concours[2], **concourt** /kɔ̃ku:r/ 活用 ⇨ CONCOURIR 23

concouru-, concourû-, concouruss- 活用 ⇨ CONCOURIR 23

***concret, ète** /kɔ̃krɛ, ɛt/ コンクレ, コンクレット/ 形 ❶ 具体的な，具象的な. ▶ donner un exemple *concret* 具体例を出す / nom *concret*（↔abstrait）具象名詞 / la musique *concrète* ミュージック・コンクレート，具体音楽. ❷ 実際的な；実質的な. ▶ une théorie susceptible d'applications *concrètes* 実際に応用の利く理論.

— **concret** 男 具体的なもの，具象.

concrètement /kɔ̃krɛtmɑ̃/ 副 具体的に；具体的に言って，実際上.

concrétion /kɔ̃kresjɔ̃/ 女 ❶ 凝固，凝結；凝固物，凝結物. ❷【医学】(組織や器官内に現れる）固まり，結石. ❸【地質】コンクリーション.

concrétisation /kɔ̃kretizasjɔ̃/ 女 具体化；実現，実行.

concrétiser /kɔ̃kretize/ 他動 …を具体化する，具体的に表わす；実現する. ▶ *concrétiser* un plan économique 経済計画を実行に移す.

— **se concrétiser** 代動 具体化される；実現される.

conçu, e /kɔ̃sy/ 形（concevoir の過去分詞）❶ <*conçu* pour qc/不定詞 …のために考案された. ❷ <bien [mal] *conçu*> うまく考えられた［コンセプトがよくない］. ▶ C'est un appartement bien *conçu*. それは機能的に考えられたアパルトマンだ.

concubin, ine /kɔ̃kybɛ̃, in/ 名 内縁の夫［妻］，同棲(ｾｲ)者.

concubinage /kɔ̃kybina:ʒ/ 男 内縁，同棲(ｾｲ).

conçûmes /kɔ̃sym/ 活用 ⇨ CONCEVOIR 45

concupiscence /kɔ̃kypisɑ̃:s/ 女 欲望；《特に》色欲，淫欲(ｲﾝ).

concupiscent, ente /kɔ̃kypisɑ̃, ɑ̃:t/ 形 [文章]〈(ふざけて)〉貪欲(どん)な, 情欲にふける;〔しぐさ, 言葉が〕みだらな, 猥褻(わいせつ)な.

conçurent /kɔ̃sy:r/ 活用 ⇨ CONCEVOIR 45

concurremment /kɔ̃kyramɑ̃/ 副 ❶ 同時に. ❷〈*concurremment* avec qn/qc〉…と共に, 相伴って;と競争して.

concurrence /kɔ̃kyrɑ̃:s/ 女 競争;(特に)商売上の競争;《集合的に》競争相手. ▶ faire *concurrence* à qn/qc …に競争を挑む / régime de libre *concurrence* 自由競争体制 / prix défiant toute *concurrence* 破格の安値 / *concurrence* vitale〚生物学〛生存競争.
entrer[*être*]*en concurrence avec qn/qc* …と競争を始める[している].
jusqu'à concurrence de + 金額 …に達するまで, を限度として. ▶ Il doit rembourser *jusqu'à concurrence de* cent mille euros. 彼は総額10万ユーロの返済義務を負っている.

concurrencer /kɔ̃kyrɑ̃se/ 1 他動 …と競争する, 張り合う.

concurrent, ente /kɔ̃kyrɑ̃, ɑ̃:t/ 名 競争(参加)者;競争相手. 比較 ⇨ ADVERSAIRE.
— 形 競争する;競争相手の. ▶ entreprises *concurrentes* ライバル企業.

concurrentiel, le /kɔ̃kyrɑ̃sjɛl/ 形 競争の行われている;競争に耐える. ▶ marché *concurrentiel* 自由競争市場 / prix *concurrentiel*(同業者に挑む)競争価格.

conçus /kɔ̃sy/ 活用 ⇨ CONCEVOIR 45

concussion /kɔ̃kysjɔ̃/ 女〚法律〛(公務員による)公金横領.

concussionnaire /kɔ̃kysjɔnɛ:r/ 形〚法律〛公金横領の. — 名 公金横領者.

conçut, conçût /kɔ̃sy/ 活用 ⇨ CONCEVOIR 45

condamnable /kɔ̃danabl/ 形 罰せられるべき;非難されるべき.

condamnation /kɔ̃danasjɔ̃/ 女 ❶ 有罪判決, 刑の宣告;刑. ▶ prononcer une *condamnation* contre qn …に有罪判決を下す / *condamnation* pour vol 窃盗罪 / *condamnation* à mort 死刑. ❷ 非難, 糾弾;破綻(はたん). ▶ Ce livre est la *condamnation* du régime actuel. この書物は現体制に対する弾劾の書である / Cet échec est la *condamnation* de sa théorie. この失敗は彼(女)の理論の破綻を示すものだ.

condamné, e /kɔ̃dane/ 形 ❶ 有罪の宣告を受けた. ❷〔病人が〕死[不治]を宣告された, 助かる見込みのない. ❸〔入り口などが〕閉鎖された, 立入禁止の. — 名 受刑者. ▶ *condamné* à mort 死刑囚.

*****condamner** /kɔ̃dane/ コンダネ 他動 ❶〈*condamner* qn (à qc)〉…に(…の)刑を**宣告する**. ▶ On l'*a condamné* pour vol à trois ans de prison. 彼は窃盗罪で禁固3年を宣告された.
❷〈*condamner* qn à qc〉…に…を**余儀な**くさせる. ▶ L'état de nos finances nous *condamne* à l'économie. 現在の財政状態では倹約せざるを得ない / Ce vieux quartier *est condamné* à disparaître. この古い町並みは消える運命にある.
❸ …を非難する, 糾弾する. ▶ *condamner* la violence 暴力を糾弾する.
❹ 禁じる. ▶ La loi française *condamne* la bigamie. フランスの法律は重婚を禁止している.
❺〔医者が病人に〕死[不治]を宣告する.
❻〔入り口など〕を閉鎖する, 立入禁止にする. ▶ *condamner* une porte ドアを封鎖する.
❼〔事実, 証拠などが〕…の非[欠陥, 有罪]を証明する. ▶ Son silence le *condamne*. 沈黙が彼の非を物語っている.
— se condamner 代動 *se condamner* à qc/[不定詞] …することを強いられる, やむなく…する. ▶ *se condamner* à rester à la maison pour préparer ses examens 試験準備のためにやむなく家にいる.

condensateur /kɔ̃dɑ̃satœ:r/ 男 ❶〚電気〛蓄電器, コンデンサー. ❷〚光学〛集光レンズ.

condensation /kɔ̃dɑ̃sasjɔ̃/ 女 凝縮, 凝結, 液化;〚化学〛(分子の)縮合.

condensé, e /kɔ̃dɑ̃se/ 形 ❶ 濃縮した. ▶ lait *condensé* コンデンスミルク. ❷ 要約した, 簡潔な.
— condensé 男 要約, まとめ, 摘要.

condenser /kɔ̃dɑ̃se/ 他動 ❶ …を濃縮[凝縮]する;液化する. ❷ …を要約する. ❸〚情報〛〔データ〕をバイトする, 少ないビット数に書き換える.
— se condenser 代動〔気体が〕液化する, 凝縮する.

condescendance /kɔ̃desɑ̃dɑ̃:s/ 女 尊大さ, 恩着せがましい態度.

condescendant, ante /kɔ̃desɑ̃dɑ̃, ɑ̃:t/ 形 (← condescendre の現在分詞)尊大な, 恩着せがましい, もったいぶった. ▶ parler sur un ton *condescendant* 尊大な口の利き方をする.

condescendre /kɔ̃desɑ̃:dr/ 58 間他動(過去分詞 condescendu, 現在分詞 condescendant)〈*condescendre* à qc/[不定詞]〉(尊大な態度で)…に応じる, 同意する. ▶ Il ne *condescendra* jamais à nous parler. 彼は(お高くとまっているので)絶対に私たちに言葉をかけるようなことはしないだろう.

condescendu, e /kɔ̃desɑ̃dy/ 活用 condescendre 58 の過去分詞.

condiment /kɔ̃dimɑ̃/ 男 調味料, 薬味, 香辛料;(特に)フレンチマスタード.

*****condition** /kɔ̃disjɔ̃/ コンディシォン/ 女 ❶《複数で》状況, (現実の)諸条件, 状態, 環境. ▶ Il est impossible de travailler dans de telles *conditions*. このような条件のもとで仕事することは不可能である. ◆*conditions* + 形容詞[de + 無冠詞名詞]…に関する条件, 環境. ▶ les *conditions* de vie 生活条件 / améliorer les *conditions* de travail(環境, 賃金などを含めた)労働条件を改善する / Les *conditions* atmosphériques sont favorables pour lancer la fusée. 気象条件はロケット打ち上げに好適だ.
❷〈la *condition* de qn // la *condition* + 形容詞〉の置かれた**状況, 地位, 立場**. ▶ améliorer la *condition* des travailleurs 労働者の地位を改善する / la *condition* humaine 人間の条件[宿命].
❸(必要)**条件**;《複数で》(取引などの)条件, 条項. ▶ Travailler avec persévérance, voilà la *condition* essentielle de la réussite. 忍耐強く働くこと, これが成功の基本条件だ / Il remplit les

conditionné

conditions exigées pour ce poste. 彼はそのポストに必要な資格[条件]を満たしている / la *condition* nécessaire et suffisante 必要十分条件. ❹《複数で》金銭の支払い, 料金, 報酬. ▶ Quelles sont les *conditions* pour ce travail? この仕事の報酬はどれくらいですか / acquérir une maison à des *conditions* avantageuses 有利な[安い]価格で家を購入する. ❺古風 社会階層, 身分 (=classe). ▶ être de [d'une] *condition* modeste 下層階級の出である / vivre selon sa *condition* 身分相応に暮らす. ❻ 心身の状態, コンディション. ▶ Se mettre en (bonne) *condition* コンディションを整える / joueur en (bonne) *condition* 調子のよい選手.
à ces conditions その条件で(は).
à condition (売買に際して)返品可能の条件付きで. ▶ des marchandises *à condition* 委託商品.
à condition「de + 不定詞[**que** + 接続法]」…という条件で, …(しさえ)すれば. ▶ Vous partirez en vacances, *à condition de* réussir votre examen. 試験がうまくいけばバカンスに出かけてよろしい / Je te prête ma voiture, *à condition que* tu en prennes soin. 大事に使うということを条件に, あなたに私の車を貸しましょう.
**dans ces conditions* この状況のもとで, もしそうなら, そんな次第で. ▶ *Dans ces conditions,* je me retire de cette affaire. そういうことなら, 私はこの一件から身を引きます.
mettre qn en condition (1)〔人, 集団〕を操作する, 方向づける. ▶ La propagande *met en condition* l'opinion publique. プロパガンダは世論を誘導する. (2)〔選手, 競走馬など〕をよいコンディションに仕上げる.
mise en condition (1)(人, 世論などの)操作, 誘導. (2)コンディション調整. (3)(経済活動などの)振興策.
sans condition 無条件に. ▶ se rendre *sans condition* 無条件降服する.
sous condition (1)いくつかの条件[留保]付きで(=sous certaines réserves). (2)(売買に際して)返品可能の条件付きで.

conditionné, e /kɔ̃disjɔne/ 形 ❶ 条件づけられた; 影響[制約]を受けた. ▶ les masses populaires *conditionnées* par la publicité 宣伝広告に左右される大衆 / réflexe *conditionné* 〘心理〙条件反射. ❷ 空気調和された. ▶ hôtel à air *conditionné* 空調設備のあるホテル (=hôtel climatisé).

conditionnel, le /kɔ̃disjɔnɛl/ 形 ❶ 条件付きの. ▶ accord *conditionnel* 条件付き承諾. 〘文法〙 mode *conditionnel* 条件法 / proposition *conditionnelle* 条件節. ❸〘心理〙réflexe *conditionnel* 条件反射.
— **conditionnel** 男 条件法.

conditionnellement /kɔ̃disjɔnɛlmɑ̃/ 副 条件付きで.

conditionnement /kɔ̃disjɔnmɑ̃/ 男 ❶ 条件づけ; (世論などの)操作, 方向づけ. ▶ le *conditionnement* de l'opinion publique par les médias マスメディアによる世論の操作[誘導]. ❷ (商品などの)包装. ❸ 調整, 調節. ▶ *conditionnement* de l'air 空調 (=climatisation).

conditionner /kɔ̃disjɔne/ 他動 ❶ …の条件となる; を左右する; 決定する. ▶ Sa participation *conditionne* le succès de cette entreprise. この企画が成功するか否かは彼(女)の参加いかんにかかっている. ❷〔人, 集団など〕を規定する, に決定的影響を与える, を操作する. ▶ Nous *sommes* tous *conditionnés* par l'éducation que nous avons reçue. 私たちは皆受けた教育に影響されている. ❸ …を包装する.

conditionneur /kɔ̃disjɔnœːr/ 男 ❶ 空調装置, エアコンディショナー. ❷ 食品包装装置. ❸ ヘアコンディショナー, リンス.
— **conditionneur, euse** /kɔ̃disjɔnœːr, øːz/ 名 (商品の)包装係.

condoléances /kɔ̃dɔleɑ̃ːs/ 女複 お悔やみ, 弔意, 哀悼の意. ▶ présenter ses *condoléances* 哀悼の意を表する, お悔やみを述べる / lettre de *condoléances* 悔やみ状.

condom /kɔ̃dɔm/ 男〘英語〙コンドーム (=préservatif).

condominium /kɔ̃dɔminjɔm/ 男〘英語〙❶ (植民地の)共同統治. ❷ コンドミニアム, 分譲マンション.

condor /kɔ̃dɔːr/ 男〘鳥類〙コンドル.

***conducteur, trice** /kɔ̃dyktœːr, tris/ コンデュクトゥール, コンデュクトリス/ 名

> 英仏そっくり語
> 英 conductor 指揮者, 車掌.
> 仏 conducteur (一般的に)運転手.

❶ (車, 機械などの)運転手, 操縦者, 操作係. ▶ *conducteur* d'autobus バスの運転手 / *conducteur* de presse 印刷機の操作係. ❷ 指導者, 監督. ▶ *conducteur* de travaux 工事の現場監督.

> 比較 運転手, ドライバー
> **conducteur** 自動車ばかりでなく, さまざまな機械を運転する人を広く一般に指す. 自動車の運転手をいう場合には以下のような特定の単語を使うことが多い. **chauffeur** バス, タクシーなどの職業的運転手. **automobiliste** 自家用車のドライバー. **camionneur** トラック運転手. **routier** 長距離トラック運転手.

— 形 ❶ 伝導する, 伝導性の. ▶ un corps *conducteur* 導体. ❷ 方針を与える. ▶ le principe *conducteur* 基本方針.
fil conducteur ((迷路から脱出する際の)導きの糸→)(研究などの)指導原理.
— **conducteur** 男 ❶ 〘物理〙(熱, 電気の)(伝)導体. ❷ (ラジオ・テレビの)放送台本.

conductibilité /kɔ̃dyktibilite/ 女〘物理〙〘生物学〙伝導性.

conductible /kɔ̃dyktibl/ 形 伝導性の.

:**conduire** /kɔ̃dɥiːr/ コンデュイール/ 他動

過去分詞 conduit	現在分詞 conduisant
直説法現在 je conduis	nous conduisons
tu conduis	vous conduisez
il conduit	ils conduisent

複合過去 j'ai conduit
半過去 je conduisais
単純未来 je conduirai 単純過去 je conduisis
接続法現在 je conduise

[英仏そっくり語]
英 conduct 指揮する, 添乗する.
仏 conduire 連れていく, 運転する, 指揮する.

❶ 連れていく, 案内する. ▶ *conduire* un enfant à l'école 子供を学校へ送る / *conduire* un malade chez le médecin 病人を医者に連れていく / Le guide nous *a conduits* à travers Paris. 私たちはガイドにパリ中を案内してもらった / Cette rue vous *conduit* à la gare. この道を行けば駅に出られます. ◆《目的語なしに》*conduire* à + 場所 (=mener) …に通じる, 到る. ▶ Cet escalier *conduit* à la cave. この階段は地下室に通じている.
❷〔乗り物, 機械など〕を運転する, 操作する;《目的語なしに》自動車を運転する. ▶ *conduire* une voiture 車を運転する / *conduire* un avion 飛行機を操縦する / permis de *conduire* 運転免許証 / apprendre à *conduire* (車の)運転を習う / Il *conduit* mal. 彼は運転が下手だ.
❸〔論理など〕を進める, 運ぶ;〔政策〕を推進する, 実施する. ▶ *conduire* logiquement un raisonnement 論理的に推論を進める.
❹ …を先導する, 指揮する;のリーダーシップをとる (=diriger). ▶ *conduire* un orchestre オーケストラを指揮する / *conduire* une entreprise 企業を経営する.
❺〈*conduire* qn/qc à qc〉《不定詞》…を(ある状態)に導く; …するように仕向ける. ▶ *conduire* qn au désespoir (=amener) …を絶望に追いやる / Cela me *conduit* à penser que … (=porter) それは私に…と考えさせる. ◆《目的語なしに》*conduire* à qc …を引き起こす. ▶ Cette politique économique *conduit* à l'inflation. その経済政策はインフレを招く.
❻〔電気, 熱〕を伝える;〔水など〕を通す, 引く. ▶ un corps qui *conduisent* bien la chaleur 熱の良導体 / Cette canalisation *conduit* l'eau dans le bassin. この水路は池に水を引いている.

se laisser conduire comme un enfant 極めて従順である.

— *se conduire* [代動] ❶ 行動する, 振る舞う. ▶ *se conduire* bien (=se comporter) 行い[行儀]がよい / savoir *se conduire* 礼儀作法を心得ている. [比較] ⇨ AGIR.
❷ 運転[操作, 指揮]される. ▶ Cette voiture *se conduit* facilement. この車は運転が簡単だ.

conduis /kɔ̃dɥi/ [活用] ⇨ CONDUIRE [70]
conduis- [活用] ⇨ CONDUIRE [70]
conduit /kɔ̃dɥi/ [男] ❶ 配管, パイプ, ダクト. ▶ *conduit* de ventilation 換気ダクト. ❷《解剖》管.
***conduite** /kɔ̃dɥit/ コンデュイット/ [女] ❶ 行動, 品行, 素行;《古》品性. ▶ Elle a une mauvaise *conduite*. 彼女は品行が悪い / note de *conduite* en classe 学校での操行の評点 / zéro de *conduite* 学校での操行点ゼロ.
❷ 運転, 操縦. ▶ avoir une *conduite* saccadée ぎくしゃくした運転をする / prendre des leçons de *conduite* 車の運転を習う / la *conduite* en état d'ivresse 飲酒運転 / Cette voiture a la *conduite* à gauche. この車は左ハンドルだ. ❸ 指揮, 監督;経営 (=direction). ▶ prendre en charge la *conduite* des travaux 工事の監督に当たる. ❹ 導管. ▶ Une *conduite* d'eau a éclaté. 水道管が破裂した.

acheter une conduite [俗] 素行を改める.
sous la conduite de qn …の指導[指揮]で, 案内で. ▶ visiter un musée *sous la conduite d*'un guide ガイドの案内で美術館を見学する.

cône /koːn/ [男] ❶ 円錐(ẹ)(形のもの). ▶ *cône* droit 直円錐 / engrenage à *cône*《機械》傘歯車 / *cône* nucléaire《軍事》核弾頭. ❷《植物学》球果. ▶ *cône* du pin 松笠(ẹ).
confection /kɔ̃fɛksjɔ̃/ [女] ❶ 製作, 作成. ▶ des gâteaux de sa *confection* 彼(女)の手作りの菓子. ❷ 既製服製造(業). ▶ un vêtement de *confection* 既製服 / être dans la *confection* 既製服メーカーに勤めている.
confectionner /kɔ̃fɛksjɔne/ [他動] …を製作する, 作成する. ▶ *confectionner* un plat 料理を作る / *confectionner* une émission 放送番組を製作する.
confectionneur, euse /kɔ̃fɛksjɔnœːr, øːz/ [名] 既製服の製造業者[メーカー].
confédéral, ale /kɔ̃federal/;(男複) *aux* /o/ [形] 連邦の; 連盟の, 同盟の.
confédération /kɔ̃federasjɔ̃/ [女] ❶ 連邦. ▶ la *Confédération* suisse スイス連邦. ❷ (労働組合, スポーツなどの)連盟, 連合, 協会. ▶ la *Confédération* générale du travail (フランス)労働総同盟(略 CGT).
confédéré, e /kɔ̃federe/ [形] 連合した.
confédérer /kɔ̃federe/ [6] [他動] …を連合[同盟]させる.
— *se confédérer* [代動] 連合[同盟]する.
confer /kɔ̃fɛːr/《ラテン語》参照せよ, 比較せよ(略 conf., cf.).
***conférence** /kɔ̃feraːs/ コンフェラーンス/ [女]

[英仏そっくり語]
英 conference 会議.
仏 conférence 会議, 講演.

❶ 会議, 協議;(特に)国際会議. ▶ *conférence* au sommet 頂上会談, サミット / *conférence* de paix 講和会議 / organiser une *conférence* 会議を準備する / être en *conférence* 協議中である. [比較] ⇨ RÉUNION.
❷ 講演;(大学などの)講義. ▶ salle de *conférences* 講堂 / maître de *conférences* 准教授 / assister à une *conférence* 講演会に出席する / donner une *conférence* 講演を行う.

conférence de presse 記者会見. ▶ donner [tenir] une *conférence de presse* 記者会見を行う.

conférencier, ère /kɔ̃ferɑ̃sje, ɛːr/ [名] 講演者, 講師.
conférer /kɔ̃fere/ [6] [他動] ❶〈*conférer* qc à qn〉〔名誉, 称号など〕を…に授ける, 与える. ▶ Ce

titre lui *a conféré* un grand prestige. この称号は彼(女)に大きな名声を与えた.
❷⟨*conférer* qc à qc⟩[特性など]を…に付与する. ▶ un lac qui *confère* à la région un charme particulier この地方に独特の魅力を与えている湖. ❸ …を参照する, 照合する. ▶ *Conférez.* 参照せよ. 注 cf. または conf. と略.
— 自動 ⟨*conférer* avec qn (de [sur] qc)⟩ …と(…について)協議する, 相談する.

confesse /kɔ̃fes/ 囡 [カトリック]〔前置詞 à, de とともに無冠詞で〕告解. ▶ aller à *confesse* 告解に行く.

confesser /kɔ̃fese/ 他動 ❶ 白状する, 認める. ▶ confesser son erreur 間違いを認める / Je vous *confesse* que j'ai menti. うそをついたことを認めます. ❷〔罪〕を告解する, [文章]〔信仰など〕を告白[公言]する. ❸〔司祭が〕…の告解を聴く. ❹ 話 …に白状させる, の口を割らせる.
— **se confesser** 代動 ❶ 告解[告白]する. ▶ *se confesser* à un prêtre 司祭に告解する. ❷ 自分の誤ちを認める.

confesseur /kɔ̃fesœːr/ 男 ❶ 聴罪司祭. ❷ (打ち明け話の)聞き手.

****confession** /kɔ̃fesjɔ̃/ コンフェスィヨン/ 囡 ❶ (過ちなどの)白状, 自白. ▶ faire une *confession* complète à son avocat 弁護士に一部始終を白状する. ❷告解, 告白. ▶ entendre qn en *confession* …の告解を聴く. ❸ 信仰告白; (信仰する)宗教, 宗派. ▶ être de *confession* catholique カトリック信者である. ❹〔おもに複数で〕告白録.
On lui donnerait le bon Dieu sans confession. 話(告解せずに聖体拝領ができそうなほど善良に見える→)彼(女)は虫も殺さぬ顔つきだが, とんでもない.

confessionn*al* /kɔ̃fesjɔnal/; (複) ***aux*** /o/ 男 [カトリック]告解場.

confessionnel, le /kɔ̃fesjɔnɛl/ 形 宗教の, 宗派の; 信仰に関する. ▶ querelle *confessionnelle* 宗教論争.

confetti /kɔ̃feti/ 男 [イタリア語](祭などに投げ合う)色紙の細片, 紙吹雪.

****confiance** /kɔ̃fjɑ̃ːs/ コンフィヤーンス/ 囡 ❶ 信頼, 信用. ▶ avoir *confiance* en qn = faire *confiance* à qn …を信用する(比較 ⇨ SE FIER) / Faites-moi confiance. 信じてください / avoir une *confiance* totale en qn …を全面的に信頼している / avoir la *confiance* de qn …の信用を得ている / Cette voiture ne m'inspire pas *confiance*. この車にはどうも信用がおけない. ❷ 自信 (= *confiance* en soi). ▶ avoir [manquer de] *confiance* (en soi) 自信がある[ない] / perdre [reprendre] *confiance* (en soi) 自信を失う〔回復する〕. ❸ (議会による政府への)信任; (政府などの)大衆の信頼. ▶ poser la question de *confiance* [政府信任]議会に信任投票を求める.

avec confiance 自信をもって; 安心感をもって.
de confiance (1) 信用できる. ▶ un homme *de confiance* 信用できる人. (2) un poste *de confiance* (信用できる人にしか任せられない)責任ある地位. (3) 信用して. ▶ Vous pouvez acheter cet appareil *de confiance*. この機種は安心してお買い求めになれます.
donner confiance 信頼感を与える.
en (***toute***) ***confiance*** 安心して. ▶ Je me sens *en confiance* avec lui. 彼と一緒だとほっとする.
La confiance règne! (皮肉で)私もずいぶんと信用されたものだ.

confiant, ante /kɔ̃fjɑ̃, ɑ̃ːt/ 形 ❶ ⟨*confiant* (dans [en] qc/qn)⟩ (…を)信頼[信用]している. ▶ être *confiant* dans le succès 成功を信じている / un regard *confiant* 信頼の眼差(*ざ)し. ❷ 人を信用しやすい. ❸ 自信のある.

confidence /kɔ̃fidɑ̃ːs/ 囡 打ち明け話, 秘密の話. ▶ faire une *confidence* à qn …に打ち明け話をする.
dans la confidence 秘密にあずかって. ▶ mettre qn *dans la confidence* …に秘密を打ち明ける.
en confidence 内密に, 内緒の話として.

confid*ent*, *ente* /kɔ̃fidɑ̃, ɑ̃ːt/ 名 ❶ 秘密を打ち明けられる相手. ❷ (古典劇で, 主要人物の)話の聞き役, 腹心の役.

confidentialité /kɔ̃fidɑ̃sjalite/ 囡 秘密保持.

confidentiel, le /kɔ̃fidɑ̃sjɛl/ 形 内密の, 秘密の. ▶ avoir un entretien *confidentiel* avec qn …と内密に話をする / à titre *confidentiel* 内密に, 非公式に / «*Confidentiel*» (手紙の上書きで)「親展」

confidentiellement /kɔ̃fidɑ̃sjɛlmɑ̃/ 副 内密に, こっそり; 非公式に.

****confier** /kɔ̃fje/ コンフィエ/ 他動 ❶ ⟨*confier* A à B⟩ A を B に託する, 任せる; 預ける. ▶ *confier* une mission à qn …に任務を託する / *confier* son enfant à un ami 友人に子供を預ける. ❷ 打ち明ける. ▶ *confier* ses secrets à un ami 友人に秘密を打ち明ける / Il m'*a confié* qu'il allait démissionner. 彼は辞職するつもりだと私に言った.
— *****se confier*** 代動 ❶ ⟨*se confier* (à qn)⟩ (…に)意中を打ち明ける. ▶ Elle ne s'est *confiée* à personne. 彼女はだれにも打ち明けなかった. ❷ ⟨*se confier* qc⟩ …を打ち明け合う. ❸ [文章]⟨*se confier* à [dans, en] qc⟩ …に頼る. ▶ *se confier* à la providence 運を天に任せる.

configuration /kɔ̃figyrasjɔ̃/ 囡 ❶ 形状, 形態. ▶ la *configuration* d'un pays 国の地形. ❷ 様相, 状況. ❸ [情報]設定.

configurer /kɔ̃figyre/ 他動 [情報]…の環境設定をする.

confiné, e /kɔ̃fine/ 形 ❶ 閉じこもった; 閉じ込められた. ▶ vivre *confiné* chez soi 家に引きこもって暮らす. ❷ [空気が]こもった, 汚れた. ▶ L'air est *confiné*. 空気がよどんでいる (= Ça sent le renfermé).

confinement /kɔ̃finmɑ̃/ 男 ❶ [文章]閉じ込めること, 閉じこもること. ❷ ⟨*confinement* dans qc⟩ …に専念[限定]すること.

confiner /kɔ̃fine/ 間他動 ⟨*confiner* à qc⟩ ❶ と境を接する, のすぐ近くにある. ▶ L'Espagne *confine* à la France. スペインはフランスと国境を接している. ❷ …と近似している, 大差ない. ▶

une audace qui *confine* à la témérité 無鉄砲に近い大胆さ. — 他動 <*confiner* qn dans qc> ❶ …を…に閉じ込める, 監禁する. ❷ …を(限定された権限などの)枠内に押しとどめる.
— **se confiner** 代動 ❶ …に閉じこもる. ▶ *se confiner* chez soi 自宅に閉じこもる. ❷ …に打ち込む; 専ら…のみを行う.

confins /kɔ̃fɛ̃/ 男複 ❶ 境界(地域), 境目. ▶ les *confins* d'un département 県境. ❷ 果て, 極限. ▶ aller aux *confins* de la terre 地の果てまで行く.

confire /kɔ̃fi:r/ 69 (過去分詞 confit, 現在分詞 confisant) 他動 [果物]を砂糖漬けにする; (保存用に)[食べ物]を漬ける. ▶ *confire* des prunes プラムを砂糖漬けにする / *confire* des cornichons dans du vinaigre (ピクルス用の)キュウリを酢に漬ける. — **se confire** 代動 ❶ (砂糖, 酢などに)[食べ物が]漬けられる. ❷ 文章 <*se confire* dans [en] qc> (ある感情, 態度)に浸りきる.

confirmation /kɔ̃firmasjɔ̃/ 女 ❶ 確認, 確証, コンファーム. 注 avoir, demander, donner, attendre などのあとではしばしば無冠詞となる. ▶ la lettre de *confirmation* (契約などに先立って取り交わされる)確認の文書 / donner *confirmation* d'un rendez-vous (面会などの)約束を確認する / J'attends *confirmation* de votre part. あなた(方)からの確認の連絡をお待ちします. ❷ [法律] 原判決維持. ❸ 『カトリック』堅信の秘跡: 聖霊の恩恵を与えて, 信仰のあかしを立てる力を与える秘跡.

***confirmer** /kɔ̃firme/ コンフィルメ 他動 ❶ <*confirmer* qc // *confirmer* que + 直説法> …を(本当であると)確認する, 立証する, 裏付ける. ▶ *confirmer* une nouvelle ある情報を確認する / Le résultat de cette expérience *confirme* que notre hypothèse était juste. この実験の結果は我々の仮説が正しかったことを証明している / *confirmer* une réservation 予約を確認する.
❷ <*confirmer* qn dans qc> …の(意見, 態度など)を堅固にする, 固める. ▶ Ce témoignage l'*a confirmé* dans son opinion. その証言は彼の意見をより強固なものにした.
❸ 『カトリック』…に堅信の秘跡を授ける.
— **se confirmer** 代動 ❶ 確認される, 確実になる. ▶ La nouvelle *s'est confirmée*. その情報は確認された. ❷ <*se confirmer* dans qc> (意見, 態度など)を固持する, 強固にする. ❸ (非人称構文で) Il *se confirme* qu'il avait raison. 彼の正しかったことが確認されている.

confiscation /kɔ̃fiskasjɔ̃/ 女 没収, 押収; 没収財産.

confiserie /kɔ̃fizri/ 女 ❶ (果物の砂糖漬け, キャンディ, ドロップなどの)糖菓製造(業). ❷ 糖菓製造工場; 菓子屋. ❸ 糖菓.

confiseur, euse /kɔ̃fizœ:r, ø:z/ 名 糖菓製造業者; 糖菓販売人, 菓子屋.

confisquer /kɔ̃fiske/ 他動 <*confisquer* qc (à qn)> (…から)…を押収する, 没収する; 取り上げる. ▶ *confisquer* des biens 財産を没収する / Le professeur lui *a confisqué* ses illustrés. 先生から(彼)から漫画本を取り上げてしまった.

confit, ite /kɔ̃fi, it/ 形 (confire の過去分詞) ❶ (砂糖, 油, 酢などに)漬けた; fruits *confits* 果物の砂糖漬け. ❷ 文章 <*confit* en qc> …に浸り切った, 凝り固まった. ▶ une personne *confite* en dévotion 信心に凝り固まった人, 信心ぶる人. ❸ 文章 [表情などが]取りすました.
— **confit** 男 『料理』コンフィ, 脂肪漬け: 豚や家禽(きん)の肉をその脂で煮て漬けた保存食. ▶ *confit* de canard アヒルのコンフィ.

***confiture** /kɔ̃fity:r/ コンフィチュール 女 ジャム. ▶ *confiture* de fraises イチゴジャム.
de la confiture au cochon 豚に真珠.

confiturier, ère /kɔ̃fityrje, ɛ:r/ 名 ジャム製造[販売]業者.
— **confiturier** 男 (食卓用の)ジャム入れ.

conflagration /kɔ̃flagrasjɔ̃/ 女 文章 (政治的, 国際的)動乱, 紛争, 対立.

conflictuel, le /kɔ̃fliktɥɛl/ 形 紛争を引き起こす, 対立の原因をはらむ; 葛藤(とう)の.

***conflit** /kɔ̃fli/ コンフリ 男 ❶ (軍事的な)紛争, 戦争. ▶ *conflits* internationaux 国際紛争 / *conflit* armé 武力衝突. ❷ 争い, 衝突, 対立, 軋轢(あつれき). ▶ *conflit* d'intérêts 利益相反 / *conflits* sociaux 労使間の紛争 / entrer en *conflit* avec qn …と衝突する, 争う / régler un *conflit* 紛争を解決する. ❸ 葛藤(とう).

confluent /kɔ̃flyɑ̃/ 男 (川などの)合流点. ▶ Lyon est au *confluent* de la Saône et du Rhône. リヨンはソーヌ川とローヌ川の合流点にある.

confluer /kɔ̃flye/ 自動 文章 合流する; 集結する, 集中する. ▶ La Seine et la Marne *confluent* à Charenton. セーヌ川とマルヌ川はシャラントンで合流する.

confondant, ante /kɔ̃fɔ̃dɑ̃, ɑ̃:t/ 形 文章 驚愕(がく)させる, 唖然(あぜん)とさせる.

***confondre** /kɔ̃fɔ̃:dr/ コンフォーンドル 59 他動

| 過去分詞 confondu | 現在分詞 confondant |

直説法現在 je confonds	nous confondons
複合過去 j'ai confondu	
単純未来 je confondrai	

❶ …を混同する, 取り違える. ▶ *confondre* les dates 日付を混同する / 《目的語なしに》Il est possible que tu *confondes*. 君が勘違いしているのかもしれない. ◆*confondre* A avec [et] B AとBとを取り違える. ▶ Il *a confondu* son manteau avec le mien. 彼は自分のコートと私のとを間違えた.
❷ …を1つにする. ▶ deux fleuves qui *confondent* leurs eaux 合流する2つの川.
❸ [態度などが]…を驚愕(がく)させる, 唖然(あぜん)とさせる. ▶ Son insolence me *confond*. 彼(女)の厚かましさにはあきれてものが言えない / Cet événement *confond* nos imaginations. この出来事は我々の想像を絶している.
❹ …をやり込める. ▶ *confondre* l'interlocuteur par un raisonnement serré 緻密(ちみつ)な論理展開で話し相手をやり込める.
Il ne faut pas confondre A et B. AとBは

confondu

別物だ．
— **se confondre** 代動 ❶ ⟨*se confondre* (avec qc/qn)⟩ (…と)一つになる；混同される，間違われる．▶ Elle *se confond* avec la foule. 彼女は群衆の中に紛れ込んでいる．
❷ *se confondre* en excuses (恐縮して)言い訳の言葉を何度も繰り返す / *se confondre* en remerciements しきりにお礼を言う．

confondu, e /kɔ̃fɔ̃dy/ 形 (confondre の過去分詞) ❶ 啞然(${}$)とした，あっけに取られた．▶ Il restait *confondu* devant cette violence inattendue. その思いもかけない暴力に，彼は呆然(${}$)としていた．❷ 恐縮した．▶ Je suis tout *confondu* de votre gentillesse. 御親切にまったく恐縮しております．❸ 混じり合った，一体となった．▶ la mer *confondue* avec le ciel 空と一つになった海 / toutes catégories professionnelles *confondues* あらゆる職業を通じて．

conformation /kɔ̃fɔrmasjɔ̃/ 女 (体，器官の)形態，構造．▶ un vice de *conformation*《医学》先天的奇形．

conforme /kɔ̃fɔrm/ 形 ❶ ⟨*conforme* à qc⟩ …にかなった，合致した．▶ une interprétation peu *conforme* à l'esprit du texte 原文の意をほとんどくみ取っていない解釈 / mener une vie *conforme* à ses moyens 自分の資力に応じた生活をする．❷ 正規の；原本と同一の．▶ pour copie *conforme* (複写の書類について)原本と相違ないことを証す．❸〔考えなどが〕規範的な；大勢に合致した．

conformé, e /kɔ̃fɔrme/ 形 bien [mal] *conformé* (新生児が)肉体的に正常な [障害のある]．

conformément /kɔ̃fɔrmemɑ̃/ 副 ⟨*conformément* à qc⟩ …に従って，応じて．▶ «Défense d'afficher *conformément* à la loi du 29-7-1881» 「1881年7月29日付の法令により張り紙禁止」(外壁などに記された注意書き) / agir *conformément* aux résolutions des Nations unies 国連の決議に従って行動する．

conformer /kɔ̃fɔrme/ 他動 文章 ⟨*conformer* qc à qc⟩ …に…を一致させる，順応させる．▶ *conformer* son attitude à celle des autres 他人の態度に自分を合わせる．
— **se conformer** 代動 ⟨*se conformer* à qc⟩ …に合わせて行動する，順応する．▶ *se conformer* au goût du jour 時代の流れに合わせる．

conformisme /kɔ̃fɔrmism/ 男 (体制)順応主義；慣例遵守(${}$)．

conformiste /kɔ̃fɔrmist/ 形 (体制)順応主義の；因襲的な．— 名 (体制)順応主義者．

conformité /kɔ̃fɔrmite/ 女 一致，合致，適合．▶ la *conformité* d'une copie avec l'original コピーと原本の一致．● en *conformité* avec qc …に合致して；に従って．▶ agir en *conformité* avec les décisions prises 下された決定に即して行動する．

***confort** /kɔ̃fɔːr/ コンフォール 男 ❶《集合的に》快適な設備；快適な生活；(物質面での)快適さ．▶ un appartement de grand *confort* 設備の整っているアパルトマン / *confort* moderne (エレベーター，セントラルヒーティングなどの)近代的設備 / aimer le *confort* 快適な生活を好む / médicament de *confort* 強壮剤 / *confort* de lecture 読みやすさ / *confort* visuel 見やすさ /《同格的に》hôtel tout *confort*《広告などで》設備の完備したホテル．❷ (精神の)安楽，安逸．▶ *confort* intellectuel 知的安逸．

***confortable** /kɔ̃fɔrtabl/ コンフォルタブル 形 ❶ 快適な，安楽な；心が安まる．▶ hôtel *confortable* 快適な [設備のよい] ホテル / fauteuil peu *confortable* 座り心地のあまりよいひじ掛け椅子(${}$) /《非人称構文で》Il est plus *confortable* de penser que vous n'êtes pas coupable. あなたに罪はないと考えた方が心安まる．
❷〔数量などが〕相当な，かなりの．▶ revenus *confortables* かなりの収入 / Les élections ont donné une *confortable* majorité à ce parti. 選挙で同派はかなり余裕のある過半数を獲得した．

confortablement /kɔ̃fɔrtabləmɑ̃/ 副 ❶ 安楽に，快適に，心地よく．▶ vivre *confortablement* 安楽に暮らす．❷ 相当に，かなり．▶ être *confortablement* payé 相当給料がよい．

conforter /kɔ̃fɔrte/ 他動 …を堅固にする，強化する；力づける，励ます．
conforter qn dans qc …の (行動，考えなど)をより強固にする．
— **se conforter** 代動 強固になる，堅固になる；力づけられる．

confraternel, le /kɔ̃fratɛrnɛl/ 形 同僚の，同業者の．

confraternité /kɔ̃fratɛrnite/ 女 同僚であること；同僚のよしみ．

confrère /kɔ̃frɛːr/ 男 (医師，弁護士，ジャーナリストなど自由業の)同僚，同業者．▶ notre *confrère* le docteur X 我らが同僚 X 博士．

confrérie /kɔ̃freri/ 女 (キリスト教精神に基づく)兄弟会，信心会，信徒団．

confrontation /kɔ̃frɔ̃tasjɔ̃/ 女 ❶ 対面，対決；《法律》対質．▶ la *confrontation* de l'accusé avec les témoins 被告と証人の対決 [対質]．❷ 突き合わせ，比較，対照，照合．▶ la *confrontation* d'une copie et de l'original d'un tableau 絵画の原作と模写の比較．

confronter /kɔ̃frɔ̃te/ 他動 ❶ ⟨*confronter* qn (avec qn)⟩ …を (…に) 対決させる，対面させる．▶ *confronter* un témoin avec l'accusé 証人と被告とを対決させる [対質尋問する]．
❷ ⟨*confronter* qc (avec [à] qc)⟩ …を (…と) 突き合わせる，比較対照する．▶ *confronter* deux textes 2つのテキストを照合する．
❸ ⟨*être* confronté à qc⟩ (困難，危機など)に直面している．▶ être *confronté* à un problème ardu 厄介な問題に直面している．
— **se confronter** 代動 ❶ ⟨*se confronter* à [avec] qn/qc⟩ …に対決する，立ち向かう．❷ 対決し合う．❸ 比較対照される．

confucianisme /kɔ̃fysjanism/ 男 儒教．

***confus, use** /kɔ̃fy, yːz/ コンフュ，コンフューズ 形 ❶ 混乱した，漠然とした．▶ explication *confuse* 不明瞭な説明 / situation *confuse* 混沌(${}$)とした情勢．❷ 雑然とした，乱雑な．▶ bruit *confus* がやがやいう物音 / un amas con-

fus d'objets 乱雑に積み上げられた物. ❸ 恥じ入った, 当惑した; **恐縮**した. ▶ être *confus* de son erreur 失敗に恥じ入っている / Je suis *confus*. 恐れ入ります / Je suis vraiment *confus* d'arriver en retard. 遅刻して本当にすみません.

confusément /kɔ̃fyzemɑ̃/ 副 雑然と, 無秩序に; 漠然と, ぼんやりと.

*__confusion__ /kɔ̃fyzjɔ̃/ コンフューズィヨン/ 女 ❶ 混同, 取り違え; 思い違い. ▶ faire une *confusion* de dates 日付を取り違える / commettre une grossière *confusion* ひどい勘違いをする. ❷ 乱雑; 混乱, 混沌(ぇん). ▶ Dans la *confusion* générale, elle a pu s'échapper. 大混乱の中, 彼女は逃げ出すことができた. ❸ 当惑, 狼狽(ぱい), 恐縮. ▶ rougir de *confusion* うろたえて顔を赤らめる. *confusion* mentale 精神錯乱.

à ma（*grande*）*confusion*（たいへん）お恥ずかしいことですが.

confusionnisme /kɔ̃fyzjɔnism/ 男 ❶（議論, 分析などの）混迷に導くこと; 人心の攪乱(ぉん). ❷（幼児の心性における）未分化状態, 混沌(ぇん)性.

*__congé__ /kɔ̃ʒe/ コンジェ/ 男 ❶ 休暇, 休み. ▶ *congé* de maladie 病気休暇 / *congé* annuel 年次休暇 / *congés* payés 有給休暇 / *congé*（de）maternité 出産休暇 / *congé* parental d'éducation 育児休暇 / *congé* de formation 研修休暇 / demander [accorder] un *congé* de trois jours 3日間の休暇を願い出る [与える] / prendre un *congé* 休暇を取る / prendre deux semaines de *congé* 2週間の休暇を取る / être en *congé* 休暇中である / Quand avez-vous *congé* en été? 夏には, いつ休みを取りますか.

❷《所有形容詞とともに》辞職, 辞任; 解雇, 解任. ▶ demander son *congé* 辞職を願い出る / donner son *congé* à qn …を解雇する, …に暇を出す（= licencier, renvoyer）. ❸（賃貸契約の）解約の申し入れ [告知]. ▶ donner *congé* à un locataire 借家人に解約を通告する（⇨ 成句）. ❹（商品の）運搬許可; 出港許可.

donner congé à qn（立ち去る者）に別れを告げる, 立ち去る許可を与える.

prendre congé（*de qn*）（…）に別れを告げる, いとまごいをする. ▶ Paul *a pris congé de* ses amis. ポールは友人に別れを告げた.

congédier /kɔ̃ʒedje/ 他動 ❶（客などに）帰ってもらう, を追い出す. ❷ …を解雇する, に暇を出す.

congelable /kɔ̃ʒlabl/ 形 凝固 [凍結] しうる.

congélateur /kɔ̃ʒelatœːr/ 男 冷凍庫, フリーザー.

congélation /kɔ̃ʒelasjɔ̃/ 女 ❶ 凝固, 凍結. ▶ le point de *congélation* 氷点, 凝固点. ❷ 冷凍. ▶ la *congélation* de la viande 肉の冷凍.

congeler /kɔ̃ʒle/ 五 他動 ❶ …を凍らせる; 冷凍する. ▶ *congeler* de la viande 肉を冷凍する / aliment *congelé* 冷凍食品. ❷ [シロップ, 油など] を濃縮する, 固める.

— *se congeler* 代動 凝固する, 凍結する.

congénère /kɔ̃ʒeneːr/ 名 ❶ 同種 [同類] の生物. ❷《多く蔑まして》同類, 似た者.

congénital, ale /kɔ̃ʒenital/;《男複》*aux* /o/ 形 ❶〔病気などが〕先天性の. ▶ maladie *con-* *génitale* 先天性疾患. ❷ 生来の, 持って生まれた. ▶ l'*optimisme* *congénital* des Américains アメリカ人の根っからの楽天主義.

congère /kɔ̃ʒɛːr/ 女（雪の）吹溜(ぞま)り.

congestion /kɔ̃ʒɛstjɔ̃/ 女 ❶ 充血; うっ血. ❷（道路の）混雑, 渋滞.

congestionner /kɔ̃ʒɛstjɔne/ 他動 ❶ …を充血させる, うっ血させる. ▶ avoir le visage *congestionné* 顔がほてる. ❷〔道路〕をふさぐ, 混雑させる.

— *se congestionner* 代動 ❶ 充血する, うっ血する. ❷〔道路が〕渋滞する.

conglomérat /kɔ̃ɡlɔmera/ 男 ❶ 礫岩(ホム). ❷ 寄せ集め, 集団. ❸ コングロマリット, 複合企業.

conglomérer /kɔ̃ɡlɔmere/ 6 他動 …を一塊にする, 凝集する. — *se conglomérer* 代動 一塊になる, 凝集する.

Congo /kɔ̃ɡo/ 固有 男 コンゴ: 首都 Brazzaville. ▶ au *Congo* コンゴに [で, へ].

congolais, aise /kɔ̃ɡɔlɛ, ɛːz/ 形 コンゴ Congo の. — **Congolais, aise** 名 コンゴ人.

congratulation /kɔ̃ɡratylasjɔ̃/ 女（多く複数で）（やや大げさな）祝辞.

congratuler /kɔ̃ɡratyle/ 他動 文章/《ふざけて》（やや大げさに）…を祝う. ▶ *congratuler* qn pour son succès …の成功を祝う.

— *se congratuler* 代動（やや大げさに）お互いに祝いの言葉を交わし合う.

congre /kɔ̃ːɡr/ 男【魚類】アナゴ.

congréganiste /kɔ̃ɡreɡanist/ 形, 名（単式誓願）修道会の（会員）.

congrégation /kɔ̃ɡreɡasjɔ̃/ 女 ❶ 修道会. ▶ la *congrégation* de l'Oratoire オラトリオ会. ❷（司祭または信者の）信心会, 愛徳会. ❸（ローマ教皇庁の）聖省（= *congrégation romaine*）.

*__congrès__ /kɔ̃ɡrɛ/ コングレ/ 男 ❶（外交, 学術, 政党などの大規模な）**会議**, 大会, 学会. ▶ le *congrès* international de la paix 国際平和会議 / participer à un *congrès* de médecine 医学会に参加する / *Congrès* de Vienne ウィーン会議 (1815年). 比較 ⇨ RÉUNION. ❷《*Congrès*》（アメリカの）国会; （フランスの）上下両院合同会議: 第4共和制で大統領選出, 第5共和制で憲法改正のため招集された.

congressiste /kɔ̃ɡresist/ 名（会議, 学会の）参加者, 出席者; 代表, 委員.

congru, e /kɔ̃ɡry/ 形【数学】合同の. ▶ les triangles *congrus* 合同三角形.

portion congrue 生活ぎりぎりの収入 [食糧]. ▶ réduire qn à la *portion congrue* …に食うか食わぬかの給料しか払わない; を最低生活に追い込む.

congruence /kɔ̃ɡryɑ̃ːs/ 女 ❶【数学】合同, 合同式. ❷【外科】完全な吻合(ごん), 完全な接合.

congruent, ente /kɔ̃ɡryɑ̃, ɑ̃ːt/ 形【数学】合同の（= congru）.

congrûment /kɔ̃ɡrymɑ̃/ 副 文章 適切に, 正しく, 適当に.

conicité /kɔnisite/ 女 円錐(ホム)形.

conifère /kɔnifɛːr/ 男【植物】針葉樹.

conique /kɔnik/ 形 円錐(ホム)形の. ▶ section *conique* 円錐曲線 / engrenage *conique* 傘歯車. — 女【数学】円錐曲線.

conjectural, ale /kɔ̃ʒɛktyral/;《男複》**aux** /o/ 形 推測に基づく、憶測の.

conjecture /kɔ̃ʒɛkty:r/ 女 文章 推測, 憶測, 仮定 (=hypothèse). ▶ par *conjecture* 憶測で, 当てずっぽうに / se perdre en *conjectures*（あれこれ推測して）判断に迷う.

conjecturer /kɔ̃ʒɛktyre/ 他動 文章 …について推測する, 憶測する, 仮定する. ▶ *conjecturer* l'issue d'un événement 事件の結末を推測する.

conjoint, ointe /kɔ̃ʒwɛ̃, wɛ:t/ 形 ❶〔行動などが〕共同の, 時を同じくした. ▶ déclaration *conjointe* 共同声明 / legs *conjoint* 共同遺贈. ❷ 結び付いた, 付随した. ▶ note *conjointe*（テキストの）付注 / maladies *conjointes* 合併症.
── 名 配偶者;《複数で》夫婦 (=les deux *conjoints*). 比較 ⇨ ÉPOUX.

conjointement /kɔ̃ʒwɛ̃tmɑ̃/ 副 文章 (…と) 共同して, 協力して; 一緒に, 同時に.

conjonctif, ive /kɔ̃ʒɔ̃ktif, i:v/ 形 ❶〔解剖〕結合性の, 結合する; 結合組織の. ▶ tissu *conjonctif* 結合組織. ❷〔文法〕接続(詞)の. ▶ locution *conjonctive* 接続詞句(avant que, bien que など).
── **conjonctive** 女 ❶〔解剖〕結膜. ❷〔文法〕接続詞節.

conjonction /kɔ̃ʒɔ̃ksjɔ̃/ 女 ❶ 文章 結合, 結び付き; 出会い. ▶ une *conjonction* de la science et de l'imagination 科学と想像力の結び付き. ❷〔文法〕接続詞. ▶ *conjonction* de coordination 等位接続詞(et, mais など) / *conjonction* de subordination 従位接続詞 (comme, quand など). ❸〔天文〕合(ᵍ): 地球, 太陽, 内惑星が一線上に位置すること.

conjonctivite /kɔ̃ʒɔ̃ktivit/ 女 結膜炎.

conjoncture /kɔ̃ʒɔ̃kty:r/ 女 ❶ 情勢, 局面;〔いろいろな状況の〕重なり合い, 巡り合わせ. ▶ *conjoncture* favorable 有利な局面 / *conjoncture* internationale 国際情勢 / dans la *conjoncture* actuelle 現状では / étude de *conjoncture* 情勢分析; 景気予測. ❷ 経済情勢, 景気 (=*conjoncture* économique). ▶ La *conjoncture* (économique) est favorable. 景気は好調だ / les fluctuations de la *conjoncture* 景気の変動 / faire de la *conjoncture* 景気予測をする.

conjoncturel, le /kɔ̃ʒɔ̃ktyrɛl/ 形 景気の, 経済情勢の; 景気による, 一時的な.

conjoncturiste /kɔ̃ʒɔ̃ktyrist/ 男（短期動向を専門とする）経済評論家, 景気アナリスト.

***conjugaison** /kɔ̃ʒygɛzɔ̃/ コンジュゲゾン 女 ❶〖文法〗(動詞の) 活用(表); (一定の活用に従う) 動詞群. ▶ *conjugaison* régulière [irrégulière] 規則 [不規則] 活用 / apprendre la *conjugaison* du verbe «aller» 動詞 aller の活用を覚える. ❷ 文章 結合, 連結. ▶ grâce à la *conjugaison* de nos efforts 総力を結集したおかげで.

conjugal, ale /kɔ̃ʒygal/;《男複》**aux** /o/ 形 夫婦の, 婚姻上の. ▶ amour *conjugal* 夫婦愛 / vie *conjugale* 結婚生活 / foyer *conjugal* 家庭 / devoir *conjugal* 夫婦の性的義務.

conjugalement /kɔ̃ʒygalmɑ̃/ 副 夫婦として.

conjugué, e /kɔ̃ʒyge/ 形 ❶ 結び合わされた. ▶ une action *conjuguée* 連携行動. ❷〔動詞が〕活用した. ▶ formes *conjuguées* 活用形. ❸〔数学〕共役の. ▶ nombre complexe *conjugué* 共役複素数.

conjuguer /kɔ̃ʒyge/ 他動 ❶〔動詞を〕活用させる. ▶ *conjuguer* un verbe irrégulier ある不規則動詞を活用させる. ❷ 文章 …を結合させる, 一つにする. ▶ *conjuguer* les efforts de toute une équipe チーム全員の努力を結集させる.
── **se conjuguer** 代動 ❶〔動詞が〕活用する, 変化する. ❷ 文章 結合する, 結びつく.

conjuration /kɔ̃ʒyrasjɔ̃/ 女 ❶ 陰謀, 謀反. ❷（危険などの）回避. ❸ 悪魔祓い; 呪文(ᵍ).

conjuré, e /kɔ̃ʒyre/ 名 陰謀の荷担者, 謀反人.

conjurer /kɔ̃ʒyre/ 他動 ❶ *conjurer* qn de + 不定詞 …に…してくれと懇願する. ▶ Je vous *conjure* de venir. ぜひおいでください.
❷〔不幸, 災厄を〕払いのける, 回避する;〔悪霊を〕祓(ᵍ)う. ▶ *conjurer* un péril 危険を逃れる / *conjurer* les démons 悪魔祓いをする.
❸ 文章〔悪事を〕企てる, たくらむ, 謀る. ▶ *conjurer* la perte de qn …の破滅を謀る.

connais /kɔnɛ/ 活用 ⇨ CONNAÎTRE 50

connaissable /kɔnɛsabl/ 形 知りうる, 認識可能な.

connaissaient, connaissais, connaissait /kɔnɛse/ 活用 ⇨ CONNAÎTRE 50

:**connaissance** /kɔnɛsɑ̃:s コネサーンス/ 女 ❶（多く複数で）知識; 知ること. ▶ avoir des *connaissances* étendues sur un sujet ある問題について幅広い知識を持つ / approfondir [enrichir] ses *connaissances* 知識を深める / faire étalage de ses *connaissances* 知識をひけらかす / Sa *connaissance* du français lui a été très utile. フランス語を知っていることが彼(女)には大いに役立った. ◆ avoir "la *connaissance* [une *connaissance* + 形容詞] de qc …を知っている. ▶ Il a la *connaissance* de plusieurs langues. 彼は数か国語に通じている / Elle a une bonne *connaissance* de l'anglais 彼女は英語をよく知っている.
❷ 認識. ▶ *connaissance* intuitive 直観的認識 / théorie de la *connaissance* 認識論.
❸ 意識, 知覚. ▶ avoir toute sa *connaissance* 頭がはっきりしている, 正気である / tomber sans *connaissance* 気絶して倒れる.
❹ 知り合うこと, 面識; 交際. ▶ rechercher la *connaissance* de qn …の面識を得たいと願う / renouer *connaissance* avec qn …とよりを戻す, 旧交を温める.
❺ 知り合い, 知人. ▶ Ce n'est pas un ami, c'est une simple *connaissance*. あの人は友人ではなく単なる知り合いですよ / vieille *connaissance* 年来の知人.

à ma connaissance 私の知る限りでは (=autant que je sache). ▶ *A ma connaissance*, il n'a jamais été malade. 私の知る限り, 彼は病気をしたことがない.

avoir connaissance de qc（多く過去形で）…を知っている. ▶ Je n'ai pas *eu connaissance*

de cet accident. そんな事故があったとは知らなかった.
de (sa) connaissance (…の)知っている, 知り合いの. ▶ une figure *de connaissance* 見覚えのある顔.
donner connaissance de qc à qn …に…を知らせる.
en (toute) connaissance de cause 事情[事実]を心得て. ▶ agir *en connaissance de cause* 事情をわきまえたうえで行動する.
être [se trouver] en pays de connaissance (1) 親しい人々に囲まれている. (2) 得意の分野[問題]である.
faire connaissance avec qc …に初めて接する, を初めて体験する.
faire [lier] connaissance avec qn …と知り合う.
faire la connaissance de qn …と知り合う, の面識を得る. ▶ Je suis très heureux de *faire votre connaissance*. 《挨拶で》お近づきになれてうれしく思います.
perdre [reprendre] connaissance 意識を失う[取り戻す]
porter qc à la connaissance de qn …に…を知らせる.
prendre connaissance de qc 《過去形で》(手紙, 文書など)の内容を知る. ▶ C'est hier seulement qu'il *a pris connaissance de* ce document. 彼は昨日になって初めて書類を読んだ.
venir à la connaissance de qn …の知るところとなる, に知られる.
connaissement /kɔnɛsmɑ̃/ 男 船荷証券.
connaisseur, euse /kɔnɛsœːr, øːz/ 名 通(?), 玄人, 目利き; 鑑定家. 注 女性形は稀. ▶ un *connaisseur* en vin ワイン通.
— **connaisseur** 形 《男性形のみ》玄人らしい, 玄人ぶった. ▶ Elle est très *connaisseur*. 彼女はたいへんな通だ.
connaît /kɔnɛ/ 活用 ⇨ CONNAÎTRE 50

***connaître** /kɔnɛtr コネートル/ 50 他動 比較, 語法 ⇨ SAVOIR.

過去分詞	connu	現在分詞	connaissant
直説法現在	je connais	nous connaissons	
	tu connais	vous connaissez	
	il connaît	ils connaissent	
複合過去	j'ai connu	半過去	je connaissais
単純未来	je connaîtrai		
単純過去	je connus		
接続法現在	je connaisse		

❶ <**connaître qn**> ❶ …(の顔, 名前など)を知っている. ▶ Vous *connaissez* cet auteur? この作家のことは御存じですか / *connaître* qn de nom [vue] …の名前[顔]は知っている.
❷ …と知り合う; 知り合いである, 面識がある. ▶ Je suis heureux de vous *connaître*. お近づきになれてうれしく思います / Je le *connais* depuis longtemps. 彼とはずっと以前からの知り合いだ.
❸ …(の性格など)をよく知っている. ▶ Je la *connais* très bien, elle est incapable de mentir. 私は彼女がどんな人かよく知っているが, 彼女はうそをつける人ではない.
❹ …を(権威として)認める. ▶ Il ne *connaît* ni Dieu, ni diable. 彼は神も悪魔も信じない.
❷ <**connaître qc**> ❶ …(の存在)を知っている. ▶ Je *connais* un bon restaurant près d'ici. この近くにおいしいレストランを1軒知っている / Tu *connais* la nouvelle? あのニュースを知ってるかい.
◆*connaître* qc à qn 《多く否定的表現で》…に…があることを知っている. ▶ Je ne te *connaissais* pas cette douceur. 君にあんな優しさがあるとは知らなかった.
❷ …をよく知っている, に通じている. ▶ *connaître* une œuvre「à fond [par cœur] 知している[そらんじている] / Vous *connaissez* Moscou? モスクワを知っていますか [に行ったことがありますか] / *connaître* son métier 自分の職業に精通している / Elle *connaît* bien le français. 彼女はフランス語がよくできる.
❸ …を体験する, 体験して知っている. ▶ *connaître* le désespoir (=éprouver) 絶望を味わう / Ils *ont connu* des temps heureux. 彼らにも幸せな時があった.
❹ 〔物が〕…を持つ, 得る (=avoir). ▶ Depuis plusieurs années, ce pays *connaît* un étonnant accroissement démographique. ここ数年その国は驚くべき人口増加を記録している / Ce roman *a connu* un grand succès. その小説は大当たりをとった / Son orgueil ne *connaît* pas de bornes. 彼(女)の傲慢(ごう)さはとどまるところを知らない.
❺ <ne *connaître* que qc> …だけを重視する, 考慮に入れる. ▶ Il ne *connaît* que「son devoir [l'argent]. 彼は自分の義務以外眼中にない[金のことしか考えない].
Ça me [le] connaît. 話 それは私[彼]にはお手のものだ. ▶ La boxe, *ça me connaît*. ボクシングだったら任せとけ.
connais pas(!) 話 知るもんか, 関係ないね. ▶ Sartre? *Connais pas!* サルトルなんて知らないよ.
connaissant qc …にかんがみ, …なので (=étant donné). ▶ On te pardonne cette fois, *connaissant* la situation. 状況を考えて, 今回は許してやろう.
en connaître un bout [rayon] 話 …のことをよく知っている. ▶ En musique, il *en connaît un bout*. 彼は音楽にはとても詳しい.
faire connaître qc/qn (à qn) …を(…に)知らせる, 伝える; 紹介する. ▶ Il *a fait connaître* cet auteur au public français. 彼がその作家をフランスの読者に紹介した.
Je ne connais que ça. (1) 話 そのことならよく知っている. 注 知っていて思い出せないときに使われる表現. (2) これが一番いい. ▶ Une bonne pipe après le repas, *je ne connais que ça*. 食後の一服, これは最高だねえ.
「***ne pas connaître grand-chose [ne rien connaître]*** *à qc* …のことはたいして[まったく]知らない. ▶ Je *ne connais pas grand-chose à* l'agriculture. 私は農業のことはよく知らない. ◆

connard

ne pas y connaître grand-chose en + 無冠詞名詞 ▶ Je *n'y connais pas grand-chose en* informatique. コンピュータ関連のことはたいして知らない.
ne plus (vouloir) connaître qn 話 …と絶交する(=rompre avec qn). ▶ Si jamais tu fais ça, je *ne* te *connais plus*. そんな振る舞いをするのなら,もう君とは絶交だ.
se faire connaître (1) 名前を名乗る,身分を明かす. (2) 有名になる. ▶ Il *s'est fait connaître* par un roman. 彼は一編の小説で名を上げた.
── 間他動〖法律〗〈*connaître de* qc〉…を審理する,の裁判権を持つ. ▶ Le tribunal de commerce ne *connaît* pas de causes civiles. 商事裁判所は民事事件の管轄権限を持たない.
── **se connaître** 代動 ❶ 知り合いである,知り合う. ▶ Nous *nous connaissons* depuis vingt ans. 私たちは20年来の知り合いだ / Ils *se sont connus* en Italie. 彼らはイタリアで知り合った.
❷ 〈*se [s'y] connaître en* + 無冠詞名詞〉…に精通している. ▶ Vous *vous y connaissez en* photo? 写真には詳しいのですか. ❸ 自分を知る. ▶ *Connais-toi* toi-même. なんじ自らを知れ(ソクラテス) / Il *se connaît* mal. 彼には自分というものがよく分かっていない.
Ça se connaît. 話 一目瞭然(りょうぜん)だ.
ne plus se connaître (怒りなどで)我を忘れる.
ou je ne m'y connais pas 絶対確かだ. ▶ C'est un faux Rembrandt, ou *je ne m'y connais pas*. これはレンブラントの贋作(がんさく)だ,間違いないよ.

connard, arde /kɔnaːr, ard/ 形, 名 ⇨ CONNARD.

connasse /kɔnas/ 女, 形 ⇨ CONASSE.

conne /kɔn/ con の女性形.

conneau /kɔno/; /複/ **x** 男 俗 ばか, 間抜け.

connecter /kɔnɛkte/ 他動〖回線,装置など〗をつなぐ,接続する. ▶ un système *connecté* オンラインシステム

connerie /kɔnri/ 女 俗 愚かなこと,ばかばかしさ;愚行,失言. ▶ C'est de la *connerie*! ばかばかしい / Ne dis pas de *conneries*! ばかを言うな.
Arrête tes conneries! 話 もういいかげんにしろ.

connexe /kɔnɛks/ 形 密接な関連.

connexion /kɔnɛksjɔ̃/ 女 ❶ (密接な)関連. ▶ être en *connexion* 密接な関係にある. ❷〖電気〗接続;結線.

connivence /kɔnivɑ̃ːs/ 女 文章 暗黙の了解,示し合わせ,共謀. ▶ être [agir] de *connivence* avec qn …とぐるになっている〔行動する〕.

connotation /kɔnɔtasjɔ̃/ 女 ❶〖言語〗コノテーション,共示,暗示的意味. ❷〖論理学〗(概念の)内包,内包的定義(↔dénotation).

connoter /kɔnɔte/ 他動 ❶〖言語〗…を共示する,含意として示す. ❷〖論理学〗…を内包する,内包として示す.

*****connu, e** /kɔny コニュ/ 形 (connaître の過去分詞) ❶ 知れわたった,有名な;周知の,ありふれた. ▶ œuvre très *connue* 非常に有名な作品 / Il est *connu* comme comédien. 彼は役者として知られている / C'est (bien) *connu*.(=évident) それは明らかなことだ,分かりきっている. 比較 ⇨ CÉLÈBRE.
❷ 知られた,既知の. ▶ un phénomène *connu* 既知の現象.
── **connu** 男 既知のこと.

connu-, connû- 活用 ⇨ CONNAÎTRE 50

conque /kɔ̃ːk/ 女 ほら貝;ほたて貝.

conquérant, ante /kɔ̃kerɑ̃, ɑ̃ːt/ 形 ❶ 征服する. ▶ un peuple *conquérant* 征服(的)な民族. ❷ 魅惑しようとする. ❸ 話 勝ち誇った,うぬぼれた.
── 名 ❶ 征服者. ▶ Guillaume le *Conquérant* 征服王ウィリアム. ❷ 人〖異性〗の心をつかむ人.

*****conquérir** /kɔ̃keriːr コンケリール/ 27 (過去分詞 conquis, 現在分詞 conquérant) 他動 ❶ …を征服する. ▶ *conquérir* le monde 世界を征服する. ❷ …を勝ち取る,獲得する. ▶ *conquérir* un droit 権利を勝ち取る. ❸ …を魅了する. ▶ *conquérir* les cœurs 人々の心をつかむ.
── **se conquérir** 代動 勝ち取られる.

conquerr- 活用 ⇨ CONQUÉRIR 27

*****conquête** /kɔ̃kɛt コンケット/ 女 ❶ 征服;獲得. ▶ faire la *conquête* d'un pays ある国を征服する / la *conquête* d'un droit 権利の獲得. ❷ 征服した領土;獲得物. ▶ étendre ses *conquêtes* さらに領土を拡張する. ❸ 人心を得ること,魅了. ▶ faire la *conquête* de qn …の心をつかむ. ❹ 話 ものにした女〖男〗. ▶ Tu as vu sa dernière *conquête*? あいつの今度の女〖男〗を見たかい.
à la conquête de qc …を獲得〔発見〕する.

conqui-, conquî- 活用 ⇨ CONQUÉRIR 27

conquier-, conquièr- 活用 ⇨ CONQUÉRIR 27

conqu*is, ise* /kɔ̃ki, iːz/ 形 (conquérir の過去分詞) ❶ 征服された. ▶ un peuple *conquis* 被征服民族. ❷ 勝ち取られた. ▶ une liberté *conquise* 勝ち取られた自由. ❸ 魅惑された.

se conduire comme en pays conquis 話 我が物顔に振る舞う.

consacré, e /kɔ̃sakre/ 形 ❶〈*consacré à* qc/qn〉…に当てられた,ささげられた. ▶ le temps *consacré* à la lecture 読書に当てられた時間. ❷ 聖なる;〖カトリック〗聖別された. ▶ lieu *consacré* 聖所(聖域,神殿など) / hostie *consacrée* 聖別されたパン. ❸〖表現,権利などが〗慣例となった,是認された. ▶ Elle attend un heureux événement, selon l'expression *consacrée*. 慣用的な表現によれば,彼女は「おめでた」である.

*****consacrer** /kɔ̃sakre コンサクレ/ 他動 ❶〈*consacrer* qc à qn/qc〉〖不定詞〗…に…をささげる,割り当てる. ▶ *consacrer* sa vie à l'étude 生涯を研究にささげる / *consacrer* toutes ses forces à achever un ouvrage 作品の完成に全力を注ぐ / Combien de temps pouvez-vous me *consacrer*?(=accorder) どれくらいの時間を私のために割いていただけますか. ❷〖カトリック〗…を聖別する. ❸ …を慣例として認める,是認する. ▶ *consacrer* un néologisme 新語を慣用化する.
── **se consacrer** 代動 〈*se consacrer à* qc/qn〉…に身をささげる,献身する,没頭する. ▶ *se*

consacrer à une tâche 仕事に没頭［専心］する.

consangu*in, ine* /kɔ̃sɑ̃gɛ̃, in/ 形 ❶ 同父異母の, 異母腹の. ▶ frère *consanguin* 異母兄［弟］. 注 同母異父は utérin. 同父同母は germain. ❷ 近親の, 血縁の. ▶《複数で》異母兄弟［姉妹］. ❷ 近親者, 血縁者.

consanguinité /kɔ̃sɑ̃g(ɥ)inite/ 女 父系血族関係；近親関係, 血縁.

consciemment /kɔ̃sjamɑ̃/ 副 意識的に, わざと.

***conscience** /kɔ̃sjɑ̃ːs コンスィヤーンス/ 女

英仏そっくり語
英 conscience 良心.
仏 conscience 意識, 良心.

❶ 意識, 自覚. ▶ *conscience* claire 明晰(%)な意識 / *conscience* de soi 自意識；自覚 / *conscience* de classe 階級意識 / perdre *conscience* 意識を失う, 失神する / reprendre *conscience* 意識を取り戻す / avoir toute sa *conscience* 意識が明晰である, 正気である. ◆ avoir［prendre］*conscience*「de qc/不定詞［que + 直説法］…を意識している［する］, に気づいている［気づく］. ▶ Il a *conscience* de sa faiblesse. 彼は自分の弱さを自覚している. ◆ la prise de *conscience* de qc …の意識化, 認識, 自覚. ▶ la prise de *conscience* de soi 自我の意識化.
❷ 良心. ▶ un homme de *conscience* 良心的な人 / objecteur de *conscience* 良心的兵役拒否者 / avoir de la *conscience* 良心がある / agir「selon sa *conscience*［avec *conscience*］」良心に従って［良心的に］行動する / C'est une affaire de *conscience*. それは良心の問題だ.
❸ (仕事に示す)誠意. ▶ *conscience* professionnelle 職業的義務感［良心］/ faire un travail avec *conscience* 熱心に仕事をする.
❹ 信仰, 信念. ▶ respecter la liberté de *conscience* 信教の自由を尊重する.
avoir bonne conscience = *avoir la conscience tranquille*［*en paix*］良心に恥じるところがない.
avoir la conscience large［*élastique*］あまり良心的でない, 道徳的にルーズである.
avoir mauvaise conscience 良心がとがめる, 後ろめたさを感じる.
avoir qc sur la conscience …が良心をさいなむ, 罪責感となる.
dire tout ce qu'on a sur la conscience 腹蔵なく打ち明ける, 何も隠さない.
en conscience 正直に；率直に言って.
en mon âme et conscience 良心に誓って.
par acquit de conscience 気休めに.
prise de conscience 自覚.
se donner bonne conscience 無理に自分を正当化する, やましさをごまかす.

consciencieusement /kɔ̃sjɑ̃sjøzmɑ̃/ 副 良心的に, まじめに；丹念に, 熱心に.

consciencie*ux, euse* /kɔ̃sjɑ̃sjø, øːz/ 形「人, 仕事が」良心的な, 誠実な；まじめな；丹念な.

conscient, ente /kɔ̃sjɑ̃, ɑ̃ːt コンシャン, コンスィヤーント/ 形 意識的な, 意識のある, 自覚のある. ▶ un acte *conscient* 意識的な行為. ◆ *cons-*

cient de qc/不定詞 …を意識［自覚］している. ▶ Il est *conscient* de sa valeur. 彼は自分の価値を自覚している.
— **conscient** 男《le conscient》(無意識に対する)意識.

conscription /kɔ̃skripsjɔ̃/ 女 徴兵.

conscrit /kɔ̃skri/ 男 ❶ 徴兵適齢者；新兵. ❷ 話 初心者, 新米.

se faire avoir comme un conscrit 話 簡単にだまされる, 手もなくひねられる.

consécration /kɔ̃sekrasjɔ̃/ 女 ❶《カトリック》聖別；塗油の儀式により, 人や物を神にささげること. ▶ la *consécration* d'une église 教会の聖別 / la *consécration* d'un évêque 司教の叙階.
❷ (社会的な)是認；(評価, 価値などの)確立, 公認. ▶ Le succès de cette pièce est la *consécration* du talent de l'auteur. その作品の成功によってこの作家の才能が認められた.

consécut*if, ive* /kɔ̃sekytif, iːv/ 形 ❶ 引き続く, 連続的. ▶ pendant douze heures *consécutives* 12時間ぶっ通しで / nombres *consécutifs* 連続番号. ❷ ⟨*consécutif* à qc⟩ …の結果として生じる. ▶ un accident *consécutif* à une imprudence 不注意による事故. ❸《文法》proposition *consécutive* 結果節.

consécutivement /kɔ̃sekytivmɑ̃/ 副 ❶ 引き続いて, 連続して, 続けざまに. ❷ ⟨*consécutivement* à qc⟩ …の結果として.

:conseil /kɔ̃sɛj コンセイユ/ 男 ❶ ❶ 助言, 忠告, アドバイス. ▶ un *conseil* d'ami 友人としての忠告 / donner (un bon) *conseil* à qn …に助言を与える / Je lui ai donné le *conseil* d'attendre. 私は彼(女)に待つように忠告した / demander *conseil* à qn = prendre *conseil* de qn …に相談する, 助言を求める / suivre le *conseil* de qn …の忠告に従う / sur le *conseil* de qn …の忠告に従って. ❷ (経験, 出来事などから得る)教訓, 教え；(感情の)そそのかし. ▶ écouter les *conseils* de la raison 理性の声に耳を傾ける / Ne suivez pas les *conseils* de la colère. 怒りに身を任せてはいけない. ❸ 顧問, コンサルタント；相談役. ▶ *conseil* fiscal 税務コンサルタント, 税理士 / société de *conseil* コンサルタント会社 / ingénieur-*conseil* 技術顧問 / avocat-*conseil* 顧問弁護士 / *conseil judiciaire* 法定後見人.

❷ 会議. ▶ Ils tiennent *conseil* dans une autre salle. 彼らは別の部屋で協議している / *conseil* de famille 家族会議 / *conseil* de discipline 懲戒委員会 / *conseil* de classe (教師, 保護者, 生徒の代表からなる)学級評議会 / *conseil* général 県議会 / *conseil* municipal 市［町, 村］議会 / *Conseil* des ministres (大統領主宰の)閣議 / *conseil* de cabinet (首相主宰の)閣議 / *Conseil* d'Etat コンセイユ・デタ, 国務院(政府の行政・立法上の諸問題関し最高行政裁判所の機能を持つ) / *Conseil* constitutionnel 憲法評議会 / *Conseil* de sécurité de l'ONU 国連安全保障理事会 / *Conseil* européen 欧州理事会 / *conseil* d'administration 取締役会.

La nuit porte conseil. 諺 一晩ゆっくり寝れば［考えれば］またよい知恵も浮かぶものだ.

conseiller

*conseiller[1] /kɔ̃seje コンセイエ/ 他動 ❶ ⟨*conseiller* qc à qn // *conseiller* à qn de + 不定詞⟩…に…を**勧める**. ▶ Avec ce plat, je vous *conseille* le vin blanc. このお料理でしたら白ワインをお勧めします / Il m'*a* vivement *conseillé* de partir tout de suite. 彼は私にすぐ出発するようしきりに勧めた.

❷ ⟨*conseiller* qn (dans qc)⟩⟨…について⟩…を**指導する**, に**助言を与える**. ▶ *conseiller* un étudiant dans ses études 学生の勉学を指導する.

conseiller[2], **ère** /kɔ̃seje, ɛːr/ 名 ❶ 助言者, 忠告者; 顧問; カウンセラー. ▶ *conseiller* technique [juridique, financier] 技術 [法律, 財務] 顧問 / *conseiller* d'orientation 進路指導主事.
❷ 評議員, 議員; 参事官. ▶ *conseiller* municipal 市町村会議員 / *conseiller* général 県会議員. ❸ 《破毀(ﾊｷ)院, 控訴院などの》裁判官.

La colère est mauvaise conseillère. 怒りは悪しき忠告者だ, 激情にかられて行動してはならない.

conseilleur, euse /kɔ̃sejœːr, øːz/ 名 《悪い意味で》助言好き, 忠告マニア.

Les conseilleurs ne sont pas les payeurs. 諺 助言者は金を払わない(結果に責任を負ってはくれない).

consens /kɔ̃sɑ̃/ 活用 ⇨ CONSENTIR 19
consensus /kɔ̃sɛ̃sys/ 男 合意, コンセンサス.
consent /kɔ̃sɑ̃/ 活用 ⇨ CONSENTIR 19
consentant, ante /kɔ̃sɑ̃tɑ̃, ɑ̃ːt/ 形 (consentir の現在分詞) 同意する, 合意する.

*consentement /kɔ̃sɑ̃tmɑ̃ コンサントマン/ 男 同意, 承諾. ▶ accorder [donner] son *consentement* à qc …に同意する, 承諾を与える.

*consentir /kɔ̃sɑ̃tiːr コンサンティール/ 19

過去分詞 consenti	現在分詞 consentant
直説法現在 je consens	nous consentons
tu consens	vous consentez
il consent	ils consentent
複 合 過 去 j'ai consenti	
半 過 去 je consentais	
単 純 未 来 je consentirai	
単 純 過 去 je consentis	

間他動 ⟨*consentir* à qc/不定詞 // *consentir* (à ce) que + 接続法⟩…に**同意する**. ▶ Je *consens* à son mariage. 私は彼女の結婚に同意する / J'y *consens* (avec plaisir). (喜んで)それに同意します / Il *consent* à te payer cette somme. 彼は君にこの金額を払うことを承諾している / Je *consens* (à ce) qu'il y aille. 彼がそこに行くことを了承します / ⟨目的語なしで⟩ *consentir* avec réticence 黙認する.

Qui ne dit mot consent. 諺 何も言わないのは同意のしるし.
—他動 ⟨利益, 特権など⟩を**認める**, **許可する**. ▶ *consentir* un délai à qn …に猶予を認める.

conséquemment /kɔ̃sekamɑ̃/ 副 文章 ⟨*conséquemment* à qc⟩…に従って, の結果として.

*conséquence /kɔ̃sekɑ̃ːs コンセカーンス/ 女 ❶ **結果**, **帰結**. ▶ la cause et les *conséquences* 原因と結果 / *conséquences* graves [heureuses] 重大な [好ましい] 結果 / Cette erreur est la *conséquence* d'une étourderie. この誤ちは軽率さによるものだ. ◆avoir qc pour *conséquence* // avoir pour *conséquence* de + 不定詞 結果として…をもたらす, …の結果を招く. ▶ Cette politique aurait pour *conséquence* une baisse des actions. この政策は結果として株価の下落をもたらすだろう. 比較 ⇨ RÉSULTAT.

❷ 《多く複数で》**重大な結果**; (結果としての)**影響**. ▶ Cette décision aura de *conséquences* économiques. この決定は経済に大きな影響を及ぼすだろう / entraîner des *conséquences* 重大な結果をもたらす / subir les *conséquences* de qc …の影響をこうむる / événement gros de *conséquences* 重大な結果をはらむ出来事.

❸ 〖文法〗 proposition de *conséquence* 結果節.

de conséquence 重大な, 重要な. ▶ une affaire de *conséquence* 重大な事件.

en conséquence (1) したがって, その結果. ▶ Nous avons été expulsés. *En conséquence*, il faut partir. 我々は立ち退きになったので立ち去らなければならない. (2) それ相応に. ▶ Nous sommes en deuil, il faut se conduire *en conséquence*. 喪中なのだからしかるべく振る舞わねばならない.

en conséquence de qc …に従って, の結果として.

sans conséquence 取るに足りない. ▶ une erreur *sans conséquence* 些細(ｻｻｲ)な過ち.

tirer à conséquence 《多く否定的表現で》重大な結果をもたらす. ▶ Cela ne *tire* pas *à conséquence*. 大したことではない.

conséquent, ente /kɔ̃sekɑ̃, ɑ̃ːt/ 形 ❶ 首尾一貫した, 筋の通った; 矛盾のない. ▶ une argumentation *conséquente* 首尾一貫した論証 / être *conséquent* dans ses actions 行動に筋が通っている. ❷ 話 重要な; かなりの; 大きい. ▶ affaire *conséquente* 重要な問題 / somme *conséquente* かなりの金額.

*par conséquent したがって, それゆえに. ▶ Je travaille de nuit et *par conséquent* je dors le jour. 私は夜働いているので昼に寝ます.

*conservateur, trice /kɔ̃sɛrvatœːr, tris コンセルヴァトゥール, コンセルヴァトリス/ 形 ❶ 保守的な, 保守主義の. ▶ parti *conservateur* 保守党. ❷ 《食品の》保存用の [agent] *conservateur* 防腐剤. ❸ 保護 [保存] する.
—名 ❶ 保管者, 維持管理者; 《美術館, 図書館の》館長. 注 女性でも一般に男性形が用いられる. ❷ 保守的な人; 保守党員; 《les *conservateurs*》保守派.
— **conservateur** 男 ❶ 食品防腐剤. ❷ 冷凍室.

*conservation /kɔ̃sɛrvasjɔ̃ コンセルヴァスィヨン/ 女 **保存**, **保全**; **貯蔵**. ▶ *conservation* des aliments par le froid 食物の冷凍保存 [貯蔵] / *conservation* des monuments historiques 歴史的建造物の保存 / instinct de *conservation* 自己保存本能 / être en bon état de *conservation* 保存状態がよい.

conservatisme /kɔ̃sɛrvatism/ 男 保守主義.

conservatoire /kɔ̃sɛrvatwaːr/ 男 ❶ (音楽, 演劇などの)芸術学校. ▶ le *Conservatoire* national supérieur de musique = le *Conservatoire* (パリとリヨンの)国立高等音楽院 / le *Conservatoire* national supérieur d'art dramatique = le *Conservatoire* 国立高等演劇学校. ❷ le *Conservatoire* national des arts et métiers 国立工芸院.

*__conserve__ /kɔ̃sɛrv コンセルヴ/ 女 缶詰(食品), 瓶詰(食品). ▶ *conserve* de thon ツナの缶詰 / ouvrir une (boîte de) *conserve* 缶詰を開ける. ◆ en *conserve* 缶詰[瓶詰]にした. ▶ de la viande en *conserve* 缶詰の肉.

*__de conserve__ (avec qn) (…と)一緒に, 同行して. ▶ aller *de conserve* avec qn …と一緒に行く.

*__mettre qc en conserve__ (1) …を缶詰[瓶詰]にする. (2)《ふざけて》…をいつまでも取っておく.

conservé, e /kɔ̃sɛrve/ 形 ❶ 保存された. ❷ personne bien *conservée* 年のわりに若々しい人.

*__conserver__ /kɔ̃sɛrve コンセルヴェ/ 他動 ❶ …を保存する. ▶ *conserver* des aliments au frigo 食品を冷蔵庫に保存する / *conserver* au froid 冷所に保存する / A *conserver* au sec 乾燥した所に保存のこと.

❷ …を保つ. ▶ *conserver* ses habitudes 習慣を持ち続ける / *conserver* l'espoir de réussir 成功への望みを捨てない / Je lui *conserve* mon amitié. 私は彼(女)に対して友情を持ち続けている / 《目的語なしに》Le sport, ça *conserve*. スポーツは健康によい. ❸ …を(捨てずに)取っておく. ▶ *conserver* des reçus 領収証を捨てずに取っておく.

比較 保つ, 保持する
conserver 歳月による損傷から守ること. **garder** 事故や盗難から守ること. **maintenir** 現在の状態のまま維持すること. **entretenir** 事物の機能や状態を手入れしながら良好に保つこと.

— **se conserver** 代動 ❶ 保存される. ▶ Ce gâteau ne *se conserve* pas. このお菓子は長持ちしない. ❷ …を自分のために取っておく. 注 se は間接目的. ❸ (ある状態)に自分を保つ.

conserverie /kɔ̃sɛrvəri/ 女 缶詰[瓶詰]工場; 缶詰[瓶詰]工業.

*__considérable__ /kɔ̃siderabl コンスィデラーブル/ 形 かなりの, 著しい, 相当な. ▶ dépense *considérable* たいへんな出費 / dégâts *considérables* 甚大な損害.

considérablement /kɔ̃siderabləmɑ̃/ 副 著しく, 大いに, 非常に.

*__considération__ /kɔ̃siderasjɔ̃ コンスィデラスィヨン/ 女 ❶ 考慮, 配慮. ▶ Ceci mérite *considération*. それは一考に値する. ◆ prendre qc en *considération* …を考慮に入れる. ▶ Votre avis a été pris en *considération*. あなた(方)の意見は考慮されました. ❷《複数で》考察, 考え. ▶ présenter des *considérations* sur qc …についての見解を提出する. 比較 ⇨ PENSÉE. ❸ 尊敬, 敬意. ▶ avoir la *considération* de ses chefs 上司に重んじられる / Il jouit de la *considération* générale [de tous]. 彼は皆から尊敬されている.
__Agréez l'assurance de ma considération distinguée.__ (改まった手紙の末尾で)敬具.
__avec considération__ 慎重に, よく考えて.
__en considération de qc/qn__ …を考慮して; 考えに入れると. ▶ En *considération de* son passé militaire, on l'a relâché. 軍人としての過去を斟酌して彼は釈放された.
__par considération pour qn__ …のためを思って, に敬意を表して.
__sans considération de qn/qc__ …を考慮しないで, 無視して. ▶ *sans considération de* dangers 危険を顧みずに.

*__considérer__ /kɔ̃sidere コンスィデレ/ 6 他動

直説法現在	je considère	nous considérons
	tu considères	vous considérez
	il considère	ils considèrent

❶ ⟨*considérer* A comme B⟩ A を B と見なす [考える]. 注 B は名詞または形容詞. ▶ Je le *considère* comme mon meilleur ami. 私は彼を一番の親友と思っている / On *considère* les relations entre ces deux pays comme très bonnes. この両国の関係は非常に良好と見なされている.
❷ ⟨*considérer* que⟩ …と考える, 思う. 注 主節が疑問文, 否定文のときは接続法も用いられる. ▶ Je *considère* qu'il a raison. 彼が正しいと思う / Je ne *considère* pas qu'il soit trop tard. 遅すぎるとは思わない. 比較 ⇨ PENSER.
❸ …を考察する, 検討する; 考慮に入れる. ▶ *considérer* qc sous tous ses aspects …をあらゆる面から考える / *considérer* le pour et le contre 賛否を検討する.
❹ …を見つめる, 注視する. ▶ Tous les assistants *ont considéré* le nouvel arrivant. 居合わせた者は皆, 新参者をじろじろと見つめた.
❺《多く受動態で》…を重んじる, 尊敬する. ▶ Cette famille *est* très *considérée* dans la ville. この家族は町で非常に尊敬されている.
__tout bien considéré__ あらゆる点を考慮した末に.
— **se considérer** 代動 ❶ ⟨*se considérer* comme + 属詞⟩ 自分を…と見なす. ▶ *se considérer* comme un personnage 自分をひとかどの人物と考える. ❷ 考察[考慮]される. ❸ 自分自身を見る. ❹ 自分を高く評価する. ❺ 見つめ合う; 尊敬し合う.

consignation /kɔ̃siɲasjɔ̃/ 女 ❶ 供託(金); 委託. ❷ (容器などの)デポジット制度; (瓶などの)保証金制度.

*__consigne__ /kɔ̃siɲ コンスィーニュ/ 女 ❶ (手荷物の)一時預かり所. ▶ *consigne* automatique コインロッカー / bulletin de *consigne* 手荷物の預かり証 / laisser [mettre] sa valise à la *consigne* トランクを手荷物預かり所に預ける. ❷ (容器の)保証金, 容器代. ▶ verser vingt cents pour la *consigne* d'une bouteille 瓶代として20セント支払う / se faire rembourser la *consigne* 瓶[容器]代を払い戻してもらう. ❸ 指令, 指示, 通達. ▶ donner la *consigne* à qn …に指令を出す. ❹ 居残り(の罰); (兵隊の)外出禁止.

▶ donner deux heures de *consigne* à un élève 生徒に2時間の居残りの罰を与える.
consigner /kɔ̃siɲe/ 他動 ❶ …を預ける; 供託する; 委託する. ▶ *consigner* ses bagages (手荷物一時預り所に)荷物を預ける. ❷〔容器〕の保証金を取る. ▶ *consigner* une bouteille 瓶の保証金を取る. ❸ …を記録する, 書き留める. ▶ *consigner* une réflexion sur un carnet 考えを手帳に書き留める. ❹ …を外出禁止にする, 留め置く.
▶ *consigner* un élève (=coller) 生徒に居残りをさせる. ❺ …への立ち入りを禁止する. ▶ La police *a consigné* la salle. 警察はその部屋を立ち入り禁止にした.
consistance /kɔ̃sistɑ̃:s/ 女 ❶ 固さ, 粘度. ▶ donner de la *consistance* à une sauce ソースにとろみをつける. ❷ 確実性, 一貫性. ▶ Cet argument a une certaine *consistance*. その論法は一応筋が通っている〔整合性がある〕.
prendre de la consistance (1)〔液体が〕固まる. (2)〔事柄が〕本格的になる.
consistant, ante /kɔ̃sistɑ̃, ɑ̃:t/ 形 ❶ 粘り けのある, 濃い; 堅い. ▶ sauce *consistante* (=épais) とろみのあるソース. ❷〔食事が〕質量ともに充実した. ❸ 根拠のある; 確実な.
***consister** /kɔ̃siste/ コンシステ 間他動 ❶ <*consister* en [dans] qc>…から成る, で構成される.
▶ Ce bâtiment *consiste* en vingt appartements. この建物は20戸のアパルトマンから成る / En quoi *consiste* votre projet? あなたの企画はどのようなものですか. ❷ <*consister* en [dans] qc>…にある, 存する. ▶ Son erreur *consiste* dans son appréciation de la situation. 彼(女)の誤りは情況判断にある. ❸ <*consister* à + 不定詞>…することにある. ▶ Ce travail *consiste* à écrire des adresses sur des enveloppes. この仕事は封筒のあて名書きだ.
consistoire /kɔ̃sistwa:r/ 男 ❶ (カトリックで)教皇主宰枢機卿(すうききょう)会議. ❷ (プロテスタントで)宗務局; (ユダヤ教の)長老会議.
conso /kɔ̃so/ 女 (consommation の略)飲食.
consœur /kɔ̃sœ:r/ 女 (女の)同僚, 同業者.
consolable /kɔ̃sɔlabl/ 形 慰められる.
consolant, ante /kɔ̃sɔlɑ̃, ɑ̃:t/ 形 慰めとなる. ▶ parole *consolante* 慰めの言葉.
consolateur, trice /kɔ̃sɔlatœ:r, tris/ 形 慰めになる. ― 名 文章 慰める人〔もの〕.
consolation /kɔ̃sɔlasjɔ̃/ 女 ❶ 慰め; 慰めとなるもの〔人〕. ▶ adresser des mots de *consolation* à qn …に慰めの言葉をかける / Son fils est sa seule *consolation*. 息子が彼(女)の唯一の慰めだ.
lot [*prix*] *de consolation* (くじ引きの)残念賞.
console /kɔ̃sɔl/ 女 ❶ コンソール(テーブル): 壁に取り付けられた装飾用テーブル. ❷ (コンピュータの)操作卓, コンソール. ▶ *console* de jeux vidéo テレビゲーム機. ❸ (パイプオルガンの)演奏台.
***consoler** /kɔ̃sɔle/ コンソレ 他動 ❶ …(の苦しみなど)を慰める. ▶ *consoler* un enfant qui pleure 泣いている子供をなだめる / 〔目的語なしに〕Le temps *console*. 時がたてば悲しみも和らぐ. ❷
<*consoler* qc (de qn)>(…の)〔苦痛など〕を和ら

げる, 鎮める. ― **se consoler** 代動 ❶ <*se consoler* (de qc /不定詞)>〔苦しみなどから〕立ち直る, 自分を慰める. ▶ *Consolez-vous*! 元気を出しなさい / *se consoler* de la mort de qn …の死の悲しみを忘れる. ❷ 慰め合う.
consolidation /kɔ̃sɔlidasjɔ̃/ 女 ❶ 強固にする〔なる〕こと, 強化, 安定化. ▶ travaux pour la *consolidation* d'un édifice 建造物の補強工事. ❷ (短期公債, 一時借入金の)中長期債化.
consolidé, e /kɔ̃sɔlide/ 形 ❶ 強化〔補強〕された; 安定化した. ❷〔財政〕fonds *consolidés* 公債整理基金, 統合基金.
consolider /kɔ̃sɔlide/ 他動 ❶ …を強固にする, 補強する. ▶ *consolider* une chaise avec des clous 椅子(いす)を釘(くぎ)で補強する / *consolider* une alliance 同盟関係を強化する. ❷ 〔一時借入金や短期債〕を中長期債化する.
― **se consolider** 代動 強固になる, 強化される, 安定化する.
***consommateur, trice** /kɔ̃sɔmatœ:r, tris/ コンソマトゥール, コンソマトリス/ 名 ❶ 消費者. ▶ association de *consommateurs* 消費者団体 / Les pays développés sont de gros *consommateurs* d'électricité. 先進国は大量に電力を消費する. ❷ (カフェ, レストランなどの)客.
― 形 消費する, 消費の. ▶ pays *consommateurs* de pétrole 石油消費国.
***consommation** /kɔ̃sɔmasjɔ̃/ コンソマスィヨン/ 女 ❶ 消費; 消費量, 使用量. ▶ faire une grande *consommation* d'électricité 電力を大量に消費する / société de *consommation* 消費社会 / biens de *consommation* 消費財 / Quelle a été votre *consommation* de gaz le mois dernier? お宅の先月のガス使用量はおいくらでしたか.
❷ (カフェなどでの)飲食物;《特に》飲み物. ▶ tarif des *consommations* 飲食物の価格表 / prendre une *consommation* au comptoir カウンターで飲み物を飲む / payer les *consommations* 飲食代を支払う. ❸ 文章 完遂, 成就.
jusqu'à la consommation des siècles 世の終わりまで.
consommé, e /kɔ̃sɔme/ 形 ❶ 完璧(かんぺき)な; 熟達した. ▶ un art *consommé* 完璧な技巧; 至芸. ❷ 文章 完遂された. ❸ 消費される;〔飲食物が〕賞味される. ― **consommé** 男 コンソメ(スープ).
***consommer** /kɔ̃sɔme/ コンソメ 他動 ❶ …を消費する; 食べる, 飲む. ▶ *consommer* de l'électricité 電気を消費する / Les Français *consomment* plus de vin que les Allemands. フランス人はドイツ人よりも多くワインを飲む / A *consommer* avant le 12 mars 賞味期限 3 月 12 日 / A *consommer* sur place ou à emporter? 店内でお召し上がりですか, テークアウトですか.
❷ 文章 …を成し遂げる, 仕上げる.
― 自動 ❶ (カフェなどで)飲み食いする. ▶ *consommer* au comptoir カウンターで飲む. ❷〔車や機械が〕燃料〔電気〕を消費する. ▶ Cette voiture *consomme* trop. この車は燃料を食いすぎる.
consomption /kɔ̃sɔ̃psjɔ̃/ 女 衰弱, 消耗.
consonance /kɔ̃sɔnɑ̃:s/ 女 ❶〔音楽〕協和音

(↔dissonance). ❷〘レトリック〙語尾類音：いくつかの語・句の末尾における同一音，類似音の反復. ❸（語句の）音の響き. ▶ nom aux *consonances* bizarres 奇妙な響きの名前.

consonant, ante /kɔ̃sɔnɑ̃, ɑ̃:t/ 形 ❶〘音楽〙協和音の. ❷〘レトリック〙語尾類音の.

consonantique /kɔ̃sɔnɑ̃tik/ 形 子音の.

consonantisme /kɔ̃sɔnɑ̃tism/ 男 (ある言語の) 子音組織 (↔vocalisme).

consonne /kɔ̃sɔn/ 女 子音. ▶ *consonne* sonore [sourde] 有声[無声]子音.

consort /kɔ̃sɔ:r/ 形〘男性形のみ〙prince *consort* (特にイギリス, オランダの) 女王の夫君.
— **consorts** 男複 話〈... et *consorts*〉…とその一味.

consortium /kɔ̃sɔrsjɔm/ 男 (共同プロジェクトの実践を目指す) 企業連合, コンソーシアム.

conspirateur, trice /kɔ̃spiratœ:r, tris/ 名 陰謀家, 謀反人. — 形 陰謀の, 陰謀を企てる.

conspiration /kɔ̃spirasjɔ̃/ 女 陰謀, 共謀.

conspirer /kɔ̃spire/ 自他 陰謀を企てる. ▶ *conspirer* pour renverser le gouvernement 政府転覆をたくらむ.
— 間他動 文章〈*conspirer* à qc/不定詞〉〈状況が〉…へと一致して向かう. ▶ Tout semble *conspirer* à l'échec de mon projet. 何もかもが私の計画を失敗させようとしているようだ.
— 他動 文章 …を共謀してたくらむ.

conspuer /kɔ̃spɥe/ 他動〘大勢の人が〙…に罵声(ば、)を浴びせる, 口々にののしる, やじる.

constamment /kɔ̃stamɑ̃/ 副 絶えず, いつも, しょっちゅう. ▶ être *constamment* malade 年がら年中病気にかかっている.

constance /kɔ̃stɑ̃:s/ 女 ❶ 不変, 恒常性；(心情などの) 誠実さ. ▶ la *constance* d'une loi physique ある物理的法則の恒常性 / La *constance* de son amitié m'a soutenu. 彼(女)の変わらぬ友情が私を支えてくれた. ❷ 根気, 精励. ▶ travailler avec *constance* (=persévérance) 根気よく[こつこつと]働く.
Vous avez de la constance! 話《皮肉で》あきらめもせずよくやること; まあ, 厚かましい.

***constant, ante** /kɔ̃stɑ̃, ɑ̃:t/ コンスタン, コンスタント/ 形 ❶（ときに名詞の前で) 不変の, 恒常的な; 不断の. ▶ vitesse *constante* 一定の速度 / préoccupation *constante* (=continuel) 片時も頭から離れない関心事 / être *constant* dans ses efforts たゆまず努力している / être en *constante* relation avec qc/qn …と常に変わらぬ関係にある.
❷ 文章〈(être) *constant* dans qc〉…を貫き通す, 変えることがない. ▶ être *constant* dans la poursuite d'un but ただ一筋に目的を追求する.

constante /kɔ̃stɑ̃:t/ 女 ❶ 恒常的な特徴; 一般的傾向. ❷〘数学〙定数.

constat /kɔ̃sta/ 男 ❶ 調書, 公証; (公的な) 報告書, 記録. ▶ *constat* d'accident 事故の調書 / *constat* amiable (保険会社に送る) 事故確認書. ❷ (状況, 行動などの) 総括; 現実の状況, 事実認識. ▶ faire le *constat* d'une politique 政策を総括する / faire le même *constat* 同じ事実認識を持つ / Pour le gouvernement, le *constat* est dur. 政府にとって状況は厳しい. ❸〈*constat* de + 無冠詞名詞〉…であることの証明 [証拠]. ▶ L'aggravation de la crise économique est le *constat* d'échec d'une certaine politique. 不況の深刻化はある種の政策の失敗を証明するものである.

constatation /kɔ̃statasjɔ̃/ 女 ❶ (事実, 現状などの) 確認, 検証; 証明. ▶ faire part de ses *constatations* à qn (=observation) …に所見を伝える. ❷ 確認された事実, 確認事項, 客観的事実.

***constater** /kɔ̃state コンスタテ/ 他動 ❶ …を確認する, 認める, 指摘する; 〔過失など〕に気づく. ▶ *constater* l'absence de qn …の不在[欠席]を見定める / *constater* une erreur dans son calcul 計算にミスを見つける / Vous pouvez *constater* vous-même ceci. このことはご自分でお確めになったらよろしい / Je ne fais que *constater*. 私は事実を述べているだけだ / Il est intéressant de *constater* que + 直接法 …は興味深い事実だ. ❷ …を公文書に記載する; 証明する. ▶ *constater* un décès 死亡証明書を出す.

constellation /kɔ̃stelasjɔ̃/ 女 ❶ 星座; 星空. ▶ la *constellation* du Scorpion 蠍(さそり)座. ❷ (星のように) 点々とあるもの.

constellé, e /kɔ̃stele/ 形 ❶ 星をちりばめた, 星のきらめく. ▶ nuit *constellée* (d'étoiles) 星のきらめく夜. ❷〈être *constellé* de + 無冠詞複数名詞〉…をちりばめている; (染みなど) が点々とついている. ▶ Sa robe est *constellée* de paillettes. 彼女のドレスはスパンコールできらきらしている.

consteller /kɔ̃stele/ 他動 ❶〔星(座)〕が天(空)を覆う. ❷ …に点在する.

consternant, ante /kɔ̃stɛrnɑ̃, ɑ̃:t/ 形 愕然(がくぜん)[唖然(あぜん)]とさせる; ショッキングな.

consternation /kɔ̃stɛrnasjɔ̃/ 女 (不意の変事による) 茫然(ぼうぜん)自失; 落胆, 悲嘆. ▶ La nouvelle a plongé la famille dans la *consternation*. その知らせは家族を深い悲しみに突き落とした.

consterner /kɔ̃stɛrne/ 他動 …を愕然(がくぜん)[茫然(ぼうぜん)]とさせる, 打ちのめす; 悲嘆にくれさせる. ▶ La nouvelle de sa mort m'a consterné. 彼(女)の訃報(ふほう)に接して私は暗然たる思いだった.

constipant, ante /kɔ̃stipɑ̃, ɑ̃:t/ 形 便秘の原因になる.

constipation /kɔ̃stipasjɔ̃/ 女 便秘(症).

constipé, e /kɔ̃stipe/ 形 ❶ 便秘している. ❷ 話 当惑した; しゃちほこばった, ぎこちない.
— 名 ❶ 便秘している人. ❷ 話 しゃちこばった [打ち解けない, 堅苦しい] 人.

constiper /kɔ̃stipe/ 他動 …を便秘にする;《目的語なしに》便秘の原因になる.

constituant, ante /kɔ̃stitɥɑ̃, ɑ̃:t/ 形 ❶ …を構成する. ▶ les éléments *constituants* de l'eau (=composant) 水の成分. ❷ l'assemblée *constituante* 憲法制定議会.

constitué, e /kɔ̃stitɥe/ 形 ❶ …な体格をしている. ▶ un enfant bien [mal] *constitué* 立派な [貧弱な] 体格の子. ❷ …で構成されている. ▶ association *constituée* de vingt membres 20人

constituer

のメンバーで構成されている協会. ❸〘法律〙憲法で定められた. ▶ corps *constitués*（司法, 行政, 文教などの）国家機関.

***constituer** /kɔ̃stitɥe コンスティテュエ/ 他動 ❶〔物事が〕…に相当する, となる, である (=être). ▶ Cette action *constitue* un délit. この行為は犯罪である.

❷〔全体を〕構成する, 形成する. ▶ *constituer* un gouvernement 組閣する / Cent membres *constituent* cette association. 100人のメンバーがこの団体を構成している.

❸〔人が体系, 集合など〕を作り上げる, 設立する. ▶ acheter des tableaux impressionnistes pour *constituer* une collection コレクションを作るために絵を買う. ❹ (1) …を…と認定［指定］する. ▶ *constituer* qn son héritier …を自分の相続人に指定する. (2) *constituer* avocat［avoué］弁護人［代訴人］を選任する.

— **se constituer** 代動 ❶ ⟨*se constituer* de qn / qc⟩ …で構成される, から成る. ▶ Notre équipe *se constitue* d'éléments très divers. うちのチームには実に多彩な顔ぶれがそろっている.

❷ 自分を（ある状態, 立場）に置く, 自ら…になる. ▶ *se constituer* prisonnier 自首する.

constitut*if, ive* /kɔ̃stitytif, i:v/ 形〔要素, 成分が〕構成する; 本質をなす. ▶ les éléments *constitutifs* de l'eau 水の成分 / une propriété *constitutive* de qc …の本質的特性.

***constitution** /kɔ̃stitysjɔ̃ コンスティテュスィヨン/ 女 ❶ 設立, 設置; 作成. ▶ la *constitution* d'un ministère 組閣 / la *constitution* d'un dossier 一件書類の作成.

❷（しばしば Constitution）憲法. ▶ la *Constitution* de la République française フランス共和国憲法典 / réviser la constitution 憲法を改正する. ❸ 構成内容, 組成. ▶ la *constitution* chimique de l'eau 水の化学的組成. ❹（人の）体質, 体格. ▶ avoir une *constitution* robuste［chétive］丈夫な［虚弱な］体質である / être de *constitution* délicate 虚弱な体質である. ❺〘法律〙（年金などの）設定; 選任. ▶ la *constitution* d'une rente 年金の設定 / *constitution* d'avocat 弁護士の選任.

constitutionnalité /kɔ̃stitysjɔnalite/ 女 合憲性.

constitutionn*el, le* /kɔ̃stitysjɔnɛl/ 形 ❶ 憲法の, 立憲的な; 合憲の. ▶ le droit *constitutionnel* 憲法学 / monarchie *constitutionnelle* 立憲君主国. ❷ 体質の, 体質による. ▶ faiblesse *constitutionnelle* 体質的虚弱.

constitutionnellement /kɔ̃stitysjɔnɛlmɑ̃/ 副 憲法に従って, 合憲的に.

constricteur /kɔ̃striktœ:r/ 形〔男性形のみ〕〔筋肉が〕収縮する, 括約的な. — 男 括約筋, 収縮筋 (=muscle constricteur).

construct*eur, trice* /kɔ̃stryktœ:r, tris/ 名 ❶ 建設業者, 建築家;（機械類の）製造業者, メーカー. ▶ *constructeur* d'automobiles 自動車メーカー. ❷（国などの）創設者;（体系, 理論などの）構築者. — 形 建設する; 建設的な (=constructif).

construct*if, ive* /kɔ̃stryktif, i:v/ 形 創造的な; 建設的な, 積極的な. ▶ une critique *constructive* (=positif) 建設的な批判.

***construction** /kɔ̃stryksjɔ̃ コンストリュクスィヨン/ 女 ❶ 建設,（機械類の）製造. ▶ *construction* d'un immeuble ビルの建造 / matériaux de *construction* 建設資材 / la *construction* européenne ヨーロッパ統合.

❷ 建造物, 建築物. ▶ *construction* moderne 近代建築 / *constructions* en hauteur 超高層ビル. 比較 ⇨ BÂTIMENT. ❸ 建設産業; 製造産業. ▶ les *constructions* aéronautiques 航空機製造産業. ❹（文芸作品, 理論などの）構成; 構築物. ▶ la *construction* d'un roman 小説の構成. ❺〘言語〙構文.

en construction 建設中の (=en cours de construction). ▶ une nouvelle ligne *en construction* 建設中の新線.

:construire /kɔ̃strɥi:r コンストリュイール/ 70 他動

過去分詞	construit	現在分詞	construisant

直説法現在	je construis	nous construisons
	tu construis	vous construisez
	il construit	ils construisent
複合過去	j'ai construit	
半過去	je construisais	
単純未来	je construirai	
単純過去	je construisis	

❶ …を建設する; 製造する. ▶ *construire* une maison 家を建てる / *construire* une route 道路を建設する / *construire* un navire 船舶を建造する / l'art de *construire* 建築術 / Il a fait *construire* un pavillon en banlieue. 彼は郊外に小別荘を建てさせた.

❷〔文, 作品, 構想など〕を作り上げる, 築き上げる. ▶ *construire* un roman 小説を作り上げる / Cette phrase *est* mal *construite*. この文は構文がおかしい.

比較 **construire**「建てる, 築く」の意味でもっとも普通に用いられる. **bâtir**《改まった表現》官庁用語などとして用いられる. **édifier**《改まった表現》巨大な建造物を建築する場合に用いられる. **élever, dresser, ériger**「垂直に建てる」という側面を強調した動詞で, 塔, 記念碑, 立像などを建てる場合によく用いられる.

— **se construire** 代動 ❶（自分のために）…を建築［建造］する. 注 se は間接目的. ▶ *se construire* une villa 自分の別荘を建てる.

❷ 建設［建造］される.

construis, construit /kɔ̃strɥi/ 活用 ⇨ CONSTRUIRE 70

construis- 活用 ⇨ CONSTRUIRE 70

consubstanti*el, le* /kɔ̃sypstɑ̃sjɛl/ 形 ❶〘神学〙同質の. ▶ Le Fils est *consubstantiel* au［avec le］Père.（三位一体の）子は父と同質同体である. ❷ *consubstantiel* à qn/qc …と一体の, 不可分の; 共存する.

consul /kɔ̃syl/ 男 ❶ 領事. ▶ *consul* de France フランス国領事. ❷〘フランス史〙(1799-1

04年の)執政. ▶ Bonaparte, premier *consul* 第1執政ナポレオン・ボナパルト.

consulaire /kɔ̃syle:r/ 形 ❶ 領事の. ❷〖フランス史〗(1799-1804年の)執政の.

***consulat** /kɔ̃syla/ コンシュラ/ 男 ❶ 領事館; 領事の職. ▶ Consulat de France フランス領事館. ❷《le Consulat》《フランス史》(1799-1804年の)執政政府.

consultant, ante /kɔ̃sylta, ɑ̃:t/ 形 助言を与える, 相談にのる. ▶ avocat *consultant* 顧問弁護士, 法律顧問 / médecin *consultant* 立ち会い医師, 対診医(主治医の診察に立ち会って意見を述べる専門医). ― 名 ❶(医師, 弁護士など)相談にのる人, 診察をする人.

consultatif, ive /kɔ̃syltatif, i:v/ 形 諮問の. ▶ comité *consultatif* 諮問委員会.

avoir voix consultative 発言権を持つ. 注 ただし投票権はない.

consultation /kɔ̃syltasjɔ̃/ 女 ❶(意見などの)聴取. ▶ *consultation* de l'opinion 世論調査 / *consultation* électorale 投票によって民意を問うこと. ❷(書物などの)参照. ▶ la *consultation* d'un document 文書の参照. ❸(医者の)診察; (学者, 専門家の)助言, 鑑定. ▶ *consultation* juridique 法律相談 / cabinet de *consultation* 診察室 / *consultation* externe 外来診療科 / aller à la *consultation* (医者に)診てもらいに行く.

***consulter** /kɔ̃sylte/ コンシュルテ/ 他動 ❶ …に相談する, 助言[情報]を求める. ▶ *consulter* un ami 友人に相談する / *consulter* un médecin 医者に診てもらう / *consulter* un expert 専門家の意見[鑑定]を請う / *consulter* un astrologue sur l'avenir 将来を占星術師に占ってもらう.

❷〔本など〕を調べる, 参照する. ▶ ouvrage à *consulter* 参考文献 / *consulter* un dictionnaire 辞書を引く / *consulter* sa montre 腕時計で時間を見る 比較 ⇨ EXAMINER. ❸〔自分の心など〕に問いかける, を考慮する. ▶ *consulter* sa conscience 良心の命じるところに従う / ne *consulter* que son intérêt 自分の利益しか念頭にない.

― 自動 〔医者が〕診察する.

― **se consulter** 代動 相談[協議]し合う. ▶ Nous nous sommes *consultés* avant d'agir. 私たちは相談してから行動した.

consumer /kɔ̃syme/ 他動 ❶ …を焼き尽くす (= brûler). ▶ Le feu *a consumé* tout le quartier de la gare. 火事は駅一帯をすっかり焼き尽くした. ❷ 文章 〔病気, 感情などが〕…を憔悴(しょうすい)させる. ▶ La maladie le *consume*. 病気ですっかり彼は衰弱している / Il *était consumé* de chagrin. 彼は悲しみに打ちひしがれていた.

― **se consumer** 代動 ❶ 燃え尽きる. ❷ 憔悴する. ▶ *se consumer* de douleur 苦悩にやつれる.

consumérisme /kɔ̃symerism/ 男 消費者運動.

consumériste /kɔ̃symerist/ 形 消費者運動の.

***contact** /kɔ̃takt/ コンタクト/ 男 ❶ 接触; 接触. ▶ mettre deux corps en *contact* 2つの物体を接触させる / Le simple *contact* des chats me rend malade. 私は猫にちょっと触るだけでもぞっとする / Cette maladie se communique par *contact* direct. この病気は直接[接触]感染する. ❷(人との)接触, 連絡, 交渉; 付き合い. ▶ garder [perdre] le *contact* avec qn …と交際を続ける[がとだえる] / dès le premier *contact* 最初に会ったときから / prise de *contact* 連絡を取ること, 接触 / Il a des *contacts* dans le milieu des affaires. 彼は実業界に人脈がある. ❸〖電気〗スイッチ, 接点. ▶ établir [mettre] le *contact* スイッチを入れる / couper le *contact* スイッチを切る / Il y a un faux *contact*. 接触が悪い / clef de *contact* (自動車の)エンジンキー. ❹ verres [lentilles] de *contact* コンタクトレンズ.

au contact de qc/qn …に接触して. ▶ Cette matière se durcit *au contact* de l'air. この物質は空気に触れると固くなる / Il s'est civilisé *à son contact*. あの人と接して, 彼も垢(あか)抜けてきた.

prendre contact avec qn = *entrer* [*se mettre*] *en contact avec qn* …と連絡を取る; 知り合いになる.

rester en contact avec qn …と連絡を取り続ける, 接触を保つ.

contacter /kɔ̃takte/ 他動 …と連絡を取る, 接触する. ▶ *contacter* qn par téléphone …と電話で連絡を取る.

― **se contacter** 代動 互いに連絡する.

contagieux, euse /kɔ̃taʒjø, ø:z/ 形 ❶ 感染する, 伝染性の; 伝染病の. ▶ maladie *contagieuse* 伝染病. ❷(他人に)伝わる, 移りやすい. ▶ Le rire est parfois *contagieux*. 笑いは人に伝染することがある.

***contagion** /kɔ̃taʒjɔ̃/ コンタジョン/ 女 伝染, 感染; 汚染. ▶ être exposé à la *contagion* 感染[伝染]の危険にさらされている.

container /kɔ̃tenɛ:r/ 男《英語》コンテナ (= conteneur).

***contamination** /kɔ̃taminasjɔ̃/ コンタミナスィヨン/ 女 ❶ 汚染, 感染. ▶ la *contamination* d'un puits 井戸の汚染 / *contamination* radioactive 放射能汚染. ❷ 悪影響.

***contaminer** /kɔ̃tamine/ コンタミネ/ 他動 ❶〔河川, 空気など〕を汚染する. ❷ …に病原菌を移す. ▶ personnes *contaminées* 感染した人々. ❸ …に悪影響を与える. ▶ *contaminer* la jeunesse 青少年に悪影響を及ぼす.

***conte** /kɔ̃:t/ コント/ 男 ❶(架空の)短い物語, 童話; 短編小説, コント. ▶ *conte* de fées 仙女[妖精]物語, おとぎ話 / Les *contes* de Grimm グリム童話 / les *contes* de Maupassant モーパッサン短編小説. ❷(悪い意味で)作り話, でたらめ.

C'est un vrai conte de fée. おとぎ話みたいだ.

conte à dormir debout でたらめな話, 作り話.

contemplateur, trice /kɔ̃tɑ̃platœ:r, tris/ 名 文章 ❶ 熟視する人; (注意深い)観察者. ❷ 瞑想(めいそう)家.

contemplatif, ive /kɔ̃tɑ̃platif, i:v/ 形 ❶ 瞑想(めいそう)にふける. ▶ esprit *contemplatif* 瞑想的精神, 瞑想家. ❷〖キリスト教〗ordre *contemplatif* (カルメル会などの)観想修道会.

contemplation

― 图 瞑想家；観想修道者.
contemplation /kɔ̃tɑ̃plasjɔ̃/ 囡 ❶ 凝視, 熟視. ▶ être en *contemplation* devant qc/qn …をじっと眺める, に見とれる.
❷ 瞑想, 観想 (=méditation). ▶ se plonger dans la *contemplation* 沈思黙考する.

contempler /kɔ̃tɑ̃ple/ 他動 ❶ …を凝視［熟視］する. ▶ *contempler* qc/qn avec admiration …を感嘆して眺める, に見とれる. ❷ …について瞑想(ｹﾞｲ)する;《目的語なしに》沈思黙考する. ▶ *contempler* le passé et interroger l'avenir 過去を顧み未来を尋ねる. ― **se contempler** 代動 ❶ 自己を見つめる, 内省する. ❷ じっと見つめ合う.

*__contemporain, aine__ /kɔ̃tɑ̃pɔrɛ̃, ɛn/ コンタンポラン, コンタンポレーヌ/ 厖 ❶ 同時代の. ▶ Pascal et Molière sont *contemporains*. パスカルとモリエールは同時代人だ / être *contemporain* de qn/qc …と同時代である. ❷ 現代の. ▶ auteurs *contemporains* 現代作家 / histoire *contemporaine* 現代史. 比較 ⇨ ACTUEL.
― 图 同時代人. ▶ nos *contemporains* 我々と同時代の人々, 現代人 / Ce peintre n'a pas été apprécié par ses *contemporains*. この画家は同時代の人々からは認められなかった.

contempteur, trice /kɔ̃tɑ̃ptœːr, tris/ 图 文章 軽蔑[無視]する人；中傷家.

contenais, contenais, contenait /kɔ̃tne/ 活用 ⇨ CONTENIR 28

contenance /kɔ̃tnɑ̃ːs/ 囡 ❶ 容量, 容積；(土地の)積載量. ▶ la *contenance* d'un navire 船の積載量 (=tonnage) / caisse d'une grande *contenance* 容積の大きなケース / Cette propriété a une [est d'une] *contenance* de cent hectares. この地所は100ヘクタールの広さがある. ❷ 態度, 様子. ▶ *contenance* assurée 自信のある態度 / *contenance* embarrassée 困惑した様子.

faire bonne contenance 平然[毅然(ｷﾞ)]としている, うろたえない.
perdre contenance 冷静さを失う, 取り乱す.
se donner une contenance 平静を装う.

contenant /kɔ̃tnɑ̃/ 男 入れ物, 容器, 袋.
conteneur /kɔ̃tnœːr/ 男 コンテナ.
conteneuriser /kɔ̃tnœrize/ 他動 〔貨物〕をコンテナに積み込む.

*__contenir__ /kɔ̃tniːr/ コントゥニール/ 28 他動

過去分詞 contenu	現在分詞 contenant
直説法現在 je contiens	nous contenons
複合過去 j'ai contenu	
単純未来 je contiendrai	

❶ …を含む, 入れる. ▶ L'eau *contient* de l'oxygène et de l'hydrogène. 水は酸素と水素を成分とする / Que *contient* cette lettre? この手紙には何が書いてあるのですか / Cette salle peut *contenir* mille spectateurs. このホールは1000人の観客を収容できる. ❷ 〔容積, 面積など〕を持つ. ▶ Ce domaine *contient* cent hectares. この地所は100ヘクタールある. ❸ …を制止する, 阻止する.

▶ *contenir* les manifestants デモ隊を阻止する. ❹ 〔感情〕を抑える, こらえる. ▶ *contenir* sa colère 怒りをこらえる.
― **se contenir** 代動 自分を抑える.

*__content, ente__ /kɔ̃tɑ̃, ɑ̃ːt/ コンタン, コンタント/ 厖

英仏そっくり語
英 content (…だけで)満足している.
仏 content うれしい, 満足している.

❶ 〈content de qc/qn/不定詞 // content que + 接続法〉…に満足した, 気に入った. ▶ Je suis *content*. 私はうれしい / Le professeur est *content* de ses élèves. 先生は生徒たちに満足している / Il est très *content* de vous voir. 彼はあなたに会えてとても喜んでいる / Je serais *content* que vous veniez. あなたが来てくだされば うれしいのですが. ◆*content* de soi(-même) 自分に満足した；うぬぼれた, 思い上がった. ▶ Il est un peu trop *content* de lui. 彼はいささかうぬぼれすぎだ.
❷ 満足した, うれしい, 楽しい. ▶ avoir l'air *content* うれしそうな様子をしている / partir *content* 満足して立ち去る / Tout le monde est *content*. これで八方まるく収まる.

non content de + 不定詞 …するだけに飽き足らず. ▶ *Non content de* ne rien faire en classe, il empêche ses camarades de travailler. 彼は教室で何もしないばかりか, 仲間の勉強を邪魔する.

― **content** 男 辞《所有形容詞とともに》十分満足させるだけのもの. ▶ avoir (tout) son *content* de qc …を欲しいだけ(十分に)持っている / dormir [manger] son *content* 存分に眠る[食べる].

contentement /kɔ̃tɑ̃tmɑ̃/ 男 満足, 充足. ▶ le *contentement* de soi 自己満足, うぬぼれ / éprouver un profond *contentement* 深い満足感を味わう / Son *contentement* fait plaisir à voir. 彼(女)の満足した顔は見ていて楽しい.

*__contenter__ /kɔ̃tɑ̃te/ コンタンテ/ 他動 …を満足させる. ▶ *contenter* ses parents (=satisfaire) 両親の期待にこたえる / On ne peut pas *contenter* tout le monde. みんなが気に入るようにするのは無理だ / Cette explication ne l'a pas *contenté*. その説明は彼を満足させなかった / *contenter* son envie 欲望を満たす.

― **se contenter** 代動 ❶ 〈se contenter de qc〉…(だけ)で満足[我慢]する. ▶ *se contenter* de ce qu'on a あるだけのもので我慢する / savoir *se contenter* de peu 足るを知る. ❷ 〈se contenter de* + 不定詞〉…するにとどめる. ▶ Pour réponse, elle *s'est contentée* de sourire. 返事をする代わりに彼女はほほえんだだけだった.

contentieux, euse /kɔ̃tɑ̃sjø, øːz/ 厖《法律》訴訟の, 係争の.
― **contentieux** 男 ❶《集合的に》訴訟, 係争. ❷ (企業, 官庁などの)訴訟課［係].

contention /kɔ̃tɑ̃sjɔ̃/ 囡 文章 (肉体, 精神の)緊張, 集中.

contenu, e /kɔ̃tny/ 厖 (contenir の過去分詞) 抑えられた, 抑制された. ▶ une émotion *contenue* (=maîtrisé) 抑えられた感情.

*__contenu__ /kɔ̃tny/ コントゥニュ/ 男 内容, 中身, コン

テンツ. ▶ L'étiquette indique la nature du *contenu*. ラベルが内容物の種類を示している.

conter /kɔ̃te/ 他動 文章 …を話して聞かせる, 物語る. ❷〔でたらめ〕を言う. ▶ Que me *contez-vous là*? 何をでたらめ言ってるんだ / *Contez* cela à d'autres. ばかも休み休み言いたまえ.

en conter à qn …をだます, かつぐ. ▶ Il nous *en conte*! あいつは我々のことをからかっているんだ.

s'en laisser conter だまされる, かつがれる.

contestable /kɔ̃tɛstabl/ 形 異論の余地がある, 疑わしい.

contestataire /kɔ̃tɛstatɛːr/ 形, 名 (既成秩序に)異議を申し立てる(人), 反体制派の(人).

contestation /kɔ̃tɛstasjɔ̃/ 女 ❶ 異議; 論争, 係争. ▶ donner lieu à une *contestation* 論議を招く / élever une *contestation* …について異議を唱える / entrer en *contestation* avec qn …と激しく対立する. ❷ (既成の制度, 体制に対する)異議申し立て.

sans contestation (***possible***) 異議なく.

conteste /kɔ̃tɛst/ 女《次の句で》

sans conteste 文章 《おもに最上級とともに》紛れもなく, 明らかに.

contester /kɔ̃tɛste/ 他動 ❶ …に異議を唱える, 疑義を差し挟む, を認めない. ▶ La vérité de cette information *est* très *contestée*. この報道の信憑(しんぴょう)性は非常に疑問視されている / Personne ne *conteste* son autorité. だれもが彼(女)の権威を認めている. ◆ *contester* que + 接続法 ▶ Je *conteste* qu'il soit sincère. 彼が誠実であるとは思えない.

❷ (目的語なしに)(既成の制度, 体制に)異議を申し立てる. ▶ Les étudiants *contestent* dans la rue. 学生が街頭で抗議デモをしている.

conteur, euse /kɔ̃tœːr, øːz/ 名 物語作者.

contexte /kɔ̃tɛkst/ 男 ❶ 状況, 背景. ▶ *contexte* politique 政治的背景. ❷ 文脈, (文の)前後関係. ▶ éclaircir un passage par le *contexte* ある文章の意味を文脈から明らかにする.

contextuel, le /kɔ̃tɛkstɥɛl/ 形 文脈上の.

contexture /kɔ̃tɛkstyːr/ 女 ❶ (筋肉などの)組織. ❷ (織物の)織り方.

contien-, contiendr- 活用 ⇨ CONTENIR 28

contigu, ë /kɔ̃tigy/ 形 <*contigu* (à qc)>(…に)隣接する; 密接に関連する. ▶ deux jardins *contigus* 隣り合った庭 / une maison *contiguë* à l'église 教会の隣にある家.

contiguïté /kɔ̃tigɥite/ 女 ❶ 隣接. ▶ La *contiguïté* des logements est gênante. 住まいがくっつき合っているといろいろ気詰まりだ. ❷ 類似[近似]性.

contin-, contîn- 活用 ⇨ CONTENIR 28

continence /kɔ̃tinɑ̃ːs/ 女 ❶《キリスト教》(肉欲の)節制, 禁欲. ❷ 文章 (言葉遣いの)節度.

***continent**[1] /kɔ̃tinɑ̃/ コンティナン/ 男 ❶ 大陸. ▶ l'Ancien *Continent* 旧大陸(ヨーロッパ, アジア, アフリカ) / le Nouveau *Continent* 新大陸(南北アメリカ). ❷ (英国に対する)ヨーロッパ大陸(島に対する)本土.

continent[2]**, ente** /kɔ̃tinɑ̃, ɑ̃ːt/ 形 ❶《キリスト教》(肉欲の)節制する, 禁欲の. ❷ 文章 (言葉遣いに)節度がある.

continental, ale** /kɔ̃tinɑ̃tal/ コンティナンタル/:《男複》aux*** /o/ 形 ❶ 大陸(性)の. ▶ plateau *continental* 大陸棚 / climat *continental* 大陸性気候. ❷ ヨーロッパ大陸の. ▶ Blocus *continental* (1806年のナポレオンによる)大陸封鎖.
— 名 (ヨーロッパ)大陸の住人.

contingences /kɔ̃tɛ̃ʒɑ̃ːs/ 女複 偶発事; 些細(ささい)な事柄. ▶ tenir compte des *contingences* 不測の事態を考慮に入れる / les *contingences* de la vie quotidienne 日常生活の些事.

contingent, ente /kɔ̃tɛ̃ʒɑ̃, ɑ̃ːt/ 形 偶発的な, 不慮の.
— **contingent** 男 ❶ 分け前; 出し分. ❷《軍事》徴兵割り当て人員;《集合的に》徴集兵. ▶ appel d'un *contingent* 徴集兵の招集. ❸《経済》輸入[輸出]割り当て量.

contingentement /kɔ̃tɛ̃ʒɑ̃tmɑ̃/ 男《経済》輸(出)入数量制限[割り当て].

contingenter /kɔ̃tɛ̃ʒɑ̃te/ 他動 (特に輸出入で)〔生産物〕の割り当て量を決める[制限する].

continu, e /kɔ̃tiny/ 形 ❶ (空間的, 時間的に)連続した, 絶え間ない. ▶ ligne *continue* 連続した線, 実線 / effort *continu* 不断の努力 / pluie *continue* 間断なく降りしきる雨. ❷《数学》連続の. ▶ fonction *continue* 連続関数. ❸《音楽》basse *continue* 通奏低音, コンティヌオ. ❹《労働法》journée *continue* 終日労働, 昼食時間短縮制. ❺《電気》courant *continu* 直流.
— **continu** 男 ❶ 連続. ❷《数学》連続体.

continuateur, trice /kɔ̃tinɥatœːr, tris/ 名 後継者, 継承者.

continuation /kɔ̃tinɥasjɔ̃/ 女 継続, 続行. ▶ se charger de la *continuation* d'un travail 仕事の続きを引き受ける / La *continuation* de la guerre exigea de gros sacrifices. 戦争が長引いて莫大(ばくだい)な犠牲を強いられた.

Bonne continuation! 話 これからも頑張れよ.

continuel, le /kɔ̃tinɥɛl/ 形 (時間的に)絶え間ない, 継続的な; ひっきりなしの, 頻繁な. ▶ faire des efforts *continuels* 不断の努力を積み重ねる.

continuellement /kɔ̃tinɥɛlmɑ̃/ 副 絶えず (=sans cesse); 頻繁に.

***continuer** /kɔ̃tinɥe/ コンティニュエ/ 他動

❶ <*continuer* qc // *continuer* à [de] + 不定詞>…を続ける, 続行する. ▶ *continuer* une conversation 話を続ける / Il *continue* de neiger. 雪が降り続いている / Le musée *continuera* d'être ouvert pendant les travaux. 美術館は工事中も続けて開館する.

❷ …(の仕事)を継承する, 受け継ぐ. ▶ *continuer* le cabinet de son père 父の事務所を継ぐ. ❸ …を延長する. ▶ *continuer* une route 道路を延長する.

***continuer*「*son chemin*[*sa route*]** (そのまま)進み続ける.
— 自動 ❶ 続く, 終わらない. ▶ La guerre ne *continuera* pas longtemps. 戦争は長くは続くまい. ❷ 延びている, 続いている. ▶ Cette route *continue* jusqu'à Paris. この道はパリまで続いてい

continuité

る. ❸ やり続ける, 話を続ける. ▶ Si vous *continuez* ainsi, cela finira mal. そんなやり方を続けていては困ったことになりますよ / *Continue*, je t'écoute. さあその先を話せよ / *Continuez* tout droit. そのままずっと行きなさい /《Mais》*continua*-t-il.「しかし…」と彼は続けた.

比較 続く
continuer, durer この2つの動詞の用法は重なり合う部分もあるが, 前者は「その後［これから］もまだ続く」ということに, 後者は「全体的に（どれだけ長く）続く」ということに力点が置かれる. したがって durer は持続の長さを客観的に示す状況補語を伴うことが多い. Le spectacle *continue*! ショーはまだまだ続きます. Le spectacle *a duré* deux heures. ショーの時間は2時間だった.

— **se continuer** 代動 継続される.
▶ Le jardin *se continue* par un bois. 庭は森に続いている.

continuité /kɔ̃tinɥite/ 囡 連続, 継続, 恒常性.
▶ assurer la *continuité* d'une tradition 伝統を継承する / Il n'y a pas la moindre *continuité* dans la politique du gouvernement. 政府の政策には少しも一貫性がない.

continûment /kɔ̃tinymɑ̃/ 副 絶え間なく, 連続して. ▶ travailler *continûment* 休みなしに働く.

contondant, ante /kɔ̃tɔ̃dɑ̃, ɑ̃:t/ 形 打撲傷を負わせる. ▶ arme *contondante* 鈍器.

contorsion /kɔ̃tɔrsjɔ̃/ 囡 ❶（手足などを）ねじ曲げること. ▶ les *contorsions* d'un acrobate 曲芸師の曲芸. ❷《多く複数で》大げさで滑稽(ﾎﾟｹｲ)な身振り, 気取った様子.

se contorsionner /s(ə)kɔ̃tɔrsjɔne/ 代動 ❶ 体をねじる, 手足をよじる; 顔をしかめる. ❷ 大げさで滑稽(ﾎﾟｹｲ)なしぐさをする; 気取る.

contorsionniste /kɔ̃tɔrsjɔnist/ 图（体を自在に曲げる）アクロバット芸人.

contour /kɔ̃tu:r/ 男 ❶ 輪郭（線）, 外形. ▶ le *contour* d'un vase 花瓶の形 / tracer les *contours* d'une figure 図形の輪郭を描く / le *contour* d'un visage 顔の輪郭. ❷（川, 道路などの）蛇行. ▶ les *contours* d'une route de montagne つづら折りの山道.

contourné, e /kɔ̃turne/ 形 曲がりくねった; 複雑な形の; 気取った.

contournement /kɔ̃turnəmɑ̃/ 男 迂回(ｳｶｲ), 回避.

contourner /kɔ̃turne/ 他動 ❶ …を迂回(ｳｶｲ)する. ▶ le fleuve qui *contourne* la ville 町をまわる川. ❷ …を回避する. ▶ *contourner* un obstacle 障害を避けて通る / *contourner* la loi 法の網をくぐる.

contra- 接頭「反対, 対立, 逆」の意.

contraceptif, ive /kɔ̃traseptif, i:v/ 形 避妊の. ▶ une méthode *contraceptive* 避妊法.
— 图 避妊薬［器具］. ▶ *contraceptif* oral 経口避妊薬, ピル (=pilule).

contraception /kɔ̃trasepsjɔ̃/ 囡 避妊（法）.

contractant, ante /kɔ̃traktɑ̃, ɑ̃:t/ 形 契約する. ▶ les parties *contractantes* 契約当事者.
— 图 契約（締結）者.

contracté, e /kɔ̃trakte/ 形 ❶（体, 顔などが）硬直した, ひきつった, こわばった. ▶ visage *contracté* par la douleur 苦痛にゆがんだ顔. ❷ Il était très *contracté* au début de sa conférence. 講演の初めの方で彼はたいへん緊張していた. ❸【言語】article *contracté* 縮約冠詞 (au, aux, du, des).

contracter[1] /kɔ̃trakte/ 他動 ❶〔契約など〕を結ぶ, 締結する;〔約束など〕を取り決める. ▶ *contracter* une alliance 同盟を結ぶ / *contracter* mariage avec qn …と結婚を取り決める. ❷〔義務, 債務など〕を負う. ▶ *contracter* des obligations envers qn …に恩義を受ける, 借りができる. ❸ 文章〔悪い習慣〕を身につける. ▶ Elle a *contracté* très tôt l'habitude de fumer. 彼女はずいぶん早くから喫煙の習慣ができた. ❹ 文章〔病気〕にかかる. ▶ *contracter* un rhume (=attraper) 風邪を引く.

contracter[2] /kɔ̃trakte/ 他動 ❶〔寒さ, 圧力などが物体〕を収縮させる. ❷ …を緊張させる, こわばらせる, ひきつらせる. ▶ *contracter* les muscles 筋肉を収縮させる / L'émotion lui *contracta* la gorge. 彼(女)は感動のあまり胸の締めつけられる思いがした. — **se contracter** 代動 ❶ 収縮する. ❷〔人が〕緊張する;〔表情などが〕ひきつる, こわばる.

contractile /kɔ̃traktil/ 形【生理学】〔筋繊維などが〕収縮性のある.

contraction /kɔ̃traksjɔ̃/ 囡 ❶ 収縮. ▶ *contraction* du cœur 心臓の収縮 / *contraction* de la production 生産の収縮. ❷（顔, 表情などの）こわばり; 精神的緊張. ❸【医学】*contraction* musculaire 筋肉収縮. ❹ 陣痛. ❺【言語】縮約: de + les が des になることなど.

contractualisation /kɔ̃traktɥalizasjɔ̃/ 囡（官公庁などの職員の）臨時職員［嘱託］化.

contractualiser /kɔ̃traktɥalize/ 他動（官公庁などで）…を臨時職員［嘱託］にする.

contractuel, le /kɔ̃traktɥɛl/ 形【法律】契約で定められた. ▶ obligation *contractuelle* 契約上の義務［債務］.
— 图（官公庁の）臨時職員;（駐車違反を取り締まる）警察補助員 (=agent *contractuel*).

contradicteur /kɔ̃tradiktœ:r/ 男 反論者.

*__contradiction__ /kɔ̃tradiksjɔ̃/ コントラディクスィヨン/ 囡 ❶ 反論, 反駁(ﾊﾝﾊﾞｸ). ▶ porter la *contradiction* dans qc（討論などで）異論を唱える. ❷ 矛盾,（言行などの）不一致. ▶ Il y a *contradiction* entre A et B. AとBの間には矛盾がある / être en *contradiction* avec qc …と矛盾している, 相いれない / être en *contradiction* avec soi-même 自己矛盾している / le principe de *contradiction*【論理学】矛盾律.

esprit de contradiction あまのじゃく, へそ曲がり.

contradictoire /kɔ̃tradiktwa:r/ 形 ❶ 矛盾した; 相反した. ▶ deux tendances *contradictoires* (=incompatible) 矛盾する2つの傾向. ❷〔会議, 集会などが〕(対立意見の）討論による. ▶ débat *contradictoire* 討論会 / réunion politique *contradictoire* 公開討論を行う政治集会.

contradictoirement /kɔ̃tradiktwarmɑ̃/ 副 矛盾して; 対立して.

contrastif

contraign- 活用 ⇨ CONTRAINDRE 79
contraignant, ante /kɔ̃trɛɲɑ̃, ɑ̃ːt/ 形 (contraindre の現在分詞) 強制［拘束］する.

***contraindre** /kɔ̃trɛ̃ːdr/ コントランドル/ 79 (過去分詞 contraint, 現在分詞 contraignant) 他動 ❶ ⟨contraindre qn à qc/不定詞⟩…に…を**強制する**. ▶ On l'*a contraint* au silence. 彼は沈黙を強いられた / La guerre les *a contraints* à quitter leur pays. 戦争のために彼らは祖国を離れざるを得なかった. ❷ 文章 (1)⟨contraindre qn dans qc⟩ …の(自由など)を拘束する. (2)⟨contraindre qc de qn⟩…の(自由など)を拘束する.
— **se contraindre** 代動 ⟨se contraindre à qc/不定詞⟩（無理にでも）…(するよう)に努める.

contrains, contraint /kɔ̃trɛ̃/ 活用 ⇨ CONTRAINDRE 79

contraint, ainte /kɔ̃trɛ̃, ɛ̃ːt/ 形 (contraindre の過去分詞) ❶ ⟨être contraint de + 不定詞⟩ …せざるを得ない. ▶ J'ai été contraint de démissionner. 私は辞職せざるを得なかった. ❷ (振る舞いなどが)ぎこちない, 不自然な. ▶ sourire *contraint* わざとらしい作り笑い.

contraint et forcé 強制されて. ▶ Nous n'avons accepté que *contraints et forcés*. 我々は強制されてやむを得ず承諾したのだ.

contrainte /kɔ̃trɛ̃ːt/ 女 ❶ 強制力, 拘束. ▶ exercer la *contrainte* contre [à l'égard de] qn …に対して強制力を発揮する / par la *contrainte* 力ずくで / agir sous la *contrainte* 強いられて行動する. ❷ 制約. ▶ les *contraintes* de la vie familiale 家族があるということからくるさまざまな制約. ❸ 遠慮, 気兼ね; 気詰まり. ▶ s'exprimer sans *contrainte* 気兼ねなく［自由に］話す.

***contraire** /kɔ̃trɛːr/ コントレール/ 形 ❶ **反対の, 逆の**. ▶ deux forces *contraires* (=opposé) 相対立する力 / mots de sens *contraires* 反対の意味を持つ言葉 / Ces deux frères ont des caractères *contraires*. この2人の兄弟は正反対の性格をしている. ◆ en ［dans le］ sens *contraire* (=inverse) 反対方向に, 逆向きに. ▶ aller en sens *contraire* 反対方向に進む;（時代などに）逆行する.

❷ ⟨contraire à qn/qc⟩ …と反対の, 逆の. ▶ décision *contraire* à nos intérêts 我々の利益に反する決定 / Cette démarche est *contraire* à tous les usages établis. このやり方は今までの慣例にことごとく反する.

— 男 ❶ 反対, 対立, 逆. ▶ dire le *contraire* 反対のことを言う / Vous croyez peut-être qu'il l'a quittée; eh bien, c'est tout le *contraire*. あなた(方)は彼が彼女を捨てたとお思いかもしれませんが, 実はまったくその逆です / Elle est tout le *contraire* de sa sœur. 彼女は姉［妹］とは正反対だ. ❷ 言語 **反意語** (=antonyme). ▶ «Long» est le *contraire* de «court». 「長い」は「短い」の反意語だ.

***au contraire** いや, それどころか. ▶ Jean n'est pas fatigué, *au contraire*, il est en pleine forme. ジャンは参ってなんかいない, それどころか絶好調だ /«Tu es content de ce travail?—*Au contraire*.»「この仕事に満足しているかい」「とんでもない」

au contraire de qc/qn …に反して, とは逆に. ▶ *Au contraire* de ses concurrents, il s'est enrichi. 商売敵とは逆に彼は金持ちになった.

contrairement /kɔ̃trɛrmɑ̃/ 副 ⟨*contrairement* à qc/qn⟩…に反して, と反対に (↔conformément). ▶ Il fait beau, *contrairement* aux prévisions de la météo. 予報に反して天気は晴れだ.

contralto /kɔ̃tralto/ 男 《イタリア語》【音楽】コントラルト(女声の最低音域); コントラルト歌手.

contrariant, ante /kɔ̃trarjɑ̃, ɑ̃ːt/ 形 ❶ 不愉快にさせる, いらいらさせる; 困った. ▶ homme *contrariant* 不愉快な男 / C'est *contrariant* qu'il ne soit pas là.(=ennuyeux) 彼がいないのは困ったことだ. ❷ ⟨ne pas être *contrariant*⟩〔人が〕話の分かる.

contrarié, e /kɔ̃trarje/ 形 ❶ (思いどおりにいかず)いらだった, 怒った. ▶ avoir l'air *contrarié* むっとした様子をしている. ◆ être *contrarié* ⟨de qc/不定詞［que + 接続法］⟩…に不満である. ❷ 妨げられた, うまくいかない. ▶ amour *contrarié* 妨げられた［かなわぬ］恋.

***contrarier** /kɔ̃trarje/ コントラリエ/ 他動 ❶ (逆らって)…を**不愉快にさせる**, いらだたせる. ▶ Cette histoire m'*a contrarié* quelque peu. その話に私はいささかむっとした.

❷〔運動, 力など〕に逆らう, の邪魔をする;〔意図などを〕**妨げる**. ▶ *contrarier* les mouvements de l'ennemi 敵の動きを邪魔する / *contrarier* la loi de la nature 自然の法則に逆らう. ❸〔色, 形など〕を対照させて際立たせる.

— **se contrarier** 代動 ❶ 邪魔し合う; 矛盾する. ❷ いらだつ, むくれる. ❸〔色, 形などが〕互いに際立つ.

contrariété /kɔ̃trarjete/ 女 ❶ (反対, 障害に直面しての)いらだち, 不機嫌. ▶ éprouver une vive *contrariété* 激しいいらだちを感じる. ❷ (いらだち, 不機嫌の)種.

***contraste** /kɔ̃trast/ コントラスト/ 男 ❶ **対照, 対比**. ▶ le *contraste* des couleurs 色のコントラスト / faire ressortir un *contraste* 対比を際立たせる / mettre qc en *contraste* …を照らし合わせる. ❷ (テレビ, 写真などの映像の)鮮明度, **コントラスト**. ▶ régler le *contraste* de la télévision テレビの画面のコントラストを調整する.

en contraste avec qc …と対照的に.
faire (un) contraste avec qn/qc …と対照をなす (=contraster avec).
par contraste 比べて, それに対して.

contrasté, e /kɔ̃traste/ 形 対照的な, コントラストの強い, 際立った.

contraster /kɔ̃traste/ 自動 対照をなす, 際立っている. ▶ des couleurs qui *contrastent* entre elles 互いに引き立つ色調 / Cette tour ultramoderne *contraste* avec ces vieilles maisons. この超近代的な高層ビルは古い家並みと対照をなしている.
— 他動 …を際立たせる, にコントラストをつける.

contrastif, ive /kɔ̃trastif, iːv/ 形 【言語】対

比の; 言語の対照による. ▶ linguistique *contrastive* 対照言語学.

contrat /kɔ̃tra コントラ/ 男 契約(書). ▶ *contrat* de louage 貸借契約 / *contrat* de mariage 夫婦財産契約 / sous *contrat* 契約に基づいた / passer [conclure, signer] un *contrat* avec qn/qc …と契約を結ぶ / exécuter [remplir] un *contrat* 契約を履行する / rompre [annuler] un *contrat* 契約を破棄する / rédiger un *contrat* 契約書を作成する / Du contrat social (ルソーの)「社会契約論」/ *contrat* à durée déterminée 期限付き雇用契約(CDDと略記) / *contrat* à durée indéterminée 期限なし雇用契約(CDIと略記).

contravention /kɔ̃travɑ̃sjɔ̃/ 女 〖法律〗(法規, 政令, 契約などに対する)違反,〖特に〗交通違反(の調書, 罰金). ▶ attraper une *contravention* pour excès de vitesse スピード違反で罰金を食らう / dresser une *contravention* 違反の調書を取る /「se mettre [être] en *contravention* 違反する[している]. 比較 ⇨ CRIME.

contre /kɔ̃:tr コートル/ 前

❶《対抗, 対立》…に対抗して, 反して(↔pour); …に備えて. ▶ le match de Poitiers *contre* Lyon ポワチエ対リヨンの試合 / lutter *contre* une dictature 独裁に対して戦う / voter *contre* qn/qc …に反対投票する / Il est *contre* le luxe. 彼は贅沢(ぜいたく)を憎んでいる / nager *contre* le courant 流れに逆らって泳ぐ / agir *contre* son habitude 習慣に反した行動をする / La chance est *contre* moi. 私は運がよくない.

lutter contre une dictature

❷《予防, 防護》…に対して, 備えて. ▶ vaccin *contre* la rougeole はしか予防ワクチン / contracter une assurance *contre* l'incendie 火災保険をかける / s'abriter *contre* la pluie 雨宿りする.

❸《近接, 接触》…のそばに, に接触して. ▶ se serrer *contre* qn …に身をすり寄せる / s'appuyer *contre* un arbre 木にもたれかかる / pousser le lit *contre* le mur ベッドを壁際に押しつける.

s'appuyer contre un arbre

❹《交換》…と引き換えに, に対して. ▶ changer des yens *contre* des euros 円とユーロを両替する / envoyer un prospectus *contre* des timbres 切手と引き換えに説明書を送る.

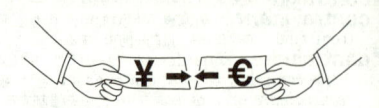

changer des yens contre des euros

❺《割合, 対比》…対…で, …に対して. ▶ La résolution a été votée à quinze voix *contre* neuf. 15票対9票で決議された.

avoir qc/qn contre soi 園 …を敵に回す.

avoir quelque chose contre qc/qn …に反感[不満]がある. ▶ Qu'*avez*-vous *contre* moi? 私に何か恨みでもあるのですか.

contre vents et marées 障害[反対]にもかかわらず, 万難を排して.

envers et contre tout [tous] 何がなんでも, 皆の反対を押し切って, 万難を排して.

parier (à) cent contre un (100対1で賭(か)ける→)絶対自信がある.

無冠詞名詞 + ***contre*** + 無冠詞名詞 …と…を寄せ合って, くっつけ合って. ▶ épaule *contre* épaule 肩を寄せ合って / joue *contre* joue 頬(ほお)をくっつけ合って.

— 副 ❶ ぴったりくっついて. ▶ Prenez la rampe, appuyez-vous *contre*. 手すりを握って寄りかかりなさい.

❷ 反対して(↔pour). ▶ voter pour ou *contre* 賛否の投票をする / Etes-vous *contre*? 反対ですか / Je suis *contre*. 私は反対だ / Je n'ai rien *contre*. 何も異存はない.

ci-contre 向かいの欄[ページ]に. ▶ consulter le tableau *ci-contre* 反対側のページの表参照.

par contre それに対し, その代わり. ▶ Le magasin est assez exigu, *par contre* il est bien situé. その店はかなり狭いが場所はよい.

tout contre すぐそばに.

— 男 (単複同形) ❶ 《le contre》反対意見; 難点, 短所. ▶ le pour et le *contre* 賛否 / Pour mettre fin à cette discussion, on a compté les pour et les *contre*. 討論に終止符を打つため賛否の数を数えた / Il y a du pour et du *contre*. 長所も短所もある. ❷ 〖バレーボール〗ブロック. ❸ 〖トランプ〗(ブリッジの)ダブル.

contre- 接頭 ❶「対抗; 交換」を表わす. ▶ *contre*-terrorisme テロリズムへの対抗措置 / *contre*-valeur 交換価値. ❷「逆方向, 反対側」を表わす. ▶ *contre*-jour 逆光線. ❸「補助」を表わす. ▶ *contre*-allée 側道.

contre-allée /kɔ̃trale/ 女 (大通りに沿った)側道; 側歩道.

contre-amiral /kɔ̃tramiral/; 《複》 ***aux*** /o/ 男 海軍少将.

contre-attaque /kɔ̃tratak/ 女 反撃, 反攻, カウンターアタック.

contre-attaquer /kɔ̃tratake/ 他動 …に反撃する. — 自動 反撃する.

contrebalancer /kɔ̃trəbalɑ̃se/ 1 他動 …に釣り合う; を相殺する, 補う. ▶ La hausse du yen ne *contrebalance* pas celle des prix. 円高が

っても物価上昇は相殺されていない.
— **se contrebalancer** 代動 ❶ 互いに釣り合う；相殺し合う. ❷〈s'en *contrebalancer*〉無視する，取り合わない.

contrebande /kɔ̃trəbɑ̃ːd/ 女 ❶ 密輸入；密貿易. ▶ marchandises de *contrebande* 密輸商品 / faire de la *contrebande* 密輸をする. ❷ 密輸品. ▶ vendre de la *contrebande* 密輸品を売る.

contrebandier, ère /kɔ̃trəbɑ̃dje, ɛːr/ 名 密輸入者，密売人.

contrebas /kɔ̃trəba/《次の句で》
en contrebas 副句 下方に，より低い所に.
en contrebas de 前句 …の下方に. ▶ La maison se trouve *en contrebas du* chemin. その家は道路から一段下がった所にある.

contrebasse /kɔ̃trəbɑːs/ 女《音楽》コントラバス. — 名 コントラバス奏者（=contrebassiste）.

contrebassiste /kɔ̃trəbasist/ 名《音楽》コントラバス奏者. 注 bassiste と略す.

contrecarrer /kɔ̃trəkare/ 他動〔計画，考えなど〕に真っ向から反対すること；を妨げる.

contre-chant /kɔ̃trəʃɑ̃/ 男《音楽》対位旋律，対旋律，対声.

contrecœur /kɔ̃trəkœːr/ 男《次の句で》
à contrecœur 副句 不承不承，いやいやながら.

contrecoup /kɔ̃trəku/ 男（出来事の）反響，とばっちり，余波. ▶ subir le *contrecoup* d'un désastre 災害の影響を受ける.
par contrecoup 副句 余波［とばっちり］を受けて；（当然の）結果として，どのみち.

contre-courant /kɔ̃trəkurɑ̃/ 男（水流，電流，熱流などの）逆流.
à contre-courant (*de qc*)（情勢，潮流などに）逆らって，逆行して. ▶ nager *à contre-courant* 川上に向かって泳ぐ.

contre-culture /kɔ̃trəkylty:r/ 女（既存の文化を否定する）対抗文化，カウンター・カルチャー.

contredanse¹ /kɔ̃trədɑ̃ːs/ 女 コントルダンス：数組の男女が向かい合って踊るダンス.

contredanse² /kɔ̃trədɑ̃ːs/ 女 話 交通違反，罰金.

contredire /kɔ̃trədiːr/ 76（過去分詞 contredit，現在分詞 contredisant）他動 ❶〔人〕〔の意見，主張〕に反対する，異論を唱える. ▶ Vous le *contredisez* sans cesse. あなた（方）は彼の言うことにいつも反対する. /《目的ების なしに》Il aime à *contredire*. 彼は何かと口答え［反論］したがる.
❷〔事実，行動などが予想，主張など〕と食い違う. ▶ Ses actions *contredisent* ses paroles. 彼（女）のすることは言うことと矛盾している.
— **se contredire** 代動 ❶ 矛盾したことを言う. ❷〔互いの主張が〕相反する；反対を唱え合う.

contredit /kɔ̃trədi/《次の句で》
sans contredit 副句 もちろん，異議の余地なく（=incontestablement）. ▶ Cette solution est, *sans contredit*, la meilleure. 間違いなくこの解決策が最上のものだ.

contrée /kɔ̃tre/ 女 古風／文章 地方，国.

contre-épreuve /kɔ̃treprœːv/ 女 逆証，検証.

contre-espionnage /kɔ̃trɛspjɔna:ʒ/ 男 ❶ 防諜（ぼうちょう）機関. ❷ 対諜報，防諜活動.

contre-exemple /kɔ̃trɛɡzɑ̃ːpl/ 男（命題や定理などを反証する）反例.

contre-expertise /kɔ̃trɛksperti:z/ 女 再鑑定.

contrefaçon /kɔ̃trəfasɔ̃/ 女 偽造（物），贋造（がんぞう）（物）. ▶ *contrefaçon* de monnaie 貨幣の偽造.

contrefacteur /kɔ̃trəfaktœːr/ 男（紙幣，公文書などの）偽造者，贋造（がんぞう）者.

contrefaire /kɔ̃trəfɛːr/ 77 他動（過去分詞 contrefait，現在分詞 contrefaisant）❶ …をまねて笑いものにする. ▶ *contrefaire* la voix de qn …の声をまねる. ❷ …を不正にまねる，偽造する. ▶ *contrefaire* la signature de qn …のサインを偽ってまねる / *contrefaire* une [de la] monnaie にせ金を造る. ❸（欺くために）〔自身の声，筆跡など〕を変える. ▶ *contrefaire* sa voix au téléphone 電話口で声色を使う.

contrefait, aite /kɔ̃trəfɛ, ɛt/ 形（contrefaire の過去分詞）❶〔体形が〕ゆがんだ，奇形の.
❷〔文書などが〕偽造の.

contrefer- 活用 ⇨ CONTREFAIRE 77

contrefi-, contrefî-, contrefiss- 活用 ⇨ CONTREFAIRE 77

se contreficher /s(ə)kɔ̃trəfiʃe/ 代動 話〈*se contreficher* de qn/qc/不定詞〉/ *se contreficher* que + 接続法〉…を完全に無視する，ばかにする.

contre-filet /kɔ̃trəfilɛ/ 男（牛肉で）サーロイン.

contrefort /kɔ̃trəfɔːr/ 男 ❶《建築》控え壁，扶壁（ふへき）. ❷（靴の）踵（かかと）革.

se contrefoutre /s(ə)kɔ̃trəfutr/ 66 代動（直説法単純過去・前過去，接続法半過去・大過去は用いない）（現在分詞 se contrefoutant）俗〈*se contrefoutre* de qc〉…を完全に無視する，ばかにする.

contre-haut /kɔ̃trəo/《次の句で》
en contre-haut 副句 上の方に，高い所に.
en contre-haut de 前句 …より一段高い所に.

contre-indication /kɔ̃trɛ̃dikasjɔ̃/ 女《医学》禁忌：ある療法や投薬を施すことができない状態.

contre-indiqué, e /kɔ̃trɛ̃dike/ 形《医学》〔薬などが〕禁忌である.

contre-indiquer /kɔ̃trɛ̃dike/ 他動《医学》〔徴候などが薬，療法など〕に禁忌を示す.

contre-jour /kɔ̃trəʒuːr/ 男 逆光（線）；逆光で撮る写真. ▶ effets de *contre-jour*《写真》逆光の効果 / à *contre-jour* 背に光を受けて，逆光で.

contremaître, maîtresse /kɔ̃trəmɛtr, mɛtrɛs/ 名 現場監督，現場主任，職工長.

contre-manifestant, ante /kɔ̃trəmanifɛstɑ̃, ɑ̃:t/ 名 対抗デモ参加者.

contre-manifestation /kɔ̃trəmanifɛstasjɔ̃/ 女（他のデモに対抗するための）対抗デモ.

contre-manifester /kɔ̃trəmanifɛste/ 自動 対抗デモを行う［に参加する］.

contremarque /kɔ̃trəmark/ 女 ❶（劇場への再入場を認める）一時外出券，半券. ❷（手荷物などの）預かり証，半券.

contre-mesure /kɔ̃trəmzyːr/ 女 ❶ 対抗措置，対策. ❷《音楽》à *contre-mesure* テンポを崩

して.

contre-mine /kɔ̃trəmin/ 囡『軍事』対坑道：敵の坑道戦に対抗すべく, 陣地の周りに巡らす.

contre-offensive /kɔ̃trɔfɑ̃siːv/ 囡 ❶『軍事』(防御から攻撃に転ずる)攻撃移転. ❷ (政治, 社会問題に関する)反対行動, 巻き返し.

contrepartie /kɔ̃trəparti/ 囡 ❶ 代償, 補償. ▶ obtenir une *contrepartie* financière 補償金を受け取る / avoir qc pour *contrepartie* …を代償として手に入れる. ❷ 反対意見.
en contrepartie 代償として, その代わりに.

contrepente, contre-pente /kɔ̃trəpɑ̃ːt/ 囡 反対斜面.
à contre-pente (1) 斜面に逆らって. (2) 斜面同士が向かい合う形で.

contre-performance /kɔ̃trəpɛrfɔrmɑ̃ːs/ 囡『スポーツ』(実力的に優位な選手, チームの)番狂わせの敗戦.

contrepèterie /kɔ̃trəpɛtri/ 囡 コントルペートリ：2語間の文字または音節を相互に置換して, 際どい表現をねらう言語遊戯(例: femme folle à la messe ミサ好きの女 → femme molle à la fesse 尻(㊑)の柔らかい女.

contre-pied /kɔ̃trəpje/ 男 ❶ (ある意見, 行動などの)逆, 正反対. ▶ Vos opinions sont le *contre-pied* des siennes. あなた(方)の意見は彼(女)のとはまったく逆です. ❷『スポーツ』相手の逆を突くこと. ▶ être à *contre-pied* 逆を突かれる.
prendre le contre-pied de qc/qn = prendre qc/qn à contre-pied …と正反対のことをする, の逆を主張する.

contre-plaqué /kɔ̃trəplake/ 男 合板, ベニヤ板.

contre-plongée /kɔ̃trəplɔ̃ʒe/ 囡『映画』『テレビ』あおり：仰角でとらえた撮影.

contrepoids /kɔ̃trəpwa/ 男 ❶ (天秤(㊑)や重錘(㊑)時計の)平衡重り, 分銅, 対重；(綱渡りの)平衡棒. ❷ (権力, 傾向などに対する)抑止力, カウンターバランス.

contre-poil /kɔ̃trəpwal/ (次の句で)
à contre-poil 副句 毛の向きと反対に；逆方向に. ▶ prendre qn *à contre-poil* 話 …の気持ちを逆なでする.

contrepoint /kɔ̃trəpwɛ̃/ 男『音楽』対位法.
en contrepoint (*de qc*) (…に)対応して.

contrepoison /kɔ̃trəpwazɔ̃/ 男 解毒薬；予防策 (=antidote).

contre-pouvoir /kɔ̃trəpuvwaːr/ 男 対抗[反対]勢力；対抗権力.

contre-productif, ive /kɔ̃trəprɔdyktif, iːv/ 形 逆効果の.

contre-projet /kɔ̃trəprɔʒɛ/ 男 対案, 対抗案, 反対案.

contre-proposition /kɔ̃trəprɔpozisjɔ̃/, **contreproposition** 囡 反対提案.

contrer /kɔ̃tre/ 他動 ❶ 話 …に反対する, を食い止める. ▶ *contrer* un concurrent ライバルの動きを封じる. ❷『トランプ』(ブリッジなどで)…にダブルをかける.

contre-révolution /kɔ̃trərevɔlysjɔ̃/ 囡 (革命, 特にフランス革命に対する)反革命, 反動.

contre-révolutionnaire /kɔ̃trərevɔlysjɔnɛːr/ 形 反革命の, 反動的な.
— 名 反革命家, 反動家.

contresens /kɔ̃trəsɑ̃ːs/ 男 ❶ 意味の取り違え, 誤解, 誤読, 誤訳. ▶ faire un *contresens* dans une traduction 誤訳する / Il a pris le *contresens* de mes paroles. 彼は私の言ったことを誤解した. ❷ 非常識, 不自然. ▶ Un vin sucré avec du poisson, c'est un *contresens*. 魚料理に甘いワインなんて常識外れだ. ❸ (通常と)反対の方向.
à contresens (*de qc*) (1) 逆の意味に, 誤った意味で. ▶ interpréter une phrase *à contresens* 文を誤って解釈する. (2) (…と)逆方向に. ▶ marcher *à contresens de* la foule 群衆(の流れ)に逆らって歩く.

contresigner /kɔ̃trəsiɲe/ 他動〔証書, 政令など〕に副署する.

contretemps /kɔ̃trətɑ̃/ 男 ❶ 不慮の出来事, 思いがけない不都合. ▶ Un fâcheux *contretemps* a retardé mon départ. 厄介な事が起きて私の出発は遅れた. ❷『音楽』シンコペーション, 切分法：強拍上に休符を置き, 弱拍の音を強調するリズム法.
à contretemps (1) 折あしく, 間の悪いときに (=mal à propos). ▶ Il fait tout *à contretemps*. 彼はすることなすこと間が悪い. (2) 拍子を外して.

contre-terrorisme /kɔ̃trətɛrɔrism/ 男 テロに対抗するテロ, 報復テロ.

contre-terroriste /kɔ̃trətɛrɔrist/ 形 報復テロの. — 名 報復テロを行う者.

contre-torpilleur /kɔ̃trətɔrpijœːr/ 男 駆逐艦.

contretype /kɔ̃trətip/ 男『写真』『映画』デュープ：原版から作製した複製ポジ[ネガ].

contrevenant, ante /kɔ̃trəvnɑ̃, ɑ̃ːt/ 名 違反者.

contrevenir /kɔ̃trəvniːr/ 28 間他動 (過去分詞 contrevenu, 現在分詞 contrevenant) 文章 *contrevenir* à qc〔法律, 規則など〕に違反する. ▶ *contrevenir* au Code de la route 道路交通法に違反する.

contrevent /kɔ̃trəvɑ̃/ 男 (風雨よけの)鎧(よろい)戸, シャッター.

contre-vérité /kɔ̃trəverite/, **contrevérité** 囡 真実に反する断言, 虚偽の申し立て.

contrevien-, contrevin-, contrevîn-
活用 ⇨ CONTREVENIR 28

contre-visite /kɔ̃trəvizit/ 囡 再検査, 再点検；《医》再診察.

contre-voie /kɔ̃trəvwa/ 囡『鉄道』異線：進行方向と反対側の線.

contribuable /kɔ̃tribɥabl/ 名 納税者.
aux frais du contribuable 税金を浪費して.

***contribuer** /kɔ̃tribɥe/ コントリビュエ/ 間他動 ❶ <*contribuer* à qc /不定詞/…に貢献する, 寄与する；の原因になる. ▶ *contribuer* au succès du congrès 会議の成功に貢献する / *contribuer* à la dégradation de qc …の悪化の原因になる / *contribuer* à créer des emplois 雇用の創出に貢献

する. ❷⟨*contribuer* à qc⟩〔分担金, 寄付金など〕を負担する. ▶ *contribuer* aux dépenses du ménage 家計費を一部負担する / 《目的語なしに》*contribuer* pour un tiers 3分の1を負担する.

***contribution** /kɔ̃tribysjɔ̃/ コントリビュスィヨン/ 囡 ❶ **貢献**, 寄与, 協力. ▶ apporter sa *contribution* à qc …に貢献［協力］する / mettre qc à *contribution* …を利用する. ❷ **分担額**, 出資（金）, 割り前. ▶ Il a donné cent euros pour sa *contribution*. 彼は100ユーロを負担した. ❸《多く複数で》〖税法〗**税金**, 租税. ▶ *contributions* directes [indirectes] 直接税［間接税］/ percevoir [lever] une *contribution* 税を徴収する / payer des *contributions* 納税する. 比較 ⇨ IMPÔT. ❹《複数で》税務署. ▶ travailler aux *contributions* 税務署で働く.

mettre qn à contribution …を頼りにする, の力を借りる. ▶ Nous vous *mettrons à contribution* pour faire le repas. 食事を作るのを手伝っていただきましょう.

contrister /kɔ̃triste/ 他動 文章 …を(深く)悲しませる(＝attrister). ▶ être *contristé* de qc /不定詞 …をひどく悲しむ.

contr*it, ite* /kɔ̃tri, it/ 形 文章 後悔している, 恥じている.

contrition /kɔ̃trisjɔ̃/ 囡 ❶〔カトリック〕痛悔. ▶ acte de *contrition* 痛悔の祈り. ❷ 文章 後悔(＝repentir).

contrôlable /kɔ̃trolabl/ 形 検査できる, 検証できる; 制御しうる.

***contrôle** /kɔ̃tro:l/ コントロール/ 男 ❶ **検査**, 監査, チェック. ▶ 《*Contrôle* des passeports!》「パスポート検査です」/ *contrôle* d'identité (警察による)身元検査 / *contrôle* médical 健康診断 / *contrôle* continu (学年度中に随時行われる)小テスト, 学力チェック / passer au *contrôle* (税関で)手荷物検査を受ける.
❷ **統制**, 制御, コントロール. ▶ *contrôle* des prix 物価統制 / tour de *contrôle* 航空管制塔 / *contrôle* des naissances 産児制限, 受胎調節 / *contrôle* parental 保護者による制限 / perdre le *contrôle* de sa voiture ハンドルを取られる / prendre le *contrôle* d'une entreprise 企業の支配権を得る, 買収する / prise de *contrôle* 企業買収 / perdre son *contrôle* 自制心を失う. ❸ (社員, 兵員などの)名簿; 登録簿. ❹ (貴金属の)純分検証印; 純分検査所.

sans contrôle 無制限の; 無批判に.
sous contrôle (1) 監視下に（ある). (2) 鎮圧［制圧］された.

***contrôler** /kɔ̃trole/ コントロレ/ 他動

英仏そっくり語
英 to control 制御する, 支配する.
仏 contrôler 検査する, 制御する, 支配する.

❶ …を**監督する**, **検査する**, **チェックする**. ▶ *contrôler* les dépenses d'une société 会社の出費をチェックする / *contrôler* des billets 検札する / *contrôler* des passeports パスポートを調べる.
❷ …を**制御する**, 抑制する, コントロールする. ▶ *contrôler* sa voiture 車を乗りこなす / *contrôler* ses émotions (＝maîtriser) 喜怒哀楽をむき出しにしない. ❸〔軍隊などがある地域〕を**支配下に置く**, 掌握する. ▶ Les troupes américaines *contrôlent* l'aéroport. 米軍が空港を掌握している / *contrôler* une société (株の過半数を買い占めて)企業を支配している.

— **se contrôler** 代動 自分を抑える, 冷静さを保つ. ▶ Quand il a bu, il ne *se contrôle* plus. 彼は酒を飲むと自制力を失う.

contrôl*eur, euse* /kɔ̃trolœːr, øːz/ 名 ❶ 検札係, 車掌; 検査官. ▶ *contrôleur* des douanes 税関の監査官. ❷ 航空管制官.
— **contrôleur** 男 制御装置, コントローラー, モニター.

contrordre /kɔ̃trɔrdr/ 男 命令の取り消し.

controuv*é, e* /kɔ̃truve/ 形 〔話, 情報などが〕でっち上げの, 捏造(ねつぞう)された. ▶ nouvelle *controuvée* デマ, 虚報.

controversable /kɔ̃trɔvɛrsabl/ 形 議論の余地のある, 論争を招きやすい(＝contestable).

controverse /kɔ̃trɔvɛrs/ 囡 (特に学問上の)論争, 議論; 反論. ▶ soulever [susciter] une vive *controverse* 激しい論争を巻き起こす / faire l'objet de nombreuses *controverses* 数多くの論議の的となる. 比較 ⇨ DISCUSSION.

controvers*é, e* /kɔ̃trɔvɛrse/ 形 論争の的となった, 異論の多い.

contumace /kɔ̃tymas/ 囡 〖刑法〗(被告人の公判廷への)欠席; 欠席判決.

être condamné par contumace (＝défaut) 欠席判決を受ける.

— **contumace**, **contumax** /kɔ̃tymaks/ 形, 名 (公判廷に)欠席している(被告人).

contusion /kɔ̃tyzjɔ̃/ 囡 挫傷(ざしょう), 打撲傷; 打ち身. ▶ *contusion* cérébrale 脳挫傷.

contusionner /kɔ̃tyzjɔne/ 他動 …を挫傷(ざしょう)させる, に打撲傷を負わせる.

conurbation /kɔnyrbasjɔ̃/ 囡 都市圏, 連合都市.

convainc /kɔ̃vɛ̃/ 活用 ⇨ CONVAINCRE 85

convainc*ant, ante* /kɔ̃vɛ̃kɑ̃, ɑ̃ːt/ 形 (convaincre の現在分詞)説得力がある, 納得のいく. ▶ preuve *convaincante* 有力な証拠.

***convaincre** /kɔ̃vɛ̃ːkr/ コンヴァーンクル/ 85 他動

過去分詞 convaincu　現在分詞 convainquant

直説法現在 je convaincs　nous convainquons
複　合　過　去 j'ai convaincu
単　純　未　来 je convaincrai

❶⟨*convaincre* qn (de qc/不定詞) // *convaincre* qn (que ＋直説法)⟩(…について)…を**説得する**, 納得させる(＝persuader). ▶ *convaincre* un sceptique うたぐり深い人を説得する / se laisser *convaincre* 説き伏せられる / *convaincre* qn de rester …を説得して残らせる.
❷ 文章 ⟨*convaincre* qn de ＋ 無冠詞名詞/不定詞⟩…に(罪状など)を認めさせる, (過ちなど)の証拠を突きつける. ▶ *convaincre* qn de meurtre …に殺人の罪を認めさせる.

— **se convaincre** 代動 ⟨*se convaincre* de qc/不定詞⟩// *se convaincre* que ＋ 直説法⟩…を納

得する, 確信する (=se persuader). ▶ Je *me suis convaincu* que c'était trop difficile pour moi. 自分にはそれは難しすぎると私はつくづく思った.

convaincs /kɔ̃vɛ̃/ 活用 ⇨ CONVAINCRE 85

convaincu, e /kɔ̃vɛ̃ky/ 形 (convaincre の過去分詞) ❶ 〈être *convaincu* de qc/不定詞〉// être *convaincu* que +直説法〉…を確信している. ▶ Elle est *convaincue* de leur innocence. 彼女は彼らの無実を確信している / J'en suis *convaincu*. 私はそのことを確信している / Je suis *convaincu* qu'elle viendra. 私は彼女が来ると確信している. ❷ 自信 (確信) に満ちた. ▶ parler d'un ton *convaincu* 自信たっぷりに話す.

convainqu- 活用 ⇨ CONVAINCRE 85

convalescence /kɔ̃valesɑ̃:s/ 女 (病気からの)回復(期). ▶ maison de *convalescence* 静養所 / être en *convalescence* 回復期にある.

convalescent, ente /kɔ̃valesɑ̃, ɑ̃:t/ 形, 名 回復期の(病人), 病み上がりの(人).

*__convenable__ /kɔ̃vnabl コンヴナーブル/ 形 ❶ 〈*convenable* (pour qc/不定詞)〉(…に)ふさわしい, 適当な. ▶ une plage *convenable* pour la nage 水泳に適した海岸 / Il est arrivé au moment *convenable*. 彼はちょうどいい時にやってきた. ❷ 礼儀にかなった, きちんとした. ▶ une tenue *convenable* きちんとした身なり / une fille très *convenable* たいへん折り目正しい娘 / peu *convenable* 失礼な. ❸ まずまずの, 満足すべき. ▶ salaire *convenable* まあまあの給料 / logement *convenable* 手頃な住居.

Il est convenable de + 不定詞 // *Il est convenable que* +接続法〉…は礼儀にかなっている, 正しい. ▶ *Il n'est pas convenable de* critiquer les absents. いない人の悪口を言うのはよくない.

convenablement /kɔ̃vnabləmɑ̃/ 副 ❶ 適切に, ふさわしく. ▶ termes *convenablement* choisis 適切に選ばれた言葉. ❷ 礼儀正しく, きちんと. ▶ Tiens-toi *convenablement* à table. 食卓では行儀よくしていなさい. ❸ まずまず, ほどほどに. ▶ être payé *convenablement* まあまあの給料をもらっている.

convenaient, convenais, convenait /kɔ̃vnɛ/ 活用 ⇨ CONVENIR 28

convenance /kɔ̃vnɑ̃:s/ 女 ❶ 文章 適切, 適合; 一致. ▶ un style remarquable par la *convenance* des termes 言葉の使い方が適切で見事な文体 / Il y a *convenance* de goût entre ces deux époux. 夫婦で趣味が一致している. ❷ 《les convenances》礼儀作法; しきたり. ▶ observer [respecter] les *convenances* 礼節を守る / braver les *convenances* マナーを無視する. ❸ (個人の)都合, 便宜. ▶ consulter les *convenances* de qn …の都合を尋ねる.

à la convenance de qn …の好みに応じた, の都合に合わせて. ▶ agir *à sa convenance* 気ままに振る舞う / choisir un jour *à sa convenance* 都合のよい日を選ぶ.

mariage de convenance 打算的な結婚; 家格の釣り合った結婚.

*__convenir__ /kɔ̃vni:r コンヴニール/ 28 間他動

過去分詞 convenu	現在分詞 convenant
直説法現在 je conviens	nous convenons
複合過去 j'ai convenu	
単純未来 je conviendrai	

《助動詞は多く avoir》❶ 〈*convenir* à qc〉…にふさわしい, 適している. ▶ Cette terre *convient* à la culture de la vigne. その土地はブドウ栽培に適している /《目的語なしに》trouver la phrase qui *convient* ぴったりの言葉を見つける.

❷ 〈*convenir* à qn〉…に向いている; 都合がよい. ▶ Le climat ne lui *convient* pas. その気候は彼(女)にはなじまない / Si l'heure vous *convient*, venez chez moi. その時間で都合がよければ私の家にいらっしゃい / Ne *convient* pas aux enfants de moins de 36 mois 36か月未満の子供には適していません(おもちゃなどの注意書き).

❸ 〈*convenir* de qc/不定詞〉// *convenir* (de ce) que + 直説法〉…を(事実と)認める. ▶ Je *conviens* de mon imprudence. 軽率だったことは私も認めます / J'en *conviens*. 私はそのことを認めます / Il faut *convenir* qu'il avait raison. 彼が正しかったことは認めねばならぬ.

❹ 〈*convenir* de qc/不定詞〉// *convenir* que + 直説法〉…を取り決める, について合意する. ▶ Nous avons *convenu* de (renvoyer) la date. 我々は期日(を延期すること)を取り決めた.
注 語義③④は古い用法または文章語で, 助動詞 être も可能.

Il a été convenu que + 直説法/接続法.《非人称構文で》…が決められた, で意見が一致した. ▶ *Il a été convenu que* le sommet aurait lieu avant la fin de l'année. サミットは年末までに開催されることに決まった.

Il convient à qn de + 不定詞.《非人称構文で》…には…が合っている. ▶ *Il* ne me *convient* pas de faire ce travail. 私にこの仕事は合わない.

Il convient ⌈*de* + 不定詞 [*que* + 接続法].《非人称構文で》…が必要である, 望ましい. ▶ *Il convient d'*être prudent. 慎重であるべきだ / *Il convient que* vous y alliez. あなたはそこへ行く必要がある.

— **se convenir** 代動 互いに似たところがある; 互いに気に入る.

*__convention__ /kɔ̃vɑ̃sjɔ̃ コンヴァンスィヨン/ 女 ❶ 協定, 取り決め; 協定の条項. ▶ signer [annuler] une *convention* 協定を結ぶ[破棄する] / *convention* tacite 暗黙の合意 / *convention* collective (du travail) (労使間の)労働協約 / *convention* internationale 国際協約.

❷《多く複数で》慣習, 慣例, 約束事. ▶ *conventions* sociales 社会慣習 / *conventions* du théâtre 舞台上の約束事 / avoir le respect des *conventions* しきたりを尊重する. 比較 ⇨ RÈGLE. ❸ 立憲 [改憲]議会. ▶ la *Convention* (nationale) (フランス革命時の)国民公会. ❹ (米国大統領候補選出のための)党大会.

de convention (1) 約束で決められた. ▶ signe

de convention 符丁. (2) 文章 陳腐な, 紋切り型の.

conventionné, e /kɔ̃vɑ̃sjɔne/ 形 保険医協定に加入した. ▶ médecin *conventionné* 保険医.

conventionnel, le /kɔ̃vɑ̃sjɔnɛl/ 形 ❶ 慣例に従う, 慣用的な; 型にはまった, 因襲的な. ▶ formule *conventionnelle* de politesse（手紙などの）型どおりの挨拶(ホェェ)の文句 / signes *conventionnels*（地図などに用いる）慣例的な記号. ❷〖法律〗合意による, 契約［協定］に基づく. ▶ clause *conventionnelle* 合意条項. ❸〖兵器などが〗通常型の, 非核の. ▶ armes *conventionnelles* 通常兵器.

conventionnellement /kɔ̃vɑ̃sjɔnɛlmɑ̃/ 副 ❶ 合意により, 契約［協定］に従って. ❷ 慣習的に.

conventuel, le /kɔ̃vɑ̃tɥɛl/ 形 修道院の.

convenu, e /kɔvny/ 形 (convenir の過去分詞) ❶ 取り決められた, 協定どおりの. ▶ Vous aurez ce livre au prix *convenu* et à la date *convenue*. 本はお約束の価格で期日までにお手元に届くはずです / C'est *convenu*. 了解した.
❷ 型にはまった, 陳腐な; 儀礼的な. ▶ Le style de ce roman est trop *convenu*. この小説の文体はあまりに常套(ホォャ)的だ / une visite de politesse *convenue* 型どおりの表敬訪問.

comme convenu 取り決めのとおり. ▶ Nous vous rejoignons demain, *comme convenu*. 打ち合わせどおり明日あなた(方)に合流します.

convergence /kɔ̃vɛrʒɑ̃ːs/ 女 ❶ 集中, 収束, 収斂(セネッ). ❷ 一致, 結集. ▶ la *convergence* des efforts 努力の結集.

convergent, ente /kɔ̃vɛrʒɑ̃, ɑ̃ːt/ 形 ❶ 集中する, 収束［収斂(ホェッ)］する. ▶ feux *convergents* 集中砲火 / lentille *convergente* 集光レンズ. ❷ 一致する. ▶ des intérêts *convergents* 一致した利害.

converger /kɔ̃vɛrʒe/ 自動 ❶〖一点に〗集まる, 集中する. ▶ lignes de chemin de fer *convergeant* vers Paris パリに集まる鉄道路線 / Les regards *convergèrent* sur［vers］lui. 視線が彼に集中した.
❷〖考えなどが〗一致する. ▶ Les témoignages *convergent*. 皆の証言はほぼ一致している.

***conversation** /kɔ̃vɛrsasjɔ̃/ コンヴェルサスィヨン/ 女 ❶ 会話, おしゃべり. ▶ dans la *conversation* courante 日常会話で / *conversation* animée 活気のある会話 / sujet de *conversation* 話題 / commencer une *conversation* 会話を始める / être en grande *conversation* avec qn …と話の最中だ / détourner la *conversation* 話題をそらす / faire la *conversation* avec［図 à］qn …と話をする / changer de *conversation* 話題を変える.
❷ 会談, 会議, 交渉. ▶ *conversations* secrètes 秘密会談 / Des *conversations* diplomatiques ont eu lieu. 外交折衝が行われた. ❸ 話術, 話し方. ▶ Sa *conversation* est agréable. 彼(女)の話し方は聞いていて気持ちがいい.

avoir de la conversation 話し上手である, 話術にたけている.

être à la conversation 会話に加わる; 人の話に耳を傾ける.

faire les frais de la conversation 話題の中心になる.

conversationnel, le /kɔ̃vɛrsasjɔnɛl/ 形〖情報〗対話方式の. ▶ mode *conversationnel* 対話モード.

converser /kɔ̃vɛrse/ 自動 親しく話す, 語らう. ▶ *converser* familièrement avec ses voisins 隣の人たちと和やかに語り合う / *converser* avec un ordinateur コンピュータと対話する.

conversion /kɔ̃vɛrsjɔ̃/ 女 ❶ 改宗, 回心; 改心; 転向. ▶ *conversion* d'un pécheur 罪人の改心. ◆ *conversion* à qc …への改心, 転向. ▶ *conversion* au catholicisme カトリックへの改宗 / *conversion* au libéralisme 自由主義への転向.
❷ 変換, 転換. ▶ *conversion* analogique-numérique アナログ・デジタル変換. ◆ *conversion* en qc …への変換. ▶ *conversion* des valeurs en argent liquide 有価証券の換金 / *conversion* de l'énergie solaire en électricité 太陽エネルギーの電気エネルギーへの変換.
❸（労働者の）職種転換. ▶ congé (de) *conversion* 転職のための研修休暇.

converti, e /kɔ̃vɛrti/ 形 (convertir の過去分詞) 改宗［回心］した; 転向した.
── 名 改宗者; 転向者.

prêcher un converti 納得済みの者をさらに説得しようとする.

convertibilité /kɔ̃vɛrtibilite/ 女 交換［転換］可能性;（通貨の）兌換(ホン)性.

convertible /kɔ̃vɛrtibl/ 形 交換［転換］できる. ▶ monnaie *convertible* en dollars ドルに換えられる通貨 / canapé *convertible* ソファーベッド.
── 男 垂直離着陸機 (= avion convertible).

convertir /kɔ̃vɛrtiːr/ 他動 ❶ ‹ *convertir* qn (à qc) › …を(…に)改宗させる, 回心させる; の考えを(…に)変える, を転向させる. ▶ *convertir* les païens au christianisme 異教徒をキリスト教に改宗させる / Finalement, je l'*ai converti* à notre avis. 私は結局, 彼を我々の意見に同意させた.
❷ ‹ *convertir* qc (en qc) › …を(…に)変える. ▶ *convertir* sa fortune en espèces 財産を現金に換える / *convertir* des prairies en champs de blé 牧草地を小麦畑に変える.
❸〖財政〗〖公債〗を借り換える.
❹〖論理学〗〖命題〗を位換する.

── **se convertir** 代動 ❶ ‹ *se convertir* (à qc) › (…に)改宗［回心］する; 意見を変える. ▶ *se convertir* au socialisme 社会主義に転向する / Il s'est converti à votre avis. 彼はあなた(方)の意見にくら替えした. ❷ 職を変える, 転業する.

convertisseur /kɔ̃vɛrtisœːr/ 男 ❶ 変換器, コンバーター. ❷〖金属〗転炉.

convexe /kɔ̃vɛks/ 形 凸状の, 凸面の (↔ concave). ▶ miroir *convexe* 凸面鏡.

convexité /kɔ̃vɛksite/ 女 凸状, 凸面.

***conviction** /kɔ̃viksjɔ̃/ コンヴィクスィヨン/ 女 ❶ 確信, 自信. ▶ J'ai la *conviction* qu'il viendra. 私は彼が来ると確信している / Il ne viendra pas, j'en ai la *conviction*. 彼は来ないだろう, 私はそう確信する / parler avec *conviction* 自信を持って話す / par *conviction* 確信に基づいて.

❷《多く複数で》信念, 信条. ▶ agir selon ses *convictions* personnelles 独自の信念に従って行動する. ❸ 函 真剣さ, 熱意. ▶ faire son travail avec [sans] *conviction* 仕事を真剣に [いいかげんに] する. ❹《法律》pièce à *conviction* 証拠物件.

convien-, convin-, convîn- 活用 ⇨ CONVENIR 28

convier /kɔ̃vje/ 他動 ❶ <*convier* qn à qc>…を (食事, 会合などに) 招く. ▶ Vous *êtes* amicalement *conviés* à notre mariage. 私どもの結婚式にお招きいただきたく存じます. ❷ <*convier* qn à qc/不定詞>…に…(すること)を勧める, 促す. ▶ Je vous *convie* à réfléchir. お考えおきください.

convive /kɔ̃viːv/ 名 (食事に招かれた) 客; 会食者.

convivial, ale /kɔ̃vivjal/; *aux* /o/ 形 ❶ うち解けた, 和気あいあいとした. ▶ repas *conviviaux* 和気あいあいとした食事. ❷《情報》使いやすい. ▶ interface *conviviale* 使いやすいインターフェース.

convivialité /kɔ̃vivjalite/ 名 ❶ 会食すること. ▶ Je ne bois que pour la *convivialité*. 酒はつきあい程度だ. ❷《情報》使いやすいこと.

convocation /kɔ̃vɔkasjɔ̃/ 名 ❶ 召集, 呼び出し; 召喚. ▶ *convocation* d'une assemblée générale 総会の召集 / répondre à une *convocation* 召喚に応じる. ❷ 召集状, 召喚状, 出頭命令書; 試験通知書.

convoi /kɔ̃vwa/ 男 ❶《軍隊》の輸送隊; 護送団. ❷ 隊列, 一団. ▶ *convoi* de camions トラック部隊 / en *convoi* 隊列を組んで. ❸ 列車 (=train). ❹ 葬列 (=*convoi* funèbre).

convoiter /kɔ̃vwate/ 他動 …をしきりに欲しがる, 渇望する. ▶ *convoiter* le bien d'autrui 他人の財産を欲しがる.

convoitise /kɔ̃vwatiːz/ 名 渇望; 食欲(欲). ▶ exciter les *convoitises* 欲望をかき立てる / regarder avec *convoitise* 物欲しげに見つめる.

convoler /kɔ̃vɔle/ 自動 戯 ❶ (からかって) 結婚する. ▶ *convoler* (en justes noces) 結婚する / *convoler* en secondes noces 再婚する.

convoquer /kɔ̃vɔke/ 他動 ❶〔会議など〕を召集する. ▶ *convoquer* l'Assemblée nationale 国民議会を召集する. ❷ を召喚する, に出頭を命じる. ▶ *convoquer* les témoins 証人を召喚する.

convoyer /kɔ̃vwaje/ 10 他動 (護衛や監視のために)…を護送する.

convoyeur /kɔ̃vwajœːr/ 男 ❶《軍事》護衛艦. ❷《機械》コンベヤ.
— **convoyeur, euse** /kɔ̃vwajœːr, øːz/ 名 (輸送に付き添う) 警護係;《軍事》輸送 [護送] 兵. — 形 護送する.

convulsé, e /kɔ̃vylse/ 形 痙攣(けいれん) した, ひきつった.

convulser /kɔ̃vylse/ 他動 …を痙攣(けいれん) させる, ひきつらせる. ▶ La peur *convulsait* ses traits. 恐怖で彼(女)の顔はひきつっていた.
— **se convulser** 代動 痙攣する, ひきつる.

convulsif, ive /kɔ̃vylsif, iːv/ 形 ❶ 痙攣(けいれん) 的な. ▶ rire *convulsif* ひきつったような笑い. ❷〔病気などが〕痙攣性の, 痙攣を伴った.

convulsion /kɔ̃vylsjɔ̃/ 名 ❶《多く複数で》痙攣(けいれん), ひきつけ. ▶ *convulsions* toniques 強直性痙攣 / enfant qui fait des *convulsions* ひきつけを起こす子供. ❷ (感情の激発などによる) 体の震え, わななき. ▶ *convulsions* de colère 怒りに身を震わすこと. ❸ 激動, 混乱. ▶ *convulsions* politiques 政情不安定.

convulsionner /kɔ̃vylsjɔne/ 他動 …を痙攣(けいれん) させる, ひきつらせる. ▶ visage *convulsionné* ひきつった顔, ゆがんだ表情.

convulsivement /kɔ̃vylsivmɑ̃/ 副 痙攣(けいれん) したように, ひきつったように.

cookie /kuki/ 男《英語》❶ クッキー. ❷《情報》クッキー (サイトのユーザー認識情報).

cool /kul/《英語》形《不変》話 ❶ 冷静な, クールな. ▶ voix *cool* 落ち着いた声. ❷《若者言葉》かっこいい, 素敵な. — 男《単複同形》《音楽》クール・ジャズ (=jazz cool).

coolie /kuli/ 男《英語》(インドや中国の) 苦力(クーリー), 人夫.

coopérant, ante /kɔɔperɑ̃, ɑ̃ːt/ 形 協力的な. — 名 (医師, 教師など) 海外協力派遣員.

coopérateur, trice /kɔɔperatœːr, tris/ 名, 形 ❶ 協同組合員(の). ❷ 協力者(の).

coopératif, ive /k(ɔ)ɔperatif, iːv/ 形 ❶ 協同組合の. ❷ 協力的な, 協調性のある. ▶ avoir l'esprit *coopératif* 協調性がある.

*****coopération** /kɔɔperasjɔ̃/ コオペラスィヨン/ 名 ❶ 協力, 援助. ▶ apporter sa *coopération* à une entreprise ある事業に協力する / travailler en *coopération* avec qn …と協力して働く. ❷ (他国への) 援助政策; 対外援助. ▶ Ministère de la Coopération 海外協力省. ❸《経済》協同組合方式; 協業.

coopérative /k(ɔ)ɔperatiːv/ 名 ❶ 協同組合. ▶ *coopérative* agricole 農業協同組合. ❷ 協同組合店舗 [売店]. 注 Coop と略す.

coopérer /kɔɔpere/ 6 間他動 <*coopérer* à qc>…に協力する. ▶ Plusieurs nageurs ont *coopéré* avec lui au sauvetage. 泳いでいる人が何人も彼とともに救助に協力した.

cooptation /kɔɔptasjɔ̃/ 名 現会員による新会員の指名.

coopter /kɔɔpte/ 他動〔現会員が〕…を新会員として認める. — **se coopter** 代動 (現会員の指名により) 新会員に選ばれる.

coordinateur, trice /kɔɔrdinatœːr, tris/ 形 調整する, 取りまとめる.
— 名 調整役, コーディネーター.

coordination /kɔɔrdinasjɔ̃/ 名 ❶ 調整; 連携. ▶ la *coordination* des programmes scolaires 学習カリキュラムの調整. ❷《文法》等位. ▶ conjonction de *coordination* 等位接続詞. ❸ (既成の労働組合に所属しないストライキ参加者の) 代表者組織.

coordonné, e /kɔɔrdɔne/ 形 ❶ 連携した; 調整のとれた. ❷〔衣服や色などが〕調和した, コーディネートされた. ❸《文法》等位に置かれた.
— **coordonnée** 名《文法》等位節.

coordonnées /kɔɔrdɔne/ 名複 ❶ 話 (住所, 電

話番号など)連絡先. ▶ Donnez-moi vos *coordonnées*. あなたの連絡先を教えて下さい. ❷〖数学〗座標. ❸ *coordonnées* géographiques 経緯度.

coordonner /kɔɔrdɔne/ 他動 ❶ …を調整する；連携させる，うまく組み合わせる. ▶ Le comité a pour but de *coordonner* les secours. その委員会は救援活動の調整[連携]を図ることを目的としている. ◆ *coordonner* A à [avec] B AをBと連携させる，うまく組み合わせる. ❷〔衣服など〕をコーディネートする. ❸〖文法〗〔接続詞が語など〕を等位に置く.

— **se coordonner** 代動 ❶ 調和する，うまく組み合わさる. ❷〖文法〗等位に置かれる.

***copain, ine** /kɔpɛ̃, in コパン, コピーヌ/ 名 話 ❶ 仲間，友達. ▶ se faire un *copain* 友達を作る / *copain* de classe 級友 / jouer avec ses *copains* 友達と遊ぶ / entre *copains* 友達同志 / en *copain* ただの友達として / Salut, les *copains*! やあみんな(若者向けの人気テレビ番組のタイトルから) / les (petits) *copains* つるんでいる仲間，仲良し ⇨ AMI.
❷ petit *copain* // petite *copine* 恋人；相棒.
comme les copains みんなと同じように.
— 形 話 仲がよい. Ils sont très *copains*. = Ils sont *copains-copains*. 彼らはとても仲が良い.

coparent /kɔparɑ̃/ 男 親権を分かちもつ者；生みの親の再婚相手.

coparentalité /kɔparɑ̃talite/ 女 親権の行使；義理の親としての立場[責任].

copeau /kɔpo/, (複) x 男 かんなくず, 木っ端, チップ；(金属などの)切りくず，削りくず.

copernicien, enne /kɔpɛrnisjɛ̃, ɛn/ 形 コペルニクス Copernic 説の(支持者). ▶ révolution *copernicienne* コペルニクス革命；コペルニクス的転回.

copiage /kɔpjaːʒ/ 男 ❶ 書き写し，複写；カンニング. ❷〖機械〗ひな型の複製.

***copie** /kɔpi コピ/ 女

英仏そっくり語
英 copy コピー，冊，部.
仏 copie コピー，答案.

❶ 写し，複写，コピー. ▶ prendre *copie* de qc …のコピーを取る / *copie* d'un fichier ファイルのコピー / *copie* pirate 違法コピー / *copie* de sauvetage バックアップコピー / *copie* d'écran スクリーンショット / garder la *copie* d'une lettre 手紙の写し[コピー]を保存しておく / pour *copie* conforme 原本と相違ないことを証明する(略 PCC).
❷ 複製，模写，模倣；(映画の)プリント. ▶ acheter la *copie* d'un tableau de Monet モネの絵の複製を買う / Ce livre n'est qu'une pâle *copie*. この書物はつまらない模倣に過ぎない.
❸ レポート用紙. ▶ acheter un paquet de *copies* perforées ルーズリーフを1包み買う.
❹ (宿題，試験の)答案. ▶ corriger des *copies* 答案[レポート]を採点する / rendre [remettre] une *copie* 答案を出す / rendre une *copie* blanche 白紙答案を出す. ❺〖印刷〗原稿. ▶ *copie* manuscrite 手書き原稿.
être en mal de copie 話〖新聞記者が〗記事がなくて困っている，種切れである.
revoir sa [la] copie 計画を見直す，再検討する.

***copier** /kɔpje コピエ/ 他動 ❶ …を書き写す，複写する，コピーする. ▶ *copier* des documents 資料を書き写す[複写する] / *copier* un fichier ファイルをコピーする / *copier* frauduleusement un logiciel ソフトウェアを違法コピーする.
❷ まる写しする，カンニングする. ▶ *copier* sur son voisin 隣の人の答案をカンニングする / *copier* le manuel 教科書をまる写しにする.
❸ …を模写[模倣]する. ▶ *copier* un tableau de Cézanne セザンヌの絵を模写する.
Vous me la copierez [Tu me la copieras]. (それをもう1度繰り返してくれ→)話 もう1度言って[やって]みろ(怒り，驚きを表わす).

copier-coller /kɔpjekɔle/ 男〖不変〗〖情報〗コピーアンドペースト.

copieur, euse /kɔpjœːr, øːz/ 名 (他人の答案，宿題や参考書を)そっくり写す生徒.
— **copieur** 男 複写機.

copieusement /kɔpjøzmɑ̃/ たっぷり，たくさん. ▶ manger [boire] *copieusement* たくさん食べる[飲む] / Il s'est fait *copieusement* réprimander. 彼はこってり油を絞られた.

copieux, euse /kɔpjø, øːz/ 形 たくさんの，たっぷりの. ▶ des plats *copieux* たっぷりある料理.

copilote /kɔpilɔt/ 名 副操縦士.

copinage /kɔpinaːʒ/ 男 ❶ (軽蔑して)派閥根性，仲間内の助け合い. ❷ 友達付き合い.

copine /kɔpin/ *copain* の女性形.

copiner /kɔpine/ 自動 話 〈*copiner* (avec qn)〉(…と)友達付き合いする.

copinerie /kɔpinri/ 女 ❶ 友達付き合い，仲間関係. ❷〘集合的に〙友達，仲間.

copiste /kɔpist/ 名 ❶ 写譜をする人. ❷ (軽蔑して)盗作者，模倣者.

copra(h) /kɔpra/ 男〖英語〗〖植物〗コプラ. ▶ huile de *copra(h)* やし油.

coprésidence /kɔprezidɑ̃ːs/ 女 共同議長職.

coprésident, ente /kɔprezidɑ̃, ɑ̃ːt/ 名 共同議長団のメンバー.

coproduction /kɔprɔdyksjɔ̃/ 女 共同製作，合作；合作映画. ▶ une *coproduction* franco-italienne 仏伊合作(映画).

copropriétaire /kɔprɔprijetɛːr/ 名 共同所有者, 共有者；(特に)(集合住宅の)区分所有者.

copropriété /kɔprɔprijete/ 女〖法律〗共有，共同所有；共有物；(集合住宅の)区分所有(権).

copte /kɔpt/ 形 コプト人の. — **Copte** 名 コプト人：エジプトに住む古代エジプト人の子孫でキリスト教徒. — **copte** コプト語：3-16世紀のエジプトの言語.

copulation /kɔpylasjɔ̃/ 女 交尾，交接.

copule /kɔpyl/ 女〖言語〗繋辞(いい)，主語と属詞を結ぶ動詞(être など).

copyright /kɔpirajt/ 男〖英語〗著作権，版権，コピーライト.

***coq**[1] /kɔk コック/ 男 ❶ 雄鶏(おん). 注 雌鶏(めん)は poule, 若鶏は poulet, ひよこは poussin という. ▶ le chant du *coq* 雄鶏の鳴き声 / le *coq* gaulois ガリアの雄鶏(フランスの象徴). ❷【料理】若鶏 (=poulet). ▶ manger du coq au vin 若鶏の赤ワイン煮を食べる. ❸(鶏以外の)鳥の雄. ▶ coq de bruyère オオライチョウ / coq faisan キジの雄. ❹ 風見鶏. ❺ poids coq(ボクシングの)バンタム級.

au chant du coq 夜明けに.
coq du [de] village 村一番の色男.
être comme un coq en pâte ぬくぬくと暮す, 手厚い配慮を受けている.
passer du coq à l'âne 話題が飛ぶ, とりとめのない話をする.

coq² /kɔk/ 男 (船の)コック, 調理員.
coq-à-l'âne /kɔkalɑːn/ 男 (単複同形)急に話題が変わること, 話の飛躍; 支離滅裂な話.
coquard /kɔkaːr/, **coquart** 男 (殴られてできた)目の隈(く°).
coque /kɔk/ 囡 ❶ 木の実の殻; 卵の殻. ▶ coque de noix クルミの殻 / œuf à la coque = œuf coque 半熟卵. ❷ 船体; (自動車の)モノコックボディー. ❸【貝類】ザルガイ科の二枚貝.
coquelet /kɔklɛ/ 男【料理】雄の若鶏. ▶ coquelet au vin blanc 若鶏の白ワイン煮.
coquelicot /kɔkliko/ 男【植物】ヒナゲシ.
rouge comme un coquelicot(困惑や恥ずかしさで)真っ赤な, 赤面した.
coqueluche /kɔklyʃ/ ❶ 百日咳(ぜ°). ❷ 話 人気者. ▶ être la coqueluche de qn/qc …にもてはやされる.
coquelucheux, euse /kɔklyʃø, øːz/ 形 百日咳(ぜ°)にかかった; 百日咳の. — 图 百日咳患者.
coquerico /kɔkriko/, **cocorico** /kɔkoriko/ 男 コケコッコー(雄鶏(お°)の鳴き声).
coquet, ette /kɔkɛ, ɛt/ 形 ❶ 身なりに凝る, おしゃれな. ▶ une Parisienne coquette おしゃれなパリ娘. ❷ しゃれた, こぎれいな. ▶ logement coquet 瀟洒(しょ°)な住まい. ❸ (異性の)気を引こうとする, 色っぽい. ▶ femme coquette あだっぽい女 / se montrer coquet 女性の気を引こうとする. ❹ 話【金額】が魅力的な, かなりの, 相当の. ▶ héritage coquet かなりの遺産. — **coquette** 囡 ❶ 古風 あだっぽい女, 色っぽい女. ❷【演劇】rôle de grande coquette 魅力的な若い女性の役.
coqueter /kɔkte/ 囡 卵立て, エッグスタンド.
gagner le coquetier 慣 (縁日などで卵立てを当てる→)大当たりする, 成功を収める;《皮肉に》へまをやらかす.
coquettement /kɔkɛtmɑ̃/ 副 しゃれて, 粋(い°)に, こぎれいに; 色っぽく, なまめかしく.
coquetterie /kɔkɛtri/ 囡 ❶ おしゃれ. ▶ s'habiller avec coquetterie おしゃれな服装をする / Il est d'une coquetterie exagérée. 彼のおしゃれは行き過ぎだ. ❷ 媚(こ°), しな, 嬌態(きょ°). ❸ 古風 仰合, サービス精神;《特に》粋(い°)をつけること, 粋(い°)がること. ▶ mettre sa coquetterie à + 不定詞 粋がって[気に入られようとして]…する.
avoir une coquetterie dans l'œil 慣 軽いやぶにらみである.

coquillage /kɔkijaːʒ/ 男 ❶ 貝, 貝類. ▶ manger des coquillages 貝を食べる. ❷ 貝殻 (=coquille).

*coquille /kɔkij コキーユ/ 囡 ❶ (卵, クルミなどの)殻, 貝殻. ▶ coquille d'huître カキの殻. ❷ coquille Saint-Jacques ホタテ貝(の殻). ❸【料理】(1) コキーユ. ▶ coquille de champignons マッシュルームのコキーユ. (2) coquille de beurre 巻き貝型のバター: 付け合わせに薄く切って巻いたバター. (3) コキーユ皿. ▶ coquille à hors-d'œuvre オードブル用コキーユ皿. ❹【美術】貝殻形の装飾モチーフ. ❺ 誤植.
coquille de noix (1) クルミの殻. (2) 小舟.
rentrer dans sa coquille 自分の殻にこもる.
coquillettes /kɔkijɛt/ 囡複 小さな貝殻形のマカロニ, シェルマカロニ.
coquin, ine /kɔkɛ̃, in/ 图 ❶ いたずらっ子, お茶目な子. ▶ Petit coquin ! この腕白小僧め / ce coquin de Pierre(親しみを込めて)ピエールのやつ. ❷ 古風 いかがわしい人.
— 形 (1)子供が)いたずら好きの, やんちゃな. ▶ Claire est très coquine. クレールはとてもおてんばだ. ❷ みだらな, 猥褻(わ°)な, いかがわしい.
coquinerie /kɔkinri/ 囡 文章 いたずら好き; いたずら. ▶ Arrête ces coquineries. おふざけはもうやめろ.
cor¹ /kɔːr/ 男 ホルン, フレンチホルン; 角笛. ▶ jouer du cor ホルンを演奏する / sonner du cor 角笛[ホルン]を吹く.
réclamer [demander] qc à cor et à cri やいのやいのとやかましく…を請求する.
cor² /kɔːr/ 男 ❶ (鹿の角の)枝. ❷ (足の)魚の目.
corail /kɔraj/;《複》**aux** /o/ 男 ❶ サンゴ類. ▶ récif de coraux 珊瑚(さ°)礁. ❷ 文章 珊瑚色, 鮮紅. ▶ lèvres de corail 鮮やかな紅色の唇. ❸【料理】(帆立貝などの)赤身. ❹ voiture corail コライユ(フランス国鉄の旅客車のタイプ).
corallien, enne /kɔraljɛ̃, ɛn/ 形 サンゴでできた. ▶ récif corallien 珊瑚(さ°)礁.
coran /kɔrɑ̃/ 男 (le Coran)コーラン.
coranique /kɔranik/ 形【宗教】コーランCoran の; コーランの精神にのっとった. ▶ école coranique コーラン学校.
coraux /kɔro/ corail の複数形.
corbeau /kɔrbo/;《複》**x** 男 ❶【鳥類】カラス. ▶ Le corbeau croasse. カラスはかあかあ鳴く / noir comme un corbeau 真っ黒けの. ❷ 話(脅迫状などの)匿名の差出人.
Ici les corbeaux volent sur le dos [à l'envers]. ここは悲惨な土地だ.
*corbeille /kɔrbɛj コルベイュ/ 囡 ❶ (取っ手のない)かご. ▶ corbeille à pain パンかご / corbeille à papier 紙くずかご; 【情報】ごみ箱. ❷ corbeille de mariage (新郎から新婦への)贈り物;(新郎新婦に贈られる)結婚祝いの品. ❸ (劇場の)中2階席. ❹(証券取引所, 立会い所の)中央囲い.
corbillard /kɔrbijaːr/ 男 ❶ 霊柩(きゅ°)車.
cordage /kɔrdaːʒ/ 男 ❶ (船の索具, 機械操作に使う)綱, ロープ. ▶ cordage d'acier 鋼索, ワイヤロープ. ❷ ラケットの)ガット; ガット張り.
*corde /kɔrd コルド/ 囡 ❶ 綱, 縄, ロープ. ▶ corde à linge 物干し用ロープ / saut à la corde 縄跳び / sauter à la corde 縄跳びをする / théorie de la corde ひも理論 / nouer [défaire]

une *corde* 綱を結ぶ[ほどく] / tendre une *corde* 綱を張る / attacher [lier] qn à un arbre avec une *corde* …を縄で木に縛り付ける.
❷〖登山用の〗ザイル, ロープ. ❸〖絞首刑の〗ロープ; 絞首刑. ❹〖サーカスの, 綱渡り用の〗綱. ▸ danseur de *corde* 綱渡り芸人. ❺〖心の〗琴線; 感情, 心情. ▸ toucher [faire vibrer] la *corde* sensible de qn …の心の琴線に触れる. ❻〖弓, 石弓の〗弦(ᵹる); 〖アーチェリーの〗ストリング. ❼〖スポーツ〗(1)〖トラック, オートレース場などの〗コースライン. (2)〖ラケットの〗ガット. (3)〖複数で〗〖ボクシングなどのリングの〗ロープ (=*cordes* du ring). ▸ être envoyé dans les *cordes* ロープ際に追い詰められる. ❽〖音楽〗〖弦楽器の〗弦; 〖複数で〗弦楽器 (=instruments à *cordes*). ▸ *corde* d'acier スチール弦 / *corde* de boyau ガット弦 / quatuor à *cordes* 弦楽四重奏. ❾〖数学〗弦. ▸ *corde* commune 共通弦. ❿〖衣類が擦り切れると見えてくる〗織り糸. ⓫ *cordes* vocales 声帯.

avoir ˹plus d'une *corde* [plusieurs *cordes*] à son arc˼ 手だて[策, 方法]をいくつも持っている.

être dans les *cordes* de qn 〖話〗…の力[権限]の及ぶ範囲にある. ▸ Ce travail, ce n'est pas dans mes *cordes*. その仕事は私の力の及ぶところではない.

être [danser, marcher] sur la *corde* raide (綱渡りをしている→)極めて危険な状況にある.

Il pleut [tombe] des *cordes*. 〖話〗どしゃ降りだ.

˹se mettre [avoir]˼ la *corde* au cou (首に縄をかけられている→)〖話〗(1) 完全に自由を失う, 絶望的な状況にある. (2) 結婚する[している].

renvoyer dans les *cordes* 押し返す.

tenir la *corde* (1)〖ランナーが〗トラックの最も内側にいる. (2) 相手に対して優位に立っている, 勝つチャンスがある.

(trop) tirer sur la *corde* 〖話〗やりすぎる, 調子に乗りすぎる.

usé jusqu'à la *corde* (1) 織り糸が見えるほど擦り切れた, 使い古した. (2)〖冗談, 議論などが〗陳腐な.

cordeau /kɔrdo/ 男〖複〗x 〖複〗 ❶〖直線を引くのに使う〗細ひも[糸], 墨縄. ❷ 導火線.

au *cordeau* 正確に, きちんと; 杓子(ﾋﾞ)定規に.

cordée /kɔrde/ 囡〖登山〗登攀(とうはん)パーティー, ザイルパーティー.

cordelette /kɔrdəlɛt/ 囡 細ひも, 細縄.

cordelier, ère /kɔrdəlje, ɛːr/ 名 フランシスコ会修道士. — **cordelière** 囡 ❶〖フランシスコ会修道者の〗3つの結び目(清貧, 貞潔, 従順を象徴)のある帯紐. ❷〖帯やネクタイに使う〗小さな組みひも; 飾りひも.

corder /kɔrde/ 他動 ❶〖麻など〗を綱[縄]になう. ❷ …を綱[縄]で縛る. ❸〖ラケットに〗ガットを張る.

cordial, ale /kɔrdjal/;〖男複〗**aux** /o/ 形 心からの, 真心のこもった; 誠実な. ▸ accueil *cordial* 歓待 / une *cordiale* poignée de main 心のこもった握手.
— **cordial**:〖複〗**aux** 男 気付け薬, 強心剤.

cordialement /kɔrdjalmɑ̃/ 副 心から, 誠意を込めて. ▸ *Cordialement* (vôtre).〖手紙の末尾で〗敬具 / haïr *cordialement* 心の底から憎む.

cordialité /kɔrdjalite/ 囡 真心, 誠意, 好意.

cordier, ère /kɔrdje, ɛːr/ 名 綱[縄]製造職人, 綱[縄]販売業者.

cordillère /kɔrdijɛːr/ 囡〖特にスペイン語圏の〗山系. ▸ *cordillère* des Andes アンデス山脈.

*****cordon** /kɔrdɔ̃/ コルドン 男 ❶ ひも, リボン. ▸ attacher qc avec un *cordon* …をひもでくくる / nouer les *cordons* d'un tablier エプロンのひもを結ぶ / tenir les *cordons* de la bourse 財布のひもを握る.
❷ 綬(ᵹ); 綬の佩用(ﾋﾞ)者. ▸ grand *cordon* de la Légion d'honneur レジオンドヌール大綬章(5階級のうちの最高位).
❸ ひも状に連なった人[物]. ▸ *cordon* de peupliers ポプラ並木 / *cordon* de troupes 軍隊の警戒線. ❹〖解剖〗*cordon* ombilical 臍帯(ﾋﾞﾝたい), へその緒. ▸ couper le *cordon* 自立する. ❺〖地形〗*cordon* littoral 沿岸州, 沿岸砂州.

couper le *cordon* 自立する.

tirer les *cordons* (de sonnette) 頼み込む.

cordon-bleu /kɔrdɔ̃blø/;〖複〗~**s**-~**s** 男 料理の達人. ▸ Vous êtes un vrai *cordon-bleu*. あなたはとても料理が上手です.

cordonnerie /kɔrdɔnri/ 囡 靴修理店; 靴修理業.

cordonnet /kɔrdɔnɛ/ 男 細ひも; 撚(ﾖ)り糸, 刺繍(ﾋﾞﾝ)糸.

cordonnier, ère /kɔrdɔnje, ɛːr/ 名 靴の修理屋.

Les *cordonniers* sont (toujours) les plus mal chaussés. 〖諺〗(靴屋がいつもいちばん悪い靴を履いている→)紺屋(ｺｳや)の白袴(ﾊﾞﾏ).

cordouan, ane /kɔrdwɑ̃, an/ 形 コルドバ Cordoue の.
— **Cordouan, ane** 名 コルドバの人.

Cordoue /kɔrdu/ 固有 コルドバ: 南スペインの都市.

Corée /kɔre/ 固有 囡 朝鮮. ▸ *Corée* du Nord 北朝鮮(首都 Pyongyang) / *Corée* du Sud 韓国(首都 Séoul) / en *Corée* 朝鮮に[で, へ].

coréen, enne /kɔreɛ̃, ɛn/ 形 朝鮮 Corée の, 韓国の. — **Coréen, enne** 名 朝鮮人, 韓国人. — **coréen** 男 朝鮮語, 韓国語.

coreligionnaire /kɔrəliʒjɔnɛːr/ 名 同宗者, 同信者.

coriace /kɔrjas/ 形 ❶〖肉などが〗革のように硬い. ▸ bifteck *coriace* 靴底のように硬いビフテキ. ❷ 頑固な, しぶとい, 一歩も譲らない; 気難しい.

corindon /kɔrɛ̃dɔ̃/ 男〖鉱物〗鋼玉.

corinthien, enne /kɔrɛ̃tjɛ̃, ɛn/ 形 ❶ コリント Corinthe の. ❷〖建築〗コリント式の. ▸ colonne *corinthienne* コリント式円柱.
— **Corinthien, enne** 名 コリント市民.
— **corinthien** 男〖建築〗コリント式.

cormoran /kɔrmɔrɑ̃/ 男〖鳥類〗鵜(ｳ).

cornac /kɔrnak/ 男 ❶ 象使い. ❷〖話〗案内者, ガイド.

*****corne** /kɔrn/ コルヌ 囡 ❶〖動物の〗角. ▸ bêtes

à *cornes* 角のある家畜(牛、ヤギなど) / donner de la *corne* 角で突く. ❷(昆虫などの)角, 触角. ❸ 角笛, 警笛. ▶ *corne* de chasse 狩猟用の角笛 / *corne* de brume 霧笛. ❹角細工, 角製品. ▶ boutons en *corne* 角製のボタン. ❺(角のように)硬い物. ▶ avoir de la *corne* sous les pieds 足裏にたこができている / la *corne* des pieds d'un cheval 馬のひづめ. ❻(角状の)突起物, 先端. 角(ﾂﾉ). ▶ chapeau à trois *cornes* 三角帽 / les *cornes* de la lune 三日月の両端 / à la *corne* d'un bois 森の外れで. ❼(本のページなどの)隅の折り返し; 耳折れ. ▶ faire une *corne* à une carte de visite (不在時に訪問したあかしに)残していく名刺の隅を折る.

avoir [porter] des cornes〔夫が〕妻に裏切られる. 妻を寝取られた男には角が生えるとの俗説から.

faire [montrer] les cornes à qn 〔子供が〕…をばかにして両手の人差し指〔片手の人差し指と中指〕を突き出して(角の格好をして)見せる.

corné, e /kɔrne/ 形 ❶角質の. ▶ peau *cornée* 角質化した皮膚. ❷角型の. ▶ silex *corné* 角岩.

corned-beef /kɔrnbif/ 男〖単複同形〗《米語》コンビーフ.

cornée /kɔrne/ 女【解剖】角膜.

corneille /kɔrnɛj/ 女 小型のカラス. ▶ *corneille* noire ハシボソガラス (=corbeau *corneille*).

cornélien, enne /kɔrneljɛ̃, ɛn/ 形 ❶コルネイユ Corneille の. ❷コルネイユ風の, コルネイユ的な. 感情と義務の板挟みの状況を指す.

cornemuse /kɔrnəmyːz/ 女【音楽】コルヌミューズ: フランスで用いるバグパイプの一種.

corner[1] /kɔrne/ 自動 ❶角笛〔らっぱ〕を吹く; 〘古風〙警笛〔クラクション〕を鳴らす.
── 他動 ❶話 …を言い触らす, 吹聴(ﾌﾞｲﾁｮｳ)する. ▶ *corner* une nouvelle ニュースを触れ回る. ❷〔本のページ, 名刺など〕の隅を折る, 曲げる. ▶ *corner* une carte de visite (不在時に訪問したあかしに)名刺の隅を折る.

corner[2] /kɔrnɛːr/ 男《英語》【サッカー】コーナーキック. ▶ tirer un *corner* コーナーキックを行う.

cornet /kɔrnɛ/ 男 ❶円錐(ｽｲ)形の容器. ▶ glace en *cornet* コーンカップに入ったアイスクリーム / *cornet* à dés ダイスカップ. ❷喉(ﾉﾄﾞ). ▶ se mettre qc dans le *cornet* 話 …を食べる. ❸【音楽】*cornet* à pistons コルネット.

cornette /kɔrnɛt/ 女 (修道女の)白頭巾(ｷﾝ).

corniaud /kɔrnjo/ 男 ❶雑種犬. ❷話 ばか者, 間抜け.

corniche /kɔrniʃ/ 女 ❶【建築】コーニス, 軒蛇腹; 家具の上部縁飾り. ❷懸崖(ｹﾝｶﾞｲ); 懸崖上を走る道路 (=route en *corniche*). ❸【登山】雪庇(ｾｯﾋ).

cornichon /kɔrniʃɔ̃/ 男 ❶ピクルス;(ピクルスにする)小キュウリ. ❷話 ばか, 間抜け.

cornier, ère /kɔrnje, ɛːr/ 形 隅の, 角の. ▶ poteau *cornier* 隅柱(ﾊｼﾗ).
── **cornière** 女【建築】(屋根の継ぎ目の)谷樋(ﾀﾆﾄﾞ)(=jointure *cornière*).

corniste /kɔrnist/ 名【音楽】ホルン奏者.

cornouiller /kɔrnuje/ 男【植物】ミズキ属.

cornu, e /kɔrny/ 形 ❶角のある, 角を生やした. ❷角形の; 角状の突起のある. ▶ blé *cornu* 麦角(ｶｸ)病にかかった小麦.
── **cornue** 女【化学実験用】レトルト.

corollaire /kɔrɔlɛːr/ 男 ❶【論理学】【数学】系; 派生的命題. ❷当然の結果, 必然的帰結.

corolle /kɔrɔl/ 女【植物学】花冠.

coron /kɔrɔ̃/ 男 (特に北仏の)鉱員街〔長屋〕.

coronaire /kɔrɔnɛːr/ 形【解剖】冠状の. ▶ artères *coronaires* 冠(状)動脈.
── 女 冠(状)動脈.

corporatif, ive /kɔrpɔratif, iːv/ 形 同業組合の, 同業者全体の.

corporation /kɔrpɔrasjɔ̃/ 女 ❶(集合的に)同業者; 協同団体. ▶ Il est de la *corporation*. 彼は同業者である. ❷【歴史】同業組合, ギルド (=*corps* de métiers).

corporatisme /kɔrpɔratism/ 男 同業組合主義, 協調組合主義.

corporatiste /kɔrpɔratist/ 形 同業組合主義の, 協調組合主義の.
── 名 同業組合主義者, 協調組合主義者.

corporel, le /kɔrpɔrɛl/ 形 肉体の, 身体の. ▶ accident *corporel* 人身事故 / besoins *corporels* 生理的欲求 / châtiment *corporel* 体罰.

:corps /kɔːr コール/ 男

❶ 体, 身体. ❶ 体, 身体;(精神に対して)肉体. ▶ être sain de *corps* et d'esprit 心身ともに健全である / les lignes du *corps* ボディライン / Il tremblait de tout son *corps*. 彼の全身が震えていた / Je n'ai rien mangé dans le *corps*. 何も食べていない, 元気がない.

❷(頭, 手足に対して)胴; 胴部. ▶ avoir le *corps* trop long 胴が長すぎる / le *corps* d'une robe ドレスの胴部. ❸ 死体 (=cadavre). ▶ le *corps* de la victime 被害者の遺体. ❹【法律】身柄. ▶ contrainte par *corps* 身体拘束.

❷ 総体, 集合体. ❶ (同じ職業に属する人の)総体, 団体;(国などの)機関. ▶ *corps* enseignant 教員全体, 教授団 / *corps* diplomatique 外交官団 / *corps* de métier 同職組合 (=corporation) / *corps* médical 医師団 / *corps* électoral 選挙民, 有権者 / les *corps* constitués (立法機関に対して)行政機関と司法機関 / les grands *corps* de l'Etat 国家の高級官僚.

❷【軍事】軍団, 部隊. ▶ *corps* d'armée 軍団 / *corps* de troupes (連隊規模の)部隊 / le *Corps* européen 欧州合同軍 / *corps* de garde 警備隊; 警備隊詰め所 (garde du *corps* は「ボディガード」の意). ❸【バレエ】*corps* de ballet コール・ド・バレエ, 群舞の踊り手たち.

❸ 物体. ❶ 本体. ❶ 物体,【物理】【化学】体(ﾀｲ). ▶ *corps* céleste 天体 (=astre) / *corps* solide [liquide, gazeux] 固体〔液体, 気体〕 / *corps* composé 化合物 / *corps* organique [inorganique] 有機体〔無機体〕. ❷ 本体; 主要部分. ▶ *corps* d'une voiture 自動車の車体 / *corps* 「d'un ouvrage [d'une lettre] 書物〔手紙〕の本文 / *corps* d'un navire 船体. ❸(布などの)

し，強さ；（ワインの）こく，ボディ．▶ Ce vin a pris du *corps*. このワインはこくが出てきた．
à corps perdu がむしゃらに，危険を顧みずに．
à son corps défendant 意に反して，やむを得ず（=malgré soi）．
corps à corps /kɔrakɔːr/ 体をぶつけ合って．▶ lutter *corps à corps* avec qn …と取っ組み合いの喧嘩(けんか)をする．
corps et âme /kɔrzeɑːm/ 身も心も，全面的に．▶ se donner *corps et âme* à un travail de recherches 研究に全身全霊を打ち込む．
corps et biens /kɔrzebjɛ̃/ 人も財産も．注 おもに次の表現で用いられる．▶ navire perdu *corps et biens* 積み荷もろともに失われた船．
donner (du) corps à qc …を具体化する；裏付ける．▶ *donner du corps à* des idées 着想を具体化する．注 形容詞を伴う場合は〈donner un *corps* ＋ 形容詞 ＋ à qc〉の形をとる．
en corps 一団となって，みんな一緒に．
esprit de corps 連帯意識，団結心．
faire corps (avec qc/qn) （…と）一体を成す．
marcher [passer] sur le corps de qn …を踏みつけにする，犠牲にして顧みない．▶ Il *passerait sur le corps de* tout le monde pour arriver à ses fins. 彼なら自分の目的を達成するためにはみんなを踏み台にするだろう．
prendre corps 〔計画などが〕具体性を帯びる，形を成す．▶ Mon projet commence à *prendre corps*. 私の計画は具体化し始めている．
travailler qn au corps 必死になって…に頼む．

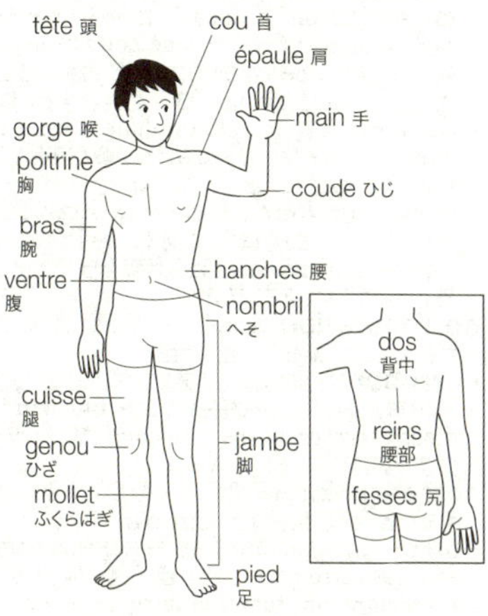

corps 体

corpulence /kɔrpylɑ̃ːs/ 女 ❶ 体格，恰幅(かっぷく)．▶ Il est de forte *corpulence*. 彼は体格がよい．❷ 肥満．▶ avoir de la *corpulence* 太り気味である．
corpul*ent, ente* /kɔrpylɑ̃, ɑ̃ːt/ 形 体格のよい；太った．
corpus /kɔrpys/ 男《ラテン語》（学問上，特に言語学での）資料体，コーパス．
corpusculaire /kɔrpyskylɛːr/ 形〘物理〙（微）粒子の．▶ théorie *corpusculaire* de la lumière 光の微粒子説．
corpuscule /kɔrpyskyl/ 男 ❶〘生物学〙小体．▶ *corpuscule* du tact 触覚小体．❷〘物理〙微粒子，粒子．
correct, *e /kɔrɛkt コレクト/ 形 ❶ 正しい，規則にかなった，間違いのない．▶ phrase grammaticalement *correcte* 文法的に誤りのない文章 / dans un français *correct* 正しいフランス語で / *Correct !* その通り．比較 ⇨ VRAI.
❷ まずまずの，妥当な．▶ un appartement modeste, mais *correct* 質素だがほどほどのアパルトマン．
❸ 礼儀正しい，きちんとした．▶ une tenue *correcte* きちんとした身なり．
❹ 道義にかなった．▶ C'est un homme *correct* en affaires. 彼は商売では信用できる人だ．
❺ politiquement *correct* （言葉使いなどが）差別的でない（英語の politically correct から）．
correctement /kɔrɛktəmɑ̃/ 副 正確に，正しく；きちんと，道義にかなって．▶ écrire *correctement* 正しく書く / s'habiller *correctement* きちんとした身なりをする / Il est *correctement* payé. 彼はまずまずの収入がある．
correc*teur, trice* /kɔrɛktœːr, tris/ 形 調整する，矯正する．▶ verres *correcteurs* 補正レンズ．
— 名 ❶ 採点者，添削者．❷〘印刷〙校正者．
— 男 スペルチェッカー．
correct*if, ive* /kɔrɛktif, iːv/ 形 ❶ 矯正の．▶ gymnastique *corrective* 矯正体操 / châtiment *correctif* 懲罰．❷ 緩和する．
— **correctif** 男 ❶ 緩和［中和］するもの．▶ Il faut trouver un *correctif* à cette mesure trop sévère. この厳格すぎる措置には緩和策が講じられねばならない．❷ 緩和表現．▶ apporter un *correctif* à une phrase peu convenable あまり穏当でない文を和らげる．
***correction** /kɔrɛksjɔ̃ コレクスィヨン/ 女 **1** ❶（作品，文章などの）**修正**，訂正．▶ *correction* ｢de détails [de fond] 細部の［根本的］修正．❷（宿題，答案の）添削，**採点**．▶ faire la correction des copies 答案を採点する．
❸〘印刷〙校正；校正部．▶ *correction* d'épreuves ゲラの校正．❹（機械，数値などの）修正，調整；（株価の）調整．▶ après *correction* des variations saisonnières 季節調整済みの．❺（身体的障害などの）矯正．❻ 体罰，折檻(せっかん)．▶ Si tu n'es pas sage, tu vas recevoir une *correction* ! おとなしくしないとお仕置きしますよ．
2 ❶ 正確さ．▶ la *correction* du langage 言葉遣いの正確さ．❷ 礼儀正しさ；きちんとしていること．▶ faire preuve de *correction* dans la tenue 身なりがきちんとしている．
correctionnaliser /kɔrɛksjɔnalize/ 他動〘法律〙〔重罪〕を軽罪とする．
correctionn*el, le* /kɔrɛksjɔnɛl/ 形〘法律〙軽罪の．▶ peine *correctionnelle* 軽罪刑 / tribu-

C

corrélatif

nal *correctionnel* 軽罪裁判所.
— **correctionnelle** 囡 軽罪裁判所. ▶ passer en *correctionnel* 軽罪裁判にかけられる.
corrélatif, ive /kɔrelatif, iːv/ 形 相関的な.
— **corrélatif** 男〖言語〗相関couplet.
corrélation /kɔrelasjɔ̃/ 囡 相関関係. ▶ être en *corrélation* avec qc …と関係がある, 関連している.
corrélativement /kɔrelativmɑ̃/ 副 相関的に.
***correspondance** /kɔrɛspɔ̃dɑ̃ːs コレスポンダンス/ 囡 ❶ 合致; 調和, 対応. ▶ Je suis en parfaite *correspondance* d'idées avec lui. 私は彼と考え方の点で完全に一致している.

❷ (交通機関の) 連絡, 乗り換え. ▶《**Correspondance**》「乗り換え」(地下鉄駅内の表示) / attendre [prendre, manquer] une *correspondance* 接続便を待つ[に乗る, に乗りそこねる] / un couloir de *correspondance* 連絡通路 / Un service d'autobus assure la *correspondance* entre la gare et l'aéroport. 駅と空港の間をバス便が結んでいる.

❸ 文通, 通信, 連絡. ▶ vente par *correspondance* 通信販売(略 VPC) / carnet de *correspondance* 通信簿, 通知表 / cours par *correspondance* 通信講座 / avoir [entretenir] une *correspondance* avec qn …と文通している / être en *correspondance* commerciale [téléphonique] avec qn …と商取引をしている[電話で連絡を取り合っている].

❹《集合的に》郵便物, 手紙; 書簡集. ▶ recevoir une énorme *correspondance* おびただしい郵便物を受け取る / *correspondance* diplomatique 外交書簡 / la *correspondance* de Flaubert フロベール書簡集.

correspondancier, ère /kɔrɛspɔ̃dɑ̃sje, ɛːr/ 名 (商社などの) 通信係, 文書係.
correspondant, ante /kɔrɛspɔ̃dɑ̃, ɑ̃ːt/ 形 (correspondre の現在分詞) 対応する, 一致する, 対をなす. ▶ la somme *correspondante* à la dépense 支出に見合う金額 / mots *correspondants* de deux langues 2 か国語間の対応語 / angles *correspondants*〖数学〗同位角.
— 名 ❶ 文通の相手, ペンフレンド; 電話通信の相手. ❷ (新聞社の) 通信員, 特派員, 駐在員. ▶ *correspondant* de guerre 従軍記者. *honorable correspondant* 秘密諜報員.

***correspondre** /kɔrɛspɔ̃ːdr/ コレスポンドル/ 59 (過去分詞 correspondu, 現在分詞 correspondant) 自動 ❶〈*correspondre* à qc/qn〉…に相当する, 対応する; 一致する; ふさわしい. ▶ Cela *correspond* à la vérité. それは真実と一致している / Ce récit ne *correspond* pas à la réalité. その物語は現実離れしている / Cette bêtise ne lui *correspond* pas du tout. こんなへまをするなんてまったく彼(女)らしくない / Cela ne *correspond* à rien. それは無意味だ.

❷〈*correspondre* avec qc (par qc)〉(…で) …と通じている; に連絡している. ▶ Ce train *correspond* avec le rapide Paris-Marseille. この列車はパリ-マルセイユ間特急に連絡している / Ces deux mers *correspondent* par un canal. この 2 つの海は運河で結ばれている.

❸〈*correspondre* avec qn〉…と文通する, 連絡を取る. ▶ J'ai *correspondu* avec lui pour affaires. 仕事のことで彼と連絡を取った.

— **se correspondre** 代動 ❶〔2 つの場所が〕連絡し合う, つながる. ❷ 互いに合致する.
correspondu, e /kɔrɛspɔ̃dy/ 活用 correspondre 59 の過去分詞.
Corrèze /kɔrɛːz/ 固有 囡 ❶ コレーズ県 [19]: フランス中部. ❷ コレーズ川: ヴェゼール川の支流.
corrida /kɔrida/ 囡《スペイン語》❶ 闘牛. ❷ 話 喧嘩(ゲ). ❸ 話 騒々しく走り回ること, (大慌ての) どたばた騒ぎ, 慌ただしさ.
corridor /kɔridɔːr/ 男 廊下, 回廊.
corrigé /kɔriʒe/ 男 正解, 模範解答.
***corriger** /kɔriʒe コリジェ/ 2 他動

過去分詞 corrigé	現在分詞 corrigeant
直説法現在 je corrige	nous corrigeons
tu corriges	vous corrigez
il corrige	ils corrigent

❶ …を訂正する, 修正する; 校正する. ▶ *corriger* une faute d'orthographe つづりの誤りを直す / *corriger* des épreuves d'imprimerie ゲラ刷りを校正する / données statistiques *corrigées* des variations saisonnières 季節調整済みの統計データ.
❷ …を採点する, 添削する. ▶ *corriger* les devoirs 宿題を採点する.
❸〈*corriger* qn (de qc)〉…に(…を)改めさせる. ▶ Si seulement ce procédé pouvait le *corriger* de son vice! このやり方で彼が悪癖からせめて立ち直ってくれるとよいが. ❹ …を緩和する, 和らげる. ▶ *corriger* les effets d'une parole trop dure きつすぎる言い方を和らげる. ❺〔子供など〕をしかる, に体罰を加える.

— **se corriger** 代動 ❶〈*se corriger* de qc〉(自分の欠点など)を直す, 改める. ▶ Il *s'est corrigé* de sa paresse. 彼は怠け癖を自分で直した. ❷〔欠点などが〕直る, 改まる.
corroboration /kɔrɔbɔrasjɔ̃/ 囡 (思想, 意見などの)強化, 補強; 立証; 確証.
corroborer /kɔrɔbɔre/ 他動 文章〔思想, 意見など〕に確証を与える; を裏付ける. ▶ Plusieurs indices *corroborent* les soupçons. 数々の証拠が疑惑を裏付けている.
corroder /kɔrɔde/ 他動 ❶ …を腐食させる; 浸食する. ❷ 文章〔精神など〕をむしばむ, 損なう.
corrompre /kɔrɔ̃ːpr/ 61 (過去分詞 corrompu, 現在分詞 corrompant) 他動 ❶ …を買収する. ▶ *corrompre* un fonctionnaire avec de l'argent 役人を金で買収する. ❷ …を堕落させる. ▶ *corrompre* la jeunesse 青少年を堕落させる. ❸ …をゆがめる, 損なう. ▶ Les préjugés *corrompent* le jugement. 先入観は判断を狂わせる / La langue *est corrompue* par des emprunts étrangers. 外国語からの借用で国語は乱れている.
❹ 古風 …を腐らせる.

— se corrompre 代動 堕落する, 腐敗する; 損なわれる, だめになる.

corrompu, e /kɔrɔ̃py/ 形 (corrompre の過去分詞) ❶ 買収された. ❷ 退廃した, 堕落した; 損なわれた, だめになった.

corrosif, ive /kɔrozif, i:v/ 形 ❶ 腐食性の. ❷ 底意地の悪い, 毒を含んだ.
— **corrosif** 男 腐食性物質; 腐食剤.

corrosion /kɔrozjɔ̃/ 女 腐食; 浸食.

corroyage /kɔrwaja:ʒ/ 男 (なめし革の) 製革, なめし.

corroyer /kɔrwaje/ 10 他動 〔皮〕をなめす.

corroyeur, euse /kɔrwajœ:r, ø:z/ 名 皮なめし工〔職人〕.

corrupteur, trice /kɔryptœ:r, tris/ 名 ❶ 買収〔工作〕者, 贈賄者. ❷ 文章 堕落させる者;〔言葉, 判断力などを〕だめにする者.
— 形 文章 腐食性の, 有害な, 有毒な.

corruptible /kɔryptibl/ 形 ❶ 買収されやすい; 堕落しやすい. ❷ 腐りやすい, 朽ちやすい.

corruption /kɔrypsjɔ̃/ 女 ❶ 買収, 汚職; 贈収賄. ▶ *corruption* électorale 選挙の買収行為. ❷（道徳的）腐敗, 堕落. ▶ la *corruption* des mœurs 風俗の退廃.

corsage /kɔrsa:ʒ/ 男 ブラウス, 胴着;（婦人服の）身ごろ, 胴部. ▶ *corsage* à manches 袖(そで)付きブラウス.

corsaire /kɔrsɛ:r/ 男 ❶ 私掠(しりゃく)船: 15-19 世紀, 敵国の艦船の襲撃などを特許状により認められた民間船舶. ❷（私掠船の）船長; 船員. ❸ 海賊船; 海賊. ❹ 服飾 パイレーツ〔海賊〕パンツ (=pantalon *corsaire*): ふくらはぎ丈のぴったりしたズボン.

Corse /kɔrs/ 固有 女 コルシカ島; コルシカ地方.

corse /kɔrs/ 形 コルシカ Corse の, コルスの.
— **Corse** 名 コルシカ人.
— **corse** 男 （イタリア語の）コルシカ方言.

corsé, e /kɔrse/ 形 ❶ 〔飲み物, 料理が〕こくのある; 香辛料の利いた. ❷〔食事が〕食べごたえのある, たっぷりした; アルコール分の多い (↔léger). ❸ 露骨な; みだらな. ▶ une histoire *corsée* 際どい話.

Corse-du-Sud /kɔrsədysyd/ 固有 女 コルス=デュ=シュド県 [２A]: コルシカ島南部.

corselet /kɔrsəle/ 男 服飾 コースレット, オールインワン: ガードルとブラジャーが合体したもの.

corser /kɔrse/ 他動 ❶ ⋯にこくをつける, 味を利かせる. ▶ *corser* un mets avec des épices 料理に香辛料を利かせる. ❷〔食事〕を食べごたえのあるものにする. ❸〔問題, 事件〕を込み入らせる;〔話〕をおもしろくする, 際どくする. ❹〔勘定〕を水増しする.
— **se corser** 代動 ❶〔食事が〕食べごたえのあるものになる. ❷〔問題, 事件が〕込み入ってくる;〔話がおもしろくなる, 際どくなる. ▶ L'histoire se *corse*. 話はおもしろくなってきた.

corset /kɔrsɛ/ 男 ❶ コルセット. ▶ *corset* orthopédique 整形外科用コルセット. ❷（自由を束縛する）かせ, 縛り (=*corset* de fer).

corseter /kɔrsəte/ 5 他動 ❶ ⋯に強固なかせをはめる, 厳しく規制する. ❷ 古風 ⋯にコルセットを着けさせる.

corsetier, ère /kɔrsətje, ɛ:r/ 名 コルセット製造〔販売〕人. — 形 コルセット製造〔販売〕業の.

cortège /kɔrtɛ:ʒ/ 男 ❶ お供の一団, 随行団. ▶ *cortège* entourant un haut personnage 要人を取り囲む随行員. ❷（儀式・デモなどの）行列; 列. ▶ *cortège* funèbre 葬列. ❸ 文章 付随するもの, 付き物.

cortes /kɔrtes/ 女複 （スペイン語）（スペイン, ポルトガルの）国会, 議会.

cortex /kɔrtɛks/ 男 解剖 皮質 (=écorce);《特に》大脳皮質 (=*cortex* cérébral).

cortisone /kɔrtizon/ 女 生化学 コルチゾン: 副腎(ふくじん)皮質ホルモンの一つ.

corvée /kɔrve/ 女 ❶（集合的に）雑役当番, 雑役係. ▶ être de *corvée* 雑役当番である. ❷ つらい仕事, 嫌な務め, 苦役. ▶ *corvées* domestiques 家事 / Quelle *corvée*! 何て大変な仕事だ, うんざりだ. 比較 ⇨ TRAVAIL. ❸ 歴史 労働賦役.

corvette /kɔrvɛt/ 女 ❶ コルベット艦. (1) 対潜装備をもった護送艦. (2) 19 世紀末頃までの 3 本マストの軍艦. ❷ capitaine de *corvette* 海軍少佐.

coryza /kɔriza/ 男 医学 鼻炎 (=rhume de cerveau).

cosaque /kɔzak/ 男 コサック人; コサック騎兵.

cosignataire /kɔsiɲatɛ:r/ 名 連署人.

cosinus /kɔsinys/ 男 数学 コサイン, 余弦.

cosmétique /kɔsmetik/ 形 美容用の, 化粧用の. — 男 化粧品, コスメチック;《特に》頭髪用化粧品, ポマード.

cosmétologie /kɔsmetɔlɔʒi/ 女 美容術, 化粧品研究.

cosmétologue /kɔsmetɔlɔg/ 名 美容研究家, 化粧品研究者.

cosmique /kɔsmik/ 形 ❶ 宇宙の, 宇宙空間の (=spatial). ▶ vaisseau *cosmique* 宇宙船. ❷ 文章 宇宙的規模の, 広大無辺の.

cosmo- 接頭「宇宙, 世界」の意.

cosmogonie /kɔsmɔgɔni/ 女 宇宙進化論; 宇宙開闢(かいびゃく)説.

cosmographe /kɔsmɔgraf/ 名 宇宙学者.

cosmographique /kɔsmɔgrafik/ 形 宇宙形状誌の, 宇宙形態説の.

cosmologie /kɔsmɔlɔʒi/ 女 宇宙論.

cosmologique /kɔsmɔlɔʒik/ 形 宇宙論の.

cosmonaute /kɔsmɔno:t/ 名 宇宙飛行士.

cosmopolite /kɔsmɔpɔlit/ 形 国際的な, 国際色〔国際性〕豊かな. ▶ Paris est une ville *cosmopolite*. パリは国際都市だ / un diplomate qui a une carrière très *cosmopolite* 海外経験豊かな外交官. — 名 コスモポリタン, 国際人.

cosmopolitisme /kɔsmɔpɔlitism/ 男 コスモポリタニズム; 国際性; 国際的生活.

cosmos /kɔsmo:s/ 男 ❶ 宇宙（空間）. ❷ 哲学 コスモス: 秩序と内なる調和を備えた独立世界, 統一体としての宇宙.

cossard, arde /kɔsa:r, ard/ 名 話 怠け者, 不精者. — 形 話 ぐうたらな.

cosse[1] /kɔs/ 女 （豆などの）莢(さや), きょう果.

cosse[2] /kɔs/ 女 話 怠惰, ぐうたら.

cossu, e /kɔsy/ 形 金持ちの; 豪華な, 豪壮な.

costard /kɔsta:r/ 男 話 背広, スーツ.

costaricien, enne /kɔstarisjɛ̃, ɛn/ 形 コスタ

costaud

リカ Costa Rica の.
— **Costaricien, enne** 名 コスタリカ人.

costaud /kɔsto/ 形《男女同形》屈強な；堅固な，強い. ▶ un homme *costaud* 屈強な男 / un alcool *costaud* 強い酒. 比較 ⇨ FORT.
— **costaud** 男 話 屈強な人；堅固な物.

***costume** /kɔstym/ コスチューム/ 男
〔英仏そっくり語〕
英 costume 衣装.
仏 costume 衣装，スーツ.
❶《ある地方，状況に特有の》**服装，衣装**；扮装(ﾊﾟﾝ)，仮装. ▶ *costumes* nationaux 民族衣装 / *costume* de cérémonie 礼服 / bal en *costume* 仮装舞踏会. ❷《おもに男性用の》**背広，スーツ**. ▶ *costume* trois pièces 三つぞろい (=complet) / *costume* de confection 既製服 / en *costume*-cravate スーツにネクタイ姿で / *costume* de ville タウンウエア / *costume* sur mesure あつらえのスーツ. 比較 ⇨ VÊTEMENT.
tailler un costume à qn …に悪い噂をたてる.

costumé, e /kɔstyme/ 形 (…の)衣装を着けた，(…に)扮装(ﾊﾟﾝ)した. ▶ bal *costumé* 仮装舞踏会.

costumer /kɔstyme/ 他動 …に(…の)衣装を着ける，扮装(ﾊﾟﾝ)させる.
— **se costumer** 代動 (…の)衣装をまとう，扮装する.

costumier, ère /kɔstymje, ɛːr/ 名 衣装屋，貸し衣装屋；衣装係.

cotation /kɔtasjɔ̃/ 女 ❶ (証券，為替，商品などの)相場付(ﾂｷ)，値付け；相場，時価. ❷ (試験などの)採点，評価.

***cote** /kɔt/ 女 ❶ (証券，為替などの公定)相場；相場表 [公報]；(切手，中古車などの)時価(カタログ). ▶ *cote* des changes 外国為替相場，通貨両替レート / actions inscrites à la *cote* 上場株 / consulter la *cote* des voitures d'occasion 中古車の相場を(カタログで)調べる.
❷ **支持率，人気度；評点，評価**. ▶ D'après les sondages, sa *cote* (de popularité) est en baisse. 世論調査によれば，彼(女)の支持率は下り坂にある / *cote* d'un devoir 宿題の点数. ❸ (税の)査定額，賦課額. ❹ (地図に記された)標高，深さ(の地点). ▶ Le sommet de la colline est à la *cote* 480 [quatre cent quatre-vingts]. その山の頂上は標高480メートルである. ❺ [書類などの]整理番号，分類記号；(図書の)書架 [請求] 記号. ❻ (図面に記された)寸法，数値. ❼ [競走馬の] 勝ち目；オッズ，賭(ｶ)け率.
avoir la cote (*auprès de qn*) 話 (…に)人気がある，評価されている.
avoir une cote d'enfer 話 とても高く評価されている.
cote d'alerte 警戒水位；危機的段階，限界. ▶ L'indice des prix va atteindre la *cote d'alerte*. 物価指数は経済にとって危険な数値に達する見込みである.
cote d'amour (1) (試験の成績，業績などとは別の，人柄などによる)人物評価，人望. (2) (実績の裏付けのない)信頼，期待，人気.
cote mal taillée (1) 概算割当額，大ざっぱな割当

(額). (2) (当事者に不満の残る)妥協.

coté, e /kɔte/ 形 ❶ (公定の)相場のついた；〔株などが〕(市場に)上場された. ▶ valeurs *cotées* en Bourse 上場株. ❷ (値段の)高い. ▶ du vin *coté* 上等なワイン / un historien très *coté* 定評のある歴史家. ❸ 〔図面が〕寸法を示してある.

***côte** /koːt/ コート/ 女 ❶ **肋骨**(ｿﾞｯ). ▶ se casser une côte 肋骨を折る.
❷《複数で》**わき腹**. ▶ recevoir un coup de poing dans les *côtes* わき腹にパンチを食らう.
❸ (牛などの)コート，背肉. ▶ *côte* de veau 子牛の骨付き背肉 [ロース]. 注 子牛，羊，豚の場合は côtelette ともいう.
❹ 肋骨状のもの. ▶ *côte* de melon メロンの筋 / velours à *côtes* コーデュロイ，畝織のビロード.

2 ❶ **海岸，海辺**；《複数で》**沿岸地方**. ▶ une *côte* sablonneuse 砂浜海岸 / faire *côte* 〔船が〕座礁する / pêche le long des *côtes* 沿岸漁業. 比較 ⇨ BORD. ❷ 《la Côte》コート・ダジュール (=Côte d'Azur).

3 ❶ **坂，坂道；(特に)上り坂**. ▶ monter [gravir] la *côte* 坂を上る [よじ登る] / à mi-*côte* 坂の途中で. ❷ (丘陵や山の)斜面；丘の斜面のブドウ畑. ▶ les *côtes* du Rhône ローヌ丘陵 / *côtes-du-Rhône* コート・デュ・ローヌ (ローヌ丘陵産のワイン).

caresser les côtes à qn …を殴る.
côte à côte 並んで；一緒に. ▶ marcher *côte à côte* 並んで歩く.
se tenir les côtes (*de rire*) 話 身をよじって笑う.

:**côté** /kote/ コテ/
❶ **側**(ｶﾜ)；(物の)横，側面；(薄い物の)面. ▶ le *côté* gauche de la rue 街路の左側 / place *côté* fenêtre [couloir] (乗り物の)窓 [通路] 側の席 / *côté* cour [jardin] (舞台の)上手 [下手] / le bon *côté* d'une feuille 紙の表 (=recto) / chambre *côté* rue 道路に面した部屋 / salon *côté* jardin 庭に面した客間.
❷ **わき，わき腹**. ▶ recevoir un coup dans le *côté* わき腹に一撃を食らう / être blessé au *côté* droit 右わき腹を負傷している.
❸ **(物事，人物の)側面，面**. ▶ les bons *côtés* de qn …の長所 / Il a un *côté* sympathique. 彼には感じのいいところがある / Ce projet est très intéressant par certains *côtés*. この計画はいくつかの点で非常に興味深い.
❹ **(親類，家の)血筋，家系**. ▶ tante du *côté* paternel [maternel] 父 [母] 方のおば.
❺〘数学〙**(多角形の)辺**. ▶ les *côtés* d'un triangle 3角形の辺.
à côté de ça 話 そのくせ (=par ailleurs)；その上. ▶ Il est paresseux, à côté de ça il aime son travail. 彼は怠け癖がついているけれど，仕事は好きなんだ.
***à côté** (*de qn/qc*) (1) (…の)横に，そばに. ▶ Ils habitent *à côté*. 彼らは近くに住んでいる / C'est juste *à côté*. それはすぐそばだ / Elle s'est assise *à côté de* moi. 彼女は私の隣に座った / Le cinéma se trouve juste *à côté de* la

gare. その映画館は駅のすぐそばにある. (2)(…と)比べて. ▶ Vos ennuis ne sont pas graves *à côté des miens*. あなた(方)の悩み事なんか私のに比べたらたいしたことはない. (3) さらに; 同時に. ▶ Il enseigne dans une école de langues, mais il fait autre chose *à côté*. 彼は語学学校で教えているが, そのほかに別の仕事もしている. (4) (…を)外れて. ▶ tirer *à côté* 撃ち損じる / répondre *à côté* 的外れの答えをする.

aux côtés de qn (1) …の傍らに, そばで. ▶ rester *aux côtés d*'un malade 病人のそばについている / Asseyez-vous *à mes côtés*. 私のそばに座りなさい. (2) …に味方して.

côté ＋ 無冠詞名詞 [人名] 圏 …に関して言えば. ▶ *Côté* argent, il est plutôt regardant. 金銭面では彼は締まり屋の方だ.

d'à côté 隣りの. ▶ *La Femme d'à côté*「隣の女」(トリュフォーの映画).

de ce côté (-ci, -là がつくことがある) (1) こちらの方に. ▶ Venez *de ce côté*. こちらに来て下さい. (2) その点に関しては. ▶ *De ce côté*, vous n'avez rien à craindre. その点に関して心配はいりません.

de côté 横に, 斜めに. ▶ regarder *de côté* 横目で見る, ちらっと見る / porter son chapeau *de côté* 帽子をはすにかぶる.

de côté et d'autre あちこちで, 至る所で.

de chaque côté ＝ *des deux côtés* 両側に. ▶ *de chaque côté* de la rue 道の両側に.

de l'autre côté 向こう側に[から]; 反対側に[から]. ▶ *de l'autre côté* du parc 公園の向こう側に / *de l'autre côté* de la rue 道路の反対側に.

de quel côté どの方向に. ▶ Vous allez *de quel côté*? どっちの方に行くんですか.

de tout côté ＝ *de tous côtés* 至る所で, あらゆる方面に. ▶ chercher qn *de tout côté* …を方々探す.

*de ＋ 所有形容詞 ＋ *côté* (1) …としては. ▶ Tu feras de ton mieux. *De mon côté*, j'essaierai de t'aider au maximum. できる限りやってごらん, 私としても最大限の応援はするから. (2) ⇨ du côté de qc/qn (2).

*du côté de qc/qn (1) …の方向に; 近くに. ▶ aller se promener *du côté du* parc 公園の方に散歩に出かける / habiter *du côté de* la mairie 市役所の近くに住む. (2) …の味方で. ▶ Il se met toujours *du côté du* plus fort. 彼はいつも強い方に身を寄せる. 注 qn が代名詞の場合, de son *côté* の形をとる (例: Il est de ton *côté*. 彼は君の味方だ). (3) …に関しては. ▶ *Du côté de* la santé, il n'a aucune inquiétude. 健康面では彼はなんの心配もない. (4) …の血筋[家系]に.

*d'un côté ..., d'un autre côté [de l'autre] ... 一方では…, 他方では…. ▶ Il est contradictoire; *d'un côté* il est généreux, mais *de l'autre* (il est) mesquin. 彼は矛盾している. 一方で気前がよくても他方ではけちだったりする.

laisser qc/qn de côté …をほうっておく, 無視する. ▶ *Laissons de côté* tous les détails secondaires. 付随的な細部はすべて無視することにしよう.

mettre qc de côté …を別に取っておく. ▶ mettre de l'argent *de côté* 貯金する (＝économiser).

prendre qc du [par le] bon côté …をよい面から見る, よい意味にとる.

sur le côté 側面に; 横に. ▶ se coucher *sur le côté* 横向きに寝る / mettre une bouteille *sur le côté* 酒瓶を横に寝かせる[空にする].

coteau /koto/; (複) **×** /kotoz/ 男 ❶ 小丘, 丘. ❷ 丘陵の斜面; 丘陵地のブドウ畑.

Côte d'Azur /kotdazyːr/ 固有 女 コート・ダジュール: フランスの地中海沿岸のリゾート地帯.

Côte-d'Ivoire /kotdivwaːr/ 固有 女 コート＝ジボアール: 首都 Abidjan. ▶ en *Côte-d'Ivoire* コート＝ジボアールに[で, へ].

Côte-d'Or /kotdɔːr/ 固有 女 コート＝ドール県 [21]: ブルゴーニュ地方北東部.

côtelé, e /kotle/ 形 (織物などが)畝のある. ▶ velours *côtelé* コーデュロイ.

côtelette /kotlɛt/ 女 (豚, 羊などの)骨付き背肉 [ロース].

Cotentin /kɔtɑ̃tɛ̃/ 固有 男 コタンタン半島: ノルマンディー北部.

coter /kɔte/ 他動 ❶ (証券, 商品など)に相場をつける, 値をつける. ▶ timbre *coté* 100 euros 100 ユーロの値の切手. ❷ (課題, 答案)に評点をつける. ❸ …を格付け[品定め]する; 高く評価する. ❹ (地図, 図面など)に数字[寸法]を記入する. ❺ (書類など)に整理番号[記号]をつける. ❻ (納税者)の課税額を査定する.

─ 自動 (相場, 市場で)値をつける. ▶ valeur qui *cote* 50 euros 50ユーロの株.

coterie /kɔtri/ 女 《多く悪い意味で》利益集団, 派閥, 党派.

Côtes-d'Armor /kotdarmɔr/ 固有 女複 コート＝ダルモール県 [22]: ブルターニュ地方北部.

côtier, ère /kotje, ɛːr/ 形 海岸の, 沿岸の, 沿海の. ▶ pêche *côtière* 沿岸漁業.

cotillon /kɔtijɔ̃/ 男 ❶ (祭りなどでダンスやゲームをする)パーティー. ❷ (複数で)(紙帽子, 紙吹雪, テープなど)祭りやパーティーの小道具.

cotisant, ante /kɔtizɑ̃, ɑ̃ːt/ 形, 名 分担金[会費]を払っている(人).

cotisation /kɔtizasjɔ̃/ 女 ❶ 分担金, 醵出(きょしゅつ)金, 会費;《特に》社会保険料 (＝*cotisation* sociale). ❷ 分担金[会費]の支払い, 醵金, 募金.

cotiser /kɔtize/ 間他動 ⟨*cotiser* à qc⟩ …の分担金[会費]を払う. ▶ *cotiser* à la Sécurité sociale 社会保険料を(定期的に)払う.

─ 自動 ❶ 分担金[会費]を払う. ❷ 金を出し合う.

─ **se cotiser** 代動 金を出し合う. ▶ *se cotiser* pour faire un cadeau 金を出し合って贈り物をする.

côtoiement /kotwamɑ̃/ 男 ❶ 接触, 触れ合い, 交際; 隣接. ❷ (川などに)沿って行くこと.

***coton** /kɔtɔ̃/ コトン 男 ❶ 木綿, 綿(めん), 綿花. ▶ l'industrie du *coton* (製糸や紡績などの)綿産業. ❷ 綿糸 (＝fil de *coton*); 綿布. ▶ vêtement en *coton* 木綿の服. ❸ 脱脂綿, 綿(めん). ▶ mettre un *coton* sur une plaie 傷口に脱脂綿を当てる.

cotonnade

avoir「les jambes [les bras] en coton 足[腕]が弱い；足[腕]がくたくたである.

élever un enfant dans du coton 子供を真綿にくるんで[過保護に]育てる.

filer un mauvais coton 話 健康がすぐれない；思わしくない[危ない]情勢にある.

— 形《不変》困難な，難しい． ▶ Ça va être *coton*! こいつは厄介なことになるぞ / problèmes *co-ton* 厄介な問題.

cotonnade /kɔtɔnad/ 女 綿織物，綿布.

cotonneux, euse /kɔtɔnø, ø:z/ 形 ❶ 綿毛に覆われた． ▶ feuille *cotonneuse* 綿毛で覆われた葉．❷綿のような，柔らかい；軟弱な，だらけた． ▶ brume *cotonneuse* 白く濃い霧 / bruit *cotonneux* 鈍い音 / style *cotonneux* 締まりのない文体.

cotonnier, ère /kɔtɔnje, ɛ:r/ 形 綿の． ▶ industrie *cotonnière* 綿紡績工業.

— 名 綿紡績業従事員，紡績工.

— **cotonnier** 男《植物学》ワタ.

coton-tige /kɔtɔ̃tiʒ/ 男 商標 綿棒.

côtoyer /kotwaje/ 10 他動 ❶ …に沿って行く；沿って続く．❷（頻繁に）…と接する，交わる． ▶ *côtoyer* quotidiennement qn dans le travail 仕事で…と毎日のように顔を合わせている．❸ …と隣り合う，境を接する；紙一重である． ▶ Cela *côtoie* le ridicule. それは一歩間違えば滑稽（ｺｯｹｲ）になる.

cottage /kɔtaʒ/ 男《英語》（特に英国風の）しゃれた山荘，田舎家風小別荘，コテージ.

cotylédon /kɔtiledɔ̃/ 男《植物学》子葉.

:**cou** /ku/ クー/ 男 ❶（人，動物の）首，頸部（ｹｲﾌﾞ）． ▶ *cou* de cygne （白くて）ほっそりした優美な首 / *cou* de taureau 太くてたくましい首 / avoir un long *cou* 首が長い / avoir [porter] un pendentif au *cou* ペンダントを首にかけている / mettre une écharpe autour du *cou* 首にマフラーを巻く.

❷（瓶などの）首． 注 普通は col, goulot を用いる.

jusqu'au cou 首まで；完全に，すっかり． ▶ endetté *jusqu'au cou* 首が回らないほど借金で首が回らない.

prendre ses jambes à son cou 大急ぎで駆け出す，一目散に逃げる.

sauter [se jeter] au cou de qn …を夢中で抱きしめる.

「**se rompre [se casser] le cou**」(1) 首の骨を折る；重傷を負う；死ぬ．(2)（事業などで）失敗する，破産する.

tendre le cou（断首（ﾀﾞﾝｼｭ）のために）首を差し出す；進んで犠牲になる.

tordre le cou à qn/qc …を絞め殺す；根絶する.

couac /kwak/ 男（クラリネットなどの）調子外れの音；調子外れの歌声.

couard, couarde /kwa:r, kward/ 形，名 文章/地域 臆病な（人），卑怯（ﾋｷｮｳ）な.

couardise /kwardi:z/ 女 古風/文章/地域 臆病（ｵｸﾋﾞｮｳ）,卑怯（ﾋｷｮｳ）な振る舞い.

couchage /kuʃaʒ/ 男 寝ること，寝かせること． ▶ sac de *couchage* 寝袋.

couchant, ante /kuʃɑ̃, ɑ̃:t/ 形 ❶ chien *couchant* (1) セッター種の猟犬． 注 獲物の前で伏せる習性がある．(2) へつらい者，おもねる人．❷ soleil *couchant* (1) 夕日．(2) 日没時．(3) 衰退.

— **couchant** 男 ❶ 夕日；夕焼け空． ▶ un *couchant* rose ばら色に染まった夕焼け空．❷ 日の沈む方角，西方． ▶ les pays du *couchant* 西方諸国．❸ 文章 衰退，老年． ▶ au *couchant* de la vie 人生のたそがれに，晩年に.

couche /kuʃ/ 女 ❶ 層． ▶ *couche* d'ozone オゾン層 / étaler une *couche* de beurre sur une tartine パン切れにバターを塗る / Il y a combien de *couches* de peinture là-dessus? ここは何回ペンキを塗ってありますか.

❷ 階層，階級． ▶ *couches* sociales 社会階層 / *couche* d'âge 年齢層.

❸ おむつ，おしめ． ▶ *couche* jetable 使い捨ておむつ，紙おむつ / changer les *couches* おしめを替える.

❹《複数で》産褥（ｻﾝｼﾞｮｸ）；分娩（ﾌﾞﾝﾍﾞﾝ）． ▶ *couches* laborieuses [pénibles] 難産 / fausse *couche* 話 流産.

❺ 文章 褥（ｼﾄﾈ），寝床；結婚の床，夫婦の交わり.

❻ 温床． ▶ champignons de *couche* 栽培キノコ，マッシュルーム.

「**(en) avoir [(en) tenir] une (sacrée) couche**」 話 とんでもないばかだ.

couché, e /kuʃe/ 形 ❶ 寝た，横たわった． ▶ *Couché!*（犬に）伏せ！❷ 傾いた，斜めになった；倒れた． ▶ une écriture *couchée* 斜めの書体.

couche-culotte /kuʃkylɔt/《複》〜s-〜s 女 おむつカバー.

:**coucher**¹ /kuʃe/ クシェ/ 他動

❶ …を寝かせる；泊める． ▶ *coucher* un malade 病人を床に就かせる / *coucher* un enfant 子供を寝かせる / Je peux te *coucher*. 君を泊めてあげられるよ.

❷ …を横にする；倒す；傾ける． ▶ *coucher* un blessé sur un brancard 負傷者を担架に横たえる / *coucher* des bouteilles de vin ワインの瓶を寝かせる.

❸ …を書き留める，記入する． ▶ *coucher* qc par écrit …を書き留める，文書に記録する / *coucher* un article dans un contrat 契約書に一条項を入れておく / *coucher* qn sur son testament …の名を遺言状に記す.

coucher qn/qc en joue …に銃のねらいを定める.

coucher un fusil en joue 銃を肩に構えて照準を合わせる.

— 自動 ❶ 寝る，横になる． ▶ chambre à *coucher* 寝室 / *coucher* sur le dos [ventre] 仰向けに[うつぶせに]寝る / *coucher* tout habillé 衣服を着たまま寝る / *coucher* dans un lit ベッドで．❷ 泊まる． ▶ *coucher* à l'hôtel ホテルに泊まる / *coucher* dehors 外泊する / *coucher* chez un ami 友人の家に泊まる．❸ 話〈*coucher* (avec qn)〉（…と）性交渉を持つ，寝る.

nom à coucher dehors 話 発音しにくい[覚えにくい]変わった名前.

— :**se coucher** 代動 ❶ 寝る，横になる． ▶ Je *me couche* à onze heures. 私は11時に寝る / C'est l'heure de *se coucher*. もう就寝時間だ.

❷〔太陽，月，星が〕沈む． ▶ Le soleil va *se coucher*. もうすぐ太陽が沈む.

❸ 身をかがめる；伏せる；傾く，倒れる.

Allez vous coucher!＝*Va te coucher!* (1) 寝なさい．(2) 話 うるさい，あっちへ行ってくれ；ほうっておいてくれ．

Comme on fait son lit, on se couche. 諺 (自分で寝床を整えたとおりに寝ることになる→)自業自得だ．

se coucher comme [*avec*] *les poules* (鶏のように)早寝する．

語法 **se coucher, être couché, coucher**

(1) **se coucher** (横になる，寝る，床に就く)
se lever「起きる，立つ」または s'asseoir「座る」と対立する．
- Tu as l'air très fatigué, tu ferais mieux d'aller te coucher. 君，疲れているみたいだよ，横になった方がいいんじゃない．
- Il est déjà minuit, je vais me coucher. もう12時だ，もう寝るよ(この場合 je vais me coucher は je vais au lit と同じ)．

(2) **être couché** (横になっている)
être assis「座っている」，être debout [levé]「立っている」と対立する．
- Ne faites pas trop de bruit, les enfants sont déjà couchés. あまり物音をたてないでください，子供たちがもう寝ていますから．

(3) **coucher** (他動詞)
〈coucher qn〉〔子供，病人〕を寝かせる，布団にいれる(mettre qn au lit と同じ)．
- Si tu veux qu'on travaille un peu après le dîner, il faut coucher les enfants de bonne heure. 夕食後，ちょっと一緒に仕事をしたいということなら子供たちを早く寝かせなければ．

(4) **coucher** (自動詞)
(a)〈coucher＋場所〉…で泊まる，夜を過ごす．
- coucher à l'hôtel ホテルに泊まる．
- coucher dans le train 汽車の中で寝る．
(b)〈coucher avec qn〉…と肉体関係を持つ．
- J'ai couché avec elle. 私は彼女と寝た．
◆自動詞 coucher は(b)の意味があるため特に注意を要する．自動詞としては場所を示す副詞(句)と一緒にしか使えないと記憶しておくのが無難．

coucher² /kuʃe/ 男 ❶ 就寝．❷ (太陽，月，星が)沈むこと (＝*coucher* de soleil)．▶ au *coucher* du soleil 日没時に．

coucherie /kuʃri/ 女 俗《軽蔑して》肉体関係．

couche-tard /kuʃtar/ 名 形《不変》夜更かしする(人)．

couche-tôt /kuʃto/ 名 形《不変》早寝の(人)

couchette /kuʃɛt/ 女 ❶ 小寝台，簡易ベッド．❷ (鉄道，船の)簡易寝台．▶ voitures-*couchettes* 簡易寝台車 / retenir une *couchette* 寝台席を予約する．

coucheur, euse /kuʃœːr, øːz/ 名 同衾(きん)者．

mauvais coucheur (1) 気難し屋，非社交的な人．(2) 同衾者の睡眠を妨げる人．

couci-couça /kusikusa/ 副句 話 まあまあ，どうにかこうにか．▶ «Comment allez-vous?—*Couci-couça.*»「お元気ですか」「まあまあ」

coucou /kuku/ 男 ❶ カッコウ．❷ ラッパズイセン．❸ 鳩(はと)時計 (＝pendule à *coucou*)．
── 間投 おおい，こっちこっち(不意に現れて，または単に相手の注意を軽く引くために用いる)．▶ *Coucou*, me voilà. ほらほらこっちだよ．

Coucou la voilà! 俗 見て(露出癖者のセリフ)．

coud /ku/ 活用 ⇨ COUDRE 83

***coude** /kud/ クード 男 ❶ ひじ．▶ mettre ses *coudes* sur la table テーブルに両ひじをつく / s'appuyer sur le *coude* ひじをつく．
❷ 曲がり角；湾曲部，角(かど)．▶ le *coude* d'un couloir 廊下の曲がり角 / Là, la rivière fait un *coude*. 川の流れはそこで折れ曲がっている．

coude à coude (1) ひじを接して，並んで；団結して．▶ travailler *coude à coude* 連帯して働く．(2) ひじを突き合わせること；団結，連携．

coudes au corps ひじを脇につけて．

donner un coup de coude à qn＝*pousser qn du coude* …をひじでそっとつついて合図する．

jouer des coudes (1) (人込みを)ひじで押し分けて進む．(2) 人を押しのけて[あらゆる策を弄(ろう)して]のし上がる．

lever le coude 俗 (1) 痛飲する；泥酔する．(2) 酒好きである，左党である．

se serrer [*se tenir*] *les coudes* 助け合う．

coudé, e /kude/ 形 ひじ形に曲がった，L字形の．

coudée /kude/ 女 クデ：長さの旧単位．ひじから中指先端までで，約50センチメートル．

coudées franches 両手の自由，行動の自由．▶ avoir ses [les] *coudées franches* 自由に振る舞える．

de cent coudées はるかに．▶ Elle est *de cent coudées* au-dessus d'eux. ＝ Elle les dépasse *de cent coudées*. 彼女は彼らをはるかにしのいでいる．

sous le coude 保留して，未解決のままで．▶ garder qc *sous le coude* (仕事など)に手をつけないでいる．

cou-de-pied /kudpje/《複》〜*s*-〜-〜 男 足の甲．

couder /kude/ 他動 …をひじ形に曲げる．

coudière /kudjɛːr/ 女 (スポーツ用の)ひじサポーター，防御用ひじ当て．

coudoiement /kudwamɑ̃/ 男 ひじを突き合わせること；接触，交際．

coudoyer /kudwaje/ 10 他動 ❶ …と出会う，すれ違う．▶ *coudoyer* des inconnus dans la foule 人込みの中で見知らぬ人たちとすれ違う．
❷ …と接触する，交際する．▶ *coudoyer* des hommes politiques 政治家と付き合う．

── **se coudoyer** 代動 ❶ 接触する；出会う；並ぶ．▶ *se coudoyer* avec qn …と接触する，出会う．❷ 文章 (互いに)似通う．

coudraie /kudre/ 女 ハシバミの林．

***coudre** /kudr/ クードル 83 他動

過去分詞 cousu	現在分詞 cousant
直説法現在 je couds	nous cousons
複合過去 j'ai cousu	単純未来 je coudrai

❶ …を縫う, 縫いつける, 縫い合わせる. ▶ *coudre* une robe ドレスを縫う / *coudre* un bouton à un vêtement 服にボタンをつける / *coudre* une plaie 傷口を縫合する /《目的語なしに》machine à *coudre* ミシン. ❷〔文章など〕を寄せ集める, つなぎ合わせる.

coudrier /kudrije/ 男【植物】ハシバミ.

couds /ku/ 活用 ⇨ COUDRE 83

couenne /kwan/ 女 ❶ (蒸し煮などで使う) 豚の皮;(ベーコンなどの) 外皮.

couette¹ /kwɛt/ 女 ❶ 羽根布団. ❷【海事】船架, 船台. ❸【機械】軸受け.

couette² /kwɛt/ 女 話 (頭の両側や後ろで束ねた) 髪の房.

couffin /kufɛ̃/ 男 (赤ちゃんを運ぶ) ベビーかご.

couguar, cougouar /kugwa:r/ 男【動物】ピューマ (=puma).

couic /kwik/ 間投 キーッ, ギャッ (小動物や人が首を絞められるときの声).
faire couic 話 急死する; 絞め殺される.
n'y voir [*comprendre, connaître*] *que couic* 話 何も見えない [分からない].

couille /kuj/ 女 俗 睾丸(ぶ), きんたま.
se faire des couilles en or 話 大儲けをする.

couillon /kujɔ̃/ 男 俗 間抜け, うすのろ, とんま.

couillonnade /kujɔnad/ 女 俗 へま, ばかげたこと; つまらないこと.

couillonner /kujɔne/ 他動 俗 …をだます, かつぐ, ぺてんにかける.

couinement /kwinmɑ̃/ 男 ❶ (ウサギなどの) 鋭い鳴き声. ❷ (ドア, ブレーキなどの) きしむ音.

couiner /kwine/ 自動 ❶ 〔ウサギなどが〕鋭い鳴き声を上げる. ❷ きいきい声を上げる;〔子供が〕ぴいぴい泣く. ❸ 話 ブレーキをきしる, きしむ.

coulage /kula:ʒ/ 男 ❶ 流すこと, 流し込み. ▶ le *coulage* d'un métal en fusion 溶解した金属の鋳込み. ❷ 流れること, 流出. ❸ 浪費; 損失.

coulant, ante /kulɑ̃, ɑ̃:t/ 形 ❶〔液体が〕よく流れる, さらさらの.〔固形物が〕とろりとした. ❷〔言葉, 文章などが〕滑らかな, よどみのない. ❸ 話〔人, 性格が〕人当たりのよい, 協調〔妥協〕的な, 物分かりがよい.
— **coulant** 男 (財布, ベルトなどの) 留め輪.

coule /kul/ 女《次の句で》
à la coule 話 要領を心得ている, 物事に精通している; 抜け目がない.

coulée /kule/ 女 ❶ (液体などの) 流れ, 流出 (物). ▶ *coulée* de lave 溶岩流. ❷ (金属などの) 流し込み; 鋳造.

coulemelle /kulmɛl/ 女 カラカサタケ (食用キノコ).

*__coul__er__ /kule/ クレ/ 自動 ❶ 流れる, 流れ出る. ▶ La Seine *coule* à Paris. セーヌ川はパリを流れる / Le sang *coule* de la blessure. 傷口から血が出ている / laisser *couler* ses larmes 涙を流す / un camembert qui *coule* 中身がとろりととろけている (食べごろの) カマンベールチーズ.
❷ 漏る. ▶ Mon stylo *coule*. 私の万年筆はインクが漏る / robinet qui *coule* 水の漏る蛇口 / avoir le nez qui *coule* 鼻水が出る.
❸ 沈没する, 沈む; おぼれる.
❹ 滑る, 滑り落ちる.
couler à flot (酒などが) 気前よく振る舞われる.
couler à pic (船が) まっすぐに沈む.
couler de source (1)〔言葉などが〕よどみなく出てくる, 滔々(ちょう)と流れ出る. (2)〔物事, 考えが〕当然の成り行きをたどる. ▶ Ça *coule* de source. そうなるのも当たり前だ.
faire couler de l'encre〔事件などが〕紙上をにぎわす; 盛んに取り上げられる, 話題になる.
faire couler le sang 流血の惨事を引き起こす.
Le sang a coulé. 血が流れた, 流血の惨事があった.

— 他動 ❶ …を流す, つぐ; 流し込む; 濾(こ)す. ▶ *couler* du miel sur une crêpe クレープに蜂蜜をかける / *couler* le béton コンクリートを打ち込む.
❷ …を鋳造する. ▶ *couler* une cloche 鐘を鋳造する. ❸〔時間〕を過ごす. ▶ *couler* des jours heureux 幸福な毎日を過ごす. ❹〔船〕を沈没させる;〔企業など〕を経営危機に追い込む, 倒産させる.
❺ …を失脚させる, 失敗させる, 倒す.

— *se couler* 代動 ❶ そっと入り込む, 忍び込む. ▶ *se couler* sans bruit 音を立てずに忍び込む / *se couler* dans son lit そっとベッドにもぐり込む. ❷ 失脚する, 失敗する; 崩壊する, 倒産する.
se la couler douce 話 気楽 [平穏] に暮らす.

:couleur /kulœ:r/ クルール/ 女

❶ 色, 色彩. ▶ De quelle *couleur* est sa voiture? 彼 (女) の車は何色ですか / *couleur* claire 明るい [薄い] 色 / *couleur* foncée 暗い [濃い] 色 / *couleur* sombre 暗い色 / les *couleurs* fondamentales 三原色 / *couleurs* complémentaires 補色 /《同格的に》bas *couleur* chair 淡いピンクのストッキング.

❷《単数で》(白, 黒, 灰色以外の) 色, 有彩色; 色物. ▶ Ce salon est triste. Vous feriez mieux de mettre un peu de *couleur*. この部屋は殺風景です, もうちょっとカラフルなものを置く方がいいでしょう / séparer le blanc et la *couleur* (洗濯の際) 白い物と色物を分ける.

❸《多く複数で》顔色, 肌の色. ▶ avoir de belles *couleurs* = avoir des *couleurs* いい顔色をしている, 血色がよい / perdre ses *couleurs* 顔色が悪くなる, 青ざめる.

❹ 絵の具, 塗料; 顔料; 染料. ▶ *couleurs* à l'huile 油絵の具. ❺ (絵画の色彩 (効果), 色調. ▶ la *couleur* générale d'un tableau 絵の全体の色調. ❻《多く複数で》(形容詞とともに) 様相, 外観. ▶ La situation apparaît sous de sombres *couleurs*. 事態は暗い様相を呈してきている.

❼ (政治的, 思想的) 傾向, 立場. ❽《複数で》旗, 国旗. ▶ hisser [baisser] les *couleurs* 旗を掲揚する [下ろす]. ❾《複数で》(チームのユニホーム; チームカラー. ❿《単数で》文章 (作品, 文章などの) 精彩, 華々しさ. ▶ Ce récit ne manque pas de *couleur*. この物語には精彩がある (単調で退屈な作品ではない). ⓫《カード》組み札, スーツ: スペード pique, ハート cœur, ダイヤ carreau, クラブ trèfle の 4 種. ▶ jouer dans la *couleur* 相手と同じ種類の札を出す.

annoncer la couleur (1) 切り札のスーツをコール

changer de couleur (1)(怒り, 心の動揺などで)青ざめる. (2)政治的立場［思想, 信条］を変える.

couleur du temps (1) 現在の状況, 現状. (2)《同格的に》空色の, スカイブルーの.

couleur locale 地方［郷土］色, 時代色. ▶《同格的に》danse *couleur locale* 地方色豊かな踊り.

de couleur 有色人種の;《特に》黒人の. ▶ homme de *couleur* カラード.

en couleur(s) カラーの（↔en noir (et blanc)）. ▶ télévision *en couleurs* カラーテレビ.

en dire de toutes les couleurs sur qn 話 …のことをぼろくそに言う.

en voir de toutes les couleurs 話（あらゆる）辛酸をなめる, ひどい目に遭う.

haut en couleur(s) (1) 精彩［色彩］に富んだ; 変化に富んだ. (2) 血色のよい, 赤ら顔の.

marchand de couleurs 古風 雑貨屋.

ne pas voir［connaître］la couleur de qc 話（期待, 約束）の当てが外れる. ▶ L'argent qu'il me devait, je n'*en ai* pas *vu la couleur*. 私は彼に貸した金を返してもらっていない.

passer par toutes les couleurs（動転して）赤くなったり青くなったりする.

prendre couleur (1)〖料理〗焼き色がつく. (2)〔事態などが〕ある方向に進み始める; 好転する.

prendre des couleurs 日焼けする; 血色がよくなる.

reprendre des couleurs 血色を取り戻す.

sous couleur de qc〖不定詞〗文章 …を口実に, と見せかけて. ▶ attaquer *sous couleur de* se défendre 自己防衛と見せかけて攻撃をかける.

couleuvre /kulœːvr/ 女（無毒の）ヘビ（⇨ SERPENT）.

avaler des couleuvres (1) 黙って侮辱を受ける, 辱めを耐え忍ぶ. (2)（なんでも）本当だと思い込む, 真に受ける.

paresseux comme une couleuvre ひどい怠け者の.

coulis /kuli/ 形《男性形のみ》vent *coulis* すきま風. ― 男〖料理〗（野菜や甲殻類などの）こし汁, ピュレ, 濃いスープ.

coulissant, ante /kulisɑ̃, ɑ̃ːt/ 形〔戸などが〕溝［レール］の上を滑る.

coulisse /kulis/ 女 ❶（引き戸の枠などの）溝, レール; 引き戸. ▶ fenêtre à *coulisse* 引き窓. ❷《多く複数で》〖演劇〗袖; 舞台裏; 楽屋. ❸〖服飾〗クリス, ひも通し. ❹（縫い）取引場.

les coulisses de qc …の内幕, 裏面. ▶ *les coulisses de* la politique 政治の舞台裏の事情.

regarder en coulisse = faire des yeux en coulisse 横目で盗み見る; 流し目を使う.

「**se tenir［rester］dans la coulisse**（事件などの）裏にいる, 陰で糸を引いている.

coulisseau /kuliso/;《複》**x** 男 ❶（溝の上を）スライドするもの, 滑り子, スライダー. ❷ 小さい溝, 小軌条,（ガイド）レール.

coulissement /kulismɑ̃/ 男 溝［レール］の上に滑らせること, 滑り具合.

coulisser /kulise/ 他動 ❶〔服など〕にギャザーを寄せる. ❷〔戸, 引き出しなど〕に滑り溝をつける. ― 自動 溝［レール］の上を滑る.

***couloir** /kulwaːr/ クロワール 男 ❶ 廊下, 通路. ▶ au bout du *couloir* 廊下の突き当たりに / côté couloir 通路側の. ❷《複数で》（会議場, 行政官庁などの）ロビー;（公式の会議場での）舞台裏. ▶ conversations de *couloirs* 非公式の話し合い / intrigue de *couloir* 舞台裏の工作 / bruits de *couloir* うわさ. ❸ *couloir* d'autobus（バス・タクシー専用の）バスレーン. ❹ *couloir* aérien 航空路 / *couloir* humanitaire 人道援助用通路. ❺（陸上競技, 水泳の）コース. ❻〖テニス〗アレー: ダブルスのサイドラインとシングルスのサイドラインの間の区域. ❼〖地理〗峡谷, 回廊;〖登山〗ルンゼ（= *couloir* d'avalanche）: 岩場に生じた溝.

coulomb /kulɔ̃/ 男〖電気〗クーロン: 電気量測定の単位.

coulpe /kulp/ 女〖カトリック〗（修道会の規則に反した者が行う）過失告白.

battre sa coulpe〖「告白の祈り」で, これ我が過ちなり mea culpa と唱えながら胸をたたく→〗悔悛(かいしゅん)の念を表明する.

***coup** /ku/ クー 男

❶ 打つこと, 殴ること;《複数で》殴り合い, 喧嘩(けんか). ▶ donner un *coup* de poing à qn …を一発殴る / donner un *coup* de pied à qn …を蹴る / assommer qn d'un *coup* de bâton …を棒の一撃で殴り倒す / accabler qn de *coups* …をめった打ちにする / en venir aux *coups* 殴り合いの喧嘩になる.

❷ 打つ音, 鳴る音. ▶ un *coup* de klaxon クラクションの音 / Les douze *coups*（de midi）ont sonné. 正午の鐘が鳴った.

❸（銃砲の）発射;（発射された）弾丸. ▶ tirer un *coup* de fusil à qn/qc …に発砲する / revolver à six *coups* 6連発リボルバー / Le *coup* a manqué la cible. 弾は標的を外れた.

❹ 〈*coup* de qc〉（体や道具の）すばやい動き, を使った動作. ▶ D'un *coup* d'aile, l'oiseau s'est envolé. ぱっと羽ばたいて鳥は飛び去った / donner un *coup* de fer［brosse］à …にアイロン［ブラシ］をさっとかける / passer un *coup* de balai dans le couloir 廊下をひと掃きする / donner［demander］un *coup* de main à qn …の手伝いをする［…に手伝いを頼む］/ donner un *coup* de fil 電話をかける / En quelques *coups* de crayons, il a croqué mon portrait. ちょっと鉛筆を走らせて, 彼は私の肖像画を描(か)いた.

❺ 〈*coup* de qc〉（自然現象）の突然の訪れ, 力の発現. ▶ *coup* de froid 寒波 / *coup* de mer 大波; しけ / *coup* de chaleur 熱射病; 暑気あたり / *coup* de vent 突風.

❻ 衝撃, ショック, 打撃. ▶ La voiture a reçu un bon *coup*. 車はひどくぶつけられた / porter un *coup* décisif à la réputation de qn …の名声に決定的なダメージを与える / Cette nouvelle m'a donné un *coup* terrible. その知らせに私はひどくショックを受けた.

❼ 試み, 企て;《悪い意味で》仕業, はかりごと. ▶ *coup* d'essai 小手調べ / réussir son *coup* 試みに成功する / tenter［risquer］le *coup* 一か八か

coup

かやってみる / machiner [préparer] son *coup* 策謀を巡らす / monter le *coup* à qn …を罠(ﾜﾅ)にかける / C'est lui qui a fait le *coup*. 謀ったのは彼だ.

❽ 回(数), 度(=fois). ▶ du premier *coup* 最初から / Ce *coup*-ci, ça n'a pas marché. 今回はうまくいかなかった.

❾ (酒の)一杯. ▶ boire un *coup* 一杯やる / boire un petit *coup* ちょっと一杯飲む / Je te paye un *coup*. 一杯おごるよ.

❿ 〚ゲーム〛プレー, 指し手; 〚スポーツ〛プレー, 攻め; キック. ▶ *coup* droit (テニスなどで)フォアハンドストローク / *coup* franc (サッカーで)フリーキック.

accuser le coup ⇨ ACCUSER.

à coups de + 無冠詞名詞 …を使用して, の力によって. ▶ enfoncer le clou *à coups de* marteau かなづちで(何度も打って)釘(ｸｷﾞ)を打ち込む / réussir à vendre *à coups de* publicité 広告の威力で売り込みに成功する.

à coup sûr 確実に, 間違いなく. ▶ Il gagnera *à coup sûr*. 彼はきっと勝つよ.

à petits [grands] coups 少しずつ[大量に]. ▶ boire *à petits [grands] coups* ちびちび[がぶがぶ]飲む.

après coup 事後に, 遅ればせに. ▶ Je ne m'en suis aperçu qu'*après coup*. あとになってやっとそれに気づいた.

à tous les coups = **à tout coup** 毎回決まって.

au coup par coup 行き当たりばったりに. ▶ agir *au coup par coup* 出たとこ勝負で行動する.

aux cent coups 〖話〗ひどく不安で. ▶ La nouvelle l'a mis *aux cent coups*. その知らせは彼をひどく動揺させた.

avoir [attraper] le coup (何かをするための)こつを心得ている[覚える].

avoir un coup dans le nez 〖話〗酔っている.

beau coup 見事な手並み; ファインプレー.

compter les coups (争いを)傍観する, 中立の立場をとる.

coup bas (1) 〚ボクシング〛ローブロー. (2) 汚い手口.

coup de chance [veine] 幸運, まぐれ当たり.

coup de chapeau 帽子を持ち上げる挨拶(ｱｲｻﾂ); 敬意の表明. ▶ Cet acte mérite un *coup de chapeau*. その行為は称賛に値する.

coup de chien 突然の災難; (海上での)嵐(ｱﾗｼ).

coup de feu (1) 発砲, 砲撃. (2) (料理の)焦げ目. (3) 一番忙しい時. ▶ en plein *coup de feu* てんてこ舞している最中に.

coup d'Etat クーデター.

coup de théâtre どんでん返し.

coup de Trafalgar 大失敗.

coup de vieux 〖話〗急に老け込むこと.

*****coup d'œil** (1) 一瞥(ｲﾁﾍﾞﾂ). ▶ jeter un *coup d'œil* à qn/qc …をちらっと見る; にざっと目を通す / d'un *coup d'œil* 一目で / Il a tout compris au premier *coup d'œil*. 彼は一目ですべてを理解した. (2) 判断力, 洞察力. ▶ avoir le *coup d'œil* 洞察力が鋭い. (3) 見晴らし, 眺望. ▶ Le *coup d'œil* sur la ville est magnifique. 市街の眺望がすばらしい.

coup du père François 〖話〗(1) 一方が首を締めているすきに他方が懐中物を奪う強盗の手口. (2) 汚い手口.

coup dur 痛手, 災難, つらい出来事.

coup par coup 1発ずつ.

coup sur coup 次から次へと, 立て続けに.

discuter le coup (sur qc) (…について)討論する, おしゃべりする (=bavarder).

du coup 〖話〗(前文を受けて)そのことによって, だから; その途端に. ▶ J'ai été très malade hier ; *du coup*, j'ai manqué le rendez-vous. 昨日はひどく具合が悪くて, 待ち合わせに行けなかった.

du même coup 同時に, その機会に, ついでに.

*****d'un (seul) coup** 一挙に; 突然. ▶ gagner un million de yen *d'un coup* 一度に100万円もうける / se lever *d'un coup* 突然立ち上がる.

en avoir un coup dans le nez 少し酔っている.

en coup de vent (1) さっと, 慌ただしく. ▶ passer *en coup de vent* 風のように通りすぎる; ほんのつかの間立ち寄る. (2) (髪を)ぼさぼさに乱して.

en mettre un [en ficher] un coup (仕事や勉強で)大いに努力する.

en prendre un coup 〖話〗〔人が〕強い衝撃を受ける;〔物が〕損害を被る.

être dans le coup 一枚かんでいる; (悪事などの)内幕を知っている; 時勢に明るい.

expliquer le coup à qn 〖話〗…に状況[事情]を説明する.

faire coup double = **faire d'une pierre deux coups** 一石二鳥の効果をあげる.

faire les quatre cents coups 〖話〗素行が悪い, 放縦な生活をする.

frapper les trois coups (舞台の床板を3度打って)開演を告げる.

mettre qn dans le coup …を参加させる; に内幕を明かす.

pour le [un] coup 今度は; 今回に限っては. ▶ *Pour le coup*, il se fâcherait. 今度ばかりは彼も怒るぞ.

rendre coup pour coup やられただけやり[殴り]返す.

sale coup 痛手; 悪事. ▶ Sa femme est partie ; ça doit être un *sale coup* pour lui. 彼の奥さんは出ていった, 彼はきっとひどくショックを受けただろう.

sous le coup de qc (1) …の影響[作用]下に. ▶ rougir *sous le coup de* l'émotion 感激で紅潮する. (2) …に脅かされて. ▶ être *sous le coup d*'une inculpation grave 重大な嫌疑を受けている.

*****sur le coup** 即座に (=immédiatement). ▶ *Sur le coup*, je n'ai pas compris ce qu'il entendait par là. 彼がそれをどういう意味で言っているのかすぐには分からなかった.

sur le coup de + 時刻 …時ちょうどに. ▶ Il est arrivé *sur le coup de* midi. 彼は正午きっかりに到着した.

tenir le coup 〔人が〕耐える, 持ちこたえる;〔物が〕耐久性がある.

***tout à coup** = **tout d'un coup** 突然, 急に. ▶ *Tout à coup*, il s'est mis à courir. 不意に彼は駆け出した.

Tous les coups sont permis. 📘 なんでもありだ, なにがあるかわからない.

valoir le coup (**de** + 不定詞)(…)してみるだけの価値がある. ▶ Ce livre est très intéressant; ça *vaut le coup*. この本はとてもおもしろい, 読むだけの価値はある / Ça ne *vaut* vraiment pas *le coup* d'aller à ce concert. そのコンサートはわざわざ聞きに行くほどの値打ちはない.

*****coupable** /kupabl クパーブル/ 形 ❶ 罪のある, とがめるべき. ▶ déclarer *coupable* 有罪を宣告する / plaider *coupable* 有罪を認めた上で情状酌量を求める / plaider *coupable* non 無罪を主張する / se sentir *coupable* やましく思う, 後めたい. ◆ *coupable*「de qc [de + 不定詞複合形]…の罪のある. ▶ *coupable* de vol 窃盗犯である / être *coupable* d'un crime 重罪犯である. ❷ 非難されるべき, 恥ずべき. ▶ un amour *coupable* よこしまな恋, 不倫.
— 名 ❶ 罪人, 犯人. ▶ rechercher [arrêter] le *coupable* 犯人を探す[逮捕する]. ❷ 📘 責任者, 張本人; 原因. ▶ Ce n'est pas moi le *coupable*. 悪いのは私ではない.

coupage /kupa:ʒ/ 男 ❶ (飲料などを)割ること; 水で薄めること. ❷ (ワインの混合, ブレンド. ▶ vins de *coupage* ブレンドワイン.

coupailler /kupaje/ 他動 話 …を不ぞろいに[不器用に]切る.

coupant, ante /kupɑ̃, ɑ̃:t/ 形 ❶〔刃物などが〕鋭利な. ▶ couteau *coupant* (=tranchant) よく切れるナイフ. ❷〔口調や言葉が〕きつい. ▶ un ton *coupant* 有無を言わせぬ口調.
— **coupant** 男 刃. ▶ le *coupant* d'un rasoir かみそりの刃.

coup-de-poing /kudpwɛ̃/ ;(複)〜**s**-〜-〜 男 メリケン・サック (=*coup-de-poing* américain): 殴るときに手にはめる鉄製の凶器.

*****coupe**[1] /kup クープ/ 女 ❶ (浅い広口の脚付き)カップ, グラス. ▶ boire une *coupe* de champagne グラス1杯のシャンパンを飲む. ❷〔脚なし, または短い脚付きの〕皿, 鉢. ▶ *coupe* à fruits 果物皿. ❸〖スポーツ〗優勝杯; 優勝杯争奪戦.

boire la coupe jusqu'à la lie (グラスの底の澱(ホカ)まで飲む→)辛酸をなめ尽くす.

Il y a loin de la coupe aux lèvres. 諺 (グラスから唇までは遠い→)もうすぐなるはまだ成らず; 計画と実行〔欲望と満足〕の間には隔たりがある.

La coupe est pleine. もう我慢の限界だ.

coupe[2] /kup/ 女 ❶〔森林の〕伐採 (=abattage); 伐採区域. ▶ *coupe* claire 土地に十分な日光を与えるための大量の間引き伐採. ❷〖服飾〗裁断, カッティング. ▶ vêtement de bonne *coupe* 仕立てのよい洋服 / robe de *coupe* sobre 地味な仕立てのドレス. ❸ 散髪, カット. ▶ *coupe* aux ciseaux シザーカット. ❹ 切り口, 断面; 断面図. ▶ *coupe* d'un tronc d'arbre scié のこぎりで挽(ひ)かれた木の幹の切り口 / plan en *coupe* 断面図. ❺ 輪郭. ▶ *coupe* gracieuse de visage 優雅な顔立ち. ❻(作品構成上の)区分;(詩句中の)句切り. ❼〖カード〗カット: カードをシャッフルしてから2組に分けて上下を入れ替えること.

coupe sombre (人員, 予算などの)大幅削減. ▶ On a fait une *coupe sombre* dans le personnel de l'entreprise. 会社の大幅な人員整理が行われた.

mettre qn/qc en coupe réglée〔人や団体〕から定期的に金銭を巻き上げる;〔財産など〕を組織的に搾り上げる.

sous la coupe de qn (…が切った札を次に引く→)…の支配下に. ▶ Il est complètement *sous la coupe de* sa femme. 彼はまるっきり女房の尻(ﾆ)に敷かれている.

coupé, e /kupe/ 形 ❶ 切られた, 切断された. ▶ blés *coupés* 刈られた小麦. ❷〔交通, 通信などが〕遮断された. ▶ communication *coupée* 不通になった通信 / Le courant est *coupé*. 停電している. ❸〔酒などが〕(…で)割られた; 水で薄めた. ▶ du vin *coupé* d'eau 水で割ったワイン.
— **coupé** 男〖自動車〗クーペ.

coupe-cigare /kupsiga:r/ 男〔葉巻の吸い口を切る〕葉巻切り.

coupe-circuit /kupsirkɥi/ 男〈単複同形〉〖電気〗ヒューズ.

coupe-feu /kupfø/ 男〈単複同形〉(森林の)防火線 (=pare-feu);(建物の)防火壁.

coupe-file /kupfil/ 男;《複》〜-**s** 男(警察が発行する)通行許可証.

coupe-gorge /kupgɔrʒ/ 男〈単複同形〉❶〔暴漢, 強盗などが出没する〕危険な場所. ❷ いかさま賭博(ばく)場.

coupelle /kupɛl/ 女 ❶ (実験室用の)小型つぼ. ❷ (脚のない)小さな杯, 小鉢.

coupe-papier /kuppapje/ 男〈単複同形〉ペーパーナイフ.

*****couper** /kupe クペ/ 他動

❶ …を切る, 刈る, 切断する. ▶ *couper* du pain avec un couteau 包丁でパンを切る / *couper* des arbres 木を伐採する / *couper* un livre フランス装の本のページを切る / L'éclat de verre l'a *coupée* au doigt. 彼女はガラスの破片で指にけがをした / *couper* les mauvaises herbes 雑草を刈る / se faire *couper* les cheveux 散髪してもらう.
❷ …を削除する, カットする; 切り離す. ▶ Un tiers du film a été *coupé* par la censure. その映画の3分の1は検閲でカットされた / *couper* une image〖情報〗画像をカットする. ◆ *couper* qn/qc de qc (全体)から…を切り離す, 孤立させる. ▶ Ses activités *l'ont coupé* du reste du monde. その活動のために彼は世間から孤立した.
❸ <*couper* qc en + 数詞>…を…に分断する, 分ける. ▶ *couper* un gâteau en quatre ケーキを4つに切り分ける / *couper* qc en (petits) morceaux …を小さく切る, みじん切りにする / *couper* qc en tranches …を薄切りにする / L'élection du maire a *coupé* le village en deux. 村長選挙は村を二分した.
❹ …を横切る, と交差する. ▶ Le chemin de fer *coupe* la route.(=croiser) 鉄道はその道路

couper-coller

と交差している.

❺〚持続的なもの〛を**中断する**;〚流れているもの〛を**止める**, 遮断する, 切る. ▶ La communication téléphonique *a été* brusquement *coupée*. 電話が突然切れた / Toutes les routes *sont coupées* par la neige. すべての道路が雪で通行止めになっている / *couper* l'eau 水道を止める /《目的語なしに》*Coupez*!(撮影などで)カット.

❻〚生理現象など〛を抑える, 失わせる. ▶ *couper* la soif 渇きを止める / *couper* la fièvre (à qn) (…の)熱を下げる.

❼〚酒など〛を(…で)**割る**,《特に》水で薄める. ▶ *couper* son vin (d'eau) ワインを水で割る.

❽(型紙に合わせて)〚服〛を裁断する. ▶ *couper* une jupe スカートを裁断する. ❾〚カード〛〔カード〕をカットする;〔相手の札〕を切り札でとる. ❿〚スポーツ〛(テニス, 卓球で)〚ボール〛をカットする;〔相手の進路〕を遮る. ⓫〚犬や猫〛を去勢する.

à couper au couteau(刃物でなくては切れない →)濃密な. ▶ un brouillard *à couper au couteau* 一寸先も見えない濃霧.

Ça te le coupe! どうだ, 驚いたか.

couper bras et jambes à qn …の身動きをとれなくさせる;茫然(ぼうぜん)とさせる.

couper court à qc …を手早く切り上げる. ▶ Elle *a coupé court* à toute discussion. 彼女はさっさと議論を打ち切った.

couper la parole à qn …の話を遮る;言葉を詰まらせる.

couper le sifflet à qn 話 …を黙らせる.

couper ses effets à qn …の出ばなをくじく, に肩透かしを食わす.

donner sa tête à couper que + 直説法 確信をもって…と主張する.

> 比較 切る
> **couper** 最も一般的. **découper** 一定の形に切り分けたり, 切り抜いたりすること. **trancher** 鋭利な刃物ですっぱり切ること. **tronçonner** 棒状のものを輪切りにすること. **hacher** 肉や野菜をみじん切りにすること. **émincer** 料理で, 薄切りにすること. **entamer** 手つかずのものに最初にナイフを入れること.

── 自動 ❶〚刃物などが〛切れる. ▶ Attention, ça *coupe*! 切れるから気をつけて / Ce couteau *coupe* bien. このナイフは切れ味がいい. ❷(…を突っ切って)近道をする. ▶ *couper* par la forêt 森を突っ切って近道する.

── 間他動 話〈*couper* à qc〉…を免れる, 避ける. ▶ *couper* à une corvée (=échapper) 嫌な仕事をうまく逃れる. ◆y *couper* de qc …を免れる. ▶ Tu n'y *couperas* pas d'une amende. 君は罰金を免れない.

── ***se couper** 代動 ❶ 自分の…を切る;けがをする. ▶ *se couper* les ongles 自分の爪(つめ)を切る(注 se は同じ意味) / Elle *s'est coupée* au doigt avec un couteau. 彼女はナイフで指を切った / Il *s'est coupé* en se rasant. 彼はひげそり中に顔を切った. ❷〚物が〛**切れる**. ▶ Cette viande *se coupe* facilement. この肉は楽に切れる. ❸〈*se couper* de qn/qc〉…と接触を断つ, から孤立する. ▶ *se couper* de sa famille 家族と接触を断つ.

❹ 交差する. ▶ des cercles qui *se coupent* 相交わる円. ❺話 うっかり矛盾したことを言う, しっぽを出す. ▶ Un menteur finit toujours par *se couper*. うそつきは結局見破られるものだ.

se couper en quatre(pour qn/qc)(…のために)懸命に尽くす, 身を粉にする. ▶ Il *se couperait en quatre* pour elle. 彼女のためなら彼は身を粉にして働くだろう.

couper-coller /kupekɔle/ 男《不変》〚情報〛カットアンドペースト.

couperet /kuprɛ/ 男 ❶ 肉切り包丁. ❷ ギロチンの刃 (=*couperet* de la guillotine).

couperosé, e /kuproze/ 形 赤鼻の;(顔に)赤斑(はん)ができた. ▶ un alcoolique *couperosé* 赤ら顔のアル中患者.

coupeur, euse /kupœːr, øːz/ 名 ❶(布, 皮革の)裁断師. ❷ 切断工;伐採夫. ❸ …を切る人.

coupe-vent /kupvã/ 男〚単複同形〛ウインド・ブレーカー.

couplage /kuplaːʒ/ 男(2つずつ)組にすること, 対にすること;つなぎ合わせること.

couple /kupl/ 男 ❶ 1組の男女, 夫婦;2人1組. ▶ un *couple* bien assorti 似合いのカップル. ❷(動物の)つがい. ❸〚物理〛偶力, 力対, トルク.
── 女(猟犬を2匹1組につなぐ)革ひも.

couplé /kuple/ 男〚競馬〛2連勝式勝馬投票券.

coupler /kuple/ 他動 ❶ …を2つずつ組にする, 対にする;つなぎ合わせる. ❷ …をつなぐ;連動させる;接続する. ❸〔猟犬〕を2匹ずつひもでつなぐ.

couplet /kuplɛ/ 男 ❶(歌の)1節.❷《複数で》歌謡, 歌. ❸ 話 決まり文句, 繰り言.

coupole /kupɔl/ 女 ❶ 丸天井, ドーム. 注 厳密には coupole は内側から見た丸天井を指し, dôme は外から見た丸屋根を指す.
❷《la Coupole》フランス学士院;(特に)アカデミー・フランセーズ.

coupon /kupɔ̃/ 男 ❶ 切符, クーポン券. ▶ *coupon* de théâtre 劇場の切符〔座席指定券〕/ *coupon* d'action 株の利札, 配当券. ❷(布の)端切れ;(小売りのために一定の長さに切った)布. ▶ *coupon* de robe ワンピース一着分.

coupon-réponse /kupɔ̃repɔ̃ːs/《複》〜s-〜s 男 ❶ 国際返信切手券. ❷(宣伝広告などについた資料請求用の)…

coupure /kupyːr/ 女 ❶ 切り傷. ▶ se faire une *coupure* au doigt 指に切り傷をつくる.
❷(世代などの)断絶;(意見の対立などによる, 集団の)分裂, 溝.
❸(文学作品, 映画などの)削除, 抹消. ▶ La censure a ordonné des *coupures* dans le film. 検閲はその映画に数か所の削除を命じた. ❹ 新聞の切り抜き. ▶ *coupures* de journaux 新聞の切り抜き. ❺(電気, ガス, 水道の)供給停止;停電, 断水, 中断. ▶ Il y aura une *coupure* de courant entre une heure et deux heures. 1時から2時の間停電になります / *coupure* publicitaire コマーシャルによる番組中断 / la *coupure* du déjeuner 昼休み. ❻ 紙幣. ▶ payer en petites *coupures* 小額紙幣で支払う.

***cour** /kuːr/ クール 女 ❶ ❶ (壁, 建物などに囲まれた)庭, 中庭;校庭. ▶ Il est dans la *cour*. 彼は

中庭にいる / cour d'honneur（城，宮殿などで訪問者を迎えるための）前庭 / cour de récréation 校庭 / chambre qui donne sur la cour 中庭に面した部屋. ❸《演劇》côté cour（舞台の）上手(かみて)，客席から見て右側（↔côté jardin）.

❷ ❶ 宮廷; 王宮，宮殿;《集合的に》宮廷人，廷臣. ▶ vivre à la cour 宮廷生活を送る / noblesse de cour 宮廷貴族 / cour de Louis XIV [quatorze] ルイ14世の宮廷［廷臣たち］. ❷《集合的に》(権力者や婦人の)取り巻き，側近; 追従者たち.

❸ ❶（現在では特に上級の）裁判所; 法院. ▶ cour d'appel 控訴院 / cour d'assises 重罪院 / Cour de cassation 破毀(はき)院 / Cour des comptes 会計検査院 / Cour internationale de justice 国際司法裁判所（略 CIJ） / Cour européenne de justice 欧州裁判所 / Cour européenne des droits de l'homme 欧州人権裁判所 / Haute cour (de justice)（大臣など政府高官の弾劾裁判を行う）高等法院. ❷《集合的に》（一法廷を構成する）裁判官.

cour des Miracles いかがわしい界隈(かいわい); 泥棒，物乞いの集団.

être bien [mal] en cour（上位の者から）かわいがられる［疎まれる］.

faire la cour à qn …の御機嫌をとる;（女性）に言い寄る.

faire sa cour 文章 君前に伺候(しこう)する，御機嫌うかがいをする.

jouer dans la cour des grands（上級生の校庭で遊ぶ→）レベルが上がる.

courage /kuraːʒ/ 男 ❶ 勇気; 気丈さ，根性. ▶ Tu as du courage. 君は勇気がある / avoir beaucoup de courage とても勇気がある / avoir le courage de ＋ 不定詞 …する勇気がある / Je n'ai pas eu le courage de refuser sa proposition. 私は彼(女)の申し出を思い切って断ることができなかった / donner du courage à qn 話 …を元気づける.

❷ 熱意，やる気. ▶ perdre courage やる気をなくす，意気阻喪する; 屈する / travailler avec courage 熱心に働く［勉強する］. ❸《間投詞的に》＝Courage! = Du courage! がんばれ，しっかりしろ / Bon courage! がんばって.

avoir le courage de ses opinions 自分の意見を敢然と述べ行動して，信念と実行の人である.

prendre son courage à deux mains 話 敢然と決心する，勇気を奮い起こす.

courageusement /kuraʒøzmɑ̃/ 副 ❶ 勇敢に，気丈に. ❷ 熱心に.

courageux, euse /kuraʒø, øːz/ クラジュー，クラジューズ/ 形 ❶ 勇敢な，気丈な，くじけない. ▶ Soyez courageux. 勇気を出して. ❷ 熱心な，精力的な; 勤勉な. ▶ Il n'est pas très courageux pour l'étude. 彼はあまり勉強熱心ではない.

couraient, courais, courait /kure/ 活用 ⇨ COURIR 23

couramment /kuramɑ̃/ 副 ❶ すらすらと，流暢(りゅうちょう)に. ▶ parler couramment une langue étrangère 外国語をよどみなく話す. ❷ 日常的に，頻繁に，広く. ▶ Ce mot s'emploie couramment. この言葉はよく使われている.

courant¹, ante /kurɑ̃, ɑ̃ːt/ クラン，クーラント/ 形（courir の現在分詞）

英仏そっくり語
英 current 現時の，最新の.
仏 courant 日常の.

❶ 流れる(ような)，滑らかな. ▶ eau courante 水道の水; 流水，河川の水 / Ce chalet n'a pas l'eau courante. その山小屋には水道設備がない.

❷ 普通の，一般的な; ありきたりの. ▶ vie courante 日常生活 / langue courante 日常語 / opinion courante 世間一般の意見 / utiliser les procédés courants よくある手を使う，常套(じょうとう)手段を用いる / C'est courant. よくあることだ /《非人称構文で》Il est ［話C'est］ courant de ＋ 不定詞 …することはよくあることだ.

❸ 今の，現在の，目下の. ▶ l'année courante 今年 / le mois courant 今月 / courant juin 6月中に / lettre du 5 [cinq] courant 本月5日づけの手紙. ❹《支出などが》日常の，経常の;（価格などが）現行の. ▶ dépenses courantes 日常雑費，経常支出 / compte courant 当座勘定，当座預金.

monnaie courante (1)（現行）通貨. (2)《無冠詞で》日常的に行われていること，新味のないこと. ▶ C'est monnaie courante. それはざらにあることだ.

courant² /kurɑ̃/ クラン/ 男 ❶（水，液体，空気などの）流れ. ▶ Le nageur a été emporté par le courant. 泳いでいた男は流れにさらわれた / courant marin 海流 / courant-jet ジェット気流 / courant d'air 風，すきま風，空気の流れ. ❷ 電流（＝courant électrique）. ▶ couper le courant スイッチを切る / une panne de courant 停電. ❸（一定方向への人，物の）流れ. ▶ courant de populations 人口移動. ❹（思想，感情，風俗などの）流れ，動向，傾向. ▶ le courant romantique ロマン派の思潮 / courants économiques 経済の動向. ❺（時の）流れ，期間. ▶ dans le courant ˈde la semaine [du mois, de l'année] 今週［今月，今年］中に. 語法 ⇨ COURS¹.

être au courant de qc (1) …を知っている，に通じている. 比較 ⇨ SAVOIR¹. ▶ Je suis au courant de la nouvelle. 私はその知らせを知っている / Tu es au courant? 知っているかい. (2)《雑誌などが》最新情報を伝える.

Le courant passe. 話 気持ちが通じる.

mettre [tenir] qn au courant de qc …に…を知らせる［逐一知らせる］. 比較 ⇨ INFORMER. ▶ Tenez-moi au courant de vos projets. あなたの計画について逐一知らせて下さい / Tiens-moi au courant si tu as un problème. 困ったことがあったら知らせて.

remonter le courant（流れをさかのぼる→）事態の立て直しを図る，困難に立ち向かう.

se déguiser en courant d'air（風に変装する→）話 そっと［こっそり］立ち去る.

ˈse mettre [se tenir] au courant de qc …の事情を知る［把握している］.

suivre le courant 大勢に従う.

courante /kurɑ̃ːt/ 女 ❶ 話 下痢. ▶ avoir la courante 下痢をする. ❷《音楽》クーラント: 17世紀フランスに流行した急速な3拍子の踊り.

courbatu, e /kurbaty/ 形 文章 疲れ果てた.

courbature /kurbatyːr/ 囡 筋肉痛; 節々の痛み; だるさ.

courbaturé, e /kurbatyre/ 形 へとへとに疲れた, 体が痛む.

courbaturer /kurbatyre/ 他動 …を疲れさせる, くたくたにさせる.
—— **se courbaturer** 代動 くたくたになる.

***courbe** /kurb/ クルブ/ 形 曲がった, 湾曲した. ▶ ligne [surface] *courbe* 曲線 [曲面].
—— 囡 ❶ 曲線; カーブ. ▶ La route fait une *courbe*. 道はカーブしている. ❷ グラフ(の曲線). ▶ tracer une *courbe* de température 気温のグラフを作る / *courbe* de niveau 等高線.

courbé, e /kurbe/ 形 ❶ 曲がった; 体を曲げた. ❷ 〔文章〕屈服させられた, 打ちひしがれた.

courber /kurbe/ 他動 ❶ …を曲げる, たわめる. ▶ *courber* au feu une barre de fer 火で熱して鉄の棒を曲げる. ❷〔体〕をかがめる, 傾ける; …の体を曲げる. ▶ *courber* 'le front [la tête] sur un livre 本の上にかがみ込む / La vieillesse l'a *courbé*. 年老いて彼は腰が曲がった. ❸ …を服従させる.

courber la tête 屈する, 服従する.
—— 自動 [古・文章] ❶ 曲がる, たわむ. ❷ 服従する.
—— **se courber** 代動 ❶ 曲がる. ❷ 身をかがめる. ❸〔文章〕服従する.

courbette /kurbɛt/ 囡 平身低頭, へつらうようなおじぎ. ▶ faire des *courbettes* à [devant] qn …にぺこぺこする, へつらう.

courbure /kurbyːr/ 囡 ❶ 曲がり, 湾曲, 反り. ❷ 曲がっている部分, 湾曲部.

courette /kuret/ 囡 (建物に囲まれた)小さな中庭.

***coureur, euse** /kurœːr, øːz/ クルール, クルーズ/ 图 ❶ 走る人; 足の速い人〔動物〕. ❷《スポーツ》走者, ランナー; 選手, レーサー. ▶ *coureur* de fond 長距離ランナー / *coureur* de vitesse 短距離ランナー / *coureur* automobile カーレーサー / *coureur* cycliste 自転車競技選手. ❸〈*coureur* de + 無冠詞名詞〉…を追い求める人; に入り浸る人, の常連. ▶ *coureur* de places 地位を追い求める人. ❹ 漁色家, 女たらし (=*coureur*「de filles [de jupons]」); 尻軽(しりがる)女.
—— **coureurs** 男複 走禽(そうきん)類 (=oiseaux coureurs): ダチョウ, ヒクイドリ, エミューなど.
—— **coureur, euse** 形 ❶ よく走る, 駿足(しゅんそく)の. ❷ 遊び好きの; 尻軽の.

courge /kurʒ/ 囡 ❶ カボチャ. ❷ 俗 ばか, 間抜け.

courgette /kurʒɛt/ 囡 ズッキーニ, クルジェット, 長カボチャ: 形がキュウリに似たカボチャの一品種.

***courir** /kuriːr クリール/ 23

過去分詞	couru	現在分詞	courant
直説法現在	je cours	nous courons	
	tu cours	vous courez	
	il court	ils courent	
複合過去	j'ai couru	半過去	je courais
単純未来	je courrai	単純過去	je courus

自動 ❶《主語は人, 動物》❶ 走る, 駆ける. ▶ Elle *court* vite. 彼女は走るのが速い / J'ai couru 5 kilomètres. 私は5キロ走った / *courir* à toute vitesse 全速力で走る.

❷ 急ぐ, 急いで行く, 駆けつける. ▶ *courir* au secours de qn …の救援に駆けつける / Je prends ma voiture et je *cours* chez vous. 車ですぐにお宅へうかがいます / Ce chanteur a fait *courir* tout Paris. パリ中のこの歌手の歌を聞こうと殺到した. ◆*courir* + 不定詞 ▶ *Cours* acheter du pain. 急いでパンを買ってきてくれ.

❸ 走り回る, 駆けずり回る, 奔走する. ▶ J'ai couru partout pour trouver ce livre rare. この珍本を見つけるためにあちこち駆けけ回った.
❹〔選手や馬などが〕レースに出る, 出走する. ▶ *courir* dans un marathon マラソンに出る / faire *courir* un cheval ある馬を出走させる.
❺〈*courir* à qc〉〔人, 国などが〕(失敗, 苦境)へと突き進む. ▶ *courir* à la faillite 倒産の危機に瀕(ひん)する / *courir* à sa perte 破滅に向かう.

❷《主語は物》❶ 速く動く, 進む, 流れる. ▶ Le train *court* dans la campagne. 列車は平野を進んでいる.

❷ 広まる, 伝わる; 流行する. ▶ faire *courir* une nouvelle ニュースを流す / une chanson qui *court* par le pays 国中ではやっている歌 /《非人称構文で》Il *court* sur leur compte de curieuses histoires. 彼らのことで妙なうわさが広まっている. ◆Le bruit *court* que + 直説法/条件法 …といううわさだ.

❸〈*courir* + 場所〉(ある方向)に走る, 延びる. ▶ Le chemin *court* le long de la berge. 道は堤防に沿って走っている.

❹〔時が〕流れる;〔賃金, 利子などが〕起算される;〔契約が〕発効する. ▶ L'intérêt *court* du mois prochain. 利子は来月からつく / Le bail *court* à partir du 1er [premier] janvier. この賃貸借契約は1月1日から発効する.

courir après qn/qc …を追いかける, 追い求める, 手に入れようとする. ▶ *courir après* une femme 女の尻(しり)を追い回す / *courir après* le succès 成功を追い求める. ◆*ne pas courir après* 好まない.

courir (sur「le haricot [le système]」) *à qn* 俗 …をうるさがらせる, いらだたせる. ▶ Elle me *court*. 彼女にはうんざりだ.

en courant 走って; 大急ぎで, 慌てて. ▶ manger *en courant* 急いで食べる.

laisser courir (*qc*) 話 (…の)進むに任せる; (…に)かまわない, (…を)ほうっておく.

l'année [le mois] qui court 当年 [今月].

par le temps qui court = par les temps qui courent このごろでは, 今日(の状況)では.

Rien ne sert de courir, il faut partir à point. (あとで慌てて走ってもむだだ, ほどよい時に発(た)たねばならぬ→) 慌てずに済むよう日頃から用意周到でありなさい(ラ・フォンテーヌ『寓話(ぐうわ)』).

Tu peux [Il peut] (toujours) courir. 話 やってみるのもいいが, どうせむだだ.

—— 他動 ❶ …を追いかける, 追い求める. ▶ *courir* les filles 娘たちの尻を追いかける / *courir* un cerf (猟犬を使って) 鹿狩りをする.

❷〔競走〕に出場する, 出走する. ▶ *courir* le cent dix mètres haies 110メートル障害に出場する. ❸〔場所〕を駆け回る, 歩き回る. ▶ *courir* le monde 世界を駆け巡る. ❹〔場所, 会合〕に足しげく通う, 入り浸る. ▶ *courir* les théâtres 劇場にしげしげと足を運ぶ. ❺〔危険など〕に身をさらす, 立ち向かう. ▶ *courir* l'aventure 冒険する / *courir* sa chance 運を試す, 一か八(ば)かやる / *courir* un danger 危険を冒す / *courir* le risque de + 不定詞/qc …の危険を冒す. ❻〔物が場所に〕出回る;〔うわさが場所に〕広まる. ▶ Ces œuvres ne *courent* plus les librairies. この作品はもう書店には出回っていない.

courir les rues (1)〔人が〕街中を駆け回る. (2)〔うわさなどが〕知れわたる. (3) ありふれている, よく出会う. ▶ Ça ne *court* pas *les rues*. そんなものにはめったにお目にかかれないね.

Il ne faut pas courir deux lièvres à la fois. 諺 二兎(と)を追う者は一兎をも得ず.

courlis /kurli/ 男 〖鳥類〗ダイシャクシギ属.

***couronne** /kuron/ クロヌ 女 ❶（花や枝で編んだ）冠;花輪. ▶ *couronne* de laurier 月桂冠 / *couronne* mortuaire [funéraire]（墓や棺の上に置く）花輪 / Ni fleurs ni *couronnes*. 弔花, 花輪御辞退申し上げます. ❷（王位, 権威を表わす）冠, 宝冠. ▶ *couronne* royale 王冠. ❸（ときに Couronne）王位, 王権; 王国, 王室. ▶ la *Couronne* d'Angleterre 英王国〔王室〕. ❹ 栄冠, 褒賞, 栄光. ❺ 冠状のもの.（1）王冠形パン.（2）(太陽の)コロナ（=*couronne* solaire）.（3）歯冠:歯茎の外に出ているエナメル質の部分（=*couronne* de la dent）;（歯にかぶせる）人工歯冠（=*couronne* dentaire）.（4）〖音楽〗フェルマータ記号（⌒）.（5）（パリを取り巻く）近郊市街地. ▶ petite [grande] *couronne* 近郊〔遠距離〕都市圏. ❻〖貨幣〗(1) クローネ: デンマーク, ノルウェーなどの貨幣.（2）クローナ: スウェーデン, アイスランドなどの貨幣.（3）(英国などの)クラウン金貨.

couronne d'épines (1)（キリストがかぶせられた）いばらの冠; 受難の象徴.（2）苦難, 苦しみ.

couronné, e /kurone/ 形 ❶ 冠を頂いた; 即位した. ▶ tête *couronnée* 王, 皇帝. ❷ 受賞した; 栄冠を得た. ▶ auteur *couronné* 受賞作家. ❸〔馬が〕ひざを負傷した. ❹〔歯が〕人工歯冠をかぶせた.

couronnement /kurɔnmã/ 男 ❶ 戴冠（式）; 栄冠〔賞〕を授けること. ❷ 成就, 大成; 頂点. ▶ Cette découverte fut le *couronnement* de sa carrière de chercheur. この発見は研究者としての彼の人生最大の業績だった. ❸（建物, 家具などの横長の）上部装飾. ❹（馬の）ひざの擦り傷.

couronner /kurone/ 他動 ❶ …に冠をかぶせる. ▶ *couronner* qn de lauriers …の頭に月桂冠を載せる. ❷〔王など〕に王冠を頂かせる, 王位につかせる. ▶ se *couronner* roi 国王に即位する. ❸ …に賞を与える, を表彰する. ▶ *couronner* un brillant élève 優秀な生徒を表彰する. ❹ …を囲む. ▶ Les remparts *couronnent* la ville. 城塞(じょう)が町を取り囲んでいる. ❺ 文章 …を立派に締めくくる; の最後を飾る.

— **se couronner** 代動 ❶（自分の頭に）冠を載せる; 戴冠〔即位〕する. ❷ <se couronner de qc>…で覆われる, 飾られる. ❸〔馬が〕ひざを負傷する.

courr- 活用 ⇨ COURIR 23

courre /kuːr/ 他動《不定詞のみ》（猟犬を使って）〔獲物〕を追う, 狩る. ▶ chasse à *courre* 猟犬を使って騎馬で行う猟.

courriel /kurjɛl/ 男 電子メール.

***courrier** /kurje/ クリエ 男 ❶（集合的に）郵便物;《特に》手紙. 注 フランスでは手紙, はがき, 小包などのほか, 新聞も郵便物と一緒に配達される. これら全体を courrier といい, 1通の手紙は une lettre という. ▶ expédier son *courrier* 郵便物を出す / Qu'est-ce qu'il y a au *courrier*? 郵便配達物として何が届いていますか / J'ai reçu beaucoup de *courrier*. 郵便がたくさん来た.
❷（郵送, 運輸の）便(び), 郵便輸送手段; 定期航空便. ▶ *courrier* maritime [aérien] 船〔航空〕便 / *courrier* électronique 電子メール（注 e-mail や mail などと言う方が多い）. ❸（新聞の）通信欄, 消息欄; 投書欄. ▶ *courrier* littéraire 文芸欄 / *courrier* des lecteurs 読者の投書欄 / *courrier* du cœur 恋愛相談コーナー. ❹（紙名として）…新聞. ▶ *Courrier* de l'Ouest フランス西部通信. ❺ 文章 使者; 飛脚, 伝令.

par retour du courrier 折り返して. ▶ Veuillez me répondre *par retour du courrier*. 折り返し御返事くださるようお願い申し上げます.

courriériste /kurjerist/ 名 雑報担当の新聞記者, コラムニスト.

courroie /kurwa/ 女 ❶（物をつるしたり, 固定したりする）帯, バンド. ▶ *courroie* de cuir 革紐, 革帯. ❷〖機械〗ベルト. ▶ *courroie* de transmission 伝動ベルト; 仲介者, パイプ役 / *courroie* de ventilateur（自動車の）ファンベルト.

courroucé, e /kuruse/ 形 文章 激怒した. ▶ une voix *courroucée* 怒声.

courroucer /kuruse/ 1 他動 文章 …を激怒させる. — **se courroucer** 文章 激怒する.

courroux /kuru/ 男 文章 激怒. ▶ Il est en *courroux*. 彼はとても怒っている.

***cours**[1] /kuːr/ クール 男 ❶ ❶ 講義, 授業, 講座. ▶ Aujourd'hui, j'ai beaucoup de *cours*. 今日はたくさん授業がある / avoir *cours*（学生が）授業がある / assister à un *cours* 授業に出席する / aller au *cours* 授業に行く / sécher un *cours* 授業をさぼる / manquer un *cours* 授業に欠席する / donner [faire] un *cours* 講義をする / suivre un *cours* 授業を受ける / *cours* par correspondance 通信講座 / *cours* d'été 夏期講座 / *cours* du soir 夜間講座 / *cours* en ligne オンライン講座 / *cours* de rattrapage 補習授業. ◆ <*cours* de + 無冠詞名詞>（ある科目）の授業, レッスン. ▶ *cours* de français フランス語の授業 / *cours* de danse ダンスのレッスン / J'ai un *cours* de physique. 物理の講義がある.
❷（初等教育の）課程. ▶ le *cours* préparatoire [élémentaire, moyen]（小学校の）準備〔初級, 中級〕科（注 それぞれ CP, CE, CM と略

cours

す). ❸ 各種学校, 専門学校; 講習会. ▶ fréquenter un *cours* de secrétariat 秘書養成学校に通う. 比較 ⇨ ÉCOLE. ❹ 講義録; 授業のノート. ▶ un *cours* polycopié 講義録のプリント.

比較 授業
cours 主として中・高等教育について用いられる. ある内容についての連続した授業の全体を意味することも, 1回1回の授業を意味することもある.
classe 主として初・中等教育について用いられる. 授業そのものの意味でも用いられるが, 特に「授業時間」や「授業の場所(教室)」の意味で用いられることが多い.
leçon 主として初等教育について用いられ, 1回1回の授業を個別に指す. 私塾における音楽・語学などの教育についても, 初級段階を指すことが多い.

❷ ❶ (水, 河川などの) 流れ. ▶ descendre [remonter] le *cours* d'un fleuve 川を下る[さかのぼる] / un *cours* rapide 急流 / le *cours* supérieur [inférieur] d'un fleuve 川の上流 [下流] / *cours* d'eau (総称的に) 河川, 運河.
❷ (時の) 流れ; (事柄の) 経過, 展開; (天体の) 運行. ▶ le *cours* des saisons 季節の移り変わり / le *cours* de l'histoire 歴史の流れ / le *cours* des événements 事件の推移 / le *cours* du Soleil 太陽の運行.
❸ (商品, 貨幣, 有価証券の) 流れ; 相場, 時価. ▶ monnaie en *cours* 通貨 / le *cours* du change 為替相場 / Quel est le *cours* du yen? 円の相場はいくらですか / les *cours* de la Bourse 株式相場 / acheter un terrain au *cours* du marché 土地を市場取引価格で買う / Le *cours* de l'or est en hausse. 金相場は上昇している.
❹ (並木のある) 大通り, 遊歩道. 注 おもに固有名詞に用いる. ▶ le *Cours-la-Reine* (パリの) クール=ラ=レーヌ通り.

au cours de qc …の間に, …中に〔語法〕
Au cours de la conversation, il m'a raconté tout ce qu'il avait vu en Afrique. 話の間に, 彼はアフリカで見たことをすべて私に語ってくれた. ◆ ***au cours de ces + 数字 + dernières années*** ここ…年間で.
au long cours 遠洋の; 長期間の. ▶ navigation *au long cours* 遠洋航海.
avoir cours (通貨が) 通用している; (思想, 習慣などが) 認められている, 流布している. ▶ Cette monnaie n'*a* plus *cours*. この金はもう通用しない.
donner [laisser] (libre) cours à qc (感情など) をむき出しにする; (想像力など) を自由に働かせる. ▶ *donner cours à* sa joie 手放しで喜ぶ.
en cours 進行中の; (貨幣が) 流通している. ▶ travaux *en cours* 施工中の工事 / l'année budgétaire *en cours* 現会計年度.
en cours de + 無冠詞名詞 …が進行中の; の途中で [の]. ▶ *en cours de* réparation 修理中の / *en cours de* route (行く) 途中で.
suivre son cours (物事が) 順調に進む; (病気などが) 経過する.

語法 〈*au cours de* ...〉と〈*dans le courant de* ...〉はどちらもある行為が起こった時間の幅を示すのに用いる. *au cours de* は過去の事柄について使われ, 時期や行為を表わす名詞が続く. *dans le courant de* は未来の事柄について使われ, 時期を表わす名詞(la semaine, le mois など)が続く.

● Paris a vu une hausse effrayante du prix des terrains *au cours de* ces cinq dernières années. パリの地価はこの5年間で驚くほど上昇した.
● Nous nous reverrons *dans le courant* du mois de septembre. 9月中にまた会おう.

cours[2] /ku:r/ 活用 ⇨ COURIR 23

:course /kurs クルス/ 女

❶ 走ること, ランニング. ▶ faire de la *course* pour s'entraîner 体を鍛えるためにランニングをする / être en pleine *course* 全力疾走中である / Dans sa *course*, il a buté sur une pierre. 走っているとき, 彼は石につまずいた.
❷ 競走, レース. ▶ faire la *course* avec qn …と競走をする / Allez, on fait la *course*! さあ, 競走だ / *course* à pied 徒競走 / *course* sur [de] cent mètres 100メートル競走 / *course* de vitesse 短距離競走 / *course* de demi-fond 中距離競走 / *course* de fond 長距離競走 / *course* sur piste トラックレース / *course* sur route ロードレース / *course* automobile [de moto] 自動車 [オートバイ] レース / voiture de *course* レーシングカー / *course* contre la montre (自転車競技で) タイムトライアル; 時間との競争 / *course* de relais リレー競走. 比較 ⇨ COMPÉTITION.
❸ 〈la *course* à + 定冠詞 + 名詞〉…を目指しての競争. ▶ la *course* aux armements 軍備拡張競争 / la *course* au pouvoir 権力争い.
❹《複数で》競馬 (= *courses* de chevaux). ▶ champ de *courses* 競馬場 / aller aux *courses* 競馬に行く / jouer aux *courses* 馬券を買う(*).
❺ お使い, 用事;《複数で》(日用品や食料品の) 買物; 買った品. ▶ J'ai une *course* à faire à la banque. 私は銀行に用事がある / garçon de *courses* メッセンジャー・ボーイ / faire des [ses] *courses* dans les magasins 商店街で買い物をする. 比較 ⇨ ACHAT.
❻ 歩き回ること, 散歩; ハイキング. ▶ faire une *course* en voiture 車でドライブする. ❼ (タクシーの) 一走行; 料金. ▶ payer sa *course* au chauffeur 運転手に料金を払う. ❽ (物の) 速い動き, 流れ; (天体の) 運行. ▶ la *course* des nuages 雲の流れ / la *course* du Soleil 太陽の運行. ❾ 話 忙しさ, あわただしいこと. ▶ C'est la *course* ici. ここは目もまわるような忙しさだ. ❿ 文章 (時間などの) 流れ; 生涯. ▶ être au sommet de sa *course* 人生の絶頂にある. ⓫ 〖機械〗 (ピストンなどの) 行程, ストローク. ⓬ 〖登山〗 登攀(とうはん) ルート.

à bout de course 疲れ果てた (= épuisé).
au pas de course 駆け足で; 急いで.
course à l'échalote 強制される競争, レース.
en fin de course 衰えた, 下り坂の.
être dans la course 時代についていっている.
être hors course 話 働けない, 役立たずになった.
ne pas [plus] être dans la course 話 事情

course-poursuite /kurspursɥit/; 《複》 ～s-～s 囡 追跡、カーチェース；レース.

courser /kurse/ 他動 …を追いかける.

coursier¹, ère /kursje, ɛːr/ 图 (企業, 官庁などの) 使い走り, メッセンジャー.

coursier² /kursje/ 男 文章 駿馬(しゅん).

coursive /kursiːv/ 囡 ❶ (船内の) 狭い通路. ❷ (集合住宅などの住戸と住戸をつなぐ) 廊下.

:court¹, courte /kuːr, kurt/ 形 クール, クルト

❶ (空間的に) 短い (↔long). ▶ avoir les cheveux *courts* 髪が短い / prendre (le chemin) le plus *court* いちばんの近道をとる / Il est gros et *court*. 彼はずんぐりしている.

❷ (時間的に) 短い (=bref). ▶ La vie est *courte*. 人生は短い / Je ne peux rester qu'un *court* moment. ちょっとの間しかいられません / *court* métrage 短編(映画). ◆être *court* 手短に言う. ▶ Soyez *court*. 話は短くしてください.

❸ 話 不十分な. ▶ Cent euros pour l'acheter, c'est un peu *court*. それを買うのに100ユーロではちょっと足りない.

à courte vue = **à courtes vues** 先見の明のない、場当たりの.

avoir la mémoire courte = **être court de mémoire** 忘れっぽい.

avoir la vue courte (1) 近視である. (2) 先見の明がない.

avoir「l'haleine courte[la respiration courte, le souffle court] すぐに息切れがする.

— **court** 副 短く. ▶ couper les cheveux *court* 髪を短くカットする / s'habiller *court* 短い丈の服を着る.

aller au plus court いちばん手っ取り早い方法でやる.

couper court à qc …を急に中断する. ▶ couper *court* à un entretien 会見を打ち切る.

demeurer [rester, s'arrêter, se trouver] court はたと行き詰まる.

(être) à court de qc …を欠いている. Il *est à court* (d'argent). 彼はお金がない / Il s'est tu, *à court* d'idées. 考えが浮かばなくて彼は黙った.

prendre qn de court …に不意打ちを食わせる.

tourner court (1) 突然終わる；挫折(ざせつ)する. ▶ L'enquête *a tourné court*, faute de témoins. 証人がいないため捜査は行き詰まった. (2) 急に方向を変える.

tout court 手短に, 単に. ▶ Il m'a répondu non, *tout court*. 彼は「いいえ」とだけ答えた / «Appelez-moi Paul, *tout court*.» 「ポールとだけ呼んで下さい」.

— **court** 男 ❶ le plus *court* いちばんの近道；いちばん簡単な方法 (=le plus court chemin). ❷《服飾》ミニ (のファッション).

court² /kuːr/ 男《英語》テニスコート.

court³ /kuːr/ 活用 ⇨ COURIR 23

courtage /kurtaːʒ/ 男 仲買(業), 仲買 [仲立ち] 手数料. ▶ faire du *courtage* en vin ワインの仲買をする / vente par *courtage* 委託販売.

courtaud, aude /kurto, oːd/ 形, 图 小太り.

court-bouillon /kurbujɔ̃/; 《複》 ～s-～s 男《料理》クールブイヨン：おもに魚をゆでるための、水に香草や白ワインを加えた煮汁.

court-circuit /kursirkɥi/; 《複》 ～s-～s 男 ❶《電気》ショート、短絡. ❷ 話 直接交渉 [取引].

court-circuiter /kursirkɥite/ 他動 ❶《電気》…を短絡 [ショート] させる. ❷ 話 [仲介者, 中間物など] を省く, 飛び越す. ▶ *court-circuiter* la voie hiérarchique 序列を無視する.

court-courrier /kurkurje/ 男 短距離輸送機.

courtepointe /kurtəpwɛ̃ːt/ 囡 刺子(さしこ)の掛け布団.

courtier, ère /kurtje, ɛːr/ 图 仲買人, ブローカー；株式仲買人. ▶ *courtier* en immeuble 不動産ブローカー.

courtisan /kurtizɑ̃/ 男 ❶ 宮廷人, 廷臣. ❷ おもねる人, 追従(ついしょう)者.

courtisane /kurtizan/ 囡 文章 高級娼婦(しょうふ).

courtisanerie /kurtizanri/ 囡 文章 (宮廷人の) おもねり, 追従(ついしょう).

courtiser /kurtize/ 他動 ❶ [女]に言い寄る, 口説く (=faire la cour à). ❷ …におもねる. ▶ *courtiser* les riches 金持ちにへつらう.

court-métrage /kurmetraːʒ/; 《複》 ～s-～s 男 (30分未満の) 短編映画.

courtois, oise /kurtwa, waːz/ 形 ❶ 礼儀正しい, 丁寧な. ▶ geste *courtois* 礼儀正しい物腰 / refus *courtois* 丁重な拒絶. ❷ (中世の) 宮廷風の. ▶ roman *courtois* 中世の騎士道恋愛物語.

courtoisement /kurtwazmɑ̃/ 副 礼儀正しく, 丁寧に. ▶ répondre *courtoisement* 丁重に返答する.

courtoisie /kurtwazi/ 囡 (洗練された) 礼儀正しさ. ▶ visite de *courtoisie* 表敬訪問 / traiter qn avec *courtoisie* …を丁重に扱う.

court-vêtu, e /kurvety/ 形 裾(すそ)の短い服を着た.

couru, e /kury/ 形 (courir の過去分詞) ❶ 評判の. ▶ spectacle *couru* 人気のショー. ❷ 話 (結果などが) 分かりきった, 自明な. ▶ C'est *couru* (d'avance). それは最初から分かっていることだ.

couru-, courû- 活用 ⇨ COURIR 23

cousaient, cousais, cousait /kuze/ 活用 ⇨ COUDRE 83

couscous /kuskus/ 男《料理》クスクス：蒸したデュラム小麦の粗粒に, 羊, 鳥などの肉と野菜のシチューをかけた代表的なアラブ料理.

couse, cousent, couses /kuːz/ 活用 ⇨ COUDRE 83

cousez /kuze/, **cousiez** /kuzje/, **cousîmes** /kuzim/ 活用 ⇨ COUDRE 83

*cousin¹, ine /kuzɛ̃, in/ 图 クザン, クズィーヌ 图 ❶ いとこ, 従兄 [弟], 従姉 [妹]；縁者, 親類. ▶ Elle est ma *cousine* (du côté de mon père). 彼女は私の (父方の) いとこだ / *cousin* germain 実のいとこ / *cousin* issu de germain またいとこ / *cousin* éloigné 遠い親戚(しんせき). ❷ (性質, 文化, 言語などの) よく似たもの. ▶ La langue française est un peu *cousine* de l'italien. フランス語はイタリア語の親類のようなものだ.

cousin *à la mode de Bretagne* 遠縁の人.

cousin² /kuzɛ̃/ 男 〖昆虫〗イエカ.

cousinage /kuzinaːʒ/ 男 ❶ 話 いとこ関係；遠戚(ｴﾝｾｷ)関係. ❷ 文章 親戚一同.

cousiner /kuzine/ 自動 文章 <*cousiner* (avec qn)>(…と)親しくする，馬が合う.

cousiss-, cousi-, cousî- 活用 ⇨ COUDRE 83

cousons /kuzɔ̃/ 活用 ⇨ COUDRE 83

*****coussin** /kusɛ̃/ クサン 男 クッション，座布団. ▶ s'asseoir sur un *coussin* クッション［座布団］の上に座る / *coussin* d'air（ホーバー・クラフトなどの浮上用）エアクッション.

coussinet /kusine/ 男 ❶ 小さなクッション. ❷ 〖機械〗(滑り軸受の)軸受金，ブッシュ.

cousu, e /kuzy/ 形 (coudre の過去分詞) 縫われた，縫い合わされた.
avoir [*garder*] *la bouche cousue* = *rester bouche cousue* 口をつぐむ, 沈黙を守る.
cousu de fil blanc (白糸で縫ったような→)(策略などが)見え透いた, 明白な.
cousu main 話 (1)手縫いの. (2)念入りに作られた, 上等の(もの). ▶ C'est du *cousu-main*. こいつは凝っているね［よくできているね］.
être (*tout*) *cousu d'or* 大金持ちである.

*****coût** /ku/ クー 男 費用, 経費, コスト；代価. ▶ Quel sera le *coût* de ce voyage? この旅行にはどれくらいの費用がかかるだろうか / le *coût* de la vie 物価, 生活費 / *coût* de production 生産コスト / *coût* fixe 固定費 / le *coût* d'une imprudence 軽率な行為の代償. 比較 ⇨ PRIX.
à bas coût 低価格の. ▶ compagnie aérienne *à bas coût* 格安航空会社.

coûtant /kutɑ̃/ 形(男性形のみ) à [au] prix *coûtant* 原価で.

*****couteau** /kuto/ クト-; 〖複〗 **x** 男 ❶ ナイフ, 包丁. ▶ *couteau* de cuisine 料理包丁 / *couteau* de table テーブルナイフ / *couteau* à papier ペーパーナイフ / *couteau* de poche ポケットナイフ / *couteau* suisse スイスアーミーナイフ / Ce *couteau* ne coupe pas bien. これには切れ味が悪い / donner un coup de *couteau* ナイフでひと突きする. ❷（天秤(ﾃﾝﾋﾟﾝ)の棹(ｻｵ)を支える）刃. ❸〖貝類〗マテガイ，(特に)カミソリガイ(食用).
au couteau 力ずくで；一触即発の.
enfoncer [*remuer, retourner*] *le couteau dans la plaie* 苦悩をいっそうかき立てる.
deuxième [*second, troisième*] *couteau* 脇役, 端役.
être à couteaux tirés avec qn …と犬猿の仲である, 公然と反目している.
le couteau sur [*sous*] *la gorge* 窮して；いやおうなしに. ▶ avoir le *couteau* sur la gorge 必要に迫られる, 脅迫される / mettre le *couteau* sur la gorge à qn …に無理強いする.
visage [*nez*] *en lame de couteau* (ナイフの刃のように)ひょろ長い顔［鼻］.

couteau-scie /kutosi/; 〖複〗 **~x-~s** 男（パン, 肉などを切る）のこぎり刃のナイフ.

coutelas /kutlɑ/ 男 大包丁, 肉切り包丁.

coutelier, ère /kutəlje, ɛːr/ 形, 名 刃物製造［販売］の(業者).

coutellerie /kutɛlri/ 女 ❶ 刃物製造［販売］業, 刃物店. ❷〖集合的に〗刃物製品

*****coûter** /kute/ クテ/ 自動
❶<*coûter* + 数量表現>値段が…である. ▶ «Combien *coûte* ce dictionnaire?—Il *coûte* cinquante euros.» 「この辞書はいくらですか」「50ユーロです」/ Ça *coûte* combien? それはいくらですか / Ça *coûte* cher. 話 それは高い；それは高くつく / Ça ne *coûte* rien. 話 ただだ；ただ同然だ.
❷<*coûter* à qn + 数量表現>…に…の費用がかかる. ▶ Cette robe m'a *coûté* huit cents euros. このドレスに私は800ユーロ払った / les trois mille euros que cette maison m'a *coûté* この家を買うのにかかった30万ユーロ (注 金額を表わす語句に対して過去分詞の一致は行わない).
❸ 相当な金［費用］がかかる, 高くつく. ▶ Un enfant à élever, ça *coûte*. 子供を育てるって, 結構金がかかるものだ.
❹<*coûter* à qn>…にとってつらい, 犠牲を強いる. ▶ Cet aveu lui a beaucoup *coûté*. 彼(女)にはたいへん思いをしてやっとそれを告白したのだった / Ça me *coûte* beaucoup d'y renoncer. それをあきらめるのは辛い.
Ça coûtera ce que ça coûtera. 話 金に糸目はつけない, いくらでも出すよ.
coûte que coûte いかなる代償を払っても；是が非でも.
coûter les yeux de la tête = *coûter la peau des fesses* 話 目玉が飛び出るほど高い.
Il en coûte à qn de + 不定詞. 《非人称構文で》…にとって…することはつらい. ▶ Il m'en *coûte* (beaucoup) *de* vous faire ces reproches. こんなとがめ立てをするのは私としても(たいへん)つらい.
Il en coûte à qn + 数量表現. 《非人称構文で》…に…の費用がかかる. ▶ *Il* vous *en coûtera* quelques milliers d'euros. それには数千ユーロかかりますよ.
Il n'y a que le premier pas qui coûte. 辛いのは最初の一歩だけ.
— 他動 ❶<*coûter* qc (à qn)>(…に)［苦痛, 労苦など］をもたらす. ▶ Cette séparation lui a *coûté* bien des larmes. 彼(女)にはこの別れがつらくて随分泣いた / les efforts que ce travail a *coûtés* この仕事のために払われた努力(注 過去分詞の一致を行う). ❷<*coûter* qc/qn à qn>…に…を失わせる. ▶ La guerre lui a *coûté* un fils. 戦争で彼(女)は息子を1人失った /《非人称構文で》Il vous en *coûtera* la vie. あなた(方)は命を落とすことになりますよ.
quoi qu'il en coûte どんなに高くついても, どんな犠牲を払っても.

coûteusement /kutøzmɑ̃/ 副 高い金をかけて.

coûteux, euse /kutø, øːz/ 形 ❶ 高価な, 金のかかる. ▶ une voiture *coûteuse* 値段の張る［維持費のかかる］車. ❷ 文章 犠牲を要する；ゆゆしい結果を招く.

coutil /kuti/ 男（マットレスなどに用いる）亜麻布［綿布］, ズック.

***coutume** /kutym クチューム/ 囡 ❶ 慣習, 風習.
▶ vieille [ancienne] *coutume* 古くからの習わし / C'est la *coutume* en Angleterre de prendre le thé à cinq heures. 5時にお茶を飲むのは英国の習慣だ. 比較 ⇨ HABITUDE. ❷《法律》慣習(法).

avoir coutume de + 不定詞 …するのが習慣である(=avoir l'habitude de + 不定詞).

de coutume 《多く比較級とともに》いつも, ふだん.
▶ Aujourd'hui, il est moins aimable que *de coutume*. 今日の彼はいつもより愛想がよくない / comme *de coutume* いつもどおり(=comme d'habitude).

selon sa coutume いつもの習慣で.

Une fois n'est pas coutume. 諺 一度だけなら大目に見よう.

coutumi*er, ère* /kutymje, ɛːr/ 形 ❶ いつもの, 慣れた(=habituel). ▶ les travaux *coutumiers* 通常どおりの仕事 / Le mensonge lui est *coutumier*. 彼(女)がうそをつくのは毎度のことだ. ❷ droit *coutumier* 慣習法.

être coutumier du fait 《悪い意味で》そうする癖がある, いつものことだ.

— **coutumier** 男 慣習法典, 慣例集.

***couture** /kutyːr クチュール/ 囡 ❶ 縫うこと, 仕立て; 縫い物, 仕立て物. ▶ faire de la *couture* 裁縫をする / boîte à *couture* 裁縫箱.
❷ 縫い目. ▶ les *coutures* d'un vêtement 服の縫い目 / des bas sans *coutures* シームレス・ストッキング.
❸ (高級)婦人服仕立て業. ▶ la haute *couture* 《集合的に》オートクチュール / la haute *couture* parisienne パリのオートクチュールデザイナー / maison de *couture* オートクチュールの店, 注文服店 / travailler dans la *couture* 婦人服関係の仕事をする / vêtement haute *couture* オートクチュールの服.

battre qn à plate(s) couture(s) …を完全に打ち負かす, 完膚なきまでに打ち破る.

examiner [regarder] qc/qn sur [sous] toutes les coutures …を詳細に検討する, あらゆる角度から調べる.

coutur*é, e* /kutyre/ 形 傷跡のある.

***couturier** /kutyrje クチュリエ/ 男 (高級)婦人服デザイナー(の店). ▶ la collection d'un grand *couturier* オートクチュール・デザイナーの新作コレクション.

couturière /kutyrjɛːr/ 囡 ❶ (女性の)婦人服仕立て屋; (婦人服仕立て店の)お針子, 縫い子. ❷《演劇》(衣装合わせのための)最後の下稽古(げいこ)(=répétition des *couturières*).

couvain /kuvɛ̃/ 男 (ミツバチなどの)幼虫.

couvée /kuve/ 囡 ❶ (親鳥が抱える)一かえりの卵; 一かえりの雛(ひな). ❷《集合的に》同世代の人々.

couvent /kuvɑ̃/ 男 ❶ 修道院. ❷ (女子修道会経営の)寄宿女学校.

couver /kuve/ 他動 ❶ [鳥が卵を]抱く, かえす. ❷ …を甘やかす. ❸ [陰謀など]ひそかにたくらむ. ❹ [病気]にかかりかけている. ▶ Il *couve* une grippe. 彼は風邪を引きかけている.

couver qc/qn「des yeux [du regard] …を物欲しげに見つめる; いとしげにじっと見る.

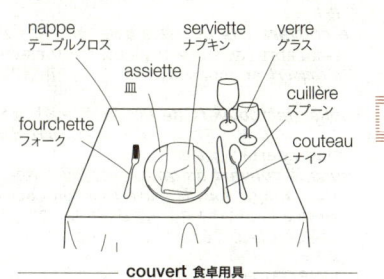

— 自動 くすぶっている, ひそんでいる, ひそかに準備されている. ▶ Le feu *couve* sous la cendre. 灰の下で火がくすぶっている.

— **se couver** 代動 ❶ [卵が]かえされる. ❷ [陰謀などが]ひそかに企てられる.

***couvercle** /kuvɛrkl クヴェルクル/ 男 ふた, キャップ. ▶ mettre le *couvercle* ふたをする / soulever le *couvercle* ふたを取る.

couv*ert, erte /kuvɛːr, ɛrt クヴェール, クヴェルト/ 形 (*couvrir* の過去分詞) ❶ <*couvert* (de qc)> (…で)覆われた; 覆い[屋根]のある. ▶ homme *couvert* de sang 血まみれの男 / piscine *couverte* 屋内プール.
❷ (寒くないように)着込んだ; 帽子をかぶった. ▶ être bien [chaudement] *couvert* 厚着をしている / Restez *couvert*. どうぞ, お帽子はそのままで.
❸ 曇った. ▶ Le ciel est *couvert*. = Le temps est *couvert* 空が曇っている.

à mots couverts 遠回しに. ▶ s'exprimer *à mots couverts* それとなく言う.

語法 「雪に覆われた山頂」は un sommet *couvert de neige* であり, un sommet *couvert de la neige* ではない. しかし, 山頂を覆っている雪は, 量としてとらえられるので, de la neige というふうに部分冠詞で表わされるべき性質のものである. un sommet couvert de neige は, 本来は un sommet couvert de (de la) neige なのだが, 部分冠詞が省略されているのである. 一般に《(être) couvert de qc》型, あるいはこれに対応する動詞表現《couvrir qn/qc de qc》型では, de のあとにくる名詞につく部分冠詞 du, de la と不定冠詞の複数形 des は省略される.
• un visage couvert de boue 泥まみれの顔 (注 boue は de la boue の意).
• un ciel couvert de nuages 雲に覆われた空 (注 nuages は des nuages の意).

couvert /kuvɛːr/ 男 ❶《集合的に》食卓用具(テーブルクロス, ナプキン, 皿, グラス, ナイフ, フォーク, スプーンなど); 1人分の食器一揃(ぞろ)い. ▶ mettre [dresser] le *couvert* 食卓に食器を並べる / enlever le *couvert* 食卓を片付ける / table de quatre *couverts* 4人分のテーブル / ajouter un *couvert* テーブルの席を1人分追加する. ❷ 揃いのナイフとスプーンとフォーク. ❸ 文章 住居. ▶ le vivre

couvert 食卓用具

nappe テーブルクロス
serviette ナプキン
verre グラス
assiette 皿
cuillère スプーン
fourchette フォーク
couteau ナイフ

et le *couvert* 食事と住居. ❹ 文章 (木陰を作る) 茂み.

à couvert (**de** *qc*) 安全な, (…から) 守られた (=à l'abri (de)). ▶ Il pleut, mettons-nous *à couvert* un moment. 雨だ, ちょっと雨宿りしよう.

sous (**le**) **couvert de** *qc*/不定詞 …と見せかけて, という口実の下に. ▶ *sous le couvert de* la plaisanterie 冗談めかして.

sous le couvert de *qn* (1) …の庇護(ご)〔保証〕の下に. ▶ agir *sous le couvert de* son chef de service いざというとき上司に責任を取ってもらえる立場で動く. (2) …氏気付で. 注 この場合は le を省略する.

***couverture** /kuvɛrtyːr/ クヴェルテュール/ 囡 ❶ 毛布, 掛け布団. ▶ *couverture* de laine ウールの毛布 / *couverture* chauffante 電気毛布 / faire la *couverture* (毛布を整えて) ベッド・メーキングをする. ❷ (本, ノートの) 表紙; ブック [ノート] カバー. ▶ *couverture* cartonnée ハードカバー / être en *couverture* 表紙に載っている / faire la *couverture* d'une revue 雑誌の表紙を飾る. ❸ 屋根 (=toiture). ▶ la *couverture* de [en] tuiles 瓦(お)屋根. ❹ 給付率, カバー率. ▶ la *couverture* maladie 健康保険給付率. ❺ 取材, 報道, カバー. ▶ *couverture* médiatique メディアによる報道. ❻ 隠れ蓑(ङ), カムフラージュ. ▶ se servir de *qc*/*qn* comme *couverture* …を隠れ蓑に利用する. ❼ 話 (上司の) 庇護(ご), 保証. ❽ la *couverture* sociale 社会保険. 語法 ⇨ SÉCURITÉ. ❾ 〖軍事〗 防備体制. ▶ la *couverture* des radars レーダーがカバーする区域. ❿ 〖金融〗〖証券〗 担保, 保証金.

amener [**tirer**] **la couverture à soi** 成 (毛布を自分の方に引っ張る→) 一人だけで甘い汁を吸う.

couveuse /kuvøːz/ 囡 ❶ (卵をかえす) 親鳥. ❷ 孵卵(ふ)器. ❸ (未熟児用の) 保育器.

couvrant, ante /kuvrɑ̃, ɑ̃ːt/ 形 (couvrir の現在分詞) 覆う; 〔塗料, 化粧品などが〕伸びのよい.

couvre-chef /kuvrəʃɛf/ 男 話 (ふざけて) 帽子, かぶり物.

couvre-feu /kuvrəfø/ 〈複〉～-～**x** 男 ❶ 夜間外出禁止 (令). ▶ décréter [lever] le *couvre-feu* 夜間外出禁止令を発布 〔解除〕 する. ❷ 消灯の合図 〔時刻〕.

couvre-lit /kuvrəli/ 男 ベッドカバー.

couvre-livre /kuvrəliːvr/ 男 ブックカバー.

couvre-pied(**s**) /kuvrəpje/ 男 足掛け布団.

couvreur /kuvrœːr/ 男 屋根葺(ふ)き職人.

***couvrir** /kuvriːr/ クヴリール/ 16 他動

過去分詞 couvert	現在分詞 couvrant
直説法現在 je couvre	nous couvrons
tu couvres	vous couvrez
il couvre	ils couvrent
複 合 過 去 j'ai couvert	半 過 去 je couvrais
単 純 未 来 je couvrirai	単純過去 je couvris

❶ 〈*couvrir qc*/*qn* (de [avec] *qc*)〉(…で) …を覆う, 覆い 〔包み〕 隠す. ▶ *couvrir* un toit de tuiles 屋根を瓦(ホゥ)で葺(ふ)く / *couvrir* un livre 本にカバーをする / *couvrir* une casserole 鍋にふたをする.

❷ 〔物が〕 …を覆う, 覆い 〔包み〕 隠す; 〔音〕 をかき消す. ▶ Un châle lui *couvrait* les épaules. 彼 (女) は肩掛けをしていた / Le bruit de la rue *couvrait* la voix du conférencier. 通りの騒音が講演者の声をかき消していた.

❸ 〈*couvrir qc* de *qc*〉…を…で埋める, いっぱいにする. ▶ *couvrir* un bureau de documents 机に資料を山積みする / Il a *couvert* la marge d'une écriture fine. 彼は余白を細かい字でびっしり埋めた.

❹ 〈*couvrir qn* de *qc*〉…に…をふんだんに与える; (称賛, 悪口など) を浴びせる. ▶ *couvrir qn* de cadeaux …にどっさり贈り物をする / *couvrir qn* d'éloges …を褒めちぎる.

❺ …をかばう, 守る. ▶ *couvrir* les fautes de *qn* …の失策の責任をかぶる / *couvrir qn* de son corps …を身をもってかばう / *Couvre*-moi! (銃撃戦で) 援護してくれ / Le chef a *couvert* son subordonné. 彼は部下の責任を取った.

❻ …を (特に財政的に) 保障する; 埋め合わせる. ▶ Cette assurance *couvre* les risques d'incendie. この保険は火災保険も含んでいる. ❼ 〔ある距離〕 を踏破する (=parcourir). ▶ *couvrir* les vingt kilomètres en une heure 20キロを1時間で走る. ❽ 〔ある範囲〕 をカバーする, 含む; 扱う. ▶ Ce livre *couvre* l'histoire de France de 1789 jusqu'à nos jours. この本は1789年から現代までのフランス史を扱っています. ❾ 〔記者が事件など〕 を取材する; 完全報道する. ❿ 〔動物の雄が雌〕 と交尾する.

— **se couvrir** 代動 ❶ 〈*se couvrir* de *qc*〉…で覆われる. ▶ Les champs *se couvrent* de fleurs. 畑は花で覆われている / Elle *s'est couverte* de honte dans cette affaire. 彼女はその件で赤恥をかいた / Le ciel [Le temps] *se couvre*. 空が曇る.

❷ (暖かいものを) 着る, 帽子をかぶる. ▶ Il faut *se couvrir* davantage. もっと厚着をしなくてはいけない / *Couvrez-vous*. 帽子をかぶりなさい; 寒くないように厚着をしなさい.

❸ 〈*se couvrir* (de *qc*)〉(…で) 身を守る, (…を) 後ろ盾にする. ▶ Il a aussitôt fait un rapport à son supérieur pour *se couvrir*. 彼は責任を取らないで済むようにただちに上司に報告した.

❹ 〖スポーツ〗 ディフェンスを固める.

covoiturage /kowwatyraːʒ/ 男 自動車の共同利用, カーシェアリング.

cow-boy /kobɔj; kawbɔj/ 男 《米語》カウボーイ.

coyote /kɔjɔt/ 男 〖動物〗 コヨーテ.

CP 男 〖略語〗 cours préparatoire (初等教育課程の) 準備科.

CQFD 〖略語〗 ce qu'il fallait démontrer よって証明せられた.

crabe /krab/ 男 ❶ 〖動物〗 カニ. ❷ 俗 ばかなやつ, 頑固者.

marcher en crabe 横歩きする.

craindre

panier de crabes 足を引っ張り合っている集団.
crac /krak/ 間投 ❶ ポキッ, メリッ, ピシッ, ビリッ, ガチャン(物が折れたり壊れたりするときの乾いた音). ▶ *Crac*! Sa chemise s'est déchirée. ビリビリッと彼のワイシャツは破れた. ❷ そら, ほら, とたんに, たちまち(事件の突発性, 意外性を強調). ▶ *Crac*, le voilà arrivé. ひょっこり彼はやって来た.
crachat /kraʃa/ 男 ❶ (吐き捨てた)唾(つば), 痰(たん). ❷ 俗 (位の高い)勲章.
craché, e /kraʃe/ 形 ❶ 吐き出された. ❷ 話 <être qn tout *craché*>…にそっくりだ, うり二つだ(=être le portrait (tout) *craché* de qn). 注 この表現では男性単数形のみ. ▶ C'est son père tout *craché*. 彼は父親に生き写しだ / C'est elle tout *craché*. (そういうことをするとは)いかにも彼女らしい.
crachement /kraʃmɑ̃/ 男 ❶ (唾(つば), 痰(たん)などを)吐くこと. ❷ *crachement* de sang 喀血(かっけつ). ❷ (ガス, 蒸気, 火花などの)噴出. ❸ (ラジオ, テレビなどの)雑音.
***cracher** /kraʃe/ クラシェ/ 自動 ❶ 唾(つば)[痰(たん)]を吐く. ▶ *cracher* par [à] terre 地面に唾[痰]を吐く / «Défense de *cracher*» 「唾, 痰を吐くべからず」 ❷ 〔物が〕液体を(ぽたぽた)垂らす. ▶ un stylo qui *crache* インクの漏れる万年筆. ❸ 〔ラジオ, テレビなどが〕雑音を出す.
cracher à [*dans*] *la gueule* (*à* [*de*] *qn*) 俗 (…を)罵る, 侮辱する.
cracher en l'air 天に向かって唾を吐く; 話 むだ骨を折る.
── 間他動 話 ❶ <*cracher* sur qn/qc>…をひどく軽蔑[侮辱]する. ❷ <ne pas *cracher* sur qc> (飲食物などが)大好きである, 決して嫌いではない. ▶ Il ne *crache* pas sur l'alcool. 彼は酒に目がない. ── 他動 ❶ …を吐き出す. ▶ *cracher* du sang 血を吐く / *cracher* des pépins 種を吐き出す. ❷ 〔火, 煙など〕を吐く, 噴く. ▶ un volcan qui *crache* des laves 溶岩を噴き出す火山. ❸ 〔悪口など〕を吐く, 浴びせる. ▶ *cracher* des injures 悪態をつく. ❹ 話〔金〕を出す, 支払う.
cracher ses poumons (結核などで)ひどく咳(せき)込む; 大量に喀血(かっけつ)する.
crachin /kraʃɛ̃/ 男 霧雨, 小糠(こぬか)雨.
crachiner /kraʃine/ 非人称 霧雨が降る.
crachoir /kraʃwaːr/ 男 痰(たん)つぼ.
tenir le crachoir 独りでしゃべりまくる.
tenir le crachoir à qn 話 (口も挟まずに)…の話を一方的に聞かされる.
crachotement /kraʃɔtmɑ̃/ 男 ❶ しきりに唾(つば)[痰(たん)]を吐くこと. ❷ 雑音を出すこと.
crachoter /kraʃɔte/ 自動 ❶ しきりに唾(つば)[痰(たん)]を吐く. ❷ (少しずつ)液体が垂れる. ❸ 〔ラジオ, 電話などが〕雑音を出す.
crachouiller /kraʃuje/ 自動 方言 話 しきりに唾(つば)[痰(たん)]を吐く.
crack[1] /krak/ 男 《英語》❶ 名馬. ❷ 話 達人, 秀才, 一芸に秀でた人. ▶ C'est un *crack* en mathématiques. あの人は数学できばつーだ.
crack[2] /krak/ 男 《英語》クラック(コカインから生成した麻薬).
cracker[1] /krakɛːr; krakɛr/ 男 《英語》クラッカー.
cracker[2] /krakœːr/ 男 《英語》〖情報〗クラッカー, ネットワーク不法侵入者.
cracra /krakra/ 形 《不変》話 垢(あか)だらけの, ひどく汚い.
crado /krado/, **cradingue** /kradɛ̃ːg/ 形 《不変》話 垢(あか)だらけの, ひどく汚い.
craie /krɛ/ 女 ❶ 白亜, チョーク. ▶ bâton de *craie* 1本のチョーク / écrire à la *craie* チョークで書く. ❷ 白亜: 白っぽい軟質の石灰岩.
craign- 活用 ⇨ CRAINDRE 79
***craindre** /krɛ̃ːdr クランドル/ 79 他動

過去分詞	craint	現在分詞	craignant
直説法現在	je crains		nous crai**gn**ons
	tu crains		vous crai**gn**ez
	il craint		ils crai**gn**ent
複合過去	j'ai craint	半過去	je craignais
単純未来	je craindrai	単純過去	je craignis

❶ …を恐れる, 心配する. ▶ *craindre* la mort 死を恐れる / Cet homme ne *craint* pas les reproches. あの男は人の非難を恐れない / Il n'y a rien à *craindre*. 恐れることは何もない / Ne *craignez* rien. 心配無用 / se faire *craindre* 恐れられる / Elle ne viendra pas, je le *crains*. 彼女は来ないようです.
❷ <*craindre* de + 不定詞>…することを恐れる, 心配する. ▶ *craindre* de manquer le train 列車に乗り遅れることを心配する / Je ne *crains* pas d'affirmer que … 私はためらうことなく…だと断言する.
❸ <*craindre* que +接続法>…ということを恐れる, 心配する. 注 主節が肯定の場合は虚辞の ne を用いるが, 否定, 疑問の場合には用いない. ▶ Je *crains* qu'il n'arrive en retard. 彼が遅刻するのではないかと心配だ (注 ne は虚辞) / Je ne *crains* pas qu'il arrive en retard. 彼が遅刻しても私は構わない / *Craignez*-vous qu'il arrive en retard? 彼が遅刻するのを恐れているのですか.
❹〔人〕を畏怖(いふ)する, に畏敬の念を抱く. ▶ Il *est craint* de tous ses subordonnés. 彼は部下全員に畏怖(いふ)されている.
❺ 《目的語なしに》<*craindre* pour qn/qc>…を気遣う, 案じる. ▶ *craindre* pour la vie de qn …の安否を気遣う. ❻ (寒暖, 熱などを)嫌う, に弱い. ▶ Elle *craint* l'odeur du tabac. 彼女はたばこのにおいが苦手だ / «*Craint* l'humidité» (商品の注意書きで) 「湿気厳禁」.
Ça craint. 俗 (1) やばい, チョーク. ▶ ひどい, くだらない.
n'avoir rien à craindre (de qc/qn) (…について)何も心配することはない.

比較 恐れる
avoir peur 最も一般的. **craindre** 将来の事態を考えて「そうなるのではないかと恐れる」といった意味で使われることが多く, 眼前の人や物を怖れる場合には用いない. 人を目的語にすると「畏敬(いけい)の念を抱く」といった意味になる. **redouter** (> avoir peur, craindre)《改まった表現》craindre と同様に, 主として将来の事態について

crains

crains, craint /krɛ̃/ 活用 ⇨ CRAINDRE 79

***crainte** /krɛ̃:t/ クラーント 女 ❶ 恐れ, 恐怖, 畏敬(ぃ). ❷《多く複数で》心配, 不安. ▶ éprouver de la *crainte* 恐れを抱く / apaiser la *crainte* de qn …の恐怖を鎮める / N'ayez *crainte*, il reviendra. 心配しないで, 彼は戻ってきますよ / J'ai des *craintes* à son sujet. 彼(女)のことが気がかりだ. ◆la *crainte* 「de qc/不定詞 [que (ne) + 接続法]」…を恐れる(すること)に対する恐れ. ▶ la *crainte* de la mort 死に対する恐怖 / la *crainte* de lui déplaire 彼(女)の気に入らないのではないかという恐れ. 比較 ⇨ INQUIÉTUDE, PEUR.
par [de, dans la] crainte 「de qc/不定詞 [que (ne) + 接続法]」…を恐れて. ▶ *Dans la crainte* qu'on (ne) les entende, ils parlaient à voix basse. 人に聞かれるのを心配して, 彼らは小声で話していた.
sans crainte 恐れずに; 大胆に, 遠慮せずに. ▶ Soyez *sans crainte* à ce sujet. この件に関しては御心配なく.

craint*if*, *ive* /krɛ̃tif, i:v/ 形 臆病(ぉく)な, 怖がりの, おずおずした (=peureux). ▶ un caractère *craintif* 臆病な性格 / avoir des yeux *craintifs* おどおどした目をしている.
── 名 臆病者, 小心者.

craintivement /krɛ̃tivmɑ̃/ 副 臆病(ぉく)に, 恐る恐る.

cramer /krame/ 他動 俗 …を軽く焦がす. ▶ *cramer* un rôti 焼肉に少し焦げ目をつける.
── 自動 俗 ❶ 軽く焦げる. ❷ (火事などで)燃え尽きる, 焼け落ちる.

cramoisi, e /kramwazi/ 形 真紅の, えんじ色の. ▶ un tapis *cramoisi* 真紅の絨毯(じゅうたん) / Il est devenu *cramoisi* de colère. 彼は怒りで真っ赤になった.

crampe /krɑ̃:p/ 女 痙攣(けぃれん). ▶ *crampe* d'estomac 胃痙攣 / avoir une *crampe* au mollet 足がつる.

crampon /krɑ̃pɔ̃/ 男 ❶ かすがい, 鉤釘(かぎくぎ). ❷ すべり止め, アイゼン. ▶ chaussures [pneus] à *crampons* スパイクシューズ[タイヤ]. ❸ 話 うるさい[しつこい]やつ.
── 形 《不変》話 うるさい, しつこい.

cramponné, e /krɑ̃pɔne/ 形 …にかすがいで留められた; しがみついた. ▶ être *cramponné* à une décision 決定に固執する.

cramponner /krɑ̃pɔne/ 他動 ❶ …をかすがいで留める. ❷ 話 …にうるさくつきまとう.
── **se cramponner** 代動 ❶《*se cramponner* à qc》…にしがみつく. ▶ *se cramponner* au bras de qn …の腕にしがみつく / *se cramponner* à un espoir 希望にすがる. ❷《*se cramponner* à qn》…につきまとう, しつこくまとわりつく.

cran[1] /krɑ̃/ 男 ❶ (金具, 自在鉤(じざいかぎ)などの)溝, 切り込み, 刻み目. ▶ hausser d'un *cran* une étagère 棚板を一段上げる / couteau à *cran* d'arrêt (ストッパー付きの)折り畳み式ナイフ / *cran* de sûreté (銃の)安全装置.
❷ (ベルトなどの)穴. ▶ lâcher sa ceinture d'un *cran* ベルトを穴1つ緩める. ❸ 位置, 段階, 程度. ▶ Poussez-vous d'un *cran*. 席を1つ詰めてください / avancer [baisser] d'un *cran* (地位などが)1段上がる[下がる]. ❹ 髪のウェーブ.

cran[2] /krɑ̃/ 男 話 忍耐力; 勇気, 大胆さ. ▶ avoir du *cran* 忍耐力 [勇気] がある / manquer de *cran* 根性がない / Elle a eu le *cran* de refuser. 大胆にも彼女は拒絶した.
être à cran ひどくいらくらっている, 爆発寸前である.
mettre qn à cran …をいらいらさせる, …の怒りを爆発させそうにする.

***crâne**[1] /krɑ:n/ クラーヌ 男 ❶ 頭蓋(ずがぃ), 頭蓋骨. ▶ se briser le *crâne* 頭の骨を折る / la fracture du *crâne* 頭蓋骨骨折. ❷ 話 頭, 頭頂部. ▶ *crâne* chauve はげ頭(の男) / avoir mal au *crâne* 頭が痛い. ❸ 話 頭脳, 知能, 分別. ▶ avoir le *crâne* dur 頭が固い, 物分かりが悪い / Il n'a rien dans le *crâne*. 彼は頭の中が空っぽだ.
bourrage de crâne 話 誇大宣伝; 詰め込み教育[主義]; 洗脳.
bourrer le crâne de [à] qn＝faire du bourrage du crâne à qn …を欺く, にでたらめを吹き込む.

crâne[2] /krɑ:n/ 形 ❶ 威勢のよい, 勇ましい; 虚勢を張った. ❷ 話 元気な, 丈夫な.

crânement /krɑnmɑ̃/ 副 文章 勇敢に, 威勢よく; もったいぶって.

crânerie /krane/ 自動 話 強がる, 虚勢を張る.

crânerie /krɑnri/ 女 勇ましさ; 虚勢.

crâneur, euse /krɑnœ:r, ø:z/ 形 虚勢を張った; お高くとまった.
── 名 話 空威張り屋, 気取り屋. ▶ faire le *crâneur* 粋(いき)がる, 格好をつける.

crânien, enne /krɑnjɛ̃, ɛn/ 形 頭蓋(ずがぃ)の. ▶ nerfs *crâniens* 脳神経.

crapaud /krapo/ 男 ヒキガエル. ▶ être laid comme un *crapaud* (ヒキガエルのように)醜い.

crapule /krapyl/ 女 ❶ 悪党, ならず者. ▶ être victime d'une *crapule* 悪(ゎる)の食いものにされる. ❷ 古風 《集合的に》無頼漢, やくざ; 下劣な連中.
── 形 下劣な; 悪者の.

crapulerie /krapylri/ 女 卑劣さ, あくどさ; 悪行, 悪事.

crapuleusement /krapyløzmɑ̃/ 副 卑劣に, 下劣に.

crapuleux, euse /krapylø, ø:z/ 形 卑劣な, 悪辣(ぁくらつ)な; 下劣な. ▶ crime *crapuleux* (欲の絡んだ)卑劣な犯罪 / mener une vie *crapuleuse* 俗悪な生活を送る.

craque /krak/ 女 話 ほら, うそ.

craquelé, e /krakle/ 形 ひび[亀裂]の入った.

craqueler /krakle/ 4 他動 …(の表面)にひびを入れる, 亀裂を入れる (=fendiller).
── **se craqueler** 代動 ひびが入る.

craquelure /kraklyːr/ 女 (絵画, 陶磁器などの表面の)ひび, ひび割れ.

craquement /krakmɑ̃/ 男 ❶ ぽきっ[めりめり, みしみし, ばりばり]という音(物が折れたり, きしんだりする音). ▶ *craquement* des feuilles mortes 枯葉のがさがさいう音. ❷ 崩壊[不和]の兆し.

craquer /krake/ 自動 ❶ ぽきっ[かりかり, みしみ

し]という音を立てる；きしむ．▶ faire *craquer* ses doigts 指をぽきぽき鳴らす / Le parquet *craque*. 床がきしむ．❷〔乾いた音を立てて〕裂ける，破れる，崩れる．▶ La branche va *craquer* sous ton poids. 君が登ったら重みで枝がぽきっと折れちゃうよ．❸〔事業，組織，体制などが〕破綻(はたん)する，挫折(ざせつ)する；ぐらつく．❹〔精神的，肉体的に〕参る，力尽きる．▶ Ses nerfs *ont craqué*. 彼(女)はがっくりきた / Je *craque* ! どうにかなりそう．❺〈*craquer* pour qn/qc〉…がたまらなく好きになる［欲しくなる］．▶ Je *craque* pour toi. お前にベタぼれだ / Je *craque* pour le chocolat. チョコレートが大好きだ / J'ai *craqué* pour ce sac. このハンドバッグがどうしても欲しくなった.

plein à craquer はちきれそうな(ほどいっぱいの).
— 他動 ❶ …を裂く，破る，壊す，折る．▶ sac *craqué* 裂けたかばん．❷ *craquer* une allumette マッチを擦る．

craqueter /krakte/ ④ 自動 ❶ 小さな乾いた音を立てる．
❷〔コウノトリ，セミなどが〕鳴く．

crash /kraʃ/《複》 **~s**（または **~es**）男《英語》《飛行機の》墜落；《株式の》暴落；《コンピュータシステムの》クラッシュ．

se crasher /s(ə)kraʃe/ 代動《飛行機が》墜落する.

crasse /kras/ 女 ❶ 垢(あか)，手垢．▶ enlever la *crasse* 垢[汚れ]を落とす．❷ 話 卑劣な行為，汚いやり口．▶ faire une *crasse* à qn …にひどい仕打ちをする．❸《複数で》《金属》鉄屎(てっし)，スラッグ．
— 形〔欠点が〕ひどい，甚だしい．▶ ignorance *crasse* 救いがたいほどの無知．

crasseux, euse /krasø, ø:z/ 形 垢(あか)だらけの，ひどく汚い．▶ chemise *crasseuse* 垢染みたワイシャツ．

crassier /krasje/ 男 鉱滓(こうさい)[廃石]の山；鉱滓[廃石]捨場．

cratère /krate:r/ 男 ❶ 噴火口；火口状の穴．▶ un lac de *cratère* 火口湖 / une *cratère* de bombe 弾孔（砲撃による穴）．❷《天文》隕石(いんせき)孔（= *cratère* météorique）；（月面の）クレーター（= *cratère* lunaire）．

cravache /kravaʃ/ 女 乗馬用鞭(むち)．▶ frapper qn à coups de *cravache* …を鞭打つ．
à la cravache 鞭打って；乱暴に，権柄ずくで．▶ mener qn *à la cravache* …を手荒に扱う．

cravacher /kravaʃe/ 他動〔馬などを〕鞭(むち)で打つ；《目的語なしに》馬に鞭を入れる．
— 自動 話 ❶ 大急ぎで行く．❷〔目的達成のために〕必死に頑張る．

*****cravate** /kravat/ 女 ❶ ネクタイ．▶ mettre une *cravate* ネクタイをする / nouer sa *cravate* ネクタイを結ぶ / porter une *cravate* rouge 赤いネクタイをしている / *cravate* unie [rayée] 無地［縞］のネクタイ / épingle de *cravate* ネクタイピン．
❷（勲章の）綬(じゅ)．❸（旗，槍(やり)などの柄先につける）飾り帯，綬．❹《ラグビーなどの》首に対する反則タックル．▶ faire une *cravate* 首にタックルする．
s'en jeter un (verre) derrière la cravate
話 一杯やる［ひっかける］．

cravater /kravate/ 他動 ❶（多く過去分詞形で）…にネクタイを締めてやる．▶ Il est arrivé *cravaté*. 彼はネクタイを締めてやってきた．❷ 話 …の首を絞める．❸ 話〔客など〕をだます，ぺてんにかける．❹ 俗 …を逮捕する，捕らえる．
— **se cravater** 代動 ネクタイをする．

crawl /kro:l/ 男《英語》《水泳の》クロール．▶ nager le *crawl* = faire du *crawl* クロールで泳ぐ．

crawlé, e /krole/ 形 dos *crawlé* 背泳，バックストローク．

crawler /krole/ 自動 クロールで泳ぐ．

crayeux, euse /krejø, ø:z/ 形 白亜質の，白亜(色)の．▶ terrain [sol] *crayeux* 白亜土 / le teint *crayeux* 白っぽい顔色．

*****crayon** /krejɔ̃/ クレイヨン 男 ❶ 鉛筆．▶ écrire au *crayon* 鉛筆で書く / tailler un *crayon* 鉛筆を削る / *crayon* de couleur 色鉛筆 / *crayon* à bille ボールペン（= stylo à bille）/ *crayon* feutre フェルトペン．
❷ 筆遣い，筆致；素描(画)，鉛筆画．▶ avoir un bon coup de *crayon* デッサンがうまい．❸ スティック，ペンシル．▶ *crayon* à sourcils アイブローペンシル / *crayon* à lèvres リップペンシル．❹《情報》*crayon* optique ライトペン．

crayonnage /krejɔnaʒ/ 男 鉛筆で（さっと）書くこと；鉛筆によるデッサン［スケッチ］，下書き．

crayonner /krejɔne/ 他動 …を鉛筆で走り書きする；スケッチする．▶ *crayonner* des notes 手早くメモを書き留める / *crayonner* un croquis クロッキーする．

créance /kreɑ̃:s/ 女 ❶《法律》債権；債権証書（↔ dette）．▶ *créance* douteuse 不良債権 / avoir une *créance* sur qn …に対して債権を有する / recouvrer [céder] une *créance* 債権を回収［譲渡］する．
❷《国際法》lettre(s) de *créance* 信任状．

donner créance à qc 文章 …を信じる；に信用［信頼性］を与える．

mériter créance = *être digne de créance* 古風/文章 信じるに足る．

trouver créance 文章 信じられる．

créancier, ère /kreɑ̃sje, ɛ:r/ 名《法律》債権者；貸し主，貸し手（↔ débiteur）．

créateur /kreatœ:r/ 男《宗教》創造主，造物主；(le Créateur) 神．
— **créateur, trice** /kreatœ:r, tris/ 名 ❶ 創始者，創設者，首唱者．▶ *créateur* d'une théorie ある理論の生みの親．
❷（ある役の）初演俳優；（ある歌，曲の）初演歌手［演奏者］．❸ 創作家，独創的作家．▶ Picasso est un grand *créateur*. ピカソは真に創造的な芸術家だ．❹（商品の）製造者，製造元．❺ クリエーター，ファッションデザイナー．
— 形 創造する；創造的な，独創的な．▶ cerveau *créateur* 創造的頭脳．

créatif, ive /kreatif, i:v/ 形 創造的な，創意のある．— **créatif** 男（広告関係の）クリエーター．

*****création** /kreasjɔ̃/ クレアスィヨン 女 ❶（無からの）創造；創世，天地創造．注 聖書の天地創造を指すときは大文字で始めることが多い．▶ depuis la *création* du monde 天地開闢(てんちかいびゃく)以来．

❷ 被造物, 万物, 宇宙. ▶ toutes les plantes de la *création* ありとあらゆる植物.
❸ 創作, 発明; 創作物, 作品. ▶ la *création* d'un néologisme 新語の案出 / les dernières *créations* de la haute couture オートクチュールの新作モード. ❹ (施設, 制度, ポストなどの)創設, 設立. ▶ la *création* d'une nouvelle usine 新工場の開設 / *création* d'emplois 雇用の創出.
❺ (演劇, 音楽作品などの)初演.

créativité /kreative/ 囡 創造性, 創意.

créature /kreaty:r/ 囡 ❶ (神による)被造物; 人間. ▶ *créatures* animées [inanimées] 生物[無生物] / *créature* humaine 人間. ❷ 古風話 …な女. ▶ une belle *créature* 美女 / une *créature* de rêve 夢のような女.❸ 古風/文章 ⟨*créature* de qn⟩ (軽蔑して)…のおかげを被っている人, 取り巻き, 子分.

crécelle /kresɛl/ 囡 ❶ (楽器, 玩具(がん)の)がらがら. ❷ 話 (不快な声でしゃべりまくる)おしゃべり屋.
voix de crécelle 甲高い不快な声.

crèche /krɛʃ/ 囡 ❶ (3歳以下の)託児所. ▶ confier [déposer] un enfant à la *crèche* 子供を託児所に預ける. ❷ キリスト生誕群像; 馬槽(ふね)を中心にマリア, ヨセフなどを配したクリスマスシーズンの飾り付け.

crèche ❷

crécher /kreʃe/ ⑥ 自動 俗 住む; 泊まる.
crédence /kredɑ̃:s/ 囡 ❶ 食器棚, 飾り戸棚. ❷ (教会の祭壇わきの)祭器卓, 祭器壇.
crédibilité /kredibilite/ 囡 信憑(ぴょう)性, 信用[信頼]できること.
crédible /kredibl/ 形 信頼できる.
*****crédit** /kredi/ クレディ 男 ❶ 信用, 信頼; 人望, 影響力. ▶ donner du *crédit* à qc …を信用させる, の信憑(ぴょう)性を高める / jouir d'un grand *crédit* auprès de qn …の絶大な信頼を得ている / Il n'a plus aucun *crédit*. 彼はもうまったく信用[人望]がない.
❷ (経済的な)信用; 信用取引, 貸付; 信用販売, 掛け売り[買い]. ▶ établissement de *crédit* 信用機関, 銀行 / *crédit* bancaire 銀行貸付 / *crédit* à long [moyen, court] terme 長期[中期, 短期]貸付 / ligne de *crédit* クレジットライン, 信用与信枠 / carte de *crédit* クレジットカード / *crédit* à la consommation 消費者金融 / lettre de *crédit* 信用状 / prendre un *crédit* sur vingt ans 20年のローンを組む / Ce *crédit* est cher. この融資は金利が高い.
❸ 支払猶予(期間); 納税猶予. ▶ accorder un *crédit* de trois semaines 3週間の支払猶予を認める / *crédit* d'impôt 税額控除.
❹ ((多く Crédit))金融機関. ▶ *Crédit* foncier de France フランス不動産銀行 / *Crédit* agricole 全国農業信用金庫 / *Crédit* Lyonnais クレディ・リヨネ / *crédit* municipal 公益質屋.
❺ ((多く複数で))予算(額). ▶ les *crédits* ordinaires [extraordinaires] 通常[特別]予算.
❻ 〖簿記〗貸方. ▶ une balance du *crédit* et du débit 貸借残高 / porter une somme au *crédit* de qn ある金額を…の貸方に記入する.
à crédit クレジットで (↔comptant). ▶ acheter qc *à crédit* …をクレジットで買う.
être en crédit 信用されている, 人望を集めている.
faire crédit (à qn) (1) (…に)掛け売りする, 支払いを猶予する. ▶ « La Maison ne *fait* pas *crédit*. »「当店は掛け売りはいたしません」(2) 文章 (…を)信用する.
porter qc au crédit de qn 〔行為など〕を…の功績[長所]と見なす.

créditer /kredite/ 他動 ❶ ⟨*créditer* qn/qc (de + 金額)⟩ …の貸方に(ある金額を)記入する (↔débiter). ▶ *créditer* un compte bancaire de cinq cents euros 銀行口座に500ユーロ貸方記入する[預入する]. ❷ ⟨*créditer* qn de qc/不定詞⟩ …を…の功績[長所]と認める. ❸ 〖スポーツ〗⟨être *crédité* de qc⟩(記録)を公認される.

créditeur, trice /kreditœ:r, tris/ 名 貸し手; 〖簿記〗貸方 (↔débiteur).
— 形 貸し手の; 貸方の. ▶ compte *créditeur* 貸方勘定 / pays *créditeur* 債権国.

credo /kredo/ 男 ❶ ((多く Credo))〖キリスト教〗クレド (カトリックで)使徒信経, 信仰宣言; (プロテスタントで)使徒信条, 信仰告白.
❷ (政治・思想・生活上の)信条, 信念. ▶ exposer son *credo* politique 政治的信条を述べる.
crédule /kredyl/ 形 信じやすい, おめでたい.
crédulité /kredylite/ 囡 軽信, 盲信.
*****créer** /kree/ クレエ 他動

直説法現在	je crée	nous créons
	tu crées	vous créez
	il crée	ils créent

❶ 〔神が〕…を創造する. ▶ Dieu *créa* l'homme à son image. 〖聖書〗神は御自分にかたどって人を創造された.
❷ …を創作する, 創出する, 作り出す; 《目的語なしに》〔芸術家が〕創造する. ▶ *créer* une collection de printemps 春の新作コレクションを作る / Elle sait *créer* le bonheur autour d'elle. 彼女は周囲を幸福にするすべを心得ている.
❸ …を創設する, 設立する; 開発する. ▶ *créer* une entreprise 会社を興す / *créer* une ville 町を建設する / *créer* un produit 新製品を開発する[売り出す] / *créer* des emplois 雇用を創出する / *créer* un dossier フォルダーを作成する.
❹ ⟨*créer* qc (à qn)⟩ (…にとって)〔面倒なこと〕を引き起こす, の原因となる. ▶ Sa santé nous *crée* bien des ennuis. 彼(女)の健康は私たちにとって心配の種だ / Ça va nous *créer* des pro-

blèmes. それは我々にとって厄介なことになるよ.
❺〖演劇, 音楽作品など〗を初演する.
— **se créer** 代動 ❶〖自分のために〗…を作り出す. ▶ se これは, いまいましい, なんだって.
 créer des illusions 幻想を抱く / se créer une clientèle 新しい顧客層を作る. ❷ 創造される, 作り出される.

crémaillère /kremajɛːr/ 女 ❶〖炉に鍋(%)をかけるための〗自在鉤(%). ❷〖棚板などの高さを調整するための〗自在縁(%). ❸〖機械〗ラック, ラックレール. ▶ chemin de fer à *crémaillère* アプト式鉄道.
pendre la crémaillère 蕙〖客を招いて〗新築［引っ越し］祝いをする.

crémation /kremasjɔ̃/ 女 火葬, 荼毘(=incinération).

crématiste /krematist/ 形, 名 火葬支持の〖人〗.

crématoire /krematwaːr/ 形 火葬の. ▶ four *crématoire* 火葬炉. — 男 死体焼却炉, 火葬場.

*****crème** /krɛm/ 女 ❶ クレーム, 乳脂. ▶〖熱した牛乳にできる〗乳皮. ▶ *crème* fraîche 生クリーム / café *crème* カフェ・クレーム.
❷〖菓子〗クリーム;〖パバロアなどの〗〖デザート用〗冷菓. ▶ *crème* pâtissière カスタードクリーム / chou à la *crème* シュークリーム / *crème* chantilly クレームシャンティイ,〖砂糖入りの〗ホイップクリーム / *crème* caramel カスタードプディング, プリン. ❸ スプレッドチーズ.
❹〖料理〗クリームポタージュ［スープ］. ❺〖ブランデーをベースにした〗甘口リキュール, クレーム. ▶ *crème* de cassis クレーム・ド・カシス. ❻〖化粧用の〗クリーム. ▶ *crème* à raser シェービングクリーム / *crème* de beauté 美容クリーム / se mettre de la *crème* de nuit ナイトクリームをつける.
la crème de qn/qc 蕙 …の中で最高の人［物］. ▶ C'est *la crème des* hommes. 彼は男の中の男だ.
— 男 ❶ 話 カフェ・クレーム. ❷ クリーム色.
— 形〖不変〗クリーム色の. ▶ des gants *crème* クリーム色の手袋.

crémerie /kremri/ 女 乳製品販売店.
changer de crémerie 蕙 よそに行く; 河岸を変える.

crémeux, euse /kremø, øːz/ 形 ❶ 乳脂を多く含む. ❷ クリーム状の; クリーム色の.

crémier, ère /kremje, ɛːr/ 名 乳製品販売商. ▶ aller chez le *crémier* 牛乳屋さんに行く.

crémone /kremɔn/ 女 クレモン〖錠〗: 両開き窓用の戸締り具の一つ.

créneau /kreno/;〖複〗x 男 ❶〖塔, 城壁の〗銃眼. ▶ la muraille à *créneaux* 銃眼のある城壁.
❷〖日程, 予定表の〗空き時間, 予定枠;〖テレビ・ラジオ番組の政見放送, 広告などに割り当てられた〗持ち時間, 定時放送枠. ▶ *créneau* publicitaire 広告時間枠 / J'ai un *créneau* vers trois heures. 3時ごろ時間が空いています / *créneau* de lancement〖ロケットの〗打ち上げ可能時間.
❸〖縦列駐車の2台の車の間の〗駐車スペース. ▶ faire un *créneau* 縦列駐車する.
❹〖将来性のある〗新分野, 未開拓市場. ▶ *créneau* porteur 有望な新規分野.
monter au créneau 蕙 闘争に加わる.

crénelé, e /krenle/ 形 ❶ 銃眼を施した. ❷ 縁にぎざぎざのある.

créneler /krenle/ 4 他動 ❶〖塔や城壁に〗銃眼を施す;〖壁などに〗にのぞき穴をつける.
❷〖機械〗…に溝を刻む;〖歯車など〗に歯をつける.
❸〖貨幣〗の縁にぎざぎざを刻む.

crénom /krenɔ̃/ 間投〖sacré nom de Dieu の略〗ちくしょう, いまいましい, なんだって.

créole /kreɔl/ 名 クレオール: 西インド諸島などの旧植民地で生まれた白人. — 形 クレオールの; クレオール語の. — 男 クレオール語: 植民地時代にヨーロッパ諸語と西インド諸島の現地語から生まれた混成語.

créosote /kreɔzɔt/ 女〖化学〗クレオソート〖油〗.

crêpage /krɛpaːʒ/ 男 ❶〖繊維〗クレープ加工, しぼ立て;〖紙・パルプ〗クレープ仕上げ. ❷ 逆毛を立てること.
crêpage de chignon 蕙 女同士のつかみ合いの喧嘩(%).

crêpe¹ /krɛp/ 女 クレープ. ▶ *crêpe* de froment 小麦生地のクレープ / *crêpe* de sarrasin そば粉生地のクレープ / *crêpe* à la confiture ジャム入りクレープ / *crêpe* Suzette クレープの皮, キュラソーで風味付けした〗クレープ・シュゼット.
retourner qn comme une crêpe 蕙〖クレープを裏返すように〗…の意見［考え］を一変させる.
s'aplatir comme une crêpe 蕙 へいこうする.

crêpe² /krɛp/ 男 ❶〖絹, 毛織物の〗縮緬(%), 縮み, クレープ. ▶ *crêpe* de Chine〖クレープ〗デシン, フランス縮緬. ❷ 喪章;〖葬儀のとき, 身につける黒い〗ベール. ▶ porter un *crêpe* 喪章をつける. ❸ クレープゴム: 靴底用の圧延ゴム.

crêpelé, e /krɛple/ 形〖髪が〗ちりちりの, 細かくカールした, 縮れ毛の.

crêper /krepe/ 他動 ❶〖髪〗を〖逆毛を立てて〗膨らませる. ❷〖織物, 紙〗に縮みを出す, をしぼ立てする, クレープ加工する.
— **se crêper** 代動〖髪が〗〖逆毛が立って〗膨らむ.
se crêper le chignon 蕙〖女が〗髪をつかみ合って喧嘩する.

crêperie /krɛpri/ 女 クレープ屋.

crépi /krepi/ 男〖建築〗〖モルタル, 漆喰(%)などによる〗塗仕上げ, 下塗り, 漆喰［モルタル］塗り.

crêpier, crêpière /krepje, krepjɛːr/ 名 クレープ屋, クレープを焼いて売る人.
— **crêpière** 女〖縁のない〗クレープ用フライパン.

crépine /krepin/ 女 クレピーヌ, 網脂(%): 羊や豚の内臓を包む脂肪膜.

crépinette /krepinɛt/ 女 クレピネット: ひき肉を網脂(%)で四角く包んで平らにした生ソーセージ.

crépir /krepiːr/ 他動〖壁など〗を〖モルタル, 漆喰(%)などで〗塗る, 仕上げる.

crépissage /krepisaːʒ/ 男〖モルタル, 漆喰(%)などを用いた〗壁の仕上げ, 下塗り; 塗り եp.

crépitation /krepitasjɔ̃/ 女 ❶ ぱちぱちいう音. ▶ la *crépitation* des étincelles 火花のぱちぱちいう音. ❷〖医学〗〖肺炎などで起こる〗捻髪(%)音.

crépitement /krepitmɑ̃/ 男 ▶ le *crépitement* d'une mitrailleuse 機関銃の連射音.

crépiter /krepite/ 自動 ぱちぱちと音をたてる. ▶

Des marrons *crépitent* sur le feu. 火の中で栗がぱちぱちはぜている.

crépu, e /krepy/ 形 〖髪が〗（生まれつき）縮れた；〖人が〗天然パーマの.

crépusculaire /krepyskylɛːr/ 形 ❶ 夕暮れの, たそがれの, 衰退の. ▶ lueur *crépusculaire* 夕暮れの薄明. ❷ 〖動物学〗〖動物などが〗薄明薄暮性の. ▶ papillons *crépusculaires* 夕方になると出てくる蛾(が).

crépuscule /krepyskyl/ 男 ❶ 夕暮れ, たそがれ. ▶ au *crépuscule* = à l'heure du *crépuscule* 夕刻に, 宵の口に. ❷ 文章 衰亡（期）, 凋落（ちょう）（期）. ▶ le *crépuscule* d'un empire 帝国の衰退期 / le *crépuscule* de la vie 人生のたそがれ. ❸ 文章 あけぼの (=*crépuscule* du matin).

crescendo /kreʃendo/〈イタリア語〉副 〖音楽〗クレシェンドで,（音を）次第に強く.
aller crescendo（次第に）高まる, 増大する, 強くなる.
— 男 （単複同形）❶ 〖音楽〗クレシェンド（の楽節）. ❷ 高まり, 漸増. ▶ un *crescendo* de douleur ますます激しくなる痛み.

crésol /krezɔl/ 男 〖化学〗クレゾール.

cresson /kresɔ̃, krəsɔ̃/ 男 〖植物〗クレソン.

crésus /krezys/ 男 億万長者, 大富豪.

crétacé, e /kretase/ 形 〖地質〗白亜紀の. ▶ terrains *crétacés* 白亜層.
— **crétacé** 男 白亜紀.

Crète /krɛt/ 固有 女 クレタ島：ギリシア最大の島.

crête /krɛt/ 女 ❶ とさか；冠毛（トカゲ, 魚などの）さか状のうろこ. ❷（山の）稜線(りょう), 尾根；（塀などの）最上部. ▶ la *crête* d'un toit 屋根の棟 / la *crête* d'une vague 波頭. ❸ 〖地理〗ligne de crête 分水嶺(れい). ❹（出力などの）最高値, ピーク.

crêté, e /krɛte/ 形 文章 とさかのある；さか状の.

Créteil /kretɛj/ 固有 クレテイユ：Val-de-Marne 県の県庁所在地.

crétin, ine /kretɛ̃, in/ 名 ❶ 〖医学〗クレチン病患者. ❷ 話 ばか, 愚か者.
— 形 ばかな, 愚かな. 比較 ⇨ SOT.

crétinerie /kretinri/ 女 話 ばかげた言動；頭の悪さ, 愚かさ.

crétiniser /kretinize/ 他動 話 …を愚かにする, 愚鈍にする.

crétinisme /kretinism/ 男 ❶ 〖医学〗クレチン病. ❷ 話 愚かさ；愚行.

crétois, oise /kretwa, waːz/ 形 クレタ Crète 島の.
— **Crétois, oise** 名 クレタ島の人.

cretonne /krətɔn/ 女 クレトン：家具カバー地などに用いられる木綿の厚地織物.

Creuse /krøːz/ 固有 女 ❶ クルーズ県 [23]：フランス中部. ❷ クルーズ川：ヴィエンヌ川支流.

creusement /krøzmɑ̃/ 男 掘ること, 掘削.

*****creuser** /krøze/ クルゼ/ 他動 ❶ …に穴をあける, を掘る, うがつ. ▶ *creuser* un mur 壁に穴をあける / *creuser* le sol 地面を掘る. ❷ 〖穴, 溝〗を掘る. ▶ *creuser* un trou 穴を掘る / *creuser* un tunnel dans la montagne 山にトンネルを通す.

❸ 〖顔や体の部分〗をくぼませる；反らせる. ▶ La maladie lui *a creusé* les joues. 病気で彼(女)の頬(は)はげっそりこけた.

❹ 〖問題など〗を掘り下げる. ▶ *creuser* un sujet あるテーマを掘り下げる / C'est une idée à *creuser*. これは子細に検討すべき考えだ.

❺ …をひどく空腹にさせる. ▶ L'exercice m'*a creusé*. 運動で腹がすいた / *creuser* l'estomac 腹ぺこにさせる / (目的語なしに) La promenade, ça *creuse*. 散歩をすると腹が減る.

— 自動 穴を掘る.
— **se creuser** 代動 ❶ 穴があく；くぼむ；〖断絶などが〗生じる. ▶ Le mur s'est *creusé* sous l'effet de l'explosion. 爆発で壁に穴があいた / Les joues se *creusent*. 頬(は)がこける.
❷（自分のために）…を掘る. 注 se は間接目的.
se creuser [la tête [la cervelle, l'esprit] 話 知恵を絞る. 注 se は間接目的.

creuset /krøzɛ/ 男 ❶ 〖化学〗るつぼ；〖金属〗（溶鉱炉の）炉床. ❷ 文章 さまざまなものが混じり合う場所. ▶ un *creuset* de civilisations diverses さまざまな文明のるつぼ. ❸ 文章 試練. ▶ passer par le *creuset* de la souffrance 苦悩の試練をくぐる.

Creutzfeld-Jakob /krɔjtzfeldʒakob/ 固有 maladie de *Creutzfeld-Jakob* クロイツフェルト・ヤコブ病.

*****creux, creuse** /krø, krøːz/ クルー, クルーズ/ 形 ❶ 中空の, 空洞がある. ▶ arbre *creux* 虚(うろ)のある木 / son *creux*（中が空洞になった物が立てる）うつろな音. ❷ くぼんだ, へこんだ；〖顔などが〗やせけけた. ▶ assiette *creuse* (↔plat) スープ皿, 深皿 / chemin *creux* 両側に高い土手や垣根のある道 / joues *creuses* やせこけた頬(は) / yeux *creux* 深くくぼんだ目. ❸ 意味のない, 内容空疎な. ▶ discours *creux* (=pauvre) 中身のないスピーチ. ❹ 〖時期, 時間帯が〗利用者の少ない. ▶ heures *creuses* (↔de pointe) すいている時間.

avoir le nez creux 話 鼻が利く；勘が鋭い, 先見の明がある.

avoir l'estomac [le ventre] creux 腹ぺこだ.

classes creuses（戦争による出生率の低下のため）人口の少ない年齢層.

Il n'y a pas de quoi se boucher une dent creuse. 食べ物がほとんどない.

voix creuse 低く響く声.

— **creux** 副 うつろに. ▶ sonner *creux* うつろに響く.

— **creux** 男 ❶ 空洞, 穴. ▶ un animal caché dans le *creux* d'un rocher 岩穴に隠れている動物. ❷ くぼみ, へこみ. ▶ dans le *creux* de la main 手のひらに / Ce chemin présente des *creux* et des bosses. この道はでこぼこが多い.
❸（仕事などが）暇な時間帯；（活動の）停滞期. ▶ un *creux* des ventes 売り上げの落ち込む時期 / J'ai un *creux* ce soir. 今夜時間が空いている / Le *creux* a été atteint. 景気が底を打った.
❹ 波の高さ, 波高. ▶ des *creux* de trois mètres 3 メートルの波.

avoir un creux (à l'estomac) 少し空腹である

être au [dans le] creux de la vague 低迷期[沈滞期]にある，スランプに陥っている．

crevaison /krəvεzõ/ 囡 ❶ 破裂，パンク．▶ réparer une *crevaison* パンクを直す．

crevant, ante /krəvɑ̃, ɑ̃:t/ 形 ❶ 〖話〗くたびれさせる．▶ un travail *crevant* 死ぬほど疲れる仕事．❷ 〖話〗へんてこな，ひどく滑稽(ぱこ)な．

crevard, arde /krəva:r, ard/ 形, 名 〖俗〗❶ 虚弱な(人)．❷ 腹をすかせた(人)，大食いの(人)．

crevasse /krəvas/ 囡 ❶ 裂け目，割れ目，亀裂．❷ (氷河の)クレバス．❸ (皮膚の)あかぎれ．

crevasser /krəvase/ 他動 …に割れ目をつくる，亀裂を生じさせる．▶ Avec ce froid j'ai les mains *crevassées*. 寒さで手にあかぎれができた．

— **se crevasser** 代動 割れ目ができる，亀裂が生じる．

crevé, e /krəve/ 形 ❶ 破裂した，パンクした．▶ une poche *crevée* 破れたポケット．❷ 〖動物が〗死んだ；〖植物が〗枯れた；〖俗〗〖人が〗くたばった．❸ 〖話〗くたびれ果てた，くたくたの．▶ Je suis *crevé*. もうくたくただ．

crève /krε:v/ 囡 《次の句で》

attraper [avoir] la crève 〖話〗病気にかかる；《特に》風邪を引く．

crève-cœur /krεvkœ:r/ 男 〖単複同形〗耐えがたい悲しみ，断腸の思い．▶ C'est un *crève-cœur* de le voir si malheureux. 彼のひどい不幸を見ると胸の締めつけられる思いだ．

crève-la-faim /krεvlafε̃/ 男 〖単複同形〗〖話〗食うや食わずの貧乏人，赤貧の人．

*****crever** /krəve/ クルヴェ/ ③ 自動 ❶ 破裂する，はち切れる．▶ La bulle *a crevé*. 泡がはじけた / Le barrage *a crevé* à cause de la crue. 増水でダムが決壊した．❷ パンクを起こす，パンクする．▶ Le pneu arrière droit *a crevé*. 右の後輪がパンクした / J'ai *crevé*. 私の車がパンクした．❸ 〖植物が〗枯れる；〖動物が〗死ぬ；〖俗〗〖人が〗くたばる．❹ <*crever* de + 無冠詞名詞>…で死にそうだ，参っている．▶ *crever* de froid 寒くてたまらない / *crever* de faim 空腹で死にそうだ．❺ <*crever* de + 無冠詞名詞>…ではち切れそうである；あふれている．▶ *crever* de santé 健康ではち切れんばかりである / *crever* d'ennui ひまで死にそうだ．

à crever (1) はち切れるほど．▶ manger *à crever* たらふく食べる．(2) 死にほど(の)．▶ C'est *à crever* de rire. 腹の皮のよじれるほどおもしろい話だ / Il fait une chaleur *à crever*. 死ぬほど暑い．

la crever とても空腹である．

— 他動 ❶ …を破裂させる，パンクさせる；突き破る．▶ *crever* un ballon 風船を割る．❷ 〖話〗…を疲労困憊(ぶん)させる．▶ La chaleur m'a complètement *crevé*. 暑さでくたくたに疲れ果てた．

crever le cœur (à qn) (…の)心をえぐる，ひどく悲しませる．

crever l'écran 〔俳優，番組などが〕鮮烈な印象を与える．

crever le plafond (1) 限界を超える．(2) 斬新(ぶん)な作品を作る．

crever les yeux 目の前に見えている；明らかである．▶ Elle t'aime, ça *crève les yeux*. 彼女は君のことが好きなんだ．見れば分かるだろう．

— **se crever** 代動 ❶ 破裂する，つぶれる．❷ 自分の…を損なう．囲 se は間接目的．▶ *se crever les yeux à lire dans la pénombre* 暗がりで読書をして目を悪くする．❸ 〖話〗<*se crever* (à qc /不定詞)>(…で)くたくたになる．▶ *se crever au travail* 仕事中でくたくたになって働く．

crevette /krəvεt/ 囡 小エビ．

*****cri** /kri/ クリ/ 男 ❶ 叫び，叫び声；大声．▶ le premier *cri* du nouveau-né 赤ん坊の産声 / pousser des *cris* 叫び声を上げる．◆*cri* de + 無冠詞名詞(感情，感覚)を表わす叫び．▶ accueillir qn avec des *cris* de joie 歓声を上げて…を迎える．❷ (抗議などの)叫び，訴え．▶ les *cris* d'approbation 賛成の声 / rester sourd aux *cris* des mécontents 不満分子の声に耳をふさぐ．❸ (内心の)叫び，声．▶ le *cri* de la conscience 良心の叫び / le *cri* du cœur 本心，真情の吐露．❹ (鳥，獣，虫の)鳴き声．▶ le *cri* du chien 犬のほえ声．

à grands cris 大声で，激しく．

dernier cri 最新型(の)，最新流行(の)．▶ C'est du *dernier cri* de s'habiller comme ça. こんな格好をするのが最新流行なんだ / le *dernier cri* de la mode 最新ファッション / ordinateur *dernier cri* 最新型のコンピュータ．

jeter [pousser] les [des] hauts cris 強く抗議する，不平を声高に言い立てる．

criaillement /krijɑjmɑ̃/ 男 ❶ わめき立てること；わめき声．❷ (多く複数で)やかましい口喧嘩(げんか)．❸ (ガチョウなどの)鳴き声．

criailler /krijɑje/ 自動 ❶ わめき立てる．❷ 〖話〗しょっちゅう泣き言をいう．❸ (ガチョウなどが)鳴く．

criaillerie /krijɑjri/ 囡 (多く複数で)わめき声；泣き言，愚痴．

criailleur, euse /krijɑjœ:r, ø:z/ 形, 名 〖話〗愚痴っぽい(人)；いつもやかましい(人)．

criant, ante /krijɑ̃, ɑ̃:t/ 形 ❶ 糾弾すべき，けしからぬ．▶ supprimer les abus trop *criants* 目に余る悪習を廃する．❷ 明白な，紛れもない．▶ preuve *criante* 歴然とした証拠．

criard, arde /krija:r, ard/ 形 ❶ わめき立てる，うるさい．▶ un enfant *criard* 騒々しい子供．❷ 耳障りな，甲高い．▶ voix *criarde* 金切り声．❸ 目障りな，けばけばしい．▶ couleur *criarde* どぎつい色．

dette criarde 取り立ての厳しい借金．

criblage /kriblɑ:ʒ/ 男 ❶ 篩(ふるい)にかけること，より分け．❷ (鉱石の)選別，選鉱．

crible /kribl/ 男 篩(ふるい)．

passer qc au crible (1) …を篩にかける．(2) …を厳しく検査する．

criblé, e /krible/ 形 <*criblé* de + 無冠詞複数名詞>〖話〗で穴だらけの；でいっぱいの，▶ Le cadavre a été trouvé *criblé* de balles. 死体は銃弾で蜂(はち)の巣にされて発見された / texte *criblé* de fautes 誤植だらけの原稿．

être criblé de dettes 借金で首が回らない．

cribler /krible/ 他動 ❶ …を篩(ふるい)にかける；より分ける．▶ *cribler* du minerai 鉱石を選別する．

❷ ⟨cribler qc de + 無冠詞複数名詞⟩…を…で穴だらけにする; に…の跡をたくさんつける. ▶ *cribler* une cible de flèches 的に矢を浴びせる.

cric[1] /krik/ 男 ジャッキ, 起重機.

cric[2] /krik/ 間投 ビリビリ, メリメリ, バリバリ(物を引き裂く音); カチッ(鍵(ぎ)を回す音).

cricket /krikɛt/ 男《英語》クリケット.

cri-cri /krikri/ 間投 リンリン, ツクツク(コオロギ, セミの鳴き声).

criée /krije/ 女 競り売り, 競売.

***crier** /krije/ クリエ/ 自動

英仏そっくり語
英 to cry 泣く, 叫ぶ.
仏 crier 叫ぶ, わめく.

❶ 叫ぶ, わめく. ▶ Le bébé recommence à *crier*. 赤ん坊がまた泣き出した. ◆*crier* de + 無冠詞名詞(感情, 感覚)で叫ぶ. ▶ *crier* de joie 歓声を上げる / *crier* de douleur 痛がってわめく[うめく].

❷ 大声を出す; どなる; 騒ぎ立てる. ▶ Inutile de *crier*, je vous entends. 大声を出さなくても聞こえてますよ / Tu ne peux pas parler sans *crier*? 大声を出さずに話せないの / Les enfants *criaient* en récréation. 子供たちは休み時間にきゃあきゃあ騒いでいた. ❸〔鳥, 獣が〕鳴く, ほえる. ❹〔物が〕きしむ, 鳴る, きいきいいう. ▶ un essieu qui *crie* (=grincer) ぎしぎしきしむ車軸. ❺〔色などが〕不調和である; 目障りである. ▶ Ce bleu *crie* avec ce vert. その青はその緑と調和しない.

crier à tue-tête = *crier comme un sourd* [*perdu, damné, putois, veau*] 大声で叫ぶ, わめく.

── 間他動 ❶ ⟨*crier* contre [après] qn⟩…をどなりつける, 大声で叱責(ध्यग)[非難]する. ▶ Elle passe son temps à *crier* après ses enfants. 彼女は子供たちをがみがみしかってばかりいる.

❷ ⟨*crier* à + 定冠詞 + 名詞⟩…だと騒ぐ[叫ぶ]; を糾弾する, 告発する. ▶ *crier* au miracle 奇跡が起こったと大騒ぎする / *crier* au secours 助けてくれと叫ぶ.

── 他動 ❶ ⟨*crier* qc (à qn) // *crier* (à qn) que + 直説法⟩(…に)…を大声で言う, と叫ぶ. ▶ *crier* des injures à qn …を大声でののしる / Il me *cria* que j'allais manquer le train. 列車に乗り遅れるぞ, と彼は私に向かって叫んだ.

❷ ⟨*crier* (à qn) de + 不定詞 / *crier* (à qn) que + 接続法⟩(…に)…するように大声で頼む[命じる]. ▶ Il *cria* à sa femme "de se taire [qu'elle se taise]". 黙れ, と彼は妻をどなりつけた.

❸ ⟨*crier* qc / *crier* que + 直説法⟩〔感情, 意見, 立場など〕を強く訴える. ▶ *crier* son indignation [qu'on est indigné] 怒りをぶちまける. ◆*crier* + 無冠詞名詞 ▶ *crier* misère 貧困を訴える / *crier* grâce 降参だと叫ぶ, 情けを請う.

❹ …を大声で売る. ▶ On entend les marchands *crier* leurs légumes. 八百屋が野菜を呼び売りする声が聞こえる.

crier sur les toits qc [*que* + 直説法](…を屋根の上で叫ぶ→)〔情報, 秘密など〕を触れ回る.

crieur, euse /krijœːr, øːz/ 名 呼び売りの商人. ▶ *crieur* de journaux 街の新聞売り.

***crime** /krim/ クリム/ 男 ❶ 殺人 (=assassinat, meurtre); (殺人を伴う)犯罪. ▶ les mobiles d'un *crime* 殺人の動機 / l'auteur d'un *crime* 殺人犯 / *crime* parfait 完全犯罪 / commettre un *crime* 殺人を犯す / arme du *crime* 凶器 / lieu du *crime* 殺人現場.

❷ 犯罪; 重罪, 刑事罪. ▶ *crime* contre les mœurs 風俗紊乱(びん) / *crime* de guerre 戦争犯罪 / *crime* contre l'humanité 人道に対する罪(大虐殺など). ❸ 非難すべき行為, 罪; 過ち. ▶ Il est en retard, ce n'est pas un *crime*. 彼は遅刻したけど, たいしたことじゃないよ / faire un *crime* à qn de qc …の罪で…を責める.

Cherchez à qui profite le crime. この殺人で得をする奴が犯人だ.

Le crime ne paie pas. 諺 犯罪は引き合わない.

比較 犯罪
crime 強盗, 殺人などの重罪. **délit** 窃盗, 傷害などの軽罪. **contravention** 道路交通法違反など. 罰金で済むことが多い. **infraction**《官庁用語》法規に対する違反.

Crimée /krime/ 女 クリミア半島.

criminalité /kriminalite/ 女《集合的に》犯罪(行為). ▶ accroissement de la *criminalité* 犯罪の増加.

***criminel, le** /kriminɛl/ クリミネル/ 形 ❶ 罪のある, 犯罪的な. ▶ une intention *criminelle* 犯意 / un incendie *criminel* 放火 / un amour *criminel* よこしまな恋.

❷《法律》刑事の, 重罪の. ▶ droit *criminel* 刑法 / procès *criminel* 刑事訴訟. ❸ 話《非人称構文で》⟨C'est [Il est] *criminel* de + 不定詞⟩…するなんて罪である. ▶ C'est [Il serait] *criminel* de construire une tour dans ce quartier historique. こんな由緒ある地区にタワーを建てるなんてもってのほかだ.

── 名 ❶ 殺人犯 (=assassin, meurtrier); 犯人. ▶ arrêter un *criminel* 犯人を逮捕する / Le *criminel* est en fuite. 殺人犯は逃走中だ. ❷ 刑事犯, 重罪人. ▶ *criminel* de guerre 戦犯.

── **criminel** 男 刑事(事件), 刑事訴訟.

criminellement /kriminɛlmɑ̃/ 副 ❶ 犯罪的に. ▶ agir *criminellement* 犯罪的な行動をとる. ❷《法律》刑事事件[刑事犯]で.

criminogène /kriminɔʒɛn/ 形 犯罪を生む, 犯罪の温床となる.

criminologie /kriminɔlɔʒi/ 女 犯罪学.

criminologue /kriminɔlɔg/ 名 犯罪学者.

crin /krɛ̃/ 男 (馬などのたてがみや尾の)毛.

à tous crins = *à tout crin* 徹底した, 生っ粋の. ▶ révolutionnaire *à tous crins* 筋金入りの革命家.

être comme un crin 話 気難しい, 機嫌が悪い.

crincrin /krɛ̃krɛ̃/ 男 話 安バイオリン.

crinière /krinjɛːr/ 女 ❶ たてがみ. ▶ la *crinière* du lion ライオンのたてがみ. ❷ (かぶとの)飾り毛. ❸ 話 ぼさぼさの髪, 長髪.

crique /krik/ 女 小湾, 入り江.

criquet /krikɛ/ 男《昆虫》バッタ.

***crise** /kriːz/ クリーズ/ 女 ❶ (社会, 精神などの)危機, 難局; 経済恐慌. ▶ *crise* monétaire 通貨

機 / *crise* énergétique エネルギー危機 / La *crise* économique s'aggrave. 不況が深刻化している / L'agriculture de ce pays traverse une *crise* profonde. この国の農業は深刻な危機に見舞われている / *crise* de conscience 良心の危機〔葛藤(かっとう)〕.

❷ **発作**; 病状の急変; 発症. ▶ avoir une *crise* cardiaque 心臓発作を起こす / *crise* de nerfs 神経性の発作, ヒステリー / *crise* d'asthme 喘息(ぜんそく)発作 / *crise* de foie 〖話〗(食べ過ぎなどによる)消化不良, 腹痛.

❸ (感情などの)**激発, 興奮**. ▶ faire prendre à qn une *crise* (de nerf) …をいらだたせる / avoir une *crise* de larmes (=accès) わっと泣き出す.

❹ ⟨*crise* de qc⟩ …の不足, 欠乏 (=pénurie). ▶ *crise* de (la) main-d'œuvre 人手不足 / *crise* du logement 住宅難.

❺ *crise* d'opposition (子供の)反抗期.

(*C'est*) *la crise!* 〖話〗《驚き, 喜び, 失望, 嫌悪》わお, がっくり.

être pris d'une crise de + 無冠詞名詞 (1) …の発作を起こしている. (2) …の衝動に駆られている.

par crise 発作的に, 気まぐれに.

piquer une crise 〖話〗かっとなる.

crispant, ante /krispã, ã:t/ 形 いらいらさせる.

crispation /krispasjɔ̃/ 女 ❶ (顔などの)ひきつり. ❷ いらだち. ▶ Sa lenteur me donne des *crispations*. 彼(女)ののろさにはいらいらする.

crispé, e /krispe/ 形 ひきつった, こわばった, 緊張した; いらだった. ▶ visage *crispé* ひきつった顔.

crisper /krispe/ 他動 ❶ 〔顔など〕をひきつらせる; 〔こぶし〕を固く握り締める; 緊張させる. ▶ La douleur *crispait* son visage. 苦痛で彼(女)の顔はひきつっていた. ❷ 〖話〗…をいらだたせる. ▶ Sa maladresse me *crispe*. 彼(女)の不器用さにはいらいらする. ❸ …にしわを寄せる, を縮ませる.

— *se crisper* 代動 ❶ 緊張する. ▶ Ne *vous crispez* pas, détendez-vous! 緊張しないで, 気を楽にして.

❷ 〔顔, 笑いなどが〕ひきつる, こわばる. ❸ ⟨*se crisper* sur qc⟩ …を固く握り締める. ▶ Sa main *se crispa* sur son mouchoir. 彼(女)の手はハンカチをしっかり握り締めた.

crissement /krismã/ 男 きしる音; きしみ. ▶ *crissement* de pneus タイヤのきしむ音.

crisser /krise/ 自動 きしる, きいきい〔ぎしぎし〕いう. ▶ faire *crisser* ses [des] dents 歯ぎしりする.

***cristal** /kristal/ クリスタル/; 〔複〕 *aux* /o/ 男 ❶ **結晶**. ▶ *cristaux* de neige 雪の結晶 / *cristal* liquide 〖物理〗液晶 / écran à *cristaux* liquides 液晶画面(LCD). ❷ **水晶** (=*cristal* de roche). ❸ **クリスタルガラス**; 〔複数で〕クリスタルガラス製品. ▶ un verre en *cristal* クリスタルガラスのグラス. ❹ 〔複数で〕洗濯ソーダ.

de cristal 〖文章〗透明な; 〔声などが〕澄んだ. ▶ un cœur *de cristal* 清らかな心.

cristallerie /kristalri/ 女 クリスタルガラス器製造〔工場〕; 〔集合的に〕クリスタルガラス製品.

cristallin, ine /kristalɛ̃, in/ 形 ❶ 結晶の, 結晶質の. ▶ roche *cristalline* 結晶質の岩石(深成岩, 変成岩など). ❷ 透明な, 清らかな. ▶ eaux *cristallines* 透き通った水 / voix *cristalline* 澄んだ声. — **cristallin** 男 〖解剖〗(眼球の)水晶体.

cristallisable /kristalizabl/ 形 結晶しうる.

cristallisation /kristalizasjɔ̃/ 女 ❶ 結晶作用, 結晶化. ❷ 結晶体. ❸ 〖文章〗明確化, 具体化.

cristallisé, e /kristalize/ 形 結晶した. ▶ sucre *cristallisé* 精製糖(グラニュー糖, ざらめなど).

cristalliser /kristalize/ 他動 ❶ …を結晶化させる. ❷ …に明確な形を与える, を具体化する; 結集する. ▶ Les événements *ont* brusquement *cristallisé* la menace de guerre. 一連の出来事で戦争の脅威が突然表面化した.

— 自動 ❶ 結晶する. ❷ 〖文章〗〔思考, 感情などが〕明確な形をとる.

— *se cristalliser* 代動 ❶ 結晶する. ❷ 明確化する, 具体化する.

cristallographie /kristalɔgrafi/ 女 結晶学.

cristallographique /kristalɔgrafik/ 形 結晶学の.

critère /kritɛːr/ 男 (判断の)基準, 根拠; 証拠, 理由. ▶ Quels sont vos *critères* de choix ? あなたの選択基準は何ですか / Ce n'est pas un *critère*. それは根拠にはならない.

critérium /kriterjɔm/ 男 ❶ 〖スポーツ〗選抜競技, 予選. ❷ 〖古風〗(判断の)基準, 根拠 (=critère).

criticité /kritisite/ 女 〖原子力〗臨界. ▶ accident de *criticité* 臨界事故.

critiquable /kritikabl/ 形 批判の余地がある, 非難されるべき.

***critique**¹ /kritik/ クリティック/ 女 ❶ **批評, 評論**. ▶ *critique* impartiale 公平な批評 / *critique* théâtrale 劇評(欄) / Ce roman a eu une bonne *critique*. この小説は好意的な批評を受けた. ❷ 〔集合的に〕批評家; 批評界. ▶ L'ensemble de la *critique* a bien accueilli son livre. 批評家たちはこぞって彼(女)の本を好意的に迎えた. ❸ **批判, 考究, 考証**. ▶ *critique* historique 史料批判, 史的考証.
❹ **非難, 酷評, あら捜し**. ▶ Il m'a fait de sévères *critiques* sur mon attitude. 彼は私の態度を辛辣(しんらつ)にこき下ろした / Je ne supporte pas la *critique*. 私は批判には耐えられない.

— 名 **批評家, 評論家**. ▶ *critique* littéraire 文芸評論家 / *critique* d'art 美術評論家.

— 形 ❶ **批評の; 批判的な; 考証の**. ▶ compte-rendu *critique* (新聞などの)書評記事.
❷ 非難がましい, 口うるさい.

d'un œil [*regard*] *critique* 批判的な目で, 好奇心に満ちた目つきで.

esprit critique (1) 批判精神(の持ち主). ▶ faire preuve d'*esprit critique* 批判精神を発揮する. (2)あら探し屋, うるさ型.

***critique**² /kritik/ クリティック/ 形 ❶ 危機的な, 深刻な. ▶ Le malade était dans un état *critique*. 病人は危険な状態だった / La situation économique est *critique*. 経済情勢は危機的である.
❷ 〔時期などが〕運命を決する, 決定的な; 重大な段階の. ▶ L'heure est *critique*. 時局は急を告げて

critiquer

いる / La période *critique* de l'épidémie est passée. 疫病はやまを越した. ❸〚物理〛臨界の. ▶ point *critique* 臨界点.
âge critique 更年期, 閉経期.

***critiquer** /kritike クリティケ/ 他動 ❶ …を批判する; 非難する, の悪口を言う(=blâmer). ▶ *critiquer* le gouvernement 政府を批判する / Il n'y a rien à *critiquer* dans sa tenue. 彼(女)の身なりには非の打ち所がない / Il *critique* tout. 彼は何でもケチをつける. ❷〚芸術作品〛を批評する.
— **se critiquer** 代動 ❶ 批判[批評, 非難]し合う. ❷ 自己批判する.

critiqu*eur*, *euse* /kritikœːr, øːz/ 名 批判好きの人, 難癖をつけたがる人.

croa-croa /kroakroa/ 間投 カアカア(カラスの鳴き声).

croassement /kroasmɑ̃/ 男 (カラスの)カアカア鳴く声.

croasser /kroase/ 自動〚カラスが〛カアカア鳴く.

croate /kroat/ 形 クロアチア(共和国) Croatie の. — **Croate** 名 クロアチア人.

Croatie /kroasi/ 固有 女 クロアチア(共和国). ▶ en *Croatie* クロアチアに[で, へ].

croc /kro/ 男 ❶ (肉食獣の)牙(き). ❷ 鉤(ぎ). ▶ pendre de la viande au *croc* 肉をフックにつるす. ❸ (物を引き寄せる)鉤竿(き), 鳶口(とび).
avoir les crocs 膃 腹ぺこである.
montrer les crocs〔人が〕脅す, 牙をむく.
moustache en croc カイゼルひげ.

croc-en-jambe /krokɑ̃ʒɑ̃ːb/; (複)**~s-~~** 男 ❶ (人を転ばせるための)足掛け, 足払い. ▶ faire un *croc-en-jambe* à qn …に足をかける. ❷ (人を蹴(ゖ)落とすための)卑怯(きょう)な策動.

croche /krɔʃ/ 女〚音楽〛8分音符. ▶ double [triple] *croche* 16分[32分]音符.

croche-pied /krɔʃpje/ 男 話 足掛け, 足払い (=croc-en-jambe).

crochet /krɔʃɛ/ 男 ❶ (小型の)鉤(ぎ), フック. ▶ suspendre un tableau à un *crochet* 絵を掛け鉤につるす / *crochet* d'attelage〚鉄道〛連結器. ❷ 鉤付きの棒[道具]; (錠前をこじ開ける)鉤棒 (=*crochet* de serrurier). ❸ 鉤針 (=aiguille à *crochet*); 鉤針編み. ▶ un pull-over au *crochet* 鉤針編みのセーター. ❹ (道などの)急な曲がり; 回り道. ▶ La route fait un *crochet*. 道は鉤形に曲がっている / En rentrant, fais un *crochet* par la boulangerie. 帰りにパン屋に寄ってちょうだい. ❺〚印刷〛大括弧, ブラケット([ ]). ▶ mettre un mot entre *crochets* 単語を大括弧に入れる. ❻〚スポーツ〛(ボクシングで)フック; (ラグビーなどで)フェイント. ❼ (毒ヘビの)毒牙(がら).
être [vivre] aux crochets de qn …に生活の面倒をみてもらう, の家に居候する.

crochetage /krɔʃtaːʒ/ 男 (錠前, ドアを)こじ開けること, 錠破り.

crocheter /krɔʃte/ 5 他動 ❶〚錠前, ドア〛を鉤(ぎ)棒でこじ開ける. ❷ …を鉤針で編む.

crocheteur /krɔʃtœːr/ 男 錠前をこじ開ける人; 空き巣.

crochu, e /krɔʃy/ 形 鉤(ぎ)形に曲がった. ▶ un bec *crochu* 鉤状のくちばし.
atomes crochus 誌 共感, 心の通じ合い. 注 デモクリトスの原子論で, 鉤がついて他と結合しやすい原子を指すことから. ▶ avoir des *atomes crochus* avec qn …と心が通じ合う.

avoir les doigts crochus 諚 欲が深い, けちだ; 手癖が悪い.

crocodile /krɔkɔdil/ 男 ワニ; ワニ革. ▶ sac en *crocodile* ワニ革のハンドバッグ.
larmes de crocodile そら涙.

crocus /krɔkys/ 男 クロッカス, ハナサフラン.

croie, croient, croies /krwa/ 活用 ⇨ CROIRE 67

:**croire** /krwaːr クロワール/ 67

過去分詞	cru	現在分詞	croyant
直説法現在	je crois		nous croyons
	tu crois		vous croyez
	il croit		ils croient
複合過去	j'ai cru	半過去	je croyais
単純未来	je croirai	単純過去	je crus
接続法現在	je croie		

他動 ❶ …を(本当だと)信じる, 思う. ▶ *croire* une promesse 約束を信じる / Comment peut-on *croire* une telle chose? そんなことだれが信じるものか / Je lui ai fait *croire* cette histoire. 私は彼(女)にこの話が本当だと信じ込ませた. ◆ *croire* qc à qn …に…があると思う. ▶ Je lui *croyais* plus de talent. 彼(女)にはもっと才能があると思っていた. ◆*croire* qc de qn …について…を信じる, と思う. ▶ Je ne *crois* pas cela de lui. 彼がそんなことをするとは思えない. 比較 ⇨ PENSER.

❷〈croire qn〉…の言うことを信じる. ▶ *croire* qn sur parole よく確かめずに…の言葉を信じる, 真に受ける / Il avait l'air sincère et tout le monde l'*a cru*. 彼は誠実そうだったのでだれもが彼の言うことを信じた.

❸〈croire + 不定詞〉// croire que + 直説法〉…だと思う; 信じる; のような気がする. 注 主節が否定文, 疑問文の場合, que 以下は多く接続法. ▶ Le médecin *a cru* avoir fait tout ce qu'il pouvait. 医者はできる限りのことはしたと思った / Je *crois* qu'il viendra. (=penser) 彼は来ると思う /《Il n'est pas là?—Je *crois* que si.》「彼はいないの」「いや, いると思う」/ *Crois*-tu qu'il vienne? 彼が来ると思うかい(注 話者が強い疑義を抱いているとき, 接続法を用いる) / Je ne *crois* pas qu'il soit malade. 彼が病気とは思えない.

❹〈croire qn/qc + 属詞〉// croire + 属詞 + de + 不定詞〉// croire + 属詞 +que + 接続法〉…が…であると思う. ▶ Je la *croyais* plus jeune que moi. 私は彼女を年下だと思っていた / Elle *a cru* peu convenable d'accepter cette proposition. 彼女はその提案を受け入れるのは適当ではないと思った.

❺〈en *croire* qn/qc〉…を信頼する. ▶ si j'en *crois* ce qu'on raconte 人の話によれば / Si vous m'en *croyez*, vous ne lui prêterez pas d'argent. 悪いことは言わないから、あの人に金を貸すのはおやめなさい.

❻ ⟨*croire* ＋ 間接疑問節⟩ どんなに…か分かる. ▶ Vous sauriez *croire* à quel point je suis déçu.(=imaginer) 私がどれほど落胆しているか、あなた(方)にはお分かりいただけないでしょう / *Croyez* combien il nous manque. 彼のいないことが私たちにとってどんなに寂しいかお察しください.

à ce que je crois 私の考えでは (=à mon avis).

à en croire qn/qc …によれば. ▶ *à en croire* les journaux 新聞の報道によると.

(*C'est*) *à croire que* ＋ 直説法. …のようだ. ▶ *C'est à croire qu*'il ne s'est vraiment rien passé. 実際何事もなかったかのようだ.

(*C'est ce*) *que tu crois*. 話 そんなことはないよ.

contrairement à ce que l'on croit 一般に考えられているのとは違って.

croire que c'est arrivé 物事をまじめに受け取る; 予想通りに事が運ぶと思う.

Croyez [*Crois*]-*moi*. 話 (同意を求めて)本当ですよ. ▶ Il est gentil, *crois-moi*. 彼はいい人ですよ、ほんとに.

je crois 話《挿入句で》私の意見では、私の知る限り. ▶ C'était, *je crois*, une grave erreur. それは大きな間違いだったのではないでしょうか.

Je vous [*te*] *crois*.=*Je crois bien*. 話 まったくそうだ、そのとおりだ. ▶ «C'est pas mal, cette maison.—*Je te crois*, c'est du bel ouvrage.»「あの家はなかなかいいね」「ほんと、たいしたもんだよ」

ne pas en croire ses oreilles [*yeux*] (驚いて)我が耳[目]を疑う.

On croirait [*aurait cru*] *qc* [*que* ＋ 直説法]. まるで…のようだ[ようだった]. ▶ *On croirait qu*'il dort. 彼は眠っているように見える(しかし実際は眠っていない).

On croit rêver. (しばしば怒りを示して)まさか、そんなことはあり得ない.

On s'y croirait! てっきり本当かと思った.

Que tu crois! 話 お前が間違っている.

T'as qu'à croire. 話 うかうか信じるなんて、思い込みは危険だ.

Vous croyez [*Tu crois*]? (疑念を示して)本当ですか、そう思いますか. ▶ «Il est très intelligent.—*Tu crois*?»「彼はとても頭がいい」「そう思う?」

— 間他動 ❶ ⟨**croire à qc**⟩ …を信じる、ありそうなことだと思う. ▶ *croire* aux promesses de qn …の約束を信じる / On *a cru* à un suicide, mais il s'agissait en fait d'un meurtre. 自殺かと思われたが、実は殺人だった.

❷ ⟨**croire à qn/qc**⟩ …(の存在や価値)を信じる. ▶ *croire* au Messie 救世主の存在を信じる / *croire* à la médecine 医学(の有効性)を信じる / Tu *crois* à la vie future? 君は来世を信じるか.

❸ ⟨**croire en qn/qc**⟩ …を信じる、信頼[信用]する (=avoir confiance en). ▶ *croire* en Dieu 神を信じる / *croire* en ses amis 自分の友人を信頼する / Je *crois* en mon intuition. 私は自分の直観を信用している.

C'est à n'y pas croire. 信じられないことだ、そんなことはあり得ない.

croire au Père Noël 話 (サンタクロースがいると信じる→)単純である、愚直である.

Veuillez [*Je vous prie de*] *croire à mes sentiments distingués*.《手紙の末尾で》敬具.

— 自動 信じる; 信仰を持つ. ▶ Il *croit* sans comprendre. 彼は理解もせずに信じ込む / Il a cessé de *croire*.(=avoir la foi religieuse) 彼は信仰を捨てた.

— *se croire 代動 ❶ ⟨*se croire* ＋ 属詞⟩ 自分が…だと思う. ▶ Il *se croit* plus intelligent qu'il n'est. 彼は実際以上に頭がいいと思い込んでいる / Il *se croyait* un grand homme. 彼は自分が偉大な人間だと思い込んでいた.

❷ ⟨*se croire* ＋ 場所⟩ 自分が…にいると思う. ▶ Où te *crois-tu*? ここをどこだと思っているんだ / On *se croirait* en France. フランスにいるみたいだ.

❸ 自分に…があると思う. 注 se は間接目的. ▶ *se croire* le droit de faire qc 自分に…する権利があると思う. ❹ うぬぼれる. ▶ Elle *se croit* un peu trop. 彼女はいささかうぬぼれがすぎる. 注 s'en croire の形も用いられることがある.

s'y croire 話 すっかりその気でいる.

crois /krwa/ 活用 ⇨ CROIRE 67

croîs /krwa/ 活用 ⇨ CROÎTRE 52

croisade /krwazad/ 囡 ❶ 〖歴史〗十字軍. ❷ キャンペーン、反対運動. ▶ lancer une *croisade* contre le sida エイズ撲滅キャンペーンを行う.

croisé, e /krwaze/ 形 ❶ 十字形の; 交差した. ▶ jambes *croisées* 組んだ足 / mots *croisés* クロスワード・パズル. ❷ 綾(あや)織の. ❸ (上着の打ち合わせが)ダブルの(↔droit). ▶ veste *croisée* ダブルの上着. ❹ 交雑[交配]による. ▶ race *croisée* 雑種.

le feu croisé de qc …の集中攻撃. ▶ subir *le feu croisé de* la critique 批評家たちの集中攻撃を受ける.

rester les bras croisés 腕をこまぬいている、何もしない.

— *croisé* 男 ❶ 〖歴史〗十字軍参加者. ❷ 綾織; 綾織物 (=tissu croisé).

croisée /krwaze/ 囡 ❶ 交差する点. ▶ la *croisée* des chemins 十字路;(重大な選択の)岐路. ❷ (特に十字形の枠で仕切られた)窓、窓枠; ガラス窓.

***croisement** /krwazmɑ̃/ クロワズマン 男 ❶ 交差点、十字路 (=carrefour). ▶ s'arrêter au *croisement* 交差点で止まる. ❷ 交差すること;(足、腕を)組むこと. ❸ (車などが)すれ違うこと. ▶ *croisement* à niveaux différents 立体交差. ❹〖自動車〗feux de *croisement* (ヘッドライトの)ロービーム (=codes). ▶ se mettre en feux de *croisement*〔車が〕ヘッドライトをロービームにする. ❺〖生物学〗交雑、交配; 雑種間.

***croiser** /krwaze/ クロワゼ 他動 ❶ …を十字形[X形]に重ねる、交差させる. ▶ *croiser* les jambes 足を組む / *croiser* les doigts 幸運を祈る、成功を

croiseur

祈る. ❷〖線路, 道路など〗と**交差する**, を横切る. ▶ Ce chemin *croise* la route nationale. この道は国道と交差する. ❸ …とすれ違う. ▶ *croiser* qn dans la rue 通り［街］で…とすれ違う［出会う］. ❹《生物学》〖動植物〗を交雑［交配］させる, かけ合わせる. ❺《スポーツ》*croiser* la passe（サッカーなどで）クロスパスをする.

croiser **le fer [l'épée] (avec qn)** (…と)剣を交える, 戦う；論争する.
　—— 自動 ❶〖衣服の前が〗重なる. ▶ un manteau qui ne *croise* pas assez 打ち合わせが十分でないコート. ❷〖艦船が〗巡航する.
　—— **se croiser** 代動 ❶ 交差する, 交わる. ▶ Ces deux chemins *se croisent* à angle droit. この2本の道路は直角に交わっている. ❷ 出会う, すれ違う；〖視線, 言葉が〗交わされる. ▶ Nous *nous sommes croisés* dans le couloir. 私たちは廊下ですれ違った. ❸〖郵便物が〗**行き違う**. ▶ Nos lettres *se sont croisées*. 私たちの手紙は行き違いになった. ❹（自分の）〖足, 腕〗を組む. ❺《生物学》交雑［交配］される.

se croiser les bras 腕をこまぬく, 事態を傍観する, 何もしないでいる.

croiseur /krwazœːr/ 男 巡洋艦.
croisière /krwazjɛːr/ 女 ❶（船による）**周遊旅行**, 遊覧, クルーズ. ▶ faire une *croisière* クルージングする. ❷ 巡航. ▶ missile de *croisière* 巡航ミサイル.

vitesse [allure] de croisière (1) 巡航速度. (2)（普段の）順調なペース. ▶ atteindre [prendre] sa *vitesse de croisière* 普段の調子が出てくる.

croisiériste /krwazjerist/ 名（クルージングの）観光客.
croisillon /krwazijɔ̃/ 男 ❶〖十字架の〗横棒. ❷（窓の）横枠；〈複数で〉（建具の）中桟（さん）, X 形に組んだ補強材. ❸（教会の）翼廊, 袖（そで）廊.
croissaient, croissais, croissait
/krwasɛ/ 活用 ⇨ CROÎTRE 52

***croissance** /krwasɑ̃ːs/ 女 ❶ **成長**, 発育(期). ▶ enfant en pleine *croissance* 発育盛りの子供 / hormone de *croissance* 成長ホルモン. ❷ **発展**. ▶ la *croissance* d'une entreprise 企業の発展 / Le produit national brut a été en *croissance* régulière. 国民総生産は安定した伸びを見せていた. ❸ **経済成長** (=*croissance* économique). ▶ *croissance* rapide = forte *croissance* 高度成長.

croiss*ant, ante* /krwasɑ̃, ɑ̃ːt/ 形 ❶ 増大する；成長する. ▶ colère *croissante* 次第に募る怒り. ❷《数学》fonction *croissante* 増加関数.

croissant /krwasɑ̃/ 男 ❶ 三日月 (=*croissant* de lune). ▶ premier [dernier] *croissant* 上弦［下弦］の月. ❷ 三日月形, 弓形. ❸《パン》クロワッサン. ❹ 新月旗（イスラム教徒の旗印）；イスラム教.

croisse-, croiss- 活用 ⇨ CROÎTRE 52
croit /krwa/ 活用 ⇨ CROIRE 67
croît /krwa/ 活用 ⇨ CROÎTRE 52
croître /krwaːtr/ 52 自動

過去分詞	crû	現在分詞	croissant
直説法現在	je croîs		nous croissons
複合過去	j'ai crû	単純未来	je croîtrai

❶ **増大する；大きくなる**. ▶ Les jours *croissent* au printemps. 春には日が長くなる / sentir la colère *croître* en soi 心中にふつふつと怒りがわいてくるのを覚える. ◆*croître* de + 数量表現 …だけ増大する. ▶ La rivière *a crû* d'un mètre à cause de la fonte des neiges. 雪解けで川の水位が1メートル上がった. ◆*croître* en + 無冠詞名詞 …を増す. ▶ *croître* en sagesse 一段と利発になる. ❷〖植物が〗**育つ, 生える**. ❸ 文章〖人, 動物が〗**成長する** (=grandir).

aller (en) croissant 次第に増大していく.
ne faire que croître et embellir (1) 娘などが日に日に成長し美しくなる. (2)《しばしば皮肉で》ひどくなる一方だ. ▶ Sa paresse *ne fait que croître et embellir*. あいつの怠け癖はひどくなる一方だ.

***croix** /krwa/ クロワ/ 女 ❶ **十字架**, はりつけ柱［台］. ▶ le supplice de la *croix* 磔刑（たっけい）/ mettre qn en [sur la] *croix* …をはりつけにする. ❷《多く Croix》《キリスト教の》十字架；キリスト教. ❸ **苦難, 重荷**. ▶ avoir [porter] sa *croix* 十字架を背負う, 苦難に耐える / On me demande de faire ça. Quelle *croix*! これを私にやれって言うんだ, なんてことだ. ❹ **十字形のもの**〖装身具〗. ▶ *croix* funéraire (十字架の)墓標 / porter une *croix* d'argent en sautoir 銀製の十字架を首に下げる. ❺（十字形または星形の）勲章；レジオンドヌール勲章 (=la *croix* de la Légion d'honneur). ▶ la *croix* de guerre（第1次・第2次大戦の）戦功十字章 / recevoir la *croix* (レジオンドヌール)勲章を受ける. ❻ **十字印, × 印**. ▶ Mettez une *croix* dans la case correspondante. (調査用紙などで)該当する項目に×印を記入してください / marquer qc d'une *croix* …に十字の印をつける / signer d'une *croix*（文字を書けない人が）×印で署名する. ◆*en croix* 十字［×形］に, 交差した. ▶ deux épées accrochées *en croix* au mur 壁に×形に掛かっている2本の剣. ❼ la *Croix-Rouge* 赤十字社. ❽《紋章》*croix* latine ラテンクロス / *croix* grecque ギリシアクロス / *croix* de Saint-André 斜め十字, 聖アンドレ十字 / *croix* gammée ハーケンクロイツ, 鉤（かぎ）十字 / *croix* verte 緑十字（薬局の標識）.

C'est la croix et la bannière pour + 不定詞 話 …するのは大仕事［ひと苦労］だ.
chemin de la croix (1) 十字架の道：キリストが十字架を背負って歩いた道. (2) 十字架の道行き：キリストの受難を描いた14枚の連作画とそれらの前で唱える祈り (=Chemin de croix). (3) 苦難の道.
faire le signe de la Croix [croix] 十字を切る.
faire une croix sur qc/qn 話 …をあきらめる (=renoncer à).

cromlech /krɔmlɛk/ 男《英語》《考古学》環状

列石.

Cronos /krɔnɔs/ 固有 男 【ギリシア神話】クロノス: ウラノス(空)とガイア(大地)の子. ゼウスの父.

croquant¹, ante /krɔkɑ̃, ɑ̃:t/ 名 《軽蔑して》百姓, 田舎者; 粗野な人間.

croquant², ante /krɔkɑ̃, ɑ̃:t/ 形〔食べ物が〕かりかり[こりこり]した.
— **croquant** 男〔食肉, 耳の〕軟骨部分.

croque au sel /krɔkosel/〔次の句で〕
  à la croque au sel 副句 (生のまま)塩だけで味をつけて. ▶ manger des tomates *à la croque au sel* トマトに塩をつけて食べる.

croque-madame /krɔkmadam/ 男〔単複同形〕【料理】クロックマダム: 目玉焼きを上に乗せたクロックムッシュー.

croque-mitaine /krɔkmiten/ 男 ❶ (おとぎ話の)妖怪(ようかい); (子供を取って食う)鬼. ❷ 話 鬼のような恐ろしい人間.

croque-monsieur /krɔkməsjø/ 男〔単複同形〕【料理】クロックムッシュー: ハムとチーズを挟んで焼いた温製サンドイッチ.

croque-mort /krɔkmɔ:r/ 男 話 (遺体を納棺して墓地まで運ぶ)葬儀人夫. ▶ avoir un air [une tête, une figure] de *croque-mort* 陰気な様子[顔つき]をしている.

croquenot /krɔkno/ 男 話 大靴, どた靴.

croquer /krɔke/ 他動 ❶ …をかりかり[ばりばり]と噛(か)む, がりがりかじる. ▶ *croquer* un bonbon キャンディをかりかりと噛む / chocolat à *croquer* 板チョコ, チョコレートバー. ❷〔金銭〕を浪費する. ▶ *croquer* un héritage 遺産を食いつぶす. ❸ …をクロッキーに描く, スケッチする.
être joli [mignon] à *croquer* 話 (絵に描(か)きたいほど)たいへんかわいい.
— 間他動 <*croquer* dans qc>〔食べ物〕をかじる. ▶ *croquer* dans une pomme リンゴをかじる.
— 自動〔食べ物が〕かりかり[ばりばり]音を立てる. ▶ la salade qui *croque* ぱりぱりしたサラダ菜.

croquet /krɔkɛ/ 男〔英語〕【スポーツ】クロッケー: 木球を木槌(きづち)で打ちながら一定数の小さな鉄門を通過させゴールを競う球技.

croquette /krɔkɛt/ 女 ❶【料理】クロケット, コロッケ. ▶ *croquettes* de pommes de terre ポテトコロッケ. ❷ コイン形板チョコ.

croqueur, euse /krɔkœ:r, ø:z/ 名 話 ❶ むさぼり食う人〔動物〕. ❷ 浪費家. ▶ *croqueur* de dot 女房の持参金を食いつぶす男 / *croqueuse* de diamants (特に男に囲まれた)浪費癖のある女.
— 形 話 ❶ むさぼり食う. ❷ 浪費する.

croquignolet, ette /krɔkiɲɔlɛ, ɛt/ 形 話《多く皮肉で》かわいい, すてきな.

croquis /krɔki/ 男 ❶【絵画】クロッキー, スケッチ. ❷ 略図, 見取り図. ❸ 下書き, 草稿; 簡単な説明, 要旨. ▶ faire un rapide *croquis* de la situation 情勢を簡単に説明する.

cross /krɔs/ / **cross-country** /krɔskuntri/; (複) **cross-countries**〔英語〕男【スポーツ】クロスカントリー.

crosse /krɔs/ 女 ❶ 司教杖(じょう), 牧杖: 司教などが持つ, 上端が渦巻き状になった杖(つえ). ❷ (ホッケーなどの)スティック, (ゴルフの)クラブ. ❸ (杖, バイオリンの竿(さお)などの)渦巻き状の先端部. ▶ *crosse* d'aiguière (水差しなどの)渦巻き形の取っ手. ❹ (小銃などの)銃床.
chercher des crosses à qn 話 …に喧嘩(けんか)を売る.
mettre [*lever*] *la crosse en l'air* 戦闘を拒否する; 降服する.

crotale /krɔtal/ 男【動物】ガラガラヘビ (=serpent à sonnette).

crotte /krɔt/ 女 ❶ 糞(ふん), くそ. ▶ *crotte* de cheval 馬糞 / *crottes* de nez 話 鼻くそ. ❷ 話 がらくた, つまらないもの (=*crotte* de bique). ▶ Son livre, c'est de la *crotte*. 彼(女)の本はろくでもないものだ. ❸ *crotte* de chocolat チョコレートボンボン. ❹ 男《間投詞的に》くそっ, 畜生.

crotté, e /krɔte/ 形 古風 泥で汚れた. ▶ des chaussures *crottées* 泥だらけの靴.

crotter /krɔte/ 他動 文章 …を泥で汚す.
— 自動〔犬などが〕糞(ふん)をする.
— **se crotter** 代動 文章 泥まみれになる.

crottin /krɔtɛ̃/ 男 (馬, 羊などの)糞(ふん).

croulant, ante /krulɑ̃, ɑ̃:t/ 形 ❶ 崩れかかった. ❷ よぼよぼの. — 名 話 老いぼれ, 年寄り. 注 若者が親などをからかって言う.

crouler /krule/ 自動 ❶ 倒れる; 崩れかかっている. ▶ Cette maison *croule*.(=s'écrouler) この家は今にも倒れそうだ / se laisser *crouler* くずおれる, へたり込む. ◆*crouler* sous qc …の圧力で倒れる[揺らぐ]. ▶ Les branches *croulent* sous le poids de la neige. 枝が雪の重みで折れそうになっている. ❷ (企てなどが)失敗する. ▶ Tous ses projets *ont croulé*. 彼(女)の計画はことごとく挫折(ざせつ)した.

croupe /krup/ 女 ❶ (動物, 特に馬の)臀部(でんぶ). ❷ 話 (人, 特に女の)尻(しり), 臀部. ❸ (丘や山の)丸い頂き.
en croupe 馬の尻に; (バイクの)後部座席に.

croupetons /kruptɔ̃/〔次の句で〕
à croupetons 副句 しゃがんで, かがんで. ▶ se mettre *à croupetons* しゃがみ込む, うずくまる.

croupi, e /krupi/ 形〔液体が〕よどんで腐敗した.

croupier /krupje/ 男 クルーピエ: 札点, チップの集配などにあたる賭博(とばく)場の使用人.

croupière /krupjɛ:r/ 女 (馬具の)尻繋(しりがい).
tailler des croupières à qn …の邪魔をする, 困らせる.

croupion /krupjɔ̃/ 男 ❶ (鳥類の)尻(しり), 尾羽の付け根. ❷ 話 (人の)尻.

croupir /krupi:r/ 自動 ❶〔液体が〕腐敗する; (よどんだ水の中で)腐る. ▶ Les feuilles mortes *croupissent* dans la mare. 枯れ葉が水たまりの中で朽ちている. ❷ (恥ずべき状態に)陥っている, とどまっている. ▶ *croupir* dans la paresse 惰眠をむさぼる.

croupissant, ante /krupisɑ̃, ɑ̃:t/ 形 ❶〔液体が〕よどんで腐っている. ❷ 無為の, だらけた.

croupissement /krupismɑ̃/ 男 文章 ❶ (液体の)よどみ, 腐敗. ❷ (生活の)怠惰, 無為.

croustade /krustad/ 女【料理】クルスタード: パイ生地やパンを揚げたものに魚貝類やマッシュルームなどを詰めた料理.

croustillant, ante /krustijɑ̃, ɑ̃:t/ 形 ❶〔パン, 菓子などが〕さくさくした, かりかり音のする. ❷〔話が〕際どくておもしろい; みだらな.

croustiller /krustije/ 自動 話〔パン, 菓子などが〕かりかり音を立てる.

croûte /krut/ 女 ❶ (1) (パン, チーズなどの) 皮. ▶ pâté en *croûte* パイ皮包みのパテ. (2) クルート: パイ生地や身をくりぬいたパンをオーブンで焼き, 詰め物をした料理. ❷ 表皮; 表層. ▶ *croûte* terrestre 地殻 / une *croûte* de culture 上っ面の教養. ❸ (傷の) かさぶた. ▶ faire tomber la *croûte* d'une plaie 傷跡のかさぶたをはがす. ❹ 石頭, 融通の利かない人. ❺ 下手くそな絵.

casser la croûte 話 軽い食事をする; 飯を食う.
gagner sa croûte 話 暮らしを立てる, 食べていく.

croûter /krute/ 自動 話 飯を食う.
── 他動 話 …を食う, 食べる.

croûton /krutɔ̃/ 男 ❶ (バゲットなどの) 長いパンの端, 堅いパンのかけら. ❷《料理》クルトン: スープなどの料理に添える賽(さい)の目に切って揚げたパン. ▶ le potage aux *croûtons* クルトンを散らしたポタージュ. ❸ 俗 時代遅れの人, 石頭.

croyable /krwajabl/ 形《多く否定的表現で》〔話などが〕信じられる, 信じるべき. ▶ C'est à peine *croyable*. そいつは信じ難い.

croyaient, croyais, croyait /krwajɛ/ 活用 ⇨ CROIRE 67

*****croyance** /krwajɑ̃:s/ 女 ❶ 信じること; 信頼. ▶ *croyance* en Dieu 神を信じること / Ma *croyance* en lui n'a jamais faibli. 私の彼への信頼はいささかも揺るがなかった.
❷ 信仰; 信条, 信念. ▶ les *croyances* philosophiques 哲学的信条 / respecter toutes les *croyances* すべての信仰を尊重する / sans distinction de race, de *croyance* et de sexe 人種, 信仰, 性の差別なく.

> 比較 信仰
> **croyance** 本来「信じること」全般をいう語なので, 特に宗教的な意味で使う場合には修飾語を伴う. *croyance* en Dieu 神への信仰. **foi** 単独で用いられて「神への信仰」という意味になる. perdre la *foi* 信仰を失う.

croyant, ante /krwajɑ̃, ɑ̃:t/ 形 (← croire の現在分詞) 信仰している, 信心深い (↔athée).
── 名 ❶ 信者. ❷《複数で》イスラム教徒.

croyi-, croy- 活用 ⇨ CROIRE 67

CRS 女《略語》Compagnie républicaine de sécurité 共和国機動隊.

cru[1] /kry/ 男 ワインの産地, ブドウ園; 特産ワイン (=vin de *cru*). ▶ un grand *cru* 特級格付けワイン［ブドウ園］/ servir un bon *cru* du pays 上等の地酒を出す.

de son (propre) cru その人 (自身) の創作になる [考案した]. ▷ *son* は各人称に変化させて用いる.
▶ Voici une recette *de mon cru*. これは私の考え出したやり方だ.
du cru その地方の, 地元の. ▶ pêcheurs *du cru* 地元の漁師たち.

*****cru**[2], **crue** /kry クリュ/ 形 ❶〔食べ物が〕生(なま)の (↔cuit). ▶ Les Japonais mangent du poisson *cru*. 日本人は生の魚を食べる. ❷ 未加工の. ▶ lait *cru* 生乳 (殺菌処理されていない乳) / soie *crue* ローシルク, 生糸 / eau *crue* 硬水. ❸〔色や光が〕はっきりした, どぎつい. ▶ vert *cru* けばけばしい緑色. ❹〔言葉などが〕あからさまな, 露骨な. ▶ réponse *crue* 身もふたもない返事 / faire une description *crue* どぎつい描写をする.

── *cru* 副 露骨に, むき出しに. ▶ Je vous le dis tout *cru*. 歯に衣(きぬ)着せずに言います.
── 男 生物(なま).

cru[3], **crue** /kry/ 活用 croire 67 の過去分詞.

crû, crue /kry/ 活用 croître 52 の過去分詞.

cruauté /kryote/ 女 ❶ 残忍さ, 残酷; 過酷. ▶ traiter qn avec *cruauté* …を虐待する / *cruauté* du sort 運命の過酷さ.
❷《多く複数で》残虐行為; 手ひどい仕打ち.

cruche /kryʃ/ 女 ❶ (陶製の水差し形) 手付き壺(つぼ); 壺 1 杯分の量. ▶ *cruche* à eau 水差し / une *cruche* d'huile 甕(かめ) 1 杯の油. ❷ ばか, とんま.

Tant va la cruche à l'eau (qu'à la fin elle se casse). 諺 (獲もたびたび水くみに行けば, ついには割れる→) 絶えず危険 [誘惑] に身をさらせば, いつかは身を滅ぼす.

cruchon /kryʃɔ̃/ 男 (陶製器の) 手付き小壺(つぼ)［水差し］.

cruci- 接頭「十字架, 十字形」の意.

crucial, ale /krysjal/;《男複》**aux** /o/ 形 ❶ 決定的な, 重大な. ▶ moment *crucial* (=décisif) 決定的瞬間 / problème *crucial* 根本的な問題. ❷ 十字 (形) の.

crucifère /krysifɛ:r/ 形《植物学》十字花の.
── **crucifères** 女複 アブラナ科.

crucifié, e /krysifje/ 形 ❶ 十字架にかけられた. ❷ 苦しめられた; 苦悩した. ── 名 十字架にかけられた人. ▶ le *Crucifié* イエス・キリスト.

crucifiement /krysifimɑ̃/ 男 ❶ 十字架の刑に処すること; 十字架の刑. ❷ キリスト磔刑(たっけい)図［像］.

crucifier /krysifje/ 他動 ❶ …を十字架にかける, 磔(はりつけ)にする. ❷ 文章 …を苦しめる.

crucifix /krysifi/ 男 キリストの十字架像.

crucifixion /krysifiksjɔ̃/ 女 ❶ (特にキリストの) 十字架刑, 磔刑(たっけい). ❷ キリストの磔刑図［像］.

cruciverbiste /krysivɛrbist/ 名 クロスワードパズル愛好者.

crudité /krydite/ 女 ❶《複数で》生野菜, 野菜サラダ; 生の果物. ▶ assiette de *crudités* 生野菜の盛り合わせ. ❷ どぎつさ; 露骨さ. ▶ parler avec *crudité* あけすけにしゃべる.

crudivore /krydivɔ:r/ 形 生の食品しか食べない.

crue /kry/ 女 増水 (↔décrue). ▶ La Loire est en *crue*. ロアール川は目下水位が上がっている.

*****cruel, le** /kryɛl クリュエル/ 形 ❶ 残酷な, むごい; 獰猛(どうもう)な. ▶ tyran *cruel* 残虐な暴君 / mot *cruel* むごい言葉 / être *cruel* avec [envers, pour] qn …に対して残酷である / être *cruel* avec les animaux 動物を虐待する.
❷《ときに名詞の前で》容赦のない, 厳しい, 耐えがたい. ▶ vérité *cruelle* 冷厳な事実 / *cruel* hiver 厳冬 / C'est une *cruelle* épreuve pour lui.

れは彼にとっては厳しい試練だ. ❸ 文章 femme *cruelle* つれない女.

cruellement /kryɛlmɑ̃/ 副 ❶ 残酷に. ▸ traiter qn *cruellement* …を虐待する. ❷ ひどく, どうしようもなく. ▸ C'est *cruellement* vrai. それはどうしようもない事実だ.

crûment /krymɑ̃/ 副 露骨に; 強烈に.

crûmes /krym/ 活用 ⇨ CROÎTRE 52 ; CROIRE 67

crustacé /krystase/ 男 ❶ (複数で)〖動物〗甲殻類. ❷ (食用の)甲殻類: カニ, エビ, ザリガニなど.

crut /kru/ 活用 ⇨ CROIRE 67

crût /kru/, **crûtes** /kryt/ 活用 ⇨ CROÎTRE 52 ; CROIRE 67

cryo- 接頭「低温; 超電導」の意.

cryoconservation /krijokɔ̃sɛrvasjɔ̃/ 女 冷凍保存.

cryptage /kriptaːʒ/ 男 ❶〖情報〗暗号化装置. ❷〖放送〗スクランブル.

crypte /kript/ 女 クリプト: 教会内陣の地下に設けられた礼拝堂, 納骨堂.

crypté, é /kripte/ 形〔放送が〕スクランブルがかかった.

crypto- 接頭「隠れた, 潜在的」の意.

cryptogame /kriptɔgam/ 形〖植物学〗隠花の. — **cryptogames** 女複 / 男複 隠花植物 (↔phanérogames).

cryptogramme /kriptɔgram/ 男 暗号文, 暗号通信文.

cryptographie /kriptɔgrafi/ 女 暗号学; 暗号通信法.

cryptographique /kriptɔgrafik/ 形 暗号(通信)法の. ▸ message *cryptographique* 暗号通信文.

CSA 男〘略語〙Conseil supérieur de l'audiovisuel 放送高等評議会.

CSCE 女〘略語〙Conférence sur la sécurité et la coopération en Europe 全欧安全保障協力会議.

CSG 女〘略語〙contribution sociale généralisée 社会保障貢献税.

Cuba /kyba/ 固有 キューバ: 首都 La Havane. ▸ à *Cuba* キューバに[で, へ].

cubage /kybaːʒ/ 男 ❶ 体積(容積)の算定. ❷ 体積, 容積.

cubain, aine /kybɛ̃, ɛn/ 形 キューバ Cuba の. — **Cubain, aine** 名 キューバ人.

*__**cube**__ /kyb キュブ/ 男 ❶ 正 6 面体, 立方体(のもの). ▸ sucre en *cube* 角砂糖 / *cubes* de glace 氷角. ❷ 容積, 体積. ▸ le *cube* d'air d'une pièce 部屋の空積. ❸〖数学〗3 乗. ▸ Le *cube* de trois est vingt-sept. 3 の 3 乗は27である / élever un nombre au *cube* ある数を3乗する.

gros cube 話 (排気量500cc以上の)大型オートバイ.

— 形 立方の. ▸ mètre *cube* 立方メートル.

cuber /kybe/ 他動 ❶ …の体積[容積, 容量]を算定する. ❷〖数〗を3乗する.

— 自動 ❶ …の体積[容積, 容量]がある. ▸ Cette citerne *cube* cent litres. この水槽の容量は100リットルある. ❷ 話 〔費用などが〕莫大(㏋)な額になる. ▸ Ça va *cuber*. すごい金額になるぞ.

cubique /kybik/ 形 ❶ 立方体の. ❷〖数学〗立方の, 3 乗の, 3 次の. ▸ racine *cubique* 立方根. — 女〖数学〗3次曲線[曲面].

cubisme /kybism/ 男〖美術〗キュビスム, 立体派.

cubiste /kybist/ 形, 名〖美術〗キュビスムの(芸術家), 立体派の(芸術家).

cucu(l) /kyky/ 形〘不変〙話 ばかげた, おかしな; 時代遅れの. 注 *cucu(l)* la praline ともいう.

cucurbitacées /kykyrbitase/ 女複〖植物〗ウリ科.

cueillaison /kœjɛzɔ̃/ 女 文章 (果実などの)摘み取り; 収穫期.

cueille /kœj/ 活用 ⇨ CUEILLIR 18

cueiller- ⇨ CUEILLIR 18

cueillette /kœjɛt/ 女 ❶ (果実, 花などの)摘み取り, 収穫; 収穫期. ▸ *cueillette* des pommes リンゴの摘み取り. ❷ 摘み取られた花[果実], 収穫物. ❸〖民族学〗(野生の動植物の)採集.

cueilleur, euse /kœjœːr, øːz/ 名 (果実などを)摘み取る人.

*__**cueillir**__ /kœjiːr クイイール/ 18 他動

過去分詞 cueilli	現在分詞 cueillant
直説法現在 je cueille	nous cueillons
tu cueilles	vous cueillez
il cueille	ils cueillent

❶〔果実, 花など〕を摘む; …を採る, 集める. ▸ *cueillir* des fleurs 花を摘む / Va dans le jardin *cueillir* des fraises. 庭へ行ってイチゴを摘んでらっしゃい / *cueillir* des champignons キノコ狩りをする / *cueillir* un baiser 文章 (さっと)キスを奪う. ❷ 話 (車などで)…を拾う. ▸ Je viendrai vous *cueillir* à la gare. (=chercher) 駅まで迎えに行きます. ❸ 話 …を捕まえる. ▸ *cueillir* un voleur 泥棒を逮捕する.

cueillir qn à froid …の不意を突く.

cui-cui /kɥikɥi/ 間投 チュッチュッ(小鳥の鳴き声).

*__**cuillère**__ /kɥijɛːr キュイエール/, **cuiller** 女 ❶ スプーン, さじ; 杓子(ᴊᴀᴋᴜꜱʜɪ). ▸ *cuillère* à soupe スープスプーン大さじ / *cuillère* à dessert デザートスプーン, 中さじ / *cuillère* à café = petite *cuillère* コーヒースプーン, 小さじ / *cuillère* à pot スープ用杓子 / manger avec une *cuillère* = manger à la *cuillère* スプーンで食べる. ❷ 1さじの分量 (=cuillerée). ▸ Prenez une *cuillère* à café de cette potion matin et soir. 朝晩小さじ1杯, この水薬を飲んでください. ❸ 柄杓(ᴇʜɪsʜᴀᴋᴜ)形器具, さじ形のもの. ❹〖釣り〗スプーン, (スプーン状の)擬餌鉤(ᴍᴏɴᴋᴏ) [ルアー].

en deux coups de cuillère à pot 話 てきぱきと; 手っ取り早く.

être à ramasser à la petite cuillère 話 死にそうなほどくたくた; 半死半生だ.

être né avec une cuillère d'argent dans la bouche 裕福な家に生まれる.

ne pas y aller avec le dos de la cuillère 話 ずけずけものを言う; 無遠慮に振る舞う.

serrer la cuillère à qn 話 …と握手する.

cuillerée /kɥijre/ 囡 さじ1杯の分量. ▶ ajouter trois *cuillerées* de sucre スプーン3杯分の砂糖を加える.

***cuir** /kɥiːr/ キュイール/ 男 ❶ 皮革, 革, レザー; 革製品. ▶ *cuir* artificiel 合成皮革 / *cuir* tanné なめし革 / *cuir* de veau 子牛革 / chaussures de *cuir* 革靴 / blouson de *cuir* 革のジャンパー / ceinture en *cuir* 革ベルト / porter un manteau de *cuir* 革のコートを着ている. ❷ (サイ, カバ, ゾウなどの) 厚い皮膚. ❸〔人間の〕肌, 皮膚. ▶ *cuir* chevelu 頭皮. ❹ 話 リエゾン〔連音〕の誤り. 注 特に誤った語を入れて不要なリエゾンをすること (例: il va à la gare を, /ilvatalaɡaːr/ と /t/ の音を入れて発音する). ▶ parler sans *cuir* リエゾンを間違えずに話す.

avoir le cuir épais 成 鈍感だ, 面の皮が厚い.
entre cuir et chair 皮膚の下に; こっそりと.
tanner le cuir à [de] qn 話〔人〕を殴る.

cuirasse /kɥiras/ 囡 ❶ 胴鎧 (よろい), 〔鎧の〕胸甲, 胸当て. ❷ 文章〔精神的に〕保護するもの, 防御物. ▶ revêtir une *cuirasse* de froideur 冷淡さの鎧に身を閉ざす. ❸〔軍艦の〕甲鉄.

le défaut de la cuirasse (鎧のすき間→) 弱点.

cuirassé, e /kɥirase/ 形 ❶〔胴〕鎧(よろい)を着た; 装甲された. ▶ un navire *cuirassé* 装甲艦. ❷ <*cuirassé* contre qc>…に動じない, 無感動である. ▶ être *cuirassé* contre les insultes et les calomnies 侮辱や中傷をものともしない.
— **cuirassé** 男 戦艦.

cuirassement /kɥirasmɑ̃/ 男〔戦艦などの〕装甲;〔要塞(ようさい)の〕金属製の防壁.

cuirasser /kɥirase/ 他動 ❶ …に鎧(よろい)を着せる; を装甲する. ❷ <*cuirasser* qn contre qc>…に対して〔人〕を無感覚にする, 強くする. ▶ Les épreuves les *ont cuirassés* contre l'adversité. 試練を経て彼らは逆境に強くなった.
— **se cuirasser** 代動 <*se cuirasser* contre qc>…に対して無感覚になる, 動じなくなる. ▶ *se cuirasser* contre l'émotion 感情に動じなくなる.

cuirassier /kɥirasje/ 男 ❶〖軍事〗機甲部隊(兵). ❷ (昔の) 胸甲騎兵.

***cuire** /kɥiːr/ キュイール/ 70

過去分詞 cuit	現在分詞 cuisant
直説法現在 je cuis	nous cuisons
複合過去 j'ai cuit	単純未来 je cuirai

他動 ❶〔食べ物〕を焼く, 煮る, 炒(いた)める (注 faire *cuire* の方がよく用いられる). ▶ *cuire* de la viande 肉を焼く / *cuire* à four オーブンで焼く / *cuire* qc à l'eau …をゆでる / *cuire* qc à la vapeur …を蒸す / Il est temps de *cuire* le dîner. もう夕食をこしらえる時間だ. / Ce four *cuit* bien la pâtisserie. このオーブンはケーキがうまく焼ける. ◆ à *cuire* 加熱用の, 調理用の. ▶ chocolat à *cuire*〔粉末の〕ココア; 製菓用チョコレート. ❷〔煉瓦(れんが), 陶器など〕を焼く.

être dur à cuire 話 煮ても焼いても食えない, したたかである.

— 自動 ❶〔食べ物〕が焼ける, 煮える. ▶ mettre un gigot à *cuire* 羊の腿(もも)肉を焼く / Ces lentilles *cuisent* bien. このレンズマメは火の通りが早い. ❷ <faire **cuire qc**> …を焼く, 煮る, 炒める. ▶ faire *cuire* à petit feu pendant 20 minutes 弱火で20分煮る. ❸ 話 焼け付くように暑い. ▶ On *cuit* ici! ここはまるで蒸し風呂(ぶろ)です. ❹ <*cuire* à qn> …の〔体の一部が〕ひりひり痛む. ▶ Les yeux me *cuisent*. 目がひりひりする.

cuire dans son jus 成 (1) 暑くてたまらない. (2) 孤立無援である.
Il en cuit à qn. 《非人称構文で》…に後悔させる. Il vous en *cuira*. 今に後悔しますよ.

— **se cuire** 代動 ❶ <*se cuire* + 手段>…で調理される. ▶ le poisson qui *se cuit* à l'étuvée 蒸し煮にする魚. ❷ 話 *se cuire* au soleil 肌を焼く (= se bronzer).

cuis /kɥi/ 活用 ⇨ CUIRE 70
cuis- 活用 ⇨ CUIRE 70

cuisant, ante /kɥizɑ̃, ɑ̃ːt/ 形 (cuire の現在分詞) ❶ ひりひりする, 焼けるような. ▶ une blessure *cuisante* ひりひりする傷. ❷ 苦しい, つらい; 辛辣(しんらつ)な. ▶ une déception *cuisante* 苦い幻滅感 / une remarque *cuisante* 痛烈な指摘.

:cuisine /kɥizin/ キュイズィーヌ/ 囡

❶ 台所, キッチン, 調理場. ▶ manger à la *cuisine* 台所で食事する / Le chef est en *cuisine*. シェフは調理場だ〔調理中だ〕/ éléments de *cuisine* 台所調度品 / ustensiles de *cuisine* 台所用品 / batterie de *cuisine* 調理器具セット / coin *cuisine* キッチンコーナー.

❷ 料理; 料理法. ▶ apprendre la *cuisine* 料理を習う / faire la *cuisine* 料理をする / manger de la *cuisine* chinoise 中華料理を食べる / *cuisine* légère [lourde] あっさりした〔胃にもたれる〕食事 / la *cuisine* française [chinoise] フランス〔中華〕料理 / amateur de bonne *cuisine* 美食家, 食通 / recette de *cuisine* 料理の作り方, レシピ / nouvelle *cuisine* ヌーヴェル・キュイジーヌ.

❸ 話 小細工, 策略. ▶ *cuisine* électorale 選挙にからむ裏工作.

> 比較 料理
> **cuisine** は「料理するという行為」あるいは「料理法」. 料理された食べ物という場合も, 料理法の観点から抽象的に見る場合にも使う. 具体的な一皿ずつの料理は **plat** (一般的), **mets** 《改まった表現》. したがって「土地の料理を味わう」という場合, goûter *la cuisine* local は料理法の観点から, goûter *un plat* local は個々の料理と使い分ける. 「フランス料理を食べた」は J'ai mangé de la cuisine française. とも J'ai mangé un plat français. ともいえる.

cuisiné, e /kɥizine/ 形 調理された. ▶ plat *cuisiné* 調理済み食品, デリカテッセン.

cuisiner /kɥizine/ 他動 ❶ …を料理する;〔食事〕の支度をする. ▶ *cuisiner* de bons petits plats ちょっとした御馳走(ごちそう)をこしらえる. ❷ 話〔人〕を尋問する, 問い詰める. — 自動 料理する.

cuisinette /kɥizinɛt/ 囡 (事務所, 会社などの) 簡易台所, キチネット (= kitchenette).

cul

cuisine 料理

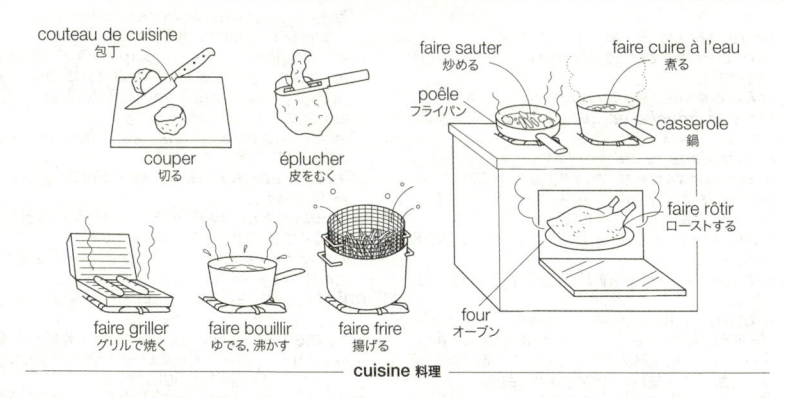

- couteau de cuisine 包丁
- couper 切る
- éplucher 皮をむく
- faire griller グリルで焼く
- faire bouillir ゆでる, 沸かす
- faire frire 揚げる
- faire sauter 炒める
- poêle フライパン
- faire cuire à l'eau 煮る
- casserole 鍋
- faire rôtir ローストする
- four オーブン

*cuisinier, ère /kɥizinje, ɛːr キュイズィニエ, キュイズィニエール/ 图 料理人, コック; 料理を作る人. ▶ être bon *cuisinier* 料理が上手だ.
— cuisinière 囡 オーブン付きレンジ. ▶ *cuisinière* à gaz ガスレンジ.

cuisiniste /kɥizinist/ 图 調理器具設置[販売]業者.

cuissard /kɥisaːr/ 男 ❶ (鎧(よろい)の)腿(もも)当て. ❷〖自転車〗レーサーパンツ, レーシングパンツ.

cuissarde /kɥisard/ 囡 (腿(もも)まで入る)長靴.

cuisse /kɥis/ 囡 ❶ 腿(もも), 大腿(だい). ▶ os de la *cuisse* 大腿骨. ❷〖料理〗 *cuisse* de poulet 鶏の腿肉.

se croire sorti de la cuisse de Jupiter 〖話〗 生まれを鼻にかけ, 非常に思い上がる. 注 バッカスがジュピターの腿から生まれたという神話から.

cuisseau /kɥiso/; 《複》 x 男 (子牛の)腿(もも)肉.

cuisson /kɥisɔ̃/ 男 ❶ 加熱調理(煮る, ゆでる, 揚げるなど). ▶ degré de *cuisson* 加熱[煮込み]温度 / Cette viande demande une *cuisson* prolongée. この肉はじっくりと煮込まなければならない. ❷ (煉瓦(れんが), 陶器などの)焼成. ❸ (やけどのような)ひりひりする痛み.

cuissot /kɥiso/ 男 (シカ, イノシシなどの)腿(もも)肉.

cuistance /kɥistɑ̃ːs/ 囡 俗 料理; 炊事.

cuistot /kɥisto/ 男 俗 コック, 調理人.

cuistre /kɥistr/ 男 文章 知ったかぶりする人, 衒学(げんがく)者.

cuistrerie /kɥistrəri/ 囡 文章 知ったかぶり, 衒学(げんがく)癖.

cuit[1], **cuite** /kɥi, kɥit/ 形 (cuire の過去分詞) ❶ 〔食べ物が〕火を通した, 煮た, 焼いた「*cuit* à point [bien *cuit*, à peine *cuit*] ミディアム[ウェルダン, レア]の牛ヒレ肉 / légumes *cuits* au beurre バター炒(い)めした野菜 / vin *cuit* ヴァンキュイ: ぶどう液を濃縮したアペリチフ用甘口ワイン. ❷ (煉瓦(れんが), 陶器などが)焼いた, 焼成した. ▶ terre *cuite* テラコッタ[素焼き]. ❸ 話 (悪事などを)見破られた; 失敗した. ▶ Tu comptais t'en sortir, mais tu es *cuit*. うまく切り抜けるつもりだったんだろうが, そうはいかないぞ. ❹ 俗 泥酔した, へべれけになった.

C'est cuit. 話 万事休す, 失敗だ.

C'est (du) tout cuit. 話 成功間違いなしだ, 簡単なことだ.

cuit[2] /kɥi/ 活用 ⇨ CUIRE 70

cuite /kɥit/ 囡 話 酔いが回ること. ▶ Il a sa *cuite*. 彼はすっかりでき上がっている / prendre une (bonne) *cuite* 酔っ払う.

se cuiter /s(ə)kɥite/ 代動 俗 酔っ払う.

*cuivre /kɥiːvr/ 男 ❶ 銅. ▶ casserole en *cuivre* 銅製の鍋 / *cuivre* blanc 白銅 / *cuivre* jaune 真鍮(しんちゅう), 黄銅. ❷ (多く複数で) 銅製品(台所用品など). ▶ faire les *cuivres* 話 銅製品を磨く. ❸ (多く複数で) 金管楽器. ▶ un orchestre de *cuivres* ブラスバンド. ❹ 銅版(画) (=gravure sur *cuivre*).

cuivré, e /kɥivre/ 形 ❶ 赤銅色の. ▶ avoir la peau *cuivrée* 赤銅色の肌をしている. ❷ 〔声が〕金属的な, 甲高い.

cuivrer /kɥivre/ 他動 ❶ …を銅めっきする. ❷ …を赤銅色にする.
— se cuivrer 代動 赤銅色になる.

cuivreux, euse /kɥivrø, øːz/ 形 ❶ 銅質の, 銅を含む. ❷〖化学〗 oxyde *cuivreux* 酸化(第一)銅, 亜酸化銅.

cul /ky/ (語末の l は発音せず) 男 ❶ 俗 尻(しり), けつ (= 話 derrière). ▶ donner [recevoir] des coups de pieds au *cul* 尻を蹴(け)飛ばす[蹴飛ばされる] / Allez, pousse ton *cul*! さあ, お尻をどかして[場所をあけて]くれ / trou du *cul* 尻の穴 / histoire de *cul* エロ話 / film de *cul* ポルノ映画. ❷ (瓶などの)底, 尻 (=fond); (自動車などの)後部 (=arrière). ▶ le *cul* d'une bouteille 瓶の底. ❸ 俗 (軽蔑して)やつ, ばか, 間抜け. ▶ Quel *cul*! なんて間抜けなんだ / 《形容詞的に》 Elle est un peu *cul*. 彼女は少し彼っぽい.

à coups de pied au [dans le] cul 俗 (尻を蹴飛ばして→)無理矢理に.

avoir le feu au cul 俗 (尻に火がついたように)ひどく慌てている; 慌てて逃げ出す.

en avoir plein le cul 俗 うんざりする, もうたくさ

んだと思う.
en rester sur le cul 話 びっくりする.
être comme cul et chemise 俗 切っても切れぬ仲である.
faire cul sec (en buvant) 俗 一気に飲み干す.
faire la bouche en cul de poule 俗 (不満げに)口をとがらす;しなを作る.
l'avoir dans le cul 話 失敗する.
le cul par terre 話 ひっくり返って;失敗して.
lécher le cul à qn 俗 …にへつらう,ごまかす.
tirer au cul 俗 (下手な口実で)仕事をさぼる.
tomber sur le cul 俗 (1)尻もちをつく.(2)腰を抜かす,あっけに取られる.

culasse /kylas/ 女 ❶ 銃尾,(銃などの)尾筒部. ❷ (エンジンの)シリンダーヘッド.

culbute /kylbyt/ 女 ❶ とんぼ返り,でんぐり返し. ❷ 転倒,転落. ▶ Il a fait une *culbute* dans l'escalier. 彼は階段を転がり落ちた. ❸ 話 (内閣の)瓦解;(銀行,企業の)破産,倒産.
faire la culbute (とんぼ返りをする→)(1) 話 (投機が)失敗する;(銀行,事業が)破産する.(2)買った値の倍値で転売する.

culbuter /kylbyte/ 他動 ❶ …をひっくり返す,転倒[転覆]させる. ❷ …を撃退する,打ち破る.
── 自動 ひっくり返る,転倒する;転落する.

culbuteur /kylbytœːr/ 男 ❶ (内燃機関の)ロッカーアーム,弁てこ,揺れ腕. ❷ (ダンプカーなどの荷台を)揺れ腕.

cul-de-jatte /kydʒat/;(複) ~s-~-~ 名 両足のない[使えない]人.

cul-de-poule /kydpul/;(複) ~s-~-~ 男
bouche en *cul-de-poule* 口をとがらせて(軽い不満や愛嬌(ﾙ)を示す).

cul-de-sac /kydsak/;(複) ~s-~-~ 男 ❶ 袋小路. ❷ (状況などが)行き詰まること.

culée /kyle/ 女 ❶【建築】(アーチやボールトの横圧力を受ける)控え. ❷【土木】橋台.

culinaire /kylinɛːr/ 形 料理の. ▶ art *culinaire* 料理法 / école *culinaire* 料理学校.

culminant, ante /kylminɑ̃, ɑ̃ːt/ 形 頂点の.
point culminant (de qc) (…の)最高峰;頂点,絶頂. ▶ le *point culminant* des Alpes アルプスの最高峰 / être au *point culminant* de sa gloire 栄光の頂点にいる.

culminer /kylmine/ 自動 ❶ (山などが)最高点に達する. ❷ (感情,状況が)頂点に達する.

culot /kylo/ 男 ❶ 話 厚かましさ,大胆さ. ▶ avoir du *culot* 厚かましい. ◆ avoir le *culot* de + 不定詞 厚かましくも [大胆にも] …する. ▶ Il a eu le *culot* de me demander encore de l'argent. 彼は厚かましくもまた私に金の無心をした. ❷ (容器,道具などの)下部,底部;(特に)電球の口金.
au culot 話 はったりで. ▶ y aller *au culot* はったりを利かせる.

culottage /kylotaːʒ/ 男 (火皿にカーボンをつけて)パイプをよくなじませること.

***culotte** /kylɔt/ キュロット 女 ❶ 半ズボン,キュロット;(スポーツ用)トランクス;ニッカーボッカー. ▶ porter des *culottes* 半ズボンをはいている;子供である / *culotte* longue 長ズボン / *culotte* de bain 海水パンツ / *culotte* de boxeur ボクサートランクス / *culotte* de cheval 乗馬ズボン. ❷ (女性用の)パンティー(=slip). ❸ (子供の)下着,パンツ. ❹ 賭 (賭(ﾄ)け事での)大負け,大損. ▶ prendre [ramasser] une *culotte* 大負けする. ❺【食肉】(牛の尻)肉,いちば.
baisser culotte 話 (ズボンを下げる→)(1)トイレに行く,用を足す.(2)白状する.
faire [trembler] dans sa culotte 話 ひどく怖がる,震え上がる.
marquer à la culotte (サッカーなどで)厳しいマークをする;(競争相手の)牽制をする.
porter la culotte (半ズボンをはく→)[女性が]主導権を握る,亭主を尻に敷く.

culotté¹, e /kylote/ 形 (culotter¹ の過去分詞)半ズボン [キュロット] をはいた.

culotté², e /kylote/ 形 (culotter² の過去分詞) ❶ une pipe *culottée* 火皿にカーボンがついてよくなじんだパイプ. ❷ 黒ずんだ,古ぼけた.

culotté³, e /kylote/ 形 話 厚かましい,向こう見ずな.

culotter¹ /kylote/ 他動 …に半ズボン [キュロット] をはかせる.
── **se culotter** 代動 半ズボン [キュロット] をはく.

culotter² /kylote/ 他動 ❶ *culotter* une pipe (使い込んで)パイプの火皿にカーボンをつける. ❷ …を(使い込んで)汚す.
── **se culotter** 代動 ❶ (パイプが)よくなじむ. ❷ (使い古されて)黒ずむ.

culpabilisant, ante /kylpabilizɑ̃, ɑ̃ːt/ 形 罪悪感を抱かせる,罪の意識を持たせる.

culpabilisation /kylpabilizasjɔ̃/ 女 罪悪感を抱かせること;罪悪感.

culpabiliser /kylpabilize/ 他動 …に罪悪感を抱かせる.
── 自動 自分を責める,自責の念に駆られる.
── **se culpabiliser** 代動 自分を責める,罪悪感を抱く.

culpabilité /kylpabilite/ 女 ❶ 有罪(性),罪状. ▶ nier sa *culpabilité* 罪状を否認する / établir la *culpabilité* d'un accusé 被告の有罪を立証する. ❷ sentiment de *culpabilité* 罪責感,罪悪感.

***culte** /kylt/ キュルト 男 ❶ (神,聖人に対する)崇拝,礼拝. ▶ le *culte* de Dieu 神崇拝 / lieu de *culte* 礼拝の場 / rendre un *culte* à un saint ある聖人を礼拝する. ❷ 尊敬,愛着. ▶ avoir un *culte* pour ses parents 両親に対して深い尊敬の念を抱く / le *culte* de la personnalité (権力者などへの)個人崇拝 / le *culte* de l'argent 拝金(主義) / film *culte* カルト映画. ❸ 信仰. ▶ un ministre du *culte* (カトリックの)司祭;(プロテスタントの)牧師 / la liberté des *cultes* 信教の自由. ❹ 祭式;(特に)(プロテスタントの)礼拝(式).

cul-terreux /kytɛrø/;(複) ~s-~ 男 話 (軽蔑して)百姓.

cultivable /kyltivabl/ 形 (土地が)耕作可能な.

cultivateur, trice /kyltivatœːr, tris/ 耕

作者, 農夫[農婦]. ▶ petit *cultivateur* 零細農, 小百姓. 比較 ⇨ PAYSAN.

cultivé, e /kyltive/ 形 ❶ 耕された; 栽培された. ▶ terre *cultivée* 耕作地 / plante *cultivée* 栽培植物. ❷ 教養のある (↔inculte).

***cultiver** /kyltive キュルティヴェ/ 他動 ❶ …を耕す; 栽培する. ▶ *cultiver* un champ 畑を耕す / *cultiver* la vigne ブドウを栽培する.
❷〔才能, 情緒など〕を養う, 培う, はぐくむ. ▶ *cultiver* un goût 趣味を洗練させる / *cultiver* les bonnes dispositions d'un enfant 子供の素質を伸ばす. ❸ …と親交を保つ, を大切にする. ▶ *cultiver* ses relations 人間関係を大切にする. ❹ 文章 …に専心する, 打ち込む.
cultiver le paradoxe 好んで逆説を弄(ろう)する.
— **se cultiver** 代動 ❶〔自分の〕精神, 知能を鍛える, 教養を高める. ❷ 耕される.

cultuel, le /kyltɥɛl/ 形 礼拝の.

***culture** /kylty キュルテュール/ 女 ❶ ❶ 文化.
▶ *culture* occidentale [orientale] 西洋 [東洋] 文化 / *culture* de masse 大衆文化, マスカルチャー / sous-*culture* サブカルチャー / contre-*culture* カウンターカルチャー / *culture* d'entreprise 社風 / maison de la *culture* 文化会館.
❷ 教養; (特定分野の) 知識. ▶ *culture* classique 古典の教養 / *culture* générale 一般教養 / avoir une solide *culture* しっかりした教養がある. ❸ 〔心身の〕修養, 練成. ▶ faire de la *culture* physique 体育をする.
❷ ❶ 耕作; (複数で) 耕作地. ▶ *culture* d'un verger 果樹園の耕作 / *culture* mécanique 機械化農法 / de riches *cultures* 豊かな農地 / l'étendue des *cultures* 耕地(面積).
❷ 栽培. ▶ faire la *culture* du blé 小麦を栽培する / *culture* hâtée 促成栽培 / *culture* biologique 有機栽培.
❸ (魚貝類などの) 養殖; (細菌, 組織などの) 培養. ▶ *culture* des huîtres カキの養殖 / bouillon de *culture* 培養液; 温床 / perle de *culture* 養殖真珠.

culturel, le /kyltyʀɛl/ 形 文化の, 文化的な. ▶ héritage *culturel* 文化遺産 / échanges *culturels* 文化交流 / attaché *culturel* (大使館付) 文化担当官 / centre *culturel* 文化センター.

culturisme /kyltyʀism/ 男 ボディービル.

culturiste /kyltyʀist/ 形 ボディービルの.
— 名 ボディービルをする人, ボディービルダー.

cumin /kymɛ̃/ 男 ❶〔植物〕クミン. ❷ クミンの種子; 香辛料に用いる.

cumul /kymyl/ 男 兼任, 兼務; (給与, 給付の) 二重取得.

cumulable /kymylabl/ 形〔役職が〕兼務可能な;〔給与, 給付が〕併せて取得のできる.

cumuler /kymyle/ 他動 ❶〔役職, 任務など〕を兼任する;〔兼職などの〕複数の給付を同時に受ける. ❷〔権利, 資格など〕を併せ持つ.

cumulus /kymylys/ 男 積雲. ▶ un *cumulus* d'orage 積乱雲, 入道雲, かみなり雲.

cunéiforme /kyneifɔʀm/ 形 楔(くさび)形の. ▶ écriture *cunéiforme* 楔形(くさびがた)文字.

cupide /kypid/ 形 文章 金銭欲 [所有欲] の強い, 貪欲(どんよく)な.

cupidement /kypidmɑ̃/ 副 文章 貪欲(どんよく)に.

cupidité /kypidite/ 女 文章 金銭欲, 所有欲, 強欲.

curable /kyʀabl/ 形 治癒の可能な.

curaçao /kyʀaso/ 男 キュラソー: オレンジの皮と砂糖とブランデーで作るリキュール.

curage /kyʀaʒ/ 男 浚渫(しゅんせつ). ▶ le *curage* d'un égout 下水掃除.

curateur, trice /kyʀatœʀ, tʀis/ 名〚法律〛財産管理人, 保佐人.

curatif, ive /kyʀatif, iːv/ 形 治療の, 病気に効く. ▶ traitement *curatif* 治療.

cure¹ /kyːʀ/ 女 ❶ 療養, 療法. ▶ un établissement de *cure* 療養施設, クアハウス / une *cure* de sommeil 睡眠療法 / Il lui faudrait une *cure* de repos. 彼(女)にはしばらく安静が必要だろう. ❷ 湯治 (=*cure* thermale). ▶ partir en *cure* 湯治に出かける.
n'avoir cure de qc …を気にかけない.

cure² /kyːʀ/ 女〚カトリック〛❶ 主任司祭職. ❷ 司祭館 (=presbytère). ❸ 小教区.

***curé** /kyʀe キュレ/ 男〚カトリック〛**主任司祭**, 主任神父. ▶ Bonjour, monsieur le *curé* こんにちは, 主任司祭様. 比較 ⇨ PRÊTRE. ❷ 俗 (しばしば皮肉に) 司祭, 坊主. ❸ (les *curés*) 聖職者.
manger [bouffer] du curé 俗 坊主 [教会] を目の敵にする.

cure-dent(s) /kyʀdɑ̃/ 男 つまようじ.

curée /kyʀe/ 女 ❶ (地位, 利益, 名誉などの) 激しい争奪戦. ▶ se lancer à la *curée* pour partager un héritage 遺産の分け前の争奪戦に乗り出す. ❷ (狩りの終わりに猟犬に与える) 獲物の分け前; (猟犬に) 獲物を与えること.

cure-ongles /kyʀɔ̃ːgl/ 男 ネイルクリーナー: 爪(つめ)の甘皮を手入れする道具.

cure-oreille /kyʀɔʀɛj/ 男 耳かき.

cure-pipe /kyʀpip/ 男 パイプ掃除具, パイプクリーナー, コンパニオン.

curer /kyʀe/ 他動 …を掃除する, さらう. ▶ *curer* un fossé 溝をさらう / *curer* une pipe パイプの掃除をする.
— **se curer** 代動〔自分の爪(つめ), 耳など〕をきれいにする. 語法 は間違用法. ▶ *se curer* les dents (つまようじで) 歯を掃除する.

curetage /kyʀtaʒ/ 男〚外科〛掻爬(そうは)(術).

cureter /kyʀte/ 四 他動〚外科〛…を掻爬(そうは)する.

curette /kyʀɛt/ 女 ❶ (へら状の) 掃除具. ❷〚外科〛鋭匙(えいひ), キュレット.

curie¹ /kyʀi/ 女 ローマ教皇庁.

curie² /kyʀi/ 男〚物理〛キュリー: 放射能の旧単位.

curieusement /kyʀjøzmɑ̃/ 副 奇妙に. ▶ Elle était *curieusement* habillée. 彼女は風変わりななりをしていた.

***curieux, euse** /kyʀjø, øːz キュリユー, キュリユーズ/ 形 ❶ 好奇心の強い, 知りたがる; 詮索(せんさく)好きな. ▶ Les enfants sont *curieux*. 子供というものは好奇心が強いものだ / Vous êtes trop *curieux*. ずいぶん立ち入ったことを聞きますね / lancer un regard *curieux* sur qc …に好奇の目を向け

curiosité

る. ◆*curieux* de qc/不定詞 …に興味がある, …したがる. ▶ être *curieux* de tout 何でも知りたがる / Il est particulièrement *curieux* de mathématiques. 彼は特に数学に関心を持っている / Je suis *curieux* de savoir ce qu'il pense de moi. 彼が私のことをどう思っているのか知りたい.

❷《多く名詞の前で》好奇心をそそる; 奇妙な. ▶ C'est *curieux*. おかしいな / une théorie nouvelle et *curieuse* 新奇な学説 / C'est un *curieux* type. あいつは変なやつだ. 比較 ⇨ BIZARRE.

Ce qui est curieux, c'est que + 直説法.（=étrange）不思議なことには…だ.

Chose curieuse, ... 奇妙なことに…. ▶ *Chose curieuse*, personne ne l'a reconnu. 妙なことにだれも彼だと分からなかった.

Il est [C'est] curieux que + 接続法. 《非人称構文で》…だとは奇妙だ.

regarder qn comme une bête curieuse 諺 …を珍しい動物でも見るようにじろじろ眺める.

— 名 好奇心の強い人, 詮索好きな人. 注 女性形は稀. ▶ Des *curieux* s'arrêtaient devant la caméra. 物見高い人々がカメラの前で立ち止まった.

*curiosité /kyrjozite/ 女 ❶ 好奇心, 興味, 探究心; 野次馬根性. ▶ *curiosité* intellectuelle 知的好奇心 / avoir de la *curiosité* pour qn/qc …に好奇心を覚える / exciter [éveiller] sa *curiosité* 興味をそそる / Je vous le demande par simple *curiosité*. 単なる好奇心でおうかがいするのです.

❷ 珍奇なもの;《多く複数で》骨董(ミパ)品; 名所. ▶ magasin de *curiosités* 骨董品店 / les principales *curiosités* de Paris パリの主な名所旧跡.

curiste /kyrist/ 名 温泉治療をする人, 湯治客.

curling /kœrliŋ/ 男《英語》《スポーツ》カーリング: 平円状の石を氷上で滑らせ, 標的内に入れる.

curriculum vitæ /kyrikylɔmvite/;《複》男《不変》《ラテン語》履歴, 履歴書. ▶ établir son *curriculum vitae* 履歴書を書く. 注 単に curriculum とも言う. また CV と省略する.

curry /kyri/ 男 カレー粉; カレー料理.

curseur /kyrsœːr/ 男（定規, コンピュータのディスプレーなどの）カーソル.

cursif, ive /kyrsif, iːv/ 形 ❶〔字体が〕草書（体）の, 崩した. ▶ lettres *cursives* 草書体, 崩し文字. ❷ すばやい; 手短な, 簡略な. ▶ lecture *cursive* 走り読み.

— **cursive** 女 草書体.

curvimètre /kyrvimetr/ 男（曲線の長さを測る）曲線計.

custom /kœstɔm/ 男《英語》❶ カスタムカー. ❷ 改造大型バイク.

customisation /kœstɔmizasjɔ̃/ 女 カスタマイズすること.

customiser /kœstɔmize/ 他動 …をカスタマイズする.

cutané, e /kytane/ 形 皮膚の. ▶ maladie *cutanée* 皮膚病.

cuti /kyti/ 女 略（ツベルクリン接種などによる）皮膚反応 (=cuti-réaction). ▶ virer sa *cuti* (ツベルクリン反応が) 陽転する.

cuti-réaction /kytireaksjɔ̃/ 女《医学》（ツベルクリン接種などによる）皮膚反応.

cutter /kœtœːr; kytɛːr/ 男《英語》カッターナイフ.

cuve /kyːv/ 女 桶(訪); (ワインの)醸造桶; タンク. ▶ *cuve* d'un lave-vaisselle 皿洗い機の洗槽[タブ] / *cuve* à essence ガソリン燃料タンク.

cuveau /kyvo/;《複》**x** 男 小さな桶(訪).

cuvée /kyve/ 女 ❶ 桶(訪) 1 杯分（の中身）❷（ワインの）等級. ▶ vin de tête de *cuvée* 特級ワイン. ❸（1 ブドウ園が生産する）ワインの総収穫量; ある年度産のワイン. ▶ *cuvée* 1972 [mil neuf cent soixante-douze] 1972年仕込みのワイン.

cuver /kyve/ 自動〔醸造桶(訪)の中で〕発酵する. — 他動〔怒りなど〕を鎮める.

cuver son vin 話（眠って）酔いを覚ます. 注 son は各人称に変化させてもよい. ▶ Va *cuver* ton vin! 酔いを覚ましてこい; 頭を冷やしてこい.

cuvette /kyvɛt/ 女 ❶ 洗面器, たらい;（洗面台の）流し;（洋式トイレの）便器 (=*cuvette* des cabinets). ❷ へこみ, 凹部; 盆地.

CV 男《略語》《ラテン語》curriculum vitæ 履歴書.

cyanhydrique /sjanidrik/ 形《化学》acide *cyanhydrique* シアン化水素酸, 青酸.

cyanose /sjanoːz/ 女《医学》チアノーゼ.

cyanure /sjanyːr/ 男《化学》シアン化物. ▶ *cyanure* de potassium シアン化カリウム, 青酸カリ.

Cybèle /sibɛl/ 固有 女 キュベレ: 大地の女神.

cybercafé /siberkafe/ 男 インターネットカフェ.

cybercrime /siberkrim/ 男 サイバー犯罪.

cybercriminalité /siberkriminalite/ 女 (集合的に) サイバー犯罪.

cyberculture /siberkyltyːr/ 女 サイバーカルチャー.

cyberguerre /sibergɛːr/ 女 サイバー戦争.

cybermonde /sibermɔ̃d/ 男 サイバー世界.

cybernaute /sibernoːt/ 名 インターネット利用者.

cybernéticien, enne /sibernetisjɛ̃, ɛn/ 名, 形 サイバネティックス専門家(の).

cybernétique /sibernetik/ 女, 形 サイバネティックス(の).

cyberpolice /siberpɔlis/ 女 サイバー警察（インターネット上の犯罪を取り締まる）.

cyberpunk /siberpœ̃k/ 男 サイバーパンク.

cyberspace /siberspas/ 女 サイバースペース.

cyberterrorisme /siberterɔrism/ 男 サイバーテロ.

cyberterroriste /siberterɔrist/ 男 サイバーテロリスト.

cyclable /siklabl/ 形 自転車 [2 輪車] 専用の. ▶ piste *cyclable* 自転車専用レーン.

cyclamen /siklamɛn/ 男 シクラメン(の花).

cycle[1] /sikl/ 男 ❶ 循環, 周期, サイクル. ▶ le *cycle* des saisons 季節の循環 / *cycle* solaire 太陽周期 / *cycle* économique 景気循環 / *cycle* de Doha ドーハ・ラウンド.

❷ 教育課程 (=*cycle* d'études). 注 中等教育は（中学, 高校）の 2 課程, 高等教育は（大学の一般教養, 学士・修士, 博士）の 3 課程に編成されている. ▶ le doctorat de troisième *cycle* 第 3(期)課程

程博士号. ❸〖文学〗作品群. ▶ le *cycle* de la Table ronde 円卓の騎士物語群.

cycle² /sikl/ 男〖英語〗自転車 (=bicyclette); 3 輪車 (=tricycle); ミニバイク (=cyclomoteur); 小型オートバイ (=vélomoteur).

cyclique /siklik/ 形 ❶ 周期的な, 循環する. ▶ crise *cyclique* 周期的な(経済)危機 / le retour *cyclique* d'un phénomène ある現象の再発［反復］. ❷〖文学〗作品群の, 連作の. ▶ poème *cyclique* (中世の武勲詩などで)詩群をなす詩編. ❸〖有機化学〗環状の, 環式の. ▶ composé *cyclique* 環式化合物.

cyclisme /siklism/ 男 サイクリング; 自転車競技. ▶ *cyclisme* professionnel 競輪 / faire du *cyclisme* サイクリングをする.

*cycliste /siklist/ スィクリスト/ 名 自転車に乗っている人; サイクリスト; 自転車競技選手.
— 形 自転車の; 自転車競技の. ▶ course *cycliste* 自転車競走.

cyclo-cross /siklokros/ 男 シクロクロス(競技), 自転車によるクロスカントリー.

cyclomoteur /siklomœtœːr/ 男 原動機付き自転車: 排気量50 cc 以下.

cyclomotoriste /siklomotorist/ 名 原動機付き自転車に乗る人.

cyclone /siklon/ 男〖英語〗❶ 低気圧;（特に）サイクロン (=*cyclone* tropical): インド洋方面に発生する熱帯低気圧. ❷ 嵐(あらし), 暴風雨; 突風のような人.

arriver comme un cyclone 猛然とやってくる.

cyclope /siklop/ 男 ❶《Cyclope》〖ギリシア神話〗キュクロプス: 一眼の巨人族. ❷ 巨大な仕事をする人. ▶ travail de *cyclope* 巨大な仕事, 難事業.

cyclopé*en, enne* /siklopeɛ̃, ɛn/ 形 文章 巨大な. ▶ effort *cyclopéen* 超人的な努力.

cyclotourisme /sikloturism/ 男 自転車旅行.

cygne /siɲ/ 男 ❶ 白鳥. ▶ blancheur de *cygne* 輝くほどの白さ, 純白. ❷ 白鳥の綿毛. ❸ un bec de *cygne* (白鳥のくちばしの形をした)蛇口 / en col de *cygne*〔管, チューブが〕S 字形の.

chant du cygne 白鳥の歌: 芸術家の最後の傑作. 死を前にして白鳥は歌うという伝説から.

cou de cygne (1) (白くて)ほっそりした首. (2) S 字形の蛇口［パイプ］.

cylindre /silɛ̃ːdr/ 男 ❶ 円柱, 円筒. ❷（内燃機関などの）シリンダー. ▶ moteur à quatre *cylindres* en ligne 直列 4 気筒エンジン / une six *cylindres* 話 6 気筒の車. ❸（圧延, 地ならし用などの）ロール, ローラー; 円筒状の用具. ▶ *cylindre* de laminoir 圧延ロール.

cylindrée /silɛ̃dre/ 女（エンジン, ポンプなどの）シリンダー容積;（エンジンの）排気量. ▶ grosse [petite] *cylindrée* 排気量の大きい［小さい］自動車.

cylindrer /silɛ̃dre/ 他動 ❶〔布, 革〕にロールをかける;〔道路〕にローラーをかける. ❷ …を円筒形にする.

cylindrique /silɛ̃drik/ 形 円筒形の, 円柱の.

cymbale /sɛ̃bal/ 女 シンバル. ▶ frapper les *cymbales* l'une contre l'autre シンバルを打ち鳴らす.

cymbali*er, ère* /sɛ̃balje, ɛːr/, **cymbaliste** /sɛ̃balist/ 名 シンバル奏者.

cynégétique /sineʒetik/ 形 狩猟の.
— 女 狩猟術.

cynique /sinik/ 形 ❶〔人, 言動が〕良識に逆らった, 世間のモラルを逆なでする; 臆面(おくめん)のない. ❷〖哲学〗キニク［犬儒］学派の.
— 名 ❶ 良識に(あえて)逆らう人, 臆面のない人. ❷ キニク［犬儒］学派(の人).

cyniquement /sinikmɑ̃/ 副 良識に逆らって, 臆面(おくめん)もなく, 破廉恥に.

cynisme /sinism/ 男 ❶ 良識に(あえて)逆らう態度, 臆面(おくめん)のない態度. ❷〖哲学〗キニク［キュニコス］主義, 犬儒哲学.

cynocéphale /sinosefal/ 男〖動物〗ヒヒ (= baboudin).

cynodrome /sinodroːm/ 男 ドッグレース場.

cynophile /sinofil/ 形 愛犬家の.

cyprès /siprɛ/ 男 糸杉.

cyprin /siprɛ̃/ 男〖魚類〗フナ (=*cyprin* doré).

cypriote /siprijot/ 形 キプロス島の.
— **Cypriote** 名 キプロス島の人.

cyrillique /siri(l)lik/ 形 alphabet *cyrillique* キリル文字: 今日のロシア語, ブルガリア語などの文字の母体. — 男 キリル文字.

cystite /sistit/ 女 膀胱(ぼうこう)炎.

cytise /sitiːz/ 男〖植物〗エニシダ.

cytologie /sitoloʒi/ 女 細胞学.

cytoplasme /sitoplasm/ 男 細胞質.

D, d

D¹, d /de/ 男 フランス字母の第4字.
 système D 話 うまい逃げ道；要領のよさ. 注 système des gens débrouillards を略した表現.
D² /de/《記号》❶《音楽》(フランス語音名 ré に当たる英語及びドイツ語音名の)二音；二調. ❷(ローマ数字の)50.
d《記号》déci- 10分の1の.
d' 前置詞，不定冠詞，部分冠詞 de の省略形.
DAB 男《略語》《英語》digital audio broadcasting デジタルラジオ.
d'abord /dabɔːr/ ⇨ ABORD (成句).
d'accord /dakɔːr/ 副句 ⇨ ACCORD.
dactylo /daktilo/ 名《男女同形》(dactylographe の略)タイピスト. ── 女 (dactylographie の略)タイプ技術，タイプライティング.
dactylographie /daktilɔgrafi/ 女 タイプ技術，タイプライティング. 注 dactylo と略す. ▶ apprendre la *dactylographie* タイプを習う.
dactylographier /daktilɔgrafje/ 他動 …をタイプライターで打つ. ▶ *dactylographier* une lettre 手紙をタイプする.
dactylographique /daktilɔgrafik/ 形 タイプの，タイプライターの.
Dada /dada/《文学》《美術》ダダ，ダダイスム.
dada¹ /dada/ 形《不変》ダダの，ダダイスムの. ▶ le mouvement *dada* ダダ運動.
dada² /dada/ 男 幼児語 お馬.
dada³ /dada/ 男 話 固定観念；十八番，お得意の話題.
dadais /dadɛ/ 男 間抜けな若者，とんま. 注 grand *dadais* の形で用いることが多い.
dadaïsme /dadaism/ 男《文学》《美術》ダダイスム.
dahlia /dalja/ 男《植物》ダリア.
daigner /deɲe/ 他動 ❶〈*daigner* + 不定詞〉〈目上の人が〉…してくれる. ▶ Le roi a *daigné* lui parler. 王はその者にお言葉をかけられた / *Daignez* agréer mes hommages.《手紙の末尾で》敬具 / Quand est-ce que tu vas *daigner* m'écouter?《皮肉に》いつになったら私の言うことを聞いてくれるんだい. ❷ 文章〈*daigner* que + 接続法〉…することを認める，受け入れる. 注 多く否定的表現や命令文で用いる. ▶ Elle n'a pas *daigné* que je lui rende visite. 彼女は私が訪問するのを受け入れなかった.
daim /dɛ̃/ 男 ❶《動物》ダマジカ. ❷《皮革》バックスキン.
daine /dɛn/ 女 ダマジカの雌.
dais /dɛ/ 男《祭壇，説教壇，玉座，寝台などの》天蓋(がい)；《カトリック》(行列で聖体の上に捧持(ほうじ)する)動物天蓋，バルダ.
dalaï-lama /dalailama/ 男 ダライ・ラマ(チベットラマ教の教主).

dallage /dalaːʒ/ 男 (タイルなどによる)舗装(工事)；舗装面，舗床.
dalle¹ /dal/ 女 ❶ (舗装用の)敷石，板石；タイル. ▶ un trottoir aux *dalles* de ciment セメント舗装した歩道. ❷ *dalle* funèbre 墓石. ❸ 俗 喉(②).
avoir la dalle 俗 腹ぺこだ.
se rincer la dalle 俗 酒を飲む.
dalle² /dal/ 女 俗〈n'y … que *dalle*〉何も…ない. ▶ n'y comprendre que *dalle* ちんぷんかんぷんだ / Je n'y vois que *dalle*. 何も見えないよ.
daller /dale/ 他動 …を舗装する，に敷石[タイル]を張る.
dalmate /dalmat/ 形 ダルマチア Dalmatie の. ── **Dalmate** 名 ダルマチア人.
Dalmatie /dalmasi/ 固有 女 ダルマチア：アドリア海沿岸地方.
dalmatien, enne /dalmasjɛ̃, ɛn/ 名《動物》ダルメシアン(犬).
daltonien, enne /daltɔnjɛ̃, ɛn/ 形，名 ダルトン先天色盲の(患者).
daltonisme /daltɔnism/ 男《医学》ダルトン先天色盲：特に赤と緑の知覚が失われる.
dam /dɑ̃/(慣用として /dam/ と発音されることもあるが，誤りとされている)男《神学》永遠の断罪.
au (grand) dam de qn 文章 …に損害を与えて，迷惑をかけて.
damas /dama/ 男《織物》(大柄な紋様を織り出した)ダマスク織. ▶ rideaux en *damas* vert 緑のダマスク織カーテン.
damassé, e /damase/ 形《織物》ダマスク風の. ── **damassé** 男 ダマスク風の布.
***dame** /dam/ ダム 女 ❶ 女性，レディー. 注 femme の丁寧な言い方. ▶ Comment s'appelle cette *dame*? あの女性はなんという名前ですか / Qui a téléphoné? Un monsieur ou une *dame*? だれからの電話だったの. 男の人，それとも女の人 /《 Bonjour, Monsieur Dame. 》(店，レストランなどで男女の2人連れに)「いらっしゃいませ」/ dame de fer 鉄の女 / vieille *dame* 老婦人 /《 Dames 》婦人用(化粧室) / finale dames 女子決勝 / coiffeur pour *dames* 美容師.
❷ 既婚女性，奥さん (↔demoiselle, jeune fille). ▶ Venez avec votre *dame*. 奥さんといらしてください / Ma bonne [petite] *dame*.《呼びかけで》奥さん.
❸ 貴婦人，上流階級の女性. ▶ faire la (grande) *dame* 淑女ぶる / la première *dame* de France フランスのファーストレディー(大統領夫人を指す).
❹《歴史》(貴族，特に高位の貴族の)夫人，奥方；(騎士が愛と忠誠を誓った)意中の婦人. ❺《ゲーム》(1)(カードの)クイーン；(チェスの)クイーン

(=reine). ▶ jouer la *dame* de pique スペードのクイーンを出す. (2)(jeu de) *dames* チェッカー. ▶ jouer aux *dames* チェッカーをする. (3)(ジャケ jacquet の)駒(ま);(チェッカーで駒を2つ重ねた)キング. ❻〚カトリック〛Notre *Dame* 聖母マリア. ❼ *Dame* Nature 母なる自然 / *Dame* Fortune 運命の女神.
── 間投 話 もちろん. ▶ *Dame* non! とんでもない, まさか / Mais *dame*! 当たり前さ.

damer /dame/ 他動〚チェッカー〛*damer* un pion 駒(ま)をキングに昇格させる.
damer le pion à qn 話 …に勝つ, をしのぐ.

damier /damje/ 男 ❶〚ゲーム〛チェッカーボード. ❷格子縞(じま), 碁盤縞, チェック. ▶ tissu en *damier* チェックの布地.

damnation /danasjɔ̃/ 女〚宗教〛劫罰(ごうばつ);地獄の責め苦.

damné, e /dane/ 形 ❶ 劫罰(ごうばつ)に処せられた. ❷ 話〚名詞の前で〛いまいましい, 胸くその悪い. ▶ ce *damné* rhume このいまいましい風邪.
être l'âme damnée de qn …に盲従している;に悪事をそそのかす.
── 名 劫罰を受けた人, 地獄の亡者.
suffrir comme un damné 非常に苦しむ.

damner /dane/ 他動 …を劫罰(ごうばつ)に処する, 地獄に落とす. ▶ se faire *damner* 地獄に落ちる /《目的語なしに》un péché qui *damne* 地獄行きの罪.
Dieu me damne! 本当ですよ, これはこれは, なんだって(断言, 驚き, 抗議など).
faire damner qn …をいらいらさせる, 激怒させる. ▶ Il *ferait damner* un saint. あいつは(聖人を怒らせるほど)ひどいやつだ.
── **se damner** 代動 ❶ 劫罰に処せられる;地獄に落ちる. ❷《*se damner* pour qn/qc》(身を滅すほどに)…に夢中になる. ▶ Il *se damnerait* pour elle. 彼は彼女のためならなんだってするだろう.

dan /dan/ 男《単複同形》《日本語》(柔道などの)段;有段者. ▶ Elle est troisième *dan*. 彼女は三段だ.

dancing /dɑ̃siŋ/ 男 ダンスホール.

dandinement /dɑ̃dinmɑ̃/ 男 (体などを)左右に揺らすこと;(体などの)左右の揺れ.

dandiner /dɑ̃dinmɑ̃/ 男 体を左右に揺さぶること.

se dandiner /s(ə)dɑ̃dine/ 代動 体を左右に揺する. ▶ *se dandiner* comme un canard アヒルのようにひょこひょこ動く.

dandy /dɑ̃di/ 男《英語》伊達(だて)男, ダンディー.

dandysme /dɑ̃dism/ 男 文章 ダンディズム, 伊達(だて)ぶり.

Danemark /danmark/ 固有 男 デンマーク:首都 Copenhague. ▶ au *Danemark* デンマークに[で, へ].

***danger** /dɑ̃ʒe/ ダンジェ/ 男 危険, 危険性;懸念. ▶ courir un *danger* 危険を冒す / être en *danger* 危険な状態である / sans *danger* 安全な / en cas de *danger* 非常の場合は / en *danger* de mort 死の危険にさらされている / hors de *danger* 危険を脱した /《*Danger* de mort》「生命の危険あり」(警告) / s'exposer à un *danger* 危険に身をさらす / Ça ne présente aucun *danger*. 危惧(きぐ)するには及ばない / le *danger* de hausse des prix (=risque) 物価高騰のおそれ. ◆ Il y a (du) *danger* à + 不定詞. …するのは危険だ. ▶ Il n'y a pas de *danger* à nager ici. ここで泳いでも危険ない.

danger public (1) 公共の危険. (2) 話 (公共の安全を脅かす)厄介者. ▶ Il conduit comme un fou, c'est un *danger public*. 彼はむちゃくちゃな運転をする, 本当にはた迷惑な男だ.

de tous les dangers 心配だらけの, 不安に満ちた. ▶ l'année *de tous les dangers* 不安に満ちた1年.

Il n'y a pas de danger (*que* + 接続法).(…なんて)ありえない, 心配御無用. ▶ *Il n'y a pas de danger* qu'il revienne! やつが戻ってくるなんてことはないよ /《Tu crois qu'il me prêterait de l'argent?—*Pas de danger*.》「彼が金を貸してくれると思うかい」「まさか」

dangereusement /dɑ̃ʒrøzmɑ̃/ 副 危険なまでに, 命にかかわるほどに. ▶ être *dangereusement* blessé 重傷である.

***dangereux, euse** /dɑ̃ʒrø, ø:z/ ダンジュルー, ダンジュルーズ/ 形 危険な, 恐ろしい, 有害な. ▶ zone *dangereuse* 危険な地域 / entreprise *dangereuse* 危険な企て / un produit *dangereux* à inhaler 吸い込むと有害な物質 / *dangereux* criminel 凶悪犯 / jouer un jeu *dangereux* 危険を冒す / Ton concurrent est peu *dangereux*. 君のライバルは恐れるに足りない. ◆《非人称構文で》Il est [C'est] *dangereux* de + 不定詞 …するのは危ない. ▶ Il est *dangereux* de se pencher au dehors. 外に体を乗り出すのは危険だ.

danois, oise /danwa, wa:z/ 形 デンマーク Danemark の.
── **Danois, oise** 名 デンマーク人.
── **danois** 男 ❶ デンマーク語. ❷〚動物〛グレートデン.

***dans** /dɑ̃ ダン/ 前

❶《場所》❶ …の中で, 中に. ▶ ranger qc *dans* une boîte …を箱の中に納める / se coucher *dans* l'herbe (深い)草の中に寝転ぶ / lire qc *dans* un livre …を本で読む / monter *dans* une voiture 車に乗り込む / s'asseoir *dans* un fauteuil ひじ掛け椅子に座る / marcher *dans* la rue 通りを歩く / voyager *dans* le monde entier 世界中を旅する / travailler *dans* l'édition 出版業界で働く / être fort *dans* ce domaine その分野に明るい. ◆ *dans* + 地名 ▶ *dans* le Midi 南仏で / *dans* le Calvados カルヴァドス県で.

marcher dans la rue

❷ …の中から. ▶ prendre qc *dans* un sac バッ

dansant

グの中から…を取り出す / découper un article *dans* un journal 新聞から記事を切り抜く / boire du café *dans* une tasse カップでコーヒーを飲む.

prendre un livre dans un sac

❷《状態, 状況》❶ …な状態で［での］. ▶ être assis *dans* une position inconfortable 窮屈そうな姿勢で座っている / vivre *dans* la misère 貧困の中で暮らす / entrer *dans* une grande colère 激怒する / être *dans* l'attente de qc/不定詞 …を期待している / *dans*「le but［l'intention］de + 不定詞 …するつもりで / Je l'aime beaucoup *dans* cette robe. 私はこのドレスを着ているときの彼女が大好きだ / *Dans* sa peur, elle poussa un cri. 恐怖のあまり, 彼女は叫び声をあげた.

❷ …にのっとって(=selon). ▶ agir *dans* les règles 規則どおりに行動する / édifice *dans* le style du XVIIIᵉ［dix-huitième］siècle 18世紀の様式にのっとった建物.

❸《時間》❶ …の間に, 以内に. ▶ *dans* sa jeunesse 彼(女)の若いころは［に］ / Je ferai cela *dans* la journée［matinée］. 私は昼間のうちに［午前中に］それをやるつもりだ. ◆*dans* + 定冠詞 + 時間表現 …以内に. ▶ *dans* les douze heures (qui viennent) 12時間以内に.

❷〈*dans* + 時間表現〉(今から)…後に. ▶ *Dans* combien de temps reviendra-t-il? 彼はどのくらいで戻りますか / Il part *dans* une semaine. 彼は1週間後に出発する. ⇨ 語法

❹《行為の対象》…に対する. ▶ avoir confiance *dans* 「le dollar［l'honnêteté de qn］ドル［…の誠実さ］を信頼する / mettre son espoir *dans* qn/qc …に期待をかける.

❺ 話〈*dans* les + 数詞 + 名詞〉約…(=environ). ▶ Ça vaut［coûte］*dans* les cinquante euros. それは約50ユーロする.

l'un dans l'autre すべてを考え合わせると; 結局の ところ. ▶ *L'un dans l'autre*, c'est une bonne affaire. 全体としては, これはいい話［商売］だ.

> 語法 「今から…後に」すなわち「発話の時点から行為が行われるまでの期間」は〈*dans* + 時間表現〉で表わす. 時制はおもに未来形. 現在形も可能.
> • Vous reviendrez me voir *dans* un mois. 1か月後にまた私に会いに来てください.
> • Ce travail sera terminé *dans* trois jours. この仕事は今から3日もすれば終わるだろう.
> • Je pars en France *dans* une semaine. 1週間後にフランスに発(た)ちます.
> dans の代わりに en を用いてはならない. Je dois faire ce travail en deux jours. (私はこの仕事を2日でやらなければならない)のように, en は「行為それ自体の長さ」を表わす.

**dans*ant, ante* /dãsã, ã:t/ 形 ❶ 踊る; 踊るような, 揺らめく. ▶ les flammes *dansantes* d'un feu de bois たき火の揺らめくような炎. ❷〔音楽などが〕踊りに誘う. ▶ musique *dansante* 踊りたくなるような音楽. ❸ ダンスの催しのある. ▶ soirée *dansante* ダンスパーティー.

***danse** /dã:s ダーンス/ 女 ❶ ダンス, バレエ, 舞踏. ▶ faire de la *danse* ダンスをする / *danse* classique クラシックダンス, クラシックバレエ / *danse* folklorique 民族舞踊 / chaussons de *danse* バレエシューズ / suivre des cours de *danse* moderne モダンダンスのレッスンを受ける. ❷ 舞(踏)曲, ダンスミュージック. ❸〔踊りに似た〕動き. ▶ la *danse* des flammes 炎の揺らめき.

entrer［rentrer］dans la danse = *entrer en danse* (1) ダンスの輪に加わる. (2) 話 行動を開始する; 参加する.

mener la danse (1) ダンスをリードする. (2) 話 音頭をとる, 集団行動を指揮する.

ouvrir la danse (1) 先頭を切って踊り始める. (2) 先鞭(ﾍﾞﾝ)をつける.

***danser** /dãse ダンセ/ 自動 ❶ 踊る, ダンスをする, バレエを踊る. ▶ Vous *dansez* bien あなたはダンスが上手です / *danser* en mesure 拍子をとって踊る / aller *danser* ダンスに行く / *danser* sur un air 曲に合わせて踊る / *danser* de joie 小躍りして喜ぶ; 浮かれる. ❷ 文章〔物が〕踊るような動きをする, 揺れる. ▶ Les lettres *dansaient* devant mes yeux: j'étais fatigué. 目の前の文字がちらついていた, 疲れていたのだ.

faire danser qn (1) ダンスで…と一緒に踊る. (2) 話 …をひどい目に遭わせる.

ne pas savoir sur quel pied danser どうしたらよいか分からない; 迷う, 途方に暮れる.

— 他動 …を踊る. ▶ *danser*《le Lac des Cygnes》「白鳥の湖」を踊る.

— **se danser** 代動 ❶ 踊られる. ❷〔曲などが〕踊りやすい.

***dans*eur, euse** /dãsœ:r, ø:z ダンスール, ダンスーズ/ 名 舞踏家, バレリーナ 踊り手, 踊る人. ▶ *danseur* de ballet バレリーナ / *danseuse* étoile プリマバレリーナ / Françoise est une bonne *danseuse*. フランソワーズはダンスがうまい.

danseur de corde 綱渡りの芸人 (=funambule).

en danseuse (自転車で)サドルから腰を浮かせて, 立ち乗りで.

dantesque /dãtɛsk/ 形 ❶ ダンテ Dante の, ダンテの詩の. ❷(ダンテの作品を思わせる)壮大な, ものすごい.

Danube /danyb/ 固有 男 ドナウ川: ドイツ南西部に発し黒海に注ぐ.

DAO 男《略語》dessin assité par ordinateur コンピュータ支援設計(英語 CAD).

dard /da:r/ 男 ❶(ハチ, サソリなどの)毒針, 刺針. ❷(昔の)投げ槍(ﾔﾘ). ❸ 文章 蛇の舌.

darder /darde/ 他動 *darder* qc (sur qn /qc)〔槍(ﾔﾘ), 鋭い視線など〕を(…に)投げつける, 射る. ▶ *darder* une flèche sur une biche 雌鹿(ｼｶ)目がけて矢を放つ / Il *a dardé* un regard haineux sur son rival.(=lancer) 彼はライバルを憎々しげに見つめた / Le soleil *dardait* ses rayons. 太陽は激しく照りつけていた.

dare-dare /darda:r/ 副句 話 大急ぎで; 直ちに.

darwinisme /darwinism/ 男 ダーウィニズム, ダーウィン説.

datable /databl/ 形 日付［時代］の推定［確定］できる.

DATAR 女《略語》Délégation à l'aménagement du territoire et à l'action régionale 国土整備地方開発局［振興庁］.

datation /datasjɔ̃/ 女 ❶ 年代［時代］の推定［確定］. ❷ 日付の記入.

*****date** /dat ダット/ 女

[英仏そっくり語]
英 date 日付, デート.
仏 date 日付.

❶ 日付, 年月日；日時. ▶ mettre la *date* 日付けを入れる / Quelle est la *date* aujourd'hui? 今日は何日ですか / Quelle est votre *date* de naissance? あなたの誕生日はいつですか / une lettre qui porte la *date* du 22 [vingt-deux] avril 4月22日付の手紙 / fixer la *date* d'une réunion 会合の日取りを決める / A quelle *date*? 何日にですか / *date* butoir [limite] 最終期限 / *date* d'expiration 有効期限. ◆ à la *date* du ＋日付 ▶ à la *date* du 15 [quinze] août 8月15日に［の時点で］.

❷〔歴史的, 画期的な〕事件, 出来事. ▶ La Révolution est une *date* capitale dans l'histoire de France. フランス革命はフランス史の中で極めて重要な出来事である.

à cette date その時点で, その時には. 注 過去にも未来にも用いられる. ▶ *A cette date*, je ne serai plus à Tokyo. その時には私はもう東京にはいないでしょう.

de fraîche date ごく最近（の）(=récent). ▶ une connaissance *de fraîche date* 最近知り合ったばかりの人.

de longue [vieille] date 昔から（の）. ▶ Je le connais *de longue date*. 私は彼を昔から知っている / Nous sommes des amis *de longue date*. 私たちは昔からの友人だ.

en date de ＋地名 …発の［で］. ▶ une lettre *en date de* Paris パリ発の手紙.

en date du ＋日付 …づけの［で］. ▶ un article du *Monde en date du* 27 [vingt-sept] avril 4月27日づけの「ル・モンド」紙の記事.

faire date 時代を画する. ▶ L'œuvre de Wagner *a fait date* dans l'histoire de la musique. ワーグナーの作品は音楽史上に一時代を画した.

le dernier [le premier] en date 最も新しい［古い］こと［人］；最後［最初］のこと［人］.

prendre date （会合などの）日取りを決める.

sans date (1) 日付のない. (2)（年代が分からないほど）古い.

dater /date ダテ/ 他動 ❶〔手紙, 書類などに〕日付を記入する. ▶ *dater* un document 書類に日付を入れる / une lettre *datée* du 2 avril 4月2日づけの手紙.

❷〔作品, 出来事などの〕年代［時期］を推定する. ▶ *dater* qc au carbone 14 …の年代を炭素14で推定する.

— 自動 ❶〈*dater* de qc〉〔出来事などが〕(ある時期, 時代）に始まる, さかのぼる. ▶ Cela ne *date* pas d'hier. それは昨日に始まったことではない / Ce tableau *date* d'il y a vingt ans. この絵は20年前のものである / De quand *date* cette église? この教会はいつ建てられたのですか.

❷〈*dater* dans qc〉〔出来事, 業績などが〕…において時代を画する, 重要な意味を持つ. ▶ L'invention de l'imprimerie *date* dans l'histoire. 印刷術の発明は歴史上画期的なことである.

❸〔理論, 衣服などが〕時代遅れになる. ▶ Ça commence à *dater*. これは古くなってきた.

à dater de qc …から, …以降. ▶ *à dater d*'aujourd'hui 今日から.

dateur /datœːr/ 男 日付印.

datif /datif/ 男【文法】与格.

datte /dat/ 女 ナツメヤシ（の実）.

dattier /datje/ 男 ナツメヤシ（の木）.

daube /doːb/ 女 肉の蒸し煮；蒸し煮した肉. ▶ bœuf en *daube* 牛肉の赤ワイン蒸し.

dauphin¹ /dofɛ̃/ 男 イルカ.

dauphin² /dofɛ̃/ 男 ❶《Dauphin》(国王の) 第1王子, 王太子. ▶ le Grand *Dauphin* ルイ14世の第1王子. ❷（国家元首などの）後継者；後がま.

Dauphine /dofin/ 女（フランスの）王太子妃.

Dauphiné /dofine/ 固有 男 ドーフィネ地方.

dauphinois, oise /dofinwa, waːz/ 形 ドーフィネ Dauphiné 地方の.
— **Dauphin*ois, oise*** 名 ドーフィネ地方の人. — **dauphinois** 男 ドーフィネ方言.

daurade /dɔrad/ 女【魚類】ヨーロッパヘダイ. 注 dorade ともつづる.

*****davantage** /davɑ̃taːʒ ダヴァンタージュ/ 副 ❶ よりいっそう, それ以上に. ▶ Mange *davantage*, sinon tu auras faim. もっと食べなさい, そうしないとあとでおなかがすくよ / Je n'en sais pas *davantage*. 私はそれ以上は知りません / En voulez-vous *davantage*? もっとご入り用ですか / Son frère est intelligent, mais elle l'est *davantage*. 彼女の兄［弟］も頭がよいが, 彼女はもっと上だ / Ce livre n'est pas un simple guide, mais bien *davantage*, un récit de voyage. この本は単なるガイドブックではなく本物の旅行記なのです.

❷ もっと長い間. ▶ Je ne peux rester *davantage* ici. もうこれ以上ここにはいられない / Il leur faudra attendre dix ans ou *davantage*. 彼らは10年, あるいはそれ以上待たねばならないだろう.

❸〈*davantage* de ＋ 無冠詞名詞〉より以上の…. ▶ Cette mesure causerait *davantage* de difficultés aux entreprises déjà menacées par la hausse du yen. この措置は円高で危機にある企業をますます苦境に追い込む可能性がある.

❹ 話〈*davantage* que ...〉…よりいっそう, はるかに. ▶ La qualité importe bien *davantage* que la quantité. 質は量よりもはるかに重要である.

[語法] davantage は優等比較を表わし, その点で plus と同じ働きをする. plus との違いは, davantage が動詞を修飾し, 形容詞や副詞を修飾することはないという点である. たとえば「もっと速く歩きなさい」は Marchez *plus* vite. で, Marchez *davantage* vite. とはいわない.

dB デシベル.

de

*de[1] /d(ə) ドゥ/ 前

(母音字と無音の h の前では d' となる. de + le, de + les は縮約されて du, des となる. また de + 複数不定冠詞(des), de + 部分冠詞(du など)の場合は、単に de のみになる)

> <de qn/qc>
> 《限定》…の. ▶ la voiture de Pierre ピエールの自動車.
> 《部分》…の中で、において. ▶ manger de tout 全部を少しずつ食べる.
> 《起点, 起源》…から. ▶ venir du Japon 日本から来る.
> 《原因, 手段, 様態, 程度》…で. ▶ rougir de honte 恥ずかしさで赤くなる.
> <de + 不定詞> …すること.
> <de + 形容詞[分詞]> ▶ quelque chose de bon 何かよいもの.

❶ <de qn/qc>

❶《限定》…の. ❶《所有, 所属, 作者》…の. ▶ la voiture de Pierre ピエールの自動車 / les fleurs du jardin 庭の花 / Cette toile est de Delacroix. この絵はドラクロワの作だ. 注 le livre de Pierre は「ピエール所有の本」「ピエール作の本」のどちらの意味にもなるが、人称代名詞を用いた le livre de lui は「彼の書いた本」、le livre à lui「彼の所有する本」とは区別される.

❷《主格, 目的格》…の. ▶ le rire des enfants 子供たちの笑い / le départ du train 列車の出発 / la réception d'une lettre 手紙の受領 / la crainte de la mort 死に対する恐れ. 注 l'amour de la mère (母親の [への] 愛情)のように、主格と目的格を区別できないことがある.

❸《数量, 価格》…の(⇨ Ⅰ ❸ ⑦). ▶ un voyage de cinq jours 5 日間の旅行 / une robe de mille euros 1000ユーロのワンピース.

❹《材料, 材質》…の、…でできた(=en). ▶ table de bois 木製のテーブル / pâté de foie gras フォアグラのパテ / gants de cuir 革の手袋.

❺《特徴, 性質》…の、…を持った. ▶ homme de génie 天才 / Ce dictionnaire me paraît d'une grande utilité. この辞書はとても役立つように思える.

❻《種類, 用途》…の、…用の. ▶ lycée de jeunes filles 女子高校 / chien de chasse 猟犬 / robe de chambre 部屋着.

❼《内容, 中身》…の、…の入った. ▶ une tasse de café コーヒーの入ったカップ; 1杯のコーヒー(注 une tasse à café はコーヒー(用の)カップ) / panier de cerises サクランボ 1 かご / deux bouteilles de vin ワイン 2 本 /《副詞の補語》beaucoup de fleurs たくさんの花.

❽《適合》…の、…に合った. ▶ La fourrure n'est pas de saison. 毛皮は季節外れだ / C'est bien de lui de choisir ces fleurs. この花を選ぶとはいかにも彼らしい.

❾《同格》…の、という. ▶ la ville de Paris パリの町 / la notion de liberté 自由という概念. ◆ A de B A な B. ▶ un drôle de type 変なやつ / une chienne de vie 悲惨な暮らし.

❷《部分, 集合の限定》…の中で、において. ❶《集合の限定》…のうちの [で], の中の [で]. ▶ Marie est la plus grande de sa classe. マリーはクラス中で一番背が高い / Il est de mes amis. 彼は私の友人の一人だ /《同じ名詞を繰り返して》as des as エース中のエース.

❷《部分の限定》…において、の点で. ▶ être large d'épaules 肩幅が広い / être pauvre d'imagination 想像力が貧困である / Elle est adroite de ses mains. 彼女は手先が器用だ.

❸《特定されているものの部分を表わす小辞》…の一部分(⇨ DU). ▶ J'ai goûté de ce vin. 私はそのワインをいくらか味見した / Il mange de tous les plats. 彼はどの料理にも少しずつ箸(t)をつける / Donnez-moi de vos nouvelles. 便りをください.

❸《起点, 起源, 原因, 手段, 様態, 程度》…から、…で. ❶《起点, 離脱》…から. ▶ venir du Japon 日本から来る / venir de France フランスから来る / arracher un clou de la muraille 壁から釘(ĝ)を抜く / discerner le vrai du faux 真偽を見分ける / une lettre de mon frère 兄 [弟] からの手紙 / le train de Paris パリ発の列車(注「パリ行きの列車」の意味にもなる. ⇨ Ⅰ ❸ ⑩).

❷ (1)《起源》…からの、…の出身、…の産の. ▶ Il est (originaire) de Vienne. 彼はウイーンの出身だ / Elle est née de parents pauvres. 彼女は貧しい両親から生まれた / vin de Bordeaux ボルドー産のワイン. (2)《貴族の称号》▶ le marquis de Sade サド侯爵 / les poèmes de Du Bellay デュ・ベレの詩.

❸《原因, 理由》…による、のため. ▶ rougir de honte 恥ずかしさで赤くなる / mourir d'un cancer 癌(½)で死ぬ / Il a été puni de ses fautes. 彼は過失により罰せられた.

❹《手段, 道具》…で、によって. ▶ frapper d'un bâton 棒で打つ / écrire de la main gauche 左手で書く / vivre de sa plume 文筆で生計を立てる.

❺《受動態の動作主》…によって. ▶ Elle est aimée de tous. 彼女はみんなに愛されている. 語法 ⇨ PAR[1].

❻《様態》…のように、…で. ▶ marcher d'un bon pas 早足で歩く / boire d'un trait 一気に飲む / agir de concert 協力して行動する / de cette façon そんな風に.

❼《数量, 程度》…だけ. ▶ être long [haut] de trois mètres 3 メートルの長さ [高さ] である / avancer d'un pas 一歩前進する / Il est plus âgé que moi de deux ans. 彼は私より 2 歳年上だ / Elle le dépasse de beaucoup. 彼女は彼をはるかにしのいでいる.

❽《配分》…当たり、…につき. ▶ gagner cinquante euros de l'heure 1時間当たり50ユーロ稼ぐ.

❾《主題》…について. ▶ Que pensez-vous de cela? これについてどう思いますか / Je ne sais rien de lui. 彼のことは何も知らない. ◆ De + 定冠詞 + 名詞(書名、タイトルなどで)…について、…論. ▶ Du contrat social (ルソーの)「社会契約論」

❿《方向》…の方へ [に]. ▶ le chemin du succès 成功への道 / Venez *de* ce côté. こちらへ来てください.

⓫《時間, 期間》…に, の間に. ▶ se lever *de* bon matin 朝早く起きる / le journal *d'*hier〔昨日発行された新聞→〕昨日の新聞 / travailler *de* nuit 夜働く / Il n'a rien fait *de* la journée. 彼は1日中何もしなかった / *de* nos jours 今日では.

⓬《目的語の属詞》…として. ▶ traiter qn *de* menteur …をうそつき扱いする.

⓭《動詞の間接目的語, 名詞・形容詞・副詞の補語》…に, …を. 注 起点, 起源, 原因, 主題, 方向などの意を含む. ▶ changer *de* vêtements 着替える / profiter *de* l'occasion 機会を利用する / parler *de* qc …のことを話す(⇨Ⅰ③⑨) / approcher une échelle *du* mur はしごを壁に寄せる (⇨Ⅰ③⑩) / être au courant *de* qc …を知っている(⇨Ⅰ③⑨) / être fier *de* son fils 息子が自慢である / indépendamment *de* son avis 彼(女)の意見とは無関係に.

Ⅱ《de + 不定詞**》**…すること.

❶《主語》▶ *D'*aller à l'étranger fut pour lui toute une aventure. 外国に行くことは彼にとって一大冒険であった.

❷《意味上の主語》▶ Il est facile *de* critiquer. 批判するのは易しい / C'est à nous *d'*y aller. そこへ行くべきなのは我々の方だ.

❸《主語の属詞》注 動詞は être. ▶ Le mieux est *de* rester sans rien faire. いちばんいいのは何もしないでいることだ.

❹《直接目的語》▶ cesser *de* travailler 働くのをやめる.

❺《間接目的語》▶ se contenter *de* sourire ほほえむだけである(⇨Ⅰ③⑬).

❻《名詞, 形容詞, 副詞の補語》▶ l'idée *de* voyager 旅行するという考え(⇨Ⅰ①⑨) / être heureux *de* partir 出発できてうれしい(⇨Ⅰ③③) / être loin *d'*y penser そんなことは思いもよらない.

❼《比較の que のあと》▶ Il vaut mieux mourir que (*de*) souffrir. 苦しむより死んだ方がましだ. 注 不定詞と不定詞との比較の場合, de は省略できる.

❽《意味上の従属節》▶ Elle a ri *de* le voir si maladroit. 彼女は彼がひどく不器用なのを見て笑った(⇨Ⅰ③③).

❾ 文章《物語体不定詞》〈et + 主語 + *de* + 不定詞〉単純過去に相当する用法. ▶ Elle appela au secours, et ses voisins *d'*accourir. 彼女は助けを求めた, すると隣人たちが駆けつけた.

Ⅲ《de + 形容詞[分詞]》

❶《不定代名詞のあと》▶ quelque chose *de* bon 何かよいもの / Quoi *de* neuf ? 何か新しいことがありますか / Il n'y a rien *d'*intéressant. おもしろいものは何もない / ce qu'il y a *de* (plus) comique dans cette histoire その話の(いちばん)滑稽(こっけい)な点.

❷《数量の指示のある名詞または中性代名詞 en のあと》▶ Nous avons trois jours (*de*) libres. 我々には自由になる日が3日間ある(注 この場合 de は省略できる) / Parmi ces pommes, il y en a deux *d'*abîmées. これらのリンゴのうち駄目になったのが2つある / J'en veux *de* neufs. 私はそれの新しいのが欲しい.

❸《ne ... que とともに》▶ Il n'y a *de* beau que la vérité. 真実ほど美しいものはない.

Ⅳ《特殊な用法》▶ comme *de* juste 当然のことながら / si j'étais (que) *de* vous 話 もし私があなたなら / 《感嘆文で人称代名詞強勢形を導く》Pauvre *de* moi ! なんと情けないことだ / 《強調しつつ数を数える》Et *d'*un ! et *de* deux ! 話 …1つ, 2つ….

de ... à ... …から…まで, …と…の間で. ▶ *de* la tête *aux* pieds 頭のてっぺんから足の先まで / *du* matin *au* soir 朝から晩まで / *de* trois *à* cinq personnes 3人ないし5人 / Ceci (est) *de* vous *à* moi. これはあなたと私だけの話だ / *d'*un jour *à* l'autre 間もなく, 明日にでも.

de ... en ... (1)《進展》…から…へ, 次々と…. ▶ *de* ville *en* ville 町から町へ / *de* jour *en* jour 日増しに / *de* plus *en* plus ますます. (2)《間隔》▶ *de* temps *en* temps ときどき / *de* place *en* place 所々に. (3)《周期》…ずつ, …ごとに. ▶ compter *de* dix *en* dix 10ずつ数える / *de* trois heures *en* trois heures 3時間ごとに. (4)《方向, 範囲》…から…へ(まで). ▶ *de* haut *en* bas 上から下へ(まで) / *de* bout *en* bout 端から端まで.

être d'un + 形容詞 なんと…だろう. ▶ Ce ciel est *d'un* bleu ! なんて青い空だろう.

語法 **de** と無冠詞名詞または冠詞 **+ 名詞**

(1)〈名詞1 +**de** + 名詞2(無冠詞)〉
名詞2が無冠詞の場合, 名詞2は名詞1の性質, タイプをする働きをする. 〈de + 名詞2〉が1つの形容詞のように機能していると考えてもよい.
- un livre **de** grammaire 文法の本.
- les frais **de** transport 交通費.
- des problèmes **de** société 社会問題.

(2)〈名詞1 +**de** + 名詞2(定冠詞付き)〉
名詞2に定冠詞(所有形容詞, 指示形容詞もこれに準じる)がついていることは, 名詞1と名詞2の間に従属または帰属関係があることを示し, 所有形容詞を使った置き換えが可能になる.
- une résolution **du** Conseil de sécurité (国連の)安全保障理事会の決議(→ sa résolution).
- le remboursement **des** frais de transport 交通費の払戻し(→ leur remboursement).
- le nom **de la** famille その家族の名前(→ son nom ; le nom de famille は家族にかかわる名前, すなわち姓のこと).

*****de**² /d(ə) ドゥ/ 冠詞《母音字と無音の h の前では d' となる》❶《複数不定冠詞 ; 複数名詞の前に形容詞が置かれると, 不定冠詞 des は *de* となる》▶ *de* petites tables 小さなテーブル. 注 (1) 話し言葉では des がそのまま使われることもある. (2) jeunes gens (若者), petits pois (えんどう豆) などの一体性の強い語句の前では des が普通.

❷《数量がゼロであることを示す冠詞》▶ Je n'ai pas *de* crayons. 私は鉛筆を持っていない (↔ J'ai des crayons) / Il n'y a plus d'argent. もうお金がない (↔ Il y a encore de l'argent) / Jouez sans faire de bruit. 静かに遊びなさい. 注 動詞の直接目的語についた不定冠詞・部分冠詞は, 否定表現で de となる. (⇨ 語法).

語法 Je n'ai pas de l'argent pour le gaspiller. むだに使うお金はない.

「お金がない」は Je n'ai pas d'argent. 「むだに使うお金はない」は Je n'ai pas de l'argent pour le gaspiller. である. 他動詞の直接目的語につく不定冠詞と部分冠詞は否定文中ではdeになるという規則があるが, それは否定が完全で, 名詞が示す事物の存在が全面的に打ち消される場合である. 「金はあるが, むだ遣いする金はない」というように否定が限定的である場合には, 部分冠詞, 不定冠詞がそのまま使われることがある.

(1) 〈名詞 + 形容詞〉の否定
- « Ils ont une très belle maison de campagne.—Non, ils n'ont pas **une** belle maison de campagne. C'est une toute petite maison de campagne tout à fait ordinaire. » 「彼らはとても立派な別荘を持っている」「いや, 彼らは立派な別荘なんか持っていない, どこにでもあるようなありきたりの小さな別荘だ」

(2) 対立関係にある2つのうち一方が否定され, 他方が肯定される場合
- Elle ne portait pas **une** jupe, mais un pantalon. 彼女はスカートではなく, ズボンをはいていた.
- « J'ajoute de l'eau?—Non, pas **de** l'eau. Du lait. » 「水を加えるの?」「いや, 水ではなくて牛乳だ」

dé¹ /de/ 男 ❶ さいころ, ダイス (=dé à jouer); (複数で)(さいころを用いた)ゲーム. ▶ lancer le dé さいころを振る / jouer aux dés ダイスゲームをする. ❷ 〖料理〗賽(さい)の目. ▶ couper des carottes en dés ニンジンを賽の目に切る.
Les dés sont jetés. 賽は投げられた.
un coup de dé(s) さいころの一振り; 運試し, (のるかそるかの)賭(か)け.

dé² /de/ 男 指ぬき.
dé à coudre 同 ごく小さなグラス; (飲み物の)ほんの少量. ▶ boire un dé à cognac コニャックをちょっぴり飲む.

dé- 接頭 (母音, 無音の h の前で多く dés-; s の前で多く des-) ❶「反意, 否定, 除去, 欠如」を表わす. ▶ découvrir 発見する / désagréable 不快 / désespérer 失望させる.
❷「強意」を表わす. ▶ dépasser 追い越す / déposer 下ろす, 置く.

DEA 男 〖略語〗 diplôme d'études approfondies (大学第3期課程第1年目修了の)高等研究免状.

dealer¹ /dilœːr/ 男 〖英語〗麻薬売人, ディーラー.

dealer² /dile/ 他動 話〔麻薬〕を密売する.

déambulation /deɑ̃bylasjɔ̃/ 女 文章 散歩, そぞろ歩き.

déambuler /deɑ̃byle/ 自動 散歩する, ぶらつく.

Deauville /dovil/ 固有 ドーヴィル: ノルマンディ地方の海水浴場.

débâcle /debaːkl/ 女 ❶ (河川の)解氷, 氷の流出. ❷ (軍隊の)壊走; (政府などの)瓦解(がかい), 崩壊; (会社などの)倒産.

déballage /debalaːʒ/ 男 ❶ 荷ほどき; (荷ほどきした)商品; 商品陳列. ❷ 話 (慎みのない)打ち明け話, 告白.

déballer /debale/ 他動 ❶ …の荷ほどきをする; (荷物から)…を取り出す. ▶ déballer des marchandises 商品の荷をほどく / déballer ses affaires 身の回り品を取り出す. ❷ 話〔秘密など〕を打ち明ける;〔感情, 知識など〕をさらけ出す.

se déballonner /s(ə)debalɔne/ 代動 話《軽蔑して》おじけづく, 尻込みする.

débandade /debɑ̃dad/ 女 四散すること; 敗走, 壊走.
à la débandade (1) 散り散りに. ▶ Les soldats s'enfuirent à la débandade. 兵士たちは四分五裂で敗走した. (2) 乱雑に; いいかげんに. ▶ laisser tout aller à la débandade 何もかも成り行き任せにする.

débander /debɑ̃de/ 他動 ❶〔傷口, 体の一部〕から包帯を取る. ▶ débander la plaie 傷の包帯を取る / débander les yeux à qn …の目隠しを取る. ❷ …を緩める. ▶ débander un ressort ばねを緩める.
— 自動 話 勃起(ぼっき)が萎(な)える.

se débander /s(ə)debɑ̃de/ 代動 壊走する, 散り散りになる.

débaptiser /debatize/ (p は発音せず) 他動 …を改名する;〔通り, 町など〕の名を改める.

débarbouillage /debarbujaːʒ/ 男 洗顔.

débarbouiller /debarbuje/ 他動 …の汚れを落とす; を洗う;《特に》…の顔を洗う. ▶ débarbouiller un enfant 子供の顔を洗ってやる.
— *se débarbouiller* 代動 自分の顔を洗う.

débarcadère /debarkadɛːr/ 男 船着場, 桟橋.

débardeur /debardœːr/ 男 ❶ 港湾労働者. ❷〖服飾〗タンクトップ.

débarqué, e /debarke/ 形 (船や列車などから)降りた, 陸揚げされた.
— 名 上陸者, 降りた者.
nouveau débarqué 新参者.

débarquement /debarkəmɑ̃/ 男 (荷物の)陸揚げ; 上陸, 下船, 飛行機から降りること (↔embarquement). ▶ une passerelle de débarquement (船, 飛行機の)タラップ / arrêter le criminel à son débarquement 下船した[飛行機から降り立った]ときに犯人を逮捕する / le débarquement allié en Normandie 連合軍のノルマンディー上陸作戦.

*****débarquer** /debarke/ デバルケ 自動 ❶〈débarquer + 場所〉…に上陸する, 下車する, (空港に)降り立つ. ▶ Tous les passagers ont débarqué en Corse. 乗客は全員コルシカ島に上陸した.
❷〈débarquer de qc〉(乗り物)から降りる. ▶ débarquer du train 列車から降りる.
❸ 話〈débarquer chez qn〉…の家に出し抜けにやって来る. ▶ Il a débarqué chez moi avec toute sa famille. 彼は家族全員を連れて不意に我が家にやって来た.

débit

❹ 話 近況に疎い，世間知らずである． ▶ Tu *débarques*, il est marié depuis un an. 君知らなかったの，彼は結婚して1年になるよ．
— 他動 ❶〔荷物〕を陸揚げする；〔船客〕を上陸させる；〔列車などから〕〔客〕を降ろす（↔embarquer）． ▶ *débarquer* qc sur le quai 波止場に…を陸揚げする． ❷ 話 …を厄介払いする，首にする． ❸ 事情にうとい，何も知らない． ▶ Je *débarque*. 私は何も知らないんだ．

débarras /debaʀɑ/ 男 ❶ 話 厄介払い． ❷ 物置，納戸．
Bon débarras!＝**Quel débarras!** 話（厄介払いができて）ああ，せいせいした．

***débarrasser** /debaʀase/ デバラセ/ 他動 ❶〔場所〕をかたづける；〔邪魔な物〕を取り除く． ▶ *débarrasser* la table 食卓をかたづける / *débarrasser* les assiettes 皿を下げる /〔目的語なしに〕Est-ce que je peux *débarrasser*? お皿をかたづけてもいいですか．
❷ *débarrasser* qc de A …から A を取り除く，取り払う． ▶ Il a *débarrassé* l'étagère des objets inutiles. 彼は棚のがらくたを全部かたづけた / *débarrasser* un arbre de ses branches mortes 木の枯れ枝を払う．
❸＜*débarrasser* qn de A＞…から A を取ってやる． ▶ *débarrasser* qn de son manteau …のコートを脱がせてやる / Laissez-moi vous *débarrasser* de vos valises. スーツケースをお持ちしましょう．
— se **débarrasser** 代動 ❶＜*se débarrasser* (de qc)＞（…を）かたづける，捨てる；（…から）解放される． ▶ *se débarrasser* de vieux livres 古本を処分する / *se débarrasser* de ses mauvaises habitudes 悪い習慣を断つ / Débarrassez-vous. コートをお脱ぎください．
❷＜*se débarrasser* de qn＞…を追い払う，厄介払いする；俗 …を殺す． ▶ *se débarrasser* d'un témoin gênant 邪魔な証人を消す．

***débat**¹ /deba/ デバ/ 男 ❶ 討論，議論，論争；口論． ▶ *débat* télévisé [public] テレビ[公開]討論（会）/ soulever un *débat*〔問題などが〕議論を引き起こす / ouvrir le *débat* sur la peine de mort 死刑についての論議を開始する / entrer dans ˈle vif [le cœur] du *débat* 議論の核心に迫る /〔同格的に〕dîner-*débat* 討論会を兼ねた夕食会． 比較 ⇨ DISCUSSION．
❷《複数で》〔議会，集会での〕討論；〔法廷の〕審理，弁論． ▶ les *débats* sur un projet de loi 法案の審議．

débat², **débats** /deba/ 活用 ⇨ DÉBATTRE 64
débatteur /debatœːʀ/ 男 弁舌家，論客．
débattre /debatʀ/ 64〔過去分詞 débattu，現在分詞 débattant〕間他動＜*débattre* de qc＞…を討議する，議論する；交渉する． ▶ Ils ont débattu du prix de la maison. 彼らは家の価格について話し合った．
— 他動〔問題，条件〕を討議する，議論する；交渉する． ▶ *débattre* une question 問題を討議する / *débattre* les conditions d'un pacte 条約の条件を交渉する / *débattre* un prix 値段を交渉する；値切る /《 Prix à *débattre* 》「値段は交渉次第」（張り紙の文句）．

— se **débattre** 代動 ❶ もがく；暴れる． ❷＜*se débattre* avec [contre] qc＞…と闘う，に立ち向かう． ▶ *se débattre* contre les difficultés de la vie citadine 都市生活のさまざまな問題に負けじと悪戦苦闘する． ❸〔問題などが〕討議される．

débauchage /deboʃaːʒ/ 男 解雇（＝licenciement）．
débauche /deboːʃ/ 女 ❶ 放蕩（ほうとう），不品行． ▶ vivre dans la *débauche*＝mener une vie de *débauche* 放蕩三昧（ざんまい）の生活をする / lieu de *débauche* 悪所． ❷＜une *débauche* de ＋ 無冠詞複数名詞＞おびただしい［過度の］…． ▶ une *débauche* d'enseignes lumineuses（＝profusion）ネオンサインの洪水．
faire une débauche de qc …の度を過ごす；を乱用する．
débauché, e /deboʃe/ 形，名 放埒（ほうらつ）な（人），ふしだらな（人）．
débaucher /deboʃe/ 他動 ❶ …を解雇する（＝licencier）． ▶ Cette entreprise *a débauché* cinquante personnes. この企業は50人の社員を解雇した． ❷ …を仕事などから離れさせる；引き抜く． ▶ *débaucher* un sportif スポーツ選手を引き抜く． ❸ …を気晴らしに誘う． ❹ 古風 …を堕落させる，誘惑する．
débecter /debɛkte/ 4 他動 俗 …をむかつかせる（＝dégoûter）．
débile /debil/ 形 ❶ 文章 虚弱な． ▶ un enfant *débile* 虚弱児． ❷ 話 ばかな；ばかばかしい． ▶ Il est complètement *débile*. 彼はまったく頭がどうかしている / un film *débile* くだらない映画． — 名 ❶ 知的障害者（＝*débile* mental）． ❷ 話 ばか．
débilitant, ante /debilitɑ̃, ɑ̃ːt/ 形 ❶〔体を〕衰弱させる；意気阻喪（そそう）させる． ▶ un climat *débilitant* 体に悪い気候． ❷ 話 ばかばかしい，くだらない．
débilité /debilite/ 女 ❶〔精神，知力などの〕弱さ，衰弱． ▶ être atteint de *débilité* mentale 知的障害がある． ❷ ばかばかしさ，愚かしさ．
débiliter /debilite/ 他動 …を衰弱させる；意気阻喪（そそう）させる．
— se **débiliter** 代動 衰弱する．
débinage /debinaːʒ/ 男 話 誹謗（ひぼう），中傷．
débiner /debine/ 他動 話 …をけなす，くさす． ▶ *débiner* toujours ses voisins いつも隣人の悪口を言う． — se **débiner** 代動 古風・話 逃げ出す（＝s'enfuir）．
débineur, euse /debinœːʀ, øːz/ 名 話 けちをつける人，悪口を言う人．
débit¹ /debi/ 男 ❶ 売れ行き，売り上げ高；小売り． ▶ article de faible [bon] *débit* 売れ行きの悪い［好調な］商品 / Cette boutique a du [un gros] *débit*. あの店はよく売れている． ❷ 小売り店． ▶ un *débit* de tabac たばこ販売店 / licence pour ouvrir un *débit* de boissons（カフェ，ビストロなど）酒類提供店の開店許可． ❸〔単位時間当たりの〕流量，交通量，輸送量；生産量． ▶ le *débit* moyen d'une rivière 河川の平均流量． ❹ haut *débit*〖情報〗ブロードバンド． ▶ connection (à) haut *débit* ブロードバンド接続． ❺ 話しぶり． ▶ avoir un *débit* rapide 早口である．

débit² /debi/ 男 支払うべき金, 勘定; 借方(↔crédit). ▶ inscrire [porter] au *débit* 借方に記入する / carte de *débit* デビットカード.

débitage /debitaːʒ/ 男 (木材, 石材の)ひき割り; 造材.

débitant, ante /debitɑ̃, ɑ̃ːt/ 名 (たばこ, 酒の)小売り商, 小売り店主.

débiter¹ /debite/ 他動 ❶ …を切り分ける, ひき割る. ▶ *débiter* un arbre en planches 木を板材に製材する. ❷ …を小売りする. ▶ *débiter* du tabac たばこを売る. ❸ (単位時間当たりに)…を生産する, 供給する, 輸送する. ▶ Cette usine *débite* deux milliers de voitures par jour. この工場は日に約2000台の車を生産する / un tuyau qui *débite* 1m³ [un mètre cube] d'eau par seconde 毎秒1立方メートルの水を流す導管. ❹ …をとめどなくしゃべる; 単調に読み上げる. ▶ *débiter* des fadaises ばかげたことをくどくど言う / *débiter* son discours sans conviction 自信なげに演説を棒読みする.
— **se débiter** 代動 ❶ 〔商品が〕小売りされる, 売れる. ❷ 語られる, うわさになる.

débiter² /debite/ 他動 …を借方に記入する(↔créditer) ; …の掛け売り伝票を切る. ▶ *débiter* qn d'une somme=*débiter* une somme à qn ある金額を…の借方につける [払いにする] / La banque *a débité* mille euros de son compte. 銀行の彼(女)の口座から1000ユーロ引き落とされた.

débiteur, trice /debitœːr, tris/ 名 ❶ 債務者(↔créancier). ▶ *débiteur* insolvable 支払い不能の債務者. ❷ 負い目のある人, 恩に着ている人. ▶ Je serai toujours votre *débiteur* pour le service que vous m'avez rendu. あなた(方)の御恩は決して忘れません.
— 形 債務者である, 借方の.

déblai /deblɛ/ 男 ❶ 整地, 地ならし; 開削. ❷ 《複数で》掘り出した土石, 残土.

déblaiement /deblɛmɑ̃/ 男 (障害物の)除去, 取りかたづけ作業.

déblatérer /deblatere/ ⑥ 自動 *déblatérer* contre qn/qc …をののしる, こきおろす.

déblayage /deblɛjaːʒ/ 男 整理, かたづけ; 下準備.

déblayer /debleje/ ⑫ 他動 ❶ 〔邪魔な物〕を取り除く; 〔場所〕をかたづける. ▶ *déblayer* l'entrée 入り口をかたづける / *déblayer* le grenier pour y aménager une pièce 屋根裏をかたづけて1部屋作る. ❷ …を整地する, 地ならしする.
déblayer le terrain 下準備をする, 根回しをする.
— **se déblayer** 代動 かたづけられる; 整地 [地ならし] される.

déblocage /deblɔkaːʒ/ 男 ❶ (ねじなどを)緩めること; (機械などの)ロック解除. ❷ (封鎖, 凍結の)解除; (停滞した状況から)の打開. ▶ le *déblocage* des crédits 予算の凍結解除.

débloquer /deblɔke/ 他動 ❶ 〔ねじなど〕を緩める; 〔停止してしまった機械など〕のロックを解除する. ▶ *débloquer* un écrou ナットを緩める. ❷ 〔価格など〕の凍結を解除する; 〔商品〕の流通統制を解く. ▶ *débloquer* les salaires 賃金の凍結解除する / *débloquer* des denrées alimentaires 食料品の統制を解く. ❸ 〔政府が予定外の資金, 予算〕を出すことにする. ▶ Une somme de deux millions d'euros *a été débloquée*. 200万ユーロの予算が出されることになった. ❹ 〔停滞した状況を〕打開する. ▶ *débloquer* le dossier des réfugiés 難民問題を打開する.
— 自動 話 たわごとを言う(=divaguer).
— **se débloquer** 代動 ❶ 〔ねじなどが〕緩む; 〔機械など〕のロック解除される. ❷ (停滞状態を脱して)動き出す. ❸ 話 心理的抑圧から解放される.

débobiner /debɔbine/ 他動 〔巻き枠に巻いた物〕をほどく, 伸ばす.

déboguer /debɔge/ 他動 《情報》…のバグを取る, デバッグする.

déboire /debwaːr/ 男 (多く複数で)幻滅, 失望; 不運, 失敗. ▶ éprouver [essuyer] des *déboires* 幻滅を味わう / Il a connu de nombreux *déboires* dans son travail. 彼は仕事で何度も苦杯をなめた.

déboisement /debwazmɑ̃/ 男 (山林の)伐採.

déboiser /debwaze/ 他動 〔山林〕を伐採する. ▶ *déboiser* une colline 丘の林を切り払う.
— **se déboiser** 代動 樹木が失われる.

déboîtement /debwatmɑ̃/ 男 ❶ 脱臼(だっきゅう). ❷ 車線変更.

déboîter /debwate/ 他動 ❶ 〔はまっていたもの〕を取り外す. ▶ *déboîter* la porte ドアを外す / *déboîter* des tuyaux (はめ込んであった)管を外す. ❷ …を脱臼(だっきゅう)させる. ▶ Le choc de la collision lui *a déboîté* l'épaule. 衝撃の際のショックで彼(女)は肩を脱臼した.
— 自動 (車線, 車の列から)外れる.
— **se déboîter** 代動 (自分の)…を脱臼する.
注 se は間接目的.

débonder /debɔ̃de/ 他動 〔樽(たる)〕の栓を抜く; 〔池など〕の水門を開く.
débonder son cœur つかえていた思いを吐露する.
— **se débonder** 代動 ❶ 栓が抜ける; どっとあふれ出す. ❷ 心情を吐露する.

débonnaire /debɔnɛːr/ 形 文章 温厚な; お人よしの, 甘い.

débonnairement /debɔnɛrmɑ̃/ 副 文章 温厚に; お人よしにも, 甘い態度で.

débordant, ante /debɔrdɑ̃, ɑ̃ːt/ 形 ❶ あふれんばかりの, 旺盛(おうせい)な. ▶ imagination *débordante* あふれ出る想像力. ❷ <*débordant* de + 無冠詞名詞>…に満ちあふれた. ▶ un train *débordant* de voyageurs すし詰めの列車 / être *débordant* d'espoir 希望に胸をふくらませている.

débordé, e /debɔrde/ 形 ❶ <*débordé* (de qc)>(仕事などに)忙殺された, 手いっぱいの. ▶ être *débordé* de travail 仕事に追い回されている / Il est *débordé* en ce moment. 彼は今仕事できりきり舞いだ. ❷ なすすべがない, 無力である. ▶ Le service d'ordre a été *débordé*. 公安機動隊はなすすべがなかった.

débordement /debɔrdəmɑ̃/ 男 ❶ (河川などの)氾濫(はんらん); (液体が容器から)あふれ出ること. ▶ le *débordement* d'un torrent 急流の氾濫. ❷ <*débordement* de qc>(言葉, 感情などの)横溢

(たつ), 爆発. ▶ un *débordement* d'injures とめどない悪口 / un *débordement* de joie あふれる喜び. ❸《複数で》放蕩(とう), 乱行. ❹〔情報〕オーバーフロー.

***déborder** /debɔrde デボルデ/ 自動 ❶〔河川などが〕氾濫(はんらん)する；〔容器の〕中身があふれる. ▶ fleuve qui *déborde* 氾濫する川 / verre plein à *déborder* 今にもこぼれそうなコップ / Arrête l'eau, la baignoire va *déborder*. 水を止めて、湯船があふれてしまう.
❷〈*déborder* (de qc)〉(…から)あふれる；はみ出す. ▶ L'eau a *débordé* du vase. 花瓶から水があふれた / des vêtements qui *débordent* de la valise スーツケースからはみ出している衣服 / Attention, tu *débordes*! 気をつけて、はみ出しているよ.
C'est la goutte d'eau qui fait déborder le vase. もう我慢の限界だ, 堪忍袋の緒が切れた.
faire déborder qn …の堪忍袋の緒を切らせる.
── 他動 ❶ …を越える, はみ出す. ▶ *déborder* le sujet テーマから外れる / une nappe qui *déborde* largement la table テーブルをたっぷり覆っているテーブルクロス. ❷〔裾(すそ)飾りなど〕を取る, 外す. ▶ *déborder* un rideau カーテンの縁飾りを取り除く.
déborder un enfant 子供のために〔マットレスの下へ折り込んだ〕シーツのへりを外してやる.
déborder un lit 〔マットレスの下へ折り込んだ〕シーツ〔毛布〕を引き出す.
── 間他動〈*déborder* de qc〉…であふれる, いっぱいになる. ▶ En été, Paris *déborde* d'étrangers. 夏のパリは外国人であふれている / un enfant qui *déborde* de vie 元気潑剌(はつらつ)とした子供.
── **se déborder** 代動〔マットレスの下に折り込んだ〕毛布を自分ではがす. L'enfant s'est *débordé* en dormant. 子供は寝ている間に毛布をはいでしまった.

débosseler /debɔsle/ 4 他動〔金属製品〕のでこぼこを平らにする.

débotté /debɔte/ 男《次の句で》
au débotté 着くと早々に；不意に. ▶ prendre qn *au débotté* …が到着するとすぐに会いに行く；出し抜けに…を捕まえる.

débotter /debɔte/ 他動 …の長靴を脱がせる.
── **se débotter** 代動 長靴を脱ぐ.

débouchage /debuʃaʒ/ 男〔詰まった管などを〕通すこと；〔瓶などの〕栓を抜くこと.

débouché /debuʃe/ 男 ❶ 出口, 開口部. ▶ au *débouché* d'une rue 通りへ出た所に / La Suisse n'a aucun *débouché* sur la mer. スイスは海への出口がない〔内陸国である〕. ❷〔産物, 商品の〕販路, はけ口. ▶ ouvrir des *débouchés* 市場を開拓する / Ce produit ne trouve pas de *débouchés*. この製品は売れない. ❸ 就職口. ▶ études sans *débouchés* 就職口のない404領域.

déboucher¹ /debuʃe/ 他動 ❶ …の栓を抜く, キャップを外す, 口を開ける. ▶ *déboucher* une bouteille de vin ワインの栓を抜く. ❷〔管など〕の通りをよくする. ▶ *déboucher* un tuyau 詰まった管の通りをよくする / Ce médicament *débouche* le nez. この薬は鼻の詰まりを治す.
── **se déboucher** 代動〔詰まった管などが〕開通する.

déboucher² /debuʃe/ 間他動 ❶〈*déboucher* de qc (dans [sur] qc)〉〔狭い所〕から〔広い所〕に出る；不意に現れる. ▶ *déboucher* d'une petite rue 「dans une avenue [sur une place] 小さな通りから大通り〔広場〕に出る /《目的語なしに》Une voiture *déboucha* brusquement. 車が急に飛び出してきた.
❷〈*déboucher* dans [sur] qc〉…に通じる. ▶ Cette rue *débouche* sur la place de la gare. この通りは駅前広場に通じる / La Marne *débouche* dans la Seine. マルヌ川はセーヌ川に注ぐ.
❸〈*déboucher* sur qc〉…に到達する, 帰着する. ▶ discussion qui ne *débouche* sur rien de concret なんら具体的な結論の出ない話し合い.

déboucler /debukle/ 他動 ❶ …の留め金〔バックル〕を外す. ▶ *déboucler* sa ceinture ベルトのバックルを外す. ❷〔髪の〕カールを伸ばす, パーマを取る. ▶ La pluie *l'a débouclée*. 雨で彼女は髪のカールが取れてしまった.
── **se déboucler** 代動 ❶〔ベルトなどが〕留め金が外れる. ❷〔髪が〕カールが取れる.

déboulé /debule/ 男《スポーツ》ダッシュ, 突進.

débouler /debule/ 自動 ❶ 転がり落ちる；転がるように駆け降りる. ▶ *débouler* du premier étage 2階から駆け降りる. ❷ 話 急にやって来る.
── 他動〔階段〕を急いで駆け降りる.

déboulonnage /debulɔnaʒ/, **déboulonnement** /debulɔnmã/ 男 ❶ ボルトの取り外し. ❷ 評判を傷つけること, 地位を奪うこと.

déboulonner /debulɔne/ 他動 ❶ …のボルトを取り外す, のボルトを抜いて解体する. ▶ *déboulonner* une pièce 部品を本体から外す.
❷ 話〈*déboulonner* qn (de qc)〉…を〔その地位から〕引きずり降ろす；の評判を傷つける. ▶ Il s'est fait *déboulonner* de ses fonctions. 彼はその職を解かれた.

débourrer /debure/ 他動 …の詰め物を取り除く；を掃除する. ▶ *débourrer* une pipe パイプの吸いがすを取る.

débours /debu:r/ 男《多く複数で》立て替え金.

déboursement /debursəmã/ 男 支出, 支払い.

débourser /deburse/ 他動《自前で》〔金〕を支払う. ▶ *débourser* une somme importante 大枚をはたく / sans rien *débourser* 無料で, ただで.

déboussolage /debusɔlaʒ/ 男 途方に暮れること, 困惑.

déboussol*ant*, *ante* /debusɔlã, ã:t/ 形 話 人を困惑させる.

déboussolé, e /debusɔle/ 形 話 途方に暮れた, 先の見通しがない, 困惑した.

déboussoler /debusɔle/ 他動 話 …を困惑させる.

***debout** /dəbu ドゥブー/ 副
❶ 立って. ▶ Ne restez pas *debout*. Asseyez-vous. 立っていないで、お座りください / se mettre *debout* 立ち上がる / se tenir *debout* 立ったままでいる / mettre qc *debout* …をまっすぐ立てる / voyager *debout*（乗り物の中で）立っている / manger *debout* 立ったまま食べる / dormir *de-*

débouter

bout 立ったまま眠る, とても眠い / place *debout* 立ち席（↔place assise）.

❷ 起きて, 目覚めて. ▶ Tu es encore *debout* à cette heure? こんな時間にまだ起きているの / Je suis *debout* à six heures tous les matins. 私は毎朝6時に起きる.

❸ 病気から回復して. ▶ Il s'est remis *debout* rapidement. 彼はすぐに元気になった[起きられるようになった].

❹ 壊れずに, 倒れずに; 廃れずに. ▶ Cette muraille est encore *debout*. その城壁はまだ残っている.

être debout   se mettre debout

mettre debout 「*une affaire* [*un projet*]」事業[計画]の基礎を作る.

mourir debout 仕事の最中に死ぬ; 死ぬまで活動を続ける.

「*ne pas* [*ne plus*]」*tenir debout* くたくたに疲れている.

tenir debout《多く否定的表現で》〔理論などが〕整合性を持っている, 成り立つ.

—— 間投 立て, 起きろ. ▶ *Debout*! Il est déjà dix heures. 起きなさい, もう10時だよ / Debout, les morts! みんな起きろ.

—— 形《不変》立った. ▶ spectateurs *debout* 立ち見の観客 / station *debout* 立った姿勢.

vent debout 向かい風, 逆風.

débouter /debute/ 他動 <*débouter* qn de qc>〔…の〕…を却下する. ▶ Le tribunal l'a *débouté* de sa demande. 法廷は彼の請求を却下した.

déboutonner /debutɔne/ 他動〔ボタン〕を外す; 〔服〕のボタンを外す. ▶ *déboutonner* une chemise ワイシャツのボタンを外す.

—— **se déboutonner** 代動 ❶（自分の服の）ボタンを外す. ❷ 話 心置きなく話す, 胸のうちを打ち明ける.

débraillé, e /debrɑje/ 形 ❶〔服装などが〕だらしのない;〔人が〕だらしのない服装[身なり]の. ❷ 下卑た, 慎みのない. ▶ conversation *débraillée* 下品な会話.

—— **débraillé** 男（服装などの）だらしなさ; だらしのない身なり.

débranchement /debrɑ̃ʃmɑ̃/ 男（電気製品の）電源を切ること, コンセントを外すこと.

débrancher /debrɑ̃ʃe/ 他動〔電気製品〕のプラグを抜く（=déconnecter）.

débrayage /debrɛjaʒ/ 男 ❶（自動車などの）クラッチを切ること. ▶ appuyer sur la pédale de *débrayage* クラッチペダルを踏む. ❷ 時限ストライキ.

débrayer /debrɛje/ 12 他動 …のクラッチを切る, クラッチペダルを踏む.

—— 自動 俗 時限ストライキをする.

débridé, e /debride/ 形 解き放たれた; 歯止めのない. ▶ imagination *débridée* 奔放な想像

力.

débrider /debride/ 他動 ❶《多く過去分詞形で》〔感情, 想像力など〕を解き放つ, 自由にする.

❷〔外科〕〔膿瘍〕などを切除する.

—— **se débrider** 代動〔創造力などが〕解放される; 気ままに振る舞う.

débris /debri/ 男 ❶《多く複数で》破片, かけら; くず, 残滓（ざん）. ▶ ramasser les *débris* d'une bouteille 瓶のかけらを拾い集める / retrouver des *débris* de l'avion accidenté 墜落した飛行機の残骸（ざん）を見つける.

❷《多く複数で》文章 名残, 残存物, 残存者. ▶ se partager les *débris* de la fortune 残った財産を分け合う / les *débris* d'une armée 敗残兵.

débrouillage /debrujaːʒ/, **débrouillement** /debrujmɑ̃/ 男 ❶（糸などのもつれの）解きほぐし. ❷（謎（なぞ）, 問題などの）解明.

débrouillard, arde /debrujaːr, ard/ 形, 名 話《よい意味で》要領がよい(人), 機転の利く(人).

débrouillardise /debrujardiːz/ 女 話 機転, 要領のよさ.

*__débrouiller__ /debruje/ デブルイエ/ 他動 ❶〔糸など〕のもつれを解く. ▶ *débrouiller* des papiers 書類を整理する.

❷〔紛糾など〕を解明する. ▶ La police a eu du mal à *débrouiller* l'affaire. 警察は事件を解明するのに苦労した.

❸ 話 …に手ほどきをする. ▶ *débrouiller* un élève en maths 生徒に算数の基本を教える.

—— **se débrouiller** 代動 話（難局, 困難を）切り抜ける; うまくやる. ▶ *se débrouiller* avec ce qu'on a 持ち合わせでなんとか間に合わせる / *se débrouiller* pour obtenir une bourse うまいことやって奨学金を手に入れる / Il ne parle pas l'anglais couramment, mais il *se débrouille*. 彼の英語は流暢（りゅうちょう）ではないが, なんとか通じる / *Débrouillez-vous*. 自分でなんとかしなさい.

débroussailler /debrusɑje/ 他動 ❶〔地面など〕から雑草雑木を刈り払う. ▶ *débroussailler* un sentier 小道を開く.

❷〔問題〕を解明する;〔文章〕を分かりやすくする.

débucher /debyʃe/ 自動〔獲物が〕茂みから飛び出す.

—— 他動〔獲物〕を（茂みなどから）追い出す.

débudgétiser /debydʒetize/ 他動〔財政〕〔公共事業など〕を国家予算の枠から外し独立させる, 独立財源確保に切り替える.

débusquement /debyskəmɑ̃/ 男〔獲物を森から〕追い出すこと;（敵を陣地から）追い立てること.

débusquer /debyske/ 他動 <*débusquer* qn/qc (de qc)>（森から）〔獲物〕を追い出す;（陣地から）〔敵〕を追い出す.

*__début__ /deby/ デビュ/ 男 ❶ 初め, 始まり, 冒頭;《複数で》（科学, 芸術などの）草創期. ▶ du *début* (jusqu')à la fin 最初から最後まで / dès le *début* de l'année prochaine 来年早々に / découvrir un cancer à son *début* 癌（がん）を早期発見する / J'ai raté le *début* de ce film. この映画の出だしを見損なった / salaire de *début* 初任給 / Ce n'est qu'un *début*. これはまだ序の口だ / Ce n'est pas mal pour un *début*. 最初にしては悪くない. ◆*début* + 年号[月] …初めに. 注 副詞的用法. ▶ Il est arrivé *début* juillet. 彼は7月初めに着いた. 比較 ⇨ COMMENCEMENT.

❷《複数で》デビュー, 初舞台. ▶ faire ses *débuts* dans le monde 社交界にデビューする / avoir des *débuts* difficiles 苦労して世に出る.

❸〈un *début* de + 無冠詞名詞〉…の兆し, 気配. ▶ un *début* de reprise économique 景気回復の兆候 / trouver un *début* de solution 解決の糸口を見つける.

au début = *tout au début* = *au tout début* 初めは, 最初のうちは (= au commencement).

au début de qc …の初めに. ▶ *au début du* mois de mars 3月の初めに.

en début de + 無冠詞名詞 …の初めに. ▶ téléphoner à qn *en début d'*après-midi 午後の早い時間に…に電話する.

(en) être *à ses débuts* [*à son début*] 世に出たばかりである. ▶ Ce projet en *est* encore *à ses débuts*. この計画はまだ始まったばかりだ.

***débutant, ante** /debytɑ̃, ɑ̃:t/ デビュタント, デビュタントゥ/ 名 初心[入門]者; 新人. ▶ cours pour *débutants* 入門講座 /《*Débutants* acceptés》「未経験可」(求人広告で) / faux *débutant* 少しだけかじったことのある初心者.
— 形 駆け出しの, 新人の; 初心者の. ▶ pianiste *débutant* 新人ピアニスト.
— **débutante** 名 社交界にデビューする娘.

***débuter** /debyte/ デビュテ/ 自動 ❶〈人が〉第一歩を踏み出す; デビューする. ▶ *débuter* comme metteur en scène 演出家として仕事を始める / *débuter* dans la vie 社会に出る / *débuter* dans le monde 社交界にデビューする / *débuter* 「au théâtre [sur les planches] 初舞台を踏む / un début en août au théâtre à mille euros par mois 初任給1000ユーロの仕事 / Il *débute*, sois gentil avec lui. まだ新米だからやさしくしてやれ.

❷〈物事が〉始まる, スタートする (= commencer). ▶ Cette entreprise *a* mal *débuté*. その会社の滑り出しはよくなかった / Le concert *débute* à sept heures. コンサートの開演は7時です.
— 間他動 〈*débuter par qc/不定詞*〉まず最初に…する; …から始まる. ▶ Cette sonate *débute* par un allegro. このソナタはアレグロで始まる.

deçà /dəsa/ 副 こちらに. 注 現在では次の成句でのみ用いられる.

en deçà こちら側に, 手前に (↔ au-delà). ▶ Ne passez pas le fleuve, restez *en deçà*. 川を渡らないでここにいなさい.

en deçà de qc (1) …のこちら側に, 手前に. ▶ La poste est située *en deçà de* l'école. 郵便局は学校の手前にある. (2) …に達せずに, …以下で. ▶ Les résultats sont bien *en deçà de* l'attente. 結果は期待をかなり下回っている / Ce qu'il dit est très *en deçà de* la vérité. 彼の言っていることは真実から程遠い.

déca /deka/ 男 décaféiné の略.

déca- 接頭「10」の意;《計量単位》デカ (記号 da).

décacheter /dekaʃte/ 4 他動 …を開封する, の封印を破る. ▶ *décacheter* une lettre 手紙を開封する.

décade /dekad/ 女 ❶10年間. 注 英語からの借用語法. フランス語では décennie という. ❷《歴史》旬日: 革命暦で10日間..

décadenasser /dekadnase/ 他動 …の錠を外す. ▶ *décadenasser* une porte ドアの鍵(錠)を開ける.

décadence /dekadɑ̃:s/ 女 ❶〈文化, 社会などの〉衰微, 凋落(ちょうらく); 退廃, デカダンス. ▶ tomber en *décadence* 衰退する / la *décadence* d'une civilisation 文明の没落 / la *décadence* des mœurs 風俗の退廃. ❷(ローマ帝国の)退廃期.

décadent, ente /dekadɑ̃, ɑ̃:t/ 形 ❶ 凋落(ちょうらく)した, 衰微している; 退廃した. ▶ période [époque] *décadente* 衰退期 / art *décadent* 頽唐(たいとう)的芸術. ❷(19世紀末の)デカダン派の.
— **décadent** 男 デカダン派作家[芸術家].

décaféiné /dekafeine/ 男 カフェインレスコーヒー. 注 話し言葉では déca と略す.
— **décaféiné, e** 形 カフェイン抜きの. ▶ café *décaféiné* カフェインレスコーヒー.

décagonal, ale /dekagonal/;《男複》**aux** /o/ 形《数学》10角形の, 10辺形の.

décagone /dekagɔn/ 男 10角形, 10辺形.

décaissement /dekɛsmɑ̃/ 男 箱から出すこと; (預金の)引き出し, 払い出し.

décaisser /dekese/ 他動 ❶(箱, ケースから)…を取り出す. ▶ *décaisser* des marchandises 商品をケースから出す.
❷(金庫, 財布などから)〔金〕を引き出す; 支払う. ▶ *décaisser* une grosse somme 大金を支払う.

décalage /dekalaːʒ/ 男 ❶(位置や時間の)ずれ, 間隔; 列車のダイヤ変更. ▶ *décalage* horaire 時差 / Il y a huit heures de *décalage* horaire entre la France et le Japon. フランスと日本の時差は8時間だ / subir un *décalage* d'horaire (列車などの)時刻が変更になる / *décalage* de date 日程の変更.
❷ ギャップ, 食い違い. ▶ le *décalage* entre le rêve et la réalité 夢と現実の落差.

décalaminage /dekalaminaːʒ/ 男 (エンジンのピストン, バルブなどに付着した)カーボンの除去, カーボン落とし.

décalaminer /dekalamine/ 他動 〔エンジンのピストン, バルブなど〕のカーボンを除去する.

décalcification /dekalsifikasjɔ̃/ 女《医学》灰分低下減: カルシウムの減少.

décalcifier /dekalsifje/ 他動《医学》〔生体〕からカルシウムを奪う, に脱灰を起こす.
— **se décalcifier** 代動 カルシウム不足になる.

décalé, e /dekale/ 形〔位置, 時間〕がずれた. ▶ Le départ du car est *décalé* d'une heure. バスの出発は1時間ずれている.
「*se sentir* [*être*] *décalé* (*par rapport à qn/qc*) (…との)ずれを感じる, ギャップがある.
— 名 人並みがいやな人.

décaler /dekale/ 他動 …(の位置, 時間)をずらす, 変える. ▶ *décaler* le tableau vers la droite 絵を右にずらす / *décaler* un horaire 発着時刻を変更する. ◆*décaler* qc de + 数量表現 …を…だけずらす, 変える. ▶ J'ai *décalé* mon départ de

deux journées. 出発を2日延期した.
— **se décaler** 代動 (位置が)ずれる. ▶ *Décalez-vous* d'un rang. 一列ずれて下さい.

décalitre /dekalitr/ 男 デカリットル, 10リットル.

décalogue /dekalɔg/ 男【聖書】十戒.

décalquage /dekalka:ʒ/, **décalque** /dekalk/ 男 (カーボン紙やトレーシングペーパーによる)複写[転写](画).

décalquer /dekalke/ 他動 (カーボン紙やトレーシングペーパーを敷いて)(絵, デッサンなど)を複写する, 転写する.

décamètre /dekamɛtr/ 男 デカメートル, 10メートル.

décamper /dekɑ̃pe/ 自動 話 (急いで)立ち去る, 逃げ出す, ずらかる (=s'enfuir, 話 filer).

décantage /dekɑ̃ta:ʒ/ 男, **décantation** /dekɑ̃tasjɔ̃/ 女 ❶ (液体の)上澄みを移し取ること. ❷ 文章 (状況などの)明確化.

décanter /dekɑ̃te/ 他動 ❶ (不純物を沈殿させて)〔液体〕の上澄みを移し取る. ▶ *décanter* du vin ワインの上澄みを移し取る.
❷ 文章 〔思想など〕を明確にする, 整理する.
— 自動 (不純物が沈殿して)〔液体〕が澄む (=se décanter).
— **se décanter** 代動 ❶ (不純物が沈殿して)〔液体〕が澄む. ❷ 文章〔考え, 状況などが〕明確になる (=se clarifier).

décapage /dekapa:ʒ/ 男 (金属の表面の)錆(さび)[汚れ]落とし.

décapant /dekapɑ̃/ 男 汚れ落とし液; 洗剤.
— **décap*ant, ante*** 形 斬新な.

décaper /dekape/ 他動〔金属など(の表面)〕の汚れ[錆]を落とす.
— **se décaper** 代動〔金属などが〕汚れ[錆]を落とされる.

décapitation /dekapitasjɔ̃/ 女 斬首(ざんしゅ)(の刑).

décapiter /dekapite/ 他動 ❶ …の首を斬(き)る. ❷ …の頭部[先端]を切り取る. ▶ *décapiter* un arbre 木の梢(こずえ)を払う. ❸ (首脳部を排除して)〔党, グループなど〕を骨抜きにする. ▶ *décapiter* un complot 陰謀の親玉を逮捕する.

décapotable /dekapɔtabl/ 形 幌(ほろ)が折り畳める[取り外せる]. — 女 コンバーチブル, 幌付きオープンカー (=voiture décapotable).

décapoter /dekapɔte/ 他動〔自動車〕の幌(ほろ)を折り畳む[取り外す].

décapsuler /dekapsyle/ 他動〔瓶〕の栓を外す.

décapsuleur /dekapsylœ:r/ 男 栓抜き.

se décarcasser /s(ə)dekarkase/ 代動 話 非常に苦労する; 懸命に努力する.

décasyllabe /dekasi(l)lab/, **décasyllabique** /dekasi(l)labik/ 形 10音綴(おんてつ)[音節]の.
— **décasyllabe** 男 10音綴詩句.

décathlon /dekatlɔ̃/ 男【スポーツ】十種競技.

décathlonien /dekatlɔnjɛ̃/ 男【スポーツ】十種競技選手.

décati, e /dekati/ 形 若々しさを失った, 老け込んだ; 容色の衰えた.

décatir /dekati:r/ 他動〔織物〕を艶(つや)消しする, の光沢を取る. — **se décatir** 代動 若々しさを失う, 老け込む.

décavé¹, e /dekave/ 形, 名 ❶ 賭(かけ)で無一文になった(人). ❷ 破産した(人).

décavé², e /dekave/ 形 やつれ果てた, 肉の落ちた. ▶ des yeux *décavés* 落ちくぼんだ目.

décaver /dekave/ 他動 …の賭(かけ)金をすっかり巻き上げる. — **se décaver** 代動 賭金をすっかり巻き上げられる.

décédé, e /desede/ 形 (公式用語で)死亡した, 物故した. 比較 ⇨ MORT².

décéder /desede/ ⑥ 自動 (助動詞は être)《公式用語で》死亡する, 逝去(せいきょ)する. ▶ Il *est décédé* il y a dix ans. 氏は10年前に死亡した.

décelable /deslabl/ 形 見破れる, 見抜きうる. ▶ sans cause *décelable* 原因がよく分からないまま.

déceler /desle/ ⑤ 他動 ❶ …を見つけ出す, 見分ける. ▶ *déceler* un secret 秘密を見つける / *déceler* une fuite de gaz ガス漏れを発見する.
❷〔物が〕…を示し, の兆候を表わす. ▶ Le ton de sa voix *décelait* une certaine inquiétude. (=révéler) 彼(女)の声の調子には何か不安な気持ちが表われていた.
— **se déceler** 代動 暴かれる;〔隠れていたものが〕現れる, 明らかになる.

décélération /deselerasjɔ̃/ 女 ❶ (車, ロケットなどの)減速 (↔accélération). ❷ (上昇率などの)鈍化, ペースダウン. ▶ noter une *décélération* de l'inflation インフレが鈍化しているのが分かる.

décélérer /deselere/ ⑥ 自動 ❶〔車が〕減速する;〔ドライバーが〕車のスピードを落とす (↔accélérer). ❷〔物価上昇, 経済成長率などが〕鈍化する.

:**décembre** /desɑ̃:br/ デサーンブル 男 12月.

décemment /desamɑ̃/ 副 ❶ 礼儀正しく, きちんと. ▶ se tenir *décemment* 礼儀正しく振る舞う. ❷ まずまず, 人並みに. ▶ vivre *décemment* (経済的に)人並みの生活をする. ❸ (多くは文頭で)普通, 常識では. ▶ *Décemment*, il ne pouvait pas refuser cette offre. 普通ならその申し出を彼が断れるはずはなかった.

décence /desɑ̃:s/ 女 ❶ 礼儀正しさ; 節度, 慎み; 品位. ▶ s'habiller avec *décence* きちんとした服を着る / une affiche contraire à la *décence* 品のないポスター / avoir la *décence* de se taire 遠慮して口をつぐむ.

décennal, ale /desenal/;(男 複) **aux** /o/ 形 ❶ 10年(間)の. ▶ garantie *décennale* 10年間の保証. ❷ 10年ごとの. ▶ fête *décennale* 10年祭.

décennie /deseni/ 女 10年間.

décent, ente /desɑ̃, ɑ̃:t/ 形 ❶ 礼儀正しい, つつましい, 品のよい. ▶ tenue *décente* きちんとした身なり / 《非人称構文で》Il eût été plus *décent* de refuser. 断る方がむしろ礼儀にかなっていただろう. ❷ まずまずの, 妥当な程度の. ▶ Elle joue du piano d'une manière *décente*. 彼女はなんとか人並みにピアノを弾く.

décentralisa*teur*, *trice* /desɑ̃tralizatœ:r, tris/ 形 地方分権の, 地方分権を行う. ▶ politique *décentralisatrice* 地方分権化政策.
— 名 地方分権論者.

décentralisation /desɑ̃tralizasjɔ̃/ 女 (行政,

décentraliser /desɑ̃tralize/ 他動 …を地方分権化する, 地方に分散させる. ▶ une gigantesque entreprise qui *a été décentralisée* 地方に分散化した巨大企業 / *décentraliser* l'Administration 行政機関を地方分権化する.
— **se décentraliser** 代動 地方に分散する, 地方分権化する.

décentrer /desɑ̃tre/ 他動 …の中心をずらす;〖写真〗〔レンズ〕をあおる.

déception /desɛpsjɔ̃/ 女 失望, 落胆, 幻滅. ▶ causer une *déception* à qn …を失望させる / Il y a eu de nombreuses *déceptions* dans sa vie. 人生において彼(女)は多くの幻滅を味わった.

décernement /desɛrnəmɑ̃/ 男 文章 (賞などの)授与.

décerner /desɛrne/ 他動 ❶ ⟨*décerner* qc (à qn)⟩ (…に)〔賞など〕を授与する. ▶ Le jury lui *a décerné* le premier prix pour son œuvre. 審査員は彼(女)の作品に1等賞を授与した. ❷〖法律〗〔令状など〕を発する. ▶ *décerner* un mandat d'arrêt contre qn …に逮捕状を発する.

décès /desɛ/ 男 (官庁用語で)死亡, 逝去 (敬) (=mort). ▶ constater le *décès* de qn …の死亡を確認[証明]する / acte de *décès* 死亡証明書.

décev*ant, ante* /des(ə)vɑ̃, ɑ̃ːt/ 形 失望させる, 期待外れの. ▶ résultat *décevant* 期待外れの結果.

décevoir /des(ə)vwaːr/ 45 他動 (過去分詞 déçu, 現在分詞 decevant) …を失望させる, がっかりさせる. ▶ Vous me *décevez* beaucoup. あなたには本当にがっかりした / Je *suis déçu* par son attitude. 私は彼(女)の態度に失望している / *décevoir* la confiance de qn …の信頼を裏切る.

décevr- 活用 ⇨ DÉCEVOIR 45

déchaîn*é, e* /deʃene/ 形 ❶ 荒れ狂った, すさまじい. ▶ une mer *déchaînée* 荒れ狂う海 / une ambition *déchaînée* 燃えたぎる野心.
❷ 激昂(げっこう)した; ひどく興奮した. ▶ être *déchaîné* contre qn/qc …に対して激怒している.

déchaînement /deʃenmɑ̃/ 男 荒れ狂うこと; (感情の)爆発. ▶ le *déchaînement* d'un typhon 台風の猛威 / un *déchaînement* de colère 怒りの爆発.

déchaîner /deʃene/ 他動 ❶ …の鎖を解く. ▶ *déchaîner* un chien 犬の鎖をはずす.
❷〔感情〕を爆発させる;〔対立など〕を引き起こす. ▶ *déchaîner* la colère de qn …を激怒させる / *déchaîner* un conflit 紛争を引き起こす.
— **se déchaîner** 代動 ❶〔嵐 (あらし) などが〕荒れ狂う; 〔感情が〕爆発する. ▶ Sa fureur *s'est déchaînée*. 彼(女)の怒りが爆発した.
❷〔人が〕激昂(げっこう)する, (手のつけられないほど)興奮して騒ぎ出す. ▶ *se déchaîner* contre qn/qc …に対して怒り狂う.

déchanter /deʃɑ̃te/ 自動 話 幻想[期待]を捨てる; がっかりする.

décharge /deʃarʒ/ 女 ❶ 負担の軽減. ▶ C'est une grosse *décharge* pour la famille. それは家計にとって負担の相当な軽減になる. ❷ (公共の)ごみ捨て場 (=*décharge* publique). ❸ 発砲; 一斉射撃. ❹〖電気〗放電 (=*décharge* électrique). ▶ recevoir une *décharge* 感電する. ❺〖刑法〗(罪の)減免. ▶ témoin à *décharge* (↔charge) 被告人側の証人. ❻〖商法〗(債務の)弁済; 弁済証書; (配達品の)受領証.
à la décharge de qn …の弁護のために. ▶ Il faut dire, *à sa décharge*, qu'il a été trompé. 弁護のために彼はだまされたということを言っておかねばならない.

déchargement /deʃarʒəmɑ̃/ 男 荷降ろし, 陸揚げ.

:décharger /deʃarʒe/ デシャルジェ/ 2

過去分詞 déchargé	現在分詞 décharg*eant*
直説法現在 je décharge	nous décharg*eons*
tu décharges	vous déchargez
il décharge	ils déchargent

他動 ❶ …から荷を降ろす;〔荷〕を降ろす. ▶ *décharger* un bateau 船荷の陸揚げをする / *décharger* une machine à laver 洗濯機から洗濯物を出す / *décharger* des passagers 乗客を降ろす.
◆*décharger* qn de qc …の(荷)を降ろしてやる. ▶ Laissez-moi vous *décharger* de ce sac. このバッグを私に持たせてください.
❷ ⟨*décharger* qn de qc⟩〔義務, 責任など〕から…を解放する, **免除する**; の負担を軽減する. ▶ *décharger* qn de l'obligation de faire qc …にーする義務を免除する / Il *a été déchargé* de ce travail pénible. 彼はそのつらい仕事から外してもらった.
❸ …の嫌疑を晴らす, 無実を証明する. ▶ un témoignage qui *décharge* l'accusé 被告の無実を証明する証言.
❹ ⟨*décharger* qc (sur qn)⟩ (…に向けて)〔銃器〕を撃つ, 発射する. ▶ Il *a déchargé* son pistolet sur la foule. 彼は群衆に向けてピストルをぶっ放した.
❺〔銃器〕から弾を抜く.
*décharger **sa colère** [**sa rate, sa bile**] (**sur qn**)* 話 (…に)怒りをぶちまける.
décharger sa conscience (告白して)心の重荷を降ろす.
— 自動 話 射精する.
— **se décharger** 代動 ❶ 積み荷[重荷]を降ろす. ▶ Le navire *se décharge*. 船が積み荷の陸揚げする. ◆*se décharger* de qc …を降ろす. ▶ *se décharger* d'un fardeau 重荷を降ろす.
❷ ⟨*se décharger* de qc⟩ …を免れる, から解放される. ❸ ⟨*se décharger* de qc sur qn⟩ …に〔仕事など〕を任せる, 押しつける;〔責任など〕を転嫁する. ▶ *se décharger* d'une faute sur un autre 間違いを他人のせいにする.

décharn*é, e* /deʃarne/ 形 やせ細った.

déchaussement /deʃosmɑ̃/ 男 靴を脱がせること[脱ぐこと].

déchausser

déchausser /deʃose/ 他動 …の靴を脱がせる．— **se déchausser** 代動 ❶ 靴を脱ぐ．❷ 根元を露出させる．▶ une dent qui *se déchausse* 根元が露出した歯．

dèche /dɛʃ/ 女 俗 貧窮，無一文．▶ être dans la *dèche* すかんぴんだ．

déchéance /deʃeɑ̃ːs/ 女 ❶ 落ちぶれること，堕落；(地位，名声などの)失墜；衰退．▶ La passion du jeu l'a mené à la *déchéance*. 賭博(と)に狂って彼は身を落とした / la *déchéance* d'une civilisation 文明の没落 / *déchéance* physique 体力の衰え．▶ proclamer la *déchéance* de la royauté 王制の廃止を宣言する / la *déchéance* de la puissance paternelle 父権の失効．

déchet /deʃɛ/ 男 ❶ 《多く複数で》廃棄物，ごみ；(加工による)切りくず，削りくず．▶ *déchets* industriels 産業廃棄物．❷ みじめな人間．
Il y a du déchet. 話 むだがある，使いものにならないものがある．

déchiffonner /deʃifɔne/ 他動 〔布，紙〕のしわを伸ばす．

déchiffrable /deʃifrabl/ 形 解読できる．

déchiffrage /deʃifraːʒ/ 男 音符の読み．

déchiffrement /deʃifrəmɑ̃/ 男 暗号文，難解な文字などの]解読，判読．

déchiffrer /deʃifre/ 他動 ❶ …を解読する，判読する．▶ *déchiffrer* des hiéroglyphes 象形文字を解読する．❷ …を見抜く，理解する．▶ *déchiffrer* les intentions de qn …の意図を見抜く．❸ 〔音楽〕〔楽譜，音符〕を読む．

déchiffreur, euse /deʃifrœːr, øːz/ 名 (暗号，文字などの)解読者，判読者．

déchiquetage /deʃiktaʒ/ 男 細かく切り刻むこと．

déchiqueté, e /deʃikte/ 形 ❶ ずたずたの，ばらばらの．❷ ぎざぎざの．▶ montagnes *déchiquetées* (形がぎざぎざになった)起伏の激しい山々．

déchiqueter /deʃikte/ 4 他動 …をずたずた[ばらばら]にする，引きちぎる，切り刻む．▶ Ses pantoufles *ont été déchiquetées* par le chien. 彼(女)のスリッパは犬にずたずたに食いちぎられた．

déchirant, ante /deʃirɑ̃, ɑ̃ːt/ 形 胸を引き裂くような，悲痛な；〔苦痛などが〕激しい．▶ spectacle *déchirant* 痛ましい光景 / cri *déchirant* 悲痛な叫び．

déchiré, e /deʃire/ 形 ❶ 裂けた，破れた；擦り傷を負った．▶ une chemise *déchirée* 破れたシャツ．❷ (精神的に)引き裂かれた，苦しんでいる．❸ 〔国，集団などが〕分裂した．

déchirement /deʃirmɑ̃/ 男 ❶ 引き裂くこと，破れること．▶ le *déchirement* d'un muscle 肉離れ．❷ 悲痛な思い．▶ La mort de son ami lui a été un grand *déchirement*. 友達の死は彼(女)にとって悲痛な体験だった．❸ 〔国，集団などの〕分裂．

***déchirer** /deʃire/ デシレ 他動 ❶ …を引き裂く，破る．▶ *déchirer* une lettre 手紙を引き裂く / *déchirer* son pantalon à un clou 釘(ǧ)に引っかけてズボンにかぎ裂きを作る．❷ …に激しい苦痛を与える，を苦しめる．▶ une toux qui *déchire* la poi-

trine 胸が裂けるようなひどい咳(ť)／ Le hurlement des sirènes m'*a déchiré* les oreilles. サイレンの響きが私の耳をつんざいた / *déchirer* (le cœur de) qn …の胸を引き裂く．
❸ 〔国，集団など〕を分裂させる，引き裂く．▶ La guerre civile *a déchiré* ce pays en deux. 内戦はこの国を2つに引き裂いた．
❹ 激しく批判する；《若者言葉》厳しく叱る．
déchirer le silence 静寂を破る．
déchirer le voile (ベールを破る→)真実を暴く．
— **se déchirer** 代動 ❶ 引き裂かれる，破れる．▶ Sa robe *s'est déchirée* en s'accrochant. 彼女のワンピースはひっかかって破れてしまった / Attention, tu vas *te déchirer*! 気をつけて，服が破れるよ．❷ (自分の)…に裂傷を負う，を擦りむく．▶ se は間接目的．/ *se déchirer* les mains 手を擦りむく．❸ 〔国，集団などが〕分裂する．❹ 苦しめ合う，中傷し合う．

déchirure /deʃiryːr/ 女 裂け目，破れ目；裂傷．▶ Cette robe a une *déchirure* dans le dos. このドレスは背中に裂け目がある / *déchirure* musculaire 筋裂，肉離れ．

déchoir /deʃwaːr/ 34 自動 《不定詞と過去分詞以外は稀》《過去分詞 déchu》《助動詞は avoir または être》古 文章 ❶ 〔人が〕身を落とす，値打ちを下げる；〔名声，権威などが〕落ちる．▶ Sa popularité *a beaucoup déchu*. 彼(女)の人気はずいぶん下落した．❷ <*déchoir* de + 所有形容詞 + 名詞>(地位など)を失う．▶ *déchoir* de sa réputation 名声を失う．— 他動 降格させる．▶ *déchoir* Pluton de son statut de planète 冥王星を惑星の地位から下ろす．

déchristianisation /dekristjanizasjɔ̃/ 女 非キリスト教化，キリスト教の棄教．

déchristianiser /dekristjanize/ 他動 …にキリスト教を捨てさせる，をキリスト教化する．

déchu, e /deʃy/ 形 (déchoir の過去分詞) <*déchu* (de qc)> (名声，権威などを)失った，失墜した；失脚した．▶ homme politique *déchu* 失脚した政治家 / ange *déchu* 堕天使 / Il est *déchu* de ses privilèges. 彼は特権を失った．

déci- 接頭 「10分の1」の意；〔計量単位〕デシ(記号 d)．

décidé, e /deside/ 形 ❶ 決然とした．▶ un homme *décidé* 毅然(ǎ)とした人 / parler d'un ton *décidé* 断固たる口調で話す．
❷ 明らかな，疑いのない．▶ avoir un goût *décidé* pour le cinéma 根っからの映画好きである．
❸ 決まった．▶ C'est *décidé*, nous partons. よし決まった，出かけよう / C'est (une) chose *décidée*. それはもう決まったことだ．

décidément /desidemɑ̃/ 副 《多く文頭で》まったく，確かに；どう考えても．▶ *Décidément*, cette femme est folle. まったく，あの女は頭がおかしいよ．

***décider** /deside/ デシデ 他動

❶ <*décider* qc // *décider* de + 不定詞 // *décider* que + 直説法/条件法>…を決める，決定する．▶ *décider* un plan de travail 仕事の計画を決定する / *décider* la date du déménagement 引っ越しの日取りを決める / Elle *a décidé* qu'elle passerait ses vacances en Sicile. 彼女はシチリア島で休暇を過ごすことに決めた / 《目的語なしに》C'est moi qui *décide*. 決めるのは私だ / (C'est) à vous de *décider*. 決めるのはあなただ / Je vous laisse *décider* pour moi. 私の代わりにお決めになって結構です. ◆ *décider* + 間接疑問節 ▶ Je n'*ai* pas encore *décidé* quand je partirai. いつ出発するか、まだ決めていない.

❷ <*décider* qn à qc/不定詞>…に…を**決心させる**. ▶ Je l'*ai décidé* à démissionner. 私は彼に退職を決意させた.

❸ <*décider* de qc>…を**決定づける、引き起こす**. ▶ Ces scandales *ont* finalement *décidé* le renvoi du directeur. この一連のスキャンダルがついに所長の更迭の決め手となった.

— 間他動 <*décider* de qc>…を**決める、について判断[決定]を下す**. ▶ *décider* du jour de la réunion 会合の日取りを決める / Ce concours *décidera* de son avenir. この試験で彼(女)の将来が決まるだろう. ◆ en *décider* 決着をつける、決める. ▶ Le sort en a *décidé* ainsi. 運命はこのような決着をつけた.

— ***se décider*** 代動 ❶ **決心する**. ▶ *Décidez-vous*, donc! さあ, 腹を決めたまえ. ◆ *se décider* à qc/不定詞 (考えた末)…に決める. ▶ *se décider* à une opération chirurgicale 手術の決心をする / Il *s'est décidé* à venir. 彼はやって来る決心をした. ◆ *se décider* pour qc/qn …の方に決める. ▶ Elle *s'est* enfin *décidée* pour la robe rouge. 彼女はようやく赤いドレスを選んだ. ❷ **決定される、決まる; 決着がつく**. ▶ Leur départ *s'est décidé* très vite. 彼らの出発は速やかに決まった.

語法 *décider de* と *se décider à*

<*décider de* + 不定詞>が「…することを決める」であるのに対して, <*se décider à* + 不定詞>は「迷った末, いろいろ考えた結果…することにする」というニュアンスである.

(1) <*décider de* + 不定詞>
- Quand j'ai eu dix-huit ans, j'ai décidé de partir en Angleterre pour apprendre l'anglais. 私は18になったとき、イギリスに行って英語を勉強しようと決心した.

(2) <**se décider à** + 不定詞 [pour qc]>
- J'ai longtemps réfléchi, et finalement je me suis décidé à annuler ce voyage. 私はずいぶん考えたが、結局この旅行は取りやめることにした.

◆ (2)の方は迷いや考慮を表わす語 (hésitation, réflexion) や「ついに、とうとう」enfin, finalement などとともに用いることが多い.

décigramme /desigram/ 男 デシグラム, 10分の1グラム.

décilitre /desilitr/ 男 デシリットル, 10分の1リットル.

décimal, ale /desimal/; 《男複》*aux* /o/ 形 〔数学〕❶ 10進法の. ▶ le système *décimal* 10進法. ❷ 小数の. ▶ nombre *décimal* = fraction *décimale* 小数 / virgule *décimale* 小数点.
— **décimale** 女 小数. ▶ la deuxième *décimale* 小数第2位.

décimaliser /desimalize/ 他動 〔計量単位, 貨幣単位など〕を10進法にする.

décimer /desime/ 他動 …を大量に殺す. ▶ L'épidémie a *décimé* cette ville. その疾病は、この町の多くの人命を奪った.

décimètre /desimetr/ 男 ❶ デシメートル(記号 dm): 10センチ. ❷10センチのものさし.

décisif, ive /desizif, i:v/ 形 決定的な、決め手になる. ▶ moment *décisif* 決定的瞬間 / bataille *décisive* 決戦 / avoir une influence *décisive* sur la vie de qn …の人生に決定的な影響を与えている.

*****décision** /desizjɔ̃/ デシズィヨン/ 女 ❶ **決定, 決心; 決議, 議決**. ▶ prendre une *décision* 決定[決心]する / parvenir à une *décision* 決定に至る / le pouvoir de *décision* 決定権 / *décision* judiciaire 裁判所の決定 / Sa *décision* est prise. 彼(女)の決心はついた. ◆ prendre la *décision* de + 不定詞 …する決心[決定]をする. ▶ Le comité a pris la *décision* d'accepter ce plan. 委員会はこの計画を認める決定を下した.
❷ **決断力**. ▶ avoir [montrer] de la *décision* 決断力がある [を示す] / manquer de *décision* 優柔不断である / avoir l'esprit de *décision* 果断な精神の持ち主である / agir avec *décision* 決然と行動する.

décisionnaire /desizjɔnɛ:r/ 形 名 決定権のある(人).

décisionnel, le /desizjɔnɛl/ 形 意思決定の, 決定に関する.

déclamateur, trice /deklamatœ:r, tris/ 名 (軽蔑して) 大げさな朗読者 [演説家].
— 形 大げさな, 演説口調の.

déclamation /deklamasjɔ̃/ 女 ❶ 朗読 [朗唱] 法. ❷ 大げさな表現, 仰々しい演説.

déclamatoire /deklamatwa:r/ 形 〔表現が〕大げさな, 誇張した; 演説調の.

déclamer /deklame/ 他動 ❶ …を朗読する, 朗唱する. ❷ (軽蔑して) …を誇張して言う.
— 間他動 文章 <*déclamer* contre qn/qc>…をのしる, 論難する. ▶ *déclamer* contre l'injustice 不正を糾弾する.

déclarable /deklarabl/ 形 〔税などが〕申告されるべき.

*****déclaration** /deklarasjɔ̃/ デクララスィヨン/ 女 ❶ 宣言, 発表, 声明, 表明. ▶ faire une *déclaration* 声明を発表する / suivant sa propre *déclaration* 彼(女)自身の言明によれば / *Déclaration* des droits de l'homme et du citoyen (フランス革命の) 人権宣言(1789年8月26日) / *déclaration* de guerre 宣戦布告.
❷ 愛の告白 (= *déclaration* d'amour). ▶ faire une [sa] *déclaration* à qn …に愛の告白をする / C'est une *déclaration*? それプロポーズよ?
❸ 届け出, **申告**, 宣告. ▶ faire une *déclaration* à la police 警察に届け出る / *déclaration* en douane 税関申告 / faire sa *déclaration* de revenus 確定申告をする / *déclaration* de naissance 出生届.

déclaré, e /deklare/ 形 公然の; 明白な. ▶

déclarer

être l'ennemi *déclaré* de qn …の公然の敵である.

*__déclarer__ /deklare/ デクラレ/ 他動 ❶ <*déclarer* qc (à qn) // *déclarer* que + 直説法>(…に)…を表明する, 宣言する; …と述べる. ▶ *déclarer* ses sentiments à qn …に自分の気持ちをはっきり述べる / *déclarer* la guerre à un pays ある国に宣戦布告する / *déclarer* son amour à qn …に愛を告白する / *déclarer* la séance ouverte 開会を宣言する / Je *déclare* que je n'accepterai aucun compromis. はっきり言っておきますが, いっさい妥協はしませんからね. ◆*déclarer* qc/qn + 属詞 …を…と宣言する, 宣告する. ▶ *déclarer* qn coupable …の有罪を宣告する. 比較 ⇨ PARLER¹.
❷ …を申告する, 届け出る. ▶ *déclarer* des marchandises à la douane 税関に商品を申告する / *déclarer* ses revenus (au fisc) (税務署に)確定申告をする / Rien à *déclarer*? (税関で)申告するものはありませんか.

— **se déclarer** 代動 ❶〔災害, 病気などが〕発生する. ▶ L'incendie *s'est déclaré* vers minuit. 火災は真夜中ごろに発生した / Une épidémie de grippe *s'est déclarée*. インフルエンザが流行しはじめた. ❷ 自分の意見を述べる; 愛の告白をする. ▶ Il ne veut pas *se déclarer* sur ce point. この点について彼は意見を述べたがらない. ◆*se déclarer* pour [contre] qn/qc …に賛成[反対]の意を表明する. ▶ Il *se déclare* contre les armements atomiques. 彼は核武装に反対の意見だ. ❸〈*se déclarer* + 属詞〉自分が…だと明言する. ▶ Il *se déclare* lésé dans cette affaire. 彼はこの件の被害者だと申し立てている.

déclassé, e /deklɑse/ 形 ❶ 等級[地位]の下がった, 降格した; 落伍(ごう)した. ▶ hôtel *déclassé* ランクを下げられたホテル. ❷ 分類[配列]を乱された. — 名 社会的地位を失った人, 落伍者.

déclassement /deklɑsmɑ̃/ 男 等級の下げ, 降格;(地位, 階級からの)落伍(ごう), 脱落; 等級変更.

déclasser /deklɑse/ 他動 ❶ …の等級[地位]を下げる, 格下げする, 脱落させる. ▶ se plaindre d'être *déclassé* dans son nouvel emploi 新しい職場で地位が下がることに不平を言う.
❷ …の分類[配列]を乱す. ▶ *déclasser* des livres 本の分類を乱す.

déclassifier /deklasifje/ 他動 …の機密扱いを解除する.

déclenchement /deklɑ̃ʃmɑ̃/ 男 ❶ 止め装置を外すこと. ❷ 始動, 開始. ▶ le *déclenchement* d'une guerre 戦争の勃発(ぼっ). 比較 ⇨ COMMENCEMENT.

déclencher /deklɑ̃ʃe/ 他動 ❶ …の止め装置を外す; を始動させる. ▶ Ce bouton *déclenche* la sonnette d'alarme. このボタンを押すと警報器が鳴り出す. ❷ …を(突然)引き起こす. ▶ *déclencher* le rire de tous (=provoquer) みんなの笑いを誘う / *déclencher* une guerre 戦争を引き起こす / Les syndicats vont *déclencher* une grève générale. 組合はゼネストに突入する構えだ. 比較 ⇨ COMMENCER.
— **se déclencher** 代動 ❶ 起こる, 始まる. ❷ 始動する, スイッチが入る. L'alarme *s'est déclenchée* toute seule. 警報が勝手に鳴った.

déclencheur /deklɑ̃ʃœːr/ 男 ❶ 始動装置, 引き外し装置. ❷(カメラの)シャッター.

déclic /deklik/ 男 ❶ 始動装置[ボタン]. ▶ faire jouer un *déclic* 始動装置を作動させる. ❷(始動装置の作動する)かちっという音. ▶ le *déclic* de l'appareil photographique カメラのシャッター音.

déclin /deklɛ̃/ 男 ❶ 衰え, 退潮, 下り坂. ▶ le *déclin* de la popularité d'un chanteur ある歌手の人気の衰え / civilisation en *déclin* 衰退しつつある文明. ◆(être) sur son *déclin* 衰えつつある. ❷(日の)傾き;(月が)欠けること;(月日, 人生などの)終わり. ▶ *déclin* du jour 日暮れ.

déclinable /deklinabl/ 形【言語】〔名詞, 形容詞が〕(性, 数, 格に応じて)語尾変化する.

déclinaison /deklinɛzɔ̃/ 女【言語】曲用,(性, 数, 格の)語尾変化.

déclinant, ante /deklinɑ̃, ɑ̃ːt/ 形 衰えつつある;〔日などが〕傾きかけた.

décliner /dekline/ 自動 ❶ 衰える, 下り坂になる, 凋落(ちょう)する. ▶ Le vieil homme *déclinait* de jour en jour. 老人は日ごとに弱っていった / Sa popularité *a* beaucoup *décliné* depuis quelque temps. しばらく前から彼(女)の人気はがた落ちだ. ❷〔日が〕傾く.
— 他動 ❶ …を辞退する, 断る. ▶ *décliner* une invitation 招待を辞退する / *décliner* toute responsabilité いかなる責任も負わない. ❷【法律】(訴訟に)…を拒否する. ❸〔自分の氏名, 肩書きなど〕を述べる, 名乗る. ▶ *décliner* ses nom, prénom, date et lieu de naissance 氏名, 生年月日, 出生地を述べる. ❹【文法】…の(性, 数, 格の)語尾変化をさせる, …を活用する. ❺〔製品〕をシリーズ化する.
— **se décliner** 代動 ❶【文法】〔名詞, 代名詞, 形容詞が〕語尾変化する, 曲用する. ❷(様々な状況に応じて)変化する. ▶ Le mimétisme peut *se décliner* selon le sexe. 模倣癖というものは男性と女性とで違いがありうる.

déclivité /deklivite/ 女 傾斜.

décloisonnement /deklwazɔnmɑ̃/ 男(行政, 学問, 教育, 制度などの)隔壁の除去.

décloisonner /deklwazɔne/ 他動〔行政, 学問, 教育, 制度など〕の隔壁を取り除く.

déclouer /deklue/ 他動 …の釘(ぎ)を抜く.

déco /deko/ 形〈不変〉(*décoratif* の略)装飾の, 装飾的な. ▶ le style art *déco* (1920年代の)アールデコ様式.

décocher /dekɔʃe/ 他動 ❶〔矢〕を射る, 放つ. ❷〔言葉, 視線など〕を投げかける, 放つ. ▶ *décocher* des injures 罵詈雑言(ばり)を浴びせる / *décocher* un regard terrible 怖い目でにらみつける. ❸〔一撃〕を食らわす.

décoction /dekɔksjɔ̃/ 女 煎出(せん); 煎じ薬.

décodage /dekɔdaːʒ/ 男 コード[暗号]解読, デコード.

décoder /dekɔde/ 他動〔コード, 暗号〕を解読する, デコードする.

décodeur /dekɔdœːr/ 男 ❶【情報】デコーダ, 解読機. ❷【言語】コード解読者.

décomprimer

décoiffer /dekwafe/ 他動 ❶ …の髪を乱す；[古風]…の帽子［かぶり物］を取る．▶ Le vent l'*a décoiffée*. 風で彼女の髪が乱れた［帽子が飛ばされた］． ❷ …の栓を抜く；ふた［キャップ］を取る．
Ça décoiffe. 話 すごい，大事(はんこ)だ．
— **se décoiffer** 代動 ❶ (敬意を表して)帽子［かぶり物］を脱ぐ．❷ 自分の髪を乱す［解く］．

décoincer /dekwɛ̃se/ 他動 ❶ …の楔(くさび)を外す．❷ (挟まったものを取り除いて)…を動くようにする．❸ 話 …の気持ちを楽にさせる．
— **se décoincer** 代動 ❶ ［挟まっていた物が］外れる；動くようになる．❷ 話 気が楽になる，リラックスする．

décois, décoit /deswa/ 活用 ⇨ DÉCEVOIR 45
décoiv- 活用 ⇨ DÉCEVOIR 45

décolérer /dekɔlere/ 6 自動 (多く否定的表現で)怒りを静める，機嫌を直す．▶ Elle ne *décolère* pas depuis deux jours. 彼女はこの2日間，ずっと御機嫌ななめだ．

décollage /dekɔlaːʒ/ 男 ❶ (飛行機の)離陸(↔ atterrissage)．❷ (経済の)離陸，テイクオフ．

décollement /dekɔlmɑ̃/ 男 ❶ はがすこと；はがれること．❷『医学』剥離(はく)．▶ *décollement* de la rétine 網膜剥離．

décoller /dekɔle/ 他動 …をはがす．▶ *décoller* un timbre d'une enveloppe 封筒から切手をはがす．
— 自動 ❶［飛行機などが］離陸する，飛び立つ．▶ L'avion pour New York vient de *décoller*. ニューヨーク行きの飛行機は離陸したばかりだ．❷ (経済的に)発展する；停滞を脱する．❸ 話 (多く否定的表現で) ⟨*décoller* de qc⟩…から離れる，立ち去る．▶ Cet enfant ne *décolle* pas de la télévision. この子はテレビから離れようとしない．❹ 話 やせる，やつれる；衰弱する．❺『スポーツ』(陸上・自転車競技などで一団から)脱落する．
— **se décoller** 代動 はがれる，離れる；『医学』剥離(はく)する．

décolleté, e /dekɔlte/ 形［服が］胸［肩，背］をあらわにした；［女性が］襟ぐりの大きい服を着た．▶ une robe *décolletée* ロープデコルテ．
— **décolleté** 男 ❶ 胸［肩，背］の露出部分．▶ Elle a un beau *décolleté*. 彼女は胸元［肩，背中］が美しい(デコルテがよく似合う)．❷ 襟あき．▶ *décolleté* bateau［carré, en pointe］ボート［スクエア，ブイ］ネック / être en grand *décolleté* (襟ぐりの深い)イブニングドレスを着ている．

décolleter /dekɔlte/ 4 他動［服が女性］の胸［肩，背］を露出する；［服］の襟ぐりを大きくする．

décolonisation /dekɔlɔnizasjɔ̃/ 女 非植民地化．

décoloniser /dekɔlɔnize/ 他動［植民地］を独立させる，解放する．

décolorant, ante /dekɔlɔrɑ̃, ɑ̃ːt/ 形 (布地などを)漂白する，色あせさせる；(頭髪を)脱色させる．
— **décolorant** 男 漂白剤；頭髪脱色剤．

décoloration /dekɔlɔrasjɔ̃/ 女 ❶ 変色，退色．❷ 漂白；(頭髪の)脱色．

décoloré, e /dekɔlɔre/ 形 変色した，色あせた；脱色した；血の気のない．▶ un vêtement *décoloré* 色あせた服．

décolorer /dekɔlɔre/ 他動 …を変色させる，退色させる；の生気を失わせる．▶ Le soleil *a décoloré* les rideaux. 日に当たってカーテンの色があせた．❷［髪］を脱色する．
— **se décolorer** 代動 ❶ 変色する，退色する；生気がなくなる．▶ Sa robe favorite *s'est décolorée* au soleil. 彼女のお気に入りの服は日光で色あせてしまった / Son visage *s'est décoloré*. 彼(女)の顔は青ざめた．❷ *se décolorer* les cheveux［髪］を脱色する．注 se は間接目的．

décombres /dekɔ̃ːbr/ 男複 (崩れた建物の)残骸(がい)，瓦礫(がれき)．▶ des blessés enfouis sous les *décombres* 瓦礫の下敷きになった負傷者たち．

décommander /dekɔmɑ̃de/ 他動 ❶［商品］の注文を取り消す；［招待，会合］を取り消す．▶ *décommander* une robe ドレスの注文を取り消す / *décommander* un repas 会食を取り消す．❷ …に(注文，招待，会合の)取り消しを知らせる．▶ *décommander* des invités 招待客に会合中止を通知する．
— **se décommander** 代動 (承諾した会合，招待の)取り消しを知らせる．▶ *se décommander* à la dernière minute ぎりぎりになってキャンセルする．

décompacter /dekɔ̃pakte/ 他動『情報』［圧縮されたデータ］を解凍する．

décomplexé, e /dekɔ̃plɛkse/ 形 話 劣等感から解放された；気持ちが楽になった．

décomplexer /dekɔ̃plɛkse/ 他動 …の劣等感［コンプレックス］を取り除く；気持ちを楽にする．

décomposable /dekɔ̃pozabl/ 形 分解しうる．

décomposé, e /dekɔ̃poze/ 形 ❶ 分解された；分析された．❷ 腐敗［変質］した．❸［顔，表情が］ゆがんだ，ひきつった．

décomposer /dekɔ̃poze/ 他動 ❶ …を分解する，分割する．▶ *décomposer* de l'eau par électrolyse 水を電気分解する / *décomposer* une phrase en propositions 文を節に分解する．❷ …を腐敗［変質］させる．▶ La chaleur *décompose* la viande. 暑気は肉を腐らせる．❸［顔，表情］をゆがめる．▶ La souffrance *décomposait* ses traits. 苦しみで彼(女)の顔はゆがんでいた．
— **se décomposer** 代動 ❶ ⟨*se décomposer* en qc⟩…に分解される．❷ 腐敗［変質］する．▶ cadavre qui *se décompose* 腐敗する死体．❸［表情が］ゆがむ，ひきつる．▶ Son visage *se décomposa* de terreur. 彼(女)の顔は恐怖にゆがんだ．

décomposition /dekɔ̃pozisjɔ̃/ 女 ❶ 分解；分析．▶ *décomposition* chimique 化学分解．❷ 腐敗，変質；崩壊．▶ viande en état de *décomposition* 腐っている肉 / la *décomposition* d'une société 社会の崩壊．❸ (表情の)ゆがみ，ひきつり．

décompresser /dekɔ̃prese/ 他動 ❶ …を減圧する．❷『情報』［圧縮されたデータ］を解凍する．
— 自動 話 リラックスする，息抜きをする．

décompression /dekɔ̃presjɔ̃/ 女 ❶ (気体の)圧力軽減，減圧．❷『医学』accidents de *décompression* 潜水病，ケイソン病．

décomprimer /dekɔ̃prime/ 他動 …の圧力を下

げる [なくす].
décompte /dekɔ̃:t/ (p は発音せず) 男 ❶ (支払・受取総額からの)割引; 控除; 差額. ❷ 細目計算, 明細書. ▶ le *décompte* du salaire 給与明細.

faire le décompte (1) 割り引く, 割引額を計算する. (2) 割り引いて考える.

décompter /dekɔ̃te/ (p は発音せず) 他動 …を差し引く, 割り引く, 控除する. ▶ *décompter* les frais de voyage 旅費を控除する.
— 自動 〔時計が〕時を打ち違える.

déconcentration /dekɔ̃sɑ̃trasjɔ̃/ 女 地方分散, 拡散. ▶ la *déconcentration* industrielle 工業の地方分散.

déconcentrer /dekɔ̃sɑ̃tre/ 他動 ❶ …を地方に [各地に] 分散させる. ▶ *déconcentrer* une autorité 官庁を分散させる. ❷ …の注意をそらす.

déconcertant, ante /dekɔ̃sɛrtɑ̃, ɑ̃:t/ 形 面食らわせる, 当惑させる, 意表を突く. ▶ résultats déconcertants 意外な結果.

déconcerter /dekɔ̃sɛrte/ 他動 ❶ …を狼狽(ろうばい)させる, まごつかせる. ▶ Sa réponse m'a *déconcerté*. 彼(女)の返事に私は面食らった. ❷ 文章 〔計画など〕を挫折(ざせつ)させる, 失敗させる.

déconditionner /dekɔ̃disjɔne/ 他動 …を心理的束縛から解放する.

déconfit, ite /dekɔ̃fi, it/ 形 がっかりした; 当惑した. ▶ air *déconfit* しょんぼりした様子.

déconfiture /dekɔ̃fity:r/ 女 ❶ 話 権威失墜, 失敗, 敗北. ❷ 話 (金融業者などの)倒産. ▶ tomber en *déconfiture* 破産する.

décongélation /dekɔ̃ʒelasjɔ̃/ 女 解凍.

décongeler /dekɔ̃ʒle/ 5 他動 〔凍ったもの〕を溶かす, 解凍する.

décongestion /dekɔ̃ʒɛstjɔ̃/ 女, **décongestionnement** /dekɔ̃ʒɛstjɔnmɑ̃/ 男 混雑緩和, 過密解消.

décongestionner /dekɔ̃ʒɛstjɔne/ 他動 ❶ 〔人, 体の部分〕の充血(うっけつ)を治す. ❷ …の混雑を緩和する.

déconnecter /dekɔnɛkte/ 他動 ❶ 〖電気〗…の接続を切る, を開放する, 断線する. ❷ <*déconnecter* qn/qc (de qc)> …を(…から)分離する. ▶ être déconnecté de la réalité 現実から切り離されている.
— **se déconnecter** 代動 <*se déconnecter* (de qc)> (…から)切り離される, 自らを解放する.

déconner /dekɔne/ 他動 話 ばかなことを言う, ばかなまねをする. ▶ Faut pas *déconner*! ふざけたことを言うなよ.

sans déconner 冗談抜きに, 真剣に.

déconnexion /dekɔnɛksjɔ̃/ 女 ❶ 〖電気〗(回路の)開放. ❷ 分離, 断絶.

déconseiller /dekɔ̃seje/ 他動 <*déconseiller* qc à qn // *déconseiller* à qn de + 不定詞>…に…をやめるよう忠告する, しないよう勧める. ▶ C'est *déconseillé* それはやめたほうがいい / Je vous *déconseille* de le faire. しないほうがいい / Les bains de soleil me *sont déconseillés*. 私は日光浴をしないようにと言われている.

déconsidération /dekɔ̃siderasjɔ̃/ 女 文章 不評, 信用失墜. ▶ tomber en [dans la] *déconsidération* 評判を落とす.

déconsidérer /dekɔ̃sidere/ 6 他動 …の評判を悪くさせる, 信用をなくさせる. ▶ Ce scandale l'*a déconsidéré* auprès du public. そのスキャンダルで彼の世評は地に落ちた.
— **se déconsidérer** 代動 評判を落とす, 信用を失う.

déconstruction /dekɔ̃stryksjɔ̃/ 女 解体, 脱構築.

déconstruire /dekɔ̃strɥi:r/ 他動 …を解体する, 脱構築する.

décontamination /dekɔ̃taminasjɔ̃/ 女 (放射能, 化学廃棄物などの)汚染除去.

décontaminer /dekɔ̃tamine/ 他動 …の汚染を除去する.

décontenancer /dekɔ̃tnɑ̃se/ 1 他動 …を狼狽(ろうばい)させる, まごつかせる. ▶ Cette objection l'*a décontenancé*. この反論で彼はしどろもどろになった.
— **se décontenancer** 代動 狼狽する, うろたえる.

décontracté, e /dekɔ̃trakte/ 形 ❶ リラックスした, くつろいだ. ▶ réunion *décontractée* 気楽な集まり / tenue *décontractée* ラフな服装 / Restez *décontracté*. 楽にしてください. ❷ 話 (緊張した当たり前の場で)ずうずうしいほど落ち着いた; ぞんざいな. ❸ 〔筋肉が〕弛緩(しかん)した.

décontracter /dekɔ̃trakte/ 他動 ❶ 話 …の緊張を解く, を気楽にさせる. ❷ 〔筋肉〕を弛緩(しかん)させる. — **se décontracter** 代動 緊張が緩む; リラックスする, くつろぐ.

décontraction /dekɔ̃traksjɔ̃/ 女 ❶ リラックスすること, のんびりすること; 屈託のなさ, 気楽さ. ❷ (筋肉の)緊張緩和, 弛緩(しかん).

déconvenue /dekɔ̃vny/ 女 失望, 落胆. ▶ Quelle *déconvenue*! がっくりだ.

décor /dekɔ:r/ 男 ❶ (家屋, 室内などの)装飾. ❷ (演劇の)舞台装置, 背景; 〖映画〗美術, セット. ▶ un *décor* praticable (書き割りでない)実物の装置. ❸ 景観; 生活の場, 環境. ▶ un *décor* pittoresque 絵のような眺め / un *décor* de verdure 緑に囲まれた環境 / habiter dans un *décor* sordide 薄汚れた界隈(かいわい)に住む. ❹ 外見, うわべ. ▶ Tout cela n'est qu'un *décor*. そんなものはみな虚飾でしかない. ❺ 絵柄, 模様.

aller [entrer] dans le(s) décor(s) 話 〔車が〕道路わきに突っ込む.

changement de décor (1) 〖演劇〗舞台転換. (2) 状況 [状勢] の急変; 環境の一変.

décorateur, trice /dekɔratœ:r, tris/ 名 ❶ 装飾家; 《特に》室内装飾家, インテリアデザイナー (=*décorateur* d'intérieurs). ❷ (舞台の)装置家; 〖映画〗セットデザイナー, 美術部.

décoratif, ive /dekɔratif, i:v/ 形 ❶ 装飾の, 装飾用の, 飾りになる. ▶ peinture *décorative* 装飾用絵画 / motifs *décoratifs* 彩飾模様 / arts *décoratifs* 装飾芸術. ❷ 話 〔人が〕座を明るくする, 華やかにする; (悪い意味で)〔表現, 役割などが〕装飾本位の, お飾りの.

décoration /dekɔrasjɔ̃/ 女 ❶ 飾り付け, 装飾(法); 《多く複数で》装飾品. ▶ *décoration* intérieure 室内装飾 / changer la *décoration* d'une maison 家の室内装飾を変える. ❷ 勲章.

décoré, e /dekɔre/ 形 ❶ 飾られた, 装飾を施された; 彩飾された. ❷ 勲章を受けた.
— 名 受勲者; レジオンドヌール勲章受勲者.

***décorer** /dekɔre デコレ/ 他動 ❶ …を飾る, 装飾する. ▶ *décorer* un appartement アパルトマンの内装をする / *décorer* un gâteau ケーキに飾り付けをする / *décorer* une table avec des fleurs 机に花を飾る. ❷ <*décorer* qn (de qc)>…に(…の)勲章を授ける; レジオンドヌール勲章を授与する / être *décoré* de la Légion d'honneur レジオンドヌール勲章を授与される.

décorticage /dekɔrtikaːʒ/ 男《エビ, クルミなどの)殻の除去; 脱穀;《樹木の)剥皮(はく).

décortiquer /dekɔrtike/ 他動 ❶《エビ, クルミなど)の殻を取る, 殻をむく;《穀類)を脱穀する;〔樹木〕の皮をはぐ. ❷ 話〔文章など〕を詳細に分析する. ▶ *décortiquer* un poème 詩を細かく分析する.

décorum /dekɔrɔm/ 男《多く単数で》❶ 〔上流社会の)礼儀, 作法. ❷ 典礼, 礼式. ▶ le *décorum* royal 王室典礼.

découcher /dekuʃe/ 自動 外泊する.

découdre /dekudr/ 83《過去分詞 décousu, 現在分詞 décousant》他動 …の縫い目をほどく. ▶ *découdre* une robe 服の縫い目をほどく.
— 自動〈en *découdre*〉激しく戦う, 激論をする. ▶ Ils sont prêts à en *découdre*. 彼らは今にもやり合うところだ / en *découdre* avec qn …と争う, けんかする.

découler /dekule/ 自動 <*découler* de qc/qn> …から生じる, に由来する. ▶ les effets qui *découlent* d'une cause ある原因から生じる結果.

découpage /dekupaːʒ/ 男 ❶ 〔肉, 菓子などを〕切り分けること. ❷ 〔紙などの〕切り抜き; 切り抜き絵; デコパージュ. ❸《映画》《テレビ》(撮影台本用の)シナリオ; コンテ. ❹ *découpage* électoral 選挙区議席配分, 選挙区割.

découpe /dekup/ 女《服飾》スラッシュ, 切り抜き: 袖(そで), 襟元, 脇(わき)口などにカットを入れて別色の布などを下から見せる切り口.

découpé, e /dekupe/ 形 ❶ 切り取られた, 切り抜いた. ❷ 鋸歯(きょし)状の, ぎざぎざの. ▶ les côtes *découpées* 凹凸の多い海岸線.

découper /dekupe/ 他動 ❶ …を細かく切る, 切り分ける. ▶ *découper* une tarte en quatre parts égales タルトを四等分に切る. 比較 ⇨ COUPER. ❷ …を切り抜く, 切り取る. ▶ *découper* un article dans un journal 新聞記事を切り抜く. ❸ (背景から)…を浮かび上がらせる. ▶ Le mont Fuji *découpe* sa silhouette au couchant. 富士山が夕日を背にその輪郭をくっきり浮き上がらせている. — **se découper** 代動 ❶ 切り分けられている. ❷ <*se découper* sur [dans] qc>〔輪郭が〕…にくっきり見える. ▶ Les arbres *se découpent* sur le ciel. 木々の輪郭が空にくっきり浮かび上がっている.

découplé, e /dekuple/ 形 bien *découplé* 体格のいい, 均整のとれた, 背のすらりとした.

découpler /dekuple/ 他動 ❶《電気》〔回路間の結線〕を切断する. ❷〔2匹ずつつないである猟犬〕を解き放つ.

découpure /dekupyːr/ 女 ❶ (布, 紙などの)切り抜き, 裁断; 切れ端. ▶ *découpure* de journal 新聞の切り抜き. ❷ ぎざぎざ, 凹凸. ▶ les *découpures* d'une côte 海岸線の凹凸.

découragé, e /dekuraʒe/ 形 がっかりした; 気力をなくした. ▶ attitude *découragée* 落胆した態度.

décourageant, ante /dekuraʒɑ̃, ɑ̃ːt/ 形 落胆させる, がっかりさせる. ▶ nouvelle *décourageante* がっかりさせる知らせ / Tu es *décourageant*. 話 君にはお手上げだ.

découragement /dekuraʒmɑ̃/ 男 落胆, 失望, 失意. ▶ se laisser aller au *découragement* 気落ちする (=se décourager).

***décourager** /dekuraʒe デクラジェ/ 2 他動

過去分詞 découragé	現在分詞 décourageant
直説法現在 je décourage	nous décourageons
tu décourages	vous découragez
il décourage	ils découragent

❶ …を落胆させる, がっかりさせる. ▶ Cette nouvelle m'*a découragé*. その知らせに私はがっかりした. / se laisser *décourager* par qn/ qc …のせいでがっかりする.

❷ <*décourager* qn de qc/不定詞>…に…の気力を失わせる; を思いとどまらせる. ▶ Vous m'*avez découragé* de travailler. あなたのせいで働く[勉強する]気がなくなった.

❸〔計画, 意志など〕をくじく. ▶ *décourager* un projet 計画に水をさす.

— **se décourager** 代動 落胆する, がっかりする. ▶ Ne *vous découragez* pas! 気を落とさないで.

découronner /dekurɔne/ 他動 ❶ …の王位[帝位]を奪う. ❷ 文章 …の上部を取り去る;〔木〕の上枝を折る. ▶ un édifice *découronné* par l'âge 老朽化して上部が崩れた建物.

décous- 活用 ⇨ DÉCOUDRE 83.

décousu, e /dekuzy/ 形 (découdre の過去分詞) ❶ ほころびた. ▶ ourlet *décousu* ほころびた裾(すそ)の折り返し. ❷ 首尾一貫しない, 支離滅裂な. ▶ une conversation *décousue* とりとめのない会話.

découvert, erte /dekuvɛːr, ɛrt/ 形 (découvrir の過去分詞) ❶ むき出しの, 露出した; 帽子をかぶらない. ▶ femme aux épaules *découvertes* 両肩をあらわにした女 / voiture *découverte* オープンカー / avoir la tête *découverte* 帽子をかぶっていない. ❷ 発見された, 見つかった. ▶ remède récemment *découvert* 最近開発された薬.

à visage découvert (1) (ベールなどをかぶらず)素顔で. (2) 堂々と, 公然と, 率直に. ▶ combattre *à visage découvert* 正々堂々と戦う.

— **découvert** 男《金融》(無担保の)貸越し;《財政》欠損, 赤字.

à découvert (1) むき出しで. ▶ un vêtement qui laisse le cou *à découvert* 首をあらわに見せている服. (2) 率直に, 何も隠さずに. ▶ agir *à découvert* 公然と行動する. (3) 援護なしで. ▶ combattre *à découvert* 援護なしで戦う. (4)《金融》無

découverte

担保で.

*découverte /dekuvɛrt デクヴェルト/ 囡 ❶ 発見; 発見物. ▶ faire une *découverte* 発見をする / *découverte* d'un secret 秘密を見破ること / voyage de *découvertes* 探検旅行 / montrer sa *découverte* 掘り出し物を見せる.
❷〖軍事〗偵察. ❸〖鉱山〗露天掘り. ❹〖映画〗〖演劇〗背景, 書き割り, ホリゾント.

à la découverte 発見［探検］するために; 偵察の目的で. ▶ aller［partir］*à la découverte de* qc …を発見するために行く［出発する］.

découvr|eur, euse /dekuvrœːr, øːz/ 图 発見者, 探検者.

*découvrir /dekuvriːr デクヴリール/ 16 他動

過去分詞 découvert 現在分詞 découvrant
直説法現在 je découvre nous découvrons
tu découvres vous découvrez
il découvre ils découvrent
複 合 過 去 j'ai découvert
半　過　去 je découvrais
単 純 未 来 je découvrirai
単 純 過 去 je découvris

❶ …を発見する, 見つけ出す. ▶ *découvrir* un virus ウイルスを発見する / *découvrir* un ami dans la foule 群衆の中に友人の姿を見つける / *découvrir* un secret 秘密を見破る / *découvrir* un talent à qn …の才能を発見する / J'ai *découvert* la musique classique à 12 ans. 私はクラシック音楽というものを12歳で初めて知った / J'ai *découvert* qu'il mentait. 私には彼がうそをついているのが分かった. ◆ *découvrir* ＋ 間接疑問節 ▶ La police n'a pas pu *découvrir* qui était le coupable. 警察は犯人がだれか突き止められなかった.
❷ …を遠くに見る, 見晴らす. ▶ Du haut de la falaise, on *découvre* la mer. 崖(がけ)の上から海が見渡せる.
❸ …の覆いを取る; を露出する. ▶ *découvrir* un pot 壺(つぼ)のふたを取る / *découvrir* une statue (de son voile) 彫像の除幕をする / *découvrir* un bébé 赤ん坊の毛布［タオルケット］をめくってやる / une robe qui *découvre* le dos 背中をあらわに見せるドレス.
❹ …をさらけ出す, 知らせる, 明かす. ▶ *découvrir* ses projets à un ami 友人に計画を打ち明ける / *découvrir* son cœur à qn …に胸の内を明かす. 比較 ⇨ MONTRER.

découvrir son jeu （トランプで）手を見せる; 手の内を見せる.

— ***se découvrir** 代動 ❶（衣服, 帽子などを）脱ぐ; 薄着をする；（自分の毛布などを）はぐ. ▶ *se découvrir* pour saluer son maître 先生に挨拶(あいさつ)するために帽子を脱ぐ / Le bébé *s'est découvert* en dormant. 赤ん坊は寝ているうちに毛布をはいでしまった.
❷〈*se découvrir* qc〉自分の…をあらわにする. 注 se は間接目的. ▶ *se découvrir* les épaules 肩をあらわに見せる.
❸（危険, 攻撃に）身をさらす, すきを見せる. ▶ un boxeur qui *se découvre* imprudemment 不用意にガードを開けるボクサー. ❹ 自己を知る.
❺〈*se découvrir* qc〉自分に…があることが分かる. 注 se は間接目的. ▶ *se découvrir* un talent pour le dessin 自分に絵の才能があることが分かる. ❻ 現れる, 露見する; 見つけられる. ▶ La vérité *se découvre*. 真実が明るみに出る. ❼〔天候がよくなる;〔空が〕晴れる. ❽ 胸中を打ち明ける.

décrassage /dekrasaːʒ/, **décrassement** /dekrasmɑ̃/ 男 垢(あか)落とし; 掃除.

décrasser /dekrase/ 他動 ❶ …の垢(あか)を落とす, 汚れを取る; を掃除する. ▶ *décrasser* les ongles 爪(つめ)の汚れを取る / *décrasser* du linge 洗濯物を下洗いする. ❷ …を洗練させる, に教養［礼儀作法］を身につけさせる.

— **se décrasser** 代動 ❶ 自分の汚れを取る. ❷〈*se décrasser* qc〉自分の…を洗う. 注 se は間接目的. ▶ *se décrasser* le visage 顔を洗う. ❸ 垢抜けする, 洗練される, 教養を磨く.

décrépir /dekrepiːr/ 他動〔壁など〕の漆喰(しっくい)を落とす. — **se décrépir** 代動（壁などの）漆喰がはがれる.

décrépit, ite /dekrepi, it/ 形 老いぼれた; 老朽化した. ▶ Il est tout *décrépit*. 彼はもうよぼよぼだ / maison *décrépite* 老朽家屋.

décrépitude /dekrepityd/ 囡 凋落(ちょうらく), 衰退.

decrescendo /dekreʃendo/《イタリア語》副 ❶〖音楽〗デクレッシェンド. ❷ 話 次第に衰えて［減少して］. ▶ Son talent va *decrescendo*. 彼(女)の才能は次第に衰えていく.

— 男〖音楽〗漸次弱音, デクレッシェンド.

décret /dekre/ 男 ❶〖法律〗（大統領, 政府が下す）命令, デクレ, 令. ▶ *décret* présidentiel 大統領令 / *décret* publié au journal officiel 官報告示の政令. ❷《les décrets》文章（人間を超越したものの）意志, 決定. ▶ les *décrets* de la Providence 神意.

décréter /dekrete/ 6 他動 ❶ …をデクレにより発令［布告］する. ▶ *décréter* la mobilisation générale 総動員令を発する.
❷〈*décréter* que ＋ 直説法〉…と独断で決める; 宣言する, 断言する. ▶ Elle *décrète* qu'on partira demain. 彼女は明日出発と勝手に決めている.

— **se décréter** 代動（次の表現のみ）ne pas *se décréter* かけ声で決まるものではない. ▶ La paix ne *se décrète* pas. Elle se construit. 平和はかけ声だけで成らない. それは築くものだ.

décret-loi /dekrelwa/;《複》～s-～s 男 デクレ・ロア, （第3共和政下の）統令.

décrier /dekrije/ 他動 文章 …を非難する, こき下ろす; 中傷する.

*décrire /dekriːr デクリール/ 78 他動

過去分詞 décrit 現在分詞 décrivant
直説法現在 je décris nous décrivons
複 合 過 去 j'ai décrit 単純未来 je décrirai

❶ …を言い表わす, **描写する**, 記述する; 説明する. ▶ *décrire* qc en détail …を詳述する / *décrire*

une plante ある植物について記述する / *décrire* ses sentiments 自分の気持ちを説明する / *décrire* la situation 状況を説明する / *décrire* comment ça marche どうやるのか説明する / *Décrivez*-moi cette personne. その人がどんな人か説明して下さい.
❷ 〔曲線, 軌道など〕を描く. ▶ *décrire* un cercle 円を描く / La route *décrit* une courbe. 道はカーブを描いている.

décris, décrit /dekri/ 活用 ⇨ DÉCRIRE 78

décrispation /dekrispasjɔ̃/ 囡 〔政治的, 社会的関係の〕緊張緩和(状態).

décrisper /dekrispe/ 他動 …の緊張を緩和する, ほぐす.

décrit, ite /dekri, it/ 活用 décrire 78 の過去分詞.

décriv- 活用 ⇨ DÉCRIRE 78

décrochage /dekrɔʃaːʒ/ 男 ❶ 取り外し. ▶ le *décrochage* d'un tableau 絵画の取り外し / *décrochage* des wagons 車両の連結解除.
❷（活動などの）中断, 撤退；（学校の）中退. ▶ *décrochage* scolaire 学校中退. ❸〔テレビ局, ラジオ局の〕ネット放送の中断. ❹〔飛行機の〕失速. ❺〔人工衛星の〕軌道離脱.

décrochement /dekrɔʃmã/ 男 ❶ 外すこと；外れている状態. ❷ くぼみ；〔建築〕〔壁面などの部分的な〕後退；段差. ❸〔地質〕横ずれ断層.

décrocher /dekrɔʃe/ 他動 ❶ <*décrocher* qc (de qc)> (…から)〔掛けてあった物〕を外す, 取る (↔accrocher). ▶ *décrocher* un tableau du mur 絵を壁から外す.
❷〔受話器〕を取る, 外す (↔raccrocher). ▶《目的語なしに》Elle *a décroché*, mais personne n'a répondu. 彼女は受話器を取ったが応答はなかった. ❸ <*décrocher* qc de qc> …を…から切り離す. ▶ *décrocher* un wagon d'un autre ある車両を他の車両から切り離す. ❹ 話 …を勝ち取る, 手に入れる. ▶ *décrocher* le premier prix 1等賞を獲得する. ❺〖スポーツ〗(競走相手を)引き離す. ▶ *décrocher* le peloton 一団から飛び出る.
— 自動 ❶ 話 <*décrocher* (de qc)> (…への)興味を失う；(…を)辞める, 脱退する. ▶ Après dix minutes de cours, j'ai complètement *décroché*. 授業が始まって10分もするとまったく受ける気がしなくなった / *décrocher* d'un parti politique 政党を脱退する.
❷ <*décrocher* (de qc)> 〔物が〕(…に比べて)低くなる, 後退する. ▶ Le dollar *a décroché* de l'euro. ドルはユーロに対して安くなった. ❸ 話 麻薬をやめる. ❹〖軍事〗(敵との交戦から)離脱する, 退却する. ❺〔飛行機が〕失速する. ❻〔テレビ局, ラジオ局の〕ネット放送を中断する. ❼〔仕事を〕やめる. ▶ Elle songe à *décrocher*. 彼女は退職することを考えている. ❽〔学校を〕中退する. ▶ *décrocher* de l'école 学校をやめる.
— **se décrocher** 代動 ❶ 外れる, 切り離される. ❷ 話 <*se décrocher* de qc> (約束など)から逃れる.

décrochez-moi-ça /dekrɔʃemwasa/ 男〘単複同形〙話 古着屋.

décroîs /dekrwa/ 活用 ⇨ DÉCROÎTRE 50

décroiser /dekrwaze/ 他動 〔組んだもの〕を解く. ▶ *décroiser* les jambes 組んだ足を解く.

décroiss- 活用 ⇨ DÉCROÎTRE 50

décroissance /dekrwasɑ̃ːs/ 囡 減少, 衰退. ▶ *décroissance* de la population 人口の減少 / La fièvre est en *décroissance*. 熱は下がってきている.

décroissant, ante /dekrwasɑ̃, ɑ̃ːt/ 形 (décroître の現在分詞) 減少する, 低下する. ▶ vitesse *décroissante* だんだん落ちるスピード / par ordre *décroissant* 大きい方から小さい方へ順に.

décroît /dekrwa/ 活用 ⇨ DÉCROÎTRE 50

décroître /dekrwɑːtr/ 50 自動 (過去分詞 décru, 現在分詞 décroissant)《助動詞は多く avoir, 状態を表わす場合は être》(徐々に)減少する, 弱まる, 衰える. ▶ En septembre, les jours commencent à *décroître*. 9月になると日が短くなり始める.

décrottage /dekrɔtaːʒ/ 男 泥を落とすこと.

décrotter /dekrɔte/ 他動 ❶〔靴など〕の泥を落とす. ❷ 古風•話 …を垢抜けさせる；教育する.
— **se décrotter** 代動 ❶ 話 〔自分の〕泥を落とす. ❷ 古風•話 垢抜けする, 磨きがかかる

décrottoir /dekrɔtwaːr/ 男 (靴底をぬぐうための)ワイヤーマット.

décru, e /dekry/ 活用 décroître 50 の過去分詞.

décrue /dekry/ 囡 (増水後の)水位低下, 減水(量).

décryptage /dekriptaːʒ/, **décryptement** /dekriptəmã/ 男 暗号文の解読.

décrypter /dekripte/ 他動 〔暗号〕を解読する.

déçu, e /desy/ 形 (décevoir の過去分詞) ❶ 失望した, がっかりした. ▶ Il a l'air *déçu*. 彼はがっかりした様子だ. ◆ être *déçu* de qc/不定詞 // être *déçu* que + 接続法 …で失望した. ▶ être *déçu* du résultat 結果に失望している.
❷〔期待などが〕実現しなかった, 裏切られた.

déculotter /dekylɔte/ 他動 …の(半)ズボンを脱がせる.
— **se déculotter** 代動 (半)ズボンを脱ぐ.

déculpabilisation /dekylpabilizasjɔ̃/ 囡 罪悪感を取り去ること[からの解放].

déculpabiliser /dekylpabilize/ 他動 …を罪悪感から解放する.

déculturation /dekyltyrasjɔ̃/ 囡 (移民子弟などに見られる)伝統文化からの離脱.

déçûmes /desym/ 活用 ⇨ DÉCEVOIR 45

décuple /dekypl/ 男, 形 10倍(の).

décuplement /dekypləmã/ 男 10倍にすること；大幅な増大.

décupler /dekyple/ 他動 ❶ …を10倍にする. ❷ …を大幅に増大する. — 自動 10倍になる.

déçurent /desyːr/ 活用 ⇨ DÉCEVOIR 45

déçus /desy/ 活用 ⇨ DÉCEVOIR 45

déçut, déçût /desy/, **déçutes** /desyt/ 活用 ⇨ DÉCEVOIR 45

dédaignable /dedɛɲabl/ 形《多く否定的表現で》軽蔑すべき, 無視すべき. ▶ Cet avantage n'est pas *dédaignable*. この利点は無視できない.

dédaigner

dédaigner /dedeɲe/ 他動 ❶ …を軽蔑する,侮る;無視する. ▶ *dédaigner* les insultes 悪口を気にしない / Ce n'est pas à *dédaigner*. このことはないがしろにはできない. ❷ ⟨*dédaigner* qc // *dédaigner* de + 不定詞⟩⟨軽蔑して⟩…を断る,はねつける. ▶ *dédaigner* une offre 申し出を断る / Il a *dédaigné* d'obéir à cet ordre. 彼はその命令に従おうとしなかった.

dédaigneusement /dedɛɲøzmɑ̃/ 副 軽蔑するように,横柄に.

dédaigneux, euse /dedeɲø, ø:z/ 形 ❶ 横柄な,軽蔑的な. ▶ un air *dédaigneux* 偉そうな態度. ❷ ⟨*dédaigneux* de qc/不定詞⟩…を無視する,軽く見る. ▶ être *dédaigneux* du malheur des autres 他人の不幸をなんとも思わない / *dédaigneux* de s'instruire 学ぶことを軽んじる.
— 名 faire le *dédaigneux* 鼻であしらう,偉そうにする.

dédain /dedɛ̃/ 男 ❶ 軽蔑. ▶ le *dédain* de l'argent 金銭の蔑視 / répondre avec *dédain* 見下すような態度で答える. ❷ 超然とした態度. ▶ le *dédain* de la mort 死をものともしない態度.

dédale /dedal/ 男 ❶ 迷宮,迷路. ▶ un *dédale* inextricable de rues 複雑に入り組んだ街路. ❷ 錯綜(ｻｸｿｳ),複雑さ. ▶ un *dédale* d'idées こんがらがった考え.

***dedans** /d(ə)dɑ̃/ ドゥダン/ 副 中に;家の中に(↔dehors). ▶ Qu'est-ce qu'il y a *dedans*? 何に何がありますか / Le sac est vide, il n'y a rien *dedans*. バッグは空で中には何もない / Nous sommes bien chauffés *dedans*. 家の中は暖房がよくきいている / Je suis resté *dedans* toute la journée. 私は1日中家にいた.
de dedans 中から. ▶ *De dedans*, on ne peut pas voir ce qui se passe dehors. 家の中からは,外で何が起きているか分からない.
en dedans 中に,内側に;内心で. ▶ ouvrir une porte *en dedans* ドアを内側に開く / rire *en dedans* 心の中で笑う / marcher les pieds *en dedans* 内股で歩く.
en dedans de qc/qn …の内側に;心の中で. ▶ *En dedans de* moi-même, j'éprouvais du remord. 私は心の内では悔やんでいた.
là-dedans ⇨ LÀ-DEDANS.
mettre [*ficher, foutre*] *qn dedans* 話 (1)…をだます,に一杯食わせる. (2)…を牢(ﾛｳ)にぶち込む.
par-dedans 中から;中を通って.
rentrer [*entrer*] *dedans* 話 激しくぶつかる (⇨ ENTRER)
「*se mettre* [*se ficher, se foutre*] *dedans* 話 間違える.
— 男 内部,内側;心,魂. ▶ le *dedans* d'une maison 家の内部,屋内 / Le bruit vient du *dedans*. 物音は中から聞こえる.
au(-)dedans ⇨ AU-DEDANS.

dédicace /dedikas/ 女 ❶ (作品の)献辞. ❷ (教会堂の)奉献;献堂(式).

dédicacer /dedikase/ 1 他動〔本など〕に献辞を書く;(献辞を書いて)〔本〕を贈呈する.

dédicatoire /dedikatwa:r/ 形 献呈のための. ▶ épître *dédicatoire* (巻頭の書簡形式の)献呈文.

dédié, e /dedje/ 形〔情報〕専用の. ▶ serveur *dédié* 専用サーバー.

dédier /dedje/ 他動 ❶ ⟨*dédier* qc à qn⟩…に〔作品〕を献呈する. ▶ *dédier* un roman à son ami 小説を友人に献じる. ❷ 文章 ⟨*dédier* qc à qc⟩…に…をささげる. ▶ *dédier* ses efforts à l'intérêt public 公益のために尽力する. ❸ (神,聖人に)〔教会堂〕を奉じる.

dédîmes /dedim/ 活用 ⇨ SE DÉDIRE 76

se dédire /s(ə)dedi:r/ 76 代動 (過去分詞 dédit, 現在分詞 se dédisant) ❶ 前言を取り消す. ▶ Les témoins *se sont dédits*. 証人たちは証言を翻した. ❷ ⟨*se dédire de* qc⟩…を取り消す;(約束など)を守らない. ▶ *se dédire* d'une affirmation 断言したことを打ち消す.
Cochon qui s'en dédit. (この約束を破る者は豚野郎だ→) 諺 約束を破るなよ.

dédis-, dédi-, dédî- 活用 ⇨ SE DÉDIRE 76

dédit /dedi/ 男〔法律〕解約権;解約金.

dédommagement /dedɔmaʒmɑ̃/ 男 ❶ 損害賠償,弁償;賠償金. ▶ obtenir [réclamer] un *dédommagement* 損害賠償をもらう [要求する] / toucher un *dédommagement* pour qc …に対する賠償金を受け取る / en *dédommagement* (de qc) (…の)賠償として.
❷ 償い,埋め合わせ. ▶ le *dédommagement* aux peines de qn …の労苦への報い.

dédommager /dedɔmaʒe/ 2 他動 ❶ ⟨*dédommager* qn (de qc)⟩…に(…の)弁償をする,償いをする. ▶ *dédommager* qn d'un dommage …に損害の補償をする / *dédommager* les sinistrés 罹災(ﾘｻｲ)者に損害補償をする.
❷ …に(苦労などの)埋め合わせをする,報いる. ▶ Son succès l'*a dédommagé* de ses efforts. 成功で彼の努力は報いられた.
— *se dédommager* 代動 ⟨*se dédommager* (de qc)⟩(…の)弁償 [埋め合わせ] を得る.

dédoré, e /dedɔre/ 形 ❶ 金箔(ﾊｸ)[金泥,金めっき]のとれた. ❷ 没落した,落ちぶれた.

dédorer /dedɔre/ 他動 〔装飾品などの〕金箔(ﾊｸ)[金泥,金めっき]をはがす. — *se dédorer* 代動 金箔 [金泥,金めっき] がはげる.

dédouanement /dedwanmɑ̃/ 男 ❶ 通関. ❷ 名誉挽回(ﾊﾞﾝｶｲ).

dédouaner /dedwane/ 他動 ❶〔荷物〕を通関させる. ❷ …の信用 [名誉] を回復する.
— *se dédouaner* 代動 名誉を挽回する.

dédoublement /dedubləmɑ̃/ 男 ❶ 2分化,2分割;二重化. ▶ le *dédoublement* d'une classe クラスを2つに分けること. ❷〔鉄道〕le *dédoublement* d'un train (混雑緩和のため)列車増発. ❸〔精神医学〕*dédoublement* de personnalité 二重人格,人格分裂.

dédoubler /deduble/ 他動 ❶ …を2つに分ける;2等分する. ▶ *dédoubler* une classe クラスを2つに分ける. ❷〔洋服〕の裏地 [ライナー] を外す. ❸〔鉄道〕*dédoubler* un train 列車を増発する.
— *se dédoubler* 代動 ❶ 2分される;二重になる. ❷ 二重人格になる,人格分裂する.

dédramatisation /dedramatizasjɔ̃/ 囡 深刻さ［興奮］の緩和.

dédramatiser /dedramatize/ 他動 …の深刻さ［興奮］を和らげる.

déductible /dedyktibl/ 形［財政］控除できる，差し引きできる. ▶ charges non *déductibles* 控除対象外経費.

déductif, ive /dedyktif, i:v/ 形［論理学］演繹（エキ）による. ▶ raisonnement *déductif* 演繹的論証.

déduction /dedyksjɔ̃/ 囡 ❶ 差し引き，割引；控除. ▶ sous *déduction* de dix pour cent 1 割引で. ❷ 推論，推理；演繹（エキ）.

déduire /dedɥi:r/ 他動（過去分詞 déduit, 現在分詞 déduisant）他動 ❶ <*déduire* qc (de qc)> …を（…から）差し引く，割り引く；控除する. ▶ *déduire* d'un compte les sommes déjà versées 支払い済みの分を勘定から差し引く. ❷ <*déduire* qc (de qc) / *déduire* (de qc) que + 直説法>（…から）…と推論する；演繹（エキ）する. ▶ De ce que vous exposez, on peut *déduire* que l'issue est proche. あなた（方）の説明からすれば，解決は間近と言えます.

— se déduire 代動 ❶ 差し引かれる，控除される. ❷ 推論される，演繹される.

déduis-, dédui- 活用 ⇨ DÉDUIRE 他

déesse /deɛs/ 囡 ❶ 女神. ❷ 美しく気高い女性.

de facto /defakto/ 副句〈ラテン語〉事実上（↔de jure）. ▶ reconnaître un gouvernement *de facto* ある政府を事実上承認する.

défaillance /defajɑ̃:s/ 囡 ❶ 気絶，失神，卒倒. ▶ avoir une *défaillance* = tomber en *défaillance* 気が遠くなる / un accident de voiture dû à une *défaillance* du conducteur ドライバーの失神による自動車事故. ❷ （一時的な）衰え，不調，故障. ▶ *défaillance* de mémoire 度忘れ，失念 / Ce moteur a des *défaillances*. このエンジンは調子が悪い. ❸ （人，組織などの）弱さ，欠陥，無能. ▶ la *défaillance* des pouvoirs publics 行政当局の無能. ❹ （条項，契約の）不履行.

sans défaillance 欠点のない，確実な.

défaillant, ante /defajɑ̃, ɑ̃:t/ 形 ❶ 気絶した，気が遠くなった；ぐったりした. ▶ *défaillant* de fatigue 疲れてぐったりした. ❷ 衰えた，弱った. ▶ mémoire *défaillante* 衰えた記憶力 / voix *défaillante* 消え入るような声. ❸ 欠席の，出頭しない. ▶ témoin *défaillant* 欠席した証人.

— 名［法律］欠席者；出頭しない当事者.

défailli /defaji/ 活用 défaillir 他 の過去分詞.

défaillir /defaji:r/ 自（ただし未来形は je défaillerai, je défaillirai を併用）自動（過去分詞 défailli, 現在分詞 défaillant）❶ 気が遠くなる，卒倒する；（興奮で）我を忘れる. ▶ A la nouvelle de la mort de son mari, elle *a défailli*. 夫の死を知らされて，彼女は気を失った / *défaillir* de faim 空腹で目が回る.

❷［気力，体力などが］衰える，弱る. ▶ Sa mémoire commence à *défaillir*. 彼(女)の記憶力は減退しはじめている.

sans défaillir 断固として. ▶ remplir son devoir *sans défaillir* ひるまずに義務を全うする.

défaire /defɛ:r/ 他動

過去分詞 défait	現在分詞 défaisant
直説法現在 je défais	nous défaisons
複合過去 j'ai défait	単純未来 je déferai

❶ …を解く，ほどく；解体する. ▶ *défaire* un paquet 小包を開ける / *défaire* un tricot 編み物をほどく / un nœud difficile à *défaire* なかなか解けない結び目 / *défaire* sa valise スーツケースの中身を出す / Cela a *défait* tous nos plans そのせいで私たちの計画はすべてだめになった.

❷［整えたもの］を乱す. ▶ *défaire* sa coiffure セットした髪を解く［乱す］/ *défaire* le lit ベッドのシーツをはぐ，寝乱す.

❸［衣服など］を取る，脱ぐ. ▶ *défaire* son manteau コートを脱ぐ / *défaire* les boutons ボタンを外す / *défaire* ses souliers 靴を脱ぐ.

❹［契約など］を解消［破棄］する. ▶ *défaire* le mariage 結婚を解消する.

❺ <*défaire* qn de qn/qc> …に…をやめさせる，を…から解放する. ▶ *défaire* qn d'une mauvaise habitude …に悪習をやめさせる / *Défaites-moi* de cet importun. このしつこい男を追っ払ってください.

❻ 文章 …を破る，打ち負かす.

— se défaire 代動 ❶ ばらばらになる，ほどける，乱れる，崩れる. ▶ Ma coiffure *s'est défaite*. 髪が崩れてしまった. ❷ <*se défaire* de qn> …を追い出す，解雇する. ▶ *se défaire* d'un employé 使用人を首にする. ❸ <*se défaire* de qc> …を手放す，売り払う. ▶ *se défaire* d'un tableau 絵を処分する. ❹ <*se défaire* de qc>（習慣など）を捨てる；（役職など）を辞める. ▶ *se défaire* d'un préjugé 偏見を捨てる.

défais /defɛ/ 活用 ⇨ DÉFAIRE 他

défais- 活用 ⇨ DÉFAIRE 他

défait[1], aite /defɛ, ɛt/ 形（défaire の過去分詞）❶ ほどけた，乱れた. ▶ nœud *défait* ほどけた結び目 / lit *défait* 乱れたベッド. ❷［顔が］やつれた，げっそりした. ❸ 敗れた，壊滅した.

défait[2] /defɛ/, **défaites** /defɛt/ 活用 ⇨ DÉFAIRE 他

défaite /defɛt/ 囡 敗戦，敗北；失敗. ▶ essuyer une *défaite* 敗北を喫する.

défaitisme /defetism/ 男 敗北主義；悲観論，自信喪失.

défaitiste /defetist/ 形 敗北主義の；悲観的な.

— 名 敗北主義者；悲観論者.

défalcation /defalkasjɔ̃/ 囡 差し引き，控除.

défalquer /defalke/ 他動 <*défalquer* qc (de qc)>（全体から）…を差し引く，控除する. ▶ *défalquer* les frais d'une somme à payer 支払い額から経費を差し引く.

défass- 活用 ⇨ DÉFAIRE 他

défausser /defose/ 他動［曲がったもの］をまっすぐに直す.

— se défausser 代動［トランプ］<*se défausser* de qc>（いらないカード）を捨てる，…をディスカードする.

défaut

*défaut /defo デフォ/ 男

[英仏そっくり語]
英 default 不履行.
仏 défaut 欠如, 欠陥, 欠点.

❶ <*défaut* de ＋ 無冠詞名詞>…の欠如, 欠乏, 不足. ▶ *défaut* d'attention 注意力の欠如 / *défaut* de vitamines ビタミンの欠乏 / *défaut* d'expérience 経験不足.

❷ 欠陥, 傷. ▶ *défaut* de fabrication 製造上の欠陥 / *défaut* de prononciation. 発音障害 / *défaut* d'un logiciel ソフトウエアの不具合, バグ.

❸ 欠点, 短所. ▶ corriger ses *défauts* 自分の短所を直す / Tout le monde a ses *défauts*. 誰にでも欠点はある / Il a le *défaut* d'arriver toujours en retard. 彼にはいつも遅刻するという悪い癖がある. ▶ (作品などの)欠陥, 難点. ▶ Cette voiture a ses *défauts*. この車には欠陥がある. ❺ 切れ目, すきま. ▶ le *défaut* de l'épaule 肩の下のくぼみ. ❻ 《法律》(法廷への)不出頭, 欠席. ▶ jugement par *défaut* 欠席裁判.

à défaut それがなければ, その代わりに. ▶ Elle cherche une table ovale, ou, *à défaut*, ronde. 彼女は楕円(だ)形か, なければ丸いテーブルを探している.

à défaut de qc …がなければ; の代わりに. ▶ *A défaut* d'un deux-pièces, je prendrai un studio. 2部屋のアパートがなければ1部屋のにしよう.

◆**à défaut de mieux** (それ以上のものがないのなら)やむを得ず, 仕方がないので.

avoir les défauts de ses qualités 長所もあれば, それに伴う欠点もある.

en défaut 誤って; 規則に違反して. ▶ prendre [trouver] qn *en défaut* …の違反の現場を押さえる. ◆**être [se mettre] en défaut** 誤る; 違反する, 約束を破る. ◆**mettre qn en défaut** …をだます, 誤らせる.

faire défaut (à qn) (…に)不足する, 欠ける. ▶ La patience me *fait défaut*. 私には忍耐力がない.

défaveur /defavœːr/ 女 不人気, 不評; 信用の喪失. ▶ être en *défaveur* auprès de qn …に評判が悪い, の信用を失う.

défavorable /defavɔrabl/ 形 <*défavorable* (à qn/qc)>(…に)好意的でない; 敵意を含んだ; (…に)不利な, 不都合な. ▶ avis *défavorable* 好意的でない意見 / Je suis *défavorable* à ce projet. その計画には賛成できない.

défavorablement /defavɔrabləmɑ̃/ 副 好意的でなく, 不利に.

défavoriser /defavɔrize/ 他動 …に不利になる. ▶ Cette loi nous *défavorise*. これは我々に不利になる法律だ.

défectif, ive /defɛktif, iːv/ 形 《言語》欠如の. ▶ verbe *défectif* 欠如動詞: 変化形の一部を欠く動詞. gésir など.

— **défectif** 男 欠如動詞.

défection /defɛksjɔ̃/ 女 脱退, 離脱; 欠席. ▶ *défection* massive 大量脱退 / faire *défection* 脱退する [欠席する].

défectueux, euse /defɛktɥø, øːz/ 形 不完全な, 欠陥のある. ▶ raisonnement *défectueux* 不完全な論理 / article *défectueux* 欠陥商品.

défectuosité /defɛktɥozite/ 女 欠陥, 不備, 不完全.

défend /defɑ̃/ 活用 ⇨ DÉFENDRE 58

défendable /defɑ̃dabl/ 形 ❶ 防衛 [防御] できる. ❷ 擁護 [弁護] できる.

défendeur, eresse /defɑ̃dœːr, drɛs/ 名 《法律》(民事訴訟の)被告.

*défendre /defɑ̃ːdr デファーンドル/ 58 他動

過去分詞 défendu	現在分詞 défendant
直説法現在 je défends	nous défendons
tu défends	vous défendez
il défend	ils défendent
複合過去 j'ai défendu	半過去 je défendais
単純未来 je défendrai	単純過去 je défendis

[英仏そっくり語]
英 to defend 守る.
仏 défendre 守る, 禁じる.

❶ <*défendre* A (contre [de] B)> A を(B から)守る, 助ける; 保護する. ▶ *défendre* le pays 国を守る / *défendre* qn contre ses agresseurs …を暴漢から守る / Ce manteau nous *défend* bien du froid. このコートなら寒さを通さない.

❷ <*défendre* A (contre B)>(B から) A を擁護する, 弁護する. ▶ L'avocat *défend* son client. 弁護士は依頼人を弁護するのが仕事だ / *défendre* une théorie を擁護する.

❸ <*défendre* qc (à qn) // *défendre* (à qn) de ＋ 不定詞 // *défendre* que ＋ 接続法>(…に)…を禁じる. ▶ *défendre* l'alcool à un malade 病人に酒を禁じる / Ses parents lui *défendent* de sortir le soir. 彼(女)の両親は彼(女)に夜外出することを禁じている / Le professeur ne *défend* pas qu'on utilise un dictionnaire en classe. 教師は教室内での辞書の使用を禁じていない.

à son corps défendant いやいやながら, やむを得ず. ▶ Il a accepté *à son corps défendant*. 彼はしぶしぶ承諾した.

— **se défendre** 代動 ❶ <*se défendre* (de [contre] qc/qn)>(…から)身を守る, (非難に)抗弁する. ▶ *se défendre* de la pluie 雨に濡れないようにする / L'accusé *s'est* mal *défendu*. 被告はうまく反論できなかった [身の潔白を証明できなかった]. ❷ <*se défendre* de qc/不定詞>…を拒む; …しまいとする; 《意味を弱めて》…を潔しとしない, 差し控える. ▶ *se défendre* de toute compromission いかなる妥協も拒否する / *se défendre* de manifester son émotion 感動を面に表すまいとする / *se défendre* de conclure 結論を下すのを差し控える. ❸ <*se défendre* de ＋ 不定詞/qc>(他人が決めつけた事実)を否定する, 否認する. ▶ Elle *s'est défendue* d'avoir menti. 彼女はうそはつかなかったと主張した. ❹ [考え, 主張などが] 納得できる, 容認しうる. ▶ Son idée *se défend*. 彼(女)の考えにはなるほどと思わせるものがある. ❺ 話 <*se défendre* en [à] qc>…が得意である, うまい. ▶ *se défendre* 「en maths [aux échecs] 数学 [チェス] を得意とする / *se défendre* bien en affai-

res 商売がうまい. ❻ 俗(ピンチを)うまく切り抜ける; 世の荒波を乗り切る. ▶ On *se défend*! 何とかやれるさ.
Ça se défend. 話 (それは文句のつけようがない→)それは一理ある, 何でもよい. ▶ Si elle veut sa liberté, après tout, *ça se défend*. 彼女が自由を望むのなら, まあ, それは結構なことだ.
ne (pas) pouvoir se défendre de qc /不定詞/ …を禁じえない, せざるをえない. ▶ Elle n'*a pu se défendre de* rougir. 彼女は思わず顔を赤らめた.
se défendre (bien) pour son âge 話 年のわりに若い.

défends /defɑ̃/ 活用 ⇨ DÉFENDRE 58
défendu, e /defɑ̃dy/ 形 (défendre の過去分詞)
❶ 禁じられた. ▶ actions *défendues* 禁じられた行為 / le fruit *défendu* 禁断の実. ❷ 守られた, 防衛された, 擁護された.
Il est [C'est] défendu + 不定詞. 《非人称構文で》…は禁止されている. ▶ *Il est défendu* de fumer. 禁煙である.

比較 禁じられた
défendre, interdit ともに広く使われるが, interdit の方が多少意味が強く, 法や規則によって公に禁止されているというニュアンスを持つ. **prohibé**《官庁用語》法によって厳しく禁止されている.

défenestration /defənestrɑsjɔ̃/ 女 (故意または過失による)窓からの転落.
défenestrer /defənestre/ 他動 …を窓から突き落とす.
Défense /defɑ̃:s/ (**la**) 固有 女 デファンス地区: パリ西郊のオフィス街.
***défense** /defɑ̃:s デファーンス/ 女 ❶ 防衛, 擁護, 保護; 救助. ▶ la *défense* de l'environnement 環境保護 / prendre la *défense* d'une idée ある思想を擁護する / La meilleure *défense* est l'attaque. 諺 最善の防御は攻撃である / ministère de la *Défense* nationale 国防省 / légitime *défense* 正当防衛.
❷ 禁止. ▶ manger du chocolat malgré la *défense* de sa mère 母から禁じられているのにチョコレートを食べる. ◆*défense* de + 不定詞 (掲示, 張り紙で)…禁止. ▶ «Danger, *défense* d'entrer»「危険につき立ち入り禁止」/ «*Défense* de fumer»「禁煙」.
❸【法律】弁護; 弁護側. ▶ assurer [prendre] la *défense* de l'accusé 被告人の弁護に当たる / La parole est à la *défense*. 弁護側に発言を許可します.
❹【スポーツ】守備, ディフェンス; 守備チーム.
❺ 牙(きば); 象牙(ぞうげ)(=*défense* d'éléphant).
être [en état [en position] de défense 身構える, 防御態勢をとっている.
ne pas avoir de défense =***être sans défense*** 誘惑を我慢できない; からかわれても言い返せない.

défenseur /defɑ̃sœ:r/ 男 ❶ ‹*défenseur* de qc /qn› …の守り手; 防衛者, 擁護者, 支持者. ▶ le *défenseur* de la justice 正義の味方 / les *défenseurs* de l'environnement 環境保護論者.
❷【法律】弁護人.
❸【スポーツ】守備側の選手, ディフェンダー.

défensif, ive /defɑ̃sif, i:v/ 形 防御の, 防衛上の. ▶ armes *défensives* 防御用武器 / le potentiel *défensif* 潜在防衛力.
— **défensive** 女 防御行動, 防御; 守備.
être [rester, se tenir] sur la défensive 守勢に立つ; 守りに徹する.
défensivement /defɑ̃sivmɑ̃/ 副 防御[防衛]上; 防御態勢で, 守りの立場で.
déféquer /defeke/ 6 他動 〔液体〕を澄ます.
— 自動 排便する.
défer- 活用 ⇨ DÉFAIRE Ⅵ
déférence /deferɑ̃:s/ 女 尊敬, 敬意. ▶ avoir [éprouver] de la *déférence* pour qn …に尊敬の念を持つ / traiter qn avec *déférence* …を丁重に扱う / par *déférence* pour qn …に敬意を表して.
déférent, ente /deferɑ̃, ɑ̃:t/ 形 謙虚な, うやうやしい, 礼儀正しい. ▶ Croyez à mes sentiments *déférents*.《手紙の末尾で》敬具.
déférer /defere/ 6 間他動 文章 ‹*déférer* à qn /qc› (尊敬の念から)…に従う. ▶ *déférer* au jugement de qn …の判決に従う.
— 他動【法律】❶〔事件〕を付託する; 〔被告〕を召喚する. ❷ *déférer* le serment à qn (証拠とするため) …に宣誓を要求する.
déferlant, ante /defεrlɑ̃, ɑ̃:t/ 形 ❶〔波が〕砕け散る. ❷ 急激に広がる. ▶ les armées *déferlantes* de l'envahisseur 怒濤(どとう)のように押し寄せる侵略軍.
déferlement /defεrləmɑ̃/ 男 ❶ 波が砕けること. ❷ 急激な広がり; (感情などの)激しい表われ. ▶ un *déferlement* d'injures 悪口の雨.
déferler /defεrle/ 自動 ❶〔波が〕砕け散る. ▶ La mer *déferle* sur [contre] le quai. 波止場に波が激しく打ち寄せる. ❷ 押し寄せる; (急激に)広がる. ▶ Les manifestants *déferlèrent* sur la place. デモ隊はどっと広場になだれ込んだ.
— 他動【海事】〔帆〕を張る; ほどく.
déferrer /defere/ 他動 …の鉄具を外す. ▶ *déferrer* une porte 扉の錠を外す.
— **se déferrer** 代動 鉄具が外れる.
défi /defi/ 男 ❶ 挑戦; 決闘の申し込み. ▶ lancer [jeter] un *défi* 挑戦する; 決闘を申し込む / accepter [relever] le *défi* 挑戦に応じる.
❷ 反逆, 反抗. ▶ le *défi* au bon sens 良識への反逆 / un regard de *défi* 反抗的な目つき.
❸ 試練, 脅威. ▶ le *défi* naturel (気候変化, 天災などの)自然の脅威 / le *défi* extérieur (侵略などの)外的脅威.
❹ (挑戦に値する)難問. ▶ *défi* écologique du XXIe siècle 21世紀が突き付けてくる環境上の難問.
avec défi 挑戦的態度で, 傲然(ごうぜん)と.
mettre qn au défi de + 不定詞 …に…ができるかと挑発する. ▶ Je l'*ai mis au défi* de mettre ce projet à exécution. そんな計画が実行できるものならやってみろと彼に言ってやった.
défiance /defjɑ̃:s/ 女 疑念, 不信, 警戒心. ▶ éprouver [ressentir] de la *défiance* à l'égard de qn …に対して疑念を抱く / accueillir

défiant

une nouvelle avec *défiance* ある知らせを不審の念をもって聞く / vote de *défiance* 不信任投票.

défi*ant, ante* /defjɑ̃, ɑ̃:t/ 形 疑い深い, 警戒心の強い. ▶ caractère *défiant* 疑い深い性格.

déficeler /defisle/ ④ 他動 〔包みなど〕のひもをほどく.

déficience /defisjɑ̃:s/ 女 ❶ 欠陥. ▶ *déficience* physique 肉体的障害 / *déficience* mentale 知的障害. ❷ 欠如, 不足, 欠落. ▶ *déficience* de mémoire 記憶違い.

défici*ent, ente* /defisjɑ̃, ɑ̃:t/ 形 ❶ (心身に)欠陥のある. ▶ organisme *déficient* 欠陥のある器官 / enfant *déficient* (心身)障害児. ❷ 不足している, 不十分な. ▶ argumentation *déficiente* 不十分な論証.

***déficit** /defisit/ 男 ❶〔財政〕赤字, 欠損 (↔excédent). ▶ *déficit* commercial 貿易赤字 / combler un *déficit* 赤字を埋める / un *déficit* de plusieurs millions 数百万の赤字. ❷ 不足. ▶ *déficit* énergétique エネルギー不足 / *déficit* démocratique 民主主義の欠如.

être en déficit 赤字である; 不足している. ▶ L'Etat *est en déficit*. 国家財政は赤字である.

déficitaire /defisitɛ:r/ 形 ❶ 不足の, 赤字の. ▶ budget *déficitaire* 赤字予算 / pays à balance *déficitaire* (国際収支の)赤字国. ❷〔収穫物が〕不作の.

défier /defje/ 他動 ❶ …に挑戦する. ▶ *défier* qn au tennis …にテニスの試合を申し込む / *défier* un champion pour son titre チャンピオンにタイトルマッチを挑む. ◆*défier* qn de + 不定詞 …するよう挑発する. ▶ Je vous *défie* de faire mieux. 君にはこれ以上うまくはできまい / Je t'en *défie*. できるものならやってみろ. ❷ …に立ち向かう, ひるまない. ▶ *défier* le gouvernement 政府に刃向かう / *défier* la mort 死をものともしない. ❸ (物が)…に値しない, …を寄せつけない. ▶ des prix qui *défient* toute concurrence 競争に負けない値段 / *défier* le temps 風雪に耐える.

— **se défier** 代動 ❶ 挑み合う. ❷〔文章〕 <*se défier* de qn/qc> …を警戒する, 危ぶむ. ▶ *Défie-toi* de lui. 彼には用心しろ.

défigurer /defigyre/ 他動 ❶ …を損なう; 歪曲(ゎぃきょく)する. ▶ Les panneaux publicitaires *défigurent* le paysage. 看板のおかげで風景が台なしになっている / *défigurer* les faits (=déformer) 事実をゆがめる. ❷ …の顔を醜くする. ▶ Cet accident de voiture l'*a défigurée*. その自動車事故のせいで彼女の顔は変わり果ててしまった. ❸ 歪(ゆが)曲する.

défilé /defile/ 男 ❶ 分列行進, 縦列行進; 行列. ▶ assister au *défilé* du 14 juillet 革命記念日の軍事パレードを見物する / *défilé* de manifestants デモ隊の行進 / *défilé* de mode ファッションショー. ❷ (山間の)隘路(ぁぃろ).

défilement¹ /defilmɑ̃/ 男〔軍事〕遮蔽(しゃへぃ)(物).
défilement² /defilmɑ̃/ 男 ❶ 分列[縦列]行進 (=défilé). ❷ フィルム[録音テープ]を回すこと.

défiler¹ /defile/ 他動 〔数珠, 首飾りなど〕の糸を抜き取る, をほどく, 壊す. ▶ *défiler* un collier ネックレスの糸を抜く.

défiler son chapelet (1) 祈りを唱えながら数珠をつまぐる. (2) 話 思いの丈をぶちまける.

— **se défiler** 代動 ❶〔首飾りなどが〕糸が抜ける; 編み目がほつれる. ❷ 話 (いざというときに責任, 義務などから)逃れる, 逃げ去る.

défiler² /defile/ 自動 ❶ 列を作って進む, 練り歩く; 分列行進する. ▶ Les manifestants *ont défilé* dans le centre de la ville. デモ隊は都心部を練り歩いた / *défiler* deux par deux 2列縦隊で行進する. ❷ 次々と続く[現れる]. ▶ Le paysage *défile* aux fenêtres du train. 車窓を景色が次々と流れていく.

défîmes /defim/ 活用 ⇨ DÉFAIRE Ⅵ
défini, *e* /defini/ 形 (définir の過去分詞) ❶ 定義された, 限定された; 明確な. ▶ mot bien [mal] *défini* 明確に定義された[定義の曖昧(ぁぃまぃ)な]言葉 / Sa tâche est bien *définie*. 彼(女)の任務ははっきりしている. ❷〔言語〕article *défini* 定冠詞 (le, la, les).

***définir** /defini:r デフィニール/ (過去分詞 défini, 現在分詞 définissant) 他動 ❶ …を定義する, 規定する. ▶ *définir* un mot ある単語に定義を与える / une sensation difficile à *définir* 名状しがたい感覚. ◆*définir* qn/qc comme + 属詞 …を…と判断する. ❷ …を決定する, 特定する, 明らかにする. ▶ *définir* une politique 政策を決定する / *définir* les mobiles de son suicide 彼(女)の自殺の動機を明らかにする.

— **se définir** 代動 ❶ 定義される; 決定される; 明確にされる. ❷ 自分の性格をつかむ, 自分を定義する. ▶ homme politique qui *se définit* comme centriste 自ら中道を任じている政治家.

définissable /definisabl/ 形 定義[限定]しうる, 明確にしうる.

définitif, ive* /definitif, i:v デフィニティフ, デフィニティーヴ/ 形 決定的な; 最終の. ▶ victoire *définitive* 決定的勝利 / les résultats *définitifs* d'un examen 試験の最終結果 / répondre d'un ton *définitif* 断定的な口調で答える.

en définitive 結局, 要するに, つまりは. ▶ *En définitive*, ils ont préféré rester. 最終的に彼らはとどまることにした.

définition /definisjɔ̃/ 女 ❶ 定義; 特定, 明確化. ▶ *définition* exacte [fausse] 正確な[誤った]定義 / *définition* d'un mot 語の定義. ❷ (写真の)鮮鋭度; (テレビの)解像度; 精細度. ▶ télévision (à) haute *définition* ハイビジョンテレビ.

par définition 定義自体から, 本質上; 当然のこととして.

définitionnel, *le* /definisjɔnɛl/ 形 定義の; 〔要素が〕定義を構成する.

***définitivement** /definitivmɑ̃ デフィニティヴマン/ 副 ❶ 決定的に; (変更の余地なく)最終的に. ▶ Il a *définitivement* renoncé à ce projet. 彼はその計画を決定的に放棄した. ❷ 結局, つまり, 結論として. ▶ *Définitivement*, où voulez-vous aller? 要するに, あなた(方)はどこへ行きたいのですか. ❸ 永久に, それを最後に.

définiture /definitylːr/ 女 ⇨
défiss-, défi-, défi- 活用 ⇨ DÉFAIRE Ⅵ
déflagration /deflagrasjɔ̃/ 女 ❶ (激しい)爆

déflation /deflasjɔ̃/ 囡〚経済〛デフレーション，通貨収縮（↔inflation）．

déflationniste /deflasjɔnist/ 厖〚経済〛デフレーションの（↔inflationniste）．▶ politique *déflationniste* デフレ政策．

déflecteur /deflektœ:r/ 男（自動車の）三角窓．

défleurir /deflœri:r/ 他動 文章 ❶ …の花を散らせる（=déflorer）．▶ La gelée *a défleuri* les pêchers. 霜のため桃の花が散ってしまった．❷〔想像力，才気など〕を衰えさせる，枯渇させる；…の〔あどけなさ〕を失わせる．
── 自動 文章 花が散る，しおれる．

défloraison /deflɔrezɔ̃/ 囡〚植物学〛落花；落花の時期．

défloration /deflɔrasjɔ̃/ 囡 処女を奪う［失う］こと．

déflorer /deflɔre/ 他動 ❶〔題材など〕を台なしにする；文章〔才気，想像力など〕を衰えさせる，枯れさせる（=défleurir）．❷ 古風／文章 …の処女を奪う，を凌辱(りょうじょく)する．

défoli*ant, ante* /defɔljɑ̃, ɑ̃:t/ 厖〔化学薬剤などが〕葉を枯らす．
── **défoliant** 男 落葉剤，枯葉剤．

défoliation /defɔljasjɔ̃/ 囡 ❶〚植物学〛落葉．❷〔軍事〕(落葉剤による)枯葉作戦．

défonçage /defɔ̃sa:ʒ/; **défoncement** /defɔ̃smɑ̃/ 男 ❶〔地面，道路などを〕えぐること，大穴をあけること，掘り返し．❷（樽(たる)，箱，船などの）底を抜くこと，底が抜けること．

défonce /defɔ̃:s/ 囡 話（麻薬による）恍惚(こうこつ)状態；麻薬．

défoncer /defɔ̃se/ ① 他動 ❶ …を突き破る．▶ L'obus *a défoncé* le toit. 砲弾は屋根をぶち抜いた．❷〔道〕をえぐる．▶ La pluie *a défoncé* la route. 雨で道路が陥没した．❸ 話〔麻薬が人〕に幻覚を起こさせる．── **se défoncer** 代動 ❶（麻薬によって）幻覚症状を起こす，恍惚(こうこつ)状態になる．❷ 底が抜ける；穴があく，えぐれる．❸ 話（仕事に）全力投球する，話 ふざける，楽しむ．

défont /defɔ̃/ 活用 ⇨ DÉFAIRE Ⅵ

déform*ant, ante* /defɔrmɑ̃, ɑ̃:t/ 厖 ❶ 形をゆがめる，変形する．❷ 歪曲(わいきょく)する．

déformation /defɔrmasjɔ̃/ 囡 ❶ 変形，ゆがみ，ひずみ．▶ une *déformation* du visage 顔のゆがみ．❷ ゆがめること，歪曲(わいきょく)；堕落．▶ la *déformation* du langage 言語の乱れ．

déformer /defɔrme/ 他動 ❶ …を変形させる，ゆがめる；〔声，筆跡など〕を偽る．▶ *déformer* son visage par des grimaces しかめっ面をする／ Les rhumatismes *ont déformé* ses doigts. リューマチで彼（女）の指が変形した．
❷〔意味，性格など〕をゆがめる；《特に》〔職業が〕…を変える．▶ *déformer* la vérité 真実をゆがめる／ Les journalistes *ont déformé* sa parole. 新聞記者たちは彼（女）の言葉をゆがめて伝えた．
── **se déformer** 代動 ❶ 変形する；不格好になる．❷ 堕落する．

défoulement /defulmɑ̃/ 男 話 うっぷん晴らし，ストレス解消．

défouler /defule/ 他動 ❶ 話〔物が〕…のストレスを解消する．▶ Viens danser! Ça va te *défouler*. 踊ろうよ，気がすかっとするから．❷〚精神分析〛〔無意識の欲望など〕を抑圧から解放する．
── **se défouler** 代動 ❶ 話 ストレスを解消する．▶ Se *défouler* en faisant du sport スポーツをしてストレスを解消する．❷〈*se défouler* sur qn/qc〉…に怒りをぶつける，でうっぷんを晴らす．❸〚精神分析〛抑圧から解放される．

défourner /defurne/ 他動〔パンなど〕をオーブンから取り出す；〔陶器〕を窯から取り出す．

défragmenter /defragmɑ̃te/ 他動〚情報〛〔ディスクなど〕をデフラグする．

défraîchi, e /defreʃi/ 厖（défraîchir の過去分詞）新鮮でなくなった，色あせた．▶ fleurs *défraîchies* しおれた花／ visage *défraîchi* 容色の衰えた［くたびれた］顔．

se défraîchir /s(ə)defreʃi:r/ 代動 新鮮味を失う，色あせる．▶ Son costume *s'est défraîchi*. 彼のスーツはくたびれている．

défrayer /defreje/ ⑫ 他動 ❶（多く受動態で）〈*défrayer* qn (de qc)〉…に(…の)費用を支払う．▶ *être défrayé* de tout 費用いっさいを払ってもらう．❷〔人，出来事が話など〕の中心となる．▶ *défrayer* la chronique もっぱらうわさの種になる／ un scandale qui *a défrayé* la chronique 話題になったスキャンダル．

défrichement /defriʃmɑ̃/ 男 ❶（土地の）開墾，開拓．❷（新領域の）開拓；最初の解明．

défricher /defriʃe/ 他動 ❶〔土地〕を開墾［開拓］する．▶ *défricher* une terre 土地を開墾する／ *défricher* une forêt 森林を伐採する．❷〔新領域〕を開拓する，初めて究明する．

défrich*eur, euse* /defriʃœ:r, ø:z/ 名 ❶ 開墾者．❷（新領域の）開拓者（=pionnier）．

défriper /defripe/ 他動〔布地〕のしわを伸ばす．

défriser /defrize/ 他動 ❶〔髪，口ひげの〕カール［縮れ〕を伸ばす［取る］．❷ 話 …を不快にする，失望させる．▶ La froideur de son accueil *m'a défrisé*. 彼（女）に冷たくされて私はがっかりした．
── **se défriser** 代動 ❶〔髪，口ひげの〕カール［縮れ〕が取れる［伸びる］．❷〈*se défriser* qc〉（自分の）〔髪，口ひげ〕をまっすぐにする．注 se は間接目的．❸ 話 失望する．

défroisser /defrwase/ 他動〔紙，布地など〕のしわを伸ばす．
── **se défroisser** 代動（布地の）しわが伸びる．

défroncer /defrɔ̃se/ ① 他動 …のギャザーを取り去る．▶ *défroncer* une jupe スカートのギャザーをほどく．

défroque /defrɔk/ 囡 古着，流行遅れの服；珍妙な服装．

défroqué, e /defrɔke/ 厖 ❶ 司祭職を捨てた；修道会から離れた．❷（党派などから）離脱した．
── 名 司祭職を捨てた人，司祭職離脱者．

défroquer /defrɔke/ 自動 ❶ 司祭服を脱ぐ；還俗(げんぞく)する．❷（党派などから）離脱する；活動をやめる．── **se défroquer** 代動 ❶ 司祭職［修道生活〕を捨てる．❷（党派などから）離脱する．

déf*unt, unte* /defœ̃, œ̃:t/ 厖 文章 ❶ 死亡した，亡くなった．▶ le *défunt* M. Martin 故マルタン氏／ sa *défunte* mère 彼（女）の亡き母．比較

dégagé

⇨ MORT¹. ❷ 過ぎ去った,かつての. ▶ un espoir *défunt* 消えた望み / la *défunte* barrière de Paris パリ市門跡.
— 名 故人;死者.

dégagé, e /degaʒe/ 形 ❶ 自由な,屈託のない. ▶ démarche *dégagée* 軽快な足どり. ❷ <*dégagé* de qc>…から解放された. ▶ terre *dégagée* de toute hypothèque いっさいの抵当権が解除された土地. ❸ 障害物が取り払われた,覆われていない. ▶ ciel *dégagé* 晴れ上がった空 / nuque *dégagée* あらわなうなじ.

dégagement /degaʒmɑ̃/ 男 ❶ [障害物の]除去,撤去;清掃,整理. ▶ *dégagement* de la voie publique 公道の清掃. ❷ [埋もれた物などの]掘り出し;[下敷きになった人の]救出. ▶ Le *dégagement* des blessés ensevelis sous les décombres a été difficile. 瓦礫(がれき)の下敷きになった負傷者の救出は困難だった. ❸ (におい,気体,熱の)発散,発生. ▶ *dégagement* de vapeur 水蒸気の発生. ❹ (義務,契約などの)解消,撤回;(軍隊などの)撤退. ▶ le *dégagement* d'une promesse 約束の取り消し. ❺ (質,抵当物件の)請け戻し. ❻ (建物内の)通路,廊下;出口. ▶ *dégagements* de secours 非常通路,非常口. ❼ 「une voie [un itinéraire] de *dégagement*」バイパス. ❽ 『スポーツ』*dégagement* au pied (サッカーで)クリアキック / *dégagement* en touche (ラグビーで)タッチキック.

dégager /degaʒe デガジェ/ ②

過去分詞 dégagé	現在分詞 dégageant
直説法現在 je dégage	nous dégageons
tu dégages	vous dégagez
il dégage	ils dégagent

他動 ❶ <*dégager* qn/qc (de qc)>…(から)…を引っぱり出す,救い出す;解放する,自由にする. ▶ *dégager* un blessé des décombres 瓦礫(がれき)の中から負傷者を救出する / *dégager* une ville investie 包囲された町を解放する / *dégager* sa main 手を振りほどく.

❷ [場所]をあける,かたづける. ▶ Dégagez le passage pour qu'on puisse transporter un blessé. 負傷者を運んでいます,道をあけてください / *dégager* la voie publique 公道の清掃をする;公道から障害物を取り除く / Allons, *dégagez*! さあ,どいて. ◆*dégager* A de B A から B を取り除く. ▶ *dégager* un arbre de ses branches inutiles 木の余計な枝を払う.

❸ [ある要素,ある面]を**引き出す**,抽出する;明らかにする. ▶ *dégager* un minéral de sa gangue 鉱石から鉱物を抽出する / *dégager* la morale des faits 事実から教訓を引き出す / Dégagez les idées principales du texte. テキストの主要なテーマを明らかにしなさい.

❹ …を発する,発散する. ▶ *dégager* un liquide 液体を滲出(しんしゅつ)させる / des effluves [parfums] que *dégagent* les fleurs 花が発散する香気. 比較 ⇨ RÉPANDRE.

❺ [衣服などが体の一部]を見せる,露出させる;ゆったりさせる. ▶ un habit qui *dégage* bien les épaules 肩がむき出しになる服.

❻ (ある用途に)[金]を使えるようにする;[予算など]を引き出す. ▶ *dégager* des crédits pour la construction d'une crèche 保育園建設のための予算を引き出す.

❼ [約束]を取り消す;[責任,義務]を免れる. ▶ *dégager* sa promesse 約束を取り消す / Nous *dégageons* toute responsabilité en cas d'accident. 事故の際はいっさい責任を負いません.

❽ [質,抵当,担保に入っていたもの]を請け出す,受け戻す. ▶ *dégager* sa montre du mont-de-piété 質屋から腕時計を受け戻す.

❾ 『スポーツ』*dégager*「le ballon [la balle] (サッカーで)ボールをクリアする;(ラグビーで)ボールをタッチラインの外に出す.

dégager sa parole 約束を取り消す[破る];信条などを捨てる.

— 自動 話 迫力がある,生気にあふれている. ▶ un art qui *dégage*. パンチのある芸術.
Ça dégage! 話 すごい.

— **se dégager** 代動 ❶ 障害物などが除かれる;通りがよくなる. ▶ La route *se dégage* peu à peu. 道路がだんだんすいてきた / Le ciel *se dégage*. 空が晴れる.

❷ <*se dégager* (de qc)>(義務,拘束などから)解放される,自由になる;自由な時間を作る. ▶ *se dégager* de ses liens 束縛から解放される / *se dégager* des bras de qn …の腕を振りほどく. ❸ <*se dégager* (de qc)>(…から)発生する,発散する. ▶ Une bonne odeur *se dégage* de la cuisine. いいにおいが台所から漂ってくる.

dégaine /degen/ 女 話 おかしな[滑稽(こっけい)な]格好[態度,姿]. ▶ Quelle *dégaine*! なんて変な格好だ.

dégainer /degene/ 他動 [刀やピストル]を抜く.

se déganter /s(ə)dɑ̃te/ 代動 手袋を脱ぐ.

dégarni, e /degarni/ 形 <*dégarni* (de qc /qn)>(…の)ない,いない,空の. ▶ table *dégarnie* 食器類のかたづけられたテーブル / arbre *dégarni* de ses feuilles 落葉した木.

dégarnir /degarni:r/ 他動 ❶ …から備品[装飾]を取り去る. ▶ *dégarnir* un appartement (de ses meubles) アパルトマンから家具類を運び出す / *dégarnir* un arbre de Noël クリスマスツリーの飾りを取り外す. ❷ …を空にする,の中身を取り去る. ▶ *dégarnir* une boîte de bonbons キャンデーの箱を空にする / *dégarnir* un compte en banque 銀行口座を空にする. ❸ 『軍事』…から兵[部隊]を撤退させる.

— **se dégarnir** 代動 ❶ [木が]葉を落とす;[髪が]なくなる,薄くなる. ▶ Il commence à *se dégarnir*. 彼は髪が薄くなってきた. ❷ 空になる,なくなる. ▶ Après le spectacle, la salle *se dégarnit* rapidement. 上演が終わると,客席はたちまち人影がまばらになる. ❸ 金を使い果たす;文無しになる.

dégât /dega/ 男 ❶ (多く複数で)損害,被害;破壊. ▶ faire de sérieux *dégâts* 深刻な被害を与える / La grêle a causé de graves *dégâts*. 雹(ひょう)のために大きな被害が出た. ❷ 話 大混乱,大騒

動. ▶ Il y a du dégât. 大混乱だ.
Bonjour les dégats! たいへんなことになるぞ.
limiter les dégats 被害を最小限にくいとめる.

[比較] **損害, 被害**
dégât 天災や人災による物的損害についていう.
dommage《改まった表現》物的・精神的・財政的損害について用いられ, 法律用語ともなる. **ravage**（＞ dégât）《改まった表現》事故や天災による大規模な物的損害をいう. すでに意味が強いので d'importants *ravages* のような強調表現はしない. **pertes**《改まった表現》物的・人的被害を量的に示す. 特に *pertes* en vies humaines と *dégâts* matériels はともに慣用表現として同じ文章で併用されることが多い. **préjudice**《法律用語》賠償の対象となるような物的・精神的損害.

dégauchir /degoʃi:r/ 他動 ❶〔石材, 木材など〕を平らにする; の形を直す. ▶ *dégauchir* une planche au rabot 鉋(かんな)をかけて板を滑らかにする. ❷ 話 …のぎこちなさを除く, を打ち解けさせる. ❸ 話〔探していた物〕を見つける, 手に入れる.
dégauchissage /degoʃisa:ʒ/ 男〔木材などの表面の〕荒削り.
dégazage /degaza:ʒ/ 男 ガス抜き.
dégazer /degɑze/ 他動〔液体, 固体など〕からガスを抜く.
dégel /deʒɛl/ 男 ❶ 雪解け; 解氷. ❷ 緊張緩和, 関係改善;（心の）ほぐれ. ▶ le *dégel* entre l'Est et l'Ouest 東西間の緊張緩和. ❸（資金などの）凍結解除; 活動［交渉］再開.
dégeler /deʒle/ 5 他動 ❶ …を溶かす, 溶解する; 温める. ▶ *dégeler* de la viande surgelée 冷凍肉を解凍する. ❷ …の緊張を解く, を打ち解けさせる; 活気づける. ▶ *dégeler*（l'atmosphère d'）une réunion 集会の雰囲気を和らげる / *dégeler* les rapports internationaux 国際関係の緊張を緩和する. ❸《金融》〔資金など〕の封鎖［凍結］を解除する; 流通［活動］を再開する.
— 自動 氷が溶ける, 氷解する. ▶ Le lac commence à *dégeler*. 湖の氷が溶け始めた /《非人称構文で》Il a dégelé. 氷が溶けた.
— **se dégeler** 代動 ❶〔冷えた体〕を温める. ❷ 和む, 打ち解ける.
dégénératif, ive /deʒeneratif, i:v/ 形《医学》変性の. ▶ rhumatisme *dégénératif* 変性リューマチ.
dégénéré, e /deʒenere/ 形 ❶ 話 退廃した, 堕落した. ❷《医学》変質した, 退化した.
— 名 変質者.
dégénérer /deʒenere/ 6 自動 ❶ 資質を失う, 悪化する, 退廃する. ▶ Son rhume *a dégénéré* en pneumonie. 彼(女)は風邪をこじらせて肺炎になった. ❷ 文章〔人, 動植物が〕種の特質を失う; 退化する. ❸《医学》〔腫瘍(しゅよう)などが〕悪性になる, 癌(がん)性になる.
dégénérescence /deʒeneresɑ̃:s/ 女 ❶ 退化. ❷ 文章 退廃, 堕落. ❸《医学》（組織, 器官などの）変質, 変性;（良性腫瘍(しゅよう)などの）癌(がん)化（＝cancérisation）.
dégermer /deʒɛrme/ 他動 …の芽を摘む.
dégingandé, e /deʒɛ̃gɑ̃de/ 形〔歩き方, 身のこ

なしが〕ぎこちない, 不格好な.
dégivrage /deʒivra:ʒ/ 男 霜取り, 除氷, 除霜.
dégivrer /deʒivre/ 他動 …から霜を取り除く. ▶ *dégivrer* un réfrigérateur 冷蔵庫の霜取りをする.
dégivreur /deʒivrœ:r/ 男（冷蔵庫の）霜取り装置;（自動車の）デフロスター;（航空機の）除氷装置.
déglaçage /deglasa:ʒ/, **déglacement** /deglasmɑ̃/ 男 ❶（紙の）艶(つや)消し(工程). ❷ 氷を解かすこと. ❸《料理》(ワインなどで)煮汁［肉汁］をのばすこと.
déglacer /deglase/ 1 他動 ❶〔紙〕を艶(つや)消しする. ❷《料理》(ワイン, 生クリームなどを加えて)〔鍋(なべ)〕の底に焼きついた煮汁［肉汁］を溶かす.
déglinguer /deglɛ̃ge/ 他動 話 …をばらばらにする, がたがたにする, 壊す.
— **se déglinguer** 代動 ばらばらになる, がたがたになる, 壊れる.
dégluer /deglye/ 他動 文章 …のねばつきを落とす. ▶ *dégluer* les doigts 指のべたつきを落とす.
déglutir /deglyti:r/ 他動〔食べ物など〕を飲み込む, 飲下する.
déglutition /deglytisjɔ̃/ 女《生理学》嚥下(えんか)(運動).
dégobiller /degɔbije/ 他動 話〔食べた物〕を吐く, 戻す（＝vomir）. — 自動 話 吐く, げろをはく.
dégoiser /degwaze/ 他動《軽蔑して》…をしゃべりまくる, ぺらぺら話す.
— 自動 話《軽蔑して》しゃべる, しゃべりまくる.
dégommage /degɔma:ʒ/ 男 ❶ 話 解雇, 首切り. ❷ 糊(のり)をはがすこと, ゴム質の除去. ❸（飛行機などを）撃ち落とすこと, 撃墜.
dégommer /degɔme/ 他動 ❶ 話 …を首にする; の地位を奪う. ❷ …の糊(のり)をはがす, からゴム質を除く. ▶ *dégommer* un timbre 切手をはがす. ❸ 話 …を撃ち落とす, 撃ち倒す. ▶ *dégommer* un avion 飛行機を撃墜する.
dégonflage /degɔ̃fla:ʒ/ 男 ❶ 空気［ガス］が抜けること; 空気［ガス］を抜くこと. ❷ 話 おじけづくこと, 尻(しり)込み. ❸（価格の）低下, 下落; 縮小, 削減.
dégonflé, e /degɔ̃fle/ 形 ❶ 空気［ガス］の抜けた, 収縮した. ▶ pneu *dégonflé* 空気の抜けたタイヤ. ❷ 話 おじけづいた, 臆病(おくびょう)な.
— 名 話 臆病者, 意気地なし.
dégonfler /degɔ̃fle/ 他動 ❶ …の空気［ガス］を抜く, をしぼませる. ▶ *dégonfler* un ballon ボールの空気を抜く. ❷ …の腫(は)れを引かせる. ❸（過剰なもの）を減らす;〔値段〕を引き下げる. ▶ *dégonfler* son stock 在庫を減らす. ❹ …の誇張を正す［暴く］. ▶ *dégonfler* un bluff publicitaire 誇大広告を槍(やり)玉に上げる.
— 自動 腫れが引く（＝se dégonfler）.
— **se dégonfler** 代動 ❶ 空気［ガス］が抜ける, 収縮する;〔腫れが〕引く. ❷ 自信をなくす; おじけづく. ❸ *se dégonfler* le cœur 心の中を吐き出す.
dégorgement /degɔrʒmɑ̃/ 男 ❶ 吐くこと, 嘔吐(おうと). ❷ 排水;（河川の海への）流出; 河口. ❸（汚れなどの）除去, 洗浄.
dégorger /degɔrʒe/ 2 他動 ❶ …を洗浄する, の

dégot(t)er

汚れをとる．❷ …を排出する，吐き出す．▶ une rue qui *dégorge* une foule bigarrée 雑多な群衆があふれ出てくる通り．

— 自動 ❶〔排水管が〕注ぐ．▶ un égout qui *dégorge* dans une rivière 川に排水する下水道．❷〔生地が〕(洗濯で)色落ちする．❸〖料理〗faire *dégorger* qc (1)〔肉〕を血抜きする．(2)〔魚〕を水に漬けて泥を吐かせる．(3)〔キュウリなど〕を塩もみして水分をとる．

— se dégorger 代動 ❶〔排水管が〕注ぐ．❷ 腫(は)れ［むくみ］が引く．❸ 心を打ち明ける (=s'épancher)．

dégot(t)er /degɔte/ 他動 話 …を見つける，探し出す．

dégoulinade /degulinad/ 女 滴り落ちる液体(の跡)．

dégouliner /deguline/ 自動 話〔雨水，汗，涙などが〕滴り落ちる．

dégoupiller /degupije/ 他動 …のねじ［止めピン］を外す．▶ *dégoupiller* une grenade 手榴(ﾘｭｳ)弾の安全ピンを外す．

dégourdi, e /degurdi/ 形 (dégourdir の過去分詞)❶ 抜け目のない，如才のない，すばしっこい．❷〔手足が〕しびれ［凍え］の治った．❸〔水，液体が〕生温かい，生ぬるい．

— 抜け目のない人．▶ Quel *dégourdi*! (反語的に)なんて間抜けなんだ．

dégourdir /degurdiːr/ 他動 ❶〔手足〕のしびれ［凍え］を治す．❷〔人付き合いの苦手な人〕を社交的にする，世慣れさせる；〔しゃちほこばっている人〕を楽にさせる．❸〔思考，精神など〕を活気づける．❹〔水〕を少し温める，ぬるま湯にする．

— se dégourdir 代動 ❶ < *se dégourdir* (qc)>〔手足の〕しびれ［凍え］を治す；しびれ［凍え］が治る．注 qc を伴うと se は間接目的．❷ ぎこちなさが取れる，世慣れする；話 純潔を失う．❸〔水〕が少し温まる．

dégourdissement /degurdismɑ̃/ 男 ❶〔手足の〕しびれ［凍え］を治すこと；しびれ［凍え］が治ること．❷〔水を〕温めること；(水が)温まること．

__dégoût__ /degu/ デグ 男 嫌悪，不快感．▶ causer du *dégoût* à qn …に嫌悪感を催させる / *dégoût* de soi 自己嫌悪 / manger jusqu'au *dégoût* 嫌になるまで食べる / prendre qc en *dégoût* …が嫌になる．◆ avoir le *dégoût* de qc // avoir du *dégoût* pour qc …が嫌いである．▶ avoir le *dégoût* de la viande 肉が嫌いである / avoir du *dégoût* pour le travail 仕事を嫌う．

dégoûtant, ante /degutɑ̃, ɑ̃ːt/ 形 ❶ 嫌な，嫌悪感を与える．▶ du travail *dégoûtant* 嫌な［不快な］仕事 / C'est un type *dégoûtant*. いやなやつだ / C'est *dégoûtant*, c'est toujours lui qui gagne. 嫌になっちゃう，勝つのはいつも彼なんだ．❷ 汚い，不潔な．▶ Tes mains sont vraiment *dégoûtantes*, lave-les. 手が汚いよ，洗いなさい．❸ まずい，むかむかさせる．▶ plat *dégoûtant* まずい料理．

— 名 話 げすなやつ；(ジャムなどを顔中につけた)汚い子供．

dégoûtation /degutɑsjɔ̃/ 女 話 ❶ 嫌悪，不快 (=répugnance)．❷ ひどい汚さ；胸のむかつくような物．

dégoûté, e /degute/ 形 < *dégoûté* de qn/qc /不定詞 > …にうんざりした，嫌気がさした．▶ être *dégoûté* de la vie 人生にうんざりしている．

ne pas être dégoûté えり好みしない，何にでも満足する，なんでも引き受ける．

— 名 faire ［le *dégoûté* ［la *dégoûtée*］むやみに気難しいことを言う．

__dégoûter__ /degute/ デグテ 他動 ❶ …に嫌悪感を抱かせる；をうんざりさせる．▶ Le lait me *dégoûte*. = Je suis *dégoûté* du lait. ミルクは嫌いだ / Tu me *dégoûtes*! 君にはうんざりだ！❷ < *dégoûter* qn de qn/qc > …を…嫌いにする．▶ Ces programmes *dégoûtent* les gens de la télévision. こういう番組は視聴者をテレビ嫌いにする．❸ < *dégoûter* qn de + 不定詞 > …に…する気をなくさせる．▶ Cette médiocre rémunération me *dégoûte* de travailler. こんなわずかな報酬では働く意欲がなくなる．

— se dégoûter 代動 ❶ < *se dégoûter* de qn/qc/不定詞 > …に嫌悪感がさす，うんざりする．▶ *se dégoûter* du travail 仕事が嫌になる．❷ < *se dégoûter* de qc > …に食欲を失う，(ある食べ物)が嫌いになる．

dégoutter /degute/ 自動 滴り落ちる．▶ La sueur lui *dégoutte* du front. 汗が彼(女)の額から滴り落ちている．

— 間他動 < *dégoutter* de + 無冠詞名詞 > …を滴らす．▶ un auvent *dégouttant* de pluie 雨のしずくを落としている庇(ひさし)．

dégradant, ante /degradɑ̃, ɑ̃ːt/ 形 価値を落とす，品位を汚す，下劣な．

dégradation /degradɑsjɔ̃/ 女 ❶ 損害，傷み，変質．▶ *dégradation* de l'environnement 環境の破壊．❷ 低下，悪化．▶ *dégradation* du dollar ドルの下落 / *dégradation* de la balance commerciale 貿易収支の悪化．❸ (色調，光の)濃淡の移りゆき；〖絵画〗ぼかし．❹ (階級，地位などの)剥奪(ﾊｸ)，降格．▶ *dégradation* civique 公民権剥奪．

dégradé, e /degrade/ 形 ❶ 破損した．▶ habitation *dégradée* 傷みの激しい住居．❷ 低下［悪化］した，劣化した．▶ situation politique *dégradée* 悪化した政治情況．❸ (色調，光が)徐々に薄らぐ．▶ couleurs *dégradées* ぼかされた色調．❹ 階級［地位］を剥奪(ﾊｸ)された；降格された．❺ 堕落した．

— **dégradé** 男 (色調，光の)濃淡の移りゆき；〖絵画〗ぼかし．

dégrader /degrade/ 他動 ❶ …を破損する，損傷する，傷める．▶ *dégrader* un monument public 公共建築物を破損する / *dégrader* légèrement un meuble 家具にちょっと傷をつける．❷ …の価値を低下させる，を悪化させる；おとしめる．▶ *dégrader* les relations avec qn …との関係を台なしにする / Cette politique va *dégrader* la qualité de l'enseignement. この政策は教育の質の劣悪化につながる．❸ (色調，光)を徐々に薄くする．❹ …の階級［地位］を下げる，を降格する；特権［称号］を剥奪(ﾊｸ)する．❺ 文章 …の品位を低下させる；を堕落させる．

— **se dégrader** 代動 ❶ 破損が進む; 荒廃する. ❷ 低下する; 悪化する. ▶ Ce malade *se dégrade* de jour en jour. この患者の病状は日に日に悪化している / Le temps *se dégrade*. 天気が崩れてきた. ❸〔色, 光が〕徐々に薄らぐ. ❹ 品位が下がる, 堕落する.

dégrafer /degrafe/ 他動〔服など〕のホック［留め金〕を外す (↔agrafer).
— **se dégrafer** 代動 ❶ ホック［留め金］が外れる. ❷ (自分の服の) ホック［留め金］を外す.

dégraissage /degrɛsaːʒ/ 男 話 (企業の) 人員整理. ❷ 脂肪 (分) の除去, 脱脂. ❸ (衣服の) 染み抜き.

dégraisser /degrese/ 他動 ❶〔予算や人員など〕を削る;〔企業など〕の経費を節減する, 人員整理する. ▶ *dégraisser* le budget du ménage 家計を切り詰める. ❷ …の脂肪 (分) を取り除く, 脂汚れ［染み］を落とす. ▶ *dégraisser* une sauce ソースの浮き脂をすくい取る.

dégraisseur, euse /degrɛsœːr, øːz/ 名 (脂汚れを落とす) 染み抜き屋, 洗濯屋.

*__degré__ /dagre/ ドゥグレ 男 ❶ (単位としての) 度 (記号 °). ▶ l'angle de 90 [quatre-vingt-dix] *degrés* 90度の角 / La température est montée d'un *degré*. 温度が1度上がった / Il fait trente *degrés* à l'ombre. 日陰で30度ある / *degré* Celsius セ氏度 / *degré* Fahrenheit カ氏度 / Ce vin fait douze *degrés*. このワインは12度だ / cognac à 40 *degrés* 40度のコニャック / *degré* alcoolique アルコール度数.
❷ **程度**, 度合い, 段階. ▶ *degré* de contamination 汚染度 / atteindre un haut *degré* de civilisation 高度の文明に達する / parvenir à un *degré* maximal 最高度に達する / jusqu'à un certain *degré* ある程度まで / Il y a le *degré* dans le malheur. 不幸にもいろいろ程度がある.
❸ **階級**, 身分. ▶ le plus haut [bas] *degré* de la hiérarchie sociale 社会階級の最上層［最下層］/ Vous êtes monté d'un *degré* dans le service. あなたは仕事の上で1ランク上がった.
❹ (大学の) 学位 (=grade universitaire). ▶ recevoir le *degré* de Docteur à l'Université de Paris パリ大学で博士の学位を受ける.
❺《複数で》(幅, 長さとも小さな) 階段; 踏み段.
❻《文法》*degrés* de comparaison [signification] (形容詞, 副詞の) 級. ❼《民法》親等 (=*degré* de parenté). ▶ Le fils et le père sont parents au premier *degré*. 息子と父は一親等の親族である. ❽《数学》次数. ▶ équation du premier [second] *degré* 一次［二次］方程式. ❾《音楽》度.
au dernier degré =*au plus haut degré* 極度に, なみはずれて. ▶ Il est avare *au plus haut degré*. 彼はこのうえなくけちだ.
au premier degré 文字どおりの, 明白な, 即座に理解できる.
au second degré 暗示的な, すぐには理解できない.
de degré en degré 一段ずつ, 段階を追って, 徐々に.
par degré(s) 徐々に, だんだん.

dégressif, ive /degresif, iːv/ 形 次第に減少する, 漸減の (↔progressif).

dégressivité /degresivite/ 女 漸減性.

dégrèvement /degrɛvmɑ̃/ 男 減税. ▶ *dégrèvement* pour charge de famille 家族扶養控除.

dégrever /degrəve/ 3 他動 …に対して減税する, の税を軽減する.

dégriffé, e /degrife/ 形〔衣料品などが〕ブランドを外されて売られた. — 男 ブランド名を外した商品.

dégringolade /degrɛ̃gɔlad/ 女 ❶ 転落, 墜落; 崩落;《集合的に》転落［落下］物. ❷ 話 暴落, 倒産; 没落, 失墜. ▶ la *dégringolade* des cours en Bourse 株式相場の暴落.

dégringoler /degrɛ̃gɔle/ 自動 (助動詞は avoir または être) ❶ 転落する; 落下する; 崩れ落ちる. ▶ *dégringoler* dans l'escalier 階段を転げ落ちる. ❷〔価値, 評価などが〕急激に下落［低下］する; 倒産する; 没落する. ▶ une entreprise qui a *dégringolé* 倒産した会社. ❸〔斜面, 道などが〕急傾斜で下る.
— 他動 (転がるように) …を駆け降りる.

dégrisement /degrizmɑ̃/ 男 酔い［迷い］を覚ますこと; 覚醒; 覚めた状態.

dégriser /degrize/ 他動 …の酔いを覚ます; を迷いから覚ます.
— **se dégriser** 代動 酔い［迷い］が覚める.

dégrossir /degrosiːr/ 他動 ❶ …の概略を練る. ▶ *dégrossir* un roman 小説の粗筋を描く / *dégrossir* un travail 仕事に目鼻［段取り］をつける. ❷ 話 …に手ほどきをする; 作法［礼儀］を教える. ❸〔材料〕を荒削りする.
— **se dégrossir** 代動 手ほどきを受ける; 作法［礼儀］を知る, 洗練される.

dégrossissage /degrosisaːʒ/, **dégrossissement** /degrosismɑ̃/ 男 ❶ 荒削り (したもの). ❷ 案案 (作成); 糸口, 段取り. ❸ 手ほどき; 洗練.

se dégrouiller /s(ə)deɡruje/ 代動 話 急ぐ (=se hâter). ▶ *Dégrouille-*toi! 急げ.

dégroupement /degrupmɑ̃/ 男 分類, 分別.

dégrouper /degrupe/ 他動 …を分類する, 分別する.

déguenillé, e /deɡ(ə)nije/ 形, 名 ぼろを着た (人).

déguerpir /deɡɛrpiːr/ 自動 逃げ去る, 退散する; 退却する. ▶ faire *déguerpir* qn …を追い払う.

dégueu /degø/ 形 話 dégueulasse の略.
(*C'est*) *pas dégueu!* 俗 半端じゃない, なかなかいい.

dégueulasse /degœlas/ 形 俗 (胸がむかつくほど) ひどい, 汚い. ▶ Ces cabinets sont *dégueulasses*. この便所はものすごく汚いな / un temps *dégueulasse* ひどい天気 / C'est *dégueulasse* ce qu'il a fait là. 彼のしたことは醜悪だ.
C'est pas dégueulasse. こいつはいける［すてきだ］.
— 名 嫌なやつ.

dégueuler /degœle/ 他動 俗 …を吐く (=vomir).
— 自動 俗 へど［げろ］を吐く. ▶ C'est à *dégueuler*! (醜悪, 下劣で) 胸糞 (くそ) 悪い, へどが出る.

déguisé

déguisé, e /degize/ 形 ❶ 変装[仮装]した. ▶ un bal *déguisé* 仮装舞踏会. ❷〔感情などが〕偽られた, 隠された. ▶ une ambition *déguisée* 秘められた野心. ― 名 変装[仮装]した人.

déguisement /degizmɑ̃/ 男 ❶ 変装, 仮装; 変装衣装. ❷ 文章〔感情などを〕偽り隠すこと.

déguiser /degize/ 他動 ❶ 〈*déguiser* qn (en qn)〉…を(…に)変装[扮装(ﾊﾞｿｳ)]させる. ▶ *déguiser* un enfant en roi pour le carnaval カーニバルのため子供に王様の扮装をさせる / Cette robe de soirée l'*a déguisée* parfaitement. そのイブニングドレスを着ると彼女はまったく見違えるようになった. ❷ …を偽る, を変える. ▶ *déguiser* son écriture 筆跡を変える. ❸ 文章〔真実など〕を偽る, 隠す. ― **se déguiser** 代動〈*se déguiser* (en qn)〉(…に)変装[扮装]する.

dégurgiter /degyrʒite/ 他動 ❶〔食べ物などを〕吐き出す, 戻す. ❷〔丸暗記したもの〕をそのまま述べる.

dégustateur, trice /degystatœːr, tris/ 名 (チーズなどの)鑑定家;《特に》ワイン鑑定人, 聞き酒をする人.

dégustation /degystasjɔ̃/ 女 試飲, 試食;《特に》聞き酒, テイスティング.

déguster /degyste/ 他動 ❶〔ワイン, チーズなど〕の味を見る, を試飲[試食]する. 比較 ⇨ GOÛTER. ❷ …を味わう, 楽しむ. ▶ *déguster* son triomphe 勝利を満喫する. ❸ 語《殴打, 悪口など》を食らう, 浴びせられる. ▶〈(目的語なしに) Tu vas *déguster*! 痛い目に遭わせてやるぞ. ― **se déguster** 代動〔食べ物などが〕賞味される.

déhanché, e /deɑ̃ʃe/ 形 ❶ 腰をくねらせた; 腰を振って歩く. ❷ 腰の片側に体重をかけた.

déhanchement /deɑ̃ʃmɑ̃/ 男 ❶ 腰を振って歩くこと. ❷ 腰の片方に体重をかけている姿勢, かしいだ姿勢.

déhancher /deɑ̃ʃe/ 他動 …を腰で支えて持つ. ― **se déhancher** 代動 ❶ 腰をくねらせる; 腰を振って歩く. ❷ 腰の片側に体重をかける, 体をかしげる.

***dehors** /dəɔːr/ ドゥオール (後続の語とリエゾンしない) 副 外に, 外で, 戸外に (↔dedans). ▶ aller *dehors* 外出する / coucher *dehors* 屋外で寝る; 外泊する / dîner *dehors* 戸外で食事する; 外食する / Il fait bon *dehors*. 外は気持ちがいい / Je serai *dehors* toute la journée. 私は一日中外出する予定です / Je vous attends *dehors*. 外でお待ちしています / *Dehors*! 外に出ろ, 出ていけ.

de dehors 外から, 外から見ると.

en dehors (1) 外に, 外側に. ▶ Cette fenêtre s'ouvre *en dehors*. この窓は外側に開く / Ne pas se pencher *en dehors*! 外に身を乗り出さぬこと. (2) 見かけは, 外見. ▶ *En dehors*, elle est froide, mais en réalité elle est très chaleureuse. 彼女は一見冷たそうだが, 本当はたいへん心温かい. (3) ほかに, それ以外に. ▶ J'ai tout dit, il n'y a rien *en dehors*. 私はすべてお話しました, これ以上何もありません.

en dehors de qc (1) …の外に, の外側に;を越えて. ▶ habiter *en dehors d*'une ville 市外に住む / Cette affaire est *en dehors de* notre compétence. この件は我々の力の及ぶ範囲外にある. (2) …以外に, を除いて. ▶ *En dehors de* cela, il n'y a rien de neuf. この点を除けば, 目新しいことは何もない.

en dehors de qn …以外には; の知らないところで. ▶ prendre une décision *en dehors de* lui 抜きで決定を下す / *En dehors de* lui, personne n'est au courant de cela. 彼のほかにこのことを知っている人はいない.

mettre [*jeter,* 話*ficher, flanquer, foutre*] *qn dehors* …を追い出す, たたき出す; 首にする.

par(-)*dehors* 外から, 外側から.

― 男 ❶ 外部; 外界; 国外. ▶ prendre l'air du *dehors* 外の空気を吸う / les affaires du *dehors* 対外問題 / capitaux placés au *dehors* 国外に投資された資本. ❷《多く複数で》外観, 外見, 見せかけ. ▶ avoir des *dehors* soignés 身だしなみがいい / Il ne faut pas juger quelqu'un sur ses *dehors*. 人を見かけで判断してはいけない.

déicide /deisid/ 名 キリストをはりつけにした人; 信仰の破壊者, 宗教の圧殺者. ― 形 キリストをはりつけにした; 信仰を破壊する, 宗教を圧殺する. ― 男 キリストの磔刑(ﾀｯｹｲ); 信仰の破壊, 宗教の圧殺.

déification /deifikasjɔ̃/ 女 神格化.

déifier /deifje/ 他動 …を神格化する; を崇拝する, 拝む. ▶ *déifier* le pouvoir 権力をあがめる.

déisme /deism/ 男 理神論, 自然神教.

déiste /deist/ 形 理神論[自然神教]を信じる. ― 名 理神論者, 自然神教信奉者.

:**déjà** /deʒa デジャ/ 副《単純過去とともに用いることはない》

❶ もう, すでに. ▶ Il est *déjà* quatre heures. もう4時だ / Il a *déjà* fini son travail. 彼はもう仕事を終えた / Quand il est arrivé, son ami était *déjà* parti. 彼が到着したとき, 友達はすでに出発していた / *Déjà*? もうですか.

❷ 以前に, 前に. ▶ Je te l'ai *déjà* dit. 私はそのことを以前にあなたに言いました.

❸ 語《強調して》それだけでも. ▶ C'est *déjà* bien beau. それだけでも見事なものだ / C'est *déjà* beaucoup. それだけでも大したものだ / Ce n'est *déjà* pas si mal. そいつはなかなかどうして悪くはないぞ.

❹ 語《文末で, 1度聞いたことを繰り返し尋ねる》ええと, いったい. ▶ Comment vous appelez-vous *déjà*? ええと, お名前はなんとおっしゃいましたか?

d'ores et déjà /dɔːrzedeʒa/ 今後, これから先; すでにもう. ▶ L'accord de principe est *d'ores et déjà* acquis. 原則的な合意はもうすでにでき上がっている.

déjanté, e /deʒɑ̃te/ 形 語 頭がおかしい. ▶ Tu es complètement *déjanté*! おまえ完全にイカれてるぞ.

déjanter /deʒɑ̃te/ 他動〔タイヤを〕はずす. ― 自動 語 頭がおかしくなる.

déjà-vu /deʒavy/ 男《単複同形》❶ 見たことのあるもの, ありきたりのもの, 陳腐なもの. ▶ C'est du *déjà-vu*. そんなもの珍しくもない. ❷《心理》デジャ・ヴュー, 既視(感).

déjection /deʒɛksjɔ̃/ 囡 ❶〖医学〗排泄(はい);《複数で》排泄物. ❷ 文章 くず, かす.

déjeté, e /deʒte/ 形 曲がった, ゆがんだ; 背骨[腰]の曲がった.

déjeter /deʒte/ ④ 他動 …を曲げる, ゆがめる.
— **se déjeter** 代動 曲がる, 反る, ゆがむ.

***déjeuner**[1] /deʒœne デジュネ/ 自動 ❶ 昼食を取る. ▶ *déjeuner* avec du pain et des pommes de terre パンとポテトの昼食を取る / inviter à *déjeuner* 昼食に招待する. ❷ 朝食を取る. ▶ Elle est partie sans *déjeuner*. 彼女は朝食を取らずに出勤した. ❸ ⟨*déjeuner* de qc⟩ 昼食[朝食]を…で済ませる. ▶ *déjeuner* d'un sandwich サンドイッチで昼食を済ませる.

***déjeuner**[2] /deʒœne デジュネ/ 男 ❶ 昼食. 注 動詞 déjeuner には「朝食を取る」と「昼食を取る」の両方の意味があるが, 名詞は「昼食」の意味しかない (⇨ 成句). ▶ prendre le *déjeuner* 昼食を取る / Aujourd'hui, j'ai un *déjeuner*. 今日は昼食の予定がある / *déjeuner* d'affaires ビジネス・ランチ / *déjeuner* sur l'herbe (草上の昼食→)ピクニック / *déjeuner*-débat 討論昼食会 / après le *déjeuner* 午後に. ❷ (受け皿付き)モーニングカップ (=tasse à *déjeuner*).

petit déjeuner 朝食(=略 petit déj' /p(ə)tidej/). ▶ prendre le *petit déjeuner* 朝食を取る.

déjouer /d(e)ʒwe/ 他動〔相手の計画, 行動など〕を失敗させる, の裏をかく. ▶ *déjouer* un complot 陰謀を挫(くじ)折させる.

se déjuger /s(ə)deʒyʒe/ ② 代動 意見を変える, 前言を翻す.

de jure /deʒyre/ 副句 〔ラテン語〕法律上, 権利上, 道理上 (↔de facto). ▶ gouvernement reconnu *de jure* 合法的と承認された政府.

delà /dəla/ 前《次の句で》

***au(-)delà** (1) その先に, その向こうに. ▶ Ma maison est un peu *au-delà*. 私の家はもう少し先です. (2) それ以上に, それを超えて. ▶ Je pourrai vous prêter un million et *au delà*. 100万なんて言わずもっと御用立てできますよ. (3) そのほかに, それとは別に.

au(-)delà de qc (1) …の向こうに, を越えて. ▶ s'en aller *au delà des* mers 海のかなたに行ってしまう. (2) …以上に, を超えて. ▶ Ne fumez pas *au delà de* dix cigarettes par jour. 日に10本以上たばこを吸うのはよしなさい. (3) …のほかに, とは別に.

l'au-delà あの世, 来世.

par(-)delà 向こう側に [で].

par(-)delà qc …の向こうに, を越えて. ▶ *par delà* les Alpes アルプスの向こう側で.

délabré, e /delabre/ 形 荒廃した, 悪化した. ▶ masure *délabrée* 荒れ果てた廃屋.

délabrement /delabrəmɑ̃/ 男 荒廃, 破損; 衰弱.

délabrer /delabre/ 他動 …を荒廃させる, 破損する; 悪化させる. ▶ *délabrer* un édifice 建物を荒れ果てさせる. — **se délabrer** 代動 ❶ 荒廃する, 破損する;〔健康, 事態などが〕悪化する. ❷ ⟨*se délabrer* qc⟩ 自分の…を損なう. 注 se は間接目的. ▶ *se délabrer* l'estomac en fumant trop たばこを吸いすぎて胃を壊す.

délacer /delase/ ① 他動 …の(コルセットの)ひもを解く[緩める].
— **se délacer** 代動 ❶ ひもが解ける. ❷ コルセット[胴着]のひもをほどく.

***délai** /delɛ デレ/ 男

英仏そっくり語
英 delay 遅延.
仏 délai 期限, 猶予.

❶ 期日, 期限; 期間. ▶ l'expiration d'un *délai* 期限満了 / respecter les *délais* 期日を守る / dernier *délai* 最終期限. ❷ 猶予(期間), 延長 (=sursis). ▶ se faire donner un *délai* 猶予期間をもらう, 期限を延期してもらう / demander un *délai* 猶予を願い出る.

à bref délai 近いうちに, すぐに.

dans le délai le plus court possible = dans les meilleurs délais できるだけ早く.

dans les délais 期限内に. ▶ marchandise livrée *dans les délais* 期限内に引き渡された商品.

dans un délai bref [proche, rapproché] 短期間内に, 近く. ▶ On prendra une decision *dans un délai proche*. 近いうちに決定が下されよう.

dans un délai de + 期間 …の期間内に. ▶ *dans un délai de* trois à cinq ans 3年から5年以内に.

sans délai 直ちに. ▶ immédiatement et *sans délai* 〔行政用語で〕即刻.

délaissé, e /delese/ 形 なおざりにされた, 見捨てられた.

délaissement /delesmɑ̃/ 男 ❶ 見捨てられた状態. ▶ éprouver un sentiment de *délaissement* 孤立感を味わう. ❷〖法律〗(財産の)放棄; 委付.

délaisser /delese/ 他動 ❶ …を見捨てる, なおざりにする. ▶ *délaisser* un travail 仕事をうっちゃる / *délaisser* un ami 友人を見限る. ❷〖法律〗〔財産など〕を放棄する, 委付する.

délassant, ante /delasɑ̃, ɑ̃:t/ 形 疲れをいやす; 気晴らしになる (=reposant).

délassement /delasmɑ̃/ 男 ❶ 疲れをいやすこと, 休息 (=détente). ❷ 気晴らし, 慰み (=divertissement).

délasser /delase/ 他動 …の疲れをいやす; 気晴らしになる. ▶ Sa gaieté nous *délasse*. 彼(女)の陽気さは私たちをほっとさせてくれる.
— **se délasser** 代動 休息する, くつろぐ.

délateur, trice /delatœːr, tris/ 名 文章 密告者 (=dénonciateur). — 形 密告する.

délation /delasjɔ̃/ 囡 密告.

délavé, e /delave/ 形 ❶ (色の)薄い, 褪(あ)せた. ▶ jean *délavé* 洗いざらしのジーンズ. ❷ 水浸しになった.

délaver /delave/ 他動 ❶ (水で)〔色〕を薄める, 落とす. ▶ Les pluies *ont délavé* l'écriteau. 雨で標識の色がはげた. ❷ …を水浸しにする, 水につける.

délayage /deleja:ʒ/ 男 ❶ (液体で)溶くこと; 溶けていること; 溶けたもの. ❷ 略 冗長さ, 饒舌(じょう).

délayer

▶ faire du *délayage* くだくだと述べる, 話を引き延ばす.

délayer /deleje/ [12] 他動 ❶ <*délayer* qc (avec [dans] qc)> …を(液体に)溶く, 溶かす. ▶ *délayer* de la farine dans de l'eau 小麦粉を水で延ばす. ❷ 話〔考えなど〕を冗漫に表現する.
— **se délayer** 代動 <*se délayer* (avec [dans] qc)> …(に)溶ける; (…で)溶かされる.
❷ 話〔考えなどが〕冗漫に表現される.

deleatur /deleaty:r/ 男〔単複同形〕《ラテン語》〔印刷〕削除記号(δ): 活字の削除を指示する校正記号.

délectable /delɛktabl/ 形 文章 愉快な, 心地よい; 美味な.

délectation /delɛktasjɔ̃/ 女 文章 歓喜, 悦楽. ▶ lire avec *délectation* 読書を堪能(たんのう)する.

se délecter /s(ə)delɛkte/ 代動 <*se délecter* de [à] qc/不定詞> …に深い喜びを感じる, を大いに楽しむ. ▶ *se délecter* des fruits de mer 海の幸に舌鼓を打つ.

délégation /delegasjɔ̃/ 女 ❶ 代表団. ▶ envoyer [recevoir] une *délégation* 代表団を派遣する[受け入れる]. ❷ (権限などの)委譲; 委任, 委託; 委任状. ▶ la *délégation* de pouvoirs à qn …への権限委譲 / donner une *délégation* à qn …に委任状を与える. ❸〔行政〕委員会. ▶ la *délégation* à la sécurité routière 道路交通安全委員会.

délégué, e /delege/ 名 代表者; 代理人. ▶ *délégué* de classe クラス委員.
— 形 権限を委任された, 代表の. ▶ administrateur *délégué* 代表取締役 / ministre *délégué* 特命大臣.

déléguer /delege/ [6] 他動 ❶ …を(代表として)派遣する; を任命する. ▶ *déléguer* un représentant à une assemblée 代表者を集会に派遣する. ❷ <*déléguer* qc (à qn)> (…に)〔権限など〕を譲渡する, 委任する. ▶ *déléguer* ses pouvoirs à qn …に権限を委譲する.

délestage /delɛsta:ʒ/ 男 ❶ 重荷の除去. ❷ (交通渋滞解消のため一時的に)迂回(うかい)路を取らせること. ❸ (大企業の)弱小部門の切り捨て

délester /delɛste/ [1] 他動 ❶ <*délester* A (de B)> A から(B を)取り除く. ▶ *délester* qn d'un fardeau …の重荷を取り除く. ❷ 話 <*délester* A (de B)> A から(B を)盗む(=voler). ▶ On l'*a délesté* de son portefeuille. 彼は札入れを盗まれた. ❸ (一時的閉鎖または迂回)路によって)〔路線〕の交通混雑を緩和する.
— **se délester** 代動 <*se délester* de qc>〔重荷〕を降ろす.

délétère /deletɛ:r/ 形 ❶ 有毒の, 有毒な. ▶ gaz *délétère* (有)毒ガス. ❷ 文章 (精神的, 道徳的に)有害な, 不健全な.

délibérant, ante /deliberɑ̃, ɑ̃:t/ 形 討議[審議]する. ▶ assemblée *délibérante* 審議会.

délibératif, ive /deliberatif, i:v/ 形 討議上の; 議決権を持つ. ▶ avoir voix *délibérative* dans une assemblée 集会で投票権をもつ.

délibération /deliberasjɔ̃/ 女 ❶ 討議, 審議; 議決. ▶ mettre une question en *délibération* ある問題を審議に付す. ❷ 熟慮, 熟考. ▶ décision prise après mûre *délibération* 熟考の末の決心 / sans *délibération* うかつにも, 軽率に.

délibéré, e /delibere/ 形 断固たる, 決然とした, 毅然(きぜん)とした; 熟慮された. ▶ d'un air *délibéré* 決然と / volonté *délibérée* 確固たる意志.

de propos délibéré 故意に; はっきり自覚して. ▶ Il a abandonné ce travail de propos *délibéré*. 彼は故意にこの仕事を放棄した.
— **délibéré** 男〔法律〕❶ (判決前の裁判官の)合議, 評議. ❷ (合議によって下される)判決.

délibérément /deliberemɑ̃/ 副 ❶ 熟慮の末, 故意に. ❷ 断固として, 決然として.

délibérer /delibere/ [6] 自動 ❶ 討議する, 審議する. ▶ Les députés ont *délibéré* toute la nuit. 議員たちは徹夜で審議した / *délibérer* à huis clos 非公開で審議する. ❷ 文章 熟考する, よくよく考える. ▶ sans *délibérer* 躊躇(ちゅうちょ)なく, 断固として / Elle *a* longuement *délibéré* avant d'accepter. 彼女はさんざん考えてから引き受けた. ❸ <*délibérer* de [sur] qc> …について討議する, 審議する; 熟考する. ▶ *délibérer* d'une affaire ある事件について審議する.
— 間他動 <*délibérer* de + 不定詞>(討議して)…を決定する. ▶ On *a délibéré* de ne pas accepter la proposition. 提案の不受理が決定された.
— 他動 <*délibérer* + 間接疑問節> …を討議する. ▶ *délibérer* si l'accusé est coupable ou non 被告が有罪か否か審議する

***délicat, ate** /delika, at デリカ, デリカット/ 形 ❶ 繊細な, 優美な; 精級(せいち)な, 緻密な. ▶ Elle a le goût *délicat*. 彼女は洗練された趣味の持ち主だ / esprit *délicat* 繊細な精神(の持ち主) / dentelle *délicate* 精巧なレース / parfum *délicat* 繊細な香り / avoir des traits *délicats* 優美な顔立ちをしている.

❷ 傷みやすい; 虚弱な, きゃしゃな. ▶ enfant *délicat* ひ弱な子供 / avoir une santé *délicate* 虚弱である / avoir la peau *délicate* 肌が敏感である.

❸ 込み入った, 難しい, 微妙な. ▶ aborder un problème *délicat* 複雑微妙な問題に手をつける / affaire *délicate* à traiter 扱い方の難しい事柄 / C'est *délicat*. 難しい.

❹ 気難しい. ▶ Cet enfant est *délicat* sur la nourriture. この子は食べ物の好き嫌いが多い. ❺ 思いやりのある, 誠実な; 高潔な. ▶ avoir des attentions *délicates* pour qn …に優しい気配りをする / Il est peu *délicat* en affaires. 彼の商売のやり方は良心的ではない. ❻ 敏感な, 感受性の豊かな. ▶ esprit *délicat* 鋭敏な精神 / lecteur *délicat* 感受性豊かな読者.

<u>比較</u> 繊細な, 洗練された

délicat「細やかでもろいこと」を示す. 具体的な事物については, おもに「加工が繊細で美しい」というプラスの評価を表わすが, 人や精神活動については, 「洗練された, 心遣いが細やかである」というプラス評価と,「もろくて扱いが難しい」というマイナス評価がある. **fin**「精製されたように細かいこと」を示す. 物については「純粋で上等なこと」, 人については「鋭敏な知性を備えていること」とほぼ一貫してプラスの評価になる. **subtil**「目に見えないほど細か

いこと」を示す. 具体的な事物についてはほとんど用いず, 人や精神活動について,「微細で行き届いている」というプラスの評価と,「狡猾(ぶる)である」というマイナスの評価を表わす. **raffiné** 人についても物についても,「洗練された」というプラスの評価を示す.
── 名《皮肉に》気難し屋. ▶ faire 「le *délicat* [la *délicate*] やかましに「という.

délicatement /delikatmɑ̃/ 副 ❶ 精巧に, 繊細に; 優雅に, 上品に. ▶ bijou *délicatement* ciselé 緻密(ち)に彫金を施したアクセサリー. ❷ そっと, 軽く; 慎重に. ▶ prendre [poser] qc *délicatement* …をそっと取る[置く]. ❸ 文章 誠実に; 気を遣って. ▶ refuser *délicatement* une proposition 申し出を遠回しに断る.

***délicatesse** /delikates/ 女 ❶ 洗練, 繊細; 緻密(ち). ▶ *délicatesse* de jugement 判断の緻密さ / *délicatesse* du style 文体の洗練 / tableau peint avec *délicatesse* 緻密に描かれた絵. ❷ もろさ, 虚弱. ❸ 慎み深さ; 思いやり. ▶ avoir des *délicatesses* pour [envers] qn …にこまやかな心遣いをする / manquer de *délicatesse* 思いやりを欠く. ❹ (しぐさの)慎重さ. ▶ prendre le vase avec *délicatesse* 花瓶をそっと持ち上げる. ❺ 文章 優美, 優雅. ▶ la *délicatesse* des traits du visage 顔立ちの優美さ.

délices /delis/ 女複 無上の喜び, 歓喜. ▶ les *délices* de l'amour 恋の喜び / jardin des *délices* 地上の楽園, エデンの園.
faire [*être*] *les délices de qn* …に強く愛されている.
faire ses délices de qc …を無上の喜びとする.
── **délice** 男 ❶ 恍惚(こう)とした喜び. ▶ écouter [savourer] qc avec *délice* …をうっとり聴く[味わう] / Quel *délice* de s'allonger au soleil! 日なたに寝そべるのは何と気持ちがいいのだろう. ❷ 喜びの source; こよなく愛するもの. ▶ Ce dessert est un vrai *délice*. このデザートは本当においしい.

délicieusement /delisjøzmɑ̃/ 副 気持ちよく, 楽しく; 魅力的に. ▶ Il fait *délicieusement* bon. うきうきするほど天気がよい.

***délicieux, euse** /delisjø, øːz/ デリシュー, デリシューズ/ 形 ❶ (たいへん)おいしい, 美味な. ▶ C'est *délicieux*. とてもおいしい / Ce dessert est *délicieux*. このデザートはおいしい / prendre un repas *délicieux* とてもおいしい食事を取る. ❷ 非常に快い, うっとりさせる, 甘美な. ▶ sensation *délicieuse* 恍惚(こう)感 / passer un moment *délicieux* 心地よいひとときを過ごす. ❸ 感じのよい, すてきな. ▶ Vous avez un mari *délicieux*. 御主人はすてきな方ですね / femme *délicieuse* 魅力的な女性. ❹《皮肉に》御立派な, 結構な. ▶ Il n'admet pas sa faute; c'est vraiment *délicieux* ! 彼は自分の誤りを認めようとしない, 見上げたものさ.

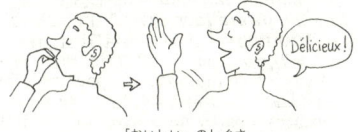

「おいしい」のしぐさ

délire

délictueux, euse /deliktɥø, øːz/ 形《法律》違法の, 犯罪の.

délié¹, e /delje/ 形 ❶ 細い, ほっそりした. ❷ 鋭敏な, 繊細な. ── 男 (文字の)線の細い部分.

délié², e /delje/ 形 ❶ ほどけた, 解かれた. ❷ 敏捷(びん)な, すばやく動く.
avoir la langue (*bien*) *déliée* 口達者である, おしゃべりだ.

délier /delje/ 他動 ❶ …を解く, ほどく; 自由にする. ▶ *délier* une corde ロープの結び目をほどく / *délier* un chien 犬を放つ. ❷ ⟨*délier* de qc⟩ …を(義務など)から解放する. ▶ se considérer comme *délié* de sa promesse 約束から解放されたと考える.
❸ …の動きを敏捷(びん)にする, を鋭敏にする.
délier la langue de [*à*] *qn* …に話をさせる, 口を割らせる. ▶ Le vin lui *a délié la langue*. お酒のせいで彼(女)はおしゃべりになった.
sans bourse délier(財布のひもを緩めずに→)一銭も払わずに, ただで.
── *se délier* 代動 ❶〔ひもなどが〕ほどける;〔緊張などが〕ほぐれる. ❷ ⟨se⟩ 自分の…を解く, ほどく, ほぐす. 注 se は間接目的. ▶ se *délier* les doigts〔ピアニストなどが〕指をほぐす. ❸ ⟨*se délier de qc*⟩ …から解放される, 自由になる. ▶ *se délier* d'une obligation 義務から解放される.

délimitation /delimitasjɔ̃/ 女 境界画定, 範囲の限定; 境界.

délimiter /delimite/ 他動 ❶ …の境界を画定する; の境目となる. ▶ *délimiter* la frontière 国境を定める. ❷〔権限, 対象など〕の範囲を限定する, 限界を定める. ▶ *délimiter* les attributions de qn …の権限を定める.

délinquance /delɛ̃kɑ̃ːs/ 女《集合的に》犯罪, 非行. ▶ *délinquance* juvénile 未成年者の非行, 青少年犯罪.

délinquant, ante /delɛ̃kɑ̃, ɑ̃ːt/ 形 軽罪を犯した; 非行を働いた. ▶ la jeunesse *délinquante*《集合的に》非行青少年.
── 名 (軽罪の)違反者, 軽犯罪者.

déliquescence /delikesɑ̃ːs/ 女 ❶ (社会などの)退廃, 衰退. ▶ une industrie en *déliquescence* 斜陽産業. ❷ 温 (知力の)衰え, ヘたり.

déliquescent, ente /delikesɑ̃, ɑ̃ːt/ 形 ❶〔社会などが〕退廃した. ▶ mœurs *déliquescentes* 堕落した風俗. ❷ (知力, 活力の)衰えた.

délirant, ante /delirɑ̃, ɑ̃ːt/ 形 ❶ 妄想的な, 精神錯乱を呈した. ▶ idée *délirante* 妄想. ❷ 熱狂的な, 常軌を逸した. ▶ imagination *délirante* とっぴな想像力 / public *délirant* 熱狂した観衆. ❸ 話 とんでもない, ばかげた. ▶ prix *délirants* 法外な値段. ── 名 譫妄(せん)性患者.

délire /deliːr/ 男 ❶ 妄想, 譫妄(せん); 錯乱. ▶ *délire* de grandeur 誇大妄想 / *délire* de persécution 被害妄想 / avoir le *délire* 錯乱状態に陥る / Le malade est en plein *délire*. 病人はひどくうなされている.
❷ 熱狂, 興奮. ▶ une foule en *délire* 熱狂する群衆 / C'est du *délire*. それは正気の沙汰(さた)ではない; たいへんな熱狂ぶりだ.
(*C'est*) *le délire!* 俗 (よい意味でも悪い意味でも)

délirer

大変なこと.

délirer /delire/ 自動 ❶ 錯乱する;うわごとを言う. ▶ *délirer* de fièvre 熱に浮かされる. ❷ 熱狂する,のぼせ上がる. ▶ *délirer* de joie 喜びで有頂天になる. ❸ 话 たわけた言動をする. ▶ Tu crois qu'il a raison ? Tu *délires* ! 彼が正しいと思っているのかい.どうかしてるよ.

délit /deli/ 男 犯罪,違反;〔法律〕軽罪(=*délit* correctionnel). ▶ commettre un *délit* contre la société 反社会的行為をする / *délit* de fuite ひき逃げ(罪) / *délit* d'entente 談合 / *délit* d'initié インサイダー取引 / flagrant *délit* 現行犯(⇨ 成句). 比較 ⇨ CRIME.

prendre [arrêter] qn en flagrant délit (de +無冠詞名詞) …を(…の)現行犯で逮捕する;の(悪事の)現場を押さえる. ▶ Il a été pris en flagrant délit de vol. 彼は盗みの現行犯で捕まった.

déliter /delite/ 他動〔石〕を石目に沿って割る.

délivrance /delivrɑ̃:s/ 女 ❶ 解放. ▶ la *délivrance* d'un prisonnier(=libération) 囚人〔捕虜〕の釈放 / éprouver un sentiment de *délivrance* 解放感を味わう. ❷(証明書などの)交付,発行;(商品などの)引き渡し. ▶ *délivrance* des cartes de séjour 滞在許可証の交付. ❸ 後産;分娩(なん).

délivrer /delivre/ 他動

英仏そっくり語
英 to deliver 配達する.
仏 délivrer 解放する.

❶ <*délivrer* A (de B)> (B から) A を解放する,自由にする;A の B を取り除く. ▶ *délivrer* un otage (=libérer) 人質を解放する / *délivrer* une ville occupée par l'ennemi 敵に占領された都市を解放する / *délivrer* qn d'un souci …の心配事を取り除いてやる. ❷ <*délivrer* qc (à qn)> (…に)…を交付する,発行する;引き渡す. ▶ *délivrer* des marchandises 商品を引き渡す / se faire *délivrer* un reçu 領収証を発行してもらう.

— **se délivrer** 代動 <*se délivrer* de qc /qn> …から解放される,自由になる;を厄介払いする. ❷〔証明書などが〕交付される;〔商品などが〕引き渡される.

délocalisation /delɔkalizasjɔ̃/ 女(企業の)国外移転.

délocaliser /delɔkalize/ 自動〔企業などが〕移転する. ▶ *délocaliser* en Chine 中国に移転する.
— 他動 ❶〔公共機関〕を地方に移転する. ❷〔企業活動〕を移転する. ▶ *délocaliser* une partie de production en Asie 生産の一部をアジアに移転する. — **se délocaliser** 代動 移転する. ▶ L'entreprise va *se délocaliser* à l'étranger. その企業は外国に移転する予定だ.

déloger /delɔʒe/ 自動 〔*déloger* (de qc) 〕 (…から)(すばやく,即座に)立ち去る,離れる;引っ越す. ▶ *Délogez* de là! 早くそこをどきなさい.
— 他動 ❶ *déloger* qn/qc (de qc) (…から)…を追い出す;取り除く.

déloyal, ale /delwajal/ 形《男複》**aux** /o/ 形 ❶ 不実な,不誠実な;卑怯な,狡猾(??)な. ▶ être *déloyal* dans ses promesses 約束を守らない/ concurrence *déloyale* 不公正な競争 / procédé *déloyal* 不公正な方法. ❷〔ボクシング〕coups *déloyaux* ローブロー.

déloyalement /delwajalmɑ̃/ 副 不誠実に,卑劣な仕方で.

déloyauté /delwajote/ 女 ❶ 不誠実,卑劣. ▶ faire acte de *déloyauté* 不実を働く. ❷ 背信,裏切り. ▶ commettre une *déloyauté* 裏切る.

delta /dɛlta/ 男 ❶ デルタ(Δ, δ):ギリシア字母の第4字. ▶ en (forme de) *delta* デルタ〔三角〕形の / aile *delta* デルタ翼. ❷ 三角州,デルタ.

deltaplane /dɛltaplan/ 男 ハンググライダー.

déluge /dely:ʒ/ 男 ❶《多く Déluge》〔聖書〕(ノアの)洪水. ❷ 豪雨;洪水. ▶ C'est un (vrai) *déluge*. これはひどいどしゃ降りだ. ❸ <un *déluge* de +無冠詞名詞> 大量の…. ▶ un *déluge* de larmes あふれる涙 / provoquer un *déluge* de protestations 非難の嵐(き)を引き起こす.

Après moi [nous] le déluge! (自分の死後,大洪水が起ころうと知ったことではない→)あとは野となれ山となれ.

remonter au déluge 遠い昔にさかのぼる;話を最初から始める.

déluré, e /delyre/ 形 抜け目のない,機転が利く;厚かましい,慎みの欠けた. ▶ enfant *déluré* はしこい子 / gamine *délurée* こまっしゃくれた女の子.

délustrer /delystre/ 他動〔生地,服〕の艶(?)を消す.

démagogie /demagɔʒi/ 女 ❶ 扇動(策),デマゴギー. ▶ faire de la *démagogie* 民衆を扇動する. ❷ 衆愚政治.

démagogique /demagɔʒik/ 形 民衆を扇動する,デマゴギーの;衆愚政治の. ▶ politique *démagogique* 愚民政策.

démagogue /demagɔg/ 男 扇動者,扇動政治家,デマゴーグ. — 形 扇動的な,扇動家の.

se démailler /s(ə)demaje/ 代動〔編み目が〕外れる,ほつれる. — **démailler** /demaje/ 他動 …の編み目をほどく;〔編み目〕を目落ちさせる.

démailloter /demajɔte/ 他動〔赤ん坊〕の産着〔おむつ〕を脱がす;…から(包帯などを)外す.

:demain /d(ə)mɛ̃/ ドゥマン/ 副

❶ 明日(に). ▶ *demain* matin 明朝 / *demain* soir 明日の晩 / *demain* à sept heures 明日の7時に / On se verra *demain* dans l'après-midi. 明日の午後会いましょう / Quel est ton programme pour *demain*? 君の明日の予定はどうなっていますか / *Demain* c'est mon anniversaire. 明日は私の誕生日だ. ❷ 近い将来,やがて. ▶ Quelles seront demain les technologies nucléaires ? 原子力技術の将来はどうなるだろう.

Ce n'est pas pour demain. = ***Ce n'est pas demain la veille.*** それはまだ先のことだ.

Demain il fera jour. 急いで今日することはない.

— ****demain*** 男《無冠詞で》明日;近い将来,未来. ▶ *Demain* est (jour) férié. 明日は祭日だ / Vous avez (tout) *demain* pour réfléchir. 明日(まる)1日よく考えてください / Je serai en vacances à partir de *demain*. 明日から私はバカンスだ / le monde de *demain* 未来の世界.

*A demain. では、またあした.

(**de**) **demain en huit** 明日から1週間後に, 来週の明日.

Il ne faut pas remettre à demain ce qu'on peut faire le jour même. 諺 今日できることを明日に延ばすな.

démancher /demɑ̃ʃe/ 他動 ❶〔道具など〕の柄を外す;〔家具など〕を解体する, 分解する.

❷〔肩など〕を脱臼(だっきゅう)させる.

── 自動 (高音を出すために, 弦楽器の)棹(さお)に沿って左右を移動する.

── **se démancher** 代動 ❶ 柄が抜ける.

❷ ＜*se démancher* qc＞自分の…を脱臼する. 注 se は間接目的. ▶ *se démancher* l'épaule 肩が外れる. ❸ 話 苦労する, 骨を折る.

*demande /d(ə)mɑ̃:d ドゥマーンド/ 女 ❶ 要求, 請求; 依頼, 申請. ▶ faire [présenter, adresser] une *demande* 要求を出す / satisfaire [accorder] une *demande* 要求を満たす / repousser [rejeter] une *demande* 要求を拒否する / *demande* en justice 裁判上の請求 / *demande* pressante 執拗な要求. ◆ *demande* de + 無冠詞名詞 ▶ *demande* d'emploi 求職 / faire une *demande* d'admission 入会願を出す / faire une *demande* de remboursement 払い戻し請求をする.

❷ 要求書, 申請書, 願書, 申込書. ▶ rédiger [formuler] une *demande* 申請書を作成する / remplir une *demande* 申込書に記入する.

❸ 注文; 需要. ▶ une grosse *demande* de pétrole 石油の大量注文 / la *demande* intérieure 内需 / la loi de l'offre et de la *demande* 需要と供給の法則.

❹ 結婚の申し込み (=*demande* en mariage). ▶ faire sa *demande* (男性が女性に)結婚を申し込む.

à [**sur**] **la demande** (**de qn**) (…の)求めに応じて, 注文に応じて. ▶ C'est *sur ma demande* qu'il est venu. 彼は私の求めに応じて来たのだ / vidéo *à la demande* オンデマンドビデオ.

à la demande générale 皆の求めに応じて.

sur demande 請求により. ▶ Un catalogue vous sera envoyé *sur demande*. 御請求あり次第カタログをお送りします.

demandé, e /d(ə)mɑ̃de/ 形 要求されている; 需要の多い, 人気のある. ▶ article très *demandé* 人気商品.

:demander /d(ə)mɑ̃de ドゥマンデ/

直説法現在	je demande	nous demandons
	tu demandes	vous demandez
	il demande	ils demandent
複合過去	j'ai demandé	半過去 je demandais
単純未来	je demanderai	単純過去 je demandai

英仏そっくり語
英 to demand 要求する.
仏 demander 尋ねる, 求める.

他動 ❶ …を尋ねる, 聞く. ▶ *demander* son chemin à qn …に道を尋ねる / *demander* l'heure à qn …に時間を尋ねる / *demander* des nouvelles de qn …の消息を尋ねる / *demander* le sens d'un texte テキストの意味を尋ねる / Il m'*a demandé* un avis. 彼は私に意見を聞いた /《Quand partez-vous?》*demanda*-t-il.「いつ出発するですか」と彼は尋ねた. ◆ *demander* + 間接疑問節 ▶ *demander* quand [comment, pourquoi] c'est arrivé いつ[どのようにして, なぜ]それが起こったのかを尋ねる / Je lui *demande* si elle viendra. 私は彼女に来るかどうかを尋ねる.

❷ (1)＜*demander* qc à qn＞…に…を求める, 要求する, 期待する; 注文する, 持ってこさせる. ▶ *demander* la parole 発言を求める / *demander* un emploi 職を求める / *demander* un service à qn …に頼み事をする / Le policier m'*a demandé* mes papiers. 警官は私に身分証明書の提示を求めた /《*Demandez* notre catalogue》「当社のカタログをお求め下さい」/ *demander* l'addition 勘定書を頼む / *demander* une permission 許可を求める / *demander* à qn la permission de + 不定詞 …に…する許可を求める / On *demande* beaucoup cet article. この商品はよく売れている / C'est tout ce que je *demande*. お願いしたいのはこれだけです.

(2)＜*demander* à + 不定詞＞…したいと望む. ▶ Il *demande* à partir plus tôt. 彼はもっと早く出発したいと望んでいる. ◆ ne *demander* qu'à + 不定詞 ひたすら…したがる, いつでも…する気持ちでいる. ▶ Je ne *demande* qu'à vous aider. 私はただあなた(方)のお役に立ちたいだけです[いつでもお役に立つつもりでいます].

(3)＜*demander* à qn de + 不定詞＞…に…してほしいと言う. ▶ Je vous *demande* de partir. 私はあなた(方)に立ち去ってくれと頼んでいるのです.

(4)＜*demander* que + 接続法＞…を求める, 望む. ▶ Je *demande* que vous m'écoutiez. 私の話をよく聞いてほしい.

(5)＜*demander* A à [de] B＞B に A を求める. ▶ Que *demande*-t-on d'un professeur? 教師に何が求められているのか.

❸〔人〕を呼ぶ, に来てほしいと言う, 話をしたいと言う. ▶ Le patron vous *demande*. 社長がお呼びです / Il faut *demander* un médecin. 医者を呼ばなければならない / On vous *demande* au téléphone. あなたに電話です.

❹〔物が〕…を必要とする, 要求する. ▶ Ton comportement *demande* une explication. どうしてあんなふうに振る舞ったのか説明してほしい / Ce travail *demande* de l'habileté. この仕事は熟練を要する / Le voyage *demande* trois jours. 旅行は3日がかりだ. ◆ *demander* à + 不定詞複合形 (受動態) …される必要がある. ▶ Cette plante *demande* à être arrosée tous les jours. この植物は毎日水をやる必要がある.

❺〔人を〕必要とする, 募集する. ▶ On *demande* une vendeuse expérimentée. 経験のある女性販売員1名募集中.

❻＜*demander* + 無冠詞名詞＞《種々の成句的表現を作る》▶ *demander* grâce [merci] 許しを請う, 降参する / *demander* conseil à qn …に助言を求める / Je vous *demande* pardon. すみませ

demandeur

ん, 失礼しました.
demander la main de qn = demander qn en mariage 〔女性に〕結婚を申し込む.
Il ne faut pas trop lui en demander. 話 彼(女)に求めすぎてはいけない, 彼(女)には無理だ.
Je demande à voir! それは実際に見てみないと信じられません.
Je ne te [vous] demande pas l'heure qu'il est. (あなたに時間など聞いていない→) 話 関係のないことに口出しするな, 余計なお世話だ.
Je te [vous] (le) demande! = Je te [vous] demande un peu! どうしたことだ, こんなはずはない(驚き, 非難).
Je ne vous ai rien demandé. 話 大きなお世話だ. = ***On ne vous a rien demandé.***
ne pas demander mieux (「*que de* + 不定詞［*que* + 接続法］」) …以上のことは望まない, 願ってもないことだ. ▶ Je *ne demande pas mieux que d*'y aller. そこへ行けるなら願ってもないことだ.

── 間他動 話 <*demander* après qn> …と話したいと望む; の消息を尋ねる. ▶ Quelqu'un *a demandé* après vous pendant votre absence. あなた(方)の留守中に面会を求めてきた人がいました.

── ***se demander*** 代動 ❶ 自問する, 考える.
▶ Il *se demanda*: suis-je vraiment aussi bête? 彼は自問した, 自分にはそれほどばかなのかと. ◆ *se demander* + 間接疑問節 注 se は間接目的. ▶ Je *me demande* quand il arrivera. 彼はいつ着くのだろう / Je *me demande* ce qu'il faut faire. 私はどうするべきだろう.
❷ <*se demander* qc> 互いに…を尋ね合う. 注 se は間接目的. ▶ Ils *se demandèrent* mutuellement leurs noms. 彼らは互いに名前を尋ね合った. ❸ 《多く否定文で》問題になる. ▶ Cela ne *se demande* pas. それは問題にならない, 自明の事柄だ. ❹ 依頼 [要求] される.

demand*eur*, *euse* /d(ə)mɑ̃dœːr, øːz/ 名 ❶ 求める人, 依頼人, 申請者. ▶ *demandeur* d'asile 亡命希望者 / *demandeur* d'emploi 求職者; 失業者 (=chômeur). ❷ 買い手 (↔vendeur). ❸ 《法律》原告 (↔défendeur). 注 この場合女性形は demanderesse.

démangeaison /demɑ̃ʒɛzɔ̃/ 女 ❶ かゆさ, かゆみ. ▶ donner [causer] des *démangeaisons* かゆみを引き起こす, かゆくさせる. ❷ 話 欲望, 欲求. ▶ avoir une *démangeaison* de parler しゃべりたくてたまらない.

démanger /demɑ̃ʒe/ ② 他動 《主語は物》❶ …をかゆくさせる. ▶ Sa plaie le *démange* dans le dos. 彼は背中の傷口をかゆがっている. ❷ …をうずうずさせる. ▶ Sa langue le *démange*. 彼はしゃべりたくてうずうずしている.

── 間他動 《主語は物》<*démanger* à qn> ❶ …をかゆがらせる. ▶ Le bras lui *démange*. 彼(女)は腕がかゆい / Son coup de soleil lui *démange*. 彼(女)は日焼けあとがむずがゆい. ❷ …をしたくてたまらなくする. ▶ Le poing [Le poing] lui *démange*. 彼(女)は殴りたくてうずうずしている.
Ça démange (à) qn de + 不定詞 …は…したくてたまらない. ▶ *Ça me démange de* dire la vérité. 私は本当のことを言いたくてたまらない.

démantèlement /demɑ̃tɛlmɑ̃/ 男 ❶ (防壁などの) 破壊. ❷ (体制, 組織などの) 解体; 廃棄, 撤廃. ▶ le *démantèlement* des barrières douanières 関税障壁の撤廃 / le *démantèlement* de l'armée 軍の解体.

démanteler /demɑ̃tle/ ⑤ 他動 ❶ 〔防壁など〕を破壊する, 取り壊す. ❷ 〔体制, 組織など〕を打ち倒す, 壊滅させる; 解体する.

démantibuler /demɑ̃tibyle/ 他動 話 〔機械, 家具など〕を解体する, ばらばらにする, がたがたにする.
── ***se démantibuler*** 代動 話 解体される, ばらばらになる, がたがたになる.

démaquillage /demakijaːʒ/ 男 化粧落とし.

démaquill*ant*, *ante* /demakijɑ̃, ɑ̃ːt/ 形 化粧落とし用の. ▶ crème *démaquillante* クレンジングクリーム.
── ***démaquillant*** 男 化粧落とし用の乳液 [クリーム, 石鹸(ﾃﾂ)].

démaquiller /demakije/ 他動 …の化粧を落とす. ▶ *démaquiller* un acteur 俳優のメーキャップを落とす. ── ***se démaquiller*** 代動 (自分の) 化粧を落とす.

démarcage /demarkaːʒ/ 男 ⇨ DÉMARQUAGE.

démarcation /demarkasjɔ̃/ 女 ❶ 境界の画定; 境界線. ❷ 区分, 区別.
ligne de démarcation 境界線; (2つの分野, 集団の) 境目.

démarchage /demarʃaːʒ/ 男 外交販売, 訪問販売, 戸別セールス (=porte-à-porte).

démarche /demarʃ/ 女 ❶ 歩き方, 足どり. ▶ avoir une *démarche* aisée [pesante] ゆったりした [重い] 足どりである. ❷ (思考などの) 進め方, 方法. ▶ adopter une *démarche* structuraliste dans ses recherches 研究において構造主義的アプローチを取る. ❸ (目的達成のための) 奔走, 運動; 手続き, 段取り. ▶ faire une *démarche* à [auprès de] qn …に働きかける, 頼み込む / entreprendre les *démarches* nécessaires pour + 不定詞 …のため必要な手続きを取る.

démarch*eur*, *euse* /demarʃœːr, øːz/ 名 訪問販売員, セールスマン. ▶ *démarcheur* en encyclopédies 百科事典の訪問販売員.

démarquage /demarkaːʒ/ 男 ❶ 値札 [商標] の取り外し; 安売り. ❷ 剽窃(ﾋﾖｳ), 盗作. ❸ 《スポーツ》相手のマークを外すこと.

démarque /demark/ 女 ❶ (正札を外した) 安売り, 特売, 減価処分. ❷ ゲームの減点法.

démarquer /demarke/ 他動 ❶ …からマーク [イニシャル, 番号, 商標] を取り去る. ▶ *démarquer* l'argenterie 銀器の刻印を消す. ❷ (安売りのため) 〔商品〕の商標を外す; を値下げ処分する. ▶ *démarquer* des articles pour les solder バーゲンセール用にブランド品を値下げする. ❸ …を剽窃(ﾋﾖｳ)する (=plagier). ❹ 《スポーツ》〔相手〕のマークを外す.

── ***se démarquer*** 代動 ❶ <*se démarquer* de qc/qn> …と一線を画して距離を置く. ▶ Il tient à *se démarquer* nettement de son prédécesseur. 彼は前任者との違いをはっきりと出そうとしている. ❷ 《スポーツ》相手のマークを外す.

démarrage /demaraːʒ/ 男 ❶(車などの)発進, スタート; (エンジンの)始動. ▸ faire un *démarrage* (en trombe) (急)発進させる. ❷(活動, 事業などの)開始, 出だし; 躍進. ▸ un excellent *démarrage* de la campagne électorale 選挙戦の快調な滑り出し. ❸『スポーツ』スタートダッシュ, ダッシュ, スパート.

démarrer /demare/ 自動 ❶[車などが]発進する; [エンジンが]始動する; [船が]出航する. ▸ faire *démarrer* un moteur エンジンを始動させる / La voiture ne veut pas *démarrer*. なかなか車のエンジンがかからない.
❷[活動, 事業が]動き出す, 始まる; [人が](勉強などに)とりかかる. ▸ Son affaire *démarre* bien. 彼(女)の仕事は出足好調だ / Les nouveaux programmes *démarrent* le 9 octobre. 10月9日に新番組がスタートする.
❸(レースで)スパートをかける, ダッシュする.

ne pas démarrer de qc 話 …から動かない; (計画, 考えなどに)固執する.
── 他動 話 …を始める, に着手する. ▸ *démarrer* un travail 仕事に取りかかる.

démarreur /demarœːr/ 男 (エンジンなどの)スターター, 始動機.

démasquer /demaske/ 他動 ❶ …の仮面を取る. ❷ …の正体を暴く; を明らかにする, 暴露する. ▸ *démasquer* un hypocrite 偽善者の化けの皮をはぐ / Il *n'a* rien *démasqué* de ses projets. 彼は自分の計画を少しも明かしてくれなかった.

démasquer ses batteries 自分の意図を明かす.

── **se démasquer** 代動 正体を現す, 本心を明かす.

démâter /demate/ 他動 [船]のマストを取り除く[倒す]. ── 自動 [船が]マストを失う.

d'emblée /dãble/ 副句 ⇨ EMBLÉE.

démédicalisation /demedikalizasjɔ̃/ 女 (医薬品の)指定をはずすこと.

démédicaliser /demedikalize/ 他動 (医薬品の)指定をはずす.

démêlage /demɛlaːʒ/, **démêlement** /demelmã/ 男 (もつれた)解きほぐすこと; (問題などの)解明; (髪を)すくこと.

démêler /demele/ 他動 ❶[もつれたもの]をほどく; 整理する. ▸ *démêler* le fil 糸のもつれを解く.
❷[問題, 状況]を解明する, 見抜く. ▸ *démêler* une affaire délicate 複雑な問題を解明する / *démêler* les intentions de son ennemi 敵の意図を読み取る.
❸〈démêler A de [et] B〉A と B を区別する.
▸ *démêler* le vrai du faux 真偽を識別する.

avoir qc à démêler (*avec qn*) 文章 …について(…と)ひと悶着(もん)ある, もめる.
── **se démêler** 代動 ❶[もつれたものが]解ける, ほぐれる. ❷[問題点などが]明らかになる.

démêlés /demele/ 男複 (利害の対立による)異議申し立て; 紛争, もめ事. ▸ avoir des *démêlés* avec la justice 裁判沙汰(ざた)を引き起こす.

démêloir /demelwaːr/ 男 (大きな歯の)櫛(くし).

démêlure /demelyːr/ 女 《多く複数で》(櫛(くし)などですき取った)抜け毛.

démembrement /demãbrəmã/ 男 (土地, 組織などの)分割, 細分化.

démembrer /demãbre/ 他動 ❶[土地, 組織など]を分割する, 細分化する. ▸ *démembrer* un domaine 地所を分割する / *démembrer* le pouvoir 権力を分散させる. ❷ …を八つ裂きにする.

déménagement /demenaʒmã/ 男 引っ越し, 転居; 引っ越し荷物. ▸ faire son *déménagement* 引っ越しをする / entreprise de *déménagement* 引っ越し会社.

***déménager** /demenaʒe/ デメナジェ/ [2] 他動 [家具類]を移す, 運び出す; [家, 部屋など]から家具を運び出す. ▸ Peux-tu m'aider à *déménager* cette armoire? このたんすを移動させるのを手伝ってくれる? / *déménager* toute une maison 家具を残らず運び出す.

── ***déménager** 自動 《助動詞は動作を表わすときは avoir, 状態を表わすときは être》❶ 引っ越す, 転居する. ▸ Nous *déménageons* à la fin de l'année. 私たちは年末に引っ越します.
❷ 話 気が変になる, 頭がおかしくなる. ▸ Tu *déménages*! 君どうかしているよ.

Ça déménage. 俗 すばらしい, すごい.

déménager à la cloche de bois 夜逃げする.

faire déménager qn …を追い出す.

déménageur /demenaʒœːr/ 男 引っ越し運送業者, 運送屋.

démence /demãːs/ 女 ❶(精神)錯乱; 心神喪失; 認知症. ❷ 尋常でないこと, 愚かな行為. ▸ C'est de la (pure) *démence* de vouloir terminer ce travail en deux jours. たった2日でこの仕事を終えようなんてどうかしている.

se démener /s(ə)demne/ [3] 代動 ❶ 激しく動き回る, 暴れる. ▸ *se démener* comme un beau diable めちゃくちゃに暴れ回る. ❷ 懸命に努力する, 奮闘する. ▸ *se démener* contre la misère 貧困と戦う / Il *se démène* pour emprunter de l'argent. 彼は金策に奔走している.

démens, dément /demã/ 活用 ⇨ DÉMENTIR [19]

dém*en*t, *ente* /demã, ãːt/ 形 ❶ 精神錯乱の; 心神喪失の; 認知症の. ❷ 常軌を逸した. ▸ prix *déments* 狂乱物価. ❸ すごい.

── 名 精神錯乱者; 心神喪失者; 認知症の人.

démenti /demãti/ 男 ❶ 否定, 否認, 反駁(はんぱく). ▸ opposer [donner] un *démenti* (formel) à qc …を(はっきり)否認する / publier un *démenti* (公に)打ち消す. ❷ 反証; 反対の事実.

démentiel, le /demãsjɛl/ 形 ❶ 精神錯乱の; 心神喪失の. ❷ 度外れの. ▸ un projet *démentiel* とてつもない計画.

démentir /demãtiːr/ [19] (過去分詞 démenti, 現在分詞 démentant) 他動 ❶ 〈*démentir* qn/qc // *démentir* que + 接続法〉…(の言葉)を否定する, 打ち消す. ▸ *démentir* un témoin 証人の証言を否定する / Le porte-parole *a* formellement *démenti* que l'entrevue ait eu lieu. スポークスマンは会見が行われたことをはっきりと否定した. ◆*démentir* + 不定詞複合形 …したことを否定する. ▸ Elle *dément* l'avoir dit. 彼女はそんなことは言わなかったと言っている.

se démerder

❷〔行為,結果などが〕…に反する,矛盾する,を裏切る. ▶ Cette découverte *dément* ses hypothèses. この発見は彼(女)の仮説に反している.
── **se démentir** 代動 ❶《多く否定的表現で》弱まる,消える. ▶ Leur amitié ne *s'est* jamais *démentie*. 彼(女)らの友情は決して弱まらなかった. ❷ 前言を翻す;互いに相手の言葉を否定する;相互に矛盾する.

se démerder /s(ə)demɛrde/ 代動 俗 うまく切り抜ける,抜け目なくやる.

démérite /demerit/ 男 文章 おちど;短所,欠陥.

démériter /demerite/ 自動 非難を招く行いをする,信頼を失う. ▶ *démériter* auprès [aux yeux] de qn …の信用[好意,尊敬]を失う / En quoi *a-t-il démérité*? 彼のどこがいけなかったのか.
── 間他動 《*démériter* de qc》…の名を汚すに値しない. ▶ *démériter* de son pays 祖国の名を汚す.

démesure /dem(ə)zy:r/ 女 (感情などの)極端さ,行きすぎ;度を越した言動.

démesuré, e /dem(ə)zyre/ 形 けた外れの,なみはずれた,過度の.

démesurément /dem(ə)zyremɑ̃/ 副 なみはずれて,過度に,法外に.

démettre¹ /demetr/ 65《過去分詞 démis, 現在分詞 démettant》他動《démettre qc》〈手,足などを脱臼(だっきゅう)して〉の関節を外す. ▶ *démettre* un bras à qn …の腕を脱臼させる.
── **se démettre** 代動 《*se démettre* qc》自分の…を脱臼する. 注 se は間接目的.

démettre² /demetr/ 65《過去分詞 démis, 現在分詞 démettant》他動《démettre qn (de qc)》…を(地位,職から)解任する,罷免する.
── **se démettre** 代動《*se démettre* (de qc)》〈…を〉辞職する,辞任する. ▶ *se démettre* de son emploi 退職する.

demeurant /d(ə)mœrɑ̃/ 男 《次の句で》
au demeurant それでもやはり,結局は,要するに,よくよく考えれば. ▶ *Au demeurant*, il n'est pas sot. やはり愚かではない.

***demeure** /d(ə)mœ:r/ 女 ❶ 文章 住居,住まい;邸宅. ▶ établir sa *demeure* en province 地方に居を構える / une belle *demeure* du XIXᵉ [dix-neuvième] siècle 19世紀に建てられた立派な邸宅. 比較 ⇨ MAISON. ❷ la dernière *demeure* 墓所. ❸ (債務履行の)遅滞.
▶ être en *demeure* 支払いを拒否している.
à demeure (ある所に)永続的[恒久的]に. ▶ s'installer *à demeure* dans une ville ある町に永住する.
Il y a [Il n'y a pas] péril en la demeure. 一刻の猶予も許されない[遅れても危険はない].
mettre qn en demeure de + 不定詞 (1)…に…するよう厳命する. ▶ Il *m'a mis en demeure* de lui fournir une explication de ma conduite. 彼は私の行動を釈明するよう命じた. (2)…に…の履行を督促[催告]する.
mise en demeure (1) 厳命. (2) 催告.
se mettre en demeure de + 不定詞 …する覚悟を決める,準備をする.

demeuré, e /d(ə)mœre/ 形 名 知恵遅れの(人);間抜けな(人),愚かな(人).

***demeurer** /d(ə)mœre ドゥムレ/ 自動 ❶《助動詞は avoir》住む,居住する(=habiter);滞在する. ▶ Nous *avons demeuré* à Paris pendant plusieurs années. 私たちは数年間パリに住んだ / *demeurer* chez des amis 友人の家に泊まる.
❷《助動詞は être》…のままである,であり続ける. ▶ Il *est demeuré* silencieux. 彼は沈黙を守り続けた / *demeurer* dans son erreur 過ちを改めない / *demeurer* en repos おとなしく[静かに]している.
❸《助動詞は être》残る,とどまる. ▶ Ma moto *est demeurée* toute la semaine au garage. 私のオートバイは1週間修理工場に入ったままだった / Il lui *est demeuré* une cicatrice au visage. 彼(女)の顔には傷が残った.
❹ 古風《助動詞は avoir》《*demeurer* à qc /不定詞/》…に手間取る,時間をかける. ▶ *demeurer* longtemps à sa toilette 身支度[化粧]に長々と時間をかける.
en demeurer là それ以上先へは進まない,中断する. ▶ La conversation *en est demeurée là*. 会話はそこで中断された.
Il n'en demeure pas moins que + 直説法.《非人称構文で》それでも…であることに変わりはない.

:**demi, e** /d(ə)mi ドゥミ/ 形 ❶《他の名詞とハイフン(-)で結び付いて》半分の;不完全な. 注 性数は不変. ▶ une *demi*-heure 半時間, 30分 / un *demi*-verre de vin グラス半分のワイン.
❷《数量表現 + et *demi*》…半. 注 性は先行する名詞に一致し,常に単数. ▶ deux heures et *demie* 2時(間)半 / deux mois et *demi* 2か月半 / Il est minuit et *demi(e)*. 夜中の零時半である / Ce bébé a un an et *demi*. この赤ん坊は1歳半だ.
── 名 半分. 注 性は先行する名詞に一致する. ≪Vous prenez une baguette?—Non, une *demie* seulement.≫「バゲットは1本お求めですか」「いいえ,半分で結構です」
── **demi** 男 ❶ 2分の1, 0.5. ▶ trois *demis* 2分の3. ❷ (ジョッキ1杯の)ビール(約250ミリリットル). ▶ Un *demi*, s'il vous plaît. ビールを1杯お願いします. ❸ (ラグビーなどの)ハーフバック. ▶ *demi* de mêlée (ラグビーの)スクラムハーフ / *demi* d'ouverture (ラグビーの)スタンドオフ.
à demi 半ば,ほとんど,半分だけ;不完全に. ▶ *à demi* mort 半死半生の / tirer un rideau *à demi* カーテンを半分だけ閉める / Il ne te croit qu'*à demi*. 彼は君を全面的には信じていない.
── **demie** 女 ❶ (時刻について)半. ▶ La *demie* de cinq heures a sonné. 5時半の鐘が鳴った. ❷ ハーフボトル.

demi-botte /d(ə)mibɔt/ 女 半長靴,ハーフブーツ.

demi-bouteille /d(ə)mibutɛj/ 女 (ワイン,ミネラルウォーターなどの)小瓶,ハーフボトル. 注 une demie と略す.

demi-cercle /d(ə)misɛrkl/ 男 半円.

demi-deuil /d(ə)midœj/ 男 略式喪服;半喪服.

demi-dieu /d(ə)midjø/; 《複》~-~**x** 男 ❶《ギリシア神話》半神;(神と人間との間に生まれた)神

人. ❷ なみはずれた才能を持った人, 超人的人物.

demi-douzaine /d(ə)miduzɛn/ 囡 半ダース; 約6人［6個］. ▶ trois *demi-douzaines* d'huîtres カキ1ダース半.

demi-droite /d(ə)midrwat/ 囡 半直線.

demi-*fin, ine* /d(ə)mifɛ̃, in/ 形 中くらいの大きさ［太さ］の.

demi-finale /d(ə)mifinal/ 囡〖スポーツ〗準決勝, セミファイナル. ▶ remporter la *demi-finale* 準決勝に勝つ, 決勝に進む.

demi-finaliste /d(ə)mifinalist/ 名〖スポーツ〗準決勝出場選手［チーム］.

demi-fond /d(ə)mifɔ̃/ 男 ❶〖陸上競技〗中距離競走［レース］. ❷〖自転車〗ドミフォン(レース): 誘導するオートバイを追走して行う2人一組のレース.

demi-frère /d(ə)mifrɛːr/ 男 異父［母］兄弟.

demi-gros /d(ə)migro/ 男 (卸と小売りの中間の) 仲買(業).

demi-heure /d(ə)miœːr/ 囡 半時間, 30分.

demi-jour /d(ə)miʒuːr/ (複) ~-~(**s**) 男 (明け方, 夕方の) 薄明かり; 薄暗がり.

demi-journée /d(ə)miʒurne/ 囡 半日; (パートタイムなどの) 半日仕事.

démilitarisation /demilitarizasjɔ̃/ 囡 (条約, 協約などによる) 非武装化.

démilitariser /demilitarize/ 他動〔国, 地域, 集団など〕を非武装化する. ▶ zone *démilitarisée* 非武装地帯.

demi-litre /d(ə)militr/ 男 半リットル.

demi-longueur /d(ə)milɔ̃gœːr/ 囡〖スポーツ〗半馬身, 半艇身; 〘自転車〙の半車身.

demi-m*al* /d(ə)mimal/; (複) ***aux*** /o/ 男 予想以上での被害［不幸］. ▶ C'est un *demi-mal*. = Il n'y a que *demi-mal*. 大したことはない.

démîmes /demim/ 活用 ⇨ DÉMETTRE[1,2] 65

demi-mesure /d(ə)mimzyːr/ 囡 ❶ 間に合わせの方策; 中途半端. ▶ C'est tout ou rien, pas de *demi-mesures*. すべてか無かだ, 中途半端はない. ❷ (背広の) イージーオーダー.

demi-mondaine /d(ə)mimɔ̃dɛn/ 囡 古風 高級娼婦(しょうふ).

demi-monde /d(ə)mimɔ̃d/ 男 古風 ドミ・モンド: 高級娼婦(しょうふ)の世界. デュマ・フィスの同名の戯曲から広まる.

demi-mot /d(ə)mimo/ 男 (多く複数で) 婉曲(えんきょく)な言葉遣い.

*à **demi-mot*** 言葉半ばで, ほのめかしただけで. ▶ comprendre *à demi-mot* 終わりまで聞かなくても理解する.

déminage /demina:ʒ/ 男 地雷［機雷］撤去(作業).

déminer /demine/ 他動〔地中, 海中〕から地雷［機雷］を除去する.

déminéraliser /demineralize/ 他動〔生体, 組織〕の無機質成分を減少させる.

démineur /deminœːr/ 男 地雷［機雷］撤去班員.

demi-pause /d(ə)mipoːz/ 囡 2分休符.

demi-pension /d(ə)mipɑ̃sjɔ̃/ 囡 ❶ (朝昼または朝夕の) 2食付き宿泊［下宿］(代金). ❷ (学校の) 半寄宿制度; 寄宿料.

demi-pensionnaire /d(ə)mipɑ̃sjɔnɛːr/ 名 半寄宿生.

demi-place /d(ə)miplas/ 囡 (子供などを対象とする, 乗り物, 劇場などの) 半額料金の座席; 半額切符.

demi-portion /d(ə)miporsjɔ̃/ 囡 話 (軽蔑して) 半人前のちび; 出来損ない.

demi-reliure /d(ə)miRəljyːr/ 囡 (背に革を用いた) 背革装, 半革装.

démirent /demiːr/ 活用 ⇨ DÉMETTRE[1,2] 65

dém*is*[1], *ise* /demi, iːz/ 形 (démettre[1] の過去分詞) 関節が外れた, 脱臼(だっきゅう)した.

démis[2] /demi/ 活用 ⇨ DÉMETTRE[1,2] 65

demi-saison /d(ə)misɛzɔ̃/ 囡 間(あい)の季節: 春, 秋のこと. ▶ vêtements de *demi-saison* 合服.

demi-sel /d(ə)misɛl/ 形〘不変〙薄塩の. ▶ beurre *demi-sel* 薄塩バター.
—— 男〘単複同形〙薄塩バター［チーズ］.

demi-sœur /d(ə)misœːr/ 囡 異父［母］姉妹.

demi-solde /d(ə)misɔld/ 囡 (予備役軍人の) 半額俸給, 半俸. —— 男〘単複同形〙半給士官, 予備役: 特に王政復古で休職させられたナポレオン帝政期の軍人について.

demi-sommeil /d(ə)misɔmɛj/ 男 半睡状態, 夢うつつ. ▶ être dans un *demi-sommeil* まどろんでいる.

demi-soupir /d(ə)misupiːr/ 男〖音楽〗8分休符.

démission /demisjɔ̃/ 囡 ❶ 辞職, 辞任. «*Démission !*» 『辞職しろ』/ lettre de *démission* 辞表 / accepter la *démission* de qn …の辞職を認める. ❷ 責任［努力］の放棄; 断念, 屈伏.

*donner sa **démission*** ⑴ 辞表を出す, 辞職する (=démissionner). ⑵ (努力, 責任などを)放棄する; あきらめる, 屈伏する.

démissionnaire /demisjɔnɛːr/ 形, 名 ❶ 辞表を出した(人). ❷ 責任放棄した(人).

démissionner /demisjɔne/ 自動 ❶ ‹*démissionner* (de qc)› (…を)辞職する, 辞任する; (責任などを) 放棄する. ▶ *démissionner* de son poste pour raison de santé 健康上の理由で職を辞する. ❷ ‹*démissionner* (devant qn/qc)› (…に)屈伏する. ▶ *démissionner* devant la puissance financière de son concurrent ライバルの金力に屈する.
—— 他動 話 …を辞職させる.

démit, démît /demi/, **démîtes** /demit/ 活用 ⇨ DÉMETTRE[1,2] 65

demi-tarif /d(ə)mitarif/ 男 半額料金［割引］; 半額料金の切符［座席］. ▶《形容詞的に》billets *demi-tarif* 半額切符.

demi-teinte /d(ə)mitɛ̃ːt/ 囡 (絵画, 版画, 写真での) 半濃淡, ハーフトーン; 穏やかな調子［文体］. ▶ chanter en *demi-teinte* 柔らかい調子で歌う.

demi-ton /d(ə)mitɔ̃/ 男〖音楽〗半音.

demi-tour /d(ə)mituːr/ 男 半回転. ▶ *Demi-tour*, à droite! 回れ右.

*faire **demi-tour*** 引き返す, きびすを返す.

démiurge /demjyrʒ/ 男〖哲学〗(プラトン学派の言う) 創造主.

demi-volée /d(ə)mivɔle/ 囡〖スポーツ〗(テニス,

サッカーなどの)ハーフボレー.

démo- 接頭「民衆；人口」の意.

démobilisable /demɔbilizabl/ 形 動員解除できる、復員できる.

démobilisateur, trice /demɔbilizatœːr, tris/ 形 ❶ 復員の、動員解除を行う. ❷ 意気をそぐ、士気を低下させる. ▶ avoir un effet *démobilisateur* sur qn …の気勢をそぐような結果をもたらす.

démobilisation /demɔbilizasjɔ̃/ 女 ❶ 動員解除、復員. ❷ 戦意喪失、意気阻喪.

démobiliser /demɔbilize/ 他動 ❶ 〔兵士、軍団〕を復員させる、動員解除する. ❷ 〔結社、集団〕の戦意を挫く、士気を奪う.
— **se démobiliser** 代動 戦意を失う.

démocrate /demɔkrat/ 形 ❶ 民主主義の. ❷ 民主党の. — 名 民主主義者；民主党員.

démocrate-chrétien, enne /demɔkratkretjɛ̃, en/; 〜s-〜s 名 《政治》キリスト教民主党員、キリスト教民主党員.
— 形 キリスト教民主主義の.

***démocratie** /demɔkrasi/ 女 ❶ 民主主義、デモクラシー. ▶ *démocratie* directe 直接民主制 / *démocratie* représentative 代表民主制 / *démocratie* populaire 人民民主主義(共産圏の社会主義体制). ❷ 民主主義国家；民主主義陣営. ▶ vivre en *démocratie* 民主主義社会に生きている / *démocraties* libérales 自由民主主義諸国.

***démocratique** /demɔkratik/ 形 民主主義の；民主的な；大衆的な. ▶ La France est un pays *démocratique*. フランスは民主主義国家だ / prendre des mesures *démocratiques* 民主的な施策を講じる.

démocratiquement /demɔkratikmɑ̃/ 副 民主主義の原理にのっとって、民主的に.

démocratisation /demɔkratizasjɔ̃/ 女 民主(主義)化；大衆化、一般化.

démocratiser /demɔkratize/ 他動 …を民主化する；大衆化する、一般化する.
— **se démocratiser** 代動 民主化される；大衆化される.

***démodé, e** /demɔde/ デモデ/ 形 流行遅れの、時代遅れの；古めかしい. ▶ vêtement *démodé* 流行遅れの服 / théorie *démodée* 時代遅れの理論.

se démoder /s(ə)demɔde/ 代動 流行遅れ[時代遅れ]になる.

démographe /demɔgraf/ 名 人口統計学者.

démographie /demɔgrafi/ 女 人口統計(学).

démographique /demɔgrafik/ 形 人口統計(学)の、人口統計(学)上の；(統計に表われた)人口の. ▶ explosion *démographique* 人口の爆発的増加.

***demoiselle** /d(ə)mwazɛl/ ドゥモワゼル/ 女 ❶ 未婚[独身]女性、娘；《特に》老嬢. ▶ Que désire cette *demoiselle*? こちらのお嬢さんは何がお望みでしょうか / rester [être] *demoiselle* 結婚せずにいる / vieille *demoiselle* 老嬢. ❷ 付き添いの娘. ▶ *demoiselle* d'honneur 花嫁の付き添い；侍女 / *demoiselle* de compagnie お付きの女性.

***démolir** /demɔliːr/ デモリール/ 他動 ❶ 〔建物、道具など〕を壊す、解体する. ▶ *démolir* une maison 家を取り壊す / *démolir* une voiture 車を解体する. ❷ …を台なしにする、損なう. ▶ Cet événement *a démoli* nos projets. その出来事は我々の計画をめちゃめちゃにした / *démolir* l'autorité de qn …の権威を失墜させる / Ces médicaments lui ont démoli l'estomac. この薬で彼(女)は胃を壊した. ❸ 〔…の〕健康を損ね、疲労させる；打ちのめす. ▶ L'excès d'alcool l'*a démoli*. 彼は飲み過ぎで体を壊した. ❹ 話 …の評判[信用]を傷つける；を殴り倒す.
démolir le portrait à qn …を張り倒す.
— **se démolir** 代動 ❶ <*se démolir* qc> 自分の…を損なう. ▶ Elle *s'est démoli* l'estomac. 彼女は胃を壊した. ❷ 壊れる、つぶれる、覆る.

démolisseur, euse /demɔlisœːr, øːz/ 名 ❶ (建物の)取り壊し人夫、解体業者. ❷ (学説、思想などの)破壊者.

démolition /demɔlisjɔ̃/ 女 ❶ 取り壊し、解体. ❷ (学説、制度などの)破壊；(名声などの)失墜. ❸ 《複数で》(壊された建物の)残骸(ぎい)、廃材.

démon /demɔ̃/ 男 ❶ 悪魔、堕天使、魔王. ▶ être possédé du [par le] *démon* 悪魔に取りつかれている / conjurer les *démons* 悪魔祓(ばら)いをする. 比較 ⇨ DIABLE. ❷ 悪魔の化身、悪魔のような人；悪鬼. ▶ Cette femme est un vrai *démon*. あれはまさに魔性の女だ. ❸ <le *démon* de + 定冠詞 + 名詞>…の魔、鬼. ▶ le *démon* de la vengeance 復讐(ふくしゅう)の鬼. ❹ 守護神、導きの霊；(運命をつかさどる)精霊、ダイモン.
le démon de midi 真昼の悪魔、中年の魔：人生の半ばで訪れる性的な誘惑.
réveiller les vieux démons 旧悪を呼び覚ます.

démonétisation /demɔnetizasjɔ̃/ 女 ❶ (貨幣の)通用廃止. ❷ 評判を悪くすること、信用の失墜.

démonétiser /demɔnetize/ 他動 ❶ 〔貨幣、切手など〕の通用を廃止する. ❷ …の評判[信用]を落とさせる.

démoniaque /demɔnjak/ 形 悪魔の(ような)、邪悪な；悪魔に取りつかれた. ▶ habileté *démoniaque* 悪魔のごとき狡猾(こうかつ)さ / possession *démoniaque* 悪魔つき. — 名 悪魔に取りつかれた人.

démonstrateur, trice /demɔ̃stratœːr, tris/ 名 商品実演販売人、デモンストレーター；作業指導員；実地指導員.

démonstratif, ive /demɔ̃stratif, iːv/ 形 ❶ 証明する、論証に役立つ；説得力のある. ▶ preuve *démonstrative* 説得力のある証拠. ❷ 感情をはっきりと表わす. ▶ enfant peu *démonstratif* 表情の乏しい子供. ❸ 《文法》指示の. ▶ pronom [adjectif] *démonstratif* 指示代名詞[形容詞].
— **démonstratif** 男 《文法》指示詞.

***démonstration** /demɔ̃strasjɔ̃ デモンストラスィヨン/ 女

英仏そっくり語
英 demonstration 証明、実演、デモ.
仏 démonstration 証明、実演.

❶ 証明、論証；証拠、論拠. ▶ faire la *démonstration* de la vérité de qc …が真であることを証

明する / Cette *démonstration* est convaincante. この論証は説得力がある / donner une *démonstration* scientifique 科学的な証拠を提供する. ❷ (商品の)**実演宣伝**; (スポーツなどの)**模範演技**. ▶ la *démonstration* d'une machine à coudre ミシンの実演販売 / faire une *démonstration* de ski スキーの滑り方の範を示す. ❸ 実験による証明. ❹《多く複数で》〈*démonstration* de + 無冠詞名詞〉(感情, 意志などの)表出, 表示. ▶ faire des *démonstrations* d'amitié 親愛の情を示す. ❺ 陽動［示威］作戦.
démonstration aérienne 航空ショー.
démonstration de force 示威行動, 実力行使; 武力行使.

démonstrativement /demɔ̃strativmɑ̃/ 副 論証によって, 実証的に, 納得のいくように.

démontable /demɔ̃tabl/ 形 分解可能な, 取り外しのできる; 組み立て式の.

démontage /demɔ̃ta:ʒ/ 男 ❶ 分解, 取り外し; 分解掃除. ❷ 解明, 解決. ▶ *démontage* de l'énigme 謎(なぞ)の解明.

démonté, e /demɔ̃te/ 形 ❶ 分解された, 解体された. ❷ 度を失った, 狼狽(ろうばい)した. ❸ mer *démontée* 大しけの海.

démonter /demɔ̃te/ 他動 ❶ …を分解する, 解体する. ▶ *démonter* une machine 機械を分解する. ❷〈*démonter* qc (de qc)〉…を(…から)取り外す. ▶ *démonter* un pneu de la roue タイヤを車輪から外す. ❸ …を面食らわせる, 当惑させる. ▶ Cette objection le *démonta*. その反論は彼を慌てさせた. ❹ …を落馬させる; 下馬させる.
— **se démonter** 代動 ❶ 狼狽(ろうばい)する, 度を失う. ❷ 分解される; 取り外せる.

démontrable /demɔ̃trabl/ 形 証明できる.

*****démontrer** /demɔ̃tre/ デモントレ 他動〈*démontrer* qc (à qn)〉// *démontrer* (à qn) que + 直説法〉❶(…に)…を**証明する**, 論証する; 明らかにする. ▶ *démontrer* un théorème 定理を証明する / L'avocat *a démontré* que l'accusé était innocent. 弁護士は被告は無罪であることを立証した / *démontrer* à qn son erreur …の誤りを指摘する. ❷〔物が〕(…に)…を示す, 表わす. ▶ Ces faits *démontrent* l'urgence d'une réforme. これらの事実は改革が急を要することを示している.
Ce qu'il fallait démontrer. 証明終わり.
— **se démontrer** 代動 証明される.

démoralisant, ante /demɔralizɑ̃, ɑ̃:t/ 形 士気［気力］を失わせる, がっかりさせる.

démoralisateur, trice /demɔralizatœ:r, tris/ 形 気力を失わせる, がっかりさせる.

démoralisation /demɔralizasjɔ̃/ 女 ❶ 士気喪失; 落胆, 失望. ❷ 風俗壊乱.

démoraliser /demɔralize/ 他動 …の気力［勇気］を失わせる; をがっかりさせる. ▶ *démoraliser* une armée 軍隊の士気を喪失させる / Les échecs successifs l'*ont* complètement *démoralisé*. 彼は相次ぐ失敗ですっかり自信をなくした.
— **se démoraliser** 代動 意気阻喪する, 自信を失う, 落ち込む (=se décourager).

démordre /demɔrdr/ 60 間他動〈過去分詞 démordu, 現在分詞 démordant〉〈*démordre* de qc〉《おもに否定的表現で》〔意見, 態度など〕を捨てる, あきらめる. ▶ ne pas *démordre* de son opinion 自説を曲げない / Il n'en *démordra* pas. 彼は言い出したらあとには引かない性分だ.

démotivé, e /demɔtive/ 形 ❶ やる気がない, 無気力な. ❷『言語』動機づけを失った, 基底語との関連が失われた.

démotorisation /demɔtɔrizasjɔ̃/ 女 脱マイカー現象, マイカーの放棄.

démoulage /demula:ʒ/ 男 型［鋳型］から取り出すこと.

démouler /demule/ 他動 …を型［鋳型］から取り出す.

démoustication /demustikasjɔ̃/ 女 蚊の駆除.

démoustiquer /demustike/ 他動〔ある地域〕の蚊を駆除する.

démultiplication /demyltiplikasjɔ̃/ 女 ❶『機械』減速; 減速比 (=rapport de *démultiplication*). ❷ 力の波及［拡大］.

démultiplier /demyltiplije/ 他動 ❶『機械』〔回転速度〕を減速する. ❷ …の力を波及させる［拡大する］.

démuni, e /demyni/ 形 ❶〈*démuni* de qc〉…を欠いている, の不足した. ▶ roman *démuni* de tout intérêt つまらない小説. ❷ 金のない; 精神的にもろい. —男 貧窮者. ▶ secourir les *démunis* 貧窮者を救う / les plus *démunis* 最貧困者.

démunir /demyni:r/ 他動〈*démunir* qn/qc de qc〉…から…を取り上げる, 奪い取る. ▶ La crise nous *a démunis* d'emplois. 不況で職を失った.
— **se démunir** 代動〈*se démunir* de qc〉(財産, 証書など)をなくす, 奪われる; 無一文になる.

démuseler /demyzle/ 他動 ❶〔動物〕の口輪を外す. ❷ …を抑圧から解放する, 自由にする.

démystificateur, trice /demistifikatœ:r, tris/ 形, 名 迷妄［欺瞞(ぎまん)］を打破する(人).

démystification /demistifikasjɔ̃/ 女 欺瞞(ぎまん)の暴露, 迷妄の打破.

démystifier /demistifje/ 他動 …を迷妄から覚めさせる, 正気づかせる; の正体を暴く. ▶ *démystifier* un public trop crédule だまされやすい民衆の目を開く. — **se démystifier** 代動 迷妄から覚める, 正気づく; 正体を暴かれる.

démythification /demitifikasjɔ̃/ 女 神話性［伝説性］の否定, 非神話化, 非伝説化.

démythifier /demitifje/ 他動 …の神話性［伝説性］を否定する. ▶ *démythifier* le nationalisme ナショナリズムの虚像を暴露する.

dénasalisation /denazalizasjɔ̃/ 女『言語』(鼻音)の非鼻音化, 口音化(例: mon /mɔ̃/ → mon ami /mɔnami/).

dénasaliser /denazalize/ 他動『言語』〔鼻音〕を非鼻音化する, 口音化する.

dénatalité /denatalite/ 女 出生率低下, 少子化.

dénationalisation /denasjɔnalizasjɔ̃/ 女 (国営企業の)民営化, 非国有化 (=privatisation).

dénationaliser /denasjɔnalize/ 他動〔国営企業〕を民営化する (=privatiser).

dénaturé, e /denatyre/ 形 ❶ 変質[変性]した. ▶ alcool *dénaturé* 変性アルコール. ❷ 自然に反した, 異常な, ゆがんだ. ▶ goûts *dénaturés* 変質的な嗜好(ﾉ), / mœurs *dénaturées* 堕落した(性)風俗.

dénaturer /denatyre/ 他動 ❶ …を変質[変性]させる. ▶ *dénaturer* du vin ワインの味を台なしにする. ❷〔事実, 言葉など〕をゆがめる, 歪曲(ﾜﾝ)する. ▶ *dénaturer* la pensée de qn …の考えを曲解する.
— **se dénaturer** 代動 変質する; 歪曲される.

dénébulation /denebylasjɔ̃/, **dénébulisation** /denebylizasjɔ̃/ 女〔飛行場, スキー場で, 人工的に〕霧を払うこと, 消霧.

dénébuler /denebyle/, **dénébuliser** /denebylize/ 他動〔飛行場, スキー場の〕霧を払う[消す]. ▶ machine à *dénébuler* 消霧機.

dénégation /denegasjɔ̃/ 女 否定, 否認. ▶ faire des gestes de *dénégation* 否定の身振りをする.

déneigement /denɛʒmɑ̃/ 男 除雪.

déneiger /deneʒe/ ② 他動 …の除雪をする; 雪を解かす. ▶ *déneiger* les routes avec un chasse-neige 除雪車で道路の雪をかく.

déni /deni/ 男 ❶〔法律〕拒否. ▶ *déni* de justice (裁判官による)裁判拒否. ❷〔精神分析〕*déni* de la réalité 現実の否認.

déniaiser /denjeze/ 他動 ❶ …を利口にする; 垢(ｱ)抜けさせる; に世間知をつける. ▶ Ce voyage l'*a* un peu *déniaisé*. この旅行で彼は少しは世間を知った. ❷ …の童貞[処女]を失わせる.
— **se déniaiser** 代動 ❶ 利口になる, 世故に通じる. ❷ 童貞[処女]でなくなる.

dénicher /denife/ 他動 ❶〔鳥, 卵〕を巣から取り出す. ❷〔努力の末に〕…を見つける, 探し出す. ▶ *dénicher* un objet rare 珍品を掘り出す.

dénicotiniser /denikɔtinize/ 他動〔たばこ〕のニコチン含有量を減らす.

dénicotiniseur /denikɔtinizœːr/ 男〔たばこの〕ニコチン除去フィルター.

denier /dənje/ 男〘貨幣〙(1)(古代ローマの)デナリウス銀貨. (2)ドゥニエ: 中世フランスの通貨単位で, スー sou の12分の1. ❷〖複数で〗金(ｶ), 金銭. ▶ les *deniers* publics 国庫歳入金. ❸〔糸の太さの単位の〕デニール.
de ses (propres) deniers 自分のお金で. ▶ J'ai acheté cette voiture *de mes deniers*. 私は自分の金でこの車を買った.

dénier /denje/ 他動 ❶〈*dénier* qc // *dénier* + 不定詞複合形〉〔自己の行為, 責任〕を認めない, 否認する. ▶ *dénier* sa faute 自分の過ちを認めない / Le député *dénie* avoir été corrompu. その代議士は買収されたことを否定している. ❷〈*dénier* qc à qn〉…を…に対し(不当に)拒否する. ▶ Tu ne peux lui *dénier* le droit de contester. 君は彼(女)が異議を唱える権利を拒むことはできない.

dénigrement /denigrəmɑ̃/ 男 けなすこと, 悪口, 中傷.

dénigrer /denigre/ 他動 …を悪く言う, けなす. ▶ *dénigrer* ses collègues 同僚を中傷する.

dénigreur, euse /denigrœːr, øːz/ 形, 名 陋 中傷好きな(人), 難癖をつけたがる(人).

denim /denim/ 男〘米語〙デニム. ▶ pantalon de *denim* デニムのズボン.

dénivelée /denivle/ 女 (2地点間の)標高[高低]差.

déniveler /denivle/ ④ 他動〔地面など〕に高低差をつける; …を低くする. ▶ *déniveler* le sol 地面に起伏をつける / Le jardin *est dénivelé* par rapport à la maison. 庭は家より低くなっている.

dénivellation /denivelasjɔ̃/ 女, **dénivellement** /denivelmɑ̃/ 男 ❶ 標高差; 起伏, 傾斜. ▶ 700m [sept cents mètres] de *dénivellation* 標高差700メートル. ❷ (階級, 生活水準などの)格差.

dénombrable /denɔ̃brabl/ 形 数えられる, 列挙しうる.

dénombrement /denɔ̃brəmɑ̃/ 男 ❶ 数え上げること, 計上; 列挙. ❷〖統計〙(人口などの)全数調査. ▶ *dénombrement* d'une population 人口調査.

dénombrer /denɔ̃bre/ 他動 …を1つ1つ数える; 列挙する. ▶ *dénombrer* les habitants d'une ville 町の人口調査をする.

dénominateur /denɔminatœːr/ 男 分母. ▶ numérateur et *dénominateur* 分子と分母.
dénominateur commun (1)共通点. ▶ avoir qc comme [pour] *dénominateur commun* …を共通点としてもっている. (2)〘数学〙公分母.

dénominatif, ive /denɔminatif, iːv/ 形〖言語〙名詞から派生した. ▶ mot *dénominatif* 名詞派生語. — **dénominatif** 男 名詞派生語 (例: audition → auditionner など).

dénomination /denɔminasjɔ̃/ 女 名称, 呼称; 命名. ▶ *dénomination* sociale 商号.

dénommé, e /denɔme/ 形〈*dénommé* + 固有名詞〉〘官庁用語で〙/〔皮肉に〕…という名の, とか呼ばれている. ▶ la *dénommée* Georgette ジョルジェットという名の女性 / un *dénommé* Dupont デュポンなる人物.

dénommer /denɔme/ 他動 ❶ …を(…と)名づける, 命名する. 〈+ 属詞〉▶ On l'*a dénommée* Marie. 彼女はマリーと名づけられた / Comment *dénomme*-t-on cet arbre? この木は何という名ですか.
❷ …を(…に)指名する. ▶ *dénommer* qn comme témoin …を証人に指名する.

dénoncer /denɔ̃se/ ① 他動 ❶ …を告発する; 暴く; 密告する. ▶ *dénoncer* un crime 犯罪を摘発する / *dénoncer* un scandale スキャンダルを暴く / *dénoncer* un camarade au professeur 先生に仲間の告げ口をする. ❷ 文章〔言動などが本性, 感情など〕を表わす, 示す. ▶ accent qui *dénonce* l'origine du pays natal 出身地をうかがわせるアクセント. ❸〔条約など〕の破棄通告をする.
— **se dénoncer** 代動 ❶ 自首する. ▶ *se dénoncer* à la police 警察に自首する. ❷ 密告し合う, 告発し合う.

dénonciateur, trice /denɔ̃sjatœːr, tris/ 形 告発の; 密告の. ▶ lettre *dénonciatrice* 告発状; 密告状. — 名 告発者; 密告者.

dénonciation /denɔ̃sjasjɔ̃/ 女 ❶ 告発; 摘発

密告. ❷(協定,契約などの)破棄通告;(条約の)廃棄.

dénotation /denɔtasjɔ̃/ 囡 ❶〖言語〗外示, 明示的意味;〖論理学〗(客観的)外延. ❷(外的特徴による)指示, 表示.

dénoter /denɔte/ 他動 ❶(特徴によって)…を表わす, 明示する. ▶ un visage qui *dénote* un bon cœur 人の好さが出ている顔つき. ❷〖論理学〗…を外延により示す;〖言語〗…を外示する(↔connoter).

dénouement /denumɑ̃/ 男 (物語などの)結末, 大団円;(難問の)解決, 落着. ▶ heureux *dénouement* ハッピーエンド;好結果 / *dénouement* tragique 悲劇的結末 / brusquer le *dénouement* 決着を急ぐ.

dénouer /denwe/ 他動 ❶…をほどく;緩める. ▶ *dénouer* sa cravate ネクタイをほどく / *dénouer* ses cheveux (結った)髪を崩す.
❷…を解決する, に決着をつける;を結末に導く. ▶ *dénouer* une affaire difficile 難題を解決する.
dénouer la langue (de [à] qn) (…の)口を開かせる, しゃべらせる.
— **se dénouer** 代動 ❶ほどける, ほぐれる. ▶ Sa langue *se dénoue*. 彼(女)の舌がほぐれてきた, 彼(女)は話し出した. ❷解決する;大詰めを迎える.

dénoyauter /denwajote/ 他動〔果実〕の芯(ん)〔種〕を取りını́ 〕.

denrée /dɑ̃re/ 囡 ❶《多く複数で》食料(品)(=*denrées* alimentaires). ▶ *denrées* périssables 生鮮食品 / *denrée* de luxe 贅沢(な食べ物. ❷ une *denrée* rare 希少品.

***dense** /dɑ̃ːs/ ダーンス 形 ❶濃い, 濃密な. ▶ brouillard *dense* 濃霧 / forêt *dense* 深い森. ❷密集した, 密度の高い. ▶ foule *dense* ひしめく群衆 / circulation *dense* 激しい交通量. ❸緻密(ち)な, 凝縮された. ▶ style *dense* 緊密な文体.

densification /dɑ̃sifikasjɔ̃/ 囡 (建物, 人口の)高密度化;(木材の)圧縮.

densifier /dɑ̃sifje/ 他動 ❶〔地域の建物, 人口など〕の密度を高める. ❷〔木材〕を圧縮する.

densité /dɑ̃site/ 囡 ❶密度, 濃度;比重. ▶ *densité* de la fumée 煙の濃さ / *densité* de population 人口密度 / la *densité* du fer 鉄の比重. ❷(文章などの)緊密度, 充実度. ▶ un film d'une rare *densité* d'émotion 稀に見る感銘深い映画.

***dent** /dɑ̃/ ダン 囡 ❶(人間の)歯. ▶ se brosser les *dents* 歯を磨く / avoir mal aux *dents* 歯が痛む / se faire arracher une *dent* 歯を抜いてもらう / avoir les *dents* bien rangées 歯並びがよい / perdre ses *dents* 歯が抜ける / claquer des *dents* 歯をかちかちいわせる / J'ai une *dent* qui bouge. 歯がぐらぐらしている / *dent* de lait 乳歯 / *dent* de sagesse 知歯, 親知らず / *dent* creuse [cariée, gâtée, malade] 虫歯 / *dent* artificielle = fausse *dent* 義歯 / *dent* définitive 永久歯. ❷(動物の)歯, 牙(ば). ▶ *dent* venimeuse 毒牙(が). ❸(道具類の)歯, 刻み目. ▶ les *dents* d'une roue 歯車の歯 / les *dents* d'une scie のこぎりの歯. ❹鋸歯(き)状のもの, (葉などの)ぎざぎざ;(山の)尖峰(ぽ).

à belles [pleines] dents (1)がつがつと;たっぷりと. ▶ manger *à belles dents* もりもり食べる / rire *à pleines dents* 大笑いする. (2) 激しく, 手厳しく. ▶ déchirer [mordre] qn *à belles dents* …をこき下ろす, 酷評する.
avoir la dent 話 空腹である.
avoir la dent dure 話 辛辣(ら)である.
avoir les dents longues 話 貪欲(く)である;非常に野心的である.
avoir [conserver, garder] une dent contre qn …に恨みを抱く.
donner un coup de dent à qn …を酷評する, にかみつく.
du bout des dents いやいやながら, 心ならずも, 無理に. ▶ manger *du bout des dents* まずそうに食べる / rire *du bout des dents* 作り笑いをする.
en dents de scie (1) 鋸歯状の. (2) ジグザグの, 不規則な. ▶ La courbe de la température de ce malade est *en dents de scie*. この患者の体温は上がったり下がったりしている.
être sur les dents (神経が)ぴりぴりしている;不安に襲われている;多忙を極めている.
grincer des dents (くやしくて)歯ぎしりする.
jusqu'aux dents 完全に, 非常に. ▶ armé *jusqu'aux dents* 完全武装している.
les dents du bonheur = les dents de la chance 俗 福を呼ぶ前歯(隙間のある前歯で, 幸運とされている).
montrer les dents 牙をむく;威嚇する.
n'avoir rien à se mettre sous la dent 食べるものが何もない.
ne pas desserrer les dents かたくなに沈黙を守る.
parler [murmurer] entre ses dents もぐもぐ話す.
quand les poules auront des dents (雌鶏(ヶ)に歯が生えたら→) 金輪際, 決して (=jamais).
se casser les dents sur [contre] qc/qn …に勝てない, くじける, 歯が立たない.
se faire les dents (ネズミなどが)歯を研ぐ;自分を鍛える, 強くなる.
serrer les dents (耐えて)歯を食いしばる.

dentaire /dɑ̃tɛːr/ 形 ❶歯の. ▶ carie *dentaire* 虫歯. ❷歯科の. ▶ chirurgie *dentaire* 歯科外科.

dent/al, ale /dɑ̃tal/;《男複》**aux** /o/ 形〖言語〗歯音の. ▶ consonne *dentale* 歯子音 (/t/, /d/, /n/, /s/ など).

dent-de-lion /dɑ̃dəljɔ̃/;《複》**~s-~-~** 囡 〖植物〗セイヨウタンポポ.

denté, e /dɑ̃te/ 形 歯のある;鋸状突起を持つ;牙(き)状の. ▶ roue *dentée* 歯車.

dentelé, e /dɑ̃tle/ 形 (縁, 輪郭が)ぎざぎざの, 鋸歯(き)状の. ▶ côte *dentelée* 入り組んだ海岸線.

denteler /dɑ̃tle/ 4 他動 …の縁に刻み目を入れる, をぎざぎざにする.

dentelle /dɑ̃tɛl/ 囡 ❶レース;レース状のもの. ▶ col de *dentelle* レース襟 / *dentelle* à la main 手編みレース. ❷《同格的に》crêpes *dentelle* 薄焼きクレープ.
ne pas faire dans la dentelle 話 (やり方が)荒っぽい.

dentellier, ère /dɑ̃tɛlje, ɛːr/ 形 レースの. ▶ industrie *dentellière* レース産業.
—— 名 レース工；レースを編む人. 注 男性形は稀.

dentelure /dɑ̃tlyːr/ 女 ぎざぎざの切れ込み；(海岸線, 葉の緑の)ぎざぎざ；鋸歯(きょし)状模様. ▶ les *dentelures* d'une roue 歯車の歯.

dentier /dɑ̃tje/ 男 入れ歯.

dentifrice /dɑ̃tifris/ 男 歯磨き. ▶ tube de *dentifrice* チューブ入り歯磨き. —— 形 歯磨き用の. ▶ pâte *dentifrice* 練り歯磨き.

*dentiste /dɑ̃tist/ ダンティスト 名 ❶ 歯科医 (=chirurgien *dentiste*). ▶ aller chez le *dentiste* 歯医者に行く. ❷ (同格的に) mécanicien *dentiste* 歯科技工師.

dentisterie /dɑ̃tistəri/ 女 歯科学.

dentition /dɑ̃tisjɔ̃/ 女 ❶ 生歯, 歯牙発生. ❷ (集合的に) 歯, 歯並び；歯列. ▶ avoir une belle [mauvaise] *dentition* 歯並びが美しい[悪い].

denture /dɑ̃tyːr/ 女 ❶ 歯列；(集合的に) 歯, 歯並び (=dentition). ▶ *denture* artificielle 人工歯列. ❷ (集合的に) (歯車, のこぎりなどの)歯；歯形.

dénucléarisation /denyklearizasjɔ̃/ 女 非核武装化, 核装備廃止.

dénucléariser /denyklearize/ 他動 [国, 地域]を核軍備を縮小する.

dénudé, e /denyde/ 形 むき出しにされた, 裸の. ▶ bras *dénudés* むき出しの腕 / sol *dénudé* 地肌があらわになった土地.

dénuder /denyde/ 他動 …をむき出しにする, 露出する；裸にする. ▶ une robe qui *dénude* le dos 背をあらわに見せるドレス / *dénuder* un arbre 木の枝皮を取り除く; 皮をはぐ / *dénuder* un fil électrique 電線の被覆をはがす.
—— **se dénuder** 代動 むき出しになる；裸になる.

dénué, e /denɥe/ 形 <*dénué* de qc>…が欠けている, …のない. ▶ ouvrage *dénué* d'intérêt おもしろみのない作品.

dénuement /denymɑ̃/ 男 貧窮, 窮乏. ▶ Il vit dans un complet *dénuement*. 彼は極貧の生活をしている.

se dénuer /s(ə)denɥe/ 代動 文章 <*se dénuer* de qc>…を失う, 手放す.

dénutrition /denytrisjɔ̃/ 女 栄養衰微.

déodorant /deɔdɔrɑ̃/ 男 体臭防止化粧品, デオドラント. —— **déodorant, ante** /deɔdɔrɑ̃, ɑ̃ːt/ 形 体臭を抑える, 防臭の.

déontologie /deɔ̃tɔlɔʒi/ 女 職業倫理. ▶ *déontologie* médicale 医の倫理.

déontologue /deɔ̃tɔlɔg/ 名 法令順守監視者, コンプライアンスマネージャー.

dépailler /depaje/ 他動 [椅子(ɾず)など]の(詰め物の)わらを取り除く.

dépannage /depanaːʒ/ 男 ❶ (車, 機械などの)修理. ❷ 話 窮状から救うこと；援助.

dépanner /depane/ 他動 ❶ [車, 機械など]の故障を直す, を修理する. ▶ *dépanner* un poste de télévision テレビを修理する. ❷ 話 (特に金を貸して)…を困難から救い出す, の窮地を救う. ▶ Voilà toujours cent euros, cela vous *dépannera*. とにかくここに100ユーロあります, これで急場をしのげるでしょう.

dépanneur, euse /depanœːr, øːz/ 名 (車, 機械などの)修理工.
—— **dépanneuse** 女 故障修理車, レッカー車 (=voiture dépanneuse).

dépaquetage /depakta:ʒ/ 男 包みを解くこと, 荷解き.

dépaqueter /depakte/ ④ 他動 [荷物など]の包みを解く. ▶ *dépaqueter* un colis 小包を解く.

dépareillé, e /depareje/ 形 半端の；不ぞろいの. ▶ un gant *dépareillé* 片方だけの手袋.

dépareiller /depareje/ 他動 [そろいの物]を半端にする, 不ぞろいにする. ▶ *dépareiller* un service à café en cassant une tasse 茶碗(ちゃわん)を1つ欠いてコーヒーセットを半端物にする.

déparer /depare/ 他動 …の美観を損なう (=enlaidir)；…の調和を台なしにする. ▶ Cette construction *dépare* le quartier. あの建物のせいで, この界隈(かいわい)の景観はぶちこわしだ.

déparier /deparje/ 他動 [対のもの]を半端にする. ▶ *déparier* des bas ストッキングの片方をなくす.

dépars, départ /depaːr/ 活用 ⇨ DÉPARTIR [19]

:départ[1] /depaːr/ デパール 男

❶ 出発；発車 (↔arrivée). ▶ Le *départ* est à six heures. 出発は6時だ / fixer son *départ* pour Paris パリへの出発の日時を決める / hâter [retarder] le *départ* 出発を早める[遅らせる] / quai de *départ* (駅の)発車ホーム / tableau des *départs* et des arrivées (駅, 空港の)発着時刻表示板 / *départ* des grandes lignes 幹線列車ホーム / Il y aura beaucoup de *départs* sur les routes. 道路には出かける人の車がどっと繰り出すだろう.

❷ (スポーツの)スタート. ▶ «*Départ*»「(マラソンの)スタート」/ ligne de *départ* スタートライン / prendre le *départ* スタートを切る / faux *départ* フライング.

❸ 始まり, 開始, 初め. ▶ l'idée de *départ* 最初の考え / le salaire de *départ* 初任給 / dès le *départ* 最初から.

❹ 辞職, 辞任, 退職. ▶ exiger le *départ* de qn …の辞職を要求する / Le ministre a annoncé son *départ*. 大臣は辞任を発表した.

au départ 初めは, 最初に (=au début).

être sur le départ 出発しようとしている.

point de départ 出発点. ▶ le *point de départ* d'une histoire 物語の出だし.

prendre un départ + 形容詞 …なスタートを切る. ▶ *prendre un bon* [mauvais] *départ* よい[まずい]スタートを切る / A peine sorti, ce livre *a pris un départ* extraordinaire. 出版されるやいなやこの本は驚異的な売れ行きを見せた.

départ[2] /depaːr/ 男 文章 <faire le *départ* entre A et B> A と B の 2 つを識別する [分けて考える].

départager /departaʒe/ 他動 [二者]の一方をよしとする；[同等の者]に決着をつける. ▶ Venez nous *départager*. 来て私たち2人のどちらが正しいか言ってください.

départager les votes (賛否同数となった投票結果に決着をつける→)〔議長が〕決定票を投じる.

*département /departəmɑ̃ デパルトマン/ 男 ❶ (フランスなどの)県. ▶ *département* de la Seine-et-Marne セーヌ=エ=マルヌ県 / chef-lieu d'un *département* 県庁所在地 / hôtel du *département* 県庁 / *Départements* d'outre-mer (フランスの)海外県(略 DOM) / numéro du *département* (郵便や車のプレートの)県番号.
❷ 省, 各省所管〔管轄〕. ▶ *Département* d'Etat(米国の)国務省.
❸ (官庁, 企業などの)部門, 部, 課;(大学の)学科. ▶ *département* électronique エレクトロニクス部門 / *département* d'histoire 史学科.

語法 **département**

フランス語で「県」を表わす département は,「…県に〔で〕」というときには, 必ず前置詞 dans とともに用いる.
- habiter dans le départment du Lot ロット県に住む.
- un village qui se trouve dans le département des Landes ランド県にある村.
◆département は省略可能で〈dans + 県名〉も用いられる. また冠詞が女性の県の中には dans よりも en と相性のいいものがある. かつての国名が県名になった場合などがそれである.
- habiter dans les Landes ランド県に住む
- aller en〔dans la〕Savoie サヴォワ(県)に行く.

départemental, ale /departəmatal /;《男複》**aux** /o/ 形 県の. ▶ route *départementale* 県道.

départementalisation /departəmɑ̃talizasjɔ̃/ 安 ❶(海外領土の)県政施行. ❷(国の行政の一部の)県への移管.

départementaliser /departəmɑ̃talize/ 他動
❶〔海外領土〕に県政を施行する. ❷〔国の行政の一部〕を県に移管する.

se départir /s(ə)departi:r/ 19 (慣用では多く IV)(過去分詞 départi, 現在分詞 départant)代動
〈se départir de qc〉(態度, 意見など)を捨てる, やめる. ▶ sans *se départir* de son calme 冷静さを失わずに.

— **départir** /departi:r/ 他動 (不定詞, 過去分詞, 複合時制でのみ)文章〈*départir* qc à qn〉…に〔任務, 恩恵など〕を分かち与える;割り当てる.

dépassant /depasɑ̃/ 男 (服飾)(縁どり用)ひだ飾り, パイアステープ.

dépassé, e /depɑse/ 形 すたれた, 時代遅れの.

dépassement /depɑsmɑ̃/ 男 ❶追い抜くこと;《特に》(車両の)追い越し. ▶ «*Dépassement* interdit»「追い越し禁止」/ voie de *dépassement* 追い越し車線. ❷(出費などの)超過, 超過額. ▶ *dépassement* de crédit 貸方超過. ❸ 文章克服, 自己超克(=*dépassement* de soi). ❹〔哲学〕止揚, アウフヘーベン.

*dépasser /depɑse/ 他動 ❶ …を**追い越す**;〔場所〕を通り過ぎる. ▶ *dépasser* une voiture(=doubler)車を追い越す / «Défense de *dépasser*»「追い越し禁止」/ Le train va *dépasser* Lyon. 列車は間もなくリヨンを通過する.
❷(数量, 限界)…を**超過する**. ▶ un colis qui *dépasse* la limite de poids 重量制限超過の荷物 / *dépasser* la trentaine 30歳を越える / L'entretien *a dépassé* deux heures. 対談は2時間を越えた / *dépasser* ses droits 越権行為をする. ◆*dépasser* qc de + 数量表現 …を…だけ超える. ▶ Il avait déjà *dépassé* de deux jours le délai. 彼は期限にすでに2日も遅れていた. 比較 PASSER. ❸ …より高い〔大きい, 広い, 重い〕. ▶ Son appartement *dépasse* largement le nôtre. 彼(女)のマンションはうちよりもずっと広い. ❹ …を回る, …上である. ▶ Le prix de cet appartement *dépasse* nos moyens. あのマンションの値段は私たちの手には届かない / Le succès a *dépassé* notre attente. 我々の期待以上の成功だった / La réalité *dépasse* la fiction 事実は小説より奇なり. ◆*dépasser* qn/qc en qc …において〔…の点で〕…をしのぐ. ❺(物事が)…の理解を超える. ▶ Ce problème me *dépasse*. この問題は私には難しすぎる.

être dépassé par les événements 次々起こる出来事についていけない, 時流に遅れている.

— 自動 はみ出す;突き出る. ▶ Le jupon *dépasse* sous la robe. ワンピースの下からペチコートがはみ出ている / balcon qui *dépasse* 張り出したバルコニー.

— **se dépasser** 代動 ❶ 追い抜き合う. ❷ 普段の実力以上の力を出す. ❸ 自己を乗り越える.

dépassionner /depasjɔne/ 他動〔議論など〕の熱を冷ます, を鎮める.

se dépatouiller /s(ə)depatuje/ 代動 話〈*se dépatouiller* (de qc)〉(…の)苦境を脱する.

dépavage /depava:ʒ/ 男〔舗道の〕敷石をはがすこと.

dépaver /depave/ 他動〔舗道〕の敷石をはがす.

dépaysé, e /depeize/ 形 途方に暮れた, なじめずにいる. ▶ Je me sens très *dépaysé* ici. 私はちっともここになじめない.

dépaysement /depeizmɑ̃/ 男 ❶ 環境〔習慣〕の新鮮な変化, 気分転換. ▶ Les touristes veulent jouir d'un certain *dépaysement*. 旅行者はなんらかのもの珍しい体験を求めている. ❷ 居心地の悪さ, 違和感.

dépayser /depeize/ 他動 ❶ …を日常性から脱出させる, 新鮮にする. ▶ Ce séjour me *dépaysait*. この滞在で私は気分が一新した. ❷〔環境, 習慣などの変化が〕…を当惑させる, 居心地を悪くさせる. ▶ Ce voyage l'*a* complètement *dépaysée*. その旅に出て彼女はすっかり戸惑った.

— **se dépayser** 代動 日常性を脱する, 気分転換する.

dépeçage /depəsa:ʒ/, **dépècement** /depɛsmɑ̃/ 男 ❶(食用動物などを)細かく切ること;解体. ❷(国などの)分割.

dépecer /depəse/ 8 他動 ❶〔食用の動物など〕を細かく切る, 解体する. ❷〔土地など〕を分割する. ▶ *dépecer* un territoire 領土を分割する.

dépêche /depɛʃ/ 安 ❶ 至急便;電報(=télégramme). ▶ envoyer une *dépêche* 電報を打つ / *dépêche* de presse 通信社のニュース;外電.

se dépêcher

❷ 公用文書. ▶ *dépêche* diplomatique 外交文書.

*se dépêcher /s(ə)depeʃe スデペシェ/ 代動 ＜ *se dépêcher* (de ＋ 不定詞)＞(…を)急ぐ(＝se hâter). ▶ *Dépêche-toi*, tu vas être en retard. 早くしろ, 遅れるぞ / Il *s'est dépêché* de manger. 彼は急いで食べた. 注 話し言葉の命令文ではときに se を省略する(例: *Dépêchons*!＝*Dépêchons-nous*! 急ごう).

— **dépêcher** /depeʃe/ 他動 文章 〔使者など〕を急いで派遣する;〔郵便〕を急送する. ▶ *dépêcher* un messager 使者を急いで派遣する.

dépeign- 活用 ⇨ DÉPEINDRE 80

dépeigné, e /depeɲe/ 形 髪の乱れた.

dépeigner /depeɲe/ 他動 …(の髪)を乱す. ▶ Le vent m'a *dépeigné*. 風で私は髪が乱れた.

dépeindre /depɛ̃:dr/ 80 (過去分詞 dépeint, 現在分詞 dépeignant) 他動 …を描写する, 表現する(＝décrire). ▶ *dépeindre* bien les personnages 登場人物を見事に描き出す.

— **se dépeindre** 代動 表現される, 言い表わされる.

dépeins, dépeint /depɛ̃/ 活用 ⇨ DÉPEINDRE 80

dépenaillé, e /dep(ə)naje/ 形 ぼろ着をまとった; ぼろぼろの.

dépénalisation /depenalizasjɔ̃/ 女 処罰の対象からはずすこと.

dépénaliser /depenalize/ 他動 …を処罰の対象からはずす.

dépend /depɑ̃/ 活用 ⇨ DÉPENDRE¹,² 58

dépendance /depɑ̃dɑ̃:s/ 女 ❶ 依存関係, 因果関係. ▶ Il y a une *dépendance* évidente entre ces deux affaires. この 2 つの事件には明らかな因果関係がある.

❷ 依存, 従属; 要介護状態. ▶ être sous la *dépendance* de ses parents 両親に扶養されている / *dépendance* psychologique 心理的依存 / *dépendance* à la morphine モルヒネ依存. ❸ 属領, 属国. ❹《複数で》付属の土地[建物], 付属物. ▶ *dépendances* d'un hôtel 大邸宅の付属施設.

dépendant, ante /depɑ̃dɑ̃, ɑ̃:t/ 形 ❶ ＜*dépendant* (de qn/qc)＞(…に)依存する, 従属する, 支配される. ▶ Il est *dépendant* de ses parents. 彼は両親のすねをかじっている[言いなりだ].

❷ 介護の必要な. ▶ personne âgée *dépendante* 要介護老人.

dépendi- 活用 ⇨ DÉPENDRE¹,² 58

*dépendre¹ /depɑ̃:dr/ デパーンドル 58 間他動

過去分詞 dépendu	現在分詞 dépendant
直説法現在 je dépends	nous dépendons
複合過去 j'ai dépendu	単純未来 je dépendrai

＜**dépendre de qn/qc**＞ ❶〔物事が〕…次第である, による. ▶ Cela *dépend* des circonstances. それは状況次第だ. ◆《非人称構文で》Il *dépend* de qn/qc "de ＋ 不定詞 [que ＋ 接続法]. …次第である. ▶ Il *dépend* de vous de réussir. 成功するかどうかはあなた(方)次第だ / Il *dépend* de ceci que nous puissions trouver une solution. 我々が解決策を見いだせるかどうかはこのことにかかっている.

❷〔人が〕…に依存する, を頼る. ▶ *dépendre* de ses parents 親のすねをかじっている / Je ne veux *dépendre* de personne. だれにも頼りたくない / Ce pays *dépend* militairement des Etats-Unis. その国は軍事的に米国に依存している.

❸ …に所属する, 従属する; の所管である. ▶ Cette île *dépend* administrativement de la France. この島は行政上はフランスに属している.

*Cela [話 **Ça**] ***dépend***. それは事情次第だ. ▶《Tu viens ?—*Ça dépend*.》「来るかい」「場合によるなあ」. ◆***Ça dépend*** ＋ 間接疑問節. *Ça dépend* à quoi tu penses. それは君が何を考えているのかによるね.

dépendre² /depɑ̃:dr/ 58 他動 (過去分詞 dépendu, 現在分詞 dépendant)…を外す, 下ろす. ▶ *dépendre* des rideaux カーテンを下ろす.

dépends /depɑ̃/ 活用 ⇨ DÉPENDRE¹,²

dépens /depɑ̃/ 男複 (敗訴側が支払う)確定訴訟費用. ▶ être condamné aux *dépens* 訴訟費用の支払いを命じられる.

apprendre qc à ses *dépens* 苦い経験から…を学ぶ.

aux *dépens* de qn/qc (1) …の出費で(＝aux frais de). ▶ vivre *aux dépens* d'autrui 他人の世話になって暮らす. (2) …を犠牲にして;の損害と引き換えに(＝au détriment de). ▶ abuser de la bonne cuisine *aux dépens* de la santé 健康を犠牲にしておいしい物を食べる / rire [s'amuser] *aux dépens* de qn …を笑い物にする.

*dépense /depɑ̃:s/ デパーンス/ 女 ❶ 出費, 支出; 費用, 支出額. ▶ faire une *dépense* de mille euros 1000 ユーロの出費をする / Il faut diminuer nos *dépenses*. 我々の支出を減らさなければならない / *dépense* du ménage 家計費 / carnet de *dépenses* 家計簿 / *dépense* nationale 国民総支出 / *dépenses* publiques 公共支出.

❷ (時間, 精力などの)消費, 消耗; 消費量. ▶ *dépense* de temps 時間の消費[浪費] / *dépense* en [d']essence d'une voiture 車のガソリン消費量.

regarder à la *dépense* 倹約する.

*dépenser /depɑ̃se/ デパンセ/ 他動

❶〔金〕を遣う. ▶ *dépenser* une somme importante 大金を支払う / ne pas *dépenser* un sou びた一文出さない /《目的語なしに》*dépenser* sans compter 惜しげもなく金を遣う.

❷〔時間, 精力など〕を費やす(＝prodiguer). ▶ *dépenser* toute son énergie pour rien むだなことに全力を使う. ◆*dépenser* qc à ＋ 不定詞 …に…を費やす. ▶ J'ai *dépensé* beaucoup de temps à lui faire comprendre cela. 彼(女)にそれを分からせるのにずいぶん時間がかかった.

❸〔燃料など〕を消費する, 使う(＝consommer). ▶ une voiture qui *dépense* peu d'essence 燃費のよい車.

— **se dépenser** 代動 ❶ 奮闘する, 努力する, 力を尽くす(＝se démener). ▶ *se dépenser* pour aider les autres 人助けのために骨を折る.

dépenser, ère /depɑ̃sje, ɛːr/ 形 金遣いの荒い. ― 名 浪費家.

déperdition /deperdisjɔ̃/ 女 (エネルギー, 物質などの)損失, 減少.

dépérir /deperiːr/ 自動 ❶ 衰弱する, 次第に衰える. ▶ Il *dépérissait* de jour en jour. 彼は日に日に衰えていった. ❷ [事業などが] 不振になる.

dépérissement /deperismɑ̃/ 男 衰弱, 衰退.

dépersonnalisation /depersonalizasjɔ̃/ 女 ❶ [文章] 人格[個性]を失わせること, 没個性(化). ❷ 個人的性格の除去, 匿名化.

dépersonnaliser /depersonalize/ 他動 [文章] ❶ …の人格[個性]を失わせる. ❷ …を月並にする, 特徴を失わせる.
― **se dépersonnaliser** 代動 ❶ 人格[個性]を失う. ❷ 月並になる, 特徴を失う.

dépêtrer /depetre/ 他動 <*dépêtrer* qn/qc de qc> (苦境など)から…を救い出す. ▶ *dépêtrer* qn d'une mauvaise affaire …を窮地から救い出す.
― **se dépêtrer** 代動 <*se dépêtrer* de qc [qn]> …から抜け出す, 自由になる.

dépeuplement /depœpləmɑ̃/ 男 ❶ 人口減少, 過疎化. ❷ (川, 池, 森などの)生息動物の減少; (森林の)伐採.

dépeupler /depœple/ 他動 ❶ (国, 地域などの)人口[住民]を減らす; 人気(にんき)をなくさせる. ▶ Les épidémies *ont dépeuplé* le pays. 悪疫がこの国の人口減少をもたらした. ❷ (川, 池, 森などの)生息動物を減らす[絶やす]; (森林の)伐採を行う.
― **se dépeupler** 代動 ❶ 人口が減少する; 人気(にんき)がなくなる. ❷ [動植物が] 減少する[絶える].

déphasage /defazaːʒ/ 男 ❶ 位相差. ❷ 話 (現実, 状況などの)ずれ, 現状に疎くなっていること. ▶ Ce qu'ils disent est en *déphasage* avec la réalité. 彼らの言うことは現実とはずれている.

déphasé, e /defaze/ 形 話 現状に疎い, 進歩[変化]に取り残された. ▶ se sentir *déphasé* 時代に取り残されたような気がする.

déphaser /defaze/ 他動 話 …を現状に疎くさせる, 時代遅れにさせる.

dépiautage /depjotaːʒ/ 男 話 (動物の)皮をはぐこと.

dépiauter /depjote/ 他動 話 ❶ (動物の)皮をはぐ. ▶ *dépiauter* un lapin ウサギの皮をはぐ. ❷ [文章] のあら捜しをする, を細かく分析する.

dépilation /depilasjɔ̃/ 女 脱毛.

dépilatoire /depilatwaːr/ 形 脱毛の. ― 男 脱毛剤.

dépiler /depile/ 他動 ❶ [病気が] …に脱毛を起こす. ❷ (なめす前に) [皮] を脱毛する.

dépiquer /depike/ 他動 [衣服などの] 縫い目をほどく.

dépistage /depistaːʒ/ 男 ❶ 追跡; 探索. ❷ 検診. ▶ *dépistage* précoce du cancer 癌(がん)の早期検診 / *dépistage* génétique 遺伝子検診 / *dépistage* prénatal 出生前検診.

dépister[1] /depiste/ 他動 ❶ [獲物などの] 足跡を見つける, を追跡する; [犯人など] を探し出す. ❷ [病気など] を見つけ出す. ▶ *dépister* une maladie 病気を見つけ出す / *dépister* les patients à risques リスク患者を見つけ出す.

dépister[2] /depiste/ 他動 [追跡, 追求など] をそらす. ▶ *dépister* la police 警察をまく.

dépit /depi/ 男 くやしさ, いまいましさ, 恨み. ▶ par *dépit* くやしまぎれに / éprouver du *dépit* くやしがる.

en dépit de qc …にもかかわらず, に反して (=malgré). ▶ *en dépit du* bon sens (良識に反して→)むちゃくちゃに, いいかげんに.

dépité, e /depite/ 形 くやしい. ▶ Il est tout *dépité*. 彼はひどくやしがっている.

dépiter /depite/ 他動 …をくやしがらせる.

déplacé, e /deplase/ 形 ❶ 位置を変えた. ❷ その場にふさわしくない; 無作法な. ▶ tenir des propos *déplacés* 不謹慎なことを言う. ❸ personne *déplacée* (戦争, 政変による)国外亡命者, 難民.

déplacement /deplasmɑ̃/ 男 ❶ 移動, 動き. ▶ *déplacement* d'un bureau 事務所の移転. ❷ (多くは左遷による)転任, 異動. ▶ *déplacement* d'un fonctionnaire 公務員の異動[更迭]. ❸ 通勤, 出張; 旅行. ▶ moyens de *déplacement* 交通手段 / frais [indemnités] de *déplacement* 通勤手当; 出張費 / être en *déplacement* 出張中である.

Ça vaut le déplacement. 一目見る価値がある.

***déplacer** /deplase デプラセ/ 1 他動

過去分詞 déplacé	現在分詞 déplaçant
直説法現在 je déplace	nous déplaçons
tu déplaces	vous déplacez
il déplace	ils déplacent

❶ …を移動させる, の位置を変える; の日時を動かす. ▶ *déplacer* des meubles 家具を動かす / *déplacer* un élève bavard おしゃべりな生徒の席を替える / *déplacer* un rendez-vous 待ち合わせの時間をずらす. ❷ …を異動させる; 左遷する, 更迭する. ▶ *déplacer* un fonctionnaire 公務員を異動させる[更迭する].

déplacer「*la question*[*le problème*]」問題をはぐらかす.
― **se déplacer** 代動 ❶ 移動する, 身動きする; 動き回る; 旅行する. ▶ sans *se déplacer* 居ながらにして / Le typhon *se déplace* vers l'est. 台風は東へ移動している / Il *se déplace* en avion. 彼は飛行機で旅行する. ❷ 脱臼(だっきゅう)する.

déplafonnement /deplafɔnmɑ̃/ 男 (保険料などの)上限撤廃.

déplafonner /deplafɔne/ 他動 (貸付金, 保険料などの)上限を撤廃する.

***déplaire** /deplɛːr デプレール/ 73 間他動

過去分詞 déplu	現在分詞 déplaisant
直説法現在 je déplais	nous déplaisons
複合過去 j'ai déplu	単純未来 je déplairai

<*déplaire* à qn> ❶ …の気に入らない; を不快にする. ▶ Cette personne me *déplaît*. 私はあの人

déplais

が気に入らない / Votre attitude *a déplu* au directeur. あなた(方)の態度が社長の機嫌を損ねた. ◆〔非人称構文で〕Il *déplaît* à qn「de + 不定詞［que + 接続法］」. …することは…の気に入らないに不快である. ▶ Il me *déplaît* de vous le dire. あなた(方)にそれを言うのはつらい. ❷〈ne pas *déplaire* à qn〉大いに…の気に入る, 気をそそる. ▶ Ça ne me *déplaît* pas. それは[こいつは]いい.

n'en déplaise à qn/qc …の気に入らなくとも, は気の毒だが; にもかかわらず. ▶ Je lui refuserai ma porte, *n'en déplaise à* son orgueil. 彼(女)はかちんとくるでしょうけど, 私は玄関払いするつもりです.

ne vous (en) déplaise お気の毒ですが, はばかりながら, あなた(方)がどうお考えになろうと.

— **se déplaire** 代動 〔過去分詞は不変〕 ❶ 居心地がよくない, 退屈する. ▶ Elle *se déplaît* à la campagne. 彼女は田舎でうんざりしている. ❷ 互いに気に入らない. ▶ Ils *se sont déplu* dès leur première rencontre. 彼らは初対面のときから仲が悪い.

déplais /deplɛ/ 活用 ⇨ DÉPLAIRE 73

déplaisant, ante /deplɛzɑ̃, ɑ̃:t/ 形 気に入らない, 不快な; 感じの悪い, 嫌な.

déplaisir /deplɛzi:r/ 男 不愉快, 不満; いらだち, くやしさ. ▶ sans *déplaisir* 喜んで / C'est avec *déplaisir* que j'ai appris votre échec. あなた(方)の失敗を知って苦々しい思いだった.

déplaît /deplɛ/ 活用 ⇨ DÉPLAIRE 73

déplanter /deplɑ̃te/ 他動 …を抜く; 移植する, 床替えする. ▶ *déplanter* un arbre 木を植え替える.

déplâtrage /deplɑtra:ʒ/ 男 ❶ 漆喰(しっくい)はがし. ❷ ギプスの除去.

déplâtrer /deplɑtre/ 他動 ❶ …の漆喰(しっくい)をはがす. ▶ *déplâtrer* un mur 壁の漆喰をはがす. ❷〔体〕からギプスを外す. ▶ On a *déplâtré* sa jambe. 彼(女)の足のギプスが外された.

dépliage /deplija:ʒ/, **dépliement** /deplimɑ̃/ 男 (畳んであるものを)広げること.

dépliant /deplijɑ̃/ 男 折り込みページ; 折り畳みパンフレット, 折り畳み地図. ▶ *dépliant* publicitaire 折り込み広告.

— **dépliant, ante** /deplijɑ̃, ɑ̃:t/ 形 広げられる. ▶ couchette *dépliante* 折り畳み式ベッド.

déplier /deplije/ 他動 〔畳んであるもの〕を広げる; 〔包み〕を解く. ▶ *déplier* une serviette ナプキンを広げる.

— **se déplier** 代動 開く; 広げられる. ▶ Le parachute *se déplie* pendant le saut. パラシュートは落下中に開く.

déplissage /deplisa:ʒ/ 男 ひだ[折り目, しわ]を取ること.

déplisser /deplise/ 他動 ひだ[折り目, しわ]を取る. — **se déplisser** 代動 ひだ[折り目, しわ]が取れる.

déploiement /deplwamɑ̃/ 男 ❶ 広げること, 広がり. ▶ *déploiement* des voiles 帆を張ること. ❷ (兵力などの)展開. ❸ (力などの)発揮, 誇示(=étalage). ▶ *déploiement* de courage 勇気を発揮すること / *déploiement* de richesses 富を誇示すること.

déplomber /deplɔ̃be/ 他動 ❶〔荷物, ガスメーターなど〕から鉛の封印を解く. ❷ 話〔歯〕から充塡(じゅうてん)物[詰め物]を取り去る. ❸〘情報〙(システムの)プロテクトをはずす.

déplorable /deplɔrabl/ 形 ❶ 嘆かわしい, 残念極まりない, 悲しむべき. ▶ incident *déplorable* 嘆かわしい出来事 /〔非人称構文で〕Il est *déplorable*「de + 不定詞［que + 接続法］」. …は残念だ. ❷ ひどい, 最低の; けしからぬ, 嫌な. ▶ temps *déplorable* ひどい天気 / élève *déplorable* 出来の悪い生徒.

déplorablement /deplɔrabləmɑ̃/ 副 嘆かわしいほどに, ひどく悪く.

déplorer /deplɔre/ 他動 ∥ *déplorer* qc ∥ *déplorer* de + 不定詞 ∥ *déplorer* que + 接続法 ∥ …を残念に思う. ▶ *déplorer* un choix 選択を不満に思う / Il *déplore* d'avoir fait cela. 彼はそんなことをしたのをひどく悔やんでいる / *déplorer* qu'il ne puisse venir. 彼が来られなくて残念だ. ❷ 文章 …を嘆き悲しむ. ▶ *déplorer* les malheurs de qn …の不幸を嘆く.

déployer /deplwaje/ 10 他動

直説法現在	je déploie	nous déployons
	tu déploies	vous déployez
	il déploie	ils déploient

❶ …を広げる. ▶ *déployer* une carte 地図を広げる / *déployer* un journal 新聞を開ける / un oiseau qui *déploie* ses ailes 翼を広げる鳥.

❷〔軍隊〕を展開させる. ▶ *déployer* des troupes 部隊を展開する

❸〔勇気, 力など〕を発揮する;〔富, 財産など〕を誇示する. ▶ *déployer* une grande activité dans son travail 仕事で力を大いに発揮する.

rire à gorge déployée 大笑いする.

— **se déployer** 代動 ❶ 広げられる; 広がる, 展開する. ▶ Les manifestants *se déploient* sur la place. デモ隊は広場を埋め尽くす. ❷ 発揮される; 誇示される.

déplu /deply/ 活用 déplaire 73 の過去分詞.

déplu- 活用 ⇨ DÉPLAIRE 73

déplumé, e /deplyme/ 形 ❶ 羽の抜けた. ❷ 話 頭にものない, 禿げた(=chauve).

se déplumer /s(ə)deplyme/ 代動 ❶ 羽が抜ける. ❷ 話 はげる.

dépoétiser /depɔetize/ 他動 …の詩趣を失わせる.

dépoitraillé, e /depwatraje/ 形 話〔衣服が〕胸のはだけた.

dépoli, e /depɔli/ 形 (dépolir の過去分詞)艶(つや)のない, 光沢のない. ▶ verre *dépoli* すりガラス.

dépolir /depɔli:r/ 他動〔金属, ガラスなど〕を曇らせる, 艶(つや)消しする, 光沢を失わせる.

— **se dépolir** 代動 光沢が消える.

dépolissage /depɔlisa:ʒ/ 男 艶(つや)消し.

dépolitisation /depɔlitizasjɔ̃/ 女 政治色をなくすこと, 非政治化; 政治的無関心.

dépolitiser /depɔlitize/ 他動 …から政治色をなくす; 政治に無関心にする (↔politiser).

— **se dépolitiser** 代動 政治色がなくなる；政治に無関心になる.

dépolluant, ante /depolɥɑ̃, ɑ̃:t/ 形 汚染を除去する, 公害を防止する.
— **dépolluant** 男 公害防止物質.

dépolluer /depolɥe/ 他動〔大気, 海洋など〕の汚染を除去する.

dépollueur, euse /depolɥœ:r, ø:z/ 形（自然環境の）汚染を除去する, 汚染を防止する.

dépollution /depolysjɔ̃/ 女（大気, 海洋などの）汚染の除去, 汚染防止, 公害防止（↔pollution）.

dépopulation /depɔpylasjɔ̃/ 女（地域, 国の）人口の自然減. 注 移住による人口減は dépeuplement という.

déportation /depɔrtasjɔ̃/ 女 ❶ 国外追放, 流刑. ❷〔強制収容所への〕監禁, 抑留；強制収容. ▸ *déportation* des Juifs par les Nazis ナチスによるユダヤ人の強制収容所送り.

déporté, e /depɔrte/ 形 ❶ 流刑に処せられた；強制移送された. ❷ 強制収容所に監禁された.
— 名 ❶ 抑留者, 被収容者. ❷ 流刑囚.

déportement /depɔrtəmɑ̃/ 男（自動車, 飛行機などの）方向のそれ, 横滑り.

déporter /depɔrte/ 他動 ❶ …を流刑に処する；強制移送する. ❷ …を強制収容所へ送る. ❸〔自動車, 飛行機, 人など〕の方位をそらせる, をわきにそらせる.
— **se déporter** 代動（進行方向から）それる, 流される.

déposant, ante /depozɑ̃, ɑ̃:t/ 名 預金者.

dépose /depo:z/ 女 取り外すこと.

déposé, e /depoze/ 形 登録された. ▸ marque *déposée* 登録商標.

déposer[1] /depoze/ 他動 …を取り外す. ▸ *déposer* un tableau（壁に掛けてある）絵を下ろす.

*****déposer**[2] /depoze/ デポゼ/ 他動 ❶〔持っていた物〕を置く；〔身につけていた物〕を脱ぐ, 外す. ▸ Il a *déposé* son parapluie dans l'entrée. 彼は傘を玄関に置いた /《Défense de *déposer* des ordures》「ごみ捨て禁止」/ *déposer* sa veste avant de se mettre au travail 仕事に取りかかる前に上着を脱ぐ. ❷（ある場所で）〔人〕を降ろす. ▸ *Déposez*-moi ici. ここで降ろしてください / Je vous *déposerai* devant chez vous. 家の前まで送ります. ❸ …を預ける, 委託する. ▸ *déposer* ses bagages à la consigne. 荷物を荷物預り所に預ける / *déposer* de l'argent à la banque 銀行に預金する. ❹〔商標など〕を登録する. ❺〔川が泥〕を堆積させる；〔水やワインが澱（おり）〕を沈澱させる. ❻〔王, 皇帝, 教皇〕を退位させる；〔司祭〕を解任する. ❼〔法案〕を提出する. ▸ *déposer* un projet de loi 法案を提出する.

déposer le masque 仮面を脱ぐ, 正体を現す.
déposer les armes 戦いをやめる；降伏する.
déposer (une) plainte (en justice) 告訴する.
— 自動 ❶ 証言をする（=témoigner）. ▸ *déposer* contre [en faveur de] qn …に不利な [有利な] 証言をする. ❷〔ワインが〕澱が出る.
— **se déposer** 代動〔澱が〕沈澱する；（ほこりが）積もる.

dépositaire /depozitɛ:r/ 名 ❶ 受託者；委託販売人, 代理店. ❷（秘密, 使命などを）託された人.

déposition /depozisjɔ̃/ 女 ❶（宣誓供述書による）証言, 供述；供述書. ❷（王, 皇帝の）廃位；（聖職者の）免職, 罷免（ひめん）.

déposséder /deposede/ 他動 ⑥ 〈*déposséder* A de B〉A から B を奪う. ▸ *déposséder* qn de ses biens …から財産を奪う.

dépossession /deposesjɔ̃/ 女（財産, 権利などの）剥奪（はくだつ）, 没収.

*****dépôt** /depo/ デポ/ 男 ❶ 預けること, 委託；預かり物；（商標などの）登録. ▸ le *dépôt* d'un manteau au vestiaire クロークにコートを預けること / confier qc en *dépôt* à qn …を委託する / *dépôt* de marques de fabrique 商標登録.
❷ 預金. ▸ *dépôts* bancaires 銀行預金 / faire un *dépôt* de mille euros 1000 ユーロ預金する / *dépôts* à vue [à terme] 普通 [定期] 預金.
❸ 堆積（たいせき）(物), 沈澱(物). ▸ *dépôt* des vins ワインのおり（=lie）/ Ce vin a du *dépôt*. このワインは澱がたまっている.
❹ 預かり所, 保管所；倉庫. ▸ *dépôt* d'autobus バスの車庫 / *dépôt* d'ordures ごみ捨て場.
dépôt de bilan 破産の申し立て.
dépôt légal 法定納本（出版物を国立図書館に納本すること）.

dépotage /depɔta:ʒ/, **dépotement** /depɔtmɑ̃/ 男〔植物〕を鉢から出すこと；移植.

dépoter /depɔte/ 他動〔植物〕を鉢から出す, 植え替える（↔empoter）.

dépotoir /depɔtwa:r/ 男 ごみ捨て場.

dépôt-vente /depovɑ̃:t/;《複》~s-~s 男 リサイクルショップ.

dépouille /depuj/ 女 ❶（動物からはいだ）皮；（蛇, 昆虫などの）抜け殻.
❷ 文章 遺体, 亡骸（なきがら）（=*dépouille* mortelle）.
❸《複数で》文章 戦利品, 略奪品.

dépouillé, e /depuje/ 形 装飾を排した, 飾りのない, 簡素な（=sobre）.

dépouillement /depujmɑ̃/ 男 ❶（資料などの）詳細な調査, 検討；開票（=*dépouillement* des votes）. ▸ le *dépouillement* d'un rapport 報告書の綿密な検討 / Le *dépouillement* du scrutin a commencé. 開票が始まった.
❷ 飾り気のなさ, 簡素さ；装飾の欠如. ▸ le *dépouillement* du style（=simplicité）文体の簡潔さ.
❸ 財産の没収, 放棄；無一物.

dépouiller /depuje/ 他動 ❶〔動物, 樹木〕の皮をはぐ；〔樹木〕の葉を落とす, 実を取る. ▸ *dépouiller* un lièvre ウサギの皮をはぐ. ❷〈*dépouiller* de A de B〉A から B を取り去る, はぐ, 奪う. ▸ *dépouiller* qn de ses vêtements …の衣服をはぐ / *dépouiller* qn de ses droits …の権利を奪う. ❸〔人〕の金 [所持品, 財産] を奪う, から巻き上げる. ▸ Des voleurs l'*ont dépouillé*.（=dévaliser）強盗どもは彼を身ぐるみはいだ. ❹〔本, 資料など〕を綿密にチェックする；〔票〕を開票する. ▸ *dépouiller* un document 資料を詳細に検討する / *dépouiller* un scrutin 開票する. ❺ 文章〔衣服〕を脱ぐ；〔動物が皮〕を脱ぐ. ❻ 文章〔ある感情〕を捨てる.

dépourvu

dépouiller le vieil homme 生まれ変わる.
— **se dépouiller** 代動 ❶ ⟨*se dépouiller* de qc⟩（衣服など）を脱ぐ；…をなくす．▶ *se dépouiller* de ses vêtements 衣服を脱ぐ / Les arbres *se dépouillent* (de leurs feuilles). 木々が葉を落とす．❷ ⟨*se dépouiller* (de qc)⟩（財産などを）捨てる．▶ *se dépouiller* (de ses biens) en faveur de qn …のために財産を投げ出す．❸ 脱皮する．

dépourvu, e /depurvy/ 形 ⟨*dépourvu* de qc⟩ …を欠いた，のない．▶ acte *dépourvu* de méchanceté 悪意のない行為／être *dépourvu* d'argent (=démuni) 金がない．
prendre qn au dépourvu 不意打ちする，困惑させる．▶ Votre question me *prend au dépourvu*. あなた(方)の質問には面食らう．

dépoussiérage /depusjeraːʒ/ 男（掃除機などによる）塵埃(ｼﾞﾝ)の除去；集塵．

dépoussiérer /depusjere/ 6 他動（掃除機で）…のほこりを取る；[ガスなどの気体]の集塵(ｼﾞﾝ)をする．

dépoussiéreur /depusjerœːr/ 男 集塵(ｼﾞﾝ)装置，除塵機．

dépravation /depravasjɔ̃/ 女 堕落，退廃；《特に》性的倒錯 (=*dépravation* sexuelle).▶ *dépravation* des mœurs 風俗の堕落．

dépravé, e /deprave/ 形 ❶ 異常な，変質的な．▶ avoir des goûts *dépravés* 病的な嗜好(ｼｺｳ)を持つ．❷【風俗などが】不道徳な，堕落した．
— 名 性的倒錯者，変質者．

dépraver /deprave/ 他動 …を堕落させる；退廃させる．— **se dépraver** 代動 ❶ 堕落する．❷ 損なわれる．

dépréciation /depresjasjɔ̃/ 女 ❶ 価値［価格］の低下．▶ la *dépréciation* de la monnaie (=dévalorisation) 貨幣価値の低下．❷ 軽視，過小評価．

déprécier /depresje/ 他動 ❶ …を悪く言う，けなす；軽視する．▶ *déprécier* la compétence d'un confrère 同僚の能力をけなす．❷ …の価値［価格］を下げる．▶ L'inflation *déprécie* la monnaie. インフレは貨幣価値を下げる．
— **se déprécier** 代動 価値が下がる．▶ monnaie qui *se déprécie* 価値が下がっている通貨．

déprédateur, trice /depredatœːr, tris/ 名（公共物の）破壊者；（公金の）横領者．— 形（公共物や自然を）破壊する；（公金を）横領する．

déprédation /depredasjɔ̃/ 女《多く複数で》❶（個人，公共の所有物の）破損，破壊．❷（公金などの）横領．

se déprendre /s(ə)deprɑ̃ːdr/ 87 代動（過去分詞 dépris, 現在分詞 se déprenant) 文章 ⟨*se déprendre* de qn/qc⟩ …から離れる，を絶つ．▶ *se déprendre* d'une femme 女から気持ちが離れる．

dépressif, ive /depresif, iːv/ 形 ❶ 意気消沈した，抑うつ（症）の．▶ Il est un peu *dépressif*. 彼は少々めいっている／état *dépressif* うつ状態．❷ 不景気な，不況の．

dépression /depresjɔ̃/ 女 ❶ 抑うつ（症），うつ病；意気消沈．▶ faire une *dépression* 抑うつ状態になる／être en pleine *dépression* うつで苦しむ／être sujet aux *dépressions* 抑うつ状態になりがちである／*dépression* postnatale マタニティブルー／*dépression* nerveuse 神経衰弱，落ち込み／Elle a des moments de *dépression*. 彼女はときどき落ち込む．
❷ 沈下，陥没；くぼ地．▶ une *dépression* de terrain 地盤沈下；くぼ地．❸ 低気圧 (=*dépression* atmosphérique).❹ 不況，不景気；(相場の)下落．▶ la Grande *Dépression*（1930年 米国の）大恐慌．

dépressionnaire /depresjɔnɛːr/ 形 低気圧の．

dépressurisation /depresyrizasjɔ̃/ 女（航空機，宇宙船内部の）減圧．

dépressuriser /depresyrize/ 他動〔航空機，宇宙船の内部の圧力〕を減圧させる．

déprimant, ante /deprimɑ̃, ɑ̃ːt/ 形 意気消沈させる，衰弱させる，うんざりさせる．▶ climat *déprimant* うっとうしい気候．

déprime /deprim/ 女 話 うつ状態，落ち込み．▶ être en *déprime* 落ち込んでいる／*déprime* économique 経済の落ち込み．

déprimé, e /deprime/ 形 ❶ 意気消沈した，落ち込んだ，元気のない．▶ être [se sentir] complètement *déprimé* すっかり気がめいっている．比較 ⇨ TRISTE. ❷ 陥没した，くぼんだ；偏平な．▶ front *déprimé* 偏平な額．❸ 不景気な，不況の．▶ L'économie est *déprimée*. 経済は不況だ．

déprimer /deprime/ 他動 ❶ …を意気消沈させる，落胆させる；[体]を弱らせる，衰弱させる．▶ La nouvelle l'*a* beaucoup *déprimé*. 知らせを聞いて彼はがっくりきた．❷ …をくぼませる；押し下げる，押し込む．— 自動 落ち込む，気がめいる．— **se déprimer** 代動 へこむ，くぼむ．

De profundis /deprɔfɔ̃dis/ 男〔単複同形〕《ラテン語》「深き淵(ﾌﾁ)より」，哀悼歌：聖書詩編第130編より．

déprogrammation /deprɔgramasjɔ̃/ 女 ❶（予定の放送，番組などの）取りやめ，中止．❷（心理的抑圧からの）解放．

déprogrammer /deprɔgrame/ 他動 ❶〔予定の放送番組，映画，行動〕を取りやめる，中止する．❷ 話 …を心理的抑圧から解き放つ．

dépuceler /depysle/ 4 他動 話 …の処女［童貞］を失わせる，純潔を失わせる．

***depuis** /dəpɥi/ ドゥピュイ/ 前

```
      depuis hier                à partir de demain
    ├─────────────→          ┄┄┄→
   hier         aujourd'hui  demain
```

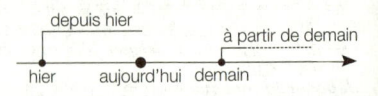

❶《時間》…から，…以来．注 depuis は過去，現在について用いられ，未来については à partir de, dès などを用いる．▶ *depuis* la fin de la guerre 戦争終結以来／*depuis* lors それ以来／《*Depuis* quand est-ce qu'il travaille ici? — *Depuis* hier.》「彼はいつからここで働いているんですか」「昨日からです」／ La conception de la peinture a beaucoup évolué *depuis* Delacroix. ドラクロア以降，絵画に対する考え方は大いに変化した． ❷《期間》…前から． ▶ *depuis* deux ans 2年前から / *depuis* peu [longtemps] 少し[ずっと]前から / *depuis* des siècles 何世紀もの前から；《強調して》ずっと昔から / *Depuis* combien de temps? どれくらい前からですか / Il est parti *depuis* dix minutes.(=il y a, voilà) 彼は10分前に出かけた（注 il y a, voilà を用いると，出かけた時点に重点を置くのに対して，depuis は「出かけてしまっている」という状態の持続を示している）/《Tu le connais *depuis* longtemps?》—《*Depuis* toujours.》「彼とはもう長い付き合いなの？」「ずっと前からだよ」 ❸《場所》…から． ▶ Les Pyrénées s'étendent *depuis* l'Atlantique jusqu'à la Méditerranée. ピレネー山脈は大西洋から地中海にまで延びている / Le concert est retransmis *depuis* Paris. コンサートはパリからの中継放送です / On vous parle *depuis* Berlin. ベルリンから電話です． ❹《範囲》…から． ▶ *depuis* le début jusqu'à la fin 初めから終わりまで / costumes *depuis* cent euros (=à partir de)《特に商業・広告用語で》スーツ，100ユーロより．

depuis le temps que + 直説法 (1) ずっと前から…だから． ▶ *Depuis le temps qu'*il apprend le français, il devrait pouvoir le parler. 長い間フランス語を習っているのだから，彼は当然しゃべれるはずだ． (2) …して以来． ▶ *depuis le temps qu'*existe le cinéma 映画が出現して以来．

*****depuis que*** + 直説法 …してから，…以来． ▶ Nous sommes sans nouvelles *depuis qu'*il est parti. 彼の出発以来，音沙汰(談)がない / Comment ça va, *depuis qu'*on ne s'est vu? お別れしてからその後，お元気でお過ごしでしょうか．

depuis + 時間 + ***que*** + 直説法 …してから…たつが，…前に…してから． ▶ *Depuis* vingt ans *que* nous nous connaissons, c'est la première fois que nous pouvons travailler ensemble. 我々は知り合って20年になるが，一緒に仕事ができるのは初めてだ．

pour la première fois depuis + 期間 …ぶりで． ▶ *Pour la première fois depuis* trente ans, le Japon arrive en tête en ce domaine. 30年ぶりで日本はこの分野で世界一になった．

— 副 その時以来，それ以後． ▶ Nous ne l'avons plus vu *depuis*. 我々はそれ以後彼に会っていない．

députation /depytɑsjɔ̃/ 囡 ❶ (代表，使節の)派遣． ❷ 代表団，使節団． ❸ 代議士職．

*****député** /depyte デピュテ/ 男 国民議会議員，代議士；代議員． ▶ élire un *député* 代議士を選ぶ / *député* de la Haute-Savoie オート＝サヴォア県選出の国民議会議員 / une femme *député* 女性代議士．

députer /depyte/ 他動 …を代表[使節]として派遣する．

déqualification /dekalifikɑsjɔ̃/ 囡 自分の能力に見合わない職や地位につくこと．

déqualifier /dekalifje/ 他動〔従業員〕を低い格の仕事に就かせる．

der /dɛːr/ 名《不変》(dernier の略) 俗 最後のもの；圈《学生》びり． ▶ C'est le *der* en math. やつが数学のびりだ．

la der des der 囡 (1) 最後の戦争：第1次大戦を指す． (2) 最後の最後．

déraciné, e /derasine/ 名 祖国喪失者，根なし草，デラシネ． — 形 ❶ 根こぎにされた． ▶ arbre *déraciné* 根こぎにされた木． ❷ 故郷を離れた；根なし草になった．

déracinement /derasinmɑ̃/ 男 ❶ 根こぎ；根絶，撲滅． ❷ 離郷，故郷[祖国]喪失．

déraciner /derasine/ 他動 ❶ …を根こぎにする；抜く． ▶ *déraciner* une souche 切り株を引き抜く． ❷ …を根絶する，完全に絶つ (=extirper)． ▶ *déraciner* un préjugé 偏見を根絶する． ❸〔人〕を故郷[住み慣れた環境]から引き離す，根なし草にする． — **se déraciner** 代動 根こぎにされる，根絶される；根なし草になる．

déraidir /deredi:r/ 他動 ❶ …を柔軟にする，しなやかにする． ▶ *déraidir* ses membres 手足をほぐす． ❷〔性格，感情など〕を和らげる，穏やかにする． — **se déraidir** 代動 柔軟になる，穏やかになる．

déraillement /derajmɑ̃/ 男 ❶ (鉄道の)脱線． ❷ 逸脱．

dérailler /deraje/ 自動 ❶〔列車が〕脱線する． ❷〔機械などが〕狂う． ▶ pendule qui *déraille* 狂った時計． ❸ 話 愚かなことをする，分別を失う．

dérailleur /derajœ:r/ 男 (自転車の)変速装置．

déraison /derezɔ̃/ 囡 文章 理性[良識]の欠如，精神錯乱．

déraisonnable /derezɔnabl/ 形 無分別な，常軌を逸した． ▶ conduite *déraisonnable* 軽はずみな行動．

déraisonner /derezɔne/ 自動 文章 非常識なこと[たわごと]を言う．

dérangé, e /derɑ̃ʒe/ 形 調子が狂った；話 下痢をした． ▶ Le temps est *dérangé*. 天気が悪い / avoir l'esprit *dérangé* 頭がおかしい / avoir l'estomac *dérangé* 胃の調子が悪い / Il est *dérangé*. 彼は頭がおかしい；彼は下痢をする．

dérangeant, ante /derɑ̃ʒɑ̃, ɑ̃:t/ 形 規律[風紀]を乱す，道を踏み外す．

dérangement /derɑ̃ʒmɑ̃/ 男 ❶ 不調，故障，混乱． ▶ *dérangement* intestinal 下痢，消化不良 / La ligne est en *dérangement*. 電話が混線している． ❷ (わざわざ)出向くこと，足を運ぶこと． ▶ frais de *dérangement* (修理を頼んだときなどの)出張料金；配達代 / Cette affaire lui a occasionné plusieurs *dérangements*. その件で彼(女)は何回も足を運ばねばならなかった． ❸ (仕事，習慣の)邪魔，中断． ▶ causer du *dérangement* à qn …の邪魔をする．

*****déranger** /derɑ̃ʒe デランジェ/ 12 他動

過去分詞 dérangé	現在分詞 dérangeant
直説法現在 je dérange	nous dérangeons
tu déranges	vous dérangez
il dérange	ils dérangent

der /dɛːr/ の仕事に就かせる．

dérapage

❶ 〔人の〕活動〔休息〕を妨げる, を邪魔する, に迷惑をかける. ▶ **Excusez-moi de vous déranger.** お邪魔してすみません / Je vous *dérange* ? お邪魔でしょうか / Ça vous *dérangerait* de répéter une fois encore ? もう一度言っていただけないでしょうか / 〔目的語なしに〕«**Prière de ne pas déranger**»「起こさないでください」(ホテルの客室のドアにかける札).
❷〔整頓された物, 場所〕を乱す, 散らかす. ▶ *déranger* des papiers 書類を乱す.
❸…を狂わせる, 乱す. ▶ Cet événement *a dérangé* ses projets. その出来事で彼(女)の計画が狂った.
— **se déranger** 代動 ❶ 席を立つ, 場所を離れる;〔仕事などを〕中断する. ▶ Ne *vous dérangez* pas pour moi. どうぞそのまま仕事をお続けください〔座っていてください〕. ❷ 調子が狂う.

dérapage /derapaːʒ/ 男 ❶〔車輪, 車の〕横滑り, スリップ. ▶ faire un *dérapage* sur une route mouillée ぬれた道路で横滑りする.
❷〔普通の状態からの〕逸脱, 急変. ▶ *dérapage* des prix 物価の暴騰.

déraper /derape/ 自動〔車輪, 車が〕横滑りする, スリップする;滑る. ▶ *déraper* sur le verglas 凍った路面で横滑りする. ❷〔規範, 常態, 予想から〕逸脱する. ▶ La conversation *a dérapé*. 会話が横道にそれた / La demande *a dérapé*. 需要が急増した / Les prix *ont dérapé*. 物価が高騰した.

dératé, e /derate/ 名 脾臓(ひぞう)を切り取られた動物(速く走ると信じられていた. 次の表現でのみ用いる). ▶ courir comme un *dératé* 話 非常に速く走る.

dératisation /deratizasjɔ̃/ 女 ネズミ駆除.
dératiser /deratize/ 他動〔ある場所〕からネズミを駆除する.

derby /dɛrbi/ 男〔英語〕❶ (1) ダービー: イギリスのエプソムで毎年行われる競馬. (2) *Derby* français フランス・ダービー (= prix du Jockey Club): シャンティイで毎年行われる競馬. ❷〔隣接する町のチームの間で行われる〕対抗試合.

derechef /dərəʃɛf/ 副 文章 もう一度, 再び.

déréglé, e /deregle/ 形 ❶ 調子の狂った; 不規則な. ▶ machine *déréglée* 調子の悪い機械 / estomac *déréglé* 不調な胃.
❷ 放埒(ほうらつ)な. ▶ vie *déréglée* 乱れた生活.
❸ 常軌を逸した, 過度の.

dérèglement /deregləmɑ̃/ 男〔機械, 心身などの〕不調, 乱れ. ▶ *dérèglement* d'une machine 機械の不調 / *dérèglement* du temps 天候不順.

déréglementation /deregləmɑ̃tasjɔ̃/ 女 規制撤廃, 規制緩和.

déréglementer /deregləmɑ̃te/ 他動 …を規制緩和する, の規制を撤廃する.

dérégler /deregle/ [6] 他動 …を狂わせる; 乱す.
▶ *dérégler* les mœurs 風俗を乱す.

dérégulateur /deregylatœːr/ 男 *dérégulateur* hormonal 環境ホルモン.

déréliction /dereliksjɔ̃/ 女 文章 (神に)見捨てられた状態, 孤独(感).

déresponsabilisation /derɛspɔ̃sabilizasjɔ̃/ 女 (人を)責任から解放すること.

déresponsabiliser /derɛspɔ̃sabilize/ 他動 …の責任を免除する.

dérider /deride/ 他動 ❶ …の気持ちを明るくする, を陽気にする. ❷〔顔, 皮膚など〕のしわを伸ばす.
— **se dérider** 代動 機嫌がよくなる, 笑顔を見せる.

dérision /derizjɔ̃/ 女 ❶ 嘲弄(ちょうろう), 愚弄. ▶ rire de *dérision* 嘲笑 / par *dérision* あざけって, ばかにして. ❷〔滑稽(こっけい)などほど〕少ないこと〔もの〕, 軽くみること. ▶ Dix euros ! c'est une *dérision*. 10ユーロだって, ばかにした話だ.
C'est une dérision de + 不定詞. …とはお笑い草だ.
tourner qc/qn en dérision …を嘲笑する, 揶揄(やゆ)する.

dérisoire /derizwaːr/ 形 ❶ あまりにも少ない. ▶ salaire *dérisoire* ひどい薄給.
❷ ばかばかしい, つまらない. ▶ Le résultat est *dérisoire* par rapport à l'effort. 努力に比べて結果は惨めだ.

dérisoirement /derizwarmɑ̃/ 副 滑稽(こっけい)なほど(少なく); あざ笑うように.

dérivatif, ive /derivatif, iːv/ 形 派生の.
— **dérivatif** 男 気晴らし. ▶ *dérivatif* à l'ennui 退屈しのぎ.

dérivation /derivasjɔ̃/ 女 ❶〔水路, 交通路などの〕流れの変更〔分岐〕; 分岐路; 分水路, 放水路 (= canal de *dérivation*). ❷ 迂回(うかい); バイパス.
❸ 派生.

dérive /deriːv/ 女 ❶〔船の横流れを防ぐための〕センターボード;〔飛行機の〕垂直尾翼.
❷ 漂流; 偏流. ▶ *dérive* des continents 大陸移動.
❸〔標準からの〕逸脱, 変動. ▶ la *dérive* des monnaies par rapport au yen 円に対する各国通貨の乱調.
à la dérive (1)〔船などが〕漂流している;〔飛行機が〕偏流している. (2) 成り行き任せの, 行き当たりばったりの; 無気力な.

dérivé, e /derive/ 形 派生の. ▶ mot *dérivé* 派生語 / produit *dérivé* 金融派生商品, デリバティブ.
— **dérivé** 男 派生語, 派生形.
— **dérivée** 女 導関数; 微分係数.

dériver¹ /derive/ 自他動〈*dériver* de qc〉…から派生する, に由来する. ▶ mot qui *dérive* du grec ギリシア語から派生した語.
— 他動〔水の流れ〕を変える. ▶ *dériver* un cours d'eau pour construire un barrage ダム建設のために水路を変える.

dériver² /derive/ 自動 ❶〔船, 飛行機などが〕流される, 進路〔方向〕を外れる, 漂う. ❷〔人が〕話題からそらされる.

dériver³ /derive/ 他動〔リベット, 鋲(びょう)で留めたもの〕を外す;〔リベット, 鋲〕を抜く.

dériveur /derivœːr/ 男 センターボード付きの小帆船.

dermatologie /dɛrmatɔlɔʒi/ 女 皮膚科学.
dermatologue /dɛrmatɔlɔg/ 名 皮膚科医, 皮膚病学者.

dermatose /dɛrmatoːz/ 囡〖医学〗皮膚病, 皮膚疾患.

derme /dɛrm/ 團〖解剖〗真皮.

dermique /dɛrmik/ 形〖解剖〗真皮の.

***dernier, ère** /dɛrnje, ɛːr/ デルニエ, デルニエール 形

❶〈名詞の前で〉**最後の**, 最終の, 最期の. ▶ la *dernière* semaine du mois 月の最後の週 / le *dernier* train 終列車 / les deux *derniers* chapitres 最後の 2 章 / la *dernière* édition (新聞の) 最終版 / le *dernier* étage 最上階 / faire un *dernier* effort 最後にもうひとりふんばりする / les *dernières* volontés de qn …の遺言 / être à sa *dernière* heure 臨終の床にある.

❷〈多く名詞の前で〉**最新の**, 最近の. ▶ informations de *dernière* heure 最新のニュース / s'habiller à la *dernière* mode 最新流行の服装をする / le *dernier* roman d'un auteur ある作家の最新作 / ces *derniers* jours [temps] = ces jours [temps] *derniers* 近ごろ, 最近.

❸ **この前の, すぐ前の** (↔prochain). (1) 〈時を表わす名詞のあとで〉 ▶ l'an *dernier* = l'année *dernière* 去年 / le mois *dernier* 先月 / la semaine *dernière* 先週 / lundi *dernier* この前の月曜日 / la nuit *dernière* 昨夜. (2)〈名詞の前で〉 ▶ la *dernière* guerre さきの戦争 / le *dernier* champion 前チャンピオン. 注 (1) (2) とも現在を起点として「この前」を表わす. 起点が現在以外のときは précédent, d'avant を用いる.

❹〈名詞の前で〉**最下位の**; **最低の**. ▶ Ce cheval est arrivé *dernier*. その馬はびりでゴールインした / Il a été classé *dernier* à la composition. 作文で彼は一番成績が悪かった / une marchandise de *dernière* qualité 粗悪品.

❺〈定冠詞を伴い名詞の前で〉**極端な**, 最高度の. ▶ protester avec la *dernière* énergie 断固として [強硬に] 抗議する / un problème de la *dernière* importance 極めて重要な問題 / Il s'est montré grossier au *dernier* degré [point]. 彼はこのうえなく無作法に振る舞った.

être du dernier bien avec qn 文章 …と親密な関係にある, 非常に仲がいい.

— 名 ❶ **最後の人** [物]. ▶ Il est le *dernier* de la classe. 彼はクラスでびりである / La leçon d'aujourd'hui est la *dernière* de l'année. 今日のレッスンが今年最後です. ❷ 一番下の弟 [妹] (=benjamin). ▶ le *dernier* de la famille 末っ子. ❸〈le *dernier* de ＋ 複数名詞〉…の中で最低の物; 最も愚劣 [卑劣] な人. ▶ C'est le *dernier* de mes soucis. そんなことは全然気にならない / le *dernier* des criminels 極悪非道の犯罪者.

ce dernier 後者. 注 直前の名詞を受ける. celui-ci に相当する. ▶ Il était accompagné de sa femme; *cette dernière* semblait très fatiguée. 彼は夫人と一緒だったが, 夫人の方は非常に疲れている様子だった.

en dernier 最後に. ▶ On fera ce travail *en dernier*. この仕事は後回しに [いちばんあとで] しよう.

le dernier à（pouvoir）＋ 不定詞 **= le dernier ＋** 関係節 …する資格が最もない人, するのに最も不適当な人. 注 関係節は接続法. ▶ Il est le *dernier à pouvoir* faire ce genre de travail. 彼はこの種の仕事にはほかのだれよりも不適当だ.

le dernier des derniers 話 人間のくず.

dernièrement /dɛrnjɛrmɑ̃/ 副 最近, 近ごろ. ▶ J'ai reçu *dernièrement* une lettre de Paul. この間, ポールから手紙をもらった.

dernier-né, dernière-née /dɛrnjene, dɛrnjɛrne/ 名〈複〉**~s-~s** 名 ❶ 末っ子. ❷ 最近できた物; 最新型.

dérobade /derɔbad/ 囡 (義務, 困難などの) 回避, 逃避; 言い逃れ.

dérobé, e /derɔbe/ 形 ❶ 盗まれた. ▶ receler des objets *dérobés* 盗品を隠匿する. ❷ 隠れた, 秘密の.

— **dérobée** 囡〈次の句で〉

à la dérobée ひそかに, こっそり. ▶ regarder qn *à la dérobée* …を盗み見る.

dérober /derɔbe/ 他動 ❶ 文章〈*dérober* qc（à qn）〉(…から) …をこっそり盗む, かすめ取る. ▶ On lui *a dérobé* sa montre. 彼(女)は時計を盗まれた / *dérober* un secret 秘密をかぎつける [見破る]. ❷ 文章〈*dérober* A à B〉A を B から守る, かくまう; 見えないようにする. ▶ *dérober* un criminel à la justice 犯罪者を司直からかくまう / Les arbres *dérobent* cette maison aux regards. 木立がその家を人目から隠している.

— **se dérober** 代動 ❶〈*se dérober* à qc / qn〉…を避ける, 逃れる. ▶ *se dérober* aux regards 人目を忍ぶ. ❷ 返答を回避する, 言葉を濁す. ▶ chercher à *se dérober* 知らん顔を装う. ❸ 遠ざかる, 逃れる. ❹〈*se dérober* sous qn / qc〉崩れる. ▶ Le sol *se déroba* sous ses pas. 彼(女)の足もとの地盤が崩れた.

dérocher /derɔʃe/ 自動〔岩場で〕滑落する.

dérogation /derɔgasjɔ̃/ 囡 違反; (規則などの) 例外, 特例. ▶ *dérogation* au règlement 規則違反 / tolérer quelques *dérogations* (=exception) いくつかの例外を容認する.

dérogatoire /derɔgatwaːr/ 形 適用除外の.

déroger /derɔʒe/ 2 間他動 ❶〈*déroger* à qc〉…に背く; 〔習慣, 規則など〕を破る. ▶ *déroger* à ses principes 自分の信条に反することをする. ❷〔目的語なしに〕威厳を失う, 品位を汚す.

dérouillée /deruje/ 囡 殴ること, 殴打, めった打ち. ▶ recevoir une *dérouillée* 殴られる.

dérouiller /deruje/ 他動 ❶ …の錆(さび)を落とす. ❷ 話〔手足, 体〕をほぐす;〔知的能力〕を活発にする. ▶ *dérouiller* ses muscles 筋肉を伸ばす.

— 自動 俗 殴られる.

— **se dérouiller** 代動〈*se dérouiller* qc〉〔手足, 体〕をほぐす, ならす;〔知的能力〕を回復する. ▶ *se dérouiller* les doigts 指をほぐす / *se dérouiller* la mémoire 記憶をよみがえらせる.

déroulement /derulmɑ̃/ 團 ❶ 〔時間上の〕展開, 経過, 継起. ▶ le *déroulement* de l'action 筋の展開 / le *déroulement* des faits (=enchaînement, succession) 事件の推移. ❷ (巻いた物を) 広げること.

dérouler /derule/ 他動 ❶ 〔巻いてある物〕を広げる. ▶ *dérouler* une pièce d'étoffe 生地を広げ

dérouleur

る．❷（眼前に）…を繰り広げる；次々に示す，展開する．▶ Il *déroula* dans son esprit les événements de la veille. 彼は前日の出来事を次々と思い起こした．

— **se dérouler** 代動 ❶〔出来事などが〕起きる，催される；展開する，繰り広げられる．▶ festival qui *se déroule* du 3 au 8 mai　5月3日から8日まで開催されるフェスティバル．❷〔巻いてある物が〕広がる．

dérouleur /deʀulœːʀ/ 男 ❶（紙などを巻いた）ロール．❷磁気テープ装置．

déroutant, ante /deʀutɑ̃, ɑ̃ːt/ 形 面食らわせる，困惑させる．

déroute /deʀut/ 女 ❶（軍隊の）壊走，敗走．▶ mettre l'ennemi en *déroute* 敵を壊走させる．❷敗北，破局；危機；混乱．

déroutement /deʀutmɑ̃/, **déroutage** /deʀutaːʒ/ 男（船や飛行機の）行き先［航路］の変更．

dérouter /deʀute/ 他動 ❶〔船，飛行機など〕の行き先［航路］を変更させる．▶ Les pirates de l'air *ont dérouté* l'avion vers Londres. ハイジャック犯たちは飛行機をロンドンへ向かわせた．❷…を狼狽（ろうばい）させる，困惑させる．▶ *dérouter* le candidat par des questions inattendues 思いがけない質問で受験者を困らせる．❸〔追跡など〕をまく．

＊derrière /dɛʀjɛːʀ デリエール/ 前

❶…の後ろに，の背後に；裏に（↔devant）．▶ se cacher *derrière* le fauteuil ひじ掛け椅子（いす）の後ろに隠れる / Il a un lourd passé *derrière* lui. 彼は暗い過去を引きずっている．

❷（順序，序列）…の次で，続いて．▶ marcher l'un *derrière* l'autre　1列になって歩く / occuper le cinquième rang *derrière* qn …に次いで5位を占める．

❸…から隠れて，の目を盗んで．▶ faire qc *derrière* (le dos de) qn …の目を盗んで…する．

avoir qn derrière soi (1) …の支持［援助］を受ける．▶ Le président *a* tout le pays *derrière lui*. 大統領は全国民に支持されている．(2) 話 …に絶えず監視されている．

de derrière qc (1) …の後ろから．▶ Il sortit *de derrière* la haie. 彼は生け垣の後ろから出てきた．(2) …の背後［裏］の．▶ idées *de derrière* la tête 底意，下心．

être derrière (le dos de) qn (1) …を支持［援助］する；陰で操る．(2) 話 …を絶えず監視する；見守る．▶ Il faut *être* toujours *derrière* lui. 彼はいつもそばについて見ていてやらないと駄目だ．

fuir sans regarder derrière soi 一目散に逃げる．

par(-)derrière qc …の後ろから［で］，後ろを通って．▶ passer *par derrière* une maison ある家の裏手を通る．

regarder qc derrière les apparences …の本質［裏］を見る．

— **＊derrière** 副 後ろで，後ろに（↔devant）．▶ marcher *derrière* あとについて歩く / chemisier qui se boutonne *derrière* 背中にボタンをかけるブラウス．

par(-)derrière 後ろで，後ろから；陰で，こっそり．▶ attaquer qn *par(-)derrière* …を後ろから襲う，だまし討ちにする / dire du mal de qn *par(-)derrière* …の陰口をたたく．

— **＊derrière** 男 ❶ 後ろ，後部．▶ le *derrière* d'une maison 家の裏手 / roues de *derrière* 後方車輪 / pattes de *derrière*（動物の）後ろ足 / porte de *derrière* 裏口，逃げ道 / poche de *derrière* 尻（しり）ポケット / passer par les *derrières* 裏通りを通る．

❷ 話（人，動物の）尻．▶ tomber sur le *derrière* 尻もちをつく / donner à qn des coups de pied au *derrière* …の尻を蹴（け）飛ばす．

＊des¹ /de デ/〔前置詞 de と定冠詞複数形 les の縮約形〕…の，…から（⇨ DE¹, LE¹）．

＊des² /de デ/ 不定冠詞《un, une の複数形》

❶《普通名詞とともに》❶ いくつかの，何人かの；ある．▶ un livre et *des* cahiers 1冊の本と数冊のノート / J'ai *des* enfants. 私は子どもがいる / *Des* soucis, j'en ai ! 悩みの種ならいくらでもある．

un livre　　des cahiers

❷《典型を表わして》▶ A cette époque-là, les hommes étaient *des* hommes et les femmes *des* femmes. あの時代には男はみんな男らしく，女はみんな女らしかった．❸ いくつもの，多くの．▶ pendant *des* heures 何時間も / il y a *des* années et *des* années 何年も何年も前に．❹ 話《数形容詞を強調して》なんと…も，…もの．▶ sortir *des* une heure du matin なんと午前1時に外出する．

❷《固有名詞とともに》❶ …家の人々．▶ *des* Bourbons ブルボン王家の人々．❷ …のような人々．▶ Ils sont *des* Tartuffe(s). 彼らはタルチュフみたいな偽善者だ．❸ …の（いくつかの）作品．▶ *des* Rembrandt レンブラントの絵．

＊dès /dɛ デ/ 前 ❶〔時間〕（早くも）…の時点で，…からすぐに．▶ *dès* maintenant 今にでも，今から早速 / *dès* aujourd'hui 今日にでも / *dès* le début 最初からすぐに / *dès* l'abord 最初から / *dès* que possible できるだけ早く / *dès* le lever du soleil 日の出とともに / Il s'est mis à neiger *dès* le 1er [premier] décembre. 12月1日から早くも雪が降り始めた / Vous viendrez me voir *dès* mon retour. 私が帰ったらすぐに会いに来てください / *dès* l'enfance 子供のころから もう．

❷《場所》…からすぐに．▶ *dès* l'entrée 入り口から / *Dès* Lyon il a plu sans arrêt. リヨンからずっと雨だった．

dès lors (1) その時から．▶ *Dès lors*, il ne fuma plus. それ以来，彼はもうたばこを吸わなかった．(2) そこで，それゆえに（=en conséquence）．▶ Il a fourni un alibi: *dès lors* il est hors

désapprobateur

dès lors que + 直説法 (1) …だから, である以上. ▶ *Dès lors qu*'il a choisi de démissionner, il n'a plus droit à ceci. 辞職することを選んだ以上, 彼はこのことにもう口出しする権利はない.
(2) …するときから, …以来; …するやいなや.

dès que + 直説法 …するやいなや, するとすぐに. ▶ *Dès qu*'il aura fini, il viendra. 終わったらすぐに彼は来るだろう.

des-, dés- 接頭「否定」「強意」を表わす (⇨DÉ-).

désabonnement /dezabɔnmɑ̃/ 男 定期予約 [予約購読] の取り消し.

se désabonner /s(ə)dezabɔne/ 代動 定期予約 [予約購読] を取り消す. ▶ *se désabonner* d'un magazine 雑誌の予約購読をやめる.
— **désabonner** /dezabɔne/ 他動 …の定期予約 [予約購読] を取り消す. ▶ Veuillez me *désabonner*. 私の定期予約を解約して下さい.

désabusé, e /dezabyze/ 形 幻滅した, 白けた, 覚めきった.

désabusement /dezabyzmɑ̃/ 男 文章 (迷いからの) 覚醒(かくせい), 目覚め.

désabuser /dezabyze/ 他動 文章 …の迷妄を解く, を覚醒(かくせい)させる.
— **se désabuser** 代動 迷いから覚める.

désaccord /dezakɔːr/ 男 ❶ 不和, 確執; 不賛成, 対立. ▶ le *désaccord* entre les époux 夫婦の不和 / un léger [grave] *désaccord* 微妙 [深刻] な確執 / être [se trouver] en *désaccord* avec A sur B BということでAと対立している / marquer son *désaccord* sur qc [提案など] に反対を表明する. ❷ 不調和, 不一致, 相反. ▶ Il y a *désaccord* entre ses actes et ses paroles. 彼(女)は言行不一致だ.

désaccordé, e /dezakɔrde/ 形 [楽器が] チューニングの狂った, 調律の狂った.

se désaccorder /s(ə)dezakɔrde/ 代動 [楽器が] チューニングが狂う.

désaccoutumer /dezakutyme/ 他動 <*désaccoutumer* qn de qc [不定詞]> …に…の習慣を失わせる. ▶ *désaccoutumer* qn du tabac …にたばこをやめさせる.
— **se désaccoutumer** 代動 <*se désaccoutumer* de qc [不定詞]> …の習慣をなくす. ▶ Il s'est *désaccoutumé* de boire. 彼は禁酒した.

désactivation /dezaktivasjɔ̃/ 女 不活性化, (核施設の) 無能力化.

désactiver /dezaktive/ 他動 …を不活性化する, [核施設] を無能力化する.

désacralisation /desakralizasjɔ̃/ 女 神聖視しないこと, 権威の失墜.

désacraliser /desakralize/ 他動 …を非神聖化する, 世俗化する; の権威を失わせる.
— **se désacraliser** 代動 神聖さ [権威] を失う; 世俗化する.

désaffectation /dezafɛktasjɔ̃/ 女 (建物などの) 用途変更, 転用.

désaffecté, e /dezafɛkte/ 形 [公共施設, 場所など] 廃用になった; 転用された. ▶ école *désaffectée* 廃校.

désaffecter /dezafɛkte/ 他動 [建物, 部屋など] の用途を変更する, を転用する. ▶ *désaffecter* le grenier pour en faire des chambres d'amis 屋根裏部屋を客用寝室に転用する.

désaffection /dezafɛksjɔ̃/ 女 愛着が薄れること, 興味の喪失; (人心の) 離反. ▶ la *désaffection* du public pour la politique 大衆の政治離れ.

se désaffectionner /s(ə)dezafɛksjɔne/ 代動 <*se désaffectionner* de qn/qc> …への愛着 [関心] を失う, から心が離れる.

désagréable /dezagreabl/ デザグレアーブル/ 形 不快な, 嫌な. ▶ bruit *désagréable* 不快な音 / une chose *désagréable* à voir 見るのも嫌な物, 見苦しい物 / être dans une situation *désagréable* (=ennuyeux) 厄介な事態に陥っている / Ce n'est pas *désagréable*. 悪くない, なかなかいける / Il est *désagréable* avec tout le monde. 彼はだれにでも不愉快な態度をとる /《非人称構文で》Il m'est *désagréable* de vivre seul. 一人暮らしはもううんざりだ.

désagréablement /dezagreabləmɑ̃/ 副 不愉快に, 嫌な感じに; 迷惑なことに.

désagrégation /dezagregasjɔ̃/ 女 ❶ (組織などの) 分裂, 崩壊. ❷ [地質] 風化.

désagréger /dezagreʒe/ 7 他動 ❶ [岩石など] を崩す, 砕く. ❷ [組織など] を分裂させる. ▶ *désagréger* une équipe チームをばらばらにさせる.
— **se désagréger** 代動 ❶ 崩れる, 砕ける, 分解する. ❷ [組織など] が分裂する.

désagrément /dezagremɑ̃/ 男 不愉快な思い [こと], 厄介. ▶ causer du [un] *désagrément* à qn …に不愉快な思いをさせる.

désaliénation /dezaljenasjɔ̃/ 女 (精神的, 社会的な) 疎外 [束縛] からの解放.

désaltérant, ante /dezaltérɑ̃, ɑ̃ːt/ 形 渇きをいやす.

désaltérer /dezaltere/ 6 他動 ❶ …の渇きをいやす, を潤す. ▶ *désaltérer* un malade 病人の喉(のど)を潤す. ❷ 文章 …の渇望をいやす; [好奇心など] を満足させる. — **se désaltérer** 代動 (自分の) 渇きをいやす.

désamiantage /desamjɑ̃taːʒ/ 男 アスベストの除去.

désamorçage /dezamɔrsaːʒ/ 男 雷管 [起爆装置] の取り外し.

désamorcer /dezamɔrse/ 1 他動 ❶ [弾薬などの] 雷管 [起爆装置] を外す. ❷ [危機, 暴動など] を未然に防ぐ, 鎮める.

désappointé, e /dezapwɛ̃te/ 形 がっかりした.

désappointement /dezapwɛ̃tmɑ̃/ 男 失望, 落胆; 期待外れ.

désappointer /dezapwɛ̃te/ 他動《多く受動態で》…を失望 [落胆] させる. ▶ Elle *est désappointée* de ne pas avoir réussi à l'examen. 試験に落ちたので彼女はがっかりしている.

désapprendre /dezaprɑ̃ːdr/ 他動 (過去分詞 désappris, 現在分詞 désapprenant) 文章 [学んだことなど] を忘れる. ▶ *J'ai désappris* l'anglais, faute de pratique. 実際に使わないので私は英語を忘れてしまった.

désapprobateur, trice /dezaprɔbatœːr,

désapprobation

tris/ 形 反対［非難］を表明する．▶ parler sur un ton *désapprobateur* 非難めいた口調で話す．

désapprobation /dezaprɔbasjɔ̃/ 囡 反対, 不賛成; 非難.

désapprouver /dezapruve/ 他動 …に反対する, を非難する;《目的語なしに》不賛成の意を示す (↔approuver). ▶ *désapprouver* un projet 計画に反対する．◆ *désapprouver* qn de + 不定詞 …が…するのに反対する, を非難する.

désarçonner /dezarsɔne/ 他動 ❶ …を落馬させる. ❷〔議論などで〕…をやりこめる, 立ち往生させる, 当惑させる.

désargenté, e /dezarʒɑ̃te/ 形 ❶ 銀めっきのはがれた. ❷ 話 金を使い果たした, 無一文の.

désargenter /dezarʒɑ̃te/ 他動 …の銀めっきをはがす.

désarmant, ante /dezarmɑ̃, ɑ̃:t/ 形 腹も立たないほどの, あきれるほどの. ▶ une naïveté *désarmante* 怒る気にもなれないほどのお人よしぶり.

désarmé, e /dezarme/ 形 ❶ 武装解除された, 軍備縮小［撤廃］された. ❷ 無防備である, 無力である. ▶ Il est *désarmé* devant ces difficultés. これらの難題を前にして彼にはなすすべもない.

désarmement /dezarməmɑ̃/ 男 武装解除; 軍備縮小. ▶ conférence du *désarmement* 軍縮会議 / Commission du *désarmement* (国連)軍縮委員会.

désarmer /dezarme/ 他動 ❶ …を武装解除する. ▶ *désarmer* un malfaiteur 悪漢から武器を取り上げる. ❷〔国家〕の軍備を撤廃［縮小］する. ❸〔銃〕の撃鉄を外す, に安全装置をかける;〔機雷〕の雷管を外す. ❹〔人〕を寛容にする, 無力にする. ▶ Sa sincérité me *désarme*. 彼女の真剣さを見ていると私は怒るにも怒れなくなる. ❺〔船舶〕の艤装(ぎそう)を解く, を休航させる.
— 自動 ❶〔国家〕が軍備を撤廃［縮小］する. ❷〔怒り, 激情などが〕おさまる, さまる. ❸ 話〈ne pas *désarmer*〉がんばり通す, (逆境に)くじけない.

désarroi /dezarwa/ 男〔心の〕混乱, 狼狽(ろうばい). ▶ être en plein *désarroi* すっかり混乱している.

désarticulation /dezartikylasjɔ̃/ 囡 脱臼(だっきゅう).

désarticuler /dezartikyle/ 他動 ❶ …を脱臼(だっきゅう)させる. ❷ 文章 …を解体する, ばらばらにする.
— se désarticuler 代動 ❶〈*se désarticuler* qc〉〔体の一部〕を脱臼する. 注 se は間接目的. ❷〔曲芸師などが〕関節を外して自由自在に手足を折り曲げる. ❸〔組織などが〕瓦解(がかい)する.

désassorti, e /dezasɔrti/ 形 ❶〔食器セットなどが〕半端の, ふぞろいの. ❷ 品不足［品切れ］の. ▶ un magasin *désassorti* 品不足の店. ❸〔男女, 夫婦などが〕うまくいっていない, 不仲の.

désassortiment /dezasɔrtimɑ̃/ 男 ❶〔食器などが〕ふぞろいになること. ❷ 品切れ, 品不足.

désassortir /dezasɔrti:r/ 他動 ❶〔一そろいのもの〕を半端にする. ❷〔店〕の在庫品を足りなくさせる; を品不足にする.

désastre /dezastr/ 男 ❶ 災害, 災難; 惨事. ▶ *désastre* qui frappe une famille 一家に降りかかる災難. ❷ 破産(はさん), 破産; 敗北. ▶ *désastre* financier 財政の破綻. ❸ ひどい結果［事態］, 大失敗.

désastreux, euse /dezastrø, ø:z/ 形 ひどい, 惨憺(さんたん)たる; 悲惨な. ▶ temps *désastreux* 荒天, 悪天候 / récolte *désastreuse* 凶作 / notes *désastreuses* ひどい点.

désatellisation /dezatelizasjɔ̃/ 囡 ❶〔人工衛星の〕軌道離脱. ❷ 非衛星国化.

désavantage /dezavɑ̃ta:ʒ/ 男 ❶ 不利, 劣勢; 不都合. ▶ avoir un *désavantage* sur qn …に後れを取る, …よりも不利である.
au désavantage de qn〔…に〕不利に. ▶ Le débat a tourné *à* son *désavantage*. 議論は彼(女)にとって不利な方に展開した.

désavantager /dezavɑ̃taʒe/ ② 他動 ❶ …を不利にする, 不利な状態に置く. ❷〔相続人〕から遺産の一部を取り上げる.

désavantageux, euse /dezavɑ̃taʒø, ø:z/ 形 不利な; 不都合な.

désaveu /dezavø/ 男 ❶〔自分への帰属の〕否定, 否認;〔前言などの〕取り消し, 撤回. ▶ Sa conduite est le *désaveu* de ses principes. 彼(女)の行為は自分自身の主義を裏切るものだ / *désaveu* de paternité《民法》(妻の生んだ子に対して夫が行う)嫡出否認. ❷ 不同意, 反対.

désavouer /dezavwe/ 他動 ❶ …を自分のものと認めない. ▶ *désavouer* un ouvrage 作品を自作と認めない / *désavouer* un enfant《民法》(妻の生んだ)子との父子関係を否認する.
❷〔前言, 約束など〕を取り消す, 撤回する. ▶ *désavouer* une opinion 意見を引っ込める.
❸ …を非難する, に反対する. ▶ *désavouer* la conduite de qn …の行為を非難する.
— se désavouer 代動 前言を取り消す.

désaxé, e /dezakse/ 形 ❶ 軸から外れた, 偏心した. ▶ roue *désaxée* 軸から外れた車輪. ❷〔人が〕常軌を逸した. — 名 常軌を逸した人.

désaxer /dezakse/ 他動 ❶ …を軸から外す, 偏心させる. ❷ …の平常心を失わせる; を狂わす.

descellement /desɛlmɑ̃/ 男 ❶〔壁などに埋め込んだ物の〕取り外し, 抜き取り.

desceller /desele/ 他動 ❶〔壁などに埋め込んだ物〕を取り外す. ❷ …の封印を切る, を開封する.
— se desceller 代動〔壁などに埋め込んだ物が〕外れる, 取れる.

descend /desɑ̃/ 活用 ⇨ DESCENDRE 58

descendance /desɑ̃dɑ̃:s/ 囡 ❶《集合的に》子孫, 後裔(こうえい). ❷ 家系, 血統. ▶ Il est de *descendance* noble. 彼は貴族の家系だ.

descendant, ante /desɑ̃dɑ̃, ɑ̃:t/ 形 下りの, 下降する. ▶ chemin *descendant* 下り道 / marée *descendante* 引き潮.
— 名《法律》卑属;《複数で》子孫, 後裔(こうえい).

descendi- 活用 ⇨ DESCENDRE 58

:descendre /desɑ̃:dr/ デサーンドル/ 58

過去分詞 descendu	現在分詞 descendant
直説法現在 je descends	nous descendons
tu descends	vous descendez
il descend	ils descendent

複合過去	je suis descendu(e)（自動）
半過去	je descendais
単純未来	je descendrai
単純過去	je descendis

自動《助動詞は être》❶《主語は人》❶ 降りる，下る．▶ *descendre* par l'ascenseur エレベーターで降りる．◆ *descendre* + 不定詞 …するために降りる．▶ Elle *est descendue* faire les courses. 彼女は買い物をしに下に降りた．

❷（乗り物から）降りる．▶ *descendre* à terre 下船する，上陸する / Je *descends*！降ります / Vous *descendez* à la prochaine？次の駅で降りますか / *descendre* de voiture 車から降りる．

❸ 南下する．▶ *descendre* jusqu'à Arles（南仏の）アルルまで下る．

❹ 宿を取る，泊まる（=loger）．▶ *descendre* à l'hôtel ホテルに泊まる / *descendre* chez des amis 友人宅に泊まる．

❺ 侵入する，殺到する；〔警察が〕手入れを行う，踏み込む．▶ La police *est descendue* dans une boîte de nuit. 警察はあるナイトクラブの手入れを行った．

❻ 地位が下がる，身を落とす．▶ Il *est descendu* dans mon estime. 私の彼に対する評価は下がった．

❼ ⟨*descendre* de qn/qc⟩…の出である，の血を引く．▶ *descendre* d'une ancienne famille 旧家の出身である．

❷《主語は物》❶ 下がる，降りる；〔道，川などが〕下る；〔潮が〕引く；〔天体が〕沈む；〔音が〕低くなる．▶ La rue *descend* jusqu'à la grande place. 通りは大広場まで下りになっている / La mer commence à *descendre*. 海は潮が引き始めた / L'avion commence à *descendre* sur Tokyo. 飛行機が東京に向かって高度を下げ始めた / La nuit *descend*. 夜の帳(とばり)が降りてくる．◆ *descendre* de + 数量表現 …だけ下がる．▶ Le thermomètre *est descendu* de six degrés. 寒暖計は6度下がった．

❷⟨*descendre* + 場所⟩下がって…に達する，…に届く深さ〔長さ〕がある．▶ Ce puits *descend* à vingt mètres. この井戸は20メートルの深さがある．

❸ 南下する；〔道路などが〕南へ延びている；〔風が〕南に吹く．

descendre dans la rue（デモ，反乱などで）街頭に繰り出す．

Tout le monde descend!（終点です，降りてください→）これでおしまいです．

— ***descendre** 他動《助動詞は avoir》❶〔山，道など〕を降りる，下る．▶ Il *a descendu* l'escalier quatre à quatre. 彼は階段を数段ずつ飛ばして大急ぎで降りた / *descendre* une rivière en canoë カヌーで川を下る．

❷ …を下ろす，下げる，低くする，運び降ろす．▶ *descendre* les stores ブラインドを下ろす / *descendre* un tableau（壁の）絵を外す．◆ *descendre* qc de + 数量表現 …を…だけ下げる．

❸ 話⟨*descendre* qn + 場所⟩〔乗客〕を…で降ろす．▶ Je te *descends* en ville. 街まで乗せて行くよ．

❹ 話 …を一気に飲む，飲み干す．▶ Qu'est-ce qu'il *descend*！何てうわばみ．

❺ 話 …を殴り倒す，撃ち落とす；こき下ろす；俗 …を射殺する．❻《音楽》*descendre* la gamme 音階を下げる．

L'ai-je bien descendu?（階段を上手に降りたかしら→）今のでよかったですか．

descends /desɑ̃/ 活用 ⇨ DESCENDRE 58

***descente** /desɑ̃:t/ 女 ❶ 降りること，下降，降下（↔montée）；〖スキー〗滑降．▶ *descente* en parachute パラシュート降下 / à sa *descente* d'avion 彼（女）が飛行機から降りたところで．

❷ 侵入，襲来；（警察の）手入れ（= descente de police)，臨検；〖サッカー〗速攻．▶ *descente* sur les lieux 現場検証．

❸ 降ろすこと，運び降ろすこと．▶ La *descente* des bagages prend du temps. 荷物を降ろすのは時間がかかる / *descente* de Croix《図像》十字架から降ろされるキリスト．

❹ 下り坂．▶ une *descente* rapide [douce] 急な[緩い]下り坂 / au bas de la *descente* 坂を下りた所に / frainer dans les *descentes* 下り坂でブレーキをかける．

à la descente (de qn)（…が）降りるときに，降りると．

avoir une bonne descente 大酒飲みである．

descente de lit (1) ベッドサイド・マット．(2) おべっか使い，ぺこぺこする人．

faire une descente（+ 場所）(1)〔警察が〕（…を）手入れをする．(2) 話（…に）押しかける，荒らしに入る；（バー，喫茶店などに）ふらりと入る．

descriptif, ive /deskriptif, i:v/ 形 描写的な，記述的な，説明的な．▶ linguistique [grammaire] *descriptive*〖言語〗記述言語学〖文法〗．

***description** /dɛskripsjɔ̃/ 女 ❶ 記述；説明書，説明文．▶ *description* des lieux 不動産物件の現状説明書 / faire la *description* exacte d'un événement ある事件を正確に叙述する．

❷（特に文学作品における）描写．▶ *description* pittoresque 生彩に富んだ描写．

desdits /dedi/ ⇨ LEDIT.

déséchouer /dezeʃwe/ 他動〔船〕を離礁させる．

désectorisation /desɛktɔrizasjɔ̃/ 女（大学，行政機関などの各部門の）統合化．

désectoriser /desɛktɔrize/ 他動〔大学，行政機関など〕の分割をやめる，を統合化する．

déségrégation /desegregasjɔ̃/ 女 人種差別撤廃．

désembourber /dezɑ̃burbe/ 他動 …を泥の中から引き上げる．

désembourgeoiser /dezɑ̃burʒwaze/ 他動 …を非ブルジョア化する．

désembouteiller /dezɑ̃buteje/ 他動〔道路，電話回線など〕の渋滞[混雑]を解消する．

désembuage /dezɑ̃bɥa:ʒ/ 男（窓ガラスなどの）曇り取り．

désembuer /dezɑ̃bɥe/ 他動〔窓ガラスなど〕の曇りを取る．

désemparé, e /dezɑ̃pare/ 形 ❶ 途方に暮れた．▶ se sentir tout *désemparé* どうしていいか分か

désemparer

らない. ❷〔船, 飛行機が〕(損傷を受けて)航行[操縦]不能になった.

désemparer /dezɑ̃pare/ 自動 文章 <sans *désemparer*> 休まずに, 続けざまに.

désemplir /dezɑ̃pliːr/ 自動〔否定的表現で〕〔場所などが〕いつもすいている, がらがらである. ▶ Sa boutique ne *désemplit* pas. 彼(女)の店はいつも混んでいる.

désencadrer /dezɑ̃kɑdre/ 他動 ❶〔絵などの〕額縁を外す. ❷〖経済〗…の信用制限を外す, 貸付枠を外す.

désenchanté, e /dezɑ̃ʃɑ̃te/ 形 幻滅した, 夢から覚めた. ▶ Il est revenu *désenchanté* de tout. 彼はすべてに幻滅して戻ってきた.

désenchantement /dezɑ̃ʃɑ̃tmɑ̃/ 男 幻滅, 現実の世知辛さを知ること.

désenchanter /dezɑ̃ʃɑ̃te/ 他動 …を幻滅させる, 幻想から覚めさせる;の魅力を失わせる.
— se **désenchanter** 代動 幻滅する, 夢から目覚める.

désenclavement /dezɑ̃klavmɑ̃/ 男〔僻地(ᵘᵏᶜʰⁱ)の〕開発;〔交通[通信]網の〕拡大.

désenclaver /dezɑ̃klave/ 他動〔交通, 通信などの便をよくして〕〔僻地(ᵘᵏᶜʰⁱ)を〕開発する.

désencombrer /dezɑ̃kɔ̃bre/ 他動 <*désencombrer* qc/qn (de qc)>…から(障害物, 不用物を)取り除く, かたづける.

désencrasser /dezɑ̃krase/ 他動 …の垢をとる[煤(ˢᵘˢᵘ), 錆(ˢᵃᵇⁱ)]を落とす, 洗う. ▶ *désencrasser* une casserole 鍋(ⁿᵃᵇᵉ)の錆を落とす.

désendettement /dezɑ̃detmɑ̃/ 男 負債を減らすこと.

se désendetter /s(ə)dezɑ̃dete/ 代動 負債を減らす.

désenfler /dezɑ̃fle/ 自動 腫(ʰᵃ)れが引く.
— 他動 …の腫れを引かせる.

désengagement /dezɑ̃ɡaʒmɑ̃/ 男〔協定などの〕解消;〔同盟関係などからの〕離脱;〔軍隊などの〕引き上げ.

désengager /dezɑ̃ɡaʒe/ 2 他動 <*désengager* qn de qc>〔契約などから〕…を解放する, 自由にする.
— se **désengager** 代動 ❶ <*se désengager* de qc>〔約束, 契約など〕から解放される, を取り消す. ❷〔政治的, 軍事的なことから〕手を引く.

désengorger /dezɑ̃ɡɔrʒe/ 2 他動〔詰まったものを〕通じさせる, 通す(=déboucher). ▶ *désengorger* un tuyau 管の詰まりを取る.

désenivrer /dezɑ̃nivre/ 他動 …の酔いを覚ます.
— 自動 酔いが覚める.

désennuyer /dezɑ̃nɥije/ 11 他動 <*désennuyer* qn (de qc/不定詞)>…を(…の)退屈から紛らせる.
— se **désennuyer** 代動 退屈しのぎをする, 気晴らしをする.

désensabler /dezɑ̃sɑble/ 他動 …を砂の中から引き出す;〔水路などの〕砂を取り除く.

désensibiliser /desɑ̃sibilize/ 他動 …の感受性を減ずる, を鈍感にする. ▶ *désensibiliser* l'opinion publique sur les problèmes sociaux 社会の諸問題に対する世論の関心をそぐ.
— se **désensibiliser** 代動 鈍感になる, 無関心になる.

désensorceler /dezɑ̃sɔrsəle/ 4 他動 ❶ …の魔法を解く, を呪縛(ʲᵘᵇᵃᵏᵘ)から解放する. ❷ …を強い影響力[支配]から免れさせる.

désentortiller /dezɑ̃tɔrtije/ 他動 ❶〔糸, ひもなど〕の撚りを戻す, もつれを解く(=détortiller). ❷〔紛糾した事態など〕を解決する.

désépaissir /dezepesiːr/ 他動 …を薄くする. ▶ *désépaissir* une sauce ソースを薄める.

déséquilibre /dezekilibr/ 男 ❶ 不均衡;不安定;アンバランス. ▶ corriger les *déséquilibres* régionaux 地域間の格差を是正する / Il y a *déséquilibre* entre l'offre et la demande. 需要と供給がアンバランスだ. ❷〔精神の〕不均衡.

déséquilibré, e /dezekilibre/ 形 ❶ 精神の平衡を欠いた, 平衡を失った, 不安定な.
— 名 精神の平衡を欠いた人.

déséquilibrer /dezekilibre/ 他動 ❶ …の平衡を失わせる, をぐらつかせる. ❷ …の精神の平衡を奪う.

*****désert¹, erte** /dezeːr, ert デゼール, デゼルト/ 形 ❶ 無人の, 人の住まない;人気(ʰⁱᵗᵒᵏᵉ)がない. ▶ île *déserte* 無人島 / maison *déserte* 空き家. ❷ 文章 気の抜けた, 活気のない. ▶ journée *déserte* 空虚な1日.

*****désert²** /dezeːr デゼール/ 男 ❶ 砂漠. ▶ le *désert* du Sahara サハラ砂漠 / traverser un *désert* 砂漠を横断する. ❷ 人気(ʰⁱᵗᵒᵏᵉ)[活気]がない場所;〔精神的に〕荒涼とした状態. ▶ *désert* culturel 文化不毛の地.

prêcher [parler, crier] dans le désert むなしく道を説く;誠意ある言葉が伝わらない.
traversée du désert 雌伏時代, 不遇時代.

déserter /dezerte/ 他動 ❶〔場所, 役割など〕を放棄する, 離れる. ▶ *déserter* son poste 部署を放棄する. ❷〔主義, 活動など〕を捨てる. ▶ *déserter* une religion 宗教を捨てる.
— 自動 脱走する, 逃亡する.

déserteur /dezertœːr/ 男 ❶ 脱走兵. ❷ 文章 変節者, 裏切り者;脱党者.

désertification /dezertifikɑsjɔ̃/ 女 ❶〔脱森林化に伴う〕砂漠化. ❷〔地域, 村落の〕過疎化.

se désertifier /s(ə)dezertifje/ 代動 ❶ 砂漠化が進む. ❷ 過疎化が進む.

désertion /dezersjɔ̃/ 女 ❶ 脱走, 逃亡. ▶ *désertion* à l'étranger 国外逃亡 / *désertion* à l'ennemi 投降. ❷〔国を〕捨てること;離郷, 離村. ❸〔主義, 党派などに対する〕節操, 変心;脱党, 脱会.

désertique /dezertik/ 形 砂漠(特有)の;砂漠のような;不毛な;人気(ʰⁱᵗᵒᵏᵉ)のない.

désescalade /dezeskalad/ 女 ❶〔戦争の規模, 社会争議などの〕デスカレーション, 段階的緊張緩和. ❷〔数, 量などの〕漸減(ᶻᵉⁿᵍᵉⁿ). ▶ *désescalade* des prix 価格の段階的引き下げ.

désespérance /dezesperɑ̃ːs/ 女 文章 絶望, 無力感.

désespérant, ante /dezesperɑ̃, ɑ̃ːt/ 形 ❶ がっかりさせる, どうしようもない. ▶ Cet enfant est *désespérant*. この子は手に負えない. ❷ 不快な. ▶ Il fait un temps *désespérant*. 嫌な[うっとうしい]天気だ.

désespéré, e /dezɛspere/ 形 ❶ 絶望した. ▶ Il était *désespéré*, il n'avait plus envie de vivre. 彼は絶望していた, もう生きていく望みもなかった / regard *désespéré* 絶望の眼差(まな)し. ❷ 必死の, 捨て身の. ▶ prendre un parti *désespéré* 決死の覚悟を決める. ❸〔状況, 病状などが〕絶望的な. ▶ Le blessé est dans un état *désespéré*. その負傷者は助かりそうもない.
— 名 絶望した人.

désespérément /dezɛsperemɑ̃/ 副 ❶ 死に物狂いで, 必死に. ▶ lutter *désespérément* contre qn/qc …と必死に闘う. ❷ 絶望して; なすすべもなく. ▶ se sentir *désespérément* seul 限りない孤独を感じる. ❸ うんざりするほど, 途方もなく. ▶ Le temps restait *désespérément* pluvieux. 嫌になるほど雨が降り続いていた.

*__désespérer__ /dezɛspere/ デゼスペレ/ ⑥

直説法現在	je désespère	nous désespérons
	tu désespères	vous désespérez
	il désespère	ils désespèrent

他動 ❶ …を失望させる, 悲しませる, 困らせる; 古風 …を絶望させる. ▶ Cet enfant *désespère* ses parents avec ses mauvaises notes. この子は悪い点をとって両親をがっかりさせる. ❷ ⟨*désespérer* que + 接続法 ∥ *désespérer* de + 不定詞⟩ …をあきらめている. ▶ Je ne *désespère* pas qu'il (ne) réussisse. 彼が成功する見込みがないとは思いません / Je *désespère* de retrouver mon chien. 犬が見つかるとは思っていない.
— *__désespérer__ 間他動 ⟨*désespérer* de qn/qc⟩ …に失望している, 何も期待していない. ▶ J'ai *désespéré* de lui. 彼にはがっかりさせられた.
— *__désespérer__ 自動 絶望する. ▶ Il ne faut pas *désespérer*. あきらめてはいけない.
à *désespérer* もはや打つ手がないほどに; かなわぬほどに. ▶ Elle est belle *à désespérer*. 彼女はどうしようもなく美しい / C'est *à désespérer*. もはやこれまでだ.
— **se désespérer** 代動 ❶ 絶望する. ❷ ⟨*se désespérer* de + 不定詞複合形⟩ …したことを苦しみ悩む. ▶ Je *me désespère* de vous avoir blessé. あなたを傷つけてしまって私はひどく苦しんでいます.

*__désespoir__ /dezɛspwaːr デゼスポワール/ 男 絶望, 悲嘆; 絶望感. ▶ se plonger dans le *désespoir* 絶望のふちに沈む / s'abandonner au *désespoir* やけになる / mettre qn au *désespoir* …を絶望させる.
en *désespoir* de cause 窮余の一策として.
être au *désespoir* de + 不定詞 …をたいへん残念に思う. ▶ Je suis *au désespoir* de n'avoir pu vous rendre service. お役に立てずまことに遺憾に存じます.
être [faire] le *désespoir* de qn (1) …の悩みの種である. ▶ Sa paresse *fait mon désespoir*. 彼(女)の怠慢には手を焼いている. (2) …の手に余る. ▶ Ce genre de paysage *est le désespoir des peintres*. このような風景はとても絵に描けるものではない.

désétatisation /dezetatizasjɔ̃/ 女〖経済〗(管理, 補助, 助成などの)政府統制の縮小[撤廃]; 民間活力の利用.

désétatiser /dezetatize/ 他動〖経済〗〔企業活動など〕への政府統制を縮小[撤廃]する.

désexualiser /desɛksɥalize/ 他動 …の性的特徴をなくす, 性的なものを失わせる.

déshabillage /dezabijaːʒ/ 男 服を脱ぐ[脱がせる]こと.

déshabillé /dezabije/ 男 (婦人用の)部屋着, ガウン.
en *déshabillé* 部屋着で.

*__déshabiller__ /dezabije デザビエ/ 他動 ❶ …の服を脱がす. ▶ *déshabiller* un enfant pour le mettre au lit 寝かせるために子供の服を脱がせる. ❷〔服が女性(の背中など)〕をあらわにする.
***déshabiller* qn du regard** …をじろじろ見る.
***déshabiller* (Saint) Pierre pour habiller (Saint) Paul** 借金を返すために借金する, 自転車操業をする.
— *__se déshabiller__ 代動 ❶ 服を脱ぐ. ▶ *se déshabiller* dans une cabine de bain プールの更衣室で服を脱ぐ. ❷ コート[帽子, 手袋, マフラー]を脱ぐ. ▶ *se déshabiller* dans l'entrée 玄関でコートを脱ぐ.

déshabituer /dezabitɥe/ 他動 ⟨*déshabituer* qn de qc/不定詞⟩ …に…の習慣をやめさせる. ▶ *déshabituer* qn de l'alcool …に酒をやめさせる.
— **se déshabituer** 代動 ⟨*se déshabituer* de qc/不定詞⟩ …の習慣をなくす. ▶ *se déshabituer* des cigarettes [de fumer] たばこ[喫煙]をやめる.

désherbage /dezɛrbaːʒ/ 男 草取り, 除草.
désherba*nt, ante* /dezɛrbɑ̃, ɑ̃ːt/ 形, 男 ⇨ HERBICIDE.
désherber /dezɛrbe/ 他動 (機械や薬品を用いて)〔芝生, 庭など〕の雑草を除去する.

déshérence /dezerɑ̃ːs/ 女〖法律〗相続人不存在.

déshérité, e /dezerite/ 形 ❶ 相続権を奪われた. ❷ 恵まれない;〔国, 土地など〕不毛の. ▶ un enfant *déshérité* de toute affection いかなる愛情にも恵まれていない子供. — 名 ❶ 相続権を奪われた人. ❷ 恵まれない人, 貧しい人.

déshériter /dezerite/ 他動 ❶ …の相続権を奪う, を廃嫡する. ❷ …に生得[自然]の恩恵を与えない. ▶ La nature l'a bien *déshérité*. 彼はまったく天恵というものに縁がなかった.

déshonnête /dezonɛt/ 形 下品な, みだらな.
déshonneur /dezɔnœːr/ 男 不名誉, 恥辱; 侮辱. ▶ ne pas survivre au *déshonneur* 生き恥をさらさない / être le *déshonneur* de la famille 一家の恥さらしである / Il n'y a pas de *déshonneur* à avouer sa pauvreté. 自分の貧しさを打ち明けることは恥ではない.

déshonora*nt, ante* /dezɔnɔrɑ̃, ɑ̃ːt/ 形 ❶ 不名誉な, 恥ずべき. ❷ (他人の)名誉を傷つける, 辱める.

déshonorer /dezɔnɔre/ 他動 ❶ …の名誉を傷つける, 体面を汚す. ▶ *déshonorer* sa famille 家名を汚す / Cette action l'*a déshonoré*. こんなこ

déshumanisation

とをして彼は評判を落とした．❷〚女性〛を辱める．❸…を台なしにする，の価値を損なう．
— **se déshonorer** 代動 名誉を失う，汚名を着る．

déshumanisation /dezymanizasjɔ̃/ 女 非人間化，人間性の喪失．

déshumaniser /dezymanize/ 他動 …の人間性を失わせる，を人間味のないものにする．
— **se déshumaniser** 代動 人間性を失う，非人間的になる．

déshydratation /dezidratasjɔ̃/ 女 ❶〘化学〙脱水：化合物中から水素と酸素を水として脱離させること．❷〘医学〙脱水症．

déshydraté, e /dezidrate/ 形 ❶ 脱水した，水気のない．▶ légume *déshydraté* 乾燥野菜 / avoir la peau *déshydratée* 皮膚がかさかさである．❷ 話 喉(%)が渇いた．▶ Je suis complètement *déshydraté*. 喉がからからだ．

déshydrater /dezidrate/ 他動 ❶〔保存のため果物や野菜〕から水分を抜く，乾燥させる．❷〔皮膚，組織〕から水分を取り除く．
— **se déshydrater** 代動 脱水状態になる；乾燥する．

desiderata /deziderata/ 男複 ❶(欠けているため)必要と思うもの，切実な要求．▶ une liste de *desiderata* 要求項目．❷(学問, 論文などの)欠落(部分)，欠点．

design /dizajn; dezajn/〘英語〙男 ❶(現代的な)デザイン；インダストリアル・デザイン．❷ デザイン商品．— 形〘不変〙現代風で機能的なデザインの．▶ meubles *design* デザイン家具．

désignation /dezijnasjɔ̃/ 女 ❶ 名称，呼び名；表示．▶ *désignation* du contenu 中身の表示．❷ 指定，選定，指名．▶ *désignation* d'un successeur 後継者の指名．❸〘言語〙〘論理学〙指示．

designer /dizajnœːr; dezajnœːr/ 男〘米語〙デザイナー．

*****désigner** /dezijne/ デズィニェ 他動 ❶ …を指す，示す．▶ *désigner* qn/qc du doigt …を指差す / *désigner* qn par son nom …を名指しする / Ces indices le *désignent* clairement comme coupable. それらの状況証拠から見て彼の有罪は明白だ．比較 ⇨ MONTRER.
❷〔言葉などが〕…を意味する，指す．▶ Cette expression *désigne* les gens qui … この言葉は…のような人たちのことを言っている．
❸ …を指名する，任命する．▶ *désigner* qn pour entreprendre des recherches …を研究担当に任命する / Le gouvernement l'*a désignée* comme nouveau ministre. 政府は彼女を新しい大臣に指名した．◆ *désigner* qn pour qc/不定詞 …を…の適任者とする．▶ Sa réputation le *désigne* pour cette tentative. 彼の大胆さはこの企画に打って付けだ / Elle *est* tout *désignée* pour faire ce travail. 彼女はこの仕事に最適だ．
❹ …を指定する．▶ *désigner* le lieu d'un rendez-vous 待ち合わせの場所を指定する．❺〈*désigner* qn/qc à qc〉〚物事が〛…を(注目など)の的にする．▶ Cette découverte l'*a désigné* à l'attention publique. この発見が彼を世間の注目の的にした．

— **se désigner** 代動〈*se désigner* à qc〉(注目など)の的になる．

désillusion /dezi(l)lyzjɔ̃/ 女 幻滅, 失望．

désillusionner /dezi(l)lyzjɔne/ 他動 …を(迷いや夢から)覚めさせる；幻滅させる，失望させる．▶ Cette mésaventure l'*a* complètement *désillusionné*. この失敗で彼はすっかり目が覚めた．

désincarné, e /dezɛ̃karne/ 形 ❶〘宗教〙霊魂などが〕肉体を離れた；霊肉分離した．❷ 実在感の希薄な；肉体を離れた；現実離れした．▶ amour *désincarné* プラトニックな愛．

se désincarner /s(ə)dezɛ̃karne/ 代動 文章 現実離れする．

désincruster /dezɛ̃kryste/ 他動 ❶ …の水垢(愠)を除去する．❷〔肌〕の垢を落とす．

désindustrialisation /dezɛ̃dystrijalizasjɔ̃/ 女 脱工業化，産業の空洞化．

désinence /dezinɑ̃ːs/ 女〘言語〙(屈折)語尾．▶ *désinences* verbales 動詞活用語尾．

désinentiel, le /dezinɑ̃sjɛl/ 形〘言語〙(屈折)語尾の．▶ langue *désinentielle* 屈折語(ラテン語など)．

désinfectant, ante /dezɛ̃fɛktɑ̃, ɑ̃ːt/ 形 消毒の，殺菌の．▶ produit *désinfectant* 消毒剤．
— **désinfectant** 男 消毒剤，殺菌剤．

désinfecter /dezɛ̃fɛkte/ 他動 …を消毒する，殺菌する．▶ *désinfecter* une plaie à l'alcool 傷口をアルコール消毒する．

désinfection /dezɛ̃fɛksjɔ̃/ 女 消毒，殺菌．

désinformation /dezɛ̃fɔrmasjɔ̃/ 女 (マスメディアなどによる)情報操作．

désinscription /dezɛ̃skripsjɔ̃/ 女〘情報〙購読申し込みの解除．

se désinscrire /s(ə)dezɛ̃skrir/ 代動〘情報〙購読申し込みを解除する．

désinsectisation /dezɛ̃sɛktizasjɔ̃/ 女 害虫駆除．▶ agents de *désinsectisation* 殺虫剤．

désinsectiser /dezɛ̃sɛktize/ 他動〔場所〕を害虫駆除する．

désinstallation /dezɛ̃stalasjɔ̃/ 女〘情報〙プログラムなどの削除，アンインストール．

désinstaller /dezɛ̃stale/ 他動〘情報〙〔プログラムなど〕を削除する，アンインストールする．

désintégration /dezɛ̃tegrasjɔ̃/ 女 ❶(グループ，組織の)分裂，崩壊．❷〘物理〙(原子の)崩壊，壊変．❸(岩石の)風化．

désintégrer /dezɛ̃tegre/ ⑥ 他動 ❶ …を解体させる，崩壊させる．❷〘物理〙(核分裂によって)〔原子〕を崩壊［壊変〕させる．
— **se désintégrer** 代動 ❶ 解体する，崩壊する．❷〘物理〙〔原子が〕崩壊する．

désintéressé, e /dezɛ̃terese/ 形 ❶〔人が〕無私無欲の．❷〔物が〕公平な，利害を超越した，客観的な．▶ jugement *désintéressé* 公平な判決．

désintéressement /dezɛ̃terɛsmɑ̃/ 男 ❶ 無私，無欲；公平，献身．▶ agir avec *désintéressement* 利害を離れて行動する．❷ 債務の弁済，損害賠償．

désintéresser /dezɛ̃terese/ 他動 ❶ …に損害をすっかり弁償する，借金を完済する，債務を果たす．❷〈*désintéresser* qn de qc〉…を…に無関心にする．

せる. — **se désintéresser** 代動 <*se désintéresser* de qc/qn> …に無関心になる. ▶ *se désintéresser* de son travail 仕事に興味を失う.

désintérêt /dezɛ̃tere/ 男 文章 無関心, 興味の喪失.

désintoxication /dezɛ̃tɔksikasjɔ̃/ 女 解毒;（アルコールや麻薬の）中毒の治療.

désintoxiquer /dezɛ̃tɔksike/ 他動 ❶ …の中毒を治す; に解毒治療を行う. ▶ *désintoxiquer* un alcoolique アルコール依存症患者を治療する. ❷ …の疲れた心身をいやす; 悪影響から守る. ▶ *désintoxiquer* les enfants de la télévision 子供たちからテレビの悪影響を取り除く.

— **se désintoxiquer** 代動 依存症の治療を受ける.

désinvestir /dezɛ̃vesti:r/ 他動〔投資を〕引き揚げる. — 自動 投資を引き揚げる.

désinvestissement /dezɛ̃vestismɑ̃/ 男【経済】投資の引き揚げ（削減, 停止, 回収を含む）.

désinvolte /dezɛ̃vɔlt/ 形 ❶〔振る舞い, 言葉遣いなどが〕なれなれしい, 無神経な, ぞんざいな. ▶ se montrer *désinvolte* avec qn …に対してぶしつけな態度を取る. ❷〔身のこなしが〕軽快な.

désinvolture /dezɛ̃vɔlty:r/ 女 無遠慮, なれなれしさ. ▶ agir avec *désinvolture* 無礼な振る舞いをする.

***désir** /dezi:r デジール/ 男 ❶ 欲望, 欲求, 願望; 欲望の対象. ▶ *désir* ardent 熱望 / caresser un *désir* 欲望を抱く / brûler de *désir* 欲望に燃える / satisfaire un *désir* 欲望を満たす / exprimer un *désir* 願望を表明する / un *désir* de changement 変化への欲求 / avoir le *désir* de voyager 旅行をしたいと思う / Vos *désirs* sont des ordres. お望みなら何でもいたします. ❷ 性欲. ▶ éprouver du *désir* pour qn …に劣情を抱く. **prendre ses désirs pour des réalités** 現実が思いのままになると思い込む, 希望的観測をする.

désirable /dezirabl/ 形 ❶ 望ましい, 好ましい. ▶ situation *désirable* 望ましい地位 / peu *désirable* 好ましくない / présenter toutes les qualités *désirables* 望ましいすべての資質を兼ね備えている. ❷〔人が〕性的欲望をそそる. ▶ femme *désirable* いい女.

***désirer** /dezire デジレ/ 他動 ❶ <*désirer* qc /不定詞 ∥ *désirer* que + 接続法>…を望む, 欲する, 願う. ▶ *désirer* un enfant 子供を欲しがる / n'avoir plus rien à *désirer* 満ち足りている / si vous le *désirez* もしお望みなら; よろしければ / Je *désire* m'entretenir avec vous. あなた（方）とお話ししたいのです / Elle *désire* qu'il vienne la voir. 彼女は彼に会いに来て欲しいと思っている. ◆〔非人称構文で〕Il serait à *désirer* que + 接続法. …が望ましい. ▶ Il serait à *désirer* que cet impôt fût entièrement supprimé. この税が完全に廃止されることが望ましい. ❷ <*désirer* qc de qn> …から〔愛情, 親切など〕を期待する. ▶ Que *désirez*-vous de moi ? 私になんの御用ですか. ❸ <*désirer* qn/qc + 属詞> …が…であることを願う, 望む. ▶ Je la *désire* heureuse. 彼女が幸せ

でいればよいが. ❹（性的な意味で）〔異性〕を求める. **laisser à désirer** 不完全である, 不満が残る. **se faire désirer** 待たせる, 遅れる; 気をもませる. ***Vous désirez, Monsieur [Madame] ?*** = ***Monsieur [Madame] désire ?*** 話 いらっしゃいませ, 何にいたしましょうか（店員の挨拶）.

désireux, euse /dezirø, ø:z/ 形 <*désireux* de /不定詞>…を望む, 欲する. ▶ une femme *désireuse* de plaire 人に好かれたがっている女性 / être peu *désireux* de +不定詞 あまり…したいと思わない.

désistement /dezistəmɑ̃/ 男 ❶（権利などの）自発的な断念. ❷【政治】（連携工作のため第2回投票への立候補の）取りやめ, 辞退. ❸【法律】（訴えの）取り下げ.

se désister /s(ə)deziste/ 代動 ❶ <*se désister* de qc>（権利, 要求など）を断念する;【法律】（訴え）を取り下げる. ❷（連携工作などのために）立候補を取りやめる.

désobéir /dezɔbei:r/ 間他動 <*désobéir* à qn /qc> …に背く, 従わない. ▶ *désobéir* à ses parents 両親に背く / *désobéir* à un ordre 命令に違反する.

désobéissance /dezɔbeisɑ̃:s/ 女 不服従, 反抗, 違反.

désobéissant, ante /dezɔbeisɑ̃, ɑ̃:t/ 形〔多く子供が〕不従順な, 反抗的な; わがままな.

désobligeance /dezɔbliʒɑ̃:s/ 女 文章 不親切, 無愛想, 無礼.

désobligeant, ante /dezɔbliʒɑ̃, ɑ̃:t/ 形 不親切〔不快, 無愛想〕な.

désobliger /dezɔbliʒe/ 2 他動 …を不愉快にさせる, の心を傷つける.

désobstruer /dezɔpstrye/（b は /p/ と発音する）他動 …の詰まっている〔ふさいでいる〕物を取り除く;〔不通の道路など〕を開通させる.

désodorisant, ante /dezɔdɔrizɑ̃, ɑ̃:t/ 形 防臭の, 脱臭の.

— **désodorisant** 男 防臭剤, 脱臭剤.

désodoriser /dezɔdɔrize/ 他動〔体, 場所など〕の嫌なにおいを消す.

désœuvré, e /dezœvre/ 形, 名 仕事のない（人）, 無為の（人）.

désœuvrement /dezœvrəmɑ̃/ 男 無為, 暇. ▶ par *désœuvrement* 暇つぶしに.

désolant, ante /dezɔlɑ̃, ɑ̃:t/ 形 ❶ 嫌な, 困った, 話〔人が〕厄介な. ❷ 文章 悲しい.

désolation /dezɔlasjɔ̃/ 女 ❶ 悲嘆, 悲痛 (=affliction) ▶ être plongé dans la *désolation* 悲嘆にくれる. ❷ 文章 荒廃.

***désolé, e** /dezɔle デゾレ/ 形 ❶ <*désolé* de qc /不定詞 ∥ *désolé* (de ce) que + 接続法>…を残念〔遺憾〕に思う. ▶ **Je suis *désolé*.** すみません / Je suis *désolé* de vous déranger si tôt. こんなに早くお邪魔して申し訳ありません / *Désolé*, je ne pourrai pas venir demain. 話 すみません, 明日は来られません / Je suis *désolé* que vous n'ayez pas pu venir. あなたが来られなかったので残念だ. ❷ 荒涼とした. ❸ 文章 悲嘆に暮れた.

***désoler** /dezɔle デゾレ/ 他動 …をひどく悲しませる; 困らせる. ▶ Cet échec me *désole*. この失敗

se désolidariser

に私はひどく落胆している.
— **se désoler** 代動 ❶ ＜*se désoler* de qc /不定詞＞// *se désoler* (de ce) que + ［接続法］＞…を嘆く, 残念に思う. ▶ Elle *se désole* de ne pouvoir vous aider. 彼女はあなたを手伝えなくて残念がっている. ❷ 悲嘆に暮れる.

se désolidariser /s(ə)desɔlidarize/ 代動 ＜*se désolidariser* de qn/qc＞…との連帯を絶つ, の支持をやめる.

désopilant, ante /dezɔpilɑ̃, ɑ̃ːt/ 形 滑稽（ぶけい）な, ひどく笑わせる. ▶ histoire *désopilante* 滑稽譚(ｺｯｹｲﾀﾞﾝ).

désopiler /dezɔpile/ 他動 …を愉快にさせる, 笑わせる.

désordonné, e /dezɔrdɔne/ 形 ❶ 雑然とした; 混乱した. ▶ maison *désordonnée* 物が散らかったままの家 / idées *désordonnées* まとまりのない考え. ❷［人が］だらしない. ❸ 文章 乱れた, 堕落した. ▶ mener une vie *désordonnée* 乱れた生活を送る.

***désordre** /dezɔrdr デゾルドル/ 男 ❶ 混乱, 無秩序. ▶ une chambre en *désordre* 散らかった部屋 / *désordre* des idées 思考の混乱. ❷ 騒乱, 暴動. ▶ De graves *désordres* ont éclaté dans tout le pays. 全国各地で大暴動が起こった. ❸ (心身の) 不調, 変調.
Ça fait désordre. = *C'est désordre.* 話 ちらかっている, きたない.
mettre du désordre dans qc = *mettre qc en désordre* …を混乱させる, 乱す, 乱雑にする.

désorganisateur, trice /dezɔrganizatœːr, tris/ 形 秩序を乱す, 破壊する.
— 名 秩序破壊者, 攪乱(ｶｸﾗﾝ)者.

désorganisation /dezɔrganizasjɔ̃/ 女 (秩序, 組織などの) 混乱, 崩壊, 解体.

désorganiser /dezɔrganize/ 他動 …を混乱させる, 乱す. ▶ *désorganiser* les projets de qn …の計画を狂わせる. — **se désorganiser** 代動 混乱する, 崩壊する.

désorientation /dezɔrjɑ̃tɑsjɔ̃/ 女 方角を見失わせること; 当惑.

désorienté, e /dezɔrjɑ̃te/ 形 ❶ 道に迷った. ❷ 当惑した, うろたえた, 途方に暮れた.

désorienter /dezɔrjɑ̃te/ 他動 ❶ …を道に迷わせる, 方角を見失わせる;［羅針盤など］を狂わせる. ▶ Le brouillard m'*a désorienté*. 霧のため私は方角を誤った. ❷ …を当惑させる.

***désormais** /dezɔrmɛ デゾルメ/ 副 ❶ 今後は, これからは. ▶ Les portes seront *désormais* fermées après cinq heures. 今後は5時以降は閉門になる. ❷ それ以降は, それからは. ❸ 今や, 今日では, 現在.

désossement /dezɔsmɑ̃/ 男 骨を抜くこと.

désosser /dezɔse/ 他動 ❶［肉, 魚］の骨を抜く, 骨を取り除く. ❷ 話［乗り物など］を分解する.

desperado /dɛsperɑdo/ 男《スペイン語》無法者, アウトロー.

despote /dɛspɔt/ 男 ❶ 専制君主. ▶ *despote* éclairé 啓蒙(ｹｲﾓｳ)専制君主 / régner en *despote* 専制君主として君臨する. ❷ 横暴な人, 暴君. 注 女性についても男性形を用いる. — 形 横暴な, 専

的な. ▶ un mari *despote* 横暴な夫.

despotique /dɛspɔtik/ 形 ❶ 専制的な, 独裁的な. ▶ souverain *despotique* 専制君主; 暴君 / Etat *despotique* 専制国家. ❷ 文章 横暴な.

despotiquement /dɛspɔtikmɑ̃/ 副 専制的に, 独裁的に; 横暴に, 威圧的に.

despotisme /dɛspɔtism/ 男 ❶ 専制主義, 独裁政治. ▶ *despotisme* éclairé 啓蒙(ｹｲﾓｳ)専制主義. ❷ 文章 専横, 横暴. ▶ le *despotisme* d'un père 父親の横暴.

desquamer /dɛskwame/ (qua の発音に注意) 自動［皮膚などの表皮が］はがれ落ちる.

desquels, desquelles /dekɛl/ 代《関係》《疑問》⇨ LEQUEL.

DESS 男《略語》Diplôme d'études supérieures spécialisées 高等専門研究免状.

dessaisir /desɛziːr/ 他動 ＜*dessaisir* qn de qc＞…から (所有物, 権限) を奪う, 剥奪(ﾊｸﾀﾞﾂ)する. ▶ *dessaisir* une société de ses propriétés 会社から所有地を収用する.
— **se dessaisir** 代動 ＜*se dessaisir* de qc＞…を手放す, 放棄する. ▶ *se dessaisir* de ses biens 財産を手放す.

dessaisissement /desɛzismɑ̃/ 男【法律】(権限, 占有の) 剥奪(ﾊｸﾀﾞﾂ).

dessalement /desalmɑ̃/ 男 塩分の除去; (海水の) 淡水化.

dessaler /desale/ 他動 ❶ …の塩分を除く［薄める］;［海水］を淡水化する. ▶ *dessaler* une soupe en y ajoutant de l'eau スープに水を加えて塩気を薄める. ❷ 話 …を世慣れさせる.
— 自動 (船が) 転覆する.
— **se dessaler** 代動 ❶ 塩分が抜ける. ❷ 話 世慣れる.

dessangler /desɑ̃gle/ 他動 …のベルト［ひも］を解く［緩める］.

desséchant, ante /deseʃɑ̃, ɑ̃ːt/ 形 ❶ 乾燥させる. ▶ substance *desséchante* 乾燥剤 / un vent *desséchant* 空っ風. ❷ 心の潤いをなくす.

dessèchement /deseʃmɑ̃/ 男 ❶ 乾燥; 干拓, 排水. ❷ (心の) 潤いのなさ; (想像力などの) 枯渇. ❸ 古風 やせること; 憔悴(ｼｮｳｽｲ).

dessécher /deseʃe/ 6 他動 ❶ …を乾燥させる, 干す. ▶ *dessécher* des plantes médicinales 薬草を干す / *dessécher* la peau 肌をかさかさにする / L'été *dessèche* les étangs. 夏になると池が干上がる. ❷ …をやせ細らせる, やつれさせる. ▶ un vieillard *desséché* やせ衰えた老人. ❸ …を無感動にする; (の) 心の潤いをなくさせる. ▶ *dessécher* l'imagination 想像力を枯渇させる.
— **se dessécher** 代動 ❶ 乾燥する, 乾く; 干上がる. ❷ やせ細る. ❸ 無感動になる; (心に) 潤いがなくなる. ❹ 話 ＜*se dessécher* de + 無冠詞名詞＞(悲しみなど) でつれる, 思い悩む.

dessein /desɛ̃/ 男 文章 意図, もくろみ; (神の) おぼしめし. ▶ avoir des *desseins* secrets ひそかな思惑がある / nourrir un grand *dessein* politique 一大政治構想を温める / former le *dessein* de + 不定詞 …することをもくろむ.
à dessein 故意に, わざと. ▶ C'est *à dessein* que je n'ai pas répondu. 私が答えなかったのは

それなりの考えがあってのことだ.

avoir des desseins sur qn/qc …を得ようとする, に目をつける.

dans le dessein de + 不定詞 …するつもりで, す る目的で.

desseller /desele/ 他動 〖馬〗の鞍(⸨)を外す.

desserrage /desera:ʒ/ 男 緩めること.

desserrement /desermɑ̃/ 男 ❶ 緩めること; 規制の緩和. ❷ (企業, 行政機関などの)地方[郊外]分散.

desserrer /desere/ 他動 ❶ …を緩める. ▶ *desserrer une vis* ねじを緩める. ❷ 〖心〗の不安[緊張]を和らげる. ❸ …の規制を解除する. ▶ *desserrer le crédit* 金融を自由化する.

ne pas desserrer les dents 何も言わない, 黙りこくる.

— **se desserrer** 代動 緩む; 和らぐ.

dessers /dese:r/ 活用 ⇨ DESSERVIR¹,² 21

*****dessert¹** /dese:r/ 男 ❶ デザート. ▶ *prendre un dessert* デザートを食べる / *servir des fruits au dessert* デザートに果物を出す / Qu'est-ce que vous prenez comme *dessert*? デザートは何を食べますか / Qu'est-ce que vous avez comme *dessert*? デザートは何がありますか. ❷ 追加, おまけ.

dessert² /dese:r/ 活用 ⇨ DESSERVIR¹,² 21

desserte¹ /desert/ 女 ❶ (ある場所への)交通手段, 交通の便; (郵便の)配達サービス. ▶ La *desserte des villes voisines est assurée par autocar*. 隣接都市へはバスの便がある. ❷〖カトリック〗祭務の執行; (司祭がいない区域などの)祭務兼任.

desserte² /desert/ 女 (配膳(⸨)やかたづけのための)わきテーブル.

dessertir /desertiːr/ 他動 ‹ *dessertir qc de qc*〉 〔宝石など〕を(台, 枠など)から外す.

desservant /desɛrvɑ̃/ 男 〖カトリック〗(支聖堂, 支教会の祭務を兼任する)司祭.

desservir¹ /deservi:r/ 21 他動 (過去分詞 desservi, 現在分詞 desservant) ❶〔交通手段などが〕…に通じている;〔駅など〕に止まる. ▶ *desservir toutes les gares* 各駅に停車する / Le bac *dessert notre île deux fois par jour*. 私たちの島には1日2回のフェリー便がある / *ville bien desservie* 交通の便のよい町. ❷〔通路, 入り口などが〕…に通じている, 面している. ❸〔聖職者が教会の〕祭務を担当する.

desservir² /deservi:r/ 21 (過去分詞 desservi, 現在分詞 desservant) 他動 ❶〔食卓のあとかたづけをする;〔皿〕を下げる. ▶《目的語なしに》Vous pouvez *desservir*. 下げてくださって結構です. ❷ (悪口, 行為などで)…に迷惑をかける, 損をさせる. ▶ Sa franchise le *dessert* souvent. 彼は率直であるためにしばしば損をしている. ❸〔事業, 利益〕の妨げとなる. — **se desservir** 代動 損をする.

dessiccation /desikasjɔ̃/ 女 乾燥, 脱水.

dessiller /desije/ 他動 *dessiller les yeux de* [à] qn …の迷いを覚ます, 蒙(⸨)を開く.

— **se dessiller** 代動〔目が〕開く, 覚める.

*****dessin** /desɛ̃/ デサン/ 男 ❶ 素描(画), デッサン. ▶ apprendre le *dessin* デッサンを習う / faire du *dessin* 素描をする / *dessin d'après nature* 風景やモデルを使った素描.

❷ 絵画, 図画; 1こま漫画 (=*dessin* d'humour). ▶ texte avec des *dessins* 挿絵入りの本 / *dessin* publicitaire 広告デザイン.

❸ 模様, 図案, 図柄. ▶ *dessin* imprimé プリント模様 / papier peint avec des *dessins* 模様の入った壁紙. ❹ 図面; 製図(法). ▶ tracer un *dessin* 図面を描く / *dessin* d'architecture 建築図面[製図] / table à *dessin* 製図台. ❺ 輪郭, 線.

dessin animé アニメ, 動画.

faire un dessin à qn 話(物分かりの悪い人を皮肉って)…に絵を描いてやる. ▶ Tu as compris? Il faut que je te *fasse un dessin*? 分かったかな, 絵まで描かないと駄目なの.

dessinateur, trice /desinatœ:r, tris/ 名 ❶ 素描[デッサン]を描く人; (色彩よりも線の効果を重視する)素描家. ❷ 挿絵画家. ▶ *dessinateur humoristique* (風刺)漫画家. ❸ デザイナー, 図案家, 製図者, 設計家. ▶ *dessinateur de mode* 服飾デザイナー / *dessinateur de publicité* 広告デザイナー.

dessiné, e /desine/ 形 ❶ 素描された, デッサンされた; デッサン[挿絵]入りの. ▶ bande *dessinée* (新聞, 雑誌の)こま割り漫画(略 BD). ❷ 輪郭がくっきりと描かれた. ▶ une bouche bien *dessinée* 形のよい口元.

*****dessiner** /desine/ デシネ/ 他動 ❶ …をデッサンする, 素描する;〔図形〕を描く. ▶ *dessiner un paysage* 風景をデッサンする / *dessiner qc sur le vif* …を写生する /《目的語なしに》*dessiner au crayon* 鉛筆で素描する / Elle *dessine* très bien. 彼女は絵がとても上手だ.

❷〔設計図など〕を引く; …の見取り図[図案]を描く. ▶ *dessiner un jardin* 庭の見取り図を作る.

❸ 〔物〕…の形を示している; の形を描き出す示す. ▶ une route qui *dessine* une courbe カーブを描いている道路 / un vêtement qui *dessine* bien la taille 体の線をくっきり出す服.

— **se dessiner** 代動 ❶〔物が〕姿を現す, 浮かび出る. ▶ Une montagne *se dessine* au loin. 遠くに山の姿がくっきりと見える. ❷ 形を取る, はっきりしてくる. ▶ Une nouvelle étape scientifique *se dessine* avec la biochimie. 生化学の登場で科学の新しい段階が見えてきた.

dessouder /desude/ 他動 …のはんだ付け[溶接]を離す. — **se dessouder** 代動〔はんだ付け, 溶接したものが〕離れる.

dessoûler /desule/ 他動 話 …の酔いを覚ます.

— 自動 話 酔いが覚める.

*****dessous** /d(ə)su/ ドゥスー/ 副 下に, 下方に, 底に, 裏に (↔dessus). ▶ Soulevez ces dossiers, la liste est *dessous*. 書類をどけてごらんなさい, リストはその下にあります / Le prix du vase est marqué *dessous*. 花瓶の値段は底に表示してある.

de dessous qc …の下から. ▶ retirer qc *de dessous* le lit ベッドの下から…を引っ張り出す.

en dessous (1) 下に, 下方に. ▶ Pour réparer sa voiture, il s'est glissé *en dessous*. 故障を直すため, 彼は車の下に潜った. (2) ひそかに. ▶

agir *en dessous* 陰でこっそり行動する / rire *en dessous* 忍び笑いをする.

en dessous de qc …の下に; …以下に. ▶ La consommation d'électricité est très *en dessous des* prévisions. 電力の消費量は予想をはるかに下回っている.

par en dessous 〘話〙下側に［で］. ▶ Ils ont pris le buffet *par en dessous*. 彼らは食器棚を下から抱えた.

— ***dessous** 男 ❶ 下, 下部;（建物の）下の階. ▶ vêtements de *dessous* 下着 (=sous-vêtement) / Les voisins du *dessous* sont bruyants. 階下の人たちは騒がしい（注 du *dessous* = d'en bas). ❷ 裏側, 内側. ▶ le *dessous* de la main 手のひら. ❸《複数で》（事件などの）裏面, 内情. ▶ révéler les *dessous* d'un scandale financier 財政汚職の実情を暴く. ❹《複数で》（女性の）下着. ❺（瓶などの）下敷き, マット. ▶ *dessous* de verre コースター. ❻ les *dessous* du théâtre（舞台の）奈落(%).

avoir le dessous（議論などで）負ける, 形勢不利である.

être「dans le［au］troisième［trente-sixième］dessous 〘話〙悲惨な状態にある.

dessous-de-bouteille /d(ə)sudbutej/ 男《単複同形》瓶敷き, ボトル・マット.

dessous-de-bras /d(ə)sudbra/ 男（服の）わき当て, 汗よけ用パッド.

dessous-de-plat /d(ə)sudpla/ 男《単複同形》皿敷き, 鍋(%)敷き.

dessous-de-table /d(ə)sudtabl/ 男《単複同形》賄賂($_{\gamma_{3}}$), リベート (=pot-de-vin). ▶ toucher des *dessous-de-table* 袖(%)の下を受け取る.

***dessus** /d(ə)sy/ ドゥシュ 上（側）に (↔dessous); 表面に (↔dedans). ▶ Mettez votre valise *dessus*. トランクはその上に置いてください / Cette chaise est solide, vous pouvez vous asseoir *dessus*. この椅子(%)は丈夫ですから座ってもいいですよ / Regarde l'enveloppe, l'adresse est écrite *dessus*. 封筒をごらん, 住所は表に書いてある. ◆être *dessus*（仕事などに）携わっている. ▶ Vous ne réussirez pas à emporter ce marché, il est déjà *dessus*. その契約は取れませんよ, 彼がもう手をつけていますから.

avoir［mettre］le nez dessus すぐそばにある. ▶ Vous cherchez votre stylo et vous *avez le nez dessus*. ペンをお探しなんでしょう, あなたの目の前にありますよ.

compter dessus 当てにする.

de dessus …の上から; 上の. ▶ Il n'a même pas levé la tête *de dessus* son livre. 彼は読んでいる本から顔を上げようともしなかった.

en dessus 上に, 表に. ▶ Cette viande n'est cuite qu'*en dessus*. この肉は表面しか焼けていない /《名詞的に》les voisins d'*en dessus* 〘話〙上の階の住人.

mettre la main dessus つかむ, 捕らえる; 見つける.

mettre［avoir］le doigt dessus 見抜く, 言い当てる.

— ***dessus** 男 ❶ 上, 上部;（建物の）上の階. ▶ essuyer le *dessus* de la table テーブルの上をふく / les voisins du *dessus* 上の階の人たち. ❷ 表側, 表面. ▶ le *dessus* de la main 手の甲. ❸ 覆い, カバー. ▶ *dessus* de table テーブルクロス. ❹ *dessus* d'un théâtre（舞台の）天井裏, すのこ (=cintres).

avoir le dessus（議論などで）勝つ; 優位に立つ.

le dessus du panier（籠(%)のいちばん上に置かれるもの→）最良のもの; エリート.

prendre le dessus (1) 打ち勝つ; 優勢になる. (2) 立ち直る, 回復する.

reprendre le dessus 立ち直る, 回復する.

dessus-de-lit /d(ə)sydli/ 男《単複同形》ベッドカバー (=couvre-lit). ▶ mettre［ôter］le *dessus-de-lit* ベッドカバーをかける［外す].

déstabilis*ateur*, *trice* /destabilizatœːr, tris/ 形〔政策などが〕（国家, 政治, 経済などを）不安定にする, 動揺させる.

déstabilisation /destabilizasjɔ̃/ 女（政治, 経済などの）動揺, 不安定化.

déstabiliser /destabilize/ 他動〔政治, 経済など〕を不安定にする.

— **se déstabiliser** 代動〔政治, 経済などが〕不安定になる, 動揺する.

destin /destɛ̃/ 男 ❶ 運命, 宿命. ▶ se livrer au *destin* 運命に身をゆだねる. 比較 ⇨ SORT^1. ❷ 将来, 前途. ▶ prédire le *destin* de …の未来を予言する. ❸ (le Destin) 運命の神.

destinataire /dɛstinatɛːr/ 名（郵便などの）名あて人 (↔expéditeur);〘言語〙（メッセージの）受信者.

***destination** /dɛstinasjɔ̃/ デスティナスィヨン/ 女 ❶ 行き先, 目的地;（郵便などの）あて先. ▶ arriver à *destination* 目的地に着く / *destination* préférée 好きな旅行先. ◆à *destination* de + 場所 …行きの, …に向けて. ▶ avion à *destination* de New York ニューヨーク行きの飛行機. ❷ 使用目的, 用途. ▶ Quelle est la *destination* de cet appareil？ この道具の用途は何ですか.

destinée /dɛstine/ 女 ❶ 運命, 天命; 運不運. ▶ se soumettre à la *destinée* 天命に従う / tenir entre ses mains la *destinée* de qn …の運命の鍵(%)を握る. 比較 ⇨ SORT^1. ❷ 人生. ▶ Cette rencontre a changé sa *destinée*. この出会いが彼（女）の人生を変えた.

unir sa destinée à (celle de) qn 文章 …と結婚する, 生涯を共にする.

***destiner** /dɛstine/ デスティネ/ 他動 ❶ ‹*destiner* qc à qc/不定詞›…を…の**用途に充てる, に予定する**. ▶ *destiner* une somme à l'achat d'une voiture ある金額を車の購入に充てる / Les fonds seront *destinés* à la recherche. 資金は研究に充てられるだろう.

❷ ‹*destiner* qc à qn› …を…の**ために用意する, に向ける**. ▶ Je vous *destine* ce poste. 私はあなたにこのポストを用意してある / livre *destiné* aux enfants 子供向けの本.

❸ ‹*destiner* qn à qc/不定詞› …の将来を…と決める. ▶ *destiner* son fils à la médecine 息子を医者にする心積もりである. ❹ ‹*destiner* qn/qc à

qc/不定詞＞を…に運命づける．▶ une entreprise *destinée* à l'échec (=voué) 失敗すべく運命づけられた企て．
— ***se destiner** /dɛstine/ 代動＜*se destiner* à qc/不定詞＞…を志す，になるつもりである．▶ Il *se destine* "à la diplomatie [à être diplomate]. 彼は外交官を志望している．

destituer /dɛstitɥe/ 他動＜*destituer* qn (de qc)＞…を(…から)解任する，免職する，罷免する．

destitution /dɛstitysjɔ̃/ 女 解任，免職，罷免；降格．

destresser /dɛstrese/ 他動 …のストレスを解消する．— **se destresser** 代動 ストレスを解消する．

destroyer /dɛstrwaje; dɛstrɔjœːr/ 男《英語》駆逐艦．

destruc*teur*, *trice* /dɛstryktœːr, tris/ 形 破壊する，破壊的な．▶ critique *destructrice* (建設的ではなく)すべてをぶち壊すような批判．
— 名 破壊者．

destructible /dɛstryktibl/ 形 文章 破壊しうる．

destruc*tif*, *ive* /dɛstryktif, iːv/ 形 破壊力のある，破壊する．

destruction /dɛstryksjɔ̃/ 女 ❶ 破壊．▶ la *destruction* d'une ville par un incendie 火災による都市の焼失 / la *destruction* d'une civilisation 文明の崩壊．❷ 皆殺し，根絶．▶ la *destruction* d'un peuple 民族の絶滅 / la *destruction* des cafards ゴキブリの駆除．❸ (証拠などの)隠滅；(契約などの)破棄．

déstructuration /destryktyrasjɔ̃/ 女 脱構造化，構造［組織］喪失．

déstructurer /destryktyre/ 他動 …の構造［組織］を失わせる．

désu*et*, *ète* /desɥe; dezɥe, ɛt/ 形 流行遅れの，古めかしい，廃れた．▶ opinions *désuètes* 古臭い考え方．

désuétude /desɥetyd; dezɥetyd/ 女《表現，習慣などが》廃れること；『法律』失効．▶ tomber en *désuétude* 使われなくなる．

désun*i*, *e* /dezyni/ 形 ❶ 仲たがいした，不和の．▶ couple *désuni* 反目している夫婦．❷ 〔スポーツ選手が〕バランスを乱した，フォームを崩した．

désunion /dezynjɔ̃/ 女 不和，反目，分裂．

désunir /dezyniːr/ 他動 ❶ …を不和にする，分裂させる．▶ *désunir* un ménage 夫婦の仲を裂く / *désunir* un parti 党を分裂させる．❷〔問題など〕を別々に扱う．
— **se désunir** 代動 ❶ 不和になる，分裂する．❷〔スポーツ選手が〕バランスを崩す，フォームを乱す．

détachable /detaʃabl/ 形 切り離せる．▶ coupons *détachables* 切り離して使うチケット．

détachage /detaʃaːʒ/ 男 染み抜き．

détach*ant*, *ante* /detaʃɑ̃, ɑ̃ːt/ 形 染みを抜く，染み抜きの．— **détachant** 男 染み抜き剤．

détach*é*, *e* /detaʃe/ 形 ❶ ほどけた，切り離された．▶ pièces *détachées* (機械の)交換用部品．❷ 執着のない，超然とした．▶ d'un air *détaché* 無頓着(とんちゃく)な様子で / Il est *détaché* de tout. 彼は何事にも執着がない．❸ 派遣された，出向した．▶ un fonctionnaire *détaché* 出向中の公務員．❹ (他を)引き離した，リードした．▶ coureur *détaché* 他を引き離している走者．❺『音楽』note *détachée* スタッカートの音．

détachement /detaʃmɑ̃/ 男 ❶ 超然，無関心；離脱，解脱．▶ répondre avec *détachement* 気のない返事をする / le *détachement* de soi 自己解脱．❷ 派遣，出向．▶ être en *détachement* 出向している．❸『軍事』派遣隊，分遣隊．

*détacher¹ /detaʃe/ デタシェ 他動 ❶〔つながれていたもの〕を解き放つ．▶ *détacher* un chien つながれていた犬を放す / *détacher* un colis 小包のひもをほどく．
❷〔結ばれていたもの〕をほどく，緩める．▶ *détacher* ses cheveux 髪をほどく / *détacher* sa ceinture ベルトを外す / *détacher* son manteau コートのボタンを外す．
❸＜*détacher* qc (de qc)＞…から…を引き離す，切り離す．▶ *détacher* une feuille d'un cahier ノートから紙1枚を切り離す / *détacher* un fruit de l'arbre 木から果物をもぎ取る / *détacher* les bras du corps 腕を身体から離す /《目的語なしで》*détacher* suivant le pointillé ミシン目に沿って切り離す．❹ (周囲から)…を際立たせる，目立たせる．▶ L'éclairage *détache* les silhouettes. 照明がシルエットを浮かび上がらせる / *détacher* les mots 単語を一語ずつはっきり発音する．❺＜*détacher* qn ＋ 場所＞…を…へ派遣する，出向させる．▶ *détacher* un représentant à l'ONU 国連に代表を派遣する．❻＜*détacher* qn de qc＞ (精神的に)…を…から遠ざける，…に関心をなくさせる．▶ être *détaché* des biens de ce monde この世の富に無関心である．

ne pas (pouvoir) *détacher*「les yeux [le regard] de qc/qn …から目を離せない．

ne pas (pouvoir) *détacher* sa pensée de qn/qc …から考えをそらすことができない．
— **se détacher** 代動 ❶＜*se détacher* (de qc)＞(…から)離れる，外れる．▶ Le papier *se détache* du mur. 壁紙がはがれる / Un coureur s'est *détaché* du peloton. 1人のランナーが集団から抜け出した．❷〔結ばれていたもの〕がほどける．▶ Le nœud *se détache*. 結び目がほどける．❸＜*se détacher* dans [sur] qc＞…にくっきり浮き出る，目立つ．▶ une voile blanche qui *se détache* sur le ciel bleu 青空にくっきり浮き上がる白い帆．❹＜*se détacher* de qn/qc＞(…に)無関心になる；(…から)離反する．▶ *se détacher* des biens matériels 物欲に恬淡(てんたん)としている / Ils *se sont détachés* l'un de l'autre. 彼らの心は離れ離れになった．

détacher² /detaʃe/ 他動〔衣服〕の染みを抜く．

détach*eur*, *euse* /detaʃœːr, øːz/ 名 染み抜き職人．

*détail /detaj/ デタユ 男 ❶ 細部，詳細．▶ ne pas connaître le *détail* de qc …の詳細を知らない / Donne-moi des *détails* sur qc. …について詳しい話を聞かせてくれ / sans entrer dans le(s) *détail*(s) 細部には立ち入らないで．
❷ 些細(ささい)なこと，付随的なこと．▶ C'est une question de *détail*. それは二義的な問題だ / se

détaillant

perdre dans les *détails* 細部にこだわって全体を見失う / J'oubliais un *détail*. 1つ忘れていた. ❸ 小売り; ばら売り (↔gros, demi-gros). ▶ commerce de *détail* 小売り業; 小売り店 / prix de *détail* 小売り値 / faire le *détail* 小売りをする [営む] / vendre qc au *détail* …をばらで売る.
C'est un détail. = *Ce n'est qu'un détail.* それはつまらないことだ, どうでもよいことだ.
*en détail 詳しく, 詳細に. ▶ expliquer *en détail* 詳しく説明する.
ne pas faire le [de] détail (1) 些事にこだわらない, こせこせしない. (2) 区別しない. ▶ arrêter tous les suspects sans *faire de détail* 不審な人物はだれかれかまわず逮捕する.
Un détail …ついでに言えば…, ちなみに…. ▶ *Un détail*, elle a déménagé. そういえば, 彼女引っ越したよ.

détaillant, ante /detajɑ̃, ɑ̃:t/ 形 小売りする. — 名 小売り商.

détaillé, e /detaje/ 形 詳細な, 詳しい.

détailler /detaje/ 他動 ❶ …を小売りする; ばら売りする. ▶ *détailler* le vin ワインを小売りする. ❷ 文章 …を詳細に説明する; 克明に描く. ▶ *détailler* son plan à qn …に計画を詳しく説明する. ❸ …を丹念に観察する. ▶ *détailler* qn de la tête aux pieds …を頭のてっぺんからつま先までじろじろ眺める. ❹〖料理〗…を細かく切る; 賽(さい)の目に切る.

détaler /detale/ 自動 話 急いで立ち去る, 逃げ去る.

détartrage /detartraːʒ/ 男 ❶ (ボイラーなどの)湯垢(ゆあか)落とし;〖ワイン〗(樽(たる)の)酒石除去. ❷ 歯石を取り除くこと.

détartrant, ante /detartrɑ̃, ɑ̃:t/ 形〔薬剤が〕湯垢を落とす; 歯石を取る. — **détartrant** 男 湯垢除去 [防止] 剤.

détartrer /detartre/ 他動 〔ボイラーなど〕の湯垢(ゆあか)を落とす;〖ワイン〗(樽(たる)の)酒石を取り除く. ❷〔歯〕の歯石を取る.

détartreur /detartrœːr/ 男 ❶ 湯垢除去 [防止] 剤.❷〖ワイン〗酒石洗浄器.

détaxation /detaksasjɔ̃/ 女 免税; 減税; 公定価格の引き下げ [廃止]. ▶ demander une *détaxation* 免税申告をする.

détaxe /detaks/ 女 ❶ 取りすぎた料金の返還. ▶ *détaxe* postale 徴収しすぎた郵便料金の返還. ❷ (間接税の)課税額軽減, 税金の還付. ▶ Vous pouvez me faire la *détaxe*? 免税にしてもらえますか.

détaxer /detakse/ 他動〔製品など〕を免税にする; 減税する; の公定価格を廃止する [引き下げる]. ▶ *détaxer* un produit ある製品を免税にする / acheter un parfum *détaxé* dans un aéroport 空港で免税の香水を買う.

détectable /detɛktabl/ 形 探知できる, 検出可能な.

détecter /detɛkte/ 他動 ❶ …を探知する, 検出する; 査察する. ▶ *détecter* une fuite de gaz ガス漏れを探知する. ❷〔秘密組織など〕を突き止める;〔人の弱点など〕を見破る.

détecteur, trice /detɛktœːr, tris/ 形 探知用の, 検出用の. — **détecteur** 男 ❶ 探知器, 検出装置, センサー. ▶ *détecteur* d'incendie 火災報知器 / *détecteur* de mines 地雷探知器 / *détecteur* de mensonge うそ発見機. ❷〖電波〗検波器 (=*détecteur* d'ondes).

détection /detɛksjɔ̃/ 女 検出, 探知, 査察, 発見;〖電波〗検波.

détective /detɛkti:v/ 男 ❶ 私立探偵 (=*détective* privé). ❷ (英国の)刑事.

déteign- 活用 ⇨ DÉTEINDRE 80

déteindre /detɛ̃:dr/ 80 (過去分詞 déteint, 現在分詞 déteignant) 自動 退色する, 色あせる. ▶ Ce tissu *déteint* au lavage. この織物は洗うと色が落ちる.
— 間他動 ❶〈*déteindre* sur qc〉…に色を移す. ▶ Le pull *a déteint* sur tout mon linge. セーターの色で洗濯物が全部染まってしまった. ❷〈*déteindre* sur qn/qc〉…に影響を与える, を感化する. ▶ Son ami *a déteint* sur lui. 彼は友人に感化された.
— 他動 …の色をあせさせる; の色抜きをする. ▶ Le soleil *a déteint* les rideaux. 日光のせいでカーテンの色があせた.

déteins, déteint /detɛ̃/ 活用 ⇨ DÉTEINDRE 80

dételer /det(ə)le/ 4 他動 ❶〔牛馬〕を車 [農具] から外す. ❷〔車, 農具〕を牛馬から外す. ❸〔車両〕を切り離す. — 自動 話〔仕事を一時〕休む; 引退する. ❷ 古風 放蕩(ほうとう)をやめる.

détenaient, détenais, détenait /det(ə)nɛ/ 活用 ⇨ DÉTENIR 28

détend /detɑ̃/ 活用 ⇨ DÉTENDRE 58

détendi- 活用 ⇨ DÉTENDRE 58

*détendre /detɑ̃:dr/ デタンドル 58 (過去分詞 détendu, 現在分詞 détendant) 他動 ❶〔弦やばね〕を緩める;〔縮めた手足〕を伸ばす. ▶ *détendre* un ressort ばねを緩める.
❷ …をリラックスさせる;〔状況, 情勢〕を緩和させる. ▶ *détendre* l'atmosphère 雰囲気をほぐす / Sors un peu, ça te *détendra*. 少しぐらい外出してごらん, 気が休まるよ / Cette proposition *détendra* les rapports entre les deux pays. この提案は両国の緊張関係を緩和させるだろう. ❸〖物理〗〔気体〕を減圧する.
— **se détendre** 代動 ❶〔弦やばねが〕緩む;(急に)元に戻る. ❷〔人が〕くつろぐ, リラックスする;〔緊張した状況が〕緩和される. ▶ *Détendez-vous*. 体の力を抜いて, 気を楽にして / La situation internationale *se détend*. 国際情勢の緊張が解けてきた. ❸〈*se détendre* qc〉…の力を抜く. ▶ *se détendre* les jambes 足を伸ばして休む. ❹〖物理〗〔圧縮気体が〕膨張する.

détends /detɑ̃/ 活用 ⇨ DÉTENDRE 58

détendu, e /detɑ̃dy/ (détendre の過去分詞) ❶〔弦などが〕緩んだ, たるんだ. ❷〔雰囲気, 表情, 気分などが〕なごやかな, くつろいだ, 緊張の解けた.

*détenir /det(ə)niːr/ デトゥニール 28 他動 (過去分詞 détenu, 現在分詞 détenant) ❶ …を保持する, 掌握している. ▶ *détenir* le pouvoir 権力を握る / *détenir* le record du monde 世界記録を保持する

/ *détenir* un secret 秘密を握る. ❷ …を留置する, 拘留する; 監禁する. ▶ *détenir* qn en prison …を留置する / *détenir* qn comme otage …を人質に取る.

***détente** /detɑ̃:t/ 囡 デタント ❶ (弦などが)緩めること, はじけること; (手足を)急に伸ばすこと; (運動選手の)体のばね. ▶ La *détente* du ressort lance le projectile. ばねがはじけて弾を発射する / Cet athlète a「de la *détente* [une belle *détente*]. あの陸上選手はばね [すばらしいばね] がある. ❷ 休息, 気晴らし, 息抜き. ▶ prendre quelques jours de *détente* 2, 3日休養する. ❸ (国際間の)**緊張緩和**, デタント. ▶ la *détente* politique 政治的緊張の緩和. ❹ (金利, 価格などの)安定, 落ち着き. ▶ la *détente* des taux américains ドル金利の安定. ❺ (銃の)引き金. ❻〖物理〗(圧縮気体の)膨張.

 être dur à la détente 諺 (1) 金を出し渋る; (人の頼みに)なかなかうんと言わない. (2) 物分かりが遅い, 血の巡りが悪い.

détenteur, trice /detɑ̃tœ:r, tris/ 名 保持者, 保有者, 所持者. ▶ le *détenteur* d'un record 記録保持者 / (同格的に) un pays *détenteur* d'armes nucléaires 核兵器保有国.

détention /detɑ̃sjɔ̃/ 囡 ❶ 保持, 所持; 占有. ▶ *détention* d'armes 武器の所持. ❷ 留置, 拘留; 監禁. ▶ *détention* arbitraire 不法監禁 / *détention* préventive 予防拘禁 / centre de *détention* 拘置所.

détenu, e /detny/ 形 (détenir の過去分詞)拘留[拘置]された; 監禁された.
— 名 拘留[拘置]された人, 留置人, 囚人. ▶ *détenu* politique (強制収容された)政治犯.

détergence /detɛrʒɑ̃:s/ 囡 (洗剤, 洗浄剤による)洗浄(作用).

détergent, ente /detɛrʒɑ̃, ɑ̃:t/ 形 洗浄効果のある. — **détergent** 男 洗剤; 洗浄剤.

déterger /detɛrʒe/ ② 他動 …を洗浄する.

détérioration /deterjɔrasjɔ̃/ 囡 ❶ 破損, 損傷. ▶ *détérioration* de marchandises 商品の破損. ❷ (状況などの)悪化; (質などの)低下. ▶ *détérioration* des relations internationales 国際関係の悪化 / *détérioration* des mœurs 風俗の退廃.

détériorer /deterjɔre/ 他動 ❶ …を損傷する, 傷める. ▶ Le temps *a détérioré* cette maison. この家も老朽化した. ❷〔状況, 状態など〕を悪化させる, 害する. ▶ L'inflation *détériore* le niveau de vie. インフレは生活水準を低下させる.
— **se détériorer** 代動 ❶ 傷む, 破損する. ❷〔関係, 状況, 天候などが〕悪化する.

déterminable /detɛrminabl/ 形 決定[限定, 測定]できる.

déterminant, ante /detɛrminɑ̃, ɑ̃:t/ 形 ❶ 決定するもの, 決定的な. ▶ cause *déterminante* 決定要因. ❷〖言語〗限定する.
— **déterminant** 男〖言語〗限定辞[詞]: 冠詞, 所有・指示形容詞など.

déterminatif, ive /detɛrminatif, i:v/ 形 ❶〖文法〗限定的な. ▶ adjectif *déterminatif* 限定形容詞(品質形容詞に対して, 指示・所有・疑問・数・不定形容詞を指す). ❷〖論理学〗proposition *déterminative* 限定命題.
— **déterminatif** 男〖文法〗限定(形容)詞.

détermination /detɛrminɑsjɔ̃/ 囡 ❶ 決意, 決断; 毅然(きぜん)とした態度. ▶ prendre une grave *détermination* 重大な決意をする / faire preuve de *détermination* 毅然としたところを見せる / agir avec *détermination* 決然と行動する. ❷ 決定, 確定, 限定; 測定. ▶ *détermination* de la date de Pâques 復活祭の日付けの確定 / *détermination* de la loi applicable 適用する法律の決定. ❸ (2事象間の)因果; 〖哲学〗規定, 限定. ▶ le rapport de *détermination* entre A et B A, B間の因果関係. ❹〖言語〗(限定詞による)限定.

déterminé, e /detɛrmine/ 形 ❶ 一定の, 特定の; 明確な. ▶ un but *déterminé* あるはっきりしたの目的 / Je n'ai pas d'idée *déterminée* sur ce problème. 私はその問題についてはっきりした考えは持っていない. ❷ 決然たる, 断固とした; 決意した. ▶ avoir un air *déterminé* 毅然(きぜん)たる様子を見せる. ◆être *déterminé* à + 不定詞/qc …する決意である. ❸〖言語〗限定される. ❹〖哲学〗(先行諸原因によって)決定された.
— **déterminé** 男〖言語〗被限定辞[詞].

***déterminer** /detɛrmine/ デテルミネ 他動 ❶ 〔不明なもの〕を**特定する**, 突き止める, 算定する, 測定する. ▶ *déterminer* l'âge d'une poterie 陶器の年代を特定する / *déterminer* la cause de la mort 死因を突き止める / Cette distance est difficile à *déterminer*. その距離は測定しがたい. ❷〔未定のもの〕を**決定する**, 定義[規定]する. ▶ *déterminer* la date de son départ 出発の日取りを決める / *déterminer* le sens d'un mot 語の意味を定義する / *déterminer* quand la fusée sera lancée いつロケットを打ち上げるかを決める. ❸ …の**原因**となる, を引き起こす; 左右する, 決定する. ▶ les causes qui *déterminent* une révolution 革命を引き起こす原因 / Cet incident *a déterminé* tout son avenir. この出来事が彼(女)の将来に決定的な影響を及ぼした. ❹ <*déterminer* qn à qc/不定詞> …に…する**決心をさせる**. ▶ Ses conseils m'*ont déterminé* à l'action. 彼(女)の助言で私は行動の決心がついた.
— **se déterminer** 代動 ❶ <*se déterminer* à qc/不定詞> …する決心をする. ▶ Il *s'est déterminé* à quitter son pays. 彼は国を離れる決心をした. ❷ 明確になる, 決定される.

déterminisme /detɛrminism/ 男 ❶〖哲学〗決定論. ❷ (事象の)生起条件の総体, 全決定要因.

déterministe /detɛrminist/ 形 決定論の.
— 名 決定論者.

déterré, e /detere/ 形 (土中から)掘り出された.
— 名 掘り出された死体.

avoir「*un air* [*une mine*] *de déterré* 死人のように青ざめた顔をしている.

déterrer /detere/ 他動 ❶ (地中から)…を掘り出す, 発掘する. ▶ *déterrer* un trésor 宝物を掘り出す. ❷〔隠れていた物, 忘れていた物〕を見つけ出す. ▶ *déterrer* une vieille lettre 古い手紙を発

見する / *déterrer* un secret 秘密をかぎだす.

détersif, ive /detɛrsif, iːv/ 形 洗浄用の. ▶ produit *détersif* 洗剤.
— **détersif** 男 洗剤, 洗浄剤.

détestable /detɛstabl/ 形 ひどい, 嫌な; 極めて悪い. ▶ caractère *détestable* 実に嫌な性格 / Quel temps *détestable*! なんて嫌な天気だ.

détestablement /detɛstabləmɑ̃/ 副 ひどく, 下手に.

***détester** /detɛste/ デテステ 他動 ＜*détester* qn /qc/不定詞 // *détester* que + 接続法＞…を嫌う, が我慢ならない. ▶ Je *déteste* le mensonge 私はうそが嫌いだ / *détester* attendre 待つのが大嫌いだ / Je *déteste* qu'on me commande. 人に指図されるのは我慢ならない. ◆ ne pas *détester* qc /不定詞 // ne pas *détester* que + 接続法 …が結構好きだ. ▶ Je ne *déteste* pas le chocolat. 私はチョコレートが結構好きだ.

比較 嫌う

détester (↔*adorer*) が普通. avoir horreur de, avoir en horreur もほぼ同じ強さ. haïr（改まった表現）*détester* より強く, 物を目的語にする場合は抽象名詞に限る. *haïr* la violence 暴力を憎む. exécrer（文章語）*détester* より強い.

— **se détester** 代動 ❶ 反目し合う, 憎み合う. ▶ Ils *se détestent*. 彼らは憎み合っている. ❷ 自分が嫌になる, 自己嫌悪に陥る. ▶ Je *me déteste*. 私は自分のことが嫌いだ.

détien-, détin- 活用 ⇨ DÉTENIR 28

détonant, ante /detɔnɑ̃, ɑ̃ːt/ 形 爆発性の.

détonateur /detɔnatœːr/ 男 雷管, 起爆装置. ❷（事件を引き起こす）起爆剤, 引き金.

détonation /detɔnasjɔ̃/ 女 ❶ 爆発音; 銃声, 砲声. ❷【化学】爆轟(ごう). ❸【自動車】（ノッキングの原因となる）デトネーション, 爆燃.

détoner /detɔne/ 自動（轟音(ごうおん)とともに）爆発する.

détonner /detɔne/ 自動 ❶【音楽】音程が狂う; 調子外れに歌う［演奏する］. ❷（全体と）調和しない, しっくりこない; 周囲にそぐわない.

détordre /detɔrdr/ 60 他動（過去分詞 détordu, 現在分詞 détordant）〔綱, 糸など〕の縒(よ)りを戻す.

détordu, e /detɔrdy/ 活用 détordre 60 の過去分詞.

détortiller /detɔrtije/ 他動〔もつれたもの, よじれたもの〕をほどく, ほぐす. ▶ *détortiller* un bonbon キャンデーの包み紙を開く.

***détour** /detuːr/ デトゥール 男 ❶（道, 川などの）曲折; 曲がり角. ▶ Ici, la route fait un large *détour*. 道はここで緩やかにカーブしている / la rivière qui fait de *détours* 蛇行する川 / Ce sentier est plein de *détours*. この小道は曲り角が多い. ❷ 回り道, 迂回(うかい). ▶ faire［prendre］un *détour* 回り道をする / Ce site vaut le *détour*. その風景は回り道をしてみるだけの価値がある. ❸ 遠回しの手段; 婉曲(えんきょく)な言い方. ▶ user ［prendre］de longs *détours* pour + 不定詞 …するのに回りくどい手段を用いる / Pas tant de *détours*! そんなに持って回った言い方はよせ.

au détour de qc …の曲がり角で; ふとした折に.

▶ *au détour du* chemin 道の曲がり角で; たまたま散歩中に / *au détour d'*une conversation 会話のふとした折に.

les détours du cœur humain 人情の機微.

sans détour(s) 率直に［な］. ▶ une personne *sans détour* 率直な人.

détourné, e /deturne/ 形 ❶［道などが］遠回りの. ❷ 遠回しの; 婉曲(えんきょく)な. ▶ par une voie *détournée* 遠回しな手段で / reproche *détourné* 当てこすり. ❸［意味などが］曲解された. ▶ sens *détourné* こじつけ.

détournement /deturnəmɑ̃/ 男 ❶（河川などの）方向転換. ❷ *détournement* d'avion ハイジャック, 航空機乗っ取り. ❸ 横領, 着服; 流用, 転用. ▶ *détournement* de fonds publics 公金の横領 / *détournement* de pouvoir 職権濫用.【法律】*détournement* de mineur 未成年者誘拐.

***détourner** /deturne/ デトゥルネ 他動 ❶ …の方向［進路］を変えさせる, をそらす. ▶ *détourner* la circulation 交通を迂回(うかい)させる / *détourner* un avion ハイジャックする / *détourner* les coups 攻撃をかわす / *détourner* les yeux de qc …から目を離す. ❷＜*détourner* qn de qn/qc /不定詞＞…を…から引き離す; に（正道）を逸脱させる; に…（すること）を思いとどまらせる. ▶ *détourner* qn du devoir …に義務を怠らせる / Rien ne le *détournera* de son projet. 彼は何があっても計画を思いとどまらないだろう. ❸ …を横領する. ▶ *détourner* de l'argent 金を使い込む. ❹〔文などの意味〕を曲げる, 曲解する. ▶ *détourner* le sens d'un texte テキストの意味を曲げる. ❺〔未成年者〕を誘拐する.

— **se détourner** 代動 ❶ 方向［進路］を変える. ▶ *se détourner* sur Paris〔飛行機が〕進路をパリに変更する. ❷＜*se détourner* de qc/qn＞…から遠ざかる; を顧みない. ❸ 顔を背ける, 横を向く.

détoxication /detɔksikasjɔ̃/ 女 解毒（作用）.

détracteur, trice /detraktœːr, tris/ 名 誹謗(ひぼう)者, 悪口を言う人.

détraqué, e /detrake/ 形 ❶〔機械, 健康などが〕調子の狂った.〔天候が〕不順な. ❷ 話 頭がおかしい, 気がふれた. — 名 話 頭の変な人.

détraquement /detrakmɑ̃/ 男（機械, 器官などの）調子が狂うこと, 変調.

détraquer /detrake/ 他動 ❶〔機械などの〕調子を狂わせる, を故障させる;〔天候〕を不順にする, 崩す. ▶ *détraquer* une montre 時計を故障させる. ❷〔人〕の体調を崩させる;〔体〕の調子を乱す. ▶ Cela lui *a détraqué* le cerveau. そのことで彼は頭がおかしくなった.

— **se détraquer** 代動 ❶〔機械などの〕調子が狂う, 故障する;〔天候が〕不順になる, 崩れる. ❷ 話＜*se détraquer* qc＞（自分の）…の調子を狂わす. ▶ *se détraquer* l'estomac 胃をこわす.

détrempe /detrɑ̃ːp/ 女【絵画】テンペラ（絵の具）; テンペラ画. ▶ peindre en［à la］*détrempe* テンペラで描く.

détremper /detrɑ̃pe/ 他動 ❶ …を（液体で）溶く, 軟らかくする. ▶ *détremper* une couleur（テンペラ用に）絵の具を溶く / *détremper* de la farine (avec du lait) (生地用に)小麦粉を(牛乳と)練り混ぜる. ❷ …を水浸しにする.

détresse /detrɛs/ 女 ❶ (孤独感, 無力感による)苦悩, 悲嘆. ▶ une âme en *détresse* 悲嘆に暮れた人. ❷ 苦境, 悲惨; 困窮, 窮乏. ▶ vivre dans la *détresse* 窮乏にあえぐ / une entreprise en *détresse* つぶれそうな会社. ❸ 遭難. ▶ un bateau en *détresse* 遭難船 / appel [signal] de *détresse* 遭難信号, SOS

détriment /detrimɑ̃/ 男 文章 (物的, 精神的)損失, 損害.

au détriment de qn/qc …を犠牲にして, の利益に反して. ▶ abaisser les prix *au détriment de* la qualité 質を落として値段を下げる / Cet arrangement s'est conclu *à mon détriment*. この調停は私に不利な結論となった.

détritus /detritys/ 男 廃物, くず, ごみ.

détroit /detrwa/ 男 海峡. ▶ le *détroit* de Gibraltar ジブラルタル海峡.

détromper /detrɔ̃pe/ 他動 …の誤りを悟らせる. ▶ *détromper* qn sur un point …にある点についての誤りを悟らせる.

— **se détromper** 代動 誤りに気づく. ▶ *Détrompez-vous!* それは見当違いというものです. 注 普通, 命令法か接続法で用いられる.

détrôner /detrone/ 他動 ❶ …を廃位する, の王位を剝奪(はくだつ)する. ❷ …の座を奪う; に取って代わる. ▶ La télévision *a détrôné* le cinéma. テレビは映画の座を奪った.

détrousser /detruse/ 他動 文章 …から(財産, 携帯品などを)強奪する.

détrousseur /detrusœːr/ 男 古 追いはぎ, 辻(つじ)強盗, 山賊.

***détruire** /detrɥiːr デトリュイール/ 70 他動

過去分詞 détruit	現在分詞 détruisant
直説法現在 je détruis	nous détruisons
複合過去 j'ai détruit	単純未来 je détruirai

❶ …を破壊する, 消滅させる. ▶ *détruire* un bâtiment 建物を破壊する / *détruire* l'ennemi 敵を殲滅(せんめつ)する / *détruire* une lettre par le feu 手紙を焼き捨てる.

❷〔既成のもの〕を打破する, 覆す;〔期待, 感情など〕を打ち砕く. ▶ *détruire* un usage 習慣を打破する / *détruire* un accord 協定を破棄する / *détruire* tous les projets 計画をすべてぶち壊す / *détruire* l'orgueil de qn …の慢心をくじく.

❸〔人, 健康など〕をむしばむ. ▶ La drogue l'*a* complètement *détruite*. 彼女は麻薬にすっかりむしばまれた.

❹ (生物を)殺す, 根絶する. ▶ *détruire* les insectes nuisibles 害虫を退治する.

❺ 文章 …の信用を失墜させる.

— **se détruire** 代動 ❶ 崩壊する, 消滅する❷ 自殺する. ▶ tenter de *se détruire* 自殺を図る. ❸ 互いに壊し合う, 相殺する.

détruis, détruit /detrɥi/ 活用 ⇨ DÉTRUIRE 70

détruis- 活用 ⇨ DÉTRUIRE 70

***dette** /dɛt デット/ 女 ❶ 借金;〖法律〗負債, 債務. ▶ faire des *dettes* 借金をする / avoir cinq cents euros de *dettes* 500ユーロの借金がある / payer [régler, rembourser] une *dette* 借金を払う / être criblé de *dettes* 借金で首がまわらない. ❷ (精神的な)借り, 恩義. ▶ payer sa vieille *dette* 昔受けた恩を返す. ❸〖財政〗公債, 国債 (=*dette* publique, *dette* de l'Etat).

être en dette avec qn (1) …に借金がある. (2) …に恩義がある (=être en *dette* envers qn).

***payer sa dette* 「*à la justice* [*à la société*]** 刑に服する, 有罪判決を受ける; 死刑になる.

DEUG /dœg/ 男《略語》diplôme d'études universitaires générales 大学一般教育免状.

***deuil** /dœj ドゥイユ/ 男 ❶ 喪(の悲しみ), 近親者の死. ▶ Il a eu un *deuil* dans sa famille. 彼の家では不幸があった / finir le *deuil* de son père 父の喪が明ける / le travail de *deuil* 喪の作業(近縁者の死を受け入れる過程).

❷ 喪服 (=vêtements de *deuil*); 喪の印. ▶ grand *deuil* 正式喪服 / demi-*deuil* 略式喪服 / se mettre en *deuil* = prendre le *deuil* 喪服をまとう; 喪に服す / être en *deuil* = porter le *deuil* 喪服を着ている; 喪中である(⇨ 成句). ❸ 古風 葬列. ▶ mener [conduire] le *deuil* 葬列を先導する, 喪主となる.

avoir les ongles en deuil 話 爪(つめ)が真っ黒だ.

deuil national 国民的哀悼(大惨事, 元首の死など).

faire son deuil de qc 話 …をあきらめる.

「*porter le deuil* [*être en deuil*] *de qn/qc* (1) …の喪に服している. (2) …を失ったことを悲しむ.

deus ex machina /deysɛksmakina/ 男《単複同形》《ラテン語》デウス・エクス・マキナ, 機械仕掛けの神: 行き詰まった事態に思いがけない解決をもたらすもの. ギリシア悲劇の大詰めで, 筋と関係なく神が登場して紛糾した事態に結末をつけたことから.

DEUST 男《略語》diplôme d'études universitaires scientifiques et techniques 理工系大学第1期課程修了証.

****deux** /dø ドゥー/ (母音または無音の h の前ではリエゾンして /døz/ となる) 形《数》《不変》

❶《名詞の前で》2つの. ▶ *deux* filles 2人の娘 / *deux* hommes /døzɔm/ 2人の男 / tous les *deux* jours 2日ごとに, 1日置きに.

❷《名詞のあとで序数詞として》2番目の. ▶ la leçon *deux* 第2課 / François II [deux] フランソア2世(注 人名のあとでは普通ローマ数字を用いる).

❸《名詞の前で》少しの, わずかな. ▶ en *deux* mots 手短に言えば, 要するに / Vous y serez en *deux* secondes. すぐに着きますよ / C'est à *deux* pas d'ici. それはここからすぐそばです.

De deux choses l'une. 2つのうちのいずれかだ.

comme pas deux 話 二人といない最悪の.

entre deux âges 中年の.

... y en a pas deux 話 二人といない, 断トツで.

— ***deux** 男 ❶ (数, 数字としての) 2. ▶ Un et un font *deux*. 1足す1は2.

❷《le deux》2番, 2号; 2日. ▶ habiter au *deux* de la rue de Clichy クリシー街2番地に住む / le *deux* juin 6月2日. ❸ (複数としての) 2

deuxième

つ, 2個, 2人. ▶ *deux* à [par] *deux* 2つずつ, 2人ずつ / couper *en deux* 2つに切る / pas de *deux*《バレエ》パ・ドゥ・ドゥー (2人の踊り). ◆les *deux* 両方. 注 副詞的には用いない. ▶ Je prends les *deux*. 両方もらいます / «Il est grand ou gros?—Les *deux*.»「彼は背が高いの, それとも太っているの」「両方だ」◆ tous [toutes] (les) *deux* 両方 [2つ, 2人] とも. 注 属詞的には用いない. ▶ Je les aime tous les *deux*. 私はどっちも好きだ.

à deux (1) 2人で. ▶ vivre *à deux* 結婚生活を送る; 同棲(どうせい)する. (2)《テニス》ジュース.

A nous deux! さあ一緒にやろう; われとおまえの一騎討ちだ.

Ça fait deux. それは別々のことである. ▶ L'amour et l'amitié, *ça fait deux*. 恋愛と友情は別だ.

en moins de deux 匐 たちまちのうちに, すばやく.

entre (les) deux 匐 中間の, どっちつかずの. ▶ «Alors, tu es content?—*Entre les deux*.»「じゃあ, それでいいんだね」「まあね」

Jamais deux sans trois. 諺. 2度あることは3度ある.

ne faire ni une ni deux 匐 一も二もなく決める.

*deuxième /døzjɛm/ ドゥズィエム/ 形 **2番目の**, 第2の. ▶ le *deuxième* chapitre 第2章 / le *deuxième* siècle 2世紀 / croire en une *deuxième* vie 来世を信じる / C'est la *deuxième* fois que je perds mes clefs. 鍵をなくすのはこれで2度目だ. 比較 ⇨ SECOND.
— 名 **2番目, 2番目の人 [物]**. ▶ être le [la] *deuxième* de qc …のうちの2番目である / arriver le [la] *deuxième* 2番目に [2位で] 到着する.
— 男 ❶ **3階** (=deuxième étage). ▶ monter au *deuxième* 3階に上る. ❷ (パリの)**第2区** (=deuxième arrondissement). ▶ habiter dans le *deuxième* 第2区に住む.
— 女 **2等** (=deuxième classe). ▶ voyager en *deuxième* 2等車で旅行する.

deuxièmement /døzjɛmmɑ̃/ 副 第2に, 2番目に.

deux-pièces /døpjɛs/ 男 ❶ ツーピース (のドレス). ❷ セパレーツの水着. ❸ 2間のアパルトマン. ▶ louer un *deux-pièces* cuisine 2 K のアパルトマンを借りる.

deux-points /døpwɛ̃/ 男 コロン (:).

deux-roues /døru/ 男 2輪車: 自転車, オートバイ, スクーターなどの総称.

Deux-Sèvres /døsɛːvr/ 固有 女複 ドゥー=セーヴル県 [79]: フランス中西部.

deux-temps /døtɑ̃/ 男 2サイクルエンジン.

devaient, devait /dəvɛ/, **devais** /d(ə)vɛ/ 活用 ⇨ DEVOIR¹ 44

dévaler /devale/ 自動 ❶ 駆け降りる:〔岩などが〕転げ落ちる;〔乗り物が〕疾走する. ❷〔土地, 道などが〕(急な)下り坂になる. — 他動 …を駆け降りる. ▶ *dévaler* l'escalier 階段を駆け降りる.

dévaliser /devalize/ 他動 ❶ …から金品をごっそり奪う. ▶ Des voleurs l'*ont dévalisé*. 彼は盗賊に身ぐるみはがれた / *dévaliser* une maison 家財道具をごっそり盗み出す. ❷ 話〔店〕の品物をしこたま買い込む.

dévalorisant, ante /devalorizɑ̃, ɑ̃ːt/ 形 価値 [信用] の下がった, 低下した.

dévalorisation /devalorizasjɔ̃/ 女 ❶ (経済的な)価値低下 [下落]. ❷ (値打ち, 効力などの)低下, 喪失.

dévaloriser /devalorize/ 他動 ❶ …の(経済的)価値を低下させる. ▶ *dévaloriser* la monnaie 通貨の価値を下げる / *dévaloriser* le pouvoir d'achat 購買力を低下させる. ❷ …の信用を落とさせる; を過小評価する. ▶ *dévaloriser* le talent de qn …の才能を見くびる.
— **se dévaloriser** 代動 価値を落とす; 信用を失う; 自分を卑下する.

dévaluation /devaluasjɔ̃/ 女 ❶《経済》(対外的な)平価切り下げ. ❷ (価値, 信用, 評価などの)低下, 下落.

dévaluer /devalɥe/ 他動 ❶《経済》〔通貨〕の平価切り下げをする. ▶ *dévaluer* sa monnaie de 12% [douze pour cent] 自国通貨を12パーセント切り下げる. ❷ …の価値 [信用] を低下させる.
— **se dévaluer** 代動 平価が切り下げられる; 価値 [信用] を失う.

devancement /d(ə)vɑ̃smɑ̃/ 男 先行; 前もってすること. ▶ le *devancement* d'une échéance 前払い / le *devancement* d'appel 徴兵前入隊.

devancer /d(ə)vɑ̃se/ ① 他動 ❶ (空間的, 時間的に)…の先を行く, に先行する; を追い抜く. ▶ se laisser *devancer* par ses concurrents 競争相手に追い抜かれる / *devancer* qn au rendez-vous 約束に…より先に着く / *devancer*「son époque [son siècle]」時代に先んじる.
❷ …を凌駕(りょうが)する, リードする. ▶ Aux élections, il *a devancé* son adversaire de mille voix. 選挙で彼は対立候補を1000票リードした. ❸ …の先回りをする, 先手を打つ. ▶ Sa remarque *a devancé* ma question. 私が質問する前に彼(女)は注釈をつけ加えた. ❹〔期限, 期日〕の前に済ます. ▶ *devancer* la date d'un paiement 期日前に支払う / *devancer* l'appel 徴兵前に入隊する.

devancier, ère /d(ə)vɑ̃sje, ɛːr/ 名 (ある分野での)先輩, 先行者;《複数で》先人.

*devant¹ /d(ə)vɑ̃/ ドゥヴァン/ 前

❶《場所》…の前に, 前で; 前を(通って)(↔derrière). ▶ s'asseoir *devant* le feu 暖炉の前に座る / marcher *devant* qn …の前を歩く / passer *devant* la gare 駅前を通る / Je t'attends *devant* chez moi. うちの前で待ってます.

❷ <*devant* soi>《目指す方向》(自分の)前方へ, 前方を; 前途に. 注 soi は各人称に変化させて用いる. ▶ aller [marcher] droit *devant* soi まっすぐ前進する;(目的に向かって)ひたすら邁進(まいしん)する / Il a un bel avenir *devant* lui. 彼の前途は洋々としている.

❸《相手, 状況》…の面前に [で], を前にして; に直面して. ▶ Ne dis pas cela *devant* les enfants. 子供たちの前で, そんなことを言うんじゃないよ / passer *devant* le tribunal 法廷に出る / reculer *devant* le danger 危険を前にして尻(しり)込みする

❹《判断，比較の準拠》…に照らして；と比べて. ▶ Qu'est-ce que cette difficulté *devant* tant d'avantages? こんなに多くの利点に比べたら，その程度の困難はなんでもあるまい．

avoir「du temps [de l'argent] devant soi 時間［金］の余裕がある．

de devant qc/qn …の前から．▶ Retirez-vous *de devant* la porte. ドアの前からどいてください．

― ***devant** 副 前に，前を，前で，先に立って．▶ monter *devant* (車の)フロントシートに乗る / un vêtement qui se ferme *devant* 前開きの衣服 / être assis trois rangs *devant* 3 列前に座っている / Passez *devant*. お先にどうぞ．

partir [sortir, s'en aller] les pieds devant 〖俗〗(両足を前に突き出した姿で出かける→)死ぬ；埋葬される．

(sens) devant derrière 後ろ前に．▶ mettre une jupe *devant derrière* スカートを後ろ前にはく．

― ***devant** 男 前部，正面．▶ roues de *devant* 前輪 / le *devant* d'une maison 家の正面 / le *devant* d'une chemise ワイシャツの前身ごろ / une chambre sur le *devant* 表通りに面した部屋．

prendre「le devant [les devants] 先手を取る，機先を制する．

devant² /d(ə)vɑ̃/ 活用 devoir¹ 44 の現在分詞．

devanture /dəvɑ̃ty:r/ 女 店頭；ショーウインド―；《集合的に》(店頭の)陳列品．▶ faire la *devanture* 商品を店頭に並べる / marchandises en *devanture* 店先に並んだ商品．

dévastateur, trice /devastatœ:r, tris/ 形 〔戦争，疫病などが〕荒廃[大惨劇]をもたらす．

dévastation /devastasjɔ̃/ 女 荒廃させること；荒廃，惨状．

dévaster /devaste/ 他動 ❶〔国など〕を荒らす，荒廃させる；〔作物などに〕大被害を与える．
❷〔家，部屋など〕を散らかす，乱す．

déveine /deven/ 女 話 不運；(ゲームで)負け続け．▶ être en [dans la] *déveine* 運が悪い / avoir la *déveine* de + 不定詞 運の悪いことに…する．

développé, e /devlɔpe/ 形 ❶〔体，精神が〕発達した；〔国家，産業が〕発展した．▶ enfant bien *développé* 発育のよい子供 / pays *développé* 先進国．❷〔論説などが〕十分に展開された．

― **développé** 男 ❶〖ウエイトリフティング〗プレス．❷〖バレエ〗デブロペ：曲げた片足を空中に伸ばす基本動作．

***développement** /devlɔpmɑ̃ デヴロプマン/ 男
❶ 発育，成長，生育；(病気などの)進行．▶ un enfant en plein *développement* 育ち盛りの子供 / le *développement* intellectuel 知的発育 / L'humidité favorise le *développement* des champignons. 湿度は菌類の生育を助ける．

❷ 発展，発達，進歩．▶ une entreprise en plein *développement* 躍進中の企業 / le *développement* des techniques 技術の発達 / pays en voie de *développement* 発展途上国 / connaître un *développement* inattendu 予期しない展開を見る．

❸ (地域，製品などの)**開発**．▶ le plan de *développement* d'une région 地域の開発計画 / le *développement* d'un matériel d'armement 兵器の開発．

❹ (論述などの)**展開**，敷衍(ふえん)．▶ faire un long *développement* sur le sujet 主題を延々と詳説する．

❺《複数で》(事態の)**進展**，展開．▶ les *développements* d'un incident 事件の波紋．

❻ (フィルムの)**現像**．▶ *développement* et tirage 現像と焼き付け．

❼〖自転車〗ペダル 1 回転で進む距離．

***développer** /devlɔpe デヴロペ/ 他動 ❶〔体力，素質など〕を**発達させる**，伸ばす；…を発育させる．▶ *développer* l'intelligence d'un enfant 子供の知能を伸ばす / Le sport sert à *développer* le corps. スポーツは身体の発達に役立つ．

❷〔活動，事業など〕を**発展させる**，拡張する．▶ *développer* les échanges culturelles 文化交流を進展させる / *développer* une entreprise 会社を発展させる．

❸〔思考，テーマなど〕を**展開する**，詳説する，敷衍(ふえん)する．▶ *développer* un argument 論議を展開する / *développer* sa pensée 自分の考えを詳しく述べる．

❹〔畳んだもの，巻いたもの〕を**広げる**．▶ *développer* ses ailes 〔鳥が〕翼を広げる；〔軍隊が〕左右に翼(よく)を展開する．❺ …を**現像する**．▶ faire *développer* des photos 写真を現像してもらう．❻〖数学〗〔式，立体を〕展開する．

― ***se développer** 代動 ❶ **発育する**，生長する．▶ Cette plante *se développe* bien en serre. この植物は温室に入れるとよく生長する．

❷〔活動，事業などが〕**発展する**，拡大する，増える．▶ L'affaire *s'est* rapidement *développée*. 事業は急成長した．

❸〔議論，話の筋などが〕**展開する**，展開される．▶ raisonnement qui *se développe* logiquement 筋道を立てて展開される推論．

❹〔能力などが〕**発揮される**．▶ Son talent *se développe* entièrement dans ce tableau. この絵には彼(女)の才能が遺憾なく発揮されている．

:**devenir**¹ /dəv(ə)ni:r ドゥヴニール/ 28 自動

過去分詞 devenu	現在分詞 devenant
直説法現在 je deviens	nous devenons
tu deviens	vous devenez
il devient	ils deviennent
複 合 過 去 je suis devenu(e)	
半　過　去 je devenais	
単純未来 je deviendrai	単純過去 je devins

《助動詞は être》❶《属詞とともに》…になる．
❶《形容詞(句)，名詞とともに》▶ Il *est devenu* vieux. 彼は老いた / Son rêve *est devenu* réalité. 彼(女)の夢は現実になった / Elle *est devenue* ma femme. 彼女は私の妻になった．
❷《疑問代名詞 que, ce que とともに》▶ Que

devenir

voulez-vous *devenir*? 将来何になりたいのですか / Qu'est-ce qu'on va *devenir*? いったい我々はどうなるんだろう / Je ne sais pas ce qu'il *est devenu*. 彼がどうなったのか皆目分からない / Qu'*est devenue* cette photo? あの写真はいったいどこへいってしまったのかな / Que *deviendrai*-je sans toi? 君がいなくなったら僕はどうなってしまうのだろう. ❸《非人称構文で》<Il [Ça] *devient* + 形容詞 + de + 不定詞> Il *devient* + 形容詞 + que + 直説法〉…するのは…になっている. ▶ Il *devient* de plus en plus difficile de résoudre ces problèmes. これらの問題を解決するのはますます難しくなってきている.
❷《単独で》生成する, 変転する.
Que devenez-vous? = *Qu'est-ce que vous devenez?* 話(久しく会わなかった相手に)どうしていますか, その後お変わりありませんか.

devenir² /dəv(ə)niːr/ 男 ❶〖哲学〗生成, 変転. ❷ 将来, 未来.

déverbal /deverbal/;《複》*aux* /o/ 男〖言語〗動詞派生名詞: 動詞語基から形成された名詞(例: portage ← porter).

dévergondage /devergɔ̃daːʒ/ 男 ❶ 不品行, 放蕩(ほうとう). ❷ 文章 (想像などの)奔放さ.

dévergondé, e /devergɔ̃de/ 形 放縦な, みだらな, 自堕落な. —— 名 ふしだらな[みだらな]人.

se dévergonder /s(ə)devergɔ̃de/ 代動 ❶ ふしだらになる; 自堕落な[みだらな]生活を送る. ❷ 文章 (想像などが)奔放になる; 常軌を逸する.

déverrouillage /deveruja:ʒ/ 男 ❶ 門(かんぬき)を外すこと. ❷ (銃, 砲の)遊底[閉鎖器]を開くこと.

déverrouiller /deveruje/ 他動 ❶ (ドアなど)の閂(かんぬき)を外す. ❷〔機器〕のロックを外す;〔銃, 砲〕の遊底[閉鎖器]を開く.

devers /d(ə)veːr/ 前《次の句で》
par(-)devers qn (裁判官などの)立ち会いのもとに.
par(-)devers soi 自分の手元に.

déversement¹ /devɛrsəmɑ̃/ 男 放水, 排水; 流出.

déversement² /devɛrsəmɑ̃/ 男 (壁, 柱などの)ひずみ, 傾き, 反り.

déverser /deverse/ 他動 ❶〈*déverser* qc + 場所〉〔液体〕を…に流し[注ぎ]込む. ❷ …を大量に放出すること, ばらまく. ▶ *déverser* des ordures 汚物を大量に投棄する / Chaque train *déverse* des flots de voyageurs. 列車が着くたびに乗客がどっと吐き出される. ❸〖感情など〕をぶちまける, 吐露する. —— **se déverser** 代動〈*se déverser* + 場所〉…に注ぐ, 流れ出る; あふれ出る. ▶ L'égout *se déverse* dans ce fleuve. 下水はこの川に流れ込む.

déversoir /devɛrswaːr/ 男 ❶ (水路, 池などの)排水口, 放水口, 堰(せき);(道路の)排水溝. ❷ (感情などの)はけ口.

dévêt /deve/ 活用 ⇨ DÉVÊTIR 22

dévêtir /devetiːr/ 22 他動 …の服を脱がす. ▶ *dévêtir* un enfant 子供の服を脱がす.
—— **se dévêtir** 代動 服を脱ぐ; 薄着になる, 上着を脱ぐ.

dévêts /deve/ 活用 ⇨ DÉVÊTIR 22

devez /d(ə)ve/ 活用 ⇨ DEVOIR¹ 44

déviant, ante /devjɑ̃, ɑ̃ːt/ 形 常軌を逸した, 異常な. —— 名〖心理〗逸脱者, 異常者.

déviateur, trice /devjatœːr, tris/ 形 偏向させる, 方向をそらす.

déviation /devjasjɔ̃/ 女 ❶ (本来の方向から)それる[そらす]こと. ▶ la *déviation* d'un projectile 砲弾の軌道のずれ. ❷ 迂回(うかい); 迂回路, バイパス. ▶ *déviation* des véhicules 車両の迂回 / prendre une *déviation* 迂回路を通る. ❸ (行為, 主義主張などの)逸脱; 偏向. ❹〖医学〗偏位;(脊柱(せきちゅう)などの)湾曲. ❺〖統計〗偏差;〖計量〗〖海事〗(計器や羅針盤の針の)自差;〖光学〗偏角.

déviationnisme /devjasjɔnism/ 男 (政党の路線, 綱領からの)逸脱, 反主流派的態度, 分派活動.

déviationniste /devjasjɔnist/ 形 (政党の路線, 綱領から)逸脱した, 偏向的な.
—— 名 偏向者, 反主流分子, 分派活動家.

dévidage /devidaːʒ/ 男〖繊維〗(糸を綛(かせ)枠に巻き取る)綛揚げ;(生糸の)糸繰り.

dévider /devide/ 他動 ❶〔糸など〕を繰る, 綛(かせ)枠に巻き取る. ❷〔糸玉など〕をほどく. ❸〔数珠など〕をつまぐる. ▶ *dévider* son chapelet 数珠をつまぐる (⇨ 成句). ❹ 話〔考えなど〕をまくし立てる, 長々としゃべる.

dévider ｢*son chapelet* [*son écheveau*]｣ 話 思っていることを洗いざらいぶちまける.

dévidoir /devidwaːr/ 男 ❶ (ケーブルなどの)ドラム, 巻胴(かんどう);(ホース, 釣り糸の)リール. ❷〖繊維〗綛(かせ)機; 綛枠;(生糸の)繰糸(そうし)機.

devien-, deviendr- 活用 ⇨ DEVENIR¹ 28

dévier /devje/ 自動 ❶ それる, 外れる; 曲がる. ▶ *dévier* de son chemin 道から外れる / *dévier* vers [sur] la gauche 左にそれる. ❷ 逸脱する, 踏み外す; ずれる. ▶ *dévier* de la bonne voie 正道を踏み外す / *dévier* de son projet initial 当初の計画からずれる.
sans dévier d'une ligne ひたすら, 一筋に.
—— 他動 …をそらす, 迂回(うかい)させる; 曲げる; 逸脱させる. ▶ *dévier* la circulation 交通を迂回させる / *dévier* l'attention 注意をそらせる.

deviez /dəvje/ 活用 ⇨ DEVOIR¹ 44

devin, ineresse /d(ə)vɛ̃, inrɛs/ 名 占い師, 易者; 巫女(みこ). *Je ne suis pas devin.* 話 (易者じゃあるまいし)私にそんなことが分かるか.

devin- 活用 ⇨ DEVENIR¹ 28

*****deviner** /d(ə)vine/ ドゥヴィネ 他動 ❶ …を見抜く, 言い当てる, 推察する. ▶ *deviner* un secret 秘密を見破る / *deviner* la pensée de qn …の意中を見抜く / Vous *devinez* le reste. あとは言わなくてもお分かりでしょう / Rien ne laisse *deviner* leur liaison. 彼らの関係たるやかがせるものはない / Comment *as*-tu *deviné* que je viendrais? 私が来るとどうして分かったの / Je *devine* pourquoi il a menti. 彼がうそを言ったわけは察しがつく /《目的語なしに》*Devine*. 当ててごらん / Vous ne *devinez* pas? お分かりになりませんか / Je vous laisse *deviner*. ご想像にお任せします.
❷ …(の形)がなんとか判別できる. ▶ *deviner* un avion dans le brouillard 霧の中に機影を認める.

— **se deviner** 代動 ❶ 推察される. ▶ Cela *se devine* facilement. それは容易に察しがつく. ❷ (かすかに)判別される.

devinette /d(ə)vinɛt/ 囡 なぞなぞ, クイズ. ▶ poser une *devinette* なぞなぞを出す.

devions /dəvjɔ̃/ 活用 ⇨ DEVOIR¹ 44.

devis /d(ə)vi/ 男 見積もり, 見積もり書. ▶ *devis* descriptif 仕様書 / établir un *devis* 見積もり書を作る.

dévisager /deviʒaʒe/ 2 他動 …の顔をじろじろ眺める, をしげしげと見る.

devise¹ /d(ə)viːz/ 囡 ❶ 標語, スローガン; 格言. ▶ «Liberté, Egalité, Fraternité», *devise* de la République française フランス共和国のスローガン「自由, 平等, 友愛」❷ 信条, モットー.

devise² /d(ə)viːz/ 囡 外貨;（複数で）外国為替. ▶ le stock de *devises* 外貨保有高 / cours des *devises* étrangères 外国為替相場 / *devises* clefs（ドルなどの）基軸通貨.

deviser /d(ə)vize/ 自動 文章 なごやかに語り合う, 歓談する. ▶ *deviser* de choses et d'autres よもやま話をする.

dévissage /devisaʒ/ 男 ❶ ねじ［ビス］を抜くこと. ❷（登山者, スキーヤーの）滑落.

dévisser /devise/ 他動〔ねじ, ねじぶた〕を抜く; …の〔ねじ〔ねじぶた〕〕を取り外す. ▶ *dévisser* (le bouchon d')un tube チューブのふたを開ける.
—— 自動 ❶〔登山者, スキーヤーが〕滑落する. ❷ 話 立ち去る, 出かける.
—— **se dévisser** 代動 話 *se dévisser* la tête［le cou］後ろをぐいと振り返る. 注 se は間接目的.

de visu /devizy/ 副句《ラテン語》（実際に）見たあと, 見た結果. ▶ parler d'une chose *de visu* 見たままを話す.

dévitalisation /devitalizasjɔ̃/ 囡（歯の）神経を殺すこと.

dévitaliser /devitalize/ 他動〔歯〕の神経を殺す, を失活する.

dévoilement /devwalmɑ̃/ 男 ❶ ベール〔覆い〕を取ること; 除幕. ❷（秘密などの）解明, 暴露.

dévoiler /devwale/ 他動 ❶ …のベール〔覆い〕を取る; 除幕をする. ▶ *dévoiler* (le visage d')une femme 女性の顔のベールを取る / *dévoiler* une statue 像の除幕をする. ❷〔秘密, 隠し事など〕を明かす, さらけ出す; 暴く. ▶ *dévoiler* ses sentiments 自分の感情をのぞかせる / *dévoiler* un complot 陰謀を暴露する.

dévoiler ses batteries 自分の手のうちを明かす.
—— **se dévoiler** 代動 ❶ ベールを脱ぐ. ❷〔隠されていたものが〕姿を見せる, 明らかになる.

*devoir¹ /d(ə)vwaːr ドゥヴォワール/ 44 他動

過去分詞 dû	現在分詞 devant
直説法現在 je dois	nous devons
tu dois	vous devez
il doit	ils doivent
複合過去 j'ai dû	半過去 je devais
単純未来 je devrai	単純過去 je dus
接続法現在 je doive	

〈*devoir* + 不定詞〉
《義務, 必要》…しなければならない.
《宿命, 不可避》必ず…する.
《未来, 予定》…することになっている.
《可能性, 推定》…に違いない.
〈*devoir* qc à qn/qc〉…を…に負っている.

❶《助動詞的に》〈**devoir** + 不定詞〉❶《義務, 必要》(1) …しなければならない, すべきである. ▶ Je *dois* terminer ce travail ce soir. 私は今晩この仕事を終えなければならない / Elle m'a tant importuné que j'*ai dû* la mettre à la porte. 彼女があまりにうるさかったので追い出さねばならなかった. ◆ne pas *devoir* + 不定詞 …してはならない. ▶ Vous ne *devez* pas entrer sans frapper. ノックせずに入ってはいけない. (2)《条件法現在形で》(本来なら) …すべきである, する方がいい. ▶ Je *devrais* arrêter de fumer. Mais je n'y arrive pas. 本当はたばこをやめた方がいいのだがやめられないのだ. (3)《条件法過去形で》…すべきだったのに…しなかった. ▶ Vous *auriez dû* me prévenir. 私に知らせておいてくれるべきだったのに（非難）/ J'*aurais dû* vous appeler hier soir. 昨夜あなた（方）に電話すべきだったんですが（後悔）.

❷《宿命, 不可避》必ず…する, …する運命にある. 注 複合過去形は用いない. ▶ Tous les hommes *doivent* mourir. 人は皆必ず死ぬ / Cela *devait* arriver un jour. それはいつの日か必ず起こるはずであった.

❸《未来, 予定》…することになっている, するであろう, するつもりだ. 注 複合過去形は用いない. ▶ Il *doit* arriver ce soir. 彼は今晩着くことになっている / Il *devait* partir en France, mais il n'a pu à cause de son père qui est tombé malade. 彼はフランスに出発する予定だったが, 父親が病気になってしまった.

❹《可能性, 推定》…に違いない, のはずである. ▶ Il *doit* faire froid ici en hiver. ここは冬になると寒いに違いない / Il *a dû* se tromper de chemin. = Il *doit* s'être trompé de chemin. 彼は道を間違えたに違いない /《語気緩和》Vous *devez* vous tromper. きっと勘違いなさっているんですよ. ◆Il *doit* y avoir qc. …がある［に違いない］.

❺《条件法で推定を緩和して》…らしい. ▶ Le prix du pain *devrait* de nouveau augmenter à la rentrée. パンの値段が新学期からまた上がる模様だ.

❻ 文章《譲歩; 接続法半過去の倒置文で》たとえ…でも. ▶ *Dussent* mille dangers me menacer, je le ferai. たとえ多くの危険があっても私はそれをするだろう.

❷〈**devoir** qc à qn/qc〉…を…に負っている.
❶〈*devoir* qc à qn〉…から〔金品〕を借りている, に〔金〕を支払わねばならない;〔目的語なしで〕借金がある. ▶ Je *dois* cent euros à un ami. 私は友人に100ユーロ借りがある / **Je vous dois combien?** おいくらですか.

devoir

❷⟨*devoir* qc à qn⟩…に対して…の義務がある. ▶ Un fils *doit* le respect à son père. 息子たるもの，父親に敬意を払わねばならない / Vous me *devez* des explications. あなた(方)は私に説明する義務がある.

❸⟨*devoir* qc à qn/qc // *devoir* à qn/qc de + 不定詞⟩…に…の恩恵を受けている，のおかげで…である;のせいで…である，のおかげで…を得る. ▶ Je lui *dois* beaucoup. 私は多くを彼(女)に負っている / Je *dois* à mes parents ce que je suis aujourd'hui. 私が今日あるのは両親のおかげだ / Je lui *dois* d'avoir réussi. 私が成功したのは彼(女)のおかげだ / C'est à elle que je *dois* d'avoir été renvoyé. 私が解雇されたのは彼女のせいだ(=J'ai été renvoyé à cause d'elle).

devoir la vie à qn …は命の恩人である.

être dû à qc …が原因である，のせいだ(⇨ DÛ).

— *se devoir* 代動 ❶⟨*se devoir* à qn/qc⟩…に身をささげなければならない，尽くす義務がある. ▶ *se devoir* à la patrie 祖国に献身しなければならない. ❷⟨*se devoir* de + 不定詞⟩…する義務がある，自分の義務として…しなければならない. 注 se は間接目的. ▶ Je *me dois* de lui répondre tout de suite. 彼(女)にすぐ返事をするのは私の義務だ.

❸⟨*se devoir* qc⟩互いに…を与える義務がある. 注 se は間接目的.

comme il se doit 当然のことながら，予想どおりに. ▶ Ils ont fini par se marier, *comme il se doit*. 2人は結局予想どおり結婚した.

語法 過去時制と義務・必要・推定と宿命・予定

devoir が過去時制に置かれる場合，義務・必要・推定については，文脈次第で複合過去にも半過去にもなるが，宿命・予定については半過去にしかないことに注意．

(1) **義務，必要**
- Il a dû partir aujourd'hui pour Paris précipitamment. 彼は今日慌ただしくパリに向けて出発しなければならなかった．
- Je devais absolument finir cette lettre, quand il est venu me chercher. 彼が迎えに来たとき，私はどうしてもこの手紙を終えなければならない状態にあった．

(2) **推定**
- Il a dû partir très tôt ce matin. A sept heures, sa voiture n'était plus devant chez lui. 彼は今朝とても早く出かけたに違いない．7時にはもう彼の車は家の前にはなかった．
- Il devait être dix heures, quand il est arrivé. 彼が着いたとき，10時だったに違いない．

(3) **宿命，予定**
- Trois ans plus tard, il devait devenir président de la République. 3年後，彼は共和国大統領になる運命にあった．
- Il devait partir aujourd'hui pour Paris, mais l'avion n'a pas pu décoller à cause de la neige. 彼は今日パリに向けて出発することになっていたが，飛行機は雪のため離陸できなかった(実現しなかった過去の予定を表わすことが多い)．

***devoir**² /d(ə)vwaːr ドゥヴォワール/ 男 ❶ 義務，義務感; 務め. ▶ faire [accomplir, remplir] son *devoir* 義務を果たす / manquer à son *devoir* 義務を怠る / un homme de *devoir* 義務感の強い人 / Voter est un droit mais aussi un *devoir* 投票は権利だが義務でもある / C'est notre *devoir* de secourir les personnes sinistrées. 被災者に救援の手を差し延べるのは私たちの義務だ．

❷ (授業外の)課題，宿題. ▶ faire [finir] ses *devoirs* 宿題をする[終える] / des *devoirs* de vacances 休暇中の宿題. ❸ (複数で)敬意. ▶ présenter ses *devoirs* à qn …に敬意を表する / rendre ses derniers *devoirs* à qn …の葬儀に参列する. ❹ 【哲学】当為，義務.

avoir le devoir de + 不定詞 = *avoir pour devoir de* + 不定詞 …する義務がある. ▶ Les syndicats *ont pour devoir de* défendre les intérêts des travailleurs. 組合には労働者の利益を守る義務がある．

se faire un devoir de + 不定詞 …することを自分の義務とする. ▶ Je *me fais un devoir de* l'aider. 私は彼(女)を助けるのを自分の義務と考えている．

se mettre en devoir de + 不定詞 (義務として)…しようとする，し始める. ▶ Ses amis *se sont mis en devoir de* le prévenir du danger qu'il courait. 友人たちは彼がどんな危険を冒そうとしているか警告してやろうと動き出した．

比較 義務

devoir 《最も一般的》おもに道徳的，慣習的な義務をいう. obligation 《改まった表現》法的義務など，社会的拘束力の強い義務についていう.

dévolu, e /devɔly/ 形 ⟨*dévolu* à qn/qc⟩ ❶ (権限，役割などが)…に割り当てられた，属するものとされた. ▶ le budget *dévolu* à la recherche 研究用に当てられた予算 / le rôle qui lui est *dévolu* 彼(女)に与えられた役割. ❷ 【法律】(財産，権利などが)…に帰属した.

— *dévolu* 男 【カトリック】聖職禄(?)の空位.

jeter son dévolu sur qn/qc …に目をつける，白羽の矢を立てる.

dévolution /devɔlysjɔ̃/ 女 【法律】(権利，財産の)帰属，移行．

dévonien, enne /devɔnjɛ̃, ɛn/ 形 【地質】デボン紀の. — **dévonien** 男 デボン紀.

devons /d(ə)vɔ̃/ 活用 ⇨ DEVOIR¹ 44

dévorant, ante /devɔrɑ̃, ɑ̃ːt/ 形 ❶ むさぼるような，食欲(½ᵏ)な. ▶ curiosité *dévorante* 飽くなき好奇心. ❷ (火が)すべてを飲み尽くすような; (激情，熱などが)憔悴(ホネシ)させるほどの. ▶ passion *dévorante* 身を焼くような情熱.

dévorateur, trice /devɔratœːr, tris/ 形 文章 ❶ (心身を)苦しめる，憔悴(ホネシ)させる. ❷ (火が)焼き尽くす.

dévorer /devɔre/ 他動 ❶ …をむさぼり食う; 食い尽くす. ▶ *dévorer* sa proie 獲物をむさぼり食う / *dévorer* un gâteau 菓子をがつがつと平らげる. ❷ …をむさぼるように読む[見る，聞く]. ▶ *dévorer* un roman 小説をむさぼり読む / *dévorer* qn/qc「du regard [des yeux]」…を食い入るように見つ

める.

❸〔火事などが〕…を破壊し尽くす, 焼き尽くす；〔財産など〕を使い果たす. ▶ Le feu *a dévoré* la forêt. 火は瞬く間に森をなめ尽くした / Ce travail *dévore* tout mon temps. 私はこの仕事に時間を全部取られている.

❹〔人, 乗り物などが〕…を一気に突っ走る, 駆け巡る. ❺〔感情, 欲望などが〕…をさいなむ; とりこにする. ▶ *être dévoré* de jalousie 嫉妬(しっと)にさいなまれる / Une grande ambition le *dévore*. 彼は大きな野望に取りつかれている. ❻ 文章〖感情など〗をぐっとこらえる. ▶ *dévorer* un affront 侮辱に耐える.

dévoreur, euse /devɔrœːr, øːz/ 名 <*dévoreur* de qc> …への食費〔欲求〕が旺盛(おうせい)な人; を大量に費やすもの. ▶ *dévoreur* de livres 読書狂, 本の虫.

dévot, ote /devo, ɔt/ 形 ❶ 信心深い, 敬虔(けいけん)な. ❷〔軽蔑して〕信心で凝り固まった, 信心家ぶった. ❸ 宗教的な, 信仰の. ▶ la vie *dévote* 信仰生活.
— 名 信心深い人;〔軽蔑して〕信心家ぶる人.

dévotement /devɔtmɑ̃/ 副 古風 信心深く, 敬虔(けいけん)に.

dévotion /devosjɔ̃/ 女 ❶ 信心, 敬神. ▶ être confit en *dévotion* 信仰に凝り固まっている. ❷〔複数で〕〔礼拝, 告解などの〕勤行, お勤め. ▶ faire ses *dévotions* 信者としてのお勤めをする. ❸〔特定の聖者, 聖地への〕信仰, 崇拝. ▶ la *dévotion* à la Sainte Vierge 聖母信仰. ❹ 文章 崇敬, 敬愛. ▶ avoir une grande *dévotion* pour qn …を深く敬愛している.
être à la dévotion de qn …に一身をささげている.

***dévoué, e** /devwe/ デヴェ/ 形 献身的な, 忠実な. ▶ l'ami le plus *dévoué* 最も誠実な友 / serviteur *dévoué* 忠実な召し使い / un savant *dévoué* à la vérité 真理にすべてをささげている学者.
Votre (tout) dévoué [Veuillez croire à mes sentiments dévoués].《手紙の末尾で》敬具.

dévouement /devumɑ̃/ 男 自己犠牲, 献身; 熱意, 忠誠. ▶ le *dévouement* héroïque à la patrie 祖国を救うための英雄的自己犠牲 / avoir un grand *dévouement* pour qn/qc …のためにひたむきに尽くす / soigner qn avec beaucoup de *dévouement* …を献身的に看病する.
Croyez à mon entier dévouement.《手紙の末尾で》敬具.

se dévouer /s(ə)devwe/ 代動 ❶ 献身的に尽くす; 自己を犠牲にする. ▶ Elle *s'est dévouée* pour le soigner. 彼女は献身的に彼を看病した. ❷ 話〔他人の嫌がることを〕自発的に引き受ける. ▶ Allons, *dévoue-toi*. 悪いけど君ひとつ頼むよ / Bon, je *me dévouerai*. 仕方ない, 私がやりましょう. ❸ 古風 <*se dévouer* à qn/qc> …に一身をささげる. ▶ *se dévouer* à la science 学問に身をささげる.

dévoyé, e /devwaje/ 形 道を踏み外した, 悪の道に走った.
— 名 道を踏み外した人. ▶ jeune *dévoyé(e)* 非行少年〔少女〕.

devr- 活用 ⇨ DEVOIR¹ 44

dextérité /dɛksterite/ 女 ❶〔手先の〕器用さ, 機敏さ. ❷ 巧妙さ. ▶ mener les débats avec *dextérité* 討論を巧みにリードする.

DG 男〔略語〕Directeur général 副社長.

di- 接頭「2, 2倍, 2重」の意. ▶ *di*èdre 2面の.

dia /dja/ 間投〔御者が馬に〕それ左だ(↔ hue).
tirer à hue et à dia〔双方が〕反対の方向に行く; 相反する行動を取る.

dia- 接頭 ❶「分離, 区別」の意. ▶ *dia*gnostic 診断. ❷「横断, 貫通」の意. ▶ *dia*gonale 対角線. ❸「反, 逆」の意.

diabète /djabɛt/ 男 糖尿病.

diabétique /djabetik/ 形 糖尿病の.

***diable** /djɑːbl/ ディアーブル/ 男 ❶ 悪魔, 悪霊;〔ときに le Diable〕サタン. ▶ être possédé du *diable* 悪魔に取りつかれている / C'est le *diable* incarné. あいつは悪魔の化身だ / Le *diable* au corps「肉体の悪魔」(ラディゲの小説).
❷ やんちゃ坊主, 腕白小僧. ▶ Cet enfant est un vrai *diable*. この子はまったく手に負えないっ子だ / C'est un bon petit *diable*.《愛情を込めて》あれは憎めないいたずらっ子だ.
❸〔特定の表現で〕男, やつ. ▶ C'est un bon *diable*. あいつはいいやつだ / un pauvre *diable* 哀れなやつ / un grand *diable* のっぽ.
❹ <*diable* de + 無冠詞名詞> 奇妙な〔あきれた〕…; 厄介な〔嫌な〕…. 注 限定詞は以下の名詞と一致する. ▶ un *diable* d'homme 変な男 / une *diable* d'affaire 厄介な事件 / Avec ce *diable* de temps, on ne peut pas sortir. こんなひどい天気では外出できない.

à la diable そそくさと, ぞんざいに, いいかげんに. ▶ travail fait *à la diable* やっつけ仕事.

aller [s'en aller] au diable 話 消え失せる. 注 命令法と接続法でのみ使われる. ▶ *Allez [Va-t'en] au diable* ! とっととうせろ.

Au diable qc/qn ! …なんかとっととうせろ, くそくらえだ. ▶ *Au diable* l'avarice ! 豪勢にやろう / *Au diable* l'avarice ! 豪勢にやろう.

au diable (vauvert [話 vert]) 非常に遠くへ. ▶ habiter *au diable* かなたの土地に住む.

avoir le diable au corps (1) 驚くほど血気盛んである, 疲れを知らない. (2) 平気で悪事を働く.

C'est bien le diable si + 直説法. …だとしたらそれこそ驚きだ. ▶ *C'est bien le diable si* on ne le trouve pas. まさかそれが見つからないはずはない.

C'est (là) le diable. そこが難しい〔面倒な〕ところだ. ▶ *Ce* n'est pas *le diable*. それはたいして難しいことではない / *C'est le diable* pour + 不定詞 …するのは容易ではない.

comme un (beau) diable 話 猛烈に. ▶ se démener *comme un beau diable* 猛烈に暴れ回る.

donner [vendre] son âme au diable 魂を悪魔に売り渡す.

du diable = de tous les diables ものすごい, 非常に悪い. ▶ Il fait un froid *du diable*. ひどい寒さだ.

Du diable si + 直説法. 断じて…ではない. ▶ *Du diable* si je le sais ! 本当に知らないんだ.

diablement

en diable 非常に, ひどく. ▶ Il est paresseux *en diable*. 彼はひどく怠け者だ.

envoyer qn/qc ʻau diable [*à tous les diables*] 話 …を追っ払う, 厄介払いする.

faire le diable (*à quatre*) 大騒ぎをする;(何かの獲得や阻止のために)奮闘する.

ne craindre ni Dieu ni diable (神も悪魔も恐れない→) 大胆不敵である, 怖いものなしだ.

(*Que*) ***le diable m'emporte si …*** 古風 …なら悪魔にさらわれていい, 決して…ではない.

tirer le diable par la queue (悪魔のしっぽを引っ張る→) その日の暮らしにも困る, 生活難にあえぐ.

> 比較 **悪魔**
> **diable** キリスト教の民衆信仰に基づく「悪魔」を指して極めて広く用いられる. **démon** 本来は善悪を問わず「精霊」の意で, 人にとりついて離れないもの(情熱, 悪癖など)を指してよく用いられる.「悪魔」の意味では宗教用語.

— 間投 ❶ うわーっ, おやおや, まあ, 畜生(驚き, 感嘆, 憤慨など)(=Que *diable*!). ▶ *Diable*! c'est un cher ami. ええっ, ちょっと高いなあ / Il fallait me le dire, que *diable*! 言ってくれればよかったのに, まったく. ❷〖疑問詞のあとで〗一体全体. ▶ Qui *diable* l'a cassé? 一体だれがそれを壊したんだ / Pourquoi *diable* ne vient-il pas? — 一体なんだって彼は来ないんだ.

— 形〖子供が〗騒々しい, 手に負えない, 腕白な.

diablement /djabləmɑ̃/ 副 話 非常に, このうえなく. ▶ C'est *diablement* lourd, ce sac. 恐ろしく重いな, この袋.

diablerie /djabləri/ 女 ❶(子供っぽい)いたずら, 悪ふざけ. ❷〖演劇〗(聖史劇で)悪魔劇.

diablesse /djabləs/ 女 ❶ 女の悪魔. ❷ おてんば. ❸ une pauvre [grande] *diablesse* 哀れな女 / une grande *diablesse* 大女.

diablotin /djablɔtɛ̃/ 男 ❶ 小悪魔. ❷ いたずらっ子.

diabolique /djabɔlik/ 形 悪魔の; 悪魔のような, 極悪な. ▶ un sourire *diabolique* 悪魔的な微笑 / une machination *diabolique* 悪辣(ぁくらつ)な陰謀.

diaboliquement /djabɔlikmɑ̃/ 副 悪魔のように, 悪辣(ぁくらつ)に, 陰険に.

diaboliser /djabɔlize/ 他動 …を悪魔と見なす, 悪魔扱いする.

diabolo /djabɔlo/ 男 ❶〖ゲーム〗ディアボロ, 空中独楽(ごま). ❷ ディアボロ: ハッカなどのシロップを炭酸水で割った飲料.

diachronie /djakrɔni/ 女〖言語〗通時態, 通時論(↔synchronie).

diachronique /djakrɔnik/ 形〖言語〗通時的, 通時論的. ▶ la linguistique *diachronique* 通時言語学.

diaconat /djakɔna/ 男 ❶(カトリックの)助祭職. ❷(プロテスタントの)執事職.

diaconesse /djakɔnɛs/ 女 ❶(初代教会の)女執事. ❷(プロテスタントの)奉仕女: 福祉・更正事業に携る.

diacre /djakr/ 男(カトリックの)助祭;(ギリシア正教の)輔祭(ほさぃ).

diacritique /djakritik/ 形〖言語〗signe *diacritique* 区別符号, 補助記号: 同一文字の発音, 意味の違いなどを示す符号(例: à, dû の ` , ^ など).

diadème /djadɛm/ 男 ❶ 王冠, 帝冠; 王位, 帝位. ▶ ceindre le *diadème* 王位に就く. ❷ (女性の)王冠型髪飾り, ダイアデム; 王冠型結髪.

diagnostic /djagnɔstik/ 男 ❶ 診断. ▶ *diagnostic* de grossesse 妊娠の診断 / *diagnostic* prénatal 出生前診断 / *diagnostic* préimplantatoire 着床前診断 / erreur de *diagnostic* 誤診. ❷(状況, 情勢などの)診断, 分析.

diagnostiquer /djagnɔstike/ 他動 ❶〖病気〗と診断する;〖故障〗を識別する. ▶ *diagnostiquer* une bronchite 気管支炎と診断する. ❷(状況分析から)…と判断する, を予測する. ▶ *diagnostiquer* une crise économique 不況を診断する.

diagonal, ale /djagɔnal/;《男複》*aux* /o/ 形 対角線の; 対角線状〔斜め〕の.
— **diagonale** 女 対角線.
en diagonale 対角線状に, 斜めに. ▶ lire *en diagonale* 話 斜め読みする, ざっと目を通す.

diagonalement /djagɔnalmɑ̃/ 副 斜めに, 対角線状に, はすかいに.

diagramme /djagram/ 男 図表, 線図, グラフ; 〖鉄道〗ダイヤグラム. ▶ *diagramme* de la natalité 出生率グラフ.

dialectal, ale /djalɛktal/;《男複》*aux* /o/ 形 方言の.

dialecte /djalɛkt/ 男 方言. ▶ *dialecte* normand ノルマンディ方言.

dialecticien, enne /djalɛktisjɛ̃, ɛn/ 名 ❶ 雄弁家. ❷ 弁証家, 弁証法学者.

dialectique /djalɛktik/ 女 ❶ 弁証術, 論法. ▶ opérer une *dialectique* rigoureuse 厳密な論法を展開する. ❷〖哲学〗弁証法.
— 形 弁証法的な. ▶ matérialisme *dialectique* de Marx マルクスの弁証法的唯物論.

dialectiquement /djalɛktikmɑ̃/ 副 弁証法的に.

dialectologie /djalɛktɔlɔʒi/ 女 方言学, 方言研究.

dialectologue /djalɛktɔlɔg/ 名 方言学者.

*'**dialogue** /djalɔg/ ディアログ/ 男 ❶ 対話;(合意を目指す)話し合い, 交渉. ▶ *dialogue* amical 友好的な対話 / le *dialogue* Nord-Sud 南北対話 / un *dialogue* de sourds(互いに相手の主張を聞かない)水かけ論 / ouvrir [rompre] le *dialogue* avec qn …との話し合いを開始する[打ち切る] / établir un *dialogue* entre parents et enfants 親子間の対話を始める.
❷(小説, 台本などの)会話部分, せりふ.
❸〖情報〗(コンピュータの)ダイアローグ. ▶ boîte de *dialogue* ダイアローグボックス.

dialoguer /djalɔge/ 自動 <*dialoguer* avec qn (sur qc)> …と(…について)対話する, 対談する; 話し合う, 交渉する. ▶ *dialoguer* avec un ami sur l'avenir 友人と将来について話し合う / Les deux ministres *ont dialogué*. 両大臣は会談した. — 他動〖小説など〗を対話形式にする, 脚色する;〖映画など〗の脚本を書く.

dialoguiste /djalɔgist/ 名〖映画〗〖テレビ〗シナリオ作者.

diamant /djamɑ̃ ディヤマン/ 男 ❶ ダイヤモンド. ▶ une bague de *diamant(s)* ダイヤの指輪 / *diamant* de deux carats 2カラットのダイヤ / le *diamant* noir トリュフ. ❷ (ダイヤ刃の)ガラス切り.

diamantaire /djamɑ̃tɛːr/ 男 ダイヤ細工師; ダイヤ商人. ❶ ダイヤの輝きを持つ.

diamanté, e /djamɑ̃te/ 形 ❶ ダイヤをちりばめた. ❷ ダイヤのように輝く.

diamantifère /djamɑ̃tifɛːr/ 形 ダイヤを産出［含有］する.

diamétral, ale /djametral/;《男複》**aux** /o/ 形 ❶ 直径の; 直径を含む. ❷ 正反対の. ▶ en opposition *diamétrale* 真っ向から対立した.

diamétralement /djametralmɑ̃/ 副 ❶ 直径方向に. ❷ 正反対に, 真っ向から. ▶ opinions *diamétralement* opposées 正反対の意見.

diamètre /djametr/ 男 直径. ▶ le *diamètre* d'un tube 管の口径 / un tronc de deux mètres de *diamètre* 直径2メートルの幹.

Diane /djan/ 固有 女《ローマ神話》ディアナ, ダイアナ: 月, 狩猟の女神.

diantre /djɑ̃:tr/ 間投 古·文章 なんと, まあ(驚き, 感嘆など), いったい(疑問など).

diapason /djapazɔ̃/ 男 音叉(おんさ).
se mettre [être] au diapason de qn/qc
(その場の状況, 人の考え方などに)調子を合わせる.

diaphane /djafan/ 形 ❶ 半透明の. ❷ 文章 透き通るような. ▶ le ciel *diaphane* 澄み切った空.

diaphragme /djafragm/ 男 ❶ 横隔膜. ❷ (避妊用)ペッサリー. ❸《写真》(レンズの)絞り.

diaphragmer /djafragme/ 自動《写真》(レンズの絞りを)絞り込む.

diapo /djapo/ 女 話 diapositive の略.

diapositive /djapozitiːv/ 女 スライド. ▶ passer des *diapositives* en couleur カラースライドを映す.

diapré, e /djapre/ 形 文章 色とりどりの. ▶ papillon *diapré* 極彩色の蝶(ちょう).

diaprer /djapre/ 他動 文章 …をさまざまな色で飾る, 玉虫色に彩る.

diaprure /djaprys:r/ 女 文章 さまざまな彩り; きらびやかな模様.

diarrhée /djare/ 女 下痢. ▶ avoir la *diarrhée* 下痢をする.

diaspora /djaspɔra/ 女 ❶ ディアスポラ. (1) バビロン幽囚後のユダヤ人のパレスチナからの離散, あるいは離散したユダヤ人とそのコミュニティー. (2) イスラエル外に住む現在のユダヤ人. ❷ 民族の離散.

diastole /djastɔl/ 女 (心臓, 動脈の)拡張.

diatomées /djatɔme/ 女複《植物》珪藻(けいそう).

diatonique /djatɔnik/ 形《音楽》la gamme-*diatonique* 全音階, 全音階的音階.

diatribe /djatrib/ 女 酷評, 攻撃; 誹謗(ひぼう)文書. ▶ rédiger une *diatribe* contre qn …に対する誹謗文を書く.

dichotomie /dikɔtɔmi/ 女 二分, 二項対立;《論理学》二分法.

dichotomique /dikɔtɔmik/ 形 二分法の. ▶ le test *dichotomique*《心理》諾否法: はい, いいえだけで答えるテスト.

dico /diko/ 男 (dictionnaire の略) 話 辞書.

dicotylédone /dikɔtiledɔn/ 形 双子葉の, 子葉が2枚の.
— **dicotylédones** 女複 双子葉植物.

dictateur, trice /diktatœːr, tris/ 名 独裁者. 注 女性形は稀. ▶ faire le *dictateur* 横暴に振るまう. — **dictateur** 男《古代ローマ》独裁官, ディクタトル.

dictatorial, ale /diktatɔrjal/;《男複》**aux** /o/ 形 独裁的な; 専横な; 尊大な. ▶ régime *dictatorial* 独裁体制.

dictature /diktatyːr/ 女 ❶ 独裁. ▶ *dictature* militaire 軍part独裁 / C'est de la *dictature*! それは横暴だよ. ❷《古代ローマ》独裁官職.

***dictée** /dikte/ 女 ❶ 口述. ▶ écrire une lettre sous la *dictée* de qn …の手紙の口述筆記をする.
❷ 書き取り. ▶ faire faire une *dictée* aux élèves 生徒に書き取りをさせる. ❸ 文章 指図, 命令. ▶ agir sous la *dictée* des circonstances 状況の命じるがままに行動する.

dicter /dikte/ 他動〈*dicter* qc (à qn)〉❶ (…に)…を書き取らせる, 書き取らせる. ▶ *dicter* une lettre à son secrétaire 秘書に手紙を口述する.
❷ (…に)…をあらかじめ教え込む, 指示する. ▶ Tu me *dicteras* ce qu'il faut faire pour obtenir une carte de séjour. 滞在許可証を取るにはどうすればいいのか教えてよ.
❸ (…に)…を課す, 強いる. ▶ *dicter* ses conditions 自分に都合のよい条件を押しつける.

diction /diksjɔ̃/ 女 話し方, 発声法;(詩などの)朗読法;《演劇》せりふ回し. ▶ avoir une *diction* nette はっきりした話し方をする.

***dictionnaire** /diksjɔnɛːr/ 男 辞書, 辞典; 事典. 注 会話では dico と言う. ▶ *dictionnaire* français-anglais 仏英辞典 / *dictionnaire* électronique 電子辞書 / *dictionnaire* illustré イラスト辞典 / consulter un *dictionnaire* 辞書を引く / chercher un mot dans un *dictionnaire* 辞書である単語を探す / Ce n'est pas dans le *dictionnaire*. 辞書に載っていない.
à coups de dictionnaire 辞書と首っ引きで.
C'est un vrai dictionnaire! = *C'est un dictionnaire vivant!* あの人はまさに生き字引だ.

dicton /diktɔ̃/ 男 俗諺(ぞくげん), 俚諺(りげん).

didacticiel /didaktisjɛl/ 男《情報》教育支援ソフト.

didactique /didaktik/ 形 ❶ 教育的な, 啓蒙(けいもう)的な. ▶ ouvrages *didactiques* 啓蒙書, 学習［指導］書. ❷ 学術的な, 専門的な. ▶ termes *didactiques* 学術用語. — 女 教育法, 教授法.

didactiquement /didaktikmɑ̃/ 副 教育的に, 啓蒙(けいもう)的に; 学術的に, 専門的に.

didactisme /didaktism/ 男 (書物などの)教育的性格.

dièdre /djɛdr/ 形《数学》二面の.
— 男 二面体, 二面形.

diérèse /djerɛːz/ 女 ❶《言語》分音 (↔synérèse);二重母音を2つに分けて発音する(例: violon /vjɔlɔ̃/ → /viɔlɔ̃/). ❷《外科》分離.

dièse /djɛːz/ 男《音楽》嬰(えい)記号, シャープ(♯) (↔bémol).

diesel

―形 嬰音の, 嬰音記号［シャープ］のついた. ▶ la sonate en fa *dièse* mineur 嬰ヘ短調のソナタ.

diesel /djezɛl/ 男 ❶ ディーゼルエンジン (=moteur *Diesel*). ❷ ディーゼルエンジン車.

diéser /djeze/ ⑥ 他動《音楽》…に嬰(ﾎ)記号［シャープ］をつける；を半音上げる.

diète¹ /djɛt/ 女 ❶ 節食, 減食, ダイエット；絶食 (=*diète* absolue). ▶ mettre un malade à la *diète* 病人に食事を控えさせる / faire (la) *diète* 節食［絶食］する / être à la *diète* 節食［絶食］中である. ❷《医学》治療食, 食餌(ﾁｮ)療法.

diète² /djɛt/ 女 ❶ 国会. ▶ la *Diète* du Japon 日本の国会. ❷《歴史》(中央ヨーロッパおよびスカンジナビア半島の国々の)身分制議会.

diététicien, enne /djetetisjɛ̃, ɛn/ 名 栄養士；栄養学者.

diététique /djetetik/ 形 食餌(ﾁｮ)療法の. ▶ repas *diététique* (食餌療法用の)特別食, 規定食.
― 女 食餌療法学, 栄養学.

:dieu /djø/ デュー；《複》**x** 男 ❶《Dieu》(一神教, 特にキリスト教, ユダヤ教の)**神**, 天主, 創造主. 注 普通は無冠詞で用いられるが, 形容詞や限定語を伴うときは定冠詞をつける. ▶ le fils de *Dieu* 神の子キリスト / la Mère de *Dieu* 神の母, 聖母マリア / le royaume de *Dieu* 神の国(天国) / croire en *Dieu* 神を信じる / le *Dieu* des chrétiens キリスト教徒の神.

❷ (多神教の)神. 注 女神は déesse. ▶ les *dieux* de la Grèce ギリシアの神々 / Mars était le *dieu* de la Guerre. マルスは戦の神であった.

❸ 神格化された人間；崇拝の的, アイドル. ▶ Ce chanteur est le *dieu* des jeunes filles. (=idole) この歌手は少女たちの神様なのだ / les *dieux* du stade スター陸上選手たち / faire de qn/qc son *dieu* …を崇拝する.

❹ 話 bête de *Dieu* テントウムシ.

A Dieu ne plaise［***A Dieu ne plaise que*** + 接続法］***!*** 文章 決してそんなことがありませんように［…などということがありませんように］.

au nom de Dieu 切に, ぜひとも. ▶ *Au nom de Dieu*, je te demande de dire la vérité. お願いだから本当のことを言って.

Bon Dieu! = ***Nom de Dieu!*** ちぇっ, 畜生, くそ.

Ce n'est［***C'est***］***pas Dieu possible!*** 俗 まさか, とんでもないことだ(驚き, 憤りなど).

comme un dieu このうえなく, 完璧(ﾍｷ)に.

Dieu! = ***Grand Dieu!*** おやまあ, まあなんと(驚き, 強調).

Dieu merci = ***grâce(s) à Dieu*** = ***Dieu soit loué*** = ***Dieu soit béni*** やれやれ, ありがたいこと に. ▶ *Dieu merci*, il ne s'est rien passé. 幸い何も起こらなかった.

Dieu sait ...《断言を強めて》…は絶対間違いない. ▶ *Dieu sait* que je n'ai pas menti. 私は絶対にうそは言わなかった.

Dieu sait comment［***où, pourquoi, qui, quoi, quel***］どうやって［どこ, なぜ, だれ, 何, どんな］かはわからない. ▶ Il a pu acheter cet appartement de luxe, *Dieu sait comment*. どうやってだかは知らないが, 彼はこの豪壮なマンションを買ったんだ.

Dieu vous garde!《別れの挨拶で》神の御加護を祈ります.

le bon Dieu 話 神様；聖体. ▶ prier *le bon Dieu* 神様にお祈りをする / recevoir *le bon Dieu* 聖体を拝領する.

Mon Dieu! ああ, わあ(驚き, 喜び, 恐怖など). ▶ *Mon Dieu*! Qu'est-ce qu'elle est belle, cette maison! わあすごい, なんてすばらしいんでしょう, この家は.

pour l'amour de Dieu (1) 神意にかなうために. (2) 利害を離れて, 無償で. (3) お願い［後生］から.

Qu'est-ce que j'ai fait au bon Dieu? 話 (神様に何をしたっていうんだ→)なんでこんな目にあわなくちゃいけないんだ.

dif- 接頭 (dis- の別形. f の前で) ❶「欠如, 否定」を表わす. ▶ *dif*ficile 難しい. ❷「分散, 相違」を表わす. ▶ *dif*férent 異なる. ❸「強意」を表わす.

diffamateur, trice /difamatœːr, tris/ 名 中傷者, 名誉毀損(ｷﾝ)者. ― 形 中傷的な.

diffamation /difamasjɔ̃/ 女 ❶ 中傷；《法律》名誉毀損(ｷﾝ)(罪). ▶ intenter à qn un procès en *diffamation* …を名誉毀損で訴える.
❷ 中傷的言辞.

diffamatoire /difamatwaːr/ 形 中傷的な, 名誉を傷つける. ▶ article *diffamatoire* 中傷的な記事.

diffamer /difame/ 他動 …を中傷する.

différé, e /difere/ 形 ❶ 延期された, 後回しの. ❷《番組が》録画［録音］による.
― ***différé*** 男 録音［録画］番組. ▶ émission en *différé* 録音［録画］放送.

différemment /diferamɑ̃/ 副 違った仕方で, 違って (=autrement).

:différence /deferɑ̃ːs/ ディフェランス 女 ❶ 違い, 相違；(数量の)差. ▶ Il y a beaucoup de *différences* entre la France et le Japon. フランスと日本では違うところがたくさんある / Voilà déjà mille euros, vous paierez la *différence*. ここに1000ユーロあるから, 差額はあなた(方)が払ってください / une légère［nette, grande］*différence* 微かな［明らかな, 大きな］違い / droit à la *différence* 違いを主張する権利 / Vive la *différence*! ◆〈*différence* de + 無冠詞名詞〉…の違い, 差. ▶ *différence* d'âge 年齢差 / Entre toi et moi, la *différence* d'opinion est très nette. あなたと私の意見の食い違いは実にはっきりしている. ◆〈数量表現 + de *différence* // *différence* de + 数量表現〉…だけの差. ▶ Il y a une *différence* de dix ans entre lui et sa femme. = Lui et sa femme ont dix ans de *différence*. 彼と奥さんの年は10歳違う.
❷《数学》差；差分.

*à la différence de qn/qc …とは違って.

「à la［***avec cette***］***différence que*** + 直説法 …という違いを除けば, という違いはあるが.

faire des différences「entre A et B［***entre*** + 複数名詞］A と B を差別する［…の間に差別を設ける］. ▶ Je n'ai jamais *fait* de *différence(s) entre* mes deux filles. 私は2人の娘に分け隔てをしたことなどない.

faire la différence 差をつける；違いがある. ▶

C'est ça qui *fait la différence*. そこが一味違う.
faire la [une] différence entre A et B A と B を区別する, の違いを見分ける. ▶ Le japonais ne *fait pas la différence entre* masculin et féminin. 日本語は男性形と女性形の区別をしない.

différenciateur, trice /diferɑ̃sjatœːr, tris/ 形 分化[差異]を生じさせる.

différenciation /diferɑ̃sjɑsjɔ̃/ 女 ❶ 区別(すること), 識別. ❷ 相違が生じること, 分化; 差異化. ▶ la *différenciation* des fonctions dans une entreprise 企業内の機能分化. ❸『生物学』分化. ▶ *différenciation* cellulaire 細胞分化.

différencié, e /diferɑ̃sje/ 形 相違のある, 異なった; 分化した.

différencier /diferɑ̃sje/ 他動 ❶ ⟨*différencier* A (de B)⟩ A を(B と)区別する, 識別する. ▶ Le rire *différencie* l'homme des autres animaux. 笑いは人間を他の動物と区別する特性である. ❷『数学』…を微分する.
— **se différencier** 代動 ❶ ⟨*se différencier* (de qc/qn)⟩ 自分を(…と)区別する; (…と)異なっている; 互いに異なる. ▶ La France *se différencie* des autres pays européens par sa politique culturelle. フランスと他のヨーロッパ諸国との違いはその文化政策にある. ❷ 相違が生じる; 分化する.

différend /diferɑ̃/ 男 意見[利害]の対立, 衝突, 紛争, もめ事. ▶ avoir un *différend* avec qn …ともめる / être en *différend* 紛争中である.

***différent, ente** /diferɑ̃, ɑ̃ːt/ ディフェラン, ディフェラーント/ 形 《名詞のあとまたは属詞として》
❶ ⟨*différent* (de qn/qc)⟩ (…と)異なった, 違った, 別の. ▶ Nous avons des idées *différentes*. 私たちは互いに異なった意見を持っている / complètement *différent* 全く違った / Mon opinion est *différente* de la vôtre. 私の意見はあなた(方)のとは違います. ◆ *différent* de + 無冠詞名詞 …の点で違う. ▶ Ils sont très *différents* de caractère. 彼らは性格がまったく違う.
❷《属詞として》変わってしまった, 元のままでない. ▶ Elle est *différente* maintenant. 彼女は今では別人のようだ. ❸ 斬新(ざんしん)な, 独創的な.
C'est (tout) différent. それとこれとは違う; そ れじゃあ話は別だ. ▶ Il n'est pas paresseux; il est en chômage, *c'est tout différent*. 彼は怠け者じゃなくて失業中なんだ, それを混同してはいけない.
— **différents, entes** 形《不定》《複数形のみ》《名詞の前で》❶ さまざまな, 多様な, いろいろな. 注 定冠詞, 指示形容詞, 所有形容詞などとともに用いる. ▶ Ses *différents* travaux sont tous bien accueillis par le public. 彼(女)の多岐にわたる著作はどれもこれも好評を博している.
❷ いくつかの, さまざまな. 注 無冠詞で用いる. ▶ pour *différentes* raisons 種々の理由から / J'ai visité cet été *différents* pays de l'Est. この夏, 私は東欧諸国を訪れた / *Différentes* personnes ont vu l'accident. さまざまな人が事件を目撃した.

比較 さまざまな, いくつかの
différents, divers《改まった表現》ともに多様性と多数性の両方の概念を含む. **varié** 多様性を示し, différents, divers より意味が強い. **plusieurs** 単に「いくつかの」と複数性を示すこともあるが,「いくつもの」と多数性を強調することが多い. à *plusieurs* reprises 何回も. **quelques** 定冠詞, 指示形容詞, 所有形容詞に先立たれる場合は数の少なさが強調される. それ以外の場合は単に複数性を示す. *quelques* jours après 何日かあとで. **certains** 全体の中の一部としての複数性を示す. dans *certains* pays 一部の国々で.

différentiel, le /diferɑ̃sjɛl/ 形 ❶ 差異を生む, 差別のある. ❷『数学』微分の. ▶ le calcul *différentiel* 微分法[学].
— **différentielle** 女『数学』微分.
— **différentiel** 男『機械』差動装置; (自動車の)ディファレンシャル(ギヤ), デフ.

différer¹ /difere/ 自動 ⟨*différer* (de qn /qc /par [en] qc)⟩ (…の点で…と)異なる, 違う. ▶ Mon opinion *diffère* sensiblement de la vôtre. 私の意見はあなた(方)のとはかなり違う. ❷ ⟨*différer* (selon [suivant] qc)⟩ (…によって)違う, さまざまである. ▶ Le prix de cet article *diffère* selon les magasins. この商品の値段は店によってまちまちだ.
❸ ⟨*différer* sur qc⟩ …について意見が違う. ▶ Elle et moi, nous *différons* sur ce point. 彼女と私はこの点については意見が合わない.

différer en ce que + 直説法 …という点において異なる.

différer² /difere/ 他動 ⟨*différer* qc (+ 時間表現)⟩ …を(…まで)延期する, 延ばす. ▶ *différer* le paiement jusqu'à la fin du mois 支払いを月末まで延ばす /《目的語なしに》Partez sans *différer*.(=tarder) すぐ出発しなさい. ◆ *différer* qc de + 期間 …を…延ばす. ▶ *différer* le [son] départ d'une semaine 出発を1週間遅らせる.

***difficile** /difisil/ ディフィシィル/ 形
❶ ⟨*difficile* (à + 不定詞)⟩ (…するのが)難しい, 困難な; 難解な(↔facile). ▶ un problème *difficile* (à résoudre) 難問 / être dans une situation *difficile* 難しい立場にある / avoir des fins de mois *difficiles* 月末に懐が苦しくなる / C'est *difficile* à expliquer. それを説明するのは難しい / mot *difficile* à prononcer 発音しにくい単語 / Ce qui est *difficile* pour une femme, c'est de concilier le travail et la famille. 女性にとって難しいのは仕事と家庭の両立である. ◆《非人称構文で》Il est [C'est] *difficile* (à [pour] qn) de + 不定詞.(…にとって)…することは難しい. ▶ C'est *difficile* de trouver un taxi à cette heure-ci. こんな時間だからタクシーをつかまえるのはたいへんだ / Il m'est *difficile* de comprendre les jeunes d'aujourd'hui. 最近の若者のことはどうも理解しかねる.
❷ [場所が] 近づきがたい, 険しい, 危険な. ▶ une route *difficile* (d'accès) 難路, 悪路.
❸ 気難しい; 好みのうるさい. ▶ avoir des goûts *difficiles* 趣味がうるさい / être *difficile* pour

[sur] la nourriture 食べ物にうるさい. ◆ (être) *difficile* à vivre〔人が〕扱いにくい. ▶ C'est un homme *difficile* à vivre. あれはなんやかやと気難しい[一緒にいると疲れる]男だ / caractère *difficile* 気難しい性格.
— 名 faire le [la] *difficile* 気難しくする, 文句ばかり言う.

*difficilement /difisilmɑ̃ ディフィスィルマン/ 副 ❶ やっとのことで, 辛うじて. ▶ gagner *difficilement* sa vie 辛うじて生計を立てる. ❷《否定的に》なかなか(しにくい); まず(できない). ▶ s'exprimer *difficilement* en français フランス語で自分の考えを表現するのがうまくできない / Aller à la gare, c'est très simple. On peut *difficilement* se tromper de chemin. 駅に行くのは簡単だ, 道を間違えるということはまずあり得ない.

*difficulté /difikylte ディフィキュルテ/ 女 ❶《la difficulté》難しさ, 困難. ▶ la *difficulté* de la traduction simultanée 同時通訳の難しさ / Je me suis habitué sans *difficulté* à ma nouvelle vie. 新しい生活にも難なく慣れました / marcher avec *difficulté* 歩くのが困難である / En ce cas, la *difficulté* est de convaincre les opposants. そうなると難しいのは反対者を納得させることだ. ◆avoir [éprouver] de la *difficulté* à + 不定詞 …するのに苦労する (=avoir du mal à + 不定詞). ▶ J'ai eu de la *difficulté* à me faire comprendre. 言いたいことがなかなか分かってもらえなくて苦労した.
❷ 困難な事柄, 障害. ▶ *difficultés* financières 財政難 / Cet élève a des *difficultés* en mathématiques. この生徒は数学の出来が思わしくない / Cela ne fait aucune *difficulté*. それにはなんら問題はない / aborder une *difficulté* 困難な事柄に取り組む / Se heurter à de grosses *difficultés* 大きな困難にでくわす. ◆avoir des *difficultés* avec qn …とうまくいかない, 折り合いが悪い (=être en désaccord avec qn).

en difficulté 困難な状況にある. ▶ entreprise *en difficulté* 経営困難にあえぐ企業.
faire des difficultés pour + 不定詞 …するのに難色を示す, なかなか…しない.

diffluence /diflya:s/ 女〔三角州や氷河での〕分流〔分岐〕現象.

difforme /diform/ 形 奇形の, ねじれた; 不均整な, 醜い.

difformité /diformite/ 女 ❶ (肉体の)奇形. ❷ 文章 異常; (精神的)ゆがみ.

diffraction /difraksjɔ̃/ 女〔物理〕(光などの)回折.

diffus, use /dify, y:z/ 形 ❶ 拡散する, (四方に)広がる. ▶ la lumière *diffuse* 散光, 散乱光. ❷ 漠然とした, はっきりしない. ▶ le sentiment *diffus* 漠然とした感情. ❸ 文章〔文体, 作家が〕冗長な, 回りくどい.

diffuser /difyze/ 他動 ❶〔光, 熱など〕を放出する, 拡散させる. 比較 ⇨ RÉPANDRE.
❷ …を放送する, 電波に乗せる. ▶ *diffuser* un concert en direct コンサートを生放送する.
❸〔ニュース, 思想など〕を広める, 伝える. ▶ La presse *a* largement *diffusé* la nouvelle. ジャーナリズムがそのニュースを大々的に報じた.
❹〔書籍, びらなど〕を配給［配布〕する. ▶ un livre mal *diffusé* あまり書店に出回っていない本.
— **se diffuser** 代動 ❶ 拡散する, (四方に)広がる. ❷ 流布する, 普及する.

diffuseur /difyzœ:r/ 男 ❶ (書籍, 新聞などの)配給元, 取次業者. ❷ (ラジオなどの)拡声器.

diffusion /difyzjɔ̃/ 女 ❶ 普及, 伝播(㍂). ▶ la *diffusion* des idées démocratiques 民主主義思想の普及. ❷ 放送. ▶ La *diffusion* des programmes culturels est assurée par la troisième chaîne. 教養番組は第3チャンネルが受け持っている. ❸ (パンフレットなどの)配布; (書籍などの)配給. ❹ (光, 熱, 声などの)拡散.

*digérer /diʒere ディジェレ/ 6 他動 ❶〔食べ物〕を消化する. ▶ Je *digère* mal le lait. 牛乳を飲むと胃腸がおかしくなる / 《目的語なしに》faire une promenade pour *digérer* 消化のために散歩する. ❷〔知識など〕を消化吸収する, 会得する. ▶ connaissances mal *digérées* 生半可な知識.
❸ 話 …を我慢する, 甘受する. ▶ C'est bien dur à *digérer*.(=accepter, 話 avaler) それは認めがたい.
— **se digérer** 代動 消化［吸収］される.

digest /diʒest/ 男《米語》(書物, 論文などの)要約, 摘要, ダイジェスト.

digeste /diʒest/ 形 ❶ 消化されやすい. ❷ 分かりやすい.

digestibilité /diʒestibilite/ 女 消化率.

digestible /diʒestibl/ 形 消化されやすい, こなれがよい.

digestif, ive /diʒestif, i:v/ 形 消化の, 消化のための. ▶ appareil *digestif* 消化器 / sucs *digestifs* 消化液 / avoir des troubles *digestifs* 消化不良を起こしている, 消化器障害がある.
— **digestif** 男 ❶ 食後酒, ディジェスティフ (↔apéritif). ❷ 消化を助ける飲み物, 消化薬.

digestion /diʒestjɔ̃/ 女 ❶ 消化, 消化作用. ▶ médicament qui facilite la *digestion* 消化を助ける薬 / aliments de *digestion* difficile 消化の悪い食べ物 / J'ai une *digestion* difficile. 私は消化不良気味だ. ❷ (知識などの)消化, 理解, 把握.

digicode /diʒikod/ 男 商標 ディジコード: 暗証コードを押してドアを開ける電子ロック.

digital¹, ale /diʒital/; 《男複》*aux* /o/ 形 指の; 指の形の. ▶ empreintes *digitales* 指紋.
— **digitale** 女〔植物〕ジギタリス.

digital², ale /diʒital/; 《男複》*aux* /o/ 形《英語》《情報》デジタルの (=numérique). ▶ enregistrement *digital* デジタル録音.

digitaline /diʒitalin/ 女〔薬学〕ジギタリン: ジギタリスの実から抽出される強心剤.

digitigrade /diʒitigrad/ 形〔動物学〕指先で歩く. — **digitigrades** 男複 指行性動物(犬, ライオンなど).

Digne /diɲ/ 固有 ディーニュ: Alpes-de-Haute-Provence 県の県庁所在地.

*digne /diɲ/ 形 ❶〈*digne* de qc/不定詞〉…に値する, するに足りる. ▶ témoin *digne* de foi 信用できる証人 / remarque *digne* d'être notée 注目に値する指摘. ❷ ‹*digne* de qn/qc› …にふさわしい，釣り合った. ▶ un roman *digne* d'un grand écrivain 大作家の名に恥じない小説 / écrivain *digne* de ce nom 作家の名に値すまる /《Il a oublié son passeport et n'a pas pu prendre son avion.—C'est bien *digne* de lui.》「彼はパスポートを忘れて，飛行機に乗れなかったよ」「彼ならやりそうなことだ」❸ 堂々とした，威厳のある；もったいぶった. ▶ Il restait *digne* en cette circonstance difficile. 彼はこのような窮地にあっても毅然(きぜん)としていた. *Voilà un garçon qui est bien digne de son père.* = *C'est le digne fils de son père.* この父ありてこの子あり.

dignement /diɲmɑ̃/ 副 堂々と，威厳をもって，毅然(きぜん)として.

dignitaire /diɲitɛːr/ 男 地位の高い人，高官.

dignité /diɲite/ 女 ❶ 威厳，品位；誇り，自尊心. ▶ avoir de la *dignité* 威厳がある / un comportement qui manque de *dignité* 品位を欠く行動. ❷《la *dignité*》尊さ，尊厳. ▶ la *dignité* humaine 人間の尊厳 / la mort dans la *dignité* 尊厳死. ❸ 高位，顕職；《複数で》高位［顕職］にある人々. ▶ Il a été élevé à la *dignité* de vice président. 彼は副大統領の顕職に上げられた.

digression /digresjɔ̃/ 女《講演などで》余談，脱線. ▶ faire une *digression* 主題からそれる，脱線する.

digue /dig/ 女 ❶ 土手；堤防，突堤. ❷ 障害，妨げ. ▶ mettre une *digue* aux ambitions démesurées de qn …のとんでもない野心に歯止めをかける.

Dijon /diʒɔ̃/ 固有 ディジョン：Côte-d'Or 県の県庁所在地.

diktat /diktat/ 男《ドイツ語》❶《強国が小国に押しつける》強制条約. ❷ 話 強要，無理強い.

dilacérer /dilasere/ 6 他動 ❶ …を引き裂く，ばらばらにする；〔契約など〕を破棄する. ❷〔医学〕〔組織〕を切り裂く.

dilapidateur, trice /dilapidatœːr, tris/ 形 浪費する；横領する. — 名 浪費家；横領者.

dilapidation /dilapidasjɔ̃/ 女 浪費，乱費；横領，着服.

dilapider /dilapide/ 他動 ❶ …を浪費する，乱費する. ▶ *dilapider* sa fortune 財産を使い果たす. ❷ …を横領する. ▶ *dilapider* les fonds publics 公金を着服する.

dilatabilité /dilatabilite/ 女〔物理〕膨張性.

dilatable /dilatabl/ 形 膨張性のある.

dilatation /dilatasjɔ̃/ 女 膨張，拡張. ▶ la *dilatation* de la pupille 瞳孔(どうこう)の拡大.

dilater /dilate/ 他動 ❶ …を膨張させ，拡張させる. ▶ La chaleur *dilate* les corps.（↔contracter）熱は物体を膨張させる / *dilater* les narines 鼻孔を膨らませる. ❷〔心など〕を晴れやかにする；〔心などが〕開く，晴れ晴れする.
se dilater la rate 話 大笑いする.
se dilater les poumons 大きく息を吸い込む.

dilatoire /dilatwaːr/ 形 ❶ 時間稼ぎの. ▶ donner une réponse *dilatoire* 逃げ口上を言う. ❷〔法律〕〔判決などを〕遅らせる，延期する.

dilemme /dilɛm/ 男 ❶ 板挟み，ジレンマ. ▶ se laisser enfermer dans un *dilemme* ジレンマに追い込まれる，窮地に立たされる. ❷〔論理学〕両刀論法，ジレンマ.

dilettante /dilɛ(t)tɑ̃ːt/《イタリア語》名 好事家，愛好家，ディレッタント；《特に》音楽愛好家，文芸愛好家. ▶ pratiquer un sport en *dilettante* (=amateur) 趣味でスポーツをする. — 形 ディレッタントの.

dilettantisme /dilɛtɑ̃tism/ 男 道楽，趣味，芸術愛好. ▶ faire qc par *dilettantisme* 道楽で…をする.

diligemment /diliʒamɑ̃/ 副 文章 ❶ 迅速に. ❷ 熱心に，勤勉に；入念に.

diligence¹ /diliʒɑ̃ːs/ 女 ❶ 文章 勤勉，熱心；敏速. ▶ exécuter les ordres avec *diligence* 命令をてきぱきと実行する / en (grande) *diligence* 大急ぎで. ❷〔法律〕‹à la *diligence* de qn› …の申し出［請求］により.
faire (grande) diligence 文章 急ぐ，大急ぎでする.

diligence² /diliʒɑ̃ːs/ 女 乗り合い馬車，駅馬車.

diligent, ente /diliʒɑ̃, ɑ̃ːt/ 形 文章 ❶ 勤勉な，熱心な；迅速な (=prompt). ▶ secrétaire *diligente* きびきびした女性秘書. ❷ 行き届いた，入念な.

diluant /dilyɑ̃/ 男〔絵画〕溶き油.

diluer /dilye/ 他動 ❶ …を溶かす；薄める，希釈する. ▶ *diluer* du sirop avec de l'eau シロップを水で薄める. ❷《多く過去分詞形で》〔文章など〕の説得力を弱める. ▶ un exposé trop *dilué* 長すぎて退屈な発表.
— *se diluer* 代動 溶ける，薄まる.

dilution /dilysjɔ̃/ 女 溶解，希釈.

diluvien, enne /dilyvjɛ̃, ɛn/ 形 大洪水の. ▶ pluie *diluvienne* 豪雨.

Dim /dim/ 商標 ディム：ストッキングのブランド.

*dimanche /dimɑ̃ːʃ/ ディマーンシュ 男

日曜日. ▶ aller à la messe le *dimanche* 毎日曜日にミサに行く / Venez nous voir *dimanche*. 今度の日曜日に遊びに来て下さい / On se verra un *dimanche*. いつか日曜日にまた会いましょう.
Ce n'est pas tous les jours dimanche. 人生楽しいことばかりではない.
du dimanche 話 下手な，素人の. ▶ chauffeur *du dimanche* 運転の未熟なドライバー / peintre *du dimanche* 日曜画家，アマチュアの画家.
habits ［*vêtements*］ *du dimanche* 晴れ着.
「*se mettre* ［*s'habiller*］ *en dimanche* 古風 盛装をする，よそ行きを着る.

dîme /dim/ 女 ❶ 10分の1税. ❷ ダイム：米国の10セント硬貨. *lever* ［*prélever*］ *une dîme sur qc* …から上前をはねる.

***dimension** /dimɑ̃sjɔ̃/ ディマンスィョン 女 ❶ 大き

dîmes

さ, 寸法, サイズ. ▶ Quelles sont les *dimensions* de la pièce? 部屋の大きさはどれくらいですか / prendre les *dimensions* de qc …の寸法を測る(⇨ 成句).

❷ 規模, 重大さ;(重要な)側面, 意味. ▶ entreprise de *dimension* internationale 国際規模の企業 / Comment a-t-il pu commettre une faute de cette *dimension*? なぜ彼はこれほどの重大な過ちを犯すことになったのか / Ce problème a des *dimensions* politiques. この問題には政治的側面がある.

❸〖数学〗〖物理〗次元. ▶ l'espace à trois *dimensions* 3次元空間 / la quatrième *dimension* 第4次元.

à la dimension [aux dimensions] de qc …の大きさに応じた; にふさわしい. ▶ Cette tâche est *à la dimension de* son talent. これは彼(女)の才能に見合った仕事だ.

prendre 「*la dimension* [*les dimensions*]」 *de qc* (1) …の重大さを推し量る. (2)〔物が〕…に至る, 広がりを持つ. ▶ L'accident *a pris les dimensions d*'une catastrophe. 事故は大惨事となった.

dîmes /dim/ 活用 ⇨ DIRE¹ 75

diminué, e /diminɥe/ 形 ❶ 減少した, 減らされた. ❷ 衰えた, 弱った. ▶ Mon oncle est bien *diminué* depuis sa maladie. 叔父は病気してからずいぶん体が弱った. ❸〖音楽〗減音程の. ❹ rang *diminué*(編み物の)減らし目.

*****diminuer** /diminɥe/ ディミニュエ 他動 ❶ …を小さくする, 減らす, 下げる. ▶ *diminuer* les prix 物価を下げる / *diminuer* la vitesse 速度を落とす / *diminuer* les impôts 税金を下げる. ❷〔力など〕を弱める;〔人〕を衰弱させる. ▶ La maladie a *diminué* ses forces. 彼(女)は病気で体力が衰えた / un remède qui *diminue* la souffrance 痛みを抑える薬. ❸〔人〕の(信用, 評価など)をおとしめる, 辱める. ❹ 話〔人〕の給料を下げる.
— *****diminuer** 自動 ❶ 減る, 下がる; 弱まる. ▶ Le nombre d'accidents de la circulation *a diminué* de 5% [cinq pour cent] cette année. 交通事故件数は今年5パーセント減少した / Les jours *diminuent*. 日が短くなる / La chaleur *a* nettement *diminué* aujourd'hui. 今日は暑さがずいぶん和らいだ. ❷ 値下がりする. ▶ Les prix *diminuent*. 物価が下がっている.

diminutif, ive /diminytif, iːv/ 形〖言語〗指小的(↔augmentatif). ▶ suffixe *diminutif* 指小接尾辞(例: -et, -ette).
— **diminutif** 男 ❶〖言語〗指小辞; 指小辞(例: tablette は table の指小辞). ❷ 愛称(例: Pierrot は Pierre の愛称).

diminution /diminysjɔ̃/ 女 ❶ 減少, 低下, 軽減. ▶ *diminution* des impôts 減税 / *diminution* des forces 体力の衰え / *diminution* des heures de travail 労働時間の短縮 / Faites-moi une *diminution* sur le prix. 値段を安くして下さい. ▶ être en *diminution* 減少中である. ▶ Les effectifs de cette école sont en *diminution* constante depuis quelques années. この学校の生徒数は数年前からずっと減少傾向にある. ❷ 衰弱, 減退. ❸ (編み物の)減らし目.
比較 減少, 低下
diminution 人為的に減らす場合にも, 自然に減少する場合にも用いられる. **réduction** 人為的に減らすこと. 特に価格の割引を指すことが多い. **baisse** 自然に減ること, 下がること. **chute** 急激な低下, 減少をいう.

dinanderie /dinɑ̃dʀi/ 女〖食器, 壺(ﾂﾎﾞ), 燭台(しょくだい)などの〗真鍮(しんちゅう)製家庭用品.

dinar /dinaːʀ/ 男 ディナール: チュニジア, アルジェリア, ユーゴスラビアなどの通貨単位.

dinde /dɛ̃d/ 女 ❶ 雌の七面鳥; 七面鳥の雛(ひな). ❷ 話 愚かでうぬぼれ屋の女.
plumer la dinde 俗 だまされやすい人から巻き上げる, いいかもにする.

dindon /dɛ̃dɔ̃/ 男 ❶ 雄の七面鳥. ❷ 話 だまされやすい間抜けな男.
être le dindon (de la farce) だまされる; 笑いものになる.

dindonneau /dɛ̃dɔno/(複) **x** 男 七面鳥の雛(ひな).

dindonner /dɛ̃dɔne/ 他動 古風・話 …をだます, かつぐ. ▶ un mari *dindonné* 寝取られた亭主.

*****dîner¹** /dine/ ディネ 自動 ❶ 夕食を取る. ▶ *inviter* qn *à dîner* …を夕食に招待する / *dîner en ville* 外食する. ❷ スイス ベルギー カナダ 昼食を取る.
Qui dort dîne. 諺(眠る者は食事をする→)眠っていれば空腹を忘れる.
— 間他動〈*dîner* de qc〉…を夕食として食べる. ▶ J'ai *dîné* de pain et de fromage. パンとチーズで夕食を済ませた.

*****dîner²** /dine/ ディネ 男 ❶ 夕食, 晩餐(ばんさん)(会). ▶ A table, le *dîner* est... ご飯ですよ, 夕食の準備ができました / prendre le *dîner* 夕食を取る / inviter qn au *dîner* …を夕食に招待する / le *dîner* d'affaires 会食 / servir le *dîner* 夕食を出す. ❷ 《他の名詞とハイフン(-)で結び付いて, 同格的に》夕食付きの. ▶ *dîner*-spectacle ディナーショー.

dînette /dinɛt/ 女 ❶ ままごと. ▶ jouer à la *dînette* ままごと遊びをする. ❷ ままごと道具 (=*dînette* de poupée). ❸ 話(内輪の)軽い食事. ▶ faire la *dînette* ささやかな食事を取る.

dîneur, euse /dinœːʀ, øːz/ 名 夕食を取る人;《特に》(レストラン, パーティーの)夕食客.

ding /diŋ; dɛ̃/ 間投 リーン, ジリジリ, カーンコーン(鐘, 呼び鈴, ベルなどの).

dinghy /diŋgi/(複) ~s (または **dinghies**) 男《英語》救命ゴムボート.

dingo¹ /dɛ̃go/ 男《英語》〖動物〗ディンゴ: オーストラリアの野生犬.

dingo² /dɛ̃go/ 形, 名 《不変》古風・話 頭のおかしな(人).

dingue /dɛ̃ːg/ 形 話 ❶ 頭のおかしな. ▶ Tu es *dingue* d'avoir accepté ça. それを承知するなんて君はどうかしている. ❷ 変な, 奇抜な, 信じがたい. ▶ La soirée chez Jean? Oh! c'était complètement *dingue*! ジャンの家でのパーティーって? いや, あれは前代未聞だったよ. ― 名 頭のいかれた人. ▶ doux *dingue* 天然ボケの人.

dinguer /dɛ̃ge/ 自動 話 (強い力に飛ばされて)倒れる；落ちる．▶ faillir, aller, venir, faire などのあとに不定形で用いられることが多い．▶ Les fruits sont allés *dinguer* sur le trottoir. 果物が歩道に散らばった．

envoyer dinguer qn/qc 話 …を追い払う；ほうり出す．

dinguerie /dɛ̃gri/ 女 話 常軌を逸したこと；ばかげたこと．

dinosaure /dinɔzɔːr/ 男 恐竜．

diocésain, aine /djosezɛ̃, ɛn/ 形〖キリスト教〗司教区の；監督管区の．
— 名 (司教区の)信徒；(監督管区の)信徒．

diocèse /djosɛːz/ 男〖キリスト教〗(カトリックの)司教区；(プロテスタントの)監督管区．

diode /djɔd/ 女〖エレクトロニクス〗ダイオード．

dionysiaque /djɔnizjak/ 形 ❶〖古代ギリシア〗ディオニュソス Dionysos の．❷ 文章 (ディオニュソスのように)激情的な，陶酔的な；(ニーチェ哲学で)ディオニソス型の．

dionysien, enne /djɔnizjɛ̃, ɛn/ 形 サン=ドニ Saint-Denis の．— 名 サン=ドニの人．

Dionysos /djɔnizɔːs/ 固名〖ギリシア神話〗ディオニュソス：ぶどう酒と豊穣(ほうじょう)の神．

dioptrie /djɔptri/ 女〖光学〗ジオプトリー：レンズの屈折力の単位．

diorama /djɔrama/ 男 ジオラマ，透視画：19世紀にパノラマと競って流行した見せ物．

dioxine /djɔksin/ 女〖化学〗ダイオキシン．

dioxyde /djɔksid; djɔksid/ 男 二酸化物．▶ *dioxide* de carbone 二酸化炭素．

diphtérie /difteri/ 女〖医学〗ジフテリア．

diphtérique /difterik/ 形〖医学〗ジフテリア(性)の．— 名 ジフテリア患者．

diphtongaison /diftɔ̃gɛzɔ̃/ 女〖音声〗二重母音化．

diphtongue /diftɔ̃ːg/ 女〖音声〗二重母音．

diphtonguer /diftɔ̃ge/ 他動〖音声〗…を二重母音化する．
— **se diphtonguer** 代動 二重母音になる．

diplomate /diplɔmat/ 名 ❶ 外交官．▶ *diplomate* de carrière 生え抜きの[キャリア]外交官 /《同格的に》une femme *diplomate* 女性外交官(また une *diplomate*)．
❷ かけひきのうまい人，策謀家．
— 男〖菓子〗ディプロマット：ババロアの中にビスケットと砂糖漬けの果物を入れた冷たいデザート．
— 形 かけひきのうまい，外交的手腕のある．

*****diplomatie** /diplɔmasi/ ディプロマスィ/ 女 ❶ 外交；外交官の職；《集合的に》外交官．▶ entrer dans la *diplomatie* 外交官になる / exercer une *diplomatie* dynamique 積極的な外交を行う．❷ 外交的手腕，かけひき．▶ agir avec *diplomatie* 如才なく立ち回る；巧みに世渡りする．

*****diplomatique** /diplɔmatik/ ディプロマティック/ 形 ❶ 外交(上)の．▶ corps *diplomatique* 外交団 / milieux *diplomatiques* 外交筋 / incident *diplomatique* 外交トラブル / négociations *diplomatiques* 外交交渉 / par (la) voie *diplomatique* 外交ルートを通じて / rompre [renouer] les relations *diplomatiques* avec un État ある国と国交を断絶[回復]する．❷ 外交的な，かけひきを含んだ．▶ langage *diplomatique* 外交辞令，おべんちゃら / maladie *diplomatique* 話 仮病 / Ce n'est pas *diplomatique*. それはうまくない．

diplomatiquement /diplɔmatikmɑ̃/ 副 ❶ 外交的に，外交によって．❷ 臨機応変に，巧みに．

*****diplôme** /diploːm/ ディプローム/ 男 ❶ 免状，免許(状)；証書．▶ obtenir [décerner] un *diplôme* 免状を受ける[授与する] / *diplôme* de licencié 学士免状 / *diplôme* de fin d'études 卒業[学士修了]証書 / être détenteur d'un *diplôme* 免状の取得者である / *diplôme* d'études approfondies (大学院第3期課程第1年目修了の)高等教育免状(略 DEA) / *diplôme* d'infirmière 看護士免許．
❷ 免許取得試験．▶ passer un *diplôme* 免許取得試験を受ける．

diplômé, e /diplome/ 形 免状[免許]を取得した；《特に》高等教育を修了した．▶ être *diplômé* de Harvard ハーバード大学卒である / architecte *diplômé* par le gouvernement 政府認定建築士．— 名 免状[免許]取得者．

diptère /diptɛːr/ 形〖昆虫が〗双翅目(そうし)の．
— **diptères** 男複〖昆虫〗双翅目(ハエ，アブ，カなど)．

diptyque /diptik/ 男 ❶ ディプティカ，2枚折りの絵[浮き彫り]．❷ (文学作品などの)2部作．

*****dire**¹ /diːr/ ディール/ 75 他動

過去分詞 dit	現在分詞 disant
直説法現在 je dis	nous disons
tu dis	vous dites
il dit	ils disent
複合過去 j'ai dit	半過去 je disais
単純未来 je dirai	単純過去 je dis
接続法現在 je dise	

❶ …を言う，述べる，言い表わす．▶ *dire* son avis 意見を言う / *dire* du bien [mal] de qn …をほめる[けなす] / *dire* bonjour de la main 手でこんにちはと挨拶(あいさつ)する / Comment *dit*-on chien en anglais?「犬」は英語でなんと言いますか / Son visage *disait* tout son découragement. 彼(女)の顔には落胆の色がありありと現れていた．

❷《直接・間接話法を導いて》<*dire* ＋ 直接話法 // *dire* que ＋ 直説法>…と言う，告げる．▶ Il *a dit*:《 Je suis malade 》. = Il *a dit* qu'il était malade. 彼は自分が病気だと言った / La météo *dit* que le beau temps ne durera pas. 天気予報によると晴天は長続きしないそうだ / L'homme, *dit* Pascal, n'est qu'un roseau. 人間は1本の葦(あし)にすぎないとパスカルは言っている(注 挿入，後置されると dire は主語と倒置) / Je ne *dis* pas qu'il l'a fait. 彼がそれをやったとは言っていない(注 主節が否定のとき，que 以下が断定なら直説法，疑念なら接続法)．◆*dire* ＋ 間接疑問節 …か教える．▶ *Dites*-moi pourquoi elle pleure. 彼女がなぜ泣いているのか教えてよ / L'avenir *dira* si

dire

mon choix était le bon. 私の選択が正しかったかどうか今に分かるだろう. 比較 ⇨ PARLER¹.

❸ ⟨*dire* à qn de + 不定詞 //dire que + 接続法⟩ …に…しろと命じる. ▶ *Dites*-lui de partir. = *Dites*-lui qu'il parte. 出発するよう彼に言いなさい / Je lui *ai dit* de ne pas me téléphoner le soir après dix heures. 私は彼(女)に夜10時以降は電話するなと言った.

❹ ⟨*dire* qn/qc + 属詞⟩…が…だと言う. ▶ On le *dit* mort. 彼は死んだといううわさだ.

❺ ⟨*dire* + 不定詞⟩自分が…すると言う. ▶ Elle *dit* l'avoir déjà rencontré. 彼女は彼に以前会ったことがあると言う.

❻ ⟨疑問詞 que + *dire* de qc⟩…のことをどう思うか. ▶ Qu'est-ce que tu *dis* de ma robe? このドレスをどう思う / Que *diriez*-vous d'une promenade? 散歩などいかがですか.

❼ ⟨*dire* à qn (+ 不定代名詞)⟩〔物事が〕…の心に(何か)を訴える. ▶ Sa tête me *dit* quelque chose. 彼(女)の顔には見覚えがある // 《 Ça te *dit* (d'aller au cinéma)?—Ça ne me *dit* rien.》「映画に行くなんてどう」「全然気が向かない, ぴんと来ない」

❽ …を朗読する, 暗唱する. ▶ *dire* un poème 詩を朗読する / *dire* la messe ミサを挙げる.

❾ 〔将来〕を予言する.

❿ (目的語なしに)(トランプ, ゲームで)コールする.

A qui le 「dites-vous [dis-tu]! そんなことは言われなくても知っている.

avoir quelque chose à dire 文句(異論)がある.

avoir son mot à dire (sur qc) (…について)意見がある, 一家言ある.

à vrai dire = *à dire vrai* 実を言うと.

ce disant こう言いながら.

Cela va sans dire. それは言うまでもない.

Ce n'est pas à dire (pour cela) que + 接続法. (それだからと言っても)…だと言うわけではない.

Ce n'est pas pour dire, mais ... 話 こう言ってはなんですが….

ce que j'en dis = ce que je t'en dis // ce que je vous en dis 話 (言い過ぎを恐れて)まあたいしたことはないと思うけれど.

C'est beaucoup 「trop] dire. それは言い過ぎだ.

C'est celui 「celle] qui dit qui y 「l']est! 話 (悪口を言った相手に)それは自分のことだろ.

C'est moi qui vous le dis! = Puisque je vous le dis! 話 私がそう言うのだから間違いはない, 請け合うよ.

C'est (juste [seulement]) pour dire. 話 (失言して)いや, ちょっと言ってみただけですよ.

C'est toi 「vous] qui le dis [dites]. 話 君〔あなた〕はそう言うけどどうかな.

comment dirais-je (挿入句的)なんと言いましょうか.

Comme je vous 「te] le dis! 全くその通りだ.

comme on dit よく言うように, いわば.

comme qui dirait 話 いわば, ほとんど…のような.

Dire que + 直説法. 《驚き, 憤慨を表わして》考えてもみたまえ, …というのに. ▶ *Dire qu'*il est onze heures et qu'elle n'est pas encore rentrée. 11時だというのに彼女はまだ戻ってこないんだ.

dis [dites] 《間投詞的に》ねえ, おい. ▶ *Dis*, maman. ねえ, ママ / *Dites* donc! Vous ne pourriez pas faire attention! おい, 注意してくれよ.

disons たとえば, 言ってみれば. ▶ Venez un de ces jours, *disons* mardi. 近いうちに, そう, 火曜日にでもいらっしゃい.

disons-le = disons le mot はっきり〔率直〕に言うと, 正直言って.

en dire long (sur qc) (…を)雄弁に物語る. ▶ Ces quelques paroles *en disent long* sur ses véritables intentions. この二言, 三言が彼(女)の意図を明白に物語っている.

Est-ce (à) dire que + 直説法/接続法 ? それは…ということですか.

Il n'y a pas à dire. = Y'a pas à dire. そのとおりだ, 反論の余地がない.

(J'aime) autant dire te [vous] le dire. 話 いやほんと, マジで.

..., je ne dis pas, mais ... 話 …なら認めるが…, 確かに…だが…. ▶ C'est un enfant, *je ne dis pas*, mais il faut le gronder quand même. 確かにまだ子供です, でもやはりしからなくては.

Je (ne) te [vous] dis pas. 話 (口では言えないほど→)すごく, すごい.

Je ne te [vous] dis que cela [ça]. (称賛, 驚きなどを表わって)まったく驚いたよ, いや本当だよ.

Je ne vous [te] le fais pas dire. あなたも今自分からそう言ったじゃないですか

Je vous [te] l'avais (bien) dit. だから言ったじゃありませんか.

juste pour dire 話 手短に言うと; ほんのちょっと.

ne pas savoir ce qu'on dit でたらめを言う, わけの分からぬことを言う.

ne pas se le faire dire deux fois (同じことを二度言わせない→)すぐ言われたとおりにする.

on dirait qn/qc [que + 直説法] まるで…のようだ, …のように思える. ▶ Regarde ce tableau. *On dirait* une photo. この絵を見てごらん, 写真みたいだ (注 文章語では on *dirait* de qn/qc) / *On dirait* qu'il va pleuvoir. 雨になりそうだ.

On dit ça! 話 《相手の言っていることを疑って》また心にもないことを.

on dit que + 直説法 …と言われている(⇨ 語法).

pour ainsi dire いわば.

pour mieux dire より正確に言えば, むしろ.

pour ne pas dire ... と言って悪ければ. ▶ C'est une maladresse, *pour ne pas dire* une bêtise. それはへまとまでは言わないが不手際ではある.

pour tout dire 要するに.

que dis-je (挿入句で)それどころか, いや. ▶ J'ai mis des semaines *que dis-je*, des mois entiers pour finir ce travail. この仕事を終えるのに数週間, いやまるまる数か月かかった.

Qu'est-ce à dire? 《驚き, 不満を表わして》それはどういうことですか.

Que tu dis [Que vous dites] ! 話 はたしてそう

かな, と君[あなた]はおっしゃいますがね.
Qui dit A dit B. A というのは B ということである. ▶ *Qui dit* argent *dit* problème. 金といえばトラブルが付き物だ.
Qu'on se le dise! 語 (今述べたことを)心にとめて欲しい; よく覚えておけ.
sans mot dire ひとことも言わずに, 黙って.
si j'ose dire あえて言えば, 言わせてもらうなら.
si le cœur vous en dit お望みなら, その気になったら.
Si vous voyez ce que je veux dire. 私の言いたいことは分かるでしょう.
Tu l'as dit [*Vous l'avez dit*]*!* 語 そうだ, 君[あなた(方)]の言うとおりだ.
*vouloir dire 言わんとする; 意味する. ▶ Qu'est-ce que ça *veut dire?* 語 それはどういうこと[意味]ですか / Ça dit bien ce que ça *veut dire*. 語 言い得て妙だ.
Vous avez dit ...? 語 (言葉遣いに違和感を示して) ...だって?, ...とは.
Vous dites? (聞き返して)えっ, なんですか.
— *se dire* 代動 ❶ <*se dire* que + 直説法> // *se dire* + 直説話法> (自分自身で)思う, 考える. 注 se は間接目的. ▶ ≪ J'ai eu tort ≫, *s'est-il dit*. 「自分が間違っていた」と彼は思った / *Dites-vous* bien que la tâche est difficile. その任務にしんどいんだと覚悟しなさい.
❷ <*se dire* + 属詞> (自分を)…だと言う; 自称する. ▶ Il *se dit* votre ami. 彼はあなた(方)の友達だと言っている / Elle *se dit* heureuse. 彼女は自分では幸せだと言っている.
❸ [言い回しなどが]用いられる, 言われる. ▶ Cela ne *se dit* plus. その言い方はもうしなくなった / Comment ça *se dit* en français? フランス語ではそれをどう言いますか. ◆ *se dire* de qc/qn ▶ Le mot ≪ sympathique ≫ *se dit* d'une personne ou d'une chose agréable. sympathique (感じよい)という語は気持ちのいい人や物についていう.
❹ 互いに…を[と]言う. 注 se は間接目的. ▶ *se dire* au revoir 互いにさよならを言う.
On se dirait + 場所 まるで…にいるようだ.

語法 on dit que と il paraît que

(1) <on dit que + 直説法>
on dit que ... は que 以下の情報が, 有力な見方として一般に認められている場合に用いられる. それで On dit partout que ... (…と至る所で言われている), On dit dans le milieu industriel japonais que ... (日本の実業界では…ということがよく言われる)などのように, 情報の「社会的共有度の高さ」を示す表現を on dit のあとに挿入することができる. また話者は集団的な主体 on による que 以下の断言を紹介しつつ, 自分の意見を留保しているので on dit que ... のあとで自分の意見を言うことができる.

• On dit communément que les Français sont très individualistes. Et je suis bien d'accord. フランス人は個人主義者だとよく言われるが, 私もまったくそう思う.

(2) <il paraît que + 直説法>

この形は, que 以下の情報を「新聞で読んだり, テレビで見たり, あるいは人から聞いた」というときに用いられる. 多くの人がそう考えているかどうかは無関係で, souvent (しばしば), partout (至る所で)などの副詞(句)は挿入できない. il paraît que ... は que 以下の事柄に関して話者は「人から聞いた」というだけで, 判断能力を持たないことを示している. したがって話者は que 以下の断言を疑うことはできるが, 賛成や反対はできない.

• Il paraît que le manga est très populaire en France. C'est vrai ? フランスではマンガが大人気と聞いたが, 本当ですか.

ここで C'est vrai ? の代わりにたとえば Mais je pense que ce n'est pas vrai. (しかし私はそれは真実ではないと思う)とは言えない. これには話者の判断が入っているからである.

dire² /diːr/ 男 (複数で)発言, 報告. ▶ se fier aux *dires* d'un témoin 証人の言うことを信用する.
au [*selon le*] *dire de qn* …の話によると.

***direct, e** /dirɛkt ディレクト/ 形 ❶ 直線的な; (交通・通信手段などが)直通の. ▶ La route est *directe* pour aller à Paris. この道をまっすぐ行けばパリに / le chemin le plus *direct* 一番の近道 / train *direct* 直行列車 / De Montparnasse à Pigalle, c'est *direct* en métro. モンパルナスからピガールまでは地下鉄で1本だ.
❷ 直接の (↔indirect). ▶ impôt *direct* 直接税 / suffrage *direct* 直接選挙 / vente *directe* 直売 / raison *directe* 直接の原因.
❸ 単刀直入な, 露骨な. ▶ faire une allusion *directe* à qn …に対して露骨に当てこすりを言う.
❹ 正の, 順の. ▶ en raison *directe* de qc …に正比例して. ❺ [文法] complément (d'objet) *direct* 直接(目的)補語 / discours [style] *direct* 直接話法.
— **direct** 男 ❶ (ボクシングの)ストレート.
❷ 直行列車.
en direct 生放送[生中継]で (↔en différé). faire une émission en *direct* de New York ニューヨークから生中継で放送する.

***directement** /dirɛktəmɑ̃ ディレクトマン/ 副 ❶ (回り道をしないで)まっすぐに. ▶ Tu rentres *directement* chez toi ? 君まっすぐ帰るのかい.
❷ 直接に, じかに; いきなり. ▶ s'adresser *directement* à qn …にじかに話をする / entrer *directement* dans le vif du sujet いきなり問題の核心に入る.

***direct|eur, trice** /dirɛktœːr, tris ディレクトゥール, ディレクトリス/ 名 ❷ ❶ 長, 局長, 部長, 所長, 校長, ディレクター, 支配人, 配下人. ▶ président-*directeur* général 取締役会会長兼社長; 社長(略 PDG) / *directeur* général (副)社長, 専務取締役; (行政機関の)局長 / *directeur* administratif [commercial] 総務[営業]部長 / *directeur* du personnel 人事部長 / *directeur* d'usine 工場長 / *directrice* d'un lycée リセの女性校長(男性校長は proviseur, principal) / *directeur* artistique d'école 小学校の校長 / *directeur* artistique アートディレクター. ❷ [歴史] (フランス革命期の総裁政府 Directoire の)総裁.

directif

― 形 ❶ 指導的な，主軸となる． ▶ comité *directeur* 重役会；役員会 / les lignes *directrices* d'une politique 政策の基本路線.
❷〖自動車〗 roue *directrice* 操舵(そうだ)輪；前輪.

directif, ive /direktif, i:v/ 形 指導的な，指導性の強い；専横な．
― **directive** 女《多く複数で》指示，命令，指令；行動方針；（政党などの）綱領.

***direction** /dirɛksjɔ̃/ ディレクスィヨン/ 女 ❶ 方向，方角． ▶ la *direction* du vent 風向き / prendre la *direction* de la gare 駅の方に向かう / changer de *direction* 進路を変える / Vous n'êtes pas dans la bonne *direction*. あなた（方）は道を間違えている / Pardon, monsieur, quelle est la *direction* de Paris ? すみません，パリへ行くのはどちらですか.
❷（思想，行動などの）**方向性**，方針． ▶ faire des expériences dans une *direction* nouvelle 新しい角度から実験を行う.
❸ **指導**，指揮；管理，経営． ▶ prendre la *direction* du gouvernement 政権を掌握する / confier à qn la *direction* d'une entreprise ある会社の経営を…にゆだねる.
❹（組織の）**長（の職），幹部，首脳陣；職権，権限**． ▶ la *direction* générale （株式会社の）最高経営執行機関；（集合的に）取締役 / être nommé à la *direction* du personnel 人事部長に任命される.
❺（官庁などの）**部，局**． ▶ la *direction* de l'Enseignement primaire 初等教育局.
❻〖自動車〗 ステアリングギア，舵(かじ)取り機構． ▶ *direction* assistée パワーステアリング.

dans la direction de qc/qn …に向かって，のほうへ.
dans toutes les directions あらゆる方向に，四方八方に.
en direction de qc/qn (1)…に向かって． (2)…行きの． ▶ train *en direction de* Paris パリ行きの列車.
sous la direction de qn (1)…の指導［管理］のもとで． (2)…の指揮による.

directionnel, le /dirɛksjɔnɛl/ 形 指向性の． ▶ antenne *directionnelle* 指向性アンテナ.

directivité /dirɛktivite/ 女 ❶（アンテナの）指向性． ❷（指導，教育などにおける）強力な指導性.

directoire /dirɛktwaːr/ 男 ❶（株式会社の）取締役会． ❷ le Directoire 〖歴史〗（フランス革命時の）総裁政府.

directorial, ale /dirɛktɔrjal/;《男複》**aux** /o/ 形（社長，所長，部長など）長の.

dirent, direz /diːr, dire/ 活用 ⇨ DIRE¹ 75

dirigé, e /diriʒe/ 形 ❶ 指導下に行われる，管理された；方向づけを持った． ▶ économie *dirigée* 統制経済 / travaux *dirigés*（学校の）指導演習［科目］． ❷（ある方向に）向けられた.

dirigeable /diriʒabl/ 形 操縦できる．
― 男 飛行船（= ballon dirigeable）.

dirigeant, ante /diriʒɑ̃, ɑ̃:t/ 形 指導する，支配する． ▶ la classe *dirigeante* 支配階級．
― 名 指導者，幹部.

*dirige**r** /diriʒe/ ディリジェ/ ② 他動

| 過去分詞 dirigé | 現在分詞 dirig**e**ant |

直説法現在	je dirige	nous dirig**e**ons
	tu diriges	vous dirigez
	il dirige	ils dirigent

❶ …を経営する，管理する，運営する． ▶ *diriger* une usine 工場の管理・運営に当たる / *diriger* une entreprise 企業を経営する / *diriger* un pays (= gouverner) 一国の舵(かじ)取りをする.
❷ …を指揮する，指導する． ▶ *diriger* un orchestre オーケストラを指揮する / *diriger* un débat 討論の司会をする / *diriger* une enquête 捜査を指揮する / *diriger* (le travail d')un étudiant 学生（の研究）を指導する.
❸〔乗り物〕を**操縦する，操行する**． ▶ *diriger* un avion 飛行機を操縦する.
❹〈*diriger* qc/qn sur [vers] qc〉…を…へ送る，派遣する；へと向かわせる． ▶ *diriger* un colis sur Paris パリへ小包を発送する / *diriger* qn vers des études de droit (= orienter) …を法律の勉強に向かわせる.
❺〈*diriger* qc sur [vers, contre] qn/qc〉…を…に向ける． ▶ *diriger* son arme sur [vers] les otages 人質に武器を向ける / Cet article *est dirigé* contre lui. この記事は彼を中傷したものだ.

― ***se diriger** 代動〈*se diriger* [sur] qc/qn)〉(…の方向に)**進む，向く**． ▶ Le bateau *se dirige* vers le port. 船は港に向かって進む / Il pense *se diriger* vers la médecine. 彼は医学の道に進もうと考えている.

dirigisme /diriʒism/ 男 統制［計画］経済.

dirigiste /diriʒist/ 形 統制［計画］経済（論者）の．
― 名 統制［計画］経済論者.

dirimant, ante /dirimɑ̃, ɑ̃:t/ 形〖法律〗（婚姻を）無効とする.

dirlo /dirlo/ 名 directeur の略.

dis /di/ 活用 ⇨ DIRE¹ 75

dis- 接頭（別形 di-, dif-） ❶「欠如，否定」を表わす． ▶ *dis*paraître 姿を消す． ❷「分散，相違」を表わす． ▶ *dis*poser 配置する． ❸「強意」を表わす． ▶ *di*minuer 減少させる.

disaient, disais, disait /dizɛ/ 活用 ⇨ DIRE¹ 75

disant /dizɑ̃/ 活用 dire¹ 75 の現在分詞.

discal, ale /diskal/;《男複》**aux** /o/ 形〖解剖〗 hernie *discale* 椎間板(ついかんばん)ヘルニア.

discernable /disɛrnabl/ 形 見分けられる，識別しうる.

discernement /disɛrnəmɑ̃/ 男 ❶ 分別，見識． ▶ agir avec [sans] *discernement* 良識ある［見境のない］振る舞いをする． ❷ 文章 識別，判別． ▶ le *discernement* du bien et du mal 善悪の区別.

discerner /disɛrne/ 他動 ❶（視覚的，聴覚的に）…を認める，知覚する． ▶ *discerner* qn dans l'ombre …を暗がりの中で見分ける.
❷ …をしっかりと認識する． ▶ Il faut bien *discerner* les intentions de l'auteur. 著者の意図をしっかりと把握しなければならない． ❸〈*discerner* A

disciple /disipl/ 男 弟子, 門人, 門弟. ▶ les *disciples* de Jésus-Christ イエス・キリストの弟子たち.

disciplinable /disiplinabl/ 形 文章 規律を守らせうる. ▶ un enfant peu *disciplinable* しつけにくい子.

disciplinaire /disipliner/ 形 規律上の; 懲戒の. ▶ prendre des mesures *disciplinaires* contre qn …を懲戒処分にする / locaux *disciplinaires* 営倉, 懲戒室. ─ 男 懲治隊の兵士.

disciplinairement /disiplinɛrmɑ̃/ 副 規律上, 規律に従って; 懲戒的に.

*__discipline__ /disiplin/ ディシプリヌ/ 女 ❶ 学科, 科目; 専門分野; (スポーツの)種目. ▶ exceller dans les *disciplines* scientifiques 理科系諸学科に秀でる / *discipline* obligatoire [facultative] 必修 [選択] 科目.
❷ (集団の)規律; 規律の遵守. ▶ *discipline* militaire 軍規 / *discipline* de fer 鉄の規律 / conseil de *discipline* (学校などの)懲罰委員会 / obéir à la *discipline* de l'école 学校の規則に従う. ❸ (個人的な)生活規範, 規則. ▶ s'imposer une *discipline* alimentaire. 食事上の規則を自らに課す.

discipliné, e /disipline/ 形 規律正しい, よく訓練された, しつけのよい.

discipliner /disipline/ 他動 ❶ …に規律を守らせる; (規律を守るように)…をしつける.
❷ …を律する, 秩序正しくする. ▶ *discipliner* son travail 仕事を秩序立てて行う. ❸ 〔整髪剤などが髪〕を整える.
― **se discipliner** 代動 自分を律する.

disc-jockey /diskdʒɔke/ 男 《米語》ディスクジョッキー (=animateur).

disco /disko/ 男 ディスコ音楽. ─ 形 《不変》ディスコ調 [風] の. ▶ musique *disco* ディスコ音楽.

discobole /diskɔbɔl/ 男 《古代ギリシア》円盤投げの選手.

discographie /diskɔɡrafi/ 女 《音楽》ディスコグラフィー: レコード, CD, ミュージックテープの目録; (歌手, 演奏家の)全録音リスト.

discographique /diskɔɡrafik/ 形 《音楽》ディスコグラフィーの; レコードの, 録音物の.

discontinu, e /diskɔ̃tiny/ 形 断続的な, 不連続な. ▶ mouvement *discontinu* 断続的な動き / ligne *discontinue* 破線.
― 男 非連続. ▶ en *discontinu* 断続的に.

discontinuer /diskɔ̃tinɥe/ 自動 《多く否定的表現で》やむ, とぎれる, 中断する.
sans discontinuer 絶え間なく, とぎれずに (=sans arrêt).

discontinuité /diskɔ̃tinɥite/ 女 不連続(性), 断続; 中断.

disconvenir /diskɔ̃vnir/ 28 間他動 《過去分詞 disconvenu, 現在分詞 disconvenant》《助動詞は être》<ne pas *disconvenir* de qc // ne pas *disconvenir* que + [接続法] [直説法]>…を否定しない, 認める. ▶ Elle ne *disconvient* pas qu'elle (ne) se soit trompée. 彼女も自分が間違っていたとは認めている.

disconvien-, disconvin-, disconvîn- 活用 ⇨ DISCONVENIR 28

discophile /diskɔfil/ 名 レコード愛好家.

discordance /diskɔrdɑ̃s/ 女 不調和, 不一致, 相違. ▶ *discordance* des couleurs 色の不調和 / Il y a des *discordances* dans leurs témoignages. 彼(女)らの証言には一致しない点がいくつかある.

discordant, ante /diskɔrdɑ̃, ɑ̃:t/ 形 ❶ うまく合わない; 一致しない. ▶ avis *discordants* 互いに食い違う意見 / caractères *discordants* 相性の悪い性格. ❷ 〔音, 色などが〕不調和な, 不協和な. ▶ couleurs *discordantes* 不調和な色.

discorde /diskɔrd/ 女 文章 反目, 対立, 軋轢(あつれき). ▶ semer la *discorde* 反目の種をまく.
pomme de discorde 紛争の火種, 不和の原因.

discothécaire /diskɔteke:r/ 名 レコードライブラリーの貸し出し責任者.

discothèque /diskɔtɛk/ 女 ❶ レコードコレクション; レコードキャビネット; レコード室.
❷ (レコードの貸し出しをする)レコードライブラリー.
❸ ディスコ(テック).

discount /diskunt; diskaunt/ 男 《英語》❶ 値引き, 安売り. ▶ faire du *discount* 安売りをする, 値引き販売をする. ❷ ディスカウントショップ (=magasin *discount*).

discoureur, euse /diskurœ:r, ø:z/ 名 おしゃべり, 駄弁家.

discourir /diskuri:r/ 23 自動 <*discourir* (de [sur] qc)>(…について)駄弁を弄(ろう)する; 長々と弁じる.

*__discours__[1] /disku:r/ ディスクール/ 男 ❶ 演説; スピーチ, 挨拶(あいさつ). ▶ faire [prononcer] un *discours* 演説をする / *discours* inaugural [d'ouverture] 開会の辞; 開講の辞 / *discours*-programme 施政方針演説.
❷ 発言, 談話; 空言, 駄弁. ▶ Assez de *discours*, il faut agir maintenant. 話はもうたくさん, 今は行動しなければ / Que de *discours*! 中身のない話ばかりだ.
❸ (ある集団に特有な言語表現としての)ディスクール, 言説, 言い方. ▶ *discours* marxiste マルクス主義的言説.
❹ 《文法》(1) les parties du *discours* 品詞. (2) 話法. ▶ *discours* direct [indirect] 直接 [間接] 話法 / *discours* indirect libre 自由間接話法. ❺ 《言語》談話, 言述, 話(は): 継起する文の連鎖からなる, 文より上位のすべての発話. ❻ 古 論文, 論. ▶ *Discours de la méthode* (デカルトの)「方法叙説」.
reprendre le fil de son discours 話 話の本筋に戻る.

discourtois, oise /diskurtwa, wa:z/ 形 文章 無作法な, ぶしつけな.

discourtoisie /diskurtwazi/ 女 文章 無作法, 無礼.

discouru- 活用 ⇨ DISCOURIR 23

discrédit /diskredi/ 男 信用の失墜, 不評. ▶ tomber dans le *discrédit* 威信を失う / être en

discréditer

discrédit auprès de qn …の信用を失っている; 不評を買っている.

jeter le discrédit sur qn/qc …の信用[評判]を傷つける.

discréditer /diskredite/ 他動 …の信用[評判, 権威]を失わせる. ▶ chercher à *discréditer* un rival ライバルの信用を落とそうとする / Cette théorie *est* aujourd'hui complètement *discréditée*. この理論は今日ではまったく通用しなくなった.

— se discréditer 代動 信用[評判, 権威]を失う.

discret, ète /diskrɛ, ɛt/ 形 ❶ 慎み深い, 控え目な. ▶ personne *discrète* 慎みを心得た人 / Ce ne serait pas très *discret* de lui demander son âge. あの人に年齢を聞くのはちょっとぶしつけだろう. ❷ 地味な, 目立たない. ▶ un endroit *discret* 人目につかない場所 / vêtements *discrets* 地味な衣服 / faire un reproche *discret* それとなく非難する. ❸ 秘密を守る, 口の堅い. ▶ Je vous en prie, soyez *discret* là-dessus. お願いですからその件は内密にしてください.

discrètement /diskrɛtmɑ̃/ 副 控え目に, 目立たないように. ▶ faire *discrètement* allusion à qc …をそれとなくほのめかす / s'habiller *discrètement* 地味に装う.

discrétion /diskresjɔ̃/ 女 ❶ 出しゃばらないこと, 慎み, 遠慮. ▶ Je me suis écarté avec *discrétion*, pour ne pas les gêner. 私は彼らの邪魔にならぬよう, そっとその場を離れた.

❷ けばけばしくないこと, 地味. ▶ s'habiller avec *discrétion* 地味に装う.

❸ 秘密を守ること, 口の堅さ. ▶ *Discrétion* assurée. 秘密厳守(私立探偵などの宣伝文句) / Je te demanderai une grande *discrétion* à ce sujet. そのことは絶対に人に言わないでよ.

à discrétion 好きなだけ, 好きなように. ▶ Vin *à discrétion* (=volonté) (レストランなどで)ワイン飲み放題.

à la discrétion de qn …の裁量にゆだねられている. ▶ se mettre *à la discrétion de* qn …に判断をゆだねる, の意のままになる / Je laisse cette affaire *à votre discrétion*. この件についてはあなたにお任せします.

discrétionnaire /diskresjɔnɛːr/ 形 pouvoir *discrétionnaire* (1)〖法律〗自由裁量権. (2) 絶大な力.

discriminant, ante /diskriminɑ̃, ɑ̃ːt/ 形 判別の, 識別の.

discrimination /diskriminasjɔ̃/ 女 ❶ (社会的な)差別. ▶ *discrimination* raciale [sexiste] 人種[性]差別 / Cette loi s'applique à tous sans *discrimination*. (=distinction) この法は何人(なんぴと)にも平等に適用される / *discrimination* à l'embauche 就職差別 / *discrimination* positive 積極的差別(差別を受けている人たちに対する優遇措置). ❷ 文章 識別, 区別; 〖心理〗弁別.

discriminatoire /diskriminatwaːr/ 形 差別的な. ▶ mesures *discriminatoires* 差別的措置.

discriminer /diskrimine/ 他動 文章 …を識別する, 区別する, 見分ける.

disculper /diskylpe/ 他動 ＜*disculper* qn (de qc)＞(…について)…の無実を証明する; 釈明[弁明]をする. ▶ Votre témoignage peut le *disculper*. あなた(方)の証言で彼の潔白は証明できるのです / *disculper* un accusé d'un crime 被告の冤罪(ぬれぎぬ)を晴らす.

— se disculper 代動 自分の潔白を証明する; 釈明[弁明]する.

discursif, ive /diskyrsif, iːv/ 形 ❶ 論証的な, 推論に基づく (↔intuitif). ▶ pensée *discursive* 論証的[推論的]思考. ❷〖言語〗言説の; 談話の. ❸〖話〗わき道にそれる, 散漫な.

***discussion** /diskysjɔ̃/ ディスキュシォン 女 ❶ 議論, 討議; 論争. ▶ avoir une *discussion* 議論する / participer à une *discussion* 議論に参加する / La *discussion* porte sur les élections. 議論は選挙をめぐって交されている / mener une *discussion* 議論をリードする / une question qui soulève de grandes *discussions* 大きな論議を呼ぶ問題.

❷《多く否定的表現で》異議, 抗議. ▶ Pas de *discussion*! 文句を言うな, つべこべ言うな.

❸ 話 おしゃべり, 会話.

❹ 口論, けんか. ▶ avoir une violente *discussion* avec qn …と激しく口論する.

en discussion 討議[検討]中の; 論議されている. ▶ Le projet de loi est *en discussion*. 法案は目下審議中である / entrer *en discussion* 討議に入る.

sans discussion possible 文句なしに, 明らかに.

> 比較 **議論, 論争**
> **discussion** 最も広く用いられる. 必ずしも意見の対立がなくてもよい. **débat** おもに公の場で行われる議論, 討論. **polémique** 激しい意見の対立がある議論, 論争. **controverse** 異なる意見や解釈をめぐる, おもに学問上の論争.

discutable /diskytabl/ 形 ❶ 異論のありうる, 議論の余地がある; 疑わしい. ❷ いかがわしい, あまりよくない. ▶ cravate d'un goût *discutable* 趣味を疑いたくなるネクタイ.

discutailler /diskytaje/ 自動 話 (軽蔑して)長々とつまらぬ議論をする, 議論のための議論をする.

discutailleur, euse /diskytajœːr, øːz/ 名 話 くだらない議論にふける人.

discuté, e /diskyte/ 形 ❶ 議論された, 検討された. ❷ 異論の多い, 議論の余地のある, 評価が一致しない. ▶ théorie très *discutée* 異論百出の説.

***discuter** /diskyte/ ディスキュテ 間他動 ＜*discuter* de [sur] qc/qn＞…について議論する, 討論する, 話し合う. ▶ On *discutera* de tout ça demain. それは全部明日話すことにしよう / Ils *ont* longuement *discuté* sur leur fils. 彼らは息子のことで長いこと話し合った / J'en *ai discuté* avec lui. 私はそのことについて彼と話し合った. ◆*discuter* de + 無冠詞名詞 …を話題にする. ときに de を省略して用いる. ▶ *discuter* de politique 政治の話をする. 比較 ⇨ PARLER[1].

— *discuter 他動 ❶ …を論議する, 討議する, 審議する. ▶ L'Assemblée nationale commença à *discuter* ce projet de loi. 国民議会

はこの法案の審議を開始した. ❷ …に異議を唱える, を疑問視する. ▶ *discuter des ordres* 命令に逆らう / *discuter l'existence des extraterrestres* 地球外生物の存在を疑わしく思う / *discuter un prix* 値段をかけ合う /《目的語なしに》*Ne discutez pas!* つべこべ言わないで.
discuter `le coup` [`le bout de gras`] 話 雑談する, おしゃべりする；相談する.
── ***discuter*** 自動 議論する；話し合う. ▶ *On ne peut pas discuter avec lui.* 彼とはまともに議論できない. / *J'ai rencontré un ami à la gare et on a discuté un moment.* 駅で偶然友達に会って, しばらく話をした. 比較 ⇨ PARLER¹.
── ***se discuter*** 代動 討議される；議論される, 話題にされる；疑問視される. ▶ *Ça peut se discuter.* それは議論の余地がある.
disons /dizɔ̃/ 活用 ⇨ DIRE¹
dise, disent /di:z/ 活用 ⇨ DIRE¹ 75
dis*ert*, erte /di:z, ɛrt/ 形 文章《人が》能弁[雄弁]な；《文章, 話し方が》流暢(リュウチョウ)な.
dises /di:z/ 活用 ⇨ DIRE¹ 75
disette /dizɛt/ 囡《必需品の》欠乏, 不足；《特に》食糧難 (=*disette de vivres*)；凶作.
dis*eur*, euse /dizœ:r, ø:z/ 图 ❶《*diseur de* + 無冠詞名詞》…が口癖の人. ▶ *diseur de bons mots* 警句通, 洒落(シャレ)好き. ❷ *diseur de bonne aventure* 占い師.
disgrâce /disgrɑ:s/ 囡 文章 ❶《庇護(ヒゴ)者から》見放されること；不興, 不評；失脚. ▶ *tomber en disgrâce* 失脚(シッキャク)を失う. ❷ 醜さ, 不格好
disgracié, e /disgrasje/ 形 ❶ 寵(チョウ)を失った；不興を被った. ▶ *ministre disgracié* 失脚した大臣. ❷《容姿, 境遇などに》恵まれない. ▶ *visage disgracié* (=*disgracieux*) 醜い顔.
── 图 ❶ 不興を被った人. ❷ 醜い人.
disgracier /disgrasje/ 他動 文章 …を疎んじる, 遠ざける.
disgracieusement /disgrasjøzmɑ̃/ 副 稀 無様に；ぶしつけに, 無愛想に.
disgraci*eux*, euse /disgrasjø, ø:z/ 形 ❶ 優雅さに欠けた；不格好な, 醜い. ▶ *geste disgracieux* 無様な動作. ❷ 無愛想な, ぶしつけな. ▶ *réplique disgracieuse* つっけんどんな応答.
disiez /dizje/, **disions** /dizjɔ̃/ 活用 ⇨ DIRE¹ 75
disjoindre /disʒwɛ̃:dr/ 81 (過去分詞 disjoint, 現在分詞 disjoignant) 他動《*disjoindre* qc (de qc)》…から》…を引き離す, 分離する. ▶ *disjoindre les planches d'une table* テーブルの板をはがす / *disjoindre deux causes* 2つの訴訟事件を分離裁判する.
── ***se disjoindre*** 代動 離れる, 分離する.
disjoins, disjoint /disʒwɛ̃/ 活用 ⇨ DISJOINDRE 81
disj*oint*, ointe /disʒwɛ̃, wɛ̃:t/ 形 (disjoindre の過去分詞) 離れた, 分離した；別々の. ▶ *questions bien disjointes* まったく別個の問題.
disjoncteur /disʒɔ̃ktœ:r/ 男《電気の》遮断器；安全器.
disjonct*if*, ive /disʒɔ̃ktif, i:v/ 形 *conjonction disjonctive* 離接接続詞(例：ou, ni).

dispensateur

disjonction /disʒɔ̃ksjɔ̃/ 囡 分離；『法律』《訴訟の》分離.
dislocation /dislɔkasjɔ̃/ 囡 解体, 分解；分裂, 解散. ▶ *dislocation d'une voiture* 車の解体 / *dislocation d'un empire* 帝国の崩壊.
disloqué, e /dislɔke/ 形 ばらばらになった, 壊れた；脱臼(ダッキュウ)した.
disloquer /dislɔke/ 他動 ❶ …を解体する, 分解する. ▶ *Le choc a disloqué la montre.* ショックで時計が壊れた / *disloquer un cortège de manifestants* 行進中のデモ隊を解散させる.
❷ …の関節を外す, を脱臼(ダッキュウ)させる.
── ***se disloquer*** 代動 ❶《*se disloquer* qc》自分の…を脱臼する. ▶ *se disloquer le bras* 腕を脱臼する. ❷ ばらばらになる, 解体する.
disons /dizɔ̃/ 活用 ⇨ DIRE¹
***disparaître** /disparɛ:tr/ ディスパレートル/ 50 自動

| 過去分詞 disparu | 現在分詞 disparaissant |

直説法現在	je disparais	nous disparaissons
複合過去	j'ai disparu	
単純未来	je disparaîtrai	

《原則として助動詞は avoir, 完了した状態を表わすときに être を用いることもある》❶ 見えなくなる, 消える；なくなる, 紛失する (↔apparaître). ▶ *Ma montre a disparu.* 腕時計がどこかへいってしまった [盗まれた] / *Le soleil a disparu derrière les nuages.* 太陽は雲間に隠れた.
❷ いなくなる, 姿を消す. ▶ *disparaître sans laisser de traces* なんの手がかりも残さず姿をくらます.
❸ 消滅する. ▶ *Ses craintes* [*sont disparues*] *ont disparu* *en un clin d'œil.* 彼(女)の不安は瞬く間に消し飛んだ. ❹ 亡くなる；死滅する. ▶ *Le grand écrivain vient de disparaître.* その大作家は最近亡くなった.
faire disparaître qc …を隠す；消し去る.
faire disparaître qn …を亡き者にする, 消す.
disparate /disparat/ 形 不調和な, ちぐはぐな；雑多な. ── 囡 古 文章 不調和, ちぐはぐ.
disparité /disparite/ 囡 差異, 相違；不均衡.
disparition /disparisjɔ̃/ 囡 見えなくなること, 消失；死亡, 死滅. ▶ *la disparition d'un enfant* 子供の行方不明 / *pleurer la disparition brutale de qn* (=mort) …の突然の死を悼む.
dispar*u*, e /dispary/ 形 (disparaître の過去分詞) 見えなくなった, 消失した；死亡 [死滅] した. ▶ *Trois personnes ont été portées disparues.* 3人が行方不明になった. 比較 ⇨ MORT².
── 图 文章 死者, 物故者；行方不明者.
disparu- 活用 ⇨ DISPARAÎTRE 50
dispatcher /dispatʃœ:r/ 男《英語》《列車などの》運転司令員；《航空機の》運航管理者.
dispendieusement /dispɑ̃djøzmɑ̃/ 副 文章 費用をかけて, 贅沢(ゼイタク)に.
dispendi*eux*, euse /dispɑ̃djø, ø:z/ 形 文章 費用のかさむ, 贅沢(ゼイタク)な.
dispensaire /dispɑ̃sɛ:r/ 男《無料あるいは無料に近い》診療所, 健康相談所. 比較 ⇨ HÔPITAL.
dispensat*eur*, trice /dispɑ̃satœ:r, tris/

dispense

形, 名 <*dispensateur* de qc> …を施す(人).

dispense /dispɑ̃:s/ 安 ❶ (義務の)免除. ▶ *dispense* d'impôts 免税 / *dispense* d'âge (受験者などの)年齢制限の免除. ❷ 特別許可書.

dispenser /dispɑ̃se/ 他動 ❶ <*dispenser* qn de qc/不定詞> …に…を免除する, 容赦する. ▶ *dispenser* qn du service militaire …に兵役を免除する / On l'*a dispensé* d'assister à la réunion. 彼は会合に出席しないでもよいことになった. ❷ <*dispenser* qc à qn> …に…を(惜しみなく)授ける, 与える. ▶ *dispenser* des bienfaits au peuple 人々に善行を施す / *dispenser* des sourires à tout le monde 皆に笑顔を振りまく.

Je vous dispense de qc/不定詞. …は御勘弁ください. ▶ *Je vous dispense de* vos reflexions. 御意見御無用に願います.

— **se dispenser** 代動 <*se dispenser* de qc / 不定詞> …を免れる, なしで済ます. ▶ *se dispenser* de ses devoirs 義務を免れる.

dispersant, ante /dispɛrsɑ̃, ɑ̃:t/ 形 (固体, 油脂などを)分散する, 可溶化する.

— **dispersant** 男 油処理剤.

dispersé, e /dispɛrse/ 形 ❶ 散らばった, ばらばらの. ▶ famille *dispersée* 離散家族. ❷ 気が散った, 集中力を欠いた.

disperser /dispɛrse/ 他動 ❶ …を散らす, 散乱させる; 四散させる. ▶ Le vent *disperse* le brouillard. 風が霧を吹き払う / *disperser* le tir 掃射する / *disperser* un attroupement 人だかりを追い散らす. 比較 ⇨ RÉPANDRE.
❷ [注意力など]を分散させる. ▶ *disperser* son attention 気を散らせる, 注意力を散漫にする.

— **se disperser** 代動 ❶ 散り散り[ばらばら]になる, 四散する. ❷ 気を散らす.

dispersion /dispɛrsjɔ̃/ 安 ❶ 散らばる[散らかす]こと, 散乱; 四散. ▶ la *dispersion* des papiers 書類の散乱 / la *dispersion* d'une armée ennemie 敵軍の壊走. ❷ (注意力などの)分散.

disponibilité /disponibilite/ 安 ❶ 自由に処分[利用]できること; 処分権, 使用権. ▶ avoir la *disponibilité* de qc …を勝手に使える. ❷ (考え方などの)自由さ; (感受性の)柔軟さ. ▶ *disponibilité* d'esprit 思考の柔軟さ. ❸ 休職, 帰休, 待命; (人が)手のすいていること. ▶ mettre qn en *disponibilité* …を休職[待命]にする. ❹ 《複数で》流動資産, 可処分資産.

disponible /disponibl/ 形 ❶ 自由に処分[使用]できる, すいている. ▶ un appartement *disponible* 即座に入居可能なアパルトマン / Il nous reste encore deux places *disponibles*. まだ 2 人分の空席がございます.
❷ 手のすいた, 仕事のない, 暇な. ▶ Malheureusement je ne serai pas *disponible* avant trois heures. 残念ですが 3 時まではお相手できません / Elle est toujours *disponible* pour écouter ses amis. 彼女はいつも友人の話を聞く余裕がある.
❸ (考え方などの)自由な. ▶ un esprit *disponible* 柔軟な精神.
❹ 休職[待命]中の.
— 名 待命[休職]中の公務員.

dispos, ose /dispo, o:z/ 形 潑剌(はつらつ)とした.

▶ être frais et *dispos* 元気溌剌としている.

disposé, e /dispoze/ 形 ❶ 並べられた, 配置された. ❷ <*disposé* à qc/不定詞> …する気になっている, するつもりがある. ▶ Nous sommes tout *disposés* à vous rendre service. 私たちはいつでも喜んであなた(方)のお役に立ちましょう.

être bien [mal] disposé 機嫌がよい [悪い].

être bien [mal] disposé à l'égard de [envers] qn/qc …に対して好感 [悪感情]を抱く.

***disposer** /dispoze/ ディスポゼ/ 他動 ❶ …を並べる, 配置する, 配列する. ▶ *disposer* qc en cercle …を円形に配置する / *disposer* les couverts sur la table (=placer) 食卓に食器を並べる.
❷ …を整える, 準備する. ▶ *disposer* une pièce pour recevoir un ami 友人を迎えるために部屋をしつらえる.
❸ 文章 <*disposer* qn à qc/不定詞> …をする気にさせる, するよう仕向ける; に…の覚悟をさせる. ▶ Nous l'*avons disposé* à vous recevoir. あなた(方)をお迎えするよう彼に言っておきました.

— ***disposer** 間他動 ❶ <**disposer** de qc> …を持っている, 自由に使える. ▶ *disposer* d'une voiture 自分用の車を持っている / Je peux *disposer* de mon temps. 私は時間を自由に使える / Vous pouvez en *disposer*, je n'en ai plus besoin. どうぞそれをお使いください, 私はもういりませんから.
❷ <**disposer** de qn> …を意のままにする. ▶ *Disposez* de moi. なんなりとお申しつけください.

L'homme propose, Dieu dispose. 諺 事を計るは人, 事をなすは天.

Vous pouvez disposer. 話 (目下の者に向かって)下がってよろしい.

— **se disposer** 代動 ❶ <*se disposer* à qc /不定詞> …する気になる, する覚悟[準備]をする; まさに…しようとする. ▶ Je *me disposais* à partir quand il est arrivé. 出かけようとしている所へ彼がやって来た. ❷ 並ぶ, 配置される.

dispositif /dispozitif/ 男 ❶ 装置, 仕掛け. ▶ *dispositif* de commande 制御装置 / *dispositif* de sûreté 安全装置 / *dispositif* d'alarme 警報装置. 比較 ⇨ MACHINE. ❷ 対策, 措置; 態勢. ▶ renforcer le *dispositif* 対策を強化する / *dispositif* d'attaque 攻撃態勢.

disposition /dispozisjɔ̃/ 安 ❶ 配列, 配置, レイアウト. ▶ la *disposition* des pièces (=distribution) (建物の)間取り / changer la *disposition* des livres 本の配置を変更する.
❷ 《複数で》措置, 準備, 手はず. ▶ prendre ses *dispositions* pour partir en voyage 旅行に出かける用意をする / J'ai pris toutes les *dispositions* nécessaires. 必要な準備はすべてした.
❸ <*disposition* à qc/不定詞> …しがちな傾向, 性向. ▶ Ces jours-ci le temps a une *disposition* à la pluie. このごろは雨がちの天気だ.
❹ 気分, 気持ち; 《複数で》(人に対する)意向. ▶ être en bonne [mauvaise] *disposition* 機嫌がいい [悪い] / ne pas être dans une *disposition* à + 不定詞 …するような気分ではない.
❺ 《多く複数で》能力, 素質, 資質. ▶ avoir des

dispositions pour la peinture 絵の才能がある. ❻自由に使える[処分できる]こと. ▶ avoir la libre *disposition* de qc …を自由に使える. ❼規定;条項. ▶ Le testament contenait une *disposition* particulière. その遺言には特約事項がついていた.

à la disposition de qn …の自由に, 意のままに. ▶ avoir qc à sa *disposition* …を自由に使える / La maison est à votre *disposition*. どうぞ家を自由に使ってください / N'hésitez pas à me demander un service, je suis à votre *disposition*. 遠慮なく用をお申しつけください, なんなりといたします / A votre *disposition*! (お礼に対して)どういたしまして.

être dans de bonnes [mauvaises] dispositions à l'égard de qn …に対して好感[悪感情]を抱く.

disproportion /disprɔpɔrsjɔ̃/ 囡 不均衡, 不釣り合い.

disproportionné, e /disprɔpɔrsjɔne/ 形 ❶ 不均衡な, 不釣り合いな, ふさわしくない. ▶ mariage *disproportionné* 不釣り合いな結婚. ❷ ばかでかい, 異常な сかさの.

dispute /dispyt/ 囡 口論, 喧嘩(ガ). ▶ *dispute* de ménage 夫婦喧嘩 / sujet de *dispute* 争いの種 / être en *dispute* avec qn …と口論する.

disputer /dispyte/ 他動
[英仏そっくり語]
英 to dispute 異議を唱える, 討論する.
仏 disputer 争う, 競う.
❶ <*disputer* qn/qc à qn> …を得るために…と争う, 競う. ▶ *disputer* un poste à des rivaux 1つのポストを巡ってライバルたちと争う. ❷〔勝負〕を競う, 戦う. ▶ *disputer* un match 試合をする / *disputer* un concours 受験する;コンクールに出る. ❸ 話 …をしかる. ▶ se faire *disputer* pour avoir menti うそをついたことでしかられる.
— 間他動 文章 <*disputer* de qc> …を競う, 争う. ▶ *disputer* de zèle 熱心さを競う.
— **se disputer** 代動 ❶ 口論する, 喧嘩(ガ)する. ▶ se *disputer* avec un ami 友達と喧嘩する. ❷ <se *disputer* qn/qc> …を争い合う, 奪い合う. 注 se は間接目的. ▶ Des chiens se *disputent* un os. 犬が骨の奪い合いをしている. ❸〔試合が〕行われる, 争われる. ▶ Le match s'est *disputé* hier à Paris. 試合はきのうパリで行われた.

disquaire /diskɛːr/ 图 レコード屋.

disqualification /diskalifikasjɔ̃/ 囡〔スポーツ〕失格, 出場資格剥奪(ホぐ).

disqualifier /diskalifje/ 他動 ❶〔スポーツ〕…を失格させる, の出場資格を剥奪(ホぐ)する.
❷ …の信用を失わせる, 評判を落とす.
— **se disqualifier** 代動 ❶ 失格する, 出場資格を奪われる. ❷ 信用を失う, 評判を傷つける.

*disque /disk ディスク/ 男 ❶ 円盤;円盤状のもの;円盤投げ. ▶ lancer le *disque* 円盤を投げる. ❷ レコード. ▶ passer [mettre] un *disque* レコードをかける / écouter un *disque* de Bach バッハのレコードを聴く / *disque* compact コンパクトディスク / *disque* vidéo = vidéo-*disque* ビデオディスク. ❸〔情報〕*disque* magnétique [optique] 磁気[光]ディスク / *disque* dur ハードディスク. ❹〔自動車〕*disque* d'embrayage クラッチ板 / frein à *disque* ディスクブレーキ. ❺ *disque* intervertébral 椎間板(ツシハン).

changer de disque 話 話題を変える.

disquette /diskɛt/ 囡〔情報〕フロッピーディスク.

dissection /disɛksjɔ̃/ 囡 解剖.

dissemblable /disɑ̃blabl/ 形 似ていない, 異なった.

dissemblance /disɑ̃blɑ̃ːs/ 囡 文章 同じでないこと, 相違.

dissémination /diseminasjɔ̃/ 囡 ❶ (風などによる種子, 花粉などの)散布. ❷ (家, 住民などの)散在, 分散. ❸ (思想, 情報などの)流布, 伝播(ピぱ).

disséminer /disemine/ 他動 ❶〔風などが種子, 花粉など〕をまき散らす, 散布する. ❷ …を散在させる, 分散させる. ▶ *disséminer* les troupes 軍隊を散在させる. — **se disséminer** 代動 散らばる;散在する;広がる.

dissension /disɑ̃sjɔ̃/ 囡 文章 激しい対立, 衝突, 不和. ▶ *dissensions* civiles 内紛, 内乱.

dissent /dis/ [活用] ⇨ DIRE¹ 75

dissentiment /disɑ̃timɑ̃/ 男 見解[意見]の相違;対立, 不和.

disséquer /diseke/ ⑥ 他動 ❶ …を解剖する. ❷ …を細かく分析する.

dissertation /disɛrtasjɔ̃/ 囡 ❶ (リセ, 大学などでテーマを与えて行う)小論文. 注 学生言葉で dissert /disɛrt/ と略す. ▶ faire une *dissertation* 作文を書く. 比較 ⇨ RÉDACTION. ❷ (学者ぶった) 長広舌.

disserter /disɛrte/ 間他動 <*disserter* sur [de] qc> ❶ (おもに口頭で)…について論じる. ▶ *disserter* sur la situation économique 経済情勢について論じる /《目的語なしに》aimer à *disserter* 議論好きである. ❷ …について長々と弁じ立てる.

dissidence /disidɑ̃ːs/ 囡 ❶ (既成権力に対する)反逆, 離脱, 反体制運動. ▶ entrer en *dissidence* 反旗を翻す. ❷ 分離派, 異端派.

dissident, ente /disidɑ̃, ɑ̃ːt/ 形 (既成権力に)反逆する, 反体制の;分離派の, 反主流派の.
— 图 反体制者;異端者, 分離主義者.

dissimilation /disimilasjɔ̃/ 囡〔音声〕離隔異化, 異化: 近接する同一または類似の2音の一方が別の音に変わること(例: ラテン語 divisa → フランス語 devise).

dissimilitude /disimilityd/ 囡 相違, 不同, 差異;対比.

dissimulateur, trice /disimylatœːr, tris/ 形, 图 (感情, 考えなどを)隠す(人), しらばくれる(人), 猫かぶりな(人).

dissimulation /disimylasjɔ̃/ 囡 ❶ (考え, 感情などを)隠すこと, 偽ること, 隠しだて. ▶ agir avec *dissimulation* 猫をかぶる. ❷ (利潤, 財産などの)隠匿.

dissimulé, e /disimyle/ 形 ❶ 本心を隠す, しらばくれた, 陰険な. ❷ 隠された. ▶ bénéfices *dissimulés* 不申告の利潤.

*dissimuler /disimyle ディスィミュレ/ 他動 ❶ …を隠す, 偽る. ▶ *dissimuler* sa haine 憎しみを顔に出さない / *dissimuler* la vérité à qn …に本当

dissions

のことを隠す / Il *dissimule* qu'il est au courant de la chose. 彼はそのことを知らないふりをしている / Je ne vous *dissimulerai* pas que je ne suis pas d'accord. はっきり言って私は反対だ / 《目的語なしに》Il sait bien *dissimuler*. 彼は猫をかぶるのが上手だ. 比較 ⇨ CACHER.
❷ …を隠す, 隠蔽(%)する. ▸ *dissimuler* un prisonnier évadé 脱獄囚をかくまう / *dissimuler* une partie de ses bénéfices 利潤の一部をごまかす.

— **se dissimuler** 代動 ❶ <*se dissimuler* qc> …をありのままに認めない, に目をつぶる. 注 …は間接目的. ▸ *se dissimuler* la vérité 真実を認めようとしない. ❷ 隠れる, 身を潜める. ▸ *se dissimuler* dans la foule 人込みの中に紛れ込む. ❸ 隠される. ▸ La joie *se dissimule* mal. 喜びは隠しきれないものだ.

dissions /disjɔ̃/ 活用 ⇨ DIRE¹ 75

dissipateur, trice /disipatœːr, tris/ 名 浪費家, 金遣いの荒い. — 形 浪費する, 金遣いの荒い.

dissipation /disipasjɔ̃/ 囡 ❶ 消散；霧消. ▸ attendre la *dissipation* du brouillard 霧が晴れるのを待つ. ❷ 乱費, 浪費. ❸ 注意散漫《授業中の》行儀の悪さ. ❹ 文章 ふしだら, 放蕩(劣).

dissipé, e /disipe/ 形 ❶ 消え去った, 一掃された. ❷ 注意散漫な, 騒々しい. ▸ élève *dissipé* 落ち着きのない生徒. ❸ 文章 放埓(努)な, ふしだらな.

dissiper /disipe/ 他動 ❶ …を散らす, 消散させる. ▸ Le vent *dissipe* les nuages. 風が雲を吹き散らす. ❷ …を一掃する, 消し去る. ▸ *dissiper* les craintes de qn …の不安を一掃する / *dissiper* les espoirs de qn …の希望を砕く. ❸ 文章 …を浪費する, 乱費する. ▸ *dissiper* son patrimoine 遺産を食いつぶす. ❹ 文章 …の気を散らせる；をまっとうな道からそらす.

— **se dissiper** 代動 ❶ 散る, 消える. ▸ La brume *se dissipe*. もやが晴れる / Ses inquiétudes *se sont dissipées*. 彼(女)の不安は吹き飛んだ. ❷ 浪費される. ❸ 気が散る, 〔生徒が〕騒ぐ.

dissociable /disɔsjabl/ 形 分離できる.

dissociation /disɔsjasjɔ̃/ 囡 分離, 解離.

dissocier /disɔsje/ 他動 …を分離する, 切り離す；離反させる；解離させる. ▸ *dissocier* les deux questions 2つの問題を分けて考える.

— **se dissocier** 代動 <*se dissocier* (de qc /qn)> 〔…から〕切り離される；解離する.

dissolu, e /disɔly/ 形 文章 乱れた；放埒(努)な. ▸ mœurs *dissolues* 退廃した風俗. — 名 放蕩(劣)者.

dissolution /disɔlysjɔ̃/ 囡 ❶ 解体, 解消；《特に》(議会の)解散. ▸ prononcer la *dissolution* de l'Assemblée nationale 国民議会の解散を宣告する / la *dissolution* du mariage 婚姻の解消. ❷ 溶解；溶解度. ❸ 分解, 腐敗.

dissolv- ⇨ DISSOUDRE 82

dissolvant, ante /disɔlvɑ̃, ɑ̃ːt/ 形 《← dissoudre の現在分詞》❶ 溶かす, 溶解させる. ❷ 風俗を壊乱させる. ▸ des livres *dissolvants* 風紀を乱す書物. ❸ 古風 けだるくさせる, ぐったりさせる.
— **dissolvant** 男 ❶ 溶剤, 溶媒；《マニキュアの》除光液, リムーバー. ❷ 風俗を壊乱するもの.

dissonance /disɔnɑ̃ːs/ 囡 ❶ 不協和音. ❷ 不調和, 矛盾. ▸ *dissonance* entre les principes et la conduite 原則と行動の不一致.

dissonant, ante /disɔnɑ̃, ɑ̃ːt/ 形 ❶ 耳障りな；不協和な. ❷ 調和を欠いた, ちぐはぐな.

dissoudre /disudr/ 82《過去分詞 dissous, dissoute, 現在分詞 dissolvant》他動 ❶ …を溶かす, 溶解させる. ▸ *dissoudre* du sucre dans de l'eau 砂糖を水に溶かす. ❷ …を解散する；解消する, 破棄する. ▸ *dissoudre* une assemblée 議会を解散する / *dissoudre* un mariage 結婚を解消する.

— **se dissoudre** 代動 ❶ 溶ける, 溶解する. ▸ La neige *se dissout* en eau. 雪は解けて水になる. ❷ 解散する；解消される, 破棄される.

dissous¹, oute /disu, ut/ 形 《dissoudre の過去分詞》❶ 溶けた, 溶解した. ❷ 解消された, 解散された, 破棄された.

dissous², dissout /disu/ 活用 ⇨ DISSOUDRE 82

dissuader /disɥade/ 他動 <*dissuader* qn de qc 不定詞> …に…を断念させる, 思いとどまらせる (↔persuader). ▸ Il m'a *dissuadé* d'y aller. 彼は私にそこへ行くことを思いとどまらせた.

dissuasif, ive /disɥazif, iːv/ 形 抑止の, 抑止力の. ▸ manœuvre *dissuasive* 抑止戦略.

dissuasion /disɥazjɔ̃/ 囡 ❶ 抑止(力)；《特に》核抑止力. ▸ force de *dissuasion*《核兵器などの》抑止力. ❷ 断念させること, 抑制.

dissyllabe /disi(l)lab/, **dissyllabique** /disi(l)labik/ 形 2音節の.
— 男 2音節語；2音節詩句.

dissymétrie /disimetri/ 囡 非対称, 不均整.

dissymétrique /disimetrik/ 形 非対称の, 不均整な.

***distance** /distɑ̃ːs/ ディスタンス/ 囡 ❶ 距離,《空間上の》隔たり. ▸ Quelle est la *distance*「de Tokyo à Paris [entre Tokyo et Paris]? 東京-パリ間の距離はどのくらいですか / La ville est à quelques kilomètres de *distance*. 町は数キロの距離にあります / à une grande [faible] *distance* 遠い [近い] 所に / à égale *distance* de qc …から等距離のところに / *distance* à vol d'oiseau 直線距離.
❷ 《時間上の》隔たり, 間隔. ▸ Ces deux livres ont été publiés à deux ans de *distance*. (=intervalle) この2冊の本は2年の間隔をおいて出版された. ❸ 差異, 相違, 格差. ▸ la *distance* qui sépare deux générations 2世代を隔てるギャップ / Il y a une *distance* entre le désir et la réalité. 願望と現実の間には距離がある.

à distance (1) 遠くから；遠隔の. ▸ commande *à distance* リモートコントロール, 遠隔操作. (2) 年月を隔てて, 時間をおいて. ▸ J'en juge mieux *à distance*. 時がたてばよりよく判断できる.

de distance en distance 間隔を置いて, ところどころに；ときどき.

garder [*prendre, tenir*] *ses distances avec qn* …との間に距離を置く；と親しくしない.

tenir qn à distance (*respectueuse*) …を近寄せない, なれなれしくさせない.

distraction

distancer /distɑ̃se/ ① 他動 …を追い抜く；引き離す. ▶ se laisser *distancer* par qn …に追い抜かれる, 後れを取る.

distanciation /distɑ̃sjɑsjɔ̃/ 女 異化；客観化. ▶ effet de *distanciation* (ブレヒトの劇での) 異化効果.

distant, ante /distɑ̃, ɑ̃:t/ 形 ❶ <*distant* de qc (de + 数量表現)> …から (…だけ) 離れた, 隔たった. ▶ deux villes *distantes* de 20km [vingt kilomètres] 20キロ離れた2つの町. 比較 ⇨ ÉLOIGNÉ. ❷ よそよそしい, 冷ややかな. ▶ être *distant* envers [avec] qn …に対してよそよそしくする.

distend /distɑ̃/ 活用 ⇨ DISTENDRE 58

distendi- 活用 ⇨ DISTENDRE 58

distendre /distɑ̃:dr/ 58 (過去分詞 distendu, 現在分詞 distendant) 他動 ❶ …を無理に伸ばす [膨らます]. ▶ *distendre* une toile 布地を引っ張る / un ressort *distendu* 伸びきったばね. ❷ [関係など] を弱める, 緩める. — **se distendre** 代動 ❶ 伸びきる, たるむ. ▶ La peau *se distend* avec l'âge. 年を取ると肌が張りを失う. ❷ [関係などが] 弱まる, 緩む. ▶ Nos liens *se sont distendus*. 我々の間柄は疎遠になった.

distends /distɑ̃/ 活用 ⇨ DISTENDRE 58

distension /distɑ̃sjɔ̃/ 女 膨張；伸びきってしまうこと. ▶ *distension* de l'estomac 胃拡張.

distillateur /distilatœ:r/ 男 蒸留酒製造人.

distillation /distilɑsjɔ̃/ 女 蒸留. ▶ par *distillation* 蒸留法で, 蒸留して.

distiller /distile/ 他動 ❶ …を蒸留する. ▶ *distiller* du vin (ブランデーを作るために) ワインを蒸留する / eau *distillée* 蒸留水. ❷ (少しずつ, じっくりと) [液体] を作る, 分泌する. ▶ L'abeille *distille* le miel. ミツバチは蜂蜜を作る. ❸ 文章 (じわじわと) …を醸し出す, 伝えてくる. ▶ Ce film *distille* l'ennui. この映画は退屈さだけが伝わってくる.

distiller son venin 中傷する, 意地悪をする.

— 自動 (蒸留によって混合物から) 蒸発分離する.

distillerie /distilri/ 女 蒸留工場；蒸留酒製造所. ❷ 蒸留物製造業；(特に) 蒸留酒製造業.

distinct, incte /distɛ̃(:kt), ɛ̃:kt/ 形 ❶ <*distinct* (de qc/qn)> (…とは) 別の, はっきり異なる. ▶ couleurs bien *distinctes* les unes des autres 互いにはっきり異なる色 / Le premier est *distinct* du second. 前者は後者とは別物だ. ❷ はっきりした, 明確な. ▶ traces *distinctes* de pas くっきりした足跡 / bruit *distinct* はっきりと聞き取れる物音.

distinctement /distɛ̃ktəmɑ̃/ 副 はっきりと, 明瞭 (めいりょう) に, 明確に.

distinctif, ive /distɛ̃ktif, i:v/ 形 区別する；独特の；弁別的. ▶ signe *distinctif* 目印；特徴.

*****distinction** /distɛ̃ksjɔ̃/ 女 ❶ 区別, 識別；差別；分け方の違い. ▶ faire la *distinction* entre A et B AとBを区別する / ne pas faire de *distinction* entre les personnes 人を分け隔てしない / *distinctions* sociales 社会的差別 [区別]. ◆ sans *distinction* (de + 無冠詞名詞) (…による) 差別なしに. ▶ recevoir tout le monde sans *distinction* 分け隔てなくあらゆる人を受け入れる / sans *distinction* d'origine, de race ou de religion 出身, 人種または宗教による区別なしに. ❷ 栄誉, 勲章. ▶ décerner une *distinction* à qn …に勲章を授ける. ❸ 気品, 優雅さ, 品位. ▶ avoir de la *distinction* 品がよい / manquer de *distinction* 品がない. ❹ 古風 / 文章 (家柄などの) 高貴, 高位. ▶ une personne d'une haute *distinction* 良家 [名門, 貴族] の生まれの人.

distingué, e /distɛ̃ge/ 形 ❶ 上品な, 気品のある, 高雅な. ▶ air *distingué* 上品な態度. ❷ 文章 優れた, 卓越した, 秀でた. ▶ écrivain *distingué* 優れた作家. 比較 ⇨ BRILLANT. ❸ (手紙の末尾で) 格別の. ▶ Recevez l'assurance de mes sentiments *distingués*. = Croyez à ma considération *distinguée*. 敬具.

faire distingué 話 (品物が) しゃれている.

*****distinguer** /distɛ̃ge/ ディスタンゲ/

直説法現在	je distingue	nous distinguons
複合過去	j'ai distingué	
単純未来	je distinguerai	

他動 ❶ …を区別する, 見分ける, 識別する. ▶ *distinguer* le vrai du faux 真偽を見分ける / *distinguer* le bien et le mal 善と悪とを見分ける / On le *distingue* bien sur la photo. 写真の中の彼がはっきり見分けられる.

❷ <*distinguer* A (de [d'avec] B)> [特徴, 差異が] Aを(Bから)分ける, 特徴づける. ▶ La raison *distingue* l'homme des animaux. 理性の存在が人間を動物から分かつ / C'est ce qui me *distingue* de vous. 私とあなたの違うところはまさにそこです.

❸ 文章 [人] を高く買う, 特別に扱う, 抜擢 (ばってき) する.

— *****se distinguer** 代動 ❶ <*se distinguer* (de qc/qn)> (…と) 異なる；特徴づけられる；識別される. ▶ Ces objets *se distinguent* par leur couleur. 色を見ればそれらの物が区別できる.

❷ 姿を現す, 見える. ▶ ces maisons qui *se distinguent* sur le rivage 岸辺に見えるその家々.

❸ 文章 卓越する, 有名になる；異彩を放つ. ▶ un élève qui *se distingue* en mathématiques 数学に秀でた生徒.

— **distinguer** 自動 <*distinguer* entre qc> …に区別をつける, のどれかを選ぶ.

distinguo /distɛ̃go/ 男 細かい区別立て. ▶ On a peine à saisir ses *distinguos*. 彼 (女) の細かい話を逐一理解するのはたいへんだ.

distique /distik/ 男 (フランスの) 2行詩；(ギリシア, ラテンの) 2行連句.

distorsion /distɔrsjɔ̃/ 女 ひずみ, ずれ；不均衡, 格差. ▶ la *distorsion* entre l'offre et la demande 需給のアンバランス.

*****distraction** /distraksjɔ̃/ ディストラクスィヨン/ 女 ❶ 気晴らし, 慰み；娯楽, 楽しみ. ▶ Il faut à cet enfant un peu de *distraction*. この子には少し気晴らしが必要だ / dessiner par *distraction* 手慰みに絵をかく / Le cinéma est une *distraction* populaire. 映画は大衆娯楽である.

❷ 不注意, 放心；うかつな行為, 間違い. ▶ On

distraire

s'est trompé d'enveloppe par *distraction*. うっかりして封筒を間違えた.

*distraire /distrɛːr ディストレール/ 68 (過去分詞 distrait, 現在分詞 distrayant) 他動 ❶ …を楽しませる, に気晴らしをさせる. ▶ Ce spectacle m'a bien *distrait*. その芝居は私にはいい気晴らしになった. ❷ <*distraire* qn (de qc)> (仕事などから)…の気[注意, 関心]をそらせる; の邪魔をする. ▶ Il ne faut pas *distraire* le conducteur. 運転手の注意をそらしてはいけない / *distraire* qn de son travail …の仕事の邪魔をする / *distraire* qn de son chagrin …の悲しみを紛らす. ❸ 文章 <*distraire* A de B> B から A を分離する; 取り出す. ▶ *distraire* de l'argent d'un dépôt 預金からお金を下ろす.

— **se distraire** 代動 ❶ 気晴らしをする, 楽しむ. ▶ aller au cinéma pour *se distraire* 気晴らしに映画に行く. ❷ 文章 <*se distraire* (de qc)> (…から)気を紛らせる, 注意をそらす. ▶ *se distraire* de son chagrin 悲しみから気を紛らす.

distrait, aite /distrɛ, ɛt/ 形 (distraire の過去分詞)ぼんやりした, 放心した, うかつな. ▶ un air *distrait* ぼんやりした様子 / écouter d'une oreille *distraite* うわの空で聞く.
— 名 ぼんやりした人, うかつな人.

distraitement /distrɛtmɑ̃/ 副 ぼんやりと, うわの空で, うっかりと.

distrayant, ante /distrɛjɑ̃, ɑ̃ːt/ 形 気晴らしになる, 愉快な.

distribué, e /distribɥe/ 形 分配された; 配置された. ▶ appartement bien *distribué* 間取りのよいアパルトマン.

*distribuer /distribɥe ディストリビュエ/ 他動 ❶ …を分配する, 配る. ▶ *distribuer* des cartes aux joueurs トランプのカードを配る / *distribuer* des tracts ビラを配る / *distribuer* le courrier 郵便を配達する / *distribuer* un film 映画を配給する. ❷ …を配置する, 配分する. ▶ *distribuer* un appartement アパルトマンの間取りを決める / *distribuer* les rôles 配役を決める. ❸ …を惜しみなく与える; やたらに振りまく. ▶ *distribuer* des sourires 微笑を振りまく / *distribuer* des coups めった打ちにする.

— **se distribuer** 代動 ❶ 分配される; 配置される. ❷ <*se distribuer* qc> …を配分し合う.

distributeur, trice /distribytœːr, tris/ 名 配布者; 配達人. ▶ *distributeur* de prospectus ちらしを配る人 / *distributeur* de films 映画配給業者.

— **distributeur** 男 販売機; 供給機;(特に) (ガソリンスタンドの)給油ポンプ (=*distributeur* d'essence). ▶ *distributeur* automatique 自動販売機 / *distributeur* de billets 現金自動支払い機 / *distributeur* de tickets 切符販売機.

distributif, ive /distribytif, iːv/ 形 分配する, 配分する. ▶ adjectif *distributif* 配分的形容詞(例: chaque).

justice distributive (1) 固 公平な罰. (2) 【法律】配分的正義.

— **distributif** 男 配分詞.

distribution /distribysjɔ̃/ 女 ❶ 分配, 配分;(特に)郵便配達. ▶ *distribution* de films 映画の配給 / *distribution* des prix 賞品授与;(特に)学年末の賞品授与式 / *distribution* de vivres 食糧の配給 / *distribution* des richesses 富の配分 / Il n'y a pas de *distribution* (du courrier) le dimanche. 日曜日には郵便は配達されない / la *distribution* du travail au personnel 人員への仕事の割り振り.
❷ 配役; 俳優陣. ▶ *distribution* d'un film 映画の配役.
❸ (ある順序, 目的に応じた)配置, 分布. ▶ la *distribution* des chapitres dans un livre 本の章分け / Cet appartement a une bonne *distribution*. このアパルトマンは間取りがよい.
❹ 流通, 販売. ▶ coût de *distribution* 流通コスト / la grande *distribution* マスマーケティング.

distributionnel, le /distribysjɔnɛl/ 形 【言語】分布(上)の, 分布的.

district /distrikt/ 男 (市町村の)連合区;(一般に)地区, 区域. ▶ *district* urbain (隣接市町村の)連合区 / le *district* du grand Paris 大パリ地区.

dit, dite /di, dit/ 形 (dire¹ の過去分詞) ❶ 言われた. ▶ C'est bien *dit*. それは名言だ / Ce qui est *dit* est *dit*. 決まったことは決まったことだ. ❷ 決められた. ▶ Je viendrai 'au jour *dit* [à l'heure *dite*]. 決められた日[時間]に参りましょう. ❸ …と呼ばれる; 別名 [通称] …という. ▶ Charles V [cinq], *dit* le Sage 賢人王(と異名をとる)シャルル5世 / le serment *dit* du « Jeu de Paume » いわゆる「球戯場の誓い」.

Aussitôt dit, aussitôt fait. = ***Aussitôt dit que fait.*** 言うが[決めるが]早いか実行された.

autrement dit 換言すれば, つまり.

cela* [*ceci*] *dit (1) そう言ってから. ▶ *Ceci dit*, il s'en est allé. そう言うと彼は行ってしまった. (2) とは言え, それはそうと, 余談はさておき.

(cela) soit dit en passant ついでに言えば.

entre nous soit dit = ***soit dit entre nous*** ここだけの話だが.

Il est dit que + 直説法.(非人称構文で)(1) (本などに)…と述べられている. (2) …と定められている. ▶ *Il est dit que* je ne gagnerai jamais. 私は決して勝てない運命なのだ.

proprement dit(e) 本来の意味での.

se le tenir pour dit それ以上つべこべ言わない.

dit, dît /di/, **dites, dîtes** /dit/ 活用 ⇨ DIRE¹ 75

dithyrambe /ditirɑ̃ːb/ 男 ❶ 【古代史】酒神ディオニュソス[バッカス]賛歌. ❷ 熱狂的な称賛. ❸ 情熱的な叙情詩.

dithyrambique /ditirɑ̃bik/ 形 ❶ 【古代史】ディオニュソス[バッカス]賛歌の. ❷ 称賛してやまない; [詩などが]情熱的な.

dito /dito/ 副 (特に商業用語で)同上; 同じく. 注 d° と略す. ▶ cinq kilos de sucre en morceaux et vingt *dito* en poudre 角砂糖5キロと粉砂糖20キロ.

diurétique /djyretik/ 形 【医学】利尿の.
— 男 利尿薬.

diurne /djyrn/ 形 ❶ 昼間の; 昼行性の, 昼咲きの

(↔nocturne). ▶ papillons *diurnes* チョウ. ❷『天文』mouvement *diurne* 日周運動.

diva /diva/ 囡《イタリア語》歌姫, プリマドンナ.

divagation /divagasjɔ̃/ 囡 ❶《多く複数で》(話などの)脱線, 余談; たわごと;(病人の)うわごと. ▶ N'écoutez pas ses *divagations*. 彼のたわごとを聞くな.

divaguer /divage/ 自 わけの分からないことを言う, たわごとを言う;(精神錯乱で)うわごとを言う. ▶ Qu'est-ce que tu dis! Tu *divagues*! 君はいったい何を言っているんだ, どうかしているよ.

divan /divɑ̃/ 男 (背もたれ, 腕のない)長椅子(ｲｽ), 寝椅子.

divergence /divɛrʒɑ̃:s/ 囡 ❶(意見などの)相違, 不一致, 対立. ▶ *divergence* d'idées 考え方の違い / *divergence* de goût en musique 音楽の趣味の相違. ❷(道路などの)分岐;(光などの)分散. ▶ *divergence* des rayons lumineux 光線の分散.

divergent, ente /divɛrʒɑ̃, ɑ̃:t/ 形 ❶ 互いに遠ざかる; 分散［分岐］する. ❷ 一致しない, 対立する. ▶ idées *divergentes* 食い違う考え.

diverger /divɛrʒe/ 自 ❶(道路などが)(…から)分岐する, 互いに遠ざかる;(光線などが)分散する. ❷〔意見, 思想などが〕相違する, 分かれる, 対立する. ▶ Leurs interprétations *divergent* sur ce point. 彼(女)らの解釈はこの点で食い違っている.

***divers, erse** /divɛ:r, ɛrs ディヴェール, ディヴェルス/ 形 ❶《多く複数で》(ときに名詞の前で)いろいろな, さまざまな, 異なった. ▶ les *divers* sens d'un mot ある語のさまざまな意味 / opinions *diverses* 異なった意見 / frais *divers* 雑費 / parler sur les sujets les plus *divers* 話題が豊富である / faits *divers* (新聞の)雑報, 三面記事. 比較 ⇨ DIFFÉRENT. ❷ 古|文章 変化に富んだ, 一様でない.
— **divers, erses** 形《不定》(複数形のみ)《名詞の前で無冠詞で》複数の; いくつかの. ▶ en *diverses* occasions さまざまな機会に / à *diverses* reprises 何度も / *Diverses* personnes m'en ont parlé. いろんな人から私はそれを聞かされた.

diversement /divɛrsəmɑ̃/ 副 いろいろに, さまざまに, 異なって.

diversification /divɛrsifikasjɔ̃/ 囡 多様化, (経営の)多角化.

diversifier /divɛrsifje/ 他 …を多様化する. ▶ *diversifier* ses distractions 娯楽に変化を持たせる / *diversifier* ses activités〔企業が〕経営を多角化する. — **se diversifier** 代動 多様化する.

diversion /divɛrsjɔ̃/ 囡 ❶ 文章 気晴らし, 気分転換. ❷ 牽制(ｹﾝｾｲ)(作戦).
faire diversion à qc …を紛らす, 一時忘れさせる. ▶ Un voyage *ferait diversion* à sa solitude. 旅行は彼(女)の孤独を紛らしてくれるだろう.

diversité /divɛrsite/ 囡 ❶ la *diversité* des opinions 意見の多様さ / une grande *diversité* de paysages 変化に富んだ景色.

divertir /divɛrti:r/ 他〔人〕を楽しませる, に気晴らしさせる. ▶ Le spectacle nous *a* bien *divertis*. その芝居は私たちを大いに楽しませました / Faire la cuisine, ça me *divertit*. 料理を作るのは私は気晴らしになる.
— **se divertir** 代動 ❶ 楽しむ, 気晴らしをする. ▶ Vous avez l'air de bien *vous divertir*. 大いに楽しんでいるようですね. ◆ *se divertir* à qc /不定詞/…して楽しむ. ▶ *se divertir* à lire un roman policier 推理小説を読んで楽しむ. ❷ 文章 〈*se divertir* de qn/qc〉…を物笑いにする, からかう.

divertissant, ante /divɛrtisɑ̃, ɑ̃:t/ 形 (divertir の現在分詞)楽しい, 気晴らしになる.

divertissement /divɛrtismɑ̃/ 男 ❶ 気晴らし, 楽しみ, 娯楽. ▶ film de *divertissement* 娯楽映画 / La pêche est son *divertissement* favori. 釣りが彼(女)の道楽だ. ❷『音楽』ディヴェルティメント, 嬉遊(ｷﾕｳ)曲.

dividende /dividɑ̃:d/ 男 ❶『数学』被除数. 注 除数は *diviseur* という. ❷ 配当(金). ▶ toucher un *dividende* 配当を受け取る.

divin, ine /divɛ̃, in/ 形 ❶ 神の; 神からの; 神にささげる. ▶ la *divine* Providence 神の摂理 / la volonté *divine* 神意 / le *divin* enfant /divināfɑ̃/ 神の子(イエス・キリスト) / droit *divin*『歴史』(王権神授説に基づく君主の)神授権 / le culte *divin* 神の礼拝 / l'office *divin* 聖務日課. ❷ 神格化された. ❸ すばらしい, 申し分のない. ▶ Il fait un temps *divin*. すばらしくいい天気だ / Ton repas était *divin*. 君の料理は最高だった.

divinateur, trice /divinatœ:r, tris/ 形 予知する. ▶ puissance *divinatrice* 予知能力 / instinct *divinateur* 鋭い直感.

divination /divinasjɔ̃/ 囡 ❶ 占い(術); 予言. ▶ pratiquer la *divination* 占いをする. ❷ 先見の明; 予感. ▶ C'est de la *divination*. そんな予感がする.

divinatoire /divinatwa:r/ 形 占いの, 予言の; 予知の. ▶ art *divinatoire* 占い術 / faculté *divinatoire* 予知能力.

divinement /divinmɑ̃/ 副 すばらしく, 完璧(ﾊﾞｷ)に, 申し分なく. ▶ Elle chante *divinement*. 彼女は見事に歌う / Il fait *divinement* beau. 実にいい天気.

divinisation /divinizasjɔ̃/ 囡 神格化; 賛美.

diviniser /divinize/ 他 ❶ …を神とする, 神格化する. ▶ *diviniser* le soleil et la lune 太陽と月を神としてあがめる. ❷ …を神聖視する, 崇拝する, 賛美する. ▶ *diviniser* l'amour 愛を神聖なものと考える.

divinité /divinite/ 囡 ❶ 神性. ▶ reconnaître la *divinité* du Christ キリストの神性を認める. ❷ 神. ▶ les *divinités* de l'Olympe オリュンポスの神々. ❸ 崇拝物, 神のごときもの; 絶世の美人.

***diviser** /divize/ ディヴィゼ/ 他 ❶ …を分ける, 分割する. ▶ *diviser* une tarte en quatre (=partager) タルトを4つに分ける / *diviser* un héritage 遺産を分割する. ◆ *diviser* qc entre qn (数人)の間で…を分ける. ▶ *diviser* une tâche entre plusieurs ouvriers 1つの仕事を数人の労働者で分担する.
❷ [意見, 組織など]を分裂させる, 仲たがいさせる, 離反させる(=désunir). ▶ Ils sont très *divisés* sur ce point. この点に関して, 彼らの意見は真向から対立している / Cette famille est *divisée*

par des questions d'argent. この家族は金銭問題でもめている. ❸ ⟨*diviser* A par B⟩ A を B で割る (↔multiplier). ▶ *diviser* quatre par deux 4 を 2 で割る.
Diviser pour régner. 支配するために分割せよ. 注 マキャベリの唱えた政治的格言.
— **se diviser** 代動 ❶ 分かれる, 分裂する. ▶ Le livre *se divise* en vingt chapitres. その本は20章に分かれている. ❷ 〔意見, 組織が〕分かれる, 割れる. ▶ L'opinion publique *se divise* sur cette question. この問題に関して世論は割れている. ❸ 〔ある数が〕割り切れる.

diviseur /divizœːr/ 男〘数学〙除数, 約数. ▶ le plus grand commun *diviseur* 最大公約数 (略 PGCD).

divisibilité /divizibilite/ 女〘数学〙割り切れること, (被)整除性, 可約性.

divisible /divizibl/ 形 分割できる;〘数学〙割り切れる, 整除される. ▶ Les nombres pairs sont *divisibles* par deux. 偶数は 2 で割り切れる.

*****division** /divizjɔ̃/ ディヴィズィヨン/ 女 ❶ (いくつかの部分に)分ける〔分かれる〕こと; 分割, 分岐. ▶ *division* des pouvoirs 三権分立 / *division* du travail 分業 / *division* cellulaire 細胞分裂.
❷ (分けられた)部分, 区分. ▶ les *divisions* administratives d'un territoire 管轄地域の行政区画 / Le centimètre est une *division* du mètre. センチメートルはメートルの下位区分である.
❸〔利害, 意見, 感情の〕分裂, 不和 (=désaccord). ▶ *divisions* entre alliés occidentaux 西側同盟国間の分裂 / mettre la *division* dans une famille 家庭に不和をもたらす / Il y a une *division* au sein du parti. 党内には意見の対立が生じている.
❹〘数学〙割り算, 除法 (↔multiplication). ▶ faire une *division* 割り算をする.
❺ 目盛り. ▶ tracer des *divisions* sur qc …に目盛りをふる.
❻ 部局; 師団. ▶ chef de *division* 局[部]長 / *division* d'infanterie 歩兵師団 / général de *division* 陸軍中将.

divisionnaire /divizjɔnɛːr/ 形 部局の; 師団の. ▶ artillerie *divisionnaire* 師団の砲兵隊 / général *divisionnaire* 師団長. ❷(地方)警察本部長 (=commissaire divisionnaire).

*****divorce** /divɔrs/ ディヴォルス/ 男 ❶ 離婚. ▶ mon *divorce* (d')avec Françoise 私とフランソアーズとの離婚 / demander [refuser] le *divorce* 離婚を求める[拒む] / *divorce* par consentement mutuel 協議離婚 / être en instance de *divorce* 離婚訴訟中である.
❷ ⟨*divorce* entre A et B⟩ A と B の対立, 不一致; 反目, 分裂. ▶ le *divorce* entre le gouvernement et l'opinion publique 政府と世論の遊離 / Il y a *divorce* entre la théorie et la pratique. 理論と実践が一致していない.

divorcé, e /divɔrse/ 形, 名 離婚した(人).

divorcer /divɔrse/ 1 自動 ⟨*divorcer* ((d')avec qn)⟩ (…と)離婚する. ▶ Ses parents ont *divorcé*. 彼(女)の両親は離婚した / *divorcer* (d')avec son mari 夫と離婚する.

divulgation /divylgasjɔ̃/ 女 (秘密などの)暴露, 漏洩(ろうえい). ▶ la *divulgation* de secrets d'Etat 国家機密の漏洩.

divulguer /divylge/ 他動 [秘密, 情報など]を暴露する, 漏らす (=révéler). ▶ Les journaux ont *divulgué* l'entretien. 新聞はその会談をすっぱ抜いた. — **se divulguer** 代動 [秘密などが]漏れる, 暴露される.

٭dix /dis ディス/ (子音または有音の h で始まる名詞の前では /di/, 母音または無音の h で始まる名詞の前では /diz/ となる) 形 〘数〙(不変) ❶ ⟪名詞の前で⟫ 10 の. ▶ *dix* livres 10冊の本 / *dix* mille 1万 / Ils étaient *dix*. 彼らは10人だった.
❷ ⟪名詞のあとで序数詞として⟫ 第 10 番目の. ▶ Charles X [*dix*] シャルル10世.
dix fois 何度も. ▶ répéter *dix fois* la même chose 同じことを何度も繰り返す.
— 男 ❶ 10; 10 の. ❷ le *dix* 10日; 10番地〔号〕. ❸ un *dix* 10の数字〔札〕.
Ça vaut dix. 話 すごい, すばらしい.

*****dix-huit** /dizɥit ディズュイット/ (発音の規則は huit と同じ) 形 〘数〙(不変) ❶ ⟪名詞の前で⟫ 18 の. ❷ ⟪名詞のあとで序数詞として⟫ 第18番目の.
— 男 ⟪単複同形⟫ ❶ 18; 18分. ❷ le *dix-huit* 18 日; 18番地〔号〕.

dix-huitième /dizɥitjɛm/ 形 ❶ 第 18 番目の. ❷ 18分の 1 の. — 名 18 番目の人〔物〕. — 男 ❶ 18分の 1. ❷ (パリの)第18区; 19階; 18世紀.

*****dixième** /dizjɛm ディズィエム/ 形 ❶ 第 10 番目の. ❷ 10分の 1 の.
— 名 10 番目の人〔物〕. — 男 ❶ 10分の 1. ❷ (宝くじで本札の10分の1の権利を認められる)1割券, ディジエム. ❸ (パリの)第10区; 11階; 10世紀.
les neuf dixièmes (10分の 9 →) ほとんど全部. ▶ La salle est remplie *aux neuf dixièmes*. 客席はほぼ満員である.
— 女 第 10 学年: 現在の初級科 1 年 (CE1) で, 日本の小学校 2 年に相当.

dixièmement /dizjɛmmɑ̃/ 副 第10番目に.

*****dix-neuf** /diznœf/ (発音の規則は neuf と同じ) 形 〘数〙(不変) ❶ ⟪名詞の前で⟫ 19 の. ❷ ⟪名詞のあとで序数詞として⟫ 第19番目の.
— 男 ⟪単複同形⟫ ❶ 19; 19分. ❷ le *dix-neuf* 19日; 19番地〔号〕.

dix-neuvième /diznœvjɛm/ 形 ❶ 第 19 番目の. ❷ 19分の 1 の. — 名 19 番目の人〔物〕. — 男 ❶ 19分の 1. ❷ le *dix-neuvième* (パリの)第 19区; 20階; 19世紀.

*****dix-sept** /di(s)sɛt ディセット/ (発音の規則は sept と同じ) 形 〘数〙(不変) ❶ ⟪名詞の前で⟫ 17 の. ❷ ⟪名詞のあとで序数詞として⟫ 第17番目の.
— 男 ⟪単複同形⟫ ❶ 17; 17分. ❷ le *dix-sept* 17日; 17番地〔号〕.

dix-septième /di(s)sɛtjɛm/ 形 ❶ 第 17 番目の. ❷ 17分の 1 の. — 名 17 番目の人〔物〕. — 男 ❶ 17分の 1. ❷ (パリの)第17区; 18階; 17世紀.

dizain /dizɛ̃/ 男 10行詩.

*****dizaine** /dizɛn ディゼヌ/ 女 ❶ (ひとまとめにした)10(個, 人). ▶ la première *dizaine* du mois 月初めの10日間, 上旬 / par *dizaines* 10(個, 人)ずつまとめて. ❷ ⟨*dizaine* (de + 無冠詞名詞)⟩

約10 (の…). ▶ plusieurs *dizaines* de livres 数十冊の本 / Ils étaient une *dizaine*. 彼らはおよそ10人ほどだった / il y a une *dizaine* d'années 10年ほど前 / Il y a une *dizaine* de kilomètres d'ici à l'aéroport. ここから空港まで約10キロある. ❸ 《les dizaines》《数学》10の位. ❹ 《カトリック》(ロザリオの大玉と大玉の間にある) 10個の小数珠玉. ▶ dire une *dizaine* de chapelet ロザリオ一連を唱える.

DJ /didʒi ; didʒe/ 男 《英語》(disc-jockey の略) ディスク・ジョッキー.

Djibouti /dʒibuti/ 固有 男 ジブチ: 首都 Djibouti. ▶ à *Djibouti* ジブチに [で, へ].

djiboutien, enne /dʒibutjɛ̃, ɛn/ 形 ジブチ Djibouti 共和国の. — **Djiboutien, enne** 名 ジブチ共和国の人.

djihad /dʒi(j)ad/ 男 ジハード: イスラム教の聖戦. ▶ combattants du *djihad* 聖戦の戦士たち.

djihadiste /dʒi(j)adist/ 男 ジハードを遂行する戦士.

DM 《略語》Deutsche Mark ドイツ・マルク.

do /do/ 男《単複同形》《イタリア語》《音楽》ド, (日本音名の) ハ音 の ハ音.

doberman /dɔbɛrman/ 男 ドーベルマン (犬).

docile /dɔsil/ 形 従順な, 素直な. ▶ enfant *docile* (=discipliné, obéissant) よく言うことを聞く子供 / cheveux *dociles* 扱いやすい髪.

docilement /dɔsilmɑ̃/ 副 素直に, 従順に.

docilité /dɔsilite/ 女 従順さ, 素直さ. ▶ répondre avec *docilité* 素直に答える.

docimologie /dɔsimɔlɔʒi/ 女 学校試験制度研究.

dock /dɔk/ 男 ❶ (船の建造, 修理または荷役のための) ドック, 船渠 [:]. ▶ *dock* flottant 浮きドック. ❷ (岸壁上の) 陸揚げ施設, 倉庫.

docker /dɔkɛːr/ 男 《英語》沖仲仕, 港湾労働者.

docte /dɔkt/ 形 ❶ 衒学 (ﾍﾟﾀﾞﾝ) 的な, 学問を鼻にかけた. ❷ 古風 博学な.

doctement /dɔktəmɑ̃/ 副 古 《文章》(皮肉に) 学者ぶって, 衒学 (ﾍﾟﾀﾞﾝ) 的に.

✱**docteur** /dɔktœːr/ 男 注 女性に対しても用いられる. ❶ 医学博士, 医師. ▶ le *docteur* Marie Dupont マリー・デュポン先生 / appeler le *docteur* 医者を呼ぶ / aller chez le *docteur* 医者 (の所) へ行く / prendre rendez-vous chez le *docteur* 診察の予約をする / jouer au *docteur* お医者さんごっこをする / Bonjour, (Monsieur le) *Docteur*!(呼びかけで) こんにちは, 先生. 比較 ⇨ MÉDECIN.
❷ 博士. ▶ *docteur* ès lettres 文学博士 / *docteur* en droit 法学博士 / *docteur* en médecine 医学博士 / titre de *docteur* 博士号 / Elle est *docteur* ès sciences. 彼女は理学博士だ.
❸ (宗教上の教義を教える) 博士, 教父, 神学者.

doctoral, ale /dɔktɔral/;《男 複》**aux** /o/ 形 《軽蔑して》学者ぶった, もったいぶった. ▶ prendre un ton *doctoral* もったいぶった口調で話す.

doctoralement /dɔktɔralmɑ̃/ 副 《軽蔑して》学者ぶって, もったいぶって.

doctorat /dɔktɔra/ 男 ❶ 博士号, 学位. ▶ thèse de *doctorat* 博士論文 / *doctorat* ès sciences 理学博士号 / *doctorat* en médecine 医学博士号 / *doctorat* d'Etat 国家博士号 / *doctorat* de troisième cycle 第三(期) 課程博士号. ❷ (学位取得のための) 論文 [試験]; (法学部, 医学部で行われる) 学位審査予備試験. ▶ passer son *doctorat* 学位審査を受ける.

doctoresse /dɔktɔrɛs/ 女 古風 女性医学博士, 女医. 普通は docteur を用いる.

doctrinaire /dɔktrinɛːr/ 形 教条主義的な, 偏狭な, 融通の利かない; もったいぶった.
— 名 (偏狭な) 教条主義者.

doctrinairement /dɔktrinɛrmɑ̃/ 副 教条主義的に, 独断的に, 偏狭に.

doctrinal, ale /dɔktrinal/;《男 複》**aux** /o/ 形 教義上の, 学説上の; 学理の. ▶ querelles *doctrinales* 教義論争, 理論闘争.

doctrinalement /dɔktrinalmɑ̃/ 副 教義上, 学説上, 学理的に.

doctrine /dɔktrin/ 女 ❶ 学説, 主義; 教義, 教え. ▶ *doctrine* scientifique 科学上の学説 / *doctrine* économique 経済学説 / la *doctrine* catholique カトリックの教義. ❷ 意見, 見解. ▶ la *doctrine* officielle 公式見解 / se faire une *doctrine* sur un sujet あるテーマに関して見解を持つ.

document /dɔkymɑ̃/ 男 ❶ 参考資料, 文献; 文書, 書類; 記録. ▶ recueillir [rassembler] des *documents* 資料を集める / *documents* diplomatiques 外交文書 / *document* primaire 1 次資料 / *documents* écrits 文献 / consulter [classer] des *documents* 資料を調べる [分類する]. ❷ 証拠資料 [物件]. ❸ 船荷証券.

documentaire /dɔkymɑ̃tɛːr/ 形 参考資料になる; 記録 [資料] に基づく. ▶ film *documentaire* 記録映画 / à titre *documentaire* 参考資料として, 参考までに. — 男 記録映画, ドキュメンタリー.

documentaliste /dɔkymɑ̃talist/ 名 (会社, 公共施設の) 文書係, 資料 [記録] 保管人.

documentariste /dɔkymɑ̃tarist/ 名 記録映画製作者.

documentation /dɔkymɑ̃tasjɔ̃/ 女 ❶ 考証, 文献調査. ❷ ドキュメンテーション, 資料の収集; 《集合的に》参考資料.

documenté, e /dɔkymɑ̃te/ 形 資料に裏付けられた. ▶ exposé solidement *documenté* 確実な資料に基づいた報告.

documenter /dɔkymɑ̃te/ 他動 ❶ …に資料を提供する. ▶ *documenter* qn sur une question …にある問題についての資料を与える. ❷ …を資料で裏付ける, 考証する. ▶ *documenter* un livre ある書物を資料に当たって考証する.
— **se documenter** 代動 資料を集める, 取材する. ▶ *se documenter* pour sa thèse de doctorat 博士論文のため資料を集める. 比較 ⇨ EXAMINER.

dodécaèdre /dɔdekaɛdr/ 男 12面体.

dodécagone /dɔdekagɔn/ 男 12角形.

dodécaphonique /dɔdekafɔnik/ 形 《音楽》12音技法による. ▶ musique *dodécaphonique* 12音音楽.

dodécaphonisme /dɔdekafɔnism/ 男 《音楽》12音技法.

dodécaphoniste

dodécaphoniste /dɔdekafɔnist/ 名〖音楽〗12音技法の作曲家.

dodelinement /dɔdlinmɑ̃/ 男〖頭, 体を〗軽く振る〖揺する〗こと.

dodeliner /dɔdline/ 間他動 <*dodeliner* de qc>〖頭, 体〗を軽く揺する. ▶ s'endormir en *dodelinant* de la tête 頭をこっくりこっくりさせながら眠る.

dodo /dodo/ 男 幼児語 ❶ ねんね. ▶ faire *dodo* ねんねする (=dormir) / C'est l'heure du *dodo*. ねんねの時間だよ. ❷ 寝床. ▶ Allez, bébé, au *dodo* maintenant. (=lit) さあ, もうねんね.

dodu, e /dɔdy/ 形 話 丸々とした, ふっくらした.

doge /dɔːʒ/ 男〖イタリア語〗〖歴史〗ドージェ: ベネチア共和国やジェノワ共和国の統領の称号.

dogmatique /dɔgmatik/ 形 ❶ 独断的な, 断定的な. ▶ parler d'un ton *dogmatique* 決めつけた物言いをする. ❷〖宗教, 思想などの〗教義上の, 教理に関する; 教義学の. ▶ la théologie *dogmatique* 教義神学 / querelles *dogmatiques* 教義論争. ❸ 独断論の, 教条主義の. ▶ philosophie *dogmatique* 独断論〖哲学〗.
— 名 独断家, 教条主義者. — 女 教義学〖論〗.

dogmatiquement /dɔgmatikmɑ̃/ 副 独断的に, 断定的に.

dogmatiser /dɔgmatize/ 自動《軽蔑して》独断的に述べる, 断定的な口調で話す.

dogmatisme /dɔgmatism/ 男 ❶ 独断的な態度〖話し方, 考え〗. ❷ 独断論, 教条主義.

dogmatiste /dɔgmatist/ 形 教条主義の; 独断的な. — 名 教条主義者; 独断論者.

dogme /dɔgm/ 男 ❶ 教義, 教理, 教条, ドグマ. ▶ les *dogmes* catholiques カトリックの教義. ❷ 信条; 定論, 定説.

dogue /dɔg/ 男 ❶ 番犬;《特に》ブルドッグ. ❷ 話 怒りっぽい人.
être d'une humeur de dogue 怒りっぽい, 不機嫌である.

:doigt /dwa/ ドワ/
男

❶〖人の手の〗指;〖動物の〗足指. ▶ *doigt* de pied 足の指 (=orteil) / compter sur ses *doigts* 指折り数える / mettre le *doigt* sur la bouche 口に人差し指を当てる(沈黙, 静粛を求めるしぐさ) / lever le *doigt* 人差し指を上げる(質問, 発言を求めるしぐさ) / manger avec ses *doigts* 手づかみで食べる / faire claquer les *doigts* 指をぱちりと鳴らす / empreinte du *doigt* 指紋. 注 手の5本の指は, 親指 pouce, 人差し指 index, 中指 majeur, médius, grand doigt, 薬指 annulaire, 小指 auriculaire, petit doigt.

lever le doigt (Moi, maîtresse!)

❷ 手袋の指 (=*doigts* d'un gant).
❸ 指1本分の厚み(約1-2 cm); ごくわずかの量. ▶ boire un *doigt* de vin ワインを少々飲む.
au doigt et à l'œil（指と目で→）ちょっと合図をするだけで; 命令どおり. ▶ obéir *au doigt et à l'œil* 言われたとおりに従う.
à「un doigt [deux doigts] de qc〖不定詞〗…のすぐ近くに; …しかけた. ▶ Il est *à deux doigts de* mourir. 彼は死にかけている.
avoir des doigts de fée 驚くほど器用である.
croiser les doigts（中指を人差し指の上に重ねて）幸運を祈る.
être (liés) comme les (deux) doigts de la main 固い友情で結ばれている.
glisser [filer] entre les doigts de qn …の掌中から逃れる. ▶ réussir à *filer entre les doigts de la police* 警察の手からうまく逃れる.
jusqu'au bout des doigts（指先まで→）全身に. ▶ avoir de l'esprit *jusqu'au bout des doigts* 才気にあふれている.
mettre le doigt sur qc（困難や醜聞など）を暴く, 指摘する. ▶ Vous *avez mis le doigt sur* la difficulté. あなた〖方〗は問題点を明らかにした.
Mon petit doigt me l'a dit.（私の小指がそう言っている→）(1)（情報源を隠して）風の便りに聞いたのさ. (2)（子供に真実を白状させるために）ちゃんと顔に書いてあるよ.

(Mon petit doigt me l'a dit.)

montrer [désigner] qc/qn du doigt (1) …を指す. (2) …をあざける; 非難する.
ne pas lever [remuer] le petit doigt てんで努力をしようとも [助けようとも] しない.
ne pas savoir quoi faire de ses dix doigts 話 不器用である; 手持ち無沙汰だ.
ne rien (savoir) faire de ses dix doigts 何もしない; 無為の生活を送る.
On peut les compter sur les doigts (d'une seule main). ごくわずかしかない [いない].
savoir [connaître] qc sur le bout du doigt …に精通している, を熟知している.
se cacher derrière son petit doigt 現実から目をそらす.
se mettre le doigt dans l'œil とんでもない思い違いをする.
se mordre les doigts (de qc) 話（…を）後悔する.
taper [donner] sur les doigts de qn（…の指をたたく→）話 …をたしなめる, しかる.
toucher qc du doigt〖本質や要点〗を明確につかむ, はっきりさせる; を目前にする.

doigté /dwate/ 男 ❶ 手腕, 機転. ▶ Ce genre d'affaire demande du *doigté*. この種の問題はうまく扱う必要がある. ❷〖音楽〗運指法, 指使い. ▶ avoir un bon *doigté*. 指使いが巧みである.

doigter /dwate/ 他動〖音楽〗〖楽譜〗に運指法 [指

doigtier /dwatje/ 男 指ぬき;指サック.
dois /dwa/ 活用 ⇨ DEVOIR¹ 44
doit¹ /dwa/ 男【簿記】借り方. ▶ doit et avoir 借り方と貸し方.
doit² /dwa/ 活用 ⇨ DEVOIR¹ 44
doiv- 活用 ⇨ DEVOIR¹ 44
dolce /doltʃe/ 副《イタリア語》【音楽】ドルチェ, 優しく, 柔らかに.
doléance /dɔleɑ̃ːs/ 女《複数で》苦情, 不平, 文句 (=plainte, réclamation). ▶ faire [présenter] ses doléances 苦情をいう.
dolent, ente /dɔlɑ̃, ɑ̃ːt/ 形 文章 ❶ ぐちっぽい; 哀れっぽい. ▶ une voix dolente 哀れっぽい声. ❷ 病んだ, 痛みのある.
dolichocéphale /dɔlikɔsefal/ 形, 名【人類学】長頭の(人).
dollar /dɔlaːr/ 男《米語》ドル(米国, カナダなどの貨幣単位). ▶ payer en dollar ドルで支払う.
dolmen /dɔlmɛn/ 男 ドルメン: 先史時代の卓状に組んだ巨石遺物, ブルターニュ地方に多い.
dolosif, ive /dɔlozif, iːv/ 形【法律】詐欺の.
DOM /dɔm/ 男《略語》départements d'outre-mer 海外県.

domaine /dɔmɛn/ 男 ❶ 領域, 領分; 専門分野. ▶ un domaine inexploité 未開発分野 / étendre le domaine de ses connaissances 知識の範囲を広げる / dans [en] ce domaine この分野において / Le bricolage, c'est mon domaine. 日曜大工は私の得意分野だ / Ce n'est pas de mon domaine. それは私の領分ではない. ◆ dans le domaine de qc …の分野において. ▶ progrès dans le domaine de l'informatique 情報科学の分野における進歩. ❷ 所有地, 領地. ▶ domaine viticole ブドウ園 / petit domaine 小屋敷 / posséder [gérer] un domaine 領地を持って[管理]する / hériter d'un vaste domaine 広大な地所を相続する. ❸【法律】【行政】le Domaine (de l'Etat) 国有財産 / domaine public (道路, 河川などの)公共物 / domaine privé (県[市]有林などの)普通財産. ❹【情報】nom de domaine ドメインネーム.
tomber dans le domaine public (著作権, 特許が切れて)公産となる; 公のものとなる.

domanial, ale /dɔmanjal/; 《男複》**aux** /o/ 形 国有(地)の. ▶ forêts domaniales 国有林 / biens domaniaux 国有財産.
dôme /doːm/ 男 ❶ 丸屋根, ドーム. ▶ le dôme du Panthéon パンテオンの丸屋根. ❷ 丸屋根状のもの. ▶ dôme 「de verdure [de feuillage] こんもりした枝葉の茂り.
dôme /doːm/ 男 (イタリア, ドイツの)大聖堂. ▶ le dôme de Milan ミラノの大聖堂.
domestication /dɔmɛstikasjɔ̃/ 女 ❶ (野生動物の)飼い慣らし. ❷ 服従させること. ❸ (自然(力))の活用, 実用化. ▶ la domestication de l'énergie atomique 原子力の利用.
domesticité /dɔmɛstisite/ 女 召使いの身分;《集合的に》召使い.
domestique /dɔmɛstik/ ドメスティック 形 ❶ 家庭の, 家の. ▶ travaux domestiques 家事 / économie domestique 家計 / violence domestique 家庭内暴力 / querelles [ennuis] domestiques 家庭内のもめ事. ❷《動物が》飼い慣らされた. ▶ animaux domestiques (↔sauvage) 家畜. ❸ 国内の. ▶ marché domestique 国内市場 / vol domestique 国内便.
—— 名 召使い, 使用人. 注 現在では employé(e) de maison, gens de maison などと言われる. ▶ engager un domestique 使用人を雇う.

domestiquer /dɔmɛstike/ 他動 ❶【野性動物】を飼い慣らす. ❷ 文章 …を手なずける. ▶ Le gouvernement a domestiqué l'opposition. 政府は反対派を懐柔した. ❸〔自然(力)〕を活用する. ▶ domestiquer l'énergie solaire 太陽エネルギーを活用する.

domicile /dɔmisil/ ドミスィル 男 住所, 住居. ▶ nouveau domicile 新住所 / violation de domicile 家宅侵入 / changer de domicile 転居する / élire domicile au 15 [quinze] de la rue Vaugirard ヴォージラール街15番地に居を定める / personne sans domicile 住所不定者 / sans domicile fixe ホームレス(略: SDF) / certificat de domicile 住居証明, 住民票. 比較 ⇨ MAISON.
à domicile 自宅へ[で], 家に. ▶ livrer qc à domicile …を宅配する / travailler à domicile 自宅で働く, 内職する / vente à domicile 訪問販売.
domiciliaire /dɔmisiljɛːr/ 形 住居の. ▶ visite [perquisition] domiciliaire 家宅捜索.
domiciliataire /dɔmisiljatɛːr/ 男【金融】手形の支払い人(銀行など).
domiciliation /dɔmisiljasjɔ̃/ 女【金融】(手形などの)支払い場所の指定.
domicilié, e /dɔmisilje/ 形 …に居住する. ▶ être domicilié à Paris パリに居住する.
domicilier /dɔmisilje/ 他動【行政】<domicilier qn + 場所>…を…に居住させる. ▶ se faire domicilier + 場所 …を住居地とする.
dominant, ante /dɔminɑ̃, ɑ̃ːt/ 形 ❶ 優勢な, 主要な, 支配的な. ▶ opinion dominante 大勢を占める意見 / la raison dominante de qc …のおもな理由 / jouer un rôle dominant dans une affaire ある事件で主要な役割を演じる. ❷ 支配力を持つ. ▶ pays dominant 宗主国 / classe dominante 支配階級. ❸〔位置が〕周辺を見下ろす. ▶ Le château est dans une position dominante. 城はあたり一帯を俯瞰(ふかん)する位置にある. ❹【生物学】優性の.
dominante /dɔminɑ̃ːt/ 女 ❶ 主調, 基調. ▶ La dominante de son œuvre est l'humanisme. 彼(女)の作品の主調はヒューマニズムである. ◆ à dominant + 形容詞 …がおもな, 中心の. ▶ une chaîne à dominante musicale 音楽番組を主体としたチャンネル. ❷【音楽】ドミナント, 属音: 主音の5度上の音.
dominateur, trice /dɔminatœːr, tris/ 形 居丈高な, 横柄な. ▶ Son mari est dominateur. 彼女の夫は横暴だ. ——名 文章 支配者.
domination /dɔminasjɔ̃/ 女 ❶ 支配, 統治. ▶ être sous la domination de qn …の支配[統治]下にある / exercer sa domination sur qn …を支配する.

dominer

❷ 優勢, 優位. ▶ La *domination* de l'équipe anglaise est incontestable. 英国チームの優位は明らかだ. ❸ 抑制. ▶ la *domination* de soi-même 自己抑制, 克己. ❹《Dominations》〖神学〗主天使: 9 階級の上から 4 番目の天使.

*dominer /dɔmine ドミネ/ 他動 ❶ …を支配する; 左右する. ▶ puissance qui veut *dominer* le monde 世界制覇をもくろむ大国 / Il cherche toujours à *dominer* sa femme. 彼はいつも妻の上に立とうとする / une question qui *domine* toute l'affaire 事のすべてを左右する問題.

❷〔感情など〕を抑制する. ▶ *dominer* sa colère 怒りを抑える / *dominer* son trouble 心の動揺を抑える / se laisser *dominer* par ses passions 情念のおもむくままになる. ❸ …を見下ろす, の上にそびえる. ▶ un château qui *domine* le village 村を見下ろす城 / Il *domine* ses voisins de la tête. 彼は周囲の人々より頭一つ高い. ❹〔問題, 状況など〕を掌握する. ▶ Nous *dominons* la situation. 我々は事態を掌握している.

— 自動 支配的である, 優勢である, 際立つ. ▶ Les femmes *dominent* dans cette profession. この職業では女性が圧倒的に多い / Leur équipe a *dominé* pendant tout le match. 彼(女)らのチームは試合を終始リードした / un tableau où le rouge *domine* 赤が主調の絵.

— **se dominer** 代動 自制する. ▶ ne pas pouvoir *se dominer* 自分を抑えられない.

dominicain¹, aine /dɔminikɛ̃, ɛn/ 名〖カトリック〗ドミニコ会修道者.

dominicain², aine /dɔminikɛ̃, ɛn/ 形 ドミニカ Dominicaine の.
— **Dominicain, aine** 名 ドミニカ人.

Dominicaine /dɔminikɛn/ 固有 女 ドミニカ: 首都 Saint-Domingue. ▶ en *Dominicaine* ドミニカに[で, へ].

dominical, ale /dɔminikal/;《男 複》**aux** /o/ 形 文章 日曜日の; 主日の, 安息日の. ▶ repos *dominical* 日曜日の休息. ❷《カトリック》主の. ▶ l'oraison [la prière] *dominicale* 主の祈り.

domino /dɔmino/ 男 ❶ ドミノ札;（複数で）ドミノ: 28 枚の札の目の数合わせで勝負するゲーム. ▶ théorie des *dominos* ドミノ理論.

❷ ドミノ: 仮面舞踏会で着る女性用外衣(がい).

*dommage /dɔmaːʒ ドマージュ/ 男

> 英仏そっくり語
> 英 damage 損害.
> 仏 dommage 損害, 残念なこと

❶ 損害, 被害. ▶ réparer un *dommage* 損害を償う / éprouver [subir] un *dommage* 損害をこうむる / Les inondations ont causé des *dommages* aux cultures. 洪水は作物に被害を及ぼした. 比較 ⇨ DÉGÂT.

❷ 残念なこと. ▶ Il est parti ? C'est (bien) *dommage*.［Quel *dommage* !, *Dommage* !］彼は出かけたって, それは残念だ.

C'est [Quel, Il est] *dommage* de + 不定詞 [que + 接続法].= *Dommage* que + 接続法. …は残念だ. ▶ *Quel dommage d*'abattre de si beaux arbres ! こんな見事な木々を切り倒すのは惜しい / *Dommage que* tu ne puisses pas venir.

dommages de guerre 戦災（賠償金）.

dommages et intérêts = dommages-intérêts 損害賠償. ▶ réclamer [obtenir] des *dommages et intérêts* 損害賠償を請求する[得る].

dommageable /dɔmaʒabl/ 形 <*dommageable* (à qn/qc)> (…に)損害を与える. ▶ Ces erreurs sont *dommageables* à la nation entière. これらの失策は国民全体の損失である.

domptage /dɔ̃taːʒ/ 男〔動物の〕調教.

dompter /dɔ̃te/ 他動 ❶〔動物〕を慣らす, 調教する. ❷〔反抗する者〕を服従させる, 手なづける. ▶ *dompter* un enfant insoumis 反抗的な子供に言うことをきかせる. ❸ 文章〔自然力, 感情など〕を制御する, 抑える.

dompteur, euse /dɔ̃tœːr, øːz/ 名 調教師, 猛獣使い.

Domrémy-la-Pucelle /dɔ̃remilapysɛl/ 固有 ドンレミ=ラ=ピュセル: ロレーヌ地方の村, ジャンヌ・ダルクの生地.

*don¹ /dɔ̃ ドン/ 男 ❶ 与えること, 寄贈, 贈与. ▶ *don* du sang 献血 / *don* d'organes 臓器の提供. ◆ faire *don* de qc (à qn/qc) …を(…に)寄贈する, 贈る. ▶ faire *don* de sa collection à un musée コレクションを美術館に寄贈する / faire *don* de son corps à la médecine 献体する. ❷ 寄贈品; 寄付. ▶ Ce tableau est un *don* d'un collectionneur. この絵はある収集家の寄贈品だ / recueillir des *dons* pour une œuvre 慈善事業のために寄付を集める.

❸ 天賦の才;（神, 自然からの）たまもの. ▶ avoir un *don* pour les langues 語学の才能がある / les *dons* de la terre 大地の恵み（農作物）.

avoir le don de qc/不定詞 …の才能がある. ▶ *avoir le don de* la parole 弁舌の才がある.

don de soi 献身, 自己犠牲.

don² /dɔ̃/ 男《スペイン語》ドン: かつてのスペイン貴族の称号. 今日では一般人の敬称として用いられる. 姓ではなく名の前につけるのが普通. ▶ *don* Juan ドン・ファン, ドン・ジュアン.

doña /dɔɲa/ 女《スペイン語》ドニャ: かつてのスペイン貴婦人の称号. 今日では一般婦人の敬称として用いられる. 姓ではなく, 名の前につける.

donataire /dɔnatɛːr/ 名〖法律〗受贈者.

donateur, trice /dɔnatœːr, tris/ 名 ❶〔慈善事業などの〕寄付者. ▶ généreux *donateur* 高額寄付者. ❷〖法律〗贈与者 (↔donataire).

donation /dɔnasjɔ̃/ 女〖法律〗贈与; 贈与証書.

*donc /dɔ̃k ; dɔ̃(k) ドンク, ド(ー)ンク/（接続詞は /dɔ̃k/. 副詞は疑問詞, 命令形のあとで /dɔ̃k/, それ以外は /dɔ̃k/ が普通）接 ❶《結果, 結論に導いて》それゆえ, だから, つまりは. ▶ Je pense, *donc* je suis. 我思う, ゆえに我あり（デカルト）/ J'ai refusé; *donc* inutile d'insister. 私はお断りしました, だから言い張ってもむだですよ / Il était là tout à l'heure; il ne peut *donc* pas être bien loin. 彼はさっきまでいた, だからあまり遠くへは行っていないだろう. ❷《話を元に戻すときの》…ところで, さて. ▶ pour en revenir *donc* à notre sujet … さて話を本題に戻すと….

— 副《疑問, 感嘆, 命令などを表わす文中で強調を示して》いったい, へえ, さあ. ▶ Quoi *donc*? 何ですって/ Qu'a-t-il *donc*? 彼はいったいどうしたんだ/ Pourquoi *donc*? それはまたどうして/ Vous travaillez *donc* là? ほう, あそこで働いているのですね/ Racontez-moi *donc* ce qui s'est passé. さあ, 何があったのか話してごらん/ Tais-toi *donc*! 静かにしろったら.

Allons donc! まさか. ▶ *Allons donc!* vous plaisantez! まさか, ご冗談でしょう.

Dis [Dites] donc! 話《注意喚起》ねえ, ちょっと;《非難》おい, なんだと;《驚き》へえ, まあ.

dondon /dɔ̃dɔ̃/ 女 太った女.

donf /dɔ̃f/《次の句で. à fond の逆さ言葉》

à donf ❶ 完全に, 徹底的に. ❷ 全速力で.

donjon /dɔ̃ʒɔ̃/ 男《中世の城塞(じょうさい)の》主塔, 天主閣.

don Juan /dɔ̃ʒɥɑ̃/;《不変》または《複》*dons Juans* 男 ドン・ファン, 女たらし.

donjuanesque /dɔ̃ʒɥanɛsk/ 形 ドン・ファンの, 女たらしの, 好色な.

donjuanisme /dɔ̃ʒɥanism/ 男 ❶ ドン・ファン的性格, 漁色. ❷《精神医学》ドン・ファン症: 自分の性的能力を誇示するために, 漁色に熱中すること.

donnant, ante /dɔnɑ̃, ɑ̃:t/ 形 古風 気前のよい.

donnant, donnant 話 ギブ・アンド・テーク で.

donne /dɔn/ 女 ❶《トランプで》札の分配. ▶ faire la *donne* 札を配る/ A vous la *donne*. あなたが配る番です, 親はあなたです. ❷《政治や経済の》趨勢, 状況. ▶ nouvelle *donne* 新たな情勢.

donné, e /dɔne/ 形 ❶ 定められた, 一定の;《数学》(仮定, 前提として)与えられた. ▶ dans [en] un temps *donné* ある一定の時間内に/ dans une situation *donnée* ある一定の状況において. ❷ 非常に安い. ▶ Ce manteau est *donné*. このコートはただ同然だ/ C'est *donné*. 話 ただみたいなものだ, 大安売りだ.

à un moment donné ある瞬間に, ある時; 突然.

étant donné qc (1) …から考えて. ▶ *étant donné* les circonstances actuelles 現在の状況から見て. (2) …が与えられているとして. ▶ *étant donné* deux droites = deux droites *données* ここに 2 本の直線があるとして. 注 (1) (2) ともに一般に donné は不変. ただし名詞のあとに置かれた場合や文章語で, ときに名詞の性数に一致することもある.

étant donné que + 直説法 … なので (= comme). ▶ *Etant donné que* personne ne veut faire ce travail, je suis bien obligé de le faire moi-même. だれもこの仕事をやりたいと思わないのだから, 自分でやるよりしようがない.

— **donné** 男《哲学》経験的所与, 感覚与件.

donnée 女 ❶ データ, 資料; 情報. ▶ traitement des *données* 情報処理/ banque de *données* データバンク/ base de *données* データベース/ analyse des *données* データ解析/ manquer de *données* データが不足している. ❷ 所与の事実, 条件. ▶ les *données* de la situation politique d'aujourd'hui 今日の政治状況の諸条件.

donner

‡**donner** /dɔne ドネ/

直説法現在	je donne	nous donnons
	tu donnes	vous donnez
	il donne	ils donnent
複合過去	j'ai donné	半過去 je donnais
単純未来	je donnerai	単純過去 je donnai
接続法現在	je donne	

他動 ❶ 〈**donner qc (à qn/qc)**〉(…に)…を与える; 渡す.

❶ (…に)〔物, 金など〕を与える, やる. ▶ Il m'a *donné* un livre en cadeau. 彼はプレゼントに本を 1 冊くれた/ Chaque mois, je *donne* à mon fils cent euros d'argent de poche. 私は息子に小遣いとして毎月 100 ユーロやっている.

donner un livre

❷ (代価を伴って)(…に)…を渡す, 与える. ▶ *Donnez*-moi un kilo de pommes de terre. ジャガイモを 1 キロください/ Tu *donnes* combien à ta femme de ménage? (= payer) お手伝いのおばさんにいくら支払ってるの. ◆*donner* qc pour [contre, en échange de] qc …と引き換えに…を渡す. ▶ Je lui *ai donné* ma montre en échange de sa vieille bicyclette. 古い自転車の代わりに彼(女)に腕時計をやった. ◆*donner* + 金額 + de qc (à qn) (…に)…の代価として…を支払う. ▶ On lui *donne* vingt euros de l'heure. 彼(女)は時給 20 ユーロもらっている.

❸ (…に)…を渡す, 預ける, ゆだねる. ▶ *donner* son passeport à un douanier 税関員にパスポートを渡す/ *donner* son manteau au vestiaire コートをクロークに預ける/ *Donne*-moi la main, on traverse la rue. 《子供に》道を渡るから私と手をつないで.

❹ (…に)…をささげる;〔気持ち〕を許す. ▶ *donner* sa vie pour la patrie 祖国のために命をささげる/ *donner* sa confiance à qn …を信頼する/ *donner* sa voix à un candidat ある候補者に投票する.

❺ (…に)〔時間〕を与える; 割く. ▶ *Donnez*-moi un peu de temps. 少し時間をください/ Je n'ai que quelques instants à vous *donner*. あなた(方)のために割ける時間はごくわずかです.

❻ (…に)〔知識, 情報など〕を与える, 伝える. ▶ *donner* son avis à qn …に自分の意見を述べる/ *donner* l'exemple 手本を示す/ *Donnez*-moi votre nom. お名前を教えてください/ Voulez-vous me *donner* l'heure exacte? 正確な時刻を教えていただけますか/ Ce guide *donne* beaucoup de renseignements très utiles. このガイドブックには有益な情報がたくさん載っている.

❼ (…に対して)〔ある行為〕をする. ▶ *donner* un

donner

conseil 忠告［助言］する (=conseiller) / *donner* une réponse 返事をする (=répondre) / *donner* un coup de téléphone 電話をする (=téléphoner) / *donner* sa démission 辞表を出す (=démissionner).

❽ (人に)〔心理的・生理的状態〕をもたらす;〔病気など〕をうつす. ▶ Une bonne odeur de cuisine *donne* de l'appétit. 料理のいいにおいは食欲を刺激する / Cet enfant me *donne* bien du souci. あの子は私に心配をかけてばかりいる / Elle m'*a donné* son rhume. (=passer) 私は彼女に風邪を移された.

❾ (物に)〔効果, 状態など〕を付与する. ▶ Ce jardin fleuri *donne* à la maison une atmosphère tout à fait féerique. 花がたくさん咲いているこの庭は, 家に夢のような雰囲気を与えている / *Donnez* de l'ampleur à la jupe. スカートを緩めにしてください.

❿ (…に)〔名前, 性質など〕を与える;想定する. ▶ *donner* un nom à son enfant 子供に名前をつける / *donner* une signification politique à un événement 事件に政治的な意味づけをする /《Quel âge lui donnez-vous?—Je lui *donne* cinquante ans.》「彼(女)を何歳だと思いますか」「50歳くらいでしょう」

⓫〔産物など〕を**生み出す**;〔結果など〕を生む, もたらす. ▶ Cette vigne *donne* d'excellents raisins. このブドウの木にはとてもおいしいブドウがなる / Sa démarche n'*a donné* aucun résultat. 彼(女)の働きかけは何の成果も生まなかった / Alors, ces élections, qu'est-ce que ça va *donner*? 今度の選挙, どうなるのかねえ.

⓬〔コンサートなど〕を催す;〔芝居, 映画など〕を興行する;〔講演など〕を行う. ▶ *donner* un récital リサイタルを開く / Qu'est-ce qu'on *donne* à l'Opéra en ce moment? オペラ座では今何をやっていますか / *donner* des cours de français フランス語の授業をする.

⓭<*donner* + 無冠詞名詞>〔成句表現〕注 多くは〈avoir + 無冠詞名詞〉に対応する. ▶ *donner* faim [soif] 空腹にさせる［喉(2)を渇かせる］/ *donner* sommeil 眠気を催させる / *donner* envie à qn de + 不定詞 …に…したい気持ちを起こさせる / *donner* rendez-vous à qn …と会う約束をする. ⓮〖ゲーム〗〔カード〕を配る. ▶〈目的語なしで〉C'est à vous de *donner*. あなたが配る番［親］です.

❷ <*donner* qn (à qn)>

❶ (…に)…を与える, ゆだねる;話 …を密告する. ▶ *donner* sa fille (en mariage) à qn …のところに娘を嫁にやる / *donner* ses complices à la police 警察に共犯者をたれこむ.

❷ (…との間に)〔子供〕をもうける;〔偉人〕を生む. ▶ Elle lui *a donné* deux fils. 彼女は彼との間に2人の息子をもうけた / Cette école *a donné* plusieurs grands peintres. この学校［流派］からは何人かの偉大な画家が出た.

❸ <**donner** qn/qc (comme [pour] + 属詞)> …を…として提示する, と見なす. ▶ *donner* du cuivre pour de l'or 銅を金だと思わせる / Je ne vous *donne* pas cette information pour certaine. この情報が確かだとは言えません.

donner (à qn) à + 不定詞 (1)(…に)…するものを与える. ▶ *donner* à manger [boire] 食べ物［飲み物］を与える. (2) (…に)…させる, の種を提供する. ▶ *donner* à rire 笑わせる / *donner* à qn à penser [entendre] que + 直説法 …に…と考えさせる［ほのめかす］/ Tout *donne* à croire qu'il a raison. どう見ても彼が正しいようだ.

donner à qn *de* + 不定詞 文章 …に…する機会を与える, することを許す. ▶ Le hasard lui *a donné* de faire la connaissance de ce grand écrivain. 偶然, 彼(女)はこの大作家の面識を得た /〈非人称構文で〉Il n'*est* pas donné à tout le monde d'avoir une maison de campagne. だれもが田舎に別荘を持てるわけではない.

donner qc/qn (à qn) à + 不定詞 (…に)…すべき…を渡す［託す］. ▶ *donner* du linge à laver 洗濯物を洗濯に出す / *donner* son enfant à garder 子供の子守をしてもらう.

J'ai déjà donné. = *On a déjà donné.* 話 間に合ってます, 結構です.

Je vous le donne en cent [mille]. 当てられるものなら当ててごらん.

— 間他動 ❶ <*donner* sur [à, dans] qc>…に面している, 向いている;通じている. ▶ Mon bureau *donne* 'sur la mer [au sud]. 私の書斎は海に面している［南向きである］/ Cette porte *donne* dans la cuisine. このドアは台所に通じている.

donner sur la mer

❷ <*donner* dans qc>…に陥る;のめり込む. ▶ *donner* dans un piège 罠(粒)に落ちる / Depuis que sa famme l'a quitté, il *donne* dans la boisson. 妻が彼のもとを去ってから, 彼は酒浸りになっている.

❸ <*donner* sur [contre] qc>…にぶつかる, 衝突する. ▶ Le navire *a donné* sur ces écueils. 船はこの暗礁にぶつかった / *donner* 'du front [de la tête] contre [sur] qc …に頭をぶつける.

donner dans le panneau 話 罠にかかる, だまされる.

ne pas savoir où donner de la tête (忙しくて)何から手をつけていいのか分からない.

比較 与える

donner 最も広く用いられる. **offrir** 贈り物として与える. **fournir** おもに企業や店が商品, サービスを客に提供すること. **procurer** 受け手にとって有用なもの, 喜ばしいものを与えること, または第三者を通して得させること.

— 自動 ❶〔植物が〕収穫をもたらす, 実る;〔家畜などが〕乳を出す, 卵を産む. ▶ C'est un pommier qui *donne* bien. このリンゴの木は実のつきがいい / Les vaches *donnent* peu en cette saison. この季節は乳の出が悪い. ❷ (盛んに)活動する, 力を出す;攻撃する;〔太陽が〕照りつける. ▶ Ce groupe de rock *donne* à plein. このロックグル

—プは最高に乗っている. ❸〔布, ロープなどが〕伸びる, 緩む. ▶ Cette toile *donne* à l'usage. この布は使っているうちに伸びる.

— **se donner** 代動 ❶《se は直接目的》

❶ 自分を与える, 献身する, 打ち込む;〔女性が〕身を任せる. ▶ *se donner* à ses parents 両親に献身的に尽くす / *se donner* corps et âme 身も心もささげる / *se donner* entièrement au travail 仕事に没頭する.

❷《*se donner* pour + 属詞》自分を…だと思わせる, …だと自称する. ▶ *se donner* pour riche 自分を金持ちだと思わせる / Cet homme *se donne* pour progressiste. あの男は自称進歩主義者だ.

❸ 与えられる;〔芝居などが〕上演される, 行われる. ▶ Ces prospectus ne se vendent pas; ils *se donnent*. ここにあるパンフレットは売り物ではなく無料で配布される / Ce cours de sociologie *se donnent* dans un amphithéâtre. この社会学の授業は階段教室で行われている.

❷《*se donner* qc》《se は間接目的》

❶ 自分に…を与える, 得る. ▶ *se donner* la mort 自殺する / La France vient de *se donner* un nouveau premier ministre. フランスでは新首相が誕生したばかりである. ❷ …を与え合う, …し合う. ▶ *se donner* des baisers [coups] キスを交わす〔殴り合う〕. ❸ …のふりをする, を装う. ▶ *se donner* une contenance 平静を装う.

se donner du mal pour + 不定詞 …するのに苦労する.

se donner la peine de + 不定詞 わざわざ…する. ▶ Il s'est donné la peine de venir me voir. 彼はわざわざ私に会いに来てくれた.

s'en donner (à cœur joie) 心ゆくまで楽しむ.

donneur, euse /dɔnœːr, øːz/ 名 ❶《*donneur* de qc》…を与える人. ▶ *donneur* de conseils 忠告好き. ❷ 献血者 (=*donneur* de sang);(移植臓器や角膜などの)提供者, ドナー. ▶ *donneur* universel 万能〔O 型〕供血者. ❸ カードの配り手, 親. ❹ 俗 (警察への)密告者.

don Quichotte /dõkiʃɔt/;《複》~(*s*) ~(*s*) 男 空想的理想主義者.

donquichottisme /dõkiʃɔtism/ 男 ドン・キホーテ的性格, 空想的理想主義.

***dont** /dõ ドン/(母音, 無音の h の前ではリエゾンして /dõt/) 代《関係》

《de qui, de quoi, duquel, desquels などと同義. 直前の名詞が先行詞》

❶《関係節中の動詞(句)が de を介して先行詞に結び付くことを示して》▶ ce garçon *dont* elle m'a parlé 彼女が私に話していたあの青年 (←Elle m'a parlé *de ce garçon*) / le bois *dont* on fait les violons バイオリンを作る木材 (←On fait les violons *de ce bois*) / C'est ce *dont* il s'agit. それこそが問題なのだ (←Il s'agit *de cela*).

❷《関係節中の être + 形容詞〔過去分詞〕が de を介して先行詞に結びつくことを示して》▶ l'accident *dont* il a été responsable 彼に責任があった事故 (←Il a été responsable *de cet accident*).

❸《関係節中の主語, 直接目的語, 属詞が de を介して先行詞に結びつくことを示して》…の, その. 注 英語の関係代名詞所有格 whose, of which に当たる. ▶ un pays *dont* le climat est agréable 気候の快適な国 (←Le climat *de ce pays* est agréable)/ la maison *dont* on aperçoit la façade 正面が見えているその家 (←On aperçoit la façade *de cette maison*). 注 dont があとに来る前置詞 + 名詞に結びつく形は誤用. 代わりに duquel, de qui などを用いる(例:(誤) l'homme *dont* je compte sur l'aide,(正) l'homme sur l'aide「de qui [duquel] je compte (私が助力をあてにしている男)).

❹《関係節中の数詞, 不定代名詞が先行詞の中に含まれることを示して》…の中の, のうちで. ▶ Ils ont trois filles *dont* deux sont mariées. 彼らには3人の娘がいるが, うち2人は結婚している / 《動詞を省略して》Une trentaine de passagers ont été blessés *dont* sept grièvement. 約30人の乗客が負傷し, その中の7人は重傷だった. ◆複数名詞 + *dont* A A を含む…. ▶ A cette conférence ont participé quinze pays *dont* le Japon et les Etats-Unis. その会議には日本, 米国など15か国が参加した.

❺《先行詞を主題として人の判断, 情報を示す》…について. ▶ cet homme *dont* on sait qu'il a un passé sombre 暗い過去の持ち主であることを知られているその男. 注 関係節中の従属名詞節中(que 以下)の代名詞 il が先行詞 cet homme と同一であることを示す.

donzelle /dõzɛl/ 女〔柄にもなく〕うぬぼれた女, お嬢様気取りの娘.

Dop /dɔp/ 商標 ドップ:シャンプーのブランド.

dopage /dɔpaːʒ/ 男 興奮剤〔増強剤〕の投与〔服用〕, ドーピング.

dopant, ante /dɔpã, ãːt/ 形 興奮〔覚醒(かくせい)〕作用のある.

— **dopant** 男 興奮剤, ドーピング剤.

dope /dɔp/ 女〔英語〕麻薬.

doper /dɔpe/ 他動 ❶ (試合, 試験などの前に)〔人, 競走馬〕に興奮剤〔ドーピング剤〕を与える. ❷ …を活性化する. ▶ *doper* l'économie 経済を活性化する. — **se doper** 代動 興奮剤を飲む.

doping /dɔpiŋ/ 男〔英語〕興奮剤〔増強剤〕の使用, ドーピング(=dopage);興奮剤, 増強剤.

dorage /dɔraːʒ/ 男 金箔(はく)張り, 金めっき.

Dordogne /dɔrdɔɲ/ 固有名 女 ❶ ドルドーニュ県[24]:フランス南西部. ❷ ドルドーニュ川:ガロンヌ川支流.

doré, e /dɔre/ 形 ❶ 金箔(はく)を張った, 金泥を塗った, 金めっきした. ▶ boutons *dorés* 金ボタン. ❷ 金色の;こんがり焼けた. ▶ cheveux *dorés* 金髪.

la jeunesse dorée 暇と金を持て余した若者たち.

— **doré** 男 ❶ (しばしば皮肉に)金箔, 金泥, 金めっき. ❷ 金色.

dorénavant /dɔrenavã/ 今後は, これからは (=désormais). ▶ *Dorénavant*, tâchez d'être à l'heure! 今後は遅刻しないようにしなさい.

dorer /dɔre/ 他動 ❶ …に金箔(はく)を張る, 金泥を塗る, 金めっきする. ▶ *dorer* un cadre 額縁に金粉を塗る. ❷ 文章〔太陽, 光などが〕…を金色にす

る；日焼けさせる．▶ Le soleil lui *a doré* la peau. 日に焼けて彼(女)の肌は小麦色になった．❸【料理】(焼き色をつけるために)〔材料〕に卵黄を塗る．

dorer la pilule à qn 話 …を甘言で丸め込む．

── 自動 金色になる；(料理で)焼き色がつく．

── **se dorer** 代動 文章 金色になる；こんがり焼ける；うわべだけの立派さ．

dor*eur*, *euse* /dɔrœːr, øːz/ 名 金箔(きんぱく)師，金泥師，金めっき工．

dorique /dɔrik/ 形【建築】ドリス式の．▶ ordre *dorique* ドリス式オーダー．── 男 ドリス式オーダー．

dorloter /dɔrlɔte/ 他動 …をかわいがる，甘やかす．

── **se dorloter** 代動 安楽を求める．

dorm*ant*, *ante* /dɔrmɑ̃, ɑ̃ːt/ 形 ❶ よどんだ．▶ eau *dormante* よどんだ水．❷ 固定した．▶ chassis *dormant* 窓枠．❸ (スパイなどが)潜行した，冬眠した．▶ agent *dormant* 冬眠スパイ．❹ 眠った．▶ *La Belle au bois dormant*「眠れる森の美女」．

dorm*eur*, *euse* /dɔrmœːr, øːz/ 名 ❶ 眠っている人．❷ よく眠る人．▶ C'est un grand *dormeur*. まったくよく眠る男だ．── 形 眠る．── poupée *dormeuse* (横にすると目を閉じる)眠り人形．

:**dormir** /dɔrmiːr/ ドルミール 20 自動

過去分詞 dormi	現在分詞 dormant
直説法現在 je dors	nous dormons
tu dors	vous dormez
il dort	ils dorment
複合過去 j'ai dormi	半過去 je dormais
単純未来 je dormirai	単純過去 je dormis
接続法現在 je dorme	

❶ 眠る．▶ Le bébé *dort*. 赤ん坊は寝ている / *dormir* huit heures par jour 1日に8時間眠る / *dormir* profondément ぐっすり眠る / *dormir* d'un profond sommeil 熟睡する / *dormir* d'un sommeil léger 眠りが浅い / J'ai bien [mal] *dormi*. 私はよく眠れた[よく眠れなかった]．

avoir sommeil　　s'endormir　　dormir

❷ 静まり返る；活用されていない．▶ l'eau du bassin qui *dort* よどんだ池の水 / Toute la maison *dormait*. 家中静まり返っていた．◆ laisser *dormir* qc …を放っておく，活用しない．▶ laisser *dormir* une grosse somme 多額の金を眠らせておく．❸ 放心する；怠ける．▶ *dormir* sur son travail のろのろ[いやいや]仕事をする / Ce n'est pas le moment de *dormir*. ぼんやりしている場合じゃない．

à dormir debout 眠けを催すような．▶ conte [histoire] *à dormir debout* 荒唐無稽(こうとうむけい)な話．

退屈きわまる話．

Ça ne m'empêche pas de dormir. そんなことは平気の平左だ．

dormir comme 「*un loir* [*une marmotte*, *une souche*]」ぐっすり眠る．

dormir sur ses deux oreilles 枕(まくら)を高くして寝る．

ne dormir que d'un œil 眠りが浅い．

語法 **dormir** と **s'endormir**

dormir は眠りに入ってから目が覚めるまでの行為を表わし，s'endormir は目が覚めている状態から眠りに入るまでを言うときに使われる．

• *dormir* bien [mal] ぐっすり眠る [よく眠れない]．*As-*tu bien *dormi*? ぐっすり眠れたかい．

• *s'endormir* facilement [difficilement] 寝つきがいい [悪い]．La nuit dernière, j'ai eu du mal à *m'endormir*. 昨日の夜はなかなか眠れなかった．

dormition /dɔrmisjɔ̃/ 女《多く Dormition》【カトリック】(聖母マリアの)永眠．

dors /dɔːr/ 活用 ⇨ DORMIR 20

dors*al*, *ale* /dɔrsal/;《男複》*aux* /o/ 形 ❶ 背の．▶ l'épine *dorsale* 脊椎(せきつい) / nageoire *dorsale* 背びれ．❷【音声】舌背音の．

── **dorsale** 女【音声】舌背(子)音(例：/k/)．

dort /dɔːr/ 活用 ⇨ DORMIR 20

dortoir /dɔrtwaːr/ 男 ❶ (修道院，兵営などの)共同大寝室．❷《同格的に》ville [cité]-*dortoir* ベッドタウン．

dorure /dɔryːr/ 女 ❶ 金箔(きんぱく)，金泥，金めっき．❷ 金箔張り，金泥塗り，金めっき術．❸ 金ぴかの飾り；うわべだけの立派さ．

:**dos** /do/ 男 ❶ (人，動物の)背，背中．▶ avoir le *dos* droit [large] 背筋がぴんとしている [肩幅が広い] / se coucher sur le *dos* 仰向(あおむ)けに寝る / nager sur le *dos* 背泳ぎする / tomber sur le *dos* ひっくり返る / monter sur le *dos* d'un cheval 馬(の背)にまたがる．

❷ (洋服，椅子(いす)，本などの)背．▶ le *dos* d'une chaise (=dossier) 椅子の背もたれ．❸ (刀剣などの)背，峰；(手足の)甲．▶ le *dos* d'une fourchette フォークの背 / le *dos* de la main 手の甲．

❹ (紙の)裏面 (= verso)．▶ signer au *dos* d'un chèque 小切手に裏書きする / voir au *dos* 裏面参照．❺ 背泳ぎ (=nage sur le *dos*)．

à dos de qn …の背に乗って[載せて]．▶ voyager *à dos de* chameau ラクダに乗って旅をする．

avoir bon dos〔物が〕口実になる．▶ Le train *a bon dos*. 列車が遅れたせいだ．

avoir le dos tourné 背を向けている；目を離す．

avoir qc/qn sur le [*son*] ***dos*** …をしょい込んでいる；に監視されている．

avoir [*se mettre*] ***qn à dos*** …を敵に回す．▶ *se mettre* tout le monde *à dos* みんなを敵に回す．

dans le dos (*de qn*) (1) (…の)背中に；背後に．▶ avoir des yeux *dans le dos* 語 背中に目がある．(2) (…の)裏で，(…に)隠れて．▶ agir *dans le dos de qn* …の知らないところで行動する．

de dos 後ろから (↔de face)．▶ Vu *de dos*, il a une allure jeune. 彼の後ろ姿は若々しい．

derrière le dos de qn …の背後で; 目を盗んで.
dos à dos /dozado/ (1) 背中合わせに. ▶ placer deux chaises *dos à dos* 椅子を背中合わせに置く. (2) 双方ともに, 偏らずに. ▶ renvoyer les deux parties *dos à dos*. どちらの言い分も聞かない, どちらの肩も持たない.
en avoir plein le dos 話 うんざりしている, もうたくさんである.
être (toujours) sur [derrière] le dos de qn 話 …から目を離さない, を監視する.
faire froid dans le dos (à qn) (…の)背筋をぞっとさせる.
faire le dos rond 話 身を縮める; なにもしないで批判をやり過ごす.
faire le gros dos (1) 〔特に猫が〕背中を丸くする. (2) 〔人が〕身を縮める;〔身を縮めて〕非難に耐える.
l'avoir dans le dos 俗 しくじる, がっかりする.
mettre qc sur le dos de qn …に…の責任を負わせる, 罪を着せる. ▶ Il *a* tout *mis sur le dos de* son frère. 彼はすべてを弟[兄]のせいにした.
n'avoir rien à se mettre sur le dos 何も着る物がない.
tomber sur le dos de qn 話 …を不意に訪れて迷惑をかける;〔災難が〕…の身に振りかかる.
tourner le dos à qn/qc (1) …に背を向ける; を拒否する, 無視する. ▶ Après son échec, tous ses amis lui *ont tourné le dos*. 彼(女)が失敗すると友達は皆彼(女)から去って行った. (2) …と反対の方向へ進む.

dosage /doza:ʒ/ 男 ❶ 分量の決定, 調合. ▶ faire un *dosage* (薬の)調合をする[投与量を決める]. ❷ 配分, 配合, 加減.

dos d'âne /dozɑ:n/ 男〔単複同形〕(道路の)起伏. ▶ «*Dos d'âne*» (交通標識で)「道路に起伏あり」

dose /do:z/ 女 ❶ (薬の)服用量. ▶ *dose* mortelle d'un poison 毒物の致死量 / à forte [faible] *dose* 多量に[少量だけ] / à petite *dose* ちょっとずつ / s'en tenir à la *dose* prescrite 所定の服用量を守る. ❷ 分量. ◆ boire sa *dose* de vin ワインをいつもの量だけ飲む. ◆ une bonne *dose* de + 無冠詞名詞 結構な量の…. ▶ mettre une bonne *dose* de sucre かなりの量の砂糖を入れる.
à dose homéopathique ごく微量で.
avoir sa dose 酔っている.
en avoir sa dose うんざりだ.
en tenir une bonne dose 話 酔っている.
forcer la dose (1) (薬, 酒などの)定量を過ごす. (2) 誇張する.

doser /doze/ 他動 ❶〔薬の〕服用量を決める; を調合する. ❷〔各成分〕の分量を決める; を配合する, 加減する. ▶ *doser* la farine et le sucre pour faire un gâteau 菓子を作るために小麦粉と砂糖を適量ずつ合わせる.

dosette /dozɛt/ 女 1 回分の使用量を包装したもの.

doseur /dozœ:r/ 男 計量計[器].

dossard /dosa:r/ 男 (競技者の背中につける)ゼッケン, 背番号.

dossier /dosje/ 男 ❶ 関係資料, 一件書類;(訴訟の)一件記録; 問題, テーマ. ▶ constituer [établir] un *dossier* sur qn/qc …に関する書類を作成する / étudier [examiner] un *dossier* ある問題を調べる. ❷ (書類の)ファイル. ❸ (椅子(ᵢ)などの)背, 背もたれ. ❹ 〖情報〗フォルダー.
ouvrir [fermer] un dossier ある事件に取り組む[の始末をつける].

dot /dɔt/ 女 持参金. ▶ épouser qn pour sa *dot* 持参金目当てで…と結婚する.

dotal, ale /dɔtal/;〘男複〙**aux** /o/ 形 持参金の.

dotation /dɔtasjɔ̃/ 女 ❶ (公共機関の)資金, 歳入金. ❷ (国家元首, 高官などの)歳費, 王室費. ❸ (機材などの)支給, 装備.

doter /dɔte/ 他動 ❶〔娘〕に持参金を持たせる. ▶ *doter* richement sa fille 娘に多額の持参金を持たせる. ❷ ⟨*doter* qc de qc⟩…に(設備など)を備え付ける. ▶ *doter* une armée d'engins modernes 軍隊に近代的な兵器を装備する / une cuisine *dotée* d'un équipement sophistiqué 高度な設備を備えたキッチン. ❸ ⟨*doter* qn de qc⟩ …に(恩恵など)を与える. ▶ Il *est doté* d'*une* intelligence remarquable. 彼はすばらしい知性に恵まれている. ❹ …に資金を出す.
— **se doter** 代動 ⟨*se doter* de qc⟩ …を備える, 所有する. ▶ *se doter* d'un armement atomique 核武装する.

douairière /dwɛrjɛ:r/ 女 上流階級の老婦人.

***douane** /dwan/ ドゥワヌ 女 ❶ 税関; 税関事務所. ▶ passer à la *douane* 税関を通る / déclarer une marchandise à la *douane* 商品を税関へ申告する / frauder la *douane* 関税をごまかす. ❷ 税金 (=droits de *douane*). ▶ article exempté de *douane* 免税品.

douanier, ère /dwanje, ɛ:r/ 形 税関の; 関税の. ▶ tarif *douanier* 関税率(表) / contrôle *douanier* 税関検査. — **douanier** 男 税関吏.

doublage /dublaːʒ/ 男 ❶ (衣服の)裏打ち, 補強. ❷ 〖映画〗声 の 吹 き 替 え. ▶ le *doublage* d'un film italien en français イタリア映画のフランス語吹替え.

***double** /dubl/ ドゥブル 形 〘名詞の前またはあとで〙❶ 2 倍の; 二重 の. ▶ *double* fenêtre 二重窓 / chambre *double* (ホテルの)ツインの部屋 / phrase à *double* sens 意味が二重に取れる曖昧(ᵃⁱ)な文 / faire un *double* nœud 二重結びにする. ◆ être *double* de qc …の 2 倍である. ▶ Le prix de cet article est *double* de ce qu'il était il y a cinq ans. この品物の値段は 5 年前の 2 倍だ. ❷ 裏表のある. ▶ agent *double* 二重スパイ / mener une *double* vie (裏表のある)二重生活を送る / jouer un *double* jeu 二股をかける.
faire double emploi (avec qc) (…と)重複する, ダブっていなくなる.
— ***double** 男 ❶ 2 倍. ▶ gagner le *double* 2 倍稼ぐ / La vie a augmenté du *double*. 生活費は 2 倍に増えた. ❷ 写し, コピー;(コレクションなどの)重複品. ▶ le *double* d'un certificat 証明書のコピー / se faire faire un *double* de clef 合い鍵を作ってもらう / Vous pourriez me faire

doublé

un *double* de ce document? この資料のコピーを1部とっていただけますか. ❸ (テニスなどの)ダブルス. ▶ en *double* dames [messieurs, mixte] 女子[男子, 混合]ダブルスで. ❹ 分身, 生き写し.

au double 2倍にして. ▶ porter qc *au double* …を倍増する / Il vous rendra *au double* ce que vous lui prêtez. あなたが貸すものを彼は2倍にして返してくれるでしょう.

en double 二重に; 重複して. ▶ Tu as cette photo *en double*? この写真, 2枚持っているの.
— 副 2倍に; 二重に. ▶ voir *double* 物が二重に見える / payer *double* 2倍払う.

doublé, e /duble/ 形 ❶ 2倍[二重]になった. ❷ 〈…の〉裏のついた, 裏張りをした. ▶ veste *doublée* de mouton 羊の毛の裏をつけた上着. ❸ 〈*doublé* de qc/qn〉…でもある, を兼ねた. ▶ C'est un philosophe *doublé* d'un mathématicien. 彼は数学者でもあり哲学者でもある. ❹〖映画〗吹き替えられた (↔en version originale). ▶ un film américain *doublé* en japonais 日本語に吹き替えたアメリカ映画.

double-clic /dubləklik/ 男〖情報〗ダブルクリック.

double-cliquer /dubləklike/ 自動 ダブルクリックする.

doublement¹ /dubləmɑ̃/ 副 二重に, 2つの理由で.

doublement² /dubləmɑ̃/ 男 2倍[二重]にすること; 倍増. ▶ le *doublement* des effectifs 人[定]員の倍増.

***doubler** /duble/ ドゥブレ/ 他動 ❶ …を2倍[二重]にする, 倍増[増大]させる. ▶ Il a *doublé* sa fortune. 彼は財産を2倍に殖やした / *doubler* une couverture 毛布を二重にする / *doubler* une classe 留年する (=redoubler) / *doubler* le pas 歩調を速める.

❷〈*doubler* qc (de [avec] qc)〉…に(…の)裏をつける. ▶ *doubler* une veste de fourrure 上着に毛皮の裏をつける.

❸ …を追い越す. ▶ La voiture a *doublé* une moto. 車はオートバイを追い越した /《目的語なしに》«Défense de *doubler*»「追い越し禁止」.

❹〔映画, 俳優〕の声を吹き替える. ▶ *doubler* un film italien en français イタリア映画をフランス語に吹き替える. ❺ …の代役をする. ▶ *doubler* une vedette スターの代役を務める.

❻ 話 …を裏切る, 出し抜く.

— 自動 **2倍になる**. ▶ Les prix ont *doublé* en dix ans. 物価は10年で2倍になった. ◆〈*doubler* de + 無冠詞名詞〉…が2倍になる. ▶ Ce terrain a *doublé* de valeur depuis trois ans. ここ3年間でこの土地は値が2倍になった.

— **se doubler** 代動〈*se doubler* de qc/qn〉…でもある, を伴う, 兼ね備える. ▶ un compliment qui *se double* d'une moquerie 冷笑を含んだお世辞.

doublet /duble/ 男〖言語〗二重語: 同一語源から生じ, 形態と意味の異なる語. ▶ Hôpital est le *doublet* d'hôtel. hôpital は hôtel の二重語だ.

doublure /dubly:r/ 女 ❶〈服などの〉裏地. ▶ un manteau avec une *doublure* en soie 絹の裏地のついたコート. ❷〈俳優の〉代役; スタンドイン.

Doubs /du/ 固有 男 ❶ ドゥー県 [25]: フランシュ＝コンテ地方の県. ❷ ドゥー川: ソーヌ川支流.

douce /dus/ doux の女性形.

douceâtre /dusɑ:tr/ 形 甘くて風味のない; 甘ったるい. ▶ liqueur *douceâtre* 甘くてこくのないリキュール / sourire *douceâtre* 愛想笑い.

***doucement** /dusmɑ̃/ ドゥスマン/ 副 ❶ 静かに, そっと, 穏やかに. ▶ parler *doucement* 低い[小さな]声で話す / frapper *doucement* à la porte そっとドアをノックする. ❷ ゆっくり; 緩やかに, 少しずつ. ▶ avancer *doucement* そろそろと進む / La température baisse *doucement*. 気温は徐々に下がっている / La route monte *doucement*. 道はわずかに上り坂になっている. ❸ 心地よく, 優しく. ▶ une musique qui caresse *doucement* l'oreille 優しく耳をなでるような音楽 / reprendre *doucement* qn …を優しくたしなめる. ❹ どうにかこうにか. ▶ Les affaires vont *doucement*. 商売はあまりぱっとしない /《Comment va le malade?» —Tout *doucement*.»「御病人はいかがですか」「いまひとつです」❺ 話 ひそかに. ▶ s'amuser *doucement* de voir qn dans l'embarras …が困っているのを見て陰でよろこぶ.

Doucement! 落ち着いて, 静かに.

doucereux, euse /dusrø, ø:z/ 形 さも優しそうな, 優しさを装った. ▶ d'une voix *doucereuse* 猫なで声で / un homme *doucereux* 親切めかした男 /《名詞的に》faire le *doucereux* 猫をかぶる.

doucettement /dusɛtmɑ̃/ 副 ごく静かに, そっと; ごくゆっくりと, わずかずつ. ▶ vivre tout *doucettement* ひっそりと暮らす.

***douceur** /dusœ:r/ ドゥスール/ 女 ❶ 甘さ;《複数で》甘い菓子. ▶ *douceur* d'un fruit 果物の甘さ / offrir des *douceurs* à un enfant 子供に甘いものを与える.

❷ 手触りのよさ, 柔らかさ. ▶ la *douceur* du velours ビロードの滑らかな肌触り.

❸ 心地よさ, 甘美さ; 穏やかさ. ▶ la *douceur* d'un parfum 香水のかぐわしさ / la *douceur* d'une musique 調べの美しさ / Cette île est célèbre pour la *douceur* de son climat. その島は気候が穏やかなことで有名だ / Plus fait *douceur* que violence. 諺 柔より剛を制す.

❹ 緩やかさ;(動きの)円滑さ. ▶ la *douceur* d'une pente 傾斜の緩やかさ / se mettre en mouvement avec *douceur* 滑るように動き出す.

❺ 喜び, 快さ;《複数で》魅力, 楽しさ. ▶ la *douceur* de vivre 生きる喜び / goûter les *douceurs* de la liberté 自由の楽しさを味わう.

❻ 温和なこと, 優しさ. ▶ la *douceur* de caractère 性格の柔和さ / traiter qn avec *douceur* …を優しく扱う / prendre qn par la *douceur* …を籠絡(ろうらく)する, 丸め込む.

❼《複数で》甘い言葉, お世辞;《反語的に》辛辣(しんらつ)な言葉. ▶ dire des *douceurs* à une femme 甘い言葉で女に言い寄る.

en douceur (1) そっと. ▶ filer *en douceur* (=en douce) こっそり立ち去る. (2) 滑らかに, 静かに; 穏便に. ▶ une voiture qui démarre *en douceur* スムーズに発進する車 / se poser *en douceur* 〔宇宙船などが〕軟着陸する / atterrissage *en douceur* 軟着陸.

douche /duʃ/ 囡 ❶ シャワー（設備）. ▶ prendre une *douche* シャワーを浴びる / chambre avec *douche* シャワーつきの部屋 / être sous la *douche* シャワーを浴びている. ❷ 囲 にわか雨. ▶ prendre une bonne *douche* ずぶぬれになる. ❸ 囲 失望，幻滅. ▶ Ça nous a fait l'effet d'une *douche* (froide) quand nous l'avons appris. それを知ったとき私たちは本当にがっかりしてしまった. ❹ 囲 激しい叱責（しっせき）. ▶ recevoir une bonne *douche* こっぴどくしかられる.

avoir besoin d'une douche 囲 頭を冷やす必要がある.

douche écossaise 水と湯が交互に出るシャワー；褒めたりけなしたり［よかったり悪かったり］すること.

doucher /duʃe/ 他動 ❶ …にシャワーを浴びさせる. ▶ *doucher* un enfant 子供にシャワーを浴びさせる. ❷ …をずぶぬれにする. ▶ Nous *avons été douchés* par l'orage. 私たちはにわか雨でびしょぬれになった. ❸ 囲 …をがっかりさせる；しかりつける. ▶ Cet échec l'*a douché*. その失敗で彼はがっくりきた. ── **se doucher** 代動 シャワーを浴びる.

doué, e /dwe/ 形 ❶ ＜*doué* de qc＞生まれつき…に恵まれた. ▶ être *doué* d'une bonne mémoire 生まれつき記憶力がいい. ❷ ＜*doué* (pour [en] qc) // *doué* (pour + 不定詞)＞＜（…の）才能に恵まれた. ▶ un enfant très *doué* 才能豊かな子供 / un étudiant *doué* en [pour les] mathématiques 数学の才能に恵まれた学生.

douer /dwe/ 他動 ＜*douer* qn de qc＞〔神，自然，運命など〕…に（能力などを）授ける，恵む. ▶ La nature *a doué* ce jeune homme d'un grand talent musical. この青年は生まれつきたいへんな音楽的才能に恵まれている.

douille /duj/ 囡 ❶ 薬莢（やっきょう）. ❷《電気》ソケット.

douillet, ette /dujɛ, ɛt/ 形 ❶ 柔らかい，ふんわりした；居心地のよい. ❷ 痛がりの，過敏な. ── **douillette** 囡（女性用の）キルティングのガウン.

douillettement /dujɛtmɑ̃/ 副 柔らかに，心地よく；甘やかして.

*douleur** /dulœːr/ 囡 ❶（肉体的）苦痛，痛み. ▶ éprouver de la *douleur* 痛みを感じる / une *douleur* aiguë [sourde] 鋭い［鈍い］痛み / remède qui calme la *douleur* 鎮痛剤 / ressentir une *douleur* dans l'épaule 肩に痛みを感じる / J'ai des *douleurs* partout. 体の節々が痛む. ❷（精神的）苦痛，苦しみ，苦悩. ▶ supporter sa *douleur* 苦しみに耐える / J'ai eu la *douleur* de perdre ma mère. 私は母を失うという悲しみを味わった / Nous avons la *douleur* de faire part du décès de… 哀悼の意を込めて…の逝去をお知らせします. 比較 ⇨ PEINE.

Les grandes douleurs sont muettes. 諺 大きな苦しみは口では言えない.

douloureusement /duluʁøzmɑ̃/ 副 ❶ 痛そうに，痛しげに. ❷ 痛ましく. ▶ Ils ont été *douloureusement* éprouvés. 彼らはひどくつらい目に遭った.

douloureux, euse /duluʁø, øːz/ 形（ときに名詞の前で）❶（肉体的に）痛い，苦しい. ▶ une opération *douloureuse* (↔indolore) 痛い手術 / avoir les pieds *douloureux* 足が痛む. ❷（精神的に）つらい，悲しい. ▶ une *douloureuse* séparation つらい別れ / un spectacle *douloureux* (=pénible) 痛ましい光景. ❸ 苦しそうな. ▶ un visage *douloureux* つらそうな顔. ── **douloureuse** 囡 囲 勘定書.

douma /duma/ 囡 ドゥーマ：ロシア下院.

*doute** /dut/ 囲 ❶ 疑い，疑念；迷い. ▶ avoir un *doute* [des *doutes*] sur qc …に疑念を抱く / J'ai quelques *doutes* à ce sujet. 私はこのことについては若干の疑問を持っている / exprimer [émettre] un *doute* 疑念を表明する / éclairer [dissiper] un *doute* 疑念を晴らす / être dans le *doute* au sujet de qc …について疑いを持っている / laisser qn dans le *doute* …を迷わせる，に疑念を抱かせる. ❷《哲学》懐疑. ▶ *doute* méthodique（デカルトの）方法的懐疑.

Cela ne fait aucun doute. それは絶対確かだ.

hors de doute 疑いのない，確かな. ▶《非人称構文で》Il est *hors de doute* qu'il sera là ce soir. 彼は今夜は間違いなくくる.

Il n'y a pas de doute [l'ombre d'un doute]. 疑いの余地が（まったく）ない.

Il n'y a pas de doute [Nul doute] que + (ne) + 接続法/直説法. …であることは疑いない. ▶ *Nul doute qu*'il (ne) vienne. 彼が来るのは確実だ.

mettre en doute qc [que + 接続法]＞…を疑う. ▶ Je ne *mets* pas *en doute* 「votre sincérité [qu'il soit sincère]. 私はあなたの誠意［彼が誠実であること］を疑ってはいません.

sans aucun [nul] doute 疑いなく，確かに. ▶ Il acceptera cette proposition *sans aucun doute*. 彼は確実にこの提案を受け入れるはずだ.

*sans doute** (1) たぶん，おそらく（「疑いなく」は sans aucun doute）. 注 sans doute が文頭に置かれると，代名詞主語は倒置する. ▶ *Sans doute* arrivera-t-elle demain matin. たぶん彼女は明朝到着するだろう / Tu viendras demain? ―*Sans doute*.「明日来るかい」「多分ね」. (2)《mais, pourtant とともに》確かに…だが（しかし…）. ▶ Il est *sans doute* intelligent, mais ça ne l'empêche pas de faire souvent des erreurs. なるほど彼は頭がいいかもしれないが，しかし間違いもよくする.

Sans doute que + 直説法/条件法. たぶん…であろう. ▶ *Sans doute qu*'il viendra la semaine prochaine. たぶん彼は来週来るだろう.

*douter** /dute/ ドゥテ/ 間他動 ❶＜*douter* de qc [qn]＞…を疑う，信用しない；危ぶむ. ▶ *douter* de la parole de qn …の言葉を信じない，疑う / Je *doute* de son succès. 彼が成功するかどうか怪しいものだ / J'en *doute* fort. そんなことは到底信じられない / N'en *doutez* pas. それは確かなことだ / Pourquoi *doutes*-tu de moi? どうして私を疑うんだ. ◆*douter* de + 不定詞 ▶ Je *doute* de pouvoir attraper le train. 列車に間に合わないんじゃないかな. ❷《目的語なしに》神を信じない.

à n'en pas douter 疑いなく，確かに.

ne douter de rien まったくたじろがない，がむしゃらである；《皮肉に》怖いもの知らずである．

― 他動 ❶ ⟨*douter* que + 接続法⟩…であることを疑う． ▶ Je *doute* fort qu'il vienne volontiers. 彼が喜んで来てくれるかどうかは疑問だ．
❷ ⟨ne pas *douter* que + 接続法/直説法⟩…であることを疑わない． 注 確実性を強調するときに，直説法を用いる． ▶ Je ne *doute* pas qu'il (ne) vienne. 彼は彼は来るものと信じている．

― ***se douter** 代動 ⟨*se douter* de qc / *se douter* que + 直説法⟩…が**分かる，を予期する**；に**気づく**． ▶ Je *me doute* de sa fureur quand il a appris la nouvelle. その知らせを聞いた時の彼の怒りは見当がつく / Elle ne *s'est douté* de rien. 彼女は何も感づかなかった / Je *m'en doutais*! そんなことだろうと思っていた / Je ne *me doutais* pas que tu savais tout. 君がなにもかも知っているとは思っていなかった．

douteux, euse /dutø, ø:z/ 形 ❶ 疑わしい，不確実な；曖昧（あいまい）な． ▶《Il viendra?―C'est *douteux*.》「彼は来るだろうか」「どうかな」/ réponse *douteuse*(=ambigu) はっきりしない返答．
❷ 怪しい，うさんくさい． ▶ avoir des mœurs *douteuses* いかがわしい暮らしぶりである / viande *douteuse* 傷んでいそうな肉 / plaisanteries d'un goût *douteux* 悪趣味な冗談．
❸ 汚れた． ▶ des verres *douteux* 汚れたコップ．

Il est douteux que + 接続法 …であることは疑わしい． ▶ *Il est douteux qu*'il puisse arriver à temps. 彼が定刻に着けるかどうかは疑わしい．

Il n'est pas douteux que + 接続法/直説法 …であることは疑いない． ▶ *Il n'est pas douteux qu*'il vienne [vient] ce soir. 彼は間違いなく今晩来ると思う． 注 que 以下が接続法の場合，虚辞の ne を用いることもある．

douve /du:v/ 女 ❶（城の）堀；（障害物競馬の）水濠（ごう）（障害）．❷ 樽（たる）板．

Douvres /du:vr/ 固有 ドーバー：イギリス南東端の港湾都市．英仏間の連絡拠点．

:**doux, douce** /du, dus/ ドゥー, ドゥス/ 形《名詞のあとか前で》

❶ **甘い**；辛くない． ▶ pomme *douce* 甘いリンゴ / vin *doux* (=sucré) 甘口ワイン / fromage *doux* マイルドなチーズ．
❷（手触りの）**柔らかい**，すべすべした． ▶ C'est *doux* au toucher. 手触りがいい / Elle a la peau *douce*.(↔rêche) 彼女は肌がすべすべだ．
❸ 心地よい，甘美な． ▶ parfum *doux* 甘い香り / lumière *douce* 柔らかな光 / voix *douce* 甘い声 / musique *douce* ムードミュージック，静かで甘い音楽．
❹ 柔和な，優しい，愛情のこもった． ▶ enfant *doux* 温和な子供 / être *doux* comme un agneau 子羊のようにおとなしい / Elle est très *douce* avec ses enfants. 彼女は子供たちに対してたいへん優しい［甘い］/ regard *doux* 優しい眼差（まなざ）し．
❺〔気候が〕**穏やかな，温暖な**． ▶ Cette année, l'hiver a été *doux*. 今年の冬は暖かかった / Il fait *doux*. 穏やかな天気だ / climat *doux* 温暖な気候．
❻ 緩やかな；穏当な． ▶ pente *douce* 緩やかな傾斜 / cuire à feu *doux* とろ火で煮る / prix *doux* 手ごろな値段 / énergies *douces* クリーンエネルギー / technologies *douces* 地球にやさしい技術 / médecine *douce*（副作用の少ない）自然療法．

eau douce 淡水，真水．

en douce 話 ひそかに，人に気づかれずに． ▶ partir *en douce* こっそり出発する．

faire les yeux doux à qn …に色目を使う．

― **doux** 副 おとなしく，穏やかに． ▶ filer *doux* 話 おとなしく言うことを聞く / Tout *doux*! まあ落ち着いて，もっと穏やかに．

― **doux, douce** 名 話 優しい人，いとしい人． ▶ Mon *doux*. // Ma *douce*.《愛する人への呼びかけで》ねえ，あなた［君］．

***douzaine** /duzɛn ドゥゼヌ/ 女 ❶ ダース，12個組． ▶ acheter une *douzaine* d'œufs 卵を1ダース買う．❷ ⟨une *douzaine* de + 無冠詞名詞⟩ 約 12 の…． ▶ un garçon d'une *douzaine* d'années 12歳ぐらいの少年．

à la douzaine (1) 1 ダース当たり［単位で］． ▶ vendre qc *à la douzaine* …を1ダース単位で売る．(2) 話 いくらでも，ありふれた． ▶ Il y en a *à la douzaine*. そんなものはざらにある．

***douze** /du:z ドゥーズ/ 形《数》《不変》❶《名詞の前で》**12 の**． ▶ les *douze* mois de l'année 1年の12か月 / les *douze* apôtres（キリストの）十二使徒 (=les Douze). ❷《おもに名詞のあとで序数詞として》**第 12 番目の**． ▶ la page *douze* 12ページ．

― ***douze** 男《単複同形》❶ **12**；12個，12人．❷《le douze》12番，12号，12日． ▶ le *douze* mai 5月12日 / habiter au *douze* de la rue Monge モンジュ街12番地に住んでいる．

douzième /duzjɛm/ 形 ❶ **第 12 番目の**． ▶ le *douzième* siècle 12世紀．❷ 12分の1の．
― 名 12番目の人［物］． ▶ être le [la] *douzième* de sa classe クラスで12番の成績である．
― 男 ❶ 12分の1．❷（パリの）第12区；《建物の》13階． ▶ habiter「dans le [au] *douzième* 12区［13階］に住んでいる．

douzièmement /duzjɛmmɑ̃/ 副 12番目に．

doyen, enne /dwajɛ̃, ɛn/ 名 ❶ 最年長者．❷（団体，組織の）最古参者．❸《カトリック》首席司祭．

D^r 男《略語》docteur 博士．

drachme /drakm/ 女 ドラクマ：ユーロ以前のギリシアの貨幣単位．

draconien, enne /drakɔnjɛ̃, ɛn/ 形 厳格な，過酷な． ▶ lois *draconiennes* 厳しい法律．

dragage /draga:ʒ/ 男 ❶ 浚渫（しゅんせつ），泥さらい．❷ le *dragage* des mines 掃海，機雷の除去．

dragée /draʒe/ 女 ❶ ドラジェ：アーモンドなどを糖衣で包んだボンボン，出産や洗礼の祝いに配る．
❷ 糖衣錠．

tenir la dragée haute à qn …に欲しいものをすぐには与えない；高くつくようにする．

dragéifié, e /draʒeifje/ 形 ❶《菓子》砂糖の衣をつけた．❷《薬学》comprimé *dragéifié* 糖衣錠．

dragon /dragɔ̃/ 男 竜，ドラゴン． ▶ les quatre *dragons* アジア4竜（韓国，台湾，シンガポール，香

港).

dragonne /dragɔn/ 囡 ❶ (刀剣の) 柄(つか)の房, 下げ緒. ❷ (傘, ポシェット, スキーのストックなどの手を通す) ひも, ストラップ.

drague /drag/ 囡 ❶ 浚渫(しゅんせつ)機 (船). ❷ (貝類を採る) けた網. ❸ (機雷除去用の) 掃海装置. ❹ 話 ボーイ [ガール] ハント.

draguer /drage/ 他動 ❶〔川, 港湾など〕を浚渫(しゅんせつ)する, さらう.
❷〔貝類など〕をけた網で採る.
❸〔海中の機雷〕を除去する.
❹ 話〔異性〕をハントする, ナンパする.

dragueur /dragœːr/ 男 ❶ 浚渫(しゅんせつ)人夫, けた網漁師. ❷ 浚渫船;（機雷除去用の）掃海艇 (=dragueur de mines).
— **dragueur, euse** /dragœːr, øːz/ 名 話 女 [男] あさりをする人.

drain /drɛ̃/ 男《英語》(湿地の) 排水管 [溝(みぞ)].

drainage /drɛnaʒ/ 男 ❶ (湿地の) 排水. ❷〈資本, 労働力など〉を大量に集めること, 引き寄せること.

drainer /drene/ 他動 ❶〔湿地など〕の排水をする.
❷〔河川が流域の水〕を集める.
❸ …を吸い寄せる, 集める. ▶ drainer les capitaux 資金を吸い上げる.
❹〘医学〙〔傷口などの〕排液をする.

dramatique /dramatik/ 形 ❶ 劇的な; 深刻な, 悲痛な. ▶ rencontre dramatique 劇的な出会い / accident dramatique (=tragique) 惨事 / La situation est dramatique. 事態は深刻だ. / Cela n'a rien de dramatique. = Ce n'est pas dramatique. それはたいしたことではない. ❷ 演劇の. ▶ art dramatique 演劇 / auteur dramatique 劇作家 / émission dramatique (テレビ, ラジオの) 演劇番組.
— 囡 テレビ [ラジオ] ドラマ.

dramatiquement /dramatikmɑ̃/ 副 悲劇的に; 深刻に, 悲惨に.

dramatisation /dramatizasjɔ̃/ 囡 誇大視, 深刻に考えること.

dramatiser /dramatize/ 他動 …を誇大視する, 深刻に考える. ▶ dramatiser la situation 状況を大げさに騒ぎたてる / être porté à tout dramatiser 何もかも誇張して考える傾向がある.

dramaturge /dramatyrʒ/ 男 劇作家.

dramaturgie /dramatyrʒi/ 囡 作劇法, ドラマツルギー.

*__drame__ /dram/ ドラム; 男 ❶ 劇的事件, 惨事. ▶ drame sanglant 流血の惨事 / drame passionnel 情痴事件 / drame de la jalousie 嫉妬が招いた惨劇 / Ce n'est pas un drame. たいしたことではない. ❷ (深刻な) 劇, 戯曲;《文学》正劇, ドラマ:18世紀に成立した現実的で社会的な内容の演劇. ▶ drame bourgeois 町民劇, 市民劇（ディドロの用語）. ❸〘音楽〙drame lyrique オペラ, 音楽劇.

faire (tout) un drame de qc …を大げさに考える [言う]. ▶ Il ne faut pas en faire un drame. そんなに深刻に考えてはいけない.

tourner au drame〔事態が〕突然悲劇になる.

*__drap__ /dra/ ドラ; 男 ❶ シーツ. ▶ drap de dessous 敷布 / drap de dessus 掛け布 / changer les draps シーツを取り替える (注 複数形で用いられる場合, しばしばベッドの上下一組のシーツ une paire de draps を指す). ❷ ラシャ. ▶ un manteau de drap ラシャ地のオーバー. ❸ drap de bain バスタオル.

être [mettre qn] dans de beaux draps 話 苦境にある […を苦境に陥れる]. ▶ Vous voilà dans de beaux draps! 困ったことになりましたね.

être「entre deux draps [dans les draps]ベッドに入っている.

「se mettre [se fourrer] dans les drapsベッドに入る, 寝る.

drapé, e /drape/ 形 ❶〔布地が〕ドレープを寄せた, ひだを取った. ▶ robe drapée sur les épaules 肩にひだを寄せたドレス. ❷〈drapé dans qc〉(ゆったりした衣服, 布地) をまとった.
— **drapé** 男〘服飾〙ドレープ, ひだ.

*__drapeau__ /drapo/ ドラポ; 《複》x 男 ❶ 旗; 国旗 (=drapeau national). ▶ hisser [arborer] un drapeau 旗を揚げる / drapeau tricolore (フランスの) 三色旗 / drapeau en berne (弔意を示す) 半旗. ❷ 軍旗 (=drapeau militaire).

drapeau blanc (1) (軍使の) 白旗. (2) (降伏の) 白旗. (3) 安全運転宣言の印.

drapeau rouge (1) (フランス, 後に旧ソビエトの) 革命軍の赤旗. (2)〘鉄道〙危険信号旗.

(être) sous les drapeaux 軍隊にいる. ▶ Il a été appelé sous les drapeaux. 彼は軍隊に召集された.

Le drapeau noir flotte sur la marmite. 家計が苦しい.

mettre son drapeau dans sa poche 思想 [真意] を隠す.

mourir pour le drapeau 国 [軍] のために死ぬ.

「se ranger [se rallier] sous le drapeau de qn …の傘下に入る, に共鳴する.

draper /drape/ 他動 ❶〔布が〕…を (ひだを作りながら) 覆う. ▶ Un châle drapait ses épaules. 彼女は肩にゆったりとショールをまとっていた.
❷〔布地〕にドレープをつける, ひだを寄せる.
— **se draper** 代動 ❶〈se draper dans qc〉(優美なひだのできるように) …を身にまとう. ▶ se draper dans un manteau ゆったりしたコートにくるまる. ❷〈se draper dans qc〉(威厳など) を見せつける. ▶ se draper dans sa dignité 偉そうに構える.

draperie /drapri/ 囡 ❶ (ドレープのついた) 飾り布. ❷ (衣服の生地として用いる) ラシャ, 紡毛織物. ❸ ラシャ [紡毛織物] 製造 [販売] 業.

drapier, ère /drapje, ɛːr/ 形 ラシャ [紡毛織物] 製造 [販売] の.
— 名 ラシャ [紡毛織物] 製造 [販売] 業者.

drastique /drastik/ 形 思い切った, 徹底的な, 仮借なき. ▶ mesures drastiques 抜本的な対策.

Dresde /drɛsd/ 固名 ドレスデン: ドイツの都市.

dressage /dresaːʒ/ 男 ❶ 立てること, 組み立て, 設営. ▶ dressage d'un échafaudage 足場の設置. ❷ 厳しいしつけ [訓練];（動物の）調教.

dressé, e /drese/ 形〔動物が〕調教された; 話〔人が〕しつけられた. ▶ chien bien dressé よく訓練された犬.

dresser

*dresser /drese ドレセ/ 他動

[英仏そっくり語]
英 to dress 服を着せる, 服を着る.
仏 dresser まっすぐに立てる, 起こす.

❶ …をまっすぐに立てる, 起こす. ▶ *dresser* la tête 頭を上げる / *dresser* le buste 上体を起こす / *dresser* une échelle contre le mur 塀にはしごを立てかける / une église qui *dresse* son clocher 鐘楼がそびえ立つ教会.

❷ …を建てる, 組み立てる. ▶ *dresser* un monument 記念碑を建てる / *dresser* une tente テントを張る. 比較 ⇨ CONSTRUIRE.

❸〔文書など〕を作成する (=établir). ▶ *dresser* un procès-verbal 調書を作成する / *dresser* un inventaire 目録を作成する / *dresser* un plan 図面を引く, 地図を作る; 計画を立てる.

❹〔動物〕を調教する. ▶ *dresser* des animaux de cirque サーカスの動物を調教する.

❺ 図 …を服従させる. ▶ Ça le *dressera*. それで彼もおとなしくなるだろう.

❻ <*dresser* A contre B> A と B を対立させる. ▶ *dresser* l'opinion publique contre le gouvernement 政府に反対するよう世論をあおる.

❼〔テーブルなど〕を支度する, 整える. ▶ *dresser*「la table [le couvert] (=mettre) 食卓の準備をする.

dresser l'oreille 耳をそばだてる, 聞き耳を立てる.
dresser un piège à qn …に罠(%)をかける.
faire dresser les cheveux sur la tête de qn …の髪の毛を(恐怖で)逆立たせる.

— ***se dresser** 代動 ❶ 立ち上がる, 起き上がる. ▶ *se dresser* sur la pointe des pieds つま先立ちになる / *se dresser* brusquement sur son lit ベッドで不意に上体を起こす. ❷ そびえ立つ; 立ちはだかる. ▶ une montagne qui *se dresse* à l'horizon 地平線上にそびえる山 / obstacles qui *se dressent* sur la route 行く手に立ちふさがる障害. ❸ <*se dresser* (contre qn/qc)> (…に反対して)立ち上がる, 決起する. ▶ *se dresser* contre l'injustice 不正に対して立ち上がる. ❹〔動物が〕訓練〔調教〕される.

dresseur, euse /dresœːr, øːz/ 图 (動物の)調教師.

dressoir /dreswaːr/ 男 (豪華な食器を入れておく)飾り戸棚.

dreyfusard, arde /drefyzaːr, ard/ 形, 图 ドレフュス Dreyfus 派の(人), ドレフュス再審支持派の(人).

dribble /dribl/ 男〖英語〗〘スポーツ〙ドリブル.
dribbler /drible/ 他動 〘スポーツ〙❶〔ボール〕をドリブルする. ❷〔敵選手〕をドリブルでかわす.
— 自動 ドリブルする.
dribbleur, euse /dribloeːr, øːz/ 图 〘スポーツ〙ドリブルの得意な選手.
drille¹ /drij/ 图 錐(%)、ドリル.
drille² /drij/ 男 話 joyeux [bon] *drille* いいやつ, 愉快な男.
dring /driŋ/ 間投 リーン, ジリーン(ベルの音).
drogue /drɔg/ 囡 ❶ 麻薬 (=stupéfiant). ▶ *drogue* dure 強い麻薬(ヘロインなど) / *drogue* douce 弱い麻薬(マリファナ, ハシシなど) / faire le trafic de la *drogue* 麻薬の密売をする. ❷ (麻薬のように)強い欲求を起こさせるもの. ▶ La musique est une véritable *drogue* pour lui. 彼にとって音楽はまさに麻薬のようなものだ.

drogué, e /drɔge/ 形, 图 麻薬中毒者; 中毒にかかった人. — 形 麻薬中毒の; 中毒になった.

droguer /drɔge/ 他動 ❶ …に麻薬を飲ませる; を中毒にする. ❷ …に過度に薬を与える, を薬漬けにする. ❸ 睡眠薬を飲ませる.

— **se droguer** 代動 ❶ 麻薬を飲む; 中毒にかかる. ▶ *se droguer* à l'héroïne ヘロインを飲む / Elle *se drogue* de bandes dessinées. 彼女は漫画中毒だ. ❷ 過度に薬を飲む, 薬漬けになる.

droguerie /drɔgri/ 囡 薬品雑貨店: 家庭で使う薬品, 化粧品, 日曜大工用品などを扱う.
droguiste /drɔgist/ 图 薬品雑貨商〔販売業者〕.

*droit¹, droite /drwa, drwɑt/ ドロワ, ドロワット/ 形

❶ まっすぐな; 垂直な. ▶ ligne *droite* 直線 / arbre *droit* まっすぐに伸びた樹木 / route toute *droite* まっすぐな道路 / se tenir *droit* 背筋をぴんと伸ばしている / avoir le nez *droit* 鼻筋が通っている / Ce mur n'est pas *droit*. この塀は傾いている. ❷〖人, 行いなどが〗正しい, 健全な. ▶ homme *droit* 心のまっすぐな人 / jugement *droit* 公正な判断. ❸〘服飾〙jupe *droite* ストレートスカート / col *droit* スタンドカラー, 立ち襟 / veston *droit* シングルの背広. ❹〘テニス〙coup *droit* フォアハンドストローク.

angle droit 直角. ▶ deux rues qui se coupent à *angle droit* 直角に交差する2つの通り.
dans la droite ligne de qc = *dans le droit fil de qc* …の同一路線に, 延長線上に. ▶ La nouvelle décision du président est *dans la droite ligne* de sa politique. 大統領の今回の決定は彼の政治方針に沿ったものである.
droit comme ⌈un I [un pieu, un piquet]⌋ (Ⅰという文字[杭(%)])のように)まっすぐな.
en droite ligne = *en ligne droite* 一直線に, まっすぐに; 直接的に, じかに. ▶ Il y a deux kilomitres *en ligne droite*. 直線距離で2キロある.
le droit chemin (道徳的に)正しい道. ▶ rester dans *le droit chemin* 人の道を踏み外さない, まっとうな生き方をする.

— **droit** 副 ❶ まっすぐに, 一直線に. ▶ regarder *droit* dans les yeux まっすぐに目を見つめる / Continuez tout *droit* (devant vous) et prenez la deuxième rue à gauche. まっすぐに行って, 2つ目の通りを左に曲がりなさい.
❷ 直接に, じかに. ▶ aller *droit* au fait 一気に本題に入る / Cette parole m'est allée *droit* au cœur. この言葉は私の心にずしりときた.
marcher droit (1) まっすぐに歩く. (2) 正しく振舞う; 命令に従う.

— **droit** 男 直角 (=angle droit). ▶ au *droit* de qc …と直角をなして.
— **droite** 囡 直線 (=ligne droite).

*droit², droite /drwa, drwɑt/ ドロワ, ドロワット/ 形

❶ 右の, 右側の (↔gauche). ▶ main *droite* 右手 / rive *droite* d'une rivière (川下に向かう

て) 川の右岸 / être le bras *droit* de qn …の右腕である. ❷ 右寄りの, 右派の. ▶ centre *droit* 中道右派.

— *__droite__ 囡 ❶ 右, 右側 (↔gauche). ▶ se diriger vers la *droite* 右の方へ行く / garder [tenir] sa *droite* 右側車線を守る. ◆ sur [à] votre *droite* あなたの右側に. ▶ Vous tournez à gauche au coin là-bas, et vous trouverez la poste sur votre *droite*. あそこの角を左に曲がれば右手に郵便局があります. ◆ à (la) *droite* de qn …の右側に. ▶ être assis à la *droite* de qn …の右側に座っている / J'étais à sa *droite*. 私は彼(女)の右側にいた. ◆ à *droite* de qc …の右側に. ▶ Ma maison est à *droite* du jardin public. 私の家は公園の右側にある. ❷ 保守派, 右派, 右翼. ▶ être de *droite* 右派である / extrême *droite* 極右 / *droite* religieuse 宗教右派. ❸ 〖ボクシング〗右のパンチ.

__à droite__ (1) 右に, 右へ; 右側を. ▶ tourner *à droite* 右に曲がる / En France, les voitures roulent *à droite*. フランスでは車は右側通行である. (2) 右派に; 右翼に. ▶ voter *à droite* 右派[保守系]に投票する / être très *à droite* 非常に保守派である.

__à droite et à gauche__ = __de droite et de gauche__ 右に左に, 至る所で. ▶ courir *à droite et à gauche* pour se renseigner. 情報を求めてあちこち走り回る.

— __droit__ 男 (ボクシングで)右のパンチ.

:__droit__³ /drwa ドロワ/ 男

❶ 権利. ▶ les *droits* et les devoirs 権利と義務 / les *droits* de l'homme 人権 / *droit* d'auteur 著作権 / *droits* acquis 既得権 / *droit* de vote 参政権 / *droit* au logement 居住権 / *droit* à la parole 発言権 / *droit* à la différence 異なった文化を持つ権利 / revendiquer son *droit* 自分の権利を主張する / faire valoir ses *droits* sur qc …に対し自分の権利を行使[主張]する.

❷ 〔単数で〕法, 法律; 法律学. ▶ *droit* privé [public] 私法[公法] / *droit* civil [pénal] 民法[刑法] / *droit* du travail 労働法 / prisonnier de *droit* commun (政治犯以外の)普通犯 / faculté de *droit* 法学部 / faire des études de *droit* = faire (son) *droit* (大学で)法律の勉強をする / Etat de *droit* 法治国家.

❸ 税; 料金. ▶ *droits* de succession 相続税 / toucher des *droits* d'auteur 印税を受け取る / les *droits* d'inscription à l'université 大学への登録料 / Les *droits* d'entrée sont très élevés pour ce spectacle. この芝居の入場料はとても高い / payer [acquitter] des *droits* de douane 関税を払う. 比較 ⇨ IMPÔT.

__à bon droit__ 正当に, 当然のこととして.
__à qui de droit__ 決定権のある人に, しかるべき筋に. ▶ Adressez-vous *à qui de droit*. しかるべき筋に問い合わせなさい.
__avoir [des droits [un droit] sur qn/qc__ …に対して権威を持つ; を要求する権利を持つ.
__avoir droit à qc__ (1) …を享受する[行う]権利を有する. ▶ Vous *avez droit à* des congés payés. あなたは有給休暇を取る権利がある. (2) 話〔皮肉に〕〔嫌なこと〕を体験する, 被る. ▶ J'ai eu *droit à* des injures racistes. 私は人種差別的侮辱を受けた.
__avoir le droit de__ + 不定詞 …する権利[資格]を持つ. ▶ Vous n'avez pas *le droit de* dire ça あなたにそんなことを言う権利はない.
__C'est votre [ton] droit.__ そうするのはあなた[君]の勝手だ.
__de droit comme de fait__ 権利的にも事実上でも.
__de (plein) droit__ 正当な権利として; (法律上)当然に. ▶ Cela lui revient *de plein droit*. それは当然の権利として彼(女)のものだ.
__de quel droit__ どういう正当な権利[理由]があって, 何を根拠に.
__donner (à qn) le droit de__ + 不定詞 (…に)…する権利を与える. ▶ Qui vous *a donné le droit de* faire ça? だれがあなたにそうしていいと言いましたか.
__donner droit à qc__ …を受ける権利を与える. ▶ Cette carte vous *donne droit à* 10% [dix pour cent] de réduction. このカードがあれば1割値引きをしてもらえる.
__en droit__ (1) 法的に, 法律上. (2) 法学部の. ▶ étudiant *en droit* 法律を学ぶ学生.
__être dans son droit__ 法[規則]にかなっている; まっとうである.
__être en droit de__ + 不定詞 …する権利[資格]がある. ▶ Vous *êtes en droit de* réclamer le remboursement des frais médicaux. あなた(方)には医療費の払い戻しを要求する権利がある.
__faire droit à qn/qc__ …の正しさを認める, に理があるとする.

__droitement__ /drwatmɑ̃/ 副 率直に, 誠実に.
__droitier, ère__ /drwatje, ɛːr/ 形 右利きの (↔gaucher).
— 名 ❶ 右利きの人. ❷ 右寄りの人, 右派.
__droiture__ /drwatyːr/ 囡 正しさ, 公正さ, 廉直さ. ▶ agir avec *droiture* 公明正大に振る舞う / homme d'une parfaite *droiture* 清廉潔白な人間.

__drolatique__ /drɔlatik/ 形 文章 独特のおかしさがある, 滑稽(こっけい)な; 一風変わった. ▶ les Contes drolatiques (バルザックの)「風流滑稽譚(ふうりゅうこっけいたん)」.

:__drôle__ /droːl ドロール/ 形 ❶ 愉快な, おかしい, 滑稽(こっけい)な. ▶ raconter une histoire *drôle* 愉快な話をする / Il est très *drôle* avec ce petit chapeau. 彼があんな小さい帽子をかぶるととても滑稽だ / La situation actuelle n'est pas *drôle*. 現状は笑い事ではない / Ce n'est pas *drôle* (de + 不定詞)…するのは)おもしろくない, 嫌な[困った]ことだ. ❷ 変な, 奇妙な. ▶ La porte était ouverte, ça m'a semblé *drôle*. ドアが開いていたので, 私は変に思った / Je l'ai trouvé *drôle*. 彼はどこか変だった / Je trouve *drôle* qu'il ait oublié de nous prévenir. 彼が我々に予告し忘れたのは奇妙なことだ. ❸ 〈*drôle* de + 無冠詞名詞〉変な[奇妙な]…; 話 すごい[たいした]…. 語法 *drôle* は名詞の性数に一致する. ▶ raconter une *drôle* d'histoire 妙な話をする / C'est un *drôle* de

drôlement

mec. あれはおかしなやつだ / Quelle *drôle* d'idée! なんて妙な考えだ / Elle a fait de *drôles* de progrès. 彼女はすごく進歩をした / la *drôle de* guerre 奇妙な戦争(1939年9月から40年5月までの仏独両軍のにらみ合いが続いた時期). 比較 ⇨ BIZARRE.

***Ça me fait drôle** (de* + 不定詞). 國 (…して)妙な気持ちがする. ▶ *Cela me fait* tout *drôle de vous voir ici*. あなたと会うなんて面白ですね.

en voir de drôles いやな[変な]目にあう.

être [se sentir] tout drôle 変な気持ちがする, 居心地が悪い.

比較 おかしな, 滑稽な
amusant < **drôle** が最も普通に用いられる. これとほぼ同じ意味の強さでくだけた表現に **rigolo**, **marrant**, **comique** はこれより意味が強いが, 多少改まった表現となる. そのほか, **tordant**《くだけた表現》は腹がよじれるほどのおかしさ, **cocasse**《くだけた表現》は意外なおかしさ, **ridicule** は嘲笑(ちょうしょう)を誘うようなおかしさ, ばかばかしさを示す.

— **drôle, *drôlesse*** /droːl, droles/ 图 ❶ 妙なやつ, 変わり者. 注 この意味では女性についても drôle を用いる. ❷ いかがわしい人間; 悪ふざけする人間.

drôlement /drolmɑ̃/ 副 ❶ 奇妙な具合に, 変に. ▶ *se comporter drôlement* 不可解な行動をとる / *Elle est drôlement* accoutrée. 彼女はおかしな身なりをしている. ❷ 國 すごく, 非常に. ▶ *Il fait drôlement* froid aujourd'hui. 今日はものすごく寒い. ❸ 滑稽(こっけい)に, おもしろおかしく.

drôlerie /drolri/ 囡 ❶《複数形で》滑稽(こっけい)な言葉[行為]. ▶ *dire des drôleries* おもしろいことを言う. ❷ 滑稽さ. ▶ *Il est d'une grande drôlerie*. 彼は非常に愉快な人物だ.

dromadaire /drɔmadɛːr/ 男 ヒトコブラクダ.

Drômes /droːm/ 固有 囡 ❶ ドローム県[26]: ローヌ・アルプ地方南部. ❷ ドローム川: ローヌ川支流.

dru, *drue* /dry/ 形 密生した, 密な. ▶ *barbe drue* et noire 黒く濃いひげ.

— **dru** 副 密に, しげく. ▶ *La neige tombe dru*. 雪が激しく降る.

dry /draj/ 形《不変》《英語》《酒が》辛口の.

du¹ /dy/〔前置詞 de と定冠詞 le の縮約形〕…の, から〔⇨ DE¹, LE¹〕. ▶ le nom *du* garçon その少年の名前 / *Il est venu du* Japon. 彼は日本からやって来た.

du²*, *de la /dy, d(ə)la デュ, ドゥラ/ 部分冠詞

男性単数 du(=de+le) 女性単数 de la
複 数 des(=de+les)
*男性・女性単数ともに母音または無音のhの前ではde l'となる.

❶《物質名詞, 抽象名詞など数えられない名詞の前で》ある分量の. ▶ *avoir de l'argent* お金を持っている / *manger du pain* パンを食べる / *Je bois du vin*. 私はワインを飲む / *Il a du courage*. 彼は勇気がある. 注 (1) 直接目的語に先行する部分冠詞は, 否定文では de になる(例: *Je ne bois pas de vin*. 私はワインは飲みません). (2) 量ではなく概念を表わす場合には, 定冠詞単数形を用いる(例: *J'aime le vin*. 私はワインが好きだ).

J'aime le vin. Je bois du vin.

❷《人物などの特徴を示す》…のようなところ. ▶ *Il y a de l'enfant en lui*. 彼には子供みたいなところがある / *Ce qu'il a écrit, c'est vraiment du Valéry*. 彼の書いたものはまさにヴァレリー的だ. ❸《固有名詞の前で》…の作品(の一部). ▶ *Elle a joué du Debussy*. 彼女はドビュッシー(の曲)を演奏した. ❹《誇張的用法》かなりの. ▶ *Il y a du monde aujourd'hui*. 今日は人が多い / *Dix mille euros, c'est de l'argent pour lui*. 1万ユーロといえば彼にとっては大金だ / *Tu as de la chance!* 君はなんて運がいいんだ.

faire du [de la] qc (1)(スポーツ)をする. ▶ *faire du tennis* テニスをする. (2) 國 …を勉強する. ▶ *Elle fait de la médecine*. 彼女は医学を学んでいる. (3)(楽器)を弾く. 語法 ⇨ FAIRE¹.

dû, *due* /dy/ 形 (devoir¹ の過去分詞) ❶ ⟨dû (à qn/qc)⟩ (…に)支払うべき; 返すべき. ▶ *payer la somme due* 借りていた金を払う. ❷ ⟨dû à qc⟩ …に起因する, 帰するべき. ▶ *Son succès est dû à ses efforts permanents*. 彼(女)の成功は不断の努力の結果である / *un article dû à la plume d'un critique célèbre* 有名な批評家の筆になる記事.

en bonne et due forme【法律】正式な[に], 書式にかなった[で].

en port dû 送料受取人払いで.

— **dû** 男 支払うべきもの; 借金.

dualisation /dɥalizasjɔ̃/ 囡 二極分化.

dualisme /dɥalism/ 男 ❶【哲学】二元論(↔ monisme). ❷ 二元性, 二重性.

dualiste /dɥalist/ 形 二元論の; 二重の.
— 图 二元論者.

dualité /dɥalite/ 囡 二元性, 二重性.

dubitatif, *ive* /dybitatif, iːv/ 形 疑い[不審]を表わす.

dubitativement /dybitativmɑ̃/ 副 疑いを持って, 不審げに.

duc /dyk/ 男 ❶ 公爵;(公国 duché の)君主, 公. 注 女性形は duchesse という. ▶ *le duc de Guise* ギーズ公. ❷【鳥類】ミミズク.

ducal, *ale* /dykal/;《男複》**aux** /o/ 形 公爵(夫人)の; 公(妃)の.

duce /dutʃe/ 男《イタリア語》ドゥーチェ, 統領: ムッソリーニが1922年から45年まで用いた称号.

duché /dyʃe/ 男【歴史】公国, 公領.

duchesse /dyʃɛs/ 囡 ❶ 公爵夫人;(公国の)女領主, 公妃. ❷ 國 公爵夫人を気取った[もったいぶった]女. ▶ *faire la duchesse* お高くとまる.

ductile /dyktil/ 形 ❶〔金属などが〕延性の, 引き伸ばせる. ❷ 文章 柔軟な, 従順な; 影響されやすい.

dudit /dydi/ ⇨ LEDIT.
due /dy/ dû の女性形.
duel[1] /dɥɛl/ 男 ❶ 決闘. ▶ duel au pistolet ピストルによる決闘 / provoquer qn en duel …に決闘を申し込む / se battre en duel 決闘する.
❷ (2者の)戦い, 争い. ▶ duel oratoire 論戦.
duel[2] /dɥɛl/ 男【文法】双数, 両数: 2個, 2者を示す. — **duel, le** 形 双数の, 両数の.
duelliste /dɥelist/ 名 決闘者; 決闘好き.
duettiste /dɥetist/ 名【音楽】二重唱歌手, 二重奏奏者.
dulcinée /dylsine/ 女 話 (しばしば皮肉に)意中の [あこがれの]女性, 恋人. 注 ドン・キホーテの思い姫 Dulcinée (du Toboso) の名から.
dûment /dymɑ̃/ 副 ❶【法律】正式に, 規定どおりに. ❷ 話 (しばしば皮肉に)申し分なく, しかるべく.
dumping /dœmpiŋ/ 男〈英語〉ダンピング. ▶ dumping social 社会ダンピング (社会的コストを切り詰めることにより製品価格を下げること) / dumping fiscal 税のダンピング (税を下げて外国資本を誘致すること).
dune /dyn/ 女 砂丘.
Dunkerque /dœ̃kɛrk/ 固有 ダンケルク: フランス最北端の港町.
duo /dɥo/ 男〈イタリア語〉❶【音楽】二重唱[奏]曲; 二重唱[奏], デュオ, デュエット. ▶ duo pour violoncelles チェロの二重奏曲 / chanter en duo 二重唱で歌う. ❷ 話 言い合い. ▶ duo d'injures ののしり合い.
duodécimal, ale /dɥɔdesimal/; (男 複) **aux** /o/ 形【数学】12進法の.
duodénal, ale /dɥɔdenal/; (男複) **aux** /o/ 形 十二指腸の. ▶ ulcère duodénal 十二指腸潰瘍(ﾖｳ).
duodénum /dɥɔdenɔm/ 男 十二指腸.
dupe /dyp/ 女 だまされた人; だまされやすい人. ▶ être la dupe d'un escroc ぺてん師にだまされる / prendre qn pour dupe …をだます, 欺く.
— 形 <être dupe (de qn/qc)> (…に)だまされる. ▶ Je ne suis pas dupe de ses mensonges. 彼(女)のうそにはだまされないぞ.
duper /dype/ 他動 …をだます, 欺く (=tromper). ▶ se laisser duper だまされる.
— **se duper** 代動 文章 ❶ 思い違いをする, 間違う. ❷ だまし合う.
duperie /dypri/ 女 文章 ❶ だますこと, 欺瞞(ﾏﾝ); ぺてん. ❷ だまされること.
duplex /dyplɛks/ 男 ❶ 二元[多元]放送(装置) (=émission en duplex). ❷ 二層式住戸, デュプレックス, 二層メゾネット型住戸.
duplicata /dyplikata/; (複) **duplicata(s)** 男 複写, 写し; 副本.
duplicateur /dyplikatœ:r/ 男 複写機.
duplication /dyplikasjɔ̃/ 女 複写.
duplicité /dyplisite/ 女 (言動に)表裏があること, 二重人格, 二枚舌.
duquel /dykɛl/ 代〈関係〉〈疑問〉⇨ LEQUEL.
:**dur, dure** /dy:r デュール/ 形 ❶ 固い, 硬い (↔mou). ▶ lit dur 固いベッド / viande dure 固い肉 / œuf dur 固ゆで卵 / Cette porte est un peu dure. Il faut la tirer fort. このドアはちょっと固い. 強く引かなくては駄目だ.
❷ 難しい, 困難な (=difficile). ▶ problème dur 難しい問題 / escalier dur 急な階段 / C'est trop dur pour moi. それは私には難しすぎる / instrument dur à manier 扱いにくい道具.
❸ 《ときに名詞の前で》厳しい, つらい, 耐えがたい. ▶ climat [travail] dur 厳しい気候 [つらい仕事] / mener une vie dure 苦しい生活を送る /《非人称構文で》Il m'est dur de vous quitter. あなたと別れるのはつらい.
❹ [人, 態度が]厳しい, 無情な, 冷酷な. ▶ personne dure 冷たい人 / regard dur 冷酷な眼差(ｻﾞｼ)し. ◆ (être) dur avec qn …に対して厳しい. ▶ Il a été très dur avec moi. 彼は私にとても冷たかった.
❺ <dur à qc> …によく耐える. ▶ Elle est dure au travail. 彼女は仕事によく耐える.
❻ 強硬派の, タカ派の.
avoir 「la tête dure [le crâne dur] 頭が鈍い, 石頭 (意固地)である.
avoir la vie dure 〔人が〕頑健である; 〔物が〕長く持続する. ▶ un préjugé qui a la vie dure 根強い偏見 / Elle a la vie dure, ta voiture! 長持ちするね, 君の車は.
avoir le sommeil dur ぐっすり眠る.
avoir l'oreille dure = **être dur d'oreille** 耳が遠い.
coup dur (1) 手痛い打撃. ▶ Il a eu des coups durs. 彼は何度もひどい目に遭ってきた. (2) 激戦.
Dur(, dur)! これはきつい.
être dur à cuire ⇨ CUIRE.
(être) dur à + 不定詞 …することが難しい; …するのがつらい. ▶ Ce but est dur à atteindre. この目標は達成するのが難しい / C'est dur à avaler. 話 これを受け入れるのはつらい.
faire [mener] la vie dure à qn 話 …を不幸にする, 苦しめる.
— **dur** 副 激しく, ひどく. ▶ travailler dur 猛烈に働く [勉強する] / Le soleil tape dur. 太陽がギラギラと照りつけている.
— **dur, dure** 名 ❶ 心の強い人; 物おじしない人. ❷ タカ派, 強硬派. ❸ 俗 与太者, やくざ.
— **dur** 男 硬いもの. ▶ bâtiment en dur 耐久建築物.
— **dure** 女 地面. ▶ coucher sur la dure 地べたに寝る.
à la dure 厳しく. ▶ élever des enfants à la dure 子供を厳しく育てる.
en dire de dures à qn 話 …を激しく非難する.
en faire voir de dures à qn 話 …をひどい目に遭わせる.
en voir de dures ひどい目に遭う.
*__durable__ /dyrabl デュラブル/ 形 長続きする, 永続的な; 耐久性のある. ▶ paix durable 恒久的平和 / construction durable 耐久建築 / biens durables 耐久財 / développement durable 持続可能な開発.
durablement /dyrabləmɑ̃/ 副 長期にわたって, 永続的に; 長持ちするように.
duralumin /dyralymɛ̃/ 男 商標 ジュラルミン.
*__durant__ /dyrɑ̃ デュラン/ 前 …の間中, を通じて. ▶

durcir

Il a neigé *durant* (toute) la nuit. 一晩中雪が降った / *durant* le XIXe [dix-neuvième] siècle 19世紀を通して. ◆名詞 + *durant* ▶ Ils ont discuté de cette affaire des heures *durant*. 彼らはその問題について何時間もぶっ続けで議論した. 語法 ⇨ PENDANT¹.

durcir /dyrsi:r/ 他動 ❶ …を固くする, 硬化させる. ▶ L'âge *durcit* les artères. 年を取ると動脈が硬化する. ❷［表情など］をきつくする, 険しくする. ▶ *durcir* sa voix 声を荒げる. ❸ …を強固［強硬］にする. ▶ Les partis de l'opposition *ont durci* leur position. 野党は態度を硬化させた.
— 自動 固くなる (= se durcir). ▶ Ce pain *durcit* rapidement. このパンはすぐ固くなる.
— **se durcir** 代動 ❶ 固くなる. ❷〔表情など が〕きつくなる, 険しくなる. ❸ 強硬になる. ▶ L'attitude du gouvernement *s'est durcie* sur ce point. その点についての政府の態度は硬化した.

durcissement /dyrsismɑ̃/ 男 固くなる［固くする］こと; 強化, 硬化.

*****durée** /dyre デュレ/ 女 持続［継続］期間. ▶ *durée* du travail 労働時間 / contrat à *durée* d'un an 1年間の契約 / pendant une *durée* de quinze jours 2週間の間 / *durée* de vie d'un produit ある製品の寿命 / Ce restaurant est fermé pour une *durée* indéterminée. このレストランはしばらくの間休みです. ◆ de longue [courte] *durée* 長期間［短期間］の. ▶ bonheur de courte *durée* つかの間の幸福.

durement /dyrmɑ̃/ 副 ❶ 激しく; 猛烈に. ▶ un son qui frappe *durement* l'oreille 耳をつんざく音. ❷ 厳しく; 耐えがたく. ▶ un enfant élevé *durement* 厳しく育てられた子供. ❸ 冷たく, 無情に.

*****durer** /dyre デュレ/ 自動 ❶ 続く, 持続する; 長持ちする. ▶ Le beau temps *dure*. 晴天が続いている / La réunion *a duré* de deux heures à sept heures. 会議は2時から7時まで続いた / Pourvu que ça *dure*! ずっとこのまま続いてくれたらなあ / Cela ne peut plus *durer*. こんなことをこのままにしておくわけにはいかない. ◆ *durer* + 時間 …だけ続く. ▶ Le film *a duré* deux heures. 映画は2時間続いた / Ces chaussures n'*ont duré* qu'un an. この靴は1年しか持たなかった. 比較 ⇨ CONTINUER.
❷ 文章 長く思われる. ▶ Le temps me *dure*. 時間が長く感じられる; いらいらしてくる (⇨ 成句).

Ça durera ce que ça durera 話 続くだけ続けばいい, 長続きしなくてもかまわない.

faire durer qc …を長引かせる, 引き延ばす.

Le temps me dure de + 不定詞. …するのが待ち遠しい, 早く…したい.

*****dureté** /dyrte デュルテ/ 女 ❶ 硬さ, 硬度. ❷ 険しさ, 過酷さ. ▶ *dureté* du climat 気候の厳しさ. ❸ どぎつさ; 荒さ; 生硬さ. ▶ *dureté* d'une voix 声の荒々しさ / *dureté* des traits de son visage 彼(女)の表情の険しさ. ❹ (人や行為の) 冷酷さ, 無情さ. ▶ traiter qn avec *dureté* …を邪険に扱う / *dureté* de son cœur voix 心の冷たさ.

durillon /dyrijɔ̃/ 男 (手, 足の)たこ, まめ (= cal).

dus /dy/ 活用 ⇨ DEVOIR¹ 44

duss-, du-, dû- 活用 ⇨ DEVOIR¹ 44

DUT 男 (略 語) diplôme universitaire de technologie 技術短期大学部修了免状.

duvet /dyvɛ/ 男 ❶ (鳥の)綿毛, にこ毛, ダウン. ▶ oreiller de *duvet* 羽枕(ぱね) / veste en *duvet* ダウンジャケット. ❷ (人間の)うぶ毛; 薄ひげ. ❸ (植物, 果実の表面の)軟毛, 綿毛. ❹ (キャンプに用いる)寝袋, シュラーフ.

duveté, e /dyvte/ 形 綿毛［うぶ毛, 薄ひげ］に覆われた.

se duveter /s(ə)dyvte/ 代動 綿毛［うぶ毛, 薄ひげ］で覆われる.

duveteux, euse /dyvtø, ø:z/ 形 ❶ 綿毛［うぶ毛, 薄ひげ］のたくさん生えた. ❷ 綿毛のような.

dynamique /dinamik/ 形 ❶ 活動的な, 精力的な. ▶ homme jeune et *dynamique* 若くてバイタリティーのある男. ❷ 力の, 力学的な. ▶ conception *dynamique* de la société 動的な社会観 / analyse *dynamique* 〘経済〙動態分析.
— 女 ❶ 活力, 推進力; 活発さ. ▶ *dynamique* révolutionnaire 革命の推進力. ❷〘物理〙動力学, 力学. ❸〘心理〙*dynamique* de groupe グループダイナミックス, 集団力学. ❹〘社会学〙*dynamique* sociale 社会動学.

en dynamique 発展中の, 前進しつつある.

dynamiquement /dinamikmɑ̃/ 副 ❶ 精力的に, 力強く. ❷〘物理〙力学的に, 力学上.

dynamisation /dinamizasjɔ̃/ 女 活力を与えること.

dynamiser /dinamize/ 他動 …に活力を与える.

dynamisme /dinamism/ 男 活力, バイタリティー. ▶ Il manque de *dynamisme*. 彼はバイタリティーに欠ける.

dynamitage /dinamita:ʒ/ 男 ❶ ダイナマイトによる爆破. ❷ (伝統などの) 粉砕, 打破.

dynamite /dinamit/ 女 ダイナマイト. ▶ faire sauter un rocher à la *dynamite* 岩をダイナマイトで爆破する.

C'est de la dynamite. (1) あいつはバイタリティーの塊だ. (2) 危険な代物だ.

dynamiter /dinamite/ 他動 ❶ …をダイナマイトで爆破する. ❷〔伝統など〕を粉砕する, 打破する.

dynamiteur, euse /dinamitœ:r, ø:z/ 名 ダイナマイトを使うテロリスト.

dynamo /dinamo/ 女 ダイナモ, 発電機.

dynastie /dinasti/ 女 ❶ 王朝. ▶ la *dynastie* capétienne カペー王朝 / la *dynastie* Tang (中国の)唐. ❷ (有名人を輩出する)家系. ▶ la *dynastie* des Bach バッハの家系.

dynastique /dinastik/ 形 王朝の; 名家の.

dys- 接頭 「困難, 障害」の意.

dysenterie /disɑ̃tri/ 女 赤痢.

dysentérique /disɑ̃terik/ 形 赤痢の, 赤痢性の. — 名 赤痢患者.

dysfonctionnement /disfɔ̃ksjɔnmɑ̃/ 男〘医学〙(臓器の)機能不全.

dyslexie /disleksi/ 女 失読症, 読字障害.

dyslexique /disleksik/ 形 失読症(性)の; 失読症にかかった. — 名 失読症患者.

dyspepsie /dispɛpsi/ 女〘医学〙消化不良.

E, e

E, e /ə/ 男 フランス字母の第5字.

e- /i/ 接頭 電子の(électronique), インターネットの. ▶ *e*-commerce 電子商取引 / *e*-book 電子ブック / *e*-pub ネット広告.

é- 接頭 ⇨ EX-.

EADS (略語)(英語) European Aeronautic Defence and Space Company ヨーロッパの大手航空宇宙企業.

EAEC (略語)(英語) East Asia Economic Caucus 東アジア経済協議会.

***eau** /o オ/; 《複》 **x** 女 ❶ 水. ▶ *eau* chaude [froide] 湯 [冷水] / *eau* douce 淡水 / *eau* dure 硬水 / *eau* courante 水道水; 流水 / *eau* de source わき水 / *eau* de roche 岩清水 / *eau* lourde 重水 / réacteur atomique à *eau* légère 軽水型原子炉.

❷ 飲料水 (=*eau* potable). ▶ boire de l'*eau* 水を飲む / Un verre d'*eau*, s'il vous plaît. 水を1杯ください / *eau* minérale ミネラルウォーター / *eau* gazeuse 炭酸水 / *eau* plate (炭酸の入っていない)普通の水; 水道水 (= *eau* de robinet) / *eau* de Seltz ゼルツ水(炭酸水の一種).

❸ 生活用水, 水道の水. ▶ *eau* de vaisselle 食器を洗ったあとの水 / *eaux* usées 汚水, 排水 / jet d'*eau* 噴水 / (散水用の)ホース / moulin à l'*eau* 水車 / conduite d'*eau* 給水管, 水道管 / château d'*eau* 給水塔 [所] / amener l'*eau* 水道を引く.

❹ 海 [川, 湖] の水; 《複数で》海洋, 水域. ▶ se promener au bord de l'*eau* 水辺を散歩する / faire une promenade sur l'*eau* (船で)水上を巡る / mettre un navire à l'*eau* 船を進水させる / les basses [hautes] *eaux* 干潮 [満潮]; (河川の)最低 [最高] 水位 / *eaux* territoriales 領海 / *eaux* internationales 公海 / *eaux* intérieures 内海 (=mer nationale).

❺ 雨, 雨水 (=*eau* de pluie). ▶ Il est tombé de l'*eau*. 雨が降った.

❻ (加工された特殊な)液; 香水. ▶ *eau* de Javel ジャベル水(漂白・殺菌用) / *eau* de lavande ラベンダー水 / *eau* de toilette オードトワレ / *eau* de Cologne オーデコロン.

❼ (汗, つば, 涙などの)分泌液;《複数で》羊水. ▶ être (tout) en *eau* 汗びっしょりだ / la perte des *eaux* 破水.

❽ 果汁, 水気. ▶ Cette orange a beaucoup d'*eau*. このオレンジは汁が多い.

❾ (宝石の)透明度, 純度, 光沢. ▶ l'*eau* d'une perle 真珠の光沢.

❿ 《複数で》 (庭園の)滝と大噴水. ▶ les grandes *eaux* de Versailles ヴェルサイユ宮の大噴水.

⓫ 《複数で》温泉, 鉱泉 (=*eaux* thermales). ▶ ville d'*eaux* 温泉町 / prendre les *eaux* 古風 (治療のため)鉱泉水を飲む.

à grande eau 多量の水を使って.

avoir l'eau à la bouche (1) よだれが出る. (2) 欲しくてたまらない. ▶ J'en *ai l'eau à la bouche*. 喉②から手が出るほど欲しい. ◆ *mettre* [*donner, faire venir*] *l'eau à la bouche à qn* …に食欲を起こさせる; の欲望 [好奇心] をかき立てる.

dans ces eaux-là およそ, だいたい.

de la plus belle eau (1) (宝石が)純度が最高の. (2)《悪い意味で》[人が]なみはずれた. ▶ C'est un escroc *de la plus belle eau*. 希代の詐欺師だ.

être [*tomber*] *à l'eau* 失敗する. ▶ Nos projets *sont tombés à l'eau*. 私たちの計画は水の泡になった.

être [*naviguer*] *dans les eaux de qn* …のあとに続く, にくみする;《悪い意味で》…と親密な関係にある, 癒着している.

faire de l'eau (船に)飲料水を補給する.

faire eau (1) (船が)浸水する. (2) 危機に瀕(%)している, 崩壊寸前である.

Il n'est pire eau que l'eau qui dort. 諺 (よどんだ水ほど悪い水はない→) 表面の穏やかな人間こそ油断がならない.

Il passera beaucoup d'eau sous les ponts (avant que + 接続法 *).* (…するまでに)まだまだ時間がかかるだろう, 前途多難だ.

L'eau va à la rivière. 諺 (水は川に流れて行く→) 金は金持ちに集まる.

maintenir la tête de qn hors de l'eau 話 …を救う, 窮地を切り抜けさせる.

mettre de l'eau dans son vin (ワインを水で割る→)要求 [態度] を和らげる, 控え目になる.

nager entre deux eaux ⇨ NAGER.

pêcher en eau trouble (濁り水で魚を捕る→)混乱に乗じて利益を得る, 漁夫の利を得る.

prendre l'eau [物が]水を吸う, 吸水性がある.

「*se jeter* [*se lancer*] *à l'eau*」 (1) 水に飛び込む. (2) 思い切った決断をする,（新しい試みなどに)敢然と挑戦する.

eau-de-vie /odvi/; 《複》 ~x-~-~ 女 蒸留酒, ブランデー.

eau-forte /ofɔrt/; 《複》 ~x-~s 女 ❶ 腐食凹版画, エッチング(技法); 腐食銅版画. ❷ (エッチング用)硝酸液.

ébahi,e /ebai/ 形 (ébahir の過去分詞) びっくり仰天した, たまげた. ▶ avec une mine *ébahie* あっけにとられた顔で.

ébahir /ebai:r/ 他動 …を仰天させる, たまげさせる. ▶ Voilà une nouvelle qui m'*ébahit*. いや, そのニュースには驚いた.

— **s'ébahir** 代動 ‹*s'ébahir* de qc› …に仰天する, たまげる.

ébahissement

ébahissement /ebaismɑ̃/ 男 驚き, 茫然(ばう)自失.

ébarber /ebarbe/ 他動 …の不ぞろいな[余分な]部分を削り取る[除く].

ébat, ébats 活用 ⇨ s'ÉBATTRE 64

ébats /eba/ 男複 浮かれ騒ぐこと, はしゃぎ回ること. ▶ prendre ses *ébats* 浮かれ騒ぐ.

ébatti-, ébattî- 活用 ⇨ s'ÉBATTRE 64

s'ébattre /sebatr/ 64 代動 (過去分詞 ébattu, 現在分詞 s'ébattant) 話 跳ね回る, はしゃぎ回る.

ébaubi, e /ebobi/ 形 文章 びっくりした, たまげた, 驚嘆した.

ébauchage /eboʃaːʒ/ 男 下ごしらえ; 荒削り.

ébauche /eboːʃ/ 女 ❶ 粗描, 下絵, 下書き, 草案. ❷ 始まり, 兆し. ▶ *ébauche* d'une amitié 友情の芽生え.

ébaucher /eboʃe/ 他動 ❶ 〔芸術作品, 計画, 仕事など〕の下書きをする, ざっと輪郭を作る. ▶ *ébaucher* un plan 計画の大筋を立てる. ❷〔動作など〕を軽く示す, 簡単に行う. ▶ *ébaucher* une conversation ちょっと言葉を交わす. ❸〔素材〕を粗仕上げする. ── **s'ébaucher** 代動 形を取る; 輪郭[姿]を現し始める.

ébauchoir /eboʃwaːr/ 男 (彫刻家, 職人の)へら; のみ, 鑿(のみ); (柄(え)穴を荒削(あらけづ)りする)錐(きり).

ébène /eben/ 女 黒檀(こくたん).
d'ébène = *noir comme l'ébène*. ▶ des cheveux d'*ébène* 漆黒の髪.
── 形《不変》漆黒の.

ébéniste /ebenist/ 名 高級家具職人.

ébénisterie /ebenist(ə)ri/ 女 高級家具製造(業); 高級指し物細工品.

éberlué, e /eberlɥe/ 形 話 びっくり仰天した, たまげた, あっけにとられた (=ébahi).

éblouir /eblɥiːr/ 他動 ❶ …の目をくらませる (=aveugler). ▶ Les phares d'une voiture m'*a ébloui*. 車のヘッドライトで私は目がくらんだ. ❷ …を驚嘆させる; 魅惑する. ▶ *J'ai été ébloui* par la grâce de cette jeune fille. 私はその娘の優美さに魅了された. ❸ …を惑わす, たぶらかす.

éblouissant, ante /eblɥisɑ̃, ɑ̃ːt/ 形 ❶ 目をくらませる, まぶしい. ❷ まばゆいばかりの, 魅惑的な.

éblouissement /eblɥismɑ̃/ 男 ❶ (強い光で)目がくらむこと. ❷ めまい. ▶ être pris d'*éblouissement* めまいを覚える. ❸ 驚嘆[感嘆](の種). ▶ Quand elle a apparu sur la scène, c'était un *éblouissement*. 彼女が舞台に現れると, 観客は魅了された.

ébonite /ebonit/ 女 エボナイト.

éborgner /eborɲe/ 他動 ❶ …を片目にする. ❷〔果樹〕のむだ芽を摘む, 摘芽を行う.
── **s'éborgner** 代動 自分の片目をつぶす.

éboueur /ebwœːr/ 男 (家庭から出た)ごみの収集作業員; 道路清掃人.

ébouillanter /ebujɑ̃te/ 他動 ❶ …を熱湯に浸す; 蒸気に通す. ❷〔人(の体の一部)〕に熱湯でやけどを負わせる.
── **s'ébouillanter** 代動 熱湯でやけどする.

éboulement /ebulmɑ̃/ 男 ❶ (土地, 岩石, 建築物などの)崩壊; 地崩れ, 落盤.
❷ 崩れ落ちた土砂[建築材], 瓦礫(がれき).

s'ébouler /sebule/ 他動 崩れる, 崩れ落ちる.

éboulis /ebuli/ 男 (土砂, 岩石などの)崩れ落ちた堆積(たいせき).

ébouriffant, ante /eburifɑ̃, ɑ̃ːt/ 形 話 驚くべき, 信じられないような. ▶ un prix *ébouriffant* 途方もない値段.

ébouriffé, e /eburife/ 形 髪の乱れた. ▶ un enfant *ébouriffé* ぼさぼさの髪をした子供.

ébouriffer /eburife/ 他動 ❶ …の髪を乱す; 〔髪〕を乱す. ❷ 話 …を仰天させる. ▶ Cette nouvelle l'*a ébouriffé*. 知らせを聞いて彼は仰天した.

ébranchage /ebrɑ̃ʃaːʒ/, **ébranchement** /ebrɑ̃ʃmɑ̃/ 男 枝払い, 剪定(せんてい).

ébrancher /ebrɑ̃ʃe/ 他動〔木〕の枝を払う; を剪定(せんてい)する.

ébranlement /ebrɑ̃lmɑ̃/ 男 ❶ 震動, 揺れ; 動き始めること. ▶ *ébranlement* du sol 地面の揺れ / l'*ébranlement* d'un train 列車が動き出すこと. ❷ (政体, 健康などの)ぐらつき, 危機. ▶ l'*ébranlement* d'un empire 帝国の危機.
❸ (心の)動揺; 衝撃.

ébranler /ebrɑ̃le/ 他動 ❶ …を揺り動かす; 震わせる. ▶ détonation qui *ébranle* les vitres ガラス窓を震わせる爆発音. 比較 ⇨ AGITER. ❷ 〔政体, 健康など〕を揺るがす, 危うくする. ▶ les émeutes qui *ébranlent* le régime 体制を揺るがす暴動. ❸〔意見, 気持ち, 確信など〕をぐらつかせる, 動揺させる. ▶ Cette querelle n'*ébranle* pas leur amitié. この喧嘩(けんか)で彼(女)らの友情が揺らぐことはない. ── **s'ébranler** 代動 ❶〔行列, 車など〕動き出す. ❷ ぐらつく, 揺れる.

ébrécher /ebreʃe/ 6 他動 ❶〔刀など〕の刃をこぼす;〔皿など〕の縁を欠く. ▶ *ébrécher* un vase 壺(つぼ)の縁を欠く. ❷ 話〔財産〕を減らす;〔評判など〕に傷をつける.
── **s'ébrécher** 代動 ❶〔刀の刃などが〕こぼれる, 欠ける. ❷〔名声などが〕傷つく, 低下する.

ébréchure /ebreʃyːr/ 女 (皿などの)欠け目, 欠け傷.

ébriété /ebrijete/ 女 (おもに官庁用語で)酩酊(めいてい). ▶ conduire en état d'*ébriété* 酩酊状態で運転する.

s'ébrouer /sebrue/ 代動 ❶〔馬が〕(恐怖, いらだちなどから)荒い鼻息を出す. ❷〔人, 動物が〕ぶるっと体を震わせる;《特に》体の水滴を払う.

ébruitement /ebrɥitmɑ̃/ 男 (秘密などの)漏洩(ろうえい), 口外; 言い触らすこと;(うわさの)広まり.

ébruiter /ebrɥite/ 他動〔秘密, うわさなど〕を漏らす, 言い触らす.
── **s'ébruiter** 代動〔うわさなどが〕広まる.

ébullition /ebylisjɔ̃/ 女 沸騰. ▶ point d'*ébullition* 沸点 / porter de l'eau à *ébullition* 水を沸騰させる.
en ébullition 興奮[熱狂]状態の. ▶ une foule en *ébullition* 熱狂した[騒然とした]群衆.

éburné, e /ebyrne/, **éburnéen, enne** /ebyrneɛ̃, ɛn/ 形 文章 象牙(ぞうげ)のような; 象牙のように白い.

écaillage /ekajaːʒ/ 男 ❶ (魚の)うろこを取ること; (カキなどの)殻を開けること.
❷ (うろこのように)はげ落ちること.

écaille /ekaːj/ 囡 ❶(魚などの)うろこ;(チョウ類の)鱗粉(ぱん);(植物の)鱗片. ❷(ペンキ,壁などの,うろこのようにはがれる)剥片(はくん). ❸ 鼈甲(べっこう).
Les écailles lui tombent des yeux.(彼(女)の目からうろこが落ちる→)迷いから覚めて物事の真相が見える.

écaillé, e /ekaje/ 形 うろこ状にはげ落ちた;塗料のはげた.

écailler¹ /ekaje/ 他動 ❶〔魚〕のうろこを落とす. ❷〔カキなど〕の殻を開ける. ❸ …をうろこのようにはぎ落とす,かき取る.
— **s'écailler** 代動 うろこ状にはげ落ちる.

écailler², **ère** /ekaje, ɛːr/ 图(カキなどの)殻を開ける人,カキ売り.

écailleux, euse /ekajø, øːz/ 形 ❶ うろこのある. ❷ うろこ状にはがれる刑.

écaillure /ekajyːr/ 囡(塗料などの)はげ落ちた部分;(はがれた)薄片.

écale /ekal/ 囡(クルミ,アーモンドなどの)殻.

écaler /ekale/ 他動〔クルミ,アーモンドなど〕の殻を割る〔取る〕;〔ゆで卵〕の殻をむく.

écarlate /ekarlat/ 囡 真紅,緋(ひ)色;真紅〔緋色〕の布. — 形 真紅の,緋色の;(顔が)真っ赤な.

écarquillement /ekarkijmɑ̃/ 男(目を)大きく見開くこと.

écarquiller /ekarkije/ 他動〔目〕を大きく見開く.

écart /ekaːr/ エカール/ 男 ❶(空間的,時間的)隔たり. ▶ Il y a「quatre jours *d'écart*〔un *écart* de quatre jours〕entre l'écrit et l'oral. 筆記試験から口頭試問までは4日間の間(ま)がある.
❷ 差異,格差. ▶ *écart* entre la parole et l'action 言行の不一致 / *écart* de revenu 収入の格差.
❸(規範からの)逸脱,脱線. ▶ *écart* de jeunesse 若気の誤り / *écart* de conduite とっぴな行い,不行状.
❹(進行方向から)それること;飛びのくこと. ▶ Par un *écart* elle a évité la voiture. 彼女は飛びのいて車を避けた.
❺〖地理〗(市,町,村の)周辺集落.
❻ 偏差. ▶ *écart* type 〖統計〗標準偏差.
❼ grand *écart* 〖ダンス〗スプリット(両脚を一直線に広げる動作).
à l'écart (**de qc/qn**)(…から)離れて. ▶ tenir qn *à l'écart* …をのけ者にする / La maison était un peu *à l'écart* de la route. その家は道路から少し離れていた.

écarté, e /ekarte/ 形 ❶ 〈*écarté* (de qc/qn)〉(…から)離れた;もの寂しい. ❷ 間隔の広い.

écartelé, e /ekartəle/ 形 引き裂かれた. ▶ être *écartelé* entre son métier et sa famille 仕事と家庭の板挟みの.

écartèlement /ekartɛlmɑ̃/ 男 ❶(心の)葛藤(かっとう),分裂. ❷ 四つ裂きの刑.

écarteler /ekartəle/ 5 他動 ❶〔相反する感情,考えなど〕…の心を引き裂く. ▶ Ses désirs contradictoires l'*écartèlent*. 彼(女)は矛盾した欲求に心を引き裂かれている. ❷ …を四つ裂きの刑にする.

écartement /ekartəmɑ̃/ 男 隔てる〔離れる〕こと;隔たり,幅.

*écarter /ekarte/ エカルテ/ 他動 ❶ …の間を離す;を開く. ▶ *écarter* les rideaux カーテンを開ける / *écarter* la foule 群衆を押し分ける.
❷ 〈*écarter* A (de B)〉(Bから)Aを離す,遠ざける;排除する. ▶ *écarter* le radiateur du lit ストーブをベッドから離す.
❸ …を追い払う;取り除く. ▶ *écarter* les mouches ハエを追い払う.
— *s'écarter 代動 ❶〔一緒になっているものが〕離れる;四散する. ▶ Les nuages *s'écartèrent*. 雲が散り散りになった.
❷〈*s'écarter* (de qc/qn)〉(…から)離れる;外れる,逸脱する. ▶ *s'écarter* du bon sens 良識から外れる / *s'écarter* du sujet 主題からそれる.

ecce homo /ɛkseomo/ 男〖単複同形〗《ラテン語,「この人を見よ」の意》〖美術〗いばらの冠を頂いたキリスト像.

ecclésiastique /eklezjastik/ 形 教会の;聖職者の. — 男 聖職者. 比較 ⇨ PRÊTRE.

écervelé, e /esɛrvəle/ 形, 图 軽はずみな(人),思慮の浅い(人).

échafaud /eʃafo/ 男 死刑台;死刑,斬首刑. ▶ monter à〔sur〕l'*échafaud* 死刑台に上る.

échafaudage /eʃafodaːʒ/ 男 ❶(建設工事などの)足場. ▶ dresser un *échafaudage* 足場を組む. ❷〈un *échafaudage* de + 無冠詞複数名詞〉…を積み重ねたもの,…の山. ▶ un *échafaudage* de livres 本の山. ❸(理論などを)築き上げること.

échafauder /eʃafode/ 他動〈*échafauder* qc (sur qc)〉(…に基づいて)〔計画,理論など〕を安易に組み立てる,構想する;でっち上げる.
— 自動 足場を組む.
— **s'échafauder** 代動〔計画,理論などが〕組み立てられる;〔物が〕積み重ねられる.

échalas /eʃala/ 男 ❶(ブドウなどの)支柱,添え木. ❷ 話 のっぽ,ひょろ長い人.
être sec〔raide〕comme un échalas 話 がりがりにやせている〔しゃちほこばっている〕.

échalote /eʃalɔt/ 囡〖植物〗エシャロット.

échancré, e /eʃɑ̃kre/ 形(半円形や V 字形に)切れ込んだ,えぐられた. ▶ côte profondément *échancrée* 深く切れ込んだ海岸.

échancrer /eʃɑ̃kre/ 他動 …に(半円形や V 字形などの)切れ込みを入れる,をえぐる. ▶ *échancrer* l'encolure 襟ぐりを大きくする.

échancrure /eʃɑ̃kryːr/ 囡 ❶(半円形や V 字形などの)切れ込み,えぐられた部分.
❷〖服飾〗(袖(そで)や襟ぐりの)カット,切れ込み.

échange /eʃɑ̃ːʒ/ 男 ❶ 交換. ▶ l'*échange* de A contre B A と B の交換 / *échange* de lettres 手紙の交換 / *échange* de politesse(s) 挨拶(あいさつ)のやりとり / *échange* d'injures ののしり合い / *échange* de vues 意見交換 / *échange* de fichiers〖情報〗ファイル交換.
❷(多く複数で)〖経済〗商取引,貿易. ▶ *échanges* intérieurs〔extérieurs〕国内〔対外〕取引 / *échanges* internationaux 国際貿易 / libéralisation des *échanges* 貿易自由化 / valeur d'*échange* 交換価値. 比較 ⇨ COMMERCE.
❸《複数で》(国家間の)交流. ▶ *échanges* culturels 文化交流.

échangeable

en échange その代わりに, 交換に.
en échange de qc …の代わりに, と引き換えに.
▶ Il m'a donné un timbre chinois *en échange de* deux timbres japonais. 2枚の日本の切手と引き換えに彼は中国の切手を1枚くれた.

échangeable /eʃɑ̃ʒabl/ 形 交換できる.

***échanger** /eʃɑ̃ʒe/ エシャンジェ [2] 他動

過去分詞 échangé	現在分詞 échangeant
直説法現在 j'échange	nous échangeons
tu échanges	vous échangez
il échange	ils échangent

❶ …を**交換する**. ▶ *échanger* des timbres 切手を交換する / *échanger* un CD contre un livre CD と本を交換する.
❷〔意見, 言葉など〕を(取り)交わす, やりとりする. ▶ *échanger* des sourires avec qn …とほほえみ合う / *échanger* des coups 殴り合う.

échangeur /eʃɑ̃ʒœːr/ 男 ❶ インターチェンジ, 立体交差. ❷【機械】熱交換器.

échanson /eʃɑ̃sɔ̃/ 男 ❶【歴史】(王侯貴族の食卓で)酌をする召し使い. ❷ 話 (ふざけて)酌をする人.

échantillon /eʃɑ̃tijɔ̃/ 男 ❶ (商品の)見本. ▶ *échantillons* de parfum 香水の見本 [試供品] / acheter qc sur *échantillons* 見本を見て…を買う. ❷ 例, 典型. ▶ C'est un *échantillon* de petite bourgeoisie. プチブルの見本のようなやつだ. ❸【統計】標本, サンプル. ❹【情報】サンプル値.

échantillonnage /eʃɑ̃tijɔnaʒ/ 男 ❶ (商品の)見本作り; 見本集. ❷【統計】標本抽出, サンプリング. ▶ *échantillonnage* au hasard 無作為抽出. ❸【情報】サンプリング, 標本化.

échantillonner /eʃɑ̃tijɔne/ 他動 ❶ …の見本を選ぶ[作る]. ❷【統計】(母集団から)〔標本〕を抽出する.

échappatoire /eʃapatwaːr/ 女 逃げ道, 言い逃れ, 口実.

échappé, e /eʃape/ 形 逃げた.
── 名 (自転車競技などの)先頭, トップ. ▶ les *échappés* 先head集団.

échappée /eʃape/ 女 ❶ (自転車競技などで)他の走者を振り切ること, 独走態勢. ❷ 見通しの利くすき間; (すき間越しの)眺望, 見晴らし. ▶ La baie de la terrasse offre une belle *échappée* sur le parc. バルコニーの大窓からは公園の美しい眺めが一望できる. ❸ 文章 〈*échappée* de qc〉つかの間の…, 一瞬の…. ▶ une *échappée* de beau temps つかの間の晴れ間.
par échappées 文章 間を置いて, 時折.

échappement /eʃapmɑ̃/ 男【機械】(気体の)排出, 排気(装置). ▶ gaz d'*échappement* 排気ガス / tuyau d'*échappement* 排気管 / pot d'*échappement* (自動車などの)マフラー.

***échapper** /eʃape/ エシャペ 間他動 (助動詞はavoir(動作)またはêtre(動作の結果の状態)) 〈*échapper* à qn/qc〉〔人や動物などが〕…から**逃れる**, を離れ去る;〔危険など〕を**免れる**. ▶ *échapper* à la police 警察から逃れる / Elle sentait que son mari lui *échappait*. 彼女は夫が自分から離れていくのを感じていた.

échapper à la police

❷〈*échapper* à qc〉〔物が, ある枠〕に収まらない, の埒外(らち)にある. ▶ Ce mot *échappe* à toute définition. この語はどうにも定義のしようがない / Ce produit *échappe* à la taxe. この品物には税金がかからない.
❸〈*échapper* à qn〉〔事柄などが〕…に**見逃される**, 忘れられる, 理解されない. ▶ Rien ne lui *échappe*. 彼(女)は何一つ見逃さない /《非人称構文で》Il ne lui *a* pas *échappé* que j'avais l'air soucieux. 私が心配そうな様子をしているのを彼(女)は見逃さなかった.
❹〈*échapper* à qn〉〔物が〕…のものでなくなる. ▶ L'héritage sur lequel il comptait lui *a échappé*. 当てにしていた遺産は彼のものにはならなかった.
❺〈*échapper* à qn〉〔言葉などが〕…からうっかり漏れる. ▶ Un soupir lui *échappa*. 彼(女)は思わずため息を漏らした.
échapper des mains à qn …の手から滑り落ちる. ▶ Le vase m'*a échappé des mains*. 私は花瓶を取り落とした.
laisser échapper qn/qc …を漏らす; 取り逃がす. ▶ *laisser échapper* un cri 思わず叫び声を上げる.
── 他動 古 …を免れる, 逃れる.
l'échapper belle 危うく難を逃れる. ▶ Je *l'ai échappé belle*, j'aurais pu me faire écraser. 危ないところだった. もう少しでひかれるところだった.
── ***s'échapper*** 代動 ❶〈*s'échapper* (de qc)〉(…から)**逃げる**, 脱走する;(そっと)抜け出す. ▶ L'oiseau *s'est échappé* de sa cage. 鳥はかごから逃げた / Elle *s'est échappée* pour aller téléphoner. 彼女は中座して電話をかけに行った. 比較 ⇨ S'ENFUIR.

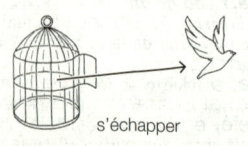

s'échapper

❷〈*s'échapper* de qc〉〔物が〕(…から)外に漏れる, 吹き出る. ▶ Le lait *s'échappe* de la casserole. 牛乳が鍋(なべ)から吹きこぼれている.

écharde /eʃard/ 女 とげ.

écharpe /eʃarp/ 女 ❶ スカーフ, マフラー, 肩掛け. ▶ mettre une *écharpe* de soie 絹のスカーフを身につける. ❷ (右肩から左腰にかけたり, 胴に巻く)懸章, 綬(じゅ). ▶ l'*écharpe* tricolore des maires 市長の(式典用)三色綬. ❸ つり包帯. ▶

avoir [porter] un bras en *écharpe* 片腕を包帯でつっている.
en écharpe (肩から)斜めに; はすかいに.
prendre qc/qn en écharpe …に側面衝突する. ▶ Le camion *a pris* la voiture *en écharpe*. トラックがわき腹から車に突っ込んだ.

écharper /eʃarpe/ 他動 ❶ …に重傷を負わせる; リンチを加える, を虐殺する. ❷ 話 <se faire *écharper*> 酷評される, ののしられる.
— **s'écharper** 代動 殺し合う.

échasse /eʃas/ 女 ❶ 竹馬; 話 ひょろ長い足. ❷〖鳥類〗セイタカシギ.

échassier /eʃasje/ 男 渉禽(しょうきん)類(の鳥)(コウノトリ, ツルなど).

échaudé, e /eʃode/ 形 ❶ 熱湯に通した; 熱湯でやけどした. ❷〔穀物, ブドウなどが〕暑さや日照りで焼けた.

échauder /eʃode/ 他動 ❶ …を熱湯に通す[つける], 熱湯で洗う, 熱湯でやけどさせる. ▶ *échauder* la théière ティーポットを湯で温める.
❷ …をひどい目に遭わせる. ▶ se faire *échauder* = être échaudé 痛い目に遭う.
— **s'échauder** 代動 ❶ (熱湯で)やけどする. ❷ ひどい目に遭う.

échauffement /eʃofmɑ̃/ 男 ❶ 熱くする[なる]こと, 加熱; (機械などの)過熱. ▶ l'*échauffement* de l'atmosphère 大気温の上昇. ❷ 興奮, 激昂(げっこう). ▶ Dans l'*échauffement* de la discussion, il m'a injuriée. 議論で興奮のあまり, 彼は私をののしった. ❸〖スポーツ〗準備運動, ウォーミングアップ. ❹ (熱による)発酵, 蒸れ腐れ.

échauffer /eʃofe/ 他動 ❶ …を(徐々に)温める, 加熱する. ▶ Le soleil *échauffe* le sol pendant la journée. 太陽は日中地表を温める.
❷〔精神など〕を活気づける. ▶ *échauffer* l'imagination (=exciter) 空想をかき立てる.
❸〔筋肉など〕をウォーミングアップする.
❹ …を(熱で)発酵[変質]させる.
échauffer ˹**la bile** [**les oreilles**] **de** [**à**] **qn**
…を怒らせる.
— **s'échauffer** 代動 ❶ (徐々に)温かく[熱く]なる. ▶ La mer *s'échauffe* au printemps. 春になると海水がぬるんでくる. ❷〔精神などが〕活気を帯びる; 興奮する. ❸ ウォーミングアップする.

échauffourée /eʃofure/ 女 小競り合い.

échauguette /eʃoɡɛt/ 女 (中世の城壁や塔の角に張り出した)物見台, 櫓(やぐら), 望楼.

èche /ɛʃ/ 女 ⇨ ESCHE.

échéance /eʃeɑ̃ːs/ 女 ❶ 支払い期日, (債務の)履行期限; 償還. ▶ l'*échéance* d'un loyer 家賃の支払い日 / arriver [venir] à *échéance* 支払い期限になる.
❷ 期限のきた手形類; 期日に支払われるべき金額. ▶ faire face à ses *échéances* (手形, 借金などの)決済に応じる. ❸ 決着のつく日, 最終期限; (選挙の)投票日 (= *échéance* électorale).
à brève échéance 短期間の[に, で], 短期的に見ると. ▶ un effet *à brève échéance* 短期決済手形.
à longue échéance 長期間の[に, で], 長期的に見ると. ▶ *A longue échéance*, vous y trouverez des avantages. 長い目で見れば有利だということが分かります.

échéant, ante /eʃeɑ̃, ɑ̃ːt/ 形〔債権, 手形が〕満期になった.
le cas échéant /ləkazeʃeɑ̃/ 必要があれば, 万一の場合は.

****échec** /eʃɛk/ エシェック 男 ❶ 失敗, 挫折(ざせつ) (↔succès). ▶ *échec* scolaire 学業不振, 落ちこぼれ / subir un *échec* 失敗する / l'*échec* aux élections 選挙での敗北 / tentative vouée à l'*échec* 当然失敗するはずの試み. ❷《複数で》チェス; (一そろいの)チェスの駒(こま). ▶ jouer aux *échecs* チェスをする / partie d'*échecs* チェスの勝負. ❸《単数で》(チェスの)王手, チェック.
échec et mat 王手詰みの(の).
en échec 王手をかけられた; 行き詰まった, 窮地に陥った.
faire échec à qc/qn …を妨げる, 失敗させる. ▶ *faire échec* à l'inflation インフレを抑える.
tenir [mettre] qn/qc en échec …を阻止する; 挫折させる; 窮地に陥れる.

****échelle** /eʃɛl/ エシェル 女 ❶ はしご. ▶ monter sur [à] une *échelle* はしごを上る / dresser [appuyer] une *échelle* contre un mur はしごを壁にかける / *échelle* de corde 縄ばしご.
❷ 段階, 序列; 体系. ▶ *échelle* mobile des salaires 賃金のスライド制 / *échelle* administrative 役所での出世の階段を上がる / être en haut de l'*échelle* 序列の上位にいる.
❸ 縮尺, 比率. ▶ plan à grande [petite] *échelle* 大[小]縮尺地図.
❹ 目盛り. ▶ *échelle* d'un thermomètre 温度計の目盛り / un séisme de 6 sur l'*échelle* de Richter リヒタースケールでマグニチュード6の地震.
❺〖音楽〗音階. ▶ *échelle* chromatique 半音階 / *échelle* diatonique 全音階.
à l'échelle + 形容詞 [**de qc**] …の規模の, のレベルで; に対応した. ▶ *à l'échelle* mondiale 世界的規模で.
faire la courte échelle à qn …のためにはしご代わりになる; を助ける.
Il n'y a plus qu'à tirer l'échelle. 話 これ以上うまくはできない(だから続けても意味がない).
monter à l'échelle 話 冗談を本気にする; つまらないことで怒る.

échelon /eʃlɔ̃/ 男 ❶ (はしごの)横木, 段. ▶ monter [descendre] les *échelons* はしごを上る [降りる]. ❷ 段階; (役人などの)等級. ▶ accéder à l'*échelon* supérieur 高い位に就く. ▶ à l'*échelon* + 形容詞 [**de qc**] (行政上などで)…の段階[レベル]で. ▶ à l'*échelon* départemental 県レベルで. ❸〖軍事〗梯隊(ていたい), 部隊.
par échelons 徐々に, 段階的に. ▶ s'élever *par échelons* 段階的に上がってゆく.

échelonnement /eʃlɔnmɑ̃/ 男 等間隔の配置, 段階的な実施. ▶ l'*échelonnement* des paiements 分割払い.

échelonner /eʃlɔne/ 他動 ❶ (一定の間隔に)…を配置する; (段階的に)…を配列する. ▶ *échelonner* des postes téléphoniques le long d'une autoroute 高速道路沿いに電話ボックスを一定の間

隔で設置する. ❷ …を何回かに分けて行う. ▶ *echelonner* des paiements 分割払いをする.

— s'échelonner 代動 ❶ 一定間隔で[段階的に]並ぶ, 配列される. ❷ 〈*s'échelonner* sur + 期間〉…の期間にわたって行われる. ▶ Le remboursement *s'échelonnera* sur quinze ans. 返済は15年のローンになるだろう.

échenillage /eʃ(ə)nijaːʒ/ 男 毛虫の駆除.

écheniller /eʃ(ə)nije/ 他動 …から毛虫を駆除する.

écheveau /eʃ(ə)vo/;(複) **x** 男 ❶ (糸の)かせ. ❷ もつれ, 錯綜(さくそう).

démêler [débrouiller] l'écheveau de qc …のもつれを解明する.

échevelé, e /eʃəvle/ 形 ❶ 髪が乱れた. ❷ 熱狂的な, 激しい. ▶ patriotisme *échevelé* 熱狂的な愛国心.

écheveler /eʃəvle/ 5 他動 文章 …の髪をかき乱す.

échevin /eʃ(ə)vɛ̃/ 男 ❶ (オランダ, ベルギーの)市[町]の助役. ❷ (フランス革命前の)市[町]役人.

échidné /ekidne/ 男【動物】ハリモグラ.

échine /eʃin/ 女 ❶ 背骨, 脊椎(せきつい); 背中. ❷ 豚の肩ロース.

avoir l'échine souple ぺこぺこする, 卑屈な態度を取る.

courber [plier] l'échine (devant qn/qc) (…に)屈服する, 服従する; へつらう.

s'échiner /seʃine/ 代動 話 〈*s'échiner* à qc/不定詞〉…でくたくたになる; …するのに苦労する. ▶ *s'échiner*「au travail [à travailler]」仕事でへとへとになる.

échinodermes /ekinɔdɛrm/ 男-複【動物】棘皮(きょくひ)動物(門).

échiquier /eʃikje/ 男 ❶ チェスボード. ❷ (政治, 経済などの)勝負の舞台, 利害衝突の場. ▶ l'*échiquier* politique 政治のかけひきの場. ❸ (Echiquier) (英国の)財務省. ▶ chancelier de l'*Echiquier* (英国の)財務大臣.

en échiquier 碁盤目状の[に], 市松模様の[に].

écho /eko/ 男 ❶ こだま. ❷ 反響, (好意的な)反応. ▶ Mon livre est resté sans l'*écho*. 私の本はまったく反響を引き起こさなかった. ❸ 反映. ▶ On trouve dans ce roman l'*écho* des luttes politiques du moment. この小説には当時の政治闘争が反映している. ❹(多く複数で)うわさ, 風聞, 情報;(新聞などの)ゴシップ記事. ▶ J'en ai eu quelques *échos*. それについていくつか小耳に挟んだことがある. ❺【電気通信】エコー, 反射波;(テレビ, ファクシミリの)ゴースト. ❻ Les Echos「レゼコー」(フランスの有力経済紙).

à tous les échos 四方八方に, 至る所に.

faire écho à qn/qc …に答える, 呼応する; 反応を示す.

se faire l'écho de qc …を伝える, 広める.

échographie /ekɔgrafi/ 女【医学】エコー造影, エコー断層撮影(法).

échoir /eʃwaːr/ 35《不定詞と3人称のみ用いる》(過去分詞 échu, 現在分詞 échéant)間他動《助動詞は être または avoir》〈*échoir* à qn〉〔財産, 幸運などが〕偶然…の手に落ちる. ▶ Ces biens lui *sont échus* en héritage. これらの財産が遺産として私に転がり込んできた.

— 自動《助動詞は être》〔手形などが〕満期になる, 支払い期限になる.

échoppe /eʃɔp/ 女 (建物に立てかけた)屋台, 露店.

échotier, ère /ekotje, ɛːr/ 名 ゴシップ(欄担当)記者.

échouage /eʃwaːʒ/ 男 (干潮, 修理などのための)座礁, 座州, 乗り上げ.

échouement /eʃumɑ̃/ 男【海事】(偶然による)座礁, 座州.

échouer /eʃwe/ 自動 ❶〈*échouer* à [dans] qc // *échouer* à + 不定詞〉〔人が〕…に失敗する. 注 *échouer* à qc の場合の qc は試験 examen, baccalauréat, écrit などに限る. ▶ *échouer* à un examen 試験に落ちる / Il *a échoué* dans son projet. 彼の計画は失敗した. ❷〔行動, 企てなどが〕挫折(ざせつ)する, 失敗する. ▶ Toutes ces tentatives *ont échoué*. これらの試みはすべて失敗した. ❸ 座礁する, (浅瀬, 浜辺に)乗り上げる.

❹〈*échouer* + 場所〉…にたまたま行き着く; 紛れ込む. ▶ Nous *avons* finalement *échoué* dans un petit café. 私たちは結局小さなカフェに腰を落ち着けた.

— 他動〔船〕を(岸などに)乗り上げる.

— s'échouer 代動 座礁する, (浅瀬, 浜辺に)乗り上げる.

échu, e /eʃy/ 形 (*échoir* の過去分詞)満期になった, 期限の来た. ▶ payer son loyer à terme *échu* 期日に家賃を払う.

éclaboussement /eklabusmɑ̃/ 男 (泥水などを)跳ねかけること;(液体などが)ほとばしること.

éclabousser /eklabuse/ 他動 ❶〈*éclabousser* qn/qc (de qc)〉…に(液体などを)跳ねかける. ▶ *éclabousser* un vêtement de sauce 服にソースを跳ねかけて汚す / La voiture *a éclaboussé* les passants. 車が通行人に泥水を跳ねかけた. ❷〔人〕を巻き添えにする;の名誉を汚す. ❸(富, 優位をひけらかして)…を圧倒する. **— s'éclabousser** 代動 自分に液体を跳ねかける.

éclaboussure /eklabusyːr/ 女 ❶ (液体などの)跳ね, 跳ねた染み. ❷《多く複数で》とばっちり, 巻き添え. ▶ recevoir des *éclaboussures* d'un scandale スキャンダルの巻き添えを食う.

***éclair** /eklɛːr/ エクレール 男 ❶ 稲妻, 電光. 比較 ⇨ LUMIÈRE. ❷ きらめき, 閃光(せんこう);(目の)輝き. ▶ Ses yeux lancent des *éclairs*. 彼(女)のひとみは(怒り, 情熱などで)ぎらぎら燃えている. ❸ (知性などの)瞬間的なひらめき; 一瞬の発見. ▶ *éclair* de génie 天才的なひらめき. ❹【菓子】エクレア. ▶ *éclair* au chocolat チョコレートエクレア.

avec la rapidité de l'éclair = comme「un éclair [l'éclair] = en un éclair あっと言う間に, 一瞬のうちに.

— 形《不変》話 電光石火の, 大急ぎの. ▶ nouvelle-*éclair* 速報 / visite *éclair* つかの間の訪問. ❷ 商標 Fermeture *éclair* ファスナー.

éclairage /eklera:ʒ/ 男 ❶ 照明, 採光; 照明装置. ▶ l'*éclairage* de la scène 舞台照明 / *éclairage* indirect 間接照明. 比較 ⇨ LUMIÈRE. ❷

光の当て方; 観点. ▶ Sous cet *éclairage*, les choses sont différentes. この観点から見ると物事は違った様相を呈してくる.

éclairagisme /ekleraʒism/ 男 照明技術.
éclairagiste /ekleraʒist/ 男 照明技師; 照明技術専門家.
éclairant, ante /eklerɑ̃, ɑ̃:t/ 形 ❶ 照明する. ▶ fusée *éclairante* 照明弾. ❷ 解明する; 明快な. ▶ Cet exemple est *éclairant*. この例は事情をよく物語っている.
éclaircie /eklɛrsi/ 女 ❶ (雲, 霧の)切れ目;《特に》晴れ間. ❷ 文章 (状況の)一時的好転, 小康.
éclaircir /eklɛrsi:r/ 他動 ❶ …の色を明るくする; 曇りを払う. ▶ Le vent *a éclairci* le ciel en chassant les nuages. 風が雲を吹き払って空が明るくなった. ❷〔密なものを〕薄める. ▶ *éclaircir* des cheveux 髪をすく / *éclaircir* une sauce ソースを薄める. ❸〔問題など〕をはっきりさせる;〔謎($\overset{なぞ}{}$)〕を解明する.
— **s'éclaircir** 代動 ❶ 晴れる, 明るくなる; 澄む. ▶ Le ciel *s'éclaircit*. 天気がよくなる / Sa voix *s'éclaircit*. 彼(女)の声が明るくなった / *s'éclaircir* la gorge (声の調子を整えるために)咳(せき)払いする. ❷ まばらになる; (濃度が)薄まる. ▶ La foule *s'éclaircissait*. 群衆は次第に少なくなっていった. ❸〔状況などが〕はっきりする;〔謎が〕解明される.
éclaircissement /eklɛrsismɑ̃/ 男 (多く複数で)説明, 解説; 釈明. ▶ demander des *éclaircissements* sur qc …について釈明を求める.
éclairé, e /eklere/ 形 ❶ 照明された, 明かりのついた. ❷ 教養のある, 見識のある; 良識ある, 穏健な. ▶ les esprits *éclairés* 識者 / le despotisme *éclairé* 啓蒙(けいもう)専制君主制.
éclairement /eklɛrmɑ̃/ 男 ❶【物理】照度. ❷ 文章 明るくなること; 明るさ.
***éclairer** /eklere/ エクレレ 他動 ❶ …を照らす, 明るくする; に照明を供給する. ▶ La lune *éclaire* la terre. 月が地上を照らしている / *Eclairez*-moi avec cette lampe. このランプで私の手もと[足もと]を照らしてください. ❷ 文章〔顔, 目など〕を輝かせる, 晴れやかにする. ▶ Un sourire *éclaira* son visage. ほほえみが彼(女)の顔を輝かせた. ❸〔問題, 状況〕を**明らかにする**, 解明する. ❹〈*éclairer* qn (sur qc)〉〈(…について)…を啓蒙(けいもう)[啓発]する, 教える. ▶ Cet article *éclaire* le lecteur sur la situation économique. この記事は経済状況について読者に分かりやすく説明している. ❺【軍事】…を偵察する.
— 自動〔光源が〕照る, 光る.
— **s'éclairer** 代動 ❶〔場所が〕照らされる, 明かりがともる; 明るくなる. ▶ La scène *s'est éclairée* tout à coup. 舞台が急に明るくなった. ❷〈*s'éclairer* (à [avec] qc)〉(…で)照明を採る, 自分を照らす. ▶ *s'éclairer* à l'électricité 電気で照明を採る. ❸〔顔, 目が〕輝く, 晴れやかになる. ❹ 知識[情報]を得る;〔事情, 疑問が〕はっきりする.
éclaireur /eklœrœ:r/ 男【軍事】斥候兵, 偵察兵. **en éclaireur** 下調べとして, 下見に. ▶ envoyer qn *en éclaireur* …を様子を見に派遣する.
***éclat** /ekla/ エクラ/ 男 ❶ **破片**, かけら. ▶ *éclat* de verre ガラスの破片 / voler en *éclats* 粉々に砕け散る.
❷ (突然の)**大音響**. ▶ *éclats* de voix 大声, 怒声 / *éclat* de rire 爆笑 / rire aux *éclats* 大声を上げて笑う / un *éclat* du tonnerre 雷鳴.
❸ 文章 (感情の)**爆発**; 一騒動. ▶ un *éclat* de colère 憤怒(ふんぬ), 激昂(げっこう).
❹ 輝き; (色, 宝石などの)鮮やかさ. ▶ *éclat* du regard 目の輝き / briller avec un vif *éclat* 燦然(さんぜん)と輝く. 比較 ⇨ LUMIÈRE.
❺ 華々しさ, 輝かしさ. ▶ une femme qui a de l'*éclat* あでやかな女性 / mener une vie sans *éclat* ぱっとしない生活を送る. ◆ dans tout l'*éclat* de + 所有形容詞 + 名詞 華々しい…の中にいる, …の頂点にある. ▶ Elle est dans tout l'*éclat* de sa jeunesse. 彼女は若さに輝いている.
d'éclat 輝かしい, 人目を引く. ▶ une action *d'éclat* 輝かしい功績.
faire un éclat 物議をかもす, 一騒動起こす.
éclatant, ante /eklatɑ̃, ɑ̃:t/ 形 ❶ 輝いている; 色鮮やかな. ▶ blancheur *éclatante* 輝くばかりの白さ / teint *éclatant* 血色のよい顔色. ❷ 顕著な, 華々しい; 明白な. ▶ succès *éclatant* 目覚ましい成功 / preuve *éclatante* 明々白々たる証拠. ❸ 文章 響き渡る, 甲高い. ▶ fanfare *éclatante* 高らかに響くファンファーレ. ❹〈*éclatant* de + 無冠詞名詞〉…に輝き満ちた. ▶ un gaillard *éclatant* de jeunesse et de santé 若さと健康に満ちあふれた男.
éclaté, e /eklate/ 形 砕けた, 破裂した; 分裂した; 分散した.
— **éclaté** 男 (機械などの)分解組立図 (=vue éclatée, dessin éclaté).
éclatement /eklatmɑ̃/ 男 破裂; 分裂; 分散. ▶ *éclatement* d'un pneu タイヤのパンク / *éclatement* d'un parti 党の分裂 / *éclatement* de la bulle économique バブルの崩壊.
***éclater** /eklate/ エクラテ/ 自動 ❶《主語は物》❶ **爆発する, 破裂する**. ▶ un obus qui *éclate* 炸裂(さくれつ)する爆弾 / Le pneu *a éclaté*. タイヤがパンクした.
❷ **分裂する**, 分岐する. ▶ Le groupe *a éclaté*. そのグループは分裂した / L'autoroute *éclate* ici en deux branches. 高速道路はここで2本に分かれる.
❸〔音, 声が〕**突然響き渡る**. ▶ Un rire *éclata*. 突然高笑いが起こった.
❹〔事件などが〕**突発する**. ▶ La guerre *a éclaté*. 戦争が勃発(ぼっぱつ)した.
❺〔事実, 特徴, 感情などが〕一目瞭然(りょうぜん)である[となる], むき出しになる. ▶ La vérité *éclate*. 真相は明白である.
❷《主語は人》❶ (感情を抑えきれずに)表に出す; 怒りを爆発させる. ▶ *éclater* de rire 爆笑する, 吹き出す / *éclater* contre qn …に怒りをぶちまける. ◆ *éclater* en + 無冠詞複数名詞 ▶ *éclater* en applaudissements 拍手喝采(かっさい)する.
❷〈*éclater* de + 無冠詞名詞〉…に満ちあふれている. ▶ *éclater* de santé 健康そのものである.
❸ 話 一躍有名になる.
éclectique /eklɛktik/ 形 ❶ (趣味, 傾向などが)

幅広い；多様な．▶ Elle est *éclectique* en musique. 彼女は音楽ならなんでもござれだ．
❷《哲学》折衷主義の．
── 图 好みが多岐にわたる人；折衷主義者．

éclectisme /eklεktism/ 男 ❶ (意見や趣味などの)幅広さ；折衷的態度．❷ 折衷主義．

éclipse /eklips/ 女 ❶〔天文〕食．▶ *éclipse* de Soleil [Lune] 日食[月食] / *éclipse* totale [partielle] 皆既[部分]食．

❷ (一時的な)消滅，不振，人気の下降．▶ avoir [connaître, subir] une *éclipse* (評判などが)一時下落する．❸ かげり，衰退．

à éclipses (1) 間欠的に点滅する．▶ feu *à éclipses* 点滅式信号．(2) 断続的な．une activité *à éclipses* 断続的な活動．

éclipser /eklipse/ 他動 ❶〔天体〕に食を起こさせる；…を覆い隠す．▶ La Lune *éclipse* le Soleil. 月は太陽を隠して日食を起こす．

❷ …の影を薄くする，を凌駕(りょうが)する．▶ *éclipser* ses concurrents 競争相手を圧倒する．
── **s'éclipser** 代動 ❶〔天文〕〔天体が〕食になる．❷ 口 そっと立ち去る，姿を消す．❸ 〈*s'éclipser* devant qn/qc〉…を前にしてかすんでしまう，影が薄くなる．

écliptique /ekliptik/ 男，形〔天文〕黄道(の)．

éclisse /eklis/ 女 ❶ 楔(くさび)形の木片；薄板．❷〔外科〕副木(ふくぼく)(=attelle)．❸〔鉄道〕(レールの)継ぎ目板．

éclopé, e /eklɔpe/ 形，名 足を傷めた(人)，歩行困難な(人)；軽傷を負った(人)．

éclore /eklɔ:r/ 74 自動 (助動詞は多く être. おもに3人称で用い，不定詞，現在形，過去分詞以外は稀)〔過去分詞 éclos, 現在分詞 éclosant〕❶〔雛に〕，卵が〕孵化(ふか)する，かえる．▶ faire *éclore* des œufs 卵を孵化させる / Les poussins sont *éclos*. ひよこがかえった．

❷〔花，つぼみが〕咲く．❸ 文章 出現する，生まれる．▶ une époque qui vit *éclore* de grands talents 優れた人材が輩出した時代．

éclosion /eklozjɔ̃/ 女 ❶ 孵化(ふか)．❷ 開花．❸ 文章 出現，誕生．

éclôt /eklo/ 活用 ⇨ ÉCLORE 74

écluse /ekly:z/ 女 水門．

écluser /eklyze/ 他動 ❶〔水路〕に水門を設置する；〔船〕に水門を通過させる．❷ 俗〔酒〕をがぶ飲みする．

éclusier, ère /eklyzje, ɛ:r/ 形 水門の．
── 名 水門管理人．

écobilan /ekobilɑ̃/ 男〔環境〕ライフサイクル・アナリシス．

écobuage /ekɔbɥaːʒ/ 男 焼き畑農業．

écocide /ekɔsid/ 男 生態系〔環境〕破壊．

écocitoyen, enne /ekositwajɛ̃, ɛn/ 名 形 環境市民(の)．

écocitoyenneté /ekositwajɛnte/ 女 環境市民精神．

écœurant, ante /ekœrɑ̃, ɑ̃:t/ 形 ❶ 吐き気を催させる．❷ 嫌悪感を起こさせる．▶ procédés *écœurants* 実に汚いやり方．

écœurement /ekœrmɑ̃/ 男 ❶ 胸がむかつくこと，吐き気．▶ éprouver de l'*écœurement* 吐き気を催す．❷ 嫌悪感．❸ 口 落胆，気落ち．

écœurer /ekœre/ 他動 ❶ …に吐き気を催させる．❷ …に嫌悪感を抱かせる．▶ Sa bassesse *écœure* tout le monde. 彼(女)の卑劣さには皆へどの出る思いをしている．

éco-industrie /ekoɛ̃dystri/ 環境保護産業．

écolabel /ekolabεl/ 男 エコラベル，環境保護基準適合ラベル．

***école** /ekɔl/ 女 エコル/

❶ 学校．▶ aller à l'*école* 学校に行く / *école* publique [privée] 公立[私立]学校 / *école* laïque (宗教を教育方針としない)公立学校 / *école* maternelle 幼稚園 / *école* de garçons 男子校 / *école* de filles 女子校 / *école* mixte 共学学校．

❷《特に》小学校 (=*école* primaire). ▶ *école* communale 公立小学校 / maître d'*école* 小学校教師 (=instituteur).

❸ grandes *écoles* グランドゼコール, 高等専門学校：大学とは別個の高等教育機関の総称で，入学試験による選抜を特徴とする．Ecole normale supérieure (高等師範学校)など．

❹ (学校，特に小学校の)授業，教育；学校の建物；(学校の)全生徒教職員．▶ L'*école* commence le 10 [dix] septembre. 学校は9月10日に始まる / Il n'y a pas (d')*école* aujourd'hui. 今日学校はない / après l'*école* 放課後に．

❺ (各種)学校，…教室．▶ *école* de danse ダンス教室 / *école* culinaire 料理学校．

❻ 流派，学派．▶ l'*école* de Platon プラトン学派 / l'*école* impressionniste 印象派．

❼ 修業[学習]の場；手本．▶ l'*école* du monde 世間という学校；実社会が教えること．

❽《他の名詞とハイフン (-) で結び付いて，同格的に》練習[実習]用の．▶ voiture-*école* (自動車学校の)教習車 / ferme-*école* 実習農場．

à l'école de qn/qc …の指導を受けて；の経験を生かして．▶ On apprend souvent la vie *à l'école de* la pauvreté. 往々にして人は貧困に鍛えられて人生を知る．

cas d'école 典型例．

être à bonne école 有能な教師につく，立派な教育を受ける．

être à dure [rude] école 逆境[艱難(かんなん)辛苦]に鍛えられる．

être de la vieille école 保守的である，守旧派である．

faire école 一派を成す；信奉者[追従者]を生む．

renvoyer qn à l'école (…を学校に送り返す→) …に己の無知を悟らせる．

比較 学校
école《最も一般的》**collège** や **lycée** と対比させて用いることが多い．小規模の各種学校を指すこともある．**collège** 中等教育の前期4年間 (11, 12歳から14, 15歳まで)を指す．**lycée** 中等教育の後期3年間(15, 16歳から17, 18歳まで)をおもに指す．**cours** 各学校や小規模の私的教育施設を指す．**établissement (scolaire)**《改まった表現》教育施設全体を指す．

***écolier, ère** /ekɔlje, ɛ:r/ エコリエ，エコリエール/

图 ❶ 小学生；生徒. ▶ cartable d'*écolier* ランドセル / papier *écolier* 方眼入りのノート. 比較 ⇨ ÉLÈVE. ❷ 初心者, 見習い.
faute d'écolier 幼稚な間違い.
prendre le chemin des écoliers 話 わざわざ回り道をして行く, 道草を食う.

écolo /ekɔlo/ 图〔男女同形〕(écologiste の略) 話 環境保護論者.

écologie /ekɔlɔʒi/ 女 ❶ 生態学. ❷ 環境保護論, エコロジー.

écologique /ekɔlɔʒik/ 形 ❶ 生態学の. ❷ 環境保護の.

écologisme /ekɔlɔʒism/ 男 環境保護論.

écologiste /ekɔlɔʒist/ 图 ❶ 生態学者. ❷ 環境保護論者. — 形 環境保護を主張する. ▶ mouvement *écologiste* 環境保護運動.

écomusée /ekomyze/ 男 郷土博物館.

éconduire /ekɔ̃dɥiːr/ 70 他動 (過去分詞 éconduit, 現在分詞 éconduisant)…の要求を拒絶する；を断る；追い払う.

éconduis- 活用 ⇨ ÉCONDUIRE 70

économat /ekɔnɔma/ 男 会計職；会計課.

économe /ekɔnɔm/ 形 ❶ 倹約家の. ▶ être *économe* de qc …をむだにしない, 出し惜しみする. ▶ être *économe* de son temps 時間をむだにしない. — 图 ❶ (宗教団体, 病院などの) 会計係. ❷ 野菜の皮をむくナイフ.

économètre /ekɔnɔmetr/, **économétricien, enne** /ekɔnɔmetrisjɛ̃, ɛn/ 图 計量経済学者.

économétrie /ekɔnɔmetri/ 女 計量経済学.

économétrique /ekɔnɔmetrik/ 形 計量経済学の.

économie /ekɔnɔmi エコノミ/ 女 ❶ 経済；経済制度；経済地域. ▶ *économie* capitaliste [socialiste] 資本主義 [社会主義] 経済 / *économie* libérale [dirigée, planifiée] 自由主義 [統制, 計画] 経済 / *économie* de marché 市場経済 / *économie* souterraine [parallèle] 地下経済 / société d'*économie* mixte 半官半民会社.
❷ 経済学. ▶ *économie* politique 経済学 (=science économique) / *économie* sociale 社会経済学.
❸ 節約, 倹約 (↔gaspillage). ▶ pratiquer l'*économie* 倹約する / avec *économie* 倹約して / par *économie* 倹約のため. ◆ une *économie* de + 金額 [無冠詞名詞]…の節約. ▶ arriver à une *économie* de cinq euros par article 一品あたり5ユーロの節約になる.
❹《複数で》貯金；節約した金. ▶ faire [avoir] des *économies* 貯金をする [がある].
❺ 文章 構造, 構成, 組み立て. ▶ *économie* du corps humain 人体の構造.
économie(s) de bouts de chandelle 爪(ヅぬ)に火をともすような倹約.
faire l'économie de qc (1)…を節約する, なしで済ます. (2)…を免れる.

économique /ekɔnɔmik エコノミック/ 形 ❶ 経済上の；経済学の. ▶ science *économique* 経済学 / crise *économique* 経済危機 / la Communauté *économique* européenne ヨーロッパ経済共同体, EEC (略 CEE).
❷ 安上がりの, 経済的な. ▶ classe *économique* エコノミークラス / voiture *économique* 経済的な自動車.

économiquement /ekɔnɔmikmɑ̃/ 副 ❶ 節約 [倹約] して. ❷ 経済 (学) 上.

économiser /ekɔnɔmize/ 他動 ❶ …を節約 [倹約] する. ▶ *économiser* le gaz ガスを節約する / *économiser* le temps 時間をむだにしない. ❷〔金〕をためる. ▶ *économiser* 1000 euros 1000 ユーロためる.
— 自動《*économiser* (sur qc)》(…を) 節約する；貯蓄する. ▶ *économiser* sur le chauffage 暖房を節約する / *économiser* pour s'acheter une voiture 自動車を買うために節約する.

économiste /ekɔnɔmist/ 图 経済学者.

écope /ekɔp/ 女〔海事〕(船底の水をかい出す) 淦(ホホ)くみ, ひしゃく.

écoper /ekɔpe/ 他動 ❶〔船底の水〕をかい出す. ❷〔打撃, 損害, 罰など〕を受ける. ▶ *écoper* deux mois de prison 懲役2か月を食らう.
— 間他動《*écoper* de qc》〔罰など〕を受ける.

écoproduit /ekoprodɥi/ 男 エコプロダクト, 環境に優しい製品.

écorce /ekɔrs/ 女 ❶ 樹皮；(オレンジ, レモン, メロンなどの厚めの) 外果皮, 皮. ▶ *écorce* terrestre 地殻. ❷ 文章 外見, 見かけ. ❸《解剖》皮質. ▶ *écorce* cérébrale (=cortex) 大脳皮質.

écorcer /ekɔrse/ 1 他動〔木, 果実など〕の皮をはぐ [むく].

écorché, e /ekɔrʃe/ 形 ❶ 皮がはがれた. ❷ 神経過敏な. — 图 *écorché* vif 生皮がはがされた人；神経過敏な人.

écorcher /ekɔrʃe/ 他動 ❶〔動物など〕の皮をはぐ. ❷ …に擦り傷 [ひっかき傷] をつける. ▶ Les épines lui *ont écorché* le bras. 彼(女) はとげで腕をひっかいた. ❸〔耳, 聴覚など〕に不快感を与える. ▶ les sons discordants qui *écorchent* les oreilles 耳障りな不協和音. ❹〔言葉〕を正しく発音しない, 正確に話さない. ❺ 話〔客〕から暴利をむさぼる.
Ça t'écorcherait la gueule de dire…? 話 どうして素直に…と言えないんだ.
— *s'écorcher* 代動 皮膚を擦りむく.

écorcheur /ekɔrʃœːr/ 男 ❶ (食肉用動物の) 皮をはぐ人. ❷ 話 暴利をむさぼる者, 金をぼる人.

écorchure /ekɔrʃyːr/ 女 かすり傷, 擦過傷.

écorner /ekɔrne/ 他動 ❶ …の角を欠く, 角を傷める. ▶ un livre *écorné* par l'usage 使い古して角の擦り切れた本. ❷〔金, 財産〕に手をつける, を使い込む. ❸〔動物〕の角を切る.

écornifleur, euse /ekɔrniflœːr, øːz/ 图 食事をたかる人, 居候.

écossais, aise /ekɔsɛ, ɛːz/ 形 ❶ スコットランド Ecosse の. ❷ タータン (チェック) の. ▶ une cravate *écossaise* タータンチェックのネクタイ.
— **Ecossais, aise** 图 スコットランド人.
— **écossais** 男 ❶ スコットランド (・ゲール) 語. ❷《織物》タータン (=étoffe écossaise).

Ecosse /ekɔs/ 固有 女 スコットランド.

écosser /ekɔse/ 他動〔豆類など〕の莢(ホャゥ)をむく.

écosystème /ekɔsistɛm/ 男 生態系.
écotaxe /ekɔtaks/ 女 環境税.
écotourisme /ekoturism/ 男 エコツーリズム.
écotoxique /ekotɔksik/ 形 環境に有害な.
écoulé, e /ekule/ 形 〔液体などが〕流れた;〔時間が〕過ぎ去った. ▶ les années *écoulées* 過ぎ去った年月.
écoulement /ekulmɑ̃/ 男 ❶〔液体, 気体の〕流出, 排出; 排水. ▶ tuyau d'*écoulement* 排水管. ❷〔商品, 通貨などの〕流通, 売れ行き, 販路. ▶ les stocks d'un *écoulement* difficile はけの悪い在庫品. ❸〔人, 車の〕流れ. ▶ accélérer l'*écoulement* des véhicules 車の流れを速める. ❹〔時間の〕経過. ▶ *écoulement* des jours 流れ流る日々.

s'écouler /sekule/ 代動 ❶〔液体が〕流れ出す. ▶ L'eau *s'écoule* par cette fente. 水がこの裂け目から流れ出ている. ❷〔群衆, 人波が〕流れ出る, 吐き出される. ▶ La foule *s'est écoulée* lentement après le match de rugby. ラグビーの試合が終わって群衆はゆっくりと場外に出て行った. ❸〔時間が〕流れ去る (=passer). ❹〔商品などが〕流通する, 売れる, さばける.
— **écouler** /ekule/ 他動〔商品など〕をさばく, 流通させる. ▶ *écouler* des produits (=vendre) 製品を売りさばく.

écourter /ekurte/ 他動 ❶…(の時間, 長さ)を短くする. ▶ *écourter* un séjour 滞在期間を短くする / *écourter* une jupe スカートの丈を詰める. ❷〔作品など〕を不自然に短縮する (=tronquer).

écoute /ekut/ 女 ❶〔電話, 放送の〕聴取,〔テレビの〕視聴. ▶ se mettre à l'*écoute* (ラジオなどを) 聞き始める / Prenez l'*écoute*.〔放送を〕お聞きください / heure de grande *écoute* (ラジオ, テレビの) ゴールデンアワー / indice d'*écoute* 視聴率 / taux d'*écoute* 視聴率 / confort d'*écoute* 聞きやすさ / table d'*écoute*〔電話の〕盗聴機. ❷〔軍事〕〔ソナーによる海中の〕目標探知.

être aux écoutes de qc …に耳をそばだてている; を注意深く見守っている [見張っている].
se mettre à l'écoute de qc …に耳を傾け始める; 目を向け始める. ▶ Ce poète *s'est mis à l'écoute de* la vie quotidienne. この詩人は日常生活に目を向け始めた.

***écouter** /ekute エクテ/ 他動

直説法現在	j'écoute	nous écoutons
	tu écoutes	vous écoutez
	il écoute	ils écoutent
複合過去	j'ai écouté	半過去 j'écoutais
単純未来	j'écouterai	単純過去 j'écoutai

❶ …を(注意して)聞く, に耳を傾ける. ▶ *écouter* un CD CD を聞く / *écouter* de la musique 音楽を聞く / *écouter* les informations à la radio ラジオでニュースを聞く / une des émissions les plus *écoutées* (=suivi) 最も人気のある番組の一つ / aller *écouter* un concert コンサートを聴きに行く. ◆ *écouter* qn/qc + 不定詞 …が…するのをじっと聞く. ▶ *écouter* la pluie tomber 雨の降る音に耳を傾ける. ◆ *écouter* si [comme] + 直説法 …かどうか [どれほど…か]耳を傾ける, 気をつける. ▶ *Ecoutez* comme il parle bien. 彼がどんなに話し上手かよく聞いてごらんなさい.

❷〔人〕の話〔歌, 演奏〕を聞く. ▶ *Ecoutez-moi.* 私の話を聞いてください / *écouter* un chanteur 歌手の歌を聞く / Je vous *écoute*. お話をうかがいましょう / Allô, j'*écoute*.〔電話で〕はい, なんですか.
❸〔人の言うこと〕を聞き入れる;〔人〕に従う. ▶ *écouter* les conseils d'un ami 友人の忠告を受け入れる / Ces enfants n'*écoutent* pas leurs parents. この子たちは親の言うことを聞かない.
❹ n'*écouter* que sa conscience ただ自分の良心にのみ忠実である.

Ecoute [Ecoutez]!〔間投詞的に〕〔相手の注意を促すために〕ねえ, おい, ちょっと; それはですね.
n'écouter que d'une oreille うわの空で聞く.
n'écouter que soi-même だれの意見[忠告]にも耳を貸さない, 自分の思ったとおりに行動する.

— **s'écouter** 代動 ❶ 自分の考え [気持ち] に従う. ▶ Si je *m'écoutais*, je n'irais pas à ce rendez-vous. 本心としては, その会合に行きたくないのだが.
❷ 自分の健康を気にし過ぎる. ▶ Si tu ne *t'écoutais* pas tant, tu irais mieux. もし自分の健康をそんなに気にしなかったら, 体の調子がよくなるのに.
❸ *s'écouter* parler 自分の言葉に酔いながら話す.

語法 **écouter と entendre**

écouter は「注意して聞く」, entendre は「自然に聞こえてくる」が違いの核心.

1. **écouter**

(1) écouter qc 〔音楽など〕に聴き入る; …を聞いて理解しようとする.
• écouter de la musique [un CD] 音楽 [CD] を聴く.
• écouter les informations à la radio ラジオでニュースを聞く.
(2) écouter qn …の話を聞く, に従う.
•《 Tu m'écoutes, Paul?—Oh, excuse-moi, je pensais à autre chose. 》「ポール, 私の言うこと聞いているの」「あ, ごめん, ほかのことを考えていた」

2. **entendre**

(1) entendre qc …が耳に入る.
• Tu peux augmenter la radio? Je n'entends rien. ラジオの音を大きくしてくれる, 全然聞こえないよ.
(2) entendre qn …の声〔話〕が聞こえる (bien, mal とともに使われることが多い).
•《 Vous m'entendez?—Oui, je vous entends très bien. 》〔電話で〕「私の声が聞こえますか」「はい, よく聞こえますよ」

◆ 2つの動詞の違いは, Ecoute, tu entends quelque chose?(耳を澄ましてごらん, 何か聞こえるかい)のように1つの文中に両方使われている場合に一層鮮明になる.
◆コンサートや講演会が目的語のときは écouter, entendre の両方が使えるが, entendre の方が改まった言い方になる.

écouteur /ekutœːr/ 男 (電話の)受話器;(ラジオ, ヘッドホンなどの)イヤホン, レシーバー.

écoutille /ekutij/ 女 〖海事〗(甲板の)昇降口, ハッチ.

écrabouillage /ekrabujaːʒ/, **écrabouillement** /ekrabujmɑ̃/ 男 話 押しつぶすこと, 砕くこと, ぺしゃんこにすること.

écrabouiller /ekrabuje/ 他動 話 …を押しつぶす, 砕く.

*__écran__ /ekrɑ̃ エクラン/ 男 ❶ (映画, スライドなどの)スクリーン;(テレビなどの)画面;映画. ▶ grand écran 映画 / petit écran テレビ / écran plat 薄型テレビ / écran à cristaux liquides 液晶画面 / écran tactile タッチパネル / les vedettes de l'écran 映画スター / porter un roman à l'écran 小説を映画化する. ❷ (熱や光を遮るための)ついたて, 遮蔽(しゃへい)物. ▶ écran de fumée 煙幕 / écran antibruit 防音幕 / société(c) écran ダミー会社 / se faire un écran de la main contre le soleil 手をかざして日光をよける.

crever l'écran 〔俳優が〕(存在感のある演技をして)画面を食う〔圧倒する〕.

faire écran à qc (1)〔光〕を遮る. (2) …を見せないようにする; 理解できないようにする.

écrasant, ante /ekrazɑ̃, ɑ̃ːt/ 形 ❶ 非常に重い, 重圧感のある(=accablant). ▶ responsabilité écrasante 重責 / chaleur écrasante 酷暑. ❷ 圧倒的な, 決定的な. ▶ victoire écrasante 圧勝 / preuves écrasantes 決定的証拠.

écrasé, e /ekraze/ 形 押しつぶされた;(車などに)ひかれた. ▶ nez écrasé 獅子(しし)鼻 / chiens écrasés (車にひかれた犬→)新聞の雑報記事.

écrasement /ekrazmɑ̃/ 男 押しつぶすこと, 粉砕;鎮圧. ▶ écrasement des grains de blé 小麦挽(ひ)き / écrasement de la révolte 暴動の鎮圧.

*__écraser__ /ekraze エクラゼ/ 他動 ❶ …を押しつぶす, 砕く. ▶ écraser un biscuit avec ses dents (=broyer) ビスケットを噛(か)み砕く / écraser du poivre 胡椒(こしょう)を挽く. ❷〔車などが〕…をひく. ▶ Il s'est fait écraser par une voiture. 彼は自動車にひかれた. ❸ …を強く押す;…を踏みつける, 踏む. ▶ écraser sa cigarette dans le cendrier たばこを灰皿に押しつけて消す / écraser la pédale de frein ブレーキを強く踏み込む / Attention, vous m'écrasez le pied! ちょっとあなた, 私の足を踏んでるよ. ❹〔負担, 責任などが〕…に重くのしかかる, を苦しめる. ▶ L'Etat écrase le peuple d'impôts. 国は重税によって国民を苦しめている. ❺(心理的, 物理的に)…を圧倒する, 威圧する. ▶ écraser qn de son mépris …を軽蔑して打ちのめす. ❻(戦闘, スポーツなどで)〔敵〕に圧勝する;〔反乱など〕を鎮圧する. ▶ écraser un adversaire dans une discussion 論争で相手をやりこめる.

Ecrase! むきになるな, (もういいから)ほうっておけ.

en écraser 話 ぐっすり眠る.

— *s'écraser 代動 ❶ つぶれる; 砕ける;〔飛行機が〕墜落する. ▶ L'avion s'est écrasé au sol. 飛行機が地上に墜落した. ❷〔人々が〕押し合う. ▶ La foule s'écrasait dans le métro. 地下鉄にいっぱいの乗客が押し合いし合っていた. ❸ 話 〈s'écraser (devant qn)〉(…に対して)引き下がる, 降参する.

écrémage /ekremaːʒ/ 男 ❶ (牛乳の)クリーム分離, 脱脂. ❷ 最良の要素を引き抜くこと.

écrémer /ekreme/ 6 他動 ❶〔牛乳〕からクリームを分離する, を脱脂する. ▶ lait écrémé 脱脂乳, スキムミルク. ❷ …から最良の要素を引き抜く. ▶ écrémer une classe de ses meilleurs élèves クラスから優秀な生徒を選抜する.

écrémeuse /ekremøːz/ 女 クリーム分離器.

écrêter /ekrete/ 他動 ▶ …の頂を削る, を均等化する, 平らにする. ▶ écrêter les salaires des hauts fonctionnaires 高級官吏の給与を平均化する.

écrevisse /ekrəvis/ 女 〖動物〗ザリガニ類.

aller [marcher] comme les écrevisses = marcher en écrevisse 後ずさりする.

rouge comme une écrevisse (当惑して)真っ赤な.

*__s'écrier__ /sekrije セクリエ/ 代動 大声で言う, 叫ぶ. 注 しばしば挿入句で用いる. ▶ «Vous ici!» s'écria-t-il. 「あなたがこんな所にいるとは」と彼は叫んだ.

écrin /ekrɛ̃/ 男 宝石箱;(貴重品を入れる)小箱.

*__écrire__ /ekriːr エクリール/ 78

過去分詞 écrit	現在分詞 écrivant
直説法現在 j'écris	nous écrivons
tu écris	vous écrivez
il écrit	ils écrivent
複合過去 j'ai écrit	半過去 j'écrivais
単純未来 j'écrirai	単純過去 j'écrivis
接続法現在 j'écrive	

他動 ❶ …を書く, 書き記す. ▶ Ecrivez votre nom sur cette feuille. この紙にあなたの名前を書いてください / écrire une lettre 手紙を書く / écrire un livre 本を書く / écrire de la musique 作曲する / Je ne sais pas écrire son nom. 私は彼(女)の名前のつづりが分かりません / écrire qc au crayon …を鉛筆で書く / écrire qc à la main …を手で書く.
❷〈écrire que + 直説法 // écrire + 間接疑問節〉…と書く. ▶ Je lui ai écrit que j'étais malade. 私は病気だと彼(女)に手紙で知らせました / Ecrivez-moi si vous venez ou non. おいでになるかならないか, 手紙でお知らせください.
❸〈écrire (à qn) de + 不定詞〉écrire (à qn)

que + 接続法〉(…に)…を手紙で頼む. ▶ Elle *écrit* qu'on aille la chercher à l'aéroport. 彼女は手紙で空港に迎えに来てくれるように言ってきた.

— 自動 ❶ 文字を書く;文を書く. ▶ apprendre à *écrire* 字を習う / Il ne sait ni lire ni *écrire*. 彼は読み書きができない / Elle *écrit* bien [mal]. 彼女は達筆[悪筆]だ;彼女は文章がうまい[下手だ] / machine à *écrire* タイプライター.

❷ 〈*écrire* (à qn)〉(…に)手紙を書く. ▶ Il ne m'a pas *écrit* depuis un mois. 彼からこの1カ月音沙汰(ホメル)がない. ❸ 著作する;出版する. ❹ 〔ボールペン,万年筆などが〕書ける.

— s'écrire 代動 ❶ つづられる,書かれる. ▶ Comment s'*écrit*-il, ce mot? この語はどういうつづりですか. ❷ 文通する. 注 se は間接目的. ▶ Elles s'*écrivent* très souvent. 彼女たちは頻繁に手紙をやりとりしている.

écris, écrit /ekri/ 活用 ⇨ ÉCRIRE 78

écrit, ite /ekri, it/ 形 (écrire の過去分詞) ❶ 書かれた,書き表わされた. ▶ épreuve *écrite* 筆記試験 / langue *écrite* 書き言葉 (↔langue parlée). ❷ 運命の定まった,宿命的な (=fatal). ▶ C'était *écrit*. それが定めだったのだ. ◆ 〔非人称構文で〕Il est *écrit* que + 直説法. どうしたって…だということに決まっている. ❸〈être *écrit* sur qc〉〔感情などが〕…にはっきりと表われている. ▶ La colère est *écrite* sur son visage. 彼(女)の顔を見れば怒っているのは明らかだ.

— **écrit** 男 ❶ 文書,書類.

❷ 筆記試験 (↔oral). ▶ Il a eu de bonnes notes à l'*écrit*. 彼は筆記試験で良い点を取った. ❸ 著作, 作品. ▶ les *écrits* de Montesquieu モンテスキューの作品.

par écrit 書面で.

écriteau /ekrito/; 〔複〕 **x** 男 掲示, 張り紙, 立て札. ▶ *écriteau* publicitaire 広告看板 / un *écriteau* portant «Propriété privée»「私有地」の立て札.

écritoire /ekritwa:r/ 女 〔昔使われていた〕文具箱, 筆箱.

*écriture /ekrity:r エクリテュール/ 女 ❶ 文字, 表記法; 字体. ▶ *écriture* idéographique [phonétique] 表意文字 [表音文字] / *écriture* gothique ゴシック書体.

❷ 〔字の〕書き方, 筆跡. ▶ Elle a une belle *écriture*. 彼女は字が上手だ / *écriture* illisible 読みにくい字 / imiter l'*écriture* de qn …の字をまねる.

❸ 書く行為; 文体,(芸術における)表現法, エクリチュール. ▶ J'ai mis trois ans à l'*écriture* de cet ouvrage. 私はこの作品を書くのに3年かけた / *écriture* concise (=style) 簡潔な文体 / *écriture* automatique 〔シュルレアリストの〕自動筆記.

❹ 《Ecriture(s)》聖書 (=l'*Ecriture* sainte, les saintes *Ecritures*). ❺ 簿記; (複数で)帳簿. ▶ tenir les *écritures* 帳簿をつける. ❻ 〔法律〕文書;(複数で)(訴訟に必要な)書類. ▶ *écriture* privée [publique] 私[公]文書. ❼ 〔情報〕データの書きこみ.

écrivaient, écrivais, écrivait /ekrive/ 活用 ⇨ ÉCRIRE 78

écrivailler /ekrivaje/, **écrivasser** /ekrivase/ 自動 軽蔑して〕〔雑多な主題, ジャンルで〕駄作を乱発する.

écrivailleur, euse /ekrivajœ:r, ø:z/ 名, **écrivaillon** /ekrivajɔ̃/ 男 話 (軽蔑して)三文文士, 三流の物書き.

*écrivain, e /ekrivɛ̃/ 名 ❶ 作家, 文筆家. 注 女性については, 男性形や une femme *écrivain*, une *écrivaine* を用いる. ▶ un grand *écrivain* 文豪. ❷ *écrivain* public 代書人.

écrivassier, ère /ekrivasje, ɛ:r/ 名 《軽蔑して》へぼ作家, 三文文士. — 形 《軽蔑して》駄作を乱発する, やたらに書きたがる.

écrive-, écrivi- 活用 ⇨ ÉCRIRE 78

écrou[1] /ekru/ 男 ナット. ▶ *écrou* à oreilles 蝶(ᢗᢚ)ナット / serrer un *écrou* ナットを締める.

écrou[2] /ekru/ 男 〔刑法〕 ❶ 収監記録 (=acte d'*écrou*). ❷ levée d'*écrou* 釈放(状).

écrouer /ekrue/ 他動 …を収監記録に記入する; 収監[投獄]する.

écroulé, e /ekrule/ 形 ❶ 崩れた. ❷ ぐったりした. ❸ 話 笑い転げた (=*écroulé* de rire).

écroulement /ekrulmɑ̃/ 男 ❶〔建物などの〕崩壊. ❷〔国家, 財政などの〕滅亡, 没落; 〔計画, 希望などの〕消滅. ❸〔力尽きて〕倒れること.

s'écrouler /sekrule/ 代動 ❶〔建物などが〕崩れる. ▶ La tour s'est *écroulée* avec fracas. 塔は大音響とともに崩れ落ちた. ❷〔国家などが〕滅ぶ, 没落する; 〔計画, 希望などが〕つぶれる. ▶ Son autorité s'est *écroulée*. 彼(女)の権威は失墜した. ❸〔人が〕ばったり倒れる; ぐったりする. ▶ Il s'est *écroulé* de fatigue dans un fauteuil. 彼は疲れ果ててひじ掛け椅子(ᴣ)に倒れ込んだ. ❹ 話 s'écrouler de rire 笑い転げる.

écru, e /ekry/ 形 生(ᴋ)の; 〔色が〕さらしていない. ▶ soie *écrue* 生糸.

ecstasy /ɛkstazi/ 女 エクスタシー (合成麻薬).

ectoplasme /ɛktɔplasm/ 男 〔トランス状態の霊媒から発するとされる〕心霊体.

écu[1] /eky/ 男 (European Currency Unit の略)欧州共通通貨単位, エキュ(1999年に廃止され, euro に替わった).

écu[2] /eky/ 男 ❶〔中世の騎士の用いた〕盾. ❷〔貨幣〕エキュ: 昔使われていた金貨あるいは銀貨.

écueil /ekœj/ 男 ❶ 暗礁. ▶ un bateau qui s'est brisé sur les *écueils* 座礁して砕けた船. ❷ 危険, 障害(物);つまずきの原因.

écuelle /ekɥɛl/ 女 どんぶり, 鉢.

éculé, e /ekyle/ 形 ❶ 踵(ᴋᴀᴋᴀ)が減った[つぶれた]. ❷〔言い回しなどが〕使い古された. ▶ plaisanteries *éculées* 古臭い冗談.

écumage /ekyma:ʒ/ 男 (煮汁の)あく取り.

écumant, ante /ekymɑ̃, ɑ̃:t/ 形 泡立つ; 〔動物が〕泡を吹いた. ▶ vagues *écumantes* 白く泡立つ波.

écume /ekym/ 女 ❶ 泡; あく. ▶ *écume* formée par les vagues 波の泡 / *écume* du bouillon ブイヨンのあく. ❷ (人間, 動物が興奮し

て出す)泡;(牛,馬の)汗. ❸〖鉱物〗*écume* de mer 海泡石. ❹〖金属〗(溶解した金属の)浮きかす,スラグ.

avoir l'écume à la bouche 口角泡を飛ばす;かんかんに怒っている.

écumer /ekyme/ 他動 ❶ …のあくを取る. ❷〔場所〕を荒らす,略奪する. ▶ *écumer les mers* 海賊を働く / *écumer une ville* 町を荒らす. ❸ …の一番いいところを取る.
— 自動 ❶ 泡立つ. ▶ *une mer qui écume* 白く泡立つ海. ❷〔動物が〕泡を吹く;〔人が〕怒り狂う.

écum*eur*, *euse* /ekymœːr, øːz/ 名 海賊 (= *écumeur* de mer).

écum*eux*, *euse* /ekymø, øːz/ 形 泡立つ,泡に覆われた.

écumoire /ekymwaːr/ 女 〖料理〗(あく引き用)穴杓子(ひしゃく),あく取り.

comme une écumoire = *en écumoire* 話 穴だらけの;〔顔が〕あばたの.

écureuil /ekyrœj/ 男〖動物〗リス.
être agile [vif, souple] comme un écureuil とてもすばしこい,敏捷(びんしょう)である.

écurie /ekyri/ 女 ❶ 馬小屋,厩舎(きゅうしゃ). ❷《集合的に》(ある厩舎,同一馬主の)競走馬 (= *écurie* de courses). ▶ L'*écurie* X a gagné le Grand Prix. X 厩舎所属の馬がグランプリを獲得した. ❸《集合的に》(同一会社,チームの)レーシングカー,オートバイ.
C'est une vraie écurie! ひどく汚い所だ.
entrer + 場所 + *comme dans une écurie* …にずかずかと入り込む.
sentir l'écurie (馬が厩舎に近づいて足を速める→)目標に近づいて勢いづく.

écusson /ekysɔ̃/ 男 ❶ 小さな盾形紋章. ❷(所属部隊を示す軍服の)記章.

écussonner /ekysɔne/ 他動 …に紋章をつける;〔軍服〕に記章をつける.

écu*yer*, *ère* /ekɥije, ɛːr/ 名 ❶ 上手な騎手;馬術教師. ▶ C'est un excellent *écuyer*. 彼は乗馬の名手だ. ❷(サーカスの)曲馬師.

eczéma /ɛgzema/ 男 湿疹(しっしん).

eczémat*eux*, *euse* /ɛgzematø, øːz/ 形 湿疹(しっしん)(性)の,湿疹にかかった. — 名 湿疹患者.

edelweiss /edelvɛs; edelvajs/ 男〔ドイツ語〕〖植物〗エーデルワイス.

éden /eden/ 男 ❶ (Eden)〖聖書〗エデンの園.
❷ 文章 楽園,天国.

édénique /edenik/ 形 文章 エデンの園の;楽園のような,至福の.

édenté, e /edɑ̃te/ 形,名 歯の抜けた(人).
— **édentés** 男複〖動物〗貧歯目(アルマジロ,アリクイ,ナマケモノなど).

EDF 女〘略語〙Electricité de France フランス電力公社.

édicter /edikte/ 他動 ❶(法律などで)…を定める. ▶ *édicter des peines* 刑罰を法で定める.
❷〔法律など〕を公布する.

édicule /edikyl/ 男 ❶(路上や広場にある)小建築物:共同トイレ,新聞スタンド,バス待合所など. ❷(建物頂部の)小建築風の飾り.

édifi*ant*, *ante* /edifjɑ̃, ɑ̃ːt/ 形 模範的な,教訓的な;《皮肉に》示唆に富む.

édification /edifikasjɔ̃/ 女 ❶ 建造. ▶ *édification* d'une église 教会の建立. ❷(国,理論などの)構築. ▶ *édification* d'une théorie ある学説の確立. ❸ 教化,感化,啓発.

édifice /edifis/ 男 ❶ 大建造物. ▶ *édifice* public 公共建造物. 比較 ⇨ BÂTIMENT.
❷ 組織;体系. ▶ l'*édifice* social 社会機構.

édifier /edifje/ 他動 ❶ …を建てる. ▶ *édifier* un temple 寺院を造営する. 比較 ⇨ CONSTRUIRE. ❷〔国,理論など〕を築く,構築する. ▶ *édifier* un empire 帝国を打ち建てる / le savoir *édifié* par l'humanité 人類によって築かれた英知. ❸ …を教化する,感化する,啓発する (↔ *corrompre*). ❹《多く皮肉に》…に真相を知らせる,を迷いから覚ます.
— **s'édifier** 代動 ❶ 建設される. ❷ 知識を得る.

édile /edil/ 男(市長,市会議員,市役所幹部などの)都市の役人.

édit /edi/ 男〖歴史〗(特定の事項を扱う)勅令,王令. ▶ l'*édit* de Nantes ナントの勅令.

éditer /edite/ 他動
英仏そっくり語
英 to edit 編集する.
仏 éditer 出版する.

❶ …を出版する,刊行する. ▶ *éditer* un roman (= *publier*) 小説を出版する / *éditer* un auteur ある作家の作品を刊行する / *éditer* un disque レコードを発売する. ❷〔テクスト〕を校訂する. ❸〔情報〕〔データ〕を編集する,エディットする.

édit*eur*, *trice* /editœːr, tris/ 名 ❶ 出版社;発行人. ▶ *éditeur* de musique 音楽出版社. ❷ 校訂者,編者. ▶ notes de l'*éditeur* 校訂者の注. ❸〖情報〗エディター. ▶ *éditeur* de texte テキストエディター.
— 形 刊行[出版]する. ▶ société *éditrice* 出版社.

***édition** /edisjɔ̃/ エディスィヨン/ 女 ❶ 出版,発行;(レコード,映画などの)製作;出版界. ▶ maison d'*édition* 出版社 / *édition* d'un film 映画の製作配給 / travailler dans l'*édition* 出版関係の仕事をする / *édition* électronique 電子出版 / les *éditions* Gallimard ガリマール出版.
❷(書籍,新聞などの)版. ▶ première *édition* 初版 / deuxième *édition* 第 2 版 / *édition* originale 初版(本) / *édition* de luxe 豪華本 / *édition* de poche ポケット版 / *édition* revue et corrigée 改訂版 / dernière *édition* du «Monde»「ル・モンド」紙の最終版.
❸ 校訂;校訂本. ▶ *édition* critique 校訂版.
❹ 第 … 回目. ▶ troisième *édition* de la fête de la musique 音楽祭の第 3 回目.
C'est la deuxième [troisième] édition! 話(言葉,事件などについて)それは 2 [3] 度目の繰り返しだ.

édito /edito/ 男(editorial の略) 話 社説,論説.

éditorial /editɔrjal/;《複》*aux* /o/ 男 社説,論説.

éditorialiste /editɔrjalist/ 名 論説委員.

édredon /edrədɔ̃/ 男 羽毛の掛け布団.

éducable /edykabl/ 形 教育[訓練]が可能な.

éducateur

éducateur, trice /edykatœːr, tris/ 名 教育者，教師．▶ *éducateur* spécialisé（障害児や非行少年などを対象とする）特殊教育の教師；社会復帰訓練士．
—— 形 教育の；教育的な．

éducatif, ive /edykatif, iːv/ 形 教育を目的とする，教育に関する．▶ film *éducatif* 教育映画 / jeux *éducatifs* 教育的遊戯 / système *éducatif* 教育制度．

*__éducation__ /edykasjɔ̃/ エデュカスィヨン/ 女 ❶ 教育．▶ *éducation* permanente 生涯教育 / *éducation* professionnelle 職業教育 / *éducation* physique 体育 / *éducation* spécialisée（障害児，非行少年を対象とする）特殊教育 / *éducation* civique 公民教育．
❷ **教養**，知識；礼儀作法（=savoir-vivre）．▶ Son *éducation* en ce domaine est très sommaire. この分野での彼(女)の知識は非常にお粗末なものだ / avoir de l'*éducation* 教養がある；しつけがよい．❸（能力，感覚の）訓練．

éducationnel, le /edykasjɔnɛl/ 形 教育の，教育に関する．

édulcorer /edylkɔre/ 他動 ❶〔言葉，話など〕の表現を和らげる；おもしろみを失わせる．
❷〔薬，飲食物〕に甘味をつける．

éduquer /edyke/ 他動 ❶ …を教育する；しつける．▶ personne bien [mal] *éduquée* しつけのよい［悪い］人．比較 ⇨ ENSEIGNER. ❷ …を訓練する．
—— **s'éduquer** 代動 学ぶ，（一定の分野で）知識を得る．

effaçable /efasabl/ 形 消すことができる．▶ des souvenirs peu *effaçables* 忘れがたい思い出．

effacé, e /efase/ 形 ❶ 消された；忘れ去られた．❷ 控えめな，目立たない．▶ homme doux et *effacé* 温厚で控えめな人．

effacement /efasmɑ̃/ 男 ❶ 消すこと，消去，消滅．▶ *effacement* des préjugés sociaux 社会的偏見の除去．❷ 身を引くこと；控えめ．▶ vivre dans l'*effacement* ひっそりと暮らす．

*__effacer__ /efase/ エファセ/ ①

過去分詞 effacé	現在分詞 effaçant
直説法現在 j'efface	nous effaçons
tu effaces	vous effacez
il efface	ils effacent

他動 ❶ …を消す．▶ *effacer* un tableau 黒板を消す / *effacer* un nom de la liste リストからある名を外す / *effacer* un fichier ファイルを消去する /（目的語なしに）Cette gomme *efface* bien. この消しゴムはよく消える．
❷〔思い出など〕を忘れさせる，消失させる．▶ Le temps *effacera* ces chagrins. この悲しみも時が忘れさせてくれるだろう．❸ …を目立たなくする，見劣りさせる．▶ Elle *effaçait* toutes les autres par son intelligence. 彼女は知性において彼の女性たちを圧倒していた．❹〔体(の一部)〕を引っ込める．▶ *effacer* les épaules 肩を引っ込める．
On efface tout et on recommence. これまでのことは水に流してやり直そう．
—— **s'effacer** 代動 ❶ 消える；忘れ去られる．▶ Ce souvenir *s'effaçait* peu à peu. その思い出も少しずつ薄れていった．❷ わきへ寄る；目立たないようにする．▶ *s'effacer* pour laisser passer qn …を通すために脇に寄る / *s'effacer* devant qn …の優越を認めて引き下がる．

effarant, ante /efarɑ̃, ɑ̃ːt/ 形 驚くべき；信じがたい．▶ Il est d'une ignorance *effarante*. 彼は恐ろしく無知だ．

effaré, e /efare/ 形 怖がっている；呆然(ぼうぜん)とした．▶ regard *effaré* おびえた目つき．

effarement /efarmɑ̃/ 男 仰天；恐怖の入り交じった動揺．▶ avec *effarement* 仰天して．

effarer /efare/ 他動 …をおびえさせる；ひどく驚かせる．▶ L'audace de ses plans nous a *effarés*. 彼(女)の計画の大胆さに私たちは度肝を抜かれた．
—— **s'effarer** 代動 ぎょっとする；ひどく動揺する．

effarouché, e /efaruʃe/ 形 おびえた．

effarouchement /efaruʃmɑ̃/ 男 怖がること，おびえた状態．

effaroucher /efaruʃe/ 他動〔動物，人〕をおびえさせる，おじけづかせる．▶ *effaroucher* les poissons en jetant des pierres 石を投げて魚を脅かす / Les candidats se laissaient *effaroucher* par l'air sévère de l'examinateur. 試験官の厳しい態度に受験者たちはおどおどしていた．
—— **s'effaroucher** 代動 おびえる，おじけづく．▶ *s'effaroucher* pour un rien 些細(ささい)なことでびくびくする．

effectif, ive /efɛktif, iːv/ 形 現実の，実質的な；効力のある．▶ apporter une aide *effective* 実質的援助を与える / La hausse [des cotisations] sera *effective* dès le 1er [premier] avril. 分担金の引き上げは4月1日から実施される．
—— **effectif** 男 ❶（ある集団の）総人員，定員．▶ *effectif* d'une classe de collège 中学校の1クラスの生徒数．❷（特に複数で）兵力，兵員．

effectivement /efɛktivmɑ̃/ 副

英仏そっくり語
英 effectively 事実上，効果的に．
仏 effectivement 実際に，（返答として）確かに．

❶ **実際に**，現実に．▶ Cet accident s'est *effectivement* produit. (=réellement) その事故は本当に起こったのだ．❷〔同意・肯定の強調〕確かに (=en effet). ▶ C'est *effectivement* sa seule chance. 確かにこれは彼(女)にとって唯一の機会だ /《Tu étais absent de chez toi lundi dernier?—Oui, *effectivement*.》「この前の月曜日，留守にしてたね」「ええ，確かに」

*__effectuer__ /efɛktɥe/ エフェクテュエ/ 他動〔込み入った操作，作業など〕を行う，**実行する**；成し遂げる．▶ *effectuer* une réforme (=faire, accomplir) 改革を実施する / *effectuer* une enquête par sondage (=réaliser) 世論調査を行う．

比較 **する，行う**
faire 日常表現としては最も広く用いられる．ただし書き言葉では **effectuer, procéder à**〔改まった表現〕の方がよく用いられる．**mener** 調査，研究など一定の期間を要する仕事を目的語とする．**réaliser** 観念，計画などを現実のものにすること．**exécuter** 計画や指示を実行に移すこと．

efficience

と. **accomplir** 完了, 完成の観念を含み, 期待された結果を実現すること.
— **s'effectuer** 代動 行われる. ▶ Le paiement peut *s'effectuer* de deux façons. 支払い方法は2通りある.

efféminé, e /efemine/ 形 〔軽蔑して〕女性的な, 女のような; 軟弱〔柔弱〕な.
— **efféminé** 男 軟弱な男.

efféminer /efemine/ 他動 文章 …を女性的にする; 軟弱〔柔弱〕にする. — **s'efféminer** 代動 女性的になる; 軟弱になる.

effervescence /efɛrvesɑ̃:s/ 女 ❶〔化学〕起泡. ▶ entrer en *effervescence* 発泡〔沸騰〕する. ❷ (一時的な)興奮, 熱狂. ▶ calmer la foule en *effervescence* (=agitation) 興奮した群衆を鎮める.

effervescent, ente /efɛrvesɑ̃, ɑ̃:t/ 形 ❶ 発泡性の. ▶ comprimé *effervescent* 発泡性の錠剤. ❷ 興奮した. ▶ une foule *effervescente* 沸き立つ群衆.

***effet** /efɛ エフェ/ 男 ❶ 結果. ▶ les causes et les *effets* d'un événement ある事件の原因と結果 / rapport de cause à *effet* 因果関係 / *effet* du hasard 偶然の結果. 比較 ⇨ RÉSULTAT.
❷ 効果, 影響. ▶ mesures qui restent sans *effet* 効果の上がらない方策 / Le remède commence à faire son *effet*. 薬が効きはじめる.
❸〈faire bon [mauvais] *effet*〉よい〔悪い〕印象を与える. ▶ Son intervention a fait très bon *effet* sur l'auditoire. 彼(女)の発言は聴衆に極めてよい印象を与えた.
❹ (芸術的)効果;〈多く複数で〉(受けをねらった)わざとらしい態度. ▶ *effet* théâtral 劇的効果 / *effets* spéciaux 〔映画〕特殊効果, 特撮 / manquer son *effet* 効果が上がらない, 受けない / faire des *effets* de voix 気取った声で話す.
❺〈同格に置かれた名詞を伴って〉…現象, ブーム, 効果. ▶ L'*effet* otaku s'est répandu dans le monde entier. オタク現象は世界中に広まった / L'*effet* manga a incité beaucoup de jeunes Français à s'intéresser au Japon. マンガブームのおかげで多くのフランスの若者が日本に関心を持った.
❻〈複数で〉衣類. ▶ mettre ses *effets* dans une valise 服をかばんにしまう.
❼〔物理〕〔化学〕効果. ▶ *effet* Doppler ドップラー効果 / *effet* de serre 温室効果.
❽〔スポーツ〕(球の)回転, ひねり. ▶ donner de l'*effet* à une balle de tennis テニスの球にスピンをかける.
❾〔金融〕手形 (=*effet* de commerce). ▶ *effets* publics 公債 / *effet* escompté 割引手形.
❿〔法律〕効力. ▶ *effet* rétroactif 遡及(ﾁ")効.
à cet effet このために, その目的のために. ▶ Il faut améliorer la situation; quelques mesures seront prises *à cet effet*. 事態は改善を要する. そのためにいくつかの措置がとられるだろう.
avoir pour effet qc 〔**de** + 不定詞〕…の結果をもたらす. ▶ une politique agricole qui *a pour effet de* mécontenter les paysans 結果的に農民の不満をかき立てる農業政策.
***en effet** (1) というのも, 実際…だから (=car). ▶ Je ne m'étonne pas; *en effet*, on m'avait averti. 驚かないよ, 前に知らされていたことだし. (2)〈多く文頭で, 先行する文を肯定して〉確かに…だ, なるほど…だ (=effectivement). ▶ 《Elle est belle, n'est-ce pas?—*En effet*, elle est superbe.》「彼女, きれいだろ」「確かに, すばらしい美人だね」⇨ 語法
faire de l'effet à [sur] qn …に強い印象を残す, 効果をもたらす. ▶ L'alcool ne lui *fait* aucun *effet*. 彼(女)は酒を飲んでも変わらない.
faire l'effet de qc 〔不定冠〕**(à qn)** (…に)…の印象を与える. ▶ Cette déclaration *a fait l'effet d*'une bombe. その宣言はまるで青天の霹靂(ﾚｷ)だった.
prendre effet 〔法律が〕発効する.
sous l'effet de qc …のせいで, の影響を受けて (=sous l'influence de qc). ▶ agir *sous l'effet de* la colère 怒りに任せて行動する.

語法 「実際に(は)」の実体

フランス語で「実際に(は)」というには, en effet (本項目参照)のほかに en fait, en réalité, de fait, réellement などがあるが, まったく同じというわけではない.

(1) **en fait, en réalité**
en effet とは異なり, 先行する文と対立する事柄を述べるときに用いる. そのため「でも, しかし」を表わす mais に先立たれることがある.
• Il a l'air optimiste, mais il ne l'est pas en réalité. 彼は楽天家に見えるけれど, 本当はそうではない.

(2) **de fait**
先行する文と論理的整合性がある場合に「そのとおり, 実際」という意味で使う.
• Il avait promis de ne pas arriver en retard, et, de fait, il était là à l'heure. 彼は遅れないと約束した. そして実際, 時間どおりそこにいた.

(3) **réellement**
「事実の確認」や「事実の強調」に用いる.
• C'est ce qui m'est arrivé réellement. それは私の身に実際に起こったことだ.
• Je suis réellement ennuyé. 私は本当に困っている.

effeuillage /efœja:ʒ/ 男 ❶ (果樹の)葉の摘み取り. ❷ 話 ストリップ.

effeuiller /efœje/ 他動 …の葉を取る; 花をむしる. ▶ *effeuiller* une rose バラの花びらをむしる.
— **s'effeuiller** 代動 葉が落ちる; 花びらが散る.

***efficace** /efikas エフィカス/ 形 ❶〔物が〕効果を持つ, **有効な**. ▶ moyen *efficace* 有効な方法 / Ce médicament est très *efficace* contre le rhume. この薬は風邪にたいへんよく効く / valeur *efficace* 〔電気〕実効値. ❷〔人が〕**有能な**. ▶ collaborateur *efficace* (=capable) 有能な協力者.

efficacement /efikasmɑ̃/ 副 有効に, 効果的に.

efficacité /efikasite/ 女 ❶ 効果のあること, 効能. ❷ 有能さ; 効率のよさ.

efficience /efisjɑ̃:s/ 女 有能さ; 効率のよさ.

efficient

efficient, ente /efisjɑ̃, ɑ̃:t/ 形 ❶ 有能な；効果的な (=efficace). 注 英語からの借用語法. ▶ employé *efficient* 有能な社員. ❷〖哲学〗cause *efficiente* 動力因：アリストテレスの4原因の1つ.

effigie /efiʒi/ 女 (貨幣，メダルなどの)肖像；(彫刻，絵画などの)人物像.
brûler [*pendre*] *qn en effigie* (憎しみの印として)…の人形(ﾋﾞﾄｶﾞﾀ)を焼く［つるす］.

effilé, e /efile/ 形 ほっそりした；(先の)とがった. ▶ doigts *effilés* (=allongé) 長くほっそりとした指. ─ *effilé* 男 房べり飾り，フリンジ.

effilement /efilmɑ̃/ 男 先細(になっていること)；ほっそりしていること.

effiler /efile/ 他動 ❶〔織物〕の糸をほぐす. ❷ …の先を細くする，とがらす. ▶ *effiler* les cheveux《美容》髪をテーパーカットにする.
─ **s'effiler** 代動 ❶〔織物などが〕糸がほぐれる. ❷ 先細りになる.

effilochage /efilɔʃa:ʒ/ 男 (布，ぼろなどを)ほぐすこと.

effilocher /efilɔʃe/ 他動〔織物など〕をほぐす.
─ **s'effilocher** 代動 ❶〔織物など〕がほつれる，擦り切れる. ❷ 次第に消え去る.

effilochure /efilɔʃy:r/ 女 (布地の)ほつれ；ほぐれた部分.

efflanqué, e /eflɑ̃ke/ 形 ❶〔馬などが〕わき腹のへこんだ. ❷〔人が〕やせこけた，骨と皮だけの.

effleurement /eflœrmɑ̃/ 男 ❶ 軽く触れること，軽い愛撫. ❷ 文章 かすかな感情の動き.

effleurer /eflœre/ 他動 ❶ …にそっと触れる. ▶ *effleurer* qc de la main (=caresser) …に手で軽く触れる. ❷ …にかすり傷を負わせる. ▶ La balle lui *a effleuré* le bras. (=égratiner) 弾は彼(女)の腕をかすめた. ❸〔問題など〕を表面的に検討する. ❹〔考えなど〕が…の心をよぎる. ▶ Un tel soupçon ne m'*avait* jamais *effleuré*. そんな疑念を抱いたことなど一度としてなかった.

efflorescence /eflɔresɑ̃:s/ 女 文章 ❶ (芸術，思想などの)開花；出現. ▶ *efflorescence* de l'art roman (=épanouissement) ロマネスク美術の開花. ❷〖化学〗風解，風化.

efflorescent, ente /eflɔresɑ̃, ɑ̃:t/ 形 ❶ 文章 〔芸術などが〕開花した，隆盛の. ❷〖化学〗風解［風化］した.

effluent, ente /eflyɑ̃, ɑ̃:t/ 形 文章 流出する.
─ **effluent** 男 下水，廃水.

effluve /efly:v/ 男 (多く複数で) ❶ (生き物，食べ物などの)香り，におい. ▶ les *effluves* d'un fromage チーズのにおい. ❷ (精神的，神秘的な)息吹，発散物. ▶ les *effluves* de la passion 情熱のほとばしり.

effondré, e /efɔ̃dre/ 形 ❶ 崩れた. ▶ mur *effondré* 崩れ落ちた壁. ❷ (不幸などで)打ちひしがれた.

effondrement /efɔ̃drəmɑ̃/ 男 ❶ 崩壊，瓦解(ｶﾞｶｲ)；暴落. ▶ l'*effondrement* d'un empire 帝国の崩壊 / l'*effondrement* des cours de la Bourse 株式相場の暴落. ❷ 極度の疲労，落胆. ▶ Il est dans un état d'*effondrement* inquiétant. 彼は心配なくらい落ち込んでいる.

s'effondrer /sefɔ̃dre/ 代動 ❶ つぶれる，倒れる. ▶ Le pont *s'est effondré*. (=s'écrouler) 橋が落ちた. ❷〔理論，計画などが〕崩れる. ▶ Toutes mes espérances *se sont effondrées*. あらゆる希望がついえ去った. ❸〔人が〕倒れる；力尽きる，打ちひしがれる. ▶ En apprenant sa mort, elle *s'est effondrée* en larmes. 彼(女)の死を聞いて彼女は泣き崩れた. ▶ Les cours *se sont effondrés*. 相場が暴落した.
─ **effondrer** /efɔ̃dre/ 他動 ❶ …を崩す. ❷ …を打ちのめす.

***s'efforcer** /seforse/ セフォルセ/ ① 代動

過去分詞 efforcé	現在分詞 s'efforçant
直説法現在	je m'efforce nous nous efforçons
	tu t'efforces vous vous efforcez
	il s'efforce ils s'efforcent

❶ ⟨*s'efforcer* de + 不定詞⟩ …しようと努める (=essayer, tâcher). ▶ *s'efforcer* de convaincre qn …を説得しようと努める / *Efforcez-vous* d'entrer par la porte étroite. 《聖書》狭い戸口から入るように努めなさい. 比較 ⇨ ESSAYER. ❷ 文章 ⟨*s'efforcer* à qc⟩ …に向かって努力する. ▶ *s'efforcer* à la gaieté 努めて陽気に振る舞う.
s'y efforcer そのために努力する.

:effort /efɔ:r/ エフォール/ 男 ❶ 努力，頑張り. ▶ *effort* physique 肉体的な努力 / faire des *efforts* pour + 不定詞 …するために努力する / Allons, faites un petit *effort*. さあ，もう少しがんばれ / Encore un *effort*! もうちょっとがんばれ / faire de grands *efforts* …たいへんな努力をする / déployer tous ses *efforts* pour + 不定詞 …するためにあらゆる努力を払う. ◆ ⟨*effort* de + 無冠詞名詞⟩ …の努力. 注 名詞は能力や努力の内容を示す. ▶ *effort* de mémoire 思いだそうと努力すること / Cela demande un *effort* de réflexion. これは熟考を要することだ.
❷〖機械〗応力，抗力.
avec effort 骨折って，苦労して.
faire effort sur soi-même (*pour* + 不定詞) (…するために) 苦労する，無理する.
faire l'effort de + 不定詞 わざわざ…する；《否定形で》…しようともしない. ▶ Elle n'a même pas fait l'*effort* de nous téléphoner. 彼女は私たちに電話をかけようとさえしなかった.
faire un effort (相手のために)無理をする，骨を折る；〈特に〉金銭面で譲歩する，〔商人が〕勉強する.
partisan du moindre effort 怠け者，不精者.
sans effort (=facilement) 楽々と.

effraction /efraksjɔ̃/ 女 家宅侵入，押し込み. ▶ vol avec *effraction* 押し込み強盗 / pénétrer par *effraction* dans une maison 家に押し入る.

effraie /efre/ 女〖鳥類〗メンフクロウ.

effranger /efrɑ̃ʒe/ ② 他動〔布(の縁)〕をほぐして房を作る.
─ **s'effranger** 代動 擦り切れる，ほぐれる.

effrayant, ante /efrejɑ̃, ɑ̃:t/ 形 ❶ 恐ろしい，ぞっとするような. ▶ un cauchemar *effrayant* ぞっとするような悪夢. ❷ 話 極度の，ものす

ごい. ▶ Il fait une chaleur *effrayante*. 異常な暑さだ / prix *effrayant* 法外な値段.

*effrayer /efreje エフレイエ/ [12] 他動

直説法現在	j'effra*ie*	nous effrayons
	tu effra*ies*	vous effrayez
	il effra*ie*	ils effra*ient*
*j'effraye の型の活用もある.		

❶ …をびっくりさせる, 怖がらせる. ▶ L'événement *a effrayé* toute la population. その事件は全住民を震え上がらせた. ❷《しばしば受動態で》…を不安にさせる. ▶ *être effrayé* par l'énormité de la tâche 責務の重大さにたじろぐ.
── **s'effrayer** [代動]〈*s'effrayer*（de qc /[不定詞]）〉(…を)怖がる;(…に)たじろぐ. ▶ Il *s'effraye* de peu de chose. 彼はつまらないことにおびえる.

effréné, e /efrene/ [形][文章] 抑制するもののない, とてつもない. ▶ ambition *effrénée* とてつもない野望.

effritement /efritmɑ̃/ [男] ❶ 粉々に崩れること, 風化. ❷ (勢力, 価値の) 崩壊, 下落.

effriter /efrite/ [他動] …を粉々にする, ぼろぼろに崩す. ▶ *effriter* un biscuit ビスケットを細かく砕く. ── **s'effriter** [代動] ❶ ぼろぼろに砕ける. ❷ 次第に弱まる, 衰える.

effroi /efrwa/ [男][文章] (嫌悪感の混じった) 激しい恐怖. ▶ des yeux pleins d'*effroi* おびえた目つき / inspirer l'*effroi* 恐怖を引き起こす. [比較] ⇨ PEUR.

effronté, e /efrɔ̃te/ [形], [名] 厚かましい(人), 恥知らずな(人).

effrontément /efrɔ̃temɑ̃/ [副] 厚かましくも.

effronterie /efrɔ̃tri/ [女] 厚かましさ, ずうずうしさ. ▶ nier avec *effronterie* ぬけぬけとしらを切る.

effroyable /efrwajabl/ [形] ❶ 恐ろしい, ぞっとするような. ▶ spectacle *effroyable* ぞっとするような光景. ❷ [話] ものすごい, ひどい. ▶ embouteillage *effroyable* ひどい交通渋滞.

effroyablement /efrwajabləmɑ̃/ [副] ぞっとするほどに; [話] ものすごく, ひどく.

effusion /efyzjɔ̃/ [女] [文章]《しばしば複数で》(感情などが) あふれ出ること, 感激, 真情の吐露. ▶ se laisser aller aux *effusions* 感動に身を任せる / avec *effusion* 感情むきだしに.

effusion de sang 流血. ▶ L'ordre a été rétabli sans *effusion de sang*. 流血を見ずに秩序は回復した.

s'égailler /segaje/ [代動] 四散する, 散らばる. ▶ Les manifestants *se sont égaillés* à la vue des policiers. 警官の姿を見てデモ隊は散り散りになった.

*égal, ale /egal エガル/;《男複》**aux** /o/ [形] ❶〈*égal* (à qn/qc)〉(…と) 等しい, 等価の, 同程度の. ▶ partager les bénéfices en trois parties *égales* 利益を3等分する / Son talent est à peu près *égal* au mien. 彼(女)の才能は私の才能と同じくらいだ / Ils sont de force *égale*. 彼らの力は拮抗(きっこう)している.

❷ 公平な, 平等の, 対等の. ▶ répartition *égale* des bénéfices 利益の公平な分配 / Tous les citoyens sont *égaux* devant la loi. 全市民は法の前では平等である / faire jeu *égal* 対等の勝負をする.

❸ 一様な, 一定の; 平らな. ▶ marcher d'un pas *égal* (=régulier) 一定の歩調で歩く / Il est d'un caractère *égal*. 彼はむらのない性格だ / une allée *égale* (=plat) 平坦(たん)な小道.

❹〈être *égal* à qn〉…にとってどうでもよい, 重要でない. ▶ **Ça m'est égal.** そんなことはどうでもいい. ◆《非人称構文で》Il〔Cela, Ça〕est *égal* à qn〔de + [不定詞] 〔que + [接続法] 〕…は…にとってどうでもいい. ▶ Il lui est *égal* d'être ici ou là. どこにいようと彼(女)には同じことだ / Ça m'est *égal* qu'elle vienne (ou non). 彼女が来ても来なくても私は構わない.

à + 無冠詞名詞 + *égal* …が同じで(ならば). ▶ *à* armes *égales* 同等の手段で(ならば) / *A* trafic *égal*, les autoroutes sont plus sûres que les routes ordinaires. 交通量が同じならば高速道路の方が一般道路よりも安全である.

c'est égal [話] いずれにしても, それでもなお. ▶ *C'est égal*, tu aurais dû me prévenir. いずれにしても, 前もって私に知らせてくれるべきだった.

être [rester] *égal* à soi-même いつもと変わらぬ態度でいる.

toutes choses *égales* d'ailleurs 他の点〔状況, 条件〕はすべて同じとして.

── [名] 同等[同等]の人. ▶ Il a trouvé son *égal* aux échecs. 彼は実力伯仲のチェス仲間を見つけた.

à l'égal de qn/qc …と同じくらい. ▶ Il admire Molière *à l'égal de* Corneille. 彼はモリエールもコルネイユと同じくらいすばらしいと思っている.

d'égal à égal 対等に. ▶ traiter *d'égal à égal* avec qn …と対等に付き合う.

n'avoir d'égal que qc/qn …のほかに匹敵するものがない. [注] *égal* は主語または que に続く名詞と一致. ▶ Son talent *n'a d'égal(e) que* sa modestie. 彼(女)の才能もさることながら謙虚さも相当なものだ.

sans égal(e) 比類なき, 抜群の. ▶ érudition *sans égale* 抜群の学識.

égalable /egalabl/ [形] 匹敵しうる.

*également /egalmɑ̃ エガルマン/ [副] ❶ …もまた, やはり, 同様に. ▶ Je lui en ai parlé, mais je tiens à vous en parler *également*. 彼(女)にはそのことを話しましたが, あなた(方)にも話しておきたいのです. ❷ 等しく, 同じ程度に.

égaler /egale/ [他動] ❶ …と対等になる, 匹敵する. ▶ Rien n'*égale* la douceur des soirs printaniers. 春の宵の心地よさにまさるものはない / *égaler* un record タイ記録をつくる. ◆*égaler* qc/qn en qc …において…と同レベルに達する. ▶ Il *égale* son père en ambition. 野心にかけては彼は父親にひけをとらない. ❷ [数量が] …に等しい. ▶ Deux plus trois *égalent* cinq. 2足す3は5.
── **s'égaler** [代動]〈*s'égaler* à qn〉…と対等である, 張り合う.

égalisateur, trice /egalizatœːr, tris/ [形] ❶ 平等にする, 同等にする. ❷《スポーツ》同点にする.

▶ but *égalisateur* 同点ゴール.

égalisation /egalizasjɔ̃/ 囡 ❶ 平等化；(地面などを)平らにすること. ▶ l'*égalisation* des chances 機会の平等化. ❷ 〖スポーツ〗同点にすること.

égaliser /egalize/ 他動 …を均等にする，(の大きさなど)をそろえる；を平らにする. ▶ *égaliser* les fortunes 貧富の差を解消する / *égaliser* un terrain 土地をならす. ― **s'égaliser** 代動 均等になる，同等になる.

égalitaire /egalitɛ:r/ 形, 名 平等主義の(人), 平等を目指す(人).

égalitarisme /egalitarism/ 男 平等主義.

*****égalité** /egalite/ エガリテ 囡 ❶ **平等, 同等, 等しさ**. ▶ *égalité* des droits 権利の平等 / *égalité* des chances 機会の均等 / *égalité* devant la loi 法の前の平等. ❷ 〖数学〗相等；合同. ❸ 規則正しさ，安定. ▶ *égalité* du pouls 脈搏(みゃくはく)の規則正しさ. ❹〖スポーツ〗同点, ジュース.

à égalité (avec qc/qn) (1)(…と)対等に, 均等に. ▶ Les frais sont partagés *à égalité* entre les deux pays. 費用は両国が折半した. (2)(スポーツ, ゲームで)(…と)同点で.

à égalité de ＋無冠詞名詞 …が同等なら. ▶ *A égalité de* mérite, le plus âgé doit avoir la préférence. 業績が同じなら年長者が優先されるべきだ.

*****égard** /ega:r/ エガール 男 ❶ 考慮. 注 現在ではおもに成句で用いられる. ❷ (多く複数で)敬意；配慮. ▶ avoir des *égards* pour qn …に対して気を遣う, 敬意を払う.

à aucun égard いかなる点においても.

à certains [quelques] égards いくつかの点で.

*****à cet égard** この点で；その点については.

*****à l'égard de qn/qc** …に対して, に関して.

à tous (les) égards あらゆる点で. ▶ une vie facile *à tous les égards* 何一つ不自由のない安楽な生活.

avoir égard à qc …を考慮する, 斟酌(しんしゃく)する.

eu égard à qc …を考慮して, 配慮して. ▶ *Eu égard* à son grand âge, on a adouci sa peine. 彼(女)は高齢のため減刑された.

par égard pour qn/qc …を考慮して, 尊重して.

sans égard pour qn/qc …を考慮せずに, に頓着(とんじゃく)せずに.

égaré, e /egare/ 形 ❶ 道に迷った；紛失した. ▶ brebis *égarée* 迷える小羊. ❷ 動揺した, 取り乱した. ▶ avoir un air *égaré* 取り乱した様子である.

égarement /egarmɑ̃/ 男 文章 ❶ 錯乱, 逆上. ❷ (一時的な)紛失.

*****égarer** /egare/ エガレ 他動 ❶ …を道に迷わせる；惑わす. ▶ Ses indications fausses m'ont *égaré*. 彼(女)の誤った指示のせいで私は道に迷った / une campagne de presse qui cherche à *égarer* l'opinion 世論を惑わそうとするプレスキャンペーン.

❷ …を置き忘れる, (一時的に)見失う. ▶ J'ai *égaré* mes clefs. 鍵(かぎ)をどこかに忘れてしまった.

― **s'égarer** 代動 ❶ 道に迷う (=se perdre)；〔手紙, 書類などが〕紛失する. ▶ *s'égarer* dans la forêt 森で道に迷う / La lettre s'est *égarée* à cause de la grève des postiers. 郵便ストのためにその手紙は行方不明になった.

❷ 誤った方向に進む；分別を失う. ▶ *s'égarer* dans des digressions 話がわき道にそれる.

❸ <*s'égarer* sur qc/qn>〔票が〕…に流れる.

égayer /egeje/ 12 他動 ❶ 文章 …を楽しませる, 陽気にする. ▶ Le champagne les *a égayés*. シャンパンで彼らは陽気になった.

❷ …を華やかにする, に彩りを添える. ▶ *égayer* une pièce en changeant de papier peint 壁紙を替えて部屋を明るい感じにする.

― **s'égayer** 代動 <*s'égayer* (à ＋ 不定詞)> (…して)喜ぶ, 楽しむ (=s'amuser).

s'égayer aux dépens de qn …を笑い物にして楽しむ.

égéen, enne /eʒeɛ̃, ɛn/ 形 エーゲ Egée 海の.

égérie /eʒeri/ 囡 文章 (政治家, 文学者に)強い影響力を持つ女性, 女性助言者.

égide /eʒid/ 囡 ❶ 文章 保護, 庇護(ひご). ❷〖ギリシア神話〗(ゼウスまたはアテナの持つ)盾.

sous l'égide de qn/qc …の庇護を受けて, 後援のもとに. ▶ se mettre *sous l'égide des* lois 法を後ろ盾にする.

églantier /eglɑ̃tje/ 男 〖植物〗(生け垣などに用いる)野バラ.

églantine /eglɑ̃tin/ 囡 野バラ(の花).

:**église** /egli:z/ エグリーズ 囡 ❶ **教会, 教会堂**. ▶ aller à l'*église* 教会に行く / *église* romane [gothique] ロマネスク［ゴシック］様式の教会.

❷ (Eglise)(教団としての)教会；(特に)カトリック教会 (=l'*Eglise* catholique). ▶ la séparation de l'*Eglise* et de l'Etat 政教分離 / *Eglise* anglicane 英国国教会 / homme d'*Eglise* 聖職者 / entrer dans l'*Eglise* 聖職に就く.

❸ 《Eglise》(集合的に)信者, キリスト教徒. ▶ *Eglise* militante 戦いの教会(地上の信者を指す) / *Eglise* souffrante 苦しみの教会(煉獄(れんごく)で罪のあがないをする人々) / *Eglise* triomphante 凱旋(がいせん)の教会(天国にいる人々).

比較 **教会, 寺院**

église カトリックの教会堂を指す. **basilique** 教皇から特権を与えられたいくつかの由緒ある聖堂の称号. **cathédrale** 司教区の司教座が置かれた教会. 誤用として大きく立派な教会に用いる. **chapelle** 小聖堂, 学校や病院に付属する礼拝堂. **temple** プロテスタントの礼拝堂. またキリスト教, イスラム教以外の神殿をいう. ユダヤ教の神殿は synagogue, イスラム教の寺院は mosquée という.

églogue /eglog/ 囡 田園詩, 牧歌.

ego /ego/ 男 〖哲学〗〖精神分析〗自我, エゴ.

égocentrique /egosɑ̃trik/, **égocentriste** /egosɑ̃trist/ 形, 名 自己中心的な(人).

égocentrisme /egosɑ̃trism/ 男 自己中心主義, 自己中心的傾向.

égoïsme /egoism/ 男 利己主義, エゴイズム (↔altruisme).

*****égoïste** /egoist/ エゴイスト 形 **利己主義の, 身勝手な**. ― 名 **エゴイスト**, 利己主義者.

égoïstement /egoistəmɑ̃/ 副 利己的に.

égorgement /egorʒəmɑ̃/ 男 喉(のど)をかき切って

égorger /egɔrʒe/ 他動 ❶ …の喉(⑫)を切って殺す. ❷ 話〖人〗を破滅させる；〖客〗から法外な金を取る. — **s'égorger** 代動 ❶ 殺し合う. ❷ 喉を切って自殺する.

égorgeur, euse /egɔrʒœːr, øːz/ 名 殺害者；殺戮(だ)者.

s'égosiller /segozije/ 代動 声を張り上げて叫ぶ〔話す, 歌う〕; 声をからす.

égotisme /egɔtism/ 男 ❶ 自己中心主義；自己崇拝. ❷〔作家の〕自己分析に向かう傾向, エゴチスム.

égotiste /egɔtist/ 形 ❶ 自己中心主義の；自己崇拝の. ❷ 自己分析を好む. — 名 ❶ 自己中心主義者；自己崇拝者. ❷ 自己分析を好む人.

égout /egu/ 男 ❶ 下水溝, 排水溝. ▶ bouche d'*égout*〔車道わきの〕下水口 / plaque d'*égout* マンホールのふた. ❷〖建築〗軒の出；内樋(淦), 軒先. ▶ toit à deux *égouts* 切妻屋根.

égoutier /egutje/ 男 下水清掃員.

égouttage /egutaːʒ/ 男 水が切れること, 水切り.

égouttement /egutmɑ̃/ 男 水がしたたり落ちること.

égoutter /egute/ 他動 ❶ …の水を切る, 水分を取り除く. ▶ *égoutter* la vaisselle 食器の水を切る. ❷〔チーズの〕ホエー〔乳清〕を取り除く. — **s'égoutter** 代動 水が切れる；〔液体が〕滴り落ちる.

égouttoir /egutwaːr/ 男 水切り器；（特に）〔食器の〕水切りかご.

égratigner /egratiɲe/ 他動 ❶ …を軽く傷つける, ひっかく. ▶ Les ronces lui *ont égratigné* les bras. 彼(女)はいばらで腕をひっかいた /*égratigner* un meuble 家具に擦り傷をつける. ❷ …を軽く皮肉る, ちくりと批判する. — **s'égratigner** 代動 ❶ ひっかき傷を負う. ❷ 軽い皮肉のやり取りをする.

égratignure /egratiɲyːr/ 女 ひっかき傷, かすり傷. ▶ Elle s'est tirée de l'accident sans une *égratignure*. 彼女はその事故でかすり傷一つ負わなかった.

égrenage /egrənaːʒ/ 男〔穂, 莢(鬈), 房からの〕実の採取, 種取り, 脱穀.

égrènement /egrɛnmɑ̃/ 男 ❶〔穂, 莢(鬈), 房から〕実が離れること；実〔種〕の摘み取り. ❷〔ロザリオを〕つまぐること. ❸〔音などの〕連なり；〔家などの〕点々と連なること.

égrener /egrəne/ 3 他動 ❶〖植物〗の穂〔莢(鬈), 房〕から実を取る, 種をこそぎ落とす. ▶ *égrener* du blé 小麦を脱穀する. ❷ *égrener* un chapelet ロザリオをつまぐる. ❸ …を一つ一つ並べる；〔音など〕を一つ一つ鳴らす. ▶ *égrener* ses souvenirs 思い出を一つ一つ手繰る. — **s'égrener** 代動 ❶〔実, 種, 葉などが〕落ちる. ❷ 分散する；点々と並ぶ.

égrillard, arde /egrijaːr, ard/ 形 みだらな, 猥褻(敓)な. — 名 陽気であけすけな人.

égruger /egryʒe/ 2 他動〔塩, 胡椒(漝), 荒塩など〕を擦りつぶす, 粉末にする.

Égypte /eʒipt/ 女 エジプト：首都 Le Caire. ▶ en *Égypte* エジプトに〔で, へ〕.

égyptien, enne /eʒipsjɛ̃, ɛn/ 形 エジプトの, Égypte の.
— **Égyptien, enne** 名 エジプト人.
— **égyptien** 男 古代エジプト語 (=*égyptien ancien*).

égyptologie /eʒiptɔlɔʒi/ 女 エジプト学.

égyptologue /eʒiptɔlɔg/ 名 エジプト学者. 注 フランスのシャンピオン Champollion が有名.

***eh** /e エ/ 間投 ❶〔呼びかけで〕おい, ねえ, ねえ. ▶ *Eh*! toi, viens ici. ねえ, 君, こっちに来てくれ. ❷《驚き, 喜び, 困惑などを示して》えっ, へえ, まあ, おや. ▶ *Eh*, qu'est-ce que tu as? おや, どうしたの /*Eh*! il ne le savait pas? へ？, 彼はそれを知らなかったの. ❸《次に来る語を強調して》いかにも, もちろん, 確かに. ▶ *Eh*! non. いや違います. ❹《異議, 非難を示して》ちょっと, あのねえ. ▶ *Eh*! à qui le dites-vous? おいおい, だれに向かってものを言っているの(そんなことは言われなくても分かっているよ). ❺《疑問文のあとで》ね, …でしょう. ▶ Ça ne va pas fort, *eh*? 調子がよくないようだね. ❻ えへへ（笑い）.

***Eh bien!** = 俗 **Eh ben!** (1)《驚き, 困惑を表わして》いやはや, おやおや. ▶ *Eh bien*! Quelle histoire! いやあ, なんてこった. (2)《疑問, 命令の際の呼びかけで》ねえ, ところで, さあ. ▶ *Eh bien*! Qu'attendez-vous? さあ, 何をためらっているのですか. (3)《事実を確認し, 話者の考えを述べて》それでは；よろしい. (4)《単なるつなぎ言葉として》ええと, その；さて, ところで.

Eh! Eh!《ほのめかし, 冷やかしを示して》ほら, あれだよ；《明言を避けて》そうねえ. ▶《Que penses-tu de cette solution? — *Eh, eh!*》「これでかたをつけるっていうんだけど, どう思う」「そうねえ」

Eh là [oh]! (1)《驚き, 満足, 皮肉などを示して》おいおい, まあ, いやはや. (2)《注意を促して》おい, こら.

Eh, mais ...《思いつきを示して》ああ, そう言えば.

Eh quoi!《驚き, 反発を示して》なんですって, まさか.

éhonté, e /eɔ̃te/ 形 恥知らずの, 厚顔無恥の, ずうずうしい.

éjaculation /eʒakylasjɔ̃/ 女 射精. ▶ *éjaculation* précoce 早漏.

éjaculer /eʒakyle/ 他動《目的語なしに》射精する (=話 décharger).

éjectable /eʒɛktabl/ 形〖航空〗siège *éjectable*（緊急脱出用）射出座席.

éjecter /eʒɛkte/ 他動 ❶ …を噴出させる, 投げ出す, はじき出す. ▶ *éjecter* un disque ディスクを取り出す / *être éjecté* de qc …から投げ〔はじき〕出される. ❷ 話 …を追い払う, 締め出す.

éjecteur /eʒɛktœːr/ 男 エジェクター, 排出装置.

éjection /eʒɛksjɔ̃/ 女 ❶ 排出, 噴出, 放出；排出物, 噴出物. ❷ 話 排除, 締め出し (=expulsion).

élaboration /elabɔrasjɔ̃/ 女 ❶ 念入りに作り上げること. ▶ l'*élaboration* d'un projet 計画の作成. ❷〖生理学〗同化, 消化. ❸〖金属〗製錬.

élaboré, e /elabɔre/ 形 ❶ 念入りに作られた. ❷〖生理学〗同化された.

élaborer /elabɔre/ 他動 ❶ …を入念に作り上げる, 練り上げる. ▶ *élaborer* un plan d'urbanisme 都市計画を練り上げる. ❷〔食べ物など〕を同化する, 消化する. ❸〖金属〗…を製錬する.

élagage

— **s'élaborer** 代動 ❶ 入念に作られる, 練られる. ❷ 同化される.

élagage /elaga:ʒ/ 男 ❶ 剪定(㌍), 枝下ろし. ❷〔文章の〕むだな部分の削除.

élaguer /elage/ 他動 ❶〔木, 枝〕を剪定(㌍)する, 枝打ちする. ❷〔文章〕を削除する.

*__élan__[1] /elā エラン/ 男 ❶ はずみ, 勢い, ダッシュ. ▶ Il a pris son *élan* pour sauter une rivière. 彼ははずみをつけて川を飛び越えた / donner [apporter] de l'*élan* à qc …にはずみをつける, 促進する. ❷ 感情のほとばしり, 熱情, 高揚; 愛情. ▶ parler avec *élan* 熱情を込めて話す / Dans un *élan* de franchise, il a avoué la vérité. 思わず率直になって彼は真実を話した / *élan* patriotique 愛国心の高揚. ❸〖哲学〗*élan* vital エラン・ヴィタル, 生の躍動(ベルクソンの用語).

d'un seul élan 一気に, 一息で.

élan[2] /elā/ 男〖動物〗ヘラジカ.

élancé, e /elāse/ 形〈人, 建物が〉すらりと高い.

élancement /elāsmā/ 男 ❶〔けが, 神経痛などの〕うずき, 疼痛(㌧). ❷ 文章〔宗教的, 神秘的な〕高揚, 憧れ.

*__s'élancer__ /selāse セランセ/ ① 代動 ❶ 突進する, 駆け出す. ▶ Le chien *s'élança* sur un inconnu. 犬は知らない男に飛びかかった. ❷〈*s'élancer* à qc〉に身を投じる, 着手する. ▶ *s'élancer* à la conquête du marché mondial 世界市場の制覇に乗り出す. ❸ そびえ立つ, 屹立(㌔)する.

— **élancer** /elāse/ 他動〔傷ついた身体の部位が〕…に痛みを与える. — 自動〔けがなどが〕うずく.

élargir /elarʒi:r/ 他動 ❶ …を広げる, 大きくする, 拡大する. ▶ *élargir* une rue 道幅を広げる / *élargir* le cercle de ses relations 交際の輪を広げる / *élargir* le débat 論議の幅を広げる. ❷ …を広く見せる. ▶ une veste qui *élargit* les épaules 肩幅を大きく見せる上着. ❸〔官庁用語で〕〔留置人など〕を釈放する.

— **s'élargir** 代動 広がる, 大きくなる.
— **élargir** 自動 広く大きくなる; 太る.

élargissement /elarʒismā/ 男 ❶ 拡大, 拡張, 増大. ▶ *élargissement* des déficits 赤字の増大. ❷〔官庁用語で〕〔留置人などの〕釈放 (=libération).

élasticité /elastisite/ 女 ❶ 弾力, 弾性, 弾力性. ❷〔身体, 精神などの〕柔軟さ, しなやかさ, 順応性; ルーズさ. ▶ *élasticité* des membres 四肢の柔らかさ / *élasticité* de sa morale 彼(女)のモラルのいいかげんさ. ❸〔法や予算などの〕柔軟性, 融通性.

élastique /elastik/ 形 ❶ 弾性に富んだ, 弾力のある; 柔軟な, はずむような. ▶ balle *élastique* ゴムボール / démarche *élastique* 軽快な足どり. ❷ 順応性のある, 融通の利く; ルーズな. ▶ règlement *élastique* 柔軟な規則 / horaires *élastiques* 融通の利く日程 / conscience *élastique* 融通の利きすぎる良心.

— 男 ゴム; ゴムひも; 輪ゴム.

les lâcher avec un élastique しぶしぶ金を出す.

Elbe /ɛlb/ 固有 île d'*Elbe* エルバ島: イタリアの島. ナポレオンの流刑地.

eldorado /ɛldɔrado/ 男 ❶ (Eldorado) エルドラド: 新大陸アマゾン河岸にあるとされた黄金の国. ❷ 黄金郷, 豊かな繁栄を誇る国.

élec*teur*, *trice* /elɛktœ:r, tris/ 名 選挙人, 有権者 (=*électeur* inscrit).

élec*tif*, *ive* /elɛktif, i:v/ 形 ❶ 選挙による, 選挙に基づく. ❷ 選択的の.

*__élection__ /elɛksjɔ̄ エレクスィヨン/ 女 ❶《les élections》選挙;《特に》《政治》国民議会選挙 (=*élections* législatives). ▶ se présenter aux *élections* 選挙に立候補する / *élections* municipales 市町議会選挙 / *élections* régionales 地方選挙 / *élections* législatives 国民議会選挙 / *élections* sénatoriales 上院選挙 / *élections* présidentielles 大統領選挙 / *élections* européennes 欧州議会選挙. ❷〔投票, 挙手による〕選挙; 選出されること, 当選. ▶ procéder à l'*élection* du délégué de classe クラス代表を選ぶ / féliciter qn de son *élection* …の当選を祝う. ❸〖民法〗*élection* de domicile 住所の選択.

d'élection 自分で選んだ, 気に入りの; 選ばれた. ▶ L'Italie est ma patrie *d'élection*. イタリアは私が祖国のように思っている国だ.

électivité /elɛktivite/ 女 ❶ 選挙による任命; 公選. ❷〖生物学〗選択性.

électo*ral*, *ale* /elɛktɔral/;《男複》*aux* /o/ 形 選挙の; 選挙人の. ▶ campagne *électorale* 選挙運動 / collège *électoral*〔選挙区の〕全有権者 / loi *électorale* 選挙法 / liste *électorale* 選挙人名簿.

électoralisme /elɛktɔralism/ 男〖政治〗選挙優先主義, 当選第一主義.

électoraliste /elɛktɔralist/ 形, 名〖政治〗選挙優先主義の(人), 当選第一主義の(人).

électorat /elɛktɔra/ 男 ❶〔集合的に〕選挙民, 有権者. ▶ *électorat* féminin 女性有権者 / *électorat* flottant 浮動票層. ❷〖法律〗選挙権(の行使).

électric*ien*, *enne* /elɛktrisjɛ̄, ɛn/ 名 電気技師; 電気工; 電気屋.

*__électricité__ /elɛktrisite エレクトリスィテ/ 女 ❶ 電気; 電力. ▶ panne d'*électricité* 停電 (=coupure de courant) / *électricité* consommée 消費電力 / *électricité* statique 静電気 / couper l'*électricité* 電源を切る / *Electricité* de France フランス電力公社(略 EDF) / Cet appareil marche à l'*électricité*. この装置は電気で動く. ❷ 電灯, 電気設備. ▶ allumer [éteindre] l'*électricité* 電灯をつける [消す].

Il y a de l'électricité dans l'air. = *L'air est chargé d'électricité.* みんなぴりぴりしている.

électrification /elɛktrifikasjɔ̄/ 女 電化; 電気を引くこと.

électrifier /elɛktrifje/ 他動 …を電化する; に電力を供給する. ▶ *électrifier* une région ある地域に電気を引く.

*__électrique__ /elɛktrik エレクトリック/ 形 ❶ 電気の; 電気を用いた. ▶ courant *électrique* 電流 / ampoule *électrique* 電球 / appareils *électriques* ménagers 家庭電化製品 / centrale *électrique* 発電所 / fil *électrique* 電線 / pile *électri*-

élément

que 電池. ❷ 電撃的な; 強烈な. ▶ impression *électrique* 強烈な印象 / bleu *électrique* 強烈な(緑がかった)青. ❸ 圕 静電気を帯びた.

électriquement /elɛktrikmɑ̃/ 副 電気で, 電力で.

électrisant, ante /elɛktrizɑ̃, ɑ̃:t/ 形 ❶ 帯電させる, 電気を生じる.
❷ 興奮させる, 熱狂させる, 感激させる.

électrisation /elɛktrizasjɔ̃/ 囡 帯電.

électriser /elɛktrize/ 他動 ❶ …に電気を通す, 電気を帯びさせる. ❷ …を熱狂させる. ▶ L'orateur *a électrisé* la foule. 演説者は群衆を熱狂させた. ― **s'électriser** 代動 ❶ 電気を帯びる, 帯電する. ❷ 強く感動する, 熱狂する.

électroacoustique /elɛktroakustik/ 囡, 形 電気音響［音響学］(の).

électroaimant /elɛktroɛmɑ̃/ 男 電磁石.

électrocardiogramme /elɛktrokardjogram/ 男 [医学] 心電図.

électrocardiographie /elɛktrokardjografi/ 囡 [医学] 心電図検査(法).

électrochimie /elɛktroʃimi/ 囡 電気化学.

électrochoc /elɛktroʃɔk/ 男 [医学] 電気ショック(療法).

électrocuter /elɛktrokyte/ 他動 …を感電死させる; 電気刑に処する.

électrocution /elɛktrokysjɔ̃/ 囡 ❶ 感電死.
❷ 電気椅子(ﾁｪｱ)による処刑.

électrode /elɛktrod/ 囡 電極; 溶接棒.

électrodynamique /elɛktrodinamik/ 囡, 形 電気力学(の).

électroencéphalogramme /elɛktroɑ̃sefalogram/ 男 [医学] 脳波.

électrogène /elɛktroʒɛn/ 形 電気を発生する, 発電の. ▶ groupe *électrogène* 発電ユニット.

électrolyse /elɛktroli:z/ 囡 電気分解, 電解.

électrolyser /elɛktrolize/ 他動 …を電気分解する, 電解する.

électrolyte /elɛktrolit/ 男 電解質.

électrolytique /elɛktrolitik/ 形 電気分解の, 電解の; 電解質の.

électromagnétique /elɛktromaɲetik/ 形 電磁気(学)の. ▶ champ *électromagnétique* 電磁場.

électromagnétisme /elɛktromaɲetism/ 男 電磁気学.

électromécanique /elɛktromekanik/ 形 電気機械の. ― 囡 電気機械技術.

électroménager, ère /elɛktromenaʒe, ɛ:r/ 形 家庭電化製品の.
― **électroménager** 男 家庭電化製品; 家電産業.

électrométallurgie /elɛktrometalyrʒi/ 囡 電気冶金(ﾔｷﾝ)(学).

électromètre /elɛktromɛtr/ 男 電位計.

électromoteur, trice /elɛktromotœ:r, tris/ 形 電気を起こす, 起電の. ▶ force *électromotrice* 起電力.

électron /elɛktrɔ̃/ 男 エレクトロン, 電子.

électronicien, enne /elɛktronisjɛ̃, ɛn/ 名 電子工学者; 電子技術者.

électronique /elɛktronik/ 形 ❶ 電子の.
❷ 電子工学の; 電子化された, 電子技術[機器, メディア]を利用した. ▶ microscope *électronique* 電子顕微鏡 / musique *électronique* 電子音楽 / jeux *électroniques* コンピュータゲーム / livre *électronique* 電子書籍.
― 囡 電子工学, エレクトロニクス.

électronucléaire /elɛktronykleɛ:r/ 男, 形 原子力発電の.

électrophone /elɛktrofɔn/ 男 電蓄, レコードプレーヤー.

électrostatique /elɛktrostatik/ 形 静電気の.
― 囡 静電気学.

électrotechnique /elɛktrotɛknik/ 囡, 形 電気工学(の).

élégamment /elegamɑ̃/ 副 優美に, 上品に, いきに; 手際よく, 巧みに. ▶ s'habiller *élégamment* 品よく着こなしている(=avec élégance).

*****élégance** /elegɑ̃:s/ 囡 ❶ 優雅, 上品, 洗練; 格調の高さ. ▶ *élégance* d'une toilette (婦人の)身だしなみの上品さ / *élégance* d'un geste しぐさの優雅さ / écrire avec *élégance* 格調の高い文章を書く. ❷ 手際のよさ, 巧妙さ; 気が利いていること, 礼儀. ▶ *élégance* d'un raisonnement 論証のスマートさ / Il a eu l'*élégance* de ne pas signaler mon erreur devant un grand public. 彼は紳士ぶりを発揮して, 大勢の前で私の誤りを指摘することはしなかった. ❸ 《多く複数で》優雅な表現[行為]; 上品ぶった表現[行為]. ▶ faire des *élégances* 上品ぶる.

*****élégant, ante** /elegɑ̃, ɑ̃:t/ エレガン, エレガント/ 形 ❶ 優雅な, 洗練された, しゃれた; 格調の高い, 礼儀正しい. ▶ robe *élégante* 趣味のよいドレス / femme *élégante* おしゃれな女性 / restaurant *élégant* 瀟洒(ｼｮｳｼｬ)なレストラン / parler d'une manière *élégante* 上品な[礼儀正しい]話し方をする. ❷ 〔方法などが〕すっきりした, 手際のよい, 巧みな; 気の利いた. ▶ procédé *élégant* 気の利いたやり方.

|比較| 《服装の》おしゃれな
élégant は上品で洗練されていること. **bien habillé** **élégant** とほぼ同じ意味になる場合と, 単に「よい服を着ている, 晴れ着を着ている」という意味になる場合がある. **chic** 《くだけた表現》流行を追う, どちらかというと派手な服装についてもいう.

― 名 上品な人, 洗練された人. 注 男性形は軽蔑的なニュアンスを含む.

élégiaque /eleʒjak/ 形 ❶ 哀歌(調)の. ❷ もの悲しい, 哀調を帯びた. ― 名 哀歌詩人.

élégie /eleʒi/ 囡 ❶ 哀歌, 悲歌, エレジー. ❷ 哀調を帯びた詩[曲].

*****élément** /elemɑ̃/ エレマン/ 男 ❶ 構成要素, 成分, 材料. ▶ *éléments* d'un médicament 薬の成分 / *élément* comique d'un roman 小説の喜劇的要素.
❷ (機械などの)部品, パーツ; (家具, プレハブ住宅の)ユニット. ▶ meuble par [à] *éléments* ユニット家具.
❸ (判断に必要な)情報, 材料, データ. ▶ *éléments* positifs [négatifs] プラス[マイナス]材料.

élémentaire

❹ 要因, 条件. ▶ *éléments* du bonheur 幸福の条件.
❺（グループの）メンバー, 人員;《集合的に》構成員, 編成単位. ▶ *éléments* incontrôlés 不穏分子 / *élément* de valeur 有能な人材.
❻《複数で》(学問, 芸術の)基本原理, 基礎概念. ▶ les *Eléments* d'Euclide ユークリッドの「幾何学原理」❼ 文章 (得意とする, 好きな)活動領域; 本領;（生物の）生息場所. ▶ La solitude est l'*élément* de Pierre. 孤独こそピエールにふさわしい.
❽ 文章 (万物を構成する)基本要素;《複数で》自然の力; 特に風と水. ▶ les quatre *éléments* (四大)(地, 水, 空気, 火). ❾《化学》元素;《数学》(集合の)元. ❿《複数で》《軍隊》小部隊, 分隊.

être [*se sentir*] *dans son élément* 自分の得意な領域にいる, くつろげる. ▶ Quand on discute politique, il *est dans son élément*. 政治の話になると, 彼は水を得た魚のようだ.

*élémentaire /elemɑ̃tɛːr エレマンテール/ 形 ❶ 基本の, 基礎の; 初等の. ▶ principe *élémentaire* 基本原則 / grammaire *élémentaire* 基礎文法 / cours *élémentaire* 小学校の初級科(準備科と中級科の間の2年間で日本の小学校2・3年に相当).
❷ 必須の, 最低限の. ▶ une politesse *élémentaire* 最低限のマナー.
❸ 初歩的な, 簡単な. ▶ exercice *élémentaire* 簡単な練習問題 / 《*Élémentaire*, mon cher Watson!》「初歩的なことだよ, ワトソン君」(シャーロック・ホームズの口癖).
❹ 元素の; 根元の. ▶ particule *élémentaire* 素粒子.

C'est élémentaire. 話 それは当たり前だ; それは必要最低限のことだ.

*éléphant /elefɑ̃ エレファン/ 男 ❶ 象. ❷ 太ってのろまな人. ❸ *éléphant* de mer ゾウアザラシ. ❹ 政党のお偉方.

avoir une mémoire d'éléphant 話 物覚えがいい, 執念深い.
un éléphant dans un magasin de porcelaines ぶちこわし屋.
un éléphant rose 酩酊状態の幻覚.

éléphanteau /elefɑ̃to/;《複数》x 男 子象.
éléphantesque /elefɑ̃tɛsk/ 形 話 (象のように)巨大な, ばかでかい.
éléphantiasis /elefɑ̃tjazis/ 男 象皮病.

*élevage /elvaːʒ エルヴァージュ/ 男 ❶ 飼育, 養殖. ▶ faire l'*élevage* de qc …を飼育する / *élevage* des abeilles 養蜂.
❷ 牧畜 (=*élevage* du bétail);《集合的に》家畜. ▶ faire de l'*élevage* 牧畜を営む. ❸ *élevage* des vins ワインの熟成.

élévateur, trice /elevatœːr, tris/ 形 引き上げる, 持ち上げる;（圧力, 緊張などを）高める. ▶ appareil *élévateur* 荷揚げ機械 / chariot *élévateur* フォークリフト. — **élévateur** 男 荷上げ機械, エレベーター, 昇降機. 注 高層アパート, ビルなどで使われるエレベーターは ascenseur という.

élévation /elevasjɔ̃/ 女 ❶ 持ち上げること; 高めること. ▶ mouvement d'*élévation* du bras 腕を上げる動き / Il a accepté tout cela, sans une *élévation* de voix. 彼は声を荒げることもなく, それらすべてを受け入れた.
❷ 建設, 建立. ▶ *élévation* d'un monument 記念碑の建立. ❸ 上昇, 増大. ▶ *élévation* de la température 気温の上昇 / *élévation* du niveau de vie 生活水準の向上. ❹ 高い地位につくこと, 昇進. ❺ 高貴, 気品. ▶ *élévation* du style 文体の気品の高さ. ❻ 高い所, 高台. ❼《カトリック》(ミサの中での)聖体奉挙; 聖体奉挙の際のオルガン曲. ❽《数学》累乗.

élévatoire /elevatwaːr/ 形《ポンプが》揚水用の; 荷上げ用の.

*élevé, e /elve エルヴェ/ 形 ❶ 高い, 高度の; 速い. ▶ colline *élevée* 高い丘 / prix *élevé* 高い価格 / La densité de population est très *élevée* dans cette région. その地方の人口密度は非常に高い. ❷ 気高い, 高尚な. ▶ âme *élevée* 気高い心. ❸ 育てられた. ▶ Les enfants sont *élevés* au sein. 子供たちは母乳で育てられている / bien [mal] *élevé* しつけがよい [悪い]. ◆《非人称構文で》C'est [Il est] mal *élevé* de + 不定詞. …するのは行儀の悪いことだ.

:*élève* /elɛːv エレーヴ/ 名 ❶ 生徒. ▶ bon [mauvais] *élève* 優秀な [出来の悪い] 生徒 / *élève* boursier [pensionnaire] 給費生 [寄宿生]. ◆ ancien *élève* de + 学校名 …学校卒業生 [出身者]. ▶ ancien *élève* de l'Ecole nationale d'administration 国立行政学院出身者.
❷ 弟子, 門弟 (=disciple). ▶ *élèves* de Michel-Ange ミケランジェロの弟子たち.
❸ 候補生. ▶ *élève* officier d'active 現役士官候補生.

比較 生徒, 学生
élève 大学生には使わないが, それ以外には幼稚園児からリセの生徒, さらにグランドゼコールの学生までも指す最も一般的な語. *écolier* 小学生, コレージュの下級クラスの生徒を指すが, 現在はこういう言い方以外にはあまり使われない. *étudiant* 大学生. *collégien, lycéen* それぞれ collège, lycée の生徒.

:**élever** /elve エルヴェ/ 3 他動

直説法現在	j'élève	nous élevons
	tu élèves	vous élevez
	il élève	ils élèvent
複合過去	j'ai élevé	半過去 j'élevais
単純未来	j'élèverai	単純過去 j'élevai

❶ …を持ち上げる, 上げる; 高くする. ▶ *élever* des pierres 石を持ち上げる / *élever* les bras 両腕を上げる. ◆*élever* qc de + 数量表現 …を…だけ高くする. ▶ *élever* le mur d'un mètre 壁を1メートルだけ高くする.
❷ …を建てる, 築く; 構築する, 作り上げる. ▶ *élever* un monument 記念碑を建てる / *élever* une théorie 理論を構築する. 比較 ⇨ CONSTRUIRE.
❸ …を育てる, 養育する. ▶ *élever* un enfant 子供を育てる / Il a été *élevé* à la campagne. 彼は田舎で育った.
❹ …を飼育する. ▶ *élever* des porcs 豚を飼う.
❺〔程度, 値段など〕を上げる; 〔量〕を増す. ▶ *éle-

ver le taux de l'intérêt 利率を引き上げる / *élever* le niveau de vie de la population 住民の生活水準を上げる.
❻〔異議, 疑問など〕を提起する, 唱える;〔障害など〕を引き起こす. ▶ *élever* des objections 反対を唱える / *élever* des difficultés 困難を引きおこす.
❼<élever qn à qc> …を…に昇進させる, の地位に引き上げる. ▶ *élever* qn au pouvoir …を権力の座に就かせる.
❽ …を(知的, 精神的に)高める, 向上させる.
❾〔口調〕を強める;〔祈り, 叫び声〕を上げる.
❿〖数学〗un nombre [au carré [au cube]] ある数を2乗[3乗]する.

élever la voix (1)(話の途中で)一段と声を大きくする, 声を張り上げる. (2)声を上げる, 発言する. ▶ Personne n'a osé *élever la voix*. あえて発言する者はなかった / *élever la voix* contre [pour] qn/qc …に抗議する[を擁護する].

élever le ton 声を荒立てる.

— ***s'élever** 代動 ❶ 上がる, のぼる. ▶ Le ballon *s'est élevé* dans les airs. 風船は大空に舞い上がった.
❷ 高まる, 達する; 向上する. ▶ Le niveau de vie *s'est élevé*. 生活水準が上がった. ◆ *s'élever à* + 数量表現 …に達する. ▶ Le budget *s'éleva* à deux cents millions d'euros. 予算は2億ユーロに達した.
❸ そびえ立つ, 建つ. ▶ Le clocher *s'élève* sur la colline. 鐘楼は丘の上にそびえ立っている.
❹〔議論, 感情などが〕沸き起こる;〔声などが〕聞こえる. ▶ Des hurlements de joie *s'élèvent*. 歓声が上がる. ❺ 出世する, 昇進する.

s'élever au-dessus de qc …を超越する. ▶ *s'élever au-dessus des* faiblesses humaines 人間の弱さを克服する.

s'élever contre qc/qn …に反対して立ち上がる. ▶ *s'élever contre* la tyrannie 圧制に反対して立ち上がる

éleveur, euse /elvœːr, øːz/ 名 家畜飼育者, 養殖家.

elfe /elf/ 男〖北欧神話〗エルフ: 大気, 火, 水の力を象徴する精.

élider /elide/ 他動〖文法〗〔語尾母音〕を省略する, 脱落させる. ▶ article *élidé* 語尾母音が脱落した定冠詞: l' は変形した le あるいは la.
— **s'élider** 代動〔語尾母音が〕脱落する.

éligibilité /eliʒibilite/ 女 被選挙資格.
éligible /eliʒibl/ 形, 名 被選挙資格のある(人).
élimé, e /elime/ 形 擦り切れた.
élimer /elime/ 他動〔衣類〕を擦り切らせる.
— **s'élimer** 代動〔衣類が〕擦り切れる.

éliminateur, trice /eliminatœːr, tris/ 形
❶ 除去の, 除去するための. ❷ 排泄(はいせつ)の.
— 名 選考審査員.

élimination /eliminasjɔ̃/ 女 ❶ 除去, 排除, 消去. ▶ *élimination* des déchets nucléaires 核廃棄物の除去 / procéder par *élimination* 消去法を行う. ❷ 不合格, 落選/〖スポーツ〗予選落ち, 失格. ❸ 排出, 排泄(はいせつ).

éliminatoire /eliminatwaːr/ 形 振るい落とす, 除去する. ▶ épreuves *éliminatoires* 予備選

考, 足切り試験;〖スポーツ〗予選 / La note inférieure à dix sur vingt est *éliminatoire*. 20点満点で10点未満だと落第だ. — 女 予選.

éliminer /elimine/ 他動 ❶ …を削除する, 排除する; 選別する. ▶ *éliminer* des candidats 志願者を振るい落とす / *éliminer* un nom de la liste リストから名を削る. ❷〖スポーツ〗(トーナメント試合で)〔相手〕を破る. ❸〖数学〗…を消去する. ❹《多くに目的語なしに》〔老廃物など〕を排泄(はいせつ)する;《特に》汗をかく.
— **s'éliminer** 代動 除去[排除]される.

*élire /eliːr エリール/ 72 他動

過去分詞 élu	現在分詞 élisant
直説法現在 j'élis	nous élisons
複合過去 j'ai élu	単純未来 j'élirai

❶(投票によって)…を選出する; の選挙をする. ▶ *élire* le président de la République 大統領を選ぶ / On l'*a élu* à l'Académie française. 彼はアカデミー・フランセーズ会員に選ばれた / se faire *élire* 選ばれる. ◆ *élire* qn + 属詞 …を…に選出する. ▶ On l'*a élu* président. 彼は議長に選出された.
❷ 文章 <élire qn (pour [comme] + 無冠詞名詞)> …(として)…を選ぶ, 選択する. ▶ Elle *a élu* sa nièce pour confidente. 彼女は姪(めい)を打ち明け話の相手に選んだ.

élire domicile (法律手続として)住所選定を行う; 居を構える.

élis /eli/ 活用 ⇨ ÉLIRE 72
élis- 活用 ⇨ ÉLIRE 72
élision /elizjɔ̃/ 女〖文法〗エリジョン, 母音字省略: 母音あるいは無音の h で始まる語の前で語尾母音 e, a, i が脱落する現象. 脱落は通常アポストロフ(')によって示される(例: c'est, l'habit).

élit /eli/ 活用 ⇨ ÉLIRE 72
élite /elit/ 女 ❶(集合的に)エリート(↔ masse). ▶ l'*élite* de la société 社会のエリート / *élite* intellectuelle 知的精鋭 / une *élite* d'artistes トップクラスの芸術家たち.
❷《複数で》幹部, 指導者層; 第一線で活躍する人々. ▶ les *élites* locales 地元の名士.

d'élite えり抜きの, 一流の, 優秀な. ▶ soldat *d'élite* えり抜きの兵士.

élitisme /elitism/ 男 エリート主義.
élitiste /elitist/ 形 エリート主義の.
— 名 エリート主義者.

élixir /eliksiːr/ 男 ❶ エリキシル: アルコールなどに主薬と香料を溶かし, 甘みをつけた内服液. ▶ *élixir* contre la toux 咳(せき)止めシロップ. ❷ 霊薬, 秘薬. ▶ *élixir* de longue vie 不老不死の霊薬.
❸ 文章 精髄, 神髄.

*elle /el エル;《複》**elles**
代《人称》

《3人称女性形》彼女;《女性名詞を受けて》それ.
❶《非強勢主語》❶ 彼女は; それは. ▶ *Elle* est blonde. 彼女は金髪だ / *Elle* me plaît beaucoup, cette robe. このドレス, すごく気に入っているの.

elle-même

❷《先行する話の内容を漠然と指して》それは、その話は．▶ *Elle* est bien bonne! こいつは傑作だ! いつはすごい〔注 相手の軽妙な言葉、思いがけないうれしい知らせに接して言う〕．

❷《強勢形》彼女．❶《主語、目的語》注 単独で主語となる．▶ *Elle* aussi, (elle) le sait. 彼女もやはりそれを知っている．
❷《省略文で非強勢形に代わる》▶ Je fume, mais *elle*, non. 私はたばこを吸うが彼女は吸わない．
❸《前置詞のあとで》▶ J'ai rendez-vous avec *elle* ce soir. 私は今日の夕方彼女と会う約束がある．
❹《属詞》▶ Tiens, c'est *elle*. おや、彼女じゃないか．
❺《比較・制限の que, 類似の comme のあとで》▶ Je suis plus âgé qu'*elle*. 僕は彼女より年上だ / Il n'aime qu'*elle*. 彼は彼女しか愛していない．
❻《不定詞、分詞節の主語》▶ *Elle*, épouser un homme comme lui! 彼女が彼のような男と結婚するなんて．

elle-même /ɛlmɛm/;《複》~s-~s 代《人称》《3 人称女性形の強勢形 elle の強調形》彼女自身; 本人; それ自体(⇨ MÊME). ▶ Elle est venue d'*elle-même*. 彼女は自分の意志でやって来た．

ellipse[1] /elips/ 女 省略; (文学、映画などにおける) 省略法．▶ *ellipse* du sujet 主語の省略．

ellipse[2] /elips/ 女 楕円(だ)形、卵形; 楕円．

ellipsoïdal, ale /elipsɔidal/;《男 複》**aux** /o/ 形 楕円(だ)形の．

ellipsoïde /elipsɔid/ 男 楕円(だ)体［面］．▶ *ellipsoïde* de révolution 回転楕円体．

elliptique[1] /eliptik/ 形 省略的な．▶ phrase *elliptique* 省略文．

elliptique[2] /eliptik/ 形 楕円(だ)形の; 楕円の．▶ orbite *elliptique* 楕円軌道．

elliptiquement /eliptikmɑ̃/ 副 省略的に．

élocution /elɔkysjɔ̃/ 女 話し方、発声法;『レトリック』表現法．▶ avoir une grande facilité d'*élocution* たいへん弁が立つ．

éloge /elɔːʒ/ 男 称賛、賞賛; 称賛演説．▶ faire l'*éloge* de qn/qc (=louange) … を称賛する / être comblé d'*éloges* 絶賛される / *éloge* funèbre 追悼演説、弔辞．

élogieusement /elɔʒjøzmɑ̃/ 副 褒めて、称賛して．

élogieux, euse /elɔʒjø, øːz/ 形 称賛の、褒めている．▶ parler de qn en termes *élogieux* …を褒めそやす / Elle a été très *élogieuse* sur votre compte. 彼女はあなた(方)をとても褒めていた．

éloigné, e /elwaɲe/ 形 ❶ 遠い、離れた．▶ village *éloigné* へんぴな村 / Ce quartier est *éloigné* du centre de la ville. この地区は町の中心から遠い．◆ être *éloigné* de qc de ＋ 数量名詞 …から…だけ離れている．▶ deux villes *éloignées* l'une de l'autre de 50km [cinquante kilomètres] 互いに50km離れた2つの町．
❷ 《*éloigné* de qc》… と異なった、かけ離れた．▶ Rien n'est plus *éloigné* de ma pensée. これほど私の考えとかけ離れたものはない．
❸ (時間的に)隔たった、遠い昔の．▶ passé *éloigné* (=lointain) はるかな昔．
❹ (関係が)遠い．▶ parent *éloigné* 遠縁の親戚．
比較 (時間的、空間的に)遠い
éloigné: 最も一般的．ただし、être のあとの属詞としては、副詞である loin の方が多く使われる．Ce village est encore *loin*. その村はまだ遠い．**lointain** (> *éloigné*) 改まった表現．**reculé** 時間的には過去の事柄に用いられる．**distant de** 2 点間の距離を客観的に指す．

éloignement /elwaɲmɑ̃/ 男 ❶ 遠ざけること、追放; 遠ざかること、別離．▶ *éloignement* des personnes suspectes 怪しい人物の追放 / souffrir de l'*éloignement* de ses amis 友人たちから見放されてつらい思いをする．◆ dans l'*éloignement* de qc/qn …から離れて、身を引いて．▶ vivre dans l'*éloignement* des querelles politiques 政争から身を引いて暮らす．
❷ (空間的、時間的)隔たり、距離．▶ regarder qc avec un certain *éloignement* …を少し離れて見る / Avec l'*éloignement*, on juge mieux les événements. 時がたてば事件について、より正しい判断が下せる．

***éloigner** /elwaɲe/ エロワニェ/ 他動 ❶ …を遠ざける、引き離す．▶ *éloigner* les importuns 邪魔者を追い払う (=écarter). ◆ *éloigner* A de B A を B から遠ざける．▶ *éloigner* les enfants du feu 子供たちを火から遠ざける / Le scandale l'a *éloigné* de la vie politique. スキャンダルのため彼は政界から遠のくことになった．
❷ 《*éloigner* qn de qn/qc》…(の気持ち)を…から離れさせる．▶ Ces plaisanteries nous ont *éloignés* du sujet. その冗談のために我々は本題から外れてしまった．
❸ …を延期する、間遠くさせる．▶ *éloigner* la date d'une échéance 支払い期日を繰り延べる．
— ***s'éloigner** 代動 ❶ 遠ざかる、遠のく．▶ L'orage *s'est éloigné*. 夕立が遠のいた．
❷ 《*s'éloigner* (de qc)》(…から)それる; 互いに隔たる．▶ *s'éloigner* de son devoir 自分の義務を怠る．❸ 《*s'éloigner* de qn》…から気持ちが離れる、への関心が薄れる．

élongation /elɔ̃gasjɔ̃/ 女 (筋、腱(けん)、神経などの)伸張、延長．

éloquemment /elɔkamɑ̃/ 副 雄弁に．

éloquence /elɔkɑ̃ːs/ 女 ❶ 雄弁、能弁; 雄弁術．▶ parler avec *éloquence* 雄弁に話す．❷ (表情、態度、数字などの)表現力、説得力．

éloquent, ente /elɔkɑ̃, ɑ̃ːt/ 形 ❶ 雄弁な、能弁な．▶ Il n'a pas été très *éloquent* sur les solutions envisagées. 彼は問題の打開策についてあまり多くを言わなかった．❷〔表現、態度、データなどが〕ある事柄をはっきりと物語っている、一目瞭然(りょう)の．▶ Ces sondages sont *éloquents*. この調査結果を見れば一目瞭然だ．

élu, e /ely/ 形 (élire の過去分詞)選挙された; 選定された; (神に)選ばれた．▶ les membres *élus* du comité 投票で選出された委員会の人々．
— 名 ❶ 選出された人、当選者; 議員．▶ *élus* locaux 地方議会の議員．❷ (多く複数で)(神に)選ば

embarquer

élucidation /elysidasjɔ̃/ 囡 (問題, 謎(なぞ)などの)解明, 説明.

élucider /elyside/ 他動 …を明らかにする, 解明する. ▶ *élucider* un mystère 謎(なぞ)を解明する.

élucubration /elykybrasjɔ̃/ 囡《多く複数で》苦心の末の珍説 [駄作].

éluder /elyde/ 他動 …を巧みに避ける, からうまく逃げる.

élûmes /elym/, **élurent** /ely:r/, **élus** /ely/ 活用 ⇨ ÉLIRE 72

élysée /elize/ 男 ❶《l'Élysée》エリゼ宮, フランス大統領官邸 (=palais de l'*Élysée*); フランス大統領職. ❷ les Champs-*Élysées* (パリの)シャンゼリゼ通り. ❸《Élysée》『ギリシア神話』エリュシオン: 神々に愛された英雄などが死後に送られた楽園. ▶ les champs *élysées* エリュシオンの野, 極楽浄土.

em- 接頭 ⇨ EN-.

émaciation /emasjasjɔ̃/ 囡 文章 やつれ, 憔悴(しょうすい).

émacié, e /emasje/ 形 文章 やつれた, やせこけた.

émail /emaj/;《複》*aux* /o/ 男 ❶ 琺瑯(ほうろう), エナメル; 琺瑯 [エナメル] 製品. ▶ baignoire en *émail* 琺瑯引きの浴槽. ❷ 七宝, エマイユ;《複数で》七宝工芸品. ❸ (陶器などの)釉薬(うわぐすり);《複数で》上絵の具. ❹ (歯の)エナメル質, 琺瑯質.

e-mail /imel/ 男《英語》電子メール. ▶ recevoir des *e-mails* 電子メールを受け取る.

émaillage /emaja:ʒ/ 男 琺瑯(ほうろう)引き, エナメルがけ; 七宝細工.

émailler /emaje/ 他動 ❶ …に琺瑯(ほうろう)を引く, エナメルをかける; 釉薬(うわぐすり)を施す. ❷ <*émailler* qc de + 無冠詞名詞>〔文など〕に…をちりばめる. ▶ *émailler* un discours de citations 演説に引用をちりばめる.

émailleur, euse /emajœ:r, ø:z/ 名 琺瑯(ほうろう)引き [エナメルがけ, 釉薬(うわぐすり)かけ] 職人; 七宝細工師.

émanation /emanasjɔ̃/ 囡 ❶ 発散, 放射;《多く複数で》発散物, 悪臭. ▶ sentir des *émanations* de gaz ガスの臭いがする. ❷ 現れ, 発現. ▶ Le Parlement est l'*émanation* de la nation. 議会は国民の意思の発現だ.

émancipateur, trice /emɑ̃sipatœ:r, tris/ 形, 名 解放する(人).

émancipation /emɑ̃sipasjɔ̃/ 囡 ❶ (支配, 束縛, 偏見からの)解放. ❷『法律』(後見, 親権からの)未成年者解放.

émancipé, e /emɑ̃sipe/ 形, 名 ❶ (支配, 束縛から)解放された(人); 自由奔放な(人). ❷『法律』(後見, 親権から)解放された(未成年者).

émanciper /emɑ̃sipe/ 他動 ❶ (支配, 束縛から)…を解放する. ▶ *émanciper* les femmes 女性を解放する. ❷『法律』*émanciper* un mineur (後見, 親権から)未成年者を解放する.

— **s'émanciper** 代動 ❶ (支配, 束縛から)解放される, 自由になる. ❷ 圓 (しばしば軽蔑して)勝手気ままに振る舞う.

émaner /emane/ 間他動 <*émaner* de qc/qn> ❶ …から放射する, 発散する. ▶ la lumière qui *émane* du soleil 太陽から発する光 / le charme qui *émane* de cette actrice この女優の放つ魅力. ❷〔命令, 文書, 決定など〕…から発せられる; に由来する. ▶ un décret qui *émane* du gouvernement 政府発の命令.

émargement /emarʒəmɑ̃/ 男 ❶ (認証, 領収のしるしの)欄外署名. ▶ feuille d'*émargement* (給与の受領や出席の際に署名する)名簿. ❷ 給与の受領.

émarger /emarʒe/ 2 他動 ❶ (認証, 領収の印として)〔書類〕の欄外に署名する. ❷〔紙片〕の縁を切り取る. — 自動 給料を受け取る. ▶ *émarger* (de qc) au budget de qn …から(…の金額の)給料を支給される.

émasculation /emaskylasjɔ̃/ 囡 ❶ 去勢. ❷ 文章 無力化, 骨抜き.

émasculer /emaskyle/ 他動 ❶〔雄〕を去勢する. ❷ 文章 …を無力化する, 骨抜きにする.

émaux /emo/ émail の複数形.

emballage /ɑ̃bala:ʒ/ 男 ❶ 包装, 梱包(こんぽう). ▶ papier d'*emballage* 包装紙. ❷ 包装材, 梱包材. ▶ *emballage* perdu 使い捨て容器.

emballement /ɑ̃balmɑ̃/ 男 ❶ 熱狂, 興奮 (=enthousiasme); 逆上. ❷『機械』オーバーラン, オーバーレブ. ❸ (価格, 相場などの)急上昇, (景気の)過熱.

emballer /ɑ̃bale/ 他動 ❶ …を包装する, 荷造りする. ▶ *emballer* soigneusement de la vaisselle 食器類を念入りに包装する. ❷ 話 …を夢中にさせる, 熱狂させる. ▶ Ce projet nous a *emballés*. 私たちはその計画に夢中になった / Cette voiture ne m'*emballe* pas. この車はあまり気に入らない. ❸〔モーターなど〕をオーバーラン [過剰回転] させる. ❹ 逮捕する, しょっぴく; ナンパする.
Emballez, c'est pesé. 話 一丁上がり.

— **s'emballer** 代動 ❶〔馬が〕興奮して暴れる, 暴走する. ❷〔モーターなどが〕オーバーラン [過剰回転] する. ❸ <*s'emballer* (pour qc/qn)>(…に)夢中になる, 興奮する. ▶ *s'emballer* pour le jazz ジャズに夢中になる. ❹〔価格, 相場などが〕急騰する;〔景気が〕過熱する.

emballeur, euse /ɑ̃balœ:r, ø:z/ 名 荷造り係, 梱包(こんぽう)係.

embarcadère /ɑ̃barkadɛ:r/ 男 桟橋, 埠頭(ふとう); 波止場, 船着き場.

embarcation /ɑ̃barkasjɔ̃/ 囡 小舟, ボート. ▶ *embarcation* de sauvetage 救助艇. 比較 ⇨ BATEAU.

embardée /ɑ̃barde/ 囡 ❶ (自動車の)急激な進路変更. ❷ 船首揺れ, ヨーイング.

embargo /ɑ̃bargo/ 男《スペイン語》❶ (船の)出港禁止. ❷ (商品の)輸出禁止. ▶ mettre l'*embargo* sur les technologies de pointe 先端技術の輸出を禁止する. ❸ (出版物の)発売禁止.

embarquement /ɑ̃barkəmɑ̃/ 男 ❶ 乗船, 乗車, 搭乗; (貨物の)積載 (↔débarquement). ▶ quai d'*embarquement* 桟橋; 乗車ホーム / *Embarquement* immédiat, porte n° 9 [numéro neuf]. 9番ゲートから直ちに御搭乗ください. ❷ (乗客, 乗員の)乗船登録.

embarquer /ɑ̃barke/ 他動 ❶ (乗り物に)…を乗

embarras

り込ませる; 積み込む (↔débarquer). ▶ *embarquer* les passagers dans [sur] un bateau 乗客を乗船させる / *embarquer* des marchandises dans un fourgon 貨物をトラックに積み込む. ❷〔船が〕〔甲板に〕受ける. ❸ <*embarquer* qn dans qc> …を(厄介事などに)巻き込む. ▶ *embarquer* qn dans une sale histoire …をごたごたに巻き込む. ❹ 話 …を(黙って)持っていく; かっぱらう. ❺ 話 …を逮捕[連行]する.

être bien [*mal*] *embarqué* 〔物事が〕順調に始まる[始まりがまずい].

──自動(乗り物に)乗り込む, 乗船する. ▶ *embarquer* dans un train 列車に乗る.

── **s'embarquer** 代動 ❶(乗り物に)乗り込む. ❷ <*s'embarquer* dans qc> (厄介事などに)乗り出す, かかわる. ▶ Il *s'est embarqué* dans une entreprise risquée. 彼は危険な事業に乗り出した.

*embarras /ābara/ アンバラ/ 男 ❶ 迷惑, 面倒; 厄介の種. ▶ susciter des *embarras* à qn …に迷惑をかける / Je ne veux pas être un *embarras* pour vous. あなた(方)の邪魔をしたくありません.

❷ 当惑, 困惑. ▶ Il remarqua mon *embarras* à répondre. 彼は私が答えに詰まっているのに気づいた.

❸ 苦境, 窮境; (経済的な)窮状. ▶ tirer qn d'*embarras* …を苦境から救い出す / mettre qn dans l'*embarras* …を困らせる.

❹〔医学〕*embarras* gastrique 胃カタル.

avoir [*n'avoir que*] *l'embarras du choix* (あり余って)選択に迷うほどである.

être dans l'embarras 窮地に陥っている; 金に困っている.

faire °de l'embarras [*des embarras*] 気取る, もったいぶる.

embarrassant, ante /ābarasā, ā:t/ 形 ❶ 面倒な, 厄介な; 気詰まりな. ▶ situation *embarrassante* 厄介な状況. ❷ 邪魔な. ▶ paquets *embarrassants* 場所ふさぎの荷物.

*embarrassé, e /ābarase/ アンバラセ/ 形 ❶(…で)ふさがれた; 動きのとれない. ▶ corridor *embarrassé* d'un tas de cartons ダンボールの山で通れない廊下 / avoir les mains *embarrassées* 両手がふさがっている.

❷ 困惑した, 途方に暮れた. ▶ être bien *embarrassé* pour répondre 返答に窮する / J'étais un peu *embarrassé* de lui dire ça. 彼(女)にそう言うのは少し気が引けた.

❸ 分かりにくい; 複雑な. ▶ des paroles *embarrassées* 回りくどい話.

❹〔器官が〕調子が悪い. ▶ avoir l'estomac *embarrassé* 胃がもたれる.

*embarrasser /ābarase/ アンバラセ/ 他動 ❶〔場所〕をふさぐ, 通れなくする (↔débarquer). ▶ Les colis *embarrassent* le couloir. 荷物が廊下をふさいでいる. ❷ …の邪魔をする, 邪魔になる; 動きを妨げる. ▶ Je ne t'*embarrasse* pas? お邪魔じゃないですか / Donnez-moi ce parapluie qui vous *embarrasserait*. 傘をお預かりします. 邪魔でしょうから. ❸ …をまごつかせる, **当惑させる**, 困らせる. ▶ Cette question m'*a embarrassé*. 私は

その質問に当惑した.

── **s'embarrasser** 代動 ❶ <*s'embarrasser* de qc/qn> (不要なもの)を抱え込む, 引き受ける; …で身動きがとれない. ▶ *s'embarrasser* d'un paquet 荷物で動きがとれない.

❷ <*s'embarrasser* de qc> (おもに否定文で)…を心配する, 気に病む; 考慮する. ▶ Il ne *s'embarrasse* pas de l'avenir. 彼は将来のことを気にかけていない. ❸ <*s'embarrasser* dans qc> …に行き詰まる, 進退窮まる. ▶ *s'embarrasser* dans ses explications 説明に行き詰まる.

embauchage /ābo∫a:ʒ/ 男 ❶(労働者, 職人の)採用, 雇用. ❷(党派, 集団への)勧誘, 引き入れ.

embauche /ābo:∫/ 女 雇用, 採用; 職, 働き口. ▶ bureau d'*embauche* 職業紹介所 / Est-ce qu'il y a de l'*embauche*? 働き口がありますか / contrat nouvelle *embauche* 新規雇用契約(若者の雇用促進政策の1つ. 略 CNE).

embaucher /ābo∫e/ 他動 ❶〔労働者, 職人〕を雇う, 採用する;《目的語なしに》職員を募集する. ❷ <*embaucher* qn dans qc> (党派, 集団)に…を引き入れる, 加入させる. ❸ <*embaucher* qn pour qc/不定詞> …を…に誘う; (手伝い)に来させる. ▶ *embaucher* qn pour jouer au tennis …をテニスに連れ出す.

── **s'embaucher** 代動 <*s'embaucher* comme + 無冠詞名詞> …として雇われる.

embauchoir /ābo∫wa:r/ 男 (型崩れを防ぐための)靴型, シューツリー.

embaumement /ābommā/ 男 (死体の)防腐保存, ミイラ化;(解剖研究用の)死体防腐処理.

embaumer /ābome/ 他動 ❶ …を芳香で満たす, かぐわしくする. ▶ Les roses *embaument* la chambre. バラの香りが部屋に立ちこめている.

❷ …の香りを放つ, においがする. ▶ Cela *embaume* le lilas. これはライラックの香りがする.

❸ (香油, 薬品などで)〔死体〕を防腐保存する.

──自動 芳香を放つ.

embaumeur, euse /ābomœ:r, ø:z/ 名 死体防腐処理人.

embellie /ābeli/ 女 (海上での)一時的な天気の回復, 小凪(なぎ); 晴れ間.

embellir /ābeli:r/ 他動 ❶ …を美しくする; 飾る. ▶ Cette coiffure vous *embellit*. その髪形はあなたを美しくみせます / Elle *a embelli* son salon. 彼女は客間を整えた. ❷ …を理想化する, 美化する, 潤色する. ▶ *embellir* un récit 話を粉飾する.

──自動《助動詞は avoir または être》〔人が〕美しくなる.

ne faire que croître et embellir (1) 日に日に成長して美しくなる. (2)〔欠点などが〕ひどくなる一方である.

── **s'embellir** 代動 ❶〔人が〕美しくなる; (自分を)美しくする. ❷ 美化される, 飾られる.

embellissement /ābelismā/ 男 ❶ 美化. ▶ *embellissement* de la ville 町の美化. ❷ 理想化, 潤色. ❸ 飾り, 装飾.

emberlificoter /āberlifikɔte/ 他動 話 ❶ …を口車に乗せる, だます. ❷ …をまごつかせる, 混乱させる. ── **s'emberlificoter** 代動 話 <*s'ember-

embêtant, ante /ɑ̃bɛtɑ̃, ɑ̃:t/ 形 話 ❶ 厄介な, 面倒な, 迷惑な. ▶ Que c'est *embêtant*! なんて面倒なんだ / Tu es *embêtant*, avec tes plaintes. 君の不平不満はもううんざりだ. ❷ 退屈な. ▶ film *embêtant* 退屈な映画.
— **embêtant** 男 困ったこと. ▶ L'*embêtant*, c'est qu'il est malade. 困ったことに彼は病気だ.

embêtement /ɑ̃bɛtmɑ̃/ 男 〔多く複数で〕心配［面倒］なこと, うんざりすること.

embêter /ɑ̃bete/ 他動 話 ❶ …を困らせる, うんざりさせる, うるさがらせる. ▶ Il m'*embête* avec ses vantardises. 彼の自慢話にはうんざりだ. ❷ …を退屈させる. ▶ Ce roman m'*embête*. この小説は退屈でたまらない.
— **s'embêter** 代動 ❶ <*s'embêter* avec qc /qn> …のせいで困る, うんざりする, 心配する. ❷ 退屈する. ❸ <ne pas *s'embêter*> 楽しく過ごす.

emblaver /ɑ̃blave/ 他動 〔畑〕に穀物［小麦］の種をまく.

emblavure /ɑ̃blavy:r/ 女 小麦畑;（穀物の）種をまいた畑.

emblée /ɑ̃ble/《次の句で》
d'emblée 副句 いきなり, 最初から; 直ちに, 苦もなく. ▶ conquérir *d'emblée* son auditoire たちまち聴衆の心を捕らえる.

emblématique /ɑ̃blematik/ 形 寓意(ぐう)的な, 象徴的な, 表象する. ▶ figure *emblématique* 象徴.

emblème /ɑ̃blɛm/ 男 ❶（多く銘入りの入った）象徴的図柄, 標章. ❷（権威, 職業, 党派などの）印, 記章, 象徴.

embobiner /ɑ̃bɔbine/ 他動 ❶〔糸〕を糸巻きに巻く. ❷ 話 …を丸め込む, だます. ▶ Il s'est fait *embobiner* par le vendeur. 彼は売り手の口車に乗せられた.

emboîtable /ɑ̃bwatabl/ 形 はめ込み可能な.

emboîtage /ɑ̃bwata:ʒ/ 男 ❶ 箱［缶］詰め作業. ❷〖製本〗くるみ作業, 表紙付け;（豪華本の）外箱.

emboîtement /ɑ̃bwatmɑ̃/ 男 はめ込み, 接合; 接ぎ目, 接ぎ手; 入れ子. ▶ assemblage à *emboîtement* 柄(ほぞ)継ぎ.

emboîter /ɑ̃bwate/ 他動 ❶ < *emboîter* qc (dans qc) > (…に) …を, 差し込んでつなぐ. ▶ *emboîter* le corps d'un stylo dans son capuchon 万年筆の軸にキャップをはめる.
❷ …をぴったりと包む, 覆う. ▶ chapeau qui *emboîte* bien la tête 頭にぴったりの帽子.
❸ …を箱に入れる;〔食品〕を缶詰にする.
emboîter le pas à qn …のすぐあとを歩く; まねをする.
— **s'emboîter** 代動 はまる, 接合する.

embolie /ɑ̃bɔli/ 女 〖医学〗塞栓(そくせん)症. ▶ *embolie* cérébrale 脳塞栓症.

embonpoint /ɑ̃bɔ̃pwɛ̃/ 男（やや）肥満, 太りじし. ▶ prendre [avoir] de l'*embonpoint* 太る［太っている］/ perdre de son *embonpoint* やせる.

embosser /ɑ̃bɔse/ 他動 …の船首, 船尾の両方に錨(いかり)を下ろす.

embouche /ɑ̃buʃ/ 女 ❶（特に肉牛の）肥育. ❷（肥育に適した）牧草地.

embouché, e /ɑ̃buʃe/ 形 mal *embouché* 言葉遣いの粗野な, 口汚い, 無礼な.

emboucher /ɑ̃buʃe/ 他動〔管楽器〕を口に当てる, 吹く.

embouchure /ɑ̃buʃy:r/ 女 ❶ 河口(域);（入り江の）入り口. ❷（金管楽器の）マウスピース. ❸ 馬銜(はみ).

embourber /ɑ̃burbe/ 他動〔車など〕を泥にはまらせる. ▶ Ma voiture *a été embourbée*. 私の車はぬかるみにはまった.
— **s'embourber** 代動 ❶〔車などが〕泥にはまり込む. ❷ <*s'embourber* dans qc>〔窮地〕に陥る. ▶ *s'embourber* dans des explications confuses 説明がしどろもどろになる.

embourgeoisement /ɑ̃burʒwazmɑ̃/ 男 ブルジョア化, 中産階級化; 低俗化.

embourgeoiser /ɑ̃burʒwaze/ 他動 …をブルジョア化する, 中産階級化する.
— **s'embourgeoiser** 代動〔人, 地域が〕ブルジョア化する.

embout /ɑ̃bu/ 男（杖(つえ), 傘などの）石突き.

*****embouteillage** /ɑ̃buteja:ʒ/ アンブティヤージュ 男 ❶ 交通渋滞; 混雑, 雑踏. ▶ Il y a un *embouteillage* monstre. 大渋滞が発生している / être pris dans un *embouteillage* 交通渋滞に巻き込まれる.
❷（利用者などの過剰による）飽和［超過］状態. ▶ *embouteillage* des lignes téléphoniques 電話回線の飽和状態.

比較 渋滞
embouteillage 都市内部の交通渋滞を指し, 面としての広がりを持つこともある. **bouchon** 国道, 高速道路の渋滞を指し, 線状の渋滞であることが多い.

embouteillé, e /ɑ̃buteje/ 形 ❶〔道路などが〕ふさがれた, 渋滞した. ❷〔電話回線などが〕飽和状態になった;〔ある分野, 職業などが〕（人員過剰で）満杯状態の.

embouteiller /ɑ̃buteje/ 他動 ❶〔場所, 道路など〕をふさぐ, の通行の邪魔をする. ❷ …を瓶詰めする. ❸〔学生などがある分野, 職業〕に殺到する;〔電話交換台など〕をパンク状態にする.
— **s'embouteiller** 代動 ❶〔場所, 道路などが〕ふさがれる, 渋滞する. ❷〔ある分野, 職業などが〕人員過剰になる;〔電話回線などが〕混雑する.

emboutir /ɑ̃buti:r/ 他動 ❶〔金属板〕に型を打ち込む, を型打ち成形する. ❷ …に激しくぶつかる; 衝突してへこませる. ▶ Un camion *a embouti* l'arrière de ma voiture. 1台のトラックが私の車の後部に衝突した.

emboutissage /ɑ̃butisa:ʒ/ 男 ❶（金属板の）型打ち鍛造; 型付け. ❷（車などの）衝突.

embranchement /ɑ̃brɑ̃ʃmɑ̃/ 男 ❶（幹からの）枝分かれ. ❷ 支流, 支線, わき道, 分岐線. ❸（道, 導管の）分岐点; 交差点, 合流点. ❹（生物分類の）門.

embrancher /ɑ̃brɑ̃ʃe/ 他動〔道, 管など〕を（在来のものに）接続する. — **s'embrancher** 代動（鉄道, 道などに）接続する, つながる.

embrasement /ɑ̃brazmɑ̃/ 男 ❶ 真っ赤な輝き, 光輝；イルミネーション. ▶ *embrasement* du couchant 落日の輝き. ❷ 文章 熱狂, 興奮. ❸ 文章 大火.

embraser /ɑ̃braze/ 他動 ❶ …を真っ赤に染める, 明るく照らす. ▶ Le soleil couchant *embrasait* le ciel. 夕日が空を真っ赤に染めていた.
❷ 文章 …を興奮させる；〔熱情など〕をかき立てる.
❸ 文章 …に火をつける, を燃やす.
— **s'embraser** 代動 ❶ 真っ赤に染まる, 明るく輝く. ❷〔心が〕燃え上がる, 熱狂する. ❸ 火がつく, 燃える.

embrassade /ɑ̃brasad/ 女 (多く複数で) (友愛の表現として)キスし合うこと；抱擁.

embrasse /ɑ̃bras/ 女 (カーテンの)留めひも.

embrassement /ɑ̃brasmɑ̃/ 男 (多く複数で) 文章 キスし合うこと；抱擁.

*****embrasser** /ɑ̃brase/ アンブラセ/ 他動

> 英仏そっくり語
> 英 to embrace 抱擁する.
> 仏 embrasser キスする.

❶ …にキスする. ▶ *embrasser* qn sur la bouche …の口に接吻する / *embrasser* qn au front …の額にキスする.
❷〔職業〕を選ぶ；〔党派, 意見など〕を採用する, 支持する. ▶ *embrasser* la carrière militaire 軍職に就く / *embrasser* une religion ある宗教に入信する.
❸ …を見渡す. ▶ *embrasser* qc du regard …を一望に収める.
❹ …を全体的に理解する, 把握する. ▶ *embrasser* une suite d'événements 事件の経緯を把握する.
❺ …を包含する, カバーする. ▶ Cet ouvrage *embrasse* un demi-siècle d'histoire. この著作は半世紀にわたる歴史を扱ったものだ.

Je t'embrasse (affectueusement).=Je vous embrasse tendrement.《手紙の末尾で》(家族, 友人などに)心を込めて.

Qui trop embrasse mal étreint. 諺 (多くの人と抱擁する者は少なく抱き締めない→) 多くを同時に企てるとすべて中途半端になる, あぶはち取らず.

比較 キスをする
embrasser 挨拶(ポェシ)としての接吻, 抱擁から愛情表現としてのキスと広く指す. **faire la bise**《くだけた表現》親愛の情を示して子供たちが頬(ほお)にする軽いキスをいう. **baiser** 儀礼的な接吻についていう. 今日ではほとんど用いられない.

— **s'embrasser** 代動 (抱擁し合って)接吻を交わす；抱き合う.

embrasure /ɑ̃brazyːr/ 女 ❶ (戸, 窓用の)壁の開口部；戸口；窓. ▶ se tenir dans l'*embrasure* de la porte 戸口に立つ. ❷ 砲眼, 銃眼.

embrayage /ɑ̃brɛjaːʒ/ 男 ❶ クラッチ. ▶ *embrayage* automatique 自動クラッチ / pédale d'*embrayage* クラッチペダル. ❷ クラッチをつなぐこと.

embrayer /ɑ̃brɛje/ 12 他動〔機械〕を連動させる；のクラッチをつなぐ. — 自動 クラッチをつなぐ.
— 間他動 <*embrayer* sur qc> ❶ …のことを話し出す. ❷ …に影響力を及ぼす.

embrigadement /ɑ̃brigadmɑ̃/ 男 ❶ (組織などに)加入させること, 人集め. ❷ 旅団編成.

embrigader /ɑ̃brigade/ 他動 ❶ …を(組織などに)編入する, 加入[加盟]させる. ▶ *être embrigadé* pour coller des affiches ポスター張りに動員される. ❷〔連隊〕を旅団に編成する.
— **s'embrigader** 代動 (組織などに)加入する.

embringuer /ɑ̃brɛ̃ge/ 他動 話 <*embringuer* qn dans qc> …を(面倒なこと)に引きずり込む, 巻き込む. — **s'embringuer** 代動 話 <*s'embringuer* dans qc> …に巻き込まれる.

embrocation /ɑ̃brɔkasjɔ̃/ 女〖薬学〗❶ 塗擦：外面に薬液を塗布すること. ❷ 外用塗擦剤.

embrochement /ɑ̃brɔʃmɑ̃/ 男 ❶ (肉を)焼串(やきぐし)に刺すこと. ❷ 話 (人を剣で)突き刺すこと.

embrocher /ɑ̃brɔʃe/ 他動 ❶〔肉〕を焼串(やきぐし)に刺す. ❷ 話〔人〕を串刺しにする.

embrouillamini /ɑ̃brujamini/ 男 話 大混乱, 大騒動.

embrouillé, e /ɑ̃bruje/ 形 もつれた, 混乱した, 込み入った.

embrouillement /ɑ̃brujmɑ̃/ 男 もつれ, 混乱, 紛糾, 錯綜(さくそう). ▶ *embrouillement* de la situation 事態の紛糾.

embrouiller /ɑ̃bruje/ 他動 ❶ …をもつれさせる, 乱雑にする. ▶ *embrouiller* du fil 糸をもつれさせる. ❷ …を紛糾させる, 混乱させる；分かりにくくする. ▶ *embrouiller* la question (=compliquer) 問題をややこしくする. ❸〔人〕の頭を混乱させる. — **s'embrouiller** 代動 もつれる, ごちゃごちゃになる；紛糾する, 混乱する. ▶ *s'embrouiller* dans ses explications 説明していてわけが分からなくなる.

embroussaillé, e /ɑ̃brusaje/ 形 ❶ やぶに覆われた. ❷〔髪などが〕ぼうぼうの. ❸ 込み入った, 錯綜(さくそう)した.

embrumer /ɑ̃bryme/ 他動 ❶ …を霧で覆う. ❷〔思考など〕をぼやけさせる, 混乱させる. ❸〔表情など〕を曇らせる, 暗くする.

embrun /ɑ̃brœ̃/ 男 (多く複数で)波しぶき；霧雨.

embryo- 接頭辞 「胎児, 胚(はい)」の意.

embryogenèse /ɑ̃brijɔʒ(ə)nɛːz/ 女〖生物学〗胚(はい)形成；胚発生.

embryologie /ɑ̃brijɔlɔʒi/ 女 発生学.

embryon /ɑ̃brijɔ̃/ 男 ❶ (…の)兆し, 萌芽(ほうが), 初期段階. ▶ être à l'état d'*embryon* 初期段階にある. ❷〖生物学〗胚(はい)；胎児.

embryonnaire /ɑ̃brijɔnɛːr/ 形 ❶ 萌芽(ほうが)状態の, 初期段階の. ❷ 胚(はい)の；胎児の. ▶ cellule souche *embryonnaire* 胚性幹細胞.

embûche /ɑ̃byʃ/ 女 (多く複数で) (人を陥れるための)罠(わな), 落とし穴, 陥穽(かんせい). ▶ tendre [dresser] des *embûches* 罠を仕組む / un sujet plein d'*embûches* 落とし穴のたくさんある問題.

embuer /ɑ̃bye/ 他動 …を曇らせる. ▶ yeux *embués* de larmes 涙に曇った目 / un pare-brise *embué* 曇ったフロントガラス. — **s'embuer** 代動 <*s'embuer* (de qc)>〔ガラスなどが〕曇る.

embuscade /ɑ̃byskad/ 女 待ち伏せ(の場所)；伏兵. ▶ être [se mettre, se tenir] en *embuscade* 待ち伏せる / tomber dans une *embus-*

Emirats arabes unis

cade 待ち伏せを食う.
embusqué, e /ɑ̃byske/ 形 待ち伏せた; 隠れた.
— **embusqué** 男 後方[非戦闘部署]勤務兵.
embusquer /ɑ̃byske/ 他動 ❶ …を待ち伏せさせる. ❷ (戦時に)…を後方部隊[非戦闘部署]に配属する.
— **s'embusquer** 代動 ❶ 待ち伏せる; 潜伏する. ❷ (戦時に)後方勤務[非戦闘部署]に就く.
éméché, e /emeʃe/ 形 話 ほろ酔い加減の, 一杯機嫌の.
émeraude /emroːd/ 女 ❶ エメラルド. ❷ エメラルドグリーン, 鮮緑色.
— 形 (不変)エメラルドグリーンの, 鮮緑色の.
émergé, e /emɛrʒe/ 形 水面上に出ている.
émergence /emɛrʒɑ̃ːs/ 女 ❶ (光線, 液体の)射出; 噴出. ▸ *point d'émergence* (光熱の)射出点; (泉の)湧(わ)き口. ❷ (突然の)出現. ▸ *l'émergence d'un fait nouveau* 新事実の出現.
émergent, ente /emɛrʒɑ̃, ɑ̃ːt/ 形 ❶ 新興の. ▸ *pays émergent* 新興国 / *marché émergent* 新興市場. ❷ 〖物理〗射出の. ▸ *rayons émergents* 射出光線.
émerger /emɛrʒe/ 自動 ❶ 水面に現れる; 姿を現す. ▸ *îlot qui émerge à marée basse* 干潮時に現れる小島. ❷ 〔事実などが〕浮かび上がる; 〔人, 作品などが〕頭角を現す. ❸ 話 眠りから覚める; 難局を脱する.
émeri /emri/ 男 エメリー; (研磨用)金剛砂(=*poudre d'émeri*). ▸ *papier (d')émeri* 紙やすり, サンドペーパー.
être bouché à l'émeri 話 愚鈍だ, 頭が鈍い.
émerillon /emərijɔ̃/ 男 〖鳥類〗コチョウゲンボウ: タカの一種.
émérite /emerit/ 形 熟練した, 経験を積んだ. ▸ *professeur émérite* (定年後も勤続する)名誉[特任]教授.
émersion /emɛrsjɔ̃/ 女 (水面への)浮上, 出現.
émerveillement /emɛrvɛjmɑ̃/ 男 感嘆, 驚嘆.
émerveiller /emɛrveje/ 他動 …を感嘆[驚嘆]させる. ▸ *Ce film m'a émerveillé.* その映画は実にすばらしかった.
— **s'émerveiller** 代動 ⟨*s'émerveiller de qc* /不定詞 // *s'émerveiller que* + 接続法⟩…に感嘆[驚嘆]する. ▸ *Je m'émerveille de le voir réussir aussi rapidement.* 彼がこんなに早く成功したのには驚かされる.
émet /emɛ/ 活用 ⇨ ÉMETTRE 65
émétique /emetik/ 形 催吐性の.
— 男 吐剤; (特に)吐酒石.
émets /emɛ/ 活用 ⇨ ÉMETTRE 65
émett- 活用 ⇨ ÉMETTRE 65
émetteur, trice /emetœːr, tris/ 形 ❶ (紙幣などを)発行する, (小切手, 手形を)振り出す. ❷ 送信する, 放送する.
— 名 (紙幣などの)発行者[機関]; 振り出し人. ❷ 〖言語〗発信者(↔*récepteur*).
— **émetteur** 男 送信機; 放送局. ▸ *émetteur de télévision* テレビ送信機[放送局].
émettre /emɛtr/ 65 他動 (過去分詞 *émis*, 現在分詞 *émettant*) ❶ …を発する, 放つ. ▸ *émettre des rayons* 光線を発する / *émettre du CO₂* 二酸化炭素を排出する. 比較 ⇨ RÉPANDRE.
❷ (通貨など)を発行する, 振り出す. ▸ *émettre une nouvelle pièce de monnaie* 新硬貨を発行する / *émettre un chèque* 小切手を振り出す.
❸ (意見など)を表明する, 述べる.
❹ (電波)を発信する; (番組など)を放送する. ▸ *émettre un programme de télévision* テレビ番組を放送する.
émeu /emø/, **émou** /emu/ 男 〖鳥類〗エミュー.
émeus, émeut /emø/ 活用 ⇨ ÉMOUVOIR 46
émeute /emøːt/ 女 (民衆の)暴動, 騒動.
émeutier, ère /emøtje, ɛːr/ 形, 名 暴動を扇動する(者); 暴動に加わる(者).
émeuve, émeuvent, émeuves /emœːv/ 活用 ⇨ ÉMOUVOIR 46
émi- 活用 ⇨ ÉMETTRE 65
émiettement /emjɛtmɑ̃/ 男 ❶ 粉々にすること, 粉砕; くず. ❷ 細分(化), 分散. ▸ *émiettement du pouvoir* 権力の拡散.
émietter /emjete/ 他動 ❶ …を細かく砕く; 〔土地, 財産など〕を細分(化)する. ▸ *émietter du pain pour les oiseaux* 小鳥にパンを細かく砕いてやる. ❷ 〔注意力など〕を分散させる; 浪費する. ▸ *émietter son temps* 時間をむだに使う.
émigrant, ante /emigrɑ̃, ɑ̃ːt/ 形 移住する; 亡命する. ▸ *population émigrante* 移住[流出]人口.
— 名 (他国への)移民; 亡命者.
émigration /emigrasjɔ̃/ 女 ❶ 移住, 出稼ぎ; 亡命; 《集合的に》移民(団); 《集合的に》亡命者. 注 他国への移住を指す. 他国からの移入は *immigration* という. ▸ *émigration obligatoire* 強制移住. ❷ 〖歴史〗(フランス革命期の)亡命; 《集合的に》亡命者. ❸ (動物, 鳥の)移動; (魚の)回遊(=*migration*).
émigré, e /emigre/ 名 ❶ (他国への)移住者; 亡命者. ❷ 〖歴史〗(フランス革命当時の)亡命貴族.
— 形 (他国への)移住した; 亡命した.
émigrer /emigre/ 自動 ❶ (他国へ)移住する; 亡命する. ❷ 〔動物, 鳥類が〕移動する; 〔魚が〕回遊する.
émîmes /emim/ 活用 ⇨ ÉMETTRE 65
émincé /emɛ̃se/ 男 〖料理〗❶ (多く複数で)(肉やタマネギなどの)薄切り. ❷ エマンセ: 熱いソースをかけた薄切り肉料理.
émincer /emɛ̃se/ 1 他動 …を薄切りにする. 比較 ⇨ COUPER.
éminemment /eminamɑ̃/ 副 際立って, 著しく, 非常に.
éminence /eminɑ̃ːs/ 女 ❶ 丘, 高地.
❷ 《Eminence》猊下(げいか)(枢機卿(きょう)の尊称). ▸ *Son Eminence le cardinal X* X 枢機卿猊下.
éminence grise 黒幕, 陰の実力者.
éminent, ente /eminɑ̃, ɑ̃ːt/ 形 《ときに名詞の前で》卓越した, 優れた. ▸ *rendre d'éminents services* 際立った貢献をする.
à un degré éminent 特に優れて, 高度に.
émir /emiːr/ 男 (イスラム教国の)エミル, 首長.
émirat /emira/ 男 (イスラム教国の)首長の地位; 首長の治める領地, 首長国.
Emirats arabes unis /emiraarabzyni/ 固有

émissaire

男複 アラブ首長国連邦: 首都 Abu Dhabi.

émissaire[1] /emise:r/ 男 ❶ 密使. ❷ 〔湖を源流とする〕河川; 〔湖などからの〕放水路.

émissaire[2] /emise:r/ 形 〔男性形のみ〕bouc *émissaire* 贖罪(しょくざい)のヤギ, スケープゴート; 話 他人の罪を負う人, 身代わり.

***émission** /emisjɔ̃/ エミスィヨン 女 ❶ 放送, 番組. ▶ *émission* en différé 録画[録音]放送 / *émission* en direct 生放送 / *émission* de radio ラジオ番組 / *émission* de télévision テレビ番組 / *émission* éducative 教育番組 / diffuser [faire] une *émission* 番組を放送する.
❷〔紙幣などの〕発行; 〔小切手, 手形などの〕振り出し. ▶ *émission* de chèques 小切手の振り出し. ❸ 発声; 〖言語〗(メッセージの)発信. ❹〔光, 熱, 有毒ガスなどの〕射出, 放射; 〔電子の〕放出 ▶ *émission* de CO₂ 二酸化炭素の排出

emmagasinage /ɑ̃magazinaːʒ/ 男 ❶〔商品の〕蔵入れ, 貯蔵. ❷〔知識, エネルギーなどの〕蓄積.

emmagasiner /ɑ̃magazine/ 他動 ❶〔商品〕を倉庫に入れる, 貯蔵する. ❷ …をため込む, 蓄積する. ▶ *emmagasiner* de l'énergie solaire 太陽エネルギーを蓄積する.

emmailloter /ɑ̃majɔte/ 他動 …をしっかりくるむ; に包帯する.

emmanchement /ɑ̃mɑ̃ʃmɑ̃/ 男 柄をつけること.

emmancher /ɑ̃mɑ̃ʃe/ 他動 ❶ …に柄をつける; 〔部品など〕をはめ込む. ▶ *emmancher* un balai 箒に柄をつける ❷ …を始める, に取りかかる.
— **s'emmancher** 代動 ❶ 柄がつく.
❷ 話〔物事が〕始まる, 滑り出す. ▶ Cela *s'emmanche* mal. 幸先がよくない.

emmanchure /ɑ̃mɑ̃ʃyːr/ 女 〖服飾〗袖(そで)ぐり, アームホール, 袖付け.

Emmaüs /emays/ 固有 男 エマウス: 1949 年に創立された, ホームレス支援団体.

emmêlement /ɑ̃melmɑ̃/ 男 もつれ; 混乱.

emmêler /ɑ̃mele/ 他動 ❶〔糸など〕をもつれさせる. ❷〔事態など〕を混乱させる.

emménagement /ɑ̃menaʒmɑ̃/ 男〔新居への〕引っ越し, 入居.

emménager /ɑ̃menaʒe/ ② 自動 新居に移る, 入居する (↔déménager). 他動 …を新居に入居させる;〔家具など〕を新居に運ぶ.

***emmener** /ɑ̃mne/ アンムネ ③ 他動

直説法現在	j'emmène	nous emmenons
	tu emmènes	vous emmenez
	il emmène	ils emmènent

❶〔人〕を連れていく. ▶ J'ai emmené mes enfants au cinéma. 私は子供たちを映画に連れていった / Je vous *emmène* en voiture. 車でお連れします / Le bus vous *emmènera* jusqu'aux Portes de Paris. そのバスに乗ればパリ市門まで行けます. ◆*emmener* qn + 不定詞 …を…しに連れていく. ▶ Tu m'*emmènes* déjeuner dehors? 外に昼食を食べに連れていってくれる?
❷ 話〔物〕を持っていく, 運んでいく. ▶ *emmener* un livre 本を持っていく.
❸〖軍〕部隊, チーム〕を指揮する. 語法 ⇨ AMENER.

emment(h)al /emental; emɛtal/; 〔複〕**als** 男 エメンタール: スイス原産の牛乳で作る硬質チーズ.

emmerdant, ante /ɑ̃mɛrdɑ̃, ɑ̃ːt/ 形 俗 うんざりさせる, 厄介な. ▶ un bouquin très *emmerdant* 実に退屈な本.

emmerde /ɑ̃mɛrd/ 女, **emmerdement** /ɑ̃mɛrdəmɑ̃/ 男 俗 うんざりすること, 厄介なこと.

emmerder /ɑ̃mɛrde/ 他動 俗 ❶ …をうるさがらせる, うんざりさせる. ❷ …を無視する, 問題にしない. ▶ Celui qui me critique, je l'*emmerde*! 俺にけちをつけるやつなんか, 糞(くそ)食らえだ.
Il [Elle] t'emmerde, mon [ma] …! 俗〔言い返して〕私の…がどうしたっていうんだ, …にケチをつけるのはやめてもらおう.
— **s'emmerder** 代動 俗 うんざりする.

emmerdeur, euse /ɑ̃mɛrdœːr, øːz/ 名 俗 うんざりさせる(やつ), 退屈な(やつ).

emmieller /ɑ̃mjele/ 他動 俗 …をうんざりさせる. 注 *emmerder* の婉曲語法.

emmitoufler /ɑ̃mitufle/ 他動 話 …を〔暖かい衣服, 毛皮などで〕包む. — **s'emmitoufler** 代動 話〔暖かい衣服などに〕くるまる.

emmurer /ɑ̃myre/ 他動 …を閉じ込める, 幽閉する. — **s'emmurer** 代動 閉じこもる

émoi /emwa/ 男 不安, 動揺. ▶ l'*émoi* d'un jour d'examen 試験当日の不安. ❷ ときめき, 感動. ▶ *émoi* amoureux 恋のときめき.
en émoi 興奮して, 動揺して. ▶ être *en émoi* 興奮〔動揺〕している.

émollient, ente /emɔljɑ̃, ɑ̃ːt/ 形 〖医学〗緩和性の, 皮膚を柔らかくする.
— **émollient** 男 皮膚軟化薬, 緩和薬.

émolument /emɔlymɑ̃/ 男 ❶〖民法〗〔相続人などの〕取得分. ❷《複数で》公務員給与;〖法律〗〔公証人, 弁護人などの〕報酬.

émondage /emɔ̃daːʒ/ 男 ❶〔木の〕刈り込み. ❷〔種子の〕選別.

émonder /emɔ̃de/ 他動 ❶〔木〕の枝を下ろす〔刈り込む〕. ❷〔種子〕を選別する.

émoticone /emɔtikɔn/ 男《英語》〖情報〗顔文字(文字や記号の組み合わせで表現した顔).

émotif, ive /emɔtif, iːv/ 形 感情の, 情緒の; 興奮しやすい, 感受性の強い. ▶ réaction *émotive* 感情的反応 / homme peu *émotif* 感情に動かされない男. — 名 感じやすい〔感受性の強い〕人.

***émotion** /emɔsjɔ̃/ エモスィヨン 女 ❶ 心の動揺, 興奮; 感動. ▶ avec *émotion* 興奮して; 感動を込めて / sans *émotion* 冷静に, 平然と / cacher son *émotion* 動揺を隠す / Le drame a causé une violente *émotion* en France. その惨事はフランス中を震撼(しんかん)させた.
❷ 話 不安. ▶ avoir [donner] des *émotions* 不安を感じる[心配させる] / Tu nous as donné des *émotions*. お前にははらはらさせられた.
❸〖心理〗情動.

émotionnel, le /emɔsjɔnɛl/ 形 感情の;〖心理〗情動の. ▶ réaction *émotionnelle* 情動的反応.

émotionner /emɔsjɔne/ 他動 話 …の心を動か

す, を感動させる, 興奮させる.

émotivité /emotivite/ 囡 感動しやすさ, 興奮しやすさ.

ému /emy/ 動 ⇨ ÉMEU.

émoulu, e /emuly/ 形〔刃物などが〕研ぎ上がった. **frais émoulu [fraîche émoulue] de qc**(学校など)を出ての.

émoussé, e /emuse/ 形 ❶ 切れ味の鈍った. ❷〔感覚など〕衰えた, 鈍まった.

émousser /emuse/ 他動 ❶〔刃物など〕の切れ味を鈍くする. ❷〔感覚など〕を鈍らせる, 弱める.
— **s'émousser** 代動 ❶〔刃物などが〕鈍くなる. ❷〔感覚などが〕鈍る, 弱まる.

émoustillant, ante /emustijɑ̃, ɑ̃:t/ 形 話 陽気にする, 活気づける.

émoustiller /emustije/ 他動 話 …を陽気にする, 活気づける;〔感情〕をかき立てる. ▶ Le champagne *a émoustillé* les convives. シャンパンで会食者が活気づいた.

émouvant, ante /emuvɑ̃, ɑ̃:t/ 形 感動的な, 心を動かす. ▶ histoire *émouvante* 感動的な話.

***émouvoir** /emuvwa:r エムヴォワール/ 46 他動

過去分詞 ému		現在分詞 émouvant
直説法現在	j'émeus	nous émouvons
	tu émeus	vous émouvez
	il émeut	ils émeuvent

❶ …の心を動かす, を**感動させる**, 興奮させる. ▶ *émouvoir* le cœur de qn …の心を揺さぶる / Cette conférence m'*a ému* jusqu'aux larmes. その講演を聞いて涙が出るほど感動した /《目的語なしに》L'art *émeut*. 芸術は人を感動させる. ❷〔物〕を動かす, 揺さぶる.
— **s'émouvoir** 代動 心を動かされる, 感動する; 動揺する.

émouvr- 活用 ⇨ ÉMOUVOIR 46

empaillage /ɑ̃pajaːʒ/ 男 ❶〔椅子(ｲｽ)など〕にわらを詰めること. ❷〔保護のため〕にわらで包む〔覆う〕こと. ❸〔動物〕にわらを詰めて剥製(はくせい)にすること.

empaillé, e /ɑ̃paje/ 形 ❶ わらを詰めた; わらで包んだ〔覆った〕. ❷ 剥製(はくせい)にした. ❸ 話 間の抜けた, のろまな; 無気力な. — 名 話 間抜けの, のろま者.

empailler /ɑ̃paje/ 他動 ❶〔椅子(ｲｽ)など〕にわらを詰める. ❷〔保護のため〕…をわらで包む, わらで覆う. ▶ *empailler* une couche 産床にわらを敷く. ❸〔わらを詰めて〕〔動物〕を剥製(はくせい)にする.

empailleur, euse /ɑ̃pajœːr, øːz/ 名 ❶〔椅子(ｲｽ)の〕わら詰め職人. ❷ 剥製(はくせい)師.

empaler /ɑ̃pale/ 他動 ❶〔罪人〕をくし刺しの刑に処する. ❷ …をくし刺しにする.
— **s'empaler** 代動〔とがった物の上に落ちて〕くしをさす.

empan /ɑ̃pɑ̃/ 男 スパン: 親指と小指を張った長さで, 22-24センチ.

empanaché, e /ɑ̃panaʃe/ 形 羽根飾りをつけた; 飾り立てた. ▶ sommet *empanaché* de neige 雪化粧した山頂.

empaquetage /ɑ̃pakta:ʒ/ 男 包むこと, 包装.

empaqueter /ɑ̃pakte/ 4 他動 …を包装する, くるむ. — **s'empaqueter** 代動 話〔衣服などに〕くるまる.

s'emparer /sɑ̃pare/ 代動〈*s'emparer* de qn〔qc〕〉❶ を奪い取る, 横取りする. ▶ *s'emparer* du pouvoir 権力を奪う / *s'emparer* d'un héritage 遺産を独り占めする. 比較 ⇨ PRENDRE. ❷ …を捕まえる; 逮捕する. ❸ …をすばやくつかむ;〔機会など〕をとらえる. ▶ *s'emparer* d'un bâton pour se défendre すばやく棒を手にして身を守る. ❹〔感情などが〕…をとらえる. ▶ La colère s'est *emparée* de lui. 怒りが彼の心をとらえた.

empâté, e /ɑ̃pate/ 形〔体などが〕太った; 肉太の. ▶ visage *empâté* でっぷりした顔 / écriture *empâtée* 肉太の字.

empâtement /ɑ̃patmɑ̃/ 男 ❶ 肥満, 肉がつくこと. ❷〔口の〕べとつき. ❸〔絵の具の〕厚塗り.

empâter /ɑ̃pate/ 他動 ❶〔体, 顔など〕を太らせる. ❷〔口, 舌〕をべとつかせる. ▶ bonbons qui *empâtent* la bouche 口の中がべたべたになるあめ. ❸ …に絵の具を厚塗りする.
— **s'empâter** 代動 ❶ 太る, 肉がつく. ❷〔口, 舌などが〕べとつく.

empattement /ɑ̃patmɑ̃/ 男 ❶〖建築〗フーチング(柱や壁を支える基礎の広がり部分); 根積み, 基礎. ❷〖自動車〗ホイールベース, 軸距(じくきょ).

empaumer /ɑ̃pome/ 他動 ❶ …を丸め込む, だます. ▶ Il s'est laissé [fait] *empaumer*. 彼は一杯食わされた. ❷〔ボール〕を手のひら〔ラケット〕で受ける. ❸〔カードなど〕を手のひらで隠す.

empêché, e /ɑ̃peʃe/ 形〔都合, 病気で〕出席できない, 差し支えがある.

empêchement /ɑ̃peʃmɑ̃/ 男 障害, 妨げ; 不都合, 差し支え. ▶ Elle n'est pas venue, elle a eu un *empêchement*. 彼女は都合が悪くて来なかった / En cas d'*empêchement*, téléphonez-moi. 都合が悪いときは電話して下さい / avoir un *empêchement* de dernière minute 急に都合が悪くなる.

***empêcher** /ɑ̃peʃe アンペシェ/ 他動 ❶〈*empêcher* qc (à qn)〉(…の)…を妨げる, 邪魔する. ▶ Il a tout fait pour *empêcher* ce projet. 彼は手を尽くしてその計画を妨げようとした. ❷〈*empêcher* qn de + 不定詞〉…が…するのを妨げる. ▶ Tu m'*empêches* de travailler. 君に邪魔されて仕事ができない / Sa grippe l'*a empêché* de sortir. 彼は風邪のために外出できなかった. ❸〈*empêcher* que (ne) + 接続法〉…することを妨げる, しないようにする. 注 口語では虚辞の ne を用いない. ▶ Elle a essayé d'*empêcher* que les faux bruits (ne) se répandent. 彼女はそのうわさが広まらないように努めた.
Ça ne m'empêche pas de dormir. そんなことは平気だ.
(Il) n'empêche que + 直説法. = **Cela [Ça] n'empêche pas que** + 直説法／接続法.《非人称構文で》しかしながら…に変わりはない, そうは言っても…だ. ▶ *Il n'empêche que* j'ai raison. それでも私が正しい / *Ça n'empêche pas qu*'il vienne. それでも彼はやって来る.
n'empêche 話 それでも, そうは言っても. ▶ N'em-

empêcheur

pêche, elle aurait pu me téléphoner. そんなこと言ったって,彼女も電話くらいはできただろうに.
― **s'empêcher** 代動 < *s'empêcher* de + 不定詞 >…するのをこらえる, 我慢する. 注 多く動詞 pouvoir とともに否定形で用いられる. ▶ Je n'ai pas pu *m'empêcher* de rire. 私は笑わずにはいられなかった.

empêcheur, euse /ɑ̃pɛʃœːr, øːz/ 名 邪魔をする人.
empêcheur « *de danser [de tourner] en rond* » 周りの興をそぐ人, 水を差す人.

empennage /ɑ̃pɛ(n)naːʒ/ 男 ❶ (矢に)羽根をつけること;矢羽根. ❷ (飛行機の)尾翼.

empenne /ɑ̃pɛn/ 女 矢羽根.

empenner /ɑ̃pɛ(n)ne/ 他動 〔矢〕に羽根をつける.

*****empereur** /ɑ̃pRœːr アンプルール/ 男 皇帝, 帝王. 注 女帝, 皇后は impératrice. ▶ l'*Empereur* ナポレオン1世;ナポレオン3世 / l'*Empereur* du Japon 日本の天皇.

empesage /ɑ̃pəzaːʒ/ 男 〔布地の〕糊(のり)付け.

empesé, e /ɑ̃pəze/ 形 ❶〔布が〕糊(のり)付けした. ▶ un col *empesé* 糊のきいた襟. ❷ ぎこちない, 堅苦しい. ▶ avoir l'air *empesé* 態度がぎこちない.

empeser /ɑ̃pəze/ 3 他動 〔布〕に糊(のり)付けする.

empester /ɑ̃pɛste/ 他動 ❶ …を臭くする. ▶ L'odeur de cigare *empeste* ce compartiment. このコンパートメントは葉巻臭い. ❷ …の悪臭を放つ. ― 自動 悪臭を放つ.

empêtré, e /ɑ̃petRe/ 形 ❶ < *empêtré* (dans qc) >(…の中で)動きが取れなくなった;(厄介なことに)巻き込まれた. ❷ 話 avoir l'air *empêtré* ぎこちなく[不自然に]見える.

empêtrer /ɑ̃petRe/ 他動 < *empêtrer* qn/qc (dans qc) > ❶ (…で)〔人, 足など〕の動きをとれなくする. ❷ (厄介な立場に)…を引きずり込む.
― **s'empêtrer** 代動 <*s'empêtrer* dans qc >…で動きがとれなくなる;に引きずりこまれる. ▶ *s'empêtrer* les pieds dans les cordes 綱に足をとられる / *s'empêtrer* dans des explications しどろもどろの説明をする.

emphase /ɑ̃faːz/ 女 ❶〔言葉, しぐさなどが〕大げさなこと, 誇張. ▶ parler avec *emphase* 大げさに話す. ❷〖言語〗強調.

emphatique /ɑ̃fatik/ 形 ❶ 誇張した, 大げさな. ▶ ton *emphatique* 大げさな演説口調. ❷〖言語〗強調の.

emphatiquement /ɑ̃fatikmɑ̃/ 副 誇張して, 大げさに.

emphysème /ɑ̃fizɛm/ 男〖医学〗気腫(しゅ).

emphytéose /ɑ̃fiteoːz/ 女〖民法〗永貸借, 永代賃貸権.

emphytéote /ɑ̃fiteot/ 名〖民法〗永貸借人, 永代賃貸借人.

emphytéotique /ɑ̃fiteotik/ 形〖民法〗bail *emphytéotique* 永貸借, 永代賃貸借.

empierrement /ɑ̃pjɛRmɑ̃/ 男〔道の〕石敷き;〔道を〕石敷きにすること.

empierrer /ɑ̃pjɛRe/ 他動〔道〕を石敷きにする.

empiétement /ɑ̃pjetmɑ̃/ 男 浸食;侵害.

empiéter /ɑ̃pjete/ 6 間他動 < *empiéter* sur qc > ❶ …を(少しずつ)浸食する;侵害する. ▶ La mer *empiète* sur le rivage. 海が岸辺を浸食する / *empiéter* sur les droits de qn …の権利を侵害する. ❷ …にはみ出る.

s'empiffrer /sɑ̃pifRe/ 代動 話 < *s'empiffrer* (de qc) >(…を)たらふく食べる.

empilage /ɑ̃pilaːʒ/ 男 積み重ねること;(品物などの)山.

empilement /ɑ̃pilmɑ̃/ 男 ❶ 積み重ねること;(品物などの)山. ❷ 話 ぎゅうぎゅう詰め. ▶ *empilement* des voyageurs dans le métro 地下鉄のすし詰め状態.

empiler /ɑ̃pile/ 他動 ❶ …を積み重ねる;詰め込む. ▶ *empiler* des livres dans un coin (部屋の)隅に本を山積みする / *empiler* des voyageurs dans un wagon 車両に乗客を詰め込む. ❷ 話 …の金品を盗む, をだます.
― **s'empiler** 代動 積み重なる;詰め込まれる.

empire /ɑ̃piːR/ 男 ❶ 帝国;(帝国の)支配地, 植民地. ▶ l'*Empire* romain ローマ帝国 / l'*Empire* du Milieu = le Céleste *Empire* 中国 / un vaste *empire* colonial 広大な植民地帝国. ❷ 帝政, 帝政期;帝位. ▶ le premier *Empire* (ナポレオン1世の)第1帝政 / le Second *Empire* (ナポレオン3世の)第2帝政 / abdiquer l'*empire* 帝位を退く. ❸ (政治的, 軍事的)支配権, 主権. ▶ l'*empire* des mers 制海権. ❹ 影響力;(絶対的)権威. ▶ avoir [prendre] de l'*empire* sur qn/qc …に影響力を持つ / exercer son *empire* sur qn …に支配力を振るう. ❺ (大企業, 財閥などを指して)王国. ▶ *empire* financier 金融王国.

pas pour un empire (たとえ帝国をもらっても→)絶対に嫌だ(= pour rien au monde). ▶ Je ne céderais *pas* ma place *pour un empire*! 私の席は絶対に譲らないぞ.

sous l'empire de …の支配下に, 影響を受けて. ▶ *sous l'empire de* la colère 怒りのあまり.

empirer /ɑ̃piRe/ 自動 悪くなる, 悪化する. ▶ Son état *a* encore *empiré*. 彼(女)の病状はさらに悪化した.
― **s'empirer** 代動 悪化する.

empirique /ɑ̃piRik/ 形 ❶ 経験に基づく, 経験的な. ❷〖哲学〗 connaissance *empirique* 経験論的知識.

empiriquement /ɑ̃piRikmɑ̃/ 副 経験に基づいて, 経験的に.

empirisme /ɑ̃piRism/ 男 経験的方法, 経験主義;〖哲学〗経験論.

empiriste /ɑ̃piRist/ 形 経験主義の, 経験論の.
― 名 経験論者.

emplacement /ɑ̃plasmɑ̃/ 男 ❶ (特定用途のための)場所, 用地, 敷地. ▶ *emplacement* d'une usine 工場用地 / choisir l'*emplacement* d'une maison 家の敷地を選ぶ.
❷ 跡地;遺跡. ▶ On a construit un immeuble sur l'*emplacement* de l'ancienne mairie. 旧市役所跡地にビルが建てられた. ❸ 駐車スペース.

emplâtre /ɑ̃plɑːtR/ 男 ❶ 膏薬(こうやく);(パンク修理用)ゴム布. ❷ 話 腹にもたれる食べ物. ❸ 俗 無気力な人, ぐうたら.

emplette /ɑ̃plɛt/ 囡（日用品の）買い物；買った品物. ▶ faire des [ses] *emplettes* 買い物をする.

emplir /ɑ̃pli:r/ 他動 文章 ❶ …をいっぱいに占める，埋め尽くす. ▶ La foule *emplissait* la place de la Bastille. 群衆がバスチーユ広場を埋め尽くしていた. ❷ <*emplir* qn de qc> …を（感情で）いっぱいにする，満たす. ▶ Cette nouvelle l'*a emplie* de joie. その知らせを聞いて彼女の心は喜びでいっぱいだった. — **s'emplir** 代動 <*s'emplir* de qc> …でいっぱいになる.

*__emploi__ /ɑ̃plwa/ アンプロワ/ 男 ❶ 使用；用法，用途. ▶ faire un bon *emploi* de son temps 時間を上手に使う / mode d'*emploi* 使用法，使用説明書 / Ce mot est d'un *emploi* très courant. この語はたいへんよく使われる.

❷ 職，仕事，職務；〖経済〗雇用. ▶ chercher un *emploi* 職を探す / trouver un *emploi* 就職口を見つける / être sans *emploi* 失業中である / *emploi* régulier 定職 / demande [offre] d'*emploi* 求職［求人］ / demandeur d'*emploi* 求職者 / s'inscrire comme demandeur d'*emploi* 職業安定所に登録する / créer des *emplois* 雇用を創出する / *emploi*-jeune 若年者雇用（18歳から30歳までの公的分野での雇用）/ *emploi* à vie 終身雇用.

❸〖簿記〗記帳，記入. ❹〖演劇〗役柄.

avoir le physique de l'emploi 職業にふさわしく見える；役柄にぴったりはまっている.

emploi du temps 時間割，スケジュール. ▶ avoir un *emploi du temps* très chargé スケジュールが過密である.

faire double emploi 重複する.

　比較 職，仕事
　emploi, travail 最も一般的. 前者は可算名詞，後者は不可算名詞. したがって「職を探す」は chercher un *emploi* あるいは chercher du *travail* という. **poste** ヒエラルキーの中で考えられた役職，ポスト. **situation** 報酬面から見た職を指す. **fonctions** 公の高い地位の職を指す. **place** 《くだけた表現》高い地位の職にはほとんど用いない. ⇨ TRAVAIL.

employabilité /ɑ̃plwajabilite/ 囡 就業可能性

*__employé, e__ /ɑ̃plwaje/ アンプロワイエ/ 名 従業員，職員，会社員，サラリーマン. ▶ les *employés* d'une société 会社の社員 / *employé* de bureau 会社員 / *employé* de banque 銀行員 / *employé* de bureau 事務職員 / *employée* de maison 家事使用人. 比較 ⇨ TRAVAILLEUR.

*__employer__ /ɑ̃plwaje/ アンプロワイエ/ 10 他動

直説法現在	j'emplo*ie*	nous employons
	tu emplo*ies*	vous employez
	il emplo*ie*	ils emplo*ie*nt
複合過去	j'ai employé	半過去 j'employais
単純未来	j'emploierai	単純過去 j'employai

　英仏そっくり語
　英 to employ 雇う.
　仏 employer 使う，雇う.

❶ …を使う，用いる；利用する. ▶ bien *employer* son argent 金を上手に使う / *employer* la force 武力を行使する / *employer* tous les moyens pour convaincre qn …を説得するのにあらゆる手段を尽くす / Ce mot n'*est* plus *employé*. この単語はもう使われない. ◆ *employer* qc à qc/不定詞 …を…（するの）に用いる. ▶ *employer* une heure à rédiger un rapport (=mettre) 報告書を書くのに1時間かける.

❷ …を雇う，使う. ▶ *employer* qn à l'heure …を時給で雇う / *employer* qn comme secrétaire …を秘書に雇う / *employer* de la main-d'œuvre étrangère 外国人労働者を使う.

　比較 使う，用いる
　employer, utiliser 最も一般的. **se servir de** 特に道具を用いる場合. *se servir d'*un dictionnaire 辞書を使う. **user de** 改まった表現で，目的語は多く抽象名詞. *user de* violence 暴力をふるう.

— **s'employer** 代動 ❶ 使われる，用いられる. ▶ Cette expression ne *s'emploie* plus. この言い回しは今はもう使われない.

❷ <*s'employer* à qc/不定詞> …に心する，身を入れる. ▶ *s'employer* à trouver une solution 解決法を見つけるべく努力する.

❸ <*s'employer* pour [en faveur de] qn> …のために尽力する.

employeur, euse /ɑ̃plwajœ:r, ø:z/ 名 雇用者，雇い主，使用者（↔employé）.

emplumé, e /ɑ̃plyme/ 形 羽根（飾り）をつけた；羽毛に覆われた.

empocher /ɑ̃pɔʃe/ 他動〔金，利益など〕を受け取る；ポケットに入れる. ▶ Tu *as empoché* combien ? いくらもらった？

empoignade /ɑ̃pwaɲad/ 囡 話 激しい口論，口喧嘩；つかみ合い.

empoigne /ɑ̃pwaɲ/ 囡〖次の句で〗

foire d'empoigne（つかみ取りの市 →）食うか食われるかの世界. ▶ Le partage de l'héritage est souvent une vraie *foire d'empoigne*. 遺産の分配はたいていの場合，欲得ずくの奪い合いである.

empoigner /ɑ̃pwaɲe/ 他動 ❶ …をつかむ，握る. ▶ *empoigner* qn par le bras …の腕をぎゅっとつかむ. 比較 ⇨ PRENDRE. ❷ 話 …を捕まえる；逮捕する. ❸ …の心をとらえる，を感激させる.

— **s'empoigner** 代動 つかみ合う；ののしり合い，言い争う.

empoisonnant, ante /ɑ̃pwazɔnɑ̃, ɑ̃:t/ 形 話 うんざりさせる，ひどく煩わしい.

empoisonnement /ɑ̃pwazɔnmɑ̃/ 男 ❶ 中毒. ▶ *empoisonnement* dû à des champignons vénéneux 毒きのこによる中毒. ❷ 毒殺，毒を盛ること. ❸ 話 煩わしさ，厄介事. ▶ avoir des *empoisonnements* (avec qn/qc)（…のことで）苦労する.

empoisonner /ɑ̃pwazɔne/ 他動 ❶ …に毒を盛る，を毒殺する；中毒させる. ▶ un plat de champignons qui *a empoisonné* toute la famille 家中の者が食中毒を起こしたときの料理. ❷ …に毒を混ぜる，毒を塗る. ▶ propos *empoisonnés* 毒

empoisonneur

を含んだ言葉. ❸ …を悪臭で満たす；汚染する. ▶ *empoisonner* l'atmosphère 大気を汚染する. ❹ 話 …をうんざりさせ，煩わせる. ▶ Il m'*empoisonne* avec ses jérémiades.(=ennuyer) あいつのぐちにはほとほとうんざりだ. ❺〔楽しみ，人生など〕を害する，台なしにする；〔人，精神など〕を毒する.

— **s'empoisonner** 代動 ❶ 毒を飲む，服毒自殺をする；〔薬品，食品で〕中毒になる. ❷ 話 うんざりする，退屈する. ❸〔楽しみなどが〕損なわれる.

empoisonn*eur*, *euse* /ɑ̃pwazɔnœːr, øːz/ 名 ❶ 毒を盛る人，毒殺者. ❷ 話 ひどい料理人. ❸ 話 うんざりさせる人，煩わしいやつ. ❹ 害毒を流す人.

empoissonnement /ɑ̃pwasɔnmɑ̃/ 男（魚の）放流.

empoissonner /ɑ̃pwasɔne/ 他動〔池，川など〕に（稚）魚を放流する.

emporté, e /ɑ̃pɔrte/ 形, 名 すぐかっとなる（人），怒りやすい（人）.

emportement /ɑ̃pɔrtəmɑ̃/ 男 ❶ 逆上，激怒. ▶ dans un mouvement d'*emportement* かっとなって. ❷ 文章 夢中，熱狂. ▶ avec *emportement* 熱狂的に.

emporte-pièce /ɑ̃pɔrtəpjɛs/ 男〔単複同形〕押し抜き器.
à l'emporte-pièce (1) 辛辣(ﾗﾂ)な，手厳しい. ▶ des expressions *à l'emporte-pièce* 辛辣な表現. (2) 一徹な，妥協しない. ▶ avoir un caractère *à l'emporte-pièce* 一徹な性格である.

******emporter*** /ɑ̃pɔrte/ アンポルテ 他動 ❶ …を持っていく，運ぶ，運び去る〔注「持ってくる」は apporter）. ▶ N'oublie pas d'*emporter* un plan de Paris. パリの地図を持っていくのを忘れないで / L'ambulance a *emporté* le blessé à l'hôpital.(=emmener) 救急車が負傷者を病院に運んでいった / *emporter* son secret dans la tombe（秘密を墓まで持っていく→）死ぬまで秘密を守る. ◆à *emporter* 持ち帰りの. ▶《Pizzas à *emporter*》「ピザお持ち帰りできます」

J'emporte mon parapluie.

❷ …を奪い去る，もぎ取る；占領する. ▶ La toiture a été *emportée* par un coup de vent. 屋根が突風で吹き飛ばされた / *emporter* la position ennemie (=s'en emparer) 敵陣を占領する. ❸〔病気などが〕…の命を（あっという間に）奪う. ▶ Cette épidémie a *emporté* beaucoup d'habitants. その伝染病は多数の住民の命を奪った. ❹〔情動などが〕…を突き動かす，興奮させる. ▶ être *emporté* par une histoire fantastique 幻想的な話に夢中になる. ◆se laisser *emporter* par qc …に駆られる，引きずられる，ふける. ▶ se laisser *emporter* par la colère 怒りに駆られる.
emporter la gueule〔香辛料の効きすぎた料理が〕口をひりひりさせる.

emporter le morceau 話（聞き抜いて）目標に達する，念願を果たす.
Il ne l'emportera pas au paradis.（天国までは持っていけない→）このままでは済まさないぞ，あいつにはきっと仕返しをしてやる.
l'emporter (sur qn/qc) (…より)まさる，優位に立つ. ▶ Il va *l'emporter* sur ses rivaux. 彼は競争相手に勝つだろう.

— **s'emporter** 代動 ＜s'emporter (contre qn/qc)＞（…に対して）怒る，憤る. ▶ s'*emporter* facilement すぐかっとなる.
s'emporter comme une soupe au lait 話 突然かっとなる.

empoté, e /ɑ̃pɔte/ 形, 名 話 不器用な（人），のろまな（人）.

empoter /ɑ̃pɔte/ 他動〔植物〕を植木鉢に植える.

empourprer /ɑ̃purpre/ 他動 文章 …を赤く染める，真っ赤にする.
— **s'empourprer** 代動 赤く染まる，真っ赤になる.

empoussiérer /ɑ̃pusjere/ 6 他動 …をほこりだらけにする，ほこりまみれにする.
— **s'empoussiérer** 代動 ほこりにまみれる，ほこりをかぶる.

empreign- 活用 ⇨ EMPREINDRE 80

s'empreindre /sɑ̃prɛ̃ːdr/ 80（過去分詞 empreint, 現在分詞 s'empreignant）代動 刻みつけられる，しるされる. ▶ Son visage s'*empreint* de douleur. = La douleur s'*empreint* sur son visage. 彼（女）の顔には苦悩の色がにじんでいる.
— **empreindre** /ɑ̃prɛ̃ːdr/ 他動 文章 ＜*empreindre* qn/qc (de qc)＞ …に〔感情などを〕刻みつける，しるす.

empreint, einte /ɑ̃prɛ̃, ɛ̃ːt/ 形 (empreindre の過去分詞) ＜*empreint de qc*＞（感情などを）刻みつけられた，しるされた. ▶ un poème *empreint* de sincérité ひたむきな思いの表われた詩.

empreinte /ɑ̃prɛ̃t/ 女 ❶（押し付けられてできた）跡，型；（貨幣，メダルの）刻印. ▶ *empreintes* de pas 足跡. ❷ 指紋（=empreinte digitale）. ▶ relever [identifier] des *empreintes* sur une tasse à café コーヒーカップについている指紋を採取［鑑定］する. ❸ しるし，兆候；（精神的な）影響. ▶ marquer qn/qc de son *empreinte* …に独特の刻印を押す；影響を与える.
❹ *empreinte* écologique エコロジカルフットプリント（人間が地球環境に及ぼす影響の大きさ）. ❺ *empreinte* génétique DNA 鑑定.

empressé, e /ɑ̃prese/ 形 熱心な，熱烈な；親切な，献身的な；媚(ｺ)びた. ▶ admirateur *empressé* 熱狂的なファン / jeune homme *empressé* 思いやりのある若者. ◆*empressé* à + 不定詞 …するのに熱心な，いそいそと…する.

empressement /ɑ̃presmɑ̃/ 男 ❶ 熱意，熱心. ▶ manifester de l'*empressement* 熱意を見せる. ❷ 急ぐこと. ▶ agir avec *empressement* てきぱきと動き回る. ❸ 親切，特別の好意. ▶ témoigner de l'*empressement* auprès des femmes 女性にまめまめしく尽くす.

*****s'empresser*** /sɑ̃prese/ サンプレセ 代動 ❶ ＜s'*empresser* de + 不定詞＞ 急いで…する，慌てて…する.

▶ Je *me suis empressé* de finir mon travail pour sortir. 私は遊びに出かけるために急いで仕事を終えた.
❷ <*s'empresser* auprès [autour] de qn>…に熱心に尽くす, の機嫌をとる.

emprise /ɑ̃pri:z/ 囡 影響力; 支配(力). ▶ avoir de l'*emprise* sur qn …に対して影響力を持つ / agir sous l'*emprise* de la passion 熱情にかられて行動する.

emprisonnement /ɑ̃prizɔnmɑ̃/ 男 投獄, 禁固(刑); 拘留. ▶ être condamné à un *emprisonnement* à vie 終身禁固(刑)に処される.

emprisonner /ɑ̃prizɔne/ 他動 ❶ …を投獄する, 拘留する. ▶ *emprisonner* un malfaiteur 犯人を投獄する. ❷ …を閉じ込める. ▶ être *emprisonné* dans un ascenseur (=enfermer) エレベーターの中に閉じ込められる / être *emprisonné* dans ses habitudes 習慣に縛られる. ❸〔衣服などが〕…を締めつける.
── **s'emprisonner** 代動 < *s'emprisonner* dans qc >…に閉じこもる. ▶ *s'emprisonner* dans le mutisme. 黙りこくる.

emprunt /ɑ̃prœ̃/ 男 ❶ 借りること; 借金; 借り物. ▶ faire l'*emprunt* de qc à qn …から…を借りる / faire un *emprunt* de dix mille euros à une banque 銀行から1万ユーロ借りる / rembourser [restituer] un *emprunt* 借金を返す. ❷ 公債(=*emprunt* public); 国債(=*emprunt* d'Etat). ▶ émettre [lancer] un *emprunt* 公債を発行する. ❸ 借用; 借用語(=mot d'*emprunt*). ▶ *emprunts* à [de] l'espagnol スペイン語からの借用語.
d'emprunt 借り物の; 仮の. ▶ sous un nom *d'emprunt* 偽名で.

emprunté, e /ɑ̃prœ̃te/ 形 ❶ 借りた, 借用した. ▶ argent *emprunté* 借金 / mot *emprunté* à l'anglais 英語からの借用語. ❷ 不自然な, 不器用な. ▶ d'un air *emprunté* ぎこちない様子で.

*__emprunter__ /ɑ̃prœ̃te/ アンプランテ/ 他動 ❶ < *emprunter* qc (à qn/qc) > (…から)…を**借りる**, 借用する; 得る;《目的語なしに》借金する (↔prêter). ▶ *emprunter* un livre à la bibliothèque 図書館から本を借りる / *emprunter* à la banque 銀行から金を借りる / Le français *a emprunté* de nombreux mots au grec. フランス語はギリシア語から多くの語を取り入れた.
❷〔道〕を通る; 利用する. ▶ On est obligé d'*emprunter* le passage souterrain. 地下道を通らなければならない.

emprunteur, euse /ɑ̃prœ̃tœ:r, ø:z/ 名 借り手, 借り主; 借金する人 (↔prêteur).
── 形 借りる; 借用癖のある.

empuantir /ɑ̃pɥɑ̃ti:r/ 他動 …に悪臭をまき散らす, を臭くする(=empester). ▶ Les voitures *empuantissent* l'atmosphère. 自動車のせいで空気が臭くなる.

empyrée /ɑ̃pire/ 男 ❶〔古代史〕最高天: 宇宙の四層の天界の最上層で, 神々が住むとされた. ❷ 詩語 天, 蒼穹(きゅう); 天国, 楽園.

ému, e /emy/ 形 (émouvoir の過去分詞)心を動かされた, 感動した; 動揺した. ▶ parler d'une voix *émue*（感動して）上ずった声で話す.

émulateur /emylatœ:r/ 男〔情報〕エミュレーター.

émulation /emylasjɔ̃/ 囡 ❶（知的, 職業的）競争心,（好ましい）対抗意識. ▶ exciter l'*émulation* chez les élèves 生徒たちの競争心をかき立てる. ❷〔情報〕エミュレーション.

émule /emyl/ 名 文章 競争相手; 好敵手.

émuler /emyle/ 他動 …をエミュレートする.

émulsion /emylsjɔ̃/ 囡 ❶ エマルジョン, 乳液. ❷〔写真〕*émulsion* photographique 感光乳剤.

émulsionner /emylsjɔne/ 他動 ❶ …を乳化する. ❷〔写真〕…に感光乳剤を塗る.

*__en__¹ /ɑ̃ アン/ 前

《場所, 時間》…に, …で. ▶ *en* ville 街で.
《状態》…の状態で, でできた. ▶ être *en* colère 怒っている.
《手段》…で, によって.
《資格》…として. ▶ *en* homme 男らしく.
<en + 現在分詞>《ジェロンディフ》

《多く無冠詞名詞, 人称代名詞強勢形, 時間表現の前で用いる》

❶《場所》…に, …で.

❶《位置, 地点, 方向》…に, …で. ▶ Il habite *en* banlieue. 彼は郊外に住んでいる / dîner *en* ville 街で [外で] 夕食をとる / mettre qn *en* prison …を投獄する / Christ *en* croix 十字架上のキリスト / aller *en* classe 授業に行く / monter *en* voiture 車に乗る. ◆*en* + 地名 ▶ aller [habiter] *en* France フランスに行く[住む] / *en* Bourgogne [Corse] ブルゴーニュ[コルシカ島] で. 語法 ⇨ à.

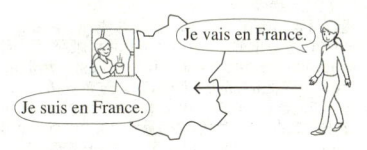

Je vais en France.
Je suis en France.

❷《専門分野, 領域》…において. ▶ Elle est forte *en* mathématiques. 彼女は数学に強い / exceller *en* dessin デッサンに秀でる / docteur *en* droit 法学博士.

❸《抽象的な場所》…に, の中に. ▶ avoir des projets *en* tête 計画が頭にある / Ce nom me revient *en* mémoire. その名前が私の記憶によみがえってくる / Il y a *en* lui quelque chose d'étrange. 彼には何か風変わりなところがある.

注 例外を除いて, *en* は普通無冠詞名詞とともに用いられ, 名詞に冠詞がつく場合や修飾語を伴う場合には dans が用いられる. 一般に dans を用いる方が具体的となる（例: mettre qn *en* prison …を投獄する / mettre qn dans une prison bien gardée …を監視の厳しい刑務所に入れる）.

❷《時間》…に, …で, …かかって.

❶《時点》…に. ▶ *en* ce moment 現在 / *en* semaine ウィークデーに / *en* son absence 彼（女）の留守中に / *en* fin de saison 季節の終わ

en

りに. ◆ en ＋ 年［月, 季節］ ▶ Napoléon est né *en* 1769 [mille sept cent soixante-neuf]. ナポレオンは1769年に生まれた / *En* quelle année? 何年に / *en* l'an 2008 [deux mille huit] 西暦2008年に / *en* janvier 1 月に / *en* été 夏に（注 季節のうち, 春だけは au printemps とし, en は用いない）.

❷《期間》…かかって, …で; の間に. ▶ Le travail sera fait *en* dix minutes. その仕事は10分間でできるだろう（注 dans dix minutes とすれば「10分後にできる」という意味になる）/ *En* une demi-heure, j'ai reçu dix coups de téléphone. 半時間の間に10回も電話がかかってきた. 語法 ⇨ DANS.

❸《回数》〈*en* ＋ 数詞 ＋ fois〉… 回で. ▶ payer *en* une [deux] fois 一括払い［2 回払い］で払う.

❹《状態》

❶《状態, 様態》…の状態で. ▶ Il est *en* colère. 彼は怒っている / être *en* bonne santé [forme] 健康［元気］である / être *en* voyage 旅行中である / être *en* retard 遅れている / La voiture est *en* panne. 車は故障している / bureau *en* désordre 乱雑な事務所.

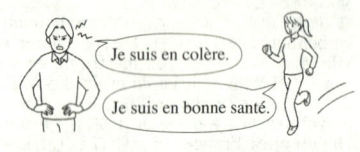

Je suis en colère.
Je suis en bonne santé.

❷《服装》…を着た. ▶ militaire *en* uniforme 制服を着た軍人 / être *en* noir 黒装束を身にまとっている; 喪服を着ている.

❸《材質, 構造》…でできた; から成る. ▶ bague *en* or 金の指輪 / sac *en* papier 紙袋 /《*En* quoi est-ce que c'est fait?—C'est *en* plastique.》「これはなんでできているのですか」「プラスティックでできています」/ une pièce *en* cinq actes 5 幕の戯曲. 比喩(ﾋﾕ)的の意味には un cœur de pierre（石のような心）のように常に de を用いる.

❹《変化の結果》…に, の状態に. ▶ transformer un château *en* hôtel 大邸宅をホテルに改装する / convertir des euros *en* dollars ユーロをドルに変える / couper qc *en* deux …を 2 つに切る / traduire qc *en* français …をフランス語に訳す.

❺《手段, 方法》…で, によって. ▶ payer *en* euros ユーロで支払う / écrire *en* français フランス語で書く / dire *en* quelques mots 手短に言う. ◆ *en* ＋ 乗り物 …に乗って. ▶ se déplacer *en* voiture [train, avion, bateau] 自動車［列車, 飛行機, 船］で移動する.

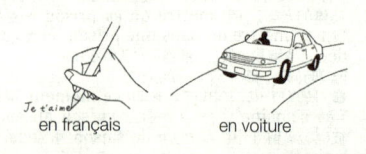

en français   en voiture

❺《資格》…として, …らしく（＝comme）. ▶ agir *en* homme 男らしく行動する / donner qc *en* cadeau …を贈り物として与える.

❻《種々の成句的表現を作る》

❶《特定の間接他動詞, 動詞句とともに》▶ croire *en* Dieu 神を信じる / espérer *en* sa réussite 己の成功を期待する / avoir confiance *en* qn/qc …を信頼する.

❷《多くの無冠詞名詞とともに副詞句, 前置詞句を作る》▶ *en* effet いかにも / *en* général 一般に / *en* raison de qc …を考慮して / *en* dépit de qc …にもかかわらず / *en* tant que qc …として.

❸《慣用的に la, l' を伴う名詞とともに》▶ *en* l'honneur de qn …に敬意を表して / *en* l'occurrence この場合には / *en* l'espace de deux ans 2 年の間に.

❼《現在分詞の前でジェロンディフを作る》

❶《同時性》…しながら. ▶ siffler *en* travaillant 仕事をしながら口笛を吹く.

❷《時》…するときに. ▶ Fermez la porte *en* sortant. 出るときドアを閉めなさい.

❸《手段, 様態》…することによって, …して. ▶ endormir un bébé *en* le berçant 赤ん坊を揺すって眠らせる.

❹《原因》…のせいで. ▶ Il s'est blessé *en* tombant. 彼は転んでけがをした.

❺《条件, 仮定》…すれば. ▶ Tu vas te fatiguer *en* courant comme ça. そんなに走ると疲れますよ.

❻《対立, 譲歩》たとえ…でも, …なのに. ▶ Tout *en* étant riche, il vit simplement. 彼は金持ちなのに簡素に暮らしている（注 tout は対立, 譲歩を強調）.

注 原則としてジェロンディフが修飾するのは主節の主動詞であり, その主語は主動詞の主語と一致する（例: J'ai rencontré Marie *en* revenant de l'école. 下校の途中で私はマリーに会った）. それに対して, 現在分詞は直接目的語に後置され, それを修飾することがある（例: J'ai rencontré Marie revenant de l'école. 私は下校中のマリーに会った）.

de ... en ... ⇨ DE¹.

en plein(e) ＋ 無冠詞名詞 (1) …の真ん中で［に］. ▶ *en pleine* forêt 森の真ん中で. (2) …の真っ最中に. ▶ *en plein* jour 真っ昼間に. (3) …のただ中の状態に. ▶ Cette industrie est *en pleine* expansion. この産業は急激に成長しつつある.

:en² /ɑ̃ アン/

— 副《出発点》そこから. ▶ *en* revenir そこから戻る.
— 代《de を伴う名詞や動詞に代わって》▶ J'*en* ai besoin 私はそれが必要だ.
《部分冠詞, 数量表現などを伴う名詞を受けて》▶ J'*en* ai deux. それを 2 つ持っている.

副 ❶《出発点》そこから（＝de là）. ▶ Elle est allée à Paris la semaine dernière, et *en* est revenue hier soir. 彼女は先週パリへ行って昨夜帰ってきた.

❷《動詞句中で漠然と出発点を示す》▶ s'*en* re-

encadrer

tourner 引き返す / Il s'*en* est allé. 彼は立ち去った（注 話し言葉では Il s'est *en* allé. という傾向が強い).

—— 代《副詞的代名詞または中性代名詞と呼ばれ, ⟨de ＋名詞［代名詞, 不定詞, 節］⟩の代わりをする⟩

❶《前置詞 de と呼応し, 特定の物, 事柄を受ける》
❶《de を要求する動詞(句)の間接目的語》それを, そのことを, それについて. ▶《Savez-vous qu'il part en voyage?—Oui, il m'*en* a parlé.》「彼が旅行に出かけるのを知っていますか」「はい, 彼がそのことを話してくれました」（注 il m'*en* a parlé ＝ il m'a parlé de cela) / Rendez-moi mon vélo, j'*en* ai besoin. 自転車を返してください, それがないと困るんです（注 j'*en* ai besoin ＝ j'ai besoin du vélo).

注 en は一般に物を受け, 人を受けるときは⟨de ＋人称代名詞強勢形⟩を用いる（例: Je ne doute pas de lui. 私は彼のことを疑わない).

❷《原因, 動作主, 手段などを示す状況補語》そこから, それで, それによって. ▶ Il a reçu une blessure et *en* est mort. 彼は負傷し, それがもとで死んだ / Prenez cette couverture et couvrez-vous-*en*. この毛布を取って体を包みなさい.

❸《形容詞の補語》▶ C'est une bonne classe, les professeurs *en* sont contents. このクラスは優秀で先生たちは満足している / Mentir? Elle *en* est incapable. うそをつくだろ, 彼女にそんなことはできない（＝Elle est incapable de mentir).

❹《名詞の補語》その, それの. ▶ Ce projet m'inquiète, car j'*en* connais tous les dangers. この計画には不安を感じる, どんな危険かよく知っているからね（注 j'*en* connais tous les dangers ＝ je connais tous les dangers de ce projet) / Je n'ai pas oublié ta maison. Le toit *en* est rouge.（＝de ta maison) 君の家は忘れていない, 屋根は赤だよね.

❷《部分冠詞, 複数不定冠詞などのついた名詞を受け, 不特定の人, 物を示す》❶《部分冠詞, 複数不定冠詞のついた直接目的語に代わる》▶《Voulez-vous du pain?—Non, merci, j'*en* ai encore.》「パンはいかがですか」「いえ, まだありますから」/ Et des disques, *en* avez-vous achetez? それでレコードは買ったのですか（注 複合時制の動詞の直接目的語となる場合, 過去分詞は性数一致せない)/《A-t-elle des poupées?—Oui, elle *en* a de belles.》「彼女は人形を持っていますか」「はい, きれいなのを持っています」（注 en を修飾する形容詞は en の受ける名詞の性数に応じて変化し, de を先立てる).

❷《数詞, 数量表現, 不定形容詞とともに》▶《A-t-elle des enfants?—Oui, elle *en* a deux.》「彼女には子供がいますか」「はい, 2 人います」/ Si vous aimez les pommes, prenez-*en* plusieurs. リンゴがお好きなら, いくつか取りなさい.

❸《Il y a qui ＋動詞》…する人がいる. ▶ Il y *en* a qui réussissent à l'examen sans travailler beaucoup. たいして勉強もしないで試験に受かる連中がいる.

❸《動詞句を作る》▶ *en* avoir assez もうたくさんだ, うんざりする / *en* venir à qc/不定詞 ついに…

(する)に至る / Il *en* va de même de ［pour］qn/qc. …についても事情は同じである.

語法 en の位置

⟨主語 ＋(ne) ＋目的語人称代名詞 ＋en ＋動詞［助動詞 ＋過去分詞］＋(pas)⟩の順になる.
• J'*en* prends. それを取ります.
• N'*en* prends pas. それを取るな.

肯定命令文では⟨動詞 ＋目的語人称代名詞 ＋en⟩の順にハイフンでつなぐ. 特に第 1 群規則動詞の 2 人称単数の直後に en がくると, 動詞語尾に s がつきリエゾンが行われる. また moi, toi のあとで は m'en, t'en の形になる.
• Donnez-lui-*en*. 彼(女)にそれをあげなさい.
• Parles-*en*. /parlzɑ̃/ それについて話せ.
• Va-t-*en*! 立ち去れ.

en- 接頭《別形 em-》
❶❶「中に」の意. ▶ *em*barquer 乗せる.
❷「…にする」の意. ▶ *en*richir 豊かにする.
❸「開始, 強調」を表わす. ▶ s'*en*dormir 寝入る.
❷「離れる, 離す」の意. ▶ *em*porter 持っていく, 運び去る.

ENA /ena/ 女《略語》Ecole nationale d'administration 国立行政学院.

énarchie /enarʃi/ 女 話《国立行政学院出身の》高級官僚による支配体制;《集合的に》国立行政学院出身者, エリート官僚.

énarque /enark/ 男 話 国立行政学院卒業生;《国立行政学院出身の》高級官僚.

en-avant /ɑ̃navɑ̃/ 男《単複同形》《ラグビー》ノック・オン, スロー・フォワード.

en-but /ɑ̃by(t)/ 男《単複同形》《ラグビー》インゴール: トライが与えられる地域.

encadré /ɑ̃kadre/ 男 囲み記事, コラム.

encadrement /ɑ̃kadrəmɑ̃/ 男 ❶ 額縁に入れること, 枠にはめること; 額縁, 枠; 縁取り. ▶ l'*encadrement* d'une fenêtre 窓枠. ❷《集団の》指導; 指導スタッフ, 幹部;《企業の》管理職 ＝ personnel d'*encadrement*. ❸ 文章 背景, 環境. ❹《金融》*encadrement* du crédit《中央銀行による市中銀行への》貸出規制［抑制］.

encadrer /ɑ̃kadre/ 他動 ❶ …を額縁に入れる, 枠にはめる; 枠で囲む. ▶ faire *encadrer* un tableau 絵を額に入れさせる / *encadrer* d'un trait rouge un article de journal 新聞記事を赤線で囲む.

❷［物が］…を取り巻く, 縁取る. ▶ les montagnes qui *encadrent* une ville（＝entourer）町をめぐる山々.

❸［人, 集団］を両側から挟む. ▶ Les forces de l'ordre *encadraient* la manifestation. 機動隊がデモ隊の周囲を固めていた / Deux gendarmes m'*ont encadré*. 2 人の憲兵が私の両脇についた.

❹ …を統率する, 指導する;［部隊］に将校［下士官］を配置する. ▶ Dans cette école, les enfants *sont bien encadrés*. この学校では児童は行き届いた指導を受けている.

❺《金融》*encadrer* le crédit 貸出規制を行う.

être à encadrer 話 額に入れて飾っておきたいほどだ, 異様だ, 滑稽《こっけい》だ.

ne pas pouvoir encadrer qn 話 …が嫌いである. ▶ Je *ne peux pas l'encadrer*. あいつには虫ず

encadreur

が走る.
— **s'encadrer** 代動 囲まれて見える, 縁取られる.

encadr*eur, euse* /ākadrœːr, øːz/ 名 額縁屋, 額縁製造者.

encaissable /ākɛsabl/ 形〔現金が〕領収できる, 受け取れる;〔有価証券が〕換金できる.

encaisse /ākɛs/ 女 手持ち現金; 有価証券現在高. ▶ l'*encaisse* métallique (兌換(%)紙幣を保証するための) 金・銀貨[塊], 正貨準備金.

encaissé, e /ākese/ 形〔道などが〕両側の切り立った. ▶ une vallée *encaissée* 険しい谷.

encaissement /ākɛsmā/ 男 ❶ (現金の) 領収, 受領; 取り立て;〔手形などの〕現金化. ▶ remettre un chèque à l'*encaissement* 小切手を取り立てに回し, 現金化する.
❷ (道などの) 両側が切り立っていること.

encaisser /ākese/ 他動 ❶〔現金〕を受け取る, 領収する;〔手形など〕を現金化する. ▶ *encaisser* une somme importante (=recevoir) 大金を受領する / *encaisser* un chèque 小切手を現金にする. ❷ 話〔打撃〕を食らう, 受ける. ▶ *encaisser* un coup 一発殴られる. ❸ 話 …を我慢する, に耐える. ▶ *encaisser* des injures 侮辱に耐える.
◆ne pas pouvoir *encaisser* qn/qc …に我慢できない.
— **s'encaisser** 代動〔川などが〕両側から挟まれている.

encaisseur /ākɛsœːr/ 男 集金人, 手形代金取立係 (=garçon de recettes).

encan /ākā/ 男 (次の句で)
à l'encan 文章 競売で, 競りにかけて (=aux enchères). ▶ mettre [vendre] qc *à l'encan* …を競売にかける / vente *à l'encan* 競売, オークション.

s'encanailler /sākanaje/ 代動 俗 ろくでもない連中と付き合う; 柄が悪くなる, 下品な振る舞いをする.

encapuchonner /ākapyʃɔne/ 他動 …にフード[頭巾(%k)]をかぶせる.
— **s'encapuchonner** 代動 フード[頭巾]をかぶる.

encart /ākaːr/ 男 (書籍, 雑誌などの) 差し込み, 挿入紙; 別丁. ▶ *encart* publicitaire 挟み込み[折り込み]広告.

encartage /ākartaːʒ/ 男 (広告などを) 差し込むこと.

encarter /ākarte/ 他動〔別丁, 広告など〕を挿入, 差し込む.

en-cas /āka/ 男 (いつでもすぐ食べられるように用意した) 軽食 (=casse-croûte).

encaserner /ākazɛrne/ 他動〔部隊〕を兵舎に収容する, 在営させる (=caserner).

encastrable /ākastrabl/ 形〔器具, 家具などが〕はめ込みうる, 埋め込み式の. ▶ cuisinière *encastrable* はめ込み式レンジ.

encastrement /ākastrəmā/ 男 ❶ はめ込み, 埋め込み. ❷ (他の部材を受ける) 切り込み, 溝.

encastrer /ākastre/ 他動 …をはめ込む.
— **s'encastrer** 代動 はまる, 埋まる, 埋め込まれる.

encaustiquage /ākɔstikaːʒ/ 男 ワックスを塗る[かける] こと.

encaustique /ākɔstik/ 女 艶(%ya)出しワックス.
encaustiquer /ākɔstike/ 他動 …にワックスをかける.

enceinte¹ /āsɛ̃ːt/ 女 ❶ 囲い; 城壁, 城郭. ▶ franchir le mur d'*enceinte* 城壁を越える / les *enceintes* de l'ancien Paris 旧パリ市の城壁.
❷ (囲いの) 内部; 構内; 室内. ▶ pénétrer dans l'*enceinte* d'un tribunal 法廷内部に入る.
❸ (ステレオの) スピーカーシステム (=*enceinte* acoustique).

enceinte² /āsɛ̃ːt/ 形《女性形のみ》妊娠している.
▶ une femme *enceinte* 妊婦 / tomber *enceinte* 妊娠する / être *enceinte* de trois mois 妊娠 4 か月である (注 フランスでは妊娠月数を 0–9 か月で数える).

encens /āsā/ 男 香. ▶ brûler de l'*encens* 香をたく.

encensement /āsāsmā/ 男 ❶《カトリック》撒香(%k); 香をたいて祭ること. ❷ 褒めそやすこと, お追従.

encenser /āsāse/ 他動 ❶ …を褒めそやす. ▶ Elle a été *encensée* par son professeur. 彼女は先生に褒められた. ❷ (香をたいて) …を祭る; に撒香(%k)する.

encensoir /āsāswaːr/ 男《カトリック》つり香炉.
▶ balancer l'*encensoir* devant l'autel (撒香(%k)するために) 祭壇の前でつり香炉を振る.
donner des coups d'encensoir = ***manier [prendre] l'encensoir*** 話 おべっかを使う, おだて上げる.

encéphale /āsefal/ 男《解剖》脳.
encéphalite /āsefalit/ 女《医学》脳炎.
encéphalographie /āsefalɔgrafi/ 女《医学》脳造影 (法).

encerclement /āsɛrkləmā/ 男 (軍事的, 経済的) 包囲 (網).

encercler /āsɛrkle/ 他動 ❶ …を包囲する. ▶ *encercler* l'ennemi 敵を包囲する.
❷ …を円[輪]で囲む. ▶ *encercler* un numéro de rouge 数字を赤で囲む.

enchaîné, e /āʃene/ 形 鎖につながれた; つながった. — **enchaîné** 男《映画》オーバーラップ (= fondu enchaîné).

enchaînement /āʃenmā/ 男 ❶ (事件などの) 連鎖, 連続; (論理的) つながり, 脈絡. ▶ *enchaînement* des causes et des effets 原因と結果のつながり / *enchaînement* de circonstances malheureuses 一連の不幸な事態 / L'*enchaînement* des idées est bon dans cet exposé. この発表は論の運びがよい.
❷《音 声》アンシェヌマン (例: avec elle /avekɛl/ のように語尾の子音を後続母音につなげて発音すること). ❸《バレエ》アンシェヌマン: 振り付けにおける動きのつながり.

enchaîner /āʃene/ 他動 ❶ …を鎖でつなぐ. ▶ *enchaîner* un chien à un arbre 犬を木に鎖でつなぐ. ❷ 文章 …を服従させる, 束縛する; 抑圧する.
▶ *enchaîner* la liberté 自由を束縛する / *enchaîner* la presse 言論を抑圧する. ❸ [論理的に] (論理的に) つなぎ合わせる. ▶ *enchaîner* 「des mots [des phrases]」言葉 [文章] に脈絡を与え

る. ❹〖映画〗〖画面〗をつなぐ, 転換する.
— 間他動 *enchaîner* sur qc〖次の話題など〗に直ちに移る. ▶ *enchaîner* sur un gros plan 〖映画〗(画面)がアップに変わる.
s'enchaîner 代動 論理的につながる.

enchanté, e /ɑ̃ʃɑ̃te アンシャンテ/ 形 ❶ <*enchanté* de qc/不定詞> // *enchanté* que + 接続法> …にたいへん満足した, 非常にうれしい. ▶ **Je suis enchanté de faire votre connaissance.** お会いできて光栄です, 初めまして(注 単に Enchanté. とも言う) / Il est rentré *enchanté* de son séjour. 彼は滞在にすっかり満足して帰ってきた. ❷ 魔法にかけられた, 魔法の. ▶ *La Flûte enchantée* (モーツァルトの)『魔笛』.

enchantement /ɑ̃ʃɑ̃tmɑ̃/ 男 ❶ 恍惚(らっ), 歓喜. ▶ mettre qn dans l'*enchantement* …を有頂天にする. ❷ 魅惑(的なもの). ▶ Ce spectacle est un véritable *enchantement*. この芝居[光景]はうっとりするほどすばらしい. ❸ 魔法にかける[かかる]こと, 呪縛(じゅ); 呪文.
(**comme**) **par enchantement** 魔法のように, 突然. ▶ La douleur m'a quitté *comme par enchantement*. 痛みがうそのようになくなった.

enchanter /ɑ̃ʃɑ̃te/ 他動 ❶ …を大いに喜ばせる, 有頂天にする. ▶ Cette découverte l'*a enchanté*. この発見は彼を大喜びさせた / Ça ne m'*enchante* pas. それはうれしくないね. ❷ …を魅了する, 魅惑する. ▶ *enchanter* l'œil [l'oreille] 目[耳]を楽しませる. ❸ …に魔法をかける.

enchanteur, eresse /ɑ̃ʃɑ̃tœːr, ɑ̃ʃɑ̃trɛs/ 名 魔法使い; 魅惑的な人物.
— 形 魅惑的な. ▶ voix *enchanteresse* うっとりするような声.

enchâssement /ɑ̃ʃɑsmɑ̃/ 男 宝石を台金にはめ込むこと; はめ込み.

enchâsser /ɑ̃ʃase/ 他動 ❶ …をはめ込む, 固定する. ❷〖文など〗を挿入する;〖言語〗(生成文法で)〖文〗を埋め込む. — **s'enchâsser** 代動 はめ込まれる; 挿入される.

enchère /ɑ̃ʃɛːr/ 女 (競売, 入札で)さらに高い値をつけること, 付け値;《多く複数で》競売, オークション (=vente aux *enchères*). ▶ acheter qc à une vente aux *enchères* …を競売で買う / faire [mettre] une *enchère* 競り値をつける / pousser les *enchères* 競り上げる / *enchères* inversées リバース・オークション.
mettre qc aux enchères …を競売にかける.

enchérir /ɑ̃ʃeriːr/ 間他動 <*enchérir* sur qc/qn> ❶ (競売で)…よりも高い値をつける. ▶ *enchérir* de cinquante euros sur le dernier prix proposé 先の付け値より50ユーロ高い値をつける. ❷ 文章 …を越える, しのぐ.

enchérissement /ɑ̃ʃerismɑ̃/ 男 価格の上昇, 物価の高騰.

enchérisseur, euse /ɑ̃ʃerisœːr, øːz/ 名 (競売, 入札の)競り手, 入札者. ▶ vendre qc au dernier *enchérisseur* …を最高入札者に売る.

enchevêtrement /ɑ̃ʃ(ə)vetrəmɑ̃/ 男 もつれさせること; もつれ, 混乱, 錯綜(さくそう).

enchevêtrer /ɑ̃ʃ(ə)vetre/ 他動 …をもつれさせる; 混乱[紛糾]させる. ▶ intrigue *enchevêtrée* 入り組んだ筋.
— **s'enchevêtrer** 代動 もつれ合う, 錯綜(さくそう)する.

enclave /ɑ̃klaːv/ 女 飛び地, 飛び領土; 内陸国.

enclavement /ɑ̃klavmɑ̃/ 男 飛び地[飛び領土]をなしていること.

enclaver /ɑ̃klave/ 他動 ❶〖土地〗を取り囲む, 飛び地にする. ❷ …をはめ込む, 差し込む.

enclenchement /ɑ̃klɑ̃ʃmɑ̃/ 男 ❶ (機械の)連動, かみ合わせ. ❷ (ある過程の)始動, 開始.

enclencher /ɑ̃klɑ̃ʃe/ 他動 ❶〖機械〗を連動させる; 始動させる. ▶ *enclencher* la première (自動車の)ギアを1速に入れる. ❷〖ある過程〗を始める.
— **s'enclencher** 代動 ❶〖機械が〗始動[連動]する. ❷〖ある過程が〗始まる.

enclin, ine /ɑ̃klɛ̃, in/ 形 <*enclin* à qc/不定詞> …に傾いた, …する傾向がある. ▶ être *enclin* à la méfiance 疑い深い.

enclore /ɑ̃klɔːr/ 74 他動《直説法半過去・単純過去, 接続法半過去は用いない》(過去分詞 enclos, 現在分詞 enclosant) ❶〖土地〗を(柵(さく)などで)囲う. ▶ *enclore* un jardin d'une haie 庭を生け垣で囲む. ❷ …を含む; 閉じ込める.

enclos /ɑ̃klo/ 男 囲い地; 囲い, 垣, 柵(さく). ❷ 小さな地所[家屋敷].

enclume /ɑ̃klym/ 女 鉄床(かなとこ).
être [*se trouver*] *entre l'enclume et le marteau* 板挟みの苦しみを味わう.

encoche /ɑ̃kɔʃ/ 女 ❶ (滑り止め用の)刻み目; (鍵(かぎ)の)刻み. ❷ 矢はず (=*encoche* d'une flèche).

encocher /ɑ̃kɔʃe/ 他動 ❶〖金属部品, 鍵(かぎ)など〗に刻みを入れる. ❷ *encocher* une flèche 弓に矢をつがえる.

encodage /ɑ̃kɔdaːʒ/ 男〖言語〗〖情報〗コード化, 符号化: 伝達可能なコードに変換すること.

encoder /ɑ̃kɔde/ 他動〖言語〗〖情報〗…をコードに組む, コード化する, 符号化する.

encodeur /ɑ̃kɔdœːr/ 男 エンコーダー.

encoignure /ɑ̃kwaɲyːr/ 女 ❶ (部屋などの)隅. ❷ (三角形の)コーナー家具.

encollage /ɑ̃kɔlaːʒ/ 男 糊(のり)[膠(にかわ)]を塗ること; 糊, 膠.

encoller /ɑ̃kɔle/ 他動 …に糊(のり)[膠(にかわ)]を塗る.

encolleur, euse /ɑ̃kɔlœːr, øːz/ 名 糊(のり)付け職人. — **encolleuse** 女 糊付け機.

encolure /ɑ̃kɔlyːr/ 女 ❶ (動物, 特に馬の)首; (競馬で)首差. ▶ gagner d'une *encolure* 首差で勝つ.
❷ (人間の)首; 首回り, カラーサイズ. ▶ un homme de forte *encolure* 首のがっしりした男 / une chemise d'*encolure* 39 [trente-neuf] 首回り39のワイシャツ. ❸ (服の)ネックライン.

encombrant, ante /ɑ̃kɔ̃brɑ̃, ɑ̃ːt/ 形 場所ふさぎの, 邪魔な; 厄介な, 迷惑な. ▶ paquet *encombrant* [peu *encombrant*] かさばる[コンパクトな]荷物 / personnage *encombrant* とかく煩わしい人物.

encombre /ɑ̃kɔ̃ːbr/ 男《次の句で》

encombré

sans encombre 無事に, 支障なく. ▶ Il est arrivé *sans encombre*. 彼はつつがなく到着した.

encombré, e /ākɔ̃bre/ 形 (…で) 混雑した, いっぱいの. ▶ *gare encombrée* de voyageurs 旅客でごった返した駅.

encombrement /ākɔ̃brəmā/ 男 ❶ 混雑, 飽和状態 (=embouteillage). ▶ *encombrement* d'une rue 通りの雑踏. ❷ 交通渋滞. ▶ *une dérivation pour éviter les encombrements* 渋滞を避けるための迂回(えん)/ être pris dans un *encombrement* 交通渋滞に巻き込まれる. ❸ (物品の) 外形寸法; 容積. ▶ meuble de faible *encombrement* かさばらない家具.

encombrer /ākɔ̃bre/ 他動 ❶〔場所〕をふさぐ, 混雑させる. ▶ *encombrer* un passage 通路をふさぐ. ❷ <*encombrer* qc de [avec] qc> …を…でいっぱいにする, に…を詰め込む. ▶ *encombrer* un couloir de bagages 通路いっぱいに荷物を置く. ❸〔人〕の邪魔[迷惑]になる. ▶ Je *suis* trop *encombré* pour rentrer à pied. 荷物がたくさんあるので歩いては帰れません.

— *s'encombrer* 代動 <*s'encombrer* de qc /qn> ❶ …で手いっぱいになる, 身動きがとれなくなる. ▶ Ne *vous encombrez* pas de bagages inutiles. 不必要な荷物を持っていかないようにしなさい.
❷…で混雑する, いっぱいになる.

encontre /ākɔ̃:tr/ 女〔次の句で〕
à l'encontre 副句 文章 反対して, 逆らって. ▶ aller *à l'encontre* 反対を唱える.
à l'encontre de 前句 …に反対して, に逆らって. ▶ formuler des objections *à l'encontre du* gouvernement 政府に対する反対意見を表明する. ▶ *aller à l'encontre de qc* …に反対する; と矛盾する. ▶ Cette découverte va *à l'encontre des* théories traditionnelles. この発見は従来の理論と矛盾する.

encorbellement /ākɔrbɛlmā/ 男【建築】(バルコニー, 上階などの) 張り出し部.

s'encorder /sākɔrde/ 代動〔登山者が〕互いにザイルで結び合う, アンザイレンする.

:encore /ākɔ:r アンコール/ 副

❶ まだ, なお, 相変わらず. ▶ Elle a *encore* de la fièvre. 彼女は相変わらず熱がある / Il travaille *encore* à cette heure-ci. 彼はこんな時間にまだ仕事をしている / On en parlera *encore* dans dix ans. それは10年たってもまだ話題に上るだろう.
❷〔否定的表現で〕まだ(…ない). ▶ Il n'est pas *encore* arrivé. 彼はまだ到着していない / «C'est fini?—Pas *encore*.»「終わりましたか」「まだです」
❸〔行為の反復〕また, 再び, もう一度. 注 音楽会などでの日本語の「アンコール」の語源だが, フランス語では Encore! ではなく Bis! という. ▶ J'ai attrapé *encore* un rhume. また風邪を引いてしまった / *Encore* vous? またあなた(方)ですか / «Tu peux me prêter de l'argent?—*Encore*!»「お金を貸してくれないか」「またかい」
❹〔付加〕さらに, もっと, ほかに, そのうえ. ▶ Vous prendrez bien *encore* quelque chose? もっと何か召し上がってください / *Encore* un peu de thé? 紅茶をもう少しいかがですか.
❺〔程度の強調〕一層, 一段と, ずっと. ▶ L'incident va *encore* aggraver la situation. その出来事は事態を一層深刻にするだろう /《比較を表わす副詞とともに》Il est *encore* plus grand que je ne l'imaginais. 彼は想像していたよりずっと背が高い.
❻《制限, 留保》とはいえ, それにしても, しかしながら. 注 encore が文頭に置かれると一般に主語と動詞の倒置が行われる. ▶ Vous vouliez venir? *Encore* fallait-il nous le dire. おいでになりたかったのですか. それにしても言ってくださるべきでしたね.

encore que + 接続法 文章 …とはいえ, であるのに (=bien que, quoique). ▶ Il a bien agi, *encore qu*'il y ait à redire. 彼はよくやった, もっとも文句をつけたい点もあるにはあるが.

encore une fois もう一度. ▶ Je voudrais te voir *encore une fois*. 君にもう一度会いたい.

encore + 数量表現 + *et* ... もう…すれば…, あと…あれば…. ▶ *Encore* quelques jours *et* je partirai. あと何日かしたら出発します.

et encore 《文末で前言を制限, 留保して》うまくいけばの話だ, いやそれも怪しい, でもどうだか. ▶ En faisant un emprunt, il pourra peut-être acheter cette maison, *et encore*! 借金すれば彼はその家が買えるかもしれない, いや, やっぱり駄目かな.

mais encore 《詳しい説明を求めて》それで, と言うと. ▶ «Que penses-tu d'elle?—Elle est très belle.—*Mais encore*!»「彼女のことどう思う」「とてもきれいだね」「それからほかには」

si encore [*encore si*] + 直説法 …しさえすれば, せめて…なら (=si seulement). ▶ *Si encore* il faisait des efforts, il réussirait. 努力さえすれば彼は成功するだろうに.

▷ 語法 encore か toujours か

(1) **Il n'est pas encore rentré à la maison.** (彼はまだ家に帰っていない) この言い方は過去のある時点において彼が家に帰っていたかどうかは問題にしない.
A: Tu as téléphoné à Paul? ポールに電話したかい.
B: Non, pas encore. Je vais lui téléphoner maintenant. いやまだ, 今するよ.
A: Alors? どうだい.
B: Ça ne répond pas. Il n'est pas encore rentré. 出ないよ, まだ帰っていないんだ.

(2) **Il n'est toujours pas rentré à la maison.** (彼は相変わらずまだ家に帰っていない) では, 話者は過去のある時点で彼が家に帰っていなかったことを知っており, その状態が今も続いていることを表わす (⇨ TOUJOURS 語法).
A: Tu as téléphoné à Paul? ポールに電話したかい.
B: Oui, j'ai téléphoné à Paul il y a une heure, mais ça ne répondait pas. うん, 1時間前に電話したけれど出なかった.
A: Rappelle-le. Il est peut-être rentré. もう一度かけてごらん, きっと帰っているよ.
B: Je vais essayer ... Non, il n'est toujours pas rentré. かけてみようか…(電話をかけてみて) いや, だめだ, まだ帰ってないよ.

encorner /ɑ̃kɔrne/ 他動〔牛などが〕…を角で突く, 傷つける.

encourageant, ante /ɑ̃kuraʒɑ̃, ɑ̃:t/ 形 元気づける, 希望が持てる; (先行きの)明るい.

encouragement /ɑ̃kuraʒmɑ̃/ 男 元気づけること, 激励; 元気づける言葉〔行動〕. ▶ mots d'encouragement 激励の言葉 / donner des encouragements 励ましの言葉を贈る.

***encourager** /ɑ̃kuraʒe/ アンクラジェ/ ② 他動 ❶ …を元気づける, **励ます**. ▶ encourager une personne désespérée 絶望した人を励ます / encourager une équipe sportive スポーツチームを応援する / encourager les jeunes artistes 若い芸術家たちを励ます / Ces premiers résultats nous ont encouragés. 最初の結果に私たちは励まされた.
❷〈encourager qn à qc/不定詞〉…を…の気にさせる, に仕向ける. ▶ encourager qn à continuer ses études …に(学校をやめないで)勉強を続けるよう励ます.
❸〔計画など〕を**奨励する**. ▶ encourager les investissements〔設備〕投資を奨励する.

encourir /ɑ̃kuri:r/ 23 他動(過去分詞 encouru, 現在分詞 encourant)文章〔非難, 罰など〕を受ける, 招く. ▶ encourir des reproches 非難を受ける.

encour- 活用 ⇨ ENCOURIR 23
encours, encourt /ɑ̃ku:r/ 活用 ⇨ ENCOURIR 23
encouru- 活用 ⇨ ENCOURIR 23

encrage /ɑ̃kra:ʒ/ 男〖印刷〗(印刷機のローラーなどへの)インキ付け.

encrassement /ɑ̃krasmɑ̃/ 男 汚れや垢(あか)をつけること; 汚れや垢がつくこと.

encrasser /ɑ̃krase/ 他動 ❶ …を汚す; 垢(あか)だらけにする. ▶ La fumée de cigarette encrasse les vitres. たばこの煙は窓ガラスを汚す.
❷〔機械など〕の働きを悪くする.
— **s'encrasser** 代動 汚れる; 垢だらけになる; (汚れなどで)働きが悪くなる.

***encre** /ɑ̃:kr/ アーンクル/ 女 インク. ▶ faire une tache d'encre インクの染みをつける / écrire à l'encre bleue 青インクで書く / encre de Chine 墨, 墨汁.
écrire qc de sa meilleure [plus belle] encre 〔手紙など〕を心を尽くして〔文を練って〕書く.
faire couler beaucoup d'encre 〔事件などが〕大いに書き立てられる, 議論を巻き起こす.
noir comme de l'encre 漆黒の.
une nuit d'encre 闇(やみ)夜, (墨を流したような)真っ暗闇.

encrer /ɑ̃kre/ 他動 …にインクを塗る, インクを染み込ませる.
encreur /ɑ̃krœr/ 形〔男性形のみ〕インクをつける.
encrier /ɑ̃krije/ 男 インク壺(つぼ), インクスタンド.
encroûté, e /ɑ̃krute/ 形(…の)殻に閉じこもった, (…に)凝り固まった. ▶ Elle est encroûtée dans ses préjugés. 彼女は偏見に凝り固まっている.
encroûtement /ɑ̃krutmɑ̃/ 男 殻にこもること, 頑迷; 無気力, 愚鈍.
encroûter /ɑ̃krute/ 他動 …を(…の)殻に閉じ込める, (…に)凝り固まらせる.
— **s'encroûter** 代動(…で)凝り固まる; 無気力〔愚鈍〕になる.

encyclique /ɑ̃siklik/ 女 回勅: ローマ教皇が教会の統一見解を知らせるため, 世界または一国の全司教に送る手紙.

encyclopédie /ɑ̃siklɔpedi/ 女 ❶ 百科事典, 百科全書; 〔辞典項目中の〕百科的解説. ▶ encyclopédie méthodique 事項〔ジャンル〕別大事典 / l'Encyclopédie (1751-72年にディドロ, ダランベールらが編纂(へんさん)した)「百科全書」
❷ 専門書〔辞〕典. ▶ encyclopédie des sciences médicales 医学百科. ❸ encyclopédie vivante 博学の人, 生き字引.

encyclopédique /ɑ̃siklɔpedik/ 形 ❶ 百科にわたる; 百科事典的な. ▶ dictionnaire encyclopédique (言語辞典を兼ねた)百科事典.
❷ 博学な, 博識の. ▶ esprit encyclopédique 博識家.

encyclopédisme /ɑ̃siklɔpedism/ 男 百科的知識主義, 網羅主義.

encyclopédiste /ɑ̃siklɔpedist/ 名 ❶ 百科事典編纂(へんさん)者〔執筆者〕. ❷《多く Encyclopédistes》百科全書派: 18世紀フランスの百科全書に執筆, 協力した思想家.

endémie /ɑ̃demi/ 女 地方病, 風土病.
endémique /ɑ̃demik/ 形 ❶ 地方病の, 風土病の; 地方(病)性の. ▶ maladie endémique 地方病, 風土病. ❷ (ある地域に)慢性的な, 永続的な.
▶ un chômage endémique 慢性的失業.

endettement /ɑ̃detmɑ̃/ 男 借金すること;《集合的に》借金, 負債 (=dette). ▶ endettement public 公的債務.

endetter /ɑ̃dete/ 他動 …に借金させる, 負債〔債務〕を負わせる. ▶ Cet achat m'a endetté. この買い物のために私は借金をした.
— **s'endetter** 代動 借金する, 負債〔債務〕を負う. ▶ s'endetter en achetant à crédit クレジットで買い物をして借金をする

endeuiller /ɑ̃dœje/ 他動 …を喪の悲しみに沈める; 深く悲しませる. ▶ Cette catastrophe a endeuillé tout le pays. その大災害は国中の人々を深い悲しみに沈めた.

endiablé, e /ɑ̃djable/ 形 ❶ がむしゃらな, 手に負えない. ▶ enfant endiablé 手に負えない子供. ❷ 激しい, 熱烈な. ▶ rythme endiablé (=effréné) 激しいリズム.

endiguer /ɑ̃dige/ 他動 ❶〔河川に堤防を築く; 〔川など〕をせき止める. ❷ …(の広がり)を食い止める, を抑止する. ▶ endiguer la manifestation デモ隊の動きを規制する / endiguer la colère 怒りを抑え込む.

endimanché, e /ɑ̃dimɑ̃ʃe/ 形 ❶ 晴れ着を着た, 着飾った. ❷ よそ行きの, ぎこちない. ▶ allure endimanchée ぎこちない態度.

s'endimancher /sɑ̃dimɑ̃ʃe/ 代動 着飾る, 盛装する.

endive /ɑ̃di:v/ 女〖植物〗チコリ; アンディーブ: チコリの若芽を日に当てないで白く柔らかくしたもの.

endocrine /ɑ̃dɔkrin/ 形〖解剖〗glande endocrine 内分泌腺.

endocrinien

endocrinien, enne /ɑ̃dɔkrinjɛ̃, ɛn/ 形【解剖】内分泌腺の, 内分泌腺による.
endocrinologie /ɑ̃dɔkrinɔlɔʒi/ 女 内分泌学.
endoctrinement /ɑ̃dɔktrinmɑ̃/ 男 自説を吹き込むこと; 教化.
endoctriner /ɑ̃dɔktrine/ 他動 …に自説を吹き込む, を味方に引き入れる; 教化する.
endogame /ɑ̃dɔgam/ 形, 名【民族学】族内婚（制）を行う（部族民）.
endogamie /ɑ̃dɔgami/ 女【民族学】族内婚, 内婚（制）(↔exogamie).
endogène /ɑ̃dɔʒɛn/ 形 内部に生ずる, 内発的な. ▶ intoxication *endogène* 内因性中毒.
endommager /ɑ̃dɔmaʒe/ [2] 他動 …に損害［被害］を与える, を傷つける. ▶ La voiture *a été* sérieusement *endommagée* dans la collision.(=abîmer) 車は衝突でひどく傷んだ.
endormant, ante /ɑ̃dɔrmɑ̃, ɑ̃ːt/ 形（眠くなるほど）退屈な, うんざりする (=ennuyeux). ▶ discours *endormant* 退屈な演説.
endormi, e /ɑ̃dɔrmi/ 形 (endormir の過去分詞) ❶ 寝入った, 眠っている. ❷ 話 眠ったような, 不活発な. ▶ esprit *endormi* 鈍い頭脳.
— 名 話 ぐうたら, 薄のろ.

*__endormir__ /ɑ̃dɔrmiːr/ アンドルミール / [20] 他動

過去分詞 endormi	現在分詞 endormant
直説法現在 j'endors	nous endormons
複合過去 j'ai endormi	単純未来 j'endormirai

❶ …を眠らせる. ▶ *endormir* un bébé en le berçant 赤ん坊を静かに揺すって眠らせる.
❷ …に眠気を催させる, を眠くなるほど退屈させる. ▶ Il *a endormi* son auditoire par un discours ennuyeux. 彼は退屈な演説で聴衆を飽きさせた / Ce livre m'*endort*. この本は眠くなる.
❸ …に麻酔［催眠術］をかける. ▶ *endormir* un malade avant de l'opérer 手術の前に患者に麻酔をかける.
❹〔苦痛など〕を和らげる, 鎮める. ▶ *endormir* la douleur 痛みを和らげる.
❺ 文章 …を籠絡(ﾛｳﾗｸ)する.
— **s'endormir** 代動 眠りに落ちる. ▶ avoir du mal à s'*endormir* なかなか寝つけない / Elle s'est *endormie* facilement. 彼女はすぐ眠ってしまった.

endormissement /ɑ̃dɔrmismɑ̃/ 男 寝入ること, 寝つき.
endors, endort /ɑ̃dɔːr/ 活用 ⇨ ENDORMIR [20]
endossable /ɑ̃dosabl/ 形 裏書き可能の.
endossement /ɑ̃dosmɑ̃/ 男（手形, 小切手などの）裏書き.
endosser /ɑ̃dose/ 他動 ❶ …を身に着ける. ▶ *endosser* une robe de chambre 部屋着を羽織る. ❷ …の責任を負う, を引き受ける. ▶ *endosser* les maladresses d'un collègue 同僚の不始末の責任を取る. ❸〔手形, 小切手など〕に裏書きする.

*__endroit__ /ɑ̃drwa/ アンドロワ / 男 ❶ 場所, 所. ▶ *endroit* tranquille 静かな場所 / chercher un *endroit* agréable pour camper キャンプするのに快適な場所を探す / A quel *endroit* a-t-il mis mon chapeau? 彼は私の帽子をどこに置いたんだろう.
❷（地理的な観点から見た）場所, 土地. ▶ habiter dans un *endroit* perdu 人里離れた所に住む / un *endroit* merveilleux すばらしい所［土地］ les gens de l'*endroit* 土地の人々.
❸ 箇所, 部分. ▶ Le meuble est abîmé en plusieurs *endroits*. その家具はあちこち傷んでいる / A quel *endroit* souffrez-vous? どこが痛いのですか / Vous l'avez touché à l'*endroit* sensible. あなたは彼の痛いところに触れたのだ.
❹（布地, 紙などの）表側, 表面 (↔envers).

__à l'endroit__ 表を外に, 正しい方向に. ▶ Remets tes chaussettes *à l'endroit*.（裏返しにしていないで）靴下をちゃんとはき直しなさい.
__à l'endroit de qn__ 文章 …に対して. ▶ avoir du respect *à l'endroit de* qn …に対し尊敬の念を抱く.
__par endroits__ 所々に, あちこち.
__petit endroit__ 話 トイレ, 便所. 比較 ⇨ TOILETTE.

語法 **endroit, lieu, place**

(1) **endroit** 土地のイメージと結びついた具体的な「場所」を指す.
 • habiter dans un endroit très calme たいへん静かな場所に住んでいる.
 • A Paris, il y a beaucoup d'endroits à visiter. パリには見るべき場所がたくさんある.
(2) **lieu** endroit よりもはるかに一般性が高く lieu saint（聖地）, lieu public（公共の場）のような慣用表現の中で用いられる. また形の上では, endroit が多くの場合, 形容詞や〈où + 文〉を伴うのに対して, lieu は〈lieu de + 限定詞 + 名詞〉あるいは〈lieu de + 無冠詞名詞〉の形で使われることが多い.〈le lieu où + 文〉という形もある.
 • le lieu de l'attentat テロが行われた場所.
 • lieu de rendez-vous 待ち合わせの場所.
(3) **place** 訪れたり, 住んだりするような具体的な「場所」ではなく, おもに「（人や物の占めている）場所」「（空き, 余地としての）場所」の意味で用いられる.
 • La voiture est toujours garée à la même place. 車はいつも同じ場所［位置］に置いてある.
 • Il y a encore de la place dans la valise. スーツケースにはまだゆとりがある（この用法では部分冠詞を伴うことに注意）.

enduire /ɑ̃dɥiːr/ [70]（過去分詞 enduit, 現在分詞 enduisant）他動〈*enduire* qc de qc〉…に…を塗る. ▶ *enduire* de colle une affiche ポスターに糊(ﾉﾘ)をつける.
— **s'enduire** 代動 ❶〈s'*enduire* de qc〉体に…を塗る. ▶ s'*enduire* d'huile solaire 体にサンオイルを塗る. ❷〈s'*enduire* qc de qc〉〔体の部分〕に…を塗る. ▶ Elle s'est *enduit* les mains de crème. 彼女は手にクリームをつけた.
enduis /ɑ̃dɥi/ 活用 ⇨ ENDUIRE [70]

enduis- 活用 ⇨ ENDUIRE 70
enduit¹ /ɑ̃dɥi/ 男 塗料；防水剤；釉薬(ﾕｳﾔｸ).
enduit² /ɑ̃dɥi/ 活用 ⇨ ENDUIRE 70
endurable /ɑ̃dyrabl/ 形 耐えられる.
endurance /ɑ̃dyrɑ̃ːs/ 女 耐久力，忍耐力．▶ avec *endurance* 辛抱強く／ épreuve d'*endurance*（自動車などの）耐久レース．
endur*ant*, ante /ɑ̃dyrɑ̃, ɑ̃ːt/ 形 耐久力のある，忍耐力のある．
endurci, e /ɑ̃dyrsi/ 形（endurcir の過去分詞）❶ 頑固な，かたくなな．▶ célibataire *endurci* かたくなな独身主義者．❷ 冷酷な，無情な，鈍感な．▶ avoir le cœur *endurci* 冷酷な心を持つ．
endurcir /ɑ̃dyrsiːr/ 他動 ❶ …を強くする，鍛える．▶ *endurcir* ses muscles 筋肉を鍛える．／ *endurcir* A à B A に B に対する抵抗力をつける．▶ *endurcir* le corps à la fatigue 体に疲労に対する抵抗力をつける．❷ …を無感動にする，鈍感にする．
— **s'endurcir** 代動 ❶ 《s'*endurcir* (à qc)》（…に対して）強くなる，たくましくなる．▶ s'*endurcir* à la fatigue 疲れにくくなる．❷ 心が麻痺する，無感覚になる．
endurcissement /ɑ̃dyrsismɑ̃/ 男 文章 （精神的に）無感覚になること，感じなくなること．
endurer /ɑ̃dyre/ 他動 …に耐える，を我慢する．▶ *endurer* la faim 空腹を我慢する．◆ *endurer*「de + 不定詞 [que + 接続法]」▶ Il n'*endure* plus d'être critiqué. 彼はもう批判されることに耐えられない．
énergétique /enɛrʒetik/ 形 エネルギーの；エネルギーを生む．▶ ressources *énergétiques* エネルギー資源／ aliment *énergétique* 高カロリー食品．
— 女 エネルギー学，エナージェティクス．
*énergie /enɛrʒi/ エネルジ 女 ❶（肉体，精神の）力，精力，気力．▶ source d'*énergie* エネルギー源／ consacrer toute son *énergie* à faire qc …することに全精力を傾ける／ poursuivre son but avec *énergie* 精力的に自らの目的を追求する．❷ エネルギー．▶ *énergie* atomique [nucléaire] 原子力／ *énergie* propre クリーンエネルギー／ *énergie* fossile 化石エネルギー／ *énergie* renouvelable 再生可能エネルギー．
*énergique /enɛrʒik/ エネルジック 形 ❶ 精力的な，力強い．▶ homme *énergique* エネルギッシュな人／ style *énergique* 力強い文体．
❷ 強力な，断固とした；強い効果のある．▶ prendre des mesures *énergiques* 断固たる措置を取る／ remède *énergique* 効き目の強い薬．
énergiquement /enɛrʒikmɑ̃/ 副 精力的に，力強く，断固として．
énergumène /enɛrgymɛn/ 名 熱狂した人；狂信的な人．
énerv*ant*, ante /enɛrvɑ̃, ɑ̃ːt/ 形 いらいらさせる．
énervé, e /enɛrve/ 形 いらだった，興奮した．▶ parler sur un ton *énervé* いらいらした調子で話す．
énervement /enɛrvəmɑ̃/ 男 いらだち，興奮．
*énerver /enɛrve/ エネルヴェ 他動 …をいらだたせる，の神経を高ぶらせる．▶ Elle m'*énerve* avec ses questions stupides. 彼女はばかげた質問で私をいらいらさせる／《非人称構文で》Ça m'*énerve* d'attendre longtemps. 長い間待たされると私はいらいらする．
— ***s'énerver** 代動 いらだつ，神経が高ぶる．▶ Ne t'*énerve* pas comme ça. そういらいらしないで．

:enfance /ɑ̃fɑ̃ːs/ アンファーンス 女 ❶ 子供時代，幼年時代，少年［少女］時代．▶ la petite *enfance* 乳児期／ la première *enfance* 幼児期／ ami d'*enfance* 幼なじみ／ dans son *enfance* 子供のころ／ souvenirs d'*enfance* 子供時代の思い出／ Il a eu une *enfance* heureuse. 彼は幸せな子供時代を過ごした．❷《集合的に》子供，児童．▶ la protection de l'*enfance* 児童の保護．❸ 黎明(ﾚｲﾒｲ)期，揺籃(ﾖｳﾗﾝ)期．▶ une science encore dans l'*enfance* まだ揺籃期にある学問．
C'est l'enfance de l'art. 話 こんなことは初歩の初歩だ；朝飯前のことだ．
retomber en enfance〔老人が〕子供に返る；もうろくする．

:enfant /ɑ̃fɑ̃/ アンファン 名《男女同形》
❶ 子供，児童．▶ *enfant* gâté 甘やかされた子供／ jardin d'*enfants* 幼稚園／ livres pour *enfants* 児童書／ garder des *enfants* 子守をする／ C'est un *enfant* sage. 利口な子だ／ Tu me prends toujours pour un *enfant*. 君はいつも僕を子供扱いする．
❷（親に対して）子，子供．▶ Il a deux *enfants*, un garçon et une fille. 彼には 2 人子供がある，男の子と女の子だ／ attendre un *enfant* 身ごもっている／ *enfant* unique 一人っ子／ *enfant* adoptif 養子／ *enfant* légitime 嫡出子／ *enfant* naturel 私生児．
❸（ある土地，集団などの）出身者．▶ *enfant* de Paris パリ出身の人，パリっ子．
❹《呼びかけで》▶ mon *enfant*（年少者に対して）君／ ma chère *enfant*（男性から女性に）おまえ，かわいい人／ Bonjour, mes [les] *enfants*! やあ，諸君．

bon enfant (1) お人よし，好人物．(2)《形容詞的に》人のいい，善良な．▶ une attitude *bon enfant* 温厚な態度．
faire l'enfant 子供っぽく振る舞う．
faire un enfant 子供を産む．
faire un enfant à qn …を妊娠させる．
Il n'y a plus d'enfants! 近ごろの子供はなんとませていることか．
L'enfant se présente bien [mal]. 出だしは好調［不調］である．
— 形《男女同形》子供の；子供っぽい，幼稚な．▶ avoir un côté *enfant* 子供っぽい一面を持っている／ Elle est restée très *enfant*. 彼女は相変わらず子供っぽかった．
enfantement /ɑ̃fɑ̃tmɑ̃/ 男 文章 ❶ 出産，分娩(ﾌﾞﾝﾍﾞﾝ)（= accouchement）．❷（作品を）生み出すこと，創作．
enfanter /ɑ̃fɑ̃te/ 他動 文章 ❶（多く目的語なしに）…を産む，出産する（= accoucher）．
❷〔作品など〕を生み出す，作り出す．
enfantillage /ɑ̃fɑ̃tijaːʒ/ 男 子供っぽい言動，幼

稚さ,児戯. ▶ Allons, pas d'*enfantillage*. さあ,子供じみたまねはやめなさい.

enfant*in, ine* /ɑ̃fɑ̃tɛ̃, in/ 形 ❶ 子供の,児童の. ▶ langage *enfantin* 子供の言語. ❷《軽蔑して》子供っぽい,幼稚な. ▶ faire des remarques *enfantines* 幼稚な意見を述べる. ❸ 子供にも分かる,初歩的な. ▶ problème *enfantin* やさしい問題.

enfariné, e /ɑ̃farine/ 形 ❶ 小麦粉[粉]にまみれた. ❷ おしろいを塗られた.
la gueule enfarinée = le bec enfariné (だまされたとも知らず)信用しきって,得意満面で.

enfer /ɑ̃fɛːr/ 男 ❶ 地獄;《集合的に》(地獄の)悪魔. ▶ aller en *enfer* 地獄に落ちる / L'*enfer*, c'est les autres. 他人とは地獄だ(サルトル).
❷《地獄のような》悲惨な状態,生き地獄.
❸《les enfers》冥府(ふ),冥界,黄泉(よみ)の国.
❹《図書館の》猥褻(わいせつ)本の棚,非公開本コーナー.
d'enfer 地獄のような;猛烈な,過度の(=infernal). ▶ feu *d'enfer* 猛火 / vision *d'enfer* 恐ろしい光景 / aller [rouler] à un train *d'enfer* (車,馬車を)猛烈なスピードで突っ走る.
L'enfer est pavé de bonnes intentions. 諺(地獄は善意で舗装されている→)善意はしばしば災いのもと.

enfermement /ɑ̃fɛrməmɑ̃/ 男 閉じ込めること,監禁.

*****enfermer** /ɑ̃fɛrme/ アンフェルメ/ 他動 ❶ …を閉じ込める,監禁する. ▶ *enfermer* un prisonnier 囚人を閉じこめる / On l'*a* puni et *enfermé* dans sa chambre. 彼は罰に自分の部屋に閉じ込められた. ❷ …をしまい込む,隠す. ▶ *enfermer* des papiers importants dans un coffre 重要な書類を金庫にしまう. ❸《スポーツ》*enfermer* un concurrent (コースの内側か外側に押して)他の走者の進路を妨害する.
— **s'enfermer** 代動 閉じこもる,引きこもる. ▶ *s'enfermer* chez soi 家に引きこもる / Il *s'enferme* dans le silence. 彼は黙りこくったままだ.

s'enferrer /sɑ̃fere/ 代動 ⟨*s'enferrer* dans qc⟩ (自分の言動など)で自縄自縛に陥る.

enfiévrer /ɑ̃fjevre/ 6 他動 文章 …を熱狂させる,(の感情)をかき立てる. ▶ *enfiévrer* la foule 群衆を熱狂させる / *enfiévrer* l'imagination de qn …の想像をかき立てる / atmosphère *enfiévrée* 熱狂的な雰囲気.

enfilade /ɑ̃filad/ 女 連なり,列;一続き. ▶ une longue *enfilade* de voitures 長い車の列. ◆ *en enfilade* 一連の,連なった. ▶ cinq pièces en *enfilade* 一続きになった5つの部屋.

enfilage /ɑ̃filaːʒ/ 男 糸を通すこと.

enfiler /ɑ̃file/ 他動 ❶ …に(糸を)通す;を数珠つなぎにする. ▶ *enfiler* une aiguille 針に糸を通す / *enfiler* des anneaux sur une tringle à rideau カーテンレールに環(ゎ)を通す.
❷ 話〔衣服〕を(手早く)身に着ける. ❸〔道など〕に入り込む. ▶ *enfiler* une impasse (=prendre) 袋小路に入り込む.
enfiler des perles 話 つまらないことで時間をむだにする.
— **s'enfiler** 代動 ❶ ⟨*s'enfiler* + 場所⟩ …に急いで入り込む,逃げ込む. ▶ *s'enfiler* dans une ruelle 路地裏に姿を消す. ❷ 話 ⟨*s'enfiler* qc⟩ …をがつがつ食べる,がぶ飲みする.

*****enfin** /ɑ̃fɛ̃/ アンファン/ 副

❶ ついに,とうとう,やっと. ▶ *Enfin*, ils se sont décidés. ついに彼らは決心した / Après avoir cherché partout, il a *enfin* trouvé un hôtel. あちこち探し回ってやっと彼はホテルを見つけた.
❷ **最後に**. 注 d'abord …, ensuite [(et) puis] …, (et) *enfin* …と列挙して用いられることが多い. ▶ Elle va d'abord à la banque, ensuite chez le coiffeur et *enfin*, elle passera dans un supermarché pour faire des courses. 彼女はまず銀行へ,それから美容院へ,そして最後にスーパーへ行って買い物をするだろう.
❸ 要するに,結局,つまり. ▶ Il nous a donné des vêtements, des vivres, *enfin* tout ce qu'il fallait. 彼は私たちに衣服や食料,つまり必要なものを全部与えてくれた.
❹《前言を補足,訂正して》というよりは,むしろ. ▶ C'est un savant, *enfin* un demi-savant. あの人は博学だ,いや,というよりむしろ半可通だ.
❺《譲歩》それでも,やはり,とにかく. ▶ *Enfin*, ils sont vivants, c'est l'essentiel. とにかく彼らは生きていた,それが何よりだ.
❻《あきらめ,じれったさを表わして》やれやれ,でもねえ. ▶ *Enfin*, que voulez-vous? でもね,しょうがないんです(どうしろとおっしゃるんですか) / (Mais) *enfin*! je viens de vous le dire! やれやれ,それはさっき言ったばかりじゃないですか.

enflammé, e /ɑ̃flame/ 形 ❶ 燃えている,火がついた. ▶ torche *enflammée* 燃えさかるたいまつ / joues *enflammées* 火照ったほお. ❷ 情熱に燃えた,熱情的な. ▶ discours *enflammé* 熱のこもった演説. ❸ 炎症を起こした.

enflammer /ɑ̃flame/ 他動 ❶ …に点火する,燃え上がらせる. ▶ *enflammer* du papier à l'aide d'une lentille レンズで紙に火をつける / *enflammer* une allumette マッチをする. ❷ ⟨*enflammer* qn/qc⟩ …を燃え立たせる,奮い立たせる. ▶ *enflammer* l'imagination de qn (=exciter) …の想像力をかき立てる. ❸〔傷口など〕に炎症を起こさせる.
— **s'enflammer** 代動 ❶ 燃え上がる.
❷ 心が燃え立つ;熱中する;怒る. ▶ *s'enflammer* de colère 怒りに燃える.

enflé, e /ɑ̃fle/ 形 ❶ 膨れた,はれた. ❷ être *enflé* d'orgueil うぬぼれている.
— 名 話 ばか者,間抜け.

enfler /ɑ̃fle/ 他動 ❶〔手足など〕をはれ上がらせる.
❷ …の量を増やす,を増大させる. ▶ Les pluies ont *enflé* les cours d'eau. 長雨で川が増水した / *enfler* sa voix 声を大きくする.
— 自動 ❶〔体(の一部)が〕はれる,むくむ. ❷ 量が増す.

enflure /ɑ̃flyːr/ 女〔手足などの〕はれ.

enfoncé, e /ɑ̃fɔ̃se/ 形 へこんだ,くぼんだ,奥まった. ▶ avoir les yeux *enfoncés* くぼんだ目をしている.

enfoncement /ɑ̃fɔ̃smɑ̃/ 男 ❶ 打ち込むこと.

▶ l'*enfoncement* d'un pieu en terre 地面への杭(ﾞﾜｲ)の打ち込み. ❷ くぼみ, へこみ; 文章 奥まった所.

*enfoncer /ɑ̃fɔ̃se アンフォンセ/ 1

過去分詞	enfoncé	現在分詞	enfonçant
直説法現在	j'enfonce		nous enfonçons
	tu enfonces		vous enfoncez
	il enfonce		ils enfoncent

他動 ❶ …を(…に)打ち込む, 突っ込む. ▶ *enfoncer* un clou dans le mur 壁に釘を打ち込む / *enfoncer* les mains dans ses poches (=mettre) 両手をポケットに突っ込む. ❷ …を壊す, 打ち破る. ▶ *enfoncer* une porte 扉を押し破る. ❸ 話 [敵, 競争相手]に勝つ, を打ち負かす. ▶ *enfoncer* une armée ennemie 敵軍を打ち破る. ❹ …を(…に)追いやる, 陥らせる. ▶ Cet accident l'*a enfoncé* dans le désespoir. その事故は彼を絶望の淵(ﾌﾁ)に突き落とした.

enfoncer qc dans la tête de qn …を…の頭にたたき込む; 納得させる.

enfoncer une porte ouverte 諺 分かりきったことを説明する.

── 自動 ❶ はまり込む, 沈む. ▶ Les roues *enfonçaient* dans le sable. 車輪が砂にめり込んでいた. ❷ *enfoncer* sous les pas [地面が]ぬかるんでいる.

── ***s'enfoncer** 代動 <*s'enfoncer* (dans qc)> ❶ (…に)入り込む, 沈み込む. ▶ *s'enfoncer* dans un fauteuil ひじ掛け椅子(ﾔ)に身を沈める / *s'enfoncer* dans une forêt 森の中に深く入り込む. ❷ (…に)ふける, 没頭する. ▶ *s'enfoncer* jusqu'au cou dans un travail ある仕事に完全に没頭する. ❸ (…に)陥る; 破滅する. ▶ *s'enfoncer* dans des contradictions 矛盾に陥る.

enfouir /ɑ̃fwi:r/ 他動 ❶ …を埋める. ▶ *enfouir* un trésor 宝を埋める / des victimes *enfouies* sous les décombres 瓦礫(ﾊﾞﾚｷ)の山に埋められている犠牲者. ❷ …を…に隠す, しまい込む. ▶ *enfouir* un document confidentiel au fond du tiroir (=cacher) 秘密書類を引き出しの奥に隠す.

── **s'enfouir** 代動 <*s'enfouir* + 場所>…に潜む, 隠れる. ▶ *s'enfouir* sous les draps シーツの中に潜り込む.

enfouissement /ɑ̃fwismɑ̃/ 男 埋めること; 隠すこと.

enfourcher /ɑ̃furʃe/ 他動 ❶ …にまたがる. ▶ *enfourcher* un cheval 馬にまたがる. ❷ 話 [意見など]に固執する.

enfourcher ⌈*son dada* [*son cheval de bataille*]⌉ 得意の話題を弁じ立てる.

enfournement /ɑ̃furnəmɑ̃/, **enfournage** /ɑ̃furna:ʒ/ 男 (パンなどの)窯入れ.

enfourner /ɑ̃furne/ 他動 ❶ …をオーブンに入れる, 窯に入れる. ❷ 話 …を詰め込む, 押し込む. ▶ *enfourner* qn dans un taxi …をタクシーに押し込む. ❸ 話 …をがつがつ食べる, かき込む. ▶ Il a *enfourné* des gâteaux. 彼はケーキをむさぼり食べた. ── **s'enfourner** 代動 話 …へ殺到する, な

だれ込む.

enfreign- 活用 ⇨ ENFREINDRE 80

enfreindre /ɑ̃frɛ̃:dr/ 80 他動 (過去分詞 enfreint, 現在分詞 enfreignant) 文章 [法律など]に違反する, を破る.

enfreins, enfreint /ɑ̃frɛ̃/ 活用 ⇨ ENFREINDRE 80

enfui-, enfui- 活用 ⇨ S'ENFUIR 15

***s'enfuir** /sɑ̃fɥi:r/ 15 代動 (過去分詞 enfui, 現在分詞 s'enfuyant) ❶ 逃げる, 逃亡する. ▶ *s'enfuir* par la fenêtre 窓から逃げる. / Le prisonnier *s'est enfui*. 囚人が逃げた. ❷ 詩語 [時間などが]過ぎ去る; [思い出などが]消え去る.

比較 逃げる

s'enfuir「逃げ出す」という動作の開始に力点が置かれる. **fuir**《改まった表現》(…から)逃げる. 避ける対象が明示されることが多い. **se sauver** 本来は危険から逃げ出すこと. 会話では「危険から」というニュアンスを伴わず, 単に「その場から立ち去る」の意味で用いることが多い. **s'échapper** 束縛から逃げること. **s'évader** 閉じ込められている場所から逃げること.

enfumé, e /ɑ̃fyme/ 形 煙でいっぱいの.

enfumer /ɑ̃fyme/ 他動 ❶ …を煙でいっぱいにする. ❷ …を(たばこで)煙たがらせる; いぶり出す. ▶ *enfumer* un renard dans son terrier キツネを巣穴からいぶり出す.

enfuy- 活用 ⇨ S'ENFUIR 15

engagé, e /ɑ̃gaʒe/ 形 政治[社会]参加を行う. ▶ chanteur *engagé* 政治[社会]的態度を表明している歌手 / littérature *engagée* 政治参加の文学(⇨ ENGAGEMENT).

── 名 志願兵 (↔appelé).

engagea*nt*, a*nte* /ɑ̃gaʒɑ̃, ɑ̃:t/ 形 人を引き付ける, 魅力的な. ▶ proposition *engageante* 魅力的な提案 / manières *engageantes* 感じのよい物腰.

engagement /ɑ̃gaʒmɑ̃/ 男

英仏そっくり語

英 engagement 婚約, 約束.
仏 engagement 約束, 雇用.

❶ 約束, 契約. ▶ tenir [respecter] ses *engagements* 契約[約束]を守る.
❷ 雇用 (=embauche), 雇用契約; 兵役に就くこと. ▶ l'*engagement* d'une secrétaire 秘書の雇い入れ / *engagement* à l'essai 試用契約 / un acteur qui se trouve sans *engagement* 働き口のない俳優.
❸ (狭い場所へ)入れること, 進入. ▶ l'*engagement* d'une voiture dans une rue 通りへの車の乗り入れ.
❹ (資本などの)投下, 投資. ▶ Cela exige l'*engagement* de gros capitaux. それは多額の投資を必要とする.
❺ (討論などの)開始. ▶ l'*engagement* des négociations 交渉の開始.
❻ アンガージュマン: 知識人, 芸術家などによる社会問題への参加. 特に実存主義の時代にサルトルによってその必要が訴えられた. ❼ 局地戦, 小競り合い (=escarmouche). ❽ (サッカー, ラグビーなどの)キックオフ.

engager

*****engager** /ɑ̃ɡaʒe アンガジェ/ ② 他動

過去分詞 engagé	現在分詞 engageant
直説法現在 j'engage	nous engageons
tu engages	vous engagez
il engage	ils engagent

❶ …に責任[義務]を負わせる, を拘束する. ▶ Cette signature vous *engage*. このサインによって, あなた(方)は責任を負うことになります / Cela ne vous *engage* à rien. それをしてもあなた(方)はなんの義務も負いません.

❷ …を雇う, と雇用契約を結ぶ. ▶ *engager* un nouvel employé 新しい従業員を雇う / Il *a été engagé* comme chauffeur. 彼は運転手として雇われた.

❸ …を始める; 《目的語なしに》(サッカー, ラグビーで)キックオフする. ▶ *engager* une bataille 戦闘を開始する / *engager* des négociations 交渉を始める. 比較 ⇨ COMMENCER.

❹〈*engager* qc dans〉(狭い場所)に…を入れる. ▶ *engager* la clef dans la serrure 鍵(𝑎𝑔)を錠の中に差し込む.

❺〈*engager* qn dans qc〉(活動)に…を**参加させる**; (困難な状況)に…を巻き込む. ▶ *engager* des troupes dans une bataille 部隊を戦闘に投入する / une politique qui *engage* le pays dans une crise (=entraîner) 国を危機的な事態に陥れる政策.

❻〔資金〕を投下する, 投資する. ▶ *engager* de gros capitaux dans une affaire immobilière 不動産取引に資本をつぎ込む.

❼ …を質[抵当]に入れる.

❽〈*engager* qn à qc/不定詞〉…に…を勧める, 促す. ▶ *engager* qn au repos …に休暇をとるように勧める.

── **s'engager** 代動 ❶〈*s'engager* (à qc/不定詞)〉(…を)約束する. ▶ *s'engager* à rembourser la somme en dix ans その金額を10年で返済する約束をする.

❷ 雇われる; (軍隊)に入る, 志願する. ▶ *s'engager* dans la marine 海軍に入る.

❸ 始まる. ▶ Une discussion *s'est engagée* après la conférence. 講演のあと, 質疑応答が始まった.

❹〈*s'engager* dans qc〉(狭い場所)に入り込む, はまる. ▶ Le train *s'engage* dans le tunnel. 列車がトンネルに入る.

❺〈*s'engager* (dans qc)〉(…に)参加する, 身を投ずる. ▶ *s'engager* dans une entreprise difficile 困難な仕事に身を投ずる.

engeance /ɑ̃ʒɑ̃ːs/ 女《軽蔑すべき》連中, やつら. ▶ Quelle sale *engeance* ! なんて汚いやつらだ.

engelure /ɑ̃ʒlyːr/ 女〖医学〗凍瘡(𝑠𝑜𝑜), 霜焼け. ▶ avoir des *engelures* aux doigts 指に霜焼けができる.

engendrement /ɑ̃ʒɑ̃drəmɑ̃/ 男 ❶ 子をもうけること. ❷ 引き起こすこと, 生み出すこと.

engendrer /ɑ̃ʒɑ̃dre/ 他動 ❶〔男が子〕を作る, もうける. ▶ Selon la Bible, Jacob *engendra* douze fils. 聖書によれば, ヤコブは12人の子を成した. ❷ …を引き起こす, 生み出す. ▶ des entreprises qui *engendrent* une pollution des eaux 水質汚染を引き起こしている企業.

ne pas engendrer la mélancolie 話 陽気な性格である, 座を明るくする人物である.

── **s'engendrer** 代動 生み出される, 起こる.

engin /ɑ̃ʒɛ̃/ 男 ❶ 機械, 器具. ▶ *engins* agricoles 農機具 / *engins* de pêche 釣り用具 / gros *engins* de chantier 大型建設機械. ❷ 兵器, 爆弾; 軍用車両. ▶ *engin* nucléaire 核爆弾. ❸ ミサイル, ロケット. ▶ *engins* sol-air 地対空ミサイル / *engin* spatial ロケット, 人工衛星. ❹ 話 (あるものを漠然と指して)もの, これ. ▶ Qu'est-ce que c'est que cet *engin* ? これはいったいなんだ.

engineering /ɛn(d)ʒiniriŋ; ɛn(d)ʒinəriŋ/ 男《英語》エンジニアリング, 工学 (=ingénierie).

englober /ɑ̃ɡlɔbe/ 他動〈*englober* qc/qn (dans qc)〉…を(…に)ひとまとめにする; 含む. ▶ une théorie qui *englobe* la sociologie, la philosophie et la science historique 社会学, 哲学, 歴史学をすべて含む理論.

engloutir /ɑ̃ɡlutiːr/ 他動 ❶ …をがつがつ食べる, 飲み込む. ▶ *engloutir* son repas 食事をむさぼり食う. ❷〈*engloutir* qc (dans qc)〉〔物が〕…を(…の中に)のみ込む. ▶ La tempête *a englouti* le bateau dans les flots. 嵐(𝑎𝑟𝑎𝑠)で船は波の中にのみ込まれていった. ❸〈*engloutir* qc (dans qc)〉〔財産など〕を(…のために)使い果たす.

── **s'engloutir** 代動 のみ込まれる, 沈む; 使い果たされる.

engloutissement /ɑ̃ɡlutismɑ̃/ 男 文章 ❶ むさぼり食うこと. ❷ (波などが)のみ込むこと; のみ込まれること. ❸ (財産の)蕩尽(𝑡𝑜𝑗).

engluer /ɑ̃ɡlye/ 他動 …をねばつかせる. ▶ la confiture qui lui *englue* les doigts 彼(女)の指をねばねばさせるジャム.

── **s'engluer** 代動 ❶ *s'engluer* les doigts (ジャムなどで)指がねばねばする. ❷〈*s'engluer* dans qc〉(困難な状況)で身動きがとれない, にはまり込む.

engoncer /ɑ̃ɡɔ̃se/ 他動 ① 〔衣服が〕…の首を短く見せる.

engorgement /ɑ̃ɡɔrʒəmɑ̃/ 男 (管などが)詰まること; (道路の)渋滞.

engorger /ɑ̃ɡɔrʒe/ ② 他動〔管, 通路など〕を詰まらせる, ふさぐ (=boucher); 〔道路〕を渋滞させる.

── **s'engorger** 代動〔通路などが〕詰まる.

engouement /ɑ̃ɡumɑ̃/ 男 熱中, 心酔. ▶ *engouement* pour le manga マンガブーム.

s'engouer /sɑ̃ɡwe/ 代動〈*s'engouer* de [pour] qn/qc〉…に(一時的に)夢中になる, 熱中する.

engouffrer /ɑ̃ɡufre/ 他動 ❶ …を大量に消費する, 使い尽くす. ▶ Il *a engouffré* des millions dans cette affaire. 彼はこの事業に数百万の金を投じた. ❷ 話 …をむさぼり食う, のみ込む.

── **s'engouffrer** 代動〈*s'engouffrer* dans qc〉❶ …に殺到する, 駆け込む. ▶ *s'engouffrer* dans la bouche de métro 地下鉄の入り口に殺到する. ❷ …に流れ込む. ▶ Le vent *s'engouffre* dans la cheminée. 風が煙突に吹き込む.

engoulevent /āgulvā/ 男〔鳥類〕ヨタカ.
engourdi, e /āgurdi/ 形 ❶ 麻痺(ホ)した, しびれた. ❷〔精神, 能力が〕鈍った.
engourdir /āgurdiːr/ 他動 ❶ …を麻痺(ホ)させる, しびれさせる, 無感覚にする. ▶ Le froid m'a *engourdi* les jambes. 私は寒さで足の感覚が鈍くなった. ❷ …を緩慢にする, 鈍らせる; 弱める. ▶ La routine *engourdit* l'esprit. マンネリ化すると頭の働きが鈍くなる.
— **s'engourdir** 代動 ❶ 麻痺する, 無感覚になる. ❷〔精神が〕たるむ, 鈍くなる.
engourdissement /āgurdismā/ 男 麻痺(ホ), 無感覚; 無気力. ▶ *engourdissement* des doigts 指のしびれ[麻痺].
engrais /āgrɛ/ 男 肥料. ▶ mettre de l'*engrais* 肥料をまく / *engrais* chimique 化学肥料.
à l'engrais 肥育(中)の.
engraissement /āgrɛsmā/, **engraissage** /āgrɛsaːʒ/ 男〔家畜, 家禽(ホン)の〕肥育.
engraisser /āgrese/ 他動 …を太らせる; 肥育する. ▶ *engraisser* des porcs 豚を太らせる.
— **s'engraisser** 代動 話 金持ちになる, 豊かになる (=s'enrichir).
— **engraisser** 自動 太る, 肥える (=grossir).
engrangement /āgrāʒmā/ 男〔収穫物を〕納屋に入れること, 収納.
engranger /āgrāʒe/ 2 他動 ❶ …を納屋に入れる, 収納する. ❷ 文章 …を保存する, 蓄える.
engrenage /āgrənaːʒ/ 男 ❶ 歯車(装置). ❷〔抜き差しならない状況の〕連鎖; 悪循環. ▶ être pris dans l'*engrenage* du jeu ギャンブルの泥沼にはまり込む.
s'engrener /sāgrəne/ 代動〔歯車が〕かみ合う.
engrosser /āgrose/ 他動〔女〕をはらませる.
engueulade /āgœlad/ 女 話 ののしること, 罵倒(ホシ); ののしり合い, 口喧嘩(ヘンカ). ▶ recevoir une bonne *engueulade* 大目玉を食らう.
engueuler /āgœle/ 他動 話 …をののしる, 罵倒(ホシ)する; しかり飛ばす.
engueuler qn comme du poisson pourri 話 …を口汚くしかる.
— **s'engueuler** 代動 話 ののしり合う, 口喧嘩(ヘンカ)をする.
enguirlander /āgirlāde/ 他動 ❶ …を花飾りで飾る; 花飾り風に飾る. ❷ 話 …をしかる; ののしる.
enhardir /āardiːr/ 他動〔物が〕…を大胆にする, に自信を持たせる.
— **s'enhardir** 代動 ❶ 大胆になる, 自信をつける. ❷〈*s'enhardir* à [jusqu'à] + 不定詞〉思い切って[大胆にも]…する.
énième /enjɛm; ɛnjɛm/ 形 ⇨ NIÈME.
énigmatique /enigmatik/ 形 謎(ナゾ)の, 謎に満ちた, 不可解な.
énigme /enigm/ 女 謎(ナゾ), 不可解, 難問. ▶ poser [résoudre] une *énigme* 謎をかける[解決する] / parler par *énigmes* 謎めいた話し方をする.
「*la clef* [*le mot*] *de l'énigme* 謎の答え; 難問の解明.
enivrant, ante /ānivrā, āːt/ 形 うっとりさせる, 陶酔させる, 酔わせる. ▶ beauté *enivrante* うっとりするような美しさ.
enivrement /ānivrəmā/ 男 文章 酔い, 陶酔.
enivrer /ānivre/ 他動 ❶ …を酔わせる. ▶《目的語なしに》un vin qui *enivre* rapidement 回りの早い酒. ❷ …をうっとりさせる, 陶酔させる. ▶ Sa victoire aux jeux Olympiques *a enivré* toute la France. オリンピックでの彼(女)の勝利にフランス中が酔った.
— **s'enivrer** 代動 ❶ 酔う. ▶ Je *me suis enivré*. 私は酔った. ❷〈*s'enivrer de qc*〉…にうっとりする, 陶酔する.
enjambée /āʒābe/ 女 またぐこと; ひとまたぎ, 一歩の距離. ▶ marcher à grandes *enjambées* 大またで歩く.
d'une enjambée ひとまたぎで; 一気に, 一挙に.
enjambement /āʒābmā/ 男〔詩法〕句またぎ: 行末で文意が完結せず, 次行にまたがること.
enjamber /āʒābe/ 他動 ❶ …をまたぐ, 飛び越す. ▶ *enjamber* un fossé 溝をまたいで越える. ❷〔橋などが川や谷など〕にかかる. ▶ Le Pont-Neuf *enjambe* la Seine. ポン=ヌフはセーヌ川にかかっている.
enjeu /āʒø/; 《複》**x** 男 ❶ 賭(ヵ)け金. ▶ miser un *enjeu* 金を賭ける. ❷〔賭けられたものの意味で〕重大な焦点, 大きな争点. ▶ *enjeu* politique 政治的争点.
enjoindre /āʒwɛ̃ːdr/ 81 他動〔過去分詞 enjoint, 現在分詞 enjoignant〕文章〈*enjoindre* à qn de + 不定詞〉…に…することを命じる, 厳命する. ▶ Je vous *enjoins* solennellement d'obéir. 服従することを厳命します.
enjoins, enjoint /āʒwɛ̃/ 活用 ⇨ ENJOINDRE 81
enjôlement /āʒolmā/ 男 文章 甘言で釣ること, 丸め込むこと, 籠絡(ロウ).
enjôler /āʒole/ 他動 …を甘言で釣る, 丸め込む, 籠絡(ロウ)する.
enjôleur, euse /āʒolœːr, øːz/ 形, 名 甘言を弄(ロウ)する(人), 誘惑する(人).
enjolivement /āʒɔlivmā/ 男 美しくすること, 装飾(品); 潤色, 粉飾.
enjoliver /āʒɔlive/ 他動 ❶ …を美しくする, 飾る. ❷〔話や出来事〕を潤色する; 粉飾する.
enjoliveur /āʒɔlivœːr/ 男〔自動車の〕装飾部品; 《特に》ホイール・キャップ.
enjolivure /āʒɔlivyːr/ 女 飾り; (話などの) 潤色, 粉飾.
enjoué, e /āʒwe/ 形 陽気な, 明るい, 快活な. ▶ un enfant *enjoué* 快活な子供.
enjouement /āʒumā/ 男 陽気さ, 快活さ.
enkystement /ākist(ə)mā/ 男〔医学〕〔腫瘍(ショウ), 異物などの〕被囊(ノゥ)(化), 被胞(化).
s'enkyster /sākiste/ 代動〔医学〕被囊化する, 被囊(ノゥ)化する.
enlacement /ālasmā/ 男 ❶ 文章 抱擁. ❷ 絡み合い, 巻き付き.
enlacer /ālase/ 1 他動 ❶ …を抱き締める, 抱擁する. ▶ *enlacer* qn entre ses bras …を腕に抱く. ❷ …を巻き付ける; に絡みつく.
— **s'enlacer** 代動 ❶ 抱き合う. ❷ 絡み合う; 巻き付く.
enlaidir /ālediːr/ 他動 …を醜くする, 見苦しくす

る；の美しさを損ねる. ▶ Cette coiffure l'*enlaidit*. あのヘアスタイルだと彼(女)は不細工に見える / L'industrialisation *a enlaidi* les paysages de cette région. 工業化によってこの地方の風景は損なわれた / 《目的語なしに》La colère *enlaidit*. 怒りは人を醜くする.
— 自動 醜くなる (↔embellir).

enlaidissement /ɑ̃ledismɑ̃/ 男 醜くする[なる]こと；醜悪化.

enlevé, e /ɑ̃lve/ 形 見事に[やすやすと]なされた. ▶ un morceau de musique bien *enlevé* 見事に演奏される曲.

enlèvement /ɑ̃lɛvmɑ̃/ 男 ❶ 除去, 回収. ▶ l'*enlèvement* des ordures ménagères 家庭のごみの収集 / *enlèvement* d'une tache 染み抜き. ❷ 誘拐(罪), 拉致(ら). ▶ *enlèvement* d'enfant 幼児誘拐 / le dossier des *enlèvements* 拉致問題.

:**enlever** /ɑ̃lve/ アンルヴェ/ ③ 他動

直説法現在	j'enl**è**ve	nous enlevons
	tu enl**è**ves	vous enlevez
	il enl**è**ve	ils enl**è**vent
複合過去	j'ai enlevé	半過去 j'enlevais
単純未来	j'enl**è**verai	単純過去 j'enlevai

❶ …を取り除く；消す, 削除する. ▶ *enlever* une tache avec de la benzine ベンジンで染みを消す / *enlever* quelques phrases inutiles dans un texte (=supprimer) 1つの文章の中でむだな文をいくつか削除する.
❷〔身につけた物を〕脱ぐ, 外す. ▶ *enlever* ses lunettes めがねを外す / *enlever* son manteau オーバーを脱ぐ / *enlever* ses gants 手袋を取る.
❸ <*enlever* qc à qn> …から…を奪う；(手術などで)…の…を取り除く. ▶ Il m'*a enlevé* tout courage. 彼は私のやる気をすっかりなくさせた / Cette explosion lui *a enlevé* un bras. その爆発で彼(女)は片腕をもぎ取られた / se faire *enlever* une dent 歯を1本抜いてもらう.
❹ …を運び出す, 持ち去る；急いで買い取る. ▶ Les déménageurs viennent *enlever* les meubles. 引っ越し屋が家具を運び出しに来る.
❺ …を誘拐する, (一時的に)連れていく. ▶ *enlever* un enfant 子供を誘拐する / Je vous *enlève* votre fils pour une heure. 息子さんを1時間お借りしますよ.
❻〔賞, 票, 勝利など〕を得る, 獲得する；〔敵陣など〕を奪取する. ❼〔芝居, 音楽などを〕見事に演ずる[演奏する]. ❽文章〔病気が〕…をあの世へ連れ去る (=emporter).
— **s'enlever** 代動 ❶ 取り外される；消える. ▶ Les taches d'huile ne *s'enlèvent* pas facilement. 油の汚れは落ちにくい / *Enlève-toi* de là! 居 そこをどけ. ❷ <*s'enlever* qc> (自分の体から)…を取り除く. ❸〔商品が〕飛ぶように売れる.

enlisement /ɑ̃lizmɑ̃/ 男 ❶ (砂, 泥などに)はまり込むこと, 埋没. ❷ 沈滞, 行き詰まり.

s'enliser /sɑ̃lize/ 代動 ❶ (砂, 泥などに)はまり込む；立ち往生する. ▶ *s'enliser* dans la boue ぬかるみにはまって動けなくなる.
❷ (窮状, 困難などに)陥る；〔物事が〕はかどらない.
— **enliser** /ɑ̃lize/ 他動 <*enliser* qn/qc (dans qc)> ❶ (砂, 泥などに)…をはまり込ませる. ❷ …を停滞させる.

enluminer /ɑ̃lymine/ 他動 ❶〔写本, 宗教書など〕を装飾する. ❷〔酒, 熱などが顔〕を紅潮させる.

enlumine ur, euse /ɑ̃lyminœːr, øːz/ 名 写本装飾者.

enluminure /ɑ̃lyminyːr/ 女〖美術〗写本装飾 (術).

enneigé, e /ɑ̃neʒe/ 形 雪に覆われた. ▶ paysage *enneigé* 雪景色.

enneigement /ɑ̃nɛʒmɑ̃/ 男 積雪(状況), 積雪量. ▶ bulletin d'*enneigement* (スキー場の)積雪情報.

*ennemi, e** /ɛnmi/ エヌミ/ 名 ❶ 敵；敵兵, 敵軍[国]. ▶ *ennemi* mortel 不倶戴天(ふぐたいてん)の敵, 宿敵 / *ennemi* naturel 天敵 / se faire des *ennemis* 敵を作る / tomber entre les mains de l'*ennemi* 敵の手に落ちる, 捕虜になる / Le surmenage est l'*ennemi* de la santé. 過労は健康によくない. 比較 ▷ ADVERSAIRE.
❷ <*ennemi* de + 定冠詞 + 名詞> …の反対者, の嫌いな人；と相いれないもの. ▶ Il est *ennemi* des cérémonies. 彼は儀式が嫌いだ.

Le mieux est l'ennemi du bien. 諺 欲ばって元も子もなくす.

l'ennemi public (numéro un) 社会の敵, 危険[要注意]人物.
— 形 敵の；敵対している, 敵意のこもった. ▶ l'armée *ennemie* 敵軍.

ennoblir /ɑ̃nɔbliːr/ 他動 …を高貴にする.
— **s'ennoblir** 代動 高貴になる.

ennoblissement /ɑ̃nɔblismɑ̃/ 男 気高くなる[する]こと.

*ennui** /ɑ̃nɥi/ アンニュイ/ 男 ❶ (多く複数で)心配(事), 不安；困った事, 面倒；故障. ▶ avoir des *ennuis* de santé 健康を害する；病気になる / des *ennuis* de chauffage 暖房の故障 / causer [occasionner] des *ennuis* à qn …に迷惑をかける.
◆L'*ennui*, c'est que + 直説法. 問題は…ということだ. ▶ L'*ennui*, c'est que ce projet coûte cher. 問題は, その計画には多額の金がかかることだ. ❷ 退屈(なもの)；文章 倦怠(けんたい), もの憂さ. ▶ mourir d'*ennui* 死ぬほど退屈である.

avoir des ennuis avec qn/qc …ともめる, 問題を起こす.

*ennuyé, e** /ɑ̃nɥije/ アンニュイエ/ 形 困っている, 困惑した；心配している. ▶ avoir l'air *ennuyé* 困った[心配そうな]様子だ. ◆ être *ennuyé* (*de* qc/不定詞 [*que* + 接続法]) (…で)困る；(…を)心苦しく思う. ▶ Je suis très *ennuyé* de vous demander ce service. このことをあなた(方)にお願いするのが心苦しいのです.

*ennuyer** /ɑ̃nɥije/ アンニュイエ/ ⑪ 他動

直説法現在	j'ennu**i**e	nous ennuyons
	tu ennu**i**es	vous ennuyez
	il ennu**i**e	ils ennu**i**ent

❶ …を困らせる, に迷惑をかける；心配させる. ▶ Il

m'*ennuie* avec toutes ses questions bêtes. 彼ははかな質問ばかりして、ほとほと嫌になる. ◆《非人称構文で》Cela m'*ennuie* de + 不定詞 // Cela m'*ennuie* que + 接続法. …なのは困る；心配だ. ▶ Cela m'*ennuie* que tu rentres seule si tard. こんな夜遅くあなたを 1 人で帰すのは心配だ / Ça vous *ennuierait* de fermer la porte? すみませんが、ドアを閉めてくれませんか. 比較 ⇨ TOURMENTER.

❷ …を退屈させる. ▶ Ce spectacle nous *ennuie* à mourir. このショーは死ぬほど退屈だ.
— ***s'ennuyer** 代動 ❶ 退屈する，うんざりする. ▶ On ne *s'ennuie* jamais avec lui. 彼といると全然退屈しない / La France *s'ennuie*. フランスはうんざりしている(ラマルチーヌ). ❷《*s'ennuyer* de qn/qc》…がいない[ない]のを残念がる；を懐しがる. ▶ Je m'*ennuie* de toi. 君がいなくてさびしい / *s'ennuyer* de son pays 故郷を懐しがる.

ne pas s'ennuyer 退屈しない，不自由なくやっている. ▶ Tu *ne t'ennuies pas*! 楽しそうだね、いい御身分だね.

***ennuyeux, euse** /ɑ̃nɥijø, ø:z/ アンニュイユー, アンニュイユーズ/ 形 ❶ 困った，面倒な；心配な. ▶ incident *ennuyeux* 厄介なトラブル / voisin *ennuyeux* 迷惑な隣人 / C'est *ennuyeux*. それは困った. ◆《非人称構文で》Il est *ennuyeux* de + 不定詞 // Il est *ennuyeux* que + 接続法. …であるとは困ったものだ.
❷ 退屈な. ▶ livre *ennuyeux* 退屈な本
ennuyeux comme la pluie とても退屈な.

énoncé /enɔ̃se/ 男 ❶ 陳述，文面，文章内容. ❷『言語』発話，言表.

énoncer /enɔ̃se/ ① 他動 …をはっきり述べる，明記する. ▶ Le traité *énonce* un certain nombre de conditions. 条約にはいくつかの条件が明記されている. — **s'énoncer** 代動 〔理念、見解などが〕表明［表現］される. ▶ Ce que l'on conçoit bien *s'énonce* clairement. 十分に理解していることなら明快に表現できる(ポワロー).

énonciatif, ive /enɔ̃sjatif, i:v/ 形 ❶〈語，文章などが〉言明の，陳述の，叙述の. ❷『言語』言表の，発話の.

énonciation /enɔ̃sjasjɔ̃/ 女 ❶ 陳述，言明. ❷『言語』発話行為，言表作用.

s'enorgueillir /sɑ̃nɔrgœji:r/ 代動〈*s'enorgueillir* (de qc/不定詞)〉…を誇る，自慢する. ▶ *s'enorgueillir* de sa culture 教養を鼻にかけている. — **enorgueillir** /ɑ̃nɔrgœji:r/ 他動 …を高慢にする、慢心させる.

***énorme** /enɔrm/ エノルム/ 形 ❶《ときに名詞の前で》なみはずれた、莫大(ぱく)な、巨大な. ▶ *énorme* succès 大々的な成功 / *énorme* problème 非常に大きな問題 / *énorme* différence 著しい相違 / Mille euros, ce n'est pas *énorme*.(=beaucoup) 1000 ユーロならたいした額ではない. 比較 ⇨ GRAND. ❷ 話《名詞のあとで》驚くべき、すごい. ▶ raconter une histoire *énorme* あっと驚くような話をする.

C'est énorme. それはたいしたことだ；それはひどい. ▶ *C'est* déjà *énorme* qu'il ait reconnu ses torts. 彼が自分の間違いを認めたとしたら、それだけでもたいしたことだ.

énormément /enɔrmemɑ̃/ 副《beaucoup の絶対最上級》非常に(多く)，甚だしく. ▶ Il lit *énormément*. 彼は大の読書家だ / Il m'intéresse *énormément*. それにはものすごく興味がある. ◆ *énormément* de + 無冠詞名詞 非常に多くの…. ▶ passer *énormément* de temps à faire qc …するのにうんと時間をかける.

énormité /enɔrmite/ 女 ❶ 重大さ，甚だしさ. ▶ l'*énormité* d'une faute 過失の重大さ / l'*énormité* des pertes militaires 莫大(ぱく)な軍事的損失. ❷ 重大な間違い，常軌を逸した言動. ▶ C'est une *énormité* inadmissible. それは許しがたい間違いだ.

s'enquérir /sɑ̃keri:r/ 27 代動〔過去分詞 enquis, 現在分詞 s'enquérant〕文章〈*s'enquérir* de qn/qc〉…を問い合わせる、尋ねる (=s'informer de, se renseigner sur). ▶ *s'enquérir* du prix d'un nouveau modèle 新型の価格を尋ねる.

enquerr- 活用 ⇨ S'ENQUÉRIR 27

***enquête** /ɑ̃kɛt/ アンケット/ 女 ❶ アンケート，調査. ▶ *enquête* sociologique 社会学的な調査[研究] / *enquête* d'opinion publique 世論調査 / *enquête* par téléphone 電話アンケート / faire une *enquête* auprès des lecteurs d'une revue 雑誌の読者に対してアンケートを行う.
❷ (警察などによる)捜査，調査. ▶ ouvrir une *enquête* 調査を開始する / mener une *enquête* 捜査を進める

enquêter /ɑ̃kete/ 間他動〈*enquêter* sur qc〉…について調査する、捜査する. ▶ *enquêter* sur une affaire 事件について調査する.

enquêteur, euse /ɑ̃ketœ:r, ø:z/ 名 調査員；捜査官〔注 調査員の意味での女性形は現在では多く enquêtrice を用いる). — 形 調査[捜査]を担当する.

enqui-, enquî-, enquier-, enquièr- 活用 ⇨ S'ENQUÉRIR 27

enquiquinant, ante /ɑ̃kikinɑ̃, ɑ̃:t/ 形 話 うるさい，うんざりさせる.

enquiquinement /ɑ̃kikinmɑ̃/ 男 話 面倒，トラブル，気がかり.

enquiquiner /ɑ̃kikine/ 他動 話 …をうんざりさせる、悩ませる. — **s'enquiquiner** 代動 話 うんざりする、退屈する.

enquiquineur, euse /ɑ̃kikinœ:r, ø:z/ 形，名 話 うるさい(人)，うんざりさせる(人).

enracinement /ɑ̃rasinmɑ̃/ 男 ❶ (植物を)根付かせること，(植物が)根を張ること. ❷ 根強さ. ▶ l'*enracinement* des préjugés 偏見の根深さ. ❸ (土地への)定着.

enraciner /ɑ̃rasine/ 他動 ❶〔植物〕を根付かせる. ❷ …を心に植えつける. ▶ des préjugés que le temps *a enracinés* 時とともに根付いた偏見. ❸ …を定着させる.
— **s'enraciner** 代動 ❶〔植物、習慣などが〕根を張る. ❷ 落ち着く；長居する.

enragé, e /ɑ̃raʒe/ 形 ❶ 熱狂的な、熱中した. ▶ un joueur *enragé* ギャンブル狂. ❷ 激怒した. ❸ 狂犬病の. ▶ un chien *enragé* 狂犬.

manger de la vache enragée 話 食うや食わ

ずの生活をする, 窮乏生活を送る.
— 名 マニア. ▶ un *enragé* du cinéma 映画狂.
— **enragés** 男複〚歴史〛アンラジェ: フランス革命中の1793年に現れた過激派. 転じて1968年5月革命の学生過激派についてもいう.

enrager /ɑ̃raʒe/ 2 自動 <*enrager* de qc/不定詞 // *enrager* que + 接続法>…をひどくくやしがる, 残念がる. ▶ J'*enrageais* de ne pouvoir rien faire. 手をこまねいているしかなくて残念しごくだった.

faire enrager qn …をかっとさせる, いらだたせる; に手を焼かせる.

enraiement /ɑ̃remɑ̃/, **enrayement** /ɑ̃rejmɑ̃/ 男 抑制, 阻止.

enrayage /ɑ̃reja:ʒ/ 男 ❶（銃器の）故障.
❷（車輪への）幅(*)の取り付け.

enrayer /ɑ̃reje/ 12 他動 …を食い止める, 抑制する. ▶ *enrayer* une épidémie 伝染病の蔓延(*)を防ぐ / *enrayer* la hausse des prix (=stopper) 物価の上昇を抑制する.
— **s'enrayer** 代動 ❶〔銃などが〕急に故障する.
❷〔危機の進行, 病気の進展などが〕食い止められる.

enrégimenter /ɑ̃reʒimɑ̃te/ 他動 ❶ <*enrégimenter* qn dans qc> …を…に加盟〔加入〕させる.
❷ 古風〈兵隊〉を連隊に編入する.

enregistrable /ɑ̃rʒistrabl/ 形 記録〔録音, 録画〕されるべき.

enregistrement /ɑ̃rʒistrəmɑ̃/ 男 ❶ 記録, 採録. ▶ l'*enregistrement* d'un mot nouveau dans un dictionnaire 新語の辞書への採録.
❷ 録音, 録画; (録音, 録画された)テープ, レコード.
▶ *enregistrement* numérique デジタル録音 / studio d'*enregistrement* 録音スタジオ / faire l'*enregistrement* d'une emission de télévision テレビ番組を録画する.
❸（旅行手荷物の）チェックイン. ▶ *enregistrement* des bagages 荷物のチェックイン.
❹〚法律〛登記, 登録; (l'Enregistrement) 登記所. ▶ payer les droits [frais] d'*enregistrement* 登記料を払う.

***enregistrer** /ɑ̃rʒistre/ アンルジストレ 他動 ❶ …を記録〔記載, 採録〕する; 記憶に留める. ▶ *enregistrer* un événement dans un journal ある出来事を日記に書き留める / Les enfants *enregistrent* tout. 子供はなんでも記憶する.
❷ …を認める;〈統計などが〉…を示す. ▶ On *enregistre* une forte hausse du yen en ce moment. 現在円が急騰中である.
❸ …を録音〔録画〕する. ▶ *enregistrer* un match de foot サッカーの試合を録画する / *enregistrer* un CD CD を録音する.
❹〈荷物〉をチェックインする, チッキにする. ▶ faire *enregistrer* ses bagages à l'aéroport 空港で荷物をチェックインする.
❺〈法律事項〉を登録する;〈取引〉を記帳する.

J'enregistre. = *C'est enregistré.* 話 しっかり覚えておこう; 肝に銘じておきます.

— **s'enregistrer** 代動 記録〔記載, 録音, 記憶〕される.

enregistreur, euse /ɑ̃rʒistrœ:r, ø:z/ 形 記録する, 自動記録する. ▶ thermomètre *enregis-*

treur 自記温度計 / caisse *enregistreuse* レジスター.

enrhumé, e /ɑ̃ryme/ 形 風邪を引いた. ▶ Je suis trop *enrhumé* pour sortir. ひどい風邪で外出できない.

enrhumer /ɑ̃ryme/ 他動 …に風邪を引かせる.
— **s'enrhumer** 代動 風邪を引く. ▶ Je *me suis enrhumé* en marchant sous la pluie. 雨の中を歩いて風邪を引いた.

enrichi, e /ɑ̃riʃi/ 形 ❶（急に）金持ちになった, 成金の. ▶ commerçant *enrichi* 成金商人. ❷ <*enrichi* (de qc)>（…を加えて）豊かに［美しく］なった. ▶ édition magnifique *enrichie* de gravures 版画入りの豪華版. ❸ 濃度を高めた. ▶ lait *enrichi* 濃厚牛乳 / uranium *enrichi* 濃縮ウラン / pain enrichi 栄養強化パン.

enrichir /ɑ̃riʃi:r/ 他動 ❶ …を裕福にする. ▶ Le tourisme *a enrichi* notre ville. 観光のおかげで私たちの町は潤った. ❷ …を豊かにする, 充実させる. ▶ La lecture *enrichit* l'esprit. 読書は心を豊かにする. ❸ …を質的に向上させる. ▶ *enrichir* un lait en calcium 牛乳のカルシウムを強化する / *enrichir* (de) l'uranium ウラニウムを濃縮する.
— **s'enrichir** 代動 ❶ 金持ちになる, 富む. ❷〔心が〕豊かになる;〔能力が〕高まる. ❸ <*s'enrichir* (de qc)>〔物が〕（…で）充実する,（…が加わって）豊かになる. ▶ L'esprit *s'enrichit* de ce qu' il reçoit 精神はそれが受けとるもので豊かになる.

enrichissant, ante /ɑ̃riʃisɑ̃, ɑ̃:t/ 形 (*enrichir* の現在分詞)（精神, 知識などを）豊かにする.

enrichissement /ɑ̃riʃismɑ̃/ 男 ❶ 金持ちにする〔なる〕こと, 富裕化. ❷（精神的に）豊か〔豊富〕にする〔なる〕こと; 豊かにするもの. ❸ 強化, 濃縮. ▶ *enrichissement* de l'uranium ウランの濃縮.

enrobage /ɑ̃rɔba:ʒ/, **enrobement** /ɑ̃rɔbmɑ̃/ 男（食品などの）皮膜塗布,（砂糖や衣による）コーティング; 被服.

enrober /ɑ̃rɔbe/ 他動 <*enrober* qc de qc> ❶ …を…で覆う, 包む. ❷〔非難など〕を…で和らげる; 包み隠す. ▶ *enrober* ses reproches de termes affectueux 優しい言葉で非難を和らげる.

enrôlé, e /ɑ̃role/ 形 兵籍に登録した;（組織に）加入〔加盟〕した.
— 名 兵籍登録者;（組織への）加入〔加盟〕者.

enrôlement /ɑ̃rolmɑ̃/ 男 ❶ 兵籍登録, 募兵, 徴募. ❷（団体などへの）加入, 加盟.

enrôler /ɑ̃role/ 他動 ❶ …を兵籍に編入する; 募兵〔徴募〕する. ❷ 話 <*enrôler* qn (dans qc)>（団体などに）…を加入〔加盟〕させる.
— **s'enrôler** 代動 ❶ 兵籍に入る.
❷ <*s'enrôler* (dans qc)>（団体などに）加入〔加盟〕する (= adhérer à). ▶ *s'enrôler* dans un parti 党に加入する.

enroué, e /ɑ̃rwe/ 形〔声が〕かれた, しわがれた.
▶ voix *enrouée* かすれ声, ハスキーな声 / être *enroué* しわがれ声をしている.

enrouement /ɑ̃rumɑ̃/ 男（声の）かすれ.

enrouer /ɑ̃rwe/ 他動〈人〉をしわがれた声にする;〔声〕をかすれさせる. ▶ La fumée m'*a enroué*. 煙で声がかすれた.
— **s'enrouer** 代動 声がかすれる〔しわがれる〕.

enroulement /ɑ̃rulmɑ̃/ 男 巻き付けること; 巻かれたもの,（糸などの）1巻き.

enrouler /ɑ̃rule/ 他動 ❶ ⟨enrouler qc (sur [autour de] qc)⟩…を(…に)巻く. ❷ ⟨enrouler qn/qc (dans qc)⟩…を(…で)くるむ, 包む.
— **s'enrouler** 代動 ❶ (…に)巻き付く. ❷ ⟨s'enrouler (dans qc)⟩…(に)くるまる. ▶ *s'enrouler* dans une couverture 毛布にくるまる.

enrubanner /ɑ̃rybane/ 他動 《多く過去分詞形で》…をリボンで飾る;《皮肉に》(勲章などで)…を飾り立てる.

ENS 女《略語》Ecole normale supérieure 高等師範学校: グランゼコールの一つ.

ensablement /ɑ̃sabləmɑ̃/ 男 ❶ 砂で埋めること; 砂に埋まること. ❷ 砂州(す), 砂山.

ensabler /ɑ̃sable/ 他動 …を砂で埋める. ▶ Les inondations *ont ensablé* les champs. 洪水で田畑は砂で埋まった.
❷〔船〕を座州(ざ)させる;〔車〕を砂にめり込ませる.
— **s'ensabler** 代動 ❶ 砂で埋まる.
❷〔船が〕座州する;〔車が〕砂にはまる.

ensachage /ɑ̃saʃaːʒ/ 男 袋詰め(作業).

ensacher /ɑ̃saʃe/ 他動 …を袋に詰める.

ensanglanté, e /ɑ̃sɑ̃glɑ̃te/ 形 血に染まった, 血で汚れた.

ensanglanter /ɑ̃sɑ̃glɑ̃te/ 他動 …を血まみれにする; を血で汚す. ▶ la guerre qui *a ensanglanté* le pays 国中を血で染めた戦争.

enseignant, ante /ɑ̃seɲɑ̃, ɑ̃ːt/ 形〔人が〕教職の, 教育に携わる. ▶ le personnel *enseignant* et le personnel administratif d'une université 大学の教職員 / le corps *enseignant* d'une école ある学校の教師団.
— 名 教員, 教師.

enseigne /ɑ̃seɲ/ 女 ❶ 看板;（商店,営業所の）シンボルマーク. ▶ *enseigne* lumineuse ネオンサイン. ❷ 軍旗, 旗印.
à telle(s) enseigne(s) que + 直説法 文章 …するほどである; その証拠に…である. ▶ Il la croyait fâchée, *à telle enseigne qu'*il n'osait même plus lui parler. 彼女が怒っていると思い込んで, 彼は話しかける勇気すらなかった.
être logé à la même enseigne (que qn) 國 (同じ宿屋に泊まる→)(…と)同じ境遇である.
— 男 *enseigne* de vaisseau de première [deuxième] classe 海軍中尉 [少尉].

***enseignement** /ɑ̃seɲmɑ̃/ 男 ❶ **教育; 教育法; 教育課程**. ▶ *enseignement* primaire [secondaire, supérieur] 初等 [中等, 高等] 教育 / *enseignement* public [privé] 公教育 [私立学校での教育] / *enseignement* technique [professionnel] 技術 [職業] 教育 / *enseignement* assisté par ordinateur コンピュータ援用学習システム（略 EAO）.
❷ **教職**. ▶ entrer dans l'*enseignement* 教職に就く. ❸《多く複数形で》文章 **教え, 教訓**. ▶ tirer des *enseignements* d'une expérience 体験から教訓を引き出す.

***enseigner** /ɑ̃seɲe/ 他動 ❶ …を**教える**, **教育する**;《目的語なしに》**教師をする**. ▶ *enseigner* la philosophie 哲学を教える / *enseigner* le français à des étrangers フランス語を外国人に教える / Elle *enseigne* au lycée. 彼女はリセで教えている.
❷ …を教示する, 手ほどきする;〔事実, 事態を〕…を認識させる. ▶ Il m'*a enseigné* à nager. (=apprendre) 彼は私に水泳の手ほどきをしてくれた / L'histoire nous *enseigne* que les révolutions amènent des contre-révolutions. 革命が反革命をもたらすことは歴史の教えるところだ.
❸ 文章 …を教え導く, 教化する.

> **比較 教える, 教育する**
> **enseigner**「教える科目」を直接目的語とし, 学校教育については最も普通に用いられる. **apprendre** ⟨apprendre qc à qn⟩, ⟨apprendre à qn à + 不定詞⟩の形で用い, 実際的な知識・技術を習得させること. **éduquer**「人」を直接目的語とし, おもにしつけなど徳育について用いる. **instruire**「人」を直接目的語とし, おもに入門的な知識・訓練を与える場合に用いる. **former**「人」を直接目的語とし, 職業に必要な専門的知識・技能を授けること.

***ensemble** /ɑ̃sɑ̃ːbl/ アンサーンブル 副 ❶ **一緒に, ともに, 協力して; まとめて**. ▶ vivre *ensemble* 一緒に暮らす; 同棲(どうせい)する / Dansons *ensemble*. 一緒に踊ろう / Venez tous *ensemble*. みんな一緒にいらっしゃい / Ils sont allés au cinéma tous *ensemble*. 彼らは皆連れ立って映画を見に行った.
◆ mettre qn/qc *ensemble* …を集める; 1つにまとめる. ▶ Elle a mis tous les restes *ensemble* pour faire une soupe. 彼女は残り物を使ってスープを作った. ❷ **同時に, 一斉に**. ▶ éclater de rire *ensemble* 一斉にどっと笑う.
aller ensemble (1) 調和する, 似合う. ▶ L'armoire et la table *vont* mal *ensemble*. 戸棚とテーブルがどうもちぐはぐだ. (2) 対をなす, 不可分である.
être bien [mal] ensemble 仲がよい [悪い]. ▶ Elles ne *sont* pas très *bien ensemble*. 彼女たちの間はうまくいっていない.
être tout ensemble A et B A であると同時に B である (=être tout à la fois A et B).
— ***ensemble** 男 ❶ **全体, 総体; 全部**. ▶ étudier des détails sans perdre de vue l'*ensemble* 全体を見失わずに細部を研究する.
❷ (人の) **グループ, 集団**;（物の）一揃(そろ)い, セット. ▶ *ensemble* vocal 合唱団. ◆ l'*ensemble* de + 定冠詞 + 名詞 (=totalité) すべての…. ▶ l'*ensemble* du personnel 全従業員, 全スタッフ / Cela concerne l'*ensemble* des habitants. それはすべての住民にかかわることだ. ◆ un *ensemble* de + 無冠詞複数名詞 …のグループ, 一連の…. ▶ remplir un *ensemble* de conditions 一連の条件を満たす / un *ensemble* de tableaux qui constitue(nt) une belle collection 立派なコレクションをなしている一群の絵.
❸ **統一, 調和, 一致**. ▶ manquer d'*ensemble* 統一を欠く / chanter avec un *ensemble* parfait 見事なハーモニーで歌う.
❹《服飾》アンサンブル.
❺ 一群の建物. ▶ grand *ensemble* 団地.
❻《数学》集合. ▶ théorie des *ensembles* 集合

論.
dans l'ensemble 全体的に見て，概して (=en gros). ▶ Le voyage s'est bien passé *dans l'ensemble*. 旅行は全体としてはうまくいった.
dans son ensemble (1) 全体的に見て，概して. ▶ La situation, *dans son ensemble*, s'est plutôt améliorée. 全体的に見れば状況はむしろ好転した. (2) 完全に，全面的に. ▶ examiner la question *dans son ensemble* 問題を全般的に検討する.
d'ensemble 全体的な，概括的な. ▶ vue *d'ensemble* 全体的な見方.

ensemblier /ɑ̃sɑ̃blije/ 男 ❶ 室内装飾家，インテリアデザイナー. ❷(映画，テレビの)大道具(係).
ensemencement /ɑ̃smɑ̃smɑ̃/ 男 ❶ 種まき. ❷ 幼魚[稚魚]の放流.
ensemencer /ɑ̃smɑ̃se/ 1 他動 ❶〔畑〕に種子をまく；〔川，池など〕に稚魚を放す.
enserrer /ɑ̃sere/ 他動 文章 …を締めつける，取り囲む.
ensevelir /ɑ̃səvliːr/ 他動 ❶ …を埋める；〔場所〕を覆い尽くす. ▶ L'avalanche *a enseveli* plusieurs villages. その雪崩はいくつもの村を飲み込んだ / un livre *enseveli* sous les papiers 書類の山に埋もれている本. ❷ 文章 …を包み隠す，秘める；(意識的に)忘れる. ▶ *ensevelir* un secret dans son cœur 秘密を胸の奥にしまう. ❸ 文章〔死者〕を埋葬する(=enterrer).
— **s'ensevelir** 代動 文章 ❶ 引きこもる，隠遁(いんとん)する. ▶ *s'ensevelir* dans la solitude 孤独に暮らす. ❷ …に埋まる，隠れる.
ensevelissement /ɑ̃səvlismɑ̃/ 男 ❶ 埋没；覆い尽くされること. ❷ 隠すこと；(意識的な)忘却. ❸ 文章 埋葬 (=enterrement).
ensiler /ɑ̃sile/ 他動〔穀物，飼い葉など〕をサイロに詰め込む，サイロに貯蔵する.
en-soi /ɑ̃swa/ 男〔単複同形〕〖哲学〗❶ 即自 (↔pour-soi). ❷ 物自体
ensoleillé, e /ɑ̃sɔleje/ 形 日の当たる；晴天の. ▶ appartement bien *ensoleillé* 日当たりのいいアパルトマン / temps *ensoleillé* 晴天.
ensoleillement /ɑ̃sɔlɛjmɑ̃/ 男 日当たり. ▶ temps[durée] d'*ensoleillement* 日照時間.
ensoleiller /ɑ̃sɔleje/ 他動 ❶ …を陽光で満たす. ❷ 文章〔日々，人生など〕を明るくする，幸福にする；〔顔〕を輝かせる.
ensommeillé, e /ɑ̃sɔmeje/ 形 眠気が覚めない，眠い，眠そうな. ▶ enfants aux yeux *ensommeillés* 寝ぼけまなこの子供たち.
ensorcelant, ante /ɑ̃sɔrsəlɑ̃, ɑ̃ːt/ 形 魅惑する，惑わす.
ensorceler /ɑ̃sɔrsəle/ 4 他動 ❶ …に魔法をかける. ❷ …を魅惑する，惑わす.
ensorceleur, euse /ɑ̃sɔrsəlœːr, øːz/ 名 ❶ 魔法使い. ❷ 魅惑する人，誘惑者.
ensorcellement /ɑ̃sɔrsɛlmɑ̃/ 男 ❶ 魔法にかけること；魔法にかかっている状態，呪縛(じゅばく). ❷ 文章 魅惑，誘惑，魔力.
ensuit /ɑ̃sɥi/ 活用 ⇨ S'ENSUIVRE 63
＊ensuite /ɑ̃sɥit/ アンスュイット 副 ❶ (時間)そのあとで，次に. ▶ Fais d'abord tes devoirs, tu pourras jouer *ensuite*. まず宿題をしなさい，それから遊んでもよろしい.
❷《空間》そのあとから，後続して. ▶ La fanfare marchait en tête, *ensuite* venait le cortège. 楽隊が先頭を行き，その後ろに行列が続いた.
❸ 第2に，それに加えて. ▶ D'abord, nous sommes allés au Louvre. *Ensuite*, nous avons visité la Sorbonne. Et enfin, nous avons fait des courses dans le Quartier latin. 私たちはまずルーヴル美術館に行った. 次にソルボンヌを訪れた. そして最後にカルチエ・ラタンで買い物をした.
ensuite de quoi そのあとで，その結果.

ensuivi-, ensuivi- 活用 ⇨ S'ENSUIVRE 63
s'ensuivre /sɑ̃sɥiːvr/ 63 代動《不定形と3人称のみ用いられる. 複合時制を一般に助動詞 être によって en suivi が分離され，Il s'en est suivi … の形をとる》(過去分詞 ensuivi, 現在分詞 s'ensuivant) ❶《非人称構文で》《Il *s'ensuit* qc / Il *s'ensuit* que +〔直説法〕》…という結果になる. 注 主節が否定文, 疑問文の場合, que 以下は接続法. ▶ Il a beaucoup plu; il *s'en est suivi* une hausse de prix des produits agricoles. 夏に雨が多かったため農産物の価格が上がった / Certes sa théorie est contestable, mais il ne *s'ensuit* pas que tout soit faux. 彼(女)の理論は確かに異論を差し挟む余地があるが，だからと言ってすべてが間違っているわけではない.
❷ 文章 結果として起こる；続いて来る. ▶ Son exposé s'est terminé à trois heures; un long débat *s'en est suivi*. 彼(女)の発表は3時に終わり，そのあとに長い議論が続いた.

et tout ce qui s'ensuit およびその他いろいろ，等々.

entablement /ɑ̃tabləmɑ̃/ 男〖建築〗エンタブレチュア：円柱上部の水平材.
entacher /ɑ̃taʃe/ 他動 ❶〔評判，名誉など〕をけがす，傷つける. ▶ *entacher* l'honneur de qn …の名誉をけがす. ❷ 《être》 *entaché* de qc 〔物が〕…で汚れた. ▶ une victoire électorale *entachée* de scandales スキャンダルにまみれた勝利選挙.
entaille /ɑ̃tɑːj/ 女 ❶ (木材や石につけた)切り込み，溝. ❷ (深い)切り傷. ▶ se faire une *entaille* けがをする.
entailler /ɑ̃taje/ 他動 ❶ …に切り込み[溝]をつける. ❷〔体の部分，顔など〕に深い切り傷をつける.
— **s'entailler** 代動《*s'entailler* qc》〔自分の体の一部〕を切る.
entame /ɑ̃tam/ 女(食べ物の)最初の1切れ.
entamer /ɑ̃tame/ 他動 ❶〔食べ物〕の最初の1切れを切り取る；食べ始める，飲み始める. ▶ Allons, *entamons* ce gâteau. さあ，ケーキにナイフを入れよう / *entamer* une bouteille de vin ワインの口を開ける[封を切る]. 比較 ⇨ COUPER.
❷〔資産など〕に手をつける，を使い始める. ▶ *entamer* ses économies 貯金に手をつける.
❸ …を開始する，に着手する. ▶ *entamer* des négociations 交渉を始める / *entamer* la lecture d'un livre ある本を読み始める. 比較 ⇨ COMMENCER. ❹〔物質，皮膚など〕を傷つける；〔評判，感情など〕を損なう. ▶ *entamer* la réputation de

entartrage /ātartraːʒ/ 男 (パイプ、ボイラーに)湯垢(ﾕｶﾞ)をつけること；湯垢(ﾕｶﾞ)がつくこと.

entartrer /ātartre/ 他動 …に湯垢(ﾕｶﾞ)をつける.

entassement /ātasmā/ 男 積み重ねること；堆積(ﾀｲｾｷ)；(人の)密集，すし詰め.

entasser /ātase/ 他動 ❶ …を積み重ねる，山積みにする. ▶ *entasser* des livres sur le bureau 机に本を積み上げる. ❷ …を…に詰め込む. ▶ On nous *a entassés* dans un wagon. 我々は車両に押し込められた. ❸〔金〕をため込む. ▶ *entasser* des économies 貯金を増やす. ❹〔行為など〕を繰り返す，重ねる. ▶ *entasser* arguments sur arguments 議論に議論を重ねる / *entasser* des citations やたらに引用する.

— **s'entasser** 代動 ❶〔物が〕積み重なる. ❷〔人が〕詰め込まれる，ひしめき合う.

entend /ātā/, **entende** /ātāːd/ 活用 ⇨ ENTENDRE 58

entendement /ātādmā/ 男 理解力，知性；(特にカント哲学で)悟性. ▶ dépasser l'*entendement* 理解を超える.

entendeur /ātādœːr/ 男 古 理解する人. 注 今日では次の成句でのみ用いる.

A bon entendeur, salut.《脅し文句として》肝に銘じておけ，しっかりおぼえておけ.

entendi- 活用 ⇨ ENTENDRE 58

entendre /ātāːdr/ アンタンドル/ 58 他動

過去分詞 entendu	現在分詞 entendant
直説法現在 j'entends	nous entendons
tu entends	vous entendez
il entend	ils entendent
複合過去 j'ai entendu	半過去 j'entendais
単純未来 j'entendrai	単純過去 j'entendis
接続法現在 j'entende	

❶ …が聞こえる，を耳にする. ▶ J'*entends* du bruit. 物音が聞こえる / *entendre* un chien qui aboie à la porte 戸口で犬のほえる声が聞こえる / J'ai *entendu* à la radio que + 直説法. ラジオで…と言っていた /《目的語なしに》Parlez plus fort, j'*entends* mal. もっと大きな声で話してください，よく聞こえません. ◆*entendre* qn/qc + 不定詞 …が…するのを聞く. ▶ J'*entends* quelqu'un parler. = J'*entends* parler quelqu'un. 人の話し声が聞こえる. 語法 ⇨ ÉCOUTER.

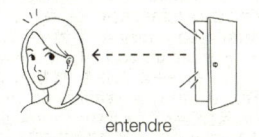

entendre

❷ 文章 …を理解する，が分かる. 注 目的語を省略した用法は日常的な表現. ▶ Comment *entendez*-vous cette phrase ? この文をあなた(方)はどう理解しますか /《目的語なしに》J'*entends* bien. 分かっていますとも；承知してますよ / Tu *entends* ?(命令や要求を強調して)分かったね. ◆ne rien *entendre* à qc …がまったく分からない. ▶ Je n'*entends* rien à la mécanique. 機械のことはまるで分かりません.

❸〈*entendre* A par B〉B で A を言おうとする，B で A を意味する. ▶ **Qu'est-ce que vous entendez par là ?** それはどういう意味ですか / J'*entends* par là que + 直説法. 私が言いたいのは…ということだ.

❹〈*entendre* + 不定詞 // *entendre* que + 接続法〉…するつもりである，しようと欲する. ▶ Qu'*entendez*-vous faire maintenant ? これからどうするつもりですか.

❺ 文章 …に耳を傾ける，を注意して聞く. ▶ aller *entendre* un concert コンサートを聞きに行く / Le juge *a entendu* les témoins. 判事は証人の話を聞いた.

à entendre qn …の話によれば.

agir [faire] comme on l'entend 思いどおりに行動する. ▶ *Faites comme vous l'entendez.* 好きなようにしなさい.

Ce qu'il faut entendre! = *Ce qu'il ne faut pas entendre!* 何ということを言うんだ.

entendre dire que + 直説法 …という話を聞く〔うわさを耳にする〕. ▶ J'ai *entendu dire qu*'il allait en Grèce. 彼がギリシアへ行くという話を聞いた.

entendre la plaisanterie 冗談が分かる，冗談を聞き流す.

entendre parler de qn/qc …についての話を耳にする，を小耳に挟む. ▶ Je n'*ai* pas *entendu parler de* lui depuis longtemps. 私は久しく彼の消息を聞かない.

entendre raison 道理に従う. ▶ Je vais lui faire *entendre raison*. 私が彼(女)を説得してみよう.

faire entendre qc〔音，言葉〕を発する.

laisser entendre qc [que + 直説法] *= donner à entendre qc [que* + 直説法] …をほのめかす. ▶ Il m'a laissé *entendre qu*'il ne voulait plus travailler avec nous. 彼はもう我々と一緒にやりたくないと，それとなく私に言った.

ne pas l'entendre de cette oreille 耳を貸さない，承知しない.

ne pas vouloir entendre parler de qc …の話に耳を貸さない，を無視する.

On aura tout entendu. 話 聞いてられないよ，なんてこと言うんだ.

se faire entendre(話を)聞いてもらう；自分を理解してもらう.

— ***s'entendre*** 代動 ❶ 理解し合う；意見が一致する. ▶ *s'entendre* bien [mal] (avec qc) (…と)仲がいい [悪い] / *Entendons-nous* bien ! 誤解のないようによく話を決めておこう / *s'entendre* sur les moyens d'agir 行動方針について一致する.

❷ 聞こえる；〔言葉，表現などが〕使われる. ▶ Sa voix ne *s'entend* pas à plus de trois mètres. 彼(女)の声は3メートルも離れると聞こえない.

❸ 自分の声が聞こえる；互いの声が聞こえる.

entendu

❹ ⟨s'entendre à qc/[不定詞]⟩…が上手である，手慣れている．▶ Il s'entend à parler aux filles. 彼は女の子と話をするのはお手のものだ／s'y entendre そのことに通じている（＝s'y connaître）．

❺ ⟨s'entendre en qc⟩…に詳しい，精通している．▶ Elle s'entend en musique. 彼女は音楽に詳しい．
❻ 理解される，解釈される．▶ Ce mot peut s'entendre de diverses manières. この語はいく通りにも解釈できる．

Cela s'entend. ＝ S'entend. [話] もちろんだ，分かりきったことだ．[注] 文末で用いられる．▶ Tu peux venir avec nous. Si ça te fait plaisir, cela s'entend. 私たちと一緒に来てもいい．もちろん，そうしたければだけど．

Je m'entends.（誤解のないように言い直して）つまりそういうことだ．▶ Cet appartement n'est pas cher, pour ce quartier, je m'entends. このアパルトマンは高くない，このエリアではということですよ，もちろん．

s'entendre comme larrons en foire [話] ぐるになっている；よく気が合う．

*entendu, e /ɑ̃tɑ̃dy/ アンタンデュ [形]（entendre の過去分詞）❶ 合意された，了解済みの．▶ C'est une affaire entendue. それは了解済みのことだ．◆Il est entendu que ＋[直説法]…と了解されている；…ということになっている．
❷ 心得た様子の，したり顔の．▶ prendre un air entendu したり顔をする．

*bien entendu ＝ comme de bien entendu もちろん，当然．▶《Tu viens avec nous? —Bien entendu!》「一緒に来るかい」「もちろんだよ」．

bien [mal] entendu 当を得た［得ない］．▶ zèle mal entendu 的外れの熱意．

*C'est entendu. (1) もちろん，承知しました，分かった（＝Entendu.）▶《Vous acceptez? —C'est entendu.》「承諾してくれますか」「いいですよ」(2)《mais … と組み合わせて》なるほどそうだが….▶ Il y a des risques, c'est entendu, mais ça vaut le coup. 確かに危険はあるが，やってみるだけの価値はある．

entente /ɑ̃tɑ̃ːt/ [女] ❶ 合意；相互理解，協調．▶ arriver [parvenir] à une entente 合意に達する／vivre en bonne entente 仲むつまじく暮らす／Il y a une bonne entente entre eux. 彼らは仲よくやっている．❷ 協定（＝accord）．▶ conclure une entente commerciale 通商協定を結ぶ／Entente cordiale（1904年の）英仏協商．
❸ délit d'entente 談合（罪）．

à double entente 二通りに解釈できる．▶ une phrase à double entente 二重の意味にとれる文章．

enter /ɑ̃te/ [他動]〖木材，革など〗を継ぐ，接合する．
entérinement /ɑ̃terinmɑ̃/ [男] 承認；認可．
entériner /ɑ̃terine/ [他動] …を（法的に）認可する；〖事実，慣習など〗を承認する．
entérite /ɑ̃terit/ [女]〖医学〗腸炎．
enterrement /ɑ̃tɛrmɑ̃/ [男] ❶ 埋葬；葬儀，葬列．▶ enterrement religieux [civil] 宗教的儀式を伴う［伴わない］葬式．❷ 葬り去ること，放棄．▶ enterrement d'un projet 計画の放棄．

avoir une tête d'enterrement 悲しげな様子［暗い顔］をしている．

C'est un enterrement de première classe. [話]（計画の）完全放棄だ．

*enterrer /ɑ̃tɛre/ アンテレ [他動] ❶ …を埋葬する；…の葬儀を行う；葬儀に参列する．▶ enterrer qn au cimetière du Père-Lachaise …をペール＝ラシェーズ墓地に埋葬する／aller enterrer un ami 友人の葬儀に参列しに行く／Il est mort et enterré.（彼は死んで埋葬された→）彼が死んでから長くたつ．

❷〖計画，事件など〗を葬り去る，放棄する．▶ Ce projet de réforme a été définitivement enterré.（＝abandonner）この改革案は永久に葬り去られた／C'est une histoire enterrée. その話はもう忘れられている．

❸ …を（地中に）埋める；隠す．▶ enterrer des armes dans son jardin 庭の地中に武器を隠す．

enterrer sa vie de garçon〖男が〗独身最後の夜を友人たちとばか騒ぎして過ごす．

Il nous enterrera tous. 彼は私たちのだれよりも長生きするだろう．

— **s'enterrer** [代動] [話] 引きこもる．▶ s'enterrer dans une petite ville de province. 地方の小さな町に引きこもる．

entêtant, ante /ɑ̃tɛtɑ̃, ɑ̃ːt/ [形] 頭をくらくらさせる，ぼうっとなる．▶ vin entêtant 頭にくる酒．
entêté, e /ɑ̃tɛte/ [形][名] 頑固な（人），しつこい（人）．[比較] ⇨ TÊTU.
en-tête /ɑ̃tɛt/ [男]（官庁，会社などの用箋(せん)上部に印刷した）レターヘッド；所在地，電話番号，社名など．▶ papier à en-tête 社名［学校名］入りの便箋(せん)．
entêtement /ɑ̃tɛtmɑ̃/ [男] 頑固，しつこさ．
entêter /ɑ̃tɛte/ [他動]〖におい，酒など〗…の頭をふらふらさせる，ぼうっとさせる．

— **s'entêter** [代動] ⟨s'entêter dans qc∥s'entêter à ＋[不定詞]⟩…に固執する，強情に…し続ける．▶ s'entêter dans ses opinions 自説を曲げようとしない．

enthousiasmant, ante /ɑ̃tuzjasmɑ̃, ɑ̃ːt/ [形] 熱狂させる，夢中にさせる，感激させる．

*enthousiasme /ɑ̃tuzjasm/ アントゥズィヤスム [男] 熱狂，感激；歓喜；高揚．▶ éprouver de l'enthousiasme pour un film 映画を見て感激する／manifester son enthousiasme 喜びを爆発させる［あらわにする］／avec enthousiasme 熱心に．

enthousiasmer /ɑ̃tuzjasme/ [他動] …を熱狂させる，感激させる．▶ Je suis enthousiasmé par [pour] cette idée. 私はその考えに夢中だ．

— **s'enthousiasmer** [代動] 夢中になる．

enthousiaste /ɑ̃tuzjast/ [形] 熱狂的な，熱を上げた．▶ recevoir un accueil enthousiaste 熱烈な歓迎を受ける．—[名] 熱狂者，情熱家，感激家．

entiché, e /ɑ̃tiʃe/ [形] ⟨entiché de qn/qc⟩…に夢中の，ほれ込んだ．▶ être entiché de musique baroque バロック音楽に夢中である．
entichement /ɑ̃tiʃmɑ̃/ [男] 執着，熱中．
s'enticher /sɑ̃tiʃe/ [代動] ⟨s'enticher de qn/qc⟩…に夢中になる，ほれ込む．

*entier, ère /ɑ̃tje, ɛːr/ アンティエ，アンティエール

形 ❶《名詞のあとで》**全体の, 全部の**. ▶ l'humanité *entière* 人類全体 / une heure *entière* まるまる1時間 / manger une pomme de terre *entière* ジャガイモをまるまる1個食べる / Il est connu dans le monde *entier*. 彼は世界中に知られている. ◆tout *entier*［*entière*］《強めて》全…. ▶ la France tout *entière* フランス全土.

❷《名詞の前またはあとで》**手つかずの; 完全な, 全幅の**. ▶ Il reste encore deux bouteilles *entières*. 全然飲んでいないのがまだ2本ある / Le problème demeure *entier*. 問題は手つかずのままだ / donner à qn (une) *entière* satisfaction …を十分に満足させる.

❸ [文章] 頑固な, 揺るがぬ. ▶ un caractère *entier* et obstiné 頑固一徹な性格 / Il est *entier* dans ses opinions. 彼は自分の意見に固執する.

❹ [数学] nombre *entier* 整数.

être［*se donner, se livrer*］*tout entier à qc/qn* …に自分のすべてをささげる.

> [比較] **全部の, 全体の**
> **entier** 1つの全体があって, それが欠けていないこと. 全体を諸要素に分解する視点はない. Le gâteau est *entier*. そのお菓子はまだだれも手をつけていない. **complet** 全体をなす諸要素がすべてそろっていること. Ce jeu de cartes est *complet*. このトランプは札が全部そろっている. **total** 要素すべてに対して, ある状態や出来事が行き渡っていること. また数の概念とともに使われるときは, 数の総計を示す. une destruction *totale* あらゆるものの破壊. **intégral** 《改まった表現》省略や削除がないこと. un enregistrement *intégral* 完全録音. なお, 文脈によってこれらすべてがほとんど同じ意味で使われる場合がある. Ma satisfaction est *totale*［*complète, entière*］. 私は完全に満足しています.

— **entier** 男 全体, 総体.

dans［*en*］*son entier* 全体としての; 全面的に (=dans sa totalité).

en entier すっかり, 最後まで全部 (↔en partie). ▶ boire une bouteille *en entier* 1瓶飲み干す.

***entièrement** /ɑ̃tjɛrmɑ̃/ アンティエルマン/ 副 **完全に, すっかり**. ▶ refaire qc *entièrement* …を完全に作り直す / Nous sommes *entièrement* responsables. 私たちに全責任があります / être *entièrement* d'accord avec qn …とまったく同意見である.

entité /ɑ̃tite/ 女 ❶ (具体的, 抽象的を問わず一つの実体としてとらえられる) 存在, もの. ▶ *entité* géographique 地理上の存在.

❷ [哲学] 実質, 実体.

entoilage /ɑ̃twalaʒ/ 男 布張り, 裏打ち (用の布); (襟などの) 芯入れ; 芯地.

entoiler /ɑ̃twale/ 他動 ❶ …を布で覆う; に布で裏打ちをする. ❷ [服飾]〔カラー, ネクタイなど〕に芯(し)を入れる.

entomologie /ɑ̃tɔmɔlɔʒi/ 女 昆虫学.
entomologique /ɑ̃tɔmɔlɔʒik/ 形 昆虫学の.
entomologiste /ɑ̃tɔmɔlɔʒist/ 名 昆虫学者.
entonner /ɑ̃tɔne/ 他動 …を歌い始める.

entonner「*l'éloge*［*les louanges*］*de qn* …を褒めそやす.

entonnoir /ɑ̃tɔnwaːr/ 男 ❶ 漏斗(ろうと). ▶ en *entonnoir* 漏斗形の. ❷ 漏斗形にくぼんだ地形; 砲弾でできた孔(あな).

entorse /ɑ̃tɔrs/ 女 ❶ 捻挫(ねんざ). ▶ se faire une *entorse* au pied 足を捻挫する.

❷ 〈*entorse* à qc〉…に対する違反, 侵害; 無視.

faire une entorse à qc …を無視する, 歪曲(わいきょく)する.

entortiller /ɑ̃tɔrtije/ 他動 ❶〈*entortiller* qc dans qc〉…を…に包み込む. ▶ *entortiller* un bonbon dans du papier ボンボンを紙に包む. ❷ …を巻き付ける. ▶ *entortiller* qc autour de qc (…に)〔紙, 布など〕を巻く. ❸ [話] …をうまく言いくるめる, 丸めこむ. ❹〔文章など〕を複雑な表現にする.

— **s'entortiller** 代動 ❶ 絡まる; くるまる. ▶ Le lierre *s'entortille* autour d'un tronc. 蔦(つた)が幹に巻き付く. ❷ (話の途中などで) もつれる.

entour /ɑ̃tuːr/ 男《多く複数で》[文章] 周辺. ▶ les *entours* d'une ville 都市周辺.

entourage /ɑ̃turaʒ/ 男 ❶ 取り巻き; 周囲の人々. ▶ Elle s'entend bien avec tout son *entourage*. 彼女は周りの人たちとうまくやっている / l'*entourage* du président 大統領の周辺.

❷ 縁飾り; 周囲を囲むもの, 囲い. ▶ *entourage* de perles 真珠の縁飾り.

entouré, e /ɑ̃ture/ 形 ❶〈*entouré* de qc/qn〉…に囲まれた, 包まれた. ▶ village *entouré* de montagnes 山々に囲まれた村. ❷〈(être) bien *entouré*〉周りにいい友人〔頼りがいのある人々〕がいる.

***entourer** /ɑ̃ture/ アントゥレ/ 他動 ❶ **…を取り囲む, 取り巻く**. ▶ Un jardin *entoure* la maison. 庭がその家を囲んでいる / La foule *entourait* la voiture. 群衆がその車を取り囲んでいた / De bons conseillers *entourent* ce ministre. この大臣にはいい顧問たちがついている. ◆*entourer* qn/qc de qc …で…を囲む. ▶ *entourer* un mot d'un cercle 単語を丸で囲む / *entourer* qn de soins 骨身惜しまず…の世話をする.

❷ …を援助する, 励ます. ▶ Tous ses amis l'ont *entouré* dans son malheur. 不幸に遭った彼を, すべての友人たちが励ました.

— **s'entourer** 代動〈*s'entourer* de qn/qc〉❶ …を身辺に置く; に取り囲まれている. ▶ *s'entourer* de précautions 用心に用心を重ねる / *s'entourer* de mystère 謎(なぞ)に包まれている.

❷ 自分の体を…で包む. ▶ *s'entourer* d'une couverture 毛布にくるまる.

entourloupette /ɑ̃turlupɛt/ 女 [話] 悪ふざけ, たちの悪いいたずら.

entournure /ɑ̃turnyːr/ 女 袖(そで)ぐり.

être gêné aux［*dans les*］*entournures* 居心地が悪い; 金に困っている.

entracte /ɑ̃trakt/ 男 ❶ (芝居の) 幕あい, (映画, コンサートなどの) 休憩時間. ❷ (活動の) 中断, 中休み.

entraide /ɑ̃trɛd/ 女《単数形のみ》助け合い, 相互扶助. ▶ mouvement d'*entraide* 助け合い運

動.
s'entraider /sɑ̃trede/ 代動 助け合う.
entrailles /ɑ̃traːj/ 女複 ❶ 臓腑(ぞうふ), はらわた. ❷ 文章 母胎. ▶ l'enfant de ses propres *entrailles* 自分の腹を痛めた子. ❸ 文章 心の奥底, 心情；(事物の)深奥部. ▶ Il n'a pas d'*entrailles*. 彼は血も涙もない / être secoué jusqu'au fond de ses *entrailles* 心の奥底まで揺さぶられる.
entrain /ɑ̃trɛ̃/ 男 (単数形のみ)元気, 熱意；活気. ▶ avoir de l'*entrain* 元気がいい / travailler avec *entrain* 張り切って働く / partir sans *entrain* いやいや出かける.
entraînant, ante /ɑ̃trenɑ̃, ɑ̃ːt/ 形 人を引きつける. ▶ un style *entraînant* 読む人を引き込んでいく文体.
entraînement /ɑ̃trɛnmɑ̃/ 男 ❶ 練習, 訓練；(馬の)調教. ▶ *entraînement* d'une équipe チームの練習 / match d'*entraînement* 練習試合 / *entraînement* des soldats 兵の訓練 / manquer d'*entraînement* 練習不足である / On y arrive avec un peu d'*entraînement*. ちょっと練習すればできるようになる. ❷ (ある行動へ)引き込む［誘い込む］こと［力］. ▶ *entraînement* des passions 情熱の力. ❸ 《経済》波及効果.
***entraîner** /ɑ̃trene/ アントレネ/ 他動 ❶ …を引いていく, 押し流す；巻き添えにする；〔機械が〕…を連動させる. ▶ Le courant *entraîne* le navire vers la côte. 潮流が船を海岸の方へ押し流す / Il a *entraîné* son camarade dans sa chute. 彼は友達を巻き添えにして転倒した.
❷ …を連れて, 引っ張っていく. ▶ *entraîner* qn dans un café …をカフェへ連れていく.
❸ …を誘い込む, 引きずり込む. ▶ *entraîner* qn dans la débauche (…を遊蕩(ゆうとう)に引きずり込む) / se laisser *entraîner* par la colère 怒りに駆られる. ◆*entraîner* qn à + 不定詞 …に…させる. ▶ Il a essayé de m'*entraîner* à signer cette pétition. 彼は私にその請願書に署名させようとした.
❹〔結果〕をもたらす, 招く. ▶ *entraîner* de graves conséquences (=provoquer) 重大な結果をもたらす. ◆*entraîner* qn à qc/不定詞 …を…という結果に導く. ▶ Ce voyage l'a *entraîné* à de grosses dépenses. その旅行のため, 彼は多大な出費を強いられた.
❺ …を訓練する, コーチする；調教する. ▶ *entraîner* un sportif 運動選手を訓練する. ◆*entraîner* qn à qc/不定詞 …に…の練習をさせる, コーチする. ▶ *entraîner* qn à「la natation［nager］…に水泳のコーチをする.
── **s'entraîner** 代動 ＜ *s'entraîner* (à qc /不定詞) …の練習をする, 訓練する. ▶ *s'entraîner* à la dissertation 作文を書く練習をする / *s'entraîner* à prendre la parole en public 人前で話す練習をする.
entraîneur, euse /ɑ̃trɛnœːr/ 男 ❶ (馬の)調教師. ❷ コーチ, トレーナー；(自転車競技でオートバイに乗る)先導者.
entraîneur d'hommes リーダー, 引っ張り役.
entraîneuse /ɑ̃trɛnøːz/ 女 (ナイトクラブなどの)ホステス.

entrant, ante /ɑ̃trɑ̃, ɑ̃ːt/ 形 入ってくる, 新入りの. ── 名 《多く複数で》入ってくる人.
entrapercevoir /ɑ̃trapɛrsəvwaːr/ 45 他動 (過去分詞 entraperçu, 現在分詞 entrapercevant)…をちらっと見る, かいま見る.
entrave /ɑ̃traːv/ 女 ❶ 障害, 束縛 (=obstacle). ▶ *entrave* à la circulation 交通の障害 / Cette loi est une *entrave* à la liberté de la presse. この法律は出版の自由を縛るものだ / sans *entraves* 束縛なしに. ❷ (動物, 囚人などにつける)足かせ, 足鎖.
entravé, e /ɑ̃trave/ 形 足かせをはめられた；束縛［邪魔］された.
entraver /ɑ̃trave/ 他動 ❶〔人, 行動など〕を妨げる, 邪魔する. ▶ *entraver* la circulation 交通を妨げる / La crise économique a *entravé* la réalisation de ce projet.(=empêcher) 経済危機でこの計画の実現は不可能になった. ❷〔動物, 囚人〕に足かせをかける.
:entre /ɑ̃ːtr/ アーントル/ 前
❶《空間》…の間に［で, の, を］. ▶ Kobe est *entre* la mer et la montagne. 神戸は海と山の間にある / mettre qc *entre* parenthèses …を括弧の中に入れる.

entre la mer et la montagne

❷《時間》…の間に［の］. ▶ *entre* dix et onze heures 10時から11時の間に.
❸《状態》…の中間に［で, の, を］. ▶ hésiter *entre* deux choix 2つの選択の間で迷う / être *entre* la vie et la mort 生死の境をさまよう.
❹《多数の物, 人》の中から［で, に, の］. ▶ choisir *entre* plusieurs solutions いくつかの解決策の中から選ぶ. ◆d'*entre* + 人称代名詞 ▶ Certains d'*entre* eux ont refusé cette proposition. 彼らのうちの何人かはその提案を拒否した.
❺《相互関係》…の間で［に, の］；…の間だけで［に, の］. ▶ Les loups se dévorent *entre* eux. オオカミは共食いする / dîner *entre* amies 女友達だけで夕食をする / *entre* hommes 男どうしで.

dîner entre amies

entre autres（+ 複数名詞）(…の中でも)特に, なかんずく. ▶ Sur ce sujet, il existe, *entre autres*, une étude remarquable faite par un Japonais. この点に関しては, とりわけある日本人が行った優れた研究がある.
entre nous ここだけの話だが, 内緒で.

entre tous [*toutes*] 特に，とりわけ． ▶ un problème difficile *entre tous* 特に難しい問題．

語法 **entre** と **parmi**

(1) **entre**
entre は distinguer, comparer といった区別や比較を表わす動詞と一緒には使えない．
- （誤）distinguer entre une révolution et une révolte → （正）faire la distinction [différence] entre une révolution et une révolte 革命と反抗を区別する（=distinguer une révolution et une [d'une] révolte）．

(2) ⟨**entre** + 複数名詞⟩
要素間の結合関係を示すのが普通．古くは全体から要素を取り出すニュアンスでも用いられ現在でも choisir entre plusieurs solutions（いくつかの解決策の中から選ぶ）などと言うが，今日ではむしろ parmi を用いる方がよい（▷(3)）．
- dîner entre amis 親しい者だけで夕食をする．

(3) ⟨**parmi** + 複数名詞⟩
要素を全体の中から取り出す場合に使う．代名詞や数詞以外では必ず定冠詞類をつける．動詞は choisir, distinguer, sélectionner など．
- On a sélectionné cinq personnes parmi trois cents candidats. 300人の候補者のうち5人が選ばれた．

要素を全体の中に組み入れる場合でも parmi を使う．entre は不可．代名詞以外では必ず定冠詞類が必要．動詞は (se) classer, compter, mettre, être など．
- Il s'est classé parmi les premiers au concours d'entrée. 彼は入学試験で上位に入った．

entre- 接頭（別形 entr-）❶「半分［少し］だけ…する」の意．▶ *entre*voir ちらっと見る．
❷「間，中間」の意．▶ *entr*acte 幕あい．
❸「互いに」の意．▶ s'*entr*aider 助け合う．

entrebâiller /ɑ̃trəbɑje/ 他動 [ドアなど]を少し開ける，細目に開く．

entrebâilleur /ɑ̃trəbɑjœːr/ 男 ドアチェーン；[ドア，窓の]あおり止め．

entrechat /ɑ̃trəʃa/ 男 ❶【バレエ】アントルシャ：両足で踏み切って跳び，空中で足を繰り返し交差する動作．❷ 跳びはねること．

entrechoquement /ɑ̃trəʃɔkmɑ̃/ 男 ぶつかり合い（の音），衝突．

entrechoquer /ɑ̃trəʃɔke/ 他動 …をぶつけ合わせる．— **s'entrechoquer** 代動 ぶつかり合う．

entrecôte /ɑ̃trəkoːt/ 女【食肉】肩ロース．

entrecouper /ɑ̃trəkupe/ 他動 …を中断させる，とぎれさせる．▶ discours *entrecoupé* d'applaudissements ときどき拍手で中断される演説．
— **s'entrecouper** 代動 [線などが]互いに交差する．

entrecroisé, e /ɑ̃trəkrwaze/ 形 交差［交錯］した．

entrecroisement /ɑ̃trəkrwazmɑ̃/ 男 交差，交錯；絡み合い．

entrecroiser /ɑ̃trəkrwaze/ 他動〔線など〕を交差［交錯］させる．— **s'entrecroiser** 代動 交差［交錯］する；絡み合う．

s'entre-déchirer /sɑ̃trədeʃire/ 代動 文章 ❶（肉体，衣服を）互いに引き裂く．❷ 傷つけ合う，ののしり合う．

entre-deux /ɑ̃trədø/ 男（両極端の）間，中間（部）．

entre-deux-guerres /ɑ̃trədøgɛːr/ 男 / 女（1918-39年の）両大戦間．

s'entre-dévorer /sɑ̃trədevore/ 代動 文章 互いに食い合う；食うか食われるかの戦いをする．

***entrée** /ɑ̃tre/ アントレ 女 ❶ 入ること．▶ *entrée* du bateau dans le port 船の入港 / *entrée* en scène 俳優の登場 / Tout le monde s'est tu à son *entrée*. 彼（女）が入ってくるとみんなは押し黙った．◆l'*entrée* en qc de qn/qc …が…を開始すること．▶ *entrée* en fonctions du nouveau directeur 新部長の職務開始．

❷ 入場，入会，入学，入社（↔sortie）．▶ 《*Entrée* interdite》「立ち入り禁止」/ concours d'*entrée* 大学入試 / refuser à qn l'*entrée* d'une salle …に入場を拒否する．

❸ 入場料；入場券．▶ billet d'*entrée* 入場券 /《**Entrée libre**》「入場無料」「ご自由にお入りください」/ Deux *entrées*, s'il vous plaît. （映画館などで）入場券を2枚ください．

❹ 入り口，玄関；玄関の間，ホール；開口部．▶ attendre qn dans l'*entrée* …を入り口で待つ / *entrée* principale 正面玄関；正門 / *entrée* de service 通用門 / *entrée* des artistes 楽屋口．

❺【料理】アントレ：スープまたはオードブルのあと，主菜の前に出される料理．

❻【言語】（辞書の）見出し語，項目．

❼【情報】入力，インプット．

avoir ses entrées chez qn …の家に特別に出入りできる，出入り自由である．

d'entrée de jeu = *d'entrée* 最初から，直ちに，いきなり．

faire son entrée 登場する，デビューする．

faire une entrée + 形容詞 …なデビューを飾る．▶ Il *a fait une entrée* fracassante avec ce livre. 彼はこの本で華々しく登場した．

entrefaites /ɑ̃trəfɛt/ 女複（次の句で）
sur ces entrefaites そうこうするうちに，そのとき．▶ Il est arrivé *sur ces entrefaites*. そこに彼が到着した．

entrefilet /ɑ̃trəfilɛ/ 男（新聞の）囲み記事．

entregent /ɑ̃trəʒɑ̃/ 男 処世術；如才なさ．▶ avoir de l'*entregent* 世渡りがうまい．

entrejambe /ɑ̃trəʒɑ̃ːb/ 男 ❶【服飾】クロッチ（ズボンなどのまたの部分）．❷ 俗 ももの付け根．

entrelacement /ɑ̃trəlasmɑ̃/ 男 組み合わせ，絡み合い；錯綜（さくそう）．

entrelacer /ɑ̃trəlase/ 1 他動 …を組み［絡み］合わせる，交錯させる．▶ *entrelacer* des fils 糸を（縦横に）交錯させる．
— **s'entrelacer** 代動 組み［絡み］合う．

entrelacs /ɑ̃trəla/ 男 組み合わせ模様．

entrelarder /ɑ̃trəlarde/ 他動 ❶〔肉〕に（ひも状の）背脂を差し込む．❷ ⟨*entrelarder* qc de qc⟩ …に…を挿入する，混ぜる．▶ *entrelarder* son discours de citations 演説に引用を差し挟む．

entremêler /ɑ̃trəmele/ 他動 ❶ …を混ぜる,混ぜ合わせる;交錯させる. ▶ *entremêler* des objets hétéroclites 異質なものを混ぜ合わせる.
❷ <*entremêler* A de B> A に B を交える,挿入する. ▶ *entremêler* son discours de citations latines 演説にラテン語の引用をちりばめる.
— **s'entremêler** 代動 混じり合う.

entremets¹ /ɑ̃trəmɛ/ 男 アントルメ(=*entremets* sucré):チーズと果物の間に出される甘いデザート. ▶ servir une glace en *entremets* アントルメとしてアイスクリームを出す.

entremets², **entremet** /ɑ̃trəmɛ/ 活用 ⇨ S'ENTREMETTRE 65

entremetteuse /ɑ̃trəmɛtøːz/ 女 (売春の)仲介をする女,やり手(ばば).

s'entremettre /sɑ̃trəmɛtr/ 65 代動 (過去分詞 entremis, 現在分詞 s'entremettant)仲介する,調停する. ▶ *s'entremettre* dans une querelle 喧嘩(けんか)の仲裁をする.

entremi-, **entremî-**, **entremiss-** 活用 ⇨ S'ENTREMETTRE 65

entrem*is*, *ise* /ɑ̃trəmi, iːz/ 活用 s'entremettre 65 の過去分詞.

entremise /ɑ̃trəmiːz/ 女 仲介,仲裁,斡旋(あっせん),調停. ▶ par l'*entremise* de qn/qc …の仲介で,を介して / offrir son *entremise* 仲介の労をとる.

entrepont /ɑ̃trəpɔ̃/ 男 【海事】中甲板:上下の甲板に挟まれた空間.

entreposage /ɑ̃trəpozaːʒ/ 男 倉庫保管,倉入れ.

entreposer /ɑ̃trəpoze/ 他動 ❶[商品]を倉庫に入れる. ❷ …を…に預ける;(一時的に)入れておく.

entrepôt /ɑ̃trəpo/ 男 倉庫.

entrepren*ant*, *ante* /ɑ̃trəprənɑ̃, ɑ̃ːt/ 形 ❶ 活動的な,積極的な,大胆な. ▶ un employé *entreprenant* et compétent 積極的で有能な社員. ❷(女性に対して)大胆な,厚かましい.

entreprenaute /ɑ̃trəprənot/ 名 ネット企業創業者.

****entreprendre** /ɑ̃trəprɑ̃ːdr/ 87 他動

過去分詞 entrepris	現在分詞 entreprenant
直説法現在 j'entreprends	nous entreprenons
複合過去 j'ai entrepris	
単純未来 j'entreprendrai	

❶ …を始める,に取りかかる,着手する. ▶ *entreprendre* une étude 研究に着手する / *entreprendre* une réforme de qc …の改革に乗り出す. 比較 ⇨ COMMENCER.
❷ <*entreprendre* qc // *entreprendre* de + 不定詞>…を企てる,もくろむ,試みる. ▶ *entreprendre* de réaliser un projet 計画の実現を図る.
❸ …を始めようとする;(長話などで)悩ませる. ▶ *entreprendre* une femme 女をくどきにかかる / Il m'*a entrepris* sur la politique. 彼は私をつかまえて政治論をまくしたてた. ❹ …を請け負う.

entrepren*eur*, *euse* /ɑ̃trəprənœːr, øːz/ 名 ❶ 請負人,業者;(特に)建設請負業者. ▶ *entre-preneur* de transports 運送業者 / *entrepreneur* de travaux publics 公共土木事業の請負業者. ❷ 企業家;起業家. ▶ *entrepreneur* du Net インターネット起業家.

entrepreneuri*al*, *ale* /ɑ̃trəprənœrjal/;《男複》**aux** /o/ 形 企業の,起業家の.

entreprenn-, **entrepri-**, **entreprî-** 活用 ⇨ ENTREPRENDRE 87

****entreprise** /ɑ̃trəpriːz/ 女 ❶ 企て,計画. ▶ C'est une *entreprise* risquée. それは危険な企てだ / esprit d'*entreprise* 進取の気性,冒険心 / échouer dans son *entreprise* 企てに失敗する.
❷ 企業,事業,会社. ▶ travailler dans une grosse *entreprise* 大企業で働く / chef d'*entreprise* 企業主 / petites et moyennes *entreprises* 中小企業(略 PME) / *entreprise* privée 私企業 / *entreprise* publique 公企業 / *entreprise* multinationale 多国籍企業.
❸ contrat d'*entreprise* 請負契約.
❹〖文章〗侵害,攻撃. ▶ *entreprise* contre la liberté 自由の侵害.
❺《複数で》(女性に対する)くどき,誘惑.

比較 **会社,企業**
entreprise「活動」の観点から会社をとらえ,規模の大小を問わず広く用いられる. **compagnie**, **firme**「組織」の観点から会社をとらえる. 会社名につけても用いられる. **société** 株式会社か有限会社かなど,法的観点から会社をとらえるときに多く用いられる. **maison**, **boîte**(くだけた表現)日常的な表現の中で,勤め先としての意. avoir vingt ans de *maison* 勤めて20年になる. **bureau** 日常的な表現の中で,働く場所としての会社を指して頻繁に用いられる. aller au *bureau* 出勤する.

:entrer /ɑ̃tre/ アントレ 自動

直説法現在	j'entre	nous entrons
	tu entres	vous entrez
	il entre	ils entrent
複合過去	je suis entré(e)(自動)	
半過去	j'entrais	
単純未来	j'entrerai	単純過去 j'entrai

《助動詞は être》<*entrer* (dans [à] qc) // *entrer* (en + 無冠詞名詞)> ❶[人が](…に)入る. ▶ *entrer* dans un café カフェに入る / *entrer* dans le bureau de qn …の仕事部屋に入る / *entrer* en gare [列車が]駅に入る / *entrer* chez le boucher 肉屋に入る /《Défense d'*entrer*》「立ち入り禁止」/ *entrer* par la porte ドアから入る / faire *entrer* qn …を中へ通す,招き入れる.
❷[物が](…に)入る,収まる. ▶ L'eau *entre* de toutes parts. 至る所から浸水してくる / Ça n'*entre* pas dans cette boîte. それはこの箱に収まりきらない.
❸(会社,組織などに)入る,加わる. ▶ *entrer* au ministère des Finances 財務省に入る / *entrer* dans l'enseignement 教職に就く / *entrer* à un parti politique (=adhérer) 政党に加入す

énumération

❹(時期, 時代に)入る, さしかかる;(ある局面, 状態に)なる. ▶ *entrer* dans sa dixième année 10歳になる / *entrer* dans une période de crise 危機の時代に入る / *entrer* dans l'hiver 冬を迎える / *entrer* dans une violente colère ひどく怒り出す. ◆*entrer* en qc …し始める. ▶ *entrer* en colère 怒る / une usine qui *entre* en service 操業を開始する工場 / une loi qui *entre* en vigueur 発効する法律 / *entrer* en guerre 戦争を始める.
❺(問題, 討議などに)取りかかる, 入る. ▶ *entrer* dans un débat 討論に入る / *entrer* dans les détails 細部に立ち入る, 子細に検討する.
❻(…を)理解する, (…に)共感する. ▶ *entrer* dans les sentiments de qn …の気持ちを理解する.
❼(…に)含まれる, 入っている;関係する. ▶ les ingrédients qui *entrent* dans la composition d'un médicament 薬品の成分中に含まれている原料 / une discussion qui n'*entre* pas dans le sujet テーマと関係のない議論.
❽(…に)取り入れられる, 載る. ▶ *entrer* dans le dictionnaire 辞書に載る / Ce mot *est entré* dans l'usage. この語は一般に使われるようになった.
❾[話][車などが](…に)ぶつかる(=rentrer). ▶ *entrer* dans un arbre 木に衝突する.
lui entrer dedans (=rentrer)[話](…に)ぶつかる;襲いかかる, 殴りかかる. 注 lui は各人称に変化させて用いる. ▶ Une voiture *lui est entrée dedans*. 車が彼(女)にぶつかった.
── 他動 …を入れる, 運び込む;突き刺す(=faire entrer). ▶ *entrer* un piano par la fenêtre 窓からピアノを入れる.

entresol /ɑ̃trəsɔl/ 男 中2階.
entre-temps /ɑ̃trətɑ̃/ 副 その間に, そうこうするうちに. ▶ Elle est restée absente quinze jours, *entre-temps* le travail s'est accumulé. 彼女は2週間休んだが, その間に仕事が山のようにたまってしまった.

*****entretenir** /ɑ̃trətnir/ アントルトゥニール/ 28 他動

過去分詞 entretenu 現在分詞 entretenant
直説法現在 j'entretiens nous entretenons
複合過去 j'ai entretenu
単純未来 j'entretiendrai

■ …を保つ. ❶ …を(同じ状態に)保つ, 維持する. ▶ *entretenir* le feu 火を絶やさない / *entretenir* de bonnes relations avec qn …と良好な関係を保つ.
❷ …を(よい状態に)保つ, 手入れする. ▶ *entretenir* sa voiture 自分の車をよく手入れする / *entretenir* une route 道路[建物]を保守管理する.
❸ …を養う, 抱える. ▶ *entretenir* une famille (=nourrir) 家族を養う / *entretenir* une maîtresse 女を囲う.
❹*entretenir* qn dans qc …に(希望など)を抱かせておく. ▶ *entretenir* le public dans ses illusions 大衆に幻想を抱かせておく.

❷ <*entretenir* qn de qc> …に…について話す. ▶ Il m'*a entretenu* de ses projets. 彼は私に自分の計画のことを語った.
Les petits cadeaux entretiennent l'amitié. [諺]ささやかな贈り物が友情を保つ, 気は心.
── *****s'entretenir** 代動 ❶ <*s'entretenir* avec qn (de qc)> …と(…について)話し合う. ▶ *s'entretenir* avec qn par téléphone (=parler) …と電話で話す.
❷ <*s'entretenir* (de qc)>[複数の人が](…について)意見を交わす. ▶ Le président et le premier ministre *se sont entretenus* de la situation économique. 大統領と首相は経済情勢について話し合った.
❸ 保たれる, 維持される;自分(の体調など)を保つ.

entretenu, e /ɑ̃trətny/ 形 (entretenir の過去分詞) ❶(よい状態に)保たれた, 維持される. ▶ une voiture bien *entretenue* よく整備された車.
❷[女が]囲われた.

*****entretien** /ɑ̃trətjɛ̃/ アントルティヤン/ 男 ❶ 対談, 対話;会談, 会見. ▶ avoir un *entretien* avec qn …と会談する, 話し合う / demander un *entretien* à qn …に会見を申し込れる.
❷ 維持, 保守, メンテナンス. ▶ *entretien* des routes 道路の保守管理 / *entretien* d'une machine 機械の保守 / produits d'*entretien* 手入れ用品(ワックス, 洗剤など) / frais d'*entretien* 維持費.

entretien-, entretiendr-, entretin- 活用 ⇨ ENTRETENIR 28
s'entre-tuer /sɑ̃trətɥe/ 代動 殺し合う.
entreverr-, entrevi- 活用 ⇨ ENTREVOIR 31
*****entrevoir** /ɑ̃trəvwaːr/ アントルヴォワール/ 31 他動 (過去分詞 entrevu, 現在分詞 entrevoyant) ❶ …をちらっと見る, かいま見る;かすかに見る. ▶ Elle passait en voiture, je ne l'*ai* qu'*entrevue*. 彼女は車で通ったので, 私はちらっと姿を見ただけだ / On *entrevoit* le soleil derrière les nuages. 雲を通して太陽がおぼろげに見える. ❷ …が漠然と分かる;を予見する. ▶ Je commence à *entrevoir* la vérité. 私にはどうやら真相が見えはじめた.

entrevoy- 活用 ⇨ ENTREVOIR 31
entrevu, e /ɑ̃trəvy/ 活用 entrevoir 31 の過去分詞.
entrevue /ɑ̃trəvy/ 女 会見, 会談. ▶ avoir une *entrevue* avec qn …と会談する.
entropie /ɑ̃trɔpi/ 女『物理』エントロピー.
entrouvert, erte /ɑ̃truvɛr, ɛrt/ 形 (entrouvrir の過去分詞)わずかに開いた, 半開きの. ▶ porte *entrouverte* 半開きのドア.
entrouvrir /ɑ̃truvriːr/ 16 (過去分詞 entrouvert, 現在分詞 entrouvrant) 他動 …をわずかに開く, 半開きにする. ▶ *entrouvrir* une porte 戸を細目に開ける.
── **s'entrouvrir** 代動 わずかに開く.
entuber /ɑ̃tybe/ 他動 俗 …をだます, からだまし取る.
enturbanné, e /ɑ̃tyrbane/ 形 ターバンを巻いた.
énumératif, ive /enymeratif, iːv/ 形 列挙する, 枚挙する. ▶ liste *énumérative* 一覧表.
énumération /enymerasjɔ̃/ 女 列挙;一覧表.

énumérer /enymere/ 6 他動 …を列挙する. ▶ *énumérer* les cinq plus grandes villes de France フランスの5大都市を列挙する.

***envahir** /ɑ̃vaːr/ アンヴァイール/ 他動 ❶ 〔領土〕に攻め込む, 侵入する, を侵略する. ▶ *envahir* un pays ある国を侵略する.
❷ …に群れをなして押しかける. ▶ Le dimanche, ce parc est *envahi* par des promeneurs. 日曜日, この公園は散歩を楽しむ人たちでいっぱいだ.
❸ …いっぱいに広がる, を覆う; に広く浸透する. ▶ Les mauvaises herbes *envahissent* le jardin. 雑草が庭にはびこる / Cette mode *envahit* tout le Japon. 日本中にこのファッションがあふれている. ❹〔感情, 思考などが〕…を満たす. ▶ Le sommeil l'*envahissait* doucement. 彼(女)はだんだん眠くなってきた.

envahissant, ante /ɑ̃vaisɑ̃, ɑ̃ːt/ 形 ❶ 広がる, はびこる. ▶ herbes *envahissantes* はびこっていく草 / soupçon *envahissant* 募りゆく疑念.
❷ 話 出しゃばりの, おせっかいな.

envahissement /ɑ̃vaismɑ̃/ 男 ❶ 侵略, 侵入. 注 この意味では invasion の方が普通に用いられる. ❷〔場所に〕押し寄せること, 殺到, 氾濫. ❸〔感情などが〕人を満たすこと.

envahisseur /ɑ̃vaisœːr/ 男 侵略者〔軍〕.

envasement /ɑ̃vazmɑ̃/ 男 泥で埋まること.

envaser /ɑ̃vaze/ 他動 〔港, 水路など〕を泥で埋める. — **s'envaser** 代動 ❶ 泥で埋まる. ❷ 泥にはまり込む.

enveloppant, ante /ɑ̃vlɔpɑ̃, ɑ̃ːt/ 形 ❶ 包み込む; 取り巻く. ❷ 魅惑的な, 人の心をとらえる.

***enveloppe** /ɑ̃vlɔp/ アンヴロップ/ 女 ❶ 封筒. ▶ ouvrir une *enveloppe* 封筒を開ける / *enveloppe* autocollante 糊付き封筒 / *enveloppe*-réponse 返信用封筒 / mettre une lettre sous *enveloppe* 手紙を封筒に入れる / coller un timbre sur une *enveloppe* 封筒に切手を張る.
❷ 覆い, カバー, 包装紙.
❸ 包み金; 賄賂. ▶ recevoir une *enveloppe* そでの下を受け取る.
❹〔人の〕見かけ, 外見. ▶ Il cache son agressivité sous une *enveloppe* de douceur. 彼は温和な外見の下に攻撃的な性格を隠している.
❺ 文章〔魂の宿る〕肉体.
❻〔官庁, 公共機関の〕予算限度, 予算枠. ▶ *enveloppe* budgétaire 予算枠 / *enveloppe* de la Recherche 研究予算

enveloppé, e /ɑ̃vlɔpe/ 形 ❶ 包まれた, 包装された. ❷ 話 小太りの.

enveloppement /ɑ̃vlɔpmɑ̃/ 男 ❶ 包むこと; 包装. ❷〔軍事〕包囲(作戦).

***envelopper** /ɑ̃vlɔpe/ アンヴロペ/ 他動 ❶ <*envelopper* qc/qn dans qc> …を(…で)包む, 包装する. ▶ *envelopper* un objet fragile dans du carton ondulé 割れ物を段ボール紙で包装する / *envelopper* un bébé dans une couverture 赤ん坊を毛布にくるむ.
❷ …をすっぽり覆う; 取り巻く, 包囲する. ▶ la brume qui *enveloppe* le village 村をすっぽり覆う霧.
❸ 文章 <*envelopper* qc de [sous] qc> …を(…で)包み隠す, 隠蔽する. ❹ 文章 *envelopper* qn/qc du regard …をじっと見つめる.
— **s'envelopper** 代動 ❶ くるまる, 身を包む. ▶ *s'envelopper* dans un châle ショールにくるまる. ❷ <*s'envelopper* dans qc>〔ある態度〕をとる, に引きこもる. ▶ *s'envelopper* dans sa dignité 威厳に身を包み, かたくなに品位を守る.

envenimement /ɑ̃vnimmɑ̃/ 男 悪化, 激化.

envenimer /ɑ̃vnime/ 他動 ❶〔傷など〕を化膿(か)〔悪化〕させる. ❷〔状況など〕を激化〔悪化〕させる. — **s'envenimer** 代動 ❶〔傷などが〕化膿する, 悪化する. ❷〔状況, 紛争などが〕激化する, ひどくなる.

envergure /ɑ̃vergyːr/ 女 ❶ 規模, スケール. ▶ réforme de grande *envergure* 大規模な改革 / Son affaire a pris de l'*envergure*. 彼(女)の事業は規模が大きくなった.
❷〔人の〕能力;〔知的, 精神的〕幅, 広さ, 度量. ▶ esprit de grande [large] *envergure* 幅広い理解力の持ち主, 度量が広い人 / manquer d'*envergure* 度量が足りない.

envers¹ /ɑ̃vɛːr/ 前 …に対して, 対する. ▶ être indulgent *envers* les enfants 子供に対して甘い / Il est bien disposé *envers* vous. 彼はあなた(方)に好意を持っている.

envers et contre tous [tout] あらゆる反対を押し切って〔障害を乗り越えて〕.

envers² /ɑ̃vɛːr/ 男 ❶ 裏, 裏側 (↔endroit). ▶ écrire sur l'*envers* d'une feuille 紙の裏に書く. ❷〔物事の〕裏面, 隠れた部分. ▶ l'*envers* du décor 内幕, 内情. ❸ 逆, 正反対. ▶ C'est l'*envers* de la vérité. それは真実とは反対だ.
à l'envers (1) 裏返しに; 逆さまに; 逆向きに. ▶ mettre son pull *à l'envers* セーターを裏返しに着る. (2) 変な具合に, 狂って; 間違って. ▶ avoir l'esprit [la tête] *à l'envers* 頭が混乱している.

envi /ɑ̃vi/ (次の句で)
à l'envi 副句 文章 競って, 我がちに; いずれ劣らず. ▶ Ils l'imitaient tous *à l'envi*. 彼らは皆競って彼のまねをしていた.

enviable /ɑ̃vjabl/ 形 うらやましい. ▶ une situation *enviable* うらやましい立場.

:envie /ɑ̃vi/ アンヴィ/ 女
英仏そっくり語
英 envy ねたみ.
仏 envie 欲求, ねたみ.
❶ 欲求, 切望; 生理的欲求. ▶ éprouver [ressentir] l'*envie* de + 不定詞 …したいと願う / L'*envie* lui a pris d'aller à Paris. 彼(女)は急にパリへ行く気になった / mourir [crever] d'*envie* de + 不定詞 …したくてたまらない / être pris d'une *envie* soudaine de vomir 突然の吐き気に襲われる. ❷ 羨望(ぼう); ねたみ. ▶ un sort digne d'*envie* 人もうらやむ境遇 / regarder qn/qc avec *envie* …をうらやましげに見つめる / porter *envie* à qn …をうらやむ / Ses succès lui attirent [excitent] l'*envie* de bien des gens. 彼(女)の成功は多くの人の羨望をかき立てている.

avoir envie de qc 不定詞 …が欲しい, …したい. ▶ *avoir envie* d'une voiture 車を欲しがる / *avoir* (très) *envie* d'aller au cinéma (とて

も)映画を見に行きたい / J'ai envie de dormir. 私は眠りたい / J'ai envie de pleurer. 私は泣きたい気持ちだ / J'en ai très envie. 話 ぜひそうしたい.

avoir envie que + 接続法 …であってほしい. ▶ J'ai envie que vous restiez ici. あなたにここにいてほしい.

Ça l'a pris comme une envie de pisser. 話 彼は突然その気になった.

donner envie (à qn) de + 不定詞 (…に)…したい気を起こさせる. ▶ Ce beau temps me donne envie d'aller dehors. こんないい天気だと外に行きたくなる.

faire envie (à qn) (…の)気をそそる, 気を引く. ▶ Ce plat a l'air bon, ça me fait envie. その料理はうまそうだね, 私も食べたいね.

envier /ɑ̃vje/ 他動 …をうらやむ; 欲しがる. ▶ Je t'envie! うらやましい / envier le sort des gens aisés 裕福な人々の境遇をうらやむ / Je vous envie d'avoir une si belle maison. あなた(方)がこんなに立派な家を持っているのがうらやましい.

n'avoir rien à envier à qn/qc …をうらやむものは何もない, に劣らない, と同等である.

envieux, euse /ɑ̃vjø, ø:z/ 形 うらやむ, ねたむ. ▶ être envieux de la réussite de qn …の成功をうらやましがる / un regard envieux 羨望(せんぼう)の眼差(まなざ)し. — 名 ねたみ深い人.

faire des envieux 人をうらやましがらせる.

*****environ** /ɑ̃virɔ̃/ アンヴィロン 副 およそ, 約, …くらい. ▶ il y a environ dix ans 10年ほど前 / un homme d'environ cinquante ans 50がらみの男 / Il était environ trois heures. 3時ごろだった / C'est à environ 100km [cent kilomètres] d'ici. ここから約100キロあります / Sa maison vaut environ trois cent mille euros. 彼(女)の家は30万ユーロくらいする.

比較 およそ, 約
environ, à peu près, presque environ, à peu près によって示される数値は, 実際の値以上でも以下でもよい. 長さ, 重さ, 時間のいずれにも使用可能である. à peu près は特に口語表現で用いられる. Il y a environ [à peu près] six cents kilomètres entre Tokyo et Kyoto. 東京と京都はおよそ600キロ離れている (注 東京 - 京都間の実際の距離は600キロ以上でも以下でもよい). presque が示す数値は必ず実際の数値よりも大きい. 長さ, 重さ, 時間のいずれにも使用可能である. Ça fait presque un mois qu'il est parti en France. 彼がフランスに出発してもうじき1か月になる.

— *****environs** 男複 付近, 近郊, 周辺. ▶ habiter dans les environs d'une grande ville 大都会の郊外に住む / La ville est sans intérêt, mais les environs sont très jolis. その町には見るべきものはないが, 近郊はとてもきれいだ.

aux environs de … (1) …の近くに[で], 付近に[で]. ▶ aux environs de la capitale 首都の近郊で. (2) …のころに. ▶ aux environs de 1900 [mille neuf cents] 1900年ごろに. (3) およそ, 約, …くらい. ▶ Le prix du pétrole se situe aux environs de soixante dollars le baril. 石油価格は1バレル60ドル前後になっている.

environnant, ante /ɑ̃virɔnɑ̃, ɑ̃:t/ 形 取り囲む, 周辺の. ▶ le village et la campagne environnante その村と周りの農村地帯.

*****environnement** /ɑ̃virɔnmɑ̃/ アンヴィロヌマン 男 ❶ 環境; 生活環境. ▶ protection de l'environnement 環境保護 / Ministère de l'Environnement 環境省. ❷ (周囲の)状況, 情勢. ▶ l'environnement économique des entreprises locales 地元企業を取り巻く経済状況. ❸ 周囲の(雰囲気). ▶ travailler dans un environnement agréable (=cadre) 気持ちのいい環境で仕事をする. ❹ (情報)環境.

environnemental, ale /ɑ̃virɔnmɑ̃tal/; 《男複》**aux** /o/ 形 環境の.

environnementaliste /ɑ̃virɔnmɑ̃talist/ 名 環境問題専門家. ▶ mouvements environnementalistes 環境保護運動.

environner /ɑ̃virɔne/ 他動 ❶ …の周囲にある, を取り巻いている. ▶ les coteaux qui environnent la ville 町を取り巻く丘. ❷ 〈environner A de B〉 A を B で取り巻く. ▶ environner une ville de grands parcs 町の周囲に広い公園を配置する / 《受動態で》Il est environné de gens agréables. 彼の周りは感じのいい人ばかりだ.

— **s'environner** 代動 〈s'environner de qn /qc〉…に囲まれている, 取り巻かれている.

envisageable /ɑ̃vizaʒabl/ 形 考えられる, 予想できる.

*****envisager** /ɑ̃vizaʒe/ アンヴィザジェ 2 他動 ❶ 〔問題, 状況など〕を考察する; 見据える. ▶ envisager la question sous un certain aspect (=examiner) 問題をある側面から考察する / envisager toutes les solutions あらゆる解決策を検討する / envisager la mort sans effroi 死を恐れずに直視する.

❷ …を考慮に入れる; あらかじめ考えておく. ▶ Il n'envisage que son intérêt personnel. 彼は自分の利益しか眼中にない / envisager le pire 最悪の場合を想定する / envisager la possibilité de + 不定詞 …する可能性を考慮する.

❸ 〈envisager qc // envisager de + 不定詞 // envisager que + 接続法〉…を計画する, 企てる. ▶ Il envisage de passer ses vacances à la mer. 彼は休暇を海で過ごす予定だ.

❹ 〈envisager A comme B〉A を B と見なす.

envoi /ɑ̃vwa/ 男 ❶ 発送, 送付. ▶ envoi d'une lettre par la poste 手紙の郵送 / envoi contre remboursement 送料着払い / frais d'envoi 送料. ❷ 発送品; 郵便物. ▶ J'ai reçu votre envoi le 18 [dix-huit] courant. 御送付の品, 本月18日に受け取りました. ❸ 派遣. ▶ envoi d'un délégué 代表の派遣.

coup d'envoi (1) (サッカーなどの)キックオフ. (2) (出来事の)端緒; (催しなどの)幕開き.

envol /ɑ̃vɔl/ 男 飛び立つこと; (飛行機の)離陸. ▶ prendre son envol 飛び立つ.

envolée /ɑ̃vɔle/ 女 ❶ (精神の)高揚 (演説などの)調子の高まり. ❷ 高騰. ▶ l'envolée du yen 円の高騰. ❸ 舞い上がること.

*****s'envoler** /sɑ̃vɔle/ サンヴォレ 代動 ❶ 〔鳥, 飛行機などが〕飛び立つ, 飛び去る; 〔人が〕飛行機で発(た)

envoûtant

つ. ▶ Les oiseaux *se sont envolés*. 鳥たちが飛び立った / L'avion *s'est envolé* pour les Etats-Unis. 飛行機は米国へ向けて離陸した.
❷ 吹き飛ばされる, 舞い上がる. ▶ Son chapeau *s'est envolé*. 彼(女)の帽子は吹き飛ばされた.
❸ 田 いなくなる, 姿を消す(=disparaître). ▶ Quand la police est arrivée, le malfaiteur *s'était envolé*. 警察が来たときには犯人は逃げていた.
❹〔時が〕速やかに過ぎる;〔希望などが〕消え去る. ▶ Le temps *s'envole*. 時のたつのは早い / Avec cet échec, tous nos espoirs *se sont envolés*. この失敗で, 私たちの希望はすべて消えてしまった.
❺〔価格が〕高騰する. ▶ L'euro *s'envole*. ユーロが高騰している.

envoûtant, ante /ɑ̃vutɑ̃, ɑ̃:t/ 形 魅惑する, 心をとりこにする.
envoûtement /ɑ̃vutmɑ̃/ 男 ❶ 魅惑. ❷ 呪(ジュ)い.
envoûter /ɑ̃vute/ 他動 ❶ …を魅惑する, 心をとりこにする. ❷ …に〔人形(ヒトガタ)を用いて〕呪(ジュ)いをかける.
envoyé, e /ɑ̃vwaje/ 形 ❶ 送られた, 投げられた.
❷ 田 見事な. ▶ Ça, c'est bien *envoyé*! それはうまい言い方だ.
— 名 使者, 使節. ▶ *envoyé* extraordinaire 特使 / *envoyé* spécial (新聞などの)特派員.

:envoyer /ɑ̃vwaje/ アンヴォワイエ/ 13 他動

直説法現在	j'envo**ie**	nous envoyons
	tu envo**ies**	vous envoyez
	il envo**ie**	ils envo**ient**
複合過去	j'ai envoyé	半過去 j'envoyais
単純未来	j'enverrai	単純過去 j'envoyai
接続法現在	j'envoie	

❶(…に)…を送る, 発送する. ▶ *envoyer* un e-mail 電子メールを送る / *envoyer* une lettre à un ami 友人に手紙を出す / *envoyer* un paquet de livres par la poste 郵便で書籍小包を送る.
❷(…へ)〔人〕を行かせる, やる, 送る. ▶ *envoyer* un enfant à l'école 子供を学校へやる / *envoyer* une délégation auprès de qn 代表団を…のもとへ派遣する / *envoyer* des troupes au front 部隊を前線に送る / *envoyer* qn en course …を使い走りに行かせる. ◆*envoyer* qn + 不定詞 …を…しに行かせる. ▶ *envoyer* son enfant acheter du pain 子供にパンを買いに行かせる /《目的語なしに》*envoyer* chercher un médecin 医者を呼びにやる.
❸(…に)…を投げる, 放つ, 送り出す. ▶ *envoyer* des pierres dans une vitre (=jeter) 石を窓ガラスに投げつける / *envoyer* un coup de fusil (=tirer) 銃を撃つ / *envoyer* une fusée sur la Lune (=lancer) 月にロケットを発射する / Le cœur *envoie* le sang dans les artères. 心臓は動脈に血液を送り出す.
❹(…に)…を投げ飛ばす. ▶ *envoyer* qn à terre …を投げ倒す.
❺(…に)…〔打撃など〕を加える;〔ほほえみなどを〕投げかける. ▶ *envoyer* une gifle à qn …にひら打ちを食わせる / *envoyer* un baiser à qn …に投げキスを送る.
envoyer qn dans l'autre monde …をあの世へ送る, 殺す.
envoyer qn promener = envoyer qn sur les roses …をはねつける, 追い払う.
ne pas l'envoyer dire à qn …に面と向かってずけずけ…を言う.

— **s'envoyer** 代動 ❶〈s'envoyer qc/qn〉注 se は間接目的. ❶ 互いに…を送り合う. ▶ *s'envoyer* des lettres 文通し合う. ❷ 俗 〈s'envoyer qc〉…を(いやいや)引き受ける. ▶ Il *s'est envoyé* tout le sale boulot. 彼はその汚い仕事を全部しょい込んだ. ❸ 俗 …をがつがつ飲む[食う]. ❹ 卑 〈s'envoyer qn〉…とセックスする.
❷ 送られる.

envoyeur, euse /ɑ̃vwajœ:r, ø:z/ 名 差出人, 発送者.
enzyme /ɑ̃zim/ 女 男 酵素. ▶ *enzymes* digestives 消化酸素.
Eole /eɔl/ 固有 《ギリシア神話》アイオロス: 風の神.
éolien, enne /eɔljɛ̃, ɛn/ 形 風の, 風による, 風力利用の. ▶ énergie *éolienne* 風力エネルギー / centrale *éolienne* 風力発電所.
— **éolienne** 女 風力タービン, 風力発電機.
épagneul, e /epaɲœl/ 名 スパニエル(犬).
suivre qn comme un épagneul (スパニエル犬のようにあとを追う→)…に素直に[おとなしく]従う.

:épais, aisse /epɛ, ɛs エペ, エペス/ 形 ❶(ときに名詞の前で)厚い. ▶ dictionnaire *épais* 分厚い辞書 / *épaisse* couche de neige (↔ mince) 厚く積もった雪. ◆*épais* de + 数量表現 ▶ mur *épais* de 40cm [quarante centimètres] 厚さ40センチの壁.
❷ 濃い; 密な; 深い. ▶ sauce trop *épaisse* 濃すぎるソース / brouillard *épais* 濃霧 / nuit *épaisse* 闇(ヤミ)夜.
❸ ずんぐりした, 太い. ▶ un petit homme *épais* 背が低く太った男 / Elle n'est pas *épaisse*. 彼女はやせている.
❹ 鈍重な; 粗野な. ▶ plaisanterie *épaisse* 品のない冗談 / avoir l'esprit *épais* 血の巡りが悪い.
— **épais** 副 ❶ 密に, ぎっしりと. ❷ 田 たくさん, 多く (=beaucoup).

épaisseur /epesœ:r/ 女 ❶ 厚さ; 厚み. ▶ l'*épaisseur* d'un mur 壁の厚さ / livre d'une *épaisseur* de 5cm [cinq centimètres] 厚さ5センチの本. ◆数詞 + *épaisseur* …重ねた. ▶ trois *épaisseurs* de vernis ニスの三重塗り. ❷ 濃さ, 濃密さ; 繁茂. ▶ L'*épaisseur* du brouillard nous cachait le paysage. 霧が深くて景色が見えなかった. ❸(人格の)豊かさ;(内容の)濃さ. ▶ Ce personnage manque d'*épaisseur*. この人物は薄っぺらだ.

épaissir /epesi:r/ 他動 ❶ …を厚くする; 濃くする, 濃密にする. ▶ *épaissir* une sauce par évaporation ソースを煮詰めて濃くする. ❷〔衣服が人, 体型〕をずんぐりと[太めに]見せる.
— 自動 ❶ 濃くなる; 粘りが出る. ❷ 太る, ずんぐりする.
— **s'épaissir** 代動 ❶ 厚く[濃く, 密に]なる.

▶ Le brouillard [Le mystère] *s'épaissit*. 霧が濃くなる［謎(%)が深まる］. ❷ 太る，ずんぐりする.

épaississement /epesismɑ̃/ 男 厚く［濃く，密に］なること；太ること.

épanchement /epɑ̃ʃmɑ̃/ 男 ❶（心情の）吐露，表出；打ち明け話. ▶ avoir des *épanchements* de cœur 心情を吐露する. ❷【医学】（体液の）滲出.

épancher /epɑ̃ʃe/ 他動〔心情など〕を打ち明ける，吐露する. ▶ *épancher* son cœur 胸襟を開く.
— **s'épancher** 代動 ❶ 心情を打ち明ける；〔心情が〕流露する. ❷【医学】〔体液が〕滲出する.

épand /epɑ̃/, **épande** /epɑ̃:d/ 活用 ⇨ ÉPANDRE 58

épandage /epɑ̃da:ʒ/ 男 ❶（肥料などの）散布. ❷ champ d'*épandage*（土壌濾過(%)による）汚水処理場.

épandi- 活用 ⇨ ÉPANDRE 58

épandre /epɑ̃:dr/ 他動（過去分詞 épandu, 現在分詞 épandant）〔肥料など〕をまく，散布する.

épanoui, e /epanwi/ 形（épanouir の過去分詞）❶ 開花した. ❷ 晴れやかな，生き生きした，明るい. ▶ un sourire *épanoui* こぼれるような笑み / un visage *épanoui* 晴れ晴れした顔. ❸（能力などの）開花した；成熟した.

s'épanouir /sepanwi:r/ 代動 ❶〔植物が〕花開く；〔花が〕咲く. ▶ Les pensées *s'épanouissent* au printemps. パンジーは春に咲く. ❷〔顔，人が〕晴れやかになる. ▶ A cette nouvelle, son visage *s'est épanoui* de joie. その知らせを聞いて彼（女）の顔は喜びに輝いた. ❸ 資質を発揮する，生き生きする. ▶ Les enfants ne peuvent pas *s'épanouir* dans un tel milieu. 子供はそんな環境の中では伸びない / Son talent *s'est épanoui* tout à coup. 彼（女）の才能は急に開花した.
— **épanouir** /epanwi:r/ 他動 ❶〔花〕を開かせる，咲かせる. ▶ La chaleur *a épanoui* les roses. 暖かくなってバラが咲いた. ❷〈*épanouir* qn〉…を生き生きとさせる. ▶ Le mariage l'*a épanouie*. 結婚してから彼女は生き生きしている.

épanouissement /epanwismɑ̃/ 男 ❶ 開花. ❷ 晴れやかになること. ❸（能力などの）開花，成熟. ▶ l'*épanouissement* de la personnalité 人格の開花.

épargnant, ante /eparɲɑ̃, ɑ̃:t/ 名 貯蓄家，預金者.

épargne /eparɲ/ 女 ❶ 貯金；貯蓄. ▶ Caisse d'*épargne* 貯金金庫（庶民向け貯蓄機関）/ compte *épargne*-logement 住宅積立口座 / taux d'*épargne* 貯蓄率. ❷（時間，労力などの）節約. ▶ réaliser une *épargne* de temps considérable (=gain) 相当な時間の節約を実現する. ◆*épargner*

***épargner** /eparɲe/ エパルニェ/ 他動 ❶ …を節約する；出し惜しむ. ▶ *épargner* ses forces 力を出し惜しむ / *épargner* son temps 時間を出し惜しむ / Il n'*épargne* rien pour atteindre son but. 彼は目的達成のために全力投球する.
❷〔金〕をためる，《目的語なしに》貯金する，倹約する (=économiser). ▶ *épargner* pour ses vieux jours 老後に備えて貯金する. ◆*épargner* sur qc …から貯金する；…費を倹約する. ▶ *épargner* sur son salaire 給料から貯金する / *épargner* sur ses vêtements 衣料費を切り詰めて貯金する.
❸〈*épargner* qc à qn〉…に〔苦労など〕を免れさせる. ▶ Ça vous *épargnera* la peine de me téléphoner. そうすればあなた（方）は私に電話する手間が省けるでしょう / *Epargnez*-moi vos explications. (=faire grâce de) 釈明は無用に願います.
❹〔災害などが〕…に被害を免れさせる. ▶ La guerre *a épargné* cette région. 戦禍はこの地域には及ばなかった.
❺ …を生かしておく，助命する. ▶ Les terroristes *ont épargné* leurs otages. テロリストたちは人質の命は助けてやった.
❻《多く否定文で》…を容赦する. ▶ Il n'*a épargné* personne dans sa critique. 彼はだれも容赦せずに批判しまくった.
— **s'épargner** 代動〈*s'épargner* qc〉…を免れる，しないで済ませる. 注 se は間接目的. ▶ *Epargne-toi* cette peine. そんな骨折りはやめておきなさい / *s'épargner* des ennuis 面倒なことにかかずらわずにおく.

éparpillement /eparpijmɑ̃/ 男 散乱；散在；分散，散漫.

éparpiller /eparpije/ 他動 …を散らす，散乱させる；分散させる. ▶ Un coup de vent *a éparpillé* les lettres. 一陣の風にあおられて手紙が散乱した / *éparpiller* ses efforts 努力を集中させない / *éparpiller* son attention 注意力を散漫にする / *éparpiller* son talent 才能を浪費する. 比較 ⇨ RÉPANDRE.
— **s'éparpiller** 代動 ❶ 散る，散乱する；分散する. ▶ La foule *s'éparpilla* en petits groupes. 群衆は三々五々散っていった. ❷ 散在する. ❸ 気を散らす.

épars, arse /epa:r, ars/ 形 ❶ 散らばった，散乱した；散在する. ▶ cheveux *épars* 乱れた髪 / les débris *épars* d'un avion（墜落した）飛行機の散乱した残骸(%). ❷ 脈絡のない，断片的な. ▶ souvenirs *épars* とりとめのない思い出.

épatant, ante /epatɑ̃, ɑ̃:t/ 形 話 すばらしい，すごい. ▶ un film *épatant* すばらしい映画 / C'est un type *épatant*. やつは最高だ.

épate /epat/ 女 話 あっと驚かせること.
à l'épate 驚かすようとして.
faire de l'épate 周囲をあっと言わせる.

épaté, e /epate/ 形 ❶ 平べったい. ▶ nez *épaté* 平たく広がった鼻. ❷ 話 びっくり仰天した. 比較 ⇨ ÉTONNÉ.

épatement /epatmɑ̃/ 男 ❶ 平たくつぶれていること. ❷ 話 びっくり仰天.

épater /epate/ 他動 話 …をびっくりさせる，驚嘆させる. ▶ Elle cherche à nous *épater* avec sa nouvelle robe. 彼女は新しいドレスを着て我々をあっと言わせるつもりだ / Ça m'*épate* que + 接続法 …だとは驚いた.

épaulard /epola:r/ 男【動物】シャチ，オルカ.

***épaule** /epo:l/ エポール/ 女 ❶ 肩. ▶ porter un enfant sur les *épaules* 子供を肩車する / porter un fardeau sur les *épaules* 重い荷物を肩に担ぐ / être large d'*épaules* = avoir les *épaules* larges 肩幅が広い / La responsabilité repose sur ses *épaules*. 責任は彼(女)の双肩にかかっている. ❷ 肩肉. ▶ *épaule* de mouton 羊の肩肉.

avoir la tête sur les épaules 國 思慮分別[良識]がある.

changer son fusil d'épaule 態度[意見, 流儀, 計画]を変える, 変心[変節]する.

donner un coup d'épaule à qn 國 …に力を貸す, を援助する.

hausser [*lever*] *les épaules* (無関心, 不満, 軽蔑を示して)肩をすくめる, 肩をそびやかす.

par-dessus l'épaule (1) 肩越しに. (2) いいかげんに, ぞんざいに; 軽蔑して.

épaulé-jeté /epoleʒte/; (複) ~s-~s 男〖ウエイトリフティング〗クリーン・アンド・ジャーク, ジャーク.

épaulement /epolmã/ 男 擁壁, 土止め壁; 塹壕(ざんごう)前部の盛り土.

épauler /epole/ 他動 ❶ …を援助する, に肩入れする. ▶ Je vous *épaulerai* auprès du ministre. 私が大臣に口添えしてあげましょう. ❷ …を肩にあてがう. ▶ *épauler* un fusil 銃を構える. ❸ (vêtement) *épaulé* 肩パッド入りの(服).
— *s'épauler* 代動 助け合う.

épaulette /epolɛt/ 女 ❶ 肩パッド. ❷ (スリップなどの)肩ひも. ❸ (軍服の)肩飾り. 注 将校の象徴.

épave /epa:v/ 女 ❶ 漂流物, 漂着物; 残骸(ざんがい). ▶ *épaves* échouées 海岸に打ち寄せられた漂流物. ❷ 遺失物, 遺留品. ❸ 敗残者, 落伍(らくご)者.

épée /epe/ 女 ❶ 剣. ▶ tirer l'*épée* 剣を抜く / se battre à l'*épée* 剣で戦う / *épée* à deux tranchants 両刃の剣. ❷ 〖フェンシング〗エペ: 剣および競技種目の一つ.

à la pointe de l'épée たいへんな努力を払って.

donner un coup d'épée dans l'eau むだ骨を折る.

l'épée de Damoclès (毛髪1本で頭上につるされたダモクレスの剣→)絶えざる危険.

mettre l'épée dans les reins à qn …をせき立てる.

passer qn au fil de l'épée …を(切り)殺す, 惨殺する.

épéiste /epeist/ 男〖フェンシング〗エペの競技者.

épeler /eple/ ④ 他動〖語〗のつづりを言う. ▶ Voulez-vous *épeler* votre nom? 名前のつづりを言ってください.

éperdu, e /epɛrdy/ 形 ❶〈*éperdu* (de + 無冠詞名詞)〉(ある感情で)度を失った. ▶ être *éperdu* de joie 狂喜する / être *éperdu* de douleur 苦悩にもだえる. ❷〔感情, 行為などが〕激しい, 狂おしい.

éperdument /epɛrdymã/ 副 ❶ 狂ったように, 猛烈に. ▶ être *éperdument* amoureux 熱愛している. ❷ s'en moquer *éperdument* 完全に無視する.

éperon /eprɔ̃/ 男 ❶ 拍車. ▶ piquer des *éperons* 馬に拍車をかける. ❷ (鶏の)蹴爪(けづめ); (闘鶏用)鉄蹴爪. ❸ (山脈などの)突出部.

éperonner /eprone/ 他動 ❶〖馬〗に拍車をかける. ❷ …を刺激する, 駆り立てる. ▶ La peur l'*éperonnait*. 彼(女)は恐怖に駆られていた / être *éperonné* par l'ambition 野望に駆られる.

épervier /epɛrvje/ 男 ❶〖鳥類〗ハイタカ. ❷〖漁業〗投網. ❸ タカ派 (=faucon).

éphèbe /efɛb/ 男 ❶〖古代ギリシア〗(18-20歳の)青年. ❷ (皮肉の)美青年.

éphémère /efemɛːr/ 形 ❶ つかの間の, はかない, かりそめの. ▶ gloire *éphémère* つかの間の栄光. ❷ 〖昆虫, 植物が〗短命の. — 男〖昆虫〗カゲロウ.

éphéméride /efemerid/ 女 ❶ 日めくり(カレンダー). ❷ (違う年の同じ日に起こった出来事を記した)暦. ❸ (天体, 気象の)暦.

épi /epi/ 男 ❶ (麦, 稲などの)穂. ▶ *épi* d'orge 大麦の穂 / *épi* de maïs (1本の)トウモロコシ. ❷ 逆毛, 立ち毛.

en épi (1) 穂になった. ▶ Les blés sont *en épis*. 小麦の穂が出た. (2) 斜めに平行な[に]. ▶ voitures garées *en épi* 斜めに並んで駐車している車.

épi- 接頭 ❶「上」の意. ▶ *épi*graphe 碑銘, 銘句. ❷「あと」「副次的」の意. ▶ *épi*logue エピローグ, 結末.

épice /epis/ 女 ❶ スパイス, 香辛料; 香味料. ❷ pain d'*épice* (パウンド・ケーキに似た)パン・デピス.

épicé, e /epise/ 形 ❶ 香辛料の入った, 香辛料の効いた. ❷ 卑猥(ひわい)な.

épicentre /episɑ̃tr/ 男 震央. 注 現在は誤って「震源」の意味で使われている.

épicer /epise/ ① 他動 ❶〖料理〗に香辛料を入れる. ▶ *épicer* une sauce ソースに香辛料を入れる. ❷〔話など〕を艶(つや)っぽくする.

*****épicerie** /episri/ 女 ❶ 食料品店, 乾物屋; 食料品販売(業). 注 調味料, 缶詰, コーヒー豆, パスタ, 飲料, 果物などを販売し, ときに日用雑貨も扱う. ❷〖集合的に〗(保存の利く)食料品. ▶ mettre l'*épicerie* dans un placard 貯蔵食品類を戸棚に置く.

*****épicier, ère** /episje, ɛːr/ 名 食料品屋, 乾物屋. ▶ aller acheter du sel chez l'*épicier* 食料品屋に塩を買いに行く. ❷ 俗物, 偏狭な人間. ▶ mentalité d'*épicier* 偏狭[低俗]な考え方.

épicurien, enne /epikyrjɛ̃, ɛn/ 形 ❶ 享楽的な, 快楽を求める. ❷〖哲学〗エピクロス Epicure 学派の, エピクロスの.
— 名 ❶ エピキュリアン, 快楽主義者. ❷〖哲学〗エピクロスの徒.

épicurisme /epikyrism/ 男 ❶ 快楽主義, 享楽主義. ❷〖哲学〗エピクロス主義.

épidémie /epidemi/ 女 ❶ 流行[伝染]病. ▶ enrayer une *épidémie* 伝染病の広がりを止める / Il y a une *épidémie* de grippe. インフルエンザが流行している. ❷ (風俗などの)流行; 伝染.

épidémiologie /epidemjɔlɔʒi/ 女 疫学.

épidémiologique /epidemjɔlɔʒik/ 形 疫学の.

épidémique /epidemik/ 形 伝染性の, 流行病の; 流行性の. ▶ maladie *épidémique* 伝染[流行]病 / symptômes *épidémiques* 伝染病の症状 / enthousiasme *épidémique* 広がっていく熱狂.

épiderme /epidɛrm/ 男 表皮, 上皮; 話 皮膚.
avoir l'épiderme sensible [*chatouilleux*] 怒りっぽい.

épidermique /epidɛrmik/ 形 ❶ 表皮の. ▶ greffe *épidermique* 表皮移植. ❷〖感情, 反応などが〗皮相な, 表面的の, 上っ面な (=superficiel).

épier /epje/ 他動 ❶ …をこっそり見張る. ▶ *épier* une personne suspecte 怪しい人物を見張る. ❷〖反応など〗を探る;〖機会など〗をうかがう. ▶ *épier* l'occasion de faire qc …する機会をうかがう. — **s'épier** 代動 探り合う, うかがい合う.

épigone /epigɔn/ 男 文章 追随者, 模倣者, エピゴーネン. ▶ *épigones* du naturalisme 自然主義の亜流.

épigrammatique /epigramatik/ 形 エピグラムの, 風刺(詩)的な; 辛辣(from)な.

épigramme /epigram/ 女 ❶ エピグラム, 風刺詩. ❷ 警句, 毒舌, 辛辣(from)な言葉. ▶ cribler qn d'*épigrammes* …に辛辣な言葉を浴びせかける.

épigraphe /epigraf/ 女 ❶ 碑銘, 碑文. ❷ 銘句: 書物の巻頭, 章の冒頭の短い引用文. ▶ mettre un vers en *épigraphe* ある詩句を銘句に用いる.

épigraphique /epigrafik/ 形 碑銘の.
épilation /epilasjɔ̃/ 女 脱毛, 毛を抜くこと.
épilatoire /epilatwaːr/ 形 脱毛(用)の, 除毛(用)の. *crème épilatoire* 脱毛クリーム. — 男 脱毛剤, 除毛剤.

épilepsie /epilɛpsi/ 女 てんかん.
épileptique /epilɛptik/ 形 てんかん(性)の; てんかんにかかった. — 名 てんかん患者.

épiler /epile/ 他動〖髪, 体〗の毛を抜く, を脱毛する. ▶ crème à *épiler* 脱毛クリーム / pince à *épiler* 毛抜き.
— **s'épiler** 代動 <*s'épiler* qc>〘自分の〙〖体の部分〗の毛を抜く, を脱毛する. 注 se は間接目的.

épilogue /epilɔg/ 男 ❶〖文学作品, 演説などの〗結尾, エピローグ. ❷〖事件などの〗結末, 決着.

épiloguer /epilɔge/ 間他動 <*épiloguer* sur qc> …について長々と注釈を加える; あれこれ言う. ▶ *épiloguer* sur un fait accompli 起こってしまったことについてとやかく言う.

Épinal /epinal/ 固有 エピナル: Vosges 県の県庁所在地. ▶ image d'*Épinal* ⇨ IMAGE.

épinard /epinaːr/ 男 ❶ ホウレンソウ. 注 料理用語では常に複数. ▶ veau aux *épinards* 子牛肉のホウレンソウ添え. ❷〘同格的に〙vert *épinard* ホウレンソウ色, 暗緑色.
mettre du beurre dans les épinards 話 暮らし向きをよくする.

épine /epin/ 女 ❶ とげ. ▶ *épines* d'un rosier バラのとげ. ❷ とげを持つ植物, イバラ. ▶ le couronne d'*épines* (キリストの)イバラの冠. ❸ 文章 困難, 苦難.
épine dorsale (1) 脊柱(せきちゅう), 脊椎(せきつい). (2)〖組織, 機構などの〗中枢. (3)〖山脈の〗背骨; 山脈.
être sur des épines 極めて難しい立場にある; もどかしい思いをしている.
Il n'y a pas de roses sans épines. 諺 〘とげのないバラはない→〙あらゆる喜びには不快なものが相伴うものだ.

tirer [*enlever, ôter*] *une épine du pied à qn* …を窮地から救う, の心配の種を取り除く.

épineux, euse /epinø, øːz/ 形 ❶ とげのある. ▶ arbuste *épineux* とげのある小低木. ❷ 厄介な, 微妙な, 難しい. ▶ question *épineuse* 厄介な問題. — **épineux** 男 とげのある木〖植物〗.

épinglage /epɛ̃glaːʒ/ 男 ピンで留めること.
***épingle** /epɛ̃ːgl/ エパーングル 女 ピン, 留め針. ▶ fixer [attacher] qc avec des *épingles* ピンで…を留める / *épingle* de sûreté [*nourrice*] = *épingle* anglaise [*double*] 安全ピン / *épingle* à cheveux ヘアピン (⇨ 成句) / *épingle* à linge 洗濯ばさみ.
chercher une épingle dans une botte de foin 〘干し草の山に紛れ込んだピンを捜す→〙見つかる見込みのないものを捜す; むだ骨を折る.
être tiré à quatre épingles 一分のすきなくめかしこんでいる, ぱりっとした服装をしている.
monter qc en épingle …を際立たせる; 誇張する.
tirer son épingle du jeu うまく窮地を脱する; 損をしないうちに手を引く.
virage en épingle à cheveux ヘアピンカーブ.

épingler /epɛ̃gle/ 他動 ❶ …をピンで留める. ▶ *épingler* une photo au mur 写真をピンで壁に留める. ❷ 話 …をその場で逮捕する, 取り押さえる. ▶ se faire *épingler* とっ捕まる.

épinière /epinjɛːr/ 形《女性形のみ》moelle *épinière* 脊髄(せきずい).

Épiphanie /epifani/ 女〖カトリック〗❶ 主の公現. ❷ 公現祭. 注 東方の三博士のキリスト礼拝を記念する日で, 一般には教会の定める1月6日前後の日曜日に祝う (⇨ GALETTE).

épiphénomène /epifenɔmɛn/ 男 ❶〖医学〗〘疾患の経過中に偶発する〙副現象, 付帯徴候. ❷〖哲学〗付帯現象, 副現象.

épiphyse /epifiːz/ 女〖解剖〗❶ 骨端. ❷ 松果体.

épique /epik/ 形 ❶ 叙事詩の. ▶ poème *épique* 叙事詩. ❷ 叙事詩にふさわしい, 勇壮な;《しばしば皮肉に》激しい. ▶ discussion *épique* すごい論争.

épiscopal, ale /episkɔpal/; 男 複 **aux** /o/ 形 ❶ 司教の. ▶ palais *épiscopal* 司教館. ❷ l'Église *épiscopale* 英国聖公会.

épiscopat /episkɔpa/ 男 ❶ 司教職. ❷ 司教の任期. ❸ 司教団.

épisode /epizɔd/ 男 ❶ 挿話, エピソード; 挿話的な出来事. ▶ un *épisode* douloureux de la Révolution フランス革命の悲劇的一事件. ❷〖シリーズ物の〗1回分. ▶ un feuilleton à *épisodes* (テレビの)連続ドラマ / le premier *épisode* 第1回 [話] / le dernier *épisode* (連続ドラマなどの)最終回.

épisodique /epizɔdik/ 形 ❶ 付随的な, 副次的な; 文章 挿話的な. ▶ événement *épisodique* 付随的な出来事 / rôle *épisodique* わき役. ❷ 時折の. ▶ faire des séjours *épisodiques* en France ときどきフランスに滞在する.

épisodiquement /epizɔdikmɑ̃/ 副 ❶ 挿話的に, 付随的に. ❷ 時折, 時たま.

épistémè /epistemɛ/ 女〖哲学〗エピステーメー,

épistémologie

(ある時代，社会に固有の)認識体系.

épistémologie /epistemɔlɔʒi/ 囡〖哲学〗エピステモロジー，科学論；認識論.

épistémologique /epistemɔlɔʒik/ 形〖哲学〗科学論の；認識論の.

épistémologue /epistemɔlɔg/ 图〖哲学〗科学論学者；認識論学者.

épistolaire /epistɔlɛːr/ 形 手紙[書簡]の，手紙による. ▶ la littérature *épistolaire* 書簡(体)文学 / être en relations *épistolaires* avec qn …と文通している.

épistolier, ère /epistɔlje, ɛːr/ 图 話 手紙を書くのが好きな人.

épitaphe /epitaf/ 囡 墓碑銘. ▶ faire graver une *épitaphe* 墓碑銘を刻ませる.

épithète /epitɛt/ 囡 ❶〖文法〗付加形容詞：たとえば un bon vin (おいしいワイン)の bon. なお Ce vin est bon. (このワインはおいしい)の bon は属詞 attribut という. ❷(人に対する)呼び方，形容.
▶ Il s'est fait traiter de pauvre type ; c'est bien l'*épithète* qui lui convient. 彼はけす呼ばわりされた，まさにぴったりの形容だ.
— 形〖文法〗付加形容詞の.

épitoge /epitɔːʒ/ 囡 (司法官, 弁護士, 教授の式服の左肩につけられる)垂れ布.

épître /epitr/ 囡 ❶ (古代人の)書簡. ▶ *épîtres* de Cicéron キケロの書簡. ❷ (皮肉に)長い手紙. ❸ *épître* dédicatoire (書物の巻頭に掲げた)書簡体献辞. ❹〖文学〗書簡詩. ❺ (新約聖書の)使徒書簡.

épizootie /epizɔɔti/ 囡 動物の流行病.

éploré, e /eplɔre/ 形 文語 泣きぬれた, 悲嘆に暮れた. ▶ un visage *éploré* 涙にぬれた顔.

épluchage /eplyʃaːʒ/ 男 ❶ (野菜などの)皮むき；下ごしらえ. ❷ 子細に検討[調査]すること；あら捜し.

éplucher /eplyʃe/ 他動 ❶ (野菜, 果物など)の皮をむく，不用な[傷んだ]部分を取り除く. ▶ *éplucher* des pommes de terre ジャガイモの皮をむく / *éplucher* des crevettes 小エビの殻をむく / *éplucher* une salade サラダ菜の食べられない部分を切り捨てる. ❷ …を子細に調べる, 点検する. ▶ *éplucher* un dossier 書類を細かく検討する.

éplucheur, euse /eplyʃœːr, øːz/ 图 (野菜などの)皮をむく人.
— **éplucheur** 男 (野菜, 果実の)皮むき器. ▶《同格的に》couteau-*éplucheur* 皮むきナイフ.

épluchure /eplyʃyːr/ 囡 (多く複数で)(果実や野菜の)むいた皮, 野菜くず.

EPO /øpeo/ 囡 〖略語〗エリスロポエチン(ドーピングに使われる赤血球増加剤).

épointer /epwẽte/ 他動 (針, 鉛筆, 小刀など)の先を折る, すり減らす.
— **s'épointer** 代動 先が折れる, すり減る.

éponge /epɔ̃ːʒ/ 囡 ❶ スポンジ. ▶ essuyer la table avec une *éponge* スポンジでテーブルをふく / *éponge* de toilette 化粧用スポンジ / *éponge* métallique 金属たわし. ❷〖動物〗海綿動物. ❸《しばしば同格的に》タオル地(=tissu-éponge).
▶ serviette *éponge* タオル.
avoir une éponge dans le gosier 大酒を飲む.
boire comme une éponge 暴飲する.
C'est une éponge. 話 あの人はうわばみだ.
jeter l'éponge (1) (ボクシングで)タオルを投げる, 勝負を放棄する. (2) (仕事, 交渉などを)投げ出す.
passer l'éponge sur qc (罪, 過ちなど)を許す；水に流す. ▶ Passons l'*éponge* sur cette vieille querelle. 昔のいざこざは水に流そう.

éponger /epɔ̃ʒe/ ② 他動 ❶ 〔液体〕をふき取る；〔物, 場所〕をふく, ぬぐう. ▶ *éponger* du vin renversé sur la table テーブルにこぼしたワインをふき取る /《用語なしに》une serviette qui *éponge* bien よく吸い取るタオル. ❷〔遅れ, 欠損など〕を解消する. ▶ *éponger* le retard des livraisons 配達の遅れを取り戻す. ❸〖金融〗市場から余剰(貨幣)を吸い上げる；〔在庫〕をさばく.
— **s'éponger** 代動 ❶《s'*éponger* qc》自分の…をふく. 注 se は間接目的. ▶ s'*éponger* le front avec un mouchoir ハンカチで額(の汗)をぬぐう. ❷ 自分の体をふく.

éponyme /epɔnim/ 形 (都市, 部族などの)名祖(ﾅｵﾔ)の, 名の起源となった. ▶ Athéna, déesse *éponyme* d'Athènes アテネの名祖の女神アテナ.

épopée /epɔpe/ 囡 ❶ 叙事詩. ❷ (叙事詩にふさわしい一連の)歴史的事件；《皮肉に》冒険の連続.
▶ l'*épopée* napoléonienne ナポレオンの壮挙.

***époque** /epɔk/ エポック 囡 ❶ (歴史上の)時代.
▶ l'*époque* de la Renaissance ルネサンス時代 / la littérature de l'*époque* classique 古典主義時代の文学.
❷ 時期, ころ. ▶ à cette *époque* その頃は / à notre *époque* 今日では / *époque* actuelle 現代 / être de son *époque* 時代に遅れない / l'*époque* de la naissance de mon fils aîné 長男の生まれたころに. ◆à l'*époque* où … …の時期に. C'était à l'*époque* où j'étais encore étudiant. それは私がまだ学生のころのことだった.
❸《集合的に》同時代人. ▶ un écrivain méconnu par son *époque* 同時代の人々に認められなかった作家.
❹〖地質〗世. ▶ *époque* holocène 沖積世.
「**à la même [à pareille] époque**」(別の年の)同じころ. ▶ L'année dernière, *à la même époque*, nous étions à Rome. 去年の今ごろ, 私たちはローマにいた.
à l'époque 当時(は). ▶ A l'*époque*, j'habitais à Paris. 当時私はパリに住んでいた.
d'époque 時代物の. ▶ commode *d'époque* 時代物の整理だんす.
faire époque 時代を画する. ▶ film qui *a fait époque* 時代を画した映画.
la Belle Epoque (特に1900年前後の花のパリに象徴される)ベルエポック, よき時代.

比較 **時代, 時期**
époque. 歴史上で治世者の違いや重要な出来事によって区分された時代, 時期. 前置詞は多くを とる. à l'*époque* de Meiji 明治時代に. **période** 一時的な経過期間. 前置詞は la, pendant, dans などをとる. pendant la *période* des vacances バカンスの時期には. **ère** 《改まった表現》新しい秩序の到来によって始まる時代.

l'*ère* atomique 原子力時代. **âge** 歴史の大きな区分. 特に先史時代について用いられる. l'*âge* du bronze 青銅器時代.

épouiller /epuje/ 他動 …のシラミを取る.

s'époumoner /sepumɔne/ 代動〈*s'époumoner* (à + 不定詞)〉〉(…で)息切れするまで(しゃべって)疲れる. ▶ Il *s'époumonait* à nous convaincre. 彼は我々を説得しようと声をからしていた.

épouse /epu:z/ *époux* の女性形.

***épouser** /epuze/ エプゼ/ 他動 ❶ …と結婚する(=se marier avec). ▶ *épouser* qn …と結婚する / *épouser* qn「par amour [par intérêt]」…と恋愛「打算的」結婚をする.

❷〔意見, 利益など〕を支持する;〔風潮, 新技術など〕を受け入れる. ▶ *épouser* les idées de qn …の考えに共鳴する.

❸〔形, 動き〕にぴったり合う. ▶ robe qui *épouse* les formes du corps 体の線にぴったり合ったドレス.

épouser le sac 話 金持ちの女と結婚する.

— **s'épouser** 代動〔2人が〕結婚する. ▶ Ils *se sont épousés*. 彼らは結婚した.

époussetage /epusta:ʒ/ 男 ちり払い, ほこり落とし.

épousseter /epuste/ 4 他動 …のちり[ほこり]を払う. — **s'épousseter** 代動〔自分の衣服〕のちりを払う.

époustouflant, ante /epustuflɑ̃, ɑ̃:t/ 形 話 びっくりさせる;すごい.

époustoufler /epustufle/ 他動 話 …をびっくりさせる, 驚かせる, 啞然とさせる.

épouvantable /epuvɑ̃tabl/ 形 ❶ 恐ろしい, ぞっとするような. ▶ accident *épouvantable* 無残な事故. ❷ ひどい, 非常に悪い;ものすごい. ▶ mine *épouvantable* ひどく悪い顔色 / bruit *épouvantable* ものすごい騒音 / Il fait un temps *épouvantable*. ひどい天気だ

épouvantablement /epuvɑ̃tabləmɑ̃/ 副 恐ろしく;ひどく, ものすごく. ▶ Il a été *épouvantablement* torturé. 彼は恐ろしい拷問を受けた / Il fait *épouvantablement* froid. ひどく寒い.

épouvantail /epuvɑ̃taj/ 男 ❶ 案山子(かかし). ❷ 話 ぞっとするほど醜い人;服装の滑稽(こっけい)な人.

épouvante /epuvɑ̃:t/ 女 ❶ 激しい恐怖. ▶ cri d'*épouvante* 恐怖の叫び / film d'*épouvante* (=horreur) 怪奇[ホラー]映画 / être saisi d'*épouvante* 恐怖にとらえられる / semer l'*épouvante* 恐怖をまき散らす.

❷ 激しい不安[心配]. ▶ Je vois venir la rentrée scolaire avec *épouvante*. 私は不安な気持ちで新学期を迎えようとしている.

épouvanter /epuvɑ̃te/ 他動 …をおびえさせる, 不安にする. ▶ *épouvanter* un enfant par des histoires horribles 怖い話をして子供をおびえさせる / L'idée de vivre à l'étranger l'*épouvante*. 外国で暮らすことを考えると彼(女)は不安になる.

***époux, ouse** /epu, u:z/ エプー、エプーズ/ 名 ❶ 配偶者, 夫, 妻. ▶ prendre qn pour *époux* [*épouse*] …を夫[妻]にする. / Madame Durand, *épouse* Martin 《官庁用語で》マルタン夫人, 旧姓デュラン / Comment va votre *épouse*? (=femme) 話 奥さんは元気ですか(注 改まった言い方では Comment va Madame X? となる).

❷〔複数で〕夫婦, 夫妻. ▶ les futurs *époux* 未来の夫婦, いいなずけ同士.

比較 **夫, 妻**
époux, épouse 多少改まった言い方. **mari, femme** 日常的な言い方. ただし femme を使うと曖昧(あいまい)になる文脈では, 日常的な場面でも épouse を用いる. 例: Elle est plus mère qu'*épouse*. 彼女は妻というより母親だ. **conjoint** 《官庁用語》配偶者. 女性形は稀.

éprend, éprends /eprɑ̃/ 活用 ⇨ ÉPRENDRE

s'éprendre /seprɑ̃:dr/ 87 代動〔過去分詞 épris, 現在分詞 s'éprenant〉〈*s'éprendre* de qc/qn〉…に夢中になる, 強く執着する. ▶ *s'éprendre* de son travail 自分の仕事に熱中する / *s'éprendre* d'une femme ある女にほれる.

éprenn-, épri- 活用 ⇨ ÉPRENDRE

***épreuve** /eprœ:v/ エプルーヴ/ 女 ❶ 試すこと, 試験. ▶ faire l'*épreuve* d'un moteur エンジンのテストを行う / soumettre une hypothèse à l'*épreuve* des faits 仮説を事実に照らして検証する.

❷〔学校などの〕テスト, 試験;試験答案. 注 *épreuve* は examen, concours に含まれる個々の試験を指す. ▶ *épreuves* orales [écrites] 口述[筆記]試験 / l'*épreuve* d'anglais au concours d'entrée. 入試に英語の試験がある.

❸〔スポーツの〕試合, 競技. ▶ les *épreuves* d'un championnat 選手権試合 / *épreuve* finale 決勝戦 / *épreuve* contre la montre タイムトライアル. 比較 ⇨ COMPÉTITION.

❹ 試練, 苦難;逆境. ▶ subir des *épreuves* 試練を受ける / surmonter une *épreuve* 試練を克服する.

❺〔印刷〕校正刷り. ▶ corriger les premières [secondes] *épreuves* 初校[再校]に手を入れる.

❻〔写真〕プリント, 印画. ▶ *épreuve* négative 陰画, ネガ(=négatif).

❼〔映画〕*épreuve* de tournage ラッシュ.

❽〔版画〕刷り(版画の)版画;版画. ▶ une *épreuve* numérotée 限定番号入りの版画.

à l'épreuve de qc …に耐えうる. ▶ gilet *à l'épreuve* des balles 防弾チョッキ.

à toute épreuve 何事にも耐えうる, 動じない. ▶ un courage *à toute épreuve* 何事にもくじけない勇気.

épreuve de force 力の対決, 力関係による決着. ▶ Cette revendication salariale a abouti à une *épreuve de force* entre les syndicats et la direction. 賃上げ要求は労使間の力の対決に至った.

mettre qc/qn à l'épreuve …を試す. *mettre* qn *à l'épreuve* dans un poste あるポストで…(の能力)を試す.

épris, ise /epri, i:z/ 形 (s'éprendre の過去分詞) ❶〈*épris* de + 無冠詞名詞〉…に熱中した, 夢中になった. ▶ être *épris* de musique 音楽に情熱を傾けている / *épris* de justice 正義感に燃えた.

❷〈*épris* (de qn)〉(…に)ほれた, 恋している. ▶ Il est très *épris* de cette femme. 彼はその女

éprouvant

に首ったけだ.

éprouvant, ante /epruvɑ̃, ãːt/ 形 つらい, 厳しい, 耐えがたい. ▶ une chaleur *éprouvante* 厳しい暑さ.

éprouvé, e /epruve/ 形 ❶〔品物が〕保証された;〔人が〕信頼できる. ▶ un ami *éprouvé* (=sûr) 信頼できる友. ❷ 損害を被った;試練を受けた.

*__éprouver__ /epruve エプルヴェ/ 他動 ❶ ❶〔感覚, 感情〕を覚える, 抱く. ▶ *éprouver* de la tendresse pour qn …に愛情を抱く / *éprouver* un remord 後悔の念を抱く / Dites au médecin ce que vous *éprouvez*. どんな〔痛み〕具合なのか医者に話しなさい.
❷〔変化, 害など〕を被る. ▶ *éprouver* des difficultés 困難にぶつかる.
❸ 文章〔経験によって〕…を知る, 悟る.
❷ ❶ …を試す, 試験する. ▶ *éprouver* la solidité d'un pont 橋の強度をテストする / *éprouver* la bonne foi d'un ami 友人の誠意を試す.
❷〔不幸, 災厄が〕…を辛い試練にかける, 苦しめる. ▶ La disparition de son père l'*a* bien *éprouvé*. 父の死で彼は悲しみに打ちひしがれた.
— **s'éprouver** 代動〔感覚, 感情などが〕感じられる.

éprouvette /epruvɛt/ 女 試験管. ▶ bébé *éprouvette* 試験管ベビー.

épucer /epyse/ ① 他動 …のノミを取る[駆除する].

épuisant, ante /epɥizɑ̃, ãːt/ 形 疲れさせる, ひどくつらい. ▶ travail *épuisant* ひどく疲れる仕事.

épuisé, e /epɥize/ 形 ❶ 使い[売り]尽くされた;汲(く)み尽くした. ▶ Ce livre est *épuisé* pour le moment. この本は今のところ品切れ[絶版]だ. ❷ 疲れ果てた. 比較 ⇨ FATIGUÉ.

épuisement /epɥizmɑ̃/ 男 ❶ 使い尽くすこと;品切れ. ❷ 極度の疲労.

*__épuiser__ /epɥize エピュイゼ/ 他動 ❶ …を使い尽くす;くみ尽くす;〔問題など〕を論じ尽くす. ▶ *épuiser* les réserves de pétrole 石油の蓄えを使い果たす / *épuiser* un sol 土地をすっかりやせさせる / *épuiser* un sujet あるテーマを余す所なく論じ切る. ❷ …を〔へとへとに〕疲れさせる;うんざりさせる;〔気力など〕を枯渇させる. ▶ Cette longue promenade m'*a épuisé*. (=exténuer) 私はこの長い散歩でくたくたになった / Son bavardage m'*épuise*. (=fatiguer) あの人のおしゃべりにはうんざりだ / *épuiser* la patience de qn …の我慢の限界を越えさせる.
— **s'épuiser** 代動 ❶ 尽きる, 枯渇する. ❷ ⟨*s'épuiser* (à qc/不定詞 [en qc])⟩(…で) 疲れ果てる. ▶ *s'épuiser* en efforts inutiles むだな努力をしてくたくたになる / Je m'*épuise* à vous le répéter. 何度も同じことをお話しするのは嫌になりました.

épuisette /epɥizɛt/ 女〖釣り〗手網(ぐ), ランディング・ネット.

épurateur /epyratœːr/ 男 浄化装置.

épuration /epyrasjɔ̃/ 女 ❶ 純化, 精製. ▶ station d'*épuration* 浄水場. ❷ 浄化, 洗練. ▶ *épuration* des mœurs 風俗の浄化. ❸ 追放, 粛清(=purge). ❹〖医学〗*épuration* extrarénale 腎臓(ぞう)の人工透析.

épure /epyːr/ 女〖正面図, 側面図, 平面図からなる〗設計図, 投影図.

épurer /epyre/ 他動 ❶ …を純化する, 精製する, 精錬する. ▶ *épurer* un minerai 鉱石を精錬する. ❷ …を洗練する;から不適当なものを除く. ▶ *épurer* le goût 趣味を洗練する. ❸〔集団〕から不純分子を追放する. ▶ *épurer* le Parlement 国会から好ましくない議員を追い出す.
— **s'épurer** 代動 純化される, 洗練される.

équanimité /ekwanimite/ 女 文章〔心の〕落ち着き, 平静.

équarrir /ekariːr/ 他動〔木, 石〕を四角にする[切る]. ▶ *équarrir* un tronc d'arbre 材木を角材に切り出す.

mal équarris 洗練されていない, 粗削りな.

équarrissage /ekarisaːʒ/ 男 四角に切ること;〔角材の〕太さ.

Equateur /ekwatœːr/ 固有 男 エクアドル:首都 Quito. ▶ en *Equateur* エクアドルに[で, へ].

équateur /ekwatœːr/ 男 ❶ 赤道;赤道地帯. ❷〖天文〗天の赤道(=*équateur* céleste).

équation /ekwasjɔ̃/ 女 ❶ 方程式. ▶ *équation* du premier [second] degré 1次[2次]方程式 / poser [résoudre] une *équation* 方程式を立てる[解く] / *équation* chimique 化学方程式. ❷〖心理〗*équation* personnelle 個人差.

équatorial, ale /ekwatɔrjal/;〈男複〉*aux* /o/ 形 ❶ 赤道〔地帯〕の. ❷〖天文〗天の赤道の.
— **équatorial**:〈複〉*aux* 男 赤道儀.

équatorien, enne /ekwatɔrjɛ̃, ɛn/ 形 エクアドル Equateur の.
— **Equatorien, enne** 名 エクアドル人.

équerre /ekɛːr/ 女 ❶ 直角定規, 曲尺(がね). ❷ 〖L [T]字形の〗コーナープレート, 補強金具.

à l'équerre /ɑ lekɛːr/ 直角に[の]. ▶ les rues tracées *à l'équerre* 直角に交わるように作られた街路 / une cloison d'*équerre* avec le mur 壁に直角の間仕切り.

équestre /ekɛstr/ 形 ❶ 馬術の, 乗馬の. ▶ compétitions *équestres* 馬術競技. ❷ 騎馬(姿)の. ▶ statue *équestre* 騎馬像.

équi- 接頭「等しい」の意.

équidés /ekide/ 男複〖動物〗ウマ科.

équidistance /ekɥidistɑ̃ːs/ 女 等距離.

équidistant, ante /ekɥidistɑ̃, ãːt/ 形 等距離の.

équilatéral, ale /ekɥilateral/;〈男複〉*aux* /o/ 形〖数学〗等辺の. ▶ triangle *équilatéral* 正3角形.

équilibrage /ekilibraːʒ/ 男 釣り合わせること, バランスをとること.

équilibration /ekilibrasjɔ̃/ 女〖生理学〗平衡(機能).

*__équilibre__ /ekilibr エキリブル/ 男 ❶〔体, 物の〕平衡, 釣り合い, バランス. ▶ *équilibre* du corps 体のバランス / garder l'*équilibre* バランスを保つ / perdre l'*équilibre* バランスを失う / sens de l'*équilibre* 平衡感覚.

équivalent

❷(対立するものの)**均衡**; (収支の)釣り合い. ▶ l'*équilibre* des pouvoirs législatif, exécutif et judiciaire 立法・行政・司法権の均衡 / *équilibre* de la terreur (核兵器による)恐怖の均衡 / assurer l'*équilibre* budgétaire 予算の(収支)均衡を確保する.

❸ 精神的な安定; 健全さ. ▶ manquer d'*équilibre* 精神の安定を欠く. ❹ 調和的配分, バランス. ▶ *équilibre* nutritif 栄養のバランス.

en équilibre (1) 釣り合いのとれた, 安定した. ▶ mettre une balance *en équilibre* 秤(はかり)を釣り合わせる. (2) かろうじて平衡を保って, ぐらぐらした. ▶ pile de livres *en équilibre* 今にも崩れそうに積まれた本.

faire équilibre (**à qc/qn**) (…と)釣り合う, 相殺する.

équilibré, e /ekilibre/ 形 釣り合いのとれた; 調和のとれた. ▶ échanges extérieurs *équilibrés* 均衡貿易 / esprit *équilibré* 安定した精神 / alimentation *équilibrée* バランスのとれた食事 / manger *équilibré* バランスのとれた食事をする.

équilibrer /ekilibre/ 他動 ❶ …を釣り合わせる, のバランスをとる; をバランスよく配分する. ▶ *équilibrer* un budget 予算を均衡させる. ◆*équilibrer* qc par qc …で…の釣り合いをとる. ▶ *équilibrer* la poussée des voûtes par des étais 支柱で丸天井の圧力を相殺する. ❷ …と釣り合う, 相殺し合う. — **s'équilibrer** 代動 釣り合う; 相殺し合う. ▶ Les avantages et les inconvénients de ta méthode *s'équilibrent*. 君のやり方には長所もあるが欠点もある.

équilibriste /ekilibrist/ 名 曲芸師, 軽業師.

équinoxe /ekinɔks/ 男 昼夜平分時, 春分, 秋分; 分点. ▶ *équinoxe* d'automne 秋分(点) / *équinoxe* de printemps 春分(点).

équinoxial, ale /ekinɔksjal/; 《男 複》**aux** /o/, 形 昼夜平分の.

équipage /ekipaʒ/ 男 ❶(集合的に)乗組員, 乗務員, クルー. ▶ homme d'*équipage* 船員 / l'*équipage* et les passagers d'un avion 飛行機の乗員と乗客. 注 従者, 乗り物, 装備などを集合的にいう.

❸《軍事》train des *équipages* 輜重(しちょう)隊.

*****équipe** /ekip/ エキップ 女 ❶(一緒に活動する)作業班, 組, グループ. ▶ former une *équipe* グループを作る / faire partie d'une *équipe* チームに所属する / *équipe* de chercheurs 研究者グループ / l'*équipe* gouvernementale 内閣 / chef d'*équipe* 班長 / travail d'*équipe* 共同作業 / esprit d'*équipe* 連帯精神.

❷(スポーツの)**チーム**. ▶ *équipe* de football サッカーチーム / sport d'*équipe* 団体競技 / *équipe* de France フランス代表チーム.

❸ L'Equipe 「レキップ」(フランスのスポーツ紙).

en équipe 班[チーム]を組んで. ▶ travailler *en équipe* チームで仕事する.

faire équipe (**avec qn**) (…と)組んで仕事をする.

fine équipe 話 遊び仲間, 仲良しグループ; 《軽蔑して》くだらない連中.

équipé, e /ekipe/ 形 必要な装備[身支度]の整った. ▶ une cuisine bien *équipée* 調度品のよくそろった台所 / être *équipé* pour qc 不定詞 …のための装備[身支度]が整っている. ◆*équipé* de [en] qc …を装備した. ▶ avion *équipé* de la radio 無線装備の飛行機.

— **équipée** 女 ❶ 軽挙, 向こう見ずな行動[冒険]. ❷ 自由気ままな外出[遠出].

équipement /ekipmɑ̃/ 男 ❶ 装備(すること); 設備の充実; (地域の)整備開発. ▶ l'effort d'*équipement* d'une entreprise 企業の設備投資に向ける努力 / un plan d'*équipement* national 全国設備計画.

❷ 設備, 施設; 備品. ▶ *équipement* ménager (掃除機, ガス台, 洗濯機などの)家庭用器具.

❸ 用具一式. ▶ *équipement* de pêche 釣り用品 / *équipement* de ski スキー用品.

❹《軍事》(兵士, 軍隊などの)装備.

équiper /ekipe/ 他動 …に必要な装備を施す, の備えを整える; 〔地域など〕を整備する. ▶ *équiper* un enfant pour le ski 子供にスキーの身仕度をさせる. ◆*équiper* A de [en] B A に B を装備する. ▶ *équiper* une région d'un réseau routier 地域の道路網を整備する.

— **s'équiper** 代動 必要な装備を整える; 身支度をする; 〔国などが〕産業設備を整える. ▶ *s'équiper* pour la plongée sous-marine スキューバダイビングの支度をする / Ce pays *s'est équipé* en industrie légère. この国は軽工業の設備が整った.

équipier, ère /ekipje, ɛ:r/ 名 (チームの)メンバー, 選手, 〔ヨットなどの〕クルーの一員. ▶ *équipier* en titre レギュラーメンバー.

équitable /ekitabl/ 形 公平な, 公正な. ▶ juge *équitable* 公正な裁判官 / commerce *équitable* フェアートレード.

équitablement /ekitabləmɑ̃/ 副 文章 公正に, 公平に.

équitation /ekitasjɔ̃/ 女 乗馬; 馬術. ▶ faire de l'*équitation* 乗馬をする.

équité /ekite/ 女 ❶ 公平さ, 公正; 正義. ▶ partager qc avec *équité* …を公平に分ける. ◆en toute *équité* まったく公正に. ▶ En toute *équité*, je reconnais qu'il a raison. 公平に見て彼の正しいことを私は認める. ❷《法律》衡平: 法律の条文よりも良心や公平さの意識によって決定すること. ▶ juger [statuer] en *équité* 裁量に従って裁判する.

équivaill-, équival- 活用 ⇨ ÉQUIVALOIR 38

équivalence /ekivalɑ̃:s/ 女 ❶ 等価値, 相当, 同値; (資格などの)同等. ▶ reconnaître l'*équivalence* entre ce diplôme et le baccalauréat その免状とバカロレアは同等だと認める. ◆à *équivalence* de qc …が同じなら. ▶ A *équivalence* de salaire, ce poste est plus agréable. 給料が同じならこのポストの方が楽だ.

équivalent, ente /ekivalɑ̃, ɑ̃:t/ 形 ❶ 《*équivalent* (à qc)》 〉(…と)同等の, 等価の. ▶ Son salaire est *équivalent* au nôtre. 彼(女)の給料は我々と同じだ / Votre silence est *équivalent* à un refus. あなた(方)が黙っているのは断ったのと同じだ. ❷《数学》同値な; 等積の.

— **équivalent** 男 ❶ 同等なもの, 相当[相応]

équivaloir

するもの, 等価物. ▶ une qualité sans *équivalent* 比類なき特質 / Elle n'a pas son *équivalent* pour ce travail. この仕事では彼女に並ぶ者はいない. ❷ 同義語, 類義表現. ▶ Cette expression française n'a pas d'*équivalent* en japonais. このフランス語表現に対応する表現が日本語にはない.

équivaloir /ekivalwa:r/ ③⑧〈過去分詞 équivalu, 現在分詞 équivalant〉間他動 ❶ 〈*équivaloir* à + 数量表現〉…に等しい, と同価値である. ▶ Le prix de cette voiture *équivaut* à deux ans de mon salaire. この車の値段は私の給料の2年分に当たる. ❷ 〈*équivaloir* à qc〉[不定詞]〈(結果・意味的に)〉…と同じことである. ▶ Cette réponse *équivaut* pour moi à un refus. 私にとってこの返事は拒絶も同然だ.
— **s'équivaloir** 代動 同 同等である, 同じようなものだ. 注 se は間接目的. ▶ Les deux choses *s'équivalent*. 両者は同じことだ / Cela *s'équivaut*. それは同じことだ.

équivalu-, équivau-, équivaudr- 活用
⇨ ÉQUIVALOIR ③⑧

équivoque /ekivɔk/ 形 ❶ 曖昧(まい)な, 多義的な. ▶ mot *équivoque* どちらにも取れる語.
❷ なんとも断定［説明］しがたい. ▶ un liquide *équivoque* 正体不明の液体.
❸ 怪しい, いかがわしい. ▶ passé *équivoque* 怪しい過去 / avoir des fréquentations *équivoques* うさん臭い連中と付き合っている.
— 女 曖昧な言葉; 疑わしさ. ▶ une déclaration sans *équivoque* 曖昧さのない言明 / Il n'y a aucune *équivoque* entre nous. 我々の間には疑念の入り込む余地はない.

équivoquer /ekivɔke/ 自動 文章 曖昧(まい)な言葉遣いをする; 言葉を濁す.

érable /erabl/ 男〔植物〕カエデ. ▶ sirop d'*érable* メープルシロップ.

éradication /eradikasjɔ̃/ 女 ❶〔医学〕剔出(てき); (病原の)根絶. ❷ 文章 (障害, 問題点などの)抜本的解消.

éradiquer /eradike/ 他動 …を根絶する, 解消する.

érafler /erafle/ 他動 …に擦り傷をつける. ▶ genou *éraflé* 擦りむいたひざ.
— **s'érafler** 代動 〈*s'érafler* qc〉〔自分の〕〔体の一部〕を擦りむく. ▶ *s'érafler* la main en tombant 転んで手にかすり傷をつくる.

éraflure /erafly:r/ 女 ❶ 擦り傷, かすり傷.

éraillé, e /eraje/ 形 ❶〔布などが〕擦り切れた, ほつれた. ❷ 擦り傷のついた. ❸〔声が〕しわがれた, かすれた.

éraillement /erajmɑ̃/ 男 ❶ (布などの)ほつれ, 擦り切れ. ❷ かすり傷がつくこと. ❸ (声の)かすれ.

érailler /eraje/ 他動 ❶〔布など〕を擦り切れさせる, ほつれさせる. ❷ …にかすり傷をつける. ❸〔声〕をしわがれさせる.
— **s'érailler** 代動 ❶ 擦り切れる, ほつれる; 擦り傷がつく. ❷〔声が〕しわがれる. ❸〈*s'érailler* qc〉〔体の一部〕に擦り傷をつける; 〔声〕をからす.

éraillure /erajy:r/ 女 ❶ (布の)ほつれ; ほつれた部分. ❷ 擦り傷, かすり傷.

ère /ɛ:r/ 女 ❶ 紀元; …暦. ▶ l'*ère* chrétienne キリスト紀元, 西暦(注 キリスト教の定着した国では notre *ère* ともいう). ❷ 時代. ▶ l'*ère* atomique 原子力時代. 比較 ⇨ ÉPOQUE. ❸〔地質〕代. ▶ l'*ère* paléozoïque [primaire] 古生代.

érectile /erɛktil/ 形 ❶〔生理学〕勃起(ぼっ)性の. ❷ 起立性の, 直立性の.

érection /erɛksjɔ̃/ 女 ❶ 文章 建立; 設置. ▶ l'*érection* d'une statue 彫像の建立.
❷〔生理学〕勃起(ぼっ). ▶ en *érection* 勃起した.

éreintage /erɛta:ʒ/ 男 酷評, こき下ろし.

éreintant, ante /erɛtɑ̃, ɑ̃:t/ 形 くたくたに疲れさせる.

éreinté, e /erɛte/ 形 疲れきった, くたくたの.

éreintement /erɛtmɑ̃/ 男 ❶ 酷評, こき下ろし. ❷ 疲れきること.

éreinter /erɛte/ 他動 話 …をひどく疲れさせる, へとへとにする. ▶ Cette longue promenade m'a *éreinté*. 長い散歩で疲れ果てた. ❷ …を酷評する, こき下ろす. ▶ *éreinter* un adversaire politique dans un meeting 集会で政敵をたたく.
— **s'éreinter** 代動 ❶〈*s'éreinter* à qc〉〔不定詞〕…で疲れ果てる. ❷ 酷評しあう.

érémiste /eremist/ 名 社会復帰最低所得保障 (revenu minimum d'insertion, RMI)の適用を受けている人.

érémitique /eremitik/ 形 文章 隠者の.

érésipèle /erezipɛl/ 男 ⇨ ÉRYSIPÈLE.

erg[1] /ɛrg/ 男 (サハラの)砂(す)砂漠, エルグ.

erg[2] /ɛrg/ 男〔英語〕エルグ: エネルギーの単位.

ergo- 接頭 「仕事, 力」の意.

ergonome /ɛrgɔnɔm/, **ergonomiste** /ɛrgɔnɔmist/ 名 人間工学者, 人間工学研究者.

ergonomie /ɛrgɔnɔmi/ 女 人間工学.

ergonomique /ɛrgɔnɔmik/ 形 人間工学の.

ergot /ɛrgo/ 男 ❶ (雄鶏などの)蹴爪(けづめ); (犬の)上爪(うわ). ❷ (部品の)突起.
monter [se dresser, se lever] sur ses ergots 威嚇的な態度を取る; 怒りを込めて話す.

ergotage /ɛrgɔta:ʒ/ 男 詭弁(き), 難癖.

ergoter /ɛrgɔte/ 自動 つまらないことで非難する, 難癖をつける; へ理屈をこねる.

ergoteur, euse /ɛrgɔtœ:r, ø:z/ 名 難癖をつける人, 詭弁(き)家, へ理屈屋.
— 形 難癖をつける, 詭弁家の, へ理屈屋の.

ergothérapie /ɛrgɔterapi/ 女〔医学〕作業療法.

ériger /eriʒe/ ② 他動 ❶ …を建てる, 建立する. ▶ *ériger* un monument 記念碑を建てる. 比較 ⇨ CONSTRUIRE. ❷〈*ériger* A en B〉A を B に仕立て上げる, 昇格させる. ▶ *ériger* un criminel en héros 罪人を英雄に仕立て上げる. ❸ 文章 /(官庁用語で)…を創設する, 設置する. ▶ *ériger* une commission 委員会を設置する.
— **s'ériger** 代動 ❶ 建立される, 建つ.
❷〈*s'ériger* en + 無冠詞名詞〉…を自任する. ▶ *s'ériger* en moraliste モラリストを気取る.

Erika /erika/ 固有 エリカ: 1999年にブルターニュ沖で沈没し, 重油を大量に流出させたタンカー.

ermitage /ɛrmita:ʒ/ 男 ❶ 隠者の住まい; (隠者の)修道院. ❷ 文章 人里離れた所［住まい］.

ermite /ɛrmit/ 男 ❶ 隠者, 行者; 隠修道士. ❷ 世捨て人, 隠遁(とん)者. ▶ vivre en [comme un] ermite 隠遁する, 独り暮らしする.

éroder /erɔde/ 他動 ❶ …を浸食する; 腐食する. ❷ …の価値 [力] を徐々に崩していく.
— **s'éroder** 代動 ❶ 浸食される; 腐食する. ❷ 徐々に価値 [勢力] を失う.

érogène /erɔʒɛn/ 形『精神分析』性的興奮をそそる. ▶ zone érogène 性感帯.

Eros /erɔs/ 固有 男『ギリシア神話』エロス: 愛の神. ローマ神話のキューピッドに当たる.

éros /ero:s/ 男『精神分析』エロス, 生の欲動.

érosif, ive /erozif, i:v/ 形 浸食［腐食］性の.

érosion /erozjɔ̃/ 女 ❶『地質』浸食, 浸食作用. ▶ érosion glaciaire 氷食 / érosion marine [littorale] 海食. ❷ だんだん衰えていくこと, 低迷. ▶ érosion monétaire 通貨価値の目減り.

érotique /erɔtik/ 形 ❶ エロチックな, 性愛の, 性欲を刺激する. ▶ pose érotique 扇情的なポーズ. ❷ 恋愛の. ▶ poésie érotique 恋愛詩.

érotiquement /erɔtikmɑ̃/ 副 エロチックに, 色っぽく, なまめかしく.

érotisation /erɔtizasjɔ̃/ 女 エロチシズムを与えること;『精神分析』エロス化.

érotiser /erɔtize/ 他動〔作品, 広告, 人間関係など〕をエロチックにする.

érotisme /erɔtism/ 男 ❶ 好色. ❷ エロチシズム, 性愛, 官能性, 官能的傾向.

érotomane /erɔtɔman/ 名, 形『精神医学』色情狂(の).

érotomanie /erɔtɔmani/ 女 ❶ 色情狂. ❷『精神医学』エロトマニー, 恋愛妄想.

errance /ɛrɑ̃:s/ 女 文章 彷徨(ほう).

errant, ante /ɛrɑ̃, ɑ̃:t/ 形 ❶ 放浪する, さまよう. ▶ chien errant 野良犬. ❷ 文章 遍歴する, 旅を続ける. ▶ chevalier errant 遍歴の騎士, 武者修業中の騎士 / le Juif errant さまよえるユダヤ人. ❸ 文章 あてどのない, 一定しない. ▶ regards errants 焦点の定まらない視線.

errata /ɛrata/ 男〔単複同形〕正誤表.

erratique /ɛratik/ 形 ❶ 不安定な, 気まぐれな. ❷『医学』fièvre erratique 間歇不定の熱.

erratum /ɛratɔm/ 男〔単数形のみ〕誤植.

erre /ɛ:r/ 女 〔船の〕慣性航行速度.
continuer [se laisser glisser] sur son erre〔船などが〕惰性で進む.

errements /ɛrmɑ̃/ 男複 ❶ 文章 悪風, 悪習. ❷ いつものやり方.

*****errer** /ere/ ere エレ/ 自動 ❶ 文章 さまよう, うろつく. ▶ errer de ville en ville 町から町へとさすらう. ❷ 文章〔想像, 視線などが〕さまよう;〔雲, 微笑が〕漂う. ▶ Un sourire errait sur ses lèvres. 彼(女)の口元に微笑が浮かんでいた.

*****erreur** /ɛrœ:r エルール/ 女 ❶ 誤り, 間違い; 誤解; 誤った考え. ▶ faire [commettre] une erreur 間違える / corriger une erreur 間違えを直す / erreur de calcul 計算違い / erreur de jugement 判断の誤り / erreur de sens 錯覚 / tomber dans l'erreur 誤りに陥る / Vous êtes dans l'erreur. あなた(方)は間違っています / C'est une erreur (que) de croire cela. そんなことを信じるのは間違いだ.
❷ 過失, 失敗, おちど. ▶ erreurs de jeunesse 若気の過ち.
❸『数学』『計量』誤差. ▶ marge d'erreur 誤差範囲. ❹『法律』erreur de fait [matérielle]（判断ではなく）実作業上のミス. ▶ Par suite d'une erreur matérielle, cette ligne a été omise. うっかりしてこの1行を書き落としてしまった.
erreur de fait [matérielle]（判断ではなく）実作業上のミス.
Erreur n'est pas compte. 諺 計算にミスはつきもの, 過ちはいつでも正すことができる.
faire erreur (sur qc)（…について）間違える. ▶ Vous faites erreur, ce n'est pas le bon numéro.（電話の）番号違いです.
Il n'y a pas d'erreur. 話 そのとおりだ.
Il y a erreur sur qc …の間違いである. ▶ Il y a erreur sur la personne. 人違いです.
par erreur 誤って, うっかり.
sauf erreur 思い違いでなければ.
sauf erreur ou omission 誤り脱落はこの限りにあらず.

erroné, e /ɛrone/ 形 誤った, 間違った. ▶ nouvelle erronée デマ; 誤報.

ersatz /ɛrzats/ 男〔単複同形〕(ドイツ語) 代用食品; 代用品; まがい物. ▶ ersatz de savon 代用石鹸(せっ).

éructation /eryktasjɔ̃/ 女 文章/（ふざけて）おくび, げっぷ.

éructer /erykte/ 自動 文章 おくび〔げっぷ〕が出る.
— 他動 文章〔言葉〕を吐く, 投げつける. ▶ éructer des injures 罵詈(ば)する.

érudit, ite /erydi, it/ 形 学識豊かな, 博学な. ▶ Il est très érudit en la matière. 彼はその分野には非常に造詣が深い. — 名 学識豊かな人.

érudition /erydisjɔ̃/ 女 深い学識, 蘊蓄(うん). ▶ travaux d'érudition 学識豊かな研究.

éruptif, ive /eryptif, i:v/ 形 ❶ 噴火による. ▶ roches éruptives 噴出岩, 火山岩. ❷『医学』発疹(しん)(性)の.

éruption /erypsjɔ̃/ 女 ❶ 噴火; 噴出. ▶ volcan en éruption 噴火中の火山. ❷ 文章〔感情などの〕爆発. ▶ éruption de colère 怒りの爆発. ❸『医学』発疹(しん).

érysipèle /erizipɛl/ 男『医学』丹毒.

es /ɛ/ 活用 ⇨ ÊTRE¹ Ⅱ.

ès /ɛs/ 前〔複数名詞の前で〕…における, 関する; の範囲で. ▶ docteur ès lettres 文学博士 / docteur ès sciences 理学博士 / agir ès qualités 公式の資格をもって [公人として] 行動する. 注 語源的には en les の縮約形. 単数名詞が来る場合には en を用いて, たとえば licencié en philosophie（哲学）となる.

esbroufe /ɛsbruf/ 女 話 空威張り, はったり, こけおどし. ▶ faire de l'esbroufe 威張り散らす / à l'esbroufe はったりで.

esbroufer /ɛsbrufe/ 他動 話 …にはったりを利かす, を威圧する.

esbroufeur, euse /ɛsbrufœ:r, ø:z/ 名 話 空威張りする人, はったり屋.

escabeau /ɛskabo/; 〔複〕**x** 男 ❶（腕も背もない）腰掛け, 小さなベンチ. ❷ 踏み台;（小さな）脚立

escadre /ɛskadr/ 囡 艦隊; 飛行連隊.

escadrille /ɛskadrij/ 囡 小型艦隊; ヘリコプター小隊; (1977年までの) 飛行小隊.

escadron /ɛskadrɔ̃/ 男 ❶ (騎兵, 機甲, 輜重(しちょう), 憲兵) 中隊; (空軍の) 飛行小隊; (1977年までの) 飛行中隊. ❷ 《ふざけて》(人, 動物の) 群れ. ▶ un *escadron* de majorettes バトンガールの一団.

escalade /ɛskalad/ 囡 ❶ よじ登ること; 登攀(はん); (塀などを) 乗り越えること. ▶ faire l'*escalade* d'un arbre 木に登る / faire de l'*escalade* ロッククライミングをする. ❷ 軍備[戦略]の段階的拡大; エスカレート, 激化. ▶ *escalade* de la violence (とどまるところを知らない) 暴力のエスカレート / *escalade* des prix 物価の急騰. ❸ 家宅侵入.

escalader /ɛskalade/ 他動 ❶ …を登攀(とうはん)する; よじ登る. ❷ …を乗り越える. ▶ Le fugitif *a escaladé* le mur. 逃亡者は塀を乗り越えた. ❸〔道路, 家などが丘など〕の頂上まで通じる[並ぶ].

escalator /ɛskalatɔr/ 男《米語》エスカレーター.

escale /ɛskal/ 囡 ❶ 寄港(地); (途中) 着陸(地). ▶ L'avion fait *escale* à Londres. 飛行機はロンドンに立ち寄る / vol sans *escale* (飛行機の) 直行便. ❷ 寄港[着陸]している時間.

***escalier** /ɛskalje/ エスカリエ/ 男 階段. 注 一つの階段でも複数形になることがある. ▶ monter [descendre] l'*escalier* [les *escaliers*] 階段を登る[降りる] / tomber dans l'*escalier* [les *escaliers*] 階段で転ぶ / *escalier* 'à vis [en colimaçon, en spirale] 螺旋(らせん)階段 / *escalier* roulant [mécanique] エスカレーター / *escalier* de secours 非常階段 / *escalier* de service (使用人, 配達人用の) 裏階段.

avoir l'esprit de l'escalier 言うべき言葉をあとでしか思いつかない, 後知恵である. 注「帰りに階段を下りる時になってやっとうまい返事を思いつく」ということから.

en escalier 階段状に, 段々に.

escalope /ɛskalɔp/ 囡〖料理〗エスカロップ: 肉, 魚などの比較的大きな薄切り. ▶ *escalope* de veau 子牛のエスカロップ.

escamotable /ɛskamɔtabl/ 形 収納できる, 引き込み式の. ▶ lit [table] *escamotable* 畳み込み式ベッド[テーブル] / train d'atterrissage *escamotable* d'un avion 飛行機の引き込み脚.

escamotage /ɛskamɔtaːʒ/ 男 ❶ (手品で) 消すこと. ❷ 窃盗, すり. ❸ ごまかし. ▶ l'*escamotage* d'une question 質問のはぐらかし. ❹ (飛行機の引き込み脚などの) 収納.

escamoter /ɛskamɔte/ 他動 ❶ (手品で) …を消す. ❷ 〈*escamoter* qc/qn à qn〉 …から…をすり取る, くすねる. ▶ On m'a *escamoté* mon portefeuille. 私はいつの間にか財布をすられた. ❸ 〔困難など〕を避ける, ごまかす. ▶ *escamoter* une question gênante 厄介な質問をはぐらかす. ❹〔機械, 家具〕を畳み込む, (内部に) 収納する

escamoteur, euse /ɛskamɔtœːr, øːz/ 名 ❶ 手品師. ❷ 文章 (厄介なことを) ごまかす人.

escampette /ɛskɑ̃pɛt/ 囡 prendre la poudre d'*escampette* そそくさと逃げ出す.

escapade /ɛskapad/ 囡 (義務, 日常生活からの) 脱出, エスケープ. ▶ faire une *escapade* pour aller au cinéma さぼって映画に行く.

escarbille /ɛskarbij/ 囡 (蒸気機関車などの) 煤煙(ばいえん); 石炭の燃え殻.

escarcelle /ɛskarsɛl/ 囡 文章 /《ふざけて》財布; 懐具合. ▶ Son *escarcelle* est vide. 彼(女)の懐はお寒い限りだ.

escargot /ɛskargo/ 男 カタツムリ, エスカルゴ. **aller [avancer, marcher] comme un escargot** のろのろ進む.

escargotière /ɛskargɔtjɛːr/ 囡 ❶ エスカルゴ養殖場. ❷ (料理用の) エスカルゴ皿.

escarmouche /ɛskarmuʃ/ 囡 ❶〖軍事〗小競り合い, 局地戦. ❷ (本格的対立, 論戦に先立つ) 前哨(しょう)戦, 小手調べ.

escarpé, e /ɛskarpe/ 形 切り立った, 険しい, 急な. ▶ montagnes *escarpées* 切り立った山々.

escarpement /ɛskarpəmɑ̃/ 男 切り立っていること, 急傾斜; 急斜面, 急坂.

escarpin /ɛskarpɛ̃/ 男 パンプス; エスカルパン: 舞踏用のかかとの低い靴.

eschatologie /ɛskatɔlɔʒi/ 囡〖神学〗終末論.

eschatologique /ɛskatɔlɔʒik/ 形〖神学〗終末論の, 終末論的な.

esche /ɛʃ/, **èche** 囡 (針につける) 餌(えさ).

escient /ɛsjɑ̃/ 男 (次の句で)
à bon escient 状況を十分把握して, 分別を持って, 適切に. ▶ agir *à bon escient* きちんと考えて[その場にふさわしく] 行動する.
à mauvais escient 軽率に, 誤って.

s'esclaffer /sɛsklafe/ 代動 どっと笑う, 爆笑する.

esclandre /ɛsklɑ̃ːdr/ 男 騒ぎ立てる[どなりちらす]こと, 悶着(もんちゃく). ▶ causer un *esclandre* dans une boîte de nuit ナイトクラブで一悶着起こす.

esclavage /ɛsklavaːʒ/ 男 ❶ 奴隷制; 奴隷身分. ▶ abolition de l'*esclavage* 奴隷制の廃止. ❷ (精神的な) 隷属状態; 束縛. ▶ *esclavage* de la drogue 麻薬のとりこになること.

esclavagisme /ɛsklavaʒism/ 男 奴隷制擁護論; 奴隷制社会.

esclavagiste /ɛsklavaʒist/ 形, 名 奴隷制支持の(人).

esclave /ɛsklaːv/ 名 ❶ 奴隷. ▶ affranchir un *esclave* 奴隷を解放する / traiter qn en *esclave* …を奴隷なみに扱う. ❷〈*esclave* de qc/qn〉…のとりこになった人, 言いなりになる人. ▶ *esclave* de la mode 流行に振り回される人 / Il est *esclave* de ses habitudes. 彼は自分の習慣から抜けられないでいる.
— 形 〈*esclave* de qc/qn〉…のとりこになっている, …に縛られている. ▶ être *esclave* de ses préjugés 先入観にとらわれている. ❷ 隷属している. ▶ un peuple *esclave* 隷属状態にある国民.

escogriffe /ɛskɔgrif/ 男 話 ひょろひょろの[不格好な] 大男.

escomptable /ɛskɔ̃tabl/ 形〖手形が〗割引できる.

escompte /ɛskɔ̃ːt/ 男 ❶ 手形割引; 割引の金利. ❷ 割引; 現金割引: 決済日以前の支払いに対す

る割引. ▶ accorder [faire] un *escompte* de 5% [cinq pour cent] 5パーセント割り引く.

escompter /ɛskɔ̃te/ 他動 ❶ ⟨*escompter* qc /不定詞/ *escompter* que + 直説法⟩ …を当てにする, 期待する. ▶ On *escompte* son succès. 彼(女)が成功することを皆期待している. ❷〔手形〕を割り引く.

escompt*eur*, *euse* /ɛskɔ̃tœːr, øːz/ 名 手形割引業者.

escorte /ɛskɔrt/ 女 ❶ お供, エスコート, 随行団. ▶ Ils vous feront *escorte* jusqu'à la gare. 彼らはあなた(方)を駅まで送ってくれるでしょう. ❷護衛[護送]隊;護衛. ▶ avion d'*escorte* 護衛機 / Le président est entouré d'une *escorte* de policiers. 大統領は警察の護衛隊に取り囲まれていた.
sous (*bonne*) *escorte* (厳重に)守られて, 護衛されて.

escorter /ɛskɔrte/ 他動 ❶ …を護衛[護送]する. ❷ …のお供をする, を送っていく.

escorteur /ɛskɔrtœːr/ 男 護衛艦;護衛機.

escouade /ɛskwad/ 女 ❶ 小集団, 班, グループ. ❷ 古〘軍事〙分隊.

escrime /ɛskrim/ 女 フェンシング. ▶ faire de l'*escrime* フェンシングをする.

s'escrimer /sɛskrime/ 代動 ⟨*s'escrimer* à + 不定詞 / *s'escrimer* sur qc⟩ …しようと大いに努力する[苦労する]. ▶ *s'escrimer* à prouver son innocence 自分の無実を明かそうと努力する.

escrim*eur*, *euse* /ɛskrimœːr, øːz/ 名 フェンシングの選手.

escroc /ɛskro/ 男 詐欺師, ぺてん師.

escroquer /ɛskrɔke/ 他動 ❶ ⟨*escroquer* qc (à qn)⟩ (人から)〔物〕をだまし取る, 詐取する. ▶ *escroquer* ses économies à un vieillard 老人から貯金をだまし取る. ❷ ⟨*escroquer* qn (de qc)⟩〔人〕をだまして(物を)取る. ▶ Il s'est fait *escroquer* de dix mille euros. 彼は1万ユーロだまし取られた.

escroquerie /ɛskrɔkri/ 女 詐欺, 騙(だま)り. ▶ *escroquerie* morale 背信(行為) / *escroquerie* à l'assurance 保険詐欺.

escudo /ɛskydo/ 男《ポルトガル語》エスクド: ユーロ以前のポルトガルの通貨単位.

eskimo /ɛskimo/ 形, 名《男女同形》⇨ ESQUIMAU.

ésotérique /ezɔterik/ 形 ❶ 秘教的な;秘伝的な. ❷〔作品などが〕難解な.

ésotérisme /ezɔterism/ 男 ❶ 秘教;秘伝. ❷(思想, 文学作品などの)難解さ, 神秘性.

*****espace** /ɛspas/ 男 ❶ 空間, 場所, スペース. ▶ Il y a de l'*espace*. スペースがある, 広い / *espace* libre [occupé] 空いている(ふさがった)場所 / manquer d'*espace* スペースが足りない / entasser des objets dans un petit *espace* 狭い場所に物を積み上げる.
❷ 宇宙. ▶ lancer un satellite dans l'*espace* 宇宙に人工衛星を打ち上げる.
❸〔形容詞とともに〕(ある種の)場所, 領域, 圏. ▶ *espace* vert 緑地〔比較〕⇨ JARDIN / *espace* aérien 領空 / *espace* public [urbain] 公共[都市]空間 / *espace* publicitaire 広告スペース / *Espace* Schengen シェンゲン圏(人の移動を自由にしたヨーロッパの地域).
❹ 間隔, 距離. ▶ L'*espace* parcouru est de 50km [cinquante kilomètres]. 走行距離は50キロだ.
❺ 時間的間隔. ▶ dans un court *espace* de temps 短期間に.
❻ 空中;虚空. ▶ Son regard errait dans l'*espace*. 彼(女)の視線は宙をさまよっていた.
❼ 空間. ▶ géométrie de [dons] l'*espace* 立体幾何学 / *espace* à trois dimensions 三次元空間. ❽〘音楽〙(五線譜の)線間.
en l'espace de + 期間 …の間に. *En l'espace d'un mois*, je l'ai vu six fois. 1か月の間に私は彼と6回会った.
── 女〘印刷〙スペース, 文字間の詰め物.

espacé, e /ɛspase/ 形 (空間・時間的に)間隔をおいた.

espacement /ɛspasmɑ̃/ 男 ❶(空間・時間的に)間隔をあけること;間隔. ▶ réduire [élargir] l'*espacement* entre deux arbres 2本の木の間隔を詰める[あける]. ❷〘印刷〙語間, 字間, 行間.

espacer /ɛspase/ ① 他動 ❶ (空間・時間的に)…の間[間隔]をあける. ▶ *espacer* les plants de tomate de 30cm [trente centimètres] トマトの苗の間隔を30センチずつあける / *espacer* ses visites 訪問の足が遠のく. ❷〘印刷〙…の間にスペースをいれる.
── **s'espacer** 代動 間[間隔]があく, まばらになる, 間遠になる.

espace-temps /ɛspastɑ̃/;《複》~**s**-~ 男〘物理〙時空(世界).

espadon /ɛspadɔ̃/ 男〘魚類〙メカジキ.

espadrille /ɛspadrij/ 女 エスパドリーユ: 縄底で布製の靴.

*****Espagne** /ɛspaɲ/ エスパーニュ 固有 女 スペイン: 首都 Madrid. ▶ en *Espagne* スペインに[で, へ].

*****espagnol, e** /ɛspaɲɔl/ エスパニョル 形 スペインの, Espagne の.
── **Espagnol, e** 名 スペイン人.
── **espagnol** 男 スペイン語.

espagnolette /ɛspaɲɔlɛt/ 女 イスパニア錠: 両開きの窓中の戸締り具の一つ. 取っ手を前後に回転させフックをひっかけて施錠する方式.

espalier /ɛspalje/ 男 (果)樹墻(しょう): 果樹などを沿わせて育てるための支え塀[垣];樹墻仕立ての果樹(の列).

*****espèce** /ɛspɛs/ エスペス 女 ❶ 種類. ▶ Il y a dans la cuisine des épices de toute *espèce*. 台所にはあらゆる種類のスパイスがある / Tu achètes des oranges de quelle *espèce*? どんな種類のオレンジを買うの？ / plusieurs *espèces* de plaisir いろいろな種類の楽しみ / Ça n'a aucune *espèce* d'importance. それは少しも取るに足らないことだ.
◆ *de* + 所有形容詞 + *espèce* …と同類の. ▶ Je ne discute pas avec des gens de votre *espèce*. 私はあなた(方)のような人とは議論しない. 比較 ⇨ SORTE[1].

❷〖生物学〗種. ▶ l'*espèce* humaine 人類 / *De l'origine des espèces*(ダーウィンの)「種の起原」
❸《複数で》現金. ▶ payer en *espèces* 現金で支払う. 比較 ▷ ARGENT.
❹《les espèces》《キリスト教》聖別後のパンとぶどう酒(の形態) (=les saintes *espèces*).
❺〖法律〗係争点;(当該)訴訟事件.
cas d'espèce 特殊な場合, 特例.
de cette espèce こういう種類の.
de la plus belle espèce(皮肉に)極め付きの.
▶ escroc de la plus belle *espèce* とてつもないぺてん師.
en l'espèce (特に)この場合に.
(une) espèce de + 無冠詞名詞 注 de のあとが男性名詞の場合 un espèce de の形になることがある (1) 一種の…, …のようなもの. ▶ Ils habitent une *espèce* de château. 彼らはお城みたいな所に住んでいる. (2)《軽蔑して》…なやつ. ▶ C'est un *espèce* d'idiot. あいつはバカ野郎だ /《冠詞なしで間投詞的に》*Espèce* d'idiot ! この愚か者め.

espérance /esperɑ̃:s エスペラーンス/ 安 ❶ 文章 希望, 期待 (=espoir). ▶ former [caresser] des *espérances* 希望を抱く / bâtir [fonder] des *espérances* sur qc …に期待を寄せる. ◆ l'*espérance*「de qc/不定詞 [que + 直説法]」…の期待. ▶ avoir l'*espérance* de réussir [du succès] 成功できるという期待を持つ.
❷ 期待の的. ▶ Vous êtes toute mon *espérance*. あなた(方)だけが頼みの綱です.
❸《複数で》将来性, 将来の見込み;(将来相続する見込みの)財産. ▶ Cet étudiant donne de grandes *espérances*. この学生は前途有望だ / avoir des *espérances* 遺産相続の見込みがある.
❹《統計》*espérance* de vie 平均余命.
contre toute espérance 期待[予想]に反して, 意外なことに.
dans l'espérance「de + 不定詞 [que + 直説法]」…することを期待して. ▶ *dans l'espérance* de vous revoir bientôt じきにお会いできることを楽しみに / *dans l'espérance qu*'il viendra 彼が来ることを当てにして.

espérantiste /esperɑ̃tist エスペランチスト/ 形 エスペラントの, エスペラントを話す.
— 名 エスペラントを使う[擁護する]人.
espéranto /esperɑ̃to エスペラント/ 男 エスペラント(語).

espérer /espere エスペレ/ ⑥

直説法現在	j'espère	nous espérons
	tu espères	vous espérez
	il espère	ils espèrent
複合過去	j'ai espéré	半過去 j'espérais
単純未来	j'espérerai	単純過去 j'espérai

他動 ❶〈*espérer* qc/不定詞 // espérer que + 直説法現在未来形〉…を期待する;…と思う. 注 否定, 疑問のとき従属節は接続法. ▶ *espérer* une réponse favorable 色よい返事を期待する / Il espérait te voir. 彼はあなたに会えるものと思っていた / J'*espère* qu'il réussira. 彼は成功すると思う / N'*espère* pas qu'il vienne. 彼が来るなんて期待するなよ. ◆ *espérer* qc de qn/qc …から…を期待する. ▶ N'*espère* de lui aucune aide. 彼らから何の援助も期待するな.
❷〈*espérer* + 不定詞複合形 // espérer que + 直説法現在形 [直説法過去形]〉…と思いたい, を願う. ▶ J'*espère* avoir fait ce qu'il fallait. やるべきことはやったと私は思いたい / J'*espère* qu'il n'a rien entendu. 彼の耳に何も入ってないことを願っている.
❸〈*espérer* qn〉…が来ることを期待する. ▶ Lundi je vous *espère* à dîner. 月曜日に夕食に来てくださるでしょうね.
j'espère《挿入節として前節を受けて》そう思いますよ, そう願うね. ▶ Il viendra, *j'espère*. 彼は来る, と思いますが.
— 間他動〈*espérer* en qn/qc〉…を頼りにする, に期待する. ▶ *espérer* en Dieu 神に頼る / J'*espère* en son honnêteté. 私は彼(女)の誠実さに期待している.
— 自動 希望を持つ. ▶ Il *espère* encore. 彼はまだ望みを捨てていない.

espiègle /espjɛgl エスピエグル/ 形 いたずらな, やんちゃな.
— 名 いたずらっ子, 悪童.
espièglerie /espjɛgləri エスピエグルリ/ 安 文章 いたずらな性質, 茶目っ気.
espion, onne /espjɔ̃, ɔn/ 名 ❶ スパイ, 秘密諜報(ちょうほう)員. ▶ *espion* double 二重スパイ / avion-*espion* スパイ機 / satellite(-)*espion* 偵察衛星. ❷ 他人の秘密を探る者;(警察などの)密偵. — *espion* 男(窓に取り付けた)隠し鏡.
espionnage /espjɔnaʒ/ 男 スパイ行為, 諜報(ちょうほう)活動. ▶ *espionnage* industriel 産業スパイ / service d'*espionnage* 諜報機関.
espionner /espjɔne エスピオネ/ 他動 …をスパイする, の様子を探る. ▶ *espionner* un pays ennemi 敵国をスパイする / *espionner* sa femme 妻の行動を探る.
esplanade /esplanad/ 安(建物の前の)広い遊歩道;広場;見晴らし台.

espoir /ɛspwa:r エスポワール/ 男 ❶ 希望, 期待. ▶ être plein d'*espoir* 希望に満ちている / perdre l'*espoir* 希望を失う / Il n'y a plus d'*espoir*.(病人などが)もう助かる見込みがない. ◆ *espoir*「de qc/不定詞 [que + 直説法]」…する希望. ▶ J'ai le ferme *espoir* qu'elle réussira. 彼女の成功を私は確信している.
❷ 期待の的. ▶ Tu es mon dernier *espoir*. あなたは私の最後のよりどころだ.
❸ ホープ, 期待の新人. ▶ un jeune *espoir* du tennis français フランステニス界の若手ホープ.
avoir (bon) espoir「de + 不定詞 [que + 直説法]」…する望み[見込み]がある. ▶ Les médecins *ont* bon *espoir* de la guérir. 医者は彼女をきっと治せると思っている.
dans [avec] l'espoir「de qc/不定詞 [que + 直説法]」…することを願って. ▶ *dans l'espoir* de votre reponse《手紙の末尾で》あなた(方)の御返事を待ちながら.
L'espoir fait vivre. 諺(希望は生きさせる→)希望は生きる糧だ.

esprit /espri エスプリ/ 男 ❶ 精神, 心;頭. ▶ Il lui est venu à l'*esprit* un nouveau projet.

彼(女)の心に新しい計画が浮かんだ / Qu'est-ce que vous avez dans l'*esprit*? (頭の中で)何を考えているのですか / troubler l'*esprit* de qn …の精神を乱す, 頭の中を混乱させる. 比較 ⇨ ÂME.

❷ **知性**, 頭の働き. ▶ cultiver son *esprit* 知性を磨く / avoir l'*esprit* vif [lent] 頭の回転が速い[遅い] / avoir l'*esprit* large [étroit] 考え方が柔軟[偏狭]である / pauvre [simple] d'*esprit* 頭の弱い[おめでたい](人間) / être sain de corps et d'*esprit* 心身ともに健全である.

❸《修飾語とともに》(…の)才, センス;(…的)思考. ▶ avoir l'*esprit* des affaires 商才がある / manquer d'*esprit* pratique 現実的[実務的]センスがない / avoir l'*esprit* d'à-propos 臨機応変の才がある / *esprit* de finesse 繊細の精神(パスカルの用語で, 直観による思考様式).

❹《修飾語とともに》(…の)気質, 気風;(…を重んじる)精神. ▶ *esprit* critique 批判精神 / avoir l'*esprit* d'entreprise 進取の気性がある / *esprit* de sacrifice 犠牲的精神 / *esprit* d'équipe チームワークの精神 / *esprit* de famille 身内意識.

❺《修飾語とともに》(…な)精神の持ち主;《複数で》人々. ▶ un bel *esprit* (皮肉に)才人ぶる人 / un *esprit* fort 通念などにはとらわれない人 / un petit *esprit* 心の狭い人, 頭の固い人 / calmer les *esprits* 人心を鎮める.

❻ 基本理念, 真意. ▶ entrer dans l'*esprit* de la Constitution 憲法の(基本的)精神を把握する.

❼ (時代などの)気風, 特有の物の見方. ▶ l'*esprit* du XVIIIe [dix-huitième] siècle 18 世紀の(時代)精神.

❽ **才気, 機知, エスプリ**. ▶ homme d'*esprit* 才気煥発(な)な人 / trait [mot] d'*esprit* 機知に富んだ言葉 / avoir de l'*esprit* 才気がある / manquer d'*esprit* 才気ない / Ce n'est pas le moment de faire de l'*esprit*. 才気をひけらかして[冗談を言って]いる場合ではない.

❾ 霊, 霊魂; 死霊, 亡霊. ▶ la chair et l'*esprit* 肉と霊[肉体と精神] / évoquer les *esprits* 死霊を呼び出す / *esprit* frappeur ポルターガイスト(家具や壁をたたく死霊).

❿ **妖精**. ▶ *esprit* du feu 火の精.

⓫【神学】*Esprit* saint 聖霊(三位一体の一つ) (=Saint-Esprit)/ l'*esprit* divin 神.

avoir bon esprit 気立てがよい; お人よしである.

avoir le bon esprit de + 不定詞 …するのは当を得ている.

avoir l'esprit ailleurs うわの空である, ぼんやりしている.

avoir l'esprit à qc 不定詞 …をする気になる; に専心する. ▶ Je n'ai pas l'*esprit* à m'amuser en ce moment. 今はふざけ楽しむ気になれない.

avoir mauvais esprit 反抗的である; 意地が悪い.

dans cet esprit そういう意図[見地]から.

dans mon esprit 私の考えでは.

dans un esprit + 形容詞 [*de* + 無冠詞名詞] …の意図[精神]をもって. ▶ parler *dans un esprit* de dénigrement けちをつけてやろうという気持ちから発言する.

en esprit 頭の中で, 想像で.

état d'esprit 心境,(物の)見方. ▶ Quel est l'*état d'esprit* du public après ces élections générales? 今回の総選挙後の国民の反応はどんなものですか.

Heureux les pauvres en esprit.《聖書》心の貧しい者は幸いなり.

Les grands esprits se rencontrent. 諺 (同時に同じことを言ったり考えたりしたときにふざけて)偉大な人々は考えが一致する.

Où「avais-je [ai-je] l'esprit? (失念, 不注意を謝って)どうもうっかりしておりまして, すみません.

paresse d'esprit 無気力. ▶ secouer la *paresse d'esprit* やる気のなさを振り払う, やる気を起こす.

perdre l'esprit 正気を失う.

perdre ses esprits 気が動転する; 意識を失う.

présence d'esprit 落ち着き; 機転.

pur esprit 肉体を持たぬ存在; 浮き世離れした人.

rendre l'esprit 文章 息を引き取る.

reprendre ses esprits 心の動揺が治まる; 意識を回復する.

sans esprit de + 無冠詞名詞 …の意図[精神]なしに. ▶ *sans esprit de* retour 二度と帰らぬ覚悟で / *sans esprit de* suite 首尾一貫性など念頭になく.

vue de l'esprit 机上の空論.

esquimau, aude /ɛskimo, oːd/;《男 複》**aux, eskimo**《男女同形》形 エスキモーの.
— **Esquimau, aude**:《男 複》**aux, Eskimo**《男女同形》图 エスキモー.
— **esquim**au:《複》**aux** 男 商標 エスキモー: チョコレートでコーティングしたアイスクリーム.

esquintant, ante /ɛskɛ̃tɑ̃, ɑ̃ːt/ 形 話 ひどく疲れる.

esquinter /ɛskɛ̃te/ 他動 ❶ …をへとへとにする. ▶ Ce travail m'*esquinte*. この仕事のせいでくたくただ. ❷ …を壊つ, 駄目にする. ▶ *esquinter* sa voiture 車を駄目にする. ❸ …を酷評する.
— **s'esquinter** 代動 話 ❶ <*s'esquinter* à qc /不定詞>…してへとへとになる. ❷ <*s'esquinter* qc> 自分の…を損なう. ▶ *s'esquinter* la santé 健康を損なう. ❸ 傷つく, 壊される.

esquisse /ɛskis/ 女 ❶ エスキス, 下絵, 粗描. ❷ 概略, 大要;(文学作品の)プラン, 構想. ▶ donner une *esquisse* de ses projets 計画の概要を示す. ❸ そぶり, 兆し. ▶ faire l'*esquisse* d'un sourire かすかにほほえむ. ◆une *esquisse* de + 無冠詞名詞 …らしきもの. ▶ une *esquisse* de solution 解決の糸口.

esquisser /ɛskise/ 他動 ❶ …の下絵を描(か)く. ▶ *esquisser* un portrait 肖像画のスケッチをする. ❷ …の概略を示す;〔文学作品〕のプランを立てる. ❸〔動作など〕をやりかける, かすかに示す. ▶ *esquisser* un mouvement de recul そっと後ずさりする.
— **s'esquisser** 代動 輪郭[兆し]が現れる. ▶ Une légère amélioration *s'esquisse*. わずかに改善の兆しが見えてきた.

esquive /ɛskiːv/ 女 (ボクシング, フェンシングなどで敵の攻撃から)身をかわすこと.

esquiver /ɛskive/ 他動 …をうまくかわす. ▶ *es-*

essai

quiver un coup de poing パンチをかわす / *esquiver* une difficulté 困難を回避する.
— **s'esquiver** 代動 こっそり逃げ出す.

***essai** /esɛ/ エセ/ 男 ❶ 試用;（性能などの)**試験**, テスト;実験. ▶ faire l'*essai* de qc …を試す / ballon d'*essai* 観測気球 / période d'*essai* 試用期間 / *essai* nucléaire 核実験 / tube à *essai* 試験管 / pilote d'*essai* テストパイロット.
❷ 試み. ▶ faire plusieurs *essais* de conciliation 何度か和解を試みる.
❸ エッセイ, 随筆;試論;試作. ▶ *Les Essais* 「随想録」(モンテーニュ) / Ce ne sont encore que de modestes *essais*. これらの作品はまだささやかな試作の域を出ていない.
❹《スポーツ》(1)（陸上競技の)試技. ▶ premier *essai* 第1試技. (2)（ラグビーの)トライ. ▶ marquer [réussir] un *essai* トライを決める.

à l'*essai* 試しに. ▶ engager [prendre] qn *à l'essai* …を試験的に雇う / prendre [utiliser] qc *à l'essai* …を試用してみる / mariage *à l'essai* 試験結婚.

coup d'*essai* 小手調べ. ▶ Ce n'est pas mal pour un premier *coup d'essai*. 最初の試みにしては悪くない.

essaim /esɛ̃/ 男 ❶（ミツバチの)分封(ホネハ)群. ❷ 文章 群衆, 群れ.

essaimage /esema:ʒ/ 男 ❶（ミツバチの)分封(ホネハ). ❷（集団による)移住;（企業などの)進出.

essaimer /eseme/ 自動 ❶（ミツバチが)分封する.
❷ 文章〔集団が〕移住する;〔会社が〕子会社〔支店〕を設ける. ▶ une entreprise qui *a essaimé* dans toute l'Europe ヨーロッパ中に子会社を配置した企業.

essarter /esarte/ 他動〔山林地など〕を（焼き畑）開墾する.

essayage /eseja:ʒ/ 男 試着;仮縫い. ▶ salon [cabine] d'*essayage* 試着室.

***essayer** /eseje エセイエ/ 12 他動

直説法現在	j'essa*ie*	nous essayons
tu essa*ies*	vous essayez
il essa*ie*	ils essa*ient*
複合過去	j'ai essayé	半過去	j'essayais
単純未来	j'essaierai	単純過去	j'essayai
*j'essaye 型の活用もある.

❶ …を**試す**, 試用する;テストする. ▶ *essayer* une robe ドレスを試着する / *essayer* un restaurant qui vient de s'ouvrir 開店早々のレストランに（試しに）行ってみる / *essayer* une voiture 自動車をテストする.
❷〈*essayer* de + 不定詞〉…しようと試みる, 努める;《目的語なしに》やってみる. ▶ Je vais *essayer* de persuader mon père. 父を説得してみます / *Essaie* d'arriver à l'heure. 時間通りに着くようにしなさい.

***Essaie* un peu.** やれるものならやってごらん（たいへんなことだと分かるよ).

essayer que + 接続法 話 …となるよう努める. ▶ J'*essaierai que* tout le monde vienne. 皆が来るようやってみましょう.

essayer si + 直説法 …かどうか試してみる. ▶ *Essaie si* ça marche. うまくいくかどうかやってごらん.

比較 …しようと試みる, 努める
essayer de, chercher à, s'efforcer de, tâcher de《やや改まった表現》, **tenter de**《最も改まった表現》で, それぞれ不定詞ととも に用いて, ほぼ同じ意味になる. 中では essayer de が最も意味が弱く「試しにやってみる」という程度, s'efforcer が最も意味が強く「懸命に…しようと努める」というニュアンスを持つ.

— **s'essayer** 代動〈s'essayer à [dans] qc〉…を試みる, で自分の力を試す. ▶ *s'essayer* à un travail difficile 困難な仕事にあえて取り組んでみる. ◆ *s'essayer* à + 不定詞 思い切って…してみる.

essayeur, euse /esejœ:r, ø:z/ 名 仮縫い係.

essayiste /esejist/ 名 随筆家, エッセイスト.

esse /ɛs/ 女 S字形の鉤(ホォ).

***essence** /esɑ̃:s エサーンス/ 女

英仏そっくり語
英 essence 本質, エッセンス.
仏 essence ガソリン, 本質, エッセンス.

❶ ガソリン. 注 ハイオクは super, レギュラーは *essence ordinaire* という. ▶ *essence* sans plomb 無鉛ガソリン / voiture en panne d'*essence* ガス欠の車 / poste d'*essence* ガソリンスタンド / faire le plein d'*essence* ガソリンを満タンにする. ❷ 本質;（思想などの)神髄, 核心. ▶ l'*essence* de l'homme 人間の本質. ❸ エッセンス, 精油;エキス. ▶ *essence* de vanille バニラエッセンス. ❹（樹木の)種類（=espèce).

par essence 本質的に, 本来的に.

***essentiel, le** /esɑ̃sjɛl エサンスィエル/ 形 ❶ 必要不可欠な. ▶ la pièce *essentielle* d'une machine 機械の不可欠な部品. ◆ *essentiel* à [pour] qc …に不可欠な. ▶ L'eau est *essentielle* à la vie. 生命に水は欠かせない.
❷ 極めて重要な, 肝心の. ▶ Voilà le point *essentiel* du procès. これがこの裁判の核心となる点です /《非人称構文で》Il est *essentiel* 「de + 不定詞 [que + 接続法]」…することが非常に重要である. 比較 ⇨ IMPORTANT. ❸ 文章 本質的な.

— ***essentiel** 男 ❶（l'essentiel）最も重要な点, 核心, 要点. ▶ C'est l'*essentiel*. それがもっとも大切なことだ / Tu n'as pas dit l'*essentiel* dans ton exposé. 君の報告にはいちばん大事なことが抜けている / L'*essentiel* est de ne pas rater ce train. 要はこの列車に乗り遅れないことだ.
❷ 必要不可欠のもの. ▶ Il n'a emporté que l'*essentiel* pour son voyage. 最低限必要な物だけ持って彼は旅に出た.
❸〈l'essentiel de qc〉…の大部分. ▶ passer l'*essentiel* de son temps devant la télévision ほとんどテレビを見て過ごす.

essentiellement /esɑ̃sjɛlmɑ̃/ 副 ❶ 主として;根本的には. ▶ La France est un pays *essentiellement* agricole. フランスはなんといっても農業国だ. ❷ どうしても, 絶対に. ▶ Je tiens *essentiellement* à sortir demain. 私はぜひとも明日外出したい. ❸ 本質的に, 本来.

esseulé, e /esœle/ 形 孤独な, ひとりぼっちの.
essieu /esjø/; 《複》 **x** 男 車軸.
Essonne /esɔn/ 固有 女 ❶ エソンヌ県[91]：パリ南方. ❷ エソンヌ川：セーヌ川支流.
essor /esɔːr/ 男 ❶ *essor* économique 経済の飛躍的発展 / industrie en plein *essor* 急成長産業.

laisser [*donner*] *l'essor à son imagination* 文章 想像をたくましくする.
prendre son essor (1) 飛躍を遂げる. (2)〔鳥が〕飛び立つ.

essorage /esɔraːʒ/ 男 (洗濯物などの)水気を取ること, 脱水.
essorer /esɔre/ 他動 …の水気を(絞り)取る. ▶ *essorer* du linge 洗濯物を脱水する[絞る].
essoreuse /esɔrøːz/ 女 脱水機, 水切り器. ▶ *essoreuse* à salade サラダの水切り器.
essoufflé, e /esufle/ 形 息切れした；青息吐息の. ▶ Il est *essoufflé* d'avoir couru. 彼は走ったので息が切れた.
essoufflement /esufləmɑ̃/ 男 息切れ.
s'essouffler /sesufle/ 代動 息切れする；四苦八苦する. ◆ *s'essouffler* facilement すぐ息が切れる. ◆ *s'essouffler* à + 不定詞 …するのに息切れする；苦労する. ▶ *s'essouffler* à suivre le progrès technologique 技術の進歩についていこうと四苦八苦する.
— **essouffler** /esufle/ 他動 …を息切れさせる.
essuie-glace /esɥiglas/; 《複》 〜-〜(**s**) 男 (自動車の)ワイパー.
essuie-main /esɥimɛ̃/; 《複》 〜-〜(**s**) 男 手ぬぐい, 手ふき.
essuie-meubles /esɥimœbl/ 男 家具用からぶき布.
essuie-pieds /esɥipje/ 男 靴ふきマット, 玄関マット, (靴の)泥落とし.
essuie-tout /esɥitu/ 男《単複同形》(キッチン用の)ペーパータオル.
essuie-verres /esɥivɛːr/ 男 ガラス器用布巾 (きん).
essuyage /esɥijaːʒ/ 男 ふくこと.
***essuyer** /esɥije/ エスュイエ 11 他動

直説法現在	j'essu*i*e	nous essuyons
	tu essu*i*es	vous essuyez
	il essu*i*e	ils essu*i*ent

❶ …をふく；〔水気など〕をふき取る. ▶ *essuyer* ses larmes 涙をふく / *essuyer* ses mains à [avec] une serviette タオルで手をふく / *essuyer* l'eau par terre こぼれた水をふき取る / *Essuie* tes pieds sur le tapis avant d'entrer. 入る前にマットで靴の泥を落としなさい.
❷〔被害など〕を被る. ▶ *essuyer* un échec (=subir) 失敗する / *essuyer* un refus 拒絶にあう / Il *a essuyé* des reproches de ses parents. 彼は両親から叱責(しっせき)を受けた.
— ***s'essuyer** 代動 ❶ 自分の体をふく. ▶ *s'essuyer* en sortant du bain 風呂から出て体をふく. ❷ 自分の…をふく. ▶ se は間接目的. ▶ *Essuie-toi* les mains. 手をふきなさい.

***est**[1] /ɛst/ エスト 男《単数形のみ》❶ 東, 東方, 東部. ▶ vent d'*est* 東風 / La Suisse est à l'*est* de la France. スイスはフランスの東にある. 語法 ⇨ NORD. ❷ (l'Est) (ある国の)東部；《特に》フランス東部；東欧諸国 (=les pays de l'*Est*). ▶ Mon père est de l'*Est*. 父は東部(アルザス, ロレーヌ)出身です / la gare de l'*Est* (パリの)東駅(東部行きの列車の発).
— 形《不変》東の. ▶ Ils habitent dans la banlieue *est* de Paris. 彼らはパリの東の郊外に住んでいる.
est[2] /ɛ/ 活用 ⇨ ÊTRE[1] Ⅱ.
establishment /establiʃmɛnt/ 男《英語》エスタブリッシュメント, 支配者層.
estacade /ɛstakad/ 女 ❶ (水路内の)柵(さく). ❷ 桟橋.
estafette /ɛstafɛt/ 女 (軍の)伝令.
estafilade /ɛstafilad/ 女 ❶ (顔などの)切り傷. ❷ (ストッキングなどの)伝線.
estaminet /ɛstaminɛ/ 男 地域 (北仏, ベルギーの)小さなカフェ, 居酒屋.
estampage /ɛstɑ̃paːʒ/ 男 ❶ 型押し, スタンピング；拓本取り. ❷ 話 ぼること, 詐欺.
estampe /ɛstɑ̃ːp/ 女 版画. ▶ *estampes* japonaises 浮世絵.
estamper /ɛstɑ̃pe/ 他動 ❶〔金属板, 革など〕に型押しする. ❷ 話 …から金を巻き上げる. ▶ se faire *estamper* dans un bar バーでぼられる.
estampeur, euse /ɛstɑ̃pœːr, øːz/ 名 ❶ 型押し工. ❷ 話 金をぼる者, ぺてん師.
estampillage /ɛstɑ̃pijaːʒ/ 男 証印[検印]を押すこと.
estampille /ɛstɑ̃pij/ 女 (品質証明などの)証印, 検印, スタンプ.
estampiller /ɛstɑ̃pije/ 他動 …に証印[検印]を押す.
***est-ce que** /ɛsk(ə)/ エスク (母音, 無音の h の前では est-ce qu' となる) 副《疑問》❶《平叙文の文頭に置き主語と動詞を倒置せずに疑問文を作る》▶ *Est-ce que* c'est cher? それは高いのですか. ❷ 話《疑問詞とともに》▶ Quand *est-ce qu*'on part? いつ出発しようか.
ester /ɛsteːr/ 男《化学》エステル.
esthète /ɛstɛt/ 名《多く軽蔑して》唯美[耽美(たんび)]主義者. — 形 唯美[耽美]主義の.
esthéticien, enne /ɛstetisjɛ̃, ɛn/ 名 ❶ 美容師, エステティシャン. ❷ 美学者；審美家. ❸ esthéticien industriel インダストリアルデザイナー.
esthétique /ɛstetik/ 形 ❶ 審美的な, 美的な. ▶ porter un jugement *esthétique* 美的判断を下す. / avoir le sens *esthétique* 美的センスがある. ❷ 美しい. ▶ gestes *esthétiques* 美しいしぐさ. ❸ 美容の, 美顔の. ▶ chirurgie *esthétique* 美容整形外科 / soins *esthétiques* 美容の手入れ.
— 女 ❶ 美学；審美観, 美意識. ▶ l'*esthétique* romantique ロマン派の審美観. ❷ 美. ▶ sacrifier l'utilité à l'*esthétique* 美のために実用性を犠牲にする. ❸ *esthétique* industrielle インダストリアル・デザイン. ❹ 美容術. ▶ salon d'*esthétique* エステティックサロン.
esthétiquement /ɛstetikmɑ̃/ 副 美的に見て,

esthétisme

美的観点からいうと；美しく．

esthétisme /estetism/ 男 ❶ 唯美主義．
❷《軽蔑して》耽美(たん)主義的態度．

estimable /estimabl/ 形 ❶ 敬意を払うべき，立派な．▶ un homme *estimable* par sa probité 誠実さで尊敬に値する人．❷ ある程度評価できる，まずまずの．▶ Cette thèse est *estimable* sans être remarquable. この論文は，特に優れているというわけではないが，あまり悪くない．

estimatif, ive /estimatif, iːv/ 形 見積もりの．▶ devis *estimatif* 見積もり書．

estimation /estimasjɔ̃/ 女 見積もり，評価，算定；予測．▶ Un expert a fait l'*estimation* de cette œuvre d'art. 専門家がこの美術品の価値を算定した / Le succès a dépassé toutes les *estimations*. 成功は予測を上回るものだった．

estime /estim/ 女 《好意的な》評価；敬意．▶ avoir une grande *estime* pour qn/qc …を高く評価する / C'est une personne digne de l'*estime* de tous. あれは皆の尊敬に値する人物だ．

à l'estime 見当で；推算で．▶ A l'*estime*, cela doit peser deux kilos. およその見当では2キロはある．

baisser [monter] dans l'estime de qn …からの評価が低くなる[高くなる]．▶ Son attitude l'a fait remonter dans mon *estime*. 彼(女)の態度で私は彼(女)を見直した．

succès d'estime (作品などが)批評家には褒められるが大衆受けしないこと，玄人受け．

tenir [avoir] qn en grande [haute] estime …を高く評価している．

***estimer** /estime/ エスティメ /他動 ❶ …を見積もる，推計する．▶ faire *estimer* ses bijoux par un expert 宝石を専門家に鑑定させる / *estimer* qc au-dessous [au-dessus] de sa valeur …をその価値以下[以上]に見積もる．◆*estimer* qc +〈数量表現〉…を…と見積もる．▶ Ce tableau est *estimé* à cent mille euros. その絵は10万ユーロ程度に評価されている．

❷ …を高く評価する；に敬意を払う．▶ C'est un homme que j'*estime* beaucoup. 彼は私が大いに買っている人物だ．

❸〈*estimer* qn/qc + 形容詞 ∥ *estimer* + 形容詞 + de +〔不定詞〕〉…と見なす．▶ *estimer* une mesure indispensable ある措置が必要不可欠だと考える / J'*estime* inutile d'en discuter avec lui. 彼とそのことを議論をしてもむだだと思います．比較 ▷ PENSER．

❹〈*estimer* +〔不定詞〕∥ *estimer* que +〔直説法〕〉…と考える，思う．注 主節が否定または疑問のときは以下は接続法．▶ Il *estime* avoir fait son devoir. 彼は義務を果たしたと思っている / La police *estime* que l'accident s'est passé vers une heure. 警察では事故は1時ごろ起きたとみている / *Estimez*-vous que ce soit utile? それは役に立つとお考えですか．

— **s'estimer** 代動 ❶ 自分が…だと考える．▶ *Estimons*-nous heureux d'avoir obtenu cela. それを手に入れたことで幸いとしよう．❷ 自分を(高く)評価する．❸ 互いに高く評価し合う．

estival, ale /estival/；(男複) **aux** /o/ 形 夏の．▶ vêtements *estivaux* 夏服 / station *estivale* 避暑地．

estivant, ante /estivã, ãːt/ 名 (夏の)滞在客，避暑客．

estoc /estɔk/ 男 (切っ先の鋭い)剣．
frapper d'estoc et de taille 文章 突いたり切ったりする．

estocade /estɔkad/ 女 ❶ (闘牛士による)とどめの一突き．❷ 不意打ち．
donner l'estocade à qn/qc …にとどめを刺す．

***estomac** /estɔma/ エストマ 男 ❶ 胃．▶ avoir mal à l'*estomac* 胃が痛む / avoir l'*estomac* vide [plein] 話 腹ぺこ[満腹]だ．
❷ 上腹部．▶ recevoir un coup au creux de l'*estomac* みぞおちに一発食らう．

à l'estomac 話 大胆に，厚かましく．
avoir de l'estomac 話 (1) 腹が出ている．(2) 厚かましい；肝っ玉が大きい．
avoir l'estomac dans les talons 話 空腹で．
ouvrir l'estomac 食欲をそそる．
manquer d'estomac 話 肝っ玉が小さい．
rester sur l'estomac (1) [食べ物が]胃にもたれる．(2) [嫌なことが]胸にわだかまっている．

estomaquer /estɔmake/ 他動 話《多く受動態で》…をあきれさせる，たまげさせる．▶ Je suis *estomaqué* par sa hardiesse. 彼(女)の大胆さにはあきれ返った．

estompage /estɔ̃paːʒ/ 男 (擦筆(さっ)による)ぼかし；ぼやけること．

estomper /estɔ̃pe/ 他動 ❶ 〔デッサンなどを〕擦筆(さっ)でぼかす．❷ …をぼかす，おぼろげにする．▶ La brume *estompait* le paysage. 霧で風景がかすんでいた．— **s'estomper** 代動 ぼやける，薄れる．

Estonie /estɔni/ 固有 女 エストニア：バルト海沿岸にある共和国．

estonien, enne /estɔnjɛ̃, ɛn/ 形 エストニア Estonie の．
— **Estonien, enne** 名 エストニア人．

estourbir /esturbiːr/ 他動 話 ❶ …を殴り倒す，殺す．❷ …をびっくり仰天させる．

estrade /estrad/ 女 壇，台，演壇．

estragon /estragɔ̃/ 男 〘植物〙エストラゴン：ヨモギ属の香草．香辛料となる．

estrapade /estrapad/ 女 つるし落としの刑．

estropié, e /estrɔpje/ 形，名 手足が不自由な(人)．

estropier /estrɔpje/ 他動 ❶《多く受動態で》…(の手足)を不具にする．❷ …の発音[つづり]を間違える，ゆがめる．▶ *estropier* un nom propre étranger 外国の固有名詞をでたらめに発音する[つづる]．— **s'estropier** 代動 ❶ 手足が不自由になる．❷ 間違って発音される[つづられる]．

estuaire /estɥɛːr/ 男 (潮が差す大きな川の)河口．

estudiantin, ine /estydjɑ̃tɛ̃, in/ 形 学生の(=étudiant)．

esturgeon /estyrʒɔ̃/ 男 〘魚類〙チョウザメ．

***et** /e エ/ (後続の語とリエゾンしない)

❶《列挙》…と…，そして．▶ Paul *et* Jeanne viendront. ポールとジャンヌが来るでしょう(注 否定は Ni Paul ni Jeanne ne viendront.)

/ Elle a voyagé en Italie, en Espagne *et* au Portugal. 彼女はイタリアとスペインとポルトガルを旅した(注 3つ以上の語を並列するときは最後にだけ et を置く) / Taisez-vous *et* écoutez. 黙ってお聞きなさい.
❷《時間の経過》それから, そして. ▶ J'ai payé *et* je suis parti. 私は金を払ってから立ち去った.
❸《結果》…だから. ▶ Il faisait beau *et* je suis sorti me promener. 天気がよかったので私は散歩に出かけた.
❹《対立》それなのに. ▶ Il vient d'arriver *et* il veut déjà repartir. 彼は来たばかりなのにもう帰りたがっている.
❺《命令, 仮定のあとで》そうすれば. ▶ Dépêche-toi, *et* tu auras ton train. 急ぎなさい, そうしたら電車に乗れるよ.
❻《数詞とともに》▶ soixante *et* onze 71 / une heure *et* demie 1時半 / Trois *et* quatre font sept. 3足す4は7.
❼《主題の転換》ところで. ▶ Vous aimez le jazz. *Et* le rock? ジャズがお好きですか. じゃあロックは.
❽《補足説明》しかも, それも. ▶ Il parle anglais, *et* couramment. 彼は英語を話す, しかもすらすらと.
❾《文頭で強い感情表現》まったく, いったい. ▶ *Et* vous voudriez que je me taise? それであなたは私を黙らせようというのですか / *Et* alors? だからどうだというのか / *Et* puis? それから.
❿《強意の反復》▶ Non *et* non! まったく違う[絶対嫌だ] / attendre des jours *et* des jours くる日もくる日も待つ. ◆ Il y a A *et* A. Aといってもいろいろある. ▶ Il y a vin *et* vin. ワインにもいろいろある.
⓫文章〈*Et* + 主語 + de + 不定詞〉▶ La maison se mit à trembler brusquement. *Et* les enfants de sauter du lit. 突然家が揺れ始める と, 子供たちは飛び起きた. 注 おもに物語において行為を列挙する場合に用い, 緊迫感を出す.

et/ou および, または. ▶ inviter le président *et/ou* le vice-président 会長と副会長, もしくはそのどちらかを招く.

ETA 囡《略語》Euskadi ta Askatasuna バスクの祖国と自由(スペインにおけるバスク人の急進的な民族主義運動組織).

étable /etabl/ 囡 家畜小屋;(特に)牛小屋.

établi, e /etabli/ 形 (établir の過去分詞)確立した, 定着した;既成の, 現行の. ▶ usage *établi* 定着した慣例 / le gouvernement *établi* 現政権.
◆《非人称構文で》Il est *établi* que + 直説法. …は確かである.
── **établi** 男 (指物師などの)作業台.

*établir /etabli:r エタブリール/ 他動

直説法現在	j'établis	nous établissons
	tu établis	vous établissez
	il établit	ils établissent
複合過去 j'ai établi		半過去 j'établissais
単純未来 j'établirai		単純過去 j'établis

❶ …を設置する, 据え付ける. ▶ *établir* une grande table au milieu du salon 客間の真ん中に大きなテーブルを据える / *établir* une usine 工場を設置する
❷ …を確立する, 樹立する, 打ち立てる. ▶ *établir* sa réputation 名声を確立する / *établir* l'ordre 秩序を確立する / *établir* un règlement 規則を制定する / *établir* des relations diplomatiques avec un pays ある国と外交関係を樹立する.
❸〈*établir* qc // *établir* que + 直説法〉…を立証する, 明らかにする. ▶ *établir* l'innocence d'un accusé 被告の無実を立証する / Il cherche à *établir* que ce Cézanne n'est pas authentique. 彼はこのセザンヌの絵が本物でないことを証明しようとしている.
❹〔リスト, 計画書など〕を作成する. ▶ *établir* la liste des candidats 候補者名簿を作成する.
❺ *établir* un texte 原文を校訂する.
❻ 古風/文章 …を職[地位]に就かせる.
── ***s'établir** 代動 ❶〈*s'établir* + 場所〉…に居[所在地]を定める. ▶ *s'établir* en province 地方に居を構える.
❷ 開業する, 身を立てる. ▶ *s'établir* à son compte 独立して店を持つ / *s'établir* (comme) horloger 時計職人として身を立てる.
❸ 成立する;生じる. ▶ Une grande amitié *s'est établie* entre nous 私たちの間に大いなる友情が築かれた / Cette coutume *s'est établie* au début du XXe siècle. この習慣は20世紀の初めに根付いた / Le bilan de l'accident *s'établit* à cent dix morts. 事故は最終的に死者110名と確定された /《非人称構文で》Il *s'est établi* entre les deux pays des contacts culturels. 両国間に文化の交流が生まれた.

*établissement /etablismɑ̃ エタブリスマン/ 男 ❶ 施設, 機関;事業所, 店舗. ▶ *établissement* commercial 商業施設 / *établissement* public 公共の施設 / *établissement* scolaire 教育機関. 注 書き言葉の中で日常的表現の言い換えとして用いられる(例: *établissement* industriel = usine 工場). 比較 ⇨ ÉCOLE.
❷ 確立, 設立, 制定. ▶ l'*établissement* d'une entreprise 会社の設立.
❸(会社への)就職, 定住;(経済的な)進出.
❹《文書などの》作成. ▶ l'*établissement* d'un devis 見積書の作成.
❺ 立証, 証明. ▶ l'*établissement* de l'alibi d'un accusé 被告のアリバイの立証.

*étage /eta:ʒ エタージュ/ 男 ❶ 階, 階数. 注 日本での1階は rez-de-chaussée といい, 階数に含まない. premier *étage* は日本の2階に当たる. ▶ «Vous habitez à quel *étage*?—J'habite au deuxième (*étage*).»「何階にお住まいですか」「3階です」/ un immeuble à [de] cinq *étages* 6階建ての建物 / maison sans *étage* 平屋.
❷ 層, 段. ▶ fusée à trois *étages* 3段式ロケット / Cherche dans l'armoire, à l'*étage* du haut. たんすの上段を探してごらん.
❸〔地質〕階. 注 年代区分の期 âge に対応する.

de bas étage (1) 低級な, 下品な. (2) 下層階級の.

étagement

日本		フランス
5階		4ᵉ étage
4階		3ᵉ étage
3階		2ᵉ étage
2階		1ᵉʳ étage
1階		rez-de-chaussée
地階		sous-sol

étage 階

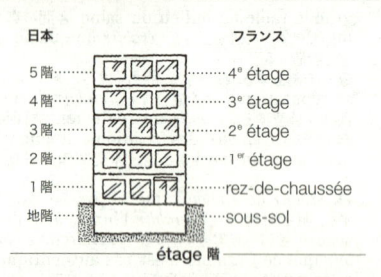

étagement /etaʒmɑ̃/ 男 段状(になっていること).

étager /etaʒe/ ② 他動 …を段状に並べる[重ねる]; に段階をつける. ▶ maisons *étagées* sur une pente 斜面に並ぶ家々 / *étager* les prix 値段を段階的につける.
— **s'étager** 代動 ❶ 段状に並ぶ. ❷ ＜*s'étager* sur + 期間＞(ある年月にわたり)段階的に行われる.

étagère /etaʒɛːr/ 女 棚, 棚板; 飾り棚. ▶ des *étagères* couverts de livres 本で一杯の棚.

étai¹ /ete/ 男【海事】(マストの)支索.
étai² /ete/ 男【建築】(仮設の)支柱.
étaiement /etemɑ̃/ 男 ⇨ ÉTAYAGE.
étaient /etɛ/ 活用 ⇨ ÊTRE¹ Ⅲ
étain /etɛ̃/ 男 ❶ 錫(すず). ▶ papier d'*étain* 錫箔(はく)の包み紙, 銀紙. ❷ 錫製品, 錫器.
étais, était /etɛ/ 活用 ⇨ ÊTRE¹ Ⅲ
ét*al* /etal/; (複) **als** (ときに **aux** /o/) 男 ❶ (市場の)物売り台, 陳列台. ❷ (肉屋の)肉切り台.

étalage /etalaʒ/ 男 ❶ (商品の)陳列, ディスプレー; ショーウインドー; 〔複数で〕陳列品. ▶ refaire son *étalage* ショーウィンドーを変える / objets à l'*étalage* ショーウインドーの商品. ❷ ひけらかし, 見せびらかし. ▶ faire un grand *étalage* de ses connaissances これ見よがしに知識をひけらかす.

étalagiste /etalaʒist/ 名 (ショーウインドーの)ディスプレーアーチスト.

étale /etal/ 形 〔潮, 河川が〕動きの止まった, 静止した. ▶ mer *étale* 静止状態の海, 停潮.

étalement /etalmɑ̃/ 男 ❶ (一定期間に支払い, 計画, 休暇などを)振り分けること. ▶ *étalement* des horaires 時差出勤 / *étalement* des vacances バカンスの時期をずらす. ❷ 広げること.

étaler /etale/ 他動 ❶ …を並べて見せる; 〔商品を〕陳列する. ▶ *étaler* des photos sur la table テーブルの上に写真を並べる / *étaler* 「son jeu [ses cartes]」(トランプで)手を明かす.
❷ …を広げる. ▶ *étaler* un draps sur l'herbe 草の上にシートを広げる / *étaler* un journal 新聞を広げる.
❸ …を薄く伸ばす, 塗る. ▶ *étaler* du beurre sur du pain パンにバターを塗る.
❹ …をひけらかす. ▶ *étaler* ses richesses devant tout le monde 皆の前で富をひけらかす.
❺ ＜*étaler* qc (sur + 期間)＞(ある期間内で)〔支払い, 計画, 休暇など〕を割り振る, 振り分ける. ▶ *étaler* le paiement sur douze mois 12か月の分割払いにする / *étaler* des vacances (短期間に集中しないように)バカンスの時期をずらす.
❻ …をさらけ出す, 暴く. ▶ *étaler* ses projets 計画を明かす.
— **s'étaler** 代動 ❶ 広がる; 〔塗料などが〕のびる. ▶ Le vin renversé *s'est étalé* sur la table. こぼれたワインはテーブルの上に広がった.
❷ 話〔人が〕倒れる; (ソファなどに)寝そべる. ▶ Il *s'est étalé* de tout son long sur le trottoir. 彼は歩道に長々と倒れた.
❸ ＜*s'étaler* sur + 期間＞〔支払い, 計画, 休暇などが〕(ある期間内に)割り振られる, わたる. ▶ Les paiements *s'étalent* sur trois mois. 支払いは3か月の分割払いだ.
❹ 誇示される, これ見よがしに示される. ▶ scandale qui *s'étale* en gros titre でかでかと大見出しで書かれたスキャンダル.

étalon¹ /etalɔ̃/ 男 種馬.
étalon² /etalɔ̃/ 男 ❶【計量】原器, 標準器. ▶ mètre *étalon* メートル原器. ❷【経済】(通貨の)本位 (=*étalon* monétaire). ▶ système d'*étalon*-or 金本位制. ❸ 文章 規準, 規範.

étalonnage /etalɔnaʒ/ 男, **étalonnement** /etalɔnmɑ̃/ 男【計量】校正: 標準器を用いて計測器の値と真の値の関係を求めること.

étalonner /etalɔne/ 他動 ❶ (標準器に合わせて)〔計測器具〕を校正する; に目盛りをつける.
❷【心理】*étalonner* un test テストを標準化する: 標準集団に実施してそのテストに数値をつける.

étamage /etamaʒ/ 男 ❶ 錫(すず)引き, 錫めっき(作業). ❷ 〔ガラス〕銀引き.

étamer /etame/ 他動 ❶ …を錫(すず)引きする, に錫めっきする. ❷ 〔鏡の裏側に〕錫と水銀のアマルガムを塗る, 銀引きする.

étamine¹ /etamin/ 女 ❶ エタミーン: 地合いの透ける薄い綿織物. 多くカーテン用. ❷ 漉(こ)し布.
étamine² /etamin/ 女 雄しべ.

étanche /etɑ̃ːʃ/ 形 (液体, 気体の)漏れない, 防水の; 気密の. ▶ montre *étanche* 防水時計.
cloison étanche 隔絶. ▶ *cloison étanche* entre des classes sociales 社会階層間の断絶.

étanchéité /etɑ̃ʃeite/ 女 防水性; 気密性.
étanchement /etɑ̃ʃmɑ̃/ 男 文章 (液体の)流出を止めること; (渇きを)いやすこと.

étancher /etɑ̃ʃe/ 他動 ❶〔液体の〕流れを止める. ▶ *étancher* le sang 止血する. ❷ 文章 *étancher* sa soif 渇きをいやす.

étançon /etɑ̃sɔ̃/ 男 支柱, つっかい棒.
étançonner /etɑ̃sɔne/ 他動 …を支柱で支える; 〔壁など〕を控え柱で支える.

étang /etɑ̃/ 男 池, 湖沼.
étant /etɑ̃/ 活用 être¹ Ⅲ の現在分詞.
étant donné /etɑ̃done/ 前句 ＜*étant donné* qc // *étant donné* que + 直説法＞…から考えて, …なので.

***étape** /etap/ エタップ 女 ❶ 1日の行程, 旅程; (ラリーの)区間, ステージ. ▶ parcourir une longue *étape* 長い行程をこなす / les *étapes* du Tour de France ツール・ド・フランスのステージ / remporter une *étape* (ツール・ド・フランスの)あるステージで勝者になる.

❷(旅行中の)宿泊(地), 休憩(地). ▶ faire *étape* à Londres ロンドンに泊まる.
❸ 段階, 期. ▶ faire une réforme en plusieurs *étapes* 何期かに分けて改革を実施する / Cette invention marque une *étape* dans l'histoire. この発明は歴史の一時代を画するものである.

brûler les étapes 一足飛びに進む.
par étapes (1) 行程を区切って. ▶ voyager à vélo *par étapes* de soixante kilomètres 自転車で1日60キロずつ旅行する. (2) 少しずつ, 段階的に.

***état** /eta エタ/ 男 **1** 状態. ❶ 状態, 状況. ▶ *état* de santé 健康状態 / *état* d'esprit 精神状態 / L'*état* général du malade est précaire. 病人の全般的容態は予断を許さない / L'*état* de ses finances ne lui permet pas une telle dépense. 彼(女)の懐具合ではそんな出費は無理だ.
❷〈*état*(+ 形容詞)〉〈*état* (de + 無冠詞名詞)〉〈…である〉状態, 段階. ▶ *état* solide [liquide, gazeux] 固体[液体, 気体]状態 / *état* d'alerte 〔軍事〕警戒事態 / *état* de siège 戒厳令 / projet à l'*état* d'esquisse 概略段階の計画. ◆en *état* + 形容詞 [de + 無冠詞名詞] ▶ voiture d'occasion en bon [mauvais] *état* 状態のいい[悪い]中古車 / conduire en *état* d'ivresse 酔っ払い運転する. ◆dans + 冠詞 + *état* + 形容詞 [de + 無冠詞名詞] ▶ Le blessé est dans un *état* grave. けが人は深刻な状態にある / Il est dans un *état* d'énervement extrême. 彼は極度に興奮している / dans l'*état* actuel de qc …の現状[現段階]では.
❸ (状況の)報告書, 一覧表. ▶ faire [dresser] un *état* de qc …の報告書[リスト]を作成する / *état* des dépenses 支出明細書 / *état* des lieux (賃貸物件の)現状一覧表 / *états* de service (軍人, 公務員の)職歴表.

2 身分, 職業. ❶ 身分, 法的地位. ▶ l'*état* d'époux 法的に配偶者であること.
❷ 古風 文章 職業. ▶ l'*état* militaire [ecclésiastique] 軍職[聖職]. ◆de son *état* ▶ Elle est infirmière de son *état*. 彼女の職業は看護婦である.
❸〔歴史〕身分(聖職者, 貴族, 第三身分の3種);(複数で)身分制議会. ▶ le tiers *état* 第三身分, 平民(農工商の階級) / les *États* généraux [provinciaux] 全国[地方]三部会.

3 (*État*) ❶ 国家; 政府. ▶ *État* totalitaire [démocratique] 全体主義[民主主義]国家 / les conflits entre l'*État* et les collectivités locales 国(中央政府)と地方公共団体の摩擦. ◆d'*État* 国家の. ▶ chef d'*État* 国家元首(注 特定の国の場合 le chef de l'*État*) / homme d'*État* (閣僚級の)政治家 / secret d'*État* 国家機密. 比較 ⇨ PAYS. ❷(米国の)州. ▶ l'*État* de Texas テキサス州 / les *États*-Unis (d'Amérique) アメリカ合衆国.

affaire d'État (1) 国事, 国務. (2) 重大問題. ▶ N'en faites pas une *affaire d'État*. それを一大事のようにいうのはやめてください.
***coup d'État** クーデター.

dans un bel état 《反語的に》無残な状態で. ▶ Les manifestants sont revenus *dans un bel état*. デモ参加者は満身創痍(まんしんそうい)になって戻ってきた.
en état 良好[正常]な状態で[の]. ▶ appareil photo *en état* カメラちゃんと使えるカメラ. ◆**en état de** + 不定詞 …できる状態の. ▶ Il est très affaibli; il n'est pas *en état de* voyager. 彼はひどく体が弱っていてとても旅行できる状態ではない.
en l'état そのままの状態で. ▶ acheter une vieille maison *en l'état* 古家を現状のまま買う.
en tout état de cause いずれにせよ. ▶ *En tout état de cause*, il ne faut jamais signer un contrat sans l'avoir lu avec attention. どんな場合でも, 契約書を熟読せずに署名してはいけない.
état civil (戸籍のような)法的身分;(役所の)住民課. ▶ inscrire un nouveau-né à l'*état civil* 新生児を住民登録する / les registres de l'*état civil* 身分登録簿 / acte de l'*état civil* 身分証書(出生証書, 婚姻証書, 死亡証書など).
état d'âme (1)(単数で)気分, 心理状態. (2)《複数で》心の迷い, 不決断. ▶ Dans une réunion aussi importante que celle-ci, je ne peux pas tenir compte des *états d'âme* de chacun. こういう大事な会議で一人一人の個人的感情まで考慮してはいられない.
état de choses 事態. ▶ Cet *état de choses* ne peut pas durer. このような事態がいつまでも続くはずはない / dans cet *état de choses* 現状では.
être dans tous ses états ひどく動揺[興奮]している.
***faire état de qc/qn** …を引き合いに出す, よりどころとする;報告する;考慮に入れる. ▶ *faire état* d'une preuve pour se justifier 身の潔白[自説の正しさ]を訴えるためにある証拠を引き合いに出す / Le dernier bilan *fait état* de cinq morts et de vingt blessés. 今までの集計によると死者5人, 負傷者20人という状況である.
hors d'état 不良[故障]状態の (↔en *état*). ▶ Cet appareil photo est *hors d'état*. このカメラは壊れている. ◆**hors d'état de** + 不定詞 …できない状態の. ▶ bateau *hors d'état de* naviguer 航行不能な船.
mettre qn dans tous ses états …をひどく動揺[興奮]させる.
raison d'État (1) 国是:国益を行動原理とする近代国家の準則. (2)(不当行為の口実としての)国益優先.

étatique /etatik/ 形 国家の, 国家管理の.
étatisation /etatizasjɔ̃/ 女 国家管理;国有化, 国営化. 注 nationalisation よりも国家管理が直接的になる.
étatiser /etatize/ 他動 …を国有化する;国家管理下に置く.
étatisme /etatism/ 男 (経済・社会面で国家の積極介入を説く)国家管理主義;国家社会主義.
étatiste /etatist/ 形 国家管理主義の;国家社会主義の. — 名 国家管理[国家社会]主義者.
état-major /etamaʒɔr/; (複)~**s**-~**s** 男 ❶ 参謀部;参謀, 幕僚. ▶ *état-major* général 参

Etat-providence

謀本部. ❷〔会社や党の〕首脳部, 幹部.

Etat-providence /etapɔvidɑ̃ːs/;《複》**~s-~s** 男 福祉国家. ▶ politique d'*Etat-providence* 福祉国家政策.

***Etats-Unis** /etazyni エタズュニ/ 固有 男複 アメリカ合衆国: 首都 Washington, D.C. ▶ aux *Etats-Unis* 合衆国に[で, へ].

étau /eto/;《複》万力(§ﾘｷ).
pris dans un étau = serré (comme) dans un étau 強く締めつけられた;がんじがらめにされた.

étayage /etɛjaːʒ/ 男〔構造物への〕支柱の取り付け;(支柱による)補強.

étayer /eteje/ 12 他動 ❶〔壁など〕を支柱で支える. ❷ *⟨étayer qc (sur qc)⟩*〔…で〕〔理論など〕を支える, 強固にする. ▶ Cette thèse *est étayée* sur des recherches récentes. この論文は最近の研究に裏打ちされている.
— **s'étayer** 代動 ❶ *⟨s'étayer sur qc⟩*…に支えられる, 基づく. ❷ 支え合う.

etc. /ɛtsetera/《略語》⇨ ET CETERA.

et cetera /ɛtsetera/, **et cætera** 副句 など, 等々(略 etc.).

‡**été**[1] /ete エテ/ 男 夏. ▶ passer l'*été* à la campagne 夏を田舎で過ごす / En *été* [L'*été*], les jours sont plus longs. 夏(に)は日が長い / Cet *été* je vais en Chine. 今年の夏(に)私は中国に行く / tenue d'*été* 夏服 / heure d'*été* 夏時間, サマータイム(3月最終日曜日から9月最終日曜日まで時計を1時間早めて実施) / *été* caniculaire 猛暑の夏 / *été* pourri 雨の多い夏.
été de la Saint-Martin (11月11日の聖マルタン祭のころの)小春日和.

été[2] /ete/ 活用 être[1] の過去分詞.

éteign- 活用 ⇨ ÉTEINDRE 80.

éteignoir /etɛɲwaːr/ 男 ❶(円錐(ﾋﾟ)形の)ろうそく消し. ❷ 話 興ざめなもの[人].

***éteindre** /etɛ̃ːdr エタンドル/ 80 他動

過去分詞 éteint		現在分詞 éteignant
直説法現在	j'éteins	nous éteignons
	tu éteins	vous éteignez
	il éteint	ils éteignent
複合過去	j'ai éteint	半過去 j'éteignais
単純未来	j'éteindrai	単純過去 j'éteignis

❶〔火, 電気器具など〕を消す(↔allumer). ▶ *éteindre* le feu 火を消す / *éteindre* le chauffage 暖房を消す / *éteindre* la télé テレビを消す. ❷ …の明かりを消す. ▶ *éteindre* le salon 客間の明かりを消す /〔目的語なしに〕N'oubliez pas d'*éteindre* avant de partir. 帰る前に忘れずに電気を消してください. ❸〔感覚, 記憶など〕を弱める, 失わせる;〔色, 音など〕を消す. ▶ Cet échec *a éteint* son ardeur. その失敗で彼(女)の熱意も消え失せた / Le soleil *a éteint* les couleurs du tapis. 日光で絨毯(ﾋﾞｭｳ)の色があせた. ❹〔権利, 負債など〕を消滅させる.
— **s'éteindre** 代動 ❶〔火, 電気器具など〕消える. ▶ La fenêtre *s'est éteinte*. 窓辺の明かりが消えた. ❷〔感情, 記憶などが〕薄らぐ;〔色, 音などが〕失われる. ▶ Leur amitié *s'éteint* peu à peu. 彼らの友情は次第に薄らいでいく. ❸ 文章 息を引き取る;〔家系などが〕途絶える.

éteins, éteint /etɛ̃/ 活用 ⇨ ÉTEINDRE 80.

***éteint, einte** /etɛ̃, ɛ̃ːt/ 形 (éteindre の過去分詞) ❶〔火などが〕消えた. ▶ volcan *éteint* 死火山 / rouler tous phares *éteints* 車のライトを全部消して走る / La cigarette est *éteinte*. たばこは消えている. ❷ 生彩のない;弱まった. ▶ couleur *éteinte* あせた[くすんだ]色 / homme *éteint* 活力を失った男 / parler d'une voix *éteinte* 弱々しい声で話す. ❸〔種族などが〕絶滅した.

étend /etɑ̃/ 活用 ⇨ ÉTENDRE 58.

étendage /etɑ̃daːʒ/ 男 (洗濯物などを干すために)広げること.

étendard /etɑ̃daːr/ 男 ❶ 軍旗;(昔の)騎兵連隊旗. ❷ 文章 旗印, 旗. ▶ lever l'*étendard* de la révolte 反旗を翻す.

étendi- 活用 ⇨ étendre 58.

étendoir /etɑ̃dwaːr/ 男 物干し用具.

***étendre** /etɑ̃ːdr エタンドル/ 58 他動

過去分詞 étendu		現在分詞 étendant
直説法現在	j'étends	nous étendons
	tu étends	vous étendez
	il étend	ils étendent
複合過去	j'ai étendu	半過去 j'étendais
単純未来	j'étendrai	単純過去 j'étendis

❶〔畳んだ物〕を広げる;〔手足など〕を伸ばす. ▶ *étendre* du linge 洗濯物を広げる / *étendre* ses bras 腕を伸ばす / *étendre* les ailes 翼を広げる. ❷ …の(範囲)を拡大する. ▶ *étendre* ses connaissances en histoire 歴史の知識を広げる / *étendre* ses relations 交際範囲を広げる. ❸ …を寝かせる, 横たえる. ▶ *étendre* un blessé sur une civière けが人を担架に横たえる. ❹ …を薄くのばす, 塗る;(水などで)薄める. ▶ *étendre* du beurre sur du pain パンにバターを塗る / *étendre* une sauce d'eau ソースを水で延ばす. ❺ 話 …を(殴り)倒す;殺す. ❻ 話 …を(試験に)落第させる. ▶ se faire *étendre* au bac バカロレアに落ちる
— ***s'étendre** 代動 ❶ 横たわる, 寝そべる. ▶ *s'étendre sur* un lit ベッドの上に横になる. ❷ *⟨s'étendre (à [jusqu'à, sur]) qc⟩*〔…で〕広がる, のびる, 及ぶ. ▶ La forêt *s'étend* depuis le village jusqu'à la rivière. 村から川まで ずっと森は広がっている / La grippe *s'est étendue* peu à peu sur toute la ville. インフルエンザは町中に蔓延(ﾏﾝﾃﾞ)した. ❸ *⟨s'étendre (sur qc)⟩*〔…について〕長々と述べる. ▶ *s'étendre* sur un sujet あるテーマについて長々と述べる / Ne *nous étendons* pas là-dessus. その点に長々とこだわるのはやめよう.

étendu, e /etɑ̃dy/ 形 (étendre の過去分詞) ❶ 広い;広範な. ▶ plaine *étendue* 広大な平野 / avoir des connaissances *étendues* 博識である. ❷ 広げた, 伸ばした;横たわった. ▶ se repo-

ser les jambes *étendues* 足を伸ばして休む / On l'a trouvé *étendu* par terre dans sa chambre. 彼は寝室で倒れているところを発見された.
❸ 薄めた. ▶ Le citron pressé se boit *étendu* d'eau. レモン生ジュースは水で薄めて飲む.

étendue /etɑ̃dy/ エタンデュ/ 囡 ❶ 広がり, 広さ; 面積. ▶ un pays d'une grande *étendue* 広大な面積を持つ国.
❷ 大きさ, 範囲. ▶ mesurer l'*étendue* d'un désastre 災害の規模を割り出す / L'*étendue* de ses connaissances m'a surpris. 彼(女)の知識の広さには驚いた.
❸ (時間的)長さ, 期間. ▶ pendant toute l'*étendue* de sa vie 彼(女)の全生涯を通じて.
❹ 声域, 音域.
dans toute son étendue 全体にわたって.

éternel, le /etɛrnɛl/ エテルネル/ 形 ❶ 永遠の, 永久の. ▶ amour *éternel* 永遠の愛 / neiges *éternelles* 万年雪 / le repos *éternel* 文章 永遠の眠り, 死 / Je te garderai une reconnaissance *éternelle*. 一生恩に着るよ.
❷《名詞の前で》果てしない, きりのない. ▶ se perdre dans d'*éternelles* discussions いつ果てるともない議論に熱中する / C'est un *éternel* mécontent. 不満が絶えないやつだ.
❸《名詞の前で》《多く所有形容詞とともに》いつもの, お決まりの. ▶ Le voilà avec son *éternel* parapluie. ほら, いつもの傘を持って彼がやって来た.
— **Eternel** 男 (l'Eternel) 永遠なる者, 神.

éternellement /etɛrnɛlmɑ̃/ 副 ❶ いつまでも; 絶え間なく. ❷ 永遠に.

éterniser /etɛrnize/ 他動 ❶ …を長引かせる. ▶ *éterniser* la discussion 議論を長引かせる.
❷ 文章 …を不朽のものとする. ▶ Cette découverte *éternisera* son nom. この発見で彼(女)の名は不朽のものとなるだろう.
— **s'éterniser** 代動 ❶ 長引く. ▶ La crise économique *s'éternise*. 経済危機が長引く. ❷ 話 長くとどまる, 長居する. ▶ Ne *nous éternisons* pas sur cette question. この問題にこだわるのはやめよう.

éternité /etɛrnite/ 囡 ❶ 永遠; 不滅. ❷ 長い時間. ▶ Je vous attends depuis une *éternité*. ずっと前からお待ちしていました.
de toute éternité はるか昔から.

éternuement /etɛrnymɑ̃/ 男 くしゃみ.

éternuer /etɛrnɥe/ 自動 くしゃみをする. 注 「ハクション」は Atchoum! またくしゃみをした人には A vos souhaits! (お望みがかなえられますように) という.

êtes /ɛt/ 活用 ⇒ ÊTRE¹ Ⅱ

étêter /etete/ 他動〔木〕の先端を刈り込む;〔釘(くぎ), 魚〕の頭を落とす.

éther /etɛːr/ 男 ❶〔化学〕エーテル. ❷ (古代人が想像した)天空の精気; 詩語 天空.

éthéré, e /etere/ 形 ❶ エーテル性の. ❷ 文章 空気のような, 捕らえどころのない;この世のものならぬ, 至純な.

éthéromane /eterɔman/ 形 エーテル中毒の.
— 名 エーテル中毒者.

éthéromanie /eterɔmani/ 囡 エーテル中毒.

ethicien, enne /etisjɛ̃, ɛn/ 名 倫理問題専門家.

Ethiopie /etjɔpi/ 固有 囡 エチオピア:首都 Addis-Abeba. ▶ en *Ethiopie* エチオピアに[で, へ].

éthiopien, enne /etjɔpjɛ̃, ɛn/ 形 エチオピア Ethiopie の.
— **Ethiopien, enne** 名 エチオピア人.

éthique /etik/ 囡 倫理;倫理学. ▶ *éthique* médicale 医学倫理. 形 倫理(学)の, 倫理的な. ▶ fonds *éthique* 倫理的ファンド.

ethnie /ɛtni/ 囡 民族:言語, 文化を共有する人々の集団で, 人種 race とは異なる概念.

ethnique /ɛtnik/ 形 民族の. ▶ discrimination *ethnique* 民族差別 / nettoyage [purification] *ethnique* 民族浄化.

ethno- 語素「民族」の意.

ethnocentrique /ɛtnɔsɑ̃trik/ 形 自民族中心主義の, エスノセントリズムの.

ethnocentrisme /ɛtnɔsɑ̃trism/ 男 自民族中心主義, エスノセントリズム.

ethnocide /ɛtnɔsid/ 男 (弱小民族に対してなされる)文化的破壊;民族の抹殺.

ethnographe /ɛtnɔgraf/ 名 民族誌学者.

ethnographie /ɛtnɔgrafi/ 囡 民族誌学.

ethnographique /ɛtnɔgrafik/ 形 民族誌(学)の.

ethnolinguistique /ɛtnɔlɛ̃gɥistik/ 囡, 形 民族言語学(の).

ethnologie /ɛtnɔlɔʒi/ 囡 民族学.

ethnologique /ɛtnɔlɔʒik/ 形 民族学の.

ethnologue /ɛtnɔlɔg/ 名 民族学者.

éthologie /etɔlɔʒi/ 囡 動物行動学, エソロジー.

éthologique /etɔlɔʒik/ 形 動物行動学の.

éthologiste /etɔlɔʒist/ 名 動物行動学者.

éthylique /etilik/ 形〔精神医学〕アルコール中毒の (=alcoolique).
— 名 アルコール中毒患者.

éthylisme /etilism/ 男〔精神医学〕アルコール中毒 (=alcoolisme).

étiage /etjaːʒ/ 男 (河川の)最低水位;渇水.

étiez /etje/ 活用 ⇒ ÊTRE¹ Ⅱ

étincelant, ante /etɛ̃slɑ̃, ɑ̃ːt/ 形 きらめく, 輝く. ▶ cristallerie *étincelante* きらきら光るクリスタルガラス / esprit *étincelant* 輝く才気.

étinceler /etɛ̃sle/ 4 自動 輝く, きらめく. ▶ La mer *étincelle* au clair de lune. 海は月の光にきらめいている / les regards qui *étincellent* d'ardeur 情熱に燃える眼差(まなざ)し. 比較 ⇒ BRILLER.

étincelle /etɛ̃sɛl/ 囡 ❶ 火花, 火の粉. ▶ *étincelle* électrique スパーク.
❷ 輝き, きらめき. ▶ regard qui jette des *étincelles* きらきらした眼差(まなざ)し.
❸ ⟨une *étincelle* de qc⟩ (知性など)のひらめき. ▶ une *étincelle* de génie 才能のひらめき.
faire des étincelles 話 (1)〔人が〕聡明(そうめい)である, 輝かしい活躍をする. (2)〔物事が〕世間を騒がせる.

étincellement /etɛ̃sɛlmɑ̃/ 男 輝き, きらめき.

étiolement /etjɔlmɑ̃/ 男 ❶ (日照不足による植物の)黄化, 白化;軟白栽培.
❷ (日光・外気不足で人が)青白くなること, 虚弱化.

s'étioler

❸〔知力などの〕衰え.

s'étioler /setjɔle/ 代動 ❶（日照不足により）〔植物が〕弱る; 黄化する. ❷〔人が〕青白くなる, 虚弱になる. ❸〔知力などが〕衰える.

— **étioler** /etjɔle/ 他動 ❶（日光を遮り）〔植物〕を白くする, 軟白する. ❷ …を虚弱にする, 青白くする.

étions /etjɔ̃/ 活用 ⇨ ÊTRE¹〔Ⅱ〕

étique /etik/ 形 文章 やせ細った; 貧弱な.

étiquetage /etikta:ʒ/ 男 ❶ ラベル［札］つけ. ❷（人, 作品などに）レッテルを張ること.

étiqueter /etikte/ 4 他動 ❶ …にラベル［札］をつける. ▶ *étiqueter* des marchandises 商品に値札［ラベル］をつける.
❷〔人, 作品など〕にレッテルを張る, を色分けする. ▶ On l'*étiquette* comme anarchiste. 彼(女)はアナーキストのレッテルを張られている.

étiquet*eur, euse* /etikœ:r, ø:z/ 名 ラベル［札］つけ作業員.
— **étiqueteuse** 女 ラベル張り機.

étiquette /etiket/ 女

> 英仏そっくり語
> 英 etiquette エチケット.
> 仏 étiquette ラベル, レッテル.

❶ ラベル; 札, 値札, 荷札 ▶ Le prix est sur l'*étiquette*. 値段は値札に書いてあります | mettre [attacher] une *étiquette* sur un sac 袋にラベルを貼る. ❷（人, 作品などに張る）レッテル;（思想的, 政治的な）色分け. ▶ refuser de se laisser mettre une *étiquette* レッテルを張られるのを拒む | *étiquette* politique 政治党派 | se présenter aux élections sous l'*étiquette* socialiste 社会党から選挙に出馬する | candidat sans *étiquette* (politique) 無所属の候補. ❸（宮廷や公式の場での）礼儀作法. ▶ respecter [manquer à] l'*étiquette* 礼儀作法を守る［欠く］.

étirage /etira:ʒ/ 男（金属, ガラス, 繊維などの）引き伸ばし, 延伸, 引き抜き加工.

étirement /etirmɑ̃/ 男 ❶ 伸びること. ❷ 手足を伸ばすこと.

étirer /etire/ 他動 ❶〔金属, 革, ガラス, 繊維など〕を引き伸ばす. ❷〔手足〕を伸ばす.
— **s'étirer** 代動 ❶〔金属, 革, ガラス, 繊維などが〕伸びる. ❷ 伸びをする. ▶ *s'étirer* en bâillant あくびをしながら背伸びをする.

étoffe /etɔf/ 女 ❶ 生地, 布地, 織物. ▶ une pièce d'*étoffe* 布1枚 | *étoffe* de coton 木綿の生地. 比較 ⇨ TISSU.
❷ 素材, 題材, 内容. ▶ Ce roman manque d'*étoffe*. この小説には内容がない.
❸ 素質, 才能; 性質. ▶ avoir de l'*étoffe* 立派な素質を持っている.
avoir l'étoffe de qn/qc …の素質［能力］がある. ▶ Il n'*a* pas l'*étoffe* d'un homme d'Etat. 彼は政治家の器ではない.

étoffé, e /etɔfe/ 形 内容の豊かな, 充実した. ▶ discours *étoffé* 中身の濃いスピーチ | voix *étoffée* 声量豊かな声.

étoffer /etɔfe/ 他動 ❶ …を布地をたっぷり使って作る. ❷〔作品, 話題など〕に豊かな内容を盛り込む, を充実させる. ▶ *étoffer* un personnage 登場人物に血を通わせる.
— **s'étoffer** 代動 ❶ 肉付けされる, 内容が充実する. ❷ 体格がよくなる; 貫禄(かんろく)がつく.

étoile /etwal/ エトワル 女 ❶ 星. ▶ On voit les *étoiles* dans le ciel. 空に星が見える | l'*étoile* du soir 宵の明星 | l'*étoile* du matin 明けの明星 | *étoile* de première grandeur 1等星 | *étoile* filante 流星 (= météorite) | l'*étoile* polaire 北極星.
❷ 運勢の星, 運命. ▶ avoir confiance en [dans] son *étoile* 自分の運命を信じる | être né sous une bonne [mauvaise] *étoile* 幸運［不運］な星の下に生まれる | Son *étoile* a pâli. 彼[女]の運勢にかげりが見える.
❸ スター, 花形;《バレエ》エトワール. ▶ *étoile* du cinéma 映画スター | danseur [danseuse] *étoile*（特にパリ・オペラ座の）花形ダンサー（単に *étoile* とも言う）| *étoile* montante du tennis mondial 世界テニス界の新星.
❹ 星形, 星状のもの. ▶ *étoile* de David ダビデの星(✡)（ユダヤ教のシンボル）| *étoile* jaune 黄色い星（ナチスがユダヤ人を識別するためにつけさせた）.
❺（ガラスなどの）放射状のひび割れ. ▶ Un caillou a fait une *étoile* sur le pare-brise. 石が当たってフロントガラスに放射状の亀裂が入った.
❻（放射状に道路が広がる）円形広場. ▶ la place de l'*Etoile*（パリの）エトワール広場（現在のシャルル・ド・ゴール広場）.
❼（ホテル, レストランなどの等級を示す）星印. ▶ hôtel trois *étoiles* 3つ星のホテル.
❽（印刷の）星印, アステリスク. ▶ [Madame trois *étoiles*] M^(me)*** 某夫人（印刷上の習慣から匿名(とくめい)の場合に用いる）.
❾《軍事》（将官の階級を示す）星章.
❿《動物》*étoile* de mer ヒトデ (= astérie).
⓫《植物》*étoile* d'argent エーデルワイス.
à la belle étoile 戸外で夜に. ▶ dormir [coucher, passer la nuit] *à la belle étoile* 野宿する.
en étoile 星形の, 放射状の.
voir des étoiles en plein midi（真昼に星を見る→）目から火が出るような目にあう.

étoilé, e /etwale/ 形 ❶ 星の出ている, 星をちりばめた. ▶ ciel *étoilé* 星空 | nuit *étoilée* 星月夜. ❷ 星印の入った. ▶ bannière *étoilée*（米国の）星条旗. ❸ 星形をした, 放射状の.

étoilement /etwalmɑ̃/ 男 ❶（ガラスなどの）放射状のひび割れ. ❷ 星が出ている［星をちりばめる］こと. ❸ 放射状の配列.

étoiler /etwale/ 他動 文章 ❶〔空〕に星をちりばめる. ▶ La nuit *étoile* le ciel. 夜になれば空に星がきらめく. ❷ 文章〈*étoiler* qc (de qc)〉〈…で〉…をきらきら輝かせる. ❸ …に放射状［星形］のひびを入れる.
— **s'étoiler** 代動 ❶ 放射状のひびが入る. ❷ 文章 星が出る.

étole /etɔl/ 女 ❶《カトリック》ストラ: 司教と司祭のかける細長い帯. ❷（ストラに似た）ストール.

étonnamment /etɔnamɑ̃/ 副 驚くほど.

***étonn*ant, ante** /etɔnɑ̃, ɑ̃:t/ エトナン, エトナーント/ 形 ❶ 驚くべき, 意外な, 思いがけない.

nouvelle *étonnante* 意外なニュース / Ce n'est pas *étonnant*. 驚くようなことではない / Il n'y a rien d'*étonnant* à son refus. 彼(女)の拒絶は驚くにあたらない / Il n'y a rien d'*étonnant* à ce que + 接続法. …であることはなんら驚くに当たらない. ◆ 《非人称構文で》Il est *étonnant* ʺde + 不定詞ʺ[que + 接続法]. …は驚くべき[不思議な]ことだ. ▶ Il n'est pas *étonnant* qu'il soit ruiné. 彼は破産して当然だ.
❷ すばらしい, 見事な; ものすごい. ▶ réussite *étonnante* 輝かしい成功.

Vous êtes [Tu es] étonnant. 話 (1)(相手を褒めて)すごい. (2)(オーバーな話をする相手に)よく言うね, あきれたね.

étonné, e /etɔne/ 形 驚いた, びっくりした. ▶ avoir l'air *étonné* びっくりした顔をしている. être *étonné* ʺde qc/不定詞ʺ[que + 接続法]…に驚く. ▶ Je suis très *étonné* d'apprendre cette nouvelle. このニュースを聞いてたいへん驚いています / Tout le monde est *étonné* qu'il soit parti ainsi. 彼があんなふうに去っていって, みんながびっくりしている.

比較 驚いた
étonné, surpris 《やや改まった表現》が普通用いられる. **stupéfait** < **stupéfié** はこれより意味が強く, 驚いて啞然(ぜん)とすること. **interdit, ahuri, hébété** はさらに意味が強く, 驚きのあまり茫然(ぼう)自失した状態. また **épaté** 《くだけた表現》は感嘆の念が混じった驚きについていう.

étonnement /etɔnmɑ̃/ 男 驚き. ▶ à mon *étonnement* 驚いたことには / sans manifester le moindre *étonnement* いささかの驚きも表わさず, 平然と.

***étonner** /etɔne/ エトネ/ 他動 …を驚かせる, びっくりさせる; に意外な感じを与える. ▶ Cette nouvelle m'*a étonné*. その知らせに私は驚いた / Il m'*étonne* par sa bêtise. 彼のばかさ加減にはあきれる / Vous êtes sûr de cela? Cela m'*étonne* un peu. 確かなことなのですか, ちょっと意外ですね / Ça ne m'*étonne* pas. それは驚かない, そんなことだろうと思っていた / Tu m'*étonnes*! 君の言うことには驚いた, 信じられない / **Ça m'étonne-rait.** まさか, そんなばかな. ◆ Cela m'*étonne* (rait) que + 接続法. …はありそうもないことだ, …は驚く. ▶ Cela m'*étonnerait* qu'il vienne. 彼が来るとは驚きだ.

—— ***s'étonner** 代動 驚く, びっくりする; 意外に思う. (1)<s'*étonner* de qc/不定詞> ▶ Elle s'est *étonnée* de nous avoir rencontrés ici. 彼女はここで我々に出くわしてびっくりした. (2)<s'*étonner* que + 接続法> ▶ Je m'*étonne* qu'il soit venu. 彼が来たのには驚いた. (3)<ne pas s'*étonner* si + 直説法> ▶ Vos vêtements sont originaux : ne *vous étonnez* pas si tout le monde vous regarde. あなた(方)の洋服はとっぴだから, みんながじろじろ見ても驚くんじゃありませんよ.

étouffant, ante /etufɑ̃, ɑ̃:t/ 形 息の詰まるような; 蒸し暑い; 重苦しい.

étouffé, e /etufe/ 形 窒息した;〔声, 感情など〕押し殺された, 抑えられた;〔音が〕鈍い. ▶ Il est mort *étouffé*. 彼は窒息死した / rires *étouffés* 忍び笑い.

étouffée /etufe/ 女 蒸し煮. ▶ cuire à l'*étouffée* 蒸し煮にする / viande à l'*étouffée* 肉の蒸し煮.

étouffement /etufmɑ̃/ 男 ❶ 窒息; 息苦しさ; 呼吸困難. ▶ mourir d'*étouffement* (=asphyxie) 窒息死する / avoir des *étouffements* 息切れがする. ❷ 鎮圧, 抑圧. ▶ l'*étouffement* d'une révolte 反乱の鎮圧.

***étouffer** /etufe/ エトゥフェ/ 他動 ❶ …を窒息させる; 息苦しくする. ▶ *étouffer* qn avec un oreiller …を枕(ᄕ)で押さえつけて窒息させる / La chaleur m'*étouffe*. 暑さで息苦しい.
❷〔火〕を消す;〔音〕をかき消す, 弱める. ▶ *étouffer* le feu sous la cendre 灰をかぶせて火を消す / Les tentures *étouffent* les bruits. 壁掛けが物音を弱めている.
❸ …を押し殺す, 抑える; 駄目にする. ▶ *étouffer* ses larmes 涙をこらえる / *étouffer* un soupir ため息を抑える.
❹〔世論など〕を封じ込める;〔事件など〕を隠蔽(いん)する, もみ消す. ▶ *étouffer* un scandale スキャンダルをもみ消す / *étouffer* une révolte 反乱を鎮圧する. ❺〔植物〕の生育を妨げる.

Ce n'est pas qc qui l'étouffe. 話 彼(女)には少しの…すらもない. ▶ *Ce n'est pas l'honnêteté qui l'étouffe.* 誠実さなんて彼(女)にはこれっぽっちもありゃしない.

—— 自動 ❶ 窒息する; 息苦しい. ▶ *étouffer* dans une pièce fermée 閉め切った部屋で息が詰まりそうだ ▶ *étouffer* de rire 息が苦しくなるほど大笑いする.
❷ 居心地が悪い, 窮屈な思いをする. ▶ Dans sa famille, il *étouffait*. 彼は家族の中で居心地が悪かった.
❸ 話 暑苦しい. ▶ On *étouffe* ici. ここはむっとする暑さだ.

—— **s'étouffer** 代動 ❶ 窒息する, 息が詰まる, 窒息死する. ▶ s'*étouffer* en mangeant de travers 食物を気管に詰まらせて窒息する. ❷ 押し合いへし合いする. ▶ On s'*étouffait* à cette réception. そのパーティーは人でごった返していた. ❸〔音が〕弱まる, かき消される.

étouffoir /etufwa:r/ 男 ❶ 話 風通しの悪い[むっとする]部屋[所]. ❷〔音楽〕(ピアノなどの)ダンパー: 弦の振動を止める装置.

étoupe /etup/ 女 麻くず, 亜麻くず.

étourderie /eturdəri/ 女 ❶ 軽率さ, 粗忽(こつ)さ. ▶ agir avec [par] *étourderie* (=irréflexion) うかつに行動する. ❷ 話 軽率な言動; 失策. ▶ commettre une *étourderie* 軽はずみなことをする, どじを踏む.

étourdi, e /eturdi/ 形 (étourdir の過去分詞) ❶ 軽率な, うかつな; だらしない. ▶ garçon *étourdi* そそっかしい男の子 / parole *étourdie* 軽はずみな言葉. ❷ 茫然(ぼう)自失した.

—— 名 軽率な人, 粗忽(こつ)者.

—— **étourdie** 女〔次の句で〕

à l'étourdie 軽率に, うっかりと (=étourdiment).

étourdiment /eturdimɑ̃/ 副 軽率に, うっかりと.

étourdir /eturdiːr/ 他動 ❶ …の目を回させる, 茫然(ぼう)とさせる. ▶ L'altitude m'*étourdit*. 高い所に登ると私は目がくらくらする. ❷ …を酔わせ, 陶然とさせる. ▶ Le vin l'*a* un peu *étourdie*. ワインのせいで彼女は少しぼうっとなった. ❸ …をうるさがらせる, 悩ませる. ▶ Vous m'*étourdissez* de votre bavardage. あなた(方)のおしゃべりにはうんざりだ. — **s'étourdir** 代動 ❶ 気を紛らす. ❷ <s'étourdir de qc>…でほろ酔い気分になる.

étourdissant, ante /eturdisɑ̃, ɑ̃ːt/ 形 ❶ 耳を聾(ろう)する, やかましい. ❷ 驚くべき, すばらしい. ▶ un succès *étourdissant* (=éblouissant) 目覚ましい成功.

étourdissement /eturdismɑ̃/ 男 ❶ めまい, 失神. ▶ avoir un *étourdissement* めまいがする. ❷ 陶酔. ❸ 気晴らし.

étourneau /eturno/; 〔複〕**x** 男 ❶ ムクドリ. ❷ 軽薄者, おっちょこちょい.

*__étrange__ /etrɑ̃ːʒ エトラーンジュ/ 形 奇妙な, 変わった, 不思議な. ▶ bruit *étrange* 変な物音 / conduite *étrange* 不可解な行動 / regarder qn d'un air *étrange* 妙な目で…を見る / C'est un *étrange* garçon. 一風変わった青年だ / Il trouve *étrange* qu'on ne l'ait pas invité. 自分が招待されなかったのはおかしいと彼は思っている. ◆ 〔非人称構文で〕Il est *étrange*「de + 不定詞」〔que + 接続法〕. …とは奇妙である. ▶ Il est bien *étrange* qu'il ait refusé. 彼が断ったなんて本当に変だ. 比較 ⇨ BIZARRE.
— 男 奇妙なこと. ▶ L'*étrange* est que + 接続法. おかしいのは…だ.

étrangement /etrɑ̃ʒmɑ̃/ 副 奇妙に, 不思議に; 驚くほど. ▶ être *étrangement* silencieux 変に押し黙っている[静かだ].

*__étranger, ère__ /etrɑ̃ʒe, ɛːr エトランジェ, エトランジェール/
形 ❶ 外国の, 外国人の. ▶ langues *étrangères* 外国語 / invasion *étrangère* 外国による侵略 / travailleurs *étrangers* 外国人労働者 / avoir un accent *étranger* 外国なまりがある.
❷ 外交の, 国際関係の. ▶ ministère des Affaires *étrangères* 外務省 / politique *étrangère* 外交政策.
❸ 〔ある集団や社会から見て〕よそ者の, 局外者の. ▶ se sentir *étranger* dans une réunion 場違いな集まりに来たような気がする / être *étranger* dans son pays 自国の生活〔慣習〕になじまない.
❹ <étranger à qc>…と無関係の, に関与していない. ▶ un commentaire *étranger* au sujet テーマとは無関係の注解 / Il est *étranger* à ce complot. 彼はその陰謀には荷担していない.
❺ <étranger à qn>…にとって未知の; 無縁の. ▶ Ce visage ne m'est pas *étranger*. あの顔には見覚えがある / La peinture moderne lui est complètement *étrangère*. 現代絵画は彼(女)にはまったく分からない.
❻ corps *étranger* 異物.
— 名 ❶ 外国人. ▶ épouser une *étrangère* 外国人女性と結婚する. ❷ よそ者, 局外者. ▶ Il la considère comme une *étrangère*. 彼の彼女を見る目はよそよそしい / L'*Etranger* (カミュの)「異邦人」.
— **étranger** 男 〔集合的に〕外国. ▶ voyager à l'*étranger* 外国旅行をする / travailler à l'*étranger* 外国で働く / nouvelles de l'*étranger* 外国のニュース.

étrangeté /etrɑ̃ʒte/ 女 ❶ 奇妙さ, 異常さ. ▶ avoir l'impression d'*étrangeté* 別世界にいるような気持ちになる. ❷ 文章 異常なもの, 奇怪なこと.

étranglé, e /etrɑ̃gle/ 形 ❶ 喉(のど)が詰まった. ▶ voix *étranglée* 息苦しそうな声. ❷ 細い; 狭い. ▶ taille *étranglée* きつく締めたウエスト.

étranglement /etrɑ̃gləmɑ̃/ 男 ❶ (息, 声が)詰まること. ❷ (急な)狭まり, くびれ. ❸ 文章 (自由や言論の)弾圧.
goulet d'étranglement 支障; (交通の)渋滞, ボトルネック.

étrangler /etrɑ̃gle/ 他動 ❶ …を絞め殺す; 窒息させる; の喉(のど)を詰まらせる. ▶ *étrangler* qn de ses mains 両手で…の首を絞める / Ce col m'*étrangle*. この襟[カラー]は首に食い込む. ❷ 〔ウエスト, 袖(そで)口など〕を締める, 細くする. ❸ …を弾圧する. ▶ *étrangler* la liberté 自由を弾圧する. ❹ …を経済的に圧迫する, 破産させる. ▶ taxes qui *étranglent* les commerçants 業者を圧迫する重税.
— **s'étrangler** 代動 ❶ 息が詰まる, 窒息する. ▶ s'*étrangler* de rire 笑いにむせる. ❷ 狭まる.

étrangleur, euse /etrɑ̃glœːr, øːz/ 名 絞殺者, 扼殺(やくさつ)犯人.

étrave /etraːv/ 女 〖海事〗船首(材), 舳先(へさき).

:**être**¹ /etr エートル/ II 自動

	過去分詞 été	現在分詞 étant
直説法現在	je suis	nous sommes
	tu es	vous êtes
	il est	ils sont
単純未来	je serai	nous serons
	tu seras	vous serez
	il sera	ils seront
半過去	j'étais	nous étions
	tu étais	vous étiez
	il était	ils étaient
複合過去	j'ai été	nous avons été
	tu as été	vous avez été
	il a été	ils ont été
命令法	sois	soyons soyez

《主語と属詞を結びつけて》…である. ▶ Paul *est* grand ポールは背が高い.
「人, 物が」存在する, ある. ▶ Il *est* là 彼はそこにいる.
<Nous *sommes* + 月日など> 今日は…だ.
《非人称構文で》<Il est …> ▶ Il *est* huit heures. 8時です.
<être + 過去分詞>《助動詞として》

être

I 《主語と属詞を結びつけて》…である.

❶《属詞は形容詞, 数詞》▶ Paul *est* grand. ポールは背が高い /《Vous *êtes* combien ? —Nous sommes trois.》(レストランなどで)「何名様ですか」「3人です」◆*être* + 形容詞 + à + 不定詞 ▶ Cette eau *est* bonne à boire. この水は飲める.

❷《属詞は名詞, 代名詞》▶ Marie *est* ma sœur. マリーは私の姉［妹］です / Il *est* celui que l'on cherchait. 彼はみんなが探していた人だ. ◆ *être* + 無冠詞名詞 注 主語は人で, 名詞は職業, 身分, 国籍など, 人の立場を表わす. ▶ Ils *sont* Français. 彼らはフランス人だ / Il *est* étudiant à l'université X. 彼は X 大学の学生だ(⇨ 語法). ◆*être* + 不定代名詞 + pour qn …にとって…である. ▶ Son travail *est* tout pour lui. 仕事が彼のすべてだ.

❸《属詞は不定詞, 節》〈*être* (de) + 不定詞 // *être* que + 直説法/接続法〉▶ Chanter n'*est* pas crier. 歌うことは叫ぶことではない / L'essentiel *est* de réussir. 肝心なのは成功することである (注 主語が名詞または代名詞の場合は de を介するのが普通) / Le seul espoir qui reste *est* qu'il vienne nous secourir. 残るただ一つの希望は彼が我々を助けに来てくれることだ.

❹ …が好きである, …を支持する. ▶ Moi, je *suis* rock'n'roll. 僕はロックンロールが好きだ / Je ne *suis* pas très café. 私はあまりコーヒーを飲まないんです.

II 文章《存在を示す》〔人が〕存在する, 生きて(この世に)いる;〔物が〕存在する.

▶ raison d'*être* (人の)生きる意味;(物の)存在理由 / Je pense, donc je *suis*. 我思う, ゆえに我あり(デカルト) / *Etre* ou ne pas *être* ? 生きるべきか死ぬべきか (シェークスピア). ◆soit［soient］qc (数学などで前提を示して)…があると仮定せよ.

III 《副詞(句), 前置詞句を伴って》

❶《場所》…にいる, ある. ▶ Il *est* là［à Paris］. 彼はそこに［パリに］いる / Les clefs *sont* sur la table. 鍵はテーブルの上にある / Le village *est* 'à dix kilomètres［à deux heures］d'ici. 村はここから10キロ［2時間］の所にある.

❷《時》〈Nous sommes［On est］+ 月日など〉 …にいる, である. ▶《 On *est* le combien ? —On *est* le 3 octobre. 》「今日は何日ですか」「10月3日です」/《 Quel jour *sommes*-nous ? —Nous *sommes* mercredi. 》「今日は何曜日ですか」「水曜日です」/ On *est* en［au mois de］mars. 今は3月です / Nous *sommes* en automne. 今は秋です.

❸《状態》…である. ▶ Il *est* en colère. 彼は怒っている / On *était* très mal dans cette petite pièce. あの小さな部屋でひどく窮屈だった.

IV 《種々の前置詞を伴って》

1 〈*être* à〉 **❶**〈*être* à qn〉《所有, 所属》…のものである. ▶ Ce crayon *est* à moi. その鉛筆は私のです / Je *suis* à vous dans un instant. すぐに御用を承ります, もう少々お待ちください.

❷〈*être* à qc〉《従事, 継続》…している, …に専心している. ▶ Il *est* à son travail. 彼は仕事中である.

❸〈*être* à qc〉《傾向》…の方向に向かっている. ▶ Le temps *est* à l'orage. 雷雨が来そうだ.

❹〈*être* à + 不定詞〉《必要, 目的》…すべき［…するための］である. ▶ Ce travail *est* à refaire. この仕事はやり直さねばならない / Cette maison *est* à vendre. この家は売り家です.

2 〈*être* de〉 **❶**《出身, 起源》▶ Il *est* de Normandie. 彼はノルマンディの生まれである.

❷《参加, 所属, 賛成》▶ Nous espérons que vous *serez* des nôtres. 私たちのところへ来てくださるとうれしいのですが / Je *suis* de votre avis. あなた(方)の御意見に賛成する.

❸《性質》▶ Ce vin *est* de grande qualité. このワインは高級品である.

❹《数量, 値段》▶ Le nombre des élèves de cette classe *est* de trente. このクラスの生徒数は30名である.

3 〈*être* en〉 **❶**《服装》▶ *être* en blanc［deuil］白い服［喪服］を着ている.

❷《材料》Sa montre *est* en or. 彼(女)の時計は金時計だ.

4 **❶**〈*être* pour〉《賛成》▶ *être* pour l'abolition de la peine de mort 死刑廃止に賛成である.

❷〈*être* contre〉《反対》▶ Ce journal *est* contre le gouvernement. この新聞は政府に反対する立場にある.

❸〈*être* sans〉▶ *être* sans abri 寄る辺がない.

❹〈*être* sur〉《近い未来》▶ *être* sur le départ 出発しようとしている.

❺〈*être* avec〉▶ La chance［Dieu］*est* avec toi. 運命［神］は君の味方だ.

V 《代名詞 en, y とともに》

1 〈en *être*〉 **❶**《進度, 適合》…まで達している. ▶ Où en *êtes*-vous dans vos recherches ? あなた(方)の研究はどこまで進んでいますか / Je ne sais plus où j'en *suis*. もうどうなっているのか分からなくなっています. ◆en *être* à + 不定詞 …するまでに至っている. ▶ Il en *est* à mendier. 彼は物ごいをするまで身を落とした.

❷参加する. ▶ Nous organisons une réception, en *serez*-vous ? パーティーを開きますが, あなた(方)もおいでいただけますか.

2 〈y *être*〉 **❶** 理解する (=comprendre). ▶ Ah ! j'y *suis* ! ああ, 分かった / Vous n'y *êtes* pas du tout. あなた(方)はまったく分かっていませんね.

❷ そこにある［いる］;《否定形で》(自宅の)訪問者に会う気がある. ▶ Si on me demande, je n'y *suis* pas là. だれか来ても私はいないよ.

VI 《複合時制, 単純過去で場所を示す表現を伴って aller の意味で》行った(ことがある). ▶ J'ai été à Rome l'an dernier. 私は去年ローマに行った.

VII 《非人称の il を主語にして》

❶《時間》▶ Il *est* huit heures. 8時です / Il *sera* trop tard. もう遅すぎるだろう / Il *est* temps de partir. 出発する時間だ.

❷〈Il *est* ... de + 不定詞〉 Il *est* ... que + 直説法/接続法〉…は…だ. ▶ Il *est* facile de dire cela. そう言うのは簡単だ / Il *est* évident qu'il a menti. 彼がうそをついたのは明らかだ. 注 話し言葉

être

では il est の代わりに c'est が多用される.
❸ 文章《Il *est* qn/qc》…がある, いる (=il y a). ▶ Il *est* des gens que la vérité effraie. 真実を恐れる人がいる / Il n'*est* rien d'aussi beau. それほど美しいものはほかにはない. ◆ Il *était* une fois qn/qc. (物語の冒頭などで)昔々…がいました[ありました].

Ⅶ 《代名詞 ce を主語にして》⇨ CE².
Ⅸ 《助動詞として》
❶ 《受動態で》 ▶ Elle *est* aimée de tout le monde. 彼女はみんなに愛されている. 注 過去分詞は主語の性数に一致する.
❷ 《少数の自動詞の複合時制で》 ▶ Nous *sommes* partis hier. 我々は昨日出発した / Ils *seront* arrivés dans une heure. 彼らは1時間後には到着しているだろう. 注 (1) 過去分詞は主語の性数に一致する. (2) 助動詞に être をとるのは, aller, venir, entrer, sortir, naître, mourir, monter, descendre, arriver, partir, tomber, rester, revenir, devenir など, 移動や変化を表わす自動詞. (3) apparaître, disparaître, monter, descendre, paraître, passer などは「過去の行為」を表わすときは avoir,「行為の結果としての状態」を表わすときは être を助動詞とする(例: Son livre 'a paru [*est paru*]. 彼(女)の本は出版された [されている]).
❸ 《代名動詞の複合時制で》 ▶ Elle s'*est* levée tôt ce matin. 彼女は今朝早く起きた / Il se *sont* aimés. 彼らは愛し合った / Cette revue s'*est* bien vendue. この雑誌はよく売れた. 注 se が直接目的語の場合, または se の役割を決定できない本質的用法の場合は, 過去分詞は主語の性数に一致する (⇨ SE).

cela étant 事情がそうであるから.
comme si de rien n'était 何事もなかったかのうに, 何気なく. ▶ Hier, je me suis disputé avec Jean; mais aujourd'hui, il a été aimable *comme si de rien n'était*. 昨日私はジャンと口論したが, 今日の彼は何事もなかったのように愛想がよかった.
être pour beaucoup [quelque chose, rien] dans qc …において大いに貢献する[なんらかの貢献をする, まったく貢献しない]. ▶ Vous avez été pour beaucoup dans sa décision. 彼(女)が決心するに当たってあなた(方)の力は大きかった / 《dans 以下を y で受けて》Je n'y *suis* pour rien. 私はそれにはなんの役にも立っていない[なんのかかわりもない].
fût [serait]-ce ... 文章 たとえ…であろうと. ▶ J'irai avec toi, *fût-ce* jusqu'au bout du monde. たとえ世界の果てまでも君と一緒に行こう.
Il en est ... (de [pour] qc/qn). 《非人称構文で》(…について)事情は…である. ▶ *Il en est* de même *de* ma famille. 私の家でも事情は同じです / puisqu'*il en est* ainsi こういう事情であるから.
Il [Elle] est bien (là) où il [elle] est. 話 彼(女)はいない方がいい. 来なくてもいい.
ne fût [serait]-ce que ... 文章 たとえ…にすぎなくとも. ▶ J'irai, *ne serait-ce que* pour lui faire plaisir. たとえ彼(女)を喜ばせるだけのことでも私は行こう.

ne pas être sans + 不定詞 ⇨ SANS.
(si ce) n'était [n'étaient] ... 文章 …がなければ (=sans, s'il n'y avait). ▶ *Si ce n'était* l'amitié que j'ai pour toi, je te dénoncerais. あなたへの友情がなければ, あなたを告発するところだ.
si j'étais (de) qn もし私が…(の立場)なら. ▶ *Si j'étais* vous, je lui parlerais. もし私があなた(方)なら彼(女)に話すでしょう.
s'il en fut ⇨ SI¹.
Toujours est-il que + 直説法. ⇨ TOUJOURS.

語法 「彼はX大学の学生だ」

Que fait-il? (彼は何をしているのか, 彼の職業は何か)という問いに対してたとえば「彼はX大学の学生だ」と答えるとき Il est étudiant de l'université X. としてはいけない. 正しい答えは Il est étudiant à l'université X. である.
これに対して Qui est-ce? (あれはだれですか)という問いに対しては C'est un étudiant de l'université X. (X大学の学生だ)と答える.
この2つのケースの à と de の違いはそれぞれの文を次のような単位に区切ると分かりやすい.
• Il est étudiant / à l'université X.
• C'est / un professeur de l'université X.

*être² /etr/ エートル 男 ❶ 生き物, 存在物. ▶ *être* animé [*vivant*] 生物 / *être* inanimé 無生物 / *être* humain 人間 / l'*Etre* éternel [suprême] 神 (=Dieu).
❷ 人間; 区《軽蔑して》やつ (=type). ▶ un *être* aimé [cher] 愛する人 / Quel *être*! なんてやつだ / Quel drôle d'*être*! なんておかしなやつだ. / Un seul *être* vous manque. 一人の女いまさねば(ラマルチーヌの詩から)
❸ 心, 内面. ▶ mon [son] *être* 私の[彼(女)の]心の中 / désirer [aimer] qc/qn de tout son *être* 心から…を望む[愛する].
❹ 《哲学》存在. ▶ *L'Etre et le Néant* (サルトルの)「存在と無」

étreign- 活用 ⇨ ÉTREINDRE 80
étreindre /etrɛ̃:dr/ 80 (過去分詞 étreint, 現在分詞 étreignant) 他動 ❶ …を締めつける, 抱き締める. ▶ *étreindre* qn sur sa poitrine …を胸に抱き締める.
❷ …の心[胸]を締めつける, とらえる. ▶ Une vive émotion nous *a étreints*. 強い感動が私たちをとらえた.
— *s'étreindre* 代動 抱き締め合う.

étreins, étreint /etrɛ̃/ 活用 ⇨ ÉTREINDRE 80
étreinte /etrɛ̃:t/ 女 ❶ 締めつけ. ▶ relâcher son *étreinte* 握った手を緩める. ❷ 抱擁, (婉曲的に)性交. ▶ s'arracher aux *étreintes* de qn …の抱擁から逃れる. ❸ (精神的な)重圧. ▶ l'*étreinte* de la mort 死の重圧.

étrenne /etren/ 女 ❶ 《複数で》お年玉; (年始の)心付け. ▶ Qu'avez-vous eu comme *étrennes*? お年玉に何をもらいましたか / donner des *étrennes* au concierge 管理人に心付けをあげる.
❷ 使い初め. ▶ avoir l'*étrenne* de qc …の使い初めをする.

étrenner /etrene/ 他動 …を真っ先に使う; 初めて使用する. ▶ *étrenner* un costume neuf 新しい

背広をおろす / *étrenner* une voiture neuve 新車の初乗りをする.
— 自動 真っ先にやり玉に上がる, 最初にひどい目に遭う.

étrier /etrije/ 男 〖馬術〗鐙(あぶみ).
avoir le pied à l'étrier (鐙に足をかける→) (1) 出発しようとしている. (2) 成功するのに絶好の位置[立場]にいる.
boire le coup de l'étrier 古風 文章 (出発前の)別れの杯を干す.
mettre à qn le pied à l'étrier …の滑り出しを助ける. ▶ On lui *a mis le pied à l'étrier*. 彼(女)は独り立ちの後押しをしてもらった.

étrille /etrij/ 女 ❶ 馬櫛(ぐし). ❷〖動物〗ガザミの一種.

étriller /etrije/ 他動 ❶〔馬など〕に櫛(くし)をかける. ❷ 話 …をやっつける; 酷評する, けなす. ▶ Ce poète *a été étrillé* par les critiques. その詩人は批評家たちに散々こき下ろされた. ❸ 話〔客〕からぼる, にふっかける.

étripage /etripaːʒ/ 男 ❶ 内臓を取り出すこと, はらわたを抜くこと. ❷ 話 死闘; 殺戮(さつりく).

étriper /etripe/ 他動 ❶〔動物〕の内臓を取り出す, はらわたを抜く. ❷ 話 …をめった切りにする; 殺す.
— ***s'étriper*** 代動 切り合う, 殺し合う.

étriqué, e /etrike/ 形 ❶〔衣服が〕窮屈な服を着る. ▶ robe *étriquée* きついドレス / Il était tout *étriqué* dans le vieux manteau de son frère. 兄のお下がりの外套(がいとう)を着て彼はいかにも窮屈そうだった. ❷ 偏狭な; みすぼらしい. ▶ un esprit *étriqué* (=borné) 了見の狭い人間 / une vie *étriquée* みじめな生活［人生］.

étriquer /etrike/ 他動 …を窮屈にする.

étrivière /etrivjɛːr/ 女 鐙(あぶみ)革.

:**étroit, oite** /etrwa, wat/ 形 ❶ 細い, 狭い; きつい (↔ large). ▶ rue *étroite* 狭い通り / escalier *étroit* 狭い階段 / vêtements trop *étroits* きつ過ぎる服 / la porte *étroite*〖聖書〗狭き門.
❷〔考えなどが〕狭い, **狭量**. ▶ idées [conceptions] *étroites* 視野の狭い考え / avoir l'esprit *étroit* = être *étroit* d'esprit 考え方が偏狭である.
❸ **密接な**, 緊密な. ▶ rapports *étroits* 緊密な関係 / liens *étroits* de l'amitié 友情の固いきずな / rester en *étroite* liaison avec qn …と密接な関係を保つ.
❹ **厳密な**. ▶ employer un mot dans son sens *étroit* ある語を狭い意味で使う.
à l'étroit (1) 窮屈に. ▶ se sentir *à l'étroit* 手狭に感じる. (2) 困窮して. ▶ vivre *à l'étroit* 不自由な生活をする.

étroitement /etrwatmɑ̃/ 副 ❶ 窮屈に. ▶ vivre *étroitement* 窮屈［不自由］な生活をする. ❷ 緊密に. ▶ être *étroitement* lié à qn/qc …と密接につながっている. ❸ 厳密に, 厳しく. ▶ observer *étroitement* la règle 規則を厳守する.

étroitesse /etrwatɛs/ 女 ❶ 狭さ, 小ささ. ❷ 狭量さ, 卑小さ.

étron /etrɔ̃/ 男 (人や動物の)くそ, 糞(ふん).

étrusque /etrysk/ 形 エトルリア Etrurie の.
— **Étrusque** 名 エトルリア人: 前6世紀前後に現在のトスカナ地方を中心に栄えた古代民族.

:**étude** /etyd/ エチュード 女 ❶ **勉強**; 練習, 稽古(けいこ). ▶ aimer l'*étude* 勉強が好きである / se mettre à l'*étude* du piano ピアノの勉強を始める.
❷ **研究**. ▶ l'*étude* de la nature 自然の研究 / l'*étude* du cœur humain 人間心理の研究 / se consacrer à l'*étude* de l'histoire ancienne 古代史の研究に従事する.
❸ **研究書**, 研究論文. ▶ *étude* sur l'économie française フランス経済に関する研究 / publier une *étude* sur les volcans 火山に関する研究書を出版する.
❹《複数で》**学校教育**, 学業. ▶ faire ses *études* primaires [secondaires, supérieures] 初等[中等, 高等]教育を受ける / aller faire ses *études* en France フランスに留学する / diplôme de fin d'*études* 卒業証書. ◆faire des [ses] *études* de + 無冠詞名詞 …を学ぶ. ▶ faire des *études* de philosophie à l'université 大学で哲学を学ぶ.
❺ **調査**, 検討, 分析. ▶ *étude* d'une question ある問題の検討 / comité d'*études* 調査委員会 / bureau d'*études*（企業内の）研究所 / voyage d'*étude* 調査旅行. ◆*études* de + 無冠詞名詞 …の調査. ▶ *études* de marché 市場調査, マーケットリサーチ / *études* d'impact（環境への）影響調査, アセスメント. ◆être à l'*étude*〔企画などが〕検討中である. ◆mettre qc à l'*étude*〔企画など〕を検討する.
❻ (学校などの)自習室 (=salle d'*étude*); 自習時間.
❼ (公証人, 執達吏などの)事務所; (公証人, 執達吏などの)職, 権利.
❽〖美術〗習作.
❾〖音楽〗練習曲, エチュード. ▶ *études* pour piano ピアノ練習曲.
renvoyer qn à ses chères études …を要職からはずす.

:**étudiant, ante** /etydjɑ̃, ɑ̃ːt/ エチュディヤン, エチュディヤーント 名 (大学など高等教育の)**学生**. ▶ Je suis *étudiant*. 私は学生だ / Elle est *étudiante* à l'Université Waseda. 彼女は早稲田大学の学生だ / *étudiant* en droit 法学部の学生 / carte d'*étudiant* 学生証 / *étudiant* en première année (大学) 1 年生. 比較 ⇨ ÉLÈVE.
— 形 学生の. ▶ vie *étudiante* 学生生活 / tarif *étudiant* 学割料金 / mouvement *étudiant* 学生運動.

étudié, e /etydje/ 形 ❶ 用意周到な, 入念な; 吟味された. ▶ discours *étudié* 推敲(すいこう)を重ねた演説 / prix *étudié* 勉強した［ぎりぎりまで下げた］値段. ❷ わざとらしい, 不自然な, 気取った. ▶ manières *étudiées* 取り繕った態度.

:**étudier** /etydje/ エチュディエ

| 直説法現在 j'étudie | nous étudions |
| 複合過去 j'ai étudié | 単純未来 j'étudierai |

他動 ❶ …を習う, **勉強する**. ▶ *étudier* le français フランス語の勉強をする / *étudier* sa leçon 教科の予習復習をする / *étudier* son rôle〔俳優が〕せりふを覚える.

❷ …を研究する. ▶ *étudier* la nature 自然を研究する / *étudier* qn du coin de l'œil …をこっそり観察する.

❸ …を検討する, 調査する. ▶ *étudier* une question 問題を検討する / *étudier* le marché 市場調査をする. ◆*étudier* + 間接疑問節 …かどうかを検討する. ▶ *étudier* si le projet est réalisable 計画が実現可能か検討する.

❹ …を研究開発する. ▶ *étudier* un nouveau modèle de voiture 自動車のニューモデルを開発する.

> [比較] **学ぶ, 勉強する**
> (1) 学ぶ対象を明示する場合. **apprendre, étudier, travailler** が普通. apprendre はどちらかといえば受動的に知識を得ること, あるいは暗記することで, おもに初歩的なレベルの場合に用いる. étudier は自ら検討して知識を得ること. travailler は知識を得るための努力の過程を強調する. なお, 大学などの専攻を示す場合には faire ses études, faire des étude de qc, faire qc などの形を使うのが普通. (2) 学ぶ対象を明示しない場合. **travailler** が普通. **s'instruire** は学校以外で, 広く知識, 教養を身につけること.

— 自動 勉強する, 学ぶ. ▶ Il *étudie* en Angleterre. 彼は英国で学んでいる.

— s'étudier 代動 ❶ 自己観察する. ❷ 態度を繕う. ❸ 研究される. ❹ 観察しあう.

étui /etɥi/ 男 容器, 箱, 鞘(さや), カバー；〔拳銃(けんじゅう)の〕ホルスター.

étuve /etyːv/ 女 ❶〔風呂(ふろ)の〕発汗室.
❷ ひどく暑い場所. ▶ Ce bureau est une véritable *étuve*. この事務所はまるで蒸し風呂だ.
❸ 蒸気［乾熱］滅菌器.

étuvée /etyve/ 女 蒸し煮. ▶ à l'*étuvée* 蒸し煮にした.

étuver /etyve/ 他動 ❶ …を定温器に入れる；熱気消毒する. ❷〔肉, 野菜〕を蒸し煮にする.

étymologie /etimɔlɔʒi/ 女 語源, 語源学. ▶ *étymologie* populaire 民間語源説.

étymologique /etimɔlɔʒik/ 形 語源の, 語源学の. ▶ dictionnaire *étymologique* 語源辞典.

étymologiquement /etimɔlɔʒikmɑ̃/ 副 語源(学)的に, 語源の上で.

étymologiste /etimɔlɔʒist/ 名 語源学者, 語源研究家.

eu, eue /y/ 活用 ⇨ AVOIR[1] Ⅰ の過去分詞.

eu- 接頭「快い, 優れた」の意. ▶ *eu*phorie 幸福感.

eucalyptus /økaliptys/ 男〖植物〗ユーカリ.

eucharistie /økaristi/ 女 ❶〖カトリック〗聖体；聖体の秘跡. ❷〖キリスト教〗聖餐(せいさん)(式).

eucharistique /økaristik/ 形〖カトリック〗聖体の；〖キリスト教〗聖餐(せいさん)の.

euclidien, enne /øklidjɛ̃, ɛn/ 形〖数学〗ユークリッド Euclide の. ▶ géométrie *euclidienne* ユークリッド幾何学.

eugénique /øʒenik/ 女, 形 優生学(の).

eugéniste /øʒenist/ 名, 形 優生学者(の).

euh /ø/ 間投 うーむ, あのー, まあ(困惑, 不信, ためらいなど). ▶ «C'est un garçon intelligent.—*Euh*! est-ce bien sûr?»「あれは利口な子ですよ」「うーん, そうかなあ」

eûmes /ym/ 活用 ⇨ AVOIR[1] Ⅰ

eunuque /ønyk/ 男 ❶ 宦官(かんがん), 去勢された男性. ❷ 話〔男らしくない〕柔弱な男.

euphémique /øfemik/ 形 婉曲(えんきょく)語法の, 遠回しの.

euphémisme /øfemism/ 男 婉曲(えんきょく)語法.

euphonie /øfoni/ 女 ❶〖音楽〗ユーフォニー：快い音, 響きのよい音. ❷〖音声〗好音調：響きのよい音の性質.

euphonique /øfonik/ 形〖音声〗音調上の；口調［音調］をよくする.

euphorbe /øfɔrb/ 女〖植物〗トウダイグサ属.

euphorie /øfɔri/ 女 幸福感, 陶酔(感)；満足感. ▶ dans l'*euphorie* de la victoire 勝利に酔いしれて / être en pleine *euphorie* 幸福感に浸っている.

euphorique /øfɔrik/ 形 幸福感に満たされた；幸福感をもたらす. ▶ L'alcool est *euphorique*. アルコールを飲むと気分がよくなる / Toute l'assistance était *euphorique*. 観衆は皆うっとりしていた.

euphorisant, ante /øfɔrizɑ̃, ɑ̃ːt/ 形 幸福感を与える, 幸せな気分にさせる. ▶ perspective *euphorisante* バラ色の予測.

— **euphorisant** 男〖医学〗多幸薬.

euphoriser /øfɔrize/ 他動 …に幸福感を与える, を幸せにする.

eurafricain, aine /ørafrikɛ̃, ɛn/ 形 ヨーロッパとアフリカの, ユーラフリカの.

eurasiatique /ørazjatik/ 形 ユーラシアの. ▶ le continent *eurasiatique* ユーラシア大陸.

Eurasie /ørazi/ 固有 女 ユーラシア大陸.

eurasien, enne /ørazjɛ̃, ɛn/ 形 ユーラシアの. ❷ 欧亜混血の.

— **Eurasien, enne** 名 ❶ ユーラシア人. ❷ 欧亜混血の人.

Eure /œːr/ 固有 女 ウール県［27］：パリ北西部.
— 女 ウール川：セーヌ川支流.

Eure-et-Loire /œːrelwaːr/ 固有 男 ウール=エ=ロアール県［28］：パリ南西部.

eurêka /øreka/ 間投 エーレカ, 我発見せり, 分かった：アルキメデスが比重の原理を発見したときの叫び. 良案などが急に思い浮かんだときに用いる.

eurent /yːr/ 活用 ⇨ AVOIR[1] Ⅰ

***euro** /øro/ ユロ 男 ユーロ. 欧州連合の単一通貨. 1996年に創設され, 2002年から導入. 1 euro = 100 cents. ▶ un billet de dix *euros* 10 ユーロ紙幣 / la zone *euro* ユーロ圏.

eurocrate /ørokrat/ 男〔しばしば軽蔑して〕ユーロクラート：EU で働く官僚.

eurocrédit /ørokredi/ 男 ユーロ信用, ユーロ貸付. ユーロカレンシーの国際通貨市場からの資金で行われる銀行貸付.

eurodéputé, e /ørodepyte/ 名 欧州議会議員.

eurodevise /ørod(ə)viːz/ 女〖金融〗ユーロカレンシー, ユーロマネー：第三国に預けられた国際短期資金.

eurodollar /ørɔdɔlaːr/ 男《英語》【金融】ユーロダラー, 欧州ドル.

euromissile /ørɔmisil/ 男 ユーロミサイル: アメリカがNATO諸国に配備した戦域核ミサイル.

euro-obligation /ørɔɔbligasjɔ̃/ 女《金融》ユーロ債: ユーロ市場で発行, 取引される外債.

Europe /ørɔp/ 固有 女 ❶ ヨーロッパ.
❷《ギリシア神話》エウロペ: 雄牛に化身したゼウスと交わり, ミノス, ラダマンテュスを生む.

européanisation /ørɔpeanizasjɔ̃/ 女 ヨーロッパ化; ヨーロッパレベルでのとらえ方.

européaniser /ørɔpeanize/ 他動 ❶ …をヨーロッパ風にする, ヨーロッパ化する. ❷ …をヨーロッパレベルでとらえる, 全ヨーロッパ的な立場から考える.
— **s'européaniser** 代動 ❶ ヨーロッパ化する. ❷ ヨーロッパ全体を対象とする. ▶ marché qui s'est européanisé ヨーロッパ全体に広がった市場.

européanisme /ørɔpeanism/ 男 ❶ ヨーロッパ統合主義. ❷ ヨーロッパ精神, ヨーロッパ気質.

***européen, enne** /ørɔpeɛ̃, ɛn/ ウロペアン, ウロペエヌ/ 形 ❶ ヨーロッパ Europe の. ▶ continent *européen* ヨーロッパ大陸 / les pays *européens* 欧州諸国 / marché *européen* 欧州市場.
❷ ヨーロッパ統合を目ざす. ▶ idéal *européen* ヨーロッパの理念 / Union *européenne* 欧州連合 / Communauté économique *européenne* 欧州経済共同体 / Parlement *européen* 欧州議会.
à l'européenne ヨーロッパ風に.
— 名 ❶《Européen》ヨーロッパ人. ❷ ヨーロッパ統合支持者.

euroscepticisme /ørɔsɛptisism/ 男 欧州統合懐疑論.

eurosceptique /ørɔsɛptik/ 形 名 欧州統合に懐疑的な(人).

eurostar /ørɔstaːr/ 男 ユーロスター(ユーロトンネルを通ってパリ・ロンドンを結ぶ高速列車).

eurotunnel /ørɔtynɛl/ 男《無冠詞》ユーロトンネル(英仏間を結ぶ海底トンネル).

eurovision /ørɔvizjɔ̃/ 女 ユーロビジョン(ヨーロッパ諸国間のテレビ・ラジオ中継ネットワーク).

eurythmie /øritmi/ 女 ❶ (色彩, 造形, 音などの)調和, 均整. ❷【医学】脈拍整斉.

eus /y/ 活用 ⇨ AVOIR¹ Ⅰ
euss- 活用 ⇨ AVOIR¹ Ⅰ
eut, eût /ø/ 活用 ⇨ AVOIR¹ Ⅰ
eûtes /øt/ 活用 ⇨ AVOIR¹ Ⅰ
euthanasie /øtanazi/ 女 安楽死.
euthanasique /øtanazik/ 形 安楽死の, 安楽死をさせる.

***eux** /ø ウー/ 代《人称》(3人称複数男性形・強勢形) 彼ら. ❶《主語, 目的語》単独で主語となる. ▶ *Eux* (ils) sont déjà partis. 彼らはすでに出発した. ❷《前置詞, 比較・制限の que, 類似のcomme のあとで》▶ Je vais avec *eux*. 私は彼らと一緒に行く / l'un d'*eux* =l'un d'entre *eux* 彼らのうちの一人. ❸《属詞》▶ C'est [Ce sont] *eux* qui ont gagné. 勝ったのは彼らだ.
eux deux [trois, ...] 彼ら2人 [3人…].

eux-mêmes /ømɛm/ 代《人称》彼ら [それら] 自身 (⇨ MÊME). ▶ Ils viendront *eux-mêmes* vous le dire. 彼らは自分があなた(方)に言いに来るだろう.

évacuant, ante /evakɥɑ̃, ɑ̃ːt/ 形 便通をよくする, 排便を促す.
— **évacuant** 男 下剤, 排便促進剤.

évacuateur, trice /evakɥatœːr, tris/ 形 排水用の. ▶ canal *évacuateur* 排水路.

évacuation /evakɥasjɔ̃/ 女 ❶ 退去, 避難; 排除. ▶ *évacuation* des émeutiers par la police 警察による暴徒の排除.
❷(老廃物の)排泄(はいせつ); (液体, 気体などの)排出. ▶ *évacuation* des eaux d'égout 下水の排出.

évacué, e /evakɥe/ 形動 退去した, 立ち退いた. ▶ ville *évacuée* 占領者 [住民] が退去した町.
— 名 避難民, 退去者.

évacuer /evakɥe/ 他動 ❶ …を退去させる, 避難させる. ▶ *évacuer* la population d'une ville sinistrée 被災した町から住民を退去させる.
❷〈ある場所〉を空にする, から退出する; 撤退する, を明け渡す. ▶ Le président a fait *évacuer* la salle. 議長は人々を退場させた / Les Allemands *évacuèrent* la France en 1944. ドイツ軍は1944年にフランスから撤退した.
❸ …を排出する, 除去する, 排水する. ▶ tuyau qui *évacue* l'eau d'un réservoir 貯水池の水の排水管.
— **s'évacuer** 代動 ❶ 空になる. ▶ La salle s'est *évacuée* peu à peu. 会場はいつしか人がいなくなった. ❷ 排出される, 排泄される.

évadé, e /evade/ 形 脱走した. ▶ prisonnier *évadé* 脱獄囚.
— 名 脱走者, 脱獄囚.

s'évader /sevade/ 代動 ❶〈…から〉逃げ出す, 抜け出す. ▶ Ils *se sont évadés* par la fenêtre. 彼らは窓から脱走した / L'oiseau *s'est évadé* de sa cage. 鳥がかごから逃げた. 比較 ⇨ S'ENFUIR.
❷(心配事, 拘束などから)逃避する, 気を紛らす. ▶ voyager pour *s'évader* de la vie quotidienne 日常生活の煩わしさから逃れるために旅に出る.

évaluable /evalɥabl/ 形《しばしば否定的表現で》評価しうる; 見積もれる.

évaluatif, ive /evalɥatif, iːv/ 形 評価する, 見積もりの. ▶ devis *évaluatif* 見積もり書.

évaluation /evalɥasjɔ̃/ 女 ❶ 評価, 見積もり. ▶ *évaluation* de biens 財産の評価 / *évaluation* approximative 概算. ❷ 評価額, 見積もり額 [量].

***évaluer** /evalɥe エヴァリュエ/ 他動 ❶〈*évaluer* qc (à + 数量表現)〉…を(…と)評価する, 見積もる. ▶ / faire *évaluer* qc par qn …を…に評価してもらう / Sa maison *est* évaluée (à) un million. 彼(女)の家は百万ユーロと評価されている.
❷〈*évaluer* qc // *évaluer* + 間接疑問節〉…を推定する, 判断する. ▶ *évaluer* la distance 距離を推定する / *évaluer* quelles sont les consequences d'un incident ある出来事の結果がいかなるものかを判断する.

évanescence /evanesɑ̃ːs/ 女 文章 徐々に消えゆくもの [こと], はかなさ, はかないもの.

évanescent, ente /evanesɑ̃, ɑ̃ːt/ 形 文章 徐々に消えゆく, はかない. ▶ parler d'une voix *évanescente* 消え入りそうな声で話す.

évangélique /evãʒelik/ 形 ❶ 福音の; 福音書の教えにかなった. ▶ doctrine *évangélique* 福音主義. ❷ 福音主義の, 新教の.

évangéliquement /evãʒelikmã/ 副 福音書にのっとって.

évangélisa*teur*, *trice* /evãʒelizatœːr, tris/ 形 福音の, 伝道の.
— 名 (特にキリスト教圏外への) 福音伝道者.

évangélisation /evãʒelizasjɔ̃/ 女 福音伝道, キリスト教の布教.

évangéliser /evãʒelize/ 他動 …に福音を説く, キリスト教を布教する. ▶ *évangéliser* les païens 異教徒に福音を説く [をキリスト教に改宗させる].

évangélisme /evãʒelism/ 男 ❶ (教えの) 福音的性格. ❷ 福音主義: ルター, カルヴァンの流れをくむ福音教.

évangéliste /evãʒelist/ 男 ❶ 福音史家: 4人の福音書作者マタイ, マルコ, ルカ, ヨハネ.
❷ (プロテスタントの) 福音伝道者, 巡回牧師.

évangile /evãʒil/ 男 ❶ 《Evangile》福音, イエス・キリストの教え; 福音書; 新約聖書;《集合的に》四福音書. ▶ les *Evangiles* synoptiques 共観福音書 (マタイ・マルコ・ルカ福音書) / le quatrième *Evangile* = *Evangile* selon saint Jean (聖ヨハネによる) 第4福音書. ❷ (ときに Evangile) (ミサで読まれる) 福音書の一節. ▶ l'*évangile* du jour その日読まれる福音書 (の一節). ❸ (ある思想の) 聖典, バイブル. ▶ *Le Capital* de Karl Marx est l'*évangile* du marxisme. カール・マルクスの「資本論」はマルクス主義のバイブルである.

parole 「*d'évangile* [*d'Evangile*]」不動の真理.

évanoui, *e* /evanwi/ 形 (s'évanouir の過去分詞) ❶ 気を失った. ❷ 消えうせた.

s'évanouir /sevanwiːr/ 代動 ❶ 気を失う, 気絶する. ▶ *s'évanouir* d'émotion 動転の余り気を失う. ❷ 消え去る, 見えなくなる. ▶ Mes espoirs *se sont évanouis*. 私の希望は消え去った / *s'évanouir* en fumée 雲散霧消する / 《se を省略して》faire *évanouir* toutes les espérances すべての希望を失わせる.

évanouissement /evanwismã/ 男 ❶ 気絶, 失神. ▶ revenir d'un *évanouissement* 息を吹き返す. ❷ 消えうせること, 消滅.

évaporateur /evaporatœːr/ 男 蒸発器 [装置]; (野菜, 果実の) 乾燥機.

évaporation /evaporasjɔ̃/ 女 蒸発, 気化.

évaporé, *e* /evapore/ 形 ❶ 蒸発した. ❷ 軽率な, 軽薄な, 散漫な. — 名 軽薄な人.

s'évaporer /sevapore/ 代動 ❶ 蒸発する, 気化する. ▶ L'eau *s'évapore* au soleil. 水が太陽の熱で蒸発する /《se を省略して》faire *évaporer* de l'eau 水を蒸発させる.
❷ 文章 消滅する. ▶ Son ardeur première *s'est évaporée*. 彼(女)の当初の情熱は消えうせた.
❸ 戯 〔物が〕消えてなくなる; 〔人が〕突然姿を消す ▶ *s'évaporer* dans la nature 行方をくらます.

évasé, *e* /evaze/ 形 口が広がった, 広口の.

évasement /evazmã/ 男 口の広がり. ▶ *évasement* d'un entonnoir 漏斗 (じょうご) の広がり具合.

évaser /evaze/ 他動 …の口を広げる. ▶ *évaser* l'orifice d'un trou 穴の入り口を広げる.
— **s'évaser** 代動 口が広がる.

évasif, *ive* /evazif, iːv/ 形 曖昧 (あいまい) な, 言い逃れの. ▶ faire une réponse *évasive* 曖昧な返事をする, 逃げ口上を言う.

évasion /evazjɔ̃/ 女 ❶ 脱走, 脱獄. ❷ 気晴らし, 気分転換. ▶ Enfin un moment d'*évasion*! やっと一息つける / film d'*évasion* 気晴らしになる映画. ❸ (課税からの) 逃避. ▶ *évasion* des capitaux à l'étranger 資本の国外逃避 / *évasion* fiscale (合法的な) 節税.

évasivement /evazivmã/ 副 ごまかして, 曖昧 (あいまい) に.

évêché /eveʃe/ 男 ❶ 司教 (管) 区. ❷ 司教職; 司教座. ❸ 司教館.

éveil /evɛj/ 男 ❶ (感情, 知能, 思想などの) 目覚め, 発達し始めること. ▶ *éveil* du patriotisme 愛国心の芽生え / *éveil* psychomoteur 精神活動の発達がよい子供. ◆ *éveil* de qn à qc …に関心を抱き始めること, を理解し始めること. ▶ *éveil* des enfants à la littérature 子供が文学に目覚めること. ❷ 文章 眠りから覚めること, 目覚め (= réveil).

donner l'éveil à qn …に警戒心を起こさせる, 注意を促す. ▶ Son attitude nous *a donné l'éveil*. 彼(女)の態度は私たちを警戒させた.

en éveil 警戒して, 用心して; 油断のない. ▶ Son œil est toujours *en éveil*. 彼(女)の眼差 (まなざし) には常に警戒の色がある.

éveillé, *e* /eveje/ 形 ❶ 活発な, 明敏な, 利発そうな. ▶ avoir l'esprit *éveillé* 才気煥発 (かんぱつ) である. ❷ 目を覚ましている. ▶ un rêve *éveillé* 白昼夢.

*****éveiller** /eveje/ エヴェイェ 他動 ❶ [感情, 能力など] を呼び覚ます, 引き起こす. ▶ *éveiller* la curiosité (de qn) (…に) 好奇心を起こさせる / *éveiller* un désir chez qn …の欲望を目覚めさせる / *éveiller* l'attention de qn …の注意を引く. ◆ *éveiller* qn à qc …を(ある感情, 能力など)に目覚めさせる.
❷ 文章 …を眠りから覚めさせる. 比較 ⇨ RÉVEILLER.
— **s'éveiller** 代動 ❶ [感情, 能力などが] 目覚める, 芽生える. ▶ Le remords *s'est éveillé* en lui. 彼の心に後悔の念が生じた.
❷ ⟨s'éveiller à qc⟩ 〔人〕…に目覚める, を初体験する. ▶ *s'éveiller* à l'amour 恋というものを知る.
❸ 眠りから覚める (= se réveiller).

*****événement** /evɛnmã/ エヴェヌマン, **évènement** 男 ❶ 出来事, 事件;《大事件》;(社会的関心を集める) 行事. ▶ les *événements* de la journée その日の出来事 / *événement* historique 歴史的出来事 / *événement* politique 政治事件 / être au courant des *événements* 状況に通じている / être dépassé par les *événements* 状況に対処できていない / Un *événement* a lieu. ある事件が起きる.

❷《複数で》緊迫した情勢 [状況]; (政治・社会的混乱を招く) 騒乱. ▶ les récents *événements* du Moyen-Orient 最近の中東情勢 / une mesure prise sous la pression des *événements* 時局に合わせてやむなくとられた措置 / les *événements* de mai (フランスの1968年の)五月事件.

C'est* (*tout*) *un événement! 話 こいつは驚いた, 大事件だ；一大事だ.

créer l'événement (マスメディアが)大事件にする.

▸ ***heureux événement*** 話 子供の誕生, おめでた.

比較 **出来事, 事件.**
événement 最も広い意味で用いられる. **incident** 意外な出来事. **accident** 人的・物的損害を伴う不幸な偶発事や災禍. **aventure** 胸の躍るような体験, 冒険, 事件など.

événementiel, le /evenmɑ̃sjɛl/ 形 事実だけを記述する；特定の事件に関連する. ▸ *histoire événementielle* 事件史：事実のみを年代記的に記述する歴史.

évent /evɑ̃/ 男 ❶ (多く複数で)(鯨類の)鼻孔, 噴気孔；(サメ, エイなどの)呼吸孔. ❷ (タンクなどの)ガス抜き口. ❸ (酸化による)ワインの変質.

éventail /evɑ̃taj/ 男 ❶ 扇, 扇子. ▸ *éventail pliant* (日本の)扇子 / *agiter un éventail* 扇子であおぐ. ❷ <*éventail de qc*>バラエティに富んだ…, (選択の)幅をもった…. ▸ *éventail des salaires* 給与幅 / *large éventail de prix* 広い価格帯.

en éventail 扇状の；扇状に.

éventaire /evɑ̃tɛːr/ 男 ❶ (物売りが品物を載せて首につるす)平かご. ❷ (屋外の)陳列台, 物売り台.

éventé, e /evɑ̃te/ 形 ❶ 風の当たる. ▸ *terrasse très éventée* 吹きさらしのテラス. ❷ (空気に触れて)変質した, 気の抜けた. ▸ *parfum éventé* 変質した香水. ❸ 暴かれた, 露顕した.

éventer /evɑ̃te/ 他動 ❶ (扇などで)…をあおぐ, に風を送る. ▸ *éventer son visage avec un mouchoir* ハンカチで顔をあおぐ. ❷ …に風を当てる, を外気にさらす. ❸ …を暴く, 見破る. ▸ *éventer un complot boursier* 株の陰謀を暴く.

— **s'éventer** 代動 ❶ 自分をあおぐ, 扇を使う. ❷ 〔食べ物, 飲み物が〕(空気に触れて)変質する, 気が抜ける.

éventrer /evɑ̃tre/ 他動 ❶ …の腹を裂く[切る]. ❷ (物)を大きく裂く, に大きな穴をあける.

— **s'éventrer** 代動 (自分の)腹を切る；切腹する.

éventreur /evɑ̃trœːr/ 男 腹を切り裂く者. ▸ *Jack l'Éventreur* 切り裂きジャック.

éventualité /evɑ̃tɥalite/ 女 起こりうる可能性；万一の事態, 起こりうる不測事件. ▸ *l'éventualité d'un refus de sa part* 彼(女)が拒否した場合には / *parer* [*être prêt*] *à toute éventualité* あらゆる不測の事態に備える / *Que feriez-vous dans cette éventualité?* もしそうなった場合はどうしますか.

éventuel, le /evɑ̃tɥɛl/ 形 場合によっては起こりうる, 可能性のある, 潜在的な；不確定な. ▸ *risques éventuels* おこる可能性のあるリスク / *profits éventuels* 手に入るかもしれない利益 / *prévoir une indemnité éventuelle* あらかじめ補償金を定める / *Tout cela est bien séduisant mais reste éventuel.* そうなればたいへん結構なことだが, そうとは限らない / *le remplaçant éventuel d'un ministre* 万一の場合の代理大臣. 比較 ⇨ POSSIBLE.

éventuellement /evɑ̃tɥɛlmɑ̃/ 副 場合によっては, 万一の場合は. ▸ *J'aurais éventuellement besoin de votre aide.* 場合によっては御協力願うことがあるかもしれません.

évêque /evɛk/ 男 ❶ 〔カトリック〕司教. ▸ *nommer* [*sacrer*] *un évêque* 司祭を任命[聖別]する. ❷ (ギリシア正教, 英国教会の)主教；(プロテスタントの)主教, 監督.

s'évertuer /severtɥe/ 代動 <*s'évertuer à* + 不定詞>…しようと精いっぱい努力する, 骨折る. ▸ *s'évertuer à expliquer qc* …を説明しようと努める.

Évian-les-Bains /evjɑ̃lebɛ̃/ 固有 エヴィアン＝レ＝バン：フランスのレマン湖岸の温泉地.

éviction /eviksjɔ̃/ 女 追放, 除名. ▸ *éviction du chef d'un parti* 党首の追放 / *éviction scolaire* (伝染病にかかった児童に対する)登校禁止(期間).

évidement /evidmɑ̃/ 男 えぐる[くりぬく]こと；くりぬかれた部分.

***évidemment** /evidamɑ̃/ 副

英仏そっくり語
英 evidently 明らかに, (見たところ)…らしい.
仏 évidemment もちろん, 当然.

もちろん, 当然に. ▸ *Vous venez? – Évidemment.*「来ますか」「もちろん」/ *Évidemment, il est encore en retard.* やっぱり彼はまた遅刻だ.

évidence /evidɑ̃ːs/ 女 明白さ, 明白な事実；自明の理. ▸ *se rendre à l'évidence* 異論の余地がないことを認める / *C'est l'évidence même.* それは明々白々だ / *C'est une évidence!* 分かりきったことだ.

à l'évidence = **de toute évidence** 明らかに.

en évidence はっきりと, 目立つように. ▸ *être en évidence* はっきり分かる, 目立つ.

mettre qc en évidence (1) …を人目につくようにする. (2) …を明らかにする. ♦ ***mettre en évidence que*** + 直説法 …を明らかにする.

se mettre en évidence 出しゃばる, 目立つ.

***évident, ente** /evidɑ̃, ɑ̃ːt/ 形 はっきりした, **明らかな**, 明白な. ▸ *preuve évidente* 明白な証拠 / *C'est évident.* それは明白だ. ♦ 《非人称構文で》*Il est évident que* + 直説法. …は明白である.

❷ 話 <*ne pas être évident*>簡単なことではない. ▸ *C'est pas évident.* それは簡単ではない.

évider /evide/ 他動 …をくりぬく；えぐる；切り込む. ▸ *évider la pierre pour faire des moulures* 刳形(くりかた)をつけるために石をうがつ.

évier /evje/ 男 (台所の)流し(台). ▸ *évier* (*en*) *inox* ステンレス流し台.

évincement /evɛ̃smɑ̃/ 男 追放, 排除.

évincer /evɛ̃se/ 他動 追放, 除名, (策略で)…を追放する, 退ける, 遠ざける. ▸ *Ses ennemis l'ont évincé du comité directeur.* 反対派により彼は重役会から追放された.

évitable /evitabl/ 形 避けられる.

évitement /evitmɑ̃/ 男 〔鉄道〕待避, 回避. ▸ *voie d'évitement* 待避線, 側線.

éviter

*éviter /evite エヴィテ/ 他動 ❶ …を避ける. ▶ *éviter* un danger 危険を避ける / *éviter* le pire 最悪の事態を避ける / J'*évite* le café le soir. 私は夜はコーヒーを控えている / *éviter* de justesse une voiture 間一髪で車をかわす / Elle m'*évite* depuis quelque temps. しばらく前から彼女は私を避けている. ◆ *éviter*「de + 不定詞 [que + 接続法]」…しないようにする. ▶ *éviter* de mentir うそをつかないようにする.
❷ <*éviter* qc à qn / *éviter* à qn de + 不定詞> …に…を免れさせる. ▶ *éviter* toute fatigue à l'interlocuteur 話し相手を疲れないようにしてやる / Cela lui *évitera* d'y aller. これで彼(女)はそこに行かずに済むだろう.
— **s'éviter** 代動 ❶ <*s'éviter* qc> …を避ける, 免れる. 用 se は間接目的. ▶ *Évitez-vous* tout travail inutile. むだな仕事はしないように. ❷ 避けられる. ❸ 避け合う. Ils *s'évitent* depuis leur dispute. 彼らは口論の後互いを避けている.

évocateur, trice /evɔkatœːr, tris/ 形 ❶ 連想をかきたてる, 喚起力に富む. ▶ titre *évocateur* 示唆に富む表題. ◆ *évocateur* de qc …を思い起こさせる. ▶ Les rues portent des noms souvent *évocateurs* d'un passé pittoresque. 通りの名前には歴史のある場面を髣髴(ほうふつ)とさせるものが多い. ❷ (死者の霊, 悪魔などを) 呼び出す力がある. ▶ médium *évocateur* 霊媒.

évocation /evɔkasjɔ̃/ 女 ❶ (記憶, イメージの) 喚起, 想起. ▶ le pouvoir d'*évocation* d'un mot ある語の(イメージ)喚起力 / Ce spectacle est une *évocation* fidèle de la Révolution. この芝居は大革命を忠実に描き出している. ❷ 言及, 示唆. ❸【オカルト】降霊, 招魂; 呼び出された霊.

évocatoire /evɔkatwaːr/ 形 ❶ 記憶を呼び覚ます. ❷ 降霊[招魂](術)の.

évolué, e /evɔlɥe/ 形 進歩[進化, 発達]した. ▶ un pays *évolué* 先進国.

évoluer /evɔlɥe/ 自動 ❶ 進展する, 進歩する; 変化する. ▶ Il a beaucoup *évolué*. 彼は(精神的に)ずいぶん成長した / La maladie *évolue* très lentement. 病気は非常に緩やかに進行している / La mode *évolue* sans cesse. 流行は絶えず変化している. ◆ *évoluer* vers qc …に向かって進展する. ▶ La crise a *évolué* vers sa solution. 危機は解決の方向に向かった.
❷ 飛び回る; 動き回る. ▶ avions qui *évoluent* dans le ciel 上空を旋回している飛行機.

évolutif, ive /evɔlytif, iːv/ 形 変化する, 進行する. ▶ processus *évolutif* 発展の過程.

*évolution /evɔlysjɔ̃/ エヴォリュスィヨン/ 女 ❶ 変化, 進展, 発達. ▶ *évolution* de la science 科学の発達 / *évolution* des goûts 好みの変化 / *évolution* démographique 人口動態 / en (pleine) *évolution* 発展[躍進]中の / subir l'*évolution* 変化を被る / favoriser [freiner] l'*évolution* de qc …の進展を促す[妨げる].
❷《複数で》一連の動き. ▶ regarder les *évolutions* du danseur ダンサーの動きをみつめる / les *évolutions* d'un avion 飛行機の旋回.
❸【生物学】進化. ▶ la théorie de l'*évolution* 進化論 (= évolutionnisme).

évolutionnisme /evɔlysjɔnism/ 男 進化論.
évolutionniste /evɔlysjɔnist/ 形 進化論の. — 名 進化論者.

évoquer /evɔke/ 他動 ❶ <*évoquer* qn/qc (à [pour, en] qn)> 〔物が〕(…に) …を連想させる, 思い起こさせる. ▶ Ces maisons blanches m'*évoquent* l'Espagne. その白い家々を見ると私はスペインを思い出す. ❷ …に触れる, 言及する. ▶ Les problèmes de la presse *ont été évoqués* à l'Assemblée nationale. ジャーナリズムの諸問題が国民議会で取り上げられた. ❸ …の霊を呼び出す.

Évreux /evrø/ 固有 エヴルー: Eure 県の県庁所在地.

Évry /evri/ 固有 エヴリー: Essonne 県の県庁所在地.

ex /eks/ 名 元の夫[妻]; 前の恋人.

ex.《略語》⇨ EXEMPLE.

ex- 接頭
❶（ハイフンを介して 名, 形 につく）「以前の, 元の」の意. ▶ *ex*-ministre 前[元]大臣 / des pays *ex*-pauvres 以前は貧しかった国々.
❷ (別形 é-, ef-, es-)「外へ」の意. ▶ *exporter* 輸出する. ❷.「強調」を表わす. ▶ *s'écrier* 大声を上げる. ❸.「…にする」の意. ▶ *élargir* 広くする. ❹.「除去」を表わす. ▶ *essouffler* 息切れさせる.

ex abrupto /ɛksabrypto/ 副句〔ラテン語〕急に, 準備なく. ▶ entrer *ex abrupto* dans le vif du sujet いきなり本論に入る.

exacerbation /ɛgzasɛrbasjɔ̃/ 女 文章 (苦痛や怒りなどの) 激化, 高ぶり.

exacerber /ɛgzasɛrbe/ 他動〔苦痛, 感情など〕を激化させる, 助長する. ▶ *exacerber* les passions 情熱をかき立てる.
— **s'exacerber** 代動 激化する.

*exact, acte /ɛgza(kt), akt エグザ(クト), エグザクト/ 形 ❶ 正しい, 正確な; 厳密な. ▶ calcul *exact* 正しい計算 / Tu as l'heure *exacte*? 正確な時間がわかるかい / pour être *exact* 厳密に言えば / raisonnement *exact* 厳密な推論 / mot *exact* 的確な語 / copie *exacte* d'un texte 原文どおりの写し / sciences *exactes*（数学や物理学などの）精密科学 / C'est *exact*. そのとおりです.《非人称構文で》Il est *exact* que + 直説法 /接続法. …ということは確かである. 用 否定文, 疑問文では, que 以下は接続法. 比較 ⇨ VRAI.
❷ 時間に正確な; 几帳面な, きちょうめんな. ▶ être *exact* au rendez-vous 約束の時間に遅れない.

*exactement /ɛgzaktəmɑ̃ エグザクトマン/ 副 ❶ 正確に, 厳密に. ▶ pour parler plus *exactement* もっと正確に言えば / Il est *exactement* six heures. ちょうど6時だ / Ce n'est pas *exactement* la même chose. それは必ずしも同じことではない / observer *exactement* la règle 規則を厳守する.
❷《単独で強い肯定の意味で》まさしく, そのとおり (= tout à fait). ▶ ≪Vous êtes content? —*Exactement*!»「御満足ですか」「もちろん」

exaction /ɛgzaksjɔ̃/ 女《複数で》（人民に対する）権力の乱用; 暴行, 略奪.

exactitude /ɛgzaktityd/ 囡 ❶ 正確さ, 正しさ; 厳密さ. ▶ l'*exactitude* d'une description 描写の的確さ. ❷ 時間厳守. ▶ Elle est d'une parfaite *exactitude*. 彼女は時間を厳守する人だ. ❸ 文章 きちょうめん, 綿密.
avec exactitude 正確に;念入りに.
L'exactitude est la politesse des rois. 時刻をたがえぬのときめえ者の礼儀(ルイ18世).

ex æquo /ɛgzeko/ 《ラテン語》副句 同列に, 対等に. ─ 名 (不変)同順位の者.

exagération /ɛgzaʒerasjɔ̃/ 囡 ❶ 誇張; 大げさな言葉[表現]. ▶ parler avec *exagération* 大げさに話す. ❷ 過度, 極端. ▶ l'*exagération* des dépenses 浪費, 支出過多.
sans exagération 誇張なしに; ほどほどに.

exagéré, e /ɛgzaʒere/ 形 ❶ 過度の, 極端な. ▶ prix *exagéré* 法外な値段 / sévérité *exagérée* 過度の厳しさ / maquillage *exagéré* 厚化粧. ❷ 誇張した, 大げさな. ▶ louanges *exagérées* 大げさな賛辞. ◆ Il n'est pas *exagéré* de dire que + 直説法 …と言っても誇張ではない.

exagérément /ɛgzaʒeremɑ̃/ 副 極端に, 過度に.

*****exagérer** /ɛgzaʒere/ エグザジェレ 6

直説法現在	j'exagère	nous exagérons
	tu exagères	vous exagérez
	il exagère	ils exagèrent

他動 …を**誇張する**;(過度に)強調する, 目立たせる. ▶ *exagérer* l'étendue des dégâts 被害の大きさを誇張する / N'*exagérons* rien 大げさなことはやめよう.
── 自動 **大げさに言う**; 度を過ごす, 節度をわきまえない. ▶ Tu es encore en retard, tu *exagères*! 君はまた遅刻だ. けしからんね / 500 euros pour ça? ils *exagèrent*! それが500ユーロだって. ひどいね.
── **s'exagérer** 代動 〈*s'exagérer* qc〉…を過大[誇大]に考える. 注 se は間接目的. ▶ *s'exagérer* la valeur de qc …を過大評価する.

exaltant, ante /ɛgzaltɑ̃, ɑ̃:t/ 形 興奮させる, 熱狂させる. ▶ Ce n'est pas un récit très *exaltant*. これはあまり胸のときめく物語ではない.

exaltation /ɛgzaltasjɔ̃/ 囡 ❶ 高揚, 興奮, 熱狂. ▶ état d'*exaltation* 興奮状態 / revenir de l'*exaltation* 平静を取り戻す. ❷ 文章 (感情, 力などの)高まり, 増大. ❸ 文章 称揚, 賛美.

exalté, e /ɛgzalte/ 形 興奮した, 熱狂した. ▶ parler avec une voix *exaltée* うわずった声で話す. ── 名 《悪い意味で》ひどく興奮[熱狂]した人, 狂信者.

exalter /ɛgzalte/ 他動 ❶ …を高揚させる, 熱狂させる. ▶ La perspective du succès l'*exalte*. 成功の見通しが彼(女)を興奮させている.
❷ [感情, 想像力]をかき立てる, 刺激する. ▶ Ton attitude insolente *exalte* sa haine. 君の横柄な態度が彼(女)の憎しみをかき立てている.
❸ 文章 …をたたえる, 称揚する.
── **s'exalter** 代動 ❶ 興奮する, 夢中になる. ▶ Il s'*exalte* quand il parle de cinéma. 彼は映画の話をすると夢中になる. ❷ 高まる, 強まる. ❸ たえ合う;たたえられる.

exam /egzam/ 男 (examen の略) 圏《学生》試験.

*****examen** /ɛgzamɛ̃ エグザマン/ 男 ❶ **試験**, テスト, 考査. ▶ préparer un *examen* 試験勉強をする / passer un *examen* 試験を受ける / être reçu à un *examen* 試験に受かる / 'être refusé [échouer] à un *examen* 試験に落第する / *examen* écrit [oral] 筆記[口述]試験 / *examen* de sortie 卒業試験 / *examen* blanc 模擬試験.
注 examen は一定の点数を取れば合格する資格試験. concours は合格者数があらかじめ定められている選抜試験.
❷ **検討, 検査, 調査**. ▶ faire l'objet d'un *examen* 調査の対象となる / soumettre qc à l'*examen* …を検討する / à l'*examen* よく調べてみると / libre *examen* 自由検討 / *examen* de conscience 自省, 内省 / subir un *examen* médical 健康診断を受ける / ne pas résister à l'*examen* 検討に耐えない.
faire son examen de conscience 良心に恥じるところがないかどうか自分に問う.
語法「フランス語の試験」は un *examen de* français という. 学科の前に定冠詞をつけて un *examen du* français とすると誤り. また「彼女はフランス語の試験でいい点を取った」は, Elle a eu une très bonne note *à l'examen de français*. または単に Elle a eu une très bonne note en français. という.
● passer un examen d'anglais 英語[歴史]の試験を受ける.
● J'ai eu la moyenne en maths. 私は数学で及第点を取った.

examinateur, trice /ɛgzaminatœ:r, tris/ 名 (特に口頭試問の)試験官.

*****examiner** /ɛgzamine エグザミネ/ 他動 ❶ …を**検討する, 調査する, 吟味する**. ▶ *examiner* un nouveau logement 新築住宅を点検する / acheter qc sans l'*examiner* …をよく調べもせずに買う / *examiner* des documents 資料を検討する / *examiner* qc de près …を仔細に検討する. ◆ *examiner* + 間接疑問節 ▶ Il faut *examiner* pourquoi il s'est produit un tel accident. なぜこのような事故が起きたのか調査してみる.
❷ …を**観察する**. ▶ *examiner* qn de la tête aux pieds …を頭のてっぺんから足の先までじろじろ眺める.
❸ …を**診察する**. ▶ se faire *examiner* par un spécialiste 専門医に検査してもらう.
❹ …に**試験をする**. ▶ *examiner* un élève sur les mathématiques ある生徒に数学の試験をする.

比較 **調べる**
examiner 何かを発見するために注意して見る.
regarder, voir も場合によって同様の意味で用いることができる. Je vais *regarder* s'il y a encore des places. まだ席があるか調べてみます. **vérifier** 本当かどうか確かめるために調べる. **s'informer, se renseigner, se documenter** 《改まった表現》情報を得るために, 資料を集めたり問い合わせたりして調べる. **consul-**

exanthématique

ter 辞書などを調べる. **préparer** 授業の予習などで調べる.

— **s'examiner** 代動 ❶ 自分の姿をよく見る. ▶ *s'examiner* dans la glace 鏡で自分をよく見る. ❷ 互いに観察しあう. ▶ Ils *s'examinaient* à la dérobée. 彼らはこっそり観察しあっていた.

exanthématique /ɛgzɑ̃tematik/ 形 [医学] typhus *exanthématique* 発疹(はっしん)チフス.

exanthème /ɛgzɑ̃tɛm/ 男 [医学] 発疹(はっしん).

exaspérant, ante /ɛgzasperɑ̃, ɑ̃:t/ 形 いらいらさせる, 腹の立つ. ▶ voix *exaspérante* 癇(かん)に障る声.

exaspération /ɛgzasperasjɔ̃/ 女 ❶ 激怒, 激しいいらだち. ▶ Son attitude insolente m'a mis au comble de l'*exaspération*. 彼(女)の横柄な態度に私の怒りは頂点に達した. ❷ 文章 (感情の)高まり, 激化.

exaspéré, e /ɛgzaspere/ 形 ❶ 激しくいらだった, 激怒した. ❷ [苦痛, 感情などが] 激しい, 強い. ▶ nationalisme *exaspéré* 過激なナショナリズム.

exaspérer /ɛgzaspere/ ⑥ 他動 ❶ …を激しくいらだたせる, 激怒させる. ▶ Il m'*exaspère* avec ses plaintes. 彼の愚痴を聞いていると無性に腹が立ってくる. ❷ 文章 [苦痛, 感情など] を激化させる. ▶ Ce souvenir *exaspère* son chagrin. この思い出は彼(女)の悲しみを募らせる.

— **s'exaspérer** 代動 ❶ 激しくいらだつ, 激怒する. ❷ [苦痛, 感情などが] 激しくなる.

exaucement /ɛgzosmɑ̃/ 男 文章 (祈り, 願いを) 聞き入れること, かなえること.

exaucer /ɛgzose/ ① 他動 ❶ [神が] …の願いを聞き入れる. ❷ [祈り, 願い] をかなえる.

ex cathedra /ɛkskatedra/ 副句 (ラテン語) ❶ [カトリック] 権威の座から: 教皇が特別教導職を正式に執行するときにいう. ❷ 権威をもって, 厳かに.

excavateur /ɛkskavatœ:r/ 男 掘削機.

excavation /ɛkskavasjɔ̃/ 女 ❶ (大地にできた) 穴. ❷ 掘削.

excavatrice /ɛkskavatris/ 女 小型掘削機.

excaver /ɛkskave/ 他動 …を掘る, 掘削する. ▶ *excaver* le sol 地面を掘る.

excédant, ante /ɛksedɑ̃, ɑ̃:t/ 形 いらだたせる, うんざりさせる. ▶ bavardage *excédant* 耳障りなおしゃべり / journée *excédante* 疲れる一日.

excédé, e /ɛksede/ 形 いらだった, うんざりした.

excédent /ɛksedɑ̃/ 男 ❶ 超過(分), 過剰, 余剰. ▶ l'*excédent* des naissances sur les décès 死亡数を上回る出生数 / *excédent* de bagages 手荷物の重量超過. ❷ 黒字 (↔déficit). ▶ *excédent* de la balance commerciale 貿易黒字.

en excédent 余分の, 超過した.

excédentaire /ɛksedɑ̃tɛ:r/ 形 過剰の; 黒字の. ▶ production *excédentaire* 過剰生産(物).

excéder /ɛksede/ ⑥ 他動 ❶ …を超過する, 超える. ▶ Les dépenses *excèdent* de beaucoup les recettes. 支出がはるかに収入を超えている. 比較 ⇨ PASSER. ❷ [限界など] を超える. ▶ *excéder* son pouvoir 自分の権限を越える. ❸ …をいらいらさせる, うんざりさせる. ▶ Il m'*excède* de flatteries. 彼のおべっかにはうんざりだ.

excellemment /ɛksɛlamɑ̃/ 副 文章 すばらしく, 見事に.

excellence /ɛksɛlɑ̃:s/ 女 ❶ 文章 卓越, 優秀, 絶妙. ▶ apprécier l'*excellence* d'un mets ある料理を味わって絶品だと認める / prix d'*excellence* 優等賞. ❷ 〈Excellence〉閣下, 猊下(げいか). 注 大使, 大臣, 司教などの尊称. ▶ Son *Excellence* l'ambassadeur d'Italie イタリア大使閣下 / Son *Excellence* l'archevêque 大司教猊下 / Je remercie Votre *Excellence*. 閣下 [猊下] に感謝申し上げます.

par excellence 典型的な, 代表的な; 際立って, 特に. ▶ Le 14 juillet est la fête populaire *par excellence*. 7月14日 (フランス革命記念日) は代表的な民衆の祝日である / Il aime la musique *par excellence*. 彼は音楽が特に好きだ.

*****excellent, ente** /ɛksɛlɑ̃, ɑ̃:t エクセラン, エクセラーント/ 形 すばらしい, 卓越した, 見事な, 極上の. 注 比較級, 最上級や très *excellent* の形は稀. ▶ Nous avons bu un *excellent* vin. 私たちはとてもおいしいワインを飲んだ / être en *excellente* santé 申し分のない健康状態である / produits laitiers d'*excellente* qualité 品質の優れた乳製品 / *excellente* idée 名案 / élève *excellent* en histoire 歴史がよくできる生徒. 比較 ⇨ BRILLANT.

exceller /ɛksele/ 自動 *exceller* en [dans] qc // *exceller* à + 不定詞 …にぬきんでる, 秀でる, 優れている. ▶ *exceller* en mathématiques (=se distinguer) 数学がよくできる / Elle excelle à dessiner des caricatures. 風刺画を描(か)かせたら彼女の右に出る者はいない.

excentré, e /ɛksɑ̃tre/ 形 中心から外れた; (特に) 町の中心から遠い.

excentricité /ɛksɑ̃trisite/ 女 ❶ とっぴさ, 奇抜さ; (多く複数で) 常軌を逸した行為, 奇癖. ▶ l'*excentricité* de ses vêtements 彼(女)の服装の奇抜さ / faire des *excentricités* 奇行を演じる. ❷ 中心地から離れていること, 辺鄙(へんぴ)さ.

excentrique /ɛksɑ̃trik/ 形 ❶ とっぴな, 風変わりな, 奇抜な. ▶ homme *excentrique* 変人 / idées *excentriques* 突拍子もない考え. ❷ 中心地から外れた. ▶ quartier *excentrique* 町の中心から離れた地区, 町外れ. ❸ [数学] 中心のずれた, 偏心の (↔concentrique).

— 名 変わり者, 奇人, 変人.

— 男 (回転運動を往復運動に変える) 偏心機構; 偏心凸輪.

excentriquement /ɛksɑ̃trikmɑ̃/ 副 とっぴに, 風変わりに, 奇抜に.

*****excepté** /ɛksɛpte エクセプテ/ 前 …を除いて, 別にして, 以外の. ▶ Ce restaurant est ouvert *excepté* le lundi. このレストランは月曜以外は営業している / Je suis content de tout le monde, *excepté* de vous. ほかのみんなには満足していますが, あなた(方)は別です ♦ *excepté* 'que + 直説法 [de + 不定詞] …ということを除いては. ▶ Elle est bonne élève, *excepté* qu'elle est très étourdie. (=sauf) 彼女は非常にそそっかしい点を別にすれば, たいへんいい生徒だ.

excepté, e /ɛksɛpte/ 形 《名詞のあとで》除かれ

た, 別にされた, …以外. ▶ Il n'a plus de famille, sa mère *exceptée*. 彼にはもう母親以外家族はいない.

excepter /ɛksɛpte/ 他動 ⟨*excepter* qn/qc (de qc)⟩(…から)…を除外する, 例外とする, 別にする. ▶ La mort n'*excepte* personne. 死からは何人(ｽﾞﾝ)も逃れられない.
— **s'excepter** 代動 ⟨*s'excepter* de qc⟩…から自分を除外する.

*****exception** /ɛksɛpsjɔ̃/ エクセプスィヨン 女 **除外**; 例外, 特例. ▶ sans (aucune) *exception* 例外なく / à part quelques *exceptions* = à quelques *exceptions* près 多少の例外は除いて / faire une *exception* pour [en faveur de] qn …のために特例を設ける / admettre [souffrir] des *exceptions* 例外を許容する / *exception* française フランス的例外(フランスは他国とは違うという考え) / *exception* culturelle 文化的例外(文化的側面は単なる経済活動とは異なるという考え) / La neige est une *exception* à cette époque. この時期に雪が降ることは稀だ.

à l'exception de qn/qc = exception faite de qn/qc …を除いて(=excepté, sauf). ▶ Ils ont tous été acceptés, *à l'exception d*'un seul. 彼らは1人を除いて全員が受け入れられた.

d'exception 例外の, 特別な. ▶ loi [mesure] *d'exception* 特別法[措置].

faire exception 例外をなす, 規則から外れる.

L'exception confirme la règle. 諺 例外のあるのは規則[原則]がある証拠.

par exception 例外的に. ▶ Il est toujours ponctuel, mais aujourd'hui *par exception* il est en retard. 彼はいつも時間をきちんと守るのに, 今日は珍しく遅刻だ.

*****exceptionnel, le** /ɛksɛpsjɔnɛl/ エクセプスィヨネル 形 **❶ 例外的な, 特別の, 異例の.** ▶ occasion *exceptionnelle* 絶好のチャンス / temps *exceptionnel* 稀に見る好天 / remise *exceptionnelle* 特別割引 /《非人称構文で》Il est *exceptionnel* qu'elle vienne me voir. 彼女が私に会いに来るのは珍しいことだ.
❷ なみはずれた, 卓越した. ▶ homme *exceptionnel* 非凡な男.

exceptionnellement /ɛksɛpsjɔnɛlmɑ̃/ 副 例外的に, 特別に; なみはずれて, けた外れに.

*****excès** /ɛksɛ/ エクセ 男 **❶ 過剰, 過度.** ▶ l'*excès* de l'offre sur la demande 需要に対する供給過剰. ◆ *excès* de + 無冠詞名詞 過剰な…, 過度の…. ▶ *excès* de pouvoir 越権行為 / *excès* de vitesse スピード違反 / *excès* de table 食べ過ぎ.
❷ 《多く複数で》行きすぎ, 不節制; 暴力行為. ▶ faire [commettre] des *excès* 暴飲暴食をする; 不節制をする; 残虐な振る舞いをする.

à l'excès 極端に. ▶ boire *à l'excès* 飲みすぎる / Tu fais tout *à l'excès*. 君はすることなすことが極端だ.

avec excès 過度に(=démesurément).

excès de langage 暴言, 失言.

sans excès 適度に(=modérément).

tomber dans l'excès inverse 極端から極端に走る.

excessif, ive /ɛksesif, iːv/ 形 **❶ なみはずれた, 過度の; 極端な.** 注 比較級, 最上級, trop *excessif* の形は用いない. ▶ prix *excessifs* 法外な値段 / Elle est *excessive* dans ses opinions. 彼女は極端な意見の持ち主だ. ◆《非人称構文で》Il est *excessif*「de + 不定詞 [que + 直説法]. …するのは行きすぎだ. ▶ Il est *excessif* de dire qu'il est bête. 彼をばかだと言うのはあんまりだ.
❷ 話《多く名詞の前で》すごい, 非常な. ▶ Il est d'une *excessive* gentillesse. 彼はえらく親切だ.

excessivement /ɛksesivmɑ̃/ 副 なみはずれて, 過度に. ▶ manger *excessivement* 食べすぎる / un homme *excessivement* capable ずば抜けて有能な男.

exciper /ɛksipe/ 間他動 ⟨*exciper* de qc⟩ **❶ 〖法律〗**…を理由に異議を申し立てる. ▶ *exciper* de la prescription 時効を理由に抗争する.
❷ 文章 …を盾にする, 口実にする. ▶ *exciper* de sa bonne foi 善意から出たことだと弁解する.

exciser /ɛksize/ 他動 〖外科〗…を切除する. ▶ *exciser* une tumeur 腫瘍(ﾖｳ)を切除する.

excision /ɛksizjɔ̃/ 女 〖外科〗切除.

excitabilité /ɛksitabilite/ 女 **❶ 興奮しやすさ.**
❷ 〖生理学〗(細胞の)興奮性, 被刺激性.

excitable /ɛksitabl/ 形 **❶ 興奮しやすい. ❷ 〖生理学〗**(器官などが)刺激に反応する(↔calmant).

excitant, ante /ɛksitɑ̃, ɑ̃ːt/ 形 **❶ 興奮させる, 刺激性の(↔calmant).** ▶ Le café est *excitant*. コーヒーには興奮作用がある. **❷ 刺激的な, 興味深い.** ▶ livre *excitant* pour la curiosité 好奇心をかき立てる本 / Ce n'est pas très *excitant*. 話 あまりぱっとしないね. **❸ 欲情をそそる, 挑発的な.** ▶ femme *excitante* そそる女.
— **excitant** 男 〖医学〗興奮剤.

excitateur, trice /ɛksitatœːr, tris/ 名 文章 刺激を与える人; 扇動者. ▶ *excitateur* de troubles politiques 政治的騒乱の扇動者.
— 形 興奮させる, 刺激する.

excitation /ɛksitasjɔ̃/ 女 **❶ 駆り立てること, 扇動.** ▶ *excitation* à la révolte 反乱の扇動. **❷ 興奮(状態), 熱狂.** ▶ Elle est dans un état d'extrême *excitation*. 彼女はひどく興奮している / *excitation* contre qn …に対する激しいいらだち. **❸ 〖生理学〗興奮, 刺激.**

excité, e /ɛksite/ 形, 名 興奮した(人).

*****exciter** /ɛksite/ エクスィテ 他動 **❶〔感覚, 感情など〕をかき立てる, そそる.** ▶ *exciter* l'imagination 想像力をかき立てる / *exciter* l'appétit (=stimuler) 食欲をそそる / *exciter* la jalousie (=provoquer) 嫉妬(ﾄ)をかき立てる.
❷ …を怒らせ, 興奮させる; 激昂(ｺｳ)させる. ▶ Le café m'*excite* trop. コーヒーは私には刺激が強すぎる. *exciter* qn par des railleries …を嘲弄(ﾁｮｳﾛｳ)してかんかんに怒らせる / Elle m'*excite* avec cette robe. 彼女があんなドレスを着ると挑発的だ.
❸ ⟨*exciter* qn à qc/不定詞⟩(行動など)に…を駆り立てる; 奮起させる. ▶ *exciter* les mécontents「à la révolte [à se révolter] 不満分子を(扇動して)反乱に駆り立てる.
❹ 話《多く否定表現で》…の興味を引く. ▶ Ce travail ne l'*excite* pas beaucoup. こんな仕事じ

exclamatif

や彼(女)はあまり燃えない.

— **s'exciter** 代動 ❶ 興奮する; 怒る, 激する. ▶ *s'exciter* en discutant 議論しているうちに興奮してくる. ❷ 話《*s'exciter* sur qc》…に夢中になる.

exclamatif, ive /ɛksklamatif, iːv/ 形《文法》感嘆を示す. ▶ phrase *exclamative* 感嘆文.

exclamation /ɛksklamasjɔ̃/ 女 ❶ (喜び, 驚き, 怒りなどの)叫び. ▶ pousser des *exclamations* de ravissement うっとりして感嘆の声を上げる. ❷ point d'*exclamation* 感嘆符(!).

s'exclamer /sɛksklame/ 代動 叫ぶ, 大声で言う. ▶ *s'exclamer* sur la beauté d'un tableau 絵の美しさに感嘆の声を上げる / «Dommage!» *s'exclama*-t-il. 「残念だなあ」と彼は叫んだ.

exclu, e /ɛkskly/ 形 (exclure の過去分詞) ❶ 《*exclu* (de qc)》 (…から)締め出された; 考慮の余地のない. ▶ membres *exclus* d'un parti 党から除名された者 / Cette solution est *exclue*. そんな解決法はお話にもならない. ◆《非人称構文で》Il est *exclu* que + 接続法. …は論外である. ▶ Il n'est pas *exclu* qu'il accepte notre offre. 彼が我々の提案を飲むこともありうる.

❷ (特定の数, 日を)除いた, 含まれない. ▶ Je travaille tous les jours, samedi et dimanche *exclus*. 土・日以外は毎日働いています.

— 名 追放者, 除名者; のけ者.

*__exclure__ /ɛkskly:r/ エクスクリュール/ 57 (過去分詞 exclu, 現在分詞 excluant) 他動 ❶ …を締め出す, 除去する. ▶ *exclure* qn d'un parti …を党から除名する.

❷ 《*exclure* qc // *exclure* de + 不定詞 // *exclure* que + 接続法》…を排除する, 拒否する, 認めない; の可能性を考慮に入れない. ▶ Elle *exclut* le sucre de son régime. 彼女はダイエットのために砂糖を控えている / J'*exclus* 「votre participation [que vous participiez] à cette affaire. あなた(方)がこの件にかかわることは認められません / On ne peut pas *exclure* cette hypothèse. その可能性は否定できない.

❸ 《*exclure* qc // *exclure* que + 接続法》〔物が〕…と相いれない, 両立しない. ▶ La confiance n'*exclut* pas le contrôle. 信頼があっても監督は必要だ.

— **s'exclure** 代動 ❶ 互いに相いれない, 排斥し合う. ▶ solutions qui *s'excluent* 互いに相いれない解決法 ❷ 《*s'exclure* de qc》自分から進んで…から身を引く, 退仕する.

exclusif, ive /ɛksklyzif, iːv/ 形 ❶ 独占的な, 専有の. ▶ privilège *exclusif* 独占的特権 / interview *exclusif* 独占インタビュー.

❷ 唯一の, 他のものを受けつけない. ▶ dans le but *exclusif* de + 不定詞 …するのを唯一の目的として / avoir une passion *exclusive* pour qn /qc …だけに夢中になっている.

❸ 偏狭な, 頑固一徹な. ▶ être très *exclusif* dans ses goûts 嗜好(とう)が非常に偏っている.

❹ 《*exclusif* de qc》…と相いれない, を寄せつけない. ▶ fanatisme *exclusif* de toute objectivité 客観性をいっさい受けつけない狂信的態度.

exclusion /ɛksklyzjɔ̃/ 女 追放, 除名; 除外, 排除 (= exclusion sociale). ▶ *exclusion* d'une école 退学 / prononcer l'*exclusion* de qn …の除名を宣告する / lutte contre l'*exclusion* 排除に対する戦い.

à l'exclusion de qc/qn …を除いて (=excepté, sauf). ▶ manger de tout *à l'exclusion* des laitages 乳製品以外はなんでも食べる.

exclusive /ɛksklyziːv/ 女 除名(処分), 排除(措置). ▶ prononcer l'*exclusive* contre qn = frapper qn d'*exclusive* …を除名する / sans *exclusive* 漏れなく.

exclusivement /ɛksklyzivmɑ̃/ 副 ❶ もっぱら, ひたすら. ❷ …を除いて. ▶ du mois de janvier au mois d'août *exclusivement* (=exclu) (1月から8月の前まで→) 1月から7月末日まで.

exclusivité /ɛksklyzivite/ 女 ❶ 独占権; 専売権[品]. ▶ avoir l'*exclusivité* d'une marque ある商標の独占使用権を持つ. ❷《映画》独占上演権[期間], ロードショー. ▶ cinéma d'*exclusivité* 封切館.

en exclusivité (1) 独占的に. ▶ entretien publié *en exclusivité* 独占インタビュー記事. (2) ロードショーで. ▶ film projeté *en exclusivité* ロードショー公開の映画.

excluss-, exclû- 活用 ⇨ EXCLURE 57

excommunication /ɛkskɔmynikasjɔ̃/ 女 ❶《カトリック》破門. ▶ lancer une *excommunication* contre qn …に破門を言い渡す.

❷ (集団, 党派からの)追放, 粛清.

excommunié, e /ɛkskɔmynje/ 形, 名 ❶《カトリック》破門された(人). ❷ (集団, 党派から)追放された(人).

excommunier /ɛkskɔmynje/ 他動 ❶《カトリック》…を破門する. ❷ …を(集団, 党派)から追放する.

excoriation /ɛkskɔrjasjɔ̃/ 女 擦過傷, 擦り傷.

excorier /ɛkskɔrje/ 他動〔皮膚〕を擦りむく, に擦り傷をつける.

excrément /ɛkskremɑ̃/ 男 大便, 糞便(ふん). ▶ expulser les *excréments* 排便する.

excréter /ɛkskrete/ 6 他動《生理学》…を排泄(はいせつ)する, 分泌する.

excréteur, trice /ɛkskretœːr, tris/, **excrétoire** /ɛkskretwaːr/ 形《生理学》排泄(はいせつ)の.

excrétion /ɛkskresjɔ̃/ 女 ❶ (汗, 尿などの)排出, 排泄(はいせつ). ❷《複数で》排泄物.

excroissance /ɛkskrwasɑ̃ːs/ 女 ❶ いぼ, ポリープ. ❷ 余分に突出したもの, 余計な付属物.

excursion /ɛkskyrsjɔ̃/ 女 遠足, ハイキング; (調査, 見学の)小旅行. ▶ *excursion* en montagne 山歩き[登り] / *excursion* scientifique 学術調査旅行.

excursionner /ɛkskyrsjɔne/ 自動 遠足[小旅行]をする.

excursionniste /ɛkskyrsjɔnist/ 名 遠足[小旅行]する人, 行楽客; ハイカー.

excusable /ɛkskyzabl/ 形 許せる, 無理もない. ▶ une colère bien *excusable* まことに無理もない怒り / A son âge, c'est *excusable*. 彼(女)の年齢ならそれも仕方がない.

exécution

*excuse /ɛksky:z エクスキューズ/ 囡 ❶ 言い訳, 弁解. ▶ donner une bonne *excuse* 説得力のある理由を述べる / chercher une *excuse* 口実をさがす / Sa faute est sans *excuse*. 彼(女)の過失には弁解の余地がない / Il a pris pour *excuse* son inexpérience. 不慣れであるからと彼は弁解した.
❷ ⟨*excuse* (pour + 不定詞)⟩ (義務の免除, 欠席などの) 口実. ▶ trouver une bonne *excuse* pour refuser l'invitation 招待を断るための格好の口実を見つける / apporter un mot d'*excuse* (生徒が学校に保護者のサインのある) 欠席届を出す.
❸ ⟨複数で⟩ 詫(ゎ), 陳謝, 謝罪. ▶ faire [présenter] des *excuses* à qn …に詫びる, 陳謝する / Je vous fais toutes mes *excuses* d'arriver si en retard. こんなに遅れてきてまったく申し訳ありません.

Faites excuse. /fɛtɛksky:z/ 國 悪いけど, 失礼だが. ▶ ≪Il n'est pas venu ?—*Faites excuse*, il est arrivé.≫「彼は来ていないの」「おあいにくさま, もう来ているよ」

Mille excuses. お許しください.

*excuser /ɛkskyze エクスキュゼ/ 他動 ❶ ⟨*excuser* qn/qc // *excuser* que + 接続法⟩…を許す. ▶ Pour cette fois, je t'*excuse*, mais ne recommence pas. 今度だけは大目に見ますが, もうしてはいけませんよ / *Excusez* ma mauvaise écriture. 乱筆お許しください / Vous êtes tout *excusé*. (謝りに対して) ちっともかまいません. どういたしまして.
◆ *excuser* qn de qc/不定詞 …に…を許す (= pardonner). ▶ *Excusez*-moi 「de mon retard [d'être en retard]. 遅れて申し訳ありません / *Excusez*-moi de vous déranger. お邪魔してすみません.
❷ …のことを弁護する, 詫(ゎ)びる. ▶ Veuillez m'*excuser* auprès de lui pour la confusion que j'ai commise. 私が思い違いしたことについて彼によろしく取りなしてください.
❸ ⟨*excuser* qc // *excuser* que + 接続法⟩〔物が〕…の口実 [言い訳] になる. ▶ Rien n'*excuse* une telle conduite. そのような行為はどんなにしても申し開きができない.
❹ …を (義務などから) 免除する; 《特に》…に (会合などへの) 出席を免除する. ▶ se faire *excuser* 欠席を認めてもらう, 来られないことを伝える.

Excusez du peu. 國 あきれたね (法外なことに対する驚きを反語的に表現).

Excusez-moi. = ***Vous m'excuserez.*** すみません, 申し訳ありません. ▶ *Excusez-moi*, vous avez l'heure, s'il vous plaît? 失礼ですが今何時ですか / *Excuse-moi*, mais je ne suis pas de ton avis. 申し訳ないが, 君の意見には賛成しかねる.

— ***s'excuser** 代動 ❶ 弁解する, 言い訳をする. ▶ Elle *s'est excusée* au moins auprès de son prof ? 彼女は先生に弁解ぐらいはしたのだろうね.
❷ ⟨*s'excuser* de qc/不定詞⟩…を詫びる. ▶ Je m'*excuse* de vous contredire. 失礼ですが反論させていただきます / Je m'*excuse*. すみませんが (注 しばしば用いられるが, Excusez-moi の誤用).
❸ 許される. ▶ Il y a des fautes qui ne s'ex*cusent* pas. 許されない過ちというものがある.

Qui s'excuse s'accuse 諺 言い訳するのはやましい証拠

exécrable /ɛɡzekrabl/ /ɛɡzekrabl/ 形 ❶ 最低の, 最悪の. ▶ Il est d'une humeur *exécrable*. 彼はひどく機嫌が悪い / Il fait un temps *exécrable*. ひどい天気だ. 比較 ⇨ MAUVAIS. ❷ 文章 忌まわしい, いとわしい. ▶ une action *exécrable* おぞましい行為.

exécrablement /ɛksekrabləmɑ̃; ɛɡzekrabləmɑ̃/ 副 ひどく, 非常にまずく.

exécration /ɛksekrasjɔ̃; ɛɡzekrasjɔ̃/ 囡 文章 憎悪, 嫌悪; 憎悪の対象. ▶ avoir qn/qc en *exécration* …を毛嫌いする.

exécrer /ɛksekre; ɛɡzekre/ ⑥ 他動 …を嫌悪する, 激しく憎む. 比較 ⇨ DÉTESTER.

exécutable /ɛɡzekytabl/ 形 実行 [実現] できる. ▶ projet *exécutable* 実現可能な計画 / fichier *exécutable* 〖情報〗実行可能ファイル.

exécutant, ante /ɛɡzekytɑ̃, ɑ̃:t/ 图 ❶ (命令, 仕事などの) 実行者, 執行者. ❷ 演奏者 〖家〗. ▶ orchestre de soixante *exécutants* 60人編成のオーケストラ.

*exécuter /ɛɡzekyte エグゼキュテ/ 他動 ❶ 〔計画, 命令など〕を実行する; 〔法令, 判決など〕を執行する. ▶ *exécuter* une mission 任務を果たす / un plan difficile à *exécuter* 実現困難な計画 / *exécuter* un jugement 判決を執行する. 比較 ⇨ EFFECTUER.
❷ 〔仕事, 作品〕を仕上げる, 制作する. ▶ peinture *exécutée* sur un mur 壁に描かれた絵.
❸ 〔曲〕を演奏する; 〔踊りなど〕を演じる. ▶ *exécuter* un morceau de musique 曲を演奏する.
❹ …を処刑する; (復讐として) 殺す.
❺ 〖情報〗 *exécuter* un programme プログラムを実行する.

— **s'exécuter** 代動 ❶ (命じられたことを) 実行する; 進んで行う. ▶ *s'exécuter* de bonne grâce 気持よく言うことをきく. ❷ 実行される, 行われる; 演奏される.

exécuteur, trice /ɛɡzekytœ:r, tris/ 图 〖民法〗 *exécuteur* testamentaire 遺言執行者. ❷ 〖刑法〗 (昔の) 死刑執行人 (= *exécuteur* des hautes œuvres).

exécutif, ive /ɛɡzekytif, i:v/ 形 〖法律〗行政の, 法の執行に当たる. ▶ le pouvoir *exécutif* 行政権 / comité *exécutif* 執行委員会.

exécutif /ɛɡzekytif/ 男 行政権; 行政府 (= pouvoir *exécutif*).

exécution /ɛɡzekysjɔ̃/ 囡 ❶ (計画, 決定などの) 実現, 実施, 遂行; (法令, 判決などの) 執行. ▶ *exécution* d'une promesse 約束の実行 / *exécution* d'un jugement 判決の執行 / *exécution* forcée 強制執行, 差し押さえ.
❷ (芸術作品などの) 制作, 仕上げ; (工事などの) 施工, 完成. ▶ *exécution* d'un tableau 絵の制作 / L'*exécution* des travaux a été confiée à cette entreprise. 工事の施工はこの会社に委託された.
❸ (音楽などの) 演奏, 上演. ▶ *exécution* d'une symphonie 交響曲の演奏.

exécutoire

❹〖刑法〗死刑執行 (=*exécution* capitale).
❺〖情報〗(プログラムの)実行, 実行結果. ▸ temps d'*exécution* 実行時間.
mettre qc à exécution〔計画, 決定, 命令などを〕実行に移す.

exécutoire /egzekytwa:r/ 形〖法律〗執行力を有する; 執行されるべき. ▸ force *exécutoire* (判決などの)執行力.

exégèse /egzeʒɛ:z/ 囡 (古典などの)解釈, 注釈;《特に》(l'Exégèse) 聖書釈義[学]. ▸ *exégèse* biblique 聖書注釈.

exégète /egzeʒɛt/ 名 (古典)解釈学者;《特に》聖書釈義学者.

exégétique /egzeʒetik/ 形 解釈[注釈](学)の. ▸ notes *exégétiques* 注解.

exemplaire[1] /egzɑ̃plɛːr/ 形 ❶ 模範的な. ▸ conduite *exemplaire* 模範的な行い.
❷ 見せしめの, 教訓となる. ▸ châtiment *exemplaire* 見せしめの罰.

*exemplaire[2] /egzɑ̃plɛːr エグザンプレール/ 男 ❶ (本, 新聞などの)部, 冊. ▸ imprimer [tirer エグザンプレール] un livre à mille *exemplaires* 本を1000部印刷する / faire une copie en trois *exemplaires* 3部コピーする. ❷ (動物, 植物の)見本, 標本. ❸ 同種の物[人]. ▸ Des hommes de cette sorte, on en trouve des centaines d'*exemplaires*. こういう人間は何百人といる.

exemplairement /egzɑ̃plɛrmɑ̃/ 副 ❶ 模範的に. ❷ 見せしめに.

exemplarité /egzɑ̃plarite/ 囡 ❶ 模範的であること. ❷ (刑罰などの)見せしめの性格.

*exemple /egzɑ̃:pl エグザーンプル/ 男 ❶ 例, 実例, 前例. ▸ donner [citer] un *exemple* 例を挙げる / prendre l'*exemple* de qc = prendre qc pour *exemple* …を例に挙げる / à titre d'*exemple* 例として / On pourrait multiplier les *exemples*. 例は枚挙にいとまがない. ◆ *exemple* de + 無冠詞名詞 …の例. ▸ Donnez-moi un *exemple* de volcan endormi. 休火山の例を1つ挙げてください.
❷ 文例, 用例. ▸ citer un *exemple* de Racine ラシーヌの用例を引く.
❸ 手本, 模範; 範となる人. ▸ un bon [mauvais] *exemple* よい[悪い]見本 / prendre *exemple* sur qn = suivre l'*exemple* de qn …にならう, を見習う / donner [montrer] l'*exemple* 範を示す.
❹ 見せしめ, 教訓. ▸ servir d'*exemple* 見せしめとして役に立つ / punir qn pour l'*exemple* 見せしめのために…を罰する.
à l'exemple de qn/qc …を手本にして, 模範として. ▸ Il agit en tout à l'*exemple* de son père. 彼は何事によらず父親にならって行動する.

***par exemple** 副句 (1) たとえば. ▸ Considérons, *par exemple*, ce cas. たとえば, この事例を考えてみましょう. 《*par* を省略して》Il existe en France des régions peu peuplées, *exemple*: la Lozère. フランスには過疎地帯がある, たとえばロゼール県だ. (2) 話 だけど. ▸ Il a cessé de boire; *par exemple*, il ne faudrait pas le tenter avec une bonne bouteille. 彼は禁酒した, とは言ってもうまい酒で誘わなければの話だがね. (3)《驚き, 不信, 不満を示す》▸ Ça, *par exemple*! そんなばかな / Tiens, *par exemple*! Mais c'est lui. *par exemple*, 彼じゃないか.
sans exemple 比類のない; 前例のない.

exemplifier /egzɑ̃plifje/ 他動 …を例を挙げて説明する.

exempt, empte /egzɑ̃, ɑ̃:t/ (p は発音せず) 形 <*exempt* de qc/不定詞>❶ (義務などを)免除された. ▸ être *exempt* du service militaire 兵役を免除されている / boutique *exempte* de taxes 免税店. ❷ (欠点, 危険などの)ない, を免れた. ▸ une vie *exempte* de tous soucis 何一つ不安のない生活 / Personne n'est *exempt* de se tromper. だれでも誤ちは犯しうる.
— **exempt** 男 (義務などを)免除された人.

exempté, e /egzɑ̃te/ (p は発音せず) 形, 名 (兵役などの義務を)免除された(人).

exempter /egzɑ̃te/ (p は発音せず) 他動 <*exempter* qn de qc/不定詞>…に (義務などを)免除する;《特に》…を兵役免除にする. ▸ *exempter* qn d'impôt …に税金を免除する.

exemption /egzɑ̃psjɔ̃/ 囡 (義務などの)免除;《特に》兵役の免除 (= *exemption* de service militaire). ▸ *exemption* d'impôts 免税 / *exemption* de peine 刑の免除.

exerçant, ante /egzɛrsɑ̃, ɑ̃:t/ 形〔医師, 弁護士などが〕現役の, 開業している.

exercé, e /egzɛrse/ 形 訓練された.

*exercer /egzɛrse エグゼルセ/ 他動 ①

過去分詞 exercé		現在分詞 exerçant
直説法現在	j'exerce	nous exerçons
	tu exerces	vous exercez
	il exerce	ils exercent

❶ …を鍛える, 訓練する. ▸ *exercer* ses muscles 筋肉を鍛える / *exercer* son esprit 頭を鍛える. ◆ *exercer* qn/qc à qc/不定詞 …に…の訓練をする. ▸ *exercer* des élèves 'à la lecture [à lire] 生徒に読み方の練習をさせる.
❷ …を行使する, 発揮する. ▸ *exercer* un pouvoir 権力を行使する / *exercer* son vrai talent 真の才能を発揮する.
❸ <*exercer* qc sur [contre] qn/qc>〔影響, 力など〕を…に及ぼす. ▸ *exercer* une mauvaise influence sur qn …に悪影響を与える.
❹〔職業, 職務など〕に従事する, を営む. ▸ *exercer* le commerce 商売をする.《目的語なしに》Ce médecin n'*exerce* plus. この医師はもう診察をしていない. ❺ 文章 (物が能力, 精神力など)を試す, 試練にかける.

— **s'exercer** 代動 ❶ <*s'exercer* (à qc/不定詞)>(…の)練習[訓練]をする. ▸ Un bon pianiste s'*exerce* tous les jours 優れたピアニストは毎日練習する / *s'exercer* 「au tir [à tirer] 射撃訓練をする.
❷〔権利, 才能などが〕行使される, 発揮される.
❸ <*s'exercer* sur [contre] qn/qc> …に働きかけ

る，作用する．▶ Sa méfiance *s'exerce* contre tout le monde. 彼(女)はだれにでも警戒心を抱く．

*exercice /ɛgzɛrsis エグゼルスィス/ 男 ❶ 練習，稽古(ﾞﾞ)，訓練；〖軍事〗教練，演習．▶ faire des *exercices* de piano ピアノの稽古をする．
❷ 運動，体操．▶ faire de l'*exercice* 運動をする / *exercice* physique 体操 / *exercice* sur sol 床体操 / *exercice* d'assouplissement 柔軟体操．
❸ 練習問題；《複数で》問題集 (=cahier d'*exercices*). ▶ *exercices* de calcul 計算の練習問題 / *Exercices* de style「文体練習」(クノーの小説) / livre [cahier] d'*exercices* 問題集
❹ 行使，実行．▶ l'*exercice* du pouvoir 権力の行使 / Il ne faut pas fumer dans l'*exercice* de vos fonctions. 職務中は禁煙です．
❺ 従事，執務；営業．▶ *exercice* illégal de la médecine 不法診療．
❻ (信仰の)実践，勤め．
❼ 〖商法〗〖簿記〗会計年度，事業年度．▶ bilan en fin d'*exercice* 会計年度の収支報告．
en exercice 現職の．▶ ambassadeur *en exercice* 現職の大使 / entrer *en exercice* 職務［任務］に就く．

exergue /ɛgzɛrg/ 男 ❶ (メダルなどの下部に刻まれた)銘刻，日付．❷ (作品冒頭に置かれた)銘句，引用句．
mettre qc en exergue …を冒頭に引用する，引き合いに出す．

exfiltration /ɛksfiltrasjɔ̃/ 女 (任務完了後の本国への)帰還．

exfiltrer /ɛksfiltre/ 他動 〔任務完了後，人〕を帰還させる．

exfolier /ɛksfɔlje/ 他動 …をはぐ，はがす．
— **s'exfolier** 代動 はがれ落ちる，剝離(はく)する．

exhalaison /ɛgzalɛzɔ̃/ 女 におい，臭気．▶ *exhalaisons* parfumées 芳香．

exhalation /ɛgzalasjɔ̃/ 女 (皮膚の表面からの)蒸発，発散．

exhaler /ɛgzale/ 他動 ❶ 〔におい，ガス，蒸気など〕を発散する．▶ *exhaler* une odeur désagréable 悪臭を放つ / Ces violettes *exhalent* un doux parfum. このスミレはいい香りがする．比較 ⇨ RÉPANDRE. ❷ 〘文章〙〔感情〕をはっきり表わす．▶ *exhaler* sa haine 憎悪をむき出しにする．❸ 〘文章〙〔息，声など〕を吐く，漏らす．▶ *exhaler* le dernier soupir [souffle] 息を引き取る，死ぬ．
— **s'exhaler** 代動 ❶〔においなどが〕発散する．
❷〔ため息などが〕漏れる；〔感情〕が表われる．

exhaussement /ɛgzosmɑ̃/ 男 (建築物を)高くすること．

exhausser /ɛgzose/ 他動 ⟨*exhausser* qc de + 数量表現⟩〔建築物〕を…だけ高くする．▶ *exhausser* d'un mètre un mur 壁を1メートル高くする．

exhaustif, ive /ɛgzostif, i:v/ 形 徹底的な，完全な，網羅した．▶ liste *exhaustive* 網羅的なリスト．

exhaustivement /ɛgzostivmɑ̃/ 副 徹底的に，完全に，網羅して．

exhiber /ɛgzibe/ 他動 ❶〔書類，身分証など〕を提示する．▶ *exhiber* son passeport 旅券を提示する．比較 ⇨ MONTRER. ❷ …を見せびらかす．▶ *exhiber* ses décorations 勲章を誇示する / *exhiber* sa science 学問をひけらかす．
— **s'exhiber** 代動 (目立つ格好で)人前に出る；自分を見せびらかす．

exhibition /ɛgzibisjɔ̃/ 女 ❶ (書類の)提示．❷ 見せ物．▶ faire une *exhibition* des chiens savants dans un cirque サーカスで学者犬のショーを見せる．❸ 見せびらかし，誇示．▶ faire *exhibition* de sa richesse 富を見せびらかす．❹ 〖スポーツ〗模範演技，エキジビション．

exhibitionnisme /ɛgzibisjɔnism/ 男 ❶ 〖精神医学〗露出症．❷ (私生活などの)露出趣味．

exhibitionniste /ɛgzibisjɔnist/ 形, 名 露出症の(患者)，露出症的な(人)．

exhortation /ɛgzɔrtasjɔ̃/ 女 勧告，奨励．

exhorter /ɛgzɔrte/ 他動 ⟨*exhorter* qn (à qc) [不定詞]⟩ …に(…するよう)励ます，勧める；促す．▶ Cet événement m'*a exhorté* à la prudence. そのことがあって私は慎重になった．

exhumation /ɛgzymasjɔ̃/ 女 (死体，埋蔵物などの)発掘．

exhumer /ɛgzyme/ 他動 ❶ …を掘り出す，発掘する．▶ *exhumer* un cadavre 死体を発掘する．
❷ 〘文章〙 …を(忘却から)引っ張り出す，呼び覚ます．▶ *exhumer* des souvenirs 思い出をよみがえらせる．

*exigeant, ante /ɛgziʒɑ̃, ɑ̃:t エグズィジャン，エグズィジャーント/ 形 要求の多い，気難しい；厳しい．▶ critique *exigeant* 手厳しい批評家 / caractère *exigeant* 気難しい性格 / profession *exigeante* 骨の折れる職業．

exigence /ɛgziʒɑ̃:s/ 女 ❶ (多く複数で)要求，要請，要望．▶ satisfaire aux *exigences* d'un client 客の望みを満足させる / les *exigences* du devoir 義務の命じるところ．◆ *exigence* de + 無冠詞名詞 …の要求．▶ une *exigence* de solidarité 団結への要求．❷ 《多く複数で》要求額 (=prix). ▶ Quelles sont vos *exigences* ? いかほどお望みですか．❸ 気難しさ．▶ Cet homme est d'une *exigence* insupportable. あの男は気難しくて手に負えない．

*exiger /ɛgziʒe エグズィジェ/ ② 他動

過去分詞 exigé	現在分詞 exigeant
直説法現在 j'exige	nous exigeons
tu exiges	vous exigez
il exige	ils exigent

❶〔人が〕…を(強く)**要求する**．▶ *exiger* des excuses 謝罪を要求する / On *exige* ce diplôme pour le poste en question. この職に就くためには，この資格が絶対に必要だ．◆ *exiger* qc de qn …に…を(強く)要求する．▶ Qu'*exigez*-vous de moi ? 私にどうしろとおっしゃるのですか / Il *exige* beaucoup de ses élèves. 彼は生徒に大きな期待をかけている．◆ *exiger*「de + 不定詞 [que + 接続法]」…することを(強く)要求する．▶ Il a *exigé* d'être payé immédiatement. 彼はただちに支払うよう要求した.

❷ [物が] (どうしても) …を**必要とする**. ▶ Cette plante *exige* beaucoup d'eau. この植物は水がたくさん必要だ / Ce travail *exige* beaucoup d'attention. この仕事には細心の注意が必要だ.
◆ *exiger* que + 接続法 …することが不可欠である. ▶ Les circonstances *exigent* que vous agissiez avec prudence. 状況から見て, あなたは注意深く行動しなければならない.

exigibilité /ɛgziʒibilite/ 囡 要求しうること.

exigible /ɛgziʒibl/ 厖 要求 [請求] しうる; 支払い期限の過ぎた.

exigu, ë /ɛgzigy/ 厖 狭苦しい, 小さすぎる. ▶ appartement *exigu* 狭いアパート.

exiguïté /ɛgziɡɥite/ 囡 狭苦しさ, 小ささ. ▶ *exiguïté* d'un appartement アパートの狭さ.

***exil** /ɛgzil/ エグズィル 男 ❶ 国外追放, 流刑 (地); 亡命 (地). ▶ envoyer qn en *exil* …を国外追放する / condamner qn à dix années d'*exil* …を10年の国外追放に処す / *exil* politique 政治亡命 / vivre en *exil* 亡命生活を送る / lieu d'*exil* 亡命地. ❷ (親しい人, 土地から) 離れて暮らすこと.

exilé, e /ɛgzile/ 厖, 名 祖国を追放された (人); 亡命した (人). ▶ *exilé* politique 政治亡命者.

exiler /ɛgzile/ 他動 ❶ …を祖国から追放する. ▶ *exiler* un criminel politique 政治犯を国外追放する. ❷ …を (ある場所から) 遠ざける. ▶ La guerre nous *a exilés* de notre ville. 戦争のため我々はやむなく町から疎開した.
— **s'exiler** 代動 ❶ 亡命する; 故国を離れて暮らす. ❷ 隠棲(いんせい)する. ▶ *s'exiler* à la campagne 田舎に引きこもる.

existant, ante /ɛgzistɑ̃, ɑ̃ːt/ 厖 実在の; 現行の. ▶ les lois *existantes* 現行法.

***existence** /ɛgzistɑ̃ːs/ エグズィスターンス 囡 ❶ **存在**, 実在. ▶ Tiens, j'avais oublié son *existence*. ああ, 彼 (女) がいることを忘れていた / preuves de l'*existence* de Dieu 神の存在の証明.
❷ 生活, 生存. ▶ mener une *existence* tranquille 静かな生活を送る / au cours de son *existence* 彼 (女) の生存中に / Quelle *existence*! 何という生活だ / moyens d'*existence* 生活手段, 生計の資.
❸ (制度などの) 存続期間; 寿命. ▶ gouvernement qui n'a pas eu une longue *existence* 長くは続かなかった政府.
❹ [哲学] 存在; 実存.

existentialisme /ɛgzistɑ̃sjalism/ 男 [哲学] 実存主義.

existentialiste /ɛgzistɑ̃sjalist/ 厖 [哲学] 実存主義の. ▶ philosophie *existentialiste* 実存主義哲学. — 名 実存主義者.

existentiel, le /ɛgzistɑ̃sjɛl/ 厖 [哲学] (人間の) 実存に関わる, 実存的な.

***exister** /ɛgziste/ エグズィステ 自動 ❶ **存在する**, 実在する, 現存する. ▶ Le bonheur *existe*-t-il? 幸福は存在するか / Cette ancienne coutume *existe* encore. その昔ながらの習慣は今でも続いている. ◆ [非人称構文で] Il *existe* + 不定冠詞 + 名詞. …が存在する, いる, ある (= Il y a qn/qc).

▶ Il *existe* une route pour aller dans ce village. その村に行く道が1つある.
❷ 生きる, 生存する. ▶ Depuis qu'elle *existe*, elle n'a eu que des malheurs. 彼女は生まれてこのかた不幸な目にばかり遭ってきた.
❸ «多く否定形で» 重要である, 価値がある. ▶ Le passé n'*existe* pas pour elle. 彼女にとって過去は問題ではない.
Ça n'existe pas. 話 ないに等しい, くだらない.

Exocet /ɛgzɔsɛt/ 男 商標 エグゾセミサイル.

exocet /ɛgzɔsɛ/ 男 [魚類] トビウオ (= poisson volant).

exode /ɛgzɔd/ 男 ❶ 集団移住 [脱出]. ▶ *exode* des vacanciers バカンス客の大移動 / *exode* rural 農村の過疎化. ❷ (国外) 流出. ▶ *exode* des capitaux 資本の流出 / *exode* des cerveaux 頭脳流出. ❸ [歴史] (1940年5, 6月のドイツ軍進攻時の) 北仏市民の南への避難. ❹ «Exode» (旧約聖書の) 出エジプト (記).

exogamie /ɛgzɔgami/ 囡 [民族学] (族) 外婚, (族) 外婚制 (↔ endogamie).

exonération /ɛgzɔnerasjɔ̃/ 囡 免除. ▶ *exonération* d'impôts 免税.

exonérer /ɛgzɔnere/ 6 他動 ‹exonérer qn/qc (de qc)› …に (税金などを) 免除する. ▶ *exonérer* qn de droits d'inscription …の受講料を免除する / marchandises *exonérées* 免税品.

exorbitant, ante /ɛgzɔrbitɑ̃, ɑ̃ːt/ 厖 法外な, 途方もない. ▶ prix *exorbitant* 法外な値段.

exorbité, e /ɛgzɔrbite/ 厖 [目が] 飛び出た, 出目の; 大きく見開かれた.

exorciser /ɛgzɔrsize/ 他動 ❶ [悪魔] をはらう; …の悪魔祓いをする. ▶ se faire *exorciser* 悪魔祓いをしてもらう. ❷ [ある観念, 傾向] を除去する. ▶ *exorciser* la peur 恐怖心を取り除く.

exorcisme /ɛgzɔrsism/ 男 悪魔祓(ばら)いの儀式).

exorciste /ɛgzɔrsist/ 名 お祓(はら)い師.
— 男 [カトリック] 祓魔(ふつま)師: 悪魔祓いの資格を授けられている聖職者.

exorde /ɛgzɔrd/ 男 (演説などの) 導入部, 序論.

exosphère /ɛgzɔsfɛːr/ 囡 (惑星の) 外気圏: 地球では地上約500キロメートル以高の大気圏で惑星間空間に連なる.

exotérique /ɛgzɔterik/ 厖 [教義, 教説が] 公教的な, 一般に公開されている (↔ ésotérique).

exotique /ɛgzɔtik/ 厖 (特にヨーロッパ以外の) 外国の; 外来の; 異国的な. ▶ charme *exotique* エキゾチックな魅力.

exotisme /ɛgzɔtism/ 男 異国風; 異国趣味, 異国情緒, エキゾチズム.

expansible /ɛkspɑ̃sibl/ 厖 [物理] 膨張性の.

expansif, ive /ɛkspɑ̃sif, iːv/ 厖 ❶ 外向的な, 開放的な, 気さくな (= communicatif). ▶ être d'un naturel *expansif* 打ちとけやすい性格である. ❷ 拡張する, 膨張する. ▶ pays industriel *expansif* 発展する産業国.

expansion /ɛkspɑ̃sjɔ̃/ 囡 ❶ 拡大, 発展; (思想, 文化などの) 普及. ▶ *expansion* économique 経済発展 / économie en pleine *expansion* 成長のさなかにある経済 / *expansion* des

expérimenter

idées nouvelles 新思想の普及. ❷（感情などの）吐露. ❸《物理》（気体などの）膨脹.

expansionnisme /ɛkspɑ̃sjɔnism/ 男 領土［経済］拡張主義［政策，論］.

expansionniste /ɛkspɑ̃sjɔnist/ 形 領土［経済］拡張主義の.
— 名 領土［経済］拡張主義者.

expansivité /ɛkspɑ̃sivite/ 女 外向的性格，開放性.

expat /ɛkspat/ 名 話 expatrié の略.

expatriation /ɛkspatrijasjɔ̃/ 女 ❶ 国外追放；国外移住；亡命. ❷《経済》expatriation des capitaux 外国への資本投下.

expatrié, e /ɛkspatrije/ 形 国外に移住した，国外に住んでいる；亡命した.
— 名 国外移住者，国外居住者；亡命者.

expatrier /ɛkspatrije/ 他動《経済》expatrier des capitaux 外国へ資本投下する.
— **s'expatrier** 代動 祖国を離れる；亡命する.

expectative /ɛkspɛktativ/ 女 ❶ 用心深い態度，慎重な構え. ▶ rester［être］dans l'expectative (何も決めずに)慎重に構えている.
❷ 文章 (約束や見込みのある)期待，予期，待望.

expectorant, ante /ɛkspɛktɔrɑ̃, ɑ̃ːt/ 形《薬学》痰(たん)を切る.
— **expectorant** 男 去痰剤.

expectoration /ɛkspɛktɔrasjɔ̃/ 女《医学》痰(たん)［唾(つば)］を吐くこと；痰，唾.

expectorer /ɛkspɛktɔre/ 他動 唾(つば)，痰(たん)などを吐く，吐き出す.

expédient, ente /ɛkspedjɑ̃, ɑ̃ːt/ 形 文章 便利な，都合がよい，適当な.
— **expédient** 男 ❶ 一時しのぎ，急場しのぎ. ❷《複数で》金策. ▶ vivre d'expédients 急場しのぎの借金で生活する.

*__expédier__ /ɛkspedje/ エクスペディエ/ 他動 ❶ 〔手紙，荷物など〕を発送する. ▶ expédier une lettre par la poste 手紙を郵送する.
❷ …をさっとかたづける；ぞんざいに済ませる. ▶ Cet écolier a expédié ses devoirs. その生徒は宿題をさっとかたづけた / expédier son déjeuner en cinq minutes 昼食を5分で済ませる / Ce médecin a expédié ses patients. その医者は患者をいいかげんに診察した.
❸ expédier les affaires courantes (後任が来るまで)日常業務を迅速に処理する.
❹ 話 …を追い払う，厄介払いする. ▶ expédier un enfant au lit 子供をベッドに追いやる / expédier qn dans l'autre monde …をあの世に送る.

expéditeur, trice /ɛkspeditœːr, tris/ 形 発送する，配送する. ▶ bureau expéditeur 集配郵便局. — 名 (手紙，荷物などの)差し出し人，発送人(↔ destinataire).

expéditif, ive /ɛkspeditif, iːv/ 形 手早くかたづける，迅速な.

expédition /ɛkspedisjɔ̃/ 女 ❶ (手紙，荷物などの)発送；発送品. ▶ expédition de marchandises pour l'étranger 外国への商品発送 / l'expédition d'une lettre par la poste 手紙の郵送 / recevoir une expédition 送られてきた品物を受け取る.

❷ (軍隊の)派遣，遠征. ▶ expédition de Bonaparte en Egypte ナポレオンのエジプト遠征.
❸ 探検(隊)，遠征(隊)；話 大がかりな旅行. ▶ organiser une expédition scientifique 学術調査団を組織する / C'est une véritable expédition. (皮肉に)大旅行ですね.
❹ 手早くかたづけること. ▶ expédition d'un travail ennuyeux 退屈な仕事を手っ取り早くかたづけること.
❺ expédition des affaires courantes (官庁で)日常業務の遂行.

expéditionnaire /ɛkspedisjɔnɛːr/ 形 armée ［corps］expéditionnaire 遠征軍.
— 名 (商品の)発送係.

expéditivement /ɛkspeditivmɑ̃/ 副 迅速に，手早く.

*__expérience__ /ɛksperjɑ̃ːs/ エクスペリヤーンス/ 女

[英仏そっくり語]
英 experience 経験.
仏 expérience 経験，実験.

❶ 経験，体験；(体験から得た)知恵. ▶ avoir de l'expérience 経験がある / avoir trois ans d'expérience 3年の経験がある / sans expérience 無経験の / acquérir de l'expérience 経験を積む / Il a une longue expérience en cette matière. 彼はこの分野で長い経験がある / un homme d'expérience 経験豊かな人 / C'est une bonne expérience pour moi. 私にはいい経験だ / Il faut tenter l'expérience. いろいろ体験しなければならない / De son expérience d'ambassadeur à Tokyo, il a extrait un livre. 東京駐在の大使としての経験から彼は1冊の本をまとめた.
❷ 実験，テスト；試み. ▶ faire une expérience de chimie 化学の実験を行う / l'expérience d'un médicament 薬品テスト.

faire l'expérience de qc (1) …を体験する. ▶ faire l'expérience 「de la vie［du monde］」人生経験をする. (2) …を試す. ▶ Il a fait l'expérience de cet appareil. 彼はそのカメラを試してみた.

par expérience 経験によって.

expérimental, ale /ɛksperimɑ̃tal/,《男複》**aux** /o/ 形 実験に基づく，実験(用)の. ▶ méthode expérimentale 実験的方法 / fusée expérimentale 実験用ロケット / produit expérimental 試作品 / à titre expérimental 実験的に.

expérimentalement /ɛksperimɑ̃talmɑ̃/ 副 実験によって.

expérimentateur, trice /ɛksperimɑ̃tatœːr, tris/ 名 (科学などの)実験者.

expérimentation /ɛksperimɑ̃tasjɔ̃/ 女 (一連の)科学的実験；実験作業. ▶ expérimentation d'un médicament 医薬品の実験 / expérimentation animale 動物実験.

expérimenté, e /ɛksperimɑ̃te/ 形 経験を積んだ，熟練した. ▶ médecin expérimenté 経験を積んだ医師.

expérimenter /ɛksperimɑ̃te/ 他動 …を試す，実験する. ▶ expérimenter un vaccin ワクチンを実験する / expérimenter un nouveau procédé 新しい方法を試す.

expert

*exp*ert*, *erte* /ɛkspɛːr, ɛrt エクスペール, エクスペルト/ 形 熟練した, 精通した, 専門(家)の. ▶ ouvrier *expert* 熟練工 / main *experte* 習熟した手つき / être *expert* en la matière その問題に詳しい / être *expert* dans l'art de + 不定詞 …することにたけている / être *expert* à + 不定詞 …するのに習熟している.

── ***expert** 男 専門家, エキスパート; 鑑定家[人]. ※女性についても男性名詞を用いる. ▶ *expert* économique 経済のエキスパート / comité d'*experts* シンク・タンク / consulter un *expert* 鑑定家に見てもらう / système *expert* 《情報》エキスパートシステム.

expert-comptable /ɛksperkɔ̃tabl/ 〔複〕 ~s-~s 男 公認会計士.

expertement /ɛkspertəmɑ̃/ 副 稀 専門(家)的に, 巧妙に, 上手に.

expertise /ɛkspertiːz/ 女 (専門家による)鑑定, 評価, 査定; 鑑定(報告)書. ▶ soumettre qc à une *expertise* …を鑑定してもらう.

expertiser /ɛkspertize/ 他動 …を鑑定する, 評価する, 査定する.

expiable /ɛkspjabl/ 形 償うことができる, あがないうる.

expiation /ɛkspjasjɔ̃/ 女 (罪の)償い, 罪滅ぼし; 《宗教》贖罪(しょくざい).

expiatoire /ɛkspjatwaːr/ 形 贖罪(しょくざい)の, (罪の)償いとなる.

expier /ɛkspje/ 他動 〔罪〕を償う; 〔過ちなど〕の報いを受ける. ▶ Il *a expié* durement ses imprudences. 彼は軽率だったためひどい目に遭った.

expir*ant*, *ante* /ɛkspirɑ̃, ɑ̃ːt/ 形 文章 瀕死(ひんし)の; 滅びかかった, 消えかかった.

expirateur /ɛkspiratœːr/ 形 《男性形のみ》呼気の. ▶ muscles *expirateurs* 呼息筋.
── 男 呼息筋.

expiration /ɛkspirasjɔ̃/ 女 ❶ 期限切れ. ▶ Votre bail vient à *expiration*. あなたの賃貸契約はもう期限が切れます. ❷ 息を吐くこと; 呼気.

expirer /ɛkspire/ 自動 ❶ 期限が切れる. ▶ Ce passeport *expire* le 1er [premier] septembre. このパスポートは9月1日に期限が切れる. ❷ 息を引き取る, 死ぬ. ❸ 文章 消え去る, 滅びる.
── 他動 〔息など〕を吐き出す.

explét*if*, *ive* /ɛkspletif, iːv/ 形 《文法》虚辞の. ── **explétif** 男 虚辞(例: Il craint que je ne sois trop jeune. (彼は私が若すぎるのではないかと心配している)の ne).

explicable /ɛksplikabl/ 形 説明できる, 説明がつく.

explicat*if*, *ive* /ɛksplikatif, iːv/ 形 説明の. ▶ notice *explicative* 使用説明書.

*explication /ɛksplikasjɔ̃/ エクスプリカスィヨン/ 女 ❶ 説明. ▶ J'exige des *explications* ! 説明を要求します / donner [fournir] une *explication* satisfaisante d'un problème ある問題について十分な説明をする.

❷ 解説, 解釈, 注釈. ▶ les *explications* de l'Ecriture 聖書の解釈 / *explication* de textes 原典解釈(フランスでの国語教育の一部門で, 文学作品の分析研究).

❸ 釈明, 弁明. ▶ donner [demander] des *explications* à qn sur qc …について…に釈明をする[求める].

❹ 議論; 口論. ▶ avoir une *explication* avec qn …と議論する.

explicitation /ɛksplisitasjɔ̃/ 女 明瞭(めいりょう)[明白]にすること, 明示.

explicite /ɛksplisit/ 形 ❶ 明白[明確]に述べられた, 明瞭(めいりょう)な (↔implicite). ▶ Sa déclaration est parfaitement *explicite*. 彼(女)の声明はまったく明確だ. ❷ 〔人が〕はっきり考えを述べる. ▶ Il n'est pas très *explicite* sur ce point. 彼はこの点についてあまりはっきり言っていない.

explicitement /ɛksplisitmɑ̃/ 副 明白に, 明示的に.

expliciter /ɛksplisite/ 他動 …を明確に述べる[説明する].

*expliquer /ɛksplike エクスプリケ/ 他動

```
直説法現在  j'explique    nous expliquons
複 合 過 去  j'ai expliqué
単 純 未 来  j'expliquerai
```

<*expliquer* qc (à qn) // *expliquer* (à qn) que + 直説法 // *expliquer* (à qn) + 間接疑問節> ❶ (…に)〔問題, 理由など〕を**説明する**; 釈明する. ▶ Le professeur *a expliqué* le problème aux étudiants. 先生が学生にその問題を説明した / *Expliquez*-moi pourquoi vous procédez de cette manière. どうしてそのようなやり方をするのか説明してください / Ce serait long à *expliquer*. 説明すると長くなるでしょう. ◆ *expliquer* A par B A を B によって説明する, B が A の原因である. ▶ On ne peut pas *expliquer* cet accident que par une erreur du conducteur. その事故は運転手の過失だけでは説明がつかない.

❷ (…に)〔考えなど〕を(詳しく)知らせる, 教える. ▶ *expliquer* ses projets à qn …に計画を打ち明ける / *Expliquez*-lui que nous comptons sur elle. 我々が頼りにしていると彼女に伝えてください.

❸ <*expliquer* qc // *expliquer* que + 接続法> 〔物が〕…を**説明づける**, の理由[原因]である. ▶ Cela *explique* bien des choses. それによって多くのことが説明できる / Cela n'*explique* pas tout. 理由はそれだけではない / Cela *explique* qu'elle ne soit pas venue. それで彼女の来なかった理由がわかった.

❹ 〔作品, 作家など〕を解釈する, 分析する.

Je t'explique pas ! 話 口ではとても言えない, すごい.

── ***s'expliquer** 代動 ❶ <*s'expliquer* (avec qn sur qc)> (…に…についての)**自分の考えを説明する**; 弁解する. ▶ Je m'*explique*. (前言に付け加えて)詳しく説明しましょう / Elle *s'est expliquée* avec le patron sur son absence. 彼女は欠勤したことについて上司に釈明した.

❷ <*s'expliquer* qc // *s'expliquer* que + 接続法> …を理解する, 納得する. ※ que は間接目的. ▶ Je ne m'*explique* pas qu'elle ait tant de retard. 彼女がどうしてそんなに遅れて来るのか納得がいかない.

かない.

❸〈s'expliquer (par qc)〉〔物事が〕(…で) **説明される**, 説明がつく; 理解される. ▶ Cet accident ne peut *s'expliquer* que par une négligence. その事故は不注意によるものとしか思えない.

❹〈s'expliquer (avec qn)〉〈…と〉議論する, 話し合う.

❺🗣 喧嘩(½ん)をする. ▶ Ils sont partis *s'expliquer* dehors. 彼らはカタをつけに外に出た.

s'expliquer avec qc 🗣 …をうまそうに〔がつがつ〕食べる.

exploit /ɛksplwa/ 男 ❶ **偉業, 壮挙; 手柄, 功績**. ▶ *exploit* sportif スポーツの大記録 / réaliser un *exploit* 偉業〔好成績〕を達成する. ❷ **軽率な行為, 失策**. ▶《皮肉に》Quel *exploit* ! やった(んたるへまだ). ❸【法律】(執行吏の)執達書, 令状 (=*exploit* d'huissier).

exploitabilité /ɛksplwatabilite/ 女 開発の可能性〔採算性〕.

exploitable /ɛksplwatabl/ 形 開発できる;(開発して)利潤を上げられる.

exploitant, ante /ɛksplwatɑ̃, ɑ̃:t/ 形 開発する, 経営する.
— 名 ❶ 開発者; 経営者. ▶ *exploitant* agricole 農業経営者, 自営農民(比較 ⇨ PAYSAN). ❷ 映画館主.

exploitation /ɛksplwatasjɔ̃/ 女 ❶ 開発; 経営. ▶ *exploitation* du sol 土地の開拓〔耕作〕/ *exploitation* du pétrole 石油開発 / frais d'*exploitation* 開発費; 経営資金 / *exploitation* d'un hôtel ホテルの営業 / système d'*exploitation* オペレーティングソフト, 基本ソフト, OS. ❷ 開発〔経営〕活動の場所; 耕地, 作業場. ◆ étendue d'une *exploitation* (agricole) 耕地面積 / *exploitation* industrielle 工場. ❸ (系統的な)利用, 活用. ▶ *exploitation* d'un talent 才能を生かすこと. ❹ 悪用; 搾取.

exploité, e /ɛksplwate/ 形 開発〔利用〕されている; 搾取されている.
— 名 搾取されている人, 被搾取者.

***exploiter** /ɛksplwate/ 他動 ❶ **…を開発する**; 経営する, から利潤を上げる. ▶ *exploiter* une mine 鉱山を開発する / *exploiter* une ferme 農園を経営する.

❷ **…を活用する**. ▶ *exploiter* une idée アイディアを活用する / *exploiter* un renseignement 情報を活用する.

❸ **…を悪用する, につけ入る; を搾取する**. ▶ *exploiter* la crédulité de qn …の信じやすさにつけ込む / patron qui *exploite* ses employés 従業員を搾取する事業主.

exploiteur, euse /ɛksplwatœːr, øːz/ 名 搾取する人; 他人を食い物にする人, 詐欺師.

explorable /ɛksplɔrabl/ 形 探検できる, 調査できる.

explorateur, trice /ɛksplɔratœːr, tris/ 名 探検家; 探究者.

exploration /ɛksplɔrasjɔ̃/ 女 ❶ **探検, 踏査** (=expédition). ▶ *exploration* du continent africain アフリカ大陸の踏査 / *exploration* spatiale 宇宙探査 / partir en *exploration* 探検に出発する. ❷ **捜索**. ▶ *exploration* des chambres d'un hôtel ホテルの各部屋の捜索. ❸ **探究, 研究**. ▶ *exploration* du subconscient 潜在意識の探究. ❹【医学】(精密)検査.

exploratoire /ɛksplɔratwaːr/ 形 予備の, 事前の. ▶ entretiens *exploratoires* 予備会談.

explorer /ɛksplɔre/ 他動 ❶ **…を探検する, 踏査する**. ▶ *explorer* une île récemment découverte 最近発見された島を探検する. ❷ **…を探す, 捜索する**. ❸ **…を探究する, 研究する**. ❹【医学】…を(精密)検査する.

exploser /ɛksploze/ 自動 ❶ **爆発する**. ▶ La bombe *a explosé* dans la rue. 街頭で爆弾が爆発した. ❷〔感情などが〕爆発する;〔拍手などが〕沸き起こる; 🗣〔人が〕**激怒する**. ▶ Sa colère *explosa*. 彼(女)の怒りが爆発した. ◆ *exploser* en qc 激しく…する. ▶ *exploser* en injures 激しくののしる. ❸ 🗣 急激に発展する;〔人が〕急成長を遂げる.

explosif, ive /ɛksplozif, iːv/ 形 ❶ **爆発(性)の**. ▶ gaz *explosif* 爆発性ガス. ❷ **緊迫した**. ▶ La situation est *explosive* aux frontières. 国境は一触即発の情勢にある. ❸ 爆発的な, 衝撃的な; 急激な. ▶ paroles *explosives* 爆弾発言 / tempérament *explosif* すぐにかっとなる性格.
— **explosif** 男 爆発物, 爆薬.

***explosion** /ɛksplozjɔ̃/ エクスプロジョン/ 女 ❶ **爆発**. ▶ *explosion* atomique 核爆発 / moteur à *explosion* 内燃機関. ❷ (感情などの)爆発;《特に》怒りの爆発. ▶ une *explosion* de joie 歓喜. ❸ (現象の)突然の現れ, 突発. ▶ Une révolte a fait *explosion* dans ce pays. その国で暴動が勃発(ﾟ)した. ❹ 急激な発展〔増加〕, 急成長. ▶ *explosion* démographique 人口爆発.

exponentiel, le /ɛkspɔnɑ̃sjɛl/ 形【数学】指数の. ▶ fonction *exponentielle* 指数関数.
— **exponentielle** 女 指数関数.

exportable /ɛkspɔrtabl/ 形 輸出できる.

exportateur, trice /ɛkspɔrtatœːr, tris/ 名 輸出業者. — 形 輸出する. ▶ pays *exportateur* de pétrole 石油輸出国.

***exportation** /ɛkspɔrtasjɔ̃/ エクスポルタシヨン/ 女 ❶ **輸出** (↔ importation). ▶ encourager l'*exportation* 輸出を促進する / maison d'*exportation* et d'importation 貿易会社 / *exportation* de capitaux 海外投資 / nos *exportations* automobiles vers les Etats-Unis 我が国の対米自動車輸出.

❷ 輸出品; 輸出量. ▶ chute [développement] des *exportations* 輸出額の低下〔伸び〕.

***exporter** /ɛkspɔrte/ エクスポルテ/ 他動 ❶ **…を輸出する**. ▶ *exporter* du vin dans [vers] les pays du nord 北の国々にワインを輸出する / *exporter* des capitaux 海外に投資する / *exporter* une mode ファッションを輸出する.

❷【情報】(ファイルを)書き出す. ▶ *exporter* un fichier ファイルを書き出す.

— **s'exporter** 代動 輸出される. ▶ Notre mode *s'exporte* bien. 私たちのファッションは海外で受けがいい.

exposant, ante /ɛkspozɑ̃, ɑ̃:t/ 名 出品者.

exposé

exposé, e /ɛkspoze/ 形 ❶ 陳列された, 展示された. ▶ des marchandises *exposées* en vitrine ウインドーに陳列された商品.
❷(ある方向に)向いた. ▶ une chambre *exposée* au nord 北向きの寝室.
❸(日光, 風雨, 危険などに)さらされた. ▶ cliché trop *exposé* 露光オーバーのネガ / réfugiés *exposés* à la faim et au froid 飢えと寒さにさらされた避難民たち.

exposé /ɛkspoze/ 男 ❶ 報告, 説明. ▶ faire un *exposé* de qc …の報告をする. ❷(研究)発表, 論述. ▶ *exposé* oral 口頭発表 / présenter un *exposé* sur qc …について発表する.

***exposer** /ɛkspoze/ エクスポゼ/ 他動 ❶ …を陳列する, 展示する. ▶ *exposer* des marchandises 商品を陳列する / Ce musée *expose* des Monet. その美術館はモネの作品を展示している.
❷ ⟨*exposer* qn/qc à qc⟩ (日光, 外気などに)…にさらす, 向ける. ▶ *exposer* son corps au soleil 体を日光にさらす.
❸ ⟨*exposer* qn/qc (à qc)⟩ (危険などに)…をさらす. ▶ Son métier l'*expose* constamment au danger. 仕事柄, 彼(女)はいつも危険と向かい合っている / *exposer* sa vie 命を危険にさらす.
❹ …を陳述する, 説明する. ▶ *exposer* un fait en détail ある事実を詳細に述べる / *Exposez*-moi vos projets あなた(方)の計画を説明して下さい.
❺〖写真〗〔感光面〕に露光する.
— **s'exposer** 代動 ❶ ⟨*s'exposer* (à qc)⟩ (…に)向かう, (…の)危険を冒す. ▶ *s'exposer* au soleil 陽にあたる / *s'exposer* aux critiques 批判にさらされる / *s'exposer* à perdre la vie 命を失いかねない危険に身をさらす. ❷ 陳列される. 展示される, 説明される.

***exposition** /ɛkspozisjɔ̃/ 女 ❶ 展示会, 展覧会, 博覧会. ▶ visiter une *exposition* 展覧会を見に行く / *exposition* de peinture 絵画展 / *exposition*-vente 展示即売会 / *exposition* Gauguin ゴーギャン展 / *exposition* universelle 万国博覧会. ❷ 陳列, 展示 ; (デパートなどの)販売セール. ❸(日光などに)さらすこと ; 〖写真〗露出, 露光. ▶ La maison a une bonne *exposition*. その家は日当たりがいい / Evitez les longues *expositions* au soleil. 長く日にさらす［当たる］ことは避けてください. ❹(建物などの)向き. ▶ *exposition* au levant 東向き. ❺ 説明, 論述. ❻(小説, 音楽などの)導入部, 提示部.

exprès¹, esse /ɛkspre, ɛs/ 形 ❶ 速達の. 注 この語義では女性形不変. ▶ lettre [colis] *exprès* 速達の手紙［小包］. ❷ 厳しく定められた ;〖法律〗明示された. ▶ ordre *exprès* 厳命 / «Défense *expresse* de fumer»「喫煙厳禁」
— **exprès** 男 速達(郵便). ▶ envoyer une lettre par [en] *exprès* 手紙を速達で出す.

***exprès²** /ɛkspre/ エクスプレ/ 副 意図して, 故意に ; わざわざ, 特別に. ▶ Elles sont venues *exprès* pour vous voir. 彼女たちはわざわざあなた(方)に会いに来た / Je l'ai fait *exprès* pour l'ennuyer. 彼(女)を困らせるためにわざとそうしたのだ / C'est *exprès*. わざとだよ.
faire exprès de + 不定詞 故意に…する. ▶ Il

fait exprès de vous contredire. 彼はわざとあなた(方)に反対している.
fait exprès (pour qc/不定詞**)** (…に)おあつらえ向きの. ▶ un homme qui semble *fait exprès pour* cette mission その任務に打って付けに思える男.
un fait exprès /œ̃fɛtɛkspre/ (まるで仕組まれたかのように)間の悪いこと. ▶ Nous étions pressés, et comme (par) *un fait exprès*, le train avait du retard. 我々は急いでいたのに, よりによって列車が遅れていた.

***express¹** /ɛkspres/ エクスプレス/〖英語〗形(不変) ❶ 急行の, 高速の. ▶ train *express* 急行列車 / le réseau *express* régional 首都圏高速交通網(略 RER). ❷ 急いでなされた. ▶ verdict *express* スピード判決.
— 男 ❶ 急行列車. 注 特急列車は rapide, 普通列車は omnibus という. ❷ *L'Express*「レクスプレス」(フランスの週刊誌).

express² /ɛkspres/ 形(不変) café *express* エスプレッソコーヒー. — 男 エスプレッソコーヒー.

expressément /ɛkspresemɑ̃/ 副 ❶ 明白に, はっきりと. ❷ わざと, 意図して, 特別に.

expressif, ive /ɛkspresif, iːv/ 形 表現力豊かな, 表情に富む, 雄弁な. ▶ geste [silence] *expressif* 意味深長なしぐさ［沈黙］/ pianiste au jeu *expressif* 表現に富んだ演奏をするピアニスト.

***expression** /ɛkspresjɔ̃/ エクスプレッシォン/ 女 ❶ 表現, 表明. ▶ *expression* de la joie 喜びの表現 / jouir de la liberté d'*expression* 表現の自由を享受する / auteur canadien d'*expression* française カナダのフランス語作家.
❷ 言い回し, 言葉(遣い). ▶ *expression* populaire 俗語表現 / *expression* figurée 比喩表現 / *expression* toute faite 決まり文句, 成句 / *expression* heureuse ぴったりの表現.
❸ (顔などの)表現 ; 顔色. ▶ *expression* de surprise 驚きの表情 / visage plein d'*expression* 表情豊かな顔 / visage sans *expression* 無表情な顔 avoir sur le visage une *expression* audacieuse 不敵な表情を浮かべる.
❹ (芸術における)表現力 ; 表現法. ▶ chant plein d'*expression* 表情あふれる歌.
❺〖数学〗式.
au-delà [au-dessus] de toute expression 言葉では言い表せないほど, 極度に.
réduire qc à sa plus simple expression ⑴ …を最小限に切り詰める, 簡素化［簡略化］する. ⑵〖数学〗〔式など〕を約分する.
Veuillez agréer l'expression de mes sentiments distingués.《手紙の末尾で》敬具.

expressionnisme /ɛkspresjɔnism/ 男〖芸術〗表現主義.

expressionniste /ɛkspresjɔnist/ 形, 名 表現主義の(芸術家).

expressivement /ɛkspresivmɑ̃/ 副 意味を込めて, 表情豊かに.

expressivité /ɛkspresivite/ 女 表現の豊かさ ; 表現性.

exprimable /ɛksprimabl/ 形 表現できる.

***exprimer** /ɛksprime/ エクスプリメ/ 他動 ❶ …を表

現する, 表わす; 描く. ▶ *exprimer* son opinion 自分の意見を述べる / Son visage *exprimait* son inquiétude. 彼(女)の顔は不安を表わしていた. ❷ 〈*exprimer* qc en qc〉…を(ある単位)で表示する. ▶ *exprimer* une somme en euros 金額をユーロで表示する. ❸〖果汁など〗を搾る.

— **s'exprimer** 代動 ❶ (言葉, しぐさなどで)自分の考え [感情] を表わす. ▶ *s'exprimer* en français フランス語で表現する. ◆ *s'exprimer* par + 無冠詞名詞 …で自分の気持ちを伝える. ▶ *s'exprimer* par gestes 身振り手振りで話す. ❷ (芸術などで)自己を表現する; のびのびと活動する, 本領を発揮する. ❸ 表わされる, 表現される.

expropriation /ɛksprɔprijasjɔ̃/ 女〖法律〗(土地などの)収用.

exproprié, e /ɛksprɔprije/ 形, 名 (土地などを)収用された(人).

exproprier /ɛksprɔprije/ 他動 …から土地[財産]を収用する.

expulsé, e /ɛkspylse/ 形, 名 追放された(人); 退去させられた(人).

expulser /ɛkspylse/ 他動 ❶ 〈*expulser* qn (de qc)〉(ある場所, 組織などから)…を追い出す; 強制退去させる; 除名する, 退学させる. ▶ *expulser* qn de son pays [appartement] …を祖国から追放する[アパルトマンから立ち退かせる]. ❷ (体内から)…を排出する.

expulsion /ɛkspylsjɔ̃/ 女 ❶ 追放; 除名, 放校. ❷〖医学〗圧出; 排出.

expurgation /ɛkspyrgasjɔ̃/ 女 (書物などから)の不穏当部分削除.

expurger /ɛkspyrʒe/ ② 他動 ❶〖書物など〗から不穏当な部分を削除する. ❷〖集団など〗から(不穏な)人物を排除する; …を純化する. ▶ *expurger* un groupe de ses dissidents グループから反対派を追い出す.

exquis, ise /ɛkski, iːz/ 形 ❶ 美味な; 快い, 甘美な. ▶ dessert *exquis* おいしいデザート / musique *exquise* 甘美な音楽. ❷〖人が〗魅力的な, 愛想のよい. ▶ homme *exquis* 感じのいい男. ❸〚趣味などが〛洗練された, 上品な. ▶ politesse *exquise* 洗練された礼儀正しさ.

exsangue /ɛgzɑ̃ːg, ɛksɑ̃ːg/ 形 ❶ 大量失血した; 血の気のうせた, 蒼白の. ❷ 文章 活力のない, 衰弱した.

exsuder /ɛksyde/ 自動 (汗のように)にじみ出る; 分泌する. — 他動 …をにじみ出させる; 分泌する.

extase /ɛkstɑːz/ 女 恍惚, 陶酔, エクスタシー. ▶ tomber en *extase* うっとりする, 恍惚となる.

extasié, e /ɛkstɑzje/ 形 うっとりとした, 恍惚となった.

s'extasier /sɛkstɑzje/ 代動 うっとり[ほれぼれ]する, 夢中になる. ▶ *s'extasier* devant un paysage 景色を見てうっとりする.

extatique /ɛkstatik/ 形 ❶ うっとりとなった, 恍惚とした. ▶ joie *extatique* うっとりするような喜び. ❷ 法悦の, 神がかりの.
— 名 法悦[脱魂]状態の人.

extemporané, e /ɛkstɑ̃pɔrane/ 形 ❶〖薬学〗その場で調合される. ❷〖医学〗応急の, 救急の.

extenseur /ɛkstɑ̃sœːr/ 形〖男性形のみ〗伸張させる. ▶ muscle *extenseur* 伸筋.
— 男 ❶ 伸筋. ❷〖スポーツ〗エキスパンダー.

extensibilité /ɛkstɑ̃sibilite/ 女 伸張性, 伸展性.

extensible /ɛkstɑ̃sibl/ 形 伸張[伸展]性のある; 柔軟性のある.

extensif, ive /ɛkstɑ̃sif, iːv/ 形 ❶ 伸張させる. ▶ force *extensive* 伸張力. ❷〖農業〗粗放的な. ▶ culture *extensive* (↔intensif) 粗放農業. ❸〖言語〗広義の;〖論理学〗〖哲学〗外延的な, 延長の.

extension /ɛkstɑ̃sjɔ̃/ 女 ❶ 拡大, 拡張; 伸長, 伸展. ▶ *extension* territoriale 領土拡大. ❷ 増大, 発展; 伝播, 波及. ▶ *extension* du français フランス語の普及 / *extension* d'une épidémie 流行病の広がり / donner de l'*extension* à une affaire 事業を拡張する. ❸〖言語〗(意味の)拡張;〖論理学〗外延. ❹〖情報〗メモリーの拡張.

extenso /ɛkstɛ̃so/ ⇨ IN EXTENSO.

exténuant, ante /ɛkstenɥɑ̃, ɑ̃ːt/ 形 へとへとにする.

exténuation /ɛkstenɥasjɔ̃/ 女 疲労困憊(こんぱい), 憔悴(しょうすい).

exténuer /ɛkstenɥe/ 他動 …をへとへとにする, 疲れ果てさせる. ▶ Cette longue marche l'*a exténué*. 歩きづめで彼はくたくたになった. / Il est *exténué* de fatigue. 彼は疲れてくたくたになっている (比較 ↔ FATIGUÉ).

— **s'exténuer** 代動 〈*s'exténuer* à + 不定詞〉…してへとへとになる. ▶ *s'exténuer* à crier 泣き疲れる.

***extérieur, e** /ɛksterjœːr エクステリュール/ 形 ❶ 外にある, 外部の; 外に面した, 外側の (↔intérieur). ▶ escalier *extérieur* 屋外階段 / boulevards *extérieurs* 外周道路 / subir une influence *extérieure* 外からの影響を受ける / monde *extérieur* 外界, 外部世界. ◆ *extérieur* à qc …の外にある, と無関係の. ▶ considérations *extérieures* au sujet 主題とは関係のない考察.
❷ 表面的な, 外面的な; うわべの. ▶ politesse *extérieure* 見せかけの礼儀正しさ, 腹蔵(ふくぞう)無し.
❸ 外国との, 対外的な. ▶ commerce *extérieur* 外国貿易 / politique *extérieure* 対外政策.

— ***extérieur** 男 ❶ 外部の, 戸外. ▶ Il fait froid à l'*extérieur*. (家の)外は寒い.
❷ 外面, 外観; 文章 (人の)外見, 風采(ふうさい). ▶ Il a l'*extérieur* négligé. 彼はだらしない身なりをしている.
❸ 外界, 外部世界 (=le monde extérieur). ▶ jouer à l'*extérieur* アウェイで試合する.
❹ 外国, 海外. ▶ développer les relations commerciales avec l'*extérieur* 外国との通商関係を発展させる.
❺ 〖複数で〗〖映画〗野外撮影, ロケーション. ▶ tourner en *extérieurs* 屋外で撮影する.

à l'*extérieur* de qc …の外で.
de l'*extérieur* 外から; 外観から. ▶ Vu *de l'extérieur*, il a l'air heureux. 外から見た限りでは

extérieurement

彼は幸せそうに見える.

extérieurement /ɛksterjœrmɑ̃/ 副 外から見て, 外側は; うわべは, 見せかけは.

extériorisation /ɛksterjɔrizasjɔ̃/ 女 (感情などの)表出, 表現.

extérioriser /ɛksterjɔrize/ 他動 〔感情など〕を表現する, 外に表わす.
— **s'extérioriser** 代動 ❶ 自分の感情[考え]を外に出す. ❷〔感情などが〕外に表われる.

extériorité /ɛksterjɔrite/ 女 外面性, 外在性.

exterminateur, trice /ɛkstɛrminatœːr, tris/ 形, 名 [文章] 皆殺しにする(者). ▶ ange *exterminateur* 滅びの天使.

extermination /ɛkstɛrminasjɔ̃/ 女 皆殺し. ▶ camp d'*extermination* (特にナチスの)大量殺戮[の]強制収容所.

exterminer /ɛkstɛrmine/ 他動 …を皆殺しにする, 絶滅させる.

externalisation /ɛkstɛrnalizasjɔ̃/ 女 外部委託, アウトソーシング.

externaliser /ɛkstɛrnalize/ 他動 …を外部委託する, アウトソーシングする.

externat /ɛkstɛrna/ 男 ❶ 通学生制度; 通学制の学校 (↔internat). ❷ 〖医学〗インターンの下の実習医学生の身分.

externe /ɛkstɛrn/ 形 ❶ 外の, 外側の; 外的な (↔interne). ▶ coin *externe* de l'œil 目尻(びり) / médicament à usage *externe* 外用薬. ❷ 通学生の.
— 名 ❶ 通学生. ❷ 〖医学〗 *externe* des hôpitaux (インターンの下の)実習医学生.

exterritorialité /ɛkstɛritɔrjalite/ 女 〖国際法〗治外法権.

extincteur /ɛkstɛ̃ktœːr/ 男 消火器.

extinction /ɛkstɛ̃ksjɔ̃/ 女 ❶ 消火; 消灯. ▶ *extinction* des feux [lumières] 消灯時間. ❷ 消滅, 絶滅. ▶ lutter jusqu'à l'*extinction* de ses forces 力尽きるまで戦う / espèces menacées d'*extinction* 絶滅危惧種.

extirpable /ɛkstirpabl/ 形 摘出できる.

extirpation /ɛkstirpasjɔ̃/ 女 ❶ 〖医学〗摘出. ❷ [文章] 根絶, 一掃.

extirper /ɛkstirpe/ 他動 ❶ 〔植物など〕を根こぎにする;〔腫瘍(しゅよう)など〕を摘出する. ▶ On a eu du mal à lui *extirper* un accord. 彼(女)の同意を取りつけるのは一苦労だった. ❸〈*extirper* qn + 場所〉…を…から引きずり出す. ❹ [文章]〔悪弊など〕を根絶する, 一掃する. — **s'extirper** 代動 話〈*s'extirper* de qc〉…からかろうじて抜け出す.

extorquer /ɛkstɔrke/ 他動〈*extorquer* qc à qn〉(人)から…を強奪する, ゆすり[だまし]取る.

extorsion /ɛkstɔrsjɔ̃/ 女 強奪, ゆすり, たかり.

extra /ɛkstra/ 名 (extraordinaire の略)男 (単複同形)❶ 特別なもの[こと], (特別な)御馳走(ちそう). ▶ faire un *extra* pour les amis 友人たちのために奮発して御馳走にする. ❷ [職] 〔超過〕勤務; 臨時の使用人[給仕]. ▶ engager deux *extra* pour une soirée dansante ダンスパーティーのために臨時の給仕を2人雇う.

— 形 〔不変〕飛び切りうまい, 上等の;[話] 最高の. ▶ C'est *extra*. すごいね / vin (de qualité) *extra* 極上のワイン.

extra- 接頭 ❶「…の外の, を越えて」の意. ▶ *extra*ordinaire なみはずれた. ❷「極めて…」の意. ▶ *extra*-fin 極めて細い[細かい], 極上の.

extracommunautaire /ɛkstrakɔmynoteːr/ 形 欧州連合外の.

extraconjugal, ale /ɛkstrakɔ̃ʒygal/;《男複》**aux** /o/ 形 婚姻外の.

extracteur /ɛkstraktœːr/ 男 ❶〔外科〕摘出器[具]. ❷ 抽出器[装置]; 分離器.

extractif, ive /ɛkstraktif, iːv/ 形 (鉱物などの)採掘に関する; 採掘[抽出]に用いられる.

extraction /ɛkstraksjɔ̃/ 女 ❶ 引き抜くこと; 抽出, 摘出; 採掘. ▶ *extraction* d'une balle 弾丸の摘出. ❷ [文章] 素性, 家柄. ▶ Il est de haute *extraction* 彼はいい家柄の出だ.

extrader /ɛkstrade/ 他動 (他国政府に)〔犯罪人〕を引き渡す.

extradition /ɛkstradisjɔ̃/ 女 (国家間の)犯罪人引き渡し.

extrafin, ine /ɛkstrafɛ̃, in/, **extra-fin, ine** 形 ❶ 極細の, 極小の, 極薄の;〔コーヒー豆などが〕きめ細かくひかれた. ❷ 極上の, 最高級の.

extrafort, orte /ɛkstrafɔːr, ɔrt/, **extra-fort, orte** 形 非常に強い〔強力な, 丈夫な〕;(味などが)ごくきつい. ▶ moutarde *extraforte* 極辛のマスタード.

extraire /ɛkstrɛːr/ 68〔過去分詞 extrait, 現在分詞 extrayant〕他動 ❶〈*extraire* qc de qc〉…から…を抜き出す, 取り出す; 抽出する. ▶ Ce passage *est extrait* d'un roman. これはある小説から抜粋した一節だ / *extraire* une balle de la jambe 足から弾丸を摘出する / *extraire* le jus d'un fruit 果物のジュースを搾る. ❷〔鉱物など〕を採掘する. ❸〈*extraire* qn de qc〉…から…を連れ出す, 救い出す. ❹〖数学〗〔根など〕を求める. ▶ *extraire* la racine carrée [cubique] d'un nombre ある数の平方[立方]根を求める.
— **s'extraire** 代動 ❶ 取り出される, 抽出される. ❷ 話〈*s'extraire* de qc〉…からやっと抜け出す.

extrais, extrait /ɛkstrɛ/ 活用 ⇨ EXTRAIRE 68

*****extrait** /ɛkstrɛ/ エクストレ 男 ❶ **抜粋**, 引用, 部分. ▶ citer de larges *extraits* d'un ouvrage ある作品から大幅に引用する / J'ai vu un *extrait* de ce film à la télévision. 私はその映画の一部をテレビで見た. ❷ (複数で)アンソロジー, 選集. ▶ *extraits* de Rousseau ルソー選集. ❸ 抽出物, エキス. ▶ *extrait* de vanille バニラエッセンス / *extrait* de viande 肉汁のエキス. ❹〖法律〗抄本. ▶ *extrait* de naissance 出生証明書の抄本.

extralégal, ale /ɛkstralegal/;《男複》**aux** /o/ 形 法の規制[枠]を超えた, 超法規的な.

extralucide /ɛkstralysid/ 形, 名 透視能力を持った(人), 千里眼の(人).

extra-muros /ɛkstramyroːs/ 副 市外で[に], 町の外で[に] (↔intra-muros).

―形《不変》市内の, 郊外の.

extranet /ɛkstranɛt/ 男《英語》『情報』エクストラネット.

***extraordinaire** /ɛkstraɔrdinɛːr エクストラオルディネール/ 形 ❶ なみはずれた, 途方もない, 抜群の. ▶ chiffre *extraordinaire* 膨大な数 / succès *extraordinaire* とてつもない大成功 / homme *extraordinaire* 非凡な人.

❷ 特別の, 臨時の, 非常の. ▶ ambassadeur *extraordinaire*『国際法』特使 / budget *extraordinaire* 臨時予算 / prendre des mesures *extraordinaires* 非常の措置を講じる.

❸ 異常な, 風変わりな, 奇妙な. ▶ accident *extraordinaire* 信じられないような事故 / Il porte un costume *extraordinaire*. 彼は異様な服装をしている.

❹ 話 すばらしい；おいしい. ▶ film *extraordinaire* すばらしい映画. 比較 ⇨ ADMIRABLE.

par extraordinaire 万一. ▶ Si, *par extraordinaire*, je ne pouvais venir, je vous préviendrais. ひょっとして来られないようなら御連絡いたします.

***extraordinairement** /ɛkstraɔrdinɛrmɑ̃ エクストラオルディネルマン/ 副 ❶ 非常に, なみはずれて；このうえなく. ▶ Il est *extraordinairement* intelligent. 彼はすごく頭がよい. ❷ 奇妙に, 異様に. ▶ Elle est coiffée *extraordinairement*. 彼女は妙な髪形をしている. ❸ 特別に, 臨時に (=exceptionnellement).

extrapolation /ɛkstrapɔlasjɔ̃/ 女《既知のものからの》推定, 短絡的結論, 一般化.

extrapoler /ɛkstrapɔle/ 他動《*extrapoler* qc (de qc)》〈…から〉…を《一般的な》結論として引き出す；《目的語なしに》《短絡的に》結論を引き出す, 一般化する.

extrasensoriel, le /ɛkstrasɑ̃sɔrjɛl/ 形《超心理学で》超感覚の.

extraterrestre /ɛkstratɛrɛstr/ 形 地球外の, 大気圏外の. ― 名 宇宙人, 地球外生物.

extraterritorial, ale /ɛkstratɛritɔrjal/；《男複》**aux** /o/ 形〔金融機関などが〕海外に設置された.

extravagance /ɛkstravagɑ̃ːs/ 女 ❶ とっぴさ, 常軌を逸したこと. ❷《多く複数で》とっぴな言動［考え］. ▶ dire [faire] des *extravagances* たわごとを言う［むちゃをする］.

extravagant, ante /ɛkstravagɑ̃, ɑ̃ːt/ 形 常識外れの, とっぴな；度を越えた. ▶ idées *extravagantes* とっぴな考え / dépenses *extravagantes* 法外な出費. 比較 ⇨ ABSURDE, BIZARRE.
― 名 変人, 変わり者.

extraverti, e /ɛkstravɛrti/ 形, 名 外向性の(人) (↔introverti).

extray- 活用 ⇨ EXTRAIRE 68

***extrême** /ɛkstrɛm エクストレム/ 形 ❶《多く名詞の前で》一番端の, 極限の；最終の. ▶ l'*extrême* droite [gauche] 極右［極左］ / travailler jusqu'à l'*extrême* limite de ses forces 体力の限界まで働く / pousser qc à son point *extrême* …を突き詰める, 最後までやる.

❷《ときに名詞の前で》極度の, 非常な. ▶ chaleur *extrême* 猛暑 / joie *extrême* このうえない喜び.
❸《名詞のあとで》極端な, 過激な, 危険を伴った. ▶ prendre des moyens [mesures] *extrêmes* 過激な手段を取る / Il est *extrême* en tout. 彼は何をするにも極端だ / sports *extrêmes* エクストリーム・スポーツ.

― 男 ❶《複数で》両極端, 正反対；極右と極左. ❷《複数で》極端な手段［決心, 作戦］.

à l'extrême 極端な［に］, 極限まで. ▶ individualiste *à l'extrême* 極端な個人主義者 / pousser un raisonnement *à l'extrême* 推論を極限まで押し進める.

Les extrêmes se touchent. 諺 両極端は相通ずる.

passer d'un extrême à l'autre 極端から極端に走る.

***extrêmement** /ɛkstrɛmmɑ̃ エクストレムマン/ 副 極めて, 非常に. ▶ Je suis *extrêmement* fatigué 私はへとへとに疲れている.

extrême-onction /ɛkstrɛmɔ̃ksjɔ̃/；《複》**~s-~s** 女『カトリック』終油(の秘蹟).

Extrême-Orient /ɛkstrɛmɔrjɑ̃/ 固有 男 極東.

extrême-oriental, ale /ɛkstrɛmɔrjɑ̃tal/；《男複》**aux** /o/ 形 極東の.

extremis /ɛkstremis/《ラテン語》⇨ IN EXTREMIS.

extrémisme /ɛkstremism/ 男《政治上の》過激主義.

extrémiste /ɛkstremist/ 形 過激［急進］主義の. ― 名 過激主義者.

***extrémité** /ɛkstremite エクストレミテ/ 女 ❶ 端, 先端, 末端. ▶ l'*extrémité* du doigt 指先 / loger à l'*extrémité* de la ville 町外れに住む.
❷《複数で》手足. ▶ avoir les *extrémités* glacées 手足が凍るように冷たい.
❸ 極端な行動［手段］；《複数で》暴力行為, 乱暴. ▶ se porter aux pires *extrémités* 暴力をふるう. ❹ 極限；苦境, 窮地. ▶ être réduit à une pénible *extrémité* 苦境に陥る.

être `à la dernière [à toute] extrémité 死に瀕(ﾋﾝ)している, 臨終を迎える.

extrinsèque /ɛkstrɛ̃sɛk/ 形 外部(から)の, 非本質的な (↔intrinsèque).

extroverti, e /ɛkstrɔvɛrti/ 形, 名 ⇨ EXTRAVERTI.

exubérance /ɛgzyberɑ̃ːs/ 女 ❶ 元気旺盛(ｵｳｾｲ)；騒々しくはしゃぐこと. ▶ manifester sa joie avec *exubérance* 喜びを大げさに表現する.
❷ 豊富, 繁茂；〈芸術作品の〉豊かさ.

exubérant, ante /ɛgzyberɑ̃, ɑ̃ːt/ 形 ❶ 豊富な, あり余る, 豊かな. ❷ 開放的な, 快活な, うきうきする.

exultation /ɛgzyltasjɔ̃/ 女 文章 大喜び, 狂喜, 歓喜.

exulter /ɛgzylte/ 自動 大喜びする, 狂喜する.

exutoire /ɛgzytwaːr/ 男 ❶《感情などの》はけ口. ▶ trouver un *exutoire* à sa colère 怒りのはけ口を見出す. ❷ 排水口［管］

ex-voto /ɛksvoto/ 男《単複同形》《ラテン語》〈祈願や感謝のしるしに礼拝堂に納める〉奉献物, 奉納画.

F, f

F¹, f /ɛf/ 男/女 フランス字母の第6字.
F² ❶《略》franc フラン. ❷ F₁, F₂, F₃ 部屋が1つ[2つ, 3つ]ある住居.
fa /fa/ 男《単複同形》《音楽》ファ, ヘ音, F音. ▶ *fa* bémol 変ホ音 / sonate en *fa* majeur ヘ長調ソナタ.
fable /fɑ:bl/ 女 ❶ 寓話(ぐうわ). ▶ les *Fables* de La Fontaine ラ・フォンテーヌの「寓話」. ❷ 文章 (巧妙な)作り話, うそ. ❸ 物笑いの種. ▶ Il est la *fable* du quartier. 彼は町中の笑い物だ.
fabliau /fablijo/;《複》**x** 男 ファブリオー: 13, 14世紀に書かれた韻文の笑い話.
fablier /fablije/ 男 寓話集(しゅう).
fabricant, ante /fabrikã, ã:t/ 名 製造業者, メーカー. ▶ *fabricant* de papier 製紙業者.
fabricateur, trice /fabrikatœ:r, tris/ 名 文章《しばしば軽蔑して》偽造者, でっち上げる人.
fabrication /fabrikasjɔ̃/ 女 製造, 製作; 製法. ▶ défaut de *fabrication* 製造上の欠陥 / Cet appareil est de *fabrication* française. この器具はフランス製だ / secret de *fabrication* 製法の秘密.

  de sa fabrication 手作りの. ▶ Est-ce une robe *de votre fabrication*? これはお手製のドレスですか.

fabrique /fabrik/ 女 製作所, 製造所, (中小規模の)工場. ▶ *fabrique* de porcelaine 製陶工場 / marque de *fabrique* 商標, ブランド / acheter des meubles au prix de *fabrique* 家具を工場引き渡し価格[メーカー価格]で購入する. 比較 ➪ USINE.

***fabriquer** /fabrike/ ファブリケ/ 他動 ❶ …を作る, 製造する, 生産する. ▶ *fabriquer* des pneus en grande série タイヤを大量生産する / *Fabriqué* au Japon 日本製. 比較 ➪ FAIRE¹.
❷ …を偽造する; でっち上げる. ▶ *fabriquer* de la fausse monnaie 通貨を偽造する / C'est une histoire *fabriquée* de toutes pièces. それはまったくの作り話だ.
❸ 話《疑問文で》…をする, やる (=ficher). ▶ Qu'est-ce que tu *fabriques*? 何をしてるんだ.
❹ 話《時に皮肉で》〔人〕を育てる, 養成する. ▶ *fabriquer* une vedette スターを作りあげる.

  — se fabriquer 代動 ❶ 作られる, 製造される. ▶ Cet outil ne *se fabrique* plus. この道具はもう作られていない.
  ❷ (自分のために)…を作る, でっち上げる. ▶ *se fabriquer* un alibi アリバイをでっち上げる. ❸《*se fabriquer* qn》 …に初(うぶ)心する.

fabulateur, trice /fabylatœ:r, tris/ 形, 名 虚言癖のある(人), 作り話をする(人).
fabulation /fabylasjɔ̃/ 女 虚言, 作り話.
fabuler /fabyle/ 自動 作り話をする.
fabuleusement /fabyløzmã/ 副 想像を絶するほどに, 信じられないほど.
fabuleux, euse /fabylø, ø:z/ 形 ❶ 信じがたい, 想像を超えた; なみはずれた. ▶ une fortune *fabuleuse* 途方もない財産. ❷ 文章 神話の, 伝説の. ▶ un personnage *fabuleux* 架空の人物.
fabuliste /fabylist/ 名 (faculté の略)略 大学, 学部.
fac /fak/ 女 (faculté の略)略 大学, 学部.
***façade** /fasad/ ファサド/ 女 ❶ (建物の)正面, ファサード. ▶ *façade* sculptée d'une église 彫刻を施した教会のファサード / trois pièces en *façade* 表に面した3部屋. ❷ (建物の)面; 外壁. ▶ *façade* latérale d'un édifice 建物の側面. ❸ うわべ, 見せかけ. ▶ Son libéralisme n'est qu'une *façade*. 彼(女)の物分かりのよさはうわべだけだ. ◆ **de façade** うわべだけの. ▶ un neutralisme de *façade* 建て前だけの中立主義.

:**face** /fas/ 女

英仏そっくり語
英 face 顔.
仏 face 顔, 面.

❶ 顔. ▶ une *face* pleine [ronde] 丸顔 / détourner la *face* 顔を背ける. 注 *face* は体の一部としての顔を指し, 多く形や向きを問題にするときに使う. 美醜についていう場合は visage を, 内面的な感情を表わす場合は tête を用いる. 比較 ➪ VISAGE.
❷ 面, 表面; (コインなどの)表側. ▶ la *face* cachée de la lune 月の裏側 / les *faces* d'un prisme 角柱の面 / la *face* d'une médaille メダルの表(↔pile) /《同格的に》côté *face* (物の)表側 / *face* sud d'une montagne 山の南壁.
❸ 局面, 様相. ▶ examiner qc sous toutes ses *faces* …をあらゆる観点から検討する / changer de *face* 様相を変える.
❹ 面目, 体面. ▶ perdre [sauver] la *face* 面目を失う[保つ].

  à la face de qn/qc …の(面)前で.
  changer de face 様相を一変する.
  cracher à la face de qn …を侮辱する.
  de face 正面の; 正面から; (乗り物で)進行方向に向いた. ▶ un portrait *de face* 正面像 / retenir une place *de face* 進行方向に向いた席を取る / vent de *face* 向かい風.
  d'en face 正面の, 向かいの. ▶ la maison *d'en face* 向かいにある家.
  en face (1) 正面に. ▶ Son magasin est *en face*. 彼(女)の店は正面にある / J'habite *en face*. 私は向かいに住んでいます. (2) 正面から; 面と向かって, 臆(おく)せず. ▶ regarder qn *en face* …を正視する / Il le lui a dit *en face*. 彼はそれを彼(女)に面と向かって言った.
  en face de qn/qc (1) …に向き合って. ▶ Sa maison est juste *en face de* la poste. 彼(女)

の家は郵便局の真向かいだ / Il n'a pas peur *en face du* danger. 彼は危険に直面してもたじろがない / *en face de* cela それに対して. (2)…に対立して.

face à face (avec qn/qc) (…に)向かい合って; 直面して. ▶ se regarder *face à face* 互いにじっと見つめ合う / se trouver *face à face* avec une difficulté 困難な状況に立たされる.

face à qn/qc …に向いて; 直面して. ▶ chambre d'hôtel *face à* la mer 海に面したホテルの部屋 / *Face à* cette situation, il ne savait comment réagir. その事態に直面して, 彼はなすすべを知らなかった.

face contre terre うつぶせに.

Face de rat! (ねずみっ面め→) 名 畜生.

faire face à qn/qc (1) …に顔を向ける, を向く. ▶ L'hôtel *fait face à* l'église. ホテルは教会の向かいにある. (2) (困難, 危険などに)決然と立ち向かう. ▶ *faire face à* une situation imprévue 不測の事態に対処する / *faire face à* des obligations 義務を果たす.

se mettre en face de qn (1) …の道をふさぐ, 行く手に立ちふさがる. (2) …に反対する, 逆らう.

se voiler la face 《しばしば皮肉に》(恐怖感, 嫌悪感, 羞恥(しゅうち)心などから)顔を覆う.

face à face /fasafas/, **face-à-face** 男《単複同形》対談, (1 対 1 の)公開討論. ▶ un *face à face* télévisé テレビ討論.

face-à-main /fasamɛ̃/; 《複》~**s**-~-~ 男 (手で持つ)柄付き鼻めがね.

facétie /fasesi/ 女 冗談, ふざけ, いたずら.

facétieux, euse /fasesjø, ø:z/ 形 おどけた, 冗談好きの.

facette /faset/ 女 (多面体の)面; (宝石の)ファセット, 切り子面. ▶ les *facettes* d'un diamant ダイヤのカット面.

à facettes さまざまな面を持つ, 多面的な.

*****fâché, e** /faʃe/ ファシェ/ 形 ❶ ⟨être *fâché* (contre qn)⟩ (…に)腹を立てている, 怒っている. ▶ Elle a l'air *fâchée*. 彼女は怒っているようだ / Il est *fâché* contre moi. 彼は私に腹を立てている.
❷ ⟨être *fâché* (avec qn)⟩ (…と)仲たがいしている. ▶ Elle est *fâchée* avec ses parents. 彼女は両親と不和になっている.
❸ ⟨être *fâché* de qc/不定詞⟩ …について残念 [遺憾]に思う. ▶ Je suis *fâché* de ce contretemps. 私はこの思いも寄らない出来事を残念に思います / Je suis *fâché* de ne pas pouvoir vous aider. お手伝いができなくて残念です. ◆être *fâché* que + 接続法 …であることを残念に思う. ▶ Je suis *fâché* que tu aies échoué. 君が失敗したのは残念だ. ◆ne pas être *fâché* 「de qc/不定詞 [que + 接続法]」(婉曲に)…にはむしろうれしいくらいだ. ❹ 話 ⟨être *fâché* avec qc⟩ …がさっぱり分からない. ▶ Je suis *fâché* avec l'orthographe. 私はつづりが苦手だ.

se fâcher /s(ə)faʃe/ 代動 ❶ 腹を立てる, 憤慨する. ▶ *se fâcher* tout rouge かんかんに怒る / *se fâcher* pour un rien えんもほりもないことで腹を立てる. ❷ ⟨*se fâcher* (avec qn)⟩ (…と)仲たがいする, 付き合いをやめる. ▶ Il *s'est fâché* avec tous ses amis. 彼は友人みんなと絶交した. ❸ 話 ⟨*se fâcher* avec qc⟩ …が分からなくなる, 嫌いになる.

— **fâcher** /faʃe/ 他動 ❶ …をいらだたせる, 怒らせる. ❷ ⟨*fâcher* (avec qn)⟩ …を(…と)仲たがいさせる. ❸ 話 ⟨*fâcher* qn avec qc⟩ …に…を嫌いにさせる.

fâcherie /faʃri/ 女 いさかい, 不和.

fâcheusement /faʃøzmɑ̃/ 副 ❶ 不愉快になるほど, ひどく. ❷ 残念なことに, 困ったことに.

*****fâcheux, euse** /faʃø, ø:z/ ファシュー, ファシューズ/ 形《ときに名詞の前で》❶ 困った, 残念な, 不愉快な. ▶ un événement *fâcheux* 厄介な出来事. ◆《非人称構文で》Il est *fâcheux*「que + 接続法 [de + 不定詞]」(=regrettable). …は残念である. ▶ Il est *fâcheux* qu'il ne vienne pas. 彼が来ないのは困ったことだ. ❷ つらい. ▶ une *fâcheuse* nouvelle 悲しいニュース.
— 名 文章 うるさい人, 厄介者, 邪魔者.

facho /faʃo/ 名, 形《男女同形》話《軽蔑して》ファッショ(の), ファシスト(の), 独裁主義者(の).

facial, ale /fasjal/;《男複》**als**(または **aux** /o/) 形 顔の, 顔面の.

faciès /fasjɛs/ 男 ❶ 顔つき, 風貌(ふうぼう). 注 本来は学術用語だが, 軽蔑的に用いられることもある.
❷ 〖地質〗相, 層相; 顔相.

*****facile** /fasil ファシル/ 形

❶ やさしい, 簡単な (↔difficile). ▶ C'est *facile*. 簡単だ / un problème *facile* 簡単な問題 / un homme *facile* d'accès 近づきやすい人 /《非人称構文で》Il m'est *facile* de refuser. 私にとって断るのは簡単だ. ◆*facile* à + 不定詞 ▶ chose *facile* à comprendre わかりやすいこと / (C'est) *facile* à dire! 言うのは簡単だけどね / un livre *facile* à lire 読みやすい本.
❷ 裕福な, 安楽な; 問題のない, 平穏な. ▶ avoir la vie *facile* 裕福である.
❸ 付き合いやすい, 気さくな; 従順な. ▶ un enfant *facile* 世話のかからない子 / avoir un caractère *facile* 気さくな性格だ / facile à vivre 付き合いやすい. ◆*facile* avec qn《多く否定的表現で》…に甘い. ▶ Il n'est pas *facile* avec ses enfants. 彼は子供たちに甘くない.
❹《軽蔑して》浅薄な, 安易な. ▶ un film aux effets *faciles* 俗受けをねらった映画 / C'est une plaisanterie *facile*. 安っぽい冗談だ.
❺ ⟨avoir + 定冠詞 + 名詞 + *facile*⟩ すぐに [たやすく] …する. ▶ avoir la larme *facile* 涙もろい / avoir la parole *facile* おしゃべりである; 弁舌さわやかである / avoir l'argent *facile* 金離れがいい; 金遣いが荒い.
❻ 〖文体などが〗流れるような, よどみのない.

C'est facile「comme bonjour [comme tout]. そんなこと簡単前だ.

C'est facile et ça peut rapporter gros. 簡単でいい金になる〔うまい話だ〕.

— 副 少なくとも (=pour le moins). ▶ Il faut trois heures *facile* de voyage. 行くのにたっぷり 3 時間はかかります.

*****facilement** /fasilmɑ̃ ファシルマン/ 副 ❶ 容易

facilité

に, 簡単に. ▶ «Vous pouvez faire cela? —Facilement.» 「これができますか」「簡単です」/ Cela se boit facilement. それは楽に飲める / se vexer facilement すぐ怒る. ❷ 少なくとも. ▶ On met facilement dix jours. 10日はたっぷりかかります.

***facilité** /fasilite/ ファスィリテ/ 囡 ❶ 容易さ, やさしさ (↔difficulté) ▶ la facilité de l'examen 試験のやさしさ / nager avec facilité すいすい泳ぐ / tâche d'une grande facilité 非常にたやすい仕事 / facilité d'emploi 使いやすさ.
❷ 安易さ, 浅薄. ▶ la solution de facilité 安易な解決法 / se laisser aller à la facilité = choisir la facilité 易(⑭)きに就く.
❸ 《作品, 文体などの》流暢(⑳⑳)さ, よどみのなさ. ▶ parler avec facilité 滑らかに話す.
❹ 能力, 才能, 素質. ▶ avoir de la facilité à composer 作曲の才がある / Il a beaucoup de facilité pour les langues. 彼には語学の才能がある. ❺ <facilité à + 不定詞>…しやすい傾向 [性格]. ▶ facilité à se mettre en colère 怒りっぽい性格. ❻ 《生活の》安楽さ, 裕福さ. ▶ vivre dans la facilité 安楽に暮らす. ❼ 人のよさ, 愛想のよさ. ▶ facilité de caractère 人付き合いのよさ. ❽ 《多く複数で》便宜;《支払い延期, 分割払いなどの》支払い便宜 (=facilité de paiement).
▶ facilités de transport 交通の便.

faciliter /fasilite/ 他動 …を容易にする, 助ける.
▶ faciliter la tâche à [de] qn …の仕事を楽にしてやる.

***façon** /fasɔ̃/ ファソン/ 囡 ❶ 仕方, 方法, 流儀. ▶ façon de marcher [penser] 歩き方 [考え方] / ◆ **la façon dont** + 直説法 …する仕方. ▶ Voilà la façon dont il procède. これが彼のやり方だ. ◆ **de [d'une] façon** + 形容詞 …な仕方 [方法] で. 注 (1) 不定冠詞は省略される傾向にある. (2) suivant, même とともに用いる場合には定冠詞をとる. ▶ s'exprimer de [d'une] façon claire はっきりと自分の考えを述べる / refaire qc d'une autre façon 別の方法で…をやり直す / De quelle façon cela s'est-il produit? それはどのようにして起こったのか / Résumons la situation de la façon suivante. 以下のように状況を要約しよう / de la même façon 同じように. 比較 ⇨ MOYEN².
❷ 《複数で》《その人特有の》**態度, 振る舞い, 物腰**.
▶ A ses façons on voit qu'elle est bien élevée. 彼女の立ち居振る舞いを見れば育ちのよさが分かる / Il a des façons polies. 彼の物腰は丁寧だ.
❸ 《複数で》もったい, 気取り; 遠慮. ▶ une femme à façons もったいぶった女. ◆ faire des façons もったいぶる; 遠慮する. ▶ Ne faites pas tant de façons. そんなに遠慮なさらないで.
❹ 《職人, 芸術家の》仕事, 細工; 手間賃. ▶ payer la façon d'un habit 洋服の仕立て代を払う / La réparation a coûté cent euros de façon. その修理には100ユーロの手間賃がかかった.
❺ 《洋服などの》仕立て方, デザイン. ▶ Elle aime la façon de cette robe. 彼女はこのドレスのデザインが好きだ.
❻ 《同格的に置かれた名詞を伴って》…を模した, …風 [流, 型] の. 注 <à la façon de qc> の省略形.
▶ un meuble façon acajou マホガニー風仕上げの家具 / un châle façon cachemire カシミヤ風のショール.

à façon 《材料は客持ちで》製作 [仕立て] だけの, 手間賃仕事の [で]. ▶ faire faire ses habits à façon 《生地は自前で》洋服を仕立ててもらう.
à la façon de qn/qc 文章 …のように [な], …風に [の]. ▶ un tableau à la façon de Cézanne セザンヌ風の絵.
à sa façon 自分の流儀で, 自分なりに. 注 sa は各人称に変化させて用いる. ▶ Je veux vivre à ma façon. 私は自分の好きなように生きたい.
C'est une façon de parler. それは言葉のあやだ, 言葉どおりに受け取ってはいけない.
d'aucune façon 少しも, 全然.
de cette façon そんなふうに; そうすれば (=ainsi). ▶ Ne parle pas de cette façon! そんな口のきき方をしてはいけない.
***de façon à** + 不定詞 // **de façon à ce que** + 接続法 …するように. ▶ Reste tranquille de façon à ne pas le déranger. 彼の邪魔をしないように静かにしていなさい / Approchez-vous de façon à ce qu'on vous entende. あなたのお話が聞こえるようにもっとこちらに寄ってください.
de façon ou d'autre = **d'une façon ou d'une autre** なんとかして, どうにか; いずれにせよ.
de sa façon …の作った. 注 sa は各人称に変化させて用いる. ▶ C'est une idée de sa façon. それはまったく彼(女) らしい発想だ.
de (telle) façon que + 接続法 文章 …するように. ▶ Approchez-vous de (telle) façon qu'on vous entende. あなたのお話が聞こえるようにもっとこちらに寄ってください.
de (telle) façon que + 直説法 古風 その結果…. ▶ Il s'est mis à courir de (telle) façon que personne n'a pu le suivre. 彼は走り始めたのでだれも彼について行けなかった.
***de toute façon** いずれにせよ, ともかく. ▶ De toute façon il est trop tard pour lui téléphoner. いずれにせよ彼(女)に電話するには遅すぎる.
de toutes les façons あらゆる仕方で.
d'une façon générale 一般的に言って.
en aucune façon 少しも, 全然. ▶ Vous ne me dérangez en aucune façon. ちっとも邪魔になりません.
sans (faire de) façon(s) (1) 遠慮なしに, 気取らずに. ▶ J'accepte sans façon l'offre que vous me faites. あなたのお申し出を遠慮なくお受けします / «Voulez-vous du café? —Non merci, sans façons.» 「コーヒーはいかがですか」「いいえ, 本当に結構です」(2) 気取らない, 形式ばらない.
▶ un petit dîner sans façon 肩のこらない内輪の夕食.

faconde /fakɔ̃:d/ 囡 多弁; 達弁.
façonnage /fasɔnaːʒ/ 男 加工, 細工; 製作.
façonnement /fasɔnmɑ̃/ 男 人格の形成, 教育.
façonner /fasɔne/ 他動 ❶ …を加工する, 細工する. ▶ façonner de la terre glaise pour en faire un pot 壺(⑭)を作るために粘土をこねる. ❷

…を作る，こしらえる．▶ façonner un vase 花瓶を作る／façonner une robe ドレスを仕立てる．❸ 文章 (教育，習慣などにより)…の(人格)を形成する．▶ façonner qn「à obéir [à l'obéissance]…に服従するようにしつける．
— **se façonner** 代動 ❶ 細工される，加工される．❷ 文章〖人格が〗形成される．

fac-similé /faksimile/ 男 ❶〖資料，美術作品などの正確な〗複製，複写，模写．❷ ファクシミリ．

factage /faktaːʒ/ 男 〖荷物，郵便物の〗配達，運送；運賃，配達料．

*****facteur¹, trice** /faktœːr, tris/ ファクトゥール，ファクトリス/ 名 ❶ 郵便配達員．❷〖ピアノ，オルガン，管楽器，ハープなどの〗楽器製造業者．注 弦楽器については luthier を用いる．

facteur² /faktœːr/ 男 ❶ 要因，因子，ファクター．▶ facteur économique 経済的要因／le facteur prix [temps] 価格 [時間] という要因／un facteur de succès 成功の一要因／tenir compte de tous les facteurs あらゆるファクターを計算に入れる．
❷〖数学〗因数，係数；〖生物学〗因子；〖物理学〗係数，率．▶ mise en facteurs 因数分解．

factice /faktis/ 形 ❶ 作りものの，まがいの，模造品の．▶ diamant factice (=artificiel) 人造ダイヤ．❷ 不自然な．▶ sourire factice 作り笑い．

factieux, euse /faksjø, øːz/ 形 反乱 [暴動] を企てる，秩序の破壊をもくろむ．
— 名 反乱 [破壊] 分子，反徒．

faction /faksjɔ̃/ 名 ❶〖秩序転覆を目指す〗過激派，反乱分子；〖党内の〗分派．❷ 哨戒(しょう)，歩哨．▶ être de [en] faction 歩哨に立っている．

factionnaire /faksjɔnɛːr/ 男 番兵，歩哨(しょう)．
— 名 3 交替勤務労働者．

factitif, ive /faktif, iːv/ 形〖言語〗作因の，使役の．— **factitif** 男 作因，使役．

factoriel, le /faktɔrjɛl/ 形 因数の，因子の．▶ analyse factorielle 因子分析，要因分析．
— **factorielle** 女〖数学〗階乗．

factuel, le /faktɥɛl/ 形 事実(について)の，事実に基づく．

factum /faktɔm/ 男 文章〖論敵に向けて書かれた〗攻撃文書．

facturation /faktyrasjɔ̃/ 女 請求書 [送り状] の作成；〖企業などの〗請求書作成部．

*****facture¹** /faktyːr/ ファクテュール/ 女 ❶ 請求書，納品書；請求額，支払い額．▶ facture de téléphone 電話の請求書／dresser [faire] une facture 請求書を作る／régler [payer] une facture 料金を支払う．
❷ 送り状，インボイス，仕切り書．▶ facture pro forma 見積もり送り状／prix de facture 仕入れ値．❸ 話〖比喩的に〗つけ，損害．▶ la facture de la guerre 戦争のつけ／Qui va payer la facture？ だれがつけを払うのか．
garantir sur facture 話 保証する；間違いないと請け合う．▶ C'est garanti sur facture. 絶対に本当だ．

facture² /faktyːr/ 女 ❶ 文章〖芸術作品の〗技法，技巧，手際．▶ un portrait d'une facture savante 巧みな手法で描かれた肖像画．❷〖鍵盤(けんばん)楽器，ハープ，パイプオルガンなどの〗楽器製造．

facturer /faktyre/ 他動 ❶ …の請求書 [送り状] を作成する，を請求書 [送り状] につける．❷ ⟨facturer qc à qn⟩…に…(の代金)を請求する．

facturier, ère /faktyrje, ɛːr/ 名 請求書 [送り状] 作成係．— 形 請求書 [送り状] を作成する．

facultaire /fakyltɛːr/ 形 学部の，大学の．

facultatif, ive /fakyltatif, iːv/ 形 任意の，随意の (↔obligatoire)．▶ cours facultatif 随意 [選択] 科目．

facultativement /fakyltativmɑ̃/ 副 任意に，随意に．

*****faculté** /fakylte/ ファキュルテ/ 女 ❶ ❶ 能力，才能；知能．▶ avoir une grande faculté de travail 非常に仕事ができる／faculté de juger 判断力／Ce problème dépasse mes facultés. その問題は私の手に負えない／Il a de brillantes facultés. 彼は頭が切れる／C'est au-dessus de ses facultés. それは彼(女)の手に余ることだ．
❷〖身体の〗機能．▶ faculté de sentir 感覚機能．❸ 文章 権利，権限；裁量権．▶ laisser à qn la faculté de choisir …に選択の余地を残す，自由に選ばせる．
❷ ❶〖大学の〗学部；大学．注 1986 年から正式には教育・研究単位 unité de formation et de recherche (略 UFR) と呼ばれる．話し言葉では fac と略す．▶ faculté de droit 法学部／faculté de médecine 医学部／entrer en faculté 大学に入る／aller à la faculté 大学に行く．❷〖la faculté〗医師団，主治医．
ne pas jouir de toutes ses facultés 頭がおかしくなっている．

fadaise /fadɛːz/ 女〖多く複数で〗ばかげた話，くだらない冗談 [作品]．

fadasse /fadas/ 形 話 ひどくまずい；〖色艶(つや)が〗すっかりあせた．

fade /fad/ 形 ❶ 味のない，まずい．▶ sauce fade 風味のないソース．❷ くすんだ；生気のない．▶ couleur fade さえない色．❸ 退屈な，おもしろみのない．▶ compliments fades 陳腐なお世辞．

fadé, e /fade/ 形 俗〖皮肉に〗(その手のものとして) 抜群の，よくできた，申し分ない．

fadeur /fadœːr/ 女 ❶〖食べ物の〗味のなさ，まずさ；〖色の〗くすみ．❷ おもしろみのなさ，無味乾燥．❸〖多く複数で〗くだらない話；見え透いたお世辞．

fagot /fago/ 男 柴(しば)の束，薪(まき)の束．▶ jeter un fagot au feu 柴 [薪] を火にくべる．
de derrière les fagots 取って置きの．▶ vin de derrière les fagots 極上のワイン．
sentir le fagot (かつて異端者が火刑に処せられたことから) 異端臭い；うさん臭い．

fagoté, e /fagɔte/ 形 話 みっともない服装をした．

fagoter /fagɔte/ 他動 …にみっともない服装をさせる．

Fahrenheit /farɛnajt/ 形〖不変〗degré Fahrenheit 華氏温度．

faiblard, arde /fɛblaːr, ard/ 形 話 やや弱い．▶ une voix faiblarde やや弱々しい声．

*****faible** /fɛbl/ フェブル/ 形
❶ 体が弱い，虚弱な；衰弱した．▶ un enfant fai-

faiblement

ble ひ弱な子供 / avoir le cœur *faible* = être *faible* du cœur 心臓が弱い / se sentir *faible* ぐったりする / Elle va mieux, mais elle est encore *faible*. 彼女は容態が良くなったが、依然として弱っている.

❷ **力のない**, 無力な, 非力な. ▶ un pays économiquement *faible* 経済的に弱い国; 貧しい国 (比較 ⇨ PAUVRE) / le sexe *faible*《ふざけて》女性.

❸ **能力の乏しい**, 出来の悪い; 価値の低い. ▶ avoir l'esprit *faible* = être *faible* d'esprit 頭が弱い / un élève *faible* 出来の悪い生徒. ◆être *faible* en [à] qc (学科など)ができない. ▶ Il est *faible* en mathématiques. 彼は数学ができない. 比較 ⇨ MÉDIOCRE.

❹ **意志薄弱な**, 気の弱い. ▶ un cœur *faible* 弱い心(の持ち主) / Il est *faible* devant la tentation. 彼は誘惑に負けやすい. ◆être *faible* avec qn …に対して甘い. ▶ Il est *faible* avec ses enfants. 彼は自分の子供に甘い.

❺ **弱い**, もろい. ▶ une corde *faible* 弱いロープ / poutre *faible* 弱い梁.

❻ 〔多く名詞の前で〕少ない, わずかな, かすかな. ▶ une *faible* quantité 少量 / une *faible* somme d'argent 少額のお金 / un bruit *faible* かすかな物音 / L'avion vole à *faible* hauteur. 飛行機は低空飛行している.

❼〔溶液, 混合物などが〕成分の少ない, 薄い. ▶ un café *faible* 薄いコーヒー.

le point faible 弱点, ウィークポイント.

── 名 ❶(多く複数で)弱者. ▶ défendre les *faibles* 弱者を守る. ❷ 気の弱い人, 意志薄弱な人. ▶ C'est un *faible*. 彼は気の弱い男だ. ❸ *faible* d'esprit 知的障害者.

── 男(弱みになるほどの)嗜好(たしなみ), **大好きなもの**. ▶ Le champagne, c'est mon *faible*. シャンパンは私の大の好物だ. ◆avoir un *faible* pour qc …が大好きである. ▶ Elle a un *faible* pour les sucreries. 彼女は甘い物に弱い.

faiblement /fɛbləmɑ̃/ 副 弱く; わずかに, かすかに. ▶ Il pleuvra *faiblement* en soirée. 夜には小雨が降るでしょう.

***faiblesse** /fɛbles/ フェブレス/ 女 ❶ **弱さ, 虚弱**; 衰弱. ▶ la *faiblesse* de constitution 体質の弱さ / la *faiblesse* de la vue 視力の弱さ[衰え] / tomber de *faiblesse* 衰弱して倒れる.

❷ 気絶, 失神. ▶ A cette nouvelle, j'ai été pris de *faiblesse*. その知らせを聞いて私は気を失った.

❸ もろさ, 壊れやすさ; 弱体, 非力, 無力. ▶ la *faiblesse* de l'économie d'un pays 国の経済力の弱さ.

❹ 能力の乏しさ, 無能; 不十分さ, 貧困. ▶ la *faiblesse* de l'intelligence 知能の低さ.

❺ 気の弱さ, 意志薄弱. ▶ la *faiblesse* de caractère 性格の弱さ / avoir la *faiblesse* de + 不定詞 弱気になって…する.

❻ 弱点, 欠点. ▶ Chacun a ses *faiblesses*. だれにも弱点はある. ◆avoir une *faiblesse* pour qc/qn …に目がない.

❼(強度, 量, 数値などの)弱さ, 小ささ, 低さ. ▶ la *faiblesse* des revenus 収入の少なさ / la *faiblesse* du dollar ドル安.

faiblir /febli:r/ 自動 ❶ 弱くなる, 衰弱する; 気が遠くなる. ▶ Ses forces *ont faibli*. 彼(女)の体力は衰えた. ❷〔気持ちが〕くじける, 気弱になる. ▶ Son courage *a faibli* devant le danger. 危険を前にして彼(女)の勇気はくじけた. ❸ 弱まる, 小さくなる, 減少する. ▶ Le vent *faiblit*. 風が弱まる. ❹ たわむ, 曲がる, 崩れる. ▶ La branche *faiblit* sous le poids. その重みで枝がたわんでいる. ❺〔作品などが〕駄目になる.

faïence /fajɑ̃:s/ 女 陶器, 陶製品.

faïencerie /fajɑ̃sri/ 女 ❶(集合的に)陶器類. ❷ 陶器製造工場; 陶器製造[販売]業.

faïenci*er*, *ère* /fajɑ̃sje, ɛ:r/ 名 陶器製造業者, 陶器商.

faign*ant*, *ante* /fɛɲɑ̃, ɑ̃:t/ 名, 形 ⇨ FEIGNANT.

faille¹ /faj/ 女 ❶(論理などの)飛躍, 欠落. ❷『地質』断層.

faille² /faj/ 活用 ⇨ FAILLIR 25; FALLOIR 40

failli, *e* /faji/ 形, 名(faillir の過去分詞)破産した(人), 倒産した(人).

faillibilité /fajibilite/ 女 誤りやすいこと.

faillible /fajibl/ 形 誤りやすい.

faillir /faji:r/ 25(過去分詞 failli, 現在分詞 faillant) 自動〈avoir failli + 不定詞〉危うく…するところだった. ▶ J'ai *failli* tomber. 私はもう少しで落ちる[倒れる]ところだった. /《非人称構文で》Il *a failli* lui arriver des ennuis. 彼(女)の身にあわや難事が降りかかるところだった.

── 間他動 文章〈*faillir* à qc/不定詞〉…を怠る, に違反する(=manquer à). ▶ *faillir* à une promesse 約束をたがえる.

sans faillir 必ず, きっと; くじけずに.

faillite /fajit/ 女 ❶ 破産. ▶ faire [tomber en] *faillite* 破産する / *faillite* frauduleuse 偽装倒産. ❷ 挫折(ざせつ), 破綻(はたん).

***faim** /fɛ̃/ ファン/ 女 ❶ **空腹, 飢え**. ▶ avoir *faim* 空腹だ / avoir très *faim* = avoir une de ces *faims*〔話〕腹がぺこぺこだ / avoir une *faim* de loup 熟 たまらなくひもじい / calmer [tromper] sa *faim* 空腹を紛らす / grève de la *faim* ハンガーストライキ.

❷ 飢饉(ききん). ▶ la *faim* en Afrique アフリカの飢饉. ❸〈*faim* de qc〉…に対する渇望. ▶ avoir *faim* de tendresse 愛情に飢えている.

donner faim 空腹感を与える, 食欲をそそる.

La faim chasse le loup du bois 諺 背に腹はかえられぬ.

manger à sa faim 存分に食べる; 生活に必要なものを持っている.

mourir [crever] de faim (1) 餓死する. (2) 腹が減って死にそうだ.

rester sur sa faim (1) 食べ足りない; 何も食べていない. (2) 物足りない, 不満だ.

faîne /fɛn/, **faine** 女『植物』ブナの実.

fainéant, *ante* /fɛneɑ̃, ɑ̃:t/ 形, 名 怠惰な(人), ものぐさな(人).

fainéanter /fɛneɑ̃te/ 自動 のらくら暮らす.

fainéantise /fɛneɑ̃ti:z/ 女 怠惰, のらくらすること

と.
faire¹ /fɛːr フェール/ Ⅵ

過去分詞 fait	現在分詞 faisant	
直説法現在	je fais	nous faisons
	tu fais	vous faites
	il fait	ils font
単純未来	je ferai	nous ferons
	tu feras	vous ferez
	il fera	ils feront
半過去	je faisais	nous faisions
	tu faisais	vous faisiez
	il faisait	ils faisaient
複合過去	j'ai fait	nous avons fait
	tu as fait	vous avez fait
	il a fait	ils ont fait
命令法	fais faisons	faites

― 他動
Ⅰ …を作る，生み出す．
⟨faire qn/qc + 属詞⟩…を…にする．
⟨faire A de B⟩ B を A にする．
Ⅱ《使役》⟨faire + 不定詞⟩…させる．
Ⅲ …をする，になる．
Ⅳ …を手に入れる，消費する，[距離]を進む，[場所]を歩き回る．
Ⅴ《既出の動詞に代わる》そうする．
― **faire** 非人称
⟨Il fait + 天候など⟩
― **se faire** 代動
⟨se faire⟩ 作られる，行われる．
⟨se faire qc⟩（自分に）…を作る，（自分の）…を手入れする．
⟨se faire + 属詞⟩…になる．
⟨se faire + 不定詞⟩…される，…してもらう．

他動 Ⅰ《目的語は動作主以外の事物，状態》
1 …を作る，生み出す．
❶ …を作る，生み出す．▶ *faire* un gâteau お菓子を作る / *faire* un film 映画を撮る / *faire* du feu 火をおこす / *faire* du bruit 騒音をたてる，うるさくする / *faire* du riz (=cultiver) 米を作る / *faire* une fortune 財産を築く / Je te *fais* un petit café? コーヒーを入れようか．

faire un gâteau

❷ …を養成する，育てる (=former)．▶ Cette école *fait* de bon ingénieurs. この学校は優秀な技術者を養成している / C'est pour *faire* de bons citoyens qu'on enseigne la philosophie au lycée en France. フランスの高校で哲学を教えるのは良き市民を育てるためだ．

❸ [人間，動物が子]を生む．▶ Elle *a fait* trois enfants. 彼女は3人の子供をさずかった．
❹ …を手入れする，整える，準備する．▶ *faire* son lit ベッドを整える / *faire* sa valise 旅行の仕度をする / *faire* la chambre （ホテルなどで）部屋の掃除をする．
❺《擬音語とともに》…という音をたてる．▶ La pendule *fait* tic-tac. 柱時計がチクタク音をたてる．
2 [結果，状態など]を生じさせる，引き起こす．
❶ [結果，影響]をもたらす，引き起こす．▶ *faire* une blessure à qn …に傷を負わせる / *faire* plaisir à qn …を喜ばせる / Ce médicament m'*a fait* du bien. その薬は私によく効いた / Ce combat *a fait* une centaine de morts. その戦闘で100人ほどの死者が出た．◆*faire* + 不定[疑問]代名詞[ある影響]を及ぼす．▶ Qu'est-ce que ça peut vous *faire*? それがあなたにどんな関係があるのか，あなたには関係ないでしょう / Ça ne *fait* rien. なんでもありません，かまいません / Ça m'*a fait* quelque chose de le voir dans cet état. あんな状態の彼をみるのはショックだった．
❷ ⟨*faire* que + 直説法⟩…という結果を生む．▶ Sa maladie *a fait* qu'il n'a pas pu passer ses examens. 病気のせいで彼は試験を受けられなかった．◆ce qui *fait* que + 直説法 (=ça fait que) そんなわけで…（という結果になった）．語法 ⇨ CE².
❸ ⟨*faire* que + 接続法⟩《多く命令法で願望を表わして》…であるようにする．▶ *Faites* que mes voeux soient exaucés. 私の願いがかなえられますように．
3 ⟨**faire** qn/qc + 名詞，形容詞，前置詞句など⟩…を…にする．
❶ ⟨*faire* A de B⟩ B を A にする．▶ *faire* de l'école un instrument de sélection 学校を選別の手段にする / Le mariage *a fait* de lui un autre homme. 結婚して彼は別人になった．◆疑問詞 + *faire* de qn/qc? （何かを探している場合に）…をどうする，どこにやる．▶ Qu'est-ce que tu *as fait* de mes lunettes? 私のめがねをどこにやったんだ．

❷ ⟨*faire* qn/qc + 属詞⟩…を…にする；に任じる，と見なす．▶ Je vous *fais* juge de cette affaire. この問題の判断はあなたに任せます / Il me *faisait* la vie impossible. (=rendre) 彼は私の生活を耐えがたいものにしていた / On le *fait* plus riche qu'il ne l'est. 彼は実際よりも裕福だと思われている．◆*faire* + 所有代名詞 + qc …を自分のものにする．▶ J'*ai fait* miennes toutes ses conclusions. 私は彼(女)の結論をすべて取り入れた．

faire

❸⟨*faire* qc (à) + 価格⟩…を(値引きして)…で売る. ▶ *Je vous fais* ce fauteuil (à) cent euros. このひじ掛け椅子(ŕ)は100ユーロにおまけします.

❹⟨*faire* qn à qc⟩…を…に慣れさせる(=habituer). ▶ *faire* qn à une idée …をある考えに親しませる/(特に受動態で)Je ne *suis* encore *fait* à mon nouveau métier. 私はまだ新しい仕事に慣れていない.

Ⅲ《使役》⟨**faire** + 不定詞⟩…させる. 注 直接目的語の位置にかかわらず過去分詞は不変.

❶《不定詞が自動詞》▶ *faire* tomber des pommes en secouant les branches 枝を揺らしてりんごを落とす / *faire* venir un docteur 医者を呼ぶ. 注 語順は⟨*faire* + 不定詞 + 不定詞の主語⟩. 不定詞の主語を代名詞にする場合は直接目的語の形で faire の前に置く. 例: On la *fait* marcher tous les jours. 彼女を毎日歩かせるようにしている. 複合過去で, faire の過去分詞は先行する人称代名詞と一致しない. 上記の例文を複合過去にすると次のようになる: On l'a *fait* marcher dès le lendemain de son opération. 手術の翌日から彼女は歩かされた.

faire tomber des pommes

❷《不定詞が他動詞》▶ *faire* réparer des chaussures 靴を修理してもらう / *faire* construire une maison à [par] un architecte célèbre 有名な建築家に家を建てさせる. 注 語順は⟨*faire* + 不定詞 + 不定詞の直接目的語 + à [par] + 不定詞の主語⟩. 不定詞の主語を代名詞にする場合, 普通間接目的語の形を使い, faire の前に置く(例: Je *lui fais* écrire une lettre. 私は彼(女)に手紙を書かせる).

❸《不定詞が間接他動詞》▶ Ce film *a fait* songer Pierre à son pays. その映画はピエールに故郷のことを思い出させた. 注 語順は⟨*faire* + 不定詞 + 不定詞の主語 + 不定詞の目的語⟩. 不定詞の主語を代名詞にする場合, 普通は間接目的語の形で faire の前に置く. 直接目的語の形に改まった表現(例: Ce film「*lui a*「*l'a*」*fait* songer à son pays).

❹《不定詞が代名動詞》▶ *faire* (s')asseoir qn …を座らせる / *faire* s'arrêter qn …を立ち止まらせる. 注 再帰代名詞は普通省略されるが, 意味が曖昧(ホミュ)になる場合は省略されない. たとえば *faire* arrêter qn は「…を逮捕させる.」の意味になる.

Ⅲ《目的語は動作主の行為, 状態を示す》

1 […をする].

❶〔動作, 行為〕をする, 行う. ▶ *faire* une faute 間違いを犯す / *faire* une erreur エラーを犯す / *faire* un saut ひと跳びする / *faire* du coude à qn ひじでつついて合図する / *faire* des calculs 計算をする / *faire* son service militaire 兵役を務める / *faire* ce qu'il faut やるべきことをやる / Nous n'*avons* rien *fait* pour être remerciés. お礼を言われるほどのことはしていません. 比較 ⇨ EFFECTUER.

❷〔職業, 勉学, スポーツなど〕をする. «**Qu'est-ce que vous fairetes dans la vie?**—Je suis médecin.»「お仕事はなんですか」「医者です」/ *faire* des études de droit 法律の勉強をする / *faire* l'Ecole normale supérieure 高等師範学校で勉強する. ◆**faire** + 部分冠詞 + 名詞 ▶ *faire* du théâtre 芝居をやる / *faire* du français フランス語を勉強する. ⇨語法p.616.

❸〔家事〕をする. ▶ *faire* la cuisine 料理をする / *faire* la vaisselle 皿洗いをする / *faire* le ménage 掃除をする. ⇨語法p.616.

❹〔目的語なしに〕行動する. ▶ façon de *faire* やり方 / *faire* de son mieux 最善をつくす / Comment *faire*? どうすりゃいいんだろう / *Faites* comme chez vous. (自宅にいるように)どうぞおくつろぎください.

❺…を排出する, 排便する. ▶ *faire* ses crottes〔動物が〕糞をする / *faire* pipi [caca]〔幼児語〕おしっこ[うんち]をする /〔目的語なしに〕Cet enfant *a fait* dans le lit. この子は寝小便をした.

2〔役割, 様相など〕を演じる, 呈する.

❶⟨*faire* + 定冠詞 + 名詞 // *faire* + 人名⟩…の役を演じる, の役目をする. ▶ Elle *fait* Chimène dans *le Cid*.(=jouer) 彼女は「ル・シッド」でシメーヌの役を演じる.

❷⟨*faire* + 定冠詞 + 名詞⟩…のように振る舞う, のふりをする. 注 主語は多く主語と性数一致. ▶ *faire* le difficile 気難しい態度を示す / *faire* le mort 死んだふりをする / *faire* l'innocent 知らないふりをする / *faire* l'idiot とぼける / *faire* le pitre おどける. ◆*faire* + 所有形容詞 + 名詞 …のように…の態度を示す. ▶ Elle *fait* sa mijaurée. 彼女はまたしなを作っている.

❸⟨*faire* + 形容詞 [無冠詞名詞]⟩…のように見える. 注 形容詞, 名詞は一般に主語と性数一致を行わないが, 主語が人の場合には一致することもある. ▶ un village qui *fait* décor d'opérette まるでオペレッタの書き割りのような(こぎれいな)村 / Marie *fait* vieux [vieille] pour son âge. マリーは年のわりには老けて見える. ◆Ça *fait* + 形容詞 [無冠詞名詞] + (de + 不定詞). 話(…するのは)…に見える. ▶ Ça *fait* joli [moche], tes nouveaux rideaux. 君の新しいカーテン, なかなかすてきだ[全然さえない].

❹⟨*faire* + 無冠詞名詞⟩〔物に〕…の役をする, として使われる. ▶ La cuisine *fait* salle à manger en même temps. 台所は食堂にもなっている.

❺⟨*faire* + (不定冠詞 +)名詞⟩(経験などを積んで)…になる. ▶ Il veut *faire* avocat. 彼は弁護士になりたいと思っている / Il *fera* un bon père. 彼はいい父親になるだろう.

❻〔病気など〕の状態を示す, にかかる. ▶ *faire* de l'hypertension 高血圧である / *faire* une dépression nerveuse 鬱(ミ)状態に陥る.

❼…を形成する, なす. ▶ Ici, /a route *fait* un coude. ここで道はカーブしている /«Travail» *fait* «travaux» au pluriel. travail は複数形で travaux となる.

faire

❽《挿入節で》…と言う（=dire）. ▶《Attention》, *fit*-elle, s'arrêtant brusquement. 彼女は急に立ち止まって「気をつけて」と言った.

Ⅲ ⟨*faire* + 数量表現⟩ …になる, である.

❶（計算で）…になる, である. ▶ Deux et deux *font* quatre. 2足す2は4（=égaler）.
❷（数量が）…ある. ▶ Cette cuisine *fait* six mètres de long sur trois de large. この台所は奥行き6メートル, 幅3メートルある /《Quelle pointure *faites*-vous ?—Je *fais* du 41.》「（靴の）サイズはおいくつですか」「41です」◆Ça *fait* + 価格. …になる. ▶《Ça *fait* combien en tout ?—Ça *fait* cinq cents euros.》「全部でいくらになりますか」「500ユーロです」◆**Ça fait** + **期間** (+ que + 直説法). （…してから）…になる（=il y a …, voilà … que）. ▶ Ça *fait* dix ans que j'habite à Paris. パリに住んで10年になります / Ça *fait* longtemps que je ne l'ai pas vu. もう長いこと彼に会っていない. ◆Ça *fait* + 回数 (+ que + 直説法). （…するのは）…度目だ. ▶ Ça *fait* trois fois que j'essaie de t'appeler. 君への電話はこれで3度目だよ（注）やっとつながったというニュアンス).

❸⟨*faire* + 期間⟩〔物が〕…の間使える, 持つ. ▶ Ce manteau m'*a fait* cinq ans. このコートは5年持った.

Ⅳ ⟨…を手に入れる, 消費する, 〔距離〕を進む, 〔場所〕を歩き回る⟩

❶ …を補給する, 調達する. ▶ *faire* le plein 車のガソリンを満タンにする / *faire* des provisions 食料を調達する / *faire* de l'eau〔船が〕飲料水を補給する.
❷ …を消費する. ▶ *faire* de l'huile〔車が〕オイルをくう / une voiture qui *fait* dix litres aux cent kilomètres 100キロメートル当たり10リットルのガソリンを消費する車.
❸ 話 …を売る. ▶ Est-ce que vous *faites* les vêtements d'enfants ? (店で)子供服を扱っていますか.
❹ 話〔距離〕を踏破する. ▶ *faire* dix kilomètres à pied 徒歩で10キロ行く / *faire* cent kilomètres à l'heure 時速100キロ出す / *faire* Paris-Lyon en trois heures パリ-リヨン間を3時間で行く.
❺〔場所〕を訪れる, 歩き回る, 探る. ▶ *faire* les Alpes アルプスを探訪する / *faire* toutes les boutiques pour trouver un produit ある品物を見つけるためにあらゆる店を探しまわる / *faire* les poubelles ごみ箱をあさる.
❻ 話 …を盗む, くすねる. ▶ On lui *a fait* son portefeuille. 彼(女)は財布をすられた.
❼ 話 …を誘惑する, ひっかける. ▶ *faire* une femme 女をものにする.

Ⅴ《既出の動詞に代わる》

❶⟨ le *faire* ⟩ そうする. ▶《As-tu payé la note ?—Non, c'est lui qui l'*a fait*.》「君が勘定を払ったのか」「いや彼だ」/《比較の表現で》Il court mieux que je ne le *fais*. 彼は私よりも足が速い. ❷〔目的語なしに〕そうする. ▶《Puis-je téléphoner ?—*Faites*, je vous en prie.》「電話してよいでしょうか」「はい, どうぞ」◆*faire* pour qn《比較の表現で》…に対すると同じように…する. ▶ Il nous a aidés comme il *a fait* pour vous. 彼はあなた(方)を助けたように私たちをも助けてくれた.

avoir à faire することがある, 用事がある. ▶ J'*ai* beaucoup *à faire*. 私はいろいろやることがあるんです / J'ai mieux *à faire* que d'écouter ces bêtises. そんなばかばかしいことを聞いている暇はない.
avoir à faire à qn …に用がある; かかわり合う.
avoir qc à faire avec qn (1) …と一緒にする仕事がある. (2) …とかかわりを持つ. ▶ Je n'*ai* rien *à faire avec* lui. 彼とはなんの関係もない.
Ça le fait. 話 いいんじゃないの.
Ça ne fait rien 〔**à la chose**〕〔**à l'affaire**〕. それで事態が変わるわけではない.
ce faisant そうしながら, そうすることで.
faire avec 話 (あるもので)我慢する, 辛抱する. ▶ Il n'y a que quelques tranches de jambon, mais il faudra *faire avec*. ハムが数切れあるだけだが, それで辛抱しなければ.
faire bien (1) よいことをする. ▶ Vous avez téléphoné à mon père ? Vous *avez bien fait*. 父に電話してくれたんですって. よくやってくれました. (2) よく見える, 映える. ▶ Cette robe *fait* très *bien* sur elle. このドレスは彼女によく似合う.
faire bien de + 不定詞 = **ne pas faire mal de** + 不定詞 …するのはよいことだ, するのは正しい. ▶ Il *a bien fait* d'accepter. 彼が承諾をしてよかった / Vous *feriez bien* de partir maintenant. 今出発したほうがいいですよ（=Vous devriez partir maintenant).
faire tout すべてを決める, 決め手になる. ▶ L'argent *fait tout* dans ce genre d'affaire. この種の事業では金がものを言う.
faire tout 〔**quelque chose, beaucoup**〕 **pour …** …のために何でも〔何か, 多くのことを〕する. ▶ Il *a* tout *fait pour* m'aider. 彼は私を助けるためにあらゆることをしてくれた.
(Il) faut le faire! 普通はこんなことはできない. ▶ Elle a voyagé seule en France en faisant du stop. *Faut le faire!* 彼女はヒッチハイクでフランスを一人で旅行したんだ. すごいよね.
Il n'y a (**plus**) **rien à faire.** もう手の打ちようがない, どうしようもない.
la faire à qn 話 …をだます, かつぐ. ▶ Il ne faut pas me *la faire*. 私をだまそうとしても駄目だ.
n'avoir que faire de qn/qc 文章 …を必要としない, 気にかけない. ▶ Je *n'ai que faire* de ses compliments. あの人のお世辞など聞きたくもない.
ne faire que de + 不定詞 …したばかりである（=venir de). ▶ Je *ne fais que de* d'apprendre la nouvelle. その知らせは今聞いたばかりだ.
ne faire que + 不定詞 (1) …しかしない, …してばかりいる. ▶ Il *ne fait que* bâiller toute la journée. 彼は一日中あくびばかりしている. (2) …するにすぎない. ▶ Je *ne fais que* respecter les règles. 私は単に規則に従っただけだ.
ne 〔**n'en**〕 **faire qu'un** (**avec qc**) （…と）一体をなしている, 一緒である.
n'en rien faire 絶対にしない;（相手の勧めを辞退

faire

して)それはできません。▶ « Passez donc. — Je n'en ferai rien, à vous l'honneur. »「お先にどうぞ」「とんでもない, あなたこそどうぞ」
pour bien faire 万全を期すために, 念のために.
pour ce faire 文章 そうするために.
****Rien à faire.*** 手の打ちようがない; 話 (要求などを拒否して)どうしても駄目だ, 考慮の余地はない.
Rien y fait. 何をしてもむだだ.
savoir y faire (avec qc) 話 (…の)こつを知っている. ▶ Je *sais y faire* avec ces gamins. こうした子供たちの扱い方なら心得ている.
y faire qc (ある事態の解決のために)…する. ▶ Je ne peux rien *y faire*. 私にはどうにもできない / Que veux-tu que j'*y fasse*? 私にどうしろというのだ.

比較 **作る**
faire 最も広い意味で用いる. ただしあまりにも意味の範囲が広いために, 特に書き言葉では, より意味の限定された次の動詞を使い分けるのが普通. **produire** 製品, 産物を作り出すこと. また精神的なもの(作品, 影響など)を生み出す場合にも用いられる. **fabriquer** 工業的な生産の場合に用いる. **composer** 要素を集めて作り出すこと.

— ****faire*** 非人称 ❶ 〈Il *fait* …〉《天候などを示す》▶ Quel temps *fait*-il? どんな天気ですか / Il *fait* beau [mauvais]. 天気がよい [悪い] / Il *fait* jour [nuit]. 夜が明ける [日が暮れる] / Il *fait* du vent aujourd'hui. 今日は風がある / Il *fait* trente degrés à l'ombre. 日陰で30度ある. ❷ 〈Il *fait* bon [beau, mauvais] (+ de) + 不定詞〉…するのは気分がいい [すばらしい, 悪い]. 注 話し言葉では多く de を伴う. ▶ Il *fait* bon (de) se promener dans les bois. 森の中を散歩するのはいい気持ちだ.

— ****se faire*** 代動 ❶〈*se faire*〉《se は直接目的》❶ 作られる; 熟成される. ▶ Le roquefort *se fait* avec du lait de brebis. ロクフォールチーズは羊の乳から作られる / Le cognac *se fait* en fût. コニャックは樽の中で熟成される.
❷ 行われる. ▶ La réforme *se fait* petit à petit. 改革は少しずつ行われる / Ça *se fait* comment? それはどうやってやるんですか / Comment ça *se fait*? いったいどういうことですか.
❸ 広く行われている, 慣習である; 流行している. ▶ Ce genre de commerce *se fait* beaucoup dans ce pays. この国ではこの種の商売が盛んに行われている.
❹〈*se faire à qc*〉…に慣れる (=s'habituer.) ▶ Je ne peux pas *me faire* à cette idée. 私はその考えにはなじめない.
❺ 成長する, 成熟する; 身代を築く. ▶ une jeune fille qui *se fait* めっきり大人っぽくなってきた娘 / C'est un homme qui *s'est fait* tout seul. あの人は自力であそこまでなった人だ.

❷〈*se faire + qc*〉《se は間接目的》❶ (自分に)…を作る; …を手に入れる, 得る. ▶ *se faire* une robe ドレスを作る / *se faire* des amis 友達を作る / *se faire* une blessure 怪我をする / *se faire* cinq mille euros par mois 月に5千ユーロ稼ぐ.
❷ (観念など)を抱く, 持つ. ▶ *se faire* une opinion personnelle 自分なりの意見を持つ / *se faire* des soucis 気をもむ, 心配する. ▶ *se faire* une image [idée] de qn/qc …についてあるイメージ [考え] を持つ. ▶ l'image que les Japonais *se font* de la France 日本人がフランスに対して持っているイメージ / Il *se faisait* d'elle une fausse image. 彼は彼女について誤ったイメージを持っている.
❸〈*se faire qc*〉(自分の)[体の部分]を手入れする. ▶ *se faire* les ongles 爪の手入れをする / *se faire* la barbe ひげをそる.

❸〈*se faire + 属詞*〉《se は直接目的》❶〈*se faire + 形容詞* (無冠詞名詞)〉…になる; 自分を…に見せる. ▶ *se faire* marin (=devenir) 船乗りになる / *se faire* vieux 老ける / Elle *s'est faite* belle pour son premier bal. 彼女は初めての舞踏会のために美しく装った.
❷〈*se faire + 定冠詞 + 名詞*〉…の役目を果たす. ▶ Il *se fait* le porte-parole de notre groupe. 彼は我々のグループの代弁者だ.

❹ **se faire + 不定詞** ❶〈*se faire + 他動詞* (+ par [de] qn)〉《se は他動詞の直接目的語》(…に)自分を…させる, …してもらう, …される. ▶ *se faire* aimer de qn …に愛される / *se faire* renverser par une voiture 車にはねられる / La reprise économique *se fait* attendre. 景気回復が待たれている [なかなか実現しない].
❷〈*se faire + 他動詞 + qn/qc*〉《se は他動詞の間接目的語》自分のために [自分の…を]…させる, してもらう, される. ▶ *se faire* lire un livre 本を読んでもらう / *se faire* couper les cheveux 髪を切ってもらう / Elle *s'est fait* voler son portefeuille. 彼女は財布を盗まれた.

❺ [非人称構文で] ❶ 〈Il *se fait* + 名詞 [副詞]〉…になる, が起きる. ▶ Il *se fait* tard. 遅く [暗く] なってきた / Il *se fit* un grand silence. (=se produire) 非常に静かになった.
❷ 〈Il *se fait que …*〉…ということになる, が起きる. 注 que 以下は通常は直説法. 主節が疑問文や, pouvoir などを伴った不確実な表現のときは接続法. ▶ Il peut *se faire* qu'il pleuve. 雨が降るかもしれない. ◆ Comment *se fait*-il que + 接続法? なぜ…ということになるのか. ▶ Comment *se fait*-il qu'il ne soit pas là? 彼がいないのはいったいどういうわけだ.

Cela [Ça] se fait. 《多く否定的表現で》(慣習, 礼儀からみて)そうしてもよい. ▶ Ne parlez pas la bouche pleine, cela ne *se fait* pas. 口に物を入れたままではいけません, 行儀が悪いですよ / Cela ne *se fait* plus. それはもう時代遅れだ.

ne pas s'en faire 話 (1) 心配しない. ▶ Ne t'en fais pas, tu auras sûrement des nouvelles demain. 心配するな, 明日になればきっと知らせがあるから. (2) 遠慮しない. ▶ Il s'est assis à ma place. Il ne *s'en fait* pas, celui-là! あいつは私の席に座った, まったく遠慮を知らないやつだ.

se faire qn 話 …に暴行を加える. 殴る; 殺す.

語法 **語法「する, やる」の faire**

faire は「する, やる」の意味で, 特に口語で頻繁に使われるが, 冠詞の使い方で大きく2つのタイプに分

かれる.
(1) 定冠詞とともに, 家事に関する表現で用いる.
- faire la cuisine [la vaisselle, le ménage, la lessive] 料理[食器洗い, 掃除, 洗濯]をする.
(2) 部分冠詞とともに, 職業・勉学・趣味などの持続的活動を目的語にする(例外的に「医学」については無冠詞,「数学」の場合は des).
- faire du piano [du tennis, de la dance] ピアノ[テニス, ダンス]をやる.
- faire du français [du droit] フランス語[法律]をやる.
- faire médecine 医学をやる[医学部の学生である].
- faire des maths 数学をやる.

◆(2) のような言い方はくだけた表現であり, 丁寧な言い方に改めると次のようになる.
- faire du tennis → pratiquer le tennis テニスをやる.
- faire du français → faire des études de francais フランス語を学ぶ(大学で学問として学ぶ場合); apprendre le français フランス語を習う(習い事で学ぶというニュアンス).
- faire médecine → faire des études de médecine 医学を学ぶ.

学生が勉強している分野が既知である場合, たとえば「医学がどこの大学で勉強したのか」という質問には J'ai fait mes études de médecine à Montpellier. (私はモンペリエで医学を学んだ)ということができる.

faire² /fɛːr/ 男 文章 ❶(作家, 芸術家の)手法, 技法. ▶ tableau d'un *faire* très sûr しっかりした筆致の絵. ❷ 行為, 行動. ▶ Il y a loin du dire au *faire*. 諺 言うは易く行うは難し.

faire-part /fɛrpaːr/ 男 〈単複同形〉通知状. ▶ envoyer un *faire-part* de mariage 通知状を出す / *faire-part* de mariage 結婚通知状.

faire-valoir /fɛrvalwaːr/ 男 〈単複同形〉わき役, 引き立て役.

fair-play /fɛrplɛ/ 〈英語〉 男 〈単複同形〉フェアプレー.
— 形 〈不変〉公明正大な.

fais /fɛ/, **faisaient, faisais, faisait** /f(ə)zɛ/ 活用 ⇨ FAIRE¹ Ⅵ

faisabilité /fəzabilite/ 女 (技術的)実現可能性, 実行可能性. ▶ étude de *faisabilité* 実行可能性の研究.

faisable /fəzabl/ 形 なしうる, 実行可能な.

faisan /fəzã/ 男 ❶〖鳥類〗キジ. ❷ 話 ぺてん師, 詐欺師.

faisandé, e /fəzãde/ 形 ❶〖猟肉などが〗熟成した; 〖肉が〗腐りかけた. ❷ 文章 〖文学, 社会などが〗堕落した, 退廃的な.

faisander /fəzãde/ 他動 〖キジなど野禽(きん)の肉〗を寝かせる, 熟成させる.

faisanderie /fəzãdri/ 女 キジの飼育(場)

faisant /f(ə)zã/ 活用 faire¹ Ⅵ の現在分詞.

faisceau /fɛso/ 男 〈複〉 ❶ 束. ▶ *faisceau* de branches 枝の束. ❷ 一連, 一つながり. ▶ *faisceau* d'arguments 一連の論議. ❸ (光線, 繊維, 神経などの)束, ビーム. ▶ *faisceau* lumineux 光ビーム.

faiseur, euse /fəzœːr, øːz/ 名 ❶ ⟨*faiseur* de + 無冠詞名詞⟩《しばしば軽蔑して》〈絶えず〉…を作る人, する人. ▶ *faiseuse* de mariages 仲人好きの女性 / *faiseur* de tours 手品師, 大道芸人 / *faiseur* de compliments おべっか使い / *faiseur* d'embarras トラブルメーカー. ❷ 古風 服飾店, 仕立て屋.
— **faiseur** 男 目立ちたがり屋, はったり屋.

faisiez /fəzje/, **faisions** /fəzjɔ̃/, **faisons** /f(ə)zɔ̃/ 活用 ⇨ FAIRE¹ Ⅵ

*****fait**¹, **faite** /fɛ, fɛt/ フェ, フェット/ 形 (faire¹ の過去分詞) ❶ 行われた, なされた. ▶ un travail très bien *fait* よくできた仕事.
❷ (ある状態に)作られた, でき上がった. ▶ un homme mal *fait* 貧弱な体格の男 / une fille très bien *faite* とてもスタイルのいい娘 / Les hommes sont ainsi *faits*. 人間なんてそんなものさ / Comment est-il *fait*? 彼はどんなふうですか.
❸ 〖人が〗成熟した; 〖物が〗熟成した. ▶ un homme *fait* 成熟した男 / Ce vin n'est pas assez *fait*. このワインはまだ熟成しきっていない / fromage *fait* à cœur 芯まで熟成したチーズ.
❹ 手入れされた. ▶ des yeux *faits* 化粧した目 / ongles *faits* マニキュアをした爪.
❺ ⟨*fait* pour qc/不定詞⟩…用に作られた, に適した. ▶ Cette voiture *est faite* pour cinq personnes. この車は 5 人乗りだ / Vos paroles ne *sont* pas *faites* pour la rassurer. あなた(方)の言葉は彼女を安心させるためのではない / Elle *est faite* pour être médecin. 彼女は医者にはうってつけだ.
❻ ⟨*fait* de qc⟩…からできた, で構成された. ▶ C'est *fait* de quoi ce gâteau? このお菓子は何でできているのですか.
❼ ⟨*fait* à qc⟩…に慣れた.
❽ 話 捕まった, 罠(わな)にはまった. ▶ être *fait* comme un rat 追い詰められている, 袋のねずみだ.

C'en est fait de qc/qn. …はもうおしまいだ. ▶ *C'en est fait de moi.* 私はもうだめだ.
C'est comme si c'était fait. (できたも同然です→) すぐやります.
Ce n'est ni fait ni à faire. それはとてもずさんだ.
Ce qui est fait est fait. 諺 済んだことはしかたがない.
(C'est) bien fait (pour qn). (…には)当然の報いだ, いい気味だ. ▶ 《Elle a raté son examen. — *C'est très bien fait pour* elle, elle n'avait qu'à travailler plus.》「彼女は試験に落ちたんだって」「それも当然だ, 彼女はもっと勉強すればよかったんだ」
tout fait 出来合いの(↔sur mesure); 型にはまった. ▶ costumes *tout faits* 既製服 / idée *toute faite* 月並な考え.

*****fait**² /fɛ フェ/ (単数では語群の終わりに来るとき /fɛt/ と発音することが多い) 男 ❶ 事実; 実際に起こったこと, 出来事. ▶ juger sur les *faits* 事実に基づいて判断する / On aura beau discuter, le *fait* est là. 議論してもむだだ, 事実が現にあるのだか

ら / On a observé un *fait* curieux. 奇妙な出来事[現象]を観察した. ◆ **le *fait* de** + 不定詞 // **le *fait* que** + 直説法[接続法] …という事実, ということ(⇨ 語法). ▶ Le *fait* [de n'avoir rien répondu [qu'il n'a rien répondu] équivaut à un refus de sa part. 何も答えなかったということは彼が拒否しているということだ / par le *fait* [de qc [que + 直説法]] …ゆえに, の結果として. ❷ 行為. ▶ les *faits* et les gestes de qn …の全行動 / les *faits* d'armes 武勲 / voie de *fait* 暴力行為 / hauts *faits* 勲功;〔話〕(しばしば皮肉に)偉業, お手柄 / Ce n'est pas de mon *fait*. 私はそんなことはしていない. ◆ **ne pas être le *fait* de qn** …にふさわしくない. ▶ L'étude n'est pas mon *fait*. 勉強なんて私の柄じゃない. ❸ 本題, 話題. ▶ aller [venir] au *fait* 本題に入る. ◆ **au *fait* de qc** …の事情に通じている (=au courant de qc). ▶ mettre qn au *fait* de qc …に情報を教える.

*****Au fait*** (文頭で)ところで, 実は (=à propos). ▶ *Au fait*, puisque j'y pense, je vous rappelle la date de la réunion. ところで, 思いついたから言うのだが, 会合の日付を忘れていないだろうね.

C'est un fait (que + 直説法). (…ということ)それは事実だ, 確かだ.

de ce fait それゆえに, その結果.

*****de fait*** (1) 実際, そのとおり. ▶ Il n'a pas bien travaillé cette année, et *de fait*, il a raté ses examens. 彼は今年あまり勉強しなかったので, 事実, 試験に落ちた. (2) 事実上の, 実質的な. ▶ une question *de fait* (方針上ではなく)実行上の問題.

dire son fait à qn (欠点などについて)…にずけずけ言う, 歯に衣(きぬ)を着せない.

du fait de qc // du fait que + 直説法 …の理由で, の故に (=puisque). ▶ Les services de transport sont paralysés *du fait de* la grève. ストのために交通機関が麻痺(ひ)している. ◆ ***du seul fait que*** + 直説法 …というだけの理由で.

*****en fait*** (直前に述べた事柄に反対して)実際は, 実は (=en réalité). ▶ On prévoyait deux jours pour ce travail, *en fait* il nous a pris plus d'une semaine. その仕事は2日でできる予定だったが, 実際には1週間以上かかった.

en fait de + 無冠詞名詞 (1) …に関しては. (2) …としては, の代わりに. ▶ *En fait de* repas, on n'a eu qu'un sandwich. 食事にはサンドイッチ1つしかなかった.

être sûr de son fait 自分の主張に確信を持っている, 成功を確信している.

fait accompli 既成事実.

fait divers 三面記事, つまらない出来事.

Le fait est que + 直説法. 事実は…だ, …は確かだ. ▶ *Le fait est que* vous avez raison. 確かにあなたは正しい(と認めます).

par le fait même まさにそのことによって, その結果として.

par son fait 自分のせいで (=par sa faute).

prendre fait et cause pour qn …を擁護する, 支持する.

prendre qn sur le fait …を現行犯で逮捕する, の現場を押さえる. ▶ Le voleur a été pris sur le *fait*. 泥棒は現行犯で捕まった.

*****tout à fait*** 完全に, まったく;そのとおりだ. ▶ Vous avez *tout à fait* raison. まったくあなた(方)のおっしゃるとおりです / Ce n'est pas *tout à fait* fini. それは完全には終わっていない / 《 Vous êtes satisfait ? — *Tout à fait*. 》「満足していますか」「はい」.

> 語法 **le fait que** + 直説法[接続法]
>
> この表現は日本語の「…ということ」にあたり, 長い文を1つの名詞にする働きを持つ.
>
> • Le fait que sa boîte à lettres est [soit] pleine de courrier, ça veut dire qu'il n'est pas rentré chez lui depuis quelques jours. 郵便受けが郵便でいっぱいということは, もう数日前から彼は家に帰っていないということだ.
>
> • L'aggravation de la pollution atmosphérique vient surtout du fait que le nombre de voitures est en augmentation constante. 大気汚染の悪化は, 特に自動車の数が恒常的に増加しているということが原因となっている.
>
> • Il faut tenir compte du fait que la fumée dérange certaines personnes. たばこの煙に弱い人がいるということを考慮に入れなければいけない.
>
> ◆ 代表的な言い回しは以下のとおり.
> Le fait que …, cela signifie [veut dire] que + 直説法 (…ということ, それは…を意味する), être encouragé [gêné] par le fait que… (…ということによって勇気づけられる[邪魔される]), être lié [tenir] au fait que … (…ということに結びついている[関係している]), venir [tenir compte] du fait que … (…ということに起因する[を考慮する]).

fait³ /fɛ/ 活用 ⇨ FAIRE¹ Ⅵ

fait-divers /fedivɛːr/; 〈複〉 ~s-~, **fait divers** 〈複〉~s ~ 男 (新聞の)雑報, 三面記事; 三面記事的事件.

faîte /fɛt/ 男 ❶ 棟, 棟木.
❷ 頂上, てっぺん. ▶ ligne de *faîte* 尾根, 稜線(りょうせん).
❸ 頂点, 絶頂. ▶ être au *faîte* de la gloire 栄光の絶頂にある.

faites /fɛt/ 活用 ⇨ FAIRE¹ Ⅵ

fait-tout /fetu/《単複同形》, **faitout** 男 (両手, ふた付きの)深鍋(なべ), シチュー鍋.

faix /fɛ/ 男 文章 重荷. ▶ ployer sous le *faix* 重荷に耐えかねる.

fakir /fakiːr/ 男 (千里眼, 刃渡りなどを演じる)大道芸人, 奇術師.

falaise /falɛz/ 女 (海岸の)断崖(がい), 絶壁.

falbalas /falbala/ 男複 ごてごてした飾り. ▶ une robe à *falbalas* 趣味の悪い飾りのついた服.

fallacieusement /fa(l)lasjøzmɑ̃/ 副 文章 偽って, 欺いて, まことしやかに.

fallacieux, euse /fa(l)lasjø, øːz/ 形 文章 偽りの, 人を欺く, まことしやかな. ▶ arguments *fal*-

lacieux もっともらしい議論.

*falloir /falwa:r ファロワール/ ④ 非人称

過去分詞 fallu	現在分詞 なし
直説法現在 il faut	
複合過去 il a fallu	単純未来 il faudra

注 話し言葉ではしばしば主語のIl を省略する.

❶ …が必要である, …しなければならない.
❶ ⟨Il *faut* qc/qn (à qn)⟩(…に)…が必要である. ▶ Il *faut* bien une heure pour y aller. そこへ行くのに1時間はかかる / Il lui *fallait* quelqu'un pour l'aider. 彼(女)にはだれかの助けが必要だった / Qu'est-ce qu'il vous *faut*? 何がお入り用ですか / Combien vous *faut*-il? いくら必要ですか.

❷ ⟨Il *faut* + 不定詞 // Il *faut* que + 接続法⟩…しなければならない, すべきである, する必要がある. ▶ Il *faut* lui téléphoner tout de suite. 彼(女)にすぐ電話しなければならない / Il *fallait* me le dire. そうと言ってくれればよかったのに (=Tu aurais dû me le dire.) / Il *faut* que je vous voie, c'est indispensable. あなたにぜひともお会いしなければなりません. 注 ⟨Il *faut* + 不定詞⟩の構文で, 不定詞の意味上の主語を明示する場合は, 人称代名詞間接目的形を用いる(例: Il lui *faut* partir demain. 彼(女)は明日出発する必要がある).

❸ ⟨Il ne *faut* pas + 不定詞 // Il ne *faut* pas que + 接続法⟩…してはならない. ▶ Il ne *faut* jamais remettre au lendemain ce qu'on peut faire le jour même. その日にできることは決して翌日に延ばしてはならない / Il ne *faut* pas que tu regardes la télévision de trop près. テレビをあまり近くで見てはいけない.

❹ ⟨文章⟩⟨*Faut*-il + 不定詞?/ *Faut*-il que + 接続法?⟩…しなければならないのか, …する必要があるのか. ▶ *Faut*-il donc abandonner ce projet? それではこの計画は放棄しなければならないのか.

❺ ⟨中性代名詞 le とともに⟩そうしなければならない, その必要がある. ▶ Vous irez le voir, il le *faut*. 彼に会いに行きなさい, そうしなければなりません / Je vendrais même mon appartement, s'il le *fallait*. 必要とあれば私は自分のアパルトマンだって売るつもりだ.

❻ ⟨不定詞または中性代名詞 le を省略して⟩ ▶ Il ne dit que ce qu'il *faut*. 彼は必要なことしか言わない /《Je t'ai apporté des fleurs.—Oh! Tu es gentil. Mais il ne *fallait* pas!》「花を持ってきましたよ」「ああ, どうもありがとう. でもそんな心配しなくても」 注 不定詞を伴わない場合の否定形は「その必要はない」の意味になる.

❷ …に違いない.
❶ ⟨Il *faut* + 不定詞 // Il *faut* que + 接続法⟩…に違いない, のはずだ;《皮肉に》決まって…する, …するに決まっている. ▶ Dire des choses pareilles! il *faut* vraiment avoir perdu l'esprit. こんなことを言うなんて, 頭がおかしくなったに違いない / Il *faut* vraiment qu'elle soit malade pour ne pas vouloir manger cette glace. のアイスクリームを食べたくないなんて, 彼女は本当に病気に違いない / Pour une fois qu'on peut partir en voyage tous ensemble, il *faut* qu'il pleuve! 今度こそみんなで旅行に行けるというのに, こんなときに限って雨が降るんだから.

❷ ⟨*Faut*-il + 不定詞 // *Faut*-il que + 接続法⟩…としか思えない, なんて…なのだ. ▶ *Faut*-il être bête pour n'avoir compris une chose aussi simple! こんな簡単なことが分からなかったなんて, なんてばかなんだ.

*comme il faut (1) 申し分なく, 立派に. ▶ s'exprimer *comme il faut* ちゃんとした口の利き方をする. (2) 話 申し分のない, 立派な. ▶ une robe très *comme il faut* とても上品なドレス.

Encore faut-il + 不定詞 [*que* + 接続法]. やはり…でなければならない. ▶ Je veux bien lui pardonner, *encore faut-il qu*'il me prouve sa bonne foi. 彼を許してやる気はあるが, やはり誠意を示してくれなければ.

Faut bien! 話 仕方がない.

Il faut dire que + 直説法 なにしろ…だ; なるほど…だ. ▶ Elle a été cambriolée deux fois. *Il faut dire qu'elle* habite dans une maison isolée. 彼女は2度泥棒に入られた. なにしろ彼女の家はぽつんと離れているからね.

(Il) faut le faire! ⇨ FAIRE¹.

Il faut [faudrait] voir. (1) 考えてみなければならない. ▶ Ça me semble parfait au premier coup d'œil, mais *il faut voir*. それはちょっと見た限りでは完璧(㌔)に見えるが, もう少し検討してみよう. (2) 一見に値する, 見ものだ, すばらしい.

Quand (il) faut y aller, (il) faut y aller. やる時はやらなきゃ.

Qu'est-ce qu'il (ne) faut (pas) entendre [voir]! 話 なんてこった, あきれてもの言えない.

— **s'en falloir** 代動 非人称 ❶ 文章 ⟨Il *s'en faut* de + 数量表現⟩…だけ足りない, が不足している. ▶ Je n'ai pas pu préparer la somme demandée; il *s'en faut* de la moitié. 要求された金額は集められなかった, 半分足りない. ◆ Il *s'en faut* de + 数量表現 + que (ne) + 接続法. …であるには…だけ足りない. ▶ Il *s'en faut* d'un point qu'il ne soit reçu à l'examen. 彼は試験に合格するのに1点足りない.

❷ 文章 ⟨Il *s'en faut* (de beaucoup) // Tant *s'en faut*⟩ (そうなるにはかなり足りない→) それどころではない. ▶ Il n'est pas guéri, il *s'en faut* de beaucoup. 彼が治ったなんて, とんでもない. ◆ Il *s'en faut* (de beaucoup) [Tant *s'en faut*] que + 接続法. …どころではない. ▶ Il *s'en faut* de beaucoup qu'il soit heureux. 彼が幸福だなんてとんでもない.

❸ 文章 ⟨Il *s'en faut* de peu // Peu *s'en faut*⟩ もう少しのところだ, …も同然だ. ▶ Ce film est un chef-d'œuvre, ou peu *s'en faut*. この映画は傑作と言ってもいい. ◆ Il *s'en faut* de peu [Peu *s'en faut*] que (ne) + 接続法. もう少しで…になるところだ, (…と)ほとんど同然だ. ▶ Peu *s'en est fallu* que ces deux voitures entrent en collision. もう少しでこの2台の車は衝突するところだった.

fallu

fallu /faly/ 活用 falloir 40 の過去分詞.
fallut, fallût /faly/ 活用 ⇨ FALLOIR 40
fal*ot, ote* /falo, ɔt/ 形 影の薄い, 精彩のない.
falsifiable /falsifjabl/ 形〔理論, 命題などが〕反証可能な.
falsifica*teur, trice* /falsifikatœːr, tris/ 名〔飲食物に〕混ぜ物をする人; 変造者, 偽造者.
— 形 混ぜ物をする; 変造〔偽造〕する.
falsification /falsifikasjɔ̃/ 女 混ぜ物をすること;〔文書などの〕変造, 偽造, 歪曲(わいきょく).
falsifier /falsifje/ 他動 …に混ぜ物をする; を変造〔偽造〕する. ▶ *falsifier* du vin ワインに混ぜ物をする / *falsifier* un acte 証書を偽造〔改竄(かいざん)〕する / *falsifier* une signature 偽りの署名をする / *falsifier* la pensée de qn …の考えをゆがめて伝える.
famé, e /fame/ 形〈多く mal, bien とともに〉…な評判の. ▶ bar mal *famé* いかがわしいバー.
famélique /famelik/ 形 [文章] 飢えに苦しむ.
fameusement /famøzmɑ̃/ 副 飢えに, 非常に.
*****fam*eux, euse*** /famø, øːz/ ファムー, ファムーズ/ 形

> [英仏そっくり語]
> 英 famous 有名な.
> 仏 fameux 例の, すばらしい.

❶ 話《名詞の前で》例の, 話題の. ▶ C'est cela, ton *fameux* film? 例の映画というのはこれかい.
❷ 話《名詞の前で》とてつもない, 甚だしい. ▶ attraper un *fameux* coup de soleil ひどく日焼けする / un *fameux* saland ひどい野郎.
❸ 話 すばらしい, 上等の; 優れた. ▶ Il est *fameux*, votre vin. おいしいですね, お宅のワインは.
❹ [文章] 有名な, 名高い. ▶ région *fameuse* par〔pour〕ses crus 特産ワインで名高い地方. 比較 ⇨ CÉLÈBRE.

pas fameux 芳しくない. ▶ Le temps n'est *pas fameux*. ぱっとしない天気ですね / Il n'est *pas fameux* en anglais. 彼は英語がうまくない.

*****famili*al, ale*** /familjal/ ファミリヤル/;《男 複》*aux* /o/ 形 家庭の, 家族の. ▶ vie *familiale* 家庭生活 / réunion *familiale* 家族の集まり, 一家団欒(だんらん) / allocations *familiales* 家族手当 / fête *familiale* 家族で祝う祭日 / ennuis *familiaux* 家族内のごたごた / le milieu *familial* 家族環境. — **familiale** 女 ステーションワゴン(= voiture familiale).

familiariser /familjarize/ 他動〈 *familiariser* qn avec qc〉…に…に親しませる, 慣れさせる.
— **se familiariser** 代動〈 *se familiariser* (avec qc/qn)〉…に慣れる, と親しくなる. ▶ *se familiariser* avec le bruit des travaux 工事の騒音に慣れる.

familiarité /familjarite/ 女 ❶ 親しさ, なじみ; 気安さ, 精通. ▶ être dans la *familiarité* de qn …と仲がよい / parler à un *familier* …に気安く話しかける / avoir une grande *familiarité* avec les œuvres classiques 古典文学に造詣(ぞうけい)が深い. ❷《多く複数で》なれなれしい言動, 無作法. ▶ prendre des *familiarités* avec qn …になれなれしく振る舞う.

*****famili*er, ère*** /familje, ɛːr/ ファミリエ, ファミリエール/ 形 ❶ 親しい; なれなれしい. ▶ ton *familier* くだけた調子 / être *familier* avec les femmes 女性に対してなれなれしい / animal *familier* ペット.

❷〈*familier* (à qn)〉〈…に〉慣れ親しまれた; 熟知された. ▶ une voix *familière* 聞き慣れた声 / Tout dans cette ville m'est *familier*. この町のことなら私はなんでも知っている.
❸ 口語的な, 平俗な. ▶ expression *familière* くだけた表現 / mot *familier* くだけた言葉.
— **familier** 男 ❶ 親交のある人, 親友. ❷ 常連, なじみ.

familièrement /familjɛrmɑ̃/ 副 ❶ 親しく, 打ち解けて; なれなれしく. ❷ くだけた言葉で.

:**famille** /famij/ ファミーユ/ 女

❶ 家族, 家庭; 妻子, 子供たち. ▶ la *famille* Dupont デュポン家 / chef de *famille* 家長, 世帯主 / pension de *famille* 民宿, ペンション / toute la *famille* 家族全員 / Elle est mère de *famille* 彼女は子供がいる / *famille* nombreuse 子だくさんの家庭 / *famille* nucléaire 核家族 / fonder une *famille* 所帯を持つ, 子供をつくる / élever sa *famille* 子供たちを育てる / la Sainte *Famille* 聖家族(聖ヨセフ, 聖母マリア, 幼子キリスト).
❷ 一族, 親族; 名門. ▶ nom de *famille* 姓 / *famille* proche〔éloignée〕近い〔遠い〕親戚 / la *famille* royale 王家 / fils de *famille* 御曹司 / avoir l'esprit de *famille* 身内意識を持つ.
❸ 集団, グループ, 同類;〔マフィアなどの〕一族, 一門, 一派. ▶ *famille* politique 派閥 / *famille* spirituelle 同じ考え方をする集団.
❹〖生物学〗〔分類で〕科: 目 ordre と, 属 genre の間.
❺〖言語〗族. ▶ *famille* de mots 語族(共通の語根を持つ語群) / *famille* de langues 言語族(歴史的に同系である言語群).

avoir un air de famille〔血縁のように〕よく似ている.

de bonne famille 良家の.

de famille 家庭の, 家族の. ▶ médecin *de famille* かかりつけの医者.

des familles 話 家庭的な; 気取らない.

en famille 家族で;〈くつろいで; 内輪で. ▶ dîner *en famille* 家族で夕食をとる.

faire partie de la famille 家族の一員である, 家族同様である.

famine /famin/ 女 飢饉(ききん); 飢餓. ▶ crier *famine* 飢えを訴える / salaire de *famine* 生活費に足りない給料.

fan /fan/ 名《男女同形》〔英語〕話〔歌手などの〕ファン.

fana /fana/ (fanatique の略) 形《男女同形》話 熱狂的な, 夢中の, のぼせた. ▶ Elle est *fana* de moto. 彼女はバイクに夢中だ.
— 名《男女同形》話 熱狂的なファン. ▶ un *fana* de football サッカーの熱烈なファン.

fan*al* /fanal/;《複》*aux* /o/ 男 ❶〔船舶, 飛行機などの〕信号灯. ❷〔馬車などの〕角灯; 手提げランプ, ランタン.

fanatique /fanatik/ 形 狂信的な; 夢中の.

— 名 狂信者；熱狂的愛好者. ▶ *fanatique* du jazz ジャズ・マニア.

fanatiquement /fanatikmɑ̃/ 副 狂信的に；熱狂的に.

fanatiser /fanatize/ 他動 …を狂信的にする；熱狂させる.

fanatisme /fanatism/ 男 狂信(的行為)；熱狂. ▶ *fanatisme* religieux 宗教的狂信.

fandango /fɑ̃dɑ̃go/ 男《スペイン語》ファンダンゴ：スペインの代表的な民謡および民俗舞踊.

fane /fan/ 女 ❶ (草本の)葉，茎；《特に》(根菜類の)葉，茎. ❷ 落ち葉，枯れ葉.

fané, e /fane/ 形 ❶ 枯れた，しおれた. ❷ 衰えた，色あせた. ▶ beauté *fanée* 衰えた容色.

faner /fane/ 他動 ❶〔刈り草〕を乾燥させる. ❷ …をしおれさせる. ❸ 文章 …をあせさせる，衰えさせる.
— **se faner** 代動 ❶〔植物が〕枯れる，しおれる. ▶ fleur qui *se fane* しおれる花. ❷ 文章〔色，容姿などが〕あせる，衰える.

fanfare /fɑ̃faːr/ 女 ❶ ブラスバンド，吹奏楽団. ❷ ファンファーレ.
en fanfare 大騒ぎして，派手な音を立てて. ▶ annoncer qc *en fanfare* …を鳴り物入りで発表する.

fanfaron, onne /fɑ̃farɔ̃, ɔn/ 形 空威張りの，はったりの. ▶ prendre un air *fanfaron* 虚勢を張る；得意げにする.
— 名 空威張り屋，ほら吹き；自慢話をする人. ▶ faire le *fanfaron* 虚勢を張る；自慢する.

fanfaronnade /fɑ̃farɔnad/ 女 空威張り，虚勢；ほら，自慢話.

fanfaronner /fɑ̃farɔne/ 自動 文章 空威張りする；ほらを吹く，自慢する.

fanfreluche /fɑ̃frəlyʃ/ 女《多く複数で》(家具，婦人服などの)安っぽい装飾，ひらひら.

fange /fɑ̃ːʒ/ 女 文章 ❶ 泥，泥水. ❷ 汚濁，汚辱. ▶ se vautrer dans la *fange* 汚濁にまみれた生活をする.

fangeux, euse /fɑ̃ʒø, øːz/ 形 文章 ❶ 泥の，泥だらけの. ▶ eau *fangeuse* 泥水. ❷ 汚れた，卑しい.

fanion /fanjɔ̃/ 男 小旗；団旗. ▶ *fanion*〔d'ambulance［de la Croix-Rouge］赤十字旗.

fanon /fanɔ̃/ 男 ❶ 鯨のひげ. ❷(牛などの喉(の)の)胸垂；(七面鳥などの喉の)肉垂.

*****fantaisie** /fɑ̃tezi/ ファンテズィ / 女 ❶(創造的)空想力；奔放な想像力. ▶ donner libre cours à sa *fantaisie* = se laisser aller à sa *fantaisie* 空想を自在に働かせる.
❷ 気まぐれ(な望み)，酔狂. ▶ être pris d'une *fantaisie* subite pour les tableaux 急に絵が好きになる / Ma mère lui passe toutes ses *fantaisies*. 母は何もかも彼(女)の好きにさせている / se plier aux *fantaisie* de qn …の気まぐれにつきあう. ◆《非人称構文で》Il lui prend la *fantaisie* de qc/[不定詞]. ふと…したくなる. 注 lui は各人称に変化させて用いる. ▶ Il m'a pris la *fantaisie* de voyager. 私はふと旅をしたくなった.
❸ 気まぐれ，奇抜さ，おもしろみ. ▶ vie qui manque de *fantaisie* つまらない生活.
❹〖音楽〗ファンタジア，幻想曲.

à［*selon*］*la fantaisie de qn* …の好きなように. ▶ agir *à* sa *fantaisie* 気ままに振る舞う.
de fantaisie (1) 空想的の，想像の. (2) 奇抜な，風変わりな；規格外の；模造の. 注 de を省略して同格的に用いられることもある. ▶ bijoux (*de*) *fantaisie*（模造宝石の）コスチュームジュエリー，(廉価な)アクセサリー.

fantaisiste /fɑ̃tezist/ 形 ❶ 気まぐれな，気ままな；風変わりな. ❷ 思いつきの，根拠のない. ▶ hypothèse *fantaisiste* 思いつきの仮説 / nouvelle *fantaisiste* でっちあげたニュース. — 名 ❶ 気まぐれな人，いいかげんな人；変わり者. ❷ 寄席芸人.

fantasmagorie /fɑ̃tasmagɔri/ 女 ❶ (19世紀に流行した)魔術幻灯(劇). ❷ 夢幻(的光景)；(不気味な)幻影，幻想.

fantasmagorique /fɑ̃tasmagɔrik/ 形 夢幻的な；幻影の.

fantasmatique /fɑ̃tasmatik/ 形 幻想の，幻のの.

fantasme /fɑ̃tasm/ 男 幻想，幻，幻影；幻覚.

fantasmer /fɑ̃tasme/ 自動 幻想を抱く. ▶ Il *fantasme* sur son avenir. 彼は将来について幻想を抱いている. — 他動 …を空想する.

fantasque /fɑ̃task/ 形 ❶ 気まぐれな. ❷ 文章〔物が〕風変わりな，奇妙な.

fantassin /fɑ̃tasɛ̃/ 男 歩兵.

fantastique /fɑ̃tastik/ 形 ❶ 話 途方もない，信じられないほどの；すばらしい. ▶ une réussite *fantastique* 空前の大成功 / C'est *fantastique*! すごい. ❷ 空想上の，架空の；幻想的な，不思議な；怪奇幻想(物)の. ▶ littérature *fantastique* 幻想文学. — 男 幻想(的なもの)；(芸術のジャンルとしての)幻想，怪奇，怪奇幻想(物).

fantastiquement /fɑ̃tastikmɑ̃/ 副 ❶ 幻想的に；異様に. ❷ 途方もなく，すばらしく.

fantoche /fɑ̃tɔʃ/ 男 他人に操られる人；でくの坊.
— 形 他人に操られる，名ばかりの. ▶ gouvernement *fantoche* 傀儡(かいらい)政権.

fantomatique /fɑ̃tɔmatik/ 形 幽霊の(ような)；幻影的な.

fantôme /fɑ̃toːm/ 男 ❶ 幽霊，亡霊. ▶ maison hantée par les *fantômes* 幽霊屋敷 / croire aux *fantômes* 幽霊の存在を信じる. ❷(過去の)幻影；妄想. ▶ les *fantômes* du passé 過去の亡霊 / se faire des *fantômes* de rien（疑心暗鬼で）つまらぬことにおびえる. ❸〈*fantôme* de + 無冠詞名詞〉形ばかりの…，実体［実権］のない…. ▶ un *fantôme* de ministre 名ばかりの大臣 /《同格的に》gouvernement *fantôme* 影の内閣，シャドーキャビネット. ❹ 話 がりがりにやせた人. ❺〖医学〗(切断された)*membre fantôme* 幻影肢；切断された手足がまだあるような感覚.

fanzine /fɑ̃zin/ 男 ファンジン：ファンが作る少部数雑誌.

faon /fɑ̃/ 男 子鹿.

FAQ /fak/ 女〖略語〗《不変》foire aux questions よくある質問. 注 英語 frequently asked questions から.

far /faːr/ 男 ファール：ブルターニュ地方のプラム入り卵菓子.

faramineux, euse /faraminø, øːz/ 形 話 と

farandole

てつもない，すごい；すばらしい． ▶ des prix *faramineux* 法外な値段．

farandole /faʀɑ̃dɔl/ 囡 ❶ ファランドール：手を取り合い列になって踊るプロヴァンス地方の民族舞踊，民族舞曲． ❷ ファランドール風の踊り [行列]．

farce¹ /faʀs/ 囡 〖料理〗詰め物，スタッフィング．

*****farce**² /faʀs/ ファルス/ 囡 ❶ いたずら，悪ふざけ，冗談． ▶ faire une *farce* à qn …にいたずらをする / une mauvaise *farce* たちの悪いいたずら． ❷ ファルス，笑劇；茶番劇． ▶ tourner à la *farce* 茶番と化する． ❸ *farces* et attrapes いたずら用玩具(ガン)．

farceur, euse /faʀsœːr, øːz/ 形 ❶ いたずら好きな，茶目っ気のある． ❷ ほら吹きの，信用のできない． ― 名 ❶ いたずら好き，茶目． ❷ いいかげんな人，食わせ者．

farci, e /faʀsi/ 形 (farcir の過去分詞) ❶ 〖料理〗詰め物をした． ▶ tomates *farcies* 詰め物トマト． ❷ 話 〈*farci* de + 無冠詞複数名詞〉…でいっぱいの． ▶ Il a la tête *farcie* de chiffres. 彼の頭には数字がぎっしり詰まっている．

farcir /faʀsiːʀ/ 他動 ❶ 〖料理〗〔鳥，魚，野菜など〕に詰め物をする． ▶ *farcir* un poisson 魚に詰め物をする． ❷ 〈*farcir* qc de + 無冠詞複数名詞〉…に〔知識，考えなど〕を詰め込む． ▶ *farcir* un écrit de citations 作品に引用を詰め込む．
― **se farcir** 代動 注 se は間接目的． ❶ 〈*se farcir* qc de + 無冠詞複数名詞〉(自分の)〔頭など〕に〔知識，考えなど〕を詰め込む．
❷ 話 〈*se farcir* qc〉〔食べ物〕で腹を満たす，を食う． ▶ *se farcir* un bon repas 御馳走(ごちそう)をたらふく食う．
❸ 話 〈*se farcir* qc/qn // *se farcir* de + 不定詞〉〔嫌な人，つらい仕事など〕に耐える，を引き受ける． ▶ *se farcir* tout le travail 嫌な仕事をそっくり引き受ける．

fard /faːʀ/ 男 化粧品，おしろい． ▶ *fard* à joues 頬(ほほ)紅 / se mettre du *fard* 化粧する．
piquer un fard 話 赤面する．
sans fard 飾らずに，隠し事をせずに． ▶ parler *sans fard* 率直に〔ごく自然に〕話す．

fardeau /faʀdo/; 〈複〉 **x** 男 ❶ 重い荷物． ▶ porter un *fardeau* sur ses épaules 肩に重い荷物を担ぐ． ❷ 重荷，負担． ▶ le *fardeau* des responsabilités 重責．

farder /faʀde/ 他動 ❶ …におしろいをつける，化粧をする． ❷ 文章 …を粉飾する，隠す．
― **se farder** 代動 化粧する．

farfadet /faʀfade/ 男 (いたずら好きな)妖精(ようせい)．

farfelu, e /faʀfəly/ 形, 名 風変わりな(人)，奇抜な(人)；頭の少しいかれた(人)．

farfouillage /faʀfujaːʒ/, **farfouillement** /faʀfujmɑ̃/ 男 ひっかき回して探すこと．

farfouiller /faʀfuje/ 自動 話 ひっかき回す．
― **se farfouiller** 代動 話 *se farfouiller* le nez 鼻をほじくる．

faribole /faʀibɔl/ 囡 〈多く複数で〉話 たわごと，くだらないこと．

*****farine** /faʀin/ ファリヌ/ 囡 ❶ 〔穀物の〕粉；《特に》小麦粉 (=*farine* de blé)． ▶ *farine* de maïs コーンスターチ． ❷ 粉末，粉． ▶ *farine* de poisson 魚粉 / *farine* de bois おがくず / *farines* animales 肉骨粉(BSE の原因とされる飼料)．
de (la) même farine 俗 似たり寄ったりの．
rouler qn dans la farine 話 …をだます．

farineux, euse /faʀinø, øːz/ 形 ❶ 粉を含んだ；でんぷんを含んだ． ▶ aliment *farineux* でんぷん質食品． ❷ 粉っぽい；粉を吹いた．
― **farineux** 男 でんぷん質の野菜．

farouche /faʀuʃ/ 形 ❶ 〔動物が〕人になつかない，飼い慣らすのが難しい． ❷ 非社交的な，取っ付きにくい． ▶ enfant *farouche* 人見知りする子供 / femme peu *farouche* 簡単になびく女． ❸ 執拗(しつよう)な，強固な；文章 荒々しい，凶暴な． ▶ *farouche* résistance 執拗な抵抗 / tyran *farouche* 残忍な暴君．

farouchement /faʀuʃmɑ̃/ 副 ❶ 荒々しく，粗暴に． ❷ 強固に，頑として．

fart /faʀ(t)/ 男 〔スキー用〕ワックス．

fartage /faʀtaːʒ/ 男 〔スキーの〕ワックスがけ．

farter /faʀte/ 他動 〔スキー〕にワックスを塗る．

fascicule /fasikyl/ 男 〔叢書(そうしょ)，辞典，教科書などの〕分冊． ▶ publier un dictionnaire par *fascicules* 辞書を分冊で発行する．

fascinant, ante /fasinɑ̃, ɑ̃ːt/ 形 魅惑する，魅力的な．

fascinateur, trice /fasinatœːr, tʀis/ 名, 形 文章 魅惑する(人)；幻惑する(人)．

fascination /fasinasjɔ̃/ 囡 魅惑；幻惑；抵抗できない魅力． ▶ exercer une *fascination* sur qn …を魅了する．

fascine /fasin/ 囡 ❶ 柴(しば)の束． ❷ 粗朶(そだ)．

fasciner /fasine/ 他動 ❶ …を魅惑する；幻惑する． ▶ *fasciner* l'auditoire par son éloquence 弁舌で聴衆を魅了する / L'argent le *fascine*. 彼は金に目がくらんでいる． ❷ …を(視線で)射すくめる．

fascisant, ante /faʃizɑ̃, ɑ̃ːt/ 形, 名 ファッショ的な(人)．

fascisation /faʃizasjɔ̃/ 囡 ファッショ化．

fasciser /faʃize/ 他動 …をファッショ化する．

fascisme /faʃism/ 男 ファシズム．

fasciste /faʃist/ 形 ファシズムの，ファシストの．
― 名 ファシスト．

fass- 活用 ⇨ FAIRE¹ Ⅵ

faste¹ /fast/ 男 豪華，豪奢(ごうしゃ)(の誇示)．

faste² /fast/ 形 〈次の句で〉
jour faste 吉日，ついてる日．

fast-food /fastfud/ 男 〔米語〕ファーストフード(産業〔レストラン〕)． 注 フランス語では restauration rapide という．

fastidieusement /fastidjøzmɑ̃/ 副 文章 うんざりするほどに；くどくどと．

fastidieux, euse /fastidjø, øːz/ 形 うんざりする，げんなりする． ▶ lecture *fastidieuse* 退屈極まりない読書．

fastoche /fastɔʃ/ 形 話 簡単な．

fastueusement /fastɥøzmɑ̃/ 副 豪華に，豪勢に．

fastueux, euse /fastɥø, øːz/ 形 ❶ 〈ときに名詞の前で〉豪華な，贅沢(ぜいたく)な． ▶ un dîner *fastueux* 豪勢な晩餐(ばんさん)会． ❷ 〔人，社会階層が〕

fat, fate /fa(t), fat/ 形 うぬぼれの強い．
— **fat** 男 思い上がった愚か者．

fatal, ale /fatal/;《男複》**als** 形 ❶ 運命の；不可避の，必然的な． ▶ le moment *fatal* 運命の時；最期 / une conséquence *fatale* 当然の帰結． ◆《非人称構文で》Il est *fatal* que +〔接続法〕…はやむを得ない，避けがたい．
❷ 《*fatal* (à [pour] qn/qc)》〈…に〉不幸［破滅］をもたらす，有害な． ▶ erreur *fatale* à la carrière de qn …の経歴にとって取り返しのつかない過ち / femme *fatale*（男を破滅させる）妖婦(ふ)．
❸ 〔文章〕死の；致命的な． ▶ porter un coup *fatal* 致命的な打撃を与える． ❹ 〔話〕《名詞の前で》お決まりの，いつもの． ▶ Après l'entrée, le *fatal* veau. アントレの次はお決まりの子牛料理だ．

fatalement /fatalmɑ̃/ 副 ❶ 不可避的に，どうしても． ❷ 〔文章〕運命的に，宿命的に；不運にも．

fatalisme /fatalism/ 男 運命論，諦観(ていかん)．

fataliste /fatalist/ 名 運命論者．
— 形 運命論(者)の．

fatalité /fatalite/ 女 ❶ 運命，宿命；不運． ▶ *fatalité* de la mort 死すべき定め / par quelle *fatalité* いったいどうして / Je suis poursuivi par la *fatalité*. 私は不運につきまとわれている． 比較 ➪ SORT¹． ❷ 必然（の成り行き），不可避性． ▶ la *fatalité* historique 歴史的必然．

fatidique /fatidik/ 形 運命の定めた，宿命的な；逃れられない． ▶ jour *fatidique* 運命の日．

fatigabilité /fatigabilite/ 女 〔文章〕疲労度．

fatigant, ante /fatigɑ̃, ɑ̃ːt/ 形 ❶ 疲れさせる；骨の折れる． ▶ travail *fatigant* (à faire) くたびれる仕事． ❷ うんざりさせる，煩わしい．

***fatigue** /fatig/ ファティグ 女 疲れ，疲労． ▶ *fatigue* intellectuelle [physique] 精神［肉体］の疲労 / être gagné par la *fatigue* 疲れてぐったりとなる / tomber [mort] de *fatigue* 疲れきって立っていられない［死にそうだ］/ sentiment de *fatigue* 疲労感．

***fatigué, e** /fatige/ 形 ❶ 疲れた． ▶ se sentir *fatigué* 疲労を感じる / être *fatigué* par le voyage 旅疲れしている / Tu as l'air *fatigué*. 疲れているようだね． ❷《*fatigué* de qn/qc [不定詞]》…にうんざりした，飽きた． ▶ Je suis *fatigué* d'attendre. 待つのはもうたくさんだ / Elle est *fatiguée* de tout. 彼女は何もかもうんざりしている．
❸ 〔人，体（の機能）が〕弱った；具合が悪い． ▶ avoir le cœur *fatigué* 心臓が弱っている / voix *fatiguée* 張りのない声． ❹ 使い古した；傷んだ． ▶ vêtements *fatigués* くたびれた服 / livre *fatigué* 使い古した本．

***fatiguer** /fatige/ ファティゲ

直説法現在	je fatigue	nous fatiguons
複合過去	j'ai fatigué	
単純未来	je fatiguerai	

〔他動〕❶ …を**疲れさせる**；酷使する． ▶ Cette longue promenade m'a *fatigué*. 長い散歩でくたびれた． ❷ …をうんざりさせる，悩ます． ▶ *fatiguer* qn par des demandes répétées しつこく要求して…を悩ませる． ❸《酷使して》…を傷める． ▶ L'abus de nourriture *fatigue* l'estomac. 食べすぎると胃を壊す / La lecture me *fatigue* les yeux. 本を読むと私は目が疲れる．
❹ *fatiguer* la salade サラダをかき混ぜる．
— 〔自動〕❶ 〔材料，機械が〕大きな負担を受ける；〔負担を受けて〕変形する． ▶ Le moteur *fatigue* dans la montée. 上り坂ではエンジンがあえぐ．
❷ 〔話〕疲れる． ▶ *fatiguer* au volant 運転に疲れる．

— ***se fatiguer** 代動 ❶ （頑張りすぎて）へとへとになる；苦労する；〔声が〕かれる． ▶ *se fatiguer* en travaillant trop 働きすぎてくたくたになる． ◆《*se fatiguer* à + 不定詞》▶ *se fatiguer* à expliquer qc …の説明に苦心惨憺(さんたん)する． ◆ne pas *se fatiguer* 〔話〕何もしない． ▶ Ne *te fatigue* pas. むだな努力はするな，悪あがきはよせ．
❷《*se fatiguer* de qn/qc/[不定詞]》…に飽きる，うんざりする． ▶ Elle s'est *fatiguée* de lui. 彼女は彼に飽きた．
❸ 〔話〕傷む，変形する． ❹《*se fatiguer* qc》自分の…を疲れさせる． 注 se は間接目的．

fatras /fatra/ 男 雑然とした寄せ集め，がらくたの山． ▶ un *fatras* de vieux papiers 故紙の山．

fatuité /fatɥite/ 女 うぬぼれ，慢心．

fatwa /fatwa/ 女 ファトワ：イスラム教指導者による法的決定．

faubourg /fobuːr/ 男 ❶《多く複数で》（都市の）近郊，周辺地域． ❷ 市外区：中世都市で市壁の外にある街区；（固有名詞を伴って）（昔市外区だった）…街． ▶ (rue du) *Faubourg* Saint-Denis フォーブール・サン=ドニ街． ❸《多く複数で》周辺地域に住む労働者．

faubourien, enne /foburjɛ̃, ɛn/ 形, 名 （都市の）周辺地域の（住民）；《特に》（パリの）場末の（住民［労働者］）．

fauchage /foʃaːʒ/ 男 刈り取り，草刈り．

fauche /foːʃ/ 女 ❶ 〔俗〕盗み；盗品． ❷ 〔俗〕文無し．
❸ 刈り取り，草刈り．

fauché, e /foʃe/ 形 ❶ 〔話〕文無しの． ▶ être *fauché* comme les blés すっからかんである． ❷ 刈り取られた． — 名 話 文無し．

faucher /foʃe/ 〔他動〕❶ …の（草）を（鎌(かま)で）刈る；〔刈物などで〕切断する． ▶ *faucher* une prairie 牧場の草を刈る． ❷ …をなぎ倒す；転倒させる． ▶ Un camion a *fauché* un groupe d'enfants. トラックが子供たちを次々にはね飛ばした．
❸《*faucher* qc à qn》…から…を盗む． ▶ On m'a *fauché* mon sac à main. ハンドバッグを盗まれた．

faucheur, euse /foʃœːr, øːz/ 名 刈り取る人． — **faucheuse** 女 草刈り機．

faucille /fosij/ 女 （麦刈り用などの）半月鎌(がま)．

faucon /fokɔ̃/ 男 ❶ 鷹(たか)，ハヤブサ． ❷ （政治で）タカ派（↔colombe）．

fauconneau /fokono/;《複》**x** 男 鷹(たか)［ハヤブサ］の子．

fauconnerie /fokɔnri/ 女 ❶ 鷹狩り． ❷ 鷹飼育場．

faudra /fodra/, **faudrait** /fodrɛ/ 活用 ➪ FALLOIR 40

faufil /fofil/ 男 しつけ糸.
faufilage /fofilaʒ/ 男 しつけ, 仮縫い.
faufiler /fofile/ 他動 〔衣服など〕にしつけをする, を仮縫いする. — **se faufiler** 代動 …に巧みに入り込む, 潜り込む; をすり抜ける. ▶ *se faufiler* dans [à travers] la foule 人込みの中に紛れ込む[をすり抜ける].
faune¹ /fo:n/ 男 『ローマ神話』半獣神, 牧(羊)神: 半人半獣の山野の精.
faune² /fo:n/ 女 ❶ 動物相:ある地域に生息している動物の全種類. ▶ la flore et la *faune* de l'Europe ヨーロッパの動植物相.
❷《軽蔑して》(流行の場所に)たむろする人々. ▶ la *faune* de Montmartre モンマルトル族.
faunesque /fonɛsk/ 形 文章 半獣神のような.
faussaire /fosɛ:r/ 名 偽造者; 偽作者.
fausse /fo:s/ faux¹ の女性形.
faussement /fosmɑ̃/ 副 ❶ 誤って, 間違って. ▶ être *faussement* accusé de vol 窃盗のぬれぎぬを着せられる. ❷〔形容詞を伴って〕…を偽って, 装って. ▶ répondre d'un air *faussement* détaché さもどうでもいいような様子で答える.
fausser /fose/ 他動 ❶〔道具, 機械など〕をねじ曲げる, 駄目にする. ▶ *fausser* une serrure en la forçant 無理に回して錠前を壊す. ❷〔精神, 思考など〕を狂わせる. ▶ La passion *fausse* notre jugement. 情熱は我々の判断を狂わせる. ❸〔真実など〕を曲げる.
fausser compagnie à qn …に挨拶(きっ)せずに立ち去る;をまく.
— **se fausser** 代動 ❶ ねじ曲がる, 損なわれる. ❷〔声が〕調子が外れる.
fausset /fosɛ/ 男 (男の)甲高い声, 裏声.
fausseté /foste/ 女 ❶ 誤謬(ごびゅう), 間違い. ▶ prouver la *fausseté* d'une théorie 理論の誤りを証明する. ❷(精神, 判断などの)狂い, ゆがみ.
faut /fo/ 活用 ▷ FAILLIR ㉕ ; FALLOIR ㊵
***faute** /fo:t フォート/ 女

> 英仏そっくり語
> 英 fault 欠点, 責任.
> 仏 faute 間違い, 責任.

❶ 間違い, 誤り. ▶ *faute* de grammaire 文法上の間違い / *faute* de frappe タイプミス / *faute* d'orthographe 綴りの間違い / commettre une *faute* ミスを犯す / corriger les *fautes* 誤りを正す.
❷ 不手際, 失策, へま. ▶ *faute* de tactique 作戦上の失敗 / Le meurtrier a commis la *faute* de retourner sur les lieux du crime. 殺人犯は犯行現場に舞い戻るというへまをやった.
❸ 落度, 責任. ▶ attribuer à qn la *faute* d'un échec 失敗を…のせいにする / C'est de sa *faute*. =話 C'est sa *faute*. それは彼(女)の責任だ / **Ce n'est pas ma faute.** 私のせいではありません / A qui la *faute* ? いったいだれの責任だ / A qui la *faute* si + 直説法 ? …であるとしてもだれを責められようか. ◆ C'est (de) la *faute* de qn/qc si + 直説法. …は…のせいである. ▶ C'est la *faute* de Jean si nous sommes en retard. 私たちが遅れたのはジャンのせいだ.
❹ (道徳的, 宗教的)過ち, 罪. ▶ confesser sa *faute* 罪を告白する / se repentir de ses *fautes* 罪を悔いる.
❺ 過失, 有責事由. ▶ *faute* de service 業務上の過失 / *faute* contractuelle 契約違反.
❻『スポーツ』反則, フォール, ファウル. ▶ double *faute* (テニスで)ダブルフォールト.

C'est la faute à pas de chance [**bol**]. 話 運がなかったんだ, だれのせいでもない.
en faute 過ちを犯して, 悪いことをして. ▶ prendre [surprendre] qn *en faute* …の悪事の現場を押さえる.
Faute avouée est à moitié pardonnée. 諺 過失もそれを認めれば半ば許されたも同然だ.
faute de goût 趣味の悪さ, センスのなさ.
***faute**「**de** + 無冠詞名詞 [**de** + 不定詞]…がないので;がなければ. ▶ *Faute d'argent*, je n'ai pu partir en voyage. お金がなかったので旅行に行けなかった. ◆ **faute de mieux** 仕方がないので;やむを得ない場合には. ◆ **faute de quoi** そうでなければ.
ne pas se faire faute de + 不定詞 文章 必ず…する, …せずにはおかない. ▶ Il *ne s'est pas fait faute d*'en parler. 彼はやっぱりそのことを話した.
***sans faute** 必ず, 間違いなく.

***fauteuil** /fotœj フォトゥイユ/ 男 ❶ ひじ掛け椅子(学). ▶ *fauteuil* à bascule ロッキングチェア / *fauteuil* roulant 車椅子 / s'asseoir dans un *fauteuil* ひじ掛け椅子に掛ける. ▷ CHAISE 図.
❷ (劇場などの)座席. ▶ *fauteuil* d'orchestre 1階前部の座席 / *fauteuil* de balcon バルコニー席.
❸ 議長席. ▶ occuper le *fauteuil* 議長の座を占める, 議長を務める.
❹ アカデミー・フランセーズ会員の席[地位] (=*fauteuil* d'académicien).

arriver (comme) dans un fauteuil 話 (競技で)楽勝する.

fauteur, trice /fotœ:r, tris/ 名 文章 < *fauteur* de + 無冠詞名詞 >…の扇動者, 挑発者. ▶ *fauteur* de désordre 暴動の扇動者.
fautif, ive /fotif, i:v/ 形 ❶ 過ちを犯した, 罪のある, 責任がある. ❷〔物が〕間違っている, 誤った. ▶ citation *fautive* 間違った引用.
— 名 過ちを犯した人, 責任のある人.
fautivement /fotivmɑ̃/ 副 文章 誤って.
fauve /fo:v/ 形 ❶ 淡黄褐色の, 鹿毛(な)の.
❷ bête *fauve* (ライオン, トラなど特にネコ科の)野獣. ❸ 野獣のような, 荒々しい. ❹『絵画』野獣派の, フォーヴィスムの.
— 男 ❶ 淡黄褐色, 鹿毛. ❷ (特にネコ科の)野獣, 猛獣 (=bête fauve). ❸『絵画』(1) (les Fauves) 野獣派. (2)野獣派の画家;野獣派の絵.
fauverie /fovri/ 女 (動物園, サーカスなどの)猛獣の檻(ホ̆), 猛獣舎.
fauvette /fovɛt/ 女『鳥類』❶ ハッコウチョウ. ❷ *fauvette* des roseaux ヨシキリ.
fauvisme /fovism/ 男『絵画』フォーヴィスム, 野獣派.
***faux**¹, **fausse** /fo, fo:s フォー, フォース/ 形 ❶《多く名詞の前で》間違った, 誤った, 不正確な. ▶ C'est *faux*, vous mentez ! それは間違いだ, あなたはうそを言っている / composer un *faux* nu-

méro（電話やカードの）番号を間違えて押す / avoir une idée *fausse* sur qc …について誤った考えを抱く. ◆《非人称構文で》Il est *faux*「de + 不定詞 [que + 接続法]. …する[だという]ことは間違いである. ▶ Il est *faux* de croire que l'on a toujours raison. 自分は常に正しいと思うのは誤りだ.

❷ 偽物の, 偽造の; 模造の. ▶ *faux* billet de banque にせ札 / *faux* Rubens ルーベンスの贋作(^{がんさく}) / *fausse* clef 合い鍵(^{かぎ}) / *faux* cheveux かつら / *fausses* fleurs 造花 / *faux* passeport 偽造パスポート / *faux* nom 偽名 / *faux* seins バストパッド / *fausse* barbe つけひげ.

❸ 偽りの, 虚偽の; 不正な. ▶ *faux* témoignage 偽証 / *fausse* déclaration de revenu 収入の不正申告.

❹ 見せかけの, うわべだけの. ▶ *fausse* réputation 虚名 / *faux* ménage 内縁の夫婦 / C'est une *fausse* maigre. 彼女は見かけほどやせていない［着やせする］/ *fausse* couche 流産.

❺ 根拠のない, いわれのない. ▶ *fausse* nouvelle 虚報 / *faux* bruit いいかげんなうわさ, デマ / *faux* problème 的外れの問題 / avoir de *faux* soupçons sur qn …にあらぬ疑いをかける / *fausse* joie ぬか喜び / *faux* débat 議論としての価値のない議論 / *faux* procès 誤った批判.

❻ 人を欺く, 不実な, 腹黒い. ▶ homme *faux* 油断のならない男, 食わせ者 / avoir l'air *faux* いかがわしい様子［顔つき］をしている.

❼ 調子の狂った; 不自然な, 無理のある. ▶ piano *faux*（調律を要する）狂ったピアノ / *fausse* position 無理な姿勢.

❽ 曖昧(^{あいまい})な, どちらともとれる. ▶ être dans une situation *fausse* どっちつかずの立場にある.

faire fausse route 道を間違える; 手段を誤る.
faire un faux pas (1) 足を滑らす, つまずく. (2) しくじる, どじを踏む.
fausse note = note fausse (1) 調子外れの音. (2) 全体の調和を乱すもの, 玉にきず.
Il est faux comme un jeton. =話 *C'est un faux jeton.* あいつはまったく信用できない男だ.
— **faux** 男 ❶ 虚偽, うそ. ▶ discerner le vrai du *faux* 真偽を見分ける. ❷（文書などの）偽造; 模造(品), 贋作, イミテーション.
à faux (1) 不当に. ▶ accuser *à faux* un innocent 無実の者を不当に告発する. (2) porter *à faux* 座りが悪い;［推論などが］的外れである.
avoir tout faux 話 零点である, まったくだめだ.
pour de faux 話 お芝居で, ふざけて.
s'inscrire en faux contre qc ⇨ S'INSCRIRE.
— 副 間違って, 不正確に. ▶ chanter *faux* 調子外れに歌う.

faux² /fo/ 女 長柄の鎌(^{かま}).
faux³ /fo/ 活用 ⇨ FAILLIR 25
faux-filet /fofilɛ/ 男 ⇨ CONTRE-FILET.
faux-fuyant /fofɥijɑ̃/ 男 言い逃れ, 逃げ口上. ▶ user de *faux-fuyants* 言い逃れをする.
faux-monnayeur /fomɔnɛjœːr/ 男 にせ金造り, 貨幣贋造(^{がんぞう})者.
faux-semblant /fosɑ̃blɑ̃/ 男 文章 見せかけ, 虚飾; 口実; ごまかし.

*****faveur** /favœːr ファヴール/ 女 ❶ 恩恵, 好意; 特別待遇. ▶ accorder［faire］une *faveur* à qn …を特別に計らう, 優遇する / demander une *faveur* 特別な計らいを求める / par（une）*faveur* spéciale 特別の計らいで.

❷ 好評, 人気. ▶ gagner la *faveur* du public 大衆の人気を得る［好評を博する］. ❸ 文章 引き立て, 寵愛(^{ちょうあい}). ❹《多く複数で》文章（女が男に与える）愛情のしるし. ❺（細い絹の）リボン.

à la faveur de qc 文章 …のおかげで, を利用して.
de faveur 特別の計らいによる. ▶ traitement *de faveur* 特別待遇 / billet *de faveur*（劇場などの）優待券, 無料招待券.
en faveur 人気のある, 流行している. ▶ chanteur *en faveur* 人気歌手.
*****en faveur de qc* (1) …に賛成して, のために. ▶ voter *en faveur* d'un projet de loi 法案に賛成投票する. (2) …を考慮して. ▶ pardonner à qn *en faveur de* sa bonne volonté …を善意に免じて許す.
en faveur de qn (1) …のためを思って, に有利に. ▶ Il a fait un testament *en faveur de* sa femme. 彼は妻のためになるよう遺言状を作った. (2) être prévenu *en faveur de* qn …に好感を抱く.
être en faveur auprès de qn …に気に入られている, の覚えがめでたい. ▶ Ce secrétaire *est en* grande *faveur auprès du* ministre. この秘書官は大臣の信任が厚い.
Faites-moi la faveur de + 不定詞 …してくださいませんか. ▶ Faites-moi la *faveur* d'accepter ce petit cadeau. このプレゼントを受け取っていただけませんか.

*****favorable** /favɔrabl ファヴォラーブル/ 形 ❶〈*favorable*（à qn/qc）〉〈…に〉好意的な. ▶ Il a été *favorable* à mon projet. 彼は私の計画に乗り気だった / recevoir un accueil *favorable* 快く受け入れられる, 賛成を得る.

❷ 有利な, 好都合な. ▶ position *favorable* 有利な立場 / moment *favorable* 好機 / Le temps est *favorable* pour jouer au tennis. テニスをするには絶好の天気だ.

favorablement /favɔrabləmɑ̃/ 副 好意的に; 有利に.

favori, ite /favɔri, it/ 形 ❶ お気に入りの, ひいきの. ▶ Camus est son auteur *favori*. カミュは彼(女)の大好きな作家だ / servir à qn son plat *favori* …の気に入りの料理を出す / ma chanson *favorite* 私の愛唱歌. ❷ 優勝候補の. ▶ cheval *favori* 本命馬.
— 名 お気に入り, 寵児(^{ちょうじ}). ▶ Ce chanteur est le *favori* du public. この歌手は大衆の人気者だ.

favori /favɔri/ 男 ❶［情報］お気に入り. ❷ 本命馬. ❸（王侯の）寵臣. ❹《複数で》もみあげ, 頬(^{ほお})ひげ.

*****favoriser** /favɔrize ファヴォリゼ/ 他動 ❶［人］を優遇する, に恩恵を与える. ▶ *favoriser* un débutant 初心者を優遇する / catégories sociales *favorisées* 恵まれた社会階層.

❷ 文章［活動など］を助長する, 奨励する; に有利に働く, 幸いする. ▶ *favoriser* le commerce 商業

favoritisme

を発展させる / La nuit a favorisé sa fuite. 彼（女）は夜陰に乗じて逃走した. ❸ 文章⟨favoriser qn de qc⟩…に…を与える, 恵む. ▶ La nature l'a favorisé de ses dons. 彼の才能は天与のものだ.

favoritisme /favoritism/ 男 えこひいき.

fax /faks/ 男《英語》ファックス. ▶ recevoir des fax ファックスを受け取る / par fax ファックスで.

faxer /fakse/ 他動 …をファックスで送る.

fayot /fajo/ 男 俗 ❶《乾燥》インゲンマメ. ❷ やたらと熱心なやつ, 点取り虫, 点数稼ぎ.

fayoter /fajote/ 自動 俗（点数稼ぎに）やたらと熱心に働く；ごまをする.

fébrifuge /febrify:ʒ/ 形《医学》解熱の.
— 男 解熱薬.

fébrile /febril/ 形 ❶ 熱の(ある)；熱性の. ▶ Il est fébrile. 彼は熱がある. ❷ 熱に浮かされたような；いらいらした. ❸《経済》capitaux fébriles ホットマネー.

fébrilement /febrilmɑ̃/ 副 ひどく興奮して；いらいらして.

fébrilité /febrilite/ 女 熱に浮かされたような状態, 極度の興奮.

fécal, ale /fekal/: (男複) **aux** /o/ 形 糞便(ﾍﾞﾝ)の. ▶ matières fécales 糞便.

fécond, onde /fekɔ̃, ɔ̃:d/ 形 ❶ 生殖力のある；繁殖力の強い, 多産な. ▶ œuf fécond 受精卵 / Les souris sont très fécondes. ねずみは非常に多産である. ❷ 実りの多い, 豊かな. ▶ terre féconde 肥沃(ﾋﾖｸ)な土地. ◆fécond en + 無冠詞複数名詞 …に富んだ. ▶ une semaine féconde en événements historiques 歴史的事件の続発した1週間.

fécondant, ante /fekɔ̃dɑ̃, ɑ̃:t/ 形 ❶ 受精[受胎, 受粉]させる. ❷ 肥沃(ﾋﾖｸ)にする.

fécondation /fekɔ̃dasjɔ̃/ 女 受精, 受胎, 受粉. ▶ fécondation in vitro 体外受精（略 FIV）.

féconder /fekɔ̃de/ 他動 ❶ 受精[受胎, 受粉]させる. ❷ 文章（土地など）を肥沃(ﾋﾖｸ)にする.

fécondité /fekɔ̃dite/ 女 ❶ 生殖能力；多産性. ▶ baisse de la fécondité 少子化. ❷（土地などの）肥沃(ﾋﾖｸ)；（精神などの）豊かさ.

fécule /fekyl/ 女 でんぷん.

féculent, ente /fekylɑ̃, ɑ̃:t/ 形 でんぷんを多く含んだ. — **féculent** 男 でんぷん質の多い野菜.

fédéral, ale /federal/: (男複) **aux** /o/ 形 ❶ 連邦の. ▶ la République fédérale d'Allemagne ドイツ連邦共和国 / police fédérale 連邦警察 / agent fédéral（米国の）連邦捜査局員, FBI 局員. ❷ 連盟の, 連合の. ▶ union fédérale de syndicats 労働組合連合会.

fédéralisme /federalism/ 男 連邦制, 連邦主義.

fédéraliste /federalist/ 形 連邦制の, 連邦主義(者)の. — 名 連邦主義者.

fédérateur, trice /federatœ:r, tris/ 形 連邦化の, 統合化する；連盟結成の.
— 名 統合者；連邦制度推進派.

***fédération** /federasjɔ̃/ フェデラスィョン/ 女 ❶ 連邦, 連邦国家. ▶ Fédération de Russie ロシア連邦. ❷ 連合団体, 連盟. ▶ Fédération internationale de football association 国際サッカー連盟.

fédéré, e /federe/ 形 連邦を構成する. ▶ les cantons fédérés de Suisse スイス連邦諸州.

fédérer /federe/ ⑥ 他動 …を連邦化する；連合させる.
— **se fédérer** 代動 連邦となる；連合する.

***fée** /fe/ フェ/ 女 妖精(ﾖｳｾｲ), 仙女. ▶ conte de fées 仙女物語, おとぎ話；すばらしい冒険(談).

avoir des doigts de fée 手先が非常に器用だ.
la fée du logis 理想の主婦, 良妻賢母.
travailler comme une fée [女性が]すばらしく器用な手仕事をする.

feed-back /fidbak/ 男《単複同形》《英語》フィードバック, 帰還 (=rétroaction).

feeling /filiŋ/ 男《英語》❶ 直観, フィーリング. ▶ faire qc au feeling …を勘で行う. ❷（ジャズなどの）フィーリング.
avoir le feeling avec qn 話 …と波長が合う, 心が通じ合う.

féerie /fe(e)ri/ 女 ❶ おとぎの国, 夢幻境. ❷ 夢のような光景. ▶ C'est une féerie de couleurs. これはまさに色彩の魔術だ. ❸《演劇》夢幻劇.

féerique /fe(e)rik/ 形 ❶ 妖精(ﾖｳｾｲ)の. ❷ 夢のように美しい. ❸《演劇》夢幻劇の.

feign- 活用 ⇨ FEINDRE ⑧

feignant, ante /fɛɲɑ̃, ɑ̃:t/ 名, 形 話 怠け者(の), 怠惰(ﾀﾞ)な.

feindre /fɛ̃:dr/ ⑧（過去分詞 feint, 現在分詞 feignant）他動 ❶⟨feindre qc // feindre de + 不定詞⟩…のふりをする, …に見せかける. ▶ feindre l'indifférence 無関心を装う / feindre l'étonnement 驚いたふりをする / feindre d'être malade 仮病を使う. ❷（目的語なしに）本心を隠す, 偽る. ▶ Inutile de feindre. ごまかしてもむだだ.

feins, feint /fɛ̃/ 活用 ⇨ FEINDRE ⑧

feint, feinte /fɛ̃, fɛ̃:t/ 形 (feindre の過去分詞) ❶ 見せかけの, うわべの. ▶ émotion feinte 見せかけの感動. ❷《建築》装飾としての. ▶ fenêtre feinte（壁に描かれた）だまし絵の窓.

feinte /fɛ̃:t/ 女 ❶ 牽制(ｹﾝｾｲ)行動；《軍事》陽動；《スポーツ》フェイント. ❷ 見せかけ, 虚(ｷｮ), ぺてん. ▶ C'est une feint. そいつは策略だよ.

feinter /fɛ̃te/ 他動 ❶《スポーツ》…にフェイントをかける. ❷ 話 …をぺてんにかける, だます.
— 自動《スポーツ》フェイントをかける.

fêlé, e /fele/ 形 ❶ ひびの入った；(声の)つぶれた. ❷ 話 avoir "le cerveau fêlé [la tête fêlée] 頭が少しおかしい. — 名 頭が少しおかしい人.

fêler /fele/ 他動 …にひびを入れる.
— **se fêler** 他動 ひびが入る.

félibre /felibr/ 男 ❶ オック語[プロヴァンス語]の作家［詩人］. ❷ プロヴァンス語再興[擁護]論者.

félicitations /felisitasjɔ̃/ 女複 ❶ 祝詞, 祝辞. ▶ faire [adresser] des félicitations 祝辞を述べる / **Félicitations !** おめでとう / (Toutes mes) félicitations pour votre succès. 御成功おめでとう. ❷ 賛辞, 称賛.

félicité /felisite/ 女 文章 ❶（宗教的）至福, 浄福. ❷（多く複数で）歓喜, 幸福.

***féliciter** /felisite/ フェリスィテ/ 他動 ❶⟨féliciter qn (de qc/不定詞)⟩(…について)…を祝う. ▶ fé-

liciter les jeunes mariés 新婚夫婦を祝福する. ❷ 〈*féliciter* qn (de [pour] qc) /不定詞 〉 〈…について〉…を褒める. ▶ *féliciter* qn pour son courage …の勇気を褒める / Il m'a *félicité* d'avoir été prudent. 彼は私が慎重だったことを褒めてくれた / Eh bien, je ne vous *félicite* pas. 《皮肉に》あなたはほめられたものではありませんよ.

[比較] 祝う
féliciter 人を目的語として,「…に祝いを言う」の意. **fêter, célébrer** 《改まった表現》祝うべき出来事を目的語にして,「…のために祝宴, 儀式を行う」の意.

— **se féliciter** [代動] ❶ 〈*se féliciter* de qc /不定詞 // *se féliciter* que + [接続法]〉…を喜ぶ. ▶ Je *me félicite* de vos fiançailles. 婚約おめでとう. ❷ 〈*se féliciter* de qc /不定詞〉…について自賛する. ▶ Je n'y suis pas allé, et je m'en *félicite*. 私はそこに行かなかった. それでよかった.

félidés /felide/ [男複] [動物] ネコ科.
félin, ine /felɛ̃, in/ [形] ❶ ネコ科の, 猫の. ❷ 猫のような. — **félin** [男] ネコ科の動物.
fellag(h)a /felaga/ [男] フェラガ: フランスからの独立戦争時のチュニジア, アルジェリアのパルチザン.
félon, onne /felɔ̃, ɔn/ [形] ❶ (君主に対して)不忠義な, 裏切りの. ❷ [文章] 〔人, 行為が〕不実な, 偽りの. — [名] [文章] (封建時代の)逆臣; 裏切り者.
félonie /feloni/ [女] 〔主君に対する〕不忠, 反逆, 裏切り. ❷ [文章] 裏切り, 背信(行為).
felouque /fəluk/ [女] フェラッカ船: 地中海の大三角帆を持つ小型帆船.
fêlure /fely:r/ [女] ひび割れ, 亀裂;(声の)つぶれ.
*****femelle** /famɛl/ フメル/ [女] ❶ (動植物の)雌 (↔mâle). ❷ [俗]《軽蔑して》女.
— [形] ❶ [動植物が]雌の. ❷ vis *femelle* 雌ネジ, ナット / prise *femelle* コンセント.
*****fémin*in, ine* /feminɛ̃, in/ フェミナン, フェミニヌ/ [形] 女の; 女性に関する (↔masculin). ▶ sexe *féminin* 女性 / magazine *féminin* 女性雑誌 / charme *féminin* 女の魅力 / revendications *féminines* 女性の権利の要求 / succès *féminins* 女にもてること. ❷ 女らしい, 女性的な. ▶ Il a une voix *féminine*. 彼は女みたいな声をしている. ❸ [文法] 女性の. ▶ nom *féminin* 女性名詞. ❹ [詩法] rime *féminine* 女性韻: 無音の e で終わる脚韻.
— **féminin** [男] ❶ 女性の特性, 女らしさ. ▶ l'éternel *féminin* 永遠に女性的なるもの. ❷ [文法] 女性形.
au féminin 女性中心の, 女性による.
féminisation /feminizasjɔ̃/ [女] ❶ 女性化;(ある職種, 組織への)女性の進出. ❷ [文法] (語の)女性化: maître から maîtresse ができるなど.
féminiser /feminize/ [他動] ❶ …を女性化する, 女らしくする. ❷〔職業, 組織など〕の女性の比率を高める. ❸ [文法] [名詞]を女性形にする.
— **se féminiser** [代動] ❶ 女性化される, 女らしくなる. ❷(職場などで)女性が進出する.
féminisme /feminism/ [男] 女性解放論, 女権拡張運動, フェミニズム.
féministe /feminist/ [形] 女性解放の, 女権拡張の, フェミニズムの. ▶ mouvement *féministe* フェミニズム運動.
— [名] 女性解放論者, 女権拡張論者.
féminité /feminite/ [女] 女らしさ; 女性の特性.

*****femme** /fam/ ファム/
❶ 女, 女性 (↔homme). ▶ *femme* mariée 既婚女性 / vêtement de *femme* 婦人服 / Mouvement de libération des *femmes* 女性解放運動(略 MLF) / *femme* au foyer 専業主婦 / *femme* qui travaille 働く女性 / *femme* du monde 社交界の女性. ◆ *femme* de + 無冠詞名詞(職業, 地位など)にある女性; (特徴, 性質)を持つ女. ▶ *femme* d'affaires 女性実業家 / 《属詞として形容詞的に》Elle est *femme*, très *femme*. あれは確かに女だ, いかにも女らしいよ / 《女性であることを示すために職業名などに添えて》une *femme* médecin 女医 / un professeur *femme* 女性の教授.

❷ 《多く所有形容詞とともに》妻 (↔mari). ▶ Il est venu avec sa *femme*. 彼は奥さんを連れてやって来た / prendre *femme* 妻をめとる. [比較] ⇨ ÉPOUX.

❸ 成人女性, 一人前の女. ▶ A présent, c'est une *femme*. 今では彼女も立派に大人だ / jeune *femme* (既婚の)若い女性.

❹ *femme* de chambre (部屋の)掃除婦; (ホテルの)客室係, メイド / *femme* de ménage 家政婦, (パートの)お手伝いさん.

bonne femme [話] 女; [俗] 女房.
Ce que femme veut, Dieu le veut. [諺] 女の望みは神の望み.
Cherchez la femme. (女を探せ→)犯罪の陰に女あり.
être femme à + [不定詞] …できる[しかねない] 女である. ▶ Elle n'*est* pas *femme à* se laisser faire. 彼女は人の言いなりになるような女ではない.

femmelette /famlɛt/ [女] ❶ 気弱な女, ひ弱な女. ❷ [話] 弱々しい男, 情ない男.
fémoral, ale /femoral/;《男複》**aux** /o/ [形] [解剖] 大腿(だい)の; 大腿骨の.
femto- /fɛmto/ [接頭] [計量単位] フェムト: 1000兆分の1を表す.
fémur /femy:r/ [男] [解剖] 大腿(だい)骨.
FEN /fɛn/ [女] (略語) Fédération de l'Education nationale 国民教育連盟.
fenaison /fənɛzɔ̃/ [女] 干し草刈り(の季節).
fend /fɑ̃/ [活用] ⇨ FENDRE 58
fendiller /fɑ̃dije/ [他動] …(の表面)に細かいひびを入れる. — **se fendiller** [代動] (表面に)細かいひびが入る.
fendiss-, fendi-, fendî- [活用] ⇨ FENDRE 58
fendre /fɑ̃:dr/ 58 (過去分詞 fendu, 現在分詞 fendant) [他動] ❶ …を裂く, (おもに縦に)割る, 切る. ▶ *fendre* du bois 木を割る. ❷ [心]を切り裂く. ▶ Ce spectacle me *fend* le cœur. その光景に私の胸は張り裂ける思いだ. ❸ …をかき分けて進む. ▶ *fendre* la foule 群衆を押し分ける.
Il gèle à pierre fendre. (石も割れるほどの)いてつくような寒さだ.
— **se fendre** [代動] ❶ 割れる, 裂ける; ひびが入る. ▶ Le mur *s'est fendu*. 壁にひびがはいった.

fends

❷〔心が〕張り裂ける. ▶ Mon cœur se fend. 私の心は張り裂けそうだ. ❸ ‹se fendre qc› (自分の)…を割る. 注 se は間接目的. ▶ se fendre la lèvre 唇を切る.

se fendre de qc 届 …を思い切って買う [支払う], 奮発する.

se fendre「la pipe [la gueule, la pêche, la poire] 俗 大口を開けて笑う, ばか笑いする.

fends /fɑ̃/ 活用 ⇨ FENDRE 58

fendu, e /fɑ̃dy/ 形 (fendre の過去分詞) 割れた, 裂けた, ひびの入った. ▶ bois fendu 割り木 / yeux fendus 切れ長の目.

*__fenêtre__ /f(ə)nɛtr フネートル/ 囡 ❶ 窓. ▶ La fenêtre donne sur le parc. 窓は公園に面している / ouvrir [fermer] une fenêtre 窓を開ける [閉める] / regarder par la fenêtre 窓越しに外を見る /《形容詞的に》côté fenêtre (列車などの)窓側 (↔côté couloir). ❷ のぞき窓, 開口部; 空所. ▶ enveloppe à fenêtre 窓付き封筒. ❸《情報》ウインドウ. ❹ (限定された)期間. ▶ fenêtre de lancement (ロケットの)打ち上げ可能時間帯 / fenêtre d'opportunité 瞬時の好機.

entrer [rentrer, revenir] par la fenêtre (歓迎されないのに)入り込む [戻ってくる].

jeter l'argent par les fenêtres (金(ﾈ)を窓から投げ捨てる→)金を湯水のように使う.

ouvrir une fenêtre sur qc …に面した窓を開く;(世界, 未来など)への展望を開く.

feng shui /fɛŋʃwi; fɛ̃ɡʃɥi/ 男《不変》《中国語》風水.

fenil /fanil/ 男 干し草置き場; 干し草小屋.

fennec /fenɛk/ 男《英語》《動物》フェネックギツネ.

fenouil /fənuj/ 男《植物》ウイキョウ, フェンネル: セリ科の多年草. 香料および薬用植物.

fente /fɑ̃:t/ 囡 ❶ 割れ目, 裂け目; すき間;(ポストなどの)投入口. ❷《服飾》(ポケットなどの)開口部, ベンツ, スリット.

féodal, ale /feɔdal/;(男複)aux /o/ 形 ❶ 封建制の; 封建的な. ▶ régime féodal 封建制 / société féodale 封建社会. ❷ 封地 [封土]の.
— **féodal**;(複) **aux** 男 封建領主; 大地主.

féodalisme /feɔdalism/ 男 封建制度, 封建主義,(組織などの)封建性.

féodalité /feɔdalite/ 囡 ❶ 封建制. ❷《悪い意味で》(国家の政治, 経済などを牛耳る)特権的な支配勢力; 財閥.

*__fer__ /fɛ:r フェール/ 男 ❶ 鉄. ▶ fil de fer 針金 / chemin de fer 鉄道 / rideau de fer シャッター; 鉄のカーテン / âge du fer 鉄器時代 / fer à béton 鉄筋 / Il faut battre le fer pendant qu'il est chaud. 諺 鉄は熱いうちに打て. ❷ (道具の)鉄製部分; 鉄製品; 蹄鉄(ﾃﾞ)(=fer à cheval). ▶ fer de bêche 鋤(ﾎﾞ)の刃 / en fer à cheval U 字形の. ❸ アイロン (=fer à repasser), こて. ▶ donner un coup de fer à qc …にアイロンをかける / fer à souder はんだごて. ❹《食品》の鉄分. ▶ prendre du fer 鉄分をとる. ❺《複数で》鉄鎖, 鉄の枷(ｶﾞ); 文章 牢獄(ﾛｳ).

▶ mettre qn aux fers …を鉄鎖につなぐ / être dans les fers 囚(ﾄ)われの身である. ❻《複数で》(産科用)鉗子(ﾇﾝ). ❼ 文章 刀剣の刃; 剣. ▶ croiser le fer avec qn …と剣を交える; 議論を戦わせる.

croire dur comme fer 固く信じる.

de fer (1) 鉄製の. (2) 丈夫な, 頑強な. ▶ avoir une santé de fer 頑健な体をしている / être de fer 持久力がある / volonté de fer 鉄の意志. (3) 頑固な; 過酷な. ▶ tête de fer 石頭, 頑固者 / cœur de fer 冷酷な人 / discipline de fer 鉄の規律.

porter le fer rouge sur [dans] le plaie 荒療治をする.

tomber les quatre fers en l'air 届 仰向けにひっくり返る. 注 蹄鉄をつけた 4 本足を投げ出して倒れる馬から.

fer- 活用 ⇨ FAIRE¹ Ⅵ

fer-blanc /fɛrblɑ̃/;(複) **~s-~s** 男 ブリキ.

ferblanterie /fɛrblɑ̃tri/ 囡 ❶ ブリキ製造 [販売]; 金物製造 [販売]. ❷ ブリキ店; 金物店. ❸ ブリキ製品; 金物類.

ferblantier /fɛrblɑ̃tje/ 男 ブリキ屋 [工].

férié, e /ferje/ 形 (宗教, 法律などにより)祝祭日と定められた. ▶ jour férié 祝日, 祭日.

férir /feri:r/ 他動《次の句で》

sans coup férir 文章 なんの障害もなく, 難なく.

fermage /fɛrmaːʒ/ 男 小作料.

*__ferme¹__ /fɛrm フェルム/ 形 ❶ 固い; 身の締まった. ▶ Cette viande est un peu ferme. この肉は少し固い / cuisses fermes 引き締まった腿(ﾓ) / la terre ferme (海, 空に対して) 陸地, 大陸. ❷ しっかりした, 揺るぎない; 断固とした, 毅然(ｷﾞ)とした. ▶ marcher d'un pas ferme しっかりした足どりで歩く / parler d'une voix ferme 自信に満ちた声で話す / être ferme dans sa résolution 決意が固い / avoir la ferme intention de + 不定詞 …しようと固く決心している / Soyez ferme avec vos enfants. 子供を甘やかしてはいけない. ❸《市況, 株価が》手堅い, 安定した;〔規則, 価格などが〕不動の.

de pied ferme たじろがずに, 敢然と.

être ferme sur ses jambes しっかりと立っている; 毅然としている, たじろがない.

— 副 ❶ しっかりと, 堅固に; 精力的に, 大いに. ▶ discuter ferme 激論を戦わせる / boire ferme 大いに飲む. ❷ acheter [vendre] ferme〔株式など〕を現物で買う [売る]. ❸ 実刑で. ▶ être condamné à cinq ans de prison ferme 5 年の実刑を受ける.

tenir ferme しっかりしている, 堅固である. ▶ Le bouchon de cette bouteille tient ferme. この瓶の栓は固く抜けない.

*__ferme²__ /fɛrm フェルム/ 囡 ❶ 農場, 農地; 農家. ▶ passer ses vacances dans une ferme 夏休みを農家で過ごす / ferme modèle モデル農場 / ferme école 農場学校. ❷ 小作 (契約).

*__fermé, e__ /fɛrme フェルメ/ 形 ❶ 閉まった, 閉じた (↔ouvert). ❷《Fermé》「閉店」. ▶ Le musée est fermé le lundi. 美術館は月曜日が休館日だ / boutique fermée 閉店中の店 / porte-

mée à clef 鍵(ﾂ)のかかったドア.
❷ **閉鎖的な**, (…を)受けつけない. ▶ club *fermé* (加入制限のある)上流クラブ / pays *fermé* à l'immigration 移民を受け入れない国 / visage *fermé* 無表情な顔.
❸〖音声〗閉じた, 狭い. ▶ e *fermé* 閉音の e /e/.
les yeux fermés (1) 目をつぶって. ▶ avoir *les yeux fermés* à qc …から目をそむける. (2) 信頼して, 安心しきって. ▶ signer un contrat *les yeux fermés* 契約書をよく見ないで判を押す.

fermement /fɛrməmɑ̃/ 副 ❶ 堅固に, しっかりと. ❷ 自信をもって; 断固として.

ferment /fɛrmɑ̃/ 男 ❶〘文章〙原因, 誘因. ▶ *ferment* de discorde 不和の種. ❷ (誤用で)酵母(= levure).

fermentation /fɛrmɑ̃tasjɔ̃/ 女 ❶ 発酵. ❷〘文章〙(精神などの)高揚, 興奮;(特に民衆の)動揺.

fermenté, e /fɛrmɑ̃te/ 形 発酵した. ▶ boissons *fermentées* (ワインなどの)発酵飲料.

fermenter /fɛrmɑ̃te/ 自動 ❶ 発酵する. ❷〘文章〙(精神などが)高揚する, 沸き立つ; 動揺する.

fermentescible /fɛrmɑ̃tesibl/ 形 発酵性の, 発酵しやすい.

***fermer** /fɛrme/ フェルメ/
他動 ❶ …を**閉める**, 閉じる (↔ouvrir). ▶ *Ferme* la porte. ドアを閉めて / *fermer* une porte à clef ドアに鍵(ｶｷ)をかける / *fermer* une lettre 手紙に封をする.
❷〔店, 学校など〕を**閉める**, 休業する, 閉館する. ▶ *fermer* sa boutique 店を閉める /〖目的語なしに〗Dépêchez-vous, on *ferme*! お急ぎください. 閉店[閉館]です.
❸〖通路など〗を**閉ざす**, ふさぐ; 封鎖する. ▶ *fermer* les frontières 国境を閉鎖する.
❹〔電気, 水道など〕を**止める**, 切る, 消す. ▶ *fermer* le robinet d'eau 蛇口を閉める / *fermer* le gaz ガスを止める / *fermer* la radio ラジオを消す.
❺〔可能性, 心など〕を閉ざす. ▶ *fermer* une profession à qn …にある職業への道を閉ざす.
❻ …を終わらせる. ▶ *fermer* le débat 討論を打ち切る. ❼〔電気〕*fermer* un circuit 閉回路にする(回路を閉じて電流を通じさせる[スイッチをオンにする]こと).
fermer la bouche à qn 慣 …を黙らせる.
fermer la porte à qc/qn …に門を閉ざす.
fermer les yeux sur qn/qc …に目をつぶる, を見て見ないふりをする.
fermer l'oreille à qc …に耳をふさぐ[貸さない].
la fermer 俗 黙る. ▶ *Ferme-la*!=*La ferme*! 黙れ.
— ***fermer** 自動 閉まる; 閉店する; 閉鎖する. ▶ Cette porte *ferme* mal. このドアはよく閉まらない / Les grands magasins *ferment* à dix-neuf heures. デパートは午後7時に閉店する.
— **se fermer** 代動 ❶ **閉まる**, ふさがる. ▶ La porte s'est *fermée* toute seule. ドアはひとりでに閉まった. ❷ <*se fermer* à qn/qc> …を受け付けない. ▶ Le pays *se ferme* aux produits étrangers. その国は外国製品に門戸を閉ざしている. ❸ 閉じられる, 閉められる. ▶ Cette robe *se*

ferme dans le dos. このドレスは背中で開け閉めする.

fermeté /fɛrməte/ 女 ❶〔物の〕固さ. ❷〔腕前の〕確かさ. ❸〔態度が〕毅然としていること,(決心が)固いこと. ▶ avec *fermeté* きっぱりと, 断固として / manquer de *fermeté* avec ses enfants 自分の子供に甘い. ❹(市況, 株価などの)堅調; 安定.

fermette /fɛrmɛt/ 女 小さい農家; 田舎風別荘.

***fermeture** /fɛrməty:r/ フェルムテュール/ 女 ❶ 閉じること, 閉鎖; 閉店, 休業 (↔ouverture). ▶ heures de *fermeture* 閉店時間 / *fermeture* annuelle 年次休業 / *fermeture* pour travaux 工事のため休業 / *fermeture* de la pêche 禁漁期.
❷ 閉じる装置. ▶ *fermeture* d'un sac à main ハンドバッグの留め金 / *fermeture* automatique 自動開閉装置;(車の)オートロック / *fermeture* à glissière ファスナー(注 商標名を使って *Fermeture* Eclair ともいう).

***fermier, ère** /fɛrmje, ɛ:r/ フェルミエ, フェルミエール/ 名 **農民**; 農場主; 小作人. 比較 ⇨ PAYSAN.
— 形 農場の, 小作地の. ▶ poulet *fermier* 地鶏 / beurre *fermier* しぼり立ての牛乳で作ったバター.

fermoir /fɛrmwa:r/ 男 (バッグ, 首飾り, 本などの)留め金.

féroce /ferɔs/ 形 ❶ **獰猛**(ﾄﾞｳ)な. ▶ bête *féroce* 猛獣. ❷ 残酷な; 容赦ない; なみはずれた. ▶ regard *féroce* 残忍な目つき / appétit *féroce* 猛烈な食欲.

férocement /ferɔsmɑ̃/ 副 獰猛(ﾄﾞｳ)に; 凶暴に, 残忍に, 容赦なく; 激しく.

férocité /ferɔsite/ 女 ❶(動物の)獰猛(ﾄﾞｳ)さ. ❷ 残忍さ, 凶暴性; 無慈悲, 過酷. ▶ attaquer avec *férocité* 猛然と襲いかかる.

ferrage /fɛra:ʒ/ 男 鉄具[金具]をつけること.

ferraille /fɛra:j/ 女 ❶ くず鉄, がらくた, スクラップ. ▶ mettre une voiture à la *ferraille* 車をスクラップにする. ❷〘話〙(集合的に)小銭, ばら銭.

ferrailler /fɛraje/ 自動 ❶ 剣で戦う. ❷ 金属がぶつかる音をたてる, がちゃがちゃいう. ❸(コンクリートに)鉄筋を入れる.

ferrailleur[1] /fɛrajœ:r/ 男 ❶(軽蔑して)ちゃんばら好き; 下手くそな剣士. ❷ 議論好き.

ferrailleur[2], **euse** /fɛrajœ:r, ø:z/ 名 ❶ くず鉄業者. ❷ 鉄筋工.

ferré, e /fɛre/ 形 ❶ 鉄具[金具]がついた; 蹄鉄(ﾃｲ)をつけた. ❷ voie *ferrée* 鉄道 / réseau *ferré* 鉄道網.
être ferré sur [*en*] *qc* 慣 …によく通じている, 詳しい. ▶ Il n'est pas très *ferré en* histoire. 彼は歴史にはあまり強くない.

ferrer /fɛre/ 他動 ❶ …に鉄具[金具]をつける; [馬]に蹄鉄(ﾃｲ)をつける. ▶ *ferrer* un soulier 靴にびょうを打つ. ❷ *ferrer* un poisson (釣り糸を引いて)魚に釣り針を食い込ませる.

ferret /fɛre/ 男 (飾りひもなどの)先端の金具.

ferreux, euse /fɛrø, ø:z/ 形 鉄を含む. ▶ minerai *ferreux* 鉄鉱石.

ferrite /fɛrit/ 男 フェライト: コンピュータの記憶装置などに用いられる磁性材料の総称. — 女 ❶〘金

ferronnerie

属》フェライト（相）. ❷ 強磁性セラミックス.

ferronnerie /feronri/ 囡 ❶ 鉄細工品，鉄工芸〔品〕；金物. ▶ grille en *ferronnerie* 細工を施した鉄柵(ぅざ). ❷ 鉄製品〔金物〕製造〔所〕.

ferronnier, ère /feronje, ɛːr/ 图 鉄製品〔金物〕製造業者；金物商.

ferroviaire /fɛrɔvjɛːr/ 形 鉄道の. ▶ réseau *ferroviaire* 鉄道網 / tarif *ferroviaire* 鉄道料金.

ferrugineux, euse /fɛryʒinø, øːz/ 形 ❶ 鉄分を含む. ❷ 鉄の；錆(ぉ)色の.

ferrure /fɛryːr/ 囡 ❶ 鉄具，金具. ▶ *ferrure* d'un vitrail ステンドグラスの桟. ❷ 蹄鉄(てい)(の打ち方).

ferry-boat /feribo:t/ 男〈英語〉フェリーボート. 鹵 ferry と略すことも多い.

fertile /fertil/ 形 ❶ 肥沃(ょ)な，収穫の多い，豊かな. ▶ une année *fertile* 豊年 / imagination *fertile* 豊かな想像力. ❷ (*fertile* en qc)…に富む，の豊かな. ▶ un pays *fertile* en ressources naturelles (=riche) 天然資源の豊富な国.

fertilisant, ante /fɛrtilizɑ̃, ɑ̃ːt/ 形 肥沃(ょ)にする.

fertilisation /fɛrtilizasjɔ̃/ 囡 肥沃(ょ)化；豊かにすること.

fertiliser /fɛrtilize/ 他動 …を肥沃(ょ)にする；豊かにする.

fertilité /fɛrtilite/ 囡 肥沃(ょ)さ；豊かさ. ▶ *fertilité* d'imagination 想像力の豊かさ.

féru, e /fery/ 形 〈*féru* de qc〉(趣味，学問など)に夢中になった.

férule /feryl/ 囡 ❶ (昔，体罰に生徒の手をたたいた木や革の)へら. ▶ être sous la *férule* de qn 文章 …の(厳重な)監督〔支配〕下にある.

fervent, ente /fɛrvɑ̃, ɑ̃ːt/ 形 熱心な，熱烈な. ▶ amour *fervent* 熱烈な愛.
— 图 …の熱烈な愛好者，ファン. ▶ les *fervents* de Mozart モーツァルトの大ファンたち.

ferveur /fɛrvœːr/ 囡 熱心，熱情，熱意. ▶ prier Dieu avec *ferveur* 熱心に神に祈る.

fesse /fes/ 囡 ❶ 《多く複数で》尻(ŋ)，臀部(ぶ). ▶ *fesses* hautes [basses] 引き締まった〔垂れた〕尻 / tomber sur les *fesses* 尻もちをつく. ❷ 《集合的に》(性的対象としての)女性. ▶ Il y a de la *fesse*. 女がいる.

avoir chaud aux fesses 慣 怖がる，びくつく.
avoir de la fesse 慣 (赤ワインの)コクがある.
avoir qn aux fesses …に追われている.
Ça coûte la peau des fesses. 慣 むちゃくちゃに高いよ；ひどい目に遭うもんだ.
Gare tes fesses! 慣 そこをどけ；少し詰めてくれ.
histoire de fesse 猥談(ぎん).
Occupe-toi de tes fesses! (自分の尻の心配でもしろ→)人のことはほっといてくれ，余計なお世話だ.
serrer les fesses 慣 おじけづく，びくびくする.

fessée /fese/ 囡 (罰として)尻(ŋ)を打つこと. ▶ recevoir une bonne *fessée* したたか尻をぶたれる.

fesser /fese/ 他動 (罰として)…の尻(ŋ)をたたく.

fessier, ère /fesje, ɛːr/ 形 臀部(ぶ)の，尻(ŋ)の. — **fessier** 男 ❶《解剖》臀筋. ❷ 慣 臀部，

尻 (=cul).

festif, ive /festif, iːv/ 形 祝祭の；お祭り気分の.

festin /festɛ̃/ 男 供宴，祝宴，宴会；御馳走(ホラ). ▶ faire un *festin* 宴を張る / Quel *festin*! なんてすばらしい御馳走だ.

festival /festival/；《複》**als** 男 音楽［映画，演劇］祭，フェスティバル. ▶ *festival* de Bayreuth バイロイト音楽祭.

festivalier, ère /festivalje, ɛːr/ 形，图 フェスティバルの(参加者).

festivité /festivite/ 囡《多く複数で》(公的な)祝賀会，祝典；《皮肉に》お祭り騒ぎ.

feston /festɔ̃/ 男 ❶ 花づな. ❷《服飾》花づな飾り［縁取り］，スカラップ. ❸《建築》花づな装飾.

festonner /festone/ 他動 …を花づなで飾る；花づな［波形］模様で飾る［縁取る］.

festoyer /festwaje/ 自動 祝宴に参加する；御馳走(ホラ)を食べる，盛大に飲み食いする.

fêtard, arde /fɛtaːr, ard/ 图 慣 飲み食いして騒ぐ人；宴会〔お祭り〕好き. 鹵 女性形は稀.

:fête /fet/ フェット 囡 ❶ 《宗教上の》祭り，祝祭；(国の)祭日，祝日，記念日；(les *fêtes*) 休暇(特にクリスマスから新年にかけての連休). ▶ la *fête* nationale du 14 juillet 7月14日の国民の祝日(フランスの革命記念日) / la *fête* du travail メーデー(5月1日) / la *fête* de la Toussaint 万聖節，諸聖人の日(11月1日) / la *fête* des morts 死者の日(11月2日) / *fêtes* mobiles 移動祝日(復活祭など年によって日が変わる祭日) / la *fête* des Mères 母の日 / être fermé les dimanches et *fêtes*〔銀行などが〕日曜祭日は休業する / Demain, c'est *fête*. 明日は(祭日で)休みだ / Passez de bonnes *fêtes*. よいお年を.

❷ 霊名［洗礼名］の祝日；(職業，団体などの)守護聖人の祝日 (=*fête* patronale). ▶ souhaiter à qn sa *fête* …の霊名祝日を祝う.

❸ 祝宴，宴会，パーティー；祝い事，催し. ▶ faire une *fête* パーティーをする / *fête* de famille (誕生日，結婚などを内輪で祝う)家族の集い，ホームパーティー / *fête* foraine 市(ڲ)の祭り，縁日 / *fête* de charité チャリティバザー / donner [offrir] une *fête* en l'honneur de qn …のために祝宴を催す.

❹ お祭り騒ぎ；楽しみ，喜び. ▶ air de *fête* お祭り気分 / troubler la *fête* 楽しみを台なしにする.

❺《美術》*fêtes* galantes 雅宴(画)：田園における優雅な男女の宴を描いた絵画のジャンル.

à la fête 楽しくて，喜々として；満足して.
Ça va être ta fête. 俗 いずれはつけが回るからな.
Ce n'est pas tous les jours fête. 諺 (毎日がお祭りというわけにはいかない→)人生は楽しいことばかりではない.

en fête 楽しい，愉快な，浮かれた. ▶ La nature est *en fête*. 自然はほほえんでいる，すっかり春めいてきた.

être de (la) fête 祝宴に加わる. ▶ Tu *es* aussi *de la fête*? 君もパーティーに行くの.

faire fête à qn …を歓待する，熱烈に迎える. ▶ Le chien *a fait fête à* son maître. 犬が飼い主を大喜びで迎えた.

faire la fête 慣 (1)お祭り騒ぎをする. (2)享楽的な

生活を送る, 遊びほうけて暮らす.
faire sa fête à qn 話 …を痛めつける.
se faire une fête de qc [不定詞] …を楽しみにして待つ. ▶ Je me *fais une fête de* vous retrouver. またお会いするのを楽しみにしています.

Fête-Dieu /fɛtdjø/; 《複》 **〜s−** 女 〖カトリック〗キリストの聖体の祭日: 聖霊降臨後第2主日.

fêter /fete/ 他動 ❶ …を祝う. ▶ *fêter* Noël クリスマスを祝う / *fêter* qn de [pour] sa victoire …の勝利を祝う. 比較 ⇨ FÉLICITER.
❷ 〖人〗を歓迎する.

fétiche /fetiʃ/ 男 ❶ (崇拝対象としての)物神, 呪物(呪ブ). ❷ 盲目的崇拝の対象. ❸ お守り, 縁起物, マスコット. ❸ 〖精神分析〗フェティッシュ.

féticheur /fetiʃœːr/ 男 (アフリカの)呪術(ジュッ)師.

fétichisme /fetiʃism/ 男 ❶ 物神[呪物(呪ブ)]崇拝. ❷ 盲目的崇拝. ❸ 〖精神分析〗フェティシズム: 異性の所有物などを性愛の対象とすること.

fétichiste /fetiʃist/ 形 ❶ フェティシズムの, 物神[呪物(呪ブ)]崇拝の. ❷ 盲目的崇拝の.
―― 名 物神[呪物(呪ブ)]崇拝者.

fétide /fetid/ 形 悪臭放つ;〔においが〕ひどい.
fétidité /fetidite/ 女 悪臭.
fétu /fety/ 男 わらくず (= *fétu* de paille).
être emporté [*traîné*] *comme un fétu de paille* わらくずのように吹き飛ばされる.

★**feu**¹ /fø/ フー−;《複》**x**
男
❶ 火. ▶ allumer [faire] du *feu* 火をおこす / jeter qc au *feu* …を火にくべる, 燃やす / mettre le *feu* à qc …に火をつける / éteindre le *feu* 火を消す / *feu* de camp キャンプファイア.
❷ (こんろなどの)火; 暖房の火. ▶ mettre une casserole sur le *feu* 鍋(ᵅ)を火にかける / cuire à *feu* vif [modéré, doux] 強火 [中火, 弱火] で煮る [焼く] / cuisinière à gaz à trois *feux* 3つのこんろがついた型ガスレンジ / se chauffer devant le *feu* 暖炉の前で体を暖める / au coin du *feu* 暖炉のそばで.
❸ 火事, 火災. ▶ *feu* de forêt 山火事 / Au *feu*! 火事だ / Il y a le *feu*. 火が出た / Le *feu* est à la maison. 家が火事だ.
❹ 発砲, 砲火; 圈 ピストル. ▶ *Feu*! 撃て / Halte au *feu*! 撃ち方やめ / faire sur qc/qn / (…に向けて)発砲する / ouvrir [cesser] le *feu* 射撃を開始する[中止する] / arme à *feu* 火器, 火砲.
❺ 戦闘, 戦争. ▶ aller au *feu* 戦場に赴く.
❻ 花火, 煙火 (= *feu* d'artifice). ▶ tirer des *feux* d'artifice 花火を打ち上げる / *feu* de Bengale ベンガル花火(信号, 照明に用いる).
❼ 照明, ライト. ▶ *feu*(x) de la rampe (舞台の)フットライト, 脚光.
❽ (交通)信号灯[機] (= *feu* de signalisation). ▶ *feu* tricolore 3色信号機 / *feu* vert [orange, rouge] 青[黄, 赤]信号 (⇨ 成句) / brûler [griller] un *feu* rouge 赤信号を無視する / Tournez à gauche au prochain *feu*. 次の信号を左に曲がってください / Le *feu* est au vert. 信号は青だ.
❾ (乗り物の)灯火, ランプ. ▶ *feux* de position (自動車の)ポジションランプ; (飛行機の)航空灯; (船の)位置灯 / *feu* «stop» ブレーキランプ / *feu* arrière テールランプ / *feux* «de route [de croisement]» ハイ [ロー] ビーム / rouler tous *feux* éteints 無灯火で走る.
❿ (多く複数で)(宝石, 視線などの)輝き, きらめき. ▶ diamant qui étincelle de milles *feux* きらきらと輝くダイヤモンド / *feux* de la ville 街の灯火. ⓫ (口調, 行為などの)激しさ, 熱情. ▶ parler avec *feu* 熱っぽく語る / avoir du *feu* dans les veines 情熱的である.
⓬ ほてり, 熱っぽさ. ▶ *feu* du rasoir ひげそり後の肌のほてり / Le *feu* lui est monté au visage. 彼(女)の顔は真っ赤になった.

à petit feu 弱火で; じわじわと.
avoir le feu ⌈*au derrière* [*aux fesses*]⌉ 話 = *avoir le feu au cul* (尻(ˡ)に火がついたように) 慌てて逃げ出す, 大急ぎである.
avoir le feu sacré (目的などに)情熱を燃やす.
brûler [*faire cuire, faire mourir*] *qn à petit feu* …をじわじわと苦しめる, なぶり殺しにする.
coup de feu (1) 火器の発砲. (2) (料理で)急激な加熱. (3) 手の離せない [最も忙しい] とき.
craindre [*redouter*] *qc/qn comme le feu* …をひどく心配する[恐れる].
crier au feu 火事だと叫ぶ; 危険を知らせる.
dans le feu de qc …に熱中して. ▶ *dans le feu* ⌈*de la dispute* [*de la colère*]⌉ 口論に夢中になって [かんかんに怒って].
en feu (1) 燃えている. ▶ maison en *feu* 火に包まれた家. (2) 焼けつくような. ▶ Le piment met la gorge *en feu*. トウガラシで喉(ᵅ)がひりひりする / avoir les joues *en feu* 頬が紅潮している.
⌈*être* (*pris*) [*se trouver*]⌉ *entre deux feux* 挟み打ちに遭う, 四面楚歌(ˢᵏ)の状態に陥る.
être sous le feu des projecteurs スポットライトを浴びている; 注目の的である.
être tout feu tout flamme (*pour qc/qn*) (…に)熱中している, 夢中である.
faire feu de tout bois あらゆる手段を用いる.
faire la part du feu (1) (延焼を防ぐため)火の周囲の建物などを取り壊す. (2) (大事なものを救うため)一部を犠牲にする.
faire long feu (1) 〔弾丸が〕なかなか発射しない. (2) 失敗する.
feu de joie (祭りなどでたく)祝いのかがり火.
feu d'enfer 激しい火, 烈火.
feu de paille (わらの火 →) つかの間の情熱.
feu orange (黄信号 →) 条件つきの許可.
feu rouge (赤信号 →) 禁止, 拒絶.
feu roulant (1) 集中砲火. (2) (質問などが)集中的に浴びせられること. ▶ un *feu roulant* de questions 質問の集中砲火.
feu vert (青信号 →) 承認, 許可, ゴーサイン. ▶ avec le *feu vert* de qn …の承認を得て / donner le *feu vert* à qc (計画, 行動などに)ゴーサインを出す / obtenir le *feu vert* 承認を得る.
feux croisés 集中砲火, 集中攻撃.
Il n'y a pas de fumée sans feu. 諺 火のない

feu

ところに煙は立たない.

Il n'y a pas le feu (*à la maison*). (家が火事というわけではない→) 話 急ぐ [慌てる] ことはない.

jeter feu et flamme (*contre qn*) (…に)烈火のごとく怒る, 怒りを爆発させる.

jouer avec le feu 火遊びをする; 危険を冒す.

mettre la main au feu (火の上に手を置く→) 断言する, 誓う.

mettre le feu aux poudres (火薬に火をつける→) 激情を呼び起こす; 紛争[騒ぎ]を引き起こす.

mettre qc à feu et à sang …を戦火と流血の場と化す, 大混乱に陥れる;(伝統, 文化などを)荒廃させる.

n'avoir ni feu ni lieu = *être sans feu ni lieu* 宿なしである, 放浪者である.

ne pas faire long feu 長続きしない, すぐ終わる.

péter le feu 元気がいい.

n'y voir que du feu なんにも見えない[気づかない]; さっぱりわけが分からない.

pleins feux sur qn/qc …に当てたスポットライト. ▶ mettre *pleins feux sur* qn/qc …にスポットライトを当てる, 注目する.

prendre feu (1) 火がつく, 燃えあがる. (2) 古風 かっとなる, 逆上する.

se jeter [*dans le feu* [*au feu*] *pour qn* …のためなら水火も辞さない.

souffler sur le feu (火に息を吹きかける→)不和をあおり立てる, 争いに油を注ぐ.

Y a pas le feu au lac! あわてる必要はない.

feu², **feue** /fø/ 形 文章/(ふざけて)(名詞の前で)故, 亡き. 注 固有名詞, 冠詞, 所有形容詞に先立つ場合は不変. ▶ *feu* Madame X 故 X 夫人. 比較 ⇨ MORT².

***feuillage** /fœjaːʒ/ フイヤージュ 男 ❶ (集合的に)(草木の)生い茂った葉, 葉むら. ❷ 葉のついた小枝.

feuillaison /fœjɛzɔ̃/ 女 (新しく)葉を出すこと, 発葉, 発葉期.

feuillard /fœjaːr/ 男 (樽(たる)のたが用)割り枝;(たが・梱包用の)帯鉄; 帯鋼, ストリップ.

:**feuille** /fœj/ 女 ❶ 葉. ▶ *feuille* de marronnier マロニエの葉 / *feuilles* mortes 枯れ葉 / Les *feuilles* jaunissent. 木の葉が黄色くなる.
❷ 紙片;(紙の)1枚. ▶ *feuille* blanche 白紙 / *feuille* volante 綴(と)じられていない紙片, ルーズリーフ / une *feuille* de papier 1枚の紙.
❸ 書類, 文書; 表. ▶ *feuille* de paye 給与明細書 / *feuille* d'impôts 納税通知書 / *feuille* de route 行程表, ロードマップ.
❹ 定期刊行物; 新聞, 雑誌. ▶ *feuille* de chou 話 三流新聞 / *feuille* locale 地方紙[誌].
❺ (金属などの)薄片, 薄板. ▶ *feuille* d'ardoise スレート板 = *feuille* d'or = *feuille* d'or 金箔(ぱく). ❻ 話 耳. ▶ être dur de la *feuille* 耳が遠い. ❼〖情報〗*feuille* de style スタイルシート.

trembler comme une feuille (恐怖で)木の葉のように震える, ひどく怖がる.

feuillée /fœje/ 女 《複数で》(野営地の)仮設便所.

feuille-morte /fœjmɔrt/ 形《不変》枯れ葉色の.

feuillet /fœjɛ/ 男 ❶ (本, ノートなどの)1枚, 1葉(裏表2ページ分). ❷〖情報〗*feuillet* magnétique 磁気カード.

feuilletage /fœjtaːʒ/ 男 (本などの)ページをめくること; ざっと目を通すこと.

feuilleté, e /fœjte/ 形 ❶ 薄片から成る, 積層状の. ▶ pâte *feuilletée* 折り込みパイ生地.
— **feuilleté** 男 パイ料理[菓子].

feuilleter /fœjte/ ④ 他動 ❶ …のページをめくる; にざっと目を通す. ▶ *feuilleter* un livre 本のページを繰る. ❷ 〔パイ生地〕を折り込む.

feuilleton /fœjtɔ̃/ 男 ❶ (新聞の)学芸[文化, 科学]欄 (=rubrique).
❷ (新聞の)連載小説 (=roman-feuilleton);(テレビ, ラジオの)連続ドラマ. ❸ 大衆[娯楽]小説; 根拠のない話, 作りごと.

feuilletoniste /fœjtɔnist/ 名 ❶ (新聞の)学芸[文化, 科学]欄担当者. ❷ 新聞小説家.

feuillu, e /fœjy/ 形 ❶ 葉の多い. ❷ 広葉(樹)の.

feuillure /fœjyːr/ 女 (窓, 扉をはめ込む)溝.

feulement /følmɑ̃/ 男 (トラの)ほえ声;(猫の)うなり声.

feuler /føle/ 自動 〔トラが〕ほえる; 〔猫が〕うなる.

feutrage /føtraːʒ/ 男 ❶ フェルト製造[加工]. ❷ (毛織物などが摩耗して)フェルト状になること.

feutre /føːtr/ 男 ❶ フェルト. ❷ フェルト製品; フェルト帽 (=chapeau de *feutre*); フェルトペン (=crayon *feutre*).

feutré, e /føtre/ 形 ❶ フェルト状の, フェルトを張った[詰めた]. ❷ 〔音などが〕弱められた; 〔行動などが〕表面上穏やかな.

feutrer /føtre/ 他動 ❶ …をフェルト状にする; にフェルトを張る[詰める]. ❷ 〔音など〕を弱める, 和らげる. — 自動 フェルト状になる.
— **se feutrer** 代動 フェルト状になる.

feutrine /føtrin/ 女 (目の詰んだ薄い)フェルト.

fève /fɛːv/ 女 ❶ ソラマメ(の実);(ソラマメに似た)豆, 実. ❷ *fève* des Rois (公現祭の)王様のソラマメ: 公現祭(1月6日)のお祝いのケーキ galette des Rois に入れる. これに当たると当日の主役となる. ▶ trouver la *fève* 王様のソラマメを見つける; 幸運を引き当てる.

***février** /fevrije/ フェヴリエ 男 2月.

fi /fi/ 間投 文章 (軽蔑, 嫌悪, 否認を表わして)ちぇっ, 嫌だ. ▶ *Fi donc!* なんてこった.

faire fi de qc …を軽視する, 問題にしない.

fiabiliser /fjabilize/ 他動 …の信頼性を高める.

fiabilité /fjabilite/ 女 信頼度[性], 安全性.

fiable /fjabl/ 形 信頼度の高い, 信頼できる.

fiacre /fjakr/ 男 辻(つじ)馬車; 辻馬車の御者.

fiançailles /fjɑ̃saːj/ 女複 ❶ 婚約; 婚約式; 婚約期間. ▶ bague de *fiançailles* エンゲージリング.
❷ (2つの企業・政党間の)合併計画, 盟約.

***fiancé, e** /fjɑ̃se/ フィヤンセ 名 婚約者, フィアンセ. — 形 婚約した.

fiancer /fjɑ̃se/ ① 他動 …を婚約させる.
— **se fiancer** 代動 ❶ <*se fiancer* à [avec] qn> …と婚約する. ❷ [2人が]婚約する, 結婚の約束を交わす.

fiasco /fjasko/ 男 大失敗. ▶ L'entreprise fut un *fiasco* complet. その計画は完全な失敗に終わった.

fiction

fiasque /fjask/ 囡 フィアスコ：キャンティワインを入れるわらで包んだフラスコ瓶．

fibranne /fibran/ 囡 商標〔繊維〕スフ，レーヨンステーブル．

fibre /fibr/ 囡 ❶ 繊維，ファイバー；〖解剖〗線維． ▶ *fibre* synthétique 合成繊維 / *fibre* alimentaire 食物繊維 / *fibre* de verre ガラス繊維，グラスファイバー / *fibres* optiques 光ファイバー．❷ 感情，情念；《多く複数で》…の心の琴線． ▶ atteindre qn jusqu'aux *fibres* …の心を根底から揺さぶる．

fibreux, euse /fibrø, ø:z/ 形 繊維から成る，ファイバーの． ▶ tissu *fibreux* 繊維組織．

fibroscope /fibrɔskɔp/ 男〖医学〗ファイバースコープ，ファイバー内視鏡．

ficelage /fisla:ʒ/ 男 ひもで縛ること．

ficelé, e /fisle/ 形 ❶ ひもでくくられた．❷ 話（おかしな）服を着た．❸ 話〈bien [mal] *ficelé*〉〔仕事などが〕出来のよい［悪い］．

ficeler /fisle/ ④ 他動 ❶ …をひもでくくる［縛る］． ▶ *ficeler* un paquet 小包にひもをかける．❷ 話 …におかしな服を着せる．

*****ficelle** /fisɛl フィセル/ 囡 ❶ ひも，細引き，細ロープ． ▶ défaire la *ficelle* d'un colis 小包のひもをほどく．❷《複数で》〔人形芝居の〕操り糸；〔仕事，技術などの〕技巧，秘訣(ひけつ)，勘所．❸ 術策，かけひき． ▶ La *ficelle* est un peu grosse. 手の内は見え見えだ．❹ フィセル：baguette より細い棒パン．⇨ PAIN 図．

connaître toutes les ficelles du métier 商売のこつはすべて心得ている；策略にたけている．

de bouts de ficelle 取るに足らない．

tirer [tenir] les ficelles（人形を操る→）陰で糸を引く，陰険に立ち回る．

tirer sur la ficelle 限度を越す．

—— 形《不変》話 ずる賢い．

fichage /fiʃa:ʒ/ 男 カード作成；リストアップ．

fiche¹ /fiʃ/ 囡 ❶〔資料・分類用〕カード． ▶ remplir une *fiche* カードに記入する / faire [établir] une *fiche* カードを作成する / mettre qc en [sur] *fiche*〔資料など〕をカードにとる / *fiche* médicale（病院の）カルテ / *fiche* perforée パンチカード．❷ 差し込み，プラグ．❸ くさび，軸，ピン；（測量用の）下げ振り．❹（ゲーム用の）点棒，チップ．

fiche² /fiʃ/ 他動 代動 ⇨ FICHER³．

ficher¹ /fiʃe/ 他動 …をカードに記載する，リストアップする；ブラックリストに載せる．

ficher² /fiʃe/ 他動 …を打ち込む，突き立てる． ▶ *ficher* un clou dans le mur 壁に釘を打つ．

—— **se ficher** 代動 突き刺さる．

ficher³ /fiʃe/, **fiche** /fiʃ/ 他動 話（foutre の婉曲語．不定詞としては fiche が，過去分詞は fiché より fichu が一般的）❶《疑問または否定形で》…をする，やる（= faire）． ▶ Qu'est-ce que tu *fiches* ?《非難を込めて》いったい何をやってるんだい / Je *n'ai* rien *fichu* aujourd'hui. 今日は何もしなかった．❷ …を置く，放り出す． ▶ *ficher* qn à la porte (= mettre) …をたたき出す．

❸ …を与える，食らわす． ▶ *ficher* une gifle à qn …の横面を張り飛ばす / *ficher* sa démission à qn …に辞表をたたきつける．

Ça fiche tout en l'air. それで何もかもおしまいだ．

Ça me fiche le cafard. それを思うと気が滅入る．

fiche(r) la paix à qn …をそっとしておく． ▶ *Fiche-*moi la paix !　ほっといてくれ［うるさいよ］．

fiche(r) le camp (1) 逃げ出す．(2) 駄目になる．

fiche(r) qn dedans …をだます．

fiche(r) qn/qc par terre …を倒す，挫折（ざせつ）させる．

Je t'en ficherai, moi, de qc. …なんて冗談じゃないよ． ▶ «Papa, j'ai envie d'arrêter mes études. Je veux faire du théâtre. — *Je t'en ficherai, moi, du théâtre.*»「パパ，学校やめて芝居をやりたいんだけど」「芝居なんて冗談じゃないぞ」

On t'en fichera!（皮肉に）また欲しいのか．

Qu'il aille se faire fiche(r)! あんなやつは消え失せろ．

Va te faire fiche(r)! とっとと失せろ．

—— *****se fiche(r)** 代動 ❶ 身を置く，身を投じる． ▶ *se ficher* par terre 倒れる，転ぶ / *se ficher* en colère 怒り出す．❷〈*se ficher* de qn/qc/不定詞〉…をばかにする；無視する． ▶ Il *s'est fichu* de moi. あいつは私をばかにした / Je *m'en fiche*. そんなことはどうだっていいさ［私には関係ないよ］（= Ça m'est égal.）/ Je *me fiche* complètement d'arriver en retard. 遅刻したってどうってことないさ．

fichier /fiʃje/ 男 ❶（集合的に）資料［索引］カード；〖情報〗ファイル． ▶ *fichier* texte テキストファイル / *fichier* joint 添付ファイル．❷ カードボックス．

fichtre /fiʃtr/ 間投 ❶ おやまあ，いやはや，ちぇっ，えっ（驚き，感嘆，失望，不満など）．❷（意味を強めて）*Fichtre* oui [non] !　そうだとも［とんでもない］．

fichu, e /fiʃy/ 形（ficher³ の過去分詞）話 ❶ 駄目になった；壊れた． ▶ Ces chaussures sont *fichues*. この靴はもう駄目だ / Il n'en a plus pour longtemps, il est *fichu*. 彼は長くは持つまい，もうおしまいだ．❷《名詞の前で》嫌な，ひどい，いやらしい． ▶ *Fichu* métier [temps] !　嫌な職業［ひどい天気］だねぇ．

❸《名詞の前で》相当な，大きな． ▶ Il y a une *fichue* différence entre les deux. 2つの間にはたいへんな差がある．❹〈*fichu* de + 不定詞〉…することができる． ▶ Il n'est même pas *fichu* de gagner sa vie. 彼は自分の生活費さえ稼げない．

bien fichu（人が）よくできている；体調がよい． ▶ Le nouveau modèle est vraiment *bien fichu*. 新しい機種は実によくできている．

mal fichu 不格好な，へんてこな；体調が悪い． ▶ Je me sens *mal fichu*. どうも気分がよくない．

fictif, ive /fiktif, i:v/ 形 ❶ 想像上の，虚構の． ▶ personnage *fictif* 架空の人物．❷ 見せかけの，にせの． ▶ promesses *fictives* 口先だけの約束．❸ 約束上の，申し合わせによる． ▶ valeur *fictive*（紙幣などの）名目上の価値，額面．

fiction /fiksjɔ̃/ 囡 ❶ 想像（の産物），空想；虚構，フィクション． ▶ La réalité dépasse la *fiction*. 事実は小説よりも奇なり．❷《他の名詞とハイフンで結びついて》想像上の；未来の． ▶ science-*fiction*

fictivement

空想科学小説, SF. ❸ 約束;〖法律〗擬制.

fictivement /fiktivmɑ̃/ 副 想像上, 虚構で; 約束上, 擬制的に; 仮定として.

*fidèle /fidɛl フィデル/ 形 ❶ 忠実な, 誠実な; 貞節な;(店などに)行きつけの. ► chien *fidèle* 忠犬 / amitié *fidèle* 変わらぬ友情 / client *fidèle* 常客, お得意さん / mari *fidèle* 妻を裏切らない夫. ❷ 〈*fidèle* à qc〉…を固く守る, に忠実な. ► être *fidèle* à ses promesses 約束を守る / *Fidèle* à lui-même, il est arrivé en retard. 彼はいつものとおり遅れてやって来た. ❸ 正確な. ► mémoire *fidèle* 正確な記憶 / traduction *fidèle* 逐語訳 / balance *fidèle* 正確なはかり.

— 名 ❶ 忠実な人, 律儀者. ❷ 支持者, ファン; 常連, お得意さん. ❸ 信者, 信徒.

fidèlement /fidɛlmɑ̃/ 副 忠実に; 正確に.

fidéliser /fidelize/ 他動 …の愛顧を引きつけておく, を常連の客[固定客]として獲得する.

fidélité /fidelite/ 女 ❶ 〈*fidélité* (à qn/qc)〉(…に対する)忠実, 誠実; 貞節;(店などを)ひいきにすること; 愛顧. ► jurer *fidélité* 忠誠を誓う / *fidélité* conjugale 夫婦間の貞操 / carte de *fidélité* ポイントカード. ❷ 〈…を固く守ること, 固執. ► *fidélité* à une tradition 伝統への執着. ❸ 正確さ. ► haute-*fidélité* 高忠実度, ハイファイ.

fiduciaire /fidysjɛːr/ 形 ❶ 〖法律〗信託の, 信託に基づく; 受託者の. ► société *fiduciaire* 信託会社. ❷〖経済〗信用発行の. ► monnaie *fiduciaire* 信用貨幣, 通貨.

fief /fjɛf/ 男 ❶ (封主が封臣に与えた)封(地), 領地. ❷ 勢力範囲. ► *fief* électoral 選挙地盤.

fieffé, e /fjefe/ 形 極め付きの. ► coquin *fieffé* 札付きの悪党.

fiel /fjɛl/ 男 ❶ (動物の)胆汁. ❷ 文章 悪意, 辛辣(%). ► compliments pleins de *fiel* いやみたっぷりなお世辞.

fielleux, euse /fjelø, øːz/ 形 文章 辛辣(%)な.

fiente /fjɑ̃ːt/ 女 (鳥獣の)糞(%).

fienter /fjɑ̃te/ 自動 [鳥獣が]糞(%)をする.

*fier, fière /fjɛːr フィエール/ 形 ❶ 誇り高い. ► Il est trop *fier* pour accepter votre argent. 彼は自尊心が強いから, あなたから金は受け取らない / Je suis *fier* que tu aies réussi. お前がうまくいったので私は誇らしい / Il n'est pas *fier*. 彼は偉ぶらない. ◆être *fier* de qn/qc/不定詞 …を誇りに思う. ► être *fier* de sa force 自分の力を誇る / Il n'y a pas de quoi être *fier*. あまり自慢できることではない.

❷ 高慢な, 尊大な. ► être *fier* comme「un coq [un paon, Artaban] ふんぞり返っている. ❸ 話《名詞の前で》極め付きの, すごい. ► une *fière* canaille (=fameux) 札付きの不良.

avoir fière allure 堂々としている.

... et fier de l'être 話 底抜けの, ごりごりの. ► Je suis con *et fier de l'être*. 僕はどうしようもないバカだ.

faire「le fier [la fière] 尊大な態度をとる.

se fier /s(ə)fje/ 代動 〈*se fier* à qn/qc〉…を信用する. ► Je *me fie* à votre jugement. あなたの判断に任せます.

fier-à-bras /fjɛrabra/;《複》～(s)-~-~ 男

文章 空元気を出す人, 空威張りする人.

fièrement /fjɛrmɑ̃/ 副 ❶ 堂々と. ► aller *fièrement* à la mort 毅然(%)として死に臨む. ❷ 話 非常に.

fiérot, ote /fjero, ɔt/ 形, 名 話 得意げな(人).

fierté /fjɛrte/ 女 ❶ 高慢さ. ► montrer de la *fierté* 高慢な態度をとる.

❷ 自慢; 自慢の種. ► avec *fierté* 自慢げに / tirer une grande *fierté* de qc …をたいへん自慢に思っている. ❸ 文章 高潔さ; 誇り.

fiesta /fjɛsta/ 女《スペイン語》話 陽気な催し[パーティー]; お祭り騒ぎ.

*fièvre /fjɛːvr フィエーヴル/ 女 ❶ (病気の)熱, 発熱. ► avoir (de) la *fièvre* 熱がある / avoir trente-neuf de *fièvre* 熱が39度ある / *fièvre* de cheval 高熱 / *un accès* [une poussée] de *fièvre* 発熱 / La *fièvre* monte. 熱が上がる / faire tomber la *fièvre* 熱を下げる. ❷ 熱中, 興奮. ► discuter avec *fièvre* 熱っぽく議論する / La ville était en *fièvre*. 街は沸いていた. ► une *fièvre*「de + 無冠詞名詞 [de + 不定詞] …への強い欲求, 情熱. ► une *fièvre* de construction 建設ラッシュ. ❸ 熱病;《複数で》マラリア. ► *fièvre* jaune 黄熱 / *fièvre* typhoïde 腸チフス.

fiévreusement /fjevrøzmɑ̃/ 副 熱狂的に.

fiévreux, euse /fjevrø, øːz/ 形 ❶ 熱のある. ► joues *fiévreuses* 熱でほてった頬(%). ❷ 熱狂的な; 落ち着かない; 熱のこもった.

fifty-fifty /fiftififti/ 副《英語》話 半分ずつ. ► partager *fifty-fifty* 折半する, 山分けする.

figé, e /fiʒe/ 形 固まった, 硬直した; 固定した. ► un sourire *figé* こわばった笑み, 作り笑い / être *figé* dans ses préjugés 偏見に凝り固まっている / locution *figée* 慣用句.

figement /fiʒmɑ̃/ 男 凝結, 凝結.

figer /fiʒe/ [2] 他動 ❶ …を凝固させる. ► L'air froid *fige* l'huile. 冷気は油を固まらせる / *figer* le sang「恐怖などが]血を凍らせる. ❷[恐怖, 不意の出来事などが]…を動けなくする. ► Ce cri l'a *figé* sur place. 叫び声を聞いて彼はその場に立ちすくんだ.

— **se figer** 代動 ❶ 凝固する. ❷ 硬直する. ❸ 〈*se figer* (dans qc)〉(ある態度に)凝り固まる.

fignolage /fiɲɔlaːʒ/ 男 凝ること, 入念, 丹念.

fignoler /fiɲɔle/ 他動 他動 …を入念に仕上げる, に凝る. ► *fignoler* son style 文体に凝る.

fignoleur, euse /fiɲɔlœːr, øːz/ 形, 名 凝る(人), 凝り性の(人).

figue /fig/ 女 ❶ イチジク(の実). ❷ *figue* de Barbarie サボテンの実.

mi-figue, mi-raisin よくも悪くもない; はっきりしない, どっちつかずの.

figuier /figje/ 男 イチジクの木.

figurant, ante /figyrɑ̃, ɑ̃ːt/ 名 (演劇, 映画などの)端役, エキストラ; 端役的な存在.

figuratif, ive /figyratif, iːv/ 形 ❶ 物の形をかたどった. ► écriture *figurative* 象形文字 / plan monumental *figuratif* (市街を鳥瞰(%)的に示した)絵地図. ❷〖美術〗具象派の.

— **figuratif** 男《多く複数で》具象派芸術家.

figuration /figyrasjɔ̃/ 女 ❶ 端役;《集合的に》エ

キストラ. ▶ faire de la *figuration* エキストラで出演する. ❷ 形に表わすこと, 表示.

***figure** /figy:r フィギュール/ 囡

[英仏そっくり語]
英 figure 姿, 数字, 人物, 図.
仏 figure 顔, 人物, 図.

❶ 顔; 顔つき, 表情. ▶ se laver la *figure* 顔を洗う / avoir une bonne *figure* 感じのよい顔をしている / tourner la *figure* 顔をそむける. 比較 ⇨ VISAGE. ❷ 著名人, 大物. ▶ les grandes *figures* de l'histoire 歴史上の主要人物 / C'est une *figure*. あれはたいした人物だ. ❸（本の）挿絵, 図, 写真. ▶ livre avec *figures* イラスト入りの本 / Voir la *figure* deux page cinq. 5ページ図2を見よ（注 v.fig.2 p.5 と略す）. ❹（スケート, ダンス, 馬術などにおける）フィギュア. ▶ *figures* imposées [libres] 規定 [自由] 演技. ❺（絵画, 彫刻, 文学などの）人物像;（トランプの）絵札. ❻《レトリック》文彩, 言葉の綾(𝑎𝑦).

casser la figure à qn 話 …の顔面にパンチを食らわす; と喧嘩(ケ𝑛ヵ)する.

faire bonne figure (1) にこやかな顔をする. ▶ *faire bonne figure* を愛想よく迎える. (2)（試験や競争などを）うまく切り抜ける, 立派に務めを果たす.

faire figure 文章 重きをなす, 幅をきかせる.

faire figure de + 無冠詞名詞 …のように見える.

faire triste [piètre] figure (1) 浮かぬ [心配そうな] 顔をする. (2)〔物が〕みすぼらしく見える.

figure de proue (1) 船首像. (2) 指導的人物.

ne plus avoir figure humaine（病気やけがなどで）見る影もない, 変わり果てた姿である.

prendre figure 形をとる, 実現 [具体化] する.

se casser la figure 話 (1) 転んでけがをする. (2) 挫折(ザセ𝑦)する, 失敗する.

figuré, e /figyre/ 形〔言葉などが〕比喩(ヒュ)的な. ▶ sens *figuré* (↔propre) 比喩的な意味 / style *figuré* 比喩に富む文体.
— **figuré** 男 比喩的意味.

figurément /figyremã/ 副 比喩(ヒュ)的に.

***figurer** /figyre フィギュレ/ 他動 ❶ …を（形象的に）表現する, 描く. ▶ La tapisserie *figure* un palais. このタペストリーには宮殿が描かれている.

❷ …を象徴する; 表わす. ▶ La balance *figure* la justice. 天秤(ガ𝑛)は正義を象徴している / Cet avion sur la carte *figure* un aérodrome. 地図上の飛行機のマークは空港を示す.
— 自動 ❶（ある場所に）存在している, 載っている; 姿を見せる. ▶ Cela *figure* sur la liste. それはリストにある. ❷（演劇, 映画で）端役を演じる.
— ***se figurer** 代動 ❶ <*se figurer* qc/qn > …を心に描く, 想像する. 注 se は間接目的. ▶ *Figurez-vous* une sorte de pyramide. ピラミッドのようなものを頭に描いてみてください.

❷ <*se figurer* que + 直説法> …だと思う, 信じる. 注 se は間接目的. ▶ S'il *se figure* que je lui ai pardonné, il se trompe. 私が許したものと彼が考えているなら, それは間違いだ. ❸ 自分を…だと思う. ▶ Il *se figure* déjà victorieux. 彼はもう勝ったつもりでいる.

Figurez-vous que + 直説法. 話 なんと…なんですよ（相手の注意を引く）. ▶ Il voulait me faire une farce, mais *figure-toi que* j'étais au courant. 彼は私に一杯食わせるつもりだったらしいが, 実はこっちはとうに承知してたんだよ /《省略形で》Je l'aime, *figure-toi*! 彼(女)が好きだ, 本当だよ.

figurine /figyrin/ 囡 小像.

****fil** /fil フィル/ 男 ❶ 糸. ▶ *fil* de coton 木綿糸 / une bobine de *fil* 糸巻き / *fil* à coudre 縫い糸 / *fil* d'araignée クモの糸 / *fil* dentaire デンタルフロス.

❷ 金属線; 電線, コード（=*fil* électrique）. ▶ *fil* de fer 針金 / *fil* de fer barbelé 有刺鉄線 / connexion sans *fil* à Internet 無線インターネット接続.

❸ 電話. ▶ donner [recevoir] un coup de *fil* 電話をかける [受ける] / avoir qn au bout du *fil* …と電話で話す / Qui est au bout du *fil*?（電話で）どちら様ですか.

❹（サヤインゲンなどの）繊維, 筋;（食肉の）繊維の方向,（木材の）木目. ▶ scier du bois dans le *fil* 木目に沿って木を切る.

❺（水, 煙などの）流れ. ▶ suivre le *fil* de l'eau 水の流れに沿って進む.

❻（思考, 話などの）流れ, つながり, 筋道. ▶ perdre le *fil* 話の筋道が分からなくなる. ❼（刃物の）刃. ▶ *fil* d'un rasoir かみそりの刃. ❽ 麻糸, リンネル（=*fil* de lin）. ▶ toile de *fil* 麻布.

au bout du fil 電話をかけて. ▶ avoir qn *au bout du fil* …と電話で話す.

au fil de qc …（の流れ）に沿って. ▶ se laisser aller *au fil des* mois 月日の流れに身を任せる.

avoir un fil à la patte 話 人に拘束されている;（結婚の絆(ﾋﾞ)に）縛られている.

cousu de fil blanc 見え透いた.

de fil en aiguille 少しずつ; 気づかぬうちに.

donner du fil à retordre à qn …を困らせる.

droit fil (1)《服飾》縦地. ▶ jupe *droit fil* 縦地スカート. (2)（思想的, 政治的）路線, 方針. ▶ être dans le *droit fil* de qc …の方針に従っている.

être maigre [mince] comme un fil やせこけている [極めて細い].

être sur le fil du rasoir 危うい立場にいる.

fil d'Ariane（アリアドネの糸 →）道しるべ, 手がかり.

ne pas inventer le fil à couper le beurre 話 あまり賢くない, あまり利口ではない.

ne tenir qu'à un fil 不安定な状態にある, 危うい.

passer qn au fil de l'épée 文章 …を刃(ｼﾞﾝ)にかける, 殺す.

tenir (dans sa main) les fils de qc（事件, 陰謀などの）裏で糸を引いている, 黒幕である.

filament /filamã/ 男 ❶（動植物の）繊維(状の)物. ❷《電気》フィラメント.

filamenteux, euse /filamãtø, ø:z/ 形 繊維質の, 繊維状の; 筋のある.

filandre /filã:dr/ 囡（肉, 野菜などの）筋.

filandreux, euse /filãdrø, ø:z/ 形 ❶〔肉, 野菜などが〕筋の多い. ❷〔話, 文章などが〕くどい, 冗漫な.

filant

fil*ant*, *ante* /filɑ̃, ɑ̃ːt/ 形 ❶ 〔液体が〕ねっとりした，糸を引く．❷ étoile *filante* 流星．❸ pouls *filant* 弱々しい脈拍．

filasse /filas/ 囡 フィラース，(麻，亜麻の)紡績前の繊維の束．
——形 《不変》語〖髪が〗艶(つや)のないブロンドの．

filateur /filatœːr/ 男 紡績[製糸]工場主．

filature /filatyːr/ 囡 ❶ 紡績．▸ *filature* du coton 綿紡績．❷ 紡績工場；製糸工場．❸ 尾行．▸ prendre qn en *filature* …を尾行する．

file /fil/ 囡〔縦の〕列，行列．注 横の列は rang という．▸ une *file* de voitures 車の列 / prendre [se mettre à] la *file* 行列の最後尾につく / *file* d'attente 順番待ちの行列 / stationner en double *file* 2列駐車する．

à la file 〔1〕縦に並んで．▸ marcher [se suivre] *à la file* 縦1列になって歩く．〔2〕続けて．▸ chanter plusieurs chansons *à la file* 次々と何曲も歌う．

chef de file 〔1〕列の先頭．〔2〕指導者，リーダー．

en file 縦に並んで(= à la *file*)．

en [à la] file indienne〔前後を詰めて〕縦1列になって；数珠つなぎになって．

fil*é, e* /file/ 形 糸状の，細長くした．▸ verre *filé* 糸ガラス．—— **filé** 男 より糸．

*****filer** /file/ 他動 ❶ …を紡ぐ；〖金属，ガラスなど〗を糸状にする．▸ *filer* de la laine 羊毛を紡ぐ / métier à *filer* 紡績機械．❷〖蚕，クモなど〗糸を出して…を作る．❸〖綱など〗を繰り出す．▸ *filer* un câble 錨索(びょうさく)を繰り出す．❹〔船が〕…の速度で進む．▸ Le navire *file* à trente nœuds. 船は30ノットで航行中．❺ …を尾行する．▸ *filer* un suspect 容疑者を尾行する．❻ 俗 〈*filer* qc à qn〉…に…を与える．▸ *File-*moi cent euros! 100ユーロくれよ / *filer* un coup de poing à qn …にパンチを食らわす．❼ *filer* 「une métaphore [une image]」比喩(ゆ)をさまざまに展開する．

filer le parfait amour語〔男女が〕絶えず愛の言葉を交わし合う．

—— 自動 ❶〔液状のものが〕糸を引く；〔ランプの炎などが〕くすぶって長く伸びる．

❷ 急いで行く，駆けつける；〔車，飛行機などが〕高速で走る[飛ぶ]．▸ Le temps *file*. 時の立つのは早い / *filer* comme une flèche 矢のように走る / *filer* vers la sortie 出口に急ぐ．❸ 話 立ち去る，逃げる．▸ Il faut que je *file*. もういかなくては / Allons, *filons*! さあ，ずらかろう．❹ 話 すぐになくなる，消える．▸ L'argent lui *a filé* entre les mains. お金は彼(女)の手からたちまちにして消えた．❺〔編み目などが〕ほどける，伝線する．▸ Mon collant *a filé*. 私のストッキングが伝線した．

filer à l'anglaise こっそり〔挨拶(あいさつ)もせずに〕立ち去る．

filer doux語 おとなしく従う，柔順になる．

—— **se filer** 代動 ❶ 俗 入り込む．

filet¹ /filɛ/ 男 ❶〔1〕ヒレ(肉)；〔三枚に下ろした〕魚の片身(= *filet* de poisson)．▸ un bifteck dans le *filet* 牛ヒレ肉のステーキ；faux-*filet* 外ロース，テンダーロイン / *filets* de hareng 三枚に下ろしたニシン．❷〈*filet* de + 無冠詞名詞〉〔液体，気体の〕か細い流れ；微量．▸ un *filet* d'eau ちょろちょろ流れる水 / Mettez un *filet* de vinaigre 酢をほんの少々加えてください / *filet* de voix 細い声．❸〔ボルト，ねじ，ナットの〕ねじ山．❹〔印刷〕罫線(けいせん)．❺ *filet* nerveux 神経線維．

*****filet²** /filɛ/ 男 ❶ 網．▸ *filet* de pêche 漁網 / *filet* à papillons 捕虫網 / jeter [remonter] un *filet* 漁網を投げる[引き上げる]．

❷ 網製品；網棚(= *filet* à bagages)；ネット．▸ *filet* à cheveux ヘアネット / *filet* à provisions 買い物用網袋 / La balle a touché le *filet*. ボールがネットにふれた / *filet* de sécurité 安全網．

❸ 罠(わな)，策略．

attirer qn dans ses filets 文章 …を誘惑する；だまそうとする．

(beau) coup de filet 大漁；(警察の)一斉検挙．

tendre un filet 網を張る；罠(わな)をしかける．

travailler sans filet〔1〕(サーカスなどで)安全ネットなしで曲芸をする．〔2〕危険を冒す．

filetage /filtaʒ/ 男〔ボルトやナットの〕溝切り，ねじ切り；ねじ山，ねじ溝．

fileter /filte/ 5 他動 ❶〔ボルトなど〕にねじを切る．❷〔金属〕を針金にする．

fil*eur, euse* /filœːr, øːz/ 图〔手や機械で〕糸を紡ぐ人；紡績工．

fili*al, ale* /filjal/;《男複》**aux** /o/ 形〔親に対する〕子の．▸ amour *filial* 親への愛．

filiale /filjal/ 囡 子会社．注 個別の法的人格を有する点で succursale と区別される．

filialement /filjalmɑ̃/ 副 文章〔親に対して〕子として，(実の)子のように．

filialisation /filjalizasjɔ̃/ 囡〔企業などの〕系列化．

filialiser /filjalize/ 他動〔企業など〕を系列化する．

filiation /filjasjɔ̃/ 囡 ❶ 親子関係；家系，血統．▸ *filiation* directe 直系．❷〔思想，事件などの〕系統，つながり．▸ la *filiation* des idées 思想の系譜 / la *filiation* des mots 語の派生関係．

filière /filjɛːr/ 囡 ❶ 手続き，手順；〔出世，昇進の一連の〕段階．▸ passer la *filière* 手続きを踏む / suivre la *filière* 一段一段と昇進していく．❷〔麻薬，武器などの〕密売ルート．❸〔教育の〕専門課程；コース，系．❹ 関連産業[部門]．❺〔機械〕(針金製造用)ダイス；(ねじ切り)ダイス．

filiforme /filifɔrm/ 形〔糸のように〕細い．

filigrane /filigran/ 男 ❶〔紙，紙幣の〕透かし模様．❷〔金，銀の〕線細工，フィリグラン．

en filigrane〔1〕透かしになった．〔2〕背後に，暗に．▸ lire *en filigrane* 行間[言外の意味]を読み取る．

filigran*é, e* /filigrane/ 形 ❶〔金銀の細線で〕透かし模様にした．❷ papier *filigrané* 透かし入りの紙．

filin /filɛ̃/ 男 麻綱，鋼線ロープ．

fillasse /fijas/ 囡〔軽蔑して〕(太った)娘．

*:**fille** /fij/ フィーユ 囡 ❶〔親に対して〕娘(↔fils)．▸ *fille* aînée [cadette] 長女[次女以下の娘] / *fille* unique 一人娘 / Je vous présente ma *fille*. 娘を紹介します．❗ ma *fille*〔呼びかけで〕ねえ，君，娘さん．▸ Ma pauvre *fille*! (年下の女性に)かわいそうに．

❷ 女の子, 少女, 娘 (↔garçon). ▶ école de *filles* 女子校 / grande *fille* (幼女に対して)一人前の娘 / petite *fille* 少女, 小さな女の子 / jeune *fille* (未婚の)若い娘〔注〕若い女性を指す最も一般的な言い方。今日ではfilleを単独で用いるのは卑俗な表現) / nom de jeune *fille* 結婚前の姓, 旧姓.

❸ 古風 未婚の女性. ▶ vieille *fille*〔軽んじて〕オールドミス. ❹ 文章 女の子孫;(階級, 地方などの)出身者. ▶ *fille* de rois 王家の血を引く娘 / *fille* du peuple 庶民の娘 / *fille* d'Eve《ふざけて》女;コケットな女. ❺ ‹*fille* de + 無冠詞名詞›古風 …で働く女性. ▶ *fille* d'auberge 宿屋の女中 / *fille* 「de boutique [de magasin] 女店員, 売り子. ❻(職業などを表わす名詞と同格的に)▶ une *fille* ingénieur [médecin] 若い女性技師 [女医]. ❼修道女, 尼. ❽古風 売春婦 (=*fille* publique, *fille* de joie, prostituée).

❾ 文法〔女性名詞を受けて〕所産. ▶ jalousie, *fille* du soupçon 疑念の産物である嫉妬(ど).

bonne fille 気立てのよい娘. ▶《形容詞的に》Elle est très *bonne fille*. 彼女は実に気立てがよい.

être fille à 不定詞 …できる娘.

fille à papa 話 金持ちの(わがまま)娘.

jouer la fille de l'air 姿をくらます.

La plus belle fille du monde ne peut donner que ce qu'elle a.諺 だれしも自分の能力以上のことはできない.

fillette¹ /fijɛt/ 女 少女, 小娘. ▶《同格的に》rayon *fillettes*(デパートの)女児服売り場.

fillette² /fijɛt/ 女 話 (アンジューワインの)小瓶.

filleul, e /fijœl/ 名 名付け子.

*__film__ /film/ フィルム 男《英語》❶ 映画(作品). ▶ un *film* français (1本の)フランス映画 / un *film* avec Catherine Deneuve カトリーヌ・ドヌーヴの出る映画 / un *film* de Luc Besson リュック・ベッソン監督の映画 / *film* doublé [en version originale] 吹き替え版の[吹き替えなしの]映画 / réaliser [tourner] un *film* 映画を製作[撮影]する / passer [donner] un *film* 映画を上映する / voir un *film* au cinéma 映画館で映画を見る / regarder un *film* à la télévision テレビで映画を見る. /◆*film* + 形容詞 // *film* (de) + 無冠詞名詞 …映画(ジャンル)を示す). ▶ *film* policier [de science-fiction] 探偵 [SF] 映画 / *film* d'amour 恋愛映画 / *film* d'horreur ホラー映画 / *film* d'aventures アドベンチャー映画 / *film* d'animation アニメ映画. 比較 ⇒ CINÉMA.

❷ 映画用フィルム;フィルム状のもの, 薄膜.〔注〕写真用フィルムは pellicule. ▶ *film* couleur カラーフィルム / *film* alimentaire (食品用)ラップ / *film* d'huile 油の皮膜. 比較 ⇒ PELLICULE.

❸ (事件などの)展開, 流れ. ▶ suivre le *film* des événements それの展開を追う.

ne rien comprendre au film 話 事態がさっぱりわからない.

se faire un film 幻想を抱く.

filmage /filma:ʒ/ 男 映画撮影.

filmer /filme/ 他動 …を映画に撮る. ▶ *filmer* une scène ある場面を撮影する.

filmique /filmik/ 形 映画の;映画的な. ▶ l'univers *filmique* 映画独特の世界.

filmographie /filmɔgrafi/ 女 (監督, 俳優, ジャンル別などの)映画作品目録, フィルモグラフィー.

filmologie /filmɔlɔʒi/ 女 映画学.

filmothèque /filmɔtɛk/ 女 マイクロフィルム収蔵庫 [所];マイクロフィルム図書館.

filon /filɔ̃/ 男 ❶ 鉱脈;宝庫. ▶ découvrir [exploiter] un *filon* 鉱脈を発見する. ❷ 話 楽をしてもうかる職 [地位].

filou /filu/ 男 ❶ 盗人(ぬすっ);詐欺師, ペテン師. ❷ 話 いたずら坊主. — 形《男性形のみ》ずる賢い.

filouter /filute/ 他動 話 …をだます.

filouterie /filutri/ 女 ごまかし, ちょっとした詐欺.
▶ *filouterie* d'aliments 無銭飲食.

*__fils__ /fis/ フィス 男 ❶ 息子. ▶ *fils* légitime [adoptif, naturel] 正嫡の息子 [養子, 私生児] / *fils* unique 一人息子 / *fils* aîné [cadet] 長男 [次男以下の息子] / le *fils* (de) Dupont デュポンの倅(せがれ)/ Maison Dupont et *fils* デュポン父子商会 / mon *fils*《呼びかけで年下の男性に》ねえ, 君. ❷ 文章(男の)子孫;(階級, 地方などの)出身者. ▶ les *fils* de Gaulois ゴール民族の後裔(こうえい)(フランス人)/ *fils* du peuple 庶民階級出身の男.

❸ 文章《男性名詞を受けて》所産. ▶ des vers, *fils* de l'amour 愛の産物である詩句.

de père en fils 父子代々の.

fils à papa 話 (父親の財産, 権力に頼る)どら息子, 親の七光りを受けている息子.

Fils「de Dieu [de l'homme] 神 [人] の子, イエス・キリスト.

fils de famille 名門の息子, 良家の子弟.

fils de ses œuvres たたき上げの男.

fils spirituel de qn …の衣鉢を継ぐ者, 弟子.

Tel père, tel fils. 諺 この父にしてこの子あり.

filtrable /filtrabl/ 形 濾過(ろか)できる;濾過性の.

filtrage /filtra:ʒ/ 男 ❶ 濾過(ろか) (=filtration). ❷ 選別;検閲, 検問. ❸ (秘密情報の)漏洩(ろうえい).

filtrant, ante /filtrɑ̃, ɑ̃:t/ 形 濾過(ろか)[濾光]用の.

filtration /filtrasjɔ̃/ 女 濾過(ろか), 浸透.

filtre /filtr/ 男 (各種の)フィルター, 濾過(ろか)装置.
▶ faire passer qc dans [à travers] un *filtre* …をフィルターで漉(こ)す;ふるいにかける / *filtre* en étoffe 漉し布 / *filtre* à air エアフィルター, 空気清浄器 / cigarette avec *filtre* フィルター付きたばこ /《同格的に》papier(-)*filtre* 濾紙, ペーパーフィルター / café(-)*filtre* ドリップコーヒー (〔注〕単に un *filtre* ともいう).

*__filtrer__ /filtre/ フィルトレ 他動 ❶ 〔液体, 気体〕を濾過(ろか)する;〔光など〕を和らげる. ▶ *filtrer* de l'eau 水を濾過する. ❷ …を選別して通す[伝える];検閲する. ▶ *filtrer* des passants 通行人をチェックする.

— 自動 ❶ フィルターを通る;浸透する. ▶ L'eau *filtre* à travers le sable. 水が砂に染み込む.

❷ 〔光, 音, 情報などが〕漏れる. ▶ Cette information secrète *a filtré* jusqu'à nous. その秘密情報は私たちの耳にまで届いた.

fîmes /fim/ 活用 ⇒ FAIRE¹ Ⅵ.

*__fin__¹ /fɛ̃/ ファン 女 ❶ 終わり, 末;結末, 最後. ▶

fin

《*Fin*》(映画で)「終わり」/ du début jusqu'à la *fin* 最初から最後まで / à la *fin* de l'année 年末に / à la *fin* de mai 5月末に / la *fin* d'un mandat 任期の終わり / la *fin* du monde 世界の終わり / le mot de la *fin* (演説などの)結びの言葉;(芝居の幕切れなどの)意味深いせりふ. ◆ en *fin* de ＋無冠詞名詞 …の終わりに,末に. ▶ en *fin* de séance 会の終わりに / en *fin* de journée 晩(夕方)に / en *fin* de liste 名簿の末尾に / en *fin* de mois (毎月)月末になると.

❷《文章》(人の)死. ▶ *fin* prématurée (=mort, décès) 若死に,夭折(ホラ) / avoir une *fin* brusque 不慮の死を遂げる.

❸《多く複数で》目的. ▶ arriver à ses *fins* 目的を達する / La croissance économique n'est pas une *fin* en soi. 経済成長はそれ自体が目的ではない / A quelle *fin*? 何のためですか. ◆ à des *fins* ＋形容詞[de ＋無冠詞名詞]…の目的で. ▶ à des *fins* précises はっきりした目的で / utiliser un satellite à des *fins* de communication 通信の目的で衛星を使用する. 比較 ⇨ BUT¹.

❹【法律】(請求の)理由;(訴えの)目的. ▶ *fin* de non-recevoir (訴訟)不受理の事由 / opposer une *fin* de non-recevoir à qn/qc …を拒否する,に断固反対する.

à cette fin = **à ces fins** そのために[の]. ◆ **à cette fin que** ＋接続法 …という目的で. ▶ Je vous dis cela *à cette fin que* vous soyez tranquille. あなたを安心させたいと思ってこう言うのですよ.

*__à la fin__ (1) 最終的に,ついに,結局. ▶ *A la fin*, elle a accepté d'y aller. 結局彼女はそこへ行くことを承知した. (2)話(いらだちを示して)やれやれ,もう.

approcher de la fin 〔物事が〕終わりに近づく;〔人が〕死期に近づく.

à seule(s) fin(s) ʽ**de** ＋ 不定詞 [**que** ＋ 接続法]ʼ ただ…のために.

à toutes fins utiles 万一の場合のために.

C'est la fin de tout! 話 万事休す.

*__en fin de compte__ 結局,とどのつまり.

faire une fin 話 (年取ってから)身を固める,結婚する.

fin courant [prochain]【商業】今月末[来月末]に. 注 à la *fin* du mois *courant* [*prochain*] の略.

fin de mois (給料日前の)月末. ▶ avoir des *fins* de mois difficiles 月末になると苦しい.

fin(-)de(-)siècle (1) 世紀末(の). ▶ un mobilier *fin* de siècle 世紀末調の家具. (2) 退廃的な.

*__fin ＋ 月__ …末に (=à la *fin* de). ▶ Nous nous reverrons *fin* novembre. 11月末にまた会おう.

La fin justifie les moyens. 諺 目的は手段を正当化する.

Les meilleures choses ont une fin. どんなにいいことでも終わりがあるものだ(後悔やあきらめを表す).

mener qc 'à bonne fin [à sa fin]' …を首尾よく成し遂げる.

*__mettre fin à qc__ …を終わらせる,終結させる;(問題など)にけりをつける. ▶ La nuit *a mis fin au* combat. 夜になって戦闘がやんだ. ◆ **mettre fin à ʽsa vie [ses jours]ʼ** 自殺する.

*__prendre fin__ 終わる. ▶ La réunion *a pris fin* très tard. その会議は終わるのが非常に遅れた.

Qui veut la fin veut les moyens. 諺 目的のためには手段を選ばない.

*__sans fin__ 果てしない;果てしなく. ▶ développement *sans fin* 限りない発展 / discourir *sans fin* いつまでもだらだらおしゃべりをする.

toucher à sa fin = 古風 **tirer à sa fin** 終わりに近づく.

*__fin², fine__ /fɛ̃, fin ファン, フィヌ/ 形 ❶《名詞のあとで》細い;細かい;薄い;きゃしゃな. ▶ fil *fin* 細い糸 / pluie *fine* 細かい雨 / laine *fine* 薄いウール地 / avoir la taille *fine* 体つきがほっそりしている / un visage aux traits *fins* 繊細な顔立ち. 比較 ⇨ DÉLICAT.

❷ (五感,知力,感性などが)鋭い,繊細な. ▶ avoir l'oreille *fine* 耳がいい / esprit *fin* 鋭敏な精神(の持ち主) / plaisanterie *fine* エスプリの利いた冗談 / Il n'est pas très *fin*. 彼はそれほど切れる男ではない.

❸ 純粋な;上質の,極上の. ▶ or *fin* 純金 / lingerie *fine* 高級ランジェリー / eau-de-vie *fine* 極上ブランデー / herbes *fines* フィーヌゼルブ(タイム,ミント,パセリなどの香草).

❹《名詞の前で》その道に秀でた,熟練した. ▶ *fin* gourmet = 話 *fine* gueule 食通 / *fin* connaisseur 目利き,通.

❺ 抜け目のない. ▶ C'est *fin*! 話《皮肉に》さえてるね,たいしたもんだね.

jouer au plus fin (avec qn) (…と)悪知恵を競う.

le fin fond de qc …の深奥;奥地. ▶ jusqu'au *fin* fond de la jungle ジャングルの奥地にまで.

le fin mot de qc …の隠された理由,真相.

― **fin** 副 ❶ 細く,細かく,薄く. ❷ 話 完全に,すっかり(=complètement). ▶ *fin* soûl ぐでんぐでんに酔っ払った.

― 男《次の句で》**le fin du fin** 最上のもの,精華;極み,奥義.

― **fine** 女 ❶ 上質ブランデー (=eau-de-vie *fine*). ❷《複数で》金属の粉;粉炭.

final, ale¹ /final/; (男複) **als** (または **aux** /o/) 形 ❶ 最後の,最後の. ▶ point *final* 終止符 / Les résultats *finals* ne sont pas encore connus. 最終結果はまだ分からない. ❷《文法》proposition *finale* 目的節. ❸《哲学》cause *finale* 目的因,究極因.

mettre le [un] point final à qc (論争,仕事など)に終止符を打つ.

finale² /final/ 女 ❶ 決勝戦 (=épreuve finale). ▶ demi-*finale* 準決勝 / arriver en *finale* 決勝戦に進む. ❷【言語】語尾,音節尾.

finale³ /final/《イタリア語》**final**:(複) **als** 男【音楽】終曲,終楽章,フィナーレ.

*__finalement__ /finalmɑ̃ フィナルマン/ 副 ついに,最後に;結局,要するに. ▶ Ils se sont *finalement* mis d'accord. 彼らも最後には意見が一致した

/ Ce n'est pas si mal *finalement*. 結局のところそれほど悪くない.

finaliser /finalize/ 他動 …に目的を与える.

finalisme /finalism/ 男 【哲学】目的原因説, 目的論(的世界観).

finaliste[1] /finalist/ 形 【哲学】【生物学】目的論の, 合目的的な. ― 名 目的論者.

finaliste[2] /finalist/ 名 決勝戦出場選手[チーム]. ― 形 決勝出場の.

finalité /finalite/ 女 合目的性; 究極目的.

***finance** /finɑ̃:s フィナンス/ 女 ❶ (複数で)**財政, 財務; 経理**; 話 (個人, グループの)財政状態. ▶ *finances* publiques [locales] 公共[地方]財政 / ministre des *Finances* 財務大臣 / être employé aux *Finances* 財務省に勤めている / surveiller les *finances* d'une société 会社の経理を監督する / Mes *finances* sont à plat. 私の懐は空っぽだ.
❷ (単数で)**金融[証券]界**. ▶ être dans la *finance* 金融[証券]界の人間である / haute *finance* 《集合的に》財界(人), 大資本家 / *finance* islamique イスラム金融. ❸ **財政学**.

moyennant *finance* 金と引き換えに. ▶ Il a obtenu cette autorisation *moyennant finance*. 彼は金を払ってこの認可を得た.

financement /finɑ̃smɑ̃/ 男 出資, 資金調達.

financer /finɑ̃se/ 1 他動 …に融資[出資]する.

financiarisation /finɑ̃sjarizasjɔ̃/ 女 金融化. ▶ *financiarisation* de l'économie 経済の金融化.

financiariser /finɑ̃sjarize/ 他動 …を金融化する. ▶ *financiariser* l'économie 経済を金融化する.

***financier, ère** /finɑ̃sje, ɛ:r フィナンスィエ, フィナンスィエール/ 形 ❶ **財政上の, 金銭上の**. ▶ politique *financière* 財政政策 / crise *financière* 財政危機 / avoir des soucis *financiers* 金銭的に困っている / aide *financière* 経済的援助. ❷ **金融の**. ▶ marché *financier* 金融市場.
― **financier** 男 金融資本家, 財界人; 相場師, ファンドマネージャー.
― **financière** 女 【料理】フィナンシエール(ソース): トリュフ, 子牛の胸腺(きょう)などにマデイラ酒を加えて煮込んだブラウンソース.

financièrement /finɑ̃sjɛrmɑ̃/ 副 財政的に; 話 金銭的に.

finasser /finase/ 自動 策を弄(ろう)する.

finasserie /finasri/ 女 策略, 手管, ごまかし; ずる賢さ.

finaud, aude /fino, o:d/ 形 (素朴そうな外面の下に)ずるさを秘めている, 抜け目ない.

finauderie /finodri/ 女 ずる賢さ, 抜け目なさ.

finement /finmɑ̃/ 副 ❶ きめ細かく, 精巧に. ▶ objet *finement* ouvragé 精巧に細工された物. ❷ 鋭く; 繊細に, 微妙に. ▶ parler *finement* 微妙な話し方をする. ❸ 巧妙に; 古風 ずる賢く.

finesse /fines/ 女 ❶ (形状の)細さ, 細かさ, 薄さ. ▶ la *finesse* d'un fil 糸の細いこと / Je n'ai jamais vu des doigts d'une telle *finesse*. あんなにほっそりした指は見たことがない.
❷ (出来映えの)精巧さ, 見事さ; (顔立ちなどの)繊細さ. ▶ Admirez la *finesse* de cette broderie. この刺繡(ししゅう)の精妙な仕上がりを見てください.
❸ (五感, 知力, 感性などの)鋭敏さ, 繊細さ. ▶ la *finesse* de l'odorat 嗅覚(きゅう)の鋭さ / *finesse* d'esprit 頭脳の明敏さ / la *finesse* de sa remarque 彼(女)の指摘の鋭さ.
❹ 《複数で》微妙な点, 理解の難しい点.

avec *finesse* (1) 精巧に; 繊細に. (2) 鋭敏に.

esprit de finesse 繊細の精神; 幾何学的精神 *esprit de géométrie* と対立させたパスカルの用語.

fini, e /fini/ 形 (*finir* の過去分詞) ❶ **終わった, 過ぎ去った**. ▶ C'est *fini*. 終わった; もうおしまいだ / Tout est *fini* entre nous. 我々の仲はもうおしまいだ / une époque *finie* 過去の時代.
❷ **完成した, 仕上がった**. ▶ produit *fini* 完成品 / costume bien [mal] *fini* 仕立てのよい[悪い]スーツ.
❸ (人が)駄目になった, 見込みのない.
❹ (悪い意味で)(人が)極め付きの. ▶ C'est un menteur *fini*. やつはとんでもないうそつきだ.
❺ **有限の** (↔*infini*). ▶ ensemble *fini* 有限集合 / L'univers est *fini*. 宇宙は有限だ.

C'en est *fini* de *qc/qn*. …はもう終わりだ, もう…の時ではない. ▶ Sinon, *c'en serait fini* de nous. もし駄目なら, 我々はおしまいだ.

***Fini* qc [de + 不定詞]** …はもう終わりだ, もう…の時ではない. ▶ *Fini de rire*! おふざけはもうやめだ.

― **fini** 男 ❶ 入念な仕上がり. ❷ 【哲学】有限.

***finir** /fini:r フィニール/

過去分詞 *fini*	現在分詞 *finissant*
直説法現在 je finis	nous finissons
tu finis	vous finissez
il finit	ils finissent
複合過去 j'ai fini	半過去 je finissais
単純未来 je finirai	単純過去 je finis
接続法現在 je finisse	

他動 ❶ …を**終える, やめる**. ▶ *finir* son repas 食事を終える / *finir* ses études 学業を終える / *finir* sa vie 生涯を終える / Il est temps de *finir* nos querelles. 私たち仲たがいをやめる時期だ / 《目的語なしに》Attendez, je n'ai pas *fini*. 待ってください, まだ終わっていませんので / Il ne sait pas *finir*. 彼はやめようとしない.

❷ …を**使い終える**; 食べ[飲み]尽くす. ▶ *finir* un cahier ノートを1冊使い終える / *finir* son assiette [verre] 1皿平らげる[グラスを飲み干す].

❸ …を**仕上げる**; の最後を締めくくる. ▶ *finir* une robe ドレスを仕上げる / la phrase qui *finit* le texte テキストの最後の文章.

***finir* de + 不定詞** (1) …し終える. ▶ *Finissez* vite *de* ranger vos affaires! 荷物を早くかたづけてください. (2) …するのをやめる. ▶ *Finissez de* vous plaindre. 文句を言うのはやめなさい.

***finir* (qc) *par* qc/qn** …で(…を)終える. ▶ *finir* sa vie *par* un exploit 偉業を成し遂げて生

finish

涯を終える.

[比較] **終える**
finir, terminer ともに普通に用いられる. 両者はほとんど同義だが, terminer の方が意味が強く, 明確な意思決定を持って終わらせる場合に用いる. *terminer* un conflit 紛争に決着をつける. **achever** 完成の観念を伴い, 普通, 息の長い大がかりな仕事について用いられる.

— ***finir** /finiːr/ 自動 ❶ 終わる. ▶ Les vacances vont bientôt *finir*. バカンスはもうすぐ終わる / Le film *finit* à trois heures. 映画が 3 時に終わる / Le sentier *finissait* là. 小道はそこで終わっていた. ❷ …で終わる, (最後は)…になる. ▶ un film qui *finit* bien ハッピーエンドの映画 / Je crois qu'il *finira* mal, ce garçon. あの若者は末はろくなものになるまい, *finir* troisième (スポーツで) 3 着になる. ❸ 死ぬ, 生涯を終える. ▶ *finir* dans la solitude 孤独のうちに死ぬ.

à n'en plus finir 果てしない (=qui n'en *finit* pas). ▶ des applaudissements *à n'en plus finir* 鳴りやまない拍手喝采(かっさい).

en finir (*avec qc*/*qn*) …に決着をつける; と縁を切る. ▶ On n'*en finira* jamais *avec* cette affaire. この件はいつまでたっても決着がつかないだろう / Il veut *en finir avec* elle. 彼は彼女と別れたがっている / *Finissons-en*! ケリをつけよう.

finir en beauté 首尾よく終わる, 有終の美を飾る.

***finir par** [*en*] *qc* 最後が…で終わる. ▶ La discussion *a fini par* des coups. 議論はついには殴り合いになった / mots qui *finissent en* «-ble» 最後が「-ble」で終わる語.

***finir par** + 不定詞 最後に…をする, 結局…になる. ▶ Il *a fini par* comprendre. 彼は最後には分かってくれた.

n'en pas [*plus*] *finir* 果てしなく続く. ▶ un discours qui *n'en finit plus* 延々と続く演説.

n'en pas finir de + 不定詞 ずっと…し続ける. ▶ Les prix *n'en finissent pas de* monter. 物価は上昇の一途をたどっている.

pour finir 結局, 最後に.

Tout est bien qui finit bien. 諺 終わりよければすべてよし.

finish /finiʃ/ 男 《英語》❶ ラストスパート, フィニッシュ. ▶ Ce coureur manque de *finish*. この走者はラストスパートが利かない. ❷ 死闘, 持久戦. ▶ match au *finish* デス・マッチ, 時間無制限の勝負 / avoir qn au *finish* 囗 …に粘り勝つ.

finissage /finisaːʒ/ 男 仕上げ.

finissant, ante /finisɑ̃, ɑ̃ːt/ 形 (finir の現在分詞) 文章 終わりの. ▶ jour *finissant* 夕暮れ / civilisation *finissante* 滅びゆく文明.

finisseur, euse /finisœːr, øːz/ 名 ラストスパートの利く選手; 追い込み馬.

Finistère /finisteːr/ 固有 男 フィニステール県 [29]: ブルターニュ半島突端の県.

finistérien, enne /finisterjɛ̃, ɛn/ 形 フィニステール県 Finistère の. — **Finistérien, enne** 名 フィニステール県の人.

finition /finisjɔ̃/ 女 仕上げ; 仕上がり; 《多く複数で》(建築, 服飾などの) 仕上げ作業.

finlandais, aise /fɛ̃lɑ̃dɛ, ɛːz/ 形 フィンランドの.
— **Finlandais, aise** 名 フィンランド人.
— **finlandais** 男 フィンランド語.

Finlande /fɛ̃lɑ̃ːd/ 固有 女 フィンランド: 首都 Helsinki. ▶ en *Finlande* フィンランドに [で, へ].

fiole /fjɔl/ 女 ❶ (特に薬品として用いる首の細い) ガラス瓶. ❷ 話 頭, 顔. ▶ se payer la *fiole* de qn …をばかにする.

fioriture /fjɔrityːr/ 女 ❶ 《多く複数で》装飾; 過剰な装飾. ❷《音楽》フィオリトゥーラ: 旋律線を装飾すること.

fioul /fjul/ 男 燃料油, 重油.

firmament /firmamɑ̃/ 男 文章 天空, 空.

firme /firm/ 女 企業, 会社. ▶ *firme* d'import-export 貿易商社. 比較 ▷ ENTREPRISE.

fis /fi/ 活用 ▷ FAIRE¹

FIS 男 《略語》 Front islamique du salut イスラム救国戦線 (アルジェリアの反政府勢力).

fisc /fisk/ 男 (単数形のみ) 税務署, 国税庁. ▶ frauder le *fisc* 脱税する.

fiscal, ale /fiskal/;《男複》*aux* /o/ 形《付加形容詞として》税に関する. ▶ réforme *fiscale* 税制改革 / fraude *fiscale* 脱税 / timbre *fiscal* 収入印紙.

fiscalement /fiskalmɑ̃/ 副 税務上.

fiscalisation /fiskalizasjɔ̃/ 女 課税.

fiscaliser /fiskalize/ 他動 ❶ …に課税する.
❷ …を税金によって賄う.

fiscaliste /fiskalist/ 名 税務専門家.

fiscalité /fiskalite/ 女 税制; 税(負担).

fisse, fissent, fisses /fis/ 活用 ▷ FAIRE¹

fissible /fisibl/ 形《原子力》核分裂性の.

fissiez /fisje/ 活用 ▷ FAIRE¹

fissile /fisil/ 形 ❶《物理》核分裂性の (=fissible). ❷《岩石などが》裂けやすい.

fission /fisjɔ̃/ 女《英語》《物理》核分裂.

fissions /fisjɔ̃/ 活用 ▷ FAIRE¹

fissuration /fisyrasjɔ̃/ 女 ひび割れ.

fissure /fisyːr/ 女 ❶ ひび, 亀裂 (きっ). ▶ la *fissure* d'un vase 花瓶のひび割れ. ❷ (人間関係の)断絶;(論理の)弱点, 飛躍. ▶ Il y a une *fissure* dans leur amitié. 彼らの友情にひびが入っている.

fissurer /fisyre/ 他動 …にひびを入れる.
— **se fissurer** 代動 ひびが入る.

fiston /fistɔ̃/ 男 俗 ❶ 息子. ❷ (少年に対する呼びかけで) 坊や.

fit, fît /fi/, **fîtes** /fit/ 活用 ▷ FAIRE¹

FIV /fiv/; ɛfive/ 女《略語》fécondation in vitro 体外受精.

fixage /fiksaːʒ/ 男《繊維》色止め;《写真》定着.

fixateur /fiksatœːr/ 男《絵画》(木炭, パステルの) 定着液スプレー;《写真》定着液. ヘアスプレー.

fixatif /fiksatif/ 男《絵画》定着液, フィクサティーフ: 鉛筆, パステルなどを紙面に定着させる液.

fixation /fiksasjɔ̃/ 女 ❶ 固定, 据え付け, 定着; 固定具. ▶ crochets de *fixation* 固定用フック. ❷ 決定, 設定. ▶ *fixation* des prix 価格決定.
❸《精神分析》固着.

fixe /fiks/ 形 ❶ 動かない; 変わらない. ▶ point

fixe（固）定点／étoile *fixe* 恒星. ❷〔価格, 日時などが〕定まった. ▶ revenu *fixe* 定収入／menu à prix *fixe* 定食／sans domicile *fixe* 住所不定の；ホームレス. ❸〖軍事〗*Fixe*! 気をつけ！

beau fixe 安定した晴天〔状態〕. ▶ Le baromètre est au *beau fixe*. 晴雨計は好天続きを示している.

idée fixe 固定観念.

ne rien savoir de fixe 確かなことは何も知らない.

regard fixe 一点を見つめる（うつろな）眼差し.

── 男 固定給（=appointements fixes）.

fixé, e /fikse/ 形 ❶ 固定された；定着した；居住した. ▶ le regard *fixé* sur qc/qn …に注がれた視線. ❷ 決められた, 定まった. ▶ au jour *fixé* 定められた〔約束した〕日に. ❸〈*fixé* (sur qc)〉(…について) はっきり知らされた. ▶ Vous voilà *fixé* sur son compte. 彼(女)についてはこれでお分かりでしょう. ❹〈*fixé* sur qc〉(…について) 心を決めた. ▶ Je ne suis pas encore *fixé*. まだ決めていない.

fixement /fiksəmɑ̃/ 副 じっと. ▶ regarder qc/qn *fixement* …をじっと見つめる.

***fixer**¹ /fikse/ フィクセ 他動 ❶ …を固定する, 据え付ける；定着させる. ▶ *fixer* une affiche au mur ポスターを壁にのりづけする／*fixer* qc sur le papier〔考えなど〕を書き留める／*fixer* un souvenir dans sa mémoire 思い出を記憶に刻み込む／*fixer* son attention sur qc 注意を…に集中させる／*fixer* les yeux sur qc …に注目する. ❷ …を決める, 定める. ▶ *fixer* (un) rendez-vous à qn …と会う約束をする／*fixer* un quota d'importation 輸入割当てを定める／*fixer* son domicile à Paris パリに居を定める. ❸ …をじっと見つめる. ▶ Il me *fixa* d'un air menaçant. 彼は私を威嚇するようににらんだ. ❹〈*fixer* qn sur qc〉…にっきり知らせる. ▶ *Fixe*-moi sur ce que tu attends de moi. 私に何を期待しているのか, 言ってくれ. ❺〖写真〗〖絵画〗

── **se fixer** 代動 ❶ 固定する, 落ち着く；〔言語, 表記などが〕定着する. ▶ Il *s'est fixé* à Paris. 彼はパリに居を定めた. ◆*se fixer* sur qn/qc〔注意, 視線などが〕…に集まる, 向かう. ▶ Leur regard *se fixait* sur elle. 彼(女)らの視線は彼女にじっと注がれていた. ❷〈*se fixer* sur 〔à〕qc〉…に決める；決まる. ▶ Mon choix *s'est fixé* sur cette robe. 私はこのドレスに決めた. ❸〈*se fixer* qc〉自分のために…を決める. 注 se は間接目的. ▶ *se fixer* un objectif 自分に目標を課す／*se fixer* pour objectif de + 不定詞 …することを目標と定める. ❹ 身を固める；（社会的に）安定する.

fixer² /fikse/ 他動 麻薬を打つ, 麻薬を注射する. ── **se fixer** 代動 麻薬を打つ.

fixette /fikset/ 女 固執, 固定観念.

fixité /fiksite/ 女 固定(性), 不動(性)；不変(性).

flac /flak/ 間投 ピシャ, パシャ（水音や平手打ちの音）.

flacon /flakɔ̃/ 男（香水, リキュールなどを入れる栓つきの）小瓶；フラスコ.

fla-fla /flafla/ 男 話 見え；見せびらかし；気取り. ▶ faire du *fla-fla* 見えを張る, 気取る.

flagellation /flaʒelasjɔ̃/ 女 鞭(ち)打つこと；（修行のために）自分を鞭打つこと.

flageller /flaʒe(l)le/ 他動 …を鞭(ち)で打つ. ── **se flageller** 代動 自分を鞭打つ.

flageolant, ante /flaʒɔlɑ̃, ɑ̃:t/ 形〔足が〕ふらついた.

flageoler /flaʒɔle/ 自動（疲労, 恐怖などのため）〔足が〕ふらつく.

flageolet /flaʒɔlɛ/ 男（小粒の）白インゲン豆.

flagorner /flagɔrne/ 他動 文章 …にへつらう.

flagornerie /flagɔrnəri/ 女 文章 へつらい.

flagorneur, euse /flagɔrnœːr, øːz/ 形, 名 文章 へつらう(人), おべっかを使う(人).

flagrant, ante /flagrɑ̃, ɑ̃:t/ 形 ❶ だれの目にも明らかな, 異論の余地のない. ❷〖法律〗infraction *flagrante* = *flagrant* délit 現行犯.

flair /flɛːr/ 男 ❶（動物の）嗅覚(きゅうかく). ❷ 勘. ▶ avoir du *flair* (=nez) 勘がいい, 鼻が利く.

flairer /flere/ 他動 ❶ …(のにおい)をかぐ；をかぎ分ける. ❷ …を察知する, に感づく. ▶ *flairer* un danger par instinct 本能的に危険を察知する.

flamand, ande /flamɑ̃, ɑ̃:d/ 形 フランドルFlandre の；フランドル人〔語〕の.
── **Flamand, ande** 名 フランドル人.
── **flamand** 男 フラマン語.

flamant /flamɑ̃/ 男〖鳥類〗フラミンゴ.

flambage /flɑ̃baːʒ/ 男 ❶ あぶる〔火に通す〕こと；火炎消毒. ❷（鶏などの）毛焼き.

flambant, ante /flɑ̃bɑ̃, ɑ̃:t/ 形（炎を上げて）燃える.

flambant neuf 真新しい. ▶ maison *flambant neuf*〔*neuve*〕新築の家.

flambard /flɑ̃baːr/ 男〔次の句で〕
faire le〔**son**〕**flambard** 空威張りする.

flambé, e /flɑ̃be/ 形 ❶〖料理〗フランベした（酒類をかけて火をつけること）. ❷ 話 駄目になった, 破産した.

flambeau /flɑ̃bo/（複 ×）男 ❶ たいまつ, 燭台(しょくだい). ▶ le *flambeau* olympique オリンピック聖火／marche aux *flambeaux* たいまつ行列. ❷ 文章（真理, 理性などの）光. ▶ le *flambeau* de la liberté 自由の光.

passer〔**reprendre**〕**le flambeau** 伝統を伝える〔継承する〕.

flambée /flɑ̃be/ 女 ❶（ぱっと燃え上がる）火. ▶ faire une *flambée* 火をぱっと燃え上がらせる. ❷〈*flambée* de qc〉（感情, 行動）の激発；（価格など）の急騰. ▶ *flambée* de colère 怒りの炎／*flambée* des cours du pétrole 石油相場の急騰.

flamber /flɑ̃be/ 自動 ❶ 燃え上がる, 炎上する. ▶ Son visage *flambait* de colère. 彼(女)の顔は怒りに燃えていた. ❷〔価格などが〕高騰した.
── 他動 ❶ …を（すばやく）燃やす, 焼く. ▶ *flamber* une aiguille（殺菌のために）注射針を焼く. ❷〖料理〗(1)〔鶏, 猟肉などを〕毛焼きする. (2) …をフランベする. ❸ 話〔金などを〕ぱっと使う.

flamboiement /flɑ̃bwamɑ̃/ 男 炎を上げること；火炎；炎のような輝き.

flamboyant

flamboyant, ante /flɑ̃bwajɑ̃, ɑ̃:t/ 形 ❶ 炎を上げる; 炎のように輝く. ▶ des yeux *flamboyants* de haine 憎しみに燃える目. ❷ 話〔服装などが〕派手な, けばけばしい. ❸《建築》フランボアイヤン様式の: フランス15世紀のゴシック建築の様式で, 火炎のような曲線装飾が見られる.
— **flamboyant** 男《植物》カエンボク: 熱帯各地で観賞用に栽培.

flamboyer /flɑ̃bwaje/ 10 自動 文章 炎を上げる; 炎のように輝く. ▶ épée qui *flamboie* au soleil 日に映えて輝く刃剣.

flamenco /flamɛŋko/《スペイン語》男 フラメンコ.

flamingant, ante /flamɛ̃gɑ̃, ɑ̃:t/ 形, 名 ❶ フラマン語圏の(人). ❷ フランドル主義の(人).

*****flamme** /fla:m/ 女 ❶ 炎;《複数で》(物を焼き払う)火, 火事. ▶ régler la *flamme* d'un briquet ライターの炎を調節する / point de *flamme* 発火点. ◆ en *flammes* 燃え上がっている. ▶ L'immeuble est en *flammes*. 建物が炎につつまれている. ❷ 輝き, きらめき. ▶ la *flamme* de son regard 彼(女)の目の輝き. ❸ 熱意, 熱情; 文章 恋情. ▶ parler avec *flamme* (=ardeur, feu) 熱意を込めて語る / discours plein de *flammes* 情熱に満ちた演説.

descendre qc/qn en flammes 話 (1)〔飛行機などを〕撃墜する. (2)…を痛烈に批判する.

être tout feu tout flamme (*pour qn/qc*) (…に)熱中している, 夢中である.

retour de flamme (1)(エンジンなどの)バックファイア. (2)他人に対する攻撃が自分に返ってくること. (3)活動[情熱]の再燃.

flammé, e /flame/ 形 炎形の模様のある.
flammèche /flamɛʃ/ 女 火花, 火の粉.
flan /flɑ̃/ 男《料理》❶ (オードブル, デザート用)フラン: 卵をベースにしてクリームを入れて焼いたタルト. ❷ プリン (=*flan au caramel*).

à la flan 話 くだらない, いいかげんな.
C'est du flan. それはでたらめだ.
en être [rester] comme deux ronds de flan 話 びっくり仰天している, 驚きで声も出ない.

flanc /flɑ̃/ 男 ❶(人, 動物の)横腹, わき腹. ▶ se coucher sur le *flanc* 横向きに寝る. ❷(物の)側面, 横側. ▶ le *flanc* d'une montagne 山腹.

à flanc de qc …の斜面に, 中腹に. ▶ cultures à *flanc* de colline 丘の中腹の耕地.
de flanc 側面から, 側面の.
être sur le flanc (1)病床についている. (2) 話 疲れ切っている.
mettre qn sur le flanc …を疲労困憊(ぱい)させる.
prêter le flanc à qc (非難, 攻撃などの)的になる.
se battre les flancs さんざん苦労する.
tirer au flanc 話 (仮病を使うなどして)さぼる.

flancher /flɑ̃ʃe/ 自動 話 くじける;〔器官, 能力などが〕弱まる. ▶ Ma mémoire commence à *flancher*. 私の記憶力が衰えてきた.

Flandre /flɑ̃:dr/ 固有 女 フランドル地方.
flandrin /flɑ̃drɛ̃/ 男 不格好なのっぽ (= grand *flandrin*).

flanelle /flanɛl/ 女 フランネル, フラノ.
avoir les jambes en [de] flanelle 話 (疲れて)足の力が抜けている.

flâner /flɑne/ 自動 ❶ ぶらつく, 散策する. ❷ ぐずぐずする.

flânerie /flɑnri/ 女 ❶ ぶらつくこと,《複数で》散歩の習慣. ❷ ぐずぐずすること, 怠惰.

flâneur, euse /flɑnœ:r, ø:z/ 形, 名 ぶらつき歩く(人), 散歩好きの(人);のらくら暮らす(人).

flanquer[1] /flɑ̃ke/ 他動 ❶ < *flanquer* qc de [avec] qc>…の側面に(建物などを)付け加える, を並置する. ▶ *flanquer* sa maison de son garage 家の横にガレージを建てる. ❷ …の側面に位置する. ▶ Deux tourelles *flanquent* ce château. その城を挟んで2つの小さな塔が建っている. ❸ …に同行する. — **se flanquer** 代動 < *se flanquer* de qn>…に伴われる, 付き添われる.

flanquer[2] /flɑ̃ke/ 他動 話 ❶ …を投げつける, ほうり出す. ▶ *flanquer* un plat par terre 皿を床にたたきつける(⇨ 成句). ❷ <*flanquer* qc à qn>…に…を与える. ▶ *flanquer* une gifle à qn …を張り飛ばす.

flanquer qc par terre …を倒す, だめにする. ▶ Ça *flanque* tout *par terre*. それで何もかも台なしだ.

flanquer qn dehors [à la porte] 話 …をたたき出す, を首にする.

— **se flanquer** 代動 話 ❶ 身を投げ出す. ▶ *se flanquer* par terre ぶっ倒れる. ❷ <*se flanquer* qc>…を投げ合う. 注 *se* は間接目的.

flapi, e /flapi/ 形 話 疲れ切った.
flaque /flak/ 女 水溜りまり (=*flaque d'eau*).
flash /flaʃ/ 《(複) ~-~(*s*)》男《英語》❶〔写真〕フラッシュ. ▶ *flash* électronique ストロボ. ❷ (映画, テレビの)フラッシュ(カット). ▶ *flashs publicitaires* スポット広告. ❸ ニュース速報. ❹ (薬物による)高揚感. ❺ vente *flash* 時間限定販売. ❻ mémoire *flash* フラッシュメモリー.

avoir un flash 突然過去のことを思い出す.
flashant, ante /flaʃɑ̃, ɑ̃:t/ 形 ぴかっと光る; 強烈な印象を与える.
flash-back /flaʃbak/;《複》~-~(*s*) 男《英語》《映画》フラッシュバック.
flash-ball /flaʃbol/ 男 商標 フラッシュボール: ゴム弾を用いた銃.
flasher /flaʃe/ 他動〔交通違反車を〕フラッシュ撮影する. — 自動 …に引かれる, びびっとくる. J'ai *flashé* sur lui. 私は彼にびびっときた.
flasque[1] /flask/ 形 ❶ 肉のたるんだ, ぶよぶよの, 締まりのない. ❷ 無気力な; 冗漫な.
flasque[2] /flask/ 女 (平型の)小瓶, 水筒.
*****flatter** /flate/ フラテ/ 他動 ❶ …にお世辞を言う, おもねる. ▶ *flatter* les puissants 権力者におもねる / Sans vous *flatter*, vous êtes irremplaçable. お世辞でなく, あなたはかけがえのない人です / Vous me *flattez*. (謙遜(そん)して)私には過分のお言葉です / あまりいい気にさせないでください.
❷ …を得意にさせる; 感激させる. ▶ Cette opinion l'a *flatté*. 彼はその意見に気をよくした / Elle est *flattée* de ce succès. 彼女はこの成功に気をよ

くしている / Elle *est* très *flattée* d'avoir été invitée. 彼女は招待されたことをとても得意に思っている.

❸〔感情など〕を満足させる;〔欠点など〕をあおる,かき立てる. ▶ *flatter* l'amour-propre de qn …の自尊心を満足させる / *flatter* les défauts de qn …の欠点を助長する.

❹〔人〕を実際よりも美しく見せる;の美しさを引き立たせる. ▶ Ce portrait la *flatte*. この肖像画の彼女は実物よりすてきだ.

❺〔五感〕を楽しませる. ▶ couleurs qui *flattent* les yeux 目を楽しませる色彩 / *flatter* le palais 味覚を喜ばせる. ❻〔動物〕をなでる,さする. ❼ 文章〈*flatter* qn de qc〉…を(空約束などで)喜ばせる,惑わす. ▶ *flatter* qn d'un espoir …にはかない希望を抱かせる.

— **se flatter** 代動 ❶ 〈*se flatter* de + 不定詞〉// 文章 *se flatter* que + 直説法〉…と思う,を期待する,見込む. ▶ Je *me flatte* de le convaincre. 彼を説得できると思う. ❷〈*se flatter* de qc /不定詞〉…を自慢する,で得意になる. ▶ *se flatter* de sa naissance 生まれを鼻にかける /《目的語なしで》ne *me flatter* pas うぬぼれているわけではないが. ❸ 褒め合う.

flatterie /flatri/ 女 へつらい;お世辞.

flatteur, euse /flatœːr, øːz/ 形, 名 ❶ へつらう,こびる,お世辞のうまい人. 形 ❶ へつらう. ▶ paroles *flatteuses* お世辞. ❷ 自尊心をくすぐる,人を喜ばせる,気持ちのよい. ▶ proposition *flatteuse* ありがたい申し出 / Ce n'est pas *flatteur*. それは手厳しい. ❸ 実物より美しく見せる,美化する. ▶ portrait peu *flatteur* 潤色の少ない肖像 / dresser un bilan *flatteur* de la situation 情勢を粉飾して総括する.

flatulence /flatylɑ̃ːs/ 女〔医学〕鼓腸:腸管の閉塞などによって胃腸内にガスがたまること.

fléau /fleo/;《複》**x** 男 ❶ 災い,大災害;〔社会,集団をむしばむ〕害毒. ▶ le *fléau* de la guerre 戦争の惨禍 / *fléaux* sociaux 社会的災害(アルコール,薬物など). ❷ 疫病神,災いの種. ❸ *fléau* de Dieu 天罰.

fléchage /fleʃaːʒ/ 男 矢印, 方向標示.

flèche /flɛʃ/ 女 ❶ 矢. ▶ lancer [décocher] une *flèche* avec un arc 弓で矢を射る / *flèches* de l'Amour キューピッドの矢,恋の矢 / partir [filer] comme une *flèche* 矢のように立ち去る[逃げる]. ❷ 矢印,矢形の物[標示];(自動車の)方向指示器(= *flèche* de direction). ▶ Suivez les *flèches*. 矢印に沿って進みなさい / *flèche* d'une girouette 風見の矢. ❸ 辛辣(らつ)な言葉,皮肉,毒舌. ▶ lancer ses *flèches* sur qn …に攻撃の矢を浴びせる. ❹ (鐘楼,塔などの)尖塔(とう).

en flèche (1) 最先端の[にある]. ▶ être [se trouver] *en flèche* 先頭に立つ,最先端を行く. (2) 急激に,著しく. ▶ Les prix montent *en flèche*. 物価が急騰している. (3) (矢のように)速く (= comme une *flèche*).

faire flèche de tout bois あらゆる手を尽くす.

flèche du Parthe とどめのひとつて, 捨てぜりふ. 注 古代パルティア騎兵が逃げるふりをしながら矢を射かけたことから.

fléché, e /fleʃe/ 形 ❶ 矢印の,矢印で示された. ❷ 先端が矢の形をした.

flécher /fleʃe/ 他動〔道順〕を矢印で示す.

fléchette /fleʃɛt/ 女 小さな矢; 投げ矢. ▶ jeu de *fléchettes* ダーツ(ゲーム).

fléchir /fleʃiːr/ 他動 ❶ …を曲げる,たわめる. ▶ *fléchir* le corps en avant 体を前に曲げる. ❷ …の心を動かす;を譲歩させる. ▶ réussir à *fléchir* son père 父の説得に成功する. ❸ 文章〔怒りなど〕を和らげる.

— 自動 ❶ 曲がる,たわむ. ❷〔気持ち,態度などが〕くらつく;〔人〕が屈服する,譲歩する. ▶ Son intransigeance commence à *fléchir*. 彼(女)のかたくなな態度が和らぎだした. ❸〔力,価値などが〕弱まる,低下する. ▶ Les cours du blé *fléchissent*. 小麦相場が下がっている.

fléchissement /fleʃismɑ̃/ 男 ❶ 曲げること;たわみ. ▶ *fléchissement* du genou ひざを折ること. ❷ (心の)動揺,(気力などの)衰え. ▶ *fléchissement* du courage 勇気の衰え. ❸〔力,価値などの〕低下,減少. ▶ *fléchissement* de la natalité 出生率の低下.

fléchisseur /fleʃisœːr/ 形〈男性形のみ〉【解剖】〔筋肉が〕屈伸を行う,曲げる.

— 男 屈筋 (= muscle *fléchisseur*).

flegmatique /flɛgmatik/ 形, 名 ❶ 冷静な(人). ❷ 粘液質の(人).

flegmatiquement /flɛgmatikmɑ̃/ 副 冷静に,平静に.

flegme /flɛgm/ 男 冷静,沈着. ▶ garder son *flegme* 平静を保つ.

flemmard, arde /flemaːr, ard/ 名, 形 話 ぐうたら(な),不精(な),怠け者(の).

flemmarder /flemarde/ 自動 話 怠ける,のらくらする,ぶらぶらする.

flemme /flɛm/ 女 話 怠惰,不精,無気力. ▶ avoir la *flemme* de sortir 外に出るのもおっくうだ.

tirer sa flemme のらくらする,怠ける.

flétan /fletɑ̃/ 男〔魚類〕オヒョウ.

flétri, e /fletri/ 形 (flétri¹ の過去分詞) しおれた,生気のない. ▶ visage *flétri* 色艶(2)を失った顔.

flétrir¹ /fletriːr/ 他動 ❶〔植物〕をしおれさせる,枯らす. ▶ La chaleur *a flétri* ces fleurs. 暑さでこの花はしおれてしまった. ❷ 文章〔皮膚など〕の生気を失わせる. ❸ 文章 …の価値をおとしめる.

— **se flétrir** 代動 ❶ しおれる,枯れる. ❷ 文章 生気を失う; 色あせる.

flétrir² /fletriːr/ 他動 ❶ …を非難する;〔名誉など〕を傷つける. ❷〔罪人〕に烙印(いん)を押す.

— **se flétrir** 代動 自分の名誉を汚す.

flétrissure¹ /fletrisyːr/ 女 しおれること;衰え.

flétrissure² /fletrisyːr/ 女 ❶ 古〔罪人に押す〕烙印(いん). ❷ 文章 辱め;不名誉.

***fleur** /flœːr/ フルール/

❶ 花. ▶ cueillir [offrir] des *fleurs* 花を摘む[贈る] / bouquet de *fleurs* 花束 / marché aux *fleurs* 花市 / *fleur* artificielle 造花 / pot à *fleur* /potaflœːr/ 植木鉢 (注 pot de *fleurs* は花の植えてある鉢) / La *fleur* s'ouvre. 花が咲く

fleurdelisé

/ marronniers en *fleurs* 花盛りのマロニエ. ❷ 花形飾り, 花模様. ▶ chapeau à *fleurs* 花飾りのついた帽子 / assiette [robe] à *fleurs* 花柄の皿[ドレス].

❸ 文章 盛り, 最盛期;《特に》若い盛り. ▶ femme dans sa *fleur* 美しい盛りの女性 / mourir à la *fleur* de l'âge あたら若い命を散らす.

❹ 文章《la (fine) *fleur* de qc》…の最良のもの, 精華, 精髄. ▶ la fine *fleur* de la société 社交界の華 / *fleur* de farine (小麦の)特上粉. ❺《複数形》» couvrir qn de *fleurs* …を褒めちぎる, に賛辞を浴びせる. ❻《複数形》文飾, 美辞麗句. ❼ 古風·話 perdre sa *fleur* 処女を失う.

***à fleur de qc** …と同じ水準の[に], すれすれの[に]. ▶ rochers à *fleur* d'eau 水面すれすれの岩礁 / avoir les nerfs à *fleur* de peau いらいらしやすい / sensibilité à *fleur* de peau 表面的な感性.

comme une fleur 話 (1) 容易に, やすやすと. (2) 間の悪い時に.

Dites-le avec des fleurs. 花を贈って伝えよう(花の宣伝文句).

faire une fleur à qn 話 …に花をもたせる, 好意[好条件]を示す, をひいきする.

fleur bleue (1) 感傷. (2)《形容詞的に》感傷的の. ▶ Elle est très *fleur bleue*. 彼女はとても感傷的だ.

fleurdelisé, e /flœrdəlize/ 形 ユリの花の飾りのついた. 注 ユリはフランス王家の紋章.

fleurer /flœre/ 他動 文章〔物が〕…の香りを放つ. ▶ Ça *fleure* le pain grillé. こんがり焼けたパンのにおいがする. — 自動 におう. ▶ Ça *fleure* bon. これはいいにおいだ.

fleuret /flœrɛ/ 男《フェンシング》(切っ先にたんぽをつけた)剣, フルーレ; フルーレ競技.

fleurette /flœrɛt/ 女 古·詩語 小さな花; 甘い言葉. » conter *fleurette* à qn (女性に)口説く.

fleuri, e /flœri/ 形 ❶ 花が咲いた. ▶ jardin *fleuri* 花の咲いた庭 / saison *fleurie* 詩語 花咲ける季節, 春. ❷ 花で飾られた; 花模様のついた. ▶ balcon *fleuri* 花いっぱいのバルコニー. ❸ 飾り立てた. ❹〔顔色などが〕晴れやかな.

fleurir /flœri:r/ 自動 ❶ 花が咲く. ▶ Au printemps les champs *fleurissent*. 春になると野原は一面花でいっぱいになる. ❷ 文章 最盛期にある, 栄える, 花開く. 注 この意味では直説法半過去に il florissait, 現在分詞に florissant が多く用いられる. ❸ 話「吹き出物が」たくさん出ている.
— 他動 ❶ …を花で飾る. ▶ *fleurir* une table テーブルを花で飾る. ❷〔文章など〕を飾る.
— **se fleurir** 代動 (自分の衣服, 部屋などを飾るために)花を買う.

fleuriste /flœrist/ 名 花屋; 花作り.

fleuron /flœrɔ̃/ 男 ❶ 花形装飾. ❷ 最も価値のある物, 白眉(びゃくび).

le plus beau fleuron (de sa couronne) 最も貴重なもの, 至宝.

*****fleuve** /flœ:v フルーヴ/ 男 ❶《川 rivière を集めて海に注ぐ》川, 大河. ▶ *fleuve* international 国際河川 / le *fleuve* Jaune 黄河. ❷ (泥, 溶岩などの)流れ. ❸ 連綿として流れ続けるもの. ▶ le *fleuve* de la vie 人生の流れ / roman-*fleuve*

大河小説 / discours *fleuve* 長い演説. ❹ 文章 多量の流れ. ▶ *fleuve* de sang 血の海.

flexibiliser /flɛksibilize/ 他動 柔軟にする. ▶ *flexibiliser* le marché du travail 労働市場を柔軟にする.

flexibilité /flɛksibilite/ 女 ❶ 曲げやすさ, しなやかさ. ❷〔性格などの〕柔軟さ. ❸ 変動, 可変.

flexible /flɛksibl/ 形 ❶ 曲げやすい, しなやかな. ▶ voix *flexible* 高低自在な声. ❷〔性格などが〕柔軟な, 適応性のある. ❸ 可変的な, 変動する. ▶ horaire *flexible* フレックスタイム.

flexion /flɛksjɔ̃/ 女 ❶ 曲げること, たわみ;〔手足, 関節の〕屈曲(運動). ❷《言語》屈折: 名詞, 代名詞の曲用と動詞の活用を合わせていう.

flexionnel, le /flɛksjɔnɛl/ 形《言語》屈折の. ▶ langue *flexionnelle* 屈折語.

flibustier /flibystje/ 男 ❶ (16-18世紀のカリブ海の)海賊. ❷ 盗賊, 追いはぎ.

flic /flik/ 略 男 話 /flika:r/ 陽 男 警官, お巡り, でか. 比較 ⇨ POLICIER.

flicage /flikaʒ/ 男 監視, 見張り.

flic flac /flikflak/ 擬音 ピシャピシャ, ピシピシ(水音, 平手打ちの音, 鞭(むち)の音など).

flingue /flɛ̃:g/ 男 俗 ピストル, はじき.

flinguer /flɛ̃ge/ 他動 俗 ❶ …に銃を発射する; を射殺する. ❷ …をこてんぱんにやっつける.
— **se flinguer** 代動 俗 銃で自殺する.

à se flinguer 耐えられない, 非常に不快な.

(Il) y a de quoi se flinguer. 話 勘弁してほしい, そりゃないよ.

flipper¹ /flipœ:r/ 男《米語》フリッパー, ピンボール; パチンコの一種.

flipper² /flipe/ 自動 ❶ 俗〔麻薬の〕禁断症状を起こす; 俗 落ち込む; いらいらする. ❷ 話 恍惚(こうこつ)となる.

fliquer /flike/ 他動 俗〔警察が〕…を監視する, 見張る.

flirt /flœrt/ 男《英語》❶ 戯れの恋; 恋のまねごと. ▶ être en *flirt* avec qn …と付き合っている, 遊ぶ. ❷ (異性の)遊び友達. ❸ 話 (政敵などとの)一時的な接近, なれあい.

flirter /flœrte/ 自動 ❶《*flirter* (avec qn)》(異性と)付き合う, 遊ぶ. ❷ 話《*flirter* avec qn/qc》…に接近する.

flirteur, euse /flœrtœ:r, ø:z/ 形, 名 (異性と)遊ぶのが好きな(人), 色目を使う(人).

FLN《略語》Front de libération nationale (アルジェリア独立当時の)民族解放戦線.

floc /flɔk/ 擬音 ザブン, ボチャン, バシャ(水音).

flocage /flɔkaʒ/ 男 フロック加工: 羊毛, 綿などの粉砕繊維を布や紙に散布接着して表面をビロード柄に仕上げる方法.

flocon /flɔkɔ̃/ 男 ❶ (羊毛, 絹, 綿などの)房. ❷ (雪, 雲, 泡などの)ふわふわした塊, 小片. ▶ nuages en *flocons* ふんわり浮かぶ綿雲. ❸《複数で》*flocons* de maïs コーンフレークス / *flocons* d'avoine オートミール.

floconner /flɔkɔne/ 自動 文章〔雪, 雲などが〕ふわりした塊をなす; 綿状になる.

floconneux, euse /flɔkɔnø, ø:z/ 形 綿状の; ふんわりした. ▶ nuages *floconneux* 綿雲.

flonflon /flɔ̃flɔ̃/ 男（複数で）區（楽隊などの）どんちゃかい音.

flop /flɔp/ 男區（興行などの）失敗; 失敗作. ▶ faire un *flop* au théâtre 芝居がこける.

flopée /flɔpe/ 囡區 <une *flopée* de ＋ 無冠詞複数名詞> いっぱいの…, たくさんの…. ▶ Il y a une *flopée* de touristes. 旅行者が大勢いる.

floraison /flɔrɛzɔ̃/ 囡 ❶ 開花期; 開花期. ▶ cerisiers en *floraison* 花盛りの桜. ❷（才能などの）開花期; 最盛期.

floral, ale /flɔral/;（男複）**aux** /o/ 形 花の; 花模様の. ▶ exposition *florale* 花の展覧会 / art de l'arrangement *floral* 生け花.

floralies /flɔrali/ 囡複 花の展覧会.

Flore /flɔr/ 固囡『ローマ神話』フローラ: 花と豊饒（ほうじょう）と春の女神.

flore /flɔːr/ 囡 ❶ フロラ, 植物相: 特定の地域に分布生育する植物種全体. ❷ 植物誌.

floréal /flɔreal/ 男 フロレアル, 花月: フランス革命暦第8月. 現行暦では4月から5月.

Florence /flɔrɑ̃ːs/ 固囡 フィレンツェ.

florentin, ine /flɔrɑ̃tɛ̃, in/ 形 フィレンツェのFlorence の.
— **Florentin, ine** 名 フィレンツェの人.

florès /flɔrɛs/ 男 文章 faire *florès* 名声を博する, 大成功を収める; 流行する, もてはやされる.

florilège /flɔrilɛːʒ/ 男 選集; 詞華集.

florin /flɔrɛ̃/ 男 フローリン, ギルダー: ユーロ以前のオランダの通貨単位.

florissant, ante /flɔrisɑ̃, ɑ̃ːt/ 形 ❶ 栄えている; 人気のある. ❷ 生き生きした; 健康な.

*****flot** /flo/ フロ 男 ❶（複数で）波; 文章 海. ▶ les *flots* de la mer 海の波 / bateau qui navigue sur les *flots* 波を切って進む船. 比較 ⇨ VAGUE¹.
❷（水などの）流れ; 上げ潮.
❸ 波状の物. ▶ les *flots* d'une chevelure ふさふさと波打つ髪.
❹（大量の物や人の）波; 動き, 流れ. ▶ *flot* humain 人波. ❺「un *flot*［des *flots*］de ＋ 無冠詞名詞> あふれんばかりの…, 大量の…. ▶ verser des *flots* de larmes さめざめと泣く / un *flot* ininterrompu de voitures 切れ目のない車の流れ.

à *flot* (1) 浮いている. ▶ navire *à flot* 浮かんでいる船. (2) 區 être *à flot*〔人, 企業などが〕財政難から立ち直る / remettre qn/qc *à flot*〔人, 企業など〕を立ち直らせる.

à (*grands*) *flots* 大量に. ▶ boire à *grands flots* がぶがぶ飲む.

flottable /flɔtabl/ 形 ❶〔川などが〕材木［いかだ］の流せる. ❷〔物が〕水に浮く.

flottage /flɔtaːʒ/ 男 材木［いかだ］流し.

flottaison /flɔtɛzɔ̃/ 囡 ❶『海事』喫水線（=ligne de *flottaison*）. ❷『生物学』浮遊(性). ❸『経済』為替相場の変動（=flottement）.

flottant, ante /flɔtɑ̃, ɑ̃ːt/ 形 ❶ 水に浮かんだ, 水に漂う. ▶ glaces *flottantes* 流氷. ❷ 空中に漂う; 風になびく. ▶ des nuages *flottants* 漂う雲. ❸〔服が〕ゆったりした. ❹ 流動的な, 不確定の;『経済』変動相場制の. ▶ votes *flottants* 浮動票 / caractère *flottant* 優柔不断な性格.

— **flottant** 男（ゆったりした）ショートパンツ.

flotte¹ /flɔt/ 囡 ❶ 船団. ❷ 艦隊; 海軍. ▶ la 7ᵉ［septième］*flotte* américaine アメリカ第7艦隊 / *flotte* aérienne 空軍. ❸ 車［船舶］の全保有量.

flotte² /flɔt/ 囡區 水; 雨. ▶ Il va tomber de la *flotte*. 雨が降りそうだ.

flotte³ /flɔt/ 囡（釣り糸, 漁網の）ブイ.

flottement /flɔtmɑ̃/ 男 ❶ 揺れ, うねり. ❷（隊列の）乱れ. ❸ 動揺, 踌躇（ちゅうちょ）, 不決断. ❹『経済』為替相場の変動.

*****flotter¹** /flɔte/ 自動 ❶（水などに）浮く, 漂う. ▶ Le bois *flotte* sur l'eau. 木は水に浮く.
❷（空中に）漂う; たなびく. ▶ Le drapeau *flotte* au vent. 旗が風にたなびいている / la brume qui *flotte* au-dessus des prés 牧場にたなびくもや.
❸〔服が〕ゆとりがある;〔人が〕ゆとりのある服を身につける. ▶ Je *flotte* dans mon pantalon. ズボンがだぶだぶだ.
❹ 揺れ動く, 安定しない; ためらう. ▶ laisser *flotter* son imagination 想像力をあれこれ巡らせる.
❺『経済』〔通貨が〕変動する.

flotter² /flɔte/ 非人称 雨が降る. ▶ Il a *flotté* toute la journée. 1日中雨が降った.

flotteur /flɔtœːr/ 男 ❶ 浮く物, 浮体. ❷（釣り糸, 魚網の）ブイ; 浮標. ❸（水上機の）フロート.

flottille /flɔtij/ 囡 ❶ 小型船団. ❷ 小型艦隊. ❸（海軍の）航空戦隊［編隊］.

flou, e /flu/ 形 ❶（輪郭の）ぼけた, はっきりしない. ▶ photo *floue* ピントの甘い写真; ソフトフォーカスの写真. ❷ 明確でない, あやふやな. ▶ pensée *floue* 漠とした考え / logique *floue* ファジー論理. ❸〔服, 髪形が〕ふわっとした, ふわっとした.
— **flou** 男 ❶（絵の）ぼかし.『写真』ピンぼけ. ❷ 明確でないこと.

flouter /flute/ 他動『画像』をぼかす.

fluctuant, ante /flyktɥɑ̃, ɑ̃ːt/ 形 変動する, 揺れ動く. ▶ prix *fluctuants* 変動価格.

fluctuation /flyktɥasjɔ̃/ 囡（多く複数で）変動, 増減; 動揺, 不安定. ▶ les *fluctuations* des cours de la Bourse 株式取引所の相場の変動.

fluctuer /flyktɥe/ 自動〔価格, 考え, 行動などが〕揺れ動く, 変動する, 動揺する.

fluer /flye/ 自動〔水, においなどが〕流れる.

fluet, ette /flyɛ, ɛt/ 形 ❶〔指, 足などが〕ほっそりした, きゃしゃな. ❷〔声が〕か細い.

fluide /flɥid/ 形 ❶ 流れやすい, 流体の; 流れるような. ▶ La circulation est *fluide*. 車の流れは順調だ / un style *fluide* 流麗な文体.
❷ 流動的な, 不安定な, つかみどころのない. ▶ une pensée *fluide* とりとめのない考え.
— 男 ❶ 流体. ▶ la mécanique des *fluides* 流体力学. ❷『オカルト』（天体などから放出される）神秘的な力; 心霊波, 超能力.

fluidification /flɥidifikasjɔ̃/ 囡 ❶ 液化, 流動化. ❷ 交通渋滞の解消.

fluidifier /flɥidifje/ 他動 ❶〔物質〕を流体にする, 液化する. ❷〔車の流れ〕をスムーズにする;〔渋滞〕を解消する.

fluidité /flɥidite/ 囡 ❶ 流動性, 流れやすさ; 滑らかさ. ❷（車の流れの）順調さ. ❸ とらえにくさ, 変わ

りやすさ. ▶ la *fluidité* de la situation politique 政治情勢の流動性.
fluo /flyo/ 形《不変》蛍光色の.
fluor /flyɔːr/ 男《化学》フッ素.
fluoré, e /flyɔre/ 形《化学》フッ素を含んだ.
fluorescence /flyɔresɑ̃ːs/ 女《物理》蛍光.
fluorescent, ente /flyɔresɑ̃, ɑ̃ːt/ 形 蛍光を発する. ▶ lampe *fluorescente* 蛍光灯.
flûte /flyt/ 女 ❶ フルート, 笛. ▶ jouer de la *flûte* フルートを吹く / petite *flûte* ピッコロ / *La Flûte enchantée*「魔笛」(モーツァルトのオペラ) / *flûte* de Pan 牧神の笛.
❷ フルート奏者 (=flûtiste).
❸《パン》(細長い形をした)フリュート.
❹ フリュート(型グラス): 脚付きの細長いグラス.
❺《複数で》話《細長い》足.
jouer [se tirer] des flûtes 話 一目散に逃げ出す, さっさとずらかる.
── 間投 ちぇっ(無念, 失望など). ▶ *Flûte* alors, c'est raté! こん畜生め, しくじった.
flûté, e /flyte/ 形《声などが》フルートの音に似た.
flûteau /flyto/;《複》**x**, **flûtiau** /flytjo/;《複》**x** 男 ❶ 小さな笛. ❷《玩具》(葦(あし)の)管(くだ)笛.
flûtiste /flytist/ 名 フルート奏者.
fluvial, ale /flyvjal/;《男複》**aux** /o/ 形 川の, 河川の.
flux /fly/ 男 ❶《体液の》流れ, 流出. ▶ *flux* de sang 出血. ❷ 満ち潮, 上げ潮. ▶ le *flux* et le reflux de la mer 潮の満ち干 / le *flux* et le reflux de la foule 絶えては返すような人の波. ❸ 文章《un *flux* de + 無冠詞名詞》多量[多数]の…. ▶ un *flux* d'argent 多額の金. ❹《物理》流束; 束(たば); 流量. ▶ *flux* lumineux 光束. ❺《経済》フロー, (財貨, 貨幣の)流れ.
en flux tendu (在庫を極力減らす)ジャストインタイム方式で.
fluxion /flyksjɔ̃/ 女《医学》*fluxion* de poitrine 肺炎.
FMI 男《略語》Fonds monétaire international 国際通貨基金, IMF.
FN 男《略語》Front national 国民戦線: フランスの極右政党.
Fnac /fnak/ 固有 フナック: 書籍などのチェーンストア.
FO 女《略語》Force ouvrière 労働者の力派: フランスの労働組織の一つ.
foc /fɔk/ 男《海事》ジブ, 船首の三角帆.
focal, ale /fɔkal/;《男複》**aux** /o/ 形《光学》焦点の. ▶ distance *focale* 焦点距離.
── **focale** 女 焦点距離 (=distance focale).
▶ objectif à *focale* variable ズームレンズ.
focaliser /fɔkalize/ 他動 ❶《物理》〔光線, 電子など〕を集束させる, の焦点を合わせる. ❷〈*focaliser* qc (sur qc)〉〔努力, 注意など〕を(…に)集める.
foehn /føːn/ 男 フェーン: 山から吹き降りてくる高温で乾燥した風.
fœtal, ale /fetal/;《男複》**aux** /o/ 形 胎児の.
fœtus /fetys/ 男 胎児.
fofolle /fɔfɔl/ foufou の女性形.

***foi** /fwa/ フォワ/ 女 ❶ 信仰, 信心; (カトリックで)信徳. ▶ avoir [perdre] la *foi* 信仰を持っている [失う] / article de *foi* 信仰箇条 / acte de *foi* 信仰の表明, 祈り. 比較 ⇨ CROYANCE.
❷ 信念, 信条. ▶ *foi* politique 政治的信念.
❸ 信頼, 信用. ▶ un témoin digne de *foi* 信頼できる証人 / avoir *foi* [mettre sa *foi*] en qn/qc …に全幅の信頼を置く.
❹ 文章 誓約, 誓約.
accorder [ajouter] foi à qc …を信用する.
***bonne foi** 誠意, 善意. ▶ abuser de la *bonne foi* de qn …の善意に付け込む / homme de *bonne foi* 善意の人 / être de *bonne foi* 誠実である.
en foi de quoi 上記に基づき(証明書のサインの前に書かれる慣用表現).
en (toute) bonne foi 率直に, 本気で.
faire foi (de qc) (…を)証明する, (…の)証拠となる.
foi du charbonnier (炭焼き人の信心→)素朴な信仰, 単純な信仰.
Il n'y a que la foi qui sauve.《皮肉に》信じる者は救われる; 信じ込んでいる人は怖いものなだ.
ma foi 確かに, もちろん. ▶ C'est *ma foi* vrai. それは確かに本当だ / *Ma foi* non! 違いますとも.
mauvaise foi 不誠実, 悪意, 虚偽. ▶ Il est de *mauvaise foi*. 彼は不誠実[嘘つき]だ.
n'avoir ni foi ni loi 信仰も道徳もない; なんでもやりかねない.
Par [Sur] ma foi! 誓って言うが; 確かに.
profession de foi (1)《プロテスタントで》信仰告白. (2)《カトリック》堅信の秘跡: 信者の子供が12歳ごろ行う洗礼の約束の更新. (3)(政治的, 思想的)信条の表明; (候補者の)政見発表.
sous la foi du serment 宣誓して.
sur la foi de qn/qc …に基づいて, を信用して.

***foie** /fwa/ フォワ/ 男 ❶ 肝臓. ▶ maladie de *foie* 肝臓病 / crise de *foie* 消化不良, 腹痛 / cirrhose du *foie* 肝硬変. ❷ (食用としての)肝臓, レバー, 肝. ▶ *foie* de veau 子牛のレバー / pâté de *foie* レバーペースト / *foie* gras フォアグラ(強制肥大させたカモやガチョウの肝臓).
avoir les foies 俗 怖い, 怖がる.

***foin**¹ /fwɛ̃/ フォワン/ 男 ❶ 干し草, 秣(まぐさ). ▶ botte [meule] de *foin* 干し草の束[山] / rhume des *foins* 枯草熱, 花粉症. ❷《多く複数で》干し草用の牧草; 干し草の取り入れ. ▶ faire les *foins* 草を刈って干す, 干し草を作る.
être bête à manger du foin 話 大ばかだ.
faire du foin 話 騒ぎ立てる, 抗議する.

foin² /fwɛ̃/ 間投 古風 ばかな, くだらん, 嫌だ, 真っ平だ. ▶ *Foin* de qc! …なんかくそ食らえだ.

***foire** /fwaːr/ フォワール/ 女 ❶ 市(いち), 定期市; 縁日. ▶ *foire* aux bestiaux 家畜市 / champ de *foire* (家畜)市の立つ広場 / *foire* franche (税金を免除された)自由市. 比較 ⇨ MARCHÉ. ❷ 見本市, フェア. ▶ la *foire* de Paris パリ見本市 / *foire* internationale 国際見本市. ❸ 話 乱雑で騒々しい所. ▶ C'est une véritable *foire* ici! ここはまったく騒々しい[ごった返している].
faire la foire 俗 どんちゃん騒ぎする; 放蕩(ほうとう)する.

foirer /fware/ 自動 ❶〔企てなどが〕うまくいかない,失敗する. ❷ 俗 腹を下す. ❸ 話〔花火,火器などが〕不発に終わる;〔ねじが〕利かない.

foireux, euse /fwarø, øːz/ 形 俗 ❶ 失敗した,うまくいかない. ❷ 腹を下している. ❸ 臆病(ホメボタ)な,怖がりの.
— 名 俗 ❶ 下痢している人. ❷ 臆病者.

*fois /fwa フォワ/ 女

❶〈数量表現 +fois〉…度, …回. ▶ J'ai vu le film trois fois. 私はその映画を3回見た / Combien de fois avez-vous visité le musée du Louvre? ルーヴル美術館には何度行きましたか / réussir neuf fois sur dix 10回に9回はうまくいく / plusieurs fois 何度も,しばしば(注 beaucoup de fois とはいわない) / une fois par semaine = une fois tous les huit jours 週に1度 / C'est arrivé une (seule) fois. それが起こったのは(たった)1度だけだ / Je l'ai vue deux ou trois fois. 彼女には2, 3度会ったことがある / Je vous l'ai dit cent [vingt, mille, des milliers de] fois. そのことはさんざん言ったじゃありませんか.

❷ …のとき, の折. ▶ cette fois(-ci) 今回 / la prochaine fois 次回 / l'autre fois 先だって, この間 / Ce n'était pas cette fois-là, c'était une autre fois. それはあの時ではなく別の時でしたよ / Je ne l'emporte pas chaque [toutes les] fois. 毎回взがつとは限らない. ▶*la + 序数詞 + fois* …度目. ▶ La première fois que je l'ai vu, c'était il y a deux ans. 彼に初めて会ったのは2年前のことだ / C'est la première et dernière fois que je vous en parle. そのお話しするのはこれが最初で最後ですよ.

❸〈数詞 +fois〉…倍. ▶ deux fois plus cher 2倍高い / deux fois plus petit 半分の大きさである / deux fois moins cher 半分の値段の / faire deux fois「autant de [plus de] chemin que qn …の2倍の道のりを進む / Le prix affiché était égal à 1,4 [un virgule quatre] fois le prix du marché. 公示価格は市場価格の1.4倍だった / Trois fois quatre font douze. 4の3倍は12, 3掛ける4は12.

❹〈特定の数詞 +fois〉とても, 非常に, まったく. ▶ cent fois pire ひどく悪い / mille fois plus avantageux はるかに有利な / C'est trois fois rien. まったく取るに足りないことだ / Vous avez cent mille fois raison. あなたのおっしゃることはまったく正しい.

à deux fois 繰り返して. ▶ s'y prendre à deux fois 繰り返しやってみる.

*à la fois 同時に, 一度に. 注 強調して tout à la fois ともいう. ▶ faire deux choses à la fois 同時に2つのことをする / Elle est à la fois aimable et distante. 彼女は愛想はいいが, 冷たさもある / Il ne faut pas courir deux lièvres à la fois. 諺 二兎(ヒョゥ)を追う者は一兎をも得ず.

chaque fois que + 直説法 = **toutes les fois que** + 直説法 …するたびに. ▶ Chaque fois qu'il vient, c'est pour râler. 彼は来るたびにがみがみ文句を言う.

*des fois 話 ときどき, ときには;ひょっとして. ▶ Des fois, elle est très méchante. ときどき彼女はひどく意地悪になる / Si des fois vous allez le voir, dites-lui bonjour de ma part. 彼に会いに行くことがあったら, 私からよろしくとお伝えください.

des fois que + 条件法 話 もし…したときには;ひょっとして…かもしれないので. ▶ Téléphonez-lui maintenant, des fois qu'il serait déjà rentré. 彼はもう帰っているかもしれないから, 今電話してみなさい.

en + 基数詞 + **fois** …度で. ▶ *en* une *fois* 1度で / *en* plusieurs *fois* 何度にもわたって / payer *en* deux *fois* 分けて払う.

*encore une fois もう一度, もう一度言うが. ▶ *Encore une fois*, laissez-moi tranquille. もう一度繰り返しますが, 私に構わずほうっておいてください.

Il était une fois …(おとぎ話の冒頭で)昔々…がいました.

ne pas se le faire dire deux fois(相手に同じことを2回言わせない→)言われたらすぐに従う, 二つ返事で承知する.

Non, mais des fois! 冗談でしょう, とんでもない. ▶ *Non mais des fois*, pour qui vous prenez-vous? いいかげんにしなさい, いったい何様のつもりですか.

par + 基数詞 + **fois** 文章 …度も, …度にもわたって. ▶ Elle a tenté *par deux fois* de mettre fin à ses jours. 彼女は2度も自殺を企てた.

pour cette fois 今回は, 今回に限って.

*pour la + 序数詞 + **fois** …度目に. ▶ Cette année, je suis allé en Chine *pour la première fois*. 今年, 初めて中国に行きました / *pour la dernière fois* 最後に;この前, 前回 / *pour la première fois depuis très longtemps* 久しぶりで.

pour une fois 一度限り, 今度だけは. ▶ *Pour une fois*, on ne dira rien. 今度だけは何も言わないでいてやる.

une autre fois またいつか, 別の機会に.

*une bonne fois = une fois pour toutes 一回限り, きっぱりと, これを最後に. ▶ Expliquez-vous *une bonne fois*. きちんとわけを説明しなさい / Je vous le dis *une fois pour toutes*. もう今度しか言いませんよ.

une fois (ou l'autre) 一度, いつか.

une fois que + 直説法複合過去[前未来] いったん[ひとたび]…すると. ▶ *Une fois qu*'il s'est mis quelque chose en tête, il ne veut plus rien entendre. 彼はこうと思い込んだらもう何も耳に入らない / *Une fois qu*'il sera mort, on ne parlera plus de lui. 死んでしまえば, 彼のことなどだれも話題にしなくなるだろう.

*une fois + 過去分詞 いったん[ひとたび]…すると. ▶ *Une fois* endormi, il ne se réveille jamais avant le matin. いったん眠ると, 彼は朝まで絶対目を覚まさない /〈過去分詞を省略して〉*Une fois* en mouvement, il ne s'arrête plus. い

foison /fwazɔ̃/ 女 古 多量. 注 現在では次の成句でのみ用いられる. **à foison** 多量に, ふんだんに.

foisonnant, ante /fwazɔnɑ̃, ɑ̃:t/ 形 ❶ ⟨*foisonnant* de qc⟩ …が豊富にある. ▶ une forêt *foisonnante* de gibier 獲物がたくさんいる森. ❷ 膨張する.

foisonnement /fwazɔnmɑ̃/ 男 たくさんあること, 豊富. ▶ un *foisonnement* de plantes 植物の群生.

foisonner /fwazɔne/ 自動 ❶ 多量[豊富]にある. ▶ Le gibier *foisonne* dans ce bois. この森には獲物がたくさんいる. ❷ ⟨*foisonner* en [de] + 無冠詞複数名詞⟩ …に富んでいる, が多量にある. ▶ Ce sous-sol *foisonne* en richesses minières. この地下には豊かな鉱物資源が眠っている.

Foix /fwa/ 固有 フォア: Ariège 県の県庁所在地.

fol /fɔl/ fou の男性第2形.

folâtre /fɔlɑ:tr/ 形 古風 陽気な; ふざけた, 冗談好きの.

folâtrer /fɔlɑtre/ 自動 古風 文章 ふざける, はしゃぐ, 浮かれる, 戯れる.

folâtrerie /fɔlɑtrəri/ 女 古風 文章 浮かれ騒ぎ, ふざけ, 茶目っ気.

foldingue /fɔldɛ̃g/ 形 名 頭のおかしな(人).

folichon, onne /fɔliʃɔ̃, ɔn/ 形 ❶ 《否定的表現で》おもしろい. ▶ Cela n'a rien de *folichon*. それにはまるでおもしろみがない. ❷ ふざけた, 陽気な.

***folie** /fɔli/ 女 ❶ 狂気, 精神異常, 精神錯乱. 注 精神医学では maladie mentale「精神病」troubles mentaux「精神障害」を用いる. ▶ accès de *folie* 狂気の発作 / *folie* des grandeurs 誇大妄想 / *folie* de la persécution 被害妄想 / basculer dans la *folie* 精神錯乱に陥る. ❷ 常軌を逸したこと; 《しばしば複数で》無分別な言動. ▶ Il achète cet appartement, c'est de la (pure) *folie*! 彼がそのアパルトマンを買うなんて, どうかしている / dire des *folies* ばかげたことを言う / *folies* de jeunesse 若気の過ち. ◆ avoir la *folie* de + 不定詞 愚かにも…する. ▶ Vous n'avez pas la *folie* de faire cela. そんな無分別なことをしないでくださいね. ❸ 《ときに複数で》過度の出費, 莫大な出費. ▶ Ils ont fait une *folie* en achetant cette voiture. 彼らはこの車を買うのに大奮発をした. ❹ 熱中; 情熱. ▶ Il a la *folie* des timbres-poste. 彼は切手マニアだ.
à la *folie* 熱烈に, 夢中になって. ▶ aimer *à la folie* 熱愛している.
C'est (de la) [C'est une] *folie* de + 不定詞. …するとはどうかしている.

folio /fɔljo/ 男 ❶ 丁: 本やノートなどで, 裏表にノンブルの入った一葉. ❷ (本などの)ノンブル; 丁数.

foliole /fɔljɔl/ 女 《植物学》❶ (複葉の)小葉. ❷ 小葉状器官, 小葉状付属部.

folk /fɔlk/ 男, 形 《男女同形》(folksong の略) 話 フォークソング(の).

folklo /fɔlklo/ 形 《不変》(folklorique の略) 話 見かけ倒しの, おもしろみが深いの. ▶ C'est du *folklore*. 話 見かけ倒しだ.

folklore /fɔlklɔ:r/ 男 《英語》❶ 民俗学, 民俗研究. ❷ 民間伝承, 民俗芸能. ❸ 見かけ倒しのもの.

folklorique /fɔlklɔrik/ 形 ❶ 民俗(学)の, 民間伝承の. ▶ costume *folklorique* 民俗衣装 / danses *folkloriques* 民俗舞踊. ❷ 見かけ倒しの, おもしろみが深いの.

folksong /fɔlksɔ̃:g/ 男 《米語》フォークソング.

folle /fɔl/ fou の女性形.

follement /fɔlmɑ̃/ 副 ❶ 狂ったように, 夢中になって. ▶ Il est *follement* amoureux. 彼は熱烈な恋をしている. ❷ ひどく, 猛烈に.

follet, ette /fɔlɛ, ɛt/ 形 ❶ 〖髪, 体毛が〗癖のある, そそうな; 〖髪が〗飛びかかる(櫛を入れても跳ね上がったりする)ほつれ毛 / poils *follets* (青年の生え始めのあごひげ; (小鳥の)産毛. ❷ esprit *follet* いたずらの小妖精(…).
feu *follet* (1) 鬼火, 狐火. (2) (気まぐれで)とらえどころのない人.

follicule /fɔlikyl/ 男 ❶ 《解剖》小胞, 濾胞(ほう). ❷ 《植物学》袋果(ふ).

fomentateur, trice /fɔmɑ̃tatœ:r, tris/ 名 文章 (不和, 反乱などの)扇動者, 張本人.

fomentation /fɔmɑ̃tasjɔ̃/ 女 文章 (不和, 反乱などの)助長, 扇動, 挑発.

fomenter /fɔmɑ̃te/ 他動 〖不和, 反乱など〗を助長する, 挑発する.

foncé, e /fɔ̃se/ 形 〖色が〗濃い, 暗い, くすんだ. ▶ bleu *foncé* (↔clair) 濃紺色 / un costume *foncé* ダーク系のスーツ / cheveux châtains *foncé* 濃い茶色の髪(注 色の形容詞の後では無変化).

foncer /fɔ̃se/ 他 ❶ 〖色〗を濃くする, 暗くする. ❷ 〖杭(ゾ)など〗を打ち込む.
—— 間他動 ⟨*foncer* sur [contre] qn/qc⟩ …に突っ込む; 飛びかかる, 襲いかかる. ▶ *foncer* sur l'ennemi 敵に襲いかかる.
—— 自動 ❶ 話 急いで行く, (全速力で)突進する; わき目も振らずにやる. ▶ *foncer* à toute allure 全速力でとばす. ◆ *foncer* dans qc …の中に飛び込む[突っ込む]. ❷ 話 急いでする. ▶ Il *a foncé* pour lire ce bouquin. 彼はあっという間にその本を読みあげた. ❸ 色合いが〖暗く〗なる.
foncer dans le brouillard 猪突(ちょ)猛進する.

fonceur, euse /fɔ̃sœ:r, ø:z/ 形, 名 話 精力的な(人), 大胆な(人).

foncier, ère /fɔ̃sje, ɛ:r/ 形 ❶ 生まれつきの, 生来の; 根本的な, 本質的な. ▶ qualités *foncières* 持って生まれた性質. ❷ 土地の; 土地を所有している. ▶ propriété *foncière* 不動産 / propriétaire *foncier* 土地所有者, 地主.
—— **foncier** 男 地租, 不動産税.

foncièrement /fɔ̃sjɛrmɑ̃/ 副 根本的に, 本質的に; 完全に.

***fonction** /fɔ̃ksjɔ̃/ フォンクスィヨン 女 ❶ 《しばしば複数で》務め, 職務, 役目. ▶ s'acquitter de ses *fonctions* 職務を果たす / quitter ses *fonctions* 退職する / relever qn de ses *fonctions* …を解任する. 比較 ⇨ EMPLOI.
❷ 職, 職業; 役職, 地位. ▶ *fonction* enseignante 教職 / *fonction* publique 公職 / exercer la *fonction* de médecin 医者をする / être promu à une nouvelle *fonction* 昇進して新た

❸ (機械, 器官などの)働き, **機能**, 作用; 役割. ▶ remplir sa *fonction* (所定の)機能を果たす / Cette machine a plusieurs *fonctions* この機械はいくつも機能を持っている / touches de *fonction* ファンクションキー. ❹ [言語] (ある言語要素が発話内で果たす)機能. ❺ [数学]関数.

de fonction 公務の, 公用の. ▶ voiture *de fonction* 公用車 / logement *de fonction* 官舎, 社宅.

en fonction(s) 職務についている, 現職の. ▶ être *en fonction(s)* 職務についている / entrer *en fonction(s)* 就任する.

en fonction de qn/qc …(の変化)に応じて, …によって. ▶ La mode varie *en fonction de* l'âge. 流行は時代によって変わる.

être fonction de qc …に依存している, によって決まる. ▶ Ma décision *sera fonction de* vos propositions. あなた(方)の出される条件次第で決心します.

faire fonction de + 無冠詞名詞 …の役割を演ずる, の代わりをする. ▶ ministre qui *fait fonction d'*ambassadeur 大使の代理を務めている公使.

*__fonctionnaire__ /fɔ̃ksjɔnɛːr/ フォンクスィヨネール/ 名 **公務員**, 官吏, 役人. ▶ *fonctionnaire* d'Etat 国家公務員 / haut *fonctionnaire* 上級公務員 / Il a une mentalité de *fonctionnaire*. 彼は官僚的了見の持ち主だ.

fonctionnalisme /fɔ̃ksjɔnalism/ 男 [建築][言語][心理学]機能主義; 機能性.

fonctionnarisation /fɔ̃ksjɔnarizasjɔ̃/ 女 公営化; 公務員化.

fonctionnariser /fɔ̃ksjɔnarize/ 他動 ❶ 〔企業など〕を公営化する; 〔従業員〕を公務員にする. ❷ …を官僚主義的にする, お役所風にする.

fonctionnarisme /fɔ̃ksjɔnarism/ 男 官僚主義; (非能率な)お役所仕事.

fonctionnel, le /fɔ̃ksjɔnɛl/ 形 ❶ 機能的な, 機能本位の, 実用的な. ▶ une architecture *fonctionnelle* 機能的建築. ❷ (生体, 組織などの)機能, の機能に関する. ▶ troubles *fonctionnels* d'un organe 器官の機能障害. ❸ [数学]関数の.

***fonctionnement** /fɔ̃ksjɔnəmɑ̃/ フォンクスィヨヌマン/ 男 **働き, 作動, 働き具合**. ▶ vérifier le bon *fonctionnement* d'un mécanisme 装置が順調に動いているかどうか確かめる / une machine en *fonctionnement* 運転中の機械 / le *fonctionnement* normal des institutions 制度の正常な運用.

***fonctionner** /fɔ̃ksjɔne/ フォンクスィヨネ/ 自動 ❶ **機能する, 作動する**. ▶ Le lecteur de CD ne *fonctionne* plus. CDプレーヤーが動かなくなった / L'administration *fonctionne* mal. 行政がうまく機能していない / Cet appareil *fonctionne* à l'électricité. この機械は電気で動く / Faites *fonctionner* votre imagination. 想像力を働かせなさい. ❷ 話 《しばしば皮肉をこめて》仕事をする, 働く (=travailler). ▶ Il *fonctionne* à la vodka. 彼はウォッカで動く.

***fond**¹ /fɔ̃/ フォン/ 男 ❶ **底, 底部**. ▶ le *fond* d'une boîte 箱の底 / fouiller au *fond* d'une poche ポケットの底を探る / regarder qn au *fond* des yeux 人の目をじっと見る / toucher le *fond* du désespoir 絶望の淵(ふち)に沈む.

❷ 水底 (=*fond* de l'eau); 水深. ▶ aller [couler] à [au] *fond* 沈む / envoyer un navire par le *fond* 船を沈める / par dix mètres de *fond* 水深10メートルの所に[を].

❸ (容器の)底の残り; (底の残りほどの)少量. ▶ Laissez le *fond* du verre, il y a du dépôt. グラスの底の方は飲まずにおきなさい, 澱(おり)がたまっているから / un *fond* de verre グラスに少量の酒.

❹ 奥; 奥地, 辺地. ▶ au *fond* du couloir 廊下の突き当たりに[で] / chercher un objet dans le *fond* d'un tiroir 引き出しの奥にある物を探す.

❺ **根本, 核心, 最も重要な部分**. ▶ Voilà le *fond* du problème. これが問題の核心だ / Je ne peux pas saisir le *fond* de sa pensée. 私には彼(女)の本当のところどう思っているのかわからない / Je vous remercie du *fond* du cœur. 心の底からあなた(方)に感謝します / Il est coléreux, mais il a un (bon) *fond*. 彼は怒りっぽいが根は善良だ.

❻ (形式に対する)**内容**, 実質. ▶ le *fond* et la forme d'un ouvrage ある作品の内容と形式.

❼ **背景, バック**; 下地. ▶ *fond* sonore (芝居などの)背景音 / musique de *fond* バックグラウンド・ミュージック / papier peint à fleurs roses, sur un *fond* gris 灰色の地にピンクの花柄の壁紙 / *fond* de robe ファンデーションスリップ / *fond* de teint ファンデーション.

❽ (ズボン, スカートの)尻(しり)の部分, 尻当て; (帽子の, ひさしに対する)山. ▶ mettre un *fond* à un pantalon ズボンの尻に継ぎを当てる.

❾ [スポーツ]**持久力**; 長距離. ▶ avoir du *fond* スタミナがある / course [épreuve] de *fond* [demi-*fond*] 長距離[中距離]競走 / ski de *fond* クロスカントリー・スキー.

❿ [料理]フォン (=*fond* de sauce): ソースや煮込みの下地に使う出し汁.

***à fond** 完全に, 徹底的に; 深く. ▶ étudier qc *à fond* …を徹底的に研究する.

à fond de train 全速力で, 大急ぎで.

aller au fond des choses 事の本質を探る, 徹底的に究明する.

***au fond** = 話 **dans le fond** 実は, 実際は; よく考えてみれば, 結局は. ▶ On l'a blâmé, mais *au fond*, il n'avait pas tort. 彼は非難されたが, 実のところ, 彼は間違っていなかったのだ.

***de fond** 基本的な, 本質的な. ▶ livre [ouvrage] *de fond* 基本図書 / écrire un article *de fond* dans un journal 新聞に重要記事[論説]を書く.

***de fond en comble** /dəfɔ̃tɑ̃kɔ̃ːbl/ すっかり, くまなく, 完全に. ▶ fouiller une maison *de fond en comble* 家中をくまなく探す.

double fond (秘密のものを入れる)二重底. ▶ valise à *double fond* 二重底のスーツケース.

faire fond sur qc/qn …を頼る, 当てにする. ▶ On peut *faire fond sur* lui. 彼は頼りになる.

fond

fond de l'air 慣(風や日差しの影響を考慮に入れない)本来の気温.
fond(s) de tiroir 慣(引き出しの奥に)死蔵されていた物; がらくた; あり金. ▶ vider les *fonds de tiroir* pour acheter une voiture あり金をかき集めて車を買う.
sur fond de + 無冠詞名詞 …を背景に. ▶ *sur fond de* crise financière 金融危機を背景に.
toucher le fond 底に達する, 座礁する; 慣 どん底だ.

fond² /fɔ̃/ 活用 ⇨ FONDRE 59

fondamental, ale /fɔ̃damɑ̃tal/; (男複) **aux** /o/ 形 ❶ 基礎[基本]となる, 根本[本質]的な, 重要な. ▶ lois *fondamentales* de l'Etat (=constitutif) 国家の基本法 / principe *fondamental* 基本原理 / vocabulaire *fondamental* 基本語彙(彙) / recherche *fondamentale* 基礎(科学)研究. 比較 ⇨ IMPORTANT.
❷ 根底にある; 心の底の. ▶ mépris *fondamental* 心の底にひそむ軽蔑.
— **fondamentaux** 男複 [経済]ファンダメンタルズ.

fondamentalement /fɔ̃damɑ̃talmɑ̃/ 副 根本[本質]的に; 完全に. ▶ modifier *fondamentalement* qc …を根本的に変える.

fondamentalisme /fɔ̃damɑ̃talism/ 男 [宗教]原理主義. ▶ le *fondamentalisme* islamique イスラム原理主義.

fondamentaliste /fɔ̃damɑ̃talist/ 形 ❶ 基礎(科学)研究の. ❷ 原理主義の.
— 名 ❶ 基礎(科学)研究者. ❷ 原理主義者.

fondant, ante /fɔ̃dɑ̃, ɑ̃:t/ 形 ❶ 溶けかかった. ▶ neige *fondante* 溶ける雪. ❷ (菓子, 果実, 肉など)が(口の中で)とろける. ▶ poire *fondante* とろけるように柔らかいナシ.
— **fondant** 男 ❶ [菓子]フォンダン: 糖衣をかけたボンボン. ❷ 融剤, 媒溶剤.

fondateur, trice /fɔ̃datœ:r, tris/ 名 創設者, 創立者; (会社の)発起人; (学派などの)開祖.
— 形 創設の, 創立の. ▶ membre *fondateur* 創立メンバー.

fondation /fɔ̃dasjɔ̃/ 女 ❶ 創立, 設立, 建設. ▶ la *fondation* de Rome ローマの建国 / la *fondation* d'un parti 党の結成. ❷ 《多く複数で》基礎工事; 土台. ▶ faire [jeter] les *fondations* d'un édifice 建物の基礎工事をする. ❸ 寄付, 基金; 財団, 奨学制度. ▶ *Fondation* Thiers ティエール財団 [奨学制度].

fonde /fɔ̃:d/ 活用 ⇨ FONDRE 59

fondé, e /fɔ̃de/ 形 ❶ 根拠のある, 確かな. ▶ une opinion bien *fondée* 十分な根拠のある意見. ❷ 〈*fondé* sur qc〉(資料, 論理など)に基づいた, を根拠とした. ❸〈être *fondé* à + 不定詞〉〔人が〕…する十分な根拠がある.

fondé de pouvoir /fɔ̃dedpuvwa:r/; (複) **fondés de pouvoir** 男 代理人.

fondement /fɔ̃dmɑ̃/ 男 ❶《多く複数で》基礎, 土台. ▶ jeter [poser] les *fondements* d'un empire 帝国の基礎を築く. ❷ 根拠, 理由; 基本原理. ▶ rumeur sans *fondement* 根も葉もないうわさ / *fondement* solide 確固たる動機[根拠].

*****fonder** /fɔ̃de/ フォンデ/ 他動 ❶ …の基礎を築く, を設立する;〔賞, 協会などを〕設ける. ▶ *fonder* une banque 銀行を創設する / *fonder* un foyer 家庭を持つ.
❷〈*fonder* qc sur qn/qc〉…の上に…を築く; を…の根拠にする. ▶ *fonder* son pouvoir sur la force 武力の上に権力を築く / Je *fonde* de grands espoirs sur lui. 私は彼に大いに期待をかけている. ❸〔意見, 要求など〕の根拠となる.
— **se fonder** 代動〈*se fonder* sur qc〉(資料, 事実など)を根拠にする; に立脚している. ▶ Sur quoi *vous fondez*-vous pour affirmer ceci? 何を根拠にあなたはそう言い切るのですか.

fonderie /fɔ̃dri/ 女 ❶ 鋳造(技術); 製錬(技術). ❷ 鋳造所; 製錬所.

fondes /fɔ̃:d/, **fondez** /fɔ̃de/ 活用 ⇨ FONDRE 59

fondeur¹, **euse** /fɔ̃dœ:r, ø:z/ 名 [スキー]距離競技の選手; クロスカントリーをする人.

fondeur², **euse** /fɔ̃dœ:r, ø:z/ 名 ❶ 製錬[鋳造]所の経営者. ❷ 製錬工, 鋳造工.

fondi- 活用 ⇨ FONDRE 59

*****fondre** /fɔ̃:dr フォーンドル/ 59

過去分詞 fondu	現在分詞 fondant
直説法現在 je fonds	nous fondons
複合過去 j'ai fondu	単純未来 je fondrai

他動 ❶ …を溶かす, 溶解する. ▶ *fondre* du sucre dans de l'eau 水に砂糖を溶かす. ❷ …を鋳造する. ▶ *fondre* une cloche 鐘を鋳造する. ❸ …を融合させる, 合体させる. ▶ *fondre* deux sociétés 2つの会社を合併する.
fondre la glace 気詰まりな雰囲気を解消させる.
— 自動 ❶ 溶ける, 溶解する;(口の中で)とろける. ▶ La neige *a fondu*. 雪が解けた / faire *fondre* qc (dans qc) …を(…に)溶かす.
❷ 急速に減る, なくなる. ▶ L'argent *fond* entre ses mains. 彼(女)は金を湯水のように使う / Mes scrupules *ont fondu* devant son attitude. 彼(女)の態度に接して, 私のためらいも消えた. ❸ 話 やせる. ▶ J'*ai fondu* de cinq kilos en trois mois. 私は3か月で5キロやせた.
fondre「en pleurs [en larmes] 泣き崩れる.
— 間他動〈*fondre* sur qn/qc〉…に襲いかかる. ▶ Tous les malheurs *ont fondu* sur lui à la fois. ありとあらゆる不幸が一度に彼に降りかかった.
— **se fondre** 代動 ❶ 溶ける. ❷ 合体する, 合併する. ❸ なくなる, 消える.

fondrière /fɔ̃drijɛ:r/ 女 (でこぼこ道の)水溜(た)まり, ぬかるみ.

*****fonds**¹ /fɔ̃ フォン/ 男 ❶《多く複数で》資金, 資本ファンド; 基金. ▶ bailleur de *fonds* 出資者 / mise de *fonds* 投資, 出資 / *fonds* publics 公債, 公的資金 / *fonds* de pension 年金基金 / *fonds* d'investissement 投資ファンド / *fonds* spéculatif ヘッジファンド / *Fonds* monétaire international 国際通貨基金, IMF (略 FMI) / dépenser tous ses *fonds* 資金を使い果たす.
❷《多く複数で》金, 現金. ▶ déposer des

fonds à une banque 銀行に預金する / détournement de *fonds* publics 公金横領. ❸ 土地, 地所; 土地資産 (=*fonds* de terre); 不動産. ❹ 営業権; 営業財産 (=*fonds* de commerce): 店舗, 商標, 顧客, 借家権などを含む. ▶ être propriétaire d'un *fonds* de bijoutier 宝飾店のオーナーである / acheter un *fonds* 営業権を買い取る. ❺ 文章(文化的な)富, 貯え; (個人の)資質. ❻ (図書館などの)所蔵品; コレクション.
être en fonds 手持ちの金がある.
prêter à fonds perdu 返済を見込めない相手に金を貸す.

fonds[2] /fɔ̃/ 活用 ⇨ FONDRE 59

fondu, e /fɔ̃dy/ 形 (fondre の過去分詞) ❶ 溶けた, 溶解した. ▶ de la neige *fondue* 解けた雪. ❷ [色, 輪郭などが]ぼやけた, ぼかされた.
— **fondu** 男 [映画] フェード. ▶ ouverture [fermeture] en *fondu* フェード・イン[アウト] / *fondu* enchaîné オーバーラップ.

fondue /fɔ̃dy/ 女 [料理] (チーズ)フォンデュ. ▶ *fondue* bourguignonne オイルフォンデュ (熱した油に角切りの牛肉をくぐらせ, ソースをつけて食べる).

font /fɔ̃/ 活用 ⇨ FAIRE[1] Ⅵ

*fontaine /fɔ̃tɛn/ フォンテヌ/ 女 ❶ 泉; 噴水. ▶ une *fontaine* jaillissante 噴泉 / aller à la *fontaine* 水を汲む; 泉に行く. ❷ 給水場, 水汲み場; (家庭用の)貯水器.
Il ne faut pas dire « Fontaine, je ne boirai pas de ton eau ». 諺 (「泉よ, おまえの水は飲まない」と言ってはならない→) 先のことについて軽はずみなことは言うな.

Fontainebleau /fɔ̃tɛnblo/ 固有 フォンテーヌブロー: パリ南東の町.

fontainier /fɔ̃tɛnje/ 男 水道局員.

fonte[1] /fɔ̃t/ 女 ❶ 溶けること, 溶解. ▶ la *fonte* des neiges 雪解け(の時期). ❷ 鋳造. ▶ la *fonte* d'une cloche 鐘の鋳造. ❸ 鋳鉄. ▶ une cocotte en *fonte* 鋳物の鍋(☆).

fonte[2] /fɔ̃t/ 女 (多く複数で)(拳銃(☆)などを収めるための)鞍(☆)の革ポケット.

fonts /fɔ̃/ 男複 *fonts* baptismaux 洗礼盤.

football /futbol/, 略 **foot** /fut/ 男 (英語) ❶ サッカー. ▶ jouer au *football* サッカーをする. ❷ *football* américain アメリカン・フットボール.

footballeur, euse /futbolœːr, øːz/ 名 サッカー選手.

footing /futiŋ/ 男 (英語) (健康のための)散歩; 軽いランニング, ジョギング

for /fɔːr/ 男 (次の句で)
en [dans] son for intérieur 心の奥底で.

forage /fɔraːʒ/ 男 穴あけ, 穿孔(☆); 掘削, ボーリング.

forain, aine /fɔrɛ̃, ɛn/ 形 市(☆)の, 縁日[祭り]の. ▶ marchand *forain* 露天商 / fête *foraine* 縁日[市の日]の祭り. — 名 ❶ 露天商. ❷ 大道芸人; (縁日, 見せ物の)興行師.

forban /fɔrbɑ̃/ 男 ❶ 海賊. ❷ 強欲漢.

forçage /fɔrsaːʒ/ 男 [植物の]促成栽培.

forçat /fɔrsa/ 男 徒刑囚; (昔, ガレー船をこいだ)囚人; 苦しい境遇の人. ▶ travail de *forçat* 過酷な仕事 / mener une vie de *forçat* 苦しい生活を送る.
travailler comme un forçat くたくたになるまで働く.

*force /fɔrs/ フォルス/ 女 ❶ (人などの)力, 体力; 気力, 勇気; 能力; 力量. ▶ *force* physique [musculaire] 体力[筋力] / *force* d'âme = *force* morale 精神力 / Il a de la *force*. 彼は力持ちだ / Je n'ai plus la *force* de parler. もう話す気力もない / perdre ses *forces* 体が衰弱する; むだ骨を折る / Le malade va reprendre des *forces*. 病人はじきに体力を回復するだろう / être en pleine *force* = être dans toute sa *force* 全力を出しきっている; 力に満ちあふれている / ne pas sentir sa *force* 力の加減を知らない / deux élèves de (la) même *force* en mathématique 数学の力が同程度の2人の生徒 / Ce travail est au dessus de mes *forces*. この仕事は私の力量を超えている.
❷ (物の)力, 強さ, 効力; (物理的, 抽象的な)力. ▶ la *force* d'un tissu 織物の丈夫さ / la *force* d'un café コーヒーの濃さ / la *force* d'un re-

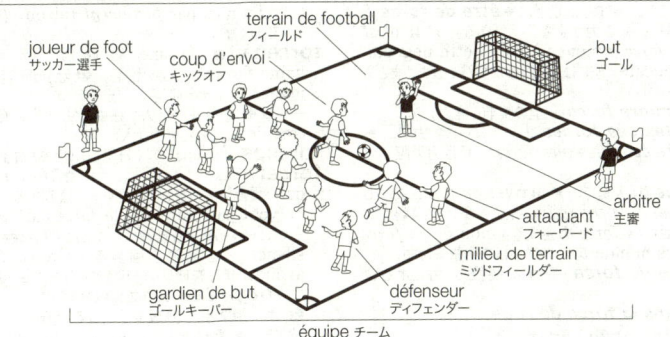

forcé

mède 薬の効き目 / **vent de *force* cinq** 風力5風 / ***force* centrifuge [centripède]** 遠心[求心]力 / **la *force* d'une théorie** ある理論の影響力 / **(cas de) *force* majeure** 不可抗力.

❸ (集団, 組織の)力, 勢力；武力, 戦力；《多く複数で》軍隊, 部隊. ▶ ***forces* conservatrices [progressistes]** 保守[進歩]勢力 / ***force* de vente** 販売力；販売部門の人員 / **la *force* militaire = les *forces* armées** 軍事力 / **les *forces* armées françaises** フランス軍 / **la *force* publique** 警察力, 公安力 / ***forces* de l'ordre** (治安維持のための)警官隊 / ***forces* navales [aériennes]** 海[空]軍 / ***force* de frappe [dissuasion]** 核抑止力.

❹ 暴力, 強圧的手段. ▶ **céder à la *force*** 暴力に屈する / **recourir à la *force*** 暴力に訴える / **employer alternativement la *force* et la douceur** 力と甘い言葉[飴(ぁめ)と鞭(むち)]を交互に使う.

❺ 電流, 電力；《特に》(動力用)三相交流. ▶ **faire installer la *force*** 動力用の電気を引く.

***à force* [de + 無冠詞名詞 [de + 不定詞]** 多くの…のおかげで, 大いに…したので[すれば]. ▶ ***A force* de patience, il finira par réussir.** よく忍耐すれば彼は最後には成功するだろう.

à toute force どうあろうとも, ぜひとも.

avec force 力いっぱい；気力を振り絞って, 精力的に. ▶ **s'opposer *avec force* à un projet** ある計画に断固反対する.

avoir [faire] force de loi [慣習, 命令などが]法律と同様の効力を持つ.

C'est une force de la nature. 精力旺盛(ぉぅせぃ)な人だ.

coup de force 実力行使, 強権発動；(民衆などの)騒乱. ▶ **tenter un *coup de force* contre qn** …に対して実力行使に出る.

dans toute la force du mot [terme] 言葉の十全の意味で, 完全に.

*****de force*** 力ずくで[の], 無理やりに. ▶ **faire entrer *de force* une clef dans une serrure** 力ずくで鍵(かぎ)を錠に差し込む / **travail *de force*** 力仕事, 苦役 / **politique *de force*** 強権政治. (2) 能力[力量]のある. ▶ **Ce joueur n'est pas *de force*.** この選手は力不足だ. ◆ ***être de force à* + 不定詞** …する力がある, …できる. ▶ **Il n'*est* pas *de force à* mener à bien cette négociation délicate.** 彼にはこの微妙な交渉をうまくまとめあげる力はない.

de première force 一流の腕前[能力].

de toutes ses forces 力いっぱい, 全力で. ▶ **J'ai crié *de toutes mes forces*.** 私は力の限り叫んだ.

en force (1) 大勢で. ▶ **arriver *en force*** 大挙してやって来る. (2) 力いっぱい, 全力を挙げて；猛烈な. ▶ **courir *en force*** 力走する / **montée *en force* du tiers monde** 第三世界の目を見張る台頭.

épreuve de force (交渉決裂後の)力による決着.

être dans la force de l'âge ⇨ ÂGE.

Force est (à qn) de + 不定詞 文章 (…が) …せざるをえない. ▶ ***Force m'est* de prendre une décision.** 私はなんらかの決心をしなければならない.

forces vives (人, 地域などの)活力, 活動力.

par force (1) やむを得ず, 仕方なく. (2) 力ずくで, 無理やりに. ▶ **prendre qc/qn *par force*** 力ずくで…を手に入れる.

par la force de l'habitude 習慣[惰性]で.

par la force des choses 事の成り行きで, 仕方なく.

*****tour de force*** (1) 力業(ぎ), 離れ業. (2) 偉業, 難題. ▶ **Persuader ma mère, c'est un *tour de force*.** 母を説得するのはたいへんなことだ.

> 比較 力
> **force** 具体的な作用に直接結びついた力のことで, 比喩(ひゅ)的に用いられる場合にも, 人間の体力や物を破壊する物理的な力のイメージを持っていることが多い. **avoir la *force* de + 不定詞** …する力[体力, 知力]がある. ***force* de frappe** (昔の)強制労働 / ***force* de frappe [dissuasion]** 核抑止力. **pouvoir** 何かをする能力, 特に他に影響を与えたり支配したりする能力で, 具体的には政治的な「支配権力, 政権」の意味で使われる. **avoir le *pouvoir* de + 不定詞** …する能力がある. **prendre le *pouvoir*** 政権に就く. **puissance** なんらかの作用をもたらしうる能力のことで, 具体的には機械などの「出力」の意味に使われるほか, 政治的に大きな力を持つ「勢力」の意味で使われる. **la *puissance* d'une voiture** 車の馬力. **les *puissances* militaires** 軍事大国.

forcé, e /fɔrse/ 形 ❶ 〈**être *forcé* de + 不定詞**〉…せざるを得ない. ▶ **Je suis *forcé* de partir à midi.** 私はどうしても正午に出発しなくてはならない.

❷ 強制された；不可抗力の；必然の. ▶ **travaux *forcés*** (昔の)強制労働 / **atterrissage *forcé*** 強制着陸, 不時着 / **culture *forcée*** 促成栽培.

❸ わざとらしい, 見せかけの, 不自然な. ▶ **avoir un rire *forcé*** 作り笑いをする.

C'est forcé. それは当然だ. ▶ ***C'est forcé que* + 接続法.** …であるのは当然だ.

forcement /fɔrsəmɑ̃/ 男 (金庫, 錠などを)こじ開けること；強行突破.

*****forcément** /fɔrsemɑ̃/ フォルセマン 副 当然, 必ず, 必然的に, どうしても. ▶ **《Il a échoué à son examen. —*Forcément*, il n'a pas travaillé.》**「彼は試験に落ちたよ」「当然さ, 勉強してなかったもの」 / **Tu n'as pas *forcément* raison.** 君は必ずしも正しくない

forcené, e /fɔrsəne/ 形 ❶ 激しい. ▶ **une haine *forcenée*** 激しい憎悪. ❷ 熱狂的な. ▶ **un joueur *forcené*** 賭博(とばく)狂.

—名 ❶ 怒り狂った人；狂暴化した人. ❷〈*forcené* de qc〉…に夢中な人.

forceps /fɔrsɛps/ 男 (胎児摘出用の)鉗子(かんし).

*****forcer** /fɔrse/ フォルセ ① 他動 ❶ 〈***forcer* qn (à qc)**〉(…を)…に強いる, 強制する. ▶ **S'il ne veut pas boire, ne le *force* pas.** 彼が飲みたくないというのなら無理強いするな / ***forcer* qn au silence** …に沈黙を強いる / **On l'*a forcé* à avouer.** 彼は無理やり白状させられた. 注 受動態では〈**être *forcé* de + 不定詞**〉の形を用いる.

❷ [錠, 扉など]を無理やり開ける；[障害など]を突破する. ▶ ***forcer* le tiroir d'un bureau** 机の引き出しをこじ開ける / ***forcer* la porte de qn** …の家に押し入る.

❸〔感情，態度など〕をいやおうなく生じさせる．▶ Sa vitalité *force* l'admiration de tout le monde. 彼(女)のバイタリティーにはだれもが感嘆せずにはいられない / *forcer* le consentement de qn 無理に…の同意をとりつける．
❹…の限度を越して，無理をさせる．▶ *forcer* un moteur エンジンに過度の負担をかける / *forcer* sa voix 無理に声を出す / *forcer* son talent（能力以上に）背伸びする / *forcer* 「le pas [la marche] 歩調を速める / *forcer* la nature できないことを無理にやる．
❺〔意味など〕をこじつける，曲げる．▶ *forcer* le sens du texte テキストの意味を歪曲（ゎぃきょく）する / *forcer* la vérité 真実をゆがめる．
❻〔敵，獲物など〕を追い詰める，追い込む．
❼〔園芸〕…を促成栽培する．
forcer la consigne 命令に違反する，禁を犯す．
forcer la dose 用量を増す；話 誇張する．
forcer la main à qn …に無理強いする．
forcer la note 勘定を水増しする；話 誇張する．
— **se forcer** 代動 自ら強いる，無理をする．▶ *se forcer* à [pour] + 不定詞 無理して…する，…しようと努力する．▶ Si tu n'as pas faim, ne *te force* pas. お腹がすいていないなら，食べなくてもいい / *se forcer* à sourire 無理ににっこりする．
— **forcer** 自動 無理をする，力を振り絞る．▶ sans *forcer* 楽々と．

forcing /fɔrsiŋ/ 男〔英語〕❶〔スポーツ〕猛攻，追い上げ；（ボクシングの）ラッシュ．❷ 猛烈な仕事ぶり，猛勉強，特訓．
faire du [le] forcing 激しく攻め立てる [攻撃をかける].

forcir /fɔrsiːr/ 自動 体格がよくなる；太る．

forclore /fɔrklɔːr/ 他動《不定形および過去分詞形でのみ》（過去分詞 forclos）〔法律〕…に（時効によって）訴権 [抵当受け戻し権] を喪失させる．

forclos, ose /fɔrklo, oːz/ 形（forclore の過去分詞）〔法律〕（時効によって）訴権を失った．

forclusion /fɔrklyzjɔ̃/ 女 ❶〔法律〕（時効による）訴権の喪失；抵当受け戻し権喪失．
❷〔精神分析〕排除（ラカンの用語）．

forer /fɔre/ 他動 …に穴をあける；を掘る．

forestier, ère /fɔrɛstje, ɛːr/ 形 森林の．▶ chemin *forestier* 林道 / région *forestière* 森林地帯．— **forestier** 男 森林管理人（= garde forestier）．

foret /fɔre/ 男 錐（きり），ドリル，穿孔（せんこう）機．

*****forêt** /fɔre/ フォレ 女 森，森林，山林．▶ *forêt* en taillis 雑木林 / *forêt* vierge 原始林 / Eaux et *Forêts* /ozefore/ 水野林局．比較 ⇨ BOIS¹.

forêt-noire /fɔrɛnwaːr/ 固有 女 シュヴァルツヴァルト：ドイツ南西部の森林地帯．

foreur /fɔrœːr/ 男 穴あけ工，ボーリング技師．

foreuse /fɔrøːz/ 女 穿孔（せんこう）機；井戸掘削機．

forfaire /fɔrfɛːr/ 6V〔不定形，複合時制，直説法現在単数形のみ〕間他動（過去分詞 forfait）文章〈*forfaire à qc*〉〔義務など〕にもとる，背く．

forfait /fɔrfɛ/ 男 ❶❶ 請負契約；請負額．▶ faire un *forfait* avec qn …と請負契約をする．❷（旅行などの）セット料金（券）．▶ un voyage à *forfait* パッケージツアー / *forfait* vacances バカンスパック旅行．❸ 見積もり課税．
❷❶（競技の）出場取り消し，棄権．▶ gagner un match par *forfait* 不戦勝する．❷〔競馬〕（馬主が払う）出走取り消し違約金．
❸ 大罪，重罪．
à [au] forfait 請負で；契約金額で．▶ travail *à forfait* 請負仕事.
déclarer forfait 出場を取り消す，棄権する；話 あきらめる，投げる．

forfaitaire /fɔrfɛtɛːr/ 形 請負の；請負契約額での；見積もり額での（= à forfait）．

forfaiture /fɔrfɛtyːr/ 女（公務員の）汚職；背任．

forfanterie /fɔrfɑ̃tri/ 女 大ぼら，大ぶろしき；空威張り．

forge /fɔrʒ/ 女 ❶ 鍛冶（かじ）屋，鍛冶場，鍛造工場．❷ 鍛冶台；鍛冶炉．❸《複数で》製鉄所．

forgé, e /fɔrʒe/ 形 ❶ 鍛造された．▶ du fer *forgé* 錬鉄．❷（念入りに）作り上げられた；捏造（ねつぞう）された．
forgé de toutes pièces でっち上げられた，でたらめの．

*****forger** /fɔrʒe/ フォルジェ 2 他動 ❶ …を鍛造する，鍛える．▶ *forger* le fer 鉄を鍛える / *forger* un caractère 性格を鍛える．❷ …を（念入りに）作り上げる；捏造（ねつぞう）する．▶ *forger* un prétexte 口実を作り上げる．
C'est en forgeant qu'on devient forgeron. 諺（人は鉄を鍛えて鍛冶になる→）習うより慣れろ．
— **se forger** 代動 ❶（自分のために）…を考え出す；捏造する．注 se は間接目的．▶ *se forger* un idéal 理想を思い描く．❷〔鉄などが〕鍛造される．

forgeron /fɔrʒərɔ̃/ 男 鍛冶（かじ）屋〔職人〕；鍛造工．

forgeur, euse /fɔrʒœːr, øːz/ 名 ❶ 製作者，工夫家．❷ 捏造（ねつぞう）者，偽造者．

formalisation /fɔrmalizasjɔ̃/ 女（思考，理論，記述の）形式化，公理化．

se formaliser /s(ə)fɔrmalize/ 代動〈*se formaliser*（de qc/不定詞）〉(…に）腹を立てる，気を悪くする．▶ Elle *s'est formalisée* de ce que je lui ai dit. 彼女は私が言ったことに腹を立てた．◆ *se formaliser* que + 接続法 ▶ Il *s'est formalisé* qu'on ne l'ait pas invité. 彼は招待されなかったので気を悪くした．

formaliser /fɔrmalize/ 他動 …を形式化する：記号を用いて理論の形式的構造を表わす．

formalisme /fɔrmalism/ 男 ❶（伝統的，規範的な）形式の尊重，形式主義．▶ *formalisme* administratif お役所の形式主義．❷（芸術，哲学上の）形式主義．

formaliste /fɔrmalist/ 形 形式を重んじる，形式主義の．— 名 形式主義者．

formalité /fɔrmalite/ 女 ❶ 手続き，形式．▶ *formalités* administratives 行政手続き / remplir une *formalité* （定められた）手続きを踏む．
❷ 形だけの行為；儀礼．▶ Cet examen, c'est une simple *formalité*. この試験は単なる形式的なものにすぎません．

format

format /fɔrma/ 男 ❶ (本, 写真などの)サイズ, 判, 判型. ▶ un livre en *format* de poche ポケット判の本 / une photo de *format* «6×6 [six fois six]» 六六判の写真. ❷ (品物などの)大きさ, サイズ. ❸〖情報〗形式, フォーマット. ▶ *format* de fichier ファイルフォーマット.

formatage /fɔrmata:ʒ/ 男〖情報〗フォーマットすること.

formater /fɔrmate/ 他動〖情報〗〖情報媒体など〗をフォーマットする. ▶ *formater* un disque dur ハードディスクをフォーマットする.

formateur, trice /fɔrmatœ:r, tris/ 形 教育的な, 有益な.
── 名 職業訓練官, (社会人の)再教育指導者.

formation /fɔrmasjɔ̃/ 女 ❶ 形成, 結成, 設立. ▶ la *formation* d'une nation 国家の形成 / la *formation* d'un nouveau parti 新党の結成. ❷ 養成, 教育; 職業教育; 知識, 教養. ▶ la *formation* permanente [continue] 生涯教育 / avoir une bonne *formation* juridique 法律の十分な知識を持つ. ❸ 団体; 部隊; 隊形. ▶ *formation* politique 政治団体, 政党 / une *formation* aérienne 飛行編隊. ❹ 成長, 成熟. ▶ l'âge de la *formation* 思春期. ❺ (特定の組成を持つ)地層; 植物相.
  de formation 受けた教育では. ▶ Il est juriste *de formation*. 彼は法律家の教育を受けた.

*****forme** /fɔrm/ フォルム 女 ❶ 形, 外形, 形状. ▶ la *forme* du visage 顔の形 / avoir une *forme* symétrique 対称的な形をしている. ◆ de *forme* +形容詞 …な形の. ▶ une jupe de *forme* ample ゆったりした形のスカート.
  ❷ 人影, 物影. ▶ Une *forme* imprécise disparaît dans la nuit. おぼろな物影が闇(ﾔﾐ)の中に消えていく.
  ❸《複数で》体形; 体の線. ▶ mouler les *formes* 〔衣服が〕体の曲線をくっきり出す.
  ❹ 形態, あり方, 様相. ▶ L'entretien a pris la *forme* d'une dispute. 会談は口論の様相を呈した. ◆ *forme* [*formes*] de + 無冠詞名詞 一種[さまざまな種類]の…. ▶ *formes* de gouvernement 政体, 統治形態 / une *forme* de civilisation 文明の一形態.
  ❺ 形式, (作品などの)表現形式; (法的な)手続き. ▶ une composition de *forme* sonate ソナタ形式の曲 / la *forme* et le fond 形式と内容 / respecter la *forme* légale 法的な手続きを遵守する / un vice de *forme*〖法律〗形式[手続き]上の不備.
  ❻《複数で》礼儀, 作法, 行儀. ▶ manquer de *formes* 行儀が悪い / respecter les *formes* 礼儀を守る, 作法にかなう.
  ❼ (体の)調子, コンディション; (心身の)好調. ▶ retrouver la *forme* 体調を取り戻す / être [se sentir] en *forme* (心身共に)好調である / avoir l'air en pleine *forme* 〚話〛元気いっぱいに見える.
  ❽〖文法〗形. ▶ *forme* passive 受動形 / *forme* interrogative 疑問形.
  ❾〖哲学〗形相;〖心理〗ゲシュタルト.
  dans les formes しきたりに従って; 正式に.
  de pure forme 形式的な, 形だけの.
  donner forme à qc …を具体化させる.
  en bonne et due forme〖法律〗所定の形式で.
  ***en forme de** + 無冠詞名詞 …の形をした, …形の. ▶ *en forme* d'étoile 星型の, 放射状の.
  mettre les formes〚話〛(感情を害さないように)気を遣いながら話す.
  mettre qc en forme …をきちんとまとめ上げる. ▶ *mettre* un brouillon *en forme* 下書きを清書する.
  ne plus avoir forme humaine (変わり果てて)見る影もない.
  pour la forme 形式的に, ほんの形だけ.
  ***prendre forme** 形をなす, 具体化する. ▶ Notre projet commence à *prendre forme*. 我々の計画は具体化し始めている.
  sans autre forme (**de procès**) 正式の法手続きを経ずに; 簡略して, いきなり.
  ***sous forme de** + 無冠詞名詞 …の形にした[して]. ▶ médicament *sous forme de* cachets 錠剤にした薬.
  sous la forme de qn/qc (神や人が)…の姿に化して.
  sous toutes ses formes どんな形のものであれ, あらゆる面で. ▶ Je déteste le totalitarisme *sous toutes ses formes*. どんな形態であれ, 全体主義は大嫌いだ.
  tenir [**avoir**] **la** (**grande**) **forme**〚話〛元気である, 快調だ.

formé, e /fɔrme/ 形 形作られた; 〔実が〕なった; 成熟した; 教育[訓練]を受けた. ▶ jeune fille *formée* 年ごろの娘.

formel, le /fɔrmɛl/ 形 ❶ 明確な, 断固とした. ▶ affirmer qc en termes *formels* …を明言する / «Défense *formelle* d'afficher»「張り紙厳禁」/ Il est *formel* sur ce point. この点に関しては彼の意見[態度]ははっきりしている.
  ❷ 形式中心の; 形式だけの. ▶ politesse *formelle* うわべだけの礼儀.
  ❸ 形式[形態]に関する; 形式重視の. ▶ la logique *formelle* 形式論理学.

formellement /fɔrmɛlmɑ̃/ 副 ❶ 明確に, きっぱりと. ❷ 形式に関しては, 形式的には.

*****former** /fɔrme/ フォルメ 他動 ❶ …を形作る; [まとまりのあるもの]を作る. ▶ *former* ses phrases 文を組み立てる / *former* bien [mal] ses lettres 文字をきちんと書く[書かない] / *former* une commission 委員会を組織する.
  ❷ …の形を呈する, …の構成要素となる. ▶ Le fleuve *forme* un coude à cet endroit. 川はそこでZの字に曲がっている / *former* des rangées 列を成して並ぶ / les députés qui *forment* l'Assemblée Nationale 国民議会を構成する代議士たち / *former* un tout 一体を成す.
  ❸ [人]を養成する, 教育する; [能力など]を培う. ▶ *former* une main-d'œuvre 労働者を育成する / *former* l'intelligence 知性を養う. ◆ *former* qn à qc /不定詞/ …に…を教え込む. 比較 ⇨ ENSEIGNER.
  ❹ [考え, 感情など]を抱く, 思いつく. ▶ *former* un souhait 望みを抱く / *former* le projet de

＋不定詞 …する計画を立てる.
former un numéro (*de téléphone*)（電話の）ダイヤルを回す, 番号を押す.
Les voyages forment la jeunesse. 諺（旅は若者を鍛える→）かわいい子には旅をさせよ.
— **se former** ❶ 形成される, 発生する; 組織される, 編成される. ▶ *Une pellicule se forme à la surface du lait.* 牛乳の表面に膜ができる. ❷〈*se former* en ＋ 無冠詞名詞〉…の形になる［並ぶ］. ▶ *L'armée se forme en carré.* 軍隊は方陣を敷いた. ❸ 自己形成する, 成熟する, 発育する;〔少女が〕年ごろになる. ❹〔考えなど〕を抱く, 生は間違臆的. ▶ *se former* une opinion sur qc …について意見を持つ.

formica /fɔrmika/ 男〖米語〗商標 フォーマイカ, ホルミカ: 化粧材に用いる合成樹脂積層板.

***formidable** /fɔrmidabl/ フォルミダーブル/ 形
〖英仏そっくり語〗
英 formidable 恐ろしい.
仏 formidable すばらしい.
❶ 話 すばらしい, 最高の. ▶ un film *formidable* すばらしい映画 / *C'est un type formidable!* あいつはすごくいいやつだ. 比較 ⇨ ADMIRABLE. ❷ なみはずれて大きい, 途方もなく大きい, すさまじい. ▶ un nombre *formidable* 膨大な数. ❸ 話 とんでもない, あきれた. ▶ *Vous êtes formidable.* あなたにはあきれた.

formidablement /fɔrmidabləmɑ̃/ 副 話 すごく, たいへん.

formique /fɔrmik/ 形〖化学〗acide *formique* ギ酸 / aldéhyde *formique* ホルムアルデヒド.

formol /fɔrmɔl/ 男〖化学〗ホルマリン.

formosan, ane /fɔrmozɑ̃, an/ 形 台湾 Formose の. — **Formosan, ane** 名 台湾人.

Formose /fɔrmo:z/ 固有 男 台湾（＝Taiwan）.

formulable /fɔrmylabl/ 形（はっきり）表明［表現］できる;〔書式どおり〕作成できる.

formulaire /fɔrmylɛ:r/ 男 ❶ 申し込み用紙, 調査用紙. ❷ 書式集; 公式集.

formulation /fɔrmylasjɔ̃/ 女 ❶ 表明; 表明の仕方. ❷ 定式化. ▶ la *formulation* d'une doctrine 理論の定式化.

***formule** /fɔrmyl/ フォルミュル/ 女 ❶ 方式, 様式, 方法, スタイル. ▶ *formule* de paiement 支払い方法 / trouver une bonne *formule* 便利な方法を見つける / une nouvelle *formule* de revue 新趣向の雑誌 / *formule* à vingt euros 20ユーロのセットメニュー. ❷ 標語; 言い回し. ▶ *formule* publicitaire 宣伝文句, コピー / *formule* heureuse うまい言い回し. ❸ 決まり文句, 定型表現. ▶ *formules* de politesse 挨拶の決まり文句. ❹ 式, 公式. ▶ *formule* chimique 化学式. ❺（文書の）書式;（記入式の）用紙, 申込書. ▶ remplir une *formule* 用紙に記入する / la *formule* d'un contrat 契約書の書式 / *formule* de mandat 為替用紙. ❻〖モータースポーツ〗フォーミュラ. ▶ *formule* 1 フォーミュラワン.

formuler /fɔrmyle/ 他動 ❶〔考えなど〕を（明確に）述べる, 表明する. ▶ *formuler* une demande 要求を出す. ❷〔公式文書など〕を作成する. — **se formuler** 代動〔考えなどが〕表明される, 述べられる.

fornication /fɔrnikasjɔ̃/ 女 ❶〖宗教〗姦淫（かん）の罪. ❷ 話 肉体関係.

forniquer /fɔrnike/ 自動 ❶〖宗教〗姦淫（かん）の罪を犯す. ❷ 話〈*forniquer* avec qn〉…と肉体関係を持つ.

***fort, forte** /fɔ:r, fɔrt/ 形 ❶（力の）強い; 頑丈な, 堅固な（↔faible）. ▶ un homme grand et *fort* 背が高く力の強い男 / avoir une *forte* constitution 頑丈な体格をしている / de la colle *forte* 強力接着剤 / un cuir *fort* 丈夫な革 / une ville *forte* 要塞（ようさい）都市.

❷《婉曲に》（特に女性について）太った, 肉付きのよい. ▶ une *forte* poitrine 厚い［豊かな］胸 / une femme *forte* des hanches ヒップの大きい女性.

❸（精神面で）強固な, 毅然（きぜん）とした. ▶ un caractère *fort* 剛毅な性格 / être *fort* dans l'adversité 逆境に強い / une *forte* femme 気丈な女性.

❹ 権力の強い, 有力な; 強圧的な. ▶ l'homme *fort* d'un parti ある政党の実力者 / un gouvernement *fort* 強力な政府 / un régime *fort* 強権的政府.

❺ すぐれた, 秀でた. ▶ un élève *fort* よくできる生徒. ◆être *fort* en［à, sur］qc …がよくできる, に強い. 注 en は学科・分野に, à はゲームやスポーツなどに, sur は特殊なテーマに用いる. ▶ être *forte* en histoire 歴史がよくできる / être *fort* aux échecs チェスが強い / Il est *fort* sur les questions politiques. 彼は政治問題に詳しい.

❻（程度の）激しい, 強烈な;（におい, 味の）きつい, 辛い. ▶ un vent *fort* 強風 / faire une *forte* impression sur qn …に強烈な印象を与える / lunettes *fortes* 度の強いめがね / du café *fort* 濃いコーヒー / de la moutarde *forte* 辛口のマスタード / du fromage *fort* においのきついチーズ.

❼（多く名詞の前で）多量の, 多くの, 大きな. ▶ une *forte* population たくさんの人口 / une *forte* natalité 高い出生率 / payer le prix *fort*（値引なしの）高い代金を払う / Vous avez de *fortes* chances de réussir. あなた（方）は大いに成功する見込みがありますよ.

❽ 話 信じ難い, 途方もない, 度が過ぎた, ひどい. ▶ *C'est fort.* ＝ *C'est un peu fort* (de café). ＝ *C'est trop fort.* それはひどい［信じられないことだ］/ *La plaisanterie est un peu forte.* その冗談はちょっとすぎます.

C'est plus fort que moi. 私はそうせずにはいられない; 私にはどうしようもない.

être fort de qc …に支えられている, を後ろ盾にしている, に守られる. ◆*être fort de* l'aide de qn …の援助に支えられている.

fort de ＋ 数量表現 …の兵力の, 総数の…の. ▶ une armée *forte* de trois mille hommes 兵力3000人の軍隊.

Le plus fort[Ce qu'il y a de plus fort],

c'est que + 直説法. 最も驚くべきことは…である; 悪いことには…だ. ▶ Et *le plus fort, c'est qu'*il le croyait. 特に驚くべきことは, 彼がそれを信じていたということだ.

se faire fort de + 不定詞 …ができると自負する. 注 fort は不変. ▶ Elle *se fait fort de* réussir. 彼女は成功できると自負している.

une forte tête 反抗的な人, 強情張り.

比較 (体が)強い, 頑健な
fort 最も一般的. **robuste, solide** 特に体格のよさを連想させる. **costaud** くだけた表現. **vigoureux** 《改まった表現》健康で活力にあふれていること.

— ***fort*** 副 ❶ 強く, 強烈に, 激しく. ▶ frapper [serrer] *fort* 強くノックする [握る] / sentir *fort* 強烈ににおう / Le vent souffle *fort*. 風が激しく吹く. ❷ 《文章》大いに, たくさん, ひどく, 非常に. ▶ *Fort* bien! たいへん結構 / un oiseau *fort* petit ごく小さな鳥 / Je doute *fort* que vous réussissiez. あなたが成功するはまず無理だと思っている / Il aura *fort* à faire fortafɛːr/ pour nous convaincre. 彼が我々を説得するのは容易ではないだろう / Je sais *fort* bien que + 直説法. 私は…ということは十分承知している.

Ça ne va pas fort. 話 (事態などについて)思わしくない, 調子がよくない.

Ça va (très) fort. 《とても》順調だ.

(C'est) de plus en plus fort. 話 それはますますすばらしい [すごい].

faire fort 強硬手段を取る, 事を荒立てる; 大成功する, 目立つ.

(y) aller fort 話 大げさに言う, 誇張する; やりすぎる. ▶ Tu *y vas* un peu *fort* tout de même. いくらなんでも君はちょっと言いすぎだよ.

— **fort** 男 ❶ 強い人, 強者. ▶ protéger le faible contre le *fort* 弱者を強者から守る / Les échecs aguerrissent les *forts*. 失敗は強者を鍛える. ❷ 強み, 長所, 利点; 得意, 得手. ▶ le *fort* et le faible d'une personne 人の長所と短所 / L'histoire n'est pas mon *fort*. 歴史は私の得意科目ではない. ❸ 要塞, 城塞, 砦(とりで).

au (plus) fort de qc 《文章》…の真っ盛り [真っ最中] に. ▶ *au fort de* l'été 夏の盛りに / *au plus fort de* la douleur 苦痛の頂点で.

La raison du plus fort est toujours la meilleure. 諺 最強者の言い分は常に正しい, 無理が通れば道理が引っ込む(ラ・フォンテーヌ「寓話(ぐうわ)」).

forte /fɔrte/ 《イタリア語》副 《音楽》フォルテ, 強く. — 男 《単複同形》フォルテの部分, 強奏.

fortement /fɔrtəmɑ̃/ 副 ❶ 強く, 力を込めて; しっかりと. ❷ 熱烈に, 激しく. ❸ ひどく, 非常に.

forteresse /fɔrtərɛs/ 女 ❶ 要塞(ようさい), 砦(とりで); (牢獄(ろうごく)に用いた)城塞. ❷ ‹*forteresse de qc*› …を守り通す牙城. ▶ une *forteresse* du conservatisme 保守の牙城.

fortiche /fɔrtiʃ/ 形 話 ❶ 頭のいい; 抜け目のない. ❷ 頑健な, たくましい.

fortifi*ant*, *ante* /fɔrtifjɑ̃, ɑ̃ːt/ 形 体を強壮にする; 元気づける. ▶ une nourriture *fortifiante* 栄養食.

— **fortifiant** 男 滋養 [栄養] 物, 強壮剤.

fortification /fɔrtifikasjɔ̃/ 女 ❶ 《多くの場合で》要塞(ようさい), 防塁; (パリの)城壁跡. ❷ (陣地などの)要塞化, 築城.

fortifier /fɔrtifje/ 他動 ❶ 〔体〕を強くする, 丈夫にする. ▶ un exercice qui *fortifie* le corps 体を鍛える運動 / 《目的語なしに》un remède qui *fortifie* 強壮剤. ❷ 〔能力, 性格など〕を強める, 強化する. ▶ *fortifier* la mémoire 記憶力を高める / *fortifier* qn dans son opinion …の判断を固めさせる. ❸ 〔要塞(ようさい)など〕に防備を施す. ▶ une ville *fortifiée* 要塞都市.

— **se fortifier** 代動 ❶ 体を鍛える, 丈夫になる. ❷ (精神的に)強固になる; 強化される. ▶ *se fortifier* dans qc …に固執する, を固める.

fortiori /fɔrsjɔri/ 《ラテン語》⇨ A FORTIORI.

fortissimo /fɔrtisimo/ 《イタリア語》副 《音楽》フォルティシモ, 極めて強く.

— 男 《単複同形》最強音部.

fortu*it*, *ite* /fɔrtɥi, it/ 形 偶然の, 偶発的な; 不測の. ▶ un événement *fortuit* 偶発事件.

fortuitement /fɔrtɥitmɑ̃/ 副 偶然に, 偶発的に, たまたま.

fortune /fɔrtyn フォルテュヌ/ 女 ❶ 財産, 資産; 大金. ▶ une grande *fortune* 巨万の富 / élever [perdre] sa *fortune* 財を成す [身上をつぶす] / avoir de la *fortune* 裕福である / coûter une *fortune* とても高くつく. 比較 ⇨ BIEN.
❷ 富豪, 資産家. ▶ Il est une des grosses *fortunes* de France. 彼はフランスでも有数の財産家だ. ❸ 《文章》運命, 境遇, 巡り合わせ. ▶ bonne *fortune* 幸運; 艶福(えんぷく) / mauvaise *fortune* 不運, 不幸 / la *Fortune* 運命の女神 / J'ai eu la bonne *fortune* de le rencontrer. 運よく彼に会えました / les caprices de la *fortune* 運命のいたずら.

à la fortune du pot あり合わせの料理で. ▶ dîner *à la fortune du pot* 簡単な夕食を取る.

chercher [tenter] fortune 《文章》(1) 新天地を切り開く. (2) 運を試す, 一か八(ばち)かやってみる.

de fortune 臨時の; 急場しのぎの, 応急の. ▶ des moyens *de fortune* 一時しのぎのやり方 / une réparation *de fortune* 応急修理.

faire fortune (1) 財を成す. (2) 成功を収める.

La fortune vient en dormant. 諺 果報は寝て待て.

revers de fortune 災難, 不運.

fortun*é*, *e* /fɔrtyne/ 形 裕福な, 金持ちの.

forum /fɔrɔm/ 男 《古代ローマ》 ❶ フォーラム, 公開討論会. ❷ 《情報》*forum* de discussion ディスカッション・フォーラム. ❸ (古代ローマの)公共広場.

fosse /foːs/ 女 ❶ (人工の)穴; 壕(ごう), ピット. ▶ creuser [faire] une *fosse* 穴を掘る / *fosse* aux ours (動物園の)クマ用ピット / *fosse* d'orchestre (劇場の)オーケストラ・ボックス. ❷ 墓穴. ▶ une *fosse* commune 共同墓穴 / ensevelir [enterrer] qn dans une *fosse* …を埋葬する. ❸ 《海洋学》海溝 (= *fosse* océanique). ❹ 《解剖》窪(くぼ)み; 骨などのくぼみ. ▶ *fosse* nasale 鼻腔(びこう).

creuser sa (propre) fosse (自ら)墓穴を掘

る.

descendre dans la fosse aux lions 強敵と対決する, 危険に立ち向かう.

*fossé /fose フォセ/ 男 ❶ 溝, 堀, 壕(ﾎ); . ▶ La voiture est allée dans le *fossé*. 車は溝に突っ込んだ. ❷ (精神的な)溝, 断絶. ▶ le *fossé* des générations ジェネレーション・ギャップ / Le *fossé* s'est élargi entre eux. 彼らの間の溝は広がった.

fossette /fɔsɛt/ 女 えくぼ; (あごやひじにできる)へこみ.

fossile /fɔsil/ 男 ❶ 化石. ❷ 話 時代遅れの人.
— 形 ❶ 化石(状)の, 化石化した. ▶ énergies *fossiles* 化石エネルギー. ❷ 話 時代遅れの, 古臭い.

fossiliser /fɔsilize/ 他動 ❶ …を化石にする. ❷ 〔制度など〕を硬直化させる.
— **se fossiliser** 代動 化石[硬直]化する.

fossoyeur, euse /foswajœːr, øːz/ 男 ❶ 墓掘り人. ❷ 文章 〈*fossoyeur* de qc〉…を葬り去る人. ▶ le *fossoyeur* d'une civilisation 文明の破壊者.

*fou, folle /fu, fɔl フー, フォル/ 形

男性単数 fou	女性単数 folle
男性第2形 fol	
男性複数 fous	女性複数 folles

*fol は母音または無音のhで始まる男性名詞の前で用いる.

❶ 気のふれた; まともではない. ▶ devenir *fou* 頭がおかしくなる / un regard *fou* 錯乱した[異常な]目つき / avoir un *fou* rire (抑えきれずに)ばか笑いする / Il faut être *fou* pour + 不定詞. まともなら…することはできない / Sa lenteur me rend *fou*. 彼(女)ののろさには頭にくる / Tu es *fou* de conduire si vite! そんなにスピードを出して運転するなんてどうかしてるよ.

❷ 〈*fou* de qn/qc〉…に夢中になった; (激しい感情)で我を忘れた. ▶ Elle est *folle* de musique. 彼女は音楽マニアだ / être *fou* de joie [colère] 狂喜する[怒り狂う].

❸ (数量, 程度の)なみはずれた, 法外な. ▶ prix *fou* ばか高い値段 / succès *fou* 空前の大成功 / mettre un temps *fou* à [pour] + 不定詞. …することに途方もない時間をかける / Il y a un monde *fou*! ものすごい人出だ.

❹ 〔機械など〕狂っている, 乱れた. ▶ balance *folle* 狂った秤(ﾊﾞ) / une mèche *folle* ほつれ毛.

être fou à lier 完全に気が狂っている.

Il n'est pas fou. 話 彼はばかじゃない[抜け目がない].

une tête folle 気まぐれ屋.

— 名 ❶ 気のふれた人; 正気ではない人. ▶ comme un *fou* 気のふれた人のように. ❷ 〈*fou* de qc〉…に夢中の人. ▶ C'est「un *fou*[une *folle*]du jazz. あの人はジャズに夢中だ.

faire le fou はしゃぎ回る, ばかふざけする.

histoire de fous 信じがたい[ばかげた]話.

Plus on est de fous, plus on rit. はしゃぐ仲間が多ければますます陽気になる.

fou /fu/ 男 ❶ (王侯に仕えた)道化. ❷ (チェスの)ビショップ. ❸ 〖鳥類〗カツオドリ.

fouailler /fwaje/ 他動 文章 ❶ 〔馬など〕を続けざまに鞭(ﾑﾁ)で打つ. ❷ …を痛罵(ﾂｳﾊﾞ)する.

foudre /fudr/ 女 ❶ 雷. ▶ La *foudre* éclate [tombe]. 雷が走る[落ちる] / être frappé par la *foudre* 雷に打たれる. ❷ 《複数で》激怒; 制裁. ▶ s'attirer les *foudres* de qn/qc …の怒りを招く.

comme la foudre 電光石火のごとく.

coup de foudre 一目ぼれ. ▶ avoir le *coup de foudre* pour qn/qc …を一目で気に入る.

— 男 un *foudre* de guerre 《ときに皮肉に》勇将, 猛将.

foudroiement /fudrwamɑ̃/ 男 文章 雷撃, 雷に打たれること.

foudroyant, ante /fudrwajɑ̃, ɑ̃ːt/ 形 電撃的な, 突発的な; 猛烈な. ▶ mort *foudroyante* 即死, 急死 / nouvelle *foudroyante* 寝耳に水のニュース / à une vitesse *foudroyante* 猛スピードで. ❷ 急死させる. ▶ poison *foudroyant* 猛毒.

regard foudroyant 射すくめるような目つき.

foudroyer /fudrwaje/ 10 他動 ❶ …を雷撃する; 〔高圧電流が〕…を感電(死)させる. ❷ …を即死させる; 撃ち殺す. ▶ Une crise cardiaque l'a *foudroyé*. 心臓発作で彼は急死した. ❸ …に衝撃を与える. ▶ La nouvelle de sa mort m'a *foudroyé*. 彼(女)の死の知らせは私を打ちのめした.

foudroyer qn du regard …を鋭い眼光で射すくめる.

fouet /fwɛ/ 男 ❶ 鞭(ﾑﾁ); 鞭打ち(の罰). ❷ 文章 辛辣(ｼﾝﾗﾂ)な皮肉, 厳しい批判. ❸ 泡立て器.

de plein fouet 真正面から(の), まともに. ▶ se heurter de plein *fouet* 正面衝突する.

donner un coup de fouet à qc/qn …に鞭を入れる; を鞭撻(ﾍﾞﾝﾀﾂ)する.

fouettard /fwetaːr/ 形 《男性形のみ》 Père *Fouettard* 鞭(ﾑﾁ)打ちじいさん (悪い子を鞭で懲らしめる架空の人物).

fouetté, e /fwete/ 形 泡立てた, ホイップした. ▶ crème *fouettée* ホイップ・クリーム.

fouettement /fwetmɑ̃/ 男 鞭(ﾑﾁ)で打つこと; (雨などが)たたきつけること.

fouetter /fwete/ ❶ …を鞭(ﾑﾁ)で打つ. ❷ 〔雨などが〕…を激しく打つ, たたきつける. ▶ La pluie lui *fouettait* le visage. 雨が彼(女)の顔に打ちつけていた. ❸ 〔卵白, 生クリームなど〕を泡立てる. ❹ …を刺激する, 興奮させる.

avoir d'autres chats à fouetter (ほかに鞭打つべき猫がいる→) 話 もっと大事なことがある.

Il n'y a pas de quoi fouetter un chat. (猫を鞭打つほどのことではない→) 話 たいした過ちではない.

— 間他動 〈*fouetter* contre qc〉…に打ちつける.
— 自動 ❶ 〔機械部品などが〕空転する. ❷ 俗 悪臭がする. ❸ 俗 怖がる, びくびくする.

foufou, fofolle /fufu, fɔfɔl/ 形 話 頭の軽い, 能天気な.

fougère /fuʒɛːr/ 女 〖植物〗シダ.

fougue /fug/ 女 熱情, 血気. ▶ avec *fougue* 意気盛んに.

fougueusement

fougueusement /fugøzmɑ̃/ 副 激しく, 血気盛んに, 熱烈に.

fougueux, euse /fugø, ø:z/ 形 熱情的な, 血気盛んな, 興奮した. ▶ un tempérament *fougueux* 激しやすい気性 / jeunes gens *fougueux* 血気にはやる若者たち.

fouille /fuj/ 女 ❶ (多く複数で)発掘(作業); 発掘現場. ❷ 捜索; (所持品の)検査. ▶ la *fouille* des bagages en douane 税関での荷物検査.

*fouiller /fuje フイエ/ 他動 ❶ …を探し回る; のポケット[所持品]を調べる. ▶ *fouiller* la maison 家宅捜索をする / *fouiller* un voleur 泥棒の所持品検査をする / se faire *fouiller* à la frontière 国境で所持品を調べられる. ❷〔問題など〕を深く掘り下げる. ▶ *fouiller* un problème 問題を掘り下げる. ❸〔地面など〕を掘り起こす; 発掘する.
— ***fouiller** 自動 <*fouiller* (dans qc)> ❶ (…の中を)掘る; (…の)発掘作業を行う. 比較 ⇨ DÉTERRER. ❷ (…の中を)探る. ▶ *fouiller* dans ses poches ポケットを探る / *fouiller* dans sa mémoire 記憶を探る.
— **se fouiller** 代動 自分のポケットを探る. *Tu peux toujours te fouiller.* (自分のポケットの中を探せばよい→)人を当てにしてもだめだよ.

fouilleur, euse /fujœ:r, ø:z/ 名 ❶ 探し回る[調べる]のが好きな人. ❷ 発掘者. ❸ 所持品検査係.

fouillis /fuji/ 男 話 雑然とした堆積(ﾀｲｾｷ); 乱雑, 雑多. ▶ un *fouillis* de papiers 乱雑に積み重ねた書類の山.

fouine /fwin/ 女 ❶〔動物〕ムナジロテン. ❷ 話 詮索(ｾﾝｻｸ)好きな人; ずる賢い人.

fouiner /fwine/ 自動 話 ❶ <*fouiner* dans qc> (他人事)に首を突っ込む. ▶ *fouiner* dans la vie privée de qn …の私生活を詮索する. ❷ <*fouiner* + 場所>…を丹念に探し回る. ▶ *fouiner* dans la bibliothèque 図書館中を探し回る.

fouineur, euse /fwinœ:r, ø:z/ 形, 名 詮索(ｾﾝｻｸ)好きな人.

fouir /fwi:r/ 他動〔動物が土〕を掘る.

fouisseur, euse /fwisœ:r, ø:z/ 形〔動物が〕土を掘る(のに適した).
— **fouisseur** 男 土を掘る動物(モグラなど).

foulage /fula:ʒ/ 男 圧搾, 圧縮.

foulant, ante /fulɑ̃, ɑ̃:t/ 形 ❶ 圧搾する, 圧縮する. ▶ pompe *foulante* 押し上げポンプ. ❷ 話 (多く否定的表現で)骨の折れる. ▶ Ce n'est pas un travail bien *foulant*. これは結構楽な仕事だ.

foulard /fula:r/ 男 スカーフ, ネッカチーフ.

*foule /ful/ 女 ❶ 群衆, 人だかり; 雑踏. ▶ se mêler à la *foule* 人込みに紛れ込む / fendre la *foule* 雑踏をかき分ける / Il y a *foule*. すごい人出だ. ❷ (la foule) (エリートに対する)一般大衆. ▶ flatter la *foule* 大衆におもねる.
en foule 大勢で, 群をなして; 大量に.
une foule de + 無冠詞複数名詞 たくさんの…. ▶ Il m'a posé *une foule de* questions. 彼は私に質問を山ほど浴びせた. 注 主語になるとき, 動詞は3人称単数(集合的)または複数(個別的)の例:*Une foule de* gens pensent[pense] que c'est faux. 多くの人がそれは間違いだと思っている.

foulée /fule/ 女 (走者, 馬などの)歩幅, ストライド. ▶ courir à grandes *foulées* 大きなストライドで走る / suivre qn dans sa *foulée* …にぴったりついて走る.
dans la foulée (de qc) (…の)勢いに乗って; (…に)引き続いて.

fouler /fule/ 他動 ❶ …を押しつぶす, 圧搾[圧縮]する. ▶ *fouler* du raisin ブドウを破砕する. ❷ …を踏む. ▶ *fouler* le sol de sa patrie 故国の土を踏む. ❸〔手足, 関節など〕を捻挫(ﾈﾝｻﾞ)させる.
fouler qn/qc aux pieds (怒りやくやしさで)…を踏みつける;〔意見, 規則など〕を踏みにじる.
— **se fouler** 代動 ❶ (自分の)〔手足など〕をくじく, 捻挫する. 注 se は間接目的. ▶ *se fouler* la cheville 踝(ｸﾙﾌﾞｼ)をくじく. ❷ 話 <ne pas *se fouler*> 労を惜しむ, 努力しない. ▶ Il ne *s'est* pas tellement *foulé* pour réussir à son examen. 彼はたいして努力もせずに試験に合格した / sans *se fouler* なんの苦もなく.

foulure /fuly:r/ 女 軽い捻挫(ﾈﾝｻﾞ), 筋違い.

*four /fu:r/ 男 フール ❶ オーブン, 天火; パン焼き窯. ▶ *four* à micro-ondes 電子レンジ / *four* électrique 電気オーブン / faire cuire qc dans le *four* …をオーブンで焼く / mettre qc au [dans le] *four* …をオーブンに入れる.
❷ 窯, 炉. ▶ *four* à céramique 陶器焼き窯 / *four* solaire 太陽炉.
❸ 話 〔芝居, 興行などの〕失敗. ▶ faire un *four* 失敗する, 当たらない. ❹〔菓子〕petits *fours* プチフール:一口大のケーキ.
Il fait noir comme dans un four. (かまどの中のように)非常に暗い.

fourbe /furb/ 形, 名 古風 狡猾(ｺｳｶﾂ)な(人); 偽善的な(人).

fourberie /furbəri/ 女 ❶ 狡猾(ｺｳｶﾂ)さ, 陰険. ❷ 文章 かたり, ぺてん, 詐欺.

fourbi /furbi/ 男 ❶ 身の回り品一式; (兵士の)装具[武器]一式. ❷ 散らかったもの, がらくたの山. ❸ (物の名前を言う代わりに)それ, これ, あれ.

fourbir /furbi:r/ 他動〔金属製品〕を磨く, 研ぐ.
fourbir ses armes 文章 武器を磨く; 戦い[試練]に備える.

fourbissage /furbisa:ʒ/ 男 (金属製品の)研磨, 艶(ﾂﾔ)出し.

fourbu, e /furby/ 形 疲れ果てた, へとへとの.

fourche /furʃ/ 女 ❶ 熊手(ｸﾏﾃﾞ), フォーク. ▶ *fourche* à foin 干し草フォーク. ❷ 二また道, 分かれ道;〔樹〕のまた. ❸ (自転車, オートバイの)前フォーク.

fourcher /furʃe/ 自動 古風〔道, 枝などが〕分岐する, またになる.
La langue lui a fourché. = *Sa langue a fourché.* 話 彼(女)は言い間違えた.

*fourchette /furʃɛt/ フルシェット/ 女 ❶ フォーク. ▶ la *fourchette* et le couteau フォークとナイフ / *fourchette* à dessert デザート用フォーク.
❷ フォーク形の器具[器官]; (秤(ﾊｶﾘ)の)揺れ止め; (自動車の)シフトフォーク.
❸ (数値の)上・下限差, 変動幅; 予想幅. ▶ *four*-

chette des prix du lait 牛乳の値幅 / donner la première *fourchette* des résultats des élections 選挙結果の最初の予測幅を出す.
avoir un joli [bon] coup de fourchette 食欲旺盛である, 大食漢である.

fourchu, e /furʃy/ 形 またになった, 分岐した. ▶ un arbre *fourchu* 幹が分かれた木 / un chemin *fourchu* 二また道.

fourgon /furgɔ̃/ 男 ❶ 有蓋(がい)トラック, バン (=*fourgon* automobile); 現金輸送車. ▶ *fourgon* à bestiaux 家畜運搬車 / *fourgon* de déménagement 引っ越し用のバン / *fourgon* mortuaire [funéraire] 霊柩(きゅう)車. ❷ 有蓋鉄道貨車.

fourgonner /furgɔne/ 間他動 話 <*fourgonner* dans qc> …をひっかき回す, 探す. ▶ *fourgonner* dans une armoire 戸棚の中をひっかき回す.

fourgonnette /furgɔnɛt/ 女 ライトバン.

fourguer /furge/ 他動 俗 [粗悪品, 盗品]を売りつける; 安く売りさばく.

****fourmi** /furmi/ 女 ❶ アリ. ▶ *fourmi* ailée 羽アリ / *fourmi* blanche シロアリ. ❷ (アリのように)勤勉で倹約する人.
avoir des fourmis dans「les jambes [les pieds] 足が(しびれて)ちくちくする.
travail de fourmi 根気のいる仕事.

fourmilier /furmilje/ 男 [動物]アリクイ.

fourmilière /furmiljɛːr/ 女 ❶ アリの巣.
❷ 大勢の人がひしめく場所.
donner un coup de pied dans la fourmilière ハチの巣をつついたような騒ぎを起こす.

fourmi-lion /furmiljɔ̃/ 複 ~s-~s, **fourmilion** 男 [昆虫]ウスバカゲロウ, アリジゴク.

fourmillement /furmijmɑ̃/ 男 ❶ (群衆, 虫などの)ひしめき; 雑踏. ❷ 蟻走(ぎそう)感; (しびれたりしたときの)ちくちくする感じ.
un fourmillement de + 無冠詞複数名詞 ひしめく群れ; たくさんの…. ▶ *un fourmillement d'idées* 無数の考え.

fourmiller /furmije/ 自動 ❶ (アリのように)群がる, うようよいる, たくさんある. ▶ Les erreurs *fourmillent* dans ce texte. この文章は間違いだらけだ. ❷ [足などが]ちくちくする.
— 間他動 <*fourmiller* de + 無冠詞複数名詞> …でいっぱいである, …に満ちている. ▶ Ce quartier *fourmille* de touristes. この界隈(かい)は観光客がひしめいている.

fournaise /furnɛːz/ 女 ❶ 猛烈に熱い所; 猛暑.
❷ 燃え盛る火, 猛火.

****fourneau** /furno/ 複 **×** 男 ❶ (製鉄所などの)窯, 炉. ▶ *fourneau* à charbon 炭焼き窯 / haut(-)*fourneau* 高炉; 製鉄所.
❷ (料理用)かまど, レンジ (=*fourneau* de cuisine). ❸ (パイプの)火皿.
être aux「à ses] fourneaux 料理中である.

fournée /furne/ 女 ❶ (パン, 陶器, 煉瓦(れんが)などの)1窯分. ▶ faire deux *fournées* (de pain) par jour 1日に2度パンを焼く.
❷ 話 (皮肉に)(行動をともにする)一群, 一行. ▶ une *fournée* de touristes 観光客の一行.

fourni, e /furni/ 形 (*fournir* の過去分詞) ❶ [品物などが]豊富に備わった. ▶ un magasin bien *fourni* en alimentation 食料品の品ぞろえのいい店 / une table bien *fournie* 豊かな食卓.
❷ [生け垣などが]よく茂った; [毛髪などが]濃い.

fournil /furni/ 男 パン屋の製パン室.

fourniment /furnimɑ̃/ 男 (兵士の)装具一式; (職業用の)必需品一式.

****fournir** /furniːr/ フルニール /他動

直説法現在 je fournis　nous fournissions
複合過去 j'ai fourni　単純未来 je fournirai

❶ <*fournir* qn de [en] qc> [顧客や店などに]…を納入する, 納める. ▶ un négociant qui *fournit* en vins de grands restaurants 大きなレストランにワインを納めている仲買人.
❷ <*fournir* qc (à qn)> (…に)…を提供する, 供給する, 与える; 提示する. ▶ *fournir* le vivre à des réfugiés 難民に食糧を支給する / Il m'a *fourni* des renseignements. 彼は私に情報をくれた / *fournir* la preuve de qc …の証拠を提出する. 比較 ⇨ DONNER.
❸ …を産出する, 生産する; 世に出す. ▶ un vignoble qui *fournit* un vin estimé 定評のあるワインを産するブドウ栽培地 / une école qui *fournit* des spécialistes 専門家を輩出している学校.
❹ [仕事など]を果たす, 成し遂げる. ▶ Il a dû *fournir* un effort considérable. 彼は多大の努力を払わねばならなかった / L'équipe *a fourni* un jeu remarquable. チームは見事な試合を行った.
— 間他動 <*fournir* à qc> [経費など]を出す, 満たす, 賄う. ▶ Il *fournit* à l'entretien de sa nièce. 彼は姪(めい)の生活費を出してやっている.
— **se fournir** 代動 <*se fournir* (en qc) + 場所> …で[食糧, 日用品などを]調達[購入]する. ▶ *se fournir* toujours chez le même épicier いつも同じ食料品店で買い物をする.

fournisseur, euse /furnisœːr, øːz/ 名 ❶ 納入業者, 出入りの商人. ❷ 供給国, 輸出国. ❸ *fournisseur* d'accès à Internet [情報]インターネットアクセスプロバイダー.

fourniture /furnityːr/ 女 ❶ 供給, 供与; 納入.
❷ 《多く複数で》納入品; 用品, 必要雑品. ▶ *fournitures* scolaires 学用品.

fourrage /furaːʒ/ 男 秣(まぐさ), 飼い葉.

fourrager[1] /furaʒe/ ② 間他動 話 <*fourrager* dans qc> …の中をひっかき回す. ▶ *fourrager* dans un tiroir 引き出しをひっかき回す.
— 他動 …をかき回す.

fourrager[2], **ère** /furaʒe, ɛːr/ 形 飼料用の, 秣(まぐさ)用の.
— **fourragère** 女 ❶ (軍人, 警官などの)肩章の飾りひも. ❷ 飼い葉用の草地. ❸ 秣運搬車.

fourré, e /fure/ 形 ❶ 毛の裏地がついた. ❷ <*fourré* à qc> [食べ物が]…の詰まった, …入りの. ▶ bonbons *fourrés* à la crème クリーム入りボンボン.
coup fourré 話 不意打ち, だまし打ち.
être toujours fourré + 場所 話 …に入り浸る.

fourré /fure/ 男 やぶ, 茂み.

fourreau /furo/; 複 **×** 男 ❶ 鞘(さや), (細長い)

袋. ▶ sortir l'épée du *fourreau* 鞘から剣を抜く / *fourreau* de parapluie 傘のカバー. ❷〖服飾〗(ストレートで細身の)シースドレス；スリムスカート.

fourrer /fure/ 他動 ❶ 俗 …を押し込む，突っ込む；(無造作に)置く. ▶ *fourrer* ses mains dans ses poches 両手をポケットに突っ込む / Où ai-je pu *fourrer* mon stylo? いったいどこに万年筆をしまったかな / *fourrer* qn en prison …を牢にぶち込む. ❷ …に裏地をつける. ▶ *fourrer* un manteau avec du lapin コート裏にウサギの毛皮をつける. ❸〖菓子〗に詰め物をする.

fourrer qc à qn dans la tête 話 …(の頭)に…を吹き[教え]込む，と思い込ませる.

fourrer son nez dans qc 話 …に鼻を突っ込む.

— **se fourrer** 代動 俗 潜り込む；陥る. ▶ *se fourrer* dans un coin 片隅に身を潜める / *se fourrer* dans un guêpier 窮地に陥る.

ne plus savoir où se fourrer (恥ずかしくて)穴があったら入りたい.

se fourrer le doigt dans l'œil ひどい間違いを犯す.

se fourrer qc dans la tête …を思いつく；だと思い込む.

fourre-tout /furtu/ 男 (単複同形) 話 ❶ がらくたを置く場所. ❷ (旅行用の)雑嚢(ぞう)，ナップサック.

fourreur /fuɾœːr/ 男 毛皮職人，毛皮商人.

fourrier /furje/ 男 ❶〖軍事〗(食糧，衣料，宿舎担当の)補給係(下)士官. ❷ 文章 先駆者；前触れ，前兆. ▶ être le *fourrier* de qn/qc …の先駆け[前触れ]となる(注 おもに悪い意味で用いる).

fourrière /furjɛːr/ 女 ❶ (野良犬などの)収容所. ❷ (駐車違反車の)車両置き場.

*fourrure /fuɾyːr フリュール/ 女 ❶ 毛皮；毛皮の服. ▶ un manteau de *fourrure* 毛皮のコート. ❷ (動物の)見事な毛並み.

fourvoiement /furvwamɑ̃/ 男 文章 ❶ 道の間違い，道に迷うこと. ❷ 誤り，過ち.

fourvoyé, e /furvwaje/ 形 ❶ 道を間違えた. ❷ 誤りを犯した.

fourvoyer /furvwaje/ 10 他動 文章 …に道を間違えさせる；に正道を踏み外させる，を誤らせる.

— **se fourvoyer** 代動 文章 *se fourvoyer* (dans qc) (…に)迷い込む；判断を誤る.

fous, fout /fu/ 活用 ⇨ FOUTRE 66

foutaise /futɛːz/ 女 話 くだらないこと.

foutant /futɑ̃/ 活用 foutre の現在分詞.

foutoir /futwaːr/ 男 俗 乱雑な場所.

foutre /futr/ 66《直説法現在，半過去，単純未来，命令法現在，接続法現在，現在分詞，複合時制，過去分詞のみ》他動

過去分詞 foutu	現在分詞 foutant
直説法現在 je fous	nous foutons
複合過去 j'ai foutu	単純未来 je foutrai

俗 ❶ …をやる，する (=faire). ▶ Qu'est-ce qu'il *fout*? あいつ何やってんだ / Qu'est-ce que ça peut me *foutre*? それがこっちになんの関係があるっていうんだ / Il n'a rien *foutu* de la journée. あいつは一日何もしなかった. ❷ …を食らわす，やる (=donner). ▶ *foutre* une gifle à qn …に平手打ちを食わせる / Fous-moi la paix! うるさいな，ほっといてくれ. ❸ …を(乱暴に)置く (=mettre). ▶ *foutre* qc par terre …をひっくり返す / *foutre* qn à la porte …をたたき出す.

Ça la fout mal. これは困った，そいつはまずいな.

foutre le camp さっさと立ち去る，ずらかる.

…, je t'en fous! (…と思いきや)とんでもない.

n'avoir rien à foutre de qc/qn …なんて関係ない，どうでもいい.

Va te faire foutre! とっとと消えうせろ.

— **se foutre** 代動 俗 ❶ 身を置く，身を投じる. ▶ *se foutre* par terre 転ぶ. ❷ *se foutre* de qn/qc …をばかにする，問題にしない. ▶ Je m'en *fous* complètement. そんなことどうでもいいよ.

se foutre dedans 間違う.

foutu, e /futy/ 形 (foutre の過去分詞) 俗 ❶ 駄目になった，壊れた；絶望的な. ▶ Ce poste de radio est *foutu*. このラジオはもう駄目だ. ❷〈bien [mal] *foutu*〉いい[まずい]出来の. ▶ manuel mal *foutu* 分かりにくい手引書 / une fille bien *foutue* スタイルのいい女の子. ❸《名詞の前で》悪い，腹の立つ. ▶ *Foutu* temps! なんて天気だ!

être foutu de + 不定詞 …しかねない. ▶ ne pas être foutu de + 不定詞 …することもできない.

être [se sentir] mal foutu 気分が悪い，疲れている.

fox-terrier /fɔksterje/, **fox** /fɔks/ 男《英語》フォックステリア(犬).

*foyer /fwaje フォワイエ/ 男 ❶ 家，家族，世帯. ▶ femme au *foyer* 専業主婦 / un jeune *foyer* 若夫婦 / fonder un *foyer* 結婚する，家庭を持つ. 比較 ⇨ MAISON. ❷ 集会所，たまり場；宿泊施設. ▶ *foyer* d'étudiants 学生会館；学生寮 / *foyer* d'accueil 青少年保護センター / *foyer* de vieillards 老人ホーム / *foyer* du public (劇場の)休憩ロビー / *foyer* des artistes 出演者控え室，楽屋. ❸ 炉，暖炉，かまど；(暖炉の)火. ❹ (ボイラー，ストーブなどの)火床，火室，窯. ❺ 発生源，中心. ▶ *foyer* d'incendie 火災の火元. ❻〖光学〗焦点. ▶ lunettes à double *foyer* 遠近両用眼鏡.

frac /frak/ 男 燕尾服(なが).

fracas /fraka/ 男 激しい音，大音響；喧噪(はう). ▶ faire du *fracas* 大騒ぎをする / le *fracas* de la rue 通りの喧噪 / avec (un grand) *fracas* 大音響を立てて，轟音(ごう)とともに.

à grand fracas 大々的に.

avec perte et fracas 手荒に，乱暴に.

fracassant, ante /frakasɑ̃, ɑ̃ːt/ 形 ❶ 轟音(ごう)を立てる，騒々しい. ❷ 大反響を呼ぶ，センセーショナルな. ▶ avoir un succès *fracassant* 目覚ましい成功を収める / une déclaration *fracassante* 耳目を集める声明.

fracasser /frakase/ 他動 …を砕く，粉砕する.

— **se fracasser** 代動 ❶ 砕ける，壊れる. ❷〈*se fracasser* qc〉(自分の)…を砕く.

fraction /fraksjɔ̃/ 女 ❶ 部分. ▶ une *fraction*

de terrain 土地の一部 / une *fraction* importante de l'Assemblée 議会の過半数 / hésiter (pendant) une *fraction* de seconde ほんの一瞬ためらう. 比較 ⇨ PARTIE. ❷ (党派, 組織の)分派, フラクション. ❸〖数学〗分数. 注 分子は numérateur, 分母は dénominateur という. ▶ *fraction* décimale 小数.

fractionné, e /fraksjɔne/ 形 分割された, 分けられた.

fractionnel, le /fraksjɔnɛl/ 形 分派的な. ▶ activité *fractionnelle* 分派活動.

fractionnement /fraksjɔnmɑ̃/ 男 分割, 区分; 分裂.

fractionner /fraksjɔne/ 他動 …を分割する, 細分する. — **se fractionner** 代動 分割される, 分かれる.

fractionnisme /fraksjɔnism/ 男 (政党, 政治集団内の)分派主義.

fracture /frakty:r/ 女 ❶ 骨折. ▶ se faire une *fracture* 骨折する. ❷ 破壊; (地殻などの)亀裂. ❸ *fracture* sociale 社会格差 / *fracture* numérique デジタル格差, 情報格差.

fracturer /fraktyre/ 他動 ❶〖骨〗を折る. ❷〖ドア, 錠前など〗を壊す, こじ開ける. — **se fracturer** 代動 (自分の)…を骨折する. ▶ *se fracturer* la jambe 脚を骨折する.

*****fragile** /fraʒil/ フラジル/ 形 ❶ 壊れやすい, もろい. ▶ «*Fragile*»「壊れ物注意」/ *fragile* comme du verre ガラスのように壊れやすい. ❷ (体の)弱い, 虚弱な. ▶ un enfant *fragile* ひ弱な子供 / Il a l'estomac *fragile*. 彼は胃が弱い. ❸ しっかりしていない, 不安定な. ▶ un bonheur *fragile* 不安定な幸福 / une hypothèse *fragile* 根拠薄弱な仮説.

fragilisation /fraʒilizasjɔ̃/ 女 脆弱(ぜい)化.

fragiliser /fraʒilize/ 他動 …をもろくする, 弱くする. — **se fragiliser** 代動 もろくなる, 弱くなる.

fragilité /fraʒilite/ 女 ❶ 壊れやすさ, もろさ. ❷ (体の)弱さ, 虚弱性. ❸ 不安定さ.

fragment /fragmɑ̃/ 男 ❶ 断片; 破片. ▶ les *fragments* du vase cassé 壊れた花瓶の破片. 比較 ⇨ PARTIE. ❷ (文学作品の)抜粋, 一節; 断章. ▶ un *fragment* de Camus カミュの一節.

fragmentaire /fragmɑ̃tɛ:r/ 形 断片的な, 部分的な, ばらばらの. ▶ avoir des connaissances *fragmentaires* 断片的な知識を持っている.

fragmentation /fragmɑ̃tasjɔ̃/ 女 ❶ 分割, 細分化. ❷〖生物学〗(染色体の)分裂. ❸〖情報〗断片化.

fragmenter /fragmɑ̃te/ 他動 ❶ …を分割する, 細分化する. ▶ *fragmenter* la publication d'un livre 本を分冊刊行する. ❷〖情報〗…を断片化する.

frai /frɛ/ 男 ❶ (魚の)産卵(期). ❷ (魚, 両生類の)卵; 稚魚.

fraîche /frɛʃ/ frais¹ の女性形.

fraîchement /frɛʃmɑ̃/ 副 ❶ (多く過去分詞の前で)新しく, 最近. ▶ une chemise *fraîchement* repassée アイロンをかけたばかりのワイシャツ. ❷ 冷ややかに, 冷淡に. ❸ 話 Ça va *fraîchement*. ちょっと冷える.

fraîcheur /frɛʃœ:r/ 女 ❶ 涼しさ, 快い冷たさ, 冷気. ▶ la *fraîcheur* de l'air 空気の冷たさ. ❷ 新しさ, 新鮮さ. ▶ la date limite de *fraîcheur* des œufs 卵の鮮度保証期限. ❸ 鮮やかさ, みずみずしさ, 若々しさ, 元気. ▶ *fraîcheur* d'âme 心の初々しさ / la *fraîcheur* d'un premier amour 初恋の初々しさ / un visage brillant de *fraîcheur* 生気に満ちた顔. ❹ 冷ややかさ, 冷淡.

fraîchir /frɛʃir/ 自動 ❶ 涼しくなる, 冷える. ▶ Le temps *fraîchit* depuis quelques jours. 数日前から涼しくなってきた / 《非人称構文で》Il commence à *fraîchir*. 涼しくなってきた. ❷〖風が〗出る, 強くなる.

‡frais¹, fraîche /frɛ, frɛʃ/ フレ, フレシュ/ 形

| 男性 単数 frais | 女性 単数 fraîche |
| 男性 複数 frais | 女性 複数 fraîches |

❶ 涼しい, ひんやりとした, 冷たい. ▶ un vent *frais* 涼風 / Le temps est *frais* aujourd'hui. 今日は涼しい / servir des boissons *fraîches* 冷たい飲み物を出す.
❷ 話 冷ややかな, 冷淡な. ▶ un accueil *frais* 冷ややかな応対.
❸ 新しい, 最近の. ▶ Vous n'avez pas de nouvelles plus *fraîches*? もっと新しいニュースはないんですか /«Peinture *fraîche*!»「ペンキ塗りたて」
❹ 新鮮な, 取りたての; 生(ᅑ)の. ▶ pain *frais* 焼きたてのパン / légumes *frais* 取りたての野菜; 生野菜 / crème *fraîche* 生クリーム.
❺ 若々しい, みずみずしい, 潑剌(はつ)とした, 元気な. ▶ avoir le teint *frais* 顔色が生き生きとしている / se lever tout *frais* 元気よく起きる.
❻《文章》無邪気な, 純真な. ▶ une âme *fraîche* 純真な心.
❼ 新品同様の, 傷んでいない. ▶ Ce costume n'est pas *frais*. この背広はくたびれている.
❽《皮肉に》結構な; 困った. ▶ Eh bien! cette fois, nous voilà *frais*! やれやれ, 今度こそはお手上げだ.

air frais 新鮮な空気; 新風.

argent frais 手に入ったばかりの金, 新規流入資金.

de fraîche date つい最近(の).

être frais comme l'œil 元気溌剌としている, みずみずしい.

frais et dispos とても元気な, 絶好調の.
— **frais** 副 ❶ 涼しく, 冷たく. ▶ Il fait *frais* ce matin. 今朝は涼しい / boire *frais* 冷たいものを飲む, 冷やして飲む. /«Servir *frais*!»「冷やしてお飲み[お召し上がり]下さい」
❷《過去分詞の前で》新しく, 最近. 注 過去分詞女性形の前では性の一致をするのが普通. ▶ un livre tout *frais* paru 最新刊の書物 / une baraque *fraîche* peinte ペンキ塗りたてのバラック.
— 男 涼気, 冷気, 冷たさ, 涼しさ. ▶ prendre le *frais* 涼む; 戸外の新鮮な空気を吸う.

au frais 冷たい[涼しい]場所で. ▶ garder un aliment *au frais* 食料を冷所に保存する.

frais

de frais 新しく，最近．▶ Il est rasé *de frais*. 彼はひげをそったばかりだ．
— ***fraîche*** 女《次の句で》
à la fraîche 涼しい時刻に，涼しい場所で．

*frais² /frɛ/ フレ 男複 ❶ 費用，出費；経費．▶ *frais* de l'éducation des enfants 子供の教育費 / faire des *frais* pour qn/不定句 …のために多額の出費をする (⇨ 成句) / *frais* de ménage 家計費 / *frais* de nourriture 食費 / *frais* de logement 住居費 / *frais* de déplacement 出張費，旅費 / faux *frais* [臨時] 経費．
❷《経済》*frais* généraux 一般経費 / *frais* de production 製造費．
à frais communs 費用分担で；協力し合って．
à grands frais 大金を払って；たいへん苦労して．
à peu de frais = ***à moindres frais*** あまり金をかけずに，安上がりに；あまり苦労せずに．
arrêter les frais むだな出費［苦労］をやめる．
aux frais de qn …の出費で．▶ *aux frais de* l'Etat 国費で / voyager *à ses frais* 自費で旅行する．
en être pour ses frais むだ金を使う；むだ骨を折る．
faire des frais pour qn (相手)に盛んに気に入られようと努める．
faire les frais de la conversation 話題の中心になる．
faire les frais (de qc) (1)(…の)費用を支払う．(2)(…の)犠牲になる．▶ Tous les pays développés *ont fait les frais de* la crise pétrolière. すべての先進国が石油危機の痛手を受けた．
faire ses frais 元を取る；苦労が報われる．
rentrer dans ses frais 元［元金］を取り戻す．
se mettre en frais (1)(金を)奮発する；大いに努力する．(2) *se mettre en frais* d'amabilité 精いっぱい親切に振る舞う．
tous frais payés (1) 経費を差し引くと．(2) 諸経費込みで；費用は先方持ちで．

*fraise¹ /frɛːz/ フレーズ 女 ❶ イチゴ(の実)．▶ confiture de *fraises* イチゴジャム / glace à la *fraise* ストロベリーアイスクリーム / gâteau aux *fraises* イチゴケーキ．❷ 話 顔．
aller aux fraises (1) イチゴ摘みに行く．(2)《ふざけて》女性同伴で森へ行く．
sucrer les fraises 話 (1)(病気，老齢のため)手足が震える．(2) もうろくしている．

fraise² /frɛːz/ 女 (子牛，子羊の)腸間膜．
fraise³ /frɛːz/ 女 (七面鳥の)肉垂(な)．
fraise⁴ /frɛːz/ 女 ❶ フライス，フライスカッター．❷《歯科》バー：歯の穴を切削する器具．
fraiser /freze/ 他動 ❶ (工作物)にフライス削りをする．▶ machine à *fraiser* フライス盤．❷ (ねじの頭部を沈めるため)…に皿穴を作る，沈み穴を作る．
fraiseur, euse /frezœːr, øːz/ 名 フライス工．
fraiseuse /frezøːz/ 女 フライス盤．
fraisier /freje/ 男 イチゴ(の苗)．
framboise /frɑ̃bwaːz/ 女 (ヨーロッパ)キイチゴの実；フランボアーズ (リキュール)．
framboisé, e /frɑ̃bwaze/ 形 キイチゴ［フランボアーズ］の香り［味］のする．
framboisier /frɑ̃bwazje/ 男 ヨーロッパキイチゴ(の木)．

franc¹, franque /frɑ̃, frɑ̃ːk/ 形《歴史》フランク族の．— **Franc, Franque** 名 フランク人；《複数で》フランク族．

*franc², franche /frɑ̃, frɑ̃ːʃ/ フラン，フランーシュ 形

| 男性単数 franc | 女性単数 franche |
| 男性複数 francs | 女性複数 franches |

❶ 率直な，フランクな；裏のない．▶ un homme *franc* 実直な男 / un rire *franc* くったくのない笑い / Je vais être *franc* avec vous. 率直にお話しします / pour être *franc* 率直に言うと / avoir une *franche* explication 腹蔵なく話し合う / montrer une *franche* hostilité あからさまな敵意を示す．
❷ 純粋な，混じり気のない；〔期間が〕正味の．▶ vin *franc* 生(き)のワイン / un vert *franc* 純粋な緑 / dix jours *francs* 正味10日間．
❸《名詞の前で》《多く悪い意味で》正真正銘の，折り紙付きの．▶ une *franche* canaille 札付きのならず者 / C'est une *franche* comédie. まったくの茶番だ．❹《税制》免税の，関税のかからない．▶ port *franc* 自由港 / boutique *franche* 免税店．
❺《スポーツ》coup *franc* (サッカー，ラグビーの)フリーキック．

avoir ses [les] coudées franches 思いのままに行動する，自由に振る舞う．
franc comme l'or あけっぴろげの．
franc de port 《多く不変》運賃［送料］支払い済みの［で］．
franc du collier (1)〔人が〕勇敢な，ものおじしない．(2)〔馬が〕引く力の強い．
jouer franc jeu 正々堂々と勝負する；公明正大に振る舞う．
— *franc* 副 文章 率直に，包み隠さずに．▶ à parler *franc* 率直に言えば．

*franc³ /frɑ̃/ フラン 男 フラン (略 F)：フランス，ベルギーのユーロ以前の通貨単位；スイス，フランス語圏アフリカ諸国の通貨単位．100 サンチーム．▶ en *francs* suisses スイスフランで．

*français, aise /frɑ̃sɛ, ɛːz/ フランセ，フランセーズ 形 フランス France の，フランス人の，フランス語の；フランス的な．▶ la République *française* フランス共和国 / une réaction typiquement *française* いかにもフランス人的な反応．
à la française フランス風に［の］．
— ***Français, aise** 名 フランス人．注 属詞として無冠詞で用いられるときには小文字で始める (例：Il est français. 彼はフランス人だ)．
— ***français** 男 フランス語 (=langue française)．▶ apprendre le *français* フランス語を習う / parler (le) *français* フランス語を話す / écrire en *français* フランス語で書く．
parler le français comme une vache espagnole めちゃくちゃなフランス語を話す．
— 副 フランス語で；フランス製品で．▶ parler *français* フランス語を話す；(人に分かるように)はっきりと話す［言う］ / acheter *français* フランス国産

品を買う.

France /frɑ̃ːs フランース/ 固有 女

フランス: 首都 Paris. ▶ en *France* フランスに[で, へ] / Elle vient de *France*. 彼女はフランスから来た / *France* 2 [3] フランス2 [3] (公共テレビ) / *France* Inter フランスアンテール(公共ラジオ).

語法 **女性名詞の国名と de と冠詞**

(1) **venir de France**

venir de [arriver de] + 国名(…から来る[到着する])というとき, 国名が男性であれば, de と定冠詞 le の縮約が起こって venir [arriver] du Japon のようになるが, 国名が女性の場合, 定冠詞が省略される.

• Une équipe d'ingénieurs est venue [arrivée] de France pour participer à ce congrès. この会議に出席するために, フランスから技術者チームがやって来た.

(2) **la Banque de France**

〈名詞 + de + 女性名詞の国名〉で, 名詞が「女性名詞の国」に帰属するものである場合には定冠詞がつかない.

• la Banque de France フランス銀行.
• les rois de France 歴代のフランス国王.
• Lyon est la deuxième ville de France リヨンはフランス第2の都市である.

◆国名が名詞に対して主語の関係, あるいは目的語の関係にある場合は必ず定冠詞がついて la formation historique de la France (フランスの歴史的形成[フランスが形成された歴史]), La présentation de la France dans ce manuel est bien faite. (この教科書におけるフランスの紹介[フランスを紹介すること]はよくできている)のようになる.

フランスいろいろ

正式名称: la République française フランス共和国(略 R.F.).
象徴: le coq gaulois ガリアの雄鶏(おんどり); Marianne マリアンヌ(フランス革命時に, 自由の象徴とされたフリジア帽をかぶった女性の胸像).
国歌: la Marseillaise ラ・マルセイエーズ.
国旗: le drapeau tricolore 三色旗, トリコロール(旗竿(はたざお)の方から, 青, 白, 赤の順).
守護聖人: Saint Martin 聖マルティヌス(315ころ-397). 聖名祝日11月11日.
教皇による呼称: fille aînée de l'Eglise 教会の長女たるフランス.
本土の呼称: l'Hexagone フランス本土(輪郭がほぼ6角形をしていることから).
フランス人の呼称: fils des Gaulois ゴール民族の子孫.
共通理念: Liberté, Egalité, Fraternité 自由, 平等, 友愛(フランス革命の旗印で, 現憲法の前文にも明記されている).

---

franche /frɑ̃ːʃ/ franc² の女性形.
Franche-Comté /frɑ̃ʃkɔ̃te/ 固有 女 フランシュ=コンテ地方: フランス東部.

***franchement** /frɑ̃ʃmɑ̃ フランシュマン/ 副 ❶ 率直に, 正直に; 率直に言えば. ▶ parler *franchement* 率直に話す / *Franchement*, qu'en pensez-tu? 本当のところ, どう思ってるの.
❷ はっきりと, 明確に; きっぱりと, 大胆に. ▶ envisager *franchement* la situation 状況をはっきり見据える / s'opposer *franchement* aux projets de qn …の計画に正面切って反対する.
❸《形容詞の前で》まったく, 本当に. ▶ Cette cravate est *franchement* mauvaise. このネクタイは本当によくないよ.

***franchir** /frɑ̃ʃiːr フランシール/ 他動

直説法現在	je franchis	nous franchissons
複合過去	j'ai franchi	
単純未来	je franchirai	

…を越える, 乗り越える; 渡る, 横切る. ▶ *franchir* un obstacle 障害を乗り越える / *franchir* un ruisseau 小川を飛び越える / Sa gloire *a franchi* les siècles. 彼(女)の栄光は何世紀にもわたって生き続けている. 比較 ⇨ PASSER.

franchir le pas 意を決する.
franchir le Rubicon (ルビコン川を渡る→)不退転の決意で行動に移る.

franchisage /frɑ̃ʃizaːʒ/ 男 《英語》《商業》フランチャイズ(契約).
franchise /frɑ̃ʃiːz/ 女 ❶ 率直さ; 誠実さ, 公正さ. ▶ parler avec *franchise* 率直に話す.
❷ 免税; 免除. ▶ *franchise* douanière 関税免除 / marchandise en *franchise* 関税免除商品 / *franchise* de bagages (車内, 機内への) 無料手荷物制限重量 / *franchise* postale 郵便料金免除. ❸《歴史》(都市, 団体, 個人に与えられた) 自治[自由]権, 特権. ❹ フランチャイズ・システム.

en toute franchise 率直に(言えば), 正直なところ. ▶ Parlons *en toute franchise*. 率直に話し合おう.

franchisé /frɑ̃ʃize/ 男 《商業》フランチャイジー: フランチャイズ・チェーンの加盟店.
franchiser /frɑ̃ʃize/ 他動 《商業》…をフランチャイズ化する, とフランチャイズ契約を結ぶ.
franchiseur /frɑ̃ʃizœːr/ 男 《商業》フランチャイザー: フランチャイズ・チェーンの親会社.
franchissable /frɑ̃ʃisabl/ 形 乗り越えられる, 飛び越えられる, 渡れる, 通れる.
franchissement /frɑ̃ʃismɑ̃/ 男 越えること, 渡ること, 通過.
franchouillard, arde /frɑ̃ʃujaːr, ard/ 名 形《悪い意味で》典型的フランス人(の).
francilien, enne /frɑ̃siljɛ̃, ɛn/ 名 形 イル・ド・フランス地方の(人).
francique /frɑ̃sik/ 男, 形 フランク語(の).
francisation /frɑ̃sizasjɔ̃/ 女 フランス語化, フランス化.
franciscain, aine /frɑ̃siskɛ̃, ɛn/ 形 ❶ 聖フランシスコの. ❷ フランシスコ修道会の.
── 名 フランシスコ会修道士.
franciser /frɑ̃size/ 他動 …をフランス語化する, フランス化する.

francité /frɑ̃site/ 囡 フランス的性格.

franc-maçon, onne /frɑ̃masɔ̃, ɔn/; (複) ～s-～s 囲 フリーメーソン会員.

franc-maçonnerie /frɑ̃masɔnri/ 囡 ❶ フリーメーソン. ❷(思想, 職業を同じくする者の間に生まれる)仲間意識.

franco¹ /frɑ̃ko/ 副 運賃[送料]発送人払いで(=*franco* de port). ▶ expédier un colis *franco* 小包を発送人払いで送る / «Catalogue *franco* sur demande»「カタログ申し込み次第無料送付」/ livré *franco* de port 無料配送.

franco² /frɑ̃ko/ 副話 ためらわずに, 思い切って. ▶ Allez-y *franco*. さあ思い切ってやってごらん.

franco- 接頭「フランス, フランス語」の意.

franco-français, aise /frɑ̃kofrɑ̃sɛ, ɛːz/ 形 ❶ フランス人同士の. ▶ la concurrence *franco-française* フランス人同士の競争. ❷ フランス人に固有な, いかにもフランス的な. ▶ une réaction toute *franco-française* いかにもフランス的な反応.

francophile /frɑ̃kɔfil/ 形 フランス(人)好きの, フランス(人)びいきの, 親仏の. ― 名 親仏家.

francophilie /frɑ̃kɔfili/ 囡 フランス(人)好き[びいき], 親仏(感情).

francophobe /frɑ̃kɔfɔb/ 形 フランス(人)嫌いの. ― 名 フランス(人)嫌いの人.

francophobie /frɑ̃kɔfɔbi/ 囡 フランス(人)嫌い.

francophone /frɑ̃kɔfɔn/ 形 フランス語を話す, フランス語圏の. ▶ Canadien *francophone* フランス語を話すカナダ人 / Sommet *francophone* フランス語圏サミット. ― 名 フランス語を話す人.

francophonie /frɑ̃kɔfɔni/ 囡 フランス語圏.

franc-parler /frɑ̃parle/; (複) ～s-～s 囲 率直[無遠慮]な物言い. ▶ avoir son *franc-parler* avec qn …に遠慮なく物を言う.

franc-tireur /frɑ̃tirœːr/; (複) ～s-～s 囲 ❶ 非正規軍兵士, 義勇兵. ▶ *Francs-tireurs* et Partisans (français) 義勇遊撃兵(第2次大戦中の対独レジスタンス組織). ❷ 単独行動者, 一匹おおかみ. ▶ agir en *franc-tireur* 単独行動をとる.

frange /frɑ̃ːʒ/ 囡 ❶ 房べり, 縁飾り, フリンジ. ▶ des rideaux à *franges* 房飾りのついたカーテン. ❷(女性の)切りそろえた前髪, 垂れ前髪(=*frange* de cheveux). ❸ はっきりしない境目. ▶ *franges* du sommeil 夢うつつの境. ❹(集団の中の)少数派, 一部.

franger /frɑ̃ʒe/ 2 他動 ❶ …に縁飾りをつける. ❷ 文章 …を縁取る.

frangin, ine /frɑ̃ʒɛ̃, in/ 名俗 兄弟, 姉妹.

frangipane /frɑ̃ʒipan/ 囡〖菓子〗アーモンドクリーム; アーモンドクリーム入りケーキ.

franglais /frɑ̃glɛ/ 囲 フラングレ: 英語からそのまま借用しフランス語化した表現(例: week-end). ▶ *Parlez-vous franglais* ?「フラングレを話しますか」(フラングレを指摘した本の題名).

franque /frɑ̃ːk/ franc¹ の女性形.

franquette /frɑ̃kɛt/ (次の句で)
à la bonne franquette 句 気軽に[な], ざっくばらんに[な]. ▶ dîner entre amis *à la bonne franquette* 友人同士で気軽に夕食を取る.

frappant, ante /frapɑ̃, ɑ̃ːt/ 形 強い印象を与える, 際立った, 顕著な. ▶ exemple *frappant* 際立った例 / une ressemblance *frappante* すぐ目につく類似.

frappe¹ /frap/ 囡 ❶ タイプすること, タイプの打ち方; タイプ印書物. ▶ avoir une bonne *frappe* タイプが上手である / faire des fautes de *frappe* タイプミスをする. ❷(硬貨, メダルなどの)鋳造, 刻印. ❸(ピアノなどの)タッチ, 打鍵(ﾀﾞｹﾝ)(法). ❹〖スポーツ〗(ボクシングの)パンチ, ブロー; (テニスなどの)ショット; (サッカーなどの)キック.

force de frappe (1)〖軍事〗打撃戦力; 核戦力, 核抑止力. (2) 撃破力, 競争力; 決め手, 決定打.

frappe² /frap/ 囡俗 ならず者, ごろつき.

frappé, e /frape/ 形 ❶〖飲み物〗(水で)冷やした. ▶ champagne bien *frappé* よく冷えたシャンパン. ❷ 打たれた, 襲われた; 打撃を受けた. ❸ 驚いた, 強い印象を受けた. ▶ être *frappé* de qc /不定詞 …で驚く. /«*frappé* de qc» の文, 罰などを課せられた. ❺(ビロードや革などが)模様を型押しされた. ❻ vers bien *frappé* 明瞭(ﾒｲﾘｮｳ)で力強い詩句. ❼話 頭のおかしな.

frappement /frapmɑ̃/ 囲 打つこと, たたくこと; たたく音, ノックする音.

frapper /frape フラペ/ 他動

❶ …を打つ, たたく, 殴る; (光, 音, 弾などが)…に当たる. ▶ *frapper* la balle avec une raquette ラケットでボールを打つ / *frapper* qn au visage …の顔を殴る.

❷(病気, 不幸などが)…を襲う. ▶ L'épidémie a *frappé* la majeure partie de la population. 伝染病は住民の大半を襲った.

❸ …に強い印象を与える, を驚嘆させる. ▶ Son éloquence a *frappé* l'assistance. 彼(女)の雄弁は聴衆に深い感動を与えた / *frapper* l'attention de qn …の注意を引く / *frapper* les yeux ぱっと人目にとまる / *frapper* qn d'admiration …を感嘆させる.

❹(税, 罰などが)…に課される; (税, 処分などを)…に課す. ▶ Les impôts indirects *frappent* notamment les biens de consommation. 間接税は特に消費財にかかる.

❺(キーボード, ピアノなどのキー)を打つ, たたく. ▶ *frapper* une touche du clavier d'ordinateur コンピュータのキーボードのキーをたたく.

❻(水で)〖飲み物〗を冷やす.

❼〖貨幣, メダル〗を型で打ち出す, 刻印する.

frapper les trois coups (芝居の開幕の合図に)棒で舞台横の床を3度たたく.

frapper un grand coup [un coup décisif] (高圧的に)断固たる措置を取る, 決定的な手段に訴える.

比較 打つ, たたく
frapper 最も一般的. ただし, 人を殴る場合はbattre の方をよく使う. **taper** くだけた表現. 人を殴る場合はおもに平手打ちを食わせること. **cogner** (> frapper) 強く打つこと, 殴ること. **battre** 何度も繰り返し打つこと, 殴ること. 物については特定の表現(鉄を打つ, 絨毯(ｼﾞｭｳﾀﾝ)をはたくなど)以外あまり使わない.

*frapper 間他動 ❶ ⟨*frapper* à qc⟩ …をノックする，たたく．▶ *frapper* à la porte ドアをノックする／《目的語なしに》«Entrez sans *frapper*»「ノックせずにお入りください」❷ ⟨*frapper* à [sur, contre, dans]⟩ qc'n …をたたく，殴る，打つ，ぶつかる．▶ *frapper* 'sur la table [contre un mur]' テーブル[壁]をたたく／ *frapper* dans ses mains 手拍子を打つ；拍手する．
frapper à la bonne [*mauvaise*] *porte* 頼りになる[ならない]人に援助を願う．
frapper à la porte de qn …に援助を求める．
frapper à toutes les portes だれかれなしに助けを求める；あらゆる手段に訴える．
— **se frapper** 代動 ❶ (自分の)…を打つ[たたく]．▶ *se frapper* le front 額を指先でコツコツたたく［「いい考えがある」「あいつは頭がおかしい」というジェスチャー］．❷ 話 余計な心配をする．▶ Ce n'est pas grave, ne *te frappe* pas! たいしたことはない，そんなに気をもむなよ．❸ お互いに打ち合ったり，たたき合う．

frappeur /frapœːr/ 形 《男性形のみ》esprit *frappeur* 家具や壁をたたいて自らの存在を示す霊．

frasque /frask/ 女《多く複数で》文章 無分別な[突飛な]行い．▶ *frasques* de jeunesse 若気の過ち．

fraternel, le /fratɛrnɛl/ 形 ❶ 兄弟[姉妹]の．❷ 兄弟のような，親愛の情に満ちた．▶ avoir une affection *fraternelle* pour qn …に対して兄弟のような親愛の情を抱く．

fraternellement /fratɛrnɛlmɑ̃/ 副 兄弟のように；仲よく，親愛の情を込めて．

fraternisation /fratɛrnizasjɔ̃/ 女 (兄弟のように)仲よくすること；仲直り，和解．

fraterniser /fratɛrnize/ 自動 ⟨*fraterniser* (avec qn)⟩ (…と)仲よくする，親しくする；和解する．

*fraternité /fratɛrnite/ フラテルニテ／女 ❶ 友愛，同胞愛．▶ «Liberté, Egalité, *Fraternité*»「自由，平等，友愛」(フランス共和国の標語)／la *fraternité* humaine 人類愛／ *fraternité* d'armes 戦友の仲．
❷ 友愛関係，同胞的関係．▶ *fraternité* entre deux nations 2国間の友好．

fratricide /fratrisid/ 男 兄弟[姉妹]殺し．
— 名 兄弟[姉妹]殺害者．
— 形 兄弟[姉妹]殺しの；同胞同士で殺し合う．

fraude /froːd/ 女 不正行為；詐欺，欺瞞(ぎまん)．▶ *fraude* électorale 選挙違反／ *fraude* fiscale 脱税．
en fraude 不正に；こっそりと．

frauder /frode/ 他動 …を不正にごまかす．▶ *frauder* l'impôt [le fisc] 脱税する／ *frauder* la douane 税関をごまかす．
— 自動 不正行為を行う；詐欺をする．▶ *frauder* sur la qualité 品質を偽る／ *frauder* à l'examen カンニングする．

fraudeur, euse /frodœːr, øːz/ 形, 名 不正行為を働く(者)，詐欺をする(者)，密輸する(者)．

frauduleusement /frodyløzmɑ̃/ 副 不正に，詐欺によって；こっそりと．

frauduleux, euse /frodylø, øːz/ 形 不正な，

詐欺的な．▶ marché *frauduleux* 不正取引／banqueroute *frauduleuse* 偽装倒産．

frayer /frɛje/ 12 他動〔道〕をつける，開く．▶ *frayer* un sentier dans un bois 森に小道を切り開く／ *frayer* 'la voie [le chemin, la route]' à qn/qc …に道を開く．
— 自動 ❶ ⟨*frayer* avec qn⟩ …と付き合う，親しくする．❷〔雌魚が〕産卵する；〔雄魚が〕卵に精液をかける．
— **se frayer** 代動 (自分のために)〔道〕をつける．▶ *se frayer* un chemin à travers la foule 雑踏をかき分けて進む．

frayeur /frɛjœːr/ 女 (危険などに対して抱く激しい)恐怖，不安．比較 ⇨ PEUR．

fredaine /frədɛn/ 女 《多く複数で》(軽薄さ，若さなどによる)過ち，とっぴな行い．

fredonnement /frədɔnmɑ̃/ 男 ハミング，鼻歌．

fredonner /frədɔne/ 他動〔歌〕を口ずさむ，ハミングする．— 自動 歌を口ずさむ．

free-lance /frilɑ̃ːs/《英語》形 自由契約の，フリーの．
— 名 自由契約者，フリーランサー．
— 男 自由契約の仕事．

freezer /frizœːr/ 男《米語》(冷蔵庫の)冷凍室，フリーザー．

frégate /fregat/ 女 ❶ (対潜護衛用の)フリゲート艦．❷〔鳥類〕グンカン鳥(類)．

*frein /frɛ̃/ 男 ❶ ブレーキ，制動機．▶ donner un coup de *frein* ブレーキをかける(⇨ 成句)／Cette voiture a de bons *freins*. この車はブレーキがよく利く／ *frein* à main ハンドブレーキ／ *frein* moteur エンジンブレーキ／ appuyer sur la pédale de *frein* ブレーキペダルを踏む．
❷ 文章 歯止め，抑制，抑止．▶ Il n'y a plus de *frein* à la violence dans ce quartier de banlieue. この都市周辺地区ではもはや暴力に対する歯止めがなくなっている．
donner un coup de frein à qc …を抑制する，遅らせる．
mettre un frein à qc …を抑える，食い止める．▶ *mettre un frein à* la hausse des prix 物価の高騰を抑制する．
ronger son frein (〔馬が〕馬銜(はみ)をかむ→)〔人が〕じっと我慢する，こらえる．
sans frein とめどない[なく]．

freinage /frɛnaːʒ/ 男 ❶ ブレーキをかけること，ブレーキング，制動(方式)．❷ 抑制，抑止．

*freiner /frɛne/ フレネ／自動 ブレーキをかける；ブレーキがかかる．▶ *freiner* brusquement 急ブレーキをかける／ une voiture qui *freine* bien 制動力のよい車．
— ***freiner** 他動 ❶ …にブレーキをかける，減速させる．❷ …を抑える，抑制する．▶ *freiner* les dépenses d'énergie エネルギー消費を抑制する／ *freiner* ses sentiments 感情を抑制する．
— **se freiner** 代動 話 自制する．

frelaté, e /frəlate/ 形 ❶〔ワインなどが〕混ぜ物をした．❷〔心などが〕不純な，堕落した．

frelater /frəlate/ 他動 ❶〔酒，薬，食べ物など〕に混ぜ物をする，を変造する．❷〔心，趣味，生活など〕を不純にする，まともでなくする．

frêle /frɛl/ 形 ❶ もろそうな；弱々しい．▶ branche *frêle* 今にも折れそうな枝 / santé *frêle* 病弱 / *frêle* jeune fille ひ弱な娘. ❷《名詞の前で》はかない. ▶ *frêle* espérance はかない望み.

frelon /frəlɔ̃/ 男〖昆虫〗スズメバチ.

freluquet /frəlykɛ/ 男 ❶話 貧相な男. ❷《軽蔑して》軽薄できざな若者.

frémir /fremiːr/ 自動 ❶ 震える, 細かく揺れる; 〔湯が〕〔煮立ち始めて〕震え出す. ▶ Le vent fait *frémir* le feuillage. 風で木の葉がざわめく. ❷ ⟨*frémir* (de qc)⟩ (…に)身震いする; おののく. ▶ *frémir* d'un spectacle affreux 恐ろしい光景におののく / *frémir* de joie うれしくてわくわくする.

frémissant, ante /fremisɑ̃, ɑ̃ːt/ 形 ❶ ⟨*frémissant* (de qc)⟩ (…で)震えている, ざわめく. ▶ parler d'une voix *frémissante* d'horreur 恐怖に震える声で話す / le feuillage *frémissant* ざわめく木の葉. ❷〔感情などが〕鋭敏な; 高ぶった. ▶ une sensibilité *frémissante* 鋭い感受性.

frémissement /fremismɑ̃/ 男 ❶ 震え; (木の葉などの)ざわめき, そよぎ. ❷ 身震い, おののき.

frêne /frɛn/ 男〖植物〗トネリコ.

frénésie /frenezi/ 女 ❶ 熱狂, 熱中. ▶ travailler avec *frénésie* 夢中になって仕事をする. ❷(色や音の)強烈さ, すさまじさ.

frénétique /frenetik/ 形 熱狂的な, 激烈な. ▶ un patriotisme *frénétique* 熱烈な愛国主義 / un rythme *frénétique* 激しいリズム.

frénétiquement /frenetikmɑ̃/ 副 熱狂的に, 夢中になって.

fréon /freɔ̃/ 男 商標 フレオン, フロン(ガス).

fréquemment /frekamɑ̃/ 副 頻繁に, しばしば.

fréquence /frekɑ̃ːs/ 女 ❶ 頻繁, 頻発; 頻度, 回数. ▶ la *fréquence* des accidents de la route 交通事故の頻発 / la *fréquence* des autobus バスの来る回数. ❷〖物理〗周波数, 振動数. ▶ la haute [basse] *fréquence* 高[低]周波 / la moyenne *fréquence* 中波.

***fréquent, ente** /frekɑ̃, ɑ̃ːt/ フレカン, フレカーント/ 形 頻繁な, しばしば起こる, よく見かける. ▶ C'est *fréquent* chez les adolescents. それは若者にありがちなことだ.

fréquentable /frekɑ̃tabl/ 形《多く否定的表現で》〔人が〕交際できる, 付き合える;〔場所が〕安心して出入りできる. ▶ Ils ne sont pas *fréquentables*. 彼らとは付き合わないほうがいい.

fréquentatif, ive /frekɑ̃tatif, iːv/ 形〖文法〗反復の, 反復を示す.
— **fréquentatif** 男 反復相; 反復形.

fréquentation /frekɑ̃tasjɔ̃/ 女 ❶ 頻繁に通うこと, 入り浸り; 客の入り. ▶ la *fréquentation* des musées 博物館通い / le taux de *fréquentation* d'une bibliothèque 図書館の利用率. ❷ 交際, 交友関係; 交際相手, 仲間. ▶ une personne de *fréquentation* difficile 付き合いにくい人 / avoir de bonnes *fréquentations* 交友関係がよい.

fréquenté, e /frekɑ̃te/ 形 ❶ 人通りが多い, 交通量が多い. ❷⟨bien [mal] *fréquenté*⟩〔店などが〕客層がよい [悪い].

*__fréquenter__ /frekɑ̃te/ フレカンテ/ 他動 ❶ …によく行く, 頻繁に通う. ▶ *fréquenter* les cinémas 映画館通いをする / Ils *fréquentent* ce cabaret. 彼らはこのナイトクラブの常連だ. ❷〔人〕と頻繁に会う, 交際する.
— 自動 古|文章 頻繁に行く, しげしげと通う.
— **se fréquenter** 代動 親しく付き合う, 交際する. ▶ Ils ont cessé de *se fréquenter*. 彼らは付き合いをやめた.

:**frère** /frɛːr/ フレール/

❶ 兄弟; 兄, 弟. ▶ Vous avez des *frères* et sœurs? 兄弟はいますか / *frère* aîné = 話 grand *frère* 兄 / *frère* cadet = 話 petit *frère* 弟 / ressembler à qn comme un *frère* 兄弟のように…に似ている / vivre comme des *frères* 兄弟同様に仲よく暮らす. ❷ 親友, 仲間, 同志. ▶ *frères* d'armes 戦友 / faux *frère* 裏切り者 / (mon) vieux *frère* 話 やあ君(親しい友人に対する呼びかけ). ❸(多く複数で)〖キリスト教〗(同じ神の子としての)兄弟;〖カトリック〗修道士, 修道会員. ▶ l'ordre des *Frères* mineurs フランシスコ会. ❹(対になっているものの)片方; 似たもの.
—形《男性形のみ》兄弟のような, 友好的な. ▶ les partis *frères* 友党.

frérot /frero/ 男 話 弟.

fresque /frɛsk/ 女 ❶ フレスコ画(法). ❷ 大壁画. ❸(文学で)一時代の広大な描写; 一大絵巻.

fressure /fresyːr/ 女(動物の)臓物.

fret /frɛ(t)/ 男 ❶(貨物の)運賃, 運送料. ❷ 用船料; 用船. ▶ prendre un navire à *fret* 船をチャーターする. ❸ 積み荷.

fréter /frete/ 6 他動 ❶〔船〕を賃貸する. ❷〔車, 飛行機など〕を賃借する; チャーターする (= affréter).

fréteur /fretœːr/ 男 船舶賃貸人, 船主.

frétillant, ante /fretijɑ̃, ɑ̃ːt/ 形 ❶ 細かく動いている, 体全体を震わせている. ▶ un poisson encore *frétillant* まだぴちぴちしている魚. ❷ ⟨*frétillant* (de qc)⟩ (…で)わくわく[そわそわ]している.

frétillement /fretijmɑ̃/ 男 細かい[小刻みな]動き; 小躍り, そわそわしたそぶり.

frétiller /fretije/ 自動 ❶ 細かく動く, 小刻みに体を震わす. ▶ Le poisson *frétille* dans le filet. 魚が網の中でぴちぴちと跳ねる. ❷⟨*frétiller* (de qc)⟩ (…で)わくわく[そわそわ]する, 小躍りする. ▶ *frétiller* de joie うれしくてわくわくする.

fretin /frətɛ̃/ 男 ❶(集合的に)雑魚, 小魚. ▶ On ne pêche que du *fretin*. 釣れるのは雑魚ばかりだ. ❷ 話 le (menu) *fretin*《集合的に》取るに足りないもの; つまらない人間, 小物.

frette /frɛt/ 女(柄, 杭(ぐい)などの)金輪, たが.

fretter /frete/ 他動〔柄, 杭(ぐい)など〕に金属のたがをはめる.

freudien, enne /frødjɛ̃, ɛn/ 形 フロイト(主義)の. —名 フロイト主義者.

freudisme /frødism/ 男 フロイト主義.

freux /frø/ 男〖鳥類〗ミヤマガラス.

friabilité /frijabilite/ 女 もろさ, 砕けやすさ.

friable /frijabl/ 形 もろい, 砕けやすい.

friand, ande /frijɑ̃, ɑ̃ːd/ 形 ⟨*friand* de qc⟩

…が大好きな. ▶ Elle est *friande* de pâtisserie. 彼女はお菓子が大好物だ / Il est *friand* de compliments. 彼はお世辞を言われるのが大好きだ.
— **friand** 男【料理】フリヤン. (1) 小型ミートパイ. (2) アーモンド菓子.

friandise /frijɑ̃di:z/ 囡 おいしい食べ物; 甘いもの, 砂糖菓子.

fric /frik/ 男 〘単数形のみ〙話 金(かね), 銭(ぜに). ▶ Je n'ai pas de *fric* sur moi. 私は文無しだ. 比較 ⇨ ARGENT.

fricandeau /frikɑ̃do/; 〘複〙 **x** 男【料理】フリカンドー: 豚の背脂を差し込んだ子牛のもも肉.

fricassée /frikase/ 囡【料理】フリカッセ: 鶏, 子牛, ウサギの肉のホワイトソース煮込み.
fricassée de museaux 熟列な抱擁 [キス].

fricasser /frikase/ 他動【料理】〔鶏, 子牛, ウサギの肉を〕フリカッセにする.
— **se fricasser** 代動 話 *se fricasser* le museau〔熱烈に〕キスを交わす〔抱き合う〕.

fricatif, ive /frikatif, i:v/ 形【音声】摩擦による, 摩擦音の. — **fricative** 囡 摩擦音: フランス語では /f/ /v/ /s/ /z/ /ʃ/ /ʒ/ の6つ.

fric-frac /frikfrak/; 〘複〙 ~-~(**s**) 男 話 押し込み強盗.

friche /friʃ/ 囡 未開墾地, 荒れ地.
en friche 荒れ地のままの; 放置した. ▶ laisser ses dons *en friche* 天賦の才を埋もれさせる.

frichti /friʃti/ 男 話 食事, 料理.

fricot /friko/ 男 話 粗末な煮込み[料理]; 食事, 料理. ▶ faire le *fricot* 料理を作る.

fricotage /frikɔta:ʒ/ 男 話 不正取引, いんちき商売.

fricoter /frikɔte/ 他動 話 ❶ …を煮込む; 料理する. ▶ *fricoter* le repas 食事を作る. ❷ …をひそかに行う, たくらむ. ▶ Qu'est-ce qu'il *fricote* encore? やつは今度は何をしでかすつもりだろう.
— 自動 話 不正利益を得る, 闇(やみ)取引を行う.

fricoteur, euse /frikɔtœ:r, ø:z/ 名 話 不正業者, いんちき商売人. — 形 いんちき商売の.

friction /friksjɔ̃/ 囡 ❶ 〔体の〕摩擦, マッサージ; 〘特に〙頭皮マッサージ; 〔マッサージ用の〕塗布剤, ローション. ❷〔人と人の〕摩擦, 不和, 軋轢(あつれき). ▶ le point de *friction* 争点 / les *frictions* commerciales avec les Etats-Unis 対米貿易摩擦. ❸【物理】摩擦.

frictionner /friksjɔne/ 他動〔人, 身体の部分〕を摩擦する, マッサージする.
— **se frictionner** 代動 自分の体を摩擦[マッサージ]する.

frigidaire /friʒidɛ:r/ 男【商標】冷蔵庫. 比較 ⇨ RÉFRIGÉRATEUR.

frigide /friʒid/ 形 ❶〔女性が〕不感症の, 冷感症の. ❷〔文章〕冷淡な, 冷ややかな.

frigidité /friʒidite/ 囡 ❶〔女性の〕不感症, 冷感症. ❷〔文章〕冷淡さ.

frigo /frigo/ 男 話 ❶ 冷蔵庫; 冷凍室, 冷凍車. ❷ 冷凍肉. 比較 ⇨ RÉFRIGÉRATEUR.
mettre qc au frigo (1) …を冷蔵庫[冷凍室]に入れる. (2)〔計画など〕を棚上げにする, 凍結する.

frigorifié, e /frigorifje/ 形 ❶ 冷凍の, 冷蔵の. ▶ viande *frigorifiée* 冷凍肉. ❷ 話 凍えている. ▶ être *frigorifié* 体が凍えている.

frigorifier /frigorifje/ 他動 ❶ …を冷凍する, 冷蔵する. ❷ 話 …を凍えさせる, 震え上がらせる; 〔緊張で〕こちこちにする.

frigorifique /frigorifik/ 形 冷却[冷凍, 冷蔵]する. ▶ chambre *frigorique* 冷凍室 / mélange *frigorifique* 冷却剤.
— 男 冷凍器, 冷却器; 冷凍室, 冷蔵庫.

frileusement /friløzmɑ̃/ 副 寒そうに.

frileux, euse /frilø, ø:z/ 形 寒がりの; 寒そうな. — 名 寒がり(屋).

frilosité /frilozite/ 囡 ❶ 積極性のなさ, 逃げ腰. ❷〔文章〕寒がり.

frimaire /frimɛ:r/ 男 フリメール, 霜月: フランス革命暦第3月. 現行暦では11月から12月.

frimas /frimɑ/ 男〘多く複数で〙氷霧.

frime /frim/ 囡 見せかけ, ごまかし. ▶ C'est de la *frime*. それははったりだ / pour la *frime* 体面だけ.

frimer /frime/ 自動 はったりをかます, 格好をつける, 虚勢を張る.

frimeur, euse /frimœ:r, ø:z/ 形 話 はったりをかます, 格好をつけた.
— 名 はったり屋, 気取り屋.

frimousse /frimus/ 囡〔子供, 若い娘の〕顔.

fringale /frɛ̃gal/ 囡 ❶ 激しい空腹. ▶ avoir la *fringale* 空腹で減る. ❷ 強い願望[欲望]. ▶ J'ai une *fringale* de cinéma. 私は映画が見たくてたまらない.

fringant, ante /frɛ̃gɑ̃, ɑ̃:t/ 形 ❶ 生き生きした, 溌剌(はつらつ)とした, 元気そうとした. ❷〔馬が〕飛び跳ねる, 元気のよい.

fringuer /frɛ̃ge/ 他動 話 …に服を着せる.
— **se fringuer** 代動 話 服を着る; 服をそろえる.

fringues /frɛ̃:g/ 女複 話 衣服, 着物.

fripe /frip/ 囡 ❶〘主に複数で〙古着. ❷〘集合的に〙古着; 古着販売.

fripé, e /fripe/ 形 しわくちゃの, よれよれの. ▶ une robe toute *fripée* しわくちゃになった服.

friper /fripe/ 他動 …をしわくちゃにする, よれよれにする.

friperie /fripri/ 囡 ❶ 古着; 古物, 古道具. ❷ 古着取引, 古着屋; 古物商.

fripier, ère /fripje, ɛ:r/ 名 古着[古道具]屋.

fripon, onne /fripɔ̃, ɔn/ 名 いたずらっ子, 腕白, お茶目 (= petit *fripon*, *fripon* d'enfant). — 形 いたずらっ気[茶目っ気]のある.

fripouille /fripuj/ 囡 詐欺師; ならず者.

friquet /frikɛ/ 男 スズメ.

frire /fri:r/ 56 〔過去分詞 frit〕他動【料理】〔材料〕を(油で)揚げる, フライにする. ▶ *frire* des soles 舌平目を揚げる / poêle à *frire* 揚げ鍋(なべ), フライパン. — 自動〔材料が〕揚がる, フライになる. ▶ faire [mettre à] *frire* du poisson 魚を揚げる.

fris /fri/ 活用 ⇨ FRIRE 56

frisant, ante /frizɑ̃, ɑ̃:t/ 形 ❶〔光線が〕〔地表をかすめるように〕斜めから差す. ❷〔髪, ひげが〕カールした.

frise /fri:z/ 囡 ❶【建築】(1) フリーズ: 円柱の軒蛇腹(のきじゃばら)と台輪(だいわ)の中間部. (2)〔壁や家具の上部の〕帯状装飾. ❷【演劇】〔舞台の天井に固定され,

空や天井を表わす)垂れ幕, 一文字.

frisé, e /frize/ 形 ❶〔髪が〕カールした;〔人が〕巻き毛の. ❷〔葉, 革, 動物の毛などが〕縮れた, 縁がぎざぎざの. ― 名 髪の縮れた人, 巻き毛の人.

friselis /frizli/ 男 文章 (風, 葉叢(はむら)などの)そよめき,(水の)せせらぎ.

friser /frize/ 他動 ❶〔髪, ひげ〕をカールする, 巻き毛にする;〔人〕の髪をカールする.

❷ …のすぐそばを通る, をかすめる. ▶ L'hirondelle *frise* la surface de l'eau. ツバメが水面すれすれに飛んでいる.

❸ 今少しで…になる, 危うく…する目に遭う. ▶ *friser* la mort 危うく死を免れる / Il *frise* la quarantaine. 彼は40歳に手が届きそうである.

― 自動〔髪, ひげが〕カールする;〔人が〕巻き毛である. ▶ Cet enfant *frise* naturellement. この子の髪は天然パーマだ.

― **se friser** 代動 ❶〔髪, ひげが〕カールする, 巻き毛になる. ❷〔自分の〕〔髪, ひげ〕をカールさせる. ▶ *se friser* les cheveux 髪をカールさせる.

frisette /frizet/ 女 小さな巻き毛.

frison /frizɔ̃/ 男〔額, 首筋の〕小さな巻き毛〔カール〕.

frisotter /frizɔte/ 他動〔髪など〕を細かくカールさせる〔縮らせる〕.
― 自動 髪などが細かくカールする.

frisqu|et, ette /friske, et/ 形 話 肌寒い, うす寒い.
― **frisquet** 副 話 うすら寒く. ▶ Il fait *frisquet*, ce matin. 今朝はちょっと冷える.

frisson /frisɔ̃/ 男 ❶ 震え, 身震い; 悪寒; 戦慄(せんりつ). ▶ être pris [saisi] de *frissons* = avoir des *frissons* 震えがくる, ぞくぞくする; 悪寒がする / avoir un *frisson* de terreur 恐怖におののく / Ce film m'a donné le *frisson*. その映画に私は戦慄した.

❷〔物の〕震え, 揺らめき, かすかなざわめき. ▶ le *frisson* du feuillage 葉叢(はむら)のそよめき.

frissonnant, ante /frisɔnɑ̃, ɑ̃ːt/ 形 ❶ <*frissonnant* (de qc)>〔…で〕震えている. ❷ そよぐ, 揺らめく.

frissonnement /frisɔnmɑ̃/ 男 文章 身震い;(物の)震え, 軽いざわめき, そよぎ.

frissonner /frisɔne/ 自動 ❶ <*frissonner* (de qc)>〔寒さ, 感動などで〕震える, 身震いする. ▶ *frissonner* de fièvre 熱で悪寒がする / *frissonner* de plaisir うれしくてぞくぞくする / une histoire à faire *frissonner* 人をぞっとさせる話. ❷ 文章〔物が〕震える, そよぐ;〔明かりなどが〕揺らめく.

frisure /frizyːr/ 女 ❶〔髪, ひげを〕カールすること; カールのかかり具合. ❷ カールした髪, 巻き毛.

*frit[1], frite /fri, frit/ 形 (frire の過去分詞) ❶ (油で) 揚げた, フライにした. ▶ pommes (de terre) *frites* フライドポテト. ❷ 話〔人が〕窮地に陥った, 破滅した;〔計画が〕駄目になった, おしゃかの. ▶ On est *frit*. もうお手上げだ.

frit[2] /fri/ 活用 ⇨ FRIRE 56

*frite /frit/ 女 (pommes de terre frites の略) ❶〔多く複数で〕フライドポテト. ▶ steak [bifteck] *frites* フライドポテト添えのビフテキ. ❷ 話 顔, 面.

avoir la frite 話 (1) 体調がよい. (2) ついている.

friterie /fritri/ 女 フライドポテトの屋台.

friteuse /fritøːz/ 女 (揚げ網付きの) 揚げ鍋(なべ).

friture /frityːr/ 女 ❶ 油で揚げること. ❷ 揚げ物, フライ;《特に》小魚のフライ, フリチュール. ▶ une *friture* de goujons カワハゼのフライ. ❸ 揚げ油. ❹ 話 (電話, ラジオの) 雑音 (=bruit de *friture*).

fritz /frits/ 男 話《軽蔑して》ドイツ人; ドイツ兵.

frivole /frivɔl/ 形 ❶ 軽薄な, 不まじめな; 移り気な, 浮気な. ▶ une femme *frivole* 移り気な女. ❷ くだらない, 取るに足りない. ▶ un spectacle *frivole* たわいのない芝居.

frivolité /frivɔlite/ 女 ❶ 軽薄さ, 移り気. ❷ つまらないこと, くだらないもの. ▶ Elle perd son temps à des *frivolités*. 彼女はくだらないことに時間を浪費している. ❸《複数で》(女性用の) 装身具, 小間物.

froc /frɔk/ 男 ❶ 古風 (修道士の) 頭巾(ずきん); 修道服. ❷ 話 ズボン.

jeter le [son] froc aux orties 還俗(げんぞく)する.

*froid, froide /frwa, frwad/ 形

❶ 冷たい, 冷えた, 寒い. ▶ eau *froide* 冷たい水 / viandes *froides* コールドミート / chambre *froide* 冷凍室 / un pays *froid* 寒い国 / Le vent est *froid* aujourd'hui. 今日は風が冷たい. ❷〔衣服が〕暖かくない. ▶ Mon manteau est trop *froid* pour cet hiver. 私のコートでは今年の冬の寒さはしのげない.

❸ 寒々とした, 冷え冷えとした. ▶ une décoration *froide* 暖かみのない室内装飾 / les couleurs *froides* 寒色. ❹ 冷ややかな; 冷淡な; 冷酷な, 非情な. ▶ un regard *froid* 冷ややかな眼差(まなざ)し / un cœur *froid* 冷酷な心. ❺ 冷静な, 覚めた. ▶ garder la tête *froide* 冷静さを失わない. ❻ guerre *froide* 冷戦. ❼〔作品などが〕精彩に乏しい, 味気のない. ❽ 肉体的な欲望がない, 不感症の.

― 副 冷たいままで, 温めずに. ▶ manger [boire] *froid* 冷たいままで食べる [飲む].

battre froid à qn …を冷遇する, に冷たい態度を取る, つれなくする.

*froid /frwa/ 男 ❶ 寒さ, 寒気, 冷気. ▶ la période des grands *froids* 厳寒期 / coup de *froid* 寒波 / un *froid* 「de canard [de loup]」 ひどい寒さ / mourir de *froid* 凍死する / Le *froid* est vif ce matin. 今朝は寒さが厳しい.

❷ 冷たさ, 低温; 冷凍 (技術). ▶ l'industrie du *froid* 冷凍 [低温] 工業.

❸ 冷所, 寒い所. ▶ conserver de la viande au *froid* 肉を冷所に保存する.

❹ 寒け, 悪寒; 戦慄(せんりつ). ▶ le *froid* de la fièvre 熱による寒け [悪寒].

❺ 文章 冷淡さ, 冷ややかさ.

à froid (1) 冷たいままで, 熱せずに. ▶ démarrer *à froid* (車の) エンジンを暖めないで発車する. (2) 準備ができていないところへ. ▶ On m'a pris *à froid* et je n'ai pas pu répondre. 不意をつかれたので, 私は答えることができなかった. (3) 冷静に, 平然

と. ▶ prendre une décision *à froid* 冷静に決定を下す.

attraper [prendre] froid 風邪を引く.

***avoir froid** 〔人が〕寒い. ▶ J'ai *froid* aux pieds. 足もとが冷える, 足が冷たい.

Cela ne me fait ni chaud ni froid. 園 そんなことは私にはどうでもよい.

donner [faire] froid dans le dos ぞっとさせる. ▶ Cela m'a fait *froid dans le dos* d'y penser. それを考えると私は背筋がぞっとした.

être en froid (avec qn) (…と)仲たがいしている, 冷戦状態にある.

***Il fait froid.** (天候, 場所が)寒い.

jeter un froid (座を)白けさせる, 気まずい思いをさせる.

ne pas avoir froid aux yeux 大胆である, 恐れない, 平然としている.

opérer à froid 炎症が治まってから手術する; 興奮が冷めてから行動する.

froidement /frwadmɑ̃/ 副 ❶ 冷ややかに, 冷淡に. ▶ accueillir *froidement* qn …を冷ややかにもてなす. ❷ 冷静に. ❸ 平然と, ためらいなく. ❹ 語 《ふざけて》« Comment allez-vous? —Ça va *froidement*.»「お元気ですか」「(元気だが)寒くてね」

froideur /frwadœːr/ 囡 ❶ 冷ややかさ, つれなさ; 無感動, 冷静. ▶ avec *froideur* 冷淡に. ❷ (文学・芸術作品などの)精彩のなさ, 味気なさ.

froidure /frwadyːr/ 囡 ❶ 文章 寒気; 寒い季節. ❷ 霜焼け.

froissable /frwasabl/ 形 ❶ しわになりやすい. ❷ すぐ腹を立てる, 怒りっぽい.

froissement /frwasmɑ̃/ 囲 ❶ (紙, 布が)しわくちゃになること; しわにすること. ❷ (物がこすれる)かすかな音. ❸ (自尊心, 感情を傷つける[傷つけられる]こと. ❹ (性格, 利害などの)衝突, 軋轢(あつれき). ❺ くじくこと, 打撲傷を負うこと;〖外科〗挫傷(ざしょう), 打撲傷.

froisser /frwase/ 他動 ❶〔布, 紙など〕をしわくちゃにする. ❷〔人の感情〕を傷つける. ▶ *froisser* qn dans sa dignité …の誇りを傷つける. ❸〈*froisser* qc à qn〉…の〔筋肉, 手首など〕を傷める, くじく. ❹ …をこすりつぶす; にすれて音を立てる. — **se froisser** 代動 ❶〔布, 紙などが〕しわくちゃになる. ❷ 腹を立てる, 怒る. ▶ Vous *vous froissez* pour un rien. あなたときたら些細(ささい)なことですぐ腹を立てる. ❸ 自分の…を傷める. 注 se は間接目的. ▶ *se froisser* un muscle 筋をちがえる.

frôlement /frolmɑ̃/ 囲 軽く触れること[音].

frôler /frole/ 他動 ❶ …に軽く触れる. ❷ …すれすれに通る, をかすめる. ▶ La voiture a *frôlé* le trottoir. その車は歩道をかすめて通った. ❸ …を危うく免れる, もう少しで…する. ▶ *frôler* la mort 危うく死にそうになる.

— **se frôler** 代動 軽く接触する.

***fromage** /frɔmaːʒ/ フロマージュ 囲 ❶ チーズ. ▶ manger du *fromage* チーズを食べる / *fromage* frais フレッシュチーズ / *fromage* affiné 熟成チーズ / *fromage* fondu プロセスチーズ / plateau de *fromages* 各種チーズの盛り合わせ / *fromage* de chèvre [brebis] ヤギ[羊]のチーズ.

❷〖料理〗型詰め料理. ▶ *fromage* de tête ヘッドチーズ(豚の頭肉をゼリーで固めたパテ).

❸ 話 楽で有利な地位[仕事].

entre la poire et le fromage 食事の終わりごろに; 気分がほぐれてきたころに.

faire un fromage de qc 話 …を誇張する.

fromage et dessert あれもこれも.

fromage ou dessert あれもこれも.

fromager, ère /frɔmaʒe, ɛːr/ 形 チーズの, チーズ製造[販売]の.
— 名 チーズ製造[販売]業者.

fromagerie /frɔmaʒri/ 囡 チーズ製造卸売所; チーズ製造業, チーズ販売店.

froment /frɔmɑ̃/ 囲 文章〖農業〗小麦;(パン用の)軟質小麦.

fronce /frɔ̃ːs/ 囡〖服飾〗ギャザー. ▶ jupe à *fronces* ギャザースカート.

froncement /frɔ̃smɑ̃/ 囲 ❶(服, 布地などに)ギャザーをつけること. ❷ le *froncement* de sourcils 眉(まゆ)をひそめること.

froncer /frɔ̃se/ 他動 ❶〔鼻など〕にしわを寄せる;〔眉(まゆ)〕をひそめる. ❷〔服や布地〕にギャザーをつける, タックを取る.
— **se froncer** 代動 しわが寄る.

froncis /frɔ̃si/ 囲〖服飾〗ギャザー; ギャザーの入った布.

frondaison /frɔ̃dɛzɔ̃/ 囡 文章《集合的に》葉, 葉叢(はむら).

fronde /frɔ̃ːd/ 囡 ❶ 投石器, 投弾器;(子供用の)パチンコ. ❷ 反抗; 暴動.

fronder /frɔ̃de/ 他動〔権威, 政治家など〕を攻撃する, 批判する.

frondeur, euse /frɔ̃dœːr, øːz/ 名 ❶ (政府, 権力などを)批判[糾弾]する人; 反抗者. ❷〖歴史〗フロンド党員. — 形 反抗的な, 反権威的な; 無作法な, 生意気な. ▶ esprit *frondeur* 反骨精神 / propos *frondeur* 反抗的な物言い.

***front** /frɔ̃/ フロン 囲

英仏そっくり語
英 front 前部, 正面, 前線.
仏 front 額, 正面, 前線.

❶ 額, おでこ. ▶ avoir le *front* large 広い額をしている / s'essuyer le *front* 額の汗をぬぐう.

❷ 文章 頭; 顔つき. ▶ marcher le *front* bas うなだれて歩く / Un nuage a passé sur son *front*. 彼(女)の表情に陰りが走った.

❸ (大きな物の)正面, 前面. ▶ le *front* d'une mairie 市役所の正面 / *front* de mer 海岸沿いの大通り.

❹〖軍事〗前線, 戦線. ▶ aller au *front* 前線に赴く / mourir au *front* 戦死する.

❺〖政治〗戦線. ▶ constituer [former] un *front* uni [commun] (contre qn/qc)(…に対して)統一[共同]戦線を形成する / *Front* national 国民戦線(第2次大戦中の対独抵抗運動および1973年以降のフランスの極右運動) / *Front* populaire 人民戦線(1936年に政権樹立した左翼政党連合). ❻〖気象〗前線. ▶ *front* chaud [froid] 温暖[寒冷]前線.

avoir le front de + 不定詞 大胆にも[厚かましくも]…する.

frontal

baisser [courber] le front 屈従[屈服]する; 恥じ入る.

de front (1) 正面から; まともに. ▶ attaquer l'ennemi *de front* 敵に正面攻撃をしかける. (2) 横に並んで; 平行して, 同時に. ▶ rouler à bicyclette à deux *de front* 自転車2台で横に並んで行く / mener *de front* deux affaires 2つの仕事を並行して行う.

faire front 〈**à qn/qc**〉 (…と)向かい合う, (…に)敢然として立ち向かう, 反抗する.

relever le front (1) 頭をもたげる. (2) 自信[勇気]を取り戻す.

front/al, ale /frɔ̃tal/; 《男複》 **aux** /o/ 形 ❶ 正面からの. ▶ collision *frontale* 正面衝突. ❷ 《解剖》前頭の.
― 名 **frontal**; 《複》 **aux** 男 《解剖》前頭骨.

frontal/ier, ère /frɔ̃talje, ɛːr/ 形 国境の. ▶ ville *frontalière* 国境の町.
― 名 ❶ 国境地帯の住民. ❷ 越境労働者.

*****frontière** /frɔ̃tjɛːr/ フロンティエール 女 ❶ 国境. ▶ la *frontière* entre la France et l'Espagne フランスとスペインの国境 / *frontière* allemande ドイツとの国境 / passer [franchir] la *frontière* 国境を越える.
❷ 境界, 限界, 境. ▶ rester aux *frontières* de la vie et de la mort 生死の境目にいる.

sans frontières 国境のない, 国際的な. ▶ Médecins *sans frontières* 国境なき医師団.
― 形 《不変》国境の. ▶ ville *frontière* 国境の町.

frontisme /frɔ̃tism/ 男 (特に左翼の)連立政策.

frontispice /frɔ̃tispis/ 男 ❶ 口絵(版面などで装飾された書物の)扉, 標題. ❷ 《建築》(建造物の)主要正面.

fronton /frɔ̃tɔ̃/ 男 ❶ 《建築》ペディメント(建物の3角形や円弧状の妻壁)破風(はふ). ❷ 《スポーツ》フロンチス: ペロタ競技で, 球を打ちつける正面の壁.

frottage /frɔtaːʒ/ 男 ❶ こすること, 磨くこと; 床[タイル]磨き. ❷ 《美術》フロッタージュ: 紙を物にあて, 鉛筆でこすって模様を写し取る技法.

frotté, e /frɔte/ 形 ❶ 磨かれた. ❷ 〈*frotté* de qc〉 …を少し塗った; (学問, 知識など)を少しだけ学んだ. ▶ être *frotté* de grec ギリシア語を少しかじったことがある.

frottée /frɔte/ 女 話 ❶ 連打, めった打ち. ❷ 敗北, しくじり.

frottement /frɔtmɑ̃/ 男 ❶ こすること, こすれること; こすれる音, きしみ. ❷ 《しばしば複数で》不和, 軋轢(あつれき), 衝突.

*****frotter** /frɔte/ フロテ 他動 ❶ …をこする, 擦る. ▶ *frotter* une table du doigt 指でテーブルをこする / *frotter* une allumette マッチを擦る. ◆ *frotter* qc contre [sur] qc …を…にこすりつける. ▶ *frotter* sa main contre le mur 壁に手をこすりつける.
❷ …を(こすって)磨く, きれいにする. ▶ *frotter* du linge 下着をごしごし洗う.
❸ 〈*frotter* qc/qn de [avec] qc〉 …に…を擦り込む, 塗る. ▶ *frotter* d'ail une tranche de pain 切ったパンにニンニクをこすりつける.

frotter les oreilles à qn …を叱責(しっせき)する, 罰する.
― 間他動 〈*frotter* contre [sur] qc〉 …にこすれする, 擦れる. ▶ La porte *frotte* contre le plancher.

― *****se frotter** 代動 ❶ 自分の体をこする. ▶ *se frotter* avec une serviette タオルで体をふく.
❷ (自分の)〔体の部分〕をこする. 注 se は間接目的 ▶ *se frotter* les yeux 目をこする / *se frotter* le nez 鼻の頭をこする.
❸ 体をこすりつける. ▶ Le chat *s'est frotté* contre moi. ネコが私に体をこすりつけた.
❹ 話 〈*se frotter* à qn〉 …を攻撃する, に歯向かう. ▶ Il vaut mieux ne pas *se frotter* à ces gens-là. あんな連中には逆らわない方がいい.
❺ 〈*se frotter* de qc〉 自分の体に…を塗り込む; 古風 (学問, 知識など)を少し学ぶ, 少しかじる. ▶ *se frotter* d'huile solaire 日焼け止めオイルを自分の体に塗る.
❻ 〈*se frotter* sur qn〉 話 …の体にされる.

Qui s'y frotte s'y pique. 諺 (触る者は刺される→)触らぬ神にたたりなし.

se frotter les mains (もみ手をする→)喜ぶ, 満足する.

満足のしぐさ

"Quelle chance!"

frotteur, euse /frɔtœːr, øːz/ 名, 形 ❶ 床磨き職人(の). ❷ 触り魔(の), 痴漢(の).
― **frotteur** 男 《鉄道》(パンタグラフの)シュー, 集電靴(しゅう).

frottis /frɔti/ 男 ❶ 《絵画》薄塗り. ❷ 《生物学》(顕微鏡検査用の)塗抹標本.

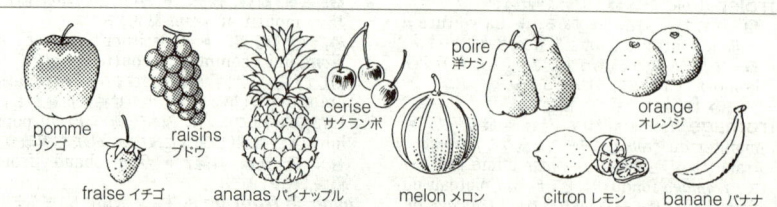

---

pomme リンゴ / raisins ブドウ / fraise イチゴ / ananas パイナップル / cerise サクランボ / melon メロン / poire 洋ナシ / citron レモン / orange オレンジ / banane バナナ

fruits 果実

frottoir /frɔtwaːr/ 男 摩擦用具；(マッチ箱の)摩擦面 (=*frottoir* à allumette).

froufrou /frufru/ 男 さらさら、かさかさ(絹、羽、葉などの触れ合う音).

froufroutant, ante /frufrutɑ̃, ɑ̃ːt/ 形 (絹、羽、葉などの)触れ合う音のする、さらさら音のする.

froufrouter /frufrute/ 自動 [絹、羽、葉などが]触れ合う音を立てる、さらさら音を立てる；かすかな音を立てる.

froussard, arde /frusaːr, ard/ 形 俗 臆病(なかの)な、度胸のない.
── 名 俗 臆病者、弱虫、腑(ふ)抜け.

frousse /frus/ 女 俗 (非常に大きな)恐怖、恐れ.
▶ avoir la *frousse* おびえる、震え上がる.

fructidor /fryktidɔːr/ 男 フリュクティドール、(共)月：フランス革命暦第12月、現行暦では8月から9月.

fructification /fryktifikasjɔ̃/ 女 ❶ 結実；結実期. ❷ 効果、成果、利益.

fructifier /fryktifje/ 自動 ❶ [土地が]収穫をもたらす；[植物が]実を結ぶ. ❷ 成果をあげる；利潤を生む.

fructueusement /fryktɥøzmɑ̃/ 副 有利に、有益に、成果をあげて.

fructueux, euse /fryktɥø, øːz/ 形 実り多い、有利な、収益の多い.

frugal, ale /frygal/;(男複) **aux** /o/ 形 ❶ [食事が]質素な. ❷ [人が]粗食に甘んじる；[生活などが]つましい.

frugalité /frygalite/ 女 粗食；つましさ、質素. ▶ vivre avec *frugalité* 質素に暮らす.

‡fruit /frɥi/ フリュイ 男 ❶ 果実；果物、フルーツ. ▶ *fruits* tropicaux 南国の果物 / jus de *fruit* フルーツジュース.

❷ 実り、成果；結果. ▶ Cet ouvrage est le *fruit* d'un an de travail. この著作は1年間の仕事の成果だ / J'ai lu avec *fruit* ce livre de philosophie. 私はこの哲学書を読んで得るところがあった. ❸ 〖複数で〗産物、収穫. ▶ les *fruits* de la terre 農作物 / *fruits* de mer 海の幸(魚を除く、エビ・カニと貝類).

C'est `au fruit` [*à ses fruits*] *qu'on connaît l'arbre.* 諺 (木は木の実によって知られる→)人の価値は行為の結果で判断される.

fruit défendu 〖聖書〗禁断の木の実；禁じられているのでますます欲望をそそる快楽.

fruit sec (1) 乾果；乾燥果実. (2) 期待外れの人；落第生、落伍(ご)者.

fruit vert 青い[熟していない]果実；未成熟な娘[青年].

porter ses fruits 有効である、成果をもたらす.
▶ Cet enseignement *a porté ses fruits*. この教育(法)は成果をあげた.

sans fruit 無益に.

fruité, e /frɥite/ 形 果物の味[香り]がする. ▶ vin *fruité* フルーティーなワイン.

fruiterie /frɥitri/ 女 ❶ 果物屋. ❷ 果物の貯蔵所.

fruitier, ère /frɥitje, ɛːr/ 形 果実のなる、果実の；果樹の. ▶ arbre *fruitier* 果樹 / jardin *fruitier* 果樹園.
── 名 果物商、青果商、八百屋.

fruitier /frɥitje/ 男 ❶ 果物の貯蔵所. ❷ 果樹園.

fruitière /frɥitjɛːr/ 女 (スイス、サヴォワ、フランシュ=コンテ地方の)(グリュイエール)チーズ製造所.

frusques /frysk/ 女複 粗末な服.

fruste /fryst/ 形 ❶ 粗野な、洗練されていない. ❷ ざらざらした；荒削りの.

frustrant, ante /frystrɑ̃, ɑ̃ːt/ 形 欲求不満[フラストレーション]を引き起こす；期待外れの、失望させる.

frustration /frystrasjɔ̃/ 女 ❶ 欲求不満、フラストレーション；失望. ▶ éprouver un sentiment de *frustration* 欲求不満を感じる.
❷ (財産、権利などの)横領、詐取.

frustré, e /frystre/ 形, 名 期待を裏切られた(人)、失望した(人)、欲求不満の(人). ▶ se sentir *frustré* 欲求不満を感じる.

frustrer /frystre/ 他動 ❶ …を失望させる、欲求不満にする. ▶ *frustrer* qn dans son espérance = *frustrer* l'espérance de qn …の期待を裏切る / La fin du film me *frustre* un peu. その映画の結末には少しがっかりした. ❷ 〈*frustrer* qn (de qc)〉(財産、権利などを)…から奪う、横領する、詐取する.

fuel /fjul/ 男 〖英語〗重油、燃焼用オイル.

fugace /fygas/ 形 消えやすい、つかの間の、はかない. ▶ parfum *fugace* すぐに消える香り / souvenir *fugace* はかない思い出.

fugacité /fygasite/ 女 文章 消えやすさ、はかなさ.

fugitif, ive /fyʒitif, iːv/ 形 ❶ 逃げた、逃走[逃亡]中の. ▶ soldat *fugitif* 脱走兵. ❷ つかの間の、はかない. ▶ bonheur *fugitif* つかの間の幸福. (↔durable). ── 名 逃走者、脱走者.

fugitivement /fyʒitivmɑ̃/ 副 つかの間に、はかなく.

fugue /fyg/ 女 ❶ 〖音楽〗フーガ. ❷ (一時的な)失踪(そう)、家出. ▶ faire une *fugue* 家出する.

fugué, e /fyge/ 形 〖音楽〗フーガ風の.

fuguer /fyge/ 自動 失踪(そう)する、家出する.

fugueur, euse /fygœːr, øːz/ 形 家出癖のある(人)、失踪(そう)癖のある(人).

führer /fyrœːr/ 男 〖ドイツ語〗❶ 総統：ナチス・ドイツのヒトラーの称号. ❷ 独裁者.

***fuir** /fɥiːr/ フュイール 15

過去分詞 fui	現在分詞 fuyant
直説法現在 je fuis	nous fuyons
複合過去 j'ai fui	単純未来 je fuirai

自動 ❶ 逃げる、逃走する. ▶ *fuir* de sa maison 家出する / *fuir* devant ses responsabilités 責任を回避する / *fuir* dans la maladie 仮病を使う. 比較 ⇨ S'ENFUIR.

❷ [時間が]過ぎ去る、流れ去る. ▶ Le temps *fuit*. 光陰矢の如し.

❸ [水、ガス、蛇口などが]漏れる. ▶ Le robinet du lavabo *fuit*. 洗面所の蛇口が漏れている.

── 他動 ❶ …を逃れる、避ける. ▶ *fuir* (la présence de) qn …と顔を合わさないようにする / *fuir* un danger 危険を逃れる. ❷ 文章 ⟨*fuir* qn⟩⟨事物が⟩…から逃げる. ▶ Le sommeil me *fuit*. なかなか眠れない.

*fuite /fɥit フュイト/ 囡 ❶ 逃げること, 逃走; 脱出, 失踪(絫). ▶ prendre la *fuite* 逃げ出す / *fuite* générale d'une armée 軍の壊走 / la *fuite* d'un époux 夫の失踪. ❷（物が急速に）過ぎ行く［流れ去る］こと;（時間の）経過. ▶ la *fuite* du temps [des jours] 瞬く間の時の経過. ❸（液体などの）漏れ; 漏れ口, 割れ目. ▶ *fuite* d'eau 水漏れ / *fuite* de gaz ガス漏. ❹（人, 資本などの）流出;（機密などの）漏洩(弘). ▶ *fuite* des capitaux 資本の流出 / Il y aurait eu des *fuites* dans les sujets d'examens. 試験問題が漏れていたようだ. ❺ 【刑法】 délit de *fuite* ひき［当て］逃げ罪.

en fuite 逃げている, 逃走中の. ▶ un inculpé *en fuite* 逃走中の容疑者 / mettre qn *en fuite* …を追い散らす, 蹴(ᵓ)散らす.

fuite en avant（危険を承知で行う）思い切った打開策.

fulgurant, ante /fylɡyrɑ̃, ɑ̃ːt/ 形 ❶ 閃光(款)を放つ, きらめく. ▶ regard *fulgurant* 燃えるような視線. ❷ 衝撃的な, 強烈な. ▶ rencontre *fulgurante* 劇的な出会い. ❸（稲妻のように）すばやい. ▶ faire des progrès *fulgurants* 急速に上達する.

fulguration /fylɡyrasjɔ̃/ 囡 ❶（雷鳴を伴わない）稲妻, 閃光(款). ❷ 文章（考えなどの）ひらめき, 啓示.

fuligineux, euse /fyliʒinø, øːz/ 形 ❶ 煤(ⁿ)を出す; 煤けた, 煤色の. ❷ 不明瞭(ⁿ)な, わけが分からない.

full /ful/ 男 〖英語〗（ポーカーの）フルハウス.

fulminant, ante /fylminɑ̃, ɑ̃ːt/ 形 ❶ 激怒している; 脅迫的な. ▶ les regards *fulminants* 怒りに燃えた目つき. ❷（熱, 衝撃で）爆発する.

fulminer /fylmine/ 間他動 ⟨*fulminer* contre qn/qc⟩…を罵倒(ᵏ)する, に激怒する.
——自動 〖化学〗爆発する.
——他動 ❶〖非難などを〗浴びせる. ❷〖カトリック〗〖破門など〗を宣言［公示］する.

fumable /fymabl/ 形（多く否定的表現で）〖たばこなどが〗吸える.

fumage¹ /fymaːʒ/ 男 薫製にすること. ▶ le *fumage* des poissons 魚の薫製.

fumage² /fymaːʒ/ 男 施肥.

fumant, ante /fymɑ̃, ɑ̃ːt/ 形 ❶ 煙が出ている. ▶ bûches encore *fumantes* まだくすぶっている薪. ❷ 湯気が立つ. ▶ soupe *fumante* ほかほか湯気を立てているスープ. ❸ かっとしている, 激昂(ᵏ)している. ❹ 諺 見事な, すばらしい. ▶ un coup *fumant* 大成功.

fumé, e /fyme/ 形 ❶ 薫製にした. ▶ saumon *fumé* スモークサーモン. ❷ verres *fumés* サングラス.

fume-cigarette /fymsiɡaret/ 男〖単複同形〗シガレットホルダー, 巻きたばこ用パイプ.

*fumée /fyme フュメ/ 囡 ❶ 煙. ▶ murs noircis de *fumée* 煙で煤(ᵏ)けた壁 / la *fumée* d'un volcan 火山の噴煙. ❷ たばこの煙. ▶ La *fumée* ne vous gêne pas? たばこを吸っても構いませんか. ❸ 湯気, 蒸気; 靄(芻). ▶ la *fumée* de la soupe スープの湯気. ❹〖複数で〗文章 酔い, 酩酊(ⁿ).

Il n'y a pas de fumée sans feu. 諺 火のない所に煙は立たぬ.

s'en aller [s'évanouir, partir] en fumée 煙となって消えていく, 水泡に帰する.

*fumer¹ /fyme フュメ/ 自動 ❶ 煙を出す; くすぶる, いぶる. ▶ Les cheminées des usines *fument*. 工場の煙突から煙が立ち上っている. ❷ 湯気を立てる. ▶ Le potage *fume* sur la table. 食卓の上でポタージュが湯気を立てている.
❸ 諺 湯気を立てて怒る, かんかんになる, かっかする.
——他動 ❶〖たばこ, パイプ, 大麻など〗を吸う. ▶ *fumer* une cigarette たばこを吸う / Il *fume* deux paquets par jour. 彼は1日に2箱たばこを吸う /〖目的語なしに〗Je ne *fume* pas. 私はたばこを吸わない / J'ai arrêté de *fumer*. 私は禁煙した /《Défense de *fumer*》「禁煙」
❷〖肉, 魚など〗を薫製にする.

fumer comme un sapeur たばこをたくさん吸う, ヘビースモーカーである.

fumer² /fyme/ 他動〖土地〗に肥料を施す.

fumerie /fymri/ 囡 阿片窟(款).

fumerolle /fymrɔl/ 囡 火山ガスの放出［噴出］; 火山ガス.

fumeron /fymrɔ̃/ 男 ❶ くすぶる炭. ❷〖複数で〗諺（やせ細った）足.

fûmes /fym/ 活用 ⇨ ÊTRE¹ Ⅲ.

fumet /fyme/ 男 ❶（焼き肉などの）おいしそうなにおい;（ワインの）芳香. 比較 ⇨ ODEUR. ❷〖料理〗フュメ: ソースのベースに用いるスープ. ❸ 獣のにおい.

fumeur, euse /fymœːr, øːz/ 名 ❶ 喫煙者. ▶ grand [gros] *fumeur* ヘビースモーカー / *fumeur* passif 間接喫煙者 /〖同格的に〗compartiment *fumeurs* [non-*fumeurs*] 喫煙車用コンパートメント［禁煙車］. ❷（阿片(款)などの）常用者.

fumeux, euse /fymø, øːz/ 形 ❶ 煙る, くすぶる. ❷ 湯気の立つ, 靄(芻)のかかった. ❸ はっきりしない, 曖昧(款)な.

fumier /fymje/ 男 ❶ 堆肥(ᵏ), 厩肥(弘). ▶ épandre du *fumier* un champ 畑に堆肥をまく. ❷ 俗（ののしって）汚いやつ, げす野郎. ▶ C'est un beau *fumier*! 見下げ果てたやつだ.

fumigation /fymiɡasjɔ̃/ 囡 ❶〖農業〗燻蒸(ⁿ): 有害生物を駆除する方法. ❷〖医学〗燻蒸: 呼吸器系の治療法.

fumigène /fymiʒɛn/ 形 煙を出す. ▶ pot *fumigène* 発煙筒.
——男 発煙筒, 発煙弾.

fumiste /fymist/ 男 暖房器具据え付け［修理］工, 暖炉職人.
——名 諺 ふざけた人, でたらめな人.
——形 諺 ふざけた, でたらめな.

fumisterie /fymistəri/ 囡 ❶ 暖房器具業. ❷ 諺 不まじめ, いいかげん; でたらめ, 悪ふざけ, 冗談.

fumivore /fymivɔːr/ 形 煙を吸収［除去］する; 煙を出さない. ▶ foyer *fumivore* 無煙炉.
——男 排煙装置, 除煙器.

fumoir /fymwaːr/ 男 ❶ 喫煙室［所, コーナー］. ❷ 薫製室［所］.

fumure /fymy:r/ 囡 ❶ 肥料；土壌改良剤. ❷ 施肥；土壌改良.
funambule /fynɑ̃byl/ 图 綱渡り芸人.
funambulesque /fynɑ̃bylɛsk/ 形 ❶ 綱渡り(芸人)の. ❷ 文章 奇妙な、とっぴな、風変わりな.
funèbre /fynɛbr/ 形 ❶ 葬式の. ▶ les pompes *funèbres* 葬儀 / cortège *funèbre* 葬列 / marche *funèbre* 葬送行進(曲) / oraison *funèbre* 弔辞；(司祭による)追悼演説.
❷ 死の. ▶ cloche *funèbre* 弔鐘 / veillée *funèbre* 通夜. ❸ 陰気な、不吉な. ▶ un *funèbre* paysage d'hiver 陰鬱(½ミン)な冬景色 / une mine *funèbre* 沈痛な顔つき.
funérailles /fynerɑ:j/ 囡複 葬儀，葬式；埋葬. ▶ *funérailles* nationales 国葬 / Ses *funérailles* ont été célébrées en grande pompe. 彼(女)の葬儀は盛大に執り行われた.
funéraire /fynerɛ:r/ 形 ❶ 葬儀の，埋葬の. ▶ frais *funéraires* 葬儀費用 / magasin *funéraire* 葬儀屋. ❷ 墓の. ▶ pierre *funéraire* 墓石 / mobilier *funéraire* 古墳からの出土品.
funeste /fynɛst/ 形 ❶ 不幸[災い、害]をもたらす；不吉な. ▶ erreurs *funestes* (=désastreux)重大な結果をもたらす過ち / *funeste* pressentiment 不吉な予感.
❷ ⟨*funeste* à qn/qc⟩ …にとって致命的な，に反する. ▶ politique *funeste* aux intérêts du pays (=fatal) 国益を損なう政策.
funiculaire /fynikylɛ:r/ 图 ケーブルカー.
— 形 ケーブルで動く.
fur /fy:r/ 男 (次の句で)
au fur et à mesure = 話 *au fur à mesure* 順々に、だんだんと；少しずつ.
au fur et à mesure 「*de qc*［*que* ＋直説法］…に応じて、につれて. ▶ *au fur et à mesure de* ses besoins 必要に応じて / *Au fur et à mesure qu*'il avance dans son travail, il rencontre de nouvelles difficultés. 仕事が進むにつれて、彼は新たな困難にぶつかる.
furax /fyraks/ 形 《不変》俗《学生》激怒した，頭にきた.
furent /fy:r/ 活用 ⇨ ÊTRE[1] [II]
furet /fyrɛ/ 男 ❶ 動物 フェレット：イタチ科の哺乳(ほにゅう)類，ウサギ狩りに用いた. ❷ 好奇心の強い人，詮索(せんさく)好きの人. ❸ ゲーム 環(わ)探しの(環)：円形に座った人たちが手から手に小さな環を回していき，鬼が環の持ち主を当てる遊戯.
furetage /fyrtaːʒ/ 男 ❶ 詮索(せんさく). ❷ フェレットを使うウサギ狩り.
fureter /fyrte/ 5 自動 ❶ (…を)探し回る、詮索(せんさく)する；(店で)品物をあさる.
❷ フェレットを使ってウサギを狩る.
fureteur, euse /fyrtœːr, øːz/ 形，图 詮索(せんさく)好きな(人)、探し回る(人).
fureur /fyrœːr/ 囡 ❶ 激怒、憤激. ▶ être en *fureur* 憤激している / être pris de *fureur* contre qn …に対して憤怒(ふんぬ)に駆られる / mettre en *fureur* qn …を激怒させる. ❷ ⟨la *fureur* de qc/不定詞⟩ …への激しい情熱、熱狂. ▶ la *fureur* du jeu ギャンブル狂い / Il a la *fureur* de lire. 彼は大の読書好きだ. ❸ 熱狂，夢中. ▶ Son amour est allé jusqu'à la *fureur*. 彼(女)の愛は熱狂的なものになった. ❹ 文章 (攻撃などの)猛烈さ；(嵐(あらし)などの)すさまじさ、猛威. ▶ la *fureur* des combats 戦闘の苛烈(かれつ)さ.
avec fureur 熱烈に、熱狂的に；猛烈に. ▶ aimer qc/qn *avec fureur* …を熱愛する.
faire fureur (事物が)大流行する、熱狂を呼び起こす. ▶ une chanson qui *fait fureur* aux Etats-Unis アメリカで大ヒットしている歌.
furia /fyrja/ 囡《イタリア語》熱狂、(感情の)激しさ、(戦意の)たけだけしさ.
furibard, arde /fyribaːr, ard/ 形 話 激怒した、かっとなった (=furibond).
furibond, onde /fyribɔ̃, ɔ̃ːd/ 形 激怒した、怒り狂った.
furie /fyri/ 囡 ❶ 激怒、憤怒(ふんぬ). ▶ un fauve en *furie* たけり狂った野獣 / mettre qn en *furie* (=rage) …を激怒させる. ❷ 文章 (攻撃などの)猛烈さ；(嵐(あらし)などの)猛威. ▶ mer en *furie* 荒れ狂う海. ❸ ⟨Furies⟩《ローマ神話》フリアイ：復讐(ふくしゅう)をつかさどる蛇の髪をした3姉妹の女神. ❹ 話 怒り狂った女、底意地の悪い女.
furieusement /fyrjøzmɑ̃/ 副 ❶ 激怒して、猛烈に、激しく. ❷ 文章 極度に.
*****furieux, euse** /fyrjø, øːz/ フュリユー、フュリユーズ/ 形 ❶ 激怒した、怒り狂った. ▶ un regard *furieux* 憤怒(ふんぬ)の眼差(まなざ)し. ◆ être *furieux* contre qn // être *furieux* de qc/不定詞 // être *furieux* que ＋接続法 …に激怒する. ▶ Les ouvriers sont *furieux* contre le patron. 労働者たちは雇い主に対して憤懣(ふんまん)やる方ない.
❷ (感情が)激しい、高ぶった；(闘い、自然などが)猛烈な、たけり狂う. ▶ une haine *furieuse* 激しい憎悪 / un torrent *furieux* 奔流.
❸ 話 (多くの名詞の前で)ものすごい、極度の. ▶ avoir un *furieux* appétit 腹ぺこだ.
— 图 文章 怒り狂った人.
furtif, ive /fyrtif, iːv/ 形 ❶ ひそかな、人目を忍ぶ；(気づかれないほどに)すばやい. ▶ marcher à pas *furtifs* 忍び足で歩く / jeter un coup d'œil *furtif* ちらっと目をやる、盗み見る.
❷ (飛行機が)レーダーに捕らえられない. ▶ avion *furtif* ステルス飛行機.
furtivement /fyrtivmɑ̃/ 副 ひそかに、こっそりと、人目を忍んで.
furtivité /fyrtivite/ 囡 レーダーで捕捉されにくいこと、ステルス性.
fus /fy/ 活用 ⇨ ÊTRE[1] [II]
fusain /fyzɛ̃/ 男 ❶ 植物 ニシキギ；マサキ；マユミ. ❷ 美術 (デッサン用の)木炭；木炭画.
fusant, ante /fyzɑ̃, ɑ̃ːt/ 形 砲弾、爆弾が 空中で炸裂(さくれつ)する.
— **fusant** 男 時限弾 (=obus fusant).
fuseau /fyzo/；(複) **x** 男 ❶ 錘(つむ)、紡錘；(レース編み用)ボビン、糸巻き. ❷ 服飾 その細いズボン、スキーパンツ (=pantalon *fuseau*). ❸ 数学 球面の2つの子午線で囲まれる部分 (=*fuseau* sphérique). ❹ 地理 *fuseau* horaire 同一標準時帯. ❺ 生物 紡錘体.
en fuseau 紡錘形の. ▶ un arbre taillé *en fuseau* 紡錘形に刈り込んだ木.

fusée

*fusée /fyze フュゼ/ 囡 ❶ ロケット；ロケット弾. ▶ *fusée* spatiale 宇宙ロケット / *fusée* sol-air 地対空ロケット弾 / *fusée* à étages 多段式ロケット / lance-*fusées* ロケット発射台 / envoyer une *fusée* sur la lune ロケットを月に向かって打ち上げる.
❷ 打上花火；(信号用)ロケット弾, のろし, 火矢. ▶ *fusée* éclairante 照明弾 / *fusée* de signalisation 信号弾.
❸ 信管. ▶ la *fusée* fusante 時限信管.
❹ (怒り, 笑いなどの突然の)噴出, 突発. ▶ la *fusée* de rires 爆笑.

fuselage /fyzlaːʒ/ 男 (飛行機の)胴体.

fuselé, e /fyzle/ 形 紡錘形の. ▶ les jambes *fuselées* 足首の締まったすらりとした足.

fuser[1] /fyze/ 自動 ❶ (熱で)溶ける, 融解する. ❷ (火薬が)爆発せずに燃える.

fuser[2] /fyze/ 自動 ❶ 〔音, 叫びなどが〕沸き上がる, どっと起こる. ❷ 噴出する, 噴射する.

fusette /fyzɛt/ 囡 (小売用)糸巻き.

fusible /fyzibl/ 形 (熱で)溶けやすい, 可溶性の.
— 男 ❶ 【電気】ヒューズ. ▶ Les *fusibles* ont sauté. ヒューズが飛んだ. ❷ 上役を守るために辞職を余儀なくされる人.

fusiforme /fyziform/ 形 紡錘形の.

*fusil /fyzi フュズィ/ 男 ❶ 銃, 小銃；鉄砲. ▶ *fusil* de chasse 猟銃 / balles de *fusil* 銃弾 / tir au *fusil* 射撃 / charger un *fusil* 銃に弾丸を装填する. ❷ 射撃手, 射手；狙撃兵. ▶ un excellent *fusil* 射撃の名人. ❸ (包丁などを研ぐ)棒やすり, 研ぎ棒.

changer son fusil d'épaule (銃を担ぐ肩を変える→)意見［計画, 職業, 党派など］を変える；変心する.

coup de fusil (1) 銃撃；銃声. ▶ tirer un *coup de fusil* 発砲する. (2) 俗 (ホテルやレストランの)目玉が飛び出るような請求金額.

dormir [être couché] en chien de fusil (銃の撃鉄のように)体を丸めて眠る.

fusilier /fyzilje/ 男 小銃兵, 狙撃兵. ▶ un *fusilier* mitrailleur 機関銃手.

fusillade /fyzijad/ 囡 ❶ 一斉射撃. ❷ 銃撃戦. ❸ 銃殺.

fusiller /fyzije/ 他動 ❶ …を銃殺する. ▶ se faire *fusiller* 銃殺される. ❷ ＜*fusiller* qn de qc＞…に(攻撃的な視線, 言葉などを)浴びせる. ▶ *fusiller* qn du regard (=foudroyer) …を眼差しで射すくめる. ❸ …を何度も写真に撮る, にフラッシュを浴びせる. ❹ 俗 …を破壊する, 台なしにする. ❺ 俗 …を使い果たす.

fusilleur /fyzijœːr/ 男 銃殺執行者；銃殺執行命令者.

fusil-mitrailleur /fyzimitrajœːr/；(複) ～s-～s 男【軍事】軽機関銃.

fusion /fyzjɔ̃/ 囡 ❶ 溶解, 融解. ▶ point de *fusion* 融点 / métal en *fusion* 融解した金属.
❷ (人, 心などの)融合, 融和, 一致. ▶ un sentiment de *fusion* 一体感.
❸ (団体, 組織などの)合併, 統合. ▶ *fusions* et acquisitions 合併と買収 (M&A) / *fusion* de sociétés 会社の合併. ❹【物理】核融合 (=*fusion* nucléaire). ▶ *fusion* froide 定温核融合. ❺【情報】(ファイルの)結合.

fusionnement /fyzjɔnmɑ̃/ 男 合併, 統合.

fusionner /fyzjone/ 他動 …を合併［統合］する；合体［融合］させる. — 自動 合併［統合］する, 合併する.

fuss- 活用 ⇨ ÊTRE[1] Ⅱ

fustigation /fystigasjɔ̃/ 囡 文章 ❶ 棒打ち［むち打ち］の刑. ❷ 激しい非難, 酷評.

fustiger /fystiʒe/ [2] 他動 文章 …を痛烈に非難する, 痛罵する.

fut, fût /fy/ 活用 ⇨ ÊTRE[1] Ⅱ

fût /fy/ 男 ❶ 幹(の根元). ❷【建築】柱身 (=*fût* de colonne). ❸ (道具類の)木製部分；木の柄. ▶ le *fût* de charrue 鋤の柄 / le *fût* d'un fusil 銃床 / le *fût* d'un tambour 太鼓の胴. ❹ (ワインなどの)樽, 洋樽.

futaie /fytɛ/ 囡 大木の樹林, 高林.

futaille /fytaːj/ 囡 (ワインなどの)樽 (=*fût*).

futé, e /fyte/ 形, 名 抜け目のない(人), ずる賢い(人).

fûtes /fyt/ 活用 ⇨ ÊTRE[1] Ⅱ

futile /fytil/ 形 くだらない, 取るに足りない；軽薄な. ▶ conversation *futile* たわいのない話 / esprit *futile* 軽薄な人.

futilement /fytilmɑ̃/ 副 無益に, 無意味に；軽薄に.

futilité /fytilite/ 囡 ❶ 無意味, くだらなさ；軽薄さ. ❷ (多く複数形で)無意味なこと, くだらないこと.

futon /fytɔ̃/ 男 (日本語)布団.

*futur, e /fytyːr フュテュール/ 形 ❶ 未来の, 将来の, 来るべき. ▶ le temps *futur* 来るべき時代 / la vie *future* 死後の世界, 来世 / la zone réservée pour l'urbanisation *future* 市街化予定地域. ❷ 〔名詞の前で〕将来の, やがてなるべき. ▶ les *futurs* époux 未来の夫婦 / C'est un *futur* ministre. ゆくゆくは大臣になる人だ.
— 名 区 未来の夫［妻］.

*futur /fytyːr フュテュール/ 男 ❶ 未来, 将来. ▶ dans le *futur* 未来は / dans un *futur* proche 近い将来に. ❷【文法】未来(形), 未来時制. ▶ *futur* simple 単純未来 / *futur* antérieur 前未来 / *futur* proche 近接未来 / *futur* du [dans le] passé 過去未来.

futurisme /fytyrism/ 男【芸術】未来派：20世紀初頭の前衛的運動.

futuriste /fytyrist/ 形 ❶【美術】未来派の. ❷ 未来を現出する, 未来志向の.

futurologie /fytyrɔlɔʒi/ 囡 未来学.

futurologue /fytyrɔlɔɡ/ 名 未来学者.

fuy- 活用 ⇨ FUIR 15

fuyant, ante /fɥijɑ̃, ɑ̃ːt/ 形 ❶ 捕らえどころのない, 避ける, 逃げる. ▶ regard *fuyant* おどおどした目つき / caractère *fuyant* とらえどころのない性格 / voix *fuyante* 聞き取りにくい声. ❷ 遠ざかっていくかに見える. ▶ une perspective *fuyante* はるか遠くまで広がる展望. ❸ 〔額, あごなどが〕後ろへ反った, そげた.

fuyard, arde /fɥijaːr, ard/ 名 逃走者；(特に)(敵前)逃亡兵.

G, g

G, g /ʒe/ 男 フランス字母の第7字.
gabardine /gabardin/ 女 《英語》ギャバジン；(ギャバジン製の)レインコート.
gabarit /gabari/ 男 ❶ 規格；(標準の)サイズ, 型. ▶ accès interdit aux gros *gabarits* 大型車進入禁止. ❷ 話 体格, 恰幅(ポッ);(性格などの)タイプ, スケール. ▶ homme d'un *gabarit* impressionnant 立派な体格をした男 / avoir le *gabarit* d'un chef de service 部長の器である. ❸ ゲージ, ジグ, 型板. ❹《建築》実物大模型；実寸図面.
gabegie /gabʒi/ 女 混乱, 乱脈；浪費. ▶ la *gabegie* administrative 行政の乱れ.
gabelou /gablu/ 男《軽蔑して》税関吏；間接税吏.
Gabon /gabɔ̃/ 固有 男 ガボン：首都 Libreville. ▶ au *Gabon* ガボンに[で, へ].
gabonais, aise /gabɔnɛ, ɛːz/ 形 ガボン Gabon の. —**Gabonais, aise** 名 ガボン人.
gâchage /ɡɑʃaːʒ/ 男 ❶ 手抜き仕事；むだ遣い, 浪費. ❷ (モルタルなどを水で)こねる[練る]こと.
gâcher /gɑʃe/ 他動 ❶ …を損なう, 台なしにする；むだ遣いする, 浪費する. ▶ *gâcher* son argent 金をむだ遣いする / *gâcher* une belle occasion せっかくの機会を台なしにする / *gâcher* son temps 時間を浪費する. ❷〔仕事など〕をいいかげんにやる. ▶ *gâcher* un travail 手抜き仕事をする. ❸〔モルタル, セメントなど〕を水でこねる.
gâcher le métier (1) 安い賃金で働く, ただ働きをする. (2) 捨て値で処分する.
gâchette /ɡɑʃɛt/ 女 ❶ 引き金 (=détente). ▶ appuyer sur la *gâchette* du revolver ピストルの引き金を引く. ❷(錠前の)止め金.
avoir la gachette facile すぐ引き金を引く.
gâcheur, euse /ɡɑʃœːr, øːz/ 形, 名(才能, 商品などを)安売りする(人)；むだ遣いする(人)；仕事をいいかげんにやる(人).
gâcheur /ɡɑʃœːr/ 男《建築》こね屋：左官材料の混練などを行う職人.
gâchis /ɡɑʃi/ 男 ❶ 台なしにすること；むだ遣い, 浪費. ▶ Ne jetez pas ces restes, c'est du *gâchis*! この余ったところを捨てないでください, むだ遣いになりますから. ❷ 混乱, 難局. ▶ *gâchis* politique 政治的紛糾. ❸(石膏(ジッ), 石灰, 砂, セメントでできた)モルタル.
gadget /ɡadʒɛt/ 男《米語》(実用性よりもアイデアで客を引く)小物類, 付属品. ▶ magasin de *gadgets* アイデア商品の店.
gadgétiser /ɡadʒetize/ 他動 …に新奇な物[機能]を加える.
gadin /ɡadɛ̃/ 男 話 転倒, 墜落. ▶ ramasser [prendre] un *gadin* 落ちる, 転倒する, 墜落する.

gadoue /ɡadu/, **gadouille** /ɡaduj/ 女 話 泥, ぬかるみ.
gaffe /ɡaf/ 女 ❶ (船の接岸, 離岸などに用いる)爪竿(さお), 鉤(か)竿, ボートフック. ❷ 話 へま；失言. ▶ faire une *gaffe* へまをやらかす.
faire gaffe (à qn/qc/不定詞) 話 (…に)気をつける, 用心する. ▶ *Fais gaffe* au trou! 穴に気をつけろ.
gaffer /ɡafe/ 他動 …を鉤竿(ぎお)で引き上げる.
—自動 話 ❶ へまをやる, 失言する. ❷ 注意して見る.
gaffeur, euse /ɡafœːr, øːz/ 形, 名 話 へまな(人), 間抜けな(人).
gag /ɡaɡ/ 男《英語》❶ ギャグ. ❷ 話 滑稽(ばな)な状況, お笑いぐさ.
gaga /ɡaɡa/ 名《男女同形》話 老いぼれ, もうろくした人 (=gâteux).
—形《男女同形》話 老いぼれた, もうろくした.
gage /ɡaːʒ/ 男 ❶ 抵当, 質, 質草, 担保. ▶ mettre [laisser] qc en *gage* …を質[抵当]に入れる / Je vous laisse ma montre comme *gage*. 借金のかたに時計を預けていこう. ❷ 保証(するもの)；しるし, あかし. ▶ en *gage* d'amitié 友情のしるしに / donner un *gage* de fidélité 忠誠のあかしを示す. ❸(ゲームに負けた人に課する)罰. ❹《複数で》古風(召し使いの)給料.
à gages 金で雇われた. ▶ tueur *à gages* 殺し屋.
être aux gages de qn (1)…に雇われている. (2)…に盲目的に仕えている, 盲従する.
gagé, e /ɡaʒe/ 形 ❶ 担保などで保証された. ❷ 抵当に入った.
gager /ɡaʒe/ 2 他動 ❶ <*gager* qc sur [par] qc>…を(担保など)によって保証する. ▶ *gager* un emprunt sur des biens immobiliers 不動産を借金の抵当にする. ❷ 文章 <*gager* que + 直説法>…と断定する, きっと…だと思う. ▶ *Gageons* qu'il n'arrivera pas à temps. きっと彼は遅刻してくるよ.
gageure /ɡaʒyːr/ 女 文章 向こう見ずな言動, 難しい企て, 無謀な賭(ポ). ▶ C'est une *gageure*! それはまるで賭だ.
soutenir la gageure 無謀な企てを押し通す；あくまで態度を変えない.
gagnant, ante /ɡaɲɑ̃, ɑ̃ːt/ 形 当選した；勝ちの(↔perdant). ▶ le numéro *gagnant* 当選番号 / le billet *gagnant* 当たりくじ / Tout le monde donne ce cheval *gagnant*. みんながこの馬の勝利を予想している.
gagnant-gagnant 双方とも満足できる. ▶ négociation *gagnant-gagnant* 双方とも満足できる交渉.

gagne

partir [*jouer*] *gagnant* 確実な勝負しかしない.
― 图 ❶ 勝者, 当選者 (↔perdant). ❷ 勝ち馬; 当たり馬券, 当たりくじ.

gagne /ɡaɲ/ 女 話 《la gagne》勝とうという気持ち.

gagne-pain /ɡaɲpɛ̃/ 男《単複同形》❶ 生計の手段; 仕事. ▶ Il a perdu son *gagne-pain*. 彼は勤め口を失った. ❷ 一家の大黒柱, 稼ぎ手.

gagne-petit /ɡaɲpəti/ 男《単複同形》稼ぎの少ない人, 薄給の人.

:gagner /ɡaɲe ガニエ/ 他動

直説法現在	je gagne	nous gagnons
	tu gagnes	vous gagnez
	il gagne	ils gagnent
複合過去	j'ai gagné	半過去 je gagnais
単純未来	je gagnerai	単純過去 je gagnai

❶ ‹ **gagner qc** [**de** + 不定詞] (+ **à** qc /不定詞]) ›(…で)…を得る, もうける. ❶〔金銭〕を稼ぐ, もうける. ▶ *gagner* quatre mille euros par mois 月に4千ユーロ稼ぐ / *gagner* de quoi vivre 生活費を稼ぐ / Il *a gagné* beaucoup d'argent aux courses. 彼は競馬で大金をもうけた / *gagner* sa vie 生計を立てる / *gagner* son pain 暮らしを立てる / *gagner* son bifteck = gagner sa croûte 話 生活費を稼ぐ. 比較 ▷ OBTENIR.

❷〔賞, 評価, 支持など〕を勝ち取る;〔試合など〕に勝つ. ▶ *gagner* le prix 1 等賞を取る / *gagner* tous les cœurs みんなの心をつかむ / *gagner* un match 試合に勝つ / *gagner* la guerre 戦争に勝つ / *gagner* les élections 選挙に勝つ / *gagner* un procès 勝訴する.

❸〔利益〕を得る;《反語的に》〔厄介なもの〕をしょい込む. ▶ Vous n'y *gagnerez* rien. それによって得るものは何もありません / Qu'est-ce que vous *gagnez* à vous obstiner ainsi ? そのように意地になってなんの得になるのですか /《En changeant de travail, qu'est-ce que tu *as gagné* ? ―J'y *ai gagné* d'être plus libre.》「職場が変わってどんないいことがあった」「前より自由になった」/ J'y *ai gagné* un bon rhume. 私はそれでひどい風邪をひいた.

❹《bien とともに》…を当然の報酬として得る, に値する (=mériter). ▶ Il *a bien gagné* ses vacances. 彼は休暇をもらうに値する働きをした / Il *l'a bien gagné*. 話〔失敗, 罰などについて〕当然の報いだ (=Il ne l'a pas volé).

❺〔時間, 場所〕を節約する, 節約する. ▶ *gagner* du temps 時間を節約する, 時を稼ぐ / Prenez ce raccourci, vous *gagnerez* un bon quart d'heure. この近道を通れば, 優に15分は節約できる / *gagner* de la place 場所を節約する.

❻ …に着く, 到達する; 及ぶ, 広まる. ▶ *gagner* la frontière 国境にたどり着く / Le feu *a gagné* la maison voisine. 火は隣の家に燃え移った / La crise *a gagné* peu à peu l'ensemble de l'Europe de l'Est. 危機は次第に東欧全域に広がった.

❼〔体重, 身長, 人口など〕を増やす. ▶ *gagner* deux kilos en un mois 1か月で体重が2キロ増える.

❷‹ **gagner qn** › ❶ …を味方にする, 引き入れる. ▶ *gagner* de nouveaux partisans 新たな支持者を得る / Nous l'*avons* enfin *gagné* à notre cause. 我々はとうとう彼を味方に引き入れた / se laisser *gagner* 言いくるめられる; 買収される.

❷〔感情, 感覚などが〕…をとらえる, 支配する. ▶ Le froid commençait à nous *gagner*. 寒さが我々を襲い始めていた.

❸ …に勝つ. ▶ *gagner* qn à un jeu 話 ゲームで…に勝つ.

Ce n'est pas gagné d'avance. 話 (1) 努力が必要だ. (2) こんな不確かな話はない.

C'est gagné. 話 うまくいったぞ, 成功だ.

gagner du terrain 前進する, 勢力を増す, 広まる;(競争相手に対して)優位に立つ. ▶ L'incendie *gagne du terrain*. 火事が燃え広がる / Ce parti *a gagné du terrain* aux dernières élections. この党は前の選挙で勢力を拡大した.

gagner le large 沖に出る; 逃げる.

gagner qn de vitesse …を追い抜く, の先を越す; を出し抜く.

― 自動 ❶ もうける, 稼ぐ. ▶ *gagner* gros 大もうけする / *gagner* à la Bourse 株でもうける.

❷‹ *gagner* (à qc) ›(…で) 勝つ. ▶ *gagner* à la loterie 宝くじで当たる / *gagner* aux élections 選挙に勝つ / C'est toi qui *gagnes*. 君の勝ちだ.

❸‹ *gagner* en qc ›(性質などについて) 強まる, 大きくなる. ▶ Son style *a gagné* en force. 彼(女)の文体は力強さを増した / un homme politique qui *a gagné* en crédibilité 信望が増した政治家.

❹‹ *gagner* à + 不定詞 ›…をすることで得をする; …することで価値を増す. ▶ Vous *gagnerez* à acheter dans ce magasin. この店で買えば買い得ですよ / un vin qui *gagne* à vieillir 年がたつにつれておいしくなるワイン / C'est un homme qui *gagne* à être connu. 彼はとっつきは悪いがつき合ううちに良さがわかる男だ.

❺‹ *gagner* (sur qc) ›(…に)広がる, (…にまで)及ぶ. ▶ Pendant ce temps-là, l'incendie *gagnait* toujours. その間火事は依然として燃え広がっていた / La mer *gagne* chaque année sur la côte. 毎年, 海が陸を少しずつ覆って広がっている.

gagner sur tous les tableaux あらゆる点で優れている.

― **se gagner** 代動 ❶ 得られる. ▶ L'amitié ne se *gagne* pas si facilement. 友情はそうやすく得られるものではない. ❷‹ *se gagner* qc/qn ›…を獲得する; 味方につける. 注 se は間接目的. ▶ *se gagner* une bonne réputation よい評判を得る / Il *s'est gagné* de bons amis. 彼はよい友人を得た. ❸〔勝負などが〕勝ち取られる.

gagneur, euse /ɡaɲœːr, øːz/ 图 勝利者; いつも勝つ人.

:gai, gaie /ɡe ゲ/ 形 ❶ 陽気な, 愉快な, 楽しい. ▶ réception *gaie* にぎやかなパーティー / voix *gaie* 弾んだ声 / comédie *gaie* 陽気で楽しい芝居

/ auteur *gai* ユーモア作家 / Il est toujours *gai*.(=joyeux) 彼はいつも上機嫌だ. ❷ ほろ酔い機嫌の. ▶ Il est un peu *gai*. 彼はほろ酔いだ. ❸〔場所, 色が〕明るい;〔天気が〕よく晴れた. ▶ couleur *gaie* 鮮やかな色 / *gai* soleil 明るい日差し.

avoir le vin gai 酔うと陽気になる.

C'est gai! 話《反語的に》やれやれ, これは参った.

gai comme un pinson とても陽気な.

gaiement /gɛmã/, gaîment 副 ❶ 陽気に, 快活に. ▶ vivre *gaiement* 楽しく暮らす. ❷ 喜んで, 熱心に. ▶ Allons-y *gaiement*! さあ元気にやろう.

*gaieté /gete/ ゲテ, gaîté 囡 ❶ 陽気さ, 楽しさ; 上機嫌, 愉快さ. ▶ avoir de la *gaieté* 陽気である / perdre [retrouver] sa *gaieté* 元気をなくす [取り戻す] / comédie pleine de *gaieté* とても楽しい芝居. ❷ ほろ酔い機嫌. ▶ être en *gaieté* ほろ酔い機嫌である. ❸（場所, 色などの）明るさ（天気の）晴れ. ❹（多く複数で）おもしろい［楽しい］点;《皮肉に》つまらなさ, ばかげた点. ▶ Voilà les *gaietés* de ce métier. それがこの仕事のおもしろい［つらい］ところさ.

de gaieté de cœur 《おもに否定的表現で》自ら進んで, 喜んで, 意図的に. ▶ Je ne dis pas ça *de gaieté de cœur*. 私は好きでそう言うのではないんですよ.

gaillard¹, arde /gajaːr, ard/ 形 ❶ 元気な, 生き生きとした, 丈夫な. ▶ se sentir *gaillard* 自分に力がみなぎっているのを感じる / un vieillard encore très *gaillard* まだかくしゃくとした老人. ❷ 少しみだらな, 際どい. ▶ une plaisanterie *gaillarde* ちょっといやらしい冗談.
— *gaillard* 男 ❶ たくましい男. ❷ 話 ずるいやつ; いたずら小僧. ❸ mon *gaillard*《呼びかけで》ねえ, 君.

gaillard² /gajaːr/ 男【海事】船首楼.

gaillardement /gajardəmã/ 副 ❶ 元気に, 陽気に, 快活に. ❷ 勇敢に, 大胆に, 決然と.

gaillardise /gajardiːz/ 囡 ❶《多く複数で》あけすけな話; やや卑猥な言動. ❷ 古風 多少みだらな陽気さ.

gaîment /gɛmã/ 副 ⇨ GAIEMENT.

gain /gɛ̃/ 男 ❶ 利益, もうけ, 収入. ▶ réaliser des *gains* considérables 莫大な利益をあげる / être âpre au *gain* がめつい / tirer du *gain* de qc …から利益を得る. ❷（精神的）利益, 利点, 成果. ▶ le *gain* que l'on retire d'une lecture 読書から得るもの.《*gain* de + 無冠詞名詞》…の節約. ▶ un *gain* de temps [place] 時間[場所]の節約. ❹ 勝利, 勝ち. ▶ le *gain* d'un procès 勝訴. ❺ 増大; 獲得. ▶ un *gain* territorial 領土の拡張.

avoir [obtenir] gain de cause 訴訟[議論]に勝つ, 有利な決定を得る; 成功する.

donner gain de cause à qn …に有利な決定を下す, が正しいと認める.

gaine /gen/ 囡 ❶ 鞘(さや), ケース; カバー, 被覆. ▶ remettre un poignard dans sa *gaine* 短刀を鞘に収める / une *gaine* d'une raquette de tennis テニスラケットのカバー. ❷ コルセット, ガードル. ❸（彫像などを置く下細りの）台座. ❹（建築物などの）導管. ▶ une *gaine*「d'aération [de ventilation]通風管, ダクト.

gainé, e /gene/ 形 ❶（カバーなどに）覆われた, ケースに入った. ❷（服などが）ぴったりとまとった.

gainer /gene/ 他動 ❶ …にケース［鞘(さや), カバー］をつける. ❷〔服などが〕…をぴったりと覆う. ▶ un maillot qui la *gaine* bien 彼女の体をぴっちり包む水着.

gainier, ère /genje, ɛːr/ 名 カバー製造者, ケース作り職人; カバー[ケース]販売者.

gaîté /gete/ 囡 ⇨ GAIETÉ.

gala /gala/ 男（公式の）大祝典;（正装で行われる）特別興行, ガラ. ▶ organiser un concert *gala* ガラ・コンサートを催す.

de gala（公式の）祝典用の. ▶ tenue *de gala* 正装, 礼装 / un repas *de gala* 盛大な宴会.

galactique /galaktik/ 形 銀河（系）の.

galamment /galamã/ 副（女性に対して）親切に, 礼儀正しく.

galant, ante /galã, ãːt/ 形 ❶〔男性が〕女性に対して親切な; 女性の気を引こうとする. ▶ homme *galant* 女に親切な男; 好色漢 / Soyez *galant* et cédez votre place à cette dame. 紳士らしくして, あの御婦人に席を譲ってあげなさい. ❷ 恋愛に関する; 色恋を描いた. ▶ conte *galant* 艶(つや)話 / rendez-vous *galant* デート / surprendre qn en *galante* compagnie …が恋人同伴の現場を見つける. ❸ 文章（軽蔑して）〔女が〕身持ちのよくない.

galant homme 古風/文章 紳士.

galant /galã/ 男 ❶ 文章 /（ふざけて）恋する男, 恋人. ❷ 古風 プレーボーイ, 女たらし.

vert galant（いい女をした）女たらし, 色事師.

galanterie /galɑ̃tri/ 囡 ❶（女性に対する）慇懃(いんぎん)さ, 親切さ. ❷ 古風/文章（女性に言う）甘言, お世辞. ▶ débiter des *galanteries* 甘い言葉を口にする. ❸ 古風/文章 情事, 色好み.

galantine /galɑ̃tin/ 囡【料理】ガランティーヌ: 骨を抜いて詰め物をした家禽(かきん)などを煮て調理した, ゼリー添え冷製料理.

galaxie /galaksi/ 囡 ❶《Galaxie》銀河, 天の川; 銀河系. ❷（銀河系外）星雲.

galbe /galb/ 男（家具, 体などの美しい）輪郭, 線; 膨らみ. ▶ des jambes d'un *galbe* parfait 見事なスタイルの足 / le *galbe* d'un vase 花瓶の膨らみ.

galbé, e /galbe/ 形 美しい輪郭をした; 膨らみのある. ▶ le corps bien *galbé* 美しいプロポーション.

galber /galbe/ 他動 …に美しい輪郭をつける.

gale /gal/ 囡 ❶ 疥癬(かいせん). ▶ avoir [attraper] la *gale* 疥癬にかかる. ❷ 話 たちの悪い人, 嫌なやつ. ❸（植物の）こぶ病.

méchant [mauvais] comme la gale 非常に性悪な.

ne pas avoir la gale 話 悪い病気にかかってはいない, 健康だ.

galène /galen/ 囡 ❶【鉱物】方鉛鉱. ❷【電波】détecteur à *galène* 鉱石検波器.

galère /galɛːr/ 囡 ❶ ガレー船.（1）18世紀まで用いられた櫂(かい)と帆で走る軍艦や商船で, 奴隷や囚人に

galérer

漕(ﾆ)がせた．(2) 古代ギリシア・ローマの軍艦．
❷《複数で》漕役(役)刑 (=peine des *galères*)；(漕役刑廃止以降の)徒刑，強制労働の刑．
❸ 過酷な状況［仕事］．▶ Quelle *galère*! なんて大変なんだ／J'ai connu des années de *galère*. 私は辛い数年を経験した．
(*C'est*) *la galère!* これはきつい，まいったな，ふう！
Que diable allait-il faire dans cette galère? なんでってやつはそんな(危い)ことにかかわり合いになったのだ(モリエールから)．
Vogue la galère! ままよ，なるようになれ．

galérer /galeʀe/ ⑥ 自動 話 ❶ その日暮らしをする．
❷ (わずかの稼ぎのために) 辛い仕事をする．

*galerie /galʀi ギャルリ/ 囡 ❶ 回廊，歩廊，廊下；アーケード街 (=*galerie* marchande)．▶ la *galerie* des Glaces à Versailles ヴェルサイユ宮殿の鏡の間 / les *galeries* de la place des Vosges ヴォージュ広場の歩廊 / *Galeries* Lafayette ギャラリー・ラファイエット(パリのデパート)．
❷ 画廊，ギャラリー；(美術品の)陳列室．▶ la Grande *Galerie* du Louvre ルーヴル美術館のグランド・ギャラリー．
❸ (美術品などの)コレクション，収集品．▶ une *galerie* de tableaux 絵画コレクション．
❹ (劇場の)バルコニー席．
❺ (la galerie) (競技，演劇などの)観客，ギャラリー；大衆，世論．▶ C'est un discours politique visant à impressionner la *galerie*. これは大向こうをねらった政治演説だ．
❻ 地下道，坑道 (=*galerie* de mine)．
❼ (自動車の屋根につける)ルーフキャリア．
amuser la galerie 話 周りの人を笑わせる［楽しませる］．
pour la galerie 受けをねらって．▶ jouer *pour la galerie* スタンドプレーをする．

galérien /galerjɛ̃/ 男 漕役(役)刑囚，徒刑囚．
mener une vie de galérien とてもつらい［惨めな］生活をする．

galeriste /galeʀist/ 名 美術ギャラリー経営者．

galet /galɛ/ 男 ❶ (海岸，河原の)丸い小石，砂利；(集合的に)砂利浜．▶ une plage de *galets* 砂利浜．❷ キャスター；ローラー．

galette /galɛt/ 囡 ❶ ガレット，(丸くて平たい)パンケーキ．▶ la *galette* des Rois 公現祭 Epiphanie の祝い菓子(中に隠したソラマメまたは陶器の人形が当たった人が，王または王妃として主役になる)．
❷ (そば粉またはとうもろこし粉で作った)クレープ．
❸ (ガレットのように)丸くて平たいもの．
❹ 俗 お金，財産．▶ Il a de la *galette*. 彼は金を持っている．
plat comme une galette 平べったい．

galette des Rois

galetteux, euse /galɛtø, øːz/ 形 俗 金持ちの．

galeux, euse /galø, øːz/ 形 ❶ 疥癬(役)にかかった；疥癬性の．❷ 汚れた，汚らしい；腐敗した．
brebis galeuse 異分子，嫌われ者．
— 名 ❶ 疥癬にかかった人．❷ 嫌われ者；軽蔑すべき人．

galiléen, enne /galileɛ̃, ɛn/ 形 ガリラヤの．
— **Galiléen, enne** 名 ガリラヤ人．
— **Galiléen** 男《聖書》ガリラヤ人(役)：ユダヤの人がイエスに与えた蔑称(役)．

galimatias /galimatja/ 男 わけの分からない話［文章］．

galipette /galipɛt/ 囡 話 とんぼ返り；飛び跳ねること．

galle /gal/ 囡《植物学》瘻瘤(役)，虫癭(役)，虫癭．▶ *galles* du chêne = noix de *galle* 没食子(役)(コナラ属の若枝にできる虫癭で，皮なめしや染色の媒染剤となる)．

Galles /gal/ 固有 ❶ pays de *Galles* ウェールズ．
❷ le Prince de *Galles* イギリス皇太子．

gallican, ane /ga(l)likɑ̃, an/ 形 フランス教会の．— 名 ガリア主義者，フランス教会独立強化主義者．

gallicanisme /ga(l)likanism/ 男《キリスト教》ガリア主義，ガリカニスム，フランス教会独立強化主義：ローマ教皇の絶対権からフランス・カトリック教会を独立させようとする運動．

gallicisme /galisism/ 男 ❶ ガリシスム：構文上，外国語に逐語訳できないフランス語独特の表現(例：il y a, ça fait など)．❷ (他国語における)フランス語風表現．

gallinacés /galinase/ 男複《鳥類》キジ目：キジ，ウズラなど．

gallo- 接頭 「ガリア，フランス」の意．

gallois, oise /galwa, waːz/ 形 ウェールズ Galles の．
— **Gallois, oise** 名 ウェールズ人．
— **gallois** 男 ウェールズ語．

gallon /galɔ̃/ 男《英語》ガロン：アングロサクソン諸国で穀物や液体を測る単位．

gallo-romain, aine /ga(l)lorɔmɛ̃, ɛn/ 形 ガロ・ロマン(人)の．
— **Gallo-Romain, aine** 名 ガロ・ロマン人：ガロ・ロマン期のローマ化したガリア［ゴール］人．

galoche /galɔʃ/ 囡 木底靴；寒さや水気を防ぐため普通の靴の上に履く厚い木底の革靴．
menton en galoche しゃくれたあご．

galon /galɔ̃/ 男 ❶ ブレード，ガロン：服，カーテンなどにつけるテープ状の縁飾り．❷ (軍隊の階級章の)金筋；袖章，肩章．
prendre du galon 昇進［級］する，位が上がる．

galonné, e /galɔne/ 形 ブレードで飾った，飾りひもをつけた．
— **galonné** 男 話 士官，将校；下士官．

galonner /galɔne/ 他動 …にブレード［飾りひも］をつける．▶ *galonner* un revers (上着の)襟の折り返しをブレードで飾る．

galop /galo/ 男 ❶ (馬の)駆け足，ギャロップ．▶ aller au *galop*［馬が］ギャロップで走る．
❷《音楽》《ダンス》ギャロップ：ハンガリー起源の非常

に速い2拍子の舞曲. 19世紀にフランスで流行した. ❸〖医学〗奔馬性心音.

au galop 大急ぎで. ▶ Il est venu *au galop*. 彼は息せき切ってやって来た / Allons! au travail et *au galop*! さあ仕事だ, 急いで, 急いで.

galop d'essai (1)足慣らしの駆け足, 試走. (2)模擬試験; 小手調べ; 試運転.

galopade /galɔpad/ 囡 ❶〖馬術〗駆歩. ❷ 駆け足, 速く走ること. ▶ On entend des *galopades* d'enfants. 子供たちの駆けていく足音が聞こえる.

galopant, ante /galɔpɑ̃, ɑ̃:t/ 形 急激に増大する, 極めて急速に進行する. ▶ inflation *galopante* 急激に悪化するインフレ.

galoper /galɔpe/ 自動 ❶〔馬が〕ギャロップで走る;〔人が〕(馬に乗って)ギャロップで走る. ❷ 駆ける; 走り回る; 大急ぎである. ▶ Les gamins *galopaient* derrière lui. 子供たちが彼のあとを走ってついて来た. ❸〔物事が〕速く動く;〔思考などが〕活発に動く. ▶ L'inflation *galope*. インフレが見る見るうちに進行する.
— 間他動 〈*galoper* après qn/qc〉…を追い求める, 渇望する.

galopin /galɔpɛ̃/ 男 (街を走り回っている)少年, 腕白小僧, いたずらっ子.

galvanisation /galvanizasjɔ̃/ 囡 ❶〖医学〗電気療法. ❷ (一時的な)元気づけ, 激励. ❸ 亜鉛めっき. ▶ *galvanisation* électronique 電気めっき.

galvaniser /galvanize/ 他動 ❶ …をガルバーニ電流で刺激する; に電気療法を施す. ❷ (一時的に)…を鼓舞する, 活気づける. ▶ *galvaniser* la foule 群衆を熱狂させる. ❸ …に(亜鉛)めっきをする. ▶ tôle *galvanisée* トタン板.

galvauder /galvode/ 他動 ❶〔名誉など〕を傷つける. ▶ *galvauder* un nom prestigieux 輝かしい名声に泥を塗る. ❷〔才能, 資質など〕を駄目にする. ▶ *galvauder* ses dons 天賦の才を浪費する. — se galvauder 代動 名を汚す;〔才能などが〕駄目になる.

gambade /gɑ̃bad/ 囡 跳ね回ること, はしゃぎ回ること. ▶ faire des *gambades* 跳ね回る.

gambader /gɑ̃bade/ 自動 ❶ 跳びはねる, はね回る, はしゃぎ回る. ❷〔考え, 想像などが〕次から次へと膨らむ, 自由に駆け巡る.

gamberge /gɑ̃bɛrʒ/ 囡 俗 考え, 思案; 推理.

gamberger /gɑ̃bɛrʒe/ ② 自動 俗 ❶ とくと考える, 思案する. ❷ 夢見る, 夢想する.
— 他動 俗 〈*gamberger* qc // *gamberger* de + 不定詞〉…を計画する, たくらむ.

gambette /gɑ̃bɛt/ 囡 俗 (特に若い女性の)足. *jouer des gambettes* 逃げる.

Gambie /gɑ̃bi/ 固有 ガンビア: 首都 Banjul. ▶ en *Gambie* ガンビアに [で, へ].

gambien, enne /gɑ̃bjɛ̃, ɛn/ 形 ガンビア Gambie の.
— **Gambien, enne** 名 ガンビアの人.

gamelle /gamɛl/ 囡 (軍隊・キャンプ用の)弁当(箱); (携帯)鍋(な); コッヘル.
ramasser une gamelle 慣 (1)転ぶ, 落ちる. (2) 失敗する, しくじる.

gamète /gamɛt/ 男〖生物学〗配偶子.

*****gamin, ine** /gamɛ̃, in/ 名 ❶ 俚 子供, 少年, 少女. ― *gamin* 子供っぽい行動をとる. ❷ 俗 (幼い)息子, 娘. — 形 ❶ いたずら好きな, 腕白な, おてんばな. ▶ Il a un esprit *gamin*. 彼はいたずらっ気がある. ❷ 子供っぽい.

gaminerie /gaminri/ 囡 子供っぽい言動; 子供っぽさ; 子供の(ような)いたずら. ▶ Tu as passé l'âge de ces *gamineries*. お前はもうあんないたずらをするような年じゃないよ.

gamma /ɡa(m)ma/ 男《単複同形》❶ ガンマ (Γ, γ): ギリシア字母の第3字. ❷ rayons *gamma* ガンマ線.

gamme /ɡam/ 囡 ❶ 音階. ▶ *gamme* majeure [mineure] 長 [短] 音階.
❷ (あるカテゴリーに属するものの)種類の幅, 範囲. ▶ la *gamme* des couleurs 色階 / une *gamme* étendue d'actions humaines 人間のさまざまな行為. ◆ toute la *gamme* des + 複数名詞: あらゆる種類の…. ▶ analyser toute la *gamme* des sentiments あらゆる感情を分析する. ◆ toute une *gamme* de + 無冠詞複数名詞　かなりの種類の…. ▶ Nous vous proposons toute une *gamme* de prix. 当店はいろいろな値段の品を取りそろえてございます.
❸ (商品の)シリーズ, ラインナップ.

bas de gamme 低級品の; 普及品の, 安物の. ▶ voiture *bas de gamme* 大衆車.

faire ses [des] gammes (1) (楽器, 声で) 音階練習をする. (2) 基礎 [初歩] の練習をする.

haut de gamme 高級品の, ハイクラスの.

gammée /game/ 形《女性形のみ》croix *gammée* 鉤(かぎ)十字, 卍(まんじ), 逆さ卍 (卐).

ganache /ɡanaʃ/ 囡 ❶ 俚 ばか, 間抜け, 能なし. ❷ (馬などの)下あご.

Gand /ɡɑ̃/ 固有 ヘント, ガン: ベルギーの都市.

gandin /ɡɑ̃dɛ̃/ 男 文章 きざな若者, しゃれ者, だて男.

gandoura /ɡɑ̃dura/ 囡 ガンドゥーラ: アフリカ北東部で外套(がいとう)の下に着用される袖(そで)無しの衣服.

gang /ɡɑ̃g/ 男《英語》ギャング, 暴力団.

ganglion /ɡɑ̃ɡlijɔ̃/ 男 ❶ リンパ節 (=*ganglion* lymphatique); 神経節 (=*ganglion* nerveux). ❷ 俚 リンパ腺(せん)炎, ぐりぐり.

ganglionnaire /ɡɑ̃ɡlijɔnɛ:r/ 形 神経節の, リンパ節の.

gangrène /ɡɑ̃ɡrɛn/ 囡 ❶〖医学〗壊疽(えそ). ▶ la *gangrène* gazeuse ガス壊疽. ❷ 腐敗, 堕落; 悪の源. ▶ Le racisme est une *gangrène* sociale. 人種差別は社会の癌(がん)だ.

gangrener /ɡɑ̃ɡrəne/ ③ 他動 ❶〖医学〗〔手足などに〕壊疽(えそ)を起こさせる. ❷ …を腐敗させる, 堕落させる. ▶ La ploutocratie *gangrène* l'administration. 金権政治が行政を腐敗させている.
— se gangrener 代動 ❶〔手足などが〕壊疽にかかる. ❷ 腐敗する, 毒される.

gangreneux, euse /ɡɑ̃ɡrənø, ø:z/ 形〖医学〗壊疽(えそ)性の.

gangster /ɡɑ̃ɡstɛ:r/ 男《米語》ギャングの一員.

gangstérisme /ɡɑ̃ɡsterism/ 男 ギャング行為, 暴力 [悪徳] 行為.

gangue /gã:g/ 囡 ❶〖鉱山〗脈石. ▶ séparer le minerai de la *gangue* 脈石から鉱物を分離する. ❷ 表面の付着物; 外皮, 表面.

ganse /gã:s/ 囡（縁取り, 装飾に用いる絹, 金糸, 銀糸などの）打ちひも, 組みひも, 飾りひも.

ganser /gãse/ 他動（服など）に飾りひも［縁どり］をつける.

***gant** /gã ガン/ 男 **手袋**. ▶ *gants* de peau 革手袋 / une paire de *gants* 手袋 1 組 / mettre [porter] des *gants* 手袋をはめる［はめている］/ retirer [enlever] ses *gants* 手袋を脱ぐ / *gant* de toilette（タオル製の四角い）浴用・洗顔手袋 / *gant* de boxe ボクシング・グローブ / *gant* de caoutchouc ゴム手袋 / *gant* de ménage 家事用手袋.

aller comme un gant à qn …にぴったり合う, ふさわしい. ▶ Ce rôle te *va comme un gant*. その役は君には打って付けだ.

en gant(s) de toilette 俗（乳房が）垂れている.

être souple comme un gant 従順である, 他人の言うなりになる.

jeter le gant à qn …に挑戦する, 決闘を挑む.

prendre [mettre] des gants 慎重に行動する, 気をつけてものを言う. ▶ Nous le dirons sans *mettre de gants*. 我々はそのことを歯に衣（きぬ）着せずに言うつもりだ.

relever le gant 挑戦に応じる, 受けて立つ.

retourner qn comme un gant …の意見をすっかり変えさせる.

se donner les gants de qc /不定詞 文章（1）（実際はしていないこと）を自分の手柄にする; にうぬぼれる.（2）厚かましくも…する.

ganté, e /gãte/ 形 手袋をはめた. ▶ Il est *ganté* de blanc. 彼は白い手袋をしている.

gantelet /gãtlɛ/ 男 ❶（馬具, 靴, 製本などの職人が, 手のひらを保護するために用いる）革当て, 革手袋. ❷（甲冑（ちゅう）の）籠手（て）, ゴーントリット.

ganter /gãte/ 他動 ❶〖手〗に手袋をはめる. ▶ *ganter* ses mains de cuir 革の手袋をはめる. ❷ …に手袋をはめさせる. ▶ *ganter* un enfant 子供に手袋をはめる. ❸〖手袋が〗…にぴったり合う.
— **se ganter** 代動 手袋をはめる. ▶ *se ganter* de noir 黒い手袋をはめる.

ganterie /gãtri/ 囡 手袋製造［販売］業; 手袋（製造）工場; 手袋売り場.

gantier, ère /gãtje, ɛ:r/ 名 手袋製造人; 手袋商.

Gap /gap/ 固有 ガップ: Hautes-Alpes 県の県庁所在地.

gap /gap/ 男《英語》溝, 隔たり;（特に）（経済的, 技術的な）ギャップ, 格差.

***garage** /gara:ʒ ガラージュ/ 男 ❶（屋根付きの）車庫, ガレージ. ▶ *garage* d'avions 格納庫 / mettre sa voiture au *garage* 車庫に車を入れる / sortie de *garage* ガレージ出入り口.
❷（自動車などの）修理工場, サービスステーション.
❸ 入庫, 停泊; 駐車.

voie de garage（1）〖鉄道〗側線, 待避線.（2）屈 将来性のない仕事. ▶ mettre qc/qn sur une *voie de garage* …を棚上げにする; 閑職に追いやる.

***garagiste** /garaʒist ガラジスト/ 名 **自動車修理工場の経営者.**

garance /garã:s/ 囡 ❶〖植物〗アカネ; アカネの根. ❷ 茜（あかね）染料.
— 形《不変》茜色の, 深紅色の.

gar*ant*, ante /garã, ã:t/ 名 ❶ 保証する人;（責務などの）保証人. ▶ Pour obtenir ce prêt, il vous faut un *garant*. この融資を受けるためには保証人が必要だ. ◆être [se porter] *garant* 「de qc [que ＋直説法]」…に責任を持つ, を請け負う. ▶ se porter *garant* de son honnêteté 彼（女）の誠実さを請け合う.

❷（権威ある）著者, 典拠.

❸ 保証国 (=Etat *garant*). ▶ les *garants* d'un pacte 協定の保証国.

— **garant** 男 保証（となるもの）. ▶ Votre carrière est le *garant* de votre compétence. 経歴を見ればあなた（方）が有能だということは分かります.

garanti, e /garãti/ 形 (garantir の過去分詞) 保証された;［商品が］保証付きの. ▶ un succès *garanti* 保証された成功 / une pendule *garantie* cinq ans 5 年間の保証付き置き時計.
— **garanti** 男（民法で）被保証人.

garantie /garãti/ 囡 ❶（事実, 品質, 人物などの）保証, 保証物件, 保証書 (=bon de *garanti*). ▶ donner qc comme *garantie* …を保証として与える. ◆avoir [donner] la *garantie* que ＋直説法 …という保証を持つ［与える］. ▶ On a la *garantie* qu'ils se conduiront bien. 彼らはきっと立派に振る舞ってくれるだろう.

❷ 保障. ▶ la *garantie* des droits de l'homme 人権保障.

❸〖法律〗保証; 担保;（売り主の）担保責任. ▶ le contrat de *garantie* 保証契約 / donner sa *garantie* à qn/qc …を保証する; …の保証人となる.

C'est sans garantie. 結果は保証されていない, どうなるかわからない.

présenter toutes les garanties (de qc)（…の）確かな保証がある. ▶ Il *présente toutes les garanties*. 彼は身元の確かな男だ.

sous garantie 保証付きで.

***garantir** /garãti:r ガランティール/ 他動

直説法現在	je garantis	nous garantissons
複合過去	j'ai garanti	
単純未来	je garantirai	

❶〔債務の履行, 権利など〕を **保証**［**保障**］**する**. ▶ *garantir* une dette 借金の返済を保証する / *garantir* un droit par une loi 法律によって権利を保証する.

❷〔品質〕（の品質, 機能）を **保証する**. ▶ *garantir* un vin ワインの品質を保証する / On m'a *garanti* cette montre un an. この腕時計は 1 年間の保証付きだ.

❸ …（の事実, 確実性）を **保証する**, 請け合う. ▶ Je vous *garantis* le succès. あなた（方）の成功は疑いなしです. ◆*garantir* à qn que ＋直説法 …に…であることを請け合う. ▶ Je te *garantis* que tout ira bien. 一切うまくいくと私が保証する.

❹⟨*garantir* A de B⟩ B から A を守る，保護する．▶ *garantir* qn du froid …を寒さから守る．
— **se garantir** 代動 ⟨*se garantir* de qc⟩ …から自分を守る．▶ *se garantir* de la pluie 雨から身を守る．

garce /gars/ 囡 (gars の女性形) ❶ 話 ひどい［嫌な］女，性悪女．❷ 話 ふしだらな女．❸ 俗 ⟨*garce* de ＋ 女性名詞⟩嫌な［うんざりする］…．▶ Cette *garce* de voiture est encore en panne! このいまいましい車ときたらまた故障だ．

garçon /garsɔ̃ ガルソン/ 男

❶ ❶ 男の子，少年（↔fille）．▶ petit *garçon*（12歳くらいまでの）男の子 / jeune *garçon*（14–18歳くらいの）少年 / traiter qn en petit *garçon* …を子供扱いする / grand *garçon* 背の高い少年；一人前の男の子 / *garçon* manqué おてんば娘 /《同格的に》élève *garçon* 男子生徒．
❷ 青年，若者；男．▶ *garçon* de vingt ans 20歳の若者 / mauvais *garçon* 不良青年，ちんぴら / beau［joli］*garçon* 美男子，ハンサム / bon［brave］*garçon* 好青年，付き合いやすい男．
❸《所有形容詞とともに》息子．▶ Voilà mes deux *garçons* et ma fille. これがうちの息子2人と娘です．
❹独身男性，独り者．▶ être［rester］*garçon* 独身である［でいる］/ vivre en *garçon* 独身生活を送る / vieux *garçon*（一度も結婚したことのない）独身中年男性．
❺ mon *garçon* ねえ，君，おまえ．注 年下の者に対する呼びかけ．

❷ ❶（カフェ，ホテルなどの）ボーイ，給仕．▶ *Garçon*, un demi! ボーイさん，ビール1杯．注 ボーイに対する呼びかけは，現在では monsieur の方が一般的．
❷（店や事務所などの）下働き，見習い，使用人．▶ *garçon* boulanger パン屋の小僧 / *garçon* coiffeur（美容師の）インターン / *garçon* de magasin 店員．

enterrer sa vie de garçon〔男性が〕独身最後のどんちゃん騒ぎをする．
être tout petit garçon auprès de qn …と比べて劣っていると感じる［まるで子供のようだ］．

garçonne /garsɔn/ 囡 古風（自由奔放な生活をする）少年のような娘．
à la garçonne（髪形が）ボーイッシュな．

garçonnet /garsɔnɛ/ 男 話 小さな男の子．▶《同格的に》la taille *garçonnet*（男児用既製服の）ジュニア・サイズ．

garçonnier, ère /garsɔnje, ɛːr/ 形 男の子のような，おてんばな．
— **garçonnière** 囡 独身者用アパルトマン；1人用の部屋．

Gard /gaːr/ 固有 男 ❶ ガール県［30］：フランス南部．❷ ガール川：ローヌ川支流．

garde[1] /gard ガルド/ 囡 ❶ 保管，保存，管理．▶ On lui avait confié la *garde* de la maison. 彼（女）は家の管理を託された / Il s'est chargé de la *garde* des bagages. 彼は荷物の保管を引き受けた / les droits de *garde* 保管手数料．
❷ 保護，監督．▶ confier un enfant à la *garde* d'un baby-sitter 子供をベビーシッターに預ける / prendre［tenir］qn sous sa *garde* …を保護する．

❸ 監視，見張り；当直．▶ assurer la *garde* des détenus 留置人を監視する / *garde* de nuit 夜警 / *garde* à vue（被疑者の）拘留 / un médecin qui fait des *gardes* 当直勤務中の医師．

❹《集合的に》(1) 衛兵；警備隊；歩哨（ しょう ）．▶ monter la *garde* 歩哨に立つ / la relève de la *garde* 衛兵の交替 / le corps de *garde* 衛兵隊；衛兵詰め所．(2) 儀仗（ぎじょう）隊（＝*garde* d'honneur）．▶ *Garde* républicaine（フランス）共和国衛兵隊．(3) *Garde* nationale 〖歴史〗国民軍（1789–1871年の，秩序維持を任務とする民兵隊）；（米国の）州兵 / *Garde* impériale（ナポレオンの）親衛隊．
❺（フェンシング，ボクシングなどの）防御の構え，受けの姿勢，ガード．▶「se mettre［se tenir］」en *garde* 受けに回る，防御の姿勢を取る / être en *garde* 構える；警戒する / En *garde*! 構えて．
❻（刀剣の）鍔（つば）．
❼〖製本〗見返し（＝feuille［page］de *garde*）．

baisser sa garde 警戒を緩める，油断する．
bonne garde (1) faire *bonne garde* 厳重に監視する．(2) mettre qc/qn sous *bonne garde* …を厳重に保管［監視］する．
de garde (1) 見張り番の．▶ chien de *garde* 番犬．(2) 当直の，当番の．▶ salle de *garde* 当直室 / médecin de *garde* 当直医 / pharmacie de *garde* 日曜の当番薬局．(3)（食べ物などが）保存の利く；貯蔵していると味がよくなる．▶ fruits de *garde* 保存の利く果物 / vin de（bonne）*garde*（熟成後に真価を発揮する）寿命の長いワイン．
être［*se mettre, se tenir*］「*en garde*［*sur ses gardes*］」用心して身構える；警戒する．
Garde à vous!（号令で）気をつけ．
jusqu'à la garde 完全に，徹底的に．
la vieille garde（政治家，政党などの）古くからの支持者．
mettre (qn) en garde contre qn/qc（…に）への警戒を呼びかける．
mise en garde 警告，注意，忠告．
n'avoir garde de ＋ 不定詞 …しないように気をつける，するつもりはない．▶ Il *n'a garde de* tromper. 彼は人をだます気なんてまるでない．
plaisanterie［*histoire*］*de corps de garde* 下品な冗談［話］．
***prendre garde à qc/qn** …に注意する，用心する．▶ *Prenez garde aux* voitures en traversant la rue. 通りを横断するときは車に気をつけなさい / *Prends garde* (à toi)［*Prenez garde* (à vous)］! 気をつけろ，危ない．
prendre garde 「*à* ＋ 不定詞［(*à ce*) *que* ＋ 接続法］」気をつけて［用心して］…する；努力して…する．▶ *Prenez garde à* écrire lisiblement. 読みやすい字で書くようにしてください / *Prenez garde qu*'il ne s'en aperçoive. 彼にそのことを気づかれないように用心しなさい．
prendre garde de ne pas ＋ 不定詞 …しないように気をつける．▶ *Prenez garde de ne pas*

garde

tomber. 転ばないように気をつけなさい.

prendre garde que + 直説法 …ということに気づく, という事実に注目 [留意] する. ▶ *Prenez garde qu*'il va revenir. もうすぐ彼が戻って来ることを忘れないで.

── 男 ❶ 番人, 警備員. ▶ *garde* du corps ボディーガード; いつもつきまとう人.
❷〖行政〗監視官. ▶ *garde* champêtre 田園監視官 / *garde* forestier 森林監視官 / *garde* des Sceaux 法務大臣. ❸ 衛兵, 兵士. ▶ *garde* républicain (フランス) 共和国衛兵 / *garde* national (1789-1871年の) 国民軍兵士. ❹ 看守, 牢番.

garde² /gard/ 名 看護人; 子守.

gardé, e /garde/ 形 守られた, 見張りのいる, 監視された. ▶ chasse *gardée* (一般人立入禁止の) 狩猟地; 夫や恋人のある女性.

toute(s) proportion(s) gardée(s) あらゆる差異を考慮した上で; 程度の差はあるが.

garde-à-vous /gardavu/ 男 ❶ (軍隊などで) 気をつけの姿勢. ▶ *Garde-à-vous* ! 気をつけ / se mettre [rester] au *garde-à-vous* 気をつけ [直立不動] の姿勢を取る [でいる]. ❷ かしこまった態度, こわばった姿勢.

garde-barrière /gard(ə)barjɛːr/;《複》~s-~s 名 踏み切り番.

garde-boue /gardəbu/ 男《単複同形》(自転車, オートバイなどの) 泥よけ.

garde-chasse /gardəʃas/;《複》~s-~(s) 男 (私有地の) 密猟監視人, 猟場番人.

garde-chiourme /gardəʃjurm/;《複》~s-~ 男 厳しい監視人 [監督].

garde-corps /gardəkɔːr/ 男《単複同形》手すり, 欄干.

garde-côte /gardəkoːt/ 男 沿岸警備艇; 沿岸漁業監視船.

garde-feu /gardəfø/ 男《単複同形》(暖炉などの前に置く) 火よけ用金網 [ついたて].

garde-fou /gardəfu/ 男 ❶ 手すり, 欄干; 防護柵(さく), ガードレール. ❷ 警告; 歯止め.

garde-malade /gard(ə)malad/;《複》~s-~s 名 看護人; (病人の) 付添人.

garde-manger /gard(ə)mɑ̃ʒe/ 男《単複同形》(金網を張った可動式の) 食品戸棚, 蠅帳(ちょう).

garde-meuble /gardəmœbl/ 男 (家具を一時的に保管する) 家具倉庫; 家具置き場.

gardénia /gardenja/ 男〖植物〗クチナシ.

garden-*party* /gardɛnparti/ 女《英語》古風 ガーデンパーティー, 園遊会. 注 複数形は garden-partys もしくは garden-parties.

garde-pêche /gardəpɛʃ/ 男 ❶ (河川の) 漁業監視員. 注 複数形は ~s-~. ❷ 遠洋漁船護衛艦; 沿岸漁業監視艇. 注 この意味では複数不変.

*garder /garde/ 他動 ガルデ/

直説法現在	je garde	nous gardons
	tu gardes	vous gardez
	il garde	ils gardent
複合過去	j'ai gardé	半過去 je gardais
単純未来	je garderai	単純過去 je gardai

英仏そっくり語
英 to guard 保護する.
仏 garder 番をする, 取っておく.

❶〖人, 動物〗を守る, の番をする; を監視 [拘留] する. ▶ *garder* des moutons 羊の番をする / *garder* des enfants 子守りをする / *garder* un malade 病人の看護をする / *garder* un prévenu 被疑者を拘留する.

❷〖場所など〗を見張る, の番をする. ▶ *garder* «une porte [une entrée]» 守衛をする / Il resta seul pour *garder* la maison. 彼は独り家に残って留守番をした / Je vais te *garder* ta place. 君の席をとっておいてやるよ.

❸ …を保存 [保管] する. ▶ *Gardez* la monnaie. お釣りは取っておきたまえ / *garder* du vin dans une cave ワインを地下室に貯蔵する / Je vais *garder* ton courrier pendant ton absence. 留守中の郵便物は私が預かっておきましょう.

❹〈*garder* qc pour qn/qc / *garder* qc à qn〉…のために…を取りかけておく, 残しておく. ▶ *garder* une bonne bouteille pour le dessert 上等の*garder*をデザート用に取っておく.

❺〈*garder* qc + 属詞〉…を…(の状態)に保つ, のままにしておく. ▶ *garder* les yeux baissés 目を伏せたままでいる / *garder* les cheveux longs 髪を長く伸ばしておく / *garder* la tête froid 冷静さを保つ.

❻〖性質, 感情, 状態など〗を保つ, 持ち続ける, とどめる. ▶ suivre un régime pour *garder* la ligne 体の線を保つために節食する / *garder* (de) l'espoir 希望を抱き続ける / *garder* le silence sur qc …について沈黙を守る / Ces fleurs ne *gardent* pas leur parfum. これらの花の香りは長く持たない / Ma femme *a gardé* une cicatrice de son accident. 妻には事故の傷跡が残った.

❼〖衣服など〗を身につけたままでいる. ▶ *Gardez* votre manteau. コートを着たままでどうぞ / Elle n'*a gardé* sur elle que ses bijoux. 彼女が肌身離さず持っていたのは宝石類だけだった.

❽〖場所〗を離れない, にとどまる. ▶ Le médecin lui a ordonné de *garder* la chambre. 医師は彼(女)に外出を禁じた / *garder* le lit 〖病人が〗床についている.

❾ …を引き止める, 放さない; 雇い続ける. ▶ Il m'*a gardé* une heure au téléphone. 彼と電話で1時間付き合わされた / Il ne veut pas *garder* sa secrétaire. 彼は現在の秘書を辞めさせようと思っている.

❿〖秘密など〗を守る, 漏らさない. ▶ *Gardez* cela pour vous. これは胸に収めておいてください.

⓫ 文章〖人〗を守る. ▶ *garder* un enfant de tout mal あらゆる悪から子供を守る / *garder* qn de l'erreur …の誤謬(びゅう)を正す.

avoir gardé les vaches [cochons] ensemble 話 本当に親しい間柄である. 注 否定文や疑問文で用いられる. ▶ *Avons*-nous *gardé les vaches ensemble*? われわれはそんなに親しいわけではあるまい.

── **se garder** 代動 ❶〈*se garder* de + 不定詞〉…を差し控える, 慎む; …しないように気をつ

ける. ▶ Je *me garderai* bien d'intervenir dans votre querelle. あなた方の争いに口を挟むことは慎みます / *Gardez-vous* de tomber. 転ばないように気をつけなさい.
❷ 文章 ⟨*se garder* de qn/qc⟩ …を警戒する, に用心する. ▶ *se garder* des voleurs 泥棒に用心する / *Gardez-vous* de l'orgueil. 慢心に警戒しなさい. ❸〔食べ物などが〕保存が利く, 持つ.

garderie /gardri/ 囡〔幼児と低学年児童を預かる〕託児〔所〕.

garde-robe /gardərɔb/ 囡 ❶ 洋服だんす, 衣装戸棚, クロゼット.
❷〔集合的に〕衣装一式, 着物. ▶ Elle a une *garde-robe* fournie. 彼女は衣装持ちだ.

garde-vue /gardəvy/ 男〔単複同形〕アイシェード, サンバイザー.

gardian /gardjã/ 男（カマルグ地方の）牛［馬］の番人.

*__gardien, enne__ /gardjɛ̃, ɛn/ ガルディヤン, ガルディエヌ/ 名 ❶ 番人, 警備員, 守衛, ガードマン；〔アパート, ビルの〕管理人. ▶ *gardien* de prison 看守 / *gardien* de but ゴールキーパー.
❷〔秩序, 伝統などの〕擁護者, 守る人. ▶ la constitution, *gardienne* des libertés 自由の番人たる憲法 / *gardien* de la paix 制服警官.
── **gardien** 形〔男性形のみ〕守護する. ▶ ange *gardien* 守護の天使；話 守護者.

gardiennage /gardjena:ʒ/ 男 番人［管理人］の仕事［職］；監視, 保管.

gardon /gardɔ̃/ 男〔魚類〕ロウチ：コイ科.
frais comme un gardon 元気潑溂（はつ）とした, （疲れを見せない）涼しい顔の.

*__gare__¹ /ga:r/ ガール/ 囡
❶（鉄道の）駅. ▶ la *gare* Saint-Lazare（パリの）サン・ラザール駅 / chef de *gare* 駅長 / hall de *gare* コンコース / *gare* de départ 出発駅 / *gare* d'arrivée 到着駅 / *gare* terminus 終着駅 / aller chercher qn à la *gare* …を駅に迎えに行く / Le train arrive en *gare*. 列車が駅に到着する / littérature［roman］de *gare*（駅の売店で売っているような）軽い読み物.
❷ *gare* routière バスターミナル；トラックターミナル / *gare* maritime 港湾駅 / *gare* aérienne 空港.
A la gare! 俗 うせろ, 邪魔だ.
比較 **駅, 停留所**
gare 普通は, 鉄道の駅を指すが, バスターミナルなどの大規模なものをいうこともある. **station** 普通は鉄道以外の駅を指す. たとえば地下鉄の駅や長距離バスのターミナル. ただし, 鉄道の小さな駅を指すこともある. **arrêt** バスの停留所.

gare² /ga:r/ 間投 ⟨*gare* à qc/qn/不定詞⟩…に注意しろ, 気をつけろ. ▶ «*Gare* à la casse!» 「取り扱い注意」/ *Gare* à toi si tu désobéis. 言うことを聞かないと承知しないよ / *Gare* à ne pas tomber. 転ばないように注意しなさい.
sans crier gare 予告なしに, いきなり.

garenne /garɛn/ 囡 ウサギの生息する森.
── 男 アナウサギ (= lapin de garenne).

*__garer__ /gare/ ガレ/ 他動 ❶ …を駐車させる；車庫に入れる. ▶ *garer* sa voiture sur un parking 駐車場に駐車する. ◆être *garé*〔人, 車が〕駐車する. ▶ Je *suis garé* là-bas. 私の車はあそこに駐車してあります / Je *suis* mal *garé*. 私は車を斜めに［変なところに］駐車してある.
❷ …を（安全な場所に）しまう. ▶ *garer* sa fortune à l'étranger 財産を外国に預ける.
── 自動 話 駐車する.
── **se garer** 代動 ❶ 駐車する. ▶ *se garer* sur le bord de la route 道端に車を止める.
❷ わきに寄る. ▶ Il *s'est garé* pour laisser passer une voiture. 車が通れるように彼はわきに寄った. ❸⟨*se garer* (de qc)⟩（…を）避ける. ▶ *se garer* des voitures 車をよける / *se garer* des coups パンチをかわす.

gargantua /gargɑ̃tɥa/ 男 大食漢. ［ラブレーの小説の主人公で大食漢の Gargantua の名から］

gargantuesque /gargɑ̃tɥɛsk/ 形（ガルガンチュアのよう）巨大な；大食漢の.

se gargariser /s(ə)gargarize/ 代動 ❶ うがいをする. ❷ 話 ⟨*se gargariser* de qc⟩…を楽しむ, でいい気分になる. ▶ *se gargariser* de compliments おだてられて喜ぶ.

gargarisme /gargarism/ 男 うがい；うがい薬.

gargote /gargɔt/ 囡 安食堂. 比較 ⇨ RESTAURANT.

gargotier, ère /gargɔtje, ɛ:r/ 名 ❶ 安食堂の主人. ❷ 下手な料理人, へぼコック.

gargouille /garguj/ 囡〔建築〕ガーゴイル, 樋嘴（といはし）：ゴシック建築などに見られる動物や怪物をかたどった軒先の吐水口.

gargouille

gargouillement /gargujmɑ̃/ 男 ❶（水, 排水孔などの）ごぼごぼいう音. ❷（腹などの）ごろごろ鳴る音.

gargouiller /garguje/ 自動 ❶〔液体が〕ごぼごぼ音を立てる. ❷〔腹が〕ごろごろいう.

gargouillis /garguji/ 男（水, 排水孔の）ごぼごぼいう音；（腹の）ごろごろ鳴る音.

gargoulette /gargulɛt/ 囡 ❶（飲料水冷却用の）素焼きのつぼ：つぼの表面に染み出た水の気化熱を利用する. ❷ 話 喉（②）.

gariguette /garigɛt/ 囡 ガリゲット：早生の細長いイチゴ.

garnement /garnəmɑ̃/ 男 騒々しいいたずらっ子, 腕白小僧, 悪童.

garni, e /garni/ 形（garnir の過去分詞）❶ ⟨*garni* de qc⟩…を備えた, のついた. ▶ un mur *garni* de carreaux de faïence 化粧タイル張りの壁 / une robe *garnie* de broderies 刺繍（ししゅう）のついたドレス. ❷⟨bien［mal］*garni*⟩必要なもののそろった［そろっていない］. ▶ portefeuille bien *garni* 金のたんまり入った財布 / boutiques mal *garnies* 品ぞろえの悪い店. ❸〔料理〕付け合わせを

garnir

添えた. ▶ plat *garni* 野菜添え肉[魚]料理 / choucroute *garnie* ハムやソーセージ入りシュークルート. ❹ 古風《貸し部屋, 貸家が》家具付きの. 注 現在では meublé という.
— *garni* 男 古風 家具付きの貸し部屋[貸家].

*garnir /garni:r ガルニール/ 他動

| 直説法現在 je garnis nous garnissons |
| 複合過去 j'ai garni 単純未来 je garnirai |

❶〈*garnir* qc (de qc)〉…に(必要な物を)入れる, 詰める, 備え付ける. ▶ *garnir* une bibliothèque de livres 書棚に本を入れる / *garnir* un lit de draps ベッドにシーツをかける / *garnir* un réfrigérateur 冷蔵庫に食料品を入れる.
❷〈*garnir* qc (de qc/qn)〉…に(保護, 補強するものを)備え付ける; を補強する. ▶ *garnir* une citadelle de soldats 城塞(じょうさい)に兵士を配備する / *garnir* un chapeau 帽子に裏をつける.
❸〈*garnir* qc (de qc)〉…に(付属品, 飾り)をつける;〔料理〕に付け合わせを添える. ▶ *garnir* un chapeau de fleurs 帽子に花を飾る / *garnir* de cresson une pièce de bœuf 牛肉にクレソンを添える.
❹〔多数のものが空間など〕を満たす, 占める, 覆う. ▶ les livres qui *garnissent* les rayons d'une bibliothèque 書棚にぎっしり並んだ本 / Une foule dense *garnissait* les trottoirs. 大群衆が歩道を埋め尽くしていた.
— **se garnir** 代動〈*se garnir*(de qn/qc)〉〔場所などが〕(…で)いっぱいになる. ▶ La salle commençait à se *garnir*(de gens). 会場は(人で)だんだんいっぱいになってきた.

garnison /ɡarnizɔ̃/ 女 駐屯部隊; 駐屯地.
garnissage /ɡarnisa:ʒ/ 男 取り付け, 備え付け; 飾り付け, 内装.
garniture /ɡarnity:r/ 女 ❶(付属品の)一そろい, (道具などの)一式, 備品. ▶ *garniture* de bureau 机上文房具一式; 事務用品 / *garniture* de table テーブルクロス, ナプキンのセット / *garniture* de toilette 化粧道具一式; 洗面所の備品. ❷ 飾り, 装飾; 裏打ち, 補強. ▶ *garniture* en dentelle レースの飾り. ❸〔料理〕付け合わせ, 添え物.
Garonne /ɡarɔn/ 固有 女 ガロンヌ川: ピレネー山脈に発しジロンド川に注ぐ.
garrot¹ /ɡaro/ 男 甲: 馬の肩甲骨の上の部分. 馬体で一番高い場所.
garrot² /ɡaro/ 男 ❶ 締め棒. ❷〔外科〕止血帯, 圧迫帯. ❸ 絞首刑用の鉄の首かせ; 鉄の首かせによる絞首刑.
garrottage /ɡarɔta:ʒ/ 男 縛ること.
garrotter /ɡarɔte/ 他動 ❶ …を縛り上げる, 縛りつける. ▶ *garrotter* un prisonnier 囚人を縛り上げる. ❷ 文章 …を束縛する, の自由を奪う. ▶ *garrotter* la presse マスコミを抑圧する.
gars /ɡɑ/ 男 ❶ 話 少年; 若者; 男. ▶ un beau *gars* ハンサムな男 / un petit *gars* 男の子; 若造 / un *gars* du milieu やくざ / Qui est-ce, ce *gars*-là? あいつは何者だ. ❷ 略 粗野[元気]な男. ❸ 話 (呼びかけで)君. ▶ Au revoir, les *gars*. 君たち, じゃあまたね.

Gascogne /ɡaskɔɲ/ 固有 女 ガスコーニュ地方: フランス南西部の旧州.
gascon, onne /ɡaskɔ̃, ɔn/ 形 ❶ ガスコーニュ地方 Gascogne の. ❷ 古風《軽蔑して》ほら吹きの, 空威張りの.
— **Gascon, onne** 名 ❶ ガスコーニュ地方の人. ❷ 古風《軽蔑して》ほら吹き, はったり屋.
 offre [promesse] de Gascon 空約束, 空証文.
gasconnade /ɡaskɔnad/ 女 ほら, 大ぶろしき.
gasconnisme /ɡaskɔnism/ 男 ガスコーニュ風の言い回し.
gas-oil /ɡazɔjl; ɡazwal/, **gasoil** 男 軽油, ガス油.
gaspacho /ɡaspatʃo/ 男〔料理〕ガスパッチョ: スペインの冷製スープ.
gaspi /ɡaspi/ 男 話 gaspillage の略.
gaspillage /ɡaspija:ʒ/ 男 浪費, むだ遣い. ▶ *gaspillage* de temps 時間の浪費 / *gaspillage* d'énergie エネルギーのむだ遣い.

*gaspiller /ɡaspije ガスピエ/ 他動 …を**浪費する**, むだに使う; 台なしにする. ▶ *gaspiller* son argent 金をむだに使う / *gaspiller* son temps 時間を浪費する / *gaspiller* une occasion チャンスをふいにする.

gaspilleur, euse /ɡaspijœ:r, ø:z/ 形 浪費する, むだ遣いする. — 名 浪費家.
gastéropodes /ɡasterɔpɔd/ 男複 ⇨ GASTROPODES.
gastrique /ɡastrik/ 形 胃の. ▶ suc *gastrique* 胃液 / ulcère *gastrique* 胃潰瘍(かいよう).
gastrite /ɡastrit/ 女〔医学〕胃炎.
gastro- 接頭「胃」の意.
gastronome /ɡastrɔnɔm/ 男 食通, 美食家. 比較 GOURMAND.
gastronomie /ɡastrɔnɔmi/ 女 美食術[学], 料理法.
gastronomique /ɡastrɔnɔmik/ 形 ❶ 美食術[学]の, 料理法の. ❷〔料理〕が美味な, 豪華な. ▶ guide *gastronomique* グルメガイド / repas *gastronomique* 豪華料理 / restaurant *gastronomique* 名レストラン / menu *gastronomique* 特選コース料理.
gastropodes /ɡastrɔpɔd/ 男複〔動物〕腹足綱, 腹足類(アワビ, サザエ, カタツムリなど).

*gâté, e /gate ガテ/ 形 ❶ 腐った, 傷んだ, 悪くなった. ▶ fruits *gâtés* 傷んだ果物 / dent *gâtée* (=carié) 虫歯.
❷ 甘やかされた, わがままな. ▶ enfant *gâté* 甘やかされた子供. ◆ être l'enfant *gâté* de qc …の寵児(ちょうじ)である. ▶ Il est l'enfant *gâté* du public. 彼は大衆の人気者である.
❸ 略 運がよい, ついている. ▶ Nous sommes *gâtés*. ついてるぞ.

*gâteau¹ /gato ガト/; (複) ✕ 男 ❶ 菓子, ケーキ, 菓子パン. ▶ *gâteau* au chocolat チョコレートケーキ / *gâteau* aux amandes アーモンド菓子 / *gâteaux* secs クッキー類 / *gâteau* de riz ライスプディング / *gâteau* d'anniversaire バースデーケーキ / couper une part de *gâteau* ケーキを1切れ切り取る / un morceau de *gâteau* ケーキ1切れ.

❷ 練り粉に似た物; 一定の形に圧縮した塊. ▶ le *gâteau* de plâtre 漆喰(いっくい), プラスター.
avoir part au gâteau = **avoir sa part du gâteau** 話 利益の分け前にあずかる.
C'est du gâteau! 話 しごく簡単だ; 快適だ.
gâteau² /gɑto/ 形 〈不変〉 話 (子供に)甘い. ▶ papa *gâteau* 子供に甘いパパ.

***gâter** /gate/ ガテ 他動 ❶ …をぶち壊す, 台なしにする (= gâcher). ▶ *gâter* le plaisir de qn …の楽しみをぶち壊しにする / Tout *est gâté*. すべて台なしだ / Le mauvais temps m'*a gâté* mes vacances. 天気が悪くて私のバカンスは台なしになった. ❷〔生物(ﾅまもの)〕を腐らせる, 傷める. ▶ La chaleur *gâte* la viande. (= corrompre) 暑さで肉が腐る. ❸ …に親切すぎるほどにする; (過分な贈り物をして)…を喜ばせる. ▶ Sa grand-mère l'*a gâté* pour Noël. おばあさんが彼にすばらしいクリスマスプレゼントをした / C'est trop, vous me *gâtez*. こんなにしていただいて恐縮です / La vie ne l'*a* pas *gâté*. 彼にとって人生は甘くなかった.
❹〔子供など〕を甘やかす.
cela [ce qui] ne gâte rien なおさら結構なことに. ▶ Elle est jolie, et riche, ce qui ne *gâte* rien. 彼女は美人で, その上結構なことに金持ちだ.
── **se gâter** 代動 ❶ 損なわれる, 台なしになる. ❷ 腐る, 傷む. ▶ Les fruits commencent à *se gâter*. 果物が傷み始めた. ❸〔天気, 状況などが〕悪化する. ▶ La situation *se gâte*. 状況が悪化している / Le temps *se gâte*. 天気が崩れかかっている. ❹〈*se gâter* qc〉(自分の)…が悪くなる. 注 se は間接目的. ▶ Elle *s'est gâté* la vue à force de veilles. 彼女は徹夜仕事を重ねて目を悪くした.
Cela [Ça] se gâte. 雲行きが怪しくなる, 事態が険悪になる.
gâterie /gɑtri/ 女 ❶〈多く複数で〉ちょっとした贈り物, 甘い物. ❷ 甘やかすこと.
gâte-sauce /gatso:s/ 男〈単複同形〉話 見習いコック, 皿洗い.
gâteux, euse /gɑtø, øːz/ 形 ❶ 老いぼれた, もうろくした. ❷ 愚かな; 《(特に)(夢中になって)我を忘れた, のぼせ上がった. ▶ Il l'aime tellement qu'il en est *gâteux*. 彼は彼女にすっかりのぼせ上がっている.
── 名 ❶ 老いぼれ. ❷ ばか, 間抜け.
gâtifier /gɑtifje/ 自動 話 ぼける; 愚かな言動をする (= bêtifier).
gâtisme /gɑtism/ 男 もうろく, ぼけ. ▶ être atteint de *gâtisme* ぼける, もうろくする.

***gauche** /goːʃ/ ゴーシュ 形

❶ 左の, 左手の, 左側の (↔droite). ▶ main *gauche* 左手 / à main *gauche* 左手に, 左側に / côté *gauche* 左側 / l'aile *gauche* du château 城の左翼(正面を背にして左) / la rive *gauche* de la Seine セーヌ川左岸(下流に向かって左, パリでは南岸).
❷〔人, 態度が〕**不器用な**, へまな, 下手な. ▶ d'un geste *gauche* ぎこちない動作で / Cet homme est *gauche* dans tout ce qu'il fait. この男は何をさせても不器用だ.
❸〔物が〕ゆがんだ, 曲がった, 反った. ▶ une planche *gauche* 反っている板.
❹〖数学〗 la courbe *gauche* 空間曲線.
mariage de la main gauche 内縁関係, 同棲(どうせい).

── ***gauche** 女 ❶ 左, 左手, 左側 (↔droite). ▶ tenir la [sa] *gauche* 左側通行をする / s'asseoir à la *gauche* de qn …の左側に座る / Regarde le château là-bas, sur la *gauche*! 左手のあそこの城を御覧よ / Mon voisin de *gauche* est médecin. 私の左隣りの人は医者だ. ◆**à gauche** 左に, 左へ. ▶ Prenez la première rue à *gauche*. 最初の通りを左へ行きなさい. ◆**à gauche de qn/qc** …の左側に. ▶ à *gauche* de l'église 教会の左側に.
❷ 左翼, 左派 (↔droite). ▶ être de [à] *gauche* 左翼である / extrême *gauche* 極左 / gouvernement de *gauche* 左翼政権 / union des *gauches* 左翼連合 /〔形容詞的に〕le centre *gauche* 中道左派.
à droite et à gauche = **de droite et de gauche** 至る所に. ▶ faire des sourires *à droite et à gauche* あちこちに愛想を振りまく.
mettre de l'argent à gauche 話 金をため込む; 金を節約する.
jusqu'à la gauche 話 完全に, 最後まで. ▶ Il est endetté *jusqu'à la gauche*. 彼は借金で首が回らない.
passer l'arme à gauche 話 死ぬ (= mourir).
── 男 ❶〖ボクシング〗左こぶし, 左パンチ. ▶ un direct du *gauche* 左ストレート. ❷(サッカー, ラグビーで)左足. ▶ tirer du *gauche* 左足でシュートする. ❸(部品などの)ゆがみ, ひずみ, 反り.
gauchement /goʃmɑ̃/ 副 不器用に, 不自然に, ぎこちなく.
gaucher, ère /goʃe, ɛːr/ 形, 名 左利きの(人), サウスポーの(人) (↔droitier).
gaucherie /goʃri/ 女 ❶ ぎこちなさ, 不器用さ. ❷ 不手際, へま.
gauchir /goʃiːr/ 自動 ゆがむ, 狂う, 反る. ▶ une règle qui *gauchit* ゆがんだものさし.
── 他動 ❶ …をゆがめる, 反らせる. ❷〔事実, 思想など〕を歪曲(わいきょく)する.
── **se gauchir** 代動 ゆがむ, 狂う, 反る.
gauchisant, ante /goʃizɑ̃, ɑ̃ːt/ 形, 名 左傾した(人), 左翼シンパの(人).
gauchisme /goʃism/ 男 極左主義, 左翼急進主義; 新左翼的な考え方 〖行動〗.
gauchissement /goʃismɑ̃/ 男 反り, たわみ, ゆがみ; (事実, 思想などの)歪曲(わいきょく). ▶ le *gauchissement* d'une planche 板の反り / le *gauchissement* des faits 事実の歪曲.
gauchiste /goʃist/ 形 極左主義(者)の; 新左翼の. ── 名 極左主義者; 新左翼.
gaucho¹ /go(t)ʃo/ 男 (スペイン語) ガウチョ: 南米の大草原のカウボーイ.
gaucho² /goʃo/ (gauchiste の略) 名 話 新左翼(の運動家). ── 形 話 新左翼の.

gaudriole /godrijɔl/ 囡 ❶《多く複数で》題 卑猥(ひわい)な冗談. ▶ dire des *gaudrioles* 際どい冗談を言う. ❷《la gaudriole》題 色事, 情事.

gaufre /goːfr/ 囡 ❶ ワッフル. ▶ *gaufre* à la confiture ジャム入りワッフル. ❷ ミツバチの巣.

gaufré, e /gofre/ 形 型押しされた, 浮き出し模様のある.

gaufrer /gofre/ 他動〔布, 革, 紙など〕に型付けする, 浮き出し模様をつける.
— **se gaufrer** 代動〔布, 革, 紙などが〕型付け［型押し］される.

gaufrette /gofrɛt/ 囡 (クリームやジャム入りの)ウエハース.

gaufreur, euse /gofrœːr, øːz/ 名 (布, 革, 紙などの)型付け［型押し］工.

gaufrier /gofrije/ 男 ワッフル焼き器.

gaufrure /gofryːr/ 囡 (布, 革, 紙などの)型付け［型押し］模様.

gaulage /golaːʒ/ 男 (実を落とすために木を)竿(さお)でたたくこと；(果実を)竿でたたき落とすこと.

Gaule /goːl/ 固有 囡 ゴール, ガリア：ローマ人から見たケルト人居住地域.

gaule /goːl/ 囡 ❶ (果実をたたき落としたり, 動物を追い立てる)長い棒, 竿(さお). ❷ 釣り竿. ▶ les chevaliers de la *gaule* 題 太公望.
avoir la gaule 俗 勃起している.

gauler /gole/ 他動 ❶ (実を落とすために)〔木〕を竿(さお)でたたく；〔果実〕を竿でたたき落とす. ▶ *gauler* un châtaignier クリの木を竿でたたく.
❷ 俗《se faire *gauler*》逮捕される, ばくられる.

gaullien, enne /goljɛ̃, ɛn/ 形 ドゴール de Gaulle 将軍の, ドゴール風の.

gaullisme /golism/ 男 ドゴール主義, ゴーリスム.

gaulliste /golist/ 形, 名 ドゴール派の(人)；ドゴール主義の(人).

gaulois, oise /golwa, waːz/ 形 ❶ ガリア［ゴール］ Gaule の；ガリア人の. ▶ les peuples *gaulois* ガリア諸部族 / la moustache à la *gauloise* (両端が長く垂れた)ガリア風の口ひげ / le coq *gaulois* ガリアの雄鶏(おんどり)(フランス革命以後のフランスを象徴的に呼んだ言葉). ❷ (ガリア人のように)あけすけな, 猥雑(わいざつ)な, 好色な. ▶ esprit *gaulois* ガリア気質；好色な気質 / histoire *gauloise* 際どい話.
— **Gaulois, oise** 名 ガリア［ゴール］人；生粋のフランス人.
— **gaulois** 男 ガリア語：大陸ケルト語の一つ. 5世紀ごろに死滅した.
— **Gauloises** 安複 商標 ゴロワーズ：フランスの紙巻きたばこの商品名. 注 略称は goldo.

gauloisement /golwazmɑ̃/ 副 あけすけに, みだらに, 露骨に.

gauloiserie /golwazri/ 囡 あけすけな話, 際どい冗談；露骨さ.

gauss /goːs/ 男《計量単位》ガウス：磁束密度の慣用単位.

se gausser /s(ə)gose/ 代動 文章《se *gausser* (de qn/qc)》(…を)からかう, あざ笑う. ▶ Vous *vous gaussez*! 御冗談でしょう / On *se gausse* de lui. 彼はばかにされている.

gavage /gavaːʒ/ 男 強制給餌(きゅうじ)：特にフォアグラを作るために家禽(かきん)に無理や多量の飼料を食べさせて太らせること.

gave /gaːv/ 男 (フランス側ピレネー山脈の)急流, 奔流. ▶ le *gave* de Pau ポー川.

gaver /gave/ 他動 ❶〔家禽(かきん)〕に無理やり餌(えさ)を食べさせる, 太らせる. ▶ *gaver* des oies ガチョウを無理やり太らせる. ❷《*gaver* qn de + 無冠詞名詞》…に(食べ物)をたくさん食べさせる. ▶ *gaver* un enfant de gâteaux 子供に菓子をやたらに食べさせる / Je *suis gavé*. おなかがいっぱいだ. ❸《*gaver* qn de + 無冠詞名詞》…に…(知識などを)詰め込む. ▶ On les *gave* de connaissances inutiles. 彼(女)らはつまらない知識を詰め込まれている.
— **se gaver** 代動《se *gaver* de + 無冠詞名詞》❶ …をたらふく食べる. ❷ (知識など)を詰め込む. ▶ Il *se gave* de romans policiers. 彼は推理小説を読みあさっている.

gavial /gavjal/ 男《動物》ガンジスワニ.

gavroche /gavrɔʃ/ 男 (機知に富んで生意気な)パリの腕白小僧. — 形 機知に富んで生意気な, 抜け目のない, 向こう気の強い.

gay /ge/ 名, 形《米語》ゲイ(の). ▶ bar *gay* ゲイバー / mariage *gay* 同性愛結婚.

***gaz** /gaːz/ ガーズ/ 男 ❶ 気体, ガス. ▶ *gaz* carbonique 炭酸ガス / *gaz* à effet de serre 温室効果ガス / *gaz* rare [inerte] 希ガス, 不活性気体. ❷ (光熱用)ガス；都市ガス (= *gaz* de ville). ▶ allumer [éteindre] le *gaz* ガスをつける［消す］ / faire la cuisine au *gaz* ガスで料理をする / fuite de *gaz* ガス漏れ / Ça sent le *gaz*. ガス臭い / cuisinière à *gaz* ガスオーブン［レンジ］ / chauffage à *gaz* ガス暖房 / *gaz* naturel 天然ガス / le *Gaz* de France フランス・ガス公社(略 GDF). ❸ 毒ガス. ▶ *gaz* de combat 毒ガス(兵器) / *gaz* lacrymogènes 催涙［窒息］ガス / masque à *gaz* ガスマスク, 防毒マスク / chambre à *gaz* (複数で)混合気, 吸気ガス (= *gaz* carburés, *gaz* d'admission). ▶ *gaz* d'échappement 排気ガス. ❺《多く複数で》(体内の)ガス. ▶ avoir des *gaz* 腹にガスがたまる / lâcher un *gaz* おならをする.
(à) pleins gaz 全速力で. ▶ rouler *pleins gaz*〔車などが〕全速力で走る.
Il y a de l'eau dans le gaz. 題 雲行きが怪しい, 一悶着(ひともんちゃく)ありそうだ.
mettre [donner] les gaz (1) エンジンの回転を上げる；アクセルを踏み込む. (2) 急ぐ.

gaze /gaːz/ 囡 ❶ (絹, 麻, 綿などの)薄布；紗(しゃ), 絽(ろ), ガーゼ. ▶ robe de *gaze* 薄地のドレス. ❷ (医療用)ガーゼ. ▶ mettre une bande de *gaze* ガーゼの包帯をする.

gazé, e /gaze/ 形, 名 毒ガスを浴びた(人).

gazéification /gazeifikasjɔ̃/ 囡 ❶ ガス化, 気化. ❷ 炭酸ガスを溶かすこと；炭酸水製造.

gazéifier /gazeifje/ 他動 ❶ …を気化する, ガス化する. ❷〔液体〕に炭酸ガスを溶かす. ▶ *gazéifier* une eau minérale 鉱水に炭酸ガスを溶かす / boisson *gazéifiée* 炭酸飲料.
— **se gazéifier** 代動 気化する, ガス化する.

gazelle /gazɛl/ 囡《動物》ガゼル.

gazer /gaze/ 他動 …を毒ガスで中毒させる, ガス室

で処刑する. ── 自動 話 ❶(車などで)全速で走る, スピードを出す. ❷ うまくいく, 調子よくいく. ▶ Ça ne gaze pas fort. 気分が優れない;(事業などが)うまくいかない / Alors, ça gaze? やあ, 元気かい〔順調にいっているかい〕.

gazette /gazɛt/ 囡 ❶ 固 新聞, 雑誌. 注 今日ではいくつかの定期刊行物の名称に残る. ❷ 話 おしゃべり, うわさ好きな人.

gazeux, euse /gazø, ø:z/ 形 ❶ ガス〔気体〕の; ガス〔気体〕性の. ▶ corps gazeux 気体. ❷ 炭酸ガスを含んだ. ▶ boisson gazeuse 炭酸飲料 / eau gazeuse 炭酸水 / eau minérale non gazeuse 炭酸ガスを含まないミネラルウォーター.

gazier, ère /gɑzje, ɛːr/ 形 (都市)ガスの. ── gazier 男 ❶ ガス工場の工員, ガス会社の社員. ❷ 俗 男, やつ.

gazoduc /gazɔdyk/ 男 ガスパイプライン.

gazogène /gazɔʒɛn/ 男 ガス発生炉, ガス発生装置.

gazole /gazɔl/ 男 軽油, ガス油, ガスオイル.

gazomètre /gazɔmɛtr/ 男 ❶ ガスタンク. ❷ ガスメーター.

gazon /gazɔ̃/ 男 芝, 芝草; 芝生 (=pelouse). ▶ semer du gazon 芝の種をまく / tondre le gazon 芝を刈る / s'allonger sur le gazon 芝の上に寝転がる.

gazonner /gazone/ 他動 …に芝を植え付ける. ── se gazonner 代動 芝で覆われる.

gazouillement /gazujmɑ̃/ 男 ❶ (小鳥の)さえずり. ❷ せせらぎ. ❸ (幼児の)片言, おしゃべり.

gazouiller /gazuje/ 自動 ❶ (小鳥が)さえずる. ❷〔水が〕さらさらと音を立てる. ❸〔幼児が〕片言をしゃべる.

gazouillis /gazuji/ 男 ❶ (小鳥の)さえずり. ❷ 文章 せせらぎ. ❸ (幼児の)片言, おしゃべり.

GDF 男《略語》Gaz de France フランス・ガス公社.

geai /ʒɛ/ 男《鳥類》カケス.

géant, ante /ʒeɑ̃, ɑ̃ːt/ 名 ❶ 巨人; 巨大なもの, 巨大企業; 大国. ▶ Cet homme est un géant. 彼は見上げるような大男だ / les géants du tennis テニス界のスーパースターたち.

à pas de géant 大またで; 急速に. ▶ un travail qui avance à pas de géant どんどんはかどる仕事.

── 形 ❶ 巨大な. ▶ ville géante マンモス都市 ❷ 話 すばらしい, すごい. ▶ C'est géant! すごいね.

géhenne /ʒeɛn/ 囡 ❶《キリスト教》ゲヘナ, 地獄. ▶ le feu de la géhenne 地獄の業火. ❷ 文章 苦難の地; 艱難(かんなん)辛苦.

geign- 活用 ⇨ GEINDRE 80

geignard, arde /ʒɛɲaːr, ard/ 形 話 愚痴っぽい, 哀れっぽい. ── 名 愚痴っぽい人.

geindre /ʒɛ̃ːdr/ 自動 (過去分詞 geint, 現在分詞 geignant) ❶ うめく, うなる. ❷ 話 (何かと)愚痴をこぼす, 泣き言を言う. ❸ 文章〔物が〕うめくような音を立てる, きしる.

geins, geint /ʒɛ̃/ 活用 ⇨ GEINDRE 80

gel /ʒɛl/ 男 ❶ 凍結; 氷点下の気候, 厳寒. ❷ (価格, 軍備などの)凍結, 据え置き. ❸《化学》ゲル. ❹ ジェル: ゼリー状の化粧品.

gélatine /ʒelatin/ 囡 ゼラチン.

gélatineux, euse /ʒelatinø, øːz/ 形 ゼラチン質〔状〕の; ゼラチンのような.

gelé, e /ʒ(ə)le/ 形 ❶ 凍った. ▶ étang gelé 凍りついた池. ❷ 霜害を被った; 凍傷にかかった, 凍えた. ▶ blés gelés 霜枯れした麦 / J'ai les pieds gelés. 足が凍傷にかかっている〔冷えきっている〕/ On est gelé. ひどく寒い. ❸ 冷淡な, そっけない. ▶ un public gelé しらけた観衆〔聴衆〕. ❹〔資本などが〕凍結された.

gelée /ʒ(ə)le/ 囡 ❶ 氷点下の気温; 霜 (=gelée blanche). ▶ gelées matinales 朝霜 / On annonce de la gelée demain. 明日は氷点下まで冷え込むらしい. ❷ ゼリー, ジュレ;(肉や魚の)煮こごり. ▶ poulet à la gelée 若鶏のゼリー寄せ / gelée de pomme(s) アップルゼリー / gelée royale ローヤルゼリー.

*****geler** /ʒ(ə)le ジュレ/ 5

| 直説法現在 je gèle | nous gelons |
| 複合過去 j'ai gelé | 単純未来 je gèlerai |

他動 ❶ …を凍らせる. ▶ Le froid a gelé la mare. 寒さで池が凍った. ❷ …を凍傷にかからせる, 凍えさせる;〔植物を〕霜枯れさせる. ▶ La bise m'a gelé les mains. 寒風に当たって手がかじかんだ〔凍傷にかかった〕. ❸〔活動〕を停止する;〔資本など〕を凍結する. ▶ geler une négociation 交渉を中止する. ❹ …を興ざめさせる.

── *geler 自動 ❶ 凍る. ▶ L'eau gèle à zéro degré. 水は零度で凍る. ❷ 凍える, 凍傷にかかる;〔作物が〕霜害を被る. ▶ Mes orteils ont gelé. 足の指が凍傷にかかった. ❸〔人が〕ひどく寒く感じる. ▶ On gèle ici. ここはとても寒い. ❹〔非人称構文で〕気温が氷点下になる. ▶ Il a gelé hier. 昨日は氷点下に冷え込んだ. ❺ (クイズで)正解から遠い. ▶ Je brûle?──Non, tu gèles.「(答えが)いい線行ってるかな」「はずれ」

── se geler 代動 話 ひどく寒い.

se geler les couilles 俗 ひどく寒い.

gélinotte /ʒelinɔt/ 囡《鳥類》エゾライチョウ.

gélule /ʒelyl/ 囡《薬学》(ゼラチン質の)カプセル.

gelure /ʒ(ə)lyːr/ 囡 凍傷.

Gémeaux /ʒemo/ 男複《天文》双子(座);《占星術》双子(ふたご)宮.

gémination /ʒeminasjɔ̃/ 囡 ❶ 対の状態. ❷《言語》同音〔同綴(つづ)〕の重複(例: illumination). ❸ (男女)共学.

géminé, e /ʒemine/ 形 ❶ 対をなした, 一対の. ❷ (男女)共学の.

géminée /ʒemine/ 囡《音声》重子音 (=consonne géminée).

*****gémir** /ʒemiːr ジェミール/ 自動

| 直説法現在 je gémis | nous gémissons |
| 複合過去 j'ai gémi | 単純未来 je gémirai |

❶ うめく, うなる;〔鳥が〕もの悲しい声で鳴く. ▶ Les blessés gémissent de douleur. 負傷者たちが苦痛でうめいている / La colombe gémit. 鳩(はと)はくうくう鳴く. ❷〔物が〕うめくような音を立て

gémissant

る, きしむ. ▶ Cette porte *gémit* quand on l'ouvre. このドアは開けるときしむ / Le vent *gémit*. 風がうなっている. ❸ <*gémir* sous [de, sur] qc> …に苦しむ, を嘆く, (重圧など)にあえぐ. ▶ *gémir* sur [de] son sort 身の不運をかこつ / *gémir* sous l'oppression 圧政に苦しむ.

gémissant, ante /ʒemisɑ̃, ɑ̃ːt/ 形 うめくような, 嘆き悲しむ. ▶ une voix *gémissante* うめくような声.

gémissement /ʒemismɑ̃/ 男 ❶ うめき声, 嘆き; (鳩(はと)などの)もの悲しい鳴き声. ▶ pousser des *gémissements* うめき声を上げる. ❷ (風などの)うめくような音.

gemme /ʒɛm/ 女 ❶ 宝石. ❷ 松脂(まつやに).
── 形 sel *gemme* 岩塩.

gemmé, e /ʒɛ(m)me/ 形 文章 宝石で飾った, 宝石をちりばめた.

gemmer /ʒɛ(m)me/ 他動 (松脂(まつやに)採取のため)[松の幹]に刻み目を入れる.

gémonies /ʒemoni/ 女複 [古代ローマ] 阿鼻(あび)叫喚の石段: カピトリウムの丘の西北部の山腹にあった階段で, 処刑者の死骸(しがい)をしばらくさらした. vouer [**traîner**] *qn/qc aux gémonies* 文章 …を公衆のさらしものにする.

gênant, ante /ʒɛnɑ̃, ɑ̃ːt/ 形 ❶ 邪魔になる. ▶ Ce fauteuil est *gênant*. このひじ掛け椅子(いす)は邪魔だ (=encombrant) / «Stationnement *gênant*» 「迷惑駐車禁止」. ❷ 煩わしい, 迷惑な; 気詰まりな. ▶ un homme *gênant* 煩わしい男 / un regard *gênant* ぶしつけな眼差し / une situation *gênante* 厄介な[困った]状況.

gencive /ʒɑ̃siːv/ 女 ❶ 歯茎, 歯肉. ❷ 俗 あご; 歯.
en prendre un (bon) coup dans les gencives 俗 あごにパンチを食らう; 侮辱される.

*gendarme /ʒɑ̃daʁm/ ジャンダルム 名 ❶ 憲兵: 軍の直属だが警察活動も行い, 警官 agent が都市で果たす職務を人口1万人以下の町村で果たす. gens d'armes「騎兵, 軍人」から来た. ▶ *gendarme* mobile 機動憲兵. ❷ 俗 威張りくさる人; 《俗に》威張った大女. ❸ 薫製ニシン. ❹ [料理] ジャンダルム: スイス産のサラミソーセージ.
avoir peur du gendarme 罰を恐れて悪事を働かない.
chapeau de gendarme (二角帽に似た)紙帽子.
faire le gendarme 話 厳しく監視する, にらみを利かせる.

se gendarmer /s(ə)ʒɑ̃daʁme/ 代動 ❶ <*se gendarmer* (contre qn/qc)> (…に対して)腹を立てる; 激しく抗議する. ❷ 声を荒立てる. ▶ *se gendarmer* pour se faire obéir 言うことを聞かせるために声を荒立てる.

gendarmerie /ʒɑ̃daʁməri/ 女 ❶ 憲兵隊. ❷ 憲兵隊兵舎, 憲兵隊本部[庁舎].

gendre /ʒɑ̃ːdʁ/ 男 婿(むこ). ▶ faire de qn son *gendre* …を娘婿に迎える.

gêne /ʒɛn/ 女 ❶ (肉体的な)困難, 障害, 不自由; 不快, 苦痛. ▶ éprouver de la *gêne* à respirer 呼吸が苦しい. ❷ 邪魔, 迷惑, 厄介. ▶ causer une *gêne* à qn …に迷惑をかける. ❸ 気詰まり, 気まずさ. ▶ Il y a eu un moment de *gêne* après cette farce. その悪ふざけのあと一瞬座がしらけた / N'ayez aucune *gêne*. 気兼ねしないでください. ❹ 金の不自由, 不如意. ▶ être [se trouver] dans la *gêne* 金に困っている.
Où (il) y a de la gêne, (il n')y a pas de plaisir. 気兼ねしていては楽しめない: 遠慮深い人の気持ちをほぐすための表現.
sans gêne 不作法な[に], 無遠慮な[に]. ▶ être *sans gêne* 無遠慮である / se comporter *sans gêne* 傍若無人に振る舞う / 《名詞的に》 C'est un *sans gêne*. あれはずうずうしい男だ.

gène /ʒɛn/ 男 [生物学] 遺伝子.

gêné, e /ʒene/ 形 ❶ ばつの悪い, 気詰まりな, 困惑した. ▶ Je me sens *gêné* dans cette société. この連中といると気詰まりだ / sourire *gêné* 困惑したような微笑. ❷ [人が]窮屈な(状態の). ▶ Le bébé est *gêné* dans ses langes. 赤ちゃんが産着にくるまれて窮屈そうだ. ❸ 金に困った, 手元不如意の. ▶ Je me trouve un peu *gêné*. ちょっと金に困っている.

généalogie /ʒenealɔʒi/ 女 ❶ 家系, 血統; 系図; 系図学. ▶ faire [dresser] la *généalogie* de qn …の家系図を作る. ❷ (動植物, 言語の)系統(学). ❸ (思想などの)系譜(学).

généalogique /ʒenealɔʒik/ 形 家系の, 血統の, 系図の, 系統の. ▶ tableau *généalogique* 系図 / arbre *généalogique* 系統樹.

généalogiste /ʒenealɔʒist/ 男 系図学者[系譜]学者, 系図執事門家.

*gêner /ʒene/ ジェネ 他動 ❶ (肉体的に)…を窮屈にする, 不快にする. ▶ Ces souliers me *gênent* un peu. この靴は少し窮屈だ / La fumée me *gêne*. 私はたばこの煙が苦手だ / Cela vous *gênerait*-il de vous pousser un peu? 少し詰めていただいてよろしいですか.
❷ …を妨げる, の邪魔をする. ▶ Donnez-moi ce paquet qui vous *gêne*. 邪魔でしょうからその荷物をこちらへください / Les travaux *gênent* la circulation des voitures. 工事が車の流れを妨げている / Pousse-toi, tu me *gênes*. 邪魔だからどいて.
❸ …を困らせる, の迷惑になる; に気詰まりを感じさせる. ▶ Sa présence me *gêne*. 彼(女)といると気詰まりな / C'est le manque de temps qui me *gêne*. 困るのは時間がないことだ / Ça me *gêne* un peu de te dire la vérité. 君に本当のことを言うのは少し気がひける.
❹ …を(金銭上)困らせる. Cette dépense nous a *gênés*. この出費で家計が苦しくなった.
Je me gêne! = Je me gênerais! 話 《反語》思う存分やる, 手加減しない, はっきり言う. / Ne *vous gênez* pas! 遠慮はいりません; 《反語的に》なんともずうずうしいね.
── se gêner 代動 ❶ 遠慮する, 気兼ねする. ▶ ne pas *se gêner* pour + 不定詞 遠慮なく…する / Ne *vous gênez* pas! 遠慮はいりません; 《反語的に》なんともずうずうしいね. ❷ (肉体的に)窮屈な思いをする. ❸ 生活を切り詰める.

*général, ale /ʒeneʁal/; 《男 複》 aux /o/ 形 ❶ 一般的な, 全般的な; 大方の. ▶ culture *générale* 一般教養 / caractères *généraux* 全般的特徴 / opinion *générale* 大方の意見

/ employer un mot au sens le plus *général* 語をその最も広く行き渡った意味で使う.

❷ **全体の**, 全員の. ▶ assemblée *générale* 総会 / grève *générale* ゼネスト / répétition *générale* (演劇の)総稽古(ﾞ) / Cela a provoqué un mécontentement *général*. それはみんなの不満を引き起こした.

❸ 漠然とした, 具体的でない. ▶ Il n'a qu'une idée *générale* de la question. 彼はその問題について漠然とした考えしか持っていない.

❹ 全身の; 全身性の. ▶ paralysie *générale* 全身麻痺(ﾞ).

❺(職務を)統括する. ▶ le président-directeur *général* 代表取締役社長(略 PDG) / secrétaire *général* 事務総長; 書記長.

d'une manière [façon] générale = *en règle générale* 一般に, 概して. ▶ *D'une façon générale*, il obtient de bons résultats. 彼はおおむね成績がよい.

général /ʒeneral/ 男 ❶ 普遍. ▶ conclure du particulier au *général* 個から普遍を引き出す.

❷ 将軍, (陸・空軍の)将官. ▶ le *général* de Gaulle ド・ゴール将軍 / *général* de brigade 少将 / *général* de division 中将 / *général* de corps d'armée 大将 / *général* en chef 総司令官. ❸(修道会の)総会長.

en général 一般に, 概して; 普通. ▶ *En général*, je me lève à six heures. 普通私は6時に起きる /《名詞を修飾して》l'étude de l'homme *en général* 人間一般の研究.

— **générale** 囡 ❶ 将軍夫人. ❷【演劇】総稽古(ﾞ), プレビュー(= répétition générale): 初日直前に招待客の前で行う.

*généralement /ʒeneralmɑ̃/ ジェネラルマン/ 副
❶ **一般的に**, 概して. ▶ *généralement* parlant 一般的に言えば, 概して. ❷ **一般に広く**, あまねく. ▶ une opinion *généralement* reçue 広く受け入れられている意見. ❸ **普通**, たいていの場合. ▶ Il est *généralement* chez lui après huit heures. 彼は普通8時以後は家にいる.

généralisable /ʒeneralizabl/ 形 一般化できる, 一般に適用できる.

généralisateur, trice /ʒeneralizatœːr, tris/ 形 一般化する; 一般化が好きな.

généralisation /ʒeneralizasjɔ̃/ 囡 ❶ 拡大, 普及; 蔓延(ﾟ); (病気の)全身転移. ❷ 一般化, 普遍化.

*généraliser /ʒeneralize ジェネラリゼ/ 他動 …を **一般化する**; 広げる, 普及させる. ▶ Il ne faut pas *généraliser* votre cas personnel. あなたの個人的ケースを一般化してはいけない / *généraliser* la vaccination 予防接種を普及させる / cancer *généralisé* 全身に転移した癌.

— **se généraliser** 代動 一般化する, 広がる, 普及する;〔病気が〕全身に広がる. ▶ La crise économique *se généralise* de plus en plus. 経済不況がしだいに広がりつつある.

généralissime /ʒeneralisim/ 男 最高司令官. 語 歴史記述以外で使用.

généraliste /ʒeneralist/ 名 一般医(↔spécialiste); 多分野の知識を持つ人.

— 形 ❶ médecin *généraliste* 一般医. ❷ chaîne *généraliste* (テレビの)総合チャンネル.

généralité /ʒeneralite/ 囡 ❶ 一般性, 普遍性. ❷〈la *généralité* des + 複数名詞〉…の大部分, 大多数の…. ▶ dans la *généralité* des cas たいていの場合. ❸《複数で》一般論, 概論;《特に》ありきたりの議論.

générateur, trice /ʒeneratœːr, tris/ 形 ❶〈générateur de qc〉…を生じさせる, 引き起こす, 発生させる. ▶ Le chômage est *générateur* de délinquance. 失業は犯罪の温床である.

❷【数学】〔点, 線が〕(線, 面を)生成する.

— **générateur** 男 ❶ 発電機. ❷ 発生器. ▶ *générateur* de vapeur ボイラー.

— **génératrice** 囡 ❶ 直流発電機. ❷【数学】母線.

génératif, ive /ʒeneratif, iːv/ 形 ❶【言語】生成的な. ▶ grammaire *générative* 生成文法. ❷【生物学】生殖の.

*génération /ʒenerasjɔ̃/ ジェネラスィヨン/ 囡 ❶ **世代**, 同世代の人々;(同一家系の)代. ▶ jeune *génération* 若い世代, 青年層 / conflit des *générations* 世代間の対立 / C'est une femme de ma *génération*. あの人は私と同世代の女性です / être de la même *génération* 同世代である / Maghrébin de la deuxième *génération* マグレブ系移民2世 / la *génération* de 1968 [mil neuf cent soixante-huit] (五月革命を体験した)1968年世代 / *génération* perdue 失われた世代 / de *génération* en *génération* 代々(引き続いて) / Leur famille dirige cette entreprise depuis trois *générations*. 彼らの一家は3代前からその会社を経営している.

❷ 生殖;【生物学】発生. ▶ *génération* spontanée 自然発生(無生物から生物が発生しうるという説).

❸ 生成, 形成, 発生. ▶ *génération* des cyclones サイクロンの発生.

❹(機械などについて同じ技術段階の)世代.

generationnel, le /ʒenerasjɔnel/ 形 ある世代に特有の; 世代別の.

généreusement /ʒenerøzmɑ̃/ 副 ❶ 気前よく; たっぷりと. ❷ 寛大に; 高潔な心で.

*généreux, euse /ʒenerø, øːz ジェネルー, ジェネルーズ/ 形 ❶ **気前のよい**. ▶ pourboire *généreux* 多分なチップ / Il est *généreux* avec ses amis. 彼は友達に対して気前がよい / Il est *généreux* de son temps. 彼は時間に鷹揚(ﾞ)だ.

❷ 寛大な, 心の広い; 高潔な, 私心のない. ▶ un caractère *généreux* 寛大な性格 / une âme *généreuse* 高潔な人.

❸ 豊かな; 良質の. ▶ terre *généreuse* 肥沃な土地 / un repas *généreux* 盛りだくさんの食事.

— 名 気前のよい人; 寛大な人. ▶ faire le *généreux* 気前のよさを見せつける.

générique /ʒenerik/ 形 ❶ 類を示す, 包括的な;【生物学】属の. ▶ terme *générique* 総称. ❷ médicament *générique* ジェネリック医薬品 / produit *générique* ノーブランド製品.

— 男 ❶【映画】【テレビ】クレジット(タイトル). ❷ ジェネリック医薬品.

générosité

générosité /ʒenerozite/ 囡 ❶ 気前のよさ. ▶ Une *générosité* démesurée peut nous mener à la ruine. 気前がよすぎると破産しかねない. ❷ 寛大, 寛容. ▶ faire preuve de *générosité* envers ses ennemis 敵に対して寛大に振る舞う / sans *générosité* 容赦なく, 手厳しく. ❸《複数で》贈り物, 施し物. ▶ faire des *générosités* 気前のよい贈り物をする.

Gênes /ʒɛn/ 固有 ジェノヴァ: 北イタリアの都市.

genèse /ʒənɛːz/ 囡 ❶ 宇宙開闢(かいびゃく)説. ❷《la Genèse》(旧約聖書の)創世記. ❸ 起源, 生成, 形成(過程). ▶ la *genèse* d'un sentiment 感情の形成.

génésiaque /ʒenezjak/ 形 ❶ 創世記の. ❷ 起源の, 発生の.

génésique /ʒenezik/ 形 生殖に関する. ▶ santé *génésique* 性と生殖に関する健康, リプロダクティヴ・ヘルス.

genêt /ʒ(ə)nɛ/ 男 【植物】マメ科のエニシダ類.

généticien, enne /ʒenetisjɛ̃, ɛn/ 名 遺伝学者.

génétique /ʒenetik/ 形 ❶【生物学】遺伝の; 遺伝子の. ▶ manipulation *génétique* 遺伝子操作 / thérapie *génétique* 遺伝子療法 / test *génétique* 遺伝子鑑定. ❷ 発生の, 成立過程に関する, 発生論的な.
— 囡 遺伝学.

génétiquement /ʒenetikmɑ̃/ 副 遺伝学的に, 遺伝子的に. ▶ organisme *génétiquement* modifié 遺伝子組み換え作物(OGM).

gêneur, euse /ʒɛnœːr, øːz/ 名 邪魔者, 厄介者, うるさい人.

Genève /ʒənɛv/ 固有 ジュネーヴ: スイスの都市.

genevois, oise /ʒənvwa, waːz/ 形 ジュネーヴ Genève 市の; ジュネーヴ地方の.
— **Genevois, oise** 名 ジュネーヴ市の人; ジュネーヴ地方の人.

genévrier /ʒənevrije/ 男 【植物】ネズ: ヒノキ科の針葉樹.

génial, ale /ʒenjal/;《男複》**aux** /o/ 形 ❶ 天才的な. ▶ un mathématicien *génial* 天才的な数学者. ❷ すばらしい, 見事な. ▶ idée *géniale* 名案, 妙案 / C'est *génial*. 話 そりゃすごい.

génialement /ʒenjalmɑ̃/ 副 天才的に; 実に見事に.

*****génie** /ʒeni/ 男 ❶ 天才, 天分; 才能. ▶ avoir du *génie* 天才的である / être doué d'un *génie* poétique 詩的才能がある / Ce n'est pas un *génie*. 話 あれはたいしたことのない人だ. ❷ 特質, 特性, 神髄. ▶ le *génie* d'un peuple 国民性 / le *génie* de la langue française フランス語の特質. ❸ 妖精(ようせい);【神話】守護神[霊]. ▶ le *génie* des bois 森の精. ❹《抽象概念を擬人化して》神, 象徴. ▶ le *génie* des arts 芸術をつかさどる神. ❺ 工学. ▶ *génie* civil 土木工学 / *génie* génétique 遺伝子工学 / *génie* logiciel ソフトウェア工学. ❻《軍事》工兵support隊, 工兵隊 (= *génie* militaire). ▶ soldat du *génie* 工兵.
avoir le génie de qc …の才能がある.

de génie 天才的な, すばらしい. ▶ homme *de génie* 天才 / idée *de génie* 名案;《皮肉に》愚案.
le bon [mauvais] génie de qn …に良い[悪い]影響を及ぼす人物, にとりつく守り神[悪魔].

genièvre /ʒənjɛːvr/ 男 ❶ ネズ(の実). ❷ ジン: ネズの実で香味づけした蒸留酒.

génique /ʒenik/ 形 遺伝子の. ▶ thérapie *génique* 遺伝子治療.

génital, ale /ʒenital/;《男複》**aux** /o/ 形 生殖の. ▶ appareil *génital* = organes *génitaux* 性器, 生殖器(官).

génitif /ʒenitif/ 男 【言語】属格.

génocidaire /ʒenosidɛːr/ 形 民族大虐殺の, ジェノサイドの.

génocide /ʒenosid/ 男 民族大虐殺, ジェノサイド.

génois, oise /ʒenwa, waːz/ 形 ジェノバ Gênes の. — **Génois, oise** 名 ジェノバの人.

génoise /ʒenwaːz/ 囡 【菓子】ジェノワーズ: 泡立てた卵白で作るスポンジケーキ.

génome /ʒenom/ 男 【生物】ゲノム. ▶ *génome* humain ヒトゲノム.

génomique /ʒenomik/ 形 ゲノムの.
— 囡 ゲノミクス, ゲノム研究.

génothèque /ʒenotɛk/ 囡 【生物】ジーンバンク.

génothérapie /ʒenoterapi/ 囡 【生物】遺伝子治療.

:**genou** /ʒ(ə)nu/ ジュヌー;《複》**x** /x/ 男 ❶ ひざ. ▶ En tombant, Martine s'est écorché les *genoux*. マルチーヌは転んでひざを擦りむいた / prendre un enfant sur ses *genoux* 子供をひざに乗せる. ❷【機械】回り継ぎ手.
à genoux ひざまずいて. ▶ se mettre *à genoux* ひざまずく / demander qc *à genoux* …を懇願する / être *à genoux* devant qn …を熱愛する; に服従している.
C'est à se mettre à genoux. ひざまずきたくなるほどだ, 見事だ.
être sur les genoux 話 疲れ切っている.
faire du genou à qn 話 (テーブルの下などで)ひざを軽く当てて…の注意を引く.
tomber [se jeter] aux genoux de qn …にひれ伏す; 服従する; 懇願する.

genouillère /ʒ(ə)nujɛːr/ 囡 (医療, スポーツ, 作業用などの)ひざ当て, ひざ覆い.

*****genre** /ʒɑ̃ːr/ ジャンル 男 ❶ 種類. ▶ Quel *genre* de musique écoutez-vous? どんな音楽を聴きますか / Je n'écoute pas ce *genre* de musique. 私はこういう種類の音楽は聴きません / construire une ville d'un nouveau *genre* ニュータイプの都市を建設する / On ne trouvera pas moins cher dans le *genre*. この手のものではこれ以上安いものは見つけられまい / un spécialiste du *genre* その方面の専門家 / Mon grand-père est du *genre* entêté. 私の祖父は頑固な部類に入る / du même *genre* 同じ種類の / *genre* de vie 生き方. ◆un *genre* de + 無冠詞名詞 一種の…. ▶ construire un *genre* d'Etats-Unis d'Europe 一種のヨーロッパ合衆国を建設する. 比較 SORTE¹. ❷ 態度, 物腰, 風体. ▶ avoir bon *genre* 育ちが

gentillesse

よい, 品がある / Il a un mauvais *genre*. 彼のマナーはなっていない / Je n'aime pas son *genre*. 彼(女)の態度が気にくわない / Il a le *genre* artiste. 彼は芸術家然としている.

❸《所有形容詞とともに》好み, 趣味. ▶ Ce n'est pas mon *genre*. それは私の趣味ではない / Les filles blondes ne sont pas mon *genre*. ブロンドの女性は私の好みではない / Ce n'est pas son *genre* de tenir un journal. 日記をつけるなんて彼(女)の習慣[趣味]ではない.

❹〖文学〗ジャンル, 部門. ▶ *genre* romanesque 小説ジャンル / *genre* épistolaire 書簡文学.

❺ le *genre* humain 人類.

❻〖文法〗性 (=*genre* grammatical). ▶ le *genre* masculin [féminin] 男[女]性.

❼〖生物学〗属: 種 espèce より上位, 科 famille より下位の分類区分.

❽ tableau [peinture] de *genre* 風俗画; 室内画.

❾ ジェンダー; 社会的・文化的な性のありよう.

en [dans] son genre その種の中では. ▶ être unique en son *genre* その種のものでは異色である.

en tous genres [tout genre] あらゆる種類の.

faire du genre = *se donner un genre* 気取る, 格好をつける.

faire genre 谚 気取る.

gens /ʒɑ̃ ジャン/ 男複

❶ 人々. ▶ Beaucoup de *gens* flânaient dans la rue. 通りをたくさんの人がぶらついていた / La plupart des *gens* ne le savent pas encore. 大半の人はまだそのことを知らない / Quels sont ces *gens*-là? あの人たちは何者ですか / de braves *gens* 善良な人々 / des petites *gens* 庶民 / Ce sont des *gens* sympathiques. その人たちは感じのいい人たちだ.

注 (1) gens は本来女性名詞 gent の複数形であったことから, 直前に形容詞がくると, その形容詞は女性形になる. ただし, その場合でも後続の形容詞は男性形(例: Certaines *gens* sont heureux. 何人かの人々は幸福だ).

(2)〈形容詞 A + (定冠詞+)形容詞 B + *gens*〉の場合, B が男女異形のとき A, B とも女性形(例: toutes les bonnes *gens* すべての善良な人々). B が男女同形のとき A は男性形(例: tous les honnêtes *gens* すべてのまっとうな人々).

(3) gens は不特定多数の人を表わすため, 数形容詞や quelques, plusieurs が直前にくることはない. ただし, いくつかの品質形容詞(pauvre, honnête, brave など)を介すれば使用できる(例: ⇨ trois braves *gens* 3人の正直な人たち). 語法 ⇨ HOMME.

❷〈*gens* de + 無冠詞名詞〉…の(職業の)人々. 注 この意味では形容詞は直前にきても, その形容詞は男性形. ▶ *gens* d'Eglise 聖職者 / *gens* de robe 法曹家 / *gens* de lettres 作家 / de nombreux *gens* d'affaires 多くの実業家たち.

❸ (一般に)人間. ▶ Les *gens* sont fous. 人間ってばかだね.

❹ 谚 (周囲の)人々, 他人, 相手. 注 話者自身を指すこともある. ▶ Tu as une façon de recevoir les *gens*! そんな応対の仕方ってないだろう.

être gens à + 不定詞 …しそうな人々である. ▶ Ils ne *sont* pas *gens à* se vanter. 彼らはうぬぼれるような人たちじゃありません.

jeunes gens 若者たち;《jeune homme の複数として》若い男たち. 注 合成語扱いのため, 直前に不定冠詞がつくときは des jeunes gens となる.

gent /ʒɑ̃/ 女 古 文章《しばしば皮肉に》連中, 類(たぐい);(動物の)種族.

gentiane /ʒɑ̃sjan/ 女 ❶〖植物〗リンドウ.
❷ ジェンシャン: リンドウの根から作る食前酒.

:gentil, ille /ʒɑ̃ti, ij ジャンティ, ジャンティーユ/ 形

❶ 親切な, 優しい, 思いやりのある. ▶ une petite fille *gentille* 気立てのよい少女 / être *gentil* avec [pour] qn …に親切にする / C'est *gentil* à vous d'être venu. 来てくれてありがとう / Je vous remercie de votre *gentille* lettre. お手紙ありがとう / Vous seriez *gentil* d'expédier ce colis. どうかその小包を送ってください / Vous êtes trop *gentil*. どうもありがとうございます.

❷ かわいい, すてきな. ▶ une *gentille* petite robe すてきなドレス / Elle est *gentille* comme un cœur. 彼女は本当に愛くるしい.

❸〔子供が〕おとなしい (=sage). ▶ Les enfants sont restés bien *gentils* toute la journée. 子供たちは一日中とてもいい子だった.

❹ まずまずの, そこそこの. ▶ C'est un film *gentil*, sans plus. まずまずの映画ではあるが, それ以上のものではない / Votre petit discours est bien *gentil*, mais il ne résout rien. お説ごもっともですが, なんの解決にもなりません.

❺《名詞の前で》〔金額が〕かなりの. ▶ la *gentille* somme de mille euros 千ユーロというちょっとした金.

比較 親切な

gentil 最も一般的. **aimable** 愛想がよくて親切な. **chic**《ややくだけた表現》あれこれ心配りをしてくれて親切な. いずれもお礼の表現として使うことができるが, その場合には chic が少しくだけた感じになるほかは, ニュアンスの違いはほぼなくなる. Vous êtes bien *aimable* d'être venu. 来てくださってありがとうございます. C'est très *chic* de votre part. 御親切にどうも.

gentil² /ʒɑ̃ti/ 男 (ユダヤ人から見た)異邦人;(キリスト教徒から見た)異教徒.

gentilhomme /ʒɑ̃tijɔm/; 《複》*gentilshommes* /ʒɑ̃tizɔm/ 男 ❶ 貴族. ▶ *le Bourgeois gentilhomme*(モリエールの)「町人貴族」
❷ 文章 紳士.

gentilhommière /ʒɑ̃tijɔmjɛːr/ 女 (田園の)館(やかた), 邸宅.

gentillesse /ʒɑ̃tijɛs/ 女 ❶ 親切, 優しさ;《多く複数で》親切な言動, 気配り. ▶ Je vous remercie de votre *gentillesse*. ご親切ありがとうございます / Faites-moi la *gentillesse* de venir à notre dîner. どうか私たちの夕食会にいらしてください / Elle a été d'une grande *gentillesse* avec moi. 彼女は私にたいへん親切にしてくれた. ◆ avoir la *gentillesse* de + 不定詞 親切にも…す

る. ▶ Auriez-vous la *gentillesse* de m'aider à porter ce paquet? この荷物を運ぶのをお手伝いいただけますでしょうか. ❷〔多く複数で〕(反語的に)悪口, 意地悪. ❸ 愛くるしさ.

gentill*et*, ette /ʒɑ̃tijɛ, ɛt/ 形 ❶ かわいらしい. ❷ まあまあの; たいしたことのない. ▶ roman *gentillet* ほどほどな小説. ❸〔金額が〕かなりの.

gentiment /ʒɑ̃timɑ̃/ 副 ❶ 親切に, 感じよく. ▶ accueillir qn *gentiment* …を親切にもてなす. ❷ かわいらしく, すてきに. ❸ おとなしく.

gentle*man* /dʒɛntləman/; (複) ***men*** /mɛn/ 男〖英語〗紳士. ▶ se comporter en *gentleman* 紳士的に振る舞う.

génuflexion /ʒenyflɛksjɔ̃/ 女 (崇拝, 尊敬, 服従のしるしに)ひざまずくこと, 跪拝(ﾎﾟ). ▶ faire [esquisser] des *génuflexions* devant l'autel 祭壇の前で跪拝する.

géo /ʒeo/ 女 (*géographie* の略) 話 地理(学).

géo- 接頭「土地; 地球」の意.

géodésie /ʒeodezi/ 女 測地学.

géodésique /ʒeodezik/ 形 測地(学)の.
— 女〖測量〗測地線 (=ligne géodésique).

géographe /ʒeɔgraf/ 名 地理学者.

***géographie** /ʒeɔgrafi/ ジェオグラフィ/ 女 地理(学); 地誌. ▶ *géographie* humaine 人文地理学 / la *géographie* des Alpes アルプスの地形[地勢].

***géographique** /ʒeɔgrafik/ ジェオグラフィック/ 形 地理学の, 地理的な. ▶ carte *géographique* 地図.

géographiquement /ʒeɔgrafikmɑ̃/ 副 地理学的に, 地理的に.

geôle /ʒoːl/ 女 文章 牢獄(ろう), 監獄.

geôli*er*, ère /ʒolje, ɛːr/ 名 文章 牢(ろう)番.

géolocalisation /ʒeolokalizasjɔ̃/ 女 地理位置情報.

géologie /ʒeɔlɔʒi/ 女 地質(学).

géologique /ʒeɔlɔʒik/ 形 地質(学)の.

géologue /ʒeɔlɔg/ 名 地質学者.

géomagnétique /ʒeomaɲetik/ 形 地磁気の; 地球電磁気学の.

géomagnétisme /ʒeomaɲetism/ 男 地磁気; 地球電磁気学.

géomètre /ʒeomɛtr/ 名 ❶ 幾何学者. ❷ 土地測量技師. — 男〖昆虫〗シャクガ.

***géométrie** /ʒeometri/ ジェオメトリ/ 女 幾何学; 幾何学書. ▶ *géométrie* plane 平面幾何学 / *géométrie* dans l'espace 立体幾何学 / *géométrie* (non) euclidienne (非)ユークリッド幾何学 / esprit de *géométrie* 幾何学的精神(パスカルの用語).

à *géométrie* variable 融通のきく. ▶ avion *à géométrie variable* 〖航空〗(超音速機などの)可変翼機 / Europe *à géométrie variable* ヨーロッパの多段階統合.

géométrique /ʒeometrik/ 形 ❶ 幾何学の. ▶ figure *géométrique* 図形 / démonstration *géométrique* 幾何の証明 / La population a tendance à croître selon une progression *géométrique*. 人口は幾何[等比]級数的に増加する傾向がある. ❷〔装飾などの〕幾何学的の. ▶ ornementation *géométrique* 幾何学的紋様. ❸ 正確な, 厳密な. ▶ exactitude *géométrique* 比類なき正確さ.

géométriquement /ʒeometrikmɑ̃/ 副 ❶ 幾何学的に. ❷ 整然と; 正確に, 厳密に.

géomorphologie /ʒeomɔrfɔlɔʒi/ 女 地形学.

géophysici*en*, enne /ʒeofizisjɛ̃, ɛn/ 名 地球物理学者.

géophysique /ʒeofizik/ 女, 形 地球物理学(の).

géopoliticien, enne /ʒeopolitisjɛ̃, ɛn/ 名 地政学者.

géopolitique /ʒeopolitik/ 女, 形 地政学(の).

géostationnaire /ʒeostasjɔnɛːr/ 形〖人工衛星が〗静止軌道上の. ▶ satellite de télécommunication *géostationnaire* 静止通信衛星.

géosynchrone /ʒeosɛ̃kron/ 形〖人工衛星が〗地球の自転と同期した.

géothermie /ʒeotɛrmi/ 女 地熱; 地熱研究.

géothermique /ʒeotɛrmik/ 形 地熱の.

gérable /ʒerabl/ 形〖会社, 組織が〗(きちんと)管理しうる, 経営しうる.

gérance /ʒerɑ̃ːs/ 女 管理, 運営; 管理期間. ▶ mettre un fonds de commerce en *gérance* 店舗の経営を委託する.

géranium /ʒeranjɔm/ 男〖植物〗ゼラニウム.

géra*nt*, ante /ʒerɑ̃, ɑ̃ːt/ 名 (オーナーでない)経営者, 管理者, 支配人, マネージャー. ▶ *gérant* d'immeubles 不動産管理人 / *gérant* d'une succursale 支店長 / *gérant* d'un journal 新聞の発行責任者.

gerbe /ʒɛrb/ 女 ❶ (刈り取った穀物の)束. ▶ mettre le blé en *gerbes* 小麦を束ねる. ❷ 束ねたもの, 花束. ▶ *gerbe* de roses バラの花束. ❸ 束状のもの. ▶ *gerbe* d'eau 噴水, 水柱 / retomber en *gerbe* 〖火の粉などが〗さっと降り注ぐ. ❹ ‹une *gerbe* de + 複数名詞›一群の…. ▶ une *gerbe* de preuves 証拠の山.

(*C'est*) *la gerbe!* ひどい, 胸糞が悪くなる.

donner [*foutre*] *la gerbe à qn* 俗 …に吐き気を催させる.

gerber /ʒɛrbe/ 他動 ❶〔小麦など〕を束ねる. ❷〔穀物の束, 袋, 酒樽(なる)など〕を積み重ねる. — 自動 ❶ 束状にほとばしる. ❷ 俗 吐く.

gerbier /ʒɛrbje/ 男 (畑の中に置かれた)小麦[干し草]の束の山.

gerboise /ʒɛrbwaːz/ 女〖動物〗トビネズミ.

gercer /ʒɛrse/ ⑥ 他動〖皮膚〗にひびを切らせる; 〔地面など〕にひび割れを生じさせる.
— 自動 ひびが切れる; ひび割れする.
— *se gercer* 代動 ひびが切れる; ひび割れする.
▶ La terre *se gerçait* de sécheresse. 地面は乾燥してひび割れていた.

gerçure /ʒɛrsyːr/ 女 ❶ (皮膚の)ひび. ❷ (地面, 鋳物などの)ひび割れ, 亀裂.

gérer /ʒere/ ⑥ 他動 ❶ …を管理[運営]する; 経営する. ▶ *gérer* les biens d'un mineur 未成年者の財産を管理する / *gérer* une entreprise 会社を経営する. ❷〔危機など〕を切り抜ける.

gerfaut /ʒɛrfo/ 男〖鳥類〗シロハヤブサ.

gériatre /ʒerjatr/ 名 老年医学の専門家.

gériatrie /ʒerjatri/ 囡 老年医学.
gériatrique /ʒerjatrik/ 形 老年医学の.
germain¹, aine /ʒɛrmɛ̃, ɛn/ 形 ❶ cousin *germain* 実のいとこ. ❷ 父母を同じくする. ▶ frères *germains* 実の兄弟.
— 图 cousin issu de *germain*（実の）いとこの子, はとこ, またいとこ.
germain², aine /ʒɛrmɛ̃, ɛn/ 形 ゲルマニア Germanie の; ゲルマン民族の.
— **Germain, aine** 图 ゲルマン人.
germanique /ʒɛrmanik/ 形 ❶ ゲルマニア Germanie の; ゲルマン人の. ▶ langues *germaniques* ゲルマン諸語. ❷ ドイツ Allemagne の; ドイツ語文化圏の.
— 男（インド＝ヨーロッパ語族の）ゲルマン語派.
germanisant, ante /ʒɛrmanizɑ̃, ɑ̃ːt/ 图 ドイツびいき［かぶれ］の人.
germanisation /ʒɛrmanizasjɔ̃/ 囡 ドイツ化; ゲルマン化.
germaniser /ʒɛrmanize/ 他動 ❶ …をドイツ［ゲルマン］化する; にドイツ文化を押しつける. ❷［語］をドイツ語的にする. — **se germaniser** 代動 ドイツ化する.
germanisme /ʒɛrmanism/ 男 ❶ ドイツ語特有の言い回し. ❷ ドイツ語からの借用語.
germaniste /ʒɛrmanist/ 图 ゲルマン諸語研究者;（特に）ドイツ語［ドイツ文化］研究者.
germanophone /ʒɛrmanɔfɔn/ 形 ドイツ語圏の, ドイツ語を話す. — 图 ドイツ語を常用する人.
germe /ʒɛrm/ 男 ❶ 胚（はい）, 胚芽;（植物の）芽. ▶ *germes* de blé 小麦胚芽 / *germes* de soja もやし / enlever les *germes* des pommes de terre ジャガイモの芽をとる. ❷ 根本要因; 萌芽（ほうが）, 兆し. ▶ un *germe* de crise économique 不況の原因. ◆ en *germe* 萌芽状態にある. ▶ contenir qc en *germe* …の萌芽を含む. ❸ 病原微生物. ▶ porteur de *germes* 保菌者.
germé, e /ʒɛrme/ 形 芽が出た, 発芽の.
germen /ʒɛrmɛn/ 男［生物学］生殖質.
germer /ʒɛrme/ 自動 ❶ 発芽する, 芽を出す. ❷［思想, 感情が］芽生える, 発生する.
germinal¹, ale /ʒɛrminal/;（男 複）*aux* /o/ 形［生物学］生殖質の.
germinal² /ʒɛrminal/ 男 ジェルミナル, 芽月: フランス革命暦第 7 月. 現行暦では 3 月から 4 月.
germinatif, ive /ʒɛrminatif, iːv/ 形 発芽の. ▶ pouvoir *germinatif* 発芽（能）力.
germination /ʒɛrminasjɔ̃/ 囡 ❶ 発芽. ❷（理論, 思想などの）芽生え, 発生.
gérondif /ʒerɔ̃dif/ 男［言語］❶ ジェロンディフ:〈en + 現在分詞〉の形をとり, 副詞的に同時性, 条件, 譲歩などを表現する. ❷（ラテン語文法で）ゲルンディウム, 動詞的中性名詞.
géronto- 接頭「老人」の意.
gérontocratie /ʒerɔ̃tɔkrasi/ 囡［政治］老人支配（の政体）, 老人支配制.
gérontologie /ʒerɔ̃tɔlɔʒi/ 囡 老年［老人］学.
gérontologue /ʒerɔ̃tɔlɔg/ 图 老年［老人］学研究者.
Gers /ʒɛːr/ 固有 男 ❶ ジェール県［32］: ピレネー山脈西部. ❷ ジェール川: ガロンヌ川支流.

gésier /ʒezje/ 男（食用の）鳥の砂袋.
gésir /ʒeziːr/ 自動《直説法現在・半過去, 現在分詞のみ》（現在分詞 gisant）文章 ❶ 横たわっている. ▶ Des vêtements *gisaient* sur le sol. 服が床の上に投げ出されていた. ❷ …にある; 潜む. ▶ C'est là que *gît* le problème. そこが問題だ.
Ci-gît [*Ci-gisent*] qn（墓碑銘で）…ここに眠る.
gestapo /gestapo/ 囡《ドイツ語》ゲシュタポ: ナチス・ドイツの秘密警察.
gestation /ʒɛstasjɔ̃/ 囡 ❶（胎生動物の）妊娠, 懐胎. ❷（案, 作品などを）練ること, 温めること.
geste¹ /ʒɛst/ ジェスト 男 ❶ 身振り, しぐさ;（身振りによる）合図. ▶ faire des *gestes* en parlant 身ぶりたっぷりに話をする / ne pas faire un *geste* 身動きひとつしない / répondre par *gestes* 身振りで答える / un *geste* élégant 物腰が優雅である / faire un *geste* de refus 身振りで拒否する / faire un *geste* de la main 手で合図する.
❷（よい）行い. ▶ faire un (beau) *geste* よい行いをする / Il n'a pas fait un *geste* pour m'aider. 彼は私を助けるために何もしてくれなかった.
joindre le geste à la parole 言ったことをすぐ実行する.
n'avoir qu'un geste à faire pour qc …をたやすく手に入れることができる.
geste² /ʒɛst/ 囡［文学］（総称としての）武勲詩. ▶ chanson de *geste*（個々の）武勲詩.
les faits et gestes de qn …の行状.
gesticulation /ʒɛstikylasjɔ̃/ 囡 ❶ 身振り手振りを交えて話すこと. ❷ スタンドプレイ.
gesticuler /ʒɛstikyle/ 自動 盛んに身振りをする; やたらに身振り手振りを交えて話す.
gestion /ʒɛstjɔ̃/ 囡 ❶ 管理, 経営, 運営. ▶ avoir la *gestion* d'une fortune 資産を管理する / Les travailleurs participent à la *gestion* de cette entreprise. この企業の経営には労働者が参加している. ❷ 管理［経営］期間.
gestionnaire /ʒɛstjɔnɛːr/ 形 管理［経営］の; 管理［経営］を任された.
— 图 支配人, 管理者, 経営担当者.
— 男［情報］管理プログラム.
gestuel, le /ʒɛstɥɛl/ 形 身振りの. ▶ langage *gestuel* 身振り言葉 / peinture *gestuelle*［美術］アクション・ペインティング.
— **gestuelle** 囡（コミュニケーション手段としての）身振り.
geyser /ʒɛzɛːr/ 男《英語》❶ 間欠泉. ❷（水, 泥などの）噴出.
Ghana /gana/ 固有 男 ガーナ: 首都 Accra. ▶ au *Ghana* ガーナに［で, へ］.
ghanéen, enne /ganeɛ̃, ɛn/ 形 ガーナ Ghana の.
— **Ghanéen, enne** 图 ガーナ人.
ghetto /geto/ 男 ❶ ゲットー, ユダヤ人居住地区. ❷（特定の社会集団の）居住地区. ▶ *ghetto* noir 黒人街. ❸ 孤立集団;（集団の）孤立状態. ▶ *ghetto* culturel 文化的孤立（集団）/ *ghetto* gay ゲイのゲットー.
ghettoïsation /getɔizasjɔ̃/ 囡 ゲットー化: マイノリティーを隔離すること.

GIA

GIA 男《略語》Groupe islamique armé 武装イスラム集団(アルジェリアの反体制イスラム過激派組織).

gibbon /ʒibɔ̃/ 男《動物》テナガザル.

gibecière /ʒibsjɛːr/ 女 (猟師, 漁夫などの)肩掛けの革袋, 獲物袋；肩掛けかばん.

gibelotte /ʒiblɔt/ 女《料理》ウサギのワイン入りクリーム煮.

giberne /ʒibɛrn/ 女 (昔の兵士の)弾薬入れ.
avoir le bâton de maréchal dans sa giberne (弾薬入れに元帥杖(ぢょう)を入れている→)一兵卒から最高位に出世するのも夢ではない.

gibet /ʒibɛ/ 男 絞首台, 処刑場；絞首刑. ▶ *envoyer un criminel au gibet* 罪人を絞首台に送る / *le gibet du Christ* キリストの十字架.

gibier /ʒibje/ 男 ❶(集合的に)(狩猟の獲物となる)野生の禽獣(きんじゅう), 狩猟鳥獣. ▶ *gibier à plumes* 狩猟鳥 / *gibier à poil* 狩猟獣 / *gros gibier* 大型猟獣(鹿, イノシシなど) / *menu [petit] gibier* 小型猟獣(ウズラ, 野ウサギなど) / *gibier d'eau* 水禽猟鳥(カモなど) / *poursuivre le gibier* 猟獣を追跡する.
❷ 野生の禽獣の肉, 猟肉. ▶ *gibier faisandé* (食べごろまで)寝かせた猟肉 / *manger du gibier* 猟肉を食べる. ❸ 獲物となる人, かも.
gibier de potence (死刑に値する)極悪人.

giboulée /ʒibule/ 女 (みぞれ, 雪, 突風を伴う春先の)にわか雨.

gibus /ʒibys/ 男 クラッシュ・ハット, オペラ・ハット.

giclée /ʒikle/ 女 ❶(水, 血などの)噴出；(泥水などの)跳ね返り. ❷ 圖 一斉射撃.

giclement /ʒikləmɑ̃/ 男 (水, 血などの)噴出；(泥などの)跳ね(返り).

gicler /ʒikle/ 自動〔水, 血などが〕噴出する；跳ねかかる. ▶ *La boue a giclé sur les passants.* 泥が通行人に跳ねかかった.

gicleur /ʒiklœːr/ 男《機械》(キャブレターの)ジェット；燃料噴霧管〔穴〕.

GIEC /ʒjɛk/ 男《略語》Groupe intergouvernemental d'experts sur l'évolution du climat 気候変動に関する政府間パネル(IPCC).

gifle /ʒifl/ 女 ❶ 平手打ち. ▶ *donner [flanquer] une gifle* 平手打ちを食わせる. ❷ 侮辱.
tête à gifles 圖 平手打ちしたくなるような生意気な顔, むかつく顔.

gifler /ʒifle/ 他動 ❶ …を平手打ちにする. ▶ *gifler un enfant* 子供の横面を張る. ❷〔雨, 風が〕…に横殴りに吹きつける. ❸ …に屈辱を与える.

giga- 接頭《計量単位》ギガ(記号 G):「10億(倍)」の意.

gigantesque /ʒigɑ̃tɛsk/ 形 巨人のような, 巨大な, なみはずれた. ▶ *arbre gigantesque* 巨木 / *projet gigantesque* 大がかりな計画 / *erreur gigantesque* ひどい間違い. 比較 ⇨ GRAND.

gigantisme /ʒigɑ̃tism/ 男 巨大化(現象);《医学》巨人症.

gigaoctet /ʒigaɔktɛ/ 男《情報》ギガバイト.

gigogne /ʒigɔɲ/ 形 入れ子式の. ▶ *poupées gigognes* (次々に小さな人形が中から出てくる)子持ち人形 / *fusée gigogne* 多段式ロケット.

gigolo /ʒigolo/ 男 圖 若いつばめ, ジゴロ.

gigot /ʒigo/ 男 ❶ 羊[子羊, 子鹿]のもも肉. ▶ *gigot d'agneau* 子羊のもも肉 / *gigot roti* もも肉のロースト. ❷ *manche (à) gigot* ジゴ: 肩が膨らみ, ひじから細くなった袖(そで). ❸ 圖 (人間の)もも, 足.

gigotement /ʒigɔtmɑ̃/ 男 手足を元気よく動かすこと, 活発な動き.

gigoter /ʒigɔte/ 自動 体を激しく動かす, 手足をばたばたさせる.

gigue¹ /ʒig/ 女 ❶(鹿, カモシカなどの)もも(肉). ❷ 圖 *une grande gigue* 背の高いひょろっとした娘.

gigue² /ʒig/ 女《音楽》ジグ: バロック期に流行した急速調の舞曲[ダンス].
dancer la gigue 圖 体を揺する.

***gilet** /ʒilɛ/ ジレ 男 ❶(スーツなどの下に着る)チョッキ, ベスト. ❷(婦人用の)カーディガン. ❸ 肌着, アンダーシャツ(= *gilet de peau*). ❹ *gilet de sauvetage* 救命(胴)衣 / *gilet pare-balles* 防弾チョッキ.
venir pleurer dans le gilet de qn 圖 …に泣き言を言いに来る.

gin /dʒin/ 男《英語》ジン.

gin-fizz /dʒinfiːz/ 男《英語》ジンフィーズ.

gingembre /ʒɛ̃ʒɑ̃ːbr/ 男《植物》ショウガ, ジンジャー.

ginkgo /ʒɛ̃ko/ 男《植物》イチョウ.

giorno /dʒɔrno/《イタリア語》(次の句で)
à giorno (1) 副句 真昼のように明るく. ▶ *un salon éclairé à giorno* 煌々(こうこう)たる照明の部屋. (2) 形句 真昼のように明るい. ▶ *un éclairage à giorno* (太陽光線のように)強力な人工照明.

girafe /ʒiraf/ 女 ❶《動物》キリン. ❷(録音用マイクをつるす)竿(さお), ブーム.
peigner la girafe (キリンの毛をとかす→) 圖 無用な仕事をだらだら続ける；何もしないでいる.

girafeau /ʒirafo/:《複》**x**, **girafon** /ʒirafɔ̃/ 男《動物》キリンの子.

girandole /ʒirɑ̃dɔl/ 女 ❶ ピラミッド型枝付き燭台(しょくだい). ❷(祭りなどの)装飾電球, イルミネーション. ❸ 回転花火；回転噴水.

giration /ʒirasjɔ̃/ 女 回転(運動), 旋回.

giratoire /ʒiratwaːr/ 形 回転の, 旋回の.

girl /gœrl/ 女《英語》(ミュージック・ホールの)若い踊り子, コーラス・ガール.

girofle /ʒirɔfl/ 男 丁字(ちょうじ), クローブ(= *clou de girofle*).

giroflée /ʒirɔfle/ 女《植物》ストック, アラセイトウ.

giroflier /ʒirɔflije/ 男《植物》チョウジ, クローブ.

girolle /ʒirɔl/ 女《菌類》アンズタケ: 食用キノコの一種.

giron /ʒirɔ̃/ 男 ❶(腰掛けた人の)ひざ. ▶ *se blottir dans le giron de sa mère* 母親のひざにうずくまる. ❷ 安らぎの場, 懐. ▶ *un enfant élevé dans le giron familial* 家族の愛情に包まれて育った子供 / *rentrer dans le giron de qc* (一度離れた集団に)戻る. ❸《建築》(階段の)踏み面(めん), 踏み幅.

girond, onde /ʒirɔ̃, ɔ̃ːd/ 形 圖 スタイルのいい, 美しい；[女性が]肉付きのいい, グラマーな.

Gironde /ʒirɔ̃ːd/ 固有 女 ❶ ジロンド県[33]: フラ

ンス南西部. ❷ ジロンド川: ガロンヌ川下流部.

girond*in*, *ine* /ʒirɔ̃dɛ̃, in/ 形 ❶ ジロンド Gironde 県の. ❷〖歴史〗ジロンド派の.
— **Girond*in*, *ine*** 名 ❶ ジロンド県の人. ❷《les Girondins》〖歴史〗ジロンド派: フランス革命期の穏健共和派.

girouette /ʒirwɛt/ 女 ❶ 風見, 風向計. ❷ 話 すぐに意見の変わる人.

gis /ʒi/, **gisaient, gisais, gisait**/ʒizɛ/ 活用 ⇨ GÉSIR 29

gis*ant*, *ante* /ʒizɑ̃, ɑ̃:t/ (gésir の現在分詞) 横たわった, 倒れている.
— **gisant** 男 (墓上の)横臥(おうが)像.

gisement /ʒizmɑ̃/ 男 ❶ 鉱脈, 鉱床. ▶ *gisement* d'or 金鉱脈. ❷ 潜在的市場[購買力].

gisi-, gis- 活用 ⇨ GÉSIR 29

gît /ʒi/ 活用 ⇨ GÉSIR 29

gitan, ane /ʒitɑ̃, an/ 名, 形 ジプシー(の). ▶ une musique *gitane* ジプシー音楽.
— **gitane** 女 商標 ジタヌ: フランス紙巻たばこの商品名.

gîte /ʒit/ 男 ❶ 住居; 宿. ▶ rentrer au *gîte* 家に帰る / offrir le *gîte* et le couvert à qn …を泊める / *gîte* rural 民宿. ❷ (野ウサギの)巣, ねぐら. ❸ (牛の)すね肉. ❹ 鉱床.
— 女 〖海事〗(船の)傾斜. ▶ donner de la *gîte* (船が)傾く.

gîter /ʒite/ 自動 ❶ 文章 (小動物が)巣にいる; 住む, 宿泊する. ❷ (船が)傾く.

giton /ʒitɔ̃/ 男 文章 (男色の対象となる)稚児(ちご), 小姓(こしょう).

givrage /ʒivraːʒ/ 男 霜着き, 着氷.

givr*ant*, *ante* /ʒivrɑ̃, ɑ̃:t/ 形 霧氷を生じさせる.

givre /ʒi:vr/ 男 霧氷, 樹氷; 霜.

givré, e /ʒivre/ 形 ❶ 霧氷で覆われた. ▶ vitres *givrées* 着氷した窓ガラス. ❷〖菓子〗fruit *givré* フリュイジヴレ: レモンなどの外皮に詰めたシャーベット. ❸ 話 酔っ払った; 頭のおかしい.

givrer /ʒivre/ 他動 ❶ …を霧氷[霜]で覆う, 着氷させる. ❷ …に白い粉を振りかける.
— **se givrer** 代動 霧氷で覆われる.

glabre /glɑːbr/ 形 (顔などに)ひげのない; (きれいに)ひげをそった.

glaçage /glasaːʒ/ 男 (紙, 布などの)艶(つや)出し, 光沢仕上げ.

glaç*ant*, *ante* /glasɑ̃, ɑ̃:t/ 形 冷淡な, 冷ややかな.

*__**glace**__ /glas/ グラス/ 女
英仏そっくり語
英 glass ガラス, グラス.
仏 glace 氷, アイスクリーム, 板ガラス.

❶ 氷; (多く複数で)氷塊. ▶ cubes de *glace* 角氷 (=glaçons) / *glace* sèche ドライアイス / *glaces* flottantes 流氷 / rafraîchir une boisson avec de la *glace* 飲み物を氷で冷やす / patiner sur la *glace* アイススケートをする / L'étang est couvert de *glace*. 池に氷が張っている.
❷ アイスクリーム. ▶ manger une *glace* アイスクリームを1つ食べる / *glace* à la vanille バニラアイスクリーム / Une *glace* à quel parfum? 何味のアイスクリームにしますか.
❸ 板ガラス; (自動車などの)窓ガラス. ▶ une porte en *glace* ガラスの扉 / baisser [lever] la *glace* (車の)窓ガラスを下ろす[上げる].
❹ 鏡, 姿見. ▶ se regarder dans une *glace* 鏡に自分の姿を映して見る.
❺〖料理〗グラス, 濃縮汁: 出し汁を煮詰めたもの. ソースにこくをつける.
❻ (菓子パンなどの)糖衣, アイシング.
❼《同格的に》sucre *glace* 粉砂糖.

de glace 冷淡な, そっけない. ▶ être [rester] *de glace* 冷淡[無感動]である / Il a un cœur *de glace*. 彼は心の冷たい人だ.

rompre [briser] la glace (会話などで)気詰まりを解消させる, 雰囲気をほぐす.

*__**glacé, e**__ /glase/ 形 ❶ 凍った; 非常に冷たい. ▶ neige *glacée* 凍った雪 / café *glacé* アイスコーヒー /《Servir *glacé*》「よく冷やして飲むこと」 / Cette chambre est *glacée*. この部屋は非常に寒い. ❷ 凍えた; 震え上がった. ▶ Je suis *glacé*. 私はひどく寒い[凍えている] / avoir les mains *glacées* 手が冷えきって[凍えて]いる / être *glacé* d'horreur [de peur] 恐怖で震え上がる. ❸ 冷淡な, 冷ややかな. ▶ un abord *glacé* 冷たい態度. ❹〖菓子〗糖衣を着た. ▶ marron *glacé* マロングラッセ. ❺ (紙, 布などが)光沢のついた.

glacer /glase/ ❶ 他動 ❶ …を冷やす; 凍らせる, 凍らせる. ▶ *glacer* du champagne シャンパンを冷やす / Ce vent du Nord *glace* le visage. この北風で顔が凍るようだ. ❷ …を震え上がらせる, すくみ上がらせる, ぞっとさせる. ▶ Cette nouvelle l'*a glacé* d'horreur. その知らせに彼は恐怖で震え上がった / *glacer* le sang de qn 文章 …に血の凍る思いをさせる. ❸ (紙などに)光沢をつける. ❹〖料理〗(ゼリー[濃縮汁]をかけて艶(つや)を出す;〔ケーキなどに〕糖衣を着せる.
— **glacer** 自動 凍る. ▶《非人称構文で》Il *glace*. 凍るひどく寒い.
— **se glacer** 代動 凍る; 凍える. ▶ Son sang *se glaça* à ce spectacle. その光景に彼(女)は血も凍る思いをした.

glaciaire /glasjɛːr/ 形 氷河の. ▶ période *glaciaire* 氷河時代 / érosion *glaciaire* 氷食作用.

glacial, ale /glasjal/; (男 複) **als** (または **aux** /o/) 形 ❶ 凍るように冷たい, 非常に寒い. ▶ vent *glacial* いてつくような風. ❷ 極地方の. ▶ océan *glacial* 北[南]氷洋. ❸ 冷淡な, 冷ややかな. ▶ un accueil *glacial* 冷ややかな応対.

glaciation /glasjasjɔ̃/ 女〖地質〗氷河形成; 氷河期.

glacier /glasje/ 男 ❶ 氷河. ▶ *glacier* continental 大陸氷河. ❷ アイスクリーム店.

glacière /glasjɛːr/ 女 ❶ 冷蔵庫, アイスボックス. ❷ 話 ひどく寒い場所.

glacis /glasi/ 男 ❶ (城壁の外側に設けられた)斜堤. ❷ (衛星国が形成する)防衛圏, 緩衝地帯. ❸ (山麓(さんろく)の)ゆるやかな斜面. ❹ (上塗り用の)透明絵の具.

glaçon /glasɔ̃/ 男 ❶ 氷塊, 氷片; 角氷. ▶ mettre un *glaçon* dans son verre グラスに氷を1個入れる. ❷ 話 (特に恋愛などで)冷淡な人, つれな

い人.

gladiateur /gladjatœːr/ 男【古代ローマ】(公衆の前で他の剣闘士または猛獣と闘った)剣闘士.

glaïeul /glajœl/ 男【植物】グラジオラス.

glaire /glɛːr/ 女 ❶ (生卵の)卵白. ❷【医学】グレール(粘液).

glaireux, euse /glɛrø, øːz/ 形 卵白状の, 粘液状の.

glaise /glɛːz/ 女 粘土 (=terre glaise).
── 形 粘土質の.

glaiser /gleze/ 他動 ❶ …を粘土で塗り固める. ❷ (土質改良のため)〔土〕に粘土を加える.

glaiseux, euse /glɛzø, øːz/ 形 粘土質の.

glaive /glɛːv/ 男 ❶【古代ローマ】(両刃の)剣. ❷ 文章 (力を象徴する)剣. ▸ le *glaive* de la justice (司法権を表わす)正義の剣.

glanage /glanaːʒ/ 男 落ち穂拾い.

gland /glɑ̃/ 男 ❶ ドングリ. ❷ (ドングリ状の)房, 玉飾り. ❸【解剖】亀頭(きとう).

glande /glɑ̃d/ 女 ❶ 腺(せん). ▸ *glande* salivaire 唾液(だえき)腺 / *glande* endocrine [exocrine] 内[外]分泌腺. ❷ (リンパ腺の)腫(は)れ.

avoir les glandes 話 おびえている; いらだっている.

glandée /glɑ̃de/ 女 ドングリ拾い.

glander /glɑ̃de/ 自動 俗 無為に時を過ごす, だらだらやる, 怠ける.

glandulaire /glɑ̃dylɛːr/ 形 腺(状)の; 腺の.

glane /glan/ 女 ❶ 落ち穂拾い; 一つかみの落ち穂. ❷ (タマネギ, ニンニクなどの)一束.

glaner /glane/ 他動 ❶ …の落ち穂を拾う. ▸ *glaner* un champ 畑の落ち穂を拾う. ❷ (あちこちで)…を拾い集める;〔情報など〕を収集する. ▸ *glaner* des anecdotes dans ses lectures いろんな本から逸話を集める.

glaneur, euse /glanœːr, øːz/ 名 落ち穂拾いをする人. ▸ «*Les Glaneuses*»「落ち穂拾い」(ミレーの絵).

glanure /glanyːr/ 女 ❶ (拾い集めた)落ち穂. ❷ (拾い集めた)断片的な知識〔情報〕.

glapir /glapiːr/ 自動 ❶〔子犬, キツネ, ツルなどが〕鋭い声で鳴く. ❷ 金切り声で叫ぶ[歌う]; 甲高い音を出す. ── 他動 …を金切り声で叫ぶ.

glapissant, ante /glapisɑ̃, ɑ̃ːt/ 形 ❶ 鋭い声で鳴く; 金切り声で叫ぶ.
❷〔声が〕甲高い, 耳障りな.

glapissement /glapismɑ̃/ 男 鋭い鳴き声; 金切り声, 耳障りな音.

glas /glɑ/ 男 弔鐘.

sonner le glas de qc (…の鐘を鳴らす→)…の終末を告げる.

glaucome /glokom/ 男【医学】緑内障.

glauque /gloːk/ 形 ❶ 海緑色の, 青緑色の.
❷ 話 惨めな, 陰鬱(いんうつ)な.

glèbe /glɛb/ 女 ❶ 文章 畑, 耕作地.
❷【歴史】農奴が耕作を強制されていた土地.

glissade /glisad/ 女 ❶ 滑ること, 滑走. ▸ faire des *glissades* sur la neige 雪の上を滑る.
❷ (子供が遊ぶ)氷滑りの道.
❸【ダンス】グリサード: 滑るステップ.

glissant, ante /glisɑ̃, ɑ̃ːt/ 形 滑りやすい, つるつるした. ▸ savon *glissant* つるつるした石鹸(せっけん) / La route est *glissante* à cause du verglas. 道路は凍結のせいでスリップしやすくなっている.

terrain glissant=pente glissante 危険な状況, 微妙な情勢; 危ぶっかしい企て.

glisse /glis/ 女 (スキーの板などの)滑り(具合).

glissement /glismɑ̃/ 男 ❶ 滑ること, 滑走; 滑る音. ▸ *glissement* de terrain 地滑り.
❷ (漸進的な)変化, 変動. ▸ Le résultat des élections a marqué un *glissement* à gauche. 選挙結果には左傾化の動きが表われた.

*glisser /glise/ グリセ/ 自動 ❶ 滑る, 滑らかに動く;〔床などが〕スリップする. ▸ *glisser* sur la glace avec des patins スケートで氷上を滑る / Le bateau *glisse* sur le lac. 船は湖を滑るように進む / *glisser* dans l'escalier 階段で足を滑らせる / Attention, ce parquet *glisse*. 気をつけて, この床は滑るよ.
❷〔物が〕滑り落ちる; すり抜ける. ▸ Le verre m'a *glissé* des mains. コップは手から滑り落ちた / *glisser* entre les mains (de qn) (追っ手の)手をすり抜ける.
❸〔光線などが〕滑り込む. ▸ Un rayon *glisse* dans la chambre par les rideaux entrouverts. 一筋の光が半開きのカーテンから室内に差し込む.
❹〔物が〕軽く触れる, かすめる. ▸ Son regard *glissa* d'un objet à l'autre. 彼(女)は次から次へとすばやく視線を移した / Un sourire *glissa* sur son visage. 微笑が彼(女)の顔をかすめた.
❺〔悪口などが〕聞き流される;〔人が〕固執しない.
▸ Les injures *glissent* sur eux. 悪口雑言は彼らには響かない / *Glissons* sur le passé. 昔のことにはこだわるまい.
❻〈*glisser* à [dans, vers] qc〉…に徐々に移行[変化]する. ▸ L'électorat *glisse* vers la droite. 有権者は右傾化しつつある.

se laisser glisser 話 死ぬ.
── 他動 ❶ …を滑り込ませる, 差し込む. ▸ *glisser* une lettre sous la porte ドアの下に手紙を差し込む. ❷ 巧みに織り込む. ▸ *glisser* un trait d'ironie parmi les éloges 賛辞にちくりと皮肉を忍ばせる. ❸〈*glisser* qc à qn // *glisser* à qn que + 直説法〉…を…にこっそり知らせる.

── **se glisser** 代動 ❶ 滑り込む, 忍び込む; 滑るように進む. ▸ *se glisser* dans son lit ベッドにもぐり込む. ❷〔疑い, 希望の念などが〕混じり込む, まぎれ込む. ▸ Un doute s'était *glissé* «en moi [dans mon esprit]». 疑念がいつの間にか心に忍び込んでいた /〔非人称構文で〕Il s'est *glissé* quelques fautes dans l'impression de ce livre. この本には誤植がいくつか入ってしまった.

glisseur /glisœːr/ 男【数学】スライドベクトル.

glissière /glisjɛːr/ 女 ❶ 滑り溝, ガイドレール. ▸ fermeture à *glissière* ファスナー / porte à *glissière* 引き戸. ❷ *glissière* de sécurité ガードレール, 防護柵(さく).

global, ale /global/: (男複) *aux* /o/ 形 ❶ 総…の, 全…の. ▸ la somme *globale* de dix mille euros (=total) 総額1万ユーロ. ❷ 全体

的な, 総合的な, 包括的な. ▶ politique *globale* des transports 総合的な交通政策 / méthode *globale*〔教育〕総合的教授法(語を文字に分解せずに全体的に把握させる方法). ❸ 地球規模の.

globalement /glɔbalmɑ̃/ 副 ❶ 全体として, 包括的に. ❷ 地球規模で.

globalisant, ante /glɔbalizɑ̃, ɑ̃:t/ 形 全体的にとらえる. ▶ un point de vue *globalisant* 全体的な視点.

globalisation /glɔbalizasjɔ̃/ 囡 ❶ 総合化, 全体化; 包括. ❷ 世界化, グローバル化.

globaliser /glɔbalize/ 他動 ❶ …を全体的にとらえる, 総合する, 包括する. ❷ 地球化する.
— **se globaliser** 代動 包括される.

globalité /glɔbalite/ 囡 全体性; 全体, 総体. ▶ problèmes à considérer dans leur *globalité* 総体的に考察すべき問題.

*__globe__ /glɔb/ グロブ 男 ❶〈le globe〉地球 (=le *globe* terrestre); 世界. ▶ sur toute la surface du *globe* 地球上の至る所で, 世界中で. ❷ 地球儀 (=*globe* terrestre); 天球儀 (=*globe* céleste). ❸ 球体, 玉. ▶ *globe* oculaire 眼球. ❹ (球形, 半球形の)ガラスケース; 電球のグローブ. ▶ une pendule sous *globe* ガラスケース入り置き時計.

mettre qn/qc sous globe …をあらゆる危険から守る, 大切に保護[保存]する.

globulaire /glɔbylɛ:r/ 形 ❶ 球形の. ❷ 血球の.

globule /glɔbyl/ 男〔生理学〕血球; 小球. ▶ *globules* rouges 赤血球 / *globules* blancs 白血球 / *globules* de lymphe リンパ球.

globuleux, euse /glɔbylø, ø:z/ 形 ❶ 小球状の. ❷ des yeux *globuleux* 出目.

*__gloire__ /glwa:r/ グロワール 囡 ❶ 栄光, 栄誉; 名声; 栄華. ▶ être au sommet de la *gloire* 栄光の絶頂にいる / connaître la *gloire* 名声を博する / se couvrir de *gloire* 栄誉に包まれる / Cette mode eut son heure de *gloire*. このファッションは一時期大流行した.
❷ 功績, 手柄, 誇り, 自慢. ▶ Cette invention est sa plus grande *gloire*. この発明は彼(女)の最も偉大な功績である / tirer [se faire] *gloire* de qc …を自慢する, 誇りとする.
❸ 誉れとなる人; 名士.
❹〔文章〕輝き. ❺〔宗教〕(神の)栄光; (天上の)至福. ❻〔美術〕(キリストの)後光, 光背.

à la gloire de qn/qc …を褒めたたえて, 賛美して. ▶ un discours *à la gloire du* régime actuel 現体制を賛美する演説.
Gloire à qn/qc! …に栄光あれ.
pour la gloire 名誉のために; 無償で.
rendre gloire à qn/qc …を褒めたたえる.

gloria /glɔrja/ 男〔ラテン語〕〔キリスト教〕グロリア, 栄光の賛歌: *Gloria* in excelsis Deo (天のいと高きところには神に栄光)で始まる. 注 この意味では複数不変.

gloriette /glɔrjɛt/ 囡 (庭園の小高い所に設けられた)あずま屋, グロリエット, 亭.

glorieusement /glɔrjøzmɑ̃/ 副 栄光[名誉]に包まれて, 輝かしく, 立派に.

glorieux, euse /glɔrjø, ø:z/ 形 ❶ 栄光ある, 輝かしい, 華々しい. ▶ *glorieux* exploit 輝かしい功績 / mort *glorieuse* 名誉ある死. ❷ 名声赫々(かくかく)たる;〔軍人が〕軍功のあった. ❸〈*glorieux* (de qc)〉(…を)自慢する; うぬぼれた. ▶ être *glorieux* de son rang 地位を鼻にかけている. ❹〔宗教〕神の栄光にあずかった.

__les Trente glorieuses__ 1945年から75年までの高度経済成長期.

__les Trois Glorieuses__ 栄光の3日間: 七月革命の蜂起(ほうき)の日で, 1830年7月27, 28, 29日.

glorification /glɔrifikasjɔ̃/ 囡 賛美, 称揚, 賛美. ▶ *glorification* d'un héros 英雄礼賛.

glorifier /glɔrifje/ 他動 ❶ …を称賛する, 称揚する. ▶ *glorifier* une victoire 勝利をたたえる.
❷〔文章〕〔物が〕…をより輝かしくする.
— **se glorifier** 代動〈*se glorifier* de qc /不定詞〉…を自慢する; 誇りとする. ▶ *se glorifier* d'un exploit 手柄を自慢する.

gloriole /glɔrjɔl/ 囡 (つまらない)虚栄心, うぬぼれ. ▶ par *gloriole* 見えで.

glose /glo:z/ 囡 (語やテキストの)注解, 注釈.

gloser /gloze/ 間他動〈*gloser* sur qn/qc〉…について悪口を言う, 批判する; つまらぬ議論をする. ▶ *gloser* sur les défauts d'un collègue 同僚の欠点をとやかく言う.
— 他動〔テキストなど〕を解説する, 注釈する.

glossaire /glɔsɛ:r/ 男 ❶ 難解語彙(ごい)集. ❷ (2か国語の)基本語辞典; (専門分野の)用語辞典. ▶ *glossaire* d'informatique コンピュータ用語辞典.

glotte /glɔt/ 囡 ❶〔解剖〕声門. ❷〔音声〕coup de *glotte* 声門破裂音.

glouglou¹ /gluglu/ 男 話 ごぼごぼ, とくとく(瓶の口, 栓などから液体が流れ出る時に立てる音). ▶ faire *glouglou* ごぼごぼ[とくとく]流れる.

glouglou² /gluglu/ 男 七面鳥(鳩(はと))の鳴き声.

glouglouter /gluglute/ 自動 ❶〔液体が〕ごぼごぼ[とくとく]音を立てる. ❷〔七面鳥, 鳩(はと)が〕鳴く.

gloussement /glusmɑ̃/ 男 ❶ (雌鶏が雛(ひな)を呼ぶ)コッコッという鳴き声. ❷ くすくす笑い.

glousser /gluse/ 自動 ❶〔雌鶏が〕〔雛(ひな)を呼ぶために〕コッコッと鳴く. ❷〔人が〕くすくす笑う.

glouton, onne /glutɔ̃, ɔn/ 形 むさぼり食う, 大食いの. ▶ appétit *glouton* ものすごい食欲.
— 名 むさぼり食う人.
— **glouton** 男〔動物〕クズリ.

gloutonnement /glutɔnmɑ̃/ 副 むさぼるように, がつがつと. ▶ manger *gloutonnement* むさぼり食う / regarder *gloutonnement* 食い入るように見つめる.

gloutonnerie /glutɔnri/ 囡 大食, 暴食.

glu /gly/ 囡 ❶ 鳥もち. ❷ 強力接着剤. ❸ 話 しつこい人.

gluant, ante /glyɑ̃, ɑ̃:t/ 形 ❶ ねばねばした. ▶ mains *gluantes* べとべとする手. ❷ 話〔人が〕しつこい, うるさい.

gluau /glyo:/《複》x 男 (捕鳥用の)もち竿(ざお).

glucide /glysid/ 男 糖質.

glucose /glyko:z/ 男 グルコース, ぶどう糖.

gluten /glytɛn/ 男 グルテン, 麩(ふ)質.

glycémie /glisemi/ 囡 血糖(値).

glycérine

glycérine /gliserin/ 囡 グリセリン.
glycine /glisin/ 囡【植物】フジ.
glycogène /glikɔʒɛn/ 男 グリコーゲン.
glycosurie /glikɔzyri/ 囡【医学】糖尿.
glypt(o)- 接頭「彫刻」の意.
glyptographie /gliptɔgrafi/ 囡 (古代の)古代彫石学.
glyptothèque /gliptɔtɛk/ 囡 ❶ 彫石のコレクション. ❷ (彫石)彫刻陳列館[室].
gnangnan /nɑ̃nɑ̃/ 形,名(不変)話 柔弱な(人), 絶えず愚痴をこぼす(人).
gneiss /gnɛs/ 男【地質】片麻岩.
gnocchi /nɔki/ 男複《イタリア語》【料理】ニョッキ:シュー生地やジャガイモのピュレを細長い団子状にしてゆでたもの.
gnognot(t)e /ɲɔɡnɔt/ 囡 話 ❶ C'est de la gnognot(t)e. 取るに足りないもの[人]だ; 眼中にない, 朝飯前だ. ❷ C'est pas de la gnognot(t)e! そりゃたいしたものだ.
gnole /nɔl/, **gnôl** 囡 話 (安物の)ブランデー.
gnome /gnoːm/ 男 ❶ グノーム, ノーム: 地の精で, 醜い小人. ❷ 小人; ちび.
gnomique /gnɔmik/ 形 ❶【文学】(古代詩が)格言的の. ❷【言語】(動詞の時制が)格言的. ▶ aoriste gnomique (ギリシア語の)格言的アオリスト.
gnon /ɲɔ̃/ 男 俗 殴ること, ぶつけること; あざ.
gnosticisme /gnɔstisism/ 男 グノーシス主義: 1-4世紀に興隆した霊肉二元論の思想運動.
gnostique /gnɔstik/ 形 グノーシスの, グノーシス主義[派]の. — 名 グノーシス主義者[派].
gnou /gnu/ 男【動物】ヌー, ウィルドビースト: アフリカ産の大型のアンテロープ.
go[1] /go/《次の句で》
tout de go 副句 話 いきなり, 出し抜けに; 遠慮なしに, ざっくばらんに. ▶ poser une question tout de go ぶしつけな質問をする.
go[2] /go/ 男《日本語》碁, 囲碁盤.
goal /goːl/ 男《英語》古風【スポーツ】ゴールキーパー, キーパー (=gardien de but).
gobelet /gɔblɛ/ 男 ❶ (取っ手や脚のない)カップ, タンブラー. ❷ ダイスカップ (=gobelet à dés). ❸ 手品用コップ.
gobeleterie /gɔbletri/ 囡 コップ類製造[販売].
gobelin /gɔblɛ̃/ 男 《ときに Gobelin》ゴブラン織り: つづれ織りのタピストリー.
gobe-mouche(s) /gɔbmuʃ/ 男 ❶【鳥類】ヒタキ科の鳥. ❷ 古風話 なんでも真に受ける人.
gober /gɔbe/ 他動 ❶ …を(嚙まずに)飲み込む, 丸飲みする. ❷ 〔言葉, 話など〕を軽々しく信じる, うのみにする. ▶ Il gobe tout ce qu'on lui dit. 彼は人に言われるとなんでも真に受ける. ❸ 話 (否定的表現で)〔人〕に好感を抱く. ▶ Je ne peux pas le gober. あいつはどうしても虫が好かない.
gober le morceau 話 だまされる, かつがれる.
— se gober 代動 話 うぬぼれる.
se goberger /s(ə)gɔbɛrʒe/ 2 代動 話 くつろぐ, 安楽に暮らす; 御馳走(ごちそう)を食べる.
gobeur, euse /gɔbœːr, øːz/ 名 ❶ 話 なんでも真に受ける人, だまされやすい人. ❷ (カキ, 卵などを)丸飲みする人.
godasse /gɔdas/ 囡 話 靴; どた靴.

godelureau /gɔdlyro/《複》**x** 男 話 (軽蔑して)気取った若者, きざなやつ.
goder /gɔde/, **godailler** /gɔdaje/ 自動 (裁断や縫い合わせのまずさで)〔布などが〕しわになる, たるむ.
godet /gɔdɛ/ 男 ❶ (脚や取っ手のない)グラス; (酒などの)一杯. ❷【土木】(運搬, 浚渫(しゅんせつ)などに用いる)バケット, カップ. ▶ chaîne à godets バケットコンベヤ. ❸【美術】絵の具皿. ❹ (布地, 紙などの)しわ, ひだ. ▶ jupe à godets フレアースカート.
godiche /gɔdiʃ/, **godichon, onne** /gɔdiʃɔ̃, ɔn/ 形,名 話 ばかな(人), 間抜けな(人); 不器用な(人), ぎこちない(人).
godille /gɔdij/ 囡 ❶ (船尾の切り込みに挟んで左右にこぐ)スカル, 櫓(ろ), とも櫂(かい). ❷【スキー】ウェーデルン. ▶ descendre en godille ウェーデルンで滑降する.
godiller /gɔdije/ 自動 ❶【海事】(船を)スカル[とも櫂(かい)]でこぐ. ❷【スキー】ウェーデルンで滑る.
godillot /gɔdijo/ 男 ❶ 軍靴. ❷ 話 大靴, どた靴. ❸ (ある政党, 政治家の)忠実な信奉者.
goéland /gɔelɑ̃/ 男【鳥類】カモメ.
goélette /gɔelɛt/ 囡【海事】スクーナー: 2本マストの帆船.
goémon /gɔemɔ̃/ 男 (ブルターニュ, ノルマンディー地方の海岸に多生する)海藻.
gogo[1] /gogo/《次の句で》
à gogo 副句 話 たっぷりと; 思う存分に. ▶ Il y a du champagne à gogo. シャンパンがたっぷりある.
gogo[2] /gogo/ 男 話 だまされやすい人, お人よし.
goguenard, arde /gɔgnaːr, ard/ 形 からかう, あざける.
goguenardise /gɔgnardiːz/ 囡 冷やかし, からかい.
goguette /gɔgɛt/ 囡《次の句で》
en goguette 形句 副句 話 上機嫌の[に]; ほろ酔いの[に].
goinfre /gwɛ̃ːfr/ 形,男 話 がつがつ食う(人), むさぼり食う(人). 比較⇨ GOURMAND.
goinfrer /gwɛ̃fre/ 自動 話 がつがつ食う.
— se goinfrer 代動 俗 〈se goinfrer de qc〉 …をがつがつ[むさぼり]食う.
goinfrerie /gwɛ̃frəri/ 囡 がつがつした食い方; 食い意地の汚なさ.
goitre /gwatr/ 男【医学】甲状腺腫(しゅ).
goitreux, euse /gwatrø, øːz/ 形【医学】甲状腺腫(しゅ)の; 甲状腺腫にかかった.
— 名 甲状腺腫患者.
golden /gɔldɛn/ 囡 (単複同形)《英語》ゴールデンデリシャス: ヨーロッパでの主要なリンゴ品種.
Goldorak /gɔldɔrak/ 固有 ゴルドラック: 日本のテレビアニメ「UFO ロボグレンダイザー」のフランスでのタイトル.
golf /gɔlf/ 男《英語》ゴルフ; ゴルフ場 (=terrain de golf). ▶ jouer au golf ゴルフをする / golf (de) dix-huit trous 18ホールのゴルフ場.
***golfe** /gɔlf/ 男 (大きく開いた)湾. ▶ le golfe Persique ペルシア湾 / la guerre du Golfe 湾岸戦争.
golfeur, euse /gɔlfœːr, øːz/ 名 ゴルファー.

Golgotha /gɔlgɔta/ 固有 ゴルゴタ：エルサレム郊外のイエス磔刑(たっけい)の地.

se gominer /s(ə)gɔmine/ 代動 (自分の)〔髪〕に整髪料 [ポマード，クリーム]をつける.

gommage /gɔmaʒ/ 男 ❶（消しゴムで）消すこと. ❷（事物，観念などの）抹消，除去，ぼかし. ❸（紙の）糊(のり)付け；〖印刷〗ゴム引き.

***gomme** /gɔm/ 女 ❶ ゴム；ゴム糊(のり). ▶ *gomme* arabique アラビアゴム. ❷ 消しゴム (= *gomme* à effacer). ▶ effacer d'un coup de *gomme* 消しゴムで消す. ❸ チューインガム (= *gomme* à mâcher, chewing-gum). ▶ mâcher de la *gomme* ガムを嚙(か)む. ❹ boule de *gomme*（咳(せき)止め用の）ガムドロップ.
à la gomme 話 無価値な；凡庸な. ▶ type *à la gomme* 役立たず／film *à la gomme* 三流映画.
mettre (toute) la gomme 俗（車，エンジンを）加速する，スピードを上げる.

gommé, e /gɔme/ 形 ゴム糊(のり)を塗った. ▶ enveloppe *gommée* 糊付き封筒.

gommer /gɔme/ 他動 ❶ …を消しゴムで消す. ❷ …を抹消する；隠す ▶ *gommer* son accent 訛(なま)りを隠す／*gommer* le scandale スキャンダルをもみ消す. ❸ …にゴム糊(のり)を塗る，糊付けする.

gommette /gɔmɛt/ 女 シール，ステッカー.

gomm*eux, euse* /gɔmø, ø:z/ 形 ゴムを出す；ゴム質の，ゴムを含んだ.

gommier /gɔmje/ 男〖植物〗ゴムの木.

gonade /gɔnad/ 女〖生物学〗生殖腺(せん).

gond /gɔ̃/ 男 蝶番(ちょうつがい)，肘金物(ひじかなもの). ▶ porte qui tourne sur ses *gonds* 肘つりにした扉.
jeter [mettre, faire, sortir] qn hors de ses gonds …を激怒させる.
sortir de ses gonds (1)〔ドアが〕蝶番から外れる. (2) 逆上する，激怒する.

gondolage /gɔ̃dɔlaː3/, **gondolement** /gɔ̃dɔlmɑ̃/ 男（板などが）反ること；反り.

gondol*ant, ante* /gɔ̃dɔlɑ̃, ɑ̃:t/ 形 話 腹の皮がよじれるほどおかしい，抱腹絶倒の.

gondole /gɔ̃dɔl/ 女 ❶（ベネチアの）ゴンドラ. ❷ スーパーの商品陳列棚. ▶ tête de *gondole* 商品陳列棚の入り口寄りの端（いちばん目立つところ）.

gondoler /gɔ̃dɔle/ 自動 ❶〔板などが〕反る，ゆがむ，ふくらむ.
— **se gondoler** 代動 ❶ 反る，ゆがむ，ふくらむ (= gondoler). ❷ 話 腹の皮をよじらせて笑う.

gondol*ier, ère* /gɔ̃dɔlje, ɛ:r/ 名 ❶ ゴンドラの船頭.

gonflable /gɔ̃flabl/ 形 膨らむ；膨らませて使う. ▶ matelas *gonflable* エアマット.

gonflage /gɔ̃flaːʒ/ 男（タイヤなどを）膨らませること；膨張.

gonflé, e /gɔ̃fle/ 形 ❶ 膨れた；はれた. ▶ éponge *gonflée* d'eau 水で膨れた海綿／pieds *gonflés* むくんだ足／yeux *gonflés* de larmes 泣きはらした目. ❷ *gonflé* de qc (感情などで)いっぱいの. ▶ cœur *gonflé* d'espoir 希望に満ちた心. ❸〔数，価格などが〕水増しされた. ❹ 厚かましい，大胆な. ▶ Tu es *gonflé* de venir me demander du fric! 金をくれとはおまえもずうずうしいやつだ.
être gonflé à bloc 張り切っている.

gonflement /gɔ̃flǝmɑ̃/ 男 ❶ 膨らみ，膨脹；はれ，むくみ. ❷ 増加，水増し. ❸ 文章（感情の）横溢(おういつ).

***gonfler** /gɔ̃fle/ ゴンフレ/ 他動 ❶ …を膨らませる. ▶ *gonfler* un pneu タイヤを膨らます／Le vent *gonfle* les voiles. 風が帆を膨らませる.
❷ …（の胸）をいっぱいにする，満たす. ▶ La joie *gonfle* son cœur. 彼(女)の心は喜びに満ちている.
❸ …を増大させる. ▶ Les pluies vont *gonfler* le torrent. 雨で急流の水かさは増えそうだ.
❹〔体の部分〕をはらす，むくませる. ▶ La fatigue lui *gonfle* les yeux. 疲労で彼(女)は目がはれている.
❺〔数，価格など〕を水増しする；誇張する.
❻ 俗 …をうんざりさせる. ▶ Tu me *gonfles*. 君にはうんざりだ.
— 自動 膨らむ，はれる. Le genou *a gonflé*. ひざがはれた.
— **se gonfler** 代動 ❶ 膨らむ，はれる；増大する. ❷ <*se gonfler* de qc> (感情)で胸がいっぱいになる. ▶ Son cœur *se gonfle* d'émotion. 彼(女)の胸は感動でいっぱいだ. ❸ 慢心する. ▶ Ne te *gonfle* pas tant. 話 そんなにうぬぼれるなよ.

gonfleur /gɔ̃flœːr/ 男 空気ポンプ，空気入れ.

gong /gɔ̃g/ 男 ❶ 銅鑼(どら). ❷〖ボクシング〗ゴング.
être sauvé par le gong（ゴングに救われる→）危ないところを救われる.

gonocoque /gɔnɔkɔk/ 男 淋菌(りんきん).

gonze /gɔ̃:z/ 男 俗 やつ，野郎.

gonzesse /gɔ̃zɛs/ 女 俗 女；彼女，女房.

gordien /gɔrdjɛ̃/ 形 trancher [couper] le nœud *gordien* 難題を一挙に解決する. 語源 古代フリギアの王ゴルディオスの結んだ結び目を解く者はアジアの王になるとの伝承があったが，アレクサンドロス大王はこれを一刀のもとに断ち切ったという故事から.

gore /gɔːr/ 男〈不変〉〖英語〗流血シーンの多い（映画，作品）.

goret /gɔrɛ/ 男 ❶ 子豚 (= porcelet). ❷ 話 汚い子，不潔なやつ.

***gorge** /gɔrʒ ゴルジュ/ 女 ❶ 喉(のど)，喉元. ▶ avoir mal à la *gorge* 喉が痛い／avoir la *gorge* sèche 喉が渇く／avoir la *gorge* irritée 喉がひりひりする／voix de *gorge* しゃがれた声／serrer la *gorge* de qn …の喉を締める／se racler la *gorge* 咳(せき)払いする.
❷ 古風／文章（女の）胸，乳房 (= poitrine).
❸ 峡谷. ▶ les *gorges* du Tyrol チロル峡谷.
❹（滑車などの）溝.
à pleine gorge = *à gorge déployée* 大声で. ▶ rire *à gorge déployée* けらけら笑う.
avoir la gorge nouée [serrée]（不安，悲しみで）胸が詰まって声にならない，胸が締めつけられる.
avoir le couteau sur [sous] la gorge (1) 脅迫される. (2) 支払い [実行] を迫られる.
Cela [Ça] m'est resté dans [en travers de] la gorge. (1) それは納得できない. (2)（くやしくて）それが忘れられない. (3)（はばかって）それを口に出せなかった.
couper la gorge à qn …の喉を切る，を殺す.
faire des gorges chaudes de qc/qn …をか

gorge-de-pigeon

らかっておもしろがる (=se moquer de qc/qn).
faire rentrer à qn「ses paroles [ses mots] dans la gorge …に前言を撤回させる.
prendre [saisir, tenir] qn à la gorge (1) …の喉元を荒々しくつかむ. (2)(追い詰めて)…を意のままに従わせる. (3)〔におい,煙などが〕…の息を詰まらせる.
rendre gorge 不正に得た物を(いやいや)返す.

gorge-de-pigeon /gɔrʒdəpiʒɔ̃/ 形〔不変〕(鳩(ﾊﾄ)の胸のように)色が変化して見える,玉虫色の.

gorgée /gɔrʒe/ 女 (液体の)一口分. ▶ prendre une *gorgée* d'eau 水を一口飲む.

gorger /gɔrʒe/ ② 他動 ❶ 〈gorger qn (de qc)〉…に(…を)腹いっぱい食べさせる. ▶ *gorger* des oies pour obtenir du bon foie gras 良質のフォアグラを得るためにガチョウに無理やり餌(ｴｻ)を与える. ❷ 文章 〈gorger qc/qn de qc〉…を…でいっぱいにする,に…をふんだんに与える. ▶ Après la pluie, la terre *est gorgée* d'eau. 雨のあとは,大地がたっぷり水を含んでいる.
— se gorger 代動 〈se gorger de qc〉 ❶ (食べ物)を腹いっぱい食べる. ❷ …でいっぱいになる,満たされる. ❸ …を満喫する,飽きるほど…を楽しむ.

gorgonzola /gɔrgɔ̃zɔla/ 男〔イタリア語〕ゴルゴンゾーラ:イタリア産の牛乳で作る青かびチーズ.

gorille /gɔrij/ 男 ❶〖動物〗ゴリラ. ▶ *gorille* de montagne マウンテンゴリラ. ❷ 話 (要人の)護衛,ボディーガード.

gosier /gozje/ 男 ❶ 喉(ﾉﾄﾞ). ▶ avoir le *gosier* sec 喉がからからする / avoir le *gosier* serré 喉が詰まる. ❷ 声帯;声. ▶ coup de *gosier* 叫び;一声;一喝 / avoir un beau *gosier* = avoir un *gosier* de rossignol 美声の持ち主である.
à plein gosier 大声で. ▶ chanter *à plein gosier* 声を張り上げて歌う.

gospel /gɔspɛl/ 男〔英語〕ゴスペルソング.

gosse /gɔs/ 名 話 子供,餓鬼(ｶﾞｷ)(=gamin, môme). ▶ C'est un vrai *gosse*. 子供みたいな人だ / Quand j'étais *gosse*. 私が小さかったとき / avoir des *gosses* 子供がいる. ❷ 若者. ▶ un beau *gosse* 美青年 / une belle *gosse* 美しい娘.

gothique /gɔtik/ 形 ❶〖美術〗ゴシックの,ゴシック様式の. ▶ art *gothique* ゴシック美術 / architecture *gothique* ゴシック建築 / style *gothique* ゴシック様式. ❷〖印刷〗ゴシック体の. ❸ (音楽やファッションが)ゴス風の.
— 女 ❶〖美術〗ゴシック美術,ゴシック様式. ▶ *gothique* flamboyant フランボアイアン式ゴシック. ❷〖文学〗ゴシックロマンス:18世紀後半英国起源の怪奇小説群. ❸ ゴート語(=gotique).
— 女〖印刷〗ゴシック体.

gotique /gɔtik/ 男 ゴート語:東ゲルマン語に属する古代語の一つ.

gouache /gwaʃ/ 女〖絵画〗グワッシュ. (1) アラビアゴムと顔料を混ぜた不透明水彩絵の具. ▶ peindre à la *gouache* グワッシュで描く. (2) グワッシュで描いた絵.

gouaille /gwɑːj/ 女 揶揄(ﾔﾕ)[嘲弄(ﾁｮｳﾛｳ)]する態度.

gouailler /gwaje/ 自動 からかう,あざ笑う.

gouaillerie /gwɑjri/ 女 揶揄(ﾔﾕ)[嘲弄(ﾁｮｳﾛｳ)](する態度);冗談,冷やかし.

gouailleur, euse /gwajœːr, øːz/ 形 からかう,揶揄(ﾔﾕ)[嘲弄(ﾁｮｳﾛｳ)]を好む.

gouape /gwap/ 女 俗 ごろつき,不良.

gouda /guda/ 男 ゴーダ:オランダ原産のチーズ.

goudron /gudrɔ̃/ 男 タール,瀝青(ﾚｷｾｲ);アスファルト;(複数で)(たばこの)やに. ▶ *goudron* de houille コールタール / *goudron* routier 舗装タール / *goudron* minéral アスファルト.

goudronnage /gudrɔnaːʒ/ 男 (道路などに)タールを塗ること,アスファルト舗装.

goudronner /gudrɔne/ 他動 〔道路など〕にタールを塗る. ▶ route *goudronnée* 舗装道路.

goudronneuse /gudrɔnøːz/ 女 タール塗布器.

goudronneux, euse /gudrɔnø, øːz/ 形 タール質の. ▶ béton *goudronneux* アスファルトコンクリート,アスコン.

gouffre /gufr/ 男 ❶ 淵(ﾌﾁ),裂け目,深い穴. ▶ un *gouffre* sous-marin 海溝(=fosse). ❷ 渦(巻き),渦流. ▶ le *gouffre* du Maelstrom (北氷洋の)メールストロームの渦巻き. ❸ (精神的な)深淵(ｼﾝｴﾝ),どん底. ❹ 金を食う人[物]. ▶ Cette femme est un *gouffre*. あの女は浪費家だ.
être au bord du gouffre 危機に瀕(ﾋﾝ)する.

goujat /guʒa/ 男 (特に女性に対する)無作法者,無礼者.

goujaterie /guʒatri/ 女 ❶ 粗野,無作法;下劣さ. ❷ 粗野な言動.

goujon¹ /guʒɔ̃/ 男〖機械〗植え込み[スタッド]ボルト;(接合用の)ピン.

goujon² /guʒɔ̃/ 男〖魚類〗川ハゼ. ▶ friture de *goujons* 川ハゼのフライ / taquiner le *goujon* 魚釣りをする.

goulache /gulaʃ/, **goulasch** /gulaʃ/ 男〖料理〗グラッシュ:牛肉とジャガイモのパプリカ煮込み. ハンガリーの伝統料理.

goulag /gulag/ 男 ❶ (多く Goulag) グラーグ:旧ソ連の強制収容所制度[組織]. ❷ (旧ソ連および全体主義国家体制下の)強制収容所.

goulée /gule/ 女 話 一飲(ﾋﾄﾉ)みの一回り / aspirer une *goulée* d'air 空気を大きく一息吸う.

goulet /gulɛ/ 男〖海事〗狭水道,狭くなった湾口(港口). ❷ 山間(ﾔﾏｱｲ)の細道.

gouleyant, ante /gulɛjɑ̃, ɑ̃ːt/ 形 話〔ワインが〕喉(ﾉﾄﾞ)ごしのよい,飲みやすい.

goulot /gulo/ 男 (瓶などの)首. ▶ boire au *goulot* d'une bouteille らっぱ飲みする.
goulot d'étranglement (1)(交通の)渋滞地点. (2) ネック,支障. (3)〖経済〗隘路(ｱｲﾛ).

goulu, e /guly/ 形 大食いの,食いしん坊の. ❷ むさぼるような. ▶ regards *goulus* 食欲(ｼｮｸﾖｸ)の眼差(ﾏﾅｻﾞ)し. **—** 名 食いしん坊,大食漢.

goulûment /gulymɑ̃/ 副 がつがつと,むさぼるように.

goum /gum/ 男〖歴史〗(植民地時代,フランス軍隊に徴兵されたアルジェリア,モロッコなどの)現地人部隊.

goumier /gumje/ 男〖歴史〗(アルジェリア,モロッコなどの)現地人部隊の騎兵.

goupille /gupij/ 女 ピン,留めピン.

goupiller /gupije/ 他動 ❶ …をピンで固定する. ❷ 話 …の手はずを整える, 行う.
— **se goupiller** 代動 話 手はずが整う, 行われる. ▶ Ça s'est bien *goupillé*. それはうまくいった.
goupillon /gupijɔ̃/ 男 ❶〖カトリック〗灌水(なん)器. ❷(瓶を掃除する)棒ブラシ.
le sabre et le goupillon 軍隊と教会.
gourbi /gurbi/ 男 ❶(北アフリカの)粗末な家, 丸太小屋. ❷ 話 あばら屋.
gourd, gourde /gur, gurd/ 形〔手足などが〕(寒さで)かじかんだ, 麻痺(な)した.
gourde /gurd/ 女 ❶ 瓢箪(ひょう); 水筒. ❷ 話 とんま, 間抜け. — 形 とんまな, 間抜けな.
gourdin /gurdɛ̃/ 男(太くて短い)棍棒(なぼう).
se gourer /s(ə)gure/ 代動 話 <se gourer (de qn/qc)>(…を)間違える, ミスをする(=se tromper).
gourgandine /gurgɑ̃din/ 女 話 浮気な女, 尻軽(しりがる)女.

*__gourmand, ande__ /gurmɑ̃, ɑ̃:d/ グルマン, グルマンド 形 ❶ 食いしん坊の. ▶ être *gourmand* comme un chat 大の食い道楽である.
❷ <être *gourmand* de qc>…を好んで食べる; が大好きである. ▶ Il est très *gourmand* de choses sucrées. 彼は大の甘党である.
❸〔目つきなどが〕食欲(よく)な, 物欲しげな. ▶ jeter des regards *gourmands* sur qc …を物欲しげに見る. ❹ <*gourmand* (en qc)>〔機械などが〕(…)をたくさん消費する. ▶ une voiture *gourmande* en essence ガソリンを食う車.
— 名 食い道楽, 食いしん坊.

比較 **食いしん坊, 美食家**
gourmand 食べることが好きな人. 必ずしも美食家とは限らない. **goinfre** 大食漢をいう. **gourmet** (文語的)美食家. **bec fin** gourmet のくだけた表現. **gastronome**(改まる表現)単に美食家であるだけでなく, 料理法にも通じた人, 食通.

gourmander /gurmɑ̃de/ 他動 …を厳しく叱責(しっせき)する. ▶ *gourmander* un élève 生徒をきつくしかる.
gourmandise /gurmɑ̃di:z/ 女 ❶ 食い道楽; 大食い. ▶ manger avec *gourmandise* がつがつと食べる. ❷(多く複数で)おいしい料理;(特に)甘い物.
gourme /gurm/ 女 湿疹(しっしん), とびひ(=impetigo). **jeter sa gourme** 若気の過ちを犯す.
gourmé, e /gurme/ 形 文語 堅苦しい, 取り澄ました. ▶ un air *gourmé* 取り澄ました様子 / un style *gourmé* 堅苦しい文体.
*__gourmet__ /gurme/ グルメ 男 ❶ 食通, グルメ. ▶ fin *gourmet* 洗練された食通. 比較 ⇒ GOURMAND. ❷(知的, 芸術的な)通. ▶ un *gourmet* de la littérature 文学通.
gourmette /gurmɛt/ 女 ❶(時計の)金属バンド, 鎖のブレスレット. ❷ 轡鎖(くつわぐさり): 馬具の一部.
gourou /guru/ 男(ヒンズー教の)導師.
❷ 話(精神的)指導者, 導き手. ▶ le *gourou* d'une secte カルト教団の指導者 / le *gourou* de la finance 金融のカリスマ, グル.

gousse /gus/ 女(マメ科植物の)さや;(ニンニクなどの)一かけら.
gousset /gusɛ/ 男(チョッキ, ズボンの)小ポケット. ▶ montre de *gousset* 懐中時計.

*__goût__ /gu/ グー 男 ❶ ❶ 味, 風味. ▶ *goût* acide [sucré, fort] 酸っぱい [甘い, 濃い] 味 / Cette sauce a du *goût*. このソースは味がいい, おいしい / Ce vin a un *goût*. このワインは変な味がする.
◆ à *goût* de + 無冠詞名詞 …の味がする. ▶ une omelette à *goût* de truffe トリュフ風味のオムレツ.
❷ 味覚. ▶ C'est trop salé pour mon *goût*. それは塩辛すぎて私の口に合わない.
❸ 食欲. ▶ manger un plat avec *goût* 料理をおいしく食べる. ▶ Je ne me sens aucun *goût* pour ce plat. この料理にはまったく食指が動かない.

❷ ❶ センス, 趣味, 審美眼. ▶ homme de *goût* 趣味のよい男性 / gens sans *goût* 粗野な人々 / être habillé avec *goût* 趣味のいい服を着ている / Elle a beaucoup de *goût*. 彼女はセンスがとてもある / avoir du *goût* がよい / manquer de *goût* 野暮ったい / Il a le *goût* délicat. 彼は鋭い美的感覚の持ち主だ / Elle n'a aucun *goût* pour s'habiller. 彼女はファッションのセンスがまるでない / plaisanterie de mauvais *goût* 悪趣味な冗談.
❷《しばしば複数で》好み, 性癖. ▶ Ils ont des *goûts* communs. 彼らは好みが共通している.
❸ <*goût* de [pour] qc/qn>…に対する好み, 嗜好(しこう). ▶ Je connais son *goût* des sucreries. 私は彼(女)が甘党であることを知っている. ◆ avoir du *goût* pour qc/qn …に引かれている, が好きである. ▶ J'ai du *goût* pour la peinture. 私は絵画が好きだ / Il a peu de *goût* pour ce genre de travail. 彼はこの種の仕事はあまり好きでない.
❹ <*goût* à qc // *goût* de + 不定詞>(おもに否定的表現で)…への意欲, 関心. ▶ Il n'a plus *goût* à rien. 彼はもう何にも意欲がない.
❺ <dans le *goût* de qc // dans le *goût* + 形容詞>(文学, 美術などの)…様式の, 流儀の. ▶ tableau dans le *goût* classique 古典派風の絵画.

__à [selon] son goût__ …の意見[判断]では. 注 son は各人称に変化させて用いる. ▶ A mon *goût*, ceci ne vaut rien. 私の判断では, それはなんの意味もない.
__au [du] goût de qn__〔人や物が〕…の気に入る. ▶ Cette personne est *à mon goût*. 私はこの人が気に入っている.
__au goût du jour__ 流行の, 当世風の.
__dans [de] ce goût-là__ 話 そのような, その種の.
__dans le goût de qc__ …風の.
__Des goûts et des couleurs, on ne discute pas.__ 諺(趣味と色は議論無用 →)たで食う虫も好き好き.
__faire passer à qn le goût du pain__ 話 (1) …を殺す. (2) …に二度とやる気をなくさせる.
__mettre qn en goût__ …に食欲を起こさせる; 意欲を起こさせる.
__par goût__(+ 形容詞)(…な)好みから. ▶ tra-

goûter

vailler *par goût* plutôt que par nécessité 必要に迫られてというよりむしろ好きで働く.

prendre goût à qc …が好きになる, に興味を抱きはじめる.

Tous les goûts sont dans la nature. 國 十人十色, 好みは人さまざま.

*__goûter__¹ /gute/ ゲテ /他動/ ❶〔飲食物〕を味わう；の味をみる. ▶ Le cuisinier *goûte* la sauce. コックがソースの味をみる /《目的語なしに》avaler qc sans *goûter* …を味わわずに飲み込む.

❷〔感動, 喜びなど〕を味わう, 楽しむ. ▶ goûter la musique 音楽を味わう.

❸ 文章〔作品, 作家など〕を愛好する；高く評価する.

――間他動 ❶ <*goûter* à [de] qc> …の味をみる, を試食[試飲]する. ▶ Voulez-vous *goûter* à mon gâteau? 私の作ったケーキを少し味見してみますか / Il n'en *a* jamais *goûté*. 彼は一度もそれを食べたことがなかった. ❷ <*goûter* de [à] qc> …を試してみる, 経験する. ▶ J'*ai goûté* de la vie militaire. 私は軍隊の経験がある.

―― 自動 おやつを食べる, 間食する. ▶ Les enfants *goûtent* à trois heures. 子供たちは3時におやつを食べる.

―― **se goûter** 代動 ❶ 味わわれる. ▶ Le vin *se goûte* mieux quand on mange. 食事のときのワインは一段とおいしい. ❷ 高く評価される.

goûter² /gute/ 男 おやつ, スナック. ▶ prendre un *goûter*. おやつを食べる.

goûteur, euse /gutœːr, øːz/ 名 ❶ 味見役, 酒利き. ▶ *goûteur* de cru ワインの味利き. ❷ おやつを食べる人.

*__goutte__¹ /gut/ グット 女 ❶ しずく, 滴り；[話] 雨. ▶ *goutte* d'eau 水滴 / Il n'est pas tombé une *goutte* de pluie depuis des mois. 数か月前から一滴も雨が降っていない / Il a bu jusqu'à la dernière *goutte*. 彼は最後の一滴まですっかり飲み干してしまった.

❷ <une *goutte* de + 無冠詞名詞> ごく少量の…, ほんの少しの…. ▶ Il n'a plus une *goutte* de bon sens. 彼にはもう良識のかけらもない.

❸ [話] 蒸留酒, ブランデー. ▶ boire la [une] *goutte* ブランデーを飲む(⇨ 成句).

❹《複数で》点眼[点鼻]薬. ▶ se mettre des *gouttes* dans les yeux 目薬をさす.

avoir la goutte au nez [話] 鼻水を垂らしている.

boire la goutte [話] 酒をほんの1杯飲む.

C'est la goutte d'eau qui fait déborder le vase. ⇨ DÉBORDER.

C'est une goutte d'eau [dans la mer [dans l'océan]]. (大海の一滴の→) 焼け石に水だ.

goutte à goutte ぽたりぽたりと, 1滴ずつ；徐々に.

se ressembler comme deux gouttes d'eau [de lait] そっくりだ, うり二つだ.

suer à grosses gouttes 大粒の汗をかく, ひどく汗をかく.

―― 文章 <ne ... *goutte*> 全然…ない. 注 おもに次の表現で用いられる. ▶ n'y comprendre [entendre] *goutte* まったく分からない, 何も理解できない / n'y voir *goutte* 全然見えない, さっぱり分からない.

goutte² /gut/ 女〔医学〕痛風.

goutte-à-goutte /gutagut/ 男《単複同形》〔医学〕点滴注入；点滴注入器. ▶ pratiquer des *goutte-à-goutte* 点滴を行う.

gouttelette /gutlɛt/ 女 小さなしずく.

goutter /gute/ 自動 しずくを滴らせる；〔液体が〕滴る.

goutteux, euse /gutø, øːz/ 形 痛風にかかった；痛風の. ―― 名 痛風患者.

gouttière /gutjɛːr/ 女 ❶ 樋(とい). ❷〔外科〕ギプス, 添え木. ▶ *gouttière* de plâtre 石膏(せっこう)のギプス.

chat de gouttière 野良猫；雑種の猫.

gouvernable /guvɛrnabl/ 形 (多く否定的表現で) 統治[支配] しうる.

gouvernail /guvɛrnaj/ 男 ❶ (船, 飛行機の)舵(かじ). ▶ *gouvernail* de direction 方向舵(だ). ❷ (経営などの)舵取り, 指揮(権). ▶ tenir le *gouvernail* (国政などの)舵取りをする / être au *gouvernail* 指導的地位に就いている.

gouvernance /guvɛrnɑ̃ːs/ 女 統治, ガバナンス. ▶ *gouvernance* d'entreprise 企業統治, コーポレートガバナンス.

gouvernant, ante /guvɛrnɑ̃, ɑ̃ːt/ 形 統治[支配]している. ▶ le parti *gouvernant* 与党 / la classe *gouvernante* 支配階級.

―― **gouvernant** 男 (多く複数で) 統治[支配] 者, 政治指導者.

―― **gouvernante** 女 ❶ 古風 女性家庭教師. ❷ (独身者の世話をする) 家政婦.

gouverne /guvɛrn/ 女 ❶〔海事〕操舵(だ). ❷〔航空〕(昇降舵, 方向舵など)機外動翼部.

pour sa gouverne …の行動の目安[指針]として. 注 sa は各人称に変化させて用いる. ▶ Je vous confie cela *pour votre gouverne*. 御参考までにこのことを申し上げておきます.

gouverné, e /guvɛrne/ 形 ❶ 文章 統治された. ❷〔感情などが〕抑制された. ―― 名 (多く複数で) 統治されている人.

:**gouvernement** /guvɛrnəmɑ̃/ グヴェルヌマン 男 ❶ 政府, 内閣. ▶ le *gouvernement* français フランス政府 / chef du *gouvernement* 首相 / membres du *gouvernement* 閣僚 / *gouvernement* de coalition 連立内閣 / former le *gouvernement* 組閣する / entrer au *gouvernement* 入閣する.

❷ 政権. ▶ changement de *gouvernement* 政権交代 / sous un *gouvernement* socialiste 社会主義政権下で.

❸ 政体 (=régime). ▶ *gouvernement* démocratique 民主政体 / *gouvernement* absolu 専制政治 / *gouvernement* parlementaire 議会制.

❹ 統治；支配. ▶ acte de *gouvernement* 統治行為.

gouvernemental, ale /guvɛrnəmɑ̃tal/；《男複》**aux** /o/ 形 政府(支持)の；内閣の；行政の. ▶ organes *gouvernementaux* 行政機関 / une équipe *gouvernementale* 閣僚 / parti *gouvernemental* 与党 / journal *gouvernemen-*

tal 政府系新聞.

*gouverner /guvɛrne グヴェルネ/ 他動
❶ …を統治する, 支配する. ▶ *gouverner* un pays 国を統治する.
❷〔船〕を操る, の舵を取る. ▶ *gouverner* une barque 小舟を操る(⇨成句). ❸ 文章〔感情など〕を抑制する, コントロールする (=maîtriser). ❹ 古風 …を指導下におく, 制御する. ▶ Cet homme se laisse *gouverner* par sa femme. あの男は女房の尻に敷かれている. ❺〔機械が部品など〕を動かす. ❻〔言語〕〔格, 法など〕を支配する.
gouverner sa barque 事業を一人で切り回す.
—— 自動 ❶ 統治する, 支配する. ❷ 船を操縦する;〔船が〕舵に従う. ▶ *gouverner* droit (ある方向に)まっすぐになるように舵を取る.
Le roi ne gouverne pas, il règne. 王は君臨すれども統治せず(ティエール).
—— **se gouverner** 代動 ❶ 自己を抑制する. ▶ *se gouverner* à force de volonté 意志の力で自分をコントロールする. ❷〔国民, 社会が〕自らを統治する, 自治を行う. ▶ droit des peuples à *se gouverner* eux-mêmes 民族自決の権利.

gouverneur /guvɛrnœːr/ 男 ❶ フランス銀行総裁 (=*gouverneur* de la Banque de France). ❷ (米国の)州知事. ❸〔軍事〕*gouverneur* militaire 要塞(ようさい)司令官.

goyave /gɔjav/ 女〔植物〕グアバ, バンジロウ(の実).

GR 男〔略語〕grande randonnée 自然遊歩道.

grabat /graba/ 男 粗末なベッド.

grabataire /grabatɛːr/ 形 病床に就いたきりの. ▶ vieillard *grabataire* 寝たきり老人.
—— 名 寝たきりの病人.

grabuge /graby:ʒ/ 男 話 口論, 喧嘩(けんか); 騒動, 混乱. ▶ mettre fin à ce *grabuge* そのもめ事に決着をつける / faire du *grabuge* 悶着(もんちゃく)を起こす.

*grâce /grɑːs/ グラース/ 女 ❶〈grâce à qn/qc〉…のおかげで. 注 悪い結果の場合は à cause de, par la faute de を用いる. ▶ C'est *grâce* à vous que j'ai réussi à cet examen. あの試験に合格したのはあなた(方)のおかげです.
❷ 好意, 恩恵; 寵愛(ちょうあい). ▶ demander une *grâce* à qn …の厚意を求める. ◆faire à qn la *grâce* de + 不定詞 …に…してあげる. ▶ Elle m'a fait la *grâce* d'accepter mon invitation. 彼女は親切にも私の招待に応じてくれた.
❸ (神の)恵み, 天賦の才能;〔カトリック〕恩恵. ▶ C'est la *grâce* que je vous souhaite. 御幸運をお祈りします.
❹ 猶予;〔刑法〕恩赦. ▶ délai [terme] de *grâce* (負債の)返済猶予期間 / le droit de *grâce* 恩赦の権限 / un recours en *grâce* 恩赦の請願 / demander la *grâce* d'un condamné à mort 死刑囚の恩赦を求める.
❺ 感謝;〔複数で〕〔食後の〕食後の祈り. ▶ rendre *grâce(s)* à qn …に感謝する / action de *grâces*(特にミサ中の)感謝の祈り / dire les *grâces* 食後の祈りを唱える.
❻ 魅力; **優雅さ**, 優美, 上品さ. ▶ avoir de la *grâce* 魅力がある.
❼〔ローマ神話〕les (trois) *Grâces* グラティアエ: 美の3女神.
❽ votre *Grâce*(尊称として)閣下, 猊下(げいか).
A la grâce de Dieu! (1) 神の御心のままに. (2) 運を天に任せて.
avoir mauvaise grâce à [de] + 不定詞 まずいことに…する; …するのは適当でない. ▶ Il *aurait mauvaise grâce à* [de] se plaindre. 彼が不満を言うのは筋違いというものだろう.
coup de grâce とどめの一撃. ▶ donner [porter] le *coup de grâce* とどめを刺す.
crier [demander] grâce 許しを請う, やめてくれと頼む; 降参する.
de bonne [mauvaise] grâce 喜んで, 自ら進んで [いやいやながら]. ▶ *de meilleure grâce* 大喜びで, 一も二もなく.
De grâce! お願いだから, 後生だから (=Je vous en prie).
état de grâce 恵まれた状態, 幸福の絶頂 (=euphorie); 新政権発足直後の蜜月期間.
être [rentrer] dans les bonnes grâces de qn …の寵愛[好意]を受けている[取り戻す].
être en grâce auprès de qn …の好意を受けている.
faire grâce (à qn de qc) (…に…を)赦免[減免]してやる, 免除する. ▶ *Faites-moi grâce de* vos observations. 小言は勘弁してください.
Grâce! お許しを (=pitié); やめてくれ, もう結構.
grâce 「*à Dieu* [*au ciel*」 幸運なことに.
trouver grâce devant [*auprès de, aux yeux de*] *qn* …に気に入られる, かわいがられる.

gracier /grasje/ 他動〔受刑者〕に恩赦を与える.

gracieusement /grasjøzmɑ̃/ 副 ❶ 優雅に, しとやかに; 愛想よく. ❷ 無料で (=gratuitement).

gracieuseté /grasjøzte/ 女 ❶ 愛想のよさ, 親切な振る舞い. ▶ faire mille *gracieusetés* 愛想を振りまく. ❷ 古風 心付け, 祝儀.

gracieux, euse /grasjø, øːz/ 形 ❶ 優雅な, 優美な, 魅力的な. ▶ un corps svelte et *gracieux* すらりとした魅力的な体つき / avoir des gestes *gracieux* 身のこなしが優美である.
❷ 無料の, 無償の. ▶ prêter [offrir] un concours *gracieux* 無報酬で協力する.
❸〔しばしば否定的表現で〕愛想のよい, 感じのよい (=aimable). ▶ Elle n'est pas *gracieuse* aujourd'hui. 彼女は今日は愛想が悪い.
à titre gracieux 無料で.

gracile /grasil/ 形 文章 か細い, きゃしゃな, 繊細な.

gracilité /grasilite/ 女 文章 か細いこと, きゃしゃなこと, 繊細さ.

gradation /gradasjɔ̃/ 女 ❶ 漸進, 漸増. ▶ par *gradation* 徐々に. ❷ 段階. ▶ passer par des *gradations* successives 順を追って進む.

grade /grad/ 男 ❶ 階級, 等級;(特に)軍隊の階級. ▶ avancer [monter] en *grade* 昇進する.
❷ (大学の)称号, 学位 (=*grade* universitaire). ▶ être admis au *grade* de docteur ès lettres 文学博士の学位を授与される.
❸〔数学〕グラード: 直角の100分の1の角度.

gradé

「en avoir [en prendre] pour son grade 園 ひどくしかられる, 大目玉を食らう.

gradé, e /ɡʁade/ 形 (軍隊で)下級の階級を持つ. — 男《軍事》下士官.

gradin /ɡʁadɛ̃/ 男 ❶ 階段席. ▶ les *gradins* d'un amphithéâtre 階段教室の座席 / La foule s'entasse sur les *gradins*. 群衆がスタンドを埋め尽くしている. ❷ 段状のもの. ▶ cultures en *gradins* 段々畑.

graduation /ɡʁaduasjɔ̃/ 女 目盛りを打つこと; 目盛り.

gradué, e /ɡʁadue/ 形 ❶ 漸進[段階]的な. ▶ exercices *gradués* 段階的な訓練. ❷ 目盛りを打った. ▶ thermomètre *gradué* 目盛りのついた温度計.

graduel, le /ɡʁaduɛl/ 形 漸進的な, 段階的な. — **graduel** 男《カトリック》昇階唱.

graduellement /ɡʁaduɛlmɑ̃/ 副 次第に, 少しずつ.

graduer /ɡʁadue/ 他動 ❶ …を漸進[漸増]させる; の程度を段階的に上げる. ▶ *graduer* les effets 効果を徐々に高める / *graduer* les difficultés 少しずつ難度を上げる. ❷ …に目盛りをつける.

graffiti /ɡʁafiti/ 男複《イタリア語》落書き. ▶ un mur couvert de *graffiti* 落書きだらけの壁.

graillon¹ /ɡʁajɔ̃/ 男 話 痰(たん).
graillon² /ɡʁajɔ̃/ 男 脂の焦げた悪臭.

graillonner¹ /ɡʁajɔne/ 自動 俗 ❶ 痰(たん)を吐くために咳(せき)払いをする, 空咳をする. ❷ しゃがれ声で話す.

graillonner² /ɡʁajɔne/ 自動 脂のにおいがする, 脂くさい.

***grain** /ɡʁɛ̃/ 男 ❶ 穀粒; 穀物; (穀物の)種子. ▶ *grains* de maïs トウモロコシの粒 / semer 「les *grains* [le *grain*] 種をまく / récolter 「les *grains* [le *grain*] 穀物を収穫する.
❷ (果実などの)粒, 実; 豆. ▶ *grains* de raisin ブドウの粒 / *grains* de café コーヒー豆.
❸ 粒状のもの, 顆粒(かりゅう); 小さな玉. ▶ *grains* de grêle 雹(ひょう)[あられ]の粒 / *grains* de chapelet ロザリオの玉.
❹〈un *grain* de + 無冠詞名詞〉(1) 一粒の…. ▶ un *grain* de sable 一粒の砂. (2) ほんの少しの…. 注 抽象名詞とともに用いる. ▶ un *grain* de jalousie かすかなねたみ / Il n'a pas un *grain* de bon sens. 彼には良識のかけらもない.
❺ (物の表面の)つぶつぶ, ざらつき; きめ. ▶ *grains* d'une peau d'orange オレンジの皮のつぶつぶ.
❻ (風を伴う)にわか雨, スコール; 突風.

avoir du grain à moudre 仕事をかかえている; 考えることがたくさんある; 面白い話題がある.

avoir un (petit) grain (de folie) (頭が)少しいかれている.

grain de beauté ほくろ.

mettre son grain de sel 出しゃばって口を挟む, 余計なおせっかいをする.

veiller au grain (1) スコール(が近づくの)を見張る. (2) 用心する, 慎重に構える.

***graine** /ɡʁɛn/ 女 ❶ 種子. ▶ semer des *graines* d'œillets カーネーションの種をまく. ❷〈*graine* de qn〉将来…になる恐れのある若者[子供], …の卵. ▶ *Graine* d'assassin!(人殺しになりそうな)末恐ろしい子供だ.

casser la graine 話 食べる, 食事をする.

en prendre de la graine お手本にする, 見習う.

mauvaise graine (悪い種子→)将来が心配な子供《青年》.

monter en graine (1)〔植物が〕種子をつける. (2)〔子供が〕急に成長する, 大きくなる.

graineterie /ɡʁɛntʁi/ 女 種子[穀物]商店, 種苗店.

grainetier, ère /ɡʁɛntje, ɛːʁ/ 名 種子[穀物]商人, 種苗屋.

graissage /ɡʁɛsaʒ/ 男 油脂[グリース]の塗布; (潤滑油の)注油.

***graisse** /ɡʁɛs/ グレス 女 ❶ 脂肪(分); 肥満. ▶ prendre de la *graisse* 脂肪がつく, 太る / avoir un excès de *graisse* 太りすぎである.
❷ 脂, 油脂. ▶ *graisse* de porc 豚脂, ラード / *graisse* végétale 植物油.
❸ グリース. ▶ mettre de la *graisse* sur une machine 機械にグリースを塗る.

***graisser** /ɡʁese/ グレセ 他動 ❶ …に油脂を塗る; を油脂で磨く; に注油する. ▶ *graisser* ses chaussures 靴を(ワックス, クリームで)磨く / *graisser* une machine 機械をグリース・アップする. ❷ …を油脂で汚す.

graisser la patte à qn 話 …に袖(そで)の下を使う, を買収する.

— 自動《ワインなどが》油状に変敗する.

graisseur, euse /ɡʁesœːʁ, øːz/ 形 油脂[グリース]を塗布する, 注油する.
— **graisseur** 男 注油器, 油差し.
— **graisseur, euse** 名 注油[グリース]工.

graisseux, euse /ɡʁesø, øːz/ 形 ❶ 脂肪(質)の. ▶ tissu *graisseux* 脂肪組織. ❷ 油脂で汚れた.

graminacées /ɡʁaminase/, **graminées** /ɡʁamine/ 女複《植物》イネ科.

***grammaire** /ɡʁa(m)mɛːʁ/ グラメール 女 ❶ 文法; 文法書. ▶ *grammaire* française フランス語の文法 / les règles de la *grammaire* 文法の規則 / acheter une *grammaire* espagnole スペイン語の文法書を買う.
❷ (芸術, 技術などの)基本原理, 法則. ▶ la *grammaire* de la peinture 絵画の原則.

grammairien, enne /ɡʁa(m)mɛʁjɛ̃, ɛn/ 名 文法家, 文法学者.

grammatical, ale /ɡʁamatikal/; **aux** /o/ 形 文法の, 文法上の;〔文が〕文法にかなった. ▶ exercices *grammaticaux* 文法練習問題 / faute *grammaticale* 文法上の間違い.

grammaticalement /ɡʁamatikalmɑ̃/ 副 文法上, 文法的に.

grammaticalité /ɡʁamatikalite/ 女《言語》文法性: 生成文法で, 文が文法の規則にかなっていること.

***gramme** /ɡʁam/ グラム 男 ❶ グラム: 重さの単位. ❷〈un *gramme* de + 無冠詞名詞〉ごく少量の…. ▶ Il n'a pas un *gramme* de bon sens.

彼には良識のかけらもない.

grand, grande /grã, grã:d グラン, グラーンド/ 形

[英仏そっくり語]
英 grand 壮大な, すばらしい.
仏 grand 大きい, 背の高い, 偉大な.
(リエゾンするときには語尾のdが/t/と発音される.
例: grand arbre /grãtarbr/)《多く名詞の前で》
❶《寸法, 形》**大きい, 背[丈]の高い**; 長い; 広い (↔petit). ▶ une *grande* maison 大きな家 / une *grande* ville 大都市 / un homme *grand* 背の高い人(注 un *grand* homme は偉人. ⇨ ⑧) / Il est *grand* pour son âge. 彼は年のわりには背が高い / marcher à *grands* pas 大またで歩く.

un homme grand   un grand homme

❷《年齢》**大人になった; 年上の**. ▶ une *grande* personne 大人 / *grand* frère 兄 / *grande* sœur 姉 / Tu comprendras quand tu seras *grand*. 大きくなったら分かるよ / Ils ont deux *grands* enfants. 彼らには2人の大きな子供がいる.
❸《数量》**多くの, 大きい**. ▶ une *grande* foule 大群衆 / la saison des *grandes* pluies 大雨の季節 / à *grands* frais 多くの費用をかけて / en *grande* partie 大部分(は) / Il n'y a pas *grand* monde dans la salle. 広間にはあまり人がいない.
❹《数詞, 特に時間を示す表現とともに》**たっぷり…**. ▶ J'ai attendu deux *grandes* heures. 私はたっぷり2時間は待った / D'ici à Paris, il y a deux cents *grands* kilomètres. ここからパリではたっぷり200キロある.
❺《程度》**大きい, 強い, 非常に, 大規模な**. ▶ un *grand* bruit 大きな物音 / événement d'une *grande* importance 非常に重大な事件 / Il fait une *grande* chaleur. ひどく暑い / avec *grand* plaisir 大喜びで / à *grande* vitesse 全速力で / 《人を表わす名詞とともに》un *grand* malade 重病人 / un *grand* amateur de musique 大の音楽好き / 《成句表現とともに》avoir *grand* besoin de qn/qc/不定詞 …が大いに必要である / avoir *grand* faim ひどく空腹である.
❻**有力な, 主要な**. ▶ les *grandes* puissances 強[大]国 / *grandes* lignes de la S.N.C.F. フランス国有鉄道の幹線 / Aujourd'hui, c'est un *grand* jour. 今日は大事な日だ.
❼**有力な, 大手の; 高級な**. ▶ un *grand* couturier 有名デザイナー / les produits de *grandes* marques ブランド商品 / un *grand* vin [cru] 銘酒, 一流産地のワイン.
❽**偉大な, 立派な, 優れた**. ▶ un *grand* homme 偉人 / un *grand* maître 大家, 巨匠 / 《固有名詞とともに》Alexandre le *Grand* アレクサンダー大王.

❾ **身分の高い, 高貴な**. ▶ *grand* monde 社交界, 上流社会 / un *grand* personnage 高位高官の人 / une *grand* dame 貴婦人 / les *grandes* familles 由緒ある家柄.
❿ **大げさな, もったいぶった**. ▶ employer de *grands* mots 大げさな言葉遣いをする / prendre de *grands* airs もったいぶった態度をとる.

[比較]大きい, 広い
grand 最も一般的. 丈の大きさだけでなく, 面積の広さについても用いられる. (1) 丈の大きさについて. **grand** < **énorme** < **gigantesque** 《改まった表現》. un homme *grand* 背の高い人. une *énorme* construction 巨大な建物. (2) 面積や空間の広さについて. **grand** < **vaste**《改まった表現》< **immense** が普通. ほかに **spacieux**《改まった表現》は家や部屋などの内部空間が広いこと. un *grand* salon 大広間. une forêt *immense* 広大な森. (3) その他. **large** 幅の広いこと. **ample**《改まった表現》特に衣服がゆったりしていること. **gros** 太った人や体積の大きいものについていう. **volumineux** (>gros) 体積が大きくてかさばること.

— 名 ❶ **大人**; 話 上級生. ❷ 背の高い人.
❸ mon *grand* // ma *grande* ねえ君(子供に対する呼びかけ).

comme un grand 話 うまく, 余裕で; 自分一人で.

— **grand** 男 ❶《多く Grand》大国 (=grande puissance). ▶ les sept *Grands* G7. ❷《ある分野での》大物, 重要人物; 大企業. ❸ l'infiniment *grand* 無限大.

en grand (1) 大規模に, 大々的に. ▶ faire *en grand* une culture 大規模に農業を行う. (2) 大局から. ▶ Il faut voir les choses *en grand*. 物事を大局から見なければならない. (3) 徹底的に, 完全に (=à fond).

— 副 大きく. ▶ faire *grand* 大きなことをする / voir *grand* 大きな野心[計画]を持つ, 広い視野で考える. ♦ *grand* ouvert(e) 大きく開かれた. 注 *grand* は名詞の性数に一致させることが多い. 例: yeux *grand*(s) ouverts 大きく見開いた目.

grand-angle /grãtã:gl/; 《複》~s-~s 男 広角レンズ (=grand-angulaire).
grand-angulaire /grãtãgyle:r/;《複》~s-~s 形 (カメラなどの対物レンズが)広角(度)の. ▶ un objectif *grand-angulaire* 広角レンズ.
— 男 広角レンズ.
grand-chose /grãʃo:z/ 名《不変》❶ 話《否定的表現で》たいしたもの[こと]. ▶ Ce n'est pas *grand-chose*. それはたいしたことではない / Il n'en sortira pas *grand-chose* de bon. たいしてよい結果は出まい. ❷ 話 un [une] pas *grand-chose* 取るに足りない人, ろくでなし.
grand-croix /grãkrwa/ 女《単数形のみ》グランクロワ章, 大綬(じゅ)章, 十字章: レジオンドヌール など各種勲章の最高位. — **grand-croix**:《複》~s-~ 男 グランクロワ章佩用(はいよう)者.
grand-duc /grãdyk/;《複》~s-~s 男 ❶ 大公爵, 大公. ❷ (帝政ロシアの)皇族.
faire la tournée des grands-ducs 話 (夜の歓楽街で)豪遊する, お大尽遊びをする.

grand-duché /grɑ̃dyʃe/;《複》~s-~s 男 大公領, 大公国.

Grande-Bretagne /grɑ̃dbrətaɲ/ 固有 女 ❶ イギリス; 首都 Londres. ▶ en *Grande-Bretagne* イギリスに [で, へ]. ❷ グレート・ブリテン島.

grande-duchesse /grɑ̃ddyʃɛs/;《複》~s-~s 女 ❶ 大公妃; 女大公. ❷ (帝政ロシアの) 皇女.

grandel et, ette /grɑ̃dlɛ, ɛt/ 形 大人になりかけた, やや大人びた.

grandement /grɑ̃dmɑ̃/ 副 ❶ 大いに, 大きく, たっぷり; まったく. ▶ faire les choses *grandement* 物事を金に糸目をつけずに行う. ❷ 気高く, 立派に.

grande surface /grɑ̃dsyrfas/;《複》~s ~s 女 (大型の) スーパーマーケット.

*****grandeur** /grɑ̃dœ:r/ グランドゥール 女 ❶ 大きさ, 寸法, 規模. ▶ Ces deux livres sont de (la) même *grandeur*. この2冊の本は同じサイズです / C'est de la *grandeur* d'un crayon. それは鉛筆大です.
❷ 重大さ, 深刻さ, 膨大さ. ▶ la *grandeur* d'un danger 危険の大きさ / la *grandeur* d'un crime 罪の重さ.
❸ (社会的, 政治的) 強大さ, 威光;《複数で》文章 栄誉, 名声. ▶ avoir un air de *grandeur* 堂々としている.
❹ 偉大さ, 貴さ;(芸術作品の) 壮大さ, 荘重さ. ▶ *grandeur* de l'homme 人間の崇高さ / *grandeur* d'âme 魂の気高さ.
❺【精神医学】idée de *grandeur* 誇大観念.
❻【天文】(星の) 光度, 等級. ▶ étoile de première *grandeur* 一等星.
avoir la folie des grandeurs 誇大妄想狂である.
en vraie grandeur 実際の場で. ▶ réaliser une expérience *en vraie grandeur* 実際の場面で実験を行う.
grandeur nature 形句 実物大の, 原寸の. ▶ un portrait *grandeur nature* 等身大の肖像画.
ordre de grandeur おおよその大きさ [数量], 概算, 見当. ▶ De quel *ordre de grandeur* seront les frais? 費用はどのくらいになりますか.
regarder qn/qc du haut de sa grandeur …を見下す, 蔑視(ミ)する.

grand-guignolesque /grɑ̃ɡiɲɔlɛsk/ 形 話 グラン・ギニョル座ふうの, 恐ろしく猟奇的な.

grandiloquence /grɑ̃dilɔkɑ̃:s/ 女 (文体, 話しぶりの) 大仰さ; 大言壮語, ほら.

grandiloqu ent, ente /grɑ̃dilɔkɑ̃, ɑ̃:t/ 形 〔文体や話しぶりが〕大げさな, もったいぶった.

grandiose /grɑ̃djo:z/ 形 雄大な, 堂々とした.

*****grandir** /grɑ̃di:r/ グランディール/

直説法現在	je grandis	nous grandissons
	tu grandis	vous grandissez
	il grandit	ils grandissent
複合過去	j'ai grandi	
半過去	je grandissais	
単純未来	je grandirai	単純過去 je grandis

自動 ❶ 大きくなる, 成長する; 大人になる. ▶ Que tu *as grandi*! 大きくなったね / Elle *a grandi* de cinq centimètres en un an. 彼女は1年で5センチ背が伸びた.
❷ 増大する, 広がる; 強まる. ▶ Son prestige *a grandi*. 彼(女)の威信が高まった / L'obscurité *grandit*. 闇(ミミ)が濃くなってくる.
❸ 〈*grandir* en qc〉〔人が〕いっそう…を増す. ▶ *grandir* en sagesse より賢くなる.
sortir grandi de qc (試練, 困難など) を経て人間的に成長する.
— 他動 ❶ …を大きくする, 大きく見せる. ▶ Ces chaussures te *grandissent* de cinq centimètres. この靴を履くと背が5センチ高く見えるよ. ❷ 〔人〕を立派にする; 向上させる. ▶ Cette épreuve l'*a grandi*. この試練を経て彼は人物が大きくなった. ❸ …を大げさに考える, 誇張する. ▶ *grandir* les dangers 危険を過大視する.
— *se grandir* 代動 自分を大きくする [大きく見せる]. ▶ *se grandir* en se haussant sur la pointe des pieds つま先立ちして背を高く見せる.

grandiss ant, ante /grɑ̃disɑ̃, ɑ̃:t/ 形 次第に大きくなっていく, 増大する (=croissant).

grandissime /grɑ̃disim/ 形 話 (皮肉に) とてつもなく大きい, ばかでかい.

grand-livre /grɑ̃li:vr/;《複》~s-~s 男 ❶ (公債の) 登録台帳 (=*grand-livre* de la dette publique). ❷ 〖簿記〗総勘定元帳.

grand-maman /grɑ̃mamɑ̃/;《複》~s-~s 女 (呼びかけで) おばあちゃん.

*****grand-mère** /grɑ̃mɛ:r/ グランメール/;《複》~s-~s 女 ❶ 祖母. ❷ 話 老婆.

grand-messe /grɑ̃mɛs/;《複》~(s)-~s 女 〖カトリック〗盛儀ミサ, 歌ミサ (↔messe basse).

grand-oncle /grɑ̃tɔ̃:kl/;《複》~s-~s /grɑ̃zɔ̃kl/ 男 大おじ (祖父または祖母の兄弟).

grand-papa /grɑ̃papa/;《複》~s-~s 男 (呼びかけで) おじいちゃん.

grand-peine /grɑ̃pɛn/ (次の句で)
à grand-peine 副句 かろうじて, やっとのことで. ▶ Elle est arrivée *à grand-peine* à le convaincre. 彼女はやっとのことで彼を説得した.

*****grand-père** /grɑ̃pɛ:r/ グランペール/;《複》~s-~s 男 ❶ 祖父. ❷ 話 老人.

*****grands-parents** /grɑ̃parɑ̃/ グランパラン/ 男複 祖父母.

grand-tante /grɑ̃tɑ̃:t/;《複》~s-~s 女 大おば (祖父または祖母の姉妹).

grange /grɑ̃:ʒ/ 女 納屋, 穀物倉.

granit(e) /granit/ /granit/ 男 花崗(ホミ)岩.

granité, e /granite/ (花崗(ホミ)岩のように) ぶつぶつのある.
— **granité** 男 グラニテ: つぶつぶのできる程度に凍らせた甘みの少ないシャーベット.

graniter /granite/ 他動 …に花崗(ホミ)岩模様をつける.

granitique /granitik/ 形 花崗(ホミ)岩(質)の.

granivore /granivɔ:r/ 形 〔鳥類などが〕種子食性の, 穀食性の. — 名 穀食動物.

granulation /granylasjɔ̃/ 女 ❶ 細粒にすること, 細粒塊. ❷《多く複数で》ざらざら, 粒状.

granule /granyl/ 男 ❶ 細粒, 顆粒(か). ❷〖薬学〗丸薬.

granulé, e /granyle/ 形 細粒状の, 顆粒(か)状の.

granulé /granyle/ 男〖薬学〗顆粒剤.

granuler /granyle/ 他動 …を細粒[顆粒(か)状]にする.

granuleux, euse /granylø, ø:z/ 形 ❶ 細粒から成る, 細粒状の. ❷ (表面が)ざらざら[ぶつぶつ]した.

grapefruit /grɛpfrut/ 男《米語》〖植物〗グレープフルーツ(の実)(=pamplemousse).

graphe /graf/ 男〖数学〗グラフ, 図表.

graphème /grafɛm/ 男〖言語〗書記素: 書記体系における最小の弁別単位.

grapheur /grafœ:r/ 男〖情報〗グラフィックスソフト.

graphie /grafi/ 女〖言語〗書記(法): 語や発話を書き表わしたものすべて.

graphique /grafik/ 形 ❶ グラフの, グラフによる; 線[図画]で表わした. ▶ arts *graphiques* グラフィック・アート. ❷〖言語〗書記の. ▶ système *graphique* 書記[文字]体系.
— 男 図表, グラフ. ▶ *graphique* en colonne 棒グラフ.
— 女 図表学; 製図法.

graphiquement /grafikmɑ̃/ 副 グラフ[図表, 文字]によって.

graphisme /grafism/ 男 ❶ 筆跡, 書体, 画風. ❷ デザイン, グラフィック・アート.

graphiste /grafist/ 名 グラフィック・デザイナー, 図案家.

graphite /grafit/ 男〖鉱物〗黒鉛, 石墨, グラファイト.

graphologie /grafɔlɔʒi/ 女 筆跡学, 筆跡鑑定.

graphologique /grafɔlɔʒik/ 形 筆跡学の, 筆跡鑑定の.

graphologue /grafɔlɔg/ 名 筆跡学者; 筆跡鑑定人.

grappe /grap/ 女 ❶ (花, 果実の)房; (特に)ブドウの房. ❷ 群れ. ▶ *grappes* de voyageurs 旅行者の集団.

en [par] grappes 房状に, 密集して.

lâcher la grappe à qn 俗 …の邪魔をしない, 放っておく.

grappillage /grapijaːʒ/ 男 ❶ (果樹園などで)あちこちから果実を摘み取ること. ❷ 話 わずかな不正利得, ちょろまかし.

grappiller /grapije/ 他動 ❶ 文章〔花, 果実など〕をあちこちから摘み取る. ❷〔金〕をくすねる, 不正にかすめ取る. ❸〔知識, 情報など〕を拾い集める. ▶ *grappiller* des idées dans ses lectures 読んだ本からいろいろな考えを拾い集める.
— 自動 かすめ取る, ちょろまかす.

grappilleur, euse /grapijœ:r, ø:z/ 名 (不正な手段で)くすね取る人, ちょろまかす人.

grappin /grapɛ̃/ 男〖海事〗多爪錨(たづめいかり), ひっかけ錨, (船舶捕獲用)接舷鉤(せつげんこう)(=*grappin* d'abordage).

mettre le grappin sur qc/qn …をつかまえて放さない; 独り占めする.

gratifier

*gras, grasse /grɑ, grɑ:s グラ, グラース/ 形

| 男性単数 gras | 女性単数 grasse |
| 男性複数 gras | 女性複数 grasses |

❶ 脂肪質の, 脂肪分の多い;〔肉が〕脂身の. ▶ matière *grasse* 脂肪性物質, 脂肪分 / acide *gras* 脂肪酸 / corps *gras* 油脂 / fromage *gras* à 50%[cinquante pour cent] 脂肪分 50 パーセントのチーズ.

❷ 太った, 肥満した (↔maigre). ▶ Cet enfant est un peu trop *gras*.(=gros) この子はちょっと太り過ぎだ / une vache bien *grasse* よく太った牛.

❸ 脂で汚れた, 脂でべとべとした;〔髪や肌が〕脂性の. ▶ avoir les mains *grasses* 手が脂でべとべとになっている.

❹ ねっとりした, 粘りのある. ▶ boue *grasse* ねっとりした泥. ❺〔地面が〕滑りやすい, つるつるした. ▶ terrain *gras* 滑りやすいグランド. ❻ 太い, 肉厚の. ▶ crayon *gras* 芯(しん)が軟らかく濃い鉛筆 / caractère *gras* ボールド体活字. ❼〔声が〕絡まる. ▶ une toux *grasse* 痰(たん)の絡まる咳(せき)/ une voix *grasse* くぐもり声. ❽ (多く名詞の前で)豊富な;〔土地などが〕肥沃(ひよく)な. ▶ distribuer de *grasses* récompenses たくさんの褒美を出す. ❾〖カトリック〗jours *gras* 肉食日:〔特に〕四旬節の始まる灰の水曜日の前の 3 日間 / mardi *gras* 灰の水曜日の前日, 謝肉祭最後の日.

faire la grasse matinée 朝寝坊する.

gras /grɑ/ 男 ❶ (肉の)脂身. ❷ ボールド体活字.

discuter [tailler] le bout de gras (avec qn) 話 (…と)あれこれ相談する; おしゃべりする.
— 副 ❶ faire *gras* (信者が斎日(さいじつ)に)肉を食べる. ❷ parler *gras* 喉(のど)を震わせて話す / tousser *gras* 痰の絡む咳をする.

gras-double /grɑdubl/ 男〖料理〗牛の第 1 胃, みの.

Grasse /grɑːs/ 固有 グラース: カンヌ北方の保養地. 香水製造で有名.

grassement /grɑsmɑ̃/ 副 ❶ 贅沢(ぜいたく)に; 気前よく. ❷ がらがら声で..

grasseyant, ante /grɑsɛjɑ̃, ɑ̃:t/ 形〔声, 話し方が〕r を喉(のど)鳴らし音で発音する.

grasseyement /grɑsɛjmɑ̃/ 男 r の喉(のど)鳴らし音での発音.

grasseyer /grɑseje/ 12 自動 r を喉(のど)で発音する. — 他動〔r〕を喉で発音する.

grassouillet, ette /grasujɛ, ɛt/ 形 ぽってり太った, ずんぐりした;〔顔が〕丸ぽちゃの.

gratifiant, ante /gratifijɑ̃, ɑ̃:t/ 形 喜ばす, 満足感を与える.

gratification /gratifikɑsjɔ̃/ 女 ❶ 特別手当, ボーナス(=prime). ▶ *gratification* en fin d'année 年末のボーナス. ❷ 満足感.

gratifier /gratifje/ 他動 ❶ < *gratifier* qn de qc > …を…に与える, で…に報いる. ▶ *gratifier* un porteur d'un bon pourboire ポーターにチップをはずむ / *gratifier* un garnement d'une paire de gifles《反語的に》悪童に往復びんたを食らわせる. ❷ …に満足感を与える, を喜ばせる.

gratin /gratɛ̃/ 男 ❶ グラタン. ▶ un *gratin* de pommes de terre ジャガイモのグラタン. ❷《le gratin》話 上流社会, エリート集団. ▶ le *gratin* de la société française フランス社会のエリートたち.

gratiné, e /gratine/ 形 ❶ グラタンにした. ❷ 話 なみはずれた; 異様な. ▶ C'est un type *gratiné*. あれは途方もないやつだ.

gratinée /gratine/ 女【料理】オニオングラタンスープ(=soupe à l'oignon gratinée).

gratiner /gratine/ 他【料理】…をグラタンにする. —自 表面がこんがり焼ける. ▶ faire *gratiner* qc …をグラタンにする.

gratis /gratis/ 副《ラテン語》話 無料で(=gratuitement), 無料の. ▶ assister *gratis* à un spectacle ただで芝居を見る / billet *gratis* 無料切符.

gratitude /gratityd/ 女 感謝(の気持ち). ▶ témoigner toute sa *gratitude* à qn …に心から感謝の意を表する.

grattage /grataːʒ/ 男 (汚れなどを)削り取ること, かき落とすこと.

gratte /grat/ 女 くすねて得た利益. ▶ faire de la *gratte* くすねてもうける, ピンハネする.

gratte-ciel /gratsjɛl/ 男《単複同形》摩天楼, 高層ビル. ☞ 英語 skyscraper の訳.

gratte-cul /gratky/ 男 野バラの実.

grattement /gratmɑ̃/ 男 かく[ひっかく]こと; ひっかく(ような)音.

gratte-papier /gratpapje/; 《複》〜-〜(s) 男 話 《軽蔑して》事務員, 書記.

gratter /grate/ 他 ❶ …をひっかく, かき削る; [付着物]を かき[削り]落とす. ▶ *Gratte*-moi (dans) le dos. 背中をかいてくれ / *gratter* des carottes avec un couteau 包丁でニンジンの皮をこそげ落とします. ❷ 話《物が》…にかゆい[ちくちくした]感じを与える. ▶ Ce drap me *gratte*. このシーツはちくちくする / Ça me *gratte*. かゆい / Ce vin *gratte* la gorge. このワインはえぐみがある. ❸ 話 〈*gratter* (sur qc)〉〈(…から)わずかな利益〉をちょろまかす. ❹ 話 《競走相手, 車など》を追い越す. — 間他 ❶ 〈*gratter* à qc〉(爪の先で)…を軽くたたく. ▶ *gratter* à la porte ドアを小さくノックする. ❷ 話〈*gratter* de qc〉(弦楽器)を下手に演奏する. — 自 俗 働く.

— **se gratter** 代動 自分の体をひっかく. ▶ *se gratter* jusqu'au sang 血が出るほど体をかきむしる / *se gratter* la tête (困って)頭をかく.

gratteur, euse /gratœːr, øːz/ 名 (汚れなどを)かき削る人.

grattoir /gratwaːr/ 男 ❶ 字消しナイフ; かき削り道具. ❷ (金属製の)玄関マット.

*gratuit, ite /gratɥi, it/ 形 ❶ 無料の; 無償の. ▶ entrée *gratuite* (=libre) 入場無料 / journal *gratuit* 無料の新聞 / enseignement *gratuit* et obligatoire 無償義務教育. ❷ 根拠[証拠]のない; 動機のない. ▶ hypothèse toute *gratuite* およそ根拠のない仮説 / crime *gratuit* 動機のない犯罪.

à titre gratuit 無料で.

gratuité /gratɥite/ 女 ❶ 無料, 無償性. ▶ la *gratuité* de l'enseignement 教育の無償. ❷ (行為の)無動機性, 根拠不明, 気まぐれさ.

gratuitement /gratɥitmɑ̃/ 副 ❶ 無料で, ただで, 無償で. ❷ 根拠なく; 動機なしに, 気まぐれに.

gravats /grava/ 男複 (取り壊した建物の)残骸(ざん).

*grave /graːv/ 形 ❶ 重大な, 重要な, 深刻な. ▶ un accident *grave* 大事故 / une maladie *grave* 重病 / un blessé *grave* 重傷者 / *graves* difficultés financières 深刻な財政難 / Ce n'est pas *grave*. たいしたことではない. ❷ 厳かな, 重々しい, まじめな. ▶ un visage *grave* いかめしい顔 / parler d'un ton *grave* 重々しい口ぶりで話す. ❸〔音が〕低い. ▶ une note *grave* 低音 / une voix *grave* 低くて太い声. ❹【文法】accent *grave* アクサン・グラーヴ(`). ❺ 話 (精神的に)かなり重症な.

C'est grave, docteur ? (患者が医師に)どうですか, 先生.

— 男 低音域; 《複数で》低音(↔aigu).

gravé, e /grave/ 形 彫られた, 刻された; 〔思い出などが〕刻み込まれた.

graveleux, euse /gravlø, øːz/ 形 ❶〔人, 話などが〕卑猥(ひわい)な. ▶ contes *graveleux* 猥談. ❷ 砂利の混じった; 〔果物が〕果肉のじゃりじゃりする.

gravement /gravmɑ̃/ 副 ❶ 重く, ひどく. ▶ Il est *gravement* blessé. 彼は重傷である. ❷ 厳粛な[真剣な]面持ちで.

graver /grave/ 他 ❶ …を彫る, 刻む, 刻み込む. ▶ *graver* un nom sur une bague 指輪に名前を彫る / La tristesse *est gravée* sur son visage. 彼(女)の顔には悲しみがにじんでいる /〔目的語なしに〕*graver* sur cuivre [pierre] 銅版[石版]を彫る. ❷ (CD ライターなどで)…を焼く, 書き込む. ▶ *graver* un CD-R CD-R を焼く / *graver* des fichiers sur un CD-R ファイルを CD-R に焼く.

— **se graver** 代動 (顔, 表情などに)刻み込まれる; (心に)焼き付く.

graveur, euse /gravœːr, øːz/ 名 版画家; (貴)金属彫刻師; (写真製版の)製版者. ▶ *graveur* sur bois 木版画家 / *graveur* à l'eauforte エッチング画家. ☞ 女性形は稀.

— **graveur** 男 *graveur* de CD CD ライター.

gravide /gravid/ 形 〔おもに動物が〕妊娠した, はらんだ.

gravier /gravje/ 男 小石; 《集合的に》砂利.

gravir /graviːr/ 他 …を(苦労して)登る; よじ登る. ▶ *gravir* une pente 急斜面を はい上る / *gravir* les échelons d'une hiérarchie 階級を一段ずつ昇る.

gravitation /gravitasjɔ̃/ 女【物理】(万有)引力. ▶ les lois de la *gravitation* universelle 万有引力の法則.

gravité /gravite/ 女 ❶ (事態, 状況の)重大さ, 深刻さ. ▶ un accident sans *gravité* 軽い

故. ❷ 文章 (態度, 話し方などの)重々しさ, まじめさ. ▶ fixer qn avec *gravité* …を厳粛な表情でじっと見つめる. ❸ 〖物理〗重力.

centre de gravité (1)(物体の)重心. (2)(活動の)中心, 拠点, かなめ.

graviter /gravite/ 自動 ❶ 〖物理〗軌道を回る. ▶ Les planètes *gravitent* autour du Soleil. 惑星は太陽の周囲を回る. ❷ 文章 取り巻きになる, 傘下に入る. ▶ *graviter* autour du ministre 大臣の取り巻きである / les pays qui *gravitent* dans l'orbite d'une grande puissance 大国の傘下にある国々.

gravure /gravy:r/ 女 ❶ 版画; 彫版(術). ▶ *gravure* sur bois [cuivre] 木[銅]版画 / faire de la *gravure* à l'eau-forte エッチングをやる. ❷ (絵, 写真などの)複製. ❸ (CD-R などを)焼くこと.

***gré** /gre グレ/ 男 好み; 意向, 意思; 感謝. 注 成句以外での使用は稀.

à son gré (1) 自分の好みで. 注 son は各人称に変化させて用いる. ▶ trouver qn/qc *à son gré* …を好ましく思う, 気に入る. (2) 自分の意見では. ▶ Cette punition est un peu trop sévère *à mon gré*. 私に言わせればその処罰はいささか厳しすぎる. (3) 思いどおりに. ▶ *À* ton [votre] *gré*. お好きなように, 御随意に.

au gré de qc …のままに, に任せて. ▶ *au gré des* circonstances 状況次第で, 成り行きに任せて / Il vagabonde *au gré de* sa fantaisie. 彼は足の向くまま気の向くままに旅をする.

bon gré mal gré 気に入ろうが入るまいが, 仕方なく. ▶ J'ai accepté *bon gré mal gré* cette solution. その解決策を私はしぶしぶ受け入れた.

contre le gré de qn …の意に反して.

de bon gré = ***de son (plein) gré*** 自発的に. 注 son は各人称に変化させて用いる.

de gré ou de force 無理やりにでも, なんとしても. ▶ Il obéira *de gré ou de force*. 彼はいやでも従うだろう.

savoir (bon) gré à qn de qc 不定詞 文章 …について…に感謝する. ▶ Je lui *sais gré de* ce qu'il a fait pour nous. 私たちのためにしてくれたことで私は彼に感謝している.

savoir mauvais [peu de] gré à qn de qc 不定詞 文章 …の(言動)を不満に思う.

***grec, grecque** /grɛk グレック/ 形 ギリシア Grèce の. ▶ la mythologie *grecque* ギリシア神話 / nez *grec* (額と鼻柱がほとんど一直線のギリシア鼻 / l'Église *grecque* ギリシア正教会.
— ***Grec, Grecque*** 名 ギリシア人; ギリシア正教会信者. — ***grec*** 男 ギリシア語.

Grèce /grɛs/ 固有 女 ギリシア: 首都 Athènes. ▶ en *Grèce* ギリシアに[で, へ].

gréciser /gresize/ 他動 (屈折語尾などを使って)〔言葉〕をギリシア語風にする.

gréco-latin, ine /grekɔlatɛ̃, in/ 形 ギリシア・ラテンの.

gréco-romain, aine /grekɔrɔmɛ̃, ɛn/ 形 ❶ ギリシア・ローマの. ❷ 〖レスリング〗lutte *gréco-romaine* グレコ・ローマン・スタイル.

grecque /grɛk/ grec の女性形.

gredin, ine /grədɛ̃, in/ 名 《多く男性形で》ごろつき, よた者; いたずらっ子.

gréement /gremɑ̃/ 男 (帆船の)艤装(ぎそう); 索具類.

gréer /gree/ 他動 〔帆船〕を艤装(ぎそう)する: マスト, 帆, 索具類を取り付けて整備する.

greffage /grɛfa:ʒ/ 男 接ぎ木(すること).

greffe¹ /grɛf/ 男 〖裁判所の〗書記課, 記録保管所.

greffe² /grɛf/ 女 ❶ 接ぎ穂; 接ぎ木. ❷ 〖医学〗移植. ▶ *greffe* d'organe 臓器移植 / *greffe* du cœur 心臓移植.

greffé, e /grefe/ 形 接ぎ木された; 〔臓器などが〕移植された. — 名 臓器移植を受けた人. ▶ un *greffé* du cœur 心臓移植を受けた患者.

greffer /grefe/ 他動 ❶ …を接ぎ木する. ▶ *greffer* un pommier リンゴの木を接ぎ木する. ❷ 〔組織, 臓器〕を移植する. ▶ *greffer* un organe 臓器移植 / *greffer* un brûlé 火傷患者に移植する. — **se greffer** 代動 〈*se greffer* (sur [à] qc)〉(…に)付け加わる.

greffeur, euse /grefœ:r, ø:z/ 名 接ぎ木師[職人].

greffier, ère /grefje, ɛ:r/ 名 (裁判所の)書記(官).

greffon /grefɔ̃/ 男 ❶ 〖園芸〗接ぎ穂. ❷ 〖外科〗移植組織, 移植片.

grégaire /greɡɛ:r/ 形 ❶ 〖生物学〗群生する, 群居する. ❷ 群集[集団](特有)の; 付和雷同する. ▶ instinct *grégaire* 群集本能, 群居性.

grégarisme /gregarism/ 男 ❶ 〖生物学〗群居性, 群生本能. ❷ 〖昆虫〗群集性, 群生性. ❸ 〖社会学〗群居性 (=instinct grégaire).

grège /grɛ:ʒ/ 形 ❶ soie [fil] *grège* 生糸. ❷ 生糸色の: グレーとベージュの中間色. — 男 生糸色.

grégorien, enne /greɡɔrjɛ̃, ɛn/ 形 (ローマ教皇)グレゴリウスの. ▶ calendrier *grégorien* グレゴリオ暦(グレゴリウス13世の定めた太陽暦) / chant *grégorien* グレゴリオ聖歌.
— **grégorien** 男 グレゴリオ聖歌.

grêle¹ /grɛl/ 女 ❶ 雹(ひょう), 霰(あられ). ▶ Il tombe de la *grêle*. 霰が降っている. ❷ 〈une *grêle* de + 無冠詞複数名詞〉雨あられと降る…. ▶ accabler qn sous une *grêle* de questions …を質問攻めにする.

grêle² /grɛl/ 形 ❶ ひょろ長い, か細い. ▶ jambes *grêles* か細い足. ❷ 甲高くて弱い. ▶ voix *grêle* か細い声. — 男 小腸 (=intestin grêle).

grêlé, e /grele/ 形 文章 あばたのある. ▶ visage *grêlé* あばた顔.

grêler /grele/ 非人称 雹(ひょう)[霰(あられ)]が降る. ▶ Il *grêle*. 雹が降る.
— 他動 …に雹による被害を与える. ▶ Toute cette région *a été grêlée*. この地方一帯が雹害を被った.

grêlon /grɛlɔ̃/ 男 雹(ひょう)[霰(あられ)]の粒.

grelot /ɡrəlo/ 男 ❶ 鈴. ▶ tintement de *grelots* 鈴の音. ❷ 雹音.

avoir les grelots 俗 怖がる, 震える.

grelottant, ante /ɡrəlɔtɑ̃, ɑ̃:t/ 形 (恐怖, 寒さなどで)震えている.

grelottement

grelottement /grəlɔtmɑ̃/ 男 震えること；震え. ▶ *grelottement* de fièvre 熱による震え.

grelotter /grələte/ 自動 (がたがた)震える；《特に》寒さで震える.

Grenade /grənad/ 固有 グラナダ：スペイン南部の都市.

grenade[1] /grənad/ 女 ザクロの実.

grenade[2] /grənad/ 女【軍事】榴弾(りゅうだん)，擲弾(てきだん). ▶ *grenade* à main 手榴弾 / *grenade* fumigène 発煙弾 / *grenade* incendiaire 焼夷(しょうい)弾.

grenadier[1] /grənadje/ 男 ザクロの木.

grenadier[2] /grənadje/ 男 ❶【軍事】擲弾(てきだん)兵；精鋭兵. ❷ un vrai grenadier 話 大男；男のような大女.

grenadine /grənadin/ 女 グレナディンシロップ：ザクロを主原料とした赤いシロップ.

grenaille /grənɑːj/ 女 粒状化された金属.

grenat /grəna/ 男 ❶ ざくろ石，ガーネット. ❷ ガーネット色，深紅色.
— 形《不変》ガーネット色の.

grené, e /grəne/ 形 ❶ 粒状にした. ❷ (表面を)ざらざらにした. ❸【美術】点描の.

greneler /grənle/ 他動 ❶ (革，紙)にしぼつけする，しわをつける. ❷ …に細かい点をつける.

Grenelle /grənɛl/ 固有 rue de *Grenelle* グルネル通り：パリのフランス国民教育省と労働省の所在地.

grener /grəne/ 自動〔穀類が〕実を結ぶ. — 他動 …を顆粒(かりゅう)状にする；の表面をざらざらにする.

*****grenier** /grənje/ グルニエ 男 ❶ 屋根裏部屋，(屋根裏の)物置. ❷ (屋根裏の)穀物倉，秣(まぐさ)置き場. ❸ 文章 穀倉地帯.

Grenoble /grənɔbl/ 固有 グルノーブル：Isère 県の県庁所在地.

grenouillage /grənuja:ʒ/ 男 話《軽蔑して》(政治上の)裏取引，闇(やみ)工作.

grenouille /grənuj/ 女 カエル. ▶ coassement des *grenouilles* カエルの鳴き声 / larve de *grenouille* オタマジャクシ(=têtard) / mangeurs de *grenouilles* カエル食い(イギリス人がフランス人につけたあだ名).

grenouille de bénitier 話《聖水盤のカエル→》信心に凝り固まった女性.

manger la grenouille 話 公金を使い込む.

grenouiller /grənuje/ 自動 話《軽蔑して》(政治上の)汚い取引をする，裏工作をする.

grenu, e /grəny/ 形 (表面に)ぶつぶつのある.

grès /grɛ/ 男 砂岩.

grésil /grezil/ 男 凍雨，氷あられ.

grésillement /grezijmɑ̃/ 男 ❶ ばらばら[ぱちぱち]いう音；(熱した油の)じゅうじゅういう音；(ラジオなどの)雑音.

grésiller[1] /grezije/ 自動 ぱちぱち[じゅうじゅう，ぶつぶつ]という音を出す.

grésiller[2] /grezije/ 非人称 凍雨[氷あられ]が降る. ▶ Il *grésille*. 凍雨が降っている.

*****grève**[1] /grɛːv/ グレーヴ 女 ❶ ストライキ. ▶ être [se mettre] en *grève* スト中である[ストに突入する] / faire (la) *grève* ストライキを打つ / briser une *grève* スト破りをする / *grève* générale ゼネスト / *grève* du zèle 順法闘争 / *grève* perlée 拠点スト / droit de *grève* スト権 / faire la *grève* de la faim ハンガーストライキをする.

grève[2] /grɛːv/ 女 砂浜，砂州.

grever /grəve/ ③ 他動 ❶《多く受動態で》〈*grever* qn/qc de qc〉…に…の(財政的)負担をかける. ▶ *être grevé* d'impôts 重税に苦しむ. ❷ 〔家計の負担が〕…にのしかかる. ▶ La hausse des prix *grève* sérieusement le budget familial. 物価上昇が家計を甚だしく圧迫している.

gréviste /grevist/ 形, 名 ストライキをする(人).

gribouillage /gribuja:ʒ/, **gribouillis** /gribuji/ 男 下手な絵[字]，殴り書き，乱筆.

gribouille /gribuj/ 男《ときに Gribouille》古風 (避けようとする災いに自ら陥る)間抜け，とんま.

gribouiller /gribuje/ 他動 …の上に殴り書き[落書き]する．(絵や字)をぞんざいに[下手に]かく.
— 自動 落書きする.

gribouill*eur*, *euse* /gribujœːr, øːz/ 名 話 ひどい字[絵]をかく人；三文文士，へぼ画家.

grief /grijɛf/ 男 不満，不平，苦情の種. ▶ avoir des *griefs* contre son mari 夫に不満を抱く / exposer ses *griefs* 苦情を並べる.

faire grief à qn de qc 不定詞 …のことで…を非難する. ▶ Il m'a *fait grief* de mon départ [d'être parti]. 彼は私の出発を責めた.

grièvement /grijɛvmɑ̃/ 副 ひどく，重く. 注 現在では次の表現でのみ用いられる. ▶ être *grièvement* blessé [atteint, touché] 重傷[重症]である.

griffe /grif/ 女 ❶ (動物の)鉤爪(かぎづめ)，爪. ▶ se faire les *griffes* 爪を研ぐ. ❷ (洋服などのブランド)ラベル；ブランド. ▶ La *griffe* est enlevée. ブランドラベルがはがしてある / la *griffe* d'un grand couturier 一流デザイナーのネームブランド. ❸ 署名印，判. ▶ apposer sa *griffe* 印を押す. ❹ (作品に表わされる作者の)特徴. ▶ On reconnaît là la *griffe* de l'auteur. そこにこの作者らしさが認められる. ❺ (宝石を固定する)爪.

arracher A des griffes de B B の毒牙(どくが)から A を救い出す.

donner un coup de griffe à qn (1) …をひっかく. (2) …に辛辣(しんらつ)な言葉を浴びせる，意地悪な当てこすりをする.

montrer [sortir] ses griffes 爪を出す；脅す.

rentrer ses griffes 爪を引っ込める；攻撃的態度を和らげる.

rogner les griffes de qn …からの危害を防ぐ.

tomber sous [dans] les griffes de qn …の手中に落ちる，毒牙にかかる.

griffé, e /grife/ 形 ❶ ひっかき傷のついた. ❷ ブランド名の入った. ▶ foulard *griffé* ブランド物のスカーフ.

griffer /grife/ 他動 ❶ (爪などで)…をひっかく，にひっかき傷をつける. ❷ 〔洋服など〕にブランド[メーカー]名を入れる.

griffon /grif5/ 男 ❶【ギリシア神話】グリュプス：ライオンの胴，ワシの頭と翼を持つ怪物. ❷ グリフォン：ベルギー原産の愛玩(あいがん)犬.

griffonnage /grifɔna:ʒ/ 男 殴り書き，ぞんざいな

絵;習作.

griffonner /grifɔne/ 他動 …を雑に書く[描(か)く]. — 自動 落書きする.

griffu, e /grify/ 形 鉤爪(かぎづめ)のある.

griffure /grify:r/ 囡 ひっかき傷.

grignotage /griɲɔta:ʒ/ 男 ❶ 少しずつかじる[減らす]こと. ❷(選挙で)相手の地盤を徐々に崩す作戦.

grignotement /griɲɔtmɑ̃/ 男 少しずつかじる[減らす]こと; かじる音.

grignoter /griɲɔte/ 他動 ❶ …を少しずつかじる. ▶ *grignoter* un biscuit ビスケットをかじる.
❷ …を少しずつ減らす; 徐々に打ち負かす. ▶ *grignoter* son capital 元手を徐々に食いつぶす / *grignoter* un concurrent 競争相手を徐々に打ち負かす. ❸ …を手に入れる; くすねる.
— 自動 ちびちび食べる, 間食する. ▶ *grignoter* entre les repas 間食する.

grigou /grigu/ 男 けちん坊.

gri-gri /grigri/; (複) ~s-~s, **grigri** 男 (アフリカの黒人部族の)お守り, 護符.

gril /gril/ 男 焼き網, グリル. ▶ bifteck cuit sur le *gril* 網焼きにしたビフテキ.

être sur le gril 話 心配[不安]でたまらない, (待ちきれなくて)じりじりしている.

grillade /grijad/ 囡 網焼きにした肉.

grillage /grija:ʒ/ 男 (窓, 戸などに張る)金網; 金網の柵(さく)[囲い].

grillager /grijaʒe/ [2] 他動 …に金網を張る; 金網の柵(さく)[囲い]を巡らす.

grille /grij/ グリユ 囡 ❶ 鉄柵, 鉄格子の門. ▶ Le jardin est entouré d'une *grille*. 庭は柵で囲まれている. ❷ 窓格子, 格子窓. ▶ *grille* d'un guichet 窓口の格子. ❸ (オーブンの)グリル, 網.
❹ (暗号解読用の)格子. ▶ *grille* de lecture (解釈のための)理論的枠組み.
❺ 一覧表, 編成表. ▶ *grille* de(s) programmes de télévision テレビの番組表 / *grille* de(s) salaires 給与表.
❻ 〔クロスワードパズルの〕升目. *grille* de mots croisés クロスワードパズルの升目 / *grille* de loto ロトくじの番号枠.
❼ 〔エレクトロニクス〕グリッド, 格子.

grillé, e /grije/ 形 ❶ (焼き網, グリルで)焼いた, 煎(い)った. ▶ pain *grillé* トースト / marrons *grillés* 焼き栗. ❷ 話 正体がばれた.

grille-pain /grijpɛ̃/ 男 《単複同形》パン焼き器; トースター(= *grille-pain* électrique).

griller /grije/ グリエ 他動 ❶ …を焼き網で焼く; あぶる, 煎(い)る. 注 この意味では自動詞を用いて faire griller qc と言う傾向が強い. ▶ *griller* de la viande 肉を焼く / *griller* du pain パンをトーストにする / *griller* du café コーヒー豆を煎る.
❷ 話 (酷暑, 酷寒などが植物を)枯らす;〔太陽などが〕…に焼き付くように暑い[熱い]. ▶ Une vague de froid *a grillé* les bourgeons. 寒波で芽が枯れた.
❸ 話 〔電気器具〕をショートさせる;〔エンジン〕をオーバーヒートさせる.
❹ 話 …を(止まらずに)通過する. ▶ *griller* un feu rouge 赤信号を無視する.

❺ 話 (競走などで)〔相手〕を追い越す.

être grillé 信用を失う.

griller une cigarette 話 たばこを吸う.

— 自動 ❶ こんがり焼ける. ▶ faire *griller* un steak ステーキを焼く. ❷ 焼けつくように暑い.
▶ On *grille* ici! ここは猛烈に暑い. ❸ <*griller* de qc/不定詞>…でじりじりする. ▶ Nous *grillons* d'envie de vous entendre. あなた(方)のお話が聞きたくて私たちはうずうずしています.

grilloir /grijwa:r/ 男 (電気やガスで, 肉や魚などを焼く)ロースター, 焼き物器.

grillon /grijɔ̃/ 男 〔昆虫〕コオロギ.

grill-room /grilrum/ 男 《英語》グリル: 客の目の前で肉や魚を焼いて食べさせるレストラン.

grimaçant, ante /grimasɑ̃, ɑ̃:t/ 形 しかめ面した.

grimace /grimas/ 囡 ❶ しかめ面, 渋面. ▶ faire une *grimace* de douleur 苦痛に顔をゆがませる / Les enfants s'amusent à se faire des *grimaces*. 子供たちはにらめっこをして遊んでいる. ❷《複数で》文章 気取り, 見せかけの表情, 愛想. ▶ *grimaces* de la coquetterie 嬌態(きょうたい), 色っぽい態度. ❸ (衣服, 布地などの)しわ.

faire la grimace (*devant qc*) (…に)不満を示す, 嫌な顔をして見せる.

la soupe à la grimace 妻の無愛想; 仏頂面.

grimacer /grimase/ [1] 自動 ❶ 顔をしかめる. ❷〔服が〕(仕立てが悪くて)しわが寄る.
— 他動 〔表情〕を無理に作る. ▶ *grimacer* un sourire 無理にほほえんで見せる.

grimacier, ère /grimasje, ɛ:r/ 形, 名 文章 顔をしかめる癖のある(人); 気取った(人), しなを作る(人).

grimage /grima:ʒ/ 男 濃いメーキャップ, (俳優の)くま取り.

grimer /grime/ 他動 〔俳優〕に濃いメーキャップをする, くま取りをする.
— **se grimer** 代動 (自分に)メーキャップをする.

grimoire /grimwa:r/ 男 ❶ 難解な著作; 判読不可能な字〔文書〕. ❷ 魔術書, 呪術(じゅじゅつ)書.

grimpant, ante /grɛ̃pɑ̃, ɑ̃:t/ 形 〔植物が〕つる性の.

grimpe /grɛ̃p/ 囡 話 ロッククライミング.

grimper[1] /grɛ̃pe/ グランペ 《助動詞は一般に avoir だが, être を用いることもある》❶ よじ登る, はい上がる. ▶ *grimper* à l'échelle はしごを登る / *grimper* sur le toit 屋根に登る / Le lierre *grimpe* le long du mur. ツタは壁沿いにはい上がっている.
❷ (高い場所に)上がる. ▶ *grimper* au sixième 7階に上がる. ❸〔道が〕急な登り坂になる. ❹〔価格, 数値などが〕急上昇する. ▶ La température *grimpe* rapidement. 気温が急上昇する. ❺ 話 (乗り物にすばやく)乗る. ▶ *grimper* dans un train 列車に飛び乗る.

grimper au plafond 俗 セックスを楽しむ.

— 他動 …を上る, よじ登る.

grimper[2] /grɛ̃pe/ 男 《スポーツ》綱登り.

grimpette /grɛ̃pɛt/ 囡 話 短い急坂.

grimpeur, euse /grɛ̃pœ:r, ø:z/ 形 よじ登る習性を持つ, よじ登るのが上手な.

grinçant

— 名 上り坂に強い自転車競技選手；登山家，ロッククライマー．

grinç*ant*, *ante* /grɛ̃sɑ̃, ɑ̃:t/ 形 きしむ；音を立てる；〔音，声が〕耳障りな．

grincement /grɛ̃smɑ̃/ 男 きしみ，きしむ音．
grincement de dents 歯ぎしり；（歯ぎしりするほどの）くやしさ．

grincer /grɛ̃se/ 1 自動 きしむ，耳障りな音を立てる． ▶ La porte *grince*. ドアがきしむ．
grincer des dents 歯ぎしりをする；歯ぎしりしてくやしがる．

grinch*eux*, *euse* /grɛ̃ʃø, ø:z/ 形, 名 気難しい(人)，怒りっぽい(人)，いつも不平をこぼす(人)． ▶ avoir un air *grincheux* 不満そうにしている．

gringalet /grɛ̃galɛ/ 男 ❶ 貧弱な男，やせた小男． ❷ ぱっとしない人物．

griotte /grijɔt/ 女 〖植物〗スミノミザクラ〔サンカオウトウ〕の果実：サクランボの一種．菓子に用いる．

grippage /gripa:ʒ/ 男 ❶ （機械の）焼き付き． ❷ （社会機構などの）機能停止，停滞．

gripp*al*, *ale* /gripal/；(男複) *aux* /o/ 形 流行性感冒〔インフルエンザ〕の．

*****grippe*** /grip/ グリップ 女 流行性感冒，インフルエンザ． ▶ attraper [avoir] la *grippe* インフルエンザにかかる〔かかっている〕／ *grippe* aviaire = *grippe* du poulet 鳥インフルエンザ．
prendre qn/qc en grippe …に反感を抱く．

gripp*é*, *e* /gripe/ 形, 名 インフルエンザにかかった(人)．

gripper /gripe/ 自動 ❶ 〔機械が〕焼き付いて止まる． ▶ Le moteur va *gripper* si on ne le graisse pas. オイルを切らすとエンジンは焼き付いてしまう． ❷ 〔社会機構などが〕停滞する．
— 他動 ❶ 〔機械に〕焼き付きを起こす． ❷ 〔社会機構など〕を停滞させる．
— **se gripper** 代動 〔機械が〕焼き付いて止まる；〔社会機構などが〕停滞する．

grippe-sou /gripsu/；(複) ~-~**s** 男 けち，しみったれ． — 形 〔男女同形〕けちな，しみったれの．

*****gris*, *grise*** /gri, gri:z/ グリ，グリーズ 形 ❶ 灰色の，ねずみ色の，グレーの． ▶ pantalon *gris* グレーのズボン／ voiture *grise* de poussière ほこりをかぶって灰色になった車／ papier *gris* 灰色紙(安物の再生紙)．他の形容詞，名詞で限定される場合 gris は不変 (例：une jupe *gris*(-)foncé 濃いグレーのスカート).
❷ 曇った． ▶ ciel *gris* 曇り空／ Il fait *gris*. どんより曇っている．
❸ 白髪混じりの． ▶ Il a des cheveux *gris*. 彼は白髪がある．
❹ さえない；おもしろくない，陰気な． ▶ une vie *grise* 灰色の人生．
❺ ほろ酔いの． ▶ se sentir un peu *gris* à la fin d'un repas 食事の終わりごろ，ほろ酔い気分になる．
❻ vin *gris* 色の薄いロゼワイン．
faire grise mine à qn …に嫌な顔をする，を冷淡にあしらう．
matière grise 頭脳，知能，思考．
— *****gris*** 男 ❶ 灰色，ねずみ色，グレー． ▶ *gris* clair [foncé] 明るい[濃い]グレー．
❷ (灰色の包装の) 刻みたばこ (= tabac gris)．

grisaille /grizɑ:j/ 女 ❶ 〖美術〗グリザイユ，単色画：灰色の濃淡のみで立体感を出す画法． ❷ 灰色の色調〔風景〕；単調，味気なさ． ▶ la *grisaille* de la vie quotidienne 日常生活の単調さ．

grisailler /grizaje/ 他動 …をグリザイユで描く，灰色に塗る；くすんだ色にする．
— 自動 灰色になる，灰色がかる，〔空が〕曇る．

gris*ant*, *ante* /grizɑ̃, ɑ̃:t/ 形 酔わせる，陶然とさせる．

grisâtre /grizɑ:tr/ 形 ❶ 灰色がかった． ▶ ciel *grisâtre* 灰色がかかった空．
❷ 陰鬱(いんうつ)な． ▶ une vie *grisâtre* 陰気な生活．

grisbi /grizbi/ 男 俗語 現金，現なま．

gris*é*, *e* /grize/ 形 ❶ 酔った；陶然とした． ❷ 灰色がかった．

grisé /grize/ 男 〖美術〗（デッサン，図面，版画などに用いる）灰色着色（部分）．

griser /grize/ 他動 ❶ …を軽く酔わせる，ほろ酔いにする． ❷ …を(酔ったように)うっとりさせる，陶然とさせる． ▶ Les succès l'ont *grisé*. 成功に彼は酔った． — **se griser** 代動 ❶ 軽く酔う，ほろ酔いになる． ❷ ⟨*se griser de qc*⟩ …にうっとりする，陶然となる． ▶ *se griser* de vitesse スピードに酔う／ *se griser* de ses propres paroles 自らの言葉に酔う．

griserie /grizri/ 女 陶酔，興奮．

grisonn*ant*, *ante* /grizɔnɑ̃, ɑ̃:t/ 形 白髪混じりの，ごま塩になった． ▶ cheveux *grisonnants* ごま塩頭．

grisonnement /grizɔnmɑ̃/ 男 （髪，ひげが）白髪混じり[半白]になること．

grisonner /grizɔne/ 自動 〔人，毛髪が〕白髪混じりになる，半白になる．

grive /gri:v/ 女 ツグミ．
Faute de grives, on mange des merles. 諺 あるもので我慢せねばならぬ．
soûl comme une grive 話 泥酔した．注 ツグミがブドウの実をたいへん好むことから．

grivel*é*, *e* /grivle/ 形 文章 （ツグミのように）白と灰色[褐色]の混じった．

grivèlerie /grivɛlri/ 女 無銭飲食．

griv*ois*, *oise* /grivwa, wa:z/ 形 陽気であけすけな． ▶ tenir des propos *grivois* あけすけな[際どい]話をする．

grivoiserie /grivwazri/ 女 陽気さ，あけすけさ；露骨な言動．

grizzli /grizli/, **grizzly** 《英語》 男 〖動物〗（北米大陸に生息する）ハイイログマ．

grœnendael /grɔ(e)nɛndal/ 男 〖動物〗グレネンデール：ベルギー産の牧羊犬．

Groenland /grɔenlɑ̃:d/ 固有 男 グリーンランド．

groenland*ais*, *aise* /grɔenlɑ̃de, ɛ:z/ 形 グリーンランド Groenland の．
— **Groenland*ais*, *aise*** 名 グリーンランド人．

grog /grɔg/ 男 《英語》グロッグ：ブランデーかラム酒を砂糖湯で割った飲み物．

groggy /grɔgi/ 形 〔不変〕《英語》 ❶ 〖ボクシング〗（パンチを受けて）グロッキーになった． ❷ 話 （疲れや病いなどで）くたくたになった．

grognard /grɔɲaːr/ 男 (ナポレオン1世時代の)近衛(このえ)兵.
grogne /grɔɲ/ 女 話 不平, 不満.
grognement /grɔɲmɑ̃/ 男 ❶ 〔豚, イノシシ, 熊などの〕ブーブー鳴く声, うなり声. ❷ 不平, ぼやき, 愚痴.
grogner /grɔɲe/ 自動 ❶〔豚, イノシシ, 熊などが〕ブーブー鳴く, うなる. ❷ ぶつぶつ言う, ぼやく, 愚痴る. ― 他動〔不平など〕をこぼす, もごもご言う.
grognon /grɔɲɔ̃/ 形《男女同形》いつも不平を漏らす; 不機嫌な. ▶ un enfant *grognon* むずかる子供. ― 名《男女同形》不平家.
groin /grwɛ̃/ 男 (豚, イノシシなどの)鼻, 鼻面.
grol(l)e /grɔl/ 女 話 靴.
grommeler /grɔmle/ [4] 自動 ぶつぶつ不平をつぶやく, 口の中でもごもご言う.
― 他動〔不平, 悪口など〕をぶつぶつ言う.
grommellement /grɔmɛlmɑ̃/ 男 ぶつぶつ不平を言うこと; 不満のつぶやき.
grondant, ante /grɔ̃dɑ̃, ɑ̃ːt/ 形 うなる, 低い声を出す; とどろく.
grondement /grɔ̃dmɑ̃/ 男 (動物の)うなり声; (低く長い)音. ▶ *grondement* du tonnerre 雷鳴 / *grondement* d'un moteur エンジンのうなり.
*****gronder** /grɔ̃de/ グロンデ 自動 ❶〔獣などが〕うなる;〔雷鳴などが〕とどろく. ▶ chien qui *gronde* うなる犬 / Le tonnerre *gronde*. 雷がごろごろ鳴っている.
❷〔騒乱, 異変などが〕今にも起こりそうである;〔怒りなどが〕爆発寸前である. ▶ L'émeute *gronde* dans cette région. その地方では暴動が勃発(ぼっぱつ)寸前である.
❸ <*gronder* après [contre] qn/qc> …に対して不満を言う, 抗議する.
― 他動 ❶〔子供〕をしかる; たしなめる. ▶ *gronder* un élève 生徒をしかる / se faire *gronder* しかられる. ❷〔不平など〕をぶつぶつ言う.
gronderie /grɔ̃dri/ 女 (子供などを)しかること, 叱責(しっせき); たしなめること, 小言.
grondeur, euse /grɔ̃dœːr, øːz/ 形 口やかましい; しかりつけるような, たしなめるような.
grondin /grɔ̃dɛ̃/ 男《魚類》ホウボウ.
groom /grum/ 男《英語》(ホテル, レストラン, クラブの若い)ボーイ.

*****gros, grosse** /gro, groːs/ グロ, グロース/ 形

| 男性単数 gros | 女性単数 grosse |
| 男性複数 gros | 女性複数 grosses |

《多く名詞の前で》❶ 大きい, 太い, 厚い. ▶ *gros* nuage 大きな雲 / *gros* paquet かさばった包み / *gros* livre 分厚い本 / *grosse* voiture 大きな車 / *grosse* écriture 大きな字. 比較 ⇨ GRAND.
❷〔体の部分が〕大きい, 膨れた;《ときに名詞のあとで》太った;〔古風〕妊娠している. ▶ avoir un *gros* nez [ventre] 大きな鼻[太鼓腹]をしている / avoir de *gros* bras 腕が太い / une femme très *grosse* de six mois. 彼女は妊娠7か月だ(⇨ GROSSESSE). 注 人が太っていることを gros, grosse で

表わすのは粗野で, une femme (très) forte とすれば上品になる. また une femme *grosse* には妊婦の意味もあるが, デリカシーに欠けるので une femme enceinte というのが適当.

un gros ventre

❸ <*gros* comme qc/qn> …くらいの大きさ[太さ]の. ▶ un caillou *gros* comme le bout du doigt 指先ほどの大きさの小石.
❹ 大量の, 多大な. ▶ *gros* salaire 高給 / *grosse* somme 大金 / gagner le *gros* lot (宝くじの)1等を当てる; 大もうけする / faire de *grosses* dépenses 多大の出費をする. ◆ <un *gros* [une *grosse*] + 数量表現 たっぷり…, 優に…. ▶ marcher une *grosse* demi-heure たっぷり30分は歩く.
❺ 並はずれた, たいへんな; 激しい, 強い, ひどい. ▶ *gros* succès (=grand) 大成功 / *gros* chagrin 深い悲しみ / avoir une *grosse* situation (=important) 非常に重要な地位に就いている / faire [commettre] une *grosse* erreur ひどい間違いをしでかす / *gros* buveur [mangeur] 大酒飲み[大食漢] / *gros* rhume ひどい風邪 / *grosse* fièvre (=fort) 高熱 / *grosse* mer 荒れ狂った海 / jouer *gros* jeu 大ばくちを打つ; たいへんな危険を冒す.
❻《職業, 地位などを表わす名詞とともに》金持ちの, 勢力のある. ▶ *gros* industriel 大実業家 / *gros* actionnaire 大株主 / *gros* fermier 大農場主.
❼ 粗い, 粗雑な; おおまかな. ▶ *gros* sel 粗塩 / *gros* rouge 話 安物の赤ワイン / *gros* travaux (建物の)基礎工事; 力仕事 / Ton histoire est un peu *grosse*. 君の話はちょっとオーバーだよ.
❽ 粗野な, 下品な. ▶ *grosse* plaisanterie 下品な冗談 / *gros* rire 野卑な高笑い / *gros* mot 卑語.

avoir le cœur *gros* 悲しみで胸が詰まる.
C'est un peu *gros*! 話 それはオーバーだよ; 見え見えだよ (=C'est exagéré). ▶ *C'est un peu gros*, ce que tu dis là. 君の言うこと, ちょっと大げさだよ.
faire la *grosse* voix (威嚇のために)大声を出す, 声を張り上げる.
gros bonnet 話 重要人物, お偉方.
gros [grosse] de + 無冠詞名詞 (1) …で膨れた; に満ちた. ▶ avoir les yeux *gros* de larmes 涙を目にいっぱいためている. (2) …を含んだ. ▶ une décision *grosse* de conséquences 重大な影響を及ぼす決定.
grosse tête (1) 大きな頭. (2) 話 たいへん頭のよい人.
― **gros** 副 大きく, 多く. ▶ gagner *gros* 大もうけする / risquer *gros* 大きな危険を冒す / écrire *gros* 大きな字で書く / On voit *gros* avec ces lunettes. このめがねをかけると字が大きく見える.

en avoir gros sur le cœur（悲しみ，恨みなどで）胸がいっぱいである．
Il y a gros à parier que + ［接続法］／［直説法］ …はほぼ間違いない，十中八九確実である．
── **gros, grosse** 名 ❶ 太った人． ▶ un *gros* plein de soupe 話 でっぷり太った人．
❷《*les gros*》話 金持ち；お偉方．
── **gros** 男 ❶《*le gros de qc*》…の最大部分，主要部分；最盛期． ▶ Le plus *gros* du travail est fini. 仕事の大部分は終わった／ le *gros* de l'été 夏の盛り． ❷ 卸． ▶ commerce [marchand] de *gros* 卸売業［商］／ prix de *gros* 卸値．
en gros (1) 大きく，太く． ▶ écrire *en gros* 大きな字で書く．(2) 卸の［で］． ▶ vente *en gros* et au détail 卸売と小売．(3) 大ざっぱに，おおまかに；おおよそ（＝grosso modo）． ▶ Dites-moi *en gros* ce dont il s'agit. 問題は何かざっと述べてください．

groseille /grozɛj/ 女 ❶ スグリ（の実）． ❷ スグリのシロップ．── 形《不変》赤すぐり色［淡紅色］の．

groseillier /grozeje/ 男《植物》スグリ（属）．

gros-porteur /groportœːr/ 男 大型輸送機，ジャンボ・ジェット機（＝jumbo-jet）．

grosse¹ /groːs/ gros の女性形．

grosse² /groːs/ 女 ❶ グロス：12ダース． ❷《法律》執行謄本．

grossesse /grosɛs/ 女 妊娠． ▶ être au sixième mois de sa *grossesse* 妊娠7か月である（注 日本とフランスでは数え方が違う．日本では1-10か月だがフランスでは0-9か月）／ interruption volontaire de *grossesse* 妊娠中絶，堕胎（略 IVG）．

grosseur /grosœːr/ 女 ❶ 大きさ，太さ，厚み，サイズ． ▶ une pierre de la *grosseur* du poing こぶし大の石． ❷ 肥満． ❸ はれ物，しこり．

*****grossier, ère** /grosje, ɛːr/ 形 ❶ 粗末な，雑な，手を加えていない． ▶ tissu *grossier*（↔fin）粗末な［目の粗い］生地／ travail *grossier* 雑な仕事．
❷《ときに名詞の前で》大ざっぱな，荒削りの． ▶ avoir une *grossière* idée de la question その問題についておおまかな考えを持っている．
❸《ときに名詞の前で》粗野な，無礼な，無作法な；下品な，卑猥な． ▶ Quel *grossier* personnage! なんて失敬なやつだ／ un langage *grossier* 下品な［無礼な］言葉遣い／ être *grossier* avec qn …に対し失礼な振る舞いをする．
❹《体が》いかつい，ごつい，品のない． ▶ visage aux traits *grossiers* いかつい顔つき．
❺《ときに名詞の前で》お粗末な，ひどい． ▶ ignorance *grossière* 甚だしい無知／ faute *grossière* ひどい間違い／ commettre une *grossière* erreur ばかげた間違いをする．

grossièrement /grosjɛrmɑ̃/ 副 ❶ 粗雑に，粗末に；大ざっぱに． ▶ motif *grossièrement* dessiné 大づかみに描かれたモチーフ／ calculer *grossièrement* 概算する． ❷ 粗野に，無礼に，無作法に；下品に． ▶ insulter *grossièrement* qn を口汚くののしる． ❸ ひどく，甚だしく． ▶ se tromper *grossièrement* ばかげた間違いをする．

grossièreté /grosjɛrte/ 女 ❶ 粗野，無作法；下品；無礼［下品］な言動． ▶ se conduire avec *grossièreté* 無作法に振る舞う／ dire des *grossièretés* 失礼［下品］なことを言う． ❷ 粗雑，粗末；大ざっぱ． ❸《誤りなどの》ひどさ，愚劣さ．

*****grossir** /grosiːr/ グロスィール／

> ［直説法現在］je grossis　nous grossissons
> ［複合過去］j'ai grossi　［単純未来］je grossirai

自動 ❶ 太る；大きくなる． ▶ *grossir* de trois kilos（↔maigrir）3キロ太る．
❷ 増える，増大する；強くなる，激しくなる． ▶ La foule *grossit*. 群衆が膨れ上がる／ Le bruit *grossit*. 音が強くなる．
❸ 大げさになる． ▶ La rumeur *a grossi* rapidement. そのうわさはあっと言う間に尾ひれがついた．
── 他動 ❶ …を太く見せる；大きく見せる． ▶ Ce vêtement vous *grossit*. この服を着ると太って見える／ Ce microscope *grossit* mille fois (les objets). この顕微鏡は物を1000倍に拡大する． ❷ …を増す，増大する；強くする． ▶ Les pluies *ont grossi* le fleuve. 雨で川が増水した／ *grossir* la fortune 財産を増やす． ❸ …を大げさにする，誇張する． ▶ Les journaux *grossissent* l'affaire. 新聞は事件をおおさげに取り上げている．
── **se grossir** 代動《*se grossir* de qc》…によって増える，増大する．

grossissant, ante /grosisɑ̃, ɑ̃ːt/ 形 ❶ 大きくなっていく． ▶ un verre *grossissant* 拡大鏡． ❷ 増えていく，増大していく． ❸《食べ物が》人を太らせる．

grossissement /grosismɑ̃/ 男 ❶ 太ること，肥満；増大． ❷ 誇大化，誇張． ❸ 倍率． ▶ loupe à fort *grossissement* 高倍率のルーペ．

grossiste /grosist/ 名 卸売商．

grosso modo /grosomodo/ 副句《ラテン語》概略的に，大ざっぱに． ▶ dire *grosso modo* de quoi il s'agit 問題点を大ざっぱに述べる．

grotesque /grotɛsk/ 形 異様で滑稽（こっけい）な，ばかげた，珍奇な；グロテスクな． ▶ personnage *grotesque* 滑稽な人物，奇人／ vêtement *grotesque* 奇矯な服装／ Votre remarque est *grotesque*. 御指摘は見当外れです．
── 男《幻想的，非現実的な》異様さ，滑稽さ，珍奇；《文学》グロテスク．
── **grotesques** 女複《絵画》《彫刻》グロテスク：古代ローマの壁面装飾に由来し，動植物，仮面などを複雑に配した装飾．

grotte /grɔt/ 女 洞窟（どうくつ）．

grouillant, ante /grujɑ̃, ɑ̃ːt/ 形 うごめいている，うようよしている． ▶ foule *grouillante* ひしめく群衆． ◆*grouillant* de qn/qc …がたくさんいる［ある］． ▶ place *grouillante* de monde 人々でごった返している広場．

grouillement /grujmɑ̃/ 男 ひしめき，うごめき；群がり．

grouiller /gruje/ 自動 ❶ ひしめく，うごめく，うようよする． ▶ Les vers *grouillent* dans ce fromage. このチーズには虫がわいている．
❷《*grouiller de* + 無冠詞名詞》…が群れている，でいっぱいである． ▶ La rue *grouille* de monde.

通りは人でごった返している.
— **se grouiller** 代動 俗 急ぐ (=se dépêcher). ▶ *Grouille-toi.* 急げ.
groupage /grupaːʒ/ 男 ❶ (小荷物, 商品などの) 目的地別仕分け. ❷〖医学〗血液型分類.
***groupe** /grup/ グルプ/ 男 ❶ 集まり, 群れ. ▶ *groupe de curieux* やじ馬の群れ / *groupe de maisons* 家の集まり / *Des groupes se formaient dans la rue.* 街頭に所々人だかりがしていた. ◆ *par groupes* いくつかずつ, グループごとに. ▶ *Les enfants marchent par petits groupes.* 子供たちは小さなグループに分かれて歩いている. ◆ *par groupes de* + 数詞 …個[人]ずつ. ▶ *placer des assiettes par groupes de deux* 皿を2枚ずつ置く.
❷ (目的, 利益などを同じくする)集団, グループ, 団体. ▶ *appartenir à un groupe* あるグループに所属する / *groupe industriel* 企業グループ / *groupe de pression* 圧力団体 / *groupe de rock* ロックグループ / *groupe de* 集団の, 団体の. ▶ *vie de groupe* 集団生活 / *travail de groupe* 共同作業. ◆ *en groupe* 集団で, 団体で. ▶ *voyager en groupe* 団体で旅行する.
❸ (分類上の)群. ▶ *groupe sanguin* 血液型.
❹ *groupe scolaire* 学校グループ (同一もしくは近い場所に併設された市町村立の小学校, 幼稚園をいう). ❺ 大隊, 部隊; (歩兵隊の)分隊. ▶ *groupe de combat* 戦闘分隊. ❻ *cabinet de groupe* (医者, 弁護士などの)合同事務所.
groupement /grupmɑ̃/ 男 ❶ 連合, 団体. ▶ *groupement syndical* 組合連合. ❷ まとめること, 集めること; まとまり, 集合.
***grouper** /grupe/ グルペ/ 他動 ❶ …を一つにまとめる, 1か所に集める. ▶ *grouper les écoliers dans la cour* 校庭に生徒を集める. ❷ …を分類する. ▶ *On peut grouper ces animaux en trois familles.* これらの動物は3つの科に分類できる. — **se grouper** 代動 集まる, 集まる, 集団をなす. ▶ *Groupez-vous par trois.* 3人1組になってください.
groupie /grupi/ 女 (米語) ❶ グルーピー: スターなどの周りを群がり歩く熱狂的女性ファン. ❷ (運動, 政治家などを)無条件に支持する女性.
groupuscule /grupyskyl/ 男 話 (軽蔑して)(政治的)小集団, 小派.
gruau /gryo/; (複) **x** 男 ❶ 碾割(%)からす麦. ▶ *bouillie de gruau* オートミール. ❷ 上質小麦粉.
grue /gry/ 女 ❶〖鳥類〗ツル. ❷ 起重機, クレーン. ❸ 俗 売春婦, 街娼.
faire le pied de grue 長い間同じ所に立ったまま人を待つ.
gruger /gryʒe/ ② 他動 文章 …から財産をだまし取る; を商売でだまにかける.
grumeau /grymo/; (複) **x** 男 (液状, 練り状のものの中の)塊, だま. ▶ *grumeaux de sang* 血塊.
se grumeler /s(ə)grymle/ ④ 代動〔牛乳などが〕固まる, 凝固する;〔ソースなどに〕だまができる.
grumeleux, euse /grymlø, øːz/ 形 ❶〔牛乳などが〕凝固した;〔ソースなどが〕だまのできた. ❷ (表面が)ざらざらした; (内部に)固いぶつぶつのある.

grutier, ère /grytje, ɛːr/ 名 クレーン操作員.
gruyère /gryjɛːr/ 男〖チーズ〗グリュイエール: 牛乳で作るスイスの同名地産の円筒形チーズ.
GSM〖英語〗(略語) global system for mobile communications ヨーロッパなどで主流の携帯電話規格.
Guadeloupe /gwadlup/ 固有 女 グアドループ [971]: カリブ海の島. フランス海外県の一つ.
guadeloupéen, enne /gwadlupeɛ̃, ɛn/ 形 グアドループ Guadeloupe の. — **Guadeloupéen, enne** 名 グアドループの人.
guano /gwano/ 男《スペイン語》❶ グアノ, 鳥糞(ん)石: 熱帯の海岸や島で海鳥の糞などが堆積(き)硬化したもの. ❷ (魚肥などで作った)人工グアノ肥料.
Guatemala /gwatemala/ 固有 男 グアテマラ: 首都 Guatemala Ciudad. ▶ *au Guatemala* グアテマラに[で, へ].
guatémaltèque /gwatemaltɛk/ 形 グアテマラ Guatemala の. — **Guatémaltèque** 名 グアテマラ人.
gué¹ /ge/ 男 (歩いて渡れる)浅瀬.
gué² /ge/ 間投 O *gué!* あら楽し(歌のリフレーンなどで).
guenille /gənij/ 女 ❶ (多く複数で)ぼろ着, 古着 (=haillon). ▶ *un clochard en guenilles* ぼろをまとった浮浪者. ❷ 文章 廃人, 腑(⁺)抜け.
guenon /gənɔ̃/ 女 ❶ 雌猿. ❷ 非常に醜い女; 《ののしって》売女(ば).
guépard /gepaːr/ 男〖動物〗チーター.
guêpe /gɛp/ 女 スズメバチ.
Pas folle, la guêpe! 話 だまされるような女[男] じゃないよ.
taille de guêpe 細くくびれた腰, 柳腰.
guêpier /gepje/ 男 スズメバチの巣.
se fourrer [tomber, donner] dans un guêpier 苦境に陥る.
***guère** /gɛːr/ ゲール/ 副 ❶ <ne ... guère> ほとんど…ない, あまり…ない. ▶ *Tu n'es guère attentif.* 君はあまり注意深くないね / *La paix ne dura guère.* (=pas longtemps) 平和は長続きしなかった / *Je ne vais guère au théâtre.* (=pas souvent) 私はめったに劇場へは行かない / *Je n'ai guère de courage.* (=pas beaucoup) 私にはあまり勇気がない.
❷ <ne ... guère que> ほとんど…だけだ. ▶ *Il n'y a guère que deux heures qu'elle est partie.* 彼女が出発してからまだせいぜい2時間しかたっていない.
❸ <ne ... plus guère> もはやあまり[ほとんど] …ない. ▶ *La jupe longue n'est plus guère à la mode.* ロングスカートはもはやらない.
❹ <ne ... guère + 形容詞[副詞]の比較級> ▶ *Il n'y a guère plus d'un kilomètre jusqu'à la gare.* 駅まで1キロそこそこだ.
❺ (単独で)《Vous aimez le jazz? — *Guère.*》「ジャズはお好きですか」「あまり好きじゃありません」
Guéret /gerɛ/ 固有 ゲレ: Creuse 県の県庁所在地.
guéret /gerɛ/ 男 休閑地.
guéri, e /geri/ 形 (guérir の過去分詞) ❶ (病気が)

治った. ❷(精神的苦痛,悪癖などから)解放された, 立ち直った. ❸〈être *guéri* de qc/不定詞〉…はうたくさんだ, うんざりだ. ▶ Dépenser pour de pareilles bêtises, j'en suis *guéri*! そんなつまらないことに金を使うのはもうやめた.

guéridon /ɡeridɔ̃/ 男 (1本脚の)円卓.

guérilla /ɡerija/ 女 ゲリラ戦(法); ゲリラ部隊. ▶ mouvements de *guérilla* ゲリラ活動.

guérillero /ɡerijero/ 男 ゲリラ兵.

***guérir** /ɡeriːr/ ゲリール/

直説法現在	je guéris	nous guérissons
	tu guéris	vous guérissez
	il guérit	ils guérissent
複合過去	j'ai guéri	半過去 je guérissais
単純未来	je guérirai	単純過去 je guéris

他動 ❶〔病気,病人〕を治す. ▶ Ce médicament vous *guérira*. この薬を飲めばあなた(方)は治りますよ. ▶ *guérir* qn de qc〔病気などから〕を治す. ▶ Ce remède l'*a guéri* de sa grippe. この薬で彼の風邪は治った.

❷〔精神的苦痛, 悪癖など〕を取り除く, 矯正する. ▶ Le temps *guérira* ta douleur. 時が君の苦しみを癒(い)やしてくれるだろう. ◆ *guérir* qn de qc〔精神的苦痛など〕から…を解放する. ▶ Il faut le *guérir* de ce souci. 彼のこの心配を取り除いてやらねばならない.

— 自動 ❶〈*guérir* (de qc)〉〔人が〕(病気, 精神的苦痛などから)回復する, 治る. ▶ Elle *guérira* vite. 彼女はすぐによくなるだろう / Il *est guéri* de son rhume. 彼の風邪は治った.

❷〔病気, 悩みなどが〕治る, 癒える, 和らぐ. ▶ Mon rhume *a guéri*. 私の風邪がよくなった.

— se guérir 代動 ❶〈*se guérir* (de qc)〉〔人が〕(病気, 苦悩などから)回復する, 治る. ▶ Il s'est *guéri* d'une mauvaise habitude. 彼は悪習から脱した.

❷〔病気が〕癒える, 治る;〔欠点などが〕直る.

guérison /ɡerizɔ̃/ 女 (病気, 精神的苦痛などの)回復, 治癒; (欠点などの)矯正. ▶ être en voie de *guérison* 快方に向かっている.

guérissable /ɡerisabl/ 形 治癒可能な; 直すことのできる.

guérisseur, euse /ɡerisœːr, øːz/ 名 民間治療師, 祈禱(きとう)師.

guérite /ɡerit/ 名 ❶〖軍事〗哨舎(しょうしゃ). ❷ (単独の作業員用の)小屋, ボックス.

⁑guerre /ɡɛːr/ ゲール/ 女

❶ 戦争. ▶ La *guerre* a éclaté en 1941. 戦争は1941年に勃発(ぼっぱつ)した / La *guerre* a pris fin en 1945. 戦争は1945年に終わった / gagner [perdre] la *guerre* 戦争に勝つ[負ける] / déclencher la *guerre* 戦争を引き起こす / mettre fin à la *guerre* 戦争を終わらせる / déclarer la *guerre* 宣戦布告する / être en *guerre* contre un pays ある国と戦争状態にある / aller en [à la] *guerre* 戦争に行く / la première [seconde] *Guerre* mondiale 第1[2]次世界大戦 / *guerre* atomique [conventionnelle] 核[通常]戦争 / *guerre* d'indépendance 独立戦争 / la *guerre* du Pacifique 太平洋戦争 / la *guerre* du Golfe 湾岸戦争 / *guerre* sainte 聖戦 / *La guerre de Troie n'aura pas lieu*「トロイ戦争は起こらない」(ジロドゥーの戯曲). ◆ qn/qc de *guerre* ▶ homme de *guerre* 軍人 / mutilé de *guerre* 傷痍(しょうい)軍人 / correspondant de *guerre* 従軍記者 / prisonnier de *guerre* 捕虜 / criminel de *guerre* 戦争犯罪人 / matériel de *guerre* 軍需品 / déclaration de *guerre* 宣戦布告.

❷ 争い, 闘い. ▶ *guerre* économique 経済戦争 / *guerre* des débouchés 市場拡張戦争 / *guerre* de l'audience 視聴率合戦 / *guerre* des rabais 安売り合戦 / *guerre* des étoiles スターウォーズ.

à la guerre comme à la guerre 諺 戦時には戦時のように(不自由に耐えねばならない).

de bonne guerre 正々堂々たる, 公明正大な. ▶ Il est *de bonne guerre* de ne pas inclure le principal intéressé. 利害関係のある主要当事者を外すのは公明な処置である.

de guerre lasse 戦う気力もうせて, 仕方なく. ▶ *De guerre lasse*, j'ai accepté sa proposition. 仕方なく私は彼(女)の提案を受け入れた.

en guerre 戦争状態に; 敵対した, 反目した. ▶ être *en guerre* contre [avec] qn …と交戦状態にある; 不和である / entrer *en guerre* avec qn/qc …と戦争状態に入る.

faire la guerre 従軍する.

faire la guerre à qc …に戦いを挑む. ▶ *faire la guerre aux* injustices 不正と戦う.

faire la guerre à qn …を非難する; に態度を改めさせる.

nom de guerre 変名, ペンネーム, 芸名.

petite guerre 女 模擬戦, 小競り合い; 戦争ごっこ.

guerrier, ère /ɡɛrje, ɛːr/ 形 戦争の; 好戦的な, 喧嘩(けんか)っ早い. ▶ exploits *guerriers* 武勲 / un peuple *guerrier* 好戦的な民族.

— 名 (昔の)戦士;〈集合的に〉軍人, 兵士.

guerroyer /ɡɛrwaje/ 10 自動 文章 戦う(= faire la guerre).

guet /ɡɛ/ 男 見張り, 監視, 張り込み. ▶ faire le *guet* = être au *guet* 見張る.

guet-apens /ɡɛtapɑ̃/ 〘複〙 ~s~ 男 待ち伏せ, 罠(わな); 陰謀. ▶ tomber dans un *guet-apens* 罠に落ちる / attirer qn dans un *guet-apens* …を待ち伏せする / tendre un *guet-apens* à qn …を罠にかける.

guêtre /ɡɛtr/ 女 ❶ ゲートル. ❷ (ダンサーなどの)レッグ・ウォーマー.

guetter /ɡete/ 他動 ❶ …をつけねらう, 見張る. ▶ Le chat *guette* le souris. 猫がネズミをねらっている / *guetter* l'ennemi 敵を監視する /〖目的語なしに〗soldat en train de *guetter* 見張り番の兵士. ❷ …を待ち構える, 待ちわびる. ▶ *guetter* "une occasion [le moment] favorable じっくりと好機をうかがう. ❸〔危険, 病気などが〕…を脅かす. ▶ La faillite le *guette*. 彼は破産寸前だ.

guetteur, euse /ɡɛtœːr, øːz/ 名 監視人[兵]; 海上監視員.

gueulard, arde /gœla:r, ard/ 形, 名 話 がなり立てる(人).

***gueule** /gœl/ グル/ 女 ❶ (獣, 蛇, 魚などの)口. ▶ Le chien ouvre sa *gueule*. 犬が口を開ける.
❷ 話 (人間の)口. 注 おもに言葉, 飲食などについての特定の言い回しの中で用いる(⇨ 成句). ▶ Ferme [Tais] ta *gueule*! = Ta *gueule*! 俗 黙れ / fine *gueule* 話 食通, 美食家.
❸ 話 (人間の)顔, 面(ﾂﾗ); 表情. ▶ avoir une bonne [sale] *gueule* いい[嫌な]顔をしている / faire une drôle de *gueule* 奇妙な顔つきをする / recevoir un coup dans la *gueule* 顔面に殴打を受ける.
❹ 話 (物の)外観, 様相. ▶ Ce chapeau a une drôle de *gueule*. この帽子は変な形をしている.
❺ (かまど, トンネルなどの)口. ▶ la *gueule* d'un canon 砲口.

avoir de la gueule 話 立派[見事]である.
avoir la gueule de bois 俗 (二日酔いで)口がねばねばする; 頭が重い.
casser la gueule à [de] qn 話 …を殴る; 殺す.
crever la gueule ouverte 俗 のたれ死にする.
en prendre plein la gueule 打ちのめされる; さんざんひどいことを言われる.
être fort en gueule = être une grande gueule 話 大声でよくしゃべる; 口ばかり達者だ.
faire la gueule (à qn) 話 (…に)仏頂面をする.
la gueule de l'emploi 職業[役割]にふさわしい顔つき[容姿].
mettre [foutre] plein la gueule たらふく食う.
se casser la gueule 話 (1) 倒れてけがをする. (2) 失敗する, ひどい目に遭う.
se mettre [se foutre] sur la gueule 俗 殴り合う.
se soûler la gueule 俗 酔っ払う.
se foutre de la gueule de qn 俗 …をばかにする, あざ笑う.
tomber [se jeter, se précipiter] dans la gueule du loup 軽率に危地へ飛び込む.

gueule-de-loup /gœldəlu/ 名; 《複》 ~s-~-~ 女 【植物】 キンギョソウ (=muflier).

gueuler /gœle/ 自動 話 ❶ わめく, どなる; [ラジオなどが]大きな音を出す. ❷ <*gueuler* (contre [après] qn/qc)> (…に)抗議する.
— 他動 話 …を大声で叫ぶ.

gueuleton /gœltɔ̃/ 男 話 (たらふく飲み食いして騒ぐ)大宴会.

gueuletonner /gœltɔne/ 自動 話 大宴会を開く, たらふく飲み食いする.

gueux, gueuse /gø, gø:z/ 名 古 ❶ 乞食(ｺｼﾞｷ), ひどい貧乏人. ❷ 《軽蔑して》ろくでなし; ならず者, 卑劣漢.
— **gueuse** 女 古風 下級娼婦(ｼｮｳﾌ).
courir la gueuse 放蕩(ﾎｳﾄｳ)する, 女の尻(ｼﾘ)を追い回す.

gui /gi/ 男 【植物】 ヤドリギ.

guibol(l)e /gibɔl/ 女 俗 足 (=jambe).

guiches /giʃ/ 女《複》(額やこめかみに垂らす, カールした)愛敬(ｱｲｷｮｳ)毛.

***guichet** /giʃɛ ギシェ/ 男 ❶ (役所, 銀行などの)窓口; (劇場, 駅などの)切符売り場, 出札口. ▶ *guichet* de location プレイガイド, 前売り券売り場 / *guichet* automatique de banque キャッシュ・ディスペンサー, 現金自動支払機 / se renseigner au *guichet* de la poste 郵便局の窓口で問い合わせる / faire la queue au *guichet* 窓口で列を作る / Adressez-vous au *guichet* d'à côté. 隣の窓口にお回りください / *guichet* unique ワンストップ窓口. ❷ (扉, 壁上のぞき窓, 小窓.
à guichets fermés 古風 (当日券なしの)前売り券興行で, 満員札止めで.

guichetier, ère /giʃtje, ɛ:r/ 名 (役所, 銀行などの)窓口係; (駅の)出札係.

guidage /gida:ʒ/ 男 ❶ (飛行体の)誘導.
❷ 【機械】誘導装置, ガイド.

***guide** /gid ギド/ 名 案内人, ガイド; 《特に》(免許を持つ)山岳ガイド. ▶ servir de *guide* à qn …の案内役を務める / Suivez le *guide*! (ガイドが客に)「あとについてきてください」 / N'oubliez pas le *guide*. ガイド(のチップ)をお忘れなく.
— 男 ❶ ガイド役; 指導者, リーダー. ▶ prendre qn pour *guide* …を指導者と仰ぐ.
❷ 行動原理. ▶ Il n'a d'autre *guide* que son ambition. 彼は野心だけで動いている.
❸ 案内書, ガイドブック. ▶ *guide* touristique 観光ガイド / *Guide* Michelin ミシュラン社のレストランガイド / *guide* gastronomique グルメガイド / *guide* de l'étudiant 学生便覧.
— 女 ❶ 《多く複数で》手綱. ▶ tirer sur les *guides* 手綱を締める. ❷ (les Guides de France に属する)ガールスカウト (12-14歳).

***guider** /gide ギデ/ 他動 ❶ …を案内する, 導く, に道を教える; [目印などが]…を導く. ▶ *guider* un touriste 観光客を案内する.
❷ [馬など]を御する, 操る; [船, ミサイルなど]を誘導する. ▶ *guider* un avion à distance 飛行機を遠隔誘導する. ❸ …を指導する; 指針となる. ▶ *guider* un enfant dans le choix d'une carrière 子供の進路指導をする.
— **se guider** 代動 <*se guider* sur qn/qc> …を指針に進む. ▶ *se guider* sur l'exemple de qn …の例にならう.

guidon /gidɔ̃/ 男 ❶ (自転車, オートバイの)ハンドル(バー). ❷ (銃の)照星.

guigne¹ /giɲ/ 女 ギーニュ: サクランボの一品種.
se soucier de qn/qc comme d'une guigne 話 …を少しも気に留めない.

guigne² /giɲ/ 女 話 (つきまとう)不運. ▶ avoir la *guigne* 運が悪い / porter la *guigne* à qn …に不運をもたらす.

guigner /giɲe/ 他動 ❶ …を横目で見る, そっと盗み見る. ▶ *guigner* le jeu du voisin 隣の人の手札をちらっと見る. ❷ [地位など]をひそかにねらう. ▶ *guigner* un poste あるポストをねらう.

guignol /giɲɔl/ 男 ❶ ギニョール, 指人形; 指人形劇. ❷ おかしな人, 滑稽(ｺｯｹｲ)な人. ▶ faire le *guignol* 周りを笑わす, おどける.

guignolet /giɲɔlɛ/ 男 ギニョレ: ギーニュから作られるリキュール.

guignon /giɲɔ̃/ 男 古風・話 (つきまとう)不運 (=guigne).

guilde

guilde /gild/ 囡『歴史』ギルド: 中世ヨーロッパの同業組合.

guili-guili /giligili/; 〖複〗~-~s 男 話 (くすぐるときの)こちょこちょ. ▶ faire *guili-guili* à qn …をくすぐる.

guillemet /gijmɛ/ 男 引用符, ギュメ, 二重ギュメ (《》); 括弧. ▶ mettre une citation entre *guillemets* 引用を引用符で囲む / ouvrir les *guillemets* 引用符を開く(《) / fermer les *guillemets* 引用符を閉じる(》).
entre guillemets 括弧付きの, いわゆる(=soi-disant). ▶ un artiste *entre guillemets* 自称芸術家.

guillemeter /gijmete/ ④ 他動 …を引用符[ギュメ]で囲む.

guilleret, ette /gijrɛ, ɛt/ 形 元気のよい, 陽気な.

guillotine /gijɔtin/ 囡 ❶ギロチン, 断頭台; ギロチン刑. ▶ envoyer un criminel à la *guillotine* 罪人を断頭台に送る / monter sur la *guillotine* 断頭台に上る / condamner à la *guillotine* 死刑宣告を下す. ❷ fenêtre à *guillotine* 上げ下げ窓. ❸《名詞の間のハイフン(-)で結びついて》ギロチン刑に等しい, 切り捨て式の. ▶ examen-*guillotine* 苛酷(ゕ)な試験.

guillotiné, e /gijɔtine/ 形, 名 ギロチンにかけられた(人).

guillotiner /gijɔtine/ 他動 …をギロチンにかける.

guillotineur /gijɔtinœːr/ 男 ギロチン刑の執行人.

guimauve /gimoːv/ 囡 ❶『植物』タチアオイ. ❷マシュマロ(=pâte de *guimauve*). ❸甘ったるい感傷. ▶ Ce roman, c'est de la *guimauve*. この小説ときたら甘ったるくてかなわない.

guimbarde /gɛ̃bard/ 囡 ❶ 話 おんぼろ車. ❷『音楽』ジューズハープ, 口琴.

guimpe /gɛ̃ːp/ 囡 ❶ ウィンプル: 修道女の用いる白い頭巾. ❷ (デコルテの下につける)胸飾り, 胸当て.

guindé, e /gɛ̃de/ 形 もったいぶった, しゃちこばった; 仰々しい. ▶ un style *guindé* 誇張した文体.

guinder /gɛ̃de/ 他動 ❶《マスト》を立てる;〔起重機で〕〔荷物など〕をつり上げる. ❷文章 …にもったいをつける.
— *se guinder* 代動 もったいぶる, しゃちこばる.

Guinée /gine/ 固有 囡 ギニア: 首都 Conakry. ▶ en *Guinée* ギニアに[で, へ].

guinéen, enne /gineɛ̃, ɛn/ 形 ギニア Guinée の. — **Guinéen, enne** 名 ギニア人.

guingois /gɛ̃gwa/ 男《次の句で》
de guingois 副句 斜めに, はすに, 傾いて; 調子悪く. ▶ être assis *de guingois* 斜めに座る / Tout va *de guingois*. 何もかもうまくいかない.

guinguette /gɛ̃gɛt/ 囡 (郊外の森などにある)パブ, 酒場, ダンスホール.

guirlande /girlɑ̃ːd/ 囡 (生花, 造花, 紙などを長くつないだ)花〔葉〕飾り; 花綱(模様). ▶ *guirlande* lumineuse[électrique](クリスマスツリーなどに絡ませる)イルミネーション.

guise /giːz/ 囡 話 仕方, 流儀. 注 今日では次の成句でのみ用いられる.
à sa guise 副句 思うままに, 好きなように. 注 sa は各人称に変化させ用いられる. ▶ *A votre guise*. お好きなように / Il n'en fait qu'*à sa guise*. 《軽蔑して》やつはやりたい放題をやっている.
en guise de + 無冠詞名詞 …として, のつもりで, 代わりに. ▶ *en guise de* conclusion 結論として / servir des sandwichs *en guise de* repas 食事代わりにサンドイッチを出す.

guitare /gitaːr/ 囡 ギター. ▶ *guitare* classique[électrique]クラシック[エレキ]ギター / jouer de la *guitare* ギターを弾く.

guitariste /gitarist/ 名 ギタリスト, ギター奏者. ▶ *guitariste* classique[de jazz]クラシックギター奏者[ジャズギタリスト].

guivre /giːvr/ 囡『紋章』蛇.

gus(t) /gys/ 男 話 やつ, 男.

gustatif, ive /gystatif, iːv/ 形 味に関する, 味覚の. ▶ sensibilité *gustative* 味覚.

gustation /gystasjɔ̃/ 囡 味覚.

guttural, ale《男複》**aux** /o/ 形 喉(②)から出る;『音声』喉音(ぶん)の. ▶ voix *gutturale* (=rauque) かすれ声, しゃがれ声.

guyanais, aise /gɥijanɛ, ɛːz/ 形 ギアナ Guyanes の.
— **Guyanais, aise** 名 ギアナ人.

Guyane française /gɥijanfrɑ̃sɛːz/ 固有 囡 仏領ギアナ [973]: 南アメリカ北部のフランス海外県.

Guyenne /gɥijɛn/ 固有 囡 ギュイエンヌ地方: フランス南西部の旧州.

gym /ʒim/ 囡 (gymnastique の略) 話《学生》体操, 体育.

gymkhana /ʒimkana/ 男《英語》ジムカーナ: 短距離コースを設定し, 走行時間を競う自動車・オートバイ競技.

gymnase /ʒimnɑːz/ 男 ❶ 体育館, 屋内体操場. ❷(ドイツ, スイスの)ギムナジウム, 高等中学校.

gymnaste /ʒimnast/ 名 体操選手; 軽業師.

***gymnastique** /ʒimnastik/ ジムナスティック 囡 ❶ 体操; 体育. 注 話し言葉では gym /ʒim/ と略す. ▶ faire de la *gymnastique* 体操をする / *gymnastique* rythmique リズム体操, リトミック / *gymnastique* moderne = *gymnastique* rythmique et sportive 新体操. ❷(精神的, 知的)訓練〔努力〕. ▶ *gymnastique* de l'esprit 頭の体操. ❸ アクロバット[軽業]的な動き.
au pas de gymnastique 駆け足で; 急いで.

gymnique /ʒimnik/ 形 体操[体育]の.

gynéco- 接頭「婦人」の意.

gynécologie /ʒinekɔlɔʒi/ 囡 婦人科学.

gynécologique /ʒinekɔlɔʒik/ 形 婦人科学の.

gynécologue /ʒinekɔlɔg/ 名 婦人科医.

gypaète /ʒipaɛt/ 男『鳥類』ヒゲワシ.

gypse /ʒips/ 男 石膏(ぢぅ), ギプス.

gyro- 接頭「回転」の意.

gyrophare /ʒirɔfaːr/ 男 (救急車, 消防車, パトカーなどの屋根の)回転灯.

gyroscope /ʒirɔskɔp/ 男 ジャイロスコープ, 回転儀.

gyroscopique /ʒirɔskɔpik/ 形 ジャイロスコープの, 回転儀の. ▶ compas *gyroscopique* ジャイロコンパス.

H, h

H, h /aʃ/ ❶ フランス字母の第8字. ❷ L'heure *H* 決行時刻;《軍事》行動発起時刻. 注 標準フランス語では h は発音されないが, h muet (無音の h), h aspiré (有音の h)と呼ばれる扱い上の区別がある. 無音の h で始まる語の前ではリエゾンやエリジョンが行われる(例: un homme /œnɔm/, des hommes /dezɔm/, l'histoire /listwaːr/). 有音の h で始まる語の前ではリエゾンもエリジョンも行われず(例: un héros /œero/, des haricots /dearikɔ/)また直前の e は /ə/ と発音される(例: le héros /ləero/). 字母の名称自体は通常無音の h 扱い(l'h), ときに有音の h ともされる (le h).

ha[1]《記号》hectare ヘクタール.

†ha[2] /a; ha/ 間投 ❶ はっはっは(笑い声, 特に *ha! ha!* と重ねて). ❷ (ah の異形) 間 おや, ほう (驚き).

†habanera /abanera/ 囡《中南米スペイン語》ハバネラ: キューバの首都ハバナ La Havane に生まれた2拍子のダンスと舞曲.

***habile** /abil/ アビル/ 形 ❶ 器用な, 上手な; 抜け目のない. ▶ mains *habiles* 器用な手 / être *habile* de ses mains [doigts] 手先が器用だ / politicien *habile* 老練な政治家. ◆(être) *habile* à qc/不定詞…が上手である, 巧みに…する. ▶ Il est *habile* à se décharger de ses responsabilités. 彼は責任逃れがうまい. ❷ よくできた, 手慣れた; 巧みな, 抜かりない. ▶ Sa réponse était très *habile*. 彼(女)の答えはなかなか巧みだった.

habilement /abilmɑ̃/ 副 巧みに, 上手に.

***habileté** /abilte/ アビルテ/ 囡 ❶ 巧みさ, 器用さ; 抜け目のなさ. ▶ avocat d'une grande *habileté* 腕利きの弁護士 / agir avec *habileté* 巧妙に立ち回る. ◆*habileté* à qc/不定詞…が巧みなこと, の巧妙さ. ❷《多く複数で》文章 手練手管, ずる賢さ.

habilitation /abilitasjɔ̃/ 囡《民法》授権, 資格付与.

habilité /abilite/ 囡《民法》資格, 権限. ▶ *habilité* à succéder 相続人資格.

habiliter /abilite/ 他動《法律》《多く受動態で》<*habiliter* qn à +不定詞>…に…する権限[資格]を与える. ▶ Je *suis habilité* à signer les chèques. 私は小切手に署名する権限を与えられている.

habillage /abijaːʒ/ 男 ❶ 着せる[着る]こと, 着付け. ❷ 包むこと, 包装(作業), 外装(工程); カバー. ❸ 文章 (不都合な面を隠して)美化すること.

habillé, e /abije/ 形 ❶ 服を着た, (ある)服装をした; 盛装[正装]した. ▶ être *habillé* d'un complet 三つぞろいを着ている / Elle est bien *habillée*. 彼女はいい[ドレッシーな]服を着ている(比較 ⇨ ÉLÉGANT). ❷ 盛装[正装]用の, フォーマルな. ▶ robe *habillée* フォーマルドレス / dîner *habillé* (盛装で出席する)正式晩餐(ばん)会.

habillement /abijmɑ̃/ 男 ❶ 衣服を着せること; 衣服の支給. ▶ frais d'*habillement* 被服費. ❷ 服装, 身なり. 比較 ⇨ VÊTEMENT. ❸ 衣服業(界).

***habiller** /abije/ アビエ/ 他動 ❶ <*habiller* qn (de qc)>…に(衣服を)着せる; 衣服を与える. ▶ *habiller* un enfant 子供に服を着せる / On *l'a habillé* d'un costume neuf. 彼は新しい服を着せられた / *habiller* qn de [en] noir …に黒い服を着せる.
❷ <*habiller* qn en + 人を表わす名詞>…に…の扮装(そう)をさせる. ▶ *habiller* un petit garçon en cow-boy 少年にカウボーイの服装をさせる.
❸ …の服を仕立てる. ▶ se faire *habiller* par les grands couturiers 一流デザイナーに服を作ってもらう.
❹〔衣服が〕…に似合う. ▶ Cette robe vous *habille* bien. そのドレスはあなたによく似合っている / Un rien l'*habille*. 彼(女)は何を着ても似合う.
❺ <*habiller* qc (de qc)>(…で)…に覆いをする, …を包装する; 飾る. ▶ *habiller* des chaises de housses 椅子(いす)にカバーをかける.
❻ <*habiller* qc (de qc)>(…で)…を包み隠す, 繕う; 粉飾する. ▶ *habiller* une demande d'argent d'excuses diverses いろいろ口実を並べてそれとなく金を要求する.
❼〔肉, 魚〕を下ごしらえする, 下ろす.
— **:s'habiller** 代動 ❶ <*s'habiller* (+ 様態)>(…な)服を着る, 衣服を身につける. ▶ *s'habiller* à la dernière mode 最新流行の服装をする / *s'habiller* de noir 黒い服を着る. ❷ <*s'habiller* en + 人を表わす名詞>…に扮装する. ▶ *s'habiller* en Père Noël サンタクロースに扮する. ❸ 服を作らせる, 服を買う. ▶ *s'habiller* chez un couturier réputé 有名デザイナーの店で服をあつらえる.
❹ 盛装する, 正装する. ▶ Faut-il *s'habiller* pour ce dîner? この晩餐(ばん)会には盛装する必要がありますか.

> 比較 (服を)着る
> **s'habiller** 様態を示す副詞句とともに用い, 服装のよしあしなどを全体的に示す. 個々の服飾品を問題にするときは使わない. **mettre, porter** 個々の服飾品を目的語として, mettre は着る行為, porter はそれを着ている状態を示す.

habilleur, euse /abijœːr, øːz/ 图 (劇場やファッションショーの)衣装方, 着付け係.

***habit** /abi/ アビ/ 男 ❶《複数で》衣服. ▶ mettre [ôter] ses *habits* 服を着る[脱ぐ] / brosse à *habits* 洋服ブラシ / marchand d'*habits* 古着屋 / *Les habits* neufs de l'empereur「皇帝の新しい服」(アンデルセンの童話「裸の王様」の仏訳タイトル).
❷ (ある職業, 活動などに特有の)服装, 衣装. ▶ *habit* de chasse 狩猟服 / *habit* de gala 礼装,

盛装.
❸ 燕尾(ぴ)服. ▶ L'*habit* est obligatoire [de rigueur]. (招待状などで)礼服着用のこと.
❹〔カトリック〕僧服, 法衣. ▶ *habit* ecclésiastique [religieux] 聖職者の服, 司祭服 / prendre l'*habit* 聖職に就く; 修道会に入る.
L'habit ne fait pas le moine. ⟨諺⟩(修道服が修道士をつくるのではない→)人を外見で判断してはならない.

habitabilité /abitabilite/ 囡 居住(適)性, 居住可能性.
habitable /abitabl/ 厖 住める, 住むのに適した.
habitacle /abitakl/ 男 操縦室, コックピット;（宇宙船の）船室;（自動車の）室内.
***habitant, ante** /abitɑ̃, ɑ̃:t/ アビタン, アビタント/ 名 女性形は稀. ❶（地域の）住民;（建物の）居住者. ▶ une ville de trois cent mille *habitants* 人口30万人の都市 / loger chez l'*habitant* 民家に泊まる.
❷《多く複数で》〔詩語〕住人. ▶ *habitants* de l'eau 水の住人（魚, カエルなど）.
habitat /abita/ 男 ❶ 居住形態;《集合的に》居住環境; 住居. ❷（動植物の）生息地, 生育地.
habitation /abitasjɔ̃/ 囡 ❶ 居住, 住むこと. ▶ droit d'*habitation* 居住権 / améliorer les conditions d'*habitation* 居住条件を改善する.
❷ 住宅, 住居. ▶ *habitation* commune 集合住宅 / *habitation* à loyer modéré 低家賃住宅（略 HLM）. 比較 ⇨ MAISON.
habité, e /abite/ 厖 人が住んでいる. ▶ La maison n'a pas l'air *habitée*. 家には人の住んでいる気配がない / un satellite *habité* 有人衛星 / un vol *habité* 有人飛行.

***habiter** /abite アビテ/

直説法現在	j'habite	nous habitons
	tu habites	vous habitez
	il habite	ils habitent
複合過去 j'ai habité		半過去 j'habitais
単純未来 j'habiterai		単純過去 j'habitai

他動 ❶ …に住む, 居住する. ▶ *habiter* une jolie maison きれいな家に住む / *habiter* 2 [deux] rue Bonaparte ボナパルト街2番地に住む / *habiter* la campagne 田舎に住む / *habiter* Paris パリに住む. ❷〔考えなどが〕…に宿る. ▶ la peur qui l'*habite* 彼（女）に取りついて離れない恐怖.
━ ***habiter** 自動 ❶〈*habiter* (+ 場所)〉（…に）住む, 居住する. ▶ Où *habitez*-vous？ ─ J'*habite* à Shinjuku.「どこにお住まいですか」「新宿に住んでいます」/ *habiter* à Paris パリに住む / *habiter* en ville 都会に住む / *habiter* à la campagne 田舎に住む / *habiter* avec qn …と暮らしている / *habiter* au 12 [douze] (de la) rue Descartes デカルト街12番地に住む / *habiter* à l'étranger 外国暮らしをする.
❷ 宿る. ▶ le péché qui *habite* en moi 私の中に潜んでいる罪.
Vous habitez chez vos parents？ ご両親とお住まいですか（男性が若い女性と親しくなろうと声かけるときにする月並みな質問）.

:**habitude** /abityd/ アビテュド/ 囡 ❶（個人の）習慣, 習性; 癖. ▶ prendre une bonne *habitude* よい習慣を身につける / *habitudes* de paresse 怠け癖 / L'*habitude* est une seconde nature. ⟨諺⟩習慣は第二の天性である / Ce n'est pas「son *habitude* [dans ses *habitudes*] de rentrer si tard. 彼（女）は普段そんなに遅く帰宅することはない.
❷ 慣れ; 習熟. ▶ Ce n'est pas difficile, c'est une question d'*habitude*. 難しくないよ, 慣れの問題だ.
❸《多く複数で》慣例, 風習. ▶ respecter les *habitudes* du pays 土地のしきたりを尊重する.
à [selon, suivant, comme à] son habitude いつものように, 例の通り.
avoir l'habitude de + 不定詞/*qc* (1) …を習慣にしている, いつも…する. ▶ *avoir l'habitude de boire* 飲酒癖がある. (2) …に慣れている. ▶ Je n'*ai pas l'habitude des* enfants. 私は子供の扱いに慣れていない.
***d'habitude** いつもは. ▶ *D'habitude*, il arrive au bureau à neuf heures. 普段彼は9時に会社に着く / *comme d'habitude* いつものように.
par habitude 習慣的に, 機械的に.
prendre l'habitude de + 不定詞/*qc* …の習慣がつく; に慣れる.
比較 **習慣**
habitude 特に個人の習慣について多く用いられる. **routine** 個人や組織などの惰性による習慣. **coutume, usage** 社会集団における生活上のしきたり.

habitué, e /abitɥe/ 名 常連, なじみ客.
***habituel, le** /abitɥɛl/ 厖 習慣となった, いつもの; 普通の, よくある. ▶ geste *habituel* 習慣化したしぐさ / les procédés qui lui sont *habituels* 彼（女）のいつものやり方 / chaleur *habituelle* en août 8月にはよくある暑さ.
habituellement /abitɥɛlmɑ̃/ 副 いつもは, 普段は; 慣習的に.
***habituer** /abitɥe アビテュエ/ 他動 ❶〈*habituer* qn à qc/不定詞〉…を…に慣らす, 習慣づける; しつける. ▶ *habituer* son corps au froid 寒さに体を慣らす / Il faut l'*habituer* à faire son lit. ベッドメーキングは自分でするよう彼（女）をしつけなければならない.
❷〈être habitué à qc/不定詞〉…に慣れている. ▶ Nous *sommes habitués* au bruit. 私たちは騒音には慣れっこになっている.
━ **s'habituer** 代動〈*s'habituer* à qc/不定詞〉…に慣れる, を習慣とする. ▶ *s'habituer* à la vie française フランスの生活に慣れる.

†**hache** /aʃ/ 囡 斧(ホシ), 鉈(ホタ), まさかり. ▶ abattre un arbre à coups de *hache* 斧で木を倒す / fendre du bois avec une *hache* 鉈で薪(ホョ)を割る / *hache* à main 手斧, 鉈.
enterrer [déterrer] la hache de guerre 矛をおさめる [戦争を始める].
fait [taillé] à coups de hache 粗雑な作りの;〔顔つきや体つきが〕不格好な, いかつい.
porter la hache dans qc (行政機構などに)大

鉈を振るう,(予算などの)削減を断行する.

haché, e /aʃe/ 形 ❶ みじん切りにした; ひき肉にした. ▶ bifteck *haché* ハンバーグ. ❷〔言葉などが〕短く切られた.

— **haché** 男 ひき肉 (=viande hachée).

hacher /aʃe/ 他動 ❶ …を刻む, 細かく切る. ▶ *hacher* des oignons タマネギをみじん切りにする / *hacher* de la viande ひき肉にする. 比較 ⇨ COUPER. ❷ …を傷める, 台なしにする. ▶ L'orage a *haché* toute la vendange. 雷雨がブドウの収穫を台なしにした. ❸ ⟨*hacher* qc (de qc)⟩(…で)〔言葉など〕を切れ切れにする. ▶ Le public *hachait* son discours d'applaudissements. 聴衆は彼(女)の演説を拍手でしばしば中断させた.

se faire hacher いかなる苦痛にも耐える, どんな苦労もいとわない.

†**hachette** /aʃɛt/ 女 小型の斧(ホº), 手斧(ͨº).

†**hachis** /aʃi/ 男〔肉,魚の〕ひき肉;〔香草などの〕みじん切り. ▶ *hachis* Parmentier パルマンティエ風ひき肉料理(牛ひき肉とマッシュポテトの重ね焼き).

†**hachisch** /aʃiʃ/ 男 ⇨ HASCHISCH.

†**hachoir** /aʃwa:r/ 男 ❶ チョッパー,刻み包丁. ❷ ミンサー,肉ひき機. ❸ まな板.

†**hachure** /aʃy:r/ 女〔多く複数で〕❶〔素描,版画で〕線影, ハッチング. ❷〔地形図で〕起伏などを表わす)毛羽(ᵇᵃ).

†**hachurer** /aʃyre/ 他動 ❶〔素描など〕に線影をつける. ❷〔地形図で〕…に毛羽(ᵇᵃ)をつける.

†**hacker** /akœ:r/ 男〔英語〕〘情報〙ハッカー.

Hadès /ades/ 固有 男 〘ギリシア神話〙ハデス: 冥府(ᵐᵉⁱᶠᵘ)の神, 別名プルトン.

†**hagard, arde** /aga:r, ard/ 形 取り乱した;凶暴な,血迷った.

hagiographe /aʒjɔgraf/ 名 ❶ 聖人伝の著者. ❷ 美化しすぎる伝記作者.

hagiographie /aʒjɔgrafi/ 女 ❶ 聖人伝. ❷ 美化しすぎた伝記.

*† **haie** /ɛ/ 女 ❶ 垣根;生け垣 (=*haie* vive). ▶ *haie* morte [sèche] 柴垣;有刺鉄線の垣 / tailler une *haie* 生け垣を刈り込む. ❷〘スポーツ〙ハードル, 障害物. ▶ course de *haies*〔陸上競技の〕ハードル競走;〔競馬の〕障害競走. ❸ 人垣, 人の列. ▶ faire une *haie* d'honneur 表敬の列を作る.

†**haïku** /aiku/ 男〔単複同形〕〘日本語〙俳句.

†**haillon** /ajɔ̃/ 男〘多く複数で〙ぼろぎれ, ぼろ着. ▶ être en *haillons* (=loque) ぼろをまとっている.

*† **haine** /ɛn/ 女 ❶ 憎しみ, 憎悪, 憎み. ▶ avoir la *haine* de la violence 暴力を憎む / avoir [éprouver] de la *haine* pour qn/qc …を憎む / prendre qn/qc en *haine* …を憎悪する / *haine* raciale 人種差別による憎しみ.

avoir la haine 話 うざい, むかつく.

avoir la haine pour qn 話 …を毛嫌いする.

donner la haine à qn 話 …の憎悪を買う, ぞっとさせる.

par haine de qn/qc …に対する憎しみから, に反発して.

†**haineusement** /ɛnøzmɑ̃/ 副 憎しみを込めて.

†**haineux, euse** /ɛnø, ø:z/ 形 ❶ 物事を根に持つ, 執念深い. ❷ 憎悪に満ちた, 恨みのこもった.

†**haïr** /ai:r/ 14〔過去分詞 haï, 現在分詞 haïssant〕他動 ❶ …を憎む, 嫌う (↔aimer). ▶ *haïr* qn à mort …を殺しても飽き足りないほど嫌う. ◆ *haïr* qn de + 不定詞 …のせいで…を憎む. ▶ Je le *hais* de m'avoir ainsi trompé. 私をこんなふうに欺いた彼を私は憎む. 比較 ⇨ DÉTESTER. ❷ ⟨*haïr* qc // 文章 *haïr* de + 不定詞⟩…を忌み嫌う. ▶ *haïr* l'hypocrisie 偽善を嫌う. ◆ ne pas *haïr* qc [que + 接続法] 文章 …がかなり好きである. ▶ Il ne *hait* pas qu'on l'admire. 彼は感心されるのがまんざら嫌いでもない.

— **se haïr** 代動 ❶ 憎み合う. ❷ 自己を嫌悪する.

hais, hait /ɛ/ 活用 ⇨ HAÏR 14

†**haïssable** /aisabl/ 形 憎むべき;嫌な. ▶ Je trouve la guerre *haïssable*. 戦争は憎むべきものだと思う.

Haïti /aiti/ 固有 男 ハイチ: 首都 Port-au-Prince. ▶ en [à] *Haïti* ハイチに [で, へ].

⁽⁺⁾**haïtien, enne** /aisjɛ̃, ɛn/ 形 ハイチ Haïti の. — **Haïtien, enne** 名 ハイチ人.

†**halage** /ala:ʒ/ 男 引き船.

†**halal** /alal/ 形〔不変〕ハラルの,〔食肉が〕イスラム教の教えに従って処理された.

†**hâle** /ɑ:l/ 男 日焼け(した肌の色).

†**hâlé, e** /ɑle/ 形 日焼けした.

***haleine** /alɛn アレーヌ/ 女 ❶〔吐く〕息, 呼気. ▶ avoir mauvaise *haleine* = avoir l'*haleine* forte 口臭がある, 息が臭い. ❷ 呼吸, 息遣い;息の長さ. ▶ respirer d'une *haleine* régulière 規則正しい呼吸をする / retenir son *haleine* 息を止める.

à perdre haleine 息切れするほど. ▶ courir *à perdre haleine* 息せき切って走る.

avoir l'haleine courte すぐ息切れがする;気力が続かない.

de longue haleine 手間暇かかる, 骨の折れる. ▶ ouvrage *de longue haleine* 息の長い仕事.

d'une (seule) haleine 古風 一息に, 休まずに.

hors d'haleine 息も絶え絶えに.

reprendre haleine 息をつく;一息入れる.

tenir qn en haleine …の気をそらさせない;気をもませる. ▶ *tenir* les lecteurs *en haleine* jusqu'au dénouement 結末に至るまで読者をはらはらさせる.

†**haler** /ale/ 他動〔船〕を(綱などで)曳(ʰ)く;〔綱など〕を引っ張る.

— **se haler** 代動〔船が〕曳航(ᵉⁱᵏᵒ)される.

†**hâler** /ɑle/ 他動〔多く受動態で〕…を日焼けさせる. ▶ revenir *hâlé* de la mer 海から日焼けして帰る. — **se hâler** 代動 日焼けする.

†**haletant, ante** /altɑ̃, ɑ̃:t/ 形 あえいでいる, 息を切らしている. ▶ une respiration *haletante* 荒い息遣い / être *haletant* d'impatience 息が詰まるほどじりじりしている.

†**halètement** /alɛtmɑ̃/ 男 息切れ, あえぎ.

†**haleter** /alte/ 5〔ときに4〕自動 ❶ あえぐ, 息を切らす. ❷ 息をのむ, 息詰まる.

†**hall** /o:l/ 男〔英語〕(入り口の)ホール, 大広間, ロビー. ▶ *hall* d'hôtel ホテルのロビー / le *hall* de la gare 駅のコンコース.

halle

†halle /al/ 囡 ❶ (特定の商品を取引する)卸売市場. ▶ *halle* au poisson 魚市場. 比較 ⇨ MARCHÉ. ❷ Forum des *Halles* フォーロム・デ・アール(パリ中央にあるショッピングセンター).

hallebarde /albard/ 囡 矛槍(ほこ). *Il pleut [tombe] des hallebardes.* 話 ひどい降りだ.

hallucinant, ante /a(l)lysinɑ̃, ɑ̃:t/ 形 錯覚させるほどの; 驚くべき.

hallucination /a(l)lysinasjɔ̃/ 囡 幻覚; 錯覚. ▶ *hallucinations* visuelles [auditives] 幻視[幻聴].

hallucinatoire /a(l)lysina twa:r/ 形 幻覚(性)の; 幻覚を伴う.

halluciné, e /a(l)lysine/ 形, 名 幻覚にとらわれた(人).

halluciner /a(l)lysine/ 自動 話 *J'hallucine!* これには驚いた; マジかよ.

hallucinogène /a(l)lysinɔʒɛn/ 形 幻覚誘発(性)の. — 男 幻覚剤.

†halo /alo/ 男 ❶ (光源の周りの)光の輪; (太陽, 月の)かさ, 暈(かさ). ❷ 文章 (栄光などの)輝き.

halogène /alɔʒɛn/ 形, 名 [化学]ハロゲン(の). ▶ lampe *halogène* ハロゲンランプ.

†halte /alt/ 囡 ❶ 休止, 休息. ▶ faire *halte* 止まる, 休む. ❷ 休息地; 宿泊地; 停車場. ❸ (活動などの)中断.
— 間投 ❶ 止まれ; やめろ, もうたくさんだ. ▶ *Halte!* 止まれ. ❷ 〈*halte* à qc〉…反対, 阻止. ▶ *Halte* aux essais nucléaires! 核実験反対. *dire halte à qn/qc* …に異議を唱える, を制止する.

haltère /altɛ:r/ 男 [スポーツ] ❶ 亜鈴; バーベル. ❷ poids et *haltères* ウエイトリフティング.

haltérophile /alterɔfil/ 名 重量挙げ選手.
— 形 ウエイトリフティングの.

haltérophilie /alterɔfili/ 囡 ウエイトリフティング.

†hamac /amak/ 男 ハンモック.

†Hambourg /ɑ̃bu:r/ 固有 ハンブルク: ドイツ北部の都市.

†hamburger /ɑ̃burgœ:r/ 男 [米語][料理]ハンバーグ(ステーキ); ハンバーガー.

†hameau /amo/ 男; (複) X 小集落, 小部落.

hameçon /ams5/ 男 釣り針. *mordre à l'hameçon* [魚が]針にかかる; [人が]罠(わな)にはまる, 誘惑にひっかかる.

†hanche /ɑ̃:ʃ/ 囡 (多く複数で)(腰骨のあたりの)腰; [解剖]股(こ)関節部. ▶ *hanches* larges 広い腰 / tour de *hanches* ヒップ, 腰回り / rouler les *hanches* 腰を振って歩く. *mettre 「les poings [les mains] sur les hanches* こぶしを腰に当てる; 挑戦的な態度を取る.

†handball /ɑ̃dbal/ 男 [ドイツ語][スポーツ]ハンドボール.

†handicap /ɑ̃dikap/ 男 [英語] ❶ [スポーツ]ハンディキャップ; (特に)ハンディキャップ・レース. ❷ 不利な条件, 困難, 障害.

†handicapant, ante /ɑ̃dikapɑ̃, ɑ̃:t/ 形 ハンディキャップになる.

handicapé, e /ɑ̃dikape/ 形 ❶ (身体, 精神に)障害のある. ❷ 不利な条件を背負った.
— 名 障害者. ▶ *handicapé* physique 身体障害者 / *handicapé* visuel 視覚障害者.

†handicaper /ɑ̃dikape/ 他動 ❶ [スポーツ]…にハンディキャップをつける. ❷ …を不利にする, …に障害[弱点]となる. ▶ Mon ignorance de l'allemand m'*a handicapé* dans mes études. ドイツ語を知らないことが私の研究の障害になった.

†handisport /ɑ̃dispɔ:r/ 名 形 (不変)障害者スポーツ(の).

†hangar /ɑ̃ga:r/ 男 納屋, 物置; 倉庫, 車庫; (航空機の)格納庫.

†hanneton /antɔ̃/ 男 コガネムシ. *étourdi comme un hanneton* 古風 非常にそそっかしい. *ne pas être piqué des hannetons* (コガネムシに食い荒らされていない→) 話 少しも弱められていない, 強力である, 激しい.

†Hanovre /anɔ:vr/ 固有 ハノーバー. ドイツ北部の町.

†hanovrien, enne /anɔvrijɛ̃, ɛn/ 形 ハノーバー Hanovre 市の.
— **Hanovrien, enne** 名 ハノーバー市の人.

†hanse /ɑ̃:s/ 囡 [歴史] (la Hanse) ハンザ同盟.

†hantavirus /ɑ̃tavirys/ 男 ハンタウィルス.

†hanté, e /ɑ̃te/ 形 幽霊の出る. ▶ maison *hantée* お化け屋敷.

†hanter /ɑ̃te/ 他動 ❶ [幽霊などが]…に出る. ▶ Un revenant *hante* ce château. その城館には亡霊が出る. ❷ [観念などが]…に取りつく, つきまとう. ▶ Ce souvenir funeste la *hantait*. その忌まわしい思い出は彼女の脳裏にこびりついていた. ❸ 文章 [人が]…に足しげく通う. *Dis-moi qui tu hantes, je te dirai qui tu es.* 諺 人を知るにはその友を見よ.

†hantise /ɑ̃ti:z/ 囡 強迫観念, 妄想, 固定観念.

†happening /ap(ə)niŋ/ 男 [米語] ❶ [劇などで]ハプニング: 一回性の行為や偶然性による表現形式. ❷ 予期せぬ出来事.

†happer /ape/ 他動 ❶ [動物などが]…をぱくりととらえる. ❷ …を不意に捕らえる. ▶ être *happé* par un train 列車にはねられる.

†hara-kiri /arakiri/ 男 [日本語]腹切り, 切腹. (*se*) *faire hara-kiri* 切腹する; (ふざけて)自己を犠牲にする.

†harangue /arɑ̃:g/ 囡 ❶ (高位の人や群衆の前, 議場などでの厳粛な)演説. ❷ 退屈な長談義.

†haranguer /arɑ̃ge/ 他動 …に演説する; 訓示する. ▶ *haranguer* la foule 群衆に向かって演説する.

†harassant, ante /arasɑ̃, ɑ̃:t/ 形 へとへとになる, くたくたに疲れさせる.

†harasser /arase/ 他動 …をへとへとに疲れさせる, 精も根も尽きさせる. ▶ être *harassé* de travail 仕事でぐったりである (比較 ⇨ FATIGUÉ).

†harcèlement /arsɛlmɑ̃/ 男 執拗(しつよう)な攻撃, しきりに悩ませること. ▶ guerre de *harcèlement* ゲリラ戦 / *harcèlement* sexuel セクシャル・ハラスメント / *harcèlement* moral いじめ, いやがらせ.

†harceler /arsəle/ ⑤(または④) 他動 …を繰り返し攻撃する; につきまとう. ▶ Ses créanciers ne cessent de le *harceler*. 彼は絶えず借金取りに責め立てられている. ◆*harceler* qn de qc ▶ On l'*a harcelé de questions*. 彼は質問攻めにあった.

†**hard** /ard/《英語》形《男性形のみ》〔ポルノが〕どぎつい. ❶ (単複同形) ❶ (hard rock の略) ハードロック. ❷ (hard core の略) 描写のどぎついポルノ, ハードコア. ❸ (hardware の略) ハードウェア.

†**harde** /ard/ 女 (野生の馬, 鹿などの) 群れ.

*†**hardi, e** /ardi アルディ/ 形 ❶ (ときに名詞の前で) 大胆な, 果敢な. ▶ un *hardi* navigateur 勇敢な航海士 / *entreprise* hardie 大胆な企て / tenter un coup *hardi* 大胆な試みをする. ❷ 奔放な, 型破りの. ▶ idée *hardie* 独創的な考え.
— **hardi** 間投 頑張れ, しっかり.

†**hardiesse** /ardjɛs/ 女 文章 ❶ 大胆さ, 厚かましさ; 大胆な [厚かましい] 言動. ▶ avoir de la *hardiesse* 度胸がある / prendre [avoir] la *hardiesse* de + 不定詞 大胆にも…する. ❷ 独創性, 斬新さ. ▶ les *hardiesses* d'un metteur en scène 演出家の斬新さ.

†**hardiment** /ardimɑ̃/ 副 ❶ 大胆に, 勇敢に. ❷ 厚かましく; 軽率に.

†**hardware** /ardwɛːr; ardwaːr/ 男 《米語》〔情報〕ハードウェア (= matériel).

†**harem** /arɛm/ 男 ❶ ハレム: イスラム世界で家屋内の女性専用の部屋. ❷ 《集合的に》ハレムの女たち. ❸ 話 取り巻きの女たち.

†**hareng** /arɑ̃/ 男 ニシン. ▶ *harengs* saurs ニシンの燻製.
être serrés comme des harengs 話〔人が〕すし詰め状態である.

†**harengère** /arɑ̃ʒɛːr/ 女 ❶ (昔の) ニシン売りの女; 魚売りの女.

†**hargne** /arɲ/ 女 ❶ 不機嫌, 邪慳(ナジャン). ▶ répondre avec *hargne* つっけんどんに返事をする. ❷ 話 (スポーツ選手などの) 闘志.

†**hargneusement** /arɲøzmɑ̃/ 副 不機嫌に, 邪慳(ナジャン)に.

†**hargneux, euse** /arɲø, øːz/ 形 ❶ 不機嫌な, 邪慳(ナジャン)な; 気難しい, 怒りっぽい. ❷ 話 (スポーツ選手などの) 闘志満々の.

haricot /ariko アリコ/ 男 ❶ インゲンマメ. ▶ *haricots* blancs 白インゲン / *haricots* rouges (金時豆など) 赤インゲン / *haricots* verts サヤインゲン. ❷ 《複数で》話 取るに足りない物; はした金. ❸〔料理〕*haricot* de mouton 羊の煮込み料理.
C'est la fin des haricots. 話 万事休す.
courir sur le haricot (*à* qn) 話 〈…を〉うんざりさせる, いらだたせる. 注 この場合は例外的にエリジョンすることもある.

†**harki** /arki/ 男 アルキ: アルジェリア戦争時にフランス側についた現地補充兵.

harmonica /armɔnika/ 男 ハーモニカ.

harmoniciste /armɔnisist/ 名 ハーモニカ奏者.

*†**harmonie** /armɔni/ 女 ❶ (形, 色などの) 調和, 均衡; 均整(美). ▶ *l'harmonie* des couleurs 色彩の調和 / *l'harmonie* d'un visage 端正な顔立ち / Ce nouveau bâtiment rompt *l'harmonie* du site. その新しい建物は周囲の景観を台なしにしている.
❷ (音, 言葉の) 調和, 諧調(ホタチ); 快い響き.
❸ (意見, 感情などの) 一致; (人間同士の) 協調, 和合. ▶ vivre en *harmonie* 仲よく暮らす / Notre équipe manque d'*harmonie*. 私たちのチームには協調性が欠けている.
❹ 〔音楽〕和声(法); 《複数で》和音; 吹奏楽団.
en harmonie avec qc/qn …と調和して, 一致して; 仲よく. ▶ mettre ses actes *en harmonie avec* ses principes 行いを主義主張に合致させる.

harmonieusement /armɔnjøzmɑ̃/ 副 ❶ 調和をとって, 釣り合いをとって. ❷ 耳に快く.

harmonieux, euse /armɔnjø, øːz/ 形 ❶ 調和のとれた, 釣り合いのとれた. ❷ 耳に快い.

harmonique /armɔnik/ 形 ❶ 調和のとれた. ❷ 〔音楽〕和声の; 協和する. ▶ gamme *harmonique* 和声的音階.
— 男 〔音楽〕倍音 (= son harmonique).

harmonisation /armɔnizasjɔ̃/ 女 ❶ 調和させること, 融和. ▶ *l'harmonisation* des couleurs 色のしっくりした組み合わせ. ❷ 〔音楽〕和声づけをすること.

harmoniser /armɔnize/ 他動 ❶ <*harmoniser* qc (avec qc)> …を (…と) 調和させる, 一致させる; 調整する. ▶ *harmoniser* les intérêts de plusieurs personnes 複数の人々の利害を調整する. ❷ 〔音楽〕和声をつける. ▶ *harmoniser* une chanson 歌に伴奏をつける.
— *s'harmoniser* 代動 <*s'harmoniser* (avec qc)> (…と) 調和する, 釣り合う.

harmonium /armɔnjɔm/ 男 〔音楽〕ハーモニウム, リードオルガン, 足踏みオルガン.

†**harnachement** /arnaʃmɑ̃/ 男 ❶ 馬具をつけること; 《集合的に》馬具. ❷ 服装; 《特に》仰々しい身なり; 重装備.

†**harnacher** /arnaʃe/ 他動 ❶〔馬などに〕馬具 [装具] をつける. ❷《多く受動態で》<*harnacher* qn (de qc)> …に〈…で〉重装備 [仰々しい身なり] をさせる; 変な格好をさせる. ▶ un journaliste *harnaché* d'appareils photographiques 写真機材をどっさり背負ったジャーナリスト.
— *se harnacher* 代動 重装備をする, 仰々しい身なりをする.

†**harnais** /arnɛ/ 男 ❶ 馬具. ❷ (登山家などの) 安全ベルト; (パラシュートなどの) 装着帯, ハーネス.
blanchi sous le harnais 一定の職業 (特に軍務) に就いて年老いた; その道一筋に生き抜いた.

†**haro** /aro/ 男 《次の句で》
crier haro sur qn/qc …を糾弾する.

harpagon /arpagɔ̃/ 男 守銭奴. [モリエールの喜劇 *l'Avare*「守銭奴」の主人公の名から]

†**harpe** /arp/ 女 ハープ, たて琴.

†**harpie** /arpi/ 女 ❶ 意地悪女, 怒りっぽい女. ❷ (Harpies) 〔ギリシア神話〕ハルピュイア: 暴風と死をつかさどる女面鷲身の3姉妹の女神.

†**harpiste** /arpist/ 名 ハープ奏者.

†**harpon** /arpɔ̃/ 男 銛(も゙リ).

†**harponnage** /arpɔnaːʒ/, †**harponnement** /arpɔnmɑ̃/ 男 銛(も゙リ)を撃ち込むこと.

†**harponner** /arpɔne/ 他動 ❶ …に銛(も゙リ)を撃ち込む. ❷ 話 …を引き止める; 不意に捕らえる. ▶ *harponner* un malfaiteur 犯罪人を捕らえる.

†**harponneur** /arpɔnœːr/ 男 銛(ら)撃ち.
****hasard** /azaːr/ アザール/ 男

> 英仏そっくり語
> 英 hazard 危険.
> 仏 hasard 偶然.

❶ 偶然(の出来事), 巡り合わせ. ▶ profiter d'un *hasard* favorable 好機を生かす / Ce n'est pas un *hasard* si + 直説法. …としても偶然ではない / C'est un *hasard* que + 接続法. …なのはまったくの偶然だ.

❷《le hasard》偶然(性), 運命. ▶ faire confiance au *hasard* 運を天にゆだねる / Il ne laisse rien au *hasard*. 彼は何一つ成り行き任せにしない.

❸ 文章 危険.

à tout hasard 念のために, 万一に備えて.
*au hasard でたらめに, 行き当たりばったりに. ▶ répondre *au hasard* 適当に[でまかせに]答える.
au hasard de qn/qc …次第で, のままに. ▶ *au hasard des circonstances* その場の成り行きで.
comme par hasard 《ときに皮肉に》偶然であるかのように.
faire la part du hasard dans qc …において偶然を考慮に入れる.
jeu de hasard (ルーレット, 宝くじ, バカラなど)賭(か)け事, ギャンブル.
*par hasard (1) 偶然に, 図らずも. ▶ Je l'ai rencontré *par hasard*. 私はたまたま彼に出会った / Ce n'est pas *par hasard* si [que] + 直説法. …は偶然ではない. (2)《丁寧な質問で, ときに皮肉に》もしかして, ひょっとして. ▶ J'ai perdu ma clef; vous ne l'auriez pas vue *par hasard*? 鍵(ぎ)をなくしたんですが, ひょっとして見かけませんでしたか / Si *par hasard* tu la vois, préviens-la. もし彼女に会うようなことがあったら, 知らせてあげて.
par le plus grand des hasards まったく思いがけず, 予想外に.

†**hasardé, e** /azarde/ 形 文章 ❶ 危険な, 危険を伴う. ❷ 不確実な.

†**hasarder** /azarde/ 他動 ❶ …を思い切ってやってみる, 試す. ▶ *hasarder* une question 思い切って質問する. ❷ 文章 …を危険にさらす, かける. ▶ *hasarder* sa réputation 名声を傷つける危険を冒す. — **se hasarder** 代動 ❶ 危険な場所に行く. ❷《*se hasarder* à + 不定詞》を冒してする. ▶ *se hasarder* à demander qc あえて…を要求する.

†**hasardeux, euse** /azardø, øːz/ 形 危険な, 危険を伴う; 不確実な. ▶ une entreprise *hasardeuse* 危なっかしい企て / une vie *hasardeuse* 波瀾(%)万丈の人生.

†**hasch** /aʃ/ 男 (haschisch の略) 話 ハシッシュ.
†**haschisch** /aʃiʃ/ 男 大麻, ハシッシュ. ▶ fumer du *haschisch* ハシッシュを吸う.

****hâte** /ɑːt/ アート/ 女 文章 急ぐこと; はやる気持ち. ▶ se préparer avec *hâte* 急いで準備する.
à la hâte 急いで; ぞんざいに. ▶ s'habiller *à la hâte* 慌てて服を着る.
**avoir hâte「de*[不定詞][*que* + 接続法]」…を切望する. ▶ Il avait *hâte* de sortir. 彼は早く外出したかった / J'ai *hâte* que l'été arrive. 早く夏が来ればいい.

en(*toute*)*hâte* = *en grande hâte* 急いで.
mettre de la hâte à + 不定詞 急いで…する.
n'avoir qu'une hâte 1つのことだけを切望している.
sans hâte 慌てずに, ゆっくりと.

****hâter** /ɑte/ アテ/ 他動 ❶ …を加速する, 急がせる. ▶ *hâter* le pas 歩みを速める. ❷ 文章 …の時期を早める. ▶ *hâter* son départ 出発を早める. — **se hâter** 代動 ❶ 急ぐ(= se dépêcher). ▶ *se hâter* vers la sortie 出口へ突進する / *Hâte-toi* lentement. 急がば回れ. ❷《*se hâter de* + 不定詞》…するのを急ぐ. ▶ *se hâter de* terminer un travail 仕事を急いで終える.

†**hâtif, ive** /ɑtif, iːv/ 形 ❶ (予定, 通常より)早い; [農業] 早生(な)の. ▶ fraises *hâtives* 早生のイチゴ. ❷ 急いでやった. ▶ travail *hâtif* やっつけ仕事.

†**hâtivement** /ɑtivmɑ̃/ 副 急いで, 大慌てで, 性急に.

****hausse** /oːs/ オース/ 女 上昇, 値上がり (↔ baisse). ▶ *hausse* de la température 気温の上昇 / la *hausse* des prix 物価の上昇 / Le marché est à la *hausse*. 株式市場は上昇基調だ / réviser qc à la *hausse* 上方修正をする.
être en hausse (1) 上昇している, 増加している; 値上がりしている. ▶ Le yen *est en hausse*. 円は値上がりしている. (2) 話 (人の)信用が増す, 評判が上がる. ▶ Sa cote *est en hausse*. 彼(女)の株は上がる一方だ.
jouer à la hausse (株式, 商品取引などで)値上がりを見越して投資する, 思惑買いをする.

†**haussement** /osmɑ̃/ 男 *haussement d'épaules* (あきらめ, 軽蔑, いらだちなどを示して)肩をすくめること.

****hausser** /ose/ オセ/ 他動 ❶ …を上げる, 高くする. ▶ *hausser* la barre バーを上げる / *hausser* un mur de cinquante centimètres 塀を50センチ高くする. ❷《価格, 税金など》を上げる.
hausser les épaules (不満, 無関心, 軽蔑などを示して)肩をすくめる.
hausser le(*s*)*sourcil*(*s*) (驚き, 不満などを示して)眉(ま)を上げる, 目を丸くする.
hausser「le ton[*la voix*]」(怒りなどのため)語気を強める, 大声を出す.
— ***se hausser** 代動 高くなる; (精神的に)自分を高める. ▶ *se hausser* sur la pointe des pieds つま先立って背伸びをする.

†**haussier, ère** /osje, ɛːr/ 形, 名 (株式市場で)買い方の(人), 強気筋の(人).

****haut, haute** /o, oːt/ オー, オート/

❶ (空間的に)高い. ❶ (高さ, 位置の)高い; 高いところにある. ▶ une *haute* montagne 高い山 / un homme de *haute* taille 背の高い人 / une pièce *haute* de plafond 天井の高い部屋 / des talons *hauts* = des *hauts* talons ハイヒール / Le soleil est encore *haut* dans le ciel. 日はまだ高い / marcher la tête *haute* 頭を上げて(昂然(ぶ)と)進む; やましいところがない. ◆ *haut de* + 数量表現 …の高さがある. ▶ un mur *haut* de deux mètres 高さ2メートルの壁 / une

hautain

maison *haute* de deux étages 3階建ての家.
❷《名詞の前で》高地の, 海から遠い;（川の）上流の. ▶ la *haute* Normandie 高ノルマンディー / la *haute* Seine セーヌ川上流地方 / la *haute* Egypte（ナイル川上流の）上エジプト.
❸ 水位が高い; 満潮の. ▶ *hautes* eaux（河川の）増水 / marée *haute* 満潮（↔marée basse）/ La mer est *haute*. 海は満潮だ / *haute* mer 沖合, 外海;『法律』公海.
❷（程度の）高い, 優れた, 大きい. ❶〔音が〕高い;〔声が〕大きい. ▶ notes *hautes* 高音 / à voix *haute* = à *haute* voix 大きな声で.
❷《多く名詞の前で》（数量的に）高い, 多い. ▶ *haute* pression du sang 高血圧 / *haute* fréquence 高周波 / *haute* technologie ハイテク / télévision *haute* définition ハイビジョンテレビ / *hauts* salaires 高給 / Le yen n'est pas très *haut*. 円はそれほど高くない.
❸《名詞の前で》（地位, 身分の）高い, 高位の, 上流の. ▶ une *haute* personnalité 要人 / de *hauts* fonctionnaires 高級官僚 / la *haute* société 上流社会 / en *haut* lieu（社会, 組織の）上層部で.
❹《名詞の前で》（質的に）高い, 高度の; 高級な. ▶ une *haute* capacité 優れた能力 / les *hautes* classes d'un lycée リセの上級クラス / *hautes* mathématiques 高等数学 / enseignement de *haute* qualité 質の高い教育 / *haute* couture オートクチュール.
❺《名詞の前で》（度合いの）甚だしい, 非常な. ▶ des calculs d'une *haute* précision 極めて正確な計算 / tenir qn en *haute* estime …を高く評価する / une opération chirurgicale à *haut* risque 非常に危険な手術 / *haute* trahison 大逆罪;（共和国大統領の）背任罪.
❻〔カード〕（札の）価値が高い.
❼ 古風〔態度, 感情が〕尊大な, 横柄な.
❸《名詞の前で》（歴史的に）古い, 昔の, 初期の. ▶ le *haut* Moyen Age 中世初期 / depuis la plus *haute* antiquité 大古の昔から.

avoir la haute main dans〔sur〕qc …を支配する, 牛耳る. ▶ Il *a* la haute main sur toute l'entreprise. 彼は全社を掌握している.
avoir une haute idée de qn/qc …を非常に高く評価する, 重要視する.
haut comme trois pommes 話 ひどく背が低い.
haut en couleur(s) ⇨ COULEUR.
haut lieu de qc …の中心地. ▶ *hauts lieux* de tourisme international 国際的観光地.
haut(s) fait(s) 偉業;（皮肉に）お手柄.
「**ne pas dire〔n'avoir jamais〕une parole plus haute que l'autre** 決して声を荒立てない.

— *haut 副 ❶ 高く, 高所に, 上方に. ▶ L'aigle vole très *haut*. ワシは非常に高い所を飛ぶ / porter *haut* la tête 頭を昂然と上げる; 傲慢(ごうまん)な態度を取る.
❷ 大声で, 大きな音で; はっきりと, 率直に. ▶ Parlez plus *haut*! = Plus *haut*! もっと大きな声で話してください（=fort）/ Je le dirai bien *haut*, s'il le faut. 必要とあればはっきり言いますよ.
❸（程度, 価値が）高く. ▶ Le prix du pétrole monte *haut* depuis le déclenchement de la guerre. 戦争が始まって以来石油が高騰している / des personnes *haut* placées 地位［身分］の高い人々 / Il vise trop *haut*. 彼は高望みをしている / C'est une œuvre que je mets très *haut*. これは私が非常に高く評価している作品だ.
❹ 昔に, 過去に;（文中で）先に, 以上に. ▶ L'origine de cette coutume remonte *haut*. この風習の起源は遠い昔にさかのぼる / comme je l'ai dit plus *haut* 上述のとおり / voir plus *haut* 上記参照.

haut la main（1）手を高く上げて.（2）容易に, 楽々と. ▶ l'emporter［gagner, vaincre］*haut* la main たやすく勝つ.
Haut les cœurs! 勇気［元気］を出せ.
Haut les mains! 手を上げろ, ホールドアップ.
le prendre (bien) haut 尊大な態度を取る.
penser tout haut 考えを口に出す; 独り言を言う.

— *haut 男 ❶〈le *haut* (de qc)〉（…の）高い所, 上の方, 上部; 最上部, 頂上. ▶ le *haut* d'une page ページの上部 / le *haut* de la montagne 山頂 / parler du *haut* de la tribune 壇上から話す. ❷《数量表現 + de *haut*》…の高さ. ▶ Le mur a deux mètres de *haut*. 壁は2メートルの高さがある. ❸ 最高位（の人［物］）. ▶ le *haut* d'une hiérarchie 階級の最高位.
❹ 高音. ❺〔キリスト教〕le Très-*Haut* 神.

de〔du〕haut en bas 上から下まで; くまなく. 注 あとに de qc がつくと常に du haut en bas を用いる. ▶ tomber *du haut en bas* de l'escalier 階段の上から転げ落ちる / nettoyer une maison *de haut en bas* 家の中を隅々まで掃除する / regarder qn *de haut en bas* …を頭の上から足の先までじろじろ見る; 軽蔑の眼差(まなざ)しで見る.
Demain, j'enlève le haut. 明日トップレスになります（若い女性がビキニを脱いでいる広告に由来するキャッチフレーズ）.
d'en haut（1）上の. ▶ les voisins *d'en haut* 上の階の住人.（2）上から; 上層部から. ▶ des ordres *d'en haut* 上からの命令 / la France *d'en haut* フランスの上流社会.（3）天から; 神の. ▶ message *d'en haut* 神の福音.
des hauts et des bas ⇨ BAS.
en haut 上に［へ］. ▶ regarder *en haut* 上を仰ぎ見る / Prenez par *en haut*. 上から取りなさい.
en haut de qc …の上［頂］に, 上部に. ▶ dessin *en haut de* page ページ上部の絵 / habiter *en haut de* la ville 町の山手に住む.
haut de gamme 最高級の（品）.
le prendre de haut 高飛車に出る.
prendre［regarder, voir］les choses de haut 落ち着いて物事を見る; 概観する; 物事の表面しか見ない.
regarder［traiter］qn/qc de haut …を軽蔑の眼差しで見る, 見下す.
tomber de (son) haut がっかりする; 仰天する.
tomber de tout son haut ばったり倒れる.

— **haute** 女《la haute》話 上流社会.
†**hautain, aine** /otɛ̃, ɛn/ 形 尊大な, 横柄な.

hautbois

†**hautbois** /obwɑ/ 男【音楽】❶ オーボエ. ❷ オーボエ奏者.

†**haut-commissaire** /okɔmisɛːr/;（複）~s-~s 男 高等弁務官. ▶ *haut-commissaire* aux droits de l'homme 人権高等弁務官.

†**haut-commissariat** /okomisarja/;（複）~s-~s 男 高等弁務官職；高等弁務官事務所.

†**haute-contre** /otkɔ̃ːtr/;（複）~s-~s 女【音楽】カウンター・テナー，コントラルト，男性アルト.
—— 男/女 カウンター・テナーの歌手.

†**Haute-Corse** /otkors/ 固有 女 オート=コルス県 [2B]：コルシカ島北部.

†**haute-fidélité** /otfidelite/;（複）~s-~s 女 ハイファイ，高忠実度；オーディオ.

†**Haute-Garonne** /otgarɔn/ 固有 女 オート=ガロンヌ県 [31]：フランス南西部.

†**Haute-Loire** /otlwaːr/ 固有 女 オート=ロアール県 [43]：フランス中西部.

†**Haute-Marne** /otmarn/ 固有 女 オート=マルヌ県 [52]：フランス東部.

†**hautement** /otmɑ̃/ 副 ❶（形容詞の前で）高度に，非常に. ▶ Sa réaction était *hautement* comique. 彼(女)の反応はひどく滑稽(ぶぶ)だった.
❷ 文章 はっきりと，公然と，率直に. ▶ déclarer *hautement* son mécontentement あからさまに不満を述べる.

†**Haute-Normandie** /otnɔrmɑ̃di/ 固有 女 オート=ノルマンディー地方：ノルマンディー北東部.

†**Hautes-Alpes** /otzalp/ 固有 女複 オート=ザルプ県 [05]：フランス南東部.

†**Haute-Saône** /otsoːn/ 固有 女 オート=ソーヌ県 [70]：フランス東部.

†**Haute-Savoie** /otsavwa/ 固有 女 オート=サヴォア県 [74]：フランス東部.

†**Hautes-Pyrénées** /otpirene/ 固有 女複 オート=ピレネー県 [65]：フランス南西部.

:†**hauteur** /otœːr オトゥール/ 女 ❶ 高さ，高度. ▶ La *hauteur* du mur est de deux mètres. = Le mur a deux mètres de *hauteur*. 壁は2メートルの高さがある / un arbre d'une grande *hauteur* 非常に高い木 / la *hauteur* d'un triangle 三角形の高さ / saut en *hauteur* 走り高跳び / L'avion vole à une *hauteur* de 900 mètres. 飛行機は高度900メートルを飛行中だ.
❷ 高地，高所. ▶ Sa maison est sur une *hauteur*. 彼(女)の家は高台にある / les *hauteurs* qui dominent le village 町を見下ろす丘.
❸（知的，精神的な）高さ，優秀さ；傲慢(ぶぶ)，尊大さ. ▶ *hauteur* de vues 見識の高さ / parler avec *hauteur* 横柄に話す.

à (la) hauteur de qn/qc (1) …の高さに. *à hauteur* d'appui 手すり [ひじ] の高さの所に. (2) …の緯度に. ▶ Paris est *à la hauteur* de Strasbourg. パリはストラスブールと同緯度にある. (3) …と同一線上に，並んで. ▶ Arrivé *à ma hauteur*, il me regarda. 彼は追いついて私を見つめた. (4) …の位置に，場所に. ▶ *à la hauteur du* numéro 13 [treize] de la rue この通りの13番地に.

être à la hauteur de qn/qc (1) …に対応する能力がある. ▶ Peu d'esprits *sont à la hauteur de* ce grand génie. この天才に比肩しうる人はほとんどいない. (2) 話《de 以下を省略して》〔人が〕有能である，その任にこたえる. ▶ Il n'*est pas à la hauteur*. 彼はそんな器ではない.

prendre [perdre] de la hauteur 〔飛行機などが〕上昇 [下降] する.

se dresser de toute sa hauteur 仁王立ちになる，あたりを睥睨(ぶ)する.

tomber de toute sa hauteur ばったり倒れる；びっくり仰天する.

†**Haute-Vienne** /otvjɛn/ 固有 女 オート=ヴィエンヌ県 [87]：フランス中南部.

†**haut-fond** /ofɔ̃/;（複）~s-~s 男（航海に危険な海や川の）浅瀬，州.

†**haut-le-cœur** /olkœːr/ 男（単複同形）❶ 吐き気，むかつき. ❷ 嫌悪，反感，不快感.

†**haut-le-corps** /olkɔːr/ 男（反射的に）びくっとすること；上体を急に起こすこと. ▶ avoir [faire] un *haut-le-corps* de dégoût ぞっとして思わず身を反らせる.

†**haut-lieu** /oljø/;（複）~s-~x 男（観光，交易，研究などの）一大中心地，本場.

†**haut-parleur** /oparlœːr/ 男 スピーカー.

†**haut-relief** /oralʲɛf/;（複）~s-~s 男【彫刻】高浮き彫り：浮き彫りで肉付けが明らかなもの.

†**Haut-Rhin** /orɛ̃/ 固有 男 オー=ラン県 [68]：フランス東部.

†**Hauts-de-Seine** /odsɛn/ 固有 男複 オー=ド=セーヌ県 [92]：パリ西方.

†**hauturier, ère** /otyrje, ɛːr/ 形 外洋の. ▶ pêche *hauturière* 沖合漁業，公海漁業.

†**havanais, aise** /avanɛ, ɛːz/ 形 ハバナ Havane の. —— **Havanais, aise** 名 ハバナの人.

†**havane** /avan/ 男 ハバナタバコ；ハバナ葉巻.
—— 形（不変）ハバナ葉巻色の.

†**hâve** /ɑːv/ 形 文章〔人，顔が〕やつれた，青白い.

†**Havre** /ɑːvr/ **(le)** 固有 ル・アーヴル：北フランスの都市.

†**havre** /ɑːvr/ 男 文章 ❶ 避難所，隠れ家. ▶ *havre* de paix 安らぎの場. ❷（小さな）港，避難港.

†**havresac** /avrəsak/ 男 古風 背囊(ぶぶ)；リュックサック.

hawaïen, enne /awajɛ̃, ɛn/ 形 ハワイ（諸島）Hawaii の.
—— **Hawaïen, enne** 名 ハワイ（諸島）の人.

Hawaii /awai/ 固有 女 ハワイ；《複数で》ハワイ諸島.

†**Haye** /ɛ/ **(la)** 固有 ハーグ：オランダの都市.

†**hayon** /aj ɔ̃/ 男 ❶（車の）後部扉，リヤハッチ. ❷（荷車の荷台の）囲い板.

†**hé** /e ; he/ 間投 ❶ おい，ねえ，ほら，さあ（呼びかけ，驚き，怒りなど）. ▶ *Hé*! monsieur! もしもし，旦那(ぶ)さん. ❷ *Hé*! *hé*! ええ，ええ；おやおや，まあね（皮肉，ためらい，同意など）. ❸《強調》*Hé* oui! そうですとも.

hebdo /ɛbdo/ 男 (hebdomadaire の略) 週刊誌 [紙].

*hebdomadaire** /ɛbdɔmadɛːr エブドマデール/ 形 **1** 1週間の；週ごとの，週に1度の. ▶ repos *heb-*

hématurie

domadaire 週休 / revue *hebdomadaire* 週刊誌. ― 男 週刊誌〔紙〕. 注 話し言葉で hebdo とも略す.

hebdomadairement /ɛbdɔmadɛrmɑ̃/ 副 週に1度, 毎週.

hébergement /ebɛrʒəmɑ̃/ 男 ❶ 泊めること, 宿泊(所); 収容(所). ▶ centre d'*hébergement* pour réfugiés 難民収容センター. ❷〖情報〗ホスティング.

héberger /ebɛrʒe/ 2 他動 ❶ …を泊める; 収容する. ❷〖情報〗…のホスティングを行う.

hébergeur /ebɛrʒœːr/ 男〖情報〗ホスティングサービスプロバイダー.

hébété, e /ebete/ 形, 名 ⟨*hébété* (de [par] qc)⟩ …のために〉茫然(ぼう)自失した(人), ぼうっとした(人). 比較 ▶ ÉTONNÉ.

hébétement /ebetmɑ̃/ 男 文章 茫然(ぼう)自失, 精神朦朧(もうろう).

hébéter /ebete/ 6 他動 文章《多く受動態で》…を麻痺(まひ)させる, 愚鈍にする.

hébétude /ebetyd/ 女 ❶ 文章 茫然(ぼう)自失, 精神朦朧(もうろう). ❷〖精神医学〗遅鈍.

hébraïque /ebraik/ 形 ヘブライ(語)の.

hébraïste /ebraist/, **hébraïsant, ante** /ebraizɑ̃, ɑ̃ːt/ 名 ヘブライ(語)学者.
― **hébraïsant, ante** 形 ヘブライ学を研究する.

hébreu /ebrø/; 《複》**x** 男 ❶ (Hébreu)ヘブライ人. 注 女性形は Israélite, Juive を用いる. ❷ ヘブライ語. ▶ C'est de l'*hébreu* (pour moi). 話 ちんぷんかんぷんだ.
― 形《男性形のみ》ヘブライの. 注 女性形は, 人については israélite, juive を, 物については hébraïque を用いる.

†**HEC** 女〖略語〗Ecole des hautes études commerciales 高等商業専門学校.

hécatombe /ekatɔ̃ːb/ 女 ❶ 大殺戮(さつ), 大量虐殺. ❷ 大量の落第生〔不合格者〕.

hectare /ɛktaːr/ 男 ヘクタール(記号 ha).

hect(o)- 接頭〖計量単位〗ヘクト(記号 h):「100」の意.

hectogramme /ɛktɔgram/ 男 ヘクトグラム(記号 hg).

hectolitre /ɛktɔlitr/ 男 ヘクトリットル(記号 hl): 100リットル.

hectomètre /ɛktɔmɛtr/ 男 ヘクトメートル(記号 hm): 100メートル.

hédonisme /edɔnism/ 男〖哲学〗快楽主義.

hédoniste /edɔnist/ 形 快楽主義(者)の.
― 名 快楽主義者.

hégélianisme /egeljanism/ 男 ヘーゲル哲学; ヘーゲル学派の哲学.

hégélien, enne /egeljɛ̃, ɛn/ 形 ヘーゲル Hégel (哲学)の. ― 名 ヘーゲル学派の哲学者.

hégémonie /eʒemɔni/ 女 (国家, 民族間の)支配権, 主導権, ヘゲモニー. ▶ conquérir l'*hégémonie* du monde 世界の覇権を掌握する.

hégémonique /eʒemɔnik/ 形 覇権主義的な.

hégémonisme /eʒemɔnism/ 男 覇権主義.

hégire /eʒiːr/ 女〖歴史〗ヒジュラ, 聖遷: 西暦622年に当たる, イスラム暦の紀元元年.

†***hein** /ɛ̃; hɛ̃ アン; ハン/ 間投 話 ❶ ええ, なんですって(相手の言葉を聞き返したり, 驚きを表わす). ▶ *Hein?* que dis-tu là? えっ, なんて言ったの. ❷ ねえ(問いを強調し答えを促す). ▶ Qu'en pensestu, *hein*? ねえ, どう思う. ❸ おい, こら(命令, 警告の強調). ▶ Tais-toi, *hein*! おい黙れよ.

hélas /elɑːs エラース/ 間投 ああ, なんということだ(悲嘆, 苦悩, 後悔など). ▶ *Hélas*! quel affreux malheur! ああ, なんという惨事だ/《Va-t-il mieux?―*Hélas*! non.》「彼はよくなりましたか」「残念ながらよくならないのです」

Hélène /elɛn/ 固有〖ギリシア神話〗ヘレネ: スパルタ王妃. 絶世の美女で, 彼女の略奪がトロイア戦争の原因となる.

†**héler** /ele/ 6 他動 …を(遠くから)呼ぶ, 呼び止める. ▶ *héler* un taxi タクシーを呼び止める.

hélianthe /eljɑ̃ːt/ 男〖植物〗ヒマワリ.

hélice /elis/ 女 ❶ プロペラ, スクリュー. ❷ つる巻き線, 螺旋(らせん). ▶ escalier en *hélice* 螺旋階段.

hélico- 接頭「螺旋(らせん)」の意.

hélicoïdal, ale /elikɔidal/;《男複》**aux** /o/ 形 螺旋(らせん)形の.

hélicoptère /elikɔptɛːr/ 男 ヘリコプター.

hélio- 接頭「太陽」の意.

héliogravure /eljɔgravyːr/ 女 (フォト)グラビア, 写真製版凹版画〔凹版法〕.

héliomarin, ine /eljɔmarɛ̃, in/ 形〖医学〗日光とオゾンによる.

héliothérapie /eljɔterapi/ 女〖医学〗日光療法.

héliotrope /eljɔtrɔp/ 男〖植物〗ヘリオトロープ.

héliport /elipɔːr/ 男 ヘリポート.

héliportage /elipɔrtaːʒ/ 男 ヘリコプター輸送.

héliporté, e /elipɔrte/ 形 ヘリコプターで運ばれる; ヘリコプターによる.

hélium /eljɔm/ 男〖化学〗ヘリウム.

hellène /elɛn; ɛllɛn/ 形 古代ギリシアの; ギリシアの.
― **Hellène** 名 ヘレネス, (古代)ギリシア人.

hellénique /elenik; ɛllenik/ 形 古代ギリシアの; ギリシアの.

hellénisant, ante /elenizɑ̃; ɛllenizɑ̃, ɑ̃ːt/ 名 ギリシア(語)学者.

hellénisation /elenizasjɔ̃/ 女 ギリシア化.

hellénisme /elenism; ɛllenism/ 男 ❶ ギリシア文明, ヘレニズム. ❷ ギリシア語特有の言い回し.

helléniste /elenist; ɛllenist/ 名 ギリシア(語)学者, 古代ギリシア文明研究者.

hellénistique /elenistik; ɛllenistik/ 形 ヘレニズム時代の.

†**hello** /elo/ 間投《英語》やあ, こんにちは.

helvétique /ɛlvetik/ 形 スイス Suisse の. ▶ la Confédération *helvétique* スイス連邦.

helvétisme /ɛlvetism/ 男 スイスのフランス語に特有の語法.

†**hem** /ɛm; hɛm/ 間投 ❶ おい, ちょっと(注意の喚起や呼びかけ). ❷ ふうん, へえ, さあ(疑い, ためらいなど).

hématie /emasi/ 女 赤血球.

hématologie /ematɔlɔʒi/ 女 血液学.

hématurie /ematyri/ 女〖医学〗血尿.

hémi- 接頭《形, 名につく》「半」の意.
hémicycle /emisikl/ 男 半円形の部屋［空間］; 半円形の(階段状)会議室［劇場］.
hémiplégie /emipleʒi/ 女【医学】半身不随.
hémiplégique /emipleʒik/ 形【医学】半身不随の. — 名 半身不随患者.
hémisphère /emisfɛːr/ 男 ❶ 半球;（特に）地球の半球. ▶ *hémisphère* nord [boréal] 北半球 / *hémisphère* sud [austral] 南半球. ❷【解剖】半球. ▶ *hémisphère* cérébral 大脳半球.
hémisphérique /emisferik/ 形 半球形の.
hémo- 接頭「血」の意.
hémoglobine /emɔɡlɔbin/ 女 ヘモグロビン.
hémophile /emɔfil/ 形【医学】血友病にかかった. — 名 血友病患者.
hémophilie /emɔfili/ 女【医学】血友病.
hémoptysie /emɔptizi/ 女 喀血(ｶｯｹﾂ).
hémorragie /emɔraʒi/ 女 ❶【医学】出血. ▶ *hémorragie* nasale 鼻血. ❷ 人命の損失;（富などの）損失, 流出. ▶ l'*hémorragie* des capitaux 資本の損失, キャピタル・ロス.
hémorroïde /emɔrɔid/ 女 痔核(ｼｶｸ). ▶ avoir des *hémorroïdes* 痔である.
hémostase /emɔstɑːz/ 女【医学】止血.
hémostatique /emɔstatik/ 形【医学】止血の. — 男 止血物質, 止血薬.
hémovigilance /emoviʒilɑ̃ːs/ 女 輸血の安全確保.
†**henné** /ene/ 男 ❶【植物】ヘンナ, シコウカ(指甲花). ❷ ヘンナ染料: ヘンナの葉の粉末. イスラム教徒が唇, 髪などを染めるのに用いる.
†**hennir** /eniːr/ 自動 [馬が]いななく.
†**hennissement** /enismɑ̃/ 男 (馬の)いななき.
hep /ɛp; hɛp/ 間投 おーい (呼び声).
hépatique /epatik/ 形【解剖】【医学】肝臓の; 肝臓病にかかった. ▶ insuffisance *hépatique* 肝(機能)不全. — 名 肝臓病患者.
hépatite /epatit/ 女【医学】肝炎.
hepta- 接頭「7」の意.
Héra /era/ 固有 女【ギリシア神話】ヘラ: ゼウスの妻で, 結婚と母性の女神. ローマ神話ではユノー.
Héraclès /erakles/ 固有 男【ギリシア神話】ヘラクレス: ギリシア神話の英雄.
héraldique /eraldik/ 形 紋章の. ▶ science *héraldique* 紋章学. — 名 紋章学.
Hérault /ero/ 固有 男 ❶ エロー県［34］: 南仏ラングドック地方. ❷ エロー川: 中央山地に源を発し地中海に注ぐ.
†**héraut** /ero/ 男 ❶（中世の）伝令官, 紋章官（= *héraut* d'armes）: 王命の伝達の他に戦争, 騎馬試合, 騎士制度, 紋章などの管理に当たった. ❷ 文章 先触れ; 先駆者.
herbacé, e /ɛrbase/ 形【植物学】草本の, 草の; 草質の. ▶ plante *herbacée* 草本, 草本植物.
herbage /ɛrbaːʒ/ 男 (自然の)牧草地, 牧場.
*****herbe** /ɛrb/ エルブ/ 女

英仏そっくり語
英 herb 香草.
仏 herbe 草, 香草.

❶《多く形容詞を伴って》草, 草本. ▶ mauvaise(s) *herbe*(s) 雑草（⇨ 成句）/ *herbes* aquatiques 水草 / *herbes* marines 海草 / *herbes* médicinales 薬草 / *herbes* odorantes 香草. ❷《集合的に》草; 草原(ｿｳｹﾞﾝ); 牧草. ▶ touffe d'*herbe* 草むら / déjeuner sur l'*herbe* 草むらの昼食, ピクニック / se coucher dans l'*herbe* 草むらに寝る / couper [faucher] l'*herbe* des prés 牧場の草を刈る / faire de l'*herbe* (家畜用に)草を刈る / herbe séchée 干し草.
❸ 俗 マリファナ, ハシッシュ. ▶ fumer de l'*herbe* マリファナを吸う.
❹【料理】fines *herbes* フィーヌゼルブ: 刻んだパセリ, チャービル, シブレット, エストラゴンなどの香草を混ぜたもの.

couper [faucher] l'herbe sous le pied à [de] qn …の利益を横取りする, を出し抜く.
en herbe (1)[麦などが]まだ青い, 穂が出ていない. (2)[青少年が]将来有望な; 未来の. ▶ pianiste *en herbe* 将来有望なピアニスト / médecin *en herbe* 医者の卵.
manger son blé en herbe 利益を上げないうちに元手を使ってしまう.
mauvaise herbe (1) 雑草. (2) 悪童, ならず者.
pousser comme de la mauvaise herbe (雑草のように)どんどん大きくなる.

herbeux, euse /ɛrbø, øːz/ 形 文章 草の生えた; 草の.
herbicide /ɛrbisid/ 形【農業】雑草を除去する. — 男 除草剤.
herbier /ɛrbje/ 男 植物標本, 押し葉［花］.
herbivore /ɛrbivɔːr/ 形【動物】[が]草食性の. — **herbivores** 男複 草食動物.
herborisation /ɛrbɔrizasjɔ̃/ 女 植物採集.
herboriser /ɛrbɔrize/ 自動 植物採集する.
herbu, e /ɛrby/ 形 草の茂った, 草で覆われた. — **herbue** 女 (ブドウ畑改良用の)腐植土.
Hercule /ɛrkyl/ 固有 男【ローマ神話】ヘルクレス: ギリシア神話のヘラクレスのローマ名.
hercule /ɛrkyl/ 男 (ヘラクレスのような)怪力の男; 筋骨隆々たる男. ▶ être bâti en *hercule* がっしりした体をしている / *hercule* de foire（縁日の見せ物の）怪力男.
herculéen, enne /ɛrkyleɛ̃, ɛn/ 形 ヘラクレスのような, 怪力の; 文章 超人的な. ▶ travail *herculéen* 超人的な仕事.
†**hère** /ɛːr/ 男 pauvre *hère* 哀れな男; 落伍(ﾗｸｺﾞ)者.
héréditaire /eredite:r/ 形 ❶ 遺伝性の, 遺伝する. ▶ maladie *héréditaire* 遺伝病. ❷[気性, 流儀が]親譲りの; 先祖伝来の. ▶ ennemi *héréditaire* de la famille 一族代々の宿敵 / C'est *héréditaire* dans la famille. 先祖代々そうだ. ❸ 世襲の; 相続の. ▶ monarchie *héréditaire* 世襲王政 / biens *héréditaires* 相続財産.
héréditairement /erediterm ɑ̃/ 副 ❶ 遺伝的に; 親から子に. ❷ 世襲で; 相続によって.
hérédité /eredite/ 女 ❶ 遺伝. ▶ les lois de l'*hérédité* 遺伝の法則. ❷（親, 先祖から受け継いだ）性質, 体質, 血;（地域などの）特質. ▶ avoir une lourde *hérédité* = avoir une *hérédité* chargée 一族の欠点[遺伝的欠陥]を受け継いでいる. ❸ 世襲, 継承; 相続(権). ▶ l'*hérédité* de la couronne 王位継承.

hérésie /erezi/ 囡 ❶ (特にカトリックの教義から見た)異端. ▶ accuser qn d'*hérésie* …を異端であると非難する. ❷ (科学, 芸術などの)異端, 邪説. ❸ 邪道, 非常識(な振る舞い).

hérétique /eretik/ 形 ❶ (特にカトリックの教義から見て)異端の, 異端にくみする. ❷ 異説を唱える. ❸ 邪道の, 非常識な. ── 图 異端者.

†**hérissé, e** /erise/ 形 ❶〔髪, 毛, 羽〕が逆立った;〔動物が〕毛[羽]を逆立てた. ❷〈*hérissé* de qc〉(とがったもの)が立ち並んだ, に覆われた. ▶ animal *hérissé* de piquants 刺(ｽ)のある動物. ❸〈*hérissé* de qc〉(障害物などに)満ちた.

†**hérissement** /erismɑ̃/ 男 ❶〔髪, 毛, 羽が〕逆立つこと. ❷〖文章〗いらだち; 激昂(ｹﾞｷｺｳ).

†**hérisser** /erise/ 他動 ❶〔髪, 毛, 羽〕を逆立てる. ❷〔とがったもの〕が…に立ち並ぶ. ▶ Des piquets *hérissent* le sol. 杭(ｸｲ)が地面に林立している. ❸〈*hérisser* qc de qc〉(とがったもの)を…につける[巡らす]. ▶ *hérisser* le parcours de haies 道筋に生け垣を設ける. ❹〔困難, 障害が〕…に山積している, 立ち並んでいる. ❺〈*hérisser* qc de qc〉…で…を満たす. ▶ *hérisser* sa conversation de piques 皮肉たっぷりに話す. ❻〔人〕を怒らせる, いらだたせる.
── **se hérisser** 代動 ❶〔髪, 毛, 羽〕が逆立つ;髪[毛, 羽]を逆立てる. ❷〔とがったものが〕立ち並ぶ, そそり立つ. ❸〈*se hérisser* de qc〉…で覆われる, 満たされる. ❹ 怒る, いらだつ.

†**hérisson** /erisɔ̃/ 男 ❶ ハリネズミ. ❷〖話〗気難しい人. ❸〔金属製の〕煙突掃除用ブラシ. ❹(塀, 柵(ｻｸ)などの)有刺鉄線.

héritage /erita:ʒ/ 男 遺産;相続. ▶ faire un *héritage* 遺産を相続する / laisser qc en *héritage* …を遺産として残す / *héritage* culturel 文化的遺産.

hériter /erite/ 間他動 ❶〈*hériter* de qc〉…を相続する;受け継ぐ. ▶ *hériter* d'un immeuble 不動産を相続する / *hériter* des qualités de son père 父親の長所を受け継ぐ.
❷〈*hériter* de qn〉…の遺産を相続する. ▶ *hériter* de son oncle おじの遺産を相続する.
── 他動〈*hériter* qc (de qn)〉(…から)…を相続する; 受け継ぐ. ▶ Elle a hérité de sa mère ses beaux cheveux blonds. 彼女の美しい金髪は母親譲りだ.
── 自動 遺産を相続する.

héritier, ère /eritje, ɛ:r/ 图 ❶ 跡継ぎ;相続人. ▶ faire qn son *héritier* (遺言によって)…を相続人に指定する / *héritier* légitime 嫡出(法定)相続人 / une riche *héritière* 金持ちの跡取り娘. ❷ 後継者, 継承者. ▶ *héritier* spirituel de Rousseau ルソーの精神的後継者. ❸〖話〗子供.

hermaphrodisme /ɛrmafrɔdism/ 男 ❶ 雌雄同体, 両性具有. ❷ いずれも両性的性格.

Hermaphrodite /ɛrmafrɔdit/ 固有〖ギリシア神話〗ヘルマフロディトス: 両性具有の神.

herméneutique /ɛrmənøtik/ 形 解釈学の, 文献解釈の. ─ 囡〖文献学の〗解釈学.

Hermès /ɛrmɛs/ 固有 男〖ギリシア神話〗ヘルメス: 神々の使者. 商人, 盗人, 旅人などの守護神. ローマ神話のメルクリウスに当たる.

hermétricité /ɛrmetisite/ 囡 ❶〖文章〗気密性, 密閉[密封]状態. ❷ 難解さ, 不可解さ.

hermétique /ɛrmetik/ 形 ❶ 密閉[密封]した, 気密の. ▶ récipient *hermétique* 密封容器. ❷ 難解な, 分かりにくい. ▶ une poésie *hermétique* 難解な詩 / un visage *hermétique* 無表情な顔. ❸〈être *hermétique* à qc〉〔人が〕…をまったく理解できない, に疎い.

hermétiquement /ɛrmetikmɑ̃/ 副 ❶ 密閉[密封]して, ぴったりと. ❷ 難解に.

hermétisme /ɛrmetism/ 男 ❶〖文章〗(文章, 詩などの)難解さ. ❷ 錬金術.

hermine /ɛrmin/ 囡 ❶〖動物〗オコジョ. ❷ アーミン: オコジョの純白の冬毛の毛皮. ❸(司法官, 教授が正装につける)アーミンの帯[垂れ布].

†**herniaire** /ɛrnjɛ:r/ 形〖医学〗ヘルニアの.

†**hernie** /ɛrni/ 囡〖医学〗ヘルニア. ▶ *hernie* discale 椎間板(ﾂｲｶﾝﾊﾞﾝ)ヘルニア.

héroï-comique /erɔikɔmik/ 形 (詩, 劇が)英雄喜劇的な;勇壮かつ滑稽(ｺｯｹｲ)な.

héroïne¹ /erɔin/ 囡 ❶ (小説などの)女主人公, ヒロイン. ❷ (事件などの)中心的女性, 花形.

héroïne² /erɔin/ 囡 ヘロイン.

héroïnomane /erɔinɔman/ 名 ヘロイン中毒患者.

***héroïque** /erɔik/ エロイック/ 形 ❶〔人が〕英雄的な, 雄々しい;〔戦い, 行為が〕壮烈な, 勇壮な. ▶ un homme *héroïque* 勇者 / mort *héroïque* 英雄的な最期.
❷〔行為などが〕思い切った, 果断な. ▶ prendre une décision *héroïque* 思い切った決定を下す.
❸ (神話の)英雄の, 英雄を題材にした. ▶ âges *héroïques* 神話時代 / poésie *héroïque* 英雄叙事詩. ❹ 記念すべき, 忘れがたい;草創期の. ▶ les temps *héroïques* du cinéma 映画の伝説的時代[開拓期].

héroïquement /erɔikmɑ̃/ 副 英雄的に, 雄々しく, 壮烈に.

héroïsme /erɔism/ 男 英雄的行動[精神];勇壮さ, 偉大さ.

†**héron** /erɔ̃/ 男〖鳥類〗サギ.

*†**héros** /ero/ エロ/ 男 ❶ 英雄, 勇者;偉人, 傑物. ▶ *héros* national 国民的英雄 / mourir en *héros* 英雄的な死を遂げる.
❷ (物語の)主人公. ▶ un *héros* de cinéma 映画のヒーロー. ❸ (事件などの)中心人物, 花形, 人気者. ▶ le *héros* du jour 時の人. ❹ (神話の)英雄, 半神;伝説的英雄.

Les héros sont fatigués. 英雄たちは疲れている (強豪チームが大敗を喫したり負けそうになったときに解説者がよく使う表現).

英雄の名誉を守る語頭の h

héros はギリシア語 hērōs (英雄)にさかのぼるラテン語 heros を借用したもの. héroïne, héroïsme など, 語源的に同族の一連の語頭の h はいずれも無音の h である. héros だけ有音扱いで前の語とリエゾンしないのはなぜか. des héros や les héros をリエゾンして発音す

herpès

ると, des zéros, les zéros と同音になる. つまり「英雄」が「ゼロ, 役立たず」と聞こえてしまうことになって具合が悪い. それで héros に限ってリエゾンしないことになったのである.

herpès /ɛrpɛs/ 男【医学】疱疹(ほうしん), ヘルペス.

†**herse** /ɛrs/ 女 ❶ (トラクターにつけて用いる)砕土整地器. ❷ (城門の)落とし格子.

hertz /ɛrts/ 男 ヘルツ(記号 Hz): 周波数の単位.

hertzien, enne /ɛrtsjɛ̃, jɛn/ 形 電波の, 地上波の. ▶ ondes *hertziennes* 電磁波 / télévision *hertzienne* 地上テレビ / chaînes *hertziennes* 地上波チャンネル.

hésitant, ante /ezitɑ̃, ɑ̃:t/ 形, 名 ためらいがちな(人); 優柔不断な(人). ▶ homme hésitant 優柔不断な男 / réponse hésitante 煮えきらない返事 / voix hésitante ためらいがちな声.

***hésitation** /ezitɑsjɔ̃ エズィタスィヨン/ 女 ためらい, 躊躇. ▶ répondre avec [sans] *hésitation* ためらいがちに[きっぱりと]答える / marquer une *hésitation* 一瞬ためらう / Après quelques moments d'*hésitation*, il a ouvert la porte. しばらくためらってから, 彼はドアをあけた.

***hésiter** /ezite エズィテ/ 自動 ❶ 迷う, ためらう, 躊躇(ちゅうちょ)する. ▶ Il n'y a pas à *hésiter*. ためらう余地はない / *hésiter* entre plusieurs possibilités いくつかの可能性のどれを取るか決めかねる / *hésiter* sur la route à suivre どの道を進むか迷う. ◆*hésiter* à + 不定詞 …するのをためらう. ▶ *hésiter* à s'engager dans une entreprise 計画に加わるのをためらう / N'*hésitez* pas à me poser des questions. 遠慮せずに質問して下さい. ◆*hésiter* si + 間接疑問節 文章 …したものかどうか迷う. ▶ Il *hésite* encore s'il doit accepter (ou non). いまだに彼は承諾すべきか否かためらっている.
❷ もじもじする; 言いよどむ. ▶ *hésiter* en récitant sa leçon 学課の暗唱の際に口ごもる.

hétaïre /etai:r/ 女 (古代ギリシアの)高級遊女.

hétéro /etero/ 形 名 話 (héterosexuel の略)異性愛の(人).

hétéro- 接頭 「他の, 異なる」の意 (↔homo-).

hétéroclite /eteroklit/ 形 種々雑多な, 雑然と寄せ集めた. ▶ population *hétéroclite* いろんな人種からなる住民.

hétérodoxe /eterodoks/ 形, 名 非正統派の(人), 異端の(人); 異説を唱える(人).

hétérodoxie /eterodoksi/ 女 非正統派学説; 非正統性, 異端.

hétérogamie /eterogami/ 女【生物学】異形配偶 (↔isogamie).

hétérogène /eterozɛn/ 形 不均質の; 種々雑多な構成の. ▶ nation *hétérogène* 多民族国家.

hétérogénéité /eterozeneite/ 女 不均質性, 異質性, 混交性.

hétérosexualité /eteroseksɥalite/ 女 異性愛 (↔homosexualité).

hétérosexuel, le /eteroseksɥɛl/ 形 異性愛の (↔homosexuel); 名 異性愛者.

†**hêtraie** /ɛtrɛ/ 女 ブナの林, ブナの植林地.

†**hêtre** /ɛtr/ 男 ❶【植物学】ブナ. ❷ ブナ材.

†**heu** /ø/ 間投 ええと, あのう(困惑, 躊躇(ちゅうちょ)), 言いよどみ); へえ, ふうん(疑念, 軽蔑).

heur /œ:r/ 男 古 幸運. 注 今日では次の成句でのみ用いられる.
  ne pas avoir l'heur de plaire à qn 文章 /(皮肉に)残念ながら…に気に入られない. ▶ Cette idée *n'a pas eu l'heur de* lui *plaire*. この考えは残念ながら彼(女)の気に入らなかった.

***heure** /œ:r ウール/

英仏そっくり語
英 hour 1時間.
仏 heure 1時間, …時.

❶ 1時間. ▶ Il a parlé des *heures*. 彼は何時間も話した / une bonne [grande] *heure* たっぷり1時間 / une petite *heure* 小1時間 / Je suis à une heure de train de Paris. 私はパリから電車で1時間の所に住んでいる / vingt-quatre *heures* sur vingt-quatre 《形容詞または副詞的に》 (放送や商店などが) 24時間営業の; 四六時中.
❷ 労働[勤務]時間; 授業時間. ▶ la journée de sept *heures* 1日7時間労働 / les 35 *heures* 週35時間労働 / *heures* supplémentaires 超過勤務時間 / Il gagne trente euros de l'*heure*. 彼は時給30ユーロ稼いでいる / pendant l'*heure* de français フランス語の授業時間中に.
❸ 時(じ)(記号 h), 時刻. ▶《Quelle *heure* est-il?—Il est deux *heures* 「et demie [moins cinq].》「今何時ですか」「2時半[5分前]です」/《Vous avez l'*heure*?—Désolé, je n'ai pas de montre.》「時間分かりますか」残念ながら腕時計を持っていません」/ le train de 20h 50 [vingt *heures* cinquante] 20時50分発の列車 / magasin ouvert de quatorze *heures* à dix-huit *heures* 午後2時から6時まで開いている店 / avancer l'*heure* 時計の針を進める / mettre sa montre à l'*heure* 腕時計の時刻を合わせる / à une *heure* avancée (de la nuit) 夜更けに / *heure* légale 標準時 / *heure* locale 現地時間 / Il est 8 *heures*, *heure* locale. 現在現地時間で8時だ / *heure* d'été 夏時間 / le journal télévisé de vingt *heures* 午後8時のテレビニュース(注 le vingt heures ともいう).
❹ (ある特定の)時間, 定刻. ▶ arriver à [avant, après] l'*heure* 定刻[定刻前, 定刻後]に着く(⇨ 成句 à l'heure) / C'est l'*heure* 'du déjeuner [de se lever]. 昼食の[起きる]時間だ / Il n'a pas d'*heure*. 彼は時間の観念がない / Ce doit être Paul, c'est son *heure*. きっとポールだ, いつもの時間だから / *heures* de pointe ラッシュアワー.
❺ 時期, 時代. ▶ l'*heure* du nucléaire 核の時代 / Il a connu des *heures* difficiles dans sa jeunesse. 彼には若いころ苦しい時期があった / un ami de toutes les *heures* いつも変わらぬ友, 忠実な友.
❻ 《多く所有形容詞とともに》好期, チャンス; 全盛期; 死期, 最期. ▶ Il attend son *heure*. 彼はチャンス到来を待っている / Son *heure* est venu. 彼(女)の時代が来た / 彼(女)の最期が迫っている / Ce poète est mort avant l'*heure*. この詩人は夭折(ようせつ)した / *heure* dernière [suprême] 臨終.

Il est neuf heures et quart.
Il est dix heures et demie.
Il est onze heures moins le quart.
Il est onze heures moins dix.
Il est midi [minuit].
Il est midi et demi.

❼ 現在, 目下. ▶ les problèmes mondiaux de *l'heure* 当面の世界的問題 / L'*heure* est grave. 時局は重大である.

❽ 〔文章〕時. ▶ L'*heure* s'enfuit. 時は去り行く.

à cette heure 〔古風〕今, 現在.

à la bonne heure (1) 〔間投詞的に〕それはいい, よかった. ▶ 《J'ai réussi mon examen.—*A la bonne heure*!》「試験にパスしたよ」「それはよかった」(2) 〔皮肉に〕お好きなように, どうぞ御自由に. ▶ Tu ne veux rien faire? *A la bonne heure*, tu réussiras. 何もしたくないって, それもいいさ, うまくいけばお慰み.

à la dernière heure 最後の時間に; ぎりぎりに.

à la première heure 最初の時間に; 朝早く; できるだけ早く.

à l'heure (1) 定刻に. ▶ être *à l'heure* 時間どおりである. (2) 1 時間につき. ▶ un ouvrier payé *à l'heure* 時間給労働者 / faire du cent *à l'heure* 時速 100 キロを出す.

à l'heure qu'il est 今, 現在; こんな時間に.

à l'heure + 形容詞 [*de* + 名詞] (1) …の間に; 時代に. ▶ *à l'heure* dite 定刻に / *à l'heure* actuelle 現在(では), 今(は) / vivre *à l'heure* atomique 核の時代に生きる. (2) …式の; …風に, の影響の下に. ▶ un village *à l'heure* anglaise 英国風の村 / *à l'heure* allemande ドイツ占領時代の.

à pas d'heure 遅い時間に.

à ses heures ときどき, 気の向いたときに. 注 ses は各人称に変化させて用いる. ▶ Elle est poète *à ses heures*. 彼女は興が乗ると詩を作る.

A *tout à l'heure*! ではまたあとで.

à toute heure 休みなしに. ▶ brasserie ouverte *à toute heure* いつでも開いているカフェレストラン.

Avant l'heure, c'est pas l'heure, après l'heure, c'est plus l'heure. 〔諺〕時間をきっちり守れ; 大切なのはタイミングだ.

*de bonne heure (1) 朝早く; 早い時間から[に]. ▶ se lever *de bonne heure* 朝早く起きる. (2) 早い時期から[に]. ▶ Il s'est intéressé à la musique *de bonne heure*. 彼は早くから音楽に興味を持った.

de (la) dernière heure 〔情報が〕最新の; (新聞で)〔ニュースが〕締め切りぎりぎりに飛び込んだ. ▶ nouvelles *de (la) dernière heure* 最新ニュース.

de la dernière heure 新顔の.

d'heure en heure 1 時間ごとに, 刻々と.

d'une heure à l'autre 刻々と, すぐに, やがて.

heure par heure 1 時間ごとに, 徐々に.

Je [On] ne vous demande pas l'heure qu'il est. (あなた(方)に聞いていない→)〔諺〕余計な口出しをするな, 余計なお世話だ.

L'heure, c'est l'heure. 〔諺〕時間を守れ.

l'heure de vérité 決定的瞬間, 正念場.

l'heure H (1) 〔軍事〕攻撃開始時刻. (2) 決行の時.

par heure = 📗 *de l'heure* 1 時間当たり. ▶ gagner quarante euros「*par heure* [*de l'heure*] 1 時間で 40 ユーロ稼ぐ.

pour l'heure さしあたって, 今のところ.

sur l'heure 直ちに, 即座に.

**tout à l'heure* (1) さっき, 今しがた. ▶ Elle est arrivée chez moi *tout à l'heure*. 彼女はさっき私の家に着いた. (2) 間もなく, もうすぐ. ▶ Il va rentrer *tout à l'heure*. 彼はすぐ戻ってきますよ.

Tu as vu l'heure? 〔俗〕君の思い違いだ.

***heureusement** /œrøzmɑ̃ ウルーズマン/ 副 ❶ 運よく, 都合よく. ▶ *Heureusement* (pour elle), un agent de police est passé par là. (彼女にとって)幸いにも警官がそこを通りかかった. ◆ *heureusement que* + 直説法 幸いにも…だ. ◆ *Heureusement qu'il ne pleuvait pas*. 幸い雨は降っていなかった.

❷ 有利に, 上首尾に. ▶ L'affaire a été *heureusement* menée pour nous. 取引は我々にとって有利に運んだ.

❸ 見事に, うまく. ▶ Cela est *heureusement* exprimé. それはうまい表現だ.

:**heureux, euse** /ørø, ø:z ウルー, ウルーズ/ 形

❶ 幸福な, 幸せな. ▶ Je suis *heureux*. 私は幸せだ / Il a l'air *heureux*. 彼はうれしそうだ / vivre *heureux* 幸せに暮らす. ◆ *heureux de* qc/不定詞 // *heureux que* + 接続法 …がうれしい, 喜ばしい. ▶ Très *heureux* de faire votre connaissance. お目にかかれてたいへんうれしく存じます / Je suis *heureux* qu'il aille mieux. 彼が快方に向かっていてよかった.

❷ 幸運な, 運のいい. ▶ être *heureux*「au jeu [en affaires] ギャンブル[事業]運がある.

❸ 好都合な, 結構な. ▶ occasion *heureuse* 好機 / Notre entreprise a eu une *heureuse* issue. 我々の企ては上首尾に終わった. ◆ 《(非人称構文で) Il est [〔話〕C'est] *heureux* (pour qn) que + 接続法. …(にとって)…であるとは好都合だ. ▶ Il est *heureux* que vous puissiez venir chez nous ce soir. あなた(方)が今晩我々の家に来られるとはありがたい.

❹ 上出来の, 見事な. ▶ expression *heureuse* うまい表現 / repartie *heureuse* 当意即妙の答.

❺ 陽気な, 楽天的な. ▶ un *heureux* caractère

heuristique

楽天的性格.
avoir la main heureuse 運がいい, 何にでも成功する.
Encore heureux (***que*** + 接続法) 話 (…)は不幸中の幸いだ.
être heureux comme ⌈***un roi*** [***un poisson dans l'eau***⌋ 非常に幸福である.
Heureux + 定冠詞 + 名詞. = ***Heureux*** (***celui***) ***qui***... 文章 …(する者)はなんと幸福であることか. ▶ *Heureux* les pauvres en esprit. 《聖書》心の貧しい人々は, 幸いである.
— 名 幸福, 女性形は稀. ▶ faire un [des] *heureux* (恩恵を与えて)人を喜ばせる.

heuristique /øristik/ 形〔仮説, 手続きなどが〕発見に役立つ, 発見的な. ▶ méthode *heuristique* 《教育》(生徒に自分で発見させる)発見的教授法. — 女 事実発見法; (歴史などの)史料探索法.

†**heurt** /œːr/ 男 ❶ 衝突; 衝撃. ▶ *heurt* de deux voitures 2台の車の衝突.
❷(多く複数で)対立, 軋轢(あつれき). ▶ Il y a des *heurts* entre eux. 彼らはいがみ合っている.

†**heurté, e** /œrte/ 形 不調和な; 対照[コントラスト]が強い. ▶ geste *heurté* ぎくしゃくした動作 / contours *heurtés* 鮮明すぎる輪郭.

*†heurter /œrte/ ウルテ 他動 ❶ …にぶつかる, 衝突する. ▶ La moto a *heurté* un arbre. バイクは立ち木にぶつかった / faire tomber un verre en le *heurtant* du coude ひじをぶつけてコップを落とす.
❷ <*heurter* qc (à [contre] qc)> …を(…に)ぶつける. ▶ *heurter* son front à [contre] un meuble 額を家具にぶつける.
❸〔良俗など〕に反する; …に不快感を与える. ▶ *heurter* les convenances 礼儀作法に背く / Ses manières *ont heurté* le public. 彼(女)の態度は大衆の反感を買った / *heurter* de front qn/qc …と真っ向から対立する.
— 間他動 文章 ❶ <*heurter* à qc> 〔ドア, 窓など〕をノックする, こつこつたたく. ❷ <*heurter* contre qc> …にぶつかる, 衝突する. ▶ *heurter* du front contre le mur 額を壁にぶつける.
— **se heurter** 代動 ❶ 文章 <*se heurter* à [contre] qc/qn> …にぶつかる. ▶ *se heurter* à [contre] un mur 壁にぶつかる. ❷ <*se heurter* à qc> (障害, 反対など)に出合う, ぶつかる. ❸ <*se heurter* à qn> …と対立する. ❹ 衝突し合う; 反目し合う. ❺〔色彩, 音調が〕コントラストが強すぎる.

†**heurtoir** /œrtwaːr/ 男 (ドアの)ノッカー.

hexa- 接頭「6」の意.

hexagonal, ale /ɛgzagɔnal/; (男複) **aux** /o/ 形 ❶ 6角形の. ❷ フランス本土の.

hexagone /ɛgzagɔn/ 男 ❶ 6角形. ❷《多くl'Hexagone》フランス(本土): 輪郭が6角形に似ているため. ▶ dans l'*Hexagone* フランスで.

hexamètre /ɛgzametr/ 男, 形《詩法》(ギリシア・ラテン詩で)6歩格(の), 叙事詩行(の).

†**hi** /i; hi/ 擬音 ひっひっ(笑い声); ひいひい(泣き声).

(+)**hiatus** /jatys/ 男 ❶《言語》母音接続, 母音衝突(例: 1語中で *aéren*, 2語間で il *a été*). ❷ 中断, 断絶; ずれ; 欠落.

hibernal, ale /ibɛrnal/; (男複) **aux** /o/ 形 冬季の. ▶ sommeil *hibernal* 冬眠.

hibernant, ante /ibɛrnɑ̃, ɑ̃ːt/ 形〔動物が〕冬眠中の; 冬眠する.

hibernation /ibɛrnasjɔ̃/ 女 ❶ 冬眠. ❷《医学》*hibernation* artificielle (外科手術などに用いられる)人工冬眠(法). ❸ 不活動, 沈滞, 停滞. ▶ projet en *hibernation* 棚上げになった計画.

hiberner /ibɛrne/ 自動〔動物が〕冬眠する.

hibiscus /ibiskys/ 男《植物》ハイビスカス.

†**hibou** /ibu/; (複) **x** 男《動物》ミミズク.
avoir des yeux de hibou 大きな丸い目をしている.

†**hic** /ik/ 男 困難な点, 重要点. ▶ Voilà le *hic*. = C'est bien là le *hic*. そこが難しい点だ.

hidalgo /idalgo/ 男《スペイン語》スペインの最下級貴族.

†**hideur** /idœːr/ 女 醜悪さ; 下劣さ.

†**hideusement** /idøzmɑ̃/ 副 醜く, 見苦しく.

†**hideux, euse** /idø, øːz/ 形 ひどく醜い, 醜悪な, 忌まわしい. ▶ spectacle *hideux* おぞましい光景.

:**hier** /jɛːr/ イエール/ 副

❶ きのう, 昨日. 注 間接話法などで「前日に」は la veille という. ▶ Il est arrivé *hier*. 彼はきのう着いた / Il est parti *hier* (au) soir. 彼は昨晩出発した / *hier* matin きのうの朝 / avant-*hier* おととい.

❷ つい先ごろ, 昨今. ▶ Ce qui était valable *hier* est caduc aujourd'hui. ついこの間まで有効であったものが, 今日では通用しなくなっている.
ne pas dater d'hier きのう今日始まったものではない.
ne pas être né d'hier (きのう生まれたのではない→)話〔人が〕世慣れている.
— 男《無冠詞で》きのう; 昨今. ▶ le journal d'*hier* きのうの新聞 / Hier n'existe pas pour elle. 彼女には, きのうなど存在しない.

†**hiérarchie** /jerarʃi/ 女 ❶ 階級〔職階〕制, ヒエラルキー; 分類体系, 序列. ▶ être au sommet de la *hiérarchie* 組織の頂点に立っている / *hiérarchie* des salaires 給与体系. ❷(集合的に)トップ, 指導者.

†**hiérarchique** /jerarʃik/ 形 階級制の, 階層的な; 序列のある, 格付けした. ▶ degré [échelon] *hiérarchique* 位階, 職階 / supérieur *hiérarchique* 上司.

†**hiérarchiquement** /jerarʃikmɑ̃/ 副 階級[位階]制に基づいて, 階層的に.

†**hiérarchisation** /jerarʃizasjɔ̃/ 女 階級(組織)化, 序列化, 等級をつけること.

†**hiérarchiser** /jerarʃize/ 他動 …に階級[等級]を設ける, を序列化する; 階層的に分類する.
— **se hiérarchiser** 代動 階級化[序列化]される; 等級別に分類される.

hiératique /jeratik/ 形 ❶ 文章 厳かな; 格式張った. ▶ figure *hiératique* 厳かな顔つき. ❷《キリスト教》典礼の作法に従った. ❸ écriture *hiératique* (古代エジプトの)神官文字.

hiératisme /jeratism/ 男 文章 (態度, 顔つきの)厳かさ, 重々しさ.

hiér(o)- 接頭「神聖な」の意.
hiéroglyphe /jeroglif/ 男 ❶ ヒエログリフ, 神聖文字: 古代エジプトの象形文字. ❷〔複数で〕判読不能な文字; 悪筆.
hiéroglyphique /jeroglifik/ 形 ❶ ヒエログリフの[で書かれた]. ❷〔文字, 記号などが〕ちんぷんかんぷんな, 判読不能な.
†**hi-fi** /ifi/ 女《単複同形》(米語)ハイファイ, オーディオ (=haute-fidélité).
†**highlander** /ajlɑ̃dœːr/ 男《英語》スコットランド高地地方の住民.
†**high-tech** /ajtɛk/《米語》女《単複同形》❶ 先端技術, ハイテク. ❷ ハイテク様式.
── 形《不変》ハイテク様式の.
†**hi-han** /iɑ̃/ 間投 いおおん(ロバの鳴き声).
†**hijab** /idʒab/ 男 ヒジャブ: 女性イスラム教徒が髪を隠すために被るスカーフ.
hilar*ant*, *ante* /ilarɑ̃, ɑ̃ːt/ 形 笑いを誘う. ▶ histoire *hilarante* 愉快な話.
hilare /ilaːr/ 形 うれしそうな, 陽気な; どっと笑う. ▶ visage *hilare* 御満悦な顔.
hilarité /ilarite/ 女 ❶ 爆笑; (突然の)歓喜. ▶ provoquer l'*hilarité* générale 皆をどっと笑わせる.
Himalaya /imalaja/ 固有 男 ヒマラヤ.
(+)**hindi** /indi/ 男 ヒンディー語: インドの公用語の一つ.
hindou, *e* /ɛ̃du/ 形 ヒンズー教(徒)の.
── **Hindou, *e*** 名 ヒンズー教徒.
hindouisme /ɛ̃dwism/ 男 ヒンズー教.
†**hip** /ip; hip/ 間投《英語》やったん, わあい, 万歳(勝利, 歓喜, 熱狂). ▶ *Hip*! *hip*! *hip*! hourra! 万歳, 万歳.
†**hippie** /ipi/ 名, 形《米語》ヒッピー(の).
hippique /ipik/ 形 馬の, 馬術(競技)の.
hippisme /ipism/ 男 馬術(競技).
hipp(o)- 接頭「馬」の意.
hippocampe /ipokɑ̃ːp/ 男 タツノオトシゴ.
hippodrome /ipɔdroːm/ 男 競馬場.
hippomobile /ipomobil/ 形 馬力による.
hippophagique /ipofaʒik/ 形 boucherie *hippophagique* (=chevalin) 馬肉屋.
hippopotame /ipopotam/ 男 ❶〔動物〕カバ. ❷ 話 体が大きく太った人, 巨漢.
†**hippy** /ipiː/《複》***hippies*** /ipiːz/ 名, 形 ⇨ HIPPIE.
hirondelle /irɔ̃dɛl/ 女 ❶〔鳥類〕(1) ツバメ. (2) *hirondelle* de mer アジサシ (=sterne).
❷ nid d'*hirondelle*(中国料理で用いる)アナツバメの巣. ▶ potage aux nids d'*hirondelle* ツバメの巣のスープ.
Une hirondelle ne fait pas le printemps.
諺（1羽のツバメが来ただけでは春にならない→）1つの例を見て全体を推し測ってはならない.
hirsute /irsyt/ 形〔ひげや髪が〕もじゃもじゃの;〔人が〕ひげぼうぼうの.
hispanique /ispanik/ 形 スペイン(人)の;(中南米の)スペイン語圏の.
hispanis*ant*, *ante* /ispanizɑ̃, ɑ̃ːt/, **hispaniste** /ispanist/ 名 スペイン(語)学者.
hispanisme /ispanism/ 男 ❶ スペイン語特有の語法. ❷ スペイン語起源のフランス語.

hispano-améric*ain*, *aine* /ispanoamerikɛ̃, ɛn/ 形 スペイン系ラテンアメリカの.
── **Hispano-améric*ain*, *aine*** 名 スペイン系ラテンアメリカ人.
hispanophone /ispanofon/ 形, 名 スペイン語を話す(人).
†**hisser** /ise/ 他動 ❶ …を(苦労して)持ち上げる, 引き上げる. ▶ *hisser* de vieux meubles au grenier 古い家具を屋根裏部屋に引き上げる. ❷〔旗, 帆など〕を高く揚げる. ▶ *Hissez* les voiles! 帆を揚げ. ❸ …を高い地位に引き上げる.
── **se hisser** 代動 ❶ (苦労して)はい上がる;(体を)伸ばす. ▶ *se hisser* sur un mur 塀によじ登る / *se hisser* sur la pointe des pieds つま先立ちする, 背伸びする. ❷ 高い地位に就く, のし上がる.
histo- 接頭「(生体の)組織」の意.

:histoire /istwaːr イストワール/ 女

英仏そっくり語

英 history 歴史.
仏 histoire 歴史, 物語.

❶ 歴史; 歴史学; 歴史書; 来歴. ▶ L'*histoire* jugera. 歴史が審判を下すだろう / l'*histoire* de France フランス史(科目名) / l'*histoire* de la France フランスの(⇨ 語法) / l'*histoire* du Japon 日本史 / mélanger l'*histoire* et la fiction 史実と虚構をごたまぜにする / laisser son nom dans l'*histoire* 歴史に名を残す / ceux qui ont fait l'*histoire* 歴史を作った人々 / faire de l'*histoire* 歴史学を研究している / étudiant en *histoire* de l'art 美術史の学生 / acheter une *histoire* 歴史書を買う / raconter sa propre *histoire* 自分の身の上を語る.

❷ 物語. ▶ raconter une *histoire* 物語を語る / Voici l'*histoire* du film. これが映画の筋だ / *histoire* vécue［vraie］実話 / bonne *histoire* おもしろおかしい逸話 / *histoire* d'amour ラブストーリー.

❸ 作り話, うそ. ▶ raconter des *histoires* うそをつく / Ce sont des *histoires*. それはでたらめだ.

❹ 話 事件, 出来事, 問題. ▶ une *histoire* d'argent 金銭上の問題 / C'est une tout autre *histoire*. それはまったく別問題だ / Il m'est arrivé une drôle d'*histoire*. 私に奇妙な事件が起こった.

❺《複数で》話 悶着(もんちゃく), もめ事. ▶ avoir des *histoires* avec qn …といざこざを起こす / chercher des *histoires* à qn …にいちゃもんをつける / Allons, pas d'*histoires*! acceptez donc! さあ, ぐずぐず言わないで引き受けなさい.

❻ 話 *histoire* 事, そのこと; その物. Qu'est-ce que c'est que cette *histoire*-là? それは何だ.

❼ *histoire* naturelle 博物誌［学］, 自然史.

C'est de l'histoire ancienne. 話 それはずいぶん前のことだ, 忘れ去られたことだ.

C'est toujours la même histoire. また始まった, また同じ事の繰り返しだ.

C'est toute une histoire. 話せば長くなることだ; とても面倒なことだ; ひと騒動だ.

en faire des histoires ぐずぐず言う.

(en) faire des histoires pour un rien 些細(さ)なことを大げさに言う.

en faire (toute) une histoire 事を荒立てる.

histoire de + 不定詞 [話] ただ…するために. ▶ Je suis sorti dans la rue, histoire de prendre l'air. ちょっと空気を吸いに通りへ出たのです.

sans histoire(s) [話] 波瀾(はらん)のない, 平穏な. ▶ Tout s'est passé sans histoire. 万事つつがなく終了した / ville sans histoire 平穏な街.

> [比較] **物語**
> **histoire**《最も一般的》主として内容や筋の観点から見た「物語」, ときに滑稽(こっけい)な笑い話を指す.
> **récit** 現実, 虚構を問わず, ある出来事をすでに終わったものとして語る場合の「物語」. 文学理論では **roman**「小説」(ある出来事を現在進行しつつあるものとして語る場合の「物語」)がこれに対立し, この両者をまとめて **narration**「語り」と呼ぶことがある.

> [語法] **l'histoire de France か**
> **l'histoire de la France か**
> 「フランス史」という場合, 上の2つの形があるが意味は違う. l'histoire de France は, 学問または教科の「フランス史」のことで, l'histoire de la France は一般にいう「フランスの歴史」である(ただし両方とも歴史の本のタイトルとしては同じように使われる).
> • L'histoire de France est enseignée dès l'école primaire. フランス史は小学校から教えられている.
> • L'histoire de la France montre qu'il y a une certaine continuité entre la monarchie et la Révolution. フランスの歴史は, 君主制とフランス革命の間に一定の連続性があることを示している.
> ◆ France に形容詞がつく場合には, 必ず定冠詞をつける. l'histoire de la France moderne [médiéval, religieuse] フランス近代史[中世史, 宗教史].
> ◆ フランス以外の国の歴史は特に教科とは意識されないので l'histoire de la Grande-Bretagne [du Japon] (イギリス[日本]史)のように必ず定冠詞をつける.

histologie /istɔlɔʒi/ [女] 組織学.

histologique /istɔlɔʒik/ [形] 組織学の. ▶ examen histologique 組織検査.

historicité /istɔrisite/ [女] 史実性, 歴史性.

historié, e /istɔrje/ [形] (聖書, 聖人伝などの人物像で)装飾した. ▶ lettres historiées (章の冒頭の)飾り文字.

historien, enne /istɔrjɛ̃, ɛn/ [名] 歴史家, 歴史学者; [話] 歴史学専攻の学生.

historier /istɔrje/ [他動] …を(聖人伝などの人物像で)飾る.

historiette /istɔrjɛt/ [女] 逸話; 小話.

historiographe /istɔrjɔɡraf/ [男] 史料編纂(さん)官, 修史官.

*historique /istɔrik イストリック/ [形] ❶ 歴史の, 歴史的な; 歴史学の. ▶ études historiques 歴史研究 / rôle historique des femmes 女性の歴史上の役割.

❷ 歴史上の; 史実に基づく. ▶ fait historique 史実 / personnage historique 実在した人物 / roman historique 歴史小説.

❸ 歴史に残る, 歴史的に重要な. ▶ monument historique 歴史的建造物 / mot historique 歴史に残る名言 / record historique 歴史的記録.

❹ 〖文法〗présent historique 歴史的現在: 臨場感を与えるために過去形に代わる.

C'est historique! = *Historique!* [話] それは本当のことだ.

—— [男] 歴史的説明, 年代順の説明. ▶ faire l'historique d'une affaire ある事件を経過を追って説明する.

historiquement /istɔrikmɑ̃/ [副] ❶ 歴史(学)的に, 歴史的見地から. ❷ 事実どおりに.

hitlérien, enne /itlerjɛ̃, ɛn/ [形] ヒトラー, Hitler (主義)の. —— [名] ヒトラー主義者.

hitlérisme /itlerism/ [男] ヒトラー主義.

†**hit-parade** /itparad/ [男] 《米語》(流行歌などの)ヒットチャート;(映画, 書籍などの)人気番付(=palmarès) ▶ Ce tube est premier au hit-parade. このヒット曲はヒットチャート一番だ.

:**hiver** /ivɛːr イヴェール/ [男] 冬. ▶ Nous sommes en hiver. 今は冬だ / En hiver [L'hiver], il fait froid. 冬は寒い / hiver rigoureux 厳冬 / hiver doux 暖冬 / passer l'hiver à Nice ニースで冬を過ごす / été comme hiver 一年中 / sports d'hiver ウインタースポーツ / Il n'y a pas eu d'hiver cette année. 今年の冬は穏やかだった / Il fait un temps d'hiver. 冬のような天気だ.

…ne passera pas l'hiver (人について)もう長くない;(物について)ひどい状態だ.

hivernage /ivɛrnaːʒ/ [男] ❶ (放牧家畜の)越冬, 冬ごもり. ❷ (船の)冬期停泊期[港]. ❸ (熱帯地方の)雨期. ❹ 冬期飼料.

hivernal, ale /ivɛrnal/ [形]:(男複) **aux** /o/ [形] 冬の. ▶ station hivernale 冬期観光地(スキー場, 避寒地など) / Il fait un froid hivernal. (今日は)冬のように寒い.

hivernale /ivɛrnal/ [女] 冬期登山.

hivernant, ante /ivɛrnɑ̃, ɑ̃ːt/ [名] 冬期観光客(スキー客, 避寒客など).

hiverner /ivɛrne/ [自動] 〔人, 船, 家畜などが〕(…で)冬を越す, 冬ごもりする. ▶ L'expédition polaire hiverna au Groenland. 北極探検隊はグリーンランドで越冬した.

—— [他動] 〔家畜〕を冬ごもりさせる.

†**HLM** [女]/[男] 《略語》habitation à loyer modéré 低家賃集合住宅, 適性家賃住宅〔公団〕.

†**ho** /o; ho/ [間投] ❶ おーい, おい(呼びかけ). ❷ ほう, まあ, うわっ(驚き, 怒りなど).

†**hobby** /ɔbi/; (複) **hobbies** /ɔbiːz/ [男] 《英語》趣味, 道楽.

†**hochement** /ɔʃmɑ̃/ [男] (首を)上下[左右]に振ること. ▶ approuver d'un hochement de tête 賛成してうなずく / faire un hochement de tête désapprobatif 首を振って不満を示す.

†**hochequeue** /ɔʃkø/ [男] 〖鳥類〗セキレイ.

†**hocher** /ɔʃe/ [他動] hocher la tête (同意を示して)首を上下に振る;(拒絶を示して)首を左右に

homme

†hochet /ɔʃɛ/ 男 ❶ (赤ん坊の)がらがら. ❷ 文語 (取るに足りない)慰みもの. ▶ *hochets* de la vanité 虚栄心をくすぐるもの.

hockey /ɔkɛ/ 男 《英語》《スポーツ》ホッケー, フィールドホッケー (=*hockey* sur gazon); アイスホッケー (=*hockey* sur glace).

hockeyeur, euse /ɔkejœːr, øːz/ 名 ホッケー選手, ホッケー競技者.

†holà /ɔla; hɔla/ 間投 おい, ちょっと(呼びかけ, 注意の喚起, 制止, 抑止など). ▶ *Holà*! du calme! おい, 静かにしろ.
— 男 mettre le *holà* (à qc) (…を)やめさせる.

†holding /ɔldiŋ/ 男/女 《英語》持株会社.

†hold-up /ɔldœp/ 男《複》~-~(**S**) 男 《米語》ピストル強盗, 武装襲撃.

†hollandais, aise /ɔlɑ̃dɛ, ɛːz/ 形 オランダの; オランダ人の.
— **Hollandais, aise** 名 オランダ人.
— **hollandais** 男 オランダ語.

†Hollande /ɔlɑ̃ːd/ 固有 女 オランダ(⇨ PAYS-BAS).

†hollande /ɔlɑ̃ːd/ 男 ❶ オランダチーズ(エダム, ゴーダなど). ❷ すの目入りの上質紙.

⁽⁺⁾**hollywoodien, enne** /ɔliwudjɛ̃, ɛn/ 形 ハリウッド(映画)の; 派手な, けばけばしい.

holocauste /ɔlɔkoːst/ 男 ❶ (思想的な)大量虐殺; 《多く l'Holocauste》(ナチスによる)ユダヤ人大虐殺. ❷ (宗教上の)いけにえ, 犠牲.
s'offrir en holocauste (à qc) 文語 (大義, 祖国, 神などのために)身をささげる.

hologramme /ɔlɔgram/ 男 ホログラム.

†homard /ɔmaːr/ 男 ロブスター, オマール, ウミザリガニ.
rouge comme un homard 話 (ゆでたロブスターのように)真っ赤な.

home /oːm/ 男《英語》我が家, 家庭.

homélie /ɔmeli/ 女 ❶ 福音書講話; (ミサ中の)説教. ❷ 文語 (退屈な)お説教.

homéo- 接頭 「類似の, 同種の」の意.

homéopathe /ɔmeɔpat/ 名 《医学》ホメオパシスト, 同毒療法医 (=médecin *homéopathe*).

homéopathie /ɔmeɔpati/ 女 《医学》ホメオパシー, 同毒療法: 病気と類似の反応を引き起こす微量の薬物による治療法.

homéopathique /ɔmeɔpatik/ 形 《医学》ホメオパシーの.

homéotherme /ɔmeɔtɛrm/ 形 〔動物が〕定温の, 恒温の. — 男 定温[恒温]動物.

homérique /ɔmerik/ 形 ❶ ホメロス Homère の; ホメロス風の. ❷ 話 (皮肉に)英雄的な. ▶ équipée *homérique* 壮大だが無謀な企て. ❸ rire *homérique* 哄笑(ʑʲˣ), 爆笑.

homicide /ɔmisid/ 男 文語 殺人犯.
— 形 文語 殺意を持つ.
— 男 殺人; 殺人罪. ▶ commettre un *homicide* involontaire [par imprudence] 過失致死罪を犯す.

hommage /ɔmaːʒ/ 男 ❶ 尊敬のしるし; 賛辞. ▶ Cette cérémonie est un *hommage* à la science de l'humanité. この式典は人類の英知をたたえるものだ.
❷《複数で》(女性への)賛辞; 挨拶(ポェン). ▶ présenter ses *hommages* à une dame 女性に賛辞を呈する[挨拶する]/ Daignez agréer, Madame, mes très respectueux *hommages*.《手紙の末尾で》(男性から女性に対して)敬具.
❸ 献呈(本). ▶ faire l'*hommage* de son livre à qn …に自著を献呈する.
rendre hommage à qn/qc …を崇敬[称賛]する.

hommasse /ɔmas/ 形《軽蔑して》〔女が〕男のような.

*homme /ɔm オム/
男

❶《多く定冠詞とともに》人間. ▶ Les *hommes* parlent différentes langues. 人間はさまざまな言語を話す / Il n'est pas digne du nom d'*homme*. 彼は人間の名に値しない. ◆ l'*homme* (総称として)人間, 人類. ▶ l'origine de l'*homme* 人類の起源 / les droits de l'*homme* 人権 / L'*homme* est un animal raisonable. 人間は理性的動物である.
❷ 男, 男性. ▶ l'égalité de l'*homme* et de la femme 男女の平等 / vêtements d'*homme* 紳士服 / vieil *homme* 老人 / bon *homme* お人よし / *homme* bon 善良な人 / grand *homme* 偉人 / *homme* grand 大男.
❸〈*homme* de qc〉…の(男の)人. 注 多く複数には gens, 女性には femme を用いる. ▶ *homme* d'affaires 実業家 / *homme* d'Etat (高位の)政治家, 政府首脳 / *homme* de bien 誠実な人, 有徳の士 / *homme* de confiance 信用の置ける人 / *homme* du peuple 庶民 / *homme* du monde 社交界の人 / *homme* d'action 行動的な人 / *homme* d'esprit 才気のある人 / *homme* de goût 趣味のいい人.
❹ 一人前の男; 男らしい男. ▶ parvenir à l'âge d'*homme* 成年に達する / A seize ans, il était déjà un *homme*. 16歳で彼はもう立派な大人だった / Ne pleure pas, sois un *homme*! 泣くな, 男だろ.
❺《多く所有形容詞とともに》例の男, 話題の人物; 探し求めていた男, 打って付けの人. ▶ Voilà mon *homme*. これこそ私の探していた人だ / Je suis votre *homme*. なんなりと御用を仰せつけください.
❻《多く複数で》部下, 配下; 人員, 兵員. ▶ lancer ses *hommes* à l'attaque 部下に攻撃を命じる.
❼ 俗《多く所有形容詞とともに》夫, 愛人.
❽《キリスト教》le Fils de l'*homme* 人の子(キリスト).

comme un seul homme 一斉に, そろって; 全員[満場]一致で, 異口同音に.
d'homme à homme 1対1で, 直接に; 率直に.
être (un) homme à + 不定詞 …できる[しかねない]男である. ▶ Il n'*est* pas *homme à* mentir. 彼はうそがつけるような人ではない.
homme à femmes プレーボーイ, 女たらし.
homme de la situation 打って付けの人.
jeune homme (1) 青年, 若者. 注 女性は jeune fille, 複数は des jeunes gens という. (2) 君, 坊

homme-grenouille

ちゃん. (3) 俗 〔所有形容詞とともに〕息子.
le troisième homme 第三の男, 黒幕.
l'homme de la rue 普通の人.
l'homme de sa vie 彼女の一生の恋人.
l'homme du jour 時の人.
L'homme propose, Dieu dispose. 諺 事を図るは人, 事を成すは天;（結果が思わしくないときに）人間の力ではどうにもならないことがある.
Si t'es un homme... 話〔挑発して〕男なら.
trouver son homme (1) 打って付けの男を見つける. (2) 自分より強い［優れた］男に出会う.

語法「人」をどう訳すか

(1) **homme** 動物や神との対比で, 人類 humanité の一員としての人間一般を指す. 数形容詞がつくと「男」という意味になるので注意.
- L'homme est égoïste [Les hommes sont égoïstes] par nature. 人間は本来利己的だ.
- Six hommes sont venus. 6人の男が来た.

(2) **gens** 常に複数形で, 不特定多数の人を指す. 数形容詞は例外的にいくつかの形容詞（pauvre, honnête など）を介してのみ使える.
- Il y a beaucoup de gens qui se plaignent tout le temps. いつも不平ばかり言う人がたくさんいる.
- trois honnêtes gens 3人の正直な人.

(3) **personne** 女性名詞だが男女両方に使う. gens と違って数形容詞とともに用いることもできる. また不定代名詞として, ne とともに「だれも…でない」という否定文を作る.
- les personnes âgées 老人.
- Trois personnes ont été tuées dans cet accident. その事故で3人の死者が出た.
- Il n'y a personne de blessé. 負傷をした人は1人もいない.

(4) **on** 常に主語で, 動詞は3人称.
- On parle beaucoup de ce film. この映画は評判になっている.

(5) **monde** 常に単数形で「人々」を指す. 部分冠詞または beaucoup de などの数量表現とともに用いる.
- Il y a du [beaucoup de] monde à la piscine. プールには人がたくさんいる.
- Tout le monde est gai. みんな陽気だ.

(6) **quelqu'un** 単数形で不特定の人を指し, 肯定文で用いる（否定文では personne になる）. 形容詞がつく場合は, quelqu'un de + 形容詞男性単数形になる.
- Y a-t-il quelqu'un parmi vous qui puisse m'aider ? あなた方の中に私の手伝いをしてくれる人はいませんか.
- Marie, c'est quelqu'un de très honnête. マリーはとても正直な人だ.
- J'attends quelqu'un. 私は人を待っているのです（特定の人の名前や身分を曖昧あいまいにする言い方）.

homme-grenouille /ɔmgrənuj/ ;〔複〕~s-~s 男 潜水夫, フロッグマン.

homme-orchestre /ɔmɔrkɛstr/ ;〔複〕~s-~s（複数形の発音は単数形と同じ）男 ❶ ワンマンバンド:同時にいくつもの楽器を演奏する芸人. ❷ 一人何役もこなす万能家, 多芸多才の人.

homme-sandwich /ɔmsɑ̃dwitʃ/ ;〔複〕~s-~s 男 サンドイッチマン.

homo /ɔmo/ 名, 形〔男女同形〕(homosexuel の略) 話 同性愛者(の).

homo- 接頭「同一の, 類似の」の意 (↔hétéro-).

homogène /ɔmɔʒɛn/ 形 等質の, 均質の; 統一のとれた. ▶ *pâte homogène* むらのない練り粉 / *œuvre homogène* よくまとまった作品 / *ministère homogène* 単独内閣.

homogénéisation /ɔmɔʒeneizasjɔ̃/ 女 均質化, 等質化; 画一化.

homogénéisé, e /ɔmɔʒeneize/ 形 等質［均質］化された. ▶ *lait homogénéisé* ホモ乳.

homogénéiser /ɔmɔʒeneize/, **homogénéifier** /ɔmɔʒeneifje/ 他動 ❶〔牛乳など〕を等質［均一］にする. ❷ …を統一する.

homogénéité /ɔmɔʒeneite/ 女 等質性, 均質性; 統一性, まとまり.

homographe /ɔmɔgraf/ 形 〘言語〙 同綴（どうてつ）異義の. ── 男 同綴異義語: 同じ表記で意味の異なる内容を持つ語. 発音も異なることがある（例: avocat「弁護士」と avocat「アボカド」, les fils「息子たち」と les fils「糸」）.

homologation /ɔmɔlɔgasjɔ̃/ 女 ❶〘法律〙認可. ❷〘スポーツ〙〔記録の〕公認.

homologie /ɔmɔlɔʒi/ 女 相同性, 相同関係.

homologue /ɔmɔlɔg/ 形 ❶〘身分, 肩書きなどが〙同等の, 対応する. ❷〘化学〙同族の.〘生物学〙相同の. ❸〘数学〙〔点, 図形が〕対応する.
── 名 （異なる組織間で）同位の者, 同職者; 対応するもの. ▶ Le ministre des Finances japonais a rencontré son *homologue* anglais. 日本の財務大臣は英国の財務大臣と会見した.

homologuer /ɔmɔlɔge/ 他動 ❶〘法律〙…を認可する. ❷〘スポーツ〙〔記録〕を公認する.

homoncule /ɔmɔ̃kyl/ 男 ⇨ HOMUNCULE.

homonyme /ɔmɔnim/ 形 〘言語〙 同形異義の: 発音またはつづりが同じで意味の異なる語についていう（例: pain「パン」と pin「松」, ferme「農家」と ferme「堅固な」など）.
── 名 同名の人; 同名の町. ▶ confondre qn avec un de ses *homonymes* …を同名の別人と混同する.
── 男 〘言語〙同音異義語.

homonymie /ɔmɔnimi/ 女 ❶〘言語〙同形異義. ❷ 同名であること.

homoparental, ale /ɔmɔparatal/ ;〔男複〕**aux** /o/ 形 同性愛カップルの. ▶ *famille homoparentale* 同性愛カップルの家族.

homoparentalité /ɔmɔparatalite/ 女 同性愛カップルが家族を持つこと.

homophile /ɔmɔfil/ 男 男色家. ── 形 男色の.
homophilie /ɔmɔfili/ 女 (特に男の)同性愛.
homophobe /ɔmɔfɔb/ 形 同性愛者嫌いの.
homophobie /ɔmɔfɔbi/ 女 同性愛者嫌い.
homophone /ɔmɔfɔn/ 形 ❶〘言語〙同音異義の. ❷〘音楽〙(1) 異名同音の（例: ハと嬰（えい）ロ）. (2) ホモフォニーの. ── 男〘言語〙同音異義語（例: sot, saut, sceau）.

homophonie /ɔmɔfɔni/ 囡 ❶〖言語〗同音異義. ❷〖音楽〗ホモフォニー (↔polyphonie).

homophonique /ɔmɔfɔnik/ 形〖音楽〗単旋律の, 単音楽の.

homosexualité /ɔmɔsɛksɥalite/ 囡 同性愛.

homosexuel, le /ɔmɔsɛksɥɛl/ 形 同性愛の, ホモセクシュアルの.
 ── 名 同性愛者.

homuncule /ɔmɔ̃kyl/ 男 (民間伝承の中の)小人:錬金術師が作ったとされる.

†**Honduras** /ɔ̃dyras/ 固有 男 ホンデュラス:首都 Tegutigalpa. ▶ au *Honduras* ホンデュラスに［で, へ］.

⁽⁺⁾**Honfleur** /ɔ̃flœːr/ 固有 オンフルール:セーヌ河口の港町.

⁽⁺⁾**Hongkong** /ɔŋkɔŋ; 5kɔ̃ːɡ/ 固有 ホンコン, 香港.

†**hongre** /ɔ̃ːɡr/ 形〖男性形のみ〗〔馬が〕去勢された.
 ── 男 去勢馬.

†**Hongrie** /ɔ̃ɡri/ 固有 囡 ハンガリー:首都 Budapest. ▶ en *Hongrie* ハンガリーに［で, へ］.

†**hongrois, oise** /ɔ̃ɡrwa, waːz/ 形 ハンガリー・Hongrie の; ハンガリー人の(⇨ MAGYAR).
 ── **Hongr*ois, oise*** 名 ハンガリー人.
 ── **hongrois** 男 ハンガリー語.

*****honnête** /ɔnɛt/ 形 ❶ 正直な, 誠実な;(特に金銭面で)不正をしない. ▶ un citoyen *honnête* 善良な市民 / un commerçant *honnête* 実直な商人.
❷ まっとうな, 正当な, 立派な. ▶ une vie *honnête* まっとうな暮らし / employer des moyens *honnêtes* 正当な手段を用いる.
❸ (ときに名詞の前で)まあまあの, 妥当な. ▶ prix *honnête* 妥当な値段 / un repas *honnête* まずまずの食事 / résultats *honnêtes* まずまずの成果 / Cet élève se tient dans une *honnête* moyenne. この生徒はまあまあの線にいる. ❹ 古風〔女性が〕品行方正な.

honnête homme (1) 誠実な人 (=homme *honnête*). (2)〖歴史〗オネトム:17世紀の宮廷人の理想である教養, 礼儀をわきまえた紳士.

honnêtement /ɔnɛtmɑ̃/ 副 ❶ 正直に, 誠実に.
❷ (多く文頭で)率直に言って. ❸ 相応に.

honnêteté /ɔnɛtte/ 囡 正直, 誠実, 潔癖, 公正さ. ▶ un homme d'une parfaite *honnêteté* 真っ正直な男 / Ils ont eu l'*honnêteté* de tenir leurs promesses. 彼らは誠実に約束を守った.

*****honneur** /ɔnœːr/ オヌール 男 ❶ 名誉, 面目;信義. ▶ défendre son *honneur* 名誉を守る / Mon *honneur* est en jeu. 私の名誉がかかっている / manquer à l'*honneur* 信義に背く / *Honneur* et Patrie 名誉と祖国(レジオンヌール勲章の標語).
❷ 栄誉, 光栄;敬意. ▶ Ce qu'elle a fait est tout à son *honneur*. 彼女のしたことはまったく彼女の栄誉とすべきものだ / Tout l'*honneur* est pour moi. (人から感謝されて)こちらこそ光栄です / Vous nous faites beaucoup d'*honneur* en acceptant notre invitation. 招待に応じていただければたいへん光栄です.
❸〘複数で〙敬意のしるし, 礼遇. ▶ Il a été reçu avec tous les *honneurs* dus à son rang. 彼は身分にふさわしい礼をもって迎えられた / *honneurs* militaires (軍隊の)栄誉礼 / *honneurs* funèbres 葬儀.
❹〘複数で〙高い地位, 栄達. ▶ rechercher les *honneurs* 栄達を求め / parvenir au comble des *honneurs* 最高の地位［栄誉］を極める.
❺〖カード〗オナー・カード:最高の役札:特にブリッジでは A, K, Q, J, 10 についていう.

A tout seigneur tout honneur. 諺(1) 身分に応じた敬意を払わなければならない. (2) 恩に着ますよ.

avec honneur. 立派に, 首尾よく. ▶ s'en tirer *avec honneur* 首尾よく切り抜ける.

avoir les honneurs de la première page 〔ニュース, 人物などが〕新聞の第1面に載る.

*****avoir l'honneur de** + 不定詞(儀礼的表現で)…する光栄に浴する, 謹んで…する. ▶ J'ai l'*honneur* de vous faire savoir que ... 謹んで…をお知らせ申し上げます / A qui ai-je l'*honneur* (de parler)? どちら様でしょうか / J'ai bien l'*honneur* (de vous saluer). お近づきになれて光栄です.

A vous l'honneur. (ゲームなどで)あなたからお先に.

*****d'honneur** 名誉ある, 名誉にかかわる;栄光をたたえる. ▶ place *d'honneur* 特別席, 貴賓席 / affaire *d'honneur* 名誉にかかわる問題;決闘 / champ *d'honneur* 名誉を得る場所;戦場 / tour *d'honneur*(勝利者の)場内一周, ビクトリーラン / cour *d'honneur* (城館などの)正面広庭 / vin *d'honneur* 祝杯;祝賀会 / prix *d'honneur* (小学校などで)名誉賞 / homme *d'honneur* 名誉を重んじる人;有徳の人, 誠実な人 / dame *d'honneur* (王妃, 女王に仕える)侍女 / demoiselle ［garçon］ *d'honneur* (結婚式での)新郎新婦の介添え役 / membre ［président］ *d'honneur* 名誉会員［会長］.

en honneur 〔物が〕尊重されて, 評価されて, もてはやされて. ▶ La taille fine reste *en honneur*. 細いウエストが相変わらずもてはやされている. ◆***mettre en honneur qc*** …を評価させる, 流行させる.

en l'honneur de qn/qc …に敬意を表して, を祝って, のために. ▶ organiser une fête *en l'honneur de qn* …のためにパーティーを開く.

En quel honneur? 話 なんのことですか;なぜですか;何のためですか. ▶ Peux-tu me dire *en quel honneur* tu entres sans frapper? なぜノックしないで入って来るのかわけを言ってくれ.

être à l'honneur (1)〔人が〕栄誉を受ける. (2) 話題になっている;重要な位置を占める. ▶ L'agriculture *est à l'honneur* dans ce rapport. その報告書では農業が最も重視されている.

être ［devenir］ l'honneur de qn/qc …の誇り［自慢の種］である［になる］.

faire à qn l'honneur de qc/ 不定詞(多く儀礼的表現で)…に…の栄光を与える. ▶ *Faites*-moi l'*honneur* de me lui présenter. 私をあの方に紹介していただければ光栄です.

faire honneur à qc (1) …を尊重する, に忠実である. ▶ *faire honneur à* ses obligations 義務を

honnir

果たす．(2) 話 …を賞味する；大いに食べる［飲む］．▶ *faire honneur à* un repas 大いに食事を楽しむ．

faire honneur à qn (1) …の名誉となる，に面目を施す．▶ Cette réalisation *fera honneur aux* ingénieurs. この成果は技師たちの評価を高めるだろう．(2) …に忠実である．▶ *faire honneur à* ses maîtres 師の教えを守る．

faire les honneurs de la maison (*à qn*) (来客を)主人自ら家の中を案内して歓待する．

Honneur à qn/qc! …をたたえよ．/ *Honneur aux* vainqueurs! 勝者に栄光あれ / *honneur aux* dames レディファースト．

honneurs de la guerre 名誉ある降伏条件．▶ s'en tirer avec les *honneurs de la guerre* 名誉［面目］を失わずに難局を切り抜ける．

mettre un* [*son*] *point d'honneur à + 不定詞 = ***se faire un point d'honneur de qc*** 不定詞 …(すること)を名誉にかかわることと見なす；名誉にかけて…する．

parole d'honneur 誓約．▶ donner sa *parole d'honneur* 名誉にかけて誓う /《間投詞的に》Ma *parole* [*Parole*] *d'honneur*! 誓ってもいい，絶対に．

pour l'honneur 欲得抜きで，無償で．▶ travailler *pour l'honneur* 損得抜きで働く．

rendre honneur à qn/qc …に敬意を表する．

se faire honneur de qc 不定詞 (虚栄，うぬぼれから)…を誇りとする；鼻にかける．

sur l'honneur = ***sur mon honneur*** (*et ma conscience*) 誓って，名誉にかけて．▶ jurer *sur l'honneur* 名誉にかけて誓う．

Votre Honneur (英国などの敬称として)閣下．注 英語 your Honor から．

⁺**honnir** /ɔniːr/ 他動 古風 文章 (人前で)…を非難する，嫌悪する，侮辱する．

Honni soit qui mal y pense! 思い邪(よこしま)なる者に災いあれ．注 邪推を戒める言葉．英国のガーター勲章の銘．

honorabilité /ɔnɔrabilite/ 女 文章 高潔さ；信望，名声．

honorable /ɔnɔrabl/ 形 ❶ 名誉ある，尊敬に値する，立派な．▶ une famille *honorable* 名門 / une profession *honorable* まっとうな職業 / un commerçant *honorable* 正直な商人．❷ かなりの，相当の；(成績評価で)良の．▶ avoir une fortune *honorable* かなりの財産がある / avoir une note *honorable* à un concours 選抜試験で良の成績を取る．❸ (敬称として)尊敬すべき．▶ Je répondrai à mon *honorable* collègue. 尊敬すべき同僚議員に御答弁申し上げます．

honorablement /ɔnɔrabləmɑ̃/ 副 ❶ 信義をもって，尊敬されて；立派に．▶ être *honorablement* connu dans le quartier その界隈(かいわい)で評判がよい．❷ かなり，十分に．

honoraire /ɔnɔrɛːr/ 形 名誉職の．▶ professeur *honoraire* 名誉教授．

honoraires /ɔnɔrɛːr/ 男複 (公証人，医者，弁護士などへの)謝礼金，報酬．

honorariat /ɔnɔrarja/ 男 名誉職．

honoré, e /ɔnɔre/ 形 ❶ < être *honoré* de qc / 不定詞 // être *honoré* que + 接続法 >…を名誉［光栄］に思う．❷ 尊敬されている；尊敬すべき．

honorer /ɔnɔre/ 他動 ❶ …に敬意を表する，を尊敬する；たたえる．▶ *honorer* la mémoire d'un poète (今は亡き)詩人の遺徳をたたえる．❷ …に名誉をもたらす，の誇りとなる．▶ Cette conduite vous *honore*. こうした行為はあなた(方)の名誉となるものだ．❸ < *honorer* qn/qc de qc > …に…の光栄を与える，を賜る．▶ Le ministre *honorera* de sa présence la rencontre sportive. この試合には大臣が臨席されるだろう / Il veut bien m'*honorer* de sa confiance. 光栄にもあの方の御信頼を頂いております．❹〔契約など〕を守る；の支払いをする．▶ *honorer* sa signature 契約を履行する / *honorer* un chèque 小切手の決済をする．

— **s'honorer** 代動 ❶ < *s'honorer* de qc / 不定詞 // *s'honorer* que + 接続法 >…を光栄［誇り］に思う；自慢する．▶ Florence s'*honore* d'être la patrie de Dante. フィレンツェはダンテの故郷であることを誇りにしている．❷ 尊敬し合う．❸ 尊敬される．

honorifique /ɔnɔrifik/ 形 名誉上の，肩書きだけの．▶ titres *honorifiques* 名誉称号．

à titre honorifique 名誉上の，肩書きだけの．▶ président *à titre honorifique* 名誉会長．

honoris causa /ɔnɔriskoza/ 形句《不変》(ラテン語)名誉のための．注 審査なしに授与される学位についている．▶ docteur *honoris causa* de l'Université de Paris パリ大学名誉博士．

*⁺**honte** /ˈɔ̃ːt/ オーント 女 ❶ 恥，恥辱，不名誉．▶ C'est une *honte*! = Quelle *honte*! なんて恥ずかしいことか / essuyer la *honte* d'un affront 侮辱という不名誉を受ける / Il n'y a pas de *honte* à le dire. それを言うことはなんら恥ずかしいことではない / C'est une *honte* de traiter les gens si mal. こんなにひどいあしらい方をするとはとんでもないことだ / Celui-là, c'est la *honte* de ma famille. こいつは我が家の恥さらしだ．❷ 羞恥(しゅうち)心，恥ずかしさ；気兼ね．▶ éprouver de la *honte* 恥ずかしく思う / rougir de *honte* 恥ずかしさで赤面する / sans *honte* 恥ずかしげもなく / avoir *honte* 恥ずかしい．⇨ 成句

à la (***grande***) ***honte de qn*** …にとって不名誉なことに．▶ J'ai fait cela, *à ma grande honte*. たいへん恥ずかしいことだが私はそれをやった．

*__avoir honte de qc/qn__ 不定詞 …を恥じる．▶ Tu n'as pas *honte* d'arriver si tard? こんなに遅刻して君は恥ずかしいと思わないのか / J'ai *honte* de ce que j'ai fait. 私は自分のしたことが恥ずかしい．

avoir toute honte bue = ***avoir perdu toute honte*** 恥も外聞もない．

(***C'est*** [***Ça fait***]) ***la honte!*** 話 恥知らずだ；恥ずかしい．

être [***faire***] ***honte de qn/qc*** …の恥である．

*__faire honte à qn__ …に恥をかかせる．▶ Sa mauvaise conduite nous *fait honte*. 彼(女)の不品行には私たちが恥をかいた．

faire honte à qn de qc …の(態度など)をとがめる，後悔させる．▶ Faites-lui *honte* de son acte. 彼(女)に自分のしたことの恥を知らせなさい．

fausse [mauvaise] honte (過度の)遠慮. **Honte à qn!** …に恥あれ. ▶ *Honte à* ceux qui trahissent les amis! 友を裏切る者に恥辱あれ.

†**honteusement** /ɔ̃tøzmɑ̃/ 副 不名誉にも; 恥ずかしいほど. ▶ Il est *honteusement* payé. 彼は恥ずかしいほど賃金が低い.

*†**honteux, euse** /ɔ̃tø, øːz/ オントゥー, オントゥーズ 形 ❶ (ときに名詞の前で)恥ずべき, 不名誉な; 卑劣な. ▶ procédés *honteux* 卑劣な手段 / Il n'y a rien de *honteux* à cela. それについて何も恥ずべきことはない. ◆《非人称構文で》Il est *honteux*「de + 不定詞 [que + 接続法]」. Il est *honteux* de se défier de ses amis. 友人を信用しないのは恥ずべきことだ.
❷《属詞として》<*honteux* (de qc/qn/不定詞)>(…を)恥ずかしく思う. ▶ être *honteux* de son ignorance 無知を恥じる / Je suis *honteux* d'être en retard. 遅刻して恥ずかしい.
❸ (自分の立場, 信条を)隠している. ▶ les pauvres *honteux* 貧乏を隠している人々.
❹古風 maladie *honteuse* 性病.

†**hooligan** /uligan/ 男《英語》フーリガン.
†**hooliganisme** /uliganism/ 女 フーリガンの暴力行為.

†**hop** /ɔp/ hɔp/ 間投 それっ, そらっ(注意, 激励, 気合い). ▶ Allez, *hop*! さあ行け / Je me change, et *hop*! je pars. すぐに着がえて出かける.

‡**hôpital** /ɔpital/ オピタル; 《複》**aux** /o/ 男 病院 (注 普通は公立の大病院を指す. 私立の中小規模の病院は clinique). ▶ entrer [être] à l'*hôpital* 入院する[している] / quitter [sortir de] l'*hôpital* 退院する / un mois d'*hôpital* 1 か月の入院 / envoyer qn「dans un *hôpital* [à l'*hôpital*]」…を入院させる.

L'hôpital se moque de la charité. 諺 (施療院が慈善病院を笑う→) 目くそ鼻くそを笑う.

†**hoquet** /ɔkɛ/ 男 しゃっくり; しゃくり上げる声. ▶ avoir le *hoquet* しゃっくりが出る / le *hoquet* d'un sanglot しゃくり上げる鳴咽(ぉぇっ)の声.

†**hoqueter** /ɔkte/ 4 自動 ❶ しゃっくりをする; しゃくり上げて泣く. ❷ 〔機械などが〕断続音を発する.

***horaire** /ɔrɛːr/ オレール 男 ❶ (乗り物の)**時間表, ダイヤ**. ▶ consulter l'*horaire* des trains 列車の時刻表を調べる / changement d'*horaire* ダイヤの変更 / Les autobus sont souvent en retard sur l'*horaire* [leur *horaire*]. バスはしばしば運行時間に遅れる.
❷ **時間割, 日程[予定](表)**. ▶ afficher l'*horaire* des classes 授業の時間割を掲示する / avoir un *horaire* chargé スケジュールがぎっしり詰まっている.
❸ 労働時間. ▶ *horaire* flexible [variable, mobile, à la carte] フレックスタイム制 / Quels sont les *horaires* d'ouverture du magasin ? お店は何時から何時まで開いていますか.
— 形 ❶ 時間に関する. ▶ décalage *horaire* 時差 / tableau *horaire* 列車時刻表.
❷ 1 時間当たりの; 時速の. ▶ vitesse *horaire* 時速 / salaire *horaire* 時間給.
— 名 時間給労働者(= ouvrier horaire).

†**horde** /ɔrd/ 女 ❶ (暴徒などの)群れ. ❷ (中央アジアなどの)遊牧民族.

†**horion** /ɔrjɔ̃/ 男《多く複数で》(激しい)殴打. ▶ donner des *horions* à qn …をめった打ちにする.

***horizon** /ɔrizɔ̃/ オリゾン 男 ❶ **地平線, 水平線; 遠方**. ▶ plaine qui s'étend jusqu'à l'*horizon* 地平線まで広がる平原 / Le soleil descend sur [à] l'*horizon*. 太陽が水平線に沈む / apercevoir un bateau à l'*horizon* かなたに船影が見える / aux quatre coins de l'*horizon* 四方八方に.
❷ **視界, 眺望, 見晴らし**. ▶ Je n'ai pour *horizon* que le mur d'en face. 見えるのは向かいの壁ばかりである / changer l'*horizon* 視界を転じる; 旅をする.
❸ (思考, 活動の)**範囲, 領域; (状況の)展望, 見通し**. ▶ élargir son *horizon* 視野を広げる / Ce livre m'a ouvert des *horizons* insoupçonnés. この本は新しい考え方を私に示してくれた / L'*horizon* économique s'éclaircit [s'assombrit]. 経済の見通しは明るい[暗い].
❹《天文》天体地平線.

à l'horizon 近い将来に. ▶ On voit à l'*horizon* la menace d'une crise. 不況の兆しが間近に見えている.

faire un tour d'horizon de qc (問題, 状況などを)総体的に吟味検討する. ▶ *faire un tour d'horizon de* la situation 状況を一通り見る.

***horizontal, ale** /ɔrizɔ̃tal/ オリゾンタル; 《男複》**aux** /o/ 形 水平の, 横方向の. ▶ plan *horizontal* 水平面 / ligne *horizontale* 水平な直線 / écriture *horizontale* 横書き / prendre la position *horizontale* 話 横になる.
— **horizontale** 女 水平な直線.

à l'horizontale 水平に, 横に. ▶ tendre les bras *à l'horizontale* 腕を水平に[横に]伸ばす.

horizontalement /ɔrizɔ̃talmɑ̃/ 副 水平に.
horizontalité /ɔrizɔ̃talite/ 女 水平状態.

***horloge** /ɔrlɔːʒ/ オルロージュ 女 **大時計; 時計**. 注 多くは駅などの公共用の時計を指し, 小型の掛け[置き]時計は pendule, 目覚まし時計は réveil, 腕時計, 懐中時計は montre という. ▶ la tour de l'*horloge* 時計台 / *horloge* à quartz クォーツ時計 / *horloge* parlante (電話による)時報サービス / mettre à l'heure une *horloge* 時計の時間を合わせる.

avoir une précision d'horloge 時計のように正確だ.

être réglé comme une horloge 生活習慣が規則正しい; 時間にきちょうめんである.

heure d'horloge 話 丸々…時間, たっぷり…時間. ▶ Je l'ai attendu trois *heures d'horloge*. 彼にたっぷり 3 時間待たされた.

horloger, ère /ɔrlɔʒe, ɛːr/ 名 時計屋; 時計製造[修理]工. — 形 時計の; 時計製造[修理]の.

horlogerie /ɔrlɔʒri/ 女 ❶ 時計製造[販売]業; 時計屋. ❷《集合的に》時計類.

†**hormis** /ɔrmi/ 前 古風/文章 …を除いて, 以外は.

hormonal, ale /ɔrmɔnal/; 《男複》**aux** /o/ 形 ホルモンの, ホルモンによる. ▶ traitement *hormonal* ホルモン療法.

hormone /ɔrmon/ 囡 ホルモン.
horodaté, e /ɔrodate/ 厖 時刻が印字された.
horodateur, trice /ɔrodatœːr, tris/ 厖 時刻が印字する. ▶ horloge *horodatrice*（時間の印字された）駐車券発行機.
— **horodateur** 男 タイムレコーダー、タイムスタンプ.
horoscope /ɔrɔskɔp/ 男 【占星術】十二宮図、天宮図、ホロスコープ；星占い. ▶ faire [dresser, tirer] l'*horoscope* de qn …の星を占う / lire [consulter] son *horoscope* 自分の星〔運勢〕を読む.

***horreur** /ɔrœːr オルール/ 囡 ❶ 恐怖；恐怖感. ▶ frémir d'*horreur* 恐怖に身震いする / pousser un cri d'*horreur* 恐怖の叫び声を上げる / être frappé [saisi] d'*horreur* 恐怖に襲われる / film d'*horreur* ホラー映画. 比較 ⇨ PEUR.
❷ （激しい）嫌悪感、憎悪. ▶ l'*horreur* du banal 月並なものへの嫌悪の念 / inspirer une sainte *horreur* 嫌悪感を催させる / J'ai le lait en *horreur*. 私は牛乳が大嫌いだ.
❸ 醜悪さ、残酷さ. ▶ l'*horreur* d'un crime 犯行の残酷さ / vision d'*horreur* おぞましい光景.
❹ 匿 ひどく醜いもの〔人〕. ▶ Mais c'est une véritable *horreur*, ce tableau! まさに醜悪だ、あの絵ときたら.
❺ （複数で）惨禍；残虐行為. ▶ les *horreurs* de la guerre 戦争の惨禍.
❻ （複数で）侮辱的な言葉；卑猥(ﾜｲ)な言葉. ▶ débiter des *horreurs* sur qn …について悪口雑言を吐く.

avoir horreur de qn/qc 不定詞 …をひどく嫌う. 比較 ⇨ DÉTESTER. ▶ J'ai *horreur du* tabac. 私はタバコが大嫌いだ.
avoir [prendre] qn/qc en horreur …が大嫌いである〔になる〕. ▶ Après cet accident, il *a pris* la moto *en horreur*. その事故のあと彼はオートバイが嫌いになった. 比較 ⇨ DÉTESTER.
faire horreur (à qn) （…を）ぞっとさせる、反感〔嫌悪〕を催させる. ▶ Cet individu me *fait horreur*. あいつのことはぞっとする.
Quelle horreur!＝Horreur! なんということだ、ひどい話だ.

***horrible** /ɔribl オリーブル/ 厖 （ときに名詞の前で）
❶ 恐ろしい、ぞっとする. ▶ spectacle *horrible* 恐ろしい光景 / un accident *horrible* ぞっとするような事故 /（非人称構文で）Il est [C'est] *horrible* de penser à cette torture. その拷問のことを考えるとぞっとする. ◆ *horrible* à＋不定詞 ▶ cris *horribles* à entendre 聞くも恐ろしい叫び声.
❷ 醜い；劣悪な. ▶ une femme *horrible* 醜い女 / une écriture *horrible* ひどく下手な字.
❸ 極度の. ▶ Il fait une chaleur *horrible*. ものすごい暑さだ / J'ai une soif *horrible*. ひどく喉が渇いた.
horriblement /ɔriblǝmɑ̃/ 副 ❶ 恐ろしく、ぞっとするほど. ❷ ひどく、極端に.
horrifiant, ante /ɔrifjɑ̃, ɑ̃ːt/ 厖 ぞっとさせる、恐ろしい.
horrifier /ɔrifje/ 他動 ❶ …を恐怖に陥れる. ▶ Ce spectacle atroce l'*horrifiait*. この残虐な光景に彼(女)はおびえきっていた. ❷ …を憤慨させる.
horripilant, ante /ɔripilɑ̃, ɑ̃ːt/ 厖 いらだたせる.
horripilation /ɔripilasjɔ̃/ 囡 ❶ （激しい）いらだち. ❷ 鳥肌.
horripiler /ɔripile/ 他動 ❶ …をいらだたせる、の神経を逆なでする. ❷ …に鳥肌を立たせる.

*+**hors** /ɔr オール/ 前 ❶ ＜*hors de* ...＞ ❶ （場所）…の外に、外部で. ▶ acheter une maison *hors* de la ville 市外に家を買う / Le poisson a sauté *hors* de l'eau. 魚が水の外に飛びはねた / vivre *hors* de chez ses parents 親元を離れて暮らす / *Hors* d'ici! 出て行け.
❷ （時代、時期）…を外れた. ▶ la vie *hors* du temps 浮き世離れした生活 / *hors* de saison 季節外れの.
❸ 《範囲、限度、状態》…を外れた、脱した. ▶ Ce que tu dis est *hors* du sujet. 君の言っていることは本題からそれている / Le malade n'est pas encore *hors* de danger. 病人はまだ危険を脱していない / Ce tableau est *hors* de prix. この絵は法外な値段だ / se mettre *hors* de cause 嫌疑が晴れる / *hors* d'usage 使用不可能な / C'est *hors* de question. 問題外だ /《非人称構文で》Il est *hors* de doute que＋直説法. …は疑いない / Il est *hors* de question que＋接続法. …などもってのほかだ.

❷ ❶ ＜*hors*＋無冠詞名詞＞《多く成句的表現で》…を外れた；超過した. ▶ exemplaires *hors* commerce 非売品 / Le tarif est réduit *hors* saison. オフシーズンには料金が割り引かれる / hôtel *hors* catégorie 《等級のつけられない》デラックスホテル / voiture *hors* série 特別仕様車 / intelligence *hors* ligne [pair] なみはずれた頭脳 / fonctionnaire *hors* cadre 本勤務外〔出向〕の公務員 / ascenseur *hors* service 使用不能のエレベーター / *hors* sujet 的はずれな.
❷ 文章 …を除いて. ▶ Ils y sont tous allés, *hors* deux ou trois. 2、3人を除いて全員そこに行った.

être hors d'état de 不定詞 …できない.
hors de là そこを出て；その点を除けば.
hors de soi ひどく怒って、かっとなって.
hors la loi 法を外れた〔外れて〕；無法の〔に〕. ▶ mettre qn *hors la loi* …を法の保護外に置く.

+**hors-bord** /ɔrbɔːr/ 男 《単複同形》船外機（＝moteur *hors-bord*）；船外機艇、船外モーターボート. ▶ courses de *hors-bord* モーターボートレース.
+**hors concours** /ɔrkɔ̃kuːr/ 男 コンクール参加資格を持たない人、無鑑査出品者.
*+**hors-d'œuvre** /ɔrdœːvr オルドゥーヴル/ 男 《単複同形》❶ オードブル、前菜. ▶ *hors-d'œuvre* variés 前菜盛り合わせ / prendre [servir] qc en *hors-d'œuvre* オードブルに…を取る〔出す〕. ❷ （文学作品などの本筋と関係ない）付随的部分、蛇足.
+**hors-jeu** /ɔrʒø/ 男 《単複同形》【スポーツ】（サッカー、ラグビー、ホッケーなどの）オフサイド.
+**hors-la-loi** /ɔrlalwa/ 名 《不変》法の保護を奪わ

hors-série /ɔrseri/ 形《不変》❶ 大量生産品でない，規格外でない；シリーズ外の． ▶ voiture *hors-série* 特別仕様車，カスタムカー / numéro *hors-série*（定期刊行物の）増刊号． ❷ なみはずれた，非凡な．

hors service /ɔrsɛrvis/ 形《不変》❶ 故障した，壊れた． ❷ 話 ぐったりして動けない，くたくたな（HS と省略することがある）．

hors-texte /ɔrtɛkst/ 男《単複同形》《製本》別丁（ちょう）：本に差し込む別刷りの中絵，中扉など．

hortensia /ɔrtɑ̃sja/ 男《植物》アジサイ；《特に》セイヨウアジサイ． ── 形《不変》あじさい色の．

horticole /ɔrtikɔl/ 形 園芸の．

horticul*teur, trice* /ɔrtikyltœːr, tris/ 名 園芸家．

horticulture /ɔrtikylty:r/ 女 園芸．

†**hosanna** /ɔza(n)na/ 男 ❶《聖書》ホサナ：ヘブライ語で神に救いを祈願し，賛美する叫び． ❷《カトリック》ホザンナ：ミサ中に感謝の賛歌 Sanctus に付け加えて歌われる賛歌． ❸ 文章 歓喜の叫び，勝利の歌．

hospice /ɔspis/ 男 ❶（孤児，老人，身体障害者などを収容する）養護施設． ▶ *hospice* de vieillards 老人ホーム，養老院 / finir 「à l'*hospice* [dans un *hospice*]」貧窮のうちに死ぬ． ❷（旅人，巡礼を無料で泊める）修道院付属宿泊所．

hospitalier¹, ère /ɔspitalje, ɛːr/ 形 ❶ 病院の；医療に関する． ▶ établissements [services] *hospitaliers* 医療施設［業務］．
❷（巡礼，病人などを助ける）援助修道会の．
── 名 病院勤務者．

hospitalier², ère /ɔspitalje, ɛːr/ 形 ❶ 快く迎える，もてなし好きの． ▶ une personne *hospitalière* 客を快くもてなす人．

hospitalisation /ɔspitalizasjɔ̃/ 女 入院． ▶ deux mois d'*hospitalisation* 2 か月の入院．

hospitaliser /ɔspitalize/ 他動 …を入院させる，病院に収容する． ▶ *hospitaliser* un malade 病人を入院させる．

hospitalité /ɔspitalite/ 女 ❶（人を自宅に無料で）宿泊させること． ▶ offrir l'*hospitalité* à qn …を自宅に泊める． ❷（客を自宅で）もてなすこと，歓待． ▶ Merci de votre aimable *hospitalité*. 親切なもてなしをありがとう． ❸（亡命者などに与える）保護．

hospitalo-universitaire /ɔspitalɔyniversitɛːr/ 形 医学部付属病院の． ▶ centre *hospitalo-universitaire* 大学病院センター（略 CHU）．

hostellerie /ɔstɛlri/ 女（デラックスな）田舎風ホテルレストラン．

hostie /ɔsti/ 女《カトリック》ホスチア，聖体：ミサで拝領する聖体のパン．

*****hostile** /ɔstil/ オスティル/ 形 ❶ 敵意のある，敵対する． ▶ la foule *hostile* 敵意に満ちた群衆 / réserver à qn un accueil *hostile* …を冷遇する / lancer une OPA *hostile* 敵対的 TOB をする． ❷ ⟨*hostile* à qn/qc⟩ …に反対の． ▶ Il sont *hostiles* à la guerre. 彼らは戦争に反対だ． ❸〔環境などが〕悪条件の． ▶ milieu *hostile* 悪条件の環境．

hostilité /ɔstilite/ 女 ❶ 敵意，反感． ▶ regarder qn avec *hostilité* 敵意をもって…を見る．
❷《複数で》戦闘． ▶ engager les *hostilités* 戦闘を開始する． 比較 ⇨ GUERRE．

†**hot dog** /ɔtdɔg/ 男《米語》ホットドッグ．

hôte, hôtesse /oːt, otɛs/ 名 ❶ 来客をもてなす人，主人． ▶ remercier l'*hôtesse* avant de partir 帰る前に女主人に礼を言う /《同格的に》pays *hôte* 主催国． ❷（寄生虫の）宿主． 注 この意味では男性形のみ．

table d'hôte（宿屋，食堂などで定刻に同じ料理を食べる）会食用テーブル；相席用テーブル．

── **hôte** 名（もてなしを受ける）客，ゲスト，賓客． ▶ recevoir un *hôte* 客を迎える / *hôte* de marque du gouvernement 国賓．
❷（ホテルなどの）宿泊客；（アパートの）間借人． ▶ *hôte* payant（個人の家の）下宿人．
注 ①②とも女性に用いる場合は une hôte という．

── **hôtesse** 女 エアホステス（= *hôtesse* de l'air）；案内嬢（= *hôtesse* d'accueil）；コンパニオン．

*****hôtel** /otɛl/ オテル/ 男
英仏そっくり語
英 hotel ホテル．
仏 hôtel ホテル，(市役所などの) 公共の建物．

❶ ホテル． ▶ descendre à l'*hôtel* X X ホテルに泊まる / vivre à l'*hôtel* ホテル住まいをする / *hôtel* trois étoiles 三つ星ホテル．
❷ 大邸宅（= *hôtel* particulier）；（王侯貴族の）館(やかた)，御殿． ❸ 公共建築物． ▶ *hôtel* de ville 市役所 / *hôtel* des Monnaies 造幣局．

maitre d'hôtel (1)（レストラン，大邸宅の）給仕頭． (2)《料理》パセリ入りバターソース．

hôtel-Dieu /otɛldjø/；《複》〜**s**-〜 男 市立病院；(l'Hôtel-Dieu)パリ市立病院．

hôtelier, ère /otəlje, ɛːr/ 名 ホテルの経営者，ホテルの主人．
── 形 ホテルの． ▶ école *hôtelière* ホテル学校．

hôtellerie /otɛlri/ 女 ❶ ホテル業． ❷（デラックスな）田舎風ホテル，レストラン．

hôtesse /otɛs/ 女 hôte の女性形．

†**hotte** /ɔt/ 女 ❶ 背負いかご． ▶ la *hotte* du Père Noël サンタクロースの袋． ❷（暖炉，台所の集煙用）フード． ▶ *hotte* aspirante フード付き換気扇．

†**hottentot, ote** /ɔtɑ̃to, ɔt/ 形 ホッテントット（南西アフリカの遊牧民族）の．

†**hou** /u; hu/ 間投 やあい，ええい（冷やかし，脅かし，からかい）． ▶ *Hou*! hou! à la porte. やい，出てうせろ．

†**houblon** /ublɔ̃/ 男《植物》ホップ．

†**houblonn*ier, ère*** /ublɔnje, ɛːr/ 形 ホップの；ホップを産する． ── 名 ホップ栽培者．

†**houblonnière** /ublɔnjɛːr/ 女 ホップ畑．

†**houe** /u/ 女（幅広の刃の）鍬(くわ)，草かき，ホー．

*****houille** /uj/ ウユ/ 女 ❶ 石炭． 注 日常語では charbon が用いられる． ▶ goudron de *houille* コールタール． ❷ *houille* blanche 水力エネルギー / *houille* bleue 潮力エネルギー / *houille* d'or 太陽エネルギー．

†**houill*er, ère*** /uje, ɛːr/ 形 炭層を含む；石炭の． ▶ terrain [bassin] *houiller* 炭田 / indus-

houle

tries *houillères* 石炭産業.
— **houiller** 男［地質］石炭紀.
— **houillère** 囡 炭鉱.

†**houle** /ul/ 囡 ❶（海の）うねり, 波浪. ▶ une forte [grosse] *houle* 大きな, 高波. 比較 VAGUE. ❷ 文章 起伏, うねり. ▶ une *houle* humaine 人波.

†**houlette** /ulɛt/ 囡 ❶ 羊飼いの杖(?). ❷ 移植ごて. *sous la houlette de qn* …の指揮のもとに.

†**houleux, euse** /ulø, ø:z/ 形 ❶〔海が〕うねりの高い. ❷ 混乱した, 騒々しい.

†**houp** /up/ 間投 おおい, そらっ（呼びかけ, 気合い）(=hop).

†**houppe** /up/ 囡 ❶（装飾用の）房. ❷（おしろい用）パフ. ❸ 前髪の房.

†**houppette** /upɛt/ 囡 ❶ 小さな房. ❷（おしろい用）パフ.

†**hourra** /uʀa/ hura/ 間投 万歳. ▶ Hip, hip, hip, *hourra!* やったぁ, 万歳. — 男 歓喜, 歓呼, 万歳. ▶ pousser des *hourras* 歓声を上げる.

†**houspiller** /uspije/ 他動 …を非難する, 揶揄(?)する, 叱責(????)する.

†**houspilleur, euse** /uspijœːʀ, øːz/ 名 文章 がみがみ言う人, 口やかまし屋.

†**housse** /us/ 囡 覆い, カバー. ▶ *housse* de siège シートカバー.

†**houx** /u/ 男［植物］モチノキ. ▶ *houx* commun セイヨウヒイラギ.

hovercraft /ovœʀkʀaft/ 男《英語》ホーバークラフト.

HS 形（不変）（略語）hors service ぐったりして動けない, くたくたな.

HT 形（不変）（略語）hors taxe 免税の; 税別の.

†**hublot** /yblo/ 男（旅客機, 船の）円窓, 舷窓(?????);（レンジ, 乾燥機などの）のぞき窓.

†**huche** /yʃ/ 囡 長びつ; パン用保存箱.

†**hue** /y; hy/ 間投 馬に命じて）しっ, 前へ; 右へ. 注 左へ向けるときは dia という.
tirer à hue et à dia 相反した方向へ動く; 矛盾した行動を取る.

†**huée** /ɥe/ 囡（多く複数で）やじ, 罵声(??). ▶ s'enfuir sous les *huées* やじを浴びて退散する.

***huer** /ɥe ユエ/ 他動 …をやじる, に罵声(??)を浴びせる. ▶ L'orateur s'est fait *huer*. 演説者はやじりとばされた.
— 自動〔フクロウ, ミミズクなどが〕鳴く.

†**huguenot, ote** /ygno, ɔt/ 名, 形 ユグノー（の）: 16-18 世紀のフランスでカルヴァン派プロテスタントに用いた蔑称(?????).

huilage /ɥilaːʒ/ 男 油をさすこと, 注油.

‡**huile** /ɥil ユイル/ 囡 ❶ 油, オイル. ▶ *huile* d'olive オリーブ油 / cuire le poisson à l'*huile* 魚を油で炒(???)める / remettre de l'*huile* dans le moteur エンジンオイルを補充する / *huile* solaire（日焼け止め）サンオイル.
❷ 油絵の具; 油絵 (=peinture à l'*huile*). ▶ une *huile* de Cézanne セザンヌの油絵 / portrait à l'*huile* 油彩の肖像画.
❸ 話 有力者. ▶ fréquenter les *huiles* お偉方と付き合う. ❹〔カトリック〕saintes *huiles* 聖油.
dans l'huile 話 やすやすと, 順調に. ▶ Tout [Ça] baigne *dans* l'*huile*. 万事うまく運んでいる.
huile「de bras [de coude] 話 体力, 労力. ▶ Il n'épargne pas l'*huile de bras*. 彼は骨身を惜しまない.
jeter [mettre, verser] de l'huile sur le feu 火に油を注ぐ.
mer d'huile 油を流したように静かな海.
tache d'huile じわじわと広がること. ▶ idée qui fait *tache d'huile* じわじわと広がっている思想.

huilé, e /ɥile/ 形 ❶ 油をさした［引いた］. ▶ papier *huilé* 油紙. ❷ 油で調味した.
bien huilé 機能が完全な, 順調に作動する.

huiler /ɥile/ 他動 …に油を塗る［さす］, を油で磨く. ▶ *huiler* les rouages d'une machine 機械の歯車に油を塗る. — *s'huiler* 代動（自分の）体に油を塗る. ▶ *s'huiler* avant un bain de soleil 日光浴の前に体にオイルを塗る.

huilerie /ɥilʀi/ 囡 ❶ 搾油業;（植物性油の）搾油工場. ❷ 油の販売; 油屋.

huileux, euse /ɥilø, øːz/ 形 ❶ 油性の; 油を含んだ. ❷ 脂ぎった. ▶ cheveux *huileux* べとついた髪.

huilier /ɥilje/ 男（食卓用）油と酢の小瓶セット.

huis /ɥi/ 男 古［文章］（家の）戸, 扉. 注 現在では次の成句でのみ用いられる.
à huis clos 傍聴禁止の, 戸を締め切って. ▶ audience *à huis clos* 非公開の裁判.
le huis clos〔法律〕傍聴禁止, 非公開. 注 この成句では h は有音扱い.

huisserie /ɥisʀi/ 囡［建築］戸［窓］枠.

huissier /ɥisje/ 男 ❶（官公省庁の）受付, 取次係. ❷（団体, 機関などの）守衛. ❸ 執行吏［官］.

‡***huit** /ɥit ユイット/（数）（不変）（子音, 有音の h の前では /ɥi/）❶（名詞の前で）8 つの. ▶ journée de *huit* heures 8 時間労働制.
❷《名詞のあとで序数詞として》8 番目の. ▶ tome *huit* 第 8 巻 / page *huit* 8 ページ / Charles Ⅷ［*huit*］シャルル 8 世.
donner à qn ses huit jours（1 週間分の給料を前払いとして）…を解雇する.
huit jours 1 週間. ▶ dans *huit* jours 1 週間後に（当日から 8 日目）/ tous les *huit* jours 毎週.
— *huit 男（単複同形）（発音は常に /ɥit/）❶（数, 数字の）8; 8 つ, 8 個, 8 人. ▶ Cinq et trois font *huit*. 5 足す 3 は 8 / J'ai un *huit* en anglais 英語で（20 点満点中）8 点を取った. ❷（le huit）8 番, 8 号; 8 日. ▶ le *huit* mai 5 月 8 日（注 子音で始まる月の前では, /ɥi/ と発音されることもある.）❸ 8 の字（形）. ▶ *huit* couché ∞（無限大の記号）. ❹〔カード〕（トランプの）8 の札.
en huit 来週の. ▶ Je viendrai vendredi *en huit*. 来週の金曜日に来ます /（d'）aujourd'hui *en huit* 来週の今日［同じ曜日］.
faire des huit 8 の字を描く, 千鳥足で歩く.

†**huitaine** /ɥitɛn/ 囡 ❶ 約 8 つ. ▶ une *huitaine* de kilomètres 約 8 キロ. ❷（約）1 週間. ▶ Il part dans une *huitaine*. 彼は 1 週間後に出発する / L'entretien a été remis à *huitaine*. 会談は 1 週間延期された.

humecter

huitante /ɥitɑ̃ːt/ 形《数》《不変》スイス 80の.

huitième /ɥitjɛm/ ユイティエム 形《数》❶ 第8番目の. ▶ le *huitième* chapitre 第8章 / le *huitième* art 第8芸術(テレビ). ❷ 8分の1の. ▶ la *huitième* partie de qc …の8分の1.
la huitième merveille du monde (世界七不思議に次ぐほどの)前代未聞の不思議, 驚異.
— 名 8番目の人[物].
— 男 ❶ 8分の1. ▶ les trois *huitièmes* de qc …の8分の3. ❷ 9階 (=huitième étage). ❸ (パリの)第8区 (=huitième arrondissement). ❹《スポーツ》 *huitième* de finale ベストエイトを決める試合.
— 女 第8学年(の生徒): 小学校第4学年で現在の初等教育中級科1年に相当する.

huitièmement /ɥitjɛmmɑ̃/ 副 8番目に.

huître /ɥitr/ 女 ❶《貝類》カキ. ▶ *huître* perlière 真珠貝, アコヤガイ / *huître* d'élevage 養殖カキ / parcs à *huîtres* カキ養殖場 / fourchette à *huîtres* オイスターフォーク.
❷ 圏 間抜け, とんま.

huîtrier, ère /ɥitrije, ɛːr/ 形 カキの. ▶ industrie *huîtrière* カキ養殖業 (=ostréiculture). — **huîtrière** 女 カキ養殖場.

hulotte /ylɔt/ 女《鳥類》モリフクロウ.

hululement /ylylmɑ̃/ 男 (フクロウなどの)鳴き声.

hululer /ylyle/ 自動〔フクロウなどが〕鳴く.

hum /œm; hœm/ 間投 ❶ ふむ, さあ(疑念, ためらい, いらだち). ▶ *Hum*! c'est bizarre. ふうむ, 変だな «Je crois qu'il est honnête. — *Hum*!»「彼は誠実な男だよ」「さあ, どうかな」
❷ *Hum, hum*! えへん, おほん(繰り返して自分がいることを示す).

*humain, aine /ymɛ̃, ɛn ユマン, ユメーヌ/ 形 ❶ 人間の; 人間に関する. ▶ le corps *humain* 人体 / la nature *humaine* 人間の本性, 人間性 / le genre *humain* 人間全体, 人類 (=humanité) / être *humain* 人間, 人 (=homme) / les sciences *humaines* 人文科学 / relations *humaines* 人間関係・C'est au-dessus des forces *humaines*. それは人間の力を越えている.
❷ 人間的な, 人間味のある. ▶ sentiment *humain* 人間的感情 / se montrer *humain* envers qn …に対して思いやりを示す / n'avoir rien d'*humain* 血も涙もない / chercher des solutions *humaines* à un problème social 社会問題に人間味ある解決を求める / *Humain, trop humain*「人間的な, あまりに人間的な」(ニーチェ).
C'est humain. (弱点を指して)人間なら無理もない.
ne pas [plus] avoir figure humaine 変わり果てた姿をしている.
respect humain /rɛspɛ(k)ymɛ̃/ 世間体, 体面.
— **humain** 男 ❶ 人間性; 人間. ▶ l'*humain* et le divin 人間性と神性. ❷《複数で》文章 人々. ▶ vivre séparé des *humains* 人と関わりを絶って暮らす.

humainement /ymɛnmɑ̃/ 副 ❶ 人間として. ▶ faire tout ce qui est *humainement* possible 人事の限りを尽くす. ❷ 人間味を持って. ▶ traiter *humainement* ses employés 使用人たちを温かく遇する.

humanisation /ymanizasjɔ̃/ 女 人間的なものにすること; (環境, 条件などの)人間化.

humaniser /ymanize/ 他動 ❶ …をより人間的にする, の過酷さを和らげる. ▶ *humaniser* les conditions de travail (=adoucir) 労働条件を緩和する. ❷〔教義, 学説など〕を分かりやすくする. ▶ *humaniser* une philosophie ある哲学を分かりやすくする.
— **s'humaniser** 代動 人間味を帯びる, 人の気持ちが分かるようになる.

humanisme /ymanism/ 男 ❶ ヒューマニズム, 人間主義. ❷ ユマニスム, 人文主義: 人間の尊厳を強調したルネサンス期の思想, 運動. ❸ 人文学: 古典文学による教養.

humaniste /ymanist/ 形 ❶ ヒューマニズムの, 人間主義の. ❷ ユマニスム, 人文主義の.
— 名 ❶ ヒューマニスト, 人間主義者. ❷ (ルネサンス期の)ユマニスト, 人文主義者. ❸ (ギリシア・ラテン文学に精通した)古典学者.

humanitaire /ymanitɛːr/ 形 人道主義的な. ▶ secours *humanitaires* 人道支援

humanitarisme /ymanitarism/ 男 (単純で非現実的な)人道主義.

*humanité /ymanite ユマニテ/ 女 ❶ (l'*humanité*)人類, 人間. ▶ évolution de l'*humanité* 人類の進化 / agir par amour de l'*humanité* 人間愛から行動する / crime contre l'*humanité* 人道に対する罪.
❷ 人間味, 思いやり. ▶ traiter qn avec *humanité* …を温情をもって扱う / une mesure d'*humanité* 人道的な措置. ❸《複数で》古典学; 古典研究: ギリシア・ラテンの言語と文明の研究. ▶ faire ses *humanités* 古典学を研究する.

humanoïde /ymanɔid/ 形 人間に似た, 人間そっくりの. ▶ robot *humanoïde* 人間型ロボット.
— 男 ヒューマノイド, 人間に似たロボット.

*humble /œ̃ːbl アーンブル/ 形 ❶ 謙遜な, 控え目な, へりくだった. ▶ un ton *humble* 控え目な口調 / une personne *humble* et soumise 控え目で従順な人 / se faire tout *humble* devant les riches (=plat) 金持ちの前でペこペこする.
❷ 文章 (多くの名詞の前で)取るに足りない, しがない, 地味な. ▶ un *humble* employé 一介の使用人 / être d'*humble* naissance 庶民の出である.
à mon humble avis 卑見によれば.
— **humbles** 男複 庶民, 下層の人々.

humblement /œ̃ːbləmɑ̃/ 副 ❶ 謙虚に, 控え目に, へりくだって. ▶ Je vous ferai *humblement* remarquer que … + 直説法 恐れながら申し上げますと…. ❷ 地味に, 質素に. ▶ vivre *humblement* つましく暮らす.

humectage /ymɛktaːʒ/ 男 湿らせること.

humecter /ymɛkte/ 他動 …を湿らせる, ぬらす. ▶ *humecter* du linge avant de le repasser アイロンをかける前に(霧を吹いて)布を湿らせる.
— **s'humecter** 代動 (自分の)…を湿らせる, ぬらす, 潤す. 注 se は間接目的. ▶ *s'humecter* le gosier 圏 喉(の)を潤す, 一杯やる. ❷ 湿る, ぬれる.

humer

†**humer** /yme/ 他動〔空気〕を(鼻で)吸い込む; …(のにおい)をかぐ.
humérus /ymerys/ 男【解剖】上腕骨.
***humeur** /ymœːr ユムール/ 女 ❶ 気質, 性質, 性格. ▶ Il a l'*humeur* maussade. 彼は無愛想なたちだ / Cette fille est d'*humeur* gaie. この少女は陽気な性分だ / incompatibilité d'*humeur* 性格の不一致 / être d'*humeur* égale 性格にむらがない.
❷ (一時的な)気分, 機嫌. ▶ être de bonne [mauvaise] *humeur* 上機嫌[不機嫌]である / être d'excellente *humeur* とてもご機嫌である / retrouver sa bonne *humeur* 機嫌を直す / Ce film m'a mis de mauvaise *humeur*. この映画を見て気が滅入った / avoir des inégalités d'*humeur* 気分にむらがある / selon l'*humeur* du moment その時の気分で.
❸ 文章 不機嫌(＝mauvaise *humeur*). ▶ garder de l'*humeur* contre qn …に腹を立てる / dans un accès d'*humeur* 腹立ちまぎれに, かっとなって.
❹《複数で》四体液: 血液, 粘液, 胆汁, 黒胆汁のことで, その配分が体質や気質を決めると考えられた.
être d'humeur à ＋ 不定詞 …したい気分である. ▶ Je ne *suis* pas d'*humeur à* m'amuser. 今は遊ぶ気になれない.
être d'une humeur de chien [*dogue*] 話 ひどく不機嫌である.
humeur noire 意気消沈, 陰鬱(いんうつ).
L'humeur a pris qn de ＋ 不定詞 …したくなった. ▶ L'*humeur* m'*a pris d*'aller me promener. ふと散歩に行きたい気分になった.

***humide** /ymid ユミド/ 形 ❶ 湿った, ぬれた. ▶ serviette *humide* ぬれタオル(↔sec). ◆ *humide de* ＋ 無冠詞名詞 …でぬれた. ▶ les yeux *humides* de larmes 涙にぬれた目.
❷ 湿度の高い; 雨の多い. ▶ chaleur *humide* 蒸し暑さ / région *humide* 雨のよく降る地域 /《非人称構文で》Il fait *humide*. じめじめする, 天気が湿りがちだ.

humidificateur /ymidifikatœːr/ 男 加湿器, 給湿装置.
humidification /ymidifikasjɔ̃/ 女 湿らすこと, 加湿, 給湿.
humidifier /ymidifje/ 他動 …を湿らす; 加湿する. — *s'humidifier* 代動 湿る.
humidité /ymidite/ 女 湿気; 湿度. ▶ Quelle *humidité*! 何とむしむしするのだろう / ôter l'*humidité* de la chambre 部屋を除湿する / fer rouillée par l'*humidité* 湿気でさびた鉄 /《Craint l'*humidité*》=《A protéger de l'*humidité*》「湿気注意」.
humiliant, ante /ymiljɑ̃, ɑ̃ːt/ 形 屈辱的な; 侮辱的な.
humiliation /ymiljasjɔ̃/ 女 ❶ 屈辱, 恥辱. ▶ rougir d'*humiliation* 恥ずかしくて赤面する.
❷ 侮辱. ▶ infliger une *humiliation* à qn …を侮辱する.
humilié, e /ymilje/ 形 侮辱された, 辱められた. ▶ se sentir *humilié* par l'attitude de qn …の態度に屈辱を覚える. — 名 侮辱された人.

humilier /ymilje/ 他動 …を侮辱する, に恥をかかせる. ▶ *humilier* qn par une attitude méprisante 見下すような態度で…を侮辱する / *humilier* l'orgueil de qn …の高慢をくじく.
— **s'humilier** 代動 ＜ *s'humilier* (devant qn)＞(…の前に)屈伏する＞, へりくだる, 謙虚になる.
humilité /ymilite/ 女 ❶ 謙遜(けんそん), 謙虚; 卑下. ▶ avec *humilité* 謙虚に / la vertu de l'*humilité* 謙譲の美徳 / attitude pleine d'*humilité* 謙虚さに満ちた態度. ❷ 文章 (身分などの)低さ.
en toute humilité 謹んで, へりくだって.
humoral, ale /ymɔral/;《男複》*aux* /o/ 形 体液の, 体液による.
humoriste /ymɔrist/ 名 ユーモアのある人, ユーモア作家; (風刺)漫画家. — 形 ユーモアのある.
humoristique /ymɔristik/ 形 ユーモアのある; 滑稽(こっけい)な.
***humour** /ymuːr ユムール/ 男〔英語〕ユーモア, 諧謔(かいぎゃく); 滑稽(こっけい)さ. ▶ *humour* noir ブラックユーモア / avoir (le sens) de l'*humour* ユーモア(のセンス)がある / faire de l'humour 冗談を言う / avec humour ユーモアをこめて / manquer d'*humour* ユーモアに欠ける.
humus /ymys/ 男 腐蝕土; 腐植.
†**hune** /yn/ 女 (帆船の)檣楼(しょうろう), トップ.
†**huppe** /yp/ 女 ❶【鳥類】ヤツガシラ. ❷(鳥の)冠羽.
†**huppé, e** /ype/ 形 ❶〔鳥が〕冠羽のある. ❷ 話 身分の高い, 上流の, 金持ちの.
†**hure** /yːr/ 女 ❶(イノシシ, 豚, 鮭, マスなどの)頭部. ❷ 豚の頭肉のパテ.
†**hurlant, ante** /yrlɑ̃, ɑ̃ːt/ 形 ❶ ほえる; わめきたてる. ❷ うなる, うるさい音を立てる. ❸〔色, 語調などが〕どぎつい, けばけばしい.
†**hurlement** /yrləmɑ̃/ 男 ❶(犬, 狼(おおかみ)などの)遠ぼえ, ほえ声. ❷ 叫び声, わめき声. ▶ pousser un *hurlement* de douleur 苦痛の叫びを上げる. ❸ うなり, 大きな響き. ▶ *hurlements* du vent 風のうなり声.
†**hurler** /yrle/ 自動 ❶〔犬, 狼(おおかみ)などが〕遠ぼえする.
❷〔人が〕わめく, 叫ぶ. ▶ *hurler* de peur 怖くて悲鳴を上げる. ❸＜*hurler* à ＋ 定冠詞 ＋ 名詞＞ …に強く抗議する. ▶ *hurler* à la ségrégation raciale 人種差別に抗議の叫びを上げる. ❹ うなり, きしる. ▶ Le vent *hurle* dehors. 外では風がうなっている. ❺〔色などが〕不調和である, 目立ちすぎる. ▶ rouge qui *hurle* どぎつい赤.
hurler avec les loups 付和雷同する.
— 他動 ❶ ＜*hurler* qc (à qn) // *hurler* (à qn) que ＋ 直説法＞(…に)…を大声で叫ぶ, わめき立てる. ▶ *hurler* des injures à [contre] qn …を大声でののしる / *hurler* une chanson 大声で歌う. ❷ ＜*hurler* (à qn) de ＋ 不定詞 / *hurler* (à qn) que ＋ 接続法＞(…に)…しろと大声で叫ぶ. ▶ *hurler* à la foule de se disperser 群衆に散れと叫ぶ.
— 間他動 ＜*hurler* avec qc＞ …と不調和になる.
†**hurleur, euse** /yrlœːr, øːz/ 形〔動物が〕遠ぼえする;〔人が〕わめき立てる.
— 名 わめき立てる人.

— **hurleur** 男【動物】ホエザル.
hurluberlu, e /yrlyberly/ 形, 名 話 軽率な(人);変わった(人). 注 女性についてもしばしば男性形で使われる.
†**hurrah** /ura/ 男, 間投 ⇨ HOURRA.
†**hussard** /ysa:r/ 男【軍事】❶ 軽騎兵. ❷ 機甲部隊.
†**hussarde** /ysard/ 女《次の句で》
 à la hussarde 話 乱暴に, 無作法に.
†**hutte** /yt/ 女(木, 土, わらなどでできた)小屋.
hybridation /ibridɑsjɔ̃/ 女【生物学】交雑, 雑種形成.
hybride /ibrid/ 形 ❶【生物学】雑種の. ❷ 異質な要素を混合した, 折衷の. ▶ voiture *hybride* ハイブリッド車 / solution *hybride* 妥協的な解決法 / architecture *hybride* 混合様式の建築. ❸【言語】mot *hybride* 混種語: 異なる言語の語根を合成した複合語. ❹【情報】ハイブリッドの: アナログ型とデジタル型の両方の特徴を備えた.
— 男【生物学】雑種.
hydratant, ante /idratɑ̃, ɑ̃:t/ 形 ❶ (肌などに)水分を補給する. ▶ crème *hydratante* モイスチャー・クリーム. ❷【化学】水和する.
hydratation /idratɑsjɔ̃/ 女 ❶【化学】水和. ❷ (肌への)水分の補給, (肌が)潤うこと.
hydrate /idrat/ 男【化学】水和物, 水化物. ▶ *hydrate* de carbone 炭水化物, 糖質.
hydraté, e /idrate/ 形 水和した; 水分を含んだ. ▶ une peau *hydratée* しっとりした肌.
hydrater /idrate/ 他動 ❶【化学】…を水和[水化]させる. ❷ (肌に)水分を補給する.
— **s'hydrater** 代動 ❶【化学】水和する, 水和[水化]物となる. ❷ 喉(?)を潤す.
hydraulique /idrolik/ 形 ❶ 水力の; 水圧の. ▶ énergie *hydraulique* 水力(エネルギー) / centrale [usine] *hydraulique* 水力発電所. ❷ 油圧の. ▶ frein *hydraulique* 油圧ブレーキ. ❸ 水道[給水]に関する. ▶ travaux *hydrauliques* 水道工事 / installation *hydraulique* 水利施設.
— 女 水力学, 水工学; 水理学.
hydravion /idravjɔ̃/ 男 水上飛行機.
hydre /idr/ 女 ❶【ギリシア神話】ヒュドラ, 水蛇の怪物. ▶ *Hydre* de Lerne レルナのヒュドラ, 七[九]頭蛇. ❷ 文章 (ひどくなる一方で)手のつけられないもの. ▶ *hydre* de l'anarchie 手の施しようのない無秩序状態. ❸【動物】ヒドラ(腔腸(こうちょう)動物).
hydro- 接頭 (別形 hydr-)「水」の意.
hydrocarbure /idrokarby:r/ 男【化学】炭化水素, ハイドロカーボン.
hydrocéphale /idrosefal/ 形【医学】水頭症にかかった. — 名 水頭症患者.
hydrodynamique /idrodinamik/ 女, 形【物理】流体力学(の), 流体動力学(の).
hydro-électricité /idroelεktrisite/ 女 水力電気.
hydroélectrique /idroelεktrik/ 形 水力発電の. ▶ centrale *hydroélectrique* 水力発電所.
hydrogénation /idrɔʒenɑsjɔ̃/ 女【化学】水素添加, 水素化.
hydrogène /idrɔʒεn/ 男【化学】水素. ▶ bombe à *hydrogène* 水素爆弾 (=bombe H).
hydroglisseur /idrɔglisœ:r/ 男 滑走艇: モーターボートの一種.
hydrographe /idrograf/ 名 ❶ 水圏学者. ❷ 水路[海洋]測量技師.
hydrographie /idrografi/ 女 ❶ 水路学. ❷ 水路測量, 海洋測量. ❸ (一地域の)水路網.
hydrographique /idrografik/ 形 水圏学の; 水路[海洋]測量の; (一地域の)水路の.
hydrologie /idrɔlɔʒi/ 女 水文学, 水理学.
hydrolyse /idrɔli:z/ 女【化学】加水分解.
hydromassage /idromasa:ʒ/ 男 ハイドロマッサージ: 水圧を利用したマッサージ.
hydrométrie /idrometri/ 女 液体比重測定; (河川などの)流量測定, 水文量測定.
hydrophile /idrɔfil/ 形 吸水性の;【化学】親水性の. ▶ coton *hydrophile* 脱脂綿.
— 男【昆虫】ガムシ.
hydrostatique /idrostatik/ 女 流体静力学, 静水力学. — 形 流体静力学の; 静水の.
⁽⁺⁾**hyène** /jεn/ 女【動物】ハイエナ.
***hygiène** /iʒjεn イジエヌ/ 女 ❶ 衛生(学), 清潔の心がけ. ▶ *hygiène* publique 公衆衛生 / *hygiène* mentale 精神衛生 / articles d'*hygiène* 衛生用品 / manquer d'*hygiène* 不潔である / avoir une bonne *hygiène* de vie 清潔に注意して暮らす. ❷ 健康法, 健康管理. ▶ *hygiène* alimentaire 栄養管理.
par (souci d') hygiène 健康のために; 衛生上の配慮から.
hygiénique /iʒjenik/ 形 ❶ 健康によい. ▶ promenade *hygiénique* 健康のための散歩. ❷ 衛生的な; 衛生の. ▶ papier *hygiénique* トイレットペーパー / serviette *hygiénique* 生理用ナプキン.
hygiéniste /iʒjenist/ 名 衛生学者.
hygro- 接頭 「湿気」の意.
hygromètre /igrometr/ 男 湿度計.
hymen¹ /imεn/ 男 文章 ❶ 結婚. ▶ liens de l'*hymen* 結婚の絆(きずな) / fruits de l'*hymen* 子供. ❷《Hymen》【ギリシア神話】ヒューメン: 結婚の神.
hymen² /imεn/ 男【解剖】処女膜.
hyménoptères /imenɔptε:r/ 男複【昆虫】膜翅(し)目; (単数で)膜翅目の昆虫.
hymne /imn/ 男 ❶【キリスト教】賛美歌, 聖歌. ❷ 文章 賛歌, 頌歌(しょうか). ▶ *hymne* à l'amour 愛の賛歌. ❸ 国歌 (=*hymne* national). ▶ *hymne* national français フランス国歌(ラ・マルセイエーズ).
— 女【カトリック】賛歌, ヒュムヌス: ラテン語で書かれた典礼歌.
hyper /ipε:r/ 男 話 hypermarché の略.
hyper- 接頭 (名, 形 につく)「過度の; 最高度の」の意.
hyperactif, ive /ipεraktif, i:v/ 形 名 活動過多の(人).
hyperactivité /ipεraktivite/ 女 活動過多性.
hyperbole /ipεrbɔl/ 女 ❶ 誇張(法). 注 un homme de haute taille (背の高い人)の代わりに un géant (巨人)と言ったりするような. ▶ par *hyperbole* 誇張して. ❷【数学】双曲線.
hyperbolique /ipεrbɔlik/ 形 ❶ 誇張(法)の;

hyperlien

大げさな. ❷〖数学〗双曲線の.
hyperlien /iperljɛ̃/ 男〖情報〗ハイパーリンク.
hypermarché /ipɛrmarʃe/ 男 大規模スーパーマーケット, ハイパーマーケット.
hypermétrope /ipɛrmetrɔp/ 形, 名 遠視の(人).
hypermétropie /ipɛrmetrɔpi/ 女 遠視.
hypernerveux, euse /ipɛrnɛrvø, ø:z/ 形, 名 神経の過敏な(人).
hyperpuissance /ipɛrpɥisɑ̃:s/ 女 ハイパーパワー, 超大国.
hypersensibilité /ipɛrsɑ̃sibilite/ 女 (アレルギーなどの)過敏症; 感覚過敏(性).
hypersensible /ipɛrsɑ̃sibl/ 形, 名 (精神的, 身体的に)過敏な(人), 過敏性の(人).
hypertendu, e /ipɛrtɑ̃dy/ 形, 名 高血圧(症)の(人).
hypertension /ipɛrtɑ̃sjɔ̃/ 女 高血圧(症).
hypertexte /ipɛrtɛkst/ 男〖情報〗ハイパーテキスト.
hypertrophie /ipɛrtrɔfi/ 女 ❶ 異常発達, 過度の膨張. ▶ *l'hypertrophie* de la capitale 首都の過度の膨張. ❷〔組織, 器官の〕肥大. ▶ *l'hypertrophie* du foie 肝臓肥大.
hypertrophié, e /ipɛrtrɔfje/ 形 異常発達した; 肥大した.
hypertrophier /ipɛrtrɔfje/ 他動 ❶ …を異常発達させる, 過度に膨張させる. ❷〔組織, 器官など〕を肥大させる.
— **s'hypertrophier** 代動 肥大する; 異常発達する.
hypertrophique /ipɛrtrɔfik/ 形 異常発達した; 肥大性の.
hypno- 接頭「睡眠」の意.
hypnose /ipno:z/ 女 催眠(状態).
hypnotique /ipnɔtik/ 形 催眠の; 催眠(術)による. ▶ sommeil *hypnotique* 催眠剤[術]による眠り. — 名 催眠剤.
hypnotiser /ipnɔtize/ 他動 ❶ …に催眠術をかける. ❷ …にとりつく. ▶ Cette difficulté l'*hypnotise*. この困難が彼(女)の頭から離れない.
— **s'hypnotiser** 代動 〈 *s'hypnotiser* sur qc〉 …にとりつかれる.
hypnotiseur, euse /ipnɔtizœ:r, ø:z/ 名 催眠術師.
hypnotisme /ipnɔtism/ 男 催眠術; 催眠症状[現象].
hypo- 接頭《名, 形 につく》「下方; 不足, 減少」の意.
hypocondriaque /ipɔkɔ̃drijak/ 形, 名〖精神医学〗心気症[ヒポコンドリー]の(患者).
hypocondrie /ipɔkɔ̃dri/ 女〖精神医学〗心気症, ヒポコンドリー.
hypocoristique /ipɔkɔristik/ 形〖言語〗愛称の. — 男 愛称語.
hypocrisie /ipɔkrizi/ 女 偽善, 欺瞞(ぎまん).
hypocrite /ipɔkrit/ 形 偽善的な; 見せかけの. ▶ air *hypocrite* (↔franc) 偽善的な様子 / verser des larmes *hypocrites* (=faux) うそ泣きする.
— 名 偽善者. ▶ faire l'*hypocrite* 偽善的な行為をする.
hypocritement /ipɔkritmɑ̃/ 副 偽善的に.
hypodermique /ipɔdɛrmik/ 形〖医学〗皮下組織の, 皮下の. ▶ injection *hypodermique* 皮下注射.
hypogée /ipɔʒe/ 男〖考古学〗地下構造; 地下墓室, 地下式墳墓.
hypophysaire /ipɔfizɛ:r/ 形 下垂体の.
hypophyse /ipɔfi:z/ 女 下垂体, 脳下垂体.
hypostase /ipɔsta:z/ 女〖キリスト教〗(三位一体論の)位格, ペルソナ.
hypotendu, e /ipɔtɑ̃dy/ 形, 名 低血圧(症)の(人).
hypotension /ipɔtɑ̃sjɔ̃/ 女 低血圧(症).
hypoténuse /ipɔteny:z/ 女〖数学〗(直角三角形の)斜辺.
hypothécaire /ipɔtekɛ:r/ 形 抵当権での; 抵当権付きの. ▶ garantie *hypothécaire* 抵当物件 / créancier *hypothécaire* 抵当権者 / prêt *hypothécaire* 担保付き融資.
hypothèque /ipɔtɛk/ 女 ❶ 抵当(権); 抵当物件, 担保. ▶ emprunter sur *hypothèque* 抵当を入れて金を借りる / lever une *hypothèque* 抵当を解く / une maison grevée d'une *hypothèque* 抵当に入っている家屋. ❷ 障害, 困難. ▶ lever l'*hypothèque* 困難を取り除く.

prendre une hypothèque sur l'avenir 将来を当てにして先取りする, 先物買いをする.

hypothéquer /ipɔteke/ ⑥ 他動 …を抵当に入れる, に抵当権を設定する.

hypothéquer l'avenir 将来を賭(か)ける.

hypothèse /ipɔtɛ:z/ 女 仮説, 仮定; 推測. ▶ formuler [vérifier] une *hypothèse* 仮説を立てる[実証する] / envisager l'*hypothèse* d'une guerre (=possibilité) 戦争が起こる可能性を検討する / faire des *hypothèses* sur les conséquences de … の結果を予測する.

dans l'hypothèse où + 条件法 もし…ならば, …の場合には, と仮定して. ▶ *Dans l'hypothèse où* il n'accepterait pas notre proposition, que ferions-nous? 彼が私たちの申し出を受け入れなかったらどうしましょう.

en être réduit aux hypothèses 推測に頼るしかない, まったく不確実である.

en toute hypothèse いずれにしても.

par hypothèse 仮に…ならば; 推測によるのだが.

hypothétique /ipɔtetik/ 形 ❶ 不確かな, 当てにならない. ❷ 仮説の, 仮定の.
hypothétiquement /ipɔtetikmɑ̃/ 副 仮に, 仮定して, 仮説的に.
hystérie /isteri/ 女 ヒステリー; (病的な)興奮. ▶ crise d'*hystérie* ヒステリーの発作 / C'est de l'*hystérie*. それはまるでヒステリーだ.
hystérique /isterik/ 形 ヒステリーの, ヒステリックな; (病的に)興奮した. ▶ une voix *hystérique* ヒステリックな声 / une foule *hystérique* 狂ったような群衆.
— 名 ヒステリー性の人; (病的に)興奮した人.
Hz《記号》hertz ヘルツ.

I, i

I, i /i/ 男 フランス字母の第9字.
 droit comme un I 直立不動の, ぴんと立った.
 mettre les points sur les «i» 細大漏らさず説明する.

iambe /jɑ:b/, **ïambe** 男【詩法】❶（ギリシア・ラテン詩で）短長脚（詩）. ❷《複数で》イアンブ: 12音節と8音節の詩句を交互に用いた力強い風刺詩.

iambique /jɑbik/, **ïambique** 形【詩法】短長脚（詩）の.

ibère /ibɛ:r/ 形 イベリア（人）の (=ibérique).
 — **Ibère** 名 古代イベリア人.
 — **ibère** 男 古代イベリア語.

Ibérie /iberi/ 固有 女 イベリア: イベリア半島の古代王国.

ibérique /iberik/ 形 イベリア Ibérie の; イベリア人の. ▶ la péninsule *Ibérique* イベリア半島.

ibidem /ibidɛm/ 副《ラテン語》同書［同章, 同説］に. 注 ibid. と略す.

ibis /ibis/ 男【鳥類】トキ.

iceberg /isbɛrɡ; ajsbɛrɡ/ 男《英語》氷山. ▶ la partie visible de l'*iceberg* 氷山の一角.

ichtyologie /iktjɔlɔʒi/ 女 魚類学, 魚学.

ichtyophage /iktjɔfaʒ/ 形 魚食性の.
 — 名 魚食民, 魚食動物.

***ici** /isi/ イスィ/ 副

❶ここで, ここに, ここでは. ▶ Venez *ici*. ここに来なさい / Il fait plus frais *ici* qu'à Paris. ここはパリより涼しい / Veuillez signer *ici*. ここにサインしてください / Il faut le répéter *ici*. ここでのことをもう一度繰り返して言っておかねばならない / *Ici* repose [gît] X. （墓碑銘で）X ここに眠る / 《**Vous êtes ici.**》（地図で）「現在地はここです」/ Nous sommes *ici* dans quelle rue ? ここは何という通りですか / **Vous êtes ici chez vous.** どうかおくつろぎ下さい.

❷（電話, 放送で）こちらは. ▶ *Ici*, Patrick, pourrais-je parler à Michel ? こちらはパトリックです, ミシェルをお願いできますか / Ici, Paris. （放送で）こちらはパリです.

***d'ici** (1) ここの, 当地の. ▶ les gens *d'ici* この土地の人々. (2) ここから. ▶ *D'ici*, on voit le lac. ここからは湖が見えます / *D'ici* à Paris, il y a dix kilomètres. ここからパリまで10キロある / Sortez *d'ici* ! = Hors *d'ici* ! ここから出て行け.

 d'ici (*à ce*) *que* + 接続法 今から…までに. ▶ *D'ici* (*à ce*) *qu*'il vienne, nous aurons le temps de nous préparer. 彼が来るまでに, 支度する時間はあります.

 d'ici (*à*) + 時点［期間］今から…. ▶ *d'ici* (*à*) demain [huit jours] 今から明日まで［1週間のうち］に / *d'ici* (*à*) l'an 2020 [deux mille vingt] 今から西暦2020年までに / *d'ici* peu すぐに, 間もなく / *d'ici* là 今からその時まで.

 ici-bas この世（で）, 現世（で）.
 ici et là あちこちに.
 jusqu'ici 今まで; ここまで.

***par ici** (1) このあたりに, この辺で（は）. ▶ Je l'ai vue *par ici* hier soir. 昨夜この付近で彼女を見かけた. (2) こちらから, こちらへ. ▶ *Par ici* ! こちらからどうぞ.

ici-bas /isiba/ 副 地上で, この世［現世］で.

icône /iko:n/ 女 ❶【情報】アイコン. ❷ アイドル, カリスマ, 憧れの的. ▶ *icônes* de la chanson populaire 流行歌のアイドルたち. ❸【絵画】イコン: 主として東方教会で発展した, キリスト, 聖人などの画像.

icono- 接頭 「図像, 像」の意.

iconoclaste /ikɔnɔklast/ 名 ❶（ビザンチン帝国の）聖像破壊（論）者; 偶像［美術品］破壊者. ❷ 文章 伝統［因習］打破者.
 — 形 ❶ 聖像破壊の; 偶像［美術品］を壊す. ❷ 伝統［因習］に反対する.

iconographe /ikɔnɔɡraf/ 名 ❶ 図像学者. ❷ 図版担当者.

iconographie /ikɔnɔɡrafi/ 女 ❶ 図像(学)研究, イコノグラフィー. ❷《集合的に》図像（集）;（書物などの）図版.

iconographique /ikɔnɔɡrafik/ 形 図像(学)の, イコノグラフィーの; 図版の.

iconologie /ikɔnɔlɔʒi/ 女 図像解釈学, イコノロジー.

ictère /iktɛ:r/ 男【医学】黄疸(おうだん) (=jaunisse).

ictérique /ikterik/ 形【医学】黄疸(おうだん)（性）の; 黄疸にかかった. — 名 黄疸患者.

id. idem の略.

***idéal, ale** /ideal イデアル/;《男 複》**aux** /o/ （または **als**）形 ❶ 理想的な, 完璧(かんぺき)な. ▶ couple *idéal* 理想的カップル / beauté *idéale* 完全な美 / mari *idéal* 申し分のない夫 / C'est l'endroit *idéal* pour se reposer. 休むには絶好の場所だね. ❷ 観念的な; 空想上の.
 — ***idéal*** ;《複》**aux**（または **als**）男 理想; 理想的なもの. ▶ avoir un *idéal* 理想がある / réaliser son *idéal* 理想を実現する / Ce n'est pas l'*idéal*, ... 理想的とは言えないが… / Cet homme est l'*idéal* du fonctionnaire. 彼は役人の鑑(かがみ)だ.

 dans l'idéal 理想としては, 現実を度外視すれば. ▶ *Dans l'idéal* votre proposition se tient, mais elle n'est pas réaliste. あなた(方)の提案は論理的には正しいが, 現実的ではない.

 Ce n'est pas l'idéal. それは理想的とはいえない.

 L'idéal, c'est ⌈*de* + 不定詞 [*que* + 接続法]⌉. 一番いいのは…することだ(が). 注 être は条件法でも使われる. ▶ L'*idéal*, ce serait qu'elle l'épouse. 彼女が彼と結婚すれば一番いいのだが.

idéalement /idealmɑ̃/ 副 理想的に(は).
idéalisation /idealizasjɔ̃/ 囡 理想化, 美化.
idéaliser /idealize/ 他動 …を理想化する, 美化する.
— **s'idéaliser** 代動 ❶ 理想化[美化]される. ❷ 自分を理想化する.
idéalisme /idealism/ 男 ❶〖哲学〗観念論. ❷ 理想主義.
idéaliste /idealist/ 形 ❶ 観念論の, 観念論的な. ❷ 理想主義的な, 非現実的な.
— 名 観念論者; 理想主義者.

***idée** /ide イデ/

❶ 考え; 観念, 概念. ▶ Elle n'a qu'une *idée* en tête. 彼女は1つの考えしか頭にない / suivre [perdre] le fil de ses *idées* 思考の糸をたどる[見失う] / l'*idée* directrice [centrale] d'un texte ある文章の主導的[中心的]理念. ◆ l'*idée* d'un [une] + 名詞 // l'*idée* de + 不定詞 // l'*idée* que ... …を考えること. ▶ L'*idée* d'un succès possible l'encourageait. うまくいくかも知れないという考えが彼(女)を勇気づけていた. ◆ l'*idée* de + 無冠詞名詞 …という[…の]観念. ▶ l'*idée* de mort 死の観念(⇨ 語法). 比較 ⇨ OPINION.

❷ 《ときに複数で》ものの見方, 見解, 意見. ▶ *idée* reçue 先入観, 紋切り型の思考 / *idée* fixe 固定観念, 思い込み / changer d'*idée* 考えを変える / avoir des *idées* avancées [larges] sur qc …について進歩的な[寛容な]ものの見方をする / J'ai mon *idée* sur la question. その件に関しては私なりの考えがある. ◆ l'*idée* de + 定冠詞 + 名詞 …についての考え方. ▶ l'*idée* du bonheur 幸福についての考え方, 幸福観(⇨ 語法).

❸ 着想, アイデア, 思いつき; 構想. ▶ J'ai une *idée*! いい考えがある / C'est une bonne *idée*. それは名案だ / Il a beaucoup d'*idées*. 彼はアイデア豊かだ / D'où vous est venue l'*idée* de ce film? この映画の着想は何から得たのですか. ◆ avoir l'*idée* [la bonne *idée*] de qc/不定詞 …を[…といういいことを]思いつく.

❹ 大ざっぱな理解, 知識; 見当. ▶ Ces livres vous donneront une *idée* du pays. これらの本からこの国についての一応の知識が得られるでしょう / J'aimerais me faire moi-même une *idée* de la situation. 私は私なりに状況をだいたいつかでおきたいのです / Tu as une *idée* de l'heure? 今何時ごろか分かるかい.

❺ 頭, 念頭. ▶ C'est une chose qui ne vient même pas à l'*idée*. それは考えてもみなかったことだ / On ne m'ôtera pas de l'*idée* que ... 私にはどうしても…だとしか思えない.

à l'idée de qc [*que ...*] …と考えると. ▶ *A la seule idée* de revoir sa fille, il avait les larmes aux yeux. 娘にまた会えるのだと思うと, それだけで彼の目には涙が浮かぶのだった.

à l'idée de qn …の考え[意見]では. ▶ *A mon idée* 私の意見では.

avoir dans l'idée que + 直説法 …と思う, 想像する.

avoir [se faire] des idées noires [gaies] 気が滅入っている[陽気な気分である].

avoir sa petite idée ちょっと意がある.

avoir [se faire] une haute idée de qn/qc …を高く評価する.

donner des idées à qn (1) …にアイデアを与える. (2) …に悪い考えを吹き込む.

idée derrière la tête 下心, もくろみ.

J'ai idée que + 直説法. 話 …ではないかと思われる, どうも…のようだ.

L'idée m'est venue de + 不定詞. ふと私は…してみようという気になった.

ne pas avoir idée de qc …を思い描くことができない. ▶ Tu *n'as pas idée* de sa déception. 彼(女)がどんなにがっかりしているか君は分かっていない. ◆ *ne pas avoir la moindre* [*n'avoir aucune*] *idée de qc* …についてまったく見当がつかない, がまるで分からない.

Quand tu as une idée en tête, tu ne l'as pas ailleurs! 話 君はまったく頑固だ.

Quelle idée! = *En voilà une idée!* なんてことだ, なんてね.

se faire des idées 思い違いをする, 錯覚[妄想]を抱く.

se mettre dans l'idée ⌈*de qc*/不定詞 [*que ...*]⌉ …を思いつく; 念頭に置く.

une certaine idée de la France フランスについてのある種の観念. 注 ドゴールの言葉で, フランスについて特別な思いを語るときに使われる表現.

〖語法〗 **idée, notion, concept, conception** 観念を表わす言葉

(1) **l'idée [le concept, la notion] de + 無冠詞名詞**(…という概念, 観念)

この表現では, 名詞それ自体が概念を構成する. また, 概念・観念を表わす語に形容詞がつくと〈de + 定冠詞 + 名詞〉となる.

- l'idée de nature 自然の[自然という]観念.
- le concept de justice chez Montesquieu モンテスキューにおける正義の[正義という]概念.
- le concept moderne de l'aliénation 近代的な疎外概念.

(2) **l'idée [la notion, la conception] de + 定冠詞 + 名詞**(…についての考え方, 観念)

この表現では, 名詞は考え・観念の対象となる.

- l'idée du bonheur 幸福観[幸福についての考え方].
- En France, nous n'avons pas la même conception du travail qu'au Japon. フランスでは仕事に対する考え方が日本と同じではない.

idée-force /idefɔrs/; 《複》~**s-** ~**s** 囡 中心観念, 主導観念.

idem /idɛm/ 副《ラテン語》同じく, 同上. 注 列挙する際, 繰り返しを避けるために用いられることが多い. **id.** と略す.

identifiable /idɑ̃tifjabl/ 形 同一視できる; 識別[確認]しうる.

identification /idɑ̃tifikasjɔ̃/ 囡 ❶ 識別, 確認, 鑑定, 同定. ▶ *identification* d'un cadavre 遺体の身元確認 / radio-*identification* 電子タグ, RFID. ❷ 同一視, 同一化, 一体化.

identifier /idɑ̃tifje/ 他動 ❶ 同一視する; 混同する. ▶ *identifier* une chose avec [à, et] une autre あるものを別のものと同一視する / *identifier* la volonté et l'action 意思と行動を同じものと考える. ❷ ⦅人⦆の身元を確認する; ⦅物⦆の種類を判別する. ▶ *identifier* un bruit étrange 奇妙な物音の正体を突き止める / *identifier* un criminel 犯人の身元を割り出す.

— **s'identifier** 代動 <*s'identifier* à [avec] qn/qc> …と一体化する; 自分を…と同一視する. ▶ Un bon acteur *s'identifie* avec son personnage. 優れた俳優は役柄になりきる.

*__identique__ /idɑ̃tik/ イダンティック/ 形 <*identique* (à qn/qc)> (…と)同一の, 同様の. ▶ deux verres *identiques* まったく同じ2つのコップ / Mon opinion est *identique* à la vôtre. 私はあなた(方)と同意見だ / Elle est toujours *identique* à elle-même. 彼女は変わらないなあ.

identiquement /idɑ̃tikmɑ̃/ 副 同様にして.

identitaire /idɑ̃titɛːr/ 形 アイデンティティに関する. ▶ crise *identitaire* アイデンティティ危機.

*__identité__ /idɑ̃tite/ イダンティテ/ 女 ❶ 同一であること, 同一性, 一致; 類似. ▶ Une *identité* de goûts nous a rapprochés. 同じ趣味を持っていたことが我々を近づけた.
❷ 身元, 身分. ▶ carte d'*identité* (フランスで当局が発行する)身分証明書 / pièces d'*identité* 身分を証明する書類(旅券, 運転免許証など) / plaque d'*identité* (軍隊の)認識票 / *identité* judiciaire (警察の)鑑識(票) / établir [vérifier] l'*identité* de qn …の身元を明らかにする[確認する] / usurpation [vol] d'*identité* なりすまし.
❸ アイデンティティ, 個我. ▶ l'*identité* du moi 自我同一性 / *identité* culturelle 文化アイデンティティ / *identité* nationale 国家としてのアイデンティティ / crise d'*identité* アイデンティティの危機.

idéo- 接頭「観念, 思想」の意.

idéogramme /ideɔgram/ 男 〖言語〗表意文字.

idéographie /ideɔgrafi/ 女 〖言語〗表意文字法.

idéographique /ideɔgrafik/ 形 〖言語〗表意的, 表意文字的.

idéologie /ideɔlɔʒi/ 女 ❶ イデオロギー, 観念形態. ▶ une *idéologie* nationaliste 国家主義的イデオロギー. ❷ ⦅軽蔑して⦆空理空論.

idéologique /ideɔlɔʒik/ 形 イデオロギーの.

idéologue /ideɔlɔg/ 名 ❶ イデオロギーの創始[鼓吹]者, 理論家; 観念論者. ❷ 〖哲学〗観念学派, イデオロジー: 18世紀末から19世紀初めにかけて起こったフランス哲学の一派. ❸ ⦅軽蔑して⦆空論家.

id est /idɛst/ 接続 ⦅ラテン語⦆すなわち(略 i.e.).

idio- 接頭「特有の, 個の」の意.

idiomatique /idjɔmatik/ 形 〔表現, 構文が〕特有言語の, 一国語[一方言]特有の.

idiome /idjoːm/ 男 (ある地域, 国の)特有語, 固有語.

idiosyncrasie /idjɔsɛ̃krazi/ 女 ❶ 〖医学〗特異体質. ❷ (各人の)特異性, 特異な気質[性癖].

*__idiot, ote__ /idjo, ɔt/ イディヨ, イディヨット/ 形 愚かな, ばかげた. ▶ un film *idiot* くだらない映画 / ⦅非人称構文で⦆Il est [C'est] *idiot* de refuser. 断わるなんてばかげている. 比較 ⇨ SOT.

mourir idiot 話 人生の楽しみを知らずに終わる, つまらない一生を送る.

— 名 ばか, 間抜け. ▶ Espèce d'*idiot* ! この愚か者め.

faire l'idiot 話 ばかなことをする[言う]; ばかのふりをする.

idiotie /idjɔsi/ 女 ❶ 愚かさ, 暗愚. ❷ 話 ばかな言動; くだらない作品. ▶ Il ne dit que des *idioties*. 彼はばかばかり言っている.

idiotisme /idjɔtism/ 男 〖言語〗(他言語に直訳できない)特有語法. 注 フランス語の idiotisme は gallicisme と呼ばれる.

idoine /idwan/ 形 話 ふさわしい, 打ってつけの. ▶ C'est un endroit *idoine* pour camper. キャンプにもってこいの場所だ.

idolâtre /idɔlɑːtr/ 形 ❶ 偶像崇拝の. ❷ 文章 <*idolâtre* de qn/qc> …を崇拝する, 熱愛する.
— 名 ❶ 偶像崇拝者. ❷ 文章 崇拝者, 熱愛者.

idolâtrer /idɔlɑtre/ 他動 ❶ …を偶像のように崇拝する; 文章 溺愛(ﾃﾞﾀ)[熱愛]する.
— **s'idolâtrer** 代動 熱烈に愛し合う.

idolâtrie /idɔlɑtri/ 女 ❶ 偶像崇拝. ❷ 文章 溺愛(ﾃﾞﾀ), 熱愛.

idolâtrique /idɔlɑtrik/ 形 文章 ❶ 偶像崇拝の (=idolâtre). ❷ 偶像崇拝的な; 溺愛(ﾃﾞﾀ)的な.

idole /idɔl/ 女 ❶ 偶像. ▶ culte des *idoles* 偶像崇拝. ❷ 崇拝的の, 熱愛の対象, アイドル. ▶ faire de qn son *idole* …を崇拝[溺愛(ﾃﾞﾀ)]の的にする / une *idole* des jeunes 若者のアイドル.

idylle /idil/ 女 ❶ 田園恋愛詩, 牧歌. ❷ 清純な恋.

idyllique /idilik/ 形 ❶ 牧歌的な, 田園詩的な. ❷ 田園恋愛詩の.

i.e. /(略記)/ id est で すなわち.

Iéna /jena/ 固有 イエナ: ドイツの都市.

If /if/ 固有 イフ島: マルセイユ沖の小島. フランソア1世が築いた城塞(ｼﾞｮｳｻｲ)は, 後に, 国事犯の牢獄(ﾛｳｺﾞｸ)となった.

if /if/ 男 〖植物〗イチイ.

IFOP /ifɔp/ 男 ⦅略語⦆ Institut français d'opinion publique フランス世論研究所.

igloo /iglu/ ⦅英語⦆, **iglou** 男 イグルー: イヌイットが氷雪で作る小屋.

ignare /iɲaːr/ 形, 名 ひどく無知な(人), まったく無学な(人).

igné, e /igne/ /iɲe/ 形 火の, 灼熱(ｼﾞｬｸﾈﾂ)の.

ignifugation /ignifygasjɔ̃/ 女 耐火性化, 耐火処理.

ignifuge /ignifyːʒ/ 形 耐火性の, 不燃性の.
— 男 耐火性[不燃性]物質.

ignifuge*ant, ante* /ignifyʒɑ̃, ɑ̃ːt/ 形 耐火性を与える. — **ignifugeant** 男 耐火性を与える物質, 不燃化物質.

ignifuger /ignifyʒe/ ② 他動〔物質, 材料〕を耐火性[不燃性]にする.

ignition /ignisjɔ̃/ 女 文章 点火, 発火.

ignoble /iɲɔbl/ 形 ❶ 卑劣な, 下劣な, 品のない. ▶ un *ignoble* individu 卑劣な人間 / tenir des propos *ignobles* 下品な言葉を吐く. ❷ ひどく汚い; 醜悪な; 非常に不愉快な. ▶ Ce thé est *ignoble*. このお茶は飲めない.

ignoblement

ignoblement /iɲɔbləmɑ̃/ 副 下劣に, 卑しく; 胸がむかつくほど.

ignominie /iɲɔmini/ 女 文章 ❶ 不名誉, 恥辱. ❷ (行為の)卑劣さ, 醜さ;《多く複数で》恥ずべき行為.

ignominieusement /iɲɔminjøzmɑ̃/ 副 屈辱的に, 不名誉に; 卑劣に.

ignominieux, euse /iɲɔminjø, ø:z/ 形 文章 不名誉な, 恥ずべき; 卑劣な.

ignorance /iɲɔrɑ̃:s/ 女 無知, 知らずにいること; 無学. ▶ Il est d'une *ignorance* crasse. 彼はまるでものを知らない / J'avoue mon *ignorance* sur ce point. 正直なところ私はこの点についてあまり明るくない. ◆l'*ignorance* de qc …を知らない[知らずにいる]こと. ▶ tenir [laisser] qn dans l'*ignorance* du résultat …に結果を知らせずにおく.

par ignorance 知らないために, 無知から.

ignorant, ante /iɲɔrɑ̃, ɑ̃:t イニョラン, イニョラーント/ 形 ❶ ⟨*ignorant* de qc⟩ …を知らない, 知らずにいる. ▶ Je suis *ignorant* des usages du pays. 私はこの国のしきたりに疎い.
❷ ⟨*ignorant* en [dans, sur] qc⟩ …に関する知識がない. ▶ Elle est *ignorante* en géographie. 彼女は地理学には暗い / Je suis *ignorant* sur cette question. 私はその問題に関しては知識がない / Elle est *ignorante* là-dessus. 彼女はそのことにうとい.
❸ 無学な, 無知蒙昧(もうまい)な. ▶ *ignorant* comme une carpe まったく無知である.
— 名 無知な人, 無学な人. ▶ faire l'*ignorant* 無知を装う.

ignoré, e /iɲɔre/ 形 ⟨*ignoré* (de qn)⟩ (…に)知られていない; 認められない. ▶ vivre *ignoré* 世間を避けて暮らす.

ignorer /iɲɔre イニョレ/ 他動
[英仏そっくり語]
英 to ignore 無視する.
仏 ignorer 知らない, 無視する.

❶ …を知らない, 知らずにいる; …の体験がない. ▶ J'ignore les motifs de sa démission. 私は彼(女)が辞職したわけを知らない / Nul n'est censé *ignorer* la loi. なんぴとも法を知らないとは見なされない. ◆*ignorer* que + 直説法 …であるのを知らずにいる. ▶ J'*ignorais* qu'il était malade. 彼が病気だとは知らなかった. ◆ne pas *ignorer* que + 直説法 …であるのを知らないわけではない. ▶ Vous n'*ignorez* pas qu'il vous aime. 彼があなたを好きなことは当然御承知でしょう. ◆*ignorer* + 間接疑問節 …であるかを知らない. ▶ J'*ignore* si elle est déjà partie. 彼女がもう出発したかどうかは知らない.
❷ …を無視する, 理解しようとしない;〔人〕に対して知らないふりをする. ▶ Le public *ignore* cet auteur. この作家は冷遇されている / Depuis cette brouille, il m'*ignore*. あのいさかい以来, 彼は私を見ても知らんぷりだ.

— **s'ignorer** 代動 ❶ 自分を知らない, 自覚していない. ▶ C'est un artiste qui *s'ignore*. 自分では気づいていないが, あれはまさに芸術家だよ. ❷〔感情などが〕知られない, 自覚されていない. ▶ un sentiment qui *s'ignore* (soi-même) 自分でも気づいていない感情. ❸ お互いに知らぬふりをする.

iguane /igwan/ 男 【動物】イグアナ.

*****il** /il イル;《複》*ils* 代〈人称〉❶《3人称男性, 非強勢形主語. 強勢形は単数 lui, 複数 eux》
❶《人を表わす男性名詞を受けて》彼は. ▶ Jean n'a rien à faire et *il* s'ennuie. ジャンは何もすることがなくて退屈している.
❷《物を表わす男性名詞を受けて》それは. ▶ Gardez ce livre, *il* pourra vous servir. その本は持っていきなさい, きっと役立つことがあるでしょう / La colle et les ciseaux ? *Ils* sont sur mon bureau. 糊(のり)とはさみですか, 私の机の上にあります.
❸《複数で》《漠然と人を指す》やつらは. ▶ *Ils* vont encore augmenter les impôts. また税金を上げるつもりだ.
❷《単数で》《非人称主語》❶《天候, 時刻などを表わす動詞とともに》▶ *Il* pleut. 雨が降る / *Il* fait chaud. 暑い / *Il* est trois heures. 3時だ.
❷《形式主語として》▶ *Il* lui arrive souvent de mentir. 彼(女)はしばしばうそをつくことがある / *Il* reste encore du café. まだコーヒーが残っている. ◆*Il* est + 形容詞 + de + 不定詞 // *Il* est + 形容詞 + que + 直説法/接続法. ▶ *Il* est difficile de juger de la situation. 状況を判断するのは難しい / *Il* est évident qu'il a menti. 彼がうそをついたのは明らかだ.
注 (1) 話し言葉では Il est の代わりに C'est を用いることが多い. (2) 成句的な表現で il が中性代名詞 ce, cela の代用とされることがある(例: *Il* est vrai. それは本当だ (＝C'est vrai)). (3) 他の非人称表現 (il faut, il y a, il paraît, il s'agit de など) については各動詞の項参照.

il- 接頭 (in- の別形. l の前で) ❶「否定, 欠如」を表わす. ▶ *il*légal 違法な. ❷「…の中へ, の状態へ」の意. ▶ *il*lustre 有名な.

*****île** /il イル/ 女 ❶ 島. ▶ *île* déserte 無人島 / l'*île* de la Cité (パリの) シテ島 / l'*île* de Beauté コルシカ島 / les *îles* アンチル諸島.
❷《菓子》*île* flottante イル・フロタント: 泡立てた卵白を湯煎(ゆせん)してカスタードソースに浮かせたデザート.

Ile-de-France /ildəfrɑ̃:s/ 固有 女 イル＝ド＝フランス地方: パリ市を含むフランスの中心部.

îlien, enne /iljɛ̃, ɛn/ 形, 名 (特にブルターニュ地方の)島に住む(人).

Ille /il/ 固有 女 イール川: ライン川支流.

Ille-et-Vilaine /ileviln/ 固有 女 イル＝エ＝ヴィレーヌ県 [35]: ブルターニュ半島北西部.

illégal, ale /i(l)legal/;《男複》*aux* /o/ 形 違法の, 非合法の, 不法な. ▶ actes *illégaux* 違法行為.

illégalement /i(l)legalmɑ̃/ 副 不法に, 法に反して.

illégalité /i(l)legalite/ 女 違法(性), 非合法性; 不法(行為), 非合法活動.

illégitime /i(l)leʒitim/ 形 ❶ 結婚によらない. ▶ enfant *illégitime* 嫡出でない子, 私生児 / couple *illégitime* 内縁の夫婦. ❷ 不当な, 根拠のない. ▶ soupçon *illégitime* 不当な疑い. ❸ 不法の, 非合法な. ▶ acte *illégitime* 不法行為.

illégitimement /i(l)leʒitimmɑ̃/ 副 不当に, 非合法的に.

illégitimité /i(l)leʒitimite/ 女 ❶ 嫡出でないこと. ❷ 不当性, 非合法性.

illettré, e /i(l)letre/ 形, 名 読み書き能力が不十分な(人).

illettrisme /i(l)ɛtrism/ 男 読み書きが不十分なこと.

illicite /i(l)lisit/ 形 不法な;(道徳上)禁じられた. ▶ gain *illicite* 不正利得 / entente *illicite*(業者間の)談合.

illicitement /i(l)lisitmɑ̃/ 副 不法に, 不正に.

illico /i(l)liko/ 副[話]《しばしば presto とともに》すぐに, 即座に. ▶ Il faut partir *illico* (presto). すぐ出かけなきゃいけない.

illimité, e /i(l)limite/ 形 無限の, 無制限の. ▶ pour une durée *illimitée* 無期限に / une confiance *illimitée* 全幅の信頼.

illisibilité /i(l)lizibilite/ 女 判読不能;読みづらさ.

illisible /i(l)lizibl/ 形 ❶ 読めない;読みにくい. ▶ manuscrit *illisible* 判読できない原稿.
❷ 読むに堪えない.

illogique /i(l)lɔʒik/ 形 非論理的な, つじつまの合わない, ばかげた. ▶ conduite *illogique* つじつまの合わない行動.

illogisme /i(l)lɔʒism/ 男 非論理性;一貫性の欠如.

illumination /i(l)lyminasjɔ̃/ 女 ❶ 照明;《複数で》イルミネーション. ❷ 霊感, ひらめき.

illuminé, e /i(l)lymine/ 形 ❶ 煌々(こうこう)と照らされた;イルミネーションで飾られた. ❷〔顔,目などが〕輝いている. ▶ visage *illuminé* de joie 喜びに輝く顔.
— 名 ❶(軽蔑して)幻想家, 夢想家;狂信者.
❷《キリスト教》照明派;神秘主義教派.

***illuminer** /i(l)lymine/ イリュミネ/ 他動 ❶ …を明るく照らす;イルミネーションで飾る. ▶ Les soirs de fête, on *illumine* les édifices publics. 祭りの晩には公共建物がイルミネーションで飾られる.
❷〔顔など〕を輝かせる. ▶ Le bonheur *illuminait* son visage. 彼(女)の顔は喜びで輝いていた.
— **s'illuminer** 代動 ❶〔場所に〕明かりがともる.
❷《*s'illuminer* (de qc)》〔顔などが〕(喜びなどで)輝く, 輝き出す. Ses yeux *s'illuminèrent* de joie. 彼(女)の目は喜びで輝いた.

***illusion** /i(l)lyzjɔ̃/ イリューズィヨン/ 女 ❶ 錯覚, 幻覚. ▶ Cet automate donne l'*illusion* de la vie. このロボットはまるで生きているようだ / *illusion* d'optique 錯視;予測外れ, 見当違い.
❷ 幻想, 夢想. ▶ avoir des *illusions* 幻想を抱く / caresser une *illusion* 夢を抱く / perdre ses *illusions* 幻滅する.
faire illusion 眩惑(げんわく)する, 人目を欺く.
se faire des illusions 幻想を抱く.

s'illusionner /si(l)lyzjone/ 代動《*s'illusionner* (sur qn/qc)》〔…について〕錯覚する, 幻想を抱く.
▶ Il *s'illusionne* sur son avenir. 彼は将来を甘く考えている.

illusionnisme /i(l)lyzjɔnism/ 男 手品, 奇術.
illusionniste /i(l)lyzjɔnist/ 名 手品師, 奇術師.
illusoire /i(l)lyzwa:r/ 形 人を欺く, 現実の根拠のない;むなしい. ▶ promesse *illusoire* 空約束 / Il est *illusoire* d'espérer une augmentation de salaire. 給料の値上げを期待してもむだだ.

illustrateur, trice /i(l)lystratœ:r, tris/ 名 イラストレーター, 挿絵画家.

illustratif, ive /i(l)lystratif, i:v/ 形 例証になる, 説明に役立つ. ▶ exemple *illustratif* 実例.

illustration /i(l)lystrasjɔ̃/ 女 ❶ 挿絵, イラスト(写真);作画技術. ▶ *illustrations* en couleurs カラーイラスト.
❷ 例証, (実例を挙げての)分かりやすい説明. ▶ Le chômage est une *illustration* de l'échec de cette politique. この政策の失敗を表わすよい例が失業だ.

***illustre** /i(l)lystr イリュストル/ 形 高名な, 有名な;栄光の;華々しい. ▶ savant *illustre* 著名な学者 / famille *illustre* 名家, 名門 / Quel est cet *illustre* inconnu?《皮肉に》あれはいったいどこのだれだ. 比較 ⇨ CÉLÈBRE.

***illustré, e** /i(l)lystre イリュストレ/ 形 挿絵[イラスト,写真,図]入りの. ▶ édition *illustrée* 挿絵版. — **illustré** 男 挿絵入り新聞[雑誌], グラビア誌.

***illustrer** /i(l)lystre イリュストレ/ 他動 ❶ …を例証する, 示す;(分かりやすく)説明する. ▶ Cela *illustre* bien son caractère. それは彼(女)の性格をよく示している. ❷ …に絵[写真, 図]を入れる. 文章 …を有名にする. ▶ *illustrer* son nom 名を上げる.
— **s'illustrer** 代動〔人が〕有名になる.

îlot /ilo/ 男 ❶ 小島. ❷(孤立した)小さな群れ;小人数グループ. ▶ des *îlots* de verdure 点在する緑の木立 / des *îlots* de résistance (ゲリラなどの)抵抗拠点. ❸ (市街地の)区画, 街区. ❹ *îlot* de chaleur ヒートアイランド.

îlotage /ilɔta:ʒ/ 男 警察担当区分.

îlote /ilɔt/ 名 ❶《古代ギリシア》(スパルタの)奴隷.
❷《文章》(奴隷のように)みじめな境遇にある人;無知蒙昧(もうまい)の徒.

***ils** /il イル/ 代《人称》《3人称複数男性, 主語. 強勢形は eux》彼らは;それらは (⇨ IL).

***il y a** /ilja イリヤ/(省[ja ヤ])
非人称《不定形は y avoir. 話し言葉ではときに il を省略する》❶(存在, 提示)…がある, いる.
▶ *Il y a* des roses dans le jardin. 庭にバラがある / Il n'*y a* plus de lait, il faut en acheter. もう牛乳がないから買わなくては /《Qu'*y a-t-il* [Qu'est-ce qu'il *y a*] dans ce sac?— Il n'*y a* rien.》「このバッグには何が入っているの」「何も入っていません」/ **Il y a quelqu'un?** どなたかいらっしゃいますか;(玄関先で)ごめんください / **Qu'est-ce qu'il y a?**(騒ぎや困った様子を見て)どうしたんですか, 大丈夫ですか / Il doit *y avoir* quelque malentendu. 何か誤解があるに違いない / Il peut *y avoir* quelques morts. 何人か死者が出たらしい. ◆*Il y a* que + 直説法. ▶ *Il y a* que j'ai la migraine. 頭痛がするのです.
◆*Il y a* + 数量表現 + de + 過去分詞. …したので…だけある[いる]. ▶ *Il y a* deux verres de cassés. コップが2個割れた.
◆*Il y a* + 無冠詞名詞. ▶ Il n'*y a* pas cours

demain. 明日は授業がない / *Il y a* intérêt à + 不定詞. …するのが得である.

◆ *si* + 無冠詞名詞 + *il y a* …があれば. ▶ Si malhonnêteté *il y a*, je les condamne sans appel. 不正があれば、私は容赦なく彼らを糾弾する.

❷《距離》…の距離がある. ▶ *Il y a* 5km〔cinq kilomètres〕d'ici au village. ここから村までは5キロの道のりだ / Combien (de kilomètres) *y a-t-il* de Paris à Lyon? パリからリヨンまで何キロありますか.

❸《時間》〈**Il y a** + 時間〉今から…以前に〔の〕. ▶ Le train est parti *il y a* cinq minutes. 列車は5分前に出ました.

❹《時間》〈**Il y a** + 時間 + **que** + 直説法〉…前から…している; …してから…たつ. ▶ *Il y a* une heure que je t'attends.(=ça fait) もう1時間も彼(女)を待っている.

comme il n'y (en) a pas 話 とうてい考えられないほどの、たぐいまれな. ▶ Il est radin *comme il n'y (en) a pas*. 彼はちょっと考えられないほどのけちだ.

Il n'y a pas à + 不定詞. …してもむだだ、する必要はない. ▶ *Il n'y a pas à* craindre. 恐れる必要はない.

Il n'y a pas de quoi. どういたしまして、礼には及びません(=je vous en prie, de rien).

Il n'y a qu'à + 不定詞. …しさえすればよい、…するしかない(=n'avoir qu'à + 不定詞). ▶ *Il n'y a qu'à* cliquer. クリックするだけでよい.

Il y a A et A. A にもいろいろある. ▶ *Il y a* champagne et champagne. 一口にシャンペンといってもピンからキリまである.

Il y a de quoi + 不定詞. (1) …する理由がある. ▶ *Il n'y a pas de quoi* en faire une histoire. 大騒ぎするほどのことではない. (2) …するのに必要なものがある. ▶ *Il y a de quoi* nourrir dix personnes. 10人食べさせるだけの食料がある.

Il y a qn/qc qui + 直説法. (1)《不定冠詞とともに》…する…がある. ▶ *Il y a* un avion *qui* part vers cinq heures. 5時ごろ出発する飛行機の便がある. (2)《くだけた表現で、定冠詞、所有形容詞とともに》…が…である. ▶ *Il y a* mon père *qui* est malade. 父が病気なのだ.

Il y en a pour + 不定詞. …する人たちがいる. ▶ *Il y en a* toujours *pour* critiquer les autres. 他人を非難する連中は必ずいるものだ.

Il y en a qui + 直説法. =話 ***Y en a qui*** + 直説法. …する人たちがいる (=*Il y a* des gens qui + 直説法).

Quand il n'y en a plus, il y en a encore. (そこにはなくても、ここにはある→) 話 いくらでもある、無尽蔵である.

tout ce qu'il y a de + 形容詞 話《しばしば皮肉に》とびきり…な、恐ろしく…な. ▶ Ce roman est *tout ce qu'il y a de* plus ennuyant. この小説はひどく退屈だ.

im- 接頭 (in- の別形. b, m, p の前で) ❶「否定、欠如」を表わす. ▶ *im*possible 不可能な. ❷「…の中へ、の状態へ」の意. ▶ *im*migré (入国した) 移民.

*image /imaːʒ イマージュ/ 囡

英仏そっくり語
英 image 像, イメージ
仏 image 像, イメージ, 絵

❶ (鏡、水面などに映る) 像, 影. ▶ regarder son *image* dans une glace 鏡に映った自分の姿を眺める / *image* réelle [virtuelle] 実像 [虚像].

❷ 画像. ▶ *image* numérique デジタル画像 / traitement de l'*image* 画像処理.

❸ 絵, 版画, 写真. ▶ livre d'*images* 絵本 / l'histoire de France en *images* 絵で見るフランス史 / *image* pieuse 宗教画.

❹ 〈*image* de qn/qc〉…の似姿; (忠実な) 再現, 反映. ▶ Il est l'*image* vivante de son père. 彼は父親に生き写しである.

❺ 〈*image* de qc〉…の象徴, 典型的な姿. ▶ L'eau qui coule est l'*image* du temps qui fuit. 流れゆく水は過ぎゆく時の象徴である.

❻ (心に描く) イメージ, 心象; (記憶にとどまる) 残像. ▶ *image* auditive 聴覚映像 / conserver l'*image* de qn …の面影を胸に抱き続ける. ◆ donner [avoir] une *image* + 形容詞 + de qc/qn …について…なイメージを与える [抱く]. ▶ avoir une mauvaise *image* d'un ami 友人に対して悪いイメージを抱く / donner une *image* fidèle de la situation 状況をありのままに伝える.

❼ 比喩(ᅟ)の表現、たとえ.

à l'image de qc/qn …に似せて、ならって. ▶ Dieu créa l'homme *à son image*. 神は御自分にかたどって人を創造された.

image de marque (1) 企業 [商品] イメージ. (2) (人物、国などに対する) 世間の評判、イメージ. ▶ avoir une bonne *image de marque* 良いイメージを持っている.

image d'Epinal (1) エピナル版画: 19世紀に Epinal で作られていた通俗的で稚拙な教訓版画. (2) 素朴すぎる見方、紋切り型.

imagé, e /imaʒe/ 形〔文章などが〕イメージや比喩(ᅟ)に富んだ.

imagerie /imaʒri/ 囡 ❶ (集合的に)(同一テーマの) 大衆向け版画シリーズ; 大衆の描くイメージ.
❷ (超音波、X 線などによる) 映像技術. ▶ *imagerie* par résonance magnétique 磁気共鳴画像法, MRI. 略: IRM.

imaginable /imaʒinabl/ 形 想像できる, 考えうる. ▶ par tous les moyens possibles et *imaginables* 考えられる限りの可能なあらゆる手段によって.

imaginaire /imaʒinɛːr/ 形 ❶ 想像上の, 架空の; 妄想の. ▶ animaux *imaginaires* 想像上の動物 / malade *imaginaire* 病気だと思い込んでいる人. ❷《数学》nombre *imaginaire* 虚数.
── 男 想像の産物, 想像の世界.

imaginatif, ive /imaʒinatif, iːv/ 形 想像力の豊かな.
── 名 想像力に富む人, 空想家.

*imagination /imaʒinasjɔ̃ イマジナスィヨン/ 囡 ❶ 想像(力), 空想(力). ▶ avoir de l'*imagination* 想像力が豊かだ / s'abandonner à son *imagination* 空想にふける / Un événement qui dépasse l'*imagination* 想像を絶する出来事.
❷《多く複数で》文章 空想の産物, 妄想. ▶ Ce

sont de pures *imaginations*. そんなのはただの作り事だ.

*imaginer /imaʒine イマジネ/ 他動 ❶ …を想像する, 思い描く. ▶ J'*imagine* très bien la scène. その場面がありありと目に浮かぶ / Cela dépasse (tout) ce qu'on peut *imaginer*. それは想像を絶する. ◆*imaginer* que + 直説法 注 命令形または否定表現のあとは que 以下は多く接続法. ▶ *Imaginez* que les choses aient tourné autrement. 事態が別な方向をたどったと考えてください. ◆*imaginer* + 間接疑問節 ▶ Tu ne peux pas *imaginer* combien j'ai été déçu. 僕がどんなにがっかりしたか君には想像もつくまい. ◆*imaginer* qn/qc + 属詞 ▶ J'ai du mal à l'*imaginer* marié. 結婚した彼の姿なんてとても想像できない.
❷ 〈*imaginer* que + 直説法〉…と思う, 考える. 注 否定・疑問文では que 以下は多く接続法. ▶ J'*imagine* qu'il a voulu plaisanter. 彼は冗談を言うつもりだったのだと思う / Vous *imaginez* qu'elle soit capable de le faire? 彼女にそれがやれるとお思いですか /〔挿入句で〕Elle est libre, j'*imagine*. 彼女は暇だと思うよ.
❸ 〈*imaginer* qc // *imaginer* de + 不定詞〉…を考えつく, 考案する. ▶ *imaginer* un moyen de s'en tirer うまく切り抜ける方法を思いつく / Il a *imaginé* d'ouvrir un magasin. 彼は店を一軒開こうと思いついた.
— **s'imaginer** 代動 ❶ 想像する, 思い描く; 考える (=imaginer ①②). 注 se は再帰目的. ▶ Je *me l'imaginais* autrement. 私は彼(女)を別なタイプだと思っていた / Il n'arrive pas à *s'imaginer* que les circonstances ont changé. 彼には, 情勢が変わってしまっていることが分からないのだ. ◆*s'imaginer* + 不定詞 ▶ Il *s'imagine* être un grand écrivain. 彼は自分が大作家だと思っている.
❷ 〈*s'imaginer* + 属詞〉…である自分の姿を想像してみる. ▶ Elle *s'imagine* à quarante ans. 彼女は40歳の自分の姿を想像してみる.
❸ 想像がつく. ▶ Cela *s'imagine* aisément. それは容易に想像がつくことだ.

imam /imam/ 男 イマーム: イスラム教徒の共同体指導者.

imbattable /ɛ̃batabl/ 形 ❶ 打ち負かし得ない, 不敗の, 無敵の. ▶ un champion *imbattable* 無敵のチャンピオン. ❷ 話 un prix *imbattable* 超特価.

*imbécile /ɛ̃besil/ アンベスィル/ 形 ばかな, 愚かな, 間の抜けた. ▶ C'est une question *imbécile*. それは愚問だ.
— 名 ばか, 愚か者, 間抜け. ▶ *Imbécile* heureux! おめでたいやつだ. 比較 ⇨ sot.
imbécile heureux どうしようもない愚か者.

imbécilement /ɛ̃besilmɑ̃/ 副 文章 愚かにも, 間抜けたやり方で.

imbécillité /ɛ̃besilite/ 女 ばかさ加減, 愚劣さ;〔多く複数で〕ばかな言動.

imberbe /ɛ̃bɛrb/ 形 ひげの生えていない.

imbiber /ɛ̃bibe/ 他動 〈*imbiber* qc (de qc)〉…を(…で)湿らせる, (…に)染み込ませる. ▶ *imbiber* d'eau une éponge スポンジを水で湿らせる.
— **s'imbiber** 代動 ❶〈*s'imbiber* de qc〉(液体)を吸い込む. ▶ La terre *s'imbibe* d'eau. 地面が水を吸い込む. ❷ 話〈*s'imbiber* (de qc)〉(酒)を痛飲する.

imbrication /ɛ̃brikasjɔ̃/ 女 ❶ (屋根がわら状の)重なり合い. ❷ (さまざまな要素の)結び付き, 絡み合い. ▶ mettre en lumière l'*imbrication* des problèmes sociaux et économiques 社会・経済問題の複雑な絡み合いを明らかにする.

imbriqué, e /ɛ̃brike/ 形 ❶ 屋根がわら状に重なり合った. ❷ 密接に結び付いた; 絡み合った.

imbriquer /ɛ̃brike/ 他動 〈*imbriquer* qc dans qc〉…を…に差し込む, かみ合わせる; 入り組ませる, もつれさせる.
— **s'imbriquer** 代動〔主語は物〕❶ 重なり合う, かみ合う. ❷ 結び付く; 入り組む.

imbroglio /ɛ̃brɔljo/ 男 《イタリア語》もつれ, 混迷, 錯綜(ﾂﾞｳ); 〖演劇〗筋の入り組んだ戯曲.

imbu, e /ɛ̃by/ 形 〈*imbu* de + 無冠詞名詞〉(感情, 思想)が染み込んだ; でいっぱいの. ▶ être *imbu* de préjugés 偏見に満ちている / Il est *imbu* de lui-même. 自負心がぬぼれが強い.

imbuvable /ɛ̃byvabl/ 形 ❶ (汚くて, またはまずくて)飲めない. ❷ 話〔人, 作品などが〕我慢ならない, 鼻持ちならない.

imitable /imitabl/ 形 まねできる.

imitateur, trice /imitatœːr, tris/ 形 まねをする, ものまねがうまい.
— 名 ❶ まねる人; (芸術作品の)模倣者; 亜流. ❷ (ミュージックホールの)ものまね俳優, ものまね師.

imitatif, ive /imitatif, iːv/ 形 擬音的な;〔身振りなどが〕人まねの.

*imitation /imitasjɔ̃/ イミタスィヨン/ 女 ❶ まねること, 模倣. ▶ Il a le don d'*imitation*. 彼は模倣の才がある.
❷ 模造, イミテーション. ▶ *imitation* frauduleuse 違法模造品 / perles 「en *imitation* [d'*imitation*] 模造真珠 / (同格的に) portefeuille *imitation* cuir 模造皮革の紙入れ.
❸ 声帯〔形態〕模写, ものまね. ▶ faire des *imitations* ものまねをする.
à l'imitation de qn/qc …にならって, をまねて.

imité, e /imite/ 形 ❶ まねた, 模倣した, 偽造〔偽作〕の. ▶ signature *imitée* 偽のサイン. ❷〈*imité* de qc/qn〉…を模倣した, 手本とした. ▶ un tableau *imité* de Raphaël ラファエロを模倣した絵.

*imiter /imite/ イミテ/ 他動 ❶ …をまねる, 模倣する. ▶ *imiter* les gestes de qn …の身振りをまねる.
❷ …を手本[模範]とする. ▶ En tous points il *imite* son père. 彼は何から何まで父親をお手本にしている.
❸ …を模造〔偽造〕する. ▶ *imiter* l'écriture de qn …の筆跡をまねる.
❹〔物が〕…の模倣〔模造〕である; に似せてある. ▶ pierre qui *imite* le rubis ルビーの模造石.

immaculé, e /imakyle/ 形 ❶ よごれ一つない; 純白の. ▶ un ciel *immaculé* 雲一つない空.
❷ 罪の汚れのない, 無垢(ﾑｸ)の. ▶ l'*Immaculée* Conception 《カトリック》聖母マリアの無原罪の宿

immanence

り(祝日は12月8日).

immanence /imanɑ̃ːs/ 囡〖哲学〗〖言語〗内在(性) (↔transcendance).

immanent, ente /imanɑ̃, ɑ̃ːt/ 形 内在する,内在的な. ▶ justice *immanente* 内在的正義(物事や行為におのずから伴う正義).

immangeable /ɛ̃mɑ̃ʒabl/ 形 食べられない; まずくて食べられない.

immanquable /ɛ̃mɑ̃kabl/ 形 ❶ 必至の, 必然の, 不可避の. ▶ conséquence *immanquable* 必然的結果. ❷ 確実な, 間違いのない.

immanquablement /ɛ̃mɑ̃kabləmɑ̃/ 副 必ずや, きっと, 必然的に.

immatérialité /i(m)materjalite/ 囡 非物質性, 無形性.

immatériel, le /i(m)materjɛl/ 形 非物質的な, 無形の; 現実のものとは思えない.

immatriculation /imatrikylasjɔ̃/ 囡 登録(番号), 登記. ▶ numéro d'*immatriculation* 登録番号 / plaque d'*immatriculation* (自動車の)ナンバープレート.

immatriculer /imatrikyle/ 他動 …を登録する, 登録簿に記載する. ▶ Il s'est fait *immatriculer* à la faculté de droit. 彼は法学部に登録した / voiture *immatriculée* dans le département de la Seine セーヌ県ナンバーの車.

immature /imatyːr/ 形 (精神的, 知能的に)未発達の, 未熟な.

immaturité /imatyrite/ 囡 (心身の)未発達, 未熟.

*****immédiat, ate** /imedja, at/ イメディヤ, イメディヤット/ 形 ❶ 直接の, 媒介なしの; じかに接した. ▶ successeur *immédiat* 直接の後継者 / au voisinage *immédiat* de qc …のすぐ隣に. ❷ 即時の, 即座の; 差し迫った. ▶ mort *immédiate* 即死 / danger *immédiat* 差し迫った危険.

— **immédiat** 男 差し迫ったこと. ▶ Pensez d'abord à l'*immédiat*. まず当面のことを考えなさい.

dans l'immédiat さしあたり, 当面は (=pour le moment).

*****immédiatement** /imedjatmɑ̃/ イメディヤトマン/ 副 ❶ (空間的, 時間的に)直前[直後]に; 直接に. ▶ Il est arrivé *immédiatement* après votre départ. 彼はあなた(方)が出発されたすぐあとに来ました. ❷ 即刻, 直ちに. ▶ Sortez *immédiatement*! すぐ出ていきなさい.

immémorial, ale /i(m)memɔrjal/; (男複) **aux** /o/ 形 遠い過去の, 大昔の. ▶ usage *immémorial* 太古からの習慣 / depuis un temps *immémorial* 大昔から.

*****immense** /i(m)mɑ̃s/ イマーンス/ 形 広大な, 巨大な; 莫大(ばくだい)な, 途方もない. ▶ la mer *immense* 広大な海 / une *immense* fortune 莫大な財産 / un *immense* succès 華々しい成功. 比較 ⇨ GRAND.

immensément /i(m)mɑ̃semɑ̃/ 副 非常に, 極めて (=extrêmement).

immensité /i(m)mɑ̃site/ 囡 ❶ (空間などの)広大さ. ❷ (程度, 量などの)巨大さ.

immerger /imɛrʒe/ 2 他動 (水中に)…を沈める, 浸す. — *s'immerger* 代動 (水中に)沈む, 潜る. ▶ Le sous-marin commence à *s'immerger*. 潜水艦が潜航を始めた.

immérité, e /imerite/ 形 不当な, 過分な. ▶ reproches *immérités* いわれなき非難 / honneurs *immérités* 身に余る光栄.

immersion /imɛrsjɔ̃/ 囡 ❶ 水に沈める[浸す]こと; 水没; 潜水. ❷〖教育〗没入法, 語学漬け(外国語を集中的に学ぶこと). ▶ apprentissage de l'anglais en *immersion* 英語漬け学習.

immettable /ɛ̃mɛtabl/ 形 着られない, 履けない.

*****immeuble** /imœbl/ イムーブル/ 男 ❶ (数階建ての)大きな建物, ビル. ▶ *immeuble* de sept étages 8階建てのビル[マンション] / *immeuble* d'habitation マンション / *immeuble* de bureaux オフィスビル. ⇨ BÂTIMENT. ❷ 不動産.
— 形 不動産の. ▶ biens *immeubles* 不動産.

immigrant, ante /imigrɑ̃, ɑ̃ːt/ 名 (他国からの)移民;《特に》外国人出稼ぎ労働者. 注 他国への移住者は émigrant という.

immigration /imigrasjɔ̃/ 囡 (他国からの)移住;《特に》外国人労働者の流入. 注 他国への移住は émigration という. ▶ Office national d'*immigration* 移民局 / *immigration* algérienne en France アルジェリア人のフランス移住.

*****immigré, e** /imigre/ イミグレ/ 形 (他国から)移住した; 出稼ぎに来た. ▶ travailleurs *immigrés* 移民労働者.
— 名 移民; 移民労働者. ▶ les *immigrés* africains アフリカ人の移民 / *immigré* clandestin 不法移民 / *immigré* politique 政治移民

immigrer /imigre/ 自動 (他国から)移住してくる;《特に》出稼ぎに来る. 注 他国へ移住するのは émigrer という.

imminence /iminɑ̃ːs/ 囡 切迫, 急迫, 目先に迫っていること.

imminent, ente /iminɑ̃, ɑ̃ːt/ 形 切迫した, 差し迫った, 目前の. ▶ danger *imminent* 切迫した危険.

s'immiscer /simise/ 1 代動 < *s'immiscer dans qc* …に干渉する, (不当に)介入する.

immixtion /imiksjɔ̃/ 囡 <*immixtion* dans qc> …への干渉, 介入, 口出し.

*****immobile** /i(m)mɔbil/ イ(ン)モビル/ 形 動かない, 不動の; 不変な. ▶ rester *immobile* じっとしている.

immobilier, ère /imɔbilje, ɛːr/ 形 不動産の; 不動産に関する. ▶ succession *immobilière* 不動産相続 / agence *immobilière* 不動産屋.
— **immobilier** 男 不動産業.

immobilisation /imɔbilizasjɔ̃/ 囡 ❶ 動かなくする[なる]こと; 不動, 固定, 停止; 麻痺(まひ). ▶ l'*immobilisation* totale de la circulation 交通の全面ストップ. ❷ (柔道の)固め技. ❸ 《複数で》(企業の)固定資産.

immobiliser /imɔbilize/ 他動 ❶ …を動けなくする, 固定する, 停止させる; (の活動)を麻痺(まひ)させる, 停滞させる. ▶ Le train *a été immobilisé* par une pluie diluvienne. 列車が豪雨で立ち往生した. ❷〔資本〕を固定させる;〔動産〕を不動化する, 固定資本化する.

— **s'immobiliser** 代動 動かなくなる, 止まる.
immobilisme /imɔbilism/ 男 現状維持的政策, 事なかれ主義.
immobiliste /imɔbilist/ 形 現状維持主義の, 事なかれ主義の.
— 名 現状維持主義者, 事なかれ主義者.
immobilité /imɔbilite/ 女 不動(状態), 静止; 停滞, 現状維持.
immodéré, e /imɔdere/ 形 過度の; 非常識な. ▶ demander un prix *immodéré* pour qc …に法外な値段をつける.
immodérément /imɔderemɑ̃/ 副 過度に, むやみに, 際限なく. ▶ boire *immodérément* 暴飲する.
immodeste /imɔdɛst/ 形 古風 慎みのない, 不謹慎な.
immodestie /imɔdɛsti/ 女 古風 慎みのなさ.
immolation /imɔlasjɔ̃/ 女 文章 ❶ 供犠, いけにえ. ❷ 殺戮(さつ); 自己犠牲, 献身.
immoler /imɔle/ 他動 文章 ❶ …を(神に)いけにえとしてささげる. ❷ 〈*immoler* qc/qn à qc〉…のために…を犠牲にする; なげうつ. ▶ Il a tout *immolé* à sa patrie. 彼は祖国にすべてをささげた.
— **s'immoler** 代動 自分の生命をささげる, 自分(の利害, 生命)を犠牲にする.
immonde /i(m)mɔ̃ːd/ 形 ❶ ひどく汚い, 胸の悪くなるような. ❷ 下劣な, 卑劣な. ▶ un crime *immonde* 卑劣な犯罪.
immondices /i(m)mɔ̃dis/ 女複 汚物, ごみ, 塵芥(じんかい).
***immoral, ale** /i(m)mɔral/ イモラル/: 〈男 複〉 **aux** /o/ 形 不道徳な, 背徳的な. ▶ un roman *immoral* 背徳的な小説.
immoralisme /i(m)mɔralism/ 男 反道徳主義; 道徳破壊, 道徳蔑視.
immoraliste /i(m)mɔralist/ 形 反道徳主義的な. — 名 反道徳主義者, 背徳(主義)者.
immoralité /i(m)mɔralite/ 女 ❶ 反道徳性, 背徳. ❷ 古風 猥褻(わいせつ).
immortaliser /i(m)mɔrtalize/ 他動 ❶ …を不滅[不朽]にする. ▶ Ce film l'*a immortalisé*. その映画は彼の名を不滅にした. ❷『生物』(細胞を)不死化する.
— **s'immortaliser** 代動 不朽の名声を手にする.
immortalité /imɔrtalite/ 女 ❶ 不死, 不滅. ▶ doctrine de l'*immortalité* de l'âme 霊魂不滅説. ❷ 文章 不朽の名声.
***immortel, le** /imɔrtɛl/ イモルテル/ 形 ❶ 不死の, 不滅の. ▶ un amour *immortel* 不滅の愛. ❷ 文章 永遠に残る, 不朽の. — 名 (多く複数形)圏 アカデミー・フランセーズ会員.
immortelle /imɔrtɛl/ 女 ドライフラワー用の花: カイザイク, スターチス, ムギワラギクなど.
immotivé, e /i(m)mɔtive/ 形 文章 動機のない, 根拠のない.
immuabilité /imɥabilite/ 女 不変性.
immuable /imɥabl/ 形 不変の.
immuablement /imɥablɑmɑ̃/ 副 常に, 絶えず; 相変わらず.
immunisation /imynizasjɔ̃/ 女 免疫.

immuniser /imynize/ 他動 〈*immuniser* qn contre qc〉❶ …を(病気)に対し免疫にする. ▶ personne *immunisé* contre la rougeole はしかに免疫のある人.
❷ …を…に対して平気にさせる. ▶ Ses échecs ne l'*ont* pas *immunisé* contre les illusions. 彼は何度失敗しても幻想から覚めない.
immunitaire /imynitɛːr/ 形 免疫の. ▶ réactions *immunitaires* 免疫反応 / système *immunitaire* 免疫系.
immunité /imynite/ 女 ❶ (租税, 義務などの)免除(特権); (議員, 外交官などの)免責特権. ▶ *immunité* diplomatique 外交特権 / *immunité* parlementaire 議員特権. ❷ 免疫性.
immunodéficience /imynodefisjɑ̃ːs/ 女 『医学』免疫不全.
immunologie /imynɔlɔʒi/ 女 免疫学.
impact /ɛ̃pakt/ 男 ❶ 衝撃, インパクト; 影響, 効果. ▶ force d'*impact* 衝撃[影響]力 / études d'*impact* 環境アセスメント / avoir de l'*impact* (sur qn/qc) (…に対して)強い影響力を持つ. ❷ 『軍事』point d'*impact* 弾着点.
***impair, e** /ɛ̃pɛːr/ アンペール/ 形 奇数の (↔pair). ▶ nombre *impair* 奇数 / côté *impair* (街路の)奇数番地側 / jours *impairs* 奇数日(月・水・金曜日).
— **impair** 男 へま, 失策. ▶ commettre [faire] un *impair* とちる.
impalpable /ɛ̃palpabl/ 形 手で触れない, 触知できない; 微細な, ごく細かい.
imparable /ɛ̃parabl/ 形 (特にスポーツで)〔攻撃, 突きなどが〕避けられない.
impardonnable /ɛ̃pardɔnabl/ 形 許しがたい, 弁解の余地のない.
imparfait, aite /ɛ̃parfɛ, ɛt/ 形 不完全な, 不十分な, 欠点[欠落]のある. ▶ L'homme est *imparfait*. 人間とは不完全なものだ.
— **imparfait** 男『文法』半過去. ▶ *imparfait* de l'indicatif 直説法半過去. ⇒ 語法 p. 756.
imparfaitement /ɛ̃parfɛtmɑ̃/ 副 不完全に, 不十分に.
impartial, ale /ɛ̃parsjal/; 〈男 複〉 **aux** /o/ 形 公平[公正]な, 偏見のない. ▶ juge *impartial* 公正な裁判官.
impartialement /ɛ̃parsjalmɑ̃/ 副 文章 公平[公正]に, えこひいきせずに, 偏見なく.
impartialité /ɛ̃parsjalite/ 女 公平さ, 公正さ.
en toute impartialité まったく公平な立場で, なんの偏見もなく.
impartir /ɛ̃partiːr/ 他動《不定形, 直説法現在, 過去分詞のみ用いる》❶『法律』〔猶予〕を与える. ❷ 文章〔才能など〕を授ける.
***impasse** /ɛ̃paːs/ アンパース/ 女 ❶ 袋小路, 行き止まり. ❷ 苦境, 窮地. ▶ sortir de l'*impasse* 窮地を脱する / Les négociations sont dans l'*impasse*. 交渉は行き詰まっている.
faire l'impasse (sur qc)(1) 圏《学生》(試験で山をかけて)(…)は勉強しない. (2) 危険を覚悟で(…)を除外する.
impassibilité /ɛ̃pasibilite/ 女 無感動, 平然; 冷

語法 直説法半過去とはどんな時制か

I. システム1　現在の理解（発話点を中心とするシステム）

単純過去とその系列に属する時制を除けば，フランス語の主要な時制は2つのシステムに分けて考えることができる．1つは発話の時点（X）を中心に構造化されるもので，時間軸の上に並べれば次のようになる．

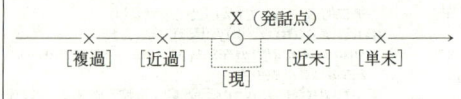

```
                    X（発話点）
——×————×————○————×————×——→
 ［複過］ ［近過］ ［現］ ［近未］ ［単未］
```

ただし，[現] ＝ 現在 (Il part)
　　　 [近未] ＝ 近接未来 (Il va partir)
　　　 [単未] ＝ 単純未来 (Il partira)
　　　 [近過] ＝ 近接過去 (Il vient de partir)
　　　 [複過] ＝ 複合過去 (Il est parti)

◆「システム1」で注意したいのは，[現] はXと同時代の広がりを表わすことができるという点である．[現] は少しの未来と少しの過去を抱え込んでいて，未来のことも過去のことも表現できるのである．

- Je vais en France l'année prochaine. 私は来年フランスに行く．
◆来年のことなのに [現] が使われていることに注意．

- J'arrive à l'instant. たった今着いたところです．
◆運動を表わす動詞 arriver, partir などは，副詞表現 à l'instant などとともに用いられて，「近い過去」を表わす．

- J'habite à Paris depuis dix ans. ＝ Il y a [Cela fait] dix ans que j'habite à Paris. 私は10年前からパリに住んでいる．
◆過去に始まって，発話の時点でも継続中の行為を表わしている．

- Elle va à l'université tous les jours. 彼女は毎日大学へ行く．
◆規則的に反復される行為を表わしている．

「未来」や「過去」を表わすといっても，過去時制，未来時制と違って，[現] は行為や状態をあくまでも発話点との同時代性において，あるいは発話点で継続中の事態としてとらえていることに注意．

II. システム2　半過去の理解（過去の一時点を中心とするシステム）

半過去は「システム1」と構造的に相似の第2のシステム（Y）の中心に位置する．

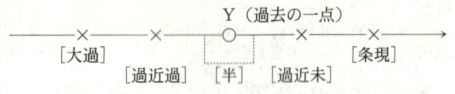

```
                    Y（過去の一点）
——×————×————○————×————×——→
 ［大過］ ［過近過］ ［半］ ［過近未］ ［条現］
```

ただし，[半] ＝ 半過去 (Il partait)
　　　 [過近未] ＝ 過去における近接未来
　　　　　　　　(Il allait partir)
　　　 [条現] ＝ 条件法現在 (Il partirait)
　　　 [過近過] ＝ 過去における近接過去
　　　　　　　　(Il venait de partir)
　　　 [大過] ＝ 大過去 (Il était parti)

◆「システム2」の構造は「システム1」と同じである．違いは，「システム1」の基準が発話点であるのに対して，「システム2」の基準が過去のある一点となることである．基準点が違うだけで [半] は [現] と等価であり，過去の時点において同時代的・同時進行的で完了していない事実を述べる時制なのである．

III. 半過去の用法
1. 半過去の単独使用（現在との対比）

- Autrefois, j'allais souvent au cinéma, mais maintenant ce n'est plus possible. 昔はよく映画へ行ったものだが，今はもう無理だ．
◆autrefois と maintenant という副詞句の対照に注意．

- Il y a dix ans [En 2000], j'étais encore étudiant. 10年前 [2000年の時点では]，私はまだ学生だった（今はもうそうではない）．
◆ [半] と [現] は過去と現在を対比してその違いを述べるが，過去と現在の間に起こった変化は [複過] で表わすことができる（Hier, je me sentais très fatigué. J'ai bien dormi cette nuit. Alors, ça va très bien aujourd'hui. 昨日はとても疲れていた．でも夜はぐっすり寝たので，今日はだいじょうぶ）．

- Ce matin [Hier], il ne faisait pas beau. 今朝 [昨日] は天気がよくなかった（今は天気がいい）．

2. 複合過去との組み合わせ（[複過]の示した基準点から見て同時進行的な事態を[半]が表わす）

(1) 基本例：過去の一点における継続中の行為
- Quand le père est rentré, les enfants dormaient. 父が帰宅した時, 子供たちは眠っていた.

```
le père est rentré
                    発話点
────×────────────○──────→  [複過]
    └──────────────→       [半]
les enfants dormaient
```

```
           テンポの速い物語
  出来事1  出来事2  出来事3  発話点
────×──────×──────×──────○──────→
```

```
           テンポの遅い物語
  出来事1  出来事2  出来事3  発話点
────×──────×──────×──────○──────→
    └──┐   └──┐   └──┐
     背景1    背景2    背景3    [半]
```

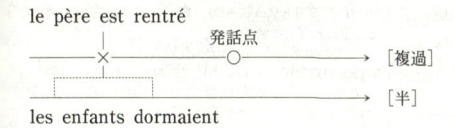

◆ [複過]と[半]の関係は左記のように図示することができる.
例文で「父が帰宅した」が1つの「出来事」であるのに対して,「子供たちは眠っていた」は出来事が起きた時の「状況」である. 一般に[複過]は出来事を語り, [半]は出来事の時点にとどまって, その背景についての情報を与える.

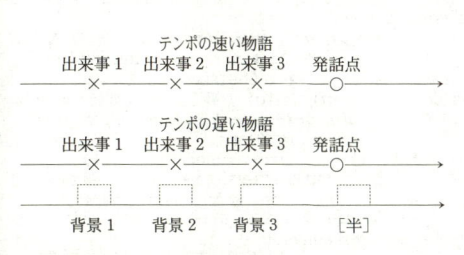

◆ [複過]が表わす出来事だけを並べた単純な物語は時間が一直線に進み, テンポが速い.

◆ [半]は, 1つ1つの出来事について, いちいち時間の流れの外に出て, 出来事と同時代的な状態(背景)についてコメントする, その分だけ物語のテンポは遅くなる.

(2) 基本例から説明されるその他の例
- Elle jouait du piano, lorsque le téléphone a sonné. 電話が鳴った時彼女はピアノを弾いていた.
- Comme je ne pouvais pas m'endormir, je me suis levé et j'ai travaillé. 寝つけなかったので起きて仕事をした.
- Paul et Marianne se sont rencontrés en mars 2003. Six mois après, ils se mariaient. ポールとマリアンヌは2003年の3月に出会った. 6か月後, 2人は結婚する運命にあった.

```
 出会い                      発話点
────×───────────────────────○──────→
              └──┐
                結婚
                ×
                        [半]

 出会い         結婚         発話点
────×──────────×───────────○──────→
                        [複過]
```

◆提示された背景の中に出来事が位置づけられる場合.
◆背景・状況と出来事の間に因果関係がある場合.
◆基準となる過去の一点から見て未来を表わす場合.

この例の[半] se mariaient の代わりに[複過]で se sont mariés としてもよいが, ニュアンスがかなり異なる.

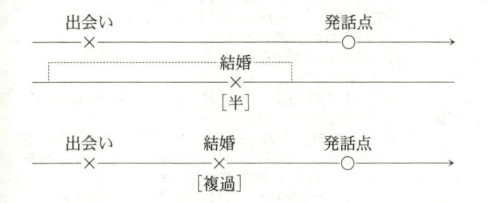

[半]にすると,「結婚」が出会った時点と同時代的な事態としてとらえられることになる. 過去の一時点から見て未来に属することを, その時点に引き付けて言うことから, 運命・必然性の意味合いが出る.

[複過]の場合は,「出会った」そして「結婚した」という2つの出来事が「システム1」の時間軸の上に並べられるだけである.

- Nous arrivions à peine chez lui, lorsque l'orage a éclaté. 嵐(あらし)になった時, 私たちは彼の家に着いたばかりだった.

◆基準となる過去の一点から見て過去を表わす場合. Nous arrivions は Nous venions d'arriver と同じ.

IV. 間違いを防ぐために

1. [半]は過去の一時点から見て同時進行的で完了していないことを表わすから, 完了したことを前提とする長さを表わす副詞表現を伴うことはできない.

- (誤) Cette nuit je dormais seulement trois heures.
→ (正) Cette nuit j'ai dormi seulement trois heures.
昨夜は3時間しか寝なかった.

◆ [半]の使用は行為の長さに関係ない. [半]が線的で長く, [複過]は点的で短いと考えるのは誤りである. どんなに長い時間でも完了しているとみなされれば[複過]で処理される.

- (誤) J'étais malade pendant une semaine. → (正) J'ai été malade pendant une semaine. 私は1週間体の調子が悪かった.

◆長さを表わす pendant は[半]と一緒には使えないが, 単に時期を明示するだけであれば使用できる.

2. 「地震が起きた時, 私は料理をしていた」は, Quand le tremblement de terre a eu lieu, je faisais la cuisine. となる. j'ai fait la cuisine とすると,「地震が起きた時[ので]料理をした」という意味の文になってしまう.

impassible

静.

impassible /ɛ̃pasibl/ 形 無感動な, 動じない, 平然とした. ▶ rester *impassible* devant le danger 危険を前にして少しも動じずにいる.

impassiblement /ɛ̃pasibləmɑ̃/ 副 文章 無感動に, 平然と.

impatiemment /ɛ̃pasjamɑ̃/ 副 待ち兼ねて, じりじりしながら.

impatience /ɛ̃pasjɑ̃:s/ 女 ❶ 待ちきれないこと; 辛抱できないこと, いらだち, 焦燥. ▶ donner des signes d'*impatience* いらだちを表に現す / attendre avec *impatience* 待ち兼ねる / brûler d'*impatience* 待ちこがれる.

❷ 忍耐のなさ, 性急さ, 短気.

être dans l'*impatience* de qc 不定詞 …したくてたまらない. ▶ Je *suis* dans l'*impatience* de vous voir. お目にかかるときが待ち遠しくてなりません.

*__impatient, ente__ /ɛ̃pasjɑ̃, ɑ̃:t/ アンパスィヤン, アンパスィヤーント/ 形 ❶ 待ちきれない; (焦燥感で) いらだった. ▶ geste *impatient* いらだったしぐさ. ◆être *impatient* de + 不定詞 早く…したくてたまらない. ▶ Les enfants sont *impatients* de partir en vacances. 子供たちは早くバカンスに出かけたくてうずうずしている. ❷ 忍耐のない, 性急な.

— 名 短気な人, 辛抱のない人; 待ちきれない人.

impatienter /ɛ̃pasjɑ̃te/ 他動 …を我慢できなくさせる, いらだたせる. ▶ *impatienter* qn par son bavardage おしゃべりで…をいらだたせる.

— s'impatienter 代動 (待ち兼ねて)じりじりする. ▶ s'*impatienter* de + 不定詞 …したくてうずうずする / Ne *vous impatientez* pas; il va arriver. そう気をもまないで, 彼はすぐ来ますから.

s'impatroniser /sɛ̃patrɔnize/ 代動 文章 (他人の家に)主人顔をして入り込む, 我が物顔で振る舞う.

impavide /ɛ̃pavid/ 形 文章 恐れを知らない, びくともしない.

impayable /ɛ̃pɛjabl/ 形 話 ひどく奇妙な, 滑稽(こっけい)極まる.

impayé, e /ɛ̃peje/ 形 未払いの; 不渡りの.

— **impayé** 男 未払金 (=effet impayé).

impec /ɛ̃pɛk/ 形 《不変》(impeccable の略)完璧な.

impeccable /ɛ̃pekabl/ 形 非の打ち所のない, 完璧(へき)な. ▶ parler un français *impeccable* 完璧なフランス語を話す.

impeccablement /ɛ̃pekabləmɑ̃/ 副 非の打ち所なく, 完璧(へき)に.

impécunieux, euse /ɛ̃pekynjø, ø:z/ 形 文章 金のない, 貧乏な.

impédance /ɛ̃pedɑ̃:s/ 女 【電気】インピーダンス.

impénétrabilité /ɛ̃penetrabilite/ 女 ❶ 入り込めないこと, 貫きがたいこと;【物理】相互不可侵入性. ❷ 計り知れなさ, 不可解, 不可思議.

impénétrable /ɛ̃penetrabl/ 形 ❶ 入り込めない, 貫通できない. ▶ une forêt tropicale *impénétrable* 分け入りがたい熱帯林. ◆*impénétrable* à qc …を通さない. ▶ substance *impénétrable* à la chaleur 熱を通さない物質. ❷ 不可解な, 計り知れない. ▶ Il a le visage *impénétrable*. 彼は謎(なぞ)めいた顔つきをしている.

impénitence /ɛ̃penitɑ̃:s/ 女【神学】悔い改めないこと, 悔俊(かいしゅん)の情のないこと.

impénitent, ente /ɛ̃penitɑ̃, ɑ̃:t/ 形 ❶ 悪習を改めようとしない; 強情な. ▶ buveur *impénitent* 性懲りもない飲み助. ❷【神学】罪を悔い改めない, 悔俊(かいしゅん)の情のない.

— 名【神学】罪を悔い改めない人.

impensable /ɛ̃pɑ̃sabl/ 形 考えられない, 想像もつかない. ▶ 《非人称構文で》Il est *impensable* que + 接続法. …とは考えられない.

imper /ɛ̃pɛ:r/ 男 (imperméable の略)話 レインコート.

impératif, ive /ɛ̃peratif, i:v/ 形 ❶ 命令的な, 強制的な. ▶ parler d'un ton *impératif* 命令口調で話す. ❷ ぜひ必要な, 急を要する.

— **impératif** 男 ❶ 至上命令, 要請. ▶ *impératifs* de l'heure 時代の要請 / *impératif* catégorique 定言的命令.

❷【文法】命令法 (=mode impératif).

impérativement /ɛ̃perativmɑ̃/ 副 ❶ ぜひとも, 何がなんでも. ❷ 文章 命令的に, 強制的に.

impératrice /ɛ̃peratris/ 女 皇后; 女帝. 注 皇帝は empereur という.

imperceptibilité /ɛ̃pɛrsɛptibilite/ 女 文章 知覚[感知]できないこと.

imperceptible /ɛ̃pɛrsɛptibl/ 形 ❶ 知覚[感知]できない. ▶ étoile *imperceptible* à l'œil nu 肉眼では見えない星. ❷ (感じ取れないほど)わずかな, かすかな. ▶ bruit *imperceptible* かすかな物音.

imperceptiblement /ɛ̃pɛrsɛptibləmɑ̃/ 副 ほんのわずかに, かすかに; わずかずつ.

imperdable /ɛ̃pɛrdabl/ 形 必勝の, 負けるはずのない; 負けられない.

imperfectible /ɛ̃pɛrfɛktibl/ 形 完全なものになり得ない, 完成し得ない.

imperfection /ɛ̃pɛrfɛksjɔ̃/ 女 ❶ 欠点, 欠陥. ❷ 未完成, 不完全.

impérial, ale /ɛ̃perjal/;《男複》**aux** /o/ 形 ❶ 皇帝の, 帝国の. ▶ la Rome *impériale* 帝政ローマ. ❷ 文章 帝政とした, 堂々とした.

— **impériale** 女 (バス, 電車などの)屋上席.

impérialisme /ɛ̃perjalism/ 男 帝国主義(政策), 領土拡張政策.

impérialiste /ɛ̃perjalist/ 形 帝国主義の.

— 名 帝国主義者.

impérieusement /ɛ̃perjøzmɑ̃/ 副 ❶ 高圧的に, 横柄に. ❷ 余儀なく; 緊急に.

impérieux, euse /ɛ̃perjø, ø:z/ 形 ❶ 高圧的な, 専横な, 横柄な. ▶ ton *impérieux* 高飛車な口調. ❷ やむを得ない, 絶対的な; 緊急の. ▶ nécessité *impérieuse* 差し迫った必要.

impérissable /ɛ̃perisabl/ 形 不滅の, 不死の; 永続的な. ▶ laisser un souvenir *impérissable* いつまでも消えない思い出を残す.

impéritie /ɛ̃perisi/ 女 文章 (職業上の)無能, 未熟.

imperméabilisation /ɛ̃pɛrmeabilizasjɔ̃/ 女 防水加工[処理].

imperméabiliser /ɛ̃pɛrmeabilize/ 他動 …を防水加工する.

imperméabilité /ɛ̃pɛrmeabilite/ 女 (水などを)通さないこと, 防水性, 不浸透性.
imperméable /ɛ̃pɛrmeabl/ アンペルメアーブル/ 形 ❶ 水を通さない; 防水(加工)の. ▶ manteau *imperméable* 防水コート / Le caoutchouc est *imperméable* à l'eau. ゴムは水を通さない.
❷ <*imperméable* à qc> …を受け入れない; に無理解な. ▶ être *imperméable* à la pitié 哀れみの情を知らない.
── 男 レインコート.
impersonnalité /ɛ̃pɛrsɔnalite/ 女 ❶ 無個性; 非個人性. ❷ 【言語】非人称(性).
impersonnel, le /ɛ̃pɛrsɔnɛl/ 形 ❶ 〔事物が〕個性のない; 人間味のない. ▶ décor *impersonnel* 月並な装飾 / ton *impersonnel* 感情のこもらない声の調子. ❷ 非個人的な. ▶ La loi est *impersonnelle*. 法律は特定個人を対象にするものではない. ❸ 【言語】非人称の. ▶ mode *impersonnel* (動詞の)非人称法(不定法, 分詞法) / verbe *impersonnel* 非人称動詞(例: Il neige. 雪が降っている).
impersonnellement /ɛ̃pɛrsɔnɛlmɑ̃/ 副 ❶ 非個人的に. ❷ 【言語】非人称で.
impertinence /ɛ̃pɛrtinɑ̃:s/ 女 ❶ 無礼, 生意気; 無作法な言動. ▶ avec *impertinence* 無礼に / se permettre des *impertinences* 生意気なことを言う[する].
impertinent, ente /ɛ̃pɛrtinɑ̃, ɑ̃:t/ 形, 名 無礼な(人), 生意気な(人).
imperturbable /ɛ̃pɛrtyrbabl/ 形 動じない, 平然とした. ▶ rester *imperturbable* 平静を失わない.
imperturbablement /ɛ̃pɛrtyrbabləmɑ̃/ 副 動揺せずに, 平然と, 冷静に.
impétigo /ɛ̃petigo/ 男 【医学】とびひ.
impétrant, ante /ɛ̃petrɑ̃, ɑ̃:t/ 名 【法律】(職, 称号, 免状などの)取得者.
impétueusement /ɛ̃petɥøzmɑ̃/ 副 激しく, 猛然と; 血気にはやって.
impétueux, euse /ɛ̃petɥø,ø:z/ 形 文章 激しい, 猛烈な; 血気にはやる.
impétuosité /ɛ̃petɥozite/ 女 文章 激しさ, 猛烈さ; 血気.
impie /ɛ̃pi/ 形 文章 不信仰な, 不敬虔(けい)な.
── 名 文章 無信仰者, 不信心者.
impiété /ɛ̃pjete/ 女 文章 不信心, 無信仰; 反宗教的な言動.
impitoyable /ɛ̃pitwajabl/ 形 情け容赦のない, 無慈悲な, 厳しい. ▶ cœur *impitoyable* 無慈悲な心.
impitoyablement /ɛ̃pitwajabləmɑ̃/ 副 情け容赦なく, 無慈悲に, 冷酷に.
implacable /ɛ̃plakabl/ 形 ❶ 容赦ない, 執拗(しつよう)な. ▶ ennemi *implacable* 執念深い敵 / logique *implacable* 仮借のない論理.
❷ 不可避の, 抗しがたい. ▶ subir un destin *implacable* 逃れえぬ運命を耐え忍ぶ.
implacablement /ɛ̃plakabləmɑ̃/ 副 容赦なく, 執拗(しつよう)に; 不可避的に.
implantation /ɛ̃plɑ̃tasjɔ̃/ 女 ❶ 導入, 設置, 定着; (工場などの)進出. ▶ l'*implantation* d'une entreprise dans une région ある地方への企業の進出. ❷ 定住, 入植. ▶ *implantation* des Arabes en Espagne アラブ人のスペイン移住. ❸ (髪の毛の)生え具合.
implanter /ɛ̃plɑ̃te/ 他動 ❶ 〔産業, 施設などを〕導入する, 設置する, 定着させる. ▶ *implanter* des industries nouvelles dans un pays ある国に新しい産業を導入する.
❷ 〔慣習, 思想などを〕取り入れる, 根付かせる. ▶ C'est une idée solidement *implantée* chez les jeunes. その考えは若者たちの間に深く根付いている.
❸ 【医学】…を移植する, 接種する. ▶ *implanter* un organe 臓器を移植する.
── **s'implanter** 代動 ❶ 導入される, 定着する; 〔工場などが〕進出する. ❷ 定住[入植]する.
implication /ɛ̃plikasjɔ̃/ 女 ❶ 《多く複数で》(予期される)結果, 影響. ▶ Les *implications* politiques de cet accord économique sont considérables. この経済協定が及ぼす政治的影響は大きい. ❷ (犯罪などに)かかわること.
implicite /ɛ̃plisit/ 形 暗黙の, 暗黙のうちに了解される(↔explicite). ▶ condition *implicite* 暗黙の条件.
implicitement /ɛ̃plisitmɑ̃/ 副 暗黙のうちに.
impliquer /ɛ̃plike/ 他動 ❶ …を巻き添えにする, 巻き込む. ▶ *impliquer* un ami dans un procès 友人を裁判沙汰(ざた)に巻き込む.
❷ <*impliquer* qc // *impliquer* que + 直説法/接続法> …を含む, 意味する, 前提とする; (結果として)…をもたらす. ▶ La mémoire n'*implique* pas nécessairement l'intelligence. 記憶力がよいからといって必ずしも頭がよいとは限らない.
── **s'impliquer** 代動 <*s'impliquer* dans qc> (活動)に身を投じる; 熱中する.
implorant, ante /ɛ̃plɔrɑ̃,ɑ̃:t/ 形 文章 嘆願する, 哀願する.
imploration /ɛ̃plɔrasjɔ̃/ 女 文章 嘆願.
implorer /ɛ̃plɔre/ 他動 ❶ …を懇請する, 懇願する. ▶ *implorer* le pardon de qn …の許しを請う. ❷ 文章 <*implorer* qn (de + 不定詞)>(…してくれと)…に哀願する, 嘆願する. ▶ *implorer* ses juges 裁判官たちに嘆願する.
imploser /ɛ̃ploze/ 自動 〔ブラウン管, プルトニウム爆弾などが〕内側に向かって破裂する, 爆縮する.
implosion /ɛ̃plozjɔ̃/ 女 〔ブラウン管, プルトニウム爆弾などの〕内側への破裂, 爆縮.
impoli, e /ɛ̃pɔli/ 形 無作法な, 無礼な, 失礼な. ▶ une demande *impolie* 厚かましい要求 / Tu as été *impoli* envers lui. 君は彼に対して失礼なことをした / 《非人称構文で》Il est *impoli* d'arriver en retard. 遅刻するのは失礼だ.
── 名 無作法者, 礼儀知らず.
impoliment /ɛ̃pɔlimɑ̃/ 副 無作法に.
impolitesse /ɛ̃pɔlitɛs/ 女 無作法, 無礼; 失礼な言動. ▶ traiter qn avec *impolitesse* …を無礼に扱う / commettre une *impolitesse* 失礼なことをする.
impondérable /ɛ̃pɔ̃derabl/ 形 文章 不測の, 予期できない.
── 男 《多く複数で》不測の事態, 不確定要因.
impopulaire /ɛ̃pɔpylɛ:r/ 形 人望のない, 評判の

悪い, 不人気の. ▶ ministre *impopulaire* 人気のない大臣.

impopularité /ɛ̃pɔpylarite/ 囡 人望のなさ, 悪評, 不人気.

importable¹ /ɛ̃pɔrtabl/ 形 輸入可能な.
importable² /ɛ̃pɔrtabl/ 形《服が》着られない.

*****importance** /ɛ̃pɔrtɑ̃:s/ アンポルターンス/ 囡 ❶ 重要性, 重大さ. ▶ avoir de l'*importance* 重要である / prendre de l'*importance* 重要になる / donner de l'*importance* à qc/an …を重視する / un événement de grande [faible] *importance* 重大な[さして重大でない]事件 / être de la plus haute *importance* 非常に重要である / **Cela n'a aucune importance.** = **Ça n'a pas d'importance.** それはたいしたことじゃない / C'est sans *importance*. それはつまらないことだ / se donner de l'*importance* もったいぶる, 尊大ぶる.

❷ 大きさ, 多数, 多量. ▶ l'*importance* d'une somme 金額の大きさ / une ville de moyenne *importance* 中都市.

d'importance (1) 重要な, 重大な. ▶ L'affaire est *d'importance*. 事件は重大だ. (2) 文語 ひどく, 激しく. ▶ tancer *d'importance* きつく叱る.

:**important, ante** /ɛ̃pɔrtɑ̃, ɑ̃:t/ アンポルタン, アンポルタント/ 形《ときに名詞の前で》

英仏そっくり語
英 important 重要な.
仏 important 重要な, (数量などが)大きな.

❶ 重要な, 重大な, 大切な. ▶ événement *important* 重大事件 / question *importante* 重大な問題 / le point le plus *important* d'un débat 議論の核心. ◆*important* à + 不定詞 …すべき. ▶ C'est *important* à savoir. それは知っておくべきだ. ◆《非人称構文で》Il est *important* de + 不定詞 / Il est *important* que + 接続法. ▶ Il est *important* d'agir vite [que nous agissions vite]. 直ちに行動を起こす[我々が直ちに行動を起こす]ことが肝心だ.

❷ 大きな, 多数[多量]の; 高額の. ▶ une *importante* usine 大きな工場 / un nombre *important* de personnes 大勢の人間 / un *important* héritage 多額の遺産.

❸ 影響力のある, 要職にある;《軽蔑して》〔態度などが〕尊大な. ▶ personnage *important* 重要人物 / avoir [prendre] un air *important* 偉そうにする.

── 名《軽蔑して》もったいぶる人, 威張る人. ▶ faire l'*important* いばる.

── **important** 男 重要なこと, 大切な点. ▶ parer au plus *important* 火急の事態に備える. ◆L'*important* (c')est de + 不定詞 / L'*important* (c')est que + 直説法/接続法. 重要なのは…である. ▶ L'*important* est de garder son sang-froid. 肝心なのは冷静さを保つことだ / L'*important*, c'est que tu sois présent demain. 明日君が出席することが重要なのだ.

importateur, trice /ɛ̃pɔrtatœ:r, tris/ 名 輸入業者, 輸入商; 輸入国.
── 形 輸入する, 輸入の. ▶ pays *importateur* de blé 小麦の輸入国.

*****importation** /ɛ̃pɔrtasjɔ̃/ アンポルタスィヨン/ 囡 ❶ 輸入 (↔exportation). ▶ l'*importation* de produits agricoles 農産物の輸入.
❷《複数で》輸入品. ▶ Le volume des *importations* en provenance d'Allemagne diminue. ドイツからの輸入量は減っている. ❸《外国の思想・風俗, 固有種などの》導入, 移入, 伝来.

*****importer**¹ /ɛ̃pɔrte/ アンポルテ/ 他動 ❶ …を輸入する (↔exporter). ▶ La France *importe* du charbon. フランスは石炭を輸入している / produits *importés* 輸入品.
❷〔外国の事物〕を導入する, 持ち込む. ▶ Cette mode a été *importée* des Etats-Unis. そのファッションは米国からもたらされた.
❸〖情報〗〔データ〕を取り込む.
── **s'importer** 代動 輸入される.

*****importer**² /ɛ̃pɔrte/ アンポルテ/ 自動《不定形, 現在分詞, 3人称形でのみ用いる》<*importer* (à qn)>(…にとって)重要である, 大事である. ▶ C'est la seule chose qui *importe*. 重要なのはこれだけです / Votre opinion nous *importe* au plus haut point. あなた(方)の意見は私たちにとって極めて重要です / Ce qui *importe* avant tout, c'est que vous travailliez bien. 何をおいても大切なのは, あなた(方)がまじめに勉強するということです. ◆《非人称構文で》Il *importe* (à qn) "de + 不定詞 [que + 接続法]. (…にとって)…が重要[大切]である. ▶ Il lui *importe* peu d'arriver en retard. 彼(女)は遅れることなどなんとも思っていない / Il *importe* beaucoup qu'il soit présent. 彼が出席することが非常に重要なのだ.

n'importe どうでもよい, たいしたことではない;《文頭で》それでも, にもかかわらず. ▶ «Lequel préfères-tu? ─ Oh! *n'importe*.» 「どれがいい」「どれでもいいよ」

n'importe comment どんなふうにでも, でたらめに;《文頭で》ともかく. ▶ Ne faites pas *n'importe comment*. いいかげんにやらないでください.

n'importe lequel だれでも, どれでも. 注 lequel は性数に従って変化する. ▶ Prêtez-moi une cravate, *n'importe laquelle*. ネクタイ1本貸して, どれでもいいから.

n'importe où どこでも. ▶ avion qui atterrit *n'importe où* どこにでも着陸できる飛行機.

n'importe quand いつでも. ▶ Il peut arriver *n'importe quand*. 彼はいつ来るか分からない.

n'importe quel + 名詞 どの[どんな] …でも. 注 quel は性数に従って変化する. ▶ Il est capable de s'adapter à *n'importe quelle* situation. 彼はどんな状況にも適応することができる.

*****n'importe qui** (1) だれでも. ▶ *N'importe qui* pourrait entrer. 入ろうと思えばだれでも入れる. (2) 取るに足らない人. ▶ Ce n'est pas *n'importe qui*. あれはひとかどの人物だ.

*****n'importe quoi** なんでも. ▶ Je ferai *n'importe quoi*. 私はなんでもするつもりだ / C'est (vraiment) *n'importe quoi*. めちゃくちゃだ / (Tu dis) *n'importe quoi*! そんなのでたらめだ, いい加減なことを言うな.

*****peu importe** = **qu'importe** どうでもいい, たいし

たことはない. ▶ Peu *importe* le prix. 値段はいくらでもかまわない / Que tu sois mariée ou non, *peu importe*. 君が結婚していようがいまいが問題じゃない / Qu'*importe* [Qu'*importent*] ses objections! 彼(女)の反対がなんだというのだ.

import-export /ɛ̃pɔrɛkspɔːr/;《複》~ **s-** ~ **s** 男《英語》《商業》輸出入.

importun, une /ɛ̃pɔrtœ̃, yn/ 形 文章 煩わしい, 邪魔な, うるさい. ▶ Je ne voudrais pas être *importun*. お邪魔はしたくありません / visite *importune* 迷惑な訪問.
— 名 文章 迷惑な客, うるさい人, 邪魔者.

importunément /ɛ̃pɔrtynemɑ̃/ 副 文章・稀 迷惑にも, しつこく, うるさく.

importuner /ɛ̃pɔrtyne/ 他動 文章 …をうるさがらせる, 悩ませる. ▶ Elle m'*importune* avec ses questions. 彼女はしつこく質問してうるさいったらない / *être importuné* par le bruit 騒音に悩まされる.

importunité /ɛ̃pɔrtynite/ 女 文章 しつこさ, 執拗(シツヨウ)さ, 迷惑;《多く複数で》しつこい言動.

imposable /ɛ̃pozabl/ 形 課税される. ▶ revenu *imposable* 課税所得 / personne *imposable* 課税対象者.

imposant, ante /ɛ̃pozɑ̃, ɑ̃ːt/ 形《ときに名詞の前で》❶ 威厳のある, 堂々たる. ▶ Il est d'une taille *imposante*. 彼は立派な体格をしている.
❷(数量の)圧倒的な; 大きな. ▶ un *imposant* service d'ordre 大規模な警備陣.
❸(多く皮肉で)でぶの.

imposé, e /ɛ̃poze/ 形 ❶ 義務的な, 課せられた; 規定の. ▶ prix *imposé* 公定価格. ❷ 課税された. ▶ marchandises *imposées* 課税商品.
— 名 被課税者, 納税者.
— **imposé** 男(体操の)規定(演技).
— **imposée** 女(フィギュアスケートの)規定(演技)(=figure imposée).

***imposer** /ɛ̃poze/ アンポゼ/ 他動 ❶<*imposer* qc /qn (à qn)>(…に)…を課する, 押し付ける, 強る. ▶ *imposer* ses idées 自分の考えを周囲の人々に押し付ける / *imposer* une tâche à qn …に作業を課す / *imposer* (le) silence à qn …を黙らせる La situation économique nous *impose* une restriction de la production. 経済情勢のせいで生産を削減せざるを得ない / Sa conduite *impose* le respect. 彼(女)の行為には尊敬の念を禁じ得ない. ◆*imposer* (à qn) de + 不定詞 ▶ La présence d'un malade nous *impose* de changer nos habitudes. 病人がいるので生活習慣を変えざるを得ない. ◆*imposer* que + 接続法 ▶ Le code de la route *impose* que l'on attache sa ceinture de sécurité. 道路交通法は安全ベルト着用を義務づけている.
❷ …に課税する. ▶ *imposer* les alcools 酒類に課税する / *imposer* les contribuables sur leurs revenus 納税者に所得税を課す.
❸《キリスト教》*imposer* les mains(祝福や秘跡を授けるため)頭の上に手を置く, 按手(アンシユ)する.
— 間 他動〈en *imposer* (à qn)〉(…に)畏敬(イケイ)[畏怖]の念を抱かせる. ▶ Son courage en *impose*. あの人の勇気には敬服させられる.

s'en laisser imposer(外観に)だまされる.
— **s'imposer** 代動 ❶ 是非とも必要である, 避けられない. ▶ En pareil cas, la plus grande prudence *s'impose*. そのような場合, 最大限の慎重さが求められる.
❷<*s'imposer* qc // *s'imposer* de + 不定詞>…を自分に課す. 注 se は間接目的. ▶ Je m'*imposais* de me lever à six heures du matin. 私は毎朝6時起床を励行していた.
❸ 自分を押し付ける. ▶ Je ne voudrais pas m'*imposer* dans votre réunion de famille. あなた(方)の一家団欒(ダンラン)の邪魔をするつもりはありません. ❹ 認められる, 頭角を現す. ▶ *s'imposer* comme chef 指導者として認められる / *s'imposer* sur un marché〔製品, 会社などが〕市場で重要な地位を占める.

imposition /ɛ̃pozisjɔ̃/ 女 ❶ 課税. ❷《キリスト教》*imposition* des mains 按手(アンシユ): 祝福, 秘跡などを授けるため, 相手の頭の上に手を置くこと.

impossibilité /ɛ̃pɔsibilite/ 女 ❶ 不可能であること, 不可能性. ▶ Je suis dans l'*impossibilité* de payer cette somme. そんな金額をお払いすることはできません.
❷ 文章 不可能な事. ▶ C'est pour lui une *impossibilité*. それは彼にはできないことだ.

***impossible** /ɛ̃pɔsibl/ アンポスィブル/ 形
❶ 不可能な, あり得ない. ▶ amour *impossible* かなわぬ恋 / C'est *impossible*. そんなことはできない〔あり得ない〕. ◆*impossible* à + 不定詞 …される得ない. ▶ une idée *impossible* à admettre 容認できない考え. ◆《非人称構文で》Il est〔C'est〕*impossible* de + 不定詞 ▶ Il m'est *impossible* de vous répondre immédiatement. 私には即答できません. ◆Il est〔C'est〕*impossible* que + 接続法 ▶ Il est *impossible* qu'un incendie se produise dans ces conditions. この状況で火災の起こるはずはない /《省略文で》*Impossible* de le dire. それは言えない.
❷ 困難な, たいへんつらい. ▶ se mettre dans une situation *impossible* 苦境に陥る.
❸ 話 途方もない, とっぴな. ▶ Il a un nom *impossible*. 彼は非常に変わった名前だ.
❹《人, 性格が》耐えがたい. ▶ des enfants *impossibles* 手に負えない子供たち.

Impossible n'est pas français. 不可能という言葉はフランス語ではない, わが辞書に不可能の文字はない(ナポレオンの言葉とされている).
— 男(l'impossible)不可能な事, あり得ないこと. ▶ demander l'*impossible* できないことを要求する.

A l'impossible nul n'est tenu. 諺 だれも不可能なことをする義務はない.

faire〔*tenter*〕*l'impossible* できる限りのことをする.

par impossible 万が一.

imposteur /ɛ̃pɔstœːr/ 男 詐称者; ぺてん師.

imposture /ɛ̃pɔstyːr/ 女 詐称, ぺてん.

***impôt** /ɛ̃po/ アンポ/ 男 税, 税金. ▶ payer ses *impôts* 税金を払う / augmenter〔alléger〕les *impôts* 増税〔減税〕する / faire sa déclaration

impotence

d'*impôts* 税金の申告をする / *impôt* direct [indirect] 直接［間接］税 / *impôt* sur le revenu 所得税 / *impôt* sur la fortune 富裕税

impôt du sang （血の税金 →）兵役の義務.

> 比較 **税金**
> **impôt** 個人あるいは団体の収入や財産に課せられる税金. また以下にあげる税金を含めた総称として使うこともある. **taxe** なんらかのサービスの見返りとして徴収される税金. 付加価値税や公共サービスの見返りとしての住民税. **droit** 特定の行為に対して, 主としてその認可, 許可に伴って課せられる税金. 関税や印紙税. **contribution** 税金の総称. 主として直税, 間接税などの区別をいう場合に用いる.

impotence /ɛ̃pɔtɑ̃:s/ 囡 身体不随. 注 性的不能は impuissance という.

impotent, ente /ɛ̃pɔtɑ̃, ɑ̃:t/ 形 身体不随の, 手足が利かない. ▶ un vieillard *impotent* 寝たきり老人. — 名 手足の不自由な人, 動けない人.

impraticable /ɛ̃pratikabl/ 形 ❶ 通れない, 通行不能［困難］な. ❷ 実現不可能な.

imprécation /ɛ̃prekɑsjɔ̃/ 囡 文章 呪(のろ)い, 呪詛(じゅそ). ▶ lancer des *imprécations* contre qn /qc …に呪いの言葉を浴びせる.

imprécis, ise /ɛ̃presi, i:z/ 形 不明確な, 不正確な, 曖昧(あいまい)な記憶 / se faire une idée *imprécise* de qc …を漠然と理解する.

imprécision /ɛ̃presizjɔ̃/ 囡 曖昧(あいまい)さ, 不明確さ, 不明瞭なもの, 曖昧な点.

imprégnation /ɛ̃preɲɑsjɔ̃/ 囡 ❶（液体を）染み込ませること, 浸透. ❷（思想などの）浸透.

imprégné, e /ɛ̃preɲe/ 形 ＜ *imprégné* (de qc)＞（…の）染み込んだ. ▶ mouchoir *imprégné* de parfum 香水を染み込ませたハンカチ / être *imprégné* de préjugés 偏見に染まっている.

imprégner /ɛ̃preɲe/ ⑥ 他動 ＜ *imprégner* A de B ＞ A に B を染み込ませる, 浸透させる. ▶ *imprégner* un tissu d'eau 布に水を含ませる. ❷ …に染み込む, 浸透する. ▶ Cette odeur *imprégnait* toute la rue. そのにおいが街中に立ちこめていた. ❸ ＜ *imprégner* qn (de qc)＞…に（思想などを）吹き込む;（…の）影響を与える.

— **s'imprégner** 代動 ＜ *s'imprégner* de qc ＞ ❶（液体などが）染み込む. ▶ Ces aliments *se sont imprégnés* d'une mauvaise odeur. この食品には嫌なにおいが染みついてしまった. ❷（思想などに）染まる, 浸る.

imprenable /ɛ̃prənabl/ 形 攻略［奪取］不可能な, 堅固な. ▶ château *imprenable* 難攻不落の城.

impréparation /ɛ̃prepɑrɑsjɔ̃/ 囡 文章 準備不足, 備えがないこと.

impresario, impresarii /ɛ̃presarjo/;（複）*impresarios* /ɛ̃presarii/ 男 《イタリア語》（歌手, 俳優, 音楽家などの）マネージャー;（公演の）企画者, プロデューサー.

imprescriptible /ɛ̃preskriptibl/ 形 法律 時効にかからない; 不可侵の.

*****impression** /ɛ̃presjɔ̃/ アンプレシィヨン 囡 ❶ 印象, 感じ; 感銘. ▶ faire [produire] une vive *impression* sur qn …に強烈な印象を与える / avoir [ressentir, éprouver] une *impression* d'étouffement 息苦しさを覚える.

❷ 感想, 所感. ▶ Quelle est votre *impression* sur lui? 彼をどう思いますか / Donnez-moi vos *impressions*. 感想を聞かせてください / raconter ses *impressions* de voyage 旅の感想を語る.

❸ 印刷. ▶ fautes d'*impression* 印刷ミス / Le livre est à l'*impression*. 本は今印刷中です.

❹ 刻印. ▶ l'*impression* des pas sur la neige 雪に残った足跡.

❺ 繊維 プリント. ▶ tissu à *impressions* florales 花柄プリント地.

❻ 写真 露光, 露出. ❼ 絵画 下塗り.

*****avoir l'impression de** ＋ 不定詞 …のような気がする. ▶ J'ai l'*impression* de perdre mon temps. 時間を無駄にしているような気がする.

*****avoir l'impression que** ＋ 直説法 …のような気がする. ▶ J'ai l'*impression que* tout va bien. 万事うまく行っている気がする. 注 主節が否定的表現のとき que 以下は接続法.

donner l'impression「de qc/不定詞「que ＋ 直説法」 …のような印象を与える. ▶ Il *donne l'impression* d'être occupé. 彼は忙しそうだ.

*****faire impression (sur qn)** （…に）の注意を引く（=impressionner）;（…の）来訪を与える. ▶ Chaque fois qu'il prend la parole, il *fait impression*. 彼は発言する度に注目の的となる.

faire (une) bonne [mauvaise] impression (à [sur] qn) （…に）よい［悪い］感じを与える. ▶ Il nous *a fait une* très *bonne impression*. 彼は私たちに非常に好ましい印象を残した.

impressionabilité /ɛ̃presjɔnabilite/ 囡 ❶ 感じやすさ, 感受性. ❷ 写真 （乾板の）感度.

impressionnable /ɛ̃presjɔnabl/ 形 ❶ 感じやすい, 感受性の強い. ❷ 写真 感光性の.

impressionnant, ante /ɛ̃presjɔnɑ̃, ɑ̃:t/ 形 ❶ 強い印象を与える, 驚くべき, 感動的な. ▶ spectacle *impressionnant* 感動的芝居 ❷〔数量が〕莫大(ばくだい)な, 巨大な. ▶ somme *impressionnante* 巨額の金.

impressionner /ɛ̃presjɔne/ 他動 ❶ …に強い印象［影響］を与える, を感動させる; 動揺させる. ▶ Ce spectacle m'a vivement *impressionné*. その光景に私は強く心を打たれた / Il essaie de m'*impressionner* avec sa nouvelle voiture. 彼は新しい車で私の気を引こうとしている / Ce film risque d'*impressionner* les enfants. この映画は子供たちを怖がらせるかもしれない / Ne te laisse pas *impressionner*. 動揺するな.

❷ 写真 ［フィルム］を感光する.

impressionnisme /ɛ̃presjɔnism/ 男 絵画 印象主義, 印象派. 注 モネの作品 *Impression, soleil levant*「印象, 日の出」(1872) に由来.

impressionniste /ɛ̃presjɔnist/ 名 印象派の画家［芸術家］. — 形 印象派の, 印象主義の. ▶ l'école *impressionniste* 印象派.

imprévisibilité /ɛ̃previzibilite/ 囡 文章 予想［予測］がつかないこと.

imprévisible /ɛ̃previzibl/ 形 予知できない, 予

imprévision /ɛ̃previzjɔ̃/ 囡 文章 先見の明のなさ, 見通しのなさ.

imprévoyance /ɛ̃prevwajɑ̃ːs/ 囡 先見の明のないこと, 不用意.

imprévoyant, ante /ɛ̃prevwajɑ̃, ɑ̃ːt/ 形, 名 先見の明のない(人).

imprévu, e /ɛ̃prevy/ 形 思いがけない, 意外な, 不慮の. ── **imprévu** 男 思いがけない出来事, 突発事. ▶ en cas d'*imprévu* 万一の場合には.

imprimante /ɛ̃primɑ̃ːt/ 囡 (コンピュータの)プリンター. ▶ *imprimante* à laser レーザープリンター / *imprimante* à jet d'encre インクジェットプリンター.

imprimatur /ɛ̃primatyːr/;《複》*imprimatur(s)* 男 (大学や教会の検閲関係の発行する)出版許可.

imprimé, e /ɛ̃prime/ 形 ❶ 印刷された. ❷ プリント模様のある. ❸ 刻みつけられた.
── **imprimé** 男 ❶ 印刷物, 刊行物(新聞, 書籍, 雑誌類). ❷〔書式を印刷した〕記入用紙. ❸ プリント布地. ▶ rideau en *imprimé* à fleurs 花柄プリントのカーテン.

*****imprimer** /ɛ̃prime/ アンプリメ/ 他動 ❶ …を印刷する; 公にする. ▶ *imprimer* un livre à mille exemplaires 本を1000部印刷する / *imprimer* un romancier ある小説家の本を出版する / Vous n'*imprimerez* pas ça dans votre journal. このことはおたくの新聞で記事にしないでくださいね.
❷ …を〔に〕プリントする. ▶ *imprimer* des dessins sur un tissu 布地に図柄をプリントする.
❸〔印, 痕跡など〕を刻む, 残す; …に刻印〔押印〕する. ▶ *imprimer* la marque de ses pas sur le sable 砂の上に足跡をつける / *imprimer* un visa ビザに押印する.
❹ <*imprimer* qc à qc> …に〔運動, 方向性など〕を伝える, 与える. ▶ Le vent *imprime* son mouvement au bateau. 風はその動きを舟に伝える / *imprimer* une orientation nouvelle à une politique 政策に新しい方向づけをする.
❺ 文章〔感情, 銘句など〕を心に刻みつける.
── **s'imprimer** 代動 ❶ 印刷される; 出版される. ❷〔印などが〕刻まれる, 刻印される.

imprimerie /ɛ̃primri/ 囡 ❶ 印刷(術). ▶ caractères d'*imprimerie* 活字. ❷ 印刷所;《集合的に》印刷機械〔設備〕.

imprimeur, euse /ɛ̃primœːr, øːz/ 名 印刷屋, 印刷所経営者; 印刷工.

improbabilité /ɛ̃prɔbabilite/ 囡 ありそうもないこと.

improbable /ɛ̃prɔbabl/ 形 ありそうもない. ▶ un événement *improbable* 起こりそうもない事件. ◆《非人称構文で》Il est *improbable* que + 接続法 …ということはありそうにない.

improbité /ɛ̃prɔbite/ 囡 文章 不誠実, 不正直; 不誠実〔不正直〕な言動.

improductif, ive /ɛ̃prɔdyktif, iːv/ 形 非生産的な, 不毛の. ── 名 非生産者.

impromptu, e /ɛ̃prɔ̃pty/ 形 即興的な, 即席の, 準備なしの. ▶ dîner *impromptu* あり合わせの夕食 / visite *impromptue* 不意の訪問.
── **impromptu** 副 即興的に, 準備なしに; 不意に, いきなり.
── 男 即興劇; 即興詩; 即興曲.

imprononçable /ɛ̃prɔnɔ̃sabl/ 形 発音できない.

impropre /ɛ̃prɔpr/ 形 ❶〔表現などが〕適切でない. ▶ mot [expression] *impropre* 不適切な語〔表現〕. ❷ <*impropre* à qc/不定詞> …に適さない, 不向きな. ▶ un employé *impropre* à ce travail この仕事に向かない職員.

improprement /ɛ̃prɔprəmɑ̃/ 副 不適切に.

impropriété /ɛ̃prɔprijete/ 囡 (用語, 表現の)不適切, 誤用; 不適切な用語〔表現〕.

improvisateur, trice /ɛ̃prɔvizatœːr, tris/ 名 即興の才のある人; 即興演奏家〔詩人, 演説家〕.

improvisation /ɛ̃prɔvizasjɔ̃/ 囡 即興, アドリブ; 即興曲, 即興詩〔演説〕. ▶ avoir le talent de l'*improvisation* 即興の才能がある / se lancer dans une *improvisation* de jazz ジャズの即興演奏をやる.

improvisé, e /ɛ̃prɔvize/ 形 即興の; 即席の, 応急の. ▶ poème *improvisé* 即興詩 / moyens *improvisés* その場しのぎの手段.

improviser /ɛ̃prɔvize/ 他動 ❶ …を即興で作る, 即席で行う. ▶ *improviser* un discours 即席の演説をする /〔目的語なしに〕*improviser* au piano ピアノを即興演奏する.
❷ …を急遽(きゅう)行う, 慌てて用意する. ▶ *improviser* une rencontre 急遽会談を行う.
❸ <*improviser* qn + 属詞>〔人が〕急に…に任ずる.
── **s'improviser** 代動 ❶ 即席で作られる. ▶ Une organisation pareille ne *s'improvise* pas. このような組織は急にはできない.
❷ <*s'improviser* + 属詞>〔人が〕急に…になる. ▶ On ne *s'improvise* pas médecin. にわかに医者にはなれない.

improviste /ɛ̃prɔvist/〔次の句で〕
à l'improviste 副句 不意に, 突然, 出し抜けに; 即興で. ▶ Il est arrivé chez nous *à l'improviste*. 彼は我が家になんの前触れもなくやってきた.

imprudemment /ɛ̃prydamɑ̃/ 副 軽率に, 無謀に, 無分別に.

imprudence /ɛ̃prydɑ̃ːs/ 囡 軽率, 無謀, 無分別; 軽率な言動. ▶ commettre une *imprudence* 軽はずみなことをする / blessures [homicide] par *imprudence*《法律》過失傷害〔致死〕.

imprudent, ente /ɛ̃prydɑ̃, ɑ̃ːt/ 形 軽率な, 慎重を欠いた, 無分別な. ▶ parole *imprudente* 不用意な言葉 / entreprise *imprudente* 無謀な企て /《非人称構文で》Il est *imprudent* de + 不定詞 …するのは軽率だ. ── 名 軽率な人.

impubère /ɛ̃pybɛːr/ 形 文章 思春期前の, 未成熟な. ── 名 文章 思春期前の子供, 年少者.

impubliable /ɛ̃pyblijabl/ 形 出版〔公表〕できない; 出版に値しない.

impudemment /ɛ̃pydamɑ̃/ 副 ずうずうしく, 臆面(おく)もなく.

impudence /ɛ̃pydɑ̃ːs/ 囡 破廉恥; 厚かましい言動. ▶ Quelle *impudence*! なんて恥知らずな / avoir l'*impudence* de + 不定詞 厚かましくも…する.

impudent

impudent, ente /ɛ̃pydɑ̃, ɑ̃:t/ 形 厚かましい, ずうずうしい, 破廉恥な.
— 名 恥知らず, 破廉恥漢.

impudeur /ɛ̃pydœ:r/ 女 (特に性的な事柄に対する)羞恥心のなさ, 慎みのなさ; 厚かましさ.

impudicité /ɛ̃pydisite/ 女 文章 みだら, 卑猥(ひわい)さ; みだらな言動, 不品行.

impudique /ɛ̃pydik/ 形 みだらな, ふしだらな, 不品行な.

impudiquement /ɛ̃pydikmɑ̃/ 副 文章 みだらに, ふしだらに.

impuissance /ɛ̃pɥisɑ̃:s/ 女 ❶ 無力, 無能. ▶ réduire qn à l'*impuissance* …を手も足も出ないようにする / Je suis dans l'*impuissance* de résoudre ce problème. その問題の解決は私の手に余る / Son *impuissance* à se faire obéir était manifeste. 彼(女)に命令に従わせる力がないことは明らかだった. ❷ かいのなさ, 無益さ. ▶ l'*impuissance* de leurs efforts 彼らの努力の空しさ. ❸ 性的不能, インポテンツ.

impuissant, ante /ɛ̃pɥisɑ̃, ɑ̃:t/ 形 ❶ 無力な, 無能な. ▶ Il reste *impuissant* devant ce désastre. この惨事を前に彼は為す術を知らない. ◆*impuissant* à + 不定詞 …する力がない. ▶ un gouvernement *impuissant* à résoudre le problème du chômage 失業問題を解決できない政府. ❷ 性的不能の, インポテンツの. ❸〔努力などが〕かいのない, 無益な.
— **impuissant** 男 性的不能の人.

impulser /ɛ̃pylse/ 他動〔活動などを〕推進する, 促進する.

impulsif, ive /ɛ̃pylsif, i:v/ 形 衝動的な, 一時の感情に駆られる.
— 名 衝動的な人, 直情径行の人.

impulsion /ɛ̃pylsjɔ̃/ 女 ❶ 推進力; 衝撃, はずみ, 刺激. ▶ transmettre une *impulsion* à un mécanisme 機械装置に推力を与える / donner de l'*impulsion* à l'économie 経済活動にはずみをつける. ❷ 一時の感情, 衝動. ▶ obéir [céder] à ses *impulsions* 一時の感情に負ける / agir sous l'*impulsion* de la colère 怒りに駆られて行動する / un achat d'*impulsion* 衝動買い. ❸《電気》インパルス, パルス.

impulsivement /ɛ̃pylsivmɑ̃/ 副 衝動的に, 一時の感情に駆られて.

impulsivité /ɛ̃pylsivite/ 女 衝動性, 衝動的性格.

impunément /ɛ̃pynemɑ̃/ 副 ❶ 罰せられずに. ▶ On ne peut pas voler *impunément*. 盗みをすれば必ず罰せられる. ❷ 不都合なしに, 支障なく.

impuni, e /ɛ̃pyni/ 形 処罰されてない, 見逃されている.

impunité /ɛ̃pynite/ 女 罰を受けないこと.

impur, e /ɛ̃py:r/ 形 ❶ 不純な, 混ぜ物のある, 汚れた. ▶ air *impur* 汚れた空気.
❷ 文章 みだらな. ▶ désirs *impurs* 劣情.
❸ (宗教的に)不浄の, 汚れた.

impureté /ɛ̃pyrte/ 女 ❶ 不純さ, 混ざり物のあること;《多く複数で》不純物. ▶ l'*impureté* de l'eau d'une rivière 川の水の汚れ[濁り] / éliminer les *impuretés* 不純物を取り除く. ❷ 文章 淫猥(いんわい).

imputable /ɛ̃pytabl/ 形 ❶《*imputable* à qn /qc》…に帰すべき, の責めに帰せられる. ▶ accident *imputable* à la négligence 不注意から起こった事故. ❷《*imputable* sur [à] qc》…に繰り入れるべき, から支出すべき. ▶ somme *imputable* sur les crédits extraordinaires 臨時予算から支出されるべき金額.

imputation /ɛ̃pytasjɔ̃/ 女 ❶ (責任などを)帰すること; 嫌疑. ▶ *imputations* calomnieuses 中傷 / se justifier d'une *imputation* 嫌疑を晴らす.
❷ (金額などの)繰り入れ, 算入; 控除.

imputer /ɛ̃pyte/ 他動 ❶《*imputer* qc à qn/qc》…を…のせいにする; の責任を…に負わせる. ▶ *imputer* un crime à qn (=attribuer) …に罪を着せる / *imputer* une erreur à la négligence de qn 過ちを…の怠慢のせいにする. ❷《*imputer* qc sur [à] qc》〔金額など〕を…に繰り入れる, 計上する; から差し引く. ▶ *imputer* une dépense aux frais généraux ある出費を諸経費に繰り入れる / *imputer* un acompte sur les sommes à verser 手付け金を支払い総額から差し引く.

imputrescibilité /ɛ̃pytrɛsibilite/ 女 非腐敗性, 耐腐性.

imputrescible /ɛ̃pytrɛsibl/ 形 腐敗しない, 耐食性のある.

in /in/ 形《不変》《英語》❶ 屐 流行の先端を行く, はやりの(↔out). ❷ voix *in* (映画, テレビで)画面中の人物の声.

in- 接頭《別形 il-, im-, ir-》❶「否定, 欠如」を表わす. ▶ *in*croyable 信じられない. ❷「…の中へ, の状態へ」の意. ▶ *in*culper 告訴する.

inabordable /inabɔrdabl/ 形 ❶〔場所が〕近寄れない. ▶ un îlot *inabordable* 接岸できない小島. ❷ 高価で手が出ない. ▶ une voiture d'un prix *inabordable* 高すぎて手の出ない車. ❸〔人が〕近寄りがたい.

inaccentué, e /inaksɑ̃tɥe/ 形《言語》アクセントのない, 無強勢の(=atone).

inacceptable /inakseptabl/ 形 承諾できない, 容認しがたい.

inaccessible /inaksesibl/ 形 ❶《*inaccessible* (à qn)》(…の)近づけない, 達成できない; 近づきがたい. ▶ un endroit *inaccessible* aux enfants 子供の手の届かない場所 / un objectif *inaccessible* (=impossible) 実現不可能な目標 / Le directeur est tellement occupé qu'il est *inaccessible*. 部長はとても忙しいのでなかなかつかまらない. ❷《*inaccessible* (à qn)》(…の)理解できない. ▶ texte scientifique *inaccessible* au profane 素人には歯が立たない科学論文.
❸《*inaccessible* à qc》(感情など)に動かされない.
▶ un homme *inaccessible* à la pitié 情にほだされない男.

inaccomplissement /inakɔ̃plismɑ̃/ 男 文章 (義務などの)不履行; 未完成, 未成熟.

inaccoutumé, e /inakutyme/ 形 ❶ 異例の, 常ならぬ. ▶ un bruit *inaccoutumé* (=inhabituel) 耳慣れぬ物音 / montrer un zèle *inaccoutumé* いつにない熱意を示す. ❷《*inaccoutumé* à qc》…に不慣れな.

inachevé, e /inaʃve/ 形 未完成の. ▶ *La symphonie inachevée*「未完成交響曲」(シューベルト).
inachèvement /inaʃevmɑ̃/ 男 未完成.
inactif, ive /inaktif, i:v/ 形 ❶ 動きのない, 活気のない. ▶ Il est à la retraite. Mais il ne reste pas *inactif*. 彼は退職して年金暮らしだが, 何もせずにじっとしているわけではない / marché boursier *inactif* 低調な株式市場. ❷ 仕事をしていない. ▶ la population *inactive* 非就業人口. ❸ 効力のない. ▶ un médicament *inactif* 効き目のない薬.
— ***inactif*** 男 働かない人;《複数で》非就業人口.
inaction /inaksjɔ̃/ 女 無為, 何もすることがない状態.
inactivité /inaktivite/ 女 活動休止, 仕事をしない状態.
inactuel, le /inaktyɛl/ 形 時代に合わない, 非現代的な, 時代遅れの.
inadaptation /inadaptasjɔ̃/ 女 不適応.
inadapté, e /inadapte/ 形〈*inadapté* à qc〉…に順応[適応]できない;不向きな. ▶ enfant *inadapté* à la vie scolaire 学校生活に適応できない子供. — 名 社会的不適応者.
inadéquat, ate /inadekwa, at/ 形 ふさわしくない, 不適切な.
inadéquation /inadekwasjɔ̃/ 女 不適当性, 適合不十分.
inadmissible /inadmisibl/ 形 受け入れられない, 容認できない. ▶ Son attitude est *inadmissible*. 彼(女)の態度は許せない. ◆《非人称構文で》Il est *inadmissible* que + 接続法 …であるのは許せない[考えられない].
inadvertance /inadvɛrtɑ̃:s/ 女 不注意による過失.
par inadvertance 不注意から, うっかりして.
inaliénable /inaljenabl/ 形《法律》〔権利, 財産などが〕譲渡不可能な.
inaltérabilité /inalterabilite/ 女 変質しないこと;不変性.
inaltérable /inalterabl/ 形 ❶ 変質しない, 変化しない. ▶ une matière *inaltérable* à la chaleur 熱で変質しない物質. ❷《ときに名詞の前で》変わることのない. ▶ une amitié *inaltérable* 変わらぬ友情.
inaltéré, e /inaltere/ 形 文章・稀 変質していない, 損なわれていない.
inamical, ale /inamikal/;《男複》*aux* /o/ 形 友好的でない, 冷ややかな;敵意のある.
inamovibilité /inamɔvibilite/ 女《法律》罷免されないこと, 終身的身分保障性.
inamovible /inamɔvibl/ 形《法律》罷免されない;終身の.
inanalysable /inanalizabl/ 形 分析できない;説明できない.
inanimé, e /inanime/ 形 ❶ 生命のない. ▶ un objet *inanimé* 無生物. ❷ 死んだ;意識を失った;生気のない. ▶ un corps *inanimé* 死体.
inanité /inanite/ 女 無益, 無意味.
inanition /inanisjɔ̃/ 女《医学》飢餓(性)衰弱.
mourir [*tomber*] *d'inanition* 腹が減って死にそうだ[倒れそうだ].

inaperçu, e /inapɛrsy/ 形 気づかれない, 注意を引かない. ▶ une erreur qui est passée *inaperçue* 気づかなかった間違い.
inappétence /inapetɑ̃:s/ 女 ❶ 食欲減退. ❷ 文章 欲求[欲望]の減退.
inapplicable /inaplikabl/ 形 適用できない, 実施できない.
inapplication /inaplikasjɔ̃/ 女 ❶ 不熱心, 怠慢, 注意散漫. ❷ 不適用, 実施しないこと.
inappliqué, e /inaplike/ 形 ❶ 熱心でない, 不注意な. ❷ 適用されない, 実施されない.
inappréciable /inapresjabl/ 形《ときに名詞の前で》計り知れない, 非常に貴重な. ▶ d'*inappréciables* avantages (=inestimable) 計り知れない利点.
inapproprié, e /inaprɔprije/ 形 不適切な.
inapte /inapt/ 形〈*inapte* (à qc /不定詞)〉(…に)不向きな, 不適格な;《特に》兵役不適格の. ▶ Il est *inapte* aux affaires. 彼は商売に不向きだ.
inaptitude /inaptityd/ 女〈*inaptitude* (à qc /不定詞)〉(…に対する)不向き, 不適格;《特に》兵役不適格.
inarticulé, e /inartikyle/ 形〔発音などが〕不明瞭(りょう)な, はっきりしない.
inassimilable /inasimilabl/ 形 ❶ 消化できない, 吸収できない. ❷〔人, 集団が〕溶け込めない, 同化できない.
inassouvi, e /inasuvi/ 形 満たされない, 飽き足りない. ▶ désir *inassouvi* 満たされない欲望.
inattaquable /inatakabl/ 形 ❶ 攻撃できない;非の打ち所のない. ❷ 錆(さ)びない.
inattendu, e /inatɑ̃dy/ 形 予想外の, 思いがけない, 意外な. — ***inattendu*** 男 予期せぬ出来事.
inattentif, ive /inatɑ̃tif, i:v/ 形 不注意な, ぼんやりしている.
inattention /inatɑ̃sjɔ̃/ 女 不注意, うっかり. ▶ faute d'*inattention* 不注意による間違い / par *inattention* うっかりして.
inaudible /inodibl/ 形 ❶ 聞き取れない, 聞こえない. ❷〔音楽などが〕聞くに堪えない.
inaugural, ale /inogyral/;《男複》*aux* /o/ 形 落成[開会]式の;最初の. ▶ séance *inaugurale* d'un congrès 会議の開会式.
inauguration /inogyrasjɔ̃/ 女 ❶ 落成[開会, 開通, 除幕]式. ▶ l'*inauguration* du canal de Suez スエズ運河開通式. ❷ 文章 始まり, 端緒.
inaugurer /inogyre/ 他動 ❶ …の落成[開会, 開通, 除幕]式を行う. ▶ Le préfet est venu *inaugurer* le nouvel hôpital. 知事が新病院の落成式に臨席した. ❷ …を開始する, 創始する. ▶ Le gouvernement veut *inaugurer* une nouvelle politique. 政府は新政策を打ち出そうとしている.
inauthentique /inotɑ̃tik/ 形 本物でない, 正当でない. ▶ ouvrage *inauthentique* 偽作.
inavouable /inavwabl/ 形 打ち明けられない, 口に出せない, 恥ずべき.
inavoué, e /inavwe/ 形 告白されていない.
INC 男《略語》Institut national de la consommation 国立消費研究所.
inca /ɛ̃ka/《スペイン語》形《不変》インカ(人)の.

incalculable

▶ l'Empire inca インカ帝国.
— **Inca**:《複》***inca(s)*** 图《男女同形》インカ人;(les inca(s))インカ族.

incalculable /ɛ̃kalkylabl/ 形 数えきれない; 計り知れない, 莫大(ぼく)な.

incandescence /ɛ̃kɑ̃desɑ̃ːs/ 囡 白熱, 赤熱.
▶ lampe à *incandescence* 白熱電球.

incandesc*ent*, *ente* /ɛ̃kɑ̃desɑ̃, ɑ̃ːt/ 形 白熱した, 赤熱した.

incantation /ɛ̃kɑ̃tasjɔ̃/ 囡 呪文(じゅもん)[まじない]を唱えること; 呪文, まじないの文句.

incantatoire /ɛ̃kɑ̃tatwaːr/ 形 呪文(じゅもん)[まじない]の.

*__incapable__ /ɛ̃kapabl/ アンカパーブル/ 形 ❶ ‹*incapable* de +不定詞/qc›…ができない. ▶ J'étais *incapable* de me tenir debout. 私は立っていられなかった / Il est *incapable* de mensonge. 彼はうそがつけない. ❷ 無能な, 役に立たない. ❸〖法律〗無能力の.
— 图 ❶ 無能な人. ❷〖法律〗無能力者.

incapacité /ɛ̃kapasite/ 囡 ❶ 不能; 無能. ▶ *incapacité* des subordonnés 部下の無能 / Je suis dans l'*incapacité* de vous répondre. 私はあなた(方)にお答えできません.
❷〖法律〗(けが, 病気による)労働不能; 無能力.

incarcération /ɛ̃karserasjɔ̃/ 囡 投獄, 拘置.

incarcérer /ɛ̃karsere/ ⑥ 他動 …を投獄する, 拘置する.

incarn*at*, *ate* /ɛ̃karna, at/ 形 文章 (肉の赤身のような)鮮紅色の.
— **incarnat** 男 文章 鮮紅色.

incarnation /ɛ̃karnasjɔ̃/ 囡 ❶ 権化, 具現. ▶ Ce système fiscal est l'*incarnation* de l'injustice. この税制は不公正そのものだ. ❷ (神なが)人間[動物]の姿をとること, 化身;《多くIncarnation》(キリストの)受肉, 託身(たくしん).

incarné, *e* /ɛ̃karne/ 形 ❶ 化身した, 具現した. ▶ C'est le diable[démon] *incarné*. 諺 あれは悪魔の化身だ(悪意に満ちた人, 騒々しい子供などを指す) / Cette femme est la jalousie *incarnée*. あの女は嫉妬(しっと)の塊だ.
❷ ongle *incarné* 肉に食い込んだ爪(つめ).

incarner /ɛ̃karne/ 他動 ❶〔抽象的なもの〕を具現[体現]する. ▶ Les magistrats *incarnent* la justice. 裁判官は正義を体現している. ❷〔俳優が役〕を演ずる. ▶ *incarner* une héroïne à l'écran 映画でヒロインを演ずる.
— **s'incarner** 代動 ❶ 具現[体現]される. ▶ Tous nos espoirs *s'incarnent* en vous. 我々のすべての希望はあなた(方)の身に託されています.
❷ 受肉[化身]する. ❸〔爪(つめ)が〕肉に食い込む.

incartade /ɛ̃kartad/ 囡 (言動の)ちょっとした過ち.

incassable /ɛ̃kɑsabl/ 形 壊れない, 丈夫な.

incendiaire /ɛ̃sɑ̃djɛːr/ 图 放火犯.
— 形 ❶ 火災を起こさせる. ▶ bombe *incendiaire* 焼夷(しょうい)弾. ❷ 扇動的な; 攻撃的な.

*__incendie__ /ɛ̃sɑ̃di/ アンサンディ/ 男 火事, 火災.
▶ *incendie* de forêt 山火事 / maîtriser [éteindre] un *incendie* 火事を消し止める / provoquer un *incendie* 火事を起こす / maison détruite dans l'*incendie* 火事で焼失した家 / Un *incendie* s'est déclaré dans l'entrepôt. 倉庫で火災が発生した.
❷ 文章 (炎の)ような)真っ赤な光. ▶ l'*incendie* du soleil couchant 真っ赤な夕焼け.

incendier /ɛ̃sɑ̃dje/ 他動 ❶ …に火を放つ, を焼き払う. ▶ *incendier* une maison (=brûler) 家に火を放つ. ❷ …をひりひりさせる. ▶ Ces épices m'*ont incendié* la gorge. この香辛料で喉(のど)がかっと熱くなった. ❸ 話 …をさんざんに非難する. ▶ Il s'est fait *incendier* par le patron. 彼は上司にさんざん叱られた. ❹〔想像力など〕を燃え立たせる. ❺ 文章〔夕日などが〕…を真っ赤に染める.

*__incertain__, *aine*** /ɛ̃sɛrtɛ̃, ɛn/ アンセルタン, アンセルテヌ/ 形 ❶ 不確かな, 疑わしい, 定かでない. ▶ un temps *incertain* 不安定な天気 / un avenir *incertain* 予測の立たぬ将来 / un mot d'origine *incertaine* 語源のはっきりしない言葉 / Le résultat est *incertain*. 結果はわからない.
❷ ‹*incertain* (de[sur] qc)›(…について)確信のない, 迷っている. ▶ Il était *incertain* de [sur] ce qu'il convenait de répondre. 彼はどう答えるべきか決めかねていた / des pas *incertains* おぼつかない足どり.
❸ 曖昧(あいまい)な, はっきりしない. ▶ une lueur *incertaine* ぼんやりした薄明かり.
— **incertain** 男 不確実なこと.

*__incertitude__ /ɛ̃sɛrtityd/ アンセルティテュード/ 囡 ❶ 不確かさ, 疑わしさ; 不安定; 曖昧さ. ▶ l'*incertitude* du temps 天気の変わりやすさ / l'*incertitude* d'un témoignage 証言の曖昧さ.
❷ ためらい, 不安, 困惑. ▶ Je suis dans l'*incertitude* sur ce que je dois faire. 私は何をなすべきか決心がつかない.

incessamment /ɛ̃sesamɑ̃/ 副 すぐに, 今にも, 間もなく.
incessamment sous peu 今にもすぐに.

incess*ant*, *ante* /ɛ̃sesɑ̃, ɑ̃ːt/ 形 (ときに名詞の前で)絶え間ない, ひっきりなしの. ▶ des efforts *incessants* 不断の努力 / bruit *incessant* 絶え間ない騒音.

incessible /ɛ̃sesibl/ 形〖法律〗〔権利などが〕譲渡できない.

inceste /ɛ̃sɛst/ 男 近親相姦(そうかん).

incestu*eux*, *euse* /ɛ̃sɛstɥø, øːz/ 形 近親相姦(そうかん)の; 近親相姦から生まれた.

inchangé, *e* /ɛ̃ʃɑ̃ʒe/ 形 変わっていない. ▶ La situation demeure *inchangée*. 状況は相変わらずだ.

inchauffable /ɛ̃ʃofabl/ 形〔部屋などが〕暖房できない[しにくい].

inchiffrable /ɛ̃ʃifrabl/ 形 計算不可能な; 数字で表わせない.

inchoat*if*, *ive* /ɛ̃kɔatif, iːv/ 形〖言語〗起動相の. ▶ verbe *inchoatif* 起動動詞(動作の開始を表わす. 例: s'endormir 寝入る, vieillir 年を取る). — **inchoatif** 男 起動相.

incidemment /ɛ̃sidamɑ̃/ 副 付随的に, ついでに; 偶然に.

incidence /ɛ̃sidɑ̃ːs/ 囡 ‹*incidence* (sur qc)›(…への)影響, 波及効果. ▶ l'*incidence* de la hausse des prix sur le pouvoir d'achat 物価上昇の購買力への跳ね返り.

incident[1]**, ente** /ɛ̃sidɑ̃, ɑ̃:t/ 形 ❶ 付随的な, 偶発的な. ▶ une remarque *incidente* ついでにつけ足した指摘. ❷〖言語〗proposition *incidente* 挿入節 (=incise).

— **incidente** 女〖言語〗挿入節.

***incident**[2] /ɛ̃sidɑ̃/ アンシダン/ 男 ❶（一般に遺憾な）出来事, 小事件, 支障. ▶ Tout s'est passé sans *incident*. すべては滞りなく進行した / *incident* technique 技術的トラブル / *incident* de parcours 偶発的な支障. 比較 ⇨ ÉVÉNEMENT.
❷（外交・政治・社会的）もめ事. ▶ *incident* diplomatique 外交上のトラブル / provoquer des *incidents* 騒ぎを起こす.

incinérateur /ɛ̃sineratœ:r/ 男（ごみの）焼却炉.
incinération /ɛ̃sinerasjɔ̃/ 女 ❶（ごみなどの）焼却. ▶ usine d'*incinération*（ごみ）焼却場.
❷ 火葬.

incinérer /ɛ̃sinere/ 6 他動 ❶〔ごみなど〕を焼却する. ❷ …を火葬する.

incise /ɛ̃si:z/ 女〖言語〗挿入節.
inciser /ɛ̃size/ 他動 …に切り込みを入れる;〔膿瘍(ﾉｳﾖｳ)など〕を切開する.

incisif, ive /ɛ̃sizif, i:v/ 形 鋭い, 辛辣(ｼﾝﾗﾂ)な.
— **incisive** 女 門歯, 切歯.

incision /ɛ̃sizjɔ̃/ 女 切り込み［切れ目］を入れること, 切開; 切り込み, 刻み目.

incitatif, ive /ɛ̃sitatif, i:v/ 形 <*incitatif* (à qc)> (…を)促す, 奨励する.

incitation /ɛ̃sitasjɔ̃/ 女 奨励; 扇動; 教唆; 促すもの. ▶ *incitation* à la révolte 暴動の扇動 / *incitation* à la consommation 消費促進, / *incitation* fiscale 税制面での優遇措置.

inciter /ɛ̃site/ 他動 <*inciter* qn à qc/不定詞> …に…を促す, 仕向ける. ▶ *inciter* qn à la violence …を暴力に走らせる / Sa réponse m'*incite* à penser qu'il est innocent. 彼の返答からすると私には彼が無実だと思われる.

incivil, e /ɛ̃sivil/ 形 文章 無作法な.
incivilité /ɛ̃sivilite/ 女〈複数で〉迷惑行為.
inclassable /ɛ̃klɑsabl/ 形 分類できない, 定義できない.

inclémence /ɛ̃klemɑ̃:s/ 女 文章（気候, 風土などの）厳しさ.

inclément, ente /ɛ̃klemɑ̃, ɑ̃:t/ 形 文章〔気候, 風土など〕厳しい.

inclinaison /ɛ̃klinezɔ̃/ 女 ❶ 傾斜, 傾き, 勾配(ｺｳﾊﾞｲ); 傾斜角. ❷（体などを）傾けること.

inclination /ɛ̃klinasjɔ̃/ 女 ❶ 性向, 傾向, 好み. ▶ suivre ses *inclinations* 自分の好みの赴くところに従う / avoir une vive *inclination* pour la musique たいへん音楽好きである. ◆*inclination* à qc/不定詞 …しやすい性向. ▶ avoir de l'*inclination* à chercher querelle 喧嘩(ｹﾝｶ)早い性格である. ❷ うなずくこと; おじぎ. ▶ saluer d'une *inclination* de tête 会釈する. ❸ 文章 好意, 愛情. ▶ ressentir une *inclination* pour qn …に愛情を抱く.

incliné, e /ɛ̃kline/ 形 ❶ 傾いた, 斜めの. ▶ avoir la tête *inclinée* sur l'épaule 首を横にしげている. ❷ <*incliné* à qc/不定詞>…の傾向がある. ▶ être *incliné* à penser que + 直説法 …と考えがちである.

incliner /ɛ̃kline/ 他動 ❶ …を傾ける. ▶ *incliner* la tête 頭を傾ける / *incliner* un siège 座席の背もたれを倒す / Le vent *incline* les épis de blé. 風に麦の穂がなびいている.
❷ <*incliner* qn à qc/不定詞>〔物が〕…を…するよう仕向ける, …する気にさせる. ▶ Cela m'*incline* à croire que vous avez raison. そうだとなるとあなた(方)の言い分が正しいように思えてくる.
— 間他動 <*incliner* à [vers] qc> ❶ …に気持ちが傾く. ▶ *incliner* à [vers] l'indulgence 寛大な処置へと気持ちが動く. ◆*incliner* à + 不定詞 …する気になる. ❷〔物が〕…の傾向を帯びる. ▶ Ce régime *incline* au despotisme. この体制は独裁に向かいつつある.
— **s'incliner** 代動 ❶ 上体をかがめる, 頭を下げる. ▶ *s'incliner* pour ramasser qc …を拾おうと身をかがめる.
❷ <*s'incliner* (devant qn/qc)>（…の前に）敬意を表する; 屈服する, 敗北を認める. ▶ *s'incliner* devant le courage de qn …の勇気に感服する / *s'incliner* devant la loi 法に従う.
❸〔物が〕傾く, 傾斜する. ▶ Le mur *s'incline* dangereusement. (=pencher) その壁は危険なほど傾いている.

inclure /ɛ̃kly:r/ 57 （過去分詞 inclus, 現在分詞 incluant）他動 ❶ <*inclure* qc/qn (dans qc)>（…の中に）…を含める; 同封する. ▶ *inclure* un chèque dans une lettre 小切手を手紙に同封する / *inclure* un nom dans une liste ある名前をリストに加える. ❷ <*inclure* qc // *inclure* que + 接続法>…を含む, 包含する. ▶ Ce contrat *inclut* que vous partagiez les risques. 契約にはあなた(方)のリスクを負うことが含まれている.
— **s'inclure** 代動 含まれる; 封入される.

inclus, use /ɛ̃kly, y:z/ 形 含まれた; 同封の. ▶ valable jusqu'au 21 avril *inclus* 4月21日当日まで有効の / Les charges sont *incluses* dans le loyer. 諸経費は家賃に含まれている.

ci-inclus ⇨ CI-INCLUS.

inclusif, ive /ɛ̃klyzif, i:v/ 形 ❶ <*inclusif* (de qc)>（…を）包含する (↔exclusif). ❷〖言語〗包括的な: 代名詞1人称複数形が話し手と聞き手を, 2人称複数形が複数の聞き手のみを指し, いずれも第3者を含まない場合をいう.

inclusion /ɛ̃klyzjɔ̃/ 女 含めること, 封入, 同封; 挿入;（集合論で）包含, 包摂.

inclusivement /ɛ̃klyzivmɑ̃/ 副 含めて (↔ exclusivement). ▶ fermé jusqu'à mardi *inclusivement* 火曜日まで（火曜日を含め）休業.

incoagulable /ɛ̃kɔagylabl/ 形 凝固［凝結］しない.

incoercibilité /ɛ̃kɔɛrsibilite/ 女 文章（欲望, 衝動などを）抑えられないこと, 抑制できないこと.

incoercible /ɛ̃kɔɛrsibl/ 形 文章 抑えきれない, こらえきれない. ▶ un rire *incoercible* こらえきれない笑い.

incognito /ɛ̃kɔɲito/《イタリア語》副 身分［名前］を隠して. ▶ voyager *incognito* お忍びで旅行す

incohérence

る. ― 男 身分秘匿. ▶ garder l'*incognito* 身分[名前]を隠しておく.

incohérence /ɛ̃kɔerɑ̃:s/ 女 脈絡[一貫性]のなさ; 支離滅裂な言動.

incohérent, ente /ɛ̃kɔerɑ̃, ɑ̃:t/ 形 脈絡のない, 一貫性のない; まとまりのない.

incollable /ɛ̃kɔlabl/ 形 ❶ 話 どんな質問にも答えられる. ❷〔米, パスタ類が〕べとつかない, ばさばさの.

incolore /ɛ̃kɔlɔ:r/ 形 ❶ 無色の. ❷ 文章 生彩を欠いた, おもしろみのない.

incomber /ɛ̃kɔ̃be/ 間他動 <*incomber* à qn>〔義務, 責任などが〕…にかかる, 課せられる. ▶ La responsabilité du retard ne lui *incombe* pas. 遅れた責任は彼(女)にはない /《非人称構文で》Il vous *incombe* de faire ceci. これをするのはあなた(方)の役目だ.

incombustibilité /ɛ̃kɔ̃bystibilite/ 女 不燃性, 耐火性.

incombustible /ɛ̃kɔ̃bystibl/ 形 不燃性の, 耐火性の.

incommensurable /ɛ̃kɔ(m)mɑ̃syrabl/ 形 ❶ 文章 計り知れない, 莫大(ばくだい)な, 広大無辺の. ▶ un espace *incommensurable* 果てしない空間 / Sa vanité est *incommensurable*. 彼(女)の虚栄心は際限がない. ❷《数学》<*incommensurable* (avec qc)>(…と)通約できない. ▶ nombres *incommensurables* 無理数. ― 男 無限.

incommensurablement /ɛ̃kɔ(m)mɑ̃syrabləmɑ̃/ 副 ❶ 無限に, けた外れに. ❷《数学》通約できずに.

incommodant, ante /ɛ̃kɔmɔdɑ̃, ɑ̃:t/ 形 不快な, 嫌な. ▶ bruit *incommodant* 耳障りな音.

incommode /ɛ̃kɔmɔd/ 形 ❶ 不便な, 使いにくい. ▶ appartement *incommode* 住みにくいアパルトマン. ❷ 文章 不快な, 窮屈な; 不都合な. ▶ posture *incommode* 窮屈な姿勢.

incommodément /ɛ̃kɔmɔdemɑ̃/ 副 居心地悪く, 不便に.

incommoder /ɛ̃kɔmɔde/ 他動 (肉体的に)〔人〕を不快にする, の気分を悪くする. ▶ La chaleur de cette salle nous *incommode*. この部屋の暑さはやりきれない / Je *suis* un peu *incommodé*. 少し気分が悪い.

incommodité /ɛ̃kɔmɔdite/ 女 文章 不便さ, 不都合(なこと[点]). ▶ l'*incommodité* d'habiter dans une petite ville de province 地方の小都市に住む不便さ.

incommunicabilité /ɛ̃kɔmynikabilite/ 女 文章 伝達不可能性, 理解し合えないこと.

incommunicable /ɛ̃kɔmynikabl/ 形 ❶ 伝えられない, 言い表わせない. ▶ une émotion *incommunicable* 言い表わせないほどの感動. ❷ コミュニケーションが成立しない; 隔絶した. ▶ deux mondes *incommunicables* 相いれない2つの世界. ❸ 譲渡できない.

incomparable /ɛ̃kɔ̃parabl/ 形 ❶ 比類ない, ずば抜けた. ▶ un talent *incomparable* 卓越した才能. ❷ 比べられない. ▶ deux choses absolument *incomparables* (=différent) まったく比べられない2つのもの.

incomparablement /ɛ̃kɔ̃parabləmɑ̃/ 副《比較級とともに》比較にならないほど, はるかに. ▶ C'est *incomparablement* mieux. その方がはるかによい.

incompatibilité /ɛ̃kɔ̃patibilite/ 女 ❶ 両立しないこと, 不一致. ▶ *incompatibilité* de A et de B = *incompatibilité* de A avec B A と B の非両立性 / divorce pour *incompatibilité* d'humeur 性格の不一致による離婚. ❷《医学》*incompatibilité* sanguine 血液型不適合.

incompatible /ɛ̃kɔ̃patibl/ 形 ❶ <*incompatible* (avec qc)>(…と)相いれない, 両立しない. ▶ deux solutions *incompatibles* 相反する2つの解決策 / Ses dépenses sont *incompatibles* avec ses revenus. 彼(女)の金遣いは収入と釣り合わない. ❷《法律》兼職不可能な.

incompétence /ɛ̃kɔ̃petɑ̃:s/ 女 ❶ (必要な知識などを欠いた)無能力, 無資格, 不適格. ▶ Je reconnais mon *incompétence* en cette matière. 白状しますが, 私はそのことに詳しくはありません. ❷《法律》権限のないこと, 管轄違い.

incompétent, ente /ɛ̃kɔ̃petɑ̃, ɑ̃:t/ 形 ❶ <*incompétent* (en [dans] qc)>(…に関して)必要な知識[能力]のない, 資格のない. ▶ Je suis *incompétent* en (matière de) musique. 私は音楽には素人です. ❷《法律》〔裁判所などが〕権限のない, 管轄違いの.

incomplet, ète /ɛ̃kɔ̃plɛ, ɛt/ 形 不完全な, 不十分な, 不備な, 未完成の.

incomplètement /ɛ̃kɔ̃plɛtmɑ̃/ 副 不完全に, 不十分に.

incompréhensibilité /ɛ̃kɔ̃preɑ̃sibilite/ 女 文章 不可解, 理解を超えていること.

incompréhensible /ɛ̃kɔ̃preɑ̃sibl/ 形 理解しがたい, 不可解な, 合点のいかない. ▶ une attitude *incompréhensible* 不可解な態度.

incompréhensif, ive /ɛ̃kɔ̃preɑ̃sif, i:v/ 形 (他人に対して)理解のない.

incompréhension /ɛ̃kɔ̃preɑ̃sjɔ̃/ 女 無理解; 理解力のなさ. ▶ l'*incompréhension* envers [à l'égard de] qn …に対する無理解.

incompressible /ɛ̃kɔ̃presibl/ 形 ❶ 縮小できない, 抑えられない. ❷《物理》圧縮できない.

incompris, ise /ɛ̃kɔ̃pri, i:z/ 形 理解されない, 真価を認められない.
― 名 理解されない人, 真価を認められない人.

inconcevable /ɛ̃kɔ̃svabl/ 形 考えられない, 理解しがたい, 驚くべき. ▶ une rapidité *inconcevable* 信じられないほどの速さ. ◆《非人称構文で》Il est *inconcevable* que + 接続法. …は信じられない[許しがたい]ことだ. ▶ Il est *inconcevable* qu'il ait fait ça.(=impensable) 彼がそんなことをしたとは信じがたい.

inconcevablement /ɛ̃kɔ̃svabləmɑ̃/ 副 想像を絶するほど; 途方もなく.

inconciliable /ɛ̃kɔ̃siljabl/ 形 <*inconciliable* (avec qc/qn)>(…と)相いれない, 両立しない; 和解させられない. ▶ Leurs intérêts sont *inconciliables*. 彼(女)らの利害は対立している.

inconditionnel, le /ɛ̃kɔ̃disjɔnɛl/ 形 無条件の, 絶対的な. ▶ le soutien *inconditionnel* au

Premier ministre 首相に対する全面支持. ―图 無条件の支持者, 盲目的信奉者.
inconditionnellement /ɛ̃kɔ̃disjɔnɛlmɑ̃/ 副 無条件に.
inconduite /ɛ̃kɔ̃dɥit/ 女 不品行, 不身持ち.
inconfort /ɛ̃kɔ̃fɔːr/ 男 快適でないこと, 気詰まり, 窮屈. ▶ vivre dans l'*inconfort* 不便な生活をする.
inconfortable /ɛ̃kɔ̃fɔrtabl/ 形 ❶ 快適でない, 不便な. ▶ voiture *inconfortable* 乗り心地の悪い車. ❷ 気詰まりな, 煩わしい.
inconfortablement /ɛ̃kɔ̃fɔrtabləmɑ̃/ 副 居心地悪く.
incongru, e /ɛ̃kɔ̃gry/ 形 無作法な, 無礼な; 非常識な, とっぴな.
incongruité /ɛ̃kɔ̃gryite/ 女 無作法, 非常識[失礼]な言動.
incongrûment /ɛ̃kɔ̃grymɑ̃/ 副 稀 無作法に; とっぴに.
inconnaissable /ɛ̃kɔnɛsabl/ 形 知り得ない, 不可知の, 認識不可能な.
―男 不可知なもの.
***inconnu, e** /ɛ̃kɔny/ アンコニュ 形 ❶ 会ったことのない; 未知の. ▶ un visiteur *inconnu* 見知らぬ訪問者 / un pays *inconnu* 未知の国 / Il ne m'est pas complètement *inconnu*. 彼にまったく見覚えがないわけではない / une coutume *inconnue* aux Français フランス人にはなじみのない習慣. ❷ 身元不明の; 無名の; 不明[不詳]の. ▶ un enfant né de père *inconnu* 父親がだれだか分からない子供 / le tombeau du Soldat *inconnu* 無名戦士の墓 / Les causes de l'accident restent *inconnues*. 事故の原因は解明されぬままだ. ❸ かつて経験したことのない, 初めての. ▶ une joie *inconnue* かつて味わったことのない喜び.
inconnu au bataillon 話〔人が〕まったく知られていない.
―图 知らない人, 初対面の人. ▶ Un *inconnu* [Une *inconnue*] m'a adressé la parole. 知らない男[女]の人に声をかけられた.
― **inconnu** 男 未知のもの. ▶ la peur de l'*inconnu* 未知なるものへの恐怖.
― **inconnue** 女 ❶〖数学〗未知数. ❷ 未知の要素, 未知数.
inconsciemment /ɛ̃kɔ̃sjamɑ̃/ 副 ❶ 無意識(的)に, 知らずに. ❷ 軽率に.
inconscience /ɛ̃kɔ̃sjɑ̃ːs/ 女 ❶ 無意識(状態). ▶ sombrer dans l'*inconscience* 意識を失う. ❷ 無分別, 軽率; 無自覚. ▶ Courir un pareil risque, c'est de l'*inconscience*. そんな危険を冒すなんてどうかしている. ◆ l'*inconscience* de qc … に対する自覚の欠如. ▶ dans l'*inconscience* du danger 危険を認識せずに.
***inconscient, ente** /ɛ̃kɔ̃sjɑ̃, ɑ̃ːt/ アンコンスィヤン, アンコンスィヤーント/ 形 ❶ 意識を失った. ▶ Elle était *inconsciente*. 彼女は意識を失っていた. ❷〔人が〕無分別な; 自覚のない. ▶ J'étais *inconscient* du danger. 私は危険を意識していなかった. ❸〔動作, 行為が〕無意識の; 意識されていない. ▶ un geste *inconscient* 無意識のしぐさ.

― **inconscient** 男《l'inconscient》〖心理〗〖精神分析〗無意識.
inconséquence /ɛ̃kɔ̃sekɑ̃ːs/ 女 ❶ 一貫性のなさ; 軽率さ. ❷ 一貫性のない言動[思想], 矛盾.
inconséquent, ente /ɛ̃kɔ̃sekɑ̃, ɑ̃ːt/ 形 ❶〔人が〕一貫性のない, 矛盾した. ❷〔判断などが〕軽率な, 理屈に合わない;〔人が〕先のことを考えない. ▶ démarche *inconséquente* 軽率なやり方.
inconsidéré, e /ɛ̃kɔ̃sidere/ 形 軽率な, 無分別な. ▶ propos *inconsidérés* 軽率な言葉.
inconsidérément /ɛ̃kɔ̃sideremɑ̃/ 副 軽率に, 考えなしに, 無分別に.
inconsistance /ɛ̃kɔ̃sistɑ̃ːs/ 女 ❶ 一貫性[根拠]のなさ. ▶ l'*inconsistance* d'une argumentation 論証のでたらめさ. ❷〔人や振る舞いの〕無定見さ, 気まぐれ. ❸〔物が〕固くないこと, 粘りのなさ.
inconsistant, ante /ɛ̃kɔ̃sistɑ̃, ɑ̃ːt/ 形 ❶ 一貫性[根拠]のない. ▶ une théorie *inconsistante* あやふやな理論. ❷〔人や振る舞いが〕無定見な, 気まぐれな. ❸〔物が〕固くない, 粘りのない.
inconsolable /ɛ̃kɔ̃sɔlabl/ 形 慰めようのない, 悲嘆に暮れている.
inconsolé, e /ɛ̃kɔ̃sɔle/ 形 文章〔悲しみなどが〕いやされていない;〔人が〕悲嘆に暮れた.
inconstance /ɛ̃kɔ̃stɑ̃ːs/ 女 ❶ 移り気; 浮気(意見, 感情, 行動などの)変わりやすさ. ▶ l'*inconstance* du public 大衆の気まぐれ. ❷ 文章 (天気, 運命などの)不安定さ.
inconstant, ante /ɛ̃kɔ̃stɑ̃, ɑ̃ːt/ 形 ❶ (意見などの)変わりやすい, 移り気な;《特に》浮気な. ▶ être *inconstant* dans ses idées 定見がない / une femme *inconstante* en amour 不実な女. ❷ 文章〔天気, 運命などが〕変わりやすい, 不安定な. ▶ un temps *inconstant* (=variable) 当てにならない空模様.
inconstitutionnalité /ɛ̃kɔ̃stitysjɔnalite/ 女〖法律〗憲法違反, 違憲(性).
inconstitutionnel, le /ɛ̃kɔ̃stitysjɔnɛl/ 形 憲法違反の, 違憲の.
inconstitutionnellement /ɛ̃kɔ̃stitysjɔnɛlmɑ̃/ 副 憲法に違反して.
inconstructible /ɛ̃kɔ̃stryktibl/ 形〔土地が〕(法的規制により)建築禁止の.
incontestable /ɛ̃kɔ̃tɛstabl/ 形 議論の余地のない, 明白な, 確かな. ▶ preuve *incontestable* 動かぬ証拠 / C'est *incontestable*. 明々白々だ. ◆《非人称構文で》Il est *incontestable* que + 直説法|条件法. …であることは確実だ. ▶ Il est *incontestable* que la vie est plus chère à Tokyo qu'à Paris. パリよりも東京の方が物価が高いことは明白だ.
incontestablement /ɛ̃kɔ̃tɛstabləmɑ̃/ 副 議論の余地なく, 明らかに; 確かに. 注 文頭に置かれた場合に最も意味が強くなる.
incontesté, e /ɛ̃kɔ̃tɛste/ 形 異論のない, 確定的な. ▶ chef *incontesté* 万人の認める指導者.
incontinence /ɛ̃kɔ̃tinɑ̃ːs/ 女 ❶〖医学〗失禁 (=*incontinence* d'urine). ❷ (言葉を)自制できないこと. ▶ *incontinence* verbale 饒舌(ぜつ).
incontinent, ente /ɛ̃kɔ̃tinɑ̃, ɑ̃ːt/ 形 ❶〖医学〗失禁の, 遺尿の. ❷ 文章 (言葉遣いに)節度のな

incontrôlable

い, 饒舌(じょう)な. ── 名〖医学〗失禁者.

incontrôlable /ɛ̃kɔ̃trolabl/ 形 ❶ 検証[立証]できない. ❷ 制御できない.

incontrôlé, e /ɛ̃kɔ̃trole/ 形 制御[統制]されていない. ▶ manifestants *incontrôlés* 統制を失ったデモの集団.

inconvenance /ɛ̃kɔ̃vnɑ̃:s/ 女 無作法な言動; 無作法, 無礼. ▶ commettre des *inconvenances* 無礼なことをする / l'*inconvenance* d'une proposition 提案の非常識さ.

inconvenant, ante /ɛ̃kɔ̃vnɑ̃, ɑ̃:t/ 形 無作法な, ぶしつけな, 無礼な.

*__inconvénient__ /ɛ̃kɔ̃venjɑ̃/ アンコヴェニヤン 男 ❶ 不都合, 支障, 差し障り. ▶ Il n'y a pas d'*inconvénient* à prendre ce médicament tous les jours. この薬は毎日服用しても大丈夫ですか / Voyez-vous [Y a-t-il] un *inconvénient* à ce que je parte ce soir ? 今晩, 発(た)つのに差し支えないでしょうか / sans *inconvénient* 支障なく. ❷ 難点, 短所, 欠点. ▶ Cela comporte plus d'avantages que d'*inconvénients*. それには難点よりも利点のほうが多い.

Si vous n'y voyez pas d'inconvénient. もしあなた(方)が差し支えなければ.

inconvertible /ɛ̃kɔ̃vɛrtibl/ 形 ❶〔紙幣などが〕不換の, 正貨と兌換(だ)されない. ❷ 改宗させられない.

incorporation /ɛ̃kɔrpɔrasjɔ̃/ 女 ❶ 組み入れ, 混入, 合体, 同化. ❷〔新兵の〕編入.

incorporel, le /ɛ̃kɔrpɔrɛl/ 形 ❶ 無形の, 形のない. ❷〖民法〗biens *incorporels*(特許権, 著作権, 意匠権などの)無体財産.

incorporer /ɛ̃kɔrpɔre/ 他動 ❶〈*incorporer* qc à [dans] qc〉…を…に混ぜる; 加える, 組み入れる. ▶ *incorporer* un jaune d'œuf à la crème クリームに卵黄を混ぜる / *incorporer* un territoire occupé dans un Etat (=annexer) ある占領地域を国家に併合する. ❷〈*incorporer* qn à [dans] qc〉…を…(集団など)に入れる, 同化させる;〔新兵〕を(部隊)に編入する.

── **s'incorporer** 代動 ❶〈*s'incorporer* à [dans] qc〉…に混ざる; 組み込まれる.

❷〈*s'incorporer* à qc〉(集団など)に入る, 同化する.

incorrect, e /ɛ̃kɔrɛkt/ 形 ❶ 不正確な, 間違った. ▶ terme *incorrect* 不正確[不適切]な用語 / prononciation *incorrecte* 間違った発音. ❷ 礼儀[慣習]に反した, 無作法な. ▶ tenue *incorrecte* だらしない[その場にふさわしくない]服装 / être *incorrect* avec qn …に対して失礼なことをする.

incorrectement /ɛ̃kɔrɛktəmɑ̃/ 副 ❶ 不正確に, 間違って. ❷ 礼儀をわきまえずに, 無作法に, だらしなく.

incorrection /ɛ̃kɔrɛksjɔ̃/ 女 ❶〔文法上の〕間違い; 不正確な表現; 不正確さ. ❷ 無作法, だらしなさ; 無作法な言動.

incorrigible /ɛ̃kɔriʒibl/ 形 直せない, 矯正できない. ▶ un enfant *incorrigible* 手に負えぬ子供.

incorruptibilité /ɛ̃kɔryptibilite/ 女 ❶ 腐敗[変化]しないこと. ❷ 買収されないこと, 清廉.

incorruptible /ɛ̃kɔryptibl/ 形 ❶ 腐敗[変質]しない. ❷ 買収されない, 清廉な.

incrédule /ɛ̃kredyl/ 形 ❶ 容易に信じない, 疑い深い. ▶ d'un air *incrédule* 疑わしげに / Ses affirmations me laissent *incrédule*. 彼(女)の言うことは釈然としない. ❷ 文語 神を信じない.

── 名 疑い深い人; 神を信じない人.

incrédulité /ɛ̃kredylite/ 女 ❶ 容易に信じないこと, 疑い深さ, 不信. ❷ 不信仰.

increvable /ɛ̃krəvabl/ 形 ❶ パンクしない, 破裂しない. ❷ 話 疲れを知らない, タフな; 丈夫な.

incriminable /ɛ̃kriminabl/ 形 非難されるべき, とがめるべき.

incriminer /ɛ̃krimine/ 他動 …を非難する; に責任を負わせる.

incrochetable /ɛ̃krɔʃtabl/ 形〔錠などが〕こじ開けられない.

*__incroyable__ /ɛ̃krwajabl/ アンクロワイヤーブル 形 ❶ 信じられない, 信じがたい. ▶ un événement *incroyable* 信じられないような出来事 / Elle a fait des progrès *incroyables* en français. 彼女はフランス語が信じられないくらい上達した. ▶〈非人称構文で〉Il est [C'est] *incroyable* de +不定詞// Il est [C'est] *incroyable* que +接続法. …とは信じられない. ❷ 途方もない, 驚くべき; とんでもない, あきれた. ▶ Elle est *incroyable* avec ses prétentions. 彼女のうぬぼれようはひどすぎる.

C'est incroyable! そんなばかな, まさか.

Incroyable, mais vrai! 信じられない話だが本当だ.

incroyablement /ɛ̃krwajabləmɑ̃/ 副 信じられないくらい; 途方もなく, 驚くほど.

incroyance /ɛ̃krwajɑ̃:s/ 女 無信仰.

incroyant, ante /ɛ̃krwajɑ̃, ɑ̃:t/ 形, 名 無信仰の(人).

incrustation /ɛ̃krystasjɔ̃/ 女 ❶ 象眼; はめ込み細工. ❷ 湯垢(ゆあか); 水垢. ❸ (テレビ画面への)映像のはめこみ.

incruster /ɛ̃kryste/ 他動 ❶ …に象眼する, はめ込む. ▶ *incruster* d'écailles un meuble 家具に鼈甲(べっこう)を象眼する. ❷ …に湯垢(ゆあか)[水垢]をつける. ❸ (テレビ画面に)映像をはめこむ.

── **s'incruster** 代動 ❶〈*s'incruster* dans qc〉…にしっかり付着する, こびりつく. ❷ 象眼される. ❸〈*s'incruster* de +無冠詞名詞〉(やかん, 歯などが)(湯垢, 歯垢(しこう)などに)覆われる. ▶ des dents qui *s'incrustent* de tartre 歯垢が付着している歯. ❹ 話〈*s'incruster* chez qn〉…の家に居座る.

incubateur, trice /ɛ̃kybatœ:r, tris/ 形 (人工)孵化(ふか)させる.

── **incubateur** 男 ❶ 孵化器. ❷ (未熟児用の)保育器. ❸ 起業支援施設, インキュベーター.

incubation /ɛ̃kybasjɔ̃/ 女 ❶ 孵化(ふか); 抱卵. ❷〖医学〗潜伏期. ❸ (創作, 計画などの)準備期.

incuber /ɛ̃kybe/ 他動〔卵〕をかえす, 孵化(ふか)させる.

inculpation /ɛ̃kylpasjɔ̃/ 女 (犯罪の)嫌疑をかけること; 嫌疑, 容疑. ▶ être arrêté sous l'*inculpation* d'assassinat 殺人容疑で逮捕される.

inculpé, e /ɛ̃kylpe/ 形 告訴された.

—名 被疑者, 容疑者.

inculper /ɛ̃kylpe/ 他動 ⟨inculper qn de qc⟩ …を…の容疑で告訴する. ▶ *inculper* qn de vol …を窃盗の容疑で告訴する.

inculquer /ɛ̃kylke/ 他動 ⟨inculquer qc à qn // inculquer à qn que + 直説法⟩…に…を教え込む. ▶ On m'a *inculqué* ces principes dès l'enfance. 子供のころから私はこのような教えをたたき込まれた.

inculte /ɛ̃kylt/ 形 ❶ 耕されていない, 荒れ果てた. ▶ terres *incultes* 未耕作地. ❷ 〔髪, ひげなどが〕手入れしていない. ❸ 教養のない.

incultivable /ɛ̃kyltivabl/ 形 耕せない, 開墾できない.

inculture /ɛ̃kylty:r/ 女 無教養.

incurable /ɛ̃kyrabl/ 形 ❶ 不治の, 治らない. ▶ maladie *incurable* 不治の病. ❷〔悪癖, 欠点など〕直せない, 矯正できない. ▶ un paresseux *incurable* どうしようもない怠け者.
—名 不治の病人.

incurablement /ɛ̃kyrabləmɑ̃/ 副 治せないほどに; 矯正できないほどに.

incurie /ɛ̃kyri/ 女 怠慢, 投げやり, 無関心.

incuriosité /ɛ̃kyrjozite/ 女 文章 好奇心のなさ, 無頓着(とんじゃく); 知識欲の欠如.

incursion /ɛ̃kyrsjɔ̃/ 女 ❶〔敵国への一時的な〕侵入. ❷ 不意に入ること, 闖入(ちんにゅう), 乱入.

incurvation /ɛ̃kyrvasjɔ̃/ 女 曲げること, 湾曲. ▶ l'*incurvation* d'une planche 板の反り.

incurvé, e /ɛ̃kyrve/ 形 曲がった, 湾曲した, カーブした.

incurver /ɛ̃kyrve/ 他動 (内側に)…を曲げる, 湾曲させる.
— **s'incurver** 代動 曲がる, 湾曲する.

Inde /ɛ̃:d/ 固有 女 インド: 首都 New Delhi. ▶ en *Inde* インドに［で, へ］.

indéboulonnable /ɛ̃debulɔnabl/ 形 話 免職できない, 辞めさせられない.

indécemment /ɛ̃desamɑ̃/ 副 下品に, 慎みなく, みだらに; 無作法に.

indécence /ɛ̃desɑ̃:s/ 女 下品さ, 慎みのなさ, 無礼; 下品な言動.

indécent, ente /ɛ̃desɑ̃, ɑ̃:t/ 形 ❶ 下品な, 慎みのない, 場違いな. ▶ geste *indécent* みだらなしぐさ /《非人称構文で》Il est *indécent* de rire en cette circonstance. こういう場合に笑うなんて不謹慎だ. ❷ 話〔誇張して〕なみはずれた. ▶ Il a une chance *indécente*. 彼は途方もなくついている.

indéchiffrable /ɛ̃deʃifrabl/ 形 ❶ 解読［判読］できない, 判読のつかない; 不可解な. ▶ personnage *indéchiffrable* 何を考えているのか分からない人物.

indécidable /ɛ̃desidabl/ 形〔論理学〕(真偽が)決定不(可)能な.

indécis, ise /ɛ̃desi, i:z/ 形 ❶ 決心がつかない; 優柔不断な. ▶ caractère *indécis* 優柔不断な性格 / Elle est *indécise* sur ce qu'elle a à faire. 彼女は何をなすべきか決めかねている.
❷ 未決定［未解決］の, 不確かな. ▶ La question reste *indécise*. 問題は未解決のままだ.
❸ はっきりしない, 曖昧(あいまい)な. ▶ un temps *indécis* はっきりしない天気.
—名 優柔不断な人; (アンケートなどで)「分からない」と答える人.

indécision /ɛ̃desizjɔ̃/ 女 決心がつかないこと, ためらい; 優柔不断. ▶ demeurer dans l'*indécision* 決心をつけかねている.

indéclinable /ɛ̃deklinabl/ 形〖文法〗格変化［活用］しない, 無変化の.

indécomposable /ɛ̃dekɔ̃pozabl/ 形 分解できない, 解体できない; 分析できない.

indécrochable /ɛ̃dekrɔʃabl/ 形 ❶〔鉤(かぎ), 釘(くぎ)などから〕外せない. ❷ 話 手に入りにくい.

indécrottable /ɛ̃dekrɔtabl/ 形 話〔悪癖, 欠点などが〕直せない, どうしようもない. ▶ un paresseux *indécrottable* 手に負えない怠け者.

indéfectible /ɛ̃defɛktibl/ 形 文章〔感情が〕永続する, 不滅の (=éternel). ▶ un amour *indéfectible* 永遠の愛.

indéfectiblement /ɛ̃defɛktibləmɑ̃/ 副 いつまでも, 永遠に.

indéfendable /ɛ̃defɑ̃dabl/ 形 ❶ 防御できない. ❷ 弁護できない; 弁護の余地がない.

*__indéfini, e__ /ɛ̃defini/ アンデフィニ 形 ❶ 果てしない, 限りない. ▶ un temps *indéfini* 果てしなく長く思われる時間 / croire au progrès *indéfini* des sociétés 社会の限りない進歩を信じる.
❷ 不確定の, 漠然とした. ▶ une tristesse *indéfinie* 漠とした悲しみ. ❸〖文法〗不定の. ▶ article *indéfini* 不定冠詞 / adjectif [pronom] *indéfini* 不定形容詞［代名詞］.

indéfiniment /ɛ̃definimɑ̃/ 副 際限なく, 無限に, 果てしなく.

indéfinissable /ɛ̃definisabl/ 形 ❶ 定義できない; 言い表わせない. ▶ goût *indéfinissable* いわく言いがたい味. ❷ 不可解な. ▶ personnage *indéfinissable* 謎(なぞ)めいた人物.

indéformable /ɛ̃defɔrmabl/ 形 変形しない, 形の崩れない.

indéfrisable /ɛ̃defrizabl/ 女 古風〖美容〗パーマネント (=permanente).

indélébile /ɛ̃delebil/ 形 消えない, 消せない. ▶ tache *indélébile* 取れない染み / souvenir *indélébile* 忘れがたい思い出.

indélicat, ate /ɛ̃delika, at/ 形 ❶ デリカシーに欠ける, 思いやりのない. ❷ 不正直な, 不誠実な (=malhonnête).

indélicatesse /ɛ̃delikatɛs/ 女 ❶ デリカシーのなさ, 無神経. ▶ Il est d'une *indélicatesse* insupportable. 彼の無神経さには我慢ならない.
❷ 不正(な行為), ごまかし. ▶ commettre une *indélicatesse* 不正行為を犯す.

indémaillable /ɛ̃demajabl/ 形〔編み目の〕解けない, 伝線しない.

indemne /ɛ̃dɛmn/ 形 損害を免れた, 無事な, 無傷の. ▶ Il est sorti *indemne* d'un accident. 彼は事故に遭ったが無事だった.

indemnisation /ɛ̃dɛmnizasjɔ̃/ 女 補償, 賠償; 補償［賠償］金の支払い.

indemniser /ɛ̃dɛmnize/ 他動 …に賠償［補償］する. ▶ *indemniser* qn de ses pertes …に損

indemnité

失を補償する / chômeurs *indemnisés* 失業手当を受けている失業者.

*indemnité /ɛ̃demnite/ アンデムニテ/ 囡《ときに複数で》❶ 賠償金, 補償金; 違約金. ▶ recevoir une *indemnité* de licenciement 解雇の補償金を受け取る. ❷ 手当. ▶ toucher des *indemnités* de logement 住宅手当をもらう / *indemnité* parlementaire 議員歳費.

indémontable /ɛ̃demɔ̃tabl/ 形 分解できない, 取り外せない.

indémontrable /ɛ̃demɔ̃trabl/ 形 証明[論証, 立証]できない.

indéniable /ɛ̃denjabl/ 形 否定できない, 明白な. ▶ témoignage *indéniable* 否定しがたい証拠 / Il est *indéniable* qu'il a tort. 明らかに彼は間違っている.

indéniablement /ɛ̃denjabləmɑ̃/ 副 否定しようもなく, 異議なく, 明らかに.

indénombrable /ɛ̃denɔ̃brabl/ 形 数えきれない, 列挙できない.

indentation /ɛ̃dɑ̃tasjɔ̃/ 囡 (歯形状の)ぎざぎざ, 切り込み;(海岸線の)出入り.

indépendamment /ɛ̃depɑ̃damɑ̃/ 副 〈*indépendamment* de qc〉❶ …と無関係に. ▶ *Indépendamment* de sa charge, il est très respecté. 職務とは無関係に彼は非常に尊敬されている. ❷ …のほかに. ▶ *Indépendamment* de son salaire, il touche de nombreuses indemnités. 給料とは別に彼はいろんな手当をもらっている.

*indépendance /ɛ̃depɑ̃dɑ̃ːs/ アンデパンダンス/ 囡 ❶ 独立, 自立;自主性. ▶ mouvement d'*indépendance* 独立運動 / proclamer l'*indépendance* 独立を宣言する / s'assurer une *indépendance* matérielle 経済的自立を確保する / *indépendance* d'esprit 精神の自主性 / *indépendance* de la femme 女性の自立.
❷ (事物間の)独立性, 無関係. ▶ l'*indépendance* du judiciaire par rapport à l'exécutif 行政に対する司法の独立.

en toute indépendance 自分の考えで, 自主的に.

*indépend*ant, ante* /ɛ̃depɑ̃dɑ̃, ɑ̃ːt/ アンデパンダン, アンデパンダント/ 形 ❶ 独立[自立]した;独立[自立]心の強い. ▶ une femme *indépendante* 自立した女性 / un pays *indépendant* 独立国 / mener une vie *indépendante* 自由な生活を送る / travailleur *indépendant* 自営業の人, フリーランサー / Elle est très *indépendante* et déteste les voyages organisés. 彼女は1人で行動するのが好きだから団体旅行が嫌いだ / la Communauté des états *indépendants* 独立国家共同体(略 CEI: 旧ソ連).
❷ 〈*indépendant* (de qc/qn)〉(…と)無関係の;別個の. ▶ Ce sont deux questions *indépendantes*. Il faut les traiter séparément. それらは2つの別個の問題だ. 別々に扱わなければならない / pour des raisons *indépendantes* de notre volonté 我々の意志とは関係のない理由で.
❸〚文法〛proposition *indépendante* 独立節.
— 图 ❶ 独立[自立]心の強い人. ❷ 独立諸派〖穏健右派〗の議員[政治家]. ❸《Indépendants》〖美術〗アンデパンダン派, 独立美術家協会: 官展に落選した美術家たちが1884年に結成した, 無審査無賞を原則とする団体. ▶ le Salon des *Indépendants* 独立美術家協会の無審査展覧会.
— **indépendante** 囡〖文法〗独立節.

indépendantiste /ɛ̃depɑ̃dɑ̃tist/ 形, 图 (カナダ・ケベック州, バスク地方, ブルターニュ地方, ニューカレドニアなどの)独立論者[独立派](の).

indéracinable /ɛ̃derasinabl/ 形 根絶できない, 取り去れない.

indéréglable /ɛ̃dereglabl/ 形〔機械が〕狂うことのない.

indescriptible /ɛ̃dɛskriptibl/ 形 表現[描写]できない, 筆舌に尽くせない, 言語を絶する. ▶ charme *indescriptible* 言うに言われぬ魅力.

indésirable /ɛ̃dezirabl/ 形, 图 好ましくない(人物);(国, 集団などに)入って[いて]ほしくない(人物).

indestructible /ɛ̃dɛstryktibl/ 形 破壊できない;不滅の. ▶ une amitié *indestructible* 固い友情.

indéterminable /ɛ̃detɛrminabl/ 形 確定できない, 決定できない;はっきり言い表わせない.

indétermination /ɛ̃detɛrminasjɔ̃/ 囡 ❶ 不確定, 不明確, 曖昧(ｱｲﾏｲ)さ. ❷ 迷い, ためらい;優柔不断. ▶ être dans l'*indétermination* 決断しかねている.

indéterminé, e /ɛ̃detɛrmine/ 形 決まっていない, 不確定の;曖昧(ｱｲﾏｲ)な. ▶ Le voyage a été remis à une date *indéterminée*. 旅行は無期延期ということになった / Je suis encore *indéterminé* sur ce point. (=indécis) この点について私はまだ決めかねている.

index /ɛ̃dɛks/ 男 (単複同形) ❶ 人差し指. ❷ 索引, インデックス. ▶ *index* des auteurs cités 引用著者名索引. ❸ 《l'Index》〖カトリック〗禁書目録.

mettre qn/qc à l'index …をブラックリストに載せる, 危険視する;排除[除外]する.

indexation /ɛ̃dɛksasjɔ̃/ 囡 (賃金などの)スライド.

indexer /ɛ̃dɛkse/ 他動 ❶〈*indexer* A sur B〉A を B に応じて変動させる. ▶ *indexer* les salaires sur les prix 賃金を物価にスライドさせる.
❷ …に索引をつける.

indic /ɛ̃dik/ 男 (indicateur の略) 俗 警察のスパイ, いぬ, たれ込み屋.

indicat*eur, trice* /ɛ̃dikatœːr, tris/ 形 表示する, 指示する. ▶ un poteau *indicateur* 道標.
— 图 (警察から金をもらっている)情報提供者, 密告者.
— **indicateur** 男 ❶ 案内書. ▶ *indicateur* des rues de Paris パリ街路案内 / l'*indicateur* des chemins de fer 鉄道時刻表. ❷ 指示器, 表示器. ▶ *indicateur* de pression 圧力計 / *indicateur* de vitesse 速度計. ❸〖化学〗指示薬, トレーサー. ▶ *indicateurs* colorés (リトマスなどの)呈色指示薬.

indicat*if, ive* /ɛ̃dikatif, iːv/ 形 ❶〈*indicatif* (de qc)〉(…の)指標となる, (…)を表示する. ▶ le signe *indicatif* d'une maladie 病気の徴候

/ l'état *indicatif* des dépenses 支出一覧表. ❷ 〖文法〗 mode *indicative* 直説法.
à titre indicatif 参考までに.
— **indicatif** 男 ❶ 〖言語〗直説法. ❷ *indicatif* d'appel (無線送信局の) 呼び出し符号, コールサイン / *indicatif* téléphonique 電話の市外局番. ❸ (ラジオ, テレビ番組の) テーマ音楽.

indication /ɛ̃dikasjɔ̃/ 女 ❶ 指示, 指図, 命令. ▶ donner une fausse *indication* 間違った指示を与える / suivres les *indications* de qn …の指示に従う / Je suis venu sur l'*indication* de M. X. 私は X さんの指示でやって来ました. ❷ 表示; しるし, 表われ. ▶ l'*indication* d'un virage カーブの表示 / Sa fuite est une *indication* de sa culpabilité. 彼 (女) が逃げたということは有罪の証拠だ. ❸ 〖医学〗(薬の説明書で) 適応症の指示.
à titre d'indication 参考までに.

indice /ɛ̃dis/ 男 ❶ 兆候, 兆し; 手がかり, 証拠. ▶ Sa bonne mine est l'*indice* d'une bonne santé. (=signe) 彼 (女) の顔色がいいのは健康のしるしだ / La police n'a aucun *indice*. 警察は何の手がかりも得ていない. ❷ 指数; 率. ▶ *indice* des prix 物価指数 / *indice* des salaires 賃金指数 / *indice* Dow-Jones ダウ指数 / *indice* de masse corporelle 肥満度指数 / *indice* de développement humain 人間開発指数 / *indice* de réfraction 屈折率 / *indice* d'écoute (ラジオの) 聴取率, (テレビの) 視聴率.
❸ 〖数学〗指数; 添字: A₁ (A indice un と読む) の 1 などの数字のこと.

indiciaire /ɛ̃disjɛːr/ 形 指数による, 指数に合わせた.

indicible /ɛ̃disibl/ 形 〖文章〗言うに言われぬ, 言語に絶する. ▶ joie *indicible* 言葉にならないほどの喜び.

indiciblement /ɛ̃disibləmɑ̃/ 副 稀 言いようのないほどに, 言語に絶するほど.

indien, enne /ɛ̃djɛ̃, ɛn/ 形 ❶ インドの. ▶ Océan *Indien* インド洋. ❷ 北米先住民の; インディオの.
à la file indienne 1 列縦隊で.
— **Indien, enne** 名 ❶ インド人. ❷ 北米先住民; インディオ.
été indien インディアン・サマー, 小春日和.
— **indienne** 女 インド更紗 (さら).

indifféremment /ɛ̃difəramɑ̃/ 副 無差別に, 区別せずに. ▶ être aimable *indifféremment* avec tous だれに対しても親切である.

***indifférence** /ɛ̃difərɑ̃ːs/ アンディフェランース/ 女 ❶ ⟨*indifférence* (à [pour, devant] qc)⟩ (…に対する) 無関心; 無感動. ▶ *indifférence* devant [pour] les malheurs d'autrui 他人の不幸に対する無関心 / manifester une grande *indifférence* pour la politique 政治への完全な無関心ぶりを示す / avec *indifférence* 平然と, 気のない様子で / Il regardait la scène en jouant l'*indifférence*. 彼は何食わぬ顔でその光景に見入っていた. ❷ 冷淡さ; つれなさ. ▶ L'*indifférence* que lui a montrée son entourage l'a profondément déçu. 周りの人たちの素知らぬふりに彼は心底がっかりした.

indifférenciation /ɛ̃difərɑ̃sjasjɔ̃/ 女 文章 未分化 (状態).

indifférencié, e /ɛ̃difərɑ̃sje/ 形 未分化の, 分化していない.

***indifférent, ente** /ɛ̃difərɑ̃, ɑ̃ːt/ アンディフェラン, アンディフェラーント/ 形 ❶ ⟨*indifférent* (à qn)⟩ (…にとって) 無関係な, どうでもよい; 重要でない. ▶ Ce n'est pas une chose *indifférente*. それはどうでもいいことではない / Son opinion m'est *indifférente*. 彼 (女) の意見など私の知ったことではない / Cette femme m'est *indifférente*. あんな女に興味はない. ◆ ⟨非人称構文で⟩ Il est *indifférent* (à qn) de + 不定詞 / Il est *indifférent* (à qn) que + 接続法. (…にとって) …はどうでもいいことだ. ▶ Il est *indifférent* de faire ceci ou cela. どっちをしようがどうでもいい.
❷ ⟨*indifférent* (à qc/qn)⟩ (…に) 無関心な, 超然とした. ▶ être *indifférent* aux autres 他人に無関心である / Le sport me laisse *indifférent*. 私はスポーツには興味がない.
❸ 冷淡な, つれない. ▶ un regard *indifférent* 冷たい眼差 (まな) し.
— 名 〖非人称構文で〗無感動な人; 冷淡な人.

indifférer /ɛ̃difəre/ 6 他動 話 (物が) …の関心を引かない. 注 目的語は人称代名詞のみ. ▶ Cela m'*indiffère* complètement. それは私にとってまったくどうでもいいことだ.

indigence /ɛ̃diʒɑ̃ːs/ 女 ❶ 貧窮, 赤貧. ▶ vivre dans l'*indigence* 赤貧の暮らしをする. ❷ 〈集合的に〉貧民. ❸ (精神的な) 貧困, 貧しさ. ▶ *indigence* intellectuelle 知的貧困.

indigène /ɛ̃diʒɛn/ 形 〈多く軽蔑して〉先住民の, 土着民の. — 名 ❶ (特に植民地の) 先住民, 土着民. ❷ 文章 /⟨ふざけて⟩ (外国人, 観光客などに対して) 土地の人.

indigent, ente /ɛ̃diʒɑ̃, ɑ̃ːt/ 形 ❶ 貧窮した, 赤貧の. ❷ 乏しい, 貧弱な. ▶ imagination *indigente* 貧しい想像力. — 名 貧窮者, 困窮者.

indigeste /ɛ̃diʒɛst/ 形 ❶ 消化しにくい.
❷ 〖作品, 思想などが〗こなれていない, 分かりづらい.

indigestion /ɛ̃diʒɛstjɔ̃/ 女 消化不良. ▶ avoir une *indigestion* 消化不良を起こす.
avoir une indigestion de qc 話 …に飽き飽き (うんざり) する.

indignation /ɛ̃diɲasjɔ̃/ 女 (不正などに対する) 憤慨, 憤り. ▶ être rempli d'*indignation* contre qc …に対して憤りを覚える.

indigne /ɛ̃diɲ/ 形 ❶ ⟨*indigne* de qc/qn/不定詞⟩ …に値しない; 似つかわしくない. ▶ Il est *indigne* de ton amitié. あんな男は君の友情に値しない / Il s'est montré *indigne* de la faveur qu'on lui a faite. 彼は受けた好意にもとる態度を取った. ❷ その名に値しない; 非難すべき, 恥ずべき. ▶ un père *indigne* 父親失格の男 / une attitude *indigne* 卑しい態度. ◆ ⟨非人称構文で⟩ Il est *indigne* de commettre un tel acte. そんなことをしでかすとはけしからん.

indigné, e /ɛ̃diɲe/ 形 憤慨した. ▶ un regard *indigné* 怒った目つき. ◆ être *indigné* de qc /不定詞/ // être *indigné* que + 接続法. …に憤慨している. ▶ Il est *indigné* d'avoir entendu une chose pareille. そんなことを聞いて彼はひどく腹を立てている.

indignement /ɛ̃diɲmɑ̃/ 副 不当に, 無法に, 卑劣に.

indigner /ɛ̃diɲe/ 他動 …を憤慨させる. ▶ Leur conduite *indigne* tout le monde. 彼らの行動にみんなが憤慨している.

— **s'indigner** 代動 〈*s'indigner* (de qc) // *s'indigner* (contre qn/qc)〉(…に)憤慨する. ▶ *s'indigner* contre l'injustice sociale 社会的不正に対して憤慨する. ◆ *s'indigner*「de + 不定詞」「que + 直説法, de ce que + 直説法/接続法」▶ Il *s'indigne* de voir ce crime impuni. 彼はその犯罪が罰せられないのを見て憤慨している.

indignité /ɛ̃diɲite/ 女 ❶ 卑劣さ, 下劣さ; 卑劣な行為. ▶ commettre des *indignités* あさましい振る舞いをする. ❷『法律』*indignité* nationale 対独協力罪, 反祖国罪(第2次大戦後に, 対独協力者に課せられた市民権剥奪を伴う刑罰).

indigo /ɛ̃digo/ 男 ❶ インジゴ, 藍(ﾟ). ❷ 藍色.
— 形《不変》藍色の.

indiqué, e /ɛ̃dike/ 形 ❶ 指定された, 指示された. ▶ à l'heure *indiquée* 指定された時間に. ❷ 適切な, 時宜を得た, 打って付けの. ▶ le traitement *indiqué* pour la rougeole 麻疹(ﾊ)に対する適切な治療 / Dans ton cas, ce n'est pas *indiqué*. 君の場合それは勧められない / (非人称構文で) Il n'est pas très *indiqué* de le déranger maintenant. 今彼を煩わせるのはちょっとまずい.

***indiquer** /ɛ̃dike/ アンディケ 他動 ❶ …を指し示す; 示す. ▶ *indiquer* qn/qc du doigt 指で…を示す / L'horloge *indique* deux heures. 時計が2時を指している. 比較 ⇨ MONTRER.

❷ 〔人が〕…を教える. ▶ Tu peux m'*indiquer* un bon médecin? いい医者を教えてくれないか / Pouvez-vous m'*indiquer* le chemin de la gare? 駅に行く道を教えてくれませんか. ◆ *indiquer* + 間接疑問節 ▶ Pouvez-vous m'*indiquer* quand part le train de Paris? (=dire) パリ行きの発車時刻を教えていただけますか. ◆ *indiquer* que + 直説法 …ことを指摘する.

❸ 〔物が〕…のしるしである, を示す, 表わす; 意味する. ▶ Son visage *indique* sa colère. 彼(女)の顔には怒りが表われている / Ses tableaux *indiquent* qu'il a étudié Picasso. 彼の絵を見ると, ピカソから学んだことが明らかだ.

❹ 〔日時, 場所〕を指定する, 通知する. ▶ *indiquer* le lieu de rendez-vous 会う場所を指定する / à l'heure *indiquée* 決められた時間に.

❺ …をざっと表現する; 『美術』…を粗描する.

***indirect, e** /ɛ̃dirɛkt/ アンディレクト 形 ❶ 間接の; 遠回しの. ▶ impôts *indirects* 間接税 / critique *indirecte* 遠回しの批判. ❷『言語』間接の. ▶ complément d'objet *indirect* 間接目的補語 / discours [style] *indirect* 間接話法.

indirectement /ɛ̃dirɛktəmɑ̃/ 副 間接に, 人づてに; 暗に.

indiscernable /ɛ̃disɛrnabl/ 形 ❶ 区別できない, 識別できない. ❷ 正確にとらえがたい.

indiscipline /ɛ̃disiplin/ 女 規律のないこと, 規律違反, 不服従.

indiscipliné, e /ɛ̃disipline/ 形 ❶ 規律を欠いた, 規律を守らぬ. ❷ cheveux *indisciplinés* 櫛(ﾞ)の通りにくい髪.

indiscret, ète /ɛ̃diskrɛ, ɛt/ 形 ❶ 慎みのない, 無遠慮な, 失礼な. ▶ question *indiscrète* ぶしつけな質問. ◆《非人称構文で》C'est [Il est] *indiscret* de + 不定詞 …するのは失礼だ. ▶ Est-ce que c'est *indiscret* de vous demander ce que vous comptez faire? これからどうなさるおつもりかうかがっても差し支えないでしょうか.

❷ 秘密を守れない, 口が軽い.

— 名 慎みのない人; 口の軽い人, おしゃべり.

indiscrètement /ɛ̃diskrɛtmɑ̃/ 副 ❶ 慎みなく, 無遠慮に. ❷ 口軽に.

indiscrétion /ɛ̃diskresjɔ̃/ 女 ❶ 慎みのなさ, 無遠慮; 厚かましい言動. ▶ Il a poussé l'*indiscrétion* jusqu'à lire mon courrier. 彼はずうずうしくも私あての手紙類まで読んだ. ◆ sans *indiscrétion* (ぶしつけと思われる質問の前に置いて) 失礼ですが. ▶ Sans *indiscrétion*, peut-on savoir votre adresse? 失礼ですがどちらにお住まいですか. ❷ 口の軽さ; うっかり秘密を漏らすこと. ▶ La moindre *indiscrétion* pourrait faire échouer notre plan. だれかがちょっとでも口を滑らせると, 我々の計画は挫折(ﾞ)しかねない.

indiscutable /ɛ̃diskytabl/ 形 議論の余地のない; 明白な, 疑う余地のない.

indiscutablement /ɛ̃diskytabləmɑ̃/ 副 議論の余地なく, 明白に.

indiscuté, e /ɛ̃diskyte/ 形 異論のない, だれもが認める.

***indispensable** /ɛ̃dispɑ̃sabl/ アンディスパンサーブル 形 欠くことのできない, 必要不可欠の. ▶ condition *indispensable* pour réussir 成功に必須(ﾞ)の条件 / L'air est *indispensable* à la vie. 空気は生命に不可欠だ. ◆《非人称構文で》Il est [C'est] *indispensable* de + 不定詞 // Il est [C'est] *indispensable* que + 接続法. どうしても…しなければならない. ▶ Dis donc, il est [c'est] vraiment *indispensable* que j'y aille ce soir? ねえ, 本当に今晩そこに行かなければいけないの.

— 男 (l'indispensable) 必要不可欠な物 [人].

indisponibilité /ɛ̃disponibilite/ 女 ❶ (物が)自由に使用 [処分] できないこと. ❷ (人が)手がふさがっていること, 多忙. ▶ En cas d'*indisponibilité*, j'enverrai mon fils à ma place. 私の手があいていなければ代わりに息子をやります.

indisponible /ɛ̃disponibl/ 形 ❶ 〔物が〕自由に使用 [処分] できない. ❷ 〔人が〕手がふさがっている, 多忙な. ▶ Je suis *indisponible* pour le moment. 私は今のところ手がふさがっている.

indisposé, e /ɛ̃dispoze/ 形 ❶ 体の具合が悪い. ▶ Je suis [me sens] *indisposé*. 私は気分が悪い. ❷《婉曲に》生理中の. ❸ 反感を抱いた.

indisposer /ɛ̃dispoze/ 他動 ❶ …の気分を悪くする. ▶ Cette chaleur m'a *indisposé*. (=incommoder) この暑さで気分が悪くなった.

❷ …の感情を害する.

indisposition /ɛ̃dispozisjɔ̃/ 女 ❶ 体の不調, 生

indissociable, /ɛ̃disɔsjabl/ 形 ＜ *indissociable* (de qn/qc)＞(…と)切り離せない;分割できない.

indissolubilité /ɛ̃disɔlybilite/ 女 解消［破棄］できないこと.

indissoluble /ɛ̃disɔlybl/ 形 解消［破棄］できない. ▶ liens *indissolubles* 断ちがたい絆(きずな).

indissolublement /ɛ̃disɔlyblǝmɑ̃/ 副〔解消［破棄］できないほどに〕固く,分かちがたく.

indistinct, incte /ɛ̃distɛ̃(:kt), :kt/ 形 区別しにくい;はっきりしない,漠然とした.

indistinctement /ɛ̃distɛ̃ktǝmɑ̃/ 副 ❶ ぼんやりと,不明瞭(めいりょう)に. ❷ 無差別に,区別なく.

****individu** /ɛ̃dividy/ アンディヴィデュ 男 ❶ (社会,集団に対する)個人. ▶ l'*individu* et la société 個人と社会.
❷ (しばしば軽蔑して)(ある)人物;やつ. ▶ un *individu* peu recommandable あまり感心できない人物 / un drôle d'*individu* 変なやつ / Qui est cet *individu*? あいつはだれだ.
❸『生物学』個体.

individualisation /ɛ̃dividɥalizasjɔ̃/ 女 個別化;個性化. ▶ *individualisation* de la peine『刑法』量刑の個別化(犯罪人の年齢,性別などに応じて刑を加減して科すること).

individualisé, e /ɛ̃dividɥalize/ 形 個別化［個性化］された.

individualiser /ɛ̃dividɥalize/ 他動 …を個別化する;個性化する,に個性を与える. ▶ *individualiser* les peines (犯罪人の状況に応じて)刑罰を個別化する.
— **s'individualiser** 代動 個別［個性］的になる;個性を示す［発揮する］.

individualisme /ɛ̃dividɥalism/ 男 個人主義.

individualiste /ɛ̃dividɥalist/ 形 個人主義の.
— 名 個人主義者.

individualité /ɛ̃dividɥalite/ 女 ❶ 個性;独自性. ▶ l'*individualité* d'un artiste 芸術家の個性. ❷ 個性豊かな人,個性的人物. ❸『哲学』個体性.

****individuel, le** /ɛ̃dividɥɛl/ アンディヴィデュエル/ 形 個人［個体］の;個別の;独自の. ▶ liberté *individuelle* 個人の自由 / chambre *individuelle* 個室 / cas *individuel* 個別の場合 / à titre *individuel* 個人の資格で.

individuellement /ɛ̃dividɥɛlmɑ̃/ 副 個人的に;個々に,別々に,めいめいに.

indivis, ise /ɛ̃divi, i:z/ 形『民法』〔財産が〕不分割の,共有の.
par indivis 分割せず,共有して.

indivisément /ɛ̃divizemɑ̃/ 副『民法』共有して.

indivisibilité /ɛ̃divizibilite/ 女 ❶ (統合の)密接さ;不可分性. ❷『民法』不可分性.

indivisible /ɛ̃divizibl/ 形 ❶ 切り離せない,密接に結びついた;不可分の. ▶ La République française est une et *indivisible*. フランス共和国は一つで不可分である. ❷『法律』obligation *indivisible* 不可分債務.

indivision /ɛ̃divizjɔ̃/ 女『民法』不分割,共有.

Indochine /ɛ̃dɔʃin/ 固有 女 インドシナ半島. ▶ en *Indochine* インドシナ半島に［で,へ］.

indochinois, oise /ɛ̃dɔʃinwa, wa:z/ 形 インドシナ半島 Indochine の;旧フランス領インドシナの. — **Indochinois, oise** 名 インドシナ人.

indocile /ɛ̃dɔsil/ 形〔子供,性格などが〕従順でない,強情な;扱いにくい.

indocilité /ɛ̃dɔsilite/ 女 不従順,強情.

indo-européen, enne /ɛ̃doœrɔpeɛ̃, ɛn/ 形 インド＝ヨーロッパ［印欧］語族の;インド＝ヨーロッパ［印欧］諸語の.
— **indo-européen** 男 インド＝ヨーロッパ［印欧］祖語.

indolence /ɛ̃dɔlɑ̃:s/ 女 無気力,怠惰,無精.

indolent, ente /ɛ̃dɔlɑ̃, ɑ̃:t/ 形 無気力な,怠惰な,無精な;もの憂げな.
— 名 無気力な人,無精者.

indolore /ɛ̃dɔlɔ:r/ 形 無痛の.

indomptable /ɛ̃dɔ̃tabl/ 形 手に負えない;〔動物が〕飼い慣らせない;強烈な,断固たる. ▶ volonté *indomptable* 強固な意志.

indompté, e /ɛ̃dɔ̃te/ 形 ❶〔動物が〕飼い慣らされていない. ❷〔文章〕屈していない;抑制できない.

Indonésie /ɛ̃dɔnezi/ 固有 女 インドネシア:首都 Jakarta. ▶ en *Indonésie* インドネシアに［で,へ］.

indonésien, enne /ɛ̃dɔnezjɛ̃, ɛn/ 形 インドネシア Indonésie の;インドネシア人の.
— **Indonésien, enne** 名 インドネシア人.
— **indonésien** 男 インドネシア語.

in-douze /indu:z/ 形(不変)『印刷』〔判型が〕十二折の,全判を12分割した大きさの.
— 男(単複同形)十二折(の本).

Indre /ɛ̃:dr/ 固有 男 アンドル県 [36]:中央山地北西部. — 女 アンドル川:ロアール川支流.

Indre-et-Loire /ɛ̃drelwa:r/ 固有 男 アンドル＝エ＝ロアール県 [37]:パリ南西部.

indu, e /ɛ̃dy/ 形 ❶ 不都合な,常識外れの. ▶ rentrer à une heure *indue* とんでもない時刻に帰宅する. ❷『民法』不当な.
— **indu** 男『民法』債務［支払義務］のない金.

indubitable /ɛ̃dybitabl/ 形 疑う余地のない,確かな. ▶ preuve *indubitable* 明白な証拠 / Il est *indubitable* qu'il a tort.(=hors de doute) 彼が間違っているのは確かだ.

indubitablement /ɛ̃dybitablǝmɑ̃/ 副 文章 疑いなく,明らかに,確かに.

inducteur, trice /ɛ̃dyktœ:r, tris/ 形『電気』誘導する. — **inducteur** 男 界磁.

inductif, ive /ɛ̃dyktif, i:v/ 形 ❶『論理学』帰納的な,帰納法による. ▶ méthode *inductive* 帰納法. ❷『電気』誘導性の.

induction /ɛ̃dyksjɔ̃/ 女 ❶『論理学』帰納(法)(↔déduction). ▶ raisonnement par *induction* 帰納的推理. ❷ 帰納的推論,類推. ❸『電気』誘導現象.

induire /ɛ̃dɥi:r/ 70 他動 (過去分詞 induit, 現在分詞 induisant) ❶＜*induire* qc de qc // *induire* de qc que ‖ 直説法 ＞…から…を帰納する,結論する. ▶ «Qu'*induisez*-vous de là?—J'en *induis* que …»「そこからどういう結論を引き出しますか」「そこから私が引き出す結論は…ということです」

induis-

❷ …の原因となる，を結果としてもたらす．❸ 〈*induire* qn à qc/不定詞〉…に…するように仕向ける．▶ *induire* qn à mal faire …に過ちを犯させる．❹ 〖電気〗…を誘導する．
induire qn en erreur …に過ちを犯させる．

induis- 活用 ⇨ INDUIRE 70

induit, ite /ɛ̃dɥi, it/ 形 (induire の過去分詞)〖電気〗誘導された．▶ courant *induit* 誘導電流．
── **induit** 男 電機子：(誘導電動機の)回転子，(発電機の)発電子．

indulgence /ɛ̃dylʒɑ̃ːs/ 女 ❶ 寛容，寛大；寛容〔寛大〕な措置．▶ L'avocat demande pour son client l'*indulgence* du jury. 弁護人は依頼人に対する寛大な措置を陪審員に求めている．
❷〖カトリック〗免償, 贖宥(しょくゆう).

indulgent, ente /ɛ̃dylʒɑ̃, ɑ̃ːt/ 形 寛容な，寛大な；甘い．▶ un père *indulgent* 寛大な父親 / Il est *indulgent* pour [envers] ses élèves. 彼は生徒に甘い．

indûment /ɛ̃dymɑ̃/ 副 不当に；不法に．

induration /ɛ̃dyrasjɔ̃/ 女 〖医学〗硬化，硬結；硬化した部分．

industrialisation /ɛ̃dystrijalizasjɔ̃/ 女 工業化，産業化．

industrialisé, e /ɛ̃dystrijalize/ 形 工業〔産業〕化した〔された〕．▶ pays *industrialisés* 工業国．

industrialiser /ɛ̃dystrijalize/ 他 …を工業〔産業〕化する．▶ *industrialiser* l'agriculture 農業を工業化する
── **s'industrialiser** 代動 工業〔産業〕化する〔される〕．

industrialisme /ɛ̃dystrijalism/ 男 工業〔産業〕主義，工業〔産業〕優先(策)．

*****industrie** /ɛ̃dystri/ 女 ❶ 工業；産業．▶ *industrie* clef 基幹産業 / *industrie* de pointe 先端産業 / *industrie* lourde 重工業 / *industrie* automobile [pétrolière, informatique] 自動車〔石油，情報〕産業 / *industrie* du spectacle ショービジネス．
❷ 企業，工場．▶ une grande *industrie* 大企業．
❸ 文章 (しばしば軽蔑して，またはふざけて)稼業，生業(なり)．❹ 古風/文章 巧妙，器用，手腕．

*****industriel, le** /ɛ̃dystrijel/ アンデュストリエル 形 ❶ 工業〔産業〕の；工業生産の．▶ produit *industriel* 工業製品 / activité *industrielle* 工業活動 / déchets *industriels* 産業廃棄物 / révolution *industrielle* 産業革命 / arts *industriels* 工業美術，インダストリアル・アート / fromage *industriel* 工場で作ったチーズ．
❷ 工業の盛んな，工業中心の．▶ zone *industrielle* 工業地帯 / ville *industrielle* 工業都市．
en quantité industrielle 話 大量に．
── 名 実業家，工業経営者，工場主．

industriellement /ɛ̃dystrijɛlmɑ̃/ 副 ❶ 工業的に；産業化によって．❷ 工業〔産業〕面で．▶ le pays *industriellement* avancé 先進工業国．

industrieux, euse /ɛ̃dystrijø, øːz/ 形 文章 器用な，巧みな，巧妙な．

inébranlable /inebrɑ̃labl/ 形 揺るがない；確固とした，不屈の．▶ roc *inébranlable* びくともしない岩 / vérité *inébranlable* 動かしがたい事実．

inédit, ite /inedi, it/ 形 ❶ 未刊の，未発表の；〔映画が〕未公開の．▶ texte *inédit* 未発表テキスト / film *inédit* 未公開映画．❷ 前代未聞の，新機軸の．▶ une crise *inédit* 未曾有(みぞう)の危機．
── **inédit** 男 ❶ 未刊作品．❷ 新機軸のもの．▶ C'est de l'*inédit*. それは斬新(ざんしん)だ．

inéducable /inedykabl/ 形 ❶ 教育できない，教育しにくい．❷ 矯正できない．

ineffable /inefabl/ 形 ❶ 筆舌に尽くしがたい，えも言われぬ．▶ un plaisir *ineffable* えも言われぬ喜び．❷ 《名詞の前で》滑稽(こっけい)[奇妙]でなんとも言いようのない．▶ l'*ineffable* Monsieur X あのおかしな X さん．

ineffaçable /inefasabl/ 形 文章 消せない；忘れられない，ぬぐい去れない．▶ une tache *ineffaçable* 落ちない染み / un souvenir *ineffaçable* 忘れがたい思い出．

inefficace /inefikas/ 形 ❶ 効力のない；むだな．❷ 役立たずの，無能な．

inefficacement /inefikasmɑ̃/ 副 文章 効力なく，かいなく．

inefficacité /inefikasite/ 女 ❶ 効力のないこと，無効．❷ 無能，不手際．

inégal, ale /inegal/；(男複) **aux** /o/ 形 ❶ 等しくない；不公平な，不平等な．▶ deux nombres *inégaux* 2つの異なる数 / le partage *inégal* des biens 財産の不公平な分配．❷ 一定でない，不規則な，むらのある；平坦でない．▶ pouls *inégal* 不整脈 / humeur *inégale* むら気．

inégalable /inegalabl/ 形 たぐいまれな，比類のない．

inégalé, e /inegale/ 形 並ぶもののない，無比の．

inégalement /inegalmɑ̃/ 副 まちまちに，そろわないに；不均衡に；不平等に．▶ œuvre *inégalement* appréciée 人によって評価の分かれる作品．

inégalitaire /inegalitɛːr/ 形 不平等主義の．

inégalité /inegalite/ 女 ❶ 不均衡，不均等；不平等．▶ *inégalité* entre l'offre et la demande 需給のアンバランス / *inégalité* des chances 機会の不均等 / lutter contre les *inégalités* sociales 社会的不平等と戦う．❷ 不規則，むら；平坦でないこと，凹凸．▶ *inégalité* du pouls 脈拍の不整 / *inégalité* de style 文体のむら．❸〖数学〗不等式．

inélégance /inelegɑ̃ːs/ 女 ❶ やぼ，無粋；無作法，無礼．

inélégant, ante /inelegɑ̃, ɑ̃ːt/ 形 ❶ やぼったい，無粋の，優雅でない．❷ 無作法な，無礼な．

inéligibilité /ineliʒibilite/ 女 被選挙権のないこと

inéligible /ineliʒibl/ 形 被選挙権のない．

inéluctable /inelyktabl/ 形 避けられない，不可避の；抗しがたい；必然的な．

inéluctablement /inelyktabləmɑ̃/ 副 不可避的に，必然的に，いやおうなく．

inemployé, e /inɑ̃plwaje/ 形 利用されていない，使われていない．▶ ressources pétrolières *inemployées* 手つかずの石油資源．

inénarrable /inenarabl/ 形 言葉にならないほど滑稽(こっけい)な，奇妙きてれつな．

inéprouvé, e /inepruve/ 形 ❶ 経験したことの

inepte /inɛpt/ 形 愚かしい，ばかげた；無能な． ▶ un roman *inepte* ばかばかしい小説．

ineptie /inɛpsi/ 女 愚かさ；愚かな言動．

inépuisable /inepɥizabl/ 形 くみ尽くせない，無尽蔵の；無限の． ▶ une source *inépuisable* de renseignements 無尽蔵の情報源． ❷ とめどなくしゃべり続ける． ▶ un bavard *inépuisable* 際限のないおしゃべり男．

inépuisablement /inepɥizabləmɑ̃/ 副 尽きることなく，無尽蔵に；限りなく．

inépuisé, e /inepɥize/ 形 文章 くみ尽くされていない；限りない．

inéquation /inekwasjɔ̃/ 女《数学》(変数，未知数を含む)不等式．

inerte /inɛrt/ 形 ❶ 生気のない；無気力な，反応のない． ▶ un visage *inerte* 精彩のない顔 / un élève *inerte* 無気力な生徒 / Ils restaient là à regarder, *inertes*. 彼らはただ見ているだけだった．じっと動かずに． ❷《化学》《物理》不活性な，自動力のない． ▶ gaz *inerte* 不活性ガス．

inertie /inɛrsi/ 女 ❶ 無気力，不活発；怠惰． ▶ sortir de son *inertie* 無気力状態から抜け出す / l'*inertie* du gouvernement 政府の無為無策．❷《物理》慣性． ▶ moment d'*inertie* 慣性モーメント． ❸《医学》無力症．

force d'inertie (1)《物理》慣性力．(2) 消極的抵抗．

inespéré, e /inɛspere/ 形 望外の，思いもよらない． ▶ occasion *inespérée* 思いがけないチャンス．

inesthétique /inɛstetik/ 形 ❶ 文章 美的でない 醜い，見苦しい． ❷ 非審美的な．

inestimable /inɛstimabl/ 形 評価を越えた；計り知れない，この上なく貴重な．

*inévitable /inevitabl/ イネヴィタブル 形 ❶ 避けられない，逃れられない，必然の． ▶ conséquence *inévitable* 必然的結果 / La guerre est désormais *inévitable*. 戦争はもはや不可避だ． ◆《非人称構文で》Il est *inévitable* que + 接続法．…ということは避けられない． ▶ Les autorités ne faisant rien, il est *inévitable* que la population réagisse. 当局が無策なので，住民が反発することは避けられない． ❷《名詞の前で》《ふざけて》いつもの，お決まりの． ▶ Il est venu avec son *inévitable* cortège d'admirateurs. 彼は例によってファンの一団を従えてやって来た．

inévitablement /inevitabləmɑ̃/ 副 避けがたく，必然的に，必ず．

inexact, acte /inɛgza(kt), akt/ 形 ❶ 不正確な，間違った． ▶ traduction *inexacte* 原文に忠実でない翻訳． ❷ 時間を守らない，きちょうめんでない． ▶ Il est *inexact* à ses rendez-vous. 彼はいつも約束の時間を守らない．

inexactement /inɛgzaktəmɑ̃/ 副 ❶ 不正確に，間違って． ❷ 時間を守らずに．

inexactitude /inɛgzaktityd/ 女 ❶ 不正確；誤り． ▶ Ce récit fourmille d'*inexactitudes*. その話は間違いだらけだ． ❷ 時間を守らないこと．

inexcusable /inɛkskyzabl/ 形 許せない，弁解の余地もない． ▶ faute *inexcusable* 許せない過ち / Ils sont *inexcusables* d'avoir oublié ça. 彼らがそれを忘れたのはけしからんことだ．

inexécutable /inɛgzekytabl/ 形 ❶ 実行不可能な． ▶ Cette tâche est *inexécutable*. そんな仕事はできるわけがない． ❷〔楽譜などが〕演奏できない．

inexécution /inɛgzekysjɔ̃/ 女《法律》不履行． ▶ *inexécution* d'un contrat 契約の不履行．

inexercé, e /inɛgzɛrse/ 形 文章 訓練されていない；不慣れな，未熟な．

inexistant, ante /inɛgzistɑ̃, ɑ̃:t/ 形 ❶ 文章 存在［実在］しない． ❷ 話 価値のない，無意味な． ▶ Les résultats ont été *inexistants*. 成果はほとんどなかった．

inexistence /inɛgzistɑ̃:s/ 女 ❶ 存在しないこと，欠如． ❷《法律》(法律行為の)不存在［不成立］． ❸ 無価値，無意味，取るに足りないこと．

inexorable /inɛgzɔrabl/ 形 文章 ❶ (願いに)頑として応じない；容赦ない． ▶ juge *inexorable* 峻厳(しゅんげん)な判事 / *inexorable* à toutes les prières どんなに頼んでも耳を貸そうとしない． ❷ 免れがたい．

inexorablement /inɛgzɔrabləmɑ̃/ 副 非情に，仮借なく；いやおうなく．

inexpérience /inɛksperjɑ̃:s/ 女 無経験，未熟，不慣れ． ▶ l'*inexpérience* d'un débutant 初心者の未熟さ / l'*inexpérience* de la vie 人生に対する無知．

inexpérimenté, e /inɛksperimɑ̃te/ 形 ❶ 無経験な，不慣れな． ❷〔方法，武器などが〕まだ試されていない．

inexpert, erte /inɛkspɛ:r, ɛrt/ 形 文章 下手な，未熟な，不器用な．

inexpiable /inɛkspjabl/ 形 ❶〔罪，過ちが〕あがない得ない． ❷ 鎮められない，仮借ない．

inexplicable /inɛksplikabl/ 形 説明できない；不可解な，不思議な． ▶ un phénomène *inexplicable* 説明不可能な現象 / Sa conduite est *inexplicable*. 彼(女)の行動は不可解だ． ◆《非人称構文で》Il est *inexplicable* que + 接続法．…は不可解だ，妙だ．

inexplicablement /inɛksplikabləmɑ̃/ 副 説明できないほどに，不可解に．

inexpliqué, e /inɛksplike/ 形 解明されていない，説明のつかない． ▶ Cet accident reste *inexpliqué*. その事故は謎(なぞ)のままだ．

inexploitable /inɛksplwatabl/ 形 開発［開拓，利用］できない．

inexploité, e /inɛksplwate/ 形 開発［開拓，利用］されていない．

inexploré, e /inɛksplore/ 形 探検されていない，未踏査の，未調査の．

inexplosible /inɛksplozibl/ 形 爆発［破裂］しない．

inexpressif, ive /inɛkspresif, i:v/ 形 無表情な；表現力に乏しい．

inexprimable /inɛksprimabl/ 形 言葉では言い表わせない；言語を絶した． ▶ émotion *inexprimable* 言い知れぬ感動 / avec une douceur *inexprimable* 言うに言われぬ優しさで．

inexprimé, e /inɛksprime/ 形 表現されていない；暗黙の，言外の． ▶ reproches *inexprimés*

無言の非難.

inexpugnable /inɛkspygnabl/ 形 文章 攻略できない, 難攻不落の.

inextensible /inɛkstɑ̃sibl/ 形 ❶ 伸ばせない. ❷ 延期[延長]できない.

in extenso /inɛkstɛ̃so/ 〈ラテン語〉副句 省略せずに, もれなく, 詳細に. ▶ publier un discours *in extenso* 演説の全文を発表する.
— 形句《不変》省略なしの, 詳細な.

inextinguible /inɛkstɛ̃gibl/ 形 文章 ❶ 消すことができない. ❷ 鎮めることのできない, 抑えがたい. ▶ soif *inextinguible* いやし得ぬ渇き.

in extremis /inɛkstremis/ 副句, 形句《不変》〈ラテン語〉❶ 死に際に[の], 臨終に[の]. ❷ 最後の瞬間に[の]. ▶ être sauvé *in extremis* あわやのところで救助される.

inextricable /inɛkstrikabl/ 形 解きほぐせない, 錯綜(さくそう)した.

inextricablement /inɛkstrikabləmɑ̃/ 副 解きがたいまでに; 抜けがたいまでに.

infaillibilité /ɛ̃fajibilite/ 女 ❶ 確実性, 必ず効果があること. ▶ l'*infaillibilité* d'un procédé 方法の確実性. ❷ 無謬(むびゅう)性, 決して間違えないこと. ❸〖カトリック〗*infaillibilité* pontificale 教皇の不謬性.

infaillible /ɛ̃fajibl/ 形 ❶ 決して間違わない. ▶ Personne n'est *infaillible*. 間違いを犯さない人などいない. ❷ 確実な; 必ず効果のある. ▶ preuve *infaillible* 確証 / méthode *infaillible* 確実な方法.

infailliblement /ɛ̃fajibləmɑ̃/ 副 ❶ 確実に, 必ず. ❷ 誤ることなく.

infaisable /ɛ̃fəzabl/ 形 実行不可能な.

infamant, ante /ɛ̃famɑ̃, ɑ̃:t/ 形 ❶ 文章 名誉を傷つける, 不名誉な. ❷〖刑法〗peine *infamante* 名誉刑.

infâme /ɛ̃fɑ:m/ 形 ❶ 卑劣な, 卑しい, 恥ずべき. ▶ un *infâme* saligaud 卑劣漢 / une trahison *infâme* 卑劣な裏切り.
❷ 嫌悪を催す, 不潔な, 醜悪な.

infamie /ɛ̃fami/ 女 ❶ 卑しさ, 低劣さ. ▶ l'*infamie* d'un crime 犯罪のおぞましさ.
❷ 卑劣な[恥ずべき]行為; 汚い言葉, 悪口. ▶ dire des *infamies* à qn …に悪口を言う.

infant, ante /ɛ̃fɑ̃, ɑ̃:t/ 名 (スペイン, ポルトガルの国王の次男, 次女以下の)親王, 王子, 内親王, 王女.

infanterie /ɛ̃fɑ̃tri/ 女 歩兵隊. ▶ *infanterie* de l'air 空挺(くうてい)部隊 / *infanterie* de marine 海兵隊.

infanticide /ɛ̃fɑ̃tisid/ 形 嬰児(えいじ)殺しの.
— 名 嬰児殺し(犯人). — 男 嬰児殺し(行為).

infantile /ɛ̃fɑ̃til/ 形 ❶ 小児の, 小児特有の. ▶ médecine *infantile* 小児科(=pédiatrie)/ maladies *infantiles* 小児病. ❷ 〔成人が〕小児型の, 小児的な. ▶ sujet *infantile* 発育不全患者. ❸《軽蔑して》子供っぽい, 幼稚な.

infantilisation /ɛ̃fɑ̃tilizasjɔ̃/ 女 小児化, 幼稚化.

infantiliser /ɛ̃fɑ̃tilize/ 他動 …の小児的傾向[性格]を助長する, を小児化[幼稚化]させる.

infantilisme /ɛ̃fɑ̃tilism/ 男 ❶〖医学〗幼稚症. ❷ 子供染みた性格[振る舞い], 幼児性.

infarctus /ɛ̃farktys/ 男〖医学〗梗塞(こうそく). ▶ *infarctus* du myocarde 心筋梗塞 / *infarctus* cérébral 脳梗塞.

infatigable /ɛ̃fatigabl/ 形 疲れることのない, 疲れを知らぬ; 根気のよい.

infatigablement /ɛ̃fatigabləmɑ̃/ 副 疲れることなく; 根気よく, 飽きずに.

infatuation /ɛ̃fatɥasjɔ̃/ 女 文章 うぬぼれ, 自負.

infatué, e /ɛ̃fatɥe/ 形 文章 うぬぼれた. ▶ Il est *infatué* de lui-même. 彼はうぬぼれている.

s'infatuer /sɛ̃fatɥe/ 代動 うぬぼれる, 思い上がる(=*s'infatuer* de soi-même).

infécond, onde /ɛ̃fekɔ̃, ɔ̃:d/ 形 文章 ❶ 子を産まぬ. ❷〔土地, 畑が〕やせた, 不毛の. ❸〔才能などが〕貧弱な.

infécondité /ɛ̃fekɔ̃dite/ 女 文章 ❶ 子を産まぬこと, 不妊; 不毛. ❷〔才能などの〕貧しさ.

infect, e /ɛ̃fɛkt/ 形 ❶ 悪臭を放つ, 胸の悪くなるような, 不潔な. ❷〔品質が〕劣悪な. ▶ Ce vin est *infect*. このワインは実にまずい. 比較 ⇨ MAUVAIS. ❸ 忌まわしい, 下劣な. ▶ un type *infect* 下劣なやつ.

infecter /ɛ̃fɛkte/ 他動 ❶ …を汚染する; (悪臭などで)満たす. ▶ Il nous *infecte* avec son haleine. 彼の息は臭くてたまらない.
❷ …に病気を移す;〔傷〕を化膿(かのう)させる. ▶ Ce malade peut *infecter* ses proches. この病人は周りの人に病気を移す恐れがある.
— **s'infecter** 代動 化膿する; 感染する.

infectieux, euse /ɛ̃fɛksjø, ø:z/ 形 感染性の; 感染によって広まる. ▶ germe *infectieux* 感染性微生物 / maladie *infectieuse* 感染症.

infection /ɛ̃fɛksjɔ̃/ 女 ❶ 感染, 汚染; 伝染病. ▶ foyer d'*infection* 伝染病の発生源. ❷ 猛烈な悪臭. ▶ Quelle *infection*! なんてひどいにおいだ. ❸ 話 嫌悪すべきもの.

inféodé, e /ɛ̃feɔde/ 形〈*inféodé* à qn/qc〉…に従属[服従]した. ▶ un journal *inféodé* à un groupe financier ある金融グループの支配下にある新聞.

inféoder /ɛ̃feɔde/ 他動 ❶ …を従属[服従]させる. ❷〔領主が封地〕を(封臣に)授与する.
— **s'inféoder** 代動〈*s'inféoder* à qn/qc〉…の支配下に入る, に服従する. ▶ *s'inféoder* à un parti 政党に従属する.

inférence /ɛ̃ferɑ̃:s/ 女〖論理学〗(演繹(えんえき), 帰納の両方を含む)推理, 推論; (推論による)結論.

inférer /ɛ̃fere/ 6 他動〔結論〕を引き出す, …と推論[推理]する(=déduire, conclure).

***inférieur, e** /ɛ̃ferjœ:r/ 形 ❶ 下の; 下流の. ▶ mâchoire *inférieure* 下あご / membres *inférieurs* 下肢(=les jambes) / le cours *inférieur* du Rhône ローヌ川の下流. ❷〈*inférieur* (à qc/qn)〉〔地位, 能力などが〕(…より)劣る, 下位の. ▶ les couches *inférieures* de la société 下層階級 / animaux *inférieurs* 下等動物 / produit de qualité *inférieure* 二級品, 安物 / Son second livre est *inférieur* au premier. 彼(女)の第2作は第1作より出来が悪い

inflationniste

/ Il lui est très *inférieur*. 彼はあの人にはとても及ばない.

❸〈inférieur à qc〉〔数量などが〕…より小さい［少ない］, 未満の. ▶ un nombre *inférieur* [*inférieur* ou égal] à dix 10未満の［10以下の］数 / Le niveau de la Méditerranée est un peu *inférieur* à celui de la mer Rouge. 地中海の水位は紅海より少し低い.
— 名 目下の者, 部下; 下級の者.

infériorisation /ɛ̃ferjɔrizasjɔ̃/ 女 劣等感を抱かせること; 劣等視すること.

inférioriser /ɛ̃ferjɔrize/ 他動 ❶ …に劣等感を抱かせる. ❷ …を過小評価する.

***infériorité** /ɛ̃ferjɔrite/ アンフェリオリテ/ 女 ❶ 劣っていること, 劣等, 劣勢. ▶ avoir un complexe d'*infériorité* 劣等感を持つ.
❷ 劣等［劣勢］にするもの, 不利な点, 弱点. ❸〖文法〗comparatif [superlatif] d'*infériorité* 劣等比較［最上］級.

infernal, ale /ɛ̃fɛrnal/: 《男複》**aux** /o/ 形 ❶ 地獄の. ▶ les puissances *infernales* 悪魔.
❷ 地獄［悪魔］のような, 非道な. ▶ une ruse *infernale* 極悪非道の奸計(かんけい).
❸ 話 ものすごい, すさまじい; 〔人が〕耐えがたい. ▶ Il fait une chaleur *infernale*. うだるような暑さだ / un enfant *infernal* どうしようもない子供.
cycle infernal 悪循環.
machine infernale 仕掛け［時限］爆弾.

infertile /ɛ̃fɛrtil/ 形 文章 ❶〔土地が〕やせた, 不毛の. ❷ 才能などが〕貧弱な.

infertilité /ɛ̃fɛrtilite/ 女 文章（土地が）やせていること, 不毛;（精神的）貧困.

infester /ɛ̃fɛste/ 他動 ❶ …を荒らす, にはびこる.
▶ Les pirates *infestent* les côtes. 海賊が海岸一帯に出没している / La région *est infestée* de moustiques. この地方には蚊が大量発生している.
❷〖医学〗寄生虫などが生体に〕侵入する.

infidèle /ɛ̃fidɛl/ 形 ❶ 誠実でない; 不貞を働く.
▶ époux *infidèle* 不実な夫.
❷〈*infidèle* à qc〉…に忠実でない. ▶ être *infidèle* à sa parole 自分の言ったことを守らない.
❸ 事実と異なる, 不正確な. ▶ mémoire *infidèle* 間違った記憶 / traduction *infidèle*（原文から外れた）不正確な翻訳.
— 名 ❶ 異教徒. ❷ 古・文章 不実な人, 浮気者.

infidèlement /ɛ̃fidɛlmɑ̃/ 副 不誠実に; 不正確に.

infidélité /ɛ̃fidelite/ 女 ❶ 不実, 不貞, 浮気. ▶ Il a fait bien des *infidélités* à sa femme. 彼は妻にさんざん不貞を働いた. ❷ 文章（約束, 義務などに）背くこと, 不忠実. ❸ 不正確さ; 不正確な点.
▶ l'*infidélité* de la mémoire 記憶の不確かさ.

infiltration /ɛ̃filtrasjɔ̃/ 女 ❶（液体が）染み込むこと, 浸透. ▶ l'*infiltration* de l'eau dans un sol 土壌への水の浸透. ❷ 侵入, 潜入;（思想などの）浸透. ▶ *infiltration* d'espions スパイの潜入. ❸〖医学〗浸潤.

s'infiltrer /sɛ̃filtre/ 代動 ❶ 染み込む, 入り込む, 浸透する. ▶ L'eau *s'infiltre* dans le bois le plus dur. 水はどんな堅い木にも染み込む.
❷〔スパイなどが〕潜入する, 潜り込む.

— **infiltrer** /ɛ̃filtre/ 他動 ❶ …を染み込ませる, 浸透させる. ❷ …を潜入させる.

infime /ɛ̃fim/ 形 微細な, 取るに足りない. ▶ une *infime* minorité ほんの一握りの人々.

***infini, e** /ɛ̃fini/ 形 **無限の**, 果てしない; 非常な. ▶ un progrès *infini* 限りなき進歩 / un désert *infini* 果てしない砂漠 / On voit un nombre *infini* d'étoiles. 無数の星が見える / avec une patience *infinie* 非常な忍耐で.
— **infini** 男 無限, 無限大. ▶ régler son objectif sur l'*infini*（カメラの）レンズの焦点を無限大に合わせる.
à l'infini 無限に, 際限なく ▶ On peut discuter là-dessus *à l'infini*. そのことに関してならいくらでも議論できる.

infiniment /ɛ̃finimɑ̃/ 副 無限に, 際限なく; 甚だしく, 非常に. ▶ *infiniment* grand 無限大(の) / Ce conte me plaît *infiniment*. 私はこの物語がたいへん気に入っている.

infinité /ɛ̃finite/ 女 ❶ 無限(性). ❷〈une *infinité* de + 無冠詞複数名詞〉無数の…, 莫大(ばくだい)な…. ▶ une *infinité* de gens 無数の人々.

infinitésimal, ale /ɛ̃finitezimal/: 《男複》**aux** /o/ 形 ❶ 極めて小さな, ごくわずかな. ❷〖数学〗無限小の. ▶ calcul *infinitésimal* 微積分.

***infinitif, ive** /ɛ̃finitif, i:v/ アンフィニティフ, アンフィニティーヴ/ 形〖文法〗不定詞の.
— **infinitif** 男 不定詞 (=mode infinitif).
— **infinitive** 女 不定詞節 (=proposition infinitive).

infirme /ɛ̃firm/ 形（体の）不自由な; 病身の. ▶ Il est *infirme* du bras droit. 彼は右手が不自由だ. — 名 身体障害者. 比較 ⇨ HANDICAPÉ.

infirmer /ɛ̃firme/ 他動 ❶ …の力を弱める, 信用を失わせる, を否定する. ▶ Cette hypothèse *a été infirmée* par les résultats récents. この仮説は最近の我見によって否定された.
❷〖法律〗…を無効にする;〔判決〕を破棄する.

infirmerie /ɛ̃firməri/ 女（学校, 兵営, 修道院などの）医務室, 診療室. 比較 ⇨ HÔPITAL.

***infirmier, ère** /ɛ̃firmje, ɛ:r/ アンフィルミエ, アルフィルミエール/ 名 看護師. ▶ *infirmier* militaire 看護兵, 衛生兵 / *infirmière* diplômée [auxiliaire] 正［准］看護婦.

infirmité /ɛ̃firmite/ 女 ❶ 身体障害, 体の不自由. ▶ les *infirmités* de la vieillesse 老衰, 老年期障害. ❷ 文章 欠点, 欠陥, 弱点.

inflammabilité /ɛ̃flamabilite/ 女 ❶ 引火性, 可燃性. ❷ 文章（気性の）激しやすさ.

inflammable /ɛ̃flamabl/ 形 ❶ 燃えやすい, 引火性の. ❷ 文章〔人が〕熱狂しやすい.

inflammation /ɛ̃flamasjɔ̃/ 女 ❶ 文章 引火, 発火. ❷〖医学〗炎症. ▶ l'*inflammation* de l'intestin 腸炎.

inflammatoire /ɛ̃flamatwa:r/ 形〖医学〗炎症性の.

inflation /ɛ̃flasjɔ̃/ 女 ❶ インフレーション.
❷ 激増, 過剰. ▶ l'*inflation* de la publicité 広告の氾濫(はんらん).

inflationniste /ɛ̃flasjɔnist/ 形 インフレ（傾向）の. ▶ politique *inflationniste* インフレ対策.

infléchi

infléchi, e /ɛ̃fleʃi/ 形 (infléchir の過去分詞)曲がった;屈折した.

infléchir /ɛ̃fleʃiːr/ 他動 …を曲げる, 屈折させる, の方向［流れ］を変える. ▶ L'atmosphère *infléchit* les rayons lumineux. 大気は光を屈折させる / Le gouvernement *a infléchi* sa politique à droite. 政府は右傾化政策を取った.
— **s'infléchir** 代動 曲がる, 屈折する, 方向［流れ］が変わる.

infléchissement /ɛ̃fleʃismɑ̃/ 男 (現象, 状況などの軽い)修正, 変更.

inflexibilité /ɛ̃fleksibilite/ 女 不屈, 一徹, 頑固; 厳格, 厳正.

inflexible /ɛ̃fleksibl/ 形 ❶ 不屈の;頑固な, 強情な. ▶ volonté *inflexible* 堅固な意志. ❷ 厳しい, 厳正な; 柔軟性を欠いた. ▶ règle *inflexible* 厳格な規則.

inflexiblement /ɛ̃fleksibləmɑ̃/ 副 文章 頑として, 頑固に, 強情に.

inflexion /ɛ̃fleksjɔ̃/ 女 ❶(体などを)曲げること. ❷方向の変更;(光の)屈折. ❸ 声音［語調, 抑揚］(の変化). ▶ prendre des *inflexions* plus douces［声が］ぐっと優しい調子になる.

infliger /ɛ̃fliʒe/ ② 他動 ❶〔罰, 苦痛など〕を与える, 科する. ▶ *infliger* une punition à son fils 子供に罰を科する. ❷ …を押しつける. ▶ *infliger* une tâche ardue à son subordonné 部下に骨の折れる仕事をやらせる.

infliger un démenti à qn …の偽りを暴露する, 申し立てを覆す.
— **s'infliger** 代動 ❶〈*s'infliger* qc〉〔罰など〕を自分に科する［加える］. 注 se は間接目的.
❷科される, 加えられる.

influençable /ɛ̃flyɑ̃sabl/ 形 影響されやすい.

*****influence** /ɛ̃flyɑ̃ːs/ アンフリュアーンス 女 ❶〈*influence*(sur qc/qn)〉(…に対する)影響, 感化; 作用. ▶ subir l'*influence* de son père 父親の感化を受ける / exercer une grande *influence* sur qc/qn …に大きな影響を及ぼす / l'*influence* de l'éducation sur la personnalité 教育が人格に及ぼす影響.
❷ 勢力, 影響力; 権勢. ▶ lutte d'*influences* 勢力争い / sphère［zone］d'*influence* 勢力圏 / trafic d'*influence* 収賄(しゅうわい) / avoir de l'*influence* dans les milieux financiers 財界ににらみが利く / Il a beaucoup d'*influence* sur le ministre. 彼は大臣に大いに顔が利く.
❸《物理》誘導.

le [la] faire (à qn) à l'influence 話 (…に)圧力をかけてやらせる, 威圧して従わせる. ▶ Il essaye de nous *le faire à l'influence*. 彼は我々に圧力をかけようとしている.

sous l'influence de qn/qc …の影響[作用]を受けて; 勢いに任せて. ▶ agir *sous l'influence de* la colère 怒りに駆られて行動する.

influencer /ɛ̃flyɑ̃se/ ① 他動 …に影響を及ぼす, を左右する; に作用する. ▶ Il se laisse facilement *influencer* par sa petite amie. 彼はすぐ恋人の言いなりになる.

influent, ente /ɛ̃flyɑ̃, ɑ̃ːt/ 形 影響力のある, 有力な.

influenza /ɛ̃flyɑ̃za/ 女〔英語〕古風 文章 インフルエンザ, 流行性感冒 (=grippe).

influer /ɛ̃flye/ 間接他動〈*influer* sur qn/qc〉…に影響を及ぼす, 作用する. ▶ Le temps *influe* sur notre humeur. 天候は人の気分に影響する.

influx /ɛ̃fly/ 男《生理学》*influx* nerveux 神経インパルス.

info /ɛ̃fo/ 女 話 information の略.

infographie /ɛ̃fɔgrafi/ 女《情報》コンピュータグラフィックス, 画像処理.

in-folio /infɔljo/ 形《不変》《印刷》〔判型が〕二つ折の, 全判を 2 分割した大判の.
— 男〔単複同形〕二つ折(の本).

infondé, e /ɛ̃fɔ̃de/ 形 根拠［いわれ］のない.

informateur, trice /ɛ̃fɔrmatœːr, tris/ 名 情報［資料］提供者, インフォーマント; 情報係; 密告者 (=*informateur* de police). ▶ *informateur* de presse 報道記者; (報道機関への)情報提供者.

informaticien, enne /ɛ̃fɔrmatisjɛ̃, ɛn/ 名 情報科学者; 情報処理技術者.

informatif, ive /ɛ̃fɔrmatif, iːv/ 形 情報［知識］を与える, 資料を提供する.

*****information** /ɛ̃fɔrmasjɔ̃/ アンフォルマスィヨン 女
英仏そっくり語
英 information 情報.
仏 information 情報,《複数で》ニュース.

❶ 情報. ▶ donner [recueillir] d'utiles *informations* 役に立つ情報を提供［収集］する / manquer d'*informations* sur qc …について情報が足りない / Nous n'avons aucune *information* sur les causes de cet accident de voiture. この自動車事故の原因に関する情報はまだ何も入っていない.
❷ 情報収集, 調査. ▶ faire un voyage d'*information* 情報収集のための旅行をする.
❸ 報道, 広報(活動). ▶ liberté de l'*information* 報道の自由 / centre d'*information* 情報センター / agence d'*information* 通信社 / service des *informations* 報道部.
❹《多く複数で》ニュース(=bulletin d'*informations*). ▶ *informations* sportives スポーツニュース / écouter les *informations* à la radio ラジオのニュースを聴く / regarder les *informations* (テレビで)ニュースを見る.
❺《法律》(違反を立証し犯人を見いだすための)予審. ▶ ouvrir une *information* 予審を始める.
❻《科学》情報. ▶ théorie de l'*information* 情報理論 / traitement de l'*information* 情報処理.

informationnel, le /ɛ̃fɔrmasjɔnɛl/ 形 情報(理論)の.

informatique /ɛ̃fɔrmatik/ 女, 形 情報科学［理論］(の); 情報処理(の). ▶ l'ère de l'*informatique* コンピュータ時代 / l'industrie *informatique* 情報産業 / système *informatique* 情報システム.

informatiquement /ɛ̃fɔrmatikmɑ̃/ 副 コンピュータによって, コンピュータで.

informatisation /ɛ̃fɔrmatizasjɔ̃/ 女 情報処理, コンピュータ化.

informatiser /ɛ̃fɔrmatize/ 他動 ❶〔組織, 業務など〕をコンピュータ化する. ▶ une société *informatisée* 情報化社会. ❷〔データなど〕をコンピュータで処理する.
— **s'informatiser** 代動 コンピュータ化される.

informe /ɛ̃fɔrm/ 形 ❶ 形のはっきりしない. ▶ des aspirations *informes* 漠然としたあこがれ. ❷ 未完成の, 不完全な. ▶ un ouvrage *informe* 不完全な作品. ❸ 醜い, 不格好な.

informé, e /ɛ̃fɔrme/ 形 ❶ 情報に明るい, 事情通の. ▶ un journal bien *informé* 情報の確かな新聞 / dans les milieux (bien) *informés* 情報通の間では.
❷〈*informé* de [sur] qc〉…を知っている. ▶ être bien [mal] *informé* sur le monde politique 政界に通じている[いない]. 比較 ⇨ SAVOIR[1].
— **informé** 男〔法律〕un plus ample *informé* 新証拠.
jusqu'à plus ample informé もっと詳しいことが分かるまでは;〔法律〕新証拠が出てくるまでは.

informel, le /ɛ̃fɔrmel/ ❶ 非公式の; 形式ばらない. ▶ réunion *informelle* 非公式の会合.
❷〔美術〕非定形の.
— **informel** 男〔美術〕アンフォルメル.

***informer** /ɛ̃fɔrme/ アンフォルメ/ 他動 ❶〈*informer* qn de qc / *informer* qn que +直説法〉…に…を知らせる, 通知する. ▶ *informer* qn par lettre de son arrivée …に手紙で到着を知らせる / Il m'a *informé* qu'il refusait. 彼は私に断ると言ってきた.
❷〈*informer* qn (sur [au sujet de] qn/qc)〉…に(…についての)情報を与える. ▶ *informer* qn au sujet d'un client ある客に関して…に情報を与える.

比較 **知らせる, 情報を与える**
(1) 人を目的語にする動詞としては **informer** が最も一般的. **renseigner** は道案内や乗り物の時刻案内など, 実用的な情報を与えること. **mettre au courant** は informer とほぼ同義だが, ややくだけた表現. **avertir, prévenir** は何かを前もって知らせて, 相手に注意させたり, 備えさせたりすること. **alerter** は特に危険を知らせること. (2) 情報を目的語にする動詞では **annoncer, faire savoir** が最も一般的. annoncer は新聞やテレビの情報についていう. **communiquer** は官庁用語.

— 自動〔法律〕予審を行う, 証拠調べをする. ▶ *informer* contre qn …の罪状を調べる / *informer* d'[sur] un fait 犯罪事実の証拠調べをする.
— **s'informer** 代動 ❶〈s'*informer* (auprès de qn) de qc〉(…に)…を**問い合わせる**, 照会する. ▶ *s'informer* du prix d'une chambre 部屋の値段を問い合わせる. ◆ *s'informer* si + 直説法 ▶ *Informez-vous* s'il est arrivé. 彼が着いたかどうか問い合わせてみなさい. 比較 ⇨ EXAMINER.
❷〈s'*informer* sur [au sujet de] qc〉…について情報[知識]を得る. ▶ *s'informer* sur la situation politique 政治情勢の情報を得る.

informulé, e /ɛ̃fɔrmyle/ 形 言葉に表現されていない.

infortune /ɛ̃fɔrtyn/ 女 文章 ❶ 不幸, 不運. ▶ compagnon d'*infortune* 同じ不幸に苦しむ人. ❷《複数で》不幸な出来事.

infortuné, e /ɛ̃fɔrtyne/ 形, 名 文章 不幸な(人), 不運な(人).

infra /ɛ̃fra/ 副《ラテン語》後述のように, 下記に. ▶ Voir *infra*, page 23 [vingt-trois]. 下記23ページを参照のこと.

infra- 接頭「下の」の意. ▶ *infra*rouge 赤外線.

infraction /ɛ̃fraksjɔ̃/ 女 〈*infraction* (à qc)〉(…に対する)違反;(権利の)侵害. ▶ *infraction* à la règle 規則違反 / commettre une *infraction* à qc …の違反を犯す / être en *infraction* à qc …に違反している / *infraction* au droit d'autrui 他人の権利の侵害. 比較 ⇨ CRIME.

infranchissable /ɛ̃frɑ̃ʃisabl/ 形 乗り越えられない, 渡れない; 克服できない.

infrangible /ɛ̃frɑ̃ʒibl/ 形 文章 破壊できない, 壊れない; 堅固な.

infrarouge /ɛ̃fraruːʒ/ 形 赤外(線)の. ▶ rayons [radiations] *infrarouges* 赤外線.
— 男 赤外線. ▶ l'*infrarouge* et l'ultra-violet 赤外線と紫外線.

infrason /ɛ̃frasɔ̃/ 男〔音響〕(20ヘルツ以下の)超低周波音, 不可聴音.

infrasonore /ɛ̃frasɔnɔːr/ 形〔音響〕超低周波(音)の, 不可聴の.

infrastructure /ɛ̃frastryktyːr/ 女 ❶(建物, 鉄道などの)基礎部分, 基礎工事.
❷(飛行場, 通信所, 基地などの)地上施設.
❸《集合的に》(経済・社会活動に必要な)社会資本, インフラストラクチャー; 施設. ▶ *infrastructure* touristique 観光施設.
❹(マルクス経済学の)下部構造.

infroissable /ɛ̃frwasabl/ 形〔布地が〕しわの寄らない, しわになりにくい.

infructueusement /ɛ̃fryktɥøzmɑ̃/ 副 むなしく, 益なく.

infructueux, euse /ɛ̃fryktɥø, øːz/ 形〔努力などが〕実を結ばない, 報われない, むなしい.

inf*us*, *use* /ɛ̃fy, yːz/ 形 文章 天賦の, 持って生まれた. ▶ un don *infus* 天賦の才能.
avoir la science infuse《ときに皮肉に》習わずして博識である.

infuser /ɛ̃fyze/ 他動 ❶〔薬草, 茶など〕を煎(せん)じる. ▶ *infuser* du thé 紅茶を入れる / thé bien *infusé* よく出たお茶 / *infuser* du tilleul シナノキの茶を煎じる. ❷ 文章〔活力など〕を吹き込む, 注入する;〔感情〕を植えつける. ▶ *infuser* le doute dans le cœur d'un homme 人の心に疑念を植えつける / *infuser* du sang nouveau à qn/qc …に新しい活力を注ぎこむ.
— 自動 煎じられる. ▶ Laisser *infuser* quelques minutes 数分間煎じること(注意書きで)
— **s'infuser** 代動〔薬草, 茶などが〕煎じられる, 出る.

infusible /ɛ̃fyzibl/ 形 溶けない, 不溶解性の.

infusion /ɛ̃fyzjɔ̃/ 女 ❶(茶, 薬を)煎(せん)じること.
❷ 煎じ薬; ハーブティー. ▶ prendre une *infusion* de camomille カミツレ茶を飲む.

infusoire /ɛ̃fyzwaːr/ 男〔動物〕滴虫類.

ingagnable /ɛ̃gaɲabl/ 形 勝算のない.

ingambe /ɛ̃gɑ̃:b/ 形 足の動き［身のこなし］が軽い, 達者な.

s'ingénier /sɛ̃ʒenje/ 代動 ‹ *s'ingénier* à + 不定詞›…しようと工夫を凝らす, 努力する. ▶ *s'ingénier* à trouver une solution 打開策を見つけようと工夫を凝らす.

ingénierie /ɛ̃ʒeniri/ 囡 工学, エンジニアリング.

*ingénieur** /ɛ̃ʒenjœ:r/ アンジェニュール 男 技術者, 技師, エンジニア. ▶ *ingénieur* électricien 電気技師 / *ingénieur* mécanicien 機械技師 / *ingénieur* du son 録音技師 / *ingénieur* système 〖情報〗システムエンジニア, SE / *ingénieur* en chef 技師長 / 《同格的に》 femme *ingénieur* 女性技師.

ingénieusement /ɛ̃ʒenjøzmɑ̃/ 副 巧妙に, 巧みに, 器用に.

ingénieux, euse /ɛ̃ʒenjø, ø:z/ 形 創意工夫に富んだ, 器用な, 巧妙な. ▶ C'est un bricoleur *ingénieux*. 彼は器用に日曜大工をする / explication *ingénieuse* 見事な説明.

ingéniosité /ɛ̃ʒenjozite/ 囡 創意工夫に富んでいること, 巧妙さ, 器用さ. ▶ faire preuve d'*ingéniosité* 創意工夫を発揮する / l'*ingéniosité* d'un projet 計画の巧みさ.

ingénu, e /ɛ̃ʒeny/ 形 率直な, 無邪気な, ばか正直な. ▶ air *ingénu* 無邪気な態度 / jeune fille *ingénue* うぶな娘.
— 名 率直［無邪気, ばか正直］な人.

ingénuité /ɛ̃ʒenɥite/ 囡 無邪気, うぶ; ばか正直. ▶ répondre avec *ingénuité* 無邪気［ばか正直］に答える.

ingénument /ɛ̃ʒenymɑ̃/ 副 無邪気に; 率直に.

ingérable /ɛ̃ʒerabl/ 形〖事態が〗掌握できない, 管理できない.

ingérence /ɛ̃ʒerɑ̃:s/ 囡 不当な口出し, 干渉, 介入（=intervention）. ▶ *ingérence* humanitaire 人道的介入.

s'ingérer /sɛ̃ʒere/ [6] 代動 ‹*s'ingérer* dans qc› …に不当に口を挟む, 干渉する. ▶ *s'ingérer* dans la vie privée d'autrui 他人の私生活に口を出す.
— **ingérer** /ɛ̃ʒere/ 他動〖食物, 薬物〗を（経口）摂取する.

ingestion /ɛ̃ʒɛstjɔ̃/ 囡（食物, 薬物などの）(経口)摂取.

ingouvernable /ɛ̃guvɛrnabl/ 形 統治できない; 制御できない, 手に負えない.

ingrat, ate /ɛ̃gra, at/ 形 ❶ 恩知らずな. ▶ fils *ingrat* 親不孝な息子.
❷〖物が〗（苦労や努力に）報いることのない, やりがいのない; 実りのない. ▶ terre *ingrate* 不毛の土地 / tâche *ingrate* 骨折り損の仕事 / étudier un sujet *ingrat* 厄介なテーマを研究する.
❸ 醜い, 不快な, 無様な. ▶ physique *ingrat* 不格好な体つき.
âge ingrat 思春期. ▶ être en plein *âge ingrat* 思春期の真っただ中にいる.
— 名 恩知らず, 忘恩者.

ingratitude /ɛ̃gratityd/ 囡 忘恩, 恩知らず(な行い). ▶ payer qn d'*ingratitude* …に恩をあだで返す / faire preuve d'*ingratitude* à l'égard de qn …に恩知らずなことをする.

ingrédient /ɛ̃gredjɑ̃/ 男 ❶（薬, 食品などの）成分, 原料. ❷（ある結果をもたらす）要因, 要素.

inguérissable /ɛ̃gerisabl/ 形 ❶ 不治の. ❷〖苦しみなどが〗癒(い)やせない;〖欠点などが〗直せない.

inguinal, ale /ɛ̃gɥinal, al/ 形;《男複》**aux** /o/ 形〖解剖〗鼠蹊(そ̇けい̇)(部)の.

ingurgitation /ɛ̃gyrʒitasjɔ̃/ 囡 暴飲暴食.

ingurgiter /ɛ̃gyrʒite/ 他動 ❶ …をがつがつ食べる, がぶ飲みする. ▶ *ingurgiter* deux douzaines d'huîtres カキを2ダースも平らげる.
❷《ふざけて》〖知識〗を頭に詰め込む.

inhabile /inabil/ 形 ❶ 文章 無能な, 下手な, 不器用な. ❷ 古風 ‹*inhabile* à qc›…に適さない. ❸〖民法〗‹*inhabile* à + 不定詞›…する資格のない. ▶ *inhabile* à tester 遺言能力のない.

inhabileté /inabilte/ 囡 文章 拙劣, 不器用.

inhabitable /inabitabl/ 形 住めない, 住みにくい.

inhabité, e /inabite/ 形 人の住まない, 無人の.

inhabituel, le /inabitɥɛl/ 形 常ならぬ, 異例の.

inhalateur, trice /inalatœ:r, tris/ 形 吸入する, 吸入用の. — **inhalateur** 男 吸入器. ▶ *inhalateur* d'oxygène（パイロットの）酸素吸入器, 酸素マスク.

inhalation /inalasjɔ̃/ 囡 吸入;〖医学〗吸入法. ▶ faire des *inhalations* 吸入をする.

inhaler /inale/ 他動〖麻酔剤など〗を吸入する, かぐ.

inharmonieux, euse /inarmɔnjø, ø:z/ 形 文章 調和に欠ける, 調子外れの.

inhérence /inerɑ̃:s/ 囡（性質などが）本来備わっていること, 固有性.

inhérent, ente /inerɑ̃, ɑ̃:t/ 形 ‹*inhérent* à qn/qc›…に本質的に属する, 固有の. ▶ la faiblesse *inhérente* à la nature humaine 人間本来の弱さ / les qualités *inhérentes* à une personne 人の個性.

inhibé, e /inibe/ 形 抑制された;〖機能が〗制止された. — 名 抑制された人, 内向的な人.

inhiber /inibe/ 他動〖心理的・生理的活動〗を抑制する, 阻止する.

inhibition /inibisjɔ̃/ 囡（心理的・生理的活動の）抑制, 阻害, 制止;（精神的・肉体的活動の）不能状態, 機能停止.

inhospitalier, ère /inɔspitalje, ɛ:r/ 形〖人や態度が〗もてなしの悪い, 無愛想な;〖場所が〗人を寄せつけない.

inhumain, aine /inymɛ̃, ɛn/ 形 ❶ 非人道的な, 冷酷無情な. ❷ 人間離れした; 人の力を超えた. ▶ un cri *inhumain* 人のものとは思えぬ叫び声.

inhumainement /inymɛnmɑ̃/ 副 文章 非人間的に, 無情に, 非道に.

inhumanité /inymanite/ 囡 文章 無情, 非道, 残忍. ▶ acte d'*inhumanité* 残酷な行為.

inhumation /inymasjɔ̃/ 囡 埋葬, 土葬.

inhumer /inyme/ 他動 …を埋葬する, 土葬にする. ▶ le permis d'*inhumer* 埋葬許可証.

inimaginable /inimaʒinabl/ 形 想像を絶した, 考えられないような.

inimitable /inimitabl/ 形 まねのできない, 独特な; たぐいまれな.

inimité, e /inimite/ 形 文章 模倣されたことのない, 無類の.

inimitié /inimitje/ 女 文章 反感, 敵意; 反目. ▶ avoir de l'*inimitié* contre qn …に敵意を抱く / s'attirer l'*inimitié* de qn …の反感を買う.

ininflammable /inɛ̃flamabl/ 形 不燃性の.

inintelligemment /inɛ̃teliʒamɑ̃/ 副 愚かしく, 愚鈍に.

inintelligence /inɛ̃teliʒɑ̃:s/ 女 理解力[知性]のなさ, 愚鈍; 無理解.

inintelligent, ente /inɛ̃teliʒɑ̃, ɑ̃:t/ 形 理解力がない, 愚かな.

inintelligibilité /inɛ̃teliʒibilite/ 女 文章 理解できないこと, 理解不可能.

inintelligible /inɛ̃teliʒibl/ 形 理解できない, 意味がつかめない. ▶ mot *inintelligible* 意味のわからない単語.

inintéressant, ante /inɛ̃teresɑ̃, ɑ̃:t/ 形 興味に欠ける, おもしろくない, つまらない.

ininterrompu, e /inɛ̃terɔ̃py/ 形 絶え間ない, 連続した. ▶ file *ininterrompue* de voitures 延々と続く車の行列.

inique /inik/ 形 文章 不公平このうえない, 公正を欠く.

iniquité /inikite/ 女 不正, 不公平; 不正[不公平な]行為 (=injustice).

initial, ale /inisjal/ 《男複》**aux** /o/ 形 ❶ 最初の, 初期の. ▶ les prévisions *initiales* 当初の予想 / laisser les choses dans leur état *initial* 物事を初めの状態にしておく. ❷ 冒頭の, 語頭の, 文頭の. ▶ le mot *initial* d'une phrase 文頭の語. — **initiale** 女 頭文字. ▶ signer de ses *initiales* 頭文字でサインする.

initialement /inisjalmɑ̃/ 副 最初に[は], 当初.

initialisation /inisjalizasjɔ̃/ 女『情報』初期化.

initialiser /inisjalize/ 他動『情報』…を初期化する.

initiateur, trice /inisjatœ:r, tris/ 名 ❶ 手ほどきをする人, 指導者, 師. ❷ 主導者, 先導者; 創始者, 先駆者. ▶ les *initiateurs* de la sédition 反乱の首謀者たち.
— 形 指導者的な; 先駆者的な. ▶ un esprit *initiateur* 先駆的精神.

initiation /inisjasjɔ̃/ 女 ❶ 手ほどき; 入門(書). ▶ cours d'*initiation* au français フランス語入門講座. ❷(宗教, 特定集団などへの)加入, 入門. ▶ les rites d'*initiation* 通過儀礼, 加入儀礼.

initiatique /inisjatik/ 形 ❶(特定集団への)加入(儀礼)の. ▶ rites *initiatiques* 加入儀礼.
❷ 初歩の, 手ほどきの.

***initiative** /inisjati:v/ イニスィヤティーヴ 女 ❶ 発意, 提唱; 率先した行動. ▶ prendre les *initiatives* nécessaires 率先して必要な行動[措置]をとる. ❷ 主導性, 自主性, 主導権. ▶ avoir l'esprit d'*initiative* 進取の気性に富む. ❸『政治』(法案の)発議; 発議権 (=pouvoir d'*initiative*). ▶ *initiative* législative 法案発議権

de sa propre initiative 自ら進んで, 自発的に.

prendre l'initiative de qc 率先して…する. ▶ *prendre l'initiative* de relancer l'économie 率先して経済再建に取り組む.

sur [à] l'initiative de qn …の発意[提唱]で.

syndicat d'initiative 観光協会; 観光案内所.

initié, e /inisje/ 形 その道[奥義]に通じた.
— 名 ❶(その道に)通じた人, 玄人. ▶ les non *initiés* 門外漢. ❷(特定の宗教, 社会への)加入を認められた人. ❸『証券』délit d'*initié* インサイダー取引.

initier /inisje/ 他動 ❶ <*initier* qn à qc> …に…の手ほどきをする, 初歩を教える;(秘伝, 秘訣(ひけつ))を教える. ▶ *initier* qn au tennis …にテニスの手ほどきをする / *initier* qn aux secrets d'une affaire …に事業の秘訣を伝授する.
❷ <*initier* qn (à qc)> …に(宗教, 結社などへの)入会[入信]を許す. ▶ *initier* qn à la franc-maçonnerie …をフリーメーソンに入会させる.
❸ 始める. ▶ *initier* une enquête 調査を始める. 注 英語 to initiate から来た用法.
— **s'initier** 代動 <*s'initier* à qc> …の初歩を学ぶ, を学び始める; 徐々に身につける. ▶ *s'initier* à la linguistique 言語学の基礎を学ぶ.

injectable /ɛ̃ʒɛktabl/ 形 注射用の. ▶ solution injectable 注射液.

injecté, e /ɛ̃ʒɛkte/ 形 ❶ 充血した, 紅潮した. ▶ avoir les yeux *injectés* (de sang) 目が充血している. ❷ 注入した; 注射した.

injecter /ɛ̃ʒɛkte/ 他動 ❶ …を注射する; 注入する. ▶ On lui *a injecté* du sérum. 彼(女)は血清注射を受けた / *injecter* du ciment セメントを注入する. ❷(資本)を投入する.
— **s'injecter** 代動 ❶ 注射される, 注入される.
❷(自分に)…を注射する. 注 se は間接目的. ❸ *s'injecter* de sang [目などが]充血する.

injecteur /ɛ̃ʒɛktœ:r/ 男 ❶ 注射器; 注入器. ❷ 噴射器, (燃料)噴射装置.

injection /ɛ̃ʒɛksjɔ̃/ 女 ❶ 注射, 注入; 注射液. ▶ faire une *injection* de pénicilline ペニシリンの注射をする / *injection* intraveineuse 静脈注射 / *injection* rectale 浣腸(かんちょう).
❷(燃料などの)噴射, 射出. ▶ moteur à *injection* 燃料噴射式エンジン.
❸ *injection* sur orbite (人工衛星などを)軌道に乗せること. ❹(資本の)大量投入.

injonctif, ive /ɛ̃ʒɔ̃ktif, i:v/ 形『言語』指令法の: 命令, 禁止を表す.
— **injonctif** 男 指令法.

injonction /ɛ̃ʒɔ̃ksjɔ̃/ 女 命令, 厳命;『法律』(裁判官の)命令. ▶ injonction 法廷命令.

injouable /ɛ̃ʒwabl/ 形 上演[演奏]できない, 競技ができない.

injure /ɛ̃ʒy:r/ 女 ❶ 悪口, ののしり言葉. ▶ dire [proférer] des *injures* ののしる / couvrir qn d'*injures* …に罵詈(ばり)雑言を浴びせる.
❷ 古風/文章 侮辱, 辱め. ▶ *injure* grave〖刑法〗(離婚, 別居の有責事由となる)重大な侮辱.
❸ 古風/文章(自然, 時の力などがもたらす)損害, 被害. ▶ l'*injure* du sort 不運.

faire injure à qn …を侮辱する.

injurier /ɛ̃ʒyrje/ 他動 …をののしる, 罵倒(ばとう)する; 文章 …を辱める, 侮辱する.
— **s'injurier** 代動 ののしり合う.

injurieusement /ɛ̃ʒyrjøzmɑ̃/ 副 文章 侮辱的に、無礼に.

injurieux, euse /ɛ̃ʒyrjø, ø:z/ 形 侮辱的な. ▶ termes *injurieux* 侮辱的な言葉.

***injuste** /ɛ̃ʒyst/ アンジュスト/ 形 不当な、不正な；不公平な. ▶ châtiment *injuste* 不当な罰 / soupçon *injuste* いわれのない疑い / être *injuste* envers qn …に公正を欠く、を不当に扱う / 《非人称構文で》Il est *injuste* de + 不定詞 // Il est *injuste* que + 接続法 …(するの)は正しくない.

injustement /ɛ̃ʒystəmɑ̃/ 副 ❶ 不当に、不正に；不公平に. ❷ 根拠なく、理由なく.

***injustice** /ɛ̃ʒystis/ アンジュスティス/ 女 不当、不正(行為)；不公平. ▶ haïr l'*injustice* 不正を憎む / réparer une *injustice* (自分の犯した)不正を改める / commettre une *injustice* (envers qn) (…に)不当な仕打ちをする；不公平な態度を取る.

injustifiable /ɛ̃ʒystifjabl/ 形 正当化できない、弁解できない、許しがたい.

injustifié, e /ɛ̃ʒystifje/ 形 不当な、根拠のない、いわれのない.

inlassable /ɛ̃lasabl/ 形 疲れを知らぬ、うむことのない、不屈の.

inlassablement /ɛ̃lasabləmɑ̃/ 副 疲れることなく、飽くことなく、うまずたゆまず.

inné, e /i(n)ne/ 形 生まれつきの、先天的な (↔acquis). ▶ Elle a le sens *inné* des affaires. 彼女には事業に対する生まれつきの才覚がある / les idées *innées* 〖哲学〗生得〔本有〕観念.

innocemment /inɔsamɑ̃/ 副 ❶ 愚かにも、ばか正直に. ❷ 悪気なしに、無邪気に.

innocence /inɔsɑ̃:s/ 女 ❶ 無罪、無実、潔白；《集合的に》無実の人. ▶ proclamer son *innocence* 無実を主張する. ❷ 純真；無邪気；単純、愚直. ▶ abuser de l'*innocence* de qn (=naïveté) …の人のよさにつけ込む.

en toute innocence 無邪気に、まったく悪気なしに.

***innocent, ente** /inɔsɑ̃, ɑ̃:t イノサン, イノサント/ 形 ❶ 無罪の、無実の、潔白な. ▶ *innocent* victime 罪のない犠牲者. ◆*innocent* de qc …を犯していない、と無関係の. ▶ Il est *innocent* de ce meurtre. 彼はこの殺人とは無関係だ.
❷(ときに名詞の前で)純真な；無邪気な；単純な、おめでたい. ▶ une *innocente* fille (=naïf) あどけない少女 / sourires *innocents* (=candide) 天真爛漫(らんまん)なほほえみ / Il est bien *innocent* de croire un pareil conte. そんな作り話を信じるなんて、彼も単純だね.
❸ 悪意のない、無害の. ▶ une plaisanterie *innocente* 罪のない冗談.
— 名 ❶ 無罪〔無実〕の人. ▶ mettre un *innocent* en prison 無実の男を投獄する.
❷ 純真な人、無邪気な人；文章 幼子. ▶ le Massacre des *Innocents* 〖聖書〗ヘロデ王による幼子虐殺. ❸ 単純な人、お人よし.

Aux innocents les mains pleines. 諺 愚か者に福あり.

faire l'innocent しらばくれる、そ知らぬ顔をする.

innocenter /inɔsɑ̃te/ 他動 ❶ …に無罪を宣告する；の無罪〔潔白〕を証明する. ▶ Cette déclaration l'*a innocenté*.(=disculper) この供述で彼の罪は晴れた. ❷ …を許す；正当化する. ▶ *innocenter* l'attitude de qn …の態度を正当化する.

innocuité /i(n)nɔkɥite/ 女 無害.

innombrable /i(n)nɔ̃brabl/ 形 数えきれない；無数の、非常に多くの.

innommable /i(n)nɔmabl/ 形 口に出せないほどひどい、言語道断な；名付けようのない. ▶ une boisson *innommable* ひどい味の飲み物.

innom(m)é, e /i(n)nɔme/ 形 無名の、まだ名前のない.

innovant, ante /inɔvɑ̃, ɑ̃:t/ 形 革新的な、流れを変える.

innovateur, trice /i(n)nɔvatœ:r, tris/ 形 改革する、一新する；革新的な. — 名 改革者.

innovation /inɔvasjɔ̃/ 女 改革、革新；新技術. ▶ *innovations* techniques 技術革新 / introduire une *innovation* 新機軸を導入する.

innover /inɔve/ 自動 改革する、革新する. ▶ *innover* en politique 政治を一新する / *innover* en matière d'art 芸術に新風を吹き込む.
— 他動 …を革新する、刷新する. ▶ *innover* une mode 新しいモードを採り入れる.

inobservable /inɔpsɛrvabl/ 形 ❶ 観察できない. ❷ 文章 〔命令などが〕守れない、従えない.

inobservance /inɔpsɛrvɑ̃:s/ 女 文章 (命令、規則などを)守らないこと、違反；(倫理的・宗教的義務に)背くこと.

inobservation /inɔpsɛrvasjɔ̃/ 女 文章 (規則、契約などの)違反、不履行.

inobservé, e /inɔpsɛrve/ 形 文章 ❶〔命令、規則、契約などが〕守られていない、履行されていない. ❷ 観察されていない.

inoccupation /inɔkypasjɔ̃/ 女 文章 ❶ 無職；無為. ❷ (場所が)使われていないこと.

inoccupé, e /inɔkype/ 形 ❶ 使われていない、空いている. ❷ 仕事がない；何もしない. ▶ avoir les mains *inoccupées* (=libre) 手がすいている.

in-octavo /inɔktavo/ 形〔不変〕〖印刷〗八つ折判の. — 男〔単複同形〕八つ折判(の本).

inoculable /inɔkylabl/ 形〔ウイルスなどが〕接種できる.

inoculation /inɔkylasjɔ̃/ 女 感染；接種. ▶ l'*inoculation* immunisante de la grippe インフルエンザの予防接種.

inoculer /inɔkyle/ 他動 ❶〈*inoculer* qc à qn〉…に〔を接種する；〕を感染させる. ▶ *inoculer* un vaccin ワクチンを接種する.
❷〈*inoculer* qn〉…に接種する. ▶ *inoculer* un enfant contre la grippe 子供にインフルエンザの予防接種をする.
❸ 文章〈*inoculer* qc à qn〉…に〔有害な感情、思想など〕を植え付ける、吹き込む.
— **s'inoculer** 代動 ❶〔病気が〕伝染する. ❷ …を自分に接種する；に感染する. 注 se は間接目的の. ▶ *s'inoculer* une maladie 病気に感染する.

inodore /inɔdɔ:r/ 形 無臭の.

inoffensif, ive /inɔfɑ̃sif, i:v/ 形 無害の、安全な、危害を加えない. ▶ plaisanterie *inoffensive* 罪のない冗談.

inondation /inɔ̃dasjɔ̃ イノンダスィョン/ 安 ❶ 洪水, 氾濫(はんらん); 水浸し. ▶ les *inondations* périodiques du Nil ナイル川の周期的な氾濫 / Il y a une *inondation* dans la cave. 地下倉は水浸しだ. ❷ (商品などの)氾濫. ▶ l'*inondation* de produits étrangers 外国製品の氾濫.

inondé, e /inɔ̃de/ 形 ❶ 洪水にあった; 水浸しになった. ▶ les populations *inondées* 水害罹災(りさい)者 / la région *inondée* 浸水した地域. ❷ <*inondé* de qc> …であふれた, いっぱいの. ▶ les joues *inondées* de larmes 涙にぬれた頬(ほお) / la pièce *inondée* de soleil 日光のさんさんと差し込む部屋. ― 名 水害罹災者.

inonder /inɔ̃de/ 他動 ❶ (場所)に洪水を起こす, を水浸しにする. ▶ La rivière *a inondé* les prés. 川があふれて牧草地が冠水した. ❷ …をびしょぬれにする. ▶ L'averse nous *a* complètement *inondés*. にわか雨で私たちはびしょぬれになってしまった. ❸ …にあふれる; をいっぱいにする. ▶ Les produits étrangers *inondent* les marchés. 外国製品が市場に氾濫(はんらん)している / La joie *inonda* son cœur.(=pénétrer) 喜びで彼(女)は胸がいっぱいになった. ◆*inonder* qc/qn de qc …を…であふれさせる.

― **s'inonder** 代動 ❶ <*s'inonder* qc de qc> (自分の)…に(液体)をたっぷりかける. 注 se は間接目的. ▶ *s'inonder* les mains d'eau de Cologne オーデコロンを両手にたっぷりかける. ❷ <*s'inonder* de qc> 自分に(液体)をたっぷりかける. ❸ 浸水する, 洪水になる. ❹ (水などを)かけ合う.

inopérable /inɔperabl/ 形〔患者, 病気などが〕手術できない, 手術しても治癒しない.

inopérant, ante /inɔperɑ̃, ɑ̃:t/ 形 文章 効果〔効力〕のない, 無効の.

inopiné, e /inɔpine/ 形 文章 思いがけない, 予期しない, 不意の.

inopinément /inɔpinemɑ̃/ 副 文章 思いがけず, 不意に.

inopportun, une /inɔpɔrtœ̃, yn/ 形 折の悪い, 時宜を得ない. ▶ demande *inopportune* 時宜にかなわぬ要求 / Le moment est *inopportun*. 時期がまずい.

inopportunément /inɔpɔrtynemɑ̃/ 副 文章 折あしく, 都合の悪いときに.

inopportunité /inɔpɔrtynite/ 安 文章 時宜を得ないこと, 時機を失していること.

inorganique /inɔrganik/ 形 生命のない;〘化学〙無機(質)の.

inorganisation /inɔrganizasjɔ̃/ 安 文章 組織がばらばらな状態, 混乱.

inorganisé, e /inɔrganize/ 形 ❶ (労働)組合に加入していない. ▶ ouvriers *inorganisés* 未組織労働者. ❷ 未整理の, 乱雑な; だらしない. ❸ 無機的な. ― 名 非組合員.

inoubliable /inublijabl/ 形 忘れられない. ▶ un accueil *inoubliable* いつまでも心に残るもてなし.

*__inouï, e__ /inwi イヌイ/ 形 ❶ 信じられない, 驚くべき. 語 とんでもない. ▶ une vitesse *inouïe* 途方もない速さ / Mais vous êtes *inouï* ! それにしてもあきれた〔すごい〕人ですね. ❷ 古風 文章 前代未聞の.

Inox /inɔks/ 男 (単複同形)(*inoxydable* の略)商標 イノックス: 耐食性の高い金属またはステンレス鋼.

inoxydable /inɔksidabl/ 形〔金属などが〕耐食性の高い.

in petto /inpeto/ 副句《イタリア語》文章 心ひそかに, 内心. ▶ rire de qc *in petto* …を心の中で笑う.

inqualifiable /ɛ̃kalifjabl/ 形 文章 なんとも形容できない, 言いようもなくひどい, 言語道断な.

in-quarto /inkwarto/ 形〔不変〕〘印刷〙四つ折判の. ― 男 (単複同形)四つ折判(の本).

*__inquiet, ète__ /ɛ̃kjɛ, ɛt アンキエ, アンキエット/ 形 不安な, 心配な. ▶ Les enfants sont en retard, nous sommes *inquiets*. 子供たちの帰りが遅いので私たちは心配だ / air *inquiet* 心配そうな様子 / tempérament *inquiet* 心配性 / Je suis *inquiet* au sujet de votre père. あなた(方)のお父さんのことが心配です / être *inquiet* pour l'avenir de son enfant 子供の将来が気にかかる. ◆être *inquiet* de qc/不定詞 …が心配である. ▶ Je suis *inquiet* de ne pas le voir. 彼の姿が見えないのが心配です. ◆être *inquiet* que + 接続法 …ではないかと心配する. ▶ Je suis *inquiet* que la sécurité des enfants ne puisse pas être assurée. 子供たちの安全が確保されないのではないかと心配だ. ― 名 心配性の人.

inquiétant, ante /ɛ̃kjetɑ̃, ɑ̃:t/ 形 不安にさせる, 心配な. ▶ nouvelle *inquiétante* (=alarmant) 気がかりな知らせ / personnage *inquiétant* 不気味な人物.

*__inquiéter__ /ɛ̃kjete アンキエテ/ 6 他動

直説法現在	j'inquiète	nous inquiétons
tu inquiètes	vous inquiétez
il inquiète	ils inquiètent

❶ …を不安にする, 心配させる. ▶ La santé de sa mère l'*inquiète*. 彼(女)は母親の健康のことが気にかかっている / Tu m'*inquiètes* avec ta mauvaise mine. 君の顔色が悪いのが心配だ.
❷ …を悩ます; 妨害する. ▶ être *inquiété* par la police 警察につけ回される.

― *__s'inquiéter__ 代動 ❶ 不安になる, 心配する; 気にかける. ▶ **Ne vous *inquiétez* pas.** 御心配はいりません / *s'inquiéter* pour qn/qc …がどうなるか心配する. ◆*s'inquiéter* de qc/不定詞 …を心配する; 気にかける. ▶ Je m'*inquiète* des résultats de l'examen. 試験の結果が心配だ / Il n'y a pas (là) de quoi *s'inquiéter*.(=se soucier) 何も心配することはない / Il *s'inquiète* de ne pas voir rentrer ses enfants. 彼は子供たちが帰ってこないので心配している. ◆*s'inquiéter* de ce que + 直説法/接続法 or *s'inquiéter* que + 接続法 ▶ Je m'*inquiète* de ce qu'il 「n'est〔ne soit〕pas encore arrivé. 彼がまだ着いていないのが心配だ. ❷ <*s'inquiéter* de qc> …を問い合わせる. ▶ *s'inquiéter* de l'heure de fermeture d'un grand magasin デパートの閉店時間を問い合わせる.

T'inquiète! 話 心配しないで(= Ne t'inquiète pas!).

*inquiétude /ɛkjetyd/ アンキエテュード/ 囡 **不安**, 心配, 懸念. ▶ vive *inquiétude* 強い不安 / sujet d'*inquiétude* 心配の種 / être fou d'*inquiétude* 不安である / être fou d'*inquiétude* 心配でたまらない / donner [causer] de l'*inquiétude* à qn …を心配させる / avoir des *inquiétudes* sur [au sujet de] qn/qc …について心配している.

> 比較 不安, 心配
> *inquiétude* < *anxiété* < *angoisse* 漠然とした不安をいい, 不安の対象が明示されないことが多い. この中では *inquiétude* が最も一般的. **peur, crainte**《改まった表現》不安, 心配の対象が明示されることが多い. la *peur* du ridicule 人に笑われはしないかという心配.

inquisiteur, trice /ɛkizitœːr, tris/ 形 詮索(状)するような, 探るような.
— — **inquisiteur** 男 ❶ 取り調べ官, 尋問者. ❷《歴史》(異端審問所の)審問官, 宗教裁判官 (=*inquisiteur* de la foi).

inquisition /ɛkizisjɔ̃/ 囡 ❶ 文章 厳しい取り調べ, 尋問. ❷ (多く Inquisition)《歴史》異端審問所, 宗教裁判所 (=tribunal de l'*Inquisition*).

inquisitorial, ale /ɛkizitɔrjal/ 形《男複》**aux** /o/ 形 ❶《歴史》宗教裁判所の; 宗教裁判所判事の. ❷ 文章 (異端審問のように)厳しい, 容赦のない.

inracontable /ɛrakɔ̃tabl/ 形 うまく話せない; 説明しにくい.

insaisissable /ɛsezisabl/ 形 ❶ 捕まえられない; とらえどころのない. ▶ un voleur *insaisissable* 捕まらない泥棒. ❷ 見[聞き]分けられない. ▶ une différence *insaisissable* 識別しがたい相違. ❸《法律》差し押さえ不可能な.

insalubre /ɛsalybr/ 形 健康によくない, 非衛生的な (=malsain). ▶ logement *insalubre* 不衛生な住居.

insalubrité /ɛsalybrite/ 囡 健康によくないこと, 不衛生状態.

insane /ɛsan/ 形 文章 非常識な; 気違いじみた.

insanité /ɛsanite/ 囡 ❶ 非常識, 気違いじみていること. ❷ 非常識な行い[言葉]. ▶ dire des *insanités* (=bêtise) ばかなことを言う.

insatiable /ɛsasjabl/ 形 飽くことを知らない. ▶ une soif *insatiable* いやしえぬ渇き. ◆ *insatiable* de qc ▶ un homme *insatiable* de richesses 飽くことなく富を求める男.

insatisfaction /ɛsatisfaksjɔ̃/ 囡 不満足.

insatisfait, aite /ɛsatisfɛ, ɛt/ 形 不満な; 満たされない. ▶ un désir *insatisfait* 満たされない欲求. ◆ *insatisfait* de qc ▶ être *insatisfait* de sa situation 自分の地位に満足していない.
— 名 不満な人.

*inscription /ɛ̃skripsjɔ̃/ アンスクリプスィヨン/ 囡 ❶ 記入, 記載, 登録; 申し込み, 加入. ▶ *inscription* d'un étudiant à une faculté 学生の学部への登録 / *inscription* à un examen 試験への出願 / *inscription* à un club クラブへの加入 / *inscription* électorale 選挙人登録.
❷ 字, 掲示; 落書き. ▶ *inscription* sur une étiquette ラベルの文字 / Le mur était couvert d'*inscriptions*. 壁は落書きだらけだった.
❸ 碑銘, 碑文, 刻文. ▶ *inscription* funéraire 墓碑銘.

*inscrire /ɛ̃skriːr/ アンスクリール/ 78 他動

過去分詞 inscrit	現在分詞 inscrivant
直説法現在 j'inscris	nous inscrivons
複合過去 j'ai inscrit	単純未来 j'inscrirai

❶ ⟨*inscrire* qc (sur [dans] qc)⟩ (…に)…を書き留める, 記入する, 記載する; 刻む, 彫りつける. ▶ *inscrire* une date sur un cahier ノートに日付を記入する / *Inscrivez* ici votre nom. ここに名前を書いてください / *inscrire* qc dans 'sa mémoire [sa tête] …を頭に刻み込む / *inscrire* une épitaphe sur la tombe 墓石に墓碑名を刻みつける /《非人称構文で》Il *est inscrit* sur le panneau que le magasin est fermé. 閉店と張り札に書かれてあった. ❷ ⟨*inscrire* qn⟩ …の名前を記載する[登録する]. ▶ *inscrire* un passager sur une liste d'attente 空席待ち名簿に乗客の名を載せる / (faire) *inscrire* son enfant à l'école 子供を学校に入れる.
❸《数学》…を内接させる.
— **s'inscrire** 代動 ❶ ⟨*s'inscrire* à qc⟩ …に自分の名前を登録する, 加入する, 申し込む. ▶ *s'inscrire* à la faculté de droit 法学部に登録する / *s'inscrire* à un examen 試験の願書を出す. ❷ ⟨*s'inscrire* dans qc⟩ …に組み込まれる; 含まれる. ▶ Cette décision *s'inscrit* dans la lutte contre le chômage. この決定は失業対策の一環を成すものだ.

s'inscrire en faux contre qc …をはっきり否認[否定]する.

inscrit, ite /ɛ̃skri, it/ 形 (inscrire の過去分詞) ❶ 名簿に記載された, 登録された. ▶ un député non *inscrit* 無所属代議士.
❷《数学》内接した. ▶ l'angle *inscrit* 円周角.
— 名 登録者.

inscriv- 活用 ⇨ INSCRIRE 78

insécable /ɛ̃sekabl/ 形 文章 分割できない.

*insecte /ɛ̃sɛkt/ アンセクト/ 男 昆虫; 虫. ▶ *insectes* utiles 益虫 / *insectes* nuisibles 害虫.

insecticide /ɛ̃sɛktisid/ 形 殺虫(用)の.
— 男 殺虫剤.

insectivore /ɛ̃sɛktivɔːr/ 形《動物学》食虫性の, 昆虫食性の.
— 男 食虫動物;《複数で》食虫類, 食虫目.

insécurité /ɛ̃sekyrite/ 囡 安全でないこと; 不安定. ▶ vivre dans l'*insécurité* 不安な生活を送る.

INSEE /inse/ 男《略語》Institut national de la statistique et des études économiques 国立統計経済研究所.

in-seize /insɛːz/ 形《不変》《印刷》十六折判の.
— 男《単複同形》十六折判(の本).

insémination /ɛ̃seminasjɔ̃/ 囡《生物学》授精, 媒精. ▶ *insémination* artificielle 人工授精.

inséminer /ɛ̃semine/ 他動 …に人工授精[媒精]を行う.

insensé, e /ɛ̃sɑ̃se/ 形 ❶ 非常識な, ばかげた；とっぴな. ▶ idées *insensées* 常軌を逸した考え. ❷ ものすごい量の；すごい, 素晴らしい. ▶ gagner des sommes *insensées* 桁外れの額を稼ぐ.
── 名 文章 非常識な［とっぴな］人間.

insensibilisation /ɛ̃sɑ̃sibilizasjɔ̃/ 女 ❶ 無感覚にすること；(感覚の)麻痺（ひ）. ❷ 局所麻酔 (=anesthésie locale).

insensibiliser /ɛ̃sɑ̃sibilize/ 他動 ❶ …に麻酔をかける (=anesthésier). ❷ 文章［人］を無感覚にする, 鈍感にする.

insensibilité /ɛ̃sɑ̃sibilite/ 女 ❶ 無感覚, 麻痺（ひ）. ▶ *insensibilité* à la douleur 痛みに対する無感覚. ❷ 無関心, 冷淡さ. ▶ *insensibilité* aux malheurs d'autrui 他人の不幸に対する無関心.

insensible /ɛ̃sɑ̃sibl/ 形 ❶ ⟨*insensible* (à qc)⟩ (…に)無感覚な. ▶ être *insensible* au froid 寒さを感じない. ❷ ⟨*insensible* (à qc)⟩ (…に)無関心な, 冷淡な；鈍感な. ▶ ne pas être *insensible* aux malheurs des autres 他人の不幸に平気ではいられない / être *insensible* à la beauté 美を解さない. ❸ 知覚できないほどの, ごくわずかな. ▶ différence *insensible* わずかな違い.

insensiblement /ɛ̃sɑ̃sibləmɑ̃/ 副 少しずつ, ゆっくりと.

inséparable /ɛ̃separabl/ 形 ❶ ⟨*inséparable* (de qc)⟩ (…と)切り離せない, 不可分の. ▶ théorie *inséparable* des applications pratiques 実際の応用とは不可分な理論. ❷ 《多く複数で》いつも一緒にいる. ▶ deux amis *inséparables* 無二の親友たち.
── 名《多く複数で》いつも一緒にいる人.

inséparablement /ɛ̃separabləmɑ̃/ 副 分かちがたく.

insérer /ɛ̃sere/ 6 他動 ❶ …を差し入れる, 挿入する. ▶ *insérer* un feuillet dans un livre 本に紙片を挟む.
❷ ⟨*insérer* qc dans qc⟩ …に…を加える；〔記事など〕を載せる. ▶ *insérer* une annonce dans un journal 新聞に広告を掲載する.
❸ ⟨*insérer* qn dans qc⟩ …を(組織, 活動の場)に組み入れる.
«*prière d'insérer*» (寄贈本に挿入して)「乞御高評」.
── **s'insérer** 代動 ❶ ⟨*s'insérer* + 場所⟩ …に挿入される；追加される. ▶ un paragraphe qui *s'est inséré* entre deux chapitres 2つの章の間に追加された段落.
❷ ⟨*s'insérer* dans qc⟩ …に組み込まれる, 含まれる. ▶ La construction de ce pont *s'insère* dans un programme d'urbanisation. この橋の架設は都市計画の一環である.
❸ ⟨*s'insérer* dans qc⟩〔人が〕…に同化する, 溶け込む. ▶ *s'insérer* dans la société 社会に溶け込む. ❹ ⟨*s'insérer* sur [dans] qc⟩…に付着する. ▶ Les muscles *s'insèrent* sur les os. 筋肉は骨に付着している.

INSERM /inserm/ 男 〔略語〕Institut national de la santé et de la recherche médicale 国立衛生医学研究所.

insertion /ɛ̃sɛrsjɔ̃/ 女 ❶ 挿入, はめ込むこと. ❷ 掲載. ▶ *insertion* légale (法律の規定による)新聞公告. ❸ (社会, 集団への)同化；組み込み. ▶ favoriser l'*insertion* des travailleurs immigrés dans la société 移民労働者の社会への適応を助ける. ❹ 〖解剖〗付着.

insidieusement /ɛ̃sidjøzmɑ̃/ 副 文章 狡猾（こうかつ）に, 陰険に.

insidieux, euse /ɛ̃sidjø, ø:z/ 形 文章 ❶ 狡猾（こうかつ）な；罠（わな）にかける, 油断のならない. ❷〔においが〕ひそかに広がる. ❸ 〖医学〗潜行性の.

insigne¹ /ɛ̃siɲ/ 形 抜群の, 目覚ましい；《皮肉に》途方もない.

insigne² /ɛ̃siɲ/ 男 バッジ, 記章. ▶ les *insignes* de la Légion d'honneur レジオンドヌール勲章.

insignifiance /ɛ̃siɲifjɑ̃:s/ 女 くだらなさ；ありきたり.

insignifiant, ante /ɛ̃siɲifjɑ̃, ɑ̃:t/ 形 くだらない, 取るに足りない. ▶ personnage *insignifiant* 取るに足りない人物 / film *insignifiant* つまらない映画.

insinuant, ante /ɛ̃sinɥɑ̃, ɑ̃:t/ 形 人にうまく取り入る；遠回しで巧みな. ▶ voix *insinuante* 猫なで声.

insinuation /ɛ̃sinɥasjɔ̃/ 女 当てこすり, ほのめかし, 遠回しの言葉. ▶ procéder par *insinuation* ほのめかしの論法を使う.

insinuer /ɛ̃sinɥe/ 他動 ⟨*insinuer* qc // *insinuer* que + 直説法⟩ (しばしば悪意をもって)…をほのめかす, 遠回しに言う. ▶ Qu'est-ce que vous *insinuez* par là? いったい何をおっしゃりたいのですか.
── **s'insinuer** 代動 ❶ ⟨*s'insinuer* + 場所⟩ …に巧みに潜り込む, 忍び込む；浸透する. ▶ *s'insinuer* dans la foule 群衆の中に紛れ込む / La peur *s'insinuait* dans les cœurs. 人々の心は恐怖に浸されていった.
s'insinuer dans les bonnes grâces de qn
…にうまく取り入る, 巧みに…の歓心を買う.

insipide /ɛ̃sipid/ 形 ❶ 味がない；まずい. ❷ 無味乾燥な, 味気のない (=ennuyeux).

insipidité /ɛ̃sipidite/ 女 ❶ 無味；まずさ. ❷ 文章 味気なさ, 無味乾燥.

insistance /ɛ̃sistɑ̃:s/ 女 力説；固執；執拗（しつよう）さ. ▶ avec *insistance* 執拗に.

insistant, ante /ɛ̃sistɑ̃, ɑ̃:t/ 形 しつこい, 執拗（しつよう）な.

***insister** /ɛ̃siste/ アンスィステ 自動 ❶ ⟨*insister* (sur qc)⟩ (…を)強調する；(…に)こだわる. ▶ *insister* sur un point ある点を強調する / N'*insiste* pas, il ne comprendra jamais. 彼にはどうせ分かりっこないんだからそれくらいにしろ / J'ai compris, inutile d'*insister*. わかったからもうくどくど言うな / On ne saurait trop *insister* sur cette question. この問題はいくら強調しても足りない. ◆*insister* sur le fait que + 直説法 …だということを強調する.
❷ ⟨*insister* (pour qc/不定詞) // *insister* (pour que + 接続法)⟩ (…を)懇願する, ぜひにと頼み込む, 執拗（しつよう）に求める. ▶ Il *insiste* pour vous voir. 彼はぜひともあなた(方)に会いたいと言っている / Insistez auprès de lui. 彼に根気よく

insociabilité

頼んでごらん.

❸（根気よく）やり続ける, 続行する. ▶ Sonnez encore, *insistez*, je suis sûr qu'elle est là. もっと根気よくベルを鳴らしてごらんなさい, 彼女はきっといるはずです.

insociabilité /ɛ̃sɔsjabilite/ 囡 非社交性, 交際嫌い.

insociable /ɛ̃sɔsjabl/ 形 非社交的な, 交際嫌いな.

insolation /ɛ̃sɔlasjɔ̃/ 囡 ❶ 日光に当てる［当たる］こと; 日射; 日照時間. ❷ 日射病 (=coup de soleil).

insolemment /ɛ̃sɔlamɑ̃/ 副 無礼に, 横柄に.

insolence /ɛ̃sɔlɑ̃:s/ 囡 ❶ 無礼, 横柄; 思い上がり. ▶ parler avec *insolence* 失礼な口の利き方をする. ❷ 無礼［横柄］な言動. ▶ dire des *insolences* 無礼なことを口にする.

insolent, ente /ɛ̃sɔlɑ̃, ɑ̃:t/ 形 ❶ 無礼な, 横柄な, 尊大な. ❷（他人の気分を害するほど）なみはずれた, これ見よがしの. ▶ montrer une joie *insolente* 辺り構わず喜びを表わす.
― 图 無礼者, 横柄な人; 威張る人.

insolite /ɛ̃sɔlit/ 形 奇異な, 異様な, とっぴな. 注 今日ではほめ言葉としても用いられる. ▶ bruits *insolites* 異様な物音 / question *insolite* とっぴな質問. 比較 ⇨ BIZARRE.

insolubilité /ɛ̃sɔlybilite/ 囡 ❶ 不溶性. ❷ 解決不能.

insoluble /ɛ̃sɔlybl/ 形 ❶〔物質が〕溶けない, 不溶性の. ❷〔問題などが〕解けない, 解決できない.

insolvabilité /ɛ̃sɔlvabilite/ 囡『法律』弁済不能, 支払い不能.

insolvable /ɛ̃sɔlvabl/ 形『法律』弁済［支払い］不能の. ― 图 支払い不能者.

insomniaque /ɛ̃sɔmnjak/ 形, 图 不眠症の（人）, 眠れない（人）.

insomnie /ɛ̃sɔmni/ 囡 不眠（症）.

insondable /ɛ̃sɔ̃dabl/ 形 ❶ 計り知れない, 底知れない. ▶ une *insondable* tristesse 計り知れない悲しみ / une *insondable* bêtise なんともひどいへま. ❷ 深さを測れない.

insonore /ɛ̃sɔnɔ:r/ 形 防音の, 響かない. ▶ cloison *insonore* 防音壁.

insonorisation /ɛ̃sɔnɔrizasjɔ̃/ 囡 防音, 防音処置, 音響設計.

insonoriser /ɛ̃sɔnɔrize/ 他動〔壁, 部屋など〕を防音する.

insouciance /ɛ̃susjɑ̃:s/ 囡 のんき, 無頓着(むとんじゃく), 気にかけないこと. ▶ avec *insouciance* 無頓着に / vivre dans l'*insouciance* のんきに暮らす.

insouciant, ante /ɛ̃susjɑ̃, ɑ̃:t/ 形 ❶ のんきな, 無頓着(むとんじゃく)な. ❷ <*insouciant* de qc/不定詞> …を気にしない, 気にかけない. ▶ être *insouciant* de l'avenir 先のことを気にかけない.
― 图 のんき者, 無頓着な人.

insoucieux, euse /ɛ̃susjø, ø:z/ 形 文章 <*insoucieux* (de qc/不定詞)> （…を）気に留めない, （…に）無頓着(むとんじゃく)な.

insoumis, ise /ɛ̃sumi, i:z/ 形 服従しない, 反抗的な. ❶ （権力などに）従わない人, 反抗的な人. ― **insoumis** 男〔脱走兵, 兵役忌避者などの〕不服従兵 (=soldat insoumis).

insoumission /ɛ̃sumisjɔ̃/ 囡 ❶ 不服従, 反抗. ❷『軍事』帰隊違反, 命令不服従.

insoupçonnable /ɛ̃supsɔnabl/ 形 疑いのかけようもない. ▶ Il est *insoupçonnable*. 彼には嫌疑をかける余地がない.

insoupçonné, e /ɛ̃supsɔne/ 形 ❶ 思いがけない, 意外な. ❷ 文章 疑われていない, 嫌疑をかけられていない.

insoutenable /ɛ̃sutnabl/ 形 ❶ 支持できない, 容認できない. ▶ opinion *insoutenable* 支持できない意見 / ❷ 耐えがたい, 我慢できない. ▶ douleur *insoutenable* 耐えがたい苦痛.

inspecter /ɛ̃spɛkte/ 他動 ❶ …を監督する, 視察する. ▶ *inspecter* les travaux 工事を監督する. ❷ …を検査する; 注意深く調べる. ▶ des bagages *inspectés* par la douane 税関で検査を受けた荷物.

*****inspec*teur, trice** /ɛ̃spɛktœ:r, tris/ アンスペクトゥール, アンスペクトリス/ 图 ❶ 監督官, 視察官, 検査官; 視学. ▶ *inspecteur* du travail 労働基準監督官 / *inspecteur* des impôts 税務監査官 / *inspecteur* des Finances 財務監査官 / *inspecteur* d'académie （県の初等中等教育の）視学官. ❷ （私服の）刑事 (=*inspecteur* de police). 比較 ⇨ POLICIER.

inspecteur des travaux finis（仕事が終わったころに現れる）怠け者.

inspection /ɛ̃spɛksjɔ̃/ 囡 ❶ 監督, 視察, 検査. ▶ l'*inspection* des comptes 会計検査 / passer une *inspection* 検査を受ける. ❷ 監督［視察, 検査官］の職. ❸ 監査機関. ▶ l'*Inspection* du travail 労働監督局 / l'*Inspection* générale des Finances 財務監督局.

inspirateur, trice /ɛ̃spiratœ:r, tris/ 图 ❶ 霊感を与える人; 着想をもたらす物. ❷ 推進者; 黒幕. ▶ *inspirateur* d'un complot (=instigateur) 陰謀の扇動者.

*****inspiration** /ɛ̃spirasjɔ̃/ アンスピラスィヨン/ 囡 ❶ 霊感, インスピレーション. ▶ *inspiration* poétique 詩的霊感 / avoir de l'*inspiration* インスピレーションがわく / suivre son *inspiration* 自分の霊感に従う.

❷ ひらめき, 着想. ▶ agir selon l'*inspiration* du moment その場の思いつきで行動する / avoir l'heureuse *inspiration* de + 不定詞 …という妙案を思いつく.

❸ 示唆, 感化, 影響. ▶ suivre l'*inspiration* d'un ami (=suggestion) 友人の勧めに従う / sous l'*inspiration* de qn …の示唆を受けて, の影響の下に. ◆d'*inspiration* + 形容詞 …の影響［感化］を受けた; …的傾向のある. ▶ mode d'*inspiration* orientale 東洋風のモード.

❹ 息を吸うこと, 吸気 (↔expiration).

inspiré, e /ɛ̃spire/ 形 ❶ 霊感を受けた; インスピレーション豊かな. ▶ prendre un air *inspiré* 霊感を受けたふうを装う. ❷ <*inspiré* de qc/qn> …に着想を得た, 影響された. ▶ une mode *inspirée* des années vingt 20年代の影響を受けたモード.

être bien [mal] *inspiré* (de + 不定詞) うまい［まずい］こと(に…すること)を思いついた. ▶

instant

Vous *avez été mal inspiré* de lui faire une demande. 彼(女)に頼み事をしたのはまずかったですね.
── 图 霊感を受けた人.

*inspirer /ɛ̃spire アンスピレ/ 他動 ❶ ⟨*inspirer* qc (à qn)⟩ (…に) ⟨感情など⟩を吹き込む, 抱かせる; 生じさせる. ▶ *inspirer* aux enfants le goût de la lecture (=donner) 子供たちに読書の喜びを教える / un spectacle qui *inspire* le dégoût 嫌悪感を起こさせる光景.
❷ ⟨芸術家など⟩に霊感を与える. ▶ Montmartre *a inspiré* beaucoup de peintres. モンマルトルは多くの画家の創作意欲を刺激した.
❸ ⟨空気⟩を吸い込ませる, 吹き込む.

Ça ne m'inspire pas. 話 それは私の気をそそらない, それには気が乗らない.

Il [Cela] ne m'inspire pas confiance. 彼[それ]は信用できない.

── 自動 空気を吸い込む. ▶ *Inspirez*. 息を吸って下さい(医師の指示).

── **s'inspirer** 代動 ⟨*s'inspirer* de qn/qc⟩ …から着想を得る; を模範とする. ▶ une mode qui *s'inspire* du Japon 日本的な要素を取り入れたモード.

instabilité /ɛ̃stabilite/ 囡 不安定. ▶ l'*instabilité* des prix 物価の不安定.

instable /ɛ̃stabl/ 形 ❶ 不安定な, 変化しやすい. ▶ temps *instable* (=variable) 変わりやすい天気 / meuble *instable* ぐらぐらする家具.
❷ 気が変わりやすい; 情緒不安定な.
── 图 移り気な人; 情緒不安定児.

installateur /ɛ̃stalatœːr/ 男 (家屋の設備の)取り付け業者.

*installation /ɛ̃stalasjɔ̃ アンスタラスィヨン/ 囡 ❶ 設備, 施設. ▶ *installation* électrique 配線設備. ❷ (家具や機械などの)取り付け, 設置. ▶ *installation* du chauffage central セントラルヒーティングの設置. ❸ 入居, 引っ越し. ▶ fêter son *installation* 引っ越し祝いをする / *installation* de fortune 仮住まい. ❹ 〖情報〗インストール.

installé, e /ɛ̃stale/ 形 ❶ (安定した地位にあって)安楽に暮らしている. ❷ 設備を整えられた. ▶ une cuisine bien [mal] *installée* 設備が整っている[整っていない]台所. ❸ ⟨être⟩ *installé* + 場所 …に身を落ち着けている; 住んでいる.

*installer /ɛ̃stale アンスタレ/ 他動 ❶ ⟨家具など⟩を設置する; 据え付ける. ▶ *installer* le téléphone dans un appartement アパルトマンに電話を取り付ける / *installer* l'électricité 電気を引く.
❷ ⟨家, 店など⟩の設備を整える. ▶ *installer* une cuisine 台所に必要な設備を据え付ける.
❸ ⟨*installer* qn + 場所⟩ …に…を落ち着かせる, 住まわせる. ▶ *installer* un blessé sur un brancard (=coucher) 負傷者を担架に寝かせる / *installer* sa famille à Paris 家族をパリに住まわせる.
❹ 〖情報〗 …をインストールする. ▶ *installer* un logiciel ソフトウエアをインストールする.
── (聖職者, 公務員, 裁判官など)を任命する.

── ***s'installer** 代動 ❶ …に身を落ち着ける; 居住する. ▶ *s'installer* dans un fauteuil ひじ掛け椅子(⁂)に座る / *Installez-vous* confortablement. ゆっくりくつろいでください / *s'installer* à Paris パリに居を構える.
❷ ⟨*s'installer* (+ 場所)⟩ (自由業の人が) (…で)開業する.
❸ ⟨*s'installer* dans qc⟩ (ある状態)にはまり込む. ▶ Le pays *s'installe* dans une crise profonde. 国は深刻な危機に陥っている.
❹ ⟨*s'installer* (+ 場所)⟩ ⟨感情が⟩ …に忍び込む. ▶ Le doute *s'est installé* en moi au sujet de sa sincérité. 彼(女)の誠実さについて, 私は疑念を抱いた.

instamment /ɛ̃stamɑ̃/ 副 切に, しきりに. ▶ Il m'a demandé *instamment* de lui répondre. ぜひとも返事をくれるよう彼は私に言った.

instance /ɛ̃stɑ̃ːs/ 囡 ❶ ⟨複数で⟩ 切望, 懇願. ▶ céder aux *instances* de qn (=sollicitation) …の切なる願いに負ける / Sur [Devant] les *instances* de son ami, il a fini par accepter. 友人に懇願されて彼はとうとう折れた.
❷ ⟨多く複数で⟩ 決定機関, 上層部. ▶ les plus hautes *instances* du parti 党の最高決定機関.
❸ 〖法律〗 (1) 訴訟(行為), 訴訟手続. (2) 審級. ▶ tribunal d'*instance* 小審裁判所 / juger en première [seconde] *instance* 第一審[第二審]の判決を下す.

en instance 審理中の, 係争中の. ▶ affaire *en instance* 目下係争中の事件.

en instance de + 無冠詞名詞 まさに…しようとしている. ▶ être *en instance de* divorce 離婚寸前である.

*instant[1] /ɛ̃stɑ̃ アンスタン/ 男 瞬間, 一瞬. ▶ attendre l'*instant* propice (=moment) 好機を待つ / pendant un *instant* ちょっとの間 / sans perdre un *instant* 一刻もむだにすることなく, すぐに / après quelques *instants* de réflexion しばらく考えてから. ◆un *instant* ちょっとの間, 一瞬. ▶ **Attendez un instant !** = **Un instant !** ちょっと待ってください. 比較 ▷ MOMENT.

à chaque instant = *à tout instant* 絶えず, しょっちゅう.

*à l'instant (*même*) (1) 今すぐに. ▶ Il revient *à l'instant*. 彼はすぐに戻ってきます. (2) たった今, 今し方. ▶ Il nous a quittés *à l'instant*. 彼はたった今立ち去ったところだ.

à l'instant (*même*) 「*où* + 直説法 [*de* + 不定詞]」(まさに)…の瞬間に. ▶ *à l'instant même où* j'allais partir 私が出発しようとしていたまさにその瞬間に.

au même instant 同時に.

dans un instant すぐに, 間もなく (=tout de suite). ▶ Je reviendrai *dans un instant*. すぐに戻ってきます.

dès l'instant que [*où*] + 直説法 (1) …の瞬間から; …するとすぐに. (2) …であるからには, …なのだから (=du moment que). ▶ *Dès l'instant que* vous êtes d'accord, il n'y a plus de problème. あなた(方)が賛成である以上, もはや問題はありません.

de tous les instants 絶えざる, 不断の.

en un instant 一瞬のうちに, すばやく. ▶ Il l'a

instant

fait *en un instant*. 彼はあっと言う間にそれをやってしまった.
par instants ときどき.
pour l'instant さしあたり, 今のところ (=pour le moment). ▶ *Pour l'instant*, rien n'est décidé. 今のところ何も決まっていない.

inst*ant*², *ante* /ɛ̃stɑ̃, ɑ̃:t/ 形 《ときに名詞の前で》文章 ❶ 切なる, たっての. ▶ prière *instante* たっての望み. ❷ 急の, 差し迫った. ▶ avoir un besoin *instant* d'argent 今すぐ金が必要である.

instantané, e /ɛ̃stɑ̃tane/ 形 瞬時の, 即時の; インスタントの. ▶ réponse *instantanée* 即答 / café *instantané* インスタントコーヒー.
— **instantané** 男 スナップ写真; インスタント写真.

instantanéité /ɛ̃stɑ̃taneite/ 女 文章 瞬間性, 瞬間的なこと.

instantanément /ɛ̃stɑ̃tanemɑ̃/ 副 瞬く間に, すぐに, 即刻.

instar /ɛ̃sta:r/ 《次の句で》
à l'instar de qn/qc 前句 …にならって, …式に.
▶ *à l'instar de* ses aînés 年長の人にならって.
注「彼にならって」という場合は, à son *instar* ではなく *à l'instar de* lui という.

instauration /ɛ̃stɔrasjɔ̃/ 女 文章 設立, 創設, 制定.

instaurer /ɛ̃stɔre/ 他動 …を設立 〔創設〕する, 制定する. ▶ *instaurer* une nouvelle politique (=inaugurer) 新しい政策を打ち出す.
— **s'instaurer** 代動 創始される, 樹立される, 始まる.

instigateur, trice /ɛ̃stigatœ:r, tris/ 名 推進者, 首謀者.

instigation /ɛ̃stigasjɔ̃/ 女 教唆, 扇動. 注 特に次の成句表現で用いられる.
à l'instigation de qn = ***sur les instigations de qn*** …に唆されて; 勧められて.

instiller /ɛ̃stile/ 他動 ❶ 〔薬液などを〕を 1 滴ずつ注入する, 点滴注入する. ❷ 文章 〔感情など〕を注入する, 吹き込む.

***instinct** /ɛ̃stɛ̃/ アンスタン/ 男 ❶ 本能. ▶ *instinct* maternel 母性本能 / *instinct* sexuel 性本能 / *instinct* de conservation 自己保存本能.
❷ 直観, 勘. ▶ se fier à son *instinct* (=intuition) 直観に頼る.
❸ 天分, 素質. ▶ avoir l'*instinct* des affaires (=sens) 生まれつき商才がある.
❹ 生来の性向, 本性. ▶ céder à ses *instincts* 生来の性癖に身を任せる.
d'instinct = ***par instinct*** 本能的に, 直観的に.

instinct*if*, *ive* /ɛ̃stɛ̃ktif, i:v/ 形 ❶ 本能的な, 直観的な. ▶ C'est *instinctif*. それは直観だ. ❷ 衝動的な. — 名 衝動的な人.

instinctivement /ɛ̃stɛ̃ktivmɑ̃/ 副 本能的に, 直観的に.

instit /ɛ̃stit/ 名 (instituteur, institutrice の略) 話 (小学校の) 先生.

instituer /ɛ̃stitɥe/ 他動 ❶ …を制定する, 設立する, 創設する. ▶ *instituer* de nouveaux règlements 新しい法規を制定する.
❷ 〔相続人〕を指定する. ▶ *instituer* qn (son) héritier …を相続人に指定する.
— **s'instituer** 代動 確立される. ▶ Des relations commerciales *se sont instituées* entre les deux pays. (=se mettre en place) 2 国間に通商関係が成立した.

institut /ɛ̃stity/ 男 ❶ 《Institut》学士院, 芸術院; 《特に》(5 つのアカデミーから成る) フランス学士院 (=Institut de France). ▶ être élu à l'*Institut* フランス学士院会員に選ばれる. ⇨ ACADÉMIE.
❷ 《多く Institut》学院, 研究所. ▶ l'*Institut* Pasteur パストゥール研究所 / l'*Institut* franco-japonais 日仏学院.
❸ *institut* de beauté 美容院, ビューティークリニック.

institu*teur*, *trice /ɛ̃stitytœ:r, tris/ アンスティテュトゥール, アンスティテュトリス/ 名 (小学校の) 先生, 教師. 語法 ⇨ PROFESSEUR.

***institution** /ɛ̃stitysjɔ̃/ アンスティテュスィヨン/ 女 ❶ 制度, 機構. ▶ Le mariage est une *institution*. 結婚というのは一つの制度だ / *institution* financière 金融機関.
❷ 《複数で》(法律, 習慣などによって確立された) 体制. ▶ renverser les *institutions* 体制を覆す.
❸ 話 (皮肉に) 慣習, しきたり. ▶ Dans ce pays, la corruption électorale est une véritable *institution*. この国では選挙での買収は当たり前になっている.
❹ 設立, 制定, 確立. ▶ l'*institution* d'une fête commémorative 記念祭の制定 / l'*institution* de relations amicales entre les deux Etats 2 国間の友好関係の確立.
❺ 私立学校.

institutionnalisation /ɛ̃stitysjɔnalizasjɔ̃/ 女 制度化, (制度, 体制としての) 定着.

institutionnaliser /ɛ̃stitysjɔnalize/ 他動 …を制度化する, 恒常化する.
— **s'institutionnaliser** 代動 制度化される, 根を下ろす.

institutionnel, le /ɛ̃stitysjɔnɛl/ 形 制度 (上) の; 制度化した.

instructeur /ɛ̃stryktœ:r/ 男 ❶ 《軍事》教練教官. ❷ 《法律》予審判事.
— 形 《男性形のみ》❶ 《軍事》officier *instructeur* 教練指導士官. ❷ 《法律》juge [magistrat] *instructeur* 予審判事.

instruct*if*, *ive* /ɛ̃stryktif, i:v/ 形 〔物が〕教育的な, 有益な. ▶ livre *instructif* ためになる本.

***instruction** /ɛ̃stryksjɔ̃/ アンストリュクスィヨン/ 女 ❶ 教育. 注「教育」の意味ではこの語は古くなり, 教科名に慣用として残る. ▶ *instruction* religieuse [civique] (教科名で) 宗教 [公民] 教育.
❷ (教育によって得た) 教養, 知識. ▶ avoir de l'*instruction* 教養がある.
❸ 《複数で》指示, 命令. ▶ donner des *instructions* à qn …に指示を出す / conformément aux *instructions* reçues 受けた指示通りに.
❹ 《複数で》使用説明書.
❺ 《法律》juge d'*instruction* 予審判事.
❻ 《情報》命令, インストラクション.

instruire /ɛ̃strɥiːr アンストリュイール/ 70 他動

過去分詞 instruit	現在分詞 instruisant
直説法現在 j'instruis	nous instruisons
複合過去 j'ai instruit	単純未来 j'instruirai

❶ …を**教育する**, 教える; 訓練する. ▶ *instruire* des recrues 新兵を教育する / Ce livre m'a beaucoup *instruit* sur la politique internationale.(=apprendre) この本は国際政治について多くのことを私に教えてくれた. / 《目的語なしに》Ces émissions visent à *instruire*. これらの番組のねらいは教育である. 比較 ⇨ ENSEIGNER.
❷ 文章⟨*instruire* qn de qc⟩…に…を知らせる, 伝える. ▶ Il ne nous *a* pas *instruits* de ses projets. 彼は私たちに計画を教えてくれなかった. ◆ *être instruit* de qc …を知っている. ▶ Je voudrais *être instruit* de ce qui se passe. 何が起きているか知りたい.
❸ 【法律】…の予審を行う, を審理する. ▶ *instruire* une affaire 事件の予審を行う.
── **s'instruire** 代動 ❶ 学ぶ, 知識を深める. ▶ L'école est faite pour *s'instruire*. 学校は知識を深めるためにある. 比較 ⇨ ÉTUDIER. ❷ ⟨*s'instruire* de qc⟩…を調べる. ▶ *s'instruire* des circonstances exactes d'un événement 事件の正確な状況を調べる.

instruis- 活用 ⇨ INSTRUIRE 70

instrui*t, ite* /ɛ̃strɥi, it/ 形 (instruire の過去分詞)教育のある, 学識の深い.

*instrument /ɛ̃strymɑ̃ アンストリュマン/ 男 ❶ 道具, 器具, 器械. ▶ *instrument* d'optique 光学器械 / *instrument* de précision 精密測定器 / *instrument* tranchant 刃物 / Ce dictionnaire est un bon *instrument* de travail. この辞書は学習用に最適だ.
❷ **楽器** (=*instrument* de musique). ▶ *instrument* à cordes 弦楽器 / *instrument* à vent 管楽器 / *instrument* à clavier 鍵盤楽器 / jouer d'un *instrument* 楽器を演奏する.
❸ 手段, 媒介; (人について)道具, 手先. ▶ Le gel des armes nucléaires est l'*instrument* de la paix mondiale. 核兵器の凍結は世界平和実現への道である.

比較 **道具, 器具**
instrument 最も一般的. **outil** 手仕事に用いる道具, 工具. **ustensile** 料理道具や庭仕事の道具など, 家庭で用いる簡単な道具.

instrumental, ale /ɛ̃strymɑ̃tal/; 《男複》**aux** /o/ 形 ❶ 楽器による. ▶ musique *instrumentale* (↔vocal) 器楽. ❷ 機器の; 道具[手段]としての.

instrumentalisation /ɛ̃strymɑ̃talizasjɔ̃/ 女 道具化すること, 利用すること.

instrumentaliser /ɛ̃strymɑ̃talize/ 他動 …を道具化する, 利用する. ▶ *instrumentaliser* une crise 危機を利用する.

instrumentation /ɛ̃strymɑ̃tasjɔ̃/ 女【音楽】楽器編成法; オーケストレーション.

instrumentiste /ɛ̃strymɑ̃tist/ 名 器楽奏者.

insu /ɛ̃sy/ 《次の句で》
à l'insu de qn 前句 …の知らぬうちに; に知らせずに; (自分)の気づかぬうちに (=inconsciemment). ▶ Elle est partie *à l'insu de* tout le monde. 彼女はだれにも知らせずに出発した / Je me suis trahi *à mon insu*. 私は思わず本心を漏らしてしまった.

insubmersible /ɛ̃sybmɛrsibl/ 形 沈まない, 不沈の; 水没しない.

insubordination /ɛ̃sybɔrdinasjɔ̃/ 女 不服従, 反抗;【軍事】服務違反.

insubordonné, e /ɛ̃sybɔrdɔne/ 形 服従しない, 反抗する.

insuccès /ɛ̃syksɛ/ 男 不成功, 失敗. ▶ un projet voué à l'*insuccès* 失敗が目に見えている計画.

insuffisamment /ɛ̃syfizamɑ̃/ 副 不十分に.

insuffisance /ɛ̃syfizɑ̃ːs/ 女 ❶ 不十分, 不足. ▶ *insuffisance* d'alimentation (=manque) 食糧不足 / par *insuffisance* de moyens 手段の不足のために. ❷ 無能力, 力不足;《複数で》欠陥, 弱点. ▶ révéler de graves *insuffisances* 重大な欠陥を暴露する. ❸ 【医学】(機能)不全(症). ▶ *insuffisance* cardiaque 心不全(症).

insuffis*ant, ante* /ɛ̃syfizɑ̃, ɑ̃ːt/ 形 ❶ 不十分な, 足りない. ❷ 能力不足の, 才能に欠ける. ▶ On l'a jugé *insuffisant* pour cette tâche. 彼はこの任務に力量不足だと見なされた.

insufflation /ɛ̃syflasjɔ̃/ 女【医学】通気(法).

insuffler /ɛ̃syfle/ 他動 ❶ ⟨*insuffler* qc à qn // *insuffler* qc dans qc⟩(空気, ガスなど)を…に吹き込む; (器官)に通す. ▶ *insuffler* de l'oxygène dans les poumons 肺に酸素を吹き込む. ❷ 文章⟨*insuffler* qc à qn⟩〔感情など〕を…に吹き込む;〔活力など〕を…に与える.

insulaire /ɛ̃sylɛːr/ 形 島の; 島に住む. ▶ pays *insulaire* 島国. ── 名 島の住民.

insularité /ɛ̃sylarite/ 女 ❶ 島国であること, 島嶼(とうしょ)性. ❷ 島国性; 島国根性.

insuline /ɛ̃sylin/ 女【生化学】インシュリン.

insult*ant, ante* /ɛ̃syltɑ̃, ɑ̃ːt/ 形 侮辱的な, 無礼な, 横柄な. ▶ tenir des propos *insultants* 侮辱的な言葉を吐く.

insulte /ɛ̃sylt/ 女 ❶ 侮辱(的な行動), 無礼. ▶ adresser des *insultes* à qn …に悪口雑言を浴びせる. ❷ ⟨*insulte* à qc⟩…に対する侮辱, あざけり, 侮蔑(ぶつ). ▶ Sa conduite est une *insulte* à notre honneur. 彼(女)の行動は我々の名誉を傷つけるものだ.

insulter /ɛ̃sylte/ 他動 …を侮辱する, ののしる. ▶ se faire *insulter* par qn …に侮辱される.
── 間他動 文章⟨*insulter* à qc⟩…をあざける, 侮辱する. ▶ *insulter* au malheur des gens 人々の不幸をあざける.
── **s'insulter** 代動 侮辱し合う, ののしり合う.

insupportable /ɛ̃sypɔrtabl/ 形 耐えられない, 我慢できない; 非常に不愉快な. ▶ douleur *insupportable* 耐えがたい痛み / enfant *insupportable* 手に負えない子供.

insurgé, e /ɛ̃syrʒe/ 形, 名 反乱を起こした(人), 蜂起(ほうき)した(人).

s'insurger /sɛ̃syrʒe/ 2 代動 ⟨*s'insurger* contre

insurmontable

qn/qc …に対し反抗する, 反乱を起こす. ▶ Toute la population *s'est insurgée* contre la dictature. 全人民が独裁体制に対して蜂起(ほう)した.

insurmontable /ɛ̃syrmɔ̃tabl/ 形 乗り越えがたい, 克服しがたい; 抑制できない.

insurrection /ɛ̃syreksjɔ̃/ 女 反乱, 蜂起(ほう). ▶ briser une *insurrection* 反乱を鎮圧する / un peuple en *insurrection* 蜂起した人民.

insurrectionnel, le /ɛ̃syreksjɔnel/ 形 反乱の, 蜂起(ほう)の.

intact, e /ɛ̃takt/ 形 手を触れていない; 元のままの, 無傷の. ▶ Les fresques des tombeaux étaient *intactes*. 墓の壁画は無傷のままだった / Sa réputation reste *intacte*. 彼(女)の名声は依然揺るぎない.

intangibilité /ɛ̃tɑ̃ʒibilite/ 女 触れてはならないこと, 不可侵性.

intangible /ɛ̃tɑ̃ʒibl/ 形 触れてはならない, 不可侵の. ▶ principes *intangibles* 侵してはならない諸原則.

intarissable /ɛ̃tarisabl/ 形 涸(か)れることのない; 尽きない. ▶ source *intarissable* 涸れることのない泉 / Il est *intarissable* sur ce sujet. 彼はこの問題について話し始めるときりがない.

intarissablement /ɛ̃tarisabləmɑ̃/ 副 とめどなく, 尽きることなく.

intégral, ale /ɛ̃tegral/; 《男複》**aux** /o/ 形 ❶ 完全な, 全面的な. ▶ un film en version *intégrale* ノーカット版の映画 / exiger le remboursement *intégral* d'une dette 借金の全額返済を求める. 比較 ⇨ ENTIER. ❷ 〖数学〗積分の.
― **intégrale** 女 ❶ (作家, 音楽家の)全作品, 全集. ❷ 〖数学〗積分.

intégralement /ɛ̃tegralmɑ̃/ 副 完全に, 漏れなく, 全部.

intégralité /ɛ̃tegralite/ 女 全体, 全部.

intégrant, ante /ɛ̃tegrɑ̃, ɑ̃:t/ 形 une partie *intégrante* de qc …の(完全体を構成するのに)不可欠な要素[部分].

faire partie intégrante de qc …の不可欠な一部となる.

intégration /ɛ̃tegrasjɔ̃/ 女 ❶ 統合, 融合, 同化. ▶ *intégration* raciale 人種統合 / *intégration* économique 経済統合 / *intégration* politique 政治統合 / politique d'*intégration* des immigrés 移民統合政策. ❷ 〖数学〗積分(法).

intégrationniste /ɛ̃tegrasjɔnist/ 形 統合主義の, 統合論の; (特に米国の)人種差別撤廃主義の.
― 名 統合論者; 人種差別撤廃論者.

intègre /ɛ̃tegr/ 形 清廉潔白な.

intégré, e /ɛ̃tegre/ 形 ❶ 組み込まれた; 統合された. ❷ 〖情報〗circuit *intégré* 集積回路, IC.

intégrer /ɛ̃tegre/ 他動 ❶ …を組み入れる, 同化させる, 統合する. ▶ *intégrer* qn dans son équipe …をチームに入れる. ❷ …を含む, 包含する. ▶ Notre société *intègre* divers secteurs d'activité. 我が社は多様な活動部門を持っている. ❸ …に入る. ▶ *intégrer* le lycée de son choix 自分が選んだ高校に入る. ❹ 〖数学〗…を積分する.

― 間他動 話 <*intégrer* à qc>〔グランドゼコール〕に入学する. ▶ *intégrer* (à) l'Ecole normale 高等師範学校に入学する.

― **s'intégrer** 代動 <*s'intégrer* dans qc> …に組み込まれる, 同化する, 統合される. ▶ *s'intégrer* dans la collectivité 集団に同化する.

intégrisme /ɛ̃tegrism/ 男 原理主義. ▶ *intégrisme* musulman イスラム原理主義.

intégriste /ɛ̃tegrist/ 形 原理主義(者)の.
― 名 原理主義者.

intégrité /ɛ̃tegrite/ 女 ❶ 完全さ, 無傷の状態. ▶ conserver l'*intégrité* du territoire 領土を保全する. 注 intégralité が計量されるものについての全体を指すのに対し, intégrité は質的な完全さをいう. ❷ 清廉潔白, 公明正大.

intellect /ɛ̃telekt/ 男 文章 知性, 理解力. 比較 ⇨ INTELLIGENCE.

intellectualisme /ɛ̃telektɥalism/ 男 ❶ 〖哲学〗主知主義. ❷ 知性偏重.

intellectualiste /ɛ̃telektɥalist/ 形, 名 主知主義の(人).

***intellectuel, le** /ɛ̃telektɥel/ アンテレクテュエル/ 形 ❶ 知性の, 知能の. ▶ niveau *intellectuel* 知能指数, IQ / facultés *intellectuelles* 知能 / travailleurs *intellectuels* (↔manuel) 頭脳労働者. ❷ 理知的な, 頭がいい;《軽蔑して》頭でっかちな.
― 名 インテリ, 知識人.

intellectuellement /ɛ̃telektɥelmɑ̃/ 副 知的に, 知性の面で.

intelligemment /ɛ̃teliʒamɑ̃/ 副 賢明に, 利口に, 巧妙に.

***intelligence** /ɛ̃teliʒɑ̃:s/ アンテリジャーンス/ 女 ❶ 知性, 知能. ▶ cultiver son *intelligence* 知性を磨く / avoir une *intelligence* vive 頭の回転が早い / *intelligence* artificielle 人工知能.
❷ 聡明(そう)さ, 明敏さ. ▶ agir avec *intelligence* 賢明に振る舞う / faire preuve d'*intelligence* 頭のよさを示す.
❸ 才覚, センス. ▶ avoir une *intelligence* pratique 実務的な才能がある.
❹ <*intelligence* de qc> …の理解, 把握. ▶ notes nécessaires à l'*intelligence* d'un récit (=compréhension) 物語の理解に必要な注記.
❺ 優れた知性の持ち主, 頭のいい人. ▶ C'est une *intelligence* supérieure. この人は非常に頭がよい. ❻《複数で》内通, 共謀. ▶ entretenir des *intelligences* avec l'ennemi 敵と内通する.

d'intelligence 共謀の, 示し合わせた. ▶ faire à qn des signes d'*intelligence* …に秘密の合図をする. ◆**être d'intelligence avec qn** …ととぐるになっている.

vivre en bonne [mauvaise] intelligence avec qn …と仲よく[不仲に]暮らす.

比較 知性, 知能
intelligence 理解力, 判断力, 想像力など広く精神的活動を指す. 日常語としては特に「頭が切れること」を意味することが多い. **intellect** おもに哲学・心理学用語として用い, 客観的にとらえた頭脳の能力をいう.

***intelligent, ente** /ɛ̃teliʒɑ̃, ɑ̃:t/ アンテリジャ

ン, アンテリジァーント/ 形 ❶ 頭のよい, 聡明(%)な; 知的な, 理解力のある. ▶ un enfant très *intelligent* 非常に賢い子供 / être *intelligent* en affaires 商才に富んでいる / réponse *intelligente* 賢明な返答.
❷ 情報化した, コンピュータ化した. ▶ maison *intelligent* インテリジェントハウス / terminal *intelligent* インテリジェント端末.

intelligentsia /ɛ̃telidʒɛntsja/, **intelligentzia** 女《集合的に》知識人, 頭脳労働者, インテリ(層), 知識階級.

intelligibilité /ɛ̃teliʒibilite/ 女 文章 理解できること.

intelligible /ɛ̃teliʒibl/ 形 ❶ 理解できる. ▶ s'exprimer de façon *intelligible* 人に理解してもらえるように話す. ❷《名詞の前で》聞き取りやすい, はっきりした. ▶ parler à haute et *intelligible* voix 大声ではっきり話す.

intelligiblement /ɛ̃teliʒibləmɑ̃/ 副 分かりやすく, はっきりと.

intello /ɛ̃telo/ 名 (intellectuel の略)インテリ, 知識人.

intempérance /ɛ̃tɑ̃perɑ̃:s/ 女 ❶ 暴飲暴食; (性的)不節制, 放蕩(髪). ❷ (表現の)乱暴さ, 過激さ. ▶ des *intempérances* de langage 暴言.

intempérant, ante /ɛ̃tɑ̃perɑ̃, ɑ̃:t/ 形 ❶ 暴飲暴食[深酒]をする; (性的)に不節制な. ❷ 度を過ごした. ▶ faire un usage *intempérant* du tabac ヘビースモーカーである.

intempéries /ɛ̃tɑ̃peri/ 女複 悪天候; 過酷な気候.

intempestif, ive /ɛ̃tɑ̃pestif, i:v/ 形 時ならぬ, 場違いの, 不都合な. ▶ demande *intempestive* 時をわきまえない要求 / rires *intempestifs* その場にそぐわない笑い.

intempestivement /ɛ̃tɑ̃pestivmɑ̃/ 副 文章 折あしく, 時をわきまえずに.

intemporel, le /ɛ̃tɑ̃pɔrel/ 形 時間を超えた, 非時間的な; 永遠不変の.

intenable /ɛ̃tnabl/ 形 耐えられない; 手に負えない. ▶ situation *intenable* 耐えがたい状況.

intendance /ɛ̃tɑ̃dɑ̃:s/ 女 (学校などの)経理課[部]; 経理;《軍事》(特に補給, 保全を担当する)経理部(= *intendance* militaire).
L'intendance suivra. 財政管理の問題は政治的決定に従わねばならない(ドゴールの言葉).

intendant, ante /ɛ̃tɑ̃dɑ̃, ɑ̃:t/ 名 ❶ 経理係, 備品[物資]管理係. ▶ *intendant* universitaire (教育機関の)会計課長[係]. ❷ 古風 (大邸宅, 財産などの)管理人, 執事.

intense /ɛ̃tɑ̃:s/ 形 強烈な, 激しい, なみはずれた. ▶ circulation *intense* 過密な交通量 / une région qui a une *intense* activité industrielle 工業が非常に盛んな地方.

intensément /ɛ̃tɑ̃semɑ̃/ 副 強烈に, 激しく.

intensif, ive /ɛ̃tɑ̃sif, i:v/ 形 集中的な, 徹底的な, 突っ込んだ. ▶ entraînement *intensif* 強化トレーニング, 特訓 / culture *intensive* 集約農業.

intensification /ɛ̃tɑ̃sifikasjɔ̃/ 女 強化, 増大.

intensifier /ɛ̃tɑ̃sifje/ 他動 …を強める; 増大させる. ▶ *intensifier* la lutte contre la drogue 麻薬との戦いを強化する.
— **s'intensifier** 代動 強くなる, 増大する, 激化する.

intensité /ɛ̃tɑ̃site/ 女 強烈さ, 激しさ; 強度. ▶ l'*intensité* du regard 眼光の鋭さ / La pluie a atténué l'*intensité* de l'incendie. 雨で火勢が衰えた.

intensivement /ɛ̃tɑ̃sivmɑ̃/ 副 集中的に, 徹底的に.

intenter /ɛ̃tɑ̃te/ 他動《法律》[訴訟]を起こす. ▶ *intenter* un procès (contre qn) (…に対する)訴訟を起こす.

***intention** /ɛ̃tɑ̃sjɔ̃/ アンタンスィヨン/ 女 意図, 意向; 目的. ▶ agir dans une bonne [mauvaise] *intention* 善意[悪意]をもって行動する / interroger qn sur ses *intentions* …の真意をただす / Je l'ai fait sans mauvaise *intention*. 私は悪気があってそれをしたのではない /《非人称構文で》Il n'est pas [Il n'entre pas] dans ses *intentions* de démissionner. 彼(女)には辞任する気はない.

à l'intention de qn …のために[の]. ▶ un film *à l'intention du* grand public 大衆向けの映画.

avoir l'intention de + 不定詞 …するつもりである. ▶ *J'ai l'intention de* partir demain. 私は明日出発するつもりです.

dans l'intention de + 不定詞 …する目的で.

faire un procès d'intention à qn (行為ではなく)…の意図を非難する.

L'enfer est pavé de bonnes intentions. 諺 (地獄の道は善意で舗装されている→)よき意図は往々にしてよからぬ[無益な]結果に終わる.

intentionné, e /ɛ̃tɑ̃sjɔne/ 形 <être bien [mal] *intentionné*> 好意的である[悪意を持っている].

intentionnel, le /ɛ̃tɑ̃sjɔnel/ 形 意図した, 故意の, 計画的な.

intentionnellement /ɛ̃tɑ̃sjɔnelmɑ̃/ 副 意図して, 故意に, わざと, 計画的に.

inter /ɛ̃te:r/ 男 (interurbain の略)市外電話.

inter- 接頭 「間の, 相互の」の意.

interactif, ive /ɛ̃teraktif, i:v/ 形 双方向の, インタラクティブな.

interaction /ɛ̃teraksjɔ̃/ 女 相互作用.

interactivité /ɛ̃teraktivite/ 女《情報》双方向性; 情報の送り手と受け手, 機械と利用者が相互に情報を交換できること.

intercalaire /ɛ̃terkalɛ:r/ 形 ❶ 挿入される[された]. ▶ feuille *intercalaire* 差し込みページ; 間紙(禁). ❷ 閏(鬃)の. ▶ jour *intercalaire* 閏日.

intercalation /ɛ̃terkalasjɔ̃/ 女 挿入, 付加.

intercaler /ɛ̃terkale/ 他動 …を挿入する, 差し込む, 付け加える. ▶ *intercaler* une citation dans un essai 随筆に引用文を挿入する.
— **s'intercaler** 代動 …に挿入される, 付け加わる; 割り込む. ▶ Une moto *s'est intercalée* entre le camion et la voiture. オートバイがトラックと乗用車の間に割り込んだ.

intercéder /ɛ̃tersede/ 自動 < *intercéder* pour [en faveur de] qn (auprès de qn) > …

intercepter

のために(…に)とりなす, (…との)間に立つ. ▶ J'*intercéderai* 「pour vous [en votre faveur] auprès du patron. あなた(方)のためにボスに働きかけてあげよう.

intercepter /ɛ̃tɛrsɛpte/ 他動 ❶ …を途中で奪う[押さえる]; 〖通信〗を傍受する. ▶ *intercepter* une lettre 手紙を横取りする / *intercepter* une communication téléphonique 電話を盗聴する.
❷ …を遮る, 遮断する. ▶ un nuage qui *intercepte* le soleil 太陽を遮る雲.
❸ (サッカー, ラグビーなどで)〔ボール〕をインターセプトする.
❹〔敵機, 敵艦〕を要撃[迎撃]する.

interception /ɛ̃tɛrsɛpsjɔ̃/ 女 ❶ 途中で奪う[押さえる]こと, 横取り; 盗聴, 傍受.
❷ 遮蔽(しゃへい), 遮断.
❸〖スポーツ〗インターセプト. ❹〖軍事〗要撃, 迎撃.

intercesseur /ɛ̃tɛrsɛsœːr/ 男 文章 とりなす人, 仲介者.

intercession /ɛ̃tɛrsɛsjɔ̃/ 女 文章 とりなし, 仲介.

interchangeable /ɛ̃tɛrʃɑ̃ʒabl/ 形 相互に取り替え可能な, 互換性のある.

interclasse /ɛ̃tɛrklɑːs/ 男 (授業と授業の間の短い)休憩時間.

interclubs /ɛ̃tɛrklœb/ 形〈男複〉〖スポーツ〗クラブチーム間の.

intercommunal, ale /ɛ̃tɛrkɔmynal/;〈男複〉**aux** /o/ 形 地方自治体相互[共同]の.

intercommunautaire /ɛ̃tɛrkɔmynotɛːr/ 形 コミュニティ間の.

interconnecter /ɛ̃tɛrkɔnɛkte/ 他動〖電力系統, 回路網〗を相互に連結させる.

interconnexion /ɛ̃tɛrkɔnɛksjɔ̃/ 女 ❶(電力系統間の)相互連結. ❷〖鉄道〗相互乗り入れ.

intercontinental, ale /ɛ̃tɛrkɔ̃tinɑtal/;〈男複〉**aux** /o/ 形 大陸間の. ▶ fusées *intercontinentales* 大陸間弾道弾.

intercostal, ale /ɛ̃tɛrkɔstal/;〈男複〉**aux** /o/ 形〖解剖〗肋間(ろっかん)の. ▶ névralgie *intercostale* 肋間神経痛.

interculturel, le /ɛ̃tɛrkyltyrɛl/ 形 (異)文化間の.

interdépartemental, ale /ɛ̃tɛrdepartəmɑ̃tal/;〈男複〉**aux** /o/ 形 数県にまたがる, 県相互の; 各県共通の.

interdépendance /ɛ̃tɛrdepɑ̃dɑ̃ːs/ 女 相互依存, 相互関連.

interdépendant, ante /ɛ̃tɛrdepɑ̃dɑ̃, ɑ̃ːt/ 形 相互に依存[関連]する, 持ちつ持たれつの.

interdiction /ɛ̃tɛrdiksjɔ̃/ 女 ❶ 禁止, 差し止め禁止令. ▶ «*Interdiction* de stationner»「駐車禁止」/ *interdiction* d'un film par la censure 検閲による上映禁止 / lever une *interdiction* 禁止を解除する.
❷ 停職, 職権停止. ❸〖民法〗禁治産 (=*interdiction* judiciaire). ❹〖刑法〗*interdiction* de séjour (出獄者に対する)居住制限.

*****interdire** /ɛ̃tɛrdiːr/ アンテルディール 76 他動

過去分詞 interdit	現在分詞 interdisant
直説法現在 j'interdis	nous interdisons
tu interdis	vous interdisez
il interdit	ils interdisent
複合過去 j'ai interdit	半過去 j'interdisais
単純未来 j'interdirai	単純過去 j'interdis

❶ …を禁じる, 禁止する; 不可能にする. ▶ Le meeting *a été interdit*. 集会は禁止された / Le docteur lui *a interdit* l'alcool. 医師は彼にアルコールを禁じた. ◆ *interdire* qc à qn ▶ Son état de santé lui *interdit* tout travail. あの健康状態では彼(女)は一切仕事はできない. ◆ *interdire* à qn de + 不定詞 ▶ Le médecin lui *a interdit* de boire. 医者は彼(女)に飲酒を禁じた. ◆ *interdire* que + 接続法 ▶ Elle *a interdit* que nous y allions seuls. 彼女は私たちだけでそこへ行くことを許さなかった.
❷《非人称構文で》«Il est [C'est] *interdit* de + 不定詞»…することは禁じられている. ▶ Il est expressément *interdit* de fumer dans cette salle. この部屋での喫煙は厳重に禁止されている.
❸ …を停職させる, 職務[聖務]停止にする. ▶ *interdire* un fonctionnaire pour trois mois あ る役人を 3 か月の停職処分にする.
❹〖民法〗…に禁治産を宣告する.

Il est interdit d'interdire. 禁止することを禁止する (1968年の5月革命時のスローガン).

interdire「*sa porte* [*sa maison*] *à qn* …の出入り[侵入]を許さない.

— **s'interdire** 代動 〈*s'interdire* qc // *s'interdire* de + 不定詞〉自分に…を禁じる. 注 se は間接目的. ▶ *s'interdire* tout excès どんな無理もしないようにする.

interdisciplinaire /ɛ̃tɛrdisipliɛːr/ 形 学際的な, 各学科合同の, 多分野にまたがる. ▶ recherches *interdisciplinaires* 学際的研究.

interdisciplinarité /ɛ̃tɛrdisiplinarite/ 女 学際性.

interdiss-, interdis- 活用 ⇨ INTERDIRE 76

interdit[1], **ite** /ɛ̃tɛrdi, it/ 形 (interdire の過去分詞) ❶ 禁じられた. ▶ «Stationnement *interdit*»「駐車禁止」/ C'est *interdit*. それは禁止されています / un film *interdit* aux moins de dix-huit ans 18歳未満者向けの映画 / *Jeux Interdits*「禁じられた遊び」(ルネ・クレマン監督の映画) / (être) *interdit* de séjour 居住制限を受けている. 比較 ⇨ DÉFENDU.
❷ 停職処分された.
❸ びっくり仰天した, 唖然(あぜん)とした. ▶ rester tout *interdit* 茫然(ぼうぜん)自失する. 比較 ⇨ ÉTONNÉ.
— 名 ❶〖民法〗禁治産を宣告された (=*interdit* judiciaire). ❷〖刑法〗un *interdit* de séjour 居住制限を受けた者.

interdit[2] /ɛ̃tɛrdi/ 男 ❶ 禁忌, タブー, 禁止事項. ▶ braver les *interdits* タブーに立ち向かう.
❷ 排斥, 追放; ボイコット. ▶ jeter l'*interdit* sur [contre] qn …を排斥する.

❸【カトリック】聖務停止(令);(一定の場所での)祭祀(さいし)禁止令.

***intéressant, ante** /ɛ̃teresɑ̃, ɑ̃:t アンテレサン, アンテレサーント/ 形 ❶ 興味のある, 関心を引く, おもしろい. ▶ livre *intéressant* 興味深い本 / conférencier peu *intéressant* 退屈な講師 / Il n'y a rien d'*intéressant* à dire. 特に言うほどのおもしろいことは何もない / 《非人称構文で》Il serait *intéressant* de poursuivre les recherches. その研究を続ければおもしろい結果が出るかも知れない.
❷ 得な, 利益のある. ▶ affaire *intéressante* もうかる仕事 / client *intéressant* 大のお得意 / acheter qc à un prix *intéressant* …を安く買う.
chercher à se rendre intéressant 《軽蔑して》目立ちたがる, 人目を引こうとする.
— 名 faire l'*intéressant* [son *intéressant*] 人目を引こうとする, 目立ちたがる.

語法 **intéressant** と **amusant**
ともに「おもしろい」という意味を持つが, その「おもしろさ」はまったく違う種類のものである.
intéressant は「知的に興味をそそる, 注意を引く」という意味で使う.
 • Il fait toujours des remarques *intéressantes*. 彼はいつも興味深い指摘をする.
amusant は「滑稽(こっけい)で笑いを誘う, おかしくて人を笑わせる」という意味で使う.
 • Il dit toujours des choses *amusantes*. 彼はいつもおかしなことを言って人を笑わせる.

intéressé, e /ɛ̃terese/ 形 ❶ 関係のある, かかわりのある. ▶ les parties *intéressées* 当事者たち / C'est lui, le principal *intéressé*. 最大の当事者, それは彼だ. ❷ 私利を求める, 打算的な. ▶ C'est un homme *intéressé*. あれは欲得ずくで動く男だ / une gentillesse *intéressée* 打算的な親切. ❸ 興味をそそられた, 魅力を感じている.
— 名 利害関係者, 当事者.

intéressement /ɛ̃teresmɑ̃/ 男 利益分配(制度):企業が従業員に支払う固定給以外の報酬.

***intéresser** /ɛ̃terese/ アンテレセ/ 他動 ❶ …の興味を引く, 関心をそそる;気に入る. ▶ Ce livre m'*a* beaucoup *intéressé*. 私はこの本にとても興味を覚えた / Ça ne m'*intéresse* pas. そんなことに興味はないね / C'est un sujet qui n'*intéresse* personne. それはだれも興味を抱かないテーマだ / Ça vous *intéresse* d'aller au cinéma ce soir? 今晩映画に行くというのはどうですか.
❷ …と関係がある, にとって重要である(=concerner). ▶ Ecoute, cela t'*intéresse* directement. いいかね, これは君に直接かかわることだ.
❸ 〈*intéresser* qn (à qc)〉 …に(…への)興味を持たせる. ▶ *intéresser* ses enfants à la peinture 自分の子供たちに絵画に対する興味を持たせる / Il ne sait pas *intéresser* ses élèves. 彼は生徒たちの注意を引き付けておくことができない.
❹ 〈*intéresser* qn à [dans] qc〉 …を(利益, 恩恵など)にあずからせる. ▶ *intéresser* les travailleurs aux bénéfices de l'entreprise 労働者に企業の利潤を分配する.
Continue, tu m'intéresses! 話《皮肉に》勝手に話しているがいいさ, 私には興味ないね.

— **s'intéresser** 代動 〈*s'intéresser* à qn/qc〉 …に興味を持つ, 関心がある, 好意を寄せる. ▶ Il s'*intéresse* à tout. 彼はなんにでも興味を持つ.

***intérêt** /ɛ̃tere アンテレ/ 男
❶ ❶ 関心, 興味. ▶ prendre *intérêt* à qc /不定詞 …に興味を抱く / susciter [exciter] un *intérêt* considérable 大きな関心を呼ぶ. ◆ avec *intérêt* 興味深く, 興味を持って. ▶ écouter qn avec *intérêt* …を興味深く聞く / avec un grand *intérêt* 大きな関心を持って.
❷ 好意, 好感. ▶ porter [témoigner] de l'*intérêt* à qn …に好意を示す / Je vous remercie de l'*intérêt* que vous avez bien voulu me témoigner. あなた(方)の示してくださった御好意には感謝しています.
❷ (物事の持つ)重要性, 意義, 価値, おもしろみ. ▶ Quel est l'*intérêt* de cette invention? この発明の意義は何か / une mesure qui présente un *intérêt* économique considérable 大きな経済的意味を持った政策 / Ce livre n'a aucun *intérêt*. この本は全然おもしろくない / un film sans aucun *intérêt* なんのおもしろみもない映画. ◆ (être) d'un *intérêt* + 品質形容詞 …な重要性［おもしろみ］がある. ▶ un spectacle d'un *intérêt* nouveau 新しい趣向の芝居.
❸ ❶ 利益, ため[得]になること, メリット. ▶ *intérêt* général 全体の利益 / *intérêt* public 公益 / agir dans [contre] l'*intérêt* de qn …のために[の利益に反して]行動する / Je lui parle dans son *intérêt*. 彼(女)のためを思って話している / Ce n'est pas (dans) ton *intérêt* d'accepter. 承諾するのは君のためにならない / mariage d'*intérêt* 政略結婚;金目当ての結婚. ◆ (être) d'*intérêt* + 関連形容詞 …にかかわる. ▶ une ligne de chemin de fer d'*intérêt* local ローカル鉄道路線 / travaux d'*intérêt* général (刑罰の代わりの)社会奉仕. ◆ avoir [il y a] *intérêt* à + 不定詞 …するのが得だ. ▶ Tu as *intérêt* à te taire. 黙っている方が身のためだ / Il y a (tout) *intérêt* à attendre. 待つ方が(ずっと)得策だ.
❷ 打算, 私利私欲. ▶ agir par *intérêt* 欲得ずくで動く.
❸ 《複数で》出資金, 株, 権益. ▶ avoir des *intérêts* dans une compagnie pétrolière 石油会社に出資している.
❹ 利子, 利息. ▶ *intérêt* simple [composé] 単利[複利]. ◆ taux d'*intérêt* 利率. ▶ Le taux d'*intérêt* est de 3% [trois pour cent]. 利率は3パーセントである.
(Il) y a intérêt! そうすべきだ, そうこなくちゃ.

interface /ɛ̃tɛrfas/ 女 《英語》【情報】インターフェイス.

interférence /ɛ̃tɛrferɑ̃:s/ 女 ❶ 【物理】(音波, 光波などの)干渉. ❷ 競合, 衝突. ▶ l'*interférence* entre la politique et l'économie 政治と経済の競合.

interférer /ɛ̃tɛrfere/ 自動 ❶ 〈*interférer* (avec qc)〉 (…と)競合する, 衝突する, 妨害し合う;混じり合う. ▶ Son projet risque d'*interférer* avec le mien. 彼(女)の計画は私の計画とか

interféron

ち合ってしまうかもしれない. ❷ ⟨*interférer* dans qc⟩ …に干渉する, 口出しする, 影響を及ぼす. ❸ 【物理】干渉する.

interféron /ɛ̃tɛrferɔ̃/ 男【生化学】インターフェロン, ウイルス抑制因子.

intergénérationnel, le /ɛ̃tɛrʒenerasjɔnɛl/ 形 世代間の.

intergouvernemental, ale /ɛ̃tɛrguvɛrnəmɑ̃tal/; 《男複》**aux** /o/ 形 政府間の.

:**intérieur, e** /ɛ̃terjœːr/ アンテリユール/ 形 ❶ 内部の, 内側の (↔extérieur). ▶ mer *intérieure* 内海 / poche *intérieure* 内ポケット.

❷ 国内の, 領土内の;（集団の）内部での. ▶ marché *intérieur* 国内市場 / commerce *intérieur* 国内取引 / la politique *intérieure* de la France フランスの内政.

❸ 心の内の, 精神的な. ▶ vie *intérieure* 精神生活.

── **intérieur** 男 ❶ 内部, 内側. ▶ l'*intérieur* d'une boîte 箱の中.

❷ 屋内, 室内. ▶ chaussures d'*intérieur* 室内履き / l'*intérieur* d'une boutique 店内(装飾) / Voulez-vous m'attendre à l'*intérieur*? (建物の)中でお待ちいただけますか.

❸ 国内; 地域内;《Intérieur》内務省 (=ministère de l'*Intérieur*). ▶ à l'*intérieur* et à l'extérieur 国内と国外で / le ministre de l'*Intérieur* 内務大臣.

à l'intérieur de qc …の内側に, 内部に.
de [par] l'intérieur 内側から, 内部から.

intérieurement /ɛ̃terjœrmɑ̃/ 副 ❶ 内部で, 内側から, 室内で. ❷ 心の中で, 心ひそかに.

intérim /ɛ̃terim/ 男 ❶（職務などの）代行, 代理; 代行期間. ▶ assurer l'*intérim* 代理を立てる.
❷ 派遣労働. ▶ société d'*intérim* 人材派遣会社 / faire de l'*intérim* 派遣の仕事をする.

par intérim 代理の, 暫定的な.

intérimaire /ɛ̃terimɛːr/ 形 臨時の, 代理の.
── 名 ❶ 代理者, 代行者. ❷ 派遣社員.

intériorisation /ɛ̃terjɔrizasjɔ̃/ 女 ❶（感情, 反応を）内に抑え込むこと; 内面化; 内省能力. ❷【精神分析】内化.

intérioriser /ɛ̃terjɔrize/ 他動 …を内に抑える, 内面化する; 自分のものにする.

interjection /ɛ̃tɛrʒɛksjɔ̃/ 女【文法】間投詞.

interligne /ɛ̃tɛrliɲ/ 男 行間(の余白).

interlocuteur, trice /ɛ̃tɛrlɔkytœːr, tris/ 名 ❶ 話し相手, 対話者. ❷（政治, ビジネスなどの）交渉相手.

interlope /ɛ̃tɛrlɔp/ 形 ❶ いかがわしい, 怪しげな.
❷ 非合法の. ▶ commerce *interlope* 密輸, 闇(ヤミ)取引.

interloquer /ɛ̃tɛrlɔke/ 他動《多く受動態で》…を困惑させる, 声も出ないほどびっくりさせる. ▶ Je suis resté *interloqué* devant une bêtise pareille. そのばかげた行為に開いた口がふさがらなかった.

interlude /ɛ̃tɛrlyd/ 男《英語》❶（劇, 映画などの）幕間(まくあい)の出し物. ❷（テレビ, ラジオの）つなぎ番組. ❸【音楽】間奏(曲).

intermède /ɛ̃tɛrmɛd/ 男 ❶【演劇】幕間(まくあい)の出し物, 幕間狂言. ❷ 合間, 中断, 小休止. ❸【音楽】(1) 幕間に奏される器楽曲. (2) 間奏.

intermédiaire /ɛ̃tɛrmedjɛːr/ 形 中間の; 仲介する. ▶ couleur *intermédiaire* 中間色 / époque *intermédiaire* 過渡期 / chercher une solution *intermédiaire* 妥協案を探る.

── 男 中間(状態); 仲介.

par l'intermédiaire de qn/qc …を介して.
*par l'intermédiaire d'*un ami ある友人を通じて.
sans intermédiaire 直接, じかに, いきなり.

── 名 ❶ 仲介者, 調停人. ❷ 仲買人; 流通業者.

intermezzo /ɛ̃tɛrmedzo/ 男《イタリア語》【音楽】間奏曲, インテルメッツォ.

interminable /ɛ̃tɛrminabl/ 形 際限のない, 果てしない. ▶ queue *interminable* 長蛇の列.

interminablement /ɛ̃tɛrminabləmɑ̃/ 副 限なく, 果てしなく.

interministériel, le /ɛ̃tɛrministerjɛl/ 形 各省間の, 閣僚間の.

intermittence /ɛ̃tɛrmitɑ̃ːs/ 女 ❶ 文語 間欠, 断続. ❷【医学】(症状などの)間欠.

par intermittence(s) 断続的に, 不規則に.

intermittent, ente /ɛ̃tɛrmitɑ̃, ɑ̃ːt/ 形 間欠的な, 断続的な. ▶ lumière *intermittente* 点滅光 / travailleur *intermittent* 不定期労働者.

── 名 les *intermittents* du spectacle 演劇やオペラの臨時スタッフ.

internat /ɛ̃tɛrna/ 男 ❶ 寄宿生の身分; 寄宿生期間[時代]. ❷【医学】concours d'*internat* 大学病院直属の研修医になるための試験.

:**international, ale** /ɛ̃tɛrnasjɔnal/ アンテルナスィヨナル/;《男複》**aux** /o/ 形 ❶ 国際的な, 諸国間の. ▶ conférence *internationale* 国際会議 / organisme *international* 国際機関 / conflit *international* 国際紛争 / droit *international* 国際法. ❷【スポーツ】国際対抗の;（選手が）国際試合に出場する. ▶ rencontre *internationale* 国際試合.

── 名 国際競技の代表出場選手.

── **Internationale** 女 インターナショナル, 国際労働者同盟 (=Association internationale des travailleurs); インターナショナルの歌.

internationalisation /ɛ̃tɛrnasjɔnalizasjɔ̃/ 女 国際化; 国際管理化.

internationaliser /ɛ̃tɛrnasjɔnalize/ 他動 …を国際的にする, 国際化する; 国際管理下に置く.
── **s'internationaliser** 代動 国際的になる, 国際色を帯びる.

internationalisme /ɛ̃tɛrnasjɔnalism/ 男（階級的）国際主義.

internaute /ɛ̃tɛrnoːt/ 名 インターネット利用者.

interne /ɛ̃tɛrn/ 形 ❶ 内側の; 内部の (↔externe). ▶ la structure *interne* de la Terre 地球の内部構造 / angles *internes* 内角.
❷【医学】内部の. ▶ médecine *interne* 内科病理学 / hémorragie *interne* 内出血.
❸ 寄宿生の; インターンの.
── 名 ❶ 寄宿生. ❷【医学】大学病院直属の研修医.

interné, e /ɛ̃tɛrne/ 形, 名（政治犯, 精神病疾患者など）(強制)収容された(人), 監禁された(人).

internement /ɛ̃tɛrnəmɑ̃/ 男 (強制)収容, 監禁, 勾留(こうりゅう).

interner /ɛ̃tɛrne/ 他動 ❶ (行政決定により)…を収容[監禁]する. ❷ (精神病院に)…を収容する.

Internet /ɛ̃tɛrnɛt/ 固有 インターネット. ▶ naviguer sur *Internet* ネットサーフィンをする / site *Internet* インターネットサイト.

interpellateur, trice /ɛ̃tɛrpelatœːr, tris/ 名 ❶ 急に呼びかける[呼び止める]人. ❷ (議会での)質問者.

interpellation /ɛ̃tɛrpelasjɔ̃/ 女 ❶ (不意の)呼びかけ, 呼び止めること; 職務質問, 不審尋問. ❷ (議会で政府への)質問, 質疑.

interpeller /ɛ̃tɛrpəle/ 他動 ❶ …に(不意に)呼びかける, 呼び止める. ▶ *interpeller* qn dans la rue 街で…に声をかける. ❷ 〔警官が〕…を呼び止める; に職務質問する, 不審尋問する. ❸ (議会で政府, 大臣などに)質問する. ❹ 〔出来事が〕…に強く訴える.

interpénétration /ɛ̃tɛrpenetrasjɔ̃/ 女 相互浸透, 混交, 錯綜(さくそう).

s'interpénétrer /sɛ̃tɛrpenetre/ 代動 相互浸透する, 絡み合う; 交じり合う.

interpersonnel, le /ɛ̃tɛrpɛrsɔnɛl/ 形 個人間の. ▶ relations *interpersonnelles* 対人関係.

interphone /ɛ̃tɛrfɔn/ 男 商標 インターホン.

interplanétaire /ɛ̃tɛrplanetɛːr/ 形 惑星間の. ▶ voyage *interplanétaire* 宇宙旅行.

interpolation /ɛ̃tɛrpɔlasjɔ̃/ 女 加筆; 改竄(かいざん); 挿入(事項).

interpoler /ɛ̃tɛrpɔle/ 他動 〔原文にない言葉など〕を書き加える, 加筆する; 〔原文〕を改竄(かいざん)する.

interposé, e /ɛ̃tɛrpoze/ 形 【法律】personne *interposée* 介在者.

par qc/qn interposé …を介して. ▶ *par* médias *interposés* メディアを通じて.

par personne(s) interposée(s) 人を介して, 他人名義で. ▶ négocier un accord *par personne interposée* 第三者を介して交渉する.

interposer /ɛ̃tɛrpoze/ 他動 ❶ (2つの物の間に)…を置く, 介在させる. ▶ *interposer* un écran …を間に置く. ❷ 〔権力など〕を介入させる; 〔調停の労など〕を取る.

— **s'interposer** 代動 ❶ (仲裁役として)仲に入る, (争い事に)割って入る. ▶ *s'interposer* dans une dispute 口論に割って入る. ❷ (2つの物の間に)置かれる, 入る; 〔障害などが〕介在する.

interprétariat /ɛ̃tɛrpretarja/ 男 通訳の仕事.

interprétation /ɛ̃tɛrpretasjɔ̃/ 女 ❶ 解釈, 説明. ▶ donner une *interprétation* nouvelle d'un texte あるテキストの新しい解釈を行う / une *interprétation* large [étroite] de la Constitution 広義[狭義]の憲法解釈.

❷ 演奏, 演技. ▶ Cette sonate est d'une *interprétation* difficile. このソナタは演奏が難しい / le prix de la meilleure *interprétation* féminine [masculine] 最優秀女優[男優]賞.

❸《精神分析》解釈. ▶ *l'Interprétation des rêves* (フロイトの)『夢判断』.

***interprète** /ɛ̃tɛrpret/ アンテルプレット/ 名 ❶ 通訳. 注 翻訳者は traducteur という. ▶ *interprète* polyglotte 数か国語を話す通訳 / servir d'*interprète* à qn …の通訳を務める.

❷ 代弁者, 意向を伝える人[物]. ▶ Je me ferai votre *interprète* auprès du ministre. 大臣にあなた(方)の意向を伝えておきましょう.

❸ 演奏家; 演技者, 俳優;《複数で》配役. ▶ un grand *interprète* de Mozart モーツァルト演奏の大家. ❹ (テキスト, 夢などの)解釈[注釈]者.

***interpréter** /ɛ̃tɛrprete/ アンテルプレテ/ 6 他動 ❶ …を解釈する, 判断する. ▶ *interpréter* un texte de deux façons あるテキストを2通りに解釈する / Comment *interpréter* sa démarche? 彼(女)の行動をどう考えようか / Il *a* mal *interprété* mes paroles. 彼は私の言葉を曲解した / *interpréter* qc en mal …を悪くとる.

❷ 〔音楽〕を演奏する; 〔役〕を演ずる. ▶ le personnage qu'elle *interprète* dans ce film 彼女がこの映画で演じる役.

❸ 〔情報〕〔プログラム〕を解釈する.

— **s'interpréter** 代動 解釈[判断]される.

interprofessionnel, le /ɛ̃tɛrprɔfesjɔnɛl/ 形 職種間共通の, 全職業[産業]の.

interrégional, ale /ɛ̃tɛreʒjɔnal/; 《男 複》 **aux** /o/ 形 地域間の.

interrègne /ɛ̃tɛrɛɲ/ 男 ❶ (国王, 元首などの)空位期間[時代]. ❷ 文章(ふざけて)(役職の)空席期間.

interrogateur, trice /ɛ̃tɛrɔɡatœːr, tris/ 形 物問いたげな, 不審そうな.
— 名 (口頭試問の)試験官.

interrogatif, ive /ɛ̃tɛrɔɡatif, iːv/ 形 ❶ 問いかけるような, いぶかるような. ❷《文法》疑問の.
— **interrogatif** 男 疑問詞.
— **interrogative** 女 疑問文, 疑問節.

***interrogation** /ɛ̃tɛrɔɡasjɔ̃/ アンテロガスィヨン/ 女 ❶ 疑問, 問い, 質問. ▶ *interrogation* orale [écrite] 口頭試問[筆記試験]. ❷《文法》疑問(文).

point d'interrogation (1)《文法》疑問符(?). (2)疑問点, 未知数. ▶ Quant à l'avenir, c'est un *point d'interrogation*. 将来については確かなことは分からない.

interrogativement /ɛ̃tɛrɔɡativmɑ̃/ 副 問いかけるように, 不審そうに.

interrogatoire /ɛ̃tɛrɔɡatwaːr/ 男 ❶《法律》尋問, 取り調べ; 尋問調書. ▶ subir un *interrogatoire* 尋問を受ける. ❷ 一連の質問.

interrogeable /ɛ̃tɛrɔʒabl/ 形 問い合わせに対応する. ▶ répondeur téléphonique *interrogeable* à distance 出先から録音内容が聞ける留守番電話.

interroger /ɛ̃tɛrɔʒe/ 2 他動 ❶ …に尋ねる, 質問する; 〔被告など〕に尋問する; 〔受験者など〕に試問する. ▶ *interroger* un personnage célèbre (=interviewer) 有名人にインタビューする / *interroger* un inculpé 容疑者を取り調べる.

❷ …をよく調べる, 探る. ▶ *interroger* les faits (確認のため)事実を調べる.

— **s'interroger** 代動 ❶《*s'interroger* (sur qc)》(…について)自問[自省]する. ❷ 尋ね合う.

***interrompre** /ɛ̃tɛrɔ̃ːpr/ アンテロームプル/ 61 他動

interrompu

```
過去分詞 interrompu  現在分詞 interrompant

直説法現在 j'interromps   nous interrompons
複 合 過 去 j'ai interrompu
単 純 未 来 j'interromprai
```

❶ …を**中断する**, 中断させる. ▶ *interrompre* un entretien 会談を中断する / *interrompre* son travail 仕事［学業］を途中でやめる.
❷ …(の行動)を邪魔する, 妨げる. ▶ Je ne voudrais pas vous *interrompre* dans votre travail.(=déranger) お仕事の邪魔はしたくないのですが. ❸ …の**話を遮る**. ▶ Excusez-moi de vous *interrompre*. お話中失礼します.
— **s'interrompre** 代動 ❶ 中断する, 中途でやめる; 話を中断する. ▶ *s'interrompre* dans sa lecture 読書を中断する. ◆*s'interrompre* de + 不定詞 …することを途中でやめる. ▶ Il *s'est interrompu* de travailler pour me répondre. 彼は仕事の手を休めて私に答えた. ❷ 中断される, 途切れる. ▶ L'émission *s'est* brusquement *interrompue*. 放送が突然中断した.
sans s'interrompre 休みなく, ひっきりなしに.
interrompu, e /ɛ̃terɔ̃py/ 形 (interrompre の過去分詞)中断された.
interrupteur /ɛ̃teryptœːr/ 男【電気】スイッチ, 開閉器, 断続器.
interruption /ɛ̃terypsjɔ̃/ 囡 ❶ 中断, 遮断. ▶ *interruption* du courant 停電 / l'*interruption* des hostilités 休戦 / Il y a eu de longues *interruptions* dans la projection du film. 映画の上映中にときどき長い中断があった / *interruption* volontaire de grossesse 自由意思による妊娠中絶(略 IVG). ◆après une *interruption* de + 時間表現 // après + 時間表現 + d'*interruption* ▶ Après une *interruption* de deux semaines, il a repris son travail. 2週間の中断の後, 彼は仕事を再開した.
❷ (人の話の)妨害; やじ. ▶ être dérangé par les *interruptions* du public 観衆のやじに邪魔される. ❸【法律】(時効などの)中断.
sans interruption 中断せずに, ひっきりなしに.
intersaison /ɛ̃tersɛzɔ̃/ 囡 オフシーズン.
intersection /ɛ̃tersɛksjɔ̃/ 囡 ❶ 交差; 交差点. ❷【数学】(1)(線, 面などの)交わり. (2)(集合の)共通部分.
interstellaire /ɛ̃terstɛ(l)lɛːr/ 形【天文】星間の.
interstice /ɛ̃terstis/ 男 すき間, 間隙(かんげき).
interstitiel, le /ɛ̃terstisjɛl/ 形 間隙の, 間質(性)の.
intersubjectivité /ɛ̃tersybʒɛktivite/ 囡【哲学】【心理】間主観性, 相互［共同］主観性.
intersyndical, ale /ɛ̃tersɛ̃dikal/;《男 複》**aux** /o/ 形 組合相互間の, 各組合が連合した.
intertextualité /ɛ̃tertɛkstɥalite/ 囡 間テキスト性.
interurbain, aine /ɛ̃teryrbɛ̃, ɛn/ 形 都市間の, 都市を結ぶ. ▶ les communications *interurbaines* d'un pays ある国の国内通話.
— **interurbain** 男 市外［長距離］電話. 注 inter と略す.
intervalle /ɛ̃tɛrval/ 男 ❶ (空間的に)間隔, 隔たり, 間. ▶ *intervalle* entre deux murs 2つの壁の間 / à *intervalle* de trois mètres = à trois mètres d'*intervalle* 3メートル間隔で. ❷ (時間的に)間隔, 合間. ▶ des paiements effectués à *intervalles* réguliers 定期的になされる支払い / deux enfants nés à trois ans d'*intervalle* ［à un *intervalle* de trois ans］ 3年違いで生まれた2人の子供. ❸【音楽】音程.
dans l'intervalle その間に.
par intervalles (1)所々, とびとびに. (2)時折, ときどき, 断続的に.
*****intervenir** /ɛ̃tervəniːr/ アンテルヴニール/ 28 自動

```
過去分詞 intervenu   現在分詞 intervenant

直説法現在 j'interviens   nous intervenons
複 合 過 去 je suis intervenu(e)
単 純 未 来 j'interviendrai
```

《助動詞は être》❶ **干渉する, 介入する**; 出動する; 内政干渉［軍事介入］する. ▶ *intervenir* dans les affaires d'autrui 他人のことに干渉する / La police est prête à *intervenir*. 警察は出動態勢を整えている.
❷ (…のために)取りなす, 仲介する. ▶ Il *est intervenu* en votre faveur auprès du directeur. 彼はあなた(方)のために部長にかけ合ってくれた.
❸ (討論などに)**参加する, 発言する**. ▶ *intervenir* dans la conversation 会話で自分の意見を述べる / *intervenir* à la télévision テレビで発言する.
❹ (ある要素が)働く, 介在する. ▶ Dans cette affaire, un facteur imprévu *est intervenu*. この事件では一つの予期せぬ要因が働いた.
❺〔合意が〕成立する; 〔決定が〕下される. ▶ Un accord *est intervenu* entre les deux pays. 両国間で合意が成立した / Cette décision *est intervenue* dix jours après. この決定は10日後に行われた.
❻【医学】処置をする; 手術を行う.
*****intervention** /ɛ̃tervɑ̃sjɔ̃/ アンテルヴァンスィヨン/ 囡 ❶ **干渉, 介入**; 出動; 内政干渉, 軍事介入. ▶ *intervention* militaire 軍事介入.
❷ とりなし, 仲裁; 援助, 協力. ▶ Je compte sur votre *intervention*. あなた(方)のお力添えを当てにしています. ❸ (討論などへの)参加, 発言. ▶ Il a fait une *intervention* très intéressante. 彼はとても興味深い発言をした. ❹ 作用, 働き, 介在. ❺ 医療処置; 手術. ▶ subir une *intervention* 手術を受ける.
interventionnisme /ɛ̃tervɑ̃sjɔnism/ 男 干渉主義, 介入主義.
interventionniste /ɛ̃tervɑ̃sjɔnist/ 形 干渉［介入］主義の.
— 名 干渉［介入］主義者.
interversion /ɛ̃terversjɔ̃/ 囡 (順序を)逆にすること; 置き換え, 転倒.
intervertir /ɛ̃tervertiːr/ 他動 …(の順序)を逆にする. ▶ *intervertir* les rôles 相手の役割を演じる; 立場［形勢］を逆転させる.

intervien-, interviendr-, interviennn- 活用 ⇨ INTERVENIR 28

*interview /ɛ̃tɛrvju/ アンテルヴュ/ 女《英語》インタビュー；インタビュー記事〔番組〕, 会見記. ▶ donner [accorder] une *interview* à qn〔政治家など〕の…のインタビューに応じる.

interviewer¹ /ɛ̃tɛrvjuvœːr/ 男《英語》, **interview*eur*, *euse*** /ɛ̃tɛrvjuvœːr, øːz/ 名 インタビューをする人〔記者〕, インタビュアー.

interviewer² /ɛ̃tɛrvjuve/ 他動 …にインタビューする.

intervin-, intervîn-, intervinss- 活用 ⇨ INTERVENIR 28

intestin¹, **ine** /ɛ̃tɛstɛ̃, in/ 形 文章 国内の, 組織内の. ▶ querelles *intestines* 内紛, 内部抗争.

intestin² /ɛ̃tɛstɛ̃/ 男《解剖》腸. ▶ *intestin* grêle 小腸 / gros *intestin* 大腸 / être fragile des *intestins* 腸が弱い.

intestinal, ale /ɛ̃tɛstinal/;〈男複〉*aux* /o/ 形 腸（管）の. ▶ occlusion *intestinale* 腸閉塞(じゅう)（症）.

intifada /intifada/ 女 インティファーダ：パレスチナ人の投石によるイスラエル抵抗運動.

*intime /ɛ̃tim/ アンティム/ 形 ❶ 親密な, 仲のよい；緊密に結ばれた. ▶ ami *intime* 親友 / être *intime* avec qn …と親しい / avoir des rapports *intimes* avec qn …と親密な間柄である；肉体関係を持つこと.

❷ 内輪の, くつろげる, 肩のこらない. ▶ repas *intime* 水入らずの食事 / petite fête *intime* 内輪のささやかなお祝い / atmosphère *intime* くつろいだ〔打ち解けた〕雰囲気.

❸ 私的な, 個人的な. ▶ vie *intime* 私生活 / tenir un journal *intime* 日記をつける.

❹ 文章 内奥の, 奥底の；本質的な, 根本的な. ▶ avoir la conviction *intime* que + 直説法 心の底から…であると確信する.

— 名 親友, 親しい仲間；腹心, 側近. ▶ un dîner entre *intimes* 気のおけない同士の夕食.

pour les intimes 語 仲間うちでは…と呼ばれる.

intimement /ɛ̃timmɑ̃/ 副 ❶ 親密に, 親しく；密接に. ❷ 心の底から, 深く.

intimer /ɛ̃time/ 他動〔命令を〕厳かに言い渡す；通告する. ▶ Il m'*a intimé* l'ordre de rester. 彼は私に居残るよう厳命した.

intimidant, ante /ɛ̃timidɑ̃, ɑ̃ːt/ 形 おじけづかせる, 困惑させる；威厳のある.

intimidation /ɛ̃timidasjɔ̃/ 女 威嚇, 威圧, 脅し. ▶ parole d'*intimidation* 脅し文句.

intimider /ɛ̃timide/ 他動 ❶ …をおじけづかせる, どぎまぎさせる. ▶ Cette entrevue l'*intimide*. この会見は彼（女）をおじけづかせている. ❷ …を威嚇する, 脅かす. ▶ Je ne me laisserai pas *intimider* par vous. あなたの脅しには屈しません.

intimiste /ɛ̃timist/ 名《絵画》《文学》アンティミスト. — 形 ❶《絵画》《文学》アンティミスムの. ❷ 雰囲気などが家庭的な, くつろいだ.

intimité /ɛ̃timite/ 女 ❶ 仲のよさ；親密な関係. ▶ Il y a entre eux une grande *intimité*. 彼らは親密な関係である. ❷（場所の）くつろいだ感じ, 安らぎ, 親しみ. ❸ 私生活. ▶ entrer dans l'*intimité* de qn …の私生活に立ち入る. ❹ 文章 内奥, 内心.

dans l'intimité (1) 内輪で. ▶ Le mariage aura lieu *dans la* plus stricte *intimité*. 結婚式はごく内輪で行われます. (2) 私生活では. ▶ un déshabillé porté *dans l'intimité* 家で着る部屋着.

intitulé /ɛ̃tityle/ 男 題名, 表題；（法律, 証書などの）頭書.

— **intitulé, e** 形 …と題された. ▶ roman *intitulé* « Une vie »「女の一生」という小説.

intituler /ɛ̃tityle/ 他動 … に題名をつける. ▶ Comment a-t-il *intitulé* son film? 彼は自分の映画にどんなタイトルをつけたのですか.

— **s'intituler** 代動 …という題である. ▶ Comment s'*intitule* son livre? 彼（女）の本の題名はなんですか.

intolérable /ɛ̃tɔlerabl/ 形 ❶ 耐えられない, 我慢できない. ▶ chaleur *intolérable* 耐えがたい暑さ. ❷ 認められない, 容認しがたい. ▶〈非人称構文で〉Il est *intolérable*「de + 不定詞〔que + 接続法〕…ということは許しがたい.

intolérance /ɛ̃tɔlerɑ̃ːs/ 女 ❶ 不寛容；狭量. *intolérance* religieuse 宗教的不寛容. ❷《医学》不耐性：食品, 食べ物などを生体が受け付けないこと.

intolérant, ante /ɛ̃tɔlerɑ̃, ɑ̃ːt/ 形, 名 不寛容な（人）；偏狭な（人）.

intonation /ɛ̃tɔnasjɔ̃/ 女（声の）抑揚, 語調, イントネーション.

intouchable /ɛ̃tuʃabl/ 形 ❶〔人が〕連絡の取れない. ❷ 非難できない.
— 名（インドの）不可触民（= paria）.

intox(e) /ɛ̃tɔks/ 女（intoxication の略）話（人心の）麻痺（まひ）；攪乱（かくらん）.

intoxication /ɛ̃tɔksikasjɔ̃/ 女 ❶ 中毒. ▶ *intoxication* alimentaire 食中毒 / *intoxication* par l'oxyde de carbonne 一酸化炭素中毒. ❷（精神の）中毒, 麻痺；（偽情報による）攪乱（かくらん）. ▶ l'*intoxication* par la télévision テレビ中毒.

intoxiqué, e /ɛ̃tɔksike/ 形 ❶ 中毒にかかった. ❷ 毒された, 麻痺（まひ）させられた.
— 名 ❶ 中毒患者. ❷ 毒された人.

intoxiquer /ɛ̃tɔksike/ 他動 ❶ …を中毒させる. ▶ Il a été *intoxiqué* par des champignons. 彼はキノコにあたった. ❷（精神的に）…を毒する, 攪乱（かくらん）する. ▶ se laisser *intoxiquer* par la publicité コマーシャルに毒される.
— **s'intoxiquer** 代動 ❶ 中毒になる. ❷（精神的に）毒される, 攪乱される.

intra- 接頭「内部」の意.

intracommunautaire /ɛ̃trakɔmynoteːr/ 形（ヨーロッパ）共同体内の.

intraduisible /ɛ̃traduizibl/ 形 ❶ 翻訳不可能な. ❷ 言葉で言い表わしがたい.

intraitable /ɛ̃tretabl/ 形 譲らない, 妥協しない, 強情な.

intra-muros /ɛ̃tramyrɔːs/《ラテン語》副句（都市の）城壁内に, 市内に. ▶ habiter *intra-muros*

市内に住む.
— 形句《不変》(都市の)城壁内の, 市内の.
intramusculaire /ɛ̃tramyskyle:r/ 形【解剖】筋肉内の; 筋肉内に生じる.
intranet /ɛ̃tranɛt/ 男 イントラネット.
intransigeance /ɛ̃trɑ̃ziʒɑ̃:s/ 女 非妥協性, 一徹さ.
intransige*ant, ante* /ɛ̃trɑ̃ziʒɑ̃, ɑ̃:t/ 形 妥協しない(人), 譲歩しない(人), 一徹な(人).
intransit*if, ive* /ɛ̃trɑ̃zitif, i:v/ 形【文法】自動詞の (↔transitif). ▶ verbe *intransitif* 自動詞.
intransitivement /ɛ̃trɑ̃zitivmɑ̃/ 副【文法】自動詞として, 自動詞的に.
intransitivité /ɛ̃trɑ̃zitivite/ 女【言語】自動詞性.
intransmissible /ɛ̃trɑ̃smisibl/ 形 文章 ❶ 伝達できない. ❷ 遺伝しない; 伝染しない. ❸〖財産, 権利などが〗譲渡できない.
intransportable /ɛ̃trɑ̃spɔrtabl/ 形 運べない, 運搬できない.
intra-utér*in, ine* /ɛ̃trayterɛ̃, in/ 形【医学】子宮内の.
intravein*eux, euse* /ɛ̃travɛnø, ø:z/ 形 静脈内の. ▶ injection *intraveineuse* 静脈(内)注射. — **intraveineuse** 女 静脈(内)注射.
intrépide /ɛ̃trepid/ 形 ❶ 危険を恐れない, 勇敢な; 断固とした. ❷ 執拗(しつよう)な, しつこい.
— 名 勇敢な人, 大胆不敵な人.
intrépidement /ɛ̃trepidmɑ̃/ 副 勇敢に, ひるまずに; 断固として.
intrépidité /ɛ̃trepidite/ 女 ❶ 勇敢さ, 大胆さ. ❷ 執拗(しつよう)さ; 平然. ▶ mentir avec *intrépidité* 臆面(おくめん)もなくうそをつく.
intrication /ɛ̃trikasjɔ̃/ 女 錯綜(さくそう), 紛糾.
intrig*ant, ante* /ɛ̃trigɑ̃, ɑ̃:t/ 形 陰謀[策謀]を巡らす. — 名 陰謀家, 策謀家.
intrigue /ɛ̃trig/ 女 ❶ 陰謀, 策謀, 策略, かけひき. ▶ *intrigues* politiques 政治的策動 / homme d'*intrigue* 策士 / nouer une *intrigue* contre qn …に対して陰謀を巡らす. ❷ (小説, 映画, 芝居などの)筋, プロット. ❸ 情事, 火遊び.
intriguer /ɛ̃trige/ 他動 …の好奇心[興味]をそそる; …に考え込ませる, 気をもませる. ▶ Sa disparition *intriguait* les voisins. 彼(女)がいなくなったことが隣近所で取りざたされていた / Ça m'*intrigue*, ce que tu dis là. あなたの言うことが私には気になる. — 自動 陰謀を企てる.
intrinsèque /ɛ̃trɛ̃sɛk/ 形 文章 内在する, 本質的な, 固有の (↔extrinsèque).
intrinsèquement /ɛ̃trɛ̃sɛkmɑ̃/ 副 文章 内在的に, 本質的に.
intriquer /ɛ̃trike/ 他動 絡ませる, もつれさせる.
— **s'intriquer** 代動 絡み合う, 錯綜(さくそう)する.
intro- 接頭「内部へ[の]」の意.
introduc*teur, trice* /ɛ̃trɔdyktœ:r, tris/ 名 紹介者, 導入者. ▶ l'*introducteur* d'une mode nouvelle ニューモードの紹介者.
introduct*if, ive* /ɛ̃trɔdyktif, i:v/ 形 前置きの, 導入となる.
***introduction** /ɛ̃trɔdyksjɔ̃/ アントロデュクスィヨン/ 女 ❶ 導入, 持ち込み. ▶ l'*introduction* de l'informatique dans l'enseignement secondaire 中等教育に情報科学を導入すること. ❷ 紹介. ▶ lettre d'*introduction* 紹介状 / *introduction* de la littérature japonaise en France フランスにおける日本文学の紹介. ❸ 挿入, (差し)入れること. ❹ 入門(書), 手ほどき. C'est une bonne *introduction* à la physique. これは優れた物理学の入門書だ. ❺ 序文, 序論. ❻ (人をある場所に)招じ入れること. ❼【音楽】序奏, 導入部, イントロダクション.

***introduire** /ɛ̃trɔdɥi:r/ アントロデュイール/ 70 他動

過去分詞 introduit	現在分詞 introduisant
直説法現在 j'introduis	nous introduisons
複合過去 j'ai introduit	
単純未来 j'introduirai	

英仏そっくり語
英 to introduce 紹介する, 導入する.
仏 introduire 導き入れる, 導入する.

❶ …を…に導き入れる, 案内する; 加入させる, 紹介する. ▶ J'ai été *introduit* dans le bureau du directeur. 私は部長のオフィスに通された / *introduire* qn dans un club …をクラブに紹介[加入]させる. ◆ *introduire* qn (auprès de [chez] qn) (有力者に)…を紹介する. ▶ Il m'a *introduit* auprès du directeur. 彼は私を部長に引き合わせてくれた. 注 普通の紹介には présenter を用いる.

❷ …を導入する, 持ち込む. ▶ *introduire* une mode 流行を取り入れる / *introduire* des vins en fraude ワインを密輸入する.

❸ …を…に挿入する, 押し込む, 入れる. ▶ *introduire* la clef dans la serrure (=mettre) 鍵(かぎ)を錠の中に入れる.

— **s'introduire** 代動 ❶ 入り込む, 侵入する. ▶ Le voleur *s'est introduit* dans l'appartement. 泥棒はアパルトマンに忍び込んだ. ❷ (団体, 組織などへ)迎えられる, 入会する, 加入する. ▶ *s'introduire* dans les milieux politiques 政界に入る. ❸ 導入される, 輸入される.

introduis- 活用 ⇨ INTRODUIRE 70
intronisation /ɛ̃trɔnizasjɔ̃/ 女 (国王, 天皇, 司教などの)即位, 就任, 叙任(式).
introniser /ɛ̃trɔnize/ 他動 ❶〖国王, 天皇, 司教など〗を即位させる, 就任させる. ❷ 文章 …を定着させる, 確立する. ▶ *introniser* une politique nouvelle 新しい政策を定着させる.
introspect*if, ive* /ɛ̃trɔspɛktif, i:v/ 形【心理】内観の, 内省的な.
introspection /ɛ̃trɔspɛksjɔ̃/ 女【心理】内観, 内省.
introuvable /ɛ̃truvabl/ 形 ❶ 発見できない, 見つからない. ❷ めったにない, 貴重な.
introversion /ɛ̃trɔvɛrsjɔ̃/ 女【心理】内向性 (↔extraversion).
introvert*i, e* /ɛ̃trɔvɛrti/ 形, 名 内向性の(人), 内向的な(人) (↔extraverti).
intrus, use /ɛ̃try, y:z/ 形 (招かれないのに)無理

に割り込んだ；邪魔な．
— 名 闖入(ちんにゅう)者，招かれざる客，邪魔者．

intrusion /ɛ̃tryzjɔ̃/ 女 ❶ 割り込み，闖入(ちんにゅう)；介入． ❷(特に聖職への)不当な就任．

intuitif, ive /ɛ̃tɥitif, i:v/ 形 ❶ 直観力のある，勘の鋭い． ❷ 直観による，直観的な．
— 名 直観力のある人．

intuition /ɛ̃tɥisjɔ̃/ 女 直観，予感，勘． ▶ par *intuition* 直観で，直観的に／ avoir de l'*intuition* 直観力がある，勘が鋭い／ J'ai l'*intuition* que cet homme est sincère. 私の直観ではこの人は誠実だと思う．

intuitivement /ɛ̃tɥitivmɑ̃/ 副 直観的に．
inusable /inyzabl/ 形 すり減らない，持ちのよい．
inusité, e /inyzite/ 形〔言葉などが〕使われていない，すたれた．

***inutile** /inytil/ イニュティル/ 形 役に立たない，むだな；むなしい． ▶ Il faut jeter les choses *inutiles*. いらないものは捨てるべきだ／ efforts *inutiles* むだな努力／ se sentir *inutile* 無力感に襲われる．
◆《非人称構文で》Il est ［C'est］ *inutile* de＋[不定詞]/Il est *inutile* que＋[接続法]. …してもむだである． ▶ C'est *inutile* d'insister. くどくど言ってもむだだ／(Il est) *inutile* de vous dire que＋[直説法]. …は言うまでもない／Il est *inutile* que vous y alliez. あなたがいらっしゃってもどうにもなりません．
— 名 役立たず，無用者．

inutilement /inytilmɑ̃/ 副 無益に，むだに． ▶ Vous insistez *inutilement*. いくら言い張ってもむだだ．

inutilisable /inytilizabl/ 形 利用不可能の；〔人が〕使いものにならない，役立たずの．
inutilisé, e /inytilize/ 形 利用されていない．
inutilité /inytilite/ 女 役に立たないこと，無益，むなしさ．
invaincu, e /ɛ̃vɛ̃ky/ 形 文章 負け知らずの，不敗の．
invalidant, ante /ɛ̃validɑ̃, ɑ̃:t/ 形〔疾病などが〕日常生活の障害となる．
invalidation /ɛ̃validasjɔ̃/ 女【法律】無効化． ▶ *invalidation* d'un député 議員の当選取り消し．
invalide /ɛ̃valid/ 形 (傷病，老齢などで)働けない，体の不自由な． [比較] ⇨ HANDICAPÉ.
— 名 (傷病，老齢などで)働けない人，身体障害者． ▶ un *invalide* du travail 業務上傷病者．
— 男 ❶ 傷痍(しょうい)軍人 (=*invalide* de guerre)．
❷ (les Invalides)廃兵院 (=hôtel des *Invalides*)：ルイ14世がパリに建てた傷病兵の施療院．現在は軍事博物館．ナポレオンの墓所もある．

invalider /ɛ̃valide/ 他動【法律】…を無効とする．
invalidité /ɛ̃validite/ 女 ❶【社会保障】廃疾． ▶ une assurance *invalidité* 廃疾保険，障害保険．
❷ 古風【法律】無効．
invariabilité /ɛ̃varjabilite/ 女 文章 不変性，一貫性．
invariable /ɛ̃varjabl/ 形 ❶ 不変の，変わらない． ▶ un temps *invariable* 変化しない天気．
❷【文法】不変化の，屈折しない．
invariablement /ɛ̃varjabləmɑ̃/ 副 変わることなく，相変わらず，常に．
invariant, ante /ɛ̃varjɑ̃, ɑ̃:t/ 形【数学】【化学】不変の．

— **invariant** 男 不変の要素；【数学】【物理】不変量，不変式．

invasion /ɛ̃vazjɔ̃/ 女 ❶ 侵略，侵攻；侵略者． ▶ subir de nombreuses *invasions* 度重なる侵略を被る． ❷ (害虫，害獣などの)襲来． ▶ une *invasion* de fourmis アリの襲来． ❸ (大挙しての)闖入(ちんにゅう)，乱入． ❹ (好ましくないものの)氾濫(はんらん)，流行，浸透． ▶ *invasion* de touristes 大挙して押しよせる観光客． ❺【歴史】民族大移動．

invective /ɛ̃vɛkti:v/ 女《多く複数で》罵倒(ばとう)，悪口． ▶ se répandre en *invectives* contre qn/qc …を罵倒する．

invectiver /ɛ̃vɛktive/ 間他動 文章〈*invectiver* contre qn/qc〉…をののしる，罵倒(ばとう)する．
— 他動 文章〔人〕をののしる (=injurier)．

invendable /ɛ̃vɑ̃dabl/ 形 売れない，買い手のつかない．
invendu, e /ɛ̃vɑ̃dy/ 形 売れ残った．
— **invendu** 男 売れ残り品，残品．
inventaire /ɛ̃vɑ̃tɛ:r/ 男 ❶ 財産目録；在庫調べ，棚卸し． ▶ faire un *inventaire* 在庫品調べをする，棚卸しする／ dresser l'*inventaire* des biens laissés par le défunt〔公証人などが〕故人の遺産の財産目録を作成する
❷ (資源，損害などの)詳細調査；調査リスト． ▶ faire l'*inventaire* des dégâts causés par un typhon 台風の被害調査を行う．
❸ (図書館の)蔵書目録；図書原簿；蔵書点検．

***inventer** /ɛ̃vɑ̃te/ アンヴァンテ/ 他動 ❶ …を発明する，考案する． ▶ *inventer* un nouveau procédé de fabrication 新しい製法を考案する．
❷ …を考えつく，思いつく． ▶ *inventer* un moyen de s'enfuir 逃げる手段を考えつく．
❸〔話など〕を作り上げる；でっち上げる． ▶ une histoire *inventée* 作り話／ *inventer* une excuse 口実をでっち上げる／ Crois-moi, je n'*invente* rien. 信じて，本当だから．

inventer qc de toutes pièces …をそっくりでっち上げる．

ne pas avoir inventé「*la poudre*［*le fil à couper le beurre, l'eau chaude*］語 頭が少し足りない．

— **s'inventer** 代動 ❶ 発明［考案］される． ❷ でっち上げられる，空想の産物である． ▶ Ce sont des choses qui ne *s'inventent* pas. それは作り事ではない． ❸〈*s'inventer* qc〉…を自ら思い描く，想像する． ❹ se は間接目的．

inventeur, trice /ɛ̃vɑ̃tœ:r, tris/ 名 発明者，考案者；発明家．

inventif, ive /ɛ̃vɑ̃tif, i:v/ 形 ❶ 発明の才のある，創意に富む． ❷ 才覚に富む，巧妙な．

***invention** /ɛ̃vɑ̃sjɔ̃/ アンヴァンスィョン/ 女 ❶ 発明，考案；発明品． ▶ brevet d'*invention* 新案特許／ *invention* du téléphone 電話の発明．
❷ 発明の才，創意，工夫． ▶ avoir un esprit d'*invention* 発明工夫の精神がある／ un récit qui manque d'*invention* 創意に乏しい物語．
❸ 作り話，架空の話；でっち上げ，うそ． ▶ Sa maladie est une pure *invention*. 彼(女)が病気だと言っているのはまったくのうそだ．
❹ (とっぴな，ばかげた)思いつき．

inventivité

de l'invention de qn …が考案した，考え出した；でっち上げた． ▶ Elle nous a servi un plat *de son invention*. 彼女は自分で考えた料理を我々に出してくれた．

inventivité /ɛ̃vɑ̃tivite/ 囡 発明の才，創意，企画力，創造性．

inventorier /ɛ̃vɑ̃tɔrje/ 他動 ❶ …の目録を作る． ▶ *inventorier* des marchandises 商品の棚卸しをする． ❷ …を分類整理する．

invérifiable /ɛ̃verifjabl/ 形 真偽の確かめられない，証明不可能な．

inverse /ɛ̃vɛrs/ 形 (方向，順序などが)逆の，反対の． ▶ mettre qc dans l'ordre *inverse* …を逆の順序に並べる / position *inverse* du [au] gouvernement 政府と反対の立場． ◆ en [dans le] sens *inverse* (de qc) (…と)逆方向に．

en raison [rapport] inverse (de qc) (…)に反比例して．

— 男 逆，反対． ▶ L'*inverse* n'est pas toujours vrai. 逆は必ずしも真ならず．

à l'inverse (de qc/qn) (…とは)逆に，反対に． ▶ *À l'inverse* de son frère, il est timide. 兄[弟]とは逆に彼は内気だ．

inversement /ɛ̃vɛrsəmɑ̃/ 副 ❶〔前文を受けて〕その逆に． ▶ Je ferai les courses et toi la cuisine, ou *inversement*. 私が買い物をしてあなたが料理するか，またはその逆でもいい．
❷ 逆に． ▶ agir *inversement* 反対の行動をとる．

inverser /ɛ̃vɛrse/ 他動 …を逆にする，反対にする． ▶ *inverser* les rôles 役割を交換する / *inverser* l'ordre alphabétique アルファベットの順を反転させる(Zから始める)． 比較 ➪ RENVERSER.

inversion /ɛ̃vɛrsjɔ̃/ 囡 ❶ (順序，方向などの)逆転，転倒，倒置． ❷〔文法〕(語順)倒置，倒置法． ▶ *inversion* du sujet 主語の倒置． ❸〔精神医学〕*inversion* sexuelle 性倒錯，同性愛 (= homosexualité).

invertébré, e /ɛ̃vɛrtebre/ 形〔動物学〕脊椎(ついずい)を持たない． — **invertébré** 男 無脊椎動物．

inverti, e /ɛ̃vɛrti/ 形 性倒錯[同性愛]の．
— 名 性倒錯者，同性愛者．

investigateur, trice /ɛ̃vɛstigatœːr, tris/ 名 探究者，捜索者，調査者．
— 形 探究の，探るような．

investigation /ɛ̃vɛstigasjɔ̃/ 囡 探究，研究，調査，捜査． ▶ *investigation* criminelle 犯罪捜査 / poursuivre ses *investigations* 調査を続行する．

***investir** /ɛ̃vɛstiːr/ アンヴェスティール 他動 ❶ …を投資する． ▶ *investir* de l'argent dans l'immobilier 金を不動産に投資する．
❷ …に〔力など〕を注ぐ． ▶ *investir* de l'énergie dans son travail 仕事に精力を傾ける．
❸〈*investir* qn de qc〉…に〔権限，地位など〕を与える． ▶ *investir* un ministre de pouvoirs extraordinaires 大臣に特別権限を与える．
❹〔候補者，長など〕を任命する，公認する．
❺〔場所〕を包囲する．
investir qn de sa confiance …に全面的な信頼を置く．
— 自動 ❶〈*investir* (dans [à, sur] qc)〉〈(…に)投資する． ▶ *investir* dans l'immobilier 不動産に投資する．
❷〈*investir* dans qc/qn // *investir* en qn〉…に情熱を傾ける． ▶ Elle *a* beaucoup *investi* dans son travail. 彼女は仕事に多くの情熱を傾けた．
— **s'investir** 代動〈*s'investir* dans qc〉❶ …に投資される． ❷〔人が〕…に情熱を傾ける． ▶ *s'investir* dans son travail 仕事に打ち込む．

investissement /ɛ̃vɛstismɑ̃/ 男 ❶ 投資． ▶ faire un *investissement* 投資する．
❷ 没頭，全力投入． ❸〔精神分析〕備給，充当；心的エネルギーが対象に結びつけられること． ❹〔要塞(ようさい)，建物などの〕包囲，攻囲．

investisseur, euse /ɛ̃vɛstisœːr, øːz/ 名，形 投資家(の)，投資筋(の)． ▶ *investisseur* institutionnel 機関投資家．

investiture /ɛ̃vɛstityːr/ 囡 (政党による立候補者の)公認．

invétéré, e /ɛ̃vetere/ 形 文章〔悪習慣などが〕根強い，積年の；〔人が〕常習の． ▶ croyance *invétérée* 凝り固まった信念 / buveur *invétéré* 酒飲み，のんだくれ．

invincibilité /ɛ̃vɛ̃sibilite/ 囡 負けないこと，不敗，無敵；克服できないこと．

invincible /ɛ̃vɛ̃sibl/ 形 ❶ 不敗の，無敵の；不屈の． ▶ guerrier *invincible* 無敵の戦士． ❷ 征服できない；抗しがたい． ▶ timidité *invincible* 克服しがたい内気．

invinciblement /ɛ̃vɛ̃sibləmɑ̃/ 副 抗しがたく．

inviolabilité /ɛ̃vjɔlabilite/ 囡 不可侵(性)．

inviolable /ɛ̃vjɔlabl/ 形 ❶ 不可侵の，侵せない，破れない． ❷ 不可侵の特権を持った．

invisibilité /ɛ̃vizibilite/ 囡 目に見えないこと，不可視性．

***invisible** /ɛ̃vizibl/ アンヴィズィブル 形 ❶ 目に見えない，不可視の． ▶ *invisible* à l'œil nu 肉眼では見えない / un danger *invisible* 目に見えない危険 / *L'Homme invisible* 「透明人間」(H.G. ウェルズの小説).
❷ 姿を見せない，人目を避けた． ▶ Le directeur est *invisible* depuis le début de la grève. 部長はストが始まってから姿を現わしていない．

invisiblement /ɛ̃vizibləmɑ̃/ 副 目に見えないほどに．

***invitation** /ɛ̃vitasjɔ̃/ アンヴィタスィヨン 囡 ❶ 招待，招請． ▶ accepter [refuser] une *invitation* 招待を受ける[断る] / *lettre* d'*invitation* 招待状 / envoyer [recevoir] une *invitation* 招待状を送る[受け取る]．
❷ (…の)勧め，誘い，勧告． ▶ Le beau temps est une *invitation* à la promenade. 天気がいいと散歩に出たくなる． ◆ sur l'*invitation* de qn …の勧めで． ▶ Je l'ai fait sur votre *invitation*. あなた(方)に勧められて私はそうした．

invite /ɛ̃vit/ 囡 (それとなくほのめかした)誘い，勧誘． ▶ résister aux *invites* de qn …の誘いに乗らない / une *invite* à (faire) qc …の誘惑．

invité, e /ɛ̃vite/ 名 招待客，お客，ゲスト． ▶ recevoir les *invités* dans le salon 客間でお客をもてなす[出迎える] / On a des *invités* ce soir 今晩はお客がある / Vous êtes mon *invité*. あなた

はお客様です(私に支払わせてください).

*inviter /ɛ̃vite/ アンヴィテ/ 他動 〈*inviter* qn à qc /不定詞〉❶ …を…に**招く**, 招待する, 誘う. ▶ *inviter* qn à dîner …を夕食に招待する / *être invité chez* qn …の家に招待される[されている] / *inviter* qn à danser …をダンスに誘う / Non laisse, c'est moi qui t'*invite* aujourd'hui. いいよ, 今日は私がおごるから.

❷ …に…を勧める, 促す. ▶ J'*invite* tous les étudiants à travailler avec ce dictionnaire.(=inciter) 私はすべての学生にこの辞書を使って勉強することを勧める.

❸〔物が〕…に…したい気持ちにさせる. ▶ Le beau temps *invite* à la promenade. 好天は人を散歩に誘う.

— **s'inviter** 代動 (招かれもしないのに)勝手に押しかける.

invivable /ɛ̃vivabl/ 形 ❶〔状況が〕堪えがたい. ❷〔人が〕我慢ならない, 付き合いにくい.

invocation /ɛ̃vɔkasjɔ̃/ 女 祈り, 祈願. ▶ réciter les *invocations* à la Vierge 聖母マリアの連禱(れんとう)を唱える.

sous l'invocation de qn/qc (1) …の加護のもとに. (2) 文章 …に依拠して, を盾にして. commettre des abus *sous l'invocation de* la liberté de la presse 報道の自由を盾に侵害する行為を犯す.

involontaire /ɛ̃vɔlɔ̃tɛːr/ 形 意志によらない, 無意識の, 不慮の. ▶ geste *involontaire* 無意識の動作 / être le témoin *involontaire* d'un drame 図らずも惨事の目撃者となる.

involontairement /ɛ̃vɔlɔ̃tɛrmɑ̃/ 副 思わず, 無意識に, 心ならずも.

invoquer /ɛ̃vɔke/ 他動 ❶ …の加護を祈る. ▶ *invoquer* Dieu 神の加護を祈る. ❷〔援助など〕を請う, 求める. ▶ *invoquer* le secours d'un allié 同盟国の支援を懇請する. ❸ …を援用する, 引き合いに出す. ▶ *invoquer* le témoignage de qn …の証言に頼る.

invraisemblable /ɛ̃vrɛsɑ̃blabl/ 形 ❶ 本当らしくない, 信じられない. ▶ histoire *invraisemblable* うそみたいな話. ◆ Il est [C'est] *invraisemblable* que + 接続法. …はありそうもない. ▶ C'est *invraisemblable* qu'il ait raté son examen. 彼が試験に落第したなんて信じられない. ❷ 人目を驚かす, 奇異な, 珍妙な. ▶ un chapeau *invraisemblable* 珍妙な帽子. 注 この意味のときはしばしば前置.

invraisemblance /ɛ̃vrɛsɑ̃blɑ̃ːs/ 女 本当らしくないこと, 真実みに欠けていること.

invulnérabilité /ɛ̃vylnerabilite/ 女 文章 傷を負わされぬこと, 不死身.

invulnérable /ɛ̃vylnerabl/ 形 ❶ 不死身の, びくともしない. ❷ 文章 〈*invulnérable* (à qc)〉(…に)屈しない. ▶ être *invulnérable* à la calomnie 中傷に屈しない.

iode /jɔd/ 男 ヨウ素, ヨード. ▶ teinture d'*iode* ヨードチンキ.

iodé, e /jɔde/ 形 ヨウ素[ヨード]を含んだ.

ion /jɔ̃/ 男《英語》〖物理〗〖化学〗イオン.

Ionie /jɔni/ 固有 女 イオニア: 小アジア西岸地域.

ionien, enne /jɔnjɛ̃, ɛn/ 形 イオニア Ionie 地方の; イオニア人の.

— **Ionien, enne** 名 イオニア人.

ionique /jɔnik/ 形 イオニア(式)の. ▶ l'ordre *ionique* イオニア様式.

ionisation /jɔnizasjɔ̃/ 女 イオン化, 電離.

ionisé, e /jɔnize/ 形 イオン化した, 電離した.

iota /jɔta/ 男 ❶ イオタ (I, ι): ギリシア字母の第9字. ❷ 〈un *iota*〉《否定文で》ごくわずかのもの. ▶ Il n'y manque pas un *iota*. 何一つ欠けていない.

ipso facto /ipsofakto/ 副句《ラテン語》事実それ自体により, 必然的結果として.

ir- 接頭 (in- の別形. r の前で) ❶「否定, 欠如」を表わす. ▶ *ir*réel 非現実的な. ❷「…の中へ, の状態へ」の意.

ira /ira/, **irai** /ire/, **iraient, irais, irait** /irɛ/ 活用 ⇨ ALLER¹ Ⅴ

irakien, enne /irakjɛ̃, ɛn/ 形 イラク Iraq の.

— **Irakien, enne** 名 イラク人.

Iran /irɑ̃/ 固有 男 イラン: 首都 Téhéran. ▶ en *Iran* イランに[で, へ].

iranien, enne /iranjɛ̃, ɛn/ 形 イラン Iran の.

— **Iranien, enne** 名 イラン人.

— **iranien** 男 ❶ イラン語派: インド=ヨーロッパ語族の一語派. ❷ ペルシア語 (=persan).

Iraq /irak/ 固有 男 イラク: 首都 Bagdad. ▶ en *Iraq* イラクに[で, へ].

irascible /irasibl/ 形 文章 すぐに腹を立てる, 怒りっぽい, 短気な.

irez /ire/ 活用 ⇨ ALLER¹ Ⅴ

iridium /iridjɔm/ 男《英語》〖化学〗イリジウム.

iriez /irje/, **irions** /irjɔ̃/ 活用 ⇨ ALLER¹ Ⅴ

iris /iris/ 男 ❶〖植物〗アイリス, アヤメ (科の). ❷〔眼球の〕虹彩(こうさい). ▶ un *iris* bleu 青い瞳.

irisé, e /irize/ 形 虹(にじ)色を帯びた, 虹色の.

iriser /irize/ 他動 …を虹(にじ)色にする.

— **s'iriser** 代動 虹色になる.

irlandais, aise /irlɑ̃dɛ, ɛːz/ 形 アイルランド Irlande の.

— **Irlandais, aise** 名 アイルランド人.

— **irlandais** 男 アイルランド語.

Irlande /irlɑ̃ːd/ 固有 女 アイルランド: 首都 Dublin. ▶ en *Irlande* アイルランドに[で, へ].

IRM 女《略語》imagerie par résonance magnétique 核磁気共鳴映像法, MRI.

*ironie /irɔni/ イロニー 女 ❶ 皮肉, アイロニー. ▶ une *ironie* amère 辛辣(しんらつ)な皮肉 / une pointe d'*ironie* ちくりとした皮肉 / parler sans *ironie* まじめに話す. ▶ l'*ironie* du sort 運命のいたずら. ❷〖哲学〗アイロニー.

ironique /irɔnik/ 形 皮肉な. ▶ un *ironique* retour des choses 物事の皮肉な巡り合わせ.

ironiquement /irɔnikmɑ̃/ 副 皮肉に; 皮肉っぽく.

ironiser /irɔnize/ 間他動 〈*ironiser* sur qn/qc〉…を皮肉る, 茶化す, 当てこする. ▶ *ironiser* sur le sort de qn …の境遇を皮肉る.

ironiste /irɔnist/ 名 皮肉屋, 風刺家; 風刺作家.

irons, iront /irɔ̃/ 活用 ⇨ ALLER¹ Ⅴ

irradiation /iradjasjɔ̃/ 女 ❶ (光などの)放射; 照射. ❷〖医学〗(放射線の)照射. ❸ (痛みなどの)

irradier

広がり, 放散.

irradier /iradje/ 自動 〔光, 苦痛などが〕四方へ広がる, 発散する, 伝わる.
── 他動 …に放射線を照射する. ▶ *irradier* une tumeur 腫瘍(しゅよう)に放射線を照射する.
── **s'irradier** 代動 四方へ広がる, 発散する, 放散する.

irraisonné, e /irezɔne/ 形 理性を欠いた, 不合理な.

irrationnel, le /irasjɔnɛl/ 形 ❶ 理性に反する, 非理性的な, 非合理な. ▶ conduite *irrationnelle* 常軌を逸した行動 / supposition *irrationnelle* 根拠のない推論.
❷ nombre *irrationnel* 無理数.

irrattrapable /iratrapabl/ 形 取り戻せない, 挽回(ばん)し得ない.

irréalisable /irealizabl/ 形 実現できない, 実現不可能な.

irréalisme /irealism/ 男 現実感覚の欠如, 非現実主義.

irréaliste /irealist/ 形 現実感覚の欠如した, 非現実的な.

irréalité /irealite/ 女 非現実性, 現実には存在しないこと.

irrecevabilité /irəsəvabilite/ 女 受け入れられないこと;〖法律〗(請求の)不受性, 受理不可.

irrecevable /irəsəvabl/ 形 入れられない, 承認しがたい;〖法律〗受理できない.

irréconciliable /irekɔ̃siljabl/ 形 和解できない, 相いれない. ▶ ennemis *irréconciliables* 不倶戴天(ふぐたい)の敵.

irrécupérable /irekyperabl/ 形 ❶ 回収できない; 再生不可能な. ▶ argent *irrécupérable* 取り戻すことのできない金. ❷〔人が〕再起不能な.

irrécusable /irekyzabl/ 形 反論できない, 疑問の余地のない. ▶ preuve *irrécusable* 動かぬ証拠.

irréductibilité /iredyktibilite/ 女 ❶ 還元できないこと, 非還元性. ❷ 妥協し得ないこと; 解決し得ないこと.

irréductible /iredyktibl/ 形 ❶ <*irréductible* (à qc)> (…に)還元できない, 簡略化できない. ❷〔敵が〕妥協しない, 強情な;〔問題が〕解決し得ない. ▶ opposition *irréductible* どうしようもない対立.

irréel, le /ireɛl/ 形 非現実的な, 現実には存在しない. ── **irréel** 男 非現実.

irréfléchi, e /irefleʃi/ 形 思慮を欠いた, 軽率な, 不注意な. ▶ propos *irréfléchis* 不注意な言葉.

irréflexion /irefleksjɔ̃/ 女 無思慮, 不注意, 軽率; 思慮を欠いた行為.

irréfutable /irefytabl/ 形 反駁(はんばく)できない, 反論できない.

irréfutablement /irefytabləmɑ̃/ 副 反論の余地なく.

irrégularité /iregylarite/ 女 ❶ 不ぞろい, 不規則, 不統一, 無秩序. ▶ *irrégularité* du pouls 脈の乱れ / l'*irrégularité* d'une conjugaison (動詞の)活用の不規則性. ❷ 不正, 違反. ▶ commettre des *irrégularités* 違反行為を犯す.

*****irrégulier, ère** /iregylje, ɛːr/ イレギュリエ, イレギュリエール/ 形 ❶ 不ぞろいの, 不規則な, 整っていない. ▶ un visage aux traits *irréguliers* 不細工な顔 / pouls *irrégulier* 不整脈 / rentrer à des heures *irrégulières* 帰宅時刻が一定しない.
❷ 規則から外れた, 変則的な; 不法の. ▶ un étranger qui se trouve dans une situation *irrégulière* 不法滞在の外国人.
❸ むら気な, 一貫しない. ▶ un athlète *irrégulier* 好不調の激しい選手.
❹〖文法〗不規則変化の. ▶ verbe *irrégulier* 不規則動詞.
── **irrégulier** 男 非正規兵, パルチザン.

irrégulièrement /iregyljɛrmɑ̃/ 副 不ぞろいに, 不規則に, 変則的に.

irréligieux, euse /ireliʒjø, øːz/ 形, 名 無宗教の(人), 無信仰の(人); 反宗教的な(人).

irréligion /ireliʒjɔ̃/ 女 無宗教, 無信仰.

irrémédiable /iremedjabl/ 形 取り返しのつかない, 復旧できない; 不治の. ▶ perte *irrémédiable* 取り返しのつかない損失.

irrémédiablement /iremedjabləmɑ̃/ 副 文章 取り返しのつかないほどに, 決定的に; 治せないほどに.

irrémissible /iremisibl/ 形 文章 ❶ 許しがたい, 容赦できない. ❷ どうにもならない, 宿命的な.

irremplaçable /irɑ̃plasabl/ 形 置き換えられない, 取り替えられない, かけがえのない.

irréparable /ireparabl/ 形 ❶ 修理できない. ❷ 取り返しのつかない, 償いようのない.
── 男 取り返しのつかない〔事態〕.

irréparablement /ireparabləmɑ̃/ 副 取り返しがつかないほどに, 手がつけられないほどに.

irrépressible /irepresibl/ 形 抑えられない, 抑制できない.

irréprochable /ireprɔʃabl/ 形 非の打ち所のない, 完全無欠な. ▶ conduite *irréprochable* 申し分のない振る舞い.

irréprochablement /ireprɔʃabləmɑ̃/ 副 文章 申し分なく, 完璧(かんぺき)に.

irrésistible /irezistibl/ 形 ❶ 抵抗できない, 抗しがたい. ▶ force *irrésistible* 抗しがたい力. ❷ どうしようもないほど魅力のある. ▶ une femme *irrésistible* ほれぼれする女. ❸ 笑わずにいられない. ▶ Dans ce film, il y a des scènes *irrésistibles*. この映画には思わず笑ってしまう場面がある.

irrésistiblement /irezistibləmɑ̃/ 副 どうしようもないほど, 抵抗できないほど.

irrésolu, e /irezɔly/ 形 文章 決断力のない, 煮えきらない.

irrésolution /irezɔlysjɔ̃/ 女 文章 優柔不断, 煮えきらないこと.

irrespect /irɛspɛ/ 男 文章 不敬, 無礼.

irrespectueusement /irɛspɛktɥøzmɑ̃/ 副 文章 無礼な態度で, ぶしつけに.

irrespectueux, euse /irɛspɛktɥø, øːz/ 形 無礼な, 不遜(ふそん)な.

irrespirable /irɛspirabl/ 形 ❶ 呼吸できない. ❷ 息苦しい. ▶ une atmosphère *irrespirable* 耐えがたい雰囲気.

irresponsabilité /irɛspɔ̃sabilite/ 女 ❶ 責任のないこと, 免責. ▶ plaider l'*irresponsabilité* de l'accusée 被告の免責を主張する. ❷ 無責任, 軽率.

irresponsable /irɛspɔ̃sabl/ 形 ❶ 責任のない;

(法的に)責任能力のない. ❷ 無責任な, 思慮分別を欠いた. ― 名 ❶ 責任のない人. ❷ 責任感のない人.

irrétrécissable /iretresisabl/ 形 縮まない, 収縮しない.

irrévérence /ireverɑ̃:s/ 女 文章 無礼, 不敬; 無礼な言動.

irrévérencieusement /ireverɑ̃sjøzmɑ̃/ 副 文章 不遜(ᡃ)な態度で, 無礼にも.

irrévérencieux, euse /ireverɑ̃sjø, ø:z/ 形 文章 敬意を欠いた, 非礼な.

irréversibilité /ireversibilite/ 女 不可逆性.

irréversible /ireversibl/ 形 不可逆的な, 一方向的な; 阻止できない.

irréversiblement /ireversiblǝmɑ̃/ 副 不可逆的に, 後戻りの不可能な状態で; 決定的に.

irrévocable /irevɔkabl/ 形 撤回[変更]できない, 最終的な. ▶ décision *irrévocable* 最終的な決断.

irrévocablement /irevɔkabləmɑ̃/ 副 最終的に, 決定的に.

irrigation /irigɑsjɔ̃/ 女 灌漑(ᡃ). ▶ canal d'*irrigation* 用水路, 灌漑水路.

irriguer /irige/ 他動 …を灌漑(ᡃ)する. ▶ *irriguer* un champ 畑を灌漑する.

irritabilité /iritabilite/ 女 ❶ 怒りっぽさ, 短気. ❷ 過敏性.

irritable /iritabl/ 形 ❶ 怒りっぽい, 癇癪(ᡃ)持ちの. ▶ un caractère *irritable* 怒りっぽい性分. ❷ 過敏な, 炎症を起こしやすい.

irritant, ante /iritɑ̃, ɑ̃:t/ 形 ❶ いらだたせる, 腹の立つ. ❷ 刺激性の, 炎症を起こさせる.

irritation /iritɑsjɔ̃/ 女 ❶ いらだち, 怒り. ▶ être au comble de l'*irritation* 憤懣(ᡃ)やる方ない. ❷ 軽度の炎症.

irrité, e /irite/ 形 ❶ 怒っている, いらだっている. ▶ être *irrité* contre qn …に腹を立てている. ❷ 炎症を起こした. ▶ avoir la gorge *irritée* 喉がひりひりする.

irriter /irite/ 他動 ❶ …をいらだたせる, 怒らせる. ▶ Vous l'*irritez* inutilement.(=énerver, agacer) 彼(女)を怒らせたってなんにもならないですよ. ❷ …に軽い炎症を起こさせる, をひりひりさせる. ▶ La fumée m'*irrite* les yeux. 私は煙で目がひりひりする. ❸ 文章 …を刺激する, 激しくする. ▶ *irriter* la curiosité 好奇心を刺激する.
― **s'irriter** 代動 ❶ いらだつ, 怒る. ▶ *s'irriter* contre qn/qc …に対して腹を立てる / *s'irriter* de qc/不定詞 …のせいでいらだつ, 腹を立てる. ❷ 軽い炎症を起こす, ひりひりする.

irruption /irypsjɔ̃/ 女 ❶ 突入, 乱入, 闖入(ᡃ). ▶ faire *irruption* dans qc 〔デモ参加者などが〕…になだれ込む. ❷ (新しい現象などの)突然の出現.

Isère /ize:r/ 固有 女 ❶ イゼール県[38]: アルプス山中の県. ❷ イゼール川: ローヌ川支流.

ISF (略語) impôt de solidarité sur la fortune 連帯富裕税.

islam /islam/ 男 ❶ イスラム教. ❷ 《l'Islam》イスラム世界[文化].

islamique /islamik/ 形 イスラム(教)の.

islamisation /islamizɑsjɔ̃/ 女 イスラム化.

islamiser /islamize/ 他動〔住民, 国など〕をイスラム教に帰依させる; イスラム化する.

islamisme /islamism/ 男 イスラム教.

islamiste /islamist/ 形 イスラム化(運動)の, イスラム化推進の. ― 名 イスラム化推進者[支持者].

islamologie /islamɔlɔʒi/ 女 イスラム学.

islamologi /islamɔlɔʒi/ 女 イスラム学.

islamophobe /islamɔfɔb/ 形 イスラム嫌いの.

islamophobie /islamɔfɔbi/ 女 イスラム嫌い.

island*ais, aise* /islɑ̃dɛ, ɛ:z/ 形 アイスランドIslandeの.
― **Island*ais, aise*** 名 アイスランド人.
― **islandais** 男 アイスランド語.

Islande /islɑ̃:d/ 固有 女 アイスランド: 首都 Reykjavik. ▶ en *Islande* アイスランドに[で, へ].

iso- 接頭 「等しい」の意.

isobare /izɔba:r/ 形 〖気象〗等(気)圧の. ▶ courbes [lignes] *isobares* 等圧線.
― 女〖気象〗等圧線.

isocèle /izɔsɛl/ 形 〖数学〗等辺の. ▶ triangle *isocèle* 2等辺3角形.

isolant, ante /izɔlɑ̃, ɑ̃:t/ 形 絶縁の; 断熱の, 遮音の. ▶ corps *isolant* 絶縁体.
― **isolant** 男 絶縁体; 断熱材; 遮音材.

isolation /izɔlɑsjɔ̃/ 女 (電気の)絶縁; (熱や音の)遮断. ▶ *isolation* thermique 断熱, 保温.

isolationnisme /izɔlasjɔnism/ 男 政治的孤立主義.

isolationniste /izɔlasjɔnist/ 形 (政治上の)孤立主義(者)の. ― 名 孤立主義者.

*****isolé, e** /izɔle/ イゾレ 形 ❶ 孤立した, ぽつんと離れた; 人里離れた. ▶ un village *isolé* 人里離れた村 / un mot *isolé* 文脈から離れた語. ❷ 孤独な, 身寄りのない; 単独の. ▶ se sentir *isolé* 孤独を感じる / mener une vie *isolée* 独りぼっちの生活を送る. ❸ 稀な, 特殊な. ▶ cas *isolé* 例外的な事例. ❹〔電気が〕絶縁された;〔熱, 音が〕遮断された.
―(名) 独りぼっちの人間.

isolement /izɔlmɑ̃/ 男 ❶ 孤立, 孤独, 隔絶状態. ▶ se plaindre de son *isolement* 独りぼっちでいることを嘆く / l'*isolement* diplomatique 外交的孤立 / le splendide *isolement* 光栄ある孤立(19世紀イギリスの外交政策). ❷ (病人, 囚人などの)隔離. ❸ (電気の)絶縁; 遮音; 断熱.

isolément /izɔlemɑ̃/ 副 個別に, 単独で; 切り離して.

*****isoler** /izɔle/ イゾレ 他動 ❶〈*isoler* qc (de qc)〉(…から)〔場所〕を孤立させる, 切り離す. ▶ L'interruption des communications a *isolé* cette région. 交通〔通信〕がとだえてこの地方は孤立した. ❷〈*isoler* qn (de qn)〉(…から引き離して)…を孤立にする; 隔離する. ▶ Ses opinions l'*isolent* de ses collègues. 彼(女)はその主張ゆえに同僚たちから孤立している.
❸〈*isoler* qc (de qc)〉(…から)〔一部〕を抜き出す, 切り離して考える. ▶ *isoler* une phrase de son contexte (=détacher) ある文章を文脈から切り離して考える.
❹ …を絶縁する; 遮音する; 断熱する.
❺ *isoler* un virus ウイルスを分離する.
― **s'isoler** 代動 孤立する;〔人が〕引きこもる. ▶ *s'isoler* chez soi 自宅に引きこもる / *s'isoler*

dans ses pensées もの思いにふける.

isoloir /izɔlwaːr/ 男 (仕切りのついた)投票用紙記入ボックス.

isomorphe /izomɔrf/ 形 ❶【化学】(結晶形が)同形の. ❷【数学】同形の.

isotherme /izɔtɛrm/ 形 等温の, 定温の. ▶ lignes *isothermes* 等温線. — 女 等温線.

isotope /izɔtɔp/ 形〈*issu* de qn/qc〉…出身の, 出の; に由来する, 発する. ▶ *isotope* radioactif 放射性同位元素.

Israël /israel/ 固有 男 イスラエル: 首都 Jérusalem. ▶ en *Israël* イスラエルに[で, へ].

israélien, enne /israeljɛ̃, ɛn/ 形 イスラエル Israël の.
— **Israélien, enne** 名 イスラエル人.

israélite /israelit/ 形 ❶【聖書】イスラエルの. ❷ ユダヤ教の.
— 名 ❶【聖書】イスラエル(ヤコブの別名)の子孫. ❷ ユダヤ教徒 (=juif).

issu, e /isy/ 形〈*issu* de qn/qc〉…出身の, 出の; に由来する, 発する. ▶ être *issu* d'une famille modeste それほど裕福でない家の出である / le gouvernement *issu* des élections législatives 総選挙の結果生まれた内閣.

issue /isy/ 女

> 英仏そっくり語
> 英 issue 問題, 発行, 流出.
> 仏 issue 出口, 解決策.

❶ 出口, 脱出口; 排出口. ▶ *issue* de secours 非常口 / chercher une *issue* 出口を探す. ❷ 解決策, 活路. ▶ On ne voit pas d'autre *issue*. 他の解決策は見当たらない. ❸ 成り行き, 結果. ▶ l'*issue* heureuse des négociations 交渉の成功.

à l'issue de qc …のあとで[に] (=à la fin de qc). ▶ la conférence de presse tenue *à l'issue de* la cérémonie 式典のあとで行われた記者会見.

sans issue (1) 出口のない, 行き止まりの. ▶ rue *sans issue* 袋小路 (=impasse). (2) 手詰まりの, 行き詰まった. ▶ une situation *sans issue* 膠着(こうちゃく)状態.

IST 女(略語) infection sexuellement transmissible 性感染症.

italianisant, ante /italjanizɑ̃, ɑ̃ːt/ 名 ❶ イタリア語[文学, 文化]研究家. ❷ イタリア趣味の芸術家[作品].
— 形 ❶ イタリア語[文学, 文化]を研究[専攻]する. ❷ イタリア風の, イタリア文化に影響された.

italianiser /italjanize/ 他動 …をイタリア化する, イタリア風にする.

italianisme /italjanism/ 男 ❶ イタリア語特有の語法. ❷【美術】イタリア趣味.

Italie /itali/ 固有 女 イタリア: 首都 Rome. ▶ en *Italie* イタリアに[で, へ].

***italien, enne** /italjɛ̃, ɛn/ イタリアン, イタリエヌ/ 形 イタリア Italie の. ▶ cuisine *italienne* イタリア料理 / à l'*italienne* イタリア風の.
— **Italien, enne** 名 イタリア人.
— **italien** 男 イタリア語.

italique /italik/ 形 ❶【印刷】イタリック体の, 斜体の. ❷ 古代イタリアの.

— 男【印刷】イタリック体: 右に傾斜している活字.
▶ mettre un mot en *italique* ある語をイタリック体にする.

item[1] /item/ 副 (計算, 送り状, 目録などで)同じく, 同様に; さらに.

item[2] /item/ 男 (英語) ❶【言語】辞項, 項目. ❷【心理】検査事項, テスト項目.

itératif, ive /iteratif, iːv/ 形 ❶ 反復される, 繰り返される. ❷【言語】反復を示す, 反復(相)の (=fréquentatif). ▶ verbe *itératif* 反復動詞(例: refaire など).

***itinéraire** /itinerɛːr イティネレール/ 男 ❶ 行程, 路程, 旅程; 道筋, ルート. ▶ choisir l'*itinéraire* le plus court 最短コースを選ぶ / suivre un *itinéraire* touristique conseillé par qn (=circuit) …に勧められた観光ルートを行く.
❷ (思考, 理論などの)筋道, 過程. ▶ Malgré la différence des *itinéraires*, on est arrivé à des conclusions identiques. やり方は違ったが同じ結論に達した.

> 比較 道順, 道のり
> **chemin** が最も一般的. indiquer le *chemin* 道を教える. **itinéraire** 主として旅行のコース. 文章語としては人生や思考の「道程」の意でも用いられる. **trajet, parcours** ある地点から他の地点までの道筋, 道のりをいう. parcours は乗り物がたどるコースも指す.

itinérant, ante /itinerɑ̃, ɑ̃ːt/ 形 巡回する, 移動する. ▶ ambassadeur *itinérant* 移動大使 / exposition *itinérante* 巡回展示会 / mener une vie *itinérante* 放浪生活を送る.

IUT 男(略語) Institut universitaire de technologie 技術短期大学.

IVG 女(略語) interruption volontaire de grossesse 人工妊娠中絶.

ivoire /ivwaːr/ 男 ❶ 象牙(ぞうげ). ▶ trafiquant d'*ivoire* 象牙の密売人. ❷ 象牙細工品. ❸ Côte-d'*Ivoire* ⇨ CÔTE-D'IVOIRE.
tour d'ivoire 象牙の塔. ▶ s'enfermer dans sa *tour d'ivoire* 自らの象牙の塔に閉じこもる.

ivoirien, enne /ivwarjɛ̃, ɛn/ 形 コート=ジボアール Côte-d'Ivoire の.
— **Ivoirien, enne** 名 コート=ジボアール人.

ivraie /ivrɛ/ 女【植物】ドクムギ.
séparer le bon grain de l'ivraie 良い種[善人]と毒麦[悪人]を分ける, 善悪を区別する. 注 聖書のたとえ話から.

***ivre** /iːvr イーヴル/ 形 酔った. ▶ être à moitié *ivre* ほろ酔い加減である / être *ivre* mort 泥酔状態である. ❷〈*ivre* de qc〉…に夢中になった, 有頂天になった. ▶ Il est *ivre* de joie. 彼は喜びで有頂天になっている.

ivresse /ivrɛs/ 女 ❶ 酔い, 酩酊(めいてい). ▶ conduire en état d'*ivresse* 酔っ払い運転する. ❷ 恍惚(こうこつ), 陶酔, 熱狂.

ivrogne /ivrɔɲ/ 男 酒飲みの, 飲み助の.
— 名 酒飲み, 飲み助, 飲んだくれ.
serment d'ivrogne (酒飲みの, もう飲まないという誓い→)当てにならない誓い.

ivrognerie /ivrɔɲri/ 女 飲酒癖.

J, j

J, j /ʒi/ 男 フランス字母の第10字. ▶ le jour *J*【軍事】D日, 行動開始予定日.

J' /ʒ/ je の省略形.

jabot /ʒabo/ 男 ❶ (鳥の)餌袋(ﾅﾞ). ❷ シャツやブラウスの胸飾り.

jacassement /ʒakasmɑ̃/ 男 ❶ カササギの鳴き声. ❷ やかましいおしゃべり, むだ口.

jacasser /ʒakase/ 自動 ❶〔カササギなどが〕ギャーギャー鳴く, 鳴き騒ぐ. ❷ やかましくしゃべりまくる, ぺちゃくちゃしゃべる.

jacasseur, euse /ʒakasœːr, øːz/ 形, 名 話 ぺちゃくちゃよくしゃべる(人), おしゃべり好きの(人).

jachère /ʒaʃɛːr/ 女 休閑(法), 休耕(法); 休閑地. ▶ champs en *jachère* 休耕畑.

jacinthe /ʒasɛ̃ːt/ 女【植物】ヒヤシンス. ▶ *jacinthe* d'eau ホテイアオイ.

jacob*in*, *ine* /ʒakɔbɛ̃, in/ 形 ❶【歴史】ジャコバン派の; 非妥協的・中央集権的民主主義の.
— 名【歴史】ドミニコ会修道者(=dominicain).
— **jacobin** 男 ❶〔Jacobin〕【歴史】ジャコバン派の人: フランス革命時の過激共和派. ❷ ジャコバン主義の人.

jacobinisme /ʒakɔbinism/ 男 ジャコバン主義; 過激な中央集権民主主義.

jacquard /ʒakaːr/ 男【繊維】❶ ジャカード織機. ❷ ジャカード柄の編み物.

jacquerie /ʒakri/ 女 ❶〔Jacquerie〕【歴史】ジャクリーの乱: 14世紀の北仏に起こった農民一揆(ﾂ). ❷ 文章 農民一揆, 農民反乱.

jacquet /ʒakɛ/ 男【ゲーム】ジャケ: 西洋すごろくの一種.

jactance /ʒaktɑ̃ːs/ 女 ❶ 文章 思い上がり, 高慢; ひけらかし, 自画自賛. ❷ 話 おしゃべり, むだ話.

jacter /ʒakte/ 自動 話す, しゃべる. ▶ Arrête de *jacter*. おしゃべりをやめなさい.

jade /ʒad/ 男 翡翠(ﾋｽｲ)(細工). ▶ collier de *jade* 翡翠のネックレス.

jadis /ʒadis/ 副 文章 かつては, 昔は.
de jadis 昔の, 往時の.
le temps jadis (遠い)昔.

jaguar /ʒagwaːr/ 男《ポルトガル語》【動物】ジャガー.

jaillir /ʒajiːr/ 自動

直説法現在	je jaillis	nous jaillissons
	tu jaillis	vous jaillissez
	il jaillit	ils jaillissent

❶ 噴き出る, ほとばしる, 湧(ﾜ)き起こる. ▶ L'eau *jaillit* de la fontaine. 泉から水が湧き出ている. ❷ 文章 突然現れる. ▶ Des soldats ont *jailli* de tous côtés. 兵士たちが四方八方から躍り出た. ❸ そびえ立つ. ▶ Des tours *jaillissent* à la périphérie de Paris. パリの周辺には高層ビルがにょきにょきと建っている.

jailliss*ant*, *ante* /ʒajisɑ̃, ɑ̃ːt/ 形 噴出する, ほとばしる.

jaillissement /ʒajismɑ̃/ 男 ❶ 噴出, 湧出(ﾕｳｼｭﾂ). ❷ (思想, 現象などの)奔出, 発現.

jaïna /ʒaina/ 形〔不変〕=**jaïn**.

jaïn, e /ʒain/ 形 ジャイナ教(徒)の. — 名 ジャイナ教徒.

jaïnisme /ʒainism/ 男 ジャイナ教: 前6世紀ころインドに興った宗教.

jais /ʒɛ/ 男【宝石】ジェット, 黒玉(ｺｸｷﾞｮｸ).
noir comme (du) jais = (*noir*) *de jais* 漆黒の. ▶ des cheveux (noirs) *de jais* 濡(ﾇ)れ羽色の髪.

jalon /ʒalɔ̃/ 男 ❶ (測量用の)ポール, 標杭(ﾋｮｳｺｳ). ❷ 目印; 段取り, 布石. ▶ planter [poser] des *jalons* pour qc …の布石を打つ, 手はずを整える.

jalonnement /ʒalɔnmɑ̃/ 男 杭(ｸｲ)打ち; 標柱を立てること.

jalonner /ʒalɔne/ 他動 ❶ …に標柱を立てる;〔物が道などに〕沿って標柱のように並ぶ, 点在する. ▶ une route *jalonnée* de poteaux indicateurs 案内標識が点々とある道路 / Des monuments historiques *jalonnent* cette avenue. この大通りには歴史的建造物が建ち並んでいる.
❷〔事が時代など〕を画する; において続発する. ▶ Beaucoup de succès *jalonnent* sa carrière. 数多くの成功が彼(女)の経歴を飾っている.

jalousement /ʒaluzmɑ̃/ 副 ❶ ねたましげに. ❷ (失うまいとして)用心深く. ▶ garder *jalousement* un secret 秘密を大事に守る.

jalouser /ʒaluze/ 他動 ねたむ, うらやむ.
— **se jalouser** 代動 ねたみ[うらやみ]合う.

*jalousie[1] /ʒaluzi/ 女 嫉妬(ｼｯﾄ), ねたみ; 羨望(ｾﾝﾎﾞｳ). ▶ être torturé par la *jalousie* 嫉妬にさいなまれる / éprouver de la *jalousie* 嫉妬を感じる / Sa réussite a excité la *jalousie* des autres. 彼(女)の成功は他の人々の羨望をかき立てた.

jalousie[2] /ʒaluzi/ 女 鎧(ﾖﾛｲ)戸; ブラインド. ▶ baisser une *jalousie* ブラインドを下ろす.

*jal*oux*, *ouse* /ʒalu, uːz/ ジャルー, ジャルーズ/ 形 ❶〈*jaloux* (de qn/qc)〉(…に)ねたんでいる, うらやんでいる; 嫉妬(ｼｯﾄ)深い. ▶ être *jaloux* de (la réussite de) son ami 友人(の成功)をねたんでいる / un mari *jaloux* やきもち焼きの夫 / observer qn d'un œil *jaloux* …をねたましげな目つきで見つめる / *jaloux* comme un tigre 手がつけられないほど嫉妬深い. ❷ 古風 文章 〈*jaloux* (de qc)〉(…に)執着している, (…を)失いたくない. ▶ Le roi était *jaloux* de son autorité. 王は権力保持に汲々(ｷｭｳｷｭｳ)としていた / avec un soin *jaloux*

jamaïquain

細心の注意を払って.
── 名 嫉妬深い人.

jamaïquain, aine /ʒamaikɛ̃, ɛn/ 形 ジャマイカ Jamaïque の.
── **Jamaïquain, aine** 名 ジャマイカ人.

Jamaïque /ʒamaik/ 固有 女 ジャマイカ: 首都 Kingston. ▶ à la *Jamaïque* ジャマイカに [で, へ].

＊jamais /ʒamɛ/ ジャメ 副

1《否定的意味》決して…ない, 一度も…ない.

❶《ne とともに》▶ Il ne ment *jamais*. 彼は決してうそをつかない / Je ne l'ai *jamais* vue. 一度も彼女に会ったことがない / *Jamais* je n'accepterai. 断じて承服しません / Il n'est presque *jamais* là. 彼はほとんどそこにはいない /《比較を表わす副詞などとともに》Il n'a *jamais* été aussi heureux. 彼はこれほど幸福だったことはなかった.

❷《ne なしで》▶ «Avez-vous déjà été aux Etats-Unis?──*Jamais*.»「合衆国にいらしたことがありますか」「いいえ一度も」/ Il boit parfois du vin, *jamais* de whisky. 彼はたまにワインは飲むがウイスキーは全然やらない / un amour *jamais* satisfait ついぞ満たされることのない愛. 注 動詞が省略されるとき, また形容詞にかかるときは, 単独で否定の意を表わす.

❸《sans とともに》▶ Il a poursuivi l'idéal sans *jamais* l'atteindre. 彼は理想を追い求めたが, ついに達しえなかった.

2《肯定的意味; 疑問文, 主動詞が否定や疑惑を表わす文, 条件文, 比較構文で用いられる》

❶《過去》かつて, これまでに. ▶ Avez-vous *jamais* pensé à cela? こんなこと考えてみたことがありますか / C'est le meilleur livre que j'aie *jamais* lu. それは私がこれまでに読んだ最良の本だ / Elle est plus belle que *jamais*. 彼女は今までになく美しい.

❷《未来》いつか, 他日. ▶ Viendra-t-il *jamais*? いつか彼はやってくるだろうか. ◆si *jamais* ▶ Si *jamais* vous passez par Londres, venez nous voir. いつかロンドンに寄られることがあれば, 訪ねて来てください.

à (tout) jamais 文章 = pour jamais 永久に.
C'est le moment [le cas] ou jamais de + 不定詞 今こそ…すべき時だ.
C'est maintenant ou jamais. やるなら今だ.
jamais, au grand jamais 話 断じて, 金輪際. ▶ *Jamais*, au grand *jamais* fait que je n'y consentirai. 断じてそれに同意しないぞ.
jamais de la vie 〈生涯〉決して, 金輪際.
Mieux vaut tard que jamais. 諺 遅くなってもやらないよりはましだ.
ne ... jamais que ... …しかない. ▶ Ce *n*'est *jamais qu*'un enfant. 要するに彼は子供でしかない / Elle *n*'a *jamais* fait *que* ce que vous lui avez dit. 彼女はあなた(方)に言われたことしかしなかった.
ne ...「plus jamais [jamais plus] ... もはや決して…しない; 二度と…しない. ▶ Il *ne* le fera *jamais plus*. 彼は二度とそんなことはしないだろう.
On ne sait jamais (ce qui peut arri- ver). = Sait-on jamais? (何が起こるか)分かったものではない.
Plus jamais ça! こんなことが二度とあってはならない.

jamais vu /ʒamɛvy/ 男《du jamais vu》前代未聞のこと.

jambage /ʒɑ̃baːʒ/ 男 ❶ (b, d, p, q, m, n など円形部をもつ文字の)縦線. ❷【建築】(開口の)側柱.

＊jambe /ʒɑ̃ːb/ ジャーンブ 女 ❶ (人の)脚, 足(⇨比較). ▶ avoir des *jambes* longues 足が長い / Il s'est cassé la *jambe* en faisant du judo. 彼は柔道で足を折った / croiser les *jambes* 足を組む / tirer [traîner] la *jambe* 足を引きずる / jeu de *jambes* (スポーツなどでの)足さばき, フットワーク / *jambe* artificielle [articulée] 義足.

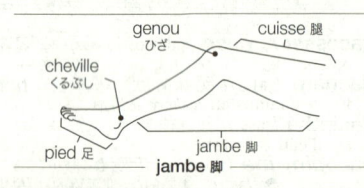

jambe 脚

(genou ひざ, cuisse 腿, cheville くるぶし, pied 足, jambe 脚)

❷ (馬, 牛などの)足. 注 他の動物や昆虫については, 普通 patte を用いる.
❸ (ズボン, コンパスなどの)脚部. 注 椅子(ǐ)やテーブルの脚は機下, 飛行機の *jambe* de train d'atterrissage (飛行機の着陸装置の)脚柱.
❹【建築】石積み, 組積柱.

à toutes jambes 全速力で.
avoir de bonnes [mauvaises] jambes 健脚である [足が利かない].
avoir les jambes molles [en coton] 足が弱い, 足がふらつく.
avoir + 数量表現 + dans les jambes 話 (時間, 距離を)歩いて疲れている. ▶ J'ai déjà vingt kilomètres *dans les jambes*. もう 20 キロも歩いたのでくたびれた.
Cela (me) fait [fera] une belle jambe. それは(私に)なんの得にもならない, まったくむだというものだ. 注 me は各人称に変化させて用いる.
couper [casser] bras et jambes à qn …をがっくりさせる, 唖然(だ)とさせる.
donner des jambes à qn 〔恐怖, 期待などが〕…を(せきたてて)歩かせる, 走らせる.
être dans les jambes de qn …につきまとって邪魔になる, まとい付く.
faire des ronds de jambe (足で弧を描いて仰々しいおじぎをする→)気に入られようとしてばか丁寧に振る舞う.
jouer des jambes 走り去る, 逃げる.
n'avoir plus de jambes = ne plus sentir ses jambes (疲労や老齢で)もう歩く力もない.
ne plus (pouvoir) se tenir sur ses jambes (立っていられないほど)くたくたに疲れている.
par-dessus [par-dessous] la jambe 話 ぞんざいに, いいかげんに. ▶ s'acquitter de ses fonctions *par-dessus la jambe* 務めをおざなりに

済ます / traiter qn *par-dessus la jambe* …を鼻であしらう.
partie de jambes en l'air 話 性行為.
prendre ses jambes à son cou (足を首のあたりまで蹴(')り上げて)一目散に逃げる.
tenir la jambe à qn 話 長話で…をうんざりさせる.
tirer dans les jambes de qn 陰険に…の足を引っ張る, …をだまし討ちする.

比較 足
jambe 人間のひざから足首までの部分を指す. 日常語ではもものつけ根から下全体を指すこともある. **pied** 人間の足首から下を指す. **patte** 動物の足を指す.

jambière /ʒɑ̃bjɛːr/ 女 脚絆(はん), ゲートル;《スポーツ》のレガース.
***jambon** /ʒɑ̃bɔ̃/ ジャンボン 男 ❶ ハム;豚のもも肉. ▶ une tranche de *jambon* ハム1枚 / *jambon* cru 生ハム / œufs au *jambon* ハムエッグ / *jambon* cuit ボンレスハム / sandwich au *jambon* ハムサンド. ❷ 俗 (人の)太もも.
jambonneau /ʒɑ̃bɔno/;《複》 **x** /-/ 男 豚のすね肉(の小型ハム).
jam-session /dʒamsesjɔ̃/ 女 《米語》ジャムセッション;ジャズ奏者の仲間うちでの即興的な合奏.
jansénisme /ʒɑ̃senism/ 男 ❶ ジャンセニスム: オランダの神学者ヤンセニウス Jansénius の思想をもとに, 17, 18世紀に展開された宗教運動. イエズス会と激しく対立. ❷ 文章 厳しい道徳;厳格主義.
janséniste /ʒɑ̃senist/ 名, 形 ジャンセニスト(の);厳格主義者(の).
jante /ʒɑ̃ːt/ 女 (車輪の)外縁, リム.
Janus /ʒanys/ 固有 男《ローマ神話》ヤヌス: 門の守護神, 物事の初めをつかさどる双頭神.
***janvier** /ʒɑ̃vje/ ジャンヴィエ 男 1月. ▶ le 1ᵉʳ [premier] *janvier* 1月1日, 元日 (=le jour de l'an) / en [au mois de] *janvier* 1月に(は) / du 1ᵉʳ *janvier* à la Saint-Sylvestre 元日から大みそかまで, 1年中.
***Japon** /ʒapɔ̃/ ジャポン 固有 男 日本: 首都 Tokyo. ▶ au *Japon* 日本に [で, へ].
japon /ʒapɔ̃/ 男 ❶ 和紙;(特に)局紙. ▶ papier *japon* 和紙. ❷ 日本製磁器;(象牙(ぞう), 紙などの)日本美術工芸品.
***japonais, aise** /ʒapɔnɛ, ɛːz/ ジャポネ, ジャポネーズ/ 形 日本 Japon の;日本語の. ▶ économie *japonaise* 日本経済 / voiture *japonaise* 日本車 /《名詞的に》acheter *japonais* 日本製品を買う.
— **Japonais, aise** 名 日本人.
— **japonais** 男 日本語.
japonaiserie /ʒapɔnɛzri/, **japonerie** /ʒapɔnri/ 女 (浮世絵, 骨董(こっ)などの)日本美術品.
japonisant, ante /ʒapɔnizɑ̃, ɑ̃ːt/ 名 日本研究者, 日本学者.
— 形 日本の伝統美術の影響を受けた.
japoniser /ʒapɔnize/ 他動 …を日本化する, 日本的にする.
japonisme /ʒapɔnism/ 男《美術》ジャポニスム, 日本趣味.
jappement /ʒapmɑ̃/ 男 (子犬が)キャンキャン鳴

くこと;キャンキャンという鳴き声.
japper /ʒape/ 自動〔子犬が〕キャンキャン鳴く. ▶ jeune chien qui *jappe* キャンキャン鳴く子犬.
jaquette /ʒakɛt/ 女 ❶ モーニング・コート;(婦人用の)ジャケット, 上衣. ❷ (本の)カバー, ジャケット. ❸《歯科》ジャケット・クラウン, 外被冠.
***jardin** /ʒardɛ̃/ ジャルダン 男 ❶ 庭, 庭園. ▶ cueillir des roses dans le *jardin* 庭でバラの花を摘む / faire [cultiver] son *jardin* 庭の手入れをする / *jardin* potager [fruitier] 菜園[果樹園] / *jardin* d'agrément 鑑賞用庭園 / *jardin* anglais (自然のままの)イギリス式庭園 / *jardin* français [à la française] (左右対称の)フランス式庭園 / *jardin* japonais 箱庭, 盆景;日本庭園.
❷ 公園 (=*jardin* public). ▶ *jardin* botanique = *jardin* des plantes 植物園 / *jardin* zoologique 動物園.
❸ *jardin* d'enfants 保育園;幼稚園.
❹《演劇》côté *jardin* (舞台の)下手: 客席から見て左側. 上手は côté cour.
C'est une pierre dans son jardin. それは彼(女)に対する当てこすり[当てつけ]だ. 注 son は各人称に変化させて用いる.
Il faut cultiver notre jardin. (自分の庭を耕さなければならぬ→)空理空論にふけらず自分の仕事に身を入れよ. 注 ヴォルテールの「カンディード」の結句.
jardin secret (秘められた)心の奥底, 内心.

比較 公園
jardin public 街の中にある公園を広く指す. **square** 街角の小規模な公園. **parc** 大規模な公園. **espace vert** 都市計画の用語で, 都市内にある公園, 緑地の総称.

jardinage /ʒardinaːʒ/ 男 家庭園芸, 庭[畑]いじり. ▶ amateur de *jardinage* 園芸愛好家.
jardiner /ʒardine/ 自動 園芸をする, 庭いじりをする.
jardinerie /ʒardinri/ 女 園芸用品専門店, 園芸センター.
jardinet /ʒardinɛ/ 男 小庭. ▶ maison avec *jardinet* 小庭つきの家.
jardinier, ère /ʒardinje, ɛːr/ 名 園芸家;庭園[公園]管理人;庭師, 植木屋.
— **jardinière** 女 ❶ *jardinière* d'enfants 保母. ❷《料理》(ニンジン, グリンピースなどの)付け合わせ温野菜. ❸ フラワーボックス;プランター.
— **jardinier, ère** 形 庭の;園芸の. ▶ un centre *jardinier* (大規模な)園芸センター.
jargon /ʒargɔ̃/ 男 ❶ 隠語;(特定の職業, 学問などの)専門語, 特殊用語. ▶ le *jargon* des savants 学者うちだけで通じる特殊用語. ❷ たどたどしい[片言まじりの]言葉;わけの分からない言葉. ▶ s'exprimer en *jargon* くずれた言葉で話す.
jargonner /ʒargɔne/ 自動 隠語で話す;分かりにくい[たどたどしい]話し方をする.
jarre /ʒaːr/ 女 (水, 油, 食品などを貯えておくテラコッタ製の)大壺(つぼ), 甕(かめ).
jarret /ʒarɛ/ 男 ❶ (人間の)ひかがみ, 膝窩(しつか), ひざの裏側. ❷ (馬などの家畜の)飛節. ❸ (子牛の)すね肉.
avoir des jarrets d'acier 健脚である.

jarretelle /ʒartɛl/ 囡 (サスペンダー式の)靴下留め, ガーター.

jarretière /ʒartjɛːr/ 囡 ❶ (輪状の)靴下留め, ガーター. ❷〖海事〗*jarretières de voiles* 括帆索.

jars /ʒaːr/ 男 ガチョウの雄. ▶ *le jars*, *l'oie et les oisons* ガチョウの雄と雌とひな.

jaser /ʒɑze/ 自 ❶ うわさをする, 陰口をたたく. ▶ *On les voit toujours ensemble: cela fait jaser*. 彼らはいつも一緒だ, おかげでうわさの種になっている. ❷ 余計なことを口にする, 秘密を漏らす. ❸〔鳥が〕さえずる;〔赤ん坊が〕片言を言う.

jaseur, euse /ʒɑzœːr, øːz/ 形, 名 おしゃべりな(人), 陰口の好きな(人).
— **jaseur** 男〖鳥類〗レンジャク.

jasmin /ʒasmɛ̃/ 男〖植物〗ジャスミン(の花); ジャスミン香料.

jaspe /ʒasp/ 男〖鉱物〗碧玉(ᵍᵃᵏ), ジャスパー. ▶ *jaspe sanguin* ブラッドストーン, 血石.

jaspiner /ʒaspine/ 自 話 おしゃべりをする, しゃべる.

jaspure /ʒaspyːr/ 囡 ❶ (碧玉に似た雑色の)波形〔縞, まだら〕模様. ❷〖製本〗(小口, 見返しに)マーブル装飾を施すこと.

jauge /ʒoːʒ/ 囡 ❶ 計量器, ゲージ; 測定器, 計器. ▶ *jauge d'huile* (車の)オイルゲージ.
❷ (計量容器の)容量;〖海事〗(商船の)積量, トン数. ▶ *jauge brute* 総トン数.

jaugeage /ʒoʒaːʒ/ 男 ❶ (容器, タンクなどの)容量測定;〖海事〗積量測度. ❷ (水流, 運河, 導管などの)流量測定. ❸ 能力〔価値〕評価.

jauger /ʒoʒe/ 他 ❶ …の容量を測定する. ▶ *jauger un tonneau* 樽の容量を測る.
❷ …(の能力, 価値)を評価する, 測る. ▶ *jauger un nouvel employé* 新入社員の力量を判断する.
— 自 〔船舶が〕…の積量〔トン数〕を持つ; 喫水を持つ. ▶ *un navire qui jauge cinq cents tonneaux* 500トンの船.

jaunâtre /ʒonɑːtr/ 形 黄色っぽい; 黄ばんだ.

jaune /ʒoːn ジョーヌ/ 形
❶ 黄色い, 黄色の. ▶ *fleur jaune* 黄色い花 / *la race jaune* 黄色人種 / *le fleuve Jaune* 黄河 / *le métal jaune* 黄金 / *maillot jaune* (ツール・ド・フランスのトップ走者が着用する)マイヨ・ジョーヌ / *Pages jaunes* 職業別電話帳, イエローページ. 注 色合いをさらに明確にする名詞, 形容詞とともに用いられる場合は不変(例: *des fleurs jaune d'or* 黄金色の花 / *des jupes jaune serin* 淡黄色のスカート).
❷《多く悪い意味で》黄ばんだ. ▶ *de vieux journaux tout jaunes* すっかり黄ばんだ古新聞.
❸〖医学〗*fièvre jaune* 黄熱.
❹〖生物学〗*corps jaune* (卵巣の)黄体.
être jaune comme un citron (病気などで)〔顔色が〕真っ黄色である.
— 名 ❶ (Jaune)黄色人種の人. ❷ スト破りの労働者.
— 副 *rire jaune* 苦笑いをする, 微苦笑を浮べる.
— 男 ❶ 黄色. ▶ *peindre les boiseries en jaune* 板張りを黄色に塗る. ❷ 黄色い服. ❸ 黄色の塗料〔顔料〕. ❹ (卵の)黄身, 卵黄 (=*jaune d'œuf*).

jaunir /ʒoniːr/ 自 黄色になる; 黄ばむ. ▶ *Les feuilles des arbres ont jauni*. 木の葉は黄色く色づいた / *jaunir au soleil* 日に焼けて黄ばむ.
— 他 …を黄色くする. ▶ *La nicotine jaunit les dents*. ニコチンは歯を黄色くする.
— **se jaunir** 代動 黄色になる; 黄ばむ.

jaunissant, ante /ʒonisɑ̃, ɑ̃ːt/ 形 (*jaunir* の現在分詞)黄色くなる. ▶ *blé jaunissant* 黄金色に実っていく小麦.

jaunisse /ʒonis/ 囡〖医学〗黄疸(ᵈᵃⁿ).
en faire une jaunisse ひどくくやしがる.

jaunissement /ʒonismɑ̃/ 男 黄色くすること, 黄色くなること; 黄ばむこと.

Java /ʒava/ 固有 ジャワ島: インドネシアの島.

java /ʒava/ 囡 ジャヴァ: 20世紀初頭に流行した3拍子の大衆的ダンス(ミュージック).
faire la java 話 ばか騒ぎをする.

javanais¹, aise /ʒavanɛ, ɛːz/ 形 ジャワ島Javaの.
— **Javanais, aise** 名 ジャワ島の人.
— **javanais** 男 ジャワ語.

javanais² /ʒavanɛ/ 男 ジャヴネ: 語の中に va または av を挿入して隠語化する遊び(例: chaussure → chavaussavuravε, bonjour → bavonjavour).

Javel (eau de) /ʒavɛl/ 囡 ジャベル水: 塩化ナトリウムと次亜塩素酸ナトリウムの混合溶液. 消毒, 漂白に用いられる.

javeler /ʒavle/ 4 他動〔刈り穂〕を畑に並べる.
— 自動〔刈り穂が〕黄色に完熟する.

javelle /ʒavɛl/ 囡 刈り穂積み: 刈り取って束ねる前に畝に並べた一抱えの穀物.

javelot /ʒavlo/ 男 ❶ (古代の武器用)投げ槍(ᵞᵃʳⁱ). ❷〖スポーツ〗槍; 槍投げ(競技).

jazz /dʒɑːz/ 男《米語》ジャズ. ▶ *écouter du jazz* ジャズを聴く.

jazzman /dʒazman/;《複》**jazzmen** /dʒazmɛn/ 男《米語》ジャズ演奏家, ジャズマン.

J.-C.《略語》Jésus-Christ イエス・キリスト.

je /ʒ(ə) ジュ/ 代《人称》
(1人称単数の動詞の非強勢形主語. 強勢形は moi. 母音または無音の h で始まる語の前では j' になる. ただし倒置形では常に je)私は, 私が. ▶ *Je suis Français*. 私はフランス人です / *J'habite à Paris*. 私はパリに住んでいます / *Est-ce que je rêve?* 私は夢を見ているのだろうか / *Puis-je emporter ce document?* この資料を持ち帰ってもいいですか. 注 je とその述語動詞の倒置は, 現在形では ai-je, dis-je, puis-je, dois-je, fais-je, sais-je, suis-je, vais-je, vois-je などに限られ, 一般的には Est-ce que je…? が用いられる.
— 男《単数形のみ》❶ 私. ▶ *employer le «je» dans un récit modelé* 物語の中で「私」を使う; 1人称で物語を語る. ❷〖哲学〗自我.

jean /dʒin/, **jeans** /dʒinz/ 男《米語》ジーパン; ブルージーンズ. ▶ *porter un jean* ジーパンをはいている.

jean-foutre /ʒɑ̃futr/ 男《単複同形》俗 能なし, 役立たず.

jeannette /ʒanɛt/ 囡 ❶ 小型脚付きアイロン台. ❷ (首につるすための) 小さい十字架.

jeep /dʒip/ 囡 《米語》商標 ジープ. ▶ en jeep ジープで.

je-m'en-fichisme /ʒmɑ̃fiʃism/ 語, **je-m'en-foutisme** /ʒmɑ̃futism/ 俗男 (事件や政治などに対する)無関心(主義), 無頓着(とんちゃく).

je-m'en-fichiste /ʒmɑ̃fiʃist/ 語, **je-m'en-foutiste** /ʒmɑ̃futist/ 俗形 イエズス会(修道)士;《Jésuites》イエズス会 (=Compagnie de Jésus).
— 名 無関心主義者.

je ne sais quoi /ʒənsɛkwa/, **je-ne-sais-quoi** 男 (単複同形) 古 文章 何かよく分からないもの, 名状しがたいもの.

jérémiade /ʒeremjad/ 囡 《多く複数で》話 泣き言, 愚痴.

jerez /ʒerɛs/; xeres /ʒerɛs/ 男 《スペイン語》シェリー (=xérès): スペイン南部 Jerez 産の白ワイン.

jéroboam /ʒeroboam/ 男 ダブルマグナム: 約3リットル入りのシャンパン用大瓶.

jerricane /(d)ʒerikan/, **jerrycan** 男 《英語》 (20リットル入りの)石油[ガソリン]缶.

jersey /ʒɛrzɛ/ 男 《英語》❶ ジャージー. ❷ (ジャージー製の)セーター.

Jérusalem /ʒeryzalɛm/ 固名 エルサレム: ユダヤ教, キリスト教, イスラム教の聖地.

jésuite /ʒezɥit/ 男 イエズス会(修道)士;《Jésuites》イエズス会 (=Compagnie de Jésus).
— 形 ❶ イエズス会の. ❷ 偽善者の.
— 名 偽善者, 陰険な人.

jésuitique /ʒezɥitik/ 形 ❶ (しばしば軽蔑して)イエズス会流の. ❷ 偽善的な, 老獪(ろうかい)な.

jésuitisme /ʒezɥitism/ 男 ❶ イエズス会の教義 [慣行, 組織]. ❷ 偽善, 猫かぶり, 陰険さ.

jésus /ʒezy/ 男 ❶ 幼児キリスト像. ❷ 話 坊や, かわいい子. ❸ 大型のドライソーセージ.

Jésus(-Christ) /ʒezykri(st)/ 固名男 イエス, イエス・キリスト. 注 カトリックでは /ʒezykri/, プロテスタントでは /ʒezykrist/ と発音する.

jet¹ /ʒɛ/ 男 ❶ 投げること, 投擲(とうてき). ▶ le jet d'une balle 投球, ボール投げ / armes de jet 飛び道具 / Ce lanceur de disque a réussi un jet de quatre-vingts mètres. その円盤投げ選手は80メートルの投擲に成功した.
❷ (流体などの)噴出, 噴射;(光などの)照射. ▶ jet d'eau 噴水 / être brûlé par un jet de vapeur 噴き出した蒸気でやけどをする / jets de lumière 光の照射. ❸ すっと伸びた(若)枝.

à jet continu 語 絶えず, 間断なく.

d'un (seul) jet 一気に, 一息に.

du premier jet 一気に, 一度で.

le premier jet 粗描; 下書き.

jet² /dʒɛt/ 男 《英語》ジェット, 噴流;ジェット機. ▶ jet privé 自家用ジェット機.

jetable /ʒ(ə)tabl/ 形 使い捨ての. ▶ briquet jetable 使い捨てのライター.

jeté /ʒ(ə)te/ 男 ❶ (家具に掛ける装飾用の)掛け布. ❷ 〖バレエ〗ジュテ: 片足で踏み切り, 他の足で着地する動作の総称. ❸ 〖ウエイトリフティング〗épaulé et jeté ジャーク, クリーン・アンド・ジャーク.

jetée /ʒ(ə)te/ 囡 ❶ 埠頭(ふとう), 桟橋. ❷ (空港の)搭乗橋, ボーディングブリッジ.

jeter /ʒ(ə)te/ 4 他動

直説法現在	je je**tte**	nous jetons
	tu je**tt**es	vous jetez
	il je**tt**e	ils je**tt**ent
複合過去 je'ai jeté		半過去 je jetais
単純未来 je jetterai		単純過去 je jetai

❶ …を投げる; 投げつける, 投げ落とす, ぶつける. ▶ jeter une pierre en l'air 石を空中に投げる / jeter un os à un chien 犬に骨を投げ与える / jeter des documents sur la table 資料をテーブルにぽんと投げ出す / jeter un châle sur ses épaules ショールを肩にひっかける / jeter une lettre dans [à] la boîte 手紙を投函(とうかん)する.

jeter une pierre

❷ …を捨てる. ▶ jeter qc à la poubelle …をごみ箱に捨てる / Ces papiers sont bons à jeter. この書類は処分してもいいですよ.

jeter à la poubelle

❸ …を(ある場所, 状態に)押しやる. ▶ jeter qn dehors …をたたき出す / jeter qn en prison …を投獄する / L'ouragan *a jeté* le bateau sur un écueil. 暴風のため船は暗礁に乗り上げた / La nouvelle l'*a jeté* dans le désespoir. その知らせは彼を絶望に陥れた.

❹ 〔視線, 声, 光など〕を投げかける, 発する. ▶ jeter un coup d'œil sur qn/qc …をちらりと見る / jeter un cri 叫び声を上げる / diamants qui *jettent* mille feux 燦然(さんぜん)たる輝きを放つダイヤモンド.

❺ 〔ある状態〕を引き起こす. ▶ La nouvelle *a jeté* le trouble dans la ville. その知らせは町に不安[恐怖]を巻き起こした / jeter un froid parmi l'assistance その場にいる人々を白けさせる / jeter un sort 呪いをかける.

❻ 〔体の一部〕を(ある方向に)すばやく動かす, 突き出す. ▶ jeter une jambe en avant 足を前に投げ出す / Elle lui *jeta* les bras autour du cou. 彼女は彼(女)の首に抱きついた.

❼ 〔橋〕を架ける;〔基礎〕を築く. ▶ jeter un pont sur une rivière 川に橋を架ける / jeter les fondations d'une maison 家の基礎工事をする / jeter les bases d'une doctrine ある学説の基礎を築く.

jeteur

❽ …を走り書きする. ▶ *jeter* ses idées sur le papier 紙に自分のアイデアを書き留める.
en jeter 話 しゃれている, いかしている.
(Il n')y a rien à jeter. 話〔ふざけて〕完璧だ.
jeter (*à*) *bas qc/qn*=*jeter à* [*par*] *terre qn/qc* …を打ち倒す, 押し倒す. ▶ *jeter bas* une maison 家を打ち壊す / Il *a jeté à bas* tous nos espoirs. 彼は我々の希望をすべて打ち砕いた.
jeter qc `*à la tête* [*à la face, à la figure, au nez*] *de qn* (1) …を…の顔に投げつける. (2)〔罵声(ば)を〕…に浴びせる; …のことで…を非難する. ▶ Il m'*a jeté* mon passé *à la tête*. 彼は私の過去をあげつらった. (3)…を…に吹聴する. ▶ Il nous *jette à la tête* son érudition. 彼は自分の学識を我々にひけらかしている.
N'en jetez plus. もうたくさんだ, うんざりだ.
se faire jeter 話 追い出される, はずされる, クビになる. ▶ Il *s'est fait jeter* de son boulot. 彼は仕事をクビになった.

|比較| 投げる
jeter 最も一般的. *lancer* 遠くに, 一定の目標に向けて投げること. *projeter*《改まった表現》はるか遠くに, 空中に向けて投げること.

── *se jeter* 代動 ❶ 身を投げる, 飛びかかる; 衝突する. ▶ *se jeter* par la fenêtre 窓から飛び下りる / *se jeter* sur son lit ベッドに身を投げ出す / Il *s'est jeté* sur un voleur et l'a frappé. 彼は泥棒に飛びかかって打ちのめした / *se jeter* contre un mur 壁にぶつかる.
❷〈*se jeter* dans *qc*〉…の中に飛び込む; 〔川が〕…に注ぐ. ▶ *se jeter* dans les bras de *qn* …の胸にすがりつく / *se jeter* dans le journalisme ジャーナリズムの世界に飛び込む / *se jeter* dans les difficultés 苦難に踏み込む / La Loire *se jette* dans l'Atlantique. ロアール川は大西洋に注いでいる.
❸ 使い捨てられる. ▶ un rasoir qui *se jette* 使い捨てのかみそり.
❹〈*se jeter qc*〉…を投げ合う; 言い合う. 注 *se* は間接目的.
se jeter à la tête de qn 〔女性が〕…に言い寄る.
se jeter `*aux pieds* [*aux genoux*] *de qn* …の足下に取りすがる, に〔許しなどを〕請う.
se jeter en travers de qc …の邪魔をする.
s'en jeter un (*derrière la cravate*) 話 一杯飲む, 一杯ひっかける.

jeteur, euse /ʒ(ə)tœːr, øːz/ 名 *jeteur de sort* 呪術(じゅ)師, 魔法使い.

jeton /ʒ(ə)tɔ̃/ 男 ❶（ゲームの）チップ, コイン;（昔の公衆電話の）代用コイン; 番号札. ▶ *jeton* numéroté（クロークなどの）番号札. ❷（株式会社の）役員報酬;（学会員などの）会議出席謝礼金（=*jeton de présence*）. ❸ 話 げんこつ. ▶ recevoir un *jeton* 1発パンチを食らう.
avoir les jetons 話 怖がる, びくつく.
faux comme un jeton 話 偽善的な.
faux jeton /foʃtɔ̃/ 話 偽善者, 陰険な人.
vieux jeton 話 老いぼれ.

jet-society /dʒɛtsɔsajti/ 女《英語》ジェットソサエティ, ジェット族: 政界, 芸能界, 実業界の大物がジェット機で世界中を飛び回る人々.

*jeu /ʒø/ 男 (複) **x** 男
❶ 遊び, ゲーム. ▶ *jeu* vidéo テレビゲーム / *jeu* de rôle(s) ロールプレーゲーム / *jeu* en ligne オンラインゲーム / *jeu* d'entreprise 企業経営シミュレーションゲーム / *jeux* de plein air 野外の遊び[ゲーム] / *jeux* de société 何人かでするゲーム（チェスやブリッジなど）/ *jeux* de hasard ギャンブル（ルーレットなど）/ *jeux* d'adresse 技巧を競うゲーム（ビリヤードなど）/ *jeux* d'esprit 頭を使う遊び（クロスワードなど）/ *jeu* télévisé テレビのクイズ[ゲーム]番組 / *jeu* de mots 言葉遊び（駄じゃれなど）/ prendre part à un *jeu* ゲームに参加する / s'adonner à son *jeu* favori 好きなゲームに没頭する.
❷ 賭(か)け事; 賭け金. ▶ *jeu* d'argent 金を賭けるゲーム, ギャンブル / maison de *jeu*(*x*) 賭博(とば)場, カジノ / perdre au *jeu* 賭けで負ける / Faites vos *jeux*. さあ, 賭けてください / théorie des *jeux* ゲームの理論.
❸ 競技; 競技場, コート;《複数で》競技大会. ▶ *jeu* d'équipe 団体競技（サッカーなど）/ *jeu* à treize 13人制ラグビー / La balle est sortie du *jeu*. ボールはラインの外へ出た / joueur hors *jeu* オフサイドの状態にいる選手 / les *Jeux* Olympiques オリンピック競技大会.
❹（楽器の）演奏, 演技;（運動選手などの身のこなし, プレイ. ▶ le *jeu* nuancé d'un flûtiste フルート奏者のニュアンスに富んだ演奏 / *jeu* de scène （俳優の）舞台上の動き / boxeur qui a un mauvais *jeu* de jambes フットワークの鈍いボクサー.
❺（機械, 器官の）動き;（機構, 制度の）働き. ▶ le *jeu* d'un ressort ばねの動き / le *jeu* des muscles 筋肉の動き / empêcher le *jeu* normal des institutions démocratiques 民主的な制度が正常に機能することを妨げる / le *jeu* de l'offre et de la demande 需要と供給の連動[バランス].
❻（自然, 想像力などの）作用, 働き, 戯れ. ▶ le *jeu* de la sélection naturelle 自然淘汰(とう)の作用 / les *jeux* du destin 運命のいたずら / par le *jeu* des circonstances 成り行きで / *jeu* de lumière 光の変化; 照明効果.
❼（装置などの）遊び, すき間, 緩み;（計画などの）ゆとり. ▶ Il y a du *jeu* dans la porte. ドアにすき間ができている / *jeu* du cylindre シリンダーの遊び / laisser du *jeu* dans un planning スケジュールにゆとりを取っておく.
❽（カードゲームなどの）手札;（特に）よい手. ▶ montrer son *jeu* 手札を明かす / avoir un mauvais *jeu* 手が悪い / avoir du *jeu* いい手である.
❾ かけひき, 策動. ▶ le *jeu* subtil d'un négociateur 交渉担当者の巧妙な立ち回り.
❿ ゲーム用品; カード1組. ▶ un *jeu* de 52 [cinquante-deux] cartes 全52枚のカード（1組）/ le grand *jeu* タロットカード1組（78枚）/ acheter un *jeu* de patience ジグソーパズルを買う.
⓫（用具の）一そろい, 一式;《情報》（文字, プログラムなどの）セット. ▶ un *jeu* de clefs 一そろいの鍵(かぎ), スパナ・セット / un *jeu* de voiles 一組の帆

❷〖テニス〗ゲーム. ▶ Il a gagné le premier set par six *jeux* à deux. 彼は6ゲーム対2ゲームで第1セットを取った / *jeu* blanc ラブゲーム / *Jeu*!「ゲーム」

avoir beau jeu (***de*** [***pour***] + 不定詞)(…するのに)有利な立場にある.

cacher son jeu (1)(カードゲームで)手札を隠す. (2)手の内を明かさない, 意図を隠す.

calmer le jeu 争いを収める.

Ce n'est pas de [***du***] ***jeu***. 話 それは反則だ;それはしきたり[慣習, 約束事]に反する.

C'est le jeu. それが規則だ, ルールでそうなっている.

C'est un jeu d'enfant. それはたやすいことだ.

Ce n'est qu'un jeu. ただの遊びだ.

entrer dans le jeu de qn …に荷担する, の側につく.

entrer en jeu 参加する, 介入する, 動き始める. ▶ A leur tour, les experts *sont entrés en jeu*. 今度は専門家たちが乗り出してきた.

*****être en jeu*** (1) 賭けられている, かかわっている, 危険にさらされている. ▶ Votre honneur *est en jeu*. 事はあなた(方)の名誉にかかわります. (2) 作用している, 働いている.

faire jeu égal avec qn …と互角の勝負をする.

faire le jeu de qn (結果的に)…を利することをする.

jeu de main(***s***) (1)(冗談の)軽い殴り合い. ▶ *Jeu*(*x*) *de main*(*s*), *jeu*(*x*) *de vilain*(*s*). 諺 殴り合いは下賤(げせん)の遊戯, 悪ふざけは喧嘩(けんか)の元. (2)(ピアニストなどの)手の運び, 運指.

jouer franc jeu 公明正大に振る舞う.

jouer gros jeu 大金を賭ける;大きな危険を冒す.

jouer le grand jeu 全力を傾ける.

jouer le jeu ルール[慣習, しきたり]に従って行動する.

jouer (***un***) ***double jeu*** 二心を持って行動する, 裏で[陰で]表とは反対のことをする.

jouer un jeu dangereux 危ない橋を渡る.

Les jeux sont faits. (1) できました, 勝負です:胴元の言い回しで, 以後客は賭の変更ができない. (2) 事はすでに始まった, もう後戻りできない.

mettre qn/qc en jeu (1) …を賭ける, 危険にさらす. ▶ décision qui *met en jeu* l'existence du cabinet ministériel 内閣の存続を危くしかねない決定. (2) …を投入する;活用する;動かす, 作用[機能]させる. ▶ *mettre en jeu* de nouvelles troupes 新たな部隊を投入する. (3)(事件などに)[人]を巻き込む.

par jeu おもしろがって;遊び半分に, 冗談で.

se faire un jeu de qc 不定詞 (1) …をおもしろがる. (2) たやすく[楽々と]…する.

「***se piquer*** [***se prendre***]」***au jeu*** (負けても)意地になって勝負[賭]を続ける;徐々に熱中していく.

vieux jeu 形句 (不変)時代遅れの, 古臭い. ▶ une mère *vieux jeu* 旧弊な母親.

:jeudi /ʒødi ジュディ/ 男 **木曜日**. ▶ le *jeudi* saint 聖木曜日(復活祭(日曜)の直前の木曜日) / Je reviendrai *jeudi*. 木曜日に帰ってくるよ.

la semaine des quatre jeudis (木曜日が4日ある週→) 話 決して[金輪際]…ない. ▶ Il remboursera ses dettes *la semaine des quatre jeudis*. あいつは絶対借金を返さないよ.

jeun /ʒœ̃/ (次の句で)

à jeun 副句 (1)(朝起きてから)何も食べず[飲まず]に, すき腹で. ▶ être [rester] *à jeun* 朝から何も食べないでいる / remède qu'il faut prendre *à jeun* 食前服用の薬. (2) 話 (酒飲み, アルコール中毒者が)酒をまだ口にしないで, しらふで.

*****jeune*** /ʒœn ジュヌ/ 形 ❶ (多く名詞の前で)**若い, 年少の, 幼い;年下の**. ▶ *jeune* homme 若い男, 青年(注 homme *jeune* は年齢より若く見える男) / *jeune* fille (未婚の)若い娘, 女の子 / *jeunes* gens 若い人たち / *jeune* chien 子犬 / la *jeune* génération 若者世代 / une population *jeune* 若年人口 / *jeune* arbre 若木 / Ils se sont mariés *jeunes*. 2人は若くして結婚した / histoires de mon *jeune* temps 私の若いころの話 / Ma mère est plus *jeune* que mon père de trois ans. 母は父より3歳年下です / mon *jeune* frère 私の弟.

❷《名詞の前で》新進の, 若手の, なりたての;未熟な, 未経験の. ▶ *jeunes* mariés 新婚ほやほやの夫婦 / *jeune* écrivain 新進[若手]作家 / Vous croyez cela? Vous êtes encore *jeune*! そんなことを真に受けるなんて, あなたもまだ青いな / Il est *jeune* dans le métier. 彼はその職では新米だ.

❸《名詞のあとで》**若々しい**, 年のわりに若い;若者向きの. ▶ homme *jeune* 若く見える男 / voix *jeune* 若やいだ声 / rester *jeune* いつまでも若々しい / Elle est *jeune* de caractère. 彼女は気が若い / une mode *jeune* 若者向きのファッション.

❹ できたばかりの, 新興の. ▶ pays *jeune* 新興国 / vin trop *jeune* 熟成の足りないワイン.

C'est un peu jeune. 話 (数量的に)ちょっと足りない.

── 名 ❶ (多く複数で)若者, 青少年. ▶ émissions pour les *jeunes* 青少年・子供向け番組 / maison des *jeunes* et de la culture 青少年文化センター(略 MJC) / les *jeunes* des banlieues 郊外の若者たち. ❷ coup de *jeune* 若返り.

比較 若者
個々の若者をいう場合は un *jeune* homme, une *jeune* fille のように **jeune** を形容詞として使うのが普通. **adolescent** は青少年で, おもに中高生をいう. 若者を総称としていう場合は, **les jeunes** あるいは **la jeunesse** を使うが, la jeunesse はどちらかといえば改まった表現.

── 副 若く, 若作りして. ▶ s'habiller *jeune* 若々しい服装をする / faire *jeune* 若く見える.

jeûne /ʒøːn/ 男 **絶食**;(宗教上の)断食,(カトリックの)大斎. ▶ *jeûne* médical 絶食療法 / observer [rompre] le *jeûne* 断食を守る[解く].

jeûner /ʒøne/ 自動 **絶食する;断食する**. ▶ faire *jeûner* un malade avant une opération 手術前の病人に絶食させる.

*****jeunesse*** /ʒœnɛs ジュネス/ 女 ❶ **青少年期, 青春時代**. ▶ erreur [péché] de *jeunesse* 若気の至り / première [prime] *jeunesse* 少年少女時代 / une seconde *jeunesse* (恋愛など, 中年に訪れた)第二の青春 / mourir en pleine *jeunesse*

jeunet

若い盛りに死ぬ / Dans sa *jeunesse*, il voulait être poète. 若いころ、彼は詩人になりたかった.

❷ 若さ, 若々しさ; 新しさ; 未熟. ▶ Vous avez la *jeunesse* et l'avenir. あなた(方)には若さと未来がある / garder la *jeunesse* d'allure [de cœur] 物腰[気持ち]に若々しさを保つ / la *jeunesse* d'une eau-de-vie ブランデーがまだ熟成しきっていないこと / œuvre de *jeunesse* 若書きの作品, 習作.

❸《集合的に》青少年, 若者. ▶ auberge de *jeunesse* ユースホステル / émissions pour la *jeunesse* 青少年向けの番組 / Ça va, la *jeunesse*? 若者諸君, 元気かね. 比較 ⇨ JEUNE.

❹ 文章 初期, 生成期, 黎明(於). ▶ une science qui est dans sa *jeunesse* できて間もない学問分野.

Il faut que jeunesse se passe. 諺 (若さは過ぎ去るべきものだ→)若気の過ちは大目に見なければならない.

n'être plus de la première jeunesse もう若くない, もう中年だ.

Si jeunesse savait, si vieillesse pouvait. 諺 若者には経験がなく, 老人には力が欠けている.

jeunet, ette /ʒœnɛ, ɛt/ 形, 名 ひどく若い(人); 若すぎる(人).

jeûneur, euse /ʒønœːr, øːz/ 名 絶食[減食]中の人; 断食者.

jeunisme /ʒœnism/ 男 ❶ 若者嫌い, 若者嫌悪. ❷ 若さ志向.

jeunot /ʒœno/ 男 名 若造, 青二才.
── 形 若い, 年端の行かない.

jingle /(d)ʒiŋgœl/ 男《英語》(ラジオ, テレビなどで宣伝の際に短く入れる)イメージ音楽.

JO 男《略語》❶ Jeux Olympiques オリンピック競技大会. ❷ journal officiel 官報.

joaillerie /ʒɔajri/ 女 ❶ 宝石加工(術); 宝飾品製造工房; 宝石店. ❷ 宝飾品.

joaillier, ère /ʒɔaje, ɛːr/ 名 宝石商, 宝飾品製造[制作]者.

job /dʒɔb/ 男《英語》名 アルバイト; 仕事, 勤め口. ▶ chercher un *job* アルバイトを探す.

jobard, arde /ʒɔbaːr, ard/ 形, 名 だまされやすい(人), おめでたい(人)(=naïf).

jobarderie /ʒɔbard(ə)ri/, **jobardise** /ʒɔbardiːz/ 女 だまされやすさ, おめでたさ加減.

jockey /ʒɔkɛ/ 男《英語》❶ 競馬騎手, ジョッキー. ❷ 名 régime *jockey* やせるための食餌(ヒッ)療法.

jodler /jɔdle/ 自動 ヨーデルを歌う; ヨーデル風に歌う.

jogger /dʒɔge/ 自動 ジョギングをする. ▶ Elle *jogge* tous les matins. 彼女は毎朝ジョギングをする.

joggeur, euse /dʒɔgœːr, øːz/ 名 ジョギングをする人, ジョギング愛好者.

jogging /dʒɔgiŋ/ 男《英語》❶ ジョギング. ▶ faire du *jogging* ジョギングをする. ❷ ジョギングウエア.

joie /ʒwa/ 女 ❶ 喜び, 歓喜. ▶ pousser un cri de *joie* 歓声をあげる / éprouver de la *joie* 喜びを感じる / pleurer de *joie* うれし泣きをする / sauter de *joie* うれしくて跳び上がる / être au comble de la *joie* 喜びの絶頂にいる / Il a accepté avec *joie*.(=plaisir) 彼は喜んで引き受けた / C'est une *joie* de vous revoir. 再びお目にかかれてうれしく思います / fausse *joie* ぬか喜び.

❷ 喜びの種. ▶ Son fils est toute sa *joie*. 息子だけが彼(女)の慰めだった. ◆ faire [être] la *joie* de qn …の楽しみとなる. ▶ Ce jouet a fait sa *joie*. このおもちゃが彼(女)を楽しませた.

❸《複数で》楽しみ. ▶ les *joies* de la vie 人生の楽しみ.

❹《複数で》《反語的に》苦しみ, 面倒. ▶ Encore une panne, ce sont les *joies* de la voiture! また故障か, 車はこれだから楽しいよ.

à la grande joie de qn …がとても喜んだことには.

C'est pas la joie. 話 面倒だ, つまらない.

être en joie 喜んでいる, 上機嫌である.

être tout à la joie de qc …の喜びにすっかり浸っている.

mettre qn en joie …を喜ばせる. ▶ Cette nouvelle l'*a mis en joie*. この知らせに彼は喜んだ.

ne plus se sentir de joie 喜びに我を忘れる.

se faire une joie de qc 不定詞 …を喜びとする; 楽しみする. ▶ Je me faisais une *joie* de le revoir. 私は彼に再会するのを楽しみにしていた.

s'en donner à cœur joie 思う存分楽しむ.

joign- 活用 ⇨ JOINDRE 81

joignable /ʒwaɲabl/ 形 連絡が取れる, つかまる. ▶ Il est *joignable* à tous moments. 彼はいつでも連絡が取れる.

*joindre /ʒwɛ̃ːdr ジョワーンドル/ 81

過去分詞 joint	現在分詞 joignant
直説法現在 je joins	nous joignons
tu joins	vous joignez
il joint	ils joignent
複合過去 j'ai joint	半過去 je joignais
単純未来 je joindrai	単純過去 je joignis

他動 ❶ …と連絡を取る, をつかまえる. ▶ *joindre* qn par [au] téléphone …と電話でコンタクトをとる / Je n'arrive pas à la *joindre*. どうしても彼女に連絡がつかない.

❷ …を結合させる, 結び付ける, つなぐ. ▶ *joindre* les deux bouts de la ficelle ひもの両端を結ぶ / *joindre* les mains (祈り, 懇願のため)手を組み合わせる / *joindre* tous les efforts 努力を結集する / C'est l'amitié qui les *joint*. 彼らを結び付けているのは友情だ.

❸〈*joindre* qc à qc〉…に…に加える, 付随させる. ▶ *joindre* un timbre à sa lettre (返信用)切手を手紙に同封する / *joindre* le geste à la parole 話に身振りを交える / *joindre* l'utile à l'agréable 実用性と快適さを兼ね備える. ◆ *Joignez* à cela que + 直説法. それに加えて…である, さらに….

joindre les deux bouts (両端を結ぶ→) 話 苦労して収支を合わせる, なんとか帳尻(ﾃﾞﾘ)を合わせる.

— 自動 ぴったり合わさる. ▶ La fenêtre *joint* mal. その窓はよく閉まらない.

— *se joindre 代動 ❶ 結合する, 合わさる. ❷ <se joindre à qn/qc>…(の仲間)に加わる. ▶ *se joindre* au débat 討論に参加する / Ma femme *se joint* à moi pour vous féliciter. (手紙で)妻とともにお祝いを申し上げます.

joins, joint /ʒwɛ̃/ 活用 ⇨ JOINDRE 81

joint¹, jointe /ʒwɛ̃, ʒwɛ̃:t/ 形 (joindre の過去分詞) ❶ 結合した, 合わせられた. ▶ planches mal *jointes* ぴったり合っていない板 / sauter à pieds *joints* 両足をそろえて跳ぶ. ❷ <*joint* à qc>…に加えられた, 付けられた, 付属の. ▶ lettre *jointe* à un paquet 小包に添えられた手紙.

ci-joint 添付の, 同封の. (⇨ CI-JOINT).

joint² /ʒwɛ̃/ 男 ❶ 接合箇所, 継ぎ目; 目地. ❷ 継ぎ目, ジョイント. ▶ *joint* brisé [universel] 自在継ぎ手, ユニバーサルジョイント. ❸ パッキング, ガスケット. ▶ *joint* de robinet 蛇口のパッキング.

chercher [trouver] le [un] joint うまい手を探す [見つける].

joint³ /ʒwɛ̃/ 男 《米語》 俗 マリファナたばこ. ▶ fumer un *joint* マリファナたばこを吸う.

jointif, ive /ʒwɛ̃tif, i:v/ 形 《技術》突き付け[突き合わせ]にした.

jointure /ʒwɛ̃ty:r/ 女 ❶ 関節. ❷ 継ぎ目, 合わせ目; 合わさり方.

jojo /ʒoʒo/ 男 affreux *jojo* 悪がき; 手に負えないやつ.

joker /ʒokɛ:r/ 男 《英語》 《カード》 ジョーカー.

*joli, e /ʒoli/ 形

《多く名詞の前で》❶ きれいな, かわいらしい; すてきな; しゃれた. ▶ *jolie* fille きれいな女の子 / *jolie* maison すてきな家 / Cette robe est *jolie*. このドレスはきれいだ / avoir une *jolie* voix 美しい声をしている / *joli* mot 気の利いた言葉; 警句. 比較 ⇨ BEAU.

❷ 話 かなりの, 相当な. ▶ une *jolie* somme かなりの金額 / obtenir de *jolis* résultats 相当な成績を収める / avoir une *jolie* situation かなりの地位についている / Cet élève a un *joli* coup de crayon. この生徒はデッサンがかなりうまい.

❸ 《反語的に》ひどい, 嫌な. ▶ un *joli* monsieur [coco] いかがわしいやつ / Il nous a joué un *joli* tour. 彼は我々をまんまとひっかけてくれた / 《非人称構文で》 C'est *joli* de dire du mal des absents! いない人の悪口を言うなんて御立派なことだ.

Ce n'est [C'est] pas joli, joli. 話 (行いが)褒められたものではない.

C'est bien [très] joli, mais ... それも結構だが, しかし….

faire joli よく映る, きれいに見える. ▶ Ça fait *joli*, ici. ここはきれいだ.

faire le joli cœur (歓心を買おうして)いきがる, こびを売る.

joli comme un cœur とてもかわいい.

— *joli* 男 ❶ (le *joli*) きれいなもの; おもしろみ. ❷ (du *joli*) 《反語的に》ひどいこと, 嫌なこと. ▶ C'est du *joli*! ひどいことだ.

joliesse /ʒɔljɛs/ 女 文章 きれいさ, かわいらしさ. ▶ la *joliesse* de ses gestes 彼女のしぐさのかわいらしさ.

joliment /ʒɔlimɑ̃/ 副 ❶ きれいに; 感じよく. ▶ une chambre *joliment* décorée 感じよく装飾された寝室. ❷ 話 ずいぶん, かなり. ▶ Il a *joliment* vieilli. 彼もずいぶん年取った. ❸ 《反語的に》手ひどく, さんざんに. ▶ Vous voilà *joliment* arrangé. (= terriblement) ひどい目に遭いましたね.

jonc /ʒɔ̃/ 男 ❶ 《植物》イグサ(属). ❷ 籐(さ); 籐製のステッキ (= canne de *jonc*). ❸ (装飾のない)指輪; 腕輪.

jonchée /ʒɔ̃ʃe/ 女 文章 散り積もった葉[花]. ❷ (結婚・葬式行列のために, 枝やわらを敷いた)道. ❸ <une *jonchée* de + 無冠詞複数名詞> 大量に散乱した…. ▶ une *jonchée* de détritus 一面に散らばったごみ.

joncher /ʒɔ̃ʃe/ 他動 ❶ <*joncher* qc de + 無冠詞複数名詞>…に…をまき散らす. ▶ L'automne *jonche* le sol de feuilles mortes. 秋が地面に枯れ葉をまき散らしている / des rues *jonchées* de tracts びらが一面に散らばった街路. ❷ 〔場所〕をびっしりと覆う. ▶ Des dossiers *jonchaient* le plancher. 書類が床一面に散乱していた.

jonction /ʒɔ̃ksjɔ̃/ 女 ❶ 結合, 接合; 合流. ▶ gare de *jonction* 接続駅 / La *jonction* des deux groupes de manifestants s'est faite au parc de Sceau. 2つのデモ隊はソー公園で合流した. ❷ 接続点, 合流点 (= point de *jonction*). ▶ à la *jonction* des deux routes 2つの道路の交差点で. ❸ 《情報》接続境界, インターフェース. ❹ 《法律》 *jonction* d'instance 訴訟の併合.

jongler /ʒɔ̃gle/ 自動 ❶ <*jongler* (avec qc)> (…の)曲投げをする, (…で)曲芸をする. ▶ *jongler* avec des boules 玉投げの曲芸をする. ❷ <*jongler* avec qc>…を巧みに処理する, 難なく切り抜ける; 手玉にとる. ▶ *jongler* avec les chiffres 数字を器用に操る / *jongler* avec les difficultés 困難を楽々と乗り切る.

jonglerie /ʒɔ̃gləri/ 女 小手先の技巧, 言葉巧みなこと; いかさま, ぺてん.

jongleur, euse /ʒɔ̃glœ:r, ø:z/ 名 ❶ (玉などの)曲投げをする)曲芸師. ❷ (言葉や観念を)巧みに操る人. — **jongleur** 男 《文学》ジョングルール: 中世の武勲詩, 叙情詩を歌う吟遊詩人.

jonquille /ʒɔ̃kij/ 女 《植物》キズイセン. — 形 《不変》黄水仙色の, 淡黄色の.

Jordanie /ʒɔrdani/ 固有 女 ヨルダン: 首都 Amman. ▶ en *Jordanie* ヨルダンに [で, へ].

jordanien, enne /ʒɔrdanjɛ̃, ɛn/ 形 ヨルダンの, *Jordanie* の.

— **Jordanien, enne** 名 ヨルダン人.

jouable /ʒwabl/ 形 ❶ 〔曲が〕演奏できる; 〔劇, 映画が〕上演 [上映] できる; 〔役が〕演じうる. ❷ (スポーツ, ゲームなどで)[プレー, 指し手が]反則でない; 有効である.

joual /ʒwal/ 男 (ケベック州で)カナダ・フランス語, ケベック俗語.

*joue /ʒu/ 女 ❶ 頬(鬚). ▶ Il a des *joues* creuses. 彼は頬がこけている / Elle a les *joues* toutes roses. 彼女は真っ赤な頬をしている / rouge à *joues* 頬紅 / embrasser qn sur les deux

jouer

joues …の両頬に挨拶(ホヌ)のキスをする / danser *joue* contre *joue* チークダンスを踊る / être *joue* à *joue* 頬を寄せ合う. ❷〔ひじ掛け椅子(ホs)の〕側面.

coucher [mettre] en joue un fusil（頬に当てて）銃を構える.
coucher [mettre, tenir] qc/qn en joue …を銃でねらう.
En joue!（銃を）構え!
tendre l'autre joue【聖書】もう一方の頬を差し出す;さらに侮辱を受ける覚悟をする.

:jouer /ʒwe ジュエ/

直説法現在	je joue	nous jouons
	tu joues	vous jouez
	il joue	ils jouent
複合過去	j'ai joué	半過去 je jouais
単純未来	je jouerai	単純過去 je jouai

— 間他動 *<jouer* à qc/不定詞>…をして遊ぶ;〔ゲーム、賭(ホ)け事など〕をする. ▶ *jouer* au tennis テニスをする.
<jouer de qc>〔楽器〕を演奏する;〔道具など〕を操る. ▶ *jouer* du piano ピアノを弾く.
— 他動 〔勝負〕をする.
〔金など〕を賭ける.
〔役割〕を演じる、担う.
— 自動 遊ぶ、動く、作用する.

間他動 ❶ *<jouer* à qc/不定詞>…をして遊ぶ;〔ゲーム、スポーツ、賭け事など〕をする. ▶ *jouer* au tennis テニスをする / *jouer* aux cartes トランプをする / *jouer* aux échecs avec [contre] qn …とチェスをする / *jouer* aux courses 競馬をやる[で賭ける] / Il *joue* bien [mal] au golf. 彼はゴルフが上手だ[へただ] / *jouer* à se poursuivre 追いかけっこをして遊ぶ.

❷ *<jouer* à qn/qc>…をまねて遊ぶ、気取る、のふりをする. ▶ *jouer* au médecin お医者さんごっこをする / *jouer* à la guerre 戦争ごっこをする / *jouer* au héros 英雄を気取る.

❸ *<jouer* avec qc/qn>…を使って遊ぶ;をおもちゃにする、もてあそぶ. ▶ *jouer* avec une poupée 人形で遊ぶ / *jouer* avec le feu（危険な）火遊びをする / *jouer* avec「sa santé [sa vie] 健康[命]を顧みない、むちゃをする.

❹ **jouer de qc**〔楽器〕を**演奏する**;〔道具など〕を操る、利用する. ▶ *jouer* du piano ピアノを弾く / *jouer* de la flûte フルートを吹く / Le policier a *joué* du pistolet pour se défendre. 警官は身を守るために拳銃を使用した.

❺ *<jouer* sur qc>…に投機する、賭ける;を当てにする、つけ込む. ▶ *jouer* sur le favori 本命馬に賭ける / *jouer* sur la hausse du cours de l'or 金相場の高騰を当て込む.

— :**jouer** 他動 ❶〔試合、勝負〕を**する**. ▶ *jouer* un match de rugby ラグビーの試合をする / *jouer* une partie d'échecs チェスの対局をする.

❷〔勝負の手〕を打つ. ▶ *jouer* un pion（チェッカーの）駒(¿)[（チェス）の歩]を動かす / *jouer* atout 切り札を出す / *jouer* une belle balle（テニスで）ナイスショットを打つ /《目的語なしに》(C'est) à vous de *jouer*.（ゲームで）あなた（方）の番です;出番だ.

❸〔金など〕を**賭ける**;〔馬など〕に賭ける. ▶ *jouer* cent euros sur un cheval ある馬に100ユーロ賭ける / *jouer* sa réputation sur un coup de tête 軽率な行動で評判を危うくする / Je te *joue* l'apéritif aux dés. 食前酒をどちらがおごるかさいころで決めよう / *jouer* le rouge ルーレットの赤に賭ける.

❹〔曲〕を**演奏する**. ▶ *jouer* un CD CDをかける / *jouer* une valse ワルツを演奏する / La radio *jouait* (du) Wagner. ラジオからはワーグナーの曲が流れていた /《目的語なしに》*jouer* faux 調子外れの演奏をする.

❺ …を**上演する、上映する**. ▶ La troupe *joue* (du) Marivaux. その劇団はマリボーの作品を上演している / Qu'est-ce qu'on *joue* au cinéma? 映画館で何をやっていますか.

❻〔配役〕を**演じる**;〔役割〕を**担う**. ▶ *jouer* Hamlet ハムレットを演じる / La télévision *joue* un rôle important dans la vie moderne. テレビは現代生活において重要な役割を果たしている /《目的語なしに》une actrice qui *joue* mal 演技の下手な女優.

❼ …のふりをする. ▶ *jouer* l'intellectuel インテリぶる / *jouer* l'étonnement 驚いたふりをする.

❽ 文章 …をだます、欺く、一杯食わす. ▶ se faire *jouer* = être *joué* だまされる.

Bien joué! ナイスプレー、うまいぞ、上出来だ.
jouer la comédie ⇨ COMÉDIE.
jouer un tour à qn ⇨ TOUR³.

— :**jouer** 自動 ❶ **遊ぶ**. ▶ Des enfants *jouent*. 子どもたちが遊んでいる.

❷〔物が〕正常に作動する（滑らかに）動く;〔光などが〕揺れる. ▶ un ressort qui ne *joue* plus 利かなくなったばね / faire *jouer* une pompe ポンプを動かす / le soleil qui *joue* à travers les feuillages 木の葉の間からちらちらと揺らめく陽光.

❸ **働く、作用する、効力を持つ**. ▶ Les circonstances *jouent* contre lui. 状況は彼に不利に働いている / Cela ne *joue* pas en votre faveur. それはあなたのためにならない / La question d'intérêt ne *joue* pas entre eux. 彼らの間では損得は問題にならない / L'assurance ne *joue* pas dans ce cas-là. その場合には保険は適用されない.

❹〔家具、木材などが〕狂いを生じる、遊びができる. ▶ La porte a *joué* sous l'effet de l'humidité. 湿気のせいでドアに狂いが生じた.

— **se jouer** 代動 ❶〔ゲーム、スポーツ、試合が〕行われる. ▶ Le bridge *se joue* à quatre. ブリッジは4人で遊ぶゲームである.

❷〔金額、重大事などが〕賭けられる. ▶ C'est son avenir qui *se joue*. かかっているのは彼（女）の将来だ. ❸ 演奏される;上演[上映]される. ▶ Ce morceau *se joue* à quatre mains. この曲は連弾で演奏される / Ce film *se joue* sur les Champs-Elysées. この映画はシャンゼリゼで公

中である. ❹ ⟨se jouer de qc⟩ …をものともしない, 気に留めない. ▶ se jouer des lois 法律を無視する / se jouer des difficultés 困難を楽々と切り抜ける. ❺ ⟨se jouer de qn⟩ …をだます, 愚弄(ぐろう)する. ❻〔光, 風などが〕揺らめく, 戯れる.
(comme) en se jouant やすやすと, 簡単に.
se la jouer à la … 〖話〗自分を…だと思う, …を気取る.

jouet /ʒwɛ ジュエ/ 男 おもちゃ, 玩具(がん). ▶ *jouet* mécanique 機械[ぜんまい]仕掛けのおもちゃ.
être le jouet de qn/qc …にもてあそばれる, の犠牲となる. ▶ Elle *est le jouet d'*enfants cruels. 彼女はいじめっ子たちにいじめられている.

joueur, euse /ʒwœːr, øːz/ 名 ❶ ゲーム[遊び]をする人; 競技者, 選手. ▶ *joueur* de cartes トランプをする人 / *joueur* de golf ゴルファー. ❷ 演奏者. ▶ *joueur* d'orgue de Barbarie 手回しオルガン弾き. 注 フルーティスト flûtiste, ピアニスト pianiste, バイオリニスト violoniste など, 奏者を指す固有の語がある場合は joueur de はあまり用いない. ❸ 賭(か)け事をする人, ギャンブラー.
beau joueur 負けても潔い人, 紳士的プレーヤー.
mauvais joueur 負けっぷり[往生際]の悪い人.
— 形 遊び[賭け]好きの.

joufflu, e /ʒufly/ 形 頬(ほお)が丸い, 丸ぽちゃ顔の; 丸みを帯びた.

joug /ʒu/ 男 ❶〔牛をつなぐ〕くびき. ❷ 文章 束縛, 拘束. ▶ mettre qn sous le *joug* …を隷属させる / tomber sous le *joug* de qn …の支配に属する.

jouir /ʒwiːr ジュイール/ 間他動

直説法現在	je jouis	nous jouissons
	tu jouis	vous jouissez
	il jouit	ils jouissent

⟨jouir de qc⟩ ❶ …を楽しむ, 味わう, 喜ぶ. ▶ *jouir* de la vie 人生を楽しむ / *jouir* de sa réussite 成功の喜びに浸る.
❷ 文章 …を享受する; に恵まれる. ▶ *jouir* d'une santé solide 健康に恵まれる / *jouir* de revenus considérables かなりの収入がある.
ne pas jouir ⌈*de toutes ses facultés*[*de toute sa raison*]⌉ 頭がおかしい.
— 自動 ❶ 性的快楽を得る; オルガスムスに達する. ❷ 話 大喜びする. ❸ 話 ⟨faire *jouir*⟩ 喜ばせる; 《反語的に》痛みを与える.

jouissance /ʒwisɑ̃ːs/ 女 ❶ 楽しみ, 喜び. ▶ les *jouissances* de l'art 芸術の(もたらす)喜び / Sa fortune ne lui donnait aucune *jouissance*. 財産は彼(女)になんの喜びも与えてくれなかった. ❷ 性的快楽 (=*jouissance* sexuelle); オルガスムス. ❸ 自由使用(権)〖民法〗享受; 用益(権), 収益(権).

jouissant, ante /ʒwisɑ̃, ɑ̃ːt/ 形 (jouir の現在分詞) 楽しい, おもしろい.

jouisseur, euse /ʒwisœːr, øːz/ 名 享楽家, 快楽を追い求める人.

jouissif, ive /ʒwisif, iːv/ 形 話 楽しい, おもしろい; 《反語的に》つらい, 苦しい.

joujou /ʒuʒu/; 《複》 **x** 男 ❶〖幼児語〗おもちゃ. ❷ 愛用の品; 精巧で高価な機械[製品].
faire joujou ⟨*avec qn/qc*⟩ (…と)遊ぶ.

joule /ʒul/ 男〖計量単位〗ジュール(記号 J): エネルギー, 仕事, 熱量の単位.

jour /ʒuːr ジュール/

❶ ❶《時間の長さとしての》1日, 日. ▶ il y a dix *jours* (今日から)10日前に / en quinze *jours* 2週間で (=en deux semaines) / depuis huit *jours* 1週間前から (=depuis une semaine) / tous les quinze *jours* 2週間に1度 / Je suis resté deux *jours* à Lyon. 私はリヨンに2日滞在した. ◆数量表現 ⟨数 (de + 無冠詞名詞) … *jour* 日分(の…). ▶ On me doit trois *jours* (de salaire). 3日分の給料を払ってもらっている / C'est à deux *jours* de train. そこは列車で2日の距離に.
❷《時点, 日付としての》日. ▶ ce *jour*-là その日に / à *jour* fixe いつも決まった日に / le *jour* d'après[d'avant](現在以外の時点を起点として)その翌日[前日] / le *jour* du marché 市の立つ日(に) / le *jour* de l'an 元旦 / un *jour* férié 祭日 / Quel *jour* (de la semaine) sommes-nous? —Nous sommes lundi. 》「今日は何曜日ですか」「月曜日です」/ Quel *jour* du mois est-ce aujourd'hui? 今日は何日ですか. ◆le *jour* où + 直説法 …する日に. ▶ Le *jour* où elle est venue, je n'étais pas chez moi. 彼女が来た日に私は家にいなかった. ◆Un *jour* viendra où + 直説法. いつか…する日が来るだろう. ▶ Un *jour* viendra où cela ne sera plus compris. いずれ, そうしたことがもはや理解されなくなる日が来るだろう. ◆le *jour* même ちょうどその日に; その日のうちに. ▶ le *jour* même de son arrivée 彼(女)が到着したその日に. ◆le même *jour* 同じ日に. ▶ Nous sommes nés le même *jour*. 我々は同じ日に生まれた.
❸《所有形容詞とともに》暇な日; 接客日. ▶ Quel est votre *jour*? いつお暇ですか.
❹《複数で》《形容詞とともに》日々, 生涯, 生命; 時代, 時期. ▶ couler des *jours* heureux 幸せな日々を送る / ces *jours*-ci 最近, 近ごろ / finir ses *jours* à l'hôpital 病院で生涯を終える / ses vieux *jours* 彼(女)の晩年[老後] / de nos *jours* 現代, 今日(こんにち).

❷ ❶ 日の光, 明かり; 日中, 昼間. ▶ Le *jour* se lève. 日が昇る / Le *jour* tombe. 日が暮れる / Il fait *jour*. 夜が明ける, 明るくなる / au petit *jour* 夜明けに / le grand[plein] *jour* 真昼, 白昼 / à la tombée du *jour* 夕暮れに / Un faible *jour* filtre à travers les volets. かすかな日の光がブラインド越しに差し込む. 比較 ▷ LUMIÈRE.

> 語法「日が長く[短く]なる」をフランス語でいう場合, 主語の jour は必ず定冠詞の複数形を伴って les jours となる.

• *Les jours* allongent[rallongent]. 日が長くなる.
• *Les jours* raccourcissent. 日が短くなる.

❷ 明かり窓; (光の漏れる)すき間. ▶ pratiquer un *jour* dans un mur 壁に明かり取りの窓を作る.

journal

❸ (刺繍(ﾋｭｳ)などの)透かし模様.

à ce jour = **jusqu'à ce jour** これまでに, 今日まで.

A chaque jour suffit sa peine. 諺 その日の苦労はその日だけで十分である.

à jour (1) 予定［日付］どおり. ▶ Je suis *à jour* dans mon travail. 仕事は予定どおり進んでいます. (2) 整理した, 現状に合った, 改訂した. ▶ mettre *à jour* un dictionnaire 辞書を改訂する / mise *à jour* 更新. (3) すき間のある; 透かし模様の入った. ▶ des bas *à jour* 透かし模様入りストッキング.

au grand jour (1) 真っ昼間に. (2) 白日の下に; 正々堂々と. ▶ Le scandale a été étalé *au grand jour*. スキャンダルが暴かれた / agir *au grand jour* だれはばかることなく振る舞う.

au jour d'aujourd'hui 話 今日では, 近ごろ.

au jour le jour (1) その日暮らしで, 先のことを考えないで. ▶ vivre *au jour le jour* その日暮らしをする. (2) その日ごとに, 規則正しく. ▶ noter ses frais *au jour le jour* 出費を日々克明につける.

beau [belle] comme le jour 〔人が〕たいへん美しい.

***chaque jour** 毎日.

clair comme le jour 火を見るより明らかな, 明々白々の.

***de jour** 昼間の[に]; 24時間〔勤務〕の. ▶ travailler *de jour* 昼間働く / Il est *de jour*. 彼は24時間勤務に就いている.

de jour en jour 日に日に, 日増しに.

Demain il fera jour. 焦らず明日を待とう, 急ぐことはない.

***de nos jours** 今日, 現代では. ▶ *De nos jours*, on voyage en bateau moins qu'autrefois. 今や, 船旅は昔より少なくなっている. 比較 ⇨ ACTUEL.

donner le jour à qn/qc …を生む. ▶ *donner le jour à* un enfant 子供を生む.

du jour 今日の; 現代の. ▶ les nouvelles *du jour* 今日のニュース / plat *du jour* (レストランの)本日のお勧め料理 / l'homme *du jour* 時の人 / la mode *du jour* 目下の流行.

du jour au lendemain わずかの間に.

d'un jour つかの間の.

d'un jour à l'autre 間もなく, そのうちに.

en plein jour (1) 白昼に. (2) 明るみに, 白日の下に. ▶ exposer *en plein jour* les desseins secrets de qn …の秘密の計画を暴く.

être (comme) le jour et la nuit 〔2者が〕正反対である, まったく異なる.

être dans un bon [mauvais] jour 機嫌がよい〔悪い〕.

faux jour 不適切な照明〔採光〕. ▶ travailler *en* [*dans un*] *faux jour* 暗い照明の下で仕事をする.

jeter un jour + 形容詞 + **sur qc** …に…な光を当てる; を…なやり方で明らかにする. ▶ Ce fait *jette un jour* nouveau *sur* la question. この事実はその問題に新たな光を投げかけている.

jour après jour 毎日少しずつ, 徐々に.

jour et nuit = **nuit et jour** /nɥitʒuːr/ 昼も夜も, 休むことなく.

jour pour jour ちょうど同じ日に. ▶ Il y aura demain vingt ans *jour pour jour* qu'il est parti. 彼がいなくなって明日でちょうど20年になる.

l'autre jour 先日.

les beaux jours 天候のよい季節(春と夏); 青春（時代）.

les jours avec et les jours sans ついている日とついていない日.

Les jours se suivent et ne se ressemblent pas. 諺 日々は繰り返されるが, 同じ日はない.

mettre qc/qn au jour …を発見[発掘]する, 明るみにだす. ▶ *mettre au jour* une cité romaine 古代ローマの都市を発掘する / *mettre au jour* une œuvre 作品を世に出す. 比較 ⇨ DÉTERRER.

***par jour** 1日につき, 日に. ▶ médicament à prendre trois fois *par jour* 1日3回服用の薬.

percer à jour qc/qn …を暴く, 暴露する. ▶ *percer à jour* le réseau secret de trafiquants 密売人の秘密組織を摘発する.

prendre jour （約束の）日を決める.

se faire jour 〔物が〕現れる, 明らかになる. ▶ La vérité commence à *se faire jour*. 真実が明らかになり始める.

sous un jour + 形容詞 …の光の下に; な見方で. ▶ Ce tableau est *sous un mauvais jour*. この絵は光の当たり方が悪い / considérer le problème *sous un jour* nouveau 問題を新しい観点から考える.

***tous les jours** 毎日, 日常. ▶ choses qui arrivent *tous les jours* 日常茶飯事 / C'est du *tous les jours*. 話 それは普通のことだ / habits de *tous les jours* 普段着.

***un autre jour** （未来の）いつか; 別の日に. ▶ Aujourd'hui, je ne suis pas libre, viens *un autre jour*. 今日は時間がありません, また今度来なさい.

***un de ces jours** （未来の）いつか; 近いうちに. ▶ Au revoir, *à un de ces jours*! さようなら, いずれまた近いうちに.

***un jour** = **un beau [certain] jour** （過去の）ある日; （未来の）いつか. ▶ *Un beau jour*, tout s'est terminé. ある日, すべてが終わった / *Un jour*, mes enfants seront grands. いつかは, 私の子供たちも大人になる.

un jour ou l'autre いつかそのうち, いずれ.

venir à son jour (et à son heure) 起こるべき時に起こる.

venir au jour 生まれる.

voir le jour 生まれる; 始まる; 出版される. ▶ Elle *a vu le jour* dans un petit village. 彼女は小さな村で生まれた / Son roman *a vu le jour* vingt ans après sa mort. 彼(女)の小説は死後20年たって出版された.

***journal** /ʒurnal/ ジュルナル; (複) **aux** /o/ 男
英仏そっくり語
英 journal 定期刊行物, 日誌.
仏 journal 新聞, 定期刊行物, 日記.

❶ 新聞; 新聞社. ▶ lire le *journal* 新聞を読む / *journal* du matin 朝刊紙 / *journal* du soir 夕刊紙 / la une d'un *journal* 新聞の第1面 / *journal* d'information 一般報道紙 / *journal* d'opinion オピニオン紙 / *journal* sportif スポーツ新聞 / *journal* régional 地方紙 / s'abonner à un *journal* 新聞を予約［定期］購読する / J'ai lu un article sur cet accident dans le *journal*. その事故の記事を私は新聞で読んだ / papier *journal* 新聞紙.
❷ 定期刊行物, 雑誌, 機関紙［誌］. ▶ *journal* de mode モード誌 / *journaux* féminins 女性誌 / *journal* officiel 官報 / *journal* d'enfants 子供新聞.
❸ ニュース(番組). ▶ *journal* parlé [télévisé] ラジオ［テレビ］ニュース / *journal* de vingt heures 午後8時のニュース. ❹ 日記, 日誌. ▶ tenir un *journal* = écrire son *journal* 日記をつける / *journal* intime 日記, 私記. ❺〖簿記〗毎日つける帳簿, 仕訳元帳 (=livre-journal).

journali*er, ère* /ʒuʀnalje, ɛːʀ/ 形 日々の, 毎日の (=quotidien). ▶ travail *journalier* 毎日の仕事. —— 名 (農村の)日雇い労働者.

journalisme /ʒuʀnalism/ 男 ❶ ジャーナリズム, 新聞［雑誌, 報道］業(界). ▶ faire du *journalisme* ジャーナリズムに携わる. ❷ ジャーナリズム特有の文体［書き方］. ▶ C'est du vrai *journalisme*. 実にマスコミ的だ.

*__journaliste__ /ʒuʀnalist/ 名 ジャーナリスト, 記者, 編集者. ▶ *journaliste* politique [sportif] 政治［スポーツ］記者 / *journaliste* de mode モード担当女性記者 / *journaliste* de télévision テレビジャーナリスト.

journalistique /ʒuʀnalistik/ 形 新聞(記者)に特有な;《しばしば軽蔑して》ジャーナリスティックな, 新聞［報道］調の. ▶ style *journalistique* 新聞の文体.

*__journée__ /ʒuʀne/ ジュルネ/ 女

英仏そっくり語
英 journey 旅行.
仏 journée 1日, 昼間.

❶ 1日, 日中(日の出から日没まで), 昼間. ▶ Sept *journées* se sont écoulées depuis la mort de son père. 彼(女)が亡くなって7日が過ぎた / en fin de *journée* 夕方に / dans la *journée* 日中は; その日の内に / **Bonne journee!**〔挨拶で〕では, よい1日を / perdre sa *journée* 1日をつぶす / Quelle belle *journée*! なんて天気のいい日でしょう / par une chaude *journée* 暑い日に / Au cours du repas familial, chacun a raconté sa *journée*. 家族そろっての食事のときに, めいめいがその日の出来事を話した. ◆passer「la *journée* [ses *journées*] à +不定詞」1日［毎日］…して過ごす.
❷ (歴史的な)1日, …デー. ▶ la *journée* internationale des femmes 国際女性デー.
❸ 1日の仕事, 労働; 日給. ▶ faire des *journées* de huit heures 1日8時間労働をする / faire la *journée* continue (終業時間を早めるため)昼休み短縮方式をする / toucher [recevoir] sa *journée* 日給を受け取る / travailler à la *journée* 日雇いで働く / (se) faire de bonnes [belles] *journées* たっぷり日当を稼ぐ / femme [homme] de *journée* 日雇いの家政婦［使用人］.
❹ 1日の行程［旅程］. ▶ C'est à une *journée* d'ici. そこはここから1日で行ける距離だ.

__à longueur de journée__ 1日中, 朝から晩まで.
__Ce fut une chaude journée__. (1)〖文章〗それは大激戦だった. (2) 區 大きな試練だった.

*__toute la journée__ 1日中, 終日. ▶ rester chez soi *toute la journée* 1日中家にいる.

journellement /ʒuʀnɛlmɑ̃/ 副 ❶ 毎日, 日々. ❷ しばしば, 始終.

joute /ʒut/ 女 ❶〖文章〗争い, 戦い. ▶ *joute* oratoire 舌戦, 論戦. ❷ *joute* nautique 水上槍(やり)競技. ❸ (中世の)騎馬槍試合.

jouter /ʒute/ 自動 ❶〖文章〗(…と)争う. ❷ 水上槍(やり)競技をする; 騎馬槍試合をする.

joute*ur, euse* /ʒutœːʀ, øːz/ 名 ❶〖文章〗競争相手. ❷ 水上［騎馬］槍(やり)試合の選手.

jouvence /ʒuvɑ̃ːs/ 女〖次の句で〗
__bain [eau] de jouvence__ 若返りの沐浴(もくよく)［水, 化粧水］; 若さの源.
__fontaine de Jouvence__〖ギリシア神話〗(水浴すると若さを取り戻す)青春の泉; 若さの源泉.

jouvenc*eau, elle* /ʒuvɑ̃so, ɛl/ 名《男 複》**eaux** 名 古/《ふざけて》若者, 若い娘.

jouxter /ʒukste/ 他動〖文章〗…に隣接する, のそばにある.

jovial*, ale* /ʒɔvjal/ 形《男 複》**aux** /o/ (または **als**) 陽気な, 愉快な, 快活な. ▶ être d'humeur *joviale* 愉快な気分である.

jovialité /ʒɔvjalite/ 女 陽気さ, 快活さ. ▶ avec *jovialité* 陽気に.

joyau /ʒwajo/ 男;《複》**x** 男 ❶ 宝飾品, 宝石. ▶ les *joyaux* de la Couronne フランスの王家代々の宝石類. ❷ 比類なく美しい［貴重な］物, 至宝.

joyeusement /ʒwajøzmɑ̃/ 副 喜んで, うれしそうに; 楽しく, 陽気に.

joyeuseté /ʒwajøzte/ 女 區 ひょうきんな言動, 冗談, おふざけ; 卑猥(ひわい)な冗談.

*__joy*eux, euse*__ /ʒwajø, øːz/ ジョワイユー, ジョワイユーズ/ 形 ❶ うれしい, 楽しい; 喜々とした; 陽気な, 愉快な. ▶ avoir l'air *joyeux* うれしそうである / être en *joyeuse* compagnie みんなで浮かれ騒ぐ / Elle est vraiment *joyeuse* d'être à Paris. 彼女はパリにいるのを本当に喜んでいる / cris *joyeux* 歓声 / une musique *joyeuse* 陽気な音楽. ❷ (多く名詞の前で)喜ばしい, めでたい. ▶ une *joyeuse* nouvelle 喜ばしい知らせ / *Joyeux* Noël! メリークリスマス / *Joyeux* anniversaire! 誕生日おめでとう.

__mener joyeuse vie__ 享楽的な生活を送る.

JT 男〖略語〗 journal télévisé テレビニュース.

jubé /ʒybe/ 男〖建築〗(教会堂の内陣を身廊から隔てる)内陣仕切り, 内陣障壁;（上部にギャラリーのある)内陣桟敷, 内陣高廊.

jubilaire /ʒybilɛːʀ/ 形 ❶ 在職［在位］50年の. ❷〖カトリック〗大赦の; 聖年の.

jubilation /ʒybilasjɔ̃/ 女 歓喜, 大喜び. ▶

Quelle *jubilation*! なんてうれしいことだ.

jubilé /ʒybile/ 男 ❶ 在職[在位]50周年(の祝典); 金婚式 (=*jubilé* de mariage).
❷《カトリック》(教皇の宣言により25年ごとに行われる)大赦, 全贖宥(ゅう); 大赦の年.
❸《ユダヤ教》50年節, ヨベル[安息]の年.

jubiler /ʒybile/ 自動 大喜びする. ▶ Il *jubile* à la pensée de revoir sa fiancée. 彼はフィアンセにまた会えるのでうきうきしている.

jucher /ʒyʃe/ 他動 …を(高い所に)乗せる. ▶ *jucher* un enfant sur les épaules 子供を肩車する / une maison *juchée* en haut de la colline 丘の上に建っている家.
── 自動〔鳥が〕(止まり木などに)止まって眠る. ▶ Les faisans *juchent* sur une branche. キジは枝に止まって眠る.
── **se jucher** 代動 (高い所に)乗る, 乗っている;〔鳥が〕(高い所に)止まる.

judaïque /ʒydaik/ 形 ユダヤ(教)の(=juif). ▶ la loi *judaïque* ユダヤ教の律法.

judaïser /ʒydaize/ 自動 ユダヤ教の律法に従う.
── 他動 …をユダヤ(教徒)化する;〔土地〕にユダヤ人を住まわせる.
── **se judaïser** 代動 ユダヤ人風に振る舞う, ユダヤ(教徒)化する.

judaïsme /ʒydaism/ 男 ❶ ユダヤ教. ❷ ユダヤ人の共同体.

judas /ʒyda/ 男 ❶ (しばしば Judas)裏切者.
❷ (壁, 扉などに設けた)のぞき穴.

judéité /ʒydeite/ 女 (宗教的, 文化的見地からの)ユダヤ人の特性[条件], ユダヤ(人)性.

judéo-chrétien, enne /ʒydeokretjɛ̃, ɛn/ 形 ユダヤ・キリスト教の.

judiciaire /ʒydisjɛːr/ 形 司法の; 裁判の. ▶ pouvoir *judiciaire* 司法権 / police *judiciaire* (刑事事件を扱う)司法警察 / enquête *judiciaire* 犯罪捜査.
── 男 司法権 (= le pouvoir judiciaire).

judiciarisation /ʒydisjarizasjɔ̃/ 女 司法化, 係争を裁判で解決しようとすること.

judiciariser /ʒydisjarize/ 他動 …を司法化する, 法律や裁判で解決する.

judicieusement /ʒydisjøzmɑ̃/ 副 文章 適切に; 正しい判断に従って, 賢明に.

judicieux, euse /ʒydisjø, øːz/ 形 ❶ 妥当な, 適切な. ▶ remarque *judicieuse* 適切な指摘 / Il serait plus *judicieux* de renoncer. あきらめた方がいいでしょう.
❷〔人が〕分別のある, 正しい判断力を持った.

judo /ʒydo/ 男《単数形のみ》《日本語》柔道. ▶ faire du *judo* 柔道をする.

judoka /ʒydɔka/ 名《男女同形》《日本語》柔道家.

*****juge** /ʒyːʒ/ 男 ❶ 裁判官, 判事. ▶ *juge* d'instruction 予審判事 / Elle est *juge*. 彼女は裁判官だ / femme [Madame le] *juge* 女性判事(殿).
❷ 審査員;《スポーツ》審判(員). ▶ les *juges* d'un concours コンクールの審査員団 / *juge*-arbitre (テニスのトーナメントの)主審 / *juge* de ligne (テニスの)ラインズマン.
❸ (是非, 良否などの)裁き手, 判定を下す(ことのできる)人. ▶ prendre qn pour *juge* …に判定者になってもらう.
devant「le juge [les juges] 裁判所に, 法廷で. ▶ porter une affaire *devant le juge* 事件を司直の手にゆだねる / Nous irons *devant le juge*. 法廷で決着をつけよう.
être (à la fois) juge et partie (裁く者でありまた裁かれる者でもある？)利害関係のある問題の裁判官を務める; 公正な裁決を下せる立場にない.
être bon juge (en matière de + 無冠詞名詞)(…に関して)目利き[通(?)]である.
faire de qn le juge de qc …を…の判定者にする. ▶ Je vous en *fais juge*. それについてはあなたの御判断にお任せします.

jugé¹, e /ʒyʒe/ 形 (juger¹ の過去分詞)裁判にかけられた, 裁かれた; 判断を下された.

jugé² /ʒyʒe/ 男《次の句で》
au jugé およその見当で.

*****jugement** /ʒyʒmɑ̃/ 男 ❶ 裁判. ▶ poursuivre qn en *jugement* …を起訴する, 訴追する / Cette affaire passera bientôt en *jugement*. その事件はまもなく法廷で裁かれるだろう / *jugement* par défaut 欠席裁判.
❷ 判決; 判決文. ▶ prononcer un *jugement* 判決を下す / faire appel d'un *jugement* 控訴する / Le *jugement* a lieu dans huit jours. 判決は1週間後に言い渡される / Quel a été le *jugement* du tribunal?（下級）裁判所の判決はどうでしたか.
❸ 判断, 評価. ▶ *jugement* préconçu 予断, 先入観 / *jugement* de valeur 価値判断 / le *jugement* de l'histoire 歴史が下す評価, 歴史の審判 / porter un *jugement* sur qc/qn …について判断を下す / commettre des erreurs de *jugement* 判断の誤りを犯す / s'en remettre au *jugement* de qn …の判断にゆだねる.
❹ 判断力, 分別. ▶ avoir du *jugement* 分別がある / manquer de *jugement* 分別を欠いている / La prévention fausse le *jugement*. 先入観が判断力をゆがめる.
❺《Jugement》《キリスト教》最後の審判 (=*jugement dernier*).

jugeote /ʒyʒɔt/ 女 話 分別, 常識. ▶ avoir de la *jugeote* 分別がある.

*****juger¹** /ʒyʒe/ ジュジェ/ 2

過去分詞 jugé	現在分詞 jugeant	
直説法現在	je juge	nous jugeons
	tu juges	vous jugez
	il juge	ils jugent

他動 ❶ …を裁く, 裁判する; に判決を下す. ▶ *juger* un voleur 泥棒を裁判にかける /《目的語なしに》La cour d'assises *a jugé*. 重罪院は判決を下した.
❷ …を判断する, 評価する; と思う, 考える. ▶ *juger* les candidats d'un concours コンクールの応募者を選考する / *juger* qn sur la mine …を外見で判断する. ◆*juger* + 間接疑問節 ▶ C'est

Jupiter

à vous de *juger* ce qu'il faut faire. 何をすべきか決めるのはあなた(方)です. ◆ *juger* qn/qc + 属詞 ▶ Elle l'*a jugé* incompétent. 彼女は彼を不適格と評価した / Il *a jugé* nécessaire d'y aller. 彼はそこへ行く必要があると思った. ◆ *juger* que + 直説法 ▶ J'*ai jugé* que la situation était grave. 状況は深刻だと私は考えた.
❸ 〈*juger* ＋ 間接疑問節〉…を想像する, 思い浮かべる. ▶ *Jugez* combien j'étais surpris. 私がどんなに驚いたか考えてもみてください.
— 間他動 〈*juger* de qc/qn〉 ❶ …を判断する, について評価する; を判別する. ▶ *juger* du résultat de qc …の結果を判断する / autant qu'on puisse en *juger* 私の考えでは / *Jugez*-en par vous-même. それについては御自身で判断してください. ▶ à en *juger* par qc …から判断すれば. ▶ à en *juger* par mon expérience 私の経験から判断するなら.
❷ …を想像する, 思い浮かべる. ▶ *Jugez* de ma joie quand je l'ai revu. 彼に再会したときの私の喜びを察してください.
— *se juger* 代動 ❶ 〔事件, 人などが〕裁かれる; 〔物が〕評価される. ▶ Le procès *se jugera* cet hiver. その訴訟はこの冬には裁判に付されるだろう. ❷ 自分を裁く, 自己批判する. ▶ Il *se juge* trop sévèrement. 彼は自分をあまりにも厳しく評価する. ◆ *se juger* ＋ 属詞 自分を…と思う. ▶ *se juger* injurié 侮辱されたと思う. ❸ 互いに評価を下し合う.

juger[2] /ʒyʒe/ 男 (次の句で)
au juger およその見当で. ▶ tirer *au juger*〖狩猟〗獲物のいそうな辺りに発砲する.

jugulaire /ʒygylɛːr/ 形 〖解剖〗頸部(けいぶ)の.
— 女 ❶ (複数で)〖解剖〗頸静脈. ❷ (ヘルメット, 軍帽などの)あごひも.

juguler /ʒygyle/ 他動 …の進行を止める, を阻止する, 抑える; 鎮める. ▶ *juguler* l'inflation インフレを抑制する / *juguler* une révolte 反乱を鎮圧する.

Juif, Juive /ʒɥif, ʒɥiːv/ ジュイフ, ジュイーヴ/ 名 ユダヤ人〔教徒〕. ▶ *Juif* polonais ユダヤ系ポーランド人.
le Juif errant (伝説上の)さまよえるユダヤ人.
le petit juif ひじのぶつけるととても痛い部分.
— *juif, juive* 形 ユダヤ人〔教徒〕の. ▶ le peuple *juif* ユダヤ民族 / religion *juive* ユダヤ教.

*juillet /ʒɥijɛ/ ジュイエ/ 男 7月. ▶ le Quatorze *Juillet* 7月14日の(フランス)革命記念日 / en [au mois de] *juillet* 7月に / Monarchie de *Juillet* 7月王政.

juilletiste /ʒɥijetist/ 名 話 7月にバカンスに出かけた人.

*juin /ʒɥɛ̃/ ジュアン/ 男 6月.

jujube /ʒyʒyb/ 男 ❶ ナツメ(の実). ❷ (咳(せき)止め薬として用いる)ナツメのペースト.

juke-box /(d)ʒukbɔks/; (複) 〜-〜 または 〜-〜*es* 男《米語》ジュークボックス.

jules /ʒyl/ 男 俗 ❶ 恋人, 情夫, 夫. ▶ Elle était avec son *jules* ce soir. 彼女はその晩彼氏といた. ❷ ひも.

julienne /ʒyljɛn/ 女 ❶ 〖植物〗ヘスペリス, ハナダイコン. ❷ 〖料理〗ジュリエンヌ, (野菜の)千切り; ジュリエンヌ・スープ, 千切り野菜入りスープ.

jumbo-jet /dʒœmbodʒɛt/ 男《米語》ジャンボジェット機. ▶ partir sur un *jumbo-jet* ジャンボ機で出発する.

*jumeau, elle /ʒymo, ɛl/ ジュモー, ジュメル/;《男複》*eaux* 形 ❶ 双生児の, 双子の. ▶ frères *jumeaux* 双子の兄弟 / sœurs *jumelles* 双子の姉妹 / C'est son frère *jumeau*. あの人は彼(女)の双子の兄[弟]だ.
❷ そっくりの, うり二つの; 対の. ▶ lits *jumeaux* ツインベッド / cerises *jumelles* 2つくっついたサクランボ.
— 名 双生児, 双子. ▶ deux [trois] *jumeaux* 双子[三つ子] / vrais [faux] *jumeaux* 一卵性[二卵性]双生児 / se ressembler comme deux *jumeaux* 双子のように似ている.

jumelage /ʒymlaːʒ/ 男 ❶ 対にすること; 姉妹都市になること. ▶ le *jumelage* de Paris et de Tokyo パリと東京の姉妹都市提携 / *jumelages* écoles-entreprises 産学協同.
❷ (気動車の車輪, 〔機関銃の〕連装.

jumelé, e /ʒymle/ 形 対になった. ▶ villes *jumelées* 姉妹都市 / roues *jumelées* (トラックなどの)ダブルタイヤ / pari *jumelé*〖競馬〗場内2連勝式勝馬投票法.

jumeler /ʒymle/ 4 他動 ❶〔2つの相似な物〕を連ねる, 対にする. ❷〔2都市〕を姉妹都市にする.

jumelle /ʒymɛl/ 女《多く複数で》双眼鏡. ▶ regarder qc à la *jumelle* 双眼鏡で…を眺める / *jumelles* de spectacle オペラグラス.

jument /ʒymɑ̃/ 女 雌馬, 牝馬(ひんば).

jumping /dʒœmpiŋ/ 男《英語》〖馬術〗障害飛越(ひえつ).

jungle /ʒœ̃ːgl/ 女《英語》❶ ジャングル, 密林. ❷ 弱肉強食の世界. ▶ la loi de la *jungle* ジャングルの掟.

junior /ʒynjɔːr/; (複) *junior(s)* 形《男女同形》❶ 息子の, 弟の. 注 特に屋号として用いられる. ▶ Dupont *junior* デュポン・ジュニア商会. ❷ 若向きの(12-16歳)の. ❸《スポーツ》ジュニア(16-20歳)の. 注 語義①, ②では複数不変.
—名《男女同形》《スポーツ》ジュニア(の選手).

junker /junkœːr/ 男《ドイツ語》ユンカー: プロイセン保守党員の土地貴族.

junkie /dʒœnki/ 名《米語》話 麻薬中毒患者, ジャンキー.

junte /ʒœ̃ːt/ 女 (スペイン, ポルトガル, 中南米の)評議会; 軍事政権.

*jupe /ʒyp/ ジュップ/ 女 ❶ スカート. ▶ mettre [porter] une *jupe* スカートをはく[はいている] / *jupe* à godets フレアースカート / *jupe* plissée [à plis] プリーツスカート. ❷ (ピストン, ホーバークラフトなどの)スカート, 覆い.
être dans les jupes de sa mère 〔子供が〕母親(のスカート)にまつわりついて離れない.

jupe-culotte /ʒypkylɔt/; (複) 〜*s*-〜*s* 女 キュロットスカート.

jupette /ʒypɛt/ 女 ショートスカート.

Jupiter /ʒypitɛːr/ 固有 男 ❶〖ローマ神話〗ユピテ

jupon

ル, ジュピター：ギリシア神話のゼウスに当たる最高神. ❷〖天文〗木星.

jupon /ʒypɔ̃/ 男 ❶ ペチコート, アンダースカート. ❷ 匿《集合的に》女, 娘. ▸ courir le *jupon* 女の尻(ﾘ)を追い回す.

Jura /ʒyra/ 固有 男 ❶ ジュラ県 [39]：フランシュ=コンテ地方の県. ❷ ジュラ山脈：スイスとの国境をなす山脈.

jurassien, enne /ʒyrasjɛ̃, ɛn/ 形 ジュラ Jura 地方の；ジュラ県の.
— **Jurassien, enne** 名 ジュラ地方[県]の人.

jurassique /ʒyrasik/ 男, 形〖地質〗ジュラ紀(の)；ジュラ系(の).

juré, e /ʒyre/ 形 公然たる. ▸ ennemi *juré* 不倶戴天の敵.
— 名 陪審員. 注 女性形は稀. ▸ Elle a été nommée *juré(e)* pour le procès X. 彼女は X 訴訟の陪審員に選ばれた.

*__jurer__ /ʒyre/ ジュレ/ 他動 ❶ …を誓う. ▸ *jurer* fidélité à un ami 友達に変わらぬ気持ちを誓う / *jurer* de ne dire que la vérité 真実のみを語ることを誓う. ◆*jurer* qc sur qc/qn …にかけて…を誓う. ▸ Il *l'a juré* sur la tête de ses enfants. 彼は我が子の命にかけてそれを宣誓した.
❷ …を断言する. ▸ Je vous *jure* que ce n'est pas facile. 断言するがこれは容易ではない.
❸ …を決意する. ▸ *jurer* de se venger 復讐(ﾌｸｼｭｳ)しようと決意する / *jurer* la mort de qn …を殺そうと心に誓う.

jurer ses grands dieux que + 直説法 …であると神にかけて誓う；断言する.
— 間他動 〈*jurer* de qc〉…を(請け合って)断言する. ▸ Il est honnête, j'en *jurerais*. 彼が正直なのは私が請け合ってもいい.
Il ne faut jurer de rien. 諺《何事も断言しない方がよい→》一寸先は闇(ﾔﾐ).
— 自動 〈*jurer* sur qc〉…にかけて誓う. ▸ *jurer* sur la Bible 聖書にかけて誓う.
❷ ののしる, 悪態をつく. ▸ *jurer* après un maladroit 不器用な人に悪態をつく.
❸〈*jurer* (avec qc)〉〈(…と)調和しない, 釣り合わない. ▸ Ces souliers *jurent* avec ta robe. この靴は君のドレスに合わないよ.

Je vous [te] jure. 匿 (1) 実際, 本当に. (2) 匿《いらだちを表わして》なんてこった. ▸ Oh! *Je vous jure,* on vit une drôle d'époque. まったくの話, 妙な時代というわけだ.

ne (plus) jurer que par qn/qc …を盲信する, 何かにつけて…を引き合いに出す.

(promis,) juré, craché. 匿 誓って, ほんとうに.
— **se jurer** 代動 注 主語は間接目的. ❶〈*se jurer* de + 不定詞〉/ 〈*se jurer* que + 直説法〉自分に…を誓う. ▸ Elle *s'est juré* qu'elle ne recommencerait plus. 彼女は二度と繰り返すまいと自分に誓った. ❷ …を誓い合う. ▸ Ils *se sont juré* de ne pas se séparer. 彼らは別れないことを誓い合った.

juridiction /ʒyridiksjɔ̃/ 女 ❶ 裁判権；(裁判所の)管轄, 権限. ▸ exercer sa *juridiction* 裁判権を行使する. ❷ 裁判所, 法廷. ▸ *juridiction* d'instruction 予審法廷.

juridique /ʒyridik/ 形 ❶ 法的な, 法律(上)の. ▸ acte *juridique* 法律行為 / termes *juridiques* 法律用語. ❷ 裁判(上)の. ▸ action *juridique* 訴訟.

juridiquement /ʒyridikmɑ̃/ 副 ❶ 法的に, 法律上. ❷ 裁判において.

juridisme /ʒyridism/ 男 法律偏重, 法律一点張りであること.

juri(s)- 接頭「法, 裁判」の意.

jurisconsulte /ʒyriskɔ̃sylt/ 名 法律家, 法律顧問.

jurisprudence /ʒyrisprydɑ̃ːs/ 女 判例, 法解釈；判例集. ▸ faire *jurisprudence* 判例となる.

jurisprudentiel, le /ʒyrisprydɑ̃sjɛl/ 形 判例による；法理学上の.

juriste /ʒyrist/ 名 法律家, 法学者. ▸ *juriste* d'entreprise 企業内弁護士.

juron /ʒyrɔ̃/ 男 悪態, ののしり言葉(例：Zut! Nom de Dieu!).

jury /ʒyri/ 男《英語》《集合的に》❶〖法律〗陪審. ▸ le *jury* (de la cour) d'assises 重罪院陪審. ❷ 審査委員会. ▸ *jury* de thèse 博士論文審査委員(会) / le *jury* d'un prix littéraire 文学賞の選考委員(団).

*__jus__ /ʒy/ ジュ/ 男 ❶ ジュース, 搾り汁. ▸ boire du *jus* de pomme リンゴジュースを飲む / Un *jus* d'orange, s'il vous plaît. オレンジジュースをください / *jus* de tomate トマトジュース / *jus* de légumes 野菜ジュース / un pamplemousse qui donne beaucoup de *jus* 果汁の多いグレープフルーツ. ❷〖料理〗肉汁 (=*jus* de viande). ❸ 匿 (ブラック)コーヒー. ▸ *jus* de chaussette まずいコーヒー. ❹ 匿 (海, 川, プールなどの)水. ❺ 匿 (学校の)作文, レポート；口頭発表. ❻ 匿 電流. ▸ court-*jus* ショート.

Ça vaut le jus. 匿 やってみるだけの値打ちがある.

laisser qn/qc cuire [mijoter] dans son jus 匿 …を困った状態に放っておく.

mettre le jus 匿 電気を通す.

pur jus 生粋の, 根っからの.

jusqu'au-boutisme /ʒyskobutism/ 男 徹底主義, 極端論；徹底抗戦主義.

jusqu'au-boutiste /ʒyskobutist/ 形 ❶ 徹底抗戦論の. ❷(政治における)徹底主義の, 過激主義の. — 名 ❶ 徹底抗戦論者. ❷(政治における)徹底主義者, 過激主義者.

jusque /ʒysk/ ジュスク/ (jusque は母音字及び無音の h の前では jusqu' となる)
前 …まで.

❶《à とともに》❶《場所》▸ marcher *jusqu'*à la gare 駅まで歩く / entrer dans l'eau *jusqu'*aux genoux ひざまで水につかる.

❷《時間》▸ *jusqu'*à la fin 最後まで / du matin *jusqu'*au soir 朝から晩まで / C'est une tradition qui remonte *jusqu'*au Moyen Âge. それは中世までさかのぼる伝統だ.

❸《程度》…までに. ▸ s'attendrir *jusqu'*aux larmes 涙の出るほど感動する. ◆*jusqu'*à + 不定詞 …するほどまでに. ▸ pousser l'audace *jusqu'*à forcer une porte 大胆にもドアを押し破る.

❹《副詞的に》…でさえも, までも (=même). ▶ Tous, *jusqu'*à ses parents, l'ont abandonné. みんな，両親までも彼を見放した.

❷《à 以外の前置詞とともに》▶ Il est allé *jusqu'*en Chine. 彼は中国まで行った / Je vous attendrai *jusque* vers onze heures. 11時ごろまであなた(方)をお待ちしましょう.

❸《副詞(句)とともに》▶ *jusqu'*ici ここ[これ]まで / *jusque*-là そこ[それ]まで / *jusqu'*alors その時まで / *jusqu'*à présent 今まで / *Jusqu'*à quand restez-vous? あなた(方)はいつまでいるのですか / *Jusqu'*où vas-tu? どこまで行くの.

en avoir jusque-là 話 もううんざりだ；腹いっぱいだ.

Il n'est pas [Il n'y a pas] jusqu'à qn/qc qui ne + 接続法. …でさえ…しないものはない. ▶ *Il n'est pas jusqu'*à ses yeux *qui n'*aient changé. 彼(女)の目つきまでもが変わってしまった.

jusqu'à ce que + 接続法. …するまで. ▶ Sonnez *jusqu'*à ce qu'on vienne ouvrir. ドアを開けに来るまで鈴を鳴らしなさい.

jusqu'au jour où + 直説法. …する日まで.
jusqu'au moment où + 直説法. …する時まで.
jusqu'où aller trop loin どこまでなら許されるか，どこまでが許容範囲か.

jusques et y compris /ʒyskəzeikɔ̃pri/ …まで含めて. ▶ *jusques et y compris* la page vingt 20ページ(の終わり)まで.

justaucorps /ʒystokɔːr/ 男 (ダンス・スポーツ用の)レオタード.

⁎juste /ʒyst ジュスト/ 形 ❶ 正しい. 公平な, 公正な. ▶ un homme *juste* 正義の人 / un professeur *juste* dans ses notations 採点評価に対して公平な先生 / être *juste* envers [envers, à l'égard de] qn …に対して公平である / Ce n'est pas *justes*. それは不公平だ, ずるい. 比較 ⇨ VRAI.

❷《名詞の前で》正当な, もっともな. ▶ de *justes* revendications 正当な要求 / Il a dit cela, avec *juste* raison. 彼はそう言ったが, それはもっともだった.

❸ 正確な. ▶ une balance *juste* 正確なはかり / Avez-vous l'heure *juste*? (=exact) 正確には今何時ですか / L'addition est *juste*. 勘定は合っている.

❹《ときに名詞の前で》適切な, 的確な. ▶ trouver un mot *juste* 適切な表現を見つける / se faire une idée *juste* de la situation 状況を正しく把握する / estimer qc à sa *juste* valeur …を適正[正当]に評価する.

❺《多く un peu, trop, bien などとともに》〔衣類などが〕きつい; (数量的に)ぎりぎりの. ▶ un blouson un peu *juste* ややきつめのブルゾン / Ces chaussures sont trop *justes*. この靴はきつすぎる / Trois minutes pour changer de train, c'est bien *juste*. 乗り換え時間が3分だなんて本当にぎりぎりだ.

(C'est) juste.＝Très juste.＝Fort juste. (まったく)そのとおりです.

Il est juste「de +不定詞［**que** + 接続法］. 《非人称構文で》…するのは正しい, 当然である. ▶ *Il n'est pas juste* de la traiter ainsi. 彼女をそのようにあしらうのはよくない.

Juste ciel!＝Juste Dieu! なんということだ, ああ神様 (驚き, 怒り, 恐れなど).

— ⁎**juste** 副 ❶ 正しく, 正確に, 的確に. ▶ chanter *juste* 正しい音程で歌う / viser *juste* 正確にねらう / raisonner *juste* 筋道の立った考えをする.

❷ ちょうど, きっかり. ▶ Il est dix heures *juste*. (=pile) ちょうど10時だ / L'hôtel est *juste* à côté de la poste. ホテルは郵便局のすぐ隣にある / Je viens *juste* d'arriver. 私はたった今着いたばかりです / C'est *juste* ce dont j'avais besoin. それがちょうど必要だったのです.

❸ ほんの, せいぜい, かろうじて. ▶ Il a「*juste* bu [bu *juste*］deux bières. (=seulement) 彼はビールを2本だけ飲んだ / Elle pouvait tout *juste* tenir debout. (=à peine) 彼女は立っているのがやっとだった.

❹《多く un peu, trop, bien などとともに》ぎりぎりに, きちきちに. ▶ arriver (bien) *juste* ぎりぎりに着く / être habillé un peu *juste* きちきちの服を着ている.

C'est tout juste si + 直説法. ほとんど…ない, かろうじて…だ. ▶ *C'est tout juste s'*il a pu se sauver. 彼はかろうじて逃げ出せた.

frapper [toucher] juste (1) 的に命中させる. (2) 急所を〔ずばりと〕指摘する, 事の核心をつく.
tomber juste (計算などが)正確に合う.
Tout juste! そのとおり.

— 名 正しさ, 正義, 公正；正確さ, 適正.
au juste 正確には, 実のところは. ▶ 注 疑問文, 否定文とともに用いられる. ▶ *Au juste*, qu'est-ce qu'il lui est arrivé? いったい彼(女)に何があったのだろうか.

au plus juste できるだけ正確に；切り詰めて.
comme de juste 当然のように；例のごとく.

— 名 正義の人. ▶ les *Justes* 第二次大戦中にユダヤ人をかくまった人たち.

dormir du sommeil du juste 心安らかに眠る.

⁎**justement** /ʒystəmɑ̃ ジュストマン/ 副 ❶ まさに, ちょうど；だからこそ. ▶ Je parlais *justement* de vous. (=précisément) ちょうどあなた(方)のことを話していたところです /《Il sera peiné de l'apprendre.—*Justement*, ne lui dites rien.》「それを知ったら彼もつらいだろうね」「そのとおり, だから, 彼には何も言っちゃいけないよ」

❷ 正確に, 的確に.
❸ 当然のことながら；公正に；正当に.

justesse /ʒystɛs/ 女 正確さ, 適切さ. ▶ la *justesse* d'une expression 表現の的確さ.

de justesse ぎりぎりのところで, かろうじて. ▶ gagner *de justesse* わずかの差で勝つ.

⁎**justice** /ʒystis ジュスティス/ 女 ❶ 正義；公正, 公平. ▶ la *justice* sociale (不平等をぜ正する)社会的公正；社会正義.

❷ 正当(性), 妥当(性). ▶ Il a la *justice* pour lui. 彼の方が正しい / C'est *justice*. それはもっともだ / Ce n'est que *justice* qu'il soit récompensé. 彼がしかるべき報酬を受けるのは当然至極だ.

❸ 司法, 裁判；法廷. ▶ exercer [rendre] la

justiciable

justice avec rigueur 厳正に裁判を行う / demander *justice* pour un tort 損害賠償を求めて裁判を請求する / palais de *justice* 裁判所 / *justice* militaire 軍法会議 / passer en *justice* 出廷する / le ministre de la *Justice* 法務大臣 / frais de *justice* 裁判費用.
❹ 司法当局, 警察. ▶ avoir maille à partir avec la *justice* 警察沙汰(ざた)を起こす, 軽罪で捕まる.

avec justice 公正に, 正しく.
en bonne [toute] justice まったく当然のことながら; 公平に見て.
faire justice de qc …の誤りを立証する, に反証を加える. ▶ Le temps *a fait justice de* cette renommée usurpée. 時とともにそのような虚名がいかに誤ったものであるかが明らかになった.
(Il) y a une justice! 〖話〗罰が当たったんだ.
Il n'y a pas de justice! 不当だ.
On doit [Il faut rendre] à qn cette justice que + 〖直説法〗…が…である点は正当に評価しなければならない. ▶ *Il faut* lui *rendre cette justice qu'*il a fait ce qu'il a pu. 彼ができるだけのことをしたという事実は認めなければならない.
raide comme la justice 〖話〗非常に堅苦しい, 妙にしゃちこばった.
rendre [rendre] justice à qn/qc …を正当に評価する. ▶ L'avenir lui *rendra justice*. いつの日か彼(女)が正しく評価されるだろう.
se faire justice (à soi-même) (1) (自責の念から) 自殺する. (2) 復讐(ふくしゅう)する.

justiciable /ʒystisjabl/ 〖形〗<*justiciable* de qn /qc> ❶〖法律〗(判事, 裁判所の)管轄に属する. ▶ un criminel *justiciable* de la cour d'assises 重罪院管轄の刑事犯. ❷ …の適用を受けるべき; に従うべき. ▶ un malade *justiciable* d'une cure thermale 温泉療法の必要な病人.
❸ …の責任を負う.
──〖名〗裁判を受ける人.

justicier, ère /ʒystisje, ɛːr/ 〖名〗❶ 不正を正す人, 正義の味方. ❷ (封建時代の)裁判権を有する領主; 裁判官. 〖女性形は稀.
──〖形〗〖文章〗裁きを行う, 不正を正す.

justifiable /ʒystifjabl/ 〖形〗正当化できる, 弁明できる, 納得できる.

justificateur, trice /ʒystifikatœːr, tris/ 〖形〗正当であることを証明する.

justificatif, ive /ʒystifikatif, iːv/ 〖形〗証明の役に立つ, 証拠となる. ▶ pièces *justificatives* = documents *justificatifs* 証拠書類.
──**justificatif** 〖男〗証拠書類.

justification /ʒystifikasjɔ̃/ 〖女〗❶ 正当化; 弁明. ▶ demander des *justifications* 釈明を求める. ❷ 証明; 証拠. ▶ demander la *justification* des frais 経費の明細書を請求する. ❸〖印刷〗行そろえ; 行の長さ.

justifié, e /ʒystifje/ 〖形〗根拠のある, 正当な. ▶ crainte *justifiée* もっともな不安.

*****justifier** /ʒystifje/ ジュスティフィエ/ 〖他動〗❶ <*justifier* qn (de qc)> (…に関して)…の無罪を証明する, を弁護する. ▶ *justifier* qn d'une erreur …におちどがないことを立証する.
❷ …を正当化する, の根拠を説明する; を裏付ける, 立証する. ▶ La fin *justifie* les moyens. 〖諺〗(目的が手段を正当化する→)目的のためには手段を選ばず / Rien ne *justifie* sa colère. 彼(女)の怒りは理不尽だ / Il a *justifié* sa conduite par sa méfiance. 彼は自分の行動を用心に基づくものだと説明した / L'événement a *justifié* notre opinion. 我々の意見の正しさを現実の出来事が裏付けた / Vous devez *justifier* que cette somme a bien été versée. あなた(方)はその金額が支払い済みであることを証明しなければなりません.
❸〖印刷〗*justifier* une ligne 行の長さをそろえる.

──〖間他動〗<*justifier* de qc> (多く公的に)…を証明する. ▶ reçu qui *justifie* d'un paiement 支払いを証明する領収書 / *justifier* de son identité en montrant ses papiers 身分証明書を提示して身元を証明する.

──**se justifier** 〖代動〗❶ <*se justifier* (de qc)> 〖人が〗(…に関して)自分の無実を証明する, 自分を正当化する. ▶ Il cherche toujours à *se justifier*. 彼はいつも自分を正当化しようとする.
❷〖物が〗正当化される.

jute /ʒyt/ 〖男〗〖英語〗❶〖植物〗ジュート, 黄麻. ❷〖繊維〗ジュート; (ジュートで作った)粗布, 南京袋.

juter /ʒyte/ 〖自動〗(果物, 肉などが)汁を出す. ▶ pêche qui *jute* 果汁の豊かな桃.

juteux, euse /ʒytø, øːz/ 〖形〗❶ (果物などが)汁の多い. ❷〖話〗(仕事などが)実入りのいい, うまみのある.

juvénile /ʒyvenil/ 〖形〗若者の, 若々しい. ▶ ardeur *juvénile* 若者の客気 / délinquance *juvénile* 青少年犯罪.

juvénilité /ʒyvenilite/ 〖女〗〖文章〗若々しさ. ▶ la *juvénilité* d'un visage 顔の若々しさ.

juxta- 〖接頭〗「隣に, 並んで」の意.

juxtalinéaire /ʒykstalineɛːr/ 〖形〗traduction *juxtalinéaire* (原文と訳文を並置した)対訳.

juxtaposé, e /ʒykstapoze/ 〖形〗並置された. ▶ propositions *juxtaposées* 並置節.

juxtaposer /ʒykstapoze/ 〖他動〗…を並置する. ▶ *juxtaposer* A à [et] B A と B を並置する.
──**se juxtaposer** 〖代動〗並ぶ, 並置される.

juxtaposition /ʒykstapozisjɔ̃/ 〖女〗並置, 並列.

K, k

K, k /kɑ/ 男 フランス字母の第11字.
kabbale /kabal/ 女《ユダヤ教》カバラ，ヘブライ神秘説：中世から近世にかけての密教的神知論.
kabuki /kabuki/ 男《日本語》歌舞伎.
kabyle /kabil/ 形《アルジェリアの》カビリア Kabylie 地方の.
— **Kabyle** 名 カビール人.
— **kabyle** 男 カビール語.
Kabylie /kabili/ 固有 女 カビリア：アルジェリア北部山岳地方.
kafkaïen, enne /kafkajɛ̃, ɛn/ 形 ❶ カフカ Kafka の. ❷ (不条理で非現実的な)カフカ的世界を思わせる.
kaiser /kɛzɛːr; kajzɛːr/ 男《ドイツ語》ドイツ皇帝；(特に)ウィルヘルム2世.
kakémono /kakemono/ 男《日本語》掛け物，掛け軸.
kaki¹ /kaki/ 男《日本語》柿(の実).
kaki² /kaki/ 形《不変》カーキ色(の).
— 男 カーキ色.
kalachnikov /kalaʃnikɔf/ 女 カラシニコフ銃.
kaléidoscope /kaleidɔskɔp/ 男 ❶ 万華鏡，カレイドスコープ. ❷ (印象や感覚の)めまぐるしい変化. ▶ *kaléidoscope* des souvenirs de voyage 次々と心に浮かぶ旅の思い出.
kaléidoscopique /kaleidɔskɔpik/ 形 ❶ 万華鏡の. ❷ 千変万化の.
kamikaze /kamikɑːz; (複) *kamikazes* 男《日本語》❶ 神風特攻機[隊員]. ❷ 命知らずの人；(形容詞的に)向こう見ずな；自殺的な，自爆の. ▶ attaque *kamikaze* 自爆攻撃.
kangourou /kɑ̃guru/ 男《動物》カンガルー.
kantien, enne /kɑ̃sjɛ̃; kɑ̃tjɛ̃, ɛn/ 形 カント Kant 哲学の；カント学派の.
kaolin /kaɔlɛ̃/ 男《鉱物》カオリン，高陵(こうりょう)土：磁器などの原料となる.
karaoke /karaoke/ 男《日本語》カラオケ；カラオケのある店.
karaté /karate/ 男《日本語》空手.
karatéka /karateka/ 名《日本語》空手家.
karcher /karʃer/ 男《商標》ケルヒャー：高圧洗浄機.
kart /kart/ 男《英語》《自動車》ゴーカート.
karting /kartiŋ/ 男《英語》カートレース.
kayak /kajak/ 男 カヤック. (1) アザラシの皮を張ったイヌイットの1人乗りカヌー. (2) 防水布で覆ったスポーツ用カヌー，およびその競技.
kelvin /kelvin/ 男 絶対温度，ケルビン(記号 K).
kendo /kendo/ 男《日本語》剣道.
Kenya /kenja/ 固有 男 ケニア：首都 Nairobi. ▶ au *Kenya* ケニアに[で，へ].
kenyan, ane /kenjɑ̃, ɑːn/ 形 ケニア Kenya の.

— **Kényan, ane** 名 ケニア人.
képi /kepi/ 男 ケピ(帽)：クラウンが平らで目庇(まびさし)付きの帽子. フランスの陸軍将校，下士官，憲兵，警官などがかぶる.
kermès /kɛrmɛs/ 男 ❶《昆虫》カーミンカイガラムシ. ❷《植物》ケルメスガシ(= chêne *kermès*).
kermesse /kɛrmɛs/ 女 ❶ (北仏，ベルギー，オランダの村などで行われる)守護聖人の祭り. ❷ (戸外での)慈善バザー.
kérosène /kerɔzɛn/ 男 ケロシン，灯油.
ketchup /kɛtʃœp/ 男《英語》ケチャップ.
keuf /kœf/ 男 俗 警察官.
keynésien, enne /kenezjɛ̃, ɛn/ 形 ケインズ Keynes (英国の経済学者)の；ケインズ理論の.
kg《記号》kilogramme キログラム. ▶ trois *kg* de pommes de terre 3キロのジャガイモ.
khâgne /kɑːɲ/ 女 高等師範学校文科受験準備学級.
khâgneux, euse /kɑɲø, øːz/ 名 話 高等師範学校文科受験準備学級の生徒.
khmer, khmère /kmɛːr/ 形 クメール(族)の.
— **Khmer, Khmère** 名 クメール族，クメール人：カンボジアを中心に住む民族. ▶ les *Khmers* rouges クメール・ルージュ.
— **khmer** 男 クメール語，カンボジア語.
kibboutz /kibuts/; (複) *kibboutzim* /kibutsim/ (または不変) 男 キブツ：イスラエルの生活共同体.
kick /kik/ 男《英語》(オートバイの)キックスターター.
kidnapper /kidnape/ 他動 …を誘拐する.
kidnappeur, euse /kidnapœːr, øːz/ 名 誘拐犯人.
kidnapping /kidnapiŋ/《米語》, **kidnappage** /kidnapaːʒ/ 男 誘拐.
kif /kif/ 男 キフ：北アフリカで，たばこに混ぜて吸うハシッシュ.
kiffer /kife/ 他動 話 …を好む. ▶ Je *kiffe* cette chanson. この歌が好きだ.
kif-kif /kifkif/ 形《不変》話 同じ，同様の. ▶ C'est *kif-kif*. (どっちも)同じことだ.
kiki /kiki/ 男 話 喉(のど)，首.
kil /kil/ 男 (kilo の略) 俗 (ワインの量で)リットル.
***kilo** /kilo/ 男 キロ (= kilogramme). 注 キロメートルの意味では用いられない. ▶ acheter deux *kilos* d'oranges オレンジを2キロ買う / J'ai pris [perdu] deux *kilos*. 私は2キロ太った[やせた] / fraises à quatre euros le *kilo* 1キロあたり4ユーロのイチゴ.
en faire des kilos 誇張する；やりすぎる.
kilo- 接頭《計量単位》キロ(記号 k)：「1000(倍)」の意.
***kilogramme** /kilɔgram/ キログラム 男 キログラ

kilométrage

△(記号 kg).

kilométrage /kilɔmetraːʒ/ 男 ❶ 走行距離. ❷ キロメートル測定；キロメートル標識の設置.

*kilomètre /kilɔmetr/ キロメトル/ 男 キロメートル(記号 km). ▶ Cette ville est à quarante *kilomètres* de Lyon. その町はリヨンから40キロの所にある / faire dix *kilomètres* à pied 10キロ歩く / *kilomètre* carré 平方キロメートル.
kilomètre(s) **à l'heure [par heure]** = *kilomètre(s)-heure* 時速…キロメートル(記号 km/h). ▶ voiture qui fait 130 [cent trente] *kilomètres à l'heure* 時速130キロを出す車.
manger [*bouffer*] *du kilomètre* 車で長距離をノンストップで走る.

kilométrer /kilɔmetre/ ⑥ 他動 …の距離をキロメートルで測る；にキロメートル標識を立てる.

kilométrique /kilɔmetrik/ 形 キロメートル単位の. ▶ borne *kilométrique* キロメートル道程標.

kilowatt /kilɔwat/ 男 キロワット(記号 kW).

kilowattheure /kilɔwatœːr/ 男 キロワット時(記号 kWh).

kilt /kilt/ 男 《英語》❶ キルト：スコットランドの男性が着用するタータンチェックの巻きスカート. ❷ (女性用の)キルトスカート.

kimono /kimɔno/ 男 《日本語》❶ (日本の)着物. ❷ 着物風の部屋着. ❸ 柔道着, 空手着. ❹ (同格的に) manches *kimono* キモノスリーブ.

kinési- 接頭 「運動」の意.

kinésithérapeute /kineziterapøːt/ 名 運動療法士.

kinésithérapie /kineziterapi/ 女 (体操, マッサージなどによる)運動療法.

kiosque /kjɔsk/ 男 ❶ (新聞, 花などを扱う街頭, 駅の)売店, キオスク. ▶ *kiosque* à journaux 新聞の売店. ❷ (庭園の)あずまや；(公園などの)野外音楽堂 [= *kiosque* à musique).

kir /kiːr/ 男 キール：クロスグリのリキュールを白ワインで割った食前酒. ▶ *kir royal* キール・ロワイヤル(白ワインの代わりにシャンパンを使用).

kirsch /kirʃ/ 男 キルシュ, チェリーブランデー.

kit /kit/ 男 《英語》(家具, 模型などの)組み立て材料一式. ▶ un meuble en *kit* 組み立て式家具.

kitchenette /kitʃənet/ 女 《米語》簡易台所, キチネット.

kit(s)ch /kitʃ/ 《ドイツ語》形《不変》キッチュな：悪趣味だが, そこが魅力でもある装飾, 作品などについていう. — 男《単数形のみ》キッチュ, 悪趣味.

kiwi /kiwi/ 男《英語》❶ 《鳥類》キーウィ. ❷ キウイ, キウイフルーツ.

klaxon /klaksɔn/ 男《米語》商標 警笛, クラクション.

klaxonner /klaksɔne/ 自動 警笛[クラクション]を鳴らす. — 他動 …に警笛を鳴らす. ▶ *klaxonner* un piéton 歩行者にクラクションを鳴らす.

km (記号) kilomètre キロメートル.

km/h (記号) kilomètre-heure キロメートル毎時.

knock-out /nɔkaut/, **K.-O.** /kɑo/ 《英語》男 《単複同形》(ボクシングの)ノックアウト. ▶ être battu par *knock-out* ノックアウトされる. — 形《不変》(属詞として) ❶ ノックアウトされた. ▶ être complètement *K.-O.* 完全にグロッキーである. ❷ 話 参った, グロッキーになった.

know-how /noaw/ 男 《単複同形》《米語》(仕事のやり方に関する)知識, ノウハウ. 注 savoir-faire の使用が奨励されている.

K.-O. /kɑo/ ⇨ KNOCK-OUT.

koala /kɔala/ 男 《動物》コアラ.

kohol /kɔɔl/ 男 《美容》コール墨：近東諸国などでまぶたやまゆ用に古くから使われてきた黒い粉末.

kola /kɔla/ 男 ❶ 《植物》コーラノキ. ❷ コーラナット：コーラノキの実.

kolkhoz(e) /kɔlkɔːz/ 男 《ロシア語》(旧ソ連の)コルホーズ, 集団農場.

kolkhozien, enne /kɔlkɔzjɛ̃, ɛn/ 形 コルホーズの. — 名 コルホーズ員, コルホーズ農民.

kopeck /kɔpɛk/ 男 カペイカ：旧ソ連, 帝政ロシアの通貨単位. 100分の1ルーブル.
ne pas avoir un kopeck 話 一銭もない, 文無しだ.

korrigan, ane /kɔrigɑ̃, an/ 名 コリガン：ブルターニュ地方の民間伝承に現れる小人の妖精(####).

kosovar /kɔsɔvaːr/ 形 コソボの.
—**Kosovar** 名 コソボ人.

Kosovo /kɔsɔvo/ 男 固有 コソボ：セルビア共和国の自治州.

koulak /kulak/ 男 《歴史》(帝政ロシアの)富農, クラーク.

Koweït /kɔwejt/ 固有 男 クウェート：首都 Koweït. ▶ au *Koweït* クウェートに[で, へ].

krach /krak/ 男 《ドイツ語》❶ (株式相場の)大暴落, 瓦落(####). ❷ (企業などの突然の)倒産, 崩壊.

kraft /kraft/ 男 《男女同形》papier *kraft* (包装に使う)クラフト紙. — 男 クラフト紙.

kremlin /krəmlɛ̃/ 男 (Kremlin) (モスクワの)クレムリン宮殿；旧ソ連政府；現ロシア政府.

kung-fu /kuŋfu/ 男《単複同形》《中国語》カンフー. ▶ un film de *kung-fu* カンフー映画.

kurde /kyrd/ 形 クルドの. —**Kurde** 名 クルド人. —**kurde** 男 クルド語.

kvas /kvas/, **kvass** /kvas/ 男 クワス, クヴァス：大麦, ライ麦を発酵させて造るロシアの微アルコール性飲料.

K-way /kawe/ 男 商標 カウエ：ウインドブレーカーのブランド名.

kWh (記号) kilowattheure キロワット時.

Kyrie (eleison) /kirje(eleisɔn)/ 男 《単複同形》《カトリック》キリエ・エレイソン, 憐(####)れみの賛歌.

kyrielle /kirjɛl/ 女 <*kyrielle* de + 複数名詞> 長々と続く…；非常に多くの…. ▶ une *kyrielle* d'injures 延々と続く罵詈(####)雑言.

kyste /kist/ 男 ❶ 《医学》嚢胞(####), 嚢腫(####). ❷ 《生物学》嚢子.

L, l

L, l /el/ 男 (稀に) 女 フランス字母の第12字.
l' /l/ le¹,² の省略形.
la¹ /la/ le¹,² の女性形.
la² /la/ 男 (単複同形) 『音楽』(音階の)ラ, イ音, A音. ▶ concerto en *la* bémol majeur 変イ長調協奏曲.
donner le la (1)(調律のために)イ音を鳴らす. (2)手本を示す, 模範となる.

*__là__ /la/ ラ/
副

❶《多少とも離れた場所》そこ, あそこ. ▶ Ne restez pas ici, allez *là*. ここにいないであっち行きなさい. ◆C'est *là* que + 直説法 …はそこにおいてである. ▶ C'est *là* qu'il habite. 彼が住んでいるのはそこだ. 《Où sont mes lunettes?—Là, sur la table.》「私のめがねはどこ」「そこ, テーブルの上ですよ」

❷《話者またはその相手のいる場所》ここ, そこ. ▶ Je reste *là*. 私はここに残る / Qu'est-ce que tu fais *là*? そこで何をしているの / Attendez-moi *là*. そこで私を待っていてください.

❸《時間》その時, そこで. ▶ à partir de *là* その時から / *Là*, tout le monde a ri. その時みんなが笑った. ◆C'est *là* que + 直説法 …はその時のことである. ▶ Je lisais le journal et c'est *là* (=à ce moment-*là*) qu'il m'a téléphoné. 私は新聞を読んでいた, 彼から電話があったのその時だ.

❹《状況, 事態など》そこ, その点. ▶ Le problème est *là*. 問題はそこにある / Ne voyez *là* aucune malveillance. そこになんらかの悪意があるとは思わないでください / De *là* sont venus tous nos malheurs. 我々の不幸はすべてその点に起因している.

❺《強調》それこそ, まさに. ▶ C'est *là* votre erreur. まさにそこがあなた(方)の間違っているところです / Comment! Que dis-tu *là*? えっ, いったいなんて言ったの / Cet exemple est *là* pour le prouver. この例こそまさにそれを証明するものだ.

❻《指示形容詞, 指示代名詞とともに区別, 強調を示す》⟨ce [cet, cette, ces] + 名詞 + -*là* // celui [celle, ceux, celles] + -*là*⟩ その…, あの… (⇨ CE¹, CELUI). ▶ Je préfère ce tableau-ci à celui-*là*. あの絵よりもこの絵の方がいい / ce jour-*là* その日 / en ce temps-*là* あのころは, 当時 / cet homme-*là* その人.

ça et là あちこちに.

*__de là__ (1) そこ [その時] から. ▶ *de là* à sa maison そこから彼(女)の家まで / à quelques jours *de là* それから数日後に. ◆*de là à* + 不定詞 そこから…するまで. ▶ *De là* à l'aimer, il n'y a qu'un pas. それはほとんど彼(女)を愛しているようなものだ. (2) その事実から, したがって, その結果. ▶ On peut conclure *de là* que + 直説法. そのことから

…と結論できる / Il n'a pas assez travaillé ; *de là* son échec. 彼は十分勉強しなかった. だから失敗したのだ / *De là* vient que je ne le vois plus. そういうわけで私はもう彼に会わないのだ.

*__d'ici là__ (1) ここからそこまで. (2) 今からその時までに, その間に. ▶ On se retrouve dans un mois. *D'ici là* on s'envoie des courriels. じゃ, 1か月後にまた会おう. それまではメールで連絡を取ろう.

en arriver [venir] là そういうことになる. ▶ Je me demande comment on *en est arrivé là*? どうしてこんなことになったのか, と思う.

en être là そこまでいって [進んで] いる. ▶ On n'*en est pas encore là*. まだそこまでいっていない / J'*en étais là* de mes réflexions quand il est entré. 私の考えがそこまで及んでいたとき彼が入ってきた.

en rester là そこまでにしておく, 中断する.

*__être là__ 〔人が〕ここ [そこ] にいる, 在宅 [出席] している ; 〔物が〕ある. ▶ Il n'*est pas là* en ce moment, il est sorti. 彼は今不在です, 外出しています / Dites-lui que je ne *suis pas là*. 彼(女)には私はいないと言ってください.

hors de là それ以外に.
jusque-là そこまで, その時まで, それほど.
là où ... (1) …の場所で. ▶ J'ai retrouvé mon parapluie *là où* je l'avais laissé. 私は置き忘れた場所で傘を見つけた. (2)《対立》…なのに (=alors que). ▶ *Là où* tu crois lui montrer ton affection, il verra une preuve de faiblesse. 君が彼に愛情を示しているつもりでも, 彼はそれを弱気のしるしと見るだろう.

par-ci par-là あちこちに [で], 所々 ; ときどき.
*__par là__ (1) そこ [ここ] を通って. ▶ Passons *par là*. そこを通っていこう. (2) その [この] 辺りに. ▶ J'ai laissé ma clef *par là*. 私はこの辺に鍵(を)を置いた. (3) それによって. ▶ Qu'entendez-vous *par là*? それはどういう意味ですか.

Tout est là. すべてがそこにある, それが最重要だ.

—— 間投 ❶《なだめたり慰めたりして》さあさあ, まあまあ. ▶ *Là*, *là*, calmez-vous. さあさあ落ち着いて.
❷《直前の言葉を強調, 反復して》そうさ, ほら, まったく. 注 しばしば, mais alors *là* の形を取る. ▶ Il faisait un froid, mais alors *là* un froid de canard. 寒かったのなんのって, まったくひどい寒さだった.

Eh [Hé] là! (1) おい, もしもし (呼びかけ). (2) おいおい, いやはや, まあまあ (驚きなど).
Oh là(,) là! おやおや, おやまあ, あらあら.

*__là-bas__ /lɑbɑ/ ラバ/ 副 ❶ あそこに [で], 向こうに [で]. ▶ Je vous attends *là-bas*. あそこで待ってます / de *là-bas* そこから.
❷ 下方に [で]. ▶ Descendez *là-bas*, dans la vallée. 下の谷間へ下りていきなさい.

label /label/ 《英語》❶〖商品につける〗証票, 品質保証ラベル(=*label de qualité*). ❷〖人, 団体などの特色を示す〗マーク, 肩書き; レッテル. ❸〖情報〗ラベル(=étiquette).

labelliser /labelize/ 他動 …にラベルを貼る.

labeur /labœːr/ 男 ❶〖文章〗〖地域〗骨折り仕事, つらい仕事, 辛苦, 労苦. ❷〖印刷〗(全集, 辞典などの)大口の仕事.

labial, ale /labjal/; 《男複》*aux* /o/ 形 ❶ 唇の. ❷〖音声〗唇音の.
— **labiale** 女〖音声〗唇音: 現代フランス語には, 両唇音 /p/, /b/, /m/ と唇歯音 /f/, /v/ がある.

labile /labil/ 形 変化しやすい, 不安定な.

labo /labo/ 男 (laboratoire の略) 実験室, 研究室〔所〕.

laborantin, ine /labɔrɑ̃tɛ̃, in/ 名 実験(室)助手, 研究(室)助手.

***laboratoire** /labɔratwaːr ラボラトワール/ 男 ❶ 実験室, 研究室〔所〕; 研究チーム. 注 話し言葉では labo と略す. ▶ *laboratoire* de chimie 化学実験室 / animaux de *laboratoire* 実験動物 /(他の名詞と多くハイフン(-)で結び付いて) ferme(-)*laboratoire* 実験農場. ❷(薬品の試合室, 製薬所;(菓子類などの)製造所. ❸(写真の現像所, ラボ. ▶ *laboratoire* (de) photo 写真現像所(注 会話では labo photo と言う). ❹ *laboratoire* de langues LL 教室.

laborieusement /labɔrjøzmɑ̃/ 副 骨折って, 苦労して.

laborieux, euse /labɔrjø, øːz/ 形 ❶ よく働く, 勤勉な; 勤労の. ▶ classes *laborieuses* 労働者階級. ❷〖古風〗〖文章〗〖仕事などが〗骨の折れる, 困難な;〖話〗手間のかかる. ▶ Tu n'as pas encore terminé? C'est *laborieux*! まだ終わらないの, たいへんだね. ❸〖軽蔑して〗ぎこちない, 鈍重な. ▶ une plaisanterie *laborieuse* わざとらしい冗談.
— 名 働き者, 勤勉家.

labour /labuːr/ 男 ❶ 耕作. ▶ champ en *labour* 耕作中の畑 / cheval de *labour* 農耕用の馬. ❷《多く複数で》耕作地, 耕地.

labourable /laburabl/ 形 耕作可能の; 耕作に適した.

labourage /laburaːʒ/ 男 土地を耕すこと, 耕作.

***labourer** /labure ラブレ/ 他動 ❶ …を耕す. ▶ *labourer* un champ 畑を耕す. ❷ …を深く掘る. ▶ Les obus *ont labouré* la colline. 砲弾が丘に穴をあけた. ❸〖体〗に深い筋を刻む;に切り傷をつける. ▶ un visage *labouré* de rides 深いしわの寄った顔.

laboureur /laburœːr/ 男 耕す人, 耕作人.

labyrinthe /labirɛ̃ːt/ 男 ❶ 迷路, 迷宮. ▶ un *labyrinthe* de ruelles 迷路のように入り組んだ街路. ❷ 錯綜(きゅう), 入り組んだ状態. ▶ le *labyrinthe* de l'intrigue d'un roman 入り組んで複雑な小説の筋.

***lac** /lak ラック/ 男 ❶ 湖, 湖水;(公園などの)池, 貯水池. ▶ le *lac* Léman レマン湖 / faire du bateau sur le *lac* 湖でボートに乗る.
❷(多量にこぼれて広がった)液体, 水溜(た)まり. ▶ un *lac* de sang 血の海.
être dans le lac〖話〗行き詰まっている.

tomber dans le lac〖話〗〔計画, 事業などが〕おじゃんになる, 失敗する.

laçage /lasaːʒ/ 男 ひもで結ぶ〔締める〕こと, 結び方.

lacer /lase/ ① 他動 …をひもで結ぶ〔締める〕. ▶ *lacer* ses chaussures 靴のひもを結ぶ.

lacération /laserasjɔ̃/ 女 ❶ 引き裂くこと; 裂傷. ❷〖法律〗(ポスターの)撤去.

lacérer /lasere/ 他動 ❶〖布, 紙など〗を引き裂く. ▶ *lacérer* des lettres 手紙をずたずたに裂く. ❷〖法律〗〖ポスター〗を撤去する.

lacet /lase/ 男 ❶〖靴, コルセットなどの〕ひも. ▶ défaire ses *lacets* ひもをほどく. ❷(道などの)ジグザグ, つづら折り. ▶ une route en *lacet* 曲がりくねった道. ❸〖鉄道〗(車両の)横揺れ;〖航空〗ヨーイング(機首を左右に振る現象). ❹〖狩猟〗輪差(さ), 罠(た)(=collet). ▶ prendre des lièvres au *lacet* 野ウサギを罠で捕らえる.

lâchage /lɑʃaːʒ/ 男 ❶ 放つ〔放す〕こと;(爆弾などの)投下. ❷ 緩む〔緩める〕こと. ❸〖話〗見捨てること.

***lâche** /lɑːʃ ラーシュ/ 形 ❶ 臆病(おく)な, 腰抜けの, 意気地のない. ▶ Il est trop *lâche* pour dire la vérité. 彼は臆病すぎて本当のことが言えない. ❷ 卑怯(きょう)な, 卑劣な. ▶ user de *lâches* procédés 汚い手を使う. ❸ 緩んだ, たるんだ. ▶ renouer une cravate *lâche* 緩んだネクタイを締める. ❹〖文章〗〖文章など〛〕締まりのない, 冗長な.
— 名 臆病者; 卑怯者, 卑劣漢.

lâchement /lɑʃmɑ̃/ 副 臆病(おく)にも; 卑怯(きょう)にも.

***lâcher**[1] /lɑʃe ラシェ/ 他動 ❶ …を緩める. ▶ *lâcher* la corde 綱を緩める / *lâcher* la main 手を緩める / *lâcher* son frein ブレーキを緩める.
❷ …を放す, 放つ. ▶ Lâche-moi. 放して / *lâcher* la main de son enfant 子供の手を離す / *lâcher* un prisonnier 囚人を釈放する / *lâcher* des bombes 爆弾を投下する / *lâcher* un verre コップを落とす.
❸ …を(不用意に)発する, 漏らす, 吐く. ▶ *lâcher* un secret 秘密を漏らす.
❹〖仕事など〕をやめる, 放棄する. ▶ *lâcher* son poste 職をやめる; 部署を放棄する.
❺〖話〕…と別れる, から離れる;を引き離す. ▶ *lâcher* son amant 愛人を捨てる / *lâcher* le peloton (スポーツで)他の走者を引き離す.
❻〖話〗〖金〗をしぶしぶ出す. ▶ ne pas *lâcher* un sou びた一文出さない.
lâcher du lest ⇨ LEST.
lâcher la bride à qn …の手綱を緩める, …を自由にしてやる.
lâcher le morceau〖話〗白状する, 泥を吐く.
lâcher pied ⇨ PIED.
lâcher prise (1)(つかんでいたものを)手離す. (2)攻撃をやめる, 引き下がる; 放棄する.
— 自動 緩む, 壊れる, 切れる.

lâcher[2] /lɑʃe/ 男 放つ〔放す〕こと.

lâcheté /lɑʃte/ 女 ❶ 臆病(おく)病, 意気地のなさ(↔courage). ▶ se taire par *lâcheté* devant l'injustice 不正を目にしたふがいなくも口をつぐむ. ❷ 卑怯(きょう); 卑劣な行為. ▶ commettre une *lâcheté* 卑怯な振る舞いをする.

lâcheur, euse /lɑʃœ:r, ø:z/ 图 仲間を平気で見捨てる人, 頼りにならない人; 付き合いをおろそかにする人.

lacis /lasi/ 男 ❶ (道路, 繊維, 神経組織などの入り組んだ) 網の目. ❷ 文章 迷路, 錯綜(ミミ).

laconique /lakɔnik/ 形 〔文章, 表現などが〕簡潔な, 短い. ▶ style *laconique* 簡潔な文体.

laconiquement /lakɔnikmɑ̃/ 副 簡潔に, 簡略に.

laconisme /lakɔnism/ 男 (文章, 表現の) 簡潔さ; 簡潔な表現.

là-contre /lakɔ̃:tr/ 副 それに対して, そのことについて.

lacrymal, ale /lakrimal/; (男複) **aux** /o/ 形 涙の. ▶ glande *lacrymale* 涙腺(ミミ).

lacrymogène /lakrimɔʒɛn/ 形 催涙性の. ▶ gaz *lacrymogène* 催涙ガス.

lacs /la/ 男 ❶ (鳥獣を捕らえるための) 輪差(ミミ), 罠(ミ). ❷ 医学 牽引(ミミ)バンド.

lactation /laktasjɔ̃/ 女 生理学 乳汁分泌(期), 泌乳(期); 哺乳(ミミ)(期).

lacté, e /lakte/ 形 ❶ 乳の. ▶ régime *lacté* = diète *lactée* 牛乳療法. ❷ Voie *lactée* 天の川, 銀河.

lacti- 接頭「乳」の意. ❷ 化学 acide *lactique* 乳酸.

lactique /laktik/ 形 〔化学〕acide *lactique* 乳酸.

lactose /laktoːz/ 男 生化学 ラクトース, 乳糖.

lacunaire /lakynɛ:r/ 形 ❶ 欠落[欠陥]のある, 間隙(ミミ)のある. ▶ documentation *lacunaire* 不備のある資料 / index *lacunaire* 欠落のある索引. ❷ 精神医学 amnésie *lacunaire* 脱漏性健忘.

lacune /lakyn/ 女 ❶ 欠落, 欠落, 遺漏, 不備. ▶ Ta mémoire a des *lacunes*. 君の記憶には欠落している部分がある / combler des *lacunes* de qc …の不備を補う.

lacustre /lakystr/ 形 ❶ 湖の; 湖岸[湖中]に棲息(ミミ)する. ❷ 集落などが 湖上の.

lad /lad/ 男 《英語》(競走馬の) 調教助手.

là-dedans /lad(ə)dɑ̃/ 副句 ❶ (場所) その中に. ▶ Dis donc, qu'est-ce qu'il y a *là-dedans*? ねえ, その中に何があるの. ❷ (事柄) そこに. ▶ Je ne vois rien d'étonnant *là-dedans*. そこには驚くべきことは何も見当たらない.

***là-dessous** /lad(ə)su/ 副句 ❶ (場所) その下に; そこに. ▶ J'ai rangé tes valises *là-dessous*. 君のスーツケースはその下にかたづけておいたよ. ❷ (事柄) その裏 [陰] に. ▶ Il y a *là-dessous* quelque chose de vrai. その裏に何かしらの真実が隠れている.

***là-dessus** /lad(ə)sy/ 副句 ❶ (場所) その上に. ▶ Ne monte pas *là-dessus*, tu vas tomber. その上に乗っちゃうかん, 落ちるぞ. ❷ (事柄) その点について, そのことに. ▶ Rien à dire *là-dessus*. そのことについて何も言うべきことはない / Il connaît beaucoup de choses *là-dessus*. その点に関しては彼はよく知っている. ❸ そのとき, そこで, 今度は.

ladite /ladit/ ledit の女性形.

lagon /lagɔ̃/ 男 礁湖: 環礁に囲まれた浅い海.

lagopède /lagɔpɛd/ 男 〔鳥類〕ライチョウ.

lagune /lagyn/ 女 ラグーン, 潟(ミミ), 潟(ミミ)湖.

là-haut /lao/ 副 ❶ あの上に, あの高い所に; 上の階に. ❷ 天国に (↔là-bas).

La Haye /laɛ/ 固有 ⇨ HAYE.

laïc /laik/ 形, 名 ⇨ LAÏQUE.

laïcat /laika/ 男 (集合的に) 一般信徒.

laïcisation /laisizasjɔ̃/ 女 非宗教化, 世俗化. ▶ *laïcisation* de l'enseignement 教育の宗教からの分離.

laïciser /laisize/ 他動 …を非宗教化する, 世俗化する, 宗教から分離する.

laïcité /laisite/ 女 非宗教性, 世俗性; 政教分離.

***laid, laide** /lɛ, lɛd/ レ, レド/ 形 ❶ 醜い, 見苦しい. ▶ un homme *laid* 醜男(ミミ) / une ville triste et *laide* さびれた汚い町.
❷ 恥ずべき, はしたない. ▶ une *laide* action はしたない行為. ◆[非人称構文で] Il est [C'est] *laid* de + 不定詞. …するのははみっともない; (子供に対して) …するのはお行儀が悪い / C'est *laid* de mentir. 嘘をつくのは恥知らずなことだ.

être laid à faire peur 恐ろしく醜い.
être laid comme un pou (シラミのように) 実に醜い.

— 名 醜い人; いけない子.
— **laid** 男 醜さ, 醜いもの.

laidement /lɛdmɑ̃/ 副 醜く, 見苦しく.

laideron /lɛdrɔ̃/ 男 (若い女性について) 不美人.

laideur /lɛdœːr/ 女 (容貌(ミミ), 外見の) 醜さ; 醜いもの, 恥ずべき行為. ▶ être d'une *laideur* repoussante 恐ろしく醜い / les *laideurs* de la guerre 戦争のおぞましさ.

laie /lɛ/ 女 イノシシの雌.

lainage /lɛna:ʒ/ 男 ❶ 毛織物; 羊毛製品. ❷ (手編みや機械編みの) ニットウエア.

***laine** /lɛn/ レヌ/ 女 ❶ 羊毛, ウール. ▶ pure *laine* 純毛 / *laine* de chèvre angora アンゴラ, モヘア / enlever la *laine* des moutons 羊の毛を刈る.
❷ 毛織物 (=tissu de *laine*); ウール製品; ウールの衣服 (=vêtement de [en] *laine*). ▶ porter de la *laine* ウール [ニット] の服を着る / gilet de *laine* ウールのベスト / tapis de haute *laine* 毛足の長い毛織物のじゅうたん. ❸ (編み物用) 毛糸 (=*laine* à tricoter). ❹ 話 (毛のセーター, チョッキなど) 暖かい物. ▶ Il faut mettre une petite *laine*. 何か暖かな物を着ないといけない. ❺ 植物学 綿毛(ミミ). ❻ 技術 (織物, 断熱材などに用いる) 羊毛状製品. ▶ *laine* de verre ガラスウール.

se laisser manger la laine sur le dos 人の食い物になる, 丸裸にされる.

laineux, euse /lɛnø, øːz/ 形 ❶ 毛の多い; 〔布が〕毛が入って分厚い. ▶ drap *laineux* 分厚い毛織物. ❷ 羊毛に似た. ▶ cheveux *laineux* 縮毛. ❸ 植物学 綿毛 [柔らかい毛] で覆われた.

lainier, ère /lɛnje, ɛːr/ 形 羊毛の, 毛織物の. ▶ l'industrie *lainière* 毛織物産業.
— 名 ❶ 羊毛商人; 羊毛加工職人. ❷ 毛織物工場経営者.

laïque /laik/ 形 ❶ 〔カトリック信者が〕聖職者でない, 一般信徒の, 在俗の, 俗人の. ▶ habit *laïque* 俗服. 注 男性形は laïc ともつづる. ❷ 宗教と無関

係の, 非宗教的な. ▶ enseignement *laïque* 宗教色を廃した教育 / école *laïque*（宗教教育を行わない）公立小学校 / Etat *laïque* 政教分離国家.
── 图（カトリック教会の）一般信徒, 非聖職者. 注 男性形は laïc ともつづる.

laisse /les/ 囡 (犬などの首につける)ひも, 鎖, 綱.
▶ tenir un chien en *laisse* 犬をひもにつないでおく (⇨ 成句).
tenir qn en laisse …を自由に引き回す, 意のままにする.

laissé-pour-compte, *laissée-～-～* /lesepurkɔ̃t/;《複》*～s-～-～, laissées-～-～* 形 ❶ 〔商品が〕返品された, 売れ残った. ❷ 相手にされない, だれも望まない, 見捨てられた. 注 laissé pour compte ともつづる.
── 图 のけ者, (社会から)取り残された人, 落ちこぼれ. ▶ les *laissés-pour-compte* de la société 社会から取り残された人たち.
── 男 返品, 売れ残り.

:**laisser** /lese レセ/ 他動

直説法現在	je laisse	nous laissons
	tu laisses	vous laissez
	il laisse	ils laissent
複合過去	j'ai laissé	半過去 je laissais
単純未来	je laisserai	単純過去 je laissai

❶ …を残す. ❶ …を取っておく. ▶ *laisser* une marge 余白を空けておく / *Laisse* un morceau de gâteau à ton frère.（=garder）ケーキを 1 切れ兄さん[弟]に残してやりなさい / *Laisse* cela pour demain. それは明日にしなさい.
❷ …をあとに残す, を置いて立ち去る; を離れる. ▶ *laisser* une trace 痕跡(読ど)を残す / Il m'*a laissé* un bon souvenir. 彼は私によい思い出を残した / *laisser* à ses enfants toute sa fortune（=léguer）子どもたちに全財産を遺贈する / J'*ai laissé* ma voiture au parking de l'hôpital. 私は車を病院の駐車場に置いてきた / *laisser* ses enfants à la maison pour aller faire des courses 子供を家に残して買物に行く. ◆ Je vous [te] *laisse*.（別れるとき, 電話を切るとき, 手紙の末尾で）それではこれで（失礼します）.

"Je vous laisse."

❸〈*laisser* qc/qn à qn〉…を…に預ける, 任せる. ▶ *laisser* sa clef à son voisin 隣人に鍵(ぎ)を預ける / *laisser* sa fille à ses grands-parents 娘を祖父母に預ける / *laisser* un message à la concierge 管理人の女性に伝言を託す / Je lui *laisse* ⌈le choix de son métier [le soin de recevoir ces gens]. どの職業を選ぶかは [この人たちの接待は] 彼(女)に任せてある.
❹〈*laisser* qc à qn〉…に…を譲る. ▶ *laisser* la parole à qn …に発言させる / *Laisse*-moi un peu de temps. 少し時間をください / *laisser* sa place à qn (=céder) …に席を譲る / Il m'*a laissé* ce tapis pour [à] mille euros. 彼はこのカーペットを1000ユーロで譲ってくれた.
❺ …を置き忘れる;（多く y とともに）…を失う. ▶ Ma mère *a laissé* ses lunettes à la maison.（=oublier）母は家にめがねを忘れてきた / y *laisser* sa vie [sa peau] 命を落とす / Il *a laissé* un bras dans un accident. 彼は事故で片腕を失った.

❷ …をほうっておく. ❶ …をほうっておく, 打ち捨てる. ▶ *Laisse*-les. 彼(女)らはほうっておけ / *Laissez* ça, je le ferai tout à l'heure tranquillement.（食事の後片づけなどを）そのままにしておいてください. あとでゆっくりやりますから / *Laisse* ton livre et viens prendre du café. 本を読むのをやめてコーヒーを飲みに来なさい /《目的語なしに》*Laissez* [*Laisse*]. お構いなく;（勘定などを払うときに）御心配なく（私が払います）.
❷〈**laisser** qn/qc + 属詞［様態］〉…を…のままにしておく. ▶ *laisser* qn tranquille [en paix] …をそっとしておく / *laisser* une terre en friche 土地を荒れたままにしておく / *laisser* qn debout …を立たせておく / *laisser* la fenêtre ouverte 窓をあけ放しておく / *laisser* les choses en l'état（= *laisser* les choses comme on les a trouvées）物をもとどおりにしておく / Je l'*ai laissée* seule. 私は彼女を独り残してきた / Cela me *laisse* froid [indifférent]. そんなことは私にはどうでもよい ◆ *laisser* qc de côté …を脇に置いておく. ▶ *Laissons* de côté les petits détails. 細いことは無視しましょう.
❸〈**laisser** + 不定法〉…させておく, させる. ▶ *laisser* partir qn …を引き止めない / Ne *laissez* entrer personne. だれも中に入れないで下さい / *Laissez*-moi lire ce livre. 私にこの本を読ませてください. ◆**laisser aller** qn/qc …を引き止めない; 成り行きに任せる. ▶ *laisser* aller ses affaires 仕事をなおざりにする. ◆**laisser entendre** que + 直説法 …であるとほのめかす. ◆**laisser faire** qn/qc …に任せておく. ▶ *Laissez*(-moi) faire. 任せてください. ◆**laisser passer** qn/qc …を通す; 大目に見る. ▶ *Laissez*-moi passer, s'il vous plaît. お願います. 通してください. ◆**laisser tomber** qn/qc（物を）うっかり落とす; 話 やめておく, あきらめる;（人を）見捨てる. ▶ Oh, *laisse* tomber. Ce n'est pas intéressant. やめときなよ. つまらないよ / Elle *a laissé* tomber son copain. 彼女は恋人を振った.. ◆**laisser voir** qc …をのぞかせる. ▶ Son geste nerveux *laissait* voir son trouble. 彼(女)のいらいらした身振りが動揺を示していた.

laisser tomber

注 (1) laisser のあとにくる不定詞が自動詞の場合，次の2通りの文型が可能. Je *laisse* Jean chanter. = Je *laisse* chanter Jean. (ジャンに歌わせておく).
(2) 不定詞が他動詞の場合，次の2通りの文型が可能. Je *laisse* François écouter la radio. = Je *laisse* écouter la radio à [par] François. (フランソアにラジオを聞かせておく). 不定詞の主語と目的語が人称代名詞の場合，Je le *laisse* l'écouter. = Je la lui *laisse* écouter. (彼にそれを聞かせておく)となる.
(3) 肯定命令文で，不定詞の目的語が人称代名詞の場合，*Laisse* François l'écouter. = *Laisse*-la écouter à [par] François. (そのままフランソアにそれを聞かせておやり)となる.
(4) 一般に複合時制における laisser の過去分詞は，先行する目的語が不定詞の主語となる場合にはその性数に一致する. その他の場合は無変化(例: Il nous *a laissés* partir. 彼は我々を黙って出発させてくれた / Ces arbres, je les *ai laissé* abattre. それらの木を私に切り倒させた). ただし，この規則は必ずしも守られていない.

Bien faire et laisser dire. 諺 するだけのことはして，人の評判など気にするな.
C'est à prendre ou à laisser. (条件などを示して)そのままのむか拒むかだ，嫌ならやめなさい.
Il y a à prendre et à laisser. よいもの[面]も悪いもの[面]もある.

*laisser à + 不定詞 …させるものを残す. (1) *laisser à* désirer 改善の余地がある. ▶ Cet ouvrage ne *laisse à* rien désirer. この作品には非の打ち所がない. (2) *laisser à* penser [juger] à qn …の判断に任せる. ▶ Je vous *laisse à* penser quelle fut sa joie. 彼(女)の喜びがいかほどだったか，御想像に任せます. (3) *laisser à* penser que + 直説法 …と考えられる，ということらしい. ▶ Son silence *laisse à* penser qu'il n'est pas content. 黙っているところを見ると，彼は満足していないようだ.

ne pas laisser de + 不定詞 文章 (それでもやはり)…し続ける. ▶ Malgré leur dispute, elles *ne laissent pas d'*être amies. 喧嘩(%)もするが彼女たちはやはり友達同士だ.

—— ****se laisser*** 代動 ⟨*se laisser* + 不定詞⟩
❶《他動詞の不定詞とともに》…される(に任せる). ▶ *se laisser* persuader 説き伏せられる / *se laisser* guider par son inspiration インスピレーションに導かれる / *se laisser* pousser les cheveux 髪を伸ばす / *se laisser* attendrir ほろりとする / *se laisser* surprendre par une averse にわか雨に襲われる / Ne *vous laissez* pas abattre. 打ちのめされてはだめよ. 注 この用法では複合時制の過去分詞は不変.
❷《自動詞の不定詞とともに》…するに任せる. ▶ *se laisser* vivre のんきに暮らす / *se laisser* mourir 生きようとしない，死に抵抗しない / Elle *s'est laissée* tomber. 彼女はうっかり転んだ. 注 この用法では複合時制の過去分詞は，一般に主語と性数が一致する.
❸ 話 結構…できる. ▶ C'est un bordeaux qui *se laisse* boire. このボルドーワインは結構いける / Cet ouvrage *se laisse* lire. この作品はなかなか読ませる.

se laisser aller なげやりになる.
se laisser aller à qc 不定詞 …に身をゆだねる，我を忘れる. ▶ *se laisser aller à* la colère 怒りに我を忘れる.
se laisser dire que + 直説法 …ということを耳にする. ▶ Je *me suis laissé dire qu'*il allait changer de profession. 彼は転職するそうですね.
se laisser faire (1) 人の言いなりになる. (2) 話 (気をそそる)勧めに従う；(引かれる自分の心に)素直に従う.

laisser-aller /leseale/ 男 《単複同形》だらしなさ，いいかげんさ，無頓着(な。).
laisser-faire /lesefɛːr/ 男 《単複同形》(特に経済における)無干渉，自由放任.
laissez-passer /lesepase/ 男 《単複同形》通行許可証；(劇場, 鉄道などの)フリーパス.
*lait /lɛ/ 男 ❶ 乳；(特に)牛乳，ミルク. ▶ mettre du *lait* dans son café コーヒーにミルクを入れる / enfant nourri au *lait* maternel 母乳で育てられた子供 / frère de *lait* 乳兄弟 / vache à *lait* 乳牛 / *lait* de chèvre ヤギの乳 / *lait* en poudre 粉乳 / *lait* entier 全乳 / *lait* écrémé 脱脂乳 / *lait* concentré [condensé] コンデンスミルク / thé au *lait* ミルクティー / *lait* de poule エッグノッグ (卵黄入りホットミルク).
❷ 乳液；乳状製品. ▶ *lait* de beauté (化粧用)乳液 / *lait* démaquillant クレンジング乳液 / *lait* de coco ココナッツミルク. ❸ 乳色，乳白色. ▶ teint de *lait* (乳のように)白い顔色.

avoir du lait sur le feu 話 忙しくて相手をしている暇がない.
boire du lait (1) 牛乳を飲む. (2) (おだてられて)大満足する，鼻高々である. 注 (2)の意味では *boire du petit-lait* ともいう.

laitage /lɛtaːʒ/ 男 ミルク；乳製品.
laitance /lɛtɑ̃ːs/ 女 魚の精巣, 白子(½).
laité, e /lete/ 形 《魚が》白子(½)を持つ.
laiterie /lɛtri/ 女 ❶ 牛乳工場，乳製品工場. ❷ (農場の)生乳置き場；乳製品加工所.
laiteux, euse /lɛtø, øːz/ 形 乳白色の，ミルク色の；乳状の.
laitier, ère /letje, ɛːr/ 名 牛乳販売店；《特に》(家庭, 小売店への)牛乳配達人.
l'heure du laitier 早朝.
—— 形 ❶ 牛乳の，乳製品の. ▶ produit *laitier* 乳製品. ❷《牛などが》乳用の. ❸ (乳製品の)工場で作られた. ▶ fromage *laitier* 工場製のチーズ.
—— **laitière** 女 ❶ 乳牛 (= vache laitière). ❷ (ふた, 取っ手のついた)牛乳缶.
—— **laitier** 男【金属】スラグ，鉱滓(ネッ).
laiton /lɛtɔ̃/ 男 真鍮(カォ͝ゥ), 黄銅.
laitue /lety/ 女【植物】レタス，チシャ. ▶ salade de *laitue* レタスのサラダ.
laïus /lajys/ 男 話 ❶ 演説, スピーチ. ▶ faire un *laïus* 演説をする，一席ぶつ. ❷ 仰々しい冗語.
laïusser /lajyse/ 自動 話 長々と演説する；くどくどとしゃべりまくる.
lama[1] /lama/ 男 ❶【動物】ラマ, リャマ. ❷ ラマの毛織物.

lama

lama² /lama/ 男 ラマ僧.
lamaïsme /lamaism/ 男 ラマ教.
lamaïste /lamaist/ 形 ラマ教の; ラマ教徒の.
── 名 ラマ教徒.
lamantin /lamɑ̃tɛ̃/ 男 【動物】マナティー.
lambeau /lɑ̃bo/; 〔複〕 **x** 男 ❶ (布, 紙, 肉などの)切れ端, 断片. ▶ vêtement en *lambeaux* ぼろぼろの服 / partir [tomber] en *lambeaux* ずたずたになる. ❷ (全体から遊離した)一部; (わずかな)部分. ▶ des *lambeaux* de conversation とぎれとぎれに聞こえる会話.
lambin, ine /lɑ̃bɛ̃, in/ 名, 形 話 のろま(な), ぐず(な).
lambiner /lɑ̃bine/ 自動 話 ぐずぐずする; 時間を空費する.
lambrequin /lɑ̃brəkɛ̃/ 男 ❶ (寝台の天蓋(ﾃﾝｶﾞｲ)や窓の上部に張る布製の)垂れ飾り; (広告用の)垂れ幕. ❷ (かぶとから下げる)飾り布.
lambris /lɑ̃bri/ 男 ❶ (壁や天井などの)板張り, 板羽目. (大理石, スタッコなどによる)化粧, 仕上げ. ❷ 羽目板. ❸ *lambris* dorés = riches *lambris* (宮殿などの)豪華な室内装飾; 豪邸, 御殿.
lambrissé, e /lɑ̃brise/ 形 板張りにした, 板羽目にした.
lambrisser /lɑ̃brise/ 他動 〈壁や天井など〉を板張りにする, 板羽目にする.
*****lame** /lam/ ラム 女 ❶ (細長い)薄板; 薄片, 箔(ﾊｸ). ▶ une *lame* de mica 雲母(ｳﾝﾓ)の薄片. ❷ (刀, ナイフなどの)刃身, 刃. ▶ *lame* de rasoir かみそりの刃 / aiguiser la *lame* d'un couteau ナイフの刃を研ぐ. ❸ (海の)波. ▶ fendre la *lame* 波を切って進む.
　fine lame (1) 剣の達人. (2) 切れ者.
　lame de fond (1) 津波. (2) (社会的, 政治的な)激変, 大変動; (世論などの)爆発.
　visage en lame de couteau (ナイフの刃のように)細くとがった顔.
lamé, e /lame/ 形 〔織物が〕金属糸を織り込んだ, ラメ入りの.
── **lamé** 男 ラメ織物, ラメ (= tissu *lamé*).
La Mecque /lamɛk/ 固有 ⇨ MECQUE.
lamelle /lamɛl/ 女 小薄片; 薄層, 薄板.
lamentable /lamɑ̃tabl/ 形 ❶ ひどい, みじめな, 情けない. ▶ orateur *lamentable* 聞くに堪えない演説者. ❷ 〔声などが〕哀れっぽい; 痛ましい. ▶ ton *lamentable* 訴えるような調子.
lamentablement /lamɑ̃tabləmɑ̃/ 副 無残に, ひどく; 悲痛に, 痛ましく, 情けなく.
lamentation /lamɑ̃tasjɔ̃/ 女 嘆き声; 悲嘆, 泣き言. ▶ faire entendre des *lamentations* 悲嘆の声を上げる.
se lamenter /s(ə)lamɑ̃te/ 代動 < *se lamenter* (sur qn/qc) // *se lamenter* (de + 不定詞) (…を)嘆く, 悲しむ; (…について)不平〔泣き言〕を言う. ▶ *se lamenter* sur la cherté de la vie 物価高を愚痴る.
lamifié, e /lamifje/ 形 〔板材などが〕積層構造の, 積層成形された.
── **lamifié** 男 商標 合板, 化粧板.
laminage /lamina:ʒ/ 男 ❶【金属】圧延.
❷ 削減, 縮小; 衰退.

laminer /lamine/ 他動 ❶【金属】…を圧延する.
❷ …を押しつぶす; 縮小する, 削減する. ▶ *laminer* les revenus 所得を目減りさせる.
lamineur, euse /laminœ:r, ø:z/ 男 圧延工.
── 形 【金属】圧延する. ▶ cylindre *lamineur* 圧延ロール.
laminoir /laminwa:r/ 男 【金属】圧延機.
passer au laminoir 厳しい試練を受ける.
lampadaire /lɑ̃padɛ:r/ 男 フロアスタンド; (通り, 広場の)街灯(柱).
lampant, ante /lɑ̃pɑ̃, ɑ̃:t/ 形 灯火用に精製した. ▶ pétrole *lampant* 灯油, ケロシン.
*****lampe** /lɑ̃:p/ ランプ 女 ❶ 電灯, ライト; 電球. ▶ allumer [éteindre] une *lampe* 電灯をつける[消す] / *lampe* de bureau デスクスタンド / *lampe* de soixante watts 60ワットの電球 / *lampe* de poche 懐中電灯 / *lampe* témoin パイロットランプ / La *lampe* a sauté, il faut la changer. 電球が切れたので取り替えなくてはならない.
❷ (照明用, 加熱用の)ランプ. ▶ *lampe* à alcool アルコールランプ / *lampe* à huile オイルランプ.
❸ 真空管, 電子管.
s'en mettre plein la lampe 俗 たっぷり飲み食いする.
lampée /lɑ̃pe/ 女 話 (飲み物の)一飲み. ▶ boire à grandes *lampées* がぶ飲みをする.
lamper /lɑ̃pe/ 他動 話 …を一息に飲む.
lampion /lɑ̃pjɔ̃/ 男 ❶ (祭りなどに使う)紙提灯(ﾁｮｳﾁﾝ). ❷ 古風 (皿に油と灯心を入れた)小型ランプ, カンテラ.
sur l'air des lampions (スローガンなどを叫ぶときに) 3拍子で, リズムをつけて. 注 1827年, 群衆が街灯の改善を求めて《Des lam-pions!》と区切って叫んだことから.
lampiste /lɑ̃pist/ 男 ❶ (鉱山, 劇場などの)灯火[照明]係. ❷ 話 (上役の失敗の責任をかぶらされる)下役, 下っ端.
lamproie /lɑ̃prwa/ 女 【魚類】ヤツメウナギ.
lance /lɑ̃:s/ 女 ❶ 槍(ﾔﾘ). ▶ *lance* d'étendard 幟竿(ﾉﾎﾞﾘｻｵ) / donner un coup de *lance* à qn …を槍で突く. ❷ (給水・散水用ホースの)筒先 (= *lance* à eau). ▶ *lance* d'arrosage 散水ホースのノズル.
fer de lance (1) 先兵; 精鋭. ▶ le *fer de lance* de l'économie française フランス経済の精鋭. (2) 槍の穂先. ▶ en *fer de lance* 槍の穂形の. (3) (鉄柵の上部の)槍の穂形の装飾.
rompre **une** *lance* [*des lances*] *avec* [*contre*] *qn* …と論争する, 論戦を交える. 注 馬上槍試合の勝敗は折れた槍の数で決まったことから.
lancé, e /lɑ̃se/ 形 ❶ 世に出た, 有名になった, 人気のある. ▶ un chanteur *lancé* スター歌手. ❷ 投げられた, 発射された. ❸ 始動した; 突進する, 疾駆する. ❹ 話 話し始めた; 《特に》好きな分野について語り出した.
── **lancée** 女 はずみ, 勢い, 速力.
sur sa lancée はずみで, 勢いに任せて. ▶ continuer *sur sa lancée* はずみに乗って続ける.
lance- 接頭 「発射装置」の意.
lance-flammes /lɑ̃sflam/ 男 火炎放射器.
lance-grenades /lɑ̃sgrənad/ 男 擲弾(ﾃｷﾀﾞﾝ)筒.

lancement /lɑ̃smɑ̃/ 男 ❶ 投げること；〔ロケット，ミサイルなどの〕発射．▶ *lancement* du javelot 槍(ヤリ)投げ / site de *lancement* ロケット打ち上げ基地．❷ 船の進水 (=*lancement* d'un navire)；架橋 (=*lancement* d'un pont)．❸ 〔活動などの〕開始，着手；〔新製品，新人作家などの〕売り出し，発表；〔公債などの〕発行．▶ *lancement* d'un journal 新聞の発刊．

lance-missiles /lɑ̃smisil/ 男 ミサイル発射装置．

lance-pierres /lɑ̃spjɛːr/ 男 〔石などを飛ばして遊ぶ〕パチンコ．
manger [avec un [au] lance-pierres 話 飯をかき込む．

***lancer**¹ /lɑ̃se/ ランセ/ 1 他動

過去分詞 lancé	現在分詞 lançant
直説法現在 je lance	nous lançons
tu lances	vous lancez
il lance	ils lancent
複合過去 j'ai lancé	半過去 je lançais
単純未来 je lancerai	単純過去 je lançai

❶ …を投げる；発射する．▶ *lancer* des pierres contre une fenêtre 窓に石を投げつける / *lancer* une fusée ロケットを打ち上げる / *lancer* des bombes sur une ville 町に爆弾を投下する．比較 ⇨ JETER.
❷〔煙，光，音など〕を発する，放つ．▶ cheminée qui *lance* de la fumée 煙を吐き出す煙突．
❸〔視線〕を投げかける，向ける；〔手足〕を投げ出す，突き出す．▶ *lancer* un clin d'œil 目くばせする / *lancer* la jambe de côté 足を横に投げ出す．
❹〔言葉〕を言い放つ，投げつける；〔通告，書状など〕を送りつける，発する．▶ *lancer* un cri 叫び声を上げる / *lancer* des injures 罵言(バゲン)雑言を浴びせる / *lancer* des invitations 招待状を送る / *lancer* un SOS 遭難信号を発信する．
❺ …を駆り立てる，向かわせる；〔軍隊など〕を差し向ける，派遣する．▶ *lancer* un cheval au galop 馬をギャロップで走らせる / *lancer* des soldats à l'assaut 兵隊に攻撃をかけさせる．
❻〔機械など〕を動かす，始動させる．▶ *lancer* un moteur エンジンをかける / *lancer* un navire 船を進水させる / Le train *était lancé* à toute vitesse. 列車は全速力で疾走していた．◆ *lancer* qc à＋数量表現〔乗り物〕を速度を…まで上げる．▶ *lancer* sa voiture à 80km/h [quatre-vingts kilomètres par heure] 車のスピードを時速80キロに上げる．
❼〔事業，計画，作戦など〕を開始する，起こす，に取りかかる．▶ *lancer* une offensive 攻勢に出る / *lancer* une campagne publicitaire 宣伝キャンペーンを始める．
❽〔新製品，商標など〕を売り出す，売り込む；世に出す，発表する．▶ *lancer* un nouveau produit 新製品を売り出す / *lancer* une mode 流行を作り出す．▶ C'est ce disque qui *l'a lancée*. このレコードが彼女のデビュー作だ．
❾〔職業，活動などに〕…を導く．▶ *lancer* son fils dans les affaires 息子を実業界に進ませる．
❿ 話 …に〔好みの話題の〕話をさせる，を会話に引き込む．▶ Si vous le *lancez* sur la politique, il devient intarissable. 彼に政治談義をさせたら，話がいつまでも尽きない．

— **se lancer** 代動 ❶ 投げられる，放たれる，発射される．❷ 突進する，飛び込む；跳躍する；〔自動車などが〕疾走する．▶ *se lancer* contre une proie 獲物に飛びかかる / *se lancer* contre un obstacle 障害に立ち向かう．❸〈*se lancer* à [dans] qc〉…に乗り出す，取り組む，身を投じる．▶ *se lancer* à la conquête du marché mondial 世界市場の征服に乗り出す / *se lancer* dans la politique 政界に打って出る．❹ 自分を売り込む；世に出る (=*se lancer* dans le monde)；〔新製品などが〕売り出される；〔流行が〕作られる．❺〈*se lancer* sur qc〉〔好みの話題〕を話し始める，議論する．

lancer² /lɑ̃se/ 男 ❶〔スポーツ〕〔砲丸，円盤，槍(ヤリ)などの〕投擲(トウテキ)〔競技〕．❷ ルアー釣り (=pêche au *lancer*)．

lance-roquettes /lɑ̃srɔkɛt/ 男〔軍事〕ロケットランチャー，ロケット発射筒．

lance-torpilles /lɑ̃stɔrpij/ 男 魚雷発射装置．▶〔同格的に〕tube *lance-torpilles* 魚雷発射管．

lancette /lɑ̃sɛt/ 女〔外科〕ランセット：出血，排膿(ハイノウ)，種痘用の小さな針．

lanceur, euse /lɑ̃sœːr, øːz/ 名 ❶ 投げる人；〔スポーツ〕投擲(トウテキ)選手；〔野球の〕投手．❷ ルアー釣りをする人．❸ 発起人；セールスプロモーター．
— **lanceur** 男〔人工衛星，宇宙船の〕打ち上げロケット．

lancier /lɑ̃sje/ 男 槍騎(ソウキ)兵．

lancinant, ante /lɑ̃sinɑ̃, ɑ̃ːt/ 形 ❶ ずきずきする，うずく．▶ douleur *lancinante* ずきずきする痛み．❷ しつこく悩ませる．▶ souvenirs *lancinants* 断ち切れない思い出．

lancinement /lɑ̃sinmɑ̃/ 男 疼痛(トウツウ)．

lanciner /lɑ̃sine/ 他動 ❶ …を激痛で苦しめる．❷ …をしつこく悩ませる，うるさがらせる．▶ Cette idée me *lancine* depuis une semaine. 1週間前からこの考えが頭を離れない．

lançon /lɑ̃sɔ̃/ 男〔魚類〕イカナゴ．

landais, aise /lɑ̃dɛ, ɛːz/ 形 ランド Landes 地方の；ランド県の．
— **Landais, aise** 名 ランド地方の人；ランド県の人．

landau /lɑ̃do/ 男 ❶〔フード付き〕乳母車，ベビーカー．❷〔2頭または4頭引きの〕ランドー型馬車．

lande /lɑ̃ːd/ 女〔ヒース，シダなどの野生の低木しか生えない〕荒れ地，ランド．

Landes /lɑ̃ːd/ 固有 女複 ❶ ランド県 [40]：ボルドー南部ランド地方の県．❷ ランド地方：ボルドー地方南部の森林地帯．

***langage** /lɑ̃ɡaːʒ/ 男 ❶〔人間に固有の〕言語能力，言語，言葉．▶ s'exprimer par le *langage* 言葉で表現する / troubles du *langage* 言語障害．比較 ⇨ LANGUE.
❷〔ある社会，個人などに特有の〕言葉〔遣い〕，用語法，話し方．▶ *langage* populaire 俗語 / *langage* soutenu 改まった言い方 / *langage* administratif [technique] 官庁 [専門] 用語 / tenir

langagier

un *langage* contradictoire 矛盾した言い方をする / changer de *langage* 言葉遣いを変える / Surveillez votre *langage*! 言葉遣いに注意しなさい. ◆le *langage* de qc (感情, 態度など)に特有の言葉［表現］. ▶ le *langage* de la raison 理性に基づく言葉；理屈. 比較 LANGUE.

❸ (言葉以外のシンボルによる)言語. ▶ *langage* gestuel 身振り言葉 / *langage* des fleurs 花言葉 / *langage* artificiel 人工言語 / *langage* chiffré 暗号 / le *langage* des abeilles ミツバチの言葉.

❹ (音楽家, 画家などの)表現形態, 手法, 語法.

❺ 〖情報〗言語. ▶ *langage* machine 機械語 / *langage* de programmation プログラミング言語 / *langage* symbolique 記号言語.

langagier, ère /lɑ̃gaʒje, ɛːr/ 形 言語の, 言語活動の, 語法［言葉遣い］の.

lange /lɑ̃ːʒ/ 男 産着, おくるみ.

langer /lɑ̃ʒe/ 他動 を産着［おしめ］でくるむ.

langoureusement /lɑ̃gurøzmɑ̃/ 副 悩ましげに, もの憂げに.

langoureux, euse /lɑ̃gurø, øːz/ 形 (恋などに)悩んだ, 悶々(もんもん)とした；もの憂げな, 悩ましげな. ▶ regard *langoureux* 切なそうな眼差(まなざ)し.

langouste /lɑ̃gust/ 女 〖動物〗イセエビ.

langoustier /lɑ̃gustje/ 男 ❶ イセエビ取りの網. ❷ (生け簀(す)のある)イセエビ漁船.

langoustine /lɑ̃gustin/ 女 〖動物〗ヨーロッパアカザエビ.

:langue /lɑ̃ːg/ ラーング/ 女 ❶ 舌；舌状のもの. ▶ goûter qc du bout de la *langue* 舌先で…の味をみる / se brûler la *langue* 舌をやけどする / *langue* de feu 炎の舌, 火炎 / *langue* de terre 細長い陸地(岬, 半島など)；地峡.

❷ (国家, 民族, 地域などに固有の)言語, …語, 国語；〖複数で〗外国語. ▶ la *langue* française フランス語 / *langue* étrangère 外国語 / Quelles *langues* étrangères parlez-vous? あなたは何語を話しますか / la *langue* de Molière (モリエールの言葉→)フランス語 / *langue* des signes 手話 / *langue* maternelle 母語 / *langue* officielle (ある国家の)公用語 / *langue* diplomatique 外交用語 / *langue* morte ［vivante］死語［現用言語］/ *langues* classiques 古典語(ギリシア語とラテン語など) / faire allemand en seconde *langue* 第2外国語としてドイツ語を学ぶ / avoir le don des *langues* 語学の才能がある.

❸ 言葉遣い, 話し方；(社会階層, 職業などに固有の)言葉, 用語(法). ▶ *langue* parlée ［écrite］話し［書き］言葉 / *langue* populaire 俗語 / *langue* verte 隠語 / *langue* de bois (紋切り型の)硬直した表現.

❹ 〖料理〗(牛, 豚などの)舌, タン. ▶ *langue* écarlate 硝石を加えた塩水につけてゆでた牛タン.

avaler sa langue 口をつぐむ.

avoir la langue bien pendue［*déliée*］舌がよく回る, よくしゃべる.

avoir la langue trop longue ひどくおしゃべりである, 口が軽い.

avoir un cheveu sur la langue 軽いなまりがある(＝zézayer).

avoir un mot sur（*le bout de*）*la langue* 言葉が出そうで出ない.

donner sa langue au chat（解答, 解決策が見つからずに)さじを投げる, お手上げである.

garder sa langue 黙っている, 沈黙する

mauvaise langue 毒舌家, 中傷家（＝langue venimeuse, langue de vipère）.

tenir sa langue 口をつぐむ. ▶ savoir *tenir sa langue* 口が固い.

tirer la langue (1) 喉(のど)が渇いている. (2) 金に困っている, 窮乏している；窮地に陥っている.

tirer la langue（*à qn*）(ばかにして)（…に)舌を出して見せる.

比較 **言葉, 言語**
langue 第一義的にはある民族や国に固有の言語体系(国語)を指し, 集団や個人の用語法について言う場合でも, その制度的な面が強調される. **langage** 第一義的には言葉を使う活動そのものを指し, 集団や個人の用語法について言う場合でも, その言語運用としての面が強調される. **parole** 話されたものとしての言葉. 言語学では特に, langage (言語活動)の下位区分として, langue (制度としての言語)に対して, 具体的に使用されたものとしての言語を指す. **mot** 1つ1つの単語のこと.

langue-de-chat /lɑ̃gdəʃa/；〖複〗～s-～-～ 女 ラングドシャ：薄い楕円(だえん)形のクッキー.

Languedoc /lɑ̃gdɔk/ 固有 男 ラングドック地方：フランスの地中海沿岸西部.

languedocien, enne /lɑ̃gdɔsjɛ̃, ɛn/ 形 ラングドック Languedoc 地方の.
— **Languedocien, enne** 名 ラングドック地方の人.

Languedoc-Roussillon /lɑ̃gdɔkrusijɔ̃/ 固有 男 ラングドック＝ルシヨン地方.

languette /lɑ̃gɛt/ 女 ❶ (小さな舌のように)薄くて細長いもの. ▶ *languette* de pain 薄切りのパン. ❷ 〖靴〗舌革.

langueur /lɑ̃gœːr/ 女 ❶ もの憂さ, 物思い, 憂愁. ▶ *langueur* amoureuse 恋煩い. ❷ (肉体的, 精神的な)衰弱, 無気力. ❸ 古風 不活発, 沈滞.

languir /lɑ̃giːr/ 自動 ❶ 沈滞する, 活気がなくなる, 不振になる. ▶ La conversation *languit*. 会話がだれる. ❷ 待ち焦がれる, じれる. ▶ Je *languis* de te voir. 君に会いたくてたまらない / faire *languir* qn …をじらす. ▶ *languir* après qn/qc …を待ち焦がれる. ▶ *languir* après une lettre 手紙を待ちわびる. ❸〖植物が〗しおれる.
— **se languir** 代動 話 *se languir* (de qn /qc) (…に)退屈する；焦がれる.

languissamment /lɑ̃gisamɑ̃/ 副 文章 力なく, もの憂げに.

languissant, ante /lɑ̃gisɑ̃, ɑ̃ːt/ 形 ❶ 活気のない, 不振な. ▶ conversation *languissante* だれた会話.
❷ 文章 (ふざけて)恋焦がれた, 悩ましげな.

lanière /lanjɛːr/ 女 細長い(革)帯, (革)ひも.

lanterne /lɑ̃tɛrn/ 女 ❶ ランタン, 提灯(ちょうちん), ランプ. ▶ *lanterne* de veilleur 夜警用角灯 / *lanternes* chinoises (絵模様の紙を用いた)中国灯籠

lardon

(ﾁｮｳﾁﾝ)/ *lanternes* vénitiennes（色紙を用い蛇腹式になった）飾り提灯.
❷《複数で》（自動車の）車幅灯, スモールランプ（= *lanternes* d'automobile）. ▶ se mettre en *lanternes* スモールランプをつけて走る.
❸〖建築〗（採光, 通風のための）頂塔. ▶ tour *lanterne*（教会堂の交差部の）採光塔, 明かり塔, 大塔.
❹〖歴史〗街灯. ▶ Les Aristocrates à la *lanterne*! 貴族どもは街灯につるせ（フランス革命時の流行歌のリフレーン）.
❺ *lanterne magique* 幻灯（機）.
éclairer la lanterne de qn（…にランタンの明かりをつけてやる→）…に分かるように説明してやる.
lanterne rouge（1）（行列, 自転車競技の）最後尾, びり.（2）（列車などの）赤色灯, 尾灯.
prendre des vessies pour des lanternes（膀胱(ぼうこう)を提灯と間違える→）とんだ思い違いをする. 注 昔の豚肉屋で, 膨らませた豚の膀胱を看板に使っていたことから.

lanterneau /lɑ̃terno/; 《複》**x** 男 ❶（キャンピングトレーラーの）サンルーフ, 天窓. ❷〖建築〗天窓,（屋根上の）明かり取り.

lanterner /lɑ̃terne/ 自動 話 だらだらと時間をつぶす. ▶ faire *lanterner* 待たせる.

lanternon /lɑ̃terno/ 男 〖建築〗頂塔,（屋根上の）明かり取り;（階段室最上部の）採光室.

Laon /lɑ̃/ 固有 ラン: Aisne 県の県庁所在地.

Laos /laos; laɔs/ 固有 男 ラオス: 首都 Vientiane. ▶ *au Laos* ラオスに［で, へ］.

laotien, enne /laɔsjɛ̃, ɛn/ 形 ラオス Laos の.
—— **Laotien, enne** 名 ラオス人.

lapalissade /lapalisad/ 女 自明の理, 分かりきったこと. 注 将軍ラ・パリスの勇猛果敢な戦闘ぶりをたたえたシャンソンの一節 Un quart d'heure avant sa mort, il était encore en vie. が本来は「死の寸前までなお彼は勇敢に戦った」という意味であったのに, 後に「死の寸前までなお彼は生きていた」という当たり前の意味にとられるようになったことから.

lapement /lapmɑ̃/ 男（犬, 猫が）舌を鳴らして飲む［食べる］こと; 舌のぺちゃぺちゃいう音.

laper /lape/ 他動（犬, 猫が）…を舌を鳴らして飲む［食べる］.

lapereau /lapro/; 《複》**x** 男 子ウサギ.

lapidaire /lapidɛːr/ 男 ❶ 宝石細工職人, 宝石商. ❷ 宝石加工機,（大理石加工用の）回転砥石(といし);（ガラス加工用の）ディスクグラインダー.
—— 形 ❶ 宝石の, 石碑の. ▶ inscription *lapidaire* 碑銘 / musée *lapidaire* 石彫美術館. ❷（碑文を思わせるように）簡潔な.

lapidation /lapidasjɔ̃/ 女 ❶ 石を投げつけて殺すこと; 投石刑. ❷ 石を投げつけること, 投石.

lapider /lapide/ 他動 …に石を投げつける; を石を投げつけて殺す. ▶ Les manifestants *ont lapidé* les forces de l'ordre. デモ隊は機動隊に向けて投石した.

*****lapin** /lapɛ̃/ ラパン 男 ❶ ウサギ. ▶ *lapin domestique* [*de choux*] 飼いウサギ / *lapin de garenne* アナウサギ（飼いウサギの原種）. ❷ ウサギ肉. ▶ civet de *lapin* ウサギのシヴェ（血入り赤ワイン煮）. ❸ ウサギの毛皮.

cabane [*cage*] *à lapins* 話 ウサギ小屋; 狭苦しい集合住宅.
chaud [*sacré*] *lapin* 話 精力絶倫男, 好色漢.
courir comme un lapin ウサギのように早く走る.
Mon (*petit*) *lapin*（男女ともに使える親愛の呼びかけ）ねえ, おまえ.
poser un lapin à qn …との（待ち合わせの）約束をすっぽかす, に待ちぼうけを食わす.

lapine /lapin/ 女 ❶ 雌ウサギ. ❷ 話 mère *lapine* 子だくさんの女.

lapiner /lapine/ 自動〔ウサギが〕子を産む.

lapis /lapis/, **lapis-lazuli** /lapislazyli/ 男〖鉱物〗ラピス・ラズリ.

lapon, on(n)e /lapɔ̃, ɔn/ 形 ラップランド Laponie の. —— **Lapon, on(n)e** 名 ラップランドの人, ラップ人.

Laponie /laponi/ 固有 女 ラップランド: 北極圏内に属するヨーロッパ最北部.

laps /laps/ 男《次の句で》
laps de temps 期間. ▶ en un *laps de temps* assez court [long] かなり短［長］期間で.

lapsus /lapsys/ 男（言葉の）言い違い, 書き違い;（無意識のうちの）誤り, 間違い. ▶ *lapsus* de mémoire 記憶違い.

laquage /laka:ʒ/ 男 ラッカー塗装, 漆塗り.

laque /lak/ 女 ❶ 漆. ❷ ラッカー, ニス. ❸ レーキ: 繊維の染色に用いる深紅色の有機顔料. ❹ マニキュア; ヘアスプレー.
—— 男 漆器.

laqué, e /lake/ 形 ❶ 漆塗りの, ラッカーで塗装した. ❷〔爪(つめ)が〕マニキュアを塗った;〔髪に〕ヘアスプレーをかけた. ❸〖料理〗canard *laqué* 北京ダック.

laquelle /lakɛl/ lequel の女性形.

laquer /lake/ 他動 ❶ …に漆を塗る, ラッカー塗装を施す. ❷〔爪(つめ)〕にマニキュアを塗る;〔髪〕にヘアスプレーをかける.
—— **se laquer**（自分の）〔髪〕にヘアスプレーをする;〔爪〕にマニキュアを塗る.

larbin /larbɛ̃/ 男 話《軽蔑して》❶ 使用人, 下男. ❷ 卑屈な男, へつらう者.

larcin /larsɛ̃/ 男 文章 小さな盗み; 盗品. ▶ commettre un *larcin* こそ泥を働く.

lard /laːr/ 男 ❶（豚の）脂肪, 脂身. ▶ *lard fumé* ベーコン / *lard gras* = *lard* 背脂 / *lard maigre* = petit *lard* 豚ばら肉, 三枚肉.
❷（人の）脂肪. ▶ un gros *lard* 話 でぶ /（se）faire du *lard*（何もしないで）ぶくぶく太る.
secouer la lard à qn 話 …をゆする［ゆさぶる］.
tête de lard 話 石頭, 頑固者.

larder /larde/ 他動 ❶〖料理〗〔脂身の少ない肉〕に細切りの背脂を差し込む. ❷ <*larder* qn de + 無冠詞複数名詞>…を（剣などで）何度も突く;（言葉などで）責め立てる. ▶ *larder* qn de coups de couteau …をナイフでめった突きにする. ❸ <*larder* qc de + 無冠詞複数名詞>〔文章など〕に…をたくさん入れる. ▶ *larder* un texte de citations テキストに引用をちりばめる.

lardon /lardɔ̃/ 男 ❶〖料理〗（肉に差し込む）細切

りの背脂,細長い脂身;(付け合わせなどの)賽(🎲)の目切りの豚のばら肉. ❷ 話 子供.

lare /laːr/ 男〖古代ローマ〗(家,都市,街路の)守護神,守護霊.

largage /larɡaːʒ/ 男 ❶ (飛行機などからの)投下. ▸ *largage* de bombes 爆弾投下. ❷ 話 首切り,厄介払い.

:large /larʒ ラルジュ/ 形

英仏そっくり語
英 large 大きな,広い.
仏 large 幅の広い,大きな.

❶ 幅の広い,横に広い. ▸ une *large* rue 広い通り / chapeau à *larges* bords つば広の帽子 / une table aussi *large* que longue 縦横の長さが同じテーブル / avoir un front *large* (↔étroit) 額が広い / être *large* d'épaules 肩幅が広い (= avoir les épaules larges). ◆ *large* de + 数量表現 幅が…の. ▸ Ici, le fleuve est *large* de cent mètres. ここは川幅が100メートルだ. 比較 ⇨ GRAND.

❷ 大きな,広い;〖衣服が〗ゆったりした. ▸ De très *larges* fenêtres éclairaient toute la pièce.(=grand) 非常に大きな窓が部屋全体を明るく照らしていた / un pantalon trop *large* だぶだぶのズボン.

❸ (程度,範囲などについて)相当の,大幅な. ▸ *large* pouvoir 大きな権力 / dans une *large* mesure かなりの程度に / faire de *larges* concessions (= considérable) 大幅な譲歩をする / avoir une *large* part de responsabilité 責任が重い / au [dans le] sens le plus *large* du terme 言葉の最も広い意味で.

❹ 気前のよい,金離れのよい. ▸ mener une vie *large* 贅沢(🎲)な生活を送る / Il n'est pas très *large* avec ses domestiques. 彼は使用人に対してあまり気前がよくない.

❺ 心の広い,鷹揚(🎲)な. ▸ esprit *large* 柔軟な精神 / être *large* d'idées = avoir les idées *larges* 度量が広い,寛容である.

― 副 ❶ 広く,大きく;ゆったり,たっぷり. 注 形容詞的に名詞の性数に一致させることが多い. ▸ avoir les yeux *large*(s) ouverts 目を大きく見開く / s'habiller *large* ゆったりした服を着る.

❷ 大ざっぱに;(特に)少し多めに見積って. ▸ calculer *large* 概算する;ゆとりをもたせて計算する.

ne pas en mener large 話 切羽詰まる;いたたまれない;びくつlike.

voir large 視野が広い;度量が大きい.

― 男 ❶〈数量表現 + de *large*〉幅が…の,短辺が…の. ▸ route de quatre mètres de *large* 4メートル幅の道路 / Cette chambre fait cinq mètres de *large* sur six mètres de long. この部屋は短辺が5メートル,長辺が6メートルある.

❷ 沖,外海. ▸ un *large* vent de *large* 海風.

Au large! (歩哨(🎲)の言葉で)近づくな.

au large de qc …の近海で[に].

de long en large (1) (同じ場所を)行ったり来たりしながら;あちこちに. ▸ aller *de long en large* 同じ所を何度も往復する. (2) 縦横に.

en long et en large あらゆる方向に;あらゆる

[角度]から. ▸ explorer une question *en long et en large* 問題をあらゆる観点から検討する.

être au large (1) ゆったり[広々と]している. (2) 安楽である,裕福だ.

prendre [gagner] le large (1) 〔船が〕沖合いに出る. (2) 話 逃げ去る,ずらかる.

largement /larʒəmɑ̃/ 副 ❶ 広く,大きく. ▸ fenêtres *largement* ouvertes 開け放たれた窓. ❷ 十分に,大量に;気前よく. ▸ avoir *largement* le temps 時間がたっぷりある / gagner *largement* sa vie 十分な生活費を稼ぐ. ❸ 少なくとも;とっくに. ▸ Il est *largement* deux heures. もう2時は過ぎている.

largesse /larʒes/ 女 ❶ 気前のよさ. ▸ faire *largesse* de qc …を惜しみなく与える. ❷ (多く複数で)(気前のよい)贈り物.

*****largeur** /larʒœːr ラルジュール/ 女 ❶ 幅,横幅;横. ▸ *largeur* d'une table テーブルの幅 / *largeur* des épaules 肩幅 / sur [dans] toute la *largeur* de la rue 道幅いっぱいに. ◆ 数量表現 + de *largeur* 幅…の. ▸ porte d'un mètre de *largeur* 幅1メートルの戸.

❷ 太さ,直径. ▸ *largeur* d'un tronc d'arbre 木の幹の太さ.

❸ (心,精神などの)広さ,寛大さ. ▸ *largeur* de vues 視野の広さ.

dans les grandes largeurs 話 すっかり,完全に.

larghetto /large(t)to/《イタリア語》 副〖音楽〗ラルゲット:ラルゴよりやや速く.
― 男 ラルゲット(の曲).

largo /largo/《イタリア語》 副〖音楽〗ラルゴ,非常にゆっくりとした速度で表情豊かに.
― **largo:** (複) 男 ラルゴ(の曲).

larguer /large/ 他動 ❶〔索,綱,ロープ〕を緩める,ほどく;…のロープをほどく. ▸ *larguer* les amarres もやい綱を緩める(⇨ 成句).

❷ …を(飛行機などから)投下する,落とす. ▸ *larguer* un commando コマンド部隊を降下させる.

❸ …を捨てる,見捨てる,厄介払いする.

larguer les amarres 出発する.

larigot /larigo/ 男 (次の句で)

à tire-larigot ⇨ TIRE-LARIGOT.

*****larme** /larm ラルム/ 女 ❶ (多く複数で)涙. ▸ verser des *larmes* 涙を流す / *larmes* de joie 喜びの涙 / avoir les *larmes* aux yeux 目に涙を浮かべている / avoir des *larmes* dans la voix 涙声になっている / être au bord des *larmes* 今にも泣き出しそうである / être en *larmes* 泣いている / pleurer à chaudes *larmes* さめざめと泣く / contenir ses *larmes* 涙をこらえる / avoir les *larmes* faciles 涙もろい / Les *larmes* lui montent aux yeux. 涙が彼(女)の目にあふれてくる.

❷ 話〈une *larme* de + 無冠詞名詞〉少量の(液体). ▸ Je ne boirai qu'une *larme* de vin. 酒はほんの少しでやめておく.

avoir toujours la larme à l'œil 涙もろい.

larmes de crocodile 偽りの涙,うそ泣き.

rire aux larmes 涙が出るほど笑う.

vallée de larmes 文章 涙の谷:天国に対して,苦悩に満ちた現世を指していう.

larmoiement /larmwamā/ 男 ❶《目の疲労や炎症で》絶えず涙が出ること. ❷《多く複数で》泣き言, めそめそすること, 愁訴.

larmoyant, ante /larmwajā, ā:t/ 形 ❶ 涙を流する, 涙を浮かべる. ❷《多く軽蔑して》涙を誘う, 哀れっぽい. ▶ parler d'une voix *larmoyante* 哀れっぽい声で話す.

larmoyer /larmwaje/ 10 自動 ❶ 涙が出る, 涙を流す. ❷《多く軽蔑して》泣き言を言う, めそめそする.

La Rochelle /laʀɔʃɛl/ 固有 ⇨ ROCHELLE.

La Roche-sur-Yon /laʀɔʃsyʀjɔ̃/ 固有 ⇨ ROCHE-SUR-YON.

larron /laʀɔ̃/ 男 ❶ 古 山賊, 盗賊. ❷《聖書》le bon [mauvais] *larron*《キリストとともにはりつけになった2人の盗賊のうちの》悔い改めた [悔い改めない] 盗賊／troisième *larron* 漁夫の利を占める者. *L'occasion fait le larron.* 諺《機会が盗人を作る→》魔が差せばだれでも悪事を働くことがある. *s'entendre comme larrons en foire* 話《ぐるになって悪事を働くほど》よく馬が合う.

larvaire /laʀvɛ:ʀ/ 形 ❶【動物学】幼生の, 幼虫の. ❷ 未発達な, 萌芽（ほうが）的な.

larve /laʀv/ 女 ❶【動物学】幼虫, 若虫. ❷ 話 怠け者, のらくら者.

larvé, e /laʀve/ 形 ❶【医学】症状が完全な形で出現しない, 潜在的な, 表面に出ない. ❷ 潜在的な, 隠れた.

laryngé, e /laʀɛ̃ʒe/ 形【解剖】喉頭（こうとう）の.

laryngite /laʀɛ̃ʒit/ 女【医学】喉頭（こうとう）炎.

laryng(o)- 接頭【医学】「喉頭（こうとう）」の意.

laryngologie /laʀɛ̃gɔlɔʒi/ 女【医学】喉頭学.

laryngologue /laʀɛ̃gɔlɔg/, **laryngologiste** /laʀɛ̃gɔlɔʒist/ 名【医学】喉頭学者.

larynx /laʀɛ̃:ks/ 男【解剖】喉頭（こうとう）.

Larzac /laʀzak/ 固有 ラルザック: 南フランスの中央山地にある石灰岩質の台地（軍事基地拡張計画に対する反対運動で知られる）.

*****las, lasse** /lɑ, lɑ:s/ ラ, ラース／形 文章 ❶ 疲れた; 元気［気力］のない. ▶ être *las* de marcher 歩き疲れている／des gestes *las* もの憂げなしぐさ／Je me sens un peu *las*. ちょっとくたびれた／. 比較 ⇨ FATIGUÉ. ❷ <*las* de qc/qn/不定詞> …に飽き飽きした, うんざりした. ▶ *las* de tout 何もかも嫌になっている／Je suis *las* d'attendre. 待ちくたびれた.

lasagne /lazaɲ/; 《複》**lasagne(s)** 女 ラザーニャ.

lascar /laska:ʀ/ 男 話 大胆な男; 食えない［抜け目のない］やつ.

lascif, ive /lasif, i:v/ 形 ❶ 扇情的な, 官能的な. ▶ regards *lascifs* 色っぽい目つき. ❷ 文章 好色な, 淫蕩（いんとう）な.

lascivité /lasivite/, **lasciveté** /lasivte/ 女 文章 好色, 淫乱（いんらん）さ.

laser /laze:ʀ/ 男《英語》レーザー.

lassant, ante /lasɑ̃, ɑ̃:t/ 形 飽きさせる, うんざりさせる, 退屈な.

lasser /lase/ 他動 ❶ …を飽きさせる, うんざりさせる, 退屈させる. ❷《気持ち, 情熱など》をくじく, そぐ. ▶ *lasser* le courage de qn …の勇気をくじく. — **se lasser** 代動 <*se lasser* (de qc/不定詞)> (…に) 飽きる, うんざりする, 退屈する. ▶ sans *se lasser* 倦（う）むことなく／ne pas *se lasser* de + 不定詞 飽きずに…する.

lassitude /lasityd/ 女 ❶ 疲労. ▶ ressentir de la *lassitude* dans les jambes 足がだるい. ❷ 倦怠（けんたい）, 意気消沈, 無気力.

lasso /laso/ 男《カウボーイの》投げ縄.

lastex /lastɛks/ 男 商標【繊維】ラステックス: ガードル, ソックスなどに使われる被覆弾性糸.

latence /latɑ̃:s/ 女 潜在; 潜伏. ▶ période de *latence* 潜伏期；【精神分析】潜在期.

latent, ente /latɑ̃, ɑ̃:t/ 形 潜在的な, 隠れた. ▶ maladie *latente*【医学】潜伏性の疾病／Le mécontentement existait à l'état *latent* depuis longtemps. ずっと前から不満は潜在的にあった.

latéral, ale /lateʀal/;《男複》**aux** /o/ 形 ❶ 側面の, 横の, わきの. ▶ nef *latérale*《教会堂内の》側廊. ❷ 間接的な; 付随的な, 二次的な.

latéralement /lateʀalmɑ̃/ 副 側面に, 横から, わきから.

latérite /lateʀit/ 女【地質】ラテライト, 紅土.

latex /latɛks/ 男《ラテン語》《植物が分泌する》乳液 (=lait végétal); ラテックス.

*****latin, ine** /latɛ̃, in/ ラタン, ラティヌ／形 ❶《古代史》ラティウムの Latium の; 古代ローマ人の. ❷ ラテン系の, ラテン民族の. ▶ peuples *latins* ラテン民族 (イタリア, フランス, スペインなどのロマンス諸語を母語とする諸民族) ／ l'Amérique *latine* ラテンアメリカ. ❸ ラテン語の. ▶ grammaire *latine* ラテン語文法. ❹《キリスト教》ラテン典礼の. ▶ Eglise *latine* 西方教会（ローマ・カトリック教会）. *Quartier latin* ラテン区, カルチエ・ラタン: パリのセーヌ川左岸の学生街. かつて学問はラテン語で行われ, 学生が街でもラテン語を話したことから.

— **Latin, ine** 名 ❶ 古代ローマ人. ❷ ラテン系の人.

— **latin** 男 ラテン語 (=langue latine). ▶ *latin* classique 古典ラテン語. *latin de cuisine* 間違いだらけのラテン語. (y) *perdre son latin*（覚えたラテン語を忘れる→）説明［理解］できない, ちんぷんかんぷんだ.

latinisation /latinizasjɔ̃/ 女 ラテン（語）化.

latiniser /latinize/ 他動 ❶〔語〕をラテン（語）化する. ❷〔民族など〕をラテン化する.

latinisme /latinism/ 男 ラテン語法, ラテン語特有の語法.

latiniste /latinist/ 名 ラテン語［ラテン文学］研究者; ラテン語［ラテン文学］専攻の学生.

latinité /latinite/ 女 ラテン文化, ラテン世界.

latino-américain, aine /latinoameʀikɛ̃, ɛn/ 形 ラテンアメリカの.

— **Latino-américain, aine** 名 ラテンアメリカ人.

latitude /latityd/ 女 ❶《行動の》自由. ▶ Tu as toute *latitude* d'accepter ou de refuser. 受け入れようが拒否しようがまったく君の自由だ／laisser［donner］toute *latitude* à qn (pour qc)（…を）…に一任する. ❷《地球, 天球上の》緯度 (↔longitude). ▶ Ce

lieu est situé à 40° [quarante degrés] de *latitude* Nord. この場所は北緯40度に位置している / basses *latitudes* 低緯度(地方).
❸ (ある緯度の)風土, 気候. ▶ sous toutes les *latitudes* どんな気候の下でも; どこででも.

latrines /latrɛ̃/ 囡複 (兵舎, 監獄, キャンプなどの)便所.

latte /lat/ 囡 ❶ (壁, 屋根などの下地として用いる幅5センチ程度の)小幅板, 小貫(こぬき); 木摺(きずり)(貫).
❷《複数で》隠 靴; 足.

lattis /lati/ 男【建築】木摺(きずり)下地, 塗壁下地, 天井下地.

laudateur, trice /lodatœːr, tris/ 名 称賛者, 礼賛者.

laudatif, ive /lodatif, iːv/ 形 称賛する, 賛美する. ▶ un article *laudatif* sur un livre ある本についての好意的な書評.

lauré, e /lɔre/ 形 文章 月桂(げっけい)冠を頂いた.

lauréat, ate /lɔrea, at/ 名 受賞者. ▶ *lauréat* du prix Nobel ノーベル賞受賞者.

laurier /lɔrje/ 男 ❶【植物】ゲッケイジュ(月桂樹), ローレル. ▶ couronne de *laurier* 月桂冠(勝利の象徴). ❷【料理】ローリエ, ベイ・リーフ. ❸《複数で》文章 栄光, 名誉. ▶ être chargé [couvert] de *lauriers* 栄光に包まれる.

⌜s'endormir [se reposer] **sur ses lauriers** 最初の成功で満足する, 一層の努力を怠る.

Lausanne /lozan/ 固有 ローザンヌ: スイス西部の都市.

lavable /lavabl/ 形 洗える, 洗濯の利く.

*****lavabo** /lavabo/ ラヴァボ / 男 ❶ 洗面台; 洗面所, 化粧室. 比較 ⇨ TOILETTE. ▶ se laver les mains dans le *lavabo* 洗面所で手を洗う. ❷《複数で》(公共の場の)手洗い, 便所. ❸【カトリック】洗手礼(の祈り).

lavage /lavaːʒ/ 男 洗うこと. ▶ *lavage* d'une voiture 洗車 / *lavage* d'estomac 胃洗浄.
lavage de cerveau 洗脳.
lavage de tête 話 厳しい叱責(しっせき), 大目玉.

Laval /laval/ 固有 ラヴァル: Mayenne 県の県庁所在地.

lavallière /lavaljɛːr/ 囡 大型の蝶(ちょう)結びネクタイ(=cravate *lavallière*).

lavande /lavãːd/ 囡 ❶【植物】ラベンダー. ❷ ラベンダー香水. ▶ eau de *lavande* ラベンダー化粧水. ── 形《不変》ラベンダー色の, 薄紫色の. ▶ bleu *lavande* ラベンダーブルー, 薄紫がかった青色.

lavandière /lavãdjɛːr/ 囡 文章 洗濯女.

lavasse /lavas/ 囡 話 水っぽい飲み物. ▶ Ce café, c'est de la *lavasse*. このコーヒーは水っぽい.

lave /laːv/ 囡 ❶ 溶岩, 火山岩. ❷【地質】*lave* torrentielle 泥流.

lavé, e /lave/ 形 ❶ 洗った, 洗濯した. ❷〔色が〕ごく淡い. ▶ des yeux d'un bleu *lavé* 淡いブルーの目. ❸〔罪などが〕許された. ❹【絵画】淡彩を施した.

lave-glace /lavglas/ 男【自動車】ウインドーウォッシャー.

lavement /lavmã/ 男 浣腸(かんちょう). ▶ prendre un *lavement* 浣腸する.

:**laver** /lave/ ラヴェ/ 他動 ❶ …を洗う, 洗浄する; 洗濯する. ▶ *laver* la vaisselle 食器を洗う / machine à *laver* 洗濯機.
❷〔恥, 汚名など〕をそそぐ, 晴らす;〔魂など〕を清める. ▶ *laver* un affront 恥辱をそそぐ / *laver* qn d'un soupçon …の嫌疑を晴らす.
❸【絵画】〔絵の具〕を薄める;〔デッサンなど〕に淡彩を施す.
Il faut laver son linge sale en famille.
(自分の汚れた下着は家で洗わねばならぬ→)もめ事は内輪で始末せよ.
laver la tête à qn 話 …を厳しくしかる.

── :**se laver** 代動

直説法現在	je me lave	nous nous lavons
	tu te laves	vous vous lavez
	il se lave	ils se lavent
複合過去	je me suis lavé(e)	
半過去	je me lavais	
単純未来	je me laverai	
単純過去	je me lavai	

❶ (自分の)〔顔, 手足など〕を洗う. 注 se は間接目的. ▶ *se laver* le visage 顔を洗う / *se laver* les cheveux 髪を洗う / Va *te laver* les mains 手を洗ってきなさい.
❷ (自分の)体を洗う. ▶ Elle s'est lavée. 彼女は体を洗った.

se laver les mains　　se laver

❸ 洗濯される; 洗濯が利く. ▶ La soie *se lave* à l'eau froide. 絹は冷水で洗う.
❹ <*se laver* de qc> (自分の恥, 汚名など)をそそぐ, 晴らす;(罪など)を償う.
se laver les mains de qc …から手を引く, の責任を負わない. 注 キリスト受難のときピラトが手を洗って責任を回避しようとした故事から. ▶ Je m'en *lave* les mains. それは私の責任じゃない.

laverie /lavri/ 囡 コインランドリー(=*laverie* automatique).

lavette /lavɛt/ 囡 ❶ 食器洗いの布〔ブラシ〕.
❷ 話 無気力な〔元気のない〕人, 役立たず.

laveur, euse /lavœːr, øːz/ 名 洗う人. ▶ une *laveuse* (de linge) 洗濯女 / *laveur* de vaisselle 皿洗い係.

lave-vaisselle /lavvɛsɛl/ 男《単複同形》食器洗い機.

lavis /lavi/ 男【絵画】(墨や多くは単色の水性絵の具による)淡彩(画); 水墨(画).

lavoir /lavwaːr/ 男 (川沿いなどに造られた)共同洗濯場〔棟〕; (洗濯用の)水槽.

lavure /lavyːr/ 囡 (台所などの)洗い水, 流し水.

laxatif, ive /laksatif, iːv/ 形【医学】緩下の.
── **laxatif** 男 緩下薬.

laxisme /laksism/ 男 寛容主義, 放任主義; けじ

めのなさ.
laxiste /laksist/ 形 寛容すぎる, けじめのない.
— 名 寛容論者; 自由放任主義者.
layette /lejɛt/ 女 ❶(集合的に)新生児用衣料, 産着. ❷(たくさん引き出しのある)小物入れ;(時計職人の)道具入れ引き出し.
lazaret /lazarɛ/ 男(港, 国境, 空港の)検疫所, 隔離所.
lazariste /lazarist/ 男〘カトリック〙ラザリスト会会員.
lazzi /la(d)zi/; (複) ***lazzi(s)*** 男(多く複数で)〘イタリア語〙冷やかし, からかい.
le¹, *la* /l(ə), la/ ル, ラ/;(複) ***les*** /le/
定冠詞

| 男性単数 le (l') | 女性単数 la (l') |
| 複　　数 les | |

*le, la は母音または無音の h の前で l' となる.
*le, les は前置詞 à, de のあとでは以下のように縮約される.
　　à +le → au　　　de +le → du
　　　 les → aux　　　 les → des

Ⅰ《普通名詞とともに》語法 ⇨ ARTICLE.
❶《限定・特定化》その, あの, 例の. 注 名詞の指し示す事物が共通の知識, 前後の文脈などによって特定のものであることが相手に分かると判断される場合に用いられる. ❶《唯一物または唯一と見なされる事物》▶ *le* soleil et *la* lune 太陽と月 / *la* Vierge 聖母マリア.
❷《発話の状況などにより特定化される事物》▶ Ouvre *la* fenêtre. 窓を開けて / *Les* enfants sont sortis. 子供たちは出かけていて, 今家にいない / aller chez *le* boulanger. (いつもの)パン屋に行く.

Ouvre la fenêtre.

❸《すでに別の語で言及された事物》▶ Je lui ai apporté cinq cents euros, mais il n'a pas accepté *l'*argent. 私は500ユーロ持って行ったが彼はそのお金を受け取らなかった.
❹《名詞が補語, 従節などによって限定されるとき》▶ *la* voiture de mon père 私の父の車 / *le* vingtième siècle 20世紀 / C'est *l'*homme dont je vous ai parlé. あの人があなた(方)にお話しした人です / avoir *l'*espoir de réussir 成功する望みがある / J'ai *la* certitude qu'il s'est trompé. 私は確かに彼が間違っていると思う / 《同格》*la* reine Victoria ヴィクトリア女王.
❺《体の部分, 精神の働きなどを表わす名詞》▶ J'ai mal à *la* tête. 私は頭が痛い / Il s'est cassé *la* jambe. 彼は足を折った / Il a perdu *la* raison. 彼は頭がおかしくなった.
❻《日付, 時期》▶ *le* 14 [quatorze] juillet 7月14日 / *le* dix de ce mois 今月の10日 / *le* matin 朝 / *le* lendemain 翌日.

❷《総称的機能》…というもの. 注 その名詞の指し示す事物の種, 総体, 概念などを表わす. ❶《総称》▶ *L'*homme est mortel [*Les* hommes sont mortels]. 人間はいつかは死ぬものだ(注 単数では抽象的にとらえた種を, 複数では種を構成する個体の総和を表わす) / Je préfère *le* thé au café. 私はコーヒーより紅茶が好きだ / J'aime *les* chiens. 私は犬が好きだ / *Le* chien est parent du loup. イヌはオオカミに近い.

les chats　　les chiens　　les lapins

le chien　　le loup

❷《種属の典型》▶ Ce n'est pas une moto, c'est *la* moto. 並のバイクじゃない, 本物のバイクだ. 注 この場合には, 定冠詞はしばしばイタリックで示されたり,《 》で囲まれ, 強調される. le [la, les] … l'homme という形を取ることも多い. ▶ L'Amérique, c'est «*le*» pays des communautés (par excellence). アメリカ, それはさまざまなコミュニティから成る国の典型だ.
❸《配分》…につき, …ごとに. ▶ dix euros *le* kilo 1キロ10ユーロ / trois fois *la* semaine 週に3回 / *Le* dimanche [*Les* dimanches], il va à la messe. 日曜ごとに彼はミサに行く.
❹《近似値》〈*les* + 数量表現〉約…. ▶ vers [sur] *les* huit heures だいたい8時ごろ / Elle a dans *les* trente ans. 彼女は30歳くらいだ.
❺《指示, 感嘆, 呼びかけ》注 指示形容詞 ce に近い機能を持つ. ▶ de *la* sorte そのように / pour *le* moment 今のところ / Oh! *la* belle vie!(= quelle) なんとすばらしい人生だろう / Hé! *l'*homme! おい, そこの人.
Ⅱ《固有名詞とともに》
❶《原則として定冠詞をつける場合; 人名・都市名以外》❶《国, 地方, 山, 川, 群島などの地名》▶ *la* France フランス / *la* Bretagne ブルターニュ地方 / *la* Méditerranée 地中海 / *la* Seine セーヌ川.
❷《民族・国民名》▶ *les* Français フランス人.
❸《建物, 公共施設, 街路, 組織など》▶ *la* tour Eiffel エッフェル塔 / *le* Louvre ルーヴル美術館 / *l'*avenue des Champs-Elysées シャンゼリゼ大通り / *la* SNCF フランス国有鉄道.
❹《新聞, 雑誌》▶ *Le* Figaro「フィガロ」紙.
❺《乗り物》▶ *le* TGV フランス新幹線.
❻《祝祭日》▶ *l'*Assomption 聖母被昇天.
❷《人名, 都市名に例外的に定冠詞をつける場合》❶《定冠詞が姓または都市名の一部》▶ Mᵐᵉ de La Fayette ラ・ファイエット夫人 / *Le* Havre ル・

アーヴル.
❷《補語, 従節などで限定されるとき》▶ *la* Rome antique 古代ローマ / *le* Napoléon d'avant Waterloo ワーテルローの敗戦前のナポレオン.
❸《複数で》《家族, 父子, 兄弟などを示すとき》…一家, 一族. ▶ *les* Martin マルタン一家 / *les* Thibault「チボー家の人々」(マルタン・デュ・ガールの小説) / *les* Bourbons ブルボン朝 / *les* Goncourt ゴンクール兄弟. 注 一般に姓は単数形で表わす. ただしフランス王家は複数形.
❹《複数で》《類型, 同類を示すとき》…のような人々. ▶ *les* Homères et *les* Virgiles ホメロスやウェルギリウスに似た詩人たち. 注 一般に姓は複数形で表わす.
❺《作品を示すとき》▶ *les* Rubens du Louvre ルーヴルにあるルーベンスの絵.
❻《親しみ, 軽蔑を示すとき》▶ *le* Dupont デュポンのやつ.
Ⅲ《形容詞, 副詞, 動詞などとともに》
❶《名詞化》▶ *le* beau et *le* laid 美と醜 / *le* manger et *le* boire 食べ物と飲み物; 飲食 / *les* moins de vingt ans 20歳以下の人々 / Alexandre *le* Grand アレサンドロス大王.
❷《形容詞を並置する場合に, 同一名詞の反復を避けて》▶ J'ai acheté des chaussures neuves et j'ai jeté *les* vieilles. 新しい靴を買って, 古いのは捨てた.
❸《形容詞の最上級》注 定冠詞は性数変化する. ▶ Marie est *la* plus grande de la classe. マリーはクラスで一番背が高い.
❹《副詞の最上級》注 定冠詞は常に le. ▶ C'est elle qui chante *le* mieux. 一番歌がうまいのは彼女だ.
à la + 形容詞女性形〖名詞〗…風に, …の方式で (⇨ à).

le², la /l(ə), la, ラ/《複》**les** /le /
代《人称》(le, la は母音または無音の h の前では l' となる)
❶《直接目的語; 名詞に代わる》❶ 彼(ら)を, 彼女(ら)を; それ(ら)を. ▶ « Tu connais Marie? — Non, je ne connais pas. Tu peux me *la* présenter? »「マリーを知っているかい?」「知らないんだ. 彼女を紹介してくれる?」/ Vous avez un beau sac. Où *l'*avez-vous acheté? すてきなバッグですね. どこでそれを買われたのですか? / Donnez-*le* [*la*]-moi. 私にそれをください.
❷《voici, voilà とともに》▶ « Vos papiers? — *Les* voici. »「身分証は?」「はい, ここにあります」.
❸《成句中で本来の名詞に代わって》▶ Ferme-*la*! 黙れ (=Ferme ta bouche!).
❷《中性代名詞 le》《不変》❶《直接目的語; 不定詞, 節, 文に代わる》それを, そう. ▶ Tu peux venir avec moi, si tu *le* veux. 私と一緒に来たいのなら来てもいいよ / « Il est malade. — Je *le* sais. »「彼は病気だ」「知ってるよ」/ Je te *l'*avais dit. だからそう言ったじゃないか / Il est plus malin que vous ne *le* pensez. 彼はあなた(方)が(そう)思っているより抜け目のない男です.
❷《属性; 形容詞, 無冠詞名詞, 分詞などに代わる》▶ « Ils sont riches? — Ils *l'*étaient, mais ils ne *le* sont plus maintenant. »「彼らは金持ちですか?」「昔はそうだったが今はもう違う」/ Je veux devenir médecin, et je *le* deviendrai. 私は医者になりたい, いやきっとそうなってみせる.

lé /le/ 男 ❶《織物の》幅, 布幅;《壁紙などの》幅. ❷《はぎスカートの》ゴア, 襠(ﾏﾁ). ▶ jupe de six *lés* 6枚はぎのスカート.

leader /lidœ:r/ 男《英語》❶ リーダー, 中心人物, 主謀者; 《スポーツ》トップ, 首位. ▶ *le leader* du championnat 選手権争いのトップ. ❸《業界の》トップ企業.

leadership /lidœrʃip/ 男《英語》リーダーシップ, 指導力, 統率力, 主導権.

Le Cap /ləkap/ 固有 ⇨ CAP.

léchage /leʃa:ʒ/ 男 なめること;《作品の仕上げの》凝りすぎ.

lèche /lɛʃ/ 女 話 おべっか, ごますり. ▶ faire de la *lèche* à qn …にごまをする.

léché, e /leʃe/ 形 仕上げに過度に凝った. ▶ un style *léché* 凝りすぎの文体.

lèche-bottes /lɛʃbɔt/ 名《不変》話 おべっか使い, ごますり.

lèchefrite /lɛʃfrit/ 女《料理》(ロースト用)肉汁受け.

lécher /leʃe/ 6 他動 ❶ …をなめる. ▶ chien qui *lèche* la main de son maître 主人の手をなめる犬. ❷《火, 水が》…をかすめる. ▶ Les vagues *lèchent* les rochers. 波は岩場を洗っている. ❸《多く受動態で》…の仕上げに過度に凝る.
lécher les bottes [les pieds] de [à] qn 話 …にへつらう, こびる.
lécher les vitrines ウインドーショッピングをする.
— **se lécher** 代動 ❶ 自分の…をなめる. 注 se は間接目的. ❷ 自分の体をなめる.
s'en lécher [les doigts [les babines]] (御馳走(ﾁｿｳ)に)舌なめずりする, 舌鼓を打つ.

lécheur, euse /leʃœ:r, ø:z/ 名, 形 話 おべっか使い(の).

lèche-vitrines /lɛʃvitrin/ 男 話 ウインドーショッピング. ▶ faire du *lèche-vitrines* ウインドーショッピングをする.

leçon /l(ə)sɔ̃/ 女 ❶ 授業; レッスン. ▶ prendre des *leçons* de piano ピアノのレッスンを受ける / faire une *leçon* d'histoire (=cours) 歴史の授業をする / donner des *leçons* particulières d'anglais 英語の家庭教師をする. 比較 ⇨ COURS¹.
❷《生徒の》課業;《教科書などの》課. ▶ apprendre ses *leçons* 課題を覚える / *Leçon* trois 第3課.
❸ 教訓; 忠告. ▶ les *leçons* de l'expérience 経験から生まれたさまざまな教訓 / tirer une *leçon* d'une mésaventure 災難から教訓を引き出す / servir de *leçon* à qn …によい教訓になる.
❹《写本などの》読み方; 異本.
avoir bien appris la [sa] leçon 言われたことをそのまま繰り返す.
donner une (bonne) leçon (à qn) (…を)懲らしめる, (…に)教訓を与える. ▶ Cela te donnera une bonne *leçon*. これは君にはいい薬になるだ

ろう.
faire la leçon à qn …をしかりつける, 説教する.
leçon de choses 実物教育; 子供に身の回りのものを使って語彙や科学的知識を与える授業方法.
réciter sa leçon (1) 課業を暗誦する. (2) 言われたことをただ繰り返す.

***lecteur, trice** /lεktœ:r, tris/ レクトゥール, レクトリス/ 名 ❶ 読者, 購読者; 朗読者. ▶ un grand *lecteur* de romans 大の小説好き / courrier des *lecteurs* (新聞の)投書欄 / avis au *lecteur* 序文.
❷ (大学で語学担当の)外国人教師.
❸ (出版社や劇場に勤める)原稿[台本]の下読み係, 審査委員.
— **lecteur** 男 ❶『オーディオ』再生装置. ▶ *lecteur* de disques compacts コンパクトディスクプレーヤー. ❷『情報』読み取り装置.

***lecture** /lεkty:r/ レクテュール/ 女
[英仏そっくり]
英 lecture 講義, 講演.
仏 lecture 読書, 読み物.
❶ 読むこと; 読書; 読み方; 朗読. ▶ aimer la *lecture* 読書好きである / être absorbé dans la *lecture* d'un roman 小説を読みふける / apprentissage de la *lecture* et de l'écriture 読み書きの学習 / livre de *lecture* 読本, 教材用リーダー / salle de *lecture* 閲覧室 / Une deuxième *lecture* te permettra de mieux comprendre ce texte. 2度読めばこのテキストはもっとよく理解できるよ / faire la *lecture* à ses enfants 子供に本を読んで聞かせる.
❷ 読み物(本, 新聞など). ▶ *lectures* pour la jeunesse 青少年向けの本 / avoir de mauvaises *lectures* ためにならない本を読んでいる.
❸ 解読, 解釈. ▶ un livre qui se prête à plusieurs *lectures* いくつかの解釈の成り立つ本.
❹ (録音, 録画の)再生; 『情報』読み取り. ▶ tête de *lecture* 再生ヘッド, カートリッジ.
❺ (議会の)読会.
donner lecture de qc (公的な文書など)を読み上げる.

ledit, ladite /lədi, ladit/; (複) **lesdits, lesdites** /ledi, ledit/ 形 (法律文書などで)前述の, 当該の. ▶ *ladite* maison 当該家屋. 注 ledit, lesdits, lesdites は前置詞 à, de と縮約されて, audit, auxdits, auxdites, dudit, desdits, desdites となる(例: *audit* lieu 前述の場所で).

***légal, ale** /legal/ レガル/; (男複) *aux* /o/ 形
❶ 法律の, 法的な; 合法の. ▶ dispositions *légales* 法律の条項, 法規 / formalités *légales* 法的手続き / médecine *légale* 法医学 / l'âge légal pour voter 投票することができる法定年齢. ❷ 法定の. ▶ le cours *légal* d'une monnaie 通貨の法定相場. ❸『政治』pays *légal* (制限選挙制の国の)有権者階級.

légalement /legalmã/ 副 法律上, 合法的に.
▶ congé fixé *légalement* 法定休暇.

légalisation /legalizasjɔ̃/ 女 ❶ (証書などの)公的証明; 認証. ❷ 合法化.

légaliser /legalize/ 他動 ❶ (証書などの署名)の真正さを証明する. ❷ …を合法化する.

légalisme /legalism/ 男 法尊重主義.
légaliste /legalist/ 形 法尊重主義の.
— 名 法尊重主義者; 法律にこだわりすぎる人.
légalité /legalite/ 女 ❶ 合法性; 合法的範囲. ▶ respecter la *légalité* 法の定めを重んじる.

légat /lega/ 男 ❶『カトリック』教皇特使, 教皇代理使節. ❷『古代ローマ』代官, 属州知事.
légataire /legatε:r/ 名『法律』受遺者.
légation /legasjɔ̃/ 女 ❶ 外交使節団; 全権公使; 公使館. ❷『カトリック』教皇特使の職[任期].

légendaire /leʒɑ̃dε:r/ 形 ❶ 伝説の; 想像上の. ▶ personnage *légendaire* 伝説の人物. ❷ 伝説化した; 有名な.

légende /leʒɑ̃:d/ 女 ❶ 伝説. ▶ la *légende* de Faust ファウスト伝説 / Napoléon est entré dans la *légende*. ナポレオンは伝説化された.
❷ (地図の)凡例; (絵, 写真などの)説明文; (メダルなどの)銘.

***léger, ère** /leʒe, ε:r/ レジェ, レジェール/ 形 (ときに名詞の前で, ただし語義⑤⑥⑦では必ず名詞のあとで)
❶ 軽い (↔lourd). ▶ une valise *légère* 軽いスーツケース / un vêtement *léger* à porter 着心地の軽い服.
❷ (密度, 濃度の)小さい, 薄い. ▶ une *légère* couche de neige (↔épais) うっすらと積もった雪 / café *léger* 薄いコーヒー / parfum *léger* あっさりした香りの香水 / vin *léger* 低アルコールのワイン / avoir l'estomac *léger* お腹が空いている.
❸ (程度の)少ない, 些細な, かすかな. ▶ bruit *léger* かすかな物音 / sommeil *léger* 浅い眠り / une faute légère 些細な過ち / blessés *légers* 軽傷者 / avoir un *léger* accent étranger わずかに外国語の訛がある.
❹〔食べ物が〕軽い, 胃にもたれない. ▶ prendre un repas *léger* 軽い食事をとる /《副詞的に》manger *léger* 軽く食べる.
❺《名詞のあとで》〔人, 動作が〕軽快な. ▶ se sentir *léger* 爽快な気分である / mouvements *légers* d'une danseuse ダンサーの軽やかな動き.
❻《名詞のあとで》軽薄な, 軽率な. ▶ une personne *légère* 軽率な人 / Vous avez été bien *léger* de vous engager sans garanties. できるという保証もなく約束するなんて, あなたは軽率だった.
❼《名詞のあとで》浮気な, みだらな. ▶ propos *légers* 猥談.
❽『音楽』musique *légère* 軽音楽.
❾『スポーツ』poids *léger* 軽量級;(特にボクシングで)ライト級.

***à la légère** 軽率に, 軽々しく. ▶ parler *à la légère* 口から出まかせを言う / prendre les choses *à la légère* 物事をいいかげんに受け取る.

avoir la main légère (1) 人当たりがよい, 高圧的でない. (2) 手先が器用である. (3) (喧嘩などで)手が早い.

avoir la tête légère 思慮に欠ける.
avoir le cœur léger 晴れ晴れとした気分である.

***légèrement** /leʒεrmã/ レジェルマン/ 副 ❶ 軽く, 軽快に. ▶ marcher *légèrement* 軽やかに歩く

légèreté

/ dîner légèrement 軽く夕食を取る / s'habiller légèrement 薄着をする. ❷ 少し, わずかに. ▶ être légèrement blessé 軽傷を負う / Paul est légèrement plus grand que Jacques. ポールはジャックよりいくらか背が高い. ❸ 軽率に, 軽々しく(=à la légère).

légèreté /leʒεrte/ 囡 ❶ 軽さ; 薄さ. ❷ 軽快さ. ▶ bondir avec légèreté 軽々と跳ねる. ❸ 軽率さ, 浅薄さ. ▶ faire preuve de légèreté dans ses propos 言葉の端々に軽薄さをさらけ出す. ❹ 浮気っぽさ; みだら.

légiférer /leʒifere/ ⑥ 自動 ❶ 法律を制定する. ▶ pouvoir de légiférer 立法権. ❷ 〔文法などの〕規則を定める.

légion /leʒjɔ̃/ 囡 ❶ 文章 〈une légion de + 無冠詞複数名詞〉たくさんの(動物, 人). ▶ une légion d'amis 山ほどの友人. ❷〔形容詞的に, 無冠詞不変で〕たくさんの. ▶ Ils étaient légion. 彼らは大勢だった. ❸ フランス外人部隊(=Légion étrangère).

Légion d'honneur レジオンドヌール勲章: ナポレオンが制定した, フランスの功労者に与えられる勲章.

légionelle /leʒjɔnεl/ 囡 レジオネラ菌.
légionnaire /leʒjɔnε:r/ 男 フランス外人部隊の兵士. — 名 レジオンドヌール勲章佩用(はいよう)者.

législateur, trice /leʒislatœ:r, tris/ 形 立法を行う, 立法権を持つ.
— 名 ❶ 立法者. ❷ 規範を定める者.
— 囡 立法府; 法律.

législatif, ive /leʒislatif, i:v/ 形 ❶ 立法の. ▶ pouvoir législatif 立法権; 立法府 / assemblée législative (立法)議会 / élections législatives 国民議会選挙. ❷ 法的な. ▶ acte législatif 法令.
— **législatif** 男 立法権; 立法府.
— **législatives** 囡複 国民議会選挙.

législation /leʒislasjɔ̃/ 囡 ❶ 法制, 法体系. ▶ la législation française フランス法 / législation financière 財政法. ❷ 法律学.

législature /leʒislaty:r/ 囡 (立法)議会の任期. 注 フランスの国民議会の任期は5年.

légiste /leʒist/ 男 法学者.
— 形 médecin légiste 法医学者.

légitimation /leʒitimasjɔ̃/ 囡 ❶〖法律〗(非嫡出子の)認知. ❷ 正当化.

légitime /leʒitim/ 形 ❶〖法律〗合法の; 嫡出の. ▶ union légitime (↔libre) 婚姻関係 / enfant légitime (↔naturel) 嫡出子.
❷ 正当な, 当然の. ▶ légitime défense 正当防衛 / C'est bien légitime qu'il proteste. 彼が抗議するのもしごく当然である.
— 囡 俗 (入籍している)女房, 妻君.

légitimement /leʒitimmɑ̃/ 副 合法的に; 正当に, 当然のことながら.

légitimer /leʒitime/ 他動 ❶〔非嫡出子〕を嫡子とする. ▶ un enfant légitimé 認知された子供. ❷ …を正当化する. ▶ légitimer sa conduite 行動を正当化する.

légitimiste /leʒitimist/ 形, 名〖歴史〗正統王朝派(の人). 注 フランスでは1830年の七月革命で王位を追われたブルボン家の支持者を指す.

légitimité /leʒitimite/ 囡 ❶ 合法性; (子供の)嫡出性. ❷ 正当性. ▶ la légitimité d'une demande 要求の正当性.

legs /le(g)/ 男 ❶ 遺贈, 遺贈品. ▶ faire un legs à qn/qc …に遺贈する. ❷ (後代への)遺産. ▶ legs du passé 過去の遺産, 伝統.

léguer /lege/ ⑥ 他動〈léguer qc à qn/qc〉❶ …を…に遺贈する. ▶ léguer sa collection de tableaux à un musée 絵画コレクションを美術館に遺贈する. ❷ …を(後代に)残す, 伝える.
— **se léguer** 代動 受け継がれる.

:**légume** /legym/ レギュム ❶ 男 野菜. ▶ légumes verts 青物, 緑色野菜 / légumes secs 豆類 / soupe aux légumes 野菜スープ / marchand de légumes 八百屋, 青物商 / éplucher des légumes 野菜の下ごしらえをする.
❷ (温野菜などの)付け合わせ.
— 囡 話 grosse légume 重要人物, お偉方.

légumier, ère /legymje, ε:r/ 形 野菜の. ▶ culture légumière 野菜栽培.
— 男 レギュミエ: 野菜を入れるふた付き深皿.

légumineuse /legyminø:z/ 囡 マメ科の植物; (複数で)マメ科.

Le Havre /ləa:vr/ 固有 ⇨ HAVRE.

leitmotiv /lajtmotiːv ; lεtmɔtiːv/; (複) **leitmotivs** (ときに **leitmotive**) 男 (ドイツ語)
❶〖音楽〗ライトモティーフ. ❷ (文学作品や演説の中で)繰り返し現れる主題, 思想.

Le Mans /ləmɑ̃/ 固有 ⇨ MANS.

*****lendemain** /lɑ̃dmɛ̃/ ランドマン 男 ❶ (le lendemain)翌日. 注 現在を基準とした「明日」は de-

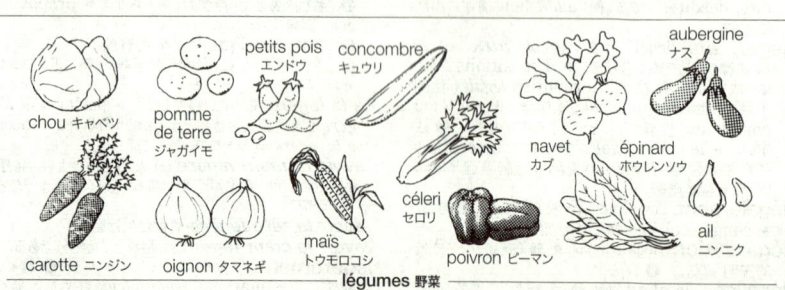

---

légumes 野菜

- chou キャベツ
- pomme de terre ジャガイモ
- petits pois エンドウ
- concombre キュウリ
- aubergine ナス
- carotte ニンジン
- oignon タマネギ
- maïs トウモロコシ
- céleri セロリ
- poivron ピーマン
- navet カブ
- épinard ホウレンソウ
- ail ニンニク

main という. ▶ Il est rentré lundi et reparti le *lendemain*. 彼は月曜日に帰ってきたが翌日にはまた出かけた / Je partirai le *lendemain* de Noël. 私はクリスマスの翌日に出発する / le *lendemain* matin 翌日朝. ❷《近い》将来. ▶ penser au *lendemain* (=avenir) 将来のことを考える. ❸《複数で》《形容詞とともに》成り行き, 結果. ▶ Cette affaire a eu de sombres *lendemains*. この件はうまく運ばなかった.
au lendemain de qc …の直後に. ▶ *au lendemain* de l'armistice 休戦直後に.
du jour au lendemain わずかの間に. ▶ changer d'avis *du jour au lendemain* たちまち意見を変える.
lendemains qui chantent 明るい明日(元来は共産党のスローガン).
sans lendemain つかの間の, はかない.

lénifi*ant, ante* /lenifjɑ̃, ɑ̃ːt/ 形 ❶ 気持ちを鎮める; 鎮静作用のある. ❷《気候などが》《人を》無気力にする.

lénifier /lenifje/ 他動 ❶ 文章 …の《気持ちを》鎮める. ❷《鎮静剤で》…を和らげる.

léninisme /leninism/ 男 レーニン主義.

léniniste /leninist/ 形 レーニン主義(者)の.
— 名 レーニン主義者.

lénit*if, ive* /lenitif, iːv/ 形 ❶【医学】鎮静的な. ❷ 文章 気持ちの落ち着く.
— *lénitif* 男 鎮静剤.

lent, lente /lɑ̃, lɑ̃ːt ラン, ラーント/ 形 ❶ 遅い, のろい, ゆっくりした. ▶ Il est *lent* dans tout ce qu'il fait. 彼は何をやるのものろい / un train *lent* (↔rapide) のろい電車 / avoir l'esprit *lent* (↔vif) 頭の回転が鈍い / marcher d'un pas *lent* ゆっくりとした歩調で歩く. ◆ être *lent à* + 不定詞 …するのに時間がかかる. ▶ être *lent à* se décider 優柔不断である. ❷ 緩慢な,《作用が》遅い. ▶ un poison *lent* 遅効性の毒.

lentement /lɑ̃tmɑ̃ ラントマン/ 副 ゆっくりと, のろのろと; 徐々に. ▶ marcher *lentement* ゆっくり歩く.

lenteur /lɑ̃tœːr/ 女 ❶ 遅さ, 鈍さ. ▶ la *lenteur* de ses progrès 彼(女)の上達の遅さ. ❷《複数で》緩慢なやり方. ▶ les *lenteurs* de l'Administration 役所の仕事の緩慢さ.

lentille /lɑ̃tij/ 女 ❶ レンズ. ▶ *lentilles* cornéennes [de contact] コンタクトレンズ. *lentille* convexe [concave] 凸[凹]レンズ. ❷ レンズ豆. ❸【植物】*lentille* d'eau アオウキクサ.

lento /lɛnto/《イタリア語》副《音楽》レント, 遅く.
— 男 レント(の曲).

léon*in, ine* /leɔnɛ̃, in/ 形 ❶ ライオンの; 獅子(し)のような. ❷《取引などが》一方に有利な, 不当な. ▶ partage *léonin* 不公平な分配.

léopard /leɔpaːr/ 男 ❶【動物】ヒョウ(=panthère); ヒョウの毛皮. ❷ tenue *léopard* 迷彩服.

lèpre /lɛpr/ 女 ❶【医学】ハンセン病. ❷《壁のかびなどの》染み. ▶ mur rongé de *lèpre* 染みの浮かんだ壁. ❸《徐々に染み渡る》害毒. ▶ la *lèpre* du jeu 賭博(とばく)という害毒.

lépr*eux, euse* /leprø, øːz/ 形 ❶【医学】ハンセン病にかかった. ❷ 染みで汚れた. ▶ murs *lépreux* 染みだらけの壁. — 名 ハンセン病患者.

léproserie /leprozri/ 女 ハンセン病療養所.

Le Puy /ləpɥi/ 固有 ⇨ PUY.

lequel, laquelle /l(ə)kɛl, lakɛl ルケル, ラケル/;《複》
lesquels, lesquelles /lekɛl レケル/

| 男性単数 lequel | 女性単数 laquelle |
| 男性複数 lesquels | 女性複数 lesquelles |

*前置詞 à, de のあとでは以下のように縮約される.
à + lequel → auquel
　　lesquels → auxquels
　　lesquelles → auxquelles
de + lequel → duquel
　　lesquels → desquels
　　lesquelles → desquelles

代《疑問》《既述または後述の人や物などを受けて選択を表わす》どちら; どれ; だれ. ▶ Voici trois cravates, *laquelle* choisissez-vous? ここにネクタイが3本あります, どれを選びますか / Laquelle de ces deux routes dois-je prendre? この2つの道のどちらを行けばよろしいでしょうか / «Il est entré à l'hôpital.—*Lequel*?»「彼は入院したよ」「どの病院だい」/ Je ne sais pas à *laquelle* de ces vendeuses je dois m'adresser. どの店員に尋ねたらいいのか分からない.
— 代《関係》《先行詞は物, 人》❶《前置詞 + *lequel*》la découverte sur *laquelle* on a mis tant d'espoir あれほど期待された発見 / C'est un problème *auquel* je n'avais pas pensé. それは私の念頭にはなかった問題だ / Il rencontra plusieurs parents, parmi *lesquels* son cousin Jean. 彼は親戚(しんせき)の者何人かに会ったが, その中にはいとこのジャンもいた. 注 先行詞が人の場合, 通常《前置詞 + qui》の方がよく用いられるが, parmi qui および dans qui の形だけは不可.
❷《先行詞 + 前置詞 + 名詞 + *duquel* [*de laquelle, desquels, desquelles*]》▶ les amis avec le concours *desquels* il a monté l'affaire 事業を企てるに当たって彼が協力を得た友人たち.
❸ 文章《主語として qui と同じ機能を果たす. 先行詞を明確にするため, または法律文などで用いられる》▶ J'ai passé mes vacances chez la tante de mon ami, *laquelle* habite en Bretagne. 私は友人のおばさんのところでバカンスを過ごしたが, そのおばさんはブルターニュに住んでいる(注 この文で laquelle の代わりに qui を使うと, 先行詞が la tante なのか mon ami なのか曖昧(あいまい)になる).
— 形《関係》文章《*lequel* + 名詞》その…. ▶ Le ministre reçut les délégués syndicaux, *lequel* ministre n'était pas au courant du problème. 大臣は組合代表の訪問を受けたが, 大臣は当の問題に通じていなかった. ◆ *auquel* cas その場合には. ▶ Son état pourrait empirer, *auquel* cas je reviendrais. 彼(女)の容態は悪化するかもしれないが, その場合にはすぐ戻ってきましょう.

les[1] /le/ le[1,2], la の複数形.

les² /le/, **lès** /lɛ/ 前 ⇨ LEZ.

lesbien, enne /lɛsbjɛ̃, ɛn/ 形 レスビアンの, 女性の同性愛者の.
— **lesbienne** 女 レスビアン, 女性の同性愛者.

lesdits, lesdites /ledi, ledit/ ledit, ladite の複数形.

lèse- 接頭 「…を冒瀆(ぼうとく)する」の意. ▶ crime de *lèse*-société 反社会的行為 / crime de *lèse*-humanité 人間性の冒瀆.

lèse-majesté /lɛzmaʒɛste/ 女〖単複同形〗大逆罪, 不敬罪 (= crime de *lèse-majesté*).

léser /leze/ 6 他動 ❶〖しばしば受動態で〗〔人〕の権利〔利益〕を損なう;〔権利,利益〕を侵害する. ❷〔器官など〕を損傷する.

lésiner /lezine/ 自動 金を出し惜しむ; けちけちする. ▶ traiter qn sans *lésiner* …を盛大にもてなす / *lésiner* sur le prix 値切る

lésion /lezjɔ̃/ 女 ❶〖医学〗病変, 病巣; 障害. ❷〖契約などで等価性に欠けていたため当事者の一方が被る〗損害, 過大損害.

lésionnel, le /lezjɔnɛl/ 形〖医学〗病変性の, 病変の.

lesquels, lesquelles /lekɛl/ lequel, laquelle の複数形.

lessivage /lesiva:ʒ/ 男 ❶(床, 壁などの洗浄液による)洗浄, 掃除. ❷ 追放, 粛清.

*****lessive** /lesi:v レスィーヴ/ 女 ❶ (洗濯用)洗剤; 洗剤溶液. ▶ acheter un paquet de *lessive* en poudre 粉末洗剤を1箱買う. ❷ 洗濯; 洗濯物. ▶ faire la *lessive* 洗濯する / rincer la *lessive* 洗濯物をすすぐ. ❸ 話(好ましくない人間の)一掃, 追放. ▶ A la suite de ce scandale, on a fait une grande *lessive*. あのスキャンダルのあとで大規模な粛清がなされた.

lessiver /lesive/ 他動 ❶〔壁, 床など〕を洗剤で洗う. ▶ *lessiver* la cuisine 台所の床を洗う. ❷ 話…をへとへとにする. ▶ Il est lessivé. 彼は疲れ切っている. ❸ 話…を(賭(か)で)丸裸にして負かす;(競争で)負かす;(地位, 職業から)追い出す.

lessiveuse /lesivø:z/ 女 洗濯釜(がま).

lessiviel, le /lesivjɛl/ 形 洗濯〔洗浄〕用の. ▶ produits *lessiviels* 洗剤.

lest /lɛst/ 男 (船の)底荷, バラスト;(気球の)重し. ▶ navire sur lest 空荷の船.
jeter [*lâcher*] *du lest* (1) バラストを捨てる. (2) (危機打開のため)譲歩する, 犠牲を払う.

leste /lɛst/ 形 ❶ 敏捷(びんしょう)な, 機敏な. ▶ aller d'un pas *leste* (=vif) 軽快な足どりで進む. ❷〔行為, 言葉が〕みだらな, 際どい.
avoir la main leste 手が早い, すぐ殴る.

lestement /lɛstəmɑ̃/ 副 軽やかに; てきぱきと. ▶ sauter *lestement* 軽やかに跳ぶ.

lester /lɛste/ 他動 ❶〔船〕に底荷〔バラスト〕を積む;〔気球〕に重しを積む (↔délester).
❷ 話…に詰め込む. ▶ *lester* son estomac 腹をいっぱいにする.
— **se lester** 代動 ❶ 話 しっかり食べる. ❷ 文章〈*se lester* de qc〉〔知識など〕を身につける.

létal, ale /letal/;〖男複〗**aux** /o/ 形〖生物学〗致死的な. ▶ dose *létale* 致死量.

léthargie /letarʒi/ 女 ❶〖医学〗嗜眠(しみん). ▶ tomber en *léthargie* 嗜眠状態に陥る. ❷ 無気力;(活動の)停滞.

léthargique /letarʒik/ 形 ❶〖医学〗嗜眠(しみん)性の. ▶ sommeil *léthargique* 嗜眠. ❷ 無気力な;(活動の)停滞した.

*****lettre** /lɛtr レトル/ 女

❶ 手紙. ▶ écrire une *lettre* 手紙を書く / envoyer [recevoir] une *lettre* 手紙を出す[受け取る] / répondre à une *lettre* 手紙の返事を出す / demander qc par *lettre* 手紙で…を要求〔請求〕する / affranchir [timbrer] une *lettre* 手紙に切手を張る / mettre une *lettre* à la poste 手紙を投函(とうかん)する / papier à *lettres* 便箋(びんせん) / boîte à [aux] *lettres* 郵便ポスト;郵便受け / *lettre* d'amour ラブレター / *lettre* de remerciements 礼状 / *lettre* de condoléances 悔やみ状 / *lettre* exprès 速達郵便 / *lettre* recommandée 書留郵便 / Que dit-il dans sa *lettre*? 彼の手紙には何と書いてありますか.

❷ 公式書簡, 文書, 令状. ▶ *lettre* de créance (外交官の)信任状 / *lettre* de crédit 信用状 / *lettre* de change 為替手形.

❸ 文字;〖印刷〗活字. ▶ les vingt-six *lettres* de l'alphabet アルファベットの26文字 / *lettres* hébraïques ヘブライ文字 / *lettre* majuscule [minuscule] 大〔小〕文字 / *lettres* italiques イタリック体.

❹ 字義; 字句. ▶ s'attacher plus à la *lettre* qu'à l'esprit 内容よりも形式に〔精神よりも字面に〕こだわる.

❺〖複数で〗文学;(高校・大学の)文科系;古風 文学的教養. ▶ homme [femme] de *lettres* 作家 (=écrivain) / faculté des *lettres* 文学部 / un étudiant en *lettres* 文学部の学生 / docteur ès *lettres* 文学博士 / les *lettres* classiques (ギリシア・ラテンの)古典語文学 / avoir des *lettres* 文学的教養がある.

à la lettre = *au pied de la lettre* 文字どおりに, 字義どおりに; 忠実に. ▶ Il ne faut pas prendre ce qu'elle dit *à la lettre*. 彼女の言うことを真に受けてはならない.

avant la lettre 用語が存在する以前の, 先駆けとなる. ▶ écologiste *avant la lettre* エコロジストの先駆け.

écrit [*gravé*] *en lettres de sang* 文章 血塗られた, 凄惨(せいさん)な.

écrit [*gravé*] *en lettres d'or* 文章 長く記憶にとどめられるべき, 銘記すべき.

en toutes lettres 略さずに;(数字や記号ではなく)文字で; はっきりと, 隠さずに. ▶ une somme écrite *en toutes lettres* 文字で書かれた金額(たとえば, 300 euros ではなく trois cents euros).

les cinq lettres 話 5文字言葉. 注 merde (くそっ)の婉曲表現.

lettre morte 空文; 無益なもの. ▶ Le conseil que je lui ai donné est resté *lettre morte*. 私が彼(女)に与えた忠告は効果がなかった.

lettre ouverte (新聞, 雑誌に掲載される)公開状.

passer comme une lettre à la poste 話

（手紙がポストに入るように）すんなり入る；難なく受け入れられる.

lettré, e /letre/ 形, 名 古風 文学的教養のある（人）；学識が深い（人）.

lettrine /letrin/ 女 [印刷]（文節や章の冒頭に組まれる）飾り大文字；（辞書各ページの欄外上方の）頭見出し, 柱.

leu /lø/ 男 à la queue *leu leu*（縦に）1列に並んで, 1列縦隊で.

leucémie /løsemi/ 女 白血病.

leucémique /løsemik/ 形 白血病の；白血病にかかった. ― 名 白血病患者.

leuc(o)- 接頭 「白」の意.

leucocytaire /løkɔsitɛːr/ 形 白血球の.

leucocyte /løkɔsit/ 男 白血球.

leur¹ /lœ(ː)r/ ル(ー)ル／ 形《所有》《男女同形》

| 単　数 leur | 複　数 leurs |

＊3人称では所有者の男性・女性による区別はしない.

❶ 彼らの, 彼女たちの. ▶ les enfants et *leurs* parents 子供たちとその両親 / *leur* école 彼（女）らの学校 / Elles ont mis *leur*(s) chapeau(x). 彼女たちは帽子をかぶった.

❷ それらの. ▶ Les rideaux ont perdu *leur* couleur. カーテンは色があせた.

―代《所有》《男女同形》❶（定冠詞とともに）彼（女）らのもの. ▶ notre maison et la *leur* 私たちの家と彼（女）らの家 / mes parents et les *leurs* 私の両親と彼（女）らの両親. ❷（les leurs）彼（女）らの家族［身内, 仲間, 同志］. être (un) des *leurs* 彼（女）らの一員である［仲間に加わる］.

être leur(s) 文章 彼らのもの［所有物］である.

faire des leurs いつもの悪ふざけをする.

faire leur(s) qc …を自分たちのものにする. ▶ Les Japonais *ont fait leurs* ces techniques étrangères. 日本人はこれら外国の技術を自分たちのものにした.

y mettre du leur 進んで協力する；妥協［譲歩］する.

leur² /lœ(ː)r/ ル(ー)ル／ 代《人称》《男女同形》《間接目的語3人称複数；一般に人を指す》彼（女）らに, 彼（女）らのために；彼（女）らから；彼（女）らにとって. ▶ Je *leur* ai écrit. 私は彼（女）らに手紙を書いた / Dites-*leur* bonjour de ma part. あの人たちによろしくお伝えください / A Paris, il *leur* a servi de guide. パリでは彼が彼（女）らの案内役を務めた / Je *leur* ai emprunté cent euros. 私は彼（女）らから100ユーロ借りた.

leurre /lœːr/ 男 ❶ 幻想, 欺瞞（ぎまん）. ▶ Ce projet n'était qu'un *leurre*. その計画は幻想にすぎなかった. ❷（釣り用の）擬餌（ぎじ）, ルアー.

leurrer /lœre/ 他動 …をだます, 欺く. ▶ *leurrer* qn par de belles paroles 甘言で…をだます.

― *se leurrer* 代動《se leurrer (sur qc /qn)》（…について）幻想を抱く.

levage /ləvaːʒ/ 男 ❶ 持ち上げること. ▶ des appareils de *levage* 起重機, 昇降機（クレーン, エレベーターなど）. ❷（発酵による）膨張.

levain /ləvɛ̃/ 男 ❶ パン種, 酵母. ❷《un *levain* de + 無冠詞名詞》（憎しみ, 不和などの）種, 原因. ▶ un *levain* de discorde 不和の種.

levant, ante /ləvɑ̃, ɑ̃ːt/ 形 [太陽が] 昇る. ▶ soleil *levant* 朝日 / pays du soleil *levant* 日出ずる国（日本）/ au soleil *levant* 夜明けに.

― **levant** 男 ❶ 日の出る方角, 東. ❷（Levant）レバント：地中海東岸一帯の古称.

levantin, ine /ləvɑ̃tɛ̃, in/ 形 近東諸国の.
― **Levantin, ine** 名 近東諸国の人.

levé, e /ləve/ 形 ❶ 上げた, 立てた, 起きた. ▶ voter à main *levée* 挙手によって採決する. ❷ 解除された, 終わった. ▶ La séance est *levée*. これにて閉会.

au pied levé 準備なしに, いきなり.

front levé = *tête levée* 自信を持って, 決然と.

― **levé** 男 測量；測量図.

voter par assis et levé 起立採決する.

levée /ləve/ 女 ❶ 除去；解除. ▶ la *levée* d'un obstacle 障害の除去 / la *levée* d'un embargo 封鎖解除 / la *levée* de la séance 閉会 / la *levée* des punitions 処罰の取り消し. ❷ 郵便物の収集；（税の）徴収. ▶ La *levée* du matin est faite. 午前の郵便物の収集は終わった / la *levée* des impôts 税の徴収. ❸（軍隊の）召集, 動員. ▶ la *levée* en masse 国家総動員. ❹ [カード]（場に勝った者が）札を集めること；集めた札；（ブリッジで）トリック. ❺ 盛り土, 堤防.

levée du corps 出棺, 死体の搬出.

lever¹ /l(ə)ve/ ルヴェ／ ③

直説法現在	je lève	nous levons
	tu lèves	vous levez
	il lève	ils lèvent

他動 ❶ …を上げる, 持ち上げる. ▶ *lever* un rideau de fer（店などの）シャッターを上げる / *lever* les glaces d'une voiture 自動車の窓を開ける / *lever* son verre 杯を上げる, 乾杯する. ◆ *lever* qc de + 数量表現 …を…だけ高くする. ▶ *lever* le calendrier de quelques centimètres カレンダーの位置を数センチ高くする.

lever son verre

❷ [体の一部] を上げる；[視線など] を向ける. ▶ *lever* le doigt（発言を求めて人差し指を立てながら）挙手する / *lever*「la main [le poing]」sur qn …を殴ろうとして手を振り上げる / Elle ne *lève* pas 「la tête [le nez]」 de son livre. 彼女は本から顔を上げない［本に没頭している］／ *lever* les yeux au ciel（いらだち, 無力感を示し）天を仰ぐ.

❸ …を立てる, 起こす. ▶ *lever* un malade sur son séant 病人を起こして座らせる.

lever

❹ …を取り除く, なくす; 〔会など〕を終える. ▶ lever une interdiction 禁令を解く / lever un obstacle 障害を取り除く / lever la séance 閉会する.
❺ …を集める. ▶ lever les lettres〔郵便局員が〕ポストの手紙を収集する / lever des impôts (=percevoir) 税を徴収する / lever une armée 軍隊を編成する / lever les cartes (トランプで)勝ち取ったカードを集めて手元に置く.
❻〔獲物〕を〔巣から〕狩り立てる.
❼ 俗 …を誘惑する. ▶ lever une fille 女をひっかける.
❽ lever「un plan [une carte]図面［地図］を作成する.
❾〔料理〕〔鶏のささ身, 魚の片身〕を切り取る.
── 自動 ❶〔植物が〕生える, 芽を出す.
❷〔パン生地などが〕(発酵によって)膨れる.

── *se lever 代動

直説法現在	je me lève	nous nous levons
	tu te lèves	vous vous levez
	il se lève	ils se lèvent
複合過去	je me suis levé(e)	
半過去	je me levais	
単純未来	je me lèverai	
単純過去	je me levai	

❶ 立ち上がる. ▶ se lever de son fauteuil ひじ掛け椅子(⁾⁾)から立ち上がる / se lever de table 食卓を離れる.

se lever

❷ 起床する. ▶ Je me lève tous les matins à six heures. 私は毎朝6時に起きる.
❸ <se lever contre qc/qn>…に対して蜂起(⁽⁾⁾)する. ▶ Le peuple s'est enfin levé contre la dictature. 民衆はついに独裁に抗して立ち上がった.
❹〔物が〕上がる. ▶ Toutes les mains se sont levées. 一斉に手が上がった.
❺〔太陽, 月, 星が〕昇る. ▶ Le soleil se lève. 日が昇る / Le jour se lève. 夜が明ける.
❻〔風などが〕吹き始める, 起こる. ▶ La brise se lève. そよ風が立つ.
❼〔天気が〕よくなる; 〔霧などが〕晴れる. ▶ Le temps se lève. 晴れてきた.

lever² /l(ə)ve/ 男 ❶ 起床. ▶ au [à son, dès son] lever 起き抜けに. ❷ (天体が)昇ること. ▶ le lever du soleil 日の出 / au lever du jour 夜明け. ❸ 測量 (=levé).
lever de rideau (1)〔演劇〕開幕, 開演; 前座の寸劇. (2)〔スポーツ〕前座試合.
lève-tard /lɛvta:r/ 名〈不変〉朝寝坊の人.
lève-tôt /lɛvto/ 名〈不変〉早起きの人.
levier /ləvje/ 男 ❶ てこ; 〔機械〕レバー. ▶ le levier de changement de vitesse (自動車の)シフトレバー. ❷ (行動の)手段; 原動力.
être aux leviers de commande 指導的な地位についている.
faire levier sur qc …をてこにする.
lévite /levit/ 男〔ユダヤ教〕(祭司族としての)レビ人.
:lèvre /lɛ:vr レーヴル/ 安 ❶ (多く複数で)唇. ▶ lèvre supérieure [inférieure] 上［下］唇 / lèvres épaisses [minces] 厚い［薄い］唇 / se mettre du rouge à lèvres 口紅をつける / se lécher les lèvres 舌なめずりする / tremper ses lèvres (飲み物で)口を湿らす / Il a un sourire ironique aux lèvres. 彼は口元に皮肉な微笑を浮かべている. ❷〈複数で〉傷口. ❸〔解剖〕grandes [petites] lèvres 大［小］陰唇. ❹ (巻き貝の)唇, (花の)唇弁.
avoir le cœur「sur les lèvres [au bord des lèvres] 吐き気がする.
avoir sur les lèvres [sur le bord des lèvres] 言葉が口の先まで出かかっている.
du bout des lèvres しぶしぶ, 不承不承. ▶ sourire du bout des lèvres 苦笑いする / approuver du bout des lèvres 仕方なく同意する / manger du bout des lèvres いやいや食べる.
être suspendu aux lèvres de qn …の言葉に熱心に耳を傾ける.
être sur toutes les lèvres あちこちで話題になっている
ne pas desserrer les lèvres (de qc) (…について)口を閉ざす, 沈黙を守る.
se mordre les lèvres de + 無冠詞名詞 …をこらえようとして唇を噛(⁾⁾)む. ▶ se mordre les lèvres de dépit 歯を食いしばってくやしさをこらえる.
s'en mordre les lèvres 自分の言動を後悔する.
lévrier /levrije/ 男 グレーハウンド(犬).
levure /l(ə)vy:r/ 安 酵母, 酵母菌; 培養酵母. ▶ levure chimique ベーキングパウダー.
lexical, ale /lɛksikal/; (男複) **aux** /o/ 形 語彙(⁾⁾)の.
lexicalisation /lɛksikalizasjɔ̃/ 安〔言語〕語彙(⁾⁾)化: 一連の形態素が一語彙単位となる過程(例: pomme de terre (大地のリンゴ→)ジャガイモ).
lexicalisé, e /lɛksikalize/ 形〔言語〕語彙(⁾⁾)化された.
lexico- 接頭「語彙(⁾⁾)」の意.
lexicographe /lɛksikɔgraf/ 名 辞書編纂(⁽⁾⁾)者, 辞書編者.
lexicographie /lɛksikɔgrafi/ 安 語彙(⁾⁾)記述; 辞書編纂(⁽⁾⁾)法, 辞書学.
lexicographique /lɛksikɔgrafik/ 形 語彙(⁾⁾)記述の; 辞書編纂(⁽⁾⁾)の.
lexicologie /lɛksikɔlɔʒi/ 安 語彙(⁾⁾)論.
lexicologique /lɛksikɔlɔʒik/ 形 語彙(⁾⁾)論の.
lexicologue /lɛksikɔlɔg/ 名 語彙(⁾⁾)論学者.
lexique /lɛksik/ 男 ❶ (一言語の)語彙(⁾⁾); (作家や集団が用いる)語彙体系. ▶ un mot du lexique de l'aviation 航空用語.
❷ (一分野に関する)小辞典; 2か国語小辞典.
❸ (作家や作品の)用語集(巻末の用語一覧表).
Leyde /lɛd/ 固有 ライデン: オランダの町.

lézard /lezaːr/ 男 トカゲ; トカゲの革. ▶ un sac à main en *lézard* とかげ革のハンドバッグ.
faire le lézard のんびり日なたぼっこをする.
Y a pas de lézard. 何の問題もない.

lézarde /lezard/ 女 (壁などの)亀裂(きれつ), ひび.

lézardé, e /lezarde/ 形 亀裂(きれつ)の入った.

lézarder¹ /lezarde/ 他動 〖壁, 天井など〗に亀裂(きれつ)[ひび]を生じさせる.
— **se lézarder** 代動 亀裂が入る.

lézarder² /lezarde/ 自動 話 日なたぼっこをする, のらくら過ごす.

*****liaison** /ljɛzɔ̃/ 女 ❶ (通信, 交通手段などによる)連絡. ▶ *liaison* téléphonique 電話連絡 / la compagnie aérienne qui assure la *liaison* Paris-Dakar パリーダカール間の定期便を持つ航空会社 / L'inondation a rompu la *liaison* routière entre ces deux villages. 洪水で両村間の道路は不通になった / agent de *liaison* 連絡員.
❷ 関係, 関連, 結び付き. ▶ Je ne comprends pas la *liaison* entre ces deux idées. この2つの考えの関係が理解できない / une série de scènes sans *liaison* entre elles お互いになんの関係もない一連の場面.
❸ 文語 人間関係, 付き合い; 愛人関係 (=*liaison amoureuse*). ▶ avoir une *liaison* d'affaires avec qn …と取引関係にある / avoir [rompre] une *liaison* avec qn …と愛人関係を持つ[絶つ] / *Les liaisons dangereuses*「危険な関係」(ラクロの小説).
❹〖音声〗リエゾン, 連音: 孤立した単語の発音では現れない語末の子音が, 次の語の語頭母音と結び付いて発音されること(例: les enfants /lezɑ̃fɑ̃/). ▶ faire une *liaison* リエゾンする.
❺〖文法〗mot [terme] de *liaison* 連結語: 接続詞と前置詞の総称.
❻〖軍〗タイ, スパー.
❼〖料理〗とろみづけ; つなぎ(小麦粉, 卵黄など).
❽〖化学〗結合. ❾〖建築〗目地; 目地モルタル.
en liaison avec qn/qc (1) …と連絡を取りながら, と連携して. ▶ Je reste *en liaison* étroite *avec* lui. 私は彼と緊密に連絡を取り合っている. (2) …に関連して. ▶ *En liaison avec* ce qu'il a dit, on peut ajouter ceci. 彼の述べたことに関連して, 次のことを付け加える.

liane /ljan/ 女 つる植物.

liant, liante /ljɑ̃, ljɑ̃ːt/ 形 人付き合いのよい.
— **liant** 男 ❶ 人付き合いのよさ. ▶ avoir du *liant* 愛想がいい. ❷ 粘着剤; 結合剤. ❸ 弾性, 弾力性.

liard /ljaːr/ 男 リヤール銅貨(昔のフランスの通貨); わずかな金額. ▶ n'avoir pas un *liard* 一文無しだ.

liasse /ljas/ 女 (紙, 書類などの)束; 札束.

Liban /libɑ̃/ 固有 男 レバノン: 首都 Beyrouth. ▶ au *Liban* レバノンに[で, へ].

libanais, aise /libanɛ, ɛːz/ 形 レバノン Liban の. — **Libanais, aise** 名 レバノン人.

libation /libasjɔ̃/ 女 ❶ (複数で)痛飲. ▶ faire des *libations* = faire de copieuses *libations* 酒を浴びるように飲む. ❷〖古代史〗献酒, 献油: ぶどう酒, 香油をささげる供儀.

libelle /libɛl/ 男 中傷文, 風刺文. ▶ répandre des *libelles* contre qn …に対して中傷文をばらまく.

libellé /libele/ 男 (文書の)文面, 用語.

libeller /libele/ 他動 〖契約書など〗を(書式に従って)書く, 作成する.

libellule /libelyl/ 女〖昆虫〗トンボ.

libérable /liberabl/ 形 ❶ (囚人が)釈放されうる; (兵士が)除隊される. ❷ congé [permission] *libérable* 期限前除隊(許可).

libéral, ale /liberal/; (男複) *aux* /o/ 形 ❶ 自由主義の, 自由主義に基づく. ▶ régime *libéral* 自由主義体制 / économie *libérale* 自由主義経済 / le parti *libéral* (英国などの)自由党.
❷ 寛大な, 物分りのよい. ▶ un père très *libéral* たいへん理解のある父親.
❸ 気前のよい. ▶ Il s'est montré très *libéral* envers ses amis. 彼は友人たちに非常に気前のいいところを見せた.
❹ 自由業の. ▶ professions *libérales* 自由業.
❺ arts *libéraux* (中世の大学の)自由学芸: 文法, 修辞, 論理, 算術, 幾何, 天文, 音楽の7科目.

libéralement /liberalmɑ̃/ 副 ❶ 気前よく. ❷ 寛大に, 鷹揚(おうよう)に.

libéralisation /leberalizasjɔ̃/ 女 (政治・経済体制などの)自由化, 自由主義化.

libéraliser /liberalize/ 他動 〖政治体制, 経済活動など〗を自由化する. — **se libéraliser** 代動 自由化される; 自由主義的になる.

libéralisme /liberalism/ 男 ❶ (政治または経済上の)自由主義. ❷ 寛大なこと, 鷹揚(おうよう)さ.

libéralité /liberalite/ 女 ❶ 文語 気前のよさ. ❷ (多く複数で)施し. ▶ vivre des *libéralités* d'un ami 友人の援助を受けて暮らす.

libérateur, trice /liberatœːr, tris/ 名 解放者. — 形 解放する. ▶ une guerre *libératrice* 解放戦争 / un rire *libérateur* 緊張をほぐす笑い.

*****libération** /liberasjɔ̃/ 女 ❶ 解放; 自由化. ▶ la *libération* de la patrie 祖国の解放 / la *Libération* (第2次大戦中のドイツ軍占領からの)フランスの解放 / Mouvement de *libération* des femmes 女性解放運動(略 MLF) / la *libération* des prix 価格の自由化 / *libération* des échanges 貿易の自由化 / *libération* sexuelle 性解放. ❷ (囚人の)釈放; (兵士の)満期除隊. ▶ *libération* d'un condamné 受刑者の満期出所 / *libération* conditionnelle 仮釈放.
❸ (エネルギーなどの)放出. ❹〖宇宙航行〗vitesse de *libération* 脱出速度: ロケットなどが引力圏を離れるのに必要な速度. ❺ *Libération*「リベラシオン」(フランスの日刊紙).

libératoire /liberatwaːr/ 形〖法律〗債務を弁済する. ▶ le paiement *libératoire* 完済.

libéré, e /libere/ 形 解放された, 自由の身になった. — 名 除隊兵; 出獄者.

*****libérer** /libere/ リベレ 6 他動 ❶ <*libérer* qn/qc (de qn/qc)〉(…から)…を解放する, 自由の身にする. ▶ *libérer* un prisonnier 囚人を釈放する / On a *libéré* la ville de l'occupant. その町は

占領軍から解放された.
❷‹*libérer* qn (de qc)›…を(義務などから)解き放つ. ▶ *libérer* qn d'une dette …の債務を免除する.
❸‹*libérer* qc (de qc)›〔場所〕をあける；…から(障害物を)取り除く. ▶ *libérer* le passage 道路をあける / *libérer* la table des objets qui l'encombrent テーブルをふさいでいる物をかたづける.
❹ …(の統制)を解除する，自由化する. ▶ *libérer* les échanges 貿易を自由化する.
❺〔心情など〕を明るみに出す. ▶ *libérer* ses instincts 本能をむき出しにする.
❻〔物質，エネルギーなど〕を放出する.
— se libérer 代動 ❶‹*se libérer* de qc›…から解放される，自由になる. ▶ *se libérer* d'une entrave 束縛から解き放たれる. ❷暇ができる.

Liberia /liberja/ 固有 男 リベリア：首都 Monrovia. ▶ au *Liberia* リベリアに[で, へ].

libérien, enne /liberjɛ̃, ɛn/ 形 リベリアの Liberia の. — **Libérien, enne** 名 リベリア人.

libertaire /libertɛːr/ 形 絶対自由主義の，無政府主義の. — 名 絶対自由主義者，無政府主義者.

:**liberté** /liberte/ 女

❶ 自由. ▶《 *Liberté*, Egalité, Fraternité 》「自由，平等，友愛」(フランス共和国の標語) / *liberté* civile 市民的自由(法が認めるすべての権利を行使する自由) / *liberté* d'opinion 言論の自由 / *liberté* d'expression 表現の自由 / *liberté* du culte 信教の自由 / *liberté* d'esprit (偏見に囚われない)精神の自由 / rendre la *liberté* à un prisonnier 囚人を釈放する / élever des animaux en *liberté* 動物を放し飼いにする / Il laisse trop de *liberté* à ses enfants. 彼は子供に勝手気ままをさせすぎる. ◆ 時間表現 + de *liberté* 自由な[暇な] …. ▶ avoir quelques moments de *liberté* いくらか自由な時間がある.
❷ 率直さ；奔放. ▶ *liberté* de langage 無遠慮[率直]な言葉遣い / *liberté* de mœurs 不品行.
❸《複数で》(個人や団体に認められた権利の総称として)人権，自治権.
❹《la Liberté》〔図像〕自由の女神.

avoir toute liberté pour [*de*] + 不定詞 思いのままに…できる. ▶ Vous *avez toute liberté de* partir ou *de* rester. 帰るかここに残るか，まったくあなた(方)の自由です.

en toute liberté まったく自由に.

prendre [*se permettre*] *des libertés avec qn/qc* (1) …となれなれしくする. (2)〔テクスト，法律の条文など〕を勝手に解釈する，ゆがめる.

prendre la liberté de + 不定詞〔儀礼的表現で〕あえて…する. ▶ Je *prends la liberté de* vous écrire. 失礼を顧みず一筆啓上いたします.

libertin, ine /libertɛ̃, in/ 形 文章 ❶ 放縦な；みだらな. ❷ (17世紀の)自由思想の.
— 名 ❶ 放蕩(ほうとう)者. ❷〔歴史〕(17世紀の)自由思想家.

libertinage /libertinaːʒ/ 男 ❶ 放縦，放蕩(ほうとう). ❷〔歴史〕自由思想.

libidinal, ale /libidinal/《男複》*aux* /o/ 形〔精神分析〕リビドーの.

libidineux, euse /libidinø, øːz/ 形 文章《ふざけて》好色な.

libido /libido/ 女 ❶〔精神分析〕リビドー：フロイトの唱えた，性的欲動の根底にある心的エネルギー. ❷ 性欲.

***libraire** /librɛːr/ リブレール 名 本屋，書店主. ▶ acheter un livre chez un *libraire* 書店で本を買う.

***librairie** /libreri/ リブレリ/ 女

英仏そっくり語
英 library 図書館.
仏 librairie 書店.

❶ 書店，本屋；書籍販売業. ▶ *librairie*-papeterie 書籍文具店. ❷ (販売を所有する)出版社.

***libre** /libr/ リーブル 形 ❶ 自由な，束縛されない. ▶ un peuple *libre* 自由な国民 / un esprit *libre* (独断や偏見のない)自由な精神 / se sentir *libre* 解放感を感じる / garder la tête *libre* 何ものにもとらわれずにいる. ◆ *libre* de + 無冠詞名詞 …から解放されている. ▶ être *libre* de tout préjugé まったく偏見がない. ◆ *libre* de qc/不定詞 自由に…することができる. ▶ être *libre* de ses décisions 自由な決定ができる / Vous êtes *libre* de partir. 帰っても構いませんよ.
❷(政治的，社会的に)自由な. ▶ le monde *libre* (かつての社会主義陣営に対して)自由世界 / une presse *libre* 自由な出版報道 / avoir la *libre* disposition de ses biens 自分の財産を自由に処分できる / union *libre* 同棲(どうせい) / école *libre* 私立学校(フランスではカトリック修道会が経営する学校) / la France *libre* 自由フランス(第2次大戦中にドイツ軍の占領に抵抗したフランス人の総称).
❸ あいている，ふさがっていない(↔occupé)；(男女関係で)特定の相手がいない. ▶ taxi *libre* 空車のタクシー / Vous avez une chambre *libre* ? 空室はありますか / Est-ce que cette place est *libre* ? この席あいてますか / La ligne (téléphonique) n'est pas *libre*. 電話回線がふさがっている / avoir du temps *libre* 暇がある / Es-tu *libre* demain soir ? 明日の晩は暇ですか / Il [Elle] est *libre*. 彼[彼女]はフリーだ.
❹ 打ち解けた，遠慮のない；慎みを欠く. ▶ être très *libre* avec qn …と打ち解けた仲である / se donner des airs *libres* ざっくばらんな態度をとる / propos trop *libres* 品のない言葉.
❺ 規範にとらわれない. ▶ traduction *libre* (原文にとらわれない)自由な翻訳 / vers *libre* 自由詩 / figures *libres* (フィギュアスケートの)自由演技.
❻ ただの，無料の(=gratuit). ▶ entrée *libre* 入場無料，入場自由.
❼ (髪などが)ゆったりした，自然な. ▶ une robe qui laisse la taille *libre* ウエストの緩めのドレス / cheveux *libres* 束ねていない髪.

à l'air libre 野外で，風通しのよい所に.

Libre à toi de + 不定詞 …するのは君の自由だ. 注 toi は各人称に変化させて用いる. ▶ *Libre à toi d*'accepter ou *de* refuser. 承諾するも断るも君の自由だ.

libre comme l'air まったく自由である.

libre-échange /libreʃɑ̃ːʒ/ 男 自由貿易.

libre-échangiste /libreʃɑ̃ʒist/ 形 自由貿易の；

librement /libʀəmɑ̃/ 副 ❶ 自由に, 拘束されずに. ❷ 率直に, 気兼ねなく.

libre-service /libʀəsɛʀvis/ リブルセルヴィス/; (複) ~**s**-~**s** 男 セルフサービス; セルフサービスの店.

librettiste /libʀetist/ 名 リブレットの作者, (オペラなどの)台本作者.

Libye /libi/ 固有 女 リビア: 首都 Tripoli. ▶ en *Libye* リビアに[で, へ].

libyen, enne /libjɛ̃, ɛn/ 形 リビア Libye の.
— **Libyen, enne** 名 リビア人.

lice[1] /lis/ 女 闘技場, 競技場.
　entrer en lice 競技に参加する; 論戦に入る.

lice[2] /lis/ 女 ⇨ LISSE[2].

licence /lisɑ̃:s/ リサーンス/ 女

英仏そっくり語
英 license 免許, 認可.
仏 licence 学士号, (行政上の)免許.

❶ 学士号; 学士課程. ▶ préparer une *licence* d'espagnol スペイン語学士取得試験の準備をする / *licence* ès lettres 文学士号 / *licence* en droit 法学士号.
❷ (行政上の)免許, 許可(証), ライセンス. ▶ *licence* d'importation 輸入免許 / contrat de *licence* 特許実施契約 / fabriquer sous *licence* ライセンス生産する.
❸ (詩文における)破格. ▶ *licence* poétique 詩法上の破格.
❹ 文章 (道徳的な)乱れ, 放恣(ほう).
　avoir toute [*pleine*] *licence de* + 不定詞 文章 まったく自由に…できる.

licencié[1], **e** /lisɑ̃sje/ 名 ❶ 学士. ▶ *licencié* ès [de] sciences 理学士 / *licencié* en droit 法学士. ❷ 〘スポーツ〙ライセンス所持者.
— 形 ❶ 学士号を持っている. ❷ 〘スポーツ〙ライセンスを持った.

licencié[2], **e** /lisɑ̃sje/ 形, 名 解雇された(人).

licenciement /lisɑ̃simɑ̃/ 男 解雇. ▶ *licenciement* abus 不当解雇 / *licenciement* sec 補償なしの解雇.

licencier /lisɑ̃sje/ 他動 …を解雇する. ▶ *licencier* des ouvriers 労働者を解雇する.

licencieux, euse /lisɑ̃sjø, øːz/ 形 文章 みだらな, 慎みのない.

lichen /likɛn/ 男 ❶ 〘植物〙地衣類, 地衣植物. ❷ 〘医学〙苔癬(たい).

lichette /liʃɛt/ 女 話 (食べ物の)小片, わずかな量. ▶ une *lichette* de pain パン1切れ.

licite /lisit/ 形 文章 合法の, 適法の. ▶ profits *licites* 正当な利益.

licorne /likɔʀn/ 女 一角獣: 神話上の動物, 処女性の象徴とされた.

lie /li/ 女 ❶ (ワインなどの)澱(おり). ❷ 文章 最も卑しいもの. ▶ la *lie* du peuple 底辺の人々, 最下層民.
　boire ⌈*le calice* [*la coupe*] *jusqu'à la lie* 苦汁をなめ尽くす.

lié, e /lje/ 形 ❶ 〈*lié* (à qc)〉(…に)結びついた, 関連した, 起因する. ▶ les souvenirs *liés* à un moment de la vie 人生のある時期に結びついている思い出. ❷ 〈*lié* (avec qn)〉(…と)親交のある. ▶ Ils sont très *liés*. 彼らはとても親しい. ❸ 拘束されている; 縛られた.
　avoir les mains liées (1) 両手を縛られている. (2) 身動きできない, 手も足も出ない.
　avoir partie liée avec qn …と結託[結束]している.
　pieds et poings liés 行動の自由を奪われて, 手も足も出ずに.

Liechtenstein /liʃtɛnʃtɛn/ 固有 男 リヒテンシュタイン: 首都 Vaduz. ▶ au *Liechtenstein* リヒテンシュタインに[で, へ].

lied /lid/; (複) **lieds** (または **lieder** /lidœːr/) 男 〘ドイツ語〙リート, 歌曲.

lie-de-vin /lidvɛ̃/ 形 〘不変〙(ワインの澱(おり)に似た)赤紫色の.

Liège /ljɛːʒ/ 固有 女 リエージュ: ベルギーの都市.

liège /ljɛːʒ/ 男 コルク, コルク質. ▶ bouchon en *liège* コルク栓.

liégeois, oise /ljeʒwa, waːz/ 形 ❶ リエージュ Liège の. ❷ chocolat [café] *liégeois* 生クリームをのせたチョコレート[コーヒー]アイスクリーム.
— **Liégeois, oise** 名 リエージュの人.

***lien** /ljɛ̃/ 男 ❶ 絆(きずな), つながり, 関係. ▶ *lien* de parenté 血縁関係 / Il y a un *lien* de cause à effet entre ces deux événements. この2つの事件には因果関係がある.
❷ 〘情報〙リンク. ❸《多く複数で》束縛, 拘束. ▶ briser [rompre] ses *liens* 束縛を断ち切る. ❹ (ひもや綱などの)縛るもの.

***lier** /lje/ 他動

直説法現在　je lie　　　　nous lions
複合過去　　j'ai lié　　　単純未来 je lierai

❶ …を結び付ける, 関係づける. ▶ Leurs goûts communs les ont *liés*. 共通の趣味が彼らを結び付けた / le rapport qui *lie* la cause à l'effet 原因と結果をつなぐ関係.
❷ …を縛る, 結ぶ, 接合する. ▶ *lier* ses cheveux avec une ficelle ひもで髪を束ねる / *lier* des pierres avec du mortier 石をモルタルで接合する. ◆ *lier* qn à [sur] qc …を…に縛りつける.
❸《多く受動態で》…を拘束する. ▶ *être lié* par une promesse 約束に拘束されている.
❹ 〈*lier* + 無冠詞名詞 (+ avec qn)〉(…と)…の関係を結ぶ. ▶ *lier* conversation avec qn …と言葉を交わす / *lier* amitié [connaissance] avec qn …と親交を結ぶ[知り合いになる].
❺ 〘料理〙[ソースなど]にとろみをつける.
　être fou à lier (縛っておく必要があるほど)完全に頭がおかしい.
— ***se lier** 代動 ❶ 〈*se lier* (avec qn)〉(…と)結ばれる, 親しくなる. ▶ Il *se lie* facilement. 彼はすぐに親しくなる / *se lier* d'amitié avec qn …と友情で結ばれる. ❷ …に従属する, 束縛される. ▶ *se lier* par un serment 誓約に拘束される.

lierre /ljɛːr/ 男 〘植物〙キヅタ.

liesse /ljɛs/ 女 (次の句で)
　en liesse 文章 (群衆などが)狂喜した, 喜びに沸く.

lieu

:lieu¹ /ljø/ リュー/;《複》**x** 男 ❶ 場所, 所. ▶ la date et le *lieu* d'un rendez-vous 待ち合わせ場所を決める / Dans [En] quel *lieu*? どこで / dans [en] ce *lieu* ここで (=ici) / en tous *lieux* 至る所で / C'est un *lieu* dangereux. ここは危険な場所だ / mettre qn/qc en *lieu* sûr …を安全な場所に置く / mauvais *lieu* 悪所 / *lieu publique*（道路, 公園, 映画館, カフェなどの）公共の場. ◆**lieu de** + 無冠詞名詞（熟語的に）▶ *lieu* de séjour 滞在地 / *lieu* de naissance 出生地 / *lieu* de travail 職場, 就業地 / *lieu* de passage よく通る場所. ◆le *lieu* de qc …の起こった場所, の舞台. ▶ le *lieu* de l'accident 事故の現場. 語法 ⇨ ENDROIT.
❷《複数で》今いる場所;《事件などの》現場. ▶ aller sur les *lieux* du crime 犯行現場に行く / Notre reporter est sur les *lieux*. 我々のリポーターは現場にいます / vider les *lieux* 話（急いで）その場を立ち退く.
❸《複数で》《改まった表現》（不動産の）物件, 土地, 家屋. ▶ visiter les *lieux* 物件を見る.
❹《複数で》婉 便所 (=古風 *lieux* d'aisance).

***au lieu de qc** 不定詞 …の代わりに, …ではなく. ▶ Je prendrais le train *au lieu de* la voiture, c'est plus rapide. 私は車でなく電車で行きます. その方が早いから / *Au lieu de* faire ses devoirs, il a regardé la télévision. その晩彼は宿題をせずにずっとテレビを見ていた.

au lieu que vous veniez, j'irai chez vous. 来てくださらなくても, 私がお宅におうかがいします.

***avoir lieu** 行われる, 開催される; 起こる. ▶ L'examen *aura lieu* le 16 [seize] juin. 試験は6月16日にある / Le coup d'État n'*aura* pas *lieu*. クーデターは起きないだろう.

avoir lieu de + 不定詞 …する理由がある. ▶ Il n'a pas *lieu de* se plaindre. 彼には不満を訴える理由がない.

Ce n'est pas lieu de + 不定詞. ▶ …すべきとき [場所] ではない. *Ce n'est pas lieu de* discuter. ここで議論している場合ではない.

***donner lieu à qc** …を引き起こす, の原因となる. ▶ une question susceptible de *donner lieu à* des conflits もめ事の種になりかねない問題.

donner lieu (à qn) de + 不定詞 文章（…が）…する理由となる. ▶ Cela me *donne lieu de* craindre le pire. それは最悪の事態を私に予想させる.

en haut lieu（組織などの）上層部では. ▶ On a parlé de vous *en haut lieu*. 上層部ではあなた（方）のことが話題になっていた.

en lieu et place de qn（官庁用語で）…に代わって, の代理として.

en premier [second, dernier] lieu まず最初に [2番目に, 最後に].

en son lieu 順番に, 彼（女）の番に (=à son tour). 注 son は各人称に変化させて用いる.

en temps et lieu しかるべき時と場所で.

haut lieu (de qc) …の名所, 中心地. ▶ Salzbourg est un des hauts *lieux* de la musique. ザルツブルクは音楽の中心地の一つである.

Il y a lieu de + 不定詞. …する理由がある, してしかるべきだ. ▶ *Il n'y avait pas lieu de* désespérer de l'avenir. 将来を悲観することはなかったのだ.

lieu commun ⇨ LIEU COMMUN.

lieu saint (1) 寺院, 聖所. (2)《複数で》聖地. ▶ *Lieux saints* キリスト ゆかりの地, 聖地.

n'avoir ni feu ni lieu 住む家がない, 住所不定である.

s'il y a lieu 必要があれば, もしものときには (=le cas échéant).

tenir lieu (à qn) de + 無冠詞名詞（…にとって）…の代わりになる. ▶ Son frère lui *tient lieu de* père. 兄が彼（女）の父親代わりをしている. 比較 ⇨ REMPLACER.

lieu² /ljø/ 男《魚類》シロイトダラ (=*lieu* noir).

lieu commun /ljøkɔmœ̃/;《複》**~x ~s** 男 月並みな話題［考え］; 決まり文句. ▶ ne dire que des *lieux communs* 月並みなことしか言わない.

lieu-dit /ljødi/;《複》**~x~s, lieudit**:《複》**~s** 男（田舎で）通称 … と呼ばれる所. ▶ le *lieu-dit* «Trois chênes» 通称「三本柏」と呼ばれる所.

lieue /ljø/ 女 リュー, 1里(リ): メートル法採用前の距離の単位, 約4キロ.

être à cent [mille] lieues de + 不定詞 …するどころではない, とは思えない. ▶ J'étais à cent *lieues de* supposer cela. そんなことは思いもしなかった.

lieur, lieuse /ljœ:r, ljø:z/ 名（まぐさや刈り取った麦を）束ねる人.

— **lieuse** 女《農業》結束機, バインダー. ▶ une moissonneuse-batteuse-*lieur* コンバイン.

***lieutenant** /ljøtnɑ̃/ リュートナン 男 ❶ 陸軍 [空軍] 中尉. ❷ *lieutenant* de vaisseau 海軍大尉. ❸（首長者の）代理人, 補佐人.

lieutenant-colonel /ljøtnɑ̃kɔlɔnɛl/;《複》**~s-~s** 男 陸軍 [空軍] 中佐.

***lièvre** /ljɛ:vr/ リエーヴル 男 ❶ 野ウサギ; 野ウサギの肉. 特に雌雄を区別する場合, 雌は hase. なお飼いウサギは lapin という. ▶ civet de *lièvre* 野ウサギの赤ワイン煮込み.
❷《スポーツ》（マラソンなどの）ペースメーカー.

C'est là que gît le lièvre. 肝心な点はそこだ.

courir [chasser] deux lièvres à la fois 一度にいくつものことに手を出す. ▶ Il ne faut pas *courir deux lièvres à la fois*. 諺 二兎（ニト）を追う者は一兎をも得ず.

lever [soulever] un lièvre 思いがけない難問を引き起こす.

lift /lift/ 男《英語》《テニス》トップスピン.

lifter /lifte/ 他動 ❶《テニス》（ボールに）トップスピンをかける. ❷ しわ取り手術をする; 若返らせる.

liftier, ère /liftje, ɛ:r/ 名 エレベーターボーイ [ガール].

lifting /liftiŋ/ 男《英語》しわ取り手術;《比喩的に》若返り. ▶ se faire faire des *liftings* しわ取り手術をしてもらう.

ligament /ligamɑ̃/ 男《解剖》靱帯（ジンタイ）.

ligature /ligaty:r/ 女 ❶ 縛ること. ▶ faire une

ligature à la jambe d'un blessé 負傷者の足を縛る. ❷ (縛るための)ひも, 帯. ❸ 合字(ジ): ff, œ など.

ligaturer /ligatyre/ 他動 …を縛り付ける.

lige /liːʒ/ 形 (封建君主に)忠誠を誓った.
homme lige de qn/qc 文章 …に忠誠を尽くす人.

light /lajt/ 形《不変》《英語》低カロリーの; 低ニコチンの.

lignage /liɲaːʒ/ 男《民族学》系族, リニジ.

ligne /liɲ/ リーニュ 女 ❶ 線; 直線. ▶ tracer une *ligne* 線を引く / *ligne* droite [courbe] 直[曲]線 / *ligne* pointillée [en *ligne* brisée 折れ線] / *ligne* blanche (車線を区切る)白線 / *ligne* de démarcation (地区などの)境界線 / papiers à *lignes* 罫(けい)紙 / *ligne* de vie [chance, cœur] (手相の)生命 [運命, 感情] 線. 比較 ⇨ TRAIT¹.
❷ (ときに複数で)輪郭, シルエット, ライン;《単数で》肢体の線. ▶ la *ligne* d'une voiture 車のボディライン / avoir la *ligne* スタイルがいい / garder [perdre] la *ligne* 体の線を保つ [が崩れる].
❸ (文章の) 行. ▶ aller à la *ligne* 改行する / A la *ligne*! [書き取りで] 改行しなさい / Lisez la dixième *ligne* à partir du haut de la page. そのページの上から10行目を読んでください / écrire quelques *lignes* à qn …に短い手紙を書く.
❹ 列, 行列. ▶ une *ligne* de peupliers ポプラ並木 / les élèves rangés sur deux *lignes* 2列に並んだ生徒 / Mettez-vous en *ligne*. 整列せよ.
❺ (交通機関の) 路線. ▶《Pour aller à Notre-Dame, quelle *ligne* d'autobus faut-il prendre?—Le trente-huit.》「ノートルダムへ行くにはどのバスの線に乗ればいいのですか」「38番です」/ changer de *ligne* 乗り換える / *ligne* aérienne 空路 / les *lignes* de banlieue 近郊線 / les grandes *lignes* 幹線(⇨ 成句). ▶ un cargo de *ligne* 定期貨物便 / un pilote de *ligne* 定期便パイロット.
❻ 電線 (=*ligne* électrique), 通信回線;《特に》電話回線 (=*ligne* téléphonique). ▶ *ligne* à haute tension 高圧線 / La *ligne* est occupée. (電話が)お話し中です. ◆en *ligne* 通信可能な; オンラインの, インターネットの. ▶ Vous êtes en *ligne*, parlez. つながりました, お話しください / achat en *ligne* ネットショッピング.
❼ 方針, 路線. ▶ suivre sa *ligne* de conduite 自分の流儀に従って行動する / les *lignes* essentielles d'un programme politique 政治綱領の基本方針.
❽ 戦線, 戦列, 防御線. ▶ la *ligne* Maginot マジノ線 / un bâtiment de *ligne* (艦隊の)主力戦闘艦 / la première *ligne* 最前線.
❾ 家系, 血統. ▶ Il descend 'en droite *ligne* [en *ligne* directe] d'un comte. 彼はさる伯爵の直系にあたる / la *ligne* collatérale 傍系.
❿ (化粧品などの)同系列の製品, シリーズ商品.
⓫ (多くは Ligne) 赤道 (=*ligne* équatoriale).
⓬ [釣り] 釣り糸, 仕掛け. ▶ pêcher à la *ligne* 釣りをする / lancer la *ligne* 釣り糸を投げる.
⓭《スポーツ》(1) ライン. ▶ *ligne* de départ スタートライン / *ligne* d'arrivée ゴールライン / En *ligne* pour le départ! 位置について. (2) (ラグビーなどで)ライン, ロー. ▶ la *ligne* d'avants フォワードライン.

dans la ligne de qc …の方針に沿った. ▶ Il n'est pas *dans la ligne du* parti. 彼は党の方針に従っていない.

dans la ligne dernière droite ホームストレッチで, 終盤で.

en droite ligne = *en ligne droite* まっすぐに, 直線で; 直接に. ▶ Ça fait trois kilomètres *en ligne droite*. 直線距離で3キロある.

entrer en ligne de compte 考慮の対象になる, 重要である.

grandes lignes 大筋, 概要. ▶ esquisser les *grandes lignes* de la réforme 改革の大綱を示す.

hors ligne なみはずれた, 非凡な. ▶ Il est d'une intelligence *hors ligne*. 彼はずば抜けて頭がいい.

lire entre les lignes 行間を読む, 言外の意味をくむ.

mettre qn en ligne (1) [兵, 選手など]を戦列に加える. (2) …を整列させる.

monter en ligne 戦列に加わる.

sur la même ligne 同列に, 互角に. ▶ mettre deux savants *sur la même ligne* 2人の学者を同列に置く.

sur toute la ligne (1) 全戦線にわたって. (2) 完全に, 徹頭徹尾. ▶ avoir raison *sur toute la ligne* 全面的に正しい.

lignée /liɲe/ 女 ❶ 子孫; 文章 家系, 一族.
❷ (思想的な)系譜, 伝統.

ligner /liɲe/ 他動 …に線 [罫(けい)紙] を引く.

ligneux, euse /liɲø, øːz/ 形《植物学》木質の. ▶ plantes *ligneuses* 木本植物.

lignite /liɲit/ 男 亜炭.

ligotage /ligɔtaːʒ/ 男 縛ること, 束縛.

ligoter /ligɔte/ 他動 ❶ …を(ひもで)縛る.
❷ …の自由を奪う, を束縛する.

ligue /lig/ 女 ❶ 同盟, 連盟. ▶ *Ligue* arabe アラブ連盟 / *Ligue* des droits de l'homme 人権擁護連盟 / *Ligue* contre l'alcoolisme 禁酒同盟. ❷ (Ligue)《歴史》旧教同盟: 宗教戦争中の過激派カトリックの政治, 軍事組織.

liguer /lige/ 他動〈*liguer* qn (contre qn/qc)〉(…に対抗して)…を団結させる, 糾合する. ▶ *liguer* tous les mécontents 不満分子を糾合する. — **se liguer** 代動〈*se liguer* (contre qn/qc)〉(…に対抗して)団結する.

ligueur, euse /ligœːr, øːz/ 名 ❶ (政治団体, 特に同盟の)同盟員. ❷ 旧教同盟の参加者.

lilas /lila/ 男 ❶ リラ, ライラック; リラの花. ❷ ライラック色, 藤色. — 形《不変》ライラック色の.

liliacées /liljase/ 女複《植物》ユリ科.

lilial, ale /liljal/;《男複》**aux** /o/ 形 文章 ユリのような; 純白の, 清らかな.

Lille /lil/ 固有 リール: Nord 県の県庁所在地.

lilliputien, enne /lilipysjɛ̃, ɛn/ 形, 名 ひどく背の低い(人). 注「ガリバー旅行記」中の小人の国 Lilliput から.

limace

limace /limas/ 囡 ❶ ナメクジ. ❷ 話 のろま.

limaçon /limasɔ̃/ 男 ❶ 古風 カタツムリ. ❷【解剖】(内耳の)蝸牛(ｶﾞｭｳ). ❸【時計】渦形カム；数取りカム.

limage /limaːʒ/ 男 やすりかけ，やすり仕上げ；リーマ仕上げ.

limande /limɑ̃ːd/ 囡【魚類】カレイ.
  être plat comme une limande (1)〔女性が〕胸がない. (2) 卑屈な態度をとる.

limbes /lɛ̃ːb/ 男複 ❶【神学】リンボ，古聖所：洗礼を受けなかった幼児やキリスト降誕以前に死んだ善人が死後住むとされた場所. ❷ 漠たる状態.
  être dans les limbes 朦朧(ﾓｳﾛｳ)としている；〔計画などが〕漠然としている，固まっていない.

lime /lim/ 囡 やすり. ▶ *lime à ongle* 爪(ﾂﾒ)やすり.
  donner le dernier coup de lime à qc 〔作品〕に仕上げを施す.

limer /lime/ 他動 …にやすりをかける.
  — *se limer* 代動 *se limer les ongles* 自分の爪(ﾂﾒ)にやすりをかける. 注 se は間接目的.

limeur, euse /limœːr, øːz/ 形 やすりとして使われる.

limier /limje/ 男 ❶ 大型の猟犬. ❷ *fin limier* すご腕の刑事〔探偵〕.

liminaire /liminɛːr/ 形 巻頭の，冒頭の. ▶ *une déclaration liminaire* (演説の)冒頭宣言.

limitatif, ive /limitatif, iːv/ 形 制限する，限定的な. ▶ *disposition limitative*【法律】制限条項〔規定〕.

limitation /limitasjɔ̃/ 囡 制限，限定. ▶ *limitation des naissances* 産児制限 / *limitation de vitesse à 60km/h [soixante kilomètre-heure]* 時速60キロの制限.
  sans limitation de temps [de durée] 期限を定めずに，時間の制約なしに.

***limite** /limit/ 囡 ❶ 限度，限界；制限. ▶ *dépasser la limite de qc* …の限度を超える / *limite d'âge* 年齢制限 / *limite de poids* 重量制限 / *Ma patience a des limites.* 我慢にも限度というものがある / 《同格的に》*vitesse limite* 制限速度.
  ❷ 期限. ▶ *dernière limite* 最終期限 / *arriver à la gare à la dernière limite* 駅にぎりぎりに着く / *date limite* 期日，締切日 / *date limite de consommation* 賞味期限.
  ❸ 境界. ▶ *fixer les limites d'un terrain* 土地の境界を定める.
  ❹【スポーツ】(1) (ボクシングで)試合のラウンド数(10回戦など). (2) (球技のコートの)ライン.
  à la limite 極端な場合には，極言すれば，ぎりぎりのところで. ▶ *A la limite, j'accepterais ces conditions, mais pas plus.* 百歩譲って，この条件を受け入れてもいい，しかしそれ以上は困る.
  à la limite de …の限界に，すれすれに. ▶ *nager jusqu'à la limite de ses forces* 力の限り泳ぐ.
  à la limite de + 不定詞 もう少しで…しそうだ.
  dans une certaine limite ある限度内において.
  sans limite(s) 限りない，無制限の.
  — 形 話 《*être limite*》ぎりぎりである，限度である. ▶ *Le budget est limite.* 予算がぎりぎりだ.

limité, e /limite/ 形 ❶ 制限された，限定された. ▶ *en temps limité* 限られた時間内で / *une édition à tirage limité* 限定版. ◆*être limité à qc/qn* …に限られる. ▶ *Le monde, pour lui, est limité à sa famille.* 家族が彼にとって世界のすべてだ. ❷ 話 才能に限界がある，能力のない.

***limiter** /limite/ 他動 ❶ 《*limiter qc (à qc)*》…を(…に)制限する. ▶ *limiter la vitesse à 80 km/h* 速度を80キロに制限する / *limiter ses dépenses au nécessaire* 出費を必需品だけに抑える / *limiter les dégâts* 被害を最小限に食い止める. ❷〔海，山などが〕…の境界をなす.
  — ***se limiter** 代動 ❶《*se limiter à qc*》…に限られる，にとどまる. ▶ *se limiter à l'essentiel* 要点だけにとどめる.
  ❷《*se limiter à qc/*不定詞》…だけにとどめる. ▶ *Je me limiterai simplement à (faire) quelques observations.* いくつか気づいたことを申し上げるだけにしたいと思います.
  ❸ 自制する.

limitrophe /limitrɔf/ 形 《*limitrophe (de qc)*》(…に)隣接する；国境の. ▶ *les villes limitrophes de la frontière* 国境沿いの町 / *pays limitrophes* 近隣国.

limogeage /limɔʒaːʒ/ 男 話 (高官などの)左遷，更迭，罷免.

limoger /limɔʒe/ ② 他動 …を左遷〔更迭，罷免〕する.

Limoges /limɔːʒ/ 固有 リモージュ：Haute-Vienne 県の県庁所在地.

limon /limɔ̃/ 男 ❶ (川が運ぶ)泥土. ❷【鉱物】堆積(ﾀｲｾｷ)岩，水成岩.

limonade /limɔnad/ 囡 ❶ レモンソーダ，レモネード. ❷ 話 カフェ業，喫茶店業.

limonadier, ère /limɔnadje, ɛːr/ 名 ❶ 清涼飲料製造〔販売〕業者. ❷ カフェ〔喫茶店〕の経営者.

limoneux, euse /limɔnø, øːz/ 形 泥土を含んだ.

Limousin /limuzɛ̃/ 固有 男 リムーザン地方：フランスの中央山地北西部.

limousin, ine /limuzɛ̃, in/ 形 リムーザン地方 Limousin の.
  — **Limousin, ine** 名 リムーザン地方の人.

limousine /limuzin/ 囡 リムジン車.

limpide /lɛ̃pid/ 形 ❶ 澄みきった. ▶ *ciel limpide* 澄んだ空. ❷ 平明な，明快な. ▶ *explication limpide* 明快な説明.

limpidité /lɛ̃pidite/ 囡 ❶ 澄みきっていること，清澄. ❷ 明快.

lin /lɛ̃/ 男 ❶【植物】アマ. ❷【繊維】亜麻，リネン；亜麻布，リンネル.

linceul /lɛ̃sœl/ 男 屍衣(ｼ ｲ)，経帷子(ｷｮｳｶﾀﾋﾞﾗ).

linéaire /lineɛːr/ 形 ❶ 線の，線状の. ▶ *mesure linéaire* (面積，体積に対し)長さの尺度 / *dessin linéaire* 線描. ❷ 〔話などが〕一本調子の，単純な. ❸【数学】線形の；1次の. ▶ *algèbre linéaire* 線形代数学.

linéament /lineamɑ̃/ 男 (多く複数で) 文章 ❶ (顔などの)線，輪郭. ❷ (計画などの)アウトライン，

草案.

linéarité /linearite/ 囡 線形性.

linge /lɛ̃:ʒ/ ラーンジュ/ 男 ❶《集合的に》家庭用布類, ホームリネン (=linge de maison). 注 木綿のほかに, 麻, 合成繊維も含む. ▶ linge de lit シーツ・枕カバー類 / linge de toilette タオル・バスローブ類 / linge de table テーブルクロス・ナプキン類 / linge de cuisine 布巾(ﾌﾞｷﾝ)・タオル類 / gros linge 大形リネン類(シーツ, テーブルクロスなど).

❷《集合的に》下着類, 肌着類, ランジェリー (=linge de corps). 注 靴下, パジャマ, ハンカチも含む. ▶ changer de linge 下着を替える / mettre du linge propre 清潔な下着を身につける

❸《集合的に》洗濯物 (=linge à laver). ▶ corde [pince] à linge 物干し用ロープ [洗濯ばさみ] / étendre [faire sécher] du linge 洗濯物を干す. ❹ 布切れ.

blanc comme un linge 〔顔などが〕蒼白(そうはく)の.
du beau linge 語 身なざった女性たち, 上流社会の人たち.

lingère /lɛ̃ʒɛ:r/ 囡 (ホテル, 寄宿舎などの)シーツ整理係.

lingerie /lɛ̃ʒri/ 囡 ❶《集合的に》下着;《特に》女性用下着, ランジェリー.
❷ (病院, ホテル, 寄宿舎などの)リネン置き場.
❸ リネン・下着類製造[販売]業.

lingot /lɛ̃go/ 男 ❶ インゴット, 鋳塊; 金塊 (=lingot d'or). ❷【印刷】厚いインテル.

lingual, ale /lɛ̃gwal/《男複》**aux** /o/ 形 ❶【解剖】舌の. ❷【音声】舌音の.
── **linguale** 囡【音声】舌音.

linguiste /lɛ̃gɥist/ 图 言語学者.

linguistique /lɛ̃gɥistik/ 囡 言語学. ▶ linguistique générale 一般言語学.
── 形 言語の; 言語学の. ▶ faire un séjour linguistique à l'étranger 外国で語学ステイをする.

linguistiquement /lɛ̃gɥistikmɑ̃/ 副 言語学的に.

linier, ère /linje, ɛ:r/ 形 亜麻の, リネンの.

lino /lino/ 男 話 (linoléum の略)リノリウム.

linoléum /linɔleɔm/ 男 《英語から》リノリウム.

linotte /linɔt/ 囡【鳥類】ムネアカヒワ.
tête de linotte 軽率な人; 忘れっぽい人.

*lion /ljɔ̃/ リオン/ 男 ❶ ライオン. ▶ être fort comme un lion 獅子(しし)のように強い. ❷ lion de mer アシカ. ❸ (le Lion)【天文】獅子座. ▶ Je suis Lion. 私は獅子座だ.
avoir bouffé [mangé] du lion 話 いつになく大張り切りだ.
part du lion 獅子の分け前, 強者がせしめるいちばん多い分け前.
se battre comme un lion 勇敢に戦う.
tourner comme un lion en cage いらいら歩き回る.
── **lion, lionne** /ljɔ̃, ljɔn/ 图 ❶ 勇猛な人. ❷ 獅子座の人.
── **lionne** 囡 雌ライオン.

lionceau /ljɔ̃so/《複》**x** 男 ライオンの子.

lipide /lipid/ 男【生化学】脂質.

liposuccion /liposy(k)sjɔ̃/ 囡 脂肪吸引.

lippu, e /lipy/ 形 (下)唇の厚い.

liquéfaction /likefaksjɔ̃/ 囡 ❶ (気体, 固体の)液化. ❷ 話 気力[体力]の喪失.

liquéfiable /likefjabl/ 形 液化できる.

liquéfiant, ante /likefjɑ̃, ɑ̃:t/ 形 ❶ 液化させる. ❷ 話 …の気力[体力]を奪う.

liquéfier /likefje/ 他動 ❶〔気体, 固体〕を液化する. ❷ 話 …の気力[体力]を奪う.
── **se liquéfier** 代動 ❶〔気体, 固体が〕液化する. ❷ 話 ぐったりする.

liqueur /likœ:r/ 囡 リキュール. ▶ vin de liqueur アルコール強化ワイン(ポートワインなど).

liquidateur, trice /likidatœ:r, tris/ 图 清算人. ── 形 清算型の.

liquidation /likidasjɔ̃/ 囡 ❶ 清算, 決済. ▶ la liquidation d'une propriété 所有財産の処分 / liquidation judiciaire【法律】会社更生法適用による清算. ❷ バーゲン, 一掃セール. ❸ 話 (面倒, 難事などを)かたづけること, 解決;〔邪魔者の〕始末.

*liquide¹ /likid/ リキド/ 形 ❶ 液体の. ▶ corps liquide 液体 / air liquide 液体空気 / lessive liquide 液体洗剤 / aliments liquides 流動食 / Cette sauce est trop liquide. このソースは薄すぎる. ❷ 古風【音声】流(子)音の.
── 男 ❶ 液体. ▶ le liquide organique 体液.
❷ 流動食; 飲料.
── 囡 古風【音声】流(子)音(/l/ /r/ など).

liquide² /likid/ 形 ❶【金銭】がすぐ使える. ▶ argent liquide 現金, 即金.
── 男 現金. ▶ avoir du liquide 現金を持っている / payer en liquide キャッシュで払う (=payer en espèces).

*liquider /likide/ リキデ/ 他動 ❶ …を清算する, 決算する. ▶ liquider son bien 財産を処分する / liquider ses dettes 借金を清算する.
❷ 話 …をかたづける, にけりをつける; を済ませる. ▶ Il a liquidé son travail et il est parti. 彼は仕事をかたづけて旅に出かけた / liquider une liaison amoureuse 恋愛関係を清算する / liquider un plat 料理をたいらげる.
❸ …のバーゲンをする. ▶ liquider son stock 在庫一掃セールをする.
❹ 話〔人〕を厄介払いする; 消す. ▶ liquider un témoin gênant (=tuer) 邪魔な証人を消す.
C'est liquidé 話 それはもう済んだ, 終った.

liquidité /likidite/ 囡【経済】(資産の)流動性;《複数で》流動資産.

liquoreux, euse /likɔrø, ø:z/ 形〔ワインが〕〔甘口でアルコール度が高く〕リキュールのような.

liquoriste /likɔrist/ 图 リキュール製造[販売]業者.

*lire¹ /li:r/ リール/
72

過去分詞 lu	現在分詞 lisant
直説法現在 je lis	nous lisons
tu lis	vous lisez
il lit	ils lisent
複合過去 j'ai lu	半過去 je lisais
単純未来 je lirai	単純過去 je lus

lire

他動 ❶ …を読む. ▶ *lire* un livre 本を読む / *lire* tout Balzac バルザックを読破する / Cet auteur n'*est* plus *lu* aujourd'hui. この作家は今日ではもはや読まれない / Nous espérons vous *lire* bientôt.《手紙の末尾で》近いうちにお便りいただけますよう. ◆ *lire* que + 直說法 …ということを読んで知る. ▶ J'*ai lu* dans le journal qu'il y a eu une manifestation contre la taxe sur consommation. 消費税反対のデモがあったことを新聞で読んだ.

❷ …を(声に出して)読む, 読んで聞かせる. ▶ *lire* un conte à ses enfants 子供に童話を読んで聞かせる / *lire* un discours devant l'Assemblée 議会で演説文を読み上げる.

❸ [暗号など]を解読する; …を読み取る, 察知する. ▶ *lire* un message chiffré 暗号文を解読する / *lire* une partition 楽譜を読む / savoir *lire* l'heure 時計の見方がわかる / On *lisait* la fureur dans ses yeux. 彼(女)の目には怒りの色が見えていた / *lire* les lignes de la main 手相を見る.

❹ [情報][情報]を読み取る. ▶ *lire* un fichier ファイルを読み込む.

Lu et approuvé.(契約書の末尾などで)上記承認いたします.

se passer lire [本, 作家が]読んでおもしろい, なかなか読ませる.

— 自動 ❶ 読む, 読書する. ▶ apprendre à *lire* 読み方を習う / savoir *lire* et écrire 読み書きができる / aimer *lire* 読書好きである / Elle *lit* beaucoup. 彼女は読書家だ.

❷ ⟨*lire* dans qc⟩ …の中を読み取る; で占う. ▶ *lire* dans la pensée de qn …の思惑を察する / *lire* dans 「la main [les étoiles] 手相で[星を見て]占う.

— *se lire* 代動 ❶ 読める. ▶ un auteur qui *se lit* facilement 楽に読める作家. ❷ [感情が]読み取れる. ▶ La peur *se lisait* sur son visage. 彼(女)の顔には恐怖の色がうかがえた.

lire² /liːr/ 女 [貨幣]リラ: ユーロ以前のイタリアの貨幣単位.

lis¹ /lis/, **lys** 男 ❶ [植物]ユリ. ❷ 白ユリの花. 注 純白, 純潔などの象徴. ❸ [紋章]fleur de *lis* ユリの花: フランス王家の象徴.

lis² /li/ 活用 ⇨ LIRE¹ 72

lis- 活用 ⇨ LIRE¹ 72

lisbonnais, aise /lisbɔnɛ, ɛːz/ 形 リスボン Lisbonne の.
— **Lisbonnais, aise** 名 リスボンの人.

Lisbonne /lisbɔn/ 固有 リスボン: ポルトガルの首都.

liseré /lizre/, **liséré** /lizere/ 男 [服飾] (縁飾りなどに用いる)細いテープ.

liseron /lizrɔ̃/ 男 [植物]ヒルガオ.

liseur, euse /lizœːr, øːz/ 名 読書家. ▶ grand *liseur* de romans policiers 大の推理小説好き.

liseuse /lizøːz/ 女 ❶ ブックカバー. ❷ (栞(しおり)兼用の)ペーパーナイフ. ❸ 古風 (ベッドで読書するときなどに羽織る)婦人用部屋着.

lisibilité /lizibilite/ 女 読みやすさ, 平明さ.

fleur de lis

lisible /lizibl/ 形 読みやすい, 理解しやすい; [本などが]一読の価値がある.

lisiblement /lizibləmɑ̃/ 副 読めるように, 理解できるように.

lisière /lizjɛːr/ 女 ❶ (土地の)周辺, はずれ. 比較 ⇨ BORD. ❷ (布の)耳.
tenir qn en lisières 文章 …を支配する, 束縛する.

lissage /lisaːʒ/ 男 (物の表面を)滑らかにすること, 艶(つや)出し.

lisse¹ /lis/ 形 滑らかな, すべすべした.

lisse² /lis/, **lice** 女 [繊維]綜絖(そうこう), ヘルド.

lisse³ /lis/ 女 [海事](船の)縦通材, 縦ガーダ; (手すりの)横木, レール.

lissé, e /lise/ 形 滑らかにした; 艶(つや)出しした. ▶ des cheveux bien *lissés* きれいになでつけた髪.

lisser /lise/ 他動 …を滑らかにする; に艶(つや)を出す. ▶ *lisser* sa moustache 口ひげをきれいになでつける / un chat qui *lisse* son poil avec sa langue 舌で毛繕いする猫.
— *se lisser* 代動 (自分の)[髪, ひげ]をなでつける; [毛, 羽など]を整える. 注 se は間接目的.

listage /lista:ʒ/ 男 リストに載せること.

*****liste** /list/ リスト 女 ❶ (一覧)表, 名簿, リスト; 列挙. ▶ dresser [établir] une *liste* リストを作成する / *liste* noire ブラックリスト / *liste* d'attente 空席待ち名簿 / *liste* de mariage (新郎新婦が希望する)結婚祝いの贈り物リスト / *liste* alphabétique アルファベット順リスト / *liste* de commissions [courses] 買い物リスト / Son nom n'est pas sur la *liste* des invités. 彼(女)の名前は招待客のリストに載っていない / *liste* électorale 選挙人名簿. ❷ [歴史]*liste* civile 国家元首の特別歳費, 王室費.

être sur (la) liste rouge 電話帳に電話番号を載せていない.

grossir la liste de qn/qc …の数に加えられる, 仲間入りをする.

listel /listel/ 男 ❶ [建築]平刳形(ひらくりかた). ❷ [貨幣]硬貨の縁枠.

lister /liste/ 他動 …をリストに載せる.

listing /listiŋ/ 男 [英語]一覧表.

:lit¹ /li/ 男

❶ ベッド, 寝床. ▶ faire son *lit* ベッドメーキングする / Au *lit*! ベッドに入りなさい, もう寝なさい / aller [se mettre] au *lit* 寝床につく, 寝る / être au *lit* 寝ている / arracher [tirer] qn du *lit* …をたたき起こす / sortir du *lit* 起き出す / *lit* pour une personne シングルベッド / *lit* pour deux personnes ダブルベッド / *lit* de bébé ベビーベッド / *lits* jumeaux ツインベッド / *lit* de repos 寝椅子(いす), カウチ.

❷ 夫婦の寝床, 夫婦関係. ▶ les enfants du premier [second] *lit* 初婚[再婚]で生まれた子供.

❸ 寝床に代わるもの, しとね. ▶ se coucher sur un *lit* de paille わらを寝床にする.

❹ 層, 床. ▶ un *lit* de sable 砂の層.

❺ 河床. ▶ La Loire est sortie de son *lit*. ロアール川が氾濫(はんらん)した.

au saut du lit 起き抜けに.
Comme on fait son lit on se couche. ⇨ SE COUCHER.
dormir dans son lit 自宅で寝る.
être cloué au lit = garder [ne pas quitter] le lit （病気で）ふせっている, 寝たきりである.
être tombé du lit 早起きした; 眠そうな顔をしている.
lit de mort 死の床. ▶ *sur son lit de mort* いまわの際に.
mourir dans son lit 自分の家で安らかに死ぬ, 畳の上で死ぬ.

lit² /li/ 活用 ⇨ LIRE¹ 72

litanie /litani/ 囡 ❶《複数で》[カトリック]連禱（れんとう）. ▶ *réciter des litanies* 連禱を唱える. ❷ 話（不平, 要求などを）くどくどと並べ立てること. ▶ *Encore la même litanie!* またいつもの繰り言か.

lit-cage /lika:ʒ/ 囲;《複》 ~s-~s 男（鉄製の）折り畳みベッド.

literie /litri/ 囡 寝具(寝台, マットレス, 枕, 毛布, ベッドカバーなどの総称).

lithiase /litja:z/ 囡【医学】結石症.

lithium /litjɔm/ 男【化学】リチウム.

litho /lito/ 囡 (lithographie の略)話 石版画.

lith(o)- 接頭「石」の意.

lithographe /litɔgraf/ 图 石版工; 石版画家; 石版印刷師.

lithographie /litɔgrafi/ 囡 ❶ 石版印刷(術). ❷ 石版画, リトグラフ.

lithographier /litɔgrafje/ 他動 …を石版刷りにする.

lithographique /litɔgrafik/ 形 石版(印刷)の; 石版画の.

litière /litjɛːr/ 囡 ❶（家畜の）寝わら, 敷きわら; 猫用のトイレの砂. ❷（昔の）輿(こし), 駕籠(かご).
faire litière de qc 文章 …を軽蔑する, 無視する.

litige /litiːʒ/ 男 ❶【法律】係争, 争訟. ▶ *régler un litige* 争訟を解決する. ❷ 論争; 紛争.
en litige 係争[論争]中の. ▶ *point en litige* （係）争点.

litigieux, euse /litiʒjø, øːz/ 形 ❶【法律】係争中の; 係争を招きそうな. ▶ *point litigieux* 係争点. ❷ 論争中の; 問題のある.

litote /litɔt/ 囡【レトリック】緩叙法, 曲言法(例: *Je t'aime beaucoup.*「私はあなたが好きです」の代わりに *Je ne te hais pas.*「私はあなたが嫌いではありません」と言う).

***litre** /litr/ リトル 男 ❶【計量単位】リットル. ▶ *boire un litre de lait* 牛乳を1リットル飲む. ❷ 1リットル容器, 1リットル瓶.

litron /litrɔ̃/ 男 話 ワインの1リットル瓶; 1リットルのワイン.

littéraire /liteʁɛːr/ 形 ❶ 文学の, 文学的な. ▶ *œuvres littéraires* 文学作品 / *revue littéraire* 文芸雑誌 / *le monde littéraire = les milieux littéraires* 文壇 / *la critique littéraire* 文芸批評 / *l'histoire littéraire* 文学史 / *langue littéraire et langue parlée* 書き言葉と話し言葉.
❷ 文科系の, 文科向きの. ▶ *un esprit plus littéraire que scientifique* 理科系よりも文科系に向いた人.
❸《軽蔑して》現実味のない, 絵空事の.
— 图 文科系の人, 文科系に向いた人.

littérairement /liteʁɛʁmɑ̃/ 副 文学的に(見て).

littéral, ale /literal/;《男複》 **aux** /o/ 形 ❶ 文字[字義]どおりの. ▶ *au sens littéral du mot* (↔figuré) 語の本来の意味において. ❷ 逐語[逐字]の. ▶ *traduction littérale* 逐語訳, 直訳. ❸ 文字を使う, 文字による. ▶ *notation littérale* 文字による表記法.

littéralement /literalmɑ̃/ 副 ❶ 話 文字どおり, まったく. ❷ 逐語[逐字]的に.

littéralité /literalite/ 囡（解釈, 翻訳などが）字義どおりであること.

littérateur /literatœːr/ 男《しばしば軽蔑して》文学者, 文士, 物書き.

***littérature** /literaty:r/ リテラテュール 囡 ❶ 文学, 文芸. ▶ *la littérature française* フランス文学 / *cours de littérature* 文学講義 / *la littérature comparée* 比較文学 / *faire de la littérature* 文学をやる.
❷ 研究文献, 書誌. ▶ *Aucun article n'existe sur ce sujet dans toute la littérature médicale.* 医学文献をすべて当たってもこの問題を扱った論文はない. ❸《軽蔑して》作り事, 絵空事. ▶ *Tout cela c'est de la littérature.* そんなことはみんなまやかしだ.

littoral, ale /litoral/;《男複》 **aux** /o/ 形 沿岸の. ▶ *pêche littorale* 沿岸漁業.
— **littoral**;《複》 **aux** 男 沿岸地帯; 沿岸地方.

Lituanie /lituani/ 固有 囡 リトアニア: バルト海沿岸の共和国. 首都 Vilnius. ▶ *en Lituanie* リトアニアに[で, へ].

lituanien, enne /lituanjɛ̃, ɛn/ 形 リトアニアの, Lituanie の.
— **Lituanien, enne** 图 リトアニア人.

liturgie /lityrʒi/ 囡【キリスト教】典礼, 礼拝式.

liturgique /lityrʒik/ 形【キリスト教】典礼の. ▶ *livres liturgiques* 典礼書.

livarot /livaro/ 男【チーズ】リヴァロ: 牛乳で作ったノルマンディー地方の軟質チーズ.

livide /livid/ 形〔顔色が〕蒼白(そうはく)な; 文章〔光などが〕鉛色の.

lividité /lividite/ 囡 蒼白(そうはく), 鉛色. ▶ *une lividité cadavérique* 死斑(しはん).

living-room /liviŋrum/, **living** /liviŋ/ 男《英語》リビング・ルーム, 居間.

livrable /livrabl/ 形〔商品などが〕引き渡すことのできる, 配達できる.

livraison /livrezɔ̃/ 囡 ❶（商品の）引き渡し, 配達; 配達物. ▶ *livraison à domicile* 宅配 / *livraison en gare* 駅止め送り / *payable à la livraison* 代金引き換え払いの. ❷ 配本;（定期刊行物の）各巻. ▶ *une édition populaire en dix livraisons* 10回配本の普及版.
prendre livraison de qc （買った物）を受け取りに行く.

***livre**¹ /liːvr/ リーヴル

livre

❶ 本, 書物. ▶ *livre* cartonné ハードカバーの本 / *livre* de poche ポケットブック / *livre* d'images 絵本 / *livre* épuisé 絶版本 / *livres* d'occasion 古本 / *livre* scolaire [de classe] 教科書 / *livre* d'art 美術書 / *livre* blanc 白書 / *livre* électronique 電子ブック / *livre* audio オーディオブック.
❷《le *livre*》出版業, 印刷業. ▶ travailler dans le *livre* 出版関係の仕事をしている.
❸ (大部な書物の) 巻, 部, 編. ▶ le quatrième *livre* de l'*Emile*「エミール」の第4巻.
❹帳簿, 台帳, 日誌. ▶ *livre* de comptes 家計簿; 勘定簿 / *livre* de bord 航海日誌 (= journal de bord) / tenir les *livres* 帳簿をつける.

à livre ouvert 準備なしに, すらすらと. ▶ lire l'allemand *à livre ouvert* すらすらとドイツ語を読む.

livre d'or (名士が来訪の際に記入する) 記念サイン帳, 芳名録.

ne connaître qc que dans [par] les livres …については本で読んだだけだ, 体験にない.

parler comme un livre 学のある話し方をする.

***livre**² /liːvr リーヴル/ 囡 ❶《計量単位》リーヴル: 500グラム. ❷ポンド: 英国, エジプトなどの通貨単位. ▶ *livre* sterling イギリスポンド (記号 £).

livrée /livre/ 囡 (召使いなどの) 制服, 仕着せ.

***livrer** /livre リヴレ/ 他動 ＜ *livrer* qc (à qn) ＞
❶ 〔商品など〕 を (…に) 配達する, 届ける; 〔人〕 に品物を届ける. ▶ On vous *livrera* les meubles aussitôt que possible. 家具はできるだけ早くお届けします / Vous *serez livré* demain. 明日配達します / *livrer* à domicile 宅配する / se faire *livrer* 配達してもらう.
❷ …を引き渡す, (…の) 支配下に置く [ゆだねる]. ▶ *livrer* un coupable à la justice 犯人を司直の手に引き渡す / une ville qui *a été livrée* au pillage 略奪地にさらされた町.
❸ …を (…に) 密告する, 売り渡す. ▶ *livrer* son complice à la police 仲間を警察に売る.
❹ 〔秘密など〕 を (…に) 明かす, 漏らす. ▶ *livrer* un secret 秘密を明かす / Il *livre* un peu de lui-même dans une interview. あるインタビューで彼は自分のことをわずかながら打ち明けている.

livrer bataille [*combat*] 戦いを交える.

livrer passage (à qn/qc) (…) を通す.

— ***se livrer** 代動 ＜ *se livrer* (à qc/qn) ＞
❶ …に従事する, 専念する; (感情などに) 身を任せる. ▶ *se livrer* à son sport favori 好きなスポーツに励む / *se livrer* au désespoir 絶望に陥る.
❷ (…に) 胸の内を明かす, 打ち解ける. ▶ *se livrer* à son meilleur ami 親友に胸中を打ち明ける.
❸ (…に) 投降する; 自首する.

livresque /livresk/ 形 本から得た, 机上の. ▶ Ses connaissances ne sont que *livresques*. 彼(女)の知識は本で得たものだけだ.

livret /livre/ 男 ❶ (公的な機関が発行する) 手帳; 通帳. ▶ *livret* de famille (結婚後役所から配布される) 家族手帳 / *livret* scolaire 成績簿 / *livret* de caisse d'épargne (郵便) 預金通帳. ❷〖音楽〗リブレット: オペラなどの台本. ❸〘古風〙(展覧会, バレエなどの) カタログ.

livreur, euse /livrœːr, øːz/ 名 商品配達人.

lob /lɔb/ 男〘英語〙(テニス, サッカーの) ロブ, ロビング.

lobby /lɔbi/;《複》 *lobbies* /lɔbiz/ 男〘英語〙〘政治〙陳情団, 圧力団体, ロビイスト (= groupe de pression).

lobe /lɔb/ 男 ❶〘解剖〙(大脳, 肺などの) 葉(よう). ▶ le *lobe* frontal 前頭葉. ❷ *lobe* de l'oreille 耳たぶ.

lober /lɔbe/ 自動 (テニス, サッカーで) ロブ [ロビング] を上げる. — 他動 〔相手〕 をロビングでかわす.

lobotomie /lɔbɔtɔmi/ 囡〘医学〙ロボトミー: 前頭葉白質切除術による精神外科療法.

lobule /lɔbyl/ 男 ❶〘解剖〙小葉. ❷ *lobule* de l'oreille 耳朶(じだ), 耳たぶ (= lobe de l'oreille).

***local, ale** /lɔkal ロカル/;《男複》*aux* /o/ 形
❶ 地方の; 地元の, 現地の. ▶ journal *local* 地方紙 / produits *locaux* 地方の物産 [特産品] / célébrité *locale* 地方の名士 / collectivités *locales* 地方公共団体 / élections *locales* (=général) 地方選挙 / les libertés *locales* 地方自治 / chemin de fer d'intérêt *local* ローカル鉄道 / couleur *locale* 地方色 / heure *locale* 現地時間 / monnaie *locale* 現地通貨.
❷ 局地的な; 局所の. ▶ averses *locales* 局地的豪雨 / guerre *locale* 局地戦争 / anesthésie *locale* 局所麻酔.

— ***local***;《複》*aux* 男 (多く複数で) (一定の用途に使われる) 場所, 建物の一部): 事務所, 校舎, 店舗など. ▶ *local* d'habitation 住居部分 / *locaux* commerciaux 店舗部分 / occuper les *locaux* de la radio-télévision 放送局を占拠する.

localement /lɔkalmɑ̃/ 副 局地的に, 局部的に; 地方で; 所によって.

localisable /lɔkalizabl/ 形 位置を突き止めうる; (一定地域に) 限定できる.

localisation /lɔkalizasjɔ̃/ 囡 ❶ 位置を突き止めること, 位置決定; (時間的な) 位置づけ. ▶ la *localisation* de l'épicentre 震央の位置決定. ❷ (紛争などの) 局地化, 拡大阻止. ❸〘医学〙(1) (X線による, 病巣の) 診定. (2) 局在(性).

localisé, e /lɔkalize/ 形 局地的な. ▶ une forte chute de pluie *localisée* 集中豪雨.

localiser /lɔkalize/ 他動 ❶ …の位置 〔原因, 出所, 時期〕 を突き止める. ▶ *localiser* un avion au radar レーダーで飛行機の位置を測定する / *localiser* une rumeur うわさの出所を突き止める / *localiser* un souvenir いつごろのことか思い出す.
❷ …を局地化する; の拡大を防ぐ. ▶ *localiser* un incendie 火災の延焼を食い止める.

— **se localiser** 代動 限定される, 局地化される.

localité /lɔkalite/ 囡 ❶ (小さな) 町, 村. ❷ (特定の) 場所.

***locataire** /lɔkatɛːr ロカテール/ 名 借家人, 間借り人, 借地人 (↔propriétaire). ▶ prendre des *locataires* 間借り人を入れる / le *locataire* de l'Elysée フランス大統領.

locatif¹, ive /lɔkatif, iːv/ 形 賃貸借に関する; 賃借人負担の. ▶ valeur *locative* 賃貸価額 / risques *locatifs* 賃借人が負担する損害.

locatif², ive /lɔkatif, i:v/ 形【言語】位置を示す, 位格の. ▶ préposition *locative* 場所を表わす前置詞.
— **locatif** 男（サンスクリットなどの）位格.

***location** /lɔkasjɔ̃/ ロカスィヨン/ 女
英仏そっくり語
英 location 場所, ロケ.
仏 location レンタル(料), 家賃.

❶ 賃貸借, レンタル; 貸家, 借家. ▶ la *location* d'une chambre 間貸し, 間借り / voiture de *location* レンタカー / chercher une *location* 貸家を探す. ◆en *location* 賃貸の[で]. ▶ donner [prendre] qc en *location* …を貸す[借りる] / être en *location* 借家住まいである. ❷ 賃貸料, 家賃. ❸（座席などの）予約 (=réservation).

loch /lɔk/ 男【海事】ログ, 測程儀: 船の航程, 速力を測定する計器.

lock-out /lɔkaut/ 男《単複同形》《英語》工場閉鎖, ロックアウト.

lock-outer /lɔkaute/ 他動【工場】を閉鎖［ロックアウト］する;（工場から）【労働者】を締め出す.

loco- 接頭「場所」の意.

locomoteur, trice /lɔkɔmɔtœːr, tris/ 形【解剖】運動に関する.

locomotion /lɔkɔmɔsjɔ̃/ 女 ❶（生物の）運動[移動] (機能). ▶ muscles de la *locomotion* 運動筋肉. ❷ 移動, 輸送. ▶ moyens de *locomotion* 交通手段, 輸送方法.

***locomotive** /lɔkɔmɔtiːv/ ロコモティーヴ/ 女 ❶ 機関車. ▶ *locomotive* électrique [à vapeur, Diesel] 電気[蒸気, ディーゼル]機関車. ❷ 比 牽引(%)力となる人［もの］, 推進者［力］. ▶ *locomotive* de la croissance 成長の牽引役.
C'est une vraie locomotive. 話 (ランナーや競走馬について)機関車そこのけだ.
souffler comme une locomotive 話 はあはあ荒い息をする.

locuteur, trice /lɔkytœːr, tris/ 名【言語】話し手, 話者.

locution /lɔkysjɔ̃/ 女 言い回し, 成句, 句. ▶ *locution* figée 熟語表現 / *locution* toute faite 慣用句 / *locution* conjonctive [prépositive, adjective] 接続詞［前置詞, 形容詞］句.

lœss /løːs/ 男【地質】黄土, レス.

loft /lɔft/ 男《米語》ロフト: 倉庫などを改造したアトリエや住居.

log (記号) Logarithme 対数.

logarithme /lɔgaritm/ 男【数学】対数. 注 話し言葉では log と略す. ▶ la table de *logarithmes* 対数表.

loge /lɔːʒ/ 女 ❶ 管理人室, 守衛室. ❷ (劇場の)桟敷席, ボックス席. ▶ les premières *loges* 2 階ボックス席 / louer une *loge* ボックス席を予約する. ❸ 楽屋, 控え室. ▶ attendre une vedette à la sortie de sa *loge* スターを楽屋の出口で待ち受ける. ❹（仕切り壁で分けられた）小部屋;（芸術コンクール参加者用の）個室. ❺（フリーメーソンの）ロッジ, 支部(集会所).
être aux premières loges（1等席にいる→）話（状況を見極めるのに）絶好の場所にいる.

logé, e /lɔʒe/ 形 住んでいる; 泊まっている. ▶ être bien [mal] *logé* いい[ひどい]所に住んでいる / les mal-*logés* 住宅困窮者.

logeable /lɔʒabl/ 形 ❶ 住める, 住み心地がよい. ❷〔かばん, 戸棚などが〕物のたくさん入る, 収納しやすい.

***logement** /lɔʒmɑ̃/ ロジュマン/ 男 ❶ 住宅, 住居; 居住, 宿泊. ▶ chercher un *logement* 住む[泊まる]所を探す / *logement* de deux pièces 2部屋のアパルトマン / *logement* collectif [individuel] 集合［一戸建て］住宅 / crédit-*logement* 住宅ローン / politique du *logement* 住宅政策 / crise du *logement* 住宅難 / problème du *logement* 住宅問題. 比較 ⇨ MAISON. ❷（機械部品が収まる）穴, 溝, くぼみ. ▶ un *logement* de clef 鍵(ぎ)穴.

***loger** /lɔʒe/ ロジェ/ ❷ 自動 ❶ 泊まる, 住む. ▶ A quel hôtel *logez*-vous? どのホテルにお泊まりですか / *loger* en banlieue (=habiter) 郊外に住む. ❷〔物が〕納まる, 入る.
— 他動 ❶ …を泊める, 住まわせる; 収容する. ▶ On peut te *loger* chez nous: il n'y a plus de métro. 泊まっていきなさい, もう地下鉄もないことだし / un hôtel qui peut *loger* cinq cents personnes 500人宿泊可能なホテル. ❷ …を置く, 納める. ▶ *loger* ses valises dans le coffre スーツケースを車のトランクに入れる. ❸〔弾, 球など〕を打ち込む. ❹ 比〔考え, 感情など〕を（頭の中に）抱かせる.
— **se loger** ❶ 泊まる, 住む. ▶ trouver à *se loger* 住む所を見つける. ❷ 入り込む, 納まる;〔弾などが〕撃ち込まれる. ▶ Un petit caillou *s'est logé* dans la rainure de la semelle. 小石が靴底の溝に挟まった. ❸ <*se loger* qc dans qc>自分の…に〔弾丸〕を撃ち込む;〔考え, 感情など〕を（頭の中に）宿す. ▶ *se loger* une balle dans la tête 頭に弾丸を打ち込む.

logeur, euse /lɔʒœːr, øːz/ 名 (家具付き貸し間の)貸し主, 下宿屋.

loggia /lɔdʒja/ 女《イタリア語》【建築】ロッジア: 吹きさらしになった廊下[列柱廊].

logiciel /lɔʒisjɛl/ 男【情報】ソフトウェア (↔matériel). ▶ développer un *logiciel* ソフトウェアを開発する / *logiciel* libre フリーウェア.
— **logiciel, le** 形 ソフトウェアの.

logicien, enne /lɔʒisjɛ̃, ɛn/ 名 論理学者; 論理家.

***logique** /lɔʒik/ ロジック/ 女 ❶ 論理, 首尾一貫性. ▶ agir avec *logique* 筋の通った行動をする / Cela manque un peu de *logique*. それはちょっと理屈が通らない.
❷（個人, 集団に特有の）論理, 思考法. ▶ la *logique* du marché 市場の論理 / Dans la *logique* de l'enfant, c'est normal. 子供の考えではそれが当たり前だ.
❸ 当然の帰結. ▶ La *logique* de cette politique, c'est la hausse du yen. このような政策は必然的に円高を招く. ❹ 論理学; 論理学書.
en toute [bonne] logique 理の当然として.
être dans la logique des choses 事の道理にかなっている. ▶ Sa démission *est dans la logi-*

logiquement

que des choses. 彼(女)の辞任は当然の成り行きだ.
— 形 ❶ **論理的な**, 筋の通った; 必然的な, 当然の. ▶ C'est *logique.* それは当然だ / raisonnement *logique* 論理的推論 / conséquences *logiques* d'un acte 行為の必然的な結果. ◆être *logique* avec qn/qc …と首尾一貫している. ◆《非人称構文で》不定詞 Il est *logique* de 不定詞 / Il est *logique* que + 接続法 …は当然である. ❷ 論理学の, 論理の.

logiquement /lɔʒikmɑ̃/ 副 論理学上, 論理的に;《多く文頭で》論理的には; 理屈では; 当然の成り行きとして.

logis /lɔʒi/ 男 ❶ 古風 文章 住まい, 住居.
❷《建築》un corps de *logis* 母屋, 住居棟.

logistique /lɔʒistik/ 女 ❶《軍事》兵站(へいたん)業務. ❷《経営》ロジスティックス.
— 形 ❶ 兵站の. ❷ ロジスティックスの.

logithèque /lɔʒitɛk/ 女 (コンピュータの)ソフトウェアのライブラリー.

:loi /lwa/ ロワ/ 女

❶ **法**, 法律. ▶ observer [respecter] les *lois* 法律を守る / obéir aux *lois* 法律に従う / violer une *loi* 法律に違反する / infraction aux *lois* 法律違反 / *loi* en vigueur 現行法 / *loi* naturelle 自然法 / homme de *loi* 司法官, 法律家 / projet de *loi* (政府の提出する)法案 / mettre qn hors la *loi* …を法の保護の外に置く.
❷ **おきて**, 定め;《多く複数で》規則, 規範. ▶ la *loi* du milieu 暗黒街のおきて / la *loi* de la jungle ジャングルのおきて; 弱肉強食の論理 / la *loi* du plus fort 強者の論理[支配] / les *lois* de la politesse 礼法 / les *lois* morales 道徳律.
❸ **法則**. ▶ la *loi* de la gravitation universelle 万有引力の法則 / la *loi* de l'offre et de la demande 需要と供給の法則.
❹《宗教》戒律, 律法.

au nom de la loi 法の名において.
avoir la loi pour soi 法に照らしてみて自分に権利がある.
dicter [faire] sa loi à qn …を支配する.
faire la loi (+ 場所) 隠(…では)支配者である; 我が物顔に振る舞う.
se faire une loi de + 不定詞 …する義務を自らに課す, を自分の義務と決める.
tomber sous le coup de la loi 法に触れる, 違反する.

loi-cadre /lwaka:dr/;《複》~s-~s 女《法律》基本法.

:loin /lwɛ̃/ ロワン/ 副

❶ **(空間的に)遠くに**. ▶ C'est *loin* ? 遠いですか / La gare n'est pas *loin*. 駅は遠くない / voyager *loin* 遠くに旅行する / lire quelques pages plus *loin* 数ページ先を読む / Tu es un peu *loin*, regarde de plus près. ちょっと離れ過ぎですよ, もっと近くで御覧なさい.
❷ **(時間的に)隔たって**; 遠い過去[未来]に. ▶ L'été n'est plus *loin*. 夏はもうそんなに遠くない / l'usage qui remonte *loin* dans le temp 古くからある習わし / Le temps est *loin* où cette banlieue était un village. この郊外が村だったのはずっと昔のことだ.

aller loin (1) 遠くに行く. (2)《未来形で》偉くなる, 出世する. (3) 重大な結果を招く. ▶ une affaire qui peut *aller loin* 大事になりかねない問題. (4) ⇨ ne pas *aller loin*.
aller plus loin (que qn/qc) (…よりも)先に行く; さらに一歩進む. ▶ Il est intelligent. J'irai (même) *plus loin* : c'est un génie. 彼は頭がいい. さらに言えば, 天才だ.
aller「trop」loin 誇張する; 度を越す. ▶ Vous *êtes allé trop loin* dans vos reproches. あなたの非難は厳しすぎました.
(bien) loin que + 接続法 文章 …どころか. ▶ *Loin que* le nombre des accidents de la route diminue, il augmente. 交通事故は減少するどころか増加している.
chercher loin (1) 考えすぎる. ▶ N'allez pas *chercher si loin* ! C'est beaucoup plus simple que ça. あまり考えすぎないで, それはずっと単純なことなんですから. (2) …を見当違いのところに求める.
「*d'aussi* [*du plus*]」*loin que* + 直説法/接続法 (1) …する限り遠く[昔]から. ▶ *Du plus loin qu'*il m'en souvienne, rien n'a changé dans ce village. 私の覚えている限り, 昔からこの村は何も変わってはいない. (2) 遠くから…するとすぐ. ▶ *D'aussi loin qu'*il la aperçue, il l'a saluée de la main. 遠くに彼女を見つけるやいなや彼は手を振って挨拶(あいさつ)した. 語 一般に空間的な意味では直説法を, 時間的意味では接続法を用いることが多い.
être loin うわの空である, 物思いにふけっている.
(être) loin de + 不定詞 …するどころではない. ▶ Il *était loin de* s'attendre à cela. 彼はそんなことはまるで予想すらしなかった.
loin de là (1) そこから遠くに. (2)《否定文とともに》それどころか, 正反対である. ▶ Il n'est pas désintéressé, *loin de là* ! 彼が私欲のない人だなんて, とんでもない.
loin de moi [nous]「l'idée [la pensée]」de + 不定詞 …するなんて少しも思っていない. ▶ *Loin de nous l'idée de* les abandonner ! 我々が彼らを見捨てるなんて, とんでもない.
loin de qn/qc …から遠くに. ▶ C'est *loin* d'ici. それはここから遠い / *Loin* des yeux, *loin* du cœur. 諺 去る者は日々に疎し. ◆pas *loin* de + 数量表現 およそ…. ▶ Il n'est pas *loin* de minuit. 間もなく夜中の12時だ.
mener loin (qn) (…を)遠くまで導く;(…に)重大な事態を招く.
ne pas aller loin (1)《未来形で》余命いくばくもない. (2) 価値がない, つまらない. (3) あまり才能がない.
pousser loin qc …を進歩させる. ▶ *pousser plus loin les recherches* 研究をさらに押し進める.
voir loin 洞察力がある, 先見の明がある.
— 男 遠方, 隔たり.
au loin 遠くに, 遠方で. ▶ J'ai entendu un bruit *au loin*. 遠くで物音がした.
de loin (1)(空間的, 心理的に)遠くから. ▶ ob-

server *de loin* les événements 出来事を遠くから見守る. (2)《多く比較級や最上級とともに》断然, はるかに. ▶ Il est *de loin* le plus intelligent de la classe. 彼はクラスの中ではずば抜けて頭がよい. (3) 昔から, 古くから.

de loin en loin とびとびに, 間をおいて; 時折. ▶ *De loin en loin* brillaient quelques lumières. 所々に明かりがともっていた / Ils ne se voient plus que *de loin en loin*. 彼らはもうたまに会うだけだ.

***Il y a loin* (*de qc à qc*)**. (…から…までは)遠い;(…と…は)非常に異なる[差がある]. ▶ *Il y a loin de* l'hôtel *à* la gare. ホテルから駅まではとても遠い / *De là à* prétendre que c'est un incapable, *il y a pas loin*. それではまるで彼が無能だと言っているようなものだ.

revenir de loin 遠くから戻ってくる; 重病が治る, 九死に一生を得る.

lointain, aine /lwɛ̃tɛ̃, ɛn/ ロワンタン, ロワンテーヌ/ 形 ❶ (空間的, 時間的に)遠い, はるかな. ▶ ville *lointaine* 遠くの町 / des pas *lointains* 遠くに聞こえる足音 / époque *lointaine* 遠い昔 / projet d'avenir *lointain* ずっと先の計画. 比較 ⇨ ÉLOIGNÉ.

❷ (関係について)遠い, 薄い, 間接的な. ▶ les causes directes et les causes *lointaines* de la Révolution フランス革命の近因と遠因 / un parent *lointain* 遠縁.

❸ うわの空の, 心ここにあらずの.

— **lointain** 男 ❶ 遠方. ▶ au [dans le] *lointain* 遠くに. ❷《多く複数で》《絵画》遠景.

loi-programme /lwaprɔgram/;《複》~s-~s 女《法律》長期計画法.

loir /lwa:r/ 固有 男《動物》オオヤマネ.

dormir comme un loir 慣 ぐっすり眠る.

être paresseux comme un loir ひどい怠け者だ.

Loire[1] /lwa:r/ 固有 女 ❶ ロアール県 [42]: 中央山地東部. ❷ ロアール川: 中央山地北東部に源を発し大西洋に注ぐフランス最長の川. 1020キロ.

Loire[2] /lwa:r/ 固有 女 pays de la *Loire* ロアール川流域地方: フランス中西部.

Loire-Atlantique /lwaratlɑ̃tik/ 固有 女 ロアール=アトランティク県 [44]: ロアール川河口の県.

Loiret /lwarɛ/ 固有 男 ロアレ県 [45]: パリ南部.

Loir-et-Cher /lwarɛʃɛːr/ 固有 男 ロアール=エ=シェール県 [41]: パリ南西部.

loisible /lwazibl/ 形《非人称構文で》〈Il est *loisible* à qn de + 不定詞〉…するのは…の自由である. ▶ Il vous est *loisible* de partir quand vous voudrez. お好きなときに出発されて結構です.

loisir /lwazi:r ロワズィール/ 男 ❶ 時間の余裕, 暇;《複数で》余暇. ▶ avoir beaucoup de *loisirs* 暇がたっぷりある / ne pas avoir un moment de *loisir* 自分の時間が全然ない. ◆ occuper ses *loisirs* à qc/不定詞 余暇を…に費やす. ◆ laisser à qn le *loisir* de + 不定詞〉…に…する余裕を与える. ▶ Mon travail ne me laisse pas le *loisir* d'écouter de la musique. 私は仕事が忙しくて音楽なんか聞いている暇はない. ❷

《複数で》余暇活動, レジャー. ▶ Quels sont vos *loisirs* préférés? あなたの好きなレジャーは何ですか / *loisirs* coûteux 金のかかるレジャー / équipement de *loisirs* レジャー施設.

***avoir* (*tout*) *le loisir de* +** 不定詞 …する余裕がある, (好きなだけ)…することができる.

(***tout*) *à loisir*** 時間をかけて; 心ゆくまで.

lombaire /lɔ̃bɛːr/ 形《解剖》腰の, 腰部の. ▶ la région *lombaire* 腰部.

— 女 腰椎(ਾਇ).

lombard, arde /lɔ̃ba:r, ard/ 形 ロンバルディア Lombardie の, ロンバルディア風の.

— **Lomb*ard, arde*** 名 ロンバルディア人.

Lombardie /lɔ̃bardi/ 固有 女 ロンバルディア地方: イタリア北部.

lombes /lɔ̃:b/ 男複《解剖》腰部.

lombric /lɔ̃brik/ 男 ミミズ.

londonien, enne /lɔ̃dɔnjɛ̃, ɛn/ 形 ロンドン Londres の. — **London*ien, enne*** 名 ロンドンの人, ロンドンっ子.

Londres /lɔ̃:dr/ 固有 ロンドン.

long, longue /lɔ̃, lɔ̃:g/ ロン, ローング/(母音, 無音の h で始まる語の前では long hiver /lɔ̃giveːr/ のように /g/ でリエゾンする)

| 男性単数 long | 女性単数 longue |
| 男性複数 longs | 女性複数 longues |

形 ❶ (空間的に)長い. ▶ *long* fleuve 長い川 / avoir les cheveux *longs* 長い髪をしている / transport à *longue* distance 長距離輸送.

❷《多く名詞の前で》(時間的に)長い. ▶ En été, les jours sont *longs*. 夏は日が長い / à *longs* intervalles 長い間をおいて, 時たま / une *longue* habitude 昔からの習慣 / un ami de *longue* date ずっと以前からの友人.

❸〈être *long* (à + 不定詞)〉(…するのに)長くかかる, 手間取る. ▶ **Je ne serai pas *long*.** すぐ済みます / Il est *long* à s'habiller. 彼は服を着るのに時間がかかる.

❹《音声》voyelle *longue* 長母音 / syllabe *longue* 長音節.

❺《料理》〔ソースが〕薄い, とろみの足りない.

***long de* +** 数量表現 長さ…の. ▶ La Seine est *longue de* 776km [sept cent soixante-seize kilomètres]. セーヌ川は長さ 776キロある.

— ***long*** 男〈数量表現 + de *long*〉長さ〔縦〕が…ある. ▶ une table de trois mètres de *long* sur deux mètres de large 縦3メートル横2メートルのテーブル.

de long en large 行ったり来たりして, あちこち; 縦横に. ▶ marcher *de long en large* dans sa chambre 部屋を行ったり来たりする.

de* (*tout*) *son long 長々と(身を伸ばして). ▶ s'étaler *de tout son long* 長々と横になる.

en long 縦に. ▶ fendre des bûches *en long* 薪(ःः)を縦に割る.

en long et en large あらゆる面[角度]から; 詳細に.

(***tout*) *au long*** すっかり, 完全に; 詳しく. ▶ Ra-

longanimité

contez-moi cela *tout au long*. それを詳しく話してください.
(*tout*) *au long de qc* = *tout le long de qc* …の間中ずっと. ▶ se plonger dans une lecture *tout le long du* jour 1日中読書にふける.
tout du long 端から端まで.
*(*tout*) *le long de qc* (細長いもの)に沿って. ▶ le *long* de Champs-Elysées シャンゼリゼ沿いにずっと.
— 副 詳しく. 注 次の成句表現でのみ用いられる.
en dire long (*sur qn/qc*) (…について)詳細に語る, 雄弁に物語る.
en savoir long (*sur qn/qc*) (…について)詳細に知っている, 詳しい.
— **longue** 女【音声】長母音 (=voyelle longue); 長音節 (=syllabe longue).
à la longue いつかは, そのうち, ついには.

longanimité /lɔ̃ganimite/ 女 文語 (精神的苦痛に対する) 辛抱心, 我慢強さ. ❷ 寛容, 寛大.

long-courrier /lɔ̃kurje/ 男 長距離飛行機; 遠洋航路船.

longe[1] /lɔ̃:ʒ/ 女 (馬などをつなぐ) 綱; 引き綱; 調馬索.

longe[2] /lɔ̃:ʒ/ 女【食肉】(子牛の腎臓(ﾋﾞｼ)を含む) ロイン.

longer /lɔ̃ʒe/ 2 他動 ❶ …に沿って行く. ▶ Notre voiture *longeait* la mer. 私たちの車は海沿いに走っていた. ❷ [道などが] …に沿っている.

longeron /lɔ̃ʒrɔ̃/ 男 ❶【航空】(翼, 胴体の) 強力縦通材. ❷【土木】(橋の) 縦桁(ﾀﾃｹﾞﾀ). ❸【自動車】(フレームの) 縦材.

longévité /lɔ̃ʒevite/ 女 ❶ (人, 動植物の) 長寿. ❷ 寿命, 生存年数.

longitude /lɔ̃ʒityd/ 女 経度 (↔latitude). ▶ 40°20′ [quarante degrés vingt minutes] de *longitude* ouest 西経40度20分.

longitudin/al, ale/ /lɔ̃ʒitydinal/; (男複) *aux* /o/ 形 縦の, 縦断の (↔transversal). ▶ une coupe *longitudinale* 縦断面.

longitudinalement /lɔ̃ʒitydinalmɑ̃/ 副 縦に.

long-métrage /lɔ̃metraʒ/; (複) ~*s*(-)~*s* 男 (1時間を超える) 長編映画.

:longtemps /lɔ̃tɑ̃ ロンタン/

— 副 長い間. ▶ Restez aussi *longtemps* que vous voudrez. お好きなだけここにいてください / Il est resté *longtemps* sans travailler. 彼は長い間仕事をしなかった. ◆ *longtemps* avant [après] qc …のずっと以前から [あとまで].
— :**longtemps** 男 古 長い間. 注 現在では次の成句表現でのみ用いられる.
avant longtemps 間もなく, 近いうちに.
de [*d'ici*] *longtemps* 《多く未来形または条件法の否定文とともに》当分の間. ▶ Il ne reviendra pas *d'ici longtemps*. 彼は当分戻って来ない.
*depuis longtemps ずっと前から. ▶ Je connais Jacques *depuis longtemps*. 私はジャックをずっと前から知っている
*il y a longtemps ずっと以前に. ▶ Ma grand-mère est morte *il y a longtemps*. 私の祖母はずっと前に亡くなった

*Il y a [*Voilà, Voici, Ça fait*] *longtemps que* + 直説法. ずっと前から…である. ▶ *Il y a longtemps qu'*on se connaît. ずいぶん前からの知り合いだ / Paul Martin? *Ça fait longtemps que* je ne l'ai pas vu. ポール・マルタン? 彼にはずっと会ってないよ.
pendant longtemps 長い間. 注 *longtemps* の強調された形.
pour longtemps 長い間. 注 予定の期間についていう. ▶ Elle est partie *pour longtemps*. 彼女は長期間の予定で出発した / Il n'est pas parti *pour* très *longtemps*. 彼はすぐに戻ってくる.
en avoir pour longtemps (*à* + 不定詞) (…するのに) 長くかかる, 手間取る. ▶ Attendez-moi, je n'*en ai pas pour longtemps*. 待ってください, 長くはかかりませんから.

longue /lɔ̃:g/ *long* の女性形.

longuement /lɔ̃gmɑ̃/ 副 長い間, 長々と; 詳細に.

longu/et, ette/ /lɔ̃gɛ, ɛt/ 形 話 ちょっと長すぎる. — **longuet** 男【パン】ロンゲ, ロンゲット: 小さな棒状の乾パン.

*longueur /lɔ̃gœ:r/ ロングール 女 ❶ 長さ, 距離; 縦. ▶ courir sur une *longueur* de cent mètres 100メートルの距離を走る / un jardin de cinquante mètres de *longueur* sur quarante mètres de largeur 縦50メートル幅40メートルの庭 / dans le sens de la *longueur* 縦の方向に. ◆ (avoir) une *longueur* de + 数量表現 // (avoir +) 数量表現 + de *longueur* …の長さ (である). ▶ Ce fleuve a une *longueur* de 800 kilomètres. = Ce fleuve a 800 kilomètres de *longueur*. この川は全長800キロだ.
❷ (時間的な) 長さ; 《複数で》(小説, 映画などの) 冗漫さ. ▶ Quelle est la *longueur* de ce film? この映画の上映時間はどれくらいですか / Malgré quelques *longueurs*, cette pièce était superbe. 多少間延びした部分もあったが, この芝居はすばらしかった.
❸【スポーツ】(1) (競馬で) 1馬身; (ボートレースで) 1艇身. ▶ battre un adversaire d'une *longueur* 相手に1馬身 [1艇身] 差で勝つ. (2) saut en *longueur* 走り幅跳び.
à longueur de + 無冠詞名詞 …の間中ずっと. ▶ à *longueur de* journée 1日中.
tirer les choses en longueur 事を長引かせる.
traîner en longueur [議論などが] 長引く, だらだらと続く.

longue-vue /lɔ̃gvy/; (複) ~*s*-~*s* 女 望遠鏡 (=lunette d'approche).

Lons-le-Saunier /lɔ̃(s)ləsonje/ 固有 ロン=ル=ソニエ: Jura 県の県庁所在地.

look /luk/ 男【英語】 語 スタイル, 見かけ, 顔, 外観. ▶ Il a un drôle de *look*. 彼は変なファッションをしている / changer de *look* イメージチェンジする / donner un nouveau *look* à qc …のイメージを新とする.

looping /lupiŋ/ 男【英語】(飛行機の) 宙返り. ▶ faire des *loopings* 宙返りをする.

lopin /lɔpɛ̃/ 男 わずかな土地 [畑] (=*lopin* de

loquace /lɔkas/ 形 おしゃべりな, 饒舌(ぜつ)な.
loquacité /lɔkasite/ 女 文章 話好き, 饒舌(ぜつ).
loque /lɔk/ 女 ❶ (多く複数で)ぼろ服, ぼろ着. ▶ en *loques* ぼろぼろの; ぼろ服を着た / tomber en *loques* 〔衣服が〕ぼろぼろになる.
❷ (肉体的, 精神的に)弱った人, 腑(ふ)抜け.
loquet /lɔkɛ/ 男 (扉, 戸棚などの)掛け金.
loqueteux, euse /lɔktø, øːz/ 形 文章 ぼろをまとった; ぼろぼろの, 破れた.
lord /lɔːr/ 男 〖英語〗卿(きょう): 英国の貴族, 上院議員, 高官名につける尊称. ▶ la Chambre des *lords* (英国の)上院.
lorgner /lɔrɲe/ 他動 ❶ …を(物欲しげに)横目で見る, 盗み見する; …に色目を使う. ❷ 〔遺産など〕に目をつける, をねらう.
lorgnette /lɔrɲɛt/ 女 (片目の)オペラグラス (↔jumelle).
regarder [voir] (qc) par le petit bout de la lorgnette (…の)些末(まつ)な面ばかり見る; 視野が狭い, 偏狭である.
lorgnon /lɔrɲɔ̃/ 男 (ときに複数で)柄つきめがね, 鼻めがね.
loriot /lɔrjo/ 男 〖鳥類〗コウライウグイス.
lorrain, aine /lɔrɛ̃, ɛn/ 形 ロレーヌ Lorraine 地方の.
— **Lorrain, aine** 名 ロレーヌ地方の人.
— **lorrain** 男 (オイル語の)ロレーヌ方言.
Lorraine /lɔrɛn/ 固有 女 ロレーヌ地方: フランス北東部, ドイツに接する.
lors /lɔːr/ 副 古 その時, 当時. 注 現在では次の成句表現でのみ用いられる.
depuis lors その時以来, その時から.
dès lors ⇨ DÈS.
dès lors que + 直説法 ⇨ DÈS.
lors de qc …のときに, の際. ▶ *lors de* sa visite à Paris 彼(女)がパリを訪問した際.
lors même que + 条件法 / 直説法 文章 たとえ…であっても. ▶ *Lors même que* vous lui en offririez beaucoup d'argent, il refuserait de vendre sa maison natale. たとえあなた(方)が大金を積んでも彼は生家を売りはしないよ.
pour lors したがって, とりあえず.
*****lorsque** /lɔrsk/ ロルスク〔(il(s), elle(s), on, un, une の前では常に, またしばしば aussi, avec, en, enfin などの前では lorsqu' となる〕接
❶ …する[した]時に; 〖主節のあとで〗するとその時. ▶ *Lorsque* vous serez prêt, vous m'avertirez. 用意ができたら私に知らせてください / J'étais sur le point de sortir, *lorsque* le téléphone a sonné. 出かけようとしていたその矢先に, 電話が鳴った. 注 quand よりも改まった表現.
❷ 文章 …であるのに. ▶ On fait des discours, *lorsqu*'il faut agir. 行動しなければならないのに議論ばかりしている.
losange /lɔzɑ̃ːʒ/ 男 ひし形, ひし形模様.
Los Angeles /lɔsɑ̃ʒles/ 固有 ロサンゼルス.
loser /luzœːr/ 男 〖英語〗負け犬.
Lot /lɔt/ 固有 男 ❶ ロット県[46]: 中央山地西南部. ❷ ロット川: ガロンヌ川支流.
lot /lo/ 男 ❶ (くじの)賞(金). ▶ gagner le gros *lot* 1等が当たる. ❷ (商品などの)山, セット. ▶ un *lot* de marchandises en solde ひとやまいくらの安売り商品. ❸ 分け前, 取り分. ❹ 運命, 宿命. ▶ La mort est le *lot* commun de l'humanité. 死は人間の共通の宿命だ. ❺ traitement par *lots* 〖情報〗バッチ処理.
lote /lɔt/ 女 ⇨ LOT(T)E.
loterie /lɔtri/ 女 ❶ 宝くじ, 福引き; (露天市などの)福引き場. ▶ gagner à la *loterie* 宝くじに当たる. ❷ 偶然の支配, 運.
Lot-et-Garonne /lɔtegarɔn/ 固有 男 ロット=エ=ガロンヌ県[47]: フランス南西部.
loti, e /lɔti/ 形 (lotir の過去分詞) ❶ 分割された, 分け前をもらった. ❷ être bien [mal] *loti* 運がいい[悪い].
lotion /losjɔ̃/ 女 ローション, 化粧水.
lotionner /losjɔne/ 他動 …にローションをつける; を(ローションで)マッサージする.
lotir /lɔtiːr/ 他動 ❶〔土地など〕をいくつかに分ける, 分割する. ❷ <*lotir* qn de qc/qn>…に…を分け前として与える.
lotissement /lɔtismɑ̃/ 男 (土地の)分譲; 分譲地.
lotisseur, euse /lɔtisœːr, øːz/ 名 (土地の)分譲(業)者.
loto /lɔto/ 男 ❶ 〖ゲーム〗ビンゴ式ロト: 手元のカードに並んでいる数字と, 袋から出される玉の数字が早く合った者が勝ち.
❷ 《多く Loto》ロト (=*Loto* national): 国営宝くじ. 購買者が49までの数字から好みの6個を選ぶ.
lot(t)e /lɔt/ 女 〖魚類〗❶ アンコウ. ❷ カワメンタイ.
lotus /lɔtys/ 男 ❶ 〖植物〗スイレン科の植物. ▶ *lotus* sacré ハス. ❷ 〖建築〗(古代エジプト建築・彫刻などの)蓮華(れんげ)模様.
louable¹ /lwabl/ 形 称賛に値する, 立派な. ▶ un effort *louable* 称賛に値する努力.
louable² /lwabl/ 形 賃貸[借]できる.
louage /lwaːʒ/ 男 貸借. ▶ contrat de *louage* 貸借契約 / voiture de *louage* レンタカー.
louange /lwɑ̃ːʒ/ 女 ❶ 文章 称賛. ▶ faire la *louange* de qn …を褒める. ❷ 《複数で》賛辞. ▶ prodiguer des *louanges* à qn …に惜しみない賛辞を呈する.
à la louange de qn …をたたえて, の名誉のために.
louanger /lwɑ̃ʒe/ [2] 他動 文章 …を称賛する.
louangeur, euse /lwɑ̃ʒœːr, øːz/ 形 文章 ❶ 称賛の. ❷ 褒め好きの, おだて上手の.
— 名 文章 称賛者; おべっか使い, 褒め上手.
loubard /lubaːr/ 男 話 (盛り場や大都市の周辺にたむろする)与太者, ちんぴら.
louche¹ /luʃ/ 形 ❶ 怪しげな, うさん臭い. ▶ un individu *louche* いかがわしい人物 / fréquenter des milieux *louches* いかがわしい場所に出入りする. ❷ 〔色などが〕曇った, 濁った. ▶ vin *louche* 濁ったワイン. — 男 いかがわしさ, 疑わしい点.
louche² /luʃ/ 女 ❶ 玉杓子(しゃくし), レードル. ❷ 話 手. ▶ serrer la *louche* à qn 話 …の手を握る; …と握手する.
loucher /luʃe/ 自動 ❶ やぶにらみ[斜視]である. ❷ 話 <*loucher* sur qn/qc>…を盗み見する; 物欲

loucherie

しげしげ見る, ひそかにねらう. ▶ faire loucher qn …をうらやましがらせる.

loucherie /luʃri/ 囡 やぶにらみ, 斜視 (=strabisme).

loucheur, euse /luʃœːr, øːz/ 图 やぶにらみ[斜視]の人.

:louer¹ /lwe ルエ/ 他動 ❶ …を賃貸しする. ▶ maison à *louer* 貸家 /《A *louer*》「貸家[貸間]あり」

❷ …を賃借りする. ▶ *louer* une voiture 車を借りる / *louer* son appartement à un propriétaire 家主からアパルトマンを借りる. 比較⇨ PRÉTER.

❸〔席など〕を予約する. ▶ *louer* une chambre à l'hôtel (=réserver) ホテルに部屋を予約する. ❹ 〈古風〉…を雇う.

— se louer 代動 ❶ 賃貸しされる (=être loué). ▶ Cet appartement doit *se louer* cher. このアパルトマンの家賃は高いに違いない. ❷〈古風〉〔人が〕雇われる.

louer² /lwe/ 他動 …を褒める, 称賛する. ▶ *louer* la beauté du paysage 風景の美しさを褒めたたえる / *louer* Dieu 神をたたえる / *louer* un avocat pour son habileté 弁護士の敏腕ぶりをたたえる. *Dieu soit loué!* ああよかった, やれやれ.

— se louer 代動 ❶《*se louer* de qn/qc /不定詞》…に大いに満足する; をよかったと思う. ▶ Je *me loue* d'avoir accepté son offre. 私は彼(女)の申し出を受けて非常によかったと思う. ❷ 褒め合う.

loueur, loueuse /lwœːr, lwøːz/ 图 賃貸しする人, 貸し主.

loufoque /lufɔk/, **louftingue** /luftɛ̃ːg/ 形 圄 ❶〔人が〕気違いじみた, 風変わりな. ❷〔話などが〕滑稽(こっけい)な, とてつもない.
— 图 圄 気違いじみた人, 頭がおかしい人.

loufoquerie /lufɔkri/ 囡 圄 風変わり; 奇行, とっぴな行動.

louis /lwi/ 男 ❶ ルイ金貨: ルイ13世以降のルイ王の肖像入り金貨. ❷ (1803年から1914年にかけて使用された) 20フラン金貨.

loulou /lulu/ 男 スピッツ. ▶ *loulou* de Poméranie ポメラニアン.
— **loul**ou, outte /lulu, ut/ 图 圄 (子供, 女性に対して) かわい子ちゃん.

*****loup** /lu ルー/ 男 ❶ オオカミ. 注 雌は louve, 子は louveteau という. ❷〈愛情表現で〉mon (gros [petit]) *loup* おまえ, いとしい人. ❸〖服飾〗ルー: 仮装舞踏会などで用いられた黒のサテンやビロードの仮面. ❹〖魚類〗スズキ.

à pas de loup 抜き足差し足で, こっそりと.
avoir une faim de loup ひどい空腹である.
être connu comme le loup blanc (白オオカミのように) よく知られている, 世間に知れ渡っている.
hurler avec les loups 多数意見[最強者]に味方する; 付和雷同する.
jeune loup (政界, 実業界で出世をねらう) 野心家.
L'homme est un loup pour l'homme. 諺 (人間は人間に対してオオカミだ→) 人を見れば敵と思え.
Quand on parle du loup, on en voit la queue. 諺 (オオカミの話をすればそのしっぽが見える→) うわさをすれば影.
un froid de loup 凍(い)てつくような寒さ, 酷寒.
(vieux) loup de mer 頑固者の老水夫, ベテランの船乗り; 海千山千の男.

loup-cervier /lusɛrvje/;《複》～s-～s 男 〖動物〗オオヤマネコ.

loupe /lup/ 囡 ルーペ, 虫めがね. ▶ lire «à la [avec une] *loupe* 拡大鏡を使って読む.
à la loupe 丹念に, 注意深く. ▶ examiner qc *à la loupe* …を子細に検討する.

loupé, e /lupe/ 形 圄 しくじった, やり損じた.
— **loupé** 男 圄 失敗, エラー.

louper /lupe/ 他動 圄 ❶ …をしくじる, に失敗する; を逃がす. ▶ *louper* le bus (=rater) バスに乗り遅れる / *louper* l'occasion (de + 不定詞) (…する) 機会を逸する.
Ça n'a pas loupé. やっぱりそうなった, 思ったとおりだ.

loup-garou /lugaru/;《複》～s-～s 男 狼(おおかみ)男.

loupiot, otte /lupjo, ɔt/ 图 圄 ちびっ子.

:lourd, lourde /luːr, lurd ルール, ルルド/ 形

❶ 重い (↔léger). ▶ valise *lourde* 重い旅行かばん / sommeil *lourd* 深い眠り / se sentir les jambes *lourdes* 足がだるい / avoir la tête *lourde* 頭が重い / Le propane est plus *lourd* que l'air. プロパンガスは空気より重い.

❷ 重量のある, 重装備の, 大型の. ▶ industrie *lourde* 重工業 / investissements *lourds* 大型投資 / poids *lourd* 大型トラック;〖スポーツ〗ヘビー級 / L'administration est devenue trop *lourde*. 行政はあまりにも肥大化した.

❸〈多くは名詞の前で〉重荷となる, 耐えがたい; 重大な. ▶ *lourds* impôts 重税 / *lourd* chagrin 深い悲しみ / Cela implique de *lourdes* responsabilités. それには重大な責任が伴う.

❹ どっしりした; 鈍重な, 不器用な. ▶ bâtiments *lourds* どっしりした建物 / homme gros et *lourd* ずんぐりむっくりした男 / style *lourd* ごてごてした文体 / avoir l'esprit *lourd* 頭が鈍い.

❺〔雰囲気などが〕重苦しい;〔天気が〕うっとうしい;〔香りや味が〕濃厚な;〔食べ物が〕消化しにくい. ▶ un silence *lourd* 重苦しい沈黙 / vin *lourd* (タンニンやアルコール分が多すぎて) ボディの重いワイン / aliments *lourds* 胃にもたれる食べ物.

avoir la main lourde (1) めちゃくちゃに殴る, 厳しく罰する. (2)(調味料などを)大量に使う;〔商人が〕量目を多めに計る, 気前がいい. ▶ Elle *a eu la main lourde* sur le sel, c'est immangeable! 彼女は塩の使いすぎだ, 食べられたものではない.

en avoir lourd sur le cœur 気が重い, 気に病んでいる.

lourd de qc …でいっぱいの, に満ちた. ▶ gestes *lourds de* menaces 脅迫に満ちたしぐさ.

— **lourd** 副 ❶《*peser lourd*》(目方が) 重い; 重要である. ▶ Cette malle *pèse lourd*. このトランクは重い / un argument qui ne *pèse* pas *lourd* たいして重要性のない根拠.

❷ 話 たくさん. ▶ Il n'en sait pas *lourd*. 彼はそれについてたいしたことは知らない.
Cela ne pèsera pas lourd dans la balance. それはたいしたことではないだろう.
Il fait lourd. うっとうしい［ひと雨来そうな］天気だ；耐えがたい暑さだ.

lourdaud, aude /lurdo, o:d/ 形, 名 のろまな(人), 間抜けな(人), 不器用な(人).

lourdement /lurdəmã/ 副 ❶ 重く, ずっしりと. ▶ un camion *lourdement* chargé ずっしりと荷を積んだトラック / tomber *lourdement* どさっと落ちる［倒れる］. ❷ 鈍重に；不器用に. ▶ marcher *lourdement* のろのろ歩く. ❸ ひどく, 重大に. ▶ se tromper *lourdement* とんでもない間違いをする.

lourder /lurde/ 他動 俗 …を追い出す, 追い払う；厄介払いする.

Lourdes /lurd/ 固有 ルルド：フランス南西部, カトリックの聖地.

lourdeur /lurdœ:r/ 女 ❶ 重いこと；重苦しいこと. ▶ la *lourdeur* du temps 天気のうっとうしさ / des *lourdeurs* d'estomac 胃の重苦しい感じ / la *lourdeur* de l'impôt 税の重さ. 比較 ⇨ POIDS. ❷ 鈍さ, のろさ；(表現などの)不器用さ. ▶ la *lourdeur* d'esprit 頭の回転の悪さ / la *lourdeur* du style 文体のぎこちなさ.

loustic /lustik/ 男 話 おどけ者, (信用できない)お調子者.

loutre /lutr/ 女 ❶ カワウソ. ❷ *loutre* de mer ラッコ.

louve /lu:v/ 女 雌オオカミ.

louveteau /luvto/; (複) x 男 ❶ (1歳未満の)オオカミの子. ❷ カブスカウト：12歳未満のボーイスカウト団員.

louvoiement /luvwamã/ 男 ❶ 遠回しの手段；言い逃れ, かけひき. ❷ (船が)風に向かってジグザグに進むこと.

louvoyer /luvwaje/ 10 自動 ❶ 遠回しの手段を用いる；言い逃れをする. ❷ [船が] 風に向かってジグザグに進む, 間切る.

Louvre /lu:vr/ 固有 musée du *Louvre* ルーヴル美術館.

se lover /s(ə)lɔve/ 代動 とぐろを巻く；体を丸くする. — **lover** /lɔve/ 他動 [海事] 網, ロープなど]を巻き取る.

***loyal, ale** /lwajal/ ロワイヤル/；(男 複) **aux** [o] 形 ❶ 誠実な, 忠実な. ▶ *loyal* serviteur 忠実な召使い. ❷ 公正な, 正直な. ▶ combat *loyal* 正々堂々の戦い.
à la loyale 語 正々堂々と, 誠実に.

loyalement /lwajalmã/ 副 誠実に, 公正に.

loyalisme /lwajalism/ 男 (合法的な権威, 体制, 党などに対する)忠誠；献身.

loyauté /lwajote/ 女 誠実, 忠実, 正直. ▶ avec *loyauté* 正々堂々と.

***loyer** /lwaje/ ロワイエ/ 男 ❶ 家賃, 部屋代. ▶ payer son *loyer* 家賃を払う / *loyer* élevé = gros *loyer* 高い家賃 / habitation à *loyer* modéré 低家賃住宅(略 HLM). ❷ *loyer* de l'argent 利子率.

Lozère /loze:r/ 固有 女 ロゼール県 [48]：中央山地南部.

LU /ly/ 商標 リュ：ビスケットのブランド名.

lu, lue /ly/ 活用 lire¹ 72 の過去分詞.

lubie /lybi/ 女 気まぐれ, とっぴな思いつき, 酔狂. ▶ avoir des *lubies* 気まぐれを起こす.

lubricité /lybrisite/ 女 淫奔(いんぽん), 淫乱, 好色.

lubrifiant, ante /lybrifjɑ̃, ɑ̃:t/ 形 滑りをよくする. — liquide *lubrifiant* 潤滑油.
— **lubrifiant** 男 潤滑剤, 滑剤；減摩剤.

lubrification /lybrifikasjɔ̃/ 女 潤滑, 減摩；注油, 塗油.

lubrifier /lybrifje/ 他動 [機械など]に油をさす；(注油して)…の滑りをよくする. ▶ *lubrifier* l'axe d'une roue 車軸に油をさす.

lubrique /lybrik/ 形 淫奔(いんぽん)な, 好色な；猥褻(わいせつ)な. ▶ jeter un regard *lubrique* sur qn …をいやらしい目つきで見る.

lubriquement /lybrikmã/ 副 淫奔(いんぽん)に, みだらに.

lucarne /lykarn/ 女 [建築] ドーマーウインドー, 屋根窓.

lucide /lysid/ 形 ❶ 明晰(めいせき)な, 明敏な；明快な. ▶ esprit *lucide* 明晰な精神. ❷ 意識のはっきりした, 正気の. ▶ Il n'est plus *lucide*, il a trop bu. 彼はもう正体を失っている, 飲みすぎだ.

lucidement /lysidmã/ 副 明敏に, 明快に.

lucidité /lysidite/ 女 ❶ 明晰(めいせき)さ, 明敏. ▶ analyse d'une grande *lucidité* 極めて鋭敏な分析. ❷ 意識の正常さ, 正気. ▶ garder sa (pleine) *lucidité* 意識がちゃんとしている, 呆けていない.

luciole /lysjɔl/ 女 [昆虫] ホタル.

lucratif, ive /lykratif, i:v/ 形 利益の多い, もうかる.

lucre /lykr/ 男 金銭欲.

ludique /lydik/ 形 遊びの, 遊戯の.

ludoéducatif, ive /lydoedykatif, i:v/ 形 遊びながら学べる.

ludothèque /lydɔtɛk/ 女 おもちゃ館(おもちゃを貸し出す遊戯施設).

lueur /lɥœ:r/ 女 ❶ 弱い光, 微光. ▶ la *lueur* du clair de lune ほのかな月明かり / à la *lueur* des bougies ろうそくの光で. 比較 ⇨ LUMIÈRE. ❷ 閃光(せんこう), きらめき；(目の)輝き. ▶ la *lueur* d'un éclair 稲光. ❸ 〈une *lueur* de qc〉…の一瞬の現れ, 一筋の…. ▶ une *lueur* d'intelligence 知性のひらめき / une faible *lueur* d'espoir 一縷(いちる)の望み.

luge /ly:ʒ/ 女 リュージュ；リュージュ競技.

lugubre /lygybr/ 形 ❶ 悲痛な；不吉な；陰気な. ▶ un château *lugubre* 不気味な城. 比較 ⇨ TRISTE. ❷ 喪を表わす. ▶ le glas *lugubre* 弔鐘.

lugubrement /lygybrəmã/ 副 悲痛に；不気味に.

***lui¹** /lɥi/ リュイ/；(複) **leur** /lœ(:)r ルール/ 代 (人称)〔間接目的語 3人称〕
❶ 彼(女)に；彼(女)のために (=pour lui [elle]). ▶ Je *lui* ai téléphoné. 私は彼(女)に電話した / Je *lui* ai prêté mon cahier. 私は彼(女)にノートを貸した / Prête-le-*lui*. それを彼(女)に貸してやりなさい / Ce film *lui* a plu. その映画は彼(女)の気に入った / Je vais *lui* tricoter un

lui

pull. 彼(女)にセーターを編んであげよう / Il *lui* reste cent euros. 彼(女)には100ユーロ残っている.
❷《取得，除去の動詞とともに》彼(女)から. ▶ Je *lui* ai emprunté de l'argent. 私は彼(女)からお金を借りた / On *lui* a volé son passeport. 彼(女)はパスポートを盗まれた.
❸《属詞とともに》彼(女)にとって. ▶ Il *lui* est difficile de parler en français. フランス語で話すのは彼(女)には難しい.
❹《定冠詞 + 体の部分を示す名詞とともに》彼(女)の. ▶ Je *lui* ai pris la main. 私は彼(女)の手を取った / La jambe *lui* fait mal. 彼(女)は足が痛い.

:lui² /lɥi/ リュイ/;《複》*eux* /ø ウー/［代］《人称》《3人称男性・強勢形》彼, あの男, あいつ.
❶《主語，目的語；単独で主語となりうる》▶ *Lui* (il) vient. 彼は来る / *Lui* et moi, nous partons demain. 彼と私は明日出発する / Je ne (les) connais ni *lui* ni sa femme. 私は彼も奥さんも知らない.
❷《省略文で非強勢形に代わる》▶《Elle pleurait.—Et *lui* ?》「彼女は泣いてたよ」「で, 彼は」/ Je t'ai invité, mais pas *lui*. あなたは招待したが彼は招待しなかった.
❸《前置詞のあとで》▶ avec [chez, pour, à côté de] *lui* 彼と一緒に［の家に, のために, の隣に］/ Elle est amoureuse de *lui*. 彼女は彼に恋している.
❹《属詞》▶ Tiens, c'est *lui*. おや, あいつだ.
❺《比較・制限の que, 類似の comme のあとで》▶ Tu chantes mieux que *lui*. 君は彼より歌がうまい / Elle n'aime que *lui*. 彼女は彼しか愛していない.
❻《不定詞，分詞節の主語》▶ *Lui*, avoir peur ! 彼が怖がるなんて ! / *Lui* mort, que deviendra-t-elle? 彼が死んだら彼女はどうなるのか.
❼《主語が特定の人を指す場合，soi に代わって再帰的に》自分. ▶ Jean ne pense qu'à *lui* seul. ジャンは自分一人のことしか考えない / Il regarda autour de *lui*. 彼は(自分の)周囲を見回した.

lui³ /lɥi/ ［活用］ luire ⑺ の過去分詞.
lui-même /lɥimɛm/;《複》*eux-mêmes* /ømɛm/ ［代］《人称》彼(ら)自身, それ(ら)自体(⇨ MÊME). ❶《強調》▶ *Lui-même* n'en sait rien. 彼自身はそのことについて何も知らない / Il n'est *lui-même* qu'un employé. 彼もまた勤め人にすぎない. ❷《再帰代名詞として soi-même の代わりに》Il a confiance en *lui-même*. 彼は自分に自信を持っている.
de lui-même 自ら進んで; ひとりでに.

luire /lɥiːr/ ⑺ ［自動］《過去分詞 lui, 現在分詞 luisant》❶ 光る, 輝く. ▶ Le soleil *luit*. 太陽が輝く / Ses regards qui *luisent* d'envie 嫉妬(しっと)に燃える眼差(まなざ)し. ［比較］⇨ BRILLER.
❷［文章］現れる, 見える. ▶ L'espoir *luit* encore. 希望の光はまだ見えている.

luis- ［活用］⇨ LUIRE ⑺.
luisance /lɥizɑ̃ːs/ ［女］［文章］輝き, 光沢.
luisant, ante /lɥizɑ̃, ɑ̃ːt/ ［形］光る, 輝く; 光沢のある. ▶ métal *luisant* ぴかぴか光る金属 / un front *luisant* de sueur 汗で光る額.
— **luisant** ［男］［文章］輝き; 光沢, 艶(つや).
luit /lɥi/ ［活用］⇨ LUIRE ⑺
lumbago /lɔ̃bago/ ［男］［医学］腰痛(症).
lumen /lymɛn/ ［男］ルーメン: 光束の単位.
lûmes /lym/ ［活用］⇨ LIRE¹ ⑺

‡**lumière** /lymjɛːr/ リュミエール ［女］❶ 光; 日光. ▶ *lumière* naturelle 自然光 / *lumière* du jour 日光 / *lumière* vive 強い光.
❷ 照明; 電灯. ▶ *lumière* électrique 電灯 / ouvrir [éteindre] la *lumière* 明かりをつける[消す] / Elle est encore debout, il y a de la *lumière* chez elle. 彼女はまだ起きてるよ, 部屋に明かりがついているから.
❸《真理, 信仰などの》光, きらめき; (問題の)解明. ▶ un trait de *lumière* ひらめき / Ces données n'ont apporté aucune *lumière* sur le problème. これらのデータはなんら問題を解明しなかった.
❹《複数で》知性, 知恵, 知識. ▶ Prêtez-moi vos *lumières*. どうか知恵を貸してください / le siècle des *Lumières* 啓蒙(けいもう)の世紀(フランスの18世紀).
❺ 傑出した人物. ▶ C'est une des *lumières* de son temps. 彼(女)は時代の指導者の一人だ / Ce n'est pas une *lumière*. あの人はあまり利口ではない.

à la lumière de qc …を手がかりとして, に照らして. ▶ *à la lumière de* l'expérience 経験に照らして.
faire la lumière sur qc …を解明する.
J'ai vu de la lumière. ［話］明かりが見えたので(夜間訪問の言い訳).
mettre qc en (pleine) lumière …を明るみに出す; 証明する.

[比較] 光, 明かり
lumière 最も一般的. **clarté** lumière とほぼ同義だが, 語り手の感情がなんらかの形で投影されていることが多い. **lueur** 弱々しい光, 明かり. **éclat** 輝き, きらめき. 生き生きとした光について用いられる. **rayon** 線状または帯状に投射される光. **jour** 太陽の光, 陽光. **clair (de lune)** 月の光, 月明かり. **éclair** 雷などの閃光(せんこう), 一瞬の光. **éclairage** 人工的な照明の光.

lumignon /lymiɲɔ̃/ ［男］薄暗いランプ[明かり]; ちびたろうそく.
luminaire /lyminɛːr/ ［男］照明器具[設備]; (教会堂の)ろうそくの光.
luminance /lyminɑ̃ːs/ ［女］［物理］輝度, ルミナンス.
luminescence /lyminɛsɑ̃ːs/ ［女］［物理］ルミネセンス: 物質が外部からのエネルギーを吸収して, 発熱を伴わずに発光する現象.
luminescent, ente /lyminɛsɑ̃, ɑ̃ːt/ ［形］ルミネセンスの, 冷光を発する. ▶ tube *luminescent* 蛍光灯.
lumineusement /lyminøzmɑ̃/ ［副］明快に, 明晰(めいせき)に.
lumineux, euse /lyminø, øːz/ ［形］❶ 光る, 輝く; 明るい. ▶ corps *lumineux* 光体 / ensei-

gne *lumineuse* ネオンサイン / le cadran *lumineux* d'un réveil 目覚まし時計の夜光文字盤 / un appartement très *lumineux* 日当たりのとてもよいアパルトマン. ❷ 明晰(ネォ)の. ▶ intelligence *lumineuse* 明晰な知性. ❸ 光の. ▶ l'intensité *lumineuse* 光度 (=luminosité).

luminosité /lyminozite/ 囡 明るさ, 輝き; (星の)光度.

lunaire /lynɛːr/ 形 ❶ 月の, 月のような. ▶ carte *lunaire* 月面図 / face *lunaire* 囗 丸い顔; 青白い顔 / paysage *lunaire* 月面のような(荒涼とした)風景. ❷ 夢想的な; 途方もない. ▶ un projet *lunaire* とっぴな計画. ❸〖天文〗mois *lunaire* 太陰月 (=lunaison).

lunaison /lynɛzɔ̃/ 囡〖天文〗太陰月: 新月から次の新月までの期間. 約29日半.

lunatique /lynatik/ 形, 名 むら気な(人), 気まぐれな(人).

lunch /lœntʃ/《複》**lunchs**（または **lunches**）男〖英語〗(レセプションなどで出される)軽食.

＊**lundi** /lœdi/ ランディ/ 男 月曜日. ▶ un magasin fermé le *lundi* 月曜定休の店 / Je pars *lundi* (prochain). 私は(次の)月曜日に出発します / *lundi* de Pâques 復活祭の翌日の月曜日(休日).

Ça va comme un lundi. 囗 あまり調子がでない.

＊**lune** /lyn リュヌ/ 囡 ❶ 月. 注 特に天文学用語では大文字で始める. ▶ nouvelle *lune* 新月 / pleine *lune* 満月 / le croissant de *lune* 三日月 / (au) clair de *lune* 月光(を浴びて)(《比較》⇨ LUMIÈRE) / une nuit (de clair) de *lune* 月夜 / par une nuit sans *lune* 月のない夜に / l'âge de la *lune* 月齢 / éclipse de (la) *Lune* 月食 / le premier [dernier] quartier de la *Lune* 上弦[下弦]の月 / atterrir sur la *Lune* 月面に着陸する. ❷ 大きな丸顔 (=visage de pleine *lune*, face de *lune*).

(*aller*) *décrocher la lune* (*pour qn*) (…のために)不可能なことを試みる.

(*con*) *comme la lune* 囗 ひどく間抜けな.

demander [*vouloir*] *la lune* ない物ねだりをする; 要求が高すぎる.

être dans la lune ぼうっとしている, うわの空している, ぼんやりしている.

lune de miel (1) ハネムーン. (2)(政党間などの関係の)蜜月(ネォ)期.

lune rousse ⇨ ROUX.

promettre la lune 不可能なことを約束する.

tomber de la lune (月から落っこちる→)不意をつかれて仰天する.

luné, e /lyne/ 形 囗 <être bien [mal] *luné*> 機嫌がいい[悪い].

lunetier, ère /lyntje, ɛːr/ 囡 めがね製造業者; めがね店 (=marchand *lunetier*).
—— 形 めがねの; めがね製造[販売]の.

＊**lunette** /lynɛt リュネット/ 囡 ❶《複数で》めがね. ▶ porter [mettre] des *lunettes* めがねをかけている[かける] / une paire de *lunette* めがね1つ / *lunettes* de soleil サングラス / *lunettes* de ski (スキー用)ゴーグル / *lunettes*「de myope [de presbyte]」近眼鏡[老眼鏡] / un monsieur à *lunettes* めがねをかけた男性. ❷ 望遠鏡. ▶ *lunette* astronomique 天体望遠鏡 (=télescope). ❸ 丸い穴; 便座の開口部 (=*lunette* des cabinets); 便座. ❹〖自動車〗*lunette* arrière リアウインドー. ❺〖動物〗serpent à *lunettes* インドコブラ, メガネヘビ.

Mettez vos lunettes. 囗 もっとよく見てみなさい.

lunetterie /lynɛtri/ 囡 めがね製造[販売]業.

lunule /lynyl/ 囡 爪(の)半月, 小爪.

lurent /lyːr/ 活用 ⇨ LIRE¹ 72

lurette /lyrɛt/ 囡 囗 <il y a belle *lurette*> ずっと前に. ▶ Il y a belle *lurette* que + 直説法…して久しい.

luron, onne /lyrɔ̃, ɔn/ 名 陽気な人, 楽天的な人; (恋愛に)大胆な人, 発展家.

lus /ly/ 活用 ⇨ LIRE¹ 72

lustrage /lystraːʒ/ 男 ❶ (皮革製品などの)艶(?)出し; 艶, 光沢. ❷ (衣類などの)垢(ホ)光り.

lustral, ale /lystral/《男複》**aux** /o/ 形 清めの. ▶ l'eau *lustrale* (洗礼の)清めの水.

lustre¹ /lystr/ 男 ❶ 輝き, 光沢, 艶(?). ▶ le *lustre* de l'ébène 黒檀(エォ)の光沢 / donner du *lustre* à qc …に艶を与える. ❷ シャンデリア. ❸ 文章 光輝, 名声.

lustre² /lystr/ 男 文章 5年間;《複数で》長い期間. ▶ Il y a des *lustres* que je ne l'ai pas vu. もう長いこと彼に会っていない.

lustré, e /lystre/ 形 艶(?)のある, 磨かれた;〔衣服などが〕てかてかになった.

lustrer /lystre/ 他動 ❶ …に艶(?)を与える, を磨く. ❷〔着古して〕〔衣服など〕をてかてかにする.

lut, lût /ly/, **lûtes** /lyt/ 活用 ⇨ LIRE¹ 72

Lutèce /lytɛs/ 固有 ルテティア: パリの古名.

luth /lyt/ 男 リュート: 16, 17世紀にヨーロッパで愛用された撥弦(ネッ)楽器.

luthéranisme /lyteranism/ 男 ルター(派)の教義; ルター派.

lutherie /lytri/ 囡 弦楽器製作(業).

luthérien, enne /lyterjɛ̃, ɛn/ 形 ルター派 Luther の; ルター派の. —— 名 ルター派信徒.

luthier /lytje/ 男 弦楽器製作者.

lutin /lytɛ̃/ 男 (いたずら好きの)小妖精(ネォ), 小鬼, 小悪魔.

lutiner /lytine/ 他動 (体に触れたりして)〔女〕をからかう, じゃれる.

lutrin /lytrɛ̃/ 男 ❶ (教会の)譜面台; 書見台. ❷ 聖歌隊席.

＊**lutte** /lyt リュット/ 囡 ❶ 闘争, 戦い; 対立. ▶ *lutte* armée 武力闘争 / *lutte* des classes 階級闘争 / engager [abandonner] la *lutte* 戦いを開始する[放棄する] / *lutte* d'intérêts 利害の対立 / *lutte* entre le bien et le mal 善悪の対立 / *lutte* antidrogue 麻薬撲滅運動. ◆ *lutte* contre [pour] qc …に対する[のための]闘い. ▶ *lutte* contre le terrorisme テロとの闘い / *lutte* contre le réchauffement de la Terre 地球温暖化対策. ❷〖スポーツ〗レスリング. ▶ *lutte* libre フリースタイル.

de haute lutte 懸命の努力をして; 力ずくで.

lutter

lutte pour la vie 生存競争；(ダーウィンの)種の自然淘汰(とう).

*lutter /lyte リュテ/ 自他動 ❶ ＜*lutter* contre qc /qn＞…に対して[と闘う；に対して反対運動を行う. ▶ *lutter* contre le sommeil 睡魔と闘う / *lutter* contre la drogue 麻薬撲滅のために闘う.
❷ ＜*lutter* pour qc/不定詞＞// *lutter* pour que + 接続法＞…のために闘う, 奮闘する. ▶ *lutter* pour obtenir une amélioration des conditions de travail 労働条件改善を要求して闘う.
❸ ＜*lutter* de qc＞…を競う, 張り合う. ▶ *lutter* de vitesse avec qn …と速さを競う.
— 自動 格闘する；レスリングをする.

比較 **戦う**
具体的な"戦闘行為"を指す場合には **combattre, se battre** が普通に用いられるが, combattre は相手が必ず明示されるのに対し, se battre は必ずしも相手が明示されず, 戦うプロセスに重点が置かれる. また比喩(ゆ)的な意味(ある目的のために奮戦するとか, 障害と闘うなど)では, **lutter** (改まった表現), combattre, se battre, **batailler** が同じように用いられる.

lutteur, euse /lytœːr, øːz/ 名 ❶ レスラー, 闘技者. ▶ *lutteur* de sumo 相撲の力士. ❷ 闘志[気骨]のある人；(思想, 主義などの)闘士.
lux /lyks/ 男 ルクス：照度の単位.
luxation /lyksasjɔ̃/ 女 〖医学〗脱臼(だっきゅう).
*luxe /lyks リュクス/ 男 ❶ ぜいたく；豪華. ▶ vivre dans le *luxe* 豪勢な暮らしをする / Le cinéma est son seul *luxe*. 映画は彼(女)の唯一のぜいたくだ. ❷ ＜un (grand) *luxe* de + 無冠詞名詞＞豊富な…, 多量の…. ▶ avec un grand *luxe* de précautions [détails] 最大限の用心をして[事細かに].
C'est du luxe. それはぜいたくだ, 無駄使いだ.
Ce n'est pas du luxe. 話 それは必要不可欠だ.
de luxe 豪華な. ▶ hôtel *de luxe* 豪華ホテル / produit *de luxe* 高級品.
「*se payer* [*s'offrir, se permettre*] *le luxe de* + 不定詞 (平素しないこと)を思い切ってする；…する余裕を示す. ▶ On va *se payer le luxe* d'aller en France cet été. 今度の夏思い切ってフランスへ行こう.
Luxembourg[1] /lyksɑ̃buːr/ 固有 男 ルクセンブルク：首都 Luxembourg. ▶ au *Luxembourg* ルクセンブルクに[で, へ].
Luxembourg[2] /lyksɑ̃buːr/ 固有 ❶ palais du *Luxembourg* リュクサンブール宮：パリにある宮殿で, 上院がある. ❷ jardin du *Luxembourg* (パリ)のリュクサンブール公園.
luxembourgeois, oise /lyksɑ̃burʒwa, waːz/ 形 ルクセンブルク Luxembourg の；ルクセンブルク市の.
— **Luxembourgeois, oise** 名 ルクセンブルクの人.
luxer /lykse/ 他動 〖医学〗〖骨, 関節〗を脱臼(だっきゅう)させる. — **se luxer** 代動 脱臼する.
luxueusement /lyksɥøzmɑ̃/ 副 贅沢(ぜいたく)に；豪華に.

*luxueux, euse /lyksɥø, øːz リュクスィユー, リュクスィユーズ/ 形 贅沢(ぜいたく)な；豪華な. ▶ maison *luxueuse* 豪華な家.
luxure /lyksyːr/ 女 文章 色欲, 淫欲(いんよく)(キリスト教の7つの大罪の1つ)；淫乱, 淫蕩(とう).
luxuriance /lyksyrjɑ̃ːs/ 女 文章 ❶ 繁茂. ❷ 過剰, 豊富. ❸ 華麗, 華美.
luxuriant, ante /lyksyrjɑ̃, ɑ̃ːt/ 形 文章 ❶ 生い茂った, 繁茂した. ▶ une forêt *luxuriante* 鬱蒼(うっそう)と茂る森. ❷ 過剰な, 豊かな, 旺盛(おうせい)な；華麗な, 華美な. ▶ une décoration baroque *luxuriante* バロック風の華美な装飾.
luxurieux, euse /lyksyrjø, øːz/ 形 淫乱(いんらん)な, 好色な；みだらな, 卑猥(ひわい)な.
luzerne /lyzɛrn/ 女 〖植物〗ウマゴヤシ属.
*lycée /lise リセ/ 男 リセ：日本の高等学校に相当；中等教育の後期課程で3年制. 比較 ⇨ ÉCOLE. ▶ aller au *lycée* リセに通う / Je ne l'ai pas revu depuis le *lycée*. 私はリセを出てから彼に会っていない.
… et lycée de Versailles 話 またその逆も同じ (et vice versa と音が類似していることに基く言葉遊びから).
lycéen, enne /liseɛ̃, ɛn/ 名 リセの生徒. 比較 ⇨ ÉLÈVE. — 形 リセの, リセの生徒の. ▶ manifestation *lycéenne* リセの生徒のデモ.
lymphatique /lɛ̃fatik/ 形 ❶ リンパ(液)の, リンパ性の. ▶ ganglions *lymphatiques* リンパ節.
❷ のろまな, ぐずぐずしている.
❸ 古 リンパ体質の, 無(気)力症の.
— 名 動作が鈍い人；リンパ体質者.
lymphatisme /lɛ̃fatism/ 男 文章 遅鈍, 活気のないこと.
lymphe /lɛ̃ːf/ 女 リンパ(液).
lymphocyte /lɛ̃fosit/ 男 〖医学〗リンパ球.
lynchage /lɛ̃ʃaːʒ/ 男 リンチ, 私刑.
lyncher /lɛ̃ʃe/ 他動 …にリンチ[私刑]を加える.
lynx /lɛ̃ːks/ 男 〖動物〗オオヤマネコ.
avoir 「*des yeux de lynx* [*un œil de lynx*] 鋭い目つきをしている；洞察力がある.
Lyon /ljɔ̃/ 固有 男 リヨン：Rhône 県の県庁所在地.
Lyonnais /ljɔnɛ/ 固有 男 リヨネ地方：リヨンを中心とする旧州.
lyonnais, aise /ljɔnɛ, ɛːz/ 形 リヨン Lyon の. — **Lyonnais, aise** 名 リヨンの人.
lyophiliser /ljofilize/ 他動 〖食品, 血清など〗を凍結乾燥する. ▶ café *lyophilisé* フリーズ・ドライ・コーヒー.
lyre /liːr/ 女 ❶ (古代ギリシア・ローマで用いられた)たて琴. ❷ 文章 詩才, 詩的感興；詩風.
lyrique /lirik/ 形 ❶ 叙情詩の；叙情的な. ▶ un poète *lyrique* 叙情詩人 / un style *lyrique* 詩情豊かな文体. ❷ 情熱的な, 熱狂的な. ❸ 〖音楽〗〖演劇〗オペラの, 音楽つきの. ▶ art *lyrique* オペラ芸術. — 名 叙情詩人.
— 女 (la lyrique) 叙情詩.
lyriquement /lirikmɑ̃/ 副 文章 叙情的に.
lyrisme /lirism/ 男 ❶ 叙情性, 詩情, リリシズム.
❷ 高揚, 感激.
lys /lis/ 男 ⇨ LIS[1].

M, m

M, m /ɛm/ 男 ❶ フランス字母の第13字. ❷ *M6* フランスの民放テレビ局.
M. 《略語》⇨ MONSIEUR.
m' me の省略形.
ma /ma/ mon の女性形.
maboul, e /mabul/ 形, 名 話 頭がおかしい(人), 気違いじみた(人).
macabre /makɑ:br/ 形 死の, 死体の; 不吉な, 不気味な. ▶ le genre *macabre* 怪奇もの / danse *macabre* 〖図像〗死の舞踏.
macadam /makadam/ 男 (砕石を敷き固めた)マカダム式舗装[道路].
macadamiser /makadamize/ 他動〖道路〗をマカダム舗装する.
macaque /makak/ 男〖動物〗マカック: オナガザル科の猿.
macaron /makarɔ̃/ 男 ❶ マカロン(円形のクッキーの一種). ❷ 耳の上の丸い編み毛, マカロン. ❸ 話 (円形の)バッジ, ステッカー; 略綬(りゃくじゅ).
macaroni /makaroni/ 男〖イタリア語〗マカロニ. ▶ *macaroni* au gratin マカロニグラタン.
macaronique /makaronik/ 形 poésie *macaronique* (ラテン語を交えた)雅俗混交体戯歌.
macchabée /makabe/ 男 俗 死体.
Macédoine /masedwan/ 固有 女 マケドニア: バルカン半島中央部の共和国.
macédoine /masedwan/ 女 ❶〖料理〗マセドワーヌ: 賽(さい)の目切りのゆでた野菜のサラダ. ❷ 話 ごたまぜ.
macédonien, enne /masedɔnjɛ̃, ɛn/ 形 マケドニア Macédoine の.
— **Macédonien, enne** 名 マケドニア人.
macération /maserasjɔ̃/ 女 ❶ (果実, 肉などの保存, 味付けのための)漬け込み. ❷ (多く複数で)〖宗教〗苦行.
macérer /masere/ 6 他動 ❶ < *macérer* qc dans qc〉(保存, 味付けのために)〔果実, 肉など〕を…の中に長く漬ける. ❷〖宗教〗〔肉体〕を苦しめる.
— 自動 <*macérer* dans qc〉❶〔果実, 肉などが〕…の中に長く漬かる. ❷ 文章〔人が〕(ある状態)に長くとどまる. ▶ laisser *macérer* qn …を長い間待たせる.
mach /mak/ 男 マッハ数 (=nombre de Mach). ▶ voler à *mach* deux マッハ2で飛行する.
machaon /makaɔ̃/ 男〖昆虫〗キアゲハ.
mâche /mɑːʃ/ 女〖植物〗ノヂシャ.
mâché, e /mɑʃe/ 形 噛(か)み砕いた.
de papier mâché (紙粘土製の→) 話〖顔色が〗悪い, 不健康な.
travail tout mâché = besogne toute mâchée 話 お膳(ぜん)立てが整った仕事.
mâchefer /mɑʃfɛːr/ 男 石炭殻; 鉱滓(こうさい).
mâchement /mɑʃmɑ̃/ 男 咀嚼(そしゃく).

mâcher /mɑʃe/ 他動 ❶ …を噛(か)む. ▶ *mâcher* de la viande 肉を噛む. ❷ 話 <*mâcher* qc à qn〉…を噛んで含めるように教える;〔仕事など〕の下準備を整えてやる. ▶ *mâcher* le travail à qn …に仕事のお膳(ぜん)立てをしてやる.
mâcher ses mots 分かりにくく発音する.
ne pas mâcher [ses mots [son opinion] 物事[意見]をあからさまに言う, 歯に衣(きぬ)着せず言う.
mâcheur, euse /mɑʃœːr, øːz/ 名 (たばこやガムを)噛(か)む習慣のある人.
machiavel /makjavɛl/ 男 文章 (マキアベリのように)権謀術数を弄(ろう)する人;《特に》目的のためには手段を選ばない政治家.
machiavélique /makjavelik/ 形 マキアベリ流の, 術策を弄(ろう)する; 老獪(ろうかい)な, 腹黒い.
machiavélisme /makjavelism/ 男 ❶ マキアベリスム. ❷ (権謀術数を操る)老獪(ろうかい)さ.
mâchicoulis /mɑʃikuli/ 男 石落とし: 城壁, 城塔の上部に設けた持ち送りで, 床面に石や矢を放つための開口部がある.
machin /maʃɛ̃/ 男 話 ❶ (名前を知らないか忘れてしまった)なんとかいう人[物]. ▶ la mère *Machin* なんとかおばさん / Qu'est-ce que c'est que ce *machin*-là? それなんだい. ❷ (わざわざ名前を挙げたくない物, 人に対して)あれ, やつ.
machinal, ale /maʃinal/; (男複) *aux* /o/ 形 機械的の, 無意識の.
machinalement /maʃinalmɑ̃/ 副 機械的に, 無意識に.
machination /maʃinasjɔ̃/ 女 陰謀, 奸計(かんけい).
✻machine /maʃin/ マシヌ 女 ❶ 機械, 機器. ▶ mettre une *machine* en marche 機械を動かす / Cette *machine* ne marche pas bien. この機械は調子が悪い / *machine* à café コーヒーメーカー / *machine* à sous スロットマシーン; コインゲーム機; 自動販売機 / *machine* de bureau 事務器. ◆*machine* à + 不定詞 …するための機械. ▶ *machine* à calculer 計算機 / *machine* à laver 洗濯機; 皿洗い / *machine* à coudre ミシン.
❷ タイプライター (=*machine* à écrire).
❸ エンジン; 機関(車);(自動車, オートバイなどの)マシン; 自転車. ▶ *machine* à vapeur 蒸気機関(車).
❹ 機械のような人間. ▶ Il n'est qu'une *machine* à travailler. 彼は働くだけの機械にすぎない.
❺ (機械的な)機構, 仕組み. ▶ la *machine* administrative 行政機構.
❻〖軍事〗(1) *machine* de guerre (ミサイル, 核兵器などの)大型兵器. (2) *machine* infernale 仕掛け爆弾.
faire machine arrière (1) 前に言ったことを取り消す. (2) 退く; あきらめる.

machine-outil

> 比較 機械, 装置
> machine < appareil < dispositif が普通. この順番で抽象度が高くなり,「機械」の具体的な構造よりも抽象的な目的にウエイトが移る. *machine* à café コーヒーメーカー. *dispositif* de sécurité 安全装置.

machine-outil /maʃinuti/; 《複》~s-~s 囡 工作機械.

machiner /maʃine/ 他動〔陰謀など〕をたくらむ; 仕組む.

machinerie /maʃinri/ 囡 ❶ 機械設備〔装置〕; (舞台の)仕掛け. ❷ 機械室;(船の)機関室.

machinisme /maʃinism/ 男 機械の使用, 機械化.

machiniste /maʃinist/ 名 ❶ (劇場の)道具方, 裏方;(映画の)特殊機材のスタッフ. ❷〔官庁用語で〕(バス, 地下鉄などの)運転手.

machisme /matʃism/ 男 男性優位の思想, 男尊女卑.

machiste /matʃist/ 男 男性優位論者.
— 形 男性優位論を信奉する.

macho /matʃo/ 《スペイン語》語 (中南米などで)男性の優位を誇示する男, マッチョ.
— 形《不変》語 男性優位の, マッチョの.

mâchoire /mɑʃwaːr/ 囡 ❶ あご;(特に)下あご. ▶ *mâchoire* supérieure [inférieure] 上[下]あご. ❷(工具などの)あご. ▶ *mâchoire* d'un étau 万力のあご. ❸〖自動車〗 *mâchoire* de frein ブレーキシュー.

mâchonnement /mɑʃɔnmɑ̃/ 男 ❶ くちゃくちゃ嚙(か)むこと [音]. ❷ もぐもぐ言うこと.

mâchonner /mɑʃɔne/ 他動 ❶ …をくちゃくちゃ嚙(か)む. ▶ *mâchonner* le bout d'un crayon 鉛筆の端を嚙む. ❷ …をもぐもぐ言う.

mâchouiller /mɑʃuje/ 他動 話 …をくちゃくちゃ嚙(か)む.

Mâcon /mɑkɔ̃/ 固有 マコン:Saône-et-Loire 県の県庁所在地.

maçon /masɔ̃/ 男 石工, 左官, 煉瓦(れんが)職人.
— **maçon, onne** /masɔ̃, ɔn/ 名 フリーメーソン会員(=franc-maçon).

maçonnage /masɔnaːʒ/ 男 (石, 煉瓦(れんが), ブロックなどを)積むこと, 組み積み(工事).

maçonner /masɔne/ 他動 (石, 煉瓦(れんが), ブロックなどで)…を築く, 修理する;ふさぐ.

maçonnerie /masɔnri/ 囡 ❶ 組み積み(工事), 石工事, 煉瓦(れんが)工事;左官仕事;組積(構造). ▶ *maçonnerie* de béton コンクリート工事. ❷ フリーメーソン(=franc-maçonnerie).

maçonnique /masɔnik/ 形 フリーメーソンの.

macreuse /makrøːz/ 囡〖鳥類〗クロガモ.

macro- 接頭「巨大な」の意 (↔micro-).

macrobiotique /makrɔbjɔtik/ 形 菜食主義的食餌(しょくじ)法の, 長寿食餌法.
— 囡 菜食主義的食餌法, 長寿食餌法.

macrobiotisme /makrɔbjɔtism/ 男 菜食主義的食餌(しょくじ)法.

macroscopique /makrɔskɔpik/ 形 肉眼で見える;巨視的な.

macule /makyl/ 囡 ❶ 文章 インキの汚れ, 染み. ❷〖医学〗斑(はん)(紋).

maculer /makyle/ 他動 文章〈*maculer* qc (de qc)〉(…で)…を汚す, に染みをつける. ▶ chemise *maculée* de boue 泥で汚れたシャツ.

Madagascar /madagaska:r/ 固有 マダガスカル:首都 Antananarivo. ▶ à *Madagascar* マダガスカルに[で, へ].

★ madame /madam マダム/ ; 《複》 **mesdames** /medam メダム/ 囡
❶ 奥様, 奥さん;…夫人. 注 既婚婦人, 主婦, 女主人の敬称, 肩書き. 固有名詞を伴うときは大文字で始める. 一般に Mme, Mmes と略す. ▶ *Madame* Dupont デュポン夫人 / Bonjour, *madame*. こんにちは(奥様)/ *Madame* votre mère あなたのお母様 / *Madame* désire?(店員が)奥様何かご入用ですか / *Madame* est servie.(使用人が女主人に)奥様, お食事の用意ができました / *Mesdames*, Mesdemoiselles, Messieurs!(呼びかけで)皆さん.
❷ (Madame)《既婚, 未婚を問わず特別な地位にある女性の役職名につける尊称》▶ *Madame* le Maire 市長閣下.
❸ 話 貴婦人. 注 この意味では必ず冠詞をつける. 複数形は madames という. ▶ les belles *madames* 上流階級の奥方様 / jouer à la *madame* 〔子供が〕貴婦人のまねをする.

madeleine[1] /madlɛn/ 囡 ❶《Madeleine》〖聖書〗マグダラのマリア(=Marie-*Madeleine*). ❷ マドレーヌ:桃, プラム, リンゴなど, 聖マグダラのマリア祭(7月22日)の時節に実る果樹.

madeleine[2] /madlɛn/ 囡 マドレーヌ:多く貝殻形に焼いた小型のスポンジケーキ.

★ mademoiselle /madmwazɛl マドモワゼル/ ; 《複》 **mesdemoiselles** /medmwazɛl メドモワゼル/ 囡
❶ お嬢様, お嬢さん. 注 未婚女性の敬称, 肩書き. ただし未婚の成年女性については今日では adame を使う. 固有名詞を伴うときは大文字で始める. 一般に Mlle, Mlles と略す. ▶ *Mademoiselle* votre fille (あなた(方)の)お嬢さん, 御令嬢 / Bonjour, *mademoiselle*.(お嬢さん)こんにちは / *Mademoiselle* Dupont et ses parents デュポン嬢とその御両親. ❷《Mademoiselle》(使用人が主人の娘を指して)お嬢様. ▶ *Mademoiselle* est sortie. お嬢様はお出かけになりました.

madère /madɛːr/ 男 ❶〖ワイン〗マディラ(酒). ❷〖料理〗sauce *madère* マディラソース.

madone /madɔn/ 囡 ❶ (絵画, 彫刻などの)聖母マリア像, マドンナ. ❷ (la Madone)(イタリアの)聖母マリア.

madras /madraːs/ 男 ❶ マドラス(織):経(たて)糸に絹, 緯(よこ)糸に木綿を使って鮮やかな色で模様を織り出した布地. ❷ マドラス地のスカーフ[ターバン].

madré, e /madre/ 形, 名 文章 ずる賢い(人), 狡猾(こうかつ)な(人).

Madrid /madrid/ 固有 マドリード:スペインの首都.

madrier /madrije/ 男 厚板.

madrigal /madrigal/;《複》*aux* /o/ 男 ❶〖音楽〗マドリガル, 世俗歌曲. ❷〖文学〗マドリガル, 叙情短詩.

maelström /malstrø:m/ , **malstrom**

/malstrom/ 男 大渦潮, 大渦巻.

maestoso /maɛstozo/ 副《イタリア語》《音楽》マエストーソ, 荘厳に, 堂々と.

maestria /maɛstrija/ 女《イタリア語》❶（演奏家, 画家などの）腕前, 名人芸. ▶ avec *maestria* 見事に. ❷ 鮮やかな手並み.

maestro /maɛstro/ 男《イタリア語》マエストロ, 大作曲家, 名指揮者.

maf(f)ia /mafja/ 女《イタリア語》❶《la Maf(f)ia》マフィア. ❷（秘密の）犯罪組織. ❸ 話 秘密結社.

maf(f)ioso /mafjozo/; (複) *i* /i/ 男《イタリア語》マフィアの一員.

*****magasin** /magazɛ̃/ マガザン 男 ❶ 商店, 店. ▶ *magasin* de mode 洋品店 / *magasin* d'alimentation 食品店 / *magasin* de sport スポーツ用品店 / grand *magasin* 百貨店, デパート / *magasin* spécialisé 専門店 / *magasin* d'usine アウトレットショップ / *magasin* de vente「en gros [en détail]卸問屋 [小売店] / *magasin* à grande surface 大規模店 / courir les *magasins* ショッピングをする / tenir un *magasin* 店を経営している /《Le *magasin* est fermé aujourd'hui》「本日休業」

❷ 倉庫, 倉. ▶ *magasin* à grain 穀倉 / avoir qc en *magasin* (=stock) …の在庫［ストック］がある / *magasin* d'armes 武器庫. ❸（フィルムを装填(そうてん)するカメラのマガジン;（連発銃の）弾倉.

比較 店, 小売店
magasin が一般的. *boutique* は本来は magasin よりも小規模で設備などの簡素な店を指すが, 現在では特に高級衣料品などを扱う「ブティック」の意味で多く用いられる.

商店もオフィスも昼休み
パリなどの常に人込みの絶えない繁華街を除けば, 商店もオフィスも正午から2時まで, または12時半から2時半までというように, 昼休み repos de midi をたっぷりとる. だから買い物の予定を立てるときなどは《Est-ce que le magasin [bureau] est ouvert entre midi et deux ?》(この店 [オフィス]は12時と2時の間も営業していますか) と確認するのが賢明だろう. 入り口のドアに営業時間 heures d'ouverture として時計の模型を掲げているところもあり, お昼時にも閉める店は《Le magasin est ouvert sans interruption de 9 heures à 18 heures》(当店は午前9時から午後6時まで休まず営業しています) というような表示がある.

magasinage /magazinaːʒ/ 男 入庫保管; 在庫管理. ▶ frais de *magasinage* 倉敷料.

magasinier, ère /magazinje, ɛːr/ 名 倉庫係; 在庫係.

magazine /magazin/ 男《英語》❶（一般に写真, 挿し絵入りの）マガジン,（グラフ）雑誌. ▶ *magazine* mensuel 月刊誌 / *magazine* de mode モード雑誌. ❷（テレビ, ラジオの）シリーズ番組.

mage /maːʒ/ 男 ❶（キリスト降誕の際ベツレヘムに礼拝に来た）東方の三博士 (=les Rois *mages*). ❷ マギ: ペルシア帝国などにおけるゾロアスター教の占星術師, 僧侶(そうりょ). ❸ 魔術師.

Maghreb /magrɛb/ 固有 男 マグレブ: アフリカ北西部の名称.

maghrébin, ine /magrebɛ̃, in/ 形 マグレブ Maghreb の.
— **Maghrébin, ine** 名 マグレブ人.

magicien, enne /maʒisjɛ̃, ɛn/ 名 魔術師, 魔法使い; 不思議な力の持ち主.

magie /maʒi/ 女 ❶ 魔術, 魔法. ▶ formules de *magie* 呪文(じゅもん) / pratiquer la *magie* 魔術を使う, 魔法をかける. ❷ 魔力, 魅惑. ▶ la *magie* de l'art 芸術の魔力.
C'est de la magie. 不可解だ, 驚くべきことだ.
comme par magie 魔法を使ったように.

*****magique** /maʒik/ マジック 形 ❶ 魔術の, 魔法の. ▶ pouvoir *magique* 魔力 / formule magique 呪文(じゅもん) / baguette *magique* 魔法の杖(つえ).
❷ 魔法のような, 驚くべき; すばらしい. ▶ le spectacle *magique* d'un coucher de soleil 陶然とするような落日の情景.

magiquement /maʒikmɑ̃/ 副 魔法によって; 魔法のように, 不思議にも.

magister /maʒistɛːr/ 男 文章（軽蔑して）衒学(げんがく)者, 学者ぶる人.

magistère /maʒistɛːr/ 男 ❶（教皇, 司教の）教導権, 教導職. ❷ 支配力, 影響力. ▶ exercer un *magistère* 絶対的な権威を持つ.

magistral, ale /maʒistral/; (男複) *aux* /o/ 形 ❶ 見事な, 立派な. ▶ réussir un coup *magistral* 見事にやってのける. ❷ 話（ふざけて）すごい; 手ひどい. ▶ recevoir une claque *magistrale* 思いきりひっぱたかれる. ❸ 教師のような; 尊大な. ▶ ton *magistral* もったいぶった口調 / cours *magistral*（教授が大教室で一方的に行う）講義.

magistralement /maʒistralmɑ̃/ 副 ❶ 見事に, 立派に, 堂々と. ❷ 尊大 [大げさ] な口調で.

magistrat /maʒistra/ 男 ❶ 行政官（市町村長, 大臣, 大統領など）. ▶ *magistrat* municipal 市町村参事会員. ❷ 司法官（裁判官, 検察官など）.

magistrature /maʒistratyːr/ 女 ❶ 行政官の官職［職務, 任期］;（集合的に）行政官.
❷ 司法官の官職［職務, 任期］;（集合的に）司法官. ▶ *magistrature* assise 裁判官 / entrer dans la *magistrature* 司法畑に入る / Ecole nationale de la *magistrature* 国立司法学院（略 ENM）.

magma /magma/ 男 ❶《地質》マグマ, 岩漿(がんしょう). ❷（雑多な内容の）ごたまぜ.

magmatique /magmatik/ 形《地質》マグマの, 岩漿(がんしょう)の; 火成の.

magnanerie /maɲanri/ 女 ❶ 養蚕所, 蚕室. ❷ 養蚕業.

magnanime /maɲanim/ 形 寛大な, 広量な; 高潔な. ▶ se montrer *magnanime* envers qn …に寛大な態度を示す.

magnanimité /maɲanimite/ 女 文章 寛大さ, 雅量; 高潔さ.

magnat /magna/ 男（軽蔑して）（産業界, 財界の）大物, ボス. ▶ *magnat* du pétrole 石油王.

se magner /s(ə)maɲe/ 代動 俗 急ぐ.

magnésium

magnésium /maɲezjɔm/ 男《化学》マグネシウム.

magnétique /maɲetik/ 形 ❶ 磁気の, 磁石の, 帯磁した, 磁性の. ▶ champ *magnétique* 磁場 / pôles *magnétiques* (磁石, 地磁気の)磁極 / bande [ruban] *magnétique* 磁気テープ / carte *magnétique* 磁気カード. ❷ 魅惑的な. ▶ un regard *magnétique* 人を引き付ける眼差(まな)し.

magnétisation /maɲetizasjɔ̃/ 女 ❶ 磁化. ❷ 催眠術の施術; 催眠状態.

magnétiser /maɲetize/ 他動 ❶ …を磁化する. ❷ …を魅了する; に催眠術をかける.

magnétiseur, euse /maɲetizœːr, øːz/ 名 催眠術師; 催眠治療師.

magnétisme /maɲetism/ 男 ❶ 磁気, 磁性; 磁気学. ▶ *magnétisme* terrestre 地磁気. ❷ (人を引き付ける)強い魅力. ▶ subir le *magnétisme* de qn …に魅惑される.

magnéto /maɲeto/ 女《電気》マグネト発電機, 磁石発電機 (=*magnéto*-électrique).

magnétocassette /maɲetokaset/ 男 カセットテープレコーダー, カセットデッキ.

magnétophone /maɲetɔfɔn/ 男 テープレコーダー.

magnétoscope /maɲetɔskɔp/ 男 ビデオテープレコーダー, VTR; ビデオテープ.

magnificat /maɲifikat/ 男《単複同形》《カトリック》聖母賛歌.

magnificence /maɲifisɑ̃ːs/ 女 ❶ 壮麗さ, 華麗さ, 豪華さ. ❷ 文章 気前のよさ (=générosité).

magnifier /maɲifje/ 他動 文章 ❶ …を賛美する, 褒めたたえる. ❷〔物が〕…を偉大にする; 美化する.

***magnifique** /maɲifik/ 形 ❶ 見事な, 素晴らしい; 非常に美しい. ▶ C'est *magnifique*. すばらしい. / Il fait un temps *magnifique*. 上天気だ. / découverte *magnifique* 目覚ましい発見 / Tu es *magnifique* dans cette robe. このドレスを着た君は実にきれいだ. 比較 ⇨ ADMIRABLE. ❷〔建物, 宴会などが〕壮麗な, 豪華な. ▶ palais *magnifique* 壮麗な宮殿[邸宅].

magnifiquement /maɲifikmɑ̃/ 副 ❶ 壮麗に, 豪華に. ❷ たいへん上手に, 見事に.

magnitude /maɲityd/ 女 ❶《天文》(星の明るさの)等級. ▶ étoile de *magnitude* 1 1等星. ❷ (地震の)マグニチュード.

magnolia /maɲɔlja/ 男《植物》モクレン属.

magnum /magnɔm/ 男 (シャンパン, ブランデーなどの)1.5または2リットル入りの大瓶.

magot[1] /mago/ 男 ❶〔陶器などでできた中国・日本製の〕人形. ❷《動物》バーバリーエイプ, マゴット: サルの一種.

magot[2] /mago/ 男 話 へそくり, 隠し金; 小金.

magouillage /maɡujaːʒ/ 男 闇(ヤミ)取引や裏工作をすること.

magouille /maɡuj/ 女 話（特に政治上の）闇(ヤミ)取引, 裏工作.

magouiller /maɡuje/ 自動 話（政治的な）闇(ヤミ)取引をする, 裏工作をする.

magouilleur, euse /maɡujœːr, øːz/ 形, 名 闇(ヤミ)取引をする(人), 裏工作をする(人).

magyar, e /maɡjaːr/ 形 マジャール人の; ハンガリー(人)の. — **Magyar, e** 名 マジャール人: ハンガリー人の自称.

maharajah /maaradʒa/ 男 マハラジャ, 大王: インドの王侯の尊称.

mahatma /maatma/ 男《単複同形》マハトマ, 大聖: インドの指導者の称号. ▶ le *Mahatma* Gandhi マハトマ・ガンディー.

mah-jong /maʒɔ̃ːg/ 男《中国語》麻雀.

mahométan, ane /maɔmetɑ̃, an/ 名, 形 古 マホメット［イスラム］教徒(の).

ma(h)ous, se /maus/ 形 俗 大きい, でっかい.

:mai /mɛ/ 男 5月. ▶ en *mai* = au mois de *mai* 5月に / le Premier-*Mai* メーデー / *Mai* 68 [soixante-huit] = les événements de *Mai* (フランスの)1968年の五月革命.

maïeutique /majøtik/ 女《哲学》(ソクラテスの)産婆術.

:maigre /mɛgr/ メーグル 形 ❶《名詞のあとで》やせた, 肉付きの悪い. ▶ un chien *maigre* やせた犬 / Elle a les jambes *maigres*. 彼女は足が細い / joues *maigres* (=creux) こけた頬(ほお). ❷《名詞のあとで》〔肉, 乳製品などが〕脂肪分のない[少ない];〔食事が〕肉抜きの. ▶ viande *maigre* (↔gras) 赤身の肉 / jour *maigre*《カトリック》(肉を断つ)小斎日.
❸《名詞の前で》貧弱な, 乏しい. ▶ Le résultat de mon travail a été *maigre*. 仕事の成果は微々たるものだった. / toucher un *maigre* salaire わずかな給料をもらう.
❹《多く名詞の前で》〔草木などが〕まばらな;〔土地が〕やせた. ▶ un *maigre* gazon まばらな芝生.

C'est (un peu) maigre. 話（ちょっと）少ない, もの足りない.

maigre comme 「*un clou [un hareng saur]* 話 がりがりにやせた, 骨と皮の.

—— 名 やせた人.

—— 男 ❶ 脂身のない肉. ❷ faire *maigre*〔カトリック信者が〕小斎日を守る, 肉を断つ.

maigrelet, ette /mɛɡrəlɛ, ɛt/ 形, 名 やせっぽちの(人), やせぎすの(人).

maigrement /mɛɡrəmɑ̃/ 副 わずかに, 貧弱に, 細々と. ▶ être *maigrement* payé 薄給である.

maigreur /mɛɡrœːr/ 女 ❶ (体が)やせていること. ▶ Elle est d'une excessive *maigreur*. 彼女はやせすぎます. ❷ 乏しさ, 貧弱さ. ▶ *maigreur* des revenus 収入の乏しさ.

maigri, e /mɛɡri/ 形 (maigrir の過去分詞)(以前より)やせた. ▶ Je te trouve *maigri*. 君はやせたみたいだね.

maigrichon, onne /mɛɡriʃɔ̃, ɔn/ 形, 名 やせぎすの(人), やせっぽちの(人).

***maigrir** /mɛɡriːr/ メグリール/

直説法現在	je maigris	nous maigrissons
	tu maigris	vous maigrissez
	il maigrit	ils maigrissent

自動 やせる, 細くなる (↔grossir). ▶ Il *a* beaucoup *maigri*. 彼はすごくやせた / Elle *a maigri* de 5 kilos. 彼女は 5 キロやせた / *maigrir* de visage 顔がやせる / se faire *maigrir* (減食, 運動などをして)やせる. ── 他動 …をやせて見せる (↔grossir). ▶ Cette robe la *maigrit*. あのドレスだと彼女はやせて見える.

mail¹ /maj/ 男 並木道; (商店街の)アーケード.
mail² /mɛl/ 男《英語》【情報】電子メール, メール; メールアドレス.
mailer /mɛlœːr/ 男《英語》郵便書簡.
mailing /mɛliŋ/ 男《英語》ダイレクトメール; (ダイレクトメールによる)通信販売.
Maille /maj/ 商標 マイユ: マスタードのブランド名.
maille¹ /maːj/ 女 ❶ 編み目; ニット. ▶ tricoter une *maille* 1 目編む / tissus à *mailles* serrées 目の詰まったニット生地. ❷ (網の)目; 鎖の環.
maille² /maːj/ 女《貨幣》マイユ: カペー王朝の最小の貨幣で 2 分の 1 ドゥニエ.
　avoir maille à partir avec qn …といさかいを起こす, 喧嘩(ゲンカ)する.
maille³ /maːj/ 女 お金.
maillé, e /maje/ 形〔網などが〕編まれた; 網目状の. ▶ fenêtre à fer *maillé* 金網張りの窓.
mailler /maje/ 他動〔網など〕を編む; …を環でつなぐ.
maillet /majɛ/ 男 ❶ 槌(ツチ), 木槌. ❷《スポーツ》(クロッケーの)マレット;(ポロの)スティック.
mailloche /majɔʃ/ 女 ❶ (木製の)大槌(ヅチ);(太鼓などの)ばち.
maillon /majɔ̃/ 男 (鎖の)環.
　n'être qu'un maillon de la chaîne 鎖の 1 つの環にすぎない, 全体の中の一要素でしかない.
maillot /majo/ 男 ❶ タイツ, レオタード. ▶ *maillot* de danseur ダンサーのタイツ. ❷ 運動シャツ, ランニングシャツ, ジャージ. ▶ *maillot* de corps (男性用)アンダーシャツ. ❸ 水着, 海水着[パンツ](=*maillot* de bain). ▶ se mettre en *maillot* 水着を着ける / *maillot* de bain deux pièces セパレーツの水着. ❹ おむつ, 産着. ▶ enfant au *maillot* 乳飲み子.
　maillot jaune ツール・ド・フランス(自転車競争)で 1 位の選手が着る黄色のジャージ.

***main** /mɛ̃/ マン 女

❶ 手. ▶ la *main* droite et la *main* gauche 右手と左手 / tenir qc à la *main* …を手に持つ / Qu'est-ce que tu as dans les *mains*? 手に何を持っているの / Haut les *mains*! 手を上げろ / ouvrir [fermer] la *main* 手を開く[閉じる] / se laver les *mains* 手を洗う / serrer la *main* à qn …と握手する / prendre qc avec les *mains* …を両手でつかむ / la paume de la *main* 手のひら / le dos de la *main* 手の甲.

❷ (所有, 支配などの)手. ▶ changer de *main*〔物が〕所有者を変える / passer par des *mains*〔物が〕何人もの所有者の手を経る / être entre les *mains* de qn …の手に握られている, 支配下にある / La ville est tombée aux *mains* [dans les *mains*] de l'ennemi. 町は敵の手中に落ちた.

❸ (援助などの)手. ▶ donner [prêter] la *main* à qn …に手を貸す.

❹ (女性による)結婚の承諾. ▶ demander la *main* d'une jeune fille 娘に結婚を申し込む.

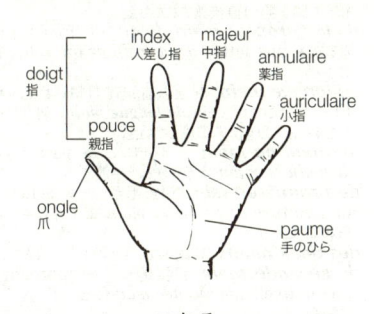

❺ (カードで)手札, 持ち札; 親. ▶ avoir une belle *main* 手がいい / céder la *main* 親を譲る.

❻ 技能, 腕前; 手法. ▶ perdre la *main* 腕前が落ちる / se faire la *main* 腕を磨く / reconnaître la *main* d'un artiste ある作家の独特の手法がそれと分かる.

❼〔服飾〕petite *main* 見習いのお針子 / première *main* 1 級のお針子.

❽ 紙 1 帖(ジョウ)(25枚).

***à la main** (1) 手に. ▶ crayon *à la main* 鉛筆を手にして. (2)(機械を用いずに)手製の, 手製の. ▶ filature *à la main* 手紡ぎ / fait *à la main* 手製の (fait *main* ともいう).

***à main** (1) 手に持つ. ▶ sac *à main* ハンドバッグ. (2) 手動による. ▶ frein *à main* ハンドブレーキ.

à main armée 武装した, 凶器を持った.
à main droite [*gauche*] 右[左]に.
à main levée (1) 挙手して; ▶ vote *à main levée* 挙手による採決. ▶ (2) 手早く. dessiner *à main levée* 手早く描(カ)く.
à main(s) nue(s) 素手で.
à pleine(s) main(s) 手にいっぱいに, たっぷり, ふんだんに.
avoir la haute main sur qc …を支配する, 牛耳る. ▶ Il *a la haute main sur* ce projet. 彼がこのプロジェクトを指揮している.
avoir la main heureuse [*malheureuse*] いいもの[悪いもの]を選ぶ.
avoir la main leste すぐに手が出る.
avoir les mains dans les poches ポケットに手を入れている; 何もせずにいる.
avoir les mains libres 自由である, 何ものにも拘束されていない.
avoir les mains liées 束縛されている, 自由に動けない.
avoir [*tenir*] *qn/qc bien en main* …を完全に掌握している.

***coup de main** (1) 急襲. (2) (一時的な)援助, 手助け. ▶ donner un *coup de main* 手を貸す. (3) 手際のよさ. ▶ avoir le *coup de main* 物事をてきぱきとやる.

de la main à la main 手から手へ, 直接に. ▶ argent versé *de la main à la main*（正規の手

mainate

続きを踏まずに)直接渡されたお金.
***de la (propre) main** de qn* …の手から; 手になる. ▶ une lettre *de la main de* qn …の自筆の手紙.
de longue main ずっと以前から, 丹精込めて. ▶ Elle a préparé cela *de longue main*. 彼女はそれをずいぶん以前から準備していた.
de main en main 手から手へ. ▶ passer qc *de main en main* 次から次へと手渡す.
de première main 直接, じかに. ▶ acheter une voiture *de première main* 車を持ち主から直接買う.
des deux mains (1) 両手で. (2) 熱心に, 喜んで.
de seconde main 間接的に. ▶ apprendre une nouvelle *de seconde main* ニュースを人づてに聞く.
en main (1) 手中に. ▶ démontrer qc preuve *en main* 証拠を手にして…を証明する. ▶ (2) 使用中である. ▶ Le livre est *en main*. 本は貸し出し中である.
en main(s) propre(s) 直接本人の手に. ▶ remettre une lettre *en main(s) propre(s)* 手紙を直接本人に渡す.
en venir aux mains (口論から) 手を出す, 殴り合いになる. ▶ Ils en sont venus *aux mains*. 彼らは殴り合いになってしまった.
être en bonnes mains 信頼できる人の手にゆだねられている.
faire main basse sur qc …を奪う, 盗む.
homme de main 手下, 用心棒.
La main chaude ラ・マン・ショード (目隠ししてだれが自分の手をたたいたかを当てる遊び).
la main dans la main (1) 手に手を取って. ▶ marcher *la main dans la main* 手に手を取って歩く. (2) 一致団結して.
main courante (1) (階段, エスカレーター, バルコニーなどの) 手すり. (2) 当座帳.
manger dans les mains de qn …に手なづけられる, …の言いなりになる.
mettre la dernière main à qc …に最後の仕上げをする.
mettre [prêter] la main à qc …に着手する, 取りかかる.
mettre la [sa] main au feu que + 直説法 …であると誓って断言できる.
mettre la main sur qc/qn …を見つける, 手に入れる; 捕まえる. ▶ Je cherche ce livre depuis hier et je n'ai pas encore pu *mettre la main* dessus. 昨日からその本を探しているのに, まだ見つからない.
ne pas y aller de main morte 思い切りたたく, 手加減しない, やりすぎる, 手荒く振る舞う.
passer la main あきらめる; (権力, 特権を) 譲る. ▶ Je suis fatigué, il est temps que je *passe la main*. もう疲れたよ, 交替の時期だな.
prendre en main(s) qc …を引き受ける, の責任を負う. ▶ *prendre en main* l'éducation d'un enfant 子供の教育を引き受ける.
se donner la main (1) 手に手を取る. (2) 一致協力する. (3) 《皮肉に》似たりよったりである.
sous la main 身近にある, すぐ使える. ▶ avoir un médecin *sous la main* かかりつけの医者がいる / Je crois qu'il n'a pas *sous la main* tous les documents que vous demandez. 彼はあなた(方)の求めている資料を全部は手もとに持っていないと思う.
sous main ひそかに, こっそりと. ▶ négocier (en) *sous main* ひそかに交渉する.
tendre la main à qc (1) 手を差し延べる. (2) 物ごいをする. (3) 協力 [和解] を申し出る. ▶ politique de la *main tendue* 和解 [宥和(ぬ゚)] 政策.
une main de fer dans un gant de velours 外柔内剛の人.

mainate /mɛnat/ 男《鳥類》キュウカンチョウ.

***main-d'œuvre** /mɛ̃dœːvr/ マンドゥーヴル; 《複》~s-~ 女 ❶《集合的に》労働者, 労働力, 人手. ▶ embaucher de la *main-d'oeuvre* 人手を雇う / *main-d'œuvre* étrangère 外国人労働力 [者]. 比較 ⇨ TRAVAILLEUR.
❷ (原価計算からみた) 労働, 手間. ▶ frais de *main-d'œuvre* 労賃, 手間賃.

Maine /mɛn/ 固有 男 メーヌ地方 : ノルマンディー地方南部の旧州.

Maine-et-Loire /menəlwaːr/ 固有 男 メーヌ=エ=ロアール県 [49] : フランス南部.

main-forte /mɛ̃fɔrt/ 女《単数形のみ》協力, 援助.
prêter [donner] main-forte à qn …に協力する, 力を貸す.

mainlevée /mɛ̃lve/ 女《法律》(差し押さえ, 異議申し立て, 抵当権などの) 解除, 解消.

mainmise /mɛ̃miːz/ 女 <*mainmise sur* qc> …の掌握, 支配.

mainmorte /mɛ̃mɔrt/ 女 ❶《歴史》(特に農奴の財産に関する) 譲渡・遺贈の制限.
❷《法律》personnes de *mainmorte* 法人.

maint, mainte /mɛ̃, mɛ̃ːt/ 形 文章《名詞の前で》多くの. ▶ *maint(s)* visiteur(s) 多くの訪問客.
à maintes (et maintes) reprises 何度も繰り返して.
maintes (et maintes) fois 何度も, しばしば.

maintenance /mɛ̃tnãːs/ 女 ❶ メインテナンス, 保全, 整備 (=entretien). ❷《軍事》補給.

:**maintenant** /mɛ̃tnã/ マントゥナン / 副

❶ 今, 今では (もう), いまや. ▶ Il est *maintenant* onze heures, allez vous coucher. もう11時ですよ, お休みなさい. ▶《複合過去形の動詞とともに》Le chômage est devenu *maintenant* un problème social. 失業は今日, 社会問題となっている /《半過去形の動詞とともに, 多くの物語で》Ils étaient *maintenant* très fatigués. 彼らはいまやたいそう疲れていた.
❷《おもに命令形の動詞とともに》今すぐに. ▶ Faites-le *maintenant*, après ce sera trop tard. (=tout de suite) 今すぐやりなさい, あとからでは遅すぎます.
❸《おもに未来形の動詞とともに》今から, 今後は. ▶ *Maintenant*, tout ira bien. (=désormais) 今後はすべてうまくいくだろう.
❹ さて; そうは言ったものの. ▶ Voilà ce que je vous conseille; *maintenant*, vous ferez ce

que vous voudrez. これが私の忠告です，でもお好きなようになさってください.
à partir de maintenant 今後は，これからは.
Ce n'est pas pour maintenant. 話 すぐにというわけじゃない.
de maintenant 現代の，今の. ▶ les jeunes *de maintenant* 現代の若者.
dès maintenant 今すぐにでも.
jusqu'à maintenant 今まで.
maintenant que + 直説法現在か[複合過去] …した今となっては，なので (=puisque). ▶ *Maintenant qu'il est là, on peut commencer.* 彼が来たから始められるぞ.

*__maintenir__ /mɛ̃tniːr マントゥニール/ 28 他動

| 過去分詞 maintenu　現在分詞 maintenant |
| 直説法現在 je maintiens　nous maintenons
複合過去 j'ai maintenu
単純未来 je maintiendrai |

❶《同じ位置で》…を**支える**，保つ. ▶ *Maintiens ce meuble.* この家具を押さえていて / *maintenir une jambe cassée* 骨折した足を固定する.
❷《同じ状態に》…を**維持する**，保つ. ▶ *maintenir les traditions* 伝統を守る / *maintenir sa candidature* 立候補を取り下げる. ▶ *maintenir* qn/qc + 様態 …を(同じ状態の)ままに保つ. ▶ *maintenir* qn *debout* …を立たせておく / *maintenir* qc *fixe* …を固定する / *maintenir* qc *en équilibre* …の平衡を保つ / *maintenir les impôts à leur taux actuel* 現状の税率を維持する.
❸《*maintenir* (à qn) qc // *maintenir que* + 直説法》(…に)…を**強く主張する**，断言する. ▶ *Je maintiens qu'il se trompe.* 私はあくまで彼が間違っていると主張する.
❹ …の**とんを制する**. ▶ *maintenir la foule* 群衆を制止する.

— ***se maintenir*** 代動 ❶ 維持される，保たれる，続く；(ある状態に)とどまる. ▶ *malade qui se maintient* 持ちこたえている病人 / *se maintenir en bonne santé* 健康を保つ / *se maintenir dans une attitude hostile* 敵意ある態度を崩さない / *Le temps s'est maintenu au beau.* 好天が続いた /《非人称構文で》«*Comment ça va?* — *ça se maintient.*»「元気かい」「変わりないよ」. ❷ [候補者が](第２回目の投票に)残る，立候補を取り下げない.

maintien /mɛ̃tjɛ̃/ 男 ❶ **維持**，**保持**. ▶ les forces du *maintien* de l'ordre 治安力，警察力 / l'opération [les forces] de *maintien* de la paix (国連の)平和維持活動 [軍] / *maintien* des prix 価格の維持 [据え置き]. ❷ 支えること，固定. ❸ 態度，物腰；作法.
se donner un maintien 古風 平静を装う.

maintien-,　maintiendr-,　maintin-,　maintîn- 活用 ⇨ MAINTENIR 28

*__maire__ /mɛːr メール/ 男 **市長**，区長，町長，村長.
▶ *maire* de Paris パリ市長 / adjoint au *maire* 助役 / Monsieur [Madame] le *maire* 市長殿，市長さん.

*__mairie__ /meri メリ/ 女 ❶ **市**[区，町，村]**長職**. ❷ **市**[区]**役所**，**町**[村]**役場**. ▶ *mairie* d'arrondissement 区役所.

*__mais__ /mɛ メ/ 接

❶《対立，限定》**しかし**，だが，とはいえ；《否定表現のあとで》そうではなく. ▶ *Je suis allé chez toi hier, mais tu n'étais pas là.* きのう君の家に行ったんだ，でも君はいなかった / *Cette fille est gentille, mais pas avec tout le monde.* あの娘は親切だ，とはいうもののだれに対してもというわけではない / *Ce n'est pas une émeute, mais* (bien) *une révolution.* これは暴動ではなく革命だ.
❷《異議》**でも**，だって. ▶ *Mais pourtant vous m'aviez promis de venir.* でもいらっしゃると約束してくださったじゃありませんか.
❸《文頭で，話題の転換を示す》**さて**，**ところで**. ▶ *Mais en voilà assez là-dessus.* さあもうこれ以上はたくさんだ.
certes [***sans doute***] ... ***mais*** ... なるほど…であるが [おそらく…であろうが] …でもある. ▶ *Elle est belle, certes, mais un peu froide.* 確かに彼女は美人だが，つんとしたところがある.
non [***ne pas***] ***seulement*** ... ***mais*** [***aussi, encore***] ... ⇨ SEULEMENT.
— 間 ❶《驚き，いらだち，強調》**まあ**，**いったい**. ▶ *Mais, c'est toi Patrick!* おや，君なの，パトリック / *Ah ça mais!* [*Mais enfin,*] *qu'est-ce que ça signifie?* なんだって [いったいぜんたい]，どういうことだ / *Non mais* (des fois)! *pour qui tu te prends!* 話 冗談じゃない，いったい何様のつもりだ.
❷《前後に同じ語を繰り返して，強調を示す》**実に**，**まったく**. ▶ *C'est dommage, mais vraiment dommage.* 残念だ，いやなんとも残念だ.
❸《答えの強調》▶ **Mais oui.** もちろん / **Mais non.** とんでもない /「*Elle ne m'aime pas.* — **Mais si!**»「彼女は私を愛していないんだ」「とんでもない，愛しているよ」/ *Mais bien sûr!* もちろんいいですよ；それはそうだ / *Mais je vous en prie.* もちろんどうぞ；いえ，どういたしまして.
n'en pouvoir mais 古風 文章 もうどうすることもできない.
— 男 異議，反対. ▶ Il n'y a pas de *mais* qui tienne! 反対してもむだだ!

*__maïs__ /mais マイス/ 男 **トウモロコシ**. ▶ *maïs* soufflé [*éclaté*] ポップコーン / farine de *maïs* コーンスターチ，トウモロコシでんぷん.

*__maison__ /mɛzɔ̃ メゾン/ 女

❶ **家**，家屋，住宅. ▶ *maison* à louer 貸家 / *maison* à vendre 売り家 / *maison* de rapport 賃貸住宅建物 / *maison* de campagne 別荘 / habiter dans une *maison* 一戸建ての家に住んでいる / se faire construire une *maison* 家を建てる. ◆***à la maison*** 自宅で [へ，に]. ▶ Il aime rester à la *maison*. 彼は家にいるのが好きだ / rentrer à la *maison* 家に帰る / gâteau fait à la *maison* ホームメイドケーキ.
❷ **家族**(の全員)，一家. ▶ maître [maîtresse]

de *maison* 一家の主人[主婦] / C'est quelqu'un de la *maison*. 家族同様に親しい人です.

❸ **家の中**; **家事**, **家政**. ▶ bien tenir la *maison* 家の中をきちんとする / dépenses de la *maison* 家計費.

❹ (公共の)**建物**, **施設**, **センター**. ▶ *maison* de retraite 老人ホーム / *maison* de la jeunesse 青年会館 / *maison* de la culture (文化省所管の)文化会館 / la *Maison*-Blanche ホワイトハウス / *maison* d'arrêt 留置所 / *maison* centrale [de correction] 重罪[軽罪]刑務所.

❺ **歓楽施設**. ▶ *maison* de jeux (公認の)賭博(と)場 / *maison* close [de tolérance] 売春宿.

❻ **会社**, **商店**; **勤め先**. ▶ *maison* de commerce 商社, 商店 / la *maison* mère et les succursales 本店[本社]と支店[支社] / J'ai vingt ans de *maison* 私は勤続20年だ / J'en ai assez de cette *maison*. 私はこの職場にうんざりしている. ▷ ENTREPRISE.

❼ **名門**, **高貴な家柄**. ▶ être issu d'une *maison* 名門の出である / *maison* d'Autriche オーストリア王家. ❽ les gens de *maison* (住み込みの)使用人; 召し使い.

gros comme une maison 〖話〗見え透いた. ▶ un mensonge *gros comme une maison* 見え透いたうそ.

〖比較〗**家**, **住居**
(1) 具体的な住居を指す場合には **maison, appartement** が一般的. maison は一戸建ての家. appartement は集合住宅の中の住居. ほかに **villa** は郊外の庭付きの美しい一軒家または別荘, **résidence** は立派な邸宅. (2) 一般論として住居を取り上げる場合には **maison, habitation, logement** が普通. le problème du *logement* 住宅問題. **demeure** は改まった表現. **domicile** は官庁用語で身分登録簿に登録された住居. être sans *domicile* 住所不定である. (3)「我が家」の意味では **foyer** が一般的. femme au *foyer* 主婦.

— 形《不変》❶ 自 **自家製の**, ホームメイドの. ▶ tarte *maison* 自家製タルト. ❷ 自 **会社特有の**, **店独自の**. ▶ avoir l'esprit *maison* 社風を身につけている.

maisonnée /mɛzɔne/ 女 (同居の)家族全員.
maisonnette /mɛzɔnɛt/ 女 小さな家.

maître, maîtresse /mɛtr, mɛtrɛs メトル, メトレス/ 名 ❶ ❶ **主人**, **支配[所有]者**. ▶ le *maître* et l'esclave 主人と奴隷 / *maître* [*maîtresse*] de maison 一家の主(゜)[主婦] / un chien et son *maître* 犬とその飼い主.

❷ **先生**, **教師**; **監督者**;《特に》小学校の先生 (=*maître* d'école). ▶ donner un *maître* à ses enfants 子供に先生をつける. ◆ *maître* de + 無冠詞名詞 ∥ *maître* + 名詞 ▶ *maître* de piano ピアノの先生 / *maître* d'internat 舎監, 寮監 /《以下は男性形のみ》*maître* de conférences 准教授 / Elle est *maître* nageur. 彼女は水泳の先生だ.

❷ 《男性形のみ》❶ (芸術, 学問上の)**師**, **師匠**; **大家**, **名人**. ▶ prendre qn pour *maître* …を師と見なす; 範とする / les grands *maîtres* de la littérature française フランス文学の巨匠たち / *maître* à penser 思想的指導者, 物を考える上で手本とすべき人 / coup de *maître* 名人芸, 名品 / de main de *maître* すばらしい腕前の.

❷ (敬称, 呼びかけで) (法律家, 芸術家に対して)**先生**. ▶ *maître* Dubois, avocat 弁護士のデュボア先生.

❸ (職人の)**親方**, **頭**(ポ); (組織, 団体の)**長**, **団長**. ▶ *maître* d'hôtel (レストランの)給仕長 / *maître*-artisan [fabricant] 職工長 / premier [second] *maître* (海軍の)兵曹長[兵曹].

❸ 《女性形のみ》**愛人**, **情婦**. 〖比較〗▷ AMANT.

de maître **所有者**[**雇用者**]**に属する**. ▶ chauffeur *de maître* お抱え運転手 / voiture *de maître* 自家用車 / maison *de maître* 持ち家.

en maître **主人として**, **主人のように**. ▶ agir *en maître* 我が物顔に振る舞う.

être maître à qc 〖カード〗(ダイヤ, クラブといっ

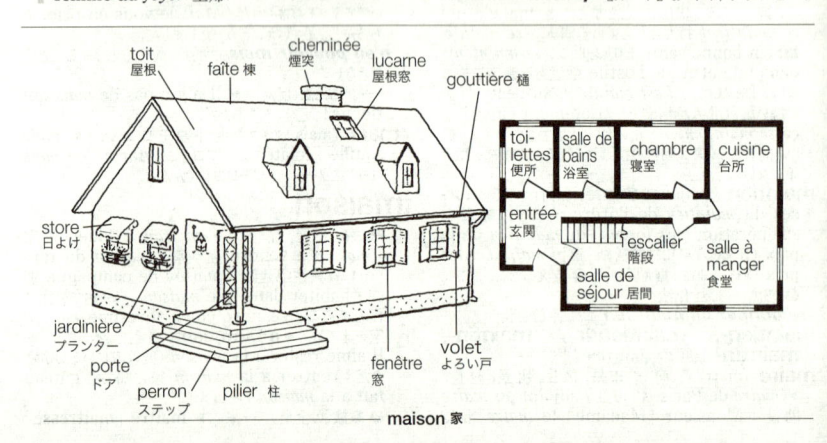

---

maison 家

toit 屋根
faîte 棟
cheminée 煙突
lucarne 屋根窓
gouttière 樋
store 日よけ
jardinière プランター
porte ドア
perron ステップ
pilier 柱
fenêtre 窓
volet よろい戸

toilettes 便所 | salle de bains 浴室 | chambre 寝室 | cuisine 台所
entrée 玄関 | escalier 階段 | salle de séjour 居間 | salle à manger 食堂

たあるスーツ)の最強の切り札を持っている.
être maître dans qc …に秀でている, において有能である.
être maître [maîtresse] de qc …を思いのままにできる, 支配している. ▶ Je *suis maître [maîtresse] de* mon temps. 私は自分の時間を自由に使える.
être [rester] maître [maîtresse]「de soi [de soi-même] 自分を抑える, 自制する.
être maître de + 不定詞 自由に…できる. ▶ Elle *est maître de* refuser ou d'accepter. 拒否するも承諾するも彼女の自由だ.
être son (propre) maître 自由である; 自立している;(仕事の上で)だれにも従属していない.
l'œil du maître 厳しい監視の目.
On ne peut servir deux maîtres à la fois. 諺 二人の主人に同時に仕えることはできない.
passer maître dans qc …に熟達している, が巧みである.
se rendre maître de qn/qc …の支配者となる, を征服[鎮圧]する. ▶ *se rendre maître d*'une contrée ある国を制圧する.
trouver son maître 自分よりうわての人に出会う.
― 形 《名詞の前またはあとで》❶ 主要な, 中心的な, メインの. ▶ l'idée *maîtresse* de son exposé 彼/女の発表の中心を成す考え / C'est le *maître* mot. これがキーワードだ.
❷ <maître + 職名>…の長, 頭. ▶ *maître* cuisinier コック長 / *maître* compagnon 職人頭.
❸ 指導力のある; 精力的な. ▶ une *maîtresse* femme 女傑, 女親分.
❹ すご腕の. ▶ un *maître* filou 名うての詐欺師.
❺ 〖情報〗マスターの. ▶ disque dur *maître* マスターのハードディスク.
carte maîtresse (1) 〖カード〗上がり札, 切り札. (2) 強み, 奥の手.
maître(-)mot (1) 呪文(ﾛﾓﾝ). (2) 至上命令; 合い言葉, スローガン.
maître-assistant, ante /mɛtrasistɑ̃, ɑ̃:t/ 《複》〜s- 〜s 名 (大学の)専任講師.
maître-autel /mɛtrotɛl/ 《複》〜s- 〜s 男 (教会の外陣の中心にある)祭壇, 主祭壇.
maîtrisable /metrizabl/ 形《多く否定的表現で》抑制できる, 制御できる. ▶ une colère difficilement *maîtrisable* なかなか抑えられない怒り.
maîtrise /metri:z/ 女 ❶ 支配, 制圧; 制御. ▶ avoir la *maîtrise*「de la mer [de l'air]制海権[制空権]を握る / assurer la *maîtrise* du marché intérieur 国内市場を席巻(ｾｯｹﾝ)する.
❷ 自制, 平静 (=*maîtrise* de soi). ▶ Il a perdu sa *maîtrise* devant le danger. 彼は危険を前にして自制心を失った.
❸ (技術,知識の)熟達,マスター;すぐれた技量. ▶ avoir une bonne *maîtrise* de l'anglais 英語を自在に使いこなす. ❹ 〖建築〗親方などの下級管理学. ▶ agent de *maîtrise* 職工長. ❺ *maîtrise* de conférences (大学の)准教授の職. ❺ (大学の第2課程の)修士号. ▶ passer une *maîtrise* de sociologie 社会学の修士号を取る. ❼ 教会の聖歌隊; 聖歌隊養成所.

maîtriser /metrize/ 他動 ❶ …を制する, 制御する. ▶ *maîtriser* un incendie 火事を消し止める. ❷ 〖感情〗を抑える, に流されない. ▶ *maîtriser* sa colère 怒りを抑える. ❸ 〖技術,知識〗に熟達する,をマスターする. ▶ Il *maîtrise* parfaitement plusieurs langues. 彼は数か国語を自在に操る.
― **se maîtriser** 代動 自分(の感情)を抑える, 自制する.
majesté /maʒɛste/ 女 ❶ 威厳, 尊厳;(建物などの)壮厳, 壮麗. ▶ un air de *majesté* 威厳のある様子. ❷ 《Majesté》陛下: 世襲制君主の尊称. ▶ Sa Gracieuse *Majesté* la reine d'Angleterre 慈愛深き英国女王陛下. 注 君主に呼びかける場合は Votre *Majesté*, Vos *Majestés* という (V.M., VV.MM. と略記).
majestueusement /maʒɛstɥøzmɑ̃/ 副 威厳に満ちて, 堂々と; 荘厳に, 厳かに.
majestueux, euse /maʒɛstɥø, ø:z/ 形 威厳のある, いかめしい. ▶ un professeur *majestueux* 貫禄(ｶﾝﾛｸ)のある先生. ❷ 荘厳な, 荘重な.

*majeur, e /maʒœ:r マジュール/ 形
❶ 《名詞の前で》より大きな, より多くの. ▶ la *majeure* partie de qc …の大部分.
❷ 《名詞のあとで》重大な, 主要な. ▶ préoccupation *majeure* 主要な悩み / pour des raisons *majeures* 止むを得ない理由で / avoir un empêchement *majeur* 重大な支障がある.
❸ 成年に達した(注 フランスでは18歳)(↔mineur);〖民族,国家などが〗成熟した, 発達した. ▶ Ma nièce sera *majeure* dans un mois. 私の姪(ﾒｲ)は1か月後に成年に達する.
❹ 〖音楽〗長調の. ▶ mode *majeur* 長調 / gamme *majeure* 長音階.
❺ 〖論理学〗prémisse *majeure* 大前提.
en majeure partie 大部分は, 大半は.
force majeure 不可抗力.
― 名 成年者. ― **majeur** 男 ❶ 中指 (=médius). ❷ 〖音楽〗長調.
major /maʒɔ:r/ 男 ❶ 〖軍事〗(1)(1975年以降の)准尉. (2) *major* général 首席参謀. (3)(外国軍隊の)少佐. ❷ (グランドゼコールの)首席入学者.
majoration /maʒɔrasjɔ̃/ 女 ❶ 増額, 加算, 値上げ. ▶ *majoration* du prix de l'essence ガソリン価格の引き上げ. ❷ 水増し; 過大評価.
majorer /maʒɔre/ 他動 ❶ …を増額する, 加算する. ▶ *majorer* de 10% [dix pour cent] les salaires 賃金を10パーセント引き上げる / *majorer* une facture 請求書を水増しする. ❷ …を過大評価する.
majorette /maʒɔrɛt/ 女《米語》バトンガール, バトントワラー.
majoritaire /maʒɔritɛ:r/ 形 ❶ 多数決による; 過半数を得た. ▶ une motion *majoritaire* 多数決で可決された動議. ❷ 多数派の; 与党の. ▶ une opinion *majoritaire* 多数意見.
― 名 多数派; 与党議員.
majoritairement /maʒɔritɛrmɑ̃/ 副 ❶ 多数決で. ❷ 大多数は.
*majorité[1] /maʒɔrite マジョリテ/ 女 ❶ 大多数, 大

半. ▶ la *majorité* des Français フランス人の大半 / Les Parisiens dans leur *majorité* sont opposés à ce projet de loi. パリの住民の大半はその法案に反対している.

❷ (投票での)**多数**, 過半数. ▶ *majorité* absolue 絶対多数 / obtenir [avoir] la *majorité* 過半数を獲得する / à une forte [faible] *majorité* 圧倒的多数で[かろうじて過半数で].

❸ (議会の)多数派政党[連合], 与党 (↔opposition). ▶ *majorité* présidentielle (第5共和制下での)現大統領選出支持派.

dans la majorité des cas 多くの場合.

en majorité 大多数は, 大部分は. ▶ La population de ce pays était *en majorité* musulmane. その国の国民は大半がイスラム教徒であった.

majorité silencieuse 声なき多数, サイレントマジョリティ.

majorité² /maʒɔrite/ 囡 成年. 注 フランスの民法上の成年は18歳. ▶ atteindre sa *majorité* 成年に達する.

Majorque /maʒɔrk/ 固有 マジョルカ島:地中海上のスペインの島.

majorqu*in, ine* /maʒɔrkɛ̃, in/ 形 マジョルカ Majorque 島の.
— **Majorqu*in, ine*** 名 マジョルカ島の人.

majuscule /maʒyskyl/ 形 大文字の (↔minuscule). ▶ H *majuscule* 大文字のH.
— 囡 大文字 (=lettre majuscule).

maki /maki/ 男《日本語》巻きずし.

making of /mekiŋɔf/ 名《不変》《英語》メイキング(映画などの制作過程記録). ▶ *making of* d'un film ある映画のメイキング.

M

:**mal**¹ /mal マル/
副

❶ 悪く, 不都合に; 下手に; 不適切に, 不十分に. ▶ un enfant *mal* élevé しつけのよくない子供 / parler *mal* l'anglais 下手な英語を話す / Je joue *mal* (スポーツや音楽が)私は下手だ / être *mal* payé 給料が安い / J'ai *mal* dormi la nuit dernière. 昨夜よく眠れなかった / Ça tombe *mal*. それはタイミングが悪い / Je connais *mal* la littérature française. フランス文学のことはよく知らない / La situation tourne *mal*. 状況は悪化している.

❷ ゆがめて, **間違って**; 悪意を持って, 意地悪く. ▶ J'ai *mal* compris. 私は誤解した / traiter *mal* qn …を冷たくあしらう / Il parle souvent *mal* de ses amis. 彼はよく友人の悪口を言う / Il a *mal* pris ce que je lui ai dit. 彼は私が言ったことを悪意に取った.

❸ (体の)**具合が悪く**, 気分が悪く. ▶ être「très *mal* [au plus *mal*] 重病である / se trouver *mal* 気分が悪くなる / «Alors, ça va ?—Ça va *mal*.»「調子はどうだい」「よくないよ」.

❹ 不道徳に, 不正に. ▶ Il s'est *mal* conduit. 彼はけしからぬ振る舞いをした / une fortune *mal* acquise 不当に得た富.

aller mal 具合が悪い, 調子が悪い. ▶ Les affaires vont *mal*. ビジネスが不調だ.

Ça va faire mal. 話《反語的に》これは大ヒットするぞ.

de mal en pis ますます悪く.

être [se mettre] mal avec qn …と仲が悪い [仲たがいする].

ni bien ni mal よくも悪くもなく, まあまあ.

*****pas mal*** 話 (1) 悪くなく, かなりよく. ▶ «Ça va ?—*Pas mal*.»「どうだい」「まあまあだ[元気だ]」 Il ne s'en est *pas mal* tiré. 彼はなんとかその場を切り抜けた. ▶(2) かなり, 結構; まったく. ▶ On a *pas mal* travaillé aujourd'hui. 今日は結構働いた / Je m'en fiche *pas mal*. そんなことはまったく知ったことじゃない.

pas mal de qc/qn 話 たくさんの…, かなりの…. ▶ J'ai *pas mal* de livres à lire. 読まなければいけない本がたくさんある. 比較 ⇨ PLUSIEURS.

tant bien que mal ⇨ BIEN.

mal² /mal/ 形《不変》(属詞として)悪い, よくない. ▶ faire quelque chose de *mal* 悪いことをする / Il est [C'est] *mal* de + 不定詞 …するのは悪いことだ. ◆n'être pas *mal* 話 たいへんよい, ハンサムだ, 美人だ. ▶ Cette jeune fille n'est pas *mal*. あの娘はなかなかの美人だ.

:**mal**³ /mal マル/《複》***maux*** /mo モ/ 男 ❶ 悪, 悪事. ▶ le bien et le *mal* 善と悪 / C'est un *mal* nécessaire. それは必要悪だ.

❷ 害悪, 不幸; 不都合. ▶ les *maux* de la guerre 戦争の災禍 / supporter des *maux* cruels 過酷な試練に耐える / Quel *mal* y a-t-il à cela ? そのことにどんな差し障りがあるのですか.

❸ 苦痛, 痛み; 気分の悪さ. ▶ souffrir de *maux* de tête 頭痛で苦しむ / avoir le *mal* de mer 船酔いする / avoir le *mal* de l'air 飛行機に酔う / avoir le *mal* de la route 自動車に酔う / *mal* des montagnes 高山病.

❹ (精神的な)苦痛, 心痛. ▶ le *mal* d'amour 恋煩い / avoir le *mal* du pays ホームシックにかかる / le *mal* du siècle《文学》(19世紀ロマン主義時代の)世紀病.

❺ 病気. ▶ prendre (du) *mal* 病気になる (=attraper *mal*); 風邪を引く.

❻ 苦労, 苦心. ▶ Ce n'est pas sans *mal* que j'ai obtenu ce résultat. 私は苦心の末にこの成果を得たのだ / Cet enfant m'a donné du *mal*. この子には苦労しました.

*****avoir du mal à*** + 不定詞 …するのが困難である. ▶ J'ai du *mal* à me lever à six heures. 6時にはなかなか起きられない.

*****avoir mal à qc*** (体の一部)が痛む. ▶ «Où astu *mal* ?—J'ai *mal* à la tête.»「どこが痛いの」「頭が痛い」 / avoir *mal* au ventre 腹が痛い / avoir *mal* aux dents 歯が痛い / avoir très [un peu] *mal* とても[少し]痛い / avoir *mal* au cœur むかつく.

dire [penser] du mal de qn …の悪口を言う; …のことを悪く考える.

être en mal de + 無冠詞名詞 …がなくて困っている. ▶ journaliste *en mal de* copie ネタ切れで悩む新聞記者.

faire (du) mal à qn …を苦しめる, に損害をかける. ▶ Je t'ai fait *mal* ? 痛かったかね (人の足を踏んだときなど) / Ces chaussures me font *mal* aux pieds. この靴を履くと足が痛くなる / des mots qui *font du mal* 人を傷つける言葉 / Ça me *fait mal* (au ventre [cœur]) de + 不定詞. 話 …するのは私にはつらい[耐えられない]

Il ne ferait pas de mal à une mouche.
(ハエ一匹殺すまい→)彼はおとなしい男だ.

Il n'y a pas de mal. (お詫び(½)の言葉に対して)なんでもありません, 大丈夫です.

mettre qc à mal …を壊す, 打ち砕く.

ne pas faire de mal à qn (肉体的, 精神的に)…によい効果をもたらす. ▶ Un peu de sport *ne* vous *ferait pas de mal*. 少し運動するのは悪くないですよ.

penser [songer] à mal よからぬ考えを抱く; 悪意を持つ. ▶ sans *penser à mal* 悪意[悪気]なく.

se donner ⌈du mal [un mal de chien, un mal fou] pour + 不定詞 …するのに苦心惨憺(ź½)する.

se faire (du) mal 自分の体を痛くする, けがをする. ▶ *se faire mal au genou* ひざを痛める.

vouloir du mal à qn …を傷つけようとする, 呪(ź½)う.

Y a pas de mal à se faire du bien. 話 人生は楽しまなきゃ.

Malabar /malaba:r/ 商標 マラバール: 風船ガムのブランド名.

malabar /malaba:r/ 男 俗 たくましい男; 猛者.

***malade** /malad/ マラド/ 形 ❶ 病気の; 気分が悪い. ▶ tomber *malade* 病気になる / être gravement *malade* 症状が重い / se sentir *malade* 気分が悪い / l'homme *malade* de l'Europe ヨーロッパの病人(衰退の危機にあるヨーロッパの国). ◆ (être) *malade* de qc〔患部〕を病んだ. ▶ être *malade* du cœur 心臓が悪い / la France *malade* de son université《比喩的に》大学問題で苦悩するフランス.

❷ (精神的に)混乱した; 苦しい, 傷ついた; 話 気がおかしい. ▶ avoir le cœur bien *malade* (失恋などで)心が乱れている / J'en suis *malade*. 話 そのことで参っているだ. とても心配だ / Tu n'es pas un peu *malade*? 話 少し頭がおかしいんじゃないか.

❸ 不振の, 沈滞した; 話 ひどく傷んだ. ▶ Le gouvernement est trop *malade* pour durer jusqu'aux élections. 政府はがたがたでとても選挙までもたない.

— 名 病人, 患者. ▶ un grand *malade* 重病人 / salle des malades 病室 / visiter un *malade* 病人を見舞う / faire le *malade* 仮病を使う.

comme un malade 話 猛烈に, めちゃめちゃ.

malade imaginaire 自分を病気だと思い込む人, 気で病む人(モリエールの同名の喜劇から).

:**maladie** /maladi/ マラディ/ 女 ❶ 病気, 疾病. ▶ attraper une *maladie* 病気にかかる / avoir une *maladie* de cœur 心臓が悪い, 心臓に病気を持っている / guérir d'une *maladie* de foie 肝臓病が治る / prendre un congé de *maladie* 病気休暇をとる / *maladie* bénigne [grave] 軽い[重い]病気 / *maladie* mentale 精神病 / *maladie* professionnelle 職業病.

❷ 変質, 破損; (社会の)病弊, 病根. ▶ *maladie* des monuments historiques 歴史的建造物の破損 / L'économie italienne a jadis souffert d'une *maladie* chronique: l'inflation. イタリア経済はかつてはインフレという慢性病に苦しんでいた.

❸ (悪い)癖, 執着, 熱狂. ▶ avoir la *maladie* du rangement 整理魔である / *maladie* de vitesse スピード狂.

❹ assurance *maladie* 健康保険, 疾病保険.

en faire (toute) une maladie 話 《多く否定的表現で》くやしがる; 苦にする. ▶ Il n'y a pas de quoi *en faire une maladie*. 気にすることはない.

maladif, ive /maladif, i:v/ 形 ❶ 病弱な, 虚弱な; 病人のような. ▶ une jeune fille *maladive* 病気がちの娘. ❷ 異常な, 過度の, 病的な. ▶ avoir une peur *maladive* de l'obscurité 暗闇(½)に病的な恐怖心を抱く.

maladivement /maladivmã/ 副 病的に; 異常に, 過度に.

maladresse /maladrɛs/ 女 ❶ 不器用さ, ぎこちなさ. ▶ casser un vase par *maladresse* 不手際なために花瓶を壊す. ❷ へま, しくじり; (表現上の)欠点, 欠陥. ▶ commettre une *maladresse* énorme ひどいへまをしでかす.

***maladroit, oite** /maladrwa, wat マラドロワ, マラドロワト/ 形 ❶ 不器用な, 下手な. ▶ geste *maladroit* 不器用な身のこなし / être *maladroit* de ses mains 手先が不器用である / écriture *maladroite* 下手な字.

❷ 軽率な, 不用意な. ▶ mensonge *maladroit* 見え透いたうそ / mot *maladroit* 軽率な言葉.
— 名 不器用な人, 手際の悪い人; へまな人.

maladroitement /maladrwatmã/ 副 不器用に, 下手に, 不手際に.

mal-aimé, e /maleme/, **mal aimé, e** 形, 名 愛されない(人[物]), 人気のない(人[物]).

Malais, aise /male, ɛ:z/ 形 西マレーシア[マレー半島] Malaisie の.
— **Malais, aise** 名 マレー人.

malaise /malɛz/ 男 ❶ (体の)不調, 気分の悪さ; 目眩, 失神. ▶ éprouver [avoir] un *malaise* 気分がすぐれない; 目眩がする.

❷ (精神的な)不安, 不快, 気詰まり. ▶ Il y a entre eux un *malaise*. 彼らはしっくりいっていない.

❸ (社会集団にくすぶる)不安, 不満; 危機感, 危機的状況. ▶ *malaise* politique 政治的危機, 政情不安.

Y a (comme un) malaise. 話 (ちょっと)困った. ▶ *Y a pas de malaise*. 万事順調.

malaisé, e /maleze/ 形 文章 困難な, 容易でない (=difficile). ▶ ouvrage *malaisé* à comprendre 難解な作品 / chemin *malaisé* 歩きにくい道 / Il est *malaisé* de + 不定詞 …するのは困難だ.

malaisément /malezemã/ 副 文章 やっとのことで, かろうじて, 苦労して.

malappris, ise /malapri, i:z/ 形, 名 無教育な(人), 育ちの悪い(人); 無作法な(人).

malaria /malarja/ 女 マラリア.

malavisé, e /malavize/ 形, 名 文章 思慮のない(人), 軽率な(人).

Malawi

Malawi /malawi/ 固有 男 マラウイ: 首都 Lilongwe. ▶ au *Malawi* マラウイに[で, へ].

malaxage /malaksaːʒ/ 男 こねること, 練ること; 攪拌(かくはん).

malaxer /malakse/ 他動 ❶ …をこねる, 練る; 練り合わせる. ❷〖体の一部〗をマッサージする, もむ.

malaxeur /malaksœːr/ 男 ❶ 練り機, 攪拌(かくはん)装置. ❷〖土木〗コンクリート・トラック・ミキサー.

Malaisie /malezi/ 固有 女 マレーシア: 首都 Kuala Lumpur. ▶ en *Malaysia* マレーシアに[で, へ].

malbouffe /malbuf/ 女 話 (遺伝子組み換え, 汚染などにより)体によくない食べ物.

malchance /malʃɑ̃ːs/ 女 不運, 災難. ▶ avoir de la *malchance* 運が悪い / avoir la *malchance* de + 不定詞 運悪く…する / par *malchance* 運悪く.
jouer de malchance 不運に見舞われる.

malchanceux, euse /malʃɑ̃sø, øːz/ 形, 名 不運な(人), ついていない(人).

malcommode /malkɔmɔd/ 形 不便な, 非実用的な.

maldonne /maldɔn/ 女 (カードの)配り損ない. (*Il*) *y a maldonne!* 話 こんなはずじゃなかった, 間違いだ, 誤解だ; やり直しだ.

***mâle** /maːl/ 形 ❶ 男の, 雄の; 雄性の(↔femelle). ▶ enfant *mâle* 男の子 / hormone *mâle* 男性ホルモン / grenouille *mâle* 雄のカエル / fleur *mâle* 雄花. 比較 ▷ MASCULIN.
❷《ときに名詞の前で》男らしい, 雄々しい; 文章 〖作品, 文体などが〗力強い. ▶ Elle prit une *mâle* résolution. 彼女は力強い決心をした. ❸ 〖接続器などの〗差し込みの側の. ▶ prise *mâle* (プラグの)差し込み / vis *mâle* 雄ねじ.
── ***mâle** 男 ❶〖動植物の〗雄. ❷話 (特に性的な面からみて)男; たくましい男. ▶ un beau *mâle* 男っぽいやつ.

malédiction /malediksjɔ̃/ 女 ❶ 文章 呪(のろ)い(の言葉). ❷ (宿命的な)不幸, 不運. ▶ *malédiction* qui pèse sur qn …に重くのしかかる不運.
── 間投 畜生, しまった. ▶ *Malédiction!* j'ai oublié de fermer la fenêtre. いけない, 窓を閉め忘れたぞ.

maléfice /malefis/ 男 呪文(じゅもん), 呪(のろ)い. ▶ jeter des *maléfices* sur qn …に呪いをかける.

maléfique /malefik/ 形 不吉な; 害をなす, 邪悪な. ▶ signes *maléfiques* 凶兆.

malencontreusement /malɑ̃kɔ̃trøzmɑ̃/ 副 折あしく, あいにく, 運悪く.

malencontreux, euse /malɑ̃kɔ̃trø, øːz/ 形 あいにくの, 不都合な, 時宜を得ない. ▶ Un *malencontreux* incident nous a empêchés de partir. 不都合な事態が生じて私たちは出発できなくなった.

mal-en-point /malɑ̃pwɛ̃/, **mal en point** 形 (不変)体の具合が悪い; 困難な状況にある.

malentendant, ante /malɑ̃tɑ̃dɑ̃, ɑ̃ːt/ 形, 名 耳の不自由な(人).

malentendu /malɑ̃tɑ̃dy/ 男 誤解; 感情の行き違い, 不和. ▶ dissiper [faire cesser] un *malentendu* 誤解を解く.

mal-être /malɛtr/ 男《単数形のみ》居心地悪さ.

malfaçon /malfasɔ̃/ 女 (工事などの)不手際, 手落ち, 欠陥.

malfaisance /malfəzɑ̃ːs/ 女 文章 ❶ 悪行, 悪影響, 有害な行為. ❷ 悪意, 悪心.

malfaisant, ante /malfəzɑ̃, ɑ̃ːt/ 形 悪意のある, 悪い者; 有害な.

malfaiteur /malfɛtœːr/ 男 犯罪人, 盗人; 悪人. ▶ une bande de *malfaiteurs* 犯罪集団.

malfamé, e /malfame/ 形〖場所, 建物が〗評判が悪い, いかがわしい. ▶ rue *malfamée* 物騒な通り.

malformation /malfɔrmasjɔ̃/ 女〖医学〗先天的奇形.

malfrat /malfra/ 男 話 悪党, ごろつき.

malgache /malgaʃ/ 形 マダガスカルの. ── **Malgache** 名 マダガスカル人.

***malgré** /malɡre/ 前 ❶〈*malgré* qn〉…の意に反して, に逆らって. ▶ Elle s'est mariée *malgré* sa famille. 彼女は家族の反対を押し切って結婚した. ❷〈*malgré* qc〉…にもかかわらず, …なのに. ▶ sortir *malgré* la pluie 雨なのに外出する / *Malgré* tous ses efforts, il n'a pas réussi. 精いっぱい努力したのに彼は成功しなかった. ❸ les *malgré*-nous 第2次大戦中にドイツ軍に入隊させられたアルザス・ロレーヌ出身者.
malgré que j'en aie 文章 いやがおうでも. 注 je は各人称に変化させて用いる.
malgré que + 接続法 …にもかかわらず(=bien que, quoique). ▶ Je m'entends bien avec lui *malgré que* nos caractères soient différents. 性格は違っているのだが, 私は彼と馬が合う.
malgré soi (1) 自分の意に反して, いやいや. ▶ Mon père y a consenti *malgré lui*. 父はしぶしぶそれに同意した. (2) 思わず, ついうっかり, 心ならずも. ▶ Elle poussa un cri perçant *malgré elle*. 彼女は思わず金切り声を上げてしまった.

***malgré tout* ❶ それが非でも. ▶ Nous réussirons *malgré tout*. なんとしても成功させよう. (2) それでもなお, やはり. ▶ C'était quelqu'un, *malgré tout*. ともかくあれはたいした男だった.

malhabile /malabil/ 形 不器用な, 下手な. ▶ mains *malhabiles* 不器用な手 / *malhabile* en affaires 商売下手な. ◆ *malhabile* à qc/不定詞 文章 …が下手な. ▶ jeune enfant encore *malhabile* à manger seul まだ一人で上手に食べられない幼児.

:malheur /malœːr/ 男 ❶ (le *malheur*) 不幸, 逆境(↔bonheur). ▶ tomber dans le *malheur* 逆境に陥る.
❷ 不幸な出来事, 災難. ▶ Il a eu bien des *malheurs*. 彼は多くの不幸に遭っつきた / *Malheur* à qn! …に災いあれ / Il lui est arrivé un grand *malheur*: elle a perdu son mari. 彼女は大きな不幸に見舞われた, 夫を亡くしたのだ / pour son *malheur* 彼(女)にとって不幸なことに.
❸ 不運; 不都合, 困ったこと. ▶ Le *malheur* a voulu qu'un agent le voie. 運悪く彼は警官に見つかった / Le *malheur*, c'est que je n'ai plus de temps. 困ったことに, 私にはもう時間がないのです. ◆ avoir le *malheur* de + 不定詞 運悪

にも…する；下手に…する. ▶ Elle a eu le *malheur* d'échouer à l'examen. 彼女は運悪く試験に失敗してしまった. ❹《間投詞的に》しまった，畜生（驚き，失望など）. ▶ *Malheur*! c'est tout brûlé! しまった，丸焼けになってしまった.

A quelque chose malheur est bon. 諺《不幸にも何かよい面がある→》災いも幸いの端となる.

de malheur (1) 不幸を告げる，不吉な. ▶ un oiseau *de malheur* 不吉な鳥；不幸をもたらす人. (2) 話 嫌な，困った. ▶ Cette pluie *de malheur* a tout gâché. この嫌な雨のせいで何もかも台なしだ.

faire le malheur de qn …を不幸にする；困らせる.

faire un malheur (1) 話 暴力を振るう，騒ぎを起こす. (2) 俗 大成功を収める.

jouer de malheur 運が巡ってこない.

(Ne) parle pas de malheur. 話 とんでもない，縁起でもない.

par malheur 不幸にも，運悪く.

porter malheur 不幸をもたらす，縁起が悪い.

Un malheur n'arrive [ne vient] jamais seul. 諺 悪いことは続けて起こる，泣き面に蜂(%).

***malheureusement** /malœrøzmɑ̃/ マルルーズマン/ 副 不幸にも，折あしく，残念ながら. ▶ Je ne pourrai *malheuresement* pas venir demain. 残念ですが明日は来られません.

‡**malheureux, euse** /malœrø, ø:z マルルー，マルルーズ/ 形 ❶ 不幸な，逆境にある；不幸そうな，苦しげ［悲しげ］な. ▶ vie *malheureuse* 不幸な人生 / prendre un air *malheureux* 悲しそうな様子をする. 比較 ⇨ TRISTE.
❷《名詞の前で》哀れな，気の毒な. ▶ Le *malheureux* interprète n'a rien compris. 通訳はかわいそうにちんぷんかんぷんだった.
❸ 不運な；失敗に帰した. ▶ être *malheureux* en affaires 事業運がない / tentative *malheureuse* 失敗に帰した企て / amour *malheureux* 片思い.
❹ 不都合な，へまな；《ときに名詞の前で》いまいましい，厄介な. ▶ avoir un mot *malheureux* 失言をする / une *malheureuse* aventure とんだ不祥事. ❺《名詞の前で》些細(ﾞ)な，取るに足りない. ▶ se mettre en colère pour une *malheureuse* petite erreur 些細なミスに腹を立てる.

avoir la main malheureuse へまをする；勝負運が弱い.

C'est pas malheureux! やっとだ，遅かった.

Il est [C'est] malheureux que + 接続法 《非人称構文で》…なのは不運［残念］だ. ▶ *C'est* bien *malheureux qu'*il ne puisse pas venir. 彼が来られないのは本当に残念だ.

malheureux comme les pierres ひどく不幸な.
── 名 ❶ 不幸な人；《特に》貧しい人. ❷《間投詞的に》《相手に対する怒りや憤りを込めて》情けないやつ，ろくでなし.

malhonnête /malɔnɛt/ 形 不正直な，不誠実な，不正な. ▶ commerçant *malhonnête* 悪徳商人 / Il est [C'est] *malhonnête* d'agir ainsi.《非人称構文で》そんなふうに振る舞うのは汚い.

malhonnêtement /malɔnɛtmɑ̃/ 副 不正直に，不誠実に.

malhonnêteté /malɔnɛtte/ 女 不正直，不誠実；ごまかし. ▶ commettre une *malhonnêteté* 不正を働く.

Mali /mali/ 固有 男 マリ：首都 Bamako. ▶ au *Mali* マリに［で，へ］.

malice /malis/ 女 いたずらっ気，茶目っ気，からかい. ▶ des yeux pétillants de *malice* いたずらっぽい目つき / paroles pleines de *malice* 皮肉たっぷりの言葉.

par malice 悪意から.

sans malice 文章 悪意なしの［に］.

malicieusement /malisjøzmɑ̃/ 副 いたずらっぽく；皮肉に，冷やかし気味に.

malicieux, euse /malisjø, ø:z/ 形 いたずらな；皮肉に富む. ▶ enfant *malicieux* やんちゃっ子 / avoir un regard *malicieux* からかうような目つきをしている.

malien, enne /maljɛ̃, ɛn/ 形 マリ Mali の.
── **Malien, enne** 名 マリの人.

malignité /maliɲite/ 女 ❶ 悪意，意地悪さ；文章 抜け目なさ. ❷《腫瘍(ﾖ)などの》悪性度.

malin, igne /malɛ̃, iɲ/ 形 ❶ 抜け目ない，要領のいい，利口な，機転が利く. 話 話し言葉では女性形 maline も用いられる. ▶ Il est assez *malin* pour déjouer ce piège. 彼は抜け目がないからこの罠(ﾅ)の裏をかくらいはできる / Sa réponse était très *maligne*. 彼(女)の返事は非常に巧妙だった.
❷ 話《反語的に》ばかげた. 注 多く感嘆文で用いる. ▶ Il attend Marie depuis une heure, il a l'air *malin*! 彼はマリーを1時間も待っているんで，ばかみたい.
❸ 意地悪な. 注 おもに次のような表現で用いる. ▶ un *sourire* malin 意地悪な笑い / éprouver un *malin* plaisir à + 不定詞 …して意地悪く喜ぶ.
❹ influence *maligne* 悪影響.
❺《宗教》l'esprit *malin* 悪魔. ❻《医学》悪性の. ▶ tumeur *maligne* 悪性腫瘍(ﾖ).

C'est malin! 話《反語的に》そんなばかかな.

Ce n'est pas (bien) malin. 難しくない，朝飯前である.

jouer au plus malin (avec qn)（…の）裏をかこうとする.

── 名 抜け目ない人.

A malin, malin et demi. 諺 上には上がいる.

faire le malin 才気をひけらかす.

── **Malin** 男 悪魔 (= esprit malin).

malingre /malɛ̃:gr/ 形 虚弱な，ひ弱な.

malintentionné, e /malɛ̃tɑ̃sjɔne/ 形，名 悪意のある(人).

malle /mal/ 女《旅行用の》大型トランク. ▶ défaire ses *malles* 荷を解く.

faire sa malle [ses malles] 荷造りする，出発の準備をする.

se faire la malle 俗 逃げる，ずらかる.

malléabilité /maleabilite/ 女 ❶《金属などの》展性. ❷《精神の》柔軟性，従順さ.

malléable /maleabl/ 形 ❶〔金属が〕展性を持つ，可鍛性の. ❷ 従順な，影響されやすい.

mallette /malɛt/ 女 小型のスーツケース，アタッシ

エケース.
mal-logé, e /malɔʒe/ 名 劣悪な住居環境で暮らす人.
mal-logement /malɔʒmɑ̃/ 男 劣悪な住居環.
malmener /malməne/ ③ 他動 ❶ …を手ひどく扱う. ❷ …をこき下ろす. ❸ (スポーツなどで)〔相手〕を圧倒する, やり込める.
malnutrition /malnytrisjɔ̃/ 女 栄養失調〔障害〕, 栄養不良.
malodorant, ante /malɔdɔrɑ̃, ɑ̃:t/ 形 悪臭を放つ, 臭い.
malotru, e /malɔtry/ 名 無作法な人, 粗野な人, 無教養な人.
malouin, ine /malwɛ̃, in/ 形 サン=マロ Saint-Malo の.
— **Malouin, ine** 名 サン=マロの人.
malpoli, e /malpɔli/ 形, 名〘話〙無礼な(人), 無作法な(人).
malpropre /malprɔpr/ 形 ❶ 不潔な, 汚い. ❷ 不正直な, 卑劣な; 下品な.
— 名 恥知らず, 卑劣漢.
malproprement /malprɔprəmɑ̃/ 副 ❶ 不潔に, 汚らしく. ❷ 不誠実に.
malpropreté /malprɔprəte/ 女 ❶ 不潔, 汚らしさ. ❷ 下品な言動; 不正直; 卑劣な行為.
malsain, aine /malsɛ̃, ɛn/ 形 ❶ 不健康な, 人体に有害な; ▶ climat *malsain* 健康に悪い風土. ❷ 精神に有害な, 病的な, 不健全な.
malséant, ante /malseɑ̃, ɑ̃:t/ 形 〘文章〙不適切な; 不作法な. ▶ tenir des propos *malséants* 無礼〔不謹慎〕なことを言う / 〘非人称構文で〙Il est *malséant* de + 不定詞 …するのはふさわしくない〔失礼だ〕.
malsonnant, ante /malsɔnɑ̃, ɑ̃:t/ 形 〘文章〙〔言葉などが〕不作法な, 下品な; 耳障りな.
malstrom /malstrɔm/ 男 ⇨ MAELSTRÖM.
malt /malt/ 男〘英語〙モルト, 麦芽.
maltais, aise /maltɛ, ɛ:z/ 形 マルタ Malte の; マルタ島の.
— **Maltais, aise** 名 マルタ島の人.
Malte /malt/ 固有 マルタ: シチリア島南方の島国. ▶ à *Malte* マルタに〔で, へ〕.
malterie /maltəri/ 女 麦芽製造工場; 麦芽産業.
malthusianisme /maltyzjanism/ 男 ❶ マルサス主義, マルサス人口論; 産児制限論. ❷ 縮小主義. ▶ *malthusianisme* économique 生産制限(政策).
malthusien, enne /maltyzjɛ̃, ɛn/ 形 マルサス主義の. — 名 マルサス主義者.
maltraiter /maltrete/ 他動 ❶ …を虐待する, いじめる. ▶ enfant *maltraité* 虐待された子供. ❷ …を酷評する, こき下ろす.
malus /malys/ 男〔事故を起こした運転者に対する〕自動車保険料の割増し(↔ bonus).
malveillance /malvejɑ̃:s/ 女 ❶ 悪意, 敵意. ▶ regarder qn avec *malveillance* 悪意に満ちた目で…を見る. ❷ 犯意, 害意. ▶ incendie dû à la *malveillance* 放火による火災.
malveillant, ante /malvejɑ̃, ɑ̃:t/ 形, 名 悪意のある(人), 敵意を抱いた(人).
malvenu, e /malvəny/ 形 〘文章〙⟨être mal-*venu* à [de] + 不定詞⟩…する資格〔権利〕がない. ▶ Vous seriez *malvenu* de vous plaindre. 不平を言える立場ではありますまい. ❷ 場違いな.
malversation /malvɛrsasjɔ̃/ 女 公金横領, 着服; 汚職.
mal-vivre /malvi:vr/ 男〔不変〕不安.
malvoyant, ante /malvwajɑ̃, ɑ̃:t/ 形, 名 目の不自由な(人).
***maman** /mamɑ̃/ 女 ❶ ママ, お母さん. 注 自分の母親に対しては無冠詞. ▶ ta *maman* 君のお母さん / future *maman* 妊婦. ❷ 《la *maman*》母親. ▶ jouer au papa et à la *maman* お父さんお母さんごっこをして遊ぶ.
Maman, bobo! お母さん痛い; 助けて.
mamelle /mamɛl/ 女〔人, 哺乳(にゅう)動物の〕乳房.
mamelon /mamlɔ̃/ 男 ❶ 乳首, 乳頭. ❷ 円形突起; 円い丘(の頂).
mamelonné, e /mamlɔne/ 形 ❶ 乳頭状突起物に覆われた. ❷ 〔場所が〕起伏の多い.
mamie /mami/, **mammy** 女〘幼児語〙おばあちゃん.
mammaire /ma(m)mɛ:r/ 形〘解剖〙乳房の. ▶ glande *mammaire* 乳腺(せん).
mammifères /mamifɛ:r/ 男複 哺乳(にゅう)類.
mammouth /mamut/ 男 マンモス.
— 形〔男女同形〕巨大な; 長時間の.
mamours /mamu:r/ 男複〘話〙愛情の行為〔しぐさ〕, 愛撫(ぶ). ▶ faire des *mamours* à qn …を愛撫する, かわいがる.
mam'selle /mamzɛl/, **mam'zelle** 女 ⇨ MA-DEMOISELLE.
management /mana(d)ʒment/ 男〘英語〙経営, 管理, マネージメント.
manager[1] /manadʒɛ:r/ 男〘英語〙❶〔スポーツ, 芸能などの〕マネージャー. ❷〔企業などの〕経営者, 幹部.
manager[2] /mana(d)ʒe/ ② 他動 ❶〘スポーツ〙…のマネージャーをする. ❷〘経済〙…を経営管理する.
manant /manɑ̃/ 男 ❶〔中世の〕平民, 村民. ❷〘文章〙無作法者, 無骨者.
manceau, elle /mɑ̃so, ɛl/; 《男 複》*eaux* 形 ル・マン Le Mans の.
— **Manceau, elle**; 《男 複》*eaux* 名 ル・マンの人.
Manche /mɑ̃:ʃ/ 固有 女 ❶ マンシュ県 [50]: ノルマンディー地方西部. ❷《la Manche》英仏海峡, イギリス海峡.
***manche**[1] /mɑ̃:ʃ/ マーンシュ 女 ❶ 袖(そで), スリーブ. ▶ polo à *manches* longues〔courtes〕長袖〔半袖〕のポロシャツ / chemisier sans *manches* ノースリーブのブラウス / passer les *manches* 袖に手を通す. ❷ *manche* à air〔風向きを見る〕吹き流し; 〔船の〕通気管. ❸〘スポーツ〙〘ゲーム〙〔3回, 5回勝負などの〕1回, 1戦; 〔テニス, バレーなどの〕セット; 〔ブリッジの〕ゲーム. ▶ gagner la première *manche* 第1セットを取る.
avoir〔*tenir*〕*qn dans sa manche*〔有力者など〕を抱き込む, 意のままにする.
C'est une autre paire de manches! それはまったく別問題だ, 改めて検討を要することだ.

retrousser ses manches (1) 腕まくりをする. (2) 仕事に取りかかる.

***manche**² /mɑ̃ːʃ/ マーンシュ/ 男 ❶ (道具の)柄, 取っ手. ▶ *manche* de couteau ナイフの柄 / *manche* à balai ほうきの柄 / prendre une casserole par le *manche* 片手鍋(かた)の取っ手をつかむ. ❷ (弦楽器の)棹(さお), ネック. ❸ (飛行機の)操縦桿(かん)(=*manche* à balai). ❹『料理』(1) マンシュ: 腿(もも)肉などの手で持つ骨. (2) *manche* à gigot マンシュ・ア・ジゴ: 腿肉を切るとき骨をはめ込む固定器.
branler au [dans le] manche (1) 柄がぐらつく. (2)〖地位などが〗不安定である, ぐらつく.
être [se mettre] du côté du manche 有利な側についている〖つく〗.
tenir le couteau par le manche 話 優位に立っている; もう成功したも同然だ.
tomber sur un manche 話 (困難, 障害などの) 厄介な目に遭う, 邪魔物に出くわす.

manche³ /mɑ̃ːʃ/ 女 faire la *manche* 物乞いする (=mendier).

mancheron¹ /mɑ̃ʃrɔ̃/ 男『服飾』キャップスリーブ: 肩先にかかるくらいの短い袖(そで).

mancheron² /mɑ̃ʃrɔ̃/ 男 (すき, 耕耘(こううん)機などの)柄, ハンドル.

manchette /mɑ̃ʃɛt/ 女 ❶ 袖(そで)飾り, 飾りカフス;〖事務用の〗袖カバー. ▶ boutons de *manchettes* カフスボタン. ❷ (新聞第1面の)大見出し. ❸ 前腕で殴ること, 空手チョップ.

manchon /mɑ̃ʃɔ̃/ 男 ❶ マフ: 筒形の両手の防寒具. ❷〖機械のもの〗スリーブ, 管継手.

manchot, ote /mɑ̃ʃo, ɔt/ 形, 名 ❶ 手[腕]がない(人), 手[腕]の利かない(人). ❷ 話 (手先の)不器用な(人).
ne pas être (un) manchot 話 (1) (手先が)器用だ. (2) 抜け目がない.
— **manchot** 男『鳥類』ペンギン.

mandant, ante /mɑ̃dɑ̃, ɑ̃ːt/ 名『民法』委任者, 委託者(↔mandataire).

mandarin /mɑ̃darɛ̃/ 男 ❶『歴史』(中国清朝の)高級官吏. ❷ 有力者;(大学の)ボス教授.

mandarinal, ale /mɑ̃darinal/, 《男複》**aux** /o/ 形 ❶『歴史』(中国清朝の)高級官吏の. ❷ 知的エリートの; 学歴主義の.

mandarinat /mɑ̃darina/ 男 ❶『歴史』(中国清朝の)高級官吏職. ❷ 特権的知識階級(の権威); 肩書き〖学歴〗偏重の制度.

mandarine /mɑ̃darin/ 女『植物』マンダリン(の実).

mandarinier /mɑ̃darinje/ 男『植物』マンダリンオレンジの木.

***mandat** /mɑ̃da/ マンダ/ 男 ❶ (郵便)為替. ▶ *mandat* postal 郵便為替 / envoyer à qn un *mandat* de cinq cents euros …に500ユーロの郵便為替を送る / toucher un *mandat* 為替を受け取る / *mandat* de virement 振替払込(用紙). ❷ 委任;(委任された)任務, 権限. ▶ donner *mandat* à qn de + 不定詞 …に…することを委任する / recevoir de qn (le) *mandat* de + 不定詞 …することを…から任される / remplir son *mandat* 任務を果たす. ❸ (議員などの)任期. ▶ *mandat* présidentiel 大統領任期 / Le peuple n'a pas renouvelé son *mandat*. 国民は彼(女)を再選しなかった / élections de mi-*mandat* (米国の)中間選挙. ❹ 令状; 命令書. ▶ délivrer un *mandat* d'arrêt contre qn …の逮捕状を発令する.

mandataire /mɑ̃datɛːr/ 名 受任者, 代理人.

mandat-carte /mɑ̃dakart/《複》**~S-~S** 男 はがき[カード]為替.

mandater /mɑ̃date/ 他動 ❶ …を為替で支払う; 〖金額〗を為替に記入する. ❷ <*mandater* qn>…に委任[委託]する; を代表[代理]とする.

mandat-lettre /mɑ̃datlɛtr/《複》**~S-~S** 男 封書為替.

mandature /mɑ̃datyːr/ 女 (議員の)任期.

mandement /mɑ̃dmɑ̃/ 男『カトリック』(司教が教区の信者に与える)教書.

mander /mɑ̃de/ 他動 ❶ 古風 文章 <*mander* qn>…を呼び寄せる, 召喚する. ❷ 古 文章 <*mander* (à qn) qc / *mander* que + 直説法>(…に) …を〖文書で〗知らせる, 通告する.

mandibule /mɑ̃dibyl/ 女 ❶ 下顎骨(かがく). ❷《多く複数で》話 あご. ▶ jouer des *mandibules* 食べる. ❸ (節足動物の)大あご; (鳥の)くちばし.

mandoline /mɑ̃dɔlin/ 女『音楽』マンドリン.

mandoliniste /mɑ̃dɔlinist/ 名 マンドリン奏者.

mandrill /mɑ̃dril/ 男『英語』『動物』マンドリル: オナガザル科.

manège /manɛːʒ/ 男 ❶ (馬の)調教; 調教場; 騎手養成所. ❷ メリーゴーランド, 回転木馬 (=*manège* de chevaux de bois). ▶ faire un tour de *manège* 回転木馬に乗って遊ぶ. ❸ (サーカスの)リング; サーカスのショー. ❹ 術策, 手管.

manette /manɛt/ 女 (機器などの)レバー, ハンドル, 取っ手, つまみ.

manga /mɑ̃ɡa/ 男《日本語》マンガ.

manganèse /mɑ̃ɡanɛːz/ 男『化学』マンガン.

mangeable /mɑ̃ʒabl/ 形 どうにか食べられる.

mangeoire /mɑ̃ʒwaːr/ 女 (家畜の)飼い葉桶(おけ); (家禽(かん), 小鳥の)餌壺(えつぼ).

***manger**¹ /mɑ̃ʒe/ マンジェ/ 2

過去分詞 mangé	現在分詞 mangeant
直説法現在 je mange	nous mangeons
tu manges	vous mangez
il mange	ils mangent
複合過去 j'ai mangé	半過去 je mangeais
単純未来 je mangerai	単純過去 je mangeai

他動 ❶ …を食べる; 〖食事〗をとる. ▶ *manger* du pain パンを食べる / *manger* de la soupe スープを飲む / Il *mange* de tout. 彼はなんでも好き嫌いなく食べる / Qu'est-ce que tu *as mangé* au petit déjeuner? 朝食には何を食べたの.
❷ …を嚙(か)む; 〖ネズミ, 害虫などが〗…をかじる, 食う; 〖錆(さ)びが鉄〗を腐食させる; 〖色〗をあせさせる. ▶ pull *mangé* aux mites 虫に食われたセーター / Le soleil a *mangé* la couleur du rideau. 日に焼けてカーテンの色があせた.
❸〖時間, 金, 燃料など〗を消費する, がかかる. ▶

manger

manger du temps 時間を費やす / Cette voiture *mange* trop d'essence. この車はガソリンを食いすぎる. ❹ …を覆う, 見えなくする; 吸収する. ▶ Ses cheveux lui *mangeaient* la figure. 髪に隠れて彼(女)の顔は見えなかった / Les grosses entreprises ont tendance à *manger* les petites. 大企業は小企業を吸収する傾向を持つ.
Ça ne mange pas de pain. 〖話〗金がかからない.
Il ne vous mangera pas. 彼を怖がることはありませんよ, あなたを取って食いはしませんよ.
manger qn de baisers …にキスを浴びせる.
manger qn des yeux …をむさぼるように [食い入るように] 見る.
manger ses mots 口の中でもごもご言う.
Mange, tu sais pas qui te mangera. 〖話〗(食べなさい, さもないとだれかに食べられちゃうよ→) 早く食べなさい, さあ食べて食べて.
On en mangerait! 食べてしまいたいぐらいだ, 食べられそうだ.
On en mangerait par terre. 〔場所が〕とても清潔だ.
── 自動 ❶ 食べる, 食事をする. ▶ *manger* peu ほとんど食べない / *manger* beaucoup たくさん食べる / *manger* trop 食べ過ぎる / inviter qn à *manger* 食事に招待する / donner à *manger* à un bébé 赤ん坊に物を食べさせる / On *mange* bien dans ce restaurant. このレストランはとてもおいしい.
── se manger 代動 ❶〈*se manger* qc〉自分の…を嚙む. 匡 se は間接目的. ▶ *se manger* les ongles 爪(゚̈)を嚙む. ❷ 食べられる, 食用になる. ▶ Cela *se mange* chaud. それは温めて食べるものだ. ❸ 食い合う.

スープは「食べる」もの

日本語ではスープでもワインでも「飲む」というが, フランス語では manger [prendre] de la soupe のように, スープは「食べる」ものであり, ワインやミルクは boire du vin [lait] のように「飲む」ものなのである. つまりカップに直接口をつけて飲む場合は boire, スプーンを使う場合は液体だけであっても manger なのである.
なお, フランス語の soupe は野菜などの具がたくさん入っているものをいい, 本来の語感は民衆的, 家庭的なものである. レストランなどでは具をミキサーにかけるので「洗練」された感じになり, この場合 potage ということが多い. また病人には soupe の具を取り除いて「汁」だけを与えるが, この汁のことは bouillon という. bouillon も potage も動詞は prendre が使われる.

---

manger² /mɑ̃ʒe/ 男 〖古〗食事, 食べ物.
mange-tout /mɑ̃ʒtu/ 男 〔単複同形〕(サヤインゲン, サヤエンドウなど)莢(゚̈)ごと食べられる豆.
mangeur, euse /mɑ̃ʒœːr, øːz/ 图 食べる人. ▶ gros [grand] *mangeur* 大食漢 / *mangeur* de légumes 菜食主義者, 野菜好きの人.
mangouste /mɑ̃gust/ 女〘動物〙マングース.
mangue /mɑ̃ːg/ 女〘植物〙マンゴー(の実).

maniabilité /manjabilite/ 女 (道具, 乗り物などの) 使いやすさ, 操縦しやすさ.
maniable /manjabl/ 形 ❶ 扱いやすい, 操縦しやすい. ▶ voiture *maniable* 運転しやすい車. ❷〔人が〕御しやすい.
maniacodépressif, ive /manjakɔdepresif, iːv/ 形, 图 躁鬱(゚̈)病の(人).
maniaque /manjak/ 形 ❶ 偏執的な; 些事(゚̈)にこだわる. ▶ Il est *maniaque* dans le choix de ses cravates. 彼はネクタイの選択に非常にこだわる. ❷ 異常に整理[清潔]好きな. ❸ 奇癖のある. ❹〘精神医学〙躁(゚̈)病の.
── 名 ❶ 偏執者, 偏屈者; 些事にこだわる人. ❷〈*maniaque* de qc〉…に取りつかれた人, …マニア. ▶ un *maniaque* de la vitesse スピード狂. ❸〘精神医学〙躁病患者. ❹〖俗〗狂人, 変質者の人.
maniaquerie /manjakri/ 女〖話〗偏執, 偏屈; 些事(゚̈)にこだわること.
manichéen, enne /manikeɛ̃, ɛn/ 图 ❶ マニ教徒. ❷ 善悪二元論者.
── 形 ❶ マニ教の; マニ教徒の. ❷ 善悪二元論の.
manichéisme /manikeism/ 男 ❶ マニ教. ❷ 善悪二元論.
manie /mani/ 女 ❶ 熱中; 偏愛. ▶ Il a la *manie* des timbres-poste. 彼は切手マニアだ / Les enfants ont la *manie* d'interroger. 子供はなんでも聞きたがるものだ. ❷ (奇) 癖. ▶ Elle a la *manie* de ronger les ongles. 彼女は爪(゚̈)を嚙(゚̈)む癖がある. ❸〘精神医学〙躁(゚̈)病.
maniement /manimɑ̃/ 男 ❶ 取り扱い, 操作; 使い方. ▶ Cet appareil de photo est d'un *maniement* facile. このカメラは操作がやさしい. ❷ 管理, 処理.

*****manier** /manje マニエ/ 他動 ❶ …を(手で)取り扱う; いじくり回す, こねる. ▶ *manier* un vase avec précaution 花瓶を注意して取り扱う / Je ne sais pas *manier* cet appareil. 私はこの器具の使い方を知らない.
❷〔乗り物, 機械〕を運転する, 操作する, 動かす. ▶ voiture difficile à *manier* 運転しにくい車. ❸〔言葉, 観念など〕を操る. ▶ *manier* les mots 言葉を操る / *manier* le paradoxe 逆説を弄(゚̈)する. ❹〔金〕を扱う, 運用する. ▶ *manier* des fonds 資金を管理する. ❺〖古風〗〔群衆など〕を思いどおりに操る.
── se manier 代動 ❶〔道具などが〕扱いやすい. ❷〖俗〗急ぐ.

‡**manière** /manjɛːr マニエール/ 女 ❶ 仕方, やり方;(個人の)流儀. ▶ employer la *manière* forte 強硬手段を用いる / une remarque de sa *manière* 彼(女)流の指摘. ◆ *manière* de + 不定詞 …する仕方. ▶ *manière* de vivre 生き方 / Je n'aime pas sa *manière* de penser. 私には彼(女)の考え方が気に入らない / Ce n'est qu'une *manière* de parler. それは言葉のあやに過ぎない. 比較 ⇨ MOYEN².
❷《複数で》態度, 物腰; 作法, 礼儀; 気取り. ▶ les belles [bonnes] *manières* 上流社会の作法 / avoir de mauvaises *manières* 態度が悪い / avoir des *manières* désinvoltes なれなれしい態度である / En voilà des *manières*! なんという

態度だ(不作法だぞ).

❸(ある芸術家, 流派に固有の)作風, 手法. ▶ un tableau dans la *manière* flamande フランドル派の絵.

❹ [文章]〈une *manière* de qn/qc〉一種の…；…のようなもの(=une sorte de). ▶ J'écris une *manière* de roman historique. 歴史小説のようなものを書いています.

❺ [文法] 様態. ▶ adverbe [complément circonstanciel] de *manière* 様態の副詞 [状況補語] (例: prudemment [avec prudence] 慎重に).

❻ [版画] *manière* noire メゾチント版画(法).

à la manière + 形容詞 [de qn/qc] …のように[な], と同じ仕方[流儀]で. ▶ peindre un tableau *à la manière* surréaliste シュルレアリスム風の絵を描(ﾟ)く / se comporter *à la manière* d'un aristocrate 貴族のように振る舞う.

à sa manière 自分なりに, 自分の流儀で. [注] sa は各人称に変化させて用いる. ▶ J'élève mon fils *à ma manière*. 私は私のやり方で息子を育てている.

de cette manière そのようにして, そんなふうにすれば. ▶ Ne me regardez pas *de cette manière*. そんなふうに私を見ないでください / *De cette manière*, tu échoueras. そんなやり方では失敗するよ.

de (la) même manière (「que qn/qc [que + 直説法]」) (…と) 同じように.

de manière (à ce) que + 接続法 (目的)…するように. ▶ Parlez plus fort, *de manière que* le public comprenne. 聴衆に分かるようにもっと大きな声で話しなさい.

de manière à + 不定詞 (目的)…するように. ▶ manœuvrer *de manière à* soutenir sa réputation 評判を落とさないようにうまく立ち回る.

de manière ou d'autre = d'une manière ou d'une autre いずれにせよ, どっちみち.

de [d'une] manière + 形容詞 …な仕方で; のように. ▶ agir *de manière* brutale 乱暴に振舞う.

de quelle manière どんな方法で. ▶ *De quelle manière* apprenez-vous le français? どんな方法でフランス語を勉強しているのですか.

de telle manière que + 接続法 (目的)…するように.

de (telle) manière que + 直説法 (結果)したがって, それで…. ▶ Elle s'est mise en colère *de manière qu'*il est parti sans un mot. 彼女が腹を立てたので彼は何も言わずに出ていった.

de toute manière いずれにせよ, とにかく.

d'une certaine manière ある意味では, ある観点からは.

d'une manière générale だいたいのところ, 概して.

en aucune manière = d'aucune manière 全然, どうしても. ▶ Cela ne te regarde *en aucune manière*. それは君には全然関係ないことだ.

en manière de qc …として, の形で. ▶ *en manière de* consolation 慰めとして.

en quelque manière ある意味では.

faire des manières 気取る, もったいぶる; なかなか承知しない.

Il y a la manière. (しかるべき)やり方がある. ▶ On peut refuser un cadeau, mais *il y a la manière*. 贈り物を断ってもいいが, それなりの断り方というものがある.

sans manières 気取らずに, 格式張らずに.

maniéré, e /manjeʀe/ [形] ❶ 気取った, わざとらしい. ❷ 凝りすぎた, 不自然な.

maniérisme /manjeʀism/ [男] ❶ 気取り, わざとらしさ. ❷ [美術] マニエリスム: 16, 17世紀, イタリアを中心とした過度に技巧的な美術様式.

manieur, euse /manjœːʀ, øːz/ [名]〈*manieur* de + 無冠詞名詞〉…の取り扱い者を；を操る人. ▶ *manieur* d'argent 金融業者, 実業家 / *manieur* d'hommes 人使いのうまい人.

manif /manif/ [女] (manifestation の略) [話] デモ.

manifestant, ante /manifɛstɑ̃, ɑ̃ːt/ [名] デモの参加者.

***manifestation** /manifɛstasjɔ̃/ [女] ❶ デモ, 集会, 示威行動. 略: manif. ▶ *manifestation* contre qc …に反対するデモ / aller à une *manifestation* デモに行く / organiser une *manifestation* デモを組織する.
❷ (文化的, 商業的)イベント, 催し物. ▶ *manifestation* culturelle 文化的行事.
❸ (意見や感情の)表明, 表出; (現象の)出現, 現れ. ▶ être accueilli par des *manifestations* de joie 歓呼の声に迎えられる.

manifeste¹ /manifɛst/ [形] 明白な, 一目瞭然(ﾘｮｳｾﾞﾝ)の. ▶ un fait *manifeste* 明白な事実 / Sa fatigue est *manifeste*. 彼(女)の疲れはだれの目にもすぐ分かる. ◆ (非人称構文で) Il est *manifeste* que + 直説法. …は明らかだ. ▶ Il est *manifeste que* la situation empire. 事態が悪化しているのは明らかだ.

manifeste² /manifɛst/ [男] ❶ 声明(書), 宣言(書). ▶ le *Manifeste* du parti communiste 「共産党宣言」 ❷ (飛行経路, 乗客数, 積み荷量を記した)飛行日誌, (船の)積み荷目録.

manifestement /manifɛstəmɑ̃/ [副] 明らかに.

manifester /manifɛste/ [他動] …を表明する, 示す, 明示する. ▶ *manifester* sa joie 喜びを色に出す / *manifester* son opinion 意見を表明する.
— [自動] デモに参加する, 示威運動をする.
— **se manifester** [代動] ❶ [事象が]出現する, 表面化する. ❷ [人が]姿を見せる, 自己の存在を示す.

manigance /manigɑ̃ːs/ [女] (多く複数で) [話] (つまらぬ)小細工, 手管, 術策.

manigancer /manigɑ̃se/ [1] [他動] [話] …を(ひそかに)たくらむ.

manille¹ /manij/ [女] [カード] マニラ. (1) 2人対2人でするゲームで, 切り札は10, 次に強いのはエース. (2) マニラのゲームで10の切り札.

manille² /manij/ [男] ❶ マニラ葉巻. ❷ マニラ麻.

manioc /manjɔk/ [男] [植物] キャッサバ: 根茎から採るでんぷんをタピオカになし, 食用にする.

manipulateur, trice /manipylatœːʀ, tʀis/ [名] (器具, 薬品などの)取り扱い者, 操作技師.
— **manipulateur** [男] ❶ 送信機; 電鍵(ﾃﾞﾝｹﾝ).

manipulation

❷《危険物などを扱う》遠隔操作器.

manipulation /manipylasjɔ̃/ 囡 ❶《器具, 薬品などの》取り扱い, 操作; 取り扱い方. ❷《複数で》《学校での物理, 化学などの》実験. ❸《玉, カードなどを使う》手品. ❹裏工作, 人心操作; ごまかし. ▶ *manipulations* électorales 選挙工作 / *manipulation* de l'information 情報操作 / *manipulation* mentale マインドコントロール. ❺『生物学』*manipulation* génétique 遺伝子操作.

manipuler /manipyle/ 他動 ❶ …を手で扱う, 取り扱う. ▶ *manipuler* un fusil avec précaution 銃を注意して扱う. ❷《機器》を操作する. ❸《データなど》を改竄(ざん)する. ▶ *manipuler* des statistiques 統計をいじる. ❹《世論, 人, 市場など》を裏で操る, 操作する. ▶ *manipuler* l'opinion publique 世論を操作する.

manitou /manitu/ 男 話 実力者, 大立者.

manivelle /manivɛl/ 囡 ❶《ウインチ, ジャッキ, 自転車などの》クランク;《種々の機器の》手回しハンドル. ❷『映画』premier tour de *manivelle* クランクイン, 撮影開始.

manne /man/ 囡 ❶『聖書』マナ: エジプトを脱出したイスラエルの民が天から授かった食べ物. ❷ la *manne* céleste 思いがけない授かり物, 天のたまもの.

mannequin /mankɛ̃/ 男 ❶ マネキン人形. ❷ ファッションモデル, マヌカン.

manœuvrabilité /manœvrabilite/ 囡《乗り物の》操縦性, 操縦のしやすさ.

manœuvrable /manœvrabl/ 形〔乗り物が〕操縦[運転]しやすい.

*manœuvre¹ /manœːvr/ マヌーヴル/ 囡 ❶《機械, 道具などの》操作,《船, 車などの》操縦, 運転. ▶ Cette photocopieuse fonctionne avec quelques *manœuvres* simples. このコピー機は簡単な操作で使える / manquer sa *manœuvre* 操縦[運転]を誤まる. ❷かけひき, 策略, 策動. ▶ *manœuvre* politique 政治的策動 / *manœuvres* frauduleuses 詐欺. ❸《多く複数で》『海事』索, 綱. ❹『軍事』演習; 作戦移動. ▶ champ [terrain] de *manœuvre* 演習場.

aller un peu vite à la manœuvre 話 事を急ぎすぎる, 性急すぎる.

fausse manœuvre (1) 誤操作, 操縦ミス. (2) へま, 不手際.

masse de manœuvre 予備費; 予備人員.

manœuvre² /manœːvr/ 男 未熟練労働者, 人夫 (↔ouvrier qualifié).

manœuvrer /manœvre/ 他動 ❶〔機械, 乗り物など〕を操作する, 操縦する, 運転する. ▶ *manœuvrer* une grue クレーンを操作する. ❷〔人, 組織など〕を操る. ▶ *manœuvrer* la presse 報道機関を操る.

— 自動 ❶《車などの》操作[運転]をする. ❷『軍隊』が演習する. ❸かけひきする, 策動する.

manœuvrier, ère /manœvrije, ɛːr/ 名《政治, 商売などの》かけひき上手.

— 形 策にたけた; 戦術にたけた.

manoir /manwaːr/ 男《田園の古い》館, 広壮な屋敷.

manomètre /manɔmɛtr/ 男《流体の》圧力計, 検圧計, マノメーター.

manquant, ante /mɑ̃kɑ̃, ɑ̃ːt/ 形 欠けている, 不足している. — 名 欠席者.

*manque¹ /mɑ̃ːk/ マーンク/ 男 ❶〈*manque* de + 無冠詞名詞〉…の不足, 欠乏; 欠如. ▶ un *manque* de nourriture 食糧不足 / un *manque* de mémoire 度忘れ, 失念. ❷《多く複数で》欠陥; 欠落; 空白. ▶ Son travail présente plusieurs *manques*. 彼(女)の仕事にはいくつか不備がある. ❸ 話 禁断症状 (=état de *manque*).

être en (état de) manque 話《麻薬などの》禁断症状に陥っている; 満たされていない.

manque à gagner もうけ損ない.

manque「de chance [話 de bol, de pot]」ついてないことに; あいにく; ところが; 反対に.

(par) manque de + 無冠詞名詞 …がないので (=faute de). ▶ échouer *par manque de* patience 辛抱が足りずに失敗する.

manque² /mɑ̃ːk/ 囡《次の句で》

à la manque 話 なっていない, 出来損ないの. ▶ un chanteur *à la manque* 下手くそな歌手.

manqué, e /mɑ̃ke/ 形 ❶ 失敗した, 逸した, 逃した. ▶ photo *manquée* 撮り損ねた写真 / vie *manquée* 棒に振った人生. ❷ なり損ねた. ▶ poète *manqué* 詩人のなり損ない / garçon *manqué*《男の子のような》おてんば娘.

manquement /mɑ̃kmɑ̃/ 男〈*manquement* (à qc)〉《法などに》背くこと, 違反. ▶ *manquement* au devoir 義務の不履行.

*manquer /mɑ̃ke/ マンケ/

直説法現在	je manque	nous manquons
	tu manques	vous manquez
	il manque	ils manquent
複合過去 j'ai manqué		半過去 je manquais
単純未来 je manquerai		単純過去 je manquai

自他動 ❶〈*manquer* de + 無冠詞名詞〉…を欠く; が不足している. ▶ Nous *manquons* de temps. 私たちは時間が足りない / Elle *manque* d'expérience. 彼女は経験が乏しい. ◆ne pas *manquer* de + 無冠詞名詞 …に事欠かない. ▶ Il ne *manque* pas d'esprit. 彼はなかなか才気がある.

❷〈ne pas *manquer* de + 不定詞〉必ず…する. ▶ Ne *manquez* pas de me téléphoner. 忘れずに私に電話をしてください / Il ne *manqua* pas d'être frappé. 案の定彼は驚いた / Ça ne peut *manquer* d'arriver. きっとそうなるに違いない.

❸〈*manquer* (de) + 不定詞〉危うく…しそうになる. ▶ J'ai *manqué* d'être renversé par la voiture. もう少しで車にはねられるところだった.

❹〈*manquer* à qc〉…に背く, 違反する. ▶ *manquer* à sa parole 約束を破る / *manquer* à ses devoirs 義務を怠る.

❺ 文章〈*manquer* à qn〉…に対して敬意を欠く, 逆らう. ▶ Il m'a gravement *manqué*. 彼は私に無礼千万な振る舞いをした.

*Je n'y manquerai pas. 必ずそうします, 承知しました.

— 自動 ❶ ❶ 足りない, 欠けている. ▶ Les vivres *manquent*. 食糧が足りない / Rien ne *manque*. 足りないものはない / Certains produits *manquent* en magasin. いくつかの製品は在庫切れだ. 注 主語は通常複数で定冠詞がつく. ▶ Les occasions de lui parler ne *manqueront* pas. 彼(女)と話す機会はいくらでもあるだろう.
❷ 欠席する, いない. ▶ Cet élève *manque* trop souvent. この生徒は欠席が多すぎる.
❸ 〔企てなどが〕失敗する. ▶ Cette expérience *a manqué*. その実験は失敗した / Le coup *a manqué*. もくろみは失敗した.
❷ 〈à とともに〉❶ 〈*manquer* à qn/qc〉…にとって**不足している, 欠けている**. ▶ Le temps me *manque*. 私には時間がない / Un bouton *manque* à sa chemise. 彼のシャツはボタンが1つ取れている.
❷ 〈*manquer* à qc〉…に欠席する. ▶ *manquer* à l'école 学校を休む / *manquer* à l'appel 点呼の際にいない.
❸ 〈*manquer* à qn〉〔大切な人や物が〕…に欠けていて寂しい, …にとって懐かしい. ▶ Tu m'*as manqué* beaucoup. 君がいなくてとっても寂しかった / Les vacances te *manquent*, n'est-ce pas? 君はバカンスが恋しいんだね.
❹ 〈*manquer* à qn〉《成句的表現で》…にとってまならない. ▶ Les mots me *manquent*. 適当な言葉が見つからない / La voix m'*a manqué*. (感動のあまり)私は声も出なかった / Le cœur lui *a manqué*. 彼(女)は気絶した〔気をくじられた〕.
❸ 〈非人称構文で〉〈Il *manque* qc/qn (à qn /qc)〉(…にとって)…が足りない, 欠けている; 欠席している. ▶ Il me *manquait* le courage de le faire. 私にはそれをする勇気がなかった / Il *manque* quelques noms à cette liste. このリストには数人の名が欠けている. ◆ Il *manque* à qn de + 不定詞. ▶ Il *manque* à cet enfant d'avoir été aimé par ses parents. この子は両親に愛されたことがない.

***Cela* [*Ça*] *n'a pas manqué*.** 語 案の定そのとおりになってしまった.
***Il ne manquait plus que cela*.** (悪いことが重なって)それは最悪だ.
Il ne manquerait plus que + 接続法. このうえ…ということになったら最悪だ. ▶ Il ne *manquerait plus qu*'il ne vienne pas. 彼が来ないとしたらお手上げだ.

— 他動 ❶ …をやり損なう, しくじる. ▶ *manquer* une photo 写真を撮り損なう / *manquer* sa vie 人生をしくじる / *manquer* son coup (=rater) 語 へまをしでかす.
❷ 〈*manquer* qn/qc (de + 数量表現)〉(…の差で)…に**乗り遅れる**; 会い損ねる. ▶ Il *a manqué* son train de peu. 彼はひと足違いで電車に乗り遅れた.
❸ 〔目標, 獲物, 機会など〕を外す, 逃す. ▶ Le gardien *a manqué* le ballon. ゴールキーパーはボールを取り損ねた / *manquer* une bonne occasion 好機を逃す.
❹ …を**欠席する**, さぼる. ▶ *manquer* l'école 学校を休む / *manquer* un rendez-vous 会う約束をすっぽかす.

à ne pas manquer 見逃してはならない. ▶ un film *à ne pas manquer* 必見の映画.
***Il n'en manque pas une*.** 語 彼はへまばかりしている.
manquer une bonne occasion de se taire 余計な口出しをする.
manquer une marche (1) 階段を踏み外す. (2) (思考, 演説などの)筋道を見失う.
ne pas manquer qn …に仕返しをする. ▶ Je ne te *manquerai pas*! 覚えてろよ, いつか思い知らせてやるからな.

— **se manquer** 代動 行き違いになる.

Mans /mɑ̃/ (**Le**) 固有 ル・マン: Sarthe 県の県庁所在地.

mansarde /mɑ̃sard/ 女 (壁が斜めになった)屋根裏部屋; マンサード屋根.

mansarde

mansardé, e /mɑ̃sarde/ 形 マンサード屋根の屋根裏の. ▶ étage *mansardé* 屋根裏, 屋階.

mansuétude /mɑ̃sɥetyd/ 女 文章 寛容, 寛大 (=indulgence).

mante /mɑ̃:t/ 女〘昆虫〙カマキリ (=*mante religieuse*).

***manteau** /mɑ̃to/ マント/;《複》**x** 男 ❶ コート, 外套(がいとう). ▶ *manteau* doublé de fourrure 毛皮の裏地付きのコート / mettre [enlever] son *manteau* コートを着る〔脱ぐ〕.
❷ *manteau* de cheminée マントルピース.

sous le manteau ひそかに, こっそりと.

mantelet /mɑ̃tlɛ/ 男 (頭巾(ずきん)がついた婦人用)マントレット, ケープ.

mantille /mɑ̃tij/ 女 マンティーラ: スペイン女性が頭にかぶる絹またはレースの黒いスカーフ.

Mantoue /mɑ̃tu/ 固有 マントバ: イタリア北部の都市.

manucure /manyky:r/ 名 マニキュア師.

manucurer /manykyre/ 他動 語 …にマニキュアをする.

manuel¹, le /manɥɛl/ 形 手を使う; 手動の; 手先の器用な. ▶ habileté *manuelle* 手先の器用さ / travailleur *manuel* (↔intellectuel) 職工, 肉体労働者. — 名 肉体労働者; 手仕事向きの人.

manuel² /manɥɛl/ 男 マニュアル, 教科書 (=*manuel scolaire*). ▶ *manuel* de physique 物理の教科書.

manuellement /manɥɛlmɑ̃/ 副 手で, 手を使って.

manufacture /manyfakty:r/ 女 手作業が主の工場. ▶ *manufacture* de porcelaine 磁器工場.

manufacturé, e /manyfaktyre/ 形 加工された, 製品化された. ▶ produits *manufacturés* 加工品, 製品.

manufacturer /manyfaktyre/ 他動 …を加工する, 製品化する.

manufacturier, ère /manyfaktyrje, ɛːr/ 形 加工業の, 工場の; 製造業の.

manu militari /manymilitari/ 副句 《ラテン語》 軍隊の力で, 武力［警察力］で; 力ずくで.

manuscrit, ite /manyskri, it/ 形 手書きの.
— **manuscrit** 男 ❶ 写本. ❷ 原稿. 注 ms. と略す.

manutention /manytɑ̃sjɔ̃/ 女 ❶ (商品, 製品の) 取り扱い, 荷扱い, 荷造り; 運搬. ▶ appareil de *manutention* 荷役用機器. ❷ 商品発送所; 倉庫.

manutentionnaire /manytɑ̃sjɔnɛːr/ 名 貨物取扱係, 商品発送係.

manutentionner /manytɑ̃sjɔne/ 他動〔貨物, 製品, 商品〕を取り扱う, の荷扱いをする.

maoïsme /maɔism/ 男 《政治》 毛沢東主義.

maoïste /maɔist/ 形 《政治》 毛沢東主義の.
— 名 毛沢東主義者, マオイスト. 注 形容詞, 名詞ともに mao と略す.

maous, se /maus/ 形 ⇨ MA(H)OUS.

mappemonde /mapmɔ̃ːd/ 女 ❶ 地球全図, 両半球図. ❷ *mappemonde* céleste 天球図. ❸ 地球儀.

maquereau¹ /makro/; 《複》 **x** 男 サバ (鯖).

maquereau² /makro/; 《複》 **x** 男 俚 (売春婦の) ひも; 売春仲介人.

maquerelle /makrɛl/ 女 俚 やり手ばば, 売春の斡旋 (あっせん) 女; 娼家 (しょうか) のおかみ (= mère *maquerelle*).

maquette /makɛt/ 女 ❶ 模型, プラモデル; ミニチュア, ひな型. ▶ monter [faire] une *maquette* d'avion 飛行機の模型を組み立てる. ❷ プラン, 構想. ❸ 《印刷》 原画, 版下; レイアウト.

maquettiste /makɛtist/ 名 ❶ 模型製作者. ❷ (本の) 装丁家; 《印刷》 のレイアウト担当者.

maquignon, onne /makiɲɔ̃, ɔn/ 名 ❶ 馬商, 博労 (ばくろう). ❷ 悪質な商人.

maquignonnage /makiɲɔnaːʒ/ 男 ❶ 博労 (ばくろう) 業. ❷ (商談, 交渉などでの) あくどい手口.

maquignonner /makiɲɔne/ 他動 ❶〔馬〕を高く売りつける. ❷〔商談など〕をあくどく行う.

maquillage /makijaːʒ/ 男 ❶ 化粧; 《集合的に》 化粧品. ❷ 偽装; 歪曲 (わいきょく).

maquiller /makije/ 他動 ❶ …に化粧をする, メーキャップする. ❷ …を偽装する, 変造する;〔真実など〕をゆがめる. ▶ *maquiller* un meurtre en suicide 殺人を自殺に偽装する.
— **se maquiller** 代動 化粧する. ▶ *se maquiller* les yeux 目のメークをする.

maquilleur, euse /makijœːr, øːz/ 名 メーキャップ係; メーキャップアーチスト.

maquis /maki/ 男 ❶ (コルシカ島や地中海沿岸のヒースなどの) 灌木 (かんぼく) 地帯, 密林. ❷ 複雑さ, 錯綜 (さくそう). ❸ 《歴史》 マキ: 第 2 次大戦中, 森や山岳地帯に設けられた対独レジスタンス運動の根拠地やその組織.

prendre le maquis (1)(コルシカ島で)〔お尋ね者が〕灌木地帯に逃げ込む. (2) マキ［レジスタンス］に加わる;転 地下に潜る, 身を潜める.

maquisard /makizaːr/ 男 《歴史》 (第 2 次大戦中の) 対独レジスタンス運動員.

marabout /marabu/ 男 ❶ (イスラム教の) 聖者, 修道士. ❷ (イスラム教修道士の) 墓, 廟 (びょう). ❸ 《鳥類》 ハゲコウ.

maraîcher, ère /marɛʃe, ɛːr/ 名 野菜の集約栽培者. — 形 野菜の集約栽培の.

marais /marɛ/ 男 ❶ 沼, 沼沢地. ▶ *marais* vert 湿原 / gaz des *marais* メタンガス. ❷ (活動などを停滞させる) 泥沼. ❸ *marais salant* 天日塩田. ❹ (le Marais) (パリのセーヌ右岸の) マレー地区: 由緒ある建物が多い.

marasme /marasm/ 男 ❶ (産業, 経済などの) 沈滞, 不振; 不景気. ▶ *marasme* économique 経済不振 / le *marasme* des affaires 事業不振. ❷ 意気消沈, 落胆.

marathon /maratɔ̃/ 男 ❶ 《スポーツ》 マラソン. ❷ 耐久競技; 長時間の会議［交渉］. ▶ un *marathon* budgétaire 長時間にわたる予算審議.

marâtre /maraːtr/ 女 実の子を虐待する母親.

maraudage /marodaːʒ/ 男 畑荒らし, 家禽 (かきん) 泥棒.

maraude /maroːd/ 女 ❶ 畑荒らし, 家禽 (かきん) 泥棒. ❷ taxi en *maraude* 流しのタクシー.

marauder /marode/ 自動 ❶ 畑荒らし［家禽 (かきん) 泥棒］をする. ❷ 〔タクシーが〕ゆっくり流す.

maraudeur, euse /marodœːr, øːz/ 名 畑荒らし, 家禽 (かきん) 泥棒.

marbre /marbr/ 男 ❶ 大理石. ▶ cheminée de [en] *marbre* 大理石の暖炉. ❷ 大理石製品; 大理石像. ▶ un *marbre* de Rodin ロダンの大理石像.

de marbre 冷たい; 無感動な. ▶ Il a un cœur *de marbre*. 彼は心が冷たい / visage *de marbre* 無表情な顔 / être *de marbre* 平然としている.

marbré, e /marbre/ 形 大理石模様の.

marbrer /marbre/ 他動 ❶ …に大理石模様をつける. ❷〔寒さなどが皮膚〕をまだらにする.

marbrerie /marbrəri/ 女 大理石加工 (業); 大理石加工場.

marbrier, ère /marbrije, ɛːr/ 形 大理石加工の.
— **marbrier** 男 ❶ 大理石職人. ❷ 大理石 (墓碑) 業者. — **marbrière** 女 大理石採石場.

marbrure /marbryːr/ 女 ❶ (皮膚の) 斑点 (はんてん), 斑 (まだら). ❷ 大理石模様; マーブル模様.

marc¹ /maːr/ (c は発音せず) 男 ❶ (果実の) 搾りかす;《特に》 ブドウの搾りかす (= *marc* de raisin). ❷ マール (= eau-de-vie de *marc*): ブドウの搾りかすで造るブランデー. ❸ *marc* de café コーヒーの出し殻.

marc² /maːr/ 男 《計量単位》 マール: 金銀の質量の旧単位. 1 マールは 8 オンス.

marcassin /markasɛ̃/ 男 (生後約 6 か月未満の) イノシシの子.

***marchand, ande** /marʃɑ̃, ɑ̃ːd/ マルシャン, マルシャンド 名 <*marchand* (de qc)> (…の) 商人. 注 限定補語のない場合は commerçant を用いるのが通例. ▶ aller chez le *marchand* de légumes 八百屋に行く / *marchand* de couleurs 雑貨商 / *marchand* de journaux 新聞売り / *mar-

chand ambulant 行商 / *marchand* en gros 卸売り商 / *marchand* au détail 小売り商 / *marchand* de biens 不動産業者 / *marchand* de canons 戦争商人, 死の商人.
— 形 商業の, 販売の. ▶ galerie *marchande* (アーケードのある)商店街 / prix *marchand* 卸価格 / valeur *marchande* 商品価値.

marchandage /marʃɑdaːʒ/ 男 ❶ 値切り. ❷ 〖軽蔑して〗裏取引. ▶ *marchandage* électoral 選挙にからむ裏取引.

marchander /marʃɑ̃de/ 他動 ❶ 〖商品, 価格〗を値切る. ❷ ⟨ne pas *marchander* qc⟩…を惜しまない. ▶ ne pas *marchander* ses éloges à qn …に賛辞を惜しまない.

marchandeur, euse /marʃɑ̃dœːr, øːz/ 名 いつも値切る人.

marchandisage /marʃɑ̃dizaːʒ/ 男 〖商業〗マーチャンダイジング, 商品化計画.

marchandise /marʃɑ̃diːz/ 女 ❶ 商品. ▶ vendre [écouler, débiter] des *marchandises* 商品を売る[流通させる, 売りさばく]. ❷ 貨物. ▶ transport des *marchandises* 貨物輸送.

faire valoir sa marchandise 自分のセールスポイントを強調する.

tromper qn sur la marchandise …に偽物[粗悪品]を売りつける, だます.

tromperie sur la marchandise 商品偽装; 見せかけ.

marchandiseur /marʃɑ̃dizœːr/ 男 〖商業〗マーチャンダイジング専門家, 販売促進員.

Marche /marʃ/ 固有 女 マルシュ地方: フランス中西部の旧州.

*marche /marʃ/ マルシュ/ 女 ❶ 歩くこと, 歩行; 行進. ▶ faire de la *marche* ウォーキングをする / chaussures de *marche* ウォーキングシューズ / Il a une *marche* rapide. 彼は歩くのが速い / Sa maison est à dix minutes de *marche* d'ici. 彼(女)の家はここから歩いて10分だ / *marche* de la paix 平和行進 / ouvrir [fermer] la *marche* 行進の先頭[しんがり]を進む / En avant, *marche*! 前へ進め / *marche* forcée 強行軍.
❷ (乗り物などの)進行, 運行; (機械などの)運転, 作動; 文章 経過, 展開. ▶ sens de la *marche* 進行方向 / en état de *marche* 〔機械などが〕運転できる状態にある / assurer la bonne *marche* du service 業務を円滑に進める / *marche* de la Lune 月の運行 / la *marche* d'une affaire 事件の進展.
❸ (階段の)段, ステップ. ▶ manquer une *marche* (階段を)1段踏み外す / «Attention à la *marche*!»「段差注意」/ monter [descendre] les *marches* 階段を上る[降りる].
❹ 〖音楽〗行進曲, マーチ. ▶ *marche* nuptiale [funèbre] 結婚[葬送]行進曲.
❺ 〖自動車〗*marche* avant [arrière] (変速レバー位置の)前進[バック].
❻ 〖スポーツ〗競歩.
❼ Longue *Marche* (中国共産党の)長征.

en marche 〔機械などが〕作動中の; 〔事態などが〕進行中の. ▶ mettre un moteur *en marche* エンジンを始動させる / monter *en marche* 動き出した乗り物に飛び乗る. ◆*se mettre en marche* 始動する, 動き出す.

faire marche arrière (1)〔車などが〕バックする. (2) 主張を後退させる; 前言を取り消す.

marche à suivre 手続き, 手順.

*marché /marʃe マルシェ/ 男 ❶ 市(いち); 市場(いちば). ▶ Il y a deux *marchés* par semaine sur la place. 広場には週に2回市が立つ / aller au *marché* 市場に行く / jour de *marché* 市の立つ日 / *marché* couvert 屋内常設市場 / *marché* à ciel ouvert 露店市場. ◆*marché* à + 定冠詞 + 名詞 …を扱う市. ▶ *marché* aux fleurs 花市 / *marché* aux puces のみの市.
❷ 市場(しじょう). ▶ économie de *marché* 市場経済 / étude de *marché* マーケットリサーチ, 市場調査 / part de *marché* マーケットシェア / mettre [offrir, lancer] qc sur le *marché* …を市場に出す / *marché* du travail 労働市場 / *marché* des changes 為替市場 / *marché* financier 金融市場 / *marché* boursier 株式市場.
❸ 取引, 契約. ▶ conclure [rompre] un *marché* (売買)契約を結ぶ[破棄する].

(à) bon marché 安い; 安く. ⇨ BON MARCHÉ.

(à) meilleur marché もっと安い[安く]. 注 (à) bon marché の比較級.

faire le [son] marché (市場で食品などの)買い物をする.

marché noir 闇(やみ)市, 闇取引.

mettre à qn le marché en main …に契約の条件を飲むか飲まないか即答を迫る.

par-dessus le marché おまけに, そのうえ.

比較 市, 市場
marché《最も一般的》屋内, 屋外あるいは常設, 定期を問わず広く用いられる. **foire** 大規模な定期市のことで, 縁日のような露店を伴うことが多い. また商品の見本市にも用いられる. **hall** 卸売り市場の開かれる大きな建物.

marchéage /marʃeaːʒ/ 男 〖経済〗マーケティング; 販売管理.

marchepied /marʃəpje/ 男 ❶ 踏み台, 足台; (列車などの)ステップ. ❷ (目的, 野心達成のための)踏み台, 手段. ▶ se faire un *marchepied* de qn/qc …を踏み台[足がかり]とする.

*marcher /marʃe マルシェ/ 自動

直説法現在	je marche	nous marchons
	tu marches	vous marchez
	il marche	ils marchent
複合過去	j'ai marché	半過去 je marchais
単純未来	je marcherai	単純過去 je marchai

英仏そっくり語
英 to march 行進する.
仏 marcher (1)歩く, (2)〔機械などが〕動く.

❶ 歩く; 足を踏み入れる. ▶ *marcher* droit まっすぐ歩く / *marcher* dans la rue 通りを歩く / *marcher* sur les mains 逆立ちして歩く / *marcher* à grands pas 大股で歩く / «Défense de *marcher* sur les pelouses»「芝生に入るべからず」/ *marcher* sur le pied de qn …の足を踏む.

marcheur

Je marche.

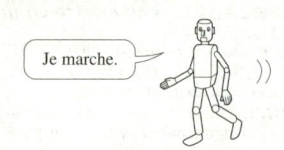

❷《前置詞とともに》…へ進む，向かって行く．▶ *marcher* vers la ville 町に向かう / *marcher* à la ruine 破綻[破滅]への道をたどる．
❸〔機械などが〕機能する，動く；〔乗り物が〕走る．▶ Cette montre *marche* bien [mal]. この時計は調子がよい[悪い] / Le train *marche* à 150km [cent cinquante kilomètres] à l'heure. 列車は時速150キロで走っている / En raison d'une grève, les métros ne *marchent* pas. ストのため地下鉄は運休だ / faire *marcher* la télé テレビをつける / *marcher* à l'électricité 電気で動く．

Mon ordinateur ne marche pas.

❹〔仕事，方法などが〕うまくいく．▶ Ses études *marchent* bien. 彼女の学業は順調に進んでいる / Ce médicament a *marché*. この薬はよく効いた．◆Ça *marche* (bien). 調子がよい，うまくいっている．▶ Ça ne *marche* plus entre eux. 二人の関係はもうだめだ / Ça *marche*! オーケーだ；〔飲食店で〕今お持ちします，ただいま作りております / «Comment ça *marche*?—Pas mal.»「調子はどう」「順調だよ」
❺話〔人が〕優秀である，よくできる．
❻話 同意する，応じる．▶ Non, je ne *marche* pas. いや，応じられない．
❼話 信じる，真に受ける．▶ *marcher* dans une histoire 作り話を真に受ける．

Ça marche pour qc. 話 …は大丈夫だ．▶ Ça *marche* pour samedi. 土曜日でOKだ．
faire marcher qn 話 …をだます，かつぐ．▶ Tu me *fais marcher*! 冗談にもほどがあるぞ / se *faire marcher* だまされる，話に乗せられる．
marcher avec qn …に同意する．
marcher sur la tête 話 無茶なことをする．
marcher sur「les pas [les traces] de qn …に追従する；のまねをする，を範とする．
marcher tout seul 〔チーズが〕熟成してとろとろになる．

marcheur, euse /maʁʃœːʁ, øːz/ 图 ❶デモ行進隊の参加者．❷《スポーツ》競歩選手．
:mardi /maʁdi/ マルディ 男 **火曜日**．▶ *Mardi* gras《カトリック》謝肉の火曜日（謝肉祭の最終日．翌日の灰の水曜日から四旬節）．
mare /maːʁ/ 女（浅く，よどんだ）水溜(ﾀﾏ)り，（小さな）沼，池．▶ une *mare* de sang 血の海．
marécage /maʁekaːʒ/ 男 沼地，湿地帯．

marécageux, euse /maʁekaʒø, øːz/ 形 沼地の；沼地に生息する．
maréchal /maʁeʃal/ 男（複）**aux** /o/ ❶元帥．❷ *maréchal* des logis（機甲兵科の）伍長[軍曹]．❸蹄鉄(ﾃｲﾃﾂ)工（= *maréchal*-ferrant）．
avoir son bâton de maréchal 望みうる最高の称号を得る．
maréchalat /maʁeʃala/ 男 元帥職．
maréchale /maʁeʃal/ 女 元帥夫人．
maréchal-ferrant /maʁeʃalferɑ̃/；（複）**maréchaux-ferrants** /maʁeʃoferɑ̃/ 男 蹄鉄(ﾃｲﾃﾂ)工．
marée /maʁe/ 女 ❶ 潮，潮汐(ﾁｮｳｾｷ)．▶ *marée* montante 上げ潮 / *marée* descendante 引き潮 / *marée* haute 満潮 / *marée* basse 干潮 / coup de *marée* 高潮 / grandes *marées* 大潮 / La *marée* monte [perd]. 潮が満ちる[引く]．
❷〈une *marée* de ＋ 無冠詞名詞 // une *marée* ＋ 形容詞〉…の波，大群．▶ une *marée* de voitures 車の洪水 / une *marée* humaine 人波．
❸ 鮮魚．
marée noire (1)（重油流出による）海洋汚染．(2)（害毒，悪習などの）氾濫(ﾊﾝﾗﾝ)，蔓延(ﾏﾝｴﾝ)．▶ la *marée noire* de la pornographie ポルノの氾濫．
marelle /maʁɛl/ 女 石けり（遊び）．
marémoteur, trice /maʁemɔtœːʁ, tʁis/ 形 潮力を利用した．▶ usine [centrale] *marémotrice* 潮力発電所．
Marengo /maʁɛ̃go/ 固名 マレンゴ：ミラノに近いイタリアの村．ナポレオンがオーストリア軍に戦勝した．
marengo /maʁɛ̃go/ 形（不変）❶《料理》veau [poulet]（à la） *marengo* 子牛[若鶏]のマレンゴ風：ニンニク，トマト，マッシュルーム入り白ワイン煮込み．❷霜降り赤褐色の． — 男《織物》マレンゴ織：黒地にごく小さな白い斑点(ﾊﾝﾃﾝ)の入ったラシャ．
mareyeur, euse /maʁɛjœːʁ, øːz/ 图 魚卸業者，鮮魚仲買人，海産物仲買人．
margarine /maʁgaʁin/ 女 マーガリン．
marge /maʁʒ/ 女 ❶（本のページなどの）余白，欄外．▶ livre à grandes *marges* 余白の多い本 / note en *marge* 傍注．❷ゆとり，余裕；幅．▶ *marge* de tolérance 許容範囲 / *marge* de manœuvre 自由に行動できる範囲，自由裁量の幅，選択の余地 / avoir de la *marge*（時間的な）余裕がある．❸ 利幅，マージン，利鞘(ﾘｻﾔ)（= *marge* bénéficiaire）．
en marge (de qc) （…の）枠外に；周辺に；社会の外の[に]．▶ vivre en *marge* (de la société) 社会から離れて生活する / un écrivain *en marge* 傍流の作家．
Il y a de la marge. かなりの違いがある．
margelle /maʁʒɛl/ 女（井戸，泉などの）縁石(ﾌﾁｲｼ)．
marger /maʁʒe/ ② 他動 …のマージンをセットする；〔紙〕を印刷機にセットする．
margeur, euse /maʁʒœːʁ, øːz/ 图《印刷》紙差し工．— **margeur** 男（タイプライターの）マージンストップ；《印刷》自動給紙装置．
marginal, ale /maʁʒinal/ 形（複）**aux** /o/ 形 ❶欄外の，余白の．▶ note *marginale* 欄外の注．❷副次的な，二義的な．▶ problème *marginal* 副次的な問題 / phénomène *marginal* 付随

marginalement /marʒinalmɑ̃/ 副 副次的に、周辺に、社会の枠外に.

marginalisation /marʒinalizasjɔ̃/ 女 ❶ 社会離脱、疎外. ❷ 副次化、付随化.

marginaliser /marʒinalize/ 他動/代動 …を社会の外に追いやる、疎外する;〔活動、役割など〕を副次的な［付随的］なものにする.
— **se marginaliser** 代動 社会からはみ出る;〔活動、役割などが〕副次的になる.

marginalité /marʒinalite/ 女 社会の周辺にある状態;社会から疎外された状態.

margoul*in, ine* /margulɛ̃, in/ 名 ❶ 話 ずる賢い商人. ❷ 蔑〔証券取引所〕けちな投資家.

marguerite /margərit/ 女〔植物〕マーガレット. ▶ petite *marguerite* ヒナギク、デージー.
effeuiller la marguerite（マーガレットで）恋占いをする. 注 Il [Elle] m'aime, un peu, beaucoup, passionnément, à la folie, pas du tout. と唱えながら花びらを一枚ずつむしっていく.

marguillier /margije/ 男 教会管理人.

*****mari** /mari/ マリ 男 夫. ▶ le *mari* et la femme 夫と妻 / ancien *mari*=ex-*mari* 前の夫. 比較 ⇨ ÉPOUX.

mariable /marjabl/ 形 話 結婚適齢期の;結婚可能な.

*****mariage** /marja:ʒ/ マリアージュ 男 ❶ 結婚、婚姻. ▶ un *mariage* heureux=un bon *mariage* 幸せな結婚 / faire un *mariage* d'amour 恋愛結婚をする / *mariage* d'intérêt 打算的結婚 / *mariage* de raison 理性的結婚 / demander qn en *mariage* …にプロポーズする / *mariage* civil 役所での結婚 / *mariage* religieux 教会での結婚 / *mariage* mixte 国際結婚（注 もとは宗教を異にする男女の結婚を指した言葉. mariage international とはいわない）. ❷ 結婚生活. ▶ fêter ses cinquante ans de *mariage* 結婚50年（金婚式）を祝う. ❸ 結婚式（=cérémonie de *mariage*）. ▶ cadeau de *mariage* 結婚祝い / assister au *mariage* de qn …の結婚式に出席する / être invité au *mariage* de qn …の結婚式に招待される. ❹ 組み合わせ、結合;〔企業、政党など〕の合体. ▶ heureux *mariage* de mots 言葉の巧みな組み合わせ / le *mariage* de l'esprit et de la beauté 才色兼備 / *mariage* du vin et du fromage ワインとチーズの組み合わせ / Les *mariages* politiques sont souvent fragiles. 政党間の連合は往々にして不安定である. ❺〔カード〕マリッジ:同じ組のキングとクイーンの組み合わせ.

結婚

フランスでの結婚は次の手順で行われる.（1）公証人 notaire を通して夫婦財産契約 contrat de mariage を作成.（2）役所での結婚 mariage civil を証人の立ち合いのもと、市町村長あるいは助役が執り行う.（3）このとき、新郎新婦・司式人（市長など）・証人の全員の署名により結婚証明書 acte de mariage を作成.（4）宗教結婚 mariage religieux を、普通はカトリック教会で行う.

---

mari*al, ale* /marjal/;〔男 複〕***als***（または ***aux***）/o/ 形 聖母マリアの. ▶ le culte *marial* マリア信仰〔崇拝〕.

Marianne /marjan/ 女 マリアンヌ:フランス共和国を象徴する若い女性の胸像の名称.

mari*é, e* /marje/ 形 結婚している、既婚の（↔célibataire）. ▶ Ils sont *mariés* depuis six ans. 彼らは結婚して6年になる / Elle est *mariée* à Jean. 彼女はジャンと結婚している.
— 名 新郎;新婦;《複数で》夫妻. ▶ robe de *mariée* ウエディングドレス / de nouveaux [jeunes] *mariés* 新婚夫婦 / Vive les *mariés*! 新郎新婦万歳.
se plaindre que la mariée est trop belle 諺（花嫁がきれいすぎると不平を言う→）喜ぶべきことを嘆いてみせる.

marie-jeanne /mariʒan/ 女 マリファナ.

*****marier** /marje/ マリエ 他動 ❶ ‹ *marier* qn (avec [à] qn)›…を(…と)結婚させる. ▶ Le maire les *a mariés* mercredi. 市長は彼らの結婚を水曜に執り行った / fille à *marier* 年頃の娘. ❷ …を組み合わせる、結び付ける;調和させる、併せ持つ. ▶ *marier* des couleurs (=assortir) 配色する / Elle *marie* l'intelligence au sens de l'humain. 彼女は知性と人間味を併せ持っている.
— **se marier** 代動 ❶ ‹*se marier* avec qn›…と結婚する（↔divorcer）. ▶ Il va *se marier* avec elle. 彼は近く彼女と結婚する. ❷〔2人が〕結婚する. ▶ Ils *se sont mariés* contre la volonté de leurs parents. 2人は親の反対を押し切って結婚した. ❸ 組み合わされる、結び付く;調和する. ▶ Quel vin *se marie* le mieux avec ces plats? この料理にはどのワインがいちばんよく合うでしょうか.

marieur, euse /marjœ:r, ø:z/ 名 話 仲人好きの人、媒酌好き.

marijuana /mariɥana/, **marihuana** /mariɥana/ 女〔英語〕マリファナ.

*****mar*in, ine*** /marɛ̃, in/ マラン, マリヌ 形 ❶ 海の、海の中の;海辺の. ▶ courant *marin* 海流 / algues *marines* 海藻 / brise *marine* 海の微風. ❷ 航海用の、航海に適した. ▶ carte *marine* 海図.
avoir le pied marin (1) 船の上で平衡を保つ. (2)（揺れても）船酔いしない.

*****marin** /marɛ̃/ マラン 男 ❶ 船乗り、船員、海員. ▶ costume-marin セーラー服. ❷（海軍士官に対する）水兵.

marina /marina/ 女 マリーナ:ヨットやレジャー船などの停泊所.

marinade /marinad/ 女 ❶ マリネード:肉・魚を漬け込む汁. ワイン、酢、油などで作る. ❷ マリネした肉〔魚〕.

*****marine**¹ /marin/ マリヌ 女 ❶《集合的に》(一国の、同種の) 船舶. ▶ *marine* française フランスの船舶 / *marine* militaire 軍艦 / *marine* mar-

chande 商船(隊), 海運力 / une *marine* puissante 強力な海運力. ❷ **海軍** (= la *marine* de guerre). ▶ ministère de la *Marine* 海軍省 / la *Marine* nationale フランス海軍(略 MN). ❸ l'artillerie [l'infanterie, les troupes] de *marine* (陸軍所属の)海外領土配属砲兵隊[歩兵隊, 部隊]. ❹ 航海(術). ❺ 【美術】海洋画.
— 形 《不変》マリンブルーの (=bleu *marine*).
— 男 マリンブルー (=bleu *marine*).

marine² /marin/ 男 《英語》《軍事》(米英の)海兵隊員.

mariné, e /marine/ 形 マリネされた.

mariner /marine/ 他動 〔肉, 魚など〕をマリネする.
— 自動 ❶〔肉, 魚などが〕マリネされる. ❷ 話 (不快な場所, 状況)にとどまる, 待つ.

marinier, ère /marinje, ɛːr/ 形 海の, 航海の.
▶ officier *marinier* 海軍下士官.
— **marinier** 男 (川船の)船頭, 乗組員.

marinière /marinjɛːr/ 女 moules (à la) *marinière* ムール貝の白ワイン蒸し.

mariol(le) /marjɔl/ 形, 名《男女同形》話 ずるい(人), 抜け目のない(人).

marionnette /marjɔnɛt/ 女 ❶ マリオネット, 操り人形; 傀儡(かいらい). ❷ ▶ montreur de *marionnettes* 人形使い. ❸《複数で》人形劇 (=spectacle de *marionnettes*).

marionnettiste /marjɔnetist/ 名 人形使い.

marital, ale /marital/; 《男複》**aux** /o/ 形 《法律》夫の. ▶ puissance *maritale* 夫権.

maritalement /maritalmɑ̃/ 副 (法的に結婚していないが)夫婦のように.

M *****maritime** /maritim/ マリティム/ 形 ❶ 海に近い, 海辺の. ▶ ville *maritime* 臨海都市 / port *maritime* (河川港に対する)海港 / gare *maritime* 港湾駅 / climat *maritime* 海洋性気候.
❷ 海上の; 航海の; 海軍の. ▶ commerce *maritime* 海上貿易 / trafic *maritime* 海上交通 / droit *maritime* 海法, 海事法 / forces *maritimes* 海軍.

marivaudage /marivodaːʒ/ 男 ❶《文学》マリヴォダージュ: 18世紀の劇作家マリヴォー Marivaux 流の優雅で繊細な言葉や文体. ❷ 粋(いき)な会話; 恋愛遊戯.

marivauder /marivode/ 自動 (マリヴォー風に)粋(いき)で気取った会話をする.

marjolaine /marʒɔlɛn/ 女 《植物》マヨラナ: 地中海地方産のシソ科の香料植物.

mark /mark/ 男 《ドイツ語》マルク; ユーロ以前のドイツの通貨単位. 100ペニヒ.

marketing /marketiŋ/ 男 《米語》《経営》マーケティング.

marlou /marlu/ 男 俗 (売春婦の)ひも.

marmaille /marmɑːj/ 女 話 (騒々しい)子供たち.

marmelade /marməlad/ 女 マーマレード.
en marmelade (1)(煮すぎて)どろどろになった. (2) 話 つぶれた, ぐしゃぐしゃになった. ▶ le nez *en marmelade* d'un boxeur ボクサーのひしゃげた鼻 / avoir le cerveau *en marmelade* 頭が混乱している.

*****marmite** /marmit/ マルミット/ 女 深鍋(なべ), 両手鍋; 鍋の中身. ▶ une *marmite* de soupe 大鍋一杯分のスープ.
faire bouillir la marmite 話 家計を支える.

marmiton /marmitɔ̃/ 男 見習いコック, 皿洗い.

marmonnement /marmɔnmɑ̃/ 男 つぶやき; (不平不満などを)ぶつぶつ言うこと.

marmonner /marmɔne/ 他動〔老人などが〕口をもぐもぐさせて話す; (不平不満などを込めて)ぶつぶつ言う.《意味不明瞭(ふめいりょう)なこと, 不平不満など〕をぶつぶつ言う, 唱える.

marmoréen, enne /marmɔreɛ̃, ɛn/ 形 ❶ 大理石質の, 大理石に似た. ❷ 文章 大理石のように白い; 冷たい, 冷め切った.

marmot /marmo/ 男 話 男の子, 少年;《複数で》子供たち.

marmotte /marmɔt/ 女 ❶《動物》マーモット: リス科の動物. ❷ マーモットの毛皮. ❸ 旅行用トランク; 商品見本を入れるかばん.
dormir comme une marmotte (マーモットのように)ぐっすり眠る.

marmottement /marmɔtmɑ̃/ 男 つぶやき; (口の中で)ぶつぶつ言うこと.

marmotter /marmɔte/ 他動〔祈りの言葉など〕をぶつぶつ言う, 他動 (口の中で)ぶつぶつ言う.

marnais, aise /marnɛ, ɛːz/ 形 マルヌ Marne 県の.
— **Marnais, aise** 名 マルヌ県の人.

Marne /marn/ 固有 女 ❶ マルヌ県 [51]: シャンパーニュ=アルデンヌ地方中央部. ❷ マルヌ川: セーヌ川支流.

marne /marn/ 女 泥灰岩; 泥灰土.

marner /marne/ 他動 〔畑など〕に泥灰土を施す.
— 自動 俗 一生懸命に働く.

marneux, euse /marnø, øːz/ 形《地質》泥灰岩質の.

Maroc /marɔk/ 固有 男 モロッコ: 首都 Rabat.
▶ au *Maroc* モロッコに [で, へ].

marocain, aine /marɔkɛ̃, ɛn/ 形 モロッコ Maroc の.
— **Marocain, aine** 名 モロッコ人.

maronite /marɔnit/ 名《キリスト教》マロン派教徒: シリア風典礼のローマカトリックに帰一するシリア, レバノンの東方教会の信徒.
— 形 マロン派(教徒)の.

maronner /marɔne/ 自動 話 ぶつくさ言う, 不平をこぼす.

maroquin /marɔkɛ̃/ 男 ❶ モロッコ革: ヤギのなめし革. ❷ 話 大臣の職. ▶ obtenir un *maroquin* 大臣の椅子(いす)にありつく.

maroquiner /marɔkine/ 他動〔子牛の革, 紙など〕をモロッコ革風に加工する.

maroquinerie /marɔkinri/ 女 ❶ モロッコ革製造; モロッコ革製造工場. ❷ 皮革製品(の店).

maroquinier /marɔkinje/ 男 ❶ モロッコ革製造職人. ❷ 皮革製品商.

marotte /marɔt/ 女 ❶ 奇癖; マニア; 固定観念.
▶ Il a la *marotte* de mots croisés. 彼はクロスワードパズルが大好きだ. ❷《服飾》頭部マネキン.

marouflage /maruflaːʒ/ 男《絵画》(板, 壁などに)画布を強力糊(のり)で張りつけること.

maroufle /marufl/ 男《絵画》(画布を板, 壁にあ

maroufler /marufle/ 他動 『絵画』 ❶ (板、壁などに)〔画布〕を強力糊(のり)で張りつける. ❷ (パネル、絵に)〔布〕を裏張りして補強する、裏打ちする.

marquage /marka:ʒ/ 男 ❶ 印付け、マーク入れ. ❷〖スポーツ〗(相手を)マークすること.

marquant, ante /markã, ã:t/ 形 ❶ 注目に値する、重要な. ❷〖カード〗carte *marquante* 役札.

***marque** /mark マルク/ 女 ❶ (識別の)印、マーク；栞(しおり). ▶ faire une *marque* en marge 余白に印をつける / porter une marque 印がついている / mettre une *marque* dans un livre 本に栞をはさむ / *marque* de la douane 税関の検印.
❷ (車輪、傷などの)跡；(特に)あざ. ▶ *marques* de pas 足跡 / Il a encore des *marques* de sa chute. 彼女は転んだときのあざがまだ残っている.
❸ (愛情、尊敬などの)証拠、特徴、個性の現れ. ▶ donner des *marques* d'affection à qn …に愛情のあかしを示す / mettre sa *marque* personnelle sur qc …にまぎれもない個性を刻み付ける.
❹ 商標、ブランド (=*marque* de fabrique, *marque* de commerce)；ブランド品；(一流の)メーカー(品). ▶ *marque* déposée 登録商標 / *marque* de distributeur プライベートブランド / De quelle *marque* est cette télé? このテレビはどのメーカーのですか.
❺〖スポーツ〗〖ゲーム〗得点、スコア. ▶ La *marque* est de deux à trois. スコアは2対3だ / Où en est la *marque* maintenant? 今、何対何ですか.
❻〖スポーツ〗スターティング・ブロック. ▶ A vos *marques*! Prêts? Partez! 位置について、用意、ドン. ❼ (勲等などを表わす)勲章、記章、バッジ.

de marque (1) 一流ブランドの、有名な. ▶ produits *de marque* 一流品 / vin *de marque* 銘酒. (2)〔人物が〕地位の高い、著名な. ▶ hôtes *de marque* du gouvernement 政府の賓客.

marqué, e /marke/ 形 ❶ 目立った、顕著な. ▶ une différence *marquée* 明白な差異 / Il a une préférence *marquée* pour la musique classique. 彼はクラシック音楽をこよなく愛していた. ❷ <*marquer* par [de] qc> …で特徴づけられた. ▶ Ce siècle est *marqué* par de nombreux conflits religieux. その世紀の特徴は数多くの宗教上の争いである. ❸〔顔などが〕やつれた、しわの多い. ❹〔人が〕マークされた、評判の芳しくない；(政治色の)はっきりした. ▶ un homme politique *marqué* à droite 明らかに右派と目される政治家.

***marquer** /marke マルケ/ 他動 ❶ <*marquer* A (de B)> A に(B の)印をつける. ▶ *marquer* les cases correspondantes d'une croix 該当欄に×印をつける. ♦ *marquer* A à [avec, par] B A に B を使って印をつける. ▶ *marquer* la chemise à ses initiales ワイシャツにイニシャルを入れる.
❷ …を書き込む、記入する. ▶ *marquer* un numéro de téléphone sur son carnet 手帳に電話番号を控える / Son nom n'*est* pas *marqué* sur la liste. 彼(女)の名前はリストに記入されていない.
❸ …に痕跡(こんせき)を残す；(精神的な)刻印を残す. ▶ L'âge *a marqué* son visage de ride. 年齢が彼(女)の顔にしわを刻んでいる / Elle *a marqué* ses élèves. 彼女は教え子たちに忘れがたい思い出を残した.
❹〔印となるものが〕…を示す；〔計器などが〕…を表示する. ▶ un ruisseau qui *marque* la limite de la propriété 所有地の境界を示す小川 / L'horloge *marque* minuit. 時計は夜中の12時を指している.
❺ <*marquer* qc // *marquer* que +直説法>…を表明する、表わす. ▶ *marquer* à qn sa reconnaissance …に感謝の気持ちを表わす / Ses moindres paroles *marquent* sa bonté. ちょっとした言葉の端々からも彼(女)の善良さがうかがわれる.
❻ …を目立たせる、強調する. ▶ une robe qui *marque* la taille ウエストラインを強調するドレス.
❼〔敵、相手の選手〕をマークする. ❽〖スポーツ〗*marquer* un but サッカーでシュートを決める / *marquer* un panier バスケットでシュートを決める / *marquer* un essai (ラグビーで)トライを決める.

marquer le coup (1) (出来事を)記念して祝う；重要性を強調する. (2) 動揺［怒り］を面に出す.

marquer le pas (1) 足踏みする. (2)〔事業、勢いなどが〕伸び悩む、低迷する.

marquer un point (議論、争いで)優位に立つ、相手をリードする.

── 自動 <*marquer* (sur qc/qn)> (…に)痕跡を残す；しるしをつける. ▶ Ne pose pas le verre sur le papier, ça *marque*. その紙の上にコップを置いてはいけない、跡が残るから / Ce tampon *marque* bien. このスタンプはくっきり押せる.
❷ 強い印象を残す；目立つ、注目に値する. ▶ Cet événement *marquera* dans l'histoire. この事件は歴史に残るだろう.

marquer mal [bien] 語 場違いである［その場にふさわしい］；見劣りする［見栄えがする］.

── *se marquer* 代動 示される、見てとれる.

marqueté, e /markəte/ 形 寄せ木［截嵌(せっかん)〕細工の.

marqueter /markəte/ 他動 〖家具など〕に寄せ木［截嵌(せっかん)〕細工を施す.

marqueterie /markɛtri/ 女 ❶ (金属、大理石などの)寄せ木細工、截嵌(せっかん)細工. ❷ 寄せ集め、継ぎはぎ.

marqueteur /markətœ:r/ 男 寄せ木［截嵌(せっかん)〕細工職人.

marqueur, euse /markœ:r, ø:z/ 名 ❶ 印をつける人. ❷ (スポーツ、ゲームの)得点記録係、スコアラー. ❸〖スポーツ〗ポイント・ゲッター.

── **marqueur** 男 マーカー、フェルトペン.

marquis /marki/ 男 侯爵.

marquisat /markiza/ 男 侯爵位；侯爵領.

marquise /marki:z/ 女 ❶ 侯爵夫人. ❷〖建築〗(鉄骨ガラス張りの)庇(ひさし). ▶ la *marquise* d'une gare 駅のガラス屋根.

Tout va très bien, Madame la Marquise! 侯爵夫人、万事こぶる順調です. 注 戦前の映画の題名から. 反語的にも用いられる.

marquoir /markwa:r/ 男 印をつける道具；《特に》(裁縫師の)マーカー.

marraine /marɛn/ 女 ❶ (洗礼式、堅信式の)代

marrant

marr*ant*, *ante* /marɑ̃, ɑ̃:t/ 形 俗 ❶ おもしろい, 滑稽(こっけい)な. ▶ histoire *marrante* おもしろい話 / Il est *marrant*, ce type. おかしなやつだ, あいつは / Ce n'est pas *marrant* de passer des examens. 試験を受けるのは楽しくない. ❷ 奇妙な. ▶ C'est *marrant* que tu dises cela. 君がそう言うのはおかしい. 比較 ⇨ DRÔLE.

marre /ma:r/ 副 話 ⟨en avoir *marre* (de qc/qn)⟩ (…に)うんざりする. ▶ J'en ai *marre*. もううんざりだ / J'en ai *marre* de ses plaintes. 彼(女)の愚痴にはうんざりだ / (Il) y en a *marre*, うんざりだ, もうたくさんだ / C'est *marre*. 俗 もうたくさんだ.

se marrer /s(ə)mare/ 代動 俗 おもしろがる, 大笑いする.

Il y a de quoi se marrer. それは笑える.

marri, *e* /mari/ 形 文語 ⟨être *marri* de qc / 不定詞⟩ …を残念[遺憾]に思う.

***marron**[1] /marɔ̃/ マロン 男 ❶ 栗(くり). 注 栗の木はchâtaignier. ▶ *marrons* glacés マロングラッセ / marchand de *marrons* (街頭の)焼き栗屋 «*Marrons* chauds!» 「ほかほかの焼き栗はいかが」. ❷【植物】*marron* d'Inde マロニエの実(食べられない). ❸ 栗色(のもの). ▶ porter du *marron* 栗色の服を着る. ❹ げんこつ. ❺ recevoir un *marron* パンチを食らう.

tirer les marrons du feu 火中のクリを拾う, 他人のために危険を冒す.

— 形 (不変) 栗色の. ▶ yeux *marron* 栗色の目.

marron[2], *onne* /marɔ̃, ɔn/ 形 〔人が〕無免許の, 不法な, もぐりの.

marronnier /marɔnje/ 男【植物】マロニエ.

Mars /mars/ 固有 男 ❶《ローマ神話》マルス: 軍神. 農耕と春の神. ❷【天文】火星.

***mars** /mars/ マルス 男 ❶ 3月. ▶ au mois de *mars* = en *mars* 3月に. ❷【昆虫】コムラサキチョウ.

arriver comme mars en carême (四旬節に3月が巡ってくるように) 必ずやって来る.

marseill*ais*, *aise* /marsɛjɛ, ɛ:z/ 形 マルセイユ Marseille の.

— **Marseill***ais*, *aise* 名 マルセイユの人.

Marseillaise /marsɛjɛ:z/ (**la**) 女 ラ・マルセイエーズ: フランス国歌.

Marseille /marsɛj/ 固有 マルセイユ: Bouches-du-Rhône 県の県庁所在地.

marsouin /marswɛ̃/ 男【動物】ネズミイルカ.

marsupi*al*, *ale* /marsypjal/; 《男 複》 *aux* /o/ 形【動物学】育児嚢(のう)の; 有袋類の.

— **marsupiaux** 男複【動物】有袋類, 有袋目.

marte /mart/ 女 ⇨ MARTRE.

***marteau** /marto/ マルト/; 《複》 **x** 男 ❶ 槌(つち), 金槌, ハンマー. ▶ enfoncer un clou avec un *marteau* 金槌で釘をたたく / donner un coup de *marteau* ハンマーで1回たたく. ❷ (ドアの)ノッカー; (ピアノの)ハンマー. ❸【陸上競技】ハンマー(投げ). ❹【魚類】シュモクザメ (=requin *marteau*).

être entre le marteau et l'enclume 板挟みになる.

— 形《男女同形》話 ⟨être *marteau*⟩ 頭がおかしい.

marteau-pilon /martopilɔ̃/; 《複》 **~x-~s** 男【金属】ドロップハンマー.

martel /martɛl/ 男《次の句で》

se mettre martel en tête 心配する, 気をもむ.

martelage /martəla:ʒ/ 男 槌(つち)打ち, 鍛造.

martèlement /martɛlmɑ̃/ 男 槌(つち)の音; 槌の音を思わせる音[響き].

marteler /martəle/ ⑤ 他動 ❶ (槌(つち)などで)…を打つ, 鍛える. ❷ …を強く連打する; 砲撃する. ▶ *marteler* la porte à coups de poing こぶしで何度も戸をたたく. ❸〔騒音, 頭痛などが頭〕をがんがんさせる;〔考え, 言葉などが頭〕を悩ませる. ❹〔言葉〕を音節を区切ってはっきりと発音する.

marti*al*, *ale* /marsjal/; 《男 複》 *aux* /o/ 形 ❶ 好戦的な. ▶ discours *martial* 戦意を高揚させる演説. ❷〔態度, 声の調子などが〕決然とした; (しばしば皮肉に)軍隊式の. ▶ voix *martiale* 力強い[軍人調のいかめしい]声. ❸ 戦争の, 軍隊の. ▶ cour *martiale* 軍法会議. ❹ arts *martiaux* 武道.

marti*en*, *enne* /marsjɛ̃, ɛn/ 形 火星 Mars の. — **Marti***en*, *enne* 名 火星人.

martinet[1] /martinɛ/ 男 鞭(むち).

martinet[2] /martinɛ/ 男【鳥類】アマツバメ.

martingale /martɛ̃gal/ 女 ❶ (コートなどの背に付けられた)ハーフベルト. ❷ 倍賭(ば)けの; 確実な賭け方. ❸【馬具】(調教用の)胸懸(むながい).

martiniqu*ais*, *aise* /martinike, ɛ:z/ 形 マルティニック Martinique の.

— **Martiniqu***ais*, *aise* 名 マルティニックの人.

Martinique /martinik/ 固有 女 マルティニック [972]: 西インド諸島東部のフランス海外県の島.

martin-pêcheur /martɛ̃pɛʃœ:r/; 《複》 **~s-~s** 男【鳥類】カワセミ.

martre /martr/, **marte** /mart/ 女 ❶【動物】テン. ❷ テンの毛皮.

martyr, *e* /marti:r/ 名 ❶ 殉教者. ❷ (病気や虐待の)犠牲者, 絶えず苦しむ人.

prendre [se donner] des airs de martyr = *jouer les martyrs* 犠牲者ぶる, さも苦しそうなりをする.

— 形 殉教の, 殉じた; 虐待された. ▶ enfant *martyr* (親に)虐待される子供.

martyre /marti:r/ 男 ❶ 殉教; 殉死; 受難. ❷ 苦痛, 苦難. ▶ Sa vie fut un long *martyre*. 彼(女)の人生は長い苦難の道だった / souffrir le *martyre* ひどく苦しむ, 死ぬ思いをする.

martyriser /martirize/ 他動 …を苦しめる, 虐待する. 比較 ⇨ TOURMENTER.

martyrologe /martirɔlɔ:ʒ/ 男 殉教録, 殉教者略伝; (主義などに殉じた)犠牲者名簿.

marxi*sant*, *ante* /marksizɑ̃, ɑ̃:t/ 形 マルクス主義的な.

marxisme /marksism/ 男 マルクス主義.

marxisme-léninisme /marksismələninism/ 男 マルクス=レーニン主義.

marxiste /marksist/ 形 マルクス主義(者)の.
— 名 マルクス主義者.

marxiste-léniniste /marksistəleninist/; 《複》~**s**-~**s** 形 マルクス=レーニン主義(者)の.
— 名 マルクス=レーニン主義者.

mas /mɑ; mɑːs/ 男 〖プロヴァンス地方の伝統的建築様式の〗農家, 別荘.

mascara /maskara/ 男 《米語》マスカラ.

mascarade /maskarad/ 女 ❶ 仮面舞踏会; 仮装行列, 仮装した人々. ❷ おかしな服装, 奇妙な変装. ❸ 偽善(行為), (人を欺く)お芝居.

mascaron /maskarɔ̃/ 男 〖建築〗仮面飾り: 噴水口や柱頭などの装飾として用いる怪人面.

mascotte /maskɔt/ 女 マスコット, お守り.

***masculin, ine** /maskylɛ̃, in/ マスキュラン, マスキュリヌ/ 形 ❶ 男の;〔女性などが〕男っぽい (↔féminin). ▶ sexe *masculin* 男性 / vêtements *masculins* 男物の服 / population *masculine* 男性人口 / voix *masculine* 男っぽい声.
❷〖言語〗〖詩法〗男性の. ▶ nom *masculin* 男性名詞 / rime *masculine* 男性韻 / genre *masculin* 男性(形).

比較 男の, 男らしい
(1) 価値判断を伴わない「男の」の意味では **masculin** が普通. この意味では **mâle** はおもに動物の雄を指して用いられる. (2) 価値判断を伴った「男らしい」の意味では **viril** が一般的. **mâle** はやや改まった間接的な表現.

— **masculin** 男 〖言語〗男性(形).

masculiniser /maskylinize/ 他動 ❶〔女性〕を男性的にする. ❷〖生物〗…を雄性化する.

masculinité /maskylinite/ 女 男らしさ, 男性的性格.

maso /mazo/; 《複》***maso(s)*** 名, 形〖男女同形〗(masochiste の略) 話 マゾの, マゾヒストの.

masochisme /mazɔʃism/ 男 マゾヒズム, 被虐性愛, 被虐趣味 (↔sadisme).

masochiste /mazɔʃist/ 形 マゾヒズムの.
— 名 マゾヒスト.

masquage /maskaːʒ/ 男 ❶ 隠蔽(いんぺい)すること. ❷〖写真〗マスキング.

***masque** /mask/ マスク/ 男 ❶ 仮面, マスク. ▶ mettre un *masque* 仮面をかぶる / *masque* de carnaval カーニバルの仮面 / le *Masque* de fer 鉄仮面(ルイ14世に幽閉されていた謎の人物) / *masque* mortuaire デスマスク / *masque* à gaz〔防毒〕マスク / *masque* d'escrime フェンシングの面. ❷ 文章 うわべ, 見せかけ. ▶ Sa douceur n'est qu'un *masque*. 彼(女)の優しさはうわべだけのものだ. ❸ 文章 顔, 顔つき; かたくなな表情. ▶ Elle a un *masque* impénétrable. 彼女には得体の知れないところがある. ❹〖美容〗パック (=*masque* de beauté). ❺〖軍事〗遮蔽(しゃへい)物; 土塁.

***arracher [ôter] le masque à [de] qn** …の仮面をはぎ取る; 正体を暴く.

lever [jeter, tomber] le masque 仮面を取る, 本性を現す.

masqué, e /maske/ 形 ❶ 仮面をつけた; 仮装した. ▶ bandit *masqué* 覆面強盗 / bal *masqué* 仮面舞踏会. ❷ 隠された.

masquer /maske/ 他動 …を覆い隠す; 隠蔽(いんぺい)する. ▶ Ce bâtiment *masque* le paysage [la vue]. あの建物に遮られて眺望が利かない / Il nous *masque* la vérité. 彼は我々に真相を隠している.
比較 ⇨ CACHER.

— **se masquer** 代動 ❶〔顔〕に仮面をつける. ❷ <se masquer qc> …を見まいとする. 注 se は間接目的. ▶ *se masquer* la vérité 真実に目をつぶる.

massacrante /masakrɑ̃ːt/ 形〔次の表現でのみ用いられる〕être d'une humeur *massacrante* ひどく不機嫌である.

massacre /masakr/ 男 ❶ (大量)虐殺, 殺戮(さつりく). ▶ le *massacre* de la Saint-Barthélemy サン=バルテルミーの虐殺 / le *massacre* des Innocents〖聖書〗(ヘロデ王による)幼児虐殺 / envoyer des soldats au *massacre* 兵士を死地にやる. ❷ 破壊, ぶち壊し; ひどい演奏〔演出〕; ぞんざいな仕事. ❸ 一方的な勝負, 圧勝.

faire un massacre 話 大成功を収める.

jeu de massacre (球を当てて遊ぶ)人形倒し(の小屋).

massacrer /masakre/ 他動 ❶ …を虐殺する; 惨殺する. ❷ 話 …を駄目にする, 台なしにする;〔人, 作品など〕をこき下ろす. ▶ Ce chef d'orchestre a *massacré* Mozart. あの指揮者の手にかかるとモーツァルトもさんざんだった. ❸ 話 (ボクシングなどで)〔人〕を痛めつける.

massacreur, euse /masakrœːr, øːz/ 名 ❶ 虐殺者, 殺戮(さつりく)者. ❷ 手際の悪い人; 下手くそな演奏家.

massage /masaːʒ/ 男 マッサージ, 按摩(あんま). ▶ *massage* cardiaque 心臓マッサージ / salon de *massage* マッサージサロン / *massage* japonais 指圧 / *massages* thaïlandais タイ式マッサージ.

***masse**[1] /mas マス/ 女 ❶ (大きな)塊. ▶ *masse* de rocher 岩塊 / *masse* d'air froid 寒気団.
❷ 全容, 総体, 全体. ▶ On voit à l'horizon la *masse* du porte-avions. かなたに空母の全容が見える / reconnaître son coupé dans la *masse* des voitures ずらりと並んだ車の中から自分のクーペを見分ける.
❸ <une *masse* de + 無冠詞名詞> / 話 des *masses* de + 無冠詞名詞>たくさんの…; 山と積まれた…. ▶ une *masse* de documents 大量の資料, 資料の山 / Des *masses* de touristes envahissent le musée du Louvre. たくさんの観光客がルーヴル美術館に詰めかける / Il n'y en a pas des *masses*. 話 たくさんはない.
❹ <la *masse* des + 複数名詞 // la *masse* de + 定冠詞 + 集合名詞>大半の…, …の大多数. ▶ la (grande) *masse* des membres メンバーの大多数.
❺ 群衆;《多く複数で》**大衆**. ▶ communications de *masse* マスコミュニケーション / culture de *masse* 大衆文化 / psychologie des *masses* 群集心理.
❻〖法律〗財産; 積立金, 分担金.
❼〖経済〗*masse* monétaire 通貨供給量 / *masse* salariale 賃金総額.

❽〖絵画の〗マッス：色，光，影などのまとまり．
❾〖物理〗質量．▶ *masse* atomique 原子量 / nombre de *masse* 質量数．
❿〖電気〗アース．▶ mettre qc à la *masse* …をアースにする．

en masse (1) 一団となって，一斉に．▶ Ils sont venus *en masse*. 彼らはどっとやって来た．(2) [話] 大量に，たくさん．金ならうなるほどある．

être à la masse [話] ぼうっとしている，どうかしている．

Pas des masses. [話] あまり(…)ない，たいしたことはない．

tomber [*s'affaisser, s'écrouler*] *comme une masse* どすんと［どたっと］倒れる．

masse² /mas/ 囡 ❶ 大槌(おおつち)，ハンマー．❷ *masse* d'armes 槌矛(ついほこ)〘昔の殴打武器〙．

massepain /maspɛ̃/ 男〖菓子〗マスパン：細かくひいたアーモンド，卵白，砂糖で作るクッキー．

masser¹ /mase/ 他動 …を（1か所に）集める；寄せ集める．— *se masser* 代動 大勢集まる．

masser² /mase/ 他動 〔人，体の一部を〕マッサージする．▶ se faire *masser* してもらう / se faire *masser* le dos 背中をマッサージしてもらう．
— *se masser* 代動 ⟨*se masser* qc⟩ 自分の…をマッサージする．自動 ❶ 間接目的．

massette /masɛt/ 囡 ❶ (石工，土工用)大槌(おおつち)．❷〖植物〗ガマ．

masseur, euse /masœːr, øːz/ 名 マッサージ師．

massicot /masiko/ 男 (紙，本などの)断裁機．

massicoter /masikɔte/ 他動 (紙，ベニヤ板など)を断裁する．

massif, ive /masif, iːv/ 形 ❶ 重量感のある，どっしりした．▶ une porte *massive* 重厚な扉 / un homme *massif* et trapu どっしり太った男．❷ 紙〔一つ〕の塊の，めっきではない．▶ bijou en or *massif* 純金のアクセサリー．❸ 大規模な，大量の．▶ une dose *massive* de médicament 薬の大量投与［服用］/ une manifestasion *massive* 大規模なデモ．
— **massif** 男 ❶ 山塊；山系．❷ 茂み；花壇，植え込み．❸〖建築〗(コンクリートや石積みの)基礎；支壁．❹ (駅の)一連の壁面広告．

Massif central /masifsɑ̃tral/ 固有 男 中央山地：フランス中南部．

massification /masifikasjɔ̃/ 囡 大衆［マス］化，画一化．

massifier /masifje/ 他動 …を大衆［マス］化する．

massivement /masivmɑ̃/ 副 ❶ どっしりと，重そうに．❷ 大規模に，大量に．

mass media /masmedja/ 男複 (米語)マスメディア．

massue /masy/ 囡 棍棒(こんぼう)．
argument(*s*) *massue* 《同格的に》(反駁(はんばく)を許さぬ)決定的論拠．
coup de massue (1) 棍棒の一撃．(2) 決定的打撃；[話] 思いもよらぬ出来事［災難］．

master¹ /mastœːr; mastɛːr/ 男 〖英語〗マスター，原本．

master² /mastɛːr/ 男 〖英語〗修士(号)．

mastère /mastɛːr/ 男 マステール(技師免状所有者で，1年間の専門研修を受けた者にグランド・ゼコールが与える修士号)．

mastic /mastik/ 男 ❶ (防水，接合，充填(じゅうてん)に用いる)パテ，セメント；(ウルシの木から採れる)乳香．❷〖印刷〗誤植．— 形 (不変) 明るいベージュ色の．

masticage /mastikaːʒ/ 男 (パテ，セメントなどの)充填(じゅうてん)；接合．

masticateur, trice /mastikatœːr, tris/ 形 咀嚼(そしゃく)の．▶ muscles *masticateurs* 咀嚼筋．
— **masticateur** 男 (咀嚼が困難な人のための)食物粉砕器．

mastication /mastikasjɔ̃/ 囡 咀嚼(そしゃく)．

masticatoire /mastikatwaːr/ 男 (唾液(だえき)の分泌を促す)咀嚼(そしゃく)物［剤］．
— 形 咀嚼の；咀嚼のための．

mastiquer¹ /mastike/ 他動 …を咀嚼(そしゃく)する．

mastiquer² /mastike/ 他動 (パテ，セメントなどで)〔穴，割れ目など〕を充填(じゅうてん)する；〔窓ガラス，タイルなど〕を接合する．

mastoc /mastɔk/ 形 (不変) [話] ずんぐりした，量感のある；〔彫像，建造物などが〕大きくて作りの粗い．

mastodonte /mastɔdɔ̃ːt/ 男 ❶〖古生物〗マストドン．❷ でっぷり太った人．

mastoïdien, enne /mastɔidjɛ̃, ɛn/ 形 〖解剖〗乳様突起(部)の．

mastoïdite /mastɔidit/ 囡 〖医学〗(中耳炎に続発する)乳様突起炎，乳突炎．

mastroquet /mastrɔkɛ/ 男 ❶ ワイン小売商；居酒屋のあるじ．❷ カフェ，居酒屋．

masturbation /mastyrbasjɔ̃/ 囡 マスターベーション，自慰(=onanisme)．

se masturber /s(ə)mastyrbe/ 代動 マスターベーション［自慰］をする．

m'as-tu-vu /matyvy/ 名，形 (不変) うぬぼれ屋(の)，目立ちたがり屋(の)．

masure /mazyːr/ 囡 あばら屋，廃屋．

mat¹ /mat/ 男 〖チェス〗チェックメイト，詰み．
— 形 (不変) 〔王が〕詰んだ，チェックメイトの．Le roi est *mat*. 王手詰みだ．

mat², **mate** /mat/ 形 ❶ 艶(つや)のない，くすんだ．▶ argent *mat* いぶし銀．❷ 〔音が〕響かない，鈍い．❸ 〔肌の色が〕浅黒い．

***mât** /mɑ/ 男 ❶〖海事〗マスト，帆柱．❷ (旗，テントなどの)支柱，竿(さお)．

matador /matadɔːr/ 男 〖スペイン語〗マタドール：牛にとどめを刺す闘牛士．

matamore /matamɔːr/ 男 空威張りする人，自慢家．▶ faire le *matamore* 威張りちらす．

***match** /matʃ/ 男 マッチ；(複) **matchs** (または **matches**) 〖英語〗試合；競争．▶ *match* de football サッカーの試合 / *match* de tennis テニスの試合 / faire un *match* avec qn …と対戦する / *match* serré 接戦 / *match* aller [retour]〔選手権試合での〕第1戦［リターンマッチ］/ faire *match* nul 引き分ける．比較 ⇨ COMPÉTITION．

matcher /matʃe/ 他動 …と試合をする．

maté /mate/ 男 ❶〖植物〗マテ．❷ マテ茶．

matelas /matla/ 男 ❶ (寝台の)マットレス．▶ *matelas* pneumatique エアマットレス / *matelas*

matière

à ressorts スプリングマットレス. ❷ 緩衝物. ▶ *matelas* d'air〔遮音や断熱のための〕空気層. ❸ 〖話〗札束の詰まった財布（=*matelas* de billets）.

matelasser /matlase/ 他動 ❶〔椅子(ｸ)などに〕詰め物をする；〔衣服の肩に〕パッドを入れる. ❷〔布地〕をキルティングする；…に裏地をつける.

matelassier, ère /matlasje, ɛ:r/ 名 マットレス製造〔修繕〕業者.

matelot /matlo/ 男 ❶ 水夫, (下級)船員. ▶ un apprenti *matelot* 見習い水夫. ❷ 水兵.

matelote /matlɔt/ 女 〖料理〗マトロット：魚〔ウナギ〕のワイン煮. ▶〔同格的に〕sauce *matelote* (赤ワインとタマネギで作る)マトロットソース.

mater /mate/ 他動 ❶ …を屈伏させる, おとなしくさせる；〔反乱など〕を鎮圧する. ❷〖チェス〗〔王〕を詰める；〔相手〕の王を詰める.

mâter /mɑte/ 他動 ❶〔船〕にマストを取り付ける〔立てる〕. ❷ …を垂直に立てる.

mâtereau /mɑtro/;〔複〕**x** 男 〖海事〗小マスト, デリックポスト.

matérialisation /materjalizasjɔ̃/ 女 ❶ 具体化, 現実化；物質化. ❷ （霊魂の）示現, 具現.

matérialiser /materjalize/ 他動 ❶ …を実現する, 具体化する；物質化する. ▶ L'art *matérialise* les idées. 芸術とは観念に形を与えるものである. ❷〔道路〕に（白線などで）標識指示をする.
 — **se matérialiser** 代動 実現される, 具体化される.

matérialisme /materjalism/ 男 ❶ 唯物論. ▶ *matérialisme* historique 史的唯物論. ❷ 物質主義.

matérialiste /materjalist/ 名 ❶ 唯物論者. ❷ 物質主義者. — 形 ❶ 唯物論の. ❷ 物質主義の.

matérialité /materjalite/ 女 ❶ 物質性, 具体性. ❷ 事物的状況, 事実関係.

*__matériaux__ /materjo/ マテリヨ 男複 ❶（建築, 土木, 機械などの）資材, 材料. ▶ *matériaux* de construction 建築資材 / *matériaux* bruts 原材料 / *matériaux* travaillés 加工材料. ❷（作品, 研究などの）資料, 素材. ▶ rassembler des *matériaux* pour une enquête 調査のために資料を集める. 注 さまざまな種類を一括して複数形を用いるのが普通だが，「資材のうちの一種」という意味で単数形を用いることがある(例: le matériau céramique セラミック〔陶〕材).

*__matériel, le__ /materjɛl/ マテリエル/ 形 ❶ 物質の, 物質から成る. ▶ substance *matérielle* 物質. ❷ 具体的な, 実際上の；物的な. ▶ preuve *matérielle* 物証 / erreur *matérielle* 作業〔単純〕ミス. ❸ 物質的な；金銭的な. ▶ aide *matérielle* 物質的〔財政的〕援助 / désir tout *matériel* 物欲 / soucis matériels 経済的な心配事 / dégâts matériels 物的損害.
 — **matériel** 男（集合的に）❶ 設備, 機材；(スポーツなどの)用具. ▶ le *matériel* de guerre 軍需品 / le *matériel* de bureau オフィス用品. ❷〖情報〗ハードウェア（↔logiciel）.
 — **matérielle** 女 〖話〗生計.

matériellement /materjɛlmɑ̃/ 副 ❶ 物質的に；肉体的に. ❷ 実際に, 事実上.

maternage /matɛrna:ʒ/ 男 ❶〖精神分析〗マザリング療法. ❷ 母親らしく接すること.

maternant, ante /matɛrnɑ̃, ɑ̃:t/ 形 母親のような；優しい, 人を安心させる.

*__maternel, le__ /matɛrnɛl/ マテルネル/ 形 ❶ 母の, 母性の；母親のような (↔paternel). ▶ amour *maternel* 母性愛 / langue *maternelle* 母語, 母国語. ❷ 母方の. ▶ ma grand-mère *maternelle* 私の母方の祖母. ❸ école *maternelle* 幼稚園. — **maternelle** 女話 幼稚園.

maternellement /matɛrnɛlmɑ̃/ 副 母親として, 母親のように.

materner /matɛrne/ 他動 ❶〖精神分析〗〔患者〕を母性的態度で治療する. ❷ …に母親らしく接する.

materniser /matɛrnize/ 他動〔牛乳〕を母乳と同じ成分にする.

maternité /matɛrnite/ 女 ❶ 母(親)であること, 母性；〖法律〗母子関係. ❷ 出産 (=accouchement). ▶ congé (de) *maternité* 出産休暇. ❸ 産院. ❹〖図像〗母子像.

math /mat/ 女複 ⇨ MATH(S).

mathématicien, enne /matematisjɛ̃, ɛn/ 名 数学者.

*__mathématique__ /matematik/ マテマティック/ 形 ❶ 数学の, 数学的な. ▶ opérations *mathématiques* 演算. ❷ 正確な, 厳密な. ▶ précision *mathématique* 厳密な正確さ. ❸〖話〗絶対確実な, 必然的な. ▶ Il ne peut réussir, c'est *mathématique*. 彼が成功するはずがない, それは絶対だ.
 — *__mathématiques__ 女複 ❶ 数学. Elle est forte en *mathématiques*. 彼女は数学が得意だ / J'ai *mathématiques* aujourd'hui. 今日は数学の授業がある / *mathématiques* appliquées 応用数学. ❷ 数学科, 数学特別級. ▶ *mathématiques* élémentaires 基礎数学級 (=math élém) / *mathématiques* spéciales 特別数学級 (=〖話〗math spé)/ *mathématiques* supérieures 高等数学級 (=〖話〗math sup)*.

mathématiquement /matematikmɑ̃/ 副 ❶ 数学的に. ❷ 厳密に；必然的に, 絶対的に.

mathématisation /matematizasjɔ̃/ 女 数学〔数理〕的処理, 数式化.

mathématiser /matematize/ 他動 …に数学的方法を適用する.

matheux, euse /matø, ø:z/ 名 話 ❶ 数学専攻生, 数学級生徒. ❷ 数学に強い生徒.

math(s) /mat/ 女複 (mathématiques の略) 話 ❶ 数学. ▶ étudier les *maths* 数学の勉強をする. ❷ 数学. ▶ *math* élém /matelem/ 基礎数学級 / *math* spé /matspe/ 特別数学級.

*__matière__ /matjɛ:r/ マティエール/ 女 ❶ 物質. ▶ *matière* solide [liquide, gazeuse] 固体[液体, 気体] / *matière* organique 有機物 / *matière* combustible 可燃物 / *matière* grasse 脂肪分.
 ❷ 素材, 材料. ▶ *matière* première 原料, 一次産品 / «En quelle *matière* est cette chemise? —En coton.» 「このシャツの素材は何ですか」「綿です」
 ❸ (作品などの)題材, 題目；分野. ▶ table des *matières* 目次.
 ❹ 教科, 科目. ▶ les *matières* scientifiques

理科系の科目 / *matière* obligatoire [à option] 必修［選択］科目.
❺【法律】事実, 事項; 案件. ▶ *matière* civile [criminelle] 民事［刑事］事件.
❻【美術】マチエール. (1) 材料, 絵の具. (2) 材質感, 絵肌. ❼【哲学】(1) 物質 (↔âme, esprit). (2) 質料 (↔forme).

en la [cette] matière*=*sur cette matière その件［問題, 領域］については［では］.
en matière + 形容詞=***en matière de*** + 無冠詞名詞 …の分野において; に関して. ▶ *en matière* poétique [de poésie] 詩については.
entrée en matière （論説などの）導入部, 序論.
entrer en matière 本題に入る.
être [donner, fournir] matière à qc
[不定詞] …の種である［になる］. ▶ *donner matière à plaisanter* 物笑いの種になる / *Ce fait est matière à réflexion.* その事実は一考に値する.
Il y a matière à qc [不定詞] …の余地［…すべき理由］がある.

MATIF /matif/ 男【略語】marché à terme international de France フランス国際先物取引所.

Matignon /matiɲɔ̃/ 固有 マティニョン: フランスの首相官邸 (= l'hôtel *Matignon*). ▶ à *Matignon* 首相官邸では.

/matɛ̃ マタン/
matin 男
朝, 午前. ▶ C'est le *matin*. 朝だ /《冠詞などとともに状況補語として》Je me lève tôt le *matin*. 私は朝早く起きる / Je suis arrivé ce *matin*. 私は今朝着いた /《hier, demain, 曜日などのあとで副詞的に》hier *matin* 昨日の朝 / demain *matin* 明朝 / mardi *matin* 火曜日の朝 / un *matin* ある朝 / chaque *matin* 毎朝 / tous les *matins* 毎朝 / le *matin* du 1er janvier 元旦 / l'étoile du *matin* 明けの明星 / une heure du *matin* 午前1時 / L'événement eut lieu le 8 [huit] août au *matin*. 事件は8月8日の朝起こった / Il sortit par un froid *matin* de janvier. 彼は1月のある寒い朝, 出かけた / le pays du *matin* calme 朝鮮, 韓国.

au [dès le] petit matin 夜明けに［から］.
de bon [grand] matin 朝早く.
du matin au soir 朝から晩まで, 一日中.
être du matin 早起きである; 朝型人間である.
le matin de la vie 文章 若き日, 青春.
(le) matin et (le) soir 朝と晩に.
un beau matin ある日, いつか; そのうちに.

mâtin[1] /matɛ̃/ 男 マスチーフ: 大型犬.
mâtin[2], **ine** /matɛ̃, in/ 名 話 いたずらっ子 (=coquin); 騒々しい人.

matinal, ale /matinal/;《男複》**aux** /o/ 形 朝の; 早起きの. ▶ la brise *matinale* 朝のそよ風 / Tu es bien *matinal* aujourd'hui. 今日はずいぶん早起きだね / à une heure *matinale* 朝の早い時間に.

mâtiné, e /matine/ 形 雑種の. ▶ chien *mâtiné* 雑種犬. ◆ *mâtiné* de qc …が混じった. ▶ un français *mâtiné* d'anglais 英語混じりのフランス語.

matinée /matine マティネ/ 女 ❶ 朝, 午前(中).
▶ Passez me voir dans la *matinée*. 午前中にいらして下さい / demain dans la *matinée* 明日の午前中に / Il a plu toute la *matinée* 午前中ずっと雨だった / au début de la *matinée* 朝の早いうちに / à la fin de la *matinée*=en fin de *matinée* 昼近くに.
❷（音楽会, 演劇などの）マチネー, 昼興行; 午後の集い. ▶ un spectacle (donné) en *matinée* et en soirée 昼夜興行の演劇 / *matinée* musicale 昼間の音楽会.

faire la grasse matinée 朝寝坊をする.

matines /matin/ 女複【カトリック】朝課.
matineux, euse /matinø, øːz/ 形, 名 古風 いつも早起きの(人).
matité /matite/ 女 ❶ 艶(?)のないこと; 音がこもること. ❷【医学】(打診時の胸部の)濁音.
matois, oise /matwa, waːz/ 形, 名 文章 (外見は好人物так)腹黒い(人), ずる賢い(人).
maton, onne /matɔ̃, ɔn/ 名 隠 看守.
matos /matos/ 男 話【集合的に】機材, 用具.
matou /matu/ 男（去勢していない）雄猫.
matraquage /matrakaːʒ/ 男 ❶ 棍棒(?)［警棒(?)]での殴打. ❷ 集中的宣伝. ▶ *matraquage publicitaire* 広告キャンペーン. ❸ *matraquage des prix* 価格破壊.
matraque /matrak/ 女 棍棒(?), 警棒.
matraquer /matrake/ 他動 ❶ …を棍棒(?)［警棒(?)]で殴る. ❷ …を酷評する; 激しく攻撃する.
❸ 話〔客〕に法外な料金をふっかける.
❹〔宣伝, 音楽, スローガンなど〕を執拗(?)に繰り返す. ▶ *matraquer* un message publicitaire 宣伝をいやというほど流す.

matraquer le public コマーシャルを集中的に流す; スローガンをかなり立てる.

matraqueur, euse /matrakœːr, øːz/ 名 棍棒(?)［警棒(?)]で殴る人.
— 形〔宣伝などの〕執拗(?)な.

matriarcal, ale /matrijarkal/;《男複》**aux** /o/ 形 母権制の, 家母長制の. ▶ société *matriarcale* 母系社会.
matriarcat /matrijarka/ 男 母権制, 家母長制 (↔patriarcat).
matrice /matris/ 女 ❶ 鋳型, 母型. ❷ マトリクス;【数学】行列. ❸ 母胎.
matricide /matrisid/ 男 母殺し(の罪).
matriciel, le /matrisjɛl/ 形【数学】行列の, マトリクスの.
matricule /matrikyl/ 女 登録簿; 登録.
— 男 登録番号; 囚人番号;【軍事】認識番号; (兵器などの)識別番号.

Ça devient mauvais pour ton matricule.
俗 まずいことになるぞ.

— 形 登録(簿)の. ▶ numéro *matricule* 登録番号.

matrimonial, ale /matrimɔnjal/;《男複》**aux** /o/ 形 結婚の. ▶ agence *matrimoniale* 結婚相談所 / régime *matrimonial* 夫婦財産制.
matrone /matron/ 女 ❶ 太って野卑な年増(?)女. ❷ 威厳のある年配婦人.
maturation /matyrasjɔ̃/ 女 成熟, 円熟.

mature /matyːr/ 形 ❶（特に精神的に）成熟した. ❷〔魚が〕産卵期の.
mâture /matyːr/ 女《集合的に》（1 隻の船の）帆柱；帆材；マストの配置.
maturité /matyrite/ 女 ❶（果実の）成熟. ▶ arriver [venir] à *maturité* 成熟する. ❷（精神，才能などの）円熟，完成. ▶ talent en pleine *maturité* 円熟した才能. ❸壮年期，熟年. ▶ être en pleine *maturité* 働き盛りである. ❹分別. ▶ manquer de *maturité* 分別を欠く.
maudire /modiːr/ 77 他動（過去分詞 maudit, 現在分詞 maudissant）❶…を呪(%)う. ▶ *maudire* le sort 運命を呪う. ❷〔神が〕…に罰を下す.
maudit, ite /modi, it/ 形（maudire の過去分詞）❶呪(%)われた；神の罰を受けた. ❷（社会的に）排斥された；世に認められない. ▶ l'amour *maudit* 禁断の恋. ❸《名詞の前で》いまいましい，嫌な. ▶ Cette *maudite* pluie! なんていまいましい雨だ.
Maudit soit qn/qc. …に呪いあれ.
── 名 ❶呪われた者. ❷（社会的に）排斥された人；不遇な人. ❸《le maudit》悪魔.
maugréer /mogree/ 自動《*maugréer* (contre qn/qc)》（…に対して）ぶつぶつ不満を言う.
── 他動〔悪口など〕をぶつぶつ言う.
Maure /moːr/ 名 ムーア人. (1) 北西アフリカの住民に対する古代ローマ人の呼称. (2) 中世にスペインを侵略したイスラム教徒. ▶ マグレブのイスラム教徒.
mauresque /moresk/ 形 ❶ ムーア Maure 人の. ❷ ムーア文化の，ムーア様式の.
── 女 ❶ ムーア人女性. ❷ モレスク：パスティスをアーモンドシロップで割ったリキュール.
Maurice /moris ; moris/ 固有 女 モーリシャス：マダガスカル島東方の島国. ▶ en *Maurice* モーリシャスに［で，へ］.
mauricien, enne /morisjɛ̃, ɛn/ 形 モーリシャス Maurice 島の.
── **Mauricien, enne** 名 モーリシャス島民.
Mauritanie /moritani/ 固有 女 モーリタニア：首都 Nouakchott. ▶ en *Mauritanie* モーリタニアに［で，へ］.
mauritanien, enne /moritanjɛ̃, ɛn/ 形 モーリタニア Mauritanie の.
── **Mauritanien, enne** 名 モーリタニア人.
mausolée /mozole/ 男 霊廟(%)，陵墓.
maussade /mosad/ 形 ❶無愛想な，不機嫌な. ❷うっとうしい，陰気な. ▶ temps *maussade* うっとうしい空模様.
maussadement /mosadmɑ̃/ 副 ぶすっとして，不機嫌に，陰気臭く.
maussaderie /mosadri/ 女 無愛想，不機嫌；陰気.

mauv*ais, aise /movɛ, ɛːz モヴェ，モヴェーズ/ 形《比較級は plus mauvais が一般的で，pire も用いる》《多くの名詞の前で》❶悪い，苦手な. ▶ avoir une *mauvaise* mémoire 記憶力が悪い / prendre la *mauvaise* route 道を間違える / Il est arrivé au *mauvais* moment. 彼はまずいときにやって来た.
❷品質の悪い；くだらない. ▶ Ce film est *mauvais*. この映画は駄作だ / de *mauvaise* qualité 粗悪な. 比較 ⇨ MÉDIOCRE.
❸下手な，能力が劣った. ▶ parler un *mauvais* français 下手なフランス語を話す / *mauvais* acteur 大根役者 / *mauvaise* élève 劣等生. ◆ *mauvais* en ＋学科名 ❷ Il est *mauvais* en maths. 彼は数学の出来が悪い. 比較 ⇨ MÉDIOCRE.
❹《ときに名詞のあとで》意地悪な，悪意のある. ▶ Cet enfant est *mauvais* avec les animaux. この子は動物をいじめる / un rire *mauvais* 敵意を含んだ笑い / *mauvaise* plaisanterie 悪い冗談 / jouer un *mauvais* tour à qn …に悪質な奸計(然)を巡らす.
❺〔態度などが〕取り付きにくい. ▶ un *mauvais* caractère 気難しい性格 / être de *mauvaise* humeur 機嫌が悪い.
❻品行の悪い，不道徳な. ▶ *mauvaise* conduite 不品行 / *mauvais* garçon 不良少年.
❼有害な；厄介な. ▶ Le tabac est *mauvais* pour la santé. たばこは健康に悪い / un *mauvais* rhume 悪性の風邪.
❽〔天気が〕悪い；〔海が〕しけた. ▶ La météo annonce du *mauvais* temps. 予報では天気が悪い.
❾〔味が〕まずい；〔においが〕不快な. ▶ **C'est mauvais.** まずい / Ce plat est *mauvais*. この料理はまずい / une *mauvaise* odeur 悪臭.
❿つらい，不愉快な. ▶ une *mauvaise* nouvelle 悪い知らせ，悲報 / *mauvaise* impression 悪い印象 / passer un *mauvais* quart d'heure 少しの間嫌な思いをする.
⓫〔体調などが〕悪い. ▶ avoir une *mauvaise* vue 目が悪い / avoir *mauvaise* mine 顔色が悪い / être en *mauvaise* santé 健康がすぐれない.
⓬利益のない，不振の；不利な. ▶ *mauvaise* période 不況期 / *mauvaise* récolte 不作.
⓭不吉な. ▶ *mauvais* signe 凶兆.
(Ce n'est) pas mauvais. 悪くない，なかなかおいしい［よい］.
Il est mauvais「de ＋ 不定詞*「que ＋* 接続法*」.*《非人称構文で》…はよくない. ▶ *Il est mauvais d'agir à la légère.* 軽率に振る舞うのはまずい / *Il n'est pas mauvais que nous puissions discuter.* 議論してみるのもよかろう.
「l'avoir「la trouver」mauvaise 話 どうもうまくないね. 注 不満，不賛成，落胆などの表明.
trouver mauvais que ＋ 接続法 …が気に食わない，を不快に思う.
── **mauvais** 副《比較級は常に plus mauvais を用いる》悪く. ▶ sentir *mauvais* 悪臭がする；雲行きが怪しい.
**Il fait mauvais.*（↔beau）天気が悪い.
Il fait mauvais ＋ 不定詞 …するのは嫌な［まずい］ことだ.
── 男 悪い面，まずいこと；欠点.
mauve /moːv/ 女 【植物】ゼニアオイ属.
── 形 モーブ色の，薄紫色の.
── 男 モーブ色，薄紫色.
mauviette /movjɛt/ 名 ❶ 話 ひ弱な人. ❷ 話 臆病(%)な人. ❸（夏の終わりの）脂の乗ったヒバリ.
max /maks/ 男 話（maximum の略）un *max* たくさん，とても.

maxi

maxi /maksi/ 形《不変》❶ 名 最高の, 最大の (=maximum). ❷《服飾》マキシの.
— 男《単複同形》❶ 名 最高値, 最大限. ❷《服飾》マキシ丈.
— 副 最大限で (=au maximum).

maxillaire /maksilɛːr/ 形《解剖》顎(がく)の.
— 男 上顎(じょうがく)骨; 顎骨.

maxima /maksima/ maximum の複数形, 女性形.

maximal, ale /maksimal/;《男複》**aux** /o/ 形 最高の, 最大の;《数学》極大の. ▶ vitesse *maximale autorisée* (最高)制限速度.

maximaliste /maksimalist/ 形, 名 極端な [急進的な] 立場をとる(人).

maxime /maksim/ 女 ❶ 格言, 箴言(しんげん); 処世訓. ❷ (倫理的, 実践的な)行動基準.

maximisation /maksimizasjɔ̃/ 女 最高 [最大] にすること. ▶ une *maximisation du profit* 利潤極大化.

maximiser /maksimize/ 他動 ❶ …を最大に評価する. ❷ …を最高 [最大] にする.

*maximum /maksimɔm マクシモム/;《複》***maximums***(または ***maxima*** /maksima/)《ラテン語》男 ❶ 最高値, 最大限;《数学》最大値(↔minimum). ▶ *maximum de vitesse* 最高速度 / *courir le maximum de risques* 最大の危険を冒す / J'attends un mois, mais c'est un *maximum*. 1 か月待つ, でもそれが限度だ. ❷ 最高刑 (=*maximum* de la peine). ▶ Il a été condamné au *maximum*. 彼は最高刑に処せられた.
au (grand) maximum 最大限に; せいぜい. ▶ Je serai absent trois jours *au maximum*. 留守にするのはせいぜい 3 日だ.
faire le maximum 全力を尽くす.
un maximum (de qc) 副 非常に(多くの…).
— 形《女性形不変または ***maxima***》最高の, 最大の. ▶ le prix *maximum* 最高価格.

maya /maja/ 形《男女同形》マヤの; マヤ文明の.
— **Maya** 男 マヤ族.

Mayence /majɑ̃ːs/ 固有 マインツ: ドイツの都市.

mayennais, aise /majɛnɛ, ɛːz/ 形 マイエンヌ県 Mayenne の.
— **Mayennais, aise** 名 マイエンヌ県の人.

Mayenne /majɛn/ 固有 女 ❶ マイエンヌ県 [53]: フランス北西部. ❷ マイエンヌ川: サルト川支流.

mayonnaise /majɔnɛːz/ 女 マヨネーズ. ▶ œufs (à la) *mayonnaise* ゆで卵のマヨネーズかけ.
faire monter la mayonnaise 誇張する, 大げさに言う.
La mayonnaise prend. (1) マヨネーズが固まる. (2) 事態が好転する.

mazagran /mazagrɑ̃/ 男 マザグラングラス: 陶製で脚付きのコーヒーカップ.

mazdéisme /mazdeism/ 男 ゾロアスター教, 拝火教.

mazout /mazut/ 男 重油, 燃料油.

mazouté, e /mazute/ 形 廃油 [流出] 重油で汚染された.

mazurka /mazyrka/ 女《ポーランド語》マズルカ: 急速な3拍子の舞踏・音楽.

*me /m(ə) ム/ 代《人称》(目的語 1 人称単数; 母音または無音の h の前では m' となる).

❶《直接目的語》❶ 私を. ▶ Elle *m'*attend. 彼女は私を待っている / Cette nouvelle *m'a* étonné. その知らせは私を驚かせた.
❷《voici, voilà とともに》▶ *Me* voilà tranquille. これで私も安心だ.

❷《間接目的語》❶ 私に; 私のために (=pour moi). ▶ Il *m'*a écrit. 彼は私に手紙をよこした / Il *m'*en a parlé. 彼は私にそのことを話した / Elle *m'*a lavé mon linge. 彼女は私に洗濯物を洗ってくれた / Il *me* faut [reste] cent euros. 私には 100 ユーロ必要だ [残っている].
❷《取得, 除去の動詞とともに》私から. ▶ Il *m'*a emprunté cent euros. 彼は私から 100 ユーロ借りた / On *m'*a volé mon sac. バッグを盗まれた.
❸《属詞とともに》私にとって. ▶ Il *m'*est impossible de vivre tout seul. たった独りで生きることなど私にはできない / Ça *m'*est égal. 私にはどっちでもいい.
❹《定冠詞 + 体の部分を表わす名詞とともに》私の. ▶ Il *m'*a caressé la tête. 彼は私の頭をなでた.

❸《再帰代名詞》❶ ▶ Je *m'*appelle Taro. 僕の名前は太郎です(注 me は直接目的) / Je ne *me* rappelle plus son nom. その人の名前はもう覚えていない(注 me は間接目的) / Je *m'*en vais maintenant. ではこれで退散します(注 me は直接目的とも間接目的とも見なせない).

mé- 接頭《別形 més-》「否定, 軽蔑」を表わす. *méconnaître* 認めない / *mépriser* 軽蔑する.

mea-culpa /meakylpa/ 男《単複同形》《ラテン語》faire [dire] son *mea-culpa* 自分の過ちを告白する [認める], 後悔する.

méandre /meɑ̃ːdr/ 男 ❶ (河川の)蛇行. ❷ (多く複数で)(思考や交渉の)紆余(うよ)曲折; かけひき. ❸《美術》《建築》蛇行模様.

mec /mɛk/ 男 ❶ 俗 男; 野郎, やつ (=type). ▶ Qu'est-ce que c'est que ce *mec*-là? あいつは何者だ / un vrai *mec* 俗 本物の男. ❷《所有形容詞とともに》夫; 彼氏.

*mécanicien, enne /mekanisjɛ̃, ɛn メカニスィヤン, メカニスィエヌ/ 名 ❶ 機械工, 組み立て工, 整備士. ❷《同格的に》ingénieur *mécanicien* 機械技師 / officier *mécanicien* (飛行機, 船の)機関士. ❸ 力学の専門家.
— **mécanicien** 男 (機関車の)機関士, 運転士.

*mécanique /mekanik メカニック/ 形 ❶ 機械による; 機械の. ▶ escalier *mécanique* エスカレーター / piano *mécanique* 自動ピアノ / difficulté *mécanique* 機械系統のトラブル.
❷ 機械仕掛けの(↔électrique). ▶ jouet *mécanique* ぜんまい仕掛けのおもちゃ. ❸ 機械のような; 無意識的な. ▶ geste *mécanique* 機械的な動作. ❹ 力学の, 力学的の. ▶ énergie *mécanique* 力学的エネルギー.
avoir des ennuis mécaniques エンジンの故障に見舞われる.
— 女 ❶ 力学; 機械工学. ▶ *mécanique quantique* 量子力学. ❷ 機械装置; 仕掛け; 機構.
remonter la mécanique 俗 全力を出す

rouler les mécaniques 話(力を誇示して)肩を揺する,肩で風を切って歩く;威張る.
mécaniquement /mekanikmɑ̃/ 副 ❶ 機械によって. ❷ 機械的に. ❸ 力学的に.
mécanisation /mekanizasjɔ̃/ 女 機械化.
mécaniser /mekanize/ 他動 …を機械化[自動化]する.
*****mécanisme** /mekanism/ メカニスム 男 ❶ (機械の)**内部機構, 仕掛け**. ▶ le *mécanisme* d'une horloge 時計の仕組み. ❷ メカニスム, 仕組み, 機構. ▶ *mécanisme* du corps humain 人体の仕組み / les *mécanismes* économiques 経済の仕組み / *mécanisme* de défense〚心理〛防衛機制. ❸〚哲学〛機械論.
mécano /mekano/ 男(mécanicien の略)話 機械工;整備工;機関士.
mécatronique /mekatrɔnik/ 女 メカトロニクス,機械電子工学.
meccano /mekano/ 男(英語)商標 メカノ:金属製部品による組み立て式玩具(ホメホ).
mécénat /mesena/ 男(芸術,文芸,学術などの)庇護(ピ),奨励,メセナ.
mécène /mesɛn/ 男(芸術家,学者,研究団体などの)庇護(ピ)者,財政援助者.
méchamment /meʃamɑ̃/ 副 ❶ 意地悪く,冷酷に. ❷ 話 すごく,うんと.
méchanceté /meʃɑ̃ste/ 女 悪意,敵意,冷酷さ;意地悪(な言動). ▶ agir par [avec] *méchanceté* 意地悪な振る舞いをする.
*****méchant, ante** /meʃɑ̃, ɑ̃:t/ メシャン,メシャーント/ 形 ❶ (ときに名詞の前で)**意地悪な,悪意のある**. ▶ un homme *méchant* 意地悪な人 / une remarque *méchante* 手厳しい指摘 / regard *méchant* 悪意のこもった眼差し / Tu es *méchant* de dire ça. そんなこと言うなんて君は意地悪だ. ◆ *méchant* avec [envers] qn/qc …に対して意地悪な. ▶ Ne sois pas *méchant* avec les animaux. 動物をいじめるな.
❷《名詞のあとで》〔動物が〕噛(ヵ)みつく,爪(ゥ)を立てる. ▶ «Chiens *méchants*»「猛犬注意」
❸《ときに名詞の前で》危険な,不快な,厄介な. ▶ une *méchante* affaire 厄介な事件.
❹《名詞の前で》〔子供が〕聞き分けのない. ▶ *Méchant* garçon! 聞きわけのない子だ.
❺ 話《名詞の前で,反語的に》すごい,すばらしい. ▶ Tu as vu la *méchante* voiture? あのすごい車を見たかい.
❻ 古風《名詞の前で》つまらない;取るに足りない. ▶ un *méchant* écrivain 三文文士.
Ce n'est pas bien méchant. 話 たいしたことではない.
― 名 ❶ 悪人,悪者. ▶ les bons et les *méchants* 善玉と悪玉. ❷ 意地悪な人.
faire le méchant 話 いきり立つ;威嚇する.
mèche¹ /mɛʃ/ 女 ❶(ろうそく,ランプなどの)芯(ン),灯心;導火線. ❷ 髪の房(他と色,形が違う)毛束,メッシュ. ❸ ドリル[錐(ホ)]の刃. ❹(排膿(ゥゥ)用)ガーゼ,タンポン.
découvrir [éventer] la mèche 陰謀を暴く.
vendre la mèche 計略[秘密]を漏らす.
mèche² /mɛʃ/ 名《不変》話 ❶〈être de *mèche* (avec qn)〉〈(…と)共謀する,ぐるになる.
❷〈Il n'y a pas [Y'a pas] *mèche*〉手段がない,処置なしだ. ▶ J'ai essayé de le voir, mais y'a pas *mèche*. 彼に会おうとしたがどうにも会えない.
méchoui /meʃwi/ 男 羊の丸焼き(パーティー).
mécompte /mekɔ̃:t/ 男 誤算,見込み違い. ▶ essuyer de graves *mécomptes* とんだ期待外れに終わる.
méconnaiss- 活用 ⇨ MÉCONNAÎTRE 50
méconnaissable /mekɔnɛsabl/ 形 見間違えるほど変わった,見分けられない.
méconnaissance /mekɔnɛsɑ̃:s/ 女 無知,無理解;無視.
méconnaître /mekɔnɛtr/ 50 (過去分詞 méconnu,現在分詞 méconnaissant) 他動 ❶ …を無視する;理解[認識]していない. ▶ *méconnaître* un règlement 規則を無視する / Je ne *méconnais* pas votre courage. あなたの心意気は認めます / Il *méconnaît* que des obstacles subsistent. 彼は障害がまだ続いていることが分かっていない. ❷ …を見誤る,正当に評価しない. ▶ *méconnaître* l'œuvre d'un romancier ある小説家の作品を過小評価する.
― **se méconnaître** 代動 ❶(自分自身について)思い違いをする,自分を過小評価する.
❷ 自分の身分[立場]を忘れる.
méconnu, e /mekɔny/ 形 (méconnaître の過去分詞)(真価が)評価されていない;知られていない. ▶ génie *méconnu* 不遇の天才.
― 名 真価を認められていない人.
méconnu-, méconnû- 活用 ⇨ MÉCONNAÎTRE 50
mécontent, ente /mekɔ̃tɑ̃, ɑ̃:t/ 形 満足していない,不満の. ▶ visage *mécontent* 不満顔. ◆*mécontent* de qn/qc/不定詞 // *mécontent* que + 接続法 …に不満な. ▶ être *mécontent* de son sort 自分の運命に不服である / Il est *mécontent* de devoir partir. 行かなければならないのが彼にはくやしい.
― 名 不満な人;《多く複数で》不満分子.
mécontentement /mekɔ̃tɑ̃tmɑ̃/ 男 不満,不平. ▶ sujet de *mécontentement* 不満の種.
mécontenter /mekɔ̃tɑ̃te/ 他動 …を不満にさせる.
Mecque /mɛk/ (**La**) 固有 メッカ:サウジアラビアの都市.イスラム教の聖地.
mécréant, ante /mekreɑ̃, ɑ̃:t/ 形,名 文章 無信仰の(人),無宗教の(人).
*****médaille** /medaj/ メダイユ 女 ❶ **メダル;記章**. ▶ *médaille* d'or 金メダル / *médaille* d'argent 銀メダル / *médaille* de bronze 銅メダル / obtenir une *médaille* メダルを獲得する / *médaille* militaire (下士官,兵卒の)軍功章. ❷ 話(金・銀・銅)メダル受賞者. ▶ Elle est *médaille* d'or de natation 彼女は水泳で金メダルだ. ❸ 鑑札,バッジ.
le revers de la médaille 物事の裏の事情.
médaille en chocolat 話 雀の涙,つまらないもの.
profil [tête] de médaille 話 端正な顔立ち.
Toute médaille a son revers. 物事には常に

médaillé

いい面と悪い面がある.

médaillé, e /medaje/ 形 メダルを授与された.
— 名 メダリスト; 勲章受章者.

médailler /medaje/ 他動 …にメダルを与える.

médaillier /medaje/ 男 ❶ メダル［古銭］のコレクション. ❷ メダル収集用ケース.

médaillon /medajɔ̃/ 男 ❶ 大型メダル. ❷『宝飾』ロケット. ❸『美術』『建築』メダイヨン: 円形, 楕円（だん）形の枠の中に描かれた肖像や装飾モチーフ. ❹『料理』メダイヨン: 肉や魚などの輪切り.

＊**médecin** /medsɛ̃/ メドゥサン 男 医者. ▶ aller chez le *médecin* 医者に行く / appeler le *médecin* 医者を呼ぶ / consulter un *médecin* 医者に診てもらう / cabinet de *médecin* 診察室 / femme *médecin* 女医 / *médecin* de famille ホームドクター / *médecin* de quartier 町医者 / *médecin* généraliste 一般医 / *médecin* spécialiste 専門医 / *médecin* traitant 主治医 / *médecin* légiste 法医学者 / *médecin* militaire 軍医 / *médecin* des armées 軍医官（1968年以降の軍医の正式呼称）.

> 比較 医者
> **médecin** が一般的. **docteur** は monsieur などに代わる呼称, 尊称として用いられる. Bonjour, *docteur*. 先生こんにちは. **toubib** はくだけた表現. 注 専門分野や役割に応じて, 次のような呼称がある. chirurgien 外科医, dentiste 歯科医, gynécologue 産婦人科医, ophtalmologiste 眼科医, psychiatre 精神科医, pédiatre 小児科医, vétérinaire 獣医.

médecin-conseil /medsɛ̃kɔ̃sɛj/;《複》～s-～s 男（保険会社などの）顧問医.

＊**médecine** /medsin/ メドゥスィヌ 女
[英仏そっくり語]
英 medicine 医学, 薬.
仏 médecine 医学.

❶ 医学. ▶ étudiant en *médecine* 医学生 / faire sa *médecine* 医学を勉強［研究］する / *médecine* légale 法医学 / *médecine* mentale 精神医学 / *médecine* préventive 予防医学 / *médecine* régénératrice 再生医療 / *médecine* du travail 産業医学. ❷ 療法, 医術. ▶ *médecine* empirique 経験的医療法 / *médecine* physique 物理療法 / *médecines* naturelles 自然療法. ❸ 医業. ▶ exercer la *médecine* 医業を営む.

Medef /medɛf/ 男 [略語] Mouvement des entreprises de France フランス企業運動: 日本の経団連に相当する経営者団体.

médiagraphie /medjagrafi/ 女 参考メディア目録.

Médiamat /medjamat/ 男 [商標] 視聴率調査システム.

médian, ane /medjɑ̃, an/ 形 真ん中の, 中央の. ▶ ligne *médiane* 中線;『解剖』(人体の)正中線;『サッカー』ハーフウエーライン;『テニス』センターサービスライン.
— **médiane** 女 ❶『数学』(3角形の)中線. ❷『統計』中央値, メディアン.

médias /medja/《英語》男複（マス）メディア. ▶ le développement des *médias* マスメディアの発達. 注 media は単数形として用いることもある（例: un nouveau *media* ニューメディア).

médiat, ate /medja, at/ 形 間接的の (↔immédiat).

médiateur, trice /medjatœːr, tris/ 形 ❶ 調停の, 仲介の. ▶ puissance *médiatrice* 調停国 / commission *médiatrice* 調停委員会. ❷『数学』垂直二等分の.
— 名 調停者, 仲裁人.
— **médiateur** 男 ❶ オンブズマン, 行政監察委員. ❷（労使紛争の）斡旋（あっせん）員;（国際紛争の）調停者. ❸『生物学』*médiateur* chimique（神経の）化学伝達物質.
— **médiatrice** 女 垂直二等分線.

médiathèque /medjatɛk/ 女 視聴覚ライブラリー, メディアテーク.

médiation /medjasjɔ̃/ 女 ❶ 調停, 仲裁; 仲介. ▶ offrir [proposer] sa *médiation* 調停を申し出る. ❷ 媒介; 媒介物. ▶ par la *médiation* de qc …の媒介によって, 仲介として.

médiatique /medjatik/ 形 メディア［情報媒体］の, メディアを通じての.

médiatisation /medjatizasjɔ̃/ 女 メディア［マスコミ媒体］にのせること, メディア化.

médiatiser /medjatize/ 他動 …をメディア［マスコミ媒体］にのせる.

＊**médical, ale** /medikal/ メディカル;《男複》**aux** /o/ 形 医学の; 医療の; 医師の. ▶ examen *médical* 健康診断 / études *médicales* 医学研究 / soins *médicaux* 医療 / corps *médical* 医師団 / passer une visite *médicale* 検診［診療］を受ける.

médicalement /medikalmɑ̃/ 副 医学的に.

médicalisation /medikalizasjɔ̃/ 女 医療体制の充実, 医療設備の普及.

médicaliser /medikalize/ 他動 ❶（地域など）の医療体制を充実させる, に医療設備を普及させる. ❷（現象など）を医学分野で取り扱う.

＊**médicament** /medikamɑ̃/ メディカマン 男 薬. ▶ prendre un *médicament* 薬を飲む / ordonner [prescrire] un *médicament* 薬を処方する / *médicament* interne [externe] 内服［外用］薬 / *médicament* contre la toux 咳（せき）止め薬.

médicamenteux, euse /medikamɑ̃tø, øːz/ 形 薬による; 薬効のある. ▶ traitement *médicamenteux* 薬物療法.

médication /medikasjɔ̃/ 女 薬による治療, 投薬; 治療(法).

médicinal, ale /medisinal/;《男複》**aux** /o/ 形 薬用の, 薬効のある. ▶ herbe *médicinale* 薬草.

médicolégal, ale /medikɔlegal/;《男複》**aux** /o/ 形 法医学の. ▶ Institut *médicolégal* 法医学研究所（パリの死体公示所 morgue の正式名称）.

médicosocial, ale /medikɔsɔsjal/;《男複》**aux** /o/ 形 社会医学の. ▶ assistance *médicosociale* 社会医療事業.

médiéval, ale /medjeval/;《男複》**aux** /o/ 形 中世の. ▶ Europe *médiévale* 中世ヨーロッパ.

médiéviste /medjevist/ 名 中世研究家.

médîmes /medim/ 活用 ⇨ MÉDIRE 76

mégalopole

médina /medina/ 囡 メディナ：北アフリカ，特にモロッコのイスラム教徒居住区．

***médiocre** /medjɔkr/ メディオクル/形 ❶ 凡庸な，ぱっとしない；あまりよくない．▶ esprit *médiocre* 凡庸な精神／salaire *médiocre* 安月給／roman *médiocre* 三文小説／Il est *médiocre* en maths. 彼は数学が不得手だ．❷ たいしたことのない；ほどほどの．▶ résultats *médiocres* 平凡な結果／montrer un *médiocre* intérêt pour un projet 計画にたいして関心を示さない．
── 名 凡庸な人，凡人．

médiocrement /medjɔkrəmɑ̃/ 副 平均以下に，下手に；あまり…でなく．▶ jouer *médiocrement* du piano ピアノがあまりうまくない／s'intéresser *médiocrement* à qc …にあまり関心を示さない．

médiocrité /medjɔkrite/ 囡 凡庸，月並；貧弱；低劣．▶ vivre dans la *médiocrité* 平凡に暮らす／la *médiocrité* de son salaire 彼(女)の給料の安さ．

médire /medi:r/ 76 間他動〈過去分詞 médit, 現在分詞 médisant〉〈*médire* de qn〉…を悪(ぁ)しざまに言う．▶ *médire* de ses amis 友人の悪口を言う．

médis /medi/ 活用 ⇨ MÉDIRE 76

médis-, médiss- 活用 ⇨ MÉDIRE 76

médisance /medizɑ̃:s/ 囡 悪口(を言うこと)，中傷(すること)．

médis*ant, ante* /medizɑ̃, ɑ̃:t/ 形, 名〈médire の現在分詞〉悪口を言う(人)，中傷好きな(人)．

médit, médît /medi/, **médîtes** /medit/ 活用 ⇨ MÉDIRE 76

méditat*if, ive* /meditatif, i:v/ 形, 名 瞑想(ぬぅ)にふける(人)，考え込んでいる(人)．

méditation /meditasjɔ̃/ 囡 瞑想(ぬぅ)，沈思黙考．▶ s'absorber dans la *méditation* 瞑想にふける／*Méditations* 瞑想録；(デカルトの)「省察」．比較 ⇨ PENSÉE.

***méditer** /medite/ メディテ/他動 …を**熟考する**；じっくり考えて企てる．▶ *méditer* un conseil ある助言についてとくと考える／*méditer* un projet 計画を練る／*méditer* une vengeance 復讐をもくろむ．◆ *méditer* de + 不定詞 …しようと計画する．▶ *méditer* de s'évader 脱走をもくろむ．
── 間他動〈*méditer* sur qc〉…に思いを巡らす．
── 自動 沈思黙考する，瞑想(ぬぅ)にふける．

Méditerranée /mediterane/ 固有 囡 地中海 (=mer *Méditerranée*).

méditerrané*en, enne* /mediteraneɛ̃, ɛn/ 形 地中海 Méditerranée (沿岸)の；地中海性の．▶ climat *méditerranéen* 地中海性気候．
── **Méditerrané*en, enne*** 名 地中海沿岸地方の人．

médium /medjɔm/ 男 霊媒．

médius /medjys/ 男 中指 (=majeur).

Médoc /medɔk/ 固有 男 メドック地方：ボルドー北方．

médoc¹ /medɔk/ 男 メドック：高級赤ワイン．

médoc² /medɔk/ 男 (médicament の略)薬．

médullaire /medy(l)lɛ:r/ 形〖解剖〗髄の；骨髄の，脊髄(せきずい)の．

Méduse /medy:z/ 固有 囡〖ギリシア神話〗メドゥサ：頭髪は蛇で，見る人を石に化す魔女．

méduse /medy:z/ 囡〖動物〗クラゲ．

méduser /medyze/ 他動 …を茫然(ぼう)とさせる，唖然(あぜん)とさせる．

meeting /mitiŋ/ 男〖英語〗❶ 討論集会, 政治集会．▶ *meeting* électoral 選挙集会．比較 ⇨ RÉUNION. ❷ (スポーツの)大会, 競技会．❸ *meeting* aérien [d'aviation] 航空ショー．

méfait /mefɛ/ 男 ❶ 悪行, 悪事．❷ 害, 被害, 弊害．▶ les *méfaits* de la gelée 霜害．

méfiance /mefjɑ̃:s/ 囡 不信；猜疑(さいぎ)心．▶ éveiller la *méfiance* de qn …に警戒心を起こさせる．

méfi*ant, ante* /mefjɑ̃, ɑ̃:t/ 形, 名 用心深い(人)，疑い深い(人)．▶ regard *méfiant* 疑い深い視線．

se méfier /s(ə)mefje/ 代動〈*se méfier* (de qn/qc)〉(…を)信用しない (…に)用心する．▶ *se méfier* d'un flatteur おべっか使いを信用しない／Je *me méfie* de ce qu'ils disent. 彼らの言うことは信用しない／*se méfier* de la grippe 風邪を引かないよう気をつける／*Méfiez-vous*! Il y a des marches. 気をつけて, 階段があります．

語法 **se méfier de** と **faire attention (à)** se méfier de qc/qn は「用心しなさい, 気をつけなさい」という意味でよく使われる言い方で, この表現の核心は「話し手は対話者が危険の存在に気づいていないと考えている」ということである．「あなたは気づいていないようだが, 危ないことがあるのですよ」と, 相手の注意を喚起することになる．
  • Vous voulez essayer cette liqueur. D'accord. Mais *méfiez-vous*, c'est très fort. このリキュールを試しに飲みたいのですが, よろしい, でも気をつけてください, とても強いですから．
これに対して, faire attention (à) の方には, 「あなたは気づいていない」というニュアンスはなく, 目前に迫っている危険に対して, 「危ないから…に気をつけて」という helpな意味になる．
  • Ici c'est un endroit très dangereux. Surtout vous *faites* très *attention aux* voitures qui viennent de ce côté-là. ここはとても危ない所です, 特にこっちの方から来る車には注意してください．

méforme /mefɔrm/ 囡〖スポーツ〗コンディション不調, 体調不良．

méga- 接頭 ❶「巨大な」の意．❷〖計量単位〗メガ (記号 M)：10⁶, 100万を表わす．

mégabit /megabit/ 男〖情報〗メガビット．

mégalithe /megalit/ 男〖考古学〗巨石遺構：メンヒル, ドルメンなど．

mégalithique /megalitik/ 形〖考古学〗巨石遺構の．

mégalo- 接頭「巨大な」の意．

mégalomane /megalɔman/ 形, 名 ❶〖精神医学〗誇大妄想狂の(人)．❷ 自尊心の強い(人), なみはずれた野心を持った(人)．注 話し言葉では mégalo と略す．

mégalomanie /megalɔmani/ 囡 ❶〖精神医学〗誇大妄想．❷ 過剰な自尊心［野心］．

mégalopole /megalɔpɔl/ 囡 メガロポリス, 巨大都市．

mégaoctet /megaɔktɛ/ 男〖情報〗メガバイト.
mégaphone /megafɔn/ 男 メガホン.
mégarde /megard/ 女〘次の句で〙
par mégarde うっかりして, 不注意から.
mégatonne /megatɔn/ 女 メガトン, 100万トン.
mégatonnique /megatɔnik/ 形〖核爆弾の破壊力が〗メガトン級の.
Mégère /meʒɛːr/ 固有 女〖ギリシア神話〗メガイラ: 憎しみと羨望(ﾀ̕ぼう)の女神.
mégère /meʒɛːr/ 女 性悪女, ヒステリックな女.
Megève /məʒɛːv/ 固有 ムジェーヴ: アルプスのウインタースポーツの基地.
mégot /mego/ 男 話 (たばこの)吸い殻, しけもく.
mégoter /megɔte/ 間他動 <*mégoter sur qc*> …をけちる.
méhari /meari/; (複) *méharis* (または *méhara* /meara/) 男〖動物〗メハリ: アフリカで用いる早駆け用のヒトコブラクダ.
méhariste /meariːst/ 名 メハリに乗る人[兵士].

:**meilleur, e** /mejœːr メイユール/ 形

❶ «bon の優等比較級» <*meilleur (que …)*> (…)よりよい. ▶ Elle a trouvé une *meilleure* place que nous. 彼女は私たちよりいい席を見つけた / Il est *meilleur* que moi en anglais. 彼は私より英語がよくできる / Ce gâteau est *meilleur* avec du rhum. この菓子はラム酒を入れればもっとおいしくなる / Je ne connais rien de *meilleur*. これ以上いいものは知らない.
注 次のような場合は plus bon が用いられる. (1) plus が bon が離れているとき(例: plus ou moins bon まあまあよい / Plus il vieillit, plus il est bon. 年を取るほど彼は人がよくなる). (2) 他の形容詞との比較で bon を用いるとき(例: Elle est plus bonne que sage. 彼女は頭がいいというより, 人柄がいい). (3) <bon + 名詞> が成句的または合成語と見なされるとき(例: Il est plus bon vivant que moi. 彼は私よりもさらに陽気な楽天家だ).
❷ «定冠詞, 所有形容詞とともに»(bon の優等最上級)最もよい. ▶ le *meilleur* écrivain de son temps その時代の最も優れた作家 / son *meilleur* ami 彼(女)の最良の友 / Je vous adresse mes vœux les *meilleurs*. = Je vous adresse mes *meilleurs* vœux. = *Meilleurs* vœux! (クリスマスカードや年賀状で)おめでとうございます / Les plaisanteries les plus courtes sont les *meilleures*. 冗談は短いほどよい.
(*à*) *meilleur marché* さらに安い[安く] (⇨ BON MARCHÉ). ▶ Y en a-t-il de *meilleur marché*? もっと安いのはありませんか.
de meilleure heure もっと早く(=plus tôt).
Il est meilleur de + 不定詞 …する方がよい.
—— **meilleur** 副 ❶«非人称構文で» ▶ Il fait *meilleur* aujourd'hui qu'hier. 今日は昨日より天気がいい. ◆Il fait *meilleur* + 不定詞 …する方が快い. ▶ Il fait *meilleur* vivre chez soi qu'à l'étranger. 外国よりも自分の国で暮らす方が気楽だ. ❷«*sentir* とともに» ▶ Ce melon sent *meilleur* que l'autre. このメロンの方がもう一方より香りがいい.

—— **meilleur, e** 名《定冠詞とともに》❶ 最優秀者, 最強者. ▶ Que le *meilleur* gagne! 一番優れた人が勝ちますように. ❷ 最良のもの. ▶ le *meilleur* des vins 極上のワイン.
C'est toujours les meilleurs qui s'en vont. (人が亡くなったときに)いい人から先に逝く.
J'en passe et des meilleur(e)s. (話の結びに)ほかにももっとおもしろい話があるが省略する.
—— **le** (*le meilleur*) 最良の部分. ▶ le *meilleur* de l'art gothique ゴシック芸術の精華 / passer le *meilleur* de sa vie à faire qc 人生の盛りを…して過ごす / donner le *meilleur* de soi-même 自分の最善を尽くす / garder le *meilleur* pour la fin 一番いいものを最後にとっておく. ◆Le *meilleur*, c'est de + 不定詞. 一番いいのは…することだ.
avoir [*prendre*] *le meilleur sur qn* …に勝る, に対して優位に立つ.
pour le meilleur et pour le pire よきにつけ悪しきにつけ. ▶ Nous sommes unis *pour le meilleur et pour le pire*. 私たちは人生の苦楽を共にしている.
—— **meilleure** 女《la meilleure》(最も)驚くような話. ▶ Ça alors, c'est la *meilleure*! そりゃあ, たまげた話だ.
la meilleure de l'année 話 最高におかしい話; 最悪な話〖出来事〗.
Tu connais [*sais*] *la meilleure?* すごい話があるんだけど知っているかい.
méjuger /meʒyʒe/ ② 間他動 <*méjuger de qc*/*qn*> …を過小評価する, 見くびる.
—— 他動 …について判断を誤る; を過小評価する.
—— *se méjuger* 代動 自分を過小評価する.
mél /mel/ 男 電子メール.
*****mélancolie** /melɑ̃kɔli メランコリ/ 女 ❶ 憂鬱(?ﾞつ), もの憂さ; 憂愁. ▶ tomber dans la *mélancolie* 憂鬱な気分になる / dissiper la *mélancolie* 憂さを晴らす. ❷ 鬱病.
ne pas engendrer la mélancolie 話 いたって快活である, たいへん陽気である.
*****mélancolique** /melɑ̃kɔlik メランコリック/ 形 ❶ 憂鬱(?ﾞつ)な; 哀愁を帯びた, もの悲しい / visage *mélancolique* 憂鬱そうな顔 / avoir un air *mélancolique* もの憂げな様子をしている / une musique *mélancolique* もの悲しい音楽 比較 ⇨ TRISTE. ❷ 鬱病の. —— 名 鬱病患者.
mélancoliquement /melɑ̃kɔlikmɑ̃/ 副 憂鬱(?ﾞつ)に, もの悲しく.
Mélanésie /melanezi/ 固有 女 メラネシア: オーストラリア北東方の島々の総称.
mélanésien, enne /melanezjɛ̃, ɛn/ 形 メラネシア Mélanésie の.
—— **Mélanésien, enne** 名 メラネシア人.
*****mélange** /melɑ̃ːʒ メランージュ/ 男 ❶ 混合; (異種類の)混交; (酒の)ちゃんぽん. ▶ faire un *mélange de couleurs* 色を混ぜ合わせる. ❷ 混合物, ブレンド; 寄せ混ぜ. ▶ Cette histoire est un *mélange* de vérités et de mensonges. その話はうそと真実のまぜこぜだ. ❸《複数で》雑録, 記念論文集.
sans mélange 混じり気なしの, 純粋な. ▶ un

bonheur *sans mélange* このうえない幸福.
mélangé, e /melɑ̃ʒe/ 形 ❶ 混合された; 混紡の. ▶ vin *mélangé* ブレンドワイン / sentiments *mélangés* 複雑な気持ち ❷〈*mélangé* de + 無冠詞名詞〉…の混じた. ▶ une odeur de tabac *mélangée* de vin 酒とたばこの入り混じったにおい. ❸ ごたまぜの, 雑多な.

***mélanger** /melɑ̃ʒe/ メランジェ/ 2 他動 ❶ …を混ぜる, 混合する. ▶ *mélanger* un jaune d'œuf avec du lait 卵黄を牛乳と混ぜる / *mélanger* l'huile et le vinaigre 油と酢を混ぜる / *mélanger* des couleurs 色をまぜる. ❷話 …をごたまぜにする. ▶ *mélanger* des dossiers 書類をごっちゃにする / *mélanger* des dates dans sa mémoire 頭の中で日付がごっちゃになる.
— **se mélanger** 代動 ❶ 混ざる, 混合される. ❷ まぜこぜになる.
se mélanger「*les pieds*[*les pédales, les pinceaux, les crayons*]話 頭がこんがらがる.

mélangeur /melɑ̃ʒœːr/ 男 ❶〈冷水と温水の〉混合給水栓. ❷ 混合装置［器, 機］, ミキサー.
mélanine /melanin/ 女【生化学】メラニン.
mélasse /melas/ 女 ❶ 糖蜜(みつ). ❷話 乱雑, ごたまぜ. ❸話 dans la *mélasse* 金に困る; 複雑な状況に陥る. ❹話 濃霧; ぬかるみ.
mélatonine /melatɔnin/ 女 メラトニン.
Melba /melba/ 形〈不変〉pêches *Melba* ピーチメルバ: アイスクリームとデザート.

mêlé, e /mele/ 形 ❶ 混ざり合った; 雑多な. ▶ une société *mêlée* 雑多な人々の集まり / plaisir *mêlé* de peine 苦痛の入り混じった快楽. ❷ 加わった, かかわった. ▶ être *mêlé* à une affaire ある件にかかわっている.

mêle-casse /meleka:s/, **mêlécasse** 男 ❶ 古風 カシス入りブランデー. ❷ 話 voix de *mêlé-casse* (酒飲みの)しわがれ声.

mêlée /mele/ 女 ❶ 乱戦; 乱闘; 話〈入り乱れた〉論戦. ▶ rester au-dessus de la *mêlée* 騒ぎに巻き込まれずに超然としている. ❷【ラグビー】スクラム.

***mêler** /mele/ メレ/ 他動 ❶ …を混ぜ合わせる; 一体化させる. ▶ Les deux fleuves *mêlent* leurs eaux. その2つの大河は合流している. ◆ *mêler* A à [avec] B A を B に混ぜる, A と B を兼備する. ▶ *mêler* la douceur à la fermeté 強さと優しさを兼備している / *mêler* la musique avec la danse 音楽とダンスを一体化する ◆ *mêler* A de B A に B を混ぜる. ▶ *mêler* d'eau un vin ワインを水で割る.
❷ …をごたまぜにする; もつれさせる. ▶ *mêler* des dossiers 書類をごっちゃにする / *mêler* les cartes (トランプの)カードを切る.
❸〈*mêler* qn à qc〉…を〈事件, 問題など〉に巻き込む. ▶ On l'a *mêlé* à une affaire dangereuse. 彼は危険な仕事に巻き込まれた.
— **se mêler** 代動 ❶ 混ざり合う; もつれる.
❷〈*se mêler* à qc/qn〉…に混じる, 加わる. ▶ *se mêler* à la foule 雑踏に紛れ込む. ❸〈*se mêler* de qc〉…に介入する, 口を出す. ▶ *se mêler* des affaires d'autrui 人のことに口を出す / Mêlez-vous de vos affaires. 余計なおせっかいは焼くな / De quoi je *me mêle* ? 話 口出しは無用だ.
❹〈*se mêler* de + 無冠詞名詞〉〈ある感情に〉(他の感情)が入り混じる. ▶ Sa colère *se mêlait* de dépit. 彼(女)の怒りにはくやしさが混じっていた.
❺〈*se mêler* de + 不定詞〉…する気になる; たまたま…する. ▶ Ne *te mêle* pas d'apaiser leur querelle. 彼らの喧嘩(は)を止めようなんて気を起こすなよ.

mélèze /melɛːz/ 男【植物】カラマツ.
méli-mélo /melimelo/;《複》~**s**-~**s** 男 話 ごたまぜ.
mélioratif, ive /meljɔratif, iːv/ 形【言語】美称的な (↔péjoratif).
— **mélioratif** 男 美称語.
mélisse /melis/ 女 ❶【植物】メリッサ, セイヨウヤマハッカ. ❷【薬学】eau de *mélisse* メリッサ水.
mélo /melo/ 男 (*mélodrame* の略) メロドラマ.
mélodie /melɔdi/ 女 メロディー, 旋律; 歌曲.
mélodieusement /melɔdjøzmɑ̃/ 副 美しい旋律で, 調子よく, 音楽的に.
mélodieux, euse /melɔdjø, øːz/ 形 ❶ 旋律が豊かな; 音色の美しい. ▶ voix *mélodieuse* たえなる声. ❷〔言葉などが〕音楽的な.
mélodique /melɔdik/ 形 旋律の, 旋律的な.
mélodramatique /melɔdramatik/ 形 メロドラマの; メロドラマ風の, 感傷的で芝居がかった.
mélodrame /melɔdram/ 男 ❶ メロドラマ, 通俗劇. ❷ メロドラマ的状況.
mélomane /melɔman/ 形 音楽好きの, 音楽狂の.
— 名 音楽愛好家.
melon /məlɔ̃/ 男 ❶ メロン. ❷ *melon* d'eau スイカ (=pastèque). ❸ 山高帽 (=chapeau *melon*).
melonnière /məlɔnjɛːr/ 女 メロン畑.
mélopée /melɔpe/ 女 ❶ 〈単調な〉歌, 旋律. ❷〈古代ギリシア劇の〉叙唱部; 作曲法.
melting-pot /mɛltiŋpɔt/ 男【米語】〈人種, 文化の〉るつぼ, さまざまな要素の混じり合う場.
Melun /məlœ̃/ 固有 ムラン: Seine-et-Marne 県の県庁所在地.
membrane /mɑ̃bran/ 女 膜. ▶ *membrane* du tympan 鼓膜 / *membrane* cellulaire 細胞膜.
membraneux, euse /mɑ̃branø, øːz/ 形 膜の, 膜様の, 膜性の.

***membre** /mɑ̃:br/ マーンブル/ 男 ❶ 四肢, 手足. ▶ *membre* supérieur 上肢 / *membre* inférieur 下肢. ❷ 構成員, メンバー; 加盟国, 加盟団体. ▶ *membre* d'un club クラブのメンバー / tous les *membres* de la famille 家族全員 / *membre* actif [honoraire] 正会員［名誉会員］/〈同格的に〉Etat [pays] *membre* 加盟国 / être *membre* d'un parti politique 政党の党員である. ❸ 陰茎, 男根 (=*membre* viril). ❹〈方程式や不等式の〉辺. ❺ premier [second] *membre* 左辺［右辺］. ❻〈船舶の〉肋材(%).
membru, e /mɑ̃bry/ 形 四肢のたくましい.
membrure /mɑ̃bryːr/ 女 ❶〈集合的に〉四肢. ▶ *membrure* puissante がっしりした手足. ❷〈船舶の〉肋材(%). ❸【建築】骨組み, 枠(材), 主材.

même

même /mɛm メム/

> ― 形《名詞の前で》同じ. ▶ le *même* jour 同じ日に
> 《名詞, 代名詞のあとで》まさにその. ▶ le jour *même* ちょうどその日に, その日のうちに
> 〈人称代名詞強勢形 -*même*〉…自身.
> ▶ moi-*même* 私自身
> ― 副 …さえも, …すら. ▶ *même* les enfants 子供たちでさえ

形 ❶ ❶《名詞の前で》同じ, 同一の, 同様の. ▶ Ils habitent la *même* ville. 彼らは同じ町に住んでいる / Il fait toujours les *mêmes* fautes. 彼はいつも同じミスをする / Ils sont de *même* taille. 彼らは同じ身長だ. ◆ 定冠詞 + **même ... que ...** …と同じ…. ▶ Il porte la *même* chemise qu'hier. 彼は昨日と同じシャツを着ている.
❷《名詞, 代名詞のあとで》まさにその, …そのもの. ▶ à l'heure *même* de la mort de son père 父親が息を引き取ったちょうどその時に / Ce sont les paroles *mêmes* que le président a prononcées. それは大統領が述べたとおりの言葉だ / par cela *même* まさにそのことによって / Il est l'exactitude *même*. 彼はきちょうめんそのものだ.
❸《名詞, 代名詞のあとで》…でさえも〈⇨ 副 ①〉. ▶ Ses enfants *mêmes* le méprisent. 彼の子供までもが彼を軽蔑している.

❷〈人称代名詞強勢形 -*même*〉…自身.
❶《主語, 再帰代名詞の強調》…自身で[を]. ▶ Je ferai ce travail moi-*même*. その仕事は私が自分でしましょう / Lui-*même*(, il) n'en sait rien. 彼自身はそれについて何も知らない(注 主語代名詞を省略できるのは 3 人称のみ).
❷ …自身. ▶《前置詞などのあとで》Elle gémit sur elle-*même*. 彼女は我が身の不幸を嘆いている / Tu es égoïste. Tu ne penses qu'à toi-*même*/ 君はエゴイストだ. 自分のことしか頭にない /《属詞として》Reste toujours toi-*même*. 常に自分らしくあれ /《単独で》«C'est Monsieur Charrier à l'appareil ?―Lui-*même*.»(電話で)「シャリエさんでしょうか」「はい, 私です」.
❸《一般的に》▶ C'est un autre moi-*même*. あれは私の分身だ[いつでも私の代わりになれる].

*de soi-*même** (1) 自発的に, 自ら進んで. ▶ *De moi-même*, je lui ai fait mes excuses. 私は自分から彼に謝った. (2) ひとりでに, 自然に. ▶ Le feu s'est éteint *de lui-même*. 火はひとりでに消えた.

en soi-*même* (1) それ自体で. ▶ Ce tableau n'a pas de valeur *en lui-même*. その絵はそれ自体では値打ちがない. (2) 内心で, 心の底で. ▶ Elle se disait *en elle-même* qu'il avait raison. 彼女は内心では彼が正しいと思っていた.

*par soi-*même** 独力で, 他人に頼らずに. ▶ Elle a tout fait *par elle-même*. 彼女は全部自分でやった.

― 代《不定》《定冠詞とともに》同じもの[人]. ▶ Elle est toujours la *même*. 彼女はまったく変わっていない.

*Cela revient au *même*. = 話 *C'est du pareil au *même*. それは結局同じことだ.
*On prend les *mêmes* et on recommence. 話 相も変わらずだ, 変わり映えがしない.

― ***même*** 副 ❶ …さえも, …すら; …であっても. ▶ Ses parents *même* [*Même* ses parents] l'ont abandonné. 両親までもが彼を見放した / Elle ne me parle *même* plus. 彼女はもう私に口さえ利いてくれない / Il était modeste et *même* timide [timide *même*]. 彼は控えめで, 臆病(おくびょう)でさえあった / *Même* par beau temps, je n'aime pas le bateau. 天気がよくても船は御免だ.
❷ まさに. ▶ C'est ici *même* que l'explosion s'est produite. 爆発が起きたのはまさにここだ.

à *même* de +《不定詞》…できる. ▶ Je ne suis pas *à même* de lui rendre service. 私は彼(女)の役に立てない.

à *même* qc …に[から]直接に, じかに. ▶ boire *à même* la bouteille 瓶からじかに飲む.

*de *même** 同様に. ▶ Il m'a parlé méchamment, je lui ai répondu *de même*. 彼がいやみな言い方をしてきたので, 同じ口調で答えてやった /《Vous y allez ? Moi *de même*. あなた(方)も行くの, 私もですよ.

*de *même* 「que qn/qc」《*que* +《直説法》》…と同様に. ▶ Jean, *de même que* son frère, sait jouer aux échecs. ジャンも兄[弟]同様チェスができる / *De même que* la liberté n'est pas la licence, (de *même*) l'ordre n'est pas l'absence de liberté. 自由が放縦でないように, 秩序も自由の欠如ではない.

Il en est [va] *de même* (de [pour] qn [qc]). (…についても) 事情は同様である.

même que +《直説法》俗 その上, しかも…; その証拠に…. ▶ Elle était en colère, *même qu*'elle a crié très fort. 彼女は怒ってたよ, 大声で叫んだしね.

même si +《直説法》たとえ…でも〈⇨ sI[1]〉.

*quand *même* = tout de *même*** (1) それでも, にもかかわらず. ▶ Il était malade, mais il est venu *quand même*. 彼は病気だったが, それでもやって来た. (2) 話《憤慨, 強調》まったく, やっぱり, 何にせよ. ▶ Ils exagèrent, *tout de même* ! それにしてもいいかげんすぎるよ.

mémé /meme/ 女 話 ❶《愛情表現で》おばあちゃん. ❷《所帯じみた》中年の女, おばさん.

mémento /memɛ̃to/ 男 ❶ 覚え書き; 手帳, メモ帳 (=agenda). ❷ 便覧, 抄録.

mémère /memɛːr/ 女 ❶ 俗《愛情表現で》おばあちゃん. ❷ 話 (でっぷりした中年の) おばさん.

*mémoire[1]** /memwaːr/ メモワール 女 ❶ 記憶, 記憶力; 思い出. ▶ avoir de la *mémoire* = avoir une bonne *mémoire* 記憶力がよい / perdre la *mémoire* 記憶力が衰える; 記憶をなくす / avoir la *mémoire* courte 忘れっぽい / avoir un trou de *mémoire* 度忘れする / chercher dans sa *mémoire* 記憶をたどる / Je n'ai pas la *mémoire* des chiffres. 私は数字がよく覚えられない / Cela m'est sorti de la *mémoire*. そのことは忘れてしまった.

❷（後世の）名声；評価. ▶ honorer la *mémoire* d'un mort 故人の遺徳をたたえる.
❸ 過去の記憶. ▶ *mémoire* collective 集団的記憶 / devoir de *mémoire* 歴史を忘れないでいる義務 / travail de *mémoire* 歴史の発掘作業 / lieu de *mémoire* 歴史の場（歴史を象徴する場所や物）.
❹〖情報〗記憶装置，メモリ. ▶ *mémoire* morte 読み出し専用メモリ，ROM / *mémoire* vive 書き込み可能メモリ，RAM.

à la mémoire de qn/qc = *en mémoire de qn/qc* …の記念に.
avoir [*garder*] *qc en mémoire* …を覚えている.
*de mémoire 暗記して，そらで；記憶に頼って. ▶ citer *de mémoire* un poème 記憶からある詩を引用する
de mémoire d'homme《否定的表現で》記憶〔記録〕にある限りでは. ▶ *De mémoire d'homme*, on n'a jamais vu autant de neige. 記憶にある限りこんなに雪が降ったことはない.
pour mémoire 参考までに.
rafraîchir la mémoire（*à qn*）[話]（…に）忘れていたことを思い出させる.
si j'ai bonne mémoire 私の記憶が正しければ.

***mémoire²** /memwaːr メモワール/ 男 ❶（公的な）報告書；申し立て書；（訴訟の）趣意書.
❷ 論文，研究報告. ▶ *mémoire* de maîtrise 修士論文.
❸ 見積り書，計算書.
❹《複数で》回想録；手記.

mémorable /memɔrabl/ 形 記憶すべき；記念すべき；忘れがたい.
mémorandum /memɔrɑ̃dɔm/ 男 ❶ 外交覚え書き. ❷ メモ；メモ帳.
mémorial /memɔrjal/；《複》**aux** /o/ 男 ❶ 記念碑；記念館. ❷ 覚え書き，回想録.
mémorialiste /memɔrjalist/ 名 回想録作者；記録文学者.
mémorisation /memɔrizasjɔ̃/ 女 ❶〖情報〗（情報の）記憶. ❷〖心理〗記憶作用.
mémoriser /memɔrize/ 他動 ❶〖情報〗（記憶装置に）〔情報〕を記憶させる. ❷〖心理〗…を記憶にとどめる.
menaç*ant*, *ante* /mənasɑ̃, ɑ̃ːt/ 形 ❶ 脅迫する. ▶ un ton *menaçant* 威嚇的な口調. ❷ 不穏な；切迫した. ▶ présage *menaçant* 不吉な前触れ / temps *menaçant* 荒れ模様の天気.
***menace** /mənas ムナス/ 女 ❶ 脅し，威嚇；脅迫. ▶ lettre de *menaces* 脅迫状 / recevoir des *menaces* de mort 殺すと脅される / obtenir qc par la *menace* …をゆすり取る / faire qc sous la *menace* 脅されて…をする / céder à la *menace* 脅しに屈する. ❷ 脅威；兆候. ▶ *menace* nucléaire 核の脅威.
sous la menace（*de qc*）（…の）脅威にさらされて. ▶ Ce pays est *sous la menace* d'une guerre. その国は戦争の脅威にさらされている.
menacé, e /mənase/ 形 脅かされている，脅威にさらされている. ▶ espèces *menacées* d'extinction 絶滅危惧種.

***menacer** /mənase ムナセ/ 1 他動

過去分詞 menacé	現在分詞 menaçant

直説法現在	je menace	nous menaç**o**ns
	tu menaces	vous menacez
	il menace	ils menacent

❶ …を脅迫する，脅す. ▶ *menacer* qn avec un couteau ナイフで…を脅す. ◆*menacer* qn de qc / 不定詞 …するぞと…を脅す. ▶ *menacer* qn de mort …を殺すと脅す / Le patron l'a *menacé* de le renvoyer. 雇い主は首にするぞと彼を脅した.
❷〔危険などが〕…に脅威を与える. ▶ La guerre *menaçait* ce pays. その国は戦争の脅威にさらされていた. ❸《*menacer* de + 不定詞》…するおそれがある. ▶ une chaise qui *menace* de se casser 今にも壊れそうな椅子⑺/《目的語なしに》La pluie *menace*. 今にもひと雨来そうだ.
menacer ruine 崩れかかっている.

***ménage** /menaːʒ メナージュ/ 男 ❶ 家事，家政；《特に》家の掃除. ▶ les dépenses du *ménage* 家計費 / s'occuper de son *ménage* 家事に携わる / faire le *ménage* 掃除する；人員整理する，リストラする / faire des *ménages* 家政婦として働く；掃除婦 / femme de *ménage* 家政婦，掃除婦 / ustensiles de *ménage* 掃除道具.
❷ 夫婦(生活)；世帯，所帯. ▶ jeune *ménage* 若夫婦 / *ménage* sans enfants 子供のない夫婦 / faux *ménage* 内縁の夫婦 / scènes de *ménage* 夫婦喧嘩(ｹﾝｶ) / se mettre en *ménage* 結婚する，所帯を持つ / *ménage* à trois 三角関係.
de ménage 自家製の；家庭用の. ▶ jambon *de ménage* 自家製ハム / savon *de ménage* 家庭用石鹸(ｾｯｹﾝ).
faire bon [*mauvais*] *ménage avec qn/qc* …と折り合いがいい［悪い］；両立する［両立しない］.
ménage de poupée ままごと遊びの道具.
monter son ménage 所帯道具を買いそろえる.
ménagement /menaʒmɑ̃/ 男 手加減；丁重；気配り. ▶ sans *ménagement* 手加減なしで，容赦なく.
***ménager¹** /menaʒe メナジェ/ 2 他動

過去分詞 ménagé	現在分詞 ménageant

直説法現在	je ménage	nous ménag**e**ons
	tu ménages	vous ménagez
	il ménage	ils ménagent

❶ …を大切に使う，節約する. ▶ *ménager* ses vêtements 服を大事に着る / *ménager* son temps 時間を有効に使う / ne pas *ménager* ses efforts 努力を惜しまない.
❷ …を丁重に扱う，いたわる；に気を配る. ▶ *ménager* un malade 病人をいたわる / *ménager* son adversaire 敵に手心を加える / *ménager* la susceptibilité de qn …の自尊心を傷つけないようにする / *ménager* ses expressions 物言いに気をつける / ne pas *ménager* les critiques 容赦なく批判する.

ménager

❸ …の準備を整える；を用意する．▶ *ménager* un entretien 会見の手はずを整える / *ménager* l'avenir 将来に備える / *ménager* une surprise à qn …のために思いがけないプレゼントを用意する．❹ …を設ける，しつらえる；〔場所，間隔など〕をあけておく．▶ *ménager* une fenêtre dans un mur 壁に窓を設ける / *ménager* un espace entre deux paragraphes 2つの段落の間に空白をあける．
— **se ménager** 代動 ❶ 自分をいたわる．▶ Vous devez *vous ménager*. 体を大事にしなければいけません．❷ 《*se ménager* qc》〈自分のために〉…を準備する．▶ *se ménager* une porte de sortie 逃げ道を確保する．❸ 手心を加え合う．

*****ménager**², **ère** /menaʒe, ɛːr メナジェ，メナジェール/ 形 ❶ 家事の，家庭の．▶ travaux *ménagers* 家事 / équipement *ménager* = appareils *ménagers* (洗濯機，掃除機などの)家庭用電器 / ordures *ménagères* 家庭ごみ．❷ 自家製の．▶ terrine *ménagère* 自家製テリーヌ．
— *****ménagère** 女 ❶ 主婦．❷ テーブルウェア・セット：ナイフ，フォーク，スプーンなど，通例1ダースの箱入りセット．❸ aide-*ménagère* 家政婦．

ménagerie /menaʒri/ 女 (研究，見せ物用の)動物小屋，動物園；(研究，見せ物用の)動物．

menchevik /mɛnʃevik/ 形, 名 メンシェビキの(人)：ボリシェビキに反対するロシア社会民主労働党の(党員)．

Mende /mɑ̃ːd/ 固有 マンド：Lozère 県の県庁所在地．

mendi*ant*, *ante* /mɑ̃djɑ̃, ɑ̃ːt/ 名 物ごい．
— 形 物を請う．▶ ordres *mendiants* 托鉢(たくはつ)修道会．— **mendiant** 男 マンディアン：干しいちじく，干しぶどう，アーモンド，ヘーゼルナッツを取り合わせたデザート．

mendicité /mɑ̃disite/ 女 ❶ 物ごいをすること．❷ 物ごいの境遇．

mendier /mɑ̃dje/ 自動 物ごいする．
— 他動 ❶《金，食べ物など》を請う，恵んでくれとねだる．❷《軽蔑して》…を懇願する．▶ *mendier* des compliments お世辞を言ってもらいたがる．

menées /məne/ 女複 陰謀，策略．

*****mener** /məne/ ムネ 3 他動

直説法現在	je mène	nous menons
	tu mènes	vous menez
	il mène	ils mènent
複合過去	j'ai mené	半過去 je menais
単純未来	je mènerai	単純過去 je menai

❶ …を連れていく．▶ *mener* un enfant à l'école 子供を学校に連れていく．◆*mener* qn +不定詞 …を…しに連れていく．▶ *mener* promener le chien 犬を散歩に連れていく．注「連れていく」の意味では emmener の方が一般的．
❷《*mener* qn + 場所》〔道，乗り物など〕…を…に到達させる；《目的語なしに》…へ通じる．▶ Cette route *mène* à la plage. この道を行くと海岸に出る / Voilà l'autobus qui vous *mènera* à la gare. あのバスに乗れば駅へ行けます．
❸《*mener* qn/qc à qc》…を…に至らせる，導く；《目的語なしに》…に至る．▶ C'est la jalousie qui l'*a mené* au crime. 嫉妬(とっ)ゆえに彼は犯罪に走った / ne *mener* à rien 何の役にも立たない．
❹《*mener* qc (+ 場所)》〔乗り物など〕を(…に)動かしていく，操る．▶ *mener* sa voiture au garage 自動車を修理工場に持っていく / *mener* un bateau 船を操縦する．
❺ …を行う；進める．▶ La police *a mené* une enquête approfondie. 警察は徹底的な捜査を行った / *mener* de front deux activités 2つの活動を並行して進める / *mener* les débats 討論の司会を務める / *mener* une négociation 交渉を行う．比較 ⇨ EFFECTUER．
❻《人，組織など》を動かしていく，操る．▶ Elle *mène* bien l'entreprise. 彼女はうまく会社を経営している / L'argent *mène* le monde. 金が世界を動かす / *mener* le gouvernement 政府の舵取りをする．
❼ …の先頭に立つ，率いる．▶ *mener* une manifestation デモ隊の先頭に立つ．
❽《スポーツ》《ゲーム》〔相手〕より優位に立つ；《目的語なしに》リードする．▶ La France *mène* (le Brésil) par deux buts à un. フランスは2対1で(ブラジルを)リードしている．
❾〔生活〕を送る．▶ *mener* une vie heureuse 幸せな生活を送る．
❿《数学》〔線〕を引く；〔図形〕を描く．

mener qc **à bien** [**à bonne fin**] …を首尾よく成し遂げる，成功させる．

mener **à tout, à condition d'en sortir** 努力次第で成功も可能だ．

mener (*qn*) **loin** (1)(…を)遠くへ連れていく．(2)(…に)思わぬ［重大な］事態を招く．▶ Cela peut vous *mener loin*. そんなことをするととんでもない羽目に陥りますよ．(3)《多く否定的表現で》〈金銭などが〉(…にとって)長く持つ．▶ Ses petites économies ne la *mèneront* pas *loin*. わずかな貯金では彼女もやっていけないだろう．

ménestrel /menɛstrɛl/ 男 ミンストレル：(中世の)宮廷詩人［音楽家］．

men*eur*, *euse* /mənœːr, øːz/ 名 指導者，リーダー；首謀者．▶ *meneur* de jeu (ショー，ゲームなどの)司会者 / *meneur* d'hommes 統率力のある人；ボス / On a arrêté les *meneurs*. 首謀者たちは逮捕された．

menhir /meniːr/ 男 メンヒル，立石：ブルターニュ地方に見られる先史時代の巨石遺構．

méninge /menɛ̃ːʒ/ 女 ❶《複数で》話 頭脳．▶ se fatiguer les *méninges* 頭を使う；思い悩む．❷《解剖》髄膜．

méningé, e /menɛ̃ʒe/ 形《解剖》髄膜の．

méningite /menɛ̃ʒit/ 女《医学》髄膜炎．
ne pas risquer d'attraper une méningite まったく頭を使わない，ちっとも勉強しない．

ménisque /menisk/ 男 ❶《光学》メニスカス［凹凸］レンズ．❷《物理》メニスカス．

ménopause /menopoːz/ 女《生理学》閉経(期)，月経閉止(期)，更年期 (=retour d'âge).

menotte /mənɔt/ 女 ❶《複数で》手錠．▶ passer [mettre] les *menottes* à un suspect 容疑者に手錠をかける．❷ 幼児語 おてて．

mens /mɑ̃/ 活用 ⇨ MENTIR ⑲

*mensonge /mɑ̃sɔːʒ/ マンソーンジュ/ 男 ❶ うそ. ▶ C'est un *mensonge*. それはうそだ(軽く「ウッソー」と言いたいときは C'est pas vrai! が適切) / dire un *mensonge* うそをつく / *mensonge* innocent 罪のないうそ / pieux *mensonge* 人を傷つけないためのうそ / vivre dans le *mensonge* うそで固められた生活を送る / C'est vrai, ce *mensonge*(-la)? 图 そのうそ, 本当かい. ❷ 虚構, 作り事; 幻影.

mensong*er*, *ère* /mɑ̃sɔ̃ʒe, ɛːr/ 形 うその, 偽りの. ▶ témoignage *mensonger* 偽証.

menstruation /mɑ̃stryasjɔ̃/ 女 月経.

menstruel, *le* /mɑ̃stryɛl/ 形 月経の. ▶ cycle *menstruel* 月経周期.

mensualisation /mɑ̃sɥalizasjɔ̃/ 女 (給料の)月給制化; 月払いにすること.

mensualiser /mɑ̃sɥalize/ 他動 …を月給制にする; 月払いにする.

mensualité /mɑ̃sɥalite/ 女 ❶ 月賦, 月賦払い金. ▶ en dix *mensualités* 10 回払いの月賦で / payer qc par *mensualités* …の代金を月賦で払う. ❷ 月給.

*mensuel, *le* /mɑ̃sɥɛl/ マンスュエル/ 形 月 1 回の; 月ごとの. ▶ revue *mensuelle* 月刊誌 / salaire *mensuel* 月給. — 名 月給取り.
— **mensuel** 男 月刊誌.

mensuellement /mɑ̃sɥɛlmɑ̃/ 副 月ごとに, 毎月.

mensuration /mɑ̃syrasjɔ̃/ 女 身体の測定;《複数で》測定値, サイズ, スリーサイズ.

ment /mɑ̃/ 活用 ⇨ MENTIR 19

mental, ale /mɑ̃tal/;《男複》*aux* /o/ 形 ❶ 頭[心]の中で行う, そらでする. ▶ calcul *mental* 暗算 / prière *mentale* 黙祷(もくとう). ❷ 精神の, 心の (↔physique). ▶ état *mental* 精神状態 / âge *mental* 精神年齢 / maladie *mentale* 精神病.
— **mental** 男 (単数形のみ)精神生活, 精神.

mentalement /mɑ̃talmɑ̃/ 副 ❶ 頭[心]の中で. ▶ calculer *mentalement* 暗算する. ❷ 精神的に.

mentalité /mɑ̃talite/ 女 (おもに集団の)精神構造, ものの考え方, 心性. ▶ la *mentalité* française フランス人特有の心理 / Ces gens-là ont une *mentalité* bien différente de la nôtre. あの人たちは我々とずいぶん違ったものの見方をする.
Quelle [*Belle, Jolie*] *mentalité!* なんて恥知らずなんだ.

*ment*eur*, *euse* /mɑ̃tœːr, øːz/ マントゥール, マントゥーズ/ 名 うそつき. — 形 うそつきの; 偽りの.

menthe /mɑ̃ːt/ 女 ❶《植物》ハッカ. ❷ ハッカエキス; ハッカシロップ. ▶ *menthe* à l'eau はっか水 / thé à la *menthe* ミントティー.

menthol /mɛ̃tɔl/ 男 メントール.

mentholé, *e* /mɛ̃tɔle/ 形 メントール入りの.

mention /mɑ̃sjɔ̃/ 女 ❶ 言及; 記載. ▶ faire l'objet d'une *mention* 言及の対象となる / faire *mention* de qc/qn …に言及する (=mentionner). ❷ 記載事項; 注記. ▶ rayer les *mentions* inutiles (アンケートなどで)該当しない項目を線で消す. ❸ (試験などの)評価, 成績. ▶ *mention*「très bien [bien, assez bien, passable] (4 段階評価の)優 [良, 良の下, 可] / être reçu avec *mention* (バカロレアなどで)可よりよい成績で合格する.
mention honorable (1)(国家博士論文審査で)良. (2)選外佳作.

mentionner /mɑ̃sjɔne/ 他動 …に言及する (=faire mention de); …を記載する. ▶ *mentionner* (le nom de) qn dans un discours 演説で…の名を挙げる / ne faire que *mentionner* qc …について簡単に触れるにとどめる.

*mentir /mɑ̃tiːr/ マンティール/ 19 自動

過去分詞 menti	現在分詞 mentant
直説法現在 je mens	nous mentons
tu mens	vous mentez
il ment	ils mentent

うそをつく, 偽る. ▶ C'est faux, il *a menti*! それは違う, 彼はうそを言ってるんだ / La photo ne *ment* pas. 写真はうそをつかない / *mentir* sur qc /qn …について偽る, ごまかす.
faire mentir le proverbe 〔行為, 出来事が〕諺(ことわざ)をうそとする, 常識とは逆になる.
mentir comme on respire (息をするように)平気でうそをつく.
sans mentir 本当に, うそ偽りなく.
— **se mentir** 代動 ❶ 互いにうそをつき合う. 注 過去分詞は不変. ❷ 自分を欺く[ごまかす] (=*se mentir* à soi-même).

Menton /mɑ̃tɔ̃/ 固有 マントン: 南仏, イタリア国境近くの保養地.

*menton /mɑ̃tɔ̃/ マントン/ 男 あご(先). ▶ avoir un double *menton* 二重あごである.

mentonn*ier*, *ère* /mɑ̃tɔnje, ɛːr/ 形 あごの.
— **mentonnière** 女 ❶ (帽子などの)あごひも. ❷ (バイオリン, 兜(かぶと)の)あご当て.

mentor /mɛtɔːr/ 男 文章 (経験豊富な)助言者, 指導者, メンター.

menu¹, *e* /məny/ 形 ❶ 細い, 小さい. ▶ une herbe *menue* 細長い草 / une jeune fille toute *menue* か細い女の子 / hacher en *menus* morceaux みじん切りにする. ❷《名詞の前で》些細(ささい)な, 取るに足りない. ▶ *menue* monnaie 小銭.
— **menu** 副 細かに, 小さく. ▶ couper [hacher] *menu* 細かく切る[みじん切りにする].
— 男《次の句で》*par le menu* 事細かに.

*menu² /məny/ many ムニュ/ 男 ❶《レストランの》定食, コース料理 (=*menu* à prix fixe). ▶ *menu* du jour 本日の定食 / *menu* touristique (観光客向けの)サービスメニュー / *menu* à dix euros 10 ユーロのメニュー. ❷ 献立. ❸《情報》メニュー.

> 比較 メニュー, 献立
> **menu** 家庭での食事, レストランのコース料理など, あらかじめ献立が決められているものをいう.
> **carte** レストランの料理やワインリスト. 日本で普通メニューと呼ばれているもののこと.

menuet /mənɥɛ/ 男《ダンス》《音楽》メヌエット: フランス起源の 3 拍子の舞踏, およびその曲.

menuiser /mənɥize/ 他動 ❶〔木材〕を切削加工する. ❷ …に木工[指し物]細工をする.

menuiserie

menuiserie /mənɥizri/ 囡 ❶ 建具造作, 木工 [指し物] 細工 (製品); 木工場. ❷ *menuiserie* métallique (窓や戸のフレームなどの) 金属建具.

menuisier /mənɥizje/ 男 指物師, 建具屋 [職]. ▸ *menuisier* en meubles 家具製造 (職) 人.

méphistophélique /mefistɔfelik/ 形 文章 メフィストフェレスのような, 悪魔的な.

méphitique /mefitik/ 形 [ガスなどが] 有毒な; 悪臭を放つ.

méplat /mepla/ 男 (物の) 平面部分.

se méprendre /s(ə)meprɑ̃:dr/ 87 代動 (過去分詞 méprise, 現在分詞 se méprenant) 文章 <*se méprendre* (sur qc/qn)> (…について) 取り違える, 誤解する. ▸ Elles *se sont méprises* sur lui. 彼女たちは彼について考え違いをした.

à s'y méprendre 間違えるほど. ▸ Ils se ressemblent *à s'y méprendre*. 彼らはうり二つだ.

méprenn-, mépren-, mépri-, méprî-
活用 ▶ SE MÉPRENDRE 87

***mépris** /mepri/ メプリ/ 男 ❶ 軽蔑. ▸ avoir [éprouver] du *mépris* pour qn …に軽蔑の念を抱く / montrer du *mépris* 偽りの色を示す / regarder qn avec *mépris* …をさげすむように見る. ❷ <le *mépris* de qc> …の軽視, 無視. ▸ le *mépris* des règles 規則の無視 / *mépris* de la vie 命の軽視 / au *mépris* de qc …を無視して.

méprisable /meprizabl/ 形 軽蔑すべき.

méprisant, ante /meprizɑ̃, ɑ̃:t/ 形 軽蔑的な, さげすむような.

méprise /mepri:z/ 囡 取り違え, 誤解. ▸ commettre une *méprise* grossière とんでもない思い違いをする / par *méprise* 誤って.

***mépriser** /meprize/ メプリゼ/ 他動 ❶ …を軽蔑する. ▸ *mépriser* les menteurs うそつきを軽蔑する. ◆ *mépriser* qn pour [de] qc / *mépriser* qn de + 不定詞 …のせいで [ということで] …を軽蔑する. ❷ …を軽視する. ▸ *mépriser* la mort 死をものともしない. — **se mépriser** 代動 ❶ 卑下する. ❷ 互いに軽蔑し合う.

***mer** /mɛ:r メール/ 囡

❶ 海, 海洋. ▸ aller à la *mer* 海に行く / au bord de la *mer* 海辺で / prendre un bain de *mer* 海水浴をする / voyager par *mer* 船旅をする / gens de *mer* 海の男, 船乗り / fruits de *mer* (エビ, カニ, 貝類の) 海の幸 / coup de *mer* しけ / *mer* agitée 荒れた海 / en haute [pleine] *mer* 沖合いで. ❷ (特定地域の) 海. ▸ *mer* du Japon 日本海 / *mer* Rouge 紅海 / *mer* Morte 死海. ❸ 潮. ▸ La *mer* est haute [pleine]. 満潮だ / La *mer* est basse. 干潮だ. ❹ <*mer* de + 無冠詞名詞> 海のような…, 一面に広がる…. ▸ une *mer* de sang 血の海.

Ce n'est pas la mer à boire. それはさほど困難なことではない.

C'est une goutte d'eau dans la mer. 焼け石に水だ, むだなことだ.

prendre la mer = *mettre à la mer* 航海に出る, 出港する.

un homme à la mer 海に落ちた人; 途方にくれている人.

mercanti /mɛrkɑ̃ti/ 男 悪徳商人.

mercantile /mɛrkɑ̃til/ 形 貪欲 (ﾄﾞﾝ) な, 金もうけ主義の. ▸ mentalité *mercantile* もうけ第一主義.

mercantilisme /mɛrkɑ̃tilism/ 男 ❶ 文章 金もうけ主義. ❷ (16, 17世紀の) 重商主義.

mercaticien, enne /mɛrkatisjɛ̃, ɛn/ 名 [経済] マーケティング専門家.

mercatique /mɛrkatik/ 囡 [経済] マーケティング (= marketing).

mercenaire /mɛrsənɛ:r/ 形 ❶ 金目当ての. ❷ 文章 (金で) 雇われた. ▸ troupes *mercenaires* 傭兵 (ﾖｳﾍｲ) 隊. — 名 傭兵.

travailler comme un mercenaire 安い賃金でつらい仕事をする.

mercerie /mɛrsəri/ 囡 手芸 [裁縫] 材料; 手芸 [裁縫] 材料店; 小間物商.

merceriser /mɛrsərize/ 他動 [繊維] [綿繊維品] をシルケット加工する.

merchandising /mɛrʃɑ̃dajziŋ, mɛrʃɑ̃diziŋ/ 男 [英語] [商業] マーチャンダイジング, 商品化計画. 注 marchandisage の使用が奨励されている.

***merci** /mɛrsi/ メルシー/ 間投

❶ ありがとう. ▸ «**Merci beaucoup.**—De rien.» 「どうもありがとう」「どういたしまして」 / *Merci* bien. どうも (軽いお礼) / *Merci* mille fois. = Mille fois *merci*. 本当にありがとうございました. ◆ *merci* de [pour] qc / *merci* pour + 不定詞 / **Merci** pour [de] votre lettre. お手紙ありがとう / **Merci pour aujourd'hui.** 今日はどうもありがとう / **Merci pour tout.** 色々ありがとう / *Merci* de m'avoir prévenu. 知らせてくれてありがとう / *Merci* quand même. ともかくありがとう (相手の努力が失敗に終わったときに, その好意に感謝する言い方).
❷ いいえ, 結構です. ▸ «Reprenez du gâteau. —Non, *merci*.» 「もう少しお菓子をどうぞ」「いや, もう結構です」
❸ 《皮肉に》 結構なことだ; 真っ平御免だ.

merci de + 不定詞 …して下さい. ▸ *Merci de* ne pas fumer. 禁煙をお願いします.

Merci pour lui! 話 彼なら心配いらないよ; あんなやつはほっときましょうよ.

Merci qui? 話 メルシーだけ? 注 単に Merci. だけではなく, Merci, Madame. などのように言うべきことを幼児に教えるときの言い方.

—— 男 お礼, 感謝の言葉. ▸ Tu lui diras *merci* de ma part. 彼 (女) にお礼を言っておいてね / Je te dis un grand *merci*. 君にはとても感謝してる.

—— 囡 古 文章 慈悲, 恩恵, 哀れみ.

à la merci de qc/qn …に左右されて, の意のままに. ▸ Ce petit navire était *à la merci de* la tempête. この小船は嵐 (ｱﾗｼ) に翻弄 (ﾎﾝﾛｳ) されていた. ◆ *tenir* [*avoir*] *qn à sa merci* …を意のままにする.

Dieu merci! 神様のおかげで, 幸いにも.

sans merci 容赦ない; 情け容赦なく.

mercier, ère /mɛrsje, ɛ:r/ 名 手芸 [裁縫] 材料商 (人); 小間物商 (人), 小間物屋.

mercredi /mɛrkrədi メルクルディ/ 男 水曜日. 注 フランスの小・中学校, 高校では休日. ▶ Nous sommes le *mercredi* 4 novembre. 今日は11月4日水曜日だ / *mercredi* des Cendres〖カトリック〗灰の水曜日(四旬節 Carême の初日).

Mercure /mɛrky:r/ 固有 男 ❶〖ローマ神話〗メルクリウス: 商売の神. ギリシア神話のヘルメスに当たる. ❷〖天文〗水星.

mercure /mɛrky:r/ 男〖化学〗水銀. ▶ baromètre à *mercure* 水銀気圧計.

merde /mɛrd/ 女 話 ❶ 糞(ふん). ❷ ろくでもない物［人］. ▶ C'est de la *merde*, ce film. くだらない映画だ / Ce type est une vraie *merde*. あいつは本当にろくでなしだ. ❸ 悪天候.

avoir de la merde dans les oreilles 俗 耳が悪い, よく聞こえない.

avoir de la merde dans les yeux 目がかすんでよく見えない; 明白な事柄が分からない.

C'est toute une merde +不定詞 俗 …することはクソ難しい.

couvrir qn de merde …をののしる.

de merde ひどい, 嫌な, 厄介な.

être dans la merde (*jusqu'au cou*) 窮地に立つ, にっちもさっちもいかない.

mettre [foutre, semer] la merde 混乱させる, めちゃくちゃにする.

traiter qn comme une [de la] merde 俗 …をひどく侮辱する, まったく無視する.

traîner qn dans la merde …を侮辱する.

── 間投 話 ❶ くそっ, ちえっ(いらだち, 怒り, 軽蔑). ▶ *Merde* pour lui! あん畜生め.
❷ すごい(驚き, 感嘆). ▶ *Merde*, quel succès! こいつはすごい, 大成功だ.

dire merde (*à qn*) …の幸運を祈る.

merdeux, euse /mɛrdø, ø:z/ 形 俗 ❶ 糞(ふん)で汚れた. ❷ くだらない. ── 名 俗 餓鬼; 青二才.

merdier /mɛrdje/ 男 話 大混乱; 厄介な事態.

merdique /mɛrdik/ 形 俗 くだらない.

merdoyer /mɛrdwaje/ 10 自動 話 しどろもどろになる, まごつく.

mère /mɛ:r メール/ 女

❶ 母, 母親; (動物の)雌親. ▶ Elle est *mère* de deux enfants. 彼女は2人の子供の母親だ / *mère* de famille (子供のいる)一家の主婦 / fête des *Mères* 母の日(フランスでは5月の最終日曜日) / devenir *mère* 身ごもる / *mère* célibataire シングルマザー / *mère* porteuse (人工受精による)代理母 / *mère* d'accueil (体外人工受精による)代理母. ❷ 母親代わり(の女性). ▶ *mère* adoptive 養母 / *mère* nourrice 乳母. 注 おばさん. 注 やや軽蔑的, 地方的ニュアンスを帯びた表現. ▶ la *mère* Mathieu マチューおばさん. ❹ 文章 源泉; 温床; 発祥地. ▶ Grèce, *mère* des arts 諸芸術の発祥の地, ギリシア. ❺〖キリスト教〗(1) マザー: 上級修道女の尊称. ▶ la *mère* Thérèse マザー・テレサ. (2) *Mère* de Dieu 聖母マリア.

── 形 源の, 主たる. ▶ l'idée *mère* 根本思想 / société *mère* 親会社 / maison *mère* 本店; 修道会本部修院 / langue *mère*〖言語〗祖語

/ *mère* patrie 祖国.

merguez /mɛrgɛ:z/ 女 メルゲーズ: 辛みの利いたソーセージ. クスクス料理などに用いられる.

méridien, enne /meridjɛ̃, ɛn/ 形 ❶ 子午線の. ❷ 文章 南の; 正午の.
── **méridien** 男 子午線.

méridional, ale /meridjɔnal/;《男複》*aux* /o/ 形 ❶ 南の(↔septentrional). ❷ 南仏の; 南仏人の. ── **Méridional, ale**:《男複》*aux* 名 南仏人.

meringue /mərɛ̃:g/ 女〖菓子〗メレンゲ(菓子): 泡立てた卵白に砂糖を加えて焼いた菓子.

meringuer /mərɛ̃ge/ 他動〔果物, 菓子〕にメレンゲを塗る, をメレンゲで飾る.

mérinos /merino:s/ 男 メリノ種の羊; メリノウール, メリノ羊毛.

laisser pisser le mérinos 俗 成り行きに任せる, 時期を待つ.

merise /məri:z/ 女 セイヨウミザクラ(の実): リキュールなどの原料となる.

merisier /mərizje/ 男 セイヨウミザクラの木.

méritant, ante /meritɑ̃, ɑ̃:t/ 形 称賛に値する; 〔皮肉に〕御立派な.

***mérite** /merit メリット/ 男 ❶ 功績, 手柄. ▶ s'attribuer le *mérite* de qc/不定詞 …を自らの手柄にする / C'est tout à son *mérite*. = Tout le *mérite* lui en revient. それはひとえに彼(女)の功績だ. ❷ (精神的な)能力, 才能; 長所. ▶ un acteur de grand *mérite* 天分に恵まれた役者 / L'argent a son *mérite*. 金も使いようで(生きて)くる). ❸ (*Mérite*) 勲章, 功労章. ▶ ordre du *Mérite* agricole 農事功労章.

avoir 「un mérite [un grand mérite] à + 不定詞 …するとは立派だ, 称賛に値する.

*avoir le mérite de qc/不定詞 …という長所[利点]を持っている. ▶ Son argument *a* au moins le *mérite* d'être logique. 彼(女)の論は少なくとも筋道が通っているという利点がある.

*se faire un mérite de qc/不定詞 …を誇りとする. ▶ Il *se fait un mérite* 「de sa fidélité [d'être fidèle]. 誠実であることが彼の誇りである.

mérité, e /merite/ 形〔賞罰などが〕当然受けるべき, 正当な.

***mériter** /merite メリテ/ 他動 ❶ 〈*mériter* qc〉…に値する, を当然受けるべきである. ▶ *mériter* des louanges 称賛に値する / *mériter* son nom その名に恥じない / *mériter* une punition 罰を受けて当然だ / Cette voiture *mérite* bien son prix. この車は値段だけのことはある. ◆ *mériter* de + 不定詞 // *mériter* que + 接続法 …に値する. ▶ Ce livre *mérite* d'être lu. この本は読むに値する / Ce détail ne *mérite* pas qu'on s'y attarde. こんな細かい点にこだわる必要はない.

❷ 〈*mériter* qn〉…にふさわしい. ▶ Cet homme ne *mérite* pas la femme qu'il a. あの男にあの奥さんはもったいない.

Il l'a (bien) mérité. 自業自得だ.

Toute peine [Tout travail] mérite salaire. 諺 どんな労苦[仕事]も報酬に値する.

── 間他動〈bien *mériter* de qc〉…に大いに貢献する; の感謝に値する. ▶ Il *a* bien *mérité* de la

méritocrate

patrie. (公式表現で)彼は祖国に大いに貢献した.
— **se mériter** 代動 (事柄などが)正当である, それに値する. ▶ Une victoire, ça *se mérite*. 勝利にはそれなりの努力が必要だ.
méritocrate /meritɔkrat/ 名 能力主義者.
méritocratie /meritɔkrasi/ 女 能力主義(社会).
méritoire /meritwa:r/ 形 称賛に値する.
merlan /mɛrlɑ̃/ 男〖魚類〗小ダラ, ホワイティング.
faire des yeux de merlan frit 成 ぼーっと宙を見つめる(特に恋する男の滑稽(ぶ)なしぐさ).
merle /mɛrl/ 男〖鳥類〗ツグミ.
merle blanc (白いツグミのように)非常に珍しいもの; 希有(ま)な人物.
siffler comme un merle 上手に口笛を吹く.
merlin /mɛrlɛ̃/ 男 ❶ (牛の解体に用いる)大鎚(ぶち). ❷ (薪(ま)割り用の)斧(の).
merlu /mɛrly/ 男〖魚類〗ホンメルルーサ.
merluche /mɛrlyʃ/ 女 干鱈(ぼ).
mérovingien, enne /merovɛ̃ʒjɛ̃, ɛn/ 形 メロビング朝の. — **Mérovingiens** 男女 メロビング朝〖王家〗; メロビング朝時代の人々.

*__**merveille**__ /mɛrvɛj/ メルヴェイユ 女 ❶ 驚異; すばらしいもの, 傑作; 優れた人物. ▶ les *merveilles* de la nature 自然の驚異 / Ta bague est une *merveille*. 君の指輪はすばらしい / Quelle *merveille*, ce foie gras! このフォアグラはまさに絶品だ. ◆ *être une merveille de* + 無冠詞名詞 …の点で傑出している. ▶ Cette montre est une *merveille* de précision. この腕時計は正確なこと天下一品だ.

❷ 古風 不思議な現象, 超自然的現象. ▶ *Alice au pays des merveilles*「不思議の国のアリス」

*__à merveille__ 見事に, すばらしく. ▶ *se porter à merveille* すこぶる元気である / *A merveille!* 《ときに皮肉に》お見事.

C'est (une) merveille ⌜*de* + 不定詞⌟ ⌜*que* + 接続法⌟ ...とはすばらしい; 驚きだ. ▶ *C'est merveille de* l'entendre chanter. 彼(女)の歌が聞けるなんてすばらしい. ◆ *Ce n'est pas merveille* ⌜*que* + 接続法⌟ ⌜*si* + 直説法⌟ …としても驚くには当たらない. ▶ *Ce n'est pas merveille si* elle est tombée malade. あれでは彼女が病気になるのも無理はない.

faire merveille = faire des merveilles すばらしい効果を生む; 驚嘆すべきことをやる.
les Sept Merveilles du monde 世界の七不思議.

merveilleusement /mɛrvɛjøzmɑ̃/ 副 すばらしく, 驚くほど, 見事に.

*__**merveilleux, euse**__ /mɛrvɛjø, ø:z/ メルヴェイユー, メルヴェイユーズ/ 形 ❶ すばらしい, 見事な. ▶ un paysage *merveilleux* すばらしい風景 / une *merveilleuse* réussite 目覚ましい大成功 / une femme *merveilleuse* de gentillesse すばらしく心優しい婦人. 比較 ⇨ ADMIRABLE.

❷ 不思議な, 魔法の. ▶ conte *merveilleux* おとぎ話 / *Aladin et la lampe merveilleuse*「アラジンと魔法のランプ」
— **merveilleux** 男 不思議なこと; 驚異.
mes /me/ mon, ma の複数形.

més- 接頭 (mé- の別形. 母音の前で)「否定, 軽蔑」を表わす.
mésalliance /mezaljɑ̃:s/ 女 身分の低い者との結婚.
se mésallier /s(ə)mezalje/ 代動 身分の低い者と結婚する.
mésange /mezɑ̃:ʒ/ 女〖鳥類〗シジュウカラ.
mésaventure /mezavɑ̃ty:r/ 女 災難, 厄介な出来事.
mescaline /mɛskalin/ 女〖薬学〗メスカリン: 幻覚誘発作用がある.
mesdames /medam/ madame の複数形.
mesdemoiselles /medmwazɛl/ mademoiselle の複数形.
mésentente /mezɑ̃tɑ̃:t/ 女 文章 不和; (意見などの)不調和, 食い違い.
mésestime /mezɛstim/ 女 文章 軽視, 過小評価. ▶ tenir qn en *mésestime* …を見くびる.
mésestimer /mezɛstime/ 他動 文章 …を軽視する, 過小評価する. — **se mésestimer** 代動 自分自身を過小評価する; へりくだる.
mésintelligence /mezɛ̃teliʒɑ̃:s/ 女 文章 不和, 仲たがい.
Mésopotamie /mezɔpɔtami/ 固有 女 メソポタミア: チグリス, ユーフラテス両河川の流域地方.
mésothéliome /mezoteljɔm/ 男 中皮腫.
mesquin, ine /mɛskɛ̃, in/ 形 ❶ けちな, しみったれた. ❷ 卑しい, さもしい, 卑劣な.
mesquinement /mɛskinmɑ̃/ 副 卑しく, さもしく. ❷ けちけちと, しみったれて.
mesquinerie /mɛskinri/ 女 ❶ 吝嗇(りんしょく), けち. ❷ 卑しさ, さもしさ; 卑しい行為.
mess /mɛs/ 男 (士官, 下士官の)会食所; 会食所の従業員〖設備〗; 会食仲間.

*__**message**__ /mesa:ʒ/ メサージュ/ 男 ❶ 伝言, メッセージ. ▶ laisser un *message* 伝言を残す / transmettre ⌜recevoir⌟ un *message* メッセージを伝える ⌜受け取る⌟ / être chargé d'un *message* 伝言を頼まれている / *message* publicitaire 広告, コピー.
❷ (作品などに盛られた)真意, 意図, 主張. ▶ *message* d'un écrivain ある作家のメッセージ / chanson à *message* メッセージソング.
❸ (国家元首の)教書, 親書.

messager, ère /mesaʒe, ɛ:r/ 名 ❶ 使者, 伝達者. ▶ envoyer un *messager* 使者を送る.
❷ 文章 前触れ. ▶ l'aurore, *messagère* du jour 日の訪れを告げる曙(ぬけ).

messagerie /mesaʒri/ 女 《多く複数で》❶ 輸送; 運輸業. ▶ *messageries* aériennes 空輸. ❷〖鉄道〗急行貨物කුව; 貨物取扱所 (=bureau des *messageries*). ❸ *messageries* de presse 定期刊行物発送取次店.

*__**messe**__ /mɛs/ メス/ 女 ❶ ミサ. ▶ livre de *messe* ミサ典書 / *messe* des morts 死者のためのミサ / *messe* de minuit 深夜ミサ / dire ⌜célébrer⌟ la *messe* ミサを行う / aller à la *messe* ミサに行く. ❷ ミサ曲. ❸〖オカルト〗 *messe* noire (悪魔を祭る)黒ミサ.
La messe est dite. 一巻の終わりである.
messe basse (1) 読唱ミサ. (2) 話 dire ⌜faire⌟

des *messes* basses ひそひそ話をする.
  Paris vaut bien une messe. パリは1回のミサに値する(アンリ4世がカトリックに改宗する際に言ったとされる言葉).
messeigneurs /mesɛɲœːr/ monseigneur の複数形.
messianique /mesjanik/ 形【宗教】メシア[救世主]の.
messianisme /mesjanism/ 男【宗教】メシア[救世主]信仰.
messidor /mesidɔːr/ 男 メシドール, 収穫月: フランス革命暦第10月. 現行暦では6月から7月.
messie /mesi/ 男【宗教】メシア, 救世主;《Messie》イエス・キリスト.
  attendre [*accueillir*] *qn* comme le *Messie* …を(救い主のように)待ちこがれる[歓迎する].
messieurs /mesjø/ monsieur の複数形.
messin, ine /mesɛ̃, in/ 形 メス Metz の.
— **Messin, ine** 名 メスの人.
mesurable /məzyrabl/ 形 測定できる.
mesurage /məzyraːʒ/ 男 測定, 測量.
***mesure** /m(ə)zyːr/ ムジュール 女 ❶ 測定, 計測. ▶ la *mesure* du temps 時間の測定 / appareil de *mesure* 計測機器 / effectuer une *mesure* 計測する.
❷ 大きさ, 寸法. ▶ prendre les *mesures* d'une pièce 部屋の大きさを計る / robe faite aux *mesures* de la cliente 客のサイズに合わせて仕立てた服.
❸ (度量の)単位 (=unité de *mesure*); 尺度. ▶ *mesure* de longueur 長さの単位.
❹ 節度; 限度. ▶ garder la *mesure* 節度を守る / dépasser [passer] la *mesure* 度を越す.
❺《しばしば複数で》措置, 対策. ▶ *mesures* de prévention 予防措置 / *mesure* de protection 保護措置 / prendre des *mesures* pour [contre] qc …のための[防止の]措置を講じる / par *mesure* de rétorsion 報復措置として.
❻ 升;(升, バケツなどの)1杯分. ▶ donner deux *mesures* d'avoine à un cheval 馬にエンバクを桶で2杯分与える.
❼【音楽】拍子; 小節. ▶ *mesure* à trois temps 3拍子で / battre la *mesure* 拍子をとる / danser en *mesure* 拍子に合わせて踊る. ❽【詩法】韻律. ❾【フェンシング】相手との距離, 間合い.
  à la *mesure* de *qn/qc* …に釣り合った. ▶ un adversaire *à sa mesure* 力の釣り合った相手, 好敵手.
  à *mesure* 徐々に; 同時に.
***à *mesure* que** + 直説法 =*au fur et à mesure que* + 直説法 …につれて, と同時に. ▶ Il dépense son argent *à mesure* qu'il le gagne. 彼は金を稼ぐとすぐに使ってしまう.
  commune *mesure* 共通点. 注 否定文で用いられる. ▶ Il n'y a pas de *commune mesure* entre A et B. AとBでは比べものにならない / être sans *commune mesure* avec qc …とは比較にならない.
dans la *mesure [*de qc* [*où* + 直説法]] …の範囲で, の限りにおいて. ▶ dans (toute) la *mesure du* possible できる限り / Je t'aiderai dans la *mesure où* j'en suis capable. できる限りお手伝いします.
  dans une certaine mesure = ***en quelque mesure*** ある程度(まで)は; ある意味では. ▶ *Dans une certaine mesure*, il a raison. ある意味では彼の言い分ももっともだといえる.
  donner la mesure de qc …がどれほどのものかを示す. ▶ *donner la mesure de* son talent 才能のほどを見せる.
****être en mesure de*** + 不定詞 …できる. ▶ Je ne *suis* pas *en mesure de* te répondre. 私には答えられない.
  faire bonne mesure (客に)おまけする.
  La mesure est comble. 度が過ぎる.
  outre mesure 度を越して, 法外に.
  prendre la (*juste*) ***mesure de qc/qn*** …の重要性を判断[認識]する, を評価する. 注 prendre les *mesures* de qc (…の寸法を計る)と区別すること.
  sans mesure 度を越して; 過度の.
sur *mesure (1)〔衣服などが〕寸法に合わせた. ▶ costume *sur mesure* あつらえた服. (2) 都合[資質]に合わせた, 格好の. ▶ rôle *sur mesure* 適役.
mesuré, e /məzyre/ 形 ❶ 節度のある, 慎重な. ▶ être *mesuré* dans sa conduite 行動が慎重である. ❷ 計測された. ▶ être *mesuré* au millimètre près ミリメートル単位の誤差で測られる. ❸ 規則正しい. ❹ 制限された.
***mesurer** /məzyre/ ムジュレ/

直説法現在	je mesure	nous mesurons
	tu mesures	vous mesurez
	il mesure	ils mesurent
複合過去	j'ai mesuré	半過去 je mesurais
単純未来	je mesurerai	単純過去 je mesurai

他動 ❶ …を測定する; 測る. ▶ *mesurer* la vitesse 速度を測定する / *mesurer* une cliente 客のサイズを測る.
❷ …を推し測る, 予測する; 評価する. ▶ Il est trop tôt pour *mesurer* les effets. 結果を云々(うんぬん)するのは時期尚早である / *mesurer* un travail à [d'après] ses résultats 実績によって仕事を評価する.
❸ …を出し惜しむ. ▶ Il ne *mesure* pas sa peine. 彼は労力を惜しまない.
❹〔動作, 態度など〕を慎重にする, 控え目にする.
  mesurer* qn *des yeux [***du regard***] …をじろじろ見る.
— 自動〈*mesurer* + 数量表現〉…の寸法[容量]がある. ▶ une table qui *mesure* deux mètres sur un virgule cinq 長さ2メートル幅1.5メートルのテーブル / Il *mesure* un mètre quatre-vingts. 彼の身長は1メートル80ある / Combien *mesurez*-vous? あなたの身長はどれだけありますか.
— **se *mesurer*** 代動 ❶ 測られる. ❷〈*se mesurer* à qc〉…で評価される. ▶ Le courage *se mesure* aux actes, non aux paroles. 勇気は

言葉ではなく行為によって評価される. ❸ ‹se mesurer à [avec] qn/qc› …に挑戦する; と力を競う.
se mesurer ⌈des yeux [du regard]⌉ (相手の力を測るために)じろじろと眺め合う.

mesureur /məzyrœːr/ 男 ❶ 計測[計量]係. ❷ 計測器類.

mésuser /mezyze/ 間他動 文章 ‹mésuser de qc› …を悪用[乱用]する.

met /mɛ/ 活用 ⇨ METTRE 65

méta- 接頭 ❶「超, メタ」の意. ▶ *métalangage* メタ言語(言語について述べる言語). ❷「後続; 中間」の意. ❸「変化」の意. ▶ *métamorphose* 変身.

métabolique /metabɔlik/ 形 代謝の. ▶ syndrome *métabolique* 代謝症候群, メタボリックシンドローム.

métabolisme /metabɔlism/ 男 【生理学】代謝, 物質代謝.

métacarpe /metakarp/ 男 【解剖】中手(ちゅうしゅ): 手掌の骨格を形成する5本の骨の総称.

métairie /meteri/ 女 ❶ (分益小作制度による)小作地. ❷ 小[中]規模の農地. ❸ 小作農家.

***métal** /metal メタル/ (複) **aux** /o/ 男 ❶ 金属. ▶ en *métal* 金属製の / industrie des *métaux* 金属加工業 / *métaux* précieux 貴金属 / *métaux* lourds [légers] 重[軽]金属 / *métal* jaune 金. ❷ 文章 素材, 素質. ▶ être fait d'un *métal* incorruptible 清廉な人柄である.
du même métal 同じ種類の.

métalangage /metalɑ̃gaːʒ/ 男, **métalangue** /metalɑ̃g/ 女 メタ言語, 記述用言語: 自然言語を記述, 分析するための言語.

métallifère /metalifɛːr/ 形 金属を含む.

métallique /metalik/ 形 ❶ 金属(製)の. ▶ fil *métallique* 金属線 / armoire *métallique* スチールキャビネット. ❷ 金属のような. ▶ son *métallique* 金属音.

métallisation /metalizasjɔ̃/ 女 めっきを施すこと; 金属被覆(法).

métallisé, e /metalize/ 形 金属光沢を持つ, メタリックの.

métalliser /metalize/ 他動 ❶ …に金属光沢を与える. ❷ …にめっきをする.

métallo /metalo/ 男 話 冶金(やきん)工 (=métallurgiste).

métalloïde /metalɔid/ 男 【化学】メタロイド, 半金属.

***métallurgie** /metalyrʒi メタリュルジ/ 女 金属工業, 冶金(やきん)(学), 冶金業; 金属工学. ▶ *métallurgie* du fer 製鉄.

métallurgique /metalyrʒik/ 形 金属工業の, 冶金(やきん)の, 金属工学の.

métallurgiste /metalyrʒist/ 男 冶金(やきん)技術者; 冶金[製鉄]業者; 金属工.

métamorphique /metamɔrfik/ 形 【地質】変成作用の. ▶ roche *métamorphique* 変成岩.

métamorphisme /metamɔrfism/ 男 【地質】変成作用.

métamorphose /metamɔrfoːz/ 女 ❶ 著しい変化; 変身. ▶ Cette expérience a opéré en lui une véritable *métamorphose*. この経験で彼はすっかり変わった. ❷ 【生物学】変態.

métamorphoser /metamɔrfoze/ 他動 ❶ …を変貌(へんぼう)させる. ▶ Le rideau *a métamorphosé* la chambre. カーテンで部屋の様子が一変した. ❷ ‹*métamorphoser* qn en qn› …を…に変身させる.
— se métamorphoser 代動 ‹*se métamorphoser* (en qn)› (…に)変貌[変身]する.

métaphore /metafɔːr/ 女 【レトリック】隠喩(いんゆ), メタファー.

métaphorique /metafɔrik/ 形 隠喩(いんゆ)の, 隠喩に富んだ.

métaphoriquement /metafɔrikmɑ̃/ 副 隠喩(いんゆ)を用いて.

métaphysicien, enne /metafizisjɛ̃, ɛn/ 名 形而上学者.

métaphysique /metafizik/ 女 ❶ 形而上学. ❷ 《しばしば悪い意味で》抽象論, 空論.
— 形 ❶ 形而上(学)の, 形而上学的な. ❷ 《しばしば悪い意味で》抽象的すぎる, 理解しがたい.

métapsychique /metapsiʃik/ 形 心霊現象の, 心霊研究の.

métastase /metastaːz/ 女 【医学】(腫瘍(しゅよう)の)転移.

métastaser /metastaze/ 他動 [体の器官に]転移を引き起こす. — 自動 転移する.

métathèse /metatɛːz/ 女 【音声】音位転倒.

métempsyc(h)ose /metɑ̃psikoːz/ 女 輪廻(りんね), 霊魂の転生.

***météo** /meteo メテオ/ 女 (météorologie の略) 話 ❶ 天気予報 (=prévisions de la *météo*); 気象学. ▶ Que dit la *météo*? 天気予報はどうだろうか / bulletin de la *météo* 天気予報. ❷ 気象台, 測候所. ❸ 気象条件. ▶ La *météo* est bonne. 天気はいい. ❹ (不変) (météorologique の略) 話 気象の. ▶ bulletins *météo* 天気予報.

météore /meteɔːr/ 男 流星.
passer [briller] comme un météore 流星のように通りすぎる[輝く].

météorique /meteɔrik/ 形 ❶ 流星の. ▶ pierre *météorique* 隕石(いんせき). ❷ (流星のように)一時的に華々しい. ❸ eau *météorique* 雨水.

météorite /meteɔrit/ 女 形 隕石(いんせき).

météorologie /meteɔrɔlɔʒi/ 女 ❶ 気象学; 天気予報. ❷ 気象台, 測候所. 注 話し言葉では *météo* と略す.

météorologique /meteɔrɔlɔʒik/ 形 気象の. 注 話し言葉では *météo* と略す. ▶ carte *météorologique* 天気図 / observatoire *météorologique* 気象台.

météorologiste /meteɔrɔlɔʒist/, **météorologue** /meteɔrɔlɔg/ 名 気象学者; 気象官.

métèque /metɛk/ 男 ❶ (軽蔑して)(フランスに住む)外国人, よそ者. ❷ 【古代ギリシア】居留外国人.

méthane /metan/ 男 【化学】メタン.

méthanier /metanje/ 男 液化天然ガスタンカー.

***méthode** /metɔd メトド/ 女 ❶ 方法, 方式; やり方. ▶ *méthode* scientifique 科学的方法 / *méthode* déductive [inductive] 演繹[帰納]法 / *méthode* d'analyse 分析方法 / *méthodes* audio-visuelles 視聴覚方式 / adopter une nouvelle *méthode* de gestion 新しい経営方法を採

用する / changer de *méthode* やり方を変える / Chacun a sa *méthode*. 人にはそれぞれの流儀がある / *Discours de la méthode* (デカルトの)「方法叙説」比較 ⇨ MOYEN².

❷ 筋道, 順序. ▶ *méthode* de travail 仕事の手順 / travailler avec *méthode* 方針を立てて仕事する / agir sans *méthode* précise 明確な方針もなく行動する. ❸ (芸術, 技術などの)入門書, 手引き. ▶ *méthode* de piano ピアノの教則本.

méthodique /metɔdik/ 形 一定の方法に従った, 体系的な. ▶ C'est un esprit *méthodique*. 彼(女)は秩序立った考え方をする人だ.

méthodiquement /metɔdikmɑ̃/ 副 一定の方法に従って, 体系的に.

méthodisme /metɔdism/ 男 メソジスト派.

méthodiste /metɔdist/ 形 メソジスト派[教徒]の. —— 名 メソジスト教徒.

méthodologie /metɔdɔlɔʒi/ 女 方法論.

méthodologique /metɔdɔlɔʒik/ 形 方法論の.

méthylique /metilik/ 形【化学】メチルの, メチル基を持つ. ▶ alcool *méthylique* メチルアルコール.

méticuleusement /metikylø:zmɑ̃/ 副 細かく, 綿密に, 丹念に.

méticul*eux*, *euse* /metikylø, ø:z/ 形 細かい, 綿密な, 丹念な. ▶ analyse *méticuleuse* 綿密な分析 / Il est *méticuleux* dans son travail. 彼は仕事が丹念である.

méticulosité /metikylozite/ 女 文章 細心さ, 丹念.

métier /metje/ メティエ / 男 ❶ 職業, 仕事. ▶ *métier* manuel 手仕事 / *métier* intellectuel 知的職業 / petits *métiers* 職人仕事 / arts et *métiers* 工芸 / homme de *métier* 本職, 専門家 / choisir un *métier* 仕事を選ぶ / changer de *métier* 職を変える / Quel *métier* faites-vous? = Qu'est-ce que vous faites comme *métier*? お仕事は何をなさっていますか / Mon oncle est horloger de son *métier*. 私のおじは時計屋だ. 比較 ⇨ PROFESSION.

❷ 職務, 役目. ▶ faire son *métier* de citoyen 市民としての務めを果たす.

❸ 熟練, 腕前. ▶ avoir du *métier* 熟練している / manquer de *métier* 腕が未熟である / apprendre le *métier* de journaliste ジャーナリストとしての腕を磨く. ❹ 織機(=*métier* à tisser); 編み機(=*métier* à tricoter).

apprendre son métier à qn …に説教する.

être du métier その道の専門家である. ▶ Demandez-lui son avis, il *est du métier*. 彼の意見を聞いてごらん, その道のプロだから.

faire métier de + 無冠詞名詞 …を仕事にしている. ▶ *faire métier de* commerçant 商売を営む.

Il n'est pas de sot métier. = *Il n'y a pas de sot métier.* 諺 職業に貴賎(きせん)なし.

le plus vieux métier du monde 売春.

sur le métier [作品などが]制作中の, 進行中の. ▶ mettre qc *sur le métier* …に取りかかる.

métis, se /metis/ 形 ❶ 混血の; 雑種の. ▶ enfant *métis* 混血児. ❷ tissu *métis* (綿と麻の)交織(こうしょく)織物. —— 名 混血児; 雑種.
—— **métis** 男 交織織物.

métissage /metisaʒ/ 男 混血; 交配.

métisser /metise/ 他動 …を混血させる; 交配させる. —— **se métisser** 代動 混血になる.

métonymie /metɔnimi/ 女【レトリック】換喩(かんゆ).

métonymique /metɔnimik/ 形 換喩(かんゆ)の, 換喩を用いた.

métrage /metraʒ/ 男 ❶ メートルでの測定. ❷ (布地などの)長さ. ❸【映画】(フィルムの)長さ. ▶ (film de) long [court] *métrage* 長編[短編]映画.

*****mètre***¹ /mɛtr/ メトル / 男 ❶ メートル. ▶ Elle mesure un *mètre* soixante-dix. 彼女は身長1メートル70だ / *mètre* carré [cube] 平方[立方]メートル / La gare est à cent *mètres* d'ici. 駅はここから100メートルの所にあります / prix par *mètre* (布などの)1メートル当たりの値段.

❷ メートル尺, ものさし. ▶ *mètre* à ruban 巻き尺. ❸ …メートル競走. ▶ courir un cent *mètres* 100メートル競走に出る.

à cent mètres 一目で.

mètre² /mɛtr/ 男 (詩の)韻律.

métré /metre/ 男 (土地, 建物の)メートルでの測量.

métrer /metre/ 6 他動 …をメートルで測る.

métr*eur*, *euse* /metrœ:r, ø:z/ 名 (建築工事の)工事監理者; (建物)測量士.

métrique¹ /metrik/ 形 ❶ メートル(法)の. ▶ système *métrique* メートル法. ❷【数学】距離の; 計量の.

métrique² /metrik/ 形【詩法】韻律の, 韻律を持つ. —— 女 韻律学; 韻律法.

*****métro*** /metro/ メトロ / 男 地下鉄, メトロ. ▶ prendre le *métro* 地下鉄に乗る / aller en *métro* 地下鉄で行く / station de *métro* 地下鉄の駅 / bouche de *métro* 地下鉄出入り口 / *métro*, boulot, dodo 話 メトロ, 仕事, おねんね(都会に住むサラリーマンの単調な生活を示す表現).

Quand on ne sait pas conduire, on prend le métro! 運転が下手なら地下鉄に乗れ. 注 下手なドライバーをののしる表現.

道をあけていただけますか?

パリの地下鉄に乗りドアのそばに立っていると, 特に混んでいるときなど《Vous descendez?》と後ろから開かれることがある. 文字通りには「次の駅で降りますか」だが, これには「私は次の駅で降りるので, 降りないのなら出口をふさがないでほしい」というメッセージが込められている. だからもし自分が降りるのであれば《Rassurez-vous Monsieur [Madame], je descends moi aussi.》(御安心ください, 私も降りますから)と答え, 降りないときは《Non, Monsieur [Madame].》と言って道をあけるのがいい. フランス人は電車の乗り降りで人をかき分けたりはしない. これは面識のない人との体の接触は避けたいという, 社会通念でもあるのだろう.

métrologie

métrologie /metrɔlɔʒi/ 女 計測学；度量衡学．
métronome /metrɔnom/ 男 メトロノーム．
métropole /metrɔpɔl/ 女 ❶ 大都市；首都；(活動の)中心地．▶ Hollywood, la *métropole* du cinéma 映画の都ハリウッド / les *métropoles* (régionales) d'équilibre 均衡都市(パリとの均衡上, 開発が進められている地方の8大都市圏).
❷ (植民地，海外領土に対して)本国，内地．
❸《カトリック》首都大司教座．

métropolitain, aine /metrɔpɔlitɛ̃, ɛn/ 形 ❶ 主要都市の；首都の．❷ 本国の，内地の．▶ territoire *métropolitain* 本土．❸《カトリック》首都大司教区の．── 名 本国人．
── **métropolitain** 男《カトリック》首都大司教．

métropolite /metrɔpɔlit/ 男《キリスト教》(東方正教会で)総主教．

mets[1] /mɛ/ 男 (一皿一皿の)料理．▶ manger des *mets* délicieux おいしい料理を食べる．比較 ⇨ CUISINE.

mets[2] /mɛ/ 活用 ⇨ METTRE 65

mett- 活用 ⇨ METTRE 65

mettable /metabl/ 形〔衣服が〕着られる．▶ Ce manteau est à peine *mettable*. このオーバーは辛うじて着られる．

metteur /mɛtœːr/ 男 ❶ *metteur* en scène (映画，演劇の)監督，演出家．❷ *metteur* en œuvre (機械などの)組み立て工, 製作担当者；《特に》(宝石の)はめ込み工．❸ *metteur* en ondes 放送番組の演出家．

M:**mettre** /mɛtr メトル/ 65 他動

過去分詞 mis	現在分詞 mettant
直説法現在 je mets	nous mettons
tu mets	vous mettez
il met	ils mettent
複合過去 j'ai mis	半過去 je mettais
単純未来 je mettrai	単純過去 je mis
接続法現在 je mette	

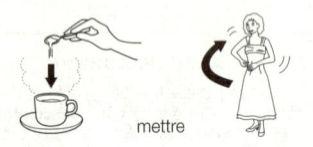

mettre

❶ <**mettre qc/qn**(＋**場所**)>…を(…に)置く．
❶ …を置く, 入れる．▶ *mettre* une chaise près de la fenêtre 窓の近くに椅子(す)を置く / *mettre* une lettre à la poste 手紙を投函(ホン)する / *mettre* une nappe sur la table テーブルにテーブルクロスをかける / *mettre* du sucre dans son thé 紅茶に砂糖を入れる / *mettre* sa voiture au parking 車を駐車場に停(と)める / *mettre* son argent à la banque (＝déposer) 金を銀行に預ける．
❷ …をつける, 設置する．▶ *mettre* un bouton à une veste 上着にボタンをつける / *mettre* le feu à qc …に火をつける / *mettre* un timbre sur une lettre 手紙に切手を張る / *mettre* de la cire sur une voiture 車にワックスがけをする / *mettre* l'eau [le gaz] 水道 [ガス] を引く．
❸〔衣服など〕を着る，身につける．▶ *mettre* une robe ドレスを着る / *mettre* son chapeau 帽子をかぶる / *mettre* ses lunettes めがねをかける / Elle *a mis* trop de parfum. 彼女は香水のつけすぎだ． ◆ *mettre* qc à [sur] qn …に…を着せる，身につけさせる．▶ *Mettez*-lui son manteau. 彼(女)にコートを着せてあげなさい / *mettre* une châle sur les épaules de qn …の肩にショールをかけてやる．比較 ⇨ S'HABILLER.
❹〔人〕を(ある場所に)置く, 連れていく．▶ *mettre* un enfant au lit 子供を寝かす / *mettre* son fils en pension 息子を寄宿舎に入れる / *mettre* qn dans le train …を汽車に乗せる．
❺ …を位置づける，評価する．▶ Je *mets* Molière parmi les plus grands écrivains. 私はモリエールを最も偉大な作家の一人に数える / *mettre* qn à un poste clef …を要職に就ける / *mettre* qc à son vrai prix …を正当に評価する．
❻〔時間, 金〕をかける；〔エネルギーなど〕を注ぎ込む．▶ J'*ai mis* une semaine à faire ce travail. この仕事に1週間かかった / Ce train *met* trois heures pour aller de Paris à Marseille. パリからマルセイユまでこの列車で3時間かかる / Ils *ont mis* deux heures pour y aller. (＝Il leur a fallu deux heures pour y aller.) そこに行くのに彼らは2時間かかった / Ça *met* combien de temps? 時間はどれくらいかかりますか / *mettre* mille euros dans l'achat de qc …を買うのに1000ユーロ使う / *mettre* du zèle à faire qc …を熱心にやる / Il *a mis* toute son énergie dans ce projet. 彼はこの計画に全精力を傾けた．
❼〔信頼〕を置く；〔期待など〕をかける．▶ *mettre* 「de grands espoirs [sa confiance] en qn …に大きな期待をかける [信頼を寄せる] / *mettre* une grosse somme sur un cheval 馬に大金を賭(か)ける．
❽ …を書き入れる．▶ *Mettez* votre nom au bas de la page. 下欄に名前を書いてください． ◆ *mettre* que ＋ 直説法 (文中で)…と書く．▶ Il *met* dans sa lettre qu'il reviendra au printemps. 彼の手紙には春になったら戻るつもりだとある．
❾ …を生じさせる, 引き起こす．▶ *mettre* de l'ordre dans la maison 家の中を整理する / Il *a mis* du désordre partout. 彼は至る所でごたごたを引き起こした．

❷ <**mettre qc/qn**(**à**[**en**]**qc**)>…を(ある状態に)移行させる．
❶ <*mettre* qc/qn à [en] qc // *mettre* qc/qn ＋ 形容詞[副詞]>…を(ある状態に), 変える．▶ *mettre* un brouillon au net 下書きを清書する / *mettre* sa montre à l'heure 時計の時間を合わせる / *mettre* qn au travail …を仕事に取りかからせる / *mettre* un texte en françaisから文をフランス語に翻訳する / *mettre* qn à l'aise …をくつろがせる / *mettre* un élève debout 生徒を

たせる / *Mettez* ces phrases au futur. これらの文を未来形にしなさい. ◆ *mettre* qc à + 不定詞 …を…させる. ▶ *mettre* du café à chauffer コーヒーを温める.

❷ <*mettre* qn en + 無冠詞名詞> [人]に…を着せる. ▶ *mettre* un enfant en pyjama 子供にパジャマを着せる.

❸ [機械を]作動させる; [用具など]を整える. ▶ *mettre* la télé テレビをつける / *mettre* le chauffage 暖房を入れる / *mettre* le réveil (à sept heures) (7時に)目覚まし時計をセットする / *mettre* la table (食器を並べて)食卓を整える.

mettons [**mettez**] **que** + 直説法/接続法 …と仮定しよう[ということにしてください]. ▶ *Mettons que* je me suis [sois] trompé. 私が間違っていたとしよう.

mettre qc sous ⌈**les yeux** [**le nez**] **de qn** …の目の前[鼻先]に…を突き付ける.

y mettre le temps 時間がかかる, 手間どる.

— ***se mettre** 代動

直説法現在	je me mets	nous nous mettons
	tu te mets	vous vous mettez
	il se met	ils se mettent
複合過去	je me suis mis(e)	
半過去	je me mettais	
単純未来	je me mettrai	
単純過去	je me mis	

❶ <*se mettre* + 場所> [人が]…に身を置く; [物が]…に置かれる. ▶ *se mettre* à la fenêtre 窓際に立つ / *se mettre* à table 食卓につく / *se mettre* dans un fauteuil ひじ掛け椅子に座る / *se mettre* à l'abri 避難する / Ces livres *se mettent* au deuxième rayon de la bibliothèque. それらの本は本棚の2段目にかたづけられる.

❷ [立場に]立つ; [状態]になる. ▶ *se mettre* dans une situation délicate 微妙な立場に立つ / *Mettez-vous* à ma place. 私の身にもなってください / *se mettre* du côté de qn …の味方につく / *se mettre* debout [à genoux] 立ち上がる[ひざまずく] / *se mettre* nu 裸になる / *se mettre* à l'aise [son aise] くつろぐ / *se mettre* bien [mal] avec qn …と仲よくなる[仲たがいする]. 注 se mettre は動作やある状態への移行を示し, 状態を示すときは être を用いる.

❸ (1) <*se mettre* à qc/不定詞> …し始める, に取りかかる. ▶ *se mettre* au régime ダイエットを始める / *se mettre* à rire 笑い出す / Voilà qu'il *se met* à pleuvoir! 雨が降ってきたぞ. 比較 ⇨ COMMENCER. (2) <*se mettre* en + 無冠詞名詞> …し始める. ▶ *se mettre* en colère 怒り出す / *se mettre* en route 出発する.

se mettre à rire

❹ <*se mettre* qc> …を着る, 身につける; 塗る, で汚す. 注 se は間接目的. ▶ *se mettre* une robe (=*se mettre* en robe) (パンタロンではなく)ドレスを着る / Sa femme se plaint de n'avoir rien à *se mettre*. (=mettre) 彼の妻は何を着るものがないとこぼしている / Elle *s'est mis* du rouge. 彼女は口紅をつけた.

ne plus savoir où se mettre 居の置き所がない, 恥じ入っている, どぎまぎしている.

Qu'est-ce qu'ils se mettent! 話 すさまじい殴り合いだ.

se mettre après qn …をからかう, につきまとう.

se mettre avec qn (1) …とチームを組む. (2) 話 …と同棲(ﾄﾞｳｾｲ)する.

s'y mettre (本腰を入れて)仕事に取りかかる. ▶ Il faudrait qu'il *s'y mette* rapidement. 彼はすぐに仕事にかからねばなるまい.

Metz /mes/ 固有 メス, メッツ: Moselle 県の県庁所在地.

***meuble** /mœbl/ ムブル 男 ❶ 家具, 調度, 備品. ▶ *meubles* anciens 年代物の家具 / *meubles* de bureau 事務[書斎]用家具 / garnir un appartement de *meubles* アパルトマンに家具を備え付ける. ❷ [法律]動産 (↔immeuble).

être [**se mettre, vivre**] **dans ses meubles** 自分で家具を買いそろえた家に住む.

faire partie des meubles 古顔である, 古参である.

— 形 ❶ [法律]移動できる (↔immeuble). ▶ biens *meubles* 動産. ❷ [土地などが]柔らかい, もろい.

meublé, e /mœble/ 形 ❶ 家具付きの. ▶ habiter un appartement *meublé* 家具付きのアパルトマンに住む.
❷ (必要なものが)備わった. ▶ cave bien *meublée* 蓄えの十分ある酒倉.

— **meublé** 男 家具付きのアパルトマン.

meubler /mœble/ 他動 ❶ …に家具を備え付ける; [家具が]…に備え付けられる. ▶ *meubler* un appartement アパルトマンに家具を入れる. ❷ [部屋などの]飾りになる. ▶ une étoffe qui *meuble* bien 部屋によく合う布地. ❸ …を豊かにする, 満たす. ▶ *meubler* ses loisirs avec quelques livres 本を数冊読んで暇をつぶす.

— **se meubler** 代動 ❶ (自分の部屋に)家具を備え付ける. ❷ <*se meubler* qc> (自分のために) [精神など]を豊かにする. 注 se は間接目的.

meuf /mœf/ 女 女, 若い女.

meuglement /møgləmɑ̃/ 男 ❶ 牛の鳴き声. ❷ (人の)わめき声; (サイレン, 汽笛などの)響き.

meugler /møgle/ 自動 ❶ [牛が]鳴く. ❷ [人が]わめく.

meuh /mø/ 間投 モー(牛の鳴き声).

meule[1] /møːl/ 女 ❶ 挽(ﾋ)き臼(ｳｽ). ❷ 回転砥石(ﾄｲｼ). ❸ 石臼形のチーズ.

meule[2] /møːl/ 女 (干し草などの)堆積(ﾀｲｾｷ), 山.

meuler /møle/ 他動 (回転砥石(ﾄｲｼ)で)…を研ぐ, 研磨する.

meulier, ère /mølje, ɛːr/ 形 [石などから]挽(ﾋ)き臼(ｳｽ)用の.

meunerie /mønri/ 女 製粉工場; 製粉業;《集合

meunier

meunier, ère /mønje, ɛːr/ 形 製粉の.
— 名 製粉業者, 粉屋.
— **meunière** 女〖料理〗ムニエル. ▶ sole (à la) meunière 舌平目のムニエル.

meur- 活用 ⇨ MOURIR 26

meurette /mœret/ 女〖料理〗(ポーチドエッグや川魚にかける)赤ワインソース; 川魚の赤ワイン煮.

Meurthe-et-Moselle /mœrtemozel/ 固有女 ムルト=エ=モゼール県 [54]: ロレーヌ地方中部.

*meurtre /mœrtr/ ムルトル 男 殺人, 殺害. ▶ commettre un meurtre 殺人を犯す / tentative de meurtre 殺人未遂 / incitation [provocation] au meurtre 殺人教唆 / être accusé [inculpé] de meurtre 殺人罪で告訴される.

meurtrier, ère /mœrtrije, ɛːr/ 形 ❶ 殺人(用)の; 多数の人命を奪う. ▶ combats meurtriers 殺戮(ｻﾂﾘｸ)戦 / rond-point meurtrier 死亡事故の多発するロータリー. ❷ 被害[災い]をもたらす. ❸ 殺意のある; 凶悪な.
— 名 殺人者, 殺害者.

meurtrière /mœrtrijeːr/ 女 (城壁の)銃眼, 狭間(ﾊｻﾞﾏ).

meurtrir /mœrtriːr/ 他動 ❶ …に打ち傷[あざ]をつける. ▶ meurtrir le visage de qn par des coups …の顔を殴って傷つける. ❷〖果物, 野菜〗を傷つける, 傷める. ❸ (精神的に)傷つける; やつれさせる. ▶ cœur meurtri 傷心.

meurtrissure /mœrtrisyːr/ 女 ❶ 打ち傷, あざ. ❷ (果物, 野菜の)傷み. ❸ やつれ. ❹ (精神的な)傷. ▶ les meurtrissures de l'amour 恋の痛手.

meus, meut /mø/ 活用 ⇨ MOUVOIR 46

Meuse /møːz/ 固有女 ❶ ムーズ県 [55]: ロレーヌ地方西部. ❷ ムーズ川: 北仏に発し, ベルギー, オランダを経て北海に注ぐ.

meute /møːt/ 女 ❶ 猟犬の群れ. ❷ (人のあとを)追い回す連中[一味].

mévente /mevɑ̃ːt/ 女 売れ行き不振; 不景気.

mexicain, aine /meksikɛ̃, ɛn/ 形 メキシコ Mexique の; メキシコ人の.
— **Mexicain, aine** 名 メキシコ人.

Mexique /meksik/ 固有 男 メキシコ: 首都 Mexico. ▶ au Mexique メキシコに[で, へ].

mézig(ue) /mezig/ 代 (人称) 俗 おれ, おいら; あたし. 注 強勢形 moi の代わりに用いられる.

mezzanine /medzanin/ 女 ❶ 中2階; 中2階の小窓. ❷ (劇場の)中2階席.

mezza voce /medzavotʃe/ 副〖イタリア語〗❶〖音楽〗メッザ・ヴォーチェ[半分の声]で. ❷ 小声で.

mezzo-soprano /medzosoprano/; (複) ~-~s〖イタリア語〗男〖音楽〗メゾ・ソプラノ.
— 女 メゾ・ソプラノ歌手. 注 男性名詞, 女性名詞ともに mezzo と略す.

Mgr (略語) ⇨ MONSEIGNEUR.

mi /mi/ 男 (単複同形)〖音楽〗(階名唱法の)ミ; (日本音名の)ホ音, (ドイツ, 英語音名の) E 音.

mi- 接頭 ❶ (名, 形につく)「半ば, 半分」の意. ▶ à mi-chemin 途中で / d'un air mi-sérieux, mi-moqueur 半ばまじめな, からかうような様子で.
❷ (時期を表わす名詞について, 女性名詞をつくる)「中ごろ, 中旬」の意. ▶ à la mi-août 8月中旬に / à la mi-temps ハーフタイムに / mi-carême 四旬節中日の謝肉祭 / de la mi-90 [quatre-vingt-dix] 90年中ごろから. 注 副詞句の前ではハイフンなしで使われる(例: aller à la réunion mi par curiosité, mi par obligation 半分は好奇心から, 半分は付き合いで, 会合に顔を出す).

miam-miam /mjamjam/ 間投 話 うーんおいしそう. ❷ 幼児語 まんま, うまうま.

miaou /mjau/ 男 幼児語 ニャーオ(猫の鳴き声).

miasme /mjasm/ 男 (多く複数で) (腐敗物などから発生する)ガス, 瘴気(ｼｮｳｷ).

miaulement /mjolmɑ̃/ 男 ❶ 猫がニャーと鳴くこと; 猫の鳴き声. ❷ (猫の鳴き声に似た)不快な音.

miauler /mjole/ 自動 ❶ 猫がニャーと鳴く. ❷ 猫の鳴き声に似た音を出す.

mi-bas /miba/ 男 ハイソックス.

mica /mika/ 男 ❶〖鉱物〗雲母(ｳﾝﾓ), きらら. ❷ (絶縁材, 耐熱材などの)雲母製品.

mi-carême /mikarem/ 女〖キリスト教〗(四旬節中日の)謝肉祭: 四旬節の禁を一時破って行われるカーニバル.

miche /miʃ/ 女 ❶〖パン〗ミッシュ: 大型の丸パン. ❷ (複数で) 俗 尻(ｼﾘ), けつ.

mi-chemin /miʃmɛ̃/ (次の句で)
à mi-chemin 副句 途中で. ▶ s'arrêter à mi-chemin 中途半端に終わる.
à mi-chemin de qc …へ行く途中に.
à mi-chemin 「de qc et de qc [entre qc et qc]…と…の中間に.

micheton /miʃtɔ̃/ 男 俗 ❶ 売春婦の常連客. ❷ だまされやすい人.

mickey /mike/ 形 (英語) 話 ださい, 時代遅れの, しまらない.

micmac /mikmak/ 男 話 ❶ 悪だくみ, 陰謀. ❷ 混乱, 紛糾.

mi-corps /mikɔːr/ (次の句で)
à mi-corps (1) 副句 体の真ん中まで. (2) 形句 半身の. ▶ portrait à mi-corps 半身像.

mi-côte /mikoːt/ (次の句で)
à mi-côte 副句 中腹で; 坂の途中で. ▶ maison construite à mi-côte 山の中腹に建った家.

mi-course /mikurs/ (次の句で)
à (la) mi-course 副句 レース半ばで; (物事の)中途で.

micro /mikro/ 男 ❶ (microphone の略)マイク. ▶ parler au micro マイクで話す, ラジオに出演する / «Au micro, notre envoyé spécial.» 「それでは特派員がお伝えいたします」.
❷ (micro-ordinateur の略) 話 マイコン.

micro- 接頭 ❶「極小の」の意 (↔macro-).
❷〖計量単位〗マイクロ(記号 μ): 10⁻⁶, 100万分の1を表わす.

microbe /mikrɔb/ 男 ❶ 微生物; 病原菌. ❷ 話 ちび, うらなり.

microbien, enne /mikrɔbjɛ̃, ɛn/ 形 微生物の, 病原菌の.

microbiologie /mikrɔbjɔlɔʒi/ 女 微生物学, 細菌学.

microbus /mikrɔbys/ 男 (10人乗り前後の)

クロバス, ミニバス (=minibus).

microcosme /mikrɔkɔsm/ 男 ❶ 文章 小宇宙; ミクロコスモス. ▶ le *microcosme* politique 政治の狭い世界. ❷ (宇宙の縮図としての)人間.

microcrédit /mikrokredi/ 男 マイクロクレジット (銀行から融資を受けられない人に対する少額融資).

microéconomie /mikroekɔnɔmi/ 女 ミクロ経済学.

microéconomique /mikroekɔnɔmik/ 形 ミクロ経済学の.

microfiche /mikrofiʃ/ 女 マイクロフィッシュ: マイクロフィルムを構成するフィルム.

microfilm /mikrofilm/ 男 マイクロフィルム.

microfilmer /mikrofilme/ 他動 …をマイクロフィルムに写す.

micro-informatique /mikroɛ̃fɔrmatik/ 女 パソコンによる情報処理.

micromètre /mikrɔmɛtr/ 男 ❶ (接眼)マイクロメーター: 顕微鏡などの測定用付属装置. ❷ マイクロメーター, 測微計. ❸ 『計量単位』マイクロメートル (記号 μm): 100万分の1メートル.

micrométrie /mikrɔmetri/ 女 精密測定.

micron /mikrɔ̃/ 男 『計量単位』 ミクロン (記号 μ): 長さの慣用単位. 100万分の1メートル.

micro-onde /mikroɔ̃:d/ 女 マイクロ波, 極超短波. ▶ four à *micro-onde* 電子レンジ.

micro-ordinateur /mikrɔɔrdinatœ:r/ 男 パソコン. 注 話し言葉では micro と略す.

micro-organisme /mikrɔɔrganism/ 男 微生物.

microphone /mikrɔfɔn/ 男 (英語)マイク. 注 話し言葉では micro と略す.

microprocesseur /mikrɔprɔsesœ:r/ 男 『情報』 マイクロプロセッサ.

microscope /mikrɔskɔp/ 男 顕微鏡. ▶ *microscope* électronique 電子顕微鏡. examiner [étudier] *qc au microscope* (1) …を顕微鏡で調べる. (2)...を微細に検討する.

microscopique /mikrɔskɔpik/ 形 ❶ 顕微鏡による. ❷ 顕微鏡でしか見えない; ごく小さい.

microsillon /mikrosijɔ̃/ 男 LPレコード.

micro-trottoir /mikrotrɔtwa:r/ 男 街頭世論調査, 街頭インタビュー.

miction /miksjɔ̃/ 女 『医学』 排尿.

*****midi** /midi/ ミディ 男 ❶ 正午 (↔ minuit). 注 無冠詞で用いられる. ▶ *Midi* a sonné. 正午が鳴った / Il est *midi*. 12時だ / *midi* et quart 12時15分 / *midi* et demi 12時半 / Venez chez moi à *midi*. 正午にうちに来なさい.

❷ 昼; 昼食時. 注 多く無冠詞で用いられる. ▶ le repas de *midi* 昼食 / vers *midi* 昼ごろに / en plein *midi* 真昼間に / Tu rentres à quelle heure à *midi*? 昼は何時に戻るんだい / Il vient tous les *midis*. 彼はいつも昼にやって来る / (日を表わす語のあとで副詞的に) hier *midi* 昨日の昼に.

❸ 南. ▶ une chambre exposée au *midi* 南向きの部屋.

❹ (le Midi)南仏. ▶ accent du *Midi* 南仏訛(ﾅﾏﾘ).

chercher midi à quatorze heures なんでもないことを難しく考える.

en plein midi (1) 真昼間に. (2) 真南に向いた.

midinette /midinɛt/ 女 ❶ ミーハー(の女の子). ❷ (パリの服飾店の)女店員; 古 お針子.

Midi-Pyrénées /midipirene/ 固有 男 ミディ=ピレネー地方: フランス南東部.

mie /mi/ 女 パンの身. ▶ pain de *mie* 食パン. *à la mie (de pain)* 俗 取るに足りない, くだらない.

*****miel** /mjɛl/ ミエル 男 蜂蜜(はちみつ), 蜜. ▶ bonbons au *miel* 蜂蜜入りキャンデー / lune de *miel* 蜜月, ハネムーン.

être「tout sucre tout miel [tout miel et tout sucre] (下心があって)やたらと優しくする.

faire son miel de qc …を利用する.

miellé, e /mjele/ 形 ❶ 蜂蜜(はちみつ)入りの. ❷ 〔におい, 味, 色が〕蜂蜜のような.

mielleusement /mjɛløzmɑ̃/ 副 文章 甘ったるい調子で, いやに優しく.

mielleux, euse /mjɛlø, ø:z/ 形 (軽蔑して)甘ったるい. ▶ paroles *mielleuses* 甘言.

*****mien, mienne** /mjɛ̃, mjɛn/ ミヤン, ミエヌ 代 《所有》

男性単数 le mien　女性単数 la mienne
男性複数 les miens 女性複数 les miennes
*mien は普通, 定冠詞を伴う.

《定冠詞とともに》私のそれ, 私のもの. 注 〈所有形容詞 mon, ma, mes + 名詞〉 に代わる代名詞. 所有されるものの性数に応じて変化する. ▶ son père et le *mien* 彼(女)の父親と私の父親 / Cette robe n'est pas la *mienne*. このドレスは私のではありません.

── **mien** 男 ❶ 《le mien》私のもの〔財産, 所有物, 考え〕. ❷ 《les miens》私の家族〔親類, 仲間〕; 私の味方. ▶ Je vais retrouver les *miens*. 私は家族に会いに行く.

J'y ai mis du mien. 私は私なりに頑張った.

── **mien, mienne** 形 《所有》 文章 ❶ 《属詞として》 私の. ▶ Ce livre est *mien*. (=à moi) この本は私のだ. ❷ 《付加形容詞として》 私の.

miette /mjɛt/ 女 ❶ (パン, 菓子の)くず, かけら. ❷ (物の)かけら, 破片; (わずかな)残り物. ▶ mettre [réduire] un vase en *miettes* 花瓶を粉々に割る / les *miettes* d'une fortune 財産のわずかな残り. ◆ une *miette* (de qc) 少量(の…). ▶ Il n'a pas une *miette* de bon sens. 彼にはひとかけらの良識もない.

ne pas perdre une miette de qc …に細心の注意を払う.

*****mieux** /mjø/ ミュー/

<*mieux* (que …)>(…)よりよく; よりよい.
《le mieux》最もよく; 最善.

副 《bien の優等比較級・最上級》 ❶ 《bien の優等比較級》 <*mieux* (que …)>(…)よりよく. ▶ Anne conduit beaucoup *mieux* que Marie. アンヌはマリーより車の運転がずっとうまい. ❷ 《bien の優等最上級》<le *mieux* (de qn/qc)>

mieux-être

(…の中で)**最もよく**. ▶ Elle conduit le *mieux* de la famille [de nous tous]. 彼女は家族[私たちみんな]の中で一番運転がうまい. ◆《名詞+》le [la, les] *mieux* + 過去分詞 注 他との比較の観点から用いるとき, 定冠詞は性数が一致する. それ自体の性質の程度をいうとき, 定冠詞は常に le をとる. ▶ Elle est la *mieux* habillée de Paris. 彼女はパリのベストドレッサーだ / les situations le *mieux* payées 極めて高給の地位.

❸《節の初めで》それどころか, その上 (=*mieux* que ça). ▶ Il m'a excusé: *mieux*, il m'a félicité. 彼は私を許してくれた, それどころか私を祝福してさえくれた.

── 形《不変》❶《多く属詞として》よりよい. ▶ Mettez-vous dans ce fauteuil, vous serez *mieux*. このひじ掛け椅子(ギ)におかけなさい, ずっと楽ですよ / Elle est *mieux* que sa sœur. 彼女の方が姉[妹]さんよりいいね(注 この場合, 美しい, 頭がよい, 気立てがよいなどさまざまな意味になりうる) / Il est *mieux* sans moustache. 彼は口ひげのない方がいい.

❷〈不定[中性]代名詞 + de *mieux*〉よりい…; 最もいい. ▶ On n'a rien trouvé de *mieux*. これ以上よいものが見つからなかった / C'est ce qu'il y a de *mieux* dans le genre. そのたぐいでは, これが一番だ.

── 男 ❶《無冠詞で》よりよいもの[こと]. ▶ s'attendre à *mieux* もっといいことを期待する / Il y a *mieux*, mais c'est plus cher. もっとよいものはあるしかし値段もわっと張る.

❷ 改善, 向上, 回復, 好転. ▶ Il a fait des efforts, il y a du *mieux*. 彼は努力した, 進歩が見られる / Le médecin a constaté un léger *mieux*. 医師は回復の兆しを認めた.

❸《le mieux》最善. ▶ Le *mieux* est de n'y plus penser. 一番いいのはもうそれを考えないことだ.

aller mieux〔人が〕体調がよくなる;〔事態が〕好転する. ▶ Le malade *va mieux* qu'hier. 病人は昨日より容態がいい / Les choses commencent à *mieux aller*. 事態は好転し始めている / Ça ne *va pas mieux*. 困 そいつはまずい, とんでもないことだ.

à qui mieux mieux 我がちに, 競って.
au mieux 最もよく[うまく]; 最もうまくいけば[いっても]. ▶ arranger une affaire *au mieux* 最善の仕方で事を処理する / vendre *au mieux* 最もよい値で売る / En mettant les choses *au mieux*, nous serons à Paris à midi. 最も順調にいけば, 正午にはパリに着いているだろう.

au mieux de qc …に最も都合のよいように.
changer en mieux 好転する, よい方に変わる.
de mieux en mieux だんだんよく. ▶ Le malade va *de mieux en mieux*. 病人はだんだんよくなっている.

de + 所有形容詞 + *mieux* = *du mieux possible* = *du* [*le*] *mieux qu'il peut* 最善を尽くして, できる限り. ▶ Elle a fait de *son mieux* pour le satisfaire. 彼女は彼に気に入ってもらうために最善を尽くした / Je l'ai fait *le* [*du*] *mieux que j'ai pu*. 私はそれをするのにできる限りのことをした.

en attendant mieux（もっとよいのが見つかるのを待って→）当座は, とりあえず今のところは.
être au mieux avec qn …と非常に仲がよい.
être au mieux de sa forme 最高の体調である.
faire mieux もっとうまくやる; 上達[向上]する.
faire mieux de + 不定詞 …する方がよい. 注 faire は多く条件法. ▶ Vous *feriez mieux de* vous taire. 黙っている方がいいですよ.
faute de mieux やむを得ず; 仕方のない場合には.
Le mieux est l'ennemi du bien. 諺 完璧(鸞)を求めるとせっかくのよいものを駄目にすることがある.
mieux que jamais かつてないほどよく[うまく].
mieux que personne だれよりもよく[うまく].
mieux …, 比較級 … よく…すればするほど…. ▶ *Mieux* je le connais, *plus* je l'estime. 彼を知れば知るほど私は彼をますます高く買うようになった.
ne pas demander mieux（*que de* + 不定詞 [*que* + 接続法]）(…は)願ってもないことだ. ▶ Je *ne demande pas mieux qu*'il vienne. 彼が来てくれるなら願ってもないことだ.
on ne peut mieux (1) 副句 このうえなくよく[うまく]. ▶ Il va *on ne peut mieux*. 彼は極めて元気だ. (2)《属詞として》このうえなくよい. ▶ C'est *on ne peut mieux*. 困 これは申し分ない.
pour le mieux (1) できる限りよく, 最善を尽くして. (2) 最高によく. ▶ Tout est [va] pour le *mieux*. 万事極めて良好である.
pour mieux dire 正しく言えば[正確に]言えば; と言うよりもむしろ, それどころか.
pour ne pas mieux dire 控えめに言っても.
qui mieux est /kimjøzɛ/ さらによいことには, その上.

mieux-être /mjøzɛtr/ 男《単複同形》生活水準の向上, 生活条件の改善;（病状の）回復.
mièvre /mjɛːvr/ 形《美しさなどが》取ってつけたような; 甘ったるい, なよなよした.
mièvrerie /mjɛvrəri/ 女 取ってつけた様子; 甘ったるさ;《多く複数で》甘ったるい言葉.
mignard, arde /miɲaːr, ard/ 形 かわいらしい, 可憐な.
mignardise /miɲardiːz/ 女 ❶ 気取り;《複数で》わざとらしい言動. ❷ 文語 可憐(ホホ)さ.
*****mignon, onne** /miɲɔ̃, ɔn/ 形 ❶（小さくて）かわいい; すてきな. 比較 ⇨ BEAU. ▶ C'est une *mignonne* petite fille. 彼女はかわいい女の子だ / C'est *mignon* chez vous. すてきなお宅ですね.

❷ 困 優しい, 親切な. ▶ Soyez *mignonne*, aidez-moi à mettre le couvert. すみませんが, 食卓の用意を手伝っていただけますか.

❸《食肉》filet *mignon* フィレ・ミニョン（牛ヒレの先の部分）.

── 名 かわいい子;（特に）若い娘, かわいい娘. ▶ mon *mignon*《呼びかけで》坊や.
mignoter /miɲɔte/ 他動 古風 …をかわいがる.
migraine /migrɛn/ 女（偏）頭痛. ▶ avoir la *migraine* 頭痛がする.
migraineux, euse /migrɛnø, øːz/ 形,名（偏）頭痛の（人）; 頭痛持ちの（人）.

migrant, ante /migrɑ̃, ɑ̃:t/ 形 移住の; 出稼ぎの, 遠距離通勤の. ― 名 移民; 出稼ぎの労働者.

migrateur, trice /migratœ:r, tris/ 形 移住する; 移動性[回遊性]の. ▶ oiseaux *migrateurs* 渡り鳥.
― 名 移住者; 移動性の動物, 回遊魚, 渡り鳥.

migration /migrasjɔ̃/ 女 ❶ 移住, 移民; 移動. ▶ *migrations* alternantes (大都市の)昼夜人口移動. ❷ (魚の)回遊, (鳥の)渡り.

migratoire /migratwa:r/ 形 移動[移住]の.

migrer /migre/ 自動 文章 移住[移動]する;〔鳥が〕渡る;〔魚が〕回遊する.

mi-jambe /miʒɑ̃:b/《次の句で》
à mi-jambe 副句 足の中ほどまで. ▶ avoir de l'eau jusqu'*à mi-jambe*(s) ひざまで水が来ている.

mijaurée /miʒɔre/ 女 気取った女. ▶ faire la *mijaurée* 気取る, しなをつくる.

mijoter /miʒɔte/ 他動 ❶ …をとろ火でゆっくり煮る;〔料理〕を丹念に作る. ▶ *mijoter* un bœuf bourguignon ビーフシチューを煮こむ / *mijoter* de bons petits plats ちょっとしたおいしい料理を作る. ❷ 話〈*mijoter* qc // *mijoter* de + 不定詞〉…を前々から準備する, ひそかにたくらむ. ▶ *mijoter* un complot 陰謀をたくらむ / Qu'est-ce qu'ils *mijotent*? 奴らは何をたくらんでいるんだ.
― 自動 ❶〔料理が〕ことこと煮える. ▶ laisser *mijoter* une soupe à feu doux スープをとろ火で煮る. ❷ 話〔計画などが〕ゆっくり練り上がる. ❸ 話 じっくり考える.

mikado /mikado/ 男《日本語》❶ 帝(みかど), 天皇. ❷《ゲーム》ミカド: 細い棒を積み上げ, 他を動かさずに1本ずつ抜き取るゲーム.

Miko /miko/ 商標 ミコ: アイスクリームのブランド名.

mil¹ /mil/ 形《数》1000の. 注 西暦紀元後の年代で100位以下の端数がつく場合にのみ用いる(⇨ MILLE¹). ▶ l'an *mil* neuf cent quatre-vingt-neuf 1989年.

mil² /mij/ 男《植物》キビ, モロコシ.

Milan /milɑ̃/ 固有 ミラノ: イタリア北部の都市.

milan /milɑ̃/ 男《鳥類》トビ.

milanais, aise /milanɛ, ɛ:z/ 形 ミラノ Milan の. ― **Milanais, aise** 名 ミラノの人.
― **milanais** 男《菓子》ミラネ, アプリコットケーキ. ― **milanaise** 女《料理》❶ チーズ入りマカロニの付け合わせ. ❷〈à la *milanaise*〉(パルメザンチーズを衣に混ぜた)ミラノ風の.

mildiou /mildju/ 男《植物》のべと病.

mile /majl/ 男《英語》《計量単位》マイル: 英米圏での長さの慣用単位. 1マイルは約1609メートル.

milice /milis/ 女 ❶ 民兵, 義勇軍; 自警団. ▶ *milices* populaires /t, armée de *milices* (スイスなどの)国民軍. ❷ 〈la Milice〉親独義勇軍: 1943, 44年, ドイツ占領下のフランスで抗独派に対してヴィシー政府が組織した.

milicien, enne /milisjɛ̃, ɛn/ 名 民兵, 義勇兵; 自警団員;(第2次大戦中の)親独義勇軍兵士.

*****milieu** /miljø ミリュ/;《複》**x** 男 ❶ (空間, 時間の)中央, 真ん中, 中間. ▶ le doigt du *milieu* 中指 / le *milieu* d'une place (=centre) 広場の中央 / le *milieu* du jour 正午 / le *milieu* de la nuit 真夜中 / couper une pomme par le *milieu* リンゴを(真ん中で)半分に切る.
❷ (抽象的に)中間; 中庸. ▶ Il n'y a pas de *milieu*. 妥協の余地はない, 2つに1つだ / tenir le *milieu* entre les deux 2つの間で中間の立場を保つ.
❸ (人間を取り巻く)環境, 周囲(の状況). ▶ *milieu* de vie 生活環境 / s'adapter à un nouveau *milieu* 新しい環境に慣れる / milieu naturel 自然環境 / milieu familial 家庭環境.
❹ (社会的)階層, 階級;《複数で》(…)界. ▶ fréquenter un *milieu* bourgeois ブルジョワ階級の人たちと付き合う / être issu d'un milieu aisé [modeste] 裕福な[慎ましい]家の出身である / tous les milieux あらゆる階層 / les *milieux* politiques 政界 / les *milieux* (bien) informés 消息筋 / les *milieux* autorisés 権威筋 / les milieux littéraires 文壇 / les *milieux* d'affaires 実業界.
❺〈le milieu〉売春[密売]組織; 暗黒街, やくざ社会. ❻《生物学》環境; 媒質.
❼《サッカー》milieu de terrain ハーフバック.
au beau milieu de qc = *en plein milieu de qc* …の真ん中に; 真っ最中に.
***au milieu de qn/qc** …の真ん中に[で], 間に[で]; 最中に. ▶ *au milieu du* village 村の中央に / *Au milieu du* film, Jean s'est endormi. 映画の最中に, ジャンは眠りこんだ.
juste milieu 中庸; 中道.

***militaire** /militɛ:r ミリテール/ 形 ❶ 軍隊の, 軍事(上)の; 軍人の. ▶ action [opération] *militaire* 軍事行動 / service *militaire* 兵役 / école militaire 士官学校. ❷ 軍の力による, 軍部による. ▶ gouvernement *militaire* (↔civil) 軍事政権 / coup d'État *militaire* 軍事クーデター. ❸ 軍隊[軍人]に特有の; 好戦的な. ▶ salut *militaire* 軍隊式敬礼 / l'heure *militaire* (軍隊式の)正確な時間. ― 男 ❶ 軍人. ❷ 文章 軍職.

militairement /militɛrmɑ̃/ 副 ❶ 軍隊式に. ❷ 軍事力によって, 軍事的に.

militant, ante /militɑ̃, ɑ̃:t/ 形 戦闘的な, 攻撃的な, 行動的な. ▶ un syndicaliste très *militant* 極めて戦闘的な組合活動家 / une action *militante* 戦闘的な行動.
― 名 闘士, 活動家. ▶ *militant* ouvrier 労働運動の闘士 / *militants* de base 下部組織メンバー / une *militante* féministe フェミニズム活動家.

militantisme /militɑ̃tism/ 男 (組織, 活動家などの)戦闘的態度.

militarisation /militarizasjɔ̃/ 女 軍事化, 軍国主義化.

militariser /militarize/ 他動 …を軍隊化[軍事化]する; 軍国主義化する. ▶ zone *militarisée* 武装地帯.

militarisme /militarism/ 男 軍国主義; 軍国主義政策; 軍事政策.

militariste /militarist/ 形 軍国主義の.
― 名 軍国主義者.

militaro-industriel, le /militarɔɛ̃dystrjɛl/ 形 軍産の. ▶ complexe *militaro-industriel* 軍産複合体.

militer

militer /milite/ 自動 ❶（党，組合などで）活動する，闘う．
❷〔状況などが〕影響を及ぼす．▶ *militer* pour [en faveur de] qn/qc …に有利に働く．

Milka /milka/ 商標 ミルカ：チョコレートのブランド名．

:mille[1] /mil/ ミル 形《数》《不変》❶1000の．▶ un chèque de *mille* euros 1000ユーロの小切手／deux *mille* trois cents 2300（の）／dix *mille* 1万（の）／cent *mille* 10万（の）／*les Mille et Une Nuits*「千夜一夜物語」 注（1）年号では mille でも可でもよい［例：en mille [mil] neuf cent vingt-six 1926年に）．（2）「1100」台から「1900」台までは，*mille* cent = onze cent(s)，*mille* deux cent(s) = douze cent(s) のように言い換えることができる．
❷（おもに名詞のあとで序数詞として）**1000番目の**．▶ à la page *mille* 1000ページ目に．
❸多数の，たくさんの．▶ dire *mille* fois 口を酸っぱくして言う／Merci *mille* fois. 本当にありがとう．
── ***mille** 男《単複同形》❶1000；1000の数字．❷（1000と書いてある）標的の中心．❸《印刷》1000部；（単位となる）1000個．

des mille et des cents 話 大金，多額の金．▶ avoir [gagner] *des mille et des cents* しこたまため込んでいる［がっぽり稼ぐ］．
Je vous le donne en mille.（千に一つも）分かるはずはないですよ，当たりっこありませんよ．
mettre [*taper*] *en plein*] *dans le mille* 的の中心に命中する；目的を達成する，成功する．

mille[2] /mil/ 男 ❶ マイル（= *mille* anglais）：長さの単位．約1609メートル．❷ 海里（= *mille* nautique, *mille* marin）：航空，航海用の長さの慣用単位．国際的には1852メートル．

millefeuille /milfœj/ 男《菓子》ミルフィユ．
C'est [*Ce n'est pas*] *du millefeuille.* 話 それは簡単だ［簡単ではない］．

millénaire /milenɛːr/ 形 1000年（以上）の；非常に古い．▶ un arbre plusieurs fois *millénaire* 樹齢数千年の木．── 男 千年紀；千年祭．

millénium /milenjɔm/ 男 ❶ 千年王国：最後の審判の前，キリストが再臨し地上を治める正義と幸福の1000年間．❷ 黄金時代．

mille-pattes /milpat/ 男《動物》（むかでなど）多足類（= myriapodes）．

millésime /milezim/ 男（切手，貨幣，ワインなどの）製造年度［年号］．▶ Quel est le *millésime* de ce vin? このワインは何年物ですか．

millésimé, e /milezime/ 形 製造年号のついた．

millet /mije/ 男《植物》イネ科の植物．▶ *millet* commun キビ／*millet* des oiseaux アワ（粟）．

milli- 接頭《計量単位》ミリ（記号 m）：10⁻³，1000分の1を表わす．

***milliard** /miljaːr/ ミリヤール 男 ❶ 10億．▶ un *milliard* d'euros 10億ユーロ（*milliard* は名詞なので de が必要）／Il est riche à *milliards*. 彼は億万長者だ．❷ 無数，多数．▶ des *milliards* d'étoiles 無数の星．

milliardaire /miljardɛːr/ 形 10億以上の金を持った；億万長者の．── 名 億万長者，大富豪．

milliardième /miljardjɛm/ 形 ❶ 10億番目の．❷ 10億分の1の．── 男 10億番目の1．

millibar /milibaːr/ 男《計量単位》ミリバール（記号 mb）：気圧の慣用単位．

millième /miljɛm/ 形 ❶ 1000番目の．❷ 1000分の1の．── 名 1000番目の人［物］．
── 男 ❶ 1000分の1．❷ ごくわずかなこと．❸ ミル：照準器などに用いる角度の単位．

***millier** /milje/ ミリエ 男 < *millier* (de + 無冠詞複数名詞) > 1000（の…）；約 **1000（の…）**．▶ trois *milliers* d'habitants 3000人ほどの住民／des *milliers* de gens 何千人もの人．
par milliers 何千という数で；おびただしく．

milligramme /miligram/ 男《計量単位》ミリグラム（記号 mg）．

millimètre /milimɛtr/ 男 ❶《計量単位》ミリメートル（記号 mm）．❷ ごくわずかの距離．
faire du millimètre 話 細かい，けちる．

millimétrique /milimetrik/, **millimétré, e** /milimetre/ 形 ミリメートル単位［刻み］の．▶ papier *millimétrique* ミリ方眼紙．

***million** /miljɔ̃/ ミリヨン 男 < *million* (de + 無冠詞複数名詞) > ❶ 100万（の…）．▶ un *million* d'hommes 100万人／mille *millions* 10億．❷ 100万フラン．❸ 多数（の…）．▶ des *millions* d'étoiles 無数の星．
à [*par*] *millions* 数えきれないほどに．▶ être riche *à millions* 大金持ちである．

millionième /miljɔnjɛm/ 形 ❶ 100万番目の．❷ 100万分の1の．── 名 100万番目の物［人］．
── 男 100万分の1．

millionnaire /miljɔnɛːr/ 形 ❶ 大金持ちの．❷ ville *millionnaire* 人口100万以上の都市．── 名 大金持ち．

milord /milɔːr/ 男（英国の貴族，貴紳に対する敬称で）閣下，卿（ᵏʸʳᵈ）．

mi-lourd /miluːr/ 形 名《スポーツ》ライトヘビー級の（選手）．

mime /mim/ 名 ❶ パントマイム俳優．❷ 物まね上手の人．── 男 ❶ パントマイム．❷ 身振り．

mimer /mime/ 他動 ❶ …を身振りで表現する［演じる］．▶ théâtre *mimé* パントマイム劇．
❷〔他人の（しぐさ，声など）〕をまねる．

mîmes /mim/ 動 活用 ⇨ METTRE 65

mimétique /mimetik/ 形 擬態の．

mimétisme /mimetism/ 男 ❶《生物学》擬態．❷（人の動作などの無意識的な）模倣，類似．▶ Il agit comme son frère par *mimétisme*. 彼は知らず知らずのうちに兄［弟］と同じような行動をしている．

mimi /mimi/ 男 ❶ 幼児語 猫，にゃんこ．❷ 話 キス，愛撫（ᵃⁱᵇᵘ）．❸ 話《愛情表現で》君，坊や．
── 形《不変》俗 かわいい．

mimique /mimik/ 形 身振りの．
── 女 身振り，ジェスチャー；（顔の）表情；物まね．

mimodrame /mimɔdram/ 男 ミモドラム：せりふを伴わず，身振り，舞踊，器楽のみの劇作品．

mimosa /mimoza/ 男《植物》ミモザ（の花）．

mi-moyen /mimwajɛ̃/ 形 名《スポーツ》ウエルター級の（選手）．

min《記号》minute 分．

minable /minabl/ 形, 名話 ひどい(やつ), 情けない(やつ), 最低の(やつ).

minage /minaːʒ/ 男 ❶ 地雷[地雷]の敷設 (↔déminage). ❷ 発破.

minaret /minarɛ/ 男 ミナレット: イスラム教で, 祈りの時を告げるモスクの尖塔(なとう).

minauder /minode/ 自動 しなを作る.

minauderie /minodri/ 女 ❶ しなを作ること. ❷《多く複数で》媚態, お追従.

minaudier, ère /minodje, ɛːr/ 形, 名 しなを作る(人), 媚態(びたい)を示す(人).

＊mince /mɛ̃ːs/ マーンス/ 形 ❶ 薄い. ▶ couper de la viande en tranches *minces* 肉を薄切りにする. ❷ 細い; すらりとした. ▶ une chaînette *mince* comme un fil 糸のように細い鎖 / une jeune femme *mince* (↔gros) ほっそりした若い女性 / devenir *mince* スリムになる.

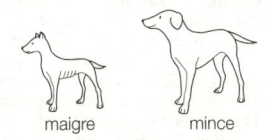

(図: maigre と mince の犬のイラスト)

❸ 取るに足りない, 価値の低い. ▶ un *mince* problème 些細な問題 / pour un profit si *mince* こんなにわずかの利益のために / Ce n'est pas une *mince* affaire. それは取るに足らないことではない.
─ 間投 話 ❶ ええっ, ちぇっ, くそっ(驚き, 怒り, 悔しさなど) (=merde, zut).
❷〈mince de + 無冠詞名詞〉すごい…;《皮肉に》くだらない…. ▶ *Mince* de bagnole! すごい車だ.

minceur /mɛ̃sœːr/ 女 ❶ 薄さ; 細さ; すらりとしていること; 薄弱, 乏しさ; つまらなさ. ❷《同格で》やせるための. ▶ produit *minceur* ダイエット商品.

mincir /mɛ̃siːr/ 自動 細くなる, やせる.
─ 他動 …をほっそり見せる.

＊mine¹ /min/ ミヌ / 女 ❶ 顔色. ▶ avoir bonne *mine* 顔色がよい / avoir mauvaise *mine* 顔色が悪い. ❷ 顔つき, 表情. ▶ avoir une *mine* réjouie うれしそうな顔をする / une *mine* boudeuse ふくれっ面. ❸ 外見, 見た目; 見せかけ. ▶ juger des gens sur la *mine* 見かけで人を判断する. ❹《複数形》表情; 素振り; 身振り, しぐさ. ▶ *mines* affectées 気取った素振り.

avoir bonne mine (1) 顔色がいい. (2)《料理が》おいしそうだ. (3) 話 おかしい, 滑稽(こっけい)である.

avoir une mine de papier mâché 話 (紙粘土のような)ひどく青白い顔色をしている.

faire bonne [mauvaise] mine à qn …に対して愛想よく[無愛想に]振る舞う.

faire des mines 気取る.

faire grise [triste] mine がっかりした顔をする, いまいましげな顔をする.

faire grise mine à qn …に冷たく当たる.

faire la mine 膨れっ面をする.

faire mine de + 不定詞 …するふりをする. ▶ Il *n'a* même pas *fait mine de* résister. 彼は逆らう素振りさえ見せなかった.

mine de rien 話 そ知らぬ顔で; それとなく.

ne pas payer de mine 見栄えがよくない. ▶ Le restaurant *ne payait pas de mine*. そのレストランは見た目はさえなかった.

＊mine² /min ミヌ/ 女 ❶ 鉱山; 炭鉱; 坑道. ▶ *mine* d'or 金鉱, 金山 / travailler à la *mine* 鉱山[炭鉱]で働く. ❷〈une *mine* (de + 無冠詞名詞)〉(…の)宝庫. ▶ une *mine* inépuisable de documents 汲(く)めども尽きぬ資料の宝庫. ❸ (鉛筆の)芯(しん). ❹ (les Mines)(建設省の)鉱山局/パリ国立高等鉱業学校 (=Ecole nationale supérieure des *Mines*). ▶ ingénieur des *Mines* 鉱業学校卒の技師. ❺ 地雷, 機雷. ▶ champ de *mines* 地雷原 / *mine* antipersonnel 対人地雷. ❻ 発破(坑). ▶ coup de *mine* 発破, 爆破.

miner /mine/ 他動 ❶ …の下部[内部]を掘る, を下部[内部]から浸食する. ❷ …を(徐々に)むしばむ, 弱らせる. ▶ Le chagrin *l'a minée*. 悲しみが彼女をやつれさせてしまった. ❸【軍事】…に機雷[地雷]を敷設する. ─ **se miner** 代動 (過労, 心痛のために)健康をむしばまれる.

minerai /minrɛ/ 男 鉱石. ▶ *minerai* de fer 鉄鉱石 / *minerai* d'uranium ウラン鉱.

＊minéral, ale /mineral ミネラル/;《男複》**aux** /o/ 形 鉱物の, 無機質の. ▶ chimie *minérale* 無機化学 / eau *minérale* ミネラル・ウォーター.
─ **minéral**:《複》**aux** 男 鉱物, 無機質.

minéralier /mineralje/ 男 鉱石運搬船.

minéralisation /mineralizasjɔ̃/ 女 ❶ (金属の)鉱化(作用). ❷ (水の)鉱水化. ❸ (有機物, 土壌などの)無機化(作用).

minéraliser /mineralize/ 他動 ❶〔金属〕を鉱化する, 鉱石化する. ❷〔水〕に無機塩類を加える, を鉱水化する. ─ **se minéraliser** 代動 鉱化される; 無機化される.

minéralogie /mineralɔʒi/ 女 鉱物学(書).

minéralogique /mineralɔʒik/ 形 ❶ 鉱物学の. ❷ 鉱山局の.

minéralogiste /mineralɔʒist/ 名 鉱物学者.

Minerve /minɛrv/ 女〖ローマ神話〗ミネルバ: 学芸の女神. ギリシャ神話の Athéna に当たる.

minerve /minɛrv/ 女 文章 才色兼備の女性.

minet, ette /minɛ, ɛt/ 名 話 ❶ 子猫. ❷《愛情表現で》かわいい子[人]. ❸ 現代風な若者.

＊mineur¹, e /minœːr ミヌール/ 形 ❶ (価値などが)小さい方の, あまり重要でない, マイナーな (↔majeur). ▶ changements *mineurs* 小さな変化 / genre *mineur* マイナーなジャンル / problème *mineur* 瑣末な問題 / l'Asie *Mineure* 小アジア. ❷ 未成年の. 注 フランスでは18歳未満を指す. ❸〖音楽〗短調の. ▶ ton [mode] *mineur* 短調 / sonate en sol *mineur* ト短調ソナタ.
─ **＊mineur, e** 名 未成年者, 18歳未満.
─ **mineur** 男〖音楽〗短調.

en mineur〖音楽〗短調で [の]. (1).(2) ひっそりと.

mineur² /minœːr/ 男 ❶ 鉱夫, 坑夫, 炭鉱夫. ❷〖軍事〗工兵.

mini /mini/ 形《不変》ミニの; 非常に小さい.
─ 男《単複同形》❶ ミニスカート, ミニの服. ❷ マイクロコンピュータ.
─ 副 s'habiller *mini* ミニスカートをはく.

mini- 接頭「小さい」の意.
miniature /minjatyːr/ 女 ❶ 細密画, メダル肖像画. ❷ ミニチュア, 模型; 小さくてかわいらしい人［物］. ❸ 装飾文字: 中世写本の各章冒頭に用いられ, 赤などで彩色された文字.
en miniature 小型の, ミニチュアの.
miniaturisation /minjatyrizasjɔ̃/ 女 小型化, 縮小化.
miniaturiser /minjatyrize/ 他動〔機器など〕を小型化［縮小化］する.
miniaturiste /minjatyrist/ 名 細密画家.
minibus /minibys/ 男 小型バス, ミニバス.
minicassette /minikasɛt/ 女 商標（コンパクトサイズの）マイクロカセット.
minichaîne /miniʃen/ 女 ミニ・コンポ.
minier, ère /minje, ɛːr/ 形 鉱山の, 鉱山のある. ▶ gisement *minier* 鉱脈 / pays *minier* 鉱業地帯［国］.
— **minière** 女 露天採掘鉱区.
minijupe /miniʒyp/ 女 ミニスカート.
minima /minima/ minimum の複数形または女性形.
minimal, ale /minimal/; 《男複》*aux* /o/ 形 最低の, 最小の (↔maximal). ▶ températures *minimales* 最低気温 / art *minimal* ミニマルアート.
minimalisme /minimalism/ 男【美術】ミニマリズム.
minimaliste /minimalist/ 形【美術】ミニマリズムの.
minime /minim/ 形 わずかな, 取るに足りない. ▶ Les dégâts sont *minimes*. 損害はごくわずかだ / un salaire *minime* 薄給.
— 名【スポーツ】(13歳前後の)少年(選手).
minimessage /minimesaːʒ/ 男 ショートメッセージ(携帯電話でやりとりする短いメッセージ).
minimiser /minimize/ 他動 ❶ …を低く見積もる, 過小評価する. ▶ *minimiser* le rôle de qn …の役割を軽く見る / *minimiser* un problème ある問題を見くびる. ❷ …を最小にする.
***minimum** /minimɔm/ ミニモムの;《複》*minimums*（または *minima* /minima/）男 ❶ <*minimum* (de + 無冠詞名詞)> 最小［最低］(の…). ▶ un [le] *minimum* de frais (↔maximum) 最小限度の費用 / dans le *minimum* de temps できるだけ短時間で / S'il avait un *minimum* de savoir-vivre. 彼にもう少しはマナーを心得ていればいいのだが. 圏 最も軽い刑罰.
au minimum 最小(限)に; 少なくとも.
minimum vital (1) 最低生活賃金. (2) 最低栄養必要量.
— 形《女性形不変または *minima*》最小の, 最低の. ▶ prix *minimum* 最低価格 / âge *minimum* 最低年齢 / salaire *minimum* interprofessionnel de croissance 全産業一律スライド制最低賃金(略 SMIC /smik/).
mini-ordinateur /miniɔrdinatœːr/ 男【情報】ミニコンピュータ, ミニコン.
minispace /minispas/ 男 小型ワンボックスカー.
***ministère** /ministɛːr/ ミニステール 男 ❶ 内閣.
▶ sous le *ministère* Jospin ジョスパン内閣時代に / composer [former] un *ministère* 組閣する / entrer dans un *ministère* 入閣する.
❷ 省. ▶ le *ministère* des Affaires étrangères 外務省 / le *ministère* des Finances 財務省 / le *ministère* de l'Education nationale 国民教育省.
❸ 大臣の職; 大臣在職期間. ▶ confier [attribuer] un *ministère* à qn …を大臣に任ずる / Son *ministère* n'a duré que trois mois. 彼(女)が大臣を務めたのはたった3か月だった. ❹《キリスト教》聖職 (=saint *ministère*); 司祭職.
ministère public【法律】検察(官).
par ministère de qn【法律】…の仲介で.
ministériel, le /ministerjɛl/ 形 ❶ 内閣の. ▶ crise *ministérielle* 内閣の危機. ❷ 省の; 大臣の. ▶ le cabinet *ministériel* 大臣官房. ❸ 政府寄りの, 政府支持の.
ministrable /ministrabl/ 名, 形 大臣候補(の).
***ministre** /ministr/ 注 女性の大臣は Madame le [la] ministre と呼ばれる. ▶ nomination [révocation] d'un *ministre* 大臣の任命［罷免］/ Conseil des *ministres* (大統領司会の)閣議 / Premier *ministre* 首相 / *ministre* de la Défense 国防大臣 / *ministre* de la Justice 法務大臣 / *ministre* de l'Intérieur 内務大臣 / *ministre* des Affaires étrangères 外務大臣 / *ministre* d'Etat 国務大臣 / *ministre* sans portefeuille 無任所大臣 / *ministre* délégué 特命大臣.
❷ 公使. ▶ *ministre* plénipotentiaire 全権公使. ❸《キリスト教》聖職者; 司祭, 牧師.
❹《形容詞的に》bureau *ministre* 大形の両袖(そで)机 / papier *ministre* 公文書用紙.
minitel /minitɛl/ 男 商標 ミニテル: フランス郵政通信省が開発した情報通信用端末.
minium /minjɔm/ 男 鉛丹, 錆(さび)止め用塗料.
minois /minwa/ 男 若く生き生きした, かわいい顔.
minorer /minɔre/ 他動 ❶〔価値など〕を減ずる. ❷ …を過小評価する.
minoritaire /minɔritɛːr/ 形 少数(派)の. ▶ parti [opinion] *minoritaire* 少数党［意見］.
— 名 (les minoritaires) 少数派(の人々).
***minorité** /minɔrite/ ミノリテ 女 ❶ 少数; (票決での)少数派 (↔majorité). ▶ être en [dans la] *minorité* 少数派である / Le gouvernement sera mis en *minorité*. 政府は票決で破られるだろう.
❷ 少数派, マイノリティ. ▶ *minorité* ethnique 少数民族 / *minorité* sexuelle 性的マイノリティ / *minorité* visible はっきりと目に見える形で存在するマイノリティ.
❸ <une [la] *minorité* de + 無冠詞名詞> 少数の…, わずかな…. ▶ une petite *minorité* de lecteurs ごく少数の読者.
❹ 未成年(期). 注 フランスでは18歳未満.
dans la minorité des cas ごく稀に.
Minotaure /minɔtɔːr/ 固有 男《ギリシア神話》ミノタウロス: 牛頭人身の怪物.
minoterie /minɔtri/ 女 製粉工場; 製粉業.
minotier /minɔtje/ 男 製粉業者, 粉屋.
minou /minu/ 男 話 ❶ 幼児語 子猫, にゃんこ. ❷

《愛情表現で》mon *minou* かわいい人.

minuit /minɥi/ ミニュイ 男 真夜中；午前0時. ▶ Il est *minuit*. 午前0時だ / *Minuit* a sonné. 午前0時の鐘が鳴った / à *minuit* et demi(e) 午前0時半に / messe de *minuit* (クリスマスの夜の)深夜ミサ.

minuscule /minyskyl/ 形 非常に小さい，微小な；〔人が〕小柄な；小文字の(↔majuscule).
— 女 小文字 (=lettre minuscule).

minus habens /minysabɛ:s/, **minus** /minys/ 名《不変》(ラテン語)語 無能な人，愚鈍な人.

minutage /minyta:ʒ/ 男 (作業，行事などの)細かいスケジュールの作成；(分刻みの)時間割，プログラム，タイムテーブル.

minute[1] /minyt/ ミニュット 女 ❶ 分(記号 min). ▶ Il est une heure dix (*minutes*). 1時10分です(注 時報などを除き，普通は minutes を省略する) / L'Hôtel de ville est à quelques *minutes* de la gare. 市役所は駅から数分の所にある / cinq *minutes* de pause = une pause de cinq *minutes* 5分間の休息.
❷ 短時間，一瞬，つかの間. ▶ Je n'ai pas une *minute* à perdre. 1分たりともむだにはできない / Attends-moi quelques [cinq] *minutes*. ちょっと待っててくれ / Vous avez une *minute*? ちょっとお時間はありますか / Je suis à vous dans une *minute*. すぐにうかがいます / jusqu'à la dernière *minute* 最後の瞬間まで / *minute* de vérité 真実が明らかになる時. 比較 ⇨ MOMENT. ❸(同格的に)すぐにできる，急速の. ▶ «Talon *minute*»「靴底すぐ修理します」/ «Clef *minute*»「合鍵(ホホシ)すぐ作ります」/ cocotte-*minute* 圧力鍋(ヘン). ❹ 分(記号 '): 角度の慣用単位. ▶ quatre degrés onze *minutes* nord 北緯4度11分. ❺(間投詞的に) *Minute* (papillon)! ちょっと待て.
à la minute (1) すぐに. (2) たった今. (3) (決められた)時間どおりに.
à la minute (même) où + 直説法 (ちょうど)…するその時に. ▶ Elle est arrivée *à la minute* (*même*) *où* j'allais partir. 私が出かけようとしていたちょうどその時に彼女が着いた.
Ça va (bien) cinq minutes, mais… 話 (5分だけならまあいいが→)長引くのはごめんだ. 注 cinq minutes の代わりに une minute, deux minutes も使われる.
de minute en minute 刻々と；だんだんに.
d'une minute à l'autre 今にも，すぐに.
être à la minute たいへん急いでいる.

minute[2] /minyt/ 女『法律』(保存)原本，正本.

minuter /minyte/ 他動〔仕事，行事など〕の進行〔スケジュール〕を細かく定める；時間を限定する.

minuterie /minytri/ 女 ❶ (階段などにある，点灯後数分で自動的に消える)自動消灯スイッチ. ❷『時計』目盛り表示.

minuteur /minytœ:r/ 男 タイマー.

minutie /minysi/ 女 ❶ 細心，綿密，正確. ▶ travailler avec *minutie* 綿密に仕事をする. ❷ 古風 些細(ホホ)な事，つまらぬ事.

minutier /minytje/ 男『法律』(公正証書の)原本記録簿；公正証書保存所 (=*minutier* central): 作成後125年以上経た公正証書類が保存されている.

minutieusement /minysjøzmɑ̃/ 副 細心に，綿密に，詳細に (=avec minutie).

minutieux, euse /minysjø, ø:z/ 形〔仕事などが〕綿密な，入念な；〔人が〕細心な.
— 名 細心な人.

mioche /mjɔʃ/ 名 話 子供.

mirabelle /mirabɛl/ 女 ❶『植物』ミラベル：黄色く小さいスモモの一種. ❷ ミラベル酒.

miracle /mira:kl/ ミラークル 男 ❶ 奇跡；奇跡的なこと，驚くべき成果. ▶ *miracles* du Christ キリストの奇跡 / *miracle* économique 驚異的な経済の発展 / 《同格的に》remède *miracle* 特効薬 / solution *miracle* 夢のような解決法. ◆ un *miracle* de + 無冠詞名詞 奇跡[驚異]的な…. ▶ un *miracle* de talent 驚異的な才能. ❷『文学』(中世の)奇跡劇：聖母や聖人の奇跡を主題とする.
C'est [Ce serait] (un) miracle si …だとしたら奇跡だ. ▶ *Ce serait un miracle s'il réussissait.* 彼が成功したら奇跡だ.
crier (au) miracle 驚嘆する，賛嘆する.
faire des miracles 驚異的な成果を上げる.
par miracle 奇跡的に，幸い，運よく.
tenir du miracle ほとんど奇跡に近い，驚異的だ.

miraculé, e /mirakyle/ 形, 名 奇跡を受けた(人)；奇跡的に助かった(人).

miraculeusement /mirakyløzmɑ̃/ 副 奇跡的に；驚くほど見事に，すばらしく.

miraculeux, euse /mirakylø, ø:z/ 形 ❶ 奇跡の，奇跡的な. ❷ 驚異的な，不思議な.

mirador /miradɔ:r/ 男 ❶ (スペイン建築などの屋上にある)展望台. ❷ 物見やぐら，(収容所などの)監視塔.

mirage /mira:ʒ/ 男 ❶『気象』蜃気楼(いきろう). ❷ 幻想，幻影. ❸ (Mirage) ミラージュ戦闘爆撃機.

miraud, aude /miro, o:d/, **miro** /miro/ 《男女同形》形, 名 話 近視の(人).

mire /mi:r/ 女 ❶『銃砲』の照準. ▶ ligne de *mire* 照準線 / prendre sa *mire* ねらいを定める. ❷『測量』標尺，測標. ❸『テレビ』テストパターン.
point de mire (1) 照準点. (2) 注目の的.

mirer /mire/ 他動 ❶ (光に透かして)〔卵など〕を調べる. ❷ 文章 (水面などに)…を映す，(鏡などに映して)…を見る. — *se mirer* 代動 文章 (水面などに)自分の姿を映す；自分の姿を見る.

mirifique /mirifik/ 形 (皮肉に)すばらしい. ▶ promesse *mirifique* まゆつばものの約束.

mirliton /mirlitɔ̃/ 男 ❶『音楽』ミルリトン，葦(ホ)笛. ❷ vers de *mirliton* 下手な詩句.

miro /miro/ 形, 名《男女同形》 ⇨ MIRAUD.

mirobolant, ante /mirɔbɔlɑ̃, ɑ̃:t/ 形 話 信じられないほどすばらしい，夢のような.

miroir /mirwa:r/ ミロワール 男 ❶ 鏡. ▶ se regarder dans un *miroir* 鏡を見る / *miroir* de poche 手鏡 / *miroir* concave [convexe] 凹[凸]面鏡 / «*Miroir*, mon beau *miroir*…»「鏡よ鏡…」(白雪姫の継母のセリフ).
❷ 文章 (鏡のように)平らな表面，水面. ▶ le *miroir* du lac 湖の鏡のような水面.
❸ 文章 忠実に映し出す物，反映. ▶ Les yeux sont le *miroir* de l'âme. 目は心の鏡である.
❹『料理』œuf (au) *miroir* 目玉焼き.

miroitant

❺〖情報〗site *miroir* ミラーサイト.
en miroir（鏡に映ったように）反対［逆さ］の.
miroir aux [à] alouettes (1)（ヒバリを捕らえるための）おとり鏡. (2) 誘惑（物）, まやかし.

miroitant, ante /mirwatɑ̃, ɑ̃:t/ 形 きらきら光る, まばゆい; 絢爛(けんらん)たる.

miroitement /mirwatmɑ̃/ 男 きらめき, 輝き.

miroiter /mirwate/ 自 きらきら光る, きらめく.
faire miroiter qc [à qn [aux yeux de qn]] …に［利益など］をちらつかせる, ほのめかす.

miroiterie /mirwatri/ 女 鏡製造; 鏡製造所; 鏡製造［販売］業.

miroitier, ère /mirwatje, ɛːr/ 名 鏡製造業者; 鏡商人.

miroton /mirɔtɔ̃/, **mironton** /mirɔ̃tɔ̃/ 男〖料理〗(ビーフ)ミロトン: ゆでた薄切り牛肉をオニオンソースで煮込んだもの.

mis /mi/ 活用 ⇨ METTRE ⑥⑤

mis- 接頭 (miso- の別形)「…嫌い」の意.

misandre /mizɑ̃:dr/ 形, 名 男嫌いの(人), 男性蔑視(べっし)の(人). 注 女性嫌いは misogyne.

misandrie /mizɑ̃dri/ 女 男嫌い, 男性蔑視(べっし).

misanthrope /mizɑ̃trɔp/ 形, 名 人間嫌いの(人); 厭世(えんせい)的な(人), 社交嫌いの(人).

misanthropie /mizɑ̃trɔpi/ 女 人間嫌い, 厭世(えんせい)的性格, 社交嫌い.

misanthropique /mizɑ̃trɔpik/ 形 文章〖性格などが〗人間嫌いの, 厭世(えんせい)的な.

miscible /misibl/ 形 混和できる, 混合可能な.

*****mise** /mi:z ミーズ/ 女 ❶（多く前置詞 à, en とともに）（ある場所, 状況などに）置くこと; 置かれること. ▶ *mise* à feu 点火 / *mise* à la retraite 退職, *mise* à jour 改訂, 更新 / *mise* au net 清書 / *mise* en bouteilles（ワインなどの）瓶詰め / *mise* en liberté 釈放, 解放 / *mise* en demeure 督促, 命令 / *mise* en marche（機械などの）始動 / *mise* en œuvre 利用, 活用;（計画, 政策などの）実施 / *mise* en ordre 整頓 / *mise* en ondes（テレビ, ラジオの）放送 / *mise* en place 配置, 設置;（政策などの）実施 / *mise* en plis（髪の）セット / *mise* en question 検討 / *mise* en scène 演出, 上演 / *mise* en vente 発売.

❷ 賭(か)け; 賭け金; 投資, 資金. ▶ déposer une *mise* 賭ける / doubler la *mise* 賭け金を倍額にする / *mise* de fonds 投資 / *mise* sociale 出資（金）.

❸ 身なり, 服装. ▶ soigner [négliger] sa *mise* 服装 に気を遣う［遣わない］/ juger qn 「d'après [sur, à] sa *mise* 服装で…を判断する.

être de mise《多く否定的表現で》通用する, 適切である. ▶ Ces manières ne *sont* plus *de mise*. こうしたやり方はもう通用しない.

mise au point (1)（製品, 計画などの）開発, 完成. (2)（機械の）焦点合わせ, 調節. (3)（問題, 論点を）はっきりさせること, 説明.

mise sur [à] pied 解雇.

sauver la mise 元手を取り戻す; 厄介な状況を無事切り抜ける.

sauver la mise à qn 話 …に不愉快な思いをさせない; を窮地から救う.

miser /mize/ 他動〈miser qc sur qc〉［金］を…に賭(か)ける. ── 間他動〈miser sur qn/qc〉…に賭ける; を当てにする.
miser sur les deux tableaux 二またをかける.

misérabilisme /mizerabilism/ 男 悲惨主義: 文学, 絵画, 映画などで好んで社会の最も悲惨な面を描出しようとする傾向.

*****misérable** /mizerabl ミゼラーブル/ 形 ❶ 哀れな, 悲惨な, ひどく貧しい. ▶ *misérables* orphelins 哀れなみなしごたち / vêtements *misérables* ぼろぼろな服 / mener une existence *misérable* 惨めな暮らしをする.

❷《しばしば名詞の前で》無価値な, くだらない, つまらない. ▶ une *misérable* question d'argent くだらない金の問題 / salaire *misérable* 薄給.

❸《名詞の前で》古風 卑劣な.

── 名 ❶ 古風 ろくでなし, 困ったやつ. ❷ 文章 不幸［不運］な人; 極貧の人. ▶ les *Misérables*（ユゴーの）「レ・ミゼラブル」 ❸ 古風 卑劣漢; 犯罪者.

misérablement /mizerabləmɑ̃/ 副 哀れに, 惨めに; 貧しく, しみったれて.

*****misère** /mize:r ミゼール/ 女 ❶（多く複数で）悲惨事, 災厄; 苦痛, 惨めさ. ▶ les *misères* de la guerre 戦争の惨禍 / les *misères* de l'âge 老齢による体の衰え.

❷ 貧困, 貧窮, 極貧. ▶ lutter contre la *misère* 貧困と戦う / *misère* dorée 見せかけだけの裕福さ / tomber dans la *misère* 無一文になる. ❸ つらいこと, 困ったこと. ▶ C'est une *misère* de la voir s'anémier. 彼女が衰えていくのを見るのはつらい. ❹ わずかな金額; 取るに足りない［くだらない］もの. ❺ 古風／文章 不幸, 不運, 逆境.

comme la misère sur le pauvre monde 突然容赦なく.

crier misère (1) 自分の貧しさを嘆く. (2)〔物が〕ひどくみすぼらしい.

de misère 乏しい; 苦しい. ▶ salaire *de misère* 薄給.

faire des misères à qn 話 …に嫌がらせをする, をからかう, 悩ます.

Misère!=Misère de moi!=Misère de ma vie!=Quelle misère!（絶望を示して）とんでもないことになった, ひどい, 悲しくてたまらない.

pleurer misère 自分の境遇［貧しさ］を嘆く.

miséreux, euse /mizerø, ø:z/ 形 貧しい, みすぼらしい. 比較 ⇨ PAUVRE. ── 名 貧乏人.

miséricorde /mizerikɔrd/ 女 ❶ 文章 慈悲, 同情, 許し. ▶ demander [obtenir] *miséricorde* 許しを願う［得る］. ❷ 教会の聖職者席の腰支え（聖務中, 軽く腰かける）.

A tout péché miséricorde. 諺 すべての罪に慈悲はある, 許されない罪はない.

crier miséricorde (1) 許しをこいねがう. (2)（苦痛, 驚き, 怒りの）叫びを上げる.

Miséricorde! 古風 たいへんだ, しまった;《皮肉に》おやおや.

miséricordieux, euse /mizerikɔrdjø, ø:z/ 形, 名 文章 慈悲深い(人); 寛大な(人).

miso- 接頭（別形 mis-）「…嫌い」の意.

misogyne /mizɔʒin/ 形, 名 女嫌いの(人), 女性蔑視(べっし)の(人). 注 男嫌いは misandre という.

misogynie /mizɔʒini/ 女 女嫌い, 女性蔑視(べっし).

Miss /mis/《複数不変または **Misses** /misiːz/》囡《英語》❶《英語圏で未婚女性に対する敬称として》…嬢，…さん. ❷《美人コンクールなどの》ミス…. ▶ *Miss France* ミス・フランス.

miss- 活用 ⇨ METTRE 65

missel /misɛl/ 男《カトリック》ミサ典書: ミサのとき司祭が唱える祈りを収めた書物.

missile /misil/ 男 ミサイル. ▶ *missile stratégique* 戦略ミサイル / *missile d'interception* 迎撃ミサイル / *missile* air-sol [sol-sol] 空対地［地対地］ミサイル / *missile balistique (intercontinental)* 弾道弾ミサイル.

***mission** /misjɔ̃/ ミッション／ 囡 ❶ 使命, 任務. ▶ *envoyer qn en mission* …を派遣する / *chargé de mission* 任務を帯びた人; 特使 / *mission de reconnaissance* 偵察任務 / *mission de sauvetage* 救助隊 / *donner* [*confier*] *une mission à qn* …に任務を与える / *charger qn d'une mission* …に任務を命じる / *avoir* [*se donner*] *pour mission de* + 不定詞 …することを任務［使命］とする / *Mission accomplie.* 任務完了 / *mission impossible* 達成が不可能な任務. ❷ 使節(団)，代表(団)，派遣隊. ▶ *mission culturelle* 文化使節団 / *mission diplomatique* 外交使節団 / *mission scientifique* 学術調査団. ❸《キリスト教》布教，宣教，伝道；布教団［区］.

missionnaire /misjɔnɛːr/ 形 布教の；宣教師の. ▶ *religieux missionnaire* 布教修道士 / *esprit missionnaire* 布教精神.
— 男 宣教師；司祭；牧師.

missive /misiv/ 囡 手紙, 書簡.

mistigri /mistigri/ 男 話 猫.

mistoufle /mistufl/ 囡 話 意地悪, いたずら；（商売上の）汚いやり方. ▶ *faire des mistoufles à qn* …に嫌がらせをする.

mistral /mistral/ 男 ミストラル: 南仏のローヌ渓谷から地中海沿岸に吹き抜ける強い北風. 冬から春に多く，冷たく乾燥している.

mit, mît /mi/ 活用 ⇨ METTRE 65

mitaine /mitɛn/ 囡 ハーフミット（指先がない手袋）.

mite /mit/ 囡 ❶（衣類を食害する）イガ類. ❷（食料品などにつく）コナダニ類.

mité, e /mite/ 形 虫の食った；見苦しい.

mi-temps /mitɑ̃/ 囡（サッカー，ラグビーなどの）ハーフタイム；前［後］半. — 男 パートの仕事.
à mi-temps パートタイムで. ▶ *travailler à mi-temps* パートで働く.

miter /mite/ 他動（郊外などに建物を建てて）…を虫食い状に乱開発する.
— **se miter** 代動〈衣服が〉虫に食われる.

mîtes /mit/ 活用 ⇨ METTRE 65

mit*eux*, *euse* /mitø, øːz/ 形, 名 話 みすぼらしい(人), 貧乏じみた(人).

mitigation /mitigasjɔ̃/ 囡《刑法》*mitigation des peines*（健康を考慮した）減刑.

mitigé, e /mitiʒe/ 形 ❶ 緩和された，緩んだ；曖昧(あいまい)な, はっきりしない. ▶ *attitude mitigée* 煮えきらない態度 / *zèle mitigé* 冷めた熱意.
❷ 話 <*mitigé* de qc>〈…が〉混じった.

mitiger /mitiʒe/ ② 他動 古風〔規則, 刑罰, 言葉など〕を和らげる, 軽減する.

mitonner /mitone/ 他動 ❶ …を弱火でゆっくり煮る；〔料理〕を念入りに作る. ▶ *mitonner une soupe* スープをことこと煮込む.
❷ …をじっくり準備する. ▶ *mitonner une vengeance* 入念に復讐(ふくしゅう)を計画する.
❸ 文章 …をこまごまと世話する, かわいがる.
— 自動 弱火でゆっくり煮える. ▶ *faire mitonner un potage* ポタージュをとろ火で煮込む.
— **se mitonner** 代動 ❶ じっくり準備される.
❷ <*se mitonner qc*>（自分のために）…をじっくりと準備する. ❸ 自分を大事にする；体をいたわる.

mitose /mitoːz/ 囡《生物学》有糸分裂.

mitoy*en*, *enne* /mitwajɛ̃, ɛn/ 形《民法》境界の, 共有の. ▶ *mur mitoyen*（共有）境界壁 / *espace mitoyen* 共同の空き地. ❷ 隣りの.

mitoyenneté /mitwajɛnte/ 囡 境界であること；隣接；《民法》（境界線上にある壁, 溝などの）共有(権).

mitraillade /mitrajad/ 囡（機関銃の）一斉射撃, 機銃掃射.

mitraillage /mitrajaːʒ/ 男 ❶ 機銃掃射.
❷ カメラのフラッシュ責め；質問責め.

mitraille /mitraːj/ 囡 ❶ 一斉射撃；（雨あられと降る）銃［砲］弾. ▶ *fuir sous la mitraille* 弾丸の雨をくぐって逃げる. ❷ 話 小銭.

mitrailler /mitraje/ 他動 ❶ …に機銃掃射を浴びせる, 一斉射撃を加える. ❷ <*mitrailler qn/qc de* + 無冠詞複数名詞>…を雨あられと浴びせる.
▶ *mitrailler qn de questions* …を質問責めにする. ❸ 話 …にカメラのフラッシュを一斉に浴びせる.

mitraillette /mitrajɛt/ 囡 短機関銃.

mitrailleur /mitrajœːr/ 男 機関銃手.

mitrailleuse /mitrajøːz/ 囡（銃架付き）機関銃. ▶ *mitrailleuse lourde* 重機関銃.

mitre /mitr/ 囡 ❶《カトリック》（儀式のときにかぶる）司教冠, ミトラ. ▶ *recevoir* [*coiffer*] *la mitre* 司教に任命される. ❷《建築》煙突の笠(かさ).

mitron /mitrɔ̃/ 男 パン［菓子］屋の小僧.

mixage /miksaːʒ/ 男《オーディオ》ミキシング.

mixer /mikse/ 他動《オーディオ》❶ …をミキシングする, 同時録音する. ❷〔食品〕をミキサーにかける.

mixeur /miksœːr/ 男（料理用の）ミキサー. ▶ *passer au mixeur* ミキサーにかける.
❷《オーディオ》ミキサー, サウンド・ミキサー.

mixité /miksite/ 囡《官庁用語で》❶ 男女共学(制). ▶ *mixité des établissements scolaires* 男女共学制. ❷（人種, 国籍, 文化圏などが異なる人々, 集団の）混成, 合同.

mixte /mikst/ 形 ❶ 混合の, 混成の. ▶ *mariage mixte* 宗派や人種の違う者どうしの結婚；国際結婚 / *commission mixte* 合同委員会 / *train mixte* 貨客混成列車. ❷ 男女混合の. ▶ *école mixte* 男女共学校 / *double(-)mixte* 混合ダブルス. ❸（機能, 使途が）両用の, 兼用の. ▶ *cuisinière mixte* ガス・電気両用レンジ.

mixtion /mikstjɔ̃/ 囡（各種物質の）混合；（薬の）調合, （調合してできた）合剤.

mixture /mikstyːr/ 囡 ❶（薬品などの）混合液, 混合物. ❷ 成分のよく分からない（変な）飲み物.

MJC 囡《略語》Maison des jeunes et de la

culture 青少年文化センター.
MLF 男《略語》mouvement de libération des femmes 女性解放運動.
Mlle 《略語》⇨ MADEMOISELLE.
Mlles 《略語》⇨ MESDEMOISELLES.
M.M. 《略語》⇨ MESSIEURS.
Mme 《略語》⇨ MADAME.
Mmes 《略語》⇨ MESDAMES.
MMS 男《略語》《英語》multimedia messaging service 携帯電話でやりとりするマルチメディアメッセージ；そのサービス.
mnémonique /mnemɔnik/ 形 記憶の；記憶を助ける. ▶ procédé *mnémonique* 記憶術.
mnémotechnique /mnemɔtɛknik/ 形 記憶を助ける. ― 女 記憶術.
mnésique /mnezik/ 形 記憶の.
mobile /mɔbil/ 形 ❶ 動く, 可動(式)の；取り外せる. ▶ téléphone *mobile* 携帯電話 / cahier à feuilles *mobiles* ルーズリーフ式ノート / main-d'œuvre *mobile*（出稼ぎなどの）移動労働力. ❷〔日付, 価格が〕変動する. ▶ fête *mobile*（復活祭のように）年によって日が変わる）移動祝祭日 / échelle *mobile* des salaires 賃金スライド制. ❸〔絶えず〕形〔様子〕を変える；変化に富んだ. ▶ reflets *mobiles* ゆらめく光の反射 / regard *mobile* 生き生きとした眼差(まな)し. ❹〔軍事〕機動力のある, 遊撃の. ▶ gendarmerie *mobile* 機動憲兵隊.
― 男 ❶〔行動などの〕動機, 理由. ▶ Pour quel *mobile* as-tu fait une chose pareille? いったいどんな理由でそんなことをしたんだ. ❷〔物理〕運動している物体. ❸〔美術〕モビール.
mobile home /mɔbilɔm/ 女《米語》(トレーラー型の)移動住宅, モビールハウス.
mobilier, ère /mɔbilje, ɛːr/ 形〔法律〕動産の(↔immobilier). ▶ fortune *mobilière* 動産 / valeur *mobilière* 有価証券.
― **mobilier** 男（集合的に）家具, 調度(類)；（事務所, 学校などの）備品；〔法律〕動産. ▶ *mobilier* urbain 路上施設設備（ベンチ, 街灯, ごみ箱, 標識, 電話ボックスなど）.
mobilisable /mɔbilizabl/ 形, 名 動員〔召集〕可能な(人)；結集〔活用〕できる(もの).
mobilisateur, trice /mɔbilizatœːr, tris/ 形 動員を任務とする；（世論などに）訴えかける.
mobilisation /mɔbilizasjɔ̃/ 女 ❶ 動員, 結集. ▶ *mobilisation* générale 総動員(令) / *mobilisation* des ressources 資源の活用. ❷〔法律〕(不動産の)動産化. ❸〔商法〕(資本, 債権などの)流動化.
mobilisé, e /mɔbilize/ 形 動員〔召集〕された.
― 名 召集兵.
mobiliser /mɔbilize/ 他動 ❶〔軍隊〕を動員する；〔兵〕を召集する. ▶ *mobiliser* les réservistes 予備役(兵)を召集する. ❷〔人〕を駆り集める；〔力など〕を結集する. ▶ *mobiliser* toutes les bonnes volontés 善意の人々を総結集させる. ❸〔民法〕〔不動産〕を動産化する. ― **se mobiliser** 代動〔軍, 兵が〕動員される；〔人々が〕行動を起こす；集結する.
mobilité /mɔbilite/ 女 ❶ 可動性, 移動性, 流動性. ▶ *mobilité* de la main-d'œuvre 労働力の移動. ❷ 変わりやすさ. ▶ *mobilité* des sentiments 移り気.
mobinaute /mɔbinot/ 名 携帯端末からインターネットにアクセスする人.
mobylette /mɔbilɛt/ 女 商標 モビレット；原動機付き自転車. 注 俗語では mob と略す.
mocassin /mɔkasɛ̃/ 男〔靴〕モカシン：スポーツ・カジュアルまたはタウン用の, ひもなしの柔らかい革靴.
mochard, arde /mɔʃaːr, ard/ 形 話 かなり醜い, かなりひどい.
moche /mɔʃ/ 形 話 ❶（容貌(ょうぼう)が）醜い, 見苦しい. 比較 ⇨ LAID. ▶ Ta cravate est *moche*. 君のネクタイはダサい / ❷（品質, 内容などが）悪い, ひどい. ▶ Le temps est *moche* aujourd'hui. 今日は天気が悪い. ❸（振る舞いなどが）下劣な. ▶ C'est *moche* ce qu'il a fait. 彼のしたことは下劣だ.
modal, ale /mɔdal/；(男複) **aux** /o/ 形 ❶〔言語〕(動詞の)法の；様態の. ▶ auxiliaire *modal* 法助動詞(pouvoir, devoir のように様態を表わすもの). ❷〔法学〕条件つきの. ❸〔音楽〕旋法の. ❹〔哲学〕〔論理学〕logique *modale* 様相論理(学). ❺〔哲学〕様態の, 様相の.
modalité /mɔdalite/ 女 ❶ 様式, 方法, 形態. ❷〔文法〕adverbe de *modalité* 様態副詞：ある1語でなく文全体を修飾する副詞(例：peut-être). ❸〔哲学〕〔論理学〕様相. ❹〔音楽〕旋法性.
*****mode**¹ /mɔd/ 女 モド 男 ❶（時代, 社会の）流行, 流行り. ▶ lancer une nouvelle *mode* 新しい流行を世に送る / suivre la *mode* 流行を追う / passer de *mode* 廃れる / C'est la *mode* de faire du jogging. ジョギングがはやっている.
❷（服飾の）流行, ファッション, モード. ▶ Elle s'habille à la dernière *mode*. 彼女は最新のファッションに身を包んでいる. La *mode* est aux minijupes. 今の流行はミニスカートだ.
❸ ファッション〔服飾〕業界. ▶ travailler dans la *mode* 服飾界で働く.
❹ magasin de *modes* 婦人帽子店.
❺〔料理〕bœuf (à la) *mode* ビーフ・アラモード：タマネギとニンジンを付け合わせた牛肉の蒸し煮.
*****à la mode** 流行している. ▶ être *à la mode* 流行している / revenir *à la mode* 再流行する / une chanson *à la mode* ヒットソング / restaurant *à la mode* はやりのレストラン / Ce n'est plus *à la mode*. それはもう廃れてしまった.
à la mode de qc …風の；…風に. ▶ faire une tarte *à la mode de* son pays 地方独特の流儀でタルトを作る.
― 男《不変》屈 流行の. ▶ tissu très *mode* 大流行の生地.
*****mode**² /mɔd/ モド 男 ❶ <*mode* de + 無冠詞名詞> …の仕方, 方法, 様式, 形態. ▶ changer de *mode* de vie 生活様式を変える / *mode* d'emploi 使用方法, 取扱説明書 / *mode* de paiement 支払い方法 / *mode* de production 生産様式.
❷〔言語〕(動詞の)法, 叙法. ▶ *mode* indicatif [subjonctif, conditionnel] 直接法〔接続法, 条件法〕. ❸〔音楽〕旋法. ▶ *mode* mineur [majeur] 短〔長〕調.

... *mode d'emploi* …の活用法, ひとことアドバイス; 対処法. ▶ le vin *mode d'emploi* ワイン活用法 / cyclones *mode d'emploi* サイクロン対処法.

modelage /mɔdlaʒ/ 男 ❶ 塑造: 粘土, 蠟(ᵒ)などで成形すること. ❷ 塑像.

***modèle** /mɔdɛl/ 男 ❶ **手本**, 模範; 典型. ▶ donner un *modèle* 範を示す / suivre un *modèle* 手本に従う / *modèle* de patience 粘り強さの鑑 / prendre qn comme [pour] *modèle* …を模範とする. ◆ sur le *modèle* de qc/qn …にならって, 似せて. ▶ Le Japon a construit une industrie sur le *modèle* technique de l'Europe. 日本は西欧の科学技術をモデルにして工業を築き上げた.
❷ (芸術作品の)題材, モデル. 注 ファッションモデルは mannequin. ▶ Il dessine d'après le *modèle*. 彼はモデルを使って絵を描(ᵏ)く.
❸ (製品の)型, タイプ. ▶ Ce lit est d'un *modèle* courant [de luxe]. このベッドは標準[デラックス]タイプだ / lancer un nouveau *modèle* de robe 新作ドレスを売り出す / *modèle* déposé 意匠登録.
❹ 模型; 鋳型. ▶ *modèle* réduit au 1/100 [un centième] 縮尺100分の1の模型 / avion *modèle* réduit 模型飛行機. ❺ (理論上の)モデル. ▶ *modèle* économique 経済モデル, ビジネスモデル / *modèle* mathématique 数学モデル.
— 形 模範的な; 見本の. ▶ écolier *modèle* 模範生 / ferme *modèle* モデル農場.

modeler /mɔdle/ 5 他動 ❶ (粘土などで)…をかたどる;〔粘土など〕をこねる. ▶ pâte à *modeler* 陶芸用粘土 / *modeler* une statue en glaise 粘土で像を作る. ❷ …の形を定める;〔輪郭など〕を際立たせる. ▶ relief *modelé* par l'érosion 浸食によってできた土地の起伏 / Une robe cintrée *modelait* son corps. ウエストを絞ったドレスが彼女の体の線を引き立てていた. ❸ <*modeler* A sur B> A を B に合わせる. ▶ *modeler* son attitude sur celle de qn 自分の態度を…の態度に合わせる. — **se modeler** 代動 <*se modeler* sur qc/qn> …を見習う, に合わせる.

modeleur, euse /mɔdlœːr, øːz/ 名 ❶ 彫刻家, 塑像製作者. ❷ 鋳型製造工.

modélisation /mɔdelizasjɔ̃/ 女 (理論的, 数学的な)モデル化.

modéliser /mɔdelize/ 他動 …の理論的な[数学的]モデルを立てる; をモデル化する.

modélisme /mɔdelism/ 男 模型製作.

modéliste /mɔdelist/ 名 ❶ モデリスト. (1) オートクチュール店でニューモデルの創作者, コレクションの責任者. (2) 服飾会社でスタイリストのデザインから服の原型を作る人. ❷ 模型製作者.

modem /mɔdɛm/ 男 〖情報〗モデム.

modérateur, trice /mɔderatœːr, tris/ 形 ❶ 抑制する; 調整する. ❷ 〖法律〗ticket *modérateur* (健康保険加入者の)自己負担分.
— 名 ❶ 調停役, 仲裁者; 抑制[調整]するもの. ❷〖情報〗モデレーター(インターネット掲示板の調整役, 司会).
— **modérateur** 男〖原子力〗減速材.

modération /mɔderasjɔ̃/ 女 ❶ 節度, 中庸, 慎み. ▶ boire avec *modération* 控えめに飲む / faire preuve de *modération* dans sa conduite 行動に節度のあるところを見せる. ❷ 軽減, 緩和, 抑制. ▶ *modération* des prix 物価の抑制 / *modération* de droit 減税.

moderato /mɔderato/ 副〈イタリア語〉〖音楽〗モデラートで, 中庸の速度で. ▶ allegro *moderato* アレグロ・モデラート, ほどよく快速に.

modéré, e /mɔdere/ 形 ❶ 穏健な, 節度のある. ▶ être *modéré* dans ses propos 言葉遣いが穏健である. ❷ ほどほどの, 適度の; 少々の. ▶ vent *modéré* ほどよい風 / prix *modéré* 安い価格 / habitation à loyer *modéré* 低家賃集合住宅(略 HLM). ❸ (政治的に)中道の, 穏健派の; 保守の. ▶ parti *modéré* 中道政党.
— 名 (政治的に)穏健[保守]派の人.

modérément /mɔderemɑ̃/ 副 控えめに, 節度をもって. ▶ manger *modérément* 適度に食べる.

modérer /mɔdere/ 6 他動 …を抑える, 鎮める. ▶ *modérer* la vitesse d'une moto オートバイのスピードを落とす / *modérer* sa colère 怒りを鎮める / *Modérez* vos expressions! 言葉を慎みなさい. — **se modérer** 代動 節度を保つ, 自制する; 落ち着く;〔風などが〕弱まる.

***moderne** /mɔdɛrn/ 形 ❶ **現代の**. ▶ musique *moderne* 現代音楽 / temps *modernes* 現代 / société *moderne* 現代社会. 比較 ⇨ ACTUEL.
❷ 現代的な, モダンな. ▶ Cet hôtel a tout le confort *moderne*. このホテルは最新の設備を整えている / Sa grand-mère est très *moderne* dans sa manière de s'habiller. 彼(女)のおばあさんの服の着こなしはとてもモダンだ.
❸ 近代の. ▶ lettres *modernes* (↔classique) (ギリシア・ローマ古典文学に対する)近代文学.
❹〖歴史〗近代の, 近世の: 1453年のコンスタンティノープル陥落から1789年のフランス革命までを指す. ▶ histoire *moderne* 近代史.
— 名 ❶ 現代作家; 現代芸術家. ❷〖文学〗(17世紀の新旧論争における)近代派.
— 男 現代[近代]風(の物); 現代風の家具.

modernisateur, trice /mɔdɛrnizatœːr, tris/ 名 近代[現代]化推進者.
— 形 近代[現代]化を推進する.

modernisation /mɔdɛrnizasjɔ̃/ 女 近代化, 現代化; 刷新, 一新.

moderniser /mɔdɛrnize/ 他動 …を近代化する, 現代風にする; 刷新する; 一新する.
— **se moderniser** 代動 近代化する, 現代風にする.

modernisme /mɔdɛrnism/ 男 ❶ 近代趣味, 現代風, モダニズム. ❷〖カトリック〗近代主義: 聖書や教義に近代的な解釈を施そうとした運動.

moderniste /mɔdɛrnist/ 形 ❶ 近代[現代]的な考え方の(人); 今風の[モダンな]趣味を持つ(人). ❷〖カトリック〗近代主義の(人).

modernité /mɔdɛrnite/ 女 近代[現代]性.

***modeste** /mɔdɛst/ 形 ❶ **質素な**, つつましい. ▶ tenue *modeste* 地味な服装 / *modeste* repas 質素な食事. 比較 ⇨ PAUVRE. ❷ ささやかな, 取るに足りない. ▶ salaire *modeste* 薄給 / Ac-

modestement

ceptez ce *modeste* présent. このささやかな贈り物をお受け取りください. 比較 ⇨ MÉDIOCRE. ❸ 謙虚な, 慎み深い, 控えめな. ▶ être *modeste* dans ses prétentions 要求に関して節度がある.
— 名 謙虚な人, 控えめな人.
faire le [la] modeste 謙遜する.

modestement /mɔdɛstəmɑ̃/ 副 ❶ 質素に, 地味に. ❷ 謙虚に, しとやかに.

modestie /mɔdɛsti/ 女 謙虚, 慎み深さ.

modicité /mɔdisite/ 女 ❶ 安さ. ▶ la *modicité* d'un loyer 家賃の安さ. ❷ ささやかさ, 貧弱さ.

modifiable /mɔdifjabl/ 形 変更可能な.

modificateur, trice /mɔdifikatœːr, tris/ 形 変化をもたらす, 修正する.

modificatif, ive /mɔdifikatif, iːv/ 形 ❶〖文法〗修飾する. ▶ termes *modificatifs* 修飾語. ❷ 変更する, 修正する.

modification /mɔdifikasjɔ̃/ 女 ❶ 変更, 修正. ▶ Ce plan a subi diverses *modifications*. この計画はさまざまな修正を受けた. ❷ 変化, さま変わり.

*****modifier** /mɔdifje モディフィエ/ 他動 ❶ …を変える, 変更する, 修正する. ▶ *modifier* un prix 料金を改定する / *modifier* un projet de loi 法案を修正する / organisme génétiquement *modifié* 遺伝子組み変え生物(略: OGM).
❷〖文法〗〔副詞が動詞, 形容詞〕を修飾する.
— **se modifier** 代動 変わる; 修正される.

modique /mɔdik/ 形 〖金額〗がわずかな. ▶ acheter qc pour la *modique* somme de dix euros たった10ユーロで…を買う / salaire *modique* 安月給.

modiquement /mɔdikmɑ̃/ 副 わずかな金額で, 安く. ▶ être *modiquement* payé 薄給である.

modiste /mɔdist/ 名 〖製造, 販売を兼ねる〗婦人帽子屋.

modulaire /mɔdylɛːr/ 形 ❶〖全体が〗ユニットで構成された, ユニット式の. ❷〖建築〗モジュール〖標準寸法〗に基づいた.

modulation /mɔdylasjɔ̃/ 女 ❶〖声, 音の〗抑揚, 変化. ❷〖場合に応じた〗変動, 調節. ▶ *modulation* d'un tarif selon la saison 季節による料金の変動. ❸〖音楽〗転調. ❹〖絵画〗暖色と寒色の推移. ❺〖電気通信〗変調. ▶ *modulation* de fréquence 周波数変調, FM.

module /mɔdyl/ 男 ❶ 構成要素, ユニット. ▶ un meuble fait de *modules* assemblés ユニット式家具. ❷〖たばこなどの〗太さ;〖メダルなどの〗直径. ▶ des cigarettes de gros *module* 太巻きたばこ. ❸〖宇宙船で, 独立した機能を持つ〗ユニット. ▶ *module* lunaire 月着陸艇.

moduler /mɔdyle/ 他動 ❶〖場合に応じて〗…に変化をつける, を加減する. ▶ *moduler* la limitation de vitesse 速度制限に段階をつける. ❷〔曲, 音など〕に抑揚をつける. ❸〖絵画〗〔色彩など〕を微妙に変化させる. ❹〖音楽〗…を転調する. ❺〖電気通信〗…を変調する.
— 自動 〖音楽〗転調する.

modus vivendi /mɔdysvivɛ̃di/ 男〖単数同形〗(ラテン語)〖訴訟での〗和解手段, 一時的妥協.

moelle /mwal/ 女 ❶〖解剖〗髄, 骨髄 (= *moelle* osseuse). ▶ *moelle* épinière 脊髄(ﾂ).
❷〖文章〗神髄, 精髄.
jusqu'à la moelle (*des os*) = *jusqu'aux moelles* 骨の髄まで. ▶ être glacé *jusqu'à la moelle* 体の芯(ﾝ)まで凍えている / être vidé *jusqu'à la moelle* 話 へとへとに疲れる.

moelleusement /mwaløzmɑ̃/ 副 ふんわりと, ゆったりと, 柔らかく.

moelleux, euse /mwalø, øːz/ 形 ❶ 柔らかい, ふんわりした. ▶ étoffe *moelleuse* 手触りの柔らかな生地. ❷〖味が〗まろやかな;〔音が〕快い;〔形が〕しなやかな, 優美な. ▶ un vin *moelleux* 口当たりのよいワイン.

moellon /mwalɔ̃/ 男 小型の切り石. ▶ mur en *moellons* 石積みの壁.

*****mœurs** /mœrs; mœːr ムルス; ムール/ 女複 ❶ 風俗, 風習; 習俗. ▶ *mœurs* anglaises 英国人の風習 / Cela est entré dans les *mœurs*. それはもう慣習となっている / roman de *mœurs* 風俗小説 / tableau de *mœurs* 風俗画.
❷ 風紀, 良俗. ▶ un mot contraire aux bonnes *mœurs* 公序良俗に反する語 / attentat aux *mœurs* (強制猥褻(ﾜｲｾﾂ)などによる)風俗紊乱(ﾋﾞﾝﾗﾝ)罪.
❸ 素行, 品行. ▶ avoir de bonnes [mauvaises] *mœurs* 素行が良い[悪い]/ femme de *mœurs* faciles [légères] 身持ちの悪い女 / affaire de *mœurs* (性的)醜聞事件.
❹ (個人の)生活習慣, 生活態度. ▶ avoir des *mœurs* simples 簡素な暮らしぶりである / être irréprochable dans ses *mœurs* 生活態度に非の打ち所がない.
Autres temps, autres mœurs. 諺 時代が変われば風習も変わる.

mohair /mɔɛːr/ 男〖英語〗モヘア.

*****moi** /mwa モワ/ 代〖人称〗私

❶《主語, 目的語: 他の名詞と併置するとき以外, 必ず非強勢形で受け直す》▶ *Moi*, je ne suis pas d'accord. この私は反対だ / Anne et *moi*, (nous) partons demain. アンヌと私は明日出発する / Il me connaît bien, *moi*. 彼は私のことをよく知っている.

❷《省略文で非強勢形に代わる》▶ «Qui veut du café?—*Moi*.»「コーヒーが欲しい方は」「はい(私)」/ Tu as froid? *Moi* aussi. 寒いの? 私もですよ / «Elle te regarde.—*Moi*?»「彼女が君を見てるよ」「私を?」

自分を指すしぐさ

❸《前置詞のあと》▶ Venez chez [avec] *moi*. 私の家に[私と一緒に]いらっしゃい / C'est à *moi*. 私のだ; 私の番だ.

❹《属詞》▶ «Qui est là?—C'est *moi*.»「どなたですか」「私です」/ C'est *moi* qui l'ai cassé. それを壊したのは私です.

❺《比較・制限の que および類似の comme のあと》▶ Il est moins grand que *moi*. 彼は私より背が低い / Tu es comme *moi*. あなたは私と似たようなものだ.
❻《肯定命令文の目的語》▶ Excusez-*moi*. すみません；失礼ですが / Ecoutez-*moi*. 私の話を聞いてください / Donnez-le-*moi*. それを私にください / 《注意を引くための虚辞的用法》Regarde-*moi* ça! おい，あれを見ろよ. 注 en, y の前では moi は m' となる(例: Donnez-*m*'en deux. それを2つください).
A moi! 助けて!
C'est moi. こちらこそ(Merci. に対する返事).
de vous à moi ここだけの話だが.
— 男《単数形のみ》❶ 自己，自我. ▶ culte du *moi* 自我礼賛 / un autre *moi* もう1人の私. ❷ 利己心，我欲. ❸《哲学》《精神分析》自我.

moignon /mwaɲɔ̃/ 男 ❶(切断されて残った)四肢の部分. ❷(大枝の)切り[折れ]残り.

moi-même /mwamɛm/ 代《人称》私自身(で); moi の強調形(➪ MÊME).

__moindre__ /mwɛ̃:dr モワンドル/ 形 ❶(petit の優等比較級)より小さい，劣った. ▶ acheter à *moindre* prix より安い値段で買う / un problème de *moindre* importance それほど重要でない問題 / un vin de *moindre* qualité 質の落ちるワイン / Entre deux maux, il faut choisir le *moindre*. 2つの悪のうち，より小さい方を選ばなければならない. ◆*moindre* que ... ···より小さい，劣った. ▶ Cette année, l'accroissement du chômage a été *moindre* que l'année dernière. 今年は失業の増加が昨年よりも低下した. 注 petit の優等比較級は plus petit の形もある. 一般に具体的な寸法の比較には plus petit を用い(例: Jean est plus petit que Paul. ジャンはポールより小さい)，量，値段，程度，質などについては moindre を用る.
❷《定冠詞，所有形容詞とともに petit の最上級を作る》最も小さい[少ない，劣った]. ▶ Il s'éveille au *moindre* bruit. 彼はほんのかすかな物音にも目を覚ます / S'il avait eu le *moindre* bon sens. 彼に常識のかけらでもあったらなあ / C'est le *moindre* de mes soucis. そんなことはまるで気にしていません /《Je vous remercie.—C'est la *moindre* des choses!》「どうもありがとうございます」「どういたしまして」
❸《否定的表現で》いささかの…(もない). ▶ Il n'y a pas le *moindre* doute. いささかの疑いもない / Je n'en ai pas la *moindre* idée. それについてはまったく心当たりがない. ▶ et non [pas] des *moindres*《挿入句的》それも決して小さな[劣った]ものではない. ▶ Certains spécialistes, et non des *moindres*, ont critiqué cette théorie. 何人かの，それもかなり有力な専門家たちがその理論を批判した.

moindrement /mwɛ̃drəmɑ̃/ 副 (le *moindrement*) 文章《否定的表現で》いささかも…(しない). ▶ Elle ne s'est pas le *moindrement* étonnée. 彼女は少しも驚かなかった.

moine /mwan/ 男 修道士，修道者；僧侶，僧. ▶ communauté de *moines* 修道会.
être gros [gras] comme un moine 話(修道士のように)でっぷり太っている.

moineau /mwano/《複》**x** 男 ❶ スズメ. ❷ 話 やつ，野郎. ▶ C'est un drôle de *moineau*. へんな野郎だ.
manger comme un moineau 小食である.
tête [cervelle] de moineau 軽率な人.

__moins__ /mwɛ̃ モワン/

《劣等比較級》〈*moins* ... (que ...)〉〈…より)…でない.
《劣等最上級》〈le [la, les] *moins* ... (de qc/qn)〉〈…の中で)最も…でない.
〈*moins* de ...〉より少ない…；…未満.

❶《形容詞，副詞の劣等比較級，劣等最上級を作る》❶《劣等比較級》〈**moins** + 形容詞[副詞](+ **que** ...)〉(…ほど)…でない，でなく. ▶ Elle est *moins* grande que lui (de cinq centimètres). 彼女は彼より(5センチ)背が低い / Parlez *moins* vite. もっとゆっくり話しなさい / Il est *moins* intelligent qu'il ne croit. 彼は自分で思っているほど利口ではない(注 ne は虚辞) / Il est *moins* sévère que méchant. 彼は厳格というよりも意地悪だ / Rien n'est *moins* sûr que cette affirmation. そのような断定ほど当てにならないものはない / Cet article est trois fois *moins* cher que l'autre. この品物はもうひとつのものの3分の1の値段だ.
❷《劣等最上級》〈定冠詞 + **moins** + 形容詞 [副詞](+ **de qn/qc**)〉(…の中で)最も…でない[でなく]. ▶ Anne est la moins douée de mes élèves. アンヌはうちの生徒の中で一番出来が悪い / C'est la bière la *moins* bonne que j'aie jamais bue. これはこれまで飲んだ中で一番まずいビールだ / Elle court le *moins* vite de la classe. 彼女はクラスで一番足が遅い / J'y vais le *moins* souvent possible. 私はできる限りそこに行かないようにしている. 注 (1) 形容詞の最上級では定冠詞は普通性数の一致をする. 副詞の最上級では定冠詞は常に le をとる. (2) 形容詞の最上級が中性代名詞 ce にかかる場合は定冠詞を省略して〈de *moins* + 形容詞〉になる(例: C'est ce qu'il y a de *moins* cher dans le genre. それはこの種のものでは一番安い).

❷ (beaucoup, peu の比較級，最上級)
❶ (beaucoup の劣等比較級, peu の優等比較級)(1)《動詞を修飾》〈*moins* (que ...)〉(…)より少なく. ▶ Il travaille *moins* que son frère. 彼は兄[弟]ほど働かない / Cette voiture consomme *moins* que je ne croyais. この車は思ったより燃費がよい(注 ne は虚辞) / Il gagne (deux fois) *moins* qu'avant. 彼は以前に比べて稼ぎが(2分の1に)減っている.
(2)〈*moins* de + 無冠詞名詞 (+ que ...)〉(…)より少ない…. ▶ J'ai *moins* de livres que lui. 私は彼ほど本を持っていない.
(3)〈*moins* de + 数量表現〉…以下，…未満. ▶ Il a *moins* de vingt ans. 彼は20歳未満だ / Il y a *moins* d'une semaine que je l'ai rencon-

moins

tré. 彼に会ってから1週間にもならない / un film interdit aux *moins* de dix-huit ans 18歳未満入場禁止の映画.

❷《beaucoup の劣等最上級, peu の優等最上級》(1)《動詞を修飾》<le *moins* (de qn/qc)>(…の中で)最も少なく. ▶ De nous tous c'est lui qui a bu le *moins*. 我々全員の中で一番飲まなかったのは彼だ. (2)<le *moins* de + 無冠詞名詞(+ de qn/qc)>(…の中で)最も少ない…. ▶ C'est lui qui a le *moins* de patience. 彼が一番気が短い.

── 前 ❶ マイナス…. ▶ Six *moins* quatre font deux. 6引く4は2. ❷ 零下…(度). ▶ Il fait *moins* dix. 零下10度だ. ❸(時刻が)…分前. ▶ Il est six heures *moins* dix. 6時10分前だ. ❹ …を除いて. ▶ les alliés atlantiques *moins* la France フランスを除く NATO 加盟国.

── 名 ❶ (le *moins*)最少, 最も小さい事項. ▶ Qui peut le plus peut le *moins*. 諺 大事をなし得る者は小事もなし得る. ❷ マイナス記号 (−).

── 形《不変》<être *moins* (que …)>(…)より少ない; (…)より劣る. ▶ C'est *moins* qu'on ne dit. 言われているほどではない(注 ne は虚辞).

à moins (1) もっと安く. ▶ Vous n'aurez pas cet article *à moins*. この商品はこれ以上安く買えません. (2) もっと些細(ミミ)なことで. ▶ On serait furieux *à moins*. (人はもっと些細なことでも怒る→)あれじゃだれだって怒るよ.

à moins de qc (1) …でない限り. ▶ Il n'acceptera pas *à moins* d'une augmentation. 昇給がない限り彼は受諾しないだろう(=*à moins de* recevoir une augmentation=*à moins* qu'il ne reçoive une augmentation). (2) …以下で, 未満の. ▶ article *à moins* de dix euros 10ユーロ以下 [未満] の品物.

à moins de + 不定詞 …するのでない限り. ▶ Partez demain, *à moins* de recevoir un contrordre. 取り消し命令を受けない限り, 明日出発せよ.

à moins que (*ne*) + 接続法 …でなければ; あるいは…かもしれない. ▶ On partira en excursion, *à moins* qu'il *ne* pleuve. 雨が降らなければハイキングに行こう.

*au moins = *à tout le moins* = *pour le moins* = *tout au moins* 最小限, 少なくとも (⇨ 語法).

**de moins en moins* だんだん少なく. ▶ Il est *de moins en moins* attentif. 彼はだんだん注意散漫になっている.

des moins + 形容詞 [副詞] 文章 実に…でない [でなく]. ▶ une situation *des moins* agréables 極めて不愉快な状況 (注 形容詞は普通複数形).

*du moins 少なくとも, なんにせよ; とはいえ (⇨ 語法).

encore moins《否定文を受けて》なおさら…ない. ▶ Je n'aime pas le cinéma, et *encore moins* le théâtre. 私は映画は好きではない, 演劇なんかはなおさらだ.

en moins de rien = 話 *en moins de deux* すぐに, あっという間に.

en moins de + 時間表現 …以内 [未満] で. ▶ terminer son travail *en moins d*'une semaine 1週間足らずのうちに仕事を仕上げる.

en moins + 男性形形容詞 (似ているが)もっと…でない. ▶ Refaites-moi ce résumé *en moins* long. このレジュメ, もっと短いものにしてください.

Il était moins une [*cinq*]. 話 もう少しのところ [危ういところ] だった. ▶ *Il était moins cinq* que je la frappe. もう少しで彼女を殴るところだった.

le moins qu'on puisse dire それだけは確かだ. ▶ Il n'a pas bien travaillé, c'est *le moins qu'on puisse dire*. 彼はあまり勉強しなかった. それだけは確かだ.

moins …, (et) + 比較級 … …を少なくすればするほどますます…. ▶ *Moins* elle travaille, mieux elle se porte. 仕事をしなければしないほど彼女は元気だ.

moins que jamais かつてないほど少なく.

moins que personne だれよりも少なく.

moins que qc/qn …以下のもの; …(で)すらない. ▶ Il a *moins que* le bac. 彼はバカロレア資格すらない.

moins que rien (1) 取るに足りない. ▶ C'est *moins que rien*. たいしたことないよ. (2) (un [une]) *moins que rien* 取るに足りない人, つまらない人.

moins que + 形容詞 とうてい…ではない. ▶ Je suis *moins que* persuadé. 私は少しも納得できない.

n'en … pas moins それでもやはり…だ. ▶ Il a échoué, mais il *n'en* est *pas moins* travailleur. 彼は不合格だったけれど, 努力家であることに変わりはない / Il est malade. Il *n'en* a *pas moins* l'intention de partir. 彼は病気だが, それでも彼は出発するつもりだ.

(*ne …*) *pas le moins du monde* 全然…ない. ▶ Je *ne* m'inquiète *pas le moins du monde*. 私は全然心配していません.

ne … pas moins de + 数量表現 …以上…. ▶ Il *ne* faut *pas moins de* cinq jours pour terminer ce travail. この仕事を終えるには最低5日はかかる.

ne … pas moins … que … …と同様に [に劣らず] …. ▶ Il *ne* fait *pas moins* froid aujourd'hui *qu*'hier. 今日も昨日に劣らず寒い.

ne … rien (de) moins que qn/qc まさしく…である. ▶ Il *n*'est *rien de moins qu*'un héros. 彼はまさに英雄だ.

ne … rien moins que + 形容詞 まったく…ない. ▶ Ce vin *n*'est *rien moins que* bon. このワインは全然うまくない.

non moins … 同様に…, それでもやはり…. ▶ Cet emploi est plus rare, mais *non moins* correct. この用法は稀だが, それでも間違いではない.

non moins (…) que … …と同様に [に劣らず] (…). ▶ La séance d'aujourd'hui a duré *non moins* longtemps que la dernière fois. 今日の会議は前回同様に長くかかった.

on ne peut moins + 形容詞 [副詞] 全然…ではない [でなく]. ▶ Il est *on ne peut moins* poli. 彼は無作法極まりない.

pour le moins 少なくとも(⇨ 成句 au moins).
rien de moins それ以下ではなく；きっぱり；まさしく. ▶ Ce sont des menaces, *rien de moins*. 脅迫以外のなにものでもない.
*数量表現 + ***de moins*** …だけ少なく. ▶ Il y a dix euros *de moins*. 10ユーロ不足している / Elle a six ans *de moins* que son frère. 彼女は兄よりも6歳年下だ.
(数詞 +)名詞 +***en moins*** …だけ不足して、…だけなくて. ▶ Il y a deux verres *en moins*. グラスが2つ足りない(=Il manque deux verres.) / C'est le même homme, la barbe *en moins*. ひげはないが同一人物だ.

語法 au moinsとdu moins

(1) au moins
基本的な意味は「最小限」(au minimum)で、数量表現とともに、あるいは数量の観念が含まれる文脈で用いられる. au moins は、文の一要素にかかり、それが問題となっている事柄の最小限であることを表わす.
- Elle paraît très jeune, mais elle doit avoir au moins trente ans [trente ans au moins]. 彼女はとても若く見えるが、少なくとも30歳にはなっているに違いない.
- Vous connaissez Stendhal ? Vous avez lu au moins *le Rouge et le Noir*? スタンダールを御存じですね. 少なくとも『赤と黒』はお読みになったでしょう.

また〈Si au moins + 半過去[大過去]〉の形で願望を表わす.
- Je me sens seul à Tokyo. Si, au moins, j'avais quelques amis sûrs ! 東京では私は一人ぼっちだ. 心を許せる友達が何人かいてくれさえすればいいのだけれど.

(2) du moins
本質的機能は前言に限定や修正を加える点にあり en tout cas と置き換え可能な場合が多い. au moins が文の一要素のみにかかるのに対して、du moins は文の文全体にかかる. tout au moins も同じ働きをする.
- Il parle très bien français. Mais il n'a jamais été en France. Du moins, c'est ce qu'il dit. 彼はフランス語が上手だが、フランスには一度も行ったことがない. 少なくとも彼が言うには.

また〈sinon A, du moins B〉の構文で使われ「Aではないにしても、少なくともBだ」という意を表わす. この形では du moins は前の文全体にかかるわけではないが、やはり前言を取り消し、新たな断言を導くために使われている. 単に〈A ou du moins B〉となる場合もある.
- Dans le monde des affaires, le français est une langue sinon indispensable, du moins très utile. ビジネスの世界では、フランス語は絶対必要な言葉というわけではないが、知っていれば非常に役に立つ.
- le Proche-Orient exposé à un danger de guerre ou du moins fortement déstabilisé 戦争の危険にさらされてはいないにしても、非常に不安定な状況に置かれた中近東.

moire /mwaːr/ 囡 ❶ モアレ：波形模様のある織物；モアレ加工. ▶ robe de *moire* モアレのドレス. ❷ 文章 波紋状のきらめき模様.

moiré, e /mware/ 形 ❶ モアレ加工[仕上げ]された；波形模様をつけた. ❷ 文章 きらきら輝く、光沢のある. — **moiré** 男 モアレ、波形模様.

moirer /mware/ 他動〔生地〕にモアレ加工[仕上げ]を施す.

moirure /mwaryːr/ 囡 モアレ[波形]模様、波紋；きらきら輝く光沢.

***mois** /mwa モワ/ 男

❶（暦の上での）月、1か月. ▶ le *mois* prochain 来月 / le *mois* dernier 先月 / ce *mois*-ci 今月 / chaque *mois* 毎月 / tous les mois 毎月 / Nous sommes au *mois* de mai. 今は5月だ / dans le *mois* en cours 今月中に / au début du *mois* 月の初めに / à la fin du *mois* 月末に / Ils passaient le *mois* d'août à la mer. 彼らはいつも8月を海で過ごしたものだった. ❷（時間の単位として）1か月、1か月間. ▶ deux *mois* de vacances 2か月の休暇 / dans trois *mois* 3か月後に / Il y a six *mois* qu'elle est morte. 彼女が死んで半年たつ / Je paie mille euros par *mois* de location. 家賃は月1000ユーロです. ❸ 月給；毎月の支払い. ▶ toucher son *mois* 月給を受け取る / Il doit deux *mois* à son propriétaire. 彼は家賃を2か月分ためている / être payé au *mois* 月ぎめで給料をもらう.

moisi, e /mwazi/ 形 かびの生えた；かび臭い.
— **moisi** 男 かび；かびの生えた部分. ▶ sentir le *moisi* かび臭い.

moisir /mwaziːr/ 自動 ❶ かびる、かびが生える. ▶ Ce pain *a moisi*. このパンにかびが生えた. ❷ 話 (同じ場所に)とどまる、ぐずぐずする. ▶ Nous n'allons pas *moisir* ici, partons ! こんな所に長居しないでさっさと行こう. ❸ (金などが)使われない[役立たない]ままである. 注 語義①では助動詞は avoir または être、②、③では avoir.
— 他動 …をかびさせる.

moisissure /mwazisyːr/ 囡 かび；かびの生えた部分. ▶ *moisissure* verte 青かび.

***moisson** /mwasɔ̃ モワソン/ 囡 ❶（特に小麦の）刈り入れ期、収穫期. ▶ faire la *moisson* 刈り入れをする. ❷ 収穫した穀物、収穫物. ▶ La *moisson* a été bonne cette année. 今年は豊作だった. ❸〈une *moisson* de + 無冠詞複数名詞〉たくさんの…. ▶ faire une *moisson* de renseignements 情報をたっぷり仕入れる.

moissonner /mwasɔne/ 他動 ❶〔穀物〕を収穫する；〔畑〕の刈り入れをする；《目的語なしに》取り入れをする. ▶ *moissonner* un champ 畑の刈り入れをする / *moissonner* un champ de blé 麦を取り入れる. ❷ 文章 …を大量に手に入れる. ▶ *moissonner* des lauriers いくつもの成功[栄誉]を収める.

moissonneur, euse /mwasɔnœːr, øːz/ 名 刈り取り人.
— **moissonneuse** 囡 刈り取り機.

moissonneuse-batteuse /mwasɔnøzbatøːz/；《複》~s-~s 囡 コンバイン、刈り取り脱穀機.

moite /mwat/ 形 湿っぽい、じとじとする. ▶ une

moiteur

chaleur moite 蒸し暑さ.
moiteur /mwatœːr/ 女 湿っぽさ；汗ばみ. ▶ la *moiteur* de ses paumes 手のひらの汗ばみ.

***moitié** /mwatje モワティエ/ 女 ❶ 半分. ▶ partager qc en deux *moitiés* …を2等分する / une bonne [grosse] *moitié* 半分強 / plus de la *moitié* de qc …の半分以上 / dans la première [seconde] *moitié* du XIXe [dix-neuvième] siècle 19世紀前半[後半]に.
❷ <la *moitié* de qn/qc> かなりの…；相当な数[量]の…. ▶ Elle est sortie la *moitié* du temps. 彼女はほとんど外出していた / La *moitié* des habitants「a été sauvée [ont été sauvés]. 住民の大半が救出された.
❸ 真ん中，半ば. ▶ Il est parvenu à la *moitié* de son existence. 彼は人生半ばに達した.
❹ 俗 [所有形容詞とともに] 妻.

à moitié 半ば，半分；ほとんど. ▶ verre *à moitié* vide ほとんど空のグラス / Il ne fait rien *à moitié*. 彼は何事も中途半端にしない.

à moitié chemin 途中で.

à moitié prix 半値で.

C'est pas la moitié d'un con. 話 あれは切れ者だ.

de (la) moitié 半分だけ. ▶ réduire qc *de moitié* …を半分減らす.

être [se mettre] de moitié (avec qn) (…と)利害折半で加わる[協力し合う].

être pour [de] moitié dans qc …の責任の一半を負う；半分を占める. ▶ Tu *es pour moitié dans* cet accident. この事故の責任は半分君にある.

moitié …, moitié … = à moitié …, à moitié … 半分…半分…. ▶ Ce pain est *moitié* seigle, *moitié* froment. このパンはライ麦と小麦半々である.

moitié-moitié (1) 話 まあまあ (=couci-couça). ▶ «Ça a marché? — *Moitié-moitié*.» 「うまくいったかい」「まあまあだ」(2) 半分半分. ▶ Partageons les bénéfices *moitié-moitié*. 利益は山分けにしよう.

par (la) moitié 半分に. ▶ diviser [partager] qc *par moitié* …を半分に分ける.

moka /mɔka/ 男 ❶ モカ (コーヒー). ❷【菓子】モカケーキ.

mol /mɔl/ mou の男性第2形.

molaire /mɔlɛːr/ 女 臼歯(きゅう)，大臼歯.

Moldavie /mɔldavi/ 固有 女 モルドヴァ共和国.

môle /moːl/ 男 (港のドックの)埠頭(ふとう).

moléculaire /mɔlekylɛːr/ 形 分子の. ▶ formule *moléculaire* 分子式 / poids *moléculaire* 分子量.

molécule /mɔlekyl/ 女【化学】分子.

moleskine /mɔlɛskin/ 女 模造(皮)革, レザークロス.

molester /mɔlɛste/ 他動 …に暴行を働く, 乱暴する. ▶ La police *a molesté* quelques travailleurs en grève. 警官がストライキ中の労働者に暴行を加えた.

molette /mɔlɛt/ 女 ❶ (縁がぎざぎざの)回転つまみ. ▶ clef à *molette* モンキーレンチ / *molette* d'un briquet ライターのやすり[指で回す部分]. ❷ (模様つけ, 切削用の)ローレット, 歯車状のローラー.

mollah /mɔ(l)la/ 男 モッラー：イスラム教シーア派の律法学者の尊称.

mollasse /mɔlas/ 形 ❶ ふにゃふにゃした, 柔らかすぎる. ❷ [人が] 無気力な.
— 名 ぐうたら, 無気力な人.

mollasson, onne /mɔlasɔ̃, ɔn/ 名 話 だれた[とろい]やつ, ぐうたら.
— 形 話 やる気のない, ぐうたらな, とろい.

molle /mɔl/ mou の女性形.

mollement /mɔlmɑ̃/ 副 ❶ 柔らかに, 穏やかに. ▶ La Loire coule *mollement*. ロアール川がゆったりと流れている. ❷ 力なく, 弱々しく；無気力に.

mollesse /mɔlɛs/ 女 ❶ 柔らかさ；張りのなさ. ❷ 穏やかさ. ❸ 軟弱, 活力[気力]のなさ. ▶ céder par *mollesse* ずるずると譲歩する. ❹ (文体, 描線などの)曖昧(あいまい)さ, 甘さ.

mollet, ette /mɔlɛ, ɛt/ 形 柔らかめの, ふっくらした. ▶ pain *mollet* ロールパン / œuf *mollet* 半熟卵.

mollet /mɔlɛ/ 男 ふくらはぎ.

molletière /mɔltjɛːr/ 女 (革, 布の)ゲートル.

molleton /mɔltɔ̃/ 男【織物】メルトン：縮充加工して地組織を毛羽で覆った紡毛織物.

molletonné, e /mɔltɔne/ 形 メルトンで裏打ちした.

molletonneux, euse /mɔltɔnø, øːz/ 形【織物】メルトン風の.

mollir /mɔliːr/ 自動 ❶ 弱まる, 力を失う. ▶ sentir ses jambes *mollir* (de fatigue) (疲れて)足がががくする. ❷ [決意, 気力などが] 鈍る, 衰える；[人が] 尻(しり)込みする. ▶ Son courage *a molli*. 彼(女)の勇気はくじけた.

mollo /mɔlo/ 副 俗 そっと, 注意深く. ▶ Vas-y *mollo*! そっと行け！やれやれ.

mollusque /mɔlysk/ 男 ❶《複数で》【動物】軟体動物. ❷ 話 無気力な人, ぐうたら.

molybdène /mɔlibdɛn/ 男【化学】モリブデン.

môme /moːm/ 名 俗 子供. — 女 俗 若い女.
— 形 俗 幼い.

***moment** /mɔmɑ̃ モマン/ 男
❶ 一瞬, ちょっとの間. ▶ Attendez un *moment*! = Un *moment*! ちょっと待ってください / Je reviens dans un *moment*. じきに戻ります / Il a cru un *moment* que tout était fini. 彼は一瞬万事休すだと思った.
❷ しばらくの間. ▶ un court [long] *moment* 短い[長い]時間 / depuis un bon *moment* ずいぶん前から / Partez sans moi, j'en ai pour un *moment*. 先に行ってください, まだかなりかかりますから.
❸ (ある特定の)時間, 時期. ▶ passer un bon *moment* avec des amis 友達と楽しい時間を過ごす / après un *moment* d'hésitation ちょっと迷ったあとで / les derniers *moments* de qn …の臨終 / Il y a de très beaux *moments* dans ce roman. この小説には見事な箇所がいくつかある / les grands *moments* de l'histoire française (=date) フランス史における重要な時期. ▶

monarchisme

Il y a des *moments* où + 直説法. …であるときもある. ▶ Il y a des *moments* où je ne suis pas du tout d'accord avec lui. 彼と全然意見が合わないことだってある.

❹ 機会, 時機. ▶ arriver au bon [mauvais] *moment* ちょうどいい [まずい] ときにやって来る / attendre le *moment* favorable チャンスを待つ / choisir le *moment* 時機を選ぶ / Ce n'est pas le *moment* de discuter. 議論している場合じゃない. ◆ Le *moment* est venu de + 不定詞. いまや…するときである.

❺〖哲学〗契機. ❻〖物理〗モーメント, 能率.

à aucun moment 決して, 一度も.

à ce moment (-là*) そのとき; 当時; その場合.

à partir du moment où + 直説法 …のとき以来. ▶ *A partir du moment où* tu as un enfant, tu ne peux plus te permettre de sortir si souvent le soir. 子供ができたら夜ちょくちょく外に出るのは難しくなるよ.

à ses moments perdus 暇なときに. ▶ Vous pourrez faire ça *à vos moments perdus*. 時間があるときにやればいいんですよ.

à tout = *à tous moments* = *à chaque moment* 絶えず, のべつ, 時を構わず.

au dernier moment ぎりぎり最後になって.

au même moment その時に, 同じころ.

*au moment (*même*) *de qc*/不定詞 (まさに)…の時に. ▶ Juste *au moment* [*du repas* [*de manger*], le téléphone a sonné. さあこれから食べようというときに電話が鳴った.

*au moment (*même*) *où* + 直説法 (まさに)…のときに. ▶ *Au moment où* il partait, elle arriva. ちょうど彼が出発しようとしていたら彼女がやって来た.

à un moment donné あるとき.

C'est le moment ou jamais (*de* + 不定詞). これは(…する)またとない機会だ.

de moment(*s*) *en moment*(*s*) 時々刻々; 絶え間なく. ▶ Le bruit grandissait *de moment en moment*. その物音は刻々と大きくなっていくのだった.

du moment 現在の; 当時の. ▶ Cette chanson est le succès *du moment*. この歌は今大はやりだ.

*du moment que [*où*] + 直説法 …であるからには, である以上. ▶ *Du moment que* vous êtes d'accord, je n'ai plus rien à dire. 賛成してくださったのですから, もう何も言うことはありません.

d'un moment à l'autre 今にも, すぐに. ▶ Il doit revenir *d'un moment à l'autre*. 彼はすぐにまた戻ってくるはずだ.

*en ce moment 現在, 目下, 今; そのとき, 当時.

jusqu'au moment où + 直説法 …するときまで.

n'avoir pas un moment à soi 忙しすぎて自分の時間がない.

*par moments ときどき, ときとして.

*pour le moment 今のところ, 当座は.

sur le moment (あることが起きた)そのときは, その当座は. ▶ J'ai été très surpris *sur le moment*, mais j'ai compris tout de suite. そのときはすごく驚いたが, すぐに事情が分かった.

比較 瞬間, 短い時間

moment < **minute** < **instant, seconde** が用いられ, この順に持続時間が短くなる. Un *moment* [Une *minute*, Un *instant*], s'il vous plaît. ちょっと待ってください.

momentané, e /mɔmɑ̃tane/ 形 一時的な, つかの間の.

momentanément /mɔmɑ̃tanemɑ̃/ 副 一時的に, 少しの間, しばらく.

momerie /mɔmri/ 女 文章 (多く複数で)偽善, 茶番劇;(教会などでの)形式だけの)くだらない儀式.

momie /mɔmi/ 女 ミイラ.

momification /mɔmifikɑsjɔ̃/ 女 ❶ ミイラにすること, ミイラ化. ❷ 無気力な状態.

momifier /mɔmifje/ 他動〔死体を〕ミイラにする.
— **se momifier** 代動 ❶〔死体が〕ミイラになる. ❷〔精神などが〕無気力になる.

***mon, ma** /mɔ̃, ma モン, マ/;〈複〉 **mes** /me メ/ 形〖所有〗

男性単数 mon	女性単数 *ma
複	数 mes

*母音または無音のhの前では ma の代わりに mon を用いる.

(mon, mes は母音または無音の h の前ではリエゾンするが, その際 mon は鼻母音のまま発音するのが普通(例: mon ami /mɔ̃nami/)

私の. ❶〘所有, 帰属, 関係, 行為主を示す〙▶ *mon* sac 私のかばん / *ma* jeunesse 我が青春 / *mes* parents 私の両親 / *à mon* avis 私の意見では / Je finis *mon* travail à cinq heures. 私は5時に仕事を終わる.

❷〘若干の動作名詞の前で行為の対象を示す〙▶ A *ma* vue, il s'est tu. 私を見ると彼は黙ってしまった / Elle est venue à *ma* rencontre. 彼女は私を迎えにやって来た / *mon* juge 私を裁く裁判官 / à *mon* égard 私に対して / en *ma* faveur 私のためを思って.

❸〘個人的習慣, 癖, 関心などを示す〙▶ *mes* rhumatismes 持病のリューマチ / Je prends *mon* apéritif. 私はいつもの食前酒を飲む.

❹〘親愛, 尊敬の念を込めた呼びかけで〙▶ *mon* chéri / *ma* chérie ねえ, あなた [君] / *ma* petite Hélène エレーヌちゃん / *mon* vieux (友人)ねえ; 君 / Salut, *mes* amis! やあ, みんな / *mon* colonel 大佐殿.

mon- 接頭 (mono- の別形. 母音の前で)「単一の」の意. ▶ *mon*ado〖哲学〗モナド, 単子.

monacal, ale /mɔnakal/;〈男複〉 **aux** /o/ 形 修道者の; 修道者のような.

Monaco /mɔnako/ 固有 モナコ: 首都 Monaco. ▶ à *Monaco* モナコに [で, へ].

monade /mɔnad/ 女〖哲学〗単子, モナド.

monarchie /mɔnaʁʃi/ 女 ❶ 君主制; 王政. ▶ *monarchie* constitutionnelle 立憲君主制 / *monarchie* absolue 絶対君主制 [王政]. ❷ 君主国; 王国.

monarchique /mɔnaʁʃik/ 形 君主制の, 君主政治 [政体] の; 王政の.

monarchisme /mɔnaʁʃism/ 男 君主制擁護

論；王政主義.

monarchiste /mɔnarʃist/ 形 君主制［王政］主義の；君主制擁護論の.
— 名 君主制［王政］主義者；君主制擁護論者.

monarque /mɔnark/ 男 君主, 帝王. ▶ *monarque absolu* 絶対君主.

monastère /mɔnastɛːr/ 男 修道院.

monastique /mɔnastik/ 形 修道者の；修道院の. ▶ habit *monastique* 修道服.

monceau /mɔ̃so/；《複》**x** 男 堆積(たいせき), 山. ▶ un *monceau* de livres 山と積まれた本.

mondain, aine /mɔ̃dɛ̃, ɛn/ 形 ❶ 社交界の, 上流社会の. ▶ vie *mondaine* 上流社会の生活 / soirée *mondaine*（有名人士の）社交パーティー / le carnet *mondain* des journaux 新聞の社交界消息欄. ❷ 社交界好きの.
— 名 社交界［上流社会］の人；社交界好き.

mondanité /mɔ̃danite/ 女 ❶ 社交界への出入り；上流社会好み. ❷《複数で》社交界の生活［作法, 催し］.

:monde /mɔ̃ːd/ モーンド/ 男

❶ ❶ 世界. ▶ Coupe du *monde* ワールドカップ / l'Ancien *Monde* 旧世界（ヨーロッパ, アジア, 北アフリカ）/ le Nouveau *Monde* 新世界（アメリカ）/ au bout du *monde* 世界の果てで, はるか遠い所で / faire le tour du *monde* 世界一周をする / championnat du *monde* 世界選手権 / le *monde* entier 全世界 / aux quatre coins du *monde* 世界の至る所に /《 *Le Monde* 》「ル・モンド」紙（フランスの高級夕刊紙）.

❷ 宇宙, 天地万物. ▶ création du *monde* 天地創造 / conception［vision］du *monde* 世界観.

❸ 世の中. ▶ Ainsi va le *monde*. 世の中とはこういうものだ / Le *monde* est petit.（偶然人に会って）世間は狭いね.

❹（特定の）社会, 世界. ▶ le *monde* des affaires 実業界 / le *monde* des lettres 文壇 / le *monde* capitaliste 資本主義社会 / C'est un *monde* à part. それは特殊な社会だ.

❺（独自の領域を形成する）世界；自然（界）. ▶ le *monde* végétal 植物界.

❻（現世, 来世などの）世；（特に）現世；俗界. ▶ le［ce］bas *monde* この世, 現世 / Il n'est plus de ce *monde*. 彼はもうこの世の人ではない / renoncer au *monde* 世俗の生活を捨てる.

❼ 社交界, 上流社会. ▶ grand［beau, joli］*monde* 上流社会 / homme［femme］du *monde* 上流社会の人［女性］/ se lancer dans le *monde* 社交界に入る. ❽ 大きな隔たり. ▶ Il y a un *monde* entre le père et son fils. 父と子の間には大きな隔たりがある.

❷ ❶（集合的に）人, 人々. ▶ Il y a du *monde* pour m'aider? だれか手伝ってくれる人はいませんか / Il y a beaucoup de *monde* dans la salle. ホールには人がいっぱいだ / Le concert a attiré un *monde* fou. コンサートは大盛況だった / J'ai du *monde* chez moi ce soir. 今夜は来客がある. 語法 ⇨ HOMME.

❷《所有形容詞》とともに）周囲の人々, 付き合いのある人々；家族；部下, 使用人. ▶ Il avait toujours tout son *monde* autour de lui. 彼は常に側近に取り巻かれていた.

au monde《tout, unique, premier, rien, aucun などの強調》世界で, この世で. ▶ Il est seul *au monde*. 彼は天涯孤独だ / faire tout *au monde* pour qn/qc …のためにありとあらゆることをする. ◆ *le moins du monde*《疑問・否定文で》いかなる場合にも…ない（=nullement）. ▶ Je ne voudrais *pour rien au monde* vous gêner. 御迷惑は絶対おかけいたしません.

C'est un monde! 話 べらぼうだ, とてつもない, 信じられない（憤慨, 怒りなど）.

depuis que le monde est monde 天地開闢(かいびゃく)以来；常に, いつの時代にも.

du monde《最上級の強調》世界中で. ▶ la plus belle fille *du monde* 世界一美しい娘 / Ça s'est passé le mieux *du monde*. それはこのうえなくうまく運んだ. ◆ *le moins du monde*《疑問・否定文で》ほんの少しでも. ▶ A-t-il le moins du *monde* pensé à ses parents? 彼はいささかでも両親のことを考えたことがあるのだろうか.

l'autre monde あの世.

mettre un enfant au monde 子供を産む.

refaire le monde 話 延々と議論する, 長談義にふける.

(se) faire (tout) un monde de qc …を大げさに考える.

se moquer du monde 人をばかにする, 無礼な振る舞いをする.

:tout le monde みんな, すべての人. ▶ Ça peut arriver à *tout le monde*. それはだれにでもあることだ / Monsieur *Tout-le-Monde* 話 ごくありふれた人, 普通の人.

Tout le monde il est beau, tout le monde il est gentil. 話 みんな美男美女でいい人ばかりだ（映画のタイトルから）.

venir au monde 生まれる (=naître).

monder /mɔ̃de/ 他動（穀物など）の不用な部分（種皮, もみなど）を取り除く.

mondial, ale /mɔ̃djal/；《男複》**aux** /o/ 形 世界的な, 全世界の. ▶ la Première Guerre *mondiale* 第1次世界大戦 / le marché *mondial* du pétrole 石油の世界市場.

mondialement /mɔ̃djalmɑ̃/ 副 世界的に, 世界中で［に］. ▶ *mondialement* connu 世界的に知られた.

mondialisation /mɔ̃djalizasjɔ̃/ 女 グローバル化, 世界化；世界的波及［普及］. ▶ *mondialisation* de l'économie 経済のグローバル化.

mondialiser /mɔ̃djalize/ 他動 …をグローバル化する, 全世界に広める. ▶ *mondialiser* la protection de la nature 自然保護を全世界に浸透させる.

mondialisme /mɔ̃djalism/ 男 ❶ 世界連邦主義. ❷ 世界的視野に立つ政策.

mondovision /mɔ̃dɔvizjɔ̃/, **mondiovision** /mɔ̃djɔvizjɔ̃/ 女 モンドビジョン：テレビの大陸間衛星中継.

monégasque /mɔnegask/ 形 モナコ Monaco（公国）の. — **Monégasque** 名 モナコ人.

monétaire /mɔnetɛːr/ 形 貨幣の, 通貨の. ▶ unité *monétaire* 通貨単位 / système *monétaire* 貨幣制度 / Fonds *monétaire* international 国際通貨基金, IMF (略 FMI).

monétariste /mɔnetarist/ 形〖経済〗通貨問題の; マネタリズムの.
— 名 通貨問題重視の経済学者; マネタリスト.

mongol, e /mɔ̃gɔl/ 形 モンゴル Mongolie の.
— **Mongol, e** 名 モンゴル人.
— **mongol** 男 モンゴル語.

Mongolie /mɔ̃gɔli/ 固有 女 モンゴル. ▶ en *Mongolie* モンゴルに [で, へ].

mongolien, enne /mɔ̃gɔljɛ̃, ɛn/ 形, 名〖医学〗ダウン症候群の(患者).

mongolisme /mɔ̃gɔlism/ 男 ダウン症候群.

monisme /mɔnism/ 男〖哲学〗一元論.

moniteur¹, trice /mɔnitœːr, tris/ 名 指導員, コーチ, インストラクター. ▶ *moniteur* de ski スキーの指導員.

moniteur² /mɔnitœːr/ 男 モニター(装置), 監視装置.

monitorage /mɔnitɔraːʒ/, **monitoring** /mɔnitɔriŋ/〖英語〗男 モニター監視.

monitorat /mɔnitɔra/ 男 指導員の養成; 指導員の職.

*****monnaie** /mɔnɛ/ モネ/ 女

英仏そっくり語
英 money お金, 通貨.
仏 monnaie 小銭, 通貨.

❶ 通貨, 貨幣. ▶ La *monnaie* japonaise est le yen. 日本の通貨は円である / *monnaie* unique 単一通貨(ユーロ) / *monnaie* commune 共通通貨 / fausse *monnaie* にせ金 / *monnaie* forte [faible] 強い [弱い] 通貨 / *monnaie* plastique クレジットカード / la revalorisation d'une *monnaie* 通貨の平価切り上げ.

❷ 硬貨 (=pièce de *monnaie*). ▶ *monnaie* d'or 金貨 / *monnaie* d'argent 銀貨 / battre *monnaie* 貨幣を鋳造する. 比較 ⇨ ARGENT.

❸ 小銭; 釣り銭. ▶ petite [menue] *monnaie* 小銭 / As-tu de la *monnaie*? 小銭を持っているかい / Je voudrais la *monnaie* de cent euros. 100ユーロ札をくずしたいのですが / Je n'ai pas de *monnaie*. 小銭がありません / rendre la *monnaie* sur cent euros 100ユーロ受け取って釣りを返す / Gardez la *monnaie*. 釣りはいりませんよ.

❹《la Monnaie》造幣局 (=hôtel de la *Monnaie*).

C'est monnaie courante. よくあることだ.
Passez la monnaie. お金を払ってください.
rendre à qn la monnaie de sa pièce …に自分がされたのと同じやり方で仕返しをする.
servir de monnaie d'échange(交渉などの)取引の材料になる.

monnayable /mɔnejabl/ 形 ❶ 貨幣に鋳造しうる. ❷ 現金化しうる, 換金できる. ❸〔才能, 資格などが〕金になる.

monnayage /mɔnejaːʒ/ 男 貨幣鋳造.

monnayer /mɔneje/ 他動 ❶〔地金など〕を貨幣に鋳造する. ❷ …を現金化する. ▶ *monnayer* un chèque 小切手を現金にする. ❸ …で金をつくる. ▶ *monnayer* son talent 自分の才能を売り物にする.

monnayeur /mɔnejœːr/ 男 ❶ faux(-)*monnayeur* にせ金造り. ❷ 造幣工. ❸ 貨幣鋳造機.

mono /mɔno/ 女 (monophonie の略)モノラル.
— 男 (monoski の略)一枚板の水上スキー.

mono- 接頭 (別形 mon-)「単一の」の意 (↔ multi-).

monochrome /mɔnɔkroːm/ 形 単色の, モノクロームの. — 男〖美術〗単彩画, 単色画.

monochromie /mɔnɔkrɔmi/ 女 単色.

monocle /mɔnɔkl/ 男 片めがね.

monocoque /mɔnɔkɔk/ 形〖自動車〗モノコックの, ボディとシャーシーを一体化した.

monocorde /mɔnɔkɔrd/ 男〖音楽〗モノコード, 一弦琴. — 形 一弦の; 単調な, 退屈な.

monocorps /mɔnɔkɔːr/ 男 ワンボックスカー.

monocratie /mɔnɔkrasi/ 女〖政治〗(君主, 大統領などの一個人への権力集中制による)単独支配, 独裁政治.

monoculture /mɔnɔkyltyːr/ 女〖農業〗単作(農法).

monocylindre /mɔnɔsilɛ̃ːdr/ 男 単気筒エンジン.

monogame /mɔnɔgam/ 形 一夫一婦婚の.

monogamie /mɔnɔgami/ 女 一夫一婦婚, 単婚 (↔polygamie).

monogramme /mɔnɔgram/ 男 モノグラム, 組み合わせ文字: 姓名の頭文字などを組み合わせて一つの図案としたもの.

monographie /mɔnɔgrafi/ 女 モノグラフ, 専攻論文, 個別研究.

monographique /mɔnɔgrafik/ 形 モノグラフの.

monokini /mɔnɔkini/ 男 [英] トップレス水着.

monolingue /mɔnɔlɛ̃ːg/ 形 単一言語の; 単一言語で書かれた, 1言語しか話さない.
— 名 1言語しか話さない人.

monolithe /mɔnɔlit/ 形〔柱, 岩などが〕一枚岩でできた, モノリスの. — 男〖建築〗モノリス: 一本石, 一枚岩でできた柱, 碑など.

monolithique /mɔnɔlitik/ 形 ❶ 一本石 [一枚岩] でできた. ❷〔組織などが〕強固な, 一枚岩の;〔考えなどが〕一貫した, 融通の利かない. ▶ parti *monolithique* 一枚岩の党.

monolithisme /mɔnɔlitism/ 男 ❶〖建築〗モノリス [一本石] 構造. ❷ (組織の)一枚岩の団結; (主義などの)一貫性, 硬直化.

monologue /mɔnɔlɔg/ 男 ❶ 独り言;(聞き手を無視した)長広舌. ❷〖演劇〗独白; 独演劇. ❸〖文学〗*monologue* intérieur 内的独白: 登場人物の意識の流れを1人称で書く小説技法.

monologuer /mɔnɔlɔge/ 自動 独り言を言う; 独り言のように話す; 独白する.

monomanie /mɔnɔmani/ 女 固定観念, 執念, 妄執.

monôme /mɔnoːm/ 男 ❶〖数学〗単項式. ❷ (学生の)行列, スクラム: 試験終了後などに肩を組んで通りを練り歩く.

monomoteur, trice /mɔnɔmɔtœːr, tris/ 形 単発動機の, 単発の.

— **monomoteur** 男 単発（飛行）機.
monoparental /mɔnɔparɑ̃tal/;《男複》*aux* /o/ 形 一人親の. ▶ famille *monoparentale* 一人親家庭.

monoparentalité /mɔnɔparɑ̃talite/ 女 一人親であること.

monophonie /mɔnɔfɔni/ 女 ❶（レコードなどの）モノラル（方式）, モノフォニック（方式）（↔stéréophonie）. 注 話し言葉では mono と略す. ❷《音楽》モノフォニー, 単旋律.

monophonique /mɔnɔfɔnik/ 形 ❶ モノラルの. ❷《音楽》モノフォニーの, 単旋律の；単声の（↔polyphonique）.

monoplace /mɔnɔplas/ 形〔乗り物が〕単座の, 1人乗りの. — 男 単座機, 1人乗り飛行機. — 女 レーシングカー；1人乗り自動車.

monoplan /mɔnɔplɑ̃/ 男《航空》単葉機.

monopole /mɔnɔpɔl/ 男 ❶ 独占（権）；専売（権）, 独占企業. ▶ capitalisme de *monopole* 独占資本主義 / L'Etat a le *monopole* des tabacs. 国家はたばこの専売権を持つ. ❷ 独り占め. ▶ Le parti s'attribue le *monopole* du patriotisme. その党は愛国心が自分たちの専売特許だと思い込んでいる.

monopolisateur, trice /mɔnɔpɔlizatœːr, tris/ 名 独占者, 専有者.

monopolisation /mɔnɔpɔlizasjɔ̃/ 女 独占化, 専有化.

monopoliser /mɔnɔpɔlize/ 他動 ❶ …を独占する, 専売する. ▶ L'Etat a *monopolisé* les chemins de fer. 政府は鉄道を国有化した. ❷ …を独り占めする. ▶ *monopoliser* la parole ひとりでしゃべりまくる.

monopoliste /mɔnɔpɔlist/ 形《経済》独占の, 独占的な. — 名 独占者；専有者.

monopolistique /mɔnɔpɔlistik/ 形《経済》独占的な. ▶ le capitalisme *monopolistique* 独占資本主義.

monorail /mɔnɔrɑj/ 形《不変》モノレールの. — 男 モノレール.

monoski /mɔnɔski/ 男 水上スキー（の板）. ▶ faire du *monoski* 水上スキーをする.

monosyllabe /mɔnɔsi(l)lab/ 形 単音節の. — 男 単音節語. ▶ répondre par *monosyllabes* (Ah? Oui, Non などで)簡単に答える.

monosyllabique /mɔnɔsi(l)labik/ 形 ❶ 単音節の. ❷《言語》langue *monosyllabique* 単音節言語：中国語など, 大部分が単音節語で構成されている言語.

monothéisme /mɔnɔteism/ 男 一神教, 一神論.

monothéiste /mɔnɔteist/ 形 一神教の, 一神論の. — 名 一神論者.

monotone /mɔnɔtɔn/ 形 単調な, 変化のない. ▶ une vie *monotone* 退屈な生活.

monotonie /mɔnɔtɔni/ 女 単調, 変化のなさ.

monseigneur /mɔ̃sɛɲœːr/；《複》*messeigneurs* /mesɛɲœːr/ 男 ❶ 殿下, 猊下(げいか)（王族, 高位聖職者に対する敬称）. 注 単数は Mgr., 複数は M^{grs}. と略す. ❷《歴史》（ルイ14世以降の）王太子殿下. ❸ pince *monseigneur* （泥棒が戸をこじ開ける）金てこ.

＊monsieur /məsjø ムシュ/；《複》*messieurs* /mesjø メシュ/ 男 ❶ …氏, …さん, …様. 注 男性に対する敬称, 呼びかけ. 固有名詞を伴う場合, 多く大文字で始める. 一般に M., 複数 MM. と略す. ▶ M. Durand est arrivé. デュランさんがおいでになりました / Pardon, *monsieur*, vous avez l'heure? すみませんが, 今何時でしょうか / *monsieur* votre père あなたのお父さん / Cher *Monsieur*（手紙の書き出しで）拝啓 / Bonjours mesdames, bonjours *messieurs*. =〔俗〕Bonjour *Messieurs* Dames. 皆さんこんにちは.
❷《Monsieur》（職名, 任務名を伴って）…閣下, …殿. ▶ *Monsieur* le Président 大統領［会長, 委員長, 議長］殿 / *Messieurs* les jurés 陪審員各位.
❸《Monsieur》（召使い, 店員などが主人, 客に対して）旦那(だんな)様；**お客様**. ▶ *Monsieur* est sorti. 旦那様はお出かけです.
❹《冠詞・指示形容詞をつけて》男の人. ▶ Un *monsieur* est venu vers quatre heures. 4時ごろ男の方が見えました / le *monsieur* que j'ai rencontré hier 私が昨日会った男性 / Dis merci au *monsieur*.（子供に対して）おじさんにお礼を言いなさい / coiffeur pour *messieurs* 男性用理髪店.
❺ 話 紳士, 権威［教育］のある男性. ▶ C'est un (grand) *monsieur*.《しばしば皮肉に》彼は立派な人物だ.
❻《軽蔑して》やつ, 野郎. ▶ un joli [vilain] *monsieur* 卑劣なやつ.

monstre /mɔ̃:str/ 男 ❶（神話, 伝説上の）怪物, 怪獣. ❷（実在の）巨獣. ❸（人, 動植物の）奇形. ❹ 醜悪な人間；残忍な人間. ▶ C'est un *monstre* d'ingratitude. やつは恩知らずのひとでなしだ.

monstre sacré（1）大スター, 名優.（2）（ある分野での）傑出した人物.

Petit monstre! 話 腕白小僧, やんちゃ坊主め.
— 形 話 驚異的な；ばかでかい；たっぷりの.

monstrueusement /mɔ̃stryøzmɑ̃/ 副 異常に, 恐ろしく, ひどく.

monstrueux, euse /mɔ̃stryø, øːz/ 形《ときに名詞の前で》❶ 怪物じみた；奇形の. ❷ 巨大な, けた外れに大きい. ▶ bruit *monstrueux* 轟音(ごうおん). ❸ ぞっとするような；凶悪な. ▶ idée *monstrueuse* おぞましい考え / crime *monstrueux* 恐ろしい犯罪.

monstruosité /mɔ̃stryozite/ 女 ❶ 奇怪さ, 醜悪さ；残虐, 非道. ❷ 恐るべきこと, ひどいこと. ▶ dire des *monstruosités* 恐ろしいことを口にする.

mont /mɔ̃/ 男 ❶《固有名詞を伴って》…山. ▶ le *mont* Blanc モンブラン / les *monts* d'Auvergne オーベルニュ山地. ❷《文章》山, 峰, 丘；（les *monts*）アルプス山脈. 比較 ⇨ MONTAGNE.

par monts et par vaux 山越え谷越え；四方八方に. ▶ Il est sans cesse *par monts et par vaux*. 彼は絶えず旅をしている.

promettre monts et merveilles とんでもない約束をする.

montage /mɔ̃taːʒ/ 男 ❶ 組み立て,（部品などの）

取り付け. ▶ le *montage* d'une tente テントの組み立て / chaîne de *montage* 組み立て流れ作業, 組み立てライン. ❷(映画, 写真などの)編集, モンタージュ; モンタージュ写真, 合成写真. ❸〖経済〗 *montage* financier 資金繰り調整[手当て]. ❹〖電気〗接続; 配線.

montagn*ard, arde* /mɔ̃taɲaːr, ard/ 形 山地に住む; 山地の. ▶ peuple *montagnard* 山岳民族. ― 名 山地[山国]の住人.
― **Montagnard** 男〖歴史〗(フランス革命期の)山岳派議員; ロベスピエールら急進派.

***montagne** /mɔ̃taɲ モンターニュ/ 女
❶ 山. ▶ une *montagne* élevée 高い山 / escalader une *montagne* 山に登る / au sommet [pied] d'une *montagne* 山頂[山麓(ろく)]に / chaîne de *montagnes* 山脈.
❷ 高地, 山岳地方. ▶ passer ses vacances à la *montagne* 高地でバカンスを過ごす / mal des *montagnes* 高山病. ◆ de *montagne* 山岳の. ▶ station de *montagne* 山岳リゾート地 / sports de *montagne* (登山, スキーなどの)山岳スポーツ. ◆ en *montagne* 山岳で(の). ▶ faire une promenade en *montagne* 山歩きをする.
❸〈*montagne* de ＋ 無冠詞名詞〉…の山, 山ほど[多量]の…. ▶ des *montagnes* de livres 本の山. ❹ *montagnes* russes ジェットコースター.
C'est la montagne qui accouche d'une souris. 諺 大山鳴動してネズミ一匹.
faire de la montagne (1) 登山をする. (2) 山道をドライブする.
se faire une montagne de qc …を重大に考える, の困難さを誇張して考える.
soulever des montagnes あらゆる困難を乗り越える.
比較 山
montagne 一般的に用いられる. *mont* 一般的に「山」を指す場合には文章語, 通常は固有名詞としての山の名を示す. le *Mont* Blanc モンブラン, le *Mont* Fuji 富士山.

montagn*eux, euse* /mɔ̃taɲø, øːz/ 形 山の多い; 山から成る. ▶ région *montagneuse* 山岳地方.

mont*ant, ante* /mɔ̃tɑ̃, ɑ̃ːt/ 形 上昇する, 登る; 上(部)まである. ▶ marée *montante* 上げ潮 / chemin *montant* 上り道 / train *montant* 上り列車 / col *montant* 立ち襟.
― **montant** 男 ❶ 総額. ▶ le *montant* d'une note 勘定書の総額. ◆un *montant* de ＋ 数量表現 総額…. ▶ le contrat d'un *montant* de trois mille euros 総額3000ユーロの契約. ❷ 縦材, 垂直材;(窓などの)縦框(がまち). ▶ *montant* d'un lit ベッドの脚 / *montants* d'une grille 格子の縦桟.

Montauban /mɔ̃tobɑ̃/ 固有 モントーバン: Tarn-et-Garonne 県の県庁所在地.

Mont-Blanc /mɔ̃blɑ̃/ 固有 男 massif du *Mont-Blanc* モンブラン山塊: フランス・イタリア国境のアルプス山脈.

Mont-de-Marsan /mɔ̃d(ə)marsɑ̃/ 固有 モン＝ド＝マルサン: Landes 県の県庁所在地.

mont-de-piété /mɔ̃dpjete/;《複》~*s*-~-~ 男 公営質屋.

monte /mɔ̃ːt/ 女 ❶(家畜の)交配, 種付け; 交配期. ❷〖競馬〗騎乗(ぶり).

mont*é, e* /mɔ̃te/ 形 ❶(乗り物などに)乗った;《特に》馬に乗った. ▶ police *montée* (カナダなどの)騎馬警察隊. ❷ 必要なものを備えた. ▶ une maison bien *montée* 設備や調度品の整った家 / Je suis mal *monté* en vaiselle. 私は食器をそんなに持っていない. ❸ 組み立てられた, 取り付けられた. ▶ une installation mal *montée* 取り付けの悪い設備. ❹ 話 怒った, 頭にきた. ▶ Il est très *monté* contre elle. 彼は彼女に対してひどく怒っている.
coup monté 陰謀, 企み.

Monte-Carlo /mɔ̃tekarlo/ 固有 モンテ＝カルロ: モナコの観光保養地.

monte-charge /mɔ̃tʃarʒ/ 男《単複同形》荷物用エレベーター, リフト;(ジャッキ, クレーンなども含んだ)荷揚げ装置.

montée /mɔ̃te/ 女 ❶ 登ること; 登攀(はん). ▶ faire la *montée* d'une colline 丘を登る. ❷(物の)上昇. ▶ la *montée* des prix 物価の上昇 / La météo annonce une *montée* de température. 天気予報によると気温が上がる. ❸ 上り坂, 坂道.
montée en puissance 台頭.

monte-plat(s) /mɔ̃tpla/ 男 配膳リフト.

***monter** /mɔ̃te モンテ/

直説法現在	je monte	nous montons
	tu montes	vous montez
	il monte	ils montent
複合過去	je suis monté(e)	
半過去	je montais	
単純未来	je monterai	単純過去 je montai

自動 ❶《助動詞は être》上に行く.
❶ 上がる, 登る, 上昇する. ▶ *monter* au premier étage 2階に上がる / *monter* sur [à] un arbre 木に登る / *monter* sur une échelle はしごに登る / *monter* à la corde ロープによじ登る / Le soleil *monte* au-dessus de l'horizon. 太陽が地平線上に昇る / L'avion *est monté* à sept mille mètres. 飛行機は7000メートルまで上昇した / La rue *monte* vers l'église. 道は教会に向かって上り坂である. ◆ *monter* ＋ 不定詞 …するために上がる. ▶ *monter* au grenier chercher de vieux journaux 屋根裏部屋に古新聞を取りに行く.

monter au premier étage

❷(乗り物に)乗る. ▶ *monter* à bicyclette 自転車に乗る / *monter* en voiture 車に乗る / *monter* dans un train 列車に乗る / *monter* dans un avion 飛行機に乗る / *monter* dans un taxi タクシーに乗る / *monter* sur un bateau 船に乗る. 注 一般に，またがって乗るものには à，中へ入るものには en, dans，無蓋(むがい)のものには sur を使う．

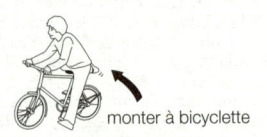

monter à bicyclette

❸ 固 (都会に)上る; (地図の)上の方に行く，北上する． ▶ *monter* de Marseille à Paris マルセイユからパリに上る．

❹ 〖人が〗高い地位に昇る． ▶ *monter* en grade 昇進する / une vedette qui *monte* 人気上昇中のスター．

❺ 立ち上る，沸き上がる，込み上げる． ▶ Les bruits *montent* de la rue. 通りから騒音が上ってくる / Les larmes lui *montaient* aux yeux. 涙が彼(女)の目にあふれてきた / Le vin m'*est monté* à la tête. ワインで頭がぼうっとなった．

❷《助動詞は一般に avoir，完了した状態を表わす場合は être を使うこともある》〖物が〗(その位置，程度において)高くなる，高まる．

❶ (空間的に)高くなる，上昇する． ▶ La mer *monte*. 潮位が上がる，上げ潮である / Le lait *monte*. (沸騰して)ミルクが吹きこぼれる / Dans la banlieue, de nouveaux immeubles *montent* chaque jour. 郊外では，毎日新しい建物が建っている．

❷〖値段，数値が〗上がる，高くなる． ▶ Les prix ne cessent de *monter*. 物価は上がるばかりだ / Sa température *a* encore *monté*. 彼(女)の熱はまた上がった / La moyenne d'âge de la population japonaise *a monté* considérablement. 日本人の平均寿命は大幅に伸びた． ◆ *monter* à ＋数量表現〖金額などが〗…に上る，達する． ▶ Les frais *ont monté* à plus d'un million d'euros. 費用は100万ユーロ以上に達した．

❸〖音が〗高くなる． ▶ Le ton *monte*. 声の調子が上がる; 口論になる．

── *monter* 他動 ❶ …の上に上る; を上に上げる，を登る，上がる． ▶ *monter* un escalier 階段を上る / *monter* une côte 坂道を上がる / *monter* la rue 通りを上って行く． ❷ (高い所に)…を上げる． ▶ *monter* une malle au grenier トランクを屋根裏部屋に運び上げる / *monter* le store ブラインドを巻き上げる． ❸〖程度，価格など〗を高くする． ▶ Cet hôtel *a monté* ses prix. あのホテルは料金を上げた / *monter* la gamme 音階を上げる． ❹ …を怒らせる; 興奮させる． ▶ *monter* la tête à qn …を逆上させる． ❺〖馬など〗に乗る． ▶ *monter* un cheval 馬に乗る． ❻〖料理〗〖卵白など〗を泡立てる，かき混ぜる，クリーム状にする．

❷ …を使用可能な状態にする． ❶ …を組み立てる，継ぎ合わせる． ▶ *monter* une machine 機械を組み立てる / *monter* une tente テントを張る / *monter* un film (映画の)フィルムを編集する / *monter* un diamant sur une bague ダイヤ指輪にはめ込む． ❷ …を組織する，企てる． ▶ *monter* une entreprise 会社を設立する / *monter* une campagne de presse プレスキャンペーンを張る / *monter* un coup 悪事をたくらむ．

❸ …の(必要品)をそろえる，備え付ける． ▶ *monter* son ménage 所帯道具を整える． ❹〖芝居〗を舞台にかける，上演する． ▶ *monter* une pièce de théâtre 芝居を上演する．

── *se monter* 代動 ❶〈*se monter* à ＋数量表現〉…に達する，上る． ▶ Les frais *se sont montés* à mille euros. 費用は1000ユーロにも上った．

❷〈*se monter* (en qc)〉自分のために(必要品を)そろえる． ▶ *se monter* en matériel photographique 写真機材をそろえる． ❸ 怒る，憤慨する． ▶ Ils *se sont montés* contre leur chef. 彼らは上司に腹を立てた． ❹ 上れる，乗れる． ▶ un escalier qui *se monte* facilement 上りやすい階段．

se monter la tête 頭に血が上る，興奮する． 注 se は間接目的．

monteur, euse /mɔ̃tœːr, øːz/ 名 ❶ 組み立て，仕上げ工． ❷ (映画の)編集担当．

montgolfière /mɔ̃ɡɔlfjɛːr/ 女 (モンゴルフィエ式)熱気球．

monticule /mɔ̃tikyl/ 男 ❶ 小山; 丘陵. ❷ 山積み，堆積(たいせき)．

Montmartre /mɔ̃martr/ 固有 モンマルトル: パリ18区のサクレクール寺院を中心とした一帯．歓楽街として知られる．

montmartrois, oise /mɔ̃martrwa, waːz/ 形 (パリの)モンマルトル Montmartre の．
── **Montmartrois, oise** 名 モンマルトルの住人．

montoir /mɔ̃twaːr/ 男 (馬の)左側 (＝côté du *montoir*)．

Montparnasse /mɔ̃parnas, mɔ̃parnɑːs/ 固有 モンパルナス: パリ14区の繁華街．

Montpellier /mɔ̃pelje; mɔ̃p(ə)lje/ 固有 モンペリエ: Hérault 県の県庁所在地．

montpelliérain, aine /mɔ̃p(ə)ljerɛ̃; mɔ̃peljerɛ̃, en/ 形 モンペリエの．
── **Montpelliérain, aine** 名 モンペリエの人．

montrable /mɔ̃trabl/ 形《多く否定的表現で》見せることのできる，人前に出られる．

*montre[1] /mɔ̃ːtr/ モ−ントル 女 腕時計; 懐中時計． ▶ Ma *montre* est arrêtée. 私の時計は止まっている / Ma *montre* avance [retarde]. 私の腕時計は進んでいる [遅れている] / mettre sa *montre* à l'heure 時計を時刻に合わせる / *montre* à quartz クオーツ時計 / *montre* numérique デジタル時計．

course contre la montre (1) (自転車の)タイムトライアルレース．(2) 一刻を争う仕事，急ぎの仕事．
montre en main (時計を手にして→)正確に．

montre[2] /mɔ̃ːtr/ 女《次の句で》
en montre ガラスケースに並べられている． ▶ mettre des bijoux *en montre* 宝石類をガラスケースに入れる．
faire montre de qc …を示す; ひけらかす． ▶

faire montre de prudence 慎重さを示す.

Montréal /mɔ̃real/ 固有 モントリオール：カナダの都市.

montréal*ais, aise* /mɔ̃reale, ɛ:z/ 形 モントリオール Montréal の.
— **Montréal*ais, aise*** 名 モントリオールの人.

montre-bracelet /mɔ̃trəbraslɛ/《複》〜*s*〜*s* 男 古風 腕時計 (=montre).

:montrer /mɔ̃tre モントレ/ 他動

直説法現在	je montre	nous montrons
	tu montres	vous montrez
	il montre	ils montrent
複合過去	j'ai montré	半過去 je montrais
単純未来	je montrerai	単純過去 je montrai

❶ …を見せる, 示す；指し示す. ▶ La vendeuse m'*a montré* plusieurs cravates. 売り子は数本のネクタイを見せてくれた / *montrer* son passeport à un douanier 税関員にパスポートを呈示する / Il ne faut pas *montrer* les gens du doigt. 人を指差すものではない.

❷ …をあらわに出す. ▶ Cette robe *montre* le dos. このドレスは背中をあらわに見せる.

❸〔勇気, 感情など〕を示す, 表わす. ▶ *montrer* du courage 勇気を示す / *montrer* à qn son amitié …に友情を示す.

❹ …を教える, 説明する；明らかにする. ▶ Pouvez-vous me *montrer* le chemin pour la gare? 駅に行く道を教えていただけませんか / *montrer* ses fautes à un élève 生徒に誤りを指摘してやる / *Montre*-moi comment faire. どうすればいいか教えて. ◆ *montrer* à qn à + 不定詞 ▶ *montrer* à un enfant à monter bicyclette 子供に自転車の乗り方を教えてやる. ◆ *montrer* (à qn) + 間接疑問節 [que + 直説法] ▶ Elle n'*a* jamais *montré* combien elle souffrait. 彼女は自分がどれほど苦しんでいるかを決して表に出さなかった.

❺ …を描く, 表現する. ▶ Ce livre *montre* la France sous l'occupation. この本は占領下のフランスを描いている.

比較 見せる, 示す
(1)「物を差し出して見せる」場合は **montrer, présenter** が用いられる. présenter は特に書類を提示する場合や物を差し出して勧める場合などによく用いられる. (2)「むき出しにして見せる」場合には **montrer, découvrir, exhiber** など. このうち exhiber は最も意味が強く, 意図的にこれみよがしな態度で見せることをいう. (3)「人や物が何かを指し示す」場合には **montrer, désigner, indiquer, signaler** など. このうち désigner はおもに「身振りなどで指し示す」場合に用いられるが, 他の3つの動詞は口頭での説明や, 物がある事実関係の証拠となる場合などを含めて, ほぼ同義語として用いられる.

— **se montrer** 代動 ❶ 姿を見せる, 現れる. ▶ Le soleil *se montre* à l'horizon. 太陽が地平線に現れる. ❷〈*se montrer* + 属詞〉…の態度 [様子] を示す；〔物が〕…であることが判明する. ▶ Il *s'est montré* très sévère. 彼はとても厳しい態度を示した. ❸〈*se montrer* qc〉互いに…を見せ合う, 示し合う. 注 se は間接目的.

montr*eur, euse* /mɔ̃trœ:r, ø:z/ 名 見せ物師. ▶ *montreur* de marionnettes 人形使い (=marionnettiste).

Mont-Saint-Michel /mɔ̃sɛ̃miʃel/ (**le**) 固有 モン=サン=ミシェル：ノルマンディー南西部の島. 観光地として有名.

monture /mɔ̃ty:r/ 女 ❶ (馬, ロバ, ラクダなどの) 乗用動物. ❷ 枠, (めがねの) フレーム；柄, (剣の) 柄 (つか)；(宝石などの) 台座.

*****monument** /mɔnymɑ̃ モニュマン/ 男 ❶ (歴史的・芸術的価値のある) **大建造物**. ▶ *monument* historique 歴史的記念物 / visiter les principaux *monuments* d'une ville ある町の名所旧跡を訪れる. ❷ (像, 碑などの) **記念建造物**. ▶ *monument* funéraire 墓碑 / *monument* aux morts de la guerre 戦没者慰霊碑. ❸ (文学, 芸術の) 記念碑的作品, 金字塔. ▶ *monument* de la littérature française フランス文学の金字塔. ❹ 話 巨大な物 [人]. ▶ Ce buffet est un *monument*. この食器棚はばかでかい. ◆ un *monument* de + 無冠詞名詞 途方もない…. ▶ C'est un *monument* de bêtise! なんたる愚行だ.

monument*al, ale* /mɔnymɑtal, al/；《男複》*aux* /o/ 形 ❶ 記念 [大] 建造物の. ❷ 壮大な, 記念碑的な. ▶ œuvre *monumentale* 大作. ❸ 話 (ときに名詞の前で) 途方もない. ▶ erreur *monumentale* ひどい間違い.

*****se moquer** /s(ə)mɔke スモケ/ 代動 ❶〈**se moquer de** qn/qc〉…をからかう, ばかにする. ▶ On va *se moquer* de toi. ばかにされるぞ / Tu *te moques* de moi. 君は私をなめてるな / Vous *vous moquez*. ご冗談でしょう.

❷〈*se moquer* de qn/qc/不定詞 // *se moquer* que + 接続法〉…を全く介さない, 問題にしない. ▶ Il *se moque* de mes conseils. 彼は私の忠告に耳を貸さない / Je *m'en moque*. どうでもいい / Je *m'en moque* pas mal! そんなことどうでもいいよ / Elle *se moque* bien de mentir. 彼女は平気でうそをつく / Je *me moque* que tu t'en ailles. 出ていっても一向に構わないよ.

— **moquer** /mɔke/ 他動 ❶ 文章 …をあざける. ❷ se faire *moquer* de soi ばかにされる.

moquerie /mɔkri/ 女 あざけり, 揶揄 (やゆ), からかい. ▶ être en butte 'à la *moquerie* [aux *moqueries*] de qn …の物笑いの種になる.

moquette /mɔkɛt/ 女 (部屋全体に敷き詰める) カーペット, モケット.

moqueter /mɔkəte/ 他動〔部屋, 床など〕にモケットを敷く.

moqu*eur, euse* /mɔkœ:r, ø:z/ 形, 名 冷やかし好きの(人)；嘲笑 (ちょうしょう) 的な (人).

moraine /mɔrɛn/ 女 モレーン, (氷) 堆石 (たいせき)：氷河によって運ばれて堆積した土砂.

*****mor*al, ale*** /mɔral モラル/；《男複》*aux* /o/ 形 ❶ 道徳上の, 倫理上の. ▶ sens *moral* 道徳感, 倫理感 / conscience *morale* 道義的な意識, 良心 / principes *moraux* 道徳律.

morale

❷ 道徳的な, 道義にかなった. ▶ histoire *morale* 教訓話 / Ce film n'est pas *moral*. その映画は公序良俗に反する. ❸ **精神的な**, 心的な. ▶ force *morale* 精神力 / douleurs *morales* (↔physique) 精神的苦悩.

— **moral** 男 (le moral) ❶ (企業の) 景況感. ❷ 気力, 気概, 士気. ▶ Il faut lui remonter le *moral*. 彼(女)を元気づけてやる必要がある / Le *moral* est bas. 意欲［士気］が低下している.

au moral 精神面で, 精神的に見て.
avoir [ne pas avoir] le moral = *avoir bon [mauvais] moral* 気力が充実している［気力を失っている］.
avoir le moral à zéro 全然元気がない.
casser le moral à qn …のやる気を打ちくだく.

*morale /mɔral/ 女 ❶ 道徳, 倫理, モラル. ▶ *morale* sévère 厳格な道徳 / braver la *morale* 道徳に刃向かう / *morale* politique 政治倫理. ❷ 教訓, 寓意; 説教, 訓戒. ▶ la *morale* d'une fable 寓話の教訓 / faire (de) la *morale* à qn …に説教する, 小言を言う / tirer la *morale* d'un événement ある出来事から教訓を引き出す. ❸ 倫理学, 道徳論.

moralement /mɔralmɑ̃/ 形 ❶ 道徳的に, 倫理的に; 道義上. ❷ 精神的に.

moralisant, ante /mɔralizɑ̃, ɑ̃:t/ 形 道徳的な, 教訓的な.

moralisateur, trice /mɔralizatœːr, tris/ 形 道徳を説く, 教化［教訓］的な. ▶ ton *moralisateur* 説教じみた口調. — 名 説教家, 道学者.

moralisation /mɔralizasjɔ̃/ 女 道徳的に高めること, 教化; 説教.

moraliser /mɔralize/ 他動 ❶ モラルを高める. ▶ *moraliser* la politique 政治倫理を高める. ❷ 〖文章〗 …に説教する, 訓戒を与える.
— 自動 道徳的反省を行う.

moralisme /mɔralism/ 男 道徳至上主義.

moraliste /mɔralist/ 名 ❶ モラリスト; 人間性の探究に重きを置く著作家(モンテーニュ, パスカルなど). ❷ 道徳家;《軽蔑して》道学者, お説教屋.
— 形 道徳(家)的な.

moralité /mɔralite/ 女 ❶ 道徳性, 徳性; 品行; 倫理感. ▶ une personne de haute *moralité* 品行方正な人物. ❷ 教訓. ▶ la *moralité* d'une fable 寓話の教訓.

moratoire /mɔratwaːr/ 男 〖法律〗モラトリアム, 支払い猶予令; 一時停止.

morbide /mɔrbid/ 形 ❶ 病気の. ▶ état *morbide* 病状. ❷ 病的な, 異常な, 不健全な. ▶ imagination *morbide* 病的な想像力.

morbidité /mɔrbidite/ 女 ❶ 病気であること, 病的状態. ❷ 異常さ, 不健全さ. ❸ 〖医学〗罹患率.

Morbihan /mɔrbiɑ̃/ 固有 男 モルビアン県 [56]: ブルターニュ半島中西部.

morceau /mɔrso/ 男;《複》× 男 ❶ 断片, かけら, 部分. ▶ *morceaux* de verre ガラス片 / un *morceau* de papier 1 枚の紙片 / un *morceau* de terre 一区画の土地 / mettre qc en mille *morceaux* を粉々にする / couper les carottes en petits *morceaux* ニンジンをみじん切りにする.

❷ (食べ物の) 一片, 一塊. ▶ sucre en *morceau* 角砂糖 / manger un *morceau* de pain 1 切れのパンを食べる / mettre dans le café deux *morceaux* de sucre コーヒーに角砂糖を 2 つ入れる. ❸ (食肉の) 部位, (枝肉の) 部分. ▶ les bons [fins] *morceaux* 上等の肉 / les bas *morceaux* 下等肉. ❹ (文学作品の) 一部分, 抜粋; (音楽の) 小曲, 作品. ▶ recueil de *morceaux* choisis 選文集 / un *morceau* de piano ピアノ小品.

enlever [emporter] le morceau 望みのものを手に入れる, 成功する.
manger [lâcher, casser, cracher] le morceau 話 すっかり白状する, 泥を吐く.
manger un morceau 話 軽い食事をする.
recoller les morceaux 壊れた関係を修復する; 〔男女が〕よりを戻す.

morceler /mɔrsəle/ 4 他動 …を分割する; 細分化する, 分断する.
— **se morceler** 代動 分割［分断］される.

morcellement /mɔrsɛlmɑ̃/ 男 分割, 分断, 細分化.

mordant, ante /mɔrdɑ̃, ɑ̃:t/ 形 ❶ 辛辣な, 手厳しい. ▶ ironie *mordante* 辛辣な皮肉. ❷ 〔寒さなどが〕厳しい; 〔音が〕鋭い. ▶ froid *mordant* 厳しい寒さ. ❸ 腐食性の.
— **mordant** 男 ❶ (士気の) 旺盛さ; 力強さ; 辛辣さ. ▶ une œuvre qui a du *mordant* 迫力のある作品. ❷ 腐食液［剤］; (布地や毛皮の) 媒染剤.

mordicus /mɔrdikys/ 副《ラテン語》話 頑固に, 執拗に. ▶ affirmer *mordicus* 頑固に主張する.

mordiller /mɔrdije/ 他動 …を繰り返し軽くかむ; 軽くつつく, ついばむ.
— 自動 繰り返し軽くかむ; 軽くつつく, ついばむ.

mordoré, e /mɔrdɔre/ 形 金褐色の, 艶のあるブロンズ色の.
— **mordoré** 男 金褐色, 艶のあるブロンズ色.

*mordre /mɔrdr/ モルドル 60

過去分詞 mordu	現在分詞 mordant
直説法現在 je mords	nous mordons
複合過去 j'ai mordu	単純未来 je mordrai

他動 ❶ …を嚙む, に嚙み付く, をかじる; 〔虫が〕…を刺す; 〔鳥が〕つつく, ついばむ. ▶ *mordre* une pomme リンゴをかじる / se faire *mordre* par des insectes 虫に刺される / Le chien l'*a mordu* à la main. = Le chien lui *a mordu* la main. 犬が彼の手を嚙んだ.
❷ 〔道具などが〕…を強く挟む, に食い込む. ▶《目的語なしに》L'engrenage ne *mord* plus. この歯車は (摩滅して) もう嚙み合わなくなっている.
❸ …を傷つける, 削り取る, 腐食させる. ▶ La lime *mord* le métal. やすりは金属を削る.
❹ …を苦しめる, さいなむ, 刺す. ▶ L'inquiétude lui *mordait* le cœur. 彼(女)の心は不安にさいなまれていた / 《目的語なしに》Le froid *mord*. 寒さが肌を刺す.

❺〔ライン〕を越える，はみ出る．▶ La balle *a mordu* la ligne de touche. ボールはタッチラインを越えた / La voiture *a mordu* la ligne blanche. 自動車はセンターラインをはみ出た.

mordre la poussière 大地に打ち倒される；敗北を喫する.

— 間他動 ❶ <mordre dans qc>…をかじる；に食い込む．▶ *mordre* dans une pomme リンゴをかじる．❷ 話 <mordre à qc>〔学科など〕が好きになる，分かる．▶ Il commence à *mordre* aux mathématiques. 彼は数学に興味を示し始めた〔数学が分かってきた〕.

❸ <mordre à qc>〔餌(ぇ)，誘惑など〕に食いつく；ひっかかる．▶ Il n'a pas *mordu* à cette histoire. 彼はこの話にはひっかからなかった / 《目的語なしに》poisson qui *mord* 餌に食いつく魚 / Le poisson ne *mord* pas ici. ここは魚が食いついてこない.

❹ <mordre sur qc>〔他の領域など〕を侵す，に食い込む；〔境界，ラインを〕越える，はみ出す；…を腐食する．▶ *mordre* sur la ligne ラインを越える；(テニスで)フットフォールトをする.

Ça ne mord pas. 策〔いたずら〕がうまくいかない.

mordre「à l'appât [à l'hameçon] 好餌(ぅじ)に飛びつく，まんまとひっかかる.

— **se mordre** 代動 ❶ 自分の舌を噛む．❷ 噛み付き合う．❸ <se *mordre* qc> 自分の…を噛む.

se mordre les doigts de qc 話 …を後悔する.

s'en mordre「la langue [les lèvres] (しゃべったあとですぐ)後悔する．注 se は間接目的.

mordu, e /mɔrdy/ 图 大ファン，大の愛好家．▶ C'est un *mordu* du football. 彼はサッカーファンだ．— 形 (mordre の過去分詞) ❶ 噛(ゕ)まれた，刺された．❷ 話 ほれた；夢中な．▶ Il est bien *mordu* pour cette fille. 彼はあの娘にぞっこんだ / Il est *mordu* de football. 彼はサッカーに夢中になっている.

More /mɔːr/ 名 ⇨ MAURE.
moresque /mɔresk/ 形，女 ⇨ MAURESQUE.
se morfondre /s(ə)mɔrfɔ̃:dr/ 59 代動 (過去分詞 morfondu, 現在分詞 se morfondant) 待ちくたびれる，待ちあぐむ．▶ Il *se morfondait* en attendant le résultat des examens. 彼は試験の結果をいらいらして待っていた.

morfondu, e /mɔrfɔ̃dy/ 形 ❶ 待ちくたびれた．❷ がっかりした．❸ 傷心の.

morganatique /mɔrganatik/ 形 貴賤(ぉん)相婚の；王侯，貴族と身分の低い女性との結婚についていう．妻子の法的権利の主張は認められない.

morgue¹ /mɔrg/ 女 文章 尊大さ；高慢な態度.
morgue² /mɔrg/ 女 ❶ (身元不明者の)死体公示所．❷ (病院の)霊安室.

moribond, onde /mɔribɔ̃, ɔ̃:d/ 形，名 瀕死(ヮし)の(人)，危篤の(人).

moricaud, aude /mɔriko, oːd/ 形 話 肌の黒い，色黒の．— 名 《軽蔑して》色の黒い人.

morigéner /mɔriʒene/ 6 他動 …をしかる，説教する.

morille /mɔrij/ 女 【菌類】アミガサタケ.
mormon, one /mɔrmɔ̃, ɔn/ 名 (米語)形 モルモン教の；モルモン教徒の．— 名 モルモン教徒.

morne /mɔrn/ 形 陰鬱(ぅぉ)な，陰気な；生気のない．▶ couleur *morne* くすんだ色 / temps *morne* どんよりした天気 / style *morne* 生彩のない文体．比較 ⇨ TRISTE.

mornifle /mɔrnifl/ 女 話 (顔への)平手打ち，びんた.

morose /mɔroːz/ 形 ❶ 不機嫌な，気難しい．❷ 陰鬱(ぅぉ)な，もの悲しい.

morosité /mɔrozite/ 女 ❶ 文章 不機嫌，陰気；憂鬱(ゅぅっ)．❷ 停滞，行き詰まり．▶ *morosité* économique 経済の停滞.

morphème /mɔrfem/ 男 【言語】形態素：最小の表音単位.

morphine /mɔrfin/ 女 【化学】モルヒネ.
morphinisme /mɔrfinism/ 男 【医学】(慢性)モルヒネ中毒.

morphinomane /mɔrfinɔman/ 名，形 モルヒネ中毒者(の).

morphinomanie /mɔrfinɔmani/ 女 モルヒネ中毒.

morphologie /mɔrfɔlɔʒi/ 女 ❶ 【生物学】形態学．❷ (生体の)外形；(人の)体形．❸ 【言語】形態論．❹ 地形学.

morphologique /mɔrfɔlɔʒik/ 形 形態学[論]的な，地形学的な.

morpion /mɔrpjɔ̃/ 男 ❶ 話 ケジラミ (=pou du pubis). ❷ 話 《軽蔑して》餓鬼，小僧っ子．❸ 【ゲーム】モルピオン：紙上に×をつけて争う五目並べ.

mors /mɔːr/ 男 ❶ 馬銜(ゕ)，くつわ．❷ (万力，ペンチなどの)あご，口金.

prendre le mors aux dents (1)〔馬が〕急に暴れ出す．(2) 怒る，逆上する．(3) (仕事などに)猛然と打ち込む.

morse¹ /mɔrs/ 男 モールス符合；モールス電信(機).

morse² /mɔrs/ 男 【動物】セイウチ.

morsure /mɔrsyːr/ 女 ❶ 噛(ゕ)むこと，(虫などが)刺すこと；噛み傷，刺し傷．❷ 刺すような痛み．▶ la *morsure* du froid 肌を刺す寒さ．❸ 【版画】(酸による金属版の)腐食.

***mort**¹ /mɔːr モール/

❶ 死．▶ *mort* naturelle 自然死 / *mort* accidentelle 事故死 / *mort* subite 急死 / *mort* cérébrale 脳死 / *mort* par surmenage 過労死 / peine de *mort* 死刑 / donner la *mort* à qn …を殺す / se donner la *mort* 自殺する / déplorer la *mort* de qn …の死を悼む / à la *mort* de qn …が死んだとき.

❷ 滅亡，破滅；終息．▶ la *mort* de la morale モラルの崩壊 / L'implantation de ce supermarché causera la *mort* du petit commerce. このスーパーマーケットの進出は小売店の倒産を招くだろう．❸ 《la Mort》死に神.

à la vie (et) à la mort 永遠に，いつまでも (= pour toujours).

à mort 死ぬほどの(ほど)，致命的に[な]；極度に．▶ être blessé *à mort* 致命傷を負う / en vouloir *à mort* à qn …を殺したいほど憎む.

A mort (qn)! = Mort (à qn)! (…を)殺してしまえ．▶ *A mort* le tyran! = *Mort au* tyran!

mort

暴君に死を.
être à la mort = **être「à l'article [à deux doigts] de la mort** = **être sur son lit de mort** 臨終が迫っている,死にかけている.
la mort dans l'âme ⇨ ÂME.
la mort du petit cheval 一巻の終わり.
mettre qn à mort …を死なせる,殺す.
mourir de sa belle mort 天寿を全うする.
silence de mort 死んだような静けさ.
souffrir mille morts この世のものとも思われぬほどの苦しみを味わう.
trouver la mort (事故などで)死ぬ. ▶ Trois personnes *ont trouvé la mort* dans cet accident. この事故で3人が死亡した.

:**mort**², ***morte*** /mɔːr, mɔrt モール, モルト/ 形 ❶ 死んだ; 枯れた. ▶ Ma mère est *morte* depuis deux ans. 母は2年前に他界しました / feuilles *mortes* 枯れ葉.

❷ 死んだような,活気のない; 麻痺した. ▶ ville *morte* 人気のない町 / eau *morte* よどんだ水; たまり水 / avoir les yeux *morts* 目が死んでいる. ◆être *mort* de + 無冠詞名詞 死ぬほど…である. ▶ Il était *mort* de peur. 彼は恐ろしさで生きた心地もしなかった / Je suis *mort* (de fatigue)! 疲れもう死にそうだ,へとへとだ.

❸ 終わった,消え失せた. ▶ amour *mort* 過ぎ去った愛 / langue *morte* (ラテン語などの)死語.
❹ 話 (機械などが)壊れた,駄目になった. ▶ Le moteur est *mort*. エンジンがいかれてしまった / Les piles sont *mortes*. 電池が切れた.
C'est mort. 話 もう駄目だ,一巻の終わりだ.
être plus mort que vif 怖くて生きた心地がしない,すくんでしまう.
temps mort (1) 活動していない時間,休止. (2)《スポーツ》タイムアウト.

> 比較 死んだ
> **mort**《最も一般的》人以外にも広く用いられる. **décédé**《改まった表現》自然死した人について,多くは属詞として用いる. **défunt**《改まった表現》, **feu**《文章語》故人の名前などにつける付加形容詞としてのみ用いる. *feu* la reine 亡き女王. **disparu** 人の死を婉曲に表わす.

— *****mort, *morte*** 名 死者,死人,故人; 死体. ▶ enterrer [ensevelir] un *mort* 死者を埋葬する / jour [fête] des *morts* 死者の日(11月2日) / messe des *morts* 死者のためのミサ / Il y a eu de nombreux *morts* dans cet accident. あの事故の際には多数の死者が出た / L'explosion d'une voiture piégée a fait quatre *morts*. 車に仕掛けられた爆弾が炸裂して4人の死者が出た.
faire le mort 死んだふりをする; 反応を示さない,鳴りをひそめる.
mort vivant = **mort en sursis** 瀕死の人,生ける屍.
place du mort 話 (自動車の)助手席.
— **mort** 男《カード》(ブリッジの)ダミー.

mortadelle /mɔrtadɛl/ 女《料理》モルタデッラ: 軽く薫製にしたイタリア原産の大型ソーセージ.
mortaise /mɔrtɛːz/ 女《建築》枘穴.
mortalité /mɔrtalite/ 女 ❶ 死亡率(=taux de mortalité). ▶ une forte *mortalité* 高い死亡率 / la *mortalité* infantile 乳幼児死亡率 / la *mortalité* par cancers 癌による死亡率. ❷ (ペストや飢饉による)大量死.

mort-aux-rats /mɔr(t)ora/ 女 殺鼠剤,猫いらず.
morte-eau /mɔrto/;《複》～s-～x /mɔrtəzo/ 女 (新月と満月の中間時に起こる)小潮期.
mortel, le /mɔrtɛl/ 形 ❶ いつかは死ぬ [滅ぶ]; はかない. ▶ Tous les hommes sont *mortels*. 人はすべて死ぬ運命にある.
❷ 致命的な; 命にかかわる. ▶ blessure *mortelle* 致命傷 / maladie *mortelle* 不治の病,死病 / coup *mortel* 致命的打撃 / courir un danger *mortel* 生命にかかわる危険を冒す / accident *mortel* 死者の出た事故.
❸ 死ぬほどつらい,耐えがたい; 話 ひどくつまらない,退屈な. ▶ Cette soirée était *mortelle*! あのパーティーには,ほとほとうんざりだった. ❹ 死ねばいいと思うほどの. ▶ ennemi *mortel* 不倶戴天の敵 / haine *mortelle* 激しい憎悪. ❺《神学》péché *mortel* 大罪.
— 名 人間. ▶ le commun des *mortels* 平凡な人,凡人.

mortellement /mɔrtɛlmɑ̃/ 副 ❶ 致命的に,死ぬほど. ▶ être blessé *mortellement* 致命傷を負っている. ❷ 極度に,激しく.

morte-saison /mɔrtəsɛzɔ̃/;《複》～s-～s 女 (経済活動などの)沈滞期,閑散期,オフシーズン.

mortier /mɔrtje/ 男 ❶ モルタル,漆喰. ❷ (薬剤・染料・料理用の)乳鉢,すり鉢,擂粉木. ❸ 迫撃砲,臼砲.

mortifère /mɔrtifɛːr/ 形 文章 /《ふざけて》❶ 致死の,死をもたらす. ❷ ひどく退屈な.

mortifiant, ante /mɔrtifjɑ̃, ɑ̃ːt/ 形 ❶ 屈辱的な. ❷ 肉体を苦しめる. ▶ pratiques *mortifiantes* 苦行.

mortification /mɔrtifikasjɔ̃/ 女 ❶ 侮辱; 屈辱. ❷ (宗教上の)苦行,禁欲.

mortifier /mɔrtifje/ 他動 …を侮辱する,の自尊心を傷つける.
— **se mortifier** 代動 禁欲する,苦行する.

mort-né, e /mɔrne/ 形 ❶ 死産の. ❷ 初めから失敗した. ▶ un projet *mort-né* 流産した計画.
— 名 死産児.

mortuaire /mɔrtɥɛːr/ 形 死者の; 葬式の,埋葬の. ▶ acte *mortuaire* 死亡証明書 / cérémonie *mortuaire* 葬儀,葬式 / lettre *mortuaire* 死亡通知.

morue /mɔry/ 女 ❶ タラ; 塩ダラ. ❷ 俗 (ののしって)売女.

morutier, ère /mɔrytje, ɛːr/ 形 タラの,タラ漁の. ▶ navire *morutier* タラ漁船.
— **morutier** 男 タラ漁師; タラ漁船.

Morvan /mɔrvɑ̃/ 固有 男 モルヴァン地方: ブルゴーニュ東部の森林山地.

morvandeau, elle /mɔrvɑ̃do, ɛl/;《男複》*eaux* 形 モルヴァン Morvan 地方の.
— **Morvandeau, elle**:《男複》*eaux* 名 モルヴァン地方の人.

morve /mɔrv/ 女 ❶ 鼻汁. ❷ (馬の)鼻疽.

morveux, euse /mɔrvø, ø:z/ 形 ❶ はなを垂らした. ❷〔馬が〕鼻疽(ソ)にかかった.
se sentir morveux 自分の過ちに気がつく.
── 名 話 ❶ 子供;はな垂れ小僧. ❷ 思い上がった若僧〔小娘〕.

mosaïque /mozaik/ 女 ❶ モザイク. ▶ *mosaïque murale* モザイク壁画. ❷〈une *mosaïque* de + 無冠詞複数名詞〉…の寄せ集め. ▶ une *mosaïque* d'idées 雑多な思想の継ぎはぎ.

mosaïqué, e /mozaike/ 形 モザイク風の, モザイク模様の.

Moscou /mosku/ 固有 モスクワ:ロシア共和国の首都.

moscovite /moskɔvit/ 形 モスクワ Moscou の. ── **Moscovite** 名 モスクワの人.

Moselle /mozɛl/ 固有 女 ❶ モーゼル県 [57]:ロレーヌ地方北東部. ❷ モーゼル川:ヴォージュ山脈に発しライン川に合流する.

mosquée /mɔske/ 女 イスラム教の寺院, モスク.

:**mot** /mo モ/ 男

❶ 語, 単語. ▶ *mot* courant 日常語, 現用語 / *mot* à double sens 二重の意味を持つ語 / *mots* croisés クロスワードパズル / *mot*(-)clef キーワード / jeu de *mots* 言葉遊び, 駄じゃれ / chercher un *mot* dans le dictionnaire ある単語を辞書で探す. 比較 ▷ LANGUE.
❷ 言葉, 表現. ▶ gros *mot* 野卑な言葉 / grand *mot* 大げさな言葉 / petit *mot* 愛情のこもった言葉 / manger [mâcher] ses *mots* 言葉をもぐもぐ言う / chercher ses *mots* たどたどしく話す / en d'autres *mots* 言い換えれば / Les *mots* me manquent pour vous remercier. お礼の言葉もありません.
❸《un または quelques とともに》ひとこと. ▶ Voulez-vous nous dire ⌈un *mot* [quelques *mots*] de [sur] ce problème? この問題についてひとこと話してください / placer un *mot* ひとこと口を挟む / avoir un *mot* à dire à qn …にちょっと話がある / Elle n'a pas dit un *mot*. 彼女はひとことも言わなかった.
❹ 短い手紙, 伝言, 書き置き. ▶ laisser un *mot* sur la porte ドアに書き置きを残しておく / écrire un *mot* à qn …に一筆したためる.
❺ 名言, 名文句. ▶ *mot* historique 歴史に残る名句 / bon *mot* = *mot* d'esprit 機知に富んだ言葉〔冗談〕/ le *mot* de la fin (討論や戯曲を締めくくる)名文句 / faire des *mots* 気の利いた言葉を言う.

à [sur] ces mots そう言って;それを聞いて.
au bas mot できるだけ低く見積もって.
avoir des mots (avec qn) (…と)口論する.
avoir le dernier mot (論争に)勝つ.
avoir son mot à dire (1) 意見を言う権利がある. (2) 言いたい意見がある, 一家言ある.
C'est (bien) le mot. まさにそのとおりだ.
C'est mon dernier mot. これが最終提案〔回答〕である, 譲歩できるぎりぎりの線である.
***en un mot** 要するに, 手短に言えば.
le dernier mot de qc …の極み. ▶ *le dernier mot de la bêtise* 愚の骨頂.
le fin mot de l'histoire 事件の真相.
***mot à mot** /motamo/ 一語一語, 逐語的に. ▶ traduction *mot à mot* 逐語訳 /《名詞的に》faire le *mot à mot* d'un texte 原文の逐語訳をする.
mot d'ordre スローガン;(政党や組合の)指令.
mot pour mot 文字どおりに, 原文どおりに.
n'avoir qu'un mot à dire (à qn) pour + 不定詞 (…に)ひとこと言えば…できる(力がある).
ne pas avoir dit son dernier mot 持てる力を出し切っていない;あきらめてはいない.
ne pas avoir peur des mots はっきりものを言う, 歯に衣(ㇷㇳ)を着せない.
Pas un mot (sur qc). (…について)他言は無用, ひとことも言うな.
prendre qn au mot …の言ったことをうのみにする;提案をあっさり受け入れる.
sans mot dire ひとことも言わずに, 黙ったまま.
se donner le mot 示し合わせる.

mot-à-mot /motamo/ 男 直訳, 逐語訳.

motard /mɔta:r/ 男 話 ❶ バイク乗り, ライダー. 注 女性についてはときに motarde を用いる.
❷ (警察や軍隊の)オートバイ隊員.

motel /mɔtɛl/ 男《英語》モーテル.

motet /mɔtɛ/ 男《音楽》モテット:ポリフォニーによる宗教的声楽曲.

***moteur** /mɔtœ:r モトゥール/ 男 ❶ エンジン, 発動機. ▶ *moteur* à essence ガソリンエンジン / *moteur* à combustion interne 内燃機関 / *moteur* à réaction ジェットエンジン. ❷ モーター, 電動機 (= *moteur* électrique). ▶ *moteur* linaire リニアモーター. ❸ *moteur* de recherche 〖情報〗サーチエンジン. ❹ 文章 原動力;推進者. ▶ Elle fut le *moteur* de cette entreprise. 彼女はその企画の推進者だった.
── **moteur, trice** /mɔtœ:r, tris/ 形 ❶ 動かす, 推進力を与える. ▶ la force *motrice* 推進力, 動力 / voiture à quatre roues *motrices* 4輪駆動車 / jouer un rôle *moteur* 牽引(ゲン)車的な役割を果たす. ❷〖解剖〗(神経, 筋肉などが)運動にかかわる. ▶ nerfs *moteurs* 運動神経.

***motif** /mɔtif モチフ/ 男 ❶ 動機, 理由. ▶ le *motif* d'un crime 犯罪の動機 / Quels sont les *motifs* de sa conduite? 彼(女)の行動の動機はなんだろう / sans *motif* 理由なく / *motifs* des jugements〖法律〗判決理由.
❷ 模様. ▶ tissu imprimé à *motifs* de fleurs 花模様のプリント地.
❸〖美術〗モチーフ, 主題, 素材.
❹〖音楽〗モチーフ, 動機.

Même motif, même punition 同じ動機には同じ刑罰;原因が同じなら結果も同じ.
pour le bon motif 話 結婚するつもりで.

motion /mɔsjɔ̃/ 女 (議会などでの)動議, 発議. ▶ *motion* de censure (内閣)不信任案 / faire une *motion* 動議を提出する.

motivant, ante /mɔtivɑ̃, ɑ̃:t/ 形 動機となる.

motivation /mɔtivasjɔ̃/ 女 動機;〖心理〗動機づけ, モチベーション.

motivé, e /mɔtive/ 形 ❶ 正当化された, 動機

motiver

[理由]のある. ❷ やる気のある, 意欲的な.

motiver /mɔtive/ 他動 ❶ (動機を示して)…を正当化する. ▶ *motiver* son refus par l'insuffisance de ses moyens 拒否の理由に財力[能力]不足をあげる. ❷〔物が〕…の理由となる, を動機づける. ▶ Les troubles *ont motivé* l'intervention militaire. 動乱は軍事介入に口実を与えた. ❸ …に意欲を持たせる, をやる気にさせる. ▶ enseignant qui sait comment *motiver* ses élèves 生徒の学習意欲をうまく引き出す教師.

***moto** /moto/ 囡 (motocyclette の略)オートバイ. 注 排気量 125 cc 以上. ▶ aller à [en] *moto* バイクで行く.

moto- 接頭「動力, エンジン, (特に)オートバイ, 車による」の意.

moto-cross /motokrɔs/ 男 モトクロス.

motoculteur /mɔtɔkyltœːr/ 男 耕耘(ﾘ)機.

motoculture /mɔtɔkylty:r/ 囡 農業機械化; 機械化農業.

motocyclisme /mɔtɔsiklism/ 男 オートバイレース(ロードレース, モトクロス, トライアルなど).

motocycliste /mɔtɔsiklist/ 名 オートバイ乗り, ライダー. ▶ casque de *motocycliste* オートバイ用のヘルメット. ─ 形 オートバイの.

motopompe /mɔtɔpɔ̃:p/ 囡 自動ポンプ.

motorisation /mɔtɔrizasjɔ̃/ 囡 ❶ 機械化. ❷ 自動車の普及, モータリゼーション.

motorisé, e /mɔtɔrize/ 形 ❶ 機械化された. ❷ 話 車を持っている; 車で来ている. ▶ Je suis *motorisé*, je vous raccompagne chez vous. 車がありますから, お宅まで送りましょう.

motoriser /mɔtɔrize/ 他動 …を機械化する;〔農業, 軍隊など〕に機械を導入する.

motoriste /mɔtɔrist/ 男 ❶ エンジン修理工;エンジン部門担当技師. ❷ エンジン製作会社.

motrice /mɔtris/ 囡 (他の車両を引く)動力車.

mots croisés /mɔkrwaze/ 男複 クロスワードパズル.

motte /mɔt/ 囡 ❶ 土くれ (=*motte* de terre). ❷ *motte* de beurre (小売り用の)バターの塊 / acheter du beurre en *motte* バターを塊で買う.

motu proprio /mɔtyprɔprijo/ 副句 《ラテン語》自発的に.

motus /mɔtys/ 間投 しっ, 黙れ, 何も言うな.

***mou, molle** /mu, mɔl/ ムー, モル 形

男性単数 mou	女性単数 molle
男性第2形 mol	
男性複数 mous	女性複数 molles
*mol は, 母音または無音の h で始まる男性名詞の前で用いる.	

❶ 柔らかい (↔dur). ▶ un oreiller *mou* 柔らかい枕 / beurre *mou* 柔らかくなったバター / un lit trop *mou* 柔らかすぎるベッド.
❷ なだらかな. ▶ pente *molle* なだらかな坂.
❸ 張りのない, 活力[気力]のない; 軟弱な. ▶ visage *mou* たるんだ顔 / ventre *mou* ぶよぶよの腹 / élève *mou* 無気力な生徒 / mener une vie *molle* だらだらした生活を送る.
❹〔天気が〕蒸し暑い, うっとうしい. ❺〔音が〕鈍い, こもった/〔風が〕かすかな. ❻ (芸術作品などで)迫力のない. ▶ une touche *molle* 力強さに欠けるタッチ / style *mou* 締まりのない文体.

avoir les jambes molles 足がへなへなである.

─ **mou** 副 ❶ そっと, ゆっくり. ❷ 話 気をいれずに, だらだらと.

y aller mou 話 手かげんする, 穏やかにする.

─ **mou** 男 ❶ 話 意気地なし, やる気のない男. ❷ (綱などの)たるみ, 緩み. ▶ avoir du *mou*〔綱などが〕たるんでいる.

coup de mou 疲れ, 衰弱.

rentrer dans le mou (***à*** [***de***] ***qn***) 話 (…を)殴る, 攻撃する.

mouais /mwɛ/ 間投 ああ, うん(曖昧な返事).

mouchard, arde /muʃa:r, ard/ 名 話 密告者;(警察の)スパイ, いぬ.
─ **mouchard** 男 運行記録計, タコグラフ.

mouchardage /muʃardaː ʒ/ 男 話 スパイ行為; 密告.

moucharder /muʃarde/ 他動 話 (密告するために)〔人, 行動〕を監視する; 密告する.

***mouche** /muʃ/ ムシュ 囡 ❶ ハエ. ▶ *mouche* domestique イエバエ / *mouche* verte キンバエ / attraper [écraser] une *mouche* ハエを捕る[たたく]. ❷ 付けぼくろ. ❸ (下唇の下の)ちょびひげ. ❹ 毛鉤(ﾊ︀ﾘ), フライ (=*mouche* artificielle). ▶ pêche à la *mouche* フライ・フィッシング. ❺ (的の中心の)黒点. ❻《フェンシング》(練習用のフルーレの剣先につける)たんぽ. ❼《ボクシング》poids *mouche* フライ級(の選手).

avoir les mouches 俗 気がめいっている.

donner [***filer***] ***les mouches*** 俗 気をめいらせる, 落ち込ませる.

enculer les mouches 俗 つまらないことにこだわる, 細かいことをぐずぐず言う.

faire mouche (1) 的に当てる. (2) 急所を突く.

fine mouche 抜け目のない人.

Il ne ferait pas de mal à une mouche. 彼は虫も殺さぬ人だ, 極めて温厚だ.

mourir [***tomber***] ***comme des mouches*** ばたばたと大勢死ぬ[倒れる].

pattes de mouche みみずの這(ʷ)ったような字.

prendre la mouche (些細(ﾊﾞ)なことに)むかっ腹を立てる.

Quelle mouche ⌈***le pique*** [***l'a piqué***]***?*** 話 なんで彼ははかっときたんだ.

moucher /muʃe/ 他動 ❶ …のはなをかむ. ▶ *moucher* un enfant 子供のはなをかんでやる / *Mouche* ton nez! はなをかみなさい. ❷ …を鼻から出す. ▶ *moucher* du sang 鼻血を出す. ❸ 話 …をしかりつける. ▶ se faire *moucher* しかられる.
─ **se moucher** 代動 はなをかむ. ▶ *se moucher* dans un mouchoir ハンカチではなをかむ.

moucheron /muʃrɔ̃/ 男 ❶ 《総称》羽虫: 力, ユスリカ, ブユなど小形の昆虫の俗称. ❷ 話 男の子, 小僧っ子.

moucheté, e /muʃte/ 形 ❶ 斑点(ﾊﾝ)のある. ❷《フェンシング》〔練習用のフルーレに〕たんぽのついた.

moucheter /muʃte/ [4] 他動 ❶ …に斑点(はん)をつける；小さな染みを(点々と)つける．❷〖フェンシング〗〔練習用のフルーレ〕にたんぽをつける．

moucheture /muʃty:r/ 囡 ❶ 斑点(はん)，ぶち．❷ 小さな柄模様．

*__mouchoir__ /muʃwa:r ムショワール/ 男 ❶ ハンカチーフ． ▶ *mouchoir* de soie 絹のハンカチ / agiter son *mouchoir* ハンカチを振る / *mouchoir* en papier ティッシュペーパー．

arriver dans un mouchoir 〘スポーツ〙一団となってゴールになだれ込む．

grand comme un mouchoir de poche 〔場所，部屋などが〕とても小さな［狭い］．

moudjahidin /mudʒaidin/ 男 ムジャヒディン：イスラム解放戦士．

moudre /mudr/ [84] 他動 (過去分詞 moulu, 現在分詞 moulant)…を粉にする，挽(ひ)く． ▶ *moudre* du café コーヒー豆を挽く．

moue /mu/ 囡 口をとがらすこと；むっとした顔．

faire la moue 膨れっ面をする，不満そうな顔をする，顔をしかめる；難色を示す．

mouette /mwɛt/ 囡 〖鳥類〙(小形の)カモメ．

mouffette /mufɛt/ 囡 〖動物〙スカンク．

moufle /mufl/ 囡 ミトン：親指だけが分かれている手袋．

mouflet, ette /muflɛ, ɛt/ 名 俗 子供，ちび．

mouflon /muflɔ̃/ 男 〖動物〙ムフロン：野生ヒツジの一種．

moufter /mufte/ 自動 俗 文句を言う；異議を唱える． ▶ Il a accepté sans *moufter*. ▶彼は文句を言わずに引き受けてくれた．

mouillage /muja:ʒ/ 男 ❶ 水でぬらすこと，湿らすこと．❷ 水で薄めること．❸ 投錨(とうびょう)，停泊(地)；水中停下． ▶ le *mouillage* d'un navire 停泊．

mouillé, e /muje/ 形 ❶ ぬれた，湿った． ▶ Pris par l'averse, il était tout *mouillé*. にわか雨にあって彼はずぶぬれだった / yeux *mouillés* (de larmes) 涙ぐんだ目 / voix *mouillée* (de larmes) (感動のあまり)うるんだ声，涙声．❷ 水で薄めた．❸ 雨がちの；湿気の多い．

*__mouiller__ /muje ムイエ/ 他動 ❶ …をぬらす，湿らす． ▶ *mouiller* une serviette タオルをぬらす / *mouiller* son doigt de salive 指をつばでぬらす / se faire *mouiller* par la pluie 雨にぬれる．❷ …を水中に投下する． ▶ *mouiller* l'ancre 投錨(とうびょう)する．❸ …に水を加える． ▶ *mouiller* du vin ワインを水で薄める．❹ 話 …を(悪事などに)巻き込む．── 自動 ❶ 投錨する，停泊する．❷ 俗 怖がる，焦る．❸ Ça *mouille*. 話 雨が降っている．

── **se mouiller** 代動 ❶ ぬれる． ▶ *se mouiller* sous la pluie 雨に打たれてぬれる．❷ 話 関わり合う． ▶ *se mouiller* dans une histoire louche いかがわしい事件に巻き込まれる．

mouillette /mujɛt/ 囡 (半熟卵や牛乳に浸して食べる)細長いパン切れ．

mouilleur /mujœ:r/ 男 ❶ (切手などを湿らす)海綿，スポンジ．❷ *mouilleur* de mines 機雷敷設艦．

mouillure /mujy:r/ 囡 ❶ ぬらす［湿らす］こと；ぬれて［湿って］いること．❷ (ぬれたあとの)染み．

mouise /mwi:z/ 囡 話 無一文；極貧． ▶ être dans la *mouise* 貧乏のどん底にある．

moulage /mula:ʒ/ 男 ❶ 型にとること． ▶ prendre un *moulage* de qc …の型をとる．❷ 型に流し込むこと；鋳造，(プラスチックなどの)成型．❸ 鋳造物，(鋳造による)複製品．

moulant, ante /mulɑ̃, ɑ̃:t/ 形 〔衣服が〕体にぴったりした． ▶ pantalon [pull] *moulant* ぴったりしたズボン［セーター］．

moule¹ /mul/ 男 ❶ 鋳型；(陶芸，ケーキ作りなどの)型． ▶ *moule* en plâtre 石膏(せっこう)型 / *moule* à tarte タルト型 / verser de l'acier en fusion dans un *moule* 溶けた鋼鉄を鋳型に流し込む．❷ 型，枠組み． ▶ refuser d'entrer dans le *moule* 型にはまるのを拒否する / Tous ces films sont faits sur le même *moule*. これらの映画はどれも同工異曲だ．

moule à gaufres ワッフル焼き型；ばか．

moule² /mul/ 囡 ❶ ムール貝． ▶ *moules* (à la) marinière ムール貝の白ワイン蒸し．❷ 話 無気力な人；ばか，のろま．

moulé, e /mule/ 形 ❶ 鋳造された；型に流し込んで作られた． ▶ pain *moulé* 型で焼いたパン．❷ 形の整った． ▶ écriture *moulée* 整った筆跡 / lettre *moulée* 印刷された文字；活字体で書かれた文字．

mouler /mule/ 他動 ❶ …を型に入れて作る，鋳造する；複製する；…の型をとる． ▶ *mouler* des chandelles 型に流し込んでろうそくを作る / *mouler* le visage d'un mort デスマスクの型をとる．❷ 〔衣服が〕体の線を際立たせる，…にぴったりと包む．❸ 〈*mouler* qc sur [dans] qc〉…を…に合わせる，はめ込む． ▶ *mouler* son comportement sur celui des autres …の人の振る舞いをまねる．❹ 〔文字，言葉など〕をきちんとした字で書く．

mouleur, euse /mulœ:r, ø:z/ 名 型抜き工；成形工；鋳造工．

*__moulin__ /mulɛ̃ ムラン/ 男 ❶ 水車，風車；水車［風車］小屋；製粉機，製粉所． ▶ *moulin* à vent 風車(小屋) / *moulin* à eau 水車(小屋)．❷ 〈*moulin* à ＋無冠詞名詞〉…挽(ひ)き，…用粉砕［圧搾］機． ▶ *moulin* à café コーヒーミル / *moulin* à poivre 胡椒(こしょう)挽き / *moulin* à légumes 野菜の裏ごし器．❸ 話 (自動車，飛行機などの)エンジン．❹ *Moulin* Rouge ムーランルージュ：パリの有名なナイトクラブ．

apporter de l'eau au moulin de qn (…の水車に水を引く→)(議論で)…に加勢する；を助ける．

Ce n'est pas un moulin! ＝ *Vous vous croyez dans un moulin!* ここはだれでも入っていいところではない．

moulin à paroles 話 おしゃべりな人．

On entre dans cette maison comme dans un moulin. この家は出入り自由だ．

se battre contre des moulins (à vent) (ドン・キホーテのように風車と戦う→)空想上の敵と戦う，幽霊と戦う．

moulinage /mulina:ʒ/ 男 ❶ (胡椒(こしょう)などを)挽(ひ)くこと，(野菜などを)裏ごし［つぶす］こと．❷ (生糸の)撚糸(ねんし)；撚糸工場．

mouliner /muline/ 他動 ❶ 〔野菜，肉など〕をおろし機でおろす［つぶす］．❷ 〔生糸〕を撚(よ)る．

moulinet /mulinɛ/ 男 ❶ (釣り竿などの) リール; 巻き揚げ機. ❷ (敵が近づかないように) 棒 [剣, 腕] を振り回すこと. ❸ 回転棒, 回転木戸.

moulinette /mulinɛt/ 女 商標 ムリネット: 野菜や肉などの家庭用電動おろし器.

passer qn à la moulinette 話 …に仮借ない批評 [悪口雑言] を浴びせる; を打ちのめす.

Moulins /mulɛ̃/ 固有 ムーラン: Allier 県の県庁所在地.

moulu, e /muly/ 形 (moudre の過去分詞) ❶ 粉にした, 挽いた. ▶ café *moulu* 挽いたコーヒー. ❷ 話 くたくたの; たたきのめされた. ▶ Je suis *moulu* de fatigue. 僕は疲れてへとへとだ.

moulu-, moulû- 活用 ⇨ MOUDRE 84

moulure /mulyːr/ 女 建築 刳形(くりかた).

moumoute /mumut/ 女 話 ❶ つけ毛, かつら. ❷ 羊のスエード製ジャケット [上着].

mourant, ante /murɑ̃, ɑ̃ːt/ 形 (mourir の現在分詞) ❶ 死にかけた, 瀕死(ひんし)の. ▶ Elle était *mourante* de peur. 彼女は怖くて死にそうだった. ❷ 消えていく, 弱まっていく. ▶ un son *mourant* 次第に小さくなっていく音. ❸ 文章 切ない, もの憂げな. ▶ regards *mourants* 切なげな眼差(まなざ)し. ❹ 話 死ぬほどおかしい. ── 名 瀕死の人.

＊mourir /muriːr ムリール/ 26 自動

過去分詞 mort	現在分詞 mourant
直説法現在 je meurs	nous mourons
tu meurs	vous mourez
il meurt	ils meurent
複 合 過 去 je suis mort(e)	
半 過 去 je mourais	
単 純 未 来 je mourrai	単純過去 je mourus

《助動詞は être》❶ 死ぬ; 枯れる. ▶ *mourir* jeune 若死にする / *mourir* à la guerre 戦死する / *mourir* de sa belle mort 天寿を全うする / Il est mort dans un accident d'automobile. 彼は自動車事故で死亡した / *mourir* pour Dantzig 国益に関係のない大義のために戦う /《非人称構文で》Il *meurt* encore beaucoup d'enfants en Afrique. アフリカでは, 今も多くの子供たちが死んでいる. ◆ *mourir* de qc …が原因で死ぬ. ▶ *mourir* d'un cancer 癌(がん)で死ぬ / *mourir* de vieillesse 老衰で死ぬ / *mourir* de maladie 病気で死ぬ.

❷ ⟨*mourir* de + 無冠詞名詞⟩ 死ぬほど…である. 注 不定詞, 直説法現在形, 半過去形で用いられる. ▶ *mourir* d'ennui 退屈で死にそうである / *mourir* de rire 死ぬほど笑う / *mourir* d'envie de qc 不定詞 …したくてしようがない / On *meurt* de froid ici! ここは寒くて死にそうだ.

❸ 消える, 弱まる, 衰滅する. ▶ une civilisation qui *meurt* 亡びゆく文明 / Le jour *meurt*. 日は暮れなんとしている.

à mourir 死ぬほどに, 極度に. ▶ s'ennuyer *à mourir* ひどく退屈する.

Plus + 形容詞 + que qn/qc, tu meurs ! 話 …ほどの…はない. ▶ *Plus* beau *que* lui, *tu meurs*! 彼のハンサムなことと言ったら.

── ***se mourir*** 代動 《不定形, 直説法現在・半過去でのみ用いられる》文章 ❶ 死にかけている. ▶ Son père *se meurt* d'une grave maladie. 彼(女) の父親は重病で今にも死にそうだ.

❷ ⟨*se mourir* de + 無冠詞名詞⟩ 死ぬほど…である. ▶ *se mourir* d'amour 死ぬほど恋い焦がれている. ❸ 消えかけている.

mouroir /murwaːr/ 男 話 (軽蔑して) 老人病院; 養老院, 老人ホーム.

mouron /murɔ̃/ 男 植物 ルリハコベ属.

se faire du mouron 俗 心配する, くよくよする.

mousquetaire /muskətɛːr/ 男 ❶ マスケット銃兵. ❷ (ルイ 13 世時代からの) 近衛騎兵. ▶ *Les Trois Mousquetaires* (デュマの)「三銃士」.

moussaillon /musajɔ̃/ 男 話 少年 [見習い] 水夫.

moussant, ante /musɑ̃, ɑ̃ːt/ 形 泡の立つ, 発泡性の.

mousse¹ /mus/ 女 ❶ 植物 コケ. ▶ Il y a de la *mousse* au pied de l'arbre. 木の根元に苔(こけ)が生えている /《同格的に》vert *mousse* モスグリーン. ❷ 泡. ▶ *mousse* de champagne シャンパンの泡. ❸ 料理 ムース. ▶ *mousse* au chocolat チョコレートムース / *mousse* de poisson 魚のムース. ❹ caoutchouc *mousse* フォームラバー, スポンジゴム.

Pierre qui roule n'amasse pas mousse. 諺 転石苔を生ぜず.

mousse² /mus/ 男 ❶ (16 歳以下の) 少年 [見習い] 水夫. ❷ (Mousse) 小型ヨットの一種.

mousseline /muslin/ 女 織物 モスリン. ── 形 不変 料理 (泡立てた) 生クリーム入りの. ▶ pommes *mousseline* 生クリーム入りマッシュポテト / sauce *mousseline* 生クリーム入りオランデーズソース.

mousser /muse/ 自動 泡立つ.

faire mousser qn/qc …を褒めそやす, 持ち上げる.

se faire mousser 自慢する.

mousseux, euse /musø, øːz/ 形 ❶ 泡立つ; 発泡性の. ▶ vin *mousseux* 発泡性ワイン. ❷ ふんわりした. ▶ cheveux *mousseux* ふっくらした髪. ── **mousseux** 男 (シャンパン以外の) 発泡性ワイン, スパークリングワイン.

mousson /musɔ̃/ 女 季節風, モンスーン.

moussu, e /musy/ 形 苔の生えた.

＊moustache /mustaʃ ムスタシュ/ 女 ❶ 口ひげ. ▶ porter 「la *moustache* [les *moustaches*]」 口ひげを生やしている. ❷ 口元に残った飲み物の跡. ❸ (複数で) (猫, アザラシなどの) ひげ.

moustachu, e /mustaʃy/ 形, 名 口ひげを生やした (人); 口元に濃いうぶ毛の生えている (女性).

moustiquaire /mustikɛːr/ 女 ❶ 蚊帳. ❷ (金網の) 網戸.

＊moustique /mustik ムスティック/ 男 ❶ 昆虫 カ. ❷ 話 (体の) ちっちゃな子; 小柄でやせた人.

moût /mu/ 男 (発酵前の) ブドウ液.

moutard /mutaːr/ 男 俗 男の子, 小僧;（複数で）(男女の別なく) ちびども.

moutarde /mutard/ 女 からし, マスタード. ▶

sauce (à la) moutarde マスタードソース.
La moutarde lui monte au nez.（からしが鼻につんとくる→）かっとなる.
── 形《不変》からし色の.

moutardier /mutaʀdje/ 男 ❶ からし入れ, からし壺(⸮). ❷ からし製造［販売］者.

‡mouton /mutɔ̃ ムトン/ 男
[英仏そっくり語]
英 mutton 羊肉.
仏 mouton 羊, 羊肉.
❶ 羊;《特に》去勢された雄羊. 注 雄の種羊は bélier, 雌羊は brebis, 子羊は agneau, agnelet という. ▶ un troupeau de moutons 羊の群れ / mouton à viande 食肉用羊 / doux comme un mouton （羊のように）おとなしい, 穏やかな / suivre qn comme des moutons （羊のように）…におとなしく従う, 盲従する.
❷ 羊肉; 羊の毛皮; 羊皮. ▶ manger du mouton マトンを食べる / gigot de mouton 羊のもも肉.
❸（羊のように）従順な人；信じやすくだまされやすい人, 付和雷同する人.
❹（多く複数で）白い波頭；巻雲；綿ぼこり.
❺ 隠《警察が囚人の間に送り込む》回し者, いぬ.
❻（杭(くい)打ち用の）ドロップハンマー, 鉄槌(つい).
compter les moutons（眠るために）羊を数える.
mouton à cinq pattes（5本足の羊→）世にも珍しい物［人］.
mouton de Panurge 人の尻馬(しりうま)に乗る人, 付和雷同する人.
mouton noir（黒い羊→）（家族, 集団の中の）変わり者, のけ者.
Revenons à nos moutons. 本題に戻ろう.

moutonné, e /mutɔne/ 形 羊毛のような. ▶ ciel moutonné 巻雲に覆われた空.

moutonnement /mutɔnmɑ̃/ 男 白い波立ち; 雲が白くたなびくさま.

moutonner /mutɔne/ 自動 ❶〔海が〕白く波立つ；〔波が〕白く泡立つ. ❷〔空が〕白い巻雲を浮かべている；〔雲が〕白くたなびく. ❸〔羊(毛)を思わせる. ▶ arbres qui moutonnent こんもり茂った木々.
── **se moutonner** 代動〔空が〕巻雲に覆われる；〔海が〕白いさざ波が立つ.

moutonneux, euse /mutɔnø, øːz/ 形〔海などの〕白波の立った；〔空が〕巻雲に覆われた.

moutonnier, ère /mutɔnje, ɛːʀ/ 形（羊のように）盲従する, 付和雷同する.

mouture /mutyːʀ/ 女 ❶（麦などを）挽(ひ)くこと, 製粉；挽かれた粉；コーヒー豆の挽き方. ❷（多く軽蔑して）（作品, テーマなどの）焼き直し, 二番煎(ぜん)じ. ❸ première mouture（文学作品などの）初稿, （計画の）草案.

mouvance /muvɑ̃ːs/ 女 ❶ 影響の及ぶ範囲［領域］, 勢力圏. ▶ dans la mouvance de qc/qn …の影響を受けて. ❷ 流動性, 不安定.

mouvant, ante /muvɑ̃, ɑ̃ːt/ 形（mouvoir の現在分詞）絶えず場所［形状］を変える, 流動的な, 不安定な. ▶ nuages mouvants 流れゆく雲 / une pensée mouvante とりとめのない考え / une situation politique mouvante 流動的な政治情勢.

terrain mouvant（1）地盤の緩い土地.（2）不確定な［未知の］領域. ▶ avancer en terrain mouvant 未開拓の領域を探索する.
── **mouvant** 男 動くもの, 変化するもの.

‡mouvement /muvmɑ̃ ムヴマン/ 男 ❶（物体の）運動, 動き. ▶ mouvement ascendant 上昇運動 / le mouvement des astres 天体の運行.
❷（体の）動き, 動作；運動. ▶ approuver d'un mouvement de tête 承諾のしるしにうなずく / faire un faux mouvement 慣れない［無理な］動作をする / aimer le mouvement（転居, 旅行など）動き回るのが好きである / prendre [se donner] du mouvement 運動をする, 体を動かす.
❸ 移動；往来, 活気. ▶ guerre de mouvement 機動戦 / mouvement「de caisse [de fonds] 金銭の出納 / mouvement du personnel 人事異動 / une rue pleine de mouvement 人通り［車の往来］の多い道.
❹（社会的, 芸術的）運動；運動組織. ▶ mouvement syndical 組合運動 / Il appartient à un mouvement politique. 彼はある政治運動［団体］に加わっている.
❺（感情の）動き；反応. ▶ Son premier mouvement a été de se fâcher. 彼(女)の最初の反応は怒りだった / agir de son propre mouvement 自主的に行動する / Son discours a suscité des mouvements divers. 彼(女)の演説はさまざまな反応を呼び起こした. ◆ un mouvement de + 無冠詞名詞 がこみ上げること. ▶ mouvement de colère 突き上げる怒り / avoir un mouvement de joie 湧(わ)きあがる喜びを感じる.
❻ 変動, 変化, 展開. ▶ le mouvement des prix du sucre 砂糖の値動き / Il y a eu un mouvement de baisse sur le dollar. ドルに下げの動きがあった / mouvement de la population 人口動態. ❼ 起伏, 曲線. ▶ mouvement de terrain 土地の起伏.❽（文学, 芸術作品における）動き, 勢い, リズム. ▶ Ce récit a du mouvement. この物語は躍動感がある. ❾《音楽》(1) 速度, テンポ. (2) 楽章.
❿ 時計のムーブメント.

en mouvement（1）動いている, 活動［行動, 移動］中の. ▶ mettre qc en mouvement …を作動させる, 移動させる. (2) 動揺している, 混乱状態の. ▶ Toute la maison est en mouvement. 家中がてんやわんやの騒ぎだ.

être dans le mouvement 話 流行に詳しい, 時流に乗っている.

un bon mouvement 広い心, 親切心. 注 相手を自分に都合のよい行動にしむける際に用いられる. ▶ Allez, un bon mouvement, venez avec nous. ねえ, お願いだから私たちと一緒に来てください.

mouvementé, e /muvmɑ̃te/ 形 ❶ 波瀾(らん)に富んだ, 活気のある. ▶ mener une vie mouvementée 波瀾に富んだ人生を送る / une séance mouvementée 騒然とした会議. ❷ 起伏のある.

mouvoir /muvwaːʀ/ 46（過去分詞 mû, mue,《男複》mus, 現在分詞 mouvant）《多く不定形, 直説法現在・半過去, 過去分詞, 現在分詞で用いる》他動

mouvr-

文章 ❶ …を動かす. ▶ J'ai de la peine à *mouvoir* mon bras. 腕を上げるのもやっとだ.
❷《多く受動態で》…を行動させる; 駆り立てる. ▶ *être mû par la passion* 激情に駆られる.
— **se mouvoir** 代動 文章 ❶《*se* を省略して》faire *mouvoir* qc …を動かす. ❷ <*se mouvoir* dans qc> …の中で生きる. ▶ *se mouvoir dans le mensonge* 虚構の世界に生きる.

mouvr- 活用 ⇨ MOUVOIR 46

moyen¹, enne /mwajɛ̃, ɛn モワイヤン, モワイエヌ/ 形 ❶ 中間の, 中くらいの. ▶ *homme d'âge moyen* 中年男 / *le moyen âge* 中世 (⇨ MOYEN-ÂGE) / *cadres moyens* 中間管理者 / *classes moyennes* 中流階級 / *cours moyen de français* 中級フランス語講座.
❷ 普通の, 一般的な; 並の, 平凡な. ▶ *le lecteur moyen* 一般読者 / *le Français moyen* 普通の［標準的］フランス人 / *produits de qualité moyenne* 並製品, 普及品 / Il est *moyen* en maths. 彼は数学の成績は普通だ.
❸ 平均の. ▶ *température moyenne* 平均気温 / *la durée moyenne de la vie* 平均寿命.
❹《ボクシング》*poids moyen* ミドル級(の選手).

moyen terme 折衷［調停］案, 妥協点. ▶ Il n'y a pas de *moyen terme*. 二者択一, 妥協の余地なし.
— **moyen** 男 ❶ 中位のもの［人］. ❷《論理学》(三段論法の)中名辞, 媒概念.

:**moyen²** /mwajɛ̃ モワイヤン/ 男

❶ **手段, 方法, 策**. ▶ *la fin et les moyens* 目的と手段 / *lutter par tous les moyens* あらゆる手段を使って戦う / *employer les grands moyens* 非常手段に訴える / Quel *moyen* prendrez-vous pour lui faire comprendre cela? それを彼(女)に分からせるのにどんな手段をとりますか. ◆ **moyen de** + 無冠詞名詞 …の手段. ▶ *moyens de transport* 交通機関, 輸送手段 / *moyen de paiement* 支払い方法. ◆ *moyen de* + 不定詞 …する手段, 方法. ▶ J'ai trouvé le *moyen* d'éviter le danger. 私は危険を回避する策を見つけた.
❷《複数で》**財力, 資力**. ▶ avoir les *moyens* 話 裕福である / Il n'a pas les *moyens* de s'acheter une voiture. 彼には車を買う金がない / Mes *moyens* ne me permettent pas d'acheter une maison. 私の経済状態では家は買えない / C'est trop cher, c'est au-dessus de mes *moyens*. 高すぎて手が出ない.
❸《複数で》**力, 能力, 才能**. ▶ *les moyens physiques d'un sportif* スポーツマンの体力 / perdre ses *moyens* 力を発揮できない; (試験などで)うろたえる, あがる / être en possession de tous ses *moyens* (体調, 精神状態が)絶好調である / Il a de grands *moyens*. 彼はたいした才能がある / Vous avez les *moyens* de réussir cet examen. あなたはこの試験に合格する能力がある.
❹《多く複数で》《法律》(申し立ての)理由.

au moyen de qc …によって, の助けを借りて. ▶ transporter des colis *au moyen d*'un vélo 自転車を使って荷物を運ぶ.

Il y a moyen [Il n'y a pas moyen] de + 不定詞 …できる［できない］. ▶ *Y a-t-il moyen de le contacter?* 彼と連絡が取れますか.
Le moyen de + 不定詞 !［?］…などできようか. ▶ *Le moyen de rejeter son offre!* 彼(女)の申し出を断るなんてできるものか.
les moyens du bord 手近な方法. ▶ se servir *des moyens du bord* さしあたり可能な方法を用いる.
par le moyen de qc …を介して, 通じて.
par ses propres moyens 自分ひとり(の力)で.
Pas moyen de + 不定詞. 話 …できない (=Il n'y a pas *moyen* de + 不定詞).
trouver moyen de + 不定詞《多く皮肉に》うまく…する.

> 比較 **方法, やり方**
> **moyen** ある目的に達するための方法, やり方. 手段となる具体的な事物を指すこともある. **procédé** *moyen* よりも複雑な方法, やり方を指す. **méthode** ある目的のために体系的に組織された方法, やり方. *méthode* d'enseignement de la lecture 読書教育法. **façon, manière**「方法, やり方」の意味ではこの２つは完全に同義語で, 目的の概念を伴わずに個々の行為, 行動がどのように行われるかを示す. *façon de marcher* 歩き方.

Moyen-Age /mwajɛnaːʒ/, **moyen-âge** 男 中世. 注 西洋史では古ローマ帝国の滅亡(476)からトルコによるコンスタンティノープル占領(1453)までの時代. Moyen Age, moyen âge ともつづる.

moyenâgeux, euse /mwajɛnaʒø, øːz/ 形 ❶ 中世を思わせる, 中世風の. ❷《軽蔑して》古めかしい, 時代遅れの. ❸ 古風 中世の (=médiéval).

moyen-courrier /mwajɛ̃kurje/; 《複》~-~**s** 男 ❶ 中距離輸送機. ❷《形容詞的に》ligne *moyen-courrier* (飛行機の)中距離輸送航路.

moyennant /mwajɛnɑ̃/ 前 …によって, のおかげで; と引き換えに. ▶ *Moyennant un effort important*, tu rattraperas ton retard. うんと努力すれば遅れは取り戻せる.
moyennant quoi そうすれば.

*****moyenne** /mwajɛn モワイエヌ/ 女 ❶ **平均, 平均値**. ▶ *la moyenne d'âge* 平均年齢 / calculer la *moyenne* 平均を計算する / rouler à une *moyenne* de soixante-dix kilomètres par heure = faire (du) soixante-dix de *moyenne* 平均時速70キロで車を走らせる.
❷ 中程度, 中庸. ▶ être dans la bonne *moyenne* まさに平均的なところにいる / une intelligence au-dessus de la *moyenne* 並以上の知能.
❸ (試験などの)及第点; 満点の半分.

*****en moyenne** 平均して. ▶ Il travaille *en moyenne* huit heures par jour. 彼は１日平均８時間働く.

moyennement /mwajɛnmɑ̃/ 副 中位に, 普通に, ほどほどに.

moyenner /mwajɛne/ 他動《次の句で》
Il n'y a pas moyen de moyenner. 俗 手の打ちようがない.

Moyen-Orient /mwajɛnɔrjɑ̃/ 固有 男 中東.

moyeu /mwajø/; (複) **x** 男 (車輪の)中央部, ボス, ハブ; 輪心.

Mozambique /mɔzɑ̃bik/ 固有 男 モザンビーク: 首都 Maputo. ▶ au *Mozambique* モザンビークに[で, へ].

MST 女 (略語) maladie sexuellement transmissible 性感染症.

mucilagineux, euse /mysilaʒinø, øːz/ 形 粘液様の, 粘稠(ちゅう)な.

mucosité /mykozite/ 女 [生理学] (粘膜の表面に見られる)粘液.

mucus /mykys/ 男 [生理学] (粘液腺から分泌される)粘液.

mue /my/ 女 ❶ (羽毛, 角などの)抜け替わり(の時期), 脱皮(期). ❷ 抜け殻; (抜け落ちた)羽毛, 角. ❸ (思春期の)声変わり.

mué, e /mɥe/ 形 ❶ voix *muée* 声変わりした声. ❷ 文章 ⟨*mué* en qc/qn⟩…に変わった, 変容した.

muer /mɥe/ 自動 ❶ (羽毛, 角などが)抜け替わる, 脱皮する. ▶ serpent qui *mue* 脱皮する蛇. ❷ 声変わりする.
— **se muer** 代動 文章 ⟨*se muer* en qc/qn⟩…に変わる. ▶ Ses désirs *se sont mués* en réalités. 彼(女)の望みは現実のものとなった.

***muet, muette** /mɥɛ, mɥɛt/ ミュエ, ミュエット/ 形 ❶ 口が利けない. ▶ Il est *muet* de naissance. 彼は生まれつき口が利けない.
❷ (一時的に)声の出ない; 黙りこんだ. ▶ rester *muet* d'étonnement 驚きのあまり声もでない.
❸ 無言の; 言葉に表わされない; 説明がない. ▶ reproches *muets* 無言の非難 / Le règlement est *muet* sur ce point. この点について規則は何も触れていない. ❹ 無声の; 映画 *film muet* 無声映画 / rendre qc *muet* …を消音にする / e *muet* 無音のe. ❺ 無記入の. ▶ carte *muette* 白地図.
être [*rester*] *muet comme* ⌜*une carpe* [*une tombe*]⌝ コイ[墓石]のように押し黙っている.
— 名 唖(あ)者, 口が利けない人.
— **muet** 男 無声映画.

mufle /myfl/ 男 ❶ (哺乳(ほにゅう)類の)鼻面, 鼻先. ❷ 下品[粗野]なやつ, がさつ者.
— 形 下品な, 粗野な.

muflerie /myfləri/ 女 下品さ; 下品な言動.

muflier /myflije/ 男 [植物]キンギョソウ.

mugir /myʒiːr/ 自動 ❶ (牛が)鳴く. ❷ 文章 (牛の鳴き声のように)とどろく, 轟々(ごう)と鳴る.

mugissant, ante /myʒisɑ̃, ɑ̃ːt/ 形 ❶ (牛が鳴く. ❷ 文章 (風, 海などが)うなる, とどろく.

mugissement /myʒismɑ̃/ 男 ❶ (牛の)鳴き声. ❷ 文章 (風, 海などの)うなる音, とどろき.

muguet /mygɛ/ 男 スズラン. ▶ offrir un brin de *muguet* le 1er [premier] mai 5月1日にスズランを1本贈る(この日に幸運のお守りとしてスズランを贈る習慣がある).

mulâtre, tresse /mylɑːtr, trɛs/ 名 白人と黒人の混血児, ムラート.
— **mulâtre** 形 白人と黒人の混血の. 注 女性形 mulâtresse は名詞にしか使われない.

mule /myl/ 女 雌ラバ.
avoir une tête de mule 頑固者[強情]である.
être têtu [*capricieux*] *comme une mule* 話 ひどく頑固[気まぐれ]だ.

mulet¹ /mylɛ/ 男 雄ラバ.
être têtu comme un mulet 話 ひどく頑固[強情]だ.

mulet² /mylɛ/ 男 [魚類]ボラ.

muleta /muleta/ 女 《スペイン語》ムレタ: 闘牛士が牛を翻弄(ほんろう)し, 挑発するのに用いる赤い布.

muletier, ère /myltje, ɛːr/ 形 ラバ引き.
— 形 ラバの通る; ラバの. ▶ chemin [sentier] *muletier* (ラバしか通れない)狭く険しい道.

Mulhouse /myluːz/ 固有 ミュルーズ: アルザス地方の都市.

multi- /mylti/「多数の」の意 (↔mono-, uni-).

multicolore /myltikɔlɔːr/ 形 多色の.

multiconfessionnel, le /myltikɔ̃fɛsjɔnɛl/ 形 [国家, 民族などが]多宗教の.

multiculturalisme /myltikyltyralism/ 男 多文化共存.

multiculturel, le /myltikyltyrɛl/ 形 多文化の.

multidimensionnel, le /myltidimɑ̃sjɔnɛl/ 形 多次元の, 多元的な, 多角的な.

multidisciplinaire /myltidisipliːnɛːr/ 形 学際的な, 多分野にわたる.

multiethnique /myltiɛtnik/ 形 多民族の.

multiforme /myltifɔrm/ 形 多様な形をとる, 多岐にわたる, 多種多様な.

multijoueur /myltiʒwœːr/ 形 (ゲームがネット上などで)多数でプレーできる.

multilatéral, ale /myltilateral/; (男 複) **aux** /o/ 形 多国間の. ▶ accord *multilatéral* 多国間合意.

multimédia /myltimedja/ 形 (男女同形)マルチメディアの.

multimilliardaire /myltimiljardɛːr/ 形 何十億[巨億]の富を持つ. — 名 大富豪.

multimillionnaire /myltimiljɔnɛːr/ 形 巨万の富を持つ. — 名 富豪, 億万長者.

multinational, ale /myltinasjɔnal/; (男 複) **aux** /o/ 形 多国家の, 多国籍の. ▶ société *multinationale* 多国籍企業.
— **multinationale** 女 多国籍企業.

multipare /myltipaːr/ 形 ❶ [動物学]多産の. ❷ 経産婦の. — 女 経産婦.

multipartisme /myltipartism/ 男 [政治]複数政党制, 多党制.

multiple /myltipl/ 形 ❶ (複数名詞とともに, ときに名詞の前で)多数の; 多種多様な. ▶ aspects *multiples* 多様な側面 / à de *multiples* reprises 何度も. ❷ (単数名詞とともに, 名詞のあとで)複雑な; 複式の, 複数部分から成る. ▶ une réalité *multiple* 複雑な現実. ❸ [数学]倍数の.
— 男 倍数. ▶ le plus petit commun *multiple* 最小公倍数(略 PPCM).

multiplicateur, trice /myltiplikatœːr, tris/ 形 増加させる; 乗ずる.
— **multiplicateur** [数学]乗数.

multiplication /myltiplikasjɔ̃/ 女 ❶ 増加; 増

multiplicité

殖，繁殖．❷〖数学〗掛け算，乗法．▶ table de *multiplication* 九九の表．❸〖機械〗(ギヤによる回転の)増速比．

multiplicité /myltiplisite/ 囡 多数；多様性．▶ *multiplicité* des difficultés 幾多の困難．

***multiplier** /myltiplije/ ミュルティプリエ／他動 ❶ …(の数)を**増やす**；〔行為〕を重ねる．▶ *multiplier* les erreurs 失敗を重ねる／*multiplier* les essais 何度も試してみる．❷〖数学〗<*multiplier* A par B> A を B 倍する，A に B を掛ける．▶ *multiplier* sept par trois 7 に 3 を掛ける．

— **se multiplier** 代動 ❶ 数が増える，増加する；繁殖する；繰り返される．▶ Les accidents *se multiplient*. 事故が増える(= Le nombre d'accidents augmente). ❷ 何人分もの働きをする，八面六臂(ぴ)の活躍をする．

multipolaire /myltipɔlɛ:r/ 形 ❶〖電気〗多極の：2つ以上の磁極または電極を持つ．
❷〖生物学〗〔神経細胞が〕多極の．

multiracial, ale /myltirasjal/；(男複) **aux** /o/ 形 多民族〔多人種〕から成る，多民族〔多人種〕間の．▶ société [nation] *multiraciale* 多民族社会〔国家〕．

multirisque /myltirisk/ 形 assurances *multirisques* マルチ保険．— 囡 マルチ保険．

multistandard /myltistɑ̃daːr/ 形《不変》〔テレビなどが〕マルチスタンダードの．
— 男 マルチスタンダード・テレビ〔モニター，デッキ〕．

multitâche /myltitaʃ/ 形〖情報〗マルチタスクの．

multitude /myltityd/ 囡 ❶<une *multitude* de + 無冠詞複数名詞> 多くの…，多数の…．▶ Une *multitude* de visiteurs「est entrée [sont entrées]. 多くの見学者が入場した．注 1つの集合としてとらえれば動詞は単数，多数性としてとらえれば複数となる．
❷《la multitude》文章 群衆，古風 一般大衆．

mûmes /mym/ 活用 ⇨ MOUVOIR 46

Munich /mynik/ 固有 ミュンヘン：ドイツ南部の都市．

munichois, oise /mynikwa, wa:z/ 形 ミュンヘン Munich の．
— **Munichois, oise** 名 ミュンヘンの人．

***municipal, ale** /mynisipal/ ミュニスィパル／；(男複) **aux** /o/ 形〔市，町，村〕の．▶ conseil *municipal* 市〔町，村〕議会／élections *municipales* 市〔町，村〕議会選挙(省略して les municipales とも言う)．

municipalité /mynisipalite/ 囡 ❶ 市〔町，村〕当局．❷ 市，町，村．比較 ⇨ VILLE.

munificence /mynifisɑ̃:s/ 囡 文章 気前のよさ，鷹揚(おう)．

munir /myni:r/ 他動 <*munir* qc/qn de qc> …を…に備えさせる；(必要なものを)…に持たせる．▶ *munir* son fils d'argent de poche 息子に小遣いを持たせる／porte *munie* d'un système d'alarme 警報装置付きのドア．

— **se munir** 代動 <*se munir* (de qc)>(…を)身につける，備える；携行する．▶ *se munir* de tous les documents nécessaires 必要書類をすべてそろえる／*se munir* de patience 忍耐力がある／*Munissez-vous* d'un parapluie. 傘を持っていきなさい．

munitions /mynisjɔ̃/ 囡複 弾薬．▶ entrepôt d'armes et de *munitions* 武器弾薬庫．

muqueux, euse /mykø, ø:z/ 形 粘液の，粘液性の，粘液様の．— **muqueuse** 囡 粘膜．

***mur** /my:r/ ミュール／男 ❶ 壁，壁体，隔壁；塀．▶ élever un *mur* 壁を築く／Le parc était entouré d'un *mur*. 公園は壁で囲まれていた／*mur* de brique(s) 煉瓦(がわら)造りの壁／terrain clos de *murs* 塀で囲った土地／mettre un tableau au *mur* 壁に絵を掛ける．

❷ 障害物，障壁．▶ se heurter à un *mur* d'incompréhension 無理解という壁にぶつかる／Il y a un *mur* entre nous. 私たちの間には壁がある／le *mur* sonique [du son] 音速の壁／faire le *mur*〖サッカー〗(ゴール前のフリーキックのとき)〔守備側の〕壁をつくる．

❸ (壁のように)無反応な人，頑固な人．▶ On parle à un *mur*. 壁に向かって話すようなものだ．
❹ 岩壁；急斜面．▶ Tout skieur inexpérimenté sera effrayé devant ce *mur*. 未熟なスキーヤーは皆この急斜面を怖がるだろう．

aller [foncer] (droit) dans le mur 破局に向かっている．

entre quatre murs (何もない)部屋で；牢獄(ろう)で．▶ passer ses vacances *entre quatre murs* à cause de la pluie 雨のため休暇を家で過ごす．

être au pied du mur 決断〔返答〕を迫られる．

être dans ses murs 自分の家を持っている．

être le dos au mur 窮地に追い詰められる，退路を断たれる．

faire [sauter] le mur〔兵士，寮生などが〕こっそり無断外出する．

Les murs ont des oreilles. 諺 壁に耳あり．

mettre qn au pied du mur …に決断〔返答〕を迫る．

「**se cogner [se taper] la tête contre les murs** (壁に頭をぶつける→)八方ふさがりの状況であがく．

***mûr, mûre** /my:r/ ミュール／形 ❶ 果実が熟した；〔穀物が〕実った．▶ fruits *mûrs* 熟した果物．❷ 成熟した，分別のある．▶ l'âge *mûr* 壮年／un homme *mûr* 肉体的にも成熟した中年の人．❸ <*mûr* (pour qc/不定詞)>(…するのに)機の熟した，ちょうどよい時期の．▶ La situation ne paraît pas *mûre*. まだ時期尚早のように思える／Elle est *mûre* pour le mariage. 彼女は結婚適齢期だ．❹ 話〔布地などが〕(使い古して)擦り切れそうな．❺〖医学〗〔膿瘍(のう)などが〕膿みきった．

après mûre réflexion 熟考のうえで．

***muraille** /myra:j/ ミュラーユ／囡 ❶ (厚く高い)壁；(多く複数で)城壁，城塞(じょう)．▶ la Grande *Muraille* (de Chine) (中国の)万里の長城．❷ (高くそびえる)障壁．▶ une *muraille* de rochers 岩壁．

mural, ale /myral/；(男複) **aux** /o/ 形 壁の，壁に取り付ける；壁に描かれた．▶ tenture *murale* 壁掛け；壁紙／tableau *mural* 壁に飾った絵／pendule *murale* 掛け時計／peinture *murale* 壁画．

mûre /myːr/ 囡【植物】❶ クワ(の実): ジャムなどにして食用. ❷ キイチゴの実 (=*mûre sauvage*).
mûrement /myrmɑ̃/ 副 慎重に; 熟考のうえ.
murène /myrɛn/ 囡【魚類】ウツボ.
murent /myːr/ 動 ⇨ MOUVOIR 46
murer /myre/ 他動 ❶ …を壁[塀, 城壁]で囲む. ▶ *murer* un jardin 庭に塀を巡らす. ❷〈*murer* qc (de qc)〉…を(…で)ふさぐ, 閉じる. ▶ *murer* une fenêtre de briques 窓を煉瓦(ﾚﾝｶﾞ)でふさぐ. ❸ …を閉じ込める; 〔死体〕を壁に塗り込める.
— **se murer** 代動 閉じこもる. ▶ *se murer* dans son silence 黙りこくる.
muret /myrɛ/ 男, **murette** /myrɛt/ 囡 (障壁, 縁取りにする)低い石垣, 石塀.
mûrier /myrje/ 男【植物】クワ.
*__mûrir__ /myriːr/ ミュリール 自動 ❶ 熟す, 実る; 熟成する. ▶ *Les blés mûrissent.* 麦が実る / *Ce projet a mûri dans son esprit.* その計画が彼(女)の心の中ででき上がっていった. ❷ 円熟する, 大人になる. ▶ *Cet adolescent a beaucoup mûri.* この若者はとても大人になった.
— 他動 ❶ …を熟させる; 熟成させる, 練り上げる. ▶ *mûrir* un projet じっくりと計画を練る. ❷ …を円熟させる. ▶ *Les épreuves l'ont mûri.* さまざまな試練を経て彼は円熟した.
mûrissant, ante /myrisɑ̃, ɑ̃ːt/ 形 ❶ 熟しつつある. ❷ 熟年期にさしかかった, 大人になりつつある.
murmure /myrmyːr/ 男 ❶ つぶやき, ささやき. ▶ un *murmure* d'admiration 感嘆のざわめき. ❷(多く複数で)不平不満の声, 異議. 注 現在では単数形は否定の表現でのみ用いられる. ▶ *murmures* des spectateurs 観衆の不満の声 / obéir sans *murmure* 文句を言わずに従う. ❸〔風や小川などの〕さざめき, 軽やかな音.
*__murmurer__ /myrmyre/ ミュルミュレ 他動 …をささやく, つぶやく; 小声でうわさする. ▶ *murmurer* un mot à(l'oreille de) qn …に(何事か)耳打ちする / *On murmure qu'il est le coupable.* 彼が犯人だといううわさがひそかに立っている.
— 自動 ❶ つぶやく, ささやく, (小声で)不平不満を言う, ぶつぶつ言う. ▶ *accepter sans murmurer* 二つ返事で承知する. ❸ 文章〔小川, 木の葉, 風などが〕ささやく, ざわめく.
musarder /myzarde/ 自動 文章 のらくら[無為に]時を過ごす.
musardise /myzardiːz/ 囡 文章 無為徒食, のらくら, 怠け好き, 怠け癖.
musc /mysk/ 男 麝香(ｼﾞｬｺｳ).
muscade /myskad/ 囡 ❶ ナツメグ, ニクズク (=*noix muscade*). ❷(手品用の)小さなコルク玉. *Passez muscade.* (手品師が成功したときに言う)はい, 御覧のとおり消えました.
muscadet /myskade/ 男【ワイン】ミュスカデ: 辛口白ワイン.
muscat, ate /myska, at/ 形〔果物が〕麝香(ｼﾞｬｺｳ)の香りのする.
— 男 マスカットブドウ(=*raisin muscat*); マスカットワイン(=*vin muscat*).
*__muscle__ /myskl/ ミュスクル 男 筋肉; 筋力. ▶ gonfler un *muscle* 力こぶを作る / *Monsieur muscles* 筋肉マン / développer ses *muscles* 筋肉を鍛える / avoir des *muscles* = 話 avoir du *muscle* 力持ちである, 腕っ節が強い / être tout en *muscles* 筋肉隆々としている, 体が締まっている.
musclé, e /myskle/ 形 ❶ 筋肉のたくましい; 腕っ節の強い. ❷ 強力な, 精力的な, 激しい; 話 強権的な. ▶ une politique *musclée* 強権政治.
muscler /myskle/ 他動 ❶ …の筋肉を発達させる. ❷ …に活力を与える, を強固にする.
— **se muscler** 代動〈*se muscler* qc〉(自分の)[体の部分]の筋肉を鍛える. 注 se は間接目的.
musculaire /myskylɛːr/ 形 筋肉の. ▶ système *musculaire* 筋系 / fibres *musculaires* 筋線維.
musculation /myskylasjɔ̃/ 囡 筋肉の強化(トレーニング). ▶ faire de la *musculation* 筋トレをする. 略: muscu.
musculature /myskylatyːr/ 囡《集合的に》筋肉, 筋(肉)組織.
musculeux, euse /myskylø, øːz/ 形 ❶ 筋骨たくましい. ❷【解剖】筋肉性の.
muse /myːz/ 囡 ❶《la Muse》【ギリシア神話】ムーサ, ミューズ(文芸, 学問をつかさどる9女神のそれぞれを指す). ❷《多く複数で》古風文章 詩の女神. ▶ invoquer les *Muses*(ミューズに呼びかけて)詩想を求める. ❸ 文章 詩的霊感; (詩人などに)霊感を与える女性.
museau /myzo/;《複》**x** 男 ❶〔哺乳(ﾎﾆｭｳ)動物の〕鼻面; (魚の)面. ❷【料理】*museau de porc* 豚の頭肉のゼラチン寄せ. ❸ 話 (人の)顔.
*__musée__ /myze/ ミュゼ 男 ❶ 博物館;(特に)美術館(=*musée d'art*). ▶ visiter un *musée* de demain / le *Musée* du Louvre ルーヴル美術館 / le *Musée* du quai Branly ケー・ブランリー美術館(2006年に開館した, 非西洋美術・文化の美術館) / conservateur de *musée* 学芸員; 美術[博物]館長 / pièce de *musée* ミュージアムピース(美術館, 博物館に蔵するに値する名品) / ville(-)*musée*(町全体が)博物館[美術館]のような町. ❷ 寄せ集め, コレクション. ▶ *musée* des horreurs 醜悪なものの寄せ集め.
museler /myzle/ 4 他動 ❶〔動物〕に口籠(ｸﾂﾜ)[口輪]をはめる. ❷ …の口を封じる, を黙らせる.
muselière /myzəljɛːr/ 囡 口籠(ｸﾂﾜ), 口輪.
musellement /myzɛlmɑ̃/ 男 ❶ 口籠(ｸﾂﾜ)[口輪]をはめること. ❷ 口封じ;(発言などの)抑制.
muséobus /myzeobys/ 男(バスなどを改造した)巡回[移動]博物館[美術館].
muséologie /myzeɔlɔʒi/ 囡 博物館学.
muser /myze/ 自動 古風文章 のらくら[ぶらぶら]して暮らす, 無為に時を過ごす(=*musarder*).
musette /myzɛt/ 囡 ❶【音楽】ミュゼット: バグパイプ. ❷《同格的に》bal *musette* バルミュゼット: アコーディオン中心の伴奏で踊られる大衆的な舞踏会[ダンスホール]. ❸(肩から斜めにかける)布製かばん.
— 男【音楽】バルミュゼットスタイルの曲.
muséum /myzeɔm/ 男 (自然科学)博物館. ▶ le *Muséum* national d'histoire naturelle(パリの)国立自然史博物館.
musical, ale /myzikal/;《男複》**aux** /o/ 形

❶ 音楽の; 音楽を伴った. ▶ faire des études *musicales* 音楽の勉強をする / intervalle *musical* 音程 / soirée *musicale* 音楽の夕べ / chaise *musicale* 椅子取りゲーム / comédie *musicale* ミュージカル. ❷ 音楽的な, 耳に快い. ▶ une voix *musicale* 響きのよい声.

avoir l'oreille musicale 音がよく聞き取れる, 音楽の分かる耳をしている.

musicalement /myzikalmɑ̃/ 副 ❶ 音楽的に; 音楽の規則に従って. ❷ 耳に快く.

musicalité /myzikalite/ 女 音楽性. ▶ la *musicalité* des vers de Verlaine ヴェルレーヌの詩句の音楽性.

music-hall /myziko:l/ 男〖英語〗❶ (歌, ダンス, 軽演劇などのショーを行う)ミュージックホール, 演芸場. ▶ danseurs de *music-hall* ミュージックホールのダンサー. ❷ (ミュージックホールの)ショー, 演芸.

*musici**en, enne** /myzisjɛ̃, ɛn/ ミュズィスィヤン, ミュズィスィヤヌ/ 名 ❶ 音楽家, ミュージシャン. ▶ *musicien* de jazz ジャズミュージシャン. ❷ 音楽愛好家, 音楽通.
— 形 音楽の分かる; 音楽好きの. ▶ avoir l'oreille *musicienne* 音感がよい.

musicographe /myzikɔgraf/ 名 音楽解説者, 音楽史家, 音楽評論家.

musicographie /myzikɔgrafi/ 女 音楽解説, 音楽評論.

musicologie /myzikɔlɔʒi/ 女 音楽学, 音楽理論.

musicologue /myzikɔlɔg/ 名 音楽学者, 音楽理論家.

musicothérapie /myzikɔterapi/ 女〖精神医学〗音楽療法.

***musique** /myzik/ ミュズィク/ 女 ❶ 音楽; 楽曲. ▶ écouter de la *musique* 音楽を聴く / jouer de la *musique* 音楽を演奏する / faire de la *musique* 音楽をする / *musique* classique クラシック音楽 / *musique* légère 軽音楽 / *musique* de film 映画音楽 / *musique* populaire ポピュラー音楽 / *musique* de fond バックグランドミュージック / *musique* en ligne インターネット音楽配信 / dîner en *musique* 音楽を聞きながら食事をする / mettre un poème en *musique* 詩に曲をつける. ❷ 楽譜 (=partition). ▶ lire la *musique* 楽譜を読む / jouer sans *musique* 暗譜で演奏する / papier à *musique* 五線紙.
❸ 楽団, 楽隊. ▶ *musique* militaire 軍楽隊 / chef de *musique* (軍楽隊)隊長.
❹ 耳に快い音, 美しい調べ; (言葉の)諧調(ちょう), 音楽性.

aller plus vite que la musique 〖話〗(相手に合わせないで)先に進んでしまう.

C'est (toujours) la même musique. 〖話〗相変わらずのまま.

connaître la musique 〖話〗どのような話かよく知っている; やり方を心得ている; 事情に通じている.

En avant la musique! さあ始めよう.

〖語法〗**écouter de la musique**
「私は毎晩寝る前にラジオで音楽を聴く」は, Tous les soirs, avant d'aller au lit, j'écoute de la musique à la radio. と訳す.
注意を要するのは,「音楽を聴く」を écouter de la musique と, 部分冠詞を使っていっていることである.「音楽を聴く」というのは「音楽というものの総体 (la musique) を聴く」ことではなく, 総体の中から切り取られた「限られた量の音楽 (de la musique) を聴く」行為だととらえているからだ. これに対して, J'écoute la musique à la radio. という定冠詞を使った表現では「限られた量の音楽を聴く」という具体的な体験ではなく,「音楽というものは私は(コンサートや CD で聴いたりせず)ラジオで聴く」という意味になる. これは La musique, je ne l'écoute qu'à la radio. (音楽はラジオでしか聴かない)というのと同じである.

musiquette /myziket/ 女 (芸術的価値のない)小曲.

musqué, e /myske/ 形 麝香(じゃ)の香りをつけた; 麝香のようなにおいのする. ▶ bœuf *musqué* ジャコウウシ.

must /mœst/ 男〖英語〗〘話〙❶ (現代の常識, 流行に遅れないための)必修課目, なすべきこと. ❷ 最高級なもの.

mustang /mystɑ̃:g/ 男〖米語〗〘動物〙ムスタング: 北米の草原にすむ半野生馬.

musulm*an, ane* /myzylmɑ̃, an/ 形 イスラム教(徒)の; イスラムの. ▶ art *musulman* イスラム美術. — 名 イスラム教徒.

mut, mût /my/ 活用 ⇨ MOUVOIR 46

mutabilité /mytabilite/ 女〘文章〙変わりやすさ, 移ろいやすさ.

mut*ant, ante* /mytɑ̃, ɑ̃:t/ 形〖生物学〗突然変異の; 突然変異遺伝子を持った.
— 名 突然変異体, ミュータント.

mutation /mytasjɔ̃/ 女 ❶ 変化, 変動; 激変. ▶ un quartier en pleine *mutation* 再開発のまっただなかにある地区. ❷ 人事異動, 配置転換; (スポーツ)(特にアマチュア選手の所属クラブの)移籍; 〘法律〙(財産, 権利などの)移転, 配転; 譲渡. ❹〖生物学〗突然変異.

muter /myte/ 他動 …を転属〔異動〕させる, の配置転換を行う. — 自動 変異する, 変化する.

mûtes /myt/ 活用 ⇨ MOUVOIR 46

mutil*ateur, trice* /mytilatœ:r, tris/ 形, 名 〘文章〙(手足を)切断する(人); (芸術作品などを)毀損(きそん)する(人).

mutilation /mytilasjɔ̃/ 女 ❶ (手足などの)切断, 切除. ❷ (美術品の)毀損(きそん), 損壊. ❸ (原文を損なうほどの)部分的削除〔欠落〕.

mutilé, e /mytile/ 名 (戦争や事故で)手足を失った人. ▶ *mutilé* de guerre 傷痍(しょうい)軍人.

***mutiler** /mytile/ ミュティレ/ 他動 ❶ …(の手足など)を切断する. 注 多く受動態で用いる. ▶ Il *a été mutilé du bras droit à la dernière guerre.* 彼はこの前の戦争で右腕を失った. ❷〖美術品など〗を損傷する, 損なう. ❸ (一部を削除して)〔作品〕を損なう, 改悪する.
— *se mutiler* 代動 自らを傷つける.

mut*in, ine* /mytɛ̃, in/ 形〘文章〙いたずら好きな.
— **mutin** 男 (刑務所などの)反乱者, 暴徒.

mutiné, e /mytine/ 形 反乱〔暴動〕を起こした.

— 名 反逆者.
se mutiner /s(ə)mytine/ 代動 (刑務所などで)反乱[暴動]を起こす.
mutinerie /mytinri/ 女 (刑務所などの中の)反乱,暴動.
mutisme /mytism/ 男 ❶ 沈黙,無言. ▶ réduire qn au *mutisme* …の口を封じる / La presse observe un *mutisme* total sur ce problème. 新聞雑誌はこの問題について完全に沈黙を守っている. ❷【精神医学】無言症.
mutité /mytite/ 女【医学】啞(ぁ)(症状).
mutualiste /mytɥalist/ 形 相互扶助の. ▶ assurances *mutualistes* 共済保険 / société *mutualiste* 共済組合.
— 名 相互扶助論者; 共済組合員.
mutualité /mytɥalite/ 女 相互扶助組織[制度], 共済組織[制度], 共済組合, 共済組合.
mutuel, le /mytɥɛl/ 形 相互の, 相互関係にある. ▶ amour *mutuel* 相思相愛 / secours *mutuel* 相互扶助 / société d'assurance *mutuelle* 相互保険会社 / pari *mutuel* urbain 場外勝ち馬投票(略 PMU).
— **mutuelle** 女 共済組合; 相互保険.
mutuellement /mytɥɛlmɑ̃/ 副 相互に.
Myanmar /mjanma(:r)/ 固有 男 ミャンマー: 首都 Naypydaw. ▶ au *Myanmar* ミャンマーで.
mycologie /mikɔlɔʒi/ 女 菌学.
mycologue /mikɔlɔg/ 名 菌学者.
myologie /mjɔlɔʒi/ 女 筋学.
myope /mjɔp/ 形 ❶ 近視の, 近眼の. ❷ 近視眼的な, 視野の狭い.
— 名 近視の人; 近視眼的な[視野の狭い]人.
myopie /mjɔpi/ 女 ❶ 近視, 近眼. ❷ 文章 視野の狭さ.
myosotis /mjɔzɔtis/ 男《ラテン語》【植物】ワスレナグサ属.
myriade /mirjad/ 女 文章〈*myriade* (de + 無冠詞複数名詞)〉無数の(…); 膨大な量(の…). ▶ des *myriades* d'étoiles 無数の星.
myrrhe /mi:r/ 女 ミルラ, 没薬(もつ): 東アフリカ・アラビア産カンラン科植物の樹脂. 香料や薬用.
myrte /mirt/ 男【植物】ギンバイカ: 地中海地方に多いフトモモ科の植物. アフロディテの神木とされた.
myrtille /mirtij/ 女 ブルーベリー(の実).
***mystère** /mistɛ:r/ ミステール 男 ❶ 神秘, 不思議, 謎(なぞ). ▶ C'est un *mystère* それは謎だ / le *mystère* de la nature 自然の神秘 / éclaircir un *mystère* 謎を解く / La politique n'a plus de *mystère* pour lui. 政治がどういうものか彼にも分かるようになった.
❷ 隠し事, 秘密. ▶ faire des *mystères* 隠し立て[思わせぶり]をする / Chut ! *Mystère*. シーッ, 秘密だ / Ce n'est un *mystère* pour personne. それは公然の秘密です. ❸ (カトリックの)神秘, 玄義; (古代宗教の)秘儀, 奥義. ▶ le *mystère* de la Trinité 三位一体の神秘. ❹【文学】(中世の)聖史劇. ▶ le *Mystère* de la Passion キリスト受難劇. ❺【菓子】ミステール: メレンゲとプラリネで包んだアイスクリーム.
faire (un) mystère de qc = *faire grand mystère de qc* …を秘密にする, 隠す.
Mystère et boule de gomme! 話 何も分からない, まったくの謎だ.
mystérieusement /misterjøzmɑ̃/ 副 ❶ 不思議にも. ❷ ひそかに, 秘密裏に.
***mystérieux, euse** /misterjø, ø:z/ ミステリユー, ミステリユーズ/ 形 不思議な, 不可解な, 謎めいた; 秘密の; 秘密めかした. ▶ une atmosphère *mystérieuse* 神秘的な雰囲気 / un *mystérieux* personnage 謎の人物.
mysticisme /mistisism/ 男 ❶ 神秘主義, 神秘思想. ❷ 神秘神学, 神秘哲学.
mysticité /mistisite/ 女 文章 強烈な信仰, 神秘的な性格[脱魂状態, 信仰生活].
mystifiant, ante /mistifjɑ̃, ɑ̃:t/ 形 人をたぶらかす; まやかしの. ▶ propagande *mystifiante* 欺瞞(ぎまん)的なプロパガンダ.
mystificateur, trice /mistifikatœ:r, tris/ 名 人を担ぐ[煙(けむ)に巻く]ことの好きな人.
— 形 人を担ぐ, 煙に巻く, たぶらかす.
mystification /mistifikasjɔ̃/ 女 ❶ (人を)担ぐこと, 煙(けむ)に巻くこと, 瞞着(まんちゃく). ▶ être「le jouet [la victime] d'une *mystification* まんまと人に担がれる. ❷ 欺瞞, たぶらかし, まやかし.
mystifier /mistifje/ 他動 ❶ …を担ぐ, 煙(けむ)に巻く. ▶ *mystifier* qn en lui racontant des blagues でたらめを言って…を担ぐ. ❷「大衆」をたぶらかす.
mystique /mistik/ 形 ❶ 神秘的な; 神秘主義の, 神秘主義的な. ▶ expérience *mystique* 神秘的体験, 霊験. ❷【キリスト教】神秘の; 霊的象徴の. ▶ l'Agneau *mystique* 神秘の小羊(キリストの象徴) / le corps *mystique* du Christ キリストの神秘体(キリスト教会). ❸ 絶対崇拝的な, 狂信的な, 盲信的な.
— 名 神秘主義者, 神秘家; 絶対的信仰を持つ人; 狂信家.
— 女 ❶ 神秘学, 神秘思想[主義]; 神秘神学. ❷ 絶対的崇拝[信仰]; 狂信.
mystiquement /mistikmɑ̃/ 副 神秘的に; 神秘学的に; 狂信的に.
mythe /mit/ 男 ❶ 神話; 伝説. ▶ les *mythes* grecs ギリシア神話 / le *mythe* napoléonien ナポレオン神話. ❷ 作り話, 絵空事. ▶ Sa fortune est un *mythe*. 彼(女)の財産というのはうそっぱちだ.
mythification /mitifikasjɔ̃/ 女 神話化, 伝説化.
mythifier /mitifje/ 他動 …を神話化する.
mythique /mitik/ 形 神話の, 神話[伝説]的な; 架空の.
mytho- 接頭「神話, 伝説」の意.
mythologie /mitɔlɔʒi/ 女 ❶《集合的に》神話, 伝説;《特に》ギリシア・ローマ神話. ▶ *mythologie* celtique ケルト神話. ❷ 神話学. ❸《集合的に》(ある対象, 主義などにまつわる)神話, 伝説.
mythologique /mitɔlɔʒik/ 形 神話の, 神話の.
mythologue /mitɔlɔg/ 名 神話学者.
mythomane /mitɔman/ 形 虚言症(患者)の.
— 名 虚言症患者.
mythomanie /mitɔmani/ 女 虚言症.

N, n

N, n /ɛn/ 男 フランス字母の第14字.
nabab /nabab/ 男 ❶ 大富豪. ❷《歴史》(インドのイスラム王朝時代の)地方総督, 高官.
nabot, ote /nabo, ɔt/ 名 小人, ちび.
nacelle /nasɛl/ 女 ❶ (飛行機の)エンジンカバー;(気球などの)ゴンドラ. ❷ (乳母車の)座席.
nacre /nakr/ 女 (貝殻の)真珠層, 螺鈿(らでん). ▶ un bouton de *nacre* パールボタン.
nacré, e /nakre/ 形 真珠光沢の; 真珠色の.
nadir /nadi:r/ 男《天文》天底 (↔zénith).
nage /na:ʒ/ 女 泳ぎ; 泳法. ▶ la *nage* libre [sur le dos] 自由形 [背泳] / le relais quatre *nages* メドレーリレー.
à la nage (1) 泳いで. ▶ gagner la côte *à la nage* 岸まで泳ぐ. (2)《料理》homard *à la nage* オマールエビのクールブイヨン煮.
être en nage 汗びっしょりである.
nageoire /naʒwa:r/ 女 (魚や水生動物の)ひれ.
***nager** /naʒe/ ナジェ/ ②

過去分詞 nagé	現在分詞 nageant
直説法現在	je nage tu nages il nage	nous nageons vous nagez ils nagent

自動 ❶ 泳ぐ. ▶ *nager* en mer 海で泳ぐ / *nager* dans une piscine プールで泳ぐ / Je ne sais pas *nager*. 私は泳げない / *nager* comme un poisson (魚のように)上手に泳ぐ.
❷ 浮かぶ, 漂う. ▶ Des lentilles d'eau *nagent* sur l'étang. 浮き草が池の上に漂っている.
❸ ‹*nager* dans qc› …にどっぷりつかる, 浸り切る. ▶ Quelques morceaux de viande *nagent* dans la sauce. 肉の何切れかがソースにつかっている / *nager* dans le bonheur 幸福に浸り切っている / *nager* dans l'argent 金(かね)がうなるほどある.
❹ 話 途方に暮れる. ▶ *nager* en pleine confusion 混乱の極に達している.
❺ だぶだぶの服を着ている. ▶ Elle *nage* dans son pantalon. 彼女のズボンはだぶだぶだ.
nager「contre le courant [à contre-courant] (1) 流れに逆らって泳ぐ. (2) 時流に逆らう.
nager entre deux eaux (一方に偏らず)2 派の間を巧みに泳ぎ回る, 二またをかける.
savoir nager (1) 泳げる. (2) 話 巧みに切り抜ける; 世渡りがうまい.
── 他動 ‹ある泳法›で泳ぐ;‹ある距離›を競泳する. ▶ *nager* la brasse 平泳ぎをする / *nager* le crawl クロールをする / *nager* un cent mètres 100 メートル競泳に出場する.
nageur, euse /naʒœ:r, ø:z/ 名 ❶ 泳ぐ人; 水泳選手. ▶ Chantal est une très bonne na-geuse. シャンタルは泳ぎがとても上手だ / maître-*nageur* 水泳の指導員;(プール, 海水浴場などの)監視員. ❷ 世渡りのうまい人, 策士.
── 形《動物が》遊泳する.
naguère /nagɛ:r/ 副 文章 ❶ 少し前まで; 最近まで. ▶ Nous habitions *naguère* en plein centre-ville; maintenant, nous vivons en banlieue. 最近まで私たちは都心に住んでいましたが, 今は郊外に住んでいます. ❷《誤用》かつて, 昔.
naïade /najad/ 女 ❶ (多く Naïade)《ギリシア神話》ナイアス (=nymphe): 泉や川の精.
❷《植物》イバラモ(属).
***naïf, ïve** /naif, i:v/ ナイフ, ナイーヴ/ 形 ❶ お人よしの, 信じやすい, 世間知らずの, ばか正直な. ▶ Il est très *naïf*. 彼はお人よしすぎる / Je ne suis pas assez *naïf* pour vous croire. あなた(方)の言うことを真に受けるほどおめでたくはありません / question *naïve* 無知な質問.
❷ 素直な, 無邪気な, 純真な. ▶ un garçon *naïf* あどけない[うぶな]少年 / le cœur *naïf* 純な心, 童心.
❸ 素朴な, 自然な, ありのままの. ▶ l'art *naïf* 素朴芸術 / les peintres *naïfs* 素朴画家 (アンリ・ルソーなど).
── 名 ❶ お人よし, 世間知らず; うぶ. ❷《美術》素朴画家.
nain, naine /nɛ̃, nɛn/ 名 (昔話の)小人; 非常に背の低い人. ▶ *Blanche-Neige et les sept nains*「白雪姫と7人の小人」
── 形 ❶ 小人(症)の, 非常に背の低い. ❷[動物, 天体が]矮性(わいせい)の, 矮小形の. ▶ l'arbre *nain* japonais (日本の)盆栽.
nais /nɛ/ 活用 ⇨ NAÎTRE 51
naiss- 活用 ⇨ NAÎTRE 51
:naissance /nɛsɑ̃:s/ ネサーンス/ 女 ❶ 誕生, 出生; 出産. ▶ lieu de *naissance* 出生地 / Quelle est votre date de *naissance*? あなたの生年月日はいつですか / la déclaration de *naissance* 出生届 / acte de *naissance* 出生証書 / *naissance* difficile 難産 / *naissance* avant terme 早産 / contrôle des *naissances* 産児制限 / Le nombre des *naissances* est en diminution. 出産数が減少している.
❷ 始まり, 出現, 発端. ▶ la *naissance* du jour 夜明け / la *naissance* de l'amour 恋の芽生え.
❸ 起点, 源(みなもと); 付け根. ▶ la *naissance* du Danube ドナウ河の源流 / la *naissance* des cheveux 髪の生え際 / la *naissance* du cou 首の付け根.
de naissance 生まれつきの, 生来の, 生得の. ▶ paresseux *de naissance* 根っから怠け者の.
***donner naissance à qc* …を生じさせる;…の原因となる. ▶ Son discours a donné naissance à

une polémique. 彼(女)の話をきっかけに論戦が始まった.
donner naissance à qn (子供)を産む. ▶ Elle *a donné naissance à* des jumeaux. 彼女は双子を産んだ.
prendre naissance 生じる; 始まる. ▶ C'est dans ce quartier que l'émeute *a pris naissance*. 騒動が始まったのはこの地区だ.

naissant, ante /nɛsɑ̃, ɑ̃:t/ 形 (naître の現在分詞) 文章 生まれかけた; 始まったばかりの. ▶ le jour *naissant* 夜明け / barbe *naissante* 生えかけたひげ / amour *naissant* 芽生え始めた恋 / capitalisme *naissant* 黎明(れいめい)期の資本主義.

naît /nɛ/ 活用 ⇨ NAÎTRE 51

*****naître** /nɛtr/ ネトル 51 自動

過去分詞 né	現在分詞 naissant
直説法現在 je nais	nous naissons
tu nais	vous naissez
il naît	ils naissent
複合過去 je suis né(e)	半過去 je naissais
単純未来 je naîtrai	単純過去 je naquis

《助動詞は être》 ❶ 〔人, 動物が〕生まれる. ▶ Je *suis né* à Paris en 1983 [mil neuf cent quatre-vingt-trois]. 私は1983年にパリで生まれた / *naître* à terme 予定どおりに生まれる / *naître* avant terme 月足らずで生まれる / Il *est né* d'un père français et d'une mère anglaise. 彼はフランス人の父親とイギリス人の母親の間に生まれた / 《非人称構文で》 Il *est né* le divin enfant. 「神の子が生まれた」(クリスマスの歌).
❷ ⟨naître + 属詞⟩…に生まれつく. ▶ être *né* aveugle 生まれつき目が見えない / Il *est né* musicien. 彼は天成の音楽家だ.
❸ 生じる, 起こる, 現れる. ▶ Un sourire *naît* sur son visage. 彼(女)の顔に笑みが浮かぶ / faire *naître* qc …を生じさせる, 引き起こす. ◆ *naître* de qc …から生じる, に由来する. ▶ La haine *est née* de ces querelles. その争いが元で憎しみが生じた.
❹ 文章 ⟨naître à qc⟩…に目覚める, 目を開く; 関心を向ける. ▶ *naître* à l'amour 恋に目覚める.
❺ 〔植物が〕発芽する; 開花する.
avoir vu naître qn …が生まれた[デビューした]ときから知っている.
être né coiffé = être né sous une bonne étoile 幸運の星の下に生まれる.
être né pour qc/qn/不定詞 …のために生まれてきたようなものだ. ▶ Elle *est née pour* chanter. 彼女は歌うために生まれてきたようなものだ.
ne pas être né d'hier [de la dernière pluie] だてに年は取っていない, そんなに甘くない.

naïvement /naivmɑ̃/ 副 無邪気に, 単純に, ばか正直に. ▶ sourire *naïvement* 無邪気にほほえむ.

naïveté /naivte/ 女 ❶ 素直さ, 無邪気さ, 純真さ. ❷ 信じやすさ, ばか正直, 世間知らず. ▶ Elle a eu la *naïveté* de les croire. 彼女は愚かにも彼らを信じてしまった / en toute *naïveté* ばか正直なことに, 愚かにも. ❸ 《多く複数で》幼稚な言動, 愚かなこと. ▶ dire des *naïvetés* 幼稚なことを言う.

naja /naʒa/ 男 【動物】コブラ (=cobra).
nana /nana/ 女 話 女, 娘.
nanan /nanɑ̃/ 男 《次の句で》
C'est du nanan. 話 (1) それはとてもおいしい[すてきだ]. (2) それはたやすいことだ.
Nancy /nɑ̃si/ 固有 ナンシー: Meurthe-et-Moselle 県の県庁所在地.
nanisme /nanism/ 男 小人症; (動植物の)矮性(わいせい) (↔gigantisme).
nano- 接頭 「10億分の1」の意.
nanomètre /nanɔmɛtr/ 男 ナノメーター: 10億分の1メートル.
nanotechnologie /nanɔtɛknɔlɔʒi/ 女 ナノテクノロジー.
nantais, aise /nɑ̃tɛ, ɛ:z/ 形 ナント Nantes の. — **Nantais, aise** 名 ナントの人.
Nanterre /nɑ̃tɛ:r/ 固有 ナンテール: Hauts-de-Seine 県の県庁所在地.
Nantes /nɑ̃:t/ 固有 ナント: Loire-Atlantique 県の県庁所在地. ▶ Edit de *Nantes* ナントの勅令(1598年, アンリ4世が発した勅令. 新教徒に信仰の自由を許した).
nanti, e /nɑ̃ti/ 形 (nantir の過去分詞) ❶ 裕福な. ❷ 備えのある. ▶ être bien *nanti* contre le froid 防寒の備えが万全である. ❸ ⟨*nanti* de qc⟩ (資産)を有した; (必要品)を携えた. — 名 裕福な人, 金持ち.
nantir /nɑ̃ti:r/ 他動 文章 ⟨*nantir* qn de qc⟩ 〔人〕に…を持たせる. ▶ *nantir* un enfant d'un panier-repas 子供に弁当を持たせる / *nantir* qn d'une sinécure …を閑職に就かせる.
— **se nantir** 代動 ⟨*se nantir* de qc⟩…を備える; 携帯する. ▶ *se nantir* d'un parapluie 傘を持ち歩く.
nantissement /nɑ̃tismɑ̃/ 男 担保契約; 担保, 抵当.
napalm /napalm/ 男 【米語】【化学】ナパーム. ▶ bombe au *napalm* ナパーム弾.
naphtaline /naftalin/ 女 ナフタリン.
Naples /napl/ 固有 ナポリ: イタリアの都市. ▶ Voir *Naples* et mourir. 諺 ナポリを見て死ね.
napoléon /napɔleɔ̃/ 男 ナポレオン金貨.
napoléonien, enne /napɔleɔnjɛ̃, ɛn/ 形 ナポレオン1世[3世]の; ナポレオン家の.
napolitain, aine /napɔlitɛ̃, ɛn/ 形 ナポリ Naples の; ナポリ風の. ▶ tranche *napolitaine* ナポリ風アイスクリーム(数種のものを層状に重ね, 薄く切って食べる).
— **Napolitain, aine** 名 ナポリの人.
nappage /napa:ʒ/ 男 【料理】 ❶ ナパージュ: 料理, 菓子の全体を覆うシロップ, クリームなどをかけること. ❷ ナパージュ用のソースやクリーム.
*****nappe** /nap/ ナップ 女 ❶ テーブルクロス. ▶ mettre une *nappe* sur la table 食卓にテーブルクロスを掛ける. ❷ (液体, 気体などの)広がり, 層. ▶ *nappe* d'eau 一面の水 / *nappe* souterraine [phréatique] 地下水層 / *nappe* de pétrole 石油層; (タンカー事故で海面に広がる)石油の膜.
napper /nape/ 他動 ⟨*napper* qc de qc⟩ ❶ 【料理】(ソース, クリームなど)を〔料理, 菓子〕の全体に

かける. ❷ …を(大きな布)で覆う.
napperon /naprɔ̃/ 男 ドイリー: 刺繡(ぬの)などのある小さな卓上用敷物. 花瓶敷き, テーブルセンター, ランチョンマットなど.
naqui-, naquî- 活用 ⇨ NAÎTRE 51
Narbonne /narbɔn/ 固有 ナルボンヌ: 南仏の都市.
narcisse /narsis/ 男 ❶ スイセン(の花).
❷《Narcisse》《ギリシア神話》ナルキッソス, ナルシス: 泉に映る自分の姿に恋して水仙の花に化した美少年. ❸ 文章 ナルシスト, 自己陶酔者.
narcissique /narsisik/ 形 (極端に)自己愛の強い, 自己陶酔的な;《精神分析》ナルシシズムの.
narcissisme /narsisism/ 男 (極端な)自己愛, 自己陶酔;《精神分析》ナルシシズム.
narcodollars /narkodɔla:r/《男複》麻薬ダラー (麻薬取引で得たドル).
narcose /narko:z/ 女 麻酔(状態).
narcotique /narkɔtik/ 形 麻酔性の.
— 男 麻酔薬.
narcotrafiquant, ante /narkotrafikɑ̃, ɑ̃:t/ 名 麻薬密売組織の元締め.
narguer /narge/ 他動 ❶ …を軽んじる, ばかにする. ▶ *narguer* ses supérieurs 目上の者を軽んじる. ❷ …に敢然と挑み, 平然と立ち向かう.
narine /narin/ 女 鼻の穴, 鼻孔. ▶ dilater [gonfler] ses *narines* 鼻の穴を膨らませる.
narquois, oise /narkwa, wa:z/ 形 嘲笑(ちょう)的な, 皮肉な. ▶ un sourire *narquois* (=ironique) 皮肉な微笑.
narquoisement /narkwazmɑ̃/ 副 あざけるように, 冷笑的に, 皮肉に.
narrateur, trice /naratœ:r, tris/ 名 語り手, ナレーター;(1人称で登場する)話者.
narratif, ive /naratif, i:v/ 形 物語風[体]の, 物語の. ▶ la poésie *narrative* 物語詩.
narration /narasjɔ̃/ 女 ❶ 物語, 叙述, 語り; 説話行為. ▶ l'art de la *narration* 話術 / faire une *narration* fidèle de l'accident 事故の模様を正確に物語る. 比較 ⇨ HISTOIRE.
❷ (学校教育の)課題作文.
❸《文法》l'infinitif de *narration* 物語体不定詞(一般に〈Et + 主語 + de + 不定詞〉の形をとり, 物語に精彩を与える) / le présent de *narration* 物語体現在 (=présent historique) (過去の出来事を生き生きと描くために用いられる直説法現在).
narrer /nare/ 他動 文章 …を物語る, 叙述する.
narval /narval/ 男《複》**als** 男《動物》イッカク.
nasal, ale /nazal/;《男複》**aux** /o/ 形 ❶ 鼻の. ▶ fosses *nasales* 鼻腔(ぐう) / hémorragie *nasale* 鼻血. ❷《音声》鼻音の. ▶ voyelles *nasales* 鼻母音 / voix *nasale* 鼻にかかった声.
nasalisation /nazalizasjɔ̃/ 女《音声》鼻音化 (例:/a/ が /ɑ̃/ となること).
nasaliser /nazalize/ 他動《音声》〔音〕を鼻音化する. — **se nasaliser** 代動 鼻音化される.
nase[1] /nɑ:z/ 男 俗 鼻.
nase[2] /nɑ:z/ 形 隠語〔物が〕故障した;〔人が〕疲れ果てた.
naseau /nazo/;《複》**x** /z/ 男 ❶ (馬や牛などの)鼻孔. ❷《複数で》話 (人間の)鼻.
nasillard, arde /nazija:r, ard/ 形 鼻にかかった(ような), 鼻声の. ▶ voix *nasillarde* 鼻声.
nasillement /nazijmɑ̃/ 男 ❶ 鼻声を出すこと; 鼻にかかった音; 鼻声. ❷ アヒルの鳴き声.
nasiller /nazije/ 自動 ❶ 鼻声でしゃべる.
❷〔音響機器が〕鼻が詰まったような音を出す.
nasse /nas/ 女 (魚を捕る)簗(やな). ▶ poser des *nasses* 簗を仕掛ける.
natal, ale /natal/;《男複》**als** 形 (そこで)生れた, 生国の. ▶ pays *natal* 生まれた故郷; 故国 / maison *natale* 生家 / langue *natale* 母語, 母国語.
nataliste /natalist/ 形 出産奨励の, 避妊反対の. ▶ politique *nataliste* 出産奨励政策.
natalité /natalite/ 女 出生数; 出生率 (= taux de *natalité*). ▶ pays à forte [faible] *natalité* 出生率の高い[低い]国 / accroissement [régression] de la *natalité* 出生率の上昇[低下] / La *natalité* baisse. 出生率が下がっている.
natation /natasjɔ̃/ 女 水泳, 競泳. ▶ faire de la *natation* 水泳をする / cours de *natation* 水泳教室 / épreuves de *natation* 水泳競技 / *natation* synchronisée シンクロナイズドスイミング.
natatoire /natatwa:r/ 形 ❶ vessie *natatoire* (魚類の)浮き袋. ❷ 水泳の.
natif, ive /natif, i:v/ 形 ❶〈*natif* de + 地名〉…生まれの, …出身の (=originaire de). ▶ Il est *natif* de Nice. 彼はニースの生まれだ. ❷ 文章 生来の. ▶ avoir une peur *native* pour qc …に生まれつき…が怖い.
— 名〈*natif* de + 地名〉…生まれの人, …出身者.

***nation** /nasjɔ̃/ ナスィヨン 女 ❶ 国民, 民族. ▶ la *nation* japonaise 日本国民. 比較 ⇨ PEUPLE.
❷ 国, 国家. ▶ les grandes *nations* (=puissance) 大国 / Organisation des *Nations* unies 国際連合 (略 ONU) / Association des *nations* d'Asie du Sud-Est 東南アジア諸国連合, ASEAN. 比較 ⇨ PAYS.

***national, ale** /nasjɔnal/ ナスィヨナル;《男複》**aux** /o/ 形 ❶ 国の, 国家の; 国有[国立]の; 国内の. ▶ hymne *national* 国歌 / drapeau *national* 国旗 / territoire *national* 国土 / fête *nationale* 国の祝日 / parc *national* 国立公園 / route *nationale* 国道 (略 RN /ɛrɛn/).
❷ 国民の; 国民的な. ▶ Assemblée *nationale* 国民議会 / Victor Hugo, poète *national* français フランスの国民的詩人ヴィクトル・ユゴー.
❸ 全国の, 全国的な(規模の). ▶ concours *national* 全国コンクール / équipe *nationale* de rugby ラグビーのナショナル・チーム.
— **nationaux** 男複 (étrangers に対して)国籍保有者, (自)国民.
— **nationale** 女 国道. ▶ la *Nationale* 7 国道7号線 (略 N7).
nationalisation /nasjɔnalizasjɔ̃/ 女 国有化, 国営化. ▶ la *nationalisation* des chemins de fer 鉄道の国有化.
nationaliser /nasjɔnalize/ 他動 …を国有化する, 国営化する. ▶ *nationaliser* une entre-

prise 企業を国有化する / secteur *nationalisé* 国営産業部門.

nationalisme /nasjɔnalism/ 男 ナショナリズム, 民族主義, 国家主義.

nationaliste /nasjɔnalist/ 形 民族主義の, 国家主義的な.
— 名 民族主義者, 国家主義者.

***nationalité** /nasjɔnalite ナスィヨナリテ/ 女 ❶ 国籍. ▶ Vous êtes de quelle *nationalité*? あなた(方)の国籍はどこですか / avoir [acquérir, perdre] la *nationalité* japonaise 日本国籍を有する[取得する, 失う] / *nationalité* d'origine (出生による)原有国籍 / double *nationalité* 二重国籍. ❷ 民族; 民族性, 国民性. ▶ principe des *nationalités* 民族自決主義, 民族自決の原則.

national-socialisme /nasjɔnalsɔsjalism/ 男 (ナチス・ドイツの)国家社会主義, ナチズム.

national-socialiste /nasjɔnalsɔsjalist/; 《複》 ***nationaux-socialistes*** /nasjonosɔsjalist/ 形 (ナチス・ドイツの)国家社会主義の.
— 名 国家社会主義者; ナチス党員 (=nazi).

nativité /nativite/ 女 ❶ (キリスト, 聖母, 洗礼者聖ヨハネの)生誕(祭). ❷ 《Nativité》キリスト降誕祭, クリスマス (=fête de la *Nativité*); キリスト降誕図[像] (=*Nativité* de Jésus).

nattage /nata:ʒ/ 男 (わら, 髪などを)編むこと.

natte /nat/ 女 ❶ むしろ, ござ, 畳. ❷ 編んだ髪, 三つ編み (=*natte* de cheveux).

natter /nate/ 他動 …を編む. ▶ *natter* ses cheveux 自分の髪を編む.

naturalisation /natyralizasjɔ̃/ 女 帰化.

naturalisé, e /natyralize/ 形 帰化した. ▶ un Grec *naturalisé* français フランスに帰化したギリシア人. — 名 帰化した人.

naturaliser /natyralize/ 他動 ❶ …を帰化させる. ▶ se faire *naturaliser* français フランスに帰化する. ❷〔外国の言葉, 文化〕を移植する. ❸〔動物〕を剥製(はくせい)にする.

naturalisme /natyralism/ 男 自然主義. (1)〖哲学〗自然を唯一の原理とする理論. (2)〖文学〗現実をありのままに描く文学作法. (3)〖美術〗写実的な自然描写の技法.

naturaliste /natyralist/ 形 自然主義の; 自然派の. ▶ un roman *naturaliste* 自然主義小説 / un peintre *naturaliste* 自然派の画家. — 名 ❶ 博物学者; 博物学愛好家. ❷〖哲学〗〖文学〗自然主義者; 〖美術〗自然派の画家.

***nature** /naty:r ナテュール/ 女

❶ 自然, 自然界. ▶ protection de la *nature* 自然保護 / spectacle de la *nature* 自然の織りなす景観 / forces de la *nature* 自然の猛威 / aimer la *nature* 自然を愛する / admirer la *nature* 自然を見て楽しむ / vivre en pleine *nature* 大自然に生きる, 田園生活をする.

❷ 本質, 特性; 種類. ▶ la *nature* humaine 人間性 / la *nature* d'une maladie ある病気の特質 / C'est un phénomène de *nature* sociale. これは社会的性格を持った現象だ. ◆ de cette [même, toute] *nature* この[同じ, あらゆる]種類の. ▶ les difficultés de toute *nature* ありとあらゆる困難 / d'une toute autre *nature* 全く別の種類の.

❸ 気質, 体質; (…な)気質[体質]の人. ▶ Ce n'est pas dans sa *nature*. それは彼(女)の性分に合わないことだ / être d'une *nature* douce 優しい性格である / une petite *nature* ひ弱な人間 / une heureuse *nature* 楽天的な質(たち)(の人) / C'est une *nature*. 彼(女)は個性の強い人だ.

❹ (肉欲に対する)自然の情; (性的な)本能. ▶ les liens de la *nature* 血縁 / céder à la *nature* 肉欲に身をゆだねる.

❺〖美術〗実物, モデル. ▶ peindre d'après *nature* 写生する / la *nature* morte 静物(画) / grandeur *nature* 実物大の.

contre nature 自然の摂理に反した.

dans la nature (1) 自然の中で. (2) 話 遠く離れて. ▶ disparaître *dans la nature* どこかへ姿を消す.

de [par] nature 生まれつき. ▶ Il est travailleur *de [par] nature*. 彼は生来の働き者だ.

***de nature à** + 不定詞 …しうる性質の, できる. ▶ Ce n'est pas une politique *de nature à* maîtriser l'inflation. それはインフレを抑制できるような政策ではない.

de [par] sa nature 本質的に; 本来, そもそも.

en nature 現物で (↔en espèce). ▶ payer *en nature* 現物で支払う.

être une force de la nature 非常な力持ちだ.

Il est dans la nature des choses que + 直説法 …は当然のことである.

La nature fait bien les choses. 話 自然が癒してくれる, 自然に治りますよ.

L'habitude est une seconde nature. 諺 習慣は第2の天性である.

比較 **性格, 気性**
nature 生まれつき備わったものとしての性格, 本性. **caractère** 最も普通に「性格」の意味で用いられる. **tempérament** 行動, 行為との関連で(その原因として)考えられた性格, 気性. **personnalité** ある個人の性格や考え方, 行動様式などを総体として考えた人らしさ, 人格.

— 形 《不変》❶〔食べ物が〕何も混ぜない, 生(き)のまま. ▶ café *nature* ブラックコーヒー / omelette *nature* プレーンオムレツ.

❷ 自然な, 飾り気のない. ▶ une réponse *nature* 率直な返事 / Elle est *nature*. 彼女は気取らない.

***naturel, le** /natyrɛl ナテュレル/ 形 ❶ 自然の; 自然に関する. ▶ phénomènes *naturels* 自然現象 / sciences *naturelles* 自然科学 / sélection *naturelle* 自然淘汰(とうた) / histoire *naturelle* 博物学.

❷ 天然の, 自然のままの; 本物の. ▶ ressources *naturelles* 天然資源 / gaz *naturel* 天然ガス / manger des produits *naturels* 自然食品を食べる.

❸ 生まれつきの, 天性の; 本来の, 自然の. ▶ penchant *naturel* 生来の性向 / avoir des dispositions *naturelles* pour la peinture 天性の画才に恵まれている / mort *naturelle* 自然死 / besoin *naturel* 生理的欲求.

naturellement

❹ 当然の, 当たり前の; もっともな. ▶ Ne me remerciez pas, **c'est tout naturel**. 礼には及びません, 当たり前のことをしただけです. ◆ 《非人称構文で》Il est [C'est] *naturel* de + 不定詞 // Il est [C'est] *naturel* que + 接続法. …するということは当然である. ▶ Il est *naturel* d'aider ses parents. 親の手助けをするのは当たり前だ / C'est *naturel* de pleurer quand on est triste. 悲しいとき泣くのは自然なことだ.

❺ 気取らない, ありのままの, 普段どおりの. ▶ une attitude *naturelle* 自然な態度 / un style *naturel* 飾り気のない文体.

❻ enfant *naturel* 非嫡出子, 私生児 (↔enfant légitime).

──名 文章 先住民, 土着民;《しばしば軽蔑して》地元の人間, 土地の者.

── **naturel** 男 ❶ 生まれつきの性質; 気質, 気性. ▶ avoir un bon *naturel* 気立てがいい.

❷ 自然さ, 飾り気のなさ; 本来の姿. ▶ se conduire avec *naturel* 自然に振る舞う.

au naturel (1)《食品が》味付けされていない. (2) 実物で. ▶ Elle est mieux *au naturel* qu'en photo. 彼女は写真より実物のほうがいい.

Chassez le naturel, il revient au galop. 諺 本性は変えられるものではない.

***naturellement** /natyrɛlmɑ̃ ナテュレルマン/ 副 ❶ 生まれつき; 本来. ▶ Elle est *naturellement* blonde. 彼女は生まれつきブロンドだ.

❷ 自然に; 気取らずに, ありのままに. ▶ Cela me vient *naturellement*. 私にはそれが自然にそう思えてくる / Il a joué très *naturellement*. 彼はごく自然に演じた. ❸ 必然的に; 話 当然, もちろん. ▶ C'est de ma faute, *naturellement*. それはもちろん私のミスだ /《Tu es content?—Naturellement.》「うれしいかい」「もちろんさ」

naturisme /natyrism/ 男 ❶ 自然回帰主義, ナチュリスム: 野外生活, 自然食の摂取, 裸体主義など自然復帰を目指す生活態度. ❷ 自然崇拝(論), 自然信仰. ❸《文学》本然主義, ナチュリスム.

naturiste /natyrist/ 形 ❶ 自然回帰主義の; ヌーディストの. ❷ 自然崇拝(論)の. ❸《文学》本然主義の. ──名 ❶ 自然回帰主義者; ヌーディスト. ❷ 自然崇拝(論)者. ❸《文学》本然主義者.

naufrage /nofraʒ/ 男 ❶《船の》遭難, 難船. ▶ faire *naufrage* 難船 [難破] する. ❷ 壊滅, 崩壊.

faire naufrage au port《港で難船する→》あと一歩というところで失敗する.

naufragé, e /nofraʒe/ 形 難船した, 難破した; 〔企業などが〕破産した. ──名 難船した人, 遭難者.

naufrageur, euse /nofraʒœːr, øːz/ 名 ❶《偽信号で難破させ積み荷を奪う》難船略奪者. ❷《計画などの》破壊者, 妨害者.

naupathie /nopati/ 女 船酔い.

nauséabond, onde /nozeabɔ̃, ɔ̃ːd/ 形 ❶ 吐き気を催させるほど臭い. ▶ odeur *nauséabonde* むかつくような臭気. ❷ 嫌悪感を与える, 忌まわしい.

nausée /noze/ 女 ❶ 吐き気, むかつき. ▶ avoir la *nausée* [des *nausées*] 吐き気がする.

❷ ひどい嫌悪感. ▶ Cela me donne la *nausée*. そいつは不愉快極まる / Rien que d'y penser, j'en ai la *nausée*. そう考えただけでへどがでる.

nauséeux, euse /nozeø, øːz/ 形 吐き気に苦しむ.

nautique /notik/ 形 ❶ 航海に関する. ▶ art *nautique* 航海術 / carte *nautique* 海図. ❷ 水上の, 水中の. ▶ sports *nautiques* 水のスポーツ (水泳, ボート競技などすべてを含む) / ski *nautique* 水上スキー / ballet *nautique* 水中バレエ.

nautisme /notism/ 男《集合的に》水上スポーツ; 《特に》ヨット帆走〔競技〕.

nautonier, ère /notonje, ɛːr/ 名 ❶ 古 文章 船頭. ❷《ギリシア神話》le *nautonier* des Enfers 冥府(めいふ)の川の渡し守 (カロン Charon のこと).

naval, ale /naval/;《複》**als** 形 ❶ 船舶の. ▶ construction *navale* 造船 / chantier *naval* 造船所. ❷ 海軍の. ▶ forces *navales* 海軍 / combat *naval* 海戦 / Ecole *navale* 海軍兵学校.

navarin /navarɛ̃/ 男《料理》羊とカブの煮込み.

navet /navɛ/ 男 ❶ カブ. ❷ 話 〔芸術作品, 特に映画の〕駄作, 失敗作.

avoir du sang de navet 話 無気力である.

navette /navɛt/ 女 ❶《近距離間の》連絡便, シャトル便 (=service *navette*). ❷《宇宙航行》*navette spatiale* スペースシャトル. ❸《織機の》杼(ひ), シャトル;《ミシンの》ボビンケース.

faire la navette (entre A et B) 〔AとBの間を〕行き来する. ▶ Il fait la *navette* entre son bureau et la cité-dortoir. 彼は会社とベッドタウンの間を往復するだけだ.

navigabilité /navigabilite/ 女 ❶《海, 河川の》航行可能性. ❷《船舶, 航空機の》耐航性.

navigable /navigabl/ 形《海, 河川が》航行可能な.

navigant, ante /navigɑ̃, ɑ̃ːt/ 形 船上勤務の; 機上勤務の. ──名 乗組員; 搭乗員.

navigateur, trice /navigatœːr, tris/ 名 航空士, 操縦士; 文章 航海者; 船乗り. ── 男 ❶ ナビゲーター. ❷《情報》ウェブ閲覧ソフト.

navigation /navigasjɔ̃/ 女 ❶ 航海, 航行; 海上輸送. ▶ *navigation* maritime 航海 / *navigation* au long cours 遠洋航海 / *navigation* fluviale 河川の航行 / *navigation* de plaisance ヨットの旅, クルージング / compagnie de *navigation* 船会社.

❷ 航空, 飛行; 空輸. ▶ *navigation* aérienne 航空 / *navigation* spatiale 宇宙飛行 [旅行] / *navigation* à vue 有視界飛行.

❸《情報》ウェブサイトの閲覧すること, ネットサーフィン, ブラウジング. ▶ logiciel de *navigation* ウェブ閲覧ソフト.

naviguer /navige/ 自動 ❶ 航海する, 航行する. ▶ Ce bateau [Ce marin] a beaucoup *navigué*. この船 [水夫] は何度も航海に出てきた.

❷ 船 [航空機] を操縦する. ▶ *naviguer* à six mille mètres d'altitude 高度6000メートルで飛ぶ.

❸ 話 あちこち出歩く; よく旅行する.

❹【情報】ネットサーフィンする. ▶ *naviguer* sur la Toile ネットサーフィンする.

naviguer entre les écueils (暗礁(あんしょう)の間を縫って航行する→)障害［困難］を巧みに避ける.

savoir naviguer 操船術を心得ている；巧みに立ち回る, 世渡りがうまい.

naviplane /naviplan/ 男 商標 ホーバークラフト (=aéroglisseur).

***navire** /naviːr/ ナヴィール/ 男 (大型の)船, 船舶. ▶ *navire* marchand [de commerce] 商船 / *navire* pétrolier タンカー (=navire-citerne) / *navire* de guerre 軍艦 / *navire* de plaisance クルーザー(大型ヨットなど). 比較 ⇨ BATEAU.

navire-citerne /navirsitɛrn/; 〈複〉 ~s-~s 男 油槽船, タンカー.

navire-école /navirekɔl/; 〈複〉 ~s-~s /navir(z)ekɔl/ 男 (航海士養成のための)練習船.

navr*ant*, *ante* /navrɑ̃, ɑ̃ːt/ 形 痛ましい；嘆かわしい. ▶ La situation de cette famille est *navrante*. あの一家の境遇は痛ましい限りだ / Il n'ecoute personne, c'est *navrant*. 彼はだれの言うことも聞かない，嘆かわしいことだ.

navré, *e* /navre/ 形 残念がっている；恐縮した；悲嘆に暮れた. ▶ répondre d'un ton *navré* 済まなそうに答える. ◆ être *navré* "de qc/不定詞 [que + 接続法]〟を遺憾に思う. ▶ Je suis *navré* "de son échec [qu'il ait échoué]〟. 彼の失敗は残念だ / Je suis vraiment *navré* d'être en retard. 遅刻して本当に申し訳ありません.

navrer /navre/ 他動 …を深く悲しませる；失望させる. ▶ Un tel gaspillage des deniers publics me *navre*. こんな税金のむだ遣いを見るとがっかりする.

nazi, *e* /nazi/ 形 ナチス(党員)の.
── 名 ナチス(党員).

nazisme /nazism/ 男 ナチズム.

NDLR 《略語》note de la rédaction 編集部注.

***ne** /n(ə)/ ヌ/
副 (母音または無音のhの前でn'となる)

⟨*ne* + 動詞 + pas⟩ …ない.
⟨*ne* + 動詞 + que …⟩ …しか…ない.
⟨*ne* + 動詞 + plus⟩ もはや…ない.
⟨*ne* + 動詞 + jamais⟩ 決して…ない.
⟨*ne* + 動詞 + personne⟩ だれも…ない.
⟨*ne* + 動詞 + rien⟩ 何も…ない.
⟨*ne* だけで否定を表わして⟩ …ない.
《従属節中で虚辞として》

1《他の語と併用して》❶《pas, plus, jamais などの副詞とともに》 ▶ Il *ne* part pas. 彼は出発しない / N'y allez pas. そこへ行くな / Vous *ne* partirez pas demain. 明日出発しないでください / Il est mécontent de *ne* pas pouvoir y aller. 彼はそこに行けないのが不満だ / Il *n*'est plus malade. 彼はもう病気ではない / Il *ne* m'a jamais parlé de ça. 彼はそのことを私に一度も話したことがない.

❷《rien, personne, aucun, nul などとともに》(どんな…も)…ない. ▶ Il *n*'a rien dit. 彼は何も言わなかった / Rien *n*'est encore fini. まだ何も終わっていない / Il *ne* veut voir personne. 彼はだれにも会いたがらない / Je *n*'ai aucune nouvelle de lui. 私には彼からなんの知らせもない.

❸《接続詞 ni とともに》⟨*ne* … ni A ni B⟩ A も B も…ない. ▶ Je *ne* suis ni riche ni pauvre. 私は金持ちでも貧乏でもない.

❹《que とともに主動詞を制限して》⟨*ne* … que …⟩ …しか…ない；…だけ…である(⇨ QUE¹). ▶ Elle *n*'a que vingt ans. 彼女はまだ20歳だ / Je *ne* l'ai vue qu'une fois. 私は彼女に一度しか会っていない / Il *ne* s'est aperçu de cette erreur que plus tard. 彼はだいぶたってやっとその間違いに気づいた. ◆ *ne* … plus que … もはや…しか…ない. ◆ *ne* … pas que …《制限の否定》…だけ…なのではない. ▶ Il *n*'y a pas que vous qui le dites. そう言っているのはあなた(方)だけではない.

2《*ne* だけで否定を表わして》…ない. 注 特定の動詞や慣用表現の文章体では *ne* だけで否定を表わす. ただし口語体では pas を伴うこともできる.

❶《oser など特定の動詞とともに》 ▶ Il *ne* cesse (pas) de le répéter. 彼は絶えずそれを繰り返している / Je *ne* peux (pas) l'affirmer. 私にはそれを断言できない / Je *ne* sais que faire. 私はどうしてよいか分からない / On *ne* saurait tout faire. すべてはできないだろう.

❷《成句・慣用表現で》 ▶ *N*'ayez crainte. 心配しないで / *n*'avoir garde de + 不定詞 …しないように気をつける / *N*'importe. そんなことはどうでもよい / (il) *n*'empêche que + 直説法 それでも…であることに変わりはない.

❸《主節が否定か疑問のときの関係［従属］節，または si で導かれる条件節中で》 ▶ Il *n*'est pas de jour où elle *ne* se plaigne (pas). 彼女が不平を言わない日は1日としてない / C'est lui, si je *ne* me trompe (pas). 私の思い違いでなければ彼だ / si ce *n*'est … …でなければ.

❹《反語的疑問文》 ▶ Qui *ne* connaît cette actrice si célèbre. 文章 あれほど有名な女優を知らない者があろうか / Que *n*'est-il venu! 文章 どうして彼は来なかったのか.

❺《d'autre … que とともに》 ▶ Je *n*'ai (pas) d'autre désir que de vous être agréable. あなた(方)に喜んでいただきたいと思っているだけです.

❻《depuis que などのあとで》 ▶ Il y a six ans que je *ne* l'ai vu. 彼に6年会っていない.

3《否定の意を持たない虚辞の *ne*》注 口語ではよく省略される. ❶《接続法をとる動詞(句), 副詞句などの従属節で》 ▶ Je crains qu'il (*ne*) vienne. 彼が来るのではないかと心配だ (注 Je crains qu'il *ne* vienne pas. は「彼が来ないのではないかと心配だ」の意) / Je *ne* doute pas qu'il (*ne*) soit intelligent. 彼が頭がいいことは間違いない / Décidez-vous avant qu'il (*ne*) soit trop tard. 手遅れにならないうちに決心しなさい / J'irai la voir à moins qu'il (*ne*) pleuve. 雨が降らない限り彼女に会いに行く. 注 ほかに avoir peur, appréhender, empêcher, prendre garde など危惧(きぐ)や回避を表わす動詞(句)とともに用いる.

❷《比較表現で主節が肯定のとき》 ▶ Il est plus

malin que tu (*ne*) crois. 彼はあなたが思っている以上に抜け目がない. 注 主節が否定形のときは一般に虚辞の ne は用いない(例: Il n'est pas plus riche qu'il était. 彼は昔ほど金持ちではない).

né, née /ne ネ/ 形 (naître の過去分詞) ❶ 生まれた. ▶ un Français *né* au Caire カイロ生まれのフランス人 / Mme Martin, *née* Dupont 旧姓デュポンのマルタン夫人 / un (enfant) nouveau-*né* 新生児 / premier [dernier]-*né* 長子[末子](の).
❷ 〈*né* pour qc/不定詞〉…のために生まれついたような. ▶ une fille *née* pour être pianiste ピアニストに生まれついたような娘.
❸ 〈名詞 + -*né(e)*〉生まれついての…, 生来の…. ▶ une comédienne-*née* 天性の女優.
bien [mal] né (1) 名門 [下層] の出の. (2) 素質のよい [悪い], 有徳 [不徳義] の.

néanmoins /neãmwɛ̃ ネアンモワン/ 副 にもかかわらず, それでも. ▶ Il était malade, il est *néanmoins* venu. 彼は病気だったにもかかわらずやって来た / *Néanmoins*, rien n'est encore décidé. とはいえ, まだ何一つ決まっていない.

néant /neɑ̃/ 男 ❶ 無, 虚無, 空(くう); 消滅, 死. ▶ retourner au *néant* 無に帰る, 消滅する / tirer qc du *néant* …を無から生み出す, 創造する.
❷ むなしさ, 無価値. ▶ le *néant* de la vie humaine 人生のむなしさ. ❸ (記入事項のない場合の)なし. ▶ signes particuliers: *néant* 身体的特徴: なし.
réduire qc à néant …を無に帰する. ▶ Ces projets ont été réduits à *néant*. それらの計画は水泡に帰した.

nébuleuse /nebylø:z/ 女 ❶ 【天文】星雲. ❷ 混沌(こんとん)としたもの, 漠然とした状態.

nébul*eux, euse* /nebylø, ø:z/ 形 ❶ 曇った, どんよりとした. ❷ 文章 不明瞭な, 曖昧(あいまい)な; 難解な.

nébulisation /nebylizasjɔ̃/ 女 (薬剤などの)噴霧化.

nébuliseur /nebylizœ:r/ 男 【医学】噴霧器, ネブライザー.

nébulosité /nebylozite/ 女 ❶ 曇っていること; 【気象】雲量. ❷ 文章 不明瞭(ふめいりょう), 曖昧(あいまい)さ.

nécessaire /nesesɛ:r ネセセール/ 形
❶ 必要な, 不可欠な, 入用な. ▶《Je viendrai avec toi ? —Non, ce n'est pas *nécessaire*.》「一緒に行ってやろうか」「いや, その必要はないよ」/ si c'est *nécessaire* もし必要なら. ◆*nécessaire* à [pour] qc/qn …に必要な. ▶ Le pétrole est *nécessaire* à la vie humaine. 石油は人間の生活にとって不可欠だ / Un bon repos vous est *nécessaire* あなた(方)には十分な休息が必要です. ◆*nécessaire* pour + 不定詞 / *nécessaire* pour que + 接続法 …するために必要な. ▶ gagner l'argent *nécessaire* pour acheter une maison 家を一軒買うのに必要な資金を稼ぐ.
❷ [人が]なくてはならない; 重宝な. ▶ se rendre *nécessaire* se faire がられる / Elle se sent *nécessaire* à ce projet. 彼女は自分がこの計画になくてはならぬ存在だと感じている.
❸ 必然的な; 避け難い. ▶ condition *nécessaire* et suffisante 必要かつ十分な条件 / résultat *nécessaire* 必然的結果 / mal *nécessaire* 必要悪.
Il est nécessaire de + 不定詞 / ***Il est nécessaire que*** + 接続法 …することが必要である, …しなければならない. ▶ *Il est nécessaire de* consulter un médecin. 医者に診てもらう必要がある / *Il est nécessaire que* vous alliez vous-même. あなた自身で行ってもらわなければなりません.
— 男 ❶ 《le nécessaire》必要なこと; 必需品. ▶ le strict *nécessaire* 必要最低限のもの[こと] / faire le *nécessaire* 必要なことをする [処置をとる] / manquer du *nécessaire* 必要なものにも事欠く, 衣食に不自由する. ❷ 用品箱, 道具入れ. ▶ un *nécessaire* de toilette 化粧道具入れ.

nécessairement /nesesɛrmɑ̃/ 副 ❶ どうしても, ぜひとも. ▶ Je dois *nécessairement* partir tout de suite. 私はどうしてもすぐに出発しなければならない.
❷ 必ず, きっと; 必然的に, 当然. ▶ Cela arrivera *nécessairement*. それは必ず起こるだろう / Cette politique sera *nécessairement* impopulaire. この政策は当然ながら世の不評を買うだろう /《Il refusera.—Pas *nécessairement*.》「彼は断るだろう」「そうとも限らないよ」

nécessité /nesesite ネセシテ/ 女 ❶ 必要, 必要性. ▶ Partir tout de suite est une *nécessité* absolue. すぐに出発することが絶対に必要だ / la *nécessité* d'une négociation [de négocier] 交渉の [交渉する] 必要(性).
❷ 《多く複数で》必要なもの [事柄, 条件]. ▶ les *nécessités* de la vie 生活必需品 / les *nécessités* de la concurrence 競争するための要件.
❸ 必然(性), 不可避性. ▶ état de *nécessité* 【法律】緊急事態;（特に）緊急避難.
❹ 《複数で》便意; 大小便. ▶ faire les *nécessités* 大小便をする, 用を足す.
de première nécessité (生活上)ぜひ必要な, 必須の. ▶ des dépenses *de première nécessité* 必要最低限の経費 [生活費].
en cas de nécessité 必要な場合には.
être [se trouver] dans la nécessité de + 不定詞 …する必要に迫られている.
Nécessité est mère d'invention [d'industrie]. 諺 必要は発明の母.
Nécessité fait loi. 諺 (必要が法を作る→)やむを得ない場合はどんな手段も許される.
par nécessité やむを得ず, 必要に迫られて.
nécessiter /nesesite/ 他動 [物事が]…を必要とする. ▶ Son insomnie *nécessite* un traitement. 彼(女)の不眠は治療を要する / *nécessiter* 「de + 不定詞[que + 接続法]」…を要する.

nécessit*eux, euse* /nesesitø, ø:z/ 形, 名 貧窮にあえぐ(人). 比較 ⇨ PAUVRE.

nec plus ultra /nɛkplyzyltra/ 男 《単複同形》《ラテン語》最高 [至上] のもの; 極み, 果て.

nécro- 接頭 「死者, 死」の意.

nécrologie /nekrɔlɔʒi/ 女 (新聞などの)死亡欄, 死亡広告; 故人略歴, 追悼記事.

nécrologique /nekrɔlɔʒik/ 形 死亡広告の; 物故者一覧の; 故人略歴 [追悼] の. ▶ la rubrique

nécrologique (新聞などの)死亡広告欄.
nécromancie /nekrɔmɑ̃si/ 囡 (死者の霊との交流によって未来を占う)死者占い; 降霊術.
nécromancien, enne /nekrɔmɑ̃sjɛ̃, ɛn/ 图 死者占い師; 降霊術師.
nécropole /nekrɔpɔl/ 囡 ❶ (先史時代, 古代の)(地下)墳墓, 壮大な墓地. ❷ 文章 (大都会の)大墓地.
nécrose /nekroːz/ 囡〖医学〗壊死(ᔒ).
nectar /nɛktaːr/ 男 ❶〖ギリシア神話〗ネクタル: 不老不死の神酒. ❷ 文章 美味な飲み物, 美酒, 甘露. ❸ 花の蜜(ᔒ); 果汁.
nectarine /nɛktarin/ 囡 ネクタリン: モモの一品種.
néerlandais, aise /neerlɑ̃dɛ, ɛːz/ 形 オランダ Pays-Bas の.
— **Néerlandais, aise** 图 オランダ人.
— **néerlandais** 男 オランダ語.
nef /nɛf/ 囡 (教会の)外陣, 信徒席; 身廊 (= grande *nef*, *nef* principale). ▶ *nef* latérale 側廊 (= collatéral, bas-côté).
néfaste /nefast/ 形 悪い結果を招く, 有害な; 文章 不吉な. ▶ influence *néfaste* 悪影響 / année *néfaste* 災厄の多かった年, 凶年 / Ce scandale sera *néfaste* à sa carrière politique. この不祥事で彼(女)の政治生命は危なくなるだろう.
négateur, trice /negatœːr, tris/ 形, 图 文章 (何かにつけて)否定する(人), 反対ばかりする(人).
*****négatif, ive** /negatif, iːv/ 形 ❶ 否定の, 拒否の (↔affirmatif). ▶ réponse *négative* 否定[拒否]の返事 / phrase *négative* 否定文.
❷ 否定的な; 消極的な; 成果のない (↔positif). ▶ les côtés *négatifs* de la hausse du yen 円高のデメリット / Les résultats de la séance étaient *négatifs*. 審議したが成果は何もなかった.
❸ 負の, マイナスの; 陰性の. ▶ nombre *négatif* 負(の)数 / solde *négatif* 赤字決算[残高] / électricité *négative* 陰電気 / réaction *négative* 陰性反応 / épreuve *négative* (写真の)陰画, ネガ / température *négative* マイナスの温度.
— **négatif** 男 (写真の)陰画, ネガ.
— **négative** 囡 否定; 拒否. ▶ répondre par la *négative* ノーと答える, 断る / se tenir sur la *négative* 否定的態度を続ける / dans la *négative* もし断られたら, 駄目な場合には.
négation /negasjɔ̃/ 囡 ❶ 否定, 否認; 拒絶. ▶ la *négation* de Dieu 神の否定 / être la *négation* de qc …を否定するものである, と相対するものである. ❷〖文法〗否定, 否定表現; 否定辞 (ne, non など).
négationnisme /negasjɔnism/ 男 ユダヤ人強制収容所におけるガス室の存在を否定する主張.
négationniste /negasjɔnist/ 形 ガス室の存在を否定する(人).
négativement /negativmɑ̃/ 副 否定的に.
négativité /negativite/ 囡 ❶ 否定性; 否定的態度, 消極性. ❷〖電気〗陰性, 負性.
négligé, e /negliʒe/ 形 ❶ なおざりにされた; 投げやりな, 粗雑な. ▶ tenue *négligée* だらしない格好 / travail *négligé* 手抜きした[雑な]仕事.

❷ 顧みられない. ▶ épouse *négligée* 夫に構ってもらえない妻.
— **négligé** 男 (服装の)だらしなさ; 無造作. 注 日本語の「ネグリジェ」は chemise de nuit.
négligeable /negliʒabl/ 形 無視できる, 取るに足りない; ごくわずかの. ▶ détails *négligeables* 取るに足りない細事, 枝葉末節 / en quantité *négligeable* ごく少量だけで, ほんのわずか.
considérer [*traiter*] *qn comme quantité négligeable* …を無視する, 問題にしない.
négligemment /negliʒamɑ̃/ 副 ❶ いいかげんに, ぞんざいに; 無造作に. ❷ (気取って)わざと無造作に.
négligence /negliʒɑ̃ːs/ 囡 ❶ なおざりにすること; なげやり, 怠慢. ▶ montrer de la *négligence* dans son travail 仕事をいいかげんにする / avec *négligence* なげやりに, いいかげんに / par *négligence* うっかり.
❷ (不注意や怠慢による)手落ち, 落ち度, 過失. ▶ réparer une *négligence* 手落ちを改める.
négligent, ente /negliʒɑ̃, ɑ̃ːt/ 形, 图 なげやりな(人), 怠慢な(人); 無頓着(ᔒᔒ)な(人).
*****négliger** /negliʒe/ ネグリジェ ② 他動

過去分詞 négligé	現在分詞 négligeant
直説法現在 je néglige	nous négligeons
tu négliges	vous négligez
il néglige	ils négligent

…をなおざりにする, 怠る; 無視する. ▶ *négliger* sa tenue 身なりを構わない / *négliger* sa santé 健康に留意しない / *négliger* sa femme 妻を顧みない / *négliger* une occasion 機会を見逃す / Il ne *néglige* rien pour m'être agréable. 彼は私を喜ばすためなら何もいとわない. ◆ *négliger* de + 不定詞 …するのを怠る. ▶ *négliger* de répondre à un e-mail 電子メールに返事を書くのを怠る.
— **se négliger** 代動 身なりを構わない; 健康に留意しない; 仕事をなおざりにする.
négoce /negɔs/ 男 古風 商売, 取引.
négociable /negɔsjabl/ 形 ❶ 交渉の余地のある. ▶ un traité difficilement *négociable* 交渉が難航しそうな条約. ❷〔証券, 手形などが〕譲渡できる, 流通性のある.
négociant, ante /negɔsjɑ̃, ɑ̃ːt/ 图 卸売商人; 仲買人. ▶ *négociant* en vins ワイン・ブローカー.
négociateur, trice /negɔsjatœːr, tris/ 图 ❶ (条約, 外交問題などの)交渉委員. ❷ 交渉者; 仲介者.
négociation /negɔsjasjɔ̃/ 囡 交渉, 折衝, 協議. ▶ *négociations* sur le désarmement 軍縮交渉 / *négociations* entre le patronat et les syndicats 労使間の交渉 / engager des *négociations* 交渉を開始する.
négocier /negɔsje/ 他動 ❶ …を交渉[協議]する. ▶ *négocier* la paix 和平交渉をする / *négocier* un accord salarial 賃金協定の交渉をする.
❷〔証券など〕を譲渡する. ▶ *négocier* un billet

nègre

手形を譲渡する. ❸ *négocier* un virage (高速で)うまくカーブを切る.
— 自動 交渉する, 協議する.
— **se négocier** 代動 交渉[協議]される.

nègre, négresse /nɛgr, negrɛs/ 名 黒人奴隷;(軽蔑して)黒人.
travailler comme un nègre 日夜あくせく働く, つらい仕事をする.
— **nègre** 形 ❶ 黒人の. ▶ musique *nègre* 黒人音楽. ❷ 黒褐色の. 注 この意味では複数不変.
motion nègre blanc 折衷案, 玉虫色の動議.
— **nègre** 男 ❶ 匿 代作者, ゴーストライター. ❷ *petit nègre*(植民地のアフリカ人が話す)片言のフランス語;でたらめなフランス語. ❸ 黒褐色.

négrier, ère /negrije, ɛːr/ 形 黒人奴隷売買の. ▶ vaisseau *négrier* 黒人奴隷船.
— **négrier** 男 ❶ 奴隷商人. ❷ 奴隷船. ❸ 使用人を奴隷扱いする[こき使う]雇用主.

négritude /negrityd/ 安 ❶ ネグリチュード, 黒人意識, 黒人の特性. 注 アフリカの詩人で政治家のサンゴールの造語. ❷《la négritude》(人種としての)黒人.

négroïde /negrɔid/ 形 黒人種に似た.

negro-spiritual /negrɔspiritɥol/ 男《米語》【音楽】黒人霊歌, ニグロスピリチュアル.

*****neige** /nɛːʒ/ 安 ネージュ ❶ 雪. ▶ Le temps est à la *neige*. 雪が降りそうだ / La *neige* tombe. = Il tombe de la *neige*. 雪が降っている / la première *neige* 初雪 / chute de *neige* 降雪 / bonhomme de *neige* 雪だるま / boule de *neige* 雪玉 / bataille de boules de *neige* 雪合戦 / pneu *neige* スノータイヤ / fonte des *neiges* 雪解け / *neige* carbonique ドライアイス / *Neige* Blanche 白雪姫.
❷ 雪山;冬期. ▶ aller à la *neige* 雪山[スキー]に行く / vacances de *neige*(ウインタースポーツを楽しむための)冬期休暇 / sports de *neige* ウインタースポーツ. ❸【料理】œufs en *neige* 泡立てた卵白, 泡雪卵 / battre des blancs d'œufs en *neige* 卵白を泡立てる.
blanc comme neige (1)雪のように白い, 真っ白な. (2)純粋無垢(く)な;潔白な, 無実の.
de neige(雪のように)真っ白な. ▶ les cheveux *de neige* 真っ白な髪.
faire (la) boule de neige 雪だるま式に増える.
fondre comme neige au soleil 日なたの雪のようにはかなく消える.

*****neiger** /neʒe/ ネジェ / 2 非人称 雪が降る. ▶ Il commence à *neiger*. 雪が降り始めた.

neigeux, euse /nɛʒø, øːz/ 形 ❶ 雪に覆われた. ❷ 雪の降りそうな. ▶ temps *neigeux* 雪模様の天気. ❸ 雪のような.

nénuphar /nenyfaːr/ 男【植物】スイレン.

néo- 接頭「新しい」の意.

néo-calédonien, enne /neɔkaledɔnjɛ̃, ɛn/ 形 ニューカレドニア Nouvelle-Calédonie の.
— **Néo-Calédonien, enne** 名 ニューカレドニアの人.

néocapitalisme /neɔkapitalism/ 男 新資本主義.

néoclassicisme /neɔklasisism/ 男 新古典主義.

néoclassique /neɔklasik/ 形 新古典主義(者)の;【経済】新古典学派の.
— 名 新古典主義者.

néocolonialisme /neɔkɔlɔnjalism/ 男 新植民地主義.

néocolonialiste /neɔkɔlɔnjalist/ 形 新植民地主義の. — 名 新植民地主義者.

néofascisme /neɔfaʃism/ 男 ネオファシズム.
néofasciste /neɔfaʃist/ 形 ネオファシズムの.
— 名 ネオファシスト.

néogrec, grecque /neɔgrɛk/ 形 ❶ 近代ギリシア(語)の. ❷【美術】新ギリシア派の:古代ギリシア美術を模倣しようとする傾向についていう.
— **néogrec** 男 近代ギリシア語.

néolibéralisme /neoliberalism/ 男 新自由主義.

néolithique /neɔlitik/ 形 新石器時代の.
— 名 新石器時代.

néologie /neɔlɔʒi/ 安 新語法;新語形成.

néologique /neɔlɔʒik/ 形 新語(法)の;新語義の.

néologisme /neɔlɔʒism/ 男 新語(法), 新語の使用;新語義.

néon /neɔ̃/ 男 ❶【化学】ネオン:希ガス元素の一つ. ❷ 蛍光灯, ネオン. ▶ enseignes au *néon* ネオンサイン / tube au *néon* 蛍光灯.

néonatal, ale /neɔnatal/;《男複》**als** 形 新生児の.

néonazi, e /neɔnazi/ 形 ネオナチズムの.
— 名 ネオナチスト.

néonazisme /neɔnazism/ 男 ネオナチズム:第2次大戦後ドイツに現れた極右主義.

néophyte /neofit/ 名 ❶(政党などへの)新加入者, 新参者;初心者, 新米. ❷ 新改宗者, 新信徒.
— 形 新加入者[初心者]の.

néoplasme /neɔplasm/ 男【医学】新生物(異常組織の形成), 腫瘍(よう);(特に)癌(がん)腫.

néoréalisme /neɔrealism/ 男 ❶ 新写実主義:19世紀の写実主義への回帰を目指す現代文学・芸術運動.
❷ ネオレアリズモ. (1)【映画】第2次大戦後イタリアで生まれた写実主義的映画運動. (2)【文学】1930年代にイタリアで生まれた新現実主義の文学運動.

néorural, ale /neoryral/;《男複》**aux** /o/ 形 名 都会から田舎に移住した(人).

néo-zélandais, aise /neɔzelɑ̃dɛ, ɛːz/ 形 ニュージーランド Nouvelle-Zélande の.
— **Néo-Zélandais, aise** 名 ニュージーランド人.

Népal /nepal/ 固名 男 ネパール:首都 Katmandou. ▶ au *Népal* ネパールに[で, へ].

népalais, aise /nepalɛ, ɛːz/ 形 ネパール Népal の.
— **Népalais, aise** 名 ネパール人.
— **népalais** 男 ネパール語.

néphrétique /nefretik/ 形【医学】(病理学上)腎臓(じんぞう)にかかわる.

néphrite /nefrit/ 安【医学】腎(じん)炎.

néphrologie /nefrɔlɔʒi/ 安 腎臓(じんぞう)病学.

néphrologue /nefrɔlɔg/ 名 腎臓(じんぞう)病学者, 腎

臓病専門医.
népotisme /nepotism/ 男 文章 同族登用, 縁故採用; 縁者びいき.
Neptune /nɛptyn/ 固有 男 ❶《ローマ神話》ネプトゥヌス, ネプチューン: 海の神. ❷《天文》海王星.
néréide /nereid/, **néréis** /nereis/ 女《動物》ゴカイ.
***nerf** /nɛːr ネール/ 男 ❶ 神経, 神経組織;《複数で》(感性としての)神経, 感じやすさ. ▶ les *nerfs* moteurs 運動神経 / crise de *nerfs* ヒステリー症状 / la guerre des *nerfs* 神経戦 / avoir les *nerfs* ébranlés [solides, fragiles] 神経が参っている[太い, か弱い] / avoir des *nerfs* d'acier 神経が太い / paquet de *nerfs* 神経質な人 / calmer ses *nerfs* 気を鎮める.
❷ 元気, 気力, 精力. ▶ avoir du *nerf* 元気いっぱい[精力的]である / Allons, du *nerf*! 話 さあ, 元気を出して.
❸ 靭帯(じんたい), 腱(けん), 筋(すじ). ▶ viande pleine de *nerfs* 筋だらけの肉.
avoir les nerfs tendus [*à vif, en boule, en pelote*] 神経がぴりぴりしている.
avoir ses nerfs いらいら[じりじり]している.
être à bout de nerfs 極度に興奮している, 癇癪(かんしゃく)玉が破裂しそうになっている.
être [*vivre*] *sur les nerfs* 神経を張りつめ続けている; 気力だけでもっている.
le nerf de la guerre 軍資金.
passer ses nerfs sur qn 話 …に八つ当たりする, 当たり散らす.
taper [*porter, donner*] *sur les nerfs de qn* 話 …の神経を逆なでする, をいらいらさせる.
nerveusement /nɛrvøzmɑ̃/ 副 神経的に; 神経質に, いらいらして. ▶ être fatigué *nerveusement* 神経的に参っている / rire *nerveusement* ヒステリックに笑う.
***nerveux, euse** /nɛrvø, øːz ネルヴー, ネルヴーズ/ 形 ❶ 神経(性)の. ▶ système *nerveux* 神経系(⇨ 成句) / système *nerveux* central = centres *nerveux* 中枢神経系 / dépression *nerveuse* 神経衰弱 / maladies *nerveuses* 神経性の疾患; 神経症 (=névrose).
❷ 神経質な; いらだった. ▶ tempérament *nerveux* 神経質 / Il est très *nerveux* en ce moment. 彼は今とてもいらいらしている.
❸ 元気な, 精力的な, 力強い. ▶ voiture *nerveuse* 加速性[出足]のよい車.
❹〖肉が〗筋(すじ)の多い.
système nerveux 中核[中心]をなすもの, 中枢.
— 名 神経質な人.
nervi /nɛrvi/ 男 殺し屋; 手先, 手下.
nervosité /nɛrvozite/ 女 神経の興奮, いらだち; 神経過敏. ▶ être dans un état de grande *nervosité* 極度の興奮状態にある, ひどくいらだっている.
nervure /nɛrvyːr/ 女 ❶ 葉脈;(昆虫の)翅脈(しみゃく). ❷《製本》バンド: 本の背のとじ糸. ❸《建築》リブ, 肋材(ろくざい)(丸天井につけるアーチ型の補強構造); 格縁(ごうぶち).
***n'est-ce pas** /nɛspɑ ネスパ/ 副句 ❶《同意, 承認を求めて》ね, そうしょう; どうです…しょう. ▶ Vous êtes de mon avis, *n'est-ce pas*? あなた(方)も私と同じ意見でしょう, ね / C'est une bonne idée, *n'est-ce pas*? どうです, いい考えでしょう.
❷ <*N'est-ce pas que* …?>《que 以下の疑問文を強調して同意を求める》▶ *N'est-ce pas* que son mari est médecin? 彼女のご主人, 確か医者だったよね.
❸《特に意味はなく話のつなぎとして》▶ Vous savez, *n'est-ce pas*, ce qui lui est arrivé ensuite? それから彼(女)に, いったいどうなったと思う.
Net /nɛt/ 男《英語》インターネット.
***net, nette** /nɛt ネット/ 形 ❶ 清潔な, きれいな, 汚れのない. ▶ linge *net* 清潔な下着 / être *net* dans sa tenue 小ざっぱりした身なりをしている.
❷ 明瞭(めいりょう)な, はっきりした, 鮮明な. ▶ photo *nette* 鮮明な写真 / explication claire et *nette* はっきりとした説明 / avoir un souvenir très *net* de qc …をはっきりと覚えている / Il n'est pas très *net*, ton copain. 話 なんだかよく分からないやつだな, 君の相棒は.
❸ 正味の. ▶ poids *net* 正味の目方 / bénéfice *net* 純益 / prix *net* 正価 / salaire *net* 手取り給与.
❹ <*net de qc*> …を免除された, 免れた. ▶ *net* d'impôt 非課税の, 免税の.
avoir la conscience nette = *avoir les mains nettes* 何もやましいところがない.
en avoir le cœur net そのことを少しも懸念していない, その点は安心しきっている.
faire les plats nets 料理をきれいに平らげる.
faire place nette (1) 場所をあける. (2) 厄介者を原麻(原因)除く. (3) いらないものを捨てる.
(*n'être*) *pas net* うさんくさい, いかがわしい.
— *net* 男 清書. ▶ mettre un manuscrit au *net* 原稿を清書する.
— 副 ❶ 突然, 不意に; 一挙に. ▶ s'arrêter *net* 急に止まる / La balle l'a tué *net*. 彼は一発で即死した.
❷ はっきりと, 率直に. ▶ refuser qc tout *net* …をきっぱり断る.
❸ 正味で, きっかり. ▶ Cela pèse deux kilogrammes *net*. 目方は正味 2 キロだ.
netéconomie /netekɔnɔmi/ 女 ネット経済.
nétiquette /netikɛt/ 女《情報》ネチケット(インターネット上のエチケット).
***nettement** /nɛtmɑ̃/ 副 ❶ 明瞭(めいりょう)に, はっきりと; きっぱりと.
❷《多く形容詞の比較級, 最上級を強めて》明らかに; 文句なく. ▶ Le malade va *nettement* mieux. 病人は目に見えてよくなっている.
netteté /nɛtte/ 女 ❶ 清潔さ, きれいさ; 潔白. ❷ 明瞭(めいりょう)さ, 明晰(めいせき)さ;(映像などの)鮮明さ.
nettoiement /nɛtwamɑ̃/ 男(街路などの)清掃. ▶ service du *nettoiement* ごみ処理; 清掃課.
***nettoyage** /nɛtwajaːʒ ネトワイヤージュ/ 男 ❶ 掃除; 汚れ落とし; クリーニング. ▶ faire un grand *nettoyage* 大掃除をする / *nettoyage* à sec ドライクリーニング / donner qc au *nettoyage* …をクリ

—ニングに出す. ❷ 話（危険人物などの）一掃；締め出し. ❸【軍事】掃討. ❹ 解雇, 首切り. ❺ *nettoyage* ethnique 民族浄化.
faire le nettoyage par le vide (1) 電気掃除機で掃除をする. (2) 邪魔なものを一切取り除く.
nettoyant /netwajɑ̃/ 男 洗剤.
***nettoyer** /netwaje ネトワイエ/ 10 他動

直説法現在	je nettoie	nous nettoyons
	tu nettoies	vous nettoyez
	il nettoie	ils nettoient

❶ …をきれいにする；掃除する, 洗う. ▶ *nettoyer* la maison 家の掃除をする / *nettoyer* un chien 犬をきれいにする / *nettoyer* des vêtements「à l'eau [à sec]」服を水洗い［ドライクリーニング］する / donner un manteau à *nettoyer* コートをクリーニングに出す / *nettoyer* une plaie 傷口を洗う. ❷ …から敵［危険人物］を一掃する. ▶ L'armée *a nettoyé* la région. 軍隊はその地域から敵を掃討した. ❸ 話 …を空にする；の金品を根こそぎ奪う. ▶ *nettoyer* les plats 料理を全部平らげる / Les voleurs *ont nettoyé* la maison. 泥棒どもは家の品物をごっそり盗んでいった. ❹ 話 …をへとへとに疲れさせる. ❺ 俗 …を粛清する, 殺す.
— **se nettoyer** 代動 ❶ <*se nettoyer* qc>（自分の）…をきれいにする, 洗う. ❷ は間接目的. ❷〔汚れが〕きれいになる, 落ちる. ❸〔空が〕晴れる.
nettoyeur, euse /netwajœːr, øːz/ 名 掃除人. ▶ *nettoyeur* de vitres 窓ガラス清掃人.

N

:**neuf**¹ /nœf ヌフ/（ans, heures の前では /nœv/ と発音する. 例: neuf ans /nœvɑ̃/, neuf heures /nœvœːr/）形《数》(不変) ❶《名詞の前で》9つの. ▶ la gestation de *neuf* mois 9か月の妊娠期間（日本での10か月に相当）/ huit ou *neuf* fois sur dix 十中八九. ❷《名詞のあとで序数詞として》9番目の. ▶ la page *neuf* 第9ページ.
— 男《単複同形》❶ 9（の数字）. ❷ 9日, 9分；9個, 9人；9番地, 9号室；（トランプの）9.

***neuf²**, **neuve** /nœf, nœːv ヌフ, ヌーヴ/ 形 ❶ 新しい；できたばかりの, 新品の. ▶ ville *neuve* 新しい町 / maison *neuve* 新築の家 / acheter une voiture *neuve*（↔d'occasion）新車を買う / être comme *neuf* 新品同様である. 比較 ⇨ NOUVEAU.
❷ 目新しい, 斬新(ぎん)な；新鮮な. ▶ expression *neuve* 斬新な表現 / idée *neuve* オリジナルな着想 / Voilà une chose toute *neuve* pour moi. 話 こんなのは初めてだ / «Alors, **quoi de neuf** aujourd'hui?—**Rien de neuf.**»「今日は何か変わった事でも」「別に何も」
❸ 経験の浅い, 新米の；うぶな. ▶ Il est encore *neuf* dans ce métier. この仕事では彼はまだ駆け出しだ.
flambant neuf 真新しい, ぴかぴかの；おろしたての.
— **neuf** 男 新しい物［事］；新品. ▶ vendre du *neuf* et de l'occaison 新品も中古品も扱う.
***à neuf** 真新しく, 新装した状態に. ▶ repeindre une pièce *à neuf* 部屋のペンキを新しく塗り替える / Il a remis sa boutique *à neuf*. 彼は自分の店を改装した.
de neuf 新品で. ▶ être habillé［vêtu］*de neuf* 新調の服を着ている.

neurasthénie /nørasteni/ 女 ❶ 憂鬱(ゆううつ), ふさぎ. ▶ faire de la *neurasthénie* 気がふさぐ, 気がめいる. ❷【精神医学】神経衰弱.
neurasthénique /nørastenik/ 形 ❶ 気がふさいだ, 気がめいった. ❷【精神医学】神経衰弱の；神経衰弱にかかった.
— 名【精神医学】神経衰弱患者.
neur(o)- 接頭（別形 névro-）「神経」の意.
neuroleptique /nøroleptik/ 形【医学】神経弛緩(しかん)薬の, 神経弛緩作用のある.
— 男 神経弛緩薬.
neurologie /nørolɔʒi/ 女 神経(病)学.
neurologique /nørolɔʒik/ 形【医学】神経(系)の；神経(病)学の.
neurologue /nørolɔg/ 名 神経科医, 神経(病)学者.
neurone /nørɔn/ 男【解剖】ニューロン, 神経単位.
neutralisant, ante /nøtralizɑ̃, ɑ̃ːt/ 形 無力化する；中和する.
neutralisation /nøtralizasjɔ̃/ 女 ❶ 中立化, 中立宣言. ❷（力などの）無効化, 相殺. ❸【化学】中和.
neutraliser /nøtralize/ 他動 ❶ …を中立化する. ❷ …を無力化する, 無効にする. ▶ *neutraliser* un projet de loi 法案を骨抜きにする / *neutraliser* l'adversaire 敵を無力化する / *neutraliser* la circulation 交通を一時遮断する. ❸【化学】…を中和する.
— **se neutraliser** 代動 ❶ 相殺し合う. ❷ 無効にされる. ❸【化学】中和される.
neutralisme /nøtralism/ 男 中立主義, 中立政策.
neutraliste /nøtralist/ 形 中立主義の.
— 名 中立主義者.
neutralité /nøtralite/ 女 ❶ 中立, 中立性；中立的な態度, 公正さ. ▶ la *neutralité* perpétuelle 永世中立 / la *neutralité* armée 武装中立 / la *neutralité* scolaire 教育の中立性 / observer la plus stricte *neutralité* 厳正中立を守る. ❷【化学】中性, 中和状態.
***neutre** /nøːtr ヌートル/ 形 ❶ 中立の；公正な. ▶ pays *neutre* 中立国 / information *neutre* 公正な報道 / garder une attitude *neutre* 中立の態度を守る / rester *neutre* dans un débat 論争でどちら側にも偏らない.
❷ 中間的な, 特徴のない；生彩を欠く. ▶ couleur *neutre* くすんだ色；中間色 / sur un ton *neutre* 淡々とした口調で. ❸【文法】中性の. ▶ genre *neutre* 中性 / pronom *neutre* 中性代名詞. ❹【物理】【化学】中性の. ▶ particule *neutre* 中性粒子. ❺【生物学】中性の, 無性の.
— 男 ❶ 中立国. ❷【文法】中性. ❸【化学】中和物. ❹【生物学】中性［無性］の個体（働きバチな

ど). ❺ (オートマチックミッションの)ニュートラル.

neutron /nøtrɔ̃/ 男 〖物理〗中性子, ニュートロン: 素粒子の一種.

neuvaine /nœvɛn/ 女 〖カトリック〗9 日間祈禱(きとう).

***neuvième** /nœvjɛm/ ヌヴィエム 形 ❶ 9 番目の. ▶ *la neuvième symphonie* de Beethoven ベートーベンの「第 9 交響曲」/ *neuvième* art 漫画. ❷ 9 分の 1 の.
—— 名 9 番目, 9 番目の人［物］.
—— 男 ❶ 9 分の 1. ❷ 10 階 (=neuvième étage). ❸ (パリの)第 9 区 (=neuvième arrondissement).
—— 女 ❶ 第 9 学年級 (=classe de *neuvième*): 小学校第 3 学年に当たる;《集合的に》第 9 学年級の生徒. ❷〖音楽〗9 度(音程).

neuvièmement /nœvjɛmmɑ̃/ 副 9 番目に.

névé /neve/ 男 万年雪.

Nevers /nəvɛːr/ 固有 ヌヴェール: Nièvre 県の県庁所在地.

neveu /nəvø/;《複》**x** 男 甥(おい). ▶ *Le Neveu de Rameau* (ディドロの)「ラモーの甥」
Je veux, mon neveux! いいぞ; もちろんだよ.

névralgie /nevralʒi/ 女 神経痛. ▶ la *névralgie* de la face 顔面神経痛.

névralgique /nevralʒik/ 形 神経痛(性)の.
centre névralgique (活動, 交通網などの)要所, 中枢.
point névralgique 弱点, 急所.

névrite /nevrit/ 女 神経炎.

névro- 接頭 (別形 neur(o)-)「神経」の意.

névrose /nevroːz/ 女 〖精神医学〗神経症, ノイローゼ. ▶ *névrose* obsessionnelle 強迫神経症.

névrosé, e /nevroze/ 形, 名 〖精神医学〗神経症の(患者), ノイローゼの(患者).

névrotique /nevrotik/ 形 〖精神医学〗神経症の, ノイローゼの.

new-look /njuluk/《米語》男 《単複同形》ニュールック, 新型.
—— 形《不変》ニュールックの, 新型の.

new wave /njuwɛːv/ 女《英語》俗 ニュー・ウェーブ, ポスト・パンク.

New York /nujɔrk/ 固有 ニューヨーク.

new-yorkais, aise /nujɔrkɛ, ɛːz/ 形 ニューヨークの NewYork の.
—— **New-Yorkais, aise** 名 ニューヨークの人.

***nez** /ne/ ネ 男 ❶ (人, 動物の)鼻. ▶ avoir le *nez* droit [grec] 鼻筋が通っている / long *nez* 高い鼻 / *nez* retroussé 上を向いた鼻 / *nez* aquilin わし鼻 / ailes du *nez* 鼻翼 / trous de *nez* 話 鼻孔 (=narines) / moucher son *nez* はなをかむ / avoir le *nez* bouché 鼻が詰まる / se boucher le *nez* (悪臭をかがないように)鼻をつまむ / saigner du *nez* 鼻血を出す / parler du *nez* 鼻声で話す / Le *nez* coule. はなが出る.
❷ 顔, 頭. ▶ lever le *nez* 顔を上げる / Il ne lève pas le *nez* de son travail. 彼は勉強［仕事］に余念がない.
❸ 嗅覚(きゅうかく); 勘, 直感.
❹ 船首, 舳(へさき); (飛行機の)機首. ▶ L'avion pique du *nez*. 飛行機が急降下する.
à plein nez (においが)非常に強く, 鼻を突いて.
au nez (de qn) (…の)面前で, 鼻先で; 無礼にも. ▶ fermer la porte *au nez de* qn …の鼻先でばたんと戸を閉める; を追い返す / Il m'a ri *au nez*. 彼は失礼にも私を笑った. ◆ *au nez et à la barbe de qn* …の面前で, 鼻先で.
avoir「du nez [le nez creux, le nez fin] (1) 鼻［嗅覚］が発達している. (2) 好機をかぎつける; 勘が鋭い; 目先が利く.
avoir le nez sur qc (1) …に専念している. (2) …のすぐそばにいる. ▶ Tu *as le nez* dessus. ほら, 目の前にあるでしょう.
avoir qn dans le nez 話 …に反感を抱く, を毛嫌いする.
avoir un verre dans le nez 話 少し酔っている, ほろ酔い加減である.
baisser le nez うなだれる; 恥じ入る, 当惑する.
être [se voir] comme le nez au milieu de la figure 話 一目瞭然(りょうぜん)である.
faux nez つけ鼻, 変装.
le nez en l'air (1) 上を向いて. (2) のんきに, 無頓着(むとんちゃく)に.
mener qn par le bout du nez …を意のままに操る, 思いどおりに動かす.
mettre [fourrer] le nez + 場所 話《多く否定的表現で》…へ行く, に顔を出す. ▶ Il *n'a pas mis le nez* au bureau depuis trois jours. 彼は 3 日前から出社していない.
mettre [fourrer] son nez dans qc 話 …に首を突っ込む, (余計な)口出しをする.
montrer le bout de son nez 話 (1) ちらと顔を見せる. (2) 本心をのぞかせる.
ne pas voir plus loin que le bout de son nez 洞察力に欠ける, 先見の明がない.
nez à piquer des gaufrettes 話 細長くとがった鼻.
passer sous le nez à qn 話 …の目の前を通り過ぎる.
pied de nez (親指を鼻先に当て, 他の指をひらひらさせて)からかうしぐさ. ▶ faire un *pied de nez* à qn …をからかう.
regarder qn sous le nez 無遠慮に…の顔をのぞき込む, をじろじろ見る.
se trouver nez à nez avec qn (1) …とばったり出会う. (2) …と向かい合っている.

***ni** /ni/ ニ/ 接 …もない. ❶《ne とともに》❶ <ne … (pas) A *ni* B> A も B も…ない. 注 pas の代わりに jamais, rien などの否定的表現を伴うこともある. ▶ Je n'ai pas de cigarettes *ni* de feu. 私はたばこも火も持っていない / Personne n'est infaillible *ni* parfait. だれだって無謬(むびゅう)ではないし, 完全でもない / Il ne boit d'alcool *ni* ne fume. 彼は酒も飲まず, たばこも吸わない.
❷ <ne … *ni* A *ni* B> A も B も…ない. ▶ Il n'est *ni* bête *ni* paresseux. 彼は愚か者でも怠け者でもない / Il n'y avait *ni* orange *ni* jus d'orange dans le frigo. 冷蔵庫にはオレンジもオレンジジュースもなかった (注 直接目的語の不定冠詞, 部分冠詞は省略される) / *Ni* l'argent *ni* la gloire ne nous rendent [rend] heureux. 金

も名誉も我々を幸せにはしてくれない(注 動詞は複数形に置かれることが多いが, ni が ou の否定として用いられる場合には単数形).

2 《ne なしで》**❶** 《省略文で》▶ «Vous n'avez pas changé.—*Ni* vous non plus.» 「お変わりになりませんね」「あなたも」

❷ 《sans とともに》▶ café sans sucre *ni* lait 砂糖もミルクも入れないコーヒー. ◆ sans que … *ni* … + 接続法 ▶ Il est parti sans que son père *ni* sa mère le sachent. 彼は父も母も知らないうちに出ていった.

niable /njabl/ 形 《多く否定的表現で》否定しうる. ▶ Ce n'est pas *niable*. それは否定しえない.

niais, niaise /njɛ, njɛːz/ 形 愚直な, 間抜けな. ▶ réponse *niaise* 間の抜けた答え / prendre un air *niais* ばかを装う.
― 名 愚直な人, 間抜け.

niaisement /njɛzmɑ̃/ 副 愚かしくも.

niaiserie /njɛzri/ 女 **❶** 愚かさ, 間抜けさ. **❷** 愚かな言動; へま; くだらないこと.

niaque /njak/ 女 戦意, ガッツ.

Nicaragua /nikaragwa/ 固有 男 ニカラグア: 首都 Managua. ▶ au *Nicaragua* ニカラグアに[で, へ].

nicaraguayen, enne /nikaragwajɛ̃, ɛn/ 形 ニカラグア Nicaragua の.
― **Nicaraguayen, enne** 名 ニカラグア人.

Nice /nis/ 固有 ニース: Alpes-Maritimes 県の県庁所在地. 保養地として有名.

niche[1] /niʃ/ 女 図 いたずら. ▶ faire des *niches* à qn …にいたずらをする.

niche[2] /niʃ/ 女 **❶** 壁龕(がん), ニッチ: 壁に設けられたくぼみ. **❷** 犬小屋. ▶ A la *niche*!(犬に向かって)小屋にお入り. **❸** *niche* (de marché)(市場の)すき間, ニッチ / marché de *niche* ニッチマーケット, すき間市場. **❹** *niche* fiscale 税制のすき間.

nichée /niʃe/ 女 **❶** 一巣のひな鳥たち. **❷** 話 《子供の多い家庭の》子供たち.

nicher /niʃe/ 自動 **❶** 巣を作る, 巣にこもる. **❷** 話 《人が》住む, 住居を構える. ▶ Où *niche*-t-il?(=habiter)あの人はどこに住んでいるのですか.
― **se nicher** 代動 **❶** 巣を作る (=nicher). **❷** 《多く皮肉に》《感情, 考えなどが》入り込む, 潜む. ▶ Où l'amour-propre va-t-il *se nicher*? 自己愛とはなんというところに巣くっているのだろう. **❸** 話《人などが》住む; 身を隠す.

nichon /niʃɔ̃/ 男 話 女性の》乳房, おっぱい. ▶ avoir de gros *nichons* 胸が豊かだ.

nickel /nikɛl/ 男 **❶** ニッケル. **❷** 《形容詞的に》ぴかぴかの; 清潔な. ▶ C'est drôlement *nickel* chez eux. 彼らの家はどこもかしこもぴかぴかだ.

nickelage /nikla:ʒ/ 男 ニッケルめっき.

nickelé, e /nikle/ 形 ニッケルめっきをした.
avoir les pieds nickelés 話 動こうとしない, 怠惰である.

nickeler /nikle/ 4 他動 …にニッケルめっきをする.

niçois, oise /niswa, waːz/ 形 ニース Nice の. ▶ la salade *niçoise*(トマト, アンチョビ, 黒オリーブなどの入った)ニース風サラダ.
― **Niçois, oise** 名 ニースの人.

nicotine /nikɔtin/ 女 ニコチン.

*nid /ni/ 男 **❶** 巣. ▶ *nid* d'alouette ヒバリの巣 / faire [bâtir] son *nid* 巣を作る.
❷ 家庭, 家, 住まい. ▶ *nid* douillet くつろぎの住まい / *nid* d'amoureux 愛の巣.
❸ 巣窟(そうくつ), すみか. ▶ *nid* de brigands 山賊の巣窟. ◆ *nid* à + 無冠詞名詞(厄介なものの)すみか. ▶ *nid* à punaises 南京虫の巣 / *nid* à rats あばら家.
❹ 《服飾》《織物》*nid(s)* d'abeilles ハニコム・ステッチ, ワッフル織.
❺ 《軍事》*nid* de mitrailleuses 機関銃陣地.

nid d'aigle ワシの巣; 断崖(だんがい)の城[建物], 要害.

prendre [trouver] l'oiseau au nid 人の家を不意に訪問する; 人を不意に襲う.

nidification /nidifikasjɔ̃/ 女 営巣, 巣を作ること.

nidifier /nidifje/ 自動 営巣する, 巣を作る.

nièce /njɛs/ 女 姪(めい). ▶ une *nièce* à la mode de Bretagne いとこの娘.

nième /enjɛm/ 形 《数学》**❶** n 次[n 乗]の. ▶ la *nième* puissance n 乗. **❷** 何度目かの, 何番目かの. ▶ Est-ce qu'il va y avoir un *nième* Big Bang? またビッグ・バンが起きるのだろうか.
pour la nième fois 何度も, 繰り返して. ▶ Je vous le répète *pour la nième* fois. 何度もそう言っているだろう.

*nier /nje/ ニエ 他動 …を否定する, 否認する. ▶ *nier* sa faute 自分の過ちを認めない / *nier* l'évidence 明白な事実を否認する; 平然としらを切る / 《目的語なしに》L'accusé persiste à *nier*. 被告は依然として犯行を否認しつづけている. ◆ *nier* + 不定詞複合形 ▶ Il *nie* avoir été là hier matin. 彼は昨日の朝そこにはいなかったと言っている. ◆ *nier* que + 接続法/直説法 ▶ Paul *nie* qu'il a cassé le vase. ポールは自分が花瓶を割ったことを認めない / *Niez*-vous que ce problème soit important? あなた(方)はこの問題が重要でないとおっしゃるのですか. 注 (1) 話し手に従属節の内容が事実と分かっている場合には直説法, 疑わしい場合には接続法が用いられる. (2) 主節が疑問形, 否定形の場合には従属節で虚辞の ne を伴うことがある.

nietzschéen, enne /nitʃeɛ̃, ɛn/ 形 ニーチェ Nietzsche の, ニーチェ哲学の.
― ニーチェ哲学の信奉者.

Nièvre /njɛːvr/ 固有 女 **❶** ニエーヴル県 [58]: パリ南東. **❷** ニエーヴル川: ロアール川支流.

nigaud, aude /nigo, oːd/ 形 愚かな, 間抜けな. ― 名 愚か者, 間抜け. **❷** 《愛情表現》(子供に対して)おばかさん.

Niger /niʒɛːr/ 固有 男 ニジェール: 首都 Niamey. ▶ au *Niger* ニジェールに[で, へ].

Nigeria /niʒerja/ 固有 男 ナイジェリア: 首都 Abuja. ▶ au *Nigeria* ナイジェリアに[で, へ].

nigérian, ane /niʒerjɑ̃, an/ 形 ナイジェリア Nigeria の.
― **Nigérian, ane** 名 ナイジェリア人.

nigérien, enne /niʒerjɛ̃, ɛn/ 形 ニジェール Niger の.
― **Nigérien, enne** 名 ニジェール人.

night-club /najtklœb/ 男 《英語》ナイトクラブ

(=boîte de nuit).
nihilisme /niilism/ 男 ニヒリズム, 虚無主義.
nihiliste /niilist/ 形 ニヒリズムの, 虚無主義の.
— 名 ニヒリスト, 虚無主義者.
Nil /nil/ 固有 男 ナイル川.
nimbe /nɛ̃:b/ 男 頭光(ずこう), 光輪, 後光. ▶ le *nimbe* circulaire (キリストの)円形の光背.
nimbé, e /nɛ̃be/ 形 頭光(ずこう)のついた, 光輪で囲まれた.
nimbus /nɛ̃bys/ 男【気象】乱層雲.
Nîmes /nim/ 固有 ニーム:Gard 県の県庁所在地.
nimois, oise /nimwa, wa:z/ 形 ニーム Nîmes の. — **Nimois, oise** 名 ニームの人.
n'importe /nɛ̃pɔrt/ ⇨ IMPORTER².
Niort /njɔ:r/ 固有 ニオール:Deux-Sèvres 県の県庁所在地.
nippe /nip/ 女 (多く複数で) ❶ 古着, ぼろ着. ❷ 話 服.
nipper /nipe/ 他動 話 (多く受動態で)…に服を着せる. ▶ Il *est nippé* comme un clochard. 彼は浮浪者のような身なりだ.
— **se nipper** 代動 話 服を着る.
nippo- 接頭「日本の」の意.
nippon, on(n)e /nipɔ̃, ɔn/ 形《日本語》日本 Japon の.
— **Nippon, on(n)e** 名 日本人.
nique /nik/ 女 faire la *nique* à qn …に軽蔑[あざけり]のしぐさをする;をばかにする, からかう.
nirvana /nirvana/ 男【仏教】涅槃(ねはん).
nitrate /nitrat/ 男 ❶【化学】硝酸塩, 硝酸エステル. ❷【農業】硝酸塩系肥料.
nitrique /nitrik/ 形【化学】硝酸の. ▶ acide *nitrique* 硝酸.
nitrobenzène /nitrɔbɛ̃zɛn/ 男【化学】ニトロベンゼン.
nitroglycérine /nitrɔgliserin/ 女 ニトログリセリン.
***niveau** /nivo/ ニヴォ/;《複》**x** **x** 男 ❶ (基準面からの)高さ, 高度, 水位;水平面. ▶ Le *niveau* du fleuve a monté. 川の水位が上がった. ▶ Le village est à trente mètres au-dessus du *niveau* de la mer. この村は海抜30メートルの高さにある / passage à *niveau* 踏切, 平面交差.
❷ 水準, レベル;程度. ▶ *niveau* intellectuel 知的水準 / *niveau* de vie 生活水準 / parvenir à un très haut *niveau* technique 極めて高い技術水準に達する / *niveau* de langue (社会的, 地域的差異に基づく)言語レベル / *niveau* social 社会階層.
❸ (建物の)階. ▶ Ce centre commercial comprend quatre *niveaux*. このショッピングセンターは(地上, 地下合わせて) 4 階建てだ.
❹ 水準器.
***au niveau de qn/qc** (1) …の段階で;の領域で, に関して. ▶ La décision sera prise *au niveau du* département. 決定は県のレベルで下されるだろう. (2) …の高さに. ▶ La neige m'arrivait *au niveau de* genoux. 雪は私のひざまであった. (3) …のところに, と並んで. ▶ Arrivé *au niveau du* groupe, il a ralenti le pas. グループに追いつい たので彼は歩を緩めた. (4) (職務などに)対処できる. ▶ Il n'est pas *au niveau de* sa tâche. あの仕事は彼の手に余る.
***au niveau** + 形容詞 …のレベルで. ▶ Il faut résoudre ce problème *au niveau* mondial. この問題は世界的レベルで解決すべきだ.
de niveau (avec qc) (1) (…と)同じ高さの;同じレベルの, 同等の. ▶ Cette terrasse est *de niveau* avec le sol. このテラスは地面と同じ高さだ. (2) 水平の[に]. ▶ mettre qc *de niveau* …を水平に置く;平らにする.
se mettre au niveau de qn …のレベルに合わせる. ▶ Mettez-vous *au niveau de* vos étudiants. 学生のレベルに合わせなさい.
niveler /nivle/ 4 他動 ❶ …を平らにする, ならす. ❷ …を均等にする, の差をなくす. ▶ *niveler* les fortunes par le bas 最低水準に合わせて財産を平均化する.
— **se niveler** 代動 ❶ 平らになる. ❷ 平均化される.
niveleur, euse /nivlœ:r, ø:z/ 名 水準測量技師;地ならしをする人.
— 形 水準測量を行う;平らにする.
— **niveleuse** /nivløz/ 女 地ならし機, グレーダー.
nivellement /nivɛlmɑ̃/ 男 ❶ 平坦(へいたん)化;地ならし. ▶ *nivellement* d'un terrain de sports 運動場の地ならし. ❷ 均等化, 平均化. ▶ *nivellement* des revenus 収入の均等化 / *nivellement* par le bas 最低水準に合わせた平均化. ❸ 水準測量.
Nivernais /nivɛrnɛ/ 固有 男 ニヴェルネ地方:パリ南東の旧州.
nivernais, aise /nivɛrnɛ, ɛ:z/ 形 ❶ ニヴェルネ Nivernais 地方の. ❷ ヌヴェール Nevers (ニヴェルネ地方の中心都市)の.
— **Nivernais, aise** 名 ❶ ニヴェルネ地方の人. ❷ ヌヴェールの人.
nivôse /nivo:z/ 男 ニヴォーズ, 雪月:フランス革命暦第 4 月. 現行暦では12月から1月.
n° (略語) numéro 番号.
nô /no/, **no** 《日本語》能, 能楽.
nobiliaire /nɔbiljɛ:r/ 形 貴族の. ▶ particule *nobiliaire* 貴族の身分を表わす小辞 (de のこと. 例: Madame de Staël スタール夫人).
— 男 (州, 国の)貴族名鑑.
***noble** /nɔbl/ ノブル/ 形 ❶ 貴族の. ▶ être de naissance *noble* 貴族の生まれである / une famille *noble* 貴族の家柄.
❷ (多く名詞の前で)気高い, 高貴な, 崇高な. ▶ *nobles* sentiments 高貴な感情.
❸ 威厳のある, 高尚な. ▶ air *noble* 威厳のある態度 / un gentilhomme à la *noble* prestance 堂々たる風采(ふうさい)の紳士.
❹ 貴重な, 高級な;高品質の. ▶ métaux *nobles* 貴金属.
— 名 貴族 (=aristocrate).
noblement /nɔbləmɑ̃/ 副 気高く, 上品に;立派に, 堂々と.
noblesse /nɔbles/ 女 ❶ 貴族(身分);貴族階級 (=aristocratie). ▶ titre de *noblesse* 爵位 / être de haute *noblesse* 名門貴族の出である

/ *noblesse* de robe 法服貴族 / *noblesse* d'épée 武family貴族, ❷ 気高さ, 高貴, 威厳. ▶ *noblesse* d'âme 魂の気高さ.

Noblesse oblige. 諺 貴族[高い地位にある者]はその身分[地位]にふさわしく振る舞わねばならない.

nobliau /nɔblijo/ (複) **x** 男 〘軽蔑して〙小貴族.

noce /nɔs/ 女 ❶ (ときに複数で)結婚式, 婚礼. ▶ robe de *noce* ウェディングドレス / voyage de *noces* 新婚旅行 / nuit de *noces* 初夜 / être invité à la *noce* de qn …の結婚式に招かれる.
❷ 《集合的に》結婚式の参列者.
❸ (複数で)結婚, 婚姻. ▶ célébrer ses *noces* 結婚式を挙げる / épouser qn en secondes [justes] *noces* …と再婚[正式に結婚]する.
❹ (複数で)結婚記念式[記念日]. ▶ *noces* d'argent 銀婚式 / *noces* d'or 金婚式.

faire la noce 話 どんちゃん騒ぎをする; 放蕩(ほうとう)生活を送る.

ne pas être à la noce 話 困った立場にある; 不満である.

noceur, euse /nɔsœːr, øːz/ 名 どんちゃん騒ぎの好きな人; 放蕩(ほうとう)者, 道楽者.

nocif, ive /nɔsif, iːv/ 形 有毒な, 有害な. ▶ gaz *nocif* 有毒ガス.

nocivité /nɔsivite/ 女 有毒性, 有害さ.

noctambule /nɔktɑ̃byl/ 形, 名 夜遊びする(人); 夜歩きする(人).

nocturne /nɔktyrn/ 形 ❶ 夜の, 夜間の. ▶ tapage *nocturne* 夜間の騒音. ❷ 夜行性の (↔ diurne). ▶ oiseaux *nocturnes* 夜行性の鳥.
— 男 ❶ 〘音楽〙夜想曲, ノクターン. ❷ (多く複数で)フクロウ類.
— 女/男 ❶ (商店などの)夜間営業; (展覧会などの)夜間開場. ❷ 夜間に行われる試合, ナイター (=match en *nocturne*).

nodule /nɔdyl/ 男 ❶ 〘医学〙小結節. ❷ 〘地質〙団塊, ノジュール.

***Noël** /nɔel/ ノエル/ 男 ❶ クリスマス. ▶ arbre de *Noël* クリスマスツリー / le père *Noël* サンタクロース / cadeaux de *Noël* クリスマスプレゼント / la veille de *Noël* クリスマスイブ / **Joyeux Noël!** メリークリスマス.
❷ クリスマスの時期; クリスマス休暇 (=congé [vacances] de *Noël*). ▶ partir à *Noël* クリスマス休暇に出発する. ❸ クリスマスプレゼント (=petit *Noël*). 注 小文字で始めることもある. ❹ クリスマスキャロル. 注 小文字で始める.

croire au père Noël 話 サンタクロースを信じる; 単純[無邪気]である.

Noël au balcon, Pâques au tison. クリスマスのころ暖かいと(次の春の)復活祭のころは寒い.
— 女 《la Noël》クリスマス (=la fête de Noël); クリスマスの時期.

***nœud** /nø/ ヌー/ 男 ❶ 結び, 結び目. ▶ faire [défaire] un *nœud* 結び目を作る[ほどく] / *nœud* papillon 蝶(ちょう)ネクタイ / *nœud* coulant 蝶結び / Ton *nœud* de cravate est mal fait. 君のネクタイの結び方はまずい.
❷ (困難な問題, 事件の)核心, 要点. ▶ le *nœud* du débat 論争の焦点 / le *nœud* de l'action 文章 (小説, 劇の)山場.
❸ (交通の)要所, 主要分岐点. ▶ *nœud* ferroviaire [routier] 鉄道[道路交通]の要衝.
❹ (ヘビの)とぐろ.
❺ 《多く複数で》文章 絆(きずな). ▶ former les *nœuds* de la fraternité 兄弟の契りを結ぶ.
❻ (木の)節; 〘解剖〙結節.
❼ 〘海事〙ノット. ▶ un navire qui file dix *nœuds* 10ノットで航行する船.

avoir un nœud à la gorge (感動で)胸が締めつけられる; (恐怖で)喉(のど)がからからになる.

faire un nœud à son mouchoir (約束などを忘れないように)ハンカチに結び目を作る.

nœud gordien ゴルディオスの結び目; (ほとんど解決不能な)難題 (⇨ GORDIEN). ▶ trancher [couper] le *nœud gordien* 快刀乱麻を断つ.

sac de nœuds 話 厄介事, 難題.

:noir, noire /nwaːr/ノワール/ 形

❶ 黒い; 黒っぽい. ▶ cheveux *noirs* 黒髪 / tableau *noir* 黒板 / lunettes *noires* 黒眼鏡 / café *noir* ブラックコーヒー / mettre un costume *noir* (喪に服して)黒い服を着る.
❷ 黒人の, 黒人が住む. ▶ l'Afrique *noire* ブラックアフリカ / quartier *noir* 黒人街.
❸ 汚れた, 汚い. ▶ avoir les ongles *noirs* 汚い爪(つめ)をしている. ◆*noir* de + 無冠詞名詞 …で黒く汚れた. ▶ mur *noir* de suie すすで汚れた壁.
❹ 暗い; 曇った. ▶ Il fait *noir* comme dans un four [tunnel]. 真っ暗である.
❺ 陰鬱(いんうつ)な; 不吉な. ▶ avoir des idées *noires* 悲観的な考えを持つ / avoir de *noirs* pressentiments 不吉な予感がする / le jeudi *noir* 暗黒の木曜日(1924年10月24日の米国株大暴落).
❻ 険悪な, 毒のある; 邪悪な. ▶ humour *noir* ブラックユーモア / regarder qn d'un œil *noir* …を敵意のこもった目つきでにらむ / film *noir* 犯罪[暗黒]映画.
❼ 非公然の, 不正な. ▶ marché *noir* 闇(やみ)市, 闇取引 / caisse *noire* 裏金 / travail *noir* (労働許可証を持たない)もぐりの仕事 (=travail au *noir*).
❽ 俗 酔っ払っている, へべれけだ.

— **Noir, Noire** 名 黒人.
— ***noir** 男 ❶ 黒, 黒色. ▶ Ses cheveux sont d'un beau *noir*. 彼(女)の髪は見事な黒髪だ / se mettre du *noir* aux yeux アイラインを入れる / le *noir* de fumée [carbone] カーボンブラック.
❷ 黒い服; 喪服. ▶ porter du *noir*= être en *noir* (喪に服して)黒い服を着ている.
❸ 黒い[汚い]もの. ▶ Tu as du *noir* sur la joue. きみのほっぺに黒い汚れがついているよ.
❹ 暗闇, 夜. ▶ se perdre dans le *noir* 夜の闇の中で道に迷う.

au noir 話 非合法に, もぐりで. ▶ un travail *au noir* もぐりの仕事 (=travail *noir*) / acheter *au noir* 闇で買う.

en noir et blanc (写真などが)白黒の. ▶ un film en *noir et blanc* 白黒[白黒]映画.

être dans le noir (**le plus complet**) さっぱり分からない, 五里霧中である.

nombre

noir sur blanc はっきりと. ▶ mettre qc *noir sur blanc* …を書き留める; はっきりさせる.
pousser qc au noir 〔物事, 状況など〕を悪い方に考える, 取り越し苦労をする.
voir tout en noir すべてを悲観的に考える.
— **noire** 囡〖音楽〗4分音符.
noirâtre /nwarɑ:tr/ 形 黒ずんだ, 黒っぽい.
noir*aud*, *aude* /nwaro, o:d/ 形, 名 黒髪で赤銅色[黒褐色]の肌の(人).
noirceur /nwarsœ:r/ 囡 ❶ 文章 黒さ; 暗さ. ❷ 腹黒さ, あくどさ; 文章 卑劣な言動.
noircir /nwarsi:r/ 他動 ❶ …を黒くする, 黒く汚す. ❷〔物事〕を悲観的に見る. ❸ 文章 …をけなす, 中傷する;〔評判など〕をけがす, 傷つける.
noircir du papier 話 (つまらぬことを)書きまくる.
— 自動 黒くなる; 暗くなる. ▶ Ce tableau *a noirci* au cours des siècles. 何世紀もの歳月でこの絵は黒ずんでしまった.
— **se noircir** 代動 ❶ 黒くなる; 暗くなる. ❷ 自分の…を黒くする. ❸ 俗 酔っ払う.
noircissement /nwarsismã/ 男 黒くすること; 黒くなること.
noircissure /nwarsisy:r/ 囡 黒い染み, 黒斑(はん).
noise /nwa:z/ 囡 口喧嘩(げんか).
chercher noise à qn …に喧嘩を売る, 言いがかりをつける.
noisetier /nwaztje/ 男〖植物〗ヘーゼルナット.
noisette /nwazɛt/ 囡 ❶ ハシバミ(の実), ヘーゼルナッツ. ❷〖料理〗ハシバミの実大のかたまり. ▶ une *noisette* de beurre バター一かけら(約10グラム). — 形〔不変〕淡褐色の.
noix /nwa/ 囡 ❶ クルミ(の実). ❷ クルミの実大のかたまり. ▶ une *noix* de beurre クルミ大のバター. ❸ 殻の堅い木の実, ナッツ. ▶ la *noix* d'acajou カシューナッツ / la *noix* de coco ココナッツ. ❹ 間抜け, 薄のろ. ▶ Quelle *noix*! なんて間抜けなんだ / Des *noix*! 俗 (他人の発言に対して)くだらないぞ. ❺ *noix* de veau 子牛の内腿(もも).
à la noix (***de coco***) 俗 無価値な, いいかげんな.

✽**nom** /nɔ̃ ノン/ 男

❶ 名, 名前. ▶ Quel est votre *nom*? あなたのお名前はなんですか / Votre *nom*, s'il vous plaît? お名前をお願いします / Quel est le *nom* de cette rue? この通りの名前はなんですか / *nom* de famille 姓 / *nom* de baptême 洗礼名, クリスチャンネーム;(姓に対して)名 / *nom* de plume ペンネーム / *nom* de personne 人名 / *nom* de lieu 地名 / *nom* d'utilisateur ユーザー名 / *nom* de code コードネーム / le *nom* de jeune fille (既婚女性の)旧姓 / Dites-moi vos *nom* et prénom. あなたの姓名を言ってください / prêter son *nom* à qn …に名義を貸す / Comme son *nom* l'indique, il est d'origine russe. その名前でわかるように, 彼はロシア系だ / Louis, treizième du *nom* ルイ13世.
❷ 肩書き, 資格, 名称. ▶ être digne du *nom* d'artiste 芸術家の名にふさわしい.
❸ 名声, 評判; 名士, 著名人. ▶ laisser un *nom* 名を残す / se faire un *nom* 名を成す / un grand *nom* de la littérature 大作家, 文豪.
❹〖文法〗名詞. ▶ *nom* commun [propre] 普通[固有]名詞.
appeler les choses par leur nom はっきりとものを言う; 歯に衣(きぬ)を着せずに言う.
au nom de qc …を考慮して, ゆえに. ▶ Je vous demande cela *au nom de* notre amitié. 友達だからこそお願いするのです.
au nom de qc/qn = ***en son nom*** …の名において, …の名で. ▶ arrêter qn *au nom de* la loi 法律の名において…を逮捕する / emprunter de l'argent「*au nom de* qn [*en son nom*] …の[自分の]名義で借金する.
de nom 名前だけ, 名目だけ. ▶ Je le connais *de nom*. 私は彼の名前だけは知っている.
Nom de Dieu! = ***Nom de nom!*** = ***Nom d'un chien!*** = ***Nom d'une pipe!*** 話 いまいましい, 畜生, くそっ(憤り, 驚き).
nom de guerre (1) 筆名; 芸名. (2) 戦時名: 軍隊での仮名.
qui ne dit pas son nom = ***qui n'ose pas dire son nom*** 恥ずべき. ▶ la guerre *qui ne dit pas son nom* 恥ずべき戦争.
sans nom 名状しがたい. ▶ une épouvante *sans nom* 言いようのない恐怖.
traiter qn de tous les noms …に侮辱の言葉を浴びせる.
nomade /nɔmad/ 形 ❶ 遊牧の; 放浪の, 流浪の. ▶ tribu *nomade* 遊牧民族 / vie *nomade* 遊牧[放浪]生活. ❷〔動物が〕季節によって移動する.
— 名 (多く複数で) ❶ 遊牧民;(ジプシーなど)放浪の民. ❷ 住所不定者.
nomadisme /nɔmadism/ 男 遊牧生活; 放浪生活.
no man's land /nomɑnslɑ:d/ 男〔単複同形〕《英語》❶ (相対峙(じ)する両軍の間の)非占領地帯. ❷ 中立的領域. ❸ 荒れ果てた地帯.
nombrable /nɔ̃brabl/ 形 数えられる.
✽**nombre** /nɔ̃:br/ ノンブル 男 ❶ 数. ▶ le *nombre* 294 294という数字 / écrire un *nombre* en lettres 数を文字で書く / *nombre* pair [impair] 偶数[奇数] / *nombre* cardinal [ordinal] 基数[序数] / *nombre* entier 整数 / *nombre* décimal 小数 / *nombre* arrondi 丸めた数.
❷ 数量. ▶ le *nombre* d'habitants par kilomètre carré 1平方キロメートル当たりの住民数 / Dans ce pays, le *nombre* des chômeurs a été multiplié par trois depuis deux ans. この国ではこの2年間で失業者数が3倍に増えた. 注 ‹le *nombre* de + 無冠詞複数名詞›は‹le *nombre* des + 複数名詞›の形よりまとまりが強く, 統計的表現によく用いられ, 特にあとに‹par + 名詞›「…当たりの」という表現を伴う場合には必ず前者を用いる. ◆un *nombre* + 形容詞 + de + 無冠詞複数名詞 …な数の…. ▶ Un grand *nombre* de Français partent [part] en vacances en août. 8月には多くのフランス人がバカンスに出かける (注 動詞は多く複数形だが, nombreを主語と見なせば単数形) / un certain *nombre* d'étudiants かなりの数の学生. (比較 ⇨ PLUSIEURS).

nombreux

❸ 多数, 数の優位; 大勢. ▶ succomber sous le *nombre* 数の力に屈する.
❹《文法》数. ▶ le *nombre* singulier [pluriel] 単数[複数].

au [*du*] *nombre* (*de qn/qc*)(…の)数のうちに. ▶ On devrait le compter *au nombre de* nos amis.(＝parmi) 我々は彼を友人の一人に数えるべきだろう / Serez-vous *du nombre* (*des invités*)？(招待の)仲間に加わりますか.

au nombre de ＋ 数詞 …の数の, 全体で…の. ▶ Les assistants étaient *au nombre de* cinq cents. 列席者は総数500名であった.

dans le nombre 数ある中には, 全体では.

en nombre (1) 多数で (＝en grand *nombre*). ▶ venir *en nombre* 大勢でやって来る. (2) 数の上で. ▶ l'ennemi supérieur *en nombre* 数にまさる敵.

en nombre ＋ 形容詞 …な数で. ▶ Nous n'étions pas *en nombre* suffisant pour jouer au football. 我々はサッカーをやるには数が足りなかった.

faire nombre 頭数をそろえる; 数の中に入る.

sans nombre 数えきれないほどの, 無数の.

(*un bon* [*grand*]) *nombre de qn/qc* 多数の…. 比較 ⇨ PLUSIEURS, 語法 ⇨ BEAUCOUP.

*nombr**eux, euse** /nɔ̃brø, øːz ノンブルー, ノンブルーズ/ 形 ❶《多く複数名詞の前で》多くの, 多数の. ▶ dans de *nombreux* cas 多くの場合 / 《副詞的に》Venez *nombreux* ! 大勢で来てください.
❷《多く単数の集合名詞とともに》多数から成る, 大勢の. ▶ une foule *nombreuse* 大勢の群衆 / un public *nombreux* 大勢の観客［聴衆］. 語法 複数名詞とともに用いる場合は, ①との混同を避けるため名詞のあとに置かれる(例: famille *nombreuse* 子だくさんの家族 / de *nombreuses* familles 多くの家庭).

語法 nombreux の使い方

(1)〈定冠詞 ＋ 名詞の複数形［意味内容が複数の集合名詞］＋être の活用形 ＋nombreux〉
「フランス語学科には学生がたくさんいるか」は beaucoup を使って Il y a beaucoup d'étudiants dans le département de français? と訳せる.
また, 同じ内容を nombreux を使って, Les étudiants sont nombreux dans le département de français? と訳すこともできる(相手がフランス語学科の学生だということが分かっていれば, Vous êtes nombreux dans le département de français? になる).

• L'assistance était nombreuse. 聴衆は多かった.
• Les membres de cette association sont maintenant très nombreux. この団体のメンバーの数は今では非常に多い.

(2) 〈**Nombreux** [**Nombreuses**] sont les ＋ 名詞 ＋qui ＋ 直説法〉
「日本の生活になじめない外国人が多い」は, Il y a beaucoup d'étrangers qui ont du mal à s'adapter à la vie japonaise. というように訳せる. そして, これも nombreux を使って前半を Nombreux sont les étrangers qui … とすることができる. この2つの言い回しの違いは Il y a beaucoup de …. というとどちらと言えば口語的になるが, Nombreux sont … を使うと文章表現になるということである.

• Il y a beaucoup de petites et moyennes entreprises qui font faillite en ce moment à cause de la hausse du yen. → Nombreuses sont les petites et moyennes entreprises qui font faillite en ce moment à cause de la hausse du yen. 現在, 円高のために倒産する中小企業がたくさんある.

nombril /nɔ̃bri(l)/ 男 臍(ヘソ)(＝ombilic).

contempler son nombril 話 自分のことしか興味がない.

se prendre pour le nombril du monde 話 自分を重要なものと思い込む.

nombrilisme /nɔ̃brilism/ 男 自己中心的態度.
nombriliste /nɔ̃brilist/ 形 自己中心的な.
nomenclature /nɔmɑ̃klatyːr/ 女 ❶《科学, 芸術などの》専門用語; 用語体系. ▶ la *nomenclature* chimique 化学用語. ❷《辞書, 用語集の》語彙(ゴイ), 項目. ❸ カタログ, 一覧表.
nomenklatura /nɔmɛnklatura/ 女《ロシア語》特権階級.
nomin/*al*, *ale* /nɔminal/;《男複》*aux* /o/ 形
❶ 名前の. ▶ liste *nominale* 名簿.
❷ 名前だけの, 名目上の. ▶ autorité *nominale* 名ばかりの権威 / salaire *nominal* et salaire réel 名目賃金と実質賃金.
❸ valeur *nominale* 額面, 券面額.
❹《文法》名詞の, 名詞的な. ▶ l'emploi *nominal* d'un mot 語の名詞的用法.
nominalement /nɔminalmɑ̃/ 副 ❶ 名前を挙げて. ▶ désigner qn *nominalement* …を名指しで指定する. ❷ 名目上. ❸《言語》名詞的に.
nominalisme /nɔminalism/ 男《哲学》唯名論, 名目論.
nominaliste /nɔminalist/ 形 唯名論［名目論］の.
— 名 唯名論［名目論］者.
nominat/*if*, *ive* /nɔminatif, iːv/ 形 ❶ 名前を記載した, 記名の. ▶ liste *nominative* 名簿 / titre *nominatif* 記名証券 (↔titre au porteur). ❷《文法》(屈折言語で)主格の.
— **nominatif** 男《文法》(屈折言語の)主格, 名格 (＝cas nominatif).
nomination /nɔminasjɔ̃/ 女 ❶ 任命, 指名. ▶ la *nomination* à un poste supérieur 昇任 (＝promotion). ❷ 辞令. ❸ (授賞式などでの)ノミネーション, 受賞指名.
nominativement /nɔminativmɑ̃/ 副 指名で, 名指しで.
nominer /nɔmine/ 他動〔人, 作品〕を(賞などに)ノミネートする.
nommage /nɔmaːʒ/ 男 名前を付けること.
nomm/*é*, *e* /nɔme/ 形 ❶《*nommé* ＋ 属詞》…と呼ばれる, という名前の. ▶ une petite fille *nommée* Pauline ポーリーヌという少女. ❷ 名を挙げられた; 言及された. ❸ 任命された.

à point nommé 折よく, 都合よく.

— 名 <*nommé* + 属詞> ❶ 話 …という名前の人. ❷ 【法律】…なる者. ▶ la *nommée* Jeanne 通称ジャンヌなる女性.

nommément /nɔmemɑ̃/ 副 名前を挙げて, 名指しで.

***nommer** /nɔme/ ノメ/ 他動 ❶ <*nommer* qn/qc (+ 属詞)> …と名づける, 名づけて呼ぶ (=appeler). ▶ Ses parents l'*ont nommé* Paul. 両親は彼をポールと名づけた / *nommer* un nouveau produit 新製品に命名する.

❷ …を(指名によって)任命する. ▶ *nommer* des fonctionnaires 官吏を任命する. ◆*nommer* qn à qc …を(職, 地位)に就ける. ▶ *nommer* qn à un poste important …を重要なポストに就ける. ◆*nommer* qn + 属詞 …を…にする, 任命する. ▶ On l'*a nommé* chef des ventes. 彼は販売部長に任命された.

❸ …の名を言う, 名を挙げる. ▶ *Nommez*-moi la capitale de la Pologne. ポーランドの首都の名前を言ってください / pour ne pas le *nommer* 名前は挙げないが.

— **se nommer** 代動 ❶ …という名前である. ▶ Elle *se nomme* Isabelle. 彼女はイザベルという名前である. ❷ 自分の名を言う.

:non /nɔ̃ ノン/ 副

❶《否定の答え》❶《肯定疑問文に対して》いいえ, いや (↔oui). ▶《Est-il français?—*Non*.》「彼はフランス人ですか」「いいえ」/《Vous voulez du sucre?—*Non*, merci.》「砂糖はいかがですか」「いいえ, 結構です」注 non は反復また他の語句との併用で否定の意味を強調する(例: non, non. = Mais *non*. = Ah! ça, *non*. = Sûrement [Certainement, Certes] *non*. いや, とんでもない / *Non, non* et *non*. いやだめ, 絶対だめだ.).

❷《否定疑問文に対して》はい, (…ではありません) (↔si). ▶《N'est-il pas français?—*Non*, il n'est pas français.》「彼はフランス人ではないのですか」「はい, フランス人ではありません」

❷《強調, ニュアンスの付加》❶《文頭, 文末で否定の強調》▶ Je ne suis pas d'accord, *non*. 私は賛成しない, するもんか.

❷《付加疑問》…ではありませんか; そうですね. ▶ Il est très gentil, *non*? 彼はたいへん親切ですね.

❸ 話《驚き, 疑い, 憤慨など》まさか; とんでもない. ▶《Il a été reçu premier.—*Non*, pas possible?》「彼はトップで合格した」「まさか, そんなはずが」/ *Non* mais, il se croit tout permis. けしからん, 彼はなんでも許されると思っている.

❸ 話《否定文に相当》❶《直接目的語として》いいえ, 否. ▶ Il dit toujours *non*. 彼はいつもノーと言う / ne dire ni oui ni *non* 曖昧(ぁいまい)な返事をする.

❷《従属節の代用》そうではない. ▶《Est-ce qu'il va venir? — Je crois que *non*.》「彼は来るでしょうか」「来ないと思います」/ Je vous dis que *non*. そうではありません / faire signe que *non* (否定, 反対の意味で)首を横に振る / bien sûr que *non* もちろん違う.

❹《対立: 文の一部を否定》注 日常語では non より pas が普通. ▶ Il est parti, moi *non*. 彼は出発したが, 私は出発しなかった / Il est fatigué mais *non* (pas) malade. 彼は疲れているが, 病気ではない. ◆ou *non* ▶ Etes-vous décidé ou *non*? もう決めましたか, まだですか / Content ou *non*, il acceptera. 気に入ろうが入るまいが, 彼は承諾するだろう.

❺《形容詞, 副詞, 分詞の否定》…でない. 注 日常語では non の代わりに pas をよく用いる. ▶ un personnage *non* négligeable 無視できない人物 / les places *non* réservées 自由席 / service *non* compris (勘定書きなどで)サービス料別.

Je ne dis pas non. 話 喜んで.

non à qc …に反対. ▶ *Non au* terrorisme, oui à la paix. テロ反対, 平和万歳.

non mais des fois 話 とんでもない; けしからん.

non moins (que …) (…に)劣らず, (…と)同様に. ▶ Il est *non moins* intelligent *que* toi. 彼は君に劣らず頭がいい.

non (pas) A mais B A ではなく B だ. ▶ Elle travaille *non* (pas) à la banque, *mais* à la poste. 彼女は銀行ではなく郵便局で働いている.

non (pas) que + 接続法 (+ *mais* …) …だからではない(…だからだ). ▶ Il ne réussit pas. *Non qu*'il soit sot, *mais* parce qu'il est inconstant. 彼が成功しないのはばかだからではなくて, 根気がないからだ.

***non plus** …もまた(…でない) (↔aussi). ▶ Je ne sais pas, et lui *non plus*. 私は知らないし, 彼も知らない.

non sans … いささかの…をもって. ▶ Il a accepté *non sans* hésitation. 彼はいささかためらいながら承諾した.

non seulement … mais [mais encore, mais aussi] … …だけでなく…も (⇨ SEULEMENT).

— 男《単複同形》❶ いいえ(という言葉); 否定, 反対, 拒絶. ▶ Il a répondu par un *non* catégorique. 彼はきっぱり断った. ❷【情報】ノット, 否定.

***pour un oui (ou) pour un non** 些細(ささい)なことで, 何かにつけて.

non-accompli, e /nɔnakɔ̃pli/ 形【言語】未完了の.

— **non-accompli** 男【言語】未完了: 文中の動詞で表わされる動作, 状態が進行中で完了していない相.

non-activité /nɔnaktivite/ 女 (公務員, 士官の)休職.

nonagénaire /nɔnaʒenɛːr/ 形, 名 90歳(代)の(人).

non-agression /nɔnagresjɔ̃/ 女【政治】不侵略. ▶ pacte de *non-agression* 不可侵条約.

non-aligné, e /nɔnaliɲe/ 形【政治】非同盟の. — 名 非同盟国 (=pays non-alignés).

non-alignement /nɔnaliɲmɑ̃/ 男【政治】非同盟(主義).

nonante /nɔnɑ̃ːt/ 形【数】ベルギー スイス 90の.

non-belligérance /nɔ̃bɛ(l)liʒerɑ̃ːs/ 女 非交戦状態.

non-belligér*ant*, *ante* /nɔ̃bɛ(l)liʒerɑ̃, ɑ̃ːt/

形 非交戦(状態)の. ― 名 非交戦国[者].
nonce /nɔ̃:s/ 男 教皇大使 (=*nonce* apostolique).
nonchalamment /nɔ̃ʃalamɑ̃/ 副 無頓着(むとんじゃく)に, のんびりと；だらしなく, 無気力に.
nonchalance /nɔ̃ʃalɑ̃:s/ 女 無頓着(むとんじゃく), のんき；だらしなさ, 無気力.
nonchala**nt, ante** /nɔ̃ʃalɑ̃, ɑ̃:t/ 形 ❶ 無頓着(むとんじゃく)な, のんきな；無気力な. ❷ もの憂げな.
― 名 不精者, 怠け者, のんき者.
nonciature /nɔ̃sjaty:r/ 女 教皇大使の職[任務]；教皇大使館.
non-combatta**nt, ante** /nɔ̃kɔ̃batɑ̃, ɑ̃:t/ 名, 形 非戦闘員(の).
non-conformisme /nɔ̃kɔ̃fɔrmism/ 男 (社会慣習, 規範への)非順応主義, 反画一主義.
non-conformiste /nɔ̃kɔ̃fɔrmist/ 名 (社会慣習, 規範への)非順応者, 反画一主義者.
― 形 (社会慣習, 規範に)順応[同調]しない.
non-conformité /nɔ̃kɔ̃fɔrmite/ 女 不一致, 不適合.
non-croya**nt, ante** /nɔ̃krwajɑ̃, ɑ̃:t/ 名 信仰心のない人；無神論者.
― 形 信仰心のない；無神論の.
non-directi**f, ive** /nɔ̃direktif, i:v/ 形 無指導の；非誘導的な. ▶ pédagogie *non-directive* 無指導教育法.
non-discrimination /nɔ̃diskriminasjɔ̃/ 女 (人種, 政治信条, 社会的地位などで)差別をしないこと, 差別の撤廃；差別のないこと.
non-dit /nɔ̃di/ 男 言い落とし.
non-engagé, e /nɔnɑ̃ɡaʒe/ 形 ❶ 政治[社会活動]不参加の. ❷ 非同盟の.
― 名 ❶ (政治, 社会活動への)不参加者. ❷ (多く複数で)非同盟国.
non-engagement /nɔnɑ̃ɡaʒmɑ̃/ 男 ❶ (政治的, 社会的)中立, 不参加. ❷ 非同盟.
non-euclidie**n, enne** /nɔ̃nøklidjɛ̃, ɛn/ 形 【数学】非ユークリッドの. ▶ géométrie *non-euclidienne* 非ユークリッド幾何学.
non-événement /nɔnevɛnmɑ̃/ 男 何も起こらずに終わったこと, 期待はずれ.
non-exécution /nɔ̃nɛɡzekysjɔ̃/ 女 【法律】不履行.
non-figurati**f, ive** /nɔ̃fiɡyratif, i:v/ 形, 名 【美術】非具象の(芸術家).
non-fumeu**r, euse** /nɔ̃fymœ:r, ø:z/ 名 (多く複数で)たばこを吸わない人. ▶ 《同格的に》voiture *non-fumeurs* 禁煙車.
non-ingérence /nɔnɛ̃ʒerɑ̃:s/ 女 不干渉；内政不干渉.
non-initié, e /nɔninisje/ 形 (仕事などの)手ほどきを受けていない. ― 名 門外漢.
non-inscri**t, ite** /nɔnɛ̃skri, it/ 名 無所属議員[候補者].
― 形 [議員などが] 無所属の.
non-intervention /nɔnɛ̃tɛrvɑ̃sjɔ̃/ 女 不干渉, 不介入；内政不干渉.
non-lieu /nɔ̃ljø/ 男 【法律】免訴.
nonne /nɔn/ 女 古 《ふざけて》修道女.
non-observation /nɔnɔpsɛrvasjɔ̃/ 女 (規則などの)不遵守, 違反.
nonobstant /nɔnɔpstɑ̃/ 前 (官庁用語で)/《ふざけて》…にもかかわらず.
― 副 古/文章 それにもかかわらず, しかしながら.
non-paiement /nɔ̃pemɑ̃/ 男 不払い, 未納.
non-participation /nɔ̃partisipasjɔ̃/ 女 非参加.
non-prolifération /nɔ̃prɔliferasjɔ̃/ 女 (核兵器の)拡散防止. ▶ traité de *non-prolifération* nucléaire 核拡散防止条約(略 TNP).
non-retour /nɔ̃r(ə)tu:r/ 男 point de *non-retour* (計画などについて)やり直しの不可能な時点.
non-sens /nɔ̃sɑ̃:s/ 男 ❶ ナンセンス；不合理. ❷ 無意味；意味の通じない文章.
non-spécialiste /nɔ̃spesjalist/ 名, 形 非専門家(の), 素人(の).
non-stop /nɔnstɔp/ 形 《不変》《英語》休みなしの, ノンストップの；途中着陸[停車]しない.
― 名 《複数同形》ノンストップ；中断しないこと.
non-valeur /nɔ̃valœ:r/ 女 ❶ 非生産性(土地, 家屋などが収益をもたらさない状態). ❷ 無能な人物；無価値な物. ❸ 不良債権；未回収金.
non-violence /nɔ̃vjɔlɑ̃:s/ 女 (ガンジーの唱導した)非暴力(主義).
non-viole**nt, ente** /nɔ̃vjɔlɑ̃, ɑ̃:t/ 形, 名 非暴力主義の(人)；暴力的でない(人).
non-voya**nt, ante** /nɔ̃vwajɑ̃, ɑ̃:t/ 名 目の見えない人.
Nord /nɔ:r/ 固有 男 ノール県 [59]：北仏, ベルギー国境の県.
:nord /nɔ:r ノール/ 男 《単数形のみ》❶ 北. 注 日本では方位を「東西南北」というが, フランスでは nord, sud, est et ouest (北, 南, 東, 西)の順でいう. ▶ pièce exposée au *nord* 北向きの部屋 / l'étoile du *Nord* 北極星.
❷ 北部(地方). ▶ le *nord* de la France フランス北部. ◆固有名詞 + du *Nord* の形…. ▶ Afrique du *Nord* 北アフリカ / Corée du *Nord* 北朝鮮 / Amérique du *Nord* 北米.
❸ (le Nord) 北欧, 北国. ▶ peuples du *Nord* 北方[北欧]民族 / mer du *Nord* 北海.
❹ 《le Nord》北フランス (=la France du *Nord*) (↔le Midi). ▶ gare du *Nord* (パリの)北駅.
❺ (北半球の)先進工業国. ▶ inégalités *Nord*-Sud 南北の不均衡.
au nord de qc …の北方に [で] (⇨ 語法).
dans le nord de qc …の北部に (⇨ 語法).
perdre le nord 話 途方に暮れる；気が動転する.
　語法 方位を示す成句的表現として次の2つの言い方があるが, 両者には厳密な区別がある.
　(1) <*au nord de qc*> …の北方に. La ville de Saint-Denis est située *au nord de* Paris. (サン=ドニ市はパリの北方にある). この場合, サン=ドニ市とパリは別々の2つの町であり, これら2つの町の位置関係を示す.
　(2) <*dans le nord de qc*> …の北部に. Montmartre se trouve *dans le nord de* Paris. (モンマルトルはパリの北部にある). モンマルトルはパリの中にあり, パリという町全体からからみればその北部に位置している, ということである.

— ***nord*** 形《不変》北の. ▶ pôle *Nord* 北極 / vent *nord* 北風.

nord-afric*ain*, *aine* /nɔrafrikɛ̃, ɛn/ 形 北アフリカの.
— **Nord-Afric*ain*, *aine*** 名 北アフリカ人.

nord-améric*ain*, *aine* /nɔramerikɛ̃, ɛn/ 形 北米の.
— **Nord-Améric*ain*, *aine*** 名 北米の人.

nord-coré*en*, *enne* /nɔrkɔreɛ̃, ɛn/ 形 北朝鮮［朝鮮民主主義人民共和国］の.
— **Nord-Coré*en*, *enne*** 名 北朝鮮の人.

nord-est /nɔrɛst/ 男《単数形のみ》❶ 北東（略 N-E）. ❷ 北東部（地方）.
— 形《不変》北東の; 北東部（地方）の.

nordique /nɔrdik/ 形 北欧の;《特に》スカンジナビアの. ▶ pays *nordiques* 北欧諸国.
— 名《ときに Nordique》北欧人; スカンジナビア人.

nordiste /nɔrdist/ 名, 形 (アメリカ南北戦争の) 北軍派（の）.

nord-ouest /nɔrwɛst/ 男《単数形のみ》❶ 北西（略 N-O）. ❷ 北西部（地方）.
— 形《不変》北西の; 北西部（地方）の.

Nord-Pas-de-Calais /nɔrpɑdkalɛ/ 固有 男 ノール＝パ＝ド＝カレ地方. フランス北部.

noria /nɔrja/ 女 ❶ 鎖ポンプ; 揚水機. ❷ ピストン輸送, ひっきりなしの往復. ▶ une *noria* d'ambulances ひっきりなしに行きかう救急車.

normal*, *ale /nɔrmal/ 形 ノルマル;《男複》***aux*** /o/ 形 ❶ 正常な, 普通の; 標準の, 正規の. ▶ fonctionnement *normal* 正常な機能 / rentrer à des heures *normales* (=habituel) いつもの時間に戻る / mener une vie *normale* 普通の生活を送る / en temps *normal* 普通に［に］/ Elle n'est pas dans son état *normal*. 彼女の様子はどこか変だ.

❷ 当然の, もっともな, 納得できる; 仕方がない. ▶ **C'est bien normal.** 話 それは無理もない / **C'est normal!** 当然だよ / La fatigue est *normale* après un tel effort. あんなに頑張ったあとでは疲れるのも当然だ. ◆《非人称構文で》Il est［話C'est］*normal* de +不定詞 / Il est［C'est］*normal* que +接続法. ▶ C'est *normal* qu'elle soit en retard avec les embouteillages qu'il y a. こんなに渋滞していては彼女が遅れるのもやむを得ない.

❸〖教育〗Ecole *normale*（初等教員を養成する）師範学校（略 EN）/ Ecole *normale* supérieure 高等師範学校（略 ENS）.
— **normale** 女 ❶ 常態, 標準, 平均. ▶ intelligence au-dessus de la *normal* 標準以上の知能. ❷《Normale》高等師範学校（=Ecole normale supérieure）.

normalement /nɔrmalmɑ̃/ 副 普通に, 正常に; 通常ならば. ▶ *Normalement*, on doit arriver à huit heures. 普通ならば8時に着くはずだ.

normal*ien*, *enne* /nɔrmaljɛ̃, ɛn/ 名 ❶ 高等師範学校 Ecole normale supérieure の学生. ❷ 師範学校 Ecole normale の学生.

normalisation /nɔrmalizasjɔ̃/ 女 ❶（製品などの）規格化, 標準化; 規格準拠. ▶ *normalisation* industrielle 工業規格化. ❷（関係などの）正常化.

normalisé, **e** /nɔrmalize/ 形 ❶ 規格にかなった. ❷〖服飾〗taille *normalisée* 標準寸法［サイズ］.

normaliser /nɔrmalize/ 他動 ❶ …を規格化する, 標準化する; 統一する. ▶ *normaliser* des produits 製品を規格化する.
❷〔関係など〕を正常化する. ▶ *normaliser* les relations diplomatiques avec un pays étranger ある外国との外交関係を正常化する.
— **se normaliser** 代動 正常になる, 正常化される.

normalité /nɔrmalite/ 女 正常, 常態;《特に》(精神の)正常さ.

norm*and*, *ande* /nɔrmɑ̃, ɑ̃:d/ 形 ノルマンディー Normandie の.
— **Norm*and*, *ande*** 名 ノルマンディー地方の人.

une réponse de Normand 曖昧(ぁぃ)な返事.

Normandie /nɔrmɑ̃di/ 固有 女 ノルマンディー地方: フランス北西部の旧州.

normat*if*, *ive* /nɔrmatif, iːv/ 形 規範的な, 規則を作る. ▶ grammaire *normative*〖言語〗規範文法.

norme /nɔrm/ 女 ❶ 標準, 規準;《特に》(行為の社会的規範としての)規範. ▶ *norme* juridique 法規範 / s'écarter de la *norme* 規準から外れる, 常軌を逸する. 比較 ⇨ RÈGLE. ❷〖工業〗規格, 標準. ▶ objet conforme aux *normes* 規格品.

noroît /nɔrwa/ 男 北西の風.

Norvège /nɔrvɛːʒ/ 固有 女 ノルウェー: 首都 Oslo. ▶ en *Norvège* ノルウェーに［で, へ］.

norvég*ien*, *enne* /nɔrveʒjɛ̃, ɛn/ 形 ノルウェー Norvège の.
— **Norvég*ien*, *enne*** 名 ノルウェー人.
— **norvégien** 男 ノルウェー語.

nos /no/ notre の複数形.

nosocomial, **ale** /nozɔkɔmjal/;《男複》***aux*** /o/ 形〖医学〗病院の. ▶ infection *nosocomiale* 院内感染.

nostalgie /nɔstalʒi/ 女 ❶ 郷愁, 懐古, 愛惜. ▶ avoir la *nostalgie* de sa jeunesse 若いころを懐かしむ. ❷ 憂愁, 哀愁.

nostalgique /nɔstalʒik/ 形 郷愁の; 懐古的な; 憂愁の.
— 名 郷愁にとらわれた人, 懐古趣味の人.

nota bene /nɔtabene/ 男《ラテン語》注意書き, 注意事項（略 NB）.

notabilité /nɔtabilite/ 女 著名人, 有力者.

notable /nɔtabl/ 形 ❶ 注目に値する, 顕著な. ▶ faire des progrès *notables* 目覚ましい進歩を示す. ❷ 有力な, 著名な.
— 名 有力者, 名士.

notablement /nɔtabləmɑ̃/ 副 著しく, 非常に.

notaire /nɔtɛːr/ 男 公証人. ▶ contrat fait devant *notaire* 公証人立ち会いの下でなされた契約.

notamment /nɔtamɑ̃/ ノタマン 副 中でも, とりわけ, 特に. ▶ J'aime les fleurs, *notamment* les roses. 私は花が好きだ, 特にバラが.

notarial, ale /nɔtarjal/;《男複》**aux** /o/ 形 公証人の.

notariat /nɔtarja/ 男 公証人職, 公証人の地位; 公証人会.

notarié, e /nɔtarje/ 形《法律》公証人が作成した. ▶ acte *notarié* 公証人証書.

notation /nɔtasjɔ̃/ 女 ❶ 記号表記(法);《集合的に》(体系的)記号. ▶ *notation* phonétique 音声記号 / *notation* musicale 記譜.
❷ 採点, 成績評価. ▶ *notation* des devoirs 宿題の採点 / agence de *notation* 格付け会社. ❸ メモ, 覚え書き.

:**note** /nɔt/ ノト/ 女 ❶《多く複数で》メモ, 覚え書き, 控え, **ノート**. ▶ cahier de *notes* ノートブック / prendre des *notes* pendant un cours 授業中にノート[メモ]を取る / prendre en *note* l'adresse de qn …の住所を控える.
❷《行政・外交上の短い》**文書**, 通達. ▶ *note* officielle 公式文書 / faire passer une *note* de service 業務通達を回す.
❸ 注, 注解;(本の余白などの)書き込み. ▶ *note* de l'auteur 原注 / *note* marginale 傍注.
❹《学業などの》**評点**, **成績**. ▶ mettre [donner] une *note* à un devoir 宿題を採点する / Il a eu de bonnes *notes* en maths. 彼は数学でよい成績をとった.
❺ 勘定書, 請求書; 勘定. 注 レストランの勘定書は普通 l'addition という. ▶ *note* d'hôtel ホテルの勘定(書) / La *note*, s'il vous plaît.(ホテルで)勘定をお願いします / demander sa *note* à la réception 勘定をフロントに頼む / régler [acquitter] la *note* de gaz ガス代を払う.
❻《音楽》音符(=*note* de musique);(音符の示す)音;(ピアノなどの)キー, 鍵(⁺). ▶ échelle des *notes* 音階.
❼ 色彩; 調子; 色調. ▶ changer de *note* 口調[態度]を変える.

donner la note (1) 主音[キーノート]を与える. (2) 模範を示す, 模範として役立つ.

être dans la note (*de qc*)(場面などに)ふさわしい, 調和している. ▶ Cette remarque *est* bien *dans la note*. その指摘はまったく適切である.

fausse note (1) 調子外れの音. (2) 調和を乱すもの.

forcer la note 誇張する, 大げさに言う.

note juste (1) 正しい音. (2)(状況などに)ぴったりのもの.

prendre (***bonne***) ***note de qc*** …を書き留める;(よく)覚えておく, 心に留めておく.

*****noter** /nɔte/ ノテ/ 他動 ❶ …を書き留める, メモする. ▶ *noter* le numéro de téléphone de qn …の電話番号を控える / *Notez* sur votre agenda que je serai absent jusqu'à la fin du mois. 私が月末まで休むことを手帳に控えておいてください.
❷ …に注目する, 留意する, 気づく. ▶ (Il est) à *noter* que + 直説法 …は注目すべきことだ / Ce fait mérite d'être *noté*. この事実は注目に値する / J'*ai noté* un grand changement dans son attitude. 彼(女)の態度が大きく変わったことに気づいた.
❸ …を採点する, 評価する. ▶ devoir *noté* dix sur vingt 20点満点で10点の宿題 / Il *est* bien [mal] *noté* de ses supérieurs. 彼は上司の受けがよい[悪い].
❹〔文など〕に印をつける(=cocher).
❺《音楽》…を音符で示す, 記譜する.

notice /nɔtis/ 女 ❶ 概要, 略記;説明書き(=*notice* explicative). ▶ *notice* biographique 略歴 / *notice* d'utilisation 使用説明書.
❷《巻頭の》解説文, 序文.

notification /nɔtifikasjɔ̃/ 女 通告, 通知.

notifier /nɔtifje/ 他動 …を通告する, 通知する.

*****notion** /nosjɔ̃/ ノシオン/ 女 ❶ **観念**, 概念, 考え. ▶ perdre la *notion* du temps 時間の観念を失う, 時がたつのも忘れる / Les petits enfants n'ont pas la *notion* du temps. 小さな子供は時間の観念がない / Il n'a pas la moindre *notion* du bien et du mal. 彼は善悪の区別がまったくつかない. ★la *notion* de + 無冠詞名詞 …という概念[観念]. ▶ la *notion* de liberté 自由という概念 / essai sur la *notion* de cybercriminalité サイバー犯罪という概念に関する試論. 語法 ⇒ IDÉE.
❷《多く複数で》基礎知識, 初歩. ▶ avoir quelques *notions* d'allemand ドイツ語を少し知っている.

notionnel, le /nosjɔnɛl/ 形 観念[概念]の.

notoire /nɔtwaːr/ 形 周知の, 有名な, 評判の;札付きの. ▶ un fait *notoire* 周知の事実 / un criminel *notoire* 名だたる犯罪者 /《非人称構文で》Il est *notoire* que + 直説法 …は周知のことだ. 比較 ⇒ CÉLÈBRE.

notoirement /nɔtwarmɑ̃/ 副 周知のとおり, 明らかに.

notoriété /nɔtɔrjete/ 女 ❶ 周知, 有名;名声, 世評. ▶ sa *notoriété* dans le monde médical 医学界での彼(女)の名声 / Il est de *notoriété* publique que + 直説法 …は周知のことだ.
❷ 有名人.

*****notre** /nɔtr ノトル/;《複》**nos** /no/ 形《所有》私たちの, 我々の.
❶《所有, 帰属, 関係, 行為主を示す》(1)《特定の人を受けて》▶ *notre* maison 私たちの家 / *nos* marchandises 当店の商品 / *notre* rencontre 私たちの出会い. (2)《漠然とした人間集団, 人間一般を受けて》▶ *notre* planète 地球 / *notre* commerce extérieur 我が国の貿易 / *Notre*-Seigneur 我らが主(キリスト) / de *nos* jours 今日では.
❷《若干の動作名詞の前で行為の対象を示す》▶ Il est venu à *notre* rencontre [aide]. 彼は我々を迎えに[助けに]来た.
❸《相手と共通の関心事》▶ *notre* héros (小説などで)我らが主人公 / Voilà *notre* homme. ほら, やっこさんのお出ましだ / Comment va *notre* Jean? あのジャンのやつは元気かい.
❹《mon の代わりに》(1)《著者などが謙譲して》私の. ▶ *notre* ouvrage 拙著 / *nos* intentions 筆者の意図. (2)《君主などが威厳を示して》余の, 朕の.

:**nôtre** /noːtr ノートル/ 代《所有》(le, la, les を伴って先行する名詞を受ける)私たちのそれ. ▶ Ils ont

nourriture

leurs soucis, et nous avons les *nôtres*. 彼らには彼らの心配事が, 私たちには私たちの心配事がある.
── 男《複数で》私たちの身内[仲間, 同僚]. ▶ Voulez-vous être des *nôtres* demain soir? 明晩我々と一緒に来ていただけますか.
y mettre du nôtre 力を出し合う, 貢献する; かかわる; 歩み寄る. ▶ Nous *y* mettrons chacun *du nôtre*. 各自力を尽くしましょう.
── 形《所有》文章《属詞として》私たちの, 私たちに属する. ▶ À présent elles sont *nôtres*. 今や彼女たちは我々の仲間だ.

notule /nɔtyl/ 女 略注, 小註.
nouba /nuba/ 女 ❶ ナウバ: 北アフリカの歩兵の軍楽. ❷ 俗 酒宴, 大騒ぎ.
noué, e /nwe/ 形 ❶ 結んだ, 縛った. ▶ fil *noué* serré きつく結わえた糸. ❷ 締めつけられた, ひきつった. ▶ avoir la gorge *nouée* (激しい感情などで)喉(?)を締めつけられる思いがする. ❸〔劇作品などの筋が〕入念に仕組まれた.
nouer /nwe/ 他動 ❶ …を結ぶ, 縛る. ▶ *nouer* sa cravate ネクタイを締める / *nouer* ses cheveux avec une ficelle 細いひもで髪を束ねる.
❷〔感情などが喉(?)を〕締めつける. ▶ L'émotion lui *nouait* la gorge. 彼(女)は感動に喉を詰まらせていた.
❸〔関係など〕を結ぶ, 打ち立てる. ▶ *nouer* une amitié avec qn …と親交を結ぶ / *nouer* la conversation 会話を始める.
❹〔陰謀など〕を(入念に)仕組む;〔劇作品などの筋〕を準備する. ▶ *nouer* un complot 陰謀をたくらむ / *nouer* l'action (芝居の)やま場をこしらえる
── **se nouer** 代動 ❶〔関係などが〕結ばれる. ❷〔劇作品などの筋が〕入念に仕組まれる.
noueux, noueuse /nwø, nwøːz/ 形 節の多い; 節くれだった. ▶ bois *noueux* 節の多い木材 / doigts *noueux* (リューマチで)節くれだった指.
nougat /nuga/ 男 ❶《菓子》ヌガー. ❷《複数で》俗 足.
C'est du nougat! 話 そんな簡単だ.
nouille /nuj/ 女 ❶(多く複数で)《料理》ヌードル, めん類. ❷ 話 間抜け, 腰抜け.
avoir le cul bordé de nouilles 俗 ついている.
── 形 俗 ばかな, 意気地なしの.
Nouméa /numea/ 固有 ヌーメア: フランス領ニューカレドニア Nouvelle-Calédonie の都市.
nounou /nunu/ 女 幼児語 おばあ, 乳母.
nounours /nunurs/ 男 幼児語 縫いぐるみの熊.
nourri, e /nuri/ 形 (nourrir の過去分詞) ❶ 栄養[食べ物, 食事]を与えられた. ▶ pensionnaire *nourri*, blanchi 食事・洗濯付きの下宿人. ❷ 〈*nourri* de qc〉…で培われた; を抱いた. ▶ être *nourri* de préjugés 偏見を抱く. ❸ 〈*nourri* à qc〉…で養われた; の教育を受けた. ▶ bébé *nourri* au lait maternel 母乳で育てられている赤ん坊. ❹ 内容豊かな. ▶ conversation *nourrie* 内容の充実した会話. ❺ 激しい. ▶ incendie *nourri* 激しい火災.
nourrice /nuris/ 女 ❶ 乳母, 里親;(保母資格を持った)子供を預かる女性. ▶ *nourrice* sèche 授乳しない育児係の女性. ❷ (燃料の)補助タンク.

en nourrice 里子に出されて; 乳飲み子の. ▶ mettre un enfant *en nourrice* 里子に出す.
nourricier, ère /nurisje, ɛːr/ 形 ❶ 文章 糧をもたらす, 養う. ▶ la terre *nourricière* 恵みの大地. ❷ père *nourricier* 養父; 育ての親.
*nourrir /nuriːr/ ヌリール 他動

直説法現在	je nourris	nous nourrissons
	tu nourris	vous nourrissez
	il nourrit	ils nourrissent

❶〈*nourrir* qn/qc (de [à] qc)〉…に食べ物を与える, …を(…で)養う; に食糧を供給する;〔食べ物が〕…に栄養を与える. ▶ *nourrir* un malade 病人に食べさせる / *nourrir* un bébé au biberon 赤ん坊に母乳[人工乳]を与える / *nourrir* un chat 猫にエサをやる / *nourrir* qn de viande …に肉を食べさせる / régions qui *nourrissent* la capitale 首都に食糧を供給している地域 /《目的語なしに》La viande *nourrit* plus que la salade. 肉はサラダよりも滋養がある.
❷…を扶養する, 養う. ▶ Il a quatre personnes à *nourrir*. 彼には扶養家族が4人いる / Cette industrie *nourrit* des milliers d'ouvriers. この工場は数千人の労働者の生活を支えている.
❸〔精神〕を培う. ▶ La lecture *nourrit* l'esprit. 読書は精神の糧となる.
❹〔火など〕を絶やさないようにする.
❺〈*nourrir* qc (de qc)〉〔物語, 話題など〕を(…で)豊かにする, 肉付けする.
❻ 文章〔感情, 思い〕を心に抱く, はぐくむ. ▶ *nourrir* une haine contre qn …に対して憎悪の念を抱く / *nourrir* l'espoir 希望を抱く.
nourrir son homme 話 (多く否定で)〔仕事などが〕食っていける. ▶ Ce travail ne *nourrit* pas *son homme*. この仕事では食えない.
── *se nourrir 代動 ❶〈*se nourrir* (de qc)〉(…を)食べる, 栄養をとる. ▶ *se nourrir* de légumes 野菜を食べる / Il faut vous *nourrir*. あなたは栄養を取る必要がある.
❷〈*se nourrir* de + 無冠詞名詞〉…にふける, 没頭する; をむさぼる. ▶ *se nourrir* de rêves 夢想に浸る / *se nourrir* de romans 小説に没頭する.
❸〔感情, 考えなどが〕育つ, 大きくなる.
nourrissant, ante /nurisɑ̃, ɑ̃ːt/ 形 滋養のある; 実質に富む.
nourrisseur /nurisœːr/ 男 ❶ 乳牛(食肉用の家畜)飼育者. ❷《農業》自動給餌(?)装置 (=*nourrisseur* automatique).
nourrisson /nurisɔ̃/ 男 乳飲み子, 乳幼児: 生後1か月ごろから満2歳まで.
*nourriture /nurityːr/ ヌリテュール 女 ❶ 食物, 栄養物, 食事. ▶ *nourriture* solide [liquide] 固形[流動]食 / *nourriture* naturelle 自然食品 / *nourriture* préparée 調理済み食品 / *nourriture* des animaux 動物の餌(?) / Ce malade ne prend plus aucune *nourriture*. この病人はもう何も食べない / Comment est la *nourriture*? 食事の味はどうですか.
❷ 文章 精神[心]の糧.

nous

:nous /nu ヌー/ 代《人称》《1人称複数》

私たち, 我々.

❶《主語》❶《特定の私たち》▶ *Nous* avons deux enfants. 私たちには子供が2人いる / Jean et moi, *nous* allons au cinéma ce soir. ジャンと私は今晩映画に行く.

❷《人一般を指して》▶ *Nous* sommes mardi. 今日は火曜日だ / *Nous* n'avons pas cette coutume au Japon. 我が日本にこうした風習はない.

❸《je の代わりに》(1)《筆者などが謙遜(ケン)して》筆者［私］は. ▶ Dans ce chapitre, *nous* essaierons … この章で筆者は…してみたい. (2)《君主などが威厳を示して》余［朕］は. ▶ *Nous* ordonnons … 余は…を命じる.

❹語《tu, vous の代わりに》▶ Eh, bien, mon petit, *nous* avons bien travaillé? どうおまえ, ちゃんと勉強したかい.

❷《目的語》❶《直接目的語》私たちを. ▶ Il *nous* regarde. 彼は私たちを見ている / Attendez-*nous* ici. ここで私たちを待っていてください.

❷《間接目的語》私たちに［のために, にとって］. ▶ Il *nous* a écrit. 彼は私たちに手紙をくれた / Tu peux *nous* prêter ta voiture? 我々に君の車を貸してくれないかい / Ce livre *nous* est très utile. この本は非常に私たちの役に立つ / Racontez-*nous* votre aventure. あなたの冒険談を我々にも聞かせてください.

❸《再帰代名詞》▶ Nous *nous* connaissons depuis longtemps. 私たちはずっと以前からの知り合いだ / Dépêchons-*nous*. 急ぎましょう.

❸《強勢形》❶《主語, 目的語の明示, 強調あるいは省略文で》▶ *Nous* aussi, nous partons demain. 我々も明日出発します / Elle nous connaît bien, *nous*. 彼女はよく知っているよ, 我々のことは. ◆*nous* autres《他との区別を強調して》我ら. ▶ Nous croyons, *nous* autres Français, que … 我々フランス人は…と考える.

❷《属詞》C'est *nous* qui vous avons appelé. あなたをお呼びしたのは私たちです.

❸《前置詞, 比較・制限の que, 類以の comme のあと》▶ Viens avec *nous*. 私たちと一緒においでよ / Vous pouvez compter sur *nous*. 我々にお任せください / Ils sont plus riches que *nous*. 彼らは私たちより裕福だ.

À nous …! …を我らに与えよ. ▶ À *nous* la liberté. 自由を我らに.

entre nous 我々の間だけで; ここだけの話だが.

nous-mêmes /numɛm/ 代《人称》我々自身 (⇨ MÊME). ▶ La réponse, nous l'ignorons *nous-mêmes*. その答えは, 我々自身知らないのです.

:nouveau, elle /nuvo, ɛl ヌヴォ, ヌヴェル/ 形

男性単数 nouveau	女性単数 nouvelle
男性第2形 nouvel	
男性複数 nouveaux	女性複数 nouvelles

*nouvel は, 母音または無音の h で始まる男性名詞の前で用いる.

新しい. ❶《多く名詞のあとで》❶ **最新の**, 最近出た, 新しいタイプの. ▶ produit *nouveau* 新製品 / invention *nouvelle* 新発明 / mot *nouveau* 新語 / beaujolais *nouveau* 新酒のボージョレ / voiture *nouvelle* 新型車(⇨ 比較) / un homme *nouveau* 新人 / un esprit *nouveau* 新しい精神(の持ち主) /《Qu'y a-t-il de *nouveau*?—Rien de *nouveau*.》「何か変わったことは?」「別に何もない」

❷ 初めての, なじみのない. ▶ un visage *nouveau* = un *nouveau* visage 初めて会った顔 / Tout était *nouveau* pour lui. すべては彼が初めて知るものだった / C'est *nouveau*. それは初耳だ; それはちょっとひどい.

❸《新しいがゆえに》独創的な, 斬新(ザン)な. ▶ des aperçus *nouveaux* 独創的な見解.

❹〔人が〕未経験な, 新米の. ▶ Il est *nouveau* dans son métier.(=novice) 彼は駆け出しだ.

❷《名詞の前で》❶ **新たな**, 新規の; もう1つ別の. ▶ le *nouveau* an 新年 / le *nouveau* régime 新体制 / *nouvelle* édition 新版 / *nouvelle* cuisine ヌーベルキュイジーヌ / Le *Nouveau* Monde 新世界, アメリカ大陸 / Le *Nouveau* Testament 新約聖書 / Avez-vous déjà vu son *nouvel* enfant? 彼(女)の今度生まれたお子さんをもう見ましたか / une *nouvelle* fois 再度, 改めて (=à *nouveau*) / sa *nouvelle* femme 彼の今度の妻 /《固有名詞を伴って》un *nouveau* Napoléon《多く皮肉に》ナポレオンの再来.

❷ 《名詞化された形容詞, 過去分詞を伴って》最近…したばかりの. ▶ les *nouveaux* riches 成金 / les *nouveaux* mariés 新婚夫婦 / *nouveau* venu 新参者.

C'est nouveau, ça vient de sortir. 新発売《広告での決まり文句》.

nouvelle vague (1) 新傾向;《形容詞的に》新しい風潮の. (2) (1950年代末の)青年層, 若い世代. (3)《映画》ヌーベル・バーグ.

Rien de nouveau sous le soleil.《聖書》太陽の下に新しいものはない.

Tout nouveau, tout beau. 新しいものはなんでもよく見える.

Voilà qui est nouveau!* = *C'est nouveau ça! 語 それは初耳だ.

比較 新しい
nouveau「初めて現れた」, あるいは「現れたばかりの」という意味の新しさ. 「既成のもの」「過去のもの」に対立する. **neuf** 作られたばかりで「まだ使われていない」という意味の新しさ. 「使い古しのもの」に対立する. une *nouvelle* voiture (買い替えた)新しい車. une voiture *neuve* 新品の車.

— **nouveau, elle**:《男複》**eaux** 名 新入り; 新入生, 転校生.

— **nouveau**:《複》**x** 男 新しいもの, 変わったこと. ▶ faire du *nouveau* en art 芸術で新しいことをする / Elle a le goût du *nouveau*. 彼女は新しいもの好きだ.

***à nouveau** 改めて, 新たに. ▶ Examinons la question *à nouveau*. 問題を再検討してみよう.

***de nouveau** 再び, もう一度. ▶ On se verra *de nouveau* lundi prochain. 来週の月曜日にまた会おう.

nouveau-né, e /nuvone/ 形 生まれたばかりの. ▶ un enfant *nouveau-né* 新生児. ── 名 (動物の)生まれたばかりの子;（人の）新生児.

***nouveauté** /nuvote/ ヌヴォテ/ 女 ❶ 新しいこと［もの］; 斬新(ざん)さ. ▶ Ce problème conserve aujourd'hui encore sa *nouveauté* (=actualité). この問題は今なお今日性を失ってはいない / Cet enfant aime les *nouveautés*. あの子は新しがり屋だ / Tiens, tu ne fumes plus? C'est une *nouveauté*. たばこをやめたって，どういう風の吹き回しだ. ❷ **新製品, 最新作**;《特に》**新刊書**;（服飾などの）新作. ▶ *nouveautés* du mois 今月の新刊 / *nouveautés* de printemps 春の新作.

nouvelle /nuvɛl ヌヴェル/ 女

英仏そっくり語
英 novel 小説.
仏 nouvelle 便り，ニュース，中編小説.

❶ 知らせ, 通知, 情報. ▶ heureuse [triste] *nouvelle* 朗報[悲報] / fausse *nouvelle* 誤報 / annoncer [apprendre] une bonne *nouvelle* 吉報を伝える[聞く] / Connaissez-vous la *nouvelle*? 知らせを聞きましたか.
❷《複数で》消息, 近況. ▶ donner [avoir] des *nouvelles* d'un malade 病人の様子を知らせる[知る] /《Avez-vous de ses *nouvelles*?》「彼(女)から便りがありますか.
❸ (les nouvelles)（テレビ，新聞などの）**ニュース**, **報道**. ▶ les *nouvelles* du jour 今日のニュース / dernières *nouvelles* 最新ニュース / *nouvelles*-éclair フラッシュ・ニュース / écouter les *nouvelles* à la radio ラジオでニュースを聞く.
❹ 中編［短編］小説.
❺ la bonne *nouvelle*『聖書』福音.

Ce n'est pas une nouvelle. そんな事は先刻御承知だ.
Pas de nouvelles, bonnes nouvelles. 諺 便りのないのはよい便り.
Première nouvelle! これは初耳だ，驚いたね.
Tu auras [*Vous aurez*] *de mes nouvelles.* 覚えてろ, 今に見てろ.
Tu m'en diras [*Vous m'en direz*] *des nouvelles!* 諺 きっと気に入る［お気に召します］よ. 注 反語的にも用いられる.

語法 **Donnez-moi de vos nouvelles!** 「近況を知らせてください」 nouvelle には, 複数形で「消息, 便り」という意味があるが,「便りをください」という場合には Donnez-moi vos nouvelles. とはできない.「便り」は常に部分的なものと考えられているので, 必ず部分を表わす de を用いる.
• J'ai eu *des nouvelles de Paul*. ポールから便りがあった (des = de + les). → J'ai eu *de ses nouvelles*. 彼から便りがあった.
•《Vous avez *des nouvelles de Paul?* ─ Oui, justement, j'ai eu *de ses nouvelles* hier.》「ポールの近況を知ってますか」「ええ, ちょうど昨日便りがありました」

Nouvelle-Calédonie /nuvɛlkaledɔni/ 固有 女 ニューカレドニア: 南太平洋上の島. フランス海外領土. ▶ en *Nouvelle-Calédonie* ニューカレドニアに[で, へ].

Nouvelle-Guinée /nuvɛlgine/ 固有 女 ニューギニア（島）: オーストラリア北方の島. ▶ en *Nouvelle-Guinée* ニューギニアに[で, へ].

nouvellement /nuvɛlmɑ̃/ 副《過去分詞の前で》ごく最近 (=récemment). ▶ film *nouvellement* donné 最近封切りの映画.

Nouvelle-Orléans /nuvɛlɔrleɑ̃/ (la) 固有 ニューオリンズ: アメリカの都市.

Nouvelles-Hébrides /nuvɛlzebrid/ 固有 女複 ニューヘブリデス諸島: 南太平洋上の群島. 現バヌアツ Vanuatu 共和国.

Nouvelle-Zélande /nuvɛlzelɑ̃:d/ 固有 女 ニュージーランド: 首都 Wellington. ▶ en *Nouvelle-Zélande* ニュージーランドに[で, へ].

nouvelliste /nuvɛlist/ 名 中編［短編］作家.

nova /nɔva/;《複》*novæ* /nɔve/ 女『天文』新星.

novateur, trice /nɔvatœ:r, tris/ 名 改革者, 刷新者, 革新者.
── 形 改革する, 革新的な.

novélisation /nɔvelizasjɔ̃/ 女（映画などの）小説化, ノベライゼーション.

***novembre** /nɔvɑ̃:br ノヴァーンブル/ 男 **11 月**. ▶ en [au mois de] *novembre* 11 月に.

novice /nɔvis/ 形（職業, スポーツなどで）未熟な. ▶ être *novice* dans qc ・・・に経験が浅い.
── 名 ❶ 初心者, 新米. ❷『カトリック』修練者.

noviciat /nɔvisja/ 男『カトリック』（修道誓願前の）修練期;（修道院内の）修練所.

noyade /nwajad/ 女 溺死(でき), 水死.

noyau /nwajo/;《複》✗ 男 ❶（梅, 桃, サクランボなどの）**核, 種**. 注 リンゴやブドウの種は pépin という. ▶ *noyau* de prune プラムの種 / fruits à *noyau* 核果.
❷（集団, 組織などの）中核, 中心グループ;（敵対的な）小集団. ▶ *noyau* d'habitués 常連グループ / *noyau* de résistance 抵抗運動の小グループ.
❸『生物学』細胞核 (=*noyau* cellulaire).
❹『物理』原子核 (=*noyau* atomique).

fauteuil rembourré avec des noyaux de pêche（桃の種を詰めたように →）諺 ひどく固くて座り心地の悪いひじ掛け椅子(す).

noyau dur 強硬派; 企業の中核株主グループ.

noyautage /nwajota:ʒ/ 男（組合, 官公庁, 党などに）活動家を潜入させること.

noyauter /nwajote/ 他動［組合, 官公庁, 党などに］活動家を潜入させる.

noyé, e /nwaje/ 形 ❶ 溺死(でき)した. ❷〈*noyé de qc*〉・・・でひどくぬれた. ▶ les yeux *noyés* de larmes 涙にうるんだ目. ❸ 途方に暮れた;（学業などに）ついていけない. ❹〈*noyé dans qc*〉・・・に沈んだ; 紛れ込んだ. ▶ *noyé* dans l'ombre 闇(やみ)に紛れ込んだ.
── 名 溺死者.

***noyer¹** /nwaje ノワイエ/ 10 他動

直説法現在	je no*ie*	nous noyons
	tu no*ies*	vous noyez
	il no*ie*	ils no*ient*

❶ ・・・を**溺死**(でき)**させる**. ❷ ・・・を水浸しにする. ▶

noyer un incendie 大量の水をかけて火事を消す / La crue *a noyé* toute la région. 増水のため地域一帯は浸水した. ❸〔液体など〕を多量の水で薄める. ▶ *noyer* une sauce ソースを薄めすぎた. ❹ …を不明瞭(めいりょう)にする, ぼかす. ▶ *noyer* des contours 輪郭をぼかす / *noyer* son chagrin dans l'alcool 悲しみを酒で紛らす. ❺ 文章〔場所〕を覆い尽くす, 包む. ▶ une épaisse brume qui *noie* la vallée 谷をすっかり覆っている濃い霧.

noyer qn sous les mots …を長談義で[しゃべりまくって]うんざりさせる.

noyer une révolte dans le sang 反乱を武力で[血を流させて]鎮圧する.

— ***se noyer*** 代動 ❶ 溺死する; 入水(じゅすい)する. ▶ Elle *s'est noyée* dans la piscine. 彼女はプールでおぼれ死んだ. ❷ ⟨*se noyer* dans qc⟩ …に紛れ込む; 耽溺(たんでき)する. ▶ *se noyer* dans les détails (=se perdre) 枝葉末節にとらわれて本質を見失う / *se noyer* dans les plaisirs 快楽にふける.

se noyer dans un verre d'eau ちょっとした困難にも挫折(ざせつ)する.

noyer² /nwaje/ 男〖植物〗クルミの木; クルミ材, ウォールナット.

NRF 囡〔略語〕La Nouvelle Revue Française 新フランス評論(文芸雑誌).

NTD〔略語〕note du traducteur 訳者注.

*__nu, nue__ /ny ニュ/ 形 ❶ 裸の. ▶ corps *nu* 裸体, ヌード / être tout [complètement] *nu* 全裸である / à demi [moitié] *nu* ほとんど衣服をまとっていない, セミヌードの / mettre qn *nu* …を裸にする / être tête *nue* = être *nu*-tête 帽子をかぶっていない (注 *nu* がハイフンを介して名詞の前に置かれる場合は不変).

❷〔土地が〕植物の生えていない;〔樹木が〕葉を落とした. ▶ un paysage *nu* 草木の生えていない風景.

❸〔部屋などが〕家具のない, 装飾のない. ▶ mur *nu* 飾りのない壁.

❹ 覆いのない. ▶ une épée *nue* 抜き身の剣.

à l'œil nu (1) 肉眼で. (2) 一目見ただけで.

à main(s) nue(s) 素手で.

être nu comme un ver 素っ裸である.

— 男 裸, ヌード; 裸体画, 裸体像. ▶ peindre un *nu* 裸体(画)を描く.

mettre qc à nu …を裸にする, むき出しにする; さらけ出す. ▶ *mettre à nu* un fil électrique 電線を裸にする / *mettre* son cœur *à nu* 心を打ち明ける.

*__nuage__ /nɥaːʒ ニュアージュ/ 男 ❶ 雲. ▶ Il y a des *nuages*. 雲がでている / *nuages* de pluie 雨雲 / ciel couvert de *nuages* 雲に覆われた空.

❷ ⟨*nuage* de + 無冠詞名詞⟩ 雲のような…の群がり. ▶ un *nuage* de fumée もくもくと立ち上る煙 / des *nuages* de sauterelles イナゴの大群.

❸ ⟨un *nuage* de + 無冠詞単数名詞⟩ 透けるほど薄くて軽い(布地類); ごく少量の…. 注 雲を想起させるものについての み用いる. ▶ un *nuage* de mousseline ふわっとしたモスリン / mettre un *nuage* de lait dans le café コーヒーにほんの少しミルクを入れる.

❹《多く複数で》暗影, 悪い徴候; 不和, 疑惑のかげり. ▶ un bonheur sans *nuages* 一点の曇りもない幸せ.

être dans les nuages 放心状態である, ぼんやりしている (=être dans la lune).

vivre sur son nuage, être sur son petit nuage 話 夢を見ている, 現実から かけ離れている.

nuageux, euse /nɥaʒø, øːz/ 形 ❶ 曇った. ▶ ciel [temps] *nuageux* 曇天, 曇り空. ❷ 文章 不明確な, ぼんやりした.

*__nuance__ /nɥɑ̃ːs ニュアーンス/ 囡 ❶〔同系色間の様々な〕色合い, 色調, 濃淡;〔音, 香り, 味などの〕微妙な違い, ニュアンス. ▶ les *nuances* innombrables du vert 緑系統の無数の色合い. ❷《多く複数で》〔感情, 表現, 考えなどの〕機微, ニュアンス. ▶ *nuances* d'un sentiment 感情の機微 / homme sans *nuance* 融通の利かない男. / *Nuance* ! 同じではないから注意.

(tout) en nuances 微妙な変化に富んだ.

nuancé, e /nɥɑ̃se/ 形 ❶〔意見, 表現などが〕はっきりしない, ぼかされた. ▶ opinion *nuancée* 含みのある意見. ❷〔人が〕判断を下すのに慎重である. ▶ Il est très *nuancé* dans ses jugements. 彼は判断を下すのにとても慎重である.

nuancer /nɥɑ̃se/ 1 他動 ❶〔色彩〕に濃淡[陰影]をつける. ▶ *nuancer* les verts dans un tableau 絵の中で緑色に濃淡をつける.

❷〔表現など〕を和らげる, に含みを持たせる.

— ***se nuancer*** 代動 ⟨*se nuancer* de qc⟩ …によって和らぐ; 修正される.

nuancier /nɥɑ̃sje/ 男(化粧品などの)色見本.

nubile /nybil/ 形 (特に女性について)結婚適齢期の;(肉体的に)一人前の, 年ごろの. ▶ âge *nubile* 結婚適齢期.

nubilité /nybilite/ 囡 結婚適齢期, 年ごろ. 注 フランスでは女子15歳, 男子18歳から法的に結婚が認められる.

nuclé- 接頭「核, 原子力」の意.

nucléaire /nykleɛːr/ 形 ❶ (原子)核の, 核による. ▶ fission *nucléaire* 核分裂 / fusion *nucléaire* 核融合 / réactions *nucléaires* 核反応 / énergie *nucléaire* 核エネルギー, 原子力 / centrale *nucléaire* 原子力発電所 / réacteur *nucléaire* 原子炉 / guerre *nucléaire* 核戦争 / armes *nucléaires* 核兵器.

❷〖生物学〗(細胞)核の.

❸〖民族学〗famille *nucléaire* 核家族.

— 男 核エネルギー(部門), 原子力(部門).

nucléarisation /nyklearizasjɔ̃/ 囡(エネルギーの)原子力化.

nucléique /nykleik/ 形〖生化学〗acide *nucléique* 核酸.

nudisme /nydism/ 男 裸体主義, ヌーディズム (=naturisme).

nudiste /nydist/ 名, 形 裸体主義(者)(の), ヌーディスト(の). ▶ camp *nudiste* ヌーディストキャンプ.

nudité /nydite/ 囡 ❶ 裸体, ヌード;(身体部分の)露出. ❷ 飾り[覆い]のない状態. ▶ la *nudité* d'un mur むき出しの壁.

dans toute sa [leur] nudité あからさまに.

nue /ny/ 囡 固 文章 雲 (=nuage); 天空 (=ciel). 注 現在では次の成句表現で用いられる.
porter qn/qc aux nues …を絶賛する.
tomber des nues (思いがけぬ事で)びっくり仰天する.

nué, e /nye/ 形 玉虫色の. ▶ or *nué* 玉虫金糸繡(しゅう).

nuée /nye/ 囡 ❶ <*nuée* de + 無冠詞複数名詞>(雲の)大群;大群;大量の…. ▶ une *nuée* de sauterelles イナゴの大群. ❷ 文章 大きな雲.

nue-propriété /nyprɔprijete/;《複》〜s-〜s 囡【法律】虛有権.

nuire /nɥiːr/ 71 間他動

過去分詞 nui	現在分詞 nuisant
直説法現在 je nuis	nous nuisons
複合過去 j'ai nui	単純未来 je nuirai

<*nuire* à qn/qc>…を害する,傷つける;の妨げとなる. ▶ *nuire* à la réputation de qn …の名声を傷つける / *nuire* à qn auprès de ses amis …の友達に…の悪口を言う / Fumer *nuit* à la santé. 喫煙は健康を害する /《目的語なしに》Cela a été dit avec l'intention de *nuire*. その言い方には悪意があった.
être hors d'état de nuire 語 危害を加えられない状態にある;(機械などが)動かない,作動しない.
— **se nuire** 代動 注 se は間接目的. ❶ 体を悪くする;損をする. ❷ 傷つけ合う,妨害し合う.

nuis- 活用 ⇨ NUIRE 71

nuisances /nɥizɑ̃ːs/ 囡複 公害;障害. ▶ *nuisances* industrielles [sonores] 産業[騒音]公害.

nuisible /nɥizibl/ 形 <*nuisible* (à qn/qc)>(…に)有害な. ▶ insectes *nuisibles* 害虫 / climat *nuisible* à la santé (↔bienfaisant) 健康によくない気候.
— 男《多く複数で》有害動物.

*nuit¹ /nɥi/ 囡 ニュイ

❶ 夜,夜間;(夜の)闇(やみ). ▶ / La *nuit* tombe. 夜になる / Il fait *nuit*. 日が暮れた,暗くなっている / cette *nuit* 昨晚・今晚(両方指す) / toute la [une] *nuit* 一晩中 / toutes les *nuits* 毎晚 / en pleine *nuit* 真夜中に / sortir la *nuit* 夜外出する / dans la *nuit* du 7 au 8 mai 5月7日から8日にかけての夜の間に / Il n'a pas dormi de (toute) la *nuit*. 彼は一晩中眠れなかった(語法 ⇨ PENDANT).
❷ (ホテルでの)**1泊** (=nuitée); 1泊の宿泊料. ▶ payer sa *nuit* 宿泊料を支払う.
à la nuit tombante = ***à la tombée de la nuit*** 日暮れ時に.
*Bonne nuit. お休みなさい. ▶ souhaiter (une) *bonne nuit* à qn …にお休みなさいを言う.
*de nuit (1) 夜に,夜間に. ▶ sortir *de nuit* 夜外出する. (2) 夜の,夜間の. ▶ gardien *de nuit* 夜警 / service *de nuit* 夜間営業 / vol *de nuit* 夜間飛行 / table *de nuit* ナイトテーブル / boîte *de nuit* ナイトクラブ. (3) 夜行性の. ▶ papillons *de nuit* 蛾(が).
être le jour et la nuit〔2者が〕まったく異なっている. ▶ Ces deux frères *sont le jour et la nuit*. この兄弟2人はまったく対照的だ.
faire sa nuit 夜勤をする.
la nuit des temps 太古の時代,遠い過去.
La nuit porte conseil. 諺 重要な決定を下す前に一晚よく考えたほうがよい.
nuit blanche (1) 白夜. (2) 眠られぬ夜,徹夜.
nuit et jour /nɥitezuːr/ = ***jour et nuit*** 昼も夜も,間断なく.

nuit² /nɥi/ 活用 ⇨ NUIRE 71

nuitamment /nɥitamɑ̃/ 副 文章 夜間に.

nuitée /nɥite/ 囡 (ホテルなどでの)1泊.

*nul, nulle /nyl/ ニュル 形《名詞のあとで,または属詞として》❶ 無価値の,無能の. ▶ intelligence *nulle* 無能,鈍才 / C'est *nul*, ce film. あの映画はまったくくだらない. ◆(être) *nul* en qc …において無能な. ▶ Il est *nul* en anglais. 彼は英語がからっきし駄目だ. 比較 ⇨ MÉDIOCRE.
❷ 無の,ゼロの. ▶ résultat(s) *nul*(s) 骨折り損.
❸【法律】無効の. ▶ élection *nulle* 無効選挙 / testament *nul* 無効の遺言.
❹《スポーツ》(試合が)引き分けの. ▶ faire match *nul* 引き分ける.
❺ 最低の,ひどい. ▶ C'est *nul* de lui avoir dit ça. 彼(女)にあんなことを言ったなんて最低だ.
— 形《不定》文章 いかなる(…もない). ❶ 《ne とともに》 ▶ Il n'avait *nul* besoin de sortir. (=aucun) 彼は出かける必要が全然なかった / *Nul* autre (que toi) n'en est capable. (君をおいて)ほかのだれにもそれは不可能だ.
❷《sans とともに》 ▶ sans *nul* doute 間違いなく,きっと.
nul doute 間違いない;きっとそうだ. ▶ *Nul doute* 「qu'il viendra [qu'il ne vienne]. 彼が来ることは間違いない「彼はきっと来るよ」.
nulle part どこにも(…ない). ▶ J'ai perdu mon portefeuille, je ne le trouve *nulle part*. 財布をなくしたがどこにも見当たらない.
— 代《不定》(ne とともに)だれも…ない. 注 主語としてのみ用いられる. 女性形は稀. ▶ *Nul* n'est censé ignorer la loi. なんびとも法を知らないとは見なされない.
— 名 話 だめな人,ばかな人. ▶ *La philosophie pour les nuls* (書名で)「サルでもわかる哲学」.

nullard, arde /nylaːr, ard/ 形 話 (勉強が)全然できない,駄目な. ▶ Elle est *nullarde* en maths. 彼女は数学が駄目だ.
— 名 話 (勉強が)全然できない生徒.

nullement /nylmɑ̃/ 副 古 文章 全然,まったく,少しも(…でない) (=aucunement). ❶《ne, sans とともに》 ▶ Cet enfant est espiègle, mais il n'est *nullement* méchant. この子はいたずら好きだが,少しも意地悪ではない.
❷《単独で》 ▶ «Cela vous déplaît-il?—*Nullement*.»「気に入りませんか」「いいえ,とんでもない」.

nullité /nylite/ 囡 ❶ 無価値;無能(な人). ▶ C'est une vraie *nullité*. あいつはまったく能なしの役立たずだ. ❷【法律】無効. ▶ *nullité* d'un acte 証書の無効.

nûment /nymɑ̃/ 副 文章 ありのままに, 露骨に.
numéraire /nymerɛːr/ 形 法定価格の. ▶ valeur *numéraire* 法定貨幣価値.
— 男 正金, 通貨. ▶ paiement en *numéraire* (=en espèces) 現金払い.
numéral, ale /nymeral/;《男複》**aux** /o/ 形 数を表わす, 数の. ▶ système *numéral* 記数法 / adjectif *numéral* 数形容詞.
— **numéral** 男〖言語〗数詞. ▶ *numéral* cardinal 基数(形容)詞 / *numéral* ordinal 序数(形容)詞.
numérateur /nymeratœːr/ 男〖数学〗(分数)の分子. ▶ *numérateur* et dénominateur d'une fraction 分数の分子と分母.
numération /nymerasjɔ̃/ 女 ❶ 記数法. ▶ *numération* décimale 十進法. ❷ 測定. ▶ *numération* globulaire〖医学〗血球数測定法.
numérique /nymerik/ 形 ❶ 数値によって表わされる, 数値の; 数の上の. ▶ calcul *numérique* 数値計算法 / données *numériques* 数値データ.
❷ デジタルの. ▶ montre *numérique* デジタル時計 / appareil photo *numérique* デジタルカメラ.
— 男 (le numérique) デジタル.
numériquement /nymerikmɑ̃/ 副 ❶ 数的に, 数の上で. ❷ デジタル方式で.
numérisation /nymerizasjɔ̃/ 女 デジタル化.
numériser /nymerize/ 他動 …をデジタル化する.
✻**numéro** /nymero/ ニュメロ 男 注 数詞があとにくる場合は nº, Nº, 複数では nᵒˢ と略すこともある. ❶ 番号, …番の人; 番地, 部屋番号. ▶ *numéro* de compte bancaire 銀行の口座番号 / *numéro* d'immatriculation (車の)登録番号 / *numéro* gagnant [sortant] à la loterie 宝くじの当選番号 / *numéro* de téléphone 電話番号 / *numéro* vert (電話の)フリーダイヤル / côté des *numéros* pairs [impairs](住居表示の)通りの偶数[奇数]番号側 / habiter au *numéro* trente de la rue de Babylone バビロンヌ街の30番地に住む.
❷ (定期刊行物の)号. ▶ ancien *numéro* バックナンバー / dernier *numéro* 最新号 / *numéro* spécial 特別号 / *numéro* zéro 創刊準備号.
❸ (サーカス, ショーなどの)出し物. ▶ *numéro* de cirque サーカスの出し物.
❹ 話 変わり者. ▶ C'est un drôle de *numéro*. 変な奴だ.
faire son numéro 話 (注目を引くような)得意のおふざけをする.
La suite au prochain numéro. (1) 次号に続く. (2) 話 (議論などで)続きはまた次回に.
numéro un 最重要な; 第一人者, ナンバーワン. ▶ la cause *numéro* un de son échec 彼(女)の失敗の最大の原因 / C'est le *numéro* un du prêt-à-porter. 彼(女)は高級既製服業界の第一人者だ. 注 un 以外の数詞を伴って Il est le *numéro* trois du parti. (彼は党のナンバー3だ)とい

う表現も可能.
T'as fait un faux numéro 俗 (番号違い→)とんでもない勘違いだ.
tirer le bon numéro いい番号を引く; 運がよい.
numérotage /nymerɔtaʒ/ 男 番号付け.
numérotation /nymerɔtasjɔ̃/ 女 番号をつけること; 番号の順序.
numéroter /nymerɔte/ 他動 …に番号を打つ. ▶ *numéroter* les pages d'un manuscrit 原稿にページ数を書き込む / *numéroter* les maisons d'une rue 通りの家屋に番地をつける.
— **se numéroter** 代動 [兵士などが](自分の)番号を言う.
numéroteur /nymerɔtœːr/ 男 番号印字器, ナンバリング・マシン.
numismate /nymismat/ 名 古銭学者, 古銭[メダル]研究家.
numismatique /nymismatik/ 形 貨幣 [メダル] の; 古銭学の. — 名 古銭学.
nu-pied /nypje/ 男 (多く複数で)(ひもで足に結びつける薄底の軽い)サンダル.
nu-propriétaire, nue-propriétaire /nyproprijetɛːr/;《複》〜**s**‐**s**‐**s** 名〖法律〗虚有権者; 第三者が用益権を有する財産の所有権者.
nuptial, ale /nypsjal/;《男複》**aux** /o/ 形 文章 婚礼の. ▶ bénédiction *nuptiale* (教会での)結婚式 / anneau *nuptial* 結婚指輪 / marche *nuptiale* 結婚式行進曲 / robe *nuptiale* (花嫁の)婚礼衣装.
nuptialité /nypsjalite/ 女 婚姻率 (=taux de *nuptialité*).
nuque /nyk/ 女 襟首, うなじ.
Nuremberg /nyrɛ̃bɛːr/ 固有 ニュルンベルク: ドイツの都市.
nurse /nœrs/ 女《英語》育児係の女性, 乳母.
nutritif, ive /nytritif, iːv/ 形 栄養のある; 栄養に関する. ▶ aliments *nutritifs* (=nourrissant) 滋養に富んだ食べ物.
nutrition /nytrisjɔ̃/ 女 栄養摂取. ▶ fonctions de *nutrition* 栄養機能.
nutritionnel, le /nytrisjɔnɛl/ 形 栄養(摂取)に関する.
nutritionniste /nytrisjɔnist/ 名 栄養学者, 栄養士.
nylon /nilɔ̃/ 男《米語》商標 ナイロン.
nymphe /nɛ̃ːf/ 女 ❶〖ギリシア神話〗ニンフ: 山, 川, 洞穴, 樹木, 花などの精. ❷ 文章 美しい少女, 乙女. ❸〖昆虫〗蛹(さなぎ).
nymphéa /nɛ̃fea/ 男〖植物〗スイレン.
nymphette /nɛ̃fɛt/ 女 (無邪気さを装った)小悪魔的少女, ニンフェット.
nymphomane /nɛ̃fɔman/ 女 ニンフォマニアの人, 色情症の女性. — 形《女性が》色情症の.
nymphomanie /nɛ̃fɔmani/ 女 (女性の)色情症, ニンフォマニア.

O, o

O, o /o/ 男 フランス字母の第15字. ▶ *o* ouvert 開音のo (/ɔ/)/ *o* fermé 閉音のo (/o/)/ *o* nasalisé 鼻母音のo (/ɔ̃/).

ô /o/ 間投 おお,ああ(呼びかけ,喜び,感嘆,怒り,苦しみ). 注 ô は oh!, ho! と違って単独では用いない. ▶ *O* mon Dieu! おお神様 / *O* trahison! おお,なんたる裏切り. ◆*ô* combien [comme] ... なんと…,どんなに…. ▶ Vivre est *ô* combien difficile! 生きるとはいやはやなんとも難しいことだ.

oasien, enne /ɔazjɛ̃, ɛn/ 形, 名 オアシスの(住民).

oasis /ɔazis/ 女/男 ❶ オアシス. ❷ くつろぎの場所[時]. ❸ <une *oasis* de + 無冠詞名詞>…に恵まれた場所[時]. ▶ une *oasis* de calme dans la ville 都会の中の閑静な憩いの地.

obédience /ɔbedjɑ̃:s/ 女 ❶ < d'*obédience* + 形容詞>…を信奉する;(政治的に)…の影響下にある. ▶ Nous ne sommes pas de même *obédience*. 我々は信条が異なる. ❷ 文章 服従.

*__obéir__ /ɔbei:r/ オベイール/ 間他動

直説法現在	j'obéis	nous obéissons
	tu obéis	vous obéissez
	il obéit	ils obéissent

<*obéir* à qn/qc> ❶ …に従う,服従する. ▶ *obéir* aux lois 法を遵守する / *obéir* à sa conscience 良心に従う /《目的語なしに》un enfant qui n'*obéit* jamais 言うことを聞かない子供. ❷ [機械,動物,体の一部が]…に応じて動く;のままになる. ▶ *obéir* à ses instincts 本能に従う / un outil qui *obéit* à la main 使いやすい道具.

être obéi (de qn) (…に) 従われる. ▶ Ce chef est obéi de tous. そのリーダーには皆が従う.

obéir à qn au doigt et à l'œil …に盲従する, の言いなりになる.

savoir se faire obéir (de qn) (…の)従わせ方[御し方]を心得ている.

obéissance /ɔbeisɑ̃:s/ 女 服従,従順;遵守. ▶ l'*obéissance* aveugle 盲従 / l'*obéissance* aux ordres 命令の遵守 / prêter [jurer] *obéissance* à qn …に服従を誓う / le refus d'*obéissance* 軍事 命令不服従罪.

obéissant, ante /ɔbeisɑ̃, ɑ̃:t/ 形 (obéir の現在分詞) ❶ 従順な,おとなしい. ▶ un enfant *obéissant* 人の言うことを素直に聞く子供. ❷ [機械などが] 意のままになる.

obélisque /ɔbelisk/ 男 オベリスク,方尖(ほうせん)塔. 注 パリのコンコルド広場にあるオベリスクが有名.

obérer /ɔbere/ 6 他動 文章 …を負債で苦しめる. ▶ être obéré de dettes 借金で首が回らない.

obèse /ɔbɛ:z/ 形, 名 異常に太った(人);肥満症の(人).

obésité /ɔbezite/ 女 太りすぎ;肥満(症).

objectal, ale /ɔbʒɛktal/;(男複) **aux** /o/ 形 精神分析 対象に向かう. ▶ la libido *objectale* 対象リビドー.

*__objecter__ /ɔbʒɛkte/ オブジェクテ/ 他動 ❶ <*objecter* qc à qn/qc // *objecter* à qn/qc que + 直説法>…と言って(人,提案,議論など)に反対[反論]する. ▶ Tu ne peux rien m'*objecter*. 君には私に反論する根拠は何もない / Il m'*a objecté* que cette hypothèse était fondée sur des bases fausses. 彼はその仮定の根拠は誤っていると言って私に反論した.
❷ <*objecter* qc (à qn) // *objecter* (à qn) que + 直説法>(…に) …を口実[理由]に断る. ▶ Il m'*a objecté* 「une migraine [qu'il avait une migraine] pour ne pas me rencontrer. 彼は私に会わないために頭痛を口実にした.

objecteur /ɔbʒɛktœ:r/ 男 *objecteur* de conscience 良心的兵役拒否者.

*__objectif__[1] /ɔbʒɛktif/ オブジェクティフ/ 男 ❶ 目標, 目的;軍事 目標(地点). ▶ atteindre son *objectif* 目標を達成する. ◆ avoir pour *objectif* qc [de + 不定詞]…を目的とする. ▶ La mission avait pour *objectif* de percer les secrets de la grotte. 調査団の目的は洞窟(どうくつ)の秘密を解き明かすことであった. 比較 de BUT[1].
❷ (カメラの)レンズ;対物レンズ. ▶ l'*objectif* à grand angle 広角レンズ / braquer son *objectif* sur qn/qc …にレンズ[カメラ]を向ける.

*__objectif__[2], **ive** /ɔbʒɛktif, i:v/ オブジェクティフ, オブジェクティーヴ/ 形 ❶ 客観的な;事実に基づく. ▶ une appréciation *objective* 客観的な評価.
❷ 事実上の,実質的な. ▶ la droite *objective* (所属とは別に)事実上の右派.
❸ 公平な,偏見のない. ▶ Ce journal est *objectif*. この新聞は不偏不党である.
❹ 哲学 客観的な,対象的な (↔subjectif);(スコラ哲学,デカルトらの用法で)客観的な,表象的な (↔formel).
❺ 医学 [症状が]他覚的な,(他者が見て)分かる.

*__objection__ /ɔbʒɛksjɔ̃/ オブジェクスィヨン/ 女 反論, 異議. ▶ faire [formuler] une *objection* à qc (計画,理論など)に反対を唱える / prévenir les *objections* 反論に予防線を張る / si vous n'y voyez pas d'*objection* 御異存がなければ / *Objection*, votre honneur. 裁判長異議あり.

objection de conscience 良心的兵役拒否.

objectivement /ɔbʒɛktivmɑ̃/ 副 ❶ 客観的に;公平に. ❷ 事実上,実質的には.

objectiver /ɔbʒɛktive/ 他動 哲学 …を客観化する. ❷ 考えなど…を明確に表現する.

objectivisme /ɔbʒɛktivism/ 男 客観的[偏見のない]態度;客観主義.

objectiviste

objectiviste /ɔbʒɛktivist/ 形, 名 客観主義の(人).

objectivité /ɔbʒɛktivite/ 女 客観性, 公平さ.
▶ argumentation qui manque d'*objectivité* 客観性の裏付けを欠く立論 / considérer un problème avec *objectivité* 偏見なく問題を考える.

*__objet__ /ɔbʒɛ/ オブジェ 男 ❶ 物体, 事物. ▶ distinguer des *objets* dans l'obscurité 暗闇(ヤミ)の中で物を見分ける / *objet* volant non identifié 未確認飛行物体, UFO (略 OVNI).

❷ 品物, 道具. ▶ *objets* de toilette 洗面[化粧]用品 / *objets* personnels 身の回り品 / *objets* de première nécessité 必需品 / *objet* d'art 工芸品 / bureau des *objets* trouvés 遺失物取扱所 / *objet* de valeur 貴重品.

❸ 対象, 的;(議論, 著作などの)テーマ. ▶ une personne qui est un *objet* d'admiration 称賛の的となっている人物 / L'*objet* de la psychologie est le comportement humain. 心理学が対象にするのは人間の行動である.

❹ 目的;意図. ▶ remplir son *objet* 目的を遂げる / Mon *objet* est de vous exposer la théorie de la relativité. 私の目的はあなた(方)に相対性理論を説明することです. 比較 ⇨ BUT¹.

❺〖文法〗complément d'*objet* direct [indirect] 直接[間接]目的補語.

❻〖哲学〗対象, 客体.

*__avoir pour objet qc__ [de + 不定詞] …を目的とする;対象とする. ▶ La défense a pour *objet* d'assurer la sécurité du territoire. 防衛の目的は国土の安全確保にある.

*__faire__ [__être__] __l'objet de qc__ …の的[対象]になる. ▶ Ce problème fera l'*objet* de violentes discussions. その問題は激しい論議を呼ぶだろう.

__sans objet__ 根拠のない;目標のない.

objurgation /ɔbʒyrgasjɔ̃/ 女 ❶ (多く複数で) 文章 (相手の企てを思いとどまらせるための)強い反対, 叱責 ▶ céder aux *objurgations* de qn …に強くいさめられて思いとどまる.

❷ 切願, 懇願.

oblation /ɔblasjɔ̃/ 女 ❶ 文章 奉納;供物.

❷〖カトリック〗(ミサの間のパンとぶどう酒の奉献.

obligataire /ɔbligatɛːr/ 名 債券所有者.
— 形 債券の;(借り入れなどが)債券による.

*__obligation__ /ɔbligasjɔ̃/ オブリガシォン 女 ❶ 義務, 責務;しなければならないこと. ▶ *obligation* alimentaire 扶養義務 / remplir ses *obligations* 自分の義務を果たす / avoir des *obligations* mondaines 社交上の義理(訪問, 招待など)がある / «Garantie quinze jours à l'essai sans *obligation* d'achat»(通信販売で)「購入の義務なく2週間試用できます」比較 ⇨ DEVOIR².

❷ 債務. ▶ contracter une *obligation* envers qn …に対して債務契約を結ぶ / s'acquitter de ses *obligations* 負債を返済する, 債務を履行する.

❸ 古風 恩義. ▶ avoir des *obligations* envers qn …に恩を受けている.

❹〖証券〗債券, 社債. ▶ *obligation* convertible 転換社債 / émission d'*obligations* 債券の発行 / *obligation* pourrie ジャンクボンド.

__être dans l'obligation de__ + 不定詞 …せざるを得ない立場にある.

__se faire une obligation de__ + 不定詞 …することを自分の義務と考える.

*__obligatoire__ /ɔbligatwaːr/ オブリガトワール 形 ❶ 義務の, 義務的な;強制的な. ▶ scolarité *obligatoire* 義務教育 / «Réservation *obligatoire*»「要予約」/ La visite médicale est *obligatoire* pour obtenir un visa. ビザを取得するためには必ず健康診断を受けなければならない. ❷ 話 避けられない, 当然の.

obligatoirement /ɔbligatwarmɑ̃/ 副 ❶ 義務的に, 強制的に. ▶ Vous devez *obligatoirement* présenter votre passeport à la frontière. 国境では必ずパスポートを提示しなければなりません. ❷ 話 必然的に, きっと.

obligé, e /ɔbliʒe/ 形 ❶〈être *obligé* de + 不定詞〉…しなければならない. ▶ Je suis *obligé* de partir tout de suite. 私はすぐに出かけなければならない. ❷ やむを得ない, 不可避の;不可欠の. ▶ une conséquence *obligée* 必然的な結果. ❸〖音楽〗オブリガートの.

__C'est obligé__ (__que__ + 接続法). 話 (…は)当然である, そうなるに決まっている. ▶ *C'est obligé* qu'il soit malade, il boit trop. 彼が病気になるのは当たり前だ, だって大酒飲みなんだから.

__Je vous suis obligé__ (__de qc__ 不定詞). (…を)たいへんありがとうございます. ▶ *Je vous serais obligé* d'accepter mon invitation. お越しいただければ何よりです.

__T'es pas obligé de me croire.__ 話 信じなくてもいいけどさ, 本当なんだよ.

— 名 恩義を受けた人. ▶ Je suis votre *obligé* en cette affaire. この件ではあなた(方)に感謝しています.

obligeamment /ɔbliʒamɑ̃/ 副 親切に, 愛想よく, 喜んで.

obligeance /ɔbliʒɑ̃ːs/ 女 文章 好意. ▶ Ayez [Veuillez avoir] l'*obligeance* de me prêter ce livre. どうかこの本をお貸しください.

obligeant, ante /ɔbliʒɑ̃, ɑ̃ːt/ 形 文章 親切な, 思いやりのある;愛想のよい.

:__obliger__ /ɔbliʒe/ オブリジェ ❷ 他動

過去分詞 obligé	現在分詞 obligeant
直説法現在 j'oblige	nous obligeons
tu obliges	vous obligez
il oblige	ils obligent

❶〈*obliger* qn à qc/不定詞〉…に…を強いる, 余儀なくさせる, 義務づける. ▶ La situation m'*oblige* à un départ précipité. 場合が場合なので私は大急ぎで出発せざるを得ない / Rien ne vous *oblige* à venir. 何もあなた(方)が来なければならないことはない.

❷〔法律, 契約などが〕…を拘束する. ▶ Le contrat *oblige* les deux parties. 契約は当事者双方を拘束する.

❸ …に恩を施す, 親切にする. ▶ Vous m'*obligeriez*「en acceptant [si vous acceptiez]」ma proposition. 私の提案を受け入れていただけれ

ば、たいへんありがたく存じますが.
Noblesse oblige. 諺 高い地位にある者はその地位にふさわしく振舞わなければならない. ◆無冠詞名詞+oblige …のためやむを得ず. ▶ Décalage horaire *oblige*. 時差のため仕方ない.
— **s'obliger** 代動 ⟨*s'obliger* à qc/不定詞⟩…を自分に課す; …すると約束する. ▶ Elle *s'est obligée* à tenir son journal tous les soirs. 彼女は毎晩日記をつけることを日課にした.

oblique /ɔblik/ 形 ❶ 斜めの, 傾いた. ▶ ligne *oblique* 斜線 / jeter un regard *oblique* sur qn …を横目で見る. ❷〖解剖〗muscle *oblique* 斜筋. ❸〖言語〗cas *oblique* 斜格: 与格, 属格, 奪格など.
—— 女〖数学〗斜線.
en oblique 斜めに. ▶ traverser une place en *oblique* 広場を斜めに横切る.

obliquement /ɔblikmɑ̃/ 副 斜めに.
obliquer /ɔblike/ 自動 斜めに進む, わき道に入る. ▶ *obliquer* à gauche 斜め左に進む.
obliquité /ɔblikɥite/ 女 傾斜, 傾き. ▶ le degré d'*obliquité* des rayons du soleil 日の傾き加減.

oblitération /ɔbliterasjɔ̃/ 女 ❶ 消印を押すこと; 消印. ▶ cachet d'*oblitération* 消印. ❷ 文章〔記憶, 知性などの〕衰え. ❸〖医学〗閉塞(ﾍｲｿｸ).
oblitérer /ɔblitere/ 他動 ❶〔切手に消印を押す. ❷〔バスの切符に〕打印する (=composter). ❸ 文章〔文字, 思い出など〕を徐々に消し去る, 薄れさせる. ❹〖医学〗〔腔(ｺｳ), 脈管〕を閉塞(ﾍｲｿｸ)させる.

oblong, ongue /ɔblɔ̃, ɔ̃ːg/ 形 ❶ 細長い. ▶ un visage *oblong* 面長の顔. ❷〔書籍などが〕横長の.

obnubilé, e /ɔbnybile/ 形 ⟨*obnubilé* par qc⟩ …(という考え)に取りつかれた. ▶ Il est complètement *obnubilé* par l'examen.(=obsédé) 彼は試験のことで頭がいっぱいだ.
obnubiler /ɔbnybile/ 他動〔多く過去分詞形で〕〔考え, 感情などが〕…(の判断力)を曇らせる; に取りつく, つきまとう.

obole /ɔbɔl/ 女 (少額の)寄付, 献金. ▶ apporter [donner] son *obole* à une souscription 募金に寄付をする.

obscène /ɔpsɛn/ 形 ❶ 猥褻(ﾜｲｾﾂ)な, みだらな. ▶ photo *obscène* 猥褻な写真. ❷ 胸が悪くなる: (利益が)不当な. ▶ profits *obscènes* 不当な利益.
obscénité /ɔpsenite/ 女 ❶ 猥褻(ﾜｲｾﾂ).
❷〈多く複数で〉猥褻な言動; 春画, 猥褻物. ▶ dire des *obscénités* 卑猥なことを言う.

*__obscur, e__ /ɔpskyːr/ 形 ❶ 暗い, 薄暗い. ▶ lieu *obscur* 暗い場所 / ciel *obscur* (厚い雲に覆われた)暗い空, 陰った空 / salle *obscure* 暗い部屋; 映画館.
❷ 分かりにくい, 難解な. ▶ Ce que tu dis est très *obscur*. 君の言っていることは要領を得ない / un poème *obscur* 難解な詩.
❸〈ときに名詞の前で〉漠然とした, おぼろげな; はっきりしない. ▶ éprouver un sentiment *obscur* de crainte なんとなく不安を感じる / Il a démissionné pour d'*obscures* raisons. 彼は辞職したが理由はよく分からない.

❹ 世に知られていない; 質素な, ぱっとしない. ▶ poète *obscur* 無名の詩人 / mener une vie *obscure* 目立たない生活を送る.

obscurantisme /ɔpskyrɑ̃tism/ 男 反啓蒙(ｹｲﾓｳ)主義〔精神〕; 蒙昧(ﾓｳﾏｲ)主義.
obscurantiste /ɔpskyrɑ̃tist/ 形, 名 反啓蒙(ｹｲﾓｳ)主義の(人).

obscurcir /ɔpskyrsiːr/ 他動 ❶ …を暗くする; 曇らせる. ▶ des nuages qui *obscurcissent* le ciel 空を陰らせる雲 / des yeux *obscurcis* de larmes 涙にかすんだ目.
❷〔精神, 思考力など〕を曇らせる, 鈍くする. ▶ Le vin nous *obscurcit* les idées. 酒は我々の思考を鈍らせる.
❸ …を分かりにくく〔難解に〕する; 曖昧(ｱｲﾏｲ)にする.
— **s'obscurcir** 代動 ❶ 暗くなる, 曇る. ▶ Le ciel *s'obscurcit*, il va pleuvoir. 空が暗くなってきた, 雨になるぞ. ❷〔精神, 思考力などが〕曇る, 鈍る. ❸ 文章〔目, 視界が〕曇る, かすむ.

obscurcissement /ɔpskyrsismɑ̃/ 男 ❶ 暗くする〔暗くなる〕こと; 闇(ﾔﾐ); 曇り. ❷ 分かりにくくすること. ❸ (思考力, 視力などの)衰え, 鈍化.
obscurément /ɔpskyremɑ̃/ 副 ❶ 漠然と. ▶ sentir *obscurément* 漠然と感じる. ❷ 世に知られずに; ひっそりと. ❸ 分かりにくく. ▶ parler *obscurément* 分かりにくく話す.

*__obscurité__ /ɔpskyrite/ オプスキュリテ 女 ❶ 暗さ, 闇(ﾔﾐ). ▶ Les chats voient dans l'*obscurité*. 猫は闇の中で目が利く.
❷ 分かりにくさ; 不明瞭(ﾒｲﾘｮｳ)な箇所. ▶ Le problème reste dans l'*obscurité*. 問題は依然解明されていない / Le plan ministériel est plein d'*obscurités*. 政府構想にははっきりしない点がいっぱいある.
❸ 文章 世に知られないこと, 無名. ▶ vivre dans l'*obscurité* 世に埋もれて暮らす.

obsédant, ante /ɔpsedɑ̃, ɑ̃ːt/ 形 (うるさく)心につきまとう.
obsédé, e /ɔpsede/ 名 ❶ 強迫観念に取りつかれている人;《誇張して》マニア. ▶ une *obsédée* de propreté 潔癖症の女 / un *obsédé* du jazz ジャズマニア. ❷ 性的偏執狂 (=*obsédé* sexuel).
—— 形 強迫観念に取りつかれた, マニアックな.
obséder /ɔpsede/ 6 他動 ❶〔物事が〕…の心にとりつく, 頭から離れない. ▶ L'idée de la mort m'*obsède*. 死の観念が私の頭から離れない / Il est *obsédé* par l'argent. 彼は金のことばかり考えている. ❷ 文章 (執拗(ｼﾂﾖｳ)な要求, 訪問などで)…を悩ます, つきまとう.

obsèques /ɔpsɛk/ 女複 (おもに公用語で)葬式, 葬儀. ▶ *obsèques* nationales 国葬.
obséquieusement /ɔpsekjøzmɑ̃/ 副 ばか丁寧に; こびへつらって.
obséquieux, euse /ɔpsekjø, øːz/ 形〔人, 態度などが〕ばか丁寧な; こびへつらうような.
obséquiosité /ɔpsekjozite/ 女 ばか丁寧; こびへつらい.

observable /ɔpsɛrvabl/ 形 観察できる.
observance /ɔpsɛrvɑ̃ːs/ 女 ❶ (戒律, 規則を)守ること, 遵守. ▶ l'*observance* des préceptes du Coran コーランの教えの遵守 / l'*observance*

observateur

d'un régime ダイエット方法を守ること. ❷《修道会の》戒律；修道会，教団.

observateur, trice /ɔpservatœːr, tris/ 名 ❶ 観察者, 観測者；《軍事》観測担当者. ❷ 傍観者,《会議の》オブザーバー. ▶ J'ai assisté à ce combat en simple *observateur*. 私はその戦いを単なる傍観者として眺めていただけだった. ❸ 監視員；《新聞などの》レポーター. ❹ *Le Nouvel Observateur*「ヌーベル・オプセルバトゥール」誌《フランスの報道週刊誌》.
—— 形 観察力に富んだ；観察好きな；〔視線が〕探るような. ▶ regard *observateur* 探るような視線.

*observation /ɔpsɛrvasjɔ̃/ オプセルヴァスィヨン/ 女 ❶ 観察, 観測. ▶ *observation* de la Terre 地球観測 / avoir l'esprit d'*observation* 鋭い観察眼を持っている / mettre un malade en *observation* 患者の病状をしばらく観察する / satellite d'*observation* 観測衛星 / le cycle d'*observation* 観察課程《中学の最初の2年間》. ❷《多く複数で》観察結果；所見, 批評. ▶ noter des *observations* en marge 感想を欄外に書く. 比較 ⇨ PENSÉE. ❸ 注意, 忠告, 批判. ▶ faire une *observation* à qn …に注意を与える / Je n'ai pas d'*observation* à faire. 私は何も異論ありません / Pas d'*observations* ! 文句を言うな. ❹ 監視, 偵察. ▶ poste d'*observation* 監視所 / *observation* aérienne 航空偵察. ❺《規則などを》守ること, 遵守《=observance》.

observatoire /ɔpsɛrvatwaːr/ 男 ❶ 天文台；気象台. ▶ l'*Observatoire* (de Paris) パリ天文台. ❷ 展望台；監視所.

*observer /ɔpsɛrve/ オプセルヴェ/ 他動 ❶ …を観察する, 観測する；注視する. ▶ *observer* les astres 天体を観測する / *Observez* comme il est troublé. 彼がどんなに動揺しているか, とくと見たまえ. ❷ …を見張る, 監視する. ▶ Attention, on nous *observe*. 気をつけろ, 我々は見張られている. ❸《観察の結果》…に気づく；と評する. ▶ Je n'ai rien *observé*. 私は何も気づかなかった / On peut *observer* que ce phénomène se produit régulièrement. この現象が定期的に起こるものであることが見てとれよう. ▶ faire *observer* à qn que + 直説法 …に…と指摘する, 注意する. ▶ Elle m'a fait *observer* que ma robe était tachée. 彼女は私にドレスが汚れていると注意してくれた. ❹《規則などを》守る；《態度などを》保持する. ▶ *observer* le Code de la route 交通法規を遵守する / *observer* le silence 沈黙を守る.
—— **s'observer** 代動 ❶ 言動に気をつける；自分を見つめる. ❷ 観察し合う, 監視し合う. ❸ 観察される, 認められる.

obsession /ɔpsesjɔ̃/ 女 妄想, 強迫観念. ▶ l'*obsession* de grossir 太るのではという強迫観念.

obsessionnel, le /ɔpsesjɔnɛl/ 形 強迫的な. ▶ idée *obsessionnelle* 強迫観念 / névrose *obsessionnelle* 強迫神経症.
—— 名 強迫神経症患者.

obsidienne /ɔpsidjɛn/ 女 《鉱物》黒曜石.

obsolescence /ɔpsɔlesɑ̃ːs/ 女 文章 老朽化, 旧式化.

obsolète /ɔpsɔlɛt/ 形 文章 ❶ 廃用の, 廃れた. ▶ un mot *obsolète* 廃語. ❷ 旧式の, 陳腐化した. ▶ une machine *obsolète* 旧式機械.

*obstacle /ɔpstakl/ オプスタクル/ 男 ❶ 障害物. ▶ franchir un *obstacle* 障害物を乗り越える / la course d'*obstacles*《競馬の》障害競走. ❷ 妨害, 障害, 困難. ▶ rencontrer [se heurter à] un *obstacle* 困難にぶつかる / *obstacle* à la paix 平和への障害. ◆faire [mettre] *obstacle* à qc …を妨げる, に反対する. ▶ Il faut faire *obstacle* à la montée des prix. 物価の上昇を阻止しなければならない.

obstétrical, ale /ɔpstetrikal/;《男複》**aux** /o/ 形 産科《学》の.

obstétricien, enne /ɔpstetrisjɛ̃, ɛn/ 名 産科医.

obstétrique /ɔpstetrik/ 女 産科《学》.

obstination /ɔpstinasjɔ̃/ 女 頑情, 強情；執拗《さ》, 粘り強さ. ▶ vaincre l'*obstination* de qn 頑固な…を説き伏せる / faire preuve d'*obstination* 強情を張る / Il a réussi à son examen à force d'*obstination*. 頑張り続けて彼はついに試験に合格した.

obstiné, e /ɔpstine/ 形 強情な, 頑固な；執拗《さ》. ▶ un effort *obstiné* 粘り強い努力 / un rhume *obstiné* しつこい風邪.
—— 名 頑固者, 強情者.

obstinément /ɔpstinemɑ̃/ 副 頑固に, 執拗《さ》に.

s'obstiner /sɔpstine/ 代動 ❶ 強情を張る, 執拗《さ》である. ▶ Je lui ai dit non, mais elle *s'obstine*. 私はだめだと言ったのだが, 彼女は折れない. ❷〈*s'obstiner* à + 不定詞〉〈*s'obstiner* dans qc〉あくまで…しようとする [を押し通す]. ▶ *s'obstiner* à refuser [dans son refus] 拒否を貫く.

obstruction /ɔpstryksjɔ̃/ 女 ❶ 妨害戦術；議事妨害. ▶ faire de l'*obstruction* 議事の進行を妨害する. ❷《スポーツ》オブストラクション：反則による妨害行為. ❸《管が》詰まること；《医学》閉塞《ょっ》.

obstructionnisme /ɔpstryksjɔnism/ 男 議事妨害《戦術》.

obstructionniste /ɔpstryksjɔnist/ 形, 名 議事を妨害する《者》.

obstruer /ɔpstrye/ 他動〔道, 管など〕をふさぐ, 通りにくくする. ▶ Un bouchon *obstrue* l'autoroute six. 渋滞で高速6号線は流れが止まっている.
—— **s'obstruer** 代動 詰まる, ふさがる.

obtempérer /ɔptɑ̃pere/ 自 間接他動〈*obtempérer* à qc〉《おもに官庁用語で》《命令などに従う. ▶《目的語なしに》Les manifestants ont obtempéré. デモ隊は《官憲の》規制に従った.

*obtenir /ɔptəniːr/ オプトゥニール/ 28 他動

過去分詞 obtenu	現在分詞 obtenant
直説法現在 j'obtiens	nous obtenons
複 合 過 去 j'ai obtenu	単純未来 j'obtiendrai

❶ …を得る, 手に入れる, 獲得する. ▶ *obtenir* un prix 賞を得る / Le parti *a obtenu* la majorité des voix. その党は投票数の過半数を得た / J'ai *obtenu* de mes parents l'autorisation de partir en voyage. 私は両親から旅行に出かける許可を得た.
❷ 〈*obtenir* qc pour [à] qn〉…のために…を手に入れてやる. ▶ Il *a obtenu* un poste à son fils.(= procurer) 彼は息子のために職を見つけてやった.
❸ 〈*obtenir* (de qn) de + 不定詞〉(…から)…する許可を得る. ▶ Ce chercheur *a obtenu* de consulter des archives confidentielles. その研究者は機密文書を見る許可を得た.
❹ 〈*obtenir* (de qn) que + 接続法〉(…から)…してもらう; …する約束を取りつける. ▶ J'ai *obtenu* de ma petite sœur qu'elle vienne. 私は妹に来るよう約束させた.

比較 手に入れる
obtenir 最も一般的. 人のために手に入れる場合にも用いられる. *acquérir*《改まった表現》購入, 相続などによって, その物の所有者になること. *se procurer*《改まった表現》努力して手に入れること. *gagner* 特に金銭を手に入れること, 稼ぐこと.

— **s'obtenir** 代動 得られる. ▶ Cette variété de rose *s'obtient* par croisement. このバラの品種は交配によって得られる.

obtention /ɔptɑ̃sjɔ̃/ 女 入手, 取得. ▶ l'*obtention* du permis de conduire 運転免許の取得.

obtien-, obtiendr-, obtin-, obtîn- 活用 ⇨ OBTENIR 28

obturateur, trice /ɔptyratœːr, tris/ 形 ❶ ふさぐ. ❷〖解剖〗trou *obturateur* 閉鎖孔.
— **obturateur** 男 ❶ (ガス, 水道などの)止め弁, 絞り弁. ❷〖写真〗シャッター.

obturation /ɔptyrɑsjɔ̃/ 女 (穴, 管などを)ふさぐこと; (歯の)充塡(て).

obturer /ɔptyre/ 他動〔穴, 管など〕をふさぐ; 〔歯〕に充塡(ﾃ)する.

obtus, use /ɔpty, y:z/ 形 ❶ 鈍い, 鈍感な; 繊細さに欠ける. ❷〖数学〗angle *obtus* 鈍角.

obus /ɔby/ 男 砲弾. ▶ *obus* incendiaire 焼夷(ｼﾞｮｲ)弾.

obvier /ɔbvje/ 間他動 文章〈*obvier* à qc〉…を予防する, 防止する; に備える.

oc /ɔk/ 副 langue d'*oc* オック語: 中世に oui を oc と言った. ロアール川以南の地方で用いられた方言の総称(⇨ OÏL).

ocarina /ɔkarina/ 男《イタリア語》〖音楽〗オカリナ.

occase /ɔkɑːz/ 女 (occasion の略)俗 ❶ 好機, チャンス. ❷ 中古品.

***occasion** /ɔkɑzjɔ̃/ オカジョン/ 女

英仏そっくり語
英 occasion 機会.
仏 occasion 機会,《d'*occasion*》中古の.

❶ 機会, 好機, チャンス; 場合, 折. ▶ Profitons de cette *occasion* pour en parler. この機会を利用して, それについてお話ししましょう / saisir l'*occasion* 好機を捕らえる / sauter sur l'*occasion* 話 チャンスに飛びつく / manquer [laisser échapper] une *occasion* de + 不定詞 …するチャンスを逃す / L'*occasion* est bonne de + 不定詞 …するのによい機会である / C'est l'*occasion* ou jamais de + 不定詞 …するまたとない機会だ / à [en] cette *occasion* この機会に / en toute *occasion* あらゆる場合に, 事あるごとに / en plusieurs *occasions* いろいろな折に / si l'*occasion* se présente 機会があれば.
❷ きっかけ, 契機. ▶ Le passage des armées a été l'*occasion* de pillages. 軍隊の通過をきっかけに略奪が行われた.
❸ 買い得品; 中古品. ▶ Ce frigo est une *occasion* intéressante. この冷蔵庫はお買い得だ / le marché de l'*occasion* 中古品市場.

à la première occasion 機会があり次第.
à l'occasion 機会があれば, 場合によっては. ▶ J'irai te voir, *à l'occasion*. そのうち会いに行くよ.
à l'occasion de qc …の折に, 際に. ▶ *A l'occasion de* son anniversaire, nous avons donné une réception. 彼(女)の誕生日に私たちはパーティーを催した.
avoir l'occasion de + 不定詞 …する機会がある. ▶ Je n'ai jamais *eu l'occasion de* lui parler. 私はまだ彼(女)に話しかける機会がない.
dans [pour] les grandes occasions 特別めでたい日に, 公式行事の折に.
***d'occasion** ⑴ 中古の[で]. ▶ voiture *d'occasion* 中古車 / livre *d'occasion* 古本. ⑵ その場限りの. ▶ un mécanicien *d'occasion* にわか修理工.
donner [fournir] à qn l'occasion de + 不定詞 …に…する機会[きっかけ]を与える.
les grandes occasions 人生の大事な日, 節目.
L'occasion fait le larron. 諺 (機会が盗人を作る→)人はときによって思いもよらない悪事を働くものだ.
par occasion 文章 たまたま, 偶然に.

occasionnel, le /ɔkazjɔnɛl/ 形 ❶ 偶然の, たまたまの; 臨時の, 一時的な. ▶ les travailleurs *occasionnels* 臨時雇いの労働者.
❷〖哲学〗cause *occasionnelle* 偶因, 機会原因.

occasionnellement /ɔkazjɔnɛlmɑ̃/ 副 時たま; たまたま, 偶然に; 臨時に.

occasionner /ɔkazjɔne/ 他動〔困ったこと〕をもたらす, 引き起こす. ▶ Ce voyage leur *a occasionné* bien des dépenses. その旅行は彼(女)らにとってずいぶんな物入りとなった.

***occident** /ɔksidɑ̃/ オクスィダン/ 男 ❶《Occident》西洋; 西洋文明 (↔Orient).
❷《Occident》〖政治〗西側: NATO 加盟の欧米諸国. ❸ 文章 西. ❹〖歴史〗l'Eglise d'*Occident* ローマ・カトリック教会 / l'empire d'*Occident* 西ローマ帝国.

***occidental, ale** /ɔksidɑtal/ オクスィダンタル/;《男複》**aux** /o/ 形 ❶ 西の. ▶ la partie *occidentale* d'une ville 町の西側 / l'Europe *occidentale* 西ヨーロッパ.
❷ 西洋の. ▶ la civilisation *occidentale* 西洋文明. ❸〖政治〗西側の.
— **Occidental, ale**:《男複》**aux** 名 西洋人, 西欧人, 欧米人.

occidentalisation /ɔksidɑ̃talizasjɔ̃/ 囡 西洋化, 西欧化.

occidentaliser /ɔksidɑ̃talize/ 他動 …を西洋化する, 西洋風にする.
— **s'occidentaliser** 代動 西洋風になる, 欧化する.

occipit*al*, *ale* /ɔksipital/; 《男複》*aux* /o/ 形【解剖】後頭(骨)の.
— **occipit*al***;《複》*aux* 男 後頭骨.

occiput /ɔksipyt/ 男《ラテン語》【解剖】後頭.

occitan, ane /ɔksitɑ̃, an/ 形 オック語の.
— **occitan** 男 オック語 (=langue d'oc).

occlus*if, ive* /ɔklyzif, i:v/ 形 ❶【医学】閉鎖の, 閉鎖を行う. ❷【音声】閉鎖(音)の.
— **occlusive** 囡【音声】閉鎖音 /p/ /t/ など.

occlusion /ɔklyzjɔ̃/ 囡 ❶【音声】閉鎖. ❷【気象】(前線の)閉塞(へいそく). ❸【医学】*occlusion* intestinale 腸閉塞. ❹【歯科】咬合(こうごう).

occultation /ɔkyltasjɔ̃/ 囡 ❶ 隠蔽(いんぺい); 遮光; (電波の)遮蔽(しゃへい). ❷【天文】星食, 掩蔽(えんぺい).

occulte /ɔkylt/ 形 ❶ 神秘の, 人知の及ばない. ▶ sciences *occultes* 神秘学, オカルト(占い, 魔術, 錬金術など). ❷ 隠れた, 闇(やみ)の, もぐりの. ▶ comptabilité *occulte* 裏会計 / La puissance *occulte* de l'argent oriente souvent la politique. 隠然たる金の力がしばしば政治を動かす.

occulter /ɔkylte/ 他動 ❶ …を隠す, 隠蔽(いんぺい)する. ▶ *occulter* un fait historique 史実を隠す. ❷〖光源〗を遮蔽する. ❸ *occulter* une région 或る地域のテレビ受信を不可能にする. ❹【天文】…を掩蔽(えんぺい)する.

occultisme /ɔkyltism/ 男 オカルティズム, 神秘主義, 神秘学 [術].

occultiste /ɔkyltist/ 名 オカルト学者, 神秘学者. — 形 オカルティズムの, 神秘主義の.

occup*ant*, *ante* /ɔkypɑ̃, ɑ̃:t/ 形 占領する.
▶ l'armée *occupante* 占領軍.
— 名 (ある場所を)占めている人, 居住者;【法律】占有者. ▶ un *occupant* de l'appartement アパルトマンの居住者 / le premier *occupant*【法律】先占者. — **occupant** 男 占領軍(兵士).

*****occupation** /ɔkypasjɔ̃/ オキュパスィヨン/ 囡 ❶ 用事, 仕事. ▶ être sans *occupation* やること[仕事]がない / Chaque jour, elle n'avait d'autre *occupation* que de faire des courses. 毎日, 彼女は買い物に行く以外にすることがなかった / La musique est son *occupation* favorite. 彼[女]の好きなことは音楽だ.
❷ (建物に)入居すること. ▶ l'*occupation* d'un logement 住居に入居すること.
❸ 占領, 占拠;【法律】占用. ▶ l'armée d'*occupation* 占領軍. ❹ (l'Occupation)(ドイツ軍による)フランス占領期(1940–44年).

*****occupé, e** /ɔkype/ オキュペ/ 形
英仏そっくり語
英 occupied 使用中, 占領された.
仏 occupé 忙しい, 使用中, 占領された.

❶ 忙しい, 手がふさがっている. ▶ Je suis très *occupé*. 私はとても忙しい. ◆ être *occupé* à qc /不定詞 (仕事などに)忙しい; 没頭した. ▶ Il est *occupé* à rédiger ses mémoires. 彼は回想録の執筆にかかりきりだ.
❷〖場所が〗ふさがっている, 使用中の; 居住者のいる; 占領[占拠]された. ▶ La place est *occupée*. (乗り物, 劇場等)その席はふさがっています / la zone *occupée*(第2次大戦中のドイツによるフランスの)占領地域.
❸〖電話が〗話し中の. ▶ La ligne est *occupée*. 話し中だ《*C'est occupé*. ともいう》.

:**occuper** /ɔkype オキュペ/ 他動 ❶〖場所〗を占領[占拠]する; に住む. ▶ Mes parents *occupent* le premier étage. 両親は2階に住んでいる / L'ennemi a *occupé* cette région. 敵軍はこの地方を占領した.
❷〖地位, 職務など〗に就いている. ▶ Elle *occupe* le poste de directrice depuis dix ans. 10年前から彼女は社長の地位にある.
❸〖時間〗を占める, 費やす. ▶ Ce travail *occupera* le reste de la journée. この仕事は今日いっぱいかかるだろう. ◆ *occuper* qc à qc /不定詞 …を…に使って[時間]を過ごす. ▶ *occuper* ses loisirs à jouer au bridge ブリッジをして余暇を過ごす.
❹ …を忙殺する; 退屈させる;〖心〗を占める. ▶ J'ai en ce moment un travail très important qui m'*occupe* entièrement. 私は今, とても大事な仕事があってそれにかかりきりだ. ◆ *occuper* qn à qc /不定詞 …を…に仕事させる. ▶ Je l'ai *occupé* à classer mes livres. 私は彼に蔵書の整理をやらせた.
❺〖人員〗を雇用している. ▶ Cette entreprise *occupe* plus de cinq mille personnes. この企業は5000人以上の社員を抱えている.

— *s'occuper 代動 ❶ <s'occuper de qn /qc /不定詞> (仕事では)に携わる. ▶ Il *s'occupe* de promotion immobilière. 彼は不動産開発を担当している.
❷ …を引き受ける. ▶ Je m'*occuperai* de lui obtenir son visa. 彼(女)のビザ取得は私が引き受けましょう.
❸ …にかかわる, 関心を持つ. ▶ *s'occuper* de politique 政治にかかわる / Ne t'*occupe* pas de mes affaires. 私のことに口を出すな.
❹ …の世話をする; 相手になる. ▶ *s'occuper* de ses enfants 子供の世話をする / Est-ce qu'on *s'occupe* de vous, Madame? (店員が客に対して)奥様, 御用件をおうかがいしておりますか.
❷ <s'occuper à qc/不定詞> …して時を過ごす. ▶ *s'occuper* à jouer aux échecs チェスに興じる.

T'occupe! // T'occupe pas! ほっといてくれ.

occurrence /ɔkyrɑ̃:s/ 囡 ❶【言語】(テキストにおけるある言語要素の)出現(回数). ❷【カトリック】祝日の競合: 移動祝日と固定祝日の重複.

en l'occurrence 今の場合, 現在は.
en pareille occurrence このような場合には.

OCDE /《略語》Organisation de coopération et de développement économiques 経済協力開発機構, OECD.

*****océan** /ɔseɑ̃ オセアン/ 男 ❶ 大洋, 海洋, 大海. l'*océan* Pacifique 太平洋 / l'*océan* Indien インド洋. 比較 ⇨ MER. ❷ (l'Océan)大西洋 (=l'*océan* Atlantique). ❸ 文章 <un *océan* de + 無冠詞名詞>広大な[限りない]…. ▶ un

océan de verdure 見渡す限りの緑.
Océanie /ɔseani/ 固有 囡 オセアニア.
océanien, enne /ɔseanjɛ̃, ɛn/ 形 オセアニアの, 大洋州の.
— **Océanien, enne** 名 オセアニア人.
océanique /ɔseanik/ 形 大洋の, 海洋の. ▶ les explorations *océaniques* 海洋調査.
océanographe /ɔseanɔgraf/ 名 海洋学者.
océanographie /ɔseanɔgrafi/ 囡 海洋学.
océanographique /ɔseanɔgrafik/ 形 海洋学の.
océanologie /ɔseanɔlɔʒi/ 囡 海洋学.
océanologique /ɔseanɔlɔʒik/ 形 海洋研究の.
océanologue /ɔseanɔlɔg/ 名 海洋学者.
ocelle /ɔsɛl/ 男 ❶（昆虫などの）単眼. ❷（蝶や鳥の羽の）目玉模様, 眼状斑(はん).
ocelot /ɔslo/ 男 ❶〖動物〗オセロット：中南米産のネコ科の動物. ❷ オセロットの毛皮.
ocre /ɔkr/ 囡 オーカー, 黄土.
— 男 黄土色, オーカー色（の絵の具）.
— 形《不変》オーカー色の, 黄土色の.
ocré, e /ɔkre/ 形 オーカーで染めた, 黄土色の.
ocreux, euse /ɔkrø, ø:z/ 形 黄土色の.
octa-, octo- 接頭「8」の意.
octane /ɔktan/ 男〖化学〗オクタン. ▶ l'indice d'*octane* オクタン価.
octante /ɔktɑ̃:t/ 形〖数〗古 ベルギー スイス カナダ 80の.
octave /ɔkta:v/ 囡 ❶〖音楽〗オクターブ：完全8度音程；第8音. ▶ jouer à l'*octave* オクターブで奏する（1オクターブ上, または下で同じ旋律を奏する）. ❷〖カトリック〗8日間の祝祭：大祝祭（現在ではクリスマス, 復活祭）を初日とする8日間；その8日目.
octet /ɔktɛ/ 男〖情報〗バイト.
***octobre** /ɔktɔbr/ 男 オクトーブル, **10月**. ▶ en [au mois d'] *octobre* 10月に.
octogénaire /ɔktɔʒenɛ:r/ 形, 名 80歳（代）の（人）.
octogonal, ale /ɔktɔgɔnal/;《男 複》*aux* /o/ 形 8角形の, 8辺形の.
octogone /ɔktɔgo:n/ 男 8角形, 8辺形.
octosyllabe /ɔktɔsi(l)lab/, **octosyllabique** /ɔktɔsi(l)labik/ 形 8音節の, 8音綴(てつ)の.
— **octosyllabe** 男 8音節の詩句.
octroi /ɔktrwa/ 男 ❶（恩恵として）与えること, 恵与. ❷（昔の）（物品）入市税；入市税関.
octroyer /ɔktrwaje/ 10 他動《*octroyer* qc (à qn)》〈…に〉…を（恩恵として）与える. ▶ *octroyer* une prime au personnel 社員に特別手当を支給する.
— **s'octroyer** 代動《*s'octroyer* qc》勝手に…を取る. ▶ *s'octroyer* un jour de repos 勝手に1日休む
oculaire /ɔkylɛ:r/ 形 ❶ 目の. ▶ le globe *oculaire* 眼球. ❷ témoin *oculaire* 目撃者.
— 男〖光学〗接眼レンズ, 接眼鏡.
oculiste /ɔkylist/ 名 眼科医.
odalisque /ɔdalisk/ 囡 ❶ オダリスク. (1) トルコ皇帝の妻妾(さいしょう)に仕える女奴隷. (2) ハレムの女. ❷ 文章 高級娼婦(しょうふ).

ode /ɔd/ 囡〖文学〗オード, 頌歌(しょうか). (1) 古代ギリシアで, 伴奏付きで吟じられた叙情詩. (2) 通例, 同型の詩節から成る近代西洋の叙情詩.
odelette /ɔdlɛt/ 囡 小オード, 小叙情詩.
odéon /ɔdeɔ̃/ 男 ❶〖古代ギリシア〗音楽堂, オーディオン. ❷ (l'Odéon)（パリの）オデオン座.
***odeur** /ɔdœ:r/ 囡 におい, 香り. ▶ *odeur* du jasmin ジャスミンの香り / *odeur* délicieuse おいしそうなにおい / sans *odeur* 無香料の / respirer l'*odeur* d'une fleur 花の香りをかぐ / dégager une *odeur* fétide むかつくような悪臭を発する / Ça sent une drôle d'*odeur* ici. ここはどうも変なにおいがする / Il y a une *odeur* de brûlé. 焦げ臭いにおいがするぞ.

odeur de sainteté 聖徳の香り；完徳の境地. ▶ mourir *en odeur de sainteté* 立派なキリスト教徒として死ぬ / ne pas être *en odeur de sainteté* auprès de qn …によく思われていない, 受けが悪い.

比較 におい, 香り
odeur 最も一般的で, においのよしあしを問わずに用いられる. **parfum, arôme, senteur** はいずれもよい香りを指して用いられるが, arôme は主として香料などの香り, senteur は文章語で多く自然の香りを指す. また特に料理のよいにおいについては **fumet**, ワインの芳香については **bouquet** が使われることがある. **puanteur** は悪臭の意.

odieusement /ɔdjøzmɑ̃/ 副 ❶ 憎々しく, おぞましく. ❷ ひどく, 耐え difícilに.
odieux, euse /ɔdjø, ø:z/ 形 ❶ 憎むべき, 忌まわしい. ▶ un crime *odieux* おぞましい犯罪. ❷ 不愉快極まりない, 我慢のならない；〔子供などが〕手に負えない.
odomètre /ɔdɔmɛtr/ 男 ❶ 歩数計. ❷（車の走行距離を測る）積算計, オドメーター.
odont(o)- 接頭「歯」の意.
odontologie /ɔdɔ̃tɔlɔʒi/ 囡 歯科学.
odorant, ante /ɔdɔrɑ̃, ɑ̃:t/ 形 においのする；芳香のある.
odorat /ɔdɔra/ 男 嗅覚(きゅうかく). ▶ avoir l'*odorat* fin 嗅覚が鋭い.
odoriférant, ante /ɔdɔriferɑ̃, ɑ̃:t/ 形 芳香を放つ, かぐわしい.
odyssée /ɔdise/ 囡 冒険旅行；波瀾(はらん)万丈の旅行〖人生〗.
œcuménique /ekymenik/ 形〖キリスト教〗エキュメニカルの, 世界教会運動の；全世界の. ▶ le Conseil *œcuménique* des Eglises 世界教会協議会.
œcuménisme /ekymenism/ 男〖キリスト教〗エキュメニズム, 世界教会運動.
œdémateux, euse /edematø, ø:z/ 形〖医学〗浮腫(ふしゅ)〖水腫〗に冒された；浮腫〖水腫〗性の.
œdème /edɛm/ 男〖医学〗浮腫(ふしゅ), 水腫.
Œdipe /edip/ 固有 男〖ギリシア神話〗オイディプス：知らずに父ライオスを殺し, 母と結ばれる. のち自ら両目をつぶし流浪の旅に出る.
œdipe /edip/ 男〖精神分析〗エディプス・コンプレックス (=complexe d'Œdipe).
œdipien, enne /edipjɛ̃, ɛn/ 形 エディプス・コンプレックスの.

œil

:œil /œj ウィユ/;《複》**yeux** /jø イユ-/ 男
❶ 目. ▶ Paul a les *yeux* bleus. ポールは青い目をしている / avoir les *yeux* cernés 目にくまができている / avoir de beaux *yeux* きれいな目をしている / fille aux *yeux* marron 茶色の目の少女 / ouvrir ˈde grands *yeux* [des *yeux* ronds] 目を見張る, びっくり仰天する / Je l'ai vu de mes propres *yeux*. 私はそれを自分の目で見た.
❷ 視線; 注視, 監視. ▶ lever [baisser] les *yeux* 目を上げる [伏せる] / jeter les *yeux* sur qn/qc …をちらっと見る / suivre qn des *yeux* …を目で追う / regarder qc de tous ses *yeux* …を注意深く見る.
❸ 目つき, 眼差(まな)し; 見方, 眼識. ▶ avoir l'*œil* malin いたずらっぽい目つきをしている / Il regarde tout avec un *œil* critique. 彼はなんでも批判的な目で見ている / avoir l'*œil* exercé 目が肥えている.
❹ (枝の先や葉のつけ根の) 芽 [つぼみ].
❺《複数で》(スープなどの) 浮き脂.
❻ (差し込むための器具の) 穴. 注 複数形は œils.
▶ l'*œil* d'un marteau ハンマーの(柄を通す)穴.

à l'œil 国 無料で. ▶ entrer *à l'œil* au cinéma ただで映画館に入る.
à l'œil nu 肉眼で.
*aux yeux de qn (1) …の見解では. ▶ *à* mes *yeux* 私の見るところでは. (2) …の目の前で.
avoir de bons yeux (1) 視力がいい. (2) 炯眼(けいがん)である, 目利きである(=avoir des *yeux* pour voir).
avoir des yeux dans le dos 何も見逃さない, 用心している.
avoir les yeux plus grands [*gros*] *que le ventre* 国 (1) 食べきれないほどの料理を自分の皿に盛る. (2) 大それた野心を抱く.
avoir l'œil (*à tout*) 注意深い, 目ざとい.
avoir ˈ*l'œil* [*les yeux*] *sur qn/qc* …を注視 [監視] する.
avoir [*tenir*] *qn à l'œil* …を注意して見張る.
à vue d'œil (1) 見る見るうちに. (2) 一目見た限りでは; おおよその見当で.
Ça vaut le coup d'œil. 国 一見の価値がある.
clin d'œil ウインク. ▶ en un *clin d'œil* またたく間に.
**coup d'œil* (1) 一瞥(いちべつ). ▶ jeter un *coup d'œil* sur qc …をざっと見る / au premier *coup d'œil* 一見して, 一目で. (2) すばやい観察眼 [判断力]. ▶ avoir du [le] *coup d'œil* 観察力が鋭い; 目ざとい. (3) 眺望, 景観. ▶ D'ici, le *coup d'œil* sur la ville est merveilleux. ここからの町の眺望はすばらしい.
crever les yeux (*à qn*) (…の) すぐ目の前にある; (…にとって) 明白である (⇨CREVER).
du coin de l'œil 横目で; こっそり.
entre quatre yeux /ɑ̃trəkatzjø/ 差し向かいで, 2人きりで. 注 しばしば entre quat'-z-yeux ともつづる.
être tout yeux (*tout oreilles*) 国 (人の話などに) 注意を集中する, ひとことも聞きもらすまいとする.

faire de l'œil à qn 国 …に目くばせする; 色目を使う.
faire les gros yeux (*à qn*) (…に) 目をむく, (…を) にらみつける.
fermer les yeux à [*de*] *qn* …の死に水をとる.
fermer les yeux sur [*à*] *qc* …に目をつぶる, を見ない [知らない] ふりをする. ▶ *fermer les yeux à* la vérité 真実を認めようとしない / Je veux bien *fermer les yeux sur* ses erreurs. 彼(女)のミスには目をつぶってやってもよい.
le mauvais œil (見られた者に不幸をもたらすとされる) 凶眼, 不吉な影響力.
les yeux fermés (1) 目をつぶって. (2) 信用しきって. ▶ acheter qc *les yeux fermés* よく確かめもせずに…を買う.
Mon œil! 国 まさか, そんなばかな, とんでもない (信じられないとき, あり得ない場合, 拒絶するとき).

「まさか」「とんでもない」のしぐさ

n'avoir d'yeux que pour qn/qc …しか眼中にない, にのみ関心を持つ.
ne pas avoir les yeux dans sa poche 国 好奇心旺盛(おうせい)である; 無遠慮にじろじろ見る.
ne pas avoir les yeux en face des trous 国 (1) 寝ぼけ眼である. (2) 目が節穴である.
ne pas fermer l'œil (*de la nuit*) (一晩中) 眠らない, まんじりともしない.
Œil pour œil, dent pour dent.《聖書》目には目を, 歯には歯を.
ouvrir les yeux 目を開く, 蒙(もう)を啓(ひら)く; 注意深く見る.
ouvrir les yeux à [*de*] *qn* (*sur qc*) (…について) …の目を開く, を啓発する.
ouvrir l'œil (*et le bon*) 国 注意深く見守る; 用心 [警戒] する.
pour les beaux yeux de qn …に気に入られたい一心で, 損得抜きで.
regarder qn dans les yeux = *regarder qn dans le blanc des yeux* …をまじまじと見る.
regarder [*voir*] *qn/qc d'un œil* + 形容詞 …を…な目で見る; …な見方をする. ▶ *regarder* qn *d'un œil* méchant …を意地の悪い目つきで見る. ◆ *voir qc d'un bon* [*mauvais*] *œil* …を好意的 [批判的, 懐疑的] に受けとめる.
sauter aux yeux 明白である. ▶ Il se moque de toi, ça *saute aux yeux*. 彼は君をばかにしている, 見りゃ分かる.
se battre l'œil de qc/qn 国 …を気にしない, 意に介さない, 問題にしない.
sous les yeux de qn (1) …の目の前で [に]. (2) …の監視の下で.
sous l'œil de qn …の注視 [監視] の下に.

œil-de-bœuf /œjdəbœf/;《複》~**s**-~-~
男『建築』円窓(まるまど).

œil-de-perdrix /œjdəpɛrdri/; 《複》～**s**-～-～ 男〔足にできる〕魚の目.

œillade /œjad/ 女 流し目, 色目; 目くばせ. ▶ lancer [jeter, faire] une *œillade* à qn …に流し目を送る.

œillère /œjɛːr/ 女 ❶《馬具》(馬のよそ見を防ぐ)遮眼革. ❷《医学》洗眼用コップ.
avoir des œillères 視野が狭い[偏っている].

œillet /œjɛ/ 男 ❶《植物》ナデシコ;《特に》カーネーション (=*œillet des fleuristes*). ▶ l'*œillet* d'Inde フレンチマリーゴールド. ❷(靴などの)紐($\overset{ひ}{\text{}}$)穴, (ベルトの)穴(穴を保護するはと目, アイレット.

œilleton /œjtɔ̃/ 男 ❶(望遠鏡などの接眼レンズの)アイリング;(ドアの)のぞき穴. ❷《農業》側芽, 腋芽(えきが).

œillette /œjɛt/ 女《植物》ケシ.

œnologie /enɔlɔʒi/ 女 ワイン醸造学.
œnologique /enɔlɔʒik/ 形 ワイン醸造学の.
œnologue /enɔlɔg/ 名 ワイン醸造技術者.
œsophage /ezɔfaːʒ/ 男《解剖》食道.
œsophagien, enne /ezɔfaʒjɛ̃, ɛn/ 形《解剖》食道の.
œsophagite /ezɔfaʒit/ 女《医学》食道炎.

œstrogène /ɛstrɔʒɛn/ 形《生理学》(雌に)発情を促す, 発情を起こす. ▶ les hormones *œstrogènes* 発情ホルモン(エストロン, エストラジオールなど).
── 男 エストロゲン, 発情ホルモン物質.

œstrus /ɛstrys/ 男《ラテン語》発情; 発情期.

:**œuf** /œf ウフ/;《複》*œufs* /ø ウー/ 男 ❶ 卵; 鶏卵 (=*œuf de poule*). ▶ pondre un *œuf* 卵を産む / casser des *œufs* 卵を割る / *œuf* à la coque 半熟卵 / *œuf* dur 固ゆで卵 / *œufs* brouillés スクランブルエッグ / *œuf(s)* au jambon ハムエッグ / *œuf(s)* au plat 目玉焼き / *œuf* poché 落とし卵, ポーチドエッグ / blanc [jaune] d'*œuf* 卵白 [卵黄] / coquille d'*œuf* 卵の殻 / *œufs* de poisson 魚の卵.
❷ 卵形の物. ▶ *œuf* en chocolat 卵形チョコレート.
❸〖俗〗ばか, のろま, 間抜け. ▶ Quel *œuf*! なんという間抜けだ.
❹《生物学》卵(らん). ▶ un *œuf* fécondé 受精卵 / *œuf* vierge 未受精卵.
❺《スキー》position en *œuf* クラウチングスタイル.
C'est comme l'œuf de Colomb. それはコロンブスの卵だ.
C'est comme l'œuf et la poule. 卵が先か鶏が先かという話と同じだ.
dans l'œuf 初期のうち, 未然に. ▶ Il faut étouffer cette affaire *dans l'œuf*. この事件は大きくならないうちにもみ消さねばならない.
marcher sur des œufs 用心深く歩く; 慎重に話す[行動する]; 心もとない歩き方[話し方, 振る舞い]をする.
mettre tous ses œufs dans le même panier 全財産を一事業につぎ込む; 一つの事にすべてを賭(か)ける.
œuf de Pâques (1) 復活祭の卵; 贈り物にする彩色した卵. 卵形のチョコレートなどで代用することが多

い. (2) 復活祭の贈り物.
plein comme un œuf 話 いっぱいの, はち切れそうな; たらふく食べた; 酔っ払った.
tondre un œuf 浅ましい吝嗇(りんしょく)家である.
Va te faire cuire un œuf! 話 とっととうせろ.

*****œuvre** /œːvr ウーヴル/ 女 ❶ 仕事, 活動. ▶ être [se mettre] à l'*œuvre* 仕事中である[取りかかる] / Ce sera une *œuvre* de longue haleine. これは根気のいる仕事になるだろう.
❷ 成果, 業績; 所産, 仕業. ▶ L'*œuvre* scientifique de Pasteur est admirable. パストゥールの科学的業績はすばらしい / Ce beau gâchis, c'est l'*œuvre* des enfants. この散らかし放題は子供たちの仕業だ.
❸ (芸術的, 文学的な)作品; 著作. ▶ les *œuvres* complètes de Victor Hugo ヴィクトル・ユゴーの全集 / composer une *œuvre* littéraire 文学作品を書く.
❹ (多く複数で)(道徳的, 宗教的)行い, 行為. ▶ les bonnes *œuvres* 慈善行為 / Dieu juge chacun selon ses *œuvres*. 神は各人をその行いに応じて裁く.
❺ 慈善団体[事業] (=*œuvre* de bienfaisance, bonne *œuvre*); 厚生事業. ▶ faire un don à une *œuvre* 慈善団体に寄付をする / les *œuvres* sociales 福利厚生事業.
❻《海事》*œuvres* vives (船体の)喫水部 / *œuvres* mortes 乾舷(かんげん).
être (*le*) *fils de ses œuvres* 自力で地位[財産]を築く, 独立独歩を貫く.
faire œuvre de + 無冠詞名詞 (1) …として行動する. ▶ Il *a fait œuvre* d'ami. 彼は友人として振る舞った. (2) …の推進役となる; に荷担する. ▶ Le Premier ministre *fait œuvre de* privatisation. 首相は民営化を推し進めている.
faire son œuvre [時間, 病気, 死などが]その力[破壊力]を示し, 事をやり遂げる. ▶ Quand les pompiers sont arrivés, le feu *avait fait son œuvre*. 消防隊が到着したときは, もう全焼したあとだった.
mettre en œuvre qc …を実行に移す, 活用する. ▶ Il *mettait* tout *en œuvre* pour que son projet réussisse. 彼は自分の計画を成功させるためにあらゆる手段を講じていた.
mise en œuvre 実施, 実行, 活用. ▶ la *mise en œuvre* d'une politique d'aménagement du territoire 国土整備政策の実施.
── 男 ❶ 文章 (画家, 音楽家などの)全作品. 注 文学作品については一般に女性名詞を用いる. ▶ l'*œuvre* gravé de Rembrandt レンブラントの版画作品.
❷《建築》gros *œuvre* (建物の)基礎工事(土台と壁と屋根と床) / second *œuvre* 仕上げ工事.
être à pied d'œuvre (作業の)現場にいる; いつでも仕事に取りかかれる態勢にある.
maître d'œuvre (1) (建築工事の)施工者. (2) (共同研究などの)推進者, 中心人物.

œuvrer /œvre/ 自動 文章 «*œuvrer* à [pour] qc 不定詞» …の実現[獲得]に努める.

off /ɔf/ 形《不変》《英語》❶《映画》《テレビ》画面に入っていない, オフ・スクリーンの. ▶ la voix *off* 画

面外から聞こえる声. ❷〖演劇〗オフの：大劇場に対抗した前衛的作品や，正規のプログラム以外に上演される作品を指す.

offensant, ante /ɔfɑ̃sɑ̃, ɑ̃ːt/ 形 侮辱的な，無礼な. ▶ une attitude *offensante* pour qn …に対する失敬な態度.

offense /ɔfɑ̃ːs/ 女 ❶ 無礼，侮辱. ▶ faire une *offense* à qn …を侮辱する / l'*offense* envers le président de la République〖法律〗(フランス)共和国大統領侮辱罪.
❷〖キリスト教〗(神に対する)罪.
Il n'y a pas [Y a pas] d'offense. 慣 (謝罪に対して)なんでもないよ, たいしたことないよ.

offensé, e /ɔfɑ̃se/ 形 侮辱された. ▶ être *offensé* de qc〖不定詞〗で気分を害する (= s'offenser de). —— 名 侮辱された人.

offenser /ɔfɑ̃se/ 他動 ❶ …を侮辱する；の心を傷つける, を怒らす. ▶ *offenser* qn par une remarque ある指摘によって…の心を傷つけてしまう.
❷〔規則など〕に反する；〔評判など〕を汚す. ▶ Sa conduite *offense* les mœurs. 彼(女)の振る舞いは良俗に反する. ❸ 文章〖感覚器官〗に不快感を与える. ▶ Sa voix aiguë *offense* mes oreilles. 彼(女)の甲高い声は耳障りだ. ❹〖キリスト教〗*offenser* Dieu 神に背く，罪を犯す.
soit dit sans vous offenser こんなことを申してはなんですが.
—— *s'offenser* 代動 ＜ *s'offenser* (de qc /不定詞) ＞(…に)腹を立てる，気分を害する.

offenseur /ɔfɑ̃sœːr/ 男 侮辱する人.

offensif, ive /ɔfɑ̃sif, iːv/ 形 攻撃の, 攻撃用の; 攻撃的な. ▶ armes *offensives* 攻撃用兵器〖武器〗.

retour offensif (1) 反撃, 逆襲. (2)(冬, 病気などの)再来.

offensive /ɔfɑ̃siv/ 女 ❶ 攻撃, 攻勢. ▶ mener une *offensive* diplomatique contre un pays ある国に対し外交攻勢をかける / passer à l'*offensive* 攻撃に出る. ❷ (悪天候などの)襲来.
▶ l'*offensive* du froid 寒波の襲来.

offert, erte /ɔfɛːr, ɛrt/ 形 (offrir の過去分詞) 贈られた, 提供された, 提示された.

offertoire /ɔfɛrtwaːr/ 男〖カトリック〗(ミサでのパンとぶどう酒の)奉献；奉献文；奉献唱.

***office** /ɔfis/ オフィス 男 ❶ 事務所；局, 公社, 庁. 注 主に公的機関を指す. 一般的な「オフィス」は bureau に相当することが多い. ▶ *office* du tourisme 観光案内所 / *office* commercial (商社などの)営業所 / *office* de publicité 広告代理店.
❷ 職務, 役目；役割. ▶ remplir l'*office* de directeur 長としての任務を果たす. ◆ faire [remplir] son *office*〔物が〕ちゃんと機能を果たす, 役に立つ；〔人が〕職務を遂行する. ▶ Ta lettre de recommandation a fait son *office*. 君の推薦状は効き目があった.
❸〖法律〗(終身の)公職；官職. ▶ *office* public 公実の職 / *office* notarial 公証人職 / *office* ministériel (公証人, 代訴士など)司法関係職.
❹〖キリスト教〗聖務, 典礼；祈り, 礼拝(式). ▶ l'*office* des morts 死者のための祈り / aller à l'*office* ミサに行く.

❺ (邸宅, レストランなどの)配膳(はいぜん)室. 注 かつては女性名詞として用いられた.

bons offices (1) 世話. ▶ Je vous remercie de vos *bons offices*. ご厚意お世話になります.
(2) 調停, 斡旋(あっせん). proposer [offrir] ses *bons offices* 調停に立つ.

d'office (1)〖法律〗職権による；国選の [によって].
▶ avocat (nommé) *d'office* 国選弁護人. (2)(上部から)強制的に；(規定によって)自動的に. être promu *d'office* 自動的に昇進する.

faire office de ＋ 無冠詞名詞 …の代わりを勤める；代用となる. ▶ Il *a fait office de* chauffeur. 彼が運転手役を務めた.

officialisation /ɔfisjalizasjɔ̃/ 女 公表, 公示；公認.

officialiser /ɔfisjalize/ 他動 …を公表する, 公示する；公式に認める.

officiant, ante /ɔfisjɑ̃, ɑ̃ːt/ 形〖カトリック〗聖務日課 [祭式] を執り行う.
—— **officiant** 男 祭式執行者, 司祭(者).

***officiel, le** /ɔfisjɛl/ オフィシエル 形 ❶ 公式の；公定の；政府 [当局] 筋の. ▶ site *officiel* 公式サイト / journal *officiel* 官報 / visite *officielle* (↔privé) 公式訪問 / langue *officielle* 公用語 / version *officielle* d'un accident ある事故についての当局側の説明.
❷ 公用の, 公職の. ▶ voiture *officielle* 公用車 / personnage *officiel* 公職者.
❸ 正式の；表向きの. ▶ Avec une annonce à la mairie les fiançailles deviennent *officielles*. 市役所に公示を出すと婚約は正式になる.
❹〖文体, 表現ぶり〗格式張った，型にはまった.
C'est officiel. それは間違いない, 確実だ.
—— ***officiel** 男 ❶ 役人, 当局者, 高官.
❷〖スポーツ〗役員, オフィシャル：競技大会運営の責任者, 審判員, 記録員などの総称.

officiellement /ɔfisjɛlmɑ̃/ 副 公式に, 正式に；表向きには.

officier¹ /ɔfisje/ 自動 ❶〖カトリック〗祭式を執行 [司祭] する. ❷ (皮肉に)厳しく振る舞う, もったいぶる.

***officier**² /ɔfisje/ オフィシエ 男 ❶〖軍事〗士官, 将校. ▶ *officier* général 将官 / *officier* supérieur 佐官 / *officier* subalterne 尉官 / *officier* de marine 海軍将校. ❷〖法律〗吏員, 官吏. ▶ *officier* ministériel 司法補助吏 / *officier* de l'état civil 身分吏 (一般に市町村長). ❸ *officier* de paix (自治体所属の)警部 / *officier* de police judiciaire 司法警察員. ❹ オフィシエ章(佩用(はいよう)者)：5 階級勲章の第 4 等相当, また 3 階級勲章では 2 番目の階級の勲章. ▶ grand *officier* de la Légion d'honneur レジオンドヌール勲章グラントフィシエ章(佩用者)(勲 2 等相当) / *officier* d'académie 教育功労勲章オフィシエ章.

officieusement /ɔfisjøzmɑ̃/ 副 非公式に (↔officiellement).

officieux, euse /ɔfisjø, øːz/ 形 非公式の.
▶ recevoir une nouvelle de source *officieuse* (↔officiel) 非公式の筋から情報を得る.

officinal, ale /ɔfisinal/；〖男複〗*aux* /o/ 形〖植物が〗薬用の.

officine /ɔfisin/ 囡 ❶ 調剤室；薬局. ❷（悪事の）本拠, 出所. ▶ une *officine* de fausses nouvelles デマの出所.

offrande /ɔfrɑ̃d/ 囡（慈善事業への一般に少額の）寄付；献金；(神への)奉献；(人への)贈り物.

offrant /ɔfrɑ̃/ 男 le plus *offrant* 最高入札者. ▶ adjuger au plus *offrant* 最高値をつけた人に売る.

offre¹ /ɔfr/ 囡 ❶ 申し出, 提案；提供(物). ▶ accepter [recevoir] une *offre* 申し出を受ける / refuser de *offre* de paix 平和の申し入れを拒否する / les *offres* d'emploi pour des ingénieurs 技術職の求人 / l'*offre* spéciale（商品の）特別奉仕(価格). ❷〖経済〗供給(量). ▶ la loi de l'*offre* et de la demande 需要と供給の法則 / l'*offre* de monnaie 貨幣供給(量). ❸ appel d'*offres*（公契約の）入札. ❹〖証券〗*offre* publique d'achat 株式公開買い付け（略 OPA）.

offre², **offres** /ɔfr/ 活用 ⇨ OFFRIR 16

offreur, euse /ɔfrœːr, øːz/ 名 提供者, サービスをする人, 注文を受ける人.

*****offrir** /ɔfriːr/ オフリール 16 他動

過去分詞 offert	現在分詞 offrant
直説法現在 j'offre	nous offrons
tu offres	vous offrez
il offre	ils offrent
複合過去 j'ai offert	半過去 j'offrais
単純未来 j'offrirai	単純過去 j'offris

❶ …を贈る, 与える, 提供する. ▶ *offrir* des fleurs à un ami pour son anniversaire 友人の誕生祝いに花を贈る / *offrir* un verre à qn …に一杯おごる / *offrir* à dîner 夕食を御馳走(ごちそう)する / *offrir* l'hospitalité à qn …を家に泊める / *offrir* sa place à une personne âgée 老人に席を譲る / *offrir* le bras à qn …に手を貸す / un magasin qui *offre* un grand assortiment de marchandises 品ぞろえの豊富な店. 比較 ⇨ DONNER.

❷<*offrir* (à qn) de + 不定詞>(…に)…することを申し出る. ▶ Je vous *offre* de venir chez moi pour les vacances. 休暇にはどうぞ私の家においでください.

❸〖ある金額〗を提示する；支払う. ▶ Combien m'*offrez*-vous pour ce poste? このポストに就くと給料はいくら頂けますか / Il m'*offre* mille euros en échange de ce service. 彼はこの仕事の報酬として1000ユーロ払うと言っている.

❹〖物が〗を示す, 見せる；もたらす. ▶ L'Alsace *offre* une grande diversité de paysages.(=présenter) アルザス地方は変化に富んだ景色を見せてくる / La situation nous *offre* le choix entre deux solutions. この状況下で我々には選ぶべき2つの解決策がある.

❺<*offrir* qc à qc>…を…にさらす；ささげる. ▶ *offrir* son corps aux regards 体を人目にさらす.

── **s'offrir** 代動 ❶ <*s'offrir* qc>（自分のために）…を奮発する. 注 se は間接目的. ▶ *s'offrir* un bon repas 豪勢な食事を奮発する. ❷ <*s'offrir* à [de] + 不定詞>…しようと提案する. ▶ Il s'est offert à me conduire chez moi. 彼は私を家まで送ってくれると言った. ❸ 志願する, 進んで行う. ▶ *s'offrir* pour une tâche difficile 難しい仕事を自分から買って出る / *s'offrir* comme guide ガイド役を買って出る. ❹ <*s'offrir* à qc>…に身をさらす. ▶ *s'offrir* aux coups de son adversaire 敵の攻撃に身をさらす. ❺〖物が〗現れる, 到来する. ▶ profiter de la première occasion qui *s'offre*（=se présenter）最初のチャンスを生かす. ❻〖女性が〗身を任せる.

offset /ɔfsɛt/〖英語〗男〖印刷〗オフセット.
── 囡 オフセット印刷機.
── 形〖不変〗オフセットの.

offshore /ɔfʃɔːr/〖英語〗形〖不変〗❶〖石油〗海洋掘削技術の(=marin).
❷〖金融〗place offshore オフショア・センター[市場]：国内市場とは分離され, 優遇措置の伴った金融市場 / société *offshore* オフショア・カンパニー.
── 男〖単複同形〗〖石油〗海洋掘削技術, 海洋掘削装置.

offusquer /ɔfyske/ 他動 …の気分を害する, に不快感を与える. ▶ Sa conduite m'*offusque*. 彼(女)の行動は不愉快だ.
── **s'offusquer** 代動 <*s'offusquer* de qc>…に不快になる, 腹を立てる. ▶ Elle s'est offusquée de ces plaisanteries. その冗談に彼女はむっとした.

ogival, ale /ɔʒival/;（男複） **aux** /o/ 形〖建築〗オジーヴの；オジーヴを用いた.

ogive /ɔʒiːv/ 囡 ❶〖建築〗(1) オジーヴ, 交差[対角線]リブ. ▶ la voûte (sur croisée) d'*ogives* リブボールト. (2) 尖頭(せんとう)アーチ[迫(せ)り持ち], 尖(とが)りアーチ. ❷〖軍事〗弾頭部. ▶ *ogive* nucléaire 核弾頭.

OGM 男〖略語〗organisme génétiquement modifié 遺伝子組み換えによる生物.

ogre, ogresse /ɔgr, ɔgrɛs/ 名 ❶（おとぎ話の）人食い鬼. ❷ 大食漢. ❸ 意地悪な人；冷血漢.
manger comme un ogre 話（人食い鬼のように）がつがつ食べる；大食漢である.

*****oh** /o/ オ 間投 おお, ああ, ええい（感嘆, 驚き, 憤慨, 強調など）. ▶ *Oh*! que c'est beau! ああ, なんて美しいのだろう / *Oh*! est-ce possible? えっ, 本当ですか.

ohé /ɔe/ 間投 おい, おーい（呼びかけ）. ▶ *Ohé*! là-bas! おーい, そこの人.

ohm /oːm/ 男 オーム：電気抵抗の単位.

ohmique /omik/ 形〖電気〗オームの, 抵抗(性)の；オームの法則に従う.

oie /wa/ 囡 ❶〖鳥類〗ガチョウ(=*oie* domestique); ガン(=*oie* sauvage). 注 雌雄の別なく用いるが, 特に区別するときは雌は jars, 雛(ひな)は oison ともいう. ▶ le pâté de foie d'*oie* フォアグラのパテ / plume d'*oie* 鵞(が)ペン.
❷（特に女性の）間抜け者, ばか女.
❸〖ゲーム〗jeu de l'*oie* すごろく（の一種）.
❹〖軍隊〗pas de l'*oie* 上げ足歩調：ひざを曲げず足を伸ばして歩く閲兵式用の歩調.
bête comme une oie ひどくばかな.

Contes de ma mère l'oie マザーグースの歌.

***oignon** /ɔɲɔ̃ オニョン/ 男 ❶ タマネギ. ▶ soupe à l'*oignon* オニオンスープ / hacher des *oignons* タマネギを刻む. ❷ 球根. ▶ *oignon* de tulipe チューリップの球根. ❸ (足, 特に親指の)魚の目, まめ, たこ.

aux petits oignons 完璧(かんぺき)な[に], 念入りの[に]. ▶ être soigné *aux petits oignons* 念入りに介抱される.

Ce n'est pas tes [mes] oignons. 俗 君[私]には関係がない, 余計なお世話だ.

en rang d'oignons 1列に並んで, 数珠つなぎに.

Occupe-toi [Mêle-toi] de tes oignons. 俗 自分のことに構っていろ, 余計なお世話だ.

pelure d'oignon (1) タマネギの薄皮. (2) couleur *pelure d'oignon* 赤紫色. (3) 褐色がかったワイン.

oïl /ɔil/ 副 ❶ (中世の北仏で)はい, ええ. ❷ langue d'*oïl* オイル語, ラングドイル: ロアール川以北で話されていた方言の総称(⇨ oc).

oindre /wɛ̃:dr/ 81 他動 (過去分詞 oint, 現在分詞 oignant) 〖カトリック〗〔人(の額, 手)〕に聖油を塗る.

oint, *ointe* /wɛ̃, wɛ̃:t/ 形 (oindre の過去分詞) 聖油を受けた. — **oint** 男 (旧約聖書で)聖油を受けた人; (新約聖書で)キリスト.

Oise /wa:z/ 固有 女 ❶ オアーズ県[60]: フランス北部. ❷ オアーズ川: セーヌ川支流.

⁑oiseau /wazo オワゾ/; 《複》 **x** 男 ❶ 鳥. ▶ L'*oiseau* crie [chante]. 鳥が鳴く[さえずる] / cage à *oiseaux* 鳥かご / nourrir un *oiseau* 鳥を飼う / être léger [libre] comme un *oiseau* 鳥のように身軽[自由]だ / *oiseaux* aquatiques 水鳥 / *oiseaux* de proie 猛禽(もうきん)類. ❷ 話 人, やつ. ▶ C'est un drôle d'*oiseau*. あれは変わり者だ.

avoir un appétit d'oiseau 食が細い.

avoir une cervelle d'oiseau おっちょこちょいだ.

à vol d'oiseau (1) 直線距離で. ▶ Les deux villes ne sont distantes que de 5 km [cinq kilomètres] *à vol d'oiseau*. その2つの町は直線距離で5キロしか離れていない. (2) perspective *à vol d'oiseau* 鳥瞰(ちょうかん)図.

être comme l'oiseau sur la branche (枝に止まっている鳥のように)不安定な立場にいる; 1か所に長くとどまらない.

oiseau 「de mauvais augure [de malheur] 凶鳥; 不吉な人, 疫病神.

oiseau rare 《しばしば皮肉に》めったに見つからないすばらしい人[物].

Petit à petit l'oiseau fait son nid. 諺 (鳥は少しずつ巣を作る→)こつこつやれば物事は成就する.

oiseau-lyre /wazoli:r/; 《複》 **~x-~s** 男 〖鳥類〗コトドリ.

oiseau-mouche /wazomuʃ/; 《複》 **~x-~s** 男 〖鳥類〗ハチドリ.

oiselet /wazlɛ/ 男 文章 小鳥.

oiseleur /wazlœ:r/ 男 野鳥捕獲業者, 鳥刺し.

oiseli*er, ère* /wazəlje, ɛ:r/ 名 小鳥飼育販売業者, 小鳥屋.

oiselle /wazɛl/ 女 話 《軽蔑して》うぶで愚かな娘.

oisellerie /wazɛlri / 女 小鳥(販売)店, (小鳥専門の)ペットショップ.

oiseux, *euse* /wazø, ø:z/ 形 むだな; 無意味な, つまらない. ▶ ennuyer qn par des propos *oiseux* くだらない話で…をうんざりさせる.

ois*if, ive* /wazif, i:v/ 形 〔人が〕暇な, 何もしない; 〔生活が〕無為な. — 名 暇人; 有閑階級の人.

oisillon /wazijɔ̃/ 男 小鳥; 雛(ひな)鳥.

oisivement /wazivmɑ̃/ 副 無為に, 何もしないで, ぶらぶらと.

oisiveté /wazivte/ 女 無為, 暇. ▶ passer son temps dans l'*oisiveté* 何もしない, のらくら過ごす.

L'oisiveté est la mère de tous les vices. 諺 無為は悪徳の母, 小人閑居して不善をなす.

oison /wazɔ̃/ 男 若いガチョウ, ガチョウの雛(ひな).

se laisser plumer comme un oison やすやすと[手もなく]金を巻き上げられる.

OK /ɔke/ 《米語》 間投 話 オーケー, 分かった, よろしい. — 形 《不変》 話 オーケーの.

okoumé /ɔkume/ 男 〖植物〗オクメ.

OL 《略語》 Olympique Lyonnais オランピック・リヨネ: リヨンに本拠のあるプロサッカーチーム.

oléagin*eux, euse* /ɔleaʒinø, ø:z/ 形 〔植物, 種子などが〕油を含む.
— **oléagineux** 男 採油植物.

olé(i)- 接頭 「油, オリーブ」の意.

oléicole /ɔleikɔl/ 形 オリーブ栽培の.

oléicul*teur, trice* /ɔleikyltœ:r, tris/ 名 オリーブ栽培者.

oléiculture /ɔleikylty:r/ 女 オリーブ栽培.

oléoduc /ɔleɔdyk/ 男 (石油の)パイプライン.

olé olé /ɔleɔle/ 形 《不変》《スペイン語》 話 軽薄な, 軽々しい; 放縦な, みだらな; ふまじめな.

olfact*if, ive* /ɔlfaktif, i:v/ 形 〖生理学〗嗅覚(きゅうかく)の. ▶ nerf *olfactif* 嗅覚神経.

olfaction /ɔlfaksjɔ̃/ 女 〖生理学〗嗅覚(きゅうかく) (=odorat).

olibrius /ɔlibrijys/ 名 《不変》 話 変わり者.

oligarchie /ɔligarʃi/ 女 寡頭支配; 少数の支配者集団. ▶ *oligarchie* financière 金融寡占体制.

oligarchique /ɔligarʃik/ 形 寡頭支配の. ▶ régime *oligarchique* 寡頭政治体制.

oligarque /ɔligark/ 男 ロシアの新興財閥.

olig(o)- 接頭 「少数」の意.

oligoélément /ɔligɔelemɑ̃/ 男 〖生理学〗微量元素.

oligopole /ɔligɔpɔl/ 男 〖経済〗寡占, 売り手寡占; 寡占企業.

olivaie /ɔlivɛ/ 女 ⇨ OLIVERAIE.

olivâtre /ɔlivɑ:tr/ 形 オリーブ色がかった.

olive /ɔli:v/ 女 ❶ オリーブ(の実). ▶ huile d'*olive* オリーブ油 / *olives* noires 黒オリーブ(完熟した実を漬けたもの) / *olives* vertes グリーンオリーブ(青漬けしたオリーブ). ❷ オリーブ形のもの; 《特に》(電気コードの)中間スイッチ. ❸ 《複数で》〖建築〗(刳(く)り形を飾る横長の)珠(たま)形飾り.
— 形 《不変》オリーブ色の, 茶色がかった緑色の (=vert *olive*).

oliveraie /ɔlivrɛ/, **olivaie** /ɔlivɛ/ 女 オリーブ畑.

olivette /ɔlivɛt/ 女 ❶ オリーブ形の小さなトマト.

O

❷ オリーブ畑 (=oliveraie).
olivier /olivje/ 男 ❶ オリーブの木; オリーブ材. ▶ le rameau d'*olivier* オリーブの枝(平和の象徴).
❷ 〖聖書〗mont [jardin] des *Oliviers* オリーブ山 [園], ゲッセマネの園: イエス・キリストが捕らえられる前夜, 神に祈った場所.
olographe /ɔlɔgraf/ 形 〖民法〗自筆の. ▶ testament *olographe* 自筆証書遺言.
OLP 女 《略》Organisation de libération de la Palestine パレスチナ解放機構, PLO.
Olympe /ɔlɛ̃:p/ 固有 オリンポス山: ギリシア神話の神々が住んだと言われる.
olympe /ɔlɛ̃:p/ 男 ❶ 〖ギリシア神話〗《集合的に》オリンポスの神々. ❷ 詩語 天, 天空.
olympiade /ɔlɛ̃pjad/ 女 ❶《多く複数で》オリンピック競技大会 (=jeux Olympiques).
❷ オリンピアード: 古代ギリシアまたは現代で, オリンピック競技から次のオリンピック競技までの4年間.
Olympie /ɔlɛ̃pi/ 固有 オリンピア: ギリシア南部の古代都市遺跡.
olympien, enne /ɔlɛ̃pjɛ̃, ɛn/ 形 ❶ オリンポス山の; オリンポスの神々の. ❷ 文章 気高い, 堂々たる. ▶ calme *olympien* 威厳のある落ち着き.
── **Olympiens** 男複 オリンポスの神々.
olympique /ɔlɛ̃pik/ 形 オリンピックの. ▶ les jeux *Olympiques* (現代または古代ギリシアの)オリンピック, オリンピック競技大会 / les jeux *Olympiques* d'hiver 冬季オリンピック / record *olympique* オリンピック記録 / la Comité international *olympique* 国際オリンピック委員会(略 CIO, 英語では IOC).
olympisme /ɔlɛ̃pism/ 男 オリンピック競技組織[機構]; オリンピックの理念.
OM 《略》Olympique de Marseille オランピック・ド・マルセイユ: マルセイユに本拠のあるプロサッカーチーム.
ombilic /ɔ̃bilik/ 男 ❶ 〖解剖〗臍(へそ). ❷ 皿などの中央の突起. ❸ 文章 中心点.
ombilical, ale /ɔ̃bilikal/;《男複》**aux** /o/ 形 〖解剖〗臍の. ▶ cordon *ombilical* 臍帯(さいたい), 臍の緒(お) / sang du cordon *ombilical* 臍帯血.
omble /ɔ̃:bl/ 男 〖魚類〗イワナ.
ombrage /ɔ̃braːʒ/ 男 ❶ 木陰, 緑陰. ▶ se reposer sous un *ombrage* 木陰で憩う / Cet arbre donne un bel *ombrage*. この木は快い木陰を作っている. ❷ 古風 疑念, 不安; 不快, 嫉妬(しっと).
donner [*causer*] *de l'ombrage à qn* = *porter* [*faire*] *ombrage à qn* …に疑念[不安, 恨み]を起こさせる; の気分を害する.
prendre ombrage de qc/qn …のために疑念が起こる, 不安になる; で気分を害する.
ombragé, e /ɔ̃braʒe/ 形 木陰の, 日陰になった.
ombrager /ɔ̃braʒe/ ② 他動 ❶ 〔木が〕…に陰を作る, 影を落とす. ▶ Les pommiers *ombragent* le jardin. リンゴの木々が庭に陰をなしている.
❷〔髪などが額など〕を覆う.
ombrageux, euse /ɔ̃braʒø, øːz/ 形 ❶ 気分を害しやすい, 怒りっぽい; 疑い深い. ▶ un caractère *ombrageux* 気難しい性格.
❷〔馬などが〕(影などに)おびえる, 臆病(おくびょう)な.

***ombre** /ɔ̃:br/ オーンブル/ 女 ❶ 陰, 日陰, 物陰. ▶ faire de l'*ombre*〔木などが〕日陰を作る / s'asseoir à l'*ombre* 日陰に座る / Il fait 25 degré à l'*ombre* 日陰では25度だ.
❷ 影, 影法師. ▶ Des *ombres* se dessinent sur le mur. 壁に影が映っている / *ombre* portée 投影 (ある表面に映る物体の影) / *ombres* chinoises 影絵芝居.
❸ 闇(やみ), 暗闇;(世の中の)闇の部分, 秘密の部分. ▶ laisser la question dans l'*ombre* 問題をうやむやにする, 未解決のまま残す / rester dans l'*ombre*〔物事が〕不明瞭(めいりょう)なままである;〔人が〕目立たない / vivre dans l'*ombre* 世に埋もれて暮らす / sortir de l'*ombre* 世に出る; 沈黙を破る.
❹ (おぼろな)人影, 物影; 幻影. ▶ J'ai entrevu une *ombre* humaine dans le jardin. 庭に人影らしきものがちらりと見えた.
❺ 亡霊. ▶ le royaume des *ombres* 死者の国, 黄泉(よみ)の国.
❻ 文章〈*ombre* de qc〉一抹の…; …の気配. ▶ Il n'y a pas l'*ombre* d'un doute. いささかの疑いもない / Une *ombre* de tristesse passa sur son visage. 彼(女)の顔に悲しみの影がよぎった.
❼ (絵画などの)陰影, 暗部; 暗色顔料, アンバー (=terre d'*ombre*). ▶ faire des *ombres* 陰影をつける.
❽ アイシャドー (=*ombre* à paupières).
à l'ombre de qc/qn …の陰で; に庇護(ひご)されて. ▶ à l'*ombre* du chêne 柏(かしわ)の木の下で / Il a grandi *à l'ombre* de sa mère. 彼は母親に大事にされて育った.
avoir peur de son ombre 自分の影におびえる, ひどく臆病(おくびょう)だ.
dans l'ombre de qn …の陰で目立たずに.
être à l'ombre 話 獄中にいる.
être l'ombre de qn = *suivre qn comme son ombre* …に影のごとく付き従う, 忠実である.
Il y a une ombre au tableau. 1つだけ問題 [心配なこと] がある, 玉にきずだ.
mettre qn à l'ombre 話 …を閉じ込める, 投獄する.
n'être plus que l'ombre de soi-même 見る影もない, 影が薄いくやせ衰えている.
plus vite que son ombre 話 目にもとまらぬ早業で, すばやく.
ombré, e /ɔ̃bre/ 形 〔絵などが〕陰影のついた.
ombrelle /ɔ̃brɛl/ 女 日傘, パラソル.
ombrer /ɔ̃bre/ 他動 〔絵画, デッサンなど〕に陰影をつける, 明暗[濃淡]をつける. ▶ *ombrer* les paupières アイシャドーをつける.
ombreux, euse /ɔ̃brø, øːz/ 形 ❶ 陰になった, 陰の多い; 薄暗い. ▶ forêts *ombreuses* 暗い森.
❷ 文章 陰をなす.
ombudsman /ɔmbydzman/ 男 《スウェーデン語》オンブズマン, 行政監察官: 市民の権利を保護し, 行政機関に対する苦情処理や, 行政活動の監視・告発などを行う.
OMC 女 《略語》Organisation mondiale du commerce 世界貿易機関, WTO.
oméga /ɔmega/ 男 ❶ オメガ(Ω, ω): ギリシア字母の最終字, 第24字.

omelette

❷ *oméga 3* オメガ-3脂肪酸.

omelette /ɔmlet/ 囡 オムレツ. ▶ *omelette* nature プレーンオムレツ.
faire une omelette (1) オムレツを作る. (2) 題 壊れやすいものをうっかりして割る.
On ne fait pas d'omelette sans casser des œufs. (卵を割らなければオムレツはできない→)事を成すには犠牲を払わなければならない.

omerta /ɔmerta/ 囡 〖イタリア語〗❶〖マフィアの〗沈黙の掟. ❷ 沈黙を守ること, 他言しないこと.

omet, omets /ɔmɛ/ 〖活用〗⇨ OMETTRE 65

omettre /ɔmetr/ 65 他動〖過去分詞 omis, 現在分詞 omettant〗❶〈*omettre* de + 不定詞〉…することを忘れる, 怠る. ▶ J'ai *omis* de lui donner mon numéro de téléphone. 彼(女)に電話番号を教えるのを忘れた.
❷〈*omettre* qn/qc // *omettre que* + 直説法〉…を言い落とす[書き落とす]; 省く. ▶ *omettre* qn dans [sur] une liste …(の名前)を名簿から抜かす / Il m'a tout expliqué, n'*omettant* aucun détail. 彼はすべてを細大漏らさず説明してくれた.

omicron /ɔmikrɔ̃/ 男 オミクロン(O, o):ギリシア字母の第15字.

omîmes /ɔmim/, **omirent** /ɔmi:r/, **omis** /ɔmi/ 〖活用〗⇨ OMETTRE 65

omission /ɔmisjɔ̃/ 囡 ❶ 言い[書き]落とし, 欠落, 脱落; 省略. ▶ sauf erreur ou *omission* 過誤, 遺漏のない限り(文書の決まり文句)/ mentir par *omission* (何かを)言わないことで(結果として)うそをつく / relever une *omission* dans une liste リストの記載漏れを見つける. ❷〖刑法〗不作為; 〖税法〗脱漏.

omit, omît /ɔmi/, **omîtes** /ɔmit/ 〖活用〗⇨ OMETTRE 65

omni- 接頭「全…, あらゆる」の意.

*****omnibus** /ɔmnibys/ 男 普通列車(=train omnibus). 注 急行は express, 特急は rapide という. ― 形〖不変〗各駅停車の. ▶ Le train s'arrête *omnibus* à partir de cette gare. 列車はこの駅から各駅停車になる.

omnipotence /ɔmnipɔtɑ̃:s/ 囡 ❶ 全能.
❷ 絶対的権力, 至上権.

omnipotent, ente /ɔmnipɔtɑ̃, ɑ̃:t/ 形 全能の; 絶対的権力を持つ.

omnipraticien, enne /ɔmnipratisjɛ̃, ɛn/ 名, 形 一般医(の).

omniprésence /ɔmniprezɑ̃:s/ 囡 文章 遍在; 絶えずつきまとうこと.

omniprésent, ente /ɔmniprezɑ̃, ɑ̃:t/ 形 文章 遍在する; 絶えずつきまとう.

omniscience /ɔmnisjɑ̃:s/ 囡 文章 全知.

omniscient, ente /ɔmnisjɑ̃, ɑ̃:t/ 形 文章 全知の; なんでも知っている.

omnisports /ɔmnispɔ:r/ 形〖不変〗あらゆるスポーツが行われる. ▶ terrain *omnisports* 総合グラウンド.

omnium /ɔmnjɔm/ 男 ❶ 総合商社, 総合企業.
❷〖自転車〗(いくつかの種目の総合成績で競う)オムニウム・レース.

omnivore /ɔmnivɔ:r/ 形 雑食(性)の.

omoplate /ɔmɔplat/ 囡〖解剖〗肩甲骨.

OMS 囡〖略語〗Organisation mondiale de la santé 世界保健機関, WHO.

*****on** /ɔ̃/ 代〖不定〗
(母音または無音の h の前では必ずリエゾンする (例: on a /ɔ̃na/))
❶《叙述を一般化して》人間は, 人は. ▶ *On* est tous égaux devant la mort. 死の前では人は皆平等である. 語法 ⇨ HOMME.
❷《漠然と, ある場所, 時代の人々を指して》人は, 人々は. ▶ En Chine, *on* mange avec des baguettes. 中国では箸で食事をする.
❸《行為者を明示せずに》▶ *On* a encore augmenté le prix de l'essence. ガソリンの値段がまた上がった.
❹《不特定の人を指して》ある人が, だれかが(= quelqu'un). ▶ *On* frappe à la porte. だれかがドアをノックしている / *On* vous demande au téléphone. お電話です.
❺ 話《nous の代用》我々は. ▶ Qu'est-ce qu'*on* fait cet après-midi? 午後は何をしようか / Alors, *on* y va? さて, 行こうか.
❻ 話《je の代用》私は. ▶ *On* peut entrer? 入ってもいいですか / *On* fait ce qu'on peut. できることはします. 注 文章で用いて謙譲などを表わすことがある(例: Dans ce chapitre *on* essaiera de prouver … 本章では筆者は…の証明を試みよう.
❼ 話《親密, 快活, 軽蔑などのニュアンスを伴って tu, vous または il(s), elle(s) の代用として》君(たち)は, あなた(方)は; 彼(ら)は, 彼女(ら)は. ▶ *On* est bien sage aujourd'hui! (子供に向かって)まあ今日はお利口だこと / Alors, *on* a bien dormi? どう, ぐっすり眠れた?
注 (1) 常に主語として用いられ, 動詞は 3 人称単数. (2) 倒置形では動詞が母音字で終わる場合, 動詞と on との間に t を置く(例: Où va-t-*on* ? どこに行こうか). (3) 普通 on は男性単数扱いだが, 意味上 on が女性名詞や複数名詞を表わしているときには属詞は性数一致を行う(例: *On* est prêts [prêtes] ? みんな用意はいいですか). (4) et, que, où, si などのあと, あるいは文頭では, l'on ともいう. (5) 対応する所有形容詞は son, sa, ses. 文脈によっては notre, nos, votre, vos が用いられることもある. (6) 対応する再帰代名詞は se, 強勢形は soi を用いる.

onagre /ɔnagr/ 男〖動物〗(西部アジア産の)野生のロバ.

onanisme /ɔnanism/ 男 オナニー, 自慰.

once /ɔ̃:s/ 囡 ❶〖計量単位〗オンス. 英米などのヤード・ポンド法で, 約28グラム.
❷ 微量, わずか. ▶ Il n'a pas une *once* de bon sens. 彼には良識のかけらもない.

*****oncle** /ɔ̃:kl/ オーンクル 男 おじ(↔tante). ▶ *oncle* paternel [maternel] 父方[母方]のおじ / *oncle* par alliance 義理のおじ / *oncle* à la mode de Bretagne 父母のいとこ.
oncle d'Amérique アメリカのおじさん: 外国にいて思いがけない遺産を残してくれる裕福な親戚.

onction /ɔ̃ksjɔ̃/ 囡 ❶〖カトリック〗塗油: 洗礼, 叙階などの祭式において信者に聖油を塗ること.
❷ 文章 もの柔らかな態度[口調].

onctueux, euse /ɔ̃ktɥø, ø:z/ 形 ❶ 文章 油状の; とろりとした, まろやかな; 肌に滑らかな.

onzième

❷ 文章 もの柔らかな;《皮肉に》さも優しげな.

onctuosité /ɔ̃ktɥozite/ 女 文章 油性;しっとりと滑らかなこと.

onde /ɔ̃:d/ 女 ❶【物理】波動, 波. ▶ longueur d'*onde* 波長 / *onde* sonore 音波 / *onde* hertzienne [radioélectrique] 電波.
❷ 電波;《複数で》ラジオ［テレビ］放送. ▶ *ondes* courtes 短波 / petites *ondes* = *ondes* moyennes 中波 / grandes *ondes* = *ondes* longues 長波 / écouter une émission sur *ondes* courtes 短波放送を聞く / mise en *ondes* ラジオ番組の演出；ラジオドラマ化.
❸ 波紋；［固］文章 波, うねり；(海, 湖, 川などの)水, 海. 比較 ▷ VAGUE¹. ❹ 波のような動き；うねり(模様);（感情などの)波, 起伏.

être sur la même longueur d'onde 話 波長が合う, 理解し合える, 馬が合う.

onde de choc (1) 衝撃波. (2) 衝撃的影響,（事態の急変などの)あおり,（手痛い)打撃.

ondé, e /ɔ̃de/ 形 文章 波形(模様)の;波打った.
— **ondée** 女 にわか雨.

ondin, ine /ɔ̃dɛ̃, in/ 名【北欧神話】ウンディーネ, 水の精.

on-dit /ɔ̃di/ 男《単複同形》うわさ. ▶ Ce ne sont que des *on-dit*. それはうわさにすぎない.

ondoiement /ɔ̃dwamɑ̃/ 男 ❶ 波打つ[そよぐ]こと, うねり. ❷【カトリック】略式洗礼.

ondoyant, ante /ɔ̃dwajɑ̃, ɑ̃:t/ 形 ❶ 波打つ, 揺れ動く. ▶ les blés *ondoyants* 波打つ麦畑 / la démarche *ondoyante* 軽やかな足どり. ❷〔考えなどが〕変わりやすい, 移り気な.

ondoyer /ɔ̃dwaje/ 10 自動 文章 波打つ,（波のように)揺れ動く.
— 他動【カトリック】…に略式洗礼を授ける.

ondulant, ante /ɔ̃dylɑ̃, ɑ̃:t/ 形 ❶ 波打つ, うねる;起伏のある;波状の. ❷【医学】fièvre *ondulante* 波状熱, ブルセラ症.

ondulation /ɔ̃dylasjɔ̃/ 女 ❶ 波動, うねり, 波打つこと. ▶ les *ondulations* des vagues 波のうねり. ❷〔土地の〕起伏;（川などの)蛇行. ❸〔髪の〕縮れ, ウエーブ.

ondulatoire /ɔ̃dylatwa:r/ 形 ❶ 波動の, 波の. ❷【物理】mécanique *ondulatoire* 波動力学.

ondulé, e /ɔ̃dyle/ 形 ❶ 波打った, うねった;起伏のある. ▶ chaussée *ondulée* でこぼこした路面. ❷〔髪が〕ウエーブがかかった. ❸ 波形の. ▶ le carton *ondulé* 段ボール.

onduler /ɔ̃dyle/ 自動 ❶ 波打つ, うねる, 揺れ動く；蛇行する;起伏がある. ▶ une écharpe qui *ondule* au vent 風に揺れるスカーフ.
❷〔髪が〕波打つ, ウエーブがかかっている.
— 他動 …(の髪)にウエーブをかける.

onduleux, euse /ɔ̃dylø, ø:z/ 形 文章 波形の, うねりをした, うねりのある.

onéreux, euse /ɔnerø, ø:z/ 形 費用のかかる, 高くつく. ▶ un voyage *onéreux* 費用のかさむ旅行.

à titre onéreux【法律】有償で[の].

ONG 女《略語》organisation non gouvernementale 非政府機関.

*****ongle** /ɔ̃:gl/ 男 爪(ɔ̃). ▶ se couper les *ongles* 爪を切る / ciseaux à *ongles* 爪切りばさみ / porter [avoir] les *ongles* longs 爪を長く伸ばしている / se faire les *ongles* = faire ses *ongles* 爪の手入れをする / avoir les *ongles* faits 爪をきちんと手入れしている / donner un coup d'*ongle* 爪でひっかく / capsule *ongle* つけ爪.

connaître [*savoir*] *qc sur le bout des ongles* …を知り尽くしている, 熟知している.

jusqu'au bout des ongles 爪の先まで, 完全に. ▶ Il est allemand *jusqu'au bout des ongles*. 彼は骨の髄までドイツ人だ.

se ronger les ongles（いらいらして, くやしさで)爪をかむ.

onglé, e /ɔ̃gle/ 形 文章 爪(ɔ̃)のある.
— **onglée** 女（寒さによる)指先のしびれ. ▶ avoir l'*onglée* 指がかじかんでいる.

onglet /ɔ̃glɛ/ 男 ❶〔折り畳みナイフの〕爪(ɔ̃)掛け. ❷【製本】(1)〔辞書などの検索用の〕爪掛け, 切り込み;付け札. (2) 足：図表などの別丁の綴代(とじ).

onglier /ɔ̃glije/ 男 ❶ マニキュアセット；マニキュアセットの入ったケース. ❷《多く複数で》爪(ɔ̃)切りばさみ；爪切り.

onguent /ɔ̃gɑ̃/ 男 軟膏(なんこう).

ongulé, e /ɔ̃gyle/ 形【動物学】有蹄(ゆうてい)の, 蹄(ひづめ)のある. — **ongulés** 男複 有蹄類.

onirique /ɔnirik/ 形 ❶ 夢の. ❷ 文章 夢を思わせる, 夢幻的な.

onirisme /ɔnirism/ 男 ❶【精神医学】夢幻妄想. ❷ 夢；夢のイメージ群.

onir(o)- 接頭「夢」の意.

oniromancie /ɔnirɔmɑ̃si/ 女 夢占い.

onomastique /ɔnɔmastik/ 女【言語】（人名・地名の語源を研究する)固有名詞研究.
— 形 固有名詞(研究)の.

onomatopée /ɔnɔmatɔpe/ 女【言語】擬声音;擬声語音, 擬音語.

onomatopéique /ɔnɔmatɔpeik/ 形 擬音(語)の, 擬声(語)の.

ontogenèse /ɔ̃tɔʒənɛ:z/, **ontogénie** /ɔ̃tɔʒeni/ 女【生物学】個体発生.

ontologie /ɔ̃tɔlɔʒi/ 女【哲学】存在論.

ONU /ɔny/ 女《略語》Organisation des Nations unies 国際連合, 国連.

onusien, enne /ɔnyzjɛ̃, ɛn/ 形, 名 国連(職員)の.

onyx /ɔniks/ 男《ラテン語》【宝石】オニックス；《特に》縞瑪瑙(しまめのう).

*****onze** /ɔ̃:z/ オーンズ/（原則としてこの語の前ではエリジヨン, リエゾンを行わない）形《数》《不変》❶《名詞の前で》11 の. ▶ un enfant de *onze* ans 11歳の子供. ❷（おもに名詞のあとで序数詞として）11番目の. ▶ chapitre *onze* 第11章.
— 男《単複同形》❶（数, 数字の）11；11個, 11人. ❷（le *onze*）11番(地), 11号；11日. ▶ le *onze* novembre 11月11日：第1次大戦休戦記念日 / le 11 septembre 2001 年 9 月11日の米国同時多発テロ. ❸〔サッカー〕チーム, イレブン.

*****onzième** /ɔ̃zjɛm/ オンズィエム/（原則としてこの語の前ではエリジヨン, リエゾンを行わない）形 ❶ 11番目の. ▶ le *onzième* siècle 11世紀.
❷ 11分の1の.

onzièmement

les ouvriers de la onzième heure〖聖書〗最後にやって来て、最初から働いている者と同じ賃金をもらう労働者. 注 神の恵みは入信の順に関係なくどちらにも十分なることを示す.
— 名 11番目の人〖物〗.
— 男 ❶11分の1. ❷(le onzième)(建物の)12階; (パリの)第11区.
— 女 ❶ 第11年級:日本の小学校第1学年に相当する学年の昔の呼称. 現在では cours préparatoire (略 CP)という. ❷〖音楽〗11度.

onzièmement /ɔ̃zjɛmmɑ̃/ 副 第11番目に.

op. 男〖略語〗〖ラテン語〗opus〖音楽〗作品.

OP 男〖略語〗ouvrier professionnel 熟練工.

OPA 女〖略語〗offre publique d'achat 株式公開買い付け. ▶ *OPA* hostile 敵対的買収.

opacifier /ɔpasifje/ 他動 …を不透明にする.

opacité /ɔpasite/ 女 ❶ 不透明(度). ❷ 暗がり, 暗さ. ❸ 不明瞭(めいりょう), 難解.

opale /ɔpal/ 女 オパール, たんぱく石.
— 形〖不変〗オパール色の, 乳白色の.

opalescence /ɔpalesɑ̃:s/ 女 文章 たんぱく光, オパールの光沢.

opalesc*ent*, *ente* /ɔpalesɑ̃, ɑ̃:t/ 形 文章 たんぱく光の; 乳白色の.

opal*in*, *ine* /ɔpalɛ̃, in/ 形 オパール色の, 乳白色の.

opaline /ɔpalin/ 女 オパールガラス, 乳白ガラス(製品).

opaque /ɔpak/ 形 ❶ 不透明な. ▶ verre *opaque* 曇りガラス. ❷ 〈*opaque* à qc〉(放射線など)を通さない. ▶ corps *opaque* aux rayons X X線を通さない物体. ❸ 暗い. ❹ 文章 不可解な, 不明瞭(めいりょう)な.

op. cit. 〖略語〗〖ラテン語〗opera citato 前掲書(の, に).

open /ɔpɛn/〈英語〉形〖不変〗❶ (プロ, アマの区別なく参加できる)オープンの. ❷ billet *open* (飛行機などの)オープンチケット. — 男 オープン大会.

OPEP /ɔpɛp/ 女〖略語〗Organisation des pays exportateurs de pétrole オペック, 石油輸出国機構, OPEC.

***opéra** /ɔpera/ 男 ❶ オペラ, 歌劇. ▶ grand *opéra* グランド・オペラ / *opéra* sérieux 正歌劇, 悲歌劇 / *opéra* bouffe 喜歌劇, オペラ・ブッファ / *opéra* rock ロックオペラ / chanteur d'*opéra* オペラ歌手.
❷ オペラハウス, 歌劇場; 歌劇団. ▶ l'*Opéra* (de Paris) (パリの)オペラ座 / l'*Opéra* de la Bastille バスティーユ広場の新オペラ座.

opérable /ɔperabl/ 形 手術可能な, 手術で治せる.

opéra-comique /ɔperakɔmik/; 〖複〗~s-~s 男 ❶ オペラ・コミック:せりふと歌を併用するフランス・オペラの総称. ❷ *L'Opéra-Comique* (パリの)オペラ・コミック座.

d'opéra-comique 話 滑稽(こっけい)な.

opér*ant*, *ante* /ɔperɑ̃, ɑ̃:t/ 形 効力のある.

opérat*eur*, *trice* /ɔperatœ:r, tris/ 名 ❶ (機械などの)操作〔運転〕者, オペレーター; 電話交換手; 無線通信士. ❷ (映画, テレビの)カメラマン, 撮影技師 (=*opérateur* de prises de vues).
❸ 有価証券売買人, 証券業者.
— **opérateur** 男 ❶〖情報〗通信会社. ❷〖数学〗演算記号(+, −など); 演算子. ❸〖言語〗操作子:意味は持たないが文構造を形成する語(例: Je crois qu'il viendra. の que).

***opération** /ɔperasjɔ̃ オペラスィヨン/ 女 ❶ 働き, 作用. ▶ les *opérations* de la raison 理性の働き / les *opérations* de la digestion 消化作用.
❷ 操作, 作業, 活動. ▶ *opérations* chimiques 化学的操作〔実験〕/ *opération* de sauvetage 救出作業 / *opérations* de maintien de la paix (国連)の平和維持活動, PKO.
❸ 手術 (=*opération* chirurgicale). ▶ salle d'*opération* 手術室 / table d'*opération* 手術台 / subir une *opération* de l'appendicite 盲腸の手術を受ける / pratiquer une *opération* à qn …に手術を行う.
❹ 作戦, 軍事行動 (=*opération* militaire). ▶ les *opérations* de débarquement 上陸作戦 / l'*Opération* «tempête du désert» 「砂漠の嵐」作戦(1991年湾岸戦争時の多国籍軍の作戦名).
❺ 図 (組織的な)運動, 作戦, キャンペーン. ▶ *opération* «rivière propre»「河川浄化」運動 / *Opération* Mains propres 政界浄化作戦, 汚職追放作戦 / monter [lancer] une *opération* de publicité 広告キャンペーンを張る.
❻ (警察隊の)出動, 介入, 手入れ.
❼〖金融〗〖証券〗取引, 売買; 操作. ▶ *opération* commerciale 商取引 / *opération* financière 金融取引 / *opération* de bourse 株式取引〔売買, 操作〕/ Il a fait une mauvaise *opération* en Bourse. 彼は株の売買で誤った.
❽〖数学〗演算. ▶ les quatre *opérations* 四則計算, 加減乗除.

par l'opération du Saint(-)Esprit (マリアの処女懐胎の際の聖霊の働きによって→)奇跡的に; 不可解な〔怪しげな〕方法で. ▶ Il s'est enrichi très vite, comme *par l'opération du Saint Esprit*. 彼はどんな手を使ったものか, たちまち成り上がった.

opérationn*el*, *le* /ɔperasjɔnɛl/ 形 ❶ 実用に供しうる; 実用〔実際〕的な. ▶ Ce centre commercial sera *opérationnel* l'année prochaine. このショッピングセンターは来年オープンの予定である.
❷〖軍事〗作戦上の; 実戦用の. ▶ base *opérationnelle* 作戦基地 / missile *opérationnel* 実戦配備のミサイル.
❸ 操作〔作業〕上の.
❹〖経営〗recherche *opérationnelle* オペレーションズ・リサーチ.

opératoire /ɔperatwa:r/ 形 ❶ 手術の. ▶ choc *opératoire* 術後ショック. ❷ 操作上の; 演算の.

opercule /ɔpɛrkyl/ 男 ❶〖動物学〗(魚の)えらぶた; (巻き貝の)へた, ふた; (ミツバチの巣の)ふた. ❷〖植物学〗蘚蓋(せんがい).

opér*é*, *e* /ɔpere/ 形 ❶ 手術を受けた. ❷ 行われた. — 名 手術を受けた人. ▶ un grand *opéré* 大手術を受けた人.
— **opéré** 男 avis d'*opéré* 株式の売買報告書.

*opérer /ɔpere オペレ/ ⑥ 他動

直説法現在	j'opère	nous opérons
	tu opères	vous opérez
	il opère	ils opèrent

❶〔操作, 作業, 事業など〕を**行う**, 実行する. ▶ *opérer* un choix 選択をする / *opérer* un calcul 計算をする / La Bourse *a opéré* un redressement spectaculaire. 株式市場は目覚ましく持ち直した.
❷ (結果として)…を**引き起こす**, もたらす. ▶ Le mariage *a opéré* sur lui un heureux changement. 結婚は彼に好ましい変化をもたらした.
❸ …を**手術する**;《目的語なしに》手術する. ▶ *opérer* qn 「de l'estomac [d'un cancer] …に胃 [癌(がん)]の手術をする / se faire *opérer* 手術を受ける / *opérer* une tumeur 腫瘍(しゅよう)の手術をする / *opérer* à chaud 緊急手術を行う.
── 自動 ❶ 行動する, 仕事をする, 操作する. ▶ *opérer* avec méthode きちんとしたやり方でやる / Comment faut-il *opérer* avec lui? 彼に対してどのように振る舞うべきだろうか.
❷ 作用する, 効く. ▶ Ce médicament n'*a* pas *opéré* sur lui. この薬は彼には効かなかった.
── **s'opérer** 代動 ❶ 行われる, 起こる. ▶《非人称構文で》Il *s'opérait* un grand changement dans les pays de l'Est. 東欧諸国では大きな変化が起きつつあった. ❷ 手術可能である.

opérette /ɔperɛt/ 囡 オペレッタ.
d'opérette 《ふざけて》お粗末な, たわいない.

ophtalmie /ɔftalmi/ 囡【医学】眼炎.

ophtalmique /ɔftalmik/ 形 ❶【解剖】目の. ▶ le nerf *ophtalmique* 眼神経. ❷【医学】眼炎の.

ophtalm(o)- 接頭「目」の意.

ophtalmologie /ɔftalmɔlɔʒi/ 囡 眼科学.

ophtalmologique /ɔftalmɔlɔʒik/ 形 眼科(学)の.

ophtalmologiste /ɔftalmɔlɔʒist/, **ophtalmologue** /ɔftalmɔlɔg/ 名 眼科医.

ophtalmoscope /ɔftalmɔskɔp/ 男【医学】検眼鏡.

opiacé, e /ɔpjase/ 形 阿片(あへん)の; 阿片を含む.
── **opiacé** 男【薬学】アヘン製剤.

opiner /ɔpine/ 自動 意見を表明する. ▶ *opiner* pour [contre] la proposition 提案に対して賛成 [反対] の意見陳述をする.
opiner「*du bonnet* [*de la tête*]」うなずいて賛意を表明する.
── 間他動《*opiner* à qc》…に同意する.

opiniâtre /ɔpinjɑːtr/ 形 ❶ 頑強な, 根強い; 粘り強い; しつこい. ▶ résistance *opiniâtre* 執拗(しつよう)な抵抗 / travail *opiniâtre* たゆみない仕事ぶり, 猛勉強 / toux *opiniâtre* しつこい咳(せき). ❷ 文章 頑固な, 一徹な.

opiniâtrement /ɔpinjɑtrəmɑ̃/ 副 かたくなに, 頑固に; 執拗(しつよう)に.

opiniâtreté /ɔpinjɑtrəte/ 囡 執拗(しつよう)さ; 不屈. ▶ lutter avec *opiniâtreté* 粘り強く戦う.

*opinion /ɔpinjɔ̃/ オピニョン/ 囡 ❶ 意見, 見解. ▶ donner son *opinion* 意見を述べる / Mon *opinion* est que + 直説法. 私は…と考えている / Je suis de votre *opinion*. = J'ai la même *opinion* que vous. あなた(方)の意見に賛成です / Quelle est votre *opinion*? あなた(方)の御意見はいかがですか / Chacun son *opinion*. 意見は人それぞれだ / 《 sans *opinion* 》(アンケートの回答で)「わからない」.
❷《多く複数で》(政治的, 哲学的な)意見, 信条. ▶ *opinions* politiques 政治的意見 / liberté d'*opinion* 言論の自由 / journal d'*opinion* 論説紙.
❸ 世論, 世評 (= *opinion* publique). ▶ *opinion* ouvrière [française] 労働者 [フランス人] の意見 / sondage d'*opinion* 世論調査 / braver l'*opinion* 世評をものともしない.
avoir bonne [*mauvaise*] *opinion de qc* /*qn* …をよく [悪く] 思う. ▶ *avoir bonne opinion de soi*(-même) 自分に満足する, うぬぼれる.
avoir le courage de ses opinions 堂々と自説を主張する.
C'est (*une*) *affaire d'opinion*. それは個人個人の考え方の問題だ.
比較 意見, 考え
人がある事柄に関して抱く「意見, 考え」を表わすには, **avis**, **opinion**, **point de vue**, **sentiment**, **idée**, **pensée** などが用いられる. これらは相互に置き換え可能である場合も多く, 厳密な使い分けは困難だが, それぞれの語の特徴は次の通りである. **avis** どちらかといえば日常的な表現で, 実際に相手に伝えられるものとしての「意見」をいうことが多い. **opinion** 広く一般的に「意見」を指す. また単数で「世論」を表わすこともある. **point de vue** ある特定の立場からの意見, ものの見方. **sentiment**「意見, 考え」の意味では改まった表現. **idée**, **pensée** 思考されたことの内容を指し, それが必ずしも伝達されるとは限らない.

opiomane /ɔpjɔman/ 形 阿片(あへん)常用の, 阿片中毒の. ── 名 阿片常用者, 阿片中毒患者.

opiomanie /ɔpjɔmani/ 囡 阿片(あへん)常習癖, 阿片中毒.

opium /ɔpjɔm/ 男 阿片(あへん). ▶ manger [fumer] de l'*opium* 阿片を飲む [吸う] / l'*opium* du peuple 民衆の阿片.

opossum /ɔpɔsɔm/ 男《米語》❶【動物】キタオポッサム. ❷ キタオポッサムの毛皮.

opportun, une /ɔpɔrtœ̃, yn/ 形 時宜を得た, 当を得た, 都合のよい. ▶ au moment *opportun* ちょうどいい時に / en temps *opportun* 折を見て / Il serait *opportun* de la laisser faire. 彼女の好きなようにさせるのがいいだろう.

opportunément /ɔpɔrtynemɑ̃/ 副 都合よく, 折よく.

opportunisme /ɔpɔrtynism/ 男 日和見主義, 便宜主義, 御都合主義.

opportuniste /ɔpɔrtynist/ 名 日和見主義者.
── 形 日和見主義の. ▶ politique *opportuniste* 日和見政治.

opportunité /ɔpɔrtynite/ 囡 ❶ 時宜を得ていること, 当を得ていること. ▶ discuter de l'*opportu*-

opposable

nité d'augmenter les impôts 増税することが時宜にかなっているかどうか議論する. ❷ 好機. ▶ profiter de l'*opportunité* 機会を利用する / avoir l'*opportunité* de + 不定詞 …する機会がある.

opposable /ɔpozabl/ 形 <*opposable* (à qc /qn)> ❶ (…に)向き合わせにできる, 対置できる. ▶ Le pouce est *opposable* aux autres doigts. 親指は他の指と向かいあわせになっている.
❷ (…に対し)反証[妨げ]となりうる. ▶ Voilà un argument *opposable* à sa décision. これが彼(女)の決定を覆しうる論拠だ.
❸【法律】(第三者に対して)主張することができる.

opposant, ante /ɔpozɑ̃, ɑ̃ːt/ 形 ❶【法律】異議を申し立てた. ❷ (政策, 政府などに)反対する. ▶ la minorité *opposante* 少数反対派.
── 名 ❶【法律】異議申し立て人. ❷ 反対者; 野党(議員). ▶ un *opposant* au régime 反体制派.

*opposé, e /ɔpoze オポゼ/ 形 ❶ 反対側にある, 向かい合った. ▶ le mur *opposé* à la fenêtre 窓と反対側の壁 / tourner en sens *opposé* 逆方向に曲がる / du côté *opposé* 反対側に[の] / diamétralement *opposé* 180 度反対に.
❷ 対照的な, 正反対の. ▶ couleurs *opposées* 反対色 / Ils ont des opinions *opposées*. 彼らの意見はまったく正反対だ.
❸ 反対[敵対]する; 対立する. ▶ être *opposé* à la violence 暴力に反対である / concilier des intérêts *opposés* 相反する利害を調整する.
❹【数学】向かい合った, 相対する; 反対符号の. ▶「le côté [l'angle] *opposé* d'un carré 正方形の対辺[対角]. ❺【植物学】「葉などが」対生の.
── *opposé* 男 反対, 逆; 反対側, 逆方向. ▶ Cet enfant est tout à l'*opposé* de son frère. この子は兄[弟]とは正反対だ.

à l'opposé (*de qn/qc*) (…とは)反対に, 逆に. ▶ La gare est *à l'opposé*. 駅は反対側です / A l'*opposé* de sa sœur, elle est bavarde. 姉[妹]とは違って, 彼女はおしゃべりだ.

*opposer /ɔpoze オポゼ/ 他動 <*opposer* qc/qn (à [et] qc/qn)> ❶ …を(…と)対抗[対決]させる, 対立させる. ▶ Ce match *opposera* l'équipe de Lyon à celle de Reims. この試合ではリヨンとランスのチームが対決することになっている / Des questions d'argent les *opposent*. 金銭問題で彼らは対立している.
❷〔論拠など〕を挙げて(…に)反対する. ▶ Il n'y a rien à *opposer* à cela. その点についてはなんの異論もない. ◆ *opposer* (à qn) que + 直説法 (…に)…と言って反対する. ▶ Il m'*a opposé* que c'etait impossible. 彼はそれは不可能だと私に反対した.
❸〔障害など〕を設けて(…を)防ぐ, (…に)抗する. ▶ *opposer* une digue aux crues d'un fleuve 堤防を設けて川の増水に備える / *opposer* le silence aux reproches de qn …の非難に沈黙で応じる.
❹ …を(…に)対置する; 対比[対照]させる, 比べる. ▶ *opposer* deux poupées sur une cheminée 2つの人形を暖炉の上に向かい合わせに置く / *opposer* les structures économiques du Japon et celles de la France 日本の経済構造とフランスのそれとを比較検討する.

── ***s'opposer** 代動 ❶ <*s'opposer* à qn/qc // *s'opposer* à ce que + 接続法>…に反抗する; 反抗する. ▶ Ses parents *s'opposent* à son mariage. 両親は彼(女)の結婚に反対している / Je m'*oppose* à ce que tu y ailles. 君がそこに行くのには私は反対だ.
❷ <*s'opposer* à qc // *s'opposer* à ce que + 接続法>…を妨げる, の障害となる. ▶ Les préjugés *s'opposaient* au progrès de la science. 先入観が科学の進歩の妨げとなっていた.
❸ <*s'opposer* (à qn)> (…と)対立する, 対戦する. ❹ <*s'opposer* (à qc)> (…と)対置される; 対照をなす. ▶ Nos positions *s'opposent* sur ce point. この点で我々の立場は対照的である.

opposite /ɔpozit/ 男 (次の句で)
à l'opposite (*de qc/qn*) 文章 (1) (…の)反対側に, (…と)向かい合って. (2) (…と)逆に, 反対に.

*opposition /ɔpozisjɔ̃ オポズィスィヨン/ 女 ❶ 反対, 妨害. ▶ rencontrer une *opposition* 反対に遭う / faire de l'*opposition* 反対する / faire [mettre] *opposition* à qc …に反対する / Pas d'*opposition*? 異議ありませんか.
❷ 対立, 反目. ▶ l'*opposition* d'intérêts entre deux pays 2国間の利害の対立 / La droite et la gauche sont en *opposition* totale. 保守陣営と左翼陣営は完全に対立している.
❸ 反対勢力, 野党(勢力). ▶ un parti d'*opposition* 野党 / être dans [de] l'*opposition* 野党に属する.
❹ 対照, 対比; 相反, 正反対. ▶ l'*opposition* des ombres et des lumières dans un tableau 絵における光と陰のコントラスト.
❺ (位置の)反対, 対置, 向かい合い.
❻【法律】異議申し立て; 差し止め. ▶ l'*opposition* à mariage 結婚に対する異議の申し立て / faire *opposition* à un chèque perdu 紛失小切手の支払いを差し止める.
❼【心理】crise d'*opposition* 反抗期.
❽【天文】衝(しょう): 火星, 木星などの外惑星や月が地球を挟んで太陽と正反対に位置する現象.

en opposition avec qn/qc (1) …と対立して. ▶ entrer *en opposition avec* qn …と対立する. (2) …と反対に. ▶ Ce politicien agit parfois *en opposition avec* ses principes. この政治家はときに日ごろの主義主張に反する行動をとる.

par opposition (*à qn/qc*) (…と)対照的に, 反対に.

oppositionnel, le /ɔpozisjɔnɛl/ 形 反対派の, 野党の, 反体制的な.
── 名 反対派の人, 野党議員, 反体制的人物.

oppressant, ante /ɔpresɑ̃, ɑ̃ːt/ 形 息苦しくさせる; 胸を締めつけるような. ▶ chaleur *oppressante* 息も詰まりそうな暑さ / souvenirs *oppressants* 切ない思い出.

oppressé, e /ɔprese/ 形 息苦しい; 胸を締めつけられた.

oppresser /ɔprese/ 他動 …を息苦しくさせる; 胸を締めつける. ── **s'oppresser** 代動 息苦

くなる；胸を締めつけられる．

oppresseur /ɔpresœːr/ 男 圧制者；暴君．

oppress*if, ive* /ɔpresif, iːv/ 形 圧制的，抑圧的． ▶ fiscalité *oppressive* 過酷な税制．

oppression /ɔpresjɔ̃/ 女 ❶ 圧制，抑圧． ▶ gémir sous l'*oppression* 圧制にあえぐ． ❷ 息苦しさ；心理的圧迫感． ▶ souffrir d'*oppression* 息苦しくなる．

opprimé, e /ɔprime/ 形, 名 圧制に苦しむ(人)，虐げられた(人)，抑圧された(人)．

opprimer /ɔprime/ 他動 ❶ …に圧力を加える，を抑圧する，虐げる． ▶ *opprimer* les pauvres 貧者を虐げる / *opprimer* les consciences 信仰[信条]の自由を抑圧する． ❷［苦悩が］…の胸を締めつける．

opprobre /ɔprɔbr/ 男 文章 ❶ 恥辱，汚辱，不名誉． ▶ accabler［couvrir］qn d'*opprobre* …に恥をかかせる / Elle est l'*opprobre* de sa famille. 彼女は一家の恥だ． ❷ 堕落，零落．

optat*if, ive* /ɔptatif, iːv/ 形【言語】希望［欲求］を表わす．
— **optatif** 男 希求法(=mode optatif)．

opter /ɔpte/ 自動 文章 〈opter (pour qc)〉〈…を〉選ぶ，選択する． ▶ A sa majorité il *a opté* pour la nationalité française. 成年に達して彼はフランス国籍を選んだ．

optic*ien, enne* /ɔptisjɛ̃, ɛn/ 名 めがね屋；光学器械販売［製造］業者．

optim*al, ale* /ɔptimal/; (男複) **aux** /o/ 形 最適の，最善の，最良の．

optimisation /ɔptimizasjɔ̃/, **optimalisation** /ɔptimalizasjɔ̃/ 女 最適化．

optimiser /ɔptimize/, **optimaliser** /ɔptimalize/ 他動 …を最適化する；最大限利用する． ▶ *optimiser* les ressources énergétiques エネルギー資源を最も有効に活用する．

optimisme /ɔptimism/ 男 楽天主義；楽観(論) (↔pessimisme)． ▶ envisager la situation avec *optimisme* 状況を楽観視する．

optimiste /ɔptimist/ 形 楽天主義の，楽観的な． ▶ avoir un caractère *optimiste* 楽天的な性格である / Les pronostics n'étaient pas *optimistes*. 予想は明るくなかった．
— 名 楽観［楽観］主義者，楽天家．

optimum /ɔptimɔm/; (複) ***optimums*** (または ***optima*** /ɔptima/) 《ラテン語》男 最適(状態)． ▶ l'*optimum* de population 最適人口．
— 形《女性形不変または optima 》最良の，最適の(=optimal)． ▶ la température *optimum*［*optima*］最適温度．

option /ɔpsjɔ̃/ 女 ❶ 選択． ▶ Il n'y a pas d'autre *option*. ほかに選ぶ道がない / Ses *options* politiques ont changé. 彼(女)は政治的立場(の選択)を変えた．
❷ 選択科目(=matière à *option*)． ❸ オプション装備；選択売買． ❹ オプション契約． ▶ avoir une *option* sur la location d'un appartement アパルトマンの賃貸を仮契約する / prendre une *option* sur une place d'avion 飛行機の席をオプションで予約する． ❺【法律】選択権．
en option 選択で；オプションで． ▶ une voiture avec la climatisation *en option* オプションでエアコンがつく車．

optionnel, le /ɔpsjɔnɛl/ 形 選択の，選択できる；オプションの． ▶ accessoire *optionnel* オプションの付属品．

optique[1] /ɔptik/ 形 ❶ 視覚の，目の． ▶ angle *optique* 視角 / nerf *optique* 視神経． ❷ 光学の，光学上［用］の． ▶ verre *optique* 光学レンズ．

optique[2] /ɔptik/ 女 ❶ 光学． ▶ *optique* physique 物理光学 / appareils［instruments］d'*optique* 光学器械 / (レンズなどの)光学部品． ❸ 光学器械；光学器械製造［販売］． ❹ (物の)見え方；観点，視点． ▶ *optique* du théâtre 舞台上の視覚的効果 / dans cette *optique* この観点からみると / changer d'*optique* 見方を変える．
illusion d'optique 目の錯覚，錯視；誤った見方．

opulence /ɔpylɑ̃ːs/ 女 ❶ 富裕，豪奢(ごうしゃ)；豊かさ． ▶ vivre dans l'*opulence* 贅沢(ぜいたく)に暮らす． ❷ (体つきの)豊満．

opul*ent, ente* /ɔpylɑ̃, ɑ̃ːt/ 形 ❶ 文章 富裕な，豪奢(ごうしゃ)な；豊饒(ほうじょう)な，豊かな． ▶ une famille *opulente* 裕福な一家． ❷［体つきが］豊満な． ▶ une poitrine *opulente* ふくよかな胸．

opus /ɔpys/ 男《ラテン語》【音楽】作品(番号)(略 op.)． ▶ Beethoven, *opus* soixante-treize l'*Empereur* ベートーヴェンの作品73『皇帝』

opuscule /ɔpyskyl/ 男 小論文，小品，小冊子．

or[1] /ɔːr/ オール 男 ❶ 金(きん)． ▶ *or* pur［fin］純金 / *or* blanc ホワイトゴールド(金を含む合金の一種)． ❷ (貨幣価値を持つ)金，金貨． ▶ payer une somme en *or* ある金額を金で支払う / cours de l'*or* 金相場 /《同格的に》l'encaisse *or* d'une banque d'émission 発券銀行の金保有高 / étalon *or* 金本位制度．
❸ 財産，富，金銭． ▶ une soif de l'*or* 金銭欲．
❹ 金色，黄金色． ▶ l'*or* des blés 黄金色に実った小麦／le vieil *or* 古金色．
❺ 貴重なもの． ▶ *or* noir 石油 / *or* vert 緑の資源(農業生産物，農地など) / *or* neige ウインタースポーツ用の雪 / *or* bleu 水 / *or* rouge 太陽エネルギー．

affaire「*en or*［*d'or*］」もうけ仕事，有利な取引．
à prix d'or 非常に高い値段で．
couvrir qn d'or …に多額の金を払う．
d'or (1) 金の． ▶ pièce *d'or* 金貨 / lingot *d'or* 金塊 / médaille *d'or* 金メダル． (2) 金色の． ▶ cheveux *d'or* 金髪． (3) すばらしい，価値のある． ▶ âge *d'or* 黄金時代，最盛期 / siècle *d'or* (特にスペインの16世紀の)黄金の世紀 / un cœur *d'or* 美しい心 /《副詞的に》parler *d'or* 名言を吐く．
en or (1) 金でできた． ▶ montre en *or* 金時計． (2) すばらしい，価値のある． ▶ mari en *or* 申し分のない夫．
être franc［*bon*］*comme l'or* 極めて率直［善良］である．
être (tout) cousu d'or 大金持ちである，非常に裕福である．
faire un pont d'or à qn (画策の手段として)…に大金を積む［出す］．
Le silence est d'or. 諺 沈黙は金なり．
pour tout l'or du monde《否定の強調》何があ

ても． ▶ Je ne ferais pas cela *pour tout l'or du monde.* たとえ万金を積まれたとしてもそんなことはしません．

rouler sur l'or 金満家である．

Tout ce qui brille n'est pas (d')or. 諺（光り輝くものすべてが金とは限らない→）見かけで判断してはならない．

***or**² /ɔːr/ オール /腰/ さて，ところで；ところが． ▶ *Or*, un dimanche, nous montâmes à Paris. さてある日曜日，私たちはパリに行った / *or* donc さて，そこで． ◆A, *or* B; donc C （三段論法でAを大前提，Bを小前提，Cを結論として）A, ところがB, ゆえにC． ▶ Tous les hommes sont mortels, *or* Pierre est un homme; donc Pierre est mortel. 人間はすべて死すべき運命にある．しかるにピエールは人間である．したがってピエールは死すべき運命にある．

oracle /ɔraːkl/ 男 ❶ (古代ギリシアの) 神託(所)，託宣(所)． ▶ l'*oracle* d'Apollon à Delphes デルフォイのアポロン神託(所)． ❷ 文語 (神託のような) 権威ある言葉 [決定]；絶対的な権威を持つ人．

***orage** /ɔraːʒ/ 男 ❶ 雷雨；(雷を伴う)にわか雨，嵐． ▶ pluie d'*orage* 夕立，にわか雨 / Le temps est à l'*orage*. = L'*orage* menace. = Il va faire de l'*orage*. 雲行きが怪しい，ひと雨来そうだ / L'*orage* éclate. 突然の雷雨になる． ❷ (怒り，非難，感情などの) 爆発． ▶ Il y a de l'*orage* dans l'air. （人間関係で）険悪な雰囲気だ． ❸ 波瀾(はらん)，激動． ▶ les *orages* révolutionnaires 革命の大動乱．

Il y a de l'orage dans l'air. 話 雰囲気が険悪になってきた．

orageusement /ɔraʒøzmɑ̃/ 副 嵐(あらし)のように，荒れ模様で，激しく．

orageux, euse /ɔraʒø, øːz/ 形 ❶ 雷雨の前触れの，嵐(あらし)になりそうな；雷雨の多い，嵐の． ▶ Le temps est *orageux*. 雷雨になりそうだ / nuit *orageuse* 嵐の夜．

❷ 波瀾(はらん)に満ちた；激烈な，荒れ模様の． ▶ discussion *orageuse* 大荒れの議論．

oraison /ɔrɛzɔ̃/ 女 ❶ 祈祷(きとう)，祈り． ▶ dire [faire] une *oraison* 祈祷を唱える．

oraison funèbre 弔辞，追悼演説．

***oral, ale** /ɔral/ オラル/: (男複) **aux** /o/ 形 ❶ 口頭の，口述の，口伝えの (↔écrit)． ▶ tradition *orale* 口承の伝統，言い伝え / promesse *orale* 口約束 / examen *oral* 口述試問 / compréhension *orale* ヒアリング(能力)．

❷ 口の． ▶ cavité *orale* 口腔(こうくう)．

❸ 【音声】voyelle *orale* 口むろ [口腔] 母音．

❹ 【精神分析】 stade *oral* 口唇期．

— **oral**: (複) **aux** 男 ❶ 口頭試問，口述試験． ❷ par *oral* 口頭で，口述で．

oralement /ɔralmɑ̃/ 副 口頭で，口述で． ▶ s'exprimer *oralement* 考えを口頭で述べる．

Orange /ɔrɑ̃ːʒ/ 固有 オランジュ：南仏の町．

***orange** /ɔrɑ̃ːʒ/ オランジュ 女 オレンジ． ▶ jus d'*orange* オレンジジュース / *orange* amère ダイダイ．

apporter des oranges à qn （ふざけて）…の見舞 [面会] に行く．

On presse l'orange et on jette l'écorce. （オレンジの汁を絞って皮を捨てる→）人を利用するだけ利用してあとは見捨てる．

passer à l'orange bien mûr 信号が黄色から赤になるときに通過する．

— 男 オレンジ色，だいだい色；(交通信号の) 黄色．

— 形 (不変) オレンジ色の，だいだい色の．

orangé, e /ɔrɑ̃ʒe/ 形 オレンジ色の，だいだい色の．

— **orangé** 男 オレンジ色の，だいだい色の．

orangeade /ɔrɑ̃ʒad/ 女 オレンジエード．

oranger /ɔrɑ̃ʒe/ 男 【植物】オレンジ(の木)． ▶ eau de fleurs d'*oranger* 橙花油(とうかゆ) / couronne (de fleurs) d'*oranger* （純潔の象徴として）花嫁が髪につけるオレンジの花．

orangeraie /ɔrɑ̃ʒrɛ/ 女 オレンジ畑．

orangerie /ɔrɑ̃ʒri/ 女 ❶ オレンジ用温室． ❷ オレンジを配した中庭． ❸ le musée de l'*Orangerie* (パリのチュイルリー公園内にある) オランジュリー美術館．

Orangina /ɔrɑ̃ʒina/ 商標 オランジナ：果肉入り炭酸オレンジ飲料．

orang-outan, orang-outang /ɔrɑ̃utɑ̃/: (複) ~s-~s 男 【動物】オランウータン．

***orateur, trice** /ɔratœːr, tris/ オラトゥール 名 ❶ 演説者，弁士；発言者． ▶ *orateur* sacré 説教者；追悼演説者． ❷ 雄弁家． ▶ C'est un très bon *orateur*. 彼は非常に弁舌さわやかだ． 注 語義①②とも女性形は稀．

oratoire¹ /ɔratwaːr/ 男 ❶ 小礼拝堂，祈禱(きとう)室． ❷ (Oratoire) オラトリオ修道会；オラトリオ会派の教会．

oratoire² /ɔratwaːr/ 形 演説の，弁論の． ▶ art *oratoire* 弁論術 / ton *oratoire* 演説口調 / précautions *oratoires* (反感を買わないための) 言葉の気配り．

oratorien /ɔratɔrjɛ̃/ 男 オラトリオ修道会修道士 [司祭]．

oratorio /ɔratɔrjo/ 男 《イタリア語》【音楽】オラトリオ，聖譚(せいたん)曲．

orbiculaire /ɔrbikylɛːr/ 形 文語 丸い，環状の，円を描く． ▶ mouvement *orbiculaire* 円運動．

orbital, ale /ɔrbital/: (男複) **aux** /o/ 形 軌道の，軌道上の．

orbite /ɔrbit/ 女 ❶ 軌道． ▶ mettre [placer] un satellite artificiel en [sur] *orbite* 人工衛星を軌道に乗せる． ❷ 勢力圏，影響範囲． ▶ Ce petit pays vit dans l'*orbite* de son puissant voisin. その小国は強大な隣国の勢力下にある． ❸ 眼窩(がんか)．

mettre [placer] qn/qc sur orbite (1) …を軌道に乗せる． (2) …を成功に向けて送り出す．

orchestral, ale /ɔrkɛstral/: (男複) **aux** /o/ 形 オーケストラの． ▶ musique *orchestrale* 管弦楽．

orchestrateur, trice /ɔrkɛstratœːr, tris/ 名 管弦楽編曲者．

orchestration /ɔrkɛstrasjɔ̃/ 女 ❶ 管弦楽法，(楽曲の) 管弦楽化． ❷ キャンペーン攻勢．

***orchestre** /ɔrkɛstr/ オルケストル 男 ❶ オーケストラ，管弦楽団． ▶ *orchestre* symphonique 交響楽団 / *orchestre* de chambre 室内管弦楽団 / chef d'*orchestre* オーケストラの指揮者 / diri-

ordonner

ger [conduire] un *orchestre* オーケストラを指揮する. ❷ オーケストラボックス (=fosse d'*orchestre*). ❸〔劇場,映画館の〕1 階席;〔集合的に〕1 階席の観客.

orchestrer /ɔrkestre/ 他動 ❶〔音楽作品を〕管弦楽用に編曲する. ❷〔活動〕を大々的に組織する. ▶ *orchestrer* une campagne publicitaire 宣伝キャンペーンを鳴り物入りで繰り広げる.

orchidée /ɔrkide/ 女〘植物〙ラン.

ordalie /ɔrdali/ 女〘歴史〙(中世の)神明裁判.

ordi /ɔrdi/ 男 (ordinateur の略) コンピュータ.

*****ordinaire** /ɔrdinɛːr/ オルディネール/ 形 ❶ 普通の,通常の,いつもの. ▶ la manière *ordinaire* de procéder 普通のやり方 / le langage *ordinaire* 普通の言葉遣い / Elle n'a pas sa gaieté *ordinaire*. いつもの彼女ほど陽気ではない.

❷ ありふれた, 並の. ▶ un vin de qualité *ordinaire* 並の品質のワイン / essence *ordinaire* レギュラーガソリン / un homme *ordinaire* 凡人.

pas ordinaire 話 普通でない,とんでもない. ▶ histoire *pas ordinaire* 途方もない話.

— 男 ❶ 普通の水準, 月並; 通常, 日常. ▶ Ce roman sort de l'*ordinaire*. この小説は抜群の出来映えだ. ❷ 普段の献立〔食事〕. ❸ 話 レギュラーガソリン (=essence *ordinaire*). ❹〘カトリック〙(1) *ordinaire* de la messe ミサ通常式文. (2) 教区長 (=*ordinaire* du lieu).

à l'ordinaire de qn …がいつもそうであるように,いつもそうするように.

comme d'ordinaire = **comme à l'ordinaire** いつものように, 例によって.

d'ordinaire 普通, いつもは, たいていは. ▶ *D'ordinaire*, je me lève à sept heures. 普段は 7 時に起きています.

ordinairement /ɔrdinɛrmɑ̃/ 副 普通,通常に. ▶ *Ordinairement* il vient à neuf heures. 普通彼は 9 時に来る.

ordinal, ale /ɔrdinal/ 《男複》**aux** /o/ 形 順序を示す. ▶ nombre *ordinal* (↔cardinal) 序数 / adjectif numéral *ordinal* 序数形容詞.

— **ordinal**/《複》**aux** 男 序数形容詞.

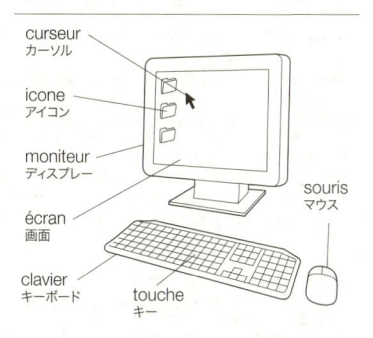

curseur カーソル
icone アイコン
moniteur ディスプレー
écran 画面
clavier キーボード
souris マウス
touche キー

— ordinateur コンピュータ —

ordinand /ɔrdinɑ̃/ 男〘キリスト教〙(聖職者として)叙階を受ける者.

*****ordinateur** /ɔrdinatœːr/ オルディナトゥール/ 男 コンピュータ. ▶ *ordinateur* individuel [personnel] パーソナルコンピュータ / *ordinateur* de bureau デスクトップコンピュータ / *ordinateur* portable ノートパソコン / allumer [éteindre] un *ordinateur* コンピュータを立ち上げる[消す] / travailler sur *ordinateur* コンピュータで作業をする.

ordination /ɔrdinɑsjɔ̃/ 女 ❶〘キリスト教〙(司祭の)叙階(式);(プロテスタントで, 牧師の)叙任(式);按手(%)式. ❷〘情報〙(コンピュータによる)情報処理.

*****ordonnance** /ɔrdɔnɑ̃ːs/ オルドナンス/ 女 ❶ 配置, 配列;〔絵, 建物などの〕構成. ▶ l'*ordonnance* des mots dans la phrase 文中の語の配列 / l'*ordonnance* d'un appartement アパルトマンの間取り / l'*ordonnance* d'un repas 料理を出す順序.

❷〔医師による薬の〕処方; 処方箋(炸). ▶ un médicament délivré seulement sur *ordonnance* (抗生物質や睡眠薬などの)要処方箋薬.

❸〘行政〙オルドナンス, 行政命令.
❹〘法律〙(裁判官による)命令, 決定.
❺〘財政〙支払い命令. ❻〘歴史〙王令, 勅令.

ordonnancement /ɔrdɔnɑ̃smɑ̃/ 男〘財政〙(公費の)支払い命令.

ordonnancer /ɔrdɔnɑ̃se/ ① 他動 ❶〘財政〙〔公費の〕支払い命令を出す. ❷ 文章 …を秩序立てる, 配置する, 構成する.

— **s'ordonnancer** 代動 文章 順序に従って〔整列〕で行われる.

ordonnateur, trice /ɔrdɔnatœːr, tris/ 名 ❶ 文章 世話役, 幹事. ▶ *ordonnateur* d'une fête 祭りの世話役. ❷ *ordonnateur* des pompes funèbres 葬儀進行係.

ordonné, e /ɔrdɔne/ 形 ❶ 整理された, 秩序立てられた. ▶ maison bien *ordonnée* きちんと整頓(%)された家.

❷ きちょうめんな, きちんとした.

— **ordonnée** 女〘数学〙縦座標 (↔abscisse).

*****ordonner** /ɔrdɔne/ オルドネ/ 他動

英仏そっくり語
英 to order 命令する, 注文する.
仏 ordonner 整理する, 命令する.

❶ …を整理する, 秩序[順序]立てる. ▶ *ordonner* ses idées 考えをまとめる / *ordonner* les parties d'un spectacle ショーの各部を整然と構成する.

❷ 〈*ordonner* qc (à qn) ∥ *ordonner* (à qn) de + 不定詞 ∥ *ordonner* que + 接続法 〉 〈(…に)…を命じる, 命令する. ▶ On nous *a ordonné* le silence [de faire silence] sur cette affaire. この件について我々に箝口令(然)が敷かれた / Je vais *ordonner* que cela soit fait immédiatement. 早速そうするように私から強く言おう.

❸〔医師が薬〕を処方する. ▶ Le médecin lui *a ordonné* de l'aspirine. 医師は彼(女)にアスピリンを処方した. ❹〘カトリック〙…を叙階する. ▶ Il

ordre

a été ordonné prêtre. 彼は司祭に任ぜられた.
— **s'ordonner** 代動 整理される, 秩序立てられる, 整然と並んでいる.

ordre /ɔrdr オルドル/ 男

Ⅰ ❶ 順序, 順番, 序列. ▶ *l'ordre* des mots 語順 / par *ordre* 順番に. ◆「par *ordre* [dans l'*ordre*]（+ 形容詞 [de + 無冠詞名詞]）（…の）順番に.」▶ ranger qc par *ordre* alphabétique [chronologique] …をアルファベット順 [年代順] に整理する / donner les noms des chevaux dans l'*ordre* d'arrivée 馬名を着順に挙げる / par *ordre* de grandeur 大きい順に / par *ordre* croissant 昇順に / par *ordre* décroissant 降順に / par *ordre* de préférence 好きな順に.
❷ 整理, 整頓〔，ｓ〕. ▶ Les livres sont en *ordre* sur les rayons. 本は書棚の上にきちんと整理されている. ◆ mettre qc en *ordre* = mettre de l'*ordre* dans qc …を整理 [整頓] する. ▶ mettre sa chambre en *ordre* 部屋をかたづける.
❸ 整理能力, きちょうめんさ. ▶ Il a de l'*ordre*. 彼はきちょうめんである / travailler avec *ordre* 手際よく仕事をする.
❹ (社会の)**秩序**, 治安. ▶ maintenir l'*ordre* public 公共の秩序を維持する / troubler l'*ordre* de la société 社会秩序を乱す / l'*ordre* établi 既成秩序, 現体制 / le service d'*ordre* (デモの際, 規律維持にあたる主催者側の)警備係 / les forces de l'*ordre* (警察, 軍などの)治安維持隊 / les partisans de l'*ordre* 体制派 / L'*ordre* règne à Varsovie. ワルシャワでは秩序が行き渡っている (実際にはまだ不穏であるという意味)
❺ (自然の)道理, 正常な状態. ▶ l'*ordre* de la nature 自然の理 / C'est dans l'*ordre* (des choses). それは当然のことだ / Tout est en *ordre*. 万事順調である.
❻ 〖軍事〗隊形. ▶ une armée en *ordre* de bataille 戦闘隊形にある部隊.
❼ 〖数学〗順序; 次数. ▶ la relation d'*ordre* 順序関係.

Ⅱ ❶ 種類, 次元; 文章 領域. ▶ problèmes du même *ordre* 同じ種類の問題 / mesures de tous *ordres* あらゆる種類の措置 / dans le même *ordre* d'idée 同じ考え方で / dans un autre *ordre* d'idée 別の考え方で / C'est un écrivain de premier [second, dernier] *ordre*. 一流の [二流の, 最低の] 作家だ. ◆「d'*ordre* + 関連形容詞」…的な. ▶ Le problème n'est plus d'*ordre* économique, mais plutôt d'*ordre* politique. 問題はもはや経済的なものではなく, むしろ政治的なものである.
❷ (自由業を営む人々の)団体. ▶ *ordre* des médecins 医師会 / *ordre* des avocats 弁護士会.
❸ 勲章; 勲章受章者団体. ▶ l'*ordre* de la Légion d'honneur レジオンドヌール勲章 (受章者団体). **❹** 〖カトリック〗(1) 修道会 (= *ordre* religieux). ▶ l'*ordre* des bénédictins ベネディクト会 / le tiers *ordre* 在俗修道会. (2) 聖職位階; 叙階(の秘跡). ▶ entrer dans les *ordres* 聖職者になる. **❺** (中世の)騎士団, 騎士修道会 (= *ordre* de chevalerie). **❻** 〖歴史〗地位, 身分. ▶ les trois *ordres* de la société française sous l'Ancien Régime アンシャンレジーム下のフランス社会の 3 身分 (聖職者, 貴族, 平民). **❼** 〖神学〗天使の階級. **❽** (古典建築の柱の)様式, オーダー. ▶ l'*ordre* ionique イオニア様式. **❾** 〖生物学〗目(もく): 動植物の分類階級で綱 classe と科 famille の間の段階.

Ⅲ ❶ 命令, 指令, 指図. ▶ C'est un *ordre* ! これは命令だ / donner un *ordre* à qn …に命令する / recevoir [exécuter] un *ordre* 命令を受ける [実行する] / obéir à un *ordre* 命令に従う / agir sur *ordre* de qn …の命令で動く / par *ordre* du ministre 大臣の命により / Il m'a donné l'*ordre* de sortir. 彼は私に外に出るよう命じた / J'ai *ordre* de ne laisser entrer personne. 私はだれも通してはならないと命じられている.
❷ 〖商業〗〖金融〗注文; (手形などの)指図, 裏書. ▶ *ordre* d'achat 買い注文 / *ordre* de vente 売り注文 / *ordre* de Bourse 株の売買注文 / billet à *ordre* 約束手形 / Payez à l'*ordre* de M. Martin. (小切手などの受取人名義欄で) マルタン氏に支払われたし.

A vos ordres ! 話 (軍隊などで) 了解しました.
de l'ordre de + 数詞 およそ…の. ▶ une production annuelle *de l'ordre de* deux mille tonnes 約2000トンの年間生産高.
être [se mettre] aux ordres de qn …の指図のままに動く. ▶ Je *suis à vos ordres*. (召し使などが)御用はなんなりと承ります.
homme d'ordre (1) きちょうめんな人. (2) 秩序を守る人, 保守派の人.
jusqu'à nouvel ordre 新たな指示があるまで; 新たな事態になるまで, とりあえず.
mettre bon ordre à qc (不都合など)を打開する, 改善する. ▶ *mettre bon ordre au* gaspillage むだ遣いをなくす.
ordre du jour (1) 議事日程; 予定議題; 時事問題, 時の話題. ▶ passer à l'*ordre du jour* (動議を打ち切り) 議事日程を進める / La protection de l'environnement est à l'*ordre du jour*. 環境保護は今日的な話題だ. (2) 〖軍事〗日々命令, 日令.
rappel à l'ordre (議長がルール違反の言動に対して与える)注意, 警告.
rappeler qn à l'ordre …に言動注意を命ずる, をたしなめる.
sous les ordres de qn …の命令下で, の部下として. ▶ Je travaille *sous ses ordres*. 私は彼(女)の下で働いています.

*ordure /ɔrdy:r オルデュール/ 女

❶ (複数で)ごみ, 汚物. ▶ boîte à *ordures* ごみ箱 (= poubelle) / « Défense de déposer des *ordures* » 「ごみ捨て禁止」 / *ordures* ménagères 家庭ごみ / ramassage des *ordures* ごみの収集.
❷ (多く複数で)(動物の)糞便(ふん).
❸ 文章 汚い言葉, 卑猥(ひわい)な言葉; 下劣な行為. ▶ dire des *ordures* 下品な言葉を吐く.
❹ (人を難しって)くず, 人でなし. ▶ Quelle *ordure*, ce type ! なんて汚らわしいやつだ, あいつは.
❺ 文章 汚辱, 精神的堕落.

jeter [mettre] qc aux ordures …を廃棄処分にする, 捨てる.
ordurier, ère /ɔrdyrje, ɛːr/ 形 下品な, 卑猥(ひわい)な. ▶ **un livre *ordurier*** 猥本.
orée /ɔre/ 女 へり, 周辺部, 境目. ▶ **à l'*orée* du bois [de la forêt]** 森のはずれに.

oreille /ɔrɛj/ オレイユ 女

❶ 耳. ▶ **rougir jusqu'aux *oreilles*** 耳まで真っ赤になる / **avoir des bourdonnements d'*oreilles*** 耳鳴りがする.
❷ 聴覚; 音感. ▶ **avoir de l'*oreille*** 音感がある, 音楽を解する / **avoir l'*oreille* fine** 耳がよい, 耳ざとい / **être dur d'*oreille*** = **avoir l'*oreille* dure** 耳が遠い / ***oreille* absolue** 絶対音感.
❸(容器などの対になった)耳, 取っ手. ▶ **les *oreilles* d'une marmite** 鍋(なべ)の耳[取っ手].
❹ **écrou à *oreilles*** 蝶(ちょう)ナット.
❺(安楽椅子(いす)の上部両側に付く)頭もたせ.
à l'*oreille* = dans [le creux [le tuyau] de l'*oreille* 耳元で, 耳打ちして. ▶ **dire qc à l'*oreille* de [à] qn** …に…をこっそり耳打ちする.
***arriver* [*venir*] aux *oreilles* de qn**〔情報などが〕…の耳に入る, 知るところとなる.
avoir l'*oreille* basse 話 しょげている.
avoir l'*oreille* de qn (目上の人など)に話を聞いてもらえる, の信頼を得ている.
avoir qc entre les *oreilles* 俗(両耳の間に…が詰まっている→)脳みそがからっぽだ. ▶ **Il *a* de la laine de verre *entre les *oreilles*!*** あいつは脳みそがグラスウールだ, 頭がからっぽだ.
casser les *oreilles* (à qn)〔騒音などが〕(…の)耳をつんざくほどうるさい.
Cela lui entre par une *oreille* et lui sort par l'autre. そんなことを言っても彼(女)は聞くそばから忘れてしまう[右の耳から左の耳に].
Cela n'est pas tombé dans l'*oreille* d'un sourd. その話はちゃんと役に立った.
dresser [tendre] l'*oreille* 耳を傾ける; 耳をそばだてる.
écouter de toutes ses *oreilles* 一心に耳を傾ける, 耳を澄まして聴く.
être tout *oreilles* 全身を耳にして聴き入る.
faire la sourde *oreille* à qc (…の願い)が聞こえないふりをする, に耳をふさぐ.
Les murs ont des *oreilles*. 諺 壁に耳あり.
Les *oreilles* ont dû vous tinter. (あなた(方)は耳鳴りがしたはずだ→) 話《ふざけて》さんざんあなた(方)のうわさをしましたよ.
montrer le bout de l'*oreille* 本心をのぞかせる, 馬脚をあらわす.
n'écouter que d'une *oreille* = écouter d'une *oreille* distraite うわの空で聞く.
ne pas en croire ses *oreilles* 耳を疑う.
ne pas l'entendre de cette *oreille* それに賛同しない.
prêter l'*oreille* à qn …に耳を貸す, の話を聞く.
rebattre les *oreilles* à qn de qc …を…の耳にたこができるほどくどく言う.
se faire tirer l'*oreille* (頼まれても)なかなか承諾しない.

oreiller /ɔreje/ 男 枕(まくら). ▶ **taie d'*oreiller*** 枕カバー.
sur l'*oreiller ベッドの中で. ▶ **confidences *sur l'*oreiller**** 床の中での打ち明け話, 寝物語.
oreillette /ɔrejɛt/ 女 ❶【解剖】(心臓の)心房. ❷【服飾】(帽子の)耳覆い.
oreillon /ɔrejɔ̃/ 男 ❶《複数で》おたふくかぜ. ❷(種を取り缶詰にした)2つ割りのアンズ.
orémus /ɔremys/ オレムス, 祈りましょう: ミサで司祭が会衆に呼びかける言葉.
ores /ɔːr/ 副《次の句で》
d'*ores* et déjà /dɔrzedeʒa/ 今やすでに
orfèvre /ɔrfɛːvr/ 男 金銀細工師[商].
être *orfèvre* en la matière 《多く皮肉に》その道に熟達[精通]している.
orfèvrerie /ɔrfɛvrəri/ 女 金銀細工業; 金銀細工商[店]; 金銀細工製品.
orfraie /ɔrfre/ 女 古《鳥類》オジロワシ.
pousser des cris d'*orfraie* 金切り声を上げる.
organdi /ɔrgɑ̃di/ 男 オーガンジー: 細番手の綿糸を用いた薄手の透ける織物.
*****organe** /ɔrgan/ オルガヌ 男 ❶ 器官. ▶ **les *organes* de la digestion** 消化器 / **les *organes* de la circulation** 循環器 / **un *organe* artificiel** 人工臓器 / **greffe d'*organe*** 臓器移植.
❷(表現の)道具, 手段. ▶ **La parole est l'*organe* de la pensée.** 言葉は思考の伝達手段である.
❸(機械の)装置, 機構; 部品. ▶ ***organes* de commande** 制御装置.
❹(国家, 企業の)機関, 機構. ▶ **l'*organe* législatif** 立法機関.
❺ 機関紙[誌]. ▶ **l'*organe* d'un parti** 政党の機関紙.
❻ 代弁者(の声). ▶ **Le juge est l'*organe* de la loi.** 裁判官は法律の代弁者である.
❼ 文章(歌手, 演説家などの)声. ▶ **Cet acteur**

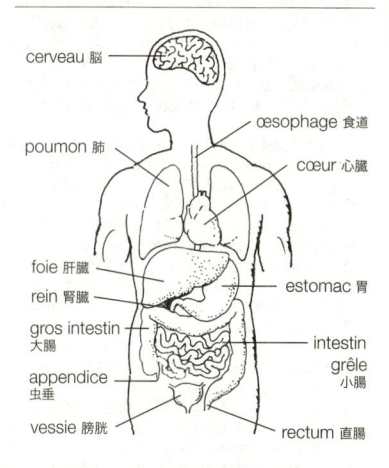

cerveau 脳
œsophage 食道
poumon 肺
cœur 心臓
foie 肝臓
rein 腎臓
estomac 胃
gros intestin 大腸
intestin grêle 小腸
appendice 虫垂
vessie 膀胱
rectum 直腸

—— organes du corps humain 人体器官 ——

organigramme

de théâtre a un *organe* bien timbré. この舞台俳優は朗々と響く声をしている.
❽《複数で》[生] 生殖器 (=*organes* génitaux).

organigramme /ɔrganigram/ 男 ❶《官庁や企業の》組織図. ❷《情報》フローチャート, 流れ図: データ処理の手順を表わすグラフの表現.

organique /ɔrganik/ 形 ❶ 器官の, 器質的な. ▶ maladie *organique* (↔fonctionnel) 器質性疾患.
❷ 生体の, 有機体の, 有機的な. ▶ engrais *organique* 有機肥料 / chimie *organique* 有機化学 / composé *organique* 有機化合物.
❸ 体質的な, 生得的な. ▶ vice *organique* 体質の欠陥.
❹ 組織的な, 統一的な; 国家組織に関する. ▶ unité *organique* de la nation 国家の組織的統一性 / loi *organique* (政治制度の)基本法.

organiquement /ɔrganikmɑ̃/ 副 ❶ 有機的に, 組織的に. ❷ 器官に関して, 器質上.

organis*ateur, trice* /ɔrganizatœːr, tris/ 名 組織者, 主催者, まとめ役; (組合などの)オルグ.
— 形 組織する, 組織力のある.
— **organisateur** 男《生物学》オーガナイザー, 形成体.

***organisation** /ɔrganizasjɔ̃/ オルガニザシヨン 女 ❶ 組織(化), 構成(の仕方); 企画(を練ること); 計画性. ▶ *organisation* d'un concert コンサートの企画 / se charger de l'*organisation* d'un voyage 旅行の企画を担当する / avoir l'esprit d'*organisation* 企画力がある / *organisation* du travail 労働の組織化 / *organisation* de la journée 1日の予定プログラム.
❷ 組織, 団体, 機関. ▶ *organisation* politique 政治組織 / *Organisation* des Nations unies 国際連合(略 ONU) / *Organisation* du traité de l'Atlantique nord 北大西洋条約機構, NATO(略 OTAN) / *organisation* non gouvernementale 非政府組織, NGO(略 ONG) / *Organisation* mondiale du commerce 世界貿易機関, WTO(略 OMC).

organis*é, e* /ɔrganize/ 形 ❶ 組織(化)された, 編成された. ▶ un voyage *organisé* 団体[パック]旅行.
❷ 組織[団体]に属する. ▶ Dans cette entreprise, les ouvriers sont peu *organisés*. この企業では労働者の組織率[組合加入率]は低い.
❸ 段取りのよい, 計画的な. ▶ un travail bien *organisé* うまく段取りを組んだ仕事 / une personne bien *organisée* 段取りのいい人.
❹《生物学》器官形成された, 有機組織を持つ.

***organiser** /ɔrganize/ オルガニゼ 他動 ❶ …を組織(化)する, 編成する. ▶ *organiser* la résistance 抵抗運動を組織する / *organiser* un ministère 組閣する / *organiser* un service des ventes en plusieurs secteurs 販売部門をいくつかのセクションに組織分けする.
❷ …の予定を立てる, 準備する, を企画する. ▶ *organiser* un voyage〔旅行社,団体などが〕旅行を企画する / *organiser* sa journée 1日の予定を立てる / *organiser* une fête パーティを開く. [比較] ⇨ PRÉPARER.
❸ …を整理する; 配分する. ▶ *organiser* un appartement à son gré アパルトマンを好みに合わせて模様替えする.
— **s'organiser** 代動 ❶ 組織[編成]される; 構成される; はっきりしてくる; まとまる. ▶ Mes projets d'avenir commencent à *s'organiser* dans ma tête. 将来の計画が私の頭の中で具体化し始めている. ❷ 行動の手はずを整える. ▶ *s'organiser* en vue d'un long séjour 長期滞在を考えて計画を立てる[準備する].

organisme /ɔrganism/ 男 ❶ 有機体, 生物. ▶ *organisme* génétiquement modifié 遺伝子組み換え生物(略 OGM) / *organisme* unicellulaire 単細胞生物. ❷ (人間の)身体. ▶ le développement sain de l'*organisme* 身体の健全な発達. ❸ 組織, 機構. ▶ l'*organisme* social 社会組織, 社会有機体. ❹ (業務)団体, 機関. ▶ un *organisme* international 国際機関.

organiste /ɔrganist/ 名 パイプオルガン奏者.

orgasme /ɔrgasm/ 男 オルガスム, (性的興奮の)絶頂.

orge /ɔrʒ/ 女 大麦.
— 男 *orge* mondé 皮麦: 脱皮したままの大麦 / *orge* perlé 玉麦: 精白して丸粒となった大麦.

orgeat /ɔrʒa/ 男 アーモンドシロップ (=sirop d'*orgeat*); アーモンド水(清涼飲料).

orgelet /ɔrʒəlɛ/ 男《医学》麦粒腫(ばくりゅうしゅ).

orgiaque /ɔrʒjak/ 形 ❶《文章》はめを外した, 乱痴気騒ぎの. ❷《古代史》ディオニュソス[バッコス]祭の.

orgie /ɔrʒi/ 女 ❶ はめを外した宴会, 乱痴気騒ぎ. ❷〈*orgie* de + 無冠詞名詞〉あふれんばかりの…. ▶ une *orgie* de couleurs 色彩の乱舞.
❸《複数で》(古代の)酒神祭, バッコス祭.

orgue /ɔrg/ 男 パイプオルガン. 注 足踏み式のオルガンは一般に harmonium という. ▶ jouer de l'*orgue* オルガンを演奏する / grandes *orgues* 大オルガン(1台の大オルガンを指すときは女性複数形になることが多い) / un *orgue* électronique 電子オルガン. ❷ *orgue* de Barbarie 手回しオルガン[風琴]. ❸《音楽》point d'*orgue* フェルマータ(⌒): 延長記号.

faire donner les grandes orgues 大げさな話し方をする.

orgueil /ɔrgœj/ 男 ❶ 傲慢(ごうまん), 慢心, 思い上がり. ▶ être gonflé d'*orgueil* うぬぼれきっている.
❷ 誇り, 自尊心; 自慢の種. ▶ avoir l'*orgueil* de ses enfants 自分の子供たちを誇りに思う / Il est l'*orgueil* de sa famille. 彼は一家の誇りである.

orgueilleusement /ɔrgœjøzmɑ̃/ 副 傲慢(ごうまん)に, 思い上がった態度で; 誇らしげに.

orgueilleux, euse* /ɔrgœjø, øːz/ オルギュ, オルグイユーズ/ 形 ❶ 傲慢(ごうまん)な, 思い上がった, うぬぼれた. ▶ un maintien *orgueilleux* 尊大な態度. ❷〈*orgueilleux* de qc/qn〉…を自慢する, 誇る. ▶ une mère *orgueilleuse* de son fils 息子自慢の母親.

orgueilleux comme ⌈un paon [un pou] ひどく高慢な, うぬぼれきった.
— 名 傲慢な人, 思い上がった人.

orient /ɔrjɑ̃ オリヤン/ 男 ❶《Orient》東洋；(特に)オリエント. ▶ Extrême-*Orient* 極東 / Moyen-*Orient* 中東 / Proche-*Orient* 近東 / *Orient*-Express /ɔrjɑ̃tɛkspres/ オリエント急行(パリ・イスタンブール間の国際列車) / l'empire d'*Orient* 東ローマ帝国. ❷ 東, 東方；東の空. ❸(真珠の)輝き, 光沢.

orientable /ɔrjɑ̃tabl オリヤンタブル/ 形 方向を変えられる.

*orient*al, ale* /ɔrjɑ̃tal オリヤンタル/; (男 複) *aux* /o/ 形 ❶東の. ▶ la côte *orientale* de la Corse コルシカ島東岸 / l'Afrique *orientale* 東アフリカ. ❷東洋の；東洋的な. ▶ l'Ecoles des langues *orientales* (パリの)東洋語学校(注 略して langues o /lɑ̃ɡzo/ ともいう. 現在は Institut national des langues et civilisations orientales 国立東洋言語文化研究所, 略 INALCO) / musique *orientale* 東洋(風)の音楽.
— **Orient***al, ale*: (男複) *aux* 名 東洋人.

orientalisme /ɔrjɑ̃talism/ 男 ❶東洋学. ❷東洋趣味, 東洋風.

orientaliste /ɔrjɑ̃talist/ 名 東洋(語)学者.
— 形 ❶東洋学の. ❷東洋趣味の, 東洋風の.

orientation /ɔrjɑ̃tasjɔ̃/ 女 ❶方向を定めること, 方向づけ；方向, 向き. ▶ avoir le sens de l'*orientation* 方向感覚がある / l'*orientation* d'une maison 家の向き. ❷進路指導, オリエンテーション；進路. ▶ *orientation* scolaire [professionnelle] 進学[就職]指導. ❸動向, 傾向指向；方針. ▶ Cette mesure ne correspond pas aux *orientations* gouvernementales. この措置は政府の方針とは相いれない / *orientation* sexuelle 性的指向. ❹《スポーツ》course d'*orientation* オリエンテーリング.

orient*é, e* /ɔrjɑ̃te/ 形 ❶(ある方向に)向けられた；方向づけられた, 向きされた. ▶ chambre *orientée* au sud (=exposé) 南向きの部屋. ❷(一定の)思想傾向を持った. ❸<bien [mal] *orienté*>[生徒]が適切[不適切]な進路指導を受けた.

*orienter /ɔrjɑ̃te オリヤンテ/ 他動 ❶…を(ある方向に)向ける, の向きを決める. ▶ *orienter* la lampe vers son livre 電灯を本の方に向ける. ❷…を方向づける；導く. ▶ *orienter* la conversation vers un sujet 会話をある主題の方へ持っていく / *orienter* un voyageur 旅行者に道を教える. ❸〔生徒〕の進路指導をする. ❹〔地図, 図面〕に方位の印をつける.
— **s'orienter** 代動 ❶…に向かう, 進む. ▶ *s'orienter* vers les études médicales 医学の道に進む / Le parti *s'oriente* à droite. その政党は右傾化しつつある. ❷(自分の)位置を知る, 方位が分かる.

orient*eur, euse* /ɔrjɑ̃tœːr, øːz/ 名 進路指導員.

orifice /ɔrifis/ 男 ❶(管などの)穴, 口. ▶ l'*orifice* d'échappement [d'admission] (エンジンなどの)排気口[吸気口]. ❷《解剖》開口部.

oriflamme /ɔriflam/ 女 (装飾用の)旗, 幟(のぼり).

originaire /ɔriʒinɛːr/ 形 ❶<*originaire* de + 地名>…出身の, 生まれの；…産の, に起源を持つ. ▶ Elle est *originaire* de Marseille. 彼女はマルセイユ出身だ / une plante *originaire* d'Afrique アフリカ原産の植物.
❷元からの；生まれつきの.

originairement /ɔriʒinɛrmɑ̃/ 副 初めは, 本来は, もともとは.

*origin*al, ale* /ɔriʒinal オリジナル/; (男 複) *aux* /o/ 形 ❶〔文献, 絵画などが〕元の, 最初の, オリジナルの. ▶ texte *original* 原文 / photocopier le document *original* 原資料をコピーする / édition *originale* 初版(本) / (film en) version *originale* (吹き替えでない)原語版映画(略 VO).
❷独創的な, 斬新(ざんしん)な, 個性的な. ▶ pensées *originales* 独創的な考え / artiste *original* ユニークな芸術家. ❸一風変わった, 奇妙な.
— **origin***al*; (複) *aux* 男 ❶〔文献, 絵画などの〕オリジナル, 原典, 原作, 原本. ▶ C'est l'*original*. これは原本だ / copie conforme à l'*original* 原本の正確な写し / traduction fidèle à l'*original* 原作に忠実な翻訳. ❷〔絵画, 文学作品などの〕モデル, 本人, 実物.
— **origin***al, ale*; (男複) *aux* 名 一風変わった人, おかしな人.

— **originale** 女 初版(=édition originale).

originalité /ɔriʒinalite/ 女 ❶独創性, 斬新(ざんしん)さ. ❷奇抜さ；奇行.

*origine /ɔriʒin オリジヌ/ 女 ❶起源, 始まり, 始原. ▶ rechercher l'*origine* de la vie 生命の起源を研究する.
❷出身, 素性；由来. ▶ le pays d'*origine* 出身国 / Elle est d'*origine* marocaine. 彼女はモロッコ出身だ / mots d'*origine* grecque ギリシア語起源の語.
❸発信源[地], 出所. ▶ Quelle est l'*origine* de cet appel téléphonique? どこからの電話だ.
❹原因. ▶ analyser les *origines* d'un conflit 紛争の原因を分析する.
❺原産地. ▶ marchandises d'*origine* 原産地明記の商品 / appellation d'*origine* 原産地表示. ❻《数学》〔座標の〕原点.
à l'*origine* 初めは；最初から. ▶ A l'*origine*, cette entreprise ne comptait que quatre employés. 初めこの会社の従業員は4人しかいなかった.
dès l'*origine* 最初から.
être à l'*origine* **de qc** …の原因である.
trouver [avoir] son *origine* **dans qc** …に起因する, で説明がつく.

origin*el, le* /ɔriʒinɛl/ 形 ❶もともとの, 最初の. ▶ le sens *originel* d'un mot 語のもともとの意味. ❷《神学》le péché *originel* 原罪.

originellement /ɔriʒinɛlmɑ̃/ 副 当初から, 本来, もともと.

Orion /ɔrjɔ̃/ 固有 男 ❶《ギリシア神話》オリオン：美男の巨人の狩人. ❷《天文》オリオン座.

oripeaux /ɔripo/ 男複 趣味の悪い派手な服.

Orléanais /ɔrleanɛ/ 固有 男 オルレアネ地方：ロアール川流域の旧州.

orléanais

orléanais, aise /ɔrleanɛ, ɛːz/ 形 オルレアン Orléans の.
— **Orléanais, aise** 名 オルレアンの人.

orléaniste /ɔrleanist/ 形 オルレアン家擁立主義の, オルレアン派の. — 名 オルレアン派: オルレアン家の王位要求の支持者.

Orléans /ɔrleɑ̃/ 固有 オルレアン: Loiret 県の県庁所在地.

orlon /ɔrlɔ̃/ 男 商標 【繊維】オーロン: 柔らかく温かい感触のアクリル繊維. セーターなどに用いる.

Orly /ɔrli/ 固有 オルリー: パリ南郊の都市. オルリー空港がある.

ormaie /ɔrmɛ/, **ormoie** /ɔrmwa/ 女 ニレの林.

orme /ɔrm/ 【植物】男 ニレ.

ormeau[1] /ɔrmo/ (複) **x** 男 【植物】ニレの若木.

ormeau[2] /ɔrmo/ (複) **x**, **ormet** /ɔrmɛ/ 男 【貝類】ミミガイ.

Orne /ɔrn/ 固有 女 ❶ オルヌ県 [61]: ノルマンディー地方南部. ❷ オルヌ川: ノルマンディー地方を流れて英仏海峡に注ぐ.

orné, e /ɔrne/ 形 <orné (de qc)> (…で)飾られた. ▶ nappe ornée de dentelles レース飾りのテーブルクロス / lettres ornées 装飾文字, 花文字 / un livre orné de photos 写真入りの本.

ornemaniste /ɔrnəmanist/ 名 室内装飾工 [画家, 工芸家].

ornement /ɔrnəmɑ̃/ 男 ❶ 飾り, 装飾. ▶ arbres [plantes] d'ornement 観賞用樹木 [植物] / ornements de la coiffure 髪飾り. ❷ 【音楽】装飾音. ❸ 【カトリック】祭服.

ornemental, ale /ɔrnəmɑ̃tal/; (男複) **aux** /o/ 形 装飾の, 装飾用の. ▶ style ornemental 修辞的技巧を凝らした文体; 装飾様式 / plante ornementale 観賞植物.

ornementation /ɔrnəmɑ̃tasjɔ̃/ 女 飾り付け, 装飾法; 〖集合的に〗装飾.

ornementer /ɔrnəmɑ̃te/ 他動 …を装飾する, 飾り付ける.
— **s'ornementer** 代動 <s'ornementer de qc> …で装飾される, 飾られる.

***orner** /ɔrne/ 他動 <orner qc (de qc)> …を(…で)飾る; 美化する. ▶ orner un balcon de plantes vertes バルコニーを観葉植物で飾る / orner un discours de citations 演説に引用をちりばめる / orner la vérité 真実を美化する.
— **s'orner** 代動 <s'orner (de qc)> (…で)飾られる; 自分を飾る.

ornière /ɔrnjɛːr/ 女 ❶ 轍(わだち). ❷ 先例, 旧弊; しきたり.
sortir de l'ornière (1) 旧習から抜け出す. (2) 苦境を脱する.

ornitho- 接頭 「鳥」の意.
ornithologie /ɔrnitɔlɔʒi/ 女 鳥類学, 鳥学.
ornithologique /ɔrnitɔlɔʒik/ 形 鳥(類)学の, 鳥(類)学上の.
ornithologue /ɔrnitɔlɔg/ 名 鳥(類)学者.
ornithorynque /ɔrnitɔrɛ̃ːk/ 男 【動物】カモノハシ.

oro- 接頭 「山」の意.
orogenèse /ɔrɔʒənɛːz/ 女 【地質】造山運動.

orogénique /ɔrɔʒenik/ 形 【地質】造山作用[運動]の. ▶ mouvements orogéniques 造山運動.

orographie /ɔrɔgrafi/ 女 山岳学, 山岳誌.
oronge /ɔrɔ̃ːʒ/ 女 【菌類】タマゴタケ.
Orphée /ɔrfe/ 固有 男 【ギリシア神話】オルフェウス: 伝説的な詩人. 亡き妻エウリュディケを連れ戻しに冥界(めいかい)に赴く.

***orphelin, ine** /ɔrfəlɛ̃, in/ オルフラン, オルフリヌ 名 孤児; 片親のない子. ▶ orphelin de père 父親のない子.
défenseur de la veuve et de l'orphelin 弁護士
Il défend la veuve et l'orphelin. 園 (ふざけて) 彼は弱きを助ける.
— 形 孤児の, みなしごの; 片親のない. ▶ un enfant orphelin 孤児 / maladie orpheline 希少疾患 / médicament orphelin オーファンドラック, 希少疾患用医薬品.

orphelinat /ɔrfəlina/ 男 孤児院.
orphéon /ɔrfeɔ̃/ 男 オルフェオン, 男性勤労者によるアマチュア合唱団.

orteil /ɔrtɛj/ 男 足指;(特に)足の親指(=gros orteil). ▶ petit orteil 足の小指.

ortho- 接頭 ❶ 「まっすぐの, 直線の」の意. ❷ 「正しい」の意.

orthodoxe /ɔrtɔdɔks/ 形 ❶ 正統(派)の. ▶ théologien orthodoxe 正統派神学者.
❷ 〖考え方などが〗正統的な, 伝統的な. ▶ historien orthodoxe 正統的の歴史家.
❸ ギリシア正教の. ▶ l'Eglise orthodoxe grecque ギリシア正教会.
— 名 ❶ 正統派. ❷ ギリシア正教徒(=orthodoxe grec).

orthodoxie /ɔrtɔdɔksi/ 女 ❶ 正統性, 正統[公認]教義. ❷ ギリシア正教会の教義.

orthogénie /ɔrtɔʒeni/ 女 家族計画.
orthogénisme /ɔrtɔʒenism/ 男 家族計画論.
orthogonal, ale /ɔrtɔgɔnal/; (男複) **aux** /o/ 形 【数学】直交する. ▶ projection orthogonale 正射影.

***orthographe** /ɔrtɔgraf/ オルトグラフ 女 (語の正しい)つづり, スペル; 正書法. ▶ avoir une bonne orthographe つづりを正しく書ける / faute d'orthographe つづりの間違い / concours d'orthographe つづりのコンクール / être bon [nul] en orthographe つづりが得意[苦手]である / correcteur d'orthographe スペルチェッカー.

orthographier /ɔrtɔgrafje/ 他動 (正書法に従って) [語]をつづる. ▶ orthographier mal un mot 単語のつづりを間違える.

orthographique /ɔrtɔgrafik/ 形 正書[正字]法の, つづりの. ▶ les signes orthographiques つづり字記号(accent, tréma, cédille など).

orthopédie /ɔrtɔpedi/ 女 整形外科.
orthopédique /ɔrtɔpedik/ 形 整形外科の.
orthopédiste /ɔrtɔpedist/ 名 整形外科医.
orthophonie /ɔrtɔfɔni/ 女 発音矯正; 正音法, 正統発声.
orthophoniste /ɔrtɔfɔnist/ 名 発音矯正士.
orthoptères /ɔrtɔptɛːr/ 男複 【昆虫】直翅(ちょくし)

ortie /ɔrti/ 囡 ❶ 〖植物〗イラクサ. ❷ 〖動物〗*ortie de mer* クラゲ, イソギンチャクの総称.

ortolan /ɔrtɔlɑ̃/ 男 〖鳥類〗ズアオホオジロ.
manger des ortolans めったにない御馳走(ぞう)を食べる.

orvet /ɔrvɛ/ 男 〖動物〗アシナシトカゲ.

os /ɔs/ オス/（複数は /o o/）男 ❶ 骨. ▶ *avoir de gros os* 頑丈な骨をしている / *avoir de petits os* 貧弱な骨格をしている.
❷ （食肉の）骨. 注 魚の骨は arête という. ▶ *viande avec os* 骨付き肉.
❸ 〈複数で〉骸骨(がい), 遺骨.
❹ *os* de seiche イカの甲.
C'est「un sac[un paquet]d'os. 話 彼（女）はがりがりのやせぽちだ.
donner un os à ronger à qn …にちょっとした仕事を与える; ほんの少し親切にする.
en chair et en os 自ら, 自身で; 生身の.
Il y a un os. 話 問題がある, 面倒なことがある.
jusqu'à l'os = jusqu'aux os 骨まで, 完全に, 徹底的に. ▶ être mouillé [trempé] *jusqu'aux os* ずぶぬれになる.
l'avoir dans l'os 話 しくじる, 取り損なう; だまされる.
n'avoir que la peau sur[et]les os やせこけている, 骨と皮だけになる.
ne pas faire de vieux os (1) 余命いくばくもない; 若死にする. (2) （ある場所に）長居しない.
se rompre les os （墜落して）大けがをする.
tomber sur un os 話 思わぬ障害にぶつかる.

OS 男（略語）ouvrier spécialisé 単能工.

oscar /ɔska:r/ 男〖英語〗❶ オスカー賞: アメリカの映画賞. ❷ 〈各種コンクールの〉大賞. ▶ *oscar* de la chanson 歌謡大賞.

oscillant, ante /ɔsilɑ̃, ɑ̃:t/ 形 ❶ 振動する, 揺れ動く. ❷ 優柔不断な.

oscillateur /ɔsilatœ:r/ 男 発振器, オシレーター. ▶ *oscillateur* à quartz 水晶発振器.

oscillation /ɔsilɑsjɔ̃/ 囡 ❶ 振動, 揺れ; 変動, 揺れ幅. ▶ *oscillations* d'un navire 船の揺れ. 比較 ⇨ TREMBLEMENT. ❷ （気持ちの）揺れ動き, 優柔不断. ▶ *oscillations* de l'opinion 世論の揺れ.

oscillatoire /ɔsilatwa:r/ 形 〖物理〗〖電気〗振動の, 振動による.

osciller /ɔsile/ 自動 ❶ 振動する, 揺れる; 揺れ動く, ぐらつく. ▶ Le pendule *oscille* régulièrement. 振子は規則正しく揺れる / *osciller* dans une fourchette de cent à cent cinquante euros 100から150ユーロの値幅がある.
❷ 動揺する, 迷う. ▶ *osciller* entre deux positions [partis] 2つの立場の間を揺れ動く.

oscilloscope /ɔsilɔskɔp/ 男 オシロスコープ.

osé, e /oze/ 形 ❶ 大胆な, 果敢な; 厚かましい. ▶ tentative *osée* 大胆な試み. ❷ みだらな. ▶ plaisanteries *osées* 際どい冗談.

oseille /ozɛj/ 囡（単数形のみ）❶〖植物〗スイバ, スカンポ. ❷ 俗 金(かね).
la faire à l'oseille à qn 俗 …をだます.

***oser** /oze/ オゼ 他動 ❶ 〈*oser* + 不定詞〉思い切って…する, …する勇気がある. ▶ Il n'*a* pas *osé* dire ce qu'il pensait. 彼には思っていることを言う勇気がなかった /《目的語なしに》Je voudrais bien mais je n'*ose* pas. そうしたいのはやまやまだが, どうもそこまでは / Vous n'*oseriez* pas. やれるものならやってみたまえ［できるわけがないだろう］/ Il faut *oser*. 思い切ってやらなければいけない. 注 否定文で pas を省略できるが, 意味は少し弱くなる (例: Il n'*osa* intervenir. 彼にはあえて口をはさむ気はなかった).
❷《儀礼的表現で》si j'*ose* dire=si j'*ose* m'exprimer ainsi あえて申し上げれば / J'*ose* espérer que vous n'oseriez pas maintenant compris. もうおわかりいただけたのではと思います.
❸ 〈*oser* + 不定詞〉厚かましくも…する. ▶ Il *a osé* me faire des reproches. あいつはおこがましくも私を非難した.
❹ 文章 〈*oser* qc〉…を敢行する.

oseraie /ozrɛ/ 囡 柳園.

osier /ozje/ 男（編みかご用などの）柳の細枝. ▶ fauteuil en *osier* 柳のひじ掛け椅子(いす).

osmose /ɔsmo:z/ 囡 ❶〖化学〗浸透. ❷ 文章 相互的影響, 相互浸透.

osmotique /ɔsmɔtik/ 形〖化学〗浸透の. ▶ pression *osmotique* 浸透圧.

ossature /ɔsaty:r/ 囡 ❶〈集合的に〉骨, 骨格. ❷ （建築物の）骨組み, 構造. ❸ 文章 （組織, 作品などの）骨格.

osselet /ɔslɛ/ 男〖解剖〗les *osselets* de l'oreille 耳小骨.

ossements /ɔsmɑ̃/ 男複 骸骨(がい).

osseux, euse /ɔsø, ø:z/ 形 ❶ 骨の. ❷ 骨ばった, やせこけた. ❸ poisson *osseux* 硬骨魚.

ossification /ɔsifikɑsjɔ̃/ 囡 骨化.

s'ossifier /sɔsifje/ 代動 骨化する.

ossuaire /ɔsɥɛ:r/ 男 ❶ 骨［骸骨(がい)］の山. ❷ 納骨所［堂］.

ostéite /ɔsteit/ 囡〖医学〗骨炎.

ostensible /ɔstɑ̃sibl/ 形 これ見よがしの, あからさまな. ▶ attitude *ostensible* 露骨な態度.

ostensiblement /ɔstɑ̃sibləmɑ̃/ 副 公然と, 露骨に, これ見よがしに.

ostensoir /ɔstɑ̃swa:r/ 男〖カトリック〗聖体顕示台, オステンソリウム.

ostentation /ɔstɑ̃tɑsjɔ̃/ 囡 見せびらかし. ▶ porter ses médailles avec *ostentation* これ見よがしに勲章をぶら下げる / faire *ostentation* de sa culture 教養をひけらかす.

ostentatoire /ɔstɑ̃tatwa:r/ 形 文章 これ見よがしの, 見せびらかす.

ostéo- 接頭「骨」の意.

ostéologie /ɔsteɔlɔʒi/ 囡 骨学: 骨に関する解剖学の分野.

ostraciser /ɔstrasize/ 他動 …を排斥する, 追放する.

ostracisme /ɔstrasism/ 男 ❶ 追放, 放逐; 排斥, つまはじき. ▶ être frappé d'*ostracisme* par la majorité 多数派につまはじきされる. ❷ 〖古代ギリシア〗陶片追放.

ostréi- 接頭「牡蠣(かき)」の意.

ostréicole /ɔstreikɔl/ 形 牡蠣(かき)養殖の. ▶

ostréiculteur

parc *ostréicole* 牡蠣養殖場.

ostréiculteur, trice /ɔstreikyltœːr, tris/ 名 牡蠣(ホ)養殖者.

ostréiculture /ɔstreikylty:r/ 名 牡蠣(ホ)養殖.

ostrogoth, othe /ɔstrɔgo, ɔt/ 形 東ゴート族の. — **ostrogoth** 男 ❶ 無作法者, 粗野な人. ❷ 話 un drôle d'*ostrogoth* 変わり種, 変人. ❸《Ostrogoths》東ゴート族.

otage /ɔta:ʒ/ 男 人質. ▶ prendre qn en [comme, pour] *otage* …を人質に取る / être l'*otage* de qc …におびやかされている.

OTAN /ɔtā/ 女《略語》l'Organisation du traité de l'Atlantique nord 北大西洋条約機構, NATO.

otarie /ɔtari/ 女《動物》アシカ.

***ôter** /ote オテ/ 他動 ❶ <*ôter* qc (de qc)>《…から》…を取り除く; どける. ▶ *ôter* les pépins d'un melon メロンの種を取り除く / *ôter* les taches d'un vêtement 服の汚れを落とす [染みを抜く] / Ote tes pieds de là. おまえの足をどけてくれ.
❷〔数〕を引く. ▶ Otez trois de dix, il reste sept. = Trois ôté de dix égale sept. 10 引く 3 は 7.
❸ …を脱ぐ. ▶ *ôter* son manteau コートを脱ぐ / *ôter* ses lunettes めがねを外す.
❹ <*ôter* qc/qn (à qn/qc)>《…から》…を取り去る, 奪う. ▶ *ôter* un enfant à sa mère 母親から子供を取り上げる / La crème *ôte* l'amertume au café. クリームはコーヒーの苦みを消してくれる.
— **s'ôter** 代動 退(ゕ)く, 立ち去る.
Ote-toi de là que je m'y mette. そこをどけ, おれが座るのだ. 注 他人を押しのけて立身出世を図る者の標語.

otite /ɔtit/ 女《医学》耳炎. ▶ *otite* moyenne 中耳炎.

ot(o)- 接頭「耳」の意.

oto-rhino-laryngologie /ɔtɔrinɔlarɛ̃gɔlɔʒi/ 女 耳鼻咽喉(♬)科学 (略 ORL).

oto-rhino-laryngologiste /ɔtɔrinɔlarɛ̃gɔlɔʒist/, 略 **oto-rhino** /ɔtɔrino/ 名 耳鼻咽喉(♬)科医 (略 ORL).

ottoman, ane /ɔtɔmā, an/ 形 オスマン (旧トルコ) の. ▶ l'Empire *ottoman* オスマン帝国.
— **Ottoman, ane** 名 オスマン帝国の人.
— **ottoman** 男《織物》オットマン: 横畝の厚地絹織物.
— **ottomane** 女 トルコ長椅子(ぃ): 丸みのあるクッション付き長椅子.

:**ou** /u ウ/ 接

❶《2 つ以上のものからの選択を示して》あるいは, または, それとも. ▶ Je vais passer mes vacances à Rome *ou* à Florence. ローマかフィレンツェで休暇を過ごすつもりです / Il passe ses loisirs à lire *ou* à écouter de la musique. 彼は読書をしたり音楽を聞いたりして余暇を過ごす / Avec *ou* sans sucre? 砂糖ありですかなしですか. 注 (1) 3 つ以上の項を連結する場合, 各項だけに ou をつけ, あとは省略することができる (例: aujourd'hui, demain, *ou* la semaine prochaine 今日か明日, あるいは来週). (2) ou で連結された単数主語が排除し合う関係にある場合は動詞は単数形, 排除し合わない関係にある場合は動詞は複数形 (例: C'est Paul *ou* Jean qui gagnera le prix. 賞を獲得するのはポールかジャンだろう / La peur *ou* la misère ont fait commettre bien des fautes. 恐怖か貧困から多くの過ちが犯された).
❷《言い換え》すなわち, 言い換えると. ▶ Edo *ou* l'ancien Tokyo 江戸すなわち昔の東京.
❸《2 つの数詞を連結して概数を示す》…ないし…. ▶ un groupe de quatre *ou* cinq personnes 4, 5 人のグループ.
❹《対照的な 2 つのものを並べて》…であれ…であれ. ▶ Peu importe que ce soit lui *ou* moi. それが彼であろうと私であろうと問題ではない.
❺《二者択一を強調して》<*ou* (bien)… *ou* (bien)…>…かさもなければ…. ▶ Il faut *ou* se rendre, *ou* se battre. 降伏するか戦うか二つに一つだ.
❻《命令文などのあとで, ときに alors, bien, sinon を伴って》さもないと. ▶ Donne-moi ça, *ou* je me fâche. それをこっちへよこしなさい, さもないと怒るよ.

***où** /u ウ/ 副《疑問》

どこに, どこで; どこへ. ❶《直接疑問》▶ *Où* vas-tu? = *Où* (est-ce que) tu vas? = 話 Tu vas *où*? どこへ行くの? / *Où* habitez-vous? どこにお住まいですか / *Où* est votre père? お父さんはどちらにいらっしゃいますか (注 苦情に代名詞でなくても, 単純倒置できる) / *Où* as-tu mal? どこが痛いの? / *Où* aller? どこへ行くべきか /《Ils se sont déjà rencontrés.—*Où* ça?》「彼らはすでに会ったことがある」「いったいどこで?」/ *Où* en êtes-vous? (仕事などが) どこまで進んでいますか /《前置詞とともに》D'*où* vient-il? 彼はどこから来たんですか; どこの出身ですか / Par *où* est-il entré? 彼はどこから入ったのだろう / Jusqu'*où* vous allez? どこまで行くんですか.

❷《間接疑問》▶ Dites-moi *où* vous allez. どちらへいらっしゃるのですか / Je ne sais pas *où* se trouve ce livre. その本がどこにあるのか分かりません / Je ne savais *où* me mettre. 私は身の置き場がなかった /《前置詞とともに》Savez-vous d'*où* il sort? 彼がどこの出身か御存じですか.

「*Dieu sait [je ne sais, on ne sait] où*」 どこかへ, どこかに. ▶ Il a rangé ce dossier *Dieu sait où*. 彼がその書類をどこかへかたづけてしまった.

n'importe où どこでも, どこへでも. ▶ Je partirai *n'importe où*, si c'est avec toi. あなたと一緒なら, どこにでも行きます / Ne mets pas tes affaires *n'importe où*. 荷物 [持ち物] をどこにでも置かないでよ.

— :**où** 副《関係》/代《関係》❶《場所を示す先行詞とともに》▶ Voilà la ville *où* mon père est né. ここが父が生まれた町です / Elle a retrouvé son sac là *où* elle l'avait laissé. 彼女は置き忘れた場所でバッグを見つけた /《前置詞とともに》La maison d'*où* elle vient de sortir est celle de sa tante. 彼女が今出てきた家は彼女のおばさんの家だ / C'est la fenêtre par *où* le voleur est

oublieux

entré. これが強盗が押し入った窓です. ◆ *où* + 不定詞 文章 …する所. ▶ Je cherche un endroit *où* passer mes vacances. 私はバカンスを過ごすための場所を探している.

❷《時間を示す先行詞とともに》▶ Je me souviens parfois du jour *où* je l'ai rencontrée pour la première fois. 私は彼女に初めて会った日のことをときどき思い出す / Au moment *où* je sortais, le téléphone a sonné. 出かけようとしたときに電話が鳴った.

❸《状態を示す先行詞とともに》▶ On ne peut transporter le malade dans l'état *où* il est. 今の状態では病人を動かすことはできない / Au [Du] train *où* vont les choses, la faillite sera difficile à éviter. 事態がこのままだと破産は避けがたいだろう.

❹《先行詞なしで》…である所に. ▶ Asseyez-vous *où* vous voulez. お好きな所にお座りください / 《前置詞とともに》D'*où* j'étais placé, je ne voyais personne. 私の座った場所からはだれも見えなかった.

d'où《先行する節を受けて》以上のことから; それゆえ, だから. ▶ *D'où* vient que + 直説法. = *D'où* il résulte [suit] que + 直説法. その結果…ということになる / *D'où* l'on peut conclure que … 以上のことから…と結論できる / Elle ne m'avait pas prévenu de sa visite: *d'où* mon étonnement. 彼女が来るなんて知らなかった, だから僕はびっくりしたんだ.

où ..., c'est ... …であるのは…だ. ▶ *Où* sa colère éclata, *ce fut* quand Jean nia tout. 彼(女)の怒りが爆発したのは, ジャンがすべてを否定したときだった.

où que + 接続法 どこへ [どこで] …しても. ▶ *Où que* vous alliez, je vous suivrai partout. あなたがどこへ行こうとも, 私はあなたにどこでもついて行きます.

ouah-ouah /wawa/ 間投 ワンワン(犬の鳴き声).

ouaille /wɑːj/ 女《多く複数で》羊(司祭, 牧師に対して)の信徒, 教会員.

ouais /wɛ/ 間投 話 ❶ はい (=oui). ❷《皮肉, 疑いなどを込めて》へえ, そうかい.

ouate /wat/ (エリジョン, リエゾンは任意) 女 ❶ 《衣類, 寝具などの》詰め綿. ❷ 脱脂綿.

ouaté, e /wate/ (エリジョン, リエゾンは任意) 形 ❶《衣類, 寝具などが》詰め綿をした; キルティングの. ❷ 文章 もの静かな, 心地よい. ▶ ambiance *ouatée* ひっそりとした雰囲気 / à pas *ouatés* 忍び足で.

ouater /wate/ (エリジョン, リエゾンは任意) 他動〔衣類, 寝具など〕に綿〔羊毛, 絹〕を入れる, 詰め綿をする.

ouatine /watin/ (エリジョン, リエゾンは任意) 女 キルティング地.

ouatiné, e /watine/ (エリジョン, リエゾンは任意) 形 キルティングの裏をつけた; キルティング地で作った.

ouatiner /watine/ (エリジョン, リエゾンは任意) 他動〔衣類〕にキルティングの裏をつける.

oubli /ubli/ 男 ❶ 忘れること, 忘却. ▶ tomber dans l'*oubli* 忘れられる / L'*oubli* viendra avec le temps. 時がたてば忘れられるだろう / L'*oubli* croît avec l'âge. 年とともに物忘れがひどくなる.

❷ 失念, 手落ち; 言い忘れ. ▶ commettre [faire] un *oubli* うっかり忘れる / par *oubli* (=inadvertance) 不注意から, うっかりして / J'ai un *oubli*, quel est son nom? 度忘れしたが彼の名前はなんと言ったっけ.

❸ なおざり, 怠り. ▶ l'*oubli* des convenances 無作法. ❹ 度外視; 無視. ▶ pratiquer l'*oubli* des offenses 侮辱を水に流す.

***oublier** /ublije/ ウブリエ 他動

直説法現在	j'oublie	nous oublions
	tu oublies	vous oubliez
	il oublie	ils oublient
複合過去 j'ai oublié	半過去 j'oubliais
単純未来 j'oublierai	単純過去 j'oubliai

❶ …を忘れる. ▶ J'*ai oublié* son visage. 彼(女)の顔を忘れた / *oublier* un rendez-vous 面会の約束を忘れる / *oublier* l'heure 時間を忘れる, つい遅くなる / *oublier* ses soucis 心配事を忘れる / *Oubliez* ce que je viens de dire. 今言ったことは忘れてください /《目的語なしで》Ah, j'*oubliais*. そうだ忘れていた(今思い出した). ◆ *oublier de* + 不定詞 ▶ Il *a oublié* d'acheter du sel. 彼は塩を買うのを忘れた. ◆ *oublier* + 間接疑問節 ▶ j'*ai oublié* si j'avais bien éteint le gaz. ちゃんとガスを止めたかどうか忘れた. ◆ *oublier que* + 直説法 ▶ N'*oublie* pas que nous sortons ce soir. 今晩一緒に出かけるのを忘れないでね.

❷ …を(…に)忘れてくる, 置き忘れる, 入れ忘れる. ▶ *oublier* son parapluie dans le train (=laisser) 電車に傘を忘れる / *oublier* le sel dans la salade サラダに塩を入れ忘れる.

❸ …をおろそかにする, 顧みない. ▶ *oublier* ses promesses 約束を守らない / *oublier* sa famille 家族をなおざりにする / N'*oubliez* pas le guide, s'il vous plaît. ガイドへのチップをお忘れなく.

❹ …を大目に見る, 許す. ▶ *oublier* une faute 過ちを許してやる.

On oublie tout et on recommence. 全部忘れて一からやり直そう.

se faire oublier《世間をはばかって》自分を目立たせない; 人目を避ける.

— *s'oublier* 代動 ❶ 忘れられる, 消え去る. ▶ Un tel affront ne *s'oublie* pas. こんな恥めは忘れられるものじゃない. ❷《多く否定的表現で》自分の利害を忘れる, 私欲を捨てる. ▶ Il ne *s'est pas oublié*. 彼は自分の分け前を取ることを忘れなかった.

❸ 我を忘れる, 自制〔自尊〕心をなくす. ❹ 話 《大小便を》漏らす, 粗相をする; 失禁する.

oubliette /ublijɛt/ 女《多く複数で》❶《城の》地下牢. ❷ 落とし穴.

jeter [*mettre*] *qn/qc aux oubliettes* 話 …を忘れ去る, 放棄する.

tomber aux [*dans les*] *oubliettes* 完全に忘れ去られる.

oublieux, euse /ublijø, øːz/ 形 文章 <*oublieux* (de qc)》…を忘れている, 忘れがちな; 恩知らずの. ▶ *oublieux* de ses obligations 自分の義務を怠りがちの.

ouest /wɛst ウエスト/ 男《単数形のみ》❶ 西. vent d'*ouest* 西風 / aller vers l'*ouest* 西へ行く / Rambouillet est à l'*ouest* de Paris. ランブイエはパリの西方にある / *A l'ouest rien de nouveau*.「西部戦線異状なし」(レマルクの小説). 語法 ⇨ NORD.

❷ 西部, 西部地方. ▶ habiter (dans) l'*ouest* de Paris パリの西部地区に住む.

❸ (l'Ouest)《ある国の》(特に)西フランス; 西欧《米国を含む》西側 (=Occident).
— 形《不変》西の. ▶ côte *ouest* 西海岸.

ouf /uf/ 間投 ふう, やれやれ(安堵(あんど)の気持ち).
ne pas avoir le temps de dire [faire] ouf 息つく暇もない; 考える間もない.

Ouganda /ugɑ̃da/ 固有 男 ウガンダ: 首都 Kampala. ▶ en *Ouganda* ウガンダに[で, へ].

ougandais, aise /ugɑ̃dɛ, ɛːz/ 形 ウガンダ Ouganda の.
— **Ougandais, aise** 名 ウガンダ人.

:**oui** /wi ウイ/ 副

❶《肯定, 賛同》はい, ええ, そうです. ❶《肯定疑問文に答えて》▶《Vous sortez? —*Oui*.》「お出かけですか」「はい」/《Es-tu satisfait?—*Oui* et non.》「これで満足かい」「さあ, どちらとも言えないね」/《Acceptez-vous?—Mais, *oui*.》「お受けくださいますか」「ええ, いいですとも」/ Elle a vraiment dit ça?—Eh *oui*.「彼女は本当にそんなことを言ったのですか」「そうなんです」注 否定疑問に対する肯定の答えは si を用いる.

❷《反復して, ときにいらだちを示して》▶ *Oui*, *oui*, tu as raison. そう, そうだ, 君が正しいよ.

❸《目的語として》▶ dire *oui* はいと答える; 肯定する, 承諾する / Répondez-moi par *oui* ou par non. イエスかノーかで(はっきり)答えてください.

❹《従属節に代わって》▶《Elle est mariée?—Je pense que *oui*.》「彼女は結婚しているの?」「していると思うよ」.

❺《等位節, 並置節に代わって》《Sont-ils français?—Lui non, mais elle, *oui*.》「彼らはフランス人ですか」「彼は違いますが, 彼女はそうです」

❻《呼びかけに答えて》はい. ▶《Anne?—*Oui*, maman?》「アンヌ」「はい, なにママ」.

❼《疑問形で, 驚き, 同意の強要, いらだちなどを表わして》▶《Il me l'a dit.—Ah *oui*?》「彼がそう言ったんだ」「本当かい」/ Veux-tu partir, *oui* ou non? 君は行きたいのか, 行きたくないのか, どっちなんだ / Tu vas cesser de pleurer, *oui*? いい加減泣きやんだらどうだ.

❽《文章を強調して》▶ C'est un homme insignifiant, *oui*, insignifiant. あれくだらない男だ, そう, 実にくだらない.
— 男《単数同形》はい(という返答); 肯定; 賛成; 承諾. ▶ Il y a eu trente *oui*. 賛成30票だった.
pour un oui (ou) pour un non 些細(ささい)なことで, 何かにつけて.

oui, ouïe /wi/ 活用 ouïr 30 の過去分詞.

ouï-dire /widiːr/ 男《単複同形》うわさ, 風聞.
▶ *apprendre qc par ouï-dire* うわさで知る.

ouïe¹ /wi/ 女 聴覚. ▶ *les organes de l'ouïe* 聴覚器官 / *avoir l'ouïe fine* 耳がいい.

Je suis tout ouïe /tutwi/. 話 私は全身これ耳だ, 傾聴申し上げている.

ouïe² /wi/ 女 ❶《多く複数で》(魚の)鰓(えら). ❷《音楽》響孔; (バイオリンの) f 字孔. ❸《多く複数で》《機械》通気孔.

ouille /uj/ 間投 うっ, あいたっ, うへえ(痛み, 驚き, いらだちなど).

ouïr /wiːr/ 30 他動《不定形, 過去分詞 ouï 以外は古用》❶ …を聞く. ▶ *avoir oui dire que* + 直説法 文章 …という話を耳にした.

❷《法律》…の証言[供述]を聞く.

ouistiti /wistiti/ (エリジョン, リエゾンはしない)男 ❶《動物》マーモセット: キヌザル科の猿.

❷ 話 *un drôle de ouistiti* 変なやつ.

ouragan /uragɑ̃/ 男 ❶ 暴風雨, 嵐(あらし), ハリケーン. ❷ 文章 激動, 激発.

Oural /ural/ 固有 男 ❶ ウラル山脈: 旧ソ連西部の山脈 (=chaîne de l'*Oural*). ❷ ウラル地方.

ouralien, enne /uraljɛ̃, ɛn/ 形 ウラル Oural 山脈の, ウラル地方の; ウラル語族の.
— **ouralien** 男 ウラル語族.

Ouranos /uranɔs/ 固有 男《ギリシア神話》ウラノス: 天の神.

ourdir /urdiːr/ 他動 ❶ …を織る, 編む.
❷ 文章《陰謀など》を仕組む, たくらむ.

ourdou /urdu/ 男 ウルドゥー語.

ourler /urle/ 他動《服飾》〔布, 衣服〕の縁[裾(すそ)]をまつる, かがる; 縁取りする.

ourlet /urlɛ/ 男 (衣服の折り返した)へり, 裾(すそ).

ours /urs/ 男 ❶《動物》クマ. ▶ *ours* blanc [polaire] シロクマ, ホッキョクグマ / *ours* en peluche 縫いぐるみの熊. ❷ 話 付き合いの悪い人.

ours mal léché がさつ用.

l'homme qui a vu l'homme qui a vu l'ours 話(クマを見た人を見た人→)問題の当人ではなくつながりがある人.

tourner comme un ours en cage(部屋の中を)うろうろ歩き回る; いらだった様子を見せる.

vendre la peau de l'ours 捕らぬタヌキの皮算用をする.
— 形《不変》人付き合いの悪い.

ourse /urs/ 女 ❶ 雌熊. ❷ la Grande [Petite] *Ourse* 大熊[小熊]座.

oursin /ursɛ̃/ 男 ウニ.

ourson /ursɔ̃/ 男 子熊.

oust(e) /ust/ 間投 話 (人をせかせて)それっ, さあさあ. ▶ *Oust(e), dépêche-toi!* それ急げ.

out /aut/《英語》副 ❶ (テニスで)アウト. ❷ (ボクシングで)ノックアウト.
— 形《不変》❶ 時代遅れの, 流行遅れの (↔in). ❷ (スポーツで)落伍(らくご)した, 失格, 敗退)した.

outarde /utard/ 女《鳥類》ノガン.

***outil** /uti/ ウティ 男 ❶ 道具, 工具. ▶ manier des *outils* 道具を扱う / boîte à *outils* 道具箱 / *outil* de jardinage 園芸用具 / machine-*outil* 工作機械 / barre d'*outils*《情報》ツールバー. 比較 ⇨ INSTRUMENT.

❷《目的実現の》手段; 役立つもの (=*outil* de travail). ▶ Ce dictionnaire est un *outil* (de travail) indispensable pour un étudiant. この辞書は学生には不可欠の道具だ.

❸ 手先(に使われる者), 他人に操られる人. *Les mauvais ouvriers ont toujours de mauvais outils.* 諺 下手な職人は仕事の出来映えの悪さを道具のせいにする.

outillage /utija:ʒ/ 男 ❶ 工具類, 道具一式; (工場などの)設備. ▶ la modernisation de l'*outillage* (=équipement) 設備の近代化. ❷(工場の)施設課.

outillé, e /utije/ 形 道具をそろえた; 設備[機械]が整った. ▶ un atelier bien *outillé* 設備の整った仕事場.

outiller /utije/ 他動〔工場など〕の設備を整える; 〔人〕に必要な道具をあてがう.
— **s'outiller** 代動 (必要な)道具をそろえる; 設備[機械]を整える.

outing /autin/ 男《英語》著名人が同性愛者であることを第3者が公表すること.

outrage /utra:ʒ/ 男 ❶ 侮辱. ▶ faire *outrage* à qn …を侮辱する / faire subir les derniers *outrages* à une femme 文章 女性を凌辱(りょうじょく)する. ❷〈*outrage* (à qc)〉(…に対する)違反, 背反. ▶ C'est un *outrage* au bon sens. そんなことは常識に反する. ❸ 詩語 les *outrages* du temps 時の暴力: 歳月による容色の衰え. ❹『刑法』*outrage* public à la pudeur 公然猥褻(わいせつ)罪.

outrageant, ante /utraʒɑ̃, ɑ̃:t/ 形 侮辱的な, 無礼な.

outrager /utraʒe/ 2 他動 ❶ …を侮辱する. ▶ Il m'*a outragé* par ses remarques. 彼は私をあざけるようなことをいった. ❷ 文章〔規則, 道理など〕に背く, を踏みにじる.

outrageusement /utraʒøzmɑ̃/ 副 極端に, ひどく.

outrageux, euse /utraʒø, ø:z/ 形 文章 極端な, 過度の.

outrance /utrɑ̃:s/ 女 行きすぎ, 過度. ▶ une *outrance* de langage 言いすぎ.
à outrance 極端に[な], 徹底的に[な].

outrancier, ère /utrɑ̃sje, ɛ:r/ 形 過度の, 極端な.

outre¹ /utr/ 女 (液体を入れる)革袋.
être gonflé [plein] comme une outre 話 食べすぎて[飲みすぎて]腹がはちきれそうだ.

*****outre²** /utr/ 前 ❶ …に加えて, のほかに. ▶ *Outre* une résidence secondaire, il a encore un yacht. 別荘のほかに彼はヨットも持っている. ❷《名詞とハイフン(-)で結び付けて》…の向こうに, を越えて. ▶ *outre*-Manche イギリス海峡の向こうで / *outre*-Atlantique アメリカで / *outre*-Rhin ドイツで.
outre le fait que + 直説法 …という事実は言うに及ばず.
outre mesure 過度に, ひどく.
outre que + 直説法 …であるうえに, のみならず. ▶ *Outre qu'*il est très maladroit, il ne fait attention à rien. 彼は不器用なうえに注意力ゼロときている.
— 副《次の句で》
en outre そのうえ, さらに, 加えて.
en outre de qc …に加えて, のほかに.

passer outre (*à qc*) (1)(…を)無視する. (2) 文章 さらに行く, 先に進む.

outré, e /utre/ 形 ❶ 憤慨した. ❷ 文章 度外れの, 行きすぎた.

outre-Atlantique /utratlɑ̃tik/ 副 大西洋の向こうに[で]; アメリカに[で].

outrecuidance /utrəkɥidɑ̃:s/ 女 文章 うぬぼれ, 自信過剰; 尊大さ, 横柄.

outrecuidant, ante /utrəkɥidɑ̃, ɑ̃:t/ 形 うぬぼれた, 尊大な, 横柄な.

outre-Manche /utrəmɑ̃:ʃ/ 副 イギリス海峡の向こうに[で], 英国に[で].

outremer /utrəmɛ:r/ 男 ❶ 群青色, ウルトラマリン (=bleu *outremer*). ❷〖鉱物〗ラピス・ラズリ, 青金石, 瑠璃(るり)(=lapis-lazuli).
— 形《不変》群青色の, ウルトラマリンの. ▶ des yeux *outremer* 深い青色の目.

outre-mer /utrəmɛ:r/ 副 海外に[で]. ▶ s'établir *outre-mer* 海外に定住する. ▶ d'*outre-mer* 海外の. ▶ les départements d'*outre-mer* (フランスの)海外県(略 DOM) / les collectivités d'*outre-mer* (フランスの)海外公共団体(略 COM).

outrepasser /utrəpɑse/ 他動 …の(範囲)を越える. ▶ *outrepasser* ses droits 越権行為をする.

outrer /utre/ 他動 ❶ …の度を過ごす, を誇張する. ▶ *outrer* une pensée 極端な考え方をする. ❷ …を憤慨させる. ▶ Ses paroles m'ont *outré*. 彼(女)の言葉に私はひどく腹が立った.

outre-Rhin /utrərɛ̃/ 副 ライン川の向こうで, ドイツで.

outre-tombe /utrətɔ̃:b/ 副 墓のかなたに, 死後. ▶ d'*outre-tombe* 死後の / *Mémoires d'outre-tombe*「墓の彼方の回想」(シャトーブリアンの回想録).

outsider /awtsajdœ:r/ 男《英語》❶〖競馬〗穴馬. ❷(試合, 選挙などの)ダークホース.

*****ouvert, erte** /uvɛ:r, ɛrt ウヴェール, ウヴェルト/ 形 (ouvrir の過去分詞) ❶ 開いた, あいている. ▶ porte *ouverte* あいた扉 / Entrez! C'est *ouvert*. お入り下さい. 鍵はかかっていません / Ce magasin n'est pas *ouvert* le lundi. この店は月曜日は閉店です / Le gaz est *ouvert*. ガス栓が開いている / Les roses sont entièrement *ouvertes*. バラが満開である.
❷〈*ouvert* (à qn/qc)〉(…に)公開された, 開放された. ▶ une bibliothèque *ouverte* à tous だれでも利用できる図書館 / tournoi *ouvert* (プロ・アマの区別のない)オープントーナメント / billet *ouvert* (飛行機の)オープンチケット.
❸ 始まった, 開始された. ▶ La chasse est *ouverte*. 狩猟が解禁になった.
❹〔人, 性格が〕開放的な, 率直な. ▶ une personne *ouverte* 裏のない人.
❺〈*ouvert* (à qc)〉(…に)理解のある; 明敏な. ▶ un esprit *ouvert* au progrès 進歩に即応できる精神(の持ち主) / une intelligence très *ouverte* 非常に柔軟な理解力.
❻ 公然の, あからさまな. ▶ éviter les conflits *ouverts* 表立った衝突を避ける.
❼ 無防備の. ▶ ville *ouverte* 非武装都市.

❽ 未解決の. ▶ Le débat est *ouvert*. 議論はまだ続いている / La question reste *ouverte*. 問題は未解決のままだ❾ 【文法】開音の.

ouvertement /uvertəmɑ̃/ 副 隠さずに, 率直に, 公然と.

***ouverture** /uverty:r ウヴェルテュール/ 女 ❶ 開くこと；開店, 開館. ▶ *ouverture* d'une lettre 手紙の開封 / jours d'*ouverture* 営業［開館］日 / heures d'*ouverture* 営業［開館］時間 / *ouverture* du marché 市場開放.
❷ 開設, 設立, 創設. ▶ *ouverture* d'une route 道路の開通 / *ouverture* d'un compte 口座の開設.
❸ 開始, 開幕. ▶ *ouverture* de la session parlementaire 議会の会期の始まり / cérémonie d'*ouverture* 開会式. 比較 ⇨ COMMENCEMENT.
❹〔建物などの〕開口部; 出入り口；〔物の〕口, 穴. ▶ Toutes les *ouvertures* sont gardées. すべての出入り口には警備員が置かれている / un vase à large *ouverture* 口の広い花瓶.
❺〔理解への〕道, 手だて. ▶ une *ouverture* sur un monde inconnu 未知の世界を知る手がかり.
❻〔精神の〕幅広さ；開放的な態度；〔政治的な〕柔軟さ. ▶ *ouverture* d'esprit 心の広さ / politique d'*ouverture* 開放政策.
❼《複数で》交渉の開始. ▶ faire des *ouvertures* de paix 和平を提案する［の交渉を始める］.
❽〘音楽〙序曲. ❾〘狩猟〙解禁.

ouvrable /uvrabl/ 形 ❶ jour *ouvrable*(↔férié) 就業日, 平日, 執務日. ❷〔材料が〕加工［細工］できる.

***ouvrage** /uvra:ʒ ウヴラージュ/ 男 ❶ 著作, 作品；書物. ▶ *ouvrage* d'initiation 入門書 / *ouvrage* de littérature 文学作品 / publier un *ouvrage* sur qc …についての著作を公刊する.
❷ 仕事；職. ▶ *ouvrages* manuels 手仕事 / avoir de l'*ouvrage* 仕事［職］がある / être sans *ouvrage* 仕事［職］がない / se mettre à l'*ouvrage* 仕事に取りかかる.
❸〔職人, 芸術家の〕作品, 細工（物）. ▶ *ouvrage* d'ébénisterie 寄木細工家具, 装飾家具.
❹ 手芸, 裁縫 (=*ouvrage* de dame); 手芸品. ▶ boîte à *ouvrage* 裁縫箱.
❺ 建造物；建築工事. ▶ *ouvrage* public 公の工作物；公共事業. ❻ 文章 仕事, 所産；功績. ▶ l'*ouvrage* du hasard 偶然の産物.
— 女 俗 de la belle *ouvrage*《しばしば皮肉に》結構な出来, 上出来.

ouvragé, e /uvraʒe/ 形 入念な細工を施した, 凝った作りの.

ouvrant, ante /uvrɑ̃, ɑ̃:t/ 形 開く. ▶ toit *ouvrant*（自動車の）サンルーフ.
— **ouvrant** 男 扉, 開き戸.

ouvré, e /uvre/ 形 ❶ 加工された；入念な細工を施した. ❷ jour *ouvré* 就業日.

ouvre-boîte /uvrəbwat/ 男 缶切り.

ouvre-bouteille /uvrəbutɛj/ 男 栓抜き. 注 ワインなどのコルク抜きは tire-bouchon という.

ouvrer /uvre/ 他動 加工する.

ouvreur, euse /uvrœ:r, ø:z/ 名 ❶ あける人.
❷【ゲーム】（ブリッジのビッドの）オープナー.

— **ouvreuse** 女〔劇場, 映画館などの〕案内嬢.

***ouvrier, ère** /uvrije, ɛ:r ウヴリエ, ウヴリエール/ 名 ❶ 労働者, 工員. ▶ *ouvrier* d'usine 工場労働者 / *ouvrier* agricole 農業労働者 / *ouvriers* immigrés 移民労働者 / *ouvrier* qualifié 熟練労働者 / *ouvrier* spécialisé 単能工（略 OS：職業適格証 CAP を持たない）/ *ouvrier* professionnel 専門労働者, 熟練工（略 OP）. 比較 ⇨ TRAVAILLEUR.
❷ 文章 腕のよい職人.
— 形 労働者の. ▶ la classe *ouvrière* 労働者階級 / un syndicat *ouvrier* 労働組合 / Force *ouvrière*「労働者の力」（労働組合連合名）.
— **ouvrière** 女 働きバチ, 働きアリ.

ouvriérisme /uvrijerism/ 男【政治】労働者階級至上主義：労働者のみが社会主義運動を指導できるとする立場.

ouvriériste /uvrijerist/ 形【政治】労働者階級至上主義（者）の. — 名 労働者階級至上主義者.

***ouvrir** /uvri:r ウヴリール/ 16

過去分詞 ouvert	現在分詞 ouvrant
直説法現在 j'ouvre	nous ouvrons
tu ouvres	vous ouvrez
il ouvre	ils ouvrent
複合過去 j'ai ouvert	半過去 j'ouvrais
単純未来 j'ouvrirai	単純過去 j'ouvris

他動 ❶ …を開く, あける. ▶ *ouvrir* la fenêtre 窓を開ける / *ouvrir* une bouteille 瓶（の口）をあける / *ouvrir* un livre 本を開く.
❷〔道など〕を切り開く, あける；〔穴など〕をあける. ▶ *ouvrir* une fenêtre dans un mur 壁に窓を作る / *ouvrir* un chemin dans la jungle ジャングルに道を開く.
❸〔ガス, 水道などの栓〕を開く；…のスイッチを入れる. ▶ *ouvrir* le robinet 蛇口をあける / *ouvrir* la télévision テレビをつける / *ouvrir* le chauffage 暖房のスイッチを入れる.
❹ …を開設する；開業［開店］する. ▶ *ouvrir* une nouvelle clinique 新しい診療所を開設する / Il *ouvre* son magasin à dix heures. 彼は10時に店を開く.
❺ …を開放する；公開する. ▶ *ouvrir* ses frontières aux réfugiés 難民に門戸を開く［入国を許す］.
❻〔体の部分〕を切る, 切開する；〔果物など〕をむく, 切る；〔木の実, 貝など〕（の殻）を割る, あける.
❼ …を開始する；の冒頭を切る. ▶ *ouvrir* une discussion 討論を始める / *ouvrir* le feu 射撃を開始する；（論争の）火ぶたを切る / Le pétrole *a ouvert* une nouvelle époque industrielle. 石油は新工業時代を開いた.
❽<*ouvrir* qc (à qn)>（…に）〔新しい見方など〕を開示する；〔胸中など〕を明かす. ▶ *ouvrir* des horizons 新しい考え方［可能性］を示す / *ouvrir* son cœur à qn …に心の内を明かす.

ouvrir "la bouche [les lèvres] = 図 l'ouvrir 話す；発言する.

ouvrir l'appétit à qn …の食欲をそそる.
ouvrir l'esprit(**à qn**)(…の)精神を啓発する.
— 自動 ❶ 開く, あく. ▶ Ce magasin n'*ouvre* que l'après-midi. この店は午後しかあいていない / une porte qui *ouvre* mal うまくあかないドア. ❷〈*ouvrir* sur qc〉…に通じる, 面する. ▶ une porte qui *ouvre* sur la rue 通りに通じている扉. ❸ 始まる. ▶ Les cours *ouvriront* la semaine prochaine. 講義は来週始まる.
— **s'ouvrir** 代動 ❶ 開く, 開かれる. ▶ Cette boîte s'*ouvre* difficilement. この箱はあけにくい. ❷〈s'*ouvrir* sur qc〉…に通じる, 面する. ▶ une fenêtre s'*ouvrant* sur la cour 中庭に面している窓. ❸〈s'*ouvrir* qc〉(自分の)〔体の部分〕を切る, に深い切り傷を負う. 注 se は間接目的. ▶ s'*ouvrir* les veines (手首の)血管を切る. ❹〈s'*ouvrir* à qc〉…に門戸を開く, を受け入れる;〔場所, 分野〕が…に開放される. ▶ Son esprit s'est *ouvert* aux souffrances d'autrui. 彼(女)は他人の苦しみが理解できるようになった. ❺〈s'*ouvrir* à qn (de qc)〉(…について)…に自分の考えを打ち明ける. ❻ 始まる. ▶ Le récit s'*ouvre* par une longue description des lieux. 物語は長々とした場面の描写で始まる.

ouvroir /uvrwaːr/ 男(女子修道院などで裁縫や刺繍(にお)をする)作業室.

ov- 接頭 (ovi- の)別形. 母音の前で)「卵」の意.

ovaire /ɔvɛːr/ 男 ❶〘解剖〙〘動物学〙卵巣. ❷〘植物学〙子房.

ovale /ɔval/ 形 卵形の, 楕円(だえん)形の. ▶ un visage *ovale* 卵形の顔 / le ballon *ovale* ラグビーボール; ラグビー / Bureau *ovale* 米大統領執務室.
— 男 楕円形.

ovalie /ɔvali/ 女 ラグビーをする地域の集まり, ラグビー界.

ovalisé, e /ɔvalize/ 形 卵形〔楕円(だえん)形〕になった.

ovarien, enne /ɔvarjɛ̃, ɛn/ 形 〘解剖〙〘動物学〙卵巣の.

ovation /ɔvasjɔ̃/ 女 (聴衆などの)熱烈な喝采(かっさい), 大歓迎. ▶ faire une *ovation* à qn …に熱烈な喝采を送る / *ovation* debout スタンディング・オベーション.

ovationner /ɔvasjɔne/ 他動 〔人〕に熱烈な喝采(かっさい)を浴びせる, 盛んな拍手を送る.

overdose /ɔverdoːz/ 女 〘英語〙(麻薬の)多すぎる分量, 過量, 致死量.

ovi- 接頭 (別形 ov(o)-)「卵」の意.

ovin, ine /ɔvɛ̃, in/ 形 羊の.
— **ovin** 男 羊(類).

ovipare /ɔvipaːr/ 形 〘動物学〙卵生の.
— 男 卵生動物.

ovni /ɔvni/ 男 (objet volant non identifié の略)未確認飛行物体, 空飛ぶ円盤, UFO. 注 OVNI ともつづる.

ovoïde /ɔvɔid/ 形, 男 卵形の(物).

ovulation /ɔvylasjɔ̃/ 女 〘生物学〙排卵.

ovule /ɔvyl/ 男 ❶〘植物学〙胚珠(はいしゅ). ❷〘生物学〙〘細胞〙雌性配偶子.

ovuler /ɔvyle/ 自動 〘生物学〙排卵する.

oxalique /ɔksalik/ 形 〘化学〙acide *oxalique* シュウ酸.

oxford /ɔksfɔrd/ 男 〘織物〙オックスフォード:丈夫な綿織物.

oxhydrique /ɔksidrik/ 形 〘化学〙酸水素の: 酸素と水素を混合した.

oxy- 接頭「酸素, 酸化」の意.

oxydable /ɔksidabl/ 形 錆(さ)びやすい;〘化学〙酸化しうる.

oxydant, ante /ɔksidɑ̃, ɑ̃ːt/ 形 〘化学〙酸化させる. — **oxydant** 男 酸化剤, オキシダント.

oxydation /ɔksidasjɔ̃/ 女 〘化学〙酸化.

oxyde /ɔksid/ 男 〘化学〙酸化物. ▶ *oxyde* de carbone 一酸化炭素.

oxyder /ɔkside/ 他動 …を錆(さ)付かせる, 酸化させる. — **s'oxyder** 代動 錆びる, 酸化する.

oxygénation /ɔksiʒenasjɔ̃/ 女 ❶〘化学〙酸素処理, 酸素添加;酸化(=oxydation). ❷ (過酸化水素水による)脱色, 漂白, 殺菌.

oxygène /ɔksiʒɛn/ 男 ❶ 酸素. ▶ étouffer par manque d'*oxygène* 酸欠で窒息する / masque à *oxygène* 酸素マスク. ❷ きれいな空気. ❸ 活力源. ▶ La baisse du dollar donnera un peu d'*oxygène* à l'économie française. ドルの値下がりでフランス経済はやや活気づくだろう.
ballon d'oxygène(1) 酸素ボンベ.(2) 活力源.

oxygéné, e /ɔksiʒene/ 形 ❶ 酸素を含んだ. ▶ eau *oxygénée* 過酸化水素水, オキシドール. ❷〔毛髪が〕オキシドール〔脱色〕処理した.

oxygéner /ɔksiʒene/ 6 他動 ❶ …に酸素を溶かす. ❷〔毛髪〕をオキシドールで脱色する.
— **s'oxygéner** 代動 ❶ 話 きれいな空気を吸う. ❷ s'*oxygéner* les cheveux 髪をオキシドールで脱色する. 注 se は間接目的.

oxyure /ɔksjyːr/ 男 〘動物〙蟯虫(ぎょうちゅう).

ozone /ozoːn/ 男 〘化学〙オゾン. ▶ couche d'*ozone* オゾン層 / trou d'*ozone* オゾンホール(正式には trou dans la couche d'*ozone*).

ozonisation /ozonizasjɔ̃/ 女 (酸素, 大気などの)オゾン化;(水質などの)オゾン処理.

ozoniser /ozonize/ 他動 ❶〔酸素, 大気など〕をオゾン化する. ❷〔水など〕をオゾン処理する.

P, p

P, p /pe/ 男 フランス字母の第16字.

PAC 女《略語》politique agricole commune (欧州連合の)共通農業政策.

pacage /pakaːʒ/ 男 ❶ 牧畜, 放牧. ❷ 放牧地. ❸ 入会地放牧権 (=droit de *pacage*).

pacemaker /pɛsmɛkœːr/ 男《英語》【医学】ペースメーカー (=stimulateur).

pacha /paʃa/ 男【歴史】パシャ:オスマン帝国の地方総督, 高官の尊称.
   mener une vie de pacha 国 贅沢三昧(ざんまい)の暮らしをする;かしずかれる.

pachyderme /paʃidɛrm/ 男【動物学】厚皮動物(ゾウ, サイなど).

pacifica|teur, trice /pasifikatœːr, tris/ 形 平和をもたらす, 仲裁する. — 名 平和をもたらす人, 仲裁者;(反乱などの)平定者.

pacification /pasifikasjɔ̃/ 女 平和の回復;平定, 仲裁;講和. ▶ *pacification* par la force 武力鎮圧.

pacifier /pasifje/ 他動 ❶〖国, 国民など〗に平和をもたらす;を平定する. ❷〖心など〗を鎮める, 平静に戻す. — **se pacifier** 代動 平和になる;鎮静化する.

***pacifique** /pasifik パスィフィック/ 形 ❶ 平和を好む;温厚な, 穏やかな. ▶ un pays *pacifique* 平和を愛する国 / d'humeur *pacifique* 温厚な気質の. ❷ 平和的な;平和目的の. ▶ la coexistence *pacifique* 平和共存 / l'utilisation *pacifique* de l'énergie nucléaire 核エネルギーの平和利用. ❸ 太平洋の. — **Pacifique** 男 (le Pacifique) 太平洋 (= l'océan Pacifique).

pacifiquement /pasifikmɑ̃/ 副 平和的に, 武力に訴えることなく;穏やかに.

pacifisme /pasifism/ 男 平和主義, 平和論.

pacifiste /pasifist/ 形 平和主義(者)の. ▶ mouvements *pacifistes* 平和運動.
   — 名 平和主義者.

pack[1] /pak/ 男《英語》流氷.

pack[2] /pak/ 男《英語》❶ パック:瓶などを6本または8本ずつまとめたパック, ケース. ❷ (ラグビーで)フォワード.

pacotille /pakɔtij/ 女 安物, 粗悪品.
   de pacotille 安物の, 値打ちのない. ▶ collier *de pacotille* 安物のネックレス.

pacs /paks/ 男《略語》pacte civil de solidarité 連帯市民協約(結婚していないで同居している異性または同性のカップルに結婚に準じた権利を認める契約).

pacsé, e /pakse/ 形 連帯市民協約を結んだ. ▶ couple *pacsé* 連帯市民協約を結んだカップル.

pacser /pakse/
   — **se pacser** 代動 連帯市民協約を結ぶ.

pacson /paksɔ̃/ 男 俗 包み, 小荷物;(たばこの)箱.

***pacte** /pakt パクト/ 男 契約(書);条約;協定. ▶ conclure [faire] un *pacte* 契約を結ぶ, 条約を締結する / rompre [violer] un *pacte* 条約を破棄する, 協定を破る / *pacte* de non-agression 不可侵条約 / le *Pacte* fédéral 連邦協約, スイス国憲法 / *pacte* civil de solidarité 連帯市民協約 (同性愛カップルにも社会的権利を認めた. 略 PACS) / *pacte* de stabilité 安定協約(ユーロ参加国が単年度赤字をGDP比3%以下にすることを定めた協定).
   faire un pacte avec le diable (悪魔と契約を結ぶ→)金や権力などを手に入れるために魂を売る.

pactiser /paktize/ 自動 < *pactiser* (avec qn /qc)〉(…と)協定を結ぶ;折り合う, 妥協する. ▶ *pactiser* avec l'ennemi 敵と協定を結ぶ.

pactole /paktɔl/ 男 文章 宝庫, 重要収入源, 財源, ドル箱. 注 砂金の産地として有名な古代リディア(小アジア西部)の川 Pactole の名から.

paddock /padɔk/ 男《英語》❶ (競馬場の)パドック, 下見所. ❷ 俗 ベッド.

paella /paela/; pae(l)ja/ 女《スペイン語》【料理】パエーリャ, パエージャ:肉, 魚貝類, 野菜を入れたスペイン風炊き込み御飯.

paf[1] /paf/ 間投 どすん, ばたん;びしゃっ, ばちん, ごつん(落ちる音, 打つ音).

paf[2] /paf/ 形(不変)俗 酔っ払った.

pagaie /pagɛ/ 女 パドル:カヌーをこぐ櫂(かい).

pagaïe /pagaj/, **pagaille** /pagaj/ 女 乱雑, 混乱. ▶ Quelle *pagaïe* dans cette pièce ! なんて散らかった部屋だ.
   Ça fait pagaille. 国 ごちゃごちゃ[めちゃくちゃ]に見える.
   en pagaïe 国 (1) 乱雑な[に]. ▶ Les papiers sont *en pagaïe* sur son bureau. 彼(女)の机の上には書類が散らばっている. (2) 大量に.

paganisme /paganism/ 男《キリスト教から見た》異教;特に古代ギリシア・ローマの多神教.

pagayer /pageje/ 12 自動 パドルでカヌーをこぐ.

***page**[1] /paːʒ/ 女 ❶ ページ;紙面. ▶ Ouvrez votre livre à la *page* quatorze. 本の14ページを開きなさい / un livre de deux cents *pages* 200ページの本 / *page* blanche [vierge] 白紙のページ / belle *page* 右[奇数]ページ / fausse *page* 左[偶数]ページ / *page* d'accueil【情報】ホームページ / mise en *pages* ページ組み, レイアウト.
   ❷ (本などの)1枚:表裏2ページ分. ▶ tourner les *pages* ページを繰る.
   ❸ (文学・音楽作品の)章句;一部分. ▶ les plus belles *pages* de Corneille コルネイユ劇の名場面集. ❹ (歴史や人生の)時代, 時期;出来事. ▶ une *page* glorieuse de l'histoire de France フランス史の輝かしい1ページ.

être à la page 時勢［流行］に通じている.
tourner la page 新たな問題に移る；（今までのことは忘れて）先へ進む.
Une page est tournée. 新しい時代になる.

page² /paːʒ/ 男【歴史】小姓, 近習.

pagination /paʒinasjɔ̃/ 女 ページ付け, 丁付け；ページ付けの数字.

paginer /paʒine/ 他動 …にページ番号を打つ, 丁付けをする.

pagode /pagɔd/ 女（東アジア諸国の）寺院, 塔, 仏塔, パゴダ. ▶ *pagode* japonaise 日本の寺院（の塔）. — 形【服飾】manche *pagode* パゴダスリーブ：手先に向かって広がった袖.

paie /pɛ/ 女 ⇨ PAYE.

*****paiement** /pɛmɑ̃ ペマン/, **payement** /pɛjmɑ̃ ペイマン/ 男 ❶ 支払い. ❷【民法】弁済. — faire un *paiement* 支払いをする / *paiement* par carte de crédit クレジットカードによる支払い / *paiement* en espèces 現金による支払い / *paiement* contre vérification コレクトコール（略 PCV）. ❷ 報酬, 見返り.

païen, enne /pajɛ̃, ɛn/ 形 ❶（キリスト教から見て）異教の, 異教徒の；《特に》（古代ギリシア・ローマの）多神教の. ❷ 無信仰の, 不信心な.
— 名 ❶ 異教徒；多神教徒. ❷ 不信心者.

paillard, arde /pajaːr, ard/ 形 猥雑な, 卑猥な. ▶ histoire *paillarde* 猥談 / regard *paillard* みだらな目つき. — 名 好色な人, すけべえ.

paillardise /pajardiːz/ 女 ❶ 淫蕩, 猥雑. ❷ 卑猥な行為［言葉］.

paillasse /pajas/ 女 ❶ わら布団. ❷（台所の流しの）水切り台. ❸（実験室の）作業台.

paillasson /pajasɔ̃/ 男 ❶（戸口に置く）マット, 靴ぬぐい. ❷ 話 卑屈な人, おべっか使い.
mettre la clef sous le paillasson（マットの下に鍵を置く→）出かける.

*****paille** /pɑːj パーイユ/ 女 ❶《集合的に》わら；麦わら. ▶ botte de *paille* わら束 / chapeau de *paille* 麦わら帽子.
❷ ストロー. ▶ boire du jus d'orange avec une *paille* ストローでオレンジジュースを飲む.
❸《une paille》《しばしば反語的に》わずかなもの, 取るに足りないこと. ▶ Il en demande dix millions ; une *paille* ! やつは1000万よこせと言っている, たいした額じゃない（べらぼうな額だ）. ❹（金属, ガラス, 宝石などの）きず, ひび；（隠れた）欠陥, 欠点.
feu de paille（わらの火→）一時の情熱.
homme de paille（多く悪事に関して）名義だけの人, ダミー.
sur la paille 話 困窮した, 極度の貧困にある. ▶ mettre qn *sur la paille* …を破産させる / être [coucher] *sur la paille* 貧乏暮らしをする.
tirer à la courte paille くじ引きをする（短いわらが当たり）.
— 形《不変》麦わら色の, 薄黄色の.

paillé, e /paje/ 形 ❶ わら色の. ❷ わらを張った. ▶ chaise *paillée*（座部に）わらを張った椅子.
❸［ガラス, 金属などが］ひびの入った, 傷のある.

pailler /paje/ 他動 ❶ …にわらを張る. ❷ …をわらで包む；にこもをかぶせる.

pailleté, e /pajte/ 形【服飾】スパンコール［スパングル］で装飾した.

pailleter /pajte/ 四 他動【服飾】…をスパンコール［スパングル］で飾る.

paillette /pajɛt/ 女 ❶【服飾】スパンコール, スパングル. ▶ robe à *paillettes* スパンコールを散りばめたドレス. ❷ 薄片, 小片；砂金. ▶ *paillettes* de mica 雲母の薄片.

paillon /pajɔ̃/ 男 ❶（瓶にかぶせる）こも, 藁苞. ❷ 金属箔.

*****pain** /pɛ̃ パン/ 男

❶ パン. ▶ manger du *pain* パンを食べる / Passez-moi un morceau de *pain*. パンを1切れ取ってください / mettre du beurre sur son *pain* パンにバターをつける / *pain* frais [chaud] 焼きたてのパン / croûte [mie] de *pain* パンの皮［身］/ *pain* grillé トースト / gros *pain*（量り売りの）大型パン / petit *pain*（1個売りの）小型パン / *pain* de campagne 田舎パン / *pain* de mie 食パン / *pain* noir 黒パン.
❷ 菓子パン. ▶ *pain* aux raisins レーズンロール / *pain* d'épice(s)（はちみつとライ麦入りの）香料パン / *pain* de Gênes 粉末アーモンド入りケーキ / *pains* spéciaux 小麦粉以外の材料が入っているパン.
❸【料理】(1) *pain* doré [perdu] フレンチトースト. (2)（裏ごしした魚, 野菜などの）型詰め料理. ▶ *pain* de volaille 鶏のミートローフ.
❹（パンに似た）塊. ▶ *pain* de sucre（円錐形の）砂糖の塊 / *pain* de savon 石鹸の塊.
❺ 食糧, 生計；（精神の）糧. ▶ gagner son *pain* quotidien 日々の糧を稼ぐ / manquer de *pain* 食うに事欠く / ôter [retirer] à qn le *pain* de la bouche …から生計の道を断つ.
❻ 俗 平手打ち, びんた. ❼ arbre à *pain* パンノキ.
avoir du pain sur la planche 仕事をいっぱい抱えている, 非常に忙しい.
Ça ne mange pas de pain. 話 全然維持費がかからない.
Je ne mange pas de ce pain-là. そんなやり口は御免だ.

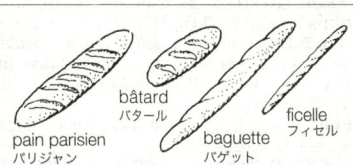

---

pain parisien パリジャン / bâtard バタール / baguette バゲット / ficelle フィセル / pain de campagne 田舎風パン / brioche ブリオッシュ / pain de mie 食パン / croissant クロワッサン

pains パン

pair

long [*grand*] *comme un jour sans pain* (パンのない1日のように)うんざりするほど長い.
manger son pain blanc [*noir*] *le premier* (白いパン[黒パン]から先に食べる→)楽なこと[嫌なこと]を先にする.
pour「une bouchée [*un morceau*] *de pain* かみたいな値段で, 二束三文で.
se vendre comme des petits pains 飛ぶように売れる.

pair¹ /pɛːr/ 男 ❶《複数で》(社会的, 身分的に)同等の人, 同輩, 同僚. ▶ Il ne peut attendre aucune aide de ses *pairs*. 彼は仲間の援助を全然当てにできない.
❷《経済》《金融》平価, 額面金額. ▶ *pair* du change 為替平価, 法定平価.
❸ (1814-48年の)貴族院議員;(英国の)上院議員.
aller [*marcher*] *de pair* (*avec qc*) (…を)相伴う, (…と)セットになっている.
au pair オーペアの[で]: 学生が食住を保証される代わりに家事を手伝う. 比較 ⇨ DOMESTIQUE.
de pair à compagnon 文章 対等に, 同輩として. ▶「être avec [traiter] qn *de pair à compagnon* …と対等に付き合う.
hors (*de*) *pair* 並ぶ者のない, 比類のない.

pair², **paire** /pɛːr/ 形 偶数の (↔impair). ▶ nombre *pair* 偶数 / numéro *pair* 偶数番号 / côté *pair* d'une rue 通りの偶数番地側.

***paire** /pɛːr/ ペール/ 女 ❶(物の) **1** 対, 2つ1組, (対で使う)1個. ▶ une *paire* de souliers 1足の靴 / une *paire* de ciseaux 1丁のはさみ / une *paire* de gifles 往復びんた / une *paire* de rois《カード》キングのワンペア / une *paire* de bras 両腕. ❷(動物の)番(つが)い;(人の)ペア, カップル. ▶ une *paire* de pigeons 番いの鳩 / une *paire* d'amis 仲よし2人組.
Les deux font la paire. (悪い点で)どっちもどっちだ; 2人はぐるだ.
se faire la paire 俗 逃げ出す.

pairesse /pɛrɛs/ 女 ❶(英国の)上院議員夫人; 爵位を持つ女性. ❷(フランスの)大貴族夫人; 貴族院議員夫人.

pairie /peri/ 女 貴族院[上院]議員の肩書き, 大貴族の身分.

pais /pɛ/ 活用 ⇨ PAÎTRE 53

*paisible /peziːbl/ ペズィーブル/ 形 平和な, 平穏な; (性格などが)穏和な, 柔和な. ▶ mener une vie *paisible* 平和に暮らす / un village *paisible* 静かな村 / un caractère *paisible* 穏和な性格. 比較 ⇨ CALME.

paisiblement /peziblǝmɑ̃/ 副 平和に; 平穏に, 安らかに, 穏やかに; 静かに.

paiss- ⇨ PAÎTRE 53

paît /pɛ/ 活用 ⇨ PAÎTRE 53

paître /pɛtr/ 53《不定形および, 直説法現在・半過去のみ》他動《動物が》牧草, 木の実)を食べる.
—— 自動《動物が》牧草[木の実]を食べる. ▶ faire *paître* les brebis 雌羊に草を食わせる.
envoyer paître qn 話 …を邪魔にし追い返す.

*paix /pɛ/ ペ/ 女 ❶ 平和. ▶ *La Guerre et la Paix* 「戦争と平和」/ en temps de *paix* 平時には / maintenir [violer] la *paix* 平和を維持する [破る] / rétablir la *paix* 平和を回復する / maintien de la *paix* 平和維持 / *paix* romaine パクス・ロマーナ, ローマによる平和.
❷ 和平; 和平[講和]条約. ▶ faire la *paix* 和平条約を結ぶ / signer [conclure] la *paix* 和平条約に調印する[を締結する] / traité de *paix* 和平条約 / processus de *paix* 和平プロセス.
❸ 治安, 安全. ▶ gardien de la *paix* 警官 / troubler la *paix* publique 公共の治安を乱す.
❹(人の関係の)なごやかさ, 良好な関係; 和解. ▶ faire la *paix* (avec qn) (…と)和解する.
❺ 平穏, 安らぎ. ▶ avoir la *paix* chez soi 自宅で静かに過ごす / laisser la *paix* à qn …をそっとしておく / Fichez [Foutez]-moi la *paix*. 話 うるさい, そっとしておいてくれ / La *paix* ! 静かに / *Paix* à ses cendres! = Qu'il repose en *paix*! 彼の安らかに憩わんことを(死者のための祈り). ❻(時, 場所の)静けさ. ▶ la *paix* des bois 森の静寂.
en paix (1) 仲よく, なごやかに. ▶ vivre *en paix* avec ses voisins 隣人と仲よく暮らす. (2)静かに, 平穏に, 心安らかに. ▶ Laissez-moi *en paix*. ほうっておいてください / avoir la conscience *en paix* = être *en paix* avec sa conscience 良心にやましいところがない.
Si tu veux la paix, prépare la guerre. 諺 平和を欲するなら, 戦争の準備をしろ.

Pakistan /pakistɑ̃/ 固有 男 パキスタン: 首都 Islamabad. ▶ au *Pakistan* パキスタンに[で, へ].

pakistanais, aise /pakistanɛ, ɛːz/ 形 パキスタン Pakistan の.
—— **Pakistanais, aise** 名 パキスタン人.

palabre /palabr/ 女 男《多く複数で》長談義, むだな長話.

palabrer /palabre/ 自動 むだな長話[長談義]をする.

palace /palas/ 男《英語》豪華ホテル. ▶ mener la vie de *palace* 贅沢(ぜいたく)な生活をする.

paladin /paladɛ̃/ 男 (中世の)遍歴騎士.

*palais¹ /palɛ/ パレ/ 男 ❶(元首の)宮殿, 官邸;(個人の)大邸宅. ▶ le *palais* de l'Elysée エリゼ宮, フランス大統領官邸 / le *palais* du Vatican バチカン宮殿, 教皇庁.
❷(昔の王宮, 邸宅などが転用された)公共施設, 大建築物. ▶ le *Palais* du Luxembourg リュクサンブール宮, フランス上院 / le *Palais* Bourbon ブルボン宮, 国民議会(フランス下院) / *palais* des Sports スポーツ会館 / Grand [Petit] *Palais* グラン[プチ]パレ(パリの展示会場) / *Palais* des papes (アヴィニョンの)教皇庁.
❸《le Palais》裁判所 (=*Palais* de justice). ▶ gens de [du] *Palais* 法曹 / en termes de *Palais* 法律用語で / jours de *Palais* 開廷日.

palais² /palɛ/ 男 ❶《解剖》口蓋(こうがい). ▶ *palais* dur 硬口蓋 / voile du *palais* 口蓋帆 / *palais* mou 軟口蓋. ❷ 味覚. ▶ avoir le *palais* fin 味覚が鋭い / Ce vin flatte le *palais*. このワインは口当たりがいい.

palan /palɑ̃/ 男《機械》(重量物をつり上げるための)巻き上げ装置, ホイスト.

palanquin /palɑ̃kɛ̃/ 男 (東洋諸国の)駕籠(かご), 輿(こし);(象やラクダの背に付ける)座椅子(いす).

palatal, ale /palatal/ ;《男複》**aux** /o/ 形 〖音声〗硬口蓋(ぶた)(音)の. — **palatale** 囡 硬口蓋音, 口蓋音(例: montagne の /ɲ/).
palatalisation /palatalizasjɔ̃/ 囡〖音声〗硬口蓋(ぶた)化.
palatalisé, e /palatalize/ 形〖音声〗硬口蓋(ぶた)化された.
palatin, ine /palatɛ̃, in/ 形 ❶〖歴史〗[王の近臣が]宮廷で役付きの. ❷ 宮殿[宮廷]付属の. — **palatin** 男 ❶ 宮廷の高官. ❷ (Palatin)〖古代ローマ〗パラティヌスの丘(ローマ発祥の地).
pale /pal/ 囡 (スクリュー, プロペラなどの)羽根; オールの水かき.
***pâle** /pɑːl/ パール/ 形 ❶ 〔顔色などが〕青白い, 青ざめた, 血の気のない. ▶ Tu es *pâle*. 顔色が良くないね / *pâle* comme un linge 〔顔色が〕シーツのように青白い, 真っ青な. ◆être *pâle* de + 無冠詞名詞 (恐れ, 怒りなど)で青ざめた. ▶ Elle était *pâle* de colère. 彼女は怒りのあまり青ざめていた. ❷〔光が〕弱い;〔色が〕薄い. ▶ une lueur *pâle* ほのかな明かり / des cravates bleu *pâle* ライトブルーのネクタイ(注〈色彩を示す形容詞 + *pâle*〉は無変化). ❸〔文体などが〕さえない;〔人が〕凡庸な, ぱっとしない. ▶ une *pâle* imitation 陳腐な模倣(作品) / un *pâle* crétin 話 うすのろ.
se faire porter pâle 話 仮病を使う.
visages pâles (北米先住民からみて)白人.
palefrenier /palfrənje/ 男 馬丁.
paléo- 接頭「古, 旧」の意.
paléographe /paleɔgraf/ 名 古文書学者.
paléographie /paleɔgrafi/ 囡 古文書学.
paléographique /paleɔgrafik/ 形 古文書学の.
paléolithique /paleɔlitik/ 男, 形 旧石器時代(の).
paléontologie /paleɔ̃tɔlɔʒi/ 囡 古生物学.
paléontologiste /paleɔ̃tɔlɔʒist/, **paléontologue** /paleɔ̃tɔlɔg/ 名 古生物学者.
Palestine /palestin/ 固有 囡 パレスチナ.
palestinien, enne /palestinjɛ̃, ɛn/ 形 パレスチナ Palestine の. — **Palestinien, enne** 名 パレスチナ人.
palet /palɛ/ 男 (石蹴(けり)遊びの)丸くて平たい石;(アイスホッケーの)パック.
paletot /palto/ 男〖服飾〗パルトー: 比較的丈の短いゆったりしたコート.
tomber sur le paletot de qn 話 …に襲いかかる; をひどい目に遭わせる.
palette /palɛt/ 囡 ❶ パレット. ❷ (ある画家固有の)色調. ❸ へら; へら型の道具. ❹ (フォークリフトの)パレット. ❺ (羊, 豚の)骨付き肩肉.
palétuvier /paletyvje/ 男〖植物〗マングローブ.
pâleur /pɑlœːr/ 囡 ❶ (顔色などの)青白さ. ❷ (光の)弱さ;(色の)薄さ. ▶ la *pâleur* du ciel 薄明. ❸ (文体, 表現などの)凡庸さ.
pali /pali/ 男 (インドの)パーリ語.
pâli, e /pali/ 形 (pâlir の過去分詞)〔顔色などが〕青ざめた;〔色が〕あせた;〔光などが〕薄くなった.
pâlichon, onne /paliʃɔ̃, ɔn/ 形 話 少し青白い〔青ざめた〕.
palier /palje/ 男 ❶ 踊り場. ▶ un *palier* de repos (階段の)中間の踊り場 / des voisins de *palier* 同じ階の住人. ❷ (道路, 線路, グラフなどの)平坦部, 水平部. ❸ (進行過程における)安定期, 横ばい状態. ▶ Sa maladie a atteint un nouveau *palier*. 彼(女)の病状は新たな安定期に入った.
par paliers 段階的に, 漸進的に. ▶ progresser *par paliers* 漸進的に進む.
palière /paljɛːr/ 形〖女性形のみ〗porte *palière* 踊り場に面したドア.
palim-, palin- 接頭「再び」の意.
palimpseste /palɛ̃psɛst/ 男 パリンプセスト, 二重写本: 元の文字を消し, その上に新たに文字を書いた羊皮紙の写本.
palingénésie /palɛ̃ʒenezi/ 囡 ❶ 再生; 輪廻(りん). ❷ 〖ストア学派の〗歴史循環.
palinodie /palinɔdi/ 囡 ❶ (複数で)前言取り消し, 態度の急変, 変節. ❷〖文学〗(古代の)改悛詩: 前作の詩の内容を取り消す詩編.
***pâlir** /pɑliːr/ パリール/

直説法現在	je pâlis	nous pâlissons
	tu pâlis	vous pâlissez
	il pâlit	ils pâlissent

自動 ❶〔人が〕青ざめる, 色〔血の気〕を失う. ▶ *pâlir* de colère 怒りで顔面蒼白(そうはく)になる. ❷ 勢いが弱まる;〔色が〕あせる;〔光などが〕薄れる. ▶ Les couleurs *ont pâli*. 色があせた /
faire pâlir qn …をくやしがらせる, 嫉妬(しっと)させる. ▶ La faiblesse du billet vert *fait pâlir* l'Europe. ドル安がヨーロッパをくやしがらせる.
pâlir *sur les livres* [*sur un travail*] (顔色が悪くなるほど)根をつめて勉強〔仕事〕する.
Son étoile pâlit. 彼(女)の運勢〔名声〕も下り坂だ.
— 他動 〔顔色など〕を青白くする, 色あせさせる.
palissade /palisad/ 囡 柵(さく), 板塀, 囲い; 生け垣.
palissandre /palisɑ̃ːdr/ 男 紫檀(したん).
pâlissant, ante /palisɑ̃, ɑ̃ːt/ 形 ❶ 〔顔色などが〕青ざめた, 青白い. ❷ 勢いが弱まる;〔色などが〕あせる;〔光などが〕薄れる.
palladium¹ /paladjɔm/ 男 ❶〖古代ギリシア〗女神パラスの像(トロイアの守り神). ❷ 守護神.
palladium² /paladjɔm/ 男《英語》〖化学〗パラジウム.
palliatif, ive /paljatif, iːv/ 形〔方法が〕一時しのぎの;(病気や痛みなどを)一時的に抑える. ▶ traitement *palliatif* 対症療法. — **palliatif** 男 一時しのぎの手段, 対症療法; 緩和薬.
pallier /palje/ 他動 文章 〔欠陥, 過ちなど〕を取り繕う, ごまかす. ▶ *pallier* la crise 危機を一時的にしのぐ.
—自他動 〈*pallier* à qc〉…を一時的に取り繕う, 緩和する. 注 *pallier* à は本来は誤用とされている.
palmarès /palmarɛs/ 男 ❶ (コンクールなどの)受賞者名簿 ▶ le *palmarès* du Festival de Cannes カンヌ映画祭の受賞者名簿. ❷ (流行歌などの)ヒット曲番付, ヒットチャート.
palme /palm/ 囡 ❶ シュロの葉. ❷〖植物〗ヤシ

palmé

(=palmier). ▶ huile de *palme* パーム油 / vin de *palme* ヤシ酒. ❸ (シュロの枝で象徴される)勝利, 栄誉. ▶ remporter la *palme* 勝利の栄冠を勝ち取る / la *palme* du martyre 殉教の栄誉. ❹ (シュロの葉を図案化した)勲章;《複数形で》教育功労勲章 (=*Palmes* académiques). ❺《スポーツ》(スキンダイビング用の)足ひれ, フィン.

palmé, e /palme/ 形 ❶《植物学》〔葉が〕掌状の. ❷《動物学》水かきのある.

palmeraie /palməre/ 女 シュロ林, ヤシ園.

palmier /palmje/ 男 ❶《植物》ヤシ: ヤシ科の植物の通称. ❷《菓子》パルミエ: ハート形をしたパイ菓子. ❸《食品》cœurs de *palmier* (サラダ, グラタン料理に用いる)ヤシの芽.

palmipède /palmiped/ 形 (アヒルなど足に)水かきのある. — **palmipèdes** 男複《鳥類》蹼足(ぼくそく)類: カモ, カモメなど.

palois, oise /palwa, wa:z/ 形 ポー Pau の. — **Palois, oise** 名 ポーの人.

palombe /palɔ̃:b/ 女《鳥類》モリバト.

palonnier /palɔnje/ 男《航空》(方向舵(だ)用の)ラダー・ペダル.

pâlot, otte /pɑlo, ɔt/ 形〔子供の顔色などが〕少し青白い.

palourde /palurd/ 女 ハマグリ・アサリ類.

palpable /palpabl/ 形 ❶ 手で触ることのできる; 現実の. ❷ 明瞭(めいりょう)な. ▶ preuves *palpables* 明白な証拠.

palpation /palpasjɔ̃/ 女《医学》触診(法).

palper /palpe/ 他動 ❶ (調べるために)…を手で触る;《医学》…を触診する. ▶ Il a *palpé* les murs dans l'obscurité. 彼は暗がりのなかで壁を手探りした. ❷ 話〔金〕を受け取る;《目的語なしに》もうける.

palpitant, ante /palpitɑ̃, ɑ̃:t/ 形 ❶ びくびく動く; 動悸(どうき)を打つ. ▶ avoir le cœur *palpitant* 心臓がどきどきする. ❷ 〈*palpitant* de qc〉(恐怖, 感動など)で震える. ▶ être *palpitant* d'angoisse 不安におののいている. ❸ 胸ときめかす, 興奮させる, エキサイティングな (=passionnant). ▶ une aventure *palpitante* 手に汗握る冒険.

palpitation /palpitasjɔ̃/ 女 ❶ (多く複数で)びくびく動くこと;《特に》動悸(どうき). ▶ avoir des *palpitations* 動悸が激しい / *palpitations* des ailes du nez 小鼻のひくつき.

palpiter /palpite/ 自動 ❶ びくびく動く, 痙攣(けいれん)する;〔心臓が〕どきどきする. ❷ 〈*palpiter* de qc〉〔人が〕(恐怖, 感動など)で震える. ▶ *palpiter* de peur 恐怖におののく.

paltoquet /paltɔke/ 男 鼻持ちならないやつ.

paluche /palyʃ/ 女 俗 手.

paludéen, enne /palydeɛ̃, ɛn/ 形《医学》マラリアの. ▶ la fièvre *paludéenne* マラリア熱 (=paludisme). — 名 マラリア患者.

paludisme /palydism/ 男《医学》マラリア.

pâmé, e /pame/ 形 (感動のあまり)ぼうっとなった. ▶ être *pâmé* de joie 喜びに我を忘れる.

se pâmer /s(ə)pame/ 代動 ❶ 〈*se pâmer* (de qc)〉(…で)ぼうっとなる; 恍惚(こうこつ)となる. ▶ *se pâmer* d'admiration devant un tableau うっとり絵に見入る / rire à *se pâmer* = *se pâmer* de rire 笑い転げる, 抱腹絶倒する. ❷ 古風文章 気絶する.

pâmoison /pamwazɔ̃/ 女 失神, 気絶, 卒倒. ▶ tomber en *pâmoison* 気を失う.

pampa /pɑ̃pa/ 女《スペイン語》パンパ, パンパス: 南米の大草原.

pamphlet /pɑ̃flɛ/ 男《英語》(現体制, 有名人などに対する)攻撃文書, 風刺文.

pampille /pɑ̃pij/ 女 (婦人服などにつける)小さな房飾り, モール飾り.

pamplemousse /pɑ̃pləmus/ 男 グレープフルーツ(の実).

pamplemoussier /pɑ̃pləmusje/ 男《植物》グレープフルーツの木.

pampre /pɑ̃:pr/ 男《建築》《工芸》(葉と房のついた)ブドウ枝飾り.

Pan /pɑ̃/ 固有 男《ギリシア神話》パン: アルカディアの牧人と家畜の神. ヤギの耳と角と下半身を持つ.

pan¹ /pɑ̃/ 男 ❶ (布の)端;〈衣服の〉垂れ, 裾(すそ). ▶ *pan* d'un manteau 外套(がいとう)の裾 / être en *pan* de chemise シャツの裾を出したままでいる. ❷ (建物, 多面体などの)面, 平面. ▶ *pan* de mur 壁面 / les *pans* d'un prisme プリズムの面 / *pan* coupé (建物壁面の)隅(すみ)切り.

pan² /pɑ̃/ 間投 パン(銃声, 破裂音); バタン(ドアを閉める音).

pan- 接頭「汎(はん), 全, 総」の意.

panacée /panase/ 女 万能薬, 特効薬.

panachage /panaʃa:ʒ/ 男 ❶ 混ぜ合わせること; 混合物. ❷《政治》(複数政党の候補者の選択が可能な)連記投票制度.

panache /panaʃ/ 男 ❶ 羽飾り; 羽飾り状のもの. ▶ orner un casque d'un *panache* かぶとに羽飾りをつける / la queue en *panache* d'un écureuil リスのふさふさしたしっぽ / un *panache* de fumée 立ち上る煙 / Ralliez-vous à mon *panache* blanc. わが白い羽根飾りのもとに馳せ参ぜよ(アンリ四世の言葉). ❷ 華々しさ; 勇気; 威厳. ▶ aimer le *panache* 軍事的栄誉を求める; パレードや武勇を好む / avoir du *panache* 威風堂々としている.

panaché, e /panaʃe/ 形 色の混ざった, 混ぜ合わせた, ごちゃごちゃの. ▶ glace *panachée* ミックスアイスクリーム / style *panaché* まとまりのない文体. — **panaché** 男 パナシェ (=demi panaché): ビールのレモネード割り.

panacher /panaʃe/ 他動 ❶ …にさまざまな色を混ぜる, を色とりどりにする. ❷ *panacher* une liste électorale (複数政党候補者の)連記投票を行う. — **se panacher** 代動 さまざまな色が混ざる, まだらになる.

panade /panad/ 女《料理》パナード: 牛乳, バターを加えたパン粥(がゆ).

être [tomber] dans la panade 金に困っている [貧乏になる].

panafricain, aine /panafrikɛ̃, ɛn/ 形 汎(はん)アフリカ(主義)の.

panafricanisme /panafrikanism/ 男 汎(はん)アフリカ主義.

Panama /panama/ 固有 男 パナマ: 首都 Panama. ▶ à *Panama* パナマに [で, へ].

panama /panama/ 男 パナマ帽; (パナマ帽形の)

麦わら帽子.

panaméen, enne /panameɛ̃, ɛn/ 形 パナマ Panama の.
— **Panaméen, enne** 名 パナマ人.

panaméricain, aine /panamerikɛ̃, ɛn/ 形 アメリカ大陸全体の, 汎(ﾊﾝ)アメリカ(主義)の.

panaméricanisme /panamerikanism/ 男 汎(ﾊﾝ)アメリカ主義.

panarabe /panarab/ 形 汎(ﾊﾝ)アラブ主義の, アラブ民族統一の.

panarabisme /panarabism/ 男 汎(ﾊﾝ)アラブ主義.

panard /pana:r/ 男 俗 足.

panaris /panari/ 男【医学】瘭疽(ひょうそ).

pancarte /pɑ̃kart/ 女 張り紙, ポスター, 掲示板; プラカード.

pancréas /pɑ̃kreɑ:s/ 男【解剖】膵臓(すいぞう).

pancréatique /pɑ̃kreatik/ 形【解剖】膵臓(すいぞう)の.

panda /pɑ̃da/ 男【動物】パンダ.

pandémonium /pɑ̃demɔnjɔm/ 男 ❶ (le Pandémonium) 古風 パンデモニウム, 万魔堂: ミルトンの命名による空想上の地獄の首都. ❷ 文章 腐敗堕落の地, 悪の巣窟(そうくつ).

pandit /pɑ̃dit/ 男 パンディット: インドで高い学識を持つバラモン僧などに与えられる尊称.

Pandore /pɑ̃do:r/ 固有【ギリシア神話】パンドラ: 人類最初の女性. ▶ la boîte de *Pandore* パンドラの箱.

pané, e /pane/ 形【料理】パン粉をまぶした; パン粉をまぶして揚げた.

panégyrique /paneʒirik/ 男 称賛の演説, 賛辞. ▶ faire le *panégyrique* de qn/qc …を褒めたたえる.

panégyriste /paneʒirist/ 名 称賛演説をする人;《しばしば皮肉に》やたらに褒めちぎる人.

panel /panɛl/ 男《英語》❶ パネル: 市場調査などの定期的, 継続的な調査対象となる特定の回答者. ❷ 討論者, パネリスト; パネル・ディスカッション.

paner /pane/ 他動【料理】…にパン粉をまぶす, 衣をつける.

***panier** /panje/ 男 ❶ かご, バスケット. ▶ *panier* à fruits 果物かご / *panier* à provisions 買い物かご / *panier* à pain パンかご / ajouter au *panier*（ネットショッピングで）買い物かごに入れる. ◆ un *panier* de + 無冠詞名詞 1 かごの…. acheter un *panier* de pommes リンゴを1かご買う.
❷ くずかご. ▶ jeter [mettre] qc au *panier* …をくずかごに捨てる.
❸（バスケットボールで）バスケット; シュート. ▶ faire [réussir] un *panier* シュートを決める.
❹【経済】*panier* de la ménagère（生活水準を示す）家計に占める生活必需費 / *panier* de devises = *panier* de monnaies 通貨バスケット.
❺【漁業】（エビやカニの）捕獲かご.
❻【服飾】パニエ: スカートの腰部を広げる枠形ペチコート.
le dessus du panier (1) かごの一番上に載っている物; 最良のもの. (2) エリート, 上流階級.
le fond du panier くず, 最悪のもの.

mettre [ranger] qn/qc dans le même panier …を十把一からげに扱う, 一緒くたにする.

panier à salade (1)（金属製の）サラダ用水切りかご. (2) 話 囚人護送車.

panier percé（穴のあいたかご→）話 浪費家. ▶ C'est un *panier percé*. 彼(女)は浪費家だ.

panier-repas /panje(ə)pa/;《複》 ~s- ~
（バスケットに詰めた）弁当.

panifiable /panifjabl/ 形〔小麦粉などが〕パンの原料となる.

panification /panifikasjɔ̃/ 女 製パン.

panifier /panifje/ 他動 …をパンに加工する.

paniquant, ante /panikɑ̃, ɑ̃:t/ 形 パニックを引き起こす, 恐怖を呼ぶ.

paniquard, arde /panika:r, ard/ 形, 名 話（軽度な）すぐにおじけづく(人).

***panique** /panik/ パニック 女 恐慌, パニック. ▶ être pris de *panique* パニックに襲われる / jeter [semer] la *panique* 恐慌を巻き起こす / Allons, pas de *panique*! 話 さあ, 慌てないで.
— 形 terreur [peur] *panique* 突然襲ってくる恐怖.

paniqué, e /panike/ 形 話 恐慌を来した, 慌てふためいた.

paniquer /panike/ 他動 話 …をおびえさせる, うろたえさせる. — 自動 おびえる, うろたえる.
— se paniquer 代動 おびえる, うろたえる.

***panne** /pan/ パヌ 女 故障; 停止. ▶ *panne* de moteur エンジンの故障 / *panne* d'essence 燃料切れ, ガス欠 / *panne* d'électricité 停電 / avoir une *panne* d'automobile 自動車が故障する.
en panne (1) 故障した;〔人が〕車の故障に遭った. ▶ tomber *en panne* 故障する. (2)〔計画などが〕頓挫(とんざ)した;〔人が〕〔演説などの途中で〕つっかえた. (3) *en panne* de qc …が欠乏した, のない. ▶ un romancier *en panne* d'idées アイデア不足の小説家.

panne sèche ガス欠, 燃料切れ.

***panneau** /pano/ パノー;《複》 x 男 ❶ 掲示板, 標識, 看板. ▶ *panneaux* électoraux 選挙用ポスター掲示板 / *panneaux* indicateurs [de signalisation] 交通標識. ❷ 羽目板, 鏡板, パネル, ボード. ▶ *panneau* d'ornement (天井, 壁, 家具などの) 化粧板 / *panneau* chauffant パネルヒーター / *panneau* solaire 太陽電池パネル.
tomber [donner] dans le panneau 罠(わな)にかかる, だまされる.

panonceau /panɔ̃so/;《複》 x 男 ❶（ホテル, レストランの等級などを示す）標示プレート, 看板. ❷（執行吏, 公証人の事務所の）盾形看板.

panoplie /panɔpli/ 女 ❶（中世の騎士の）武具一式;（壁にかける）飾り武具; 武具のコレクション. ❷ 仮装セット: ボール紙などでできた子供用の玩具(がんぐ). ❸ 装備[用具]一式. ▶ *panoplie* de bricoleur 日曜大工道具一式. ◆〈une [la] *panoplie* de + 無冠詞複数名詞〉一連の…. ▶ une *panoplie* de sanctions contre la fraude fiscale 脱税に対する一連の制裁措置.

panoptique /panɔptik/ 形（建物の1か所から）一望できる. ▶ prison *panoptique* パノプティコン（すべての監房を1か所から監視できる円形刑務所）.

panorama

panorama /panɔrama/ 男 ❶ 全景, 見晴らし, 眺望. ▶ De la Tour Eiffel, on découvre le splendide *panorama* de Paris. エッフェル塔からはすばらしいパリの展望が御覧になれます. ❷ (問題などの) 概観, 展望. ▶ *panorama* de la littérature contemporaine 現代文学展望. ❸ 【絵画】パノラマ: 円環状の壁面に透視図法を用いて描いた風景画; パノラマ館.

panoramique /panɔramik/ 形 ❶ 全景を見渡せる, 眺望の開けた. ▶ voiture *panoramique* (鉄道などの)展望車 / écran *panoramique* ワイドスクリーン, シネラマ / vue *panoramique* 全景. ❷ 概観の; 全容 [全貌] を見渡す.
— 男 【映画】【テレビ】パン; パノラマ撮影.

panse /pɑ̃:s/ 女 ❶ 話 太鼓腹. ▶ s'en mettre plein la *panse* = se remplir la *panse* たらふく食べる. ❷ (容器などの)膨らんだ部分. ❸【動物学】反芻(はんすう)動物の第一胃.

***pansement** /pɑ̃smɑ̃ パンスマン/ 男 (傷, 病人の) 手当て, 処置; 包帯類, ばんそうこう. ▶ faire le *pansement* des blessés 負傷者の手当てをする / faire [mettre] un *pansement* à qn …に包帯を巻く / *pansement* adhésif 救急ばんそうこう.

panser /pɑ̃se/ 他動 ❶ (患部, けが人などに)包帯(類)を巻く; の手当てをする. ▶ *panser* un blessé 負傷者の手当てをする. ❷ (家畜, 特に) 馬にブラシをかける.

panslavisme /pɑ̃slavism/ 男 汎(はん)スラブ主義.
pansu, e /pɑ̃sy/ 形 ❶ 話 太鼓腹の, 腹の出た. ❷ (容器などが) 大きく膨らんだ, 膨らみのある.

pantagruélique /pɑ̃tagryelik/ 形 (ラブレーの小説の巨人) パンタグリュエルのような. ▶ appétit *pantagruélique* 旺盛(おうせい)な食欲.

***pantalon** /pɑ̃talɔ̃ パンタロン/ 男 ズボン, スラックス, パンツ. ▶ mettre [enfiler] son *pantalon* ズボンをはく / Elle est en *pantalon*. 彼女はパンツルックだ / *pantalon* court 半ズボン / *pantalon* de golf ニッカーボッカーズ. 注 1本のズボンを複数形で表わすのは誤り.

baisser son pantalon 降参する, 白状する.

pantalonnade /pɑ̃talɔnad/ 女 ❶ 道化芝居; どたばた劇. ❷ まやかし, 見え透いた作り事.

pantelant, ante /pɑ̃tlɑ̃, ɑ̃:t/ 形 ❶ 息を切らした; 文章 (感情, 興奮などで)息をのんだ. ▶ Elle était *pantelante* de terreur. 恐ろしさに彼女は息が止まりそうだった. ❷ 瀕死(ひんし)の人, 動物が) まだぴくぴく動く.

panteler /pɑ̃tle/ 4 自動 文章 瀕死(ひんし)の人, 動物がぴくぴく動く.

panthéisme /pɑ̃teism/ 男 汎神(はんしん)論.
panthéiste /pɑ̃teist/ 形 汎神(はんしん)論(者)の.
— 名 汎神論者.

panthéon /pɑ̃teɔ̃/ 男 パンテオン. (1) 古代ギリシア・ローマの万神殿. (2) 偉人たちを合祀(ごうし)する霊廟(れいびょう). ▶ le *Panthéon* de Paris パリのパンテオン.

panthère /pɑ̃tɛ:r/ 女 ❶【動物】ヒョウ. ❷ ヒョウの毛皮.

pantin /pɑ̃tɛ̃/ 男 ❶ 操り人形. ▶ marcher comme un *pantin* ぎくしゃくした歩き方をする. ❷ 他人に操られる人, 意見の変わりやすい人.

pantographe /pɑ̃tɔgraf/ 男 ❶ パントグラフ, 写図器: 図形などの拡大, 縮小に用いる器具. ❷【鉄道】パンタグラフ.

pantois, oise /pɑ̃twa, wa:z/ 形 茫然(ぼうぜん)自失した, あっけに取られた.

pantomime /pɑ̃tɔmim/ 女 ❶ パントマイム. ▶ jouer une *pantomime* パントマイムを演じる. ❷ (軽蔑して) 大げさで滑稽(こっけい)な態度 [動作].

pantouflage /pɑ̃tufla:ʒ/ 男 話 (高級官僚などの)下り, 民間への転職.

pantouflard, arde /pɑ̃tufla:r, ard/ 形, 名 話 家でのんびり過ごすのが好きな(人), 出不精の(人).

***pantoufle** /pɑ̃tufl パントゥフル/ 女 ❶ スリッパ, 部屋履き. ▶ en *pantoufles* スリッパを履いて, くつろいで / se mettre en *pantoufles* 部屋履きに履き替える. ❷ 話 (グランゼコール卒業生の)民間企業への就職; (その際に支払う)在学中の経費の弁済金.

ne pas quitter ses pantoufles = passer sa vie dans ses pantoufles 引きこもって [野心を抱かず] 安逸に暮らす.

raisonner comme une pantoufle 話 へ理屈をこねる, 筋道の通らないことを言う.

pantoufler /pɑ̃tufle/ 自動 話 (公務員が)民間企業に転職する, 天下りをする; (グランゼコール出身者が)民間企業に就職する.

PAO 女 (略語) publication assitée par ordinateur デスクトップパブリシング.

paon /pɑ̃/ 男 ❶【鳥類】クジャク. ▶ Le *paon* fait la roue. クジャクが羽根を広げる. ❷ 高慢な人, うぬぼれ屋, 虚栄心の強い人.

être vaniteux [fier, orgueilleux] comme un paon (クジャクのように) 見えっ張りだ [傲然(ごうぜん)としている].

pousser [jeter] des cris de paon 金切り声を上げる.

se parer des plumes du paon 借り物で見えを張る, 他人の手柄を我が物顔に自慢する.

paonne /pan/ 女【鳥類】雌クジャク.

***papa** /papa パパ/ 男 ❶ パパ, お父さん. 注 自分の父親は無冠詞. 他人の父親には所有形容詞をつける. ▶ Oui, *papa*. はい, お父さん / grand [bon]-*papa* おじいさん / *papa* gâteau 甘い父親 / *papa* poule めんどりパパ, 育児に熱心な父親. ❷ 話 (年配の男性に呼びかけて)おじさん.

à la papa 話 あわてず, ゆっくりと, 悠々と. 注 à la は à la manière de の省略. ▶ conduire *à la papa* 慎重に運転する.

de papa 話 時代遅れの, かつての, 古臭い. ▶ le cinéma *de papa* 古臭い映画.

fils [fille] à papa (金持ちの)どら息子 [娘].

jouer au papa et à la maman ままごとをする.

papal, ale /papal/; (男複) ***aux** /o/ 形 (ローマ)教皇の; 教皇に属する. ▶ l'autorité *papale* 教皇権.

paparazzi /paparadzi/ 男複 (イタリア語) パパラッチ.

papauté /papote/ 女 ❶ 教皇権; 教皇位; 教皇在位期間. ❷ 教皇庁.

papaye /papaj/ 女【植物】パパイヤ(の実).

pape /pap/ パプ 男 ❶ ローマ教皇[法王]. ▶ le *pape* Benoît XVI 教皇ベネディクト16世. ❷(党派、流派の)大御所、最高権威.
 ...*alors*(*moi*) *je suis le pape!* それは眉唾だな.
 sérieux comme un pape くそ真面目な.

papelard¹, **arde** /papla:r, ard/ 形 文章 さも優しげな、猫かぶりの.

papelard² /papla:r/ 男 語 紙切れ；書類.

paperasse /papras/ 女《多く複数で》役にも立たぬ書類、反故(ほご).

paperasserie /paprasri/ 女(特に役所などの)役に立たない書類の山.

paperassier, **ère** /paprasje, ε:r/ 形, 名 書類の好きな(人), 書類手続きにこだわる(人).

***papeterie** /pap(ε)tri/ パペ[プ]トリ 女 ❶ 文房具店、文房具. ▶ librairie-*papeterie* 書籍文房具店. ❷ 製紙(工場).

papetier, **ère** /paptje, ε:r/ 名 ❶ 製紙業者. ❷ 文房具商. — 形 製紙の.

***papier** /papje/ パピエ 男 ❶ 紙；紙状のもの、箔(はく). ▶ une feuille de *papier* 1枚の紙 / un morceau de *papier* 紙片, 紙切れ / pâte à *papier* パルプ / corbeille à *papiers* くず箱 / *papier* à lettres 便せん / *papier* à dessin 製図用紙, 画用紙 / *papier* à musique 五線紙 / *papier* d'emballage 包装紙 / *papier* hygiénique = *papier*-toilette =カナダ*papier* cul トイレットペーパー / *papier* peint 壁紙 / *papier* recyclé 再生紙 / *papier* d'aluminium アルミ箔(はく) / *papier* mâché 紙粘土(に成句). ◆en *papier* 紙製の. ▶ serviette en *papier* 紙ナプキン / mouchoir en *papier* ティッシュペーパー.
 ❷(文字の書かれた)紙, 紙片. ▶ lire un *papier* 紙(に書かれたもの)を読む.
 ❸ 書類, 文書. ▶ signer un *papier* 書類にサインをする / une liasse de *papiers* 書類の束 / *papiers* diplomatiques 外交文書 / *papier* timbré [libre] 印紙貼付(ちょうふ)書類[無印紙書類] / vieux *papiers* いらなくなった書類や文書.
 ❹《複数で》証明書；《特に》(身分証明書、旅券、運転免許証などの)身分証明書類(=*papiers* d'identité). ▶ *Vos papiers, s'il vous plaît!* 身分証明書を呈示してください / avoir ses *papiers* en règle 規定の身分証を所持する / sans *papiers* 滞在許可証を持たない人 / *papiers* militaires 軍籍[兵役]証明書. ❺(新聞・雑誌用の)原稿, 記事. ▶ faire un *papier* sur qn/qc …のことを記事にする. ❻〘金融〙〘商業〙手形, 有価証券.
 avoir une mine [figure] de papier mâché 青くやつれた顔をしている.
 être dans les (petits) papiers de qn 話 …に優遇される, 重んじられる.
 gratter [noircir] du papier(つまらない)ものを書く.
 mettre [jeter] qc sur le papier …を書き留める.
 Rayez cela de vos papiers! 話 それを当てにするな, あきらめたほうがいい.
 sur le papier 机上で, 理論上は.
 papier-monnaie /papjemɔnε/;《複》〜s-〜s 男 紙幣, 銀行券.

papille /papij/ 女〘解剖〙乳頭. ▶ *papilles* gustatives 味蕾(みらい).

***papillon** /papijɔ̃/ パピヨン 男 ❶〘昆虫〙蝶(ちょう)(=*papillon* diurne [de jour]); 蛾(が)(=*papillon* nocturne [de nuit]). ▶ filet à *papillons* 捕虫網 / faire la chasse aux *papillons* 蝶を採集する / effet *papillon* バタフライ効果.
 ❷ 軽薄な人, 移り気な人. ▶ C'est un *papillon*. 気の多いやつだ.
 ❸(本, 雑誌の)折り込みページ；ちらし.
 ❹ 駐車違反通告票. ❺《同格的に》nœud *papillon* 蝶ネクタイ, 蝶結び. ❻〘水泳〙バタフライ(=brasse *papillon*). ❼ 蝶ナット.
 Minute papillon. 話 ちょっと待て.

papillonnage /papijɔnaːʒ/, **papillonnement** /papijɔnmɑ̃/ 男 あちこち飛び回ること；移り気.

papillonnant, **ante** /papijɔnɑ̃, ɑ̃:t/ 形 あちこち飛び回る；移り気な.

papillonner /papijɔne/ 自動 ❶ あちこち飛び回る；気移りする. ▶ *papillonner* autour d'une femme 女の尻(しり)を追い回す. ❷(蝶(ちょう)の羽のように)ひらひらする.

papillotant, **ante** /papijɔtɑ̃, ɑ̃:t/ 形 ❶ きらめく, ちかちかする, まぶしい. ▶ lumières *papillotantes* ちらちらする明かり. ❷ まばたく, しばたく.

papillote /papijɔt/ 女 ❶ カールペーパー, 毛巻き紙. ❷〘菓子〙(キャンディーなどの)包み紙. ❸〘料理〙パピヨット, 包み焼き；(包み焼きに用いる)バターを塗った紙.
 Tu peux en faire des papillotes. それ(文章, 書類)は紙くず同様だ, 三文の値打ちもない.

papillotement /papijɔtmɑ̃/ 男 まばゆさ, きらめき；ちらつき.

papilloter /papijɔte/ 自動 ❶[目が]ちらちらする；まばたきする. ❷[光, 色などが]きらめく, ちかちかする.

papisme /papism/ 男《軽蔑して》❶(プロテスタントが批判して言う)教皇制；教皇絶対主義. ❷ 古風 ローマ・カトリック.

papotage /papɔtaːʒ/ 男 おしゃべり, むだ話.

papoter /papɔte/ 自動 おしゃべりをする, むだ話をする, ぺちゃくちゃしゃべる.

papou, **e** /papu/ 形 パプア人の；パプア諸族の；パプア諸語の.
 — **Papou**, **e** 名 パプア人, パプア諸族.

papouille /papuj/ 女《多く複数で》愛撫(あいぶ), くすぐり. ▶ faire des *papouilles* à qn …をなで回す, といちゃつく.

paprika /paprika/ 男 パプリカ(香辛料).

papy /papi/ 男 幼児語 おじいちゃん.

papy-boom /papibum/ 男 高齢化.

papyrologie /papirɔlɔʒi/ 女 パピルス文書学：パピルスに書かれた古文書の研究.

papyrologue /papirɔlɔg/ 名 パピルス文書学者.

papyrus /papirys/ 男 ❶ パピルス(紙). ❷ パピルス古文書, パピルス手写本.

paqson /paksɔ̃/ 男 ⇒ PACSON.

pâque /pɑ:k/ 女〘ユダヤ教〙(出エジプトを記念する)過越祭；(過越の祭のいけにえの小羊).

paquebot /pakbo/ 男 大型客船, 定期船. ▶ *pa-*

pâquerette

quebot-mixte 貨客船 / *paquebot* transatlantique 大西洋航路定期船. 比較 ⇨ BATEAU.

pâquerette /pakrεt/ 囡〖植物〗ヒナギク, デージー.

à [au] ras des pâquerettes 話 低水準の, ぱっとしない; ささやかに.

***Pâques** /pɑːk/ 囡複〖キリスト教〗復活祭, イースター: キリストの復活を祝う移動祝祭日で, 春分後最初の満月のあとの日曜日. 注 常に無冠詞で扱う. 成句表現は小文字で始めることもある. ▶ *Pâques fleuries* 枝の日曜日 (復活祭1週間前の日曜日) / Joyeuses *Pâques*. 復活祭おめでとう.

*faire ses **Pâques** [**pâques**]* 復活祭のころ聖体拝領をする. 注 復活祭のころ聖体拝領をするのは, カトリック信者の義務とされる.

— 男 復活の主日, 復活祭の日. 注 le jour de Pâques の省略形. 常に無冠詞で単数扱い. ▶ les vacances de *Pâques* 復活祭の休暇; 春休み / œufs de *Pâques* 復活祭の卵 (卵形のチョコレート) / le lundi de *Pâques* 復活祭の翌日の月曜日 (休日).

*à **Pâques** ou à la Trinité* (復活祭か三位一体祭に→) いつかそのうちに; たぶん…ない.

:paquet /pakε/ パケ 男 ❶ 包み, 袋, 箱; 小荷物, 小包; 包装. ▶ un *paquet* de bonbons キャンディ1袋 / un *paquet* de lessive 洗剤1箱 / *paquet*-cadeau 贈り物用の包装 / envoyer un *paquet* par la poste 郵便で小包を送る / faire [défaire] un *paquet* 包む [包みを解く].

❷ 話〈un *paquet* [des *paquets*] de + 無冠詞名詞〉たくさんの…; …の塊, 集団. ▶ un *paquet* de billets 札束, 大金 / Des *paquets* de touristes descendaient des autocars. 観光客の群れがどっとバスから降りてきた / des *paquets* de neige 大量の雪 / un *paquet* de mer (船や突堤に打ち寄せる) 大波. ❸〖情報〗パケット.

avoir [recevoir] son paquet 話 当然の叱責 (しっせき) を受ける.

comme un paquet (de linge sale) まるで荷物のように, 乱暴に. ▶ être mis dehors *comme un paquet (de linge sale)* ぞんざいに厄介払いされる.

donner [lâcher] son paquet à qn 話 …にしこたま文句を言う; …を厳しく批判する.

faire ⸢son paquet [ses paquets] (荷造りする→) 話 出発の準備をする; 死ぬ用意をする.

mettre le paquet (1) ありったけの金を賭(か)ける. (2) 全力を尽くす.

par paquets いくつかずつまとめて; 束にして, ひとまとめにして.

risquer le paquet 話 (危険を承知で) あえてやってみる, 危ない橋を渡る.

un paquet de nerfs 神経質な人.

un paquet d'os がりがりにやせた人.

paquetage /paktaːʒ/ 男〖軍事〗(兵士の) 装具一式. ▶ faire son *paquetage* 装備を整える.

***par**¹ /par/ パル 前

❶《場所》❶《経路》…から, を通って. ▶ regarder *par* la fenêtre 窓から眺める / *Par* ici, s'il vous plaît こちらにどうぞ / venir *par* le chemin le plus court 一番近い道を通ってくる / sortir *par* la porte de secours 非常口から出る / voyager *par* terre [mer] 陸路 [海路] で旅をする / Entrez *par* ici. こちらからお入りなさい / Je dois passer *par* le bureau avant de rentrer. 帰る途中事務所に寄らなければならない.

Entrez par ici.

❷《広がり》…中を. ▶ voyager *par* le monde 世界中を旅行する / La rumeur s'est répandue *par* la ville. うわさは町中に広まった.

❸《位置》…に. ▶ être assis *par* terre 地べたに座っている / Il habite *par* ici. 彼はこの辺りに住んでいる.

❹《部分》…の所で [を]. ▶ prendre qn *par* le bras …の腕をつかむ / tenir un couteau *par* le manche ナイフの柄を持つ.

❷《時間》…のとき, …のさなかに. ▶ *par* le temps qui court 現在のところ (=en ce moment) / *par* un matin glacial d'hiver 冬の (")てつく朝に / *par* un temps de pluie 雨天のとき / Ne restez pas dehors *par* cette chaleur. この暑いさなかに外にいてはいけません.

❸《手段, 方法》❶《手段》…によって, を用いて. ▶ *par* tous les moyens あらゆる手段を使って / payer *par* chèque 小切手で支払う / voyager *par* le train 鉄道を使って旅をする / *par* avion 航空便で; 飛行機で / obtenir qc *par* la force 力ずくで…を手に入れる / diviser vingt *par* quatre 20を4で割る / Qu'entendez-vous *par* là? それはどういう意味ですか.

par avion

❷《分類, 編成》…別に, …による. ▶ ranger les dossiers *par* ordre alphabétique 書類をアルファベット順に整理する / oncle *par* alliance 義理のおじ.

❸《媒介》…から, を通して. ▶ *par* l'intermédiaire de qn …から / *par* voie de qc …によって, を介して / J'ai appris la nouvelle *par* mes voisins. 私はそのニュースを隣人から聞いた.

❹《誓い》…にかけて. ▶ *Par* ma foi! 誓って.

❹《原因, 動機》…によって, …から, …ゆえに. ❶《原因》mort *par* accident 事故死 / Ils se ressemblent *par* leur sens de l'humour. 彼らに共通するのはユーモアのセンスだ.

❷《動機》▶ faire qc *par* plaisir 楽しみのために…をする / agir *par* intérêt 利害で動く.

❺《動作主》…によって. ❶《受動態》⇨ 語法

Le cinéma a été inventé *par* les frères Lumière. 映画はリュミエール兄弟によって発明された / la découverte *par* Flemming de la pénicilline フレミングによるペニシリンの発見.

❷《使役・知覚動詞に続く他動詞の動作主を導く》 ▶ J'ai entendu chanter cet air *par* mon grand-père. 祖父がその曲を口ずさむのを聞いたことがある / Il a fait repeindre la chambre *par* les enfants. 彼は子供たちに部屋を塗り直させた.
❸ <*par* soi-même> 自分で, 独力で.
❹《配分, 反復》<*par* + 無冠詞名詞> ❶ …につき, …当たり ⇨ 語法. ▶ deux fois *par* mois [semaine] 月[週]に2度 / le revenu *par* ménage 1世帯当たりの収入 / Les Français boivent environ soixante litres de vin *par* personne et *par* an. フランス人は年間1人当たり約60リットルのワインを飲む.
❷ …ずつ, …ごとに. ▶ aller *par* petits groupes 小人数に分かれて行く. ◆A *par* A 《強調》A ずつ, A ごとに. ▶ avancer deux *par* deux 2人ずつ前に出る / suivre les événements heure *par* heure 事件の推移を刻一刻と追う.
❺《行為の始まり, 終わり》…から; …で. ▶ commencer *par* + 不定詞 …から始める / finir *par* + 不定詞 ついに…する / *Par* où commencer? さあどこから始めようか.
❻《さまざまな副詞句を作る》<*par* + 無冠詞名詞> ▶ avancer *par* bonds ぴょんぴょん跳ねて進む / apprendre qc *par* cœur …を暗記する / *par* avance 前もって / *par* conséquent したがって / *par* excellence このうえなく / *par* exemple たとえば / *par* hasard たまたま, 偶然に.

de par qc 文章 …によって. ▶ *De par* sa curiosité, l'homme est radicalement différent des machines comme l'ordinateur. 人間は好奇心を持つがゆえに, コンピュータのような機械とは根本的に異なる. (2) 文章 …中を[に]. ▶ voyager *de par* le monde 世界中を旅する. (3) …の名において (=de la part de). ▶ *de par* le roi 王の名において / *de par* la loi 法の命じるところにより.

par trop あまりにも. ▶ Elle est *par trop* égoïste. 彼女はあまりにもエゴイストだ.

語法 (1) 受動態の動作主を導く **par** と **de**.
受動態の動作主は, 行為に重点を置く場合は par, 状態や習慣に重点を置く場合は de に導かれる.
● La maison a été entourée *par* la police. 家は警察に包囲された.
● La maison était entourée *d*'un haut mur. 家は高い塀に囲まれていた.
(2) 配分, 単位を導く **par** と定冠詞.
時間当たりの数量などを示す場合は, par も定冠詞も同じように用いられるが, 商品などの単位当たりの

価格を示すとき定冠詞を用いる方がよい.
● Il gagne 12 euros 「*l*'heure [*par* heure]. 彼は時給12ユーロ稼ぐ.
● Les œufs valent 150 yen *la* douzaine. 卵は1ダース150円.

par² /paːr/ 男《英語》《ゴルフ》パー.
par- 接頭「強ვ, 完遂」を表わす. ▶ *par*fait 完全な.
para /para/ 男(parachutiste の略) 話《軍事》落下傘兵, 降下隊員.
para- 接頭 ❶「…を防ぐもの」の意. ▶ *para*chute パラシュート / *para*pluie 傘. ❷「…に準ずる, 類似の, 側に, 並んで」の意. ▶ *para*llèle 平行の. ❸「逆の; …を超えた」の意. ▶ *para*doxe 逆説.
parabole¹ /parabɔl/ 囡 たとえ話, 寓話(ぐぅわ).
parler par paraboles 熟 遠回しな言い方をする.
parabole² /parabɔl/ 囡《数学》放物線.
parabolique¹ /parabɔlik/ 形 たとえ(話)の, 寓意(ぐぅい)の, 寓話的な.
parabolique² /parabɔlik/ 形 放物線の; 放物線状の. ▶ miroir *parabolique* 放物面鏡 / antenne *parabolique* パラボラアンテナ.
parachèvement /paraʃɛvmɑ̃/ 男 文章 完成, 完遂, 成就.
parachever /paraʃve/ ③ 他動 …を完成する, 完遂する; 念入りに仕上げる. ▶ *parachever* une œuvre 作品を仕上げる.
parachutage /paraʃytaːʒ/ 男 ❶ パラシュート降下 [投下]. ❷ 話 (ある地位, 職への) 突然の任命 [推薦], 異例の抜擢(ばってき); (選挙の) 落下傘候補.
*parachute /paraʃyt パラシュト/ 男 ❶ パラシュート, 落下傘. ▶ sauter en *parachute* パラシュートで落下する. ❷ (昇降機の落下防止用) 安全装置.
parachuter /paraʃyte/ 他動 ❶ …をパラシュート降下させる. ▶ *parachuter* du ravitaillement 食糧を投下する. ❷ …を予期せぬ[分不相応な]地位[職]に任命する; (選挙で) 落下傘候補を擁立する. — *se parachuter* 代動 ❶ パラシュート降下する. ❷ 突然任命される.
parachutisme /paraʃytism/ 男 パラシュート降下法[技術], パラシュート競技.
parachutiste /paraʃytist/ 名, 形 ❶《軍事》落下傘兵(の), 空挺(くうてい)隊員(の). ❷ パラシューター(の), スカイダイバー(の).
parade¹ /parad/ 囡 ❶ 閲兵式, 軍事パレード. ❷ 文章 誇示, 見せびらかし, ひけらかし. ❸ (サーカスや見世物小屋の入り口で演じられる) 客寄せ芸.
de parade (1) 儀式用の, 装飾用の. ▶ habit *de parade* 盛装, 礼装 / lit *de parade* (高位高官の)遺体用寝台. (2) 見せかけの.
faire parade de qc …を誇示する, 見せびらかす. ▶ Il *fait* toujours *parade* de ses connaissances. 彼はいつも自分の知識をひけらかす.
parade² /parad/ 囡 ❶ 攻撃をかわすこと; 《フェンシング》パラード; 《ボクシング》パーリング. ❷ 防御, 防戦; 対応策.
parader /parade/ 自動 ❶ 澄まし込む, 気取って歩く. ❷《軍事》〔部隊などが〕行進する.
paradigmatique /paradigmatik/ 形《言語》範列的な, 範列の (↔syntagmatique). ▶ axe

paradigme

paradigmatique 範列軸 / rapport *paradigmatique* 範列連関, 選択関係. ── 囡 範列論.

paradigme /paradigm/ 男 ❶【文法】(名詞, 形容詞の曲用や動詞活用の)屈折表. ❷【言語】範列, パラダイム (↔syntagme): 構造言語学で, 互いに代入可能な潜在的連関におかれた要素の選択関係. ❸【科学】パラダイム: 特定の領域, 時代の科学的な対象把握そのものを支配している思考の枠組み.

*__paradis__ /paradi/ パラディ 男 ❶ 天国 (↔enfer). ▶ portier du *paradis* 天国の門番(聖ペテロのこと) / aller au *paradis* 天国へ行く, 死ぬ. ❷ エデンの園 (=*paradis* terrestre). ▶ *le Paradis perdu* (ミルトンの)「失楽園」 ❸ (この世の)楽園, 理想郷, パラダイス. ▶ C'est le *paradis* ici. ここはまるで天国だ / les *paradis* artificiels 人工天国(阿片などによる恍惚(こうこつ)状態. ボードレールの作品名から) / *paradis* fiscal 租税回避地, タックス・ヘイブン. ❹ (劇場の)天井桟敷. ▶ *Les Enfants du paradis*「天井桟敷の人々」(マルセル・カルネ監督の映画). ❺【鳥類】oiseau de *paradis* フウチョウ, ゴクラクチョウ.

chemin du paradis (天国への道 →)険しい道; 狭い道.

Vous ne l'emporterez pas en [au] paradis. 今に後悔するぞ, 今に見ていろ.

paradisiaque /paradizjak/ 形 天国の; 〔気候, 風景などが〕楽園のような, 心地よい.

paradisier /paradizje/ 男【鳥類】フウチョウ, ゴクラクチョウ.

paradoxal, ale /paradɔksal/; (複) **aux** /o/ 形 ❶ 逆説的な, 矛盾する. ❷ 異様な, 奇異な. ❸ 逆説好きな. ▶ esprit *paradoxal* 逆説好きな人.

paradoxalement /paradɔksalmɑ̃/ 副 逆説的に, 矛盾することとして.

paradoxe /paradɔks/ 男 ❶ 逆説, パラドックス, 背理, 矛盾. ▶ avancer [soutenir] un *paradoxe* 逆説を唱える. ❷ 奇異なこと, 非常識.

parafe /paraf/ 男 ⇨ PARAPHE.

parafer /parafe/ 他動 ⇨ PARAPHER.

paraffinage /parafinaːʒ/ 男 パラフィンを塗る[染み込ませる]こと, パラフィン処理[加工].

paraffine /parafin/ 囡【化学】パラフィン. ▶ huile de *paraffine* パラフィン油.

paraffiné, e /parafine/ 形 パラフィンを塗った[染み込ませた]. ▶ papier *paraffiné* パラフィン紙, 蠟(ろう)紙.

paraffiner /parafine/ 他動 〔紙など〕にパラフィンを塗る[染み込ませる]; …をパラフィンで処理する.

parages /paraːʒ/ 男複 ❶ 近所, 周辺; 地域. ❷ (沿岸の)海域; 沖合い.

dans les parages (*de* + 場所)(…の)周辺で, 近くに. ▶ Elle doit être *dans les parages*. 彼女はこのすぐ近くにいるはずだ.

paragraphe /paragraf/ 男 ❶ (文章の)節, パラグラフ, 段落. ❷ パラグラフ記号(§).

Paraguay /paragɥɛ; paragwe/ 固有 男 パラグアイ: 首都 Asunción. ▶ au *Paraguay* パラグアイに[を, へ].

paraguayen, enne /paragɥejɛ̃, ɛn/ 形 パラグアイ Paraguay の.
── **Paraguayen, enne** 名 パラグアイ人.

parais, paraît /parɛ/ 活用 ⇨ PARAÎTRE 50
paraiss- 活用 ⇨ PARAÎTRE 50
*__paraître__ /parɛtr/ パレートル 50 自動

過去分詞 paru	現在分詞 paraissant
直説法現在 je parais	nous paraissons
tu parais	vous paraissez
il paraît	ils paraissent
複合過去 j'ai paru	半過去 je paraissais
単純未来 je paraîtrai	単純過去 je parus
接続法現在 je paraisse	

《助動詞は avoir または être. ただし人が主語のときは常に avoir》❶ 現れる, 姿を見せる. ▶ Le soleil *a paru* à l'horizon. 太陽が地平線に現れた / Il n'*a pas paru* au bureau de la journée. 彼は一日中会社に出てこなかった / *paraître* en public 人前に出る / *paraître* en scène 舞台に立つ / *paraître* à l'écran 映画に出演する / *paraître* en justice (=comparaître) 裁判所に出頭する.

❷ [出版物などが] 出る, 発売になる, 刊行される; (新聞などに) 発表される. 注 結果を示すとき, 助動詞は多く être を用いる. ▶ faire *paraître* un ouvrage 作品を出版する / «à *paraître* prochainement» (広告で)「近日刊行」/ «vient de *paraître*» (広告で)「新刊」/ (非人称構文で) Il *a paru* [*est paru*] une nouvelle édition de cet ouvrage. この作品の新版が刊行された[されている].

❸ 目立つ, 人の目を引く. 注 多く不定形で用いる. ▶ Il cherche à *paraître*. 彼は人の気を引こうとする / Le désir de *paraître* 自己顕示欲.

❹ <*paraître* (à qn) + 属詞 // *paraître* (à qn) + 不定詞>(…にとって)…のように見える, と思われる. ▶ Il *paraît* jeune. 彼は若く見える / Il *paraît* plus jeune que son âge. 彼は年よりも若く見える / Cela me *paraît* une erreur. それは私には間違いだと思われる / Ça me *paraît* bizarre. 何かおかしい / Ma fille *paraissait* l'aimer. 娘は彼を愛しているようだった.

❺ <非人称構文で> <Il *paraît* + 属詞 + à qn「de + 不定詞「que + 直説法/接続法」>…が…には …だと思われる, のように見える. 注 主節が否定, 不確実, 非現実などを表わす場合は que 以下は接続法. ▶ Il lui *paraissait* impossible de refuser. 断わるわけにはいくまいと彼は思った / Il ne me *paraît* pas certain qu'il vienne. 彼が必ず来るとは思えない.

❻ <非人称構文で> <Il *paraît* [*paraîtrait*] que + 直説法>…だそうだ, といううわさだ. ▶ Il *paraît* qu'on va construire une autoroute. 高速道路が建設されるそうだ / (挿入句で, しばしば倒置形で) L'examen était, *paraît*-il, très difficile. 試験はとても難しかったらしい.

à ce qu'il paraît 見たところ, 外見上; うわさでは. ▶ Elle va se marier, *à ce qu'il paraît*. 彼女は結婚するという話だ.

faire paraître qc …を見せる, 示す. ▶ *faire paraître* son bon sens 良識を示す / Ces chaussures la *font paraître* plus grande. この靴は

彼女の背を高く見せる.
Il y paraît. 《多く否定的表現で》はっきり見える, はっきりそれと分かる. ▶ Il a été très malade, mais *il n'y paraît pas*. 彼はひどく病気をしたが, そんなふうには見えない.

laisser paraître qc 〔感情など〕を表わす. ▶ *laisser paraître* son irritation いらだちを隠そうとしない.

paralittérature /paraliteratyːr/ 囡 周縁的な文学: SF, 推理小説, 漫画, シャンソン, シナリオなど, いわゆる純文学以外のもの.

parallaxe /paralaks/ 囡【天文】視差. ▶ *parallaxe* annuelle 年周視差.

*****parallèle** /paralɛl/ パラレル/ 形 ❶ 平行な, 平行の. ◆ déplacement *parallèle* 平行移動. ◆ *parallèle* à qc …に平行な. ▶ droite *parallèle* à un plan 平面に平行な直線 / La rue de Rivoli est *parallèle* à la Seine. リヴォリ通りはセーヌ川に並行している. ❷〖現象, 活動などが〗並行した, 同時進行の; 類似した. ▶ mouvements *parallèles* 並行した動き / expériences *parallèles* 似たような経験 / évolution *parallèle* 同じような変遷 / importation *parallèle* 並行輸入. ❸〖組織, 活動などが〗非合法の; 秘密の, 裏の. ▶ marché *parallèle* 闇市, ブラックマーケット / police *parallèle* 秘密警察 / journal *parallèle* 闇下新聞 / mener une vie *parallèle* 二重生活を送る.

— 男 ❶ 比較, 対照, 比較論. ▶ établir [faire] un *parallèle* entre deux auteurs 2人の作家を比較対照する.
❷〖地理〗緯線 (= *parallèle* terrestre). 注 経線は méridien という.
❸〖天文〗等赤緯線; 等緯度線.

mettre qc en parallèle …を比較対照する.
— 囡 ❶〖数学〗平行線. ❷〖電気〗並列. ▶ couplage en *parallèle* 並列接続.

parallèlement /paralɛlmɑ̃/ 副〈*parallèlement* (à qc)〉❶〖…に〗平行して. ▶ une rue qui court *parallèlement* à la Seine セーヌ川に並行して走る道. ❷〖…と〗同時に;〖正規のものの〗ほかに.

parallélépipède /paralelepiped/ 男〖数学〗平行6面体.

parallélisme /paralelism/ 男 ❶ 平行性;《特に》〖自動車の車輪の〗平行状態. ❷〖現象, 組織などの〗類似, 類似性; 一致, 対応関係. ❸〖哲学〗〖心理〗〖心身〗平行論.

parallélogramme /paralelɔgram/ 男〖数学〗平行四辺形.

paralympique /paralɛ̃pik/ 形 Jeux *paralympiques* パラリンピック大会.

paralysant, ante /paralizɑ̃, ɑ̃ːt/ 形 麻痺(まひ)させる; 無力化する. ▶ une action *paralysante* 麻痺作用.

paralysé, e /paralize/ 形 ❶ 麻痺(まひ)した. ▶ bras *paralysés* 麻痺した腕. ❷ 身動きできない; 〖機能などが〗停止している. — 名 中風患者.

*****paralyser** /paralize パラリゼ/ 他動 ❶ …を身体的に麻痺(まひ)させる, 不随にする. ▶ Une attaque l'*a paralysé* sur tout le côté droit. 卒中で彼は右半身不随になった.

❷〖活動, 機能〗を停止させる; 身動きできなくする. ▶ Une grève générale *a paralysé* la moitié du pays. ゼネストで国の機能の半ばが麻痺した / être *paralysé* par la peur 恐怖で体がすくむ.

paralysie /paralizi/ 囡 ❶〖体の〗麻痺(まひ), 不随; 中風. ▶ *paralysie* des membres inférieurs 下半身不随 / *paralysie* infantile 小児麻痺 / être frappé [atteint] de *paralysie* 中風にかかる. ❷〖活動, 機能〗の停止, 麻痺. ▶ *paralysie* de l'activité économique 経済活動の停滞.

paralytique /paralitik/ 形〖体が〗麻痺(まひ)した, 不随になった. — 名 中風患者.

paramédical, ale /paramedikal/;《男 複》 **aux** /o/ 形 医療関係の, 診療補助部門の〖看護部門, 検査部門, 医療事務など〗.

paramètre /parametr/ 男 ❶〖数学〗パラメーター, 助変数, 媒介変数. ❷〖統計〗母数. ❸〖現象, 問題などの理解の鍵(かぎ)となる〗パラメーター, 要因, 要素.

paramilitaire /paramiliteːr/ 形〖組織, 規律などが〗軍隊式の.

parangon /parɑ̃gɔ̃/ 男 古文章 模範, 典型. ▶ *parangon* de chevalerie 武人の鑑(かがみ).

paranoïa /paranɔja/, 語 **parano** /parano/ 囡〖精神医学〗パラノイア, 偏執病, 妄想症.

paranoïaque /paranɔjak/, 語 **parano** /parano/ 形〖精神医学〗偏執症の; 偏執的な. — 名 偏執症者.

paranormal, ale /paranɔrmal/;《男 複》 **aux** /o/ 形 超常の, 正常域周辺の. ▶ phénomènes *paranormaux* 超常現象, 心霊現象.

parapente /parapɑ̃ːt/ 男 パラグライダー.

parapet /parapɛ/ 男〖橋, テラスなどの〗欄干, 手すり, ガードレール. ▶ s'accouder au *parapet* de la terrasse テラスの手すりにひじをつく.
❷〖軍事〗稜堡(りょうほ)の胸墻.

paraphe /paraf/, **parafe** 男 ❶〖イニシアルだけの〗略署名. ❷〖署名の〗飾り書き.

parapher /parafe/, **parafer** 他動 …に略署する; 署名する.

paraphrase /parafraːz/ 囡 ❶ 説明的言い換え, 敷衍(ふえん), 注解. ❷ 回りくどい説明.

paraphraser /parafraze/ 他動 …を言い換える, 敷衍(ふえん)する, 注釈する.

*****parapluie** /paraplɥi パラプリュイ/ 男 ❶ 雨傘. ▶ ouvrir son *parapluie* 雨傘を開く / Prends ton *parapluie*. 傘を持って行きなさい. ❷ 庇護(ひご). ▶ *parapluie* nucléaire 核の傘.

ouvrir le parapluie 自己保身する, 責任逃れする.

parapsychique /parapsiʃik/ 形 超心理学〖パラサイコロジー〗の.

parapsychologie /parapsikɔlɔʒi/ 囡 超心理学, パラサイコロジー: テレパシーや念力などの超自然的な心理現象の研究.

parascolaire /paraskɔleːr/ 形〖学校教育と連携して行われる〗学校外〖教育〗の.

parasitaire /parazitɛːr/ 形 ❶ 寄生生物の; 寄生虫による. ▶ maladie *parasitaire* 寄生虫病.
❷ 文章 寄生虫的な, うまい汁を吸う.

parasite /parazit/ 男 ❶ 寄生生物, 寄生虫. ❷

parasiter

寄食者, 居候. ▶ *parasites* de la société 社会の寄生虫 / vivre en *parasite* chez qn …の家に居候する. ❸《複数で》【電気通信】雑音, ノイズ.
── 形 ❶ 寄生する. ❷ 余計な, 邪魔な. ▶ bruits *parasites* 雑音.

parasiter /parazite/ 他動 ❶ 【生物学】…に寄生する. ❷ …を雑音で妨害する.

parasitisme /parazitism/ 男 ❶ 寄生. ❷ 寄食, 居候.

parasol /parasɔl/ 男 ❶ (大型の)パラソル. 注 携帯用日傘は ombrelle という. ▶ *parasol* de plage ビーチパラソル. ❷ 【植物】pin *parasol* カラカサマツ.

paratonnerre /paratɔnɛːr/ 男 避雷針.

paravent /paravɑ̃/ 男 ❶ ついたて, 屏風(びょう), スクリーン. ❷ 隠れみの, 口実.

parbleu /parblø/ 間投 文章 無論, そのとおり, しかり.

***parc** /park/ パルク/ 男 ❶ 公園; (城館, 大邸宅の)庭園. ▶ le *parc* de Versailles ヴェルサイユ宮殿の庭園 / *parc* national 国立公園 / *parc* naturel régional 地方自然公園 / *parc* zoologique 動物園 / *parc* à thème テーマパーク. 比較 ⇨ JARDIN.
❷ 駐車場 (= *parc* de stationnement). ▶ *parc* gardé 専用駐車場.
❸ (車両, 施設などの)(保有)総数. ▶ le *parc* automobile de la France フランスの自動車保有台数. ◆ le *parc* de ＋ 無冠詞名詞 ▶ le *parc* de logements de la région parisienne パリ地方の住宅総数.
❹ (製品や材料などの)置き場, 貯蔵所.
❺ ベビーサークル (= *parc* à bébé).
❻ (牛, 羊などの柵(さく)のある)牧養場. ❼ (貝の)養殖場. ▶ *parc* à huîtres 牡蠣(かき)養殖場.

parcage /parka:ʒ/ 男 ❶ (家畜, 特に羊を)囲い地に入れること. ❷ 駐車; 駐車場.

parcellaire /parsɛlɛːr/ 形 細分化された, 仕分けられた.

parcelle /parsɛl/ 女 ❶ 小片, 小部分; 小量. ▶ une *parcelle* de mica 雲母(うんも)のかけら / Il n'y a pas une *parcelle* de vérité dans ces paroles. これらの言葉には真実のかけらもない. ❷ (土地の)区画.

parcellisation /parselizasjɔ̃/ 女 (土地, 組織などの)分割, 細分化, 寸断.

parcelliser /parselize/ 他動 …を分割する, 細分する. ▶ *parcelliser* une terre 土地を分割する [区画に分ける].

***parce que** /park(ə)/ パルスク/ 接句

❶ (理由, 原因を示して) …なので, だから. ▶ Nous partons *parce qu*'ils nous attendent. 彼らが待っているので私たちは帰ります / Elle n'a rien répondu *parce que* très timide. 彼女は非常に内気だったので何も答えなかった(注 主節と主語が同じとき, parce que 以下は主節, 動詞が省略されることがある). ◆ C'est *parce que* A que B. A だからこそ B である. ◆ C'est *parce que* tu es là que je suis content. 君がいてくれるから私はうれしい.
❷ 《pourquoi に対応して》なぜなら, そのわけは. ▶ « Pourquoi ne venez-vous pas plus souvent? ── *Parce que* je n'ai pas le temps. » 「どうしてもっとちょくちょくいらっしゃらないのですか」「暇がないものですから」.
❸ 《否定の動詞とともに》…だからといって(…なのではない […の理由にはならない]). ▶ Ce n'est pas *parce qu*'on est pressé qu'il faut rouler trop vite. 急いでいるからといって, スピードを出しすぎてよいという理由にはならない.
❹ 《説明の拒否ないし不可能を示して単独で》だって, なぜでも. ▶ « Pourquoi dites-vous cela? ── *Parce que.* »「なぜそんなことを言うのですか」「なぜと言っても」

parchemin /parʃəmɛ̃/ 男 ❶ 羊皮紙; (羊皮紙に書かれた)文書, 文献. ❷ 《多く複数で》貴族の称号. ❸ 俗 (大学の)卒業証書; 学位.

parcheminé, e /parʃəmine/ 形 羊皮(紙)のような; かさかさして皺の寄った. ▶ visage *parcheminé* しわだらけの顔.

parcimonie /parsimɔni/ 女 けち, つましさ. ▶ dépenser avec *parcimonie* 物惜しみする, 金をけちる.

parcimonieusement /parsimɔnjøzmɑ̃/ 副 けちけちと, つましく.

parcimonieux, euse /parsimɔnjø, øːz/ 形 けちな, いじましい; つましい, わずかな. ▶ une distribution *parcimonieuse* des vivres わずかばかりの食糧の配給.

par-ci par-là /parsiparla/ 副 あちこちに. ▶ On retrouva les débris *par-ci par-là*. あちこちで残骸(ざんがい)が見つかった.

parcmètre /parkmɛtr/, **parcomètre** /parkɔmɛtr/ 男 パーキングメーター.

***parcourir** /parkuriːr/ パルクリール/ 23 他動

過去分詞 parcouru	現在分詞 parcourant

直説法現在	je parcours	nous parcourons
	tu parcours	vous parcourez
	il parcourt	ils parcourent

❶ …をくまなく歩き回る, 駆け巡る; 〔衝撃などが〕…を(貫いて)走る. ▶ *parcourir* le village à la recherche d'un boulanger パン屋を探して村中を歩き回る / Des frissons de fièvre lui *parcouraient* le dos. 熱による悪寒が彼(女)の背筋を走った. ❷ …を走破 [踏破] する. ▶ Le train *parcourt* cette distance en deux heures. 列車はこの距離を2時間で走る.
❸ …を一瞥(いちべつ)する; ざっと検討する. ▶ *parcourir* la foule du regard 雑踏を見渡す / *parcourir* un article 記事にざっと目を通す.

parcourr- 活用 ⇨ PARCOURIR 23

***parcours¹** /parkuːr/ パルクール/ 男 ❶ 道のり, 行程, 道筋. ▶ le *parcours* d'un autobus バスの路線 / Il y avait beaucoup de Parisiens sur le *parcours*. 沿道には多くのパリっ子が詰めかけていた / Cette station de métro est sur le *parcours* du 21 [vingt et un]. この地下鉄駅は(バスの)21番線に接続している. 比較 ⇨ ITINÉRAIRE.
❷ (陸上競技, ゴルフ, 観光旅行などの)コース.

語法 parce que, car, puisque

1. parce que の特徴

⟨A puisque B⟩, ⟨A, car B⟩ がともに, 2つの異なった発話行為(AとB)を結びつけるのに対して, ⟨A parce que B⟩ では全体が1つの発話行為を形成する.

• A Tokyo, beaucoup de Japonais habitent très loin de leur lieu de travail parce que le prix des appartements dans le centre de la capitale est devenu totalement inaccessible. 東京では, 多くの日本人が職場から遠く離れたところに住んでいるが, これは首都の中心部のマンションの値段が手の届く範囲でなくなってしまったからだ.

• «Pourquoi est-ce que tu ne m'as pas téléphoné hier soir?—Parce que j'étais très occupé.» 「どうして昨日の晩電話をくれなかったのですか」「たいへん忙しかったからです」

• C'est parce qu'il ne lui écrit pas du tout que sa mère est en colère. 彼の母親が腹を立てているのは, 彼が全然手紙を書かないからだ.

• Elle m'a téléphoné probablement parce qu'elle se sentait seule. 彼女が私に電話してきたのは, たぶんひとりぼっちで寂しかったからだ.

◆ ⟨A parce que B⟩ はAとBの間に原因と結果の関係を打ち立てるための表現である. 全体は単一の発話行為を形成しているので, Aが特に長く複雑な場合を除いて, parce que の前にコンマを置くことはできない.

◆ 疑問文 ⟨Pourquoi...?⟩ に対する答えは, parce que だけで, car や puisque の使用は誤り.

◆ ⟨A parce que B⟩ は単一の発話行為なので, 強調構文 ⟨C'est ... que ...⟩ によって, 発話の一要素 ⟨parce que B⟩ をAと分離・強調できる.

◆ probablememt, certainement, sans doute, peut-être などの副詞は, ⟨A parce que B⟩ 全体にかかる.

2. car の特徴

⟨A, car B⟩ はAとBの2つの発話行為から成り立っている. 「私はAと言う. なぜならばBだからだ」, すなわちAを発話する行為の理由または正当化がBなのである.

• Les voisins ne sont pas là, car les volets sont fermés. 隣の家の人たちは留守だ. なぜそういうことを言うかといえば, 雨戸が閉まっているからだ (→ Les voisins ne sont pas là parce qu'ils sont partis en vacances. 隣の家の人たちはバカンスに出かけたので留守だ).

• Les voisins ne sont certainement pas là, car les volets sont fermés. 隣の家の人たちは留守だ. なぜそういうことを言うかといえば, 雨戸が閉まっているからだ.

• Est-ce qu'il est malade? Car il ne m'a pas écrit depuis longtemps. 彼は病気だろうか. なぜこんな疑問を持つかといえばずいぶん前から手紙が来ないからだ.

• Je ne pense pas qu'il soit pauvre, car il a une belle voiture allemande. 彼が貧しいとは思わない. なぜそう断言するかといえば, 彼はすばらしいドイツ車を持っているからだ(→ Je ne pense pas qu'il soit mal habillé parce qu'il est pauvre. 彼が貧しいからぱっとしない身なりをしているのだとは思わない).

◆ 発話行為Aは, 肯定あるいは否定の断定, 疑問, 命令のいずれでもよい.

◆ ⟨A, car B⟩ ではAの部分で使う probablememt, certainement, sans doute, peut-être などの副詞はAにだけかかる.

◆ ⟨A, car B⟩ においては, A中の疑問や否定はBにかからない.

◆ Aが従属節を含む場合, car 以下はAの主動詞に従属しない.

3. puisque の特徴

⟨A, puisque B⟩ も ⟨A, car B⟩ と同じように, 2つの発話行為から成り立っている. 両者の違いは, car を使った場合はA, Bの発話行為の主体がともに話者であるのに対して, puisque の場合はBという発話を行う主体が話者とは区別された別の主体(話者と対話者の共同体または2人を含む広い「公衆」(on) など)である点にある. ⟨A, puisque B⟩ の特徴は, B節の情報が相手にとって既知であるか, あるいは実際には既知でなくても, 話者が既知であると見なしていることにある.

• Je voulais sortir, mais puisque tu es malade, je resterai à la maison. 今日は外出したかったけれど, あなたが病気ではそうもいきませんね, 家にいます.

• Puisqu'il fait beau, on va manger dans le jardin. 天気がいいからみんなで庭で食べよう.

• Puisque tu n'as rien à faire, tu vas m'aider un peu. 君は何もすることがないのだから, ちょっと手伝えよ.

◆ 「あなたが病気」ということは, 当の病人である相手には分かりきったことなので puisque が使われている.

◆ 「天気がいい」ということは, 相手が容易に確認することができる情報なので puisque が用いられている.

◆ 実際には用事のある相手に向かってこの文を言えば, 「君は何もすることがない」という, 相手にとっては承服しがたい断言を強引に共有させてしまうことになり, かなり挑発的になる.

parcours

accident [incident] de parcours 思わぬ事故, 偶発事.

parcours du combattant 障害物通過訓練; 障害, 試練.

parcours², parcourt /parku:r/ 活用 ⇨ PARCOURIR 23

parcouru-, parcourû-, parcouruss- 活用 ⇨ PARCOURIR 23

par-delà /pardəla/ 前 …を越えて, の向こう側に. ▶ *par-delà* les mers 海の向こうに[で]. ― 副 向こう側で.

par-derrière /pardɛrjɛ:r/ 前 …の後ろに. ▶ Passez *par-derrière* cette maison. この家の裏手へ回ってください.
― 副 背後で[から]; 陰で. ▶ attaquer qn *par-derrière* …を背後から襲う / dire du mal de qn *par-derrière* …の陰口をたたく.

par-dessous /pardəsu/ 前 …の下を, 下から. ▶ passer *par-dessous* la clôture 柵(?)の下をくぐる.

par-dessous la jambe 話 いいかげんに, ぞんざいに.
― 副 下を, 下から. ▶ Baissez-vous et passez *par-dessous*. かがんで下をくぐってください.

***pardessus** /pardəsy/ パルドゥシュ/ 男 (男物の)外套(がいとう), オーバー.

***par-dessus** /pardəsy/ パルドゥシュ/ 前 ❶ …の上を, 上から. ▶ mettre un chandail *par-dessus* sa chemise シャツの上にセーターを着る / *par-dessus* l'épaule de qn …の肩越しに. ❷ …の意見を聞かずに, 頭越しに.

en avoir par-dessus la tête (de qc) 話 (…は)もうたくさんだ, うんざりする. ▶ J'*en ai par-dessus la tête de* toutes ces comédies. こんな茶番はもうたくさんだ.

par-dessus le marché そのうえ, おまけに.

par-dessus tout とりわけ, 何よりもまず.

tomber cul par-dessus tête 話 真っ逆さまに落ちる.
― 副 その上を, その上に. ▶ sauter *par-dessus* …を跳び越える.

par-devant /pardəvɑ̃/ 前 ❶ …の前を[に, で]. ❷《法律》…の立ち会いの下に. ▶ *par-devant* notaire 公証人立ち会いの下で.
― 副 前を, 前から; 面前で. ▶ heurter une voiture *par-devant* 自動車を正面からぶつける.

par-devers /pardəvɛ:r/ 前 文章 ❶ <*par-devers* soi>の手元に; 心ひそかに. 注 soi は各人称に変化させて用いる. ▶ garder des documents *par-devers* soi 資料を手元に保存する. ❷ …の前に.

pardi /pardi/ 間投 話 もちろん, そのとおり.

:**pardon** /pardɔ̃/ パルドン/ 男 ❶ 許し, 容赦. ▶ accorder [donner] son *pardon* 許す. ◆demander *pardon* 謝罪する, 詫(わ)びる. ▶ Il m'a demandé *pardon* de son indiscrétion. 彼は私に非礼を詫びた.

❷《間投詞的に》(1)(非礼を詫びて)ごめんなさい, すみません (= Je vous demande *pardon*). ▶ *Pardon*, monsieur, avez-vous l'heure? すみません, 今何時でしょうか / *Pardon*! Je peux passer? 失礼, 通っていいですか / «**Pardon**! —Ce n'est rien.»「失礼」「どういたしまして」
(2)(聞き返して)なんですか, なんとおっしゃいましたか. 注 Comment? より丁寧な言い方. ▶ «Quelle heure est-il? —*Pardon*?»「何時ですか」「なんですか」
(3)(言葉を遮ったり, 反論したりして)お言葉ですが; いいえ. ▶ «Tu ne m'avais pas prévenu. —*Pardon*, je te l'ai dit hier.»「君は僕に前もって言わなかったよ」「いいえ, それは昨日言ったよ」
(4) 話 すごい, いやまったく(強い感嘆). ▶ Le roman était déjà excellent, mais alors le film *pardon*! 小説からしてすばらしかったが, 映画もなかなか傑作だ.

❸ (ブルターニュ地方の)パルドン祭(の巡礼).

「ごめんなさい」のしぐさ

pardonnable /pardɔnabl/ 形 許せる, 許されるべき.

***pardonner** /pardɔne/ パルドネ/ 他動 <*pardonner* qc (à qn)>(…の)…を許す, 大目に見る, 思って見逃す; 容認する. ▶ *pardonner* un crime 罪を許す / *Pardonnez* ma franchise 率直に申し上げるのをお許し下さい / Mon père *a pardonné* ses bêtises à mon frère. 父は兄[弟]の軽率な行動を許した. ◆ *pardonner* à qn de + 不定詞 ▶ Je ne lui *pardonne* pas de m'avoir menti. 私にうそをついた彼(女)が許せない / *Pardonnez-moi* de vous déranger. お邪魔してすみません. 注 人を直接目的とする用法は受動表現の Vous êtes *pardonné*.(お気になさらぬように)以外は誤りとされている.

Faute avouée est à moitié pardonnée. 諺 過ちも認めれば半ば許されたも同然.
― 間接目的 <*pardonner* à qn>…を許す, 容赦する. ▶ Je ne lui *pardonnerai* jamais. 彼(女)のことは決して許さない / *Pardonnez*-moi, mais, je suis obligé de vous contredire. 失礼ですが, あなた(方)の御意見には賛成しかねます / se faire *pardonner* 許してもらう.

Dieu me pardonne. 話 こう言ってはなんですが.
― 自動 <ne pas *pardonner*> 容赦しない, 取り返しがつかない. ▶ une faute qui ne *pardonne* pas 取り返しのつかない過ち / C'est une maladie qui ne *pardonne* pas. これは不治の病だ.
― *se pardonner* 代動 ❶ 許される. ▶ Ce genre de faute ne *se pardonne* pas. この種の過ちは許されない.

❷ <*se pardonner* qc // *se pardonner* de + 不定詞>(多く否定的表現で)(自分の)…を許す, 責めない. 注 se は間接目的. ▶ Je ne me le *pardonnerai* jamais. 私は今後もずっとそのことを悔やみ続けるでしょう. ❸ 互いに…を許し合う. 注 se は間接目的. ▶ Ils *se sont pardonné* les offenses faites. 彼らは互いの無礼を許し合った.

paré¹, e /pare/ 形 (parer¹ の過去分詞) ❶ <*paré*

(de qc)〉(…で)飾られた；着飾った. ❷《paré de qc》〈立派な肩書などを〉持った. ▶ être paré d'un titre de noblesse 貴族の称号を持つ. ❸ 〖海事〗Paré! 用意完了.

paré², e /pare/ 形(parer² の過去分詞)〈être paré (contre qc)〉(…に対して)備えができている. ▶ être paré contre le froid 寒さに対して備えができている.

pare- 接頭「…を防ぐもの」の意.

pare-balles /parbal/ 男《射撃場の》弾丸よけ板；防弾服.《同格的に》gilet pare-balles 防弾チョッキ.

pare-brise /parbriːz/ 男《単複同形》(船，飛行機などの)風防窓；(自動車の)フロントガラス.

pare-chocs /parʃɔk/ 男《自動車》バンパー.

pare-étincelles /paretɛ̃sɛl/ 男(暖炉の前に置く)火の粉止めついたて.

pare-feu /parfø/ 男《単複同形》❶ 防火装置. ❷(森林の)防火帯［線］(=coupe-feu).
— 形《不変》防火(用)の.

*__pareil, le__ /parɛj/ パレイユ/ 形 ❶〈pareil (à qc/qn)〉(…と)よく似た，同様の；同一の. ▶ Ils sont tous pareils, mes élèves! 私の生徒たちはみんな似たり寄ったりだ /《Comment va-t-elle? — C'est toujours pareil.》「彼女はどうしてる?」「相変わらずさ」/ Ce n'est pas pareil. それとこれは別だ / demain à pareille heure 明日の同じ時間に / Sa voiture est pareille à la mienne. 彼(女)の車は私のにそっくりだ. 注 俗語では《pareil que》も用いられる(例：Ici, c'est pareil que chez nous. ここはうちと同じだ).
❷ このような，そのような. 注 軽蔑のニュアンスを持つことがある. 日常的表現では多く名詞のあとに置かれる. 名詞の前に置かれると，冠詞が省略される場合が多い. ▶ un type pareil あんなやつ / Je n'ai jamais entendu un discours pareil. あんな演説は今まで聞いたことがない / Rien de pareil ne s'était produit depuis vingt ans. こんなことは20年来起こったことがない.

à nul autre pareil 文章 比類ない，卓越した.

à une heure pareille = *à pareille heure* こんなに早く[遅く]，こんな時間に.

dans un cas pareil = *en pareil cas* そんな場合には.
— 名 同じような人[物]；仲間，同類.

ne pas avoir「son pareil[sa pareille] 第一人者である，右に出る者がない. ▶ Elle n'a pas sa pareille pour réussir les gâteaux. お菓子を作らせたら彼女の右に出る者はいない.

sans pareil[pareille] 比類のない，無二の.
— **pareil** 男 同じこと.

C'est du pareil au même. 話 まったく同じことだ(何も問題はない).
— **pareille** 女 同じ仕打ち.

rendre la pareille à qn …にお返しをする，仕返しをする.
— **pareil** 副 俗〈pareil (que qc/qn)〉(…と)同じように.

pareillement /parɛjmɑ̃/ 副 文章 ❶ 同じに，同じように. ❷ …もまた，同様に. ▶《Bon week-end! — Et à vous pareillement.》「よい週末を」「あなたも御同様に」

parement /parmɑ̃/ 男 ❶(袖口や襟の)折り返し，カフス；袖飾り，襟飾り. ❷(壁などの)仕上げ面，外表面.

parenchyme /parɑ̃ʃim/ 男 ❶〖解剖〗(器官や腺(セン)の)実質. ❷〖植物学〗柔組織.

*__parent__ /parɑ̃/ パラン/

英仏そっくり語
英 parent 親.
仏 parent 親，親戚(シンセキ).

男 ❶《複数で》両親，父母. ▶ obéir à ses parents 両親の言うことを聞く / les parents 話(自分の)両親 / devenir parent 親になる / parent unique 一人親 / parents adoptifs 養父母. ❷ 文章 先祖，祖先(=ancêtre). ▶ nos premiers parents 我々の最初の先祖(アダムとイブ). ❸(動物の)親. ▶ parent mâle 雄親.
— *__parent, ente__ /parɑ̃, ɑ̃ːt/ 名 親戚(シンセキ)，親類，親族. ▶ proche parent 近親 / parent éloigné 遠縁 / parent maternel [par sa mère] 母方の親戚 / parent par alliance 姻戚 / C'est un parent de ma femme. 彼は妻の親戚筋の者です.

traiter qn/qc en parent pauvre …を冷遇する，軽くあしらう.
— 形 ❶〈être parent (avec qn)〉(…と)親戚である，縁続きである. ❷〈parent (de qc)〉(…と)同系統である，近縁である.

parental, ale /parɑ̃tal/；(男複)**aux** /o/ 形 両親の. ❶ autorité parentale 親の権";利 / congé parental (d'éducation) 出産休暇(両親に認められている).

parentalité /parɑ̃talite/ 女 親であること.

parenté /parɑ̃te/ 女 ❶ 血縁，親戚(シンセキ)関係. ▶ parenté du côté paternel 父方の親戚関係 / avoir un lien de parenté avec qn …と血のつながりがある / parenté par alliance 姻戚関係 / degré de parenté 親等.
❷《集合的に》親戚一同，親類縁者.
❸ 親近性，類似，相似，共通点. ▶ la parenté des goûts 趣味の類似.
❹(言語間の)親縁性，親縁関係.

parenthèse /parɑ̃tɛːz/ 女 ❶ 丸括弧，(数式の)小括弧，( ). ▶ ouvrir [fermer] la parenthèse 括弧を開く[閉じる](⇨ 成句) / mettre qc entre parenthèses …を括弧に入れる[でくくる](⇨ 成句). ❷ 挿入句；余談，挿話.

entre [par] parenthèses ついでながら，余談ではあるが.

mettre qc entre parenthèses …をわきへのける，除外する.

ouvrir [fermer] une parenthèse 余談に入る[を終える].

paréo /pareo/ 男 パレオ. (1)タヒチの腰巻き型民族衣装. (2)タヒチ風ビーチウェア.

*__parer¹__ /pare/ パレ/ 他動 ❶〈parer qn/qc (de qc)〉…を(…で)飾る. ▶ parer un enfant d'un vêtement de fête 子供に晴れ着を着せる. ❷《物が》…を飾っている. ▶〈parer qn de qc〉…に(美点など)を付与する. ▶ parer qn de toutes les qualités …をほめそやす. ❹ …を下準備す

る. ▶ *parer* de la viande 肉を下ごしらえする.
— **se parer** 代動 ❶ ⟨*se parer* (de qc)⟩(…で)身を飾る. ▶ *se parer* de colliers ネックレスで身を飾る. ❷ ⟨*se parer* de qc⟩(派手な肩書きなど)を我が物とする. [文章](長所)を持つ.
se parer des plumes du paon 借り物で見えを張る[いい格好をする].

parer[2] /pare/ 他動 ❶〔攻め〕をかわす. ▶ *parer* le coup 攻撃[非難]をかわす. ❷ ⟨*parer* qn/qc contre qc⟩…を…から守る. ▶ *parer* la maison contre le vent (=protéger) 家を風から守る.
— 間接動 ⟨*parer* à qc⟩…に備える, を予防する; の打開策を講じる. ▶ *parer* à toute éventualité 不測の事態に備える, 万全の策を講じる / *parer* au plus pressé [urgent] 緊急措置をとる.
— **se parer** 代動 ⟨*se parer* contre [de] qc⟩…から身を守る; に備える.

pare-soleil /parsɔlɛj/ 男〈単複同形〉(自動車の)日よけ, サンバイザー.

*****paresse** /pares パレス/ 女 ❶ 怠惰, 怠け; 無気力, 安逸. ▶ *paresse* intellectuelle 知的怠慢 / habitude de *paresse* 怠け癖 / par *paresse* 怠けて / solution de *paresse* 安易な解決法 / avoir la *paresse* d'écrire 筆不精である. ❷ 機能低下. ▶ *paresse* intestinale 腸の機能低下 / *paresse* d'esprit のみこみの悪さ, 頭の鈍さ.
avec paresse 緩慢に, のろのろと.

paresser /parese/ 自動 怠ける; のんびり過ごす. ▶ Il reste à *paresser* toute la journée chez lui. 彼は1日中家でぶらぶらしている.

paresseusement /paresøzmɑ̃/ 副 ❶ 怠惰に, のんびりと. ❷ 緩慢に, ゆっくりと.

*****paresseux, euse** /paresø, ø:z パレスー, パレスーズ/ 形 ❶ 怠惰な, 不精な. ▶ élève *paresseux* 怠け者の生徒 / choisir une solution *paresseuse* 安易な解決法を選ぶ. ◆être *paresseux* pour [à] + 不定詞 なかなか…しない. ▶ être *paresseux* pour se lever le matin 朝なかなか起きられない. ❷ 緩慢な; 鈍い, 機能の低下した. ▶ avoir l'esprit *paresseux* のみこみが悪い / avoir l'estomac *paresseux* 胃の調子がおかしい.
paresseux comme ⌈*une couleuvre* [*un loir*]⌉ 極めて怠惰な.
—名 怠け者, 不精者.
— **paresseux** 男〔動物〕ナマケモノ.

parfaire /parfɛ:r/ Ⅶ〈不定形, 複合時制以外は稀〉(過去分詞 parfait, 現在分詞 parfaisant) 他動 …を完成する, 仕上げる. — **se parfaire** 代動 完成される; 完全なものになる.

*****parf*ait, aite** /parfe, et パルフェ, パルフェト/ 形 ❶(多く名詞のあとで)完全な, 非の打ち所のない, 見事な. ▶ un crime *parfait* 完全犯罪 / un secrétaire *parfait* 申し分のない秘書 / Le dîner était *parfait*. 実にすばらしい夕食だった / Je suis en *parfaite* santé 私は極めて健康だ. ◆(être) *parfait* de + 無冠詞名詞 …の点で申し分がない.
▶ être *parfait* de discrétion 実に慎み深い.
❷《名詞の前で》すべての, 全面的な. ▶ avoir une *parfaite* confiance en qn …に全幅の信頼を置く / être dans la plus *parfaite* ignorance de qc …を少しも知らない / un *parfait* crétin 大ばか者.
❸《間投詞的に》結構, 申し分ない, よろしい, すばらしい (=C'est *parfait*). ▶ «Il viendra vous voir demain.— *Parfait*!»「彼は明日あなた(方)に会いに来るでしょう」「それはよかった」

「申し分ない」のしぐさ

❹〔生物学〕成体の. ▶ insecte *parfait* 成虫.
❺〔数学〕nombre *parfait* 完全数.
Personne [*Nul*] *n'est parfait.* (完全無欠な人間などいない→)だれにでも多少の弱点はあるものだ, そのくらいは大目に見ましょう.
— **parfait** 男 ❶〔言語〕完了(形): フランス語では半過去 imparfait に対する単純過去, 複合過去のこと. ❷〔菓子〕パルフェ.

parfaitement /parfɛtmɑ̃/ 副 ❶ 完全に, 申し分なく, 完璧(%)に. ▶ connaître *parfaitement* l'anglais 英語を完全に使いこなす. ❷ まったく, 全面的に. ▶ C'est *parfaitement* exact. 全くそのとおりだ / Tout cela m'est *parfaitement* égal. そんなことは私にはまったくどうでもいいことだ. ❸《間投詞的に》もちろん, そうですとも(肯定の強調). ▶ «Tu viendras demain?—*Parfaitement*!»「明日来るかい」「もちろん」

*****parfois** /parfwa パルフォワ/ 副 ときどき; ときには. ▶ *Parfois*, il rentre tard. 彼はときどき帰りが遅くなる. ◆*parfois … parfois …* あるときは…またあるときは…. ▶ Il est *parfois* gai, *parfois* triste. 彼はときには陽気で, ときには陰気だ.

*****parfum** /parfœ̃ パルファン/ 男 ❶ 香り, 芳香; 香料, 香水. ▶ le doux *parfum* de la rose バラの甘い香り / *parfums* d'origine végétale 植物性香料 / se mettre du *parfum* 香水をつける. 比較 ⇨ ODEUR. ❷ フレーバー, 風味. ▶ «A quel *parfum* est votre glace?—A la vanille.»「アイスクリームは何味にしますか」「バニラにしてください」
❸ 文章 ⟨*parfum* de qc // *parfum* + 形容詞⟩…の雰囲気; 名残. ▶ un *parfum* des anciens jours いにしえの名残.
être au parfum de qc 熟 …をかぎつけている, 感づいている, 知っている.

parfumé, e /parfyme/ 形 芳香を放つ; 香水をつけた; 香り[風味]をつけた. ▶ des fraises très *parfumées* とても香りのよいイチゴ / un mouchoir *parfumé* à la lavande ラベンダーの香水を染み込ませたハンカチ.

parfumer /parfyme/ 他動 ❶ …を芳香で満たす, に香りをつける; 香水をつける. ❷ 香りをつける. ▶ *parfumer* une crème au citron クリームにレモンの風味をつける.
— **se parfumer** 代動 ❶(自分の体に)香水をつける. ▶ *se parfumer* au musc 麝香(ぢゃ)の香水をつける. ❷ ⟨*se parfumer* de qc⟩(自分の)[体の部分]に香りをつける. ❸ 香りがつく.

parfumerie /parfymri/ 女 ❶ 香水店, 化粧品

parfum*eur*, *euse* /parfymœːr, øːz/ 名 香水製造(販売)業者.
pari /pari/ 男 ❶ 賭(%). ▶ faire un *pari* 賭をする / gagner [perdre] son *pari* 賭に勝つ [負ける] / tenir un [le] *pari* 賭に応じる. ❷ ギャンブル, 賭け事. ❸《競馬》*pari* mutuel hippodrome 場内勝馬投票(略 PMH) / *pari* mutuel urbain 場外勝馬投票(略 PMU) / *pari* tiercé 3 連勝式勝馬投票.
Les paris sont ouverts. 結果は予測がつかない.
paria /parja/ 名《男女同形》❶(インドの)不可触民, ハリジャン. ❷のけ者, 嫌われ者.
***parier** /parje/ パリエ 他動 ❶ …を賭(⁰)ける. ▶ *parier* cent euros sur le favori 本命馬に100ユーロ賭ける / Je *parie* une bouteille de champagne avec toi qu'il acceptera. 彼は承知してくれるよ, 君とシャンパン1本賭けてもいいぜ.
❷ …を請け合う, 保証する; と確信する, 思う. ▶ Je *parie* que c'est lui. それはきっと彼だ / Elle est arrivée en retard? Je l'*aurais parié*. 彼女は遅れて来たんだって. そんなことだろうと思ったよ.
Il y a fort [gros] à parier que + 直説法. …はほとんど間違いない.
— 自動 ❶ 賭ける; 希望を託す. ▶ *parier* gros aux courses 競馬で大金を賭ける / *parier* pour [sur] sa bonne volonté 彼(女)の善意に期待する. ❷ 確信する. ▶ Vous avez soif, je *parie*? 喉(²)が渇いているんでしょう, きっと.
— **se parier** 代動〔金が〕賭けられる.
pariét*al*, *ale* /parjetal/; (男複) *aux* /o/ 形 ❶《解剖》壁在の, 壁側の; 頭頂の. ▶ os *pariétal* 頭頂骨. ❷ peintures *pariétales* 洞穴壁画.
— **pariétal**; (複) *aux* 男 頭頂骨.
pari*eur*, *euse* /parjœːr, øːz/ 名 賭(⁰)をする人, 賭の好きな人; 競馬マニア.
parigot, ote /parigo, ɔt/ 形 話 パリの, パリっ子の. ▶ accent *parigot* パリ訛(°).
— **Parig*ot*, *ote*** 名 話 パリっ子.
Paris /pari/ 固有 パリ [75]: フランスの首都.
parisianisme /parizjanism/ 男(言語, 習慣などの)パリ風, パリっ子風.
parisi*en*, *enne /parizjɛ̃, ɛn/ パリズィヤン, パリズィエヌ/ 形 パリ Paris の; パリ風の. ▶ banlieue *parisienne* パリ郊外 / chic *parisien* パリ風のおしゃれ.
— ***Parisi*en*, *enne*** 名 パリ人, パリっ子.
paritaire /pariteːr/ 形(会議などが)(各派)同数の代表から成る. ▶ commission *paritaire*(労使同数代表による)同数委員会.
parité /parite/ 名 ❶ 文章(2つのものの)同一, 一致, 同等;(賃金などの)平等. ▶ réclamer la *parité* des [entre les] salaires 賃金の平等を要求する. ❷《経済》パリティー, 平価. ❸(議会での)男女同数. ▶ parité hommes-femmes 男女同数.
parjure /parʒyːr/ 男 偽りの宣誓, 誓約違反. ▶ commettre un *parjure* 誓いに背く.
— 名 誓いに背く人; 不実な人.
— 形 誓いに背く; 不実な.

se parjurer /s(ə)parʒyre/ 代動 偽りの宣誓をする; 誓いを破る.
parka /parka/ 女/男《米語》パーカー: フード付きの防寒・防風用ジャケット.
parking /parkiŋ/ 男《英語》❶ 駐車. ▶ *parking* interdit 駐車禁止. ❷ 駐車場.
Parkinson /parkinsɔn/ maladie de *Parkinson* パーキンソン病.
parl*ant*, *ante* /parlɑ̃, ɑ̃ːt/ 形 ❶ 示唆的な, 暗示に富む, 雄弁な. ▶ Les chiffres sont *parlants*.(=éloquent) 数字を見れば一目瞭然(は(⁴ʰ))だ. ❷ 話 おしゃべりの. ▶ Il n'est pas très *parlant*. 彼はあまりおしゃべりではない. ❸ 音声を出す. ▶ horloge *parlante* 電話の時報 / cinéma [film] *parlant*《映画》トーキー. ❹ sujet *parlant* 話し手, 話者. — **parlant** 男 トーキー.
parl*é*, *e* /parle/ 形 話される. ▶ langue *parlée* et langue écrite 話し言葉と書き言葉 / journal *parlé* ラジオニュース.
— **parlé** 男(オペラなどの)語りの部分.
Parlement /parləmɑ̃/ 男 国会, 議会: フランスでは元老院(上院) le Sénat と国民議会(下院) l'Assemblée nationale から成る. ▶ membre du *Parlement* 国会議員 / séance [session] du *Parlement* 国会審議 [会期] / *Parlement* européen 欧州議会.
parlementaire¹ /parləmɑ̃tɛːr/ 形 ❶ 議会の; 議会制の. ▶ débats *parlementaires* 国会討論 / régime *parlementaire* 議会制度. ❷ 議員の. ▶ indemnité *parlementaire* 議員歳費.
— 名 国会議員, 代議士.
parlementaire² /parləmɑ̃tɛːr/ 男 休戦交渉使節; 軍使.
parlementarisme /parləmɑ̃tarism/ 男 議会制度, 議会政治.
parlementer /parləmɑ̃te/ 自動 休戦交渉をする;(…と)交渉する.

***parler**¹ /parle/ パルレ/

直説法現在	je parle	nous parlons
	tu parles	vous parlez
	il parle	ils parlent
複合過去	j'ai parlé	半過去 je parlais
単純未来	je parlerai	単純過去 je parlai

自動 ❶ 話す, しゃべる. ▶ Elle *parle* vite. 彼女は早口だ / Il *parle* beaucoup. 彼はおしゃべりだ / Il *parle* peu. 彼は無口だ / *parler* avec une amie 女友だちと話す / Cet enfant a commencé à *parler* à deux ans. この子は2歳で話し始めた / *parler* bien [mal] 話上手 [話下手] である / *parler* en français フランス語で話す / *parler* haut [bas] 声高に [小声で] 話す / *parler* entre ses dents 口ごもる / à proprement *parler* 厳密に言うと / généralement *parlant* 一般的に言えば / laisser *parler* son cœur 思いのたけを述べる.

❷ 白状する, 口外する. ▶ *parler* sous la torture 拷問されて口を割る.

❸ 意思表示する, 命じる;(言葉以外で)意思を伝え

parler

る. ▶ *parler* en maître 偉そうに指図する / *parler*「par gestes [avec ses mains] 身振り[手振り]で意を伝える.
C'est une façon [manière] de parler. それは言葉のあやというものだ.
parler pour ne rien dire 意味のない話をする.
Tu parles! = Vous parlez! 話 よく言うよ, とんでもない; もちろんだ(不信, 軽蔑). 注 相手の言葉に限らず, 第三者の言葉に対する憤慨を話し手にぶつける場合にも用いる. ▶ Il m'a demandé de faire ce travail à l'œil. *Tu parles*! あいつときたら, 私にこの仕事をただでやってくれときた, よく言うよ.
Voilà qui est parler. = Ça, c'est parler. 話 まさにそのとおり, よく言った.

比較 **話す, 言う**
話の内容を明示して「…と言う」というときは **dire**, 話の内容を明示せず「話す」という行為に焦点を当てる場合には **parler** がそれぞれ最も一般的に使われる.
(1) dire と同様に使われるのは **affirmer** (断言する), **annoncer** (告げる), **déclarer** (宣言する), **ajouter** (付け加える) などで, それぞれ dire のさまざまなニュアンスのうち1つを限定的に表現する.
(2) parler と同様に使われるのは **discuter** (議論する), **causer** (打ち解けた会話をする), **bavarder** (むだ話をする) などで, それぞれ parler より限定されたニュアンスを持つ. なおこのうち bavarder 以外は de qc, sur qc を伴って話の内容を示すことができる.

─ :**parler** 間他動 ❶ ⟨**parler à qn/qc**⟩ …に話しかける; 訴えかける. ▶ Je voudrais *parler* à M. Dubois, s'il vous plaît. (電話で)デュボワさんをお願いします / Je vais *parler* au patron. 上司に話してみよう / *parler* à un inconnu 見知らぬ人に話しかける / *parler* aux yeux 視覚に訴える; 目を楽しませる / *parler* au cœur 心に訴えかける, 感動させる / Ces nouvelles *parlent* à l'imagination. こうしたニュースには想像力がかき立てられる / Je ne lui *parle* plus. もう彼(女)とは絶交だ.
❷ ⟨**parler de qc/qn**⟩ …の話をする. ▶ *parler* du cinéma français フランス映画の話をする / De quoi *parlez*-vous? あなたは何を話しているのですか / Ce livre *parle* de Napoléon. この本はナポレオンがテーマだ / De quoi ça *parle*, ce bouquin? 話 その本, なんの本なんだい / *parler* bien [mal] de qn = *parler* en bien [mal] …を褒める [けなす] / On *parle* de trois cents morts. 死者300人ということだ. ◆*parler* de + 無冠詞名詞 …を話題にする; と言う言葉を口にする. ▶ *parler* de politique 政治の話をする / S'il y a plusieurs dieux, on *parle* de polythéisme. 複数の神がいる場合は多神教という / Aujourd'hui, on *parle* beaucoup de bio. 今日, 「有機」という言葉がよく使われる. ◆en *parler* その点について話す. ▶ Toute la ville en *parle*. 町中そのうわさでもちきりだ.
❸ ⟨*parler* à qn de qc/qn⟩ …に…のことを話す. ▶ Il m'*a* beaucoup *parlé* de vous. あなた(方)のことは彼からよくうかがっております / Le jardin lui *parlait* de son enfance. その庭を前にして彼(女)は子供のころのことを思い出していた.
❹ ⟨*parler* de + 不定詞⟩ // *parler* que + 直説法単純未来⟩ …すると言っている. ▶ Il *parle* d'émigrer au Canada [qu'il émigrera au Canada]. 彼はカナダに移住すると言っている.
Et n'en parlons plus. = Et [Si] (l')on n'en parle plus. 話 (数字を挙げて)これで決まり.
faire parler de soi (目立つ行為で)評判になる.
Ne m'en parle(z) pas! 言うまでもない, いいかげんにしろ.
N'en parlons plus! もうその話はやめよう.
Ne parlez pas tous à la fois! (発言のないグループに対して反語的に)何か一言どうですか.
parler「de la pluie et du beau temps [de choses et d'autres] 当たり障りのない話をする.
parler d'or 立派な[賢い]ことを言う.
Parlons-en! 取るに足りない, どうってことはない. ▶ *Parlons-en*, de sa générosité! あいつの寛大さなどたかが知れている.
*****sans parler de qn/qc*** …は言うに及ばず, とは別に. ▶ Il gagne un salaire important, *sans parler* de revenus personnels. 個人的収入は別としても, 彼は高い給料をもらっている.
trouver à qui parler 手ごわい敵に出会う.
Tu parles [Vous parlez] de qn/qc. 話 なんて…だ(驚き, いらだち). ▶ *Tu parles* d'un idiot! なんてばかなんだ.
── **:parler** 他動 ❶ ⟨言語⟩を話す. ▶ *parler* français [anglais] フランス語[英語]を話す / Elle *parle* le français beaucoup mieux que moi. 彼女は私よりずっとフランス語がうまい (注 定冠詞をつけるのは, 他にある言語を外国語として話す場合だが, 日常会話では必ずしも厳密に使い分けをしない) / Il *parle* un anglais impeccable. 彼は完璧(%%)な英語を話す.
❷ ⟨*parler* + 無冠詞名詞⟩ …の話をする, を話し合う. ▶ *parler* affaires 商談する / *parler* politique avec des copains 仲間と政治の話をする.
Tu parles si + 直説法. 話《si 以下を強調して》…だって. ▶ *Tu parles si* je vais y aller tout de suite, bien sûr. すぐ行くかって, もちろんさ.
── **se parler** 代動 ❶ 話し合う. ▶ se voir chaque jour sans *se parler* 互いに口も利かずに毎日顔を突き合わせる. ❷ ⟨言語⟩が話される. ▶ L'anglais *se parle* dans beaucoup de pays. 英語は多くの国で話されている. ❸ ⟨*se parler* à soi-même⟩ 独り言を言う.

語法 **parlerとdire qc**

parler が他動詞として使われるのは目的語に「言葉」をとる場合である. それ以外の parler の用法は, 間接他動詞で parler à qn (…に話しかける), parler de qc/qn (…について話す), この2つが合体した parler à qn de qc/qn (…について話す)という形, または自動詞である. 一方, dire は他動詞で, 必ず目的語を伴う.
• Je voudrais vous parler [Je voudrais dire quelque chose]. ちょっとお話があるんですが [ひとこと言いたいことがあります].

- Elle ne peut pas rester cinq minutes sans parler [dire un mot]. 彼女は5分と黙っていられない.
- Parlez [Dites-le] plus fort. もっと大きな声で話してください[それを言ってください].
- On ne m'a pas parlé [On ne m'a rien dit]des conditions de travail. 私は労働条件については何も聞いていない.
- Je dois absolument lui en parler [le lui dire], avant son départ pour la France. 彼(女)がフランスにたつ前に, どうしてもそのことについて彼(女)に話しておかなければならない[そのことを彼(女)に言っておかなければならない].

parler[2] /parle/ 男 ❶ 話し方; 語り口. ▶ un *parler* mal articulé (発音の)不明瞭(ﾒｲﾘｮｳ)な話し方. ❷ 方言, 地域語.

parleur /parlœːr/ 男 beau *parleur* (軽蔑して)口先のうまい人, 弁が立つ人.

parloir /parlwaːr/ 男 (修道院, 学校, 病院などの)面会室, 談話室.

parlot(t)e /parlɔt/ 女話 おしゃべり, むだ話. ▶ faire la *parlotte* avec qn …とおしゃべりをする.

Parme /parm/ 固有 パルマ: イタリア北部の都市.

parmesan, ane /parməzã, an/ 形 パルマ Parme の.
— **Parmesan, ane** 名 パルマの人.
— **parmesan** 男 パルメザンチーズ.

***parmi** /parmi/ パルミ/ 前

《3つ以上のものを指す複数名詞, 集合名詞の前で》…の中に, 中で, 間で. ▶ habitude répandue *parmi* les jeunes 若者たちの間で広がっている習慣 / maisons disséminées *parmi* les arbres (=au milieu de) 木々の間に点在する家 / Ils sont *parmi* vous. 彼らは君たちの仲間だ / *Parmi* les passagers, certains somnolaient, d'autres, bavardaient. 乗客の中には, まどろんでいる者もいれば, おしゃべりしている者もいた / C'est un exemple *parmi* d'autres. それはごくありきたりの例だ. 語法 ⇨ ENTRE.

parmi les arbres

Parnasse /parnaːs; parnas/ 固有 男 パルナソス山: ギリシア神話でアポロンとムーサたちが住んだと言われるアテネ北西方にある山.

parnassien, enne /parnasjɛ̃, ɛn/ 形 ❶ 文章 パルナッソス山 Parnasse の, パルナッソス山に住む. ❷ 〘文学〙高踏派の. — 名 高踏派の詩人.

parodie /parodi/ 女 ❶ (文学・芸術作品の)もじり, パロディ. ❷ (滑稽(ｺｯｹｲ)な)ものまね, 猿まね. ❸ <une *parodie* de + 無冠詞名詞> 見せかけの…, ごまかしの…. ▶ une *parodie* de réconciliation 見せかけの和解.

parodier /parodje/ 他動 …をもじる, パロディ化する; おもしろおかしくまねる, 茶化す.

parodique /parodik/ 形 文章 パロディの. ▶ style *parodique* パロディ調の文体.

parodiste /parodist/ 名 文章 パロディ作者.

paroi /parwa/ 女 ❶ 壁; 内壁(面); 間仕切り(壁). ❷ (容器, 洞穴などの)内壁面. ❸ 絶壁.

paroisse /parwas/ 女 (司祭, 牧師のつかさどる)小教区; 小教区の教会; 《集合的に》教会員, 信者. ▶ église de la *paroisse* 小教区管轄教会 / aller à la messe à la *paroisse* 小教区教会のミサに出席する.

paroissial, ale /parwasjal/; 《男複》 **aux** /o/ 形 小教区の; 小教区に属する. ▶ église *paroissiale* 小教区教会.

paroissien, enne /parwasjɛ̃, ɛn/ 名 ❶ 小教区の信者, 教会員. ❷ 話 人, やつ. ▶ un drôle de *paroissien* 妙なやつ.
— **paroissien** 男 祈禱(ｷﾄｳ)書, ミサ典書.

***parole** /parol/ パロル/ 女 ❶ 言葉. ▶ *paroles* aimables 愛想のいい言葉 / adresser la *parole* à qn …に話しかける / peser ses *paroles* 慎重に言葉を選んで話す / citer une *parole* de Napoléon ナポレオンの言葉を引用する.

❷ 《la parole》発言; 発言権 (=droit à la *parole*). ▶ prendre la *parole* 発言する / couper la *parole* à qn …の発言を遮る / passer la *parole* à qn (次に)…に発言してもらう / La *parole* est à qn. …に発言してもらいます / Vous avez la *parole*. どうぞお話しください.

❸ 言葉を話す力; 話しぶり. ▶ troubles de la *parole* 言語障害 / perdre la *parole* 口が利けなくなる / avoir la *parole* facile 口達者である.

❹ 約束; 誓約. ▶ homme de *parole* 約束を守る人, 信頼できる人 / tenir (sa) *parole* 約束を守る / manquer à sa *parole* 約束を破る / Je n'ai qu'une *parole*. 私に二言はありません / Vous avez ma *parole*. 確かにお約束します. ◆donner (à qn) sa *parole* (…に)約束する. ▶ Je vous donne ma *parole* que + 直説法. 誓って言うが…だ.

❺ 《複数で》歌詞.

❻ (ソシュール言語学での)パロール, 言. 比較 ⇨ LANGUE.

❼ *Parole*! (カードで)パス.

C'est parole d'évangile. それは絶対間違いない話だ, このことは天地神明に誓って本当だ.

C'est un moulin à paroles. あいつはよくしゃべるやつだ.

de belles [bonnes] paroles 甘言, 空約束.

en paroles 口頭で; 口では, 話(だけ)では ▶ *en paroles* ou par écrit 口頭または書面で / Il est brave *en paroles*. 彼は口先では立派なことを言う.

Il ne manque à qn/qc que la parole. (利口な動物や, よく似た肖像画などについて)…に欠けているのは言葉だけだ.

La parole est d'argent et [mais] le silence est d'or. 諺 雄弁は銀, 沈黙は金.

n'avoir aucune parole 全然約束を守らない, まったく当てにならない.

Parole d'honneur! = ***Ma parole d'hon-***

parolier

neur! = ***Ma parole!*** = ***Parole!***《間投詞的に》誓っていう、絶対.

parole(s) en l'air 軽口、たわいない話；出まかせ.

prêcher la bonne parole (1) 福音を説く. (2)《ふざけて》ありがたい話を聞かせる，お説教を垂れる.

sur parole (1) 口約束(だけ)で. ▶ Je l'ai crue *sur parole*. 私は彼女の話を真に受けてしまった. (2)(逃亡しない旨の宣誓をして)仮釈放になった、仮出獄の. ▶ libérer qn *sur parole* …を仮釈放する.

parol*ier*, *ère* /paʁɔlje, ɛːʁ/ 图 ❶ 作詞者；(オペラの)台本作者. ❷ (漫画の)原作者.

paronyme /paʁɔnim/ 图 類音語(例：conjecture と conjoncture など). ─ 形 類音の.

parousie /paʁuzi/ 囡【神学】キリスト再臨.

paroxysme /paʁɔksism/ 男 (感情、現象などの)極点、極み、頂点. ▶ La tempête est à son *paroxysme*. 嵐(あらし)の勢いが頂点に達している.

parpaill*ot*, *ote* /paʁpajo, ɔt/ 形, 图 カルヴァン派の(人)、プロテスタントの(人).

parpaing /paʁpɛ̃/ 男 (壁の厚みを貫いて両側に現れる)つなぎ石；コンクリートブロック.

Parque /paʁk/ 固有 囡【ローマ神話】パルカ：運命の女神.

parquer /paʁke/ 他動 ❶ 〔家畜など〕を囲い入れる. ▶ *parquer* des moutons 羊を囲い入れる. ❷ 〔人〕を(…に)閉じ込める、封じ込める. ❸ 〔車〕を駐車場に入れる、駐車する.
─ 自動 〔家畜などが〕囲いの中にいる.
─ **se parquer** 代動 ❶ (駐車場に)駐車する. ❷ 閉じこもる.

parquet /paʁkɛ/ 男 ❶ 寄せ木張り(床). ▶ cirer un *parquet* 寄せ木張りの床にワックスをかける. ❷ 検事局；〔集合的に〕検察、検察官(= ministère public).
❸ (株式取引所の)立会所；公認仲買人組合.

parquetage /paʁkətaːʒ/ 男 (床の)寄せ木張り；寄せ木張り床.

parqueter /paʁkəte/ 4 他動 …を寄せ木張りにする. ▶ pièce *parquetée* 床を寄せ木張りにした部屋.

parrain /paʁɛ̃/ 男 ❶ (洗礼に立ち会う)代父、名親. 注 代母は marraine という. ❷ (船の進水式などの)主賓；命名者. ❸ (会などへの新会員の紹介者、推薦人. ❹ *Le Parrain*「ゴッドファーザー」(F.F. コッポラの映画).

parrainage /paʁɛnaːʒ/ 男 ❶ 代父の役目[資格]. ❷ (会などへの)新会員の紹介、推薦. ❸ (事業などへの)後援. ▶ comité de *parrainage* 後援会.

parrainer /paʁene/ 他動 ❶ …を後援する. ❷ (会などに)…を紹介[推薦]する.

parricide /paʁisid/ 形 文章 親殺しの、尊属殺人の.
─ 形 文章 親殺し、尊属殺人者.
─ 男 親殺し、尊属殺人.

parsemer /paʁsəme/ 3 他動 ❶ <*parsemer* qc de + 無冠詞複数名詞> …に…をまき散らす、ちりばめる. ▶ *parsemer* la nappe de miettes de pain テーブルクロスにパンくずをまき散らす.
❷ 文章 …に散らばっている、点在する.

:part¹ /paːʁ/ パール/ 囡

❶ 分け前、取り分. ▶ diviser un gâteau en six *parts* ケーキを6つに分ける / faire des *parts* égales 均等に分ける / Voulez-vous une *part* de tarte ? タルトを1切れいかが？/ se réserver la meilleure *part* 一番良いところを取っておく. ◆所有形容詞 + *part* de + 無冠詞名詞 ▶ Chacun a sa *part* de peines et de joies. 人にはそれぞれの苦しみと喜びがある / abandonner sa *part* d'héritage à qn …に遺産の相続分を譲る. 比較 ⇨ PARTIE.

❷ 分担、役割. ▶ payer sa *part* au restaurant レストランで自分の分を支払う / Il a pris la principale *part* dans ce projet. 彼はこの計画の推進役を果たした. ◆所有形容詞 + *part* de + 無冠詞名詞 ▶ Chacun doit fournir sa *part* d'efforts. 1 人 1 人がそれぞれ努力しなければならない / Il a aussi sa *part* de responsabilité. 彼にも彼なりの責任がある.

❸ 部分. ▶ perdre une grande *part* de sa fortune 財産の大部分を失う / consacrer une *part* importante de son salaire au loyer 給料のかなりの部分を家賃に充てる. ◆une *part* de + 無冠詞名詞 いくらかの…. ▶ montrer une *part* de génie 才能の片鱗(へんりん)を見せる / Il y a toujours une *part* de vérité dans les fables. 寓話(ぐうわ)には常に一片の真理がある. 比較 ⇨ PARTIE. ❹ (株主の)主賓会社；持ち分.

*à part ❶ 他と離れて、わきで、別に. ▶ examiner qc *à part* …を他と切り離して検証する / prendre qn *à part* pour lui parler 話をするために…をわきへ呼ぶ / On a mis vos affaires *à part*. あなた(方)の荷物は別にしておきました / faire lit *à part* ベッドを別にする. (2) …を別にすれば、を除けば. ▶ Le mauvais temps *à part*, j'ai passé de bonnes vacances. 天気が悪かったのを除けば楽しいバカンスを過ごしました / *A part* le loyer, on est content de cet appartement. 家賃のほかはこのアパルトマンに満足している / *à part* ça 国 それを除けば；それはそれとして. (3) 独自の、例外的な. ▶ C'est un cas *à part*. それは特別なケースだ.

à part entière 完全な権利[資格]を持った；対等の. ▶ Français *à part entière* (国民としての)完全な権利を持つフランス人 / membre *à part entière* d'une association ある協会の正会員.

à part moi 注 moi は各人称に変化させて用いる. (1) 私を除いて. ▶ *A part lui*, tous étaient contents. 彼以外は全員満足していた. (2) 心の中で、ひそかに.

*autre part 他の所に[を]. ▶ Allez *autre part* ! どこかよそに行きなさい.

avoir part à qc (1) …に参加[関与]する. (2) …の分け前にあずかる. ▶ *avoir part aux* bénéfices 利益の分け前にあずかる.

*de la part de qn …としては；…からの(⇨語法). ▶ Voilà un livre *de la part de* Catherine. カトリーヌからことづかった本ですよ / C'est bien gentil *de votre part* ! ご親切にありがとうございます / Dites-lui bonjour *de ma part*. 彼(女)に私によろしくとお伝えください.

de part en part /dəpaʁɑ̃paːʁ/ 貫通して. ▶ La balle a traversé le mur *de part en part*.

弾丸は壁を貫通した.

de part et d'autre /dəpar(t)edotr/ 双方ともに, 互いに, 両側から. ▶ Ils ont fait des concessions *de part et d'autre*. 彼らは互いに妥協した.

de toute(s) part(s) 至る所から; 至る所で. ▶ Les nouvelles arrivent *de toutes parts*. ニュースはあちこちから入ってくる.

****d'une part ..., d'autre part ...*** 一方では…, 他方では…. ▶ Je ne peux pas vous aider: *d'une part* je n'y connais rien, *d'autre part* je n'ai pas le temps. あなた(方)のお手伝いはできません. その件に関しては何も知りませんし, 時間もないのです.

faire la part belle à qn …にいい取り分を与える, を優遇する.

faire la part de qc …を考慮に入れる. ▶ *faire la part des* circonstances 状況を考慮に入れる; 情状を酌量する.

faire la part du feu (延焼を防ぐために)周囲を取り壊す;(全体を救うために)一部を犠牲にする.

faire part à deux 山分けする, 折半する. ▶《faire を省略して》*Part à deux!* 話 山分けしよう.

faire part de qc à qn …に…を知らせる. ▶ Jean *m a fait part* de ses projets. ジャンは私に彼の計画を知らせてくれた / C'est très aimable à vous *de m'en faire part*. 御親切に知らせてくださってありがとうございます.

****nulle part*** どこにも…ない. ▶ Je n'ai pu trouver mon portefeuille *nulle part*. 財布はどこにも見当たらなかった.

****pour ma part*** 私としては (=quant à moi). 注 ma は人称に変化させて用いる. ▶ *Pour ma part*, je ne suis pas d'accord. 私としては同意できません.

pour une part 一部分は, ある点では. ▶ La pollution du sol est, *pour une part*, le résultat de l'agriculture industrielle. 土壌汚染はある点では工業化農業の結果である / *pour une* large [bonne] *part* 大部分は, かなりの部分で.

****prendre part [une part + 形容詞] à qc*** (1) …に参加する, 関与する. ▶ Pierre *a pris part à* la réunion. ピエールは集会に参加した / *prendre une part* active *à* la Résistance レジスタンスに積極的にかかわる. (2)(他人の感情)に共感する, 同情する. ▶ Je *prends part à* votre deuil. お悔やみ申し上げます.

prendre qc en bonne [mauvaise] part …をよく[悪く]解釈する. ▶ Ne *prenez* pas *en mauvaise part* ce que je vous ai dit. 私の言ったことを悪くとらないでください.

****quelque part*** どこかに[で]. ▶《As-tu vu mes lunettes?—Oui, je les ai vues *quelque part*.》「私のめがね見なかった?」「どこかで見たよ」 / aller *quelque part* 話 トイレに行く.

語法 **de la part de qn** はある行為が明示または暗示されたあとで, その行為主を示す場合に用いる表現である.

● C'est *de la part de* qui? (電話をかけてきた相手に)どちらさまでしょうか.

● Commettre une telle faute, voilà qui est vraiment incroyable *de sa part*. こんな誤まりを犯すなんて, 彼(女)のやることとしては信じられないことだ.

● Cette réglementation a fait l'objet de critiques *de la part de* certains pays. この規制は若干の国々の非難の対象となった.

3番目の例で「若干の国々の非難の対象」を「l'objet de critiques de certains pays としては間違いになる. Cette réglementation a fait l'objet de critique. (この規制は非難の対象になった)というところまでで, ある行為が行われたことに対する叙述では「区切りがつけられ」ており, その動作主は改めて de la part de の形で表わさなければならない.

part² /pa:r/ 活用 ⇨ PARTIR 19

***partage** /parta:ʒ/ パルタージュ 男 ❶ 分割, 分配. ▶ *partage* d'un domaine 土地の分割 / faire le *partage* de qc …を分割する. ❷ (仕事, 権限などの)共有, 分担. ▶ *partage* du travail ワークシェア / *partage* du pouvoir avec qn …との権力[権限]の共有. ❸ 分け前, (与えられた)運命. ▶ Le malheur fut son *partage*. 不幸が彼(女)の運命だった. ❹ ligne de *partage* des eaux 分水界. ❺ *partage* de temps《情報》タイムシェアリング / *partage* de fichiers ファイル共有.

en partage (1)(相続などの)取り分として, 分け前として. ▶ échoir *en partage*〔遺産などが〕転がり込む. (2)天賦のものとして. ▶ recevoir *en partage* une imagination abondante 豊かな想像力を天から授かる.

sans partage 全面的な[に], 完全な[に]. ▶ éprouver un amour *sans partage* pour qn …に一途(ずぢ)な愛を抱いている.

partagé, e /partaʒe/ 形 ❶ 分かれた, 分割された; 分裂した, 対立した. ▶ Les opinions sont *partagées* sur ce problème. その問題については意見が割れている.

❷ 共有された, 共通した, 相互の. ▶ amour *partagé* 相思相愛 / amour non *partagé* 片思い. ❸ (…の間で)気持ちが乱れた, 迷った. ▶ être *partagé* entre des tendances contradictoires 相反する気持ちで心が引き裂かれる.

partageable /partaʒabl/ 形 ❶ 分割できる. ❷ 同意できる.

partageant, ante /partaʒɑ̃, ɑ̃:t/ 名《法律》遺産の分配にあずかる人, 分割当事者.

***partager** /partaʒe/ パルタジェ 2 他動

過去分詞 partagé	現在分詞 partageant
直説法現在 je partage	nous partageons
tu partages	vous partagez
il partage	ils partagent

❶〈partager qc (en qc)〉…を(…に)分ける, 分割する, 分配する. ▶ *partager* une pomme en deux リンゴを2つに切る / *partager* les bénéfices entre les associés 利益を出資者たちに分配する. ❷ …を共有する, 分け合う, 共にする. ▶ *partager* une maison avec un ami 友人と2人で

一軒の家に住む / Je *partage* votre avis. 私も同意見です / Voulez-vous *partager* notre repas? 御一緒に食事をしませんか / *partager* la joie de qn …と喜びを共にする / 《目的語なしに》**On va partager.** 割り勘にしましょう / Cet enfant n'aime pas *partager*. あの子はなんでも独り占めしたがる.

— **se partager** 代動 ❶ ⟨*se partager* (en qc)⟩ ⟨…に⟩**分かれる, 分割される; 分岐する, 分裂する.** ▶ Les (avis des) critiques *se sont partagés* sur cette pièce. この芝居について批評家の意見が割れた. ❷ ⟨*se partager* qc⟩ …を**分け合う, 共有する.** 注 se は間接目的. ▶ A partir du XIXe [dix-neuvième] siècle, les Européens *se partageaient* l'Afrique en colonies. 19世紀以降, ヨーロッパ諸国はアフリカを分割して植民地化していった. ❸ ⟨*se partager* entre qn/qc⟩ …に等しく関心 [愛情, 時間] を振り向ける. ▶ Il *se partage* entre son travail et sa famille. 彼は仕事と家庭の両方を大切にしている.

partageur, euse /partaʒœːr, øːz/ 形, 名 気前のよい(人), 物惜しみしない(人).

partaient, partais, partait /parte/ 活用 ⇨ PARTIR 19

partance /partɑ̃ːs/ 女 en *partance* 出発間際の. ▶ train en *partance* 間もなく発車する列車.

partant, ante /partɑ̃, ɑ̃ːt/ 形 (partir の現在分詞) ❶ 話 ⟨être *partant* (pour qc/不定詞)⟩ ⟨…に⟩**乗り気である.** ▶ Je ne suis pas *partant* pour une aventure aussi risquée. そんな恐ろしい冒険には気が進まない. ❷ 出走する, 出発する.

— **partant** 男 ❶ 出発する人. ❷ 出走馬, 出走者.

partenaire /partənɛːr/ 名 ❶ パートナー, 相手役, 相棒, アシスタント. ▶ *partenaire* au tennis テニスのパートナー. ❷ セックスパートナー. ❸ 話し相手; 論敵. ❹ (商売, 交渉などの)相手方; (政治上の);《特に》貿易相手国. ❺ *partenaires* sociaux 労使双方.

partenariat /partənarja/ 男 パートナーシップ. ▶ *partenariat* stratégique 戦略的パートナーシップ.

partent /part/ 活用 ⇨ PARTIR 19

parterre /partɛːr/ 男 ❶ (庭園, 公園の)花壇. ▶ *parterre* de bégonias ベゴニアの花壇. ❷ (劇場の) 1 階後部席. **prendre un (billet de) parterre** 話 ばったり倒れる, どすんと倒れる.

partes /part/, **partez** /parte/ 活用 ⇨ PARTIR 19

parthénogenèse /partenoʒənɛːz/ 女 《生物学》単為生殖, 処女生殖, 単為発生.

*****parti**^{1} /parti/ パルティ/ 男 ❶ 党, 党派. ▶ *parti* politique 政党 / *parti* démocrate [socialiste] 民主 [社会] 党 / *parti* au pouvoir 与党 / *parti* d'opposition 野党 / esprit de *parti* 党派心 / adhérer à un *parti* 入党する.

❷ 文章 解決策, 打開策; (ある立場の)選択, 決心. ▶ prendre un *parti* 決心する, 一つの立場を取る. ❸ 有利な結婚相手. ▶ trouver un beau *parti* すてきな結婚相手を見つける.

faire un mauvais parti à qn …をひどい目に遭わせる; 殺す.
parti pris 先入観, 偏見. ▶ sans *parti pris* 先入観なしで / être de *parti pris* 不公平である.
prendre le parti de qn …を支持する, と同意見である. ▶ Je *prends le parti des* écologistes. 私はエコロジストを支持している.
*****prendre le parti** + 形容詞 [**de qc**/不定詞] …の立場を取る, 決心をする. ▶ Elle *a pris le parti d*'y aller. 彼女はそこに行くことに決めた.
prendre parti pour [contre] qn/qc …に賛成 [反対] の立場を取る. ▶ Je *prends parti pour* toi. 私は君の味方になるよ.
prendre son parti de qc = **en prendre son parti** …を甘受する, 仕方なく受け入れる.
「**se mettre [se ranger] du parti de qn** …の味方をする, を支持する.
tirer parti de qc/qn …を利用する, 活用する. ▶ *tirer parti de* son expérience 経験を活かす.

parti^2, **e** /parti/ 形 (partir の過去分詞) ❶ 出発した. ❷ ⟨*parti* de qc⟩ …から来た, に由来する. ❸ 話 ほろ酔いの, 一杯機嫌の.
être bien [mal] parti 話 幸先(きき)がよい [悪い].

partial, ale /parsjal/; (男複) **aux** /o/ 形 偏った, 不公平な, 公正でない.

partialement /parsjalmɑ̃/ 副 文章 偏って, 不公平に.

partialité /parsjalite/ 女 不公平, 偏った態度. ▶ *partialité* contre qn …に対する偏見 / *partialité* en faveur de qn …に対するえこひいき.

participant, ante /partisipɑ̃, ɑ̃ːt/ 名 参加者, 加入者, 出席者. ▶ les *participants* à la manifestation デモ参加者.
— 形 (…に)参加する, 加入する, 出席する. ▶ pays *participants* à une conférence internationale 国際会議への参加国.

participatif, ive /partisipatif, iːv/ 形 民衆参加の. ▶ démocratie *participative* 参加型民主主義.

participation /partisipasjɔ̃/ 女 ❶ ⟨*participation* (à qc)⟩ (…への)参加, 関与, 協力. ▶ *participation* des habitants à l'administration 住民の行政参加 / Le congrès a eu lieu avec la *participation* de trois mille personnes. 大会は3000人の出席のもとで開催された.
❷ (費用などの)分担; 分担金, 負担金. ▶ *participation* aux frais 参加費. ❸ 《経営》(1) 経営参加; 資本参加, 出資. ▶ *participation* ouvrière 従業員の経営参加. (2) *participation* aux bénéfices 利益配分; 利潤分配制度. ❹ (選挙の)投票. ▶ taux de *participation* 投票率.

participe /partisip/ 男 《文法》分詞. ▶ *participe* passé [présent] 過去 [現在] 分詞.

*****participer** /partisipe/ パルティスィペ/ 間他動 ❶ ⟨*participer* à qc⟩ ❶ …に参加する, 関与する; 協力する, 寄与する. ▶ *participer* à une manifestation デモに参加する / *participer* à un crime 犯罪に加担する. ❷ 利益 にあずかる.
❸ 〔支払いなど〕を分担する. ▶ *participer* aux

frais du repas 食事代を各自が負担する. ❹〔喜び, 悲しみなど〕を共にする, 分かち合う.

❷ 文章《多く主語は物》〈*participer* de qc〉…の性質を持つ；から生じる. ▶ Cette fête *participe* des plus anciennes traditions. この祭りは非常に古い伝統を受け継ぐものである.

participial, ale /partisipjal/;《男複》*aux* /o/ 形『文法』分詞の.
— **participiale** 女（絶対）分詞節.

particularisation /partikylarizasjɔ̃/ 女 特殊化, 個別化.

particulariser /partikylarize/ 他動 文章 …を特異なものにする；個別化する, 特殊化する.
— **se particulariser** 代動 目立つ.

particularisme /partikylarism/ 男 自主独立主義, 地方自治主義.

particulariste /partikylarist/ 名 地方主義者.
— 形 地方主義（者）の.

particularité /partikylarite/ 女 ❶ 特性, 特徴. ▶ *particularités* d'une région ある地方の特色 / avoir la *particularité* de + 不定詞 …するという特色を持っている. 比較 ⇨ CARACTÈRE. ❷ 文章 特殊性.

particule /partikyl/ 女 ❶ 微粒子. ▶ *particule* ponçante 磨き粉. ❷『物理』粒子. ▶ *particule* élémentaire 素粒子. ❸『言語』小辞：接辞, 前置詞, 否定の副詞など. ❹ 姓の前につく小辞(de, des など). ▶ *particule* nobiliaire 貴族の姓の前につける de（例: Alfred de Musset）/ avoir un nom à *particule* de のつく名を有する；貴族の出である.

***particulier, ère** /partikylje, ɛːr/ パルティキュリエ, パルティキュリエール/ 形 ❶ 独特の, 独自の. ▶ charme *particulier* de l'aquarelle 水彩画独特の魅力.
❷ 〈*particulier* à qn/qc〉…に特有の, 固有の, 特徴的な. ▶ plat *particulier* à l'Italie イタリアの名物料理.
❸ 特別な, 特殊な, 際立った；なみはずれた, 異常な. ▶ prêter une attention *particulière* à qc/qn …に特別の注意を払う / avoir un don *particulier* pour + 不定詞 …のになみはずれた才能がある / Rien de *particulier* à signaler. 取り立てて言うべきことはない / C'est un cas *particulier*. これは特殊なケースだ / Je n'ai pas de raison *particulière*. 特別な理由はない / C'est un peu *particulier*. それはちょっとおかしい.
❹ 個々の, 個別的な（↔ général）. ▶ aspects *particuliers* d'un problème d'ordre général 一般的な問題の個別的側面.
❺ 個人の, 私用の；私的な, 内々の. ▶ l'intérêt *particulier* et l'intérêt général 私的利益と公益 / hôtel *particulier* 個人の邸宅 / leçon *particulière* 個人授業 / conversation *particulière* 内密の話 / intervenir à titre *particulier* 一個人の資格でかかわる.
— **particulier** 男《le particulier》特殊. ▶ aller du général au *particulier* 一般から特殊へ進む.

****en particulier*** (1) 特に, とりわけ. ▶ C'est un élève très doué, *en particulier* pour les mathématiques. 彼はよくできる生徒で, 特に数学の才能に恵まれている. (2) 個別に. ▶ Nous examinerons ce point *en particulier*. この点は別個に検討することにしよう. (3) 個人的に, 内密に. ▶ Je voudrais vous parler *en particulier*. あなたと個人的にお話ししたいのですが.
— 名 ❶ 個人, 私人. ▶ voter comme un simple *particulier* 一介の私人として投票する.
❷ 古風語 やつ, 男.

***particulièrement** /partikyljɛrmɑ̃/ パルティキュリエルマン/ 副 ❶ 特に, とりわけ. ▶ J'aime la musique classique, *particulièrement* Bach. 私はクラシック音楽, 特にバッハが好きだ.
❷《否定文で》たいして, さほど. ▶ «Ce film t'a plu ? — Pas *particulièrement*.»「この映画おもしろかった？」「それほどでもなかった」. ❸ 個人的に, 親しく. ▶ Je ne la connais pas *particulièrement*. 私は彼女を個人的には知らない.

:partie /parti/ パルティ/
❶ 部分. ▶ *partie* centrale 中心部, 心臓部 / diviser qc en deux *parties* …を2つに分ける / la première *partie* du match de football サッカーの試合の前半戦 / les *parties* d'une machine 機械の部品［パーツ］/ les cinq *parties* du monde 5 大州 / ˈla plus grande [la majeure] *partie* de qc …の大部分. ◆une + 形容詞 + *partie* de qc …の…だけの［…な］部分. ▶ une petite [grande] *partie* de qc 少しの［多くの］… / une bonne *partie* des Français フランス人のかなりの部分.
❷ 勝負, 試合. ▶ faire une *partie* de cartes トランプの勝負をする / *partie* de tennis テニスの試合 / *partie* nulle 引き分け, ドローゲーム / gagner [perdre] la *partie* 試合に勝つ［負ける］/ La *partie* était serrée. 試合は接戦だった.
❸《多く所有形容詞とともに》（仕事などの）分野, 専門. ▶ connaître la *partie* 自分の専門に通じている / Demandez-le-lui, c'est sa *partie*. それは彼（女）に聞いてごらん, 彼（女）の専門だから.
❹（何人かで催す）遊び, 娯楽；集い. ▶ *partie* de bateau 舟遊び / *partie* de campagne ピクニック, 野遊び / aller à une *partie* chez des amis 友達の家のパーティーに行く / *partie* carrée（2組のカップルの）交換パーティー, スワッピング / *partie* de jambes en l'air 話《ふざけて》乱交パーティー.
❺（訴訟, 契約などの）当事者. ▶ *partie* contractante 契約当事者 / *partie* plaignante 原告.
❻（声楽, 楽器などの）パート, 声部.
❼『言語』*parties* du discours 品詞.
❽《複数で》因（男性の）局部.

avoir affaire à forte partie 強敵を相手にする.

avoir partie liée avec qn …と結束［団結］している；利害を共にする.

Ce n'est pas une partie de plaisir. これはお遊びじゃない, 大変な仕事だ.

Ce n'est que partie remise. あとに延ばしただけだ；決着がつかないからあとでまたやろう.

en grande partie 大部分は, 大半は.

partiel

*__en partie__ 部分的に. ▶ une ville *en partie* détruite 一部破壊された都市.
*__faire partie de qc__ …の一部を成す；に所属する. ▶ *faire partie d*'un orchestre あるオーケストラに所属する. **fragment** 断片，破片.
__La partie n'est pas égale.__（一方の側が不利で）勝負にならない.
__prendre qn à partie__ …を襲う；非難する；相手取って訴訟を起こす. ▶ Il *a été pris à partie* par un homme armé d'un fusil. 彼は銃を持った男に襲われた.
「__se mettre [être] de la partie__（企てなどに）参加する；（争いなどに）干渉する.

比較 __部分__
__partie__ 全体に対する部分の意味で，最も一般的. __part__ 人に分け与えられるものとしての部分. __portion__ 主として食べ物や財産について，1人の人に分け与えられる部分. __fraction__ おもに人間集団の中の一部. __fragment__ 断片，破片.

partiel, le /parsjɛl/ 形 ❶ 部分的な；不完全な. ▶ éclipse *partielle* 部分食 / travail à temps *partiel* パートタイムの仕事 / avoir une confiance *partielle* en qn …を全面的には信用していない. ❷【法律】élection *partielle* 補欠選挙.
— **partiel** 男 小テスト.
— **partielle** 女 補欠選挙.
partiellement /parsjɛlmɑ̃/ 副 部分的に.
partiez /partje/, **partîmes** /partim/, **partions** /partjɔ̃/ 活用 ⇨ PARTIR ⑲

*__partir__ /partiːr パルティール/ ⑲ 自動

過去分詞 parti	現在分詞 partant
直説法現在 je pars	nous partons
tu pars	vous partez
il part	ils partent
複合過去 je suis parti(e)	
半過去 je partais	単純未来 je partirai
単純過去 je partis	接続法現在 je parte

partir en vacances

《助動詞は être》❶ 出発する，出かける；立ち去る. ▶ *partir* pour Paris [la France] パリ[フランス]に向けて出発する（注 *partir* à Paris, *partir* en France は本来誤用とされるが，実際にはよく使われる）/ *partir* à la pêche 釣りに出かける / *partir* en vacances バカンスに出かける / Il *est déjà parti*. 彼はもう出かけました[帰りました] / Il faut que je *parte*. 行かなくては / Vous *partez* déjà? もうお帰りになるのですか / Vous *partez* en voiture ou par le train? 車で出かけますか，それとも電車ですか. ◆ *partir* + 不定詞 …しに出かける. ▶ Elle *est partie* mettre une lettre à la poste. 彼女は郵便局に手紙を出しに行った.
❷ 発進する，スタートする. ▶ Le train *part* dans cinq minutes. 列車は5分後に発車します / Son avion *part* à sept heures. 彼(女)の乗る飛行機は7時に出る / A vos marques! Prêts? *Partez*! 位置について，用意，どん.
❸ <*partir* de qc> …を起点とする，から出発する；に基づく. ▶ Prenez la rue qui *part* de l'église. 教会のところから出ている道を行ってください / La course *est partie* de Nice. レースはニースからスタートした / C'est le quatrième en *partant* de la gauche. 左から数えて4番目です / Son geste *part* d'une bonne intention. 彼(女)の行為は善意からのものだ / *partir* de données exactes 正確なデータに基づく / *partir* d'un principe ある原則にのっとる.
❹ 始まる，始める. ▶ Le congé *part* de vendredi. 休暇は金曜からだ / Le contrat *partira* du 1er [premier] mai. 契約は5月1日から発効する / Il *est parti* de rien. 彼は裸一貫から身を起こした / *partir* sur qc …について話し始める. ◆ *être parti* pour + 不定詞 話 …し始めた. ▶ Il *est parti* pour faire un discours. 彼は演説をぶち始めた.
❺ 始動する；〔弾丸などが〕飛び出す. ▶ faire *partir* le moteur エンジンを始動させる / Si vous appuyez sur la détente, le coup *part*. 引き金を引くと弾丸が出る / Le bouchon de champagne *est parti*. シャンペンの栓がポンと抜けた.
❻ 消える，消えす，なくなる. ▶ Le bouton de cette veste *est parti*. この上着のボタンが取れた / Cette tache *partira* au lavage. この染みは洗濯すれば取れます.
*__à partir de qc__ (1)（時間的，空間的に）…から，以降. ▶ J'habiterai ici *à partir d*'aujourd'hui. 今日からここに住みます / *A partir d*'ici on change d'arrondissement. ここから区が変わります / menu *à partir de* vingt euros 20ユーロからの定食. (2) …を元にして. ▶ un produit obtenu *à partir du* pétrole 石油を原料とする製品.
__C'est parti.__ 話 さあ始まった；もう始まったことだ.
__être parti__ 話 酔っ払った.
__parti battu [d'avance]__ 負けと決めてかかる.
__Partir, c'est mourir un peu.__ 諺 出立はそこはかとなく死に似たり.
__partir d'un éclat de rire__ 吹き出す，笑い出す.
__partir gagnant__ 強気で臨む，勝つと決めてかかる.
__partir mal [bien]__ 幸先（さいさき）が悪い[よい]. ▶ L'affaire *est bien partie*. 仕事は順調な滑り出しだ.

partirent /partiːr/, **partis** /parti/ 活用 ⇨ PARTIR ⑲
partisan, ane /partizɑ̃, an/ 名 支持者，信奉者；同志，仲間．注 女性形は稀. ▶ gagner des *partisans* 支持者を獲得する / *partisans* du libéralisme 自由主義の支持者.
— 形 ❶ <être *partisan* de/不定詞> …を支持する，賛成する. ▶ Je suis *partisan* d'accepter cette proposition. その提案の受け入れに賛成だ.
❷ 党派的な，偏向した. ▶ luttes *partisanes* 党

派抗争.
— **partisan** 男 パルチザン, ゲリラ. ▶ guerre de *partisans* ゲリラ戦.

partiss-, parti-, partî- 活用 ⇨ PARTIR 19

partiti*f*, *ive* /partitif, i:v/ 形〖文法〗部分の, 部分を示す. ▶ article *partitif* 部分冠詞.

partition[1] /partisjɔ̃/ 女 ❶ (国, 領土の)分割. ❷〖数学〗(集合の)分割.

partition[2] /partisjɔ̃/ 女〖音楽〗総譜, スコア; 楽譜. ▶ jouer sans *partition* 暗譜で演奏する.

partons /partɔ̃/ 活用 ⇨ PARTIR 19

partouse /partu:z/, **partouze** 女 俗 乱交パーティー.

:**partout**/partu パルトゥ/ 副 ❶ 至る所に, どこでも; あちこちに. ▶ avoir mal *partout* 体中が痛い / chercher *partout* そこら中を捜し回る / Le bruit s'est répandu *partout* dans la ville. うわさが町中に広まった. ◆ *partout* où ＝ 直説法 …の所はどこでも. ▶ *Partout* où il passe, il sème le désordre. 彼は行く先々でごたごたを起こしている. ❷ (スポーツ, ゲームなどで)同点で; 双方とも. ▶ quatre jeux *partout* (テニスで)フォー・ゲームズ・オール.

mettre le [son] nez partout どこにでも首を突っ込む.

un peu partout あちこちに, 方々で.

parturiente /partyrjɑ̃:t/ 女 産婦.

parturition /partyrisjɔ̃/ 女〖医学〗分娩(べん), 出産.

paru, *e* /pary/ 活用 paraître 50 の過去分詞.

parûmes /parym/, **parurent** /pary:r/ 活用 ⇨ PARAÎTRE 50

parure /pary:r/ 女 ❶ 装い, 身仕度; 装身具, アクセサリー(のセット). ▶ *parure* de diamants ダイヤモンドのアクセサリーセット.
❷〈*parure* de ＋ 無冠詞名詞〉…用セット. ▶ *parure* de lit シーツと枕(ら)のカバーのセット.

paruss-, paru-, parû- 活用 ⇨ PARAÎTRE 50

parution /parysjɔ̃/ 女 (書物などの)出版, 刊行; 発売(日).

***parvenir** /parvəni:r パルヴニール/ 28

過去分詞 parvenu	現在分詞 parvenant
直説法現在 je parviens	nous parvenons
複合過去 je suis parvenu(e)	
単純未来 je parviendrai	

自他動 (助動詞は être) ❶〈*parvenir* à qc // *parvenir* ＋ 場所〉(努力して)〔人が〕…に達する, 到達する. ▶ *parvenir* au sommet de l'Everest エレベストの頂上に達する / *parvenir* à ses fins 目的を遂げる. 比較 ⇨ ARRIVER.
❷〈*parvenir* à qn // *parvenir* ＋ 場所〉〔物が〕…に届く, 着く. ▶ La lumière ne *parvient* pas dans cette pièce. この部屋には日差しが届かない / Il nous a fait *parvenir* une lettre. 彼は我々に手紙を送ってきた.
❸ (状態に)達する ▶ *parvenir* à la maturité 熟する / *parvenir* à un accord 合意に達する.
❹〈*parvenir* à ＋ 不定詞〉…することに成功する

(＝réussir à). ▶ Il ne *parvient* pas à trouver du travail. 彼は仕事にありつけないでいる.
— 自動 古風 立身出世する.

parvenu, *e* /parvəny/ 形 (parvenir の過去分詞)
❶ …に達した, 到達した. ❷ 成り上がりの, 成金の.
— 名 成り上がり, 成金.

parvien-, parviendr-, parvin-, parvîn- 活用 ⇨ PARVENIR 28

parvis /parvi/ 男 (教会前の)広場. ▶ le *parvis* de Notre-Dame ノートルダム(大聖堂前の)広場.

:**pas**[1] /pɑ パ/

❶ 歩(ほ), 歩み. ▶ avancer d'un *pas* 1歩前へ出る / reculer d'un *pas* 一歩下がる / enfant qui fait ses premiers *pas* よちよち歩きの赤ん坊(⇨ 成句 faire le(s) premier(s) pas).
❷ 足音; 足跡; 通った跡. ▶ entendre des *pas* 足音が聞こえる / reconnaître le *pas* de qn …の足音を聞きつける, 足音で…と分かる / des *pas* sur le sable 砂の上の足跡.
❸ 歩幅; 短い距離. ▶ viser une cible à trente *pas* 30歩の距離から標的をねらう / C'est à deux *pas* d'ici. ここからは目と鼻の先だ / Il n'y a qu'un *pas* de la malveillance à la calomnie. 敵意から中傷まではほんの一歩だ.
❹ 歩き方, 歩調. ▶ presser [hâter, doubler, précipiter] le *pas* 歩調を速める / ralentir le *pas* 歩調を緩める / marcher d'un bon *pas* さっさと歩く / au *pas* cadencé 歩調をとって / *pas* de charge〖軍事〗突撃歩.
❺ (バレエの)パ, (ダンスの)ステップ. ▶ *pas* de deux パ・ド・ドゥ(2人の踊り) / *pas* de tango タンゴのステップ.
❻ (進行の)一段階, (目標への)一歩. ▶ faire un *pas* en avant pour la lutte contre le cancer 癌(がん)撲滅に向けて一歩前進する / C'est un grand *pas* de fait. それは大進歩だ, たいしたことだ / C'est un *pas* difficile. 苦しいときだ, 難関だ.
❼ 戸口, 敷居 (＝*pas* de la porte); 古 (階段の)段. ▶ Il m'attendait sur le *pas* de la porte. 彼は私を戸口で待っていた.
❽ 古〖地理〗通路; (山間の)隘路(あいろ), 峠; 海峡. 注 現在では地名に残る. ▶ le *pas* de Calais ドーバー海峡. ❾〖機械〗(ねじの)ピッチ. ▶ vis à gros *pas* ピッチの大きいねじ.
❿ *pas* de tir (ロケットの)発射台; (射撃の)射座.

à chaque pas ＝ ***à tous les pas*** 一歩ごとに, しょっちゅう, 絶えず.

à grands pas ＝ ***à pas de géant*** (1) 大またで, 足早に. ▶ marcher *à grands pas* 大またで歩く. (2) 急速に. ▶ avancer *à pas de géant* 長足の進歩を遂げる.

***à pas comptés* [*mesurés*]** 慎重に, ゆっくりと.

à pas de loup 静かに, 忍び足で.

à petits pas 小またで, ちょこちょこと.

arriver sur les pas de qn …の直後に到着する.

au pas (軍隊が)足並みをそろえて; (馬が)並足で; (車が)徐行して. ▶ marcher *au pas* 歩調をとって歩く / Allez *au pas* pour entrer dans le ga-

pas

rage. 徐行して車庫入りしなさい.
céder [donner] le pas (à qn) (…に)道を譲る; 譲歩する.
changer de pas (歩調を変えて)足並みをそろえる.
de ce pas この足で, ただちに. ▶ J'y vais *de ce pas*. すぐ行きます.
faire les cent pas (同じ場所を)行ったり来たりする.
faire le(s) premier(s) pas (事業, 交渉を)やり始める;(和解などのために)自分の方から歩み寄る. ▶ Paul et Marie sont toujours fâchés, aucun de deux ne veut *faire le(s) premier(s) pas*. ポールとマリーは相変わらずいがみ合ったままで, どちらも先に折れようとはしない.
faux pas 踏み外し, つまずき; 失敗, ミス. ▶ faire un *faux pas* 足を踏み外す; 過ちを犯す / compter les *faux pas* de qn …の失策をあげつらう.
franchir [sauter] le pas (ためらった後)思い切った決断をする.
Il n'y a que [C'est] le premier pas qui coûte. 囲 何事もやり始めが難しい, たいへんなのは最初だけだ.
marcher sur les pas de qn …のあとについて行く; をまねる.
marquer le pas 足踏みする;(進行が)止まる.
mauvais pas 困難, 難局. ▶ 'se tirer [sortir] d'un *mauvais pas* 難局を切り抜ける.
mettre qn au pas …を規律[命令]に従わせる. ▶ se *mettre au pas* 従順になる.
ne pas quitter qn d'un pas …のそばを片時も離れない, にいつもついていく.
***pas à pas** /pɑzɑpɑ/ (副) 一歩一歩, 少しずつ, 慎重に. ▶ avancer *pas à pas* 一歩一歩進んでいく / exécuter *pas à pas* un plan 計画をゆっくり[慎重に]実行していく.
pas de clerc 失策, 失態, へま, 初歩的ミス.
pas de porte ⇨ PAS-DE-PORTE.
politique des petits pas 斬新的政策.
prendre [avoir] le pas sur qn/qc …に勝る.
revenir [retourner] sur ses pas 来た道を引き返す; 方針を変える.
salle des pas perdus (駅の)コンコース;(裁判所などの)ホール, ロビー.

***pas²** /pɑ/ パ (副)
《否定》…ない.

❶ ❶ (ne とともに) ▶ Je ne sais *pas*. 知りません / J'espère ne *pas* le voir. 彼に会わなければいけれど / Je suis déçu de「ne *pas* l'avoir [ne l'avoir *pas*] vue. 彼女に会えなかったのでがっかりしている. 匨 ne, pas の位置によって意味が変わる場合がある(例: Je ne peux pas venir demain. 私は明日は来られません / Je peux ne pas venir demain. 来ない可能性もあるということも可能です.
❷《sans などとともに二重否定》▶ Ce n'est *pas* sans émotion que je l'ai revue. 彼女とまた会えて感動した.

❷ (ne なしで) ❶《対立; 文の一部を否定》▶ Il est venu,「toi *pas* [*pas* toi]. 彼は来たが, 君は来なかった / Elle mange de la viande, mais *pas* de poisson. 彼女は肉は食べるが魚は食べない / Ce stylo est à vous ou *pas*? この万年筆はあなたのですか, それとも違いますか /《non の強調》C'est une éventualité, (et) non *pas* une certitude. それは一つの可能性であって, 確実ではない. 匨 C'est une éventualité et non une certitude. と pas を省略することも可能.
❷《付加詞容詞とともに》▶ des enfants *pas* sages 聞き分けのない子供たち.
❸ 囲《答えで副詞(句)とともに》《 "Tu acceptes ? — Absolument *pas*. "「受けてくれるかい」「絶対いやだ」/《 Elle est rentrée ? — *Pas* encore. 》「彼女もう帰ってきたかい」「いやまだだ」/ *Pas* le moins du monde. 絶対違う, とんでもない / Sûrement *pas*. きっとそうではない / *Pas* tellement. それほどでもない / Pourquoi *pas* ? もちろん, いいとも.
❹ 囲《感嘆, 命令》▶ *Pas* de chance! ついてないなあ / *Pas* possible [vrai]! まさか / *Pas* d'histoire! つべこべ言うな.
❺ 囲《否定疑問》▶ Elle m'aime, *pas* vrai ? 彼女は僕が好きさ, 違うかい / Tu le lui diras, *pas* ? (=n'est-ce pas) あのこと彼(女)に言ってくれるよね.
❻ 囲《ne の省略》▶ Je crois *pas*. そうは思わない / Pleure *pas* ! 泣くなよ.

Ce n'est pas que + 接続法 …ということではない; …だからではない. ▶ *Ce n'est pas qu*'il soit bête, mais il est vraiment apathique. 彼はばかではないのだが, すこぶる無気力なのだ.
comme pas un [une] /pɑzœ̃, pɑzyn/ 囲 だれよりも, どれよりも. Il est paresseux *comme pas un*. あいつはひどい怠け者だ.
ne ... pas plus que ... ⇨ PLUS.
ne ... pas que ... …だけ…ではない. ▶ Il n'y a *pas que* lui. 彼しかいないわけではない.
***pas une [un]** + 名詞 1つ[1人]の…も…ない. ▶ *Pas une* voiture sur la route. 道路には1台の車も見えない. / Qu'est-ce qu'il fait beau! Il n'y a *pas un* nuage dans le ciel. なんていい天気だろう. 空には雲一つない.
pour ne pas que + 接続法 囲 …しないように. ▶ *pour ne pas qu*'il le sache 彼にそのことを知られないように.

pascal, ale /paskal/;《男 複》**als** (または **aux** /o/) 形 ❶《キリスト教》復活祭の. ❷《ユダヤ教》過越(すぎこし)の祭の.
Pas-de-Calais /pɑdkalɛ / padkalɛ/ 固有 男 パ=ド=カレ県 [62]: フランス北部.
pas-de-porte /pɑdpɔrt/ 男《単複同形》(商人が営業権買い取りのために支払う)権利金.
pas-grand-chose /pɑgrɑ̃ʃoːz/ 名《単複同形》取るに足りないやつ, ろくでなし.
paso doble /pasodɔbl/ 男《単複同形》(スペイン語)《ダンス》パソドブレ: スペイン起源のテンポの速いワンステップダンス.
passable /pɑsabl/ 形 まずまずの, 並の, 及第点には達している. ▶ eau-de-vie *passable* まあ飲めるブランデー / avoir la mention «*passable*» à un examen 試験で「可」の成績をもらう(⇨ MENTION).

passablement /pɑsabləmɑ̃/ 副 ❶ まずまず, どうにか. ▶ jouer *passablement* un morceau de musique ある曲をなんとか弾く. ❷ かなり. ▶ des garçons *passablement* éméchés かなり酔いの回った若者たち.

passade /pasad/ 女 ❶ かりそめの恋, 浮気. ❷ 一時的な熱中.

*passage /pɑsaːʒ パサージュ/ 男 ❶❶ 通過, 通行, 横断; 塾 往来, 人通り. ▶ «*Passage* interdit»「通行禁止」/ les heures de *passage* des bus バスの到着時刻 / le *passage* de la Manche 英仏海峡横断 / guetter le *passage* du facteur 郵便配達が通りかかるのを待ち受ける / Il y a beaucoup de *passage* dans cette rue. この通りは往来が激しい.
❷ 立ち寄ること; (テレビ, ラジオへの)出演. ▶ le *passage* à Paris d'un musicien célèbre 有名な音楽家のパリ訪問.
❸ 移行; 進級. ▶ le *passage* de A à B A から B への移行 / examen de *passage* 進級[昇級]試験.
❹ 航海, 渡航 (=voyage); 通行料.
❷❶ 通路, 通り道. ▶ barrer [laisser] le *passage* à qn/qc …の通路を妨げる[に道をあける] / se frayer un *passage* 道を切り開く / livrer *passage* à qc/qn …に出口を与える / *passage* clouté 横断歩道 / *passage* à niveau 踏み切り / *passage* souterrain 地下道 / *passage* protégé (交差点で優先される道路).
❷ アーケード (=*passage* couvert); 小路, 横丁.
❸ 廊下.
❸ (文学, 音楽, 映画など芸術作品の)一節. ▶ citer un *passage* de Chateaubriand シャトーブリアンの一節を引用する.

au passage (*de qn/qc*) (…が)通過するときに, 通りすがりに, 途中で. ▶ Chacun l'a salué *à* son *passage*. 彼が通りかかると皆が挨拶(<ruby>あいさつ<rt></rt></ruby>)をした / Il faut saisir les occasions *au passage*. 機会は訪れたときにとらえねばならない.

de passage 短期滞在の, 行きずりの, つかの間の. ▶ Il est *de passage* à Paris. 彼はパリに立ち寄っている / un amant *de passage* 行きずりの愛人 / oiseau *de passage* 渡り鳥; 渡り者.

sur le passage de qn/qc …の通り道に, 行く先々で.

*passager, ère /pɑsaʒe, ɛːr パサジェ, パサジェール/ 名 (船, 飛行機, 車の)乗客, 旅客; (自動車, オートバイの)同乗者. 注 列車の乗客は一般に voyageur という.
— ***passager, ère** 形 ❶ つかの間の, 一時的な. ▶ bonheur *passager* つかの間の幸せ / pluies *passagères* 通り雨. ❷ 短期滞在の, 通りすがりの. ▶ oiseau *passager* 渡り鳥. ❸ 塾 道が)人通りの多い. ▶ rue *passagère* 人通りの多い道.

passagèrement /pɑsaʒɛrmɑ̃/ 副 一時的に, しばらくの間だけ, 仮に.

*passant, ante /pasɑ̃, ɑ̃ːt パサン, パサーント/ 名 通行人. ▶ J'ai demandé mon chemin à un *passant*. 私は通行人に道を尋ねた.
— 形 人通りの多い, 交通の激しい.
— **passant** 男 (ベルトなどの)留め環; ベルト通し.

passation /pɑsasjɔ̃/ 女 ❶ 〖法律〗(契約の)調印, 締結; (文書の)作成. ❷ 〖政治〗*passation* des pouvoirs (後任者への)権限の委譲.

passe¹ /pɑːs/ 女 ❶ 〖スポーツ〗(1) (ボールの)パス. (2) (フェンシングで)突き, 後足を前に踏み出すこと.
❷ 俗 (売春婦の)ショートタイム. ▶ maison [hôtel] de *passe* 売春宿. ❸ (奇術師や催眠術師の)手の動き, 手さばき; 術. ❹ mot de *passe* 合い言葉, パスワード. ❺ 水路, 水道: 岩礁の間などの狭い部分.

être dans une bonne [mauvaise] passe 順調[不調]な状況にある.

être en passe de + 不定詞 …しようとしている, する見込みがある. ▶ Cette espèce *est en passe de* disparaître. この種は絶滅しようとしている.

passe d'armes (1) 剣の応酬. (2) 議論の応酬.

passe² /pɑːs/ 男 (passe-partout の略)マスターキー, 親鍵(<ruby>かぎ<rt></rt></ruby>).

*passé, e /pɑse パセ/ 形 ❶ 過去の, 昔の. ▶ le temps *passé* 過去, 昔 / la gloire *passée* かつての栄光 / une erreur *passée* 昔の過ち.
❷ この前の. ▶ l'an *passé* 昨年 / au cours des semaines *passées* ここ数週間の間.
❸ 〈数量表現 + *passé*〉〔時間や年齢が〕…を少し過ぎた. ▶ Il est midi *passé*. 正午過ぎだ / Il a trente ans *passés*. 彼は30歳過ぎだ.
❹ 色あせた; 盛りを過ぎた. ▶ un melon *passé* 熟れすぎたメロン / couleur *passée* あせた色.
❺ 〖言語〗過去の. ▶ participe *passé* 過去分詞.
— ***passé** 男 ❶ 過去; 過去の出来事. ▶ avoir le culte du *passé* 過去を礼賛する; 保守的である / Tout ça, c'est du *passé*. 話 それはみんな昔の話だ. ❷ (人の)前歴. ▶ Nous ignorons tout de son *passé*. 私たちは彼(女)の過去をまったく知らない. ❸ 〖言語〗過去(形). ▶ *passé* composé 複合過去.

par [dans] le passé 昔, 以前 (=autrefois). ▶ comme *par le passé* 昔のように / *Par le passé* on n'agissait pas comme ça. 昔はそんな振舞はしなかったものだ.

— 前 (時間・空間的に)…を過ぎて, 過ぎると. ▶ *passé* onze heures 11時を過ぎると / *passé* le carrefour 交差点を過ぎると.

— **passée** 女 (野ガモなどの)飛来.

passe-droit /pɑsdrwa/ 男 (慣例, 規則などを破る)例外的な)特典, えこひいき.

passéisme /pɑseism/ 男 《軽蔑して》過去への執着, 懐古趣味.

passéiste /pɑseist/ 形, 名 過去に執着する(人), 懐古趣味の(人).

passe-lacet /pɑslase/ 男 ひも通し針.

être raide comme un passe-lacet 俗 一文無しだ.

passementerie /pɑsmɑ̃tri/ 女 ❶ (衣服, 椅子(<ruby>す<rt></rt></ruby>)などの)飾りひも. ❷ 飾りひも商.

passe-partout /pɑspartu/ 男 (単複同形) ❶ マスターキー, 親鍵. ❷ 万能のもの. ▶ L'argent est un bon *passe-partout*. 諺 (金があればどこでも出入り自由だ→)地獄の沙汰(<ruby>さた</rt></ruby>)も金次第.
— 形 (不変)何[どこ]にでも通用する, 万能の. ▶

passe-passe

formule *passe-partout* どんな場合にも使える決まり文句.

passe-passe /pɑspɑːs/ 男《単複同形》*tour de passe-passe*（品物を消したり出したりする）手品, 奇術；いかさま.

***passeport** /pɑspɔːr/ パスポート/ 男 **パスポート**, 旅券. ▶ demander [renouveler] un *passeport* 旅券を申請 [更新] する / contrôle des *passeports* パスポート検査 / demander ses *passeports*（切迫した国際情勢で）〔大使が〕任命国からの退去を申し出る.

***passer** /pɑse/ パセ/

直説法現在	je passe	nous passons
	tu passes	vous passez
	il passe	ils passent
複合過去	je suis passé(e)	(自動)
半過去	je passais	
単純未来	je passerai	単純過去 je passai

― 自動 通る, 立ち寄る, 移る.
合格する, 通用する.
〔時が〕過ぎ去る.
〔痛みなどが〕なくなる.
<*passer* pour + 属詞>…と見なされる.
― 他動 …を越える, 超える.
〔試験など〕を受ける.
〔時〕を過ごす.
…を渡す, 移す, 移動させる.
〔服など〕を羽織る.
― **se passer** 代動 〔出来事が〕起こる.
〔時が〕たつ.

自動 《助動詞は多く être, 行為を示すときは avoir》

1 通過する, 移行する. **❶** 通る, 通過する. ▶ *passer* sur un pont 橋を渡る / L'air froid *passe* sous la porte. 冷たい空気がドアの下から入り込んでくる / Le train va *passer*. 列車が間もなく通過する［来る］/《Défense de *passer*》「通行禁止」/ Laissez-moi *passer*. 通してください /《非人称構文で》Il *passe* beaucoup de monde par là. この辺は人通りが多い. ◆ faire *passer* 通らせる, 通す. ▶ Faites *passer* d'abord les femmes et les enfants. 女性と子供を先に通してください.

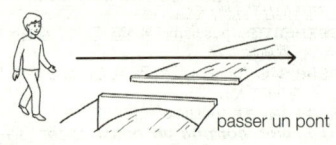

passer un pont

❷ 立ち寄る, 訪ねる. ▶ Est-ce que le facteur *est passé?* 郵便配達の人は来ましたか / Je *passerai* chez vous ce soir. 今夜お宅に寄ります / Elle *est passée* à la banque avant de prendre le métro (=aller). 彼女はメトロに来る前に銀行に立ち寄った / Je ne fais que *passer*. ちょっと立ち寄っただけだ. ◆ *passer* + 不定詞 …しに寄る, しに行く. ▶ Je *passerai* vous prendre demain en voiture. 明日車でお迎えに参ります.

❸ 移動する；（別のもの, 状態に）移る. ▶ *Passons* à table. 食卓へ参りましょう / *passer* de main en main 手から手へと渡る / *passer* de bouche en bouche 口から口へと伝わる / *passer* dans la salle de séjour pour prendre le café（食事の後）リビングに移動してコーヒーを飲む / *passer* en troisième année 3年生になる / *Passons* à autre chose. 話題を変えよう / Le feu *est passé* au rouge. 信号は赤に変わった / *passer* à l'action 行動に移る / *passer* aux aveux ついに自供する. ◆ *passer* + 属詞 …になる. ▶ Il *est passé* chef de service. 彼は係長になった. ◆ *passer* (de + 数詞) à + 数詞 (…から)…に増える［減る］.

❹ 承認される；通用する. ▶ Ce projet de loi va *passer* à l'Assemblée nationale. この法案は国民議会にかけられる / Une scène osée comme celle-là, ça ne *passe* pas au Japon. こういう大胆な場面は日本では通らないよ / Ça peut *passer*. まあいいだろう.

❺ はみ出る, 越える. ▶ Tu as un fil qui *passe* sous ta jupe. スカートの下から糸が出ているよ.

❻ 〔液体などが〕こされる；〔食事が〕消化される. ▶ Le café est en train de *passer*. 今コーヒーを入れているところです / Mon déjeuner ne *passe* pas. 昼飯が胃にもたれる.

❼ 〔映画などが〕上映される, 放送される；〔人が〕出演する. ▶ Son nouveau film *passe* dans les salles d'exclusivité. 彼(女)の新作がロードショー館で上映される / Je *passe* demain à la télé. 私は明日テレビに出演する.

2 過ぎ去る, 消える. **❶** 〔時が〕経過する, 過ぎ去る. ▶ Comme le temps *passe* vite! 時のたつのはなんと早いことだろう / Le temps *a passé* où + 直説法 …のときは過ぎた / faire *passer* le temps 時間をつぶす.

❷ 〔痛みなどが〕なくなる, 消え去る；〔流行などが〕廃れる. ▶ La douleur va *passer*. 痛みはすぐに消えるだろう / Il est en colère, mais ça lui *passera*. 彼は怒っているが, そのうち治まるだろう / La mode *passe* vite. 流行はすぐ廃れる.

Ça ne passe pas (1) のどを通らない；消化できない. ▶ Le lait, ça ne *passe* pas chez moi. 牛乳だめなんです, 私. (2) そんなことは通用しない.

Ça passe ou ça casse. のるかそるかだ.

Ça te passera avant que ça me reprenne. そう長くは続かないよ.

en passant 通りがかりに；ついでに. ▶ soit dit *en passant* ついでに言えば.

en passer par qc（あきらめて）…に従う, 耐える.

***laisser passer** qn/qc* …を通す. ▶ Les rideaux *laissent passer* le jour. カーテンから光が入っている / *Laissez passer*. 通してください.

le [la] sentir passer 話 痛い目に遭う；大金を払わされる.

Passe encore 「**de** + 不定詞」 [**que** + 接続法]**, mais** + 直説法. …はまあ大目に見よう, しかし…. ▶ *Passe encore* qu'il soit absent, mais aurait pu prévenir. 彼が来ないのはまあいいが, それ

にしても前もって言っておいてくれればいいのに.
passer 'à côté de [près de] qn/qc (1) …のそばを通る. (2) …を惜しいところで逃す.
passer après (qn/qc) (1) (…の)あとを行く. (2) (…に)劣る. ▶ Ça *passe* après. それは二の次だ.
passer à [au] travers (qc) (…を)横切る, 通り抜ける. ▶ *passer à travers* bois 森を通り抜ける / *passer au travers* des difficultés 困難を切り抜ける.
passer aux ordres 命令を受けにいく.
passer derrière qn …のあとについていく.
passer devant (qc) (1) (…の)前を通り過ぎる. (2) (裁判所などに)出頭する. ▶ *passer devant* les tribunes 法廷に出頭する.
passer devant (qn) (1) (…の)前を行く. ▶ Je *passe devant* pour te montrer le chemin. 道案内のために私が先を歩きます. (2) 話 (…の)前に割り込む. ▶ Elle m'*est passée devant*. 彼女は私の前に割り込んだ.
passer en première [seconde] (自動車のギアを)ファースト[セカンド]に入れる.
passer inaperçu 気づかれずに済む.
passer outre (à qc) (忠告, 禁止などを)無視する. ▶ *passer outre* à un conseil 忠告を無視する.
*****passer par qc/qn*** (1) …を経由する, 通る. ▶ Pour aller de Marseille à Paris, il faut *passer par* Lyon. マルセイユからパリに行くにはリヨンを通らなければならない / Elle dit tout ce qui lui *passe par* la tête. 彼女は思いついたことを全部言う. (2) …を通す, 経る. ▶ Ce livre *est passé par* bien des mains. この本は多くの人の手を経てきている. (3) 話 …を出る. ▶ Il *est passé par* l'université. 彼は大学を出ている. (4) …を経験する. ▶ *passer par* de rudes épreuves つらい試練を経る / Je *suis passé par* là. 私もそんな苦労をした.
*****passer pour*** + 属詞 …とみなされる. 注 助動詞は avoir を用いる. ▶ Jean *passe pour* (être) intelligent. ジャンは頭がいいと思われている / faire *passer* un ami *pour* son frère 友人を兄[弟]ということにする. ◆se faire *passer pour* qn 自称 …である. ▶ Elle *se fait passer pour* une journaliste. 彼女は(本当はジャーナリストではないが)まわりの人間に自分のことをジャーナリストだと信じ込ませている.
passer sous qc (1) …の下を通る. (2) 話 (車に)ひかれる.
passer sur「le corps [le ventre] de qn …を踏みつけにする, 踏み台にする.
*****passer sur qc*** (1) …の上を通る. (2) …を省略する. ▶ *passer sur* les détails 細部を飛ばす. (3) …を大目に見る. ▶ *passer sur* les fautes de qn …の誤りに目をつぶる.
Tout passe, tout casse, tout lasse. 諺 (すべては移ろい, 壊れ, 人を飽きさせる→)諸行無常.
y passer (1) そこに使われる, それに充てられる. ▶ Il aime le cinéma, tout son argent *y passe*. 彼は映画が好きでそれにすべてお金をつぎ込んでいる. (2) それを経験する. ▶ La critique n'épargne personne. Tout le monde *y passe*. 批判の矢

はだれも容赦しない. みんな同じ境遇だ. (3) 話 死ぬ. ▶ Il a failli *y passer*. 彼はあやうく死ぬところだった.

── **:passer** 他動 **1** …を通過する. **❶** …を越える, 横切る, 通り抜ける. ▶ *passer* la frontière 国境を越える / *passer* une rivière sur un pont 橋で川を渡る / *passer* la grille 柵(さく)を乗り越える / Les marchandises *ont passé* la douane. 商品は税関を通った.

❷ [限界, 能力など]を超える (=dépasser). ▶ *passer* les limites 限度を超える, 度を超す / Ce travail *passe* mes forces. この仕事は私の能力を超えている.

❸ [試験, 検査]を受ける. 注 [試験に合格する]は réussir à un examen, être reçu à un examen と言う / *passer* la radio レントゲン検査を受ける / *passer* une visite médicale 検診を受ける.

❹ …を飛ばす, 省略する, 落とす. ▶ *passer* une ligne 1行飛ばす / *passer* son tour (トランプで)パスする.

❺ ⟨*passer* qc à qn⟩…に[わがままなど]を許す, 大目に見る. ▶ Il *passe* tous les caprices à ses enfants. 彼は子供のわがままをなんでも許している / J'en ai marre, si vous me *passez* l'expression. うんざりですよ, こんな言い方を許していただけるなら.

❻ …を追い抜く. ▶ *passer* qn à la course レースで…を追い抜く.

2 [時]を過ごす. ▶ *passer* ses vacances à la mer 海で休暇を過ごす / *passer* la soirée chez un ami 友人の家で夜のひとときを過ごす. ◆*passer* + 時間 + à + 不定詞 …して時を過ごす. ▶ *passer* son temps à jouer au foot サッカーをして時を過ごす.

3 …を通過させる, 移動させる. **❶** ⟨*passer* qc à qn⟩…に…を渡す, 移す. ▶ *Passe*-moi le sel. 塩を取ってよ / *passer* sa grippe à qn …にインフルエンザを移す / Je vous *passe* la parole. 今度はあなた(方)が話す番です;(会議で)どうぞ発言してください.

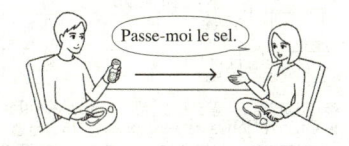

Passe-moi le sel.

❷ [電話]を回す;[人]を(電話に)出す. ▶ Allô, pourriez-vous me *passer* M. Dupont? もしもし, デュポンさんをお願いします / *passer* [donner] un coup「de fil [de téléphone]」à qn 話 …に電話をかける.

❸ …を動かす, 移動させる;[クリームなどを]塗る. ▶ *passer* l'aspirateur sur le tapis カーペットに掃除機をかける / *passer* de la cire sur le parquet 床にワックスを塗る.

❹ [映画などを]上映する, 上演する;[レコードなど]をかける;[番組などを]放送する. ▶ *passer* un film à la télévision テレビで映画を放映する

/ *passer* un CD CD をかける.

❺〔服など〕を羽織る, 身に着ける. ▶ *passer* (=mettre, enfiler) une robe de chambre à la hâte 急いで部屋着を羽織る.

❻〔液体〕を(フィルターなどで)こす. ▶ *passer* le café コーヒーをいれる / *passer* un bouillon ブイヨンをこす.

❼…を記入する;〔文書など〕を作成する;〔契約など〕を締結する. ▶ *passer* un article en compte 内訳を勘定簿に記入する / *passer* un traité 協約を結ぶ.

❽〈*passer* A à B〉 A に B の作用を受けさせる. ▶ *passer* un plat au four 料理を天火に入れる.

On (ne) va pas passer Noël [le réveillon, la nuit] là-dessus. 話 こんなことをしている暇はない.

***passer* 「la première [la seconde]** (自動車のギアを)ファースト[セカンド]に入れる.

passer le temps 時間をつぶす.

passer qc en revue …を子細に検討する.

passer un mauvais quart d'heure 話 つらい一時を過ごす.

比較 …を越える, 越す
passer 場所を通過する, または障害物を越える.
franchir 障害物や境界を越えることを表わすが, passer よりも意味が強く, なんらかの抵抗や困難が含意される. **dépasser** 主として数量や程度がある限度を越える. **excéder** 《改まった表現》数量があらかじめ決められた限度を越える. どのくらい越えているかの分量を明示することが多い.

— ***se passer*** 代動 ❶〔事件などが〕起こる, 行われる. ▶ La scène *se passe* à Montpellier. 舞台はモンペリエだ / Tout *s'est* bien *passé*. すべてはうまくいった / 〈非人称構文で〉Qu'est-ce qui *se passe* ? = Que *se passe-t-il* ? 何が起きたのですか, どうしたのですか (=Qu'est-ce qu'il y a ?) / Il *se passe* des choses étranges autour de lui. 彼の周りでは奇妙なことが起こる.

Qu'est-ce qui se passe?

❷〔時が〕たつ, 過ぎ去る, 流れる (=s'écouler).
▶ Quinze jours *se sont passés*. 15 日が過ぎた / La moitié du temps *se passa* en bavardage. 時間の半分はむだなおしゃべりで過ぎていった / 〈非人称構文で〉Il ne *se passe* pas un jour sans qu'elle demande de tes nouvelles. 彼女があなたの消息を尋ねない日は一日たりともない.

❸〈*se passer qc*〉自分の体に…をつける, 塗る. ▶ *se passer* de la crème sur les mains 手にクリームを塗る. 注 se は間接目的.

Ça ne se passera pas comme ça. 話 そうはさせないぞ.

se passer de + 不定詞 …せずに済ます. ▶ Je me *passerai* de manger. 私は食べないで済ませます.

***se passer de* qn/qc** (1) …なしで済ます. ▶ On peut très bien *se passer de* vin. ワインなしでも全然平気ですよ / Il ne peut pas *se passer* d'elle. 彼は彼女なしではやっていけない. (2) …を必要としない. ▶ Ça *se passe de* commentaires. これには説明はいらない.

passereau /pasro/; 《複》 **x** 男 燕雀(ぇんじゃく)類の鳥.

passerelle /pasrɛl/ 女 ❶ 歩道橋. ❷〔飛行機, 船の〕タラップ, ボーディング・ブリッジ. ❸〖海事〗船橋, 艦橋. ❹〔異なるものの間などの〕橋渡し.

passe-temps /pastɑ̃/ 男 軽い気晴らし, 暇つぶし. ▶ *passe-temps* favori 趣味, ホビー.

passeur, euse /pasœːr, øːz/ 名 ❶ 渡し守. ❷ 密出入国の手引き屋;〔麻薬の〕運び屋.

passible /pasibl/ 形 〈*passible de qc*〉〔刑罰, 罰金, 税金など〕を課されるべき. ▶ être *passible* de l'impôt 税金を払わねばならない.

passif, ive /pasif, iːv/ 形 ❶ 受動的な, 消極的な, 受け身の. ▶ résistance *passive* (非暴力による) 消極的抵抗 / être [rester] *passif* devant une situation 事態の成り行きに任せる. ❷〖言語〗受動的な, 受動態の. ▶ voix *passive* 受動態.
— ***passif*** 男 ❶〖言語〗受動態. ❷〖法律〗〖簿記〗負債, 債務.

passiflore /pasiflɔːr/ 女〖植物〗トケイソウ, パッションフルーツ.

passim /pasim/ 副 (注, 索引などで)ほか各所.

***passion** /pasjɔ̃/ 女 ❶ 情熱, 熱情. ▶ la *passion* des voyages 旅行が大好きなこと / avoir une grande *passion* pour la musique baroque バロック音楽を熱愛していること / parler avec *passion* 情熱を込めて話す / sans *passion* 冷静に / se laisser emporter par la *passion* 激情に駆られる. ◆avoir la *passion* de qc …に熱中している. ▶ Il a la *passion* des livres anciens. 彼は古書に情熱を傾けている.

❷(恋の)激情. ▶ une *passion* irrésistible 抑えがたい情熱 / la *passion* qu'il ressentait pour cette femme 彼がその女性に抱いていた愛情.
比較 ⇨ AMOUR.

❸ 熱中の対象, 大好きなもの. ▶ Le jazz, c'est sa *passion*. 彼(女)はジャズに夢中だ.

❹(芸術的な)情熱, 感動. ▶ une œuvre pleine de *passion* (=vie) 情感あふれる作品.

❺《Passion》(1)(キリストの)受難 (=*passion* du Christ). (2)〖音楽〗受難曲.

❻ fruit de la *passion* パッションフルーツ.

passionnant, ante /pasjɔnɑ̃, ɑ̃ːt/ 形 非常におもしろい, 熱中させる. ▶ un film *passionnant* 夢中にさせる映画.

***passionné, e** /pasjɔne/ パシュヨネ 形 ❶ 情熱的な, 熱烈な. ▶ regards *passionnés* 熱のこもった視線 / débat *passionné* 激論. ❷〈*passionné de* + 無冠詞名詞 // *passionné pour qc*〉…に熱中している, 夢中な. ▶ être *passionné* de rock ロックに熱中している.
— 名 ❶ 情熱家. ❷〈*passionné de qc*〉…マニア, ファン;…に夢中な人. ▶ un *passionné* de rugby ラグビーファン.

passionnel, le /pasjɔnɛl/ 形 痴情による, 情欲

patène

からの. ▶ crime *passionnel* 情痴犯罪.
passionnément /pasjɔnemɑ̃/ 副 情熱的に, 熱烈に, 激しく.
passionner /pasjɔne/ 他動 ❶ …を熱中させる. ▶ Ce film m'a *passionné*. この映画には興奮させられた. ❷〔議論など〕を感情的なものにする.
— **se passionner** 代動 ◇ *se passionner* pour qc ▷ …に熱中する, 熱を上げる. ▶ *se passionner* pour le théâtre 演劇に夢中になる.
passivement /pasivmɑ̃/ 副 受動的に, おとなしく, 逆らわずに.
passivité /pasivite/ 女 受動性, 無気力.
passoire /pɑswa:r/ 女 水切り, ざる; こし器. ▶ *passoire* à thé 茶こし.
pastel /pastɛl/ 男 パステル; パステル画. ▶ un portrait au *pastel* パステルの肖像画.
— 形 〈不変〉パステル風の. ▶ couleur *pastel* パステルカラー.
pastelliste /pastelist/ 名 パステル画家.
pastèque /pastɛk/ 女 〖植物〗スイカ.
*****pasteur** /pastœ:r/ パストゥール 男 ❶ (プロテスタントの)牧師. 比較 ⇨ PRÊTRE. ❷ 古 詩語 羊飼い, 牧人 (=berger). ❸ 文章 導き手, (精神的)指導者. ❹〖聖書〗le Bon *Pasteur* よき牧者(キリストのこと).
pasteurien, enne /pastœrjɛ̃, ɛn/, **pastorien, enne** /pastɔrjɛ̃, ɛn/ 形 パストゥールの, パストゥールの方法による.
pasteurisation /pastœrizasjɔ̃/ 女 (牛乳, ビールなどの)低温殺菌(法).
pasteuriser /pastœrize/ 他動 …を低温殺菌で処理する. ▶ lait *pasteurisé* 低温殺菌牛乳.
pastiche /pastiʃ/ 男 パスティッシュ, (文学・美術作品の)模作, 模倣; もじり.
pasticher /pastiʃe/ 他動〔芸術家, 芸術作品〕(の特徴)を模倣する, まねする, もじる.
pasticheur, euse /pastiʃœ:r, ø:z/ 名 ❶ 模作者, パスティッシュ作者. ❷ (軽蔑して)模倣者.
pastille /pastij/ 女 ❶ (平たい円形の)あめ, キャンディー; 薬用トローチ. ❷ 水玉模様.
pastis /pastis/ 男 ❶ パスティス: 水で割って飲むアニスの香りの食前酒. ❷ 話 面倒, 厄介事.
pastoral, ale /pastɔral/; 〈男複〉**aux** /o/ 形 ❶ 文章 羊飼いの, 牧人の; 田園(生活)の. ▶ la vie *pastorale* 牧人〔田園〕生活. ❷ (カトリックの)司教の; (プロテスタントの)牧師の.
— **pastorale** 女 ❶ パストラル: 田園をテーマに, 羊飼いを登場人物とする歌劇, 絵画など.
pastorat /pastɔra/ 男 〖キリスト教〗牧師の職.
pastoureau, elle /pasturo, ɛl/; 〈男複〉**eaux** 名 古語文章 羊飼いの少年〔少女〕, 牧童.
patachon /pataʃɔ̃/ 男 ◇ vie de *patachon* 放蕩(とう)生活.
patapouf /patapuf/ 間投 ズシン, ドシン, ドサッ, パタン. ❶ 重い物や人が落ちたり, 倒れたりする音.
— 男 話 でぶ, 太っちょ.
pataquès /patakɛs/ 男 話 リエゾンの誤り. 注 Je ne sais pas à qui est-ce. を Je ne sais pas-t-à qu'est-ce. と言ってしまうような, 誤ったリエゾンを皮肉って作られた語. ▶ faire un *pataquès* 間違ったリエゾンをする.

patate /patat/ 女 ❶ 〖植物〗サツマイモ (=*patate douce*). ❷ 話 カナダ ジャガイモ (=pomme de terre). ❸ 俗 とんま, ばか.
avoir la patate 体調がいい.
en avoir gros sur la patate (=cœur) 話 悲しみ〔くやしさ〕で胸がいっぱいだ.
se refiler la patate chaude 難問をたらいまわしにする.
patati, patata /patati, patata/〈擬音〉et *patati* et *patata* ぺちゃくちゃ(と).
patatras /patatra/ 間投 ガチャン, ドシン, バタン.
— 男 大きな音を立てて落下〔転落〕すること.
pataud, aude /pato, o:d/ 名 ❶ 脚の太い子犬. ❷ 鈍重な人〔子供〕, うすのろ.
— 形 のろまな, 鈍重な. ▶ Il a une allure *pataude*. 彼は動作が鈍い.
pataugeoire /patoʒwa:r/ 女 (プールのわきなどにある子供用の)水遊び場.
patauger /patoʒe/ 自動 ❶ (ぬかるみなどの中を)苦労して歩く. ❷ 話 (困難な状況の中で)難渋する, まごつく. ▶ *patauger* dans un discours 話の途中でしどろもどろになる.
patchwork /patʃwœrk/ 男〈英語〉❶ パッチワーク. ❷ (雑多な物の)継ぎはぎ細工.
*****pâte** /pɑ:t/ 女 ❶ 生地, パート: 小麦粉に牛乳, 卵などを練り合わせたこね粉. ▶ pétrir une *pâte* 生地をこねる / laisser reposer la *pâte* 生地を寝かす / *pâte* brissée〔feuilletée〕練り込み〔折り込み〕パイ生地 / *pâte* à pain〔tarte〕パン〔タルト〕生地.
❷《複数で》パスタ, めん類 (=*pâtes* alimentaires). ▶ manger des *pâtes* パスタを食べる / *pâtes* à la sauce tomate トマトソースパスタ.
❸ 練り物; チーズの中身. ▶ *pâte* de fruits フルーツゼリー / un fromage à *pâte* dure〔molle〕硬質〔軟質〕チーズ / *pâte* fermentée 発酵チーズ.
❹ ペースト状のもの. ▶ *pâte* à modeler 粘土 / *pâte* dentifrice 練り歯磨き / *pâte* à papier 製紙用パルプ / *pâte* à modeler 粘土.
❺ 気質, 性分. ▶ une bonne *pâte* 気のいい人.
❻ (パレットの上でこね合わせたり, 画布に施されたりした)絵の具.
être comme un coq en pâte ベッドでぬくぬくと布団にくるまっている; 何不自由なく安楽に暮らす.
mettre la main à la pâte 自ら仕事をする.
*****pâté** /pɑte/ 男 ❶〖料理〗パテ. (1)すり身にした肉, 魚などのパイ(温製) (=*pâtés en croûte*). (2)レバー, 肉などのすり身を型に詰めて焼いたもの(冷菜). ▶ *pâté* de saumon サケのパテ / *pâté* de campagne 田舎風パテ.
❷ 話 インキの染み. ❸ (子供が遊びで作る)砂山 (=*pâté* de sable). ❹ *pâté* de maisons 一区画〔ブロック〕を形成する家屋群.
pâtée /pɑte/ 女 ❶ (穀物の粉, 麩(ふ)), 草などを練った家畜の)飼料; (犬や猫の)餌(えさ).
❷ ひどい食べ物〔食事〕.
patelin¹ /patlɛ̃/ 男 話 村, 田舎; 故郷.
patelin², **ine** /patlɛ̃, in/ 形 話 優しげな, 口先のうまい, 猫をかぶった. ▶ ton *patelin* 猫なで声.
patelle /patɛl/ 女 〖貝類〗セイヨウカサガイ.
patène /patɛn/ 女 〖キリスト教〗パテナ, 聖体皿.

patenôtre /patno:tr/ 囡《多く複数で》图《軽蔑して》お祈り,わけの分からないつぶやき.

pat*ent*, ente /patã, ã:t/ 圏 文章 明白な, 異論の余地のない. ▶ un fait *patent* (=évident) 明白な事実 / Il est *patent* que + 直接法. …は明白である.

patent*é, e* /patãte/ 圏 ❶ 営業税を納めている, 営業を認可された. ❷ 图 名うての, 札付きの.

Pater /pate:r/ 男《単複同形》《ラテン語》主の祈り, 主禱(とう)文:「天にまします我らの父よ」で始まる.

patère /pate:r/ 囡 ❶《壁にくっつけた》洋服掛け; カーテン掛け. ❷《古代史》(献酒用の)浅い杯.

paternalisme /paternalism/ 男 ❶ 経営家族主義:雇い主の温情による非合理的な経営[支配]. ❷ (大国などの庇護(ご)を装った)干渉, 支配.

paternaliste /paternalist/ 圏 経営家族主義の, 温情主義の;(庇護(ご)を装って)干渉する.
— 图《軽蔑して》経営家族主義者.

paterne /patern/ 圏 古風 文章 父親ぶった, 温情に満ちた[を装った].

*****paternel, *le*** /paternel/ パテルネル 圏 ❶ 父の; 父からの; 父方の. ▶ amour *paternel* 父性愛 / puissance *paternelle* 父権 / grand-mère *paternelle* 父方の祖母. ❷ 親身の, 温情に満ちた. ▶ ton *paternel* 思いやりのこもった口調.
— **paternel** 男 俗 おやじ.

paternellement /paternelmã/ 副 父親らしく, 父親のように優しく.

paternité /paternite/ 囡 ❶ 父親であること, 父性;父親としての感情 (↔maternité). ▶ les soucis de la *paternité* 父親としての気苦労. ❷《法律》父子関係. ▶ *paternité* civile 養父の資格. ❸〈la *paternité* de qc〉…の作者[発明者]の資格. ▶ revendiquer la *paternité* de qc …の作者であることを主張する.

pât*eux*, euse /patø, ø:z/ 圏 ❶ ペースト状の, どろどろ[べたべた]した. ❷〔文体, 声などが〕重苦しい,歯切れの悪い.
avoir「la bouche [la langue] pâteuse 口がねばつく;舌がもつれる.

pathétique /patetik/ 圏 心に迫る;悲壮な. ▶ un regard *pathétique* 悲痛な眼差(まな)し.
— 男 文章 悲壮さ.

pathétiquement /patetikmã/ 副 文章 感動的に;悲壮に.

patho- 接頭「病気」の意.

pathogène /patoʒɛn/ 圏《医学》病原(性)の, 病因の. ▶ bactérie *pathogène* 病原菌.

pathologie /patɔlɔʒi/ 囡 病理学.

pathologique /patɔlɔʒik/ 圏 ❶ 病理学の. ▶ anatomie *pathologique* 病理解剖(学). ❷ 病的な, 病気の. ❸ 図〔行動が〕病的な, 異常な.

pathologiste /patɔlɔʒist/ 图, 圏 病理学者(の);(特に)病理解剖学者(の).

pathos /pato:s/ 男 文章《軽蔑して》(言動, 表現の)過剰な悲壮味,誇張した表現.

patibulaire /patibylɛ:r/ 圏 絞首台にふさわしい, 凶悪な. ▶ avoir une mine *patibulaire* 悪党面をしている.

patiemment /pasjamã/ 副 忍耐[辛抱]強く, 根気よく. ▶ attendre *patiemment* son tour 順番をじっと待つ.

*****patience*** /pasjã:s パスィヤーンス/ 囡 ❶ 忍耐, 辛抱, 根気. ▶ avoir de la *patience* 我慢強い / travail de *patience* 根気仕事 / prendre *patience* じっと辛抱する / perdre *patience* 辛抱できなくなる / attendre avec *patience* 辛抱強く待つ / être à bout de *patience* 我慢の限界である / Avec de la *patience*, on arrive à tout. 根気よくやれば何事も成功する. 注 avec patience は patiemment と同義であり, avec de la patience は si on a de la patience と同義である. ❷《ゲーム》(1) ペイシェンス:トランプの一人遊び. (2) jeu de *patience* ジグソーパズル.
La patience est la vertu des ânes. 諺 忍耐は愚者の美徳である.
Patience! (1) 辛抱しなさい;ちょっと待ってください. (2) 今に見ていろ.

*****pat*ient*, ente*** /pasjã, ã:t パスィヤン, パスィヤント/ 圏 ❶ 忍耐強い, 辛抱強い, 根気のある. ▶ un malade *patient* 我慢強い病人 / Soyez *patient* 少しお待ちください. ❷ 忍耐を要する. ▶ un travail *patient* 根気の要る仕事.
— 图 ❶ 患者. ❷ 古風 受刑者.

patienter /pasjãte/ 自動 辛抱して待つ. ▶ Veuillez *patienter*. 少々お待ち下さい.

patin /patɛ̃/ 男 ❶ スケート靴, スケート. ▶ *patin* à glace アイススケート / *patin* à roulettes ローラースケート / faire du *patin* スケートをする. ❷(靴の上から履くフェルト製の)スリッパ. ❸《自動車》*patin* de frein ブレーキパッド.

patinage /patina:ʒ/ 男 ❶ スケート. ▶ *patinage* artistique フィギュアスケート / *patinage* de vitesse スピードスケート / piste de *patinage* スケートリンク / *patinage* à roulettes ローラースケート. ❷(車輪などの)空転, スリップ.

patine /patin/ 囡 緑青(ろくしょう);(家具, 建物, 美術作品などの年代による)変色, 錆(さび);古色.

patiner¹ /patine/ 自動 ❶ スケートをする;滑る. ❷〔車輪,クラッチが〕滑る. ▶ La voiture *a patiné* sur la chaussée verglacée. 車が凍結した路上でスリップした. ❸ 停滞する. ▶ Les négociations *patinent*. 交渉は空回りしている.

patiner² /patine/ 他動 ❶ …を緑青(ろくしょう)で覆う;に古色をつける.
— se patiner 代動 緑青を吹く;古色を帯びる.

patinette /patinɛt/ 囡 片足スケート, スクーター:片足で地面をけって進む子供の乗り物.

patin*eur*, euse /patinœ:r, ø:z/ 图 スケートをする人;スケート選手.

patinoire /patinwa:r/ 囡 ❶ スケート場, スケートリンク. ❷ 滑りやすい場所.

patio /patjo/ 男《スペイン語》(スペイン風の家の)パティオ, 中庭.

pâtir /pati:r/ 自動〈*pâtir* de qc/不定詞〉…で苦しむ, の被害を受ける. ▶ *pâtir* d'une mauvaise récolte 不作に苦しむ.

pâtisser /patise/ 自動 菓子を作る.

*****pâtisserie*** /pɑtisri パティスリー/ 囡 ❶ パティスリー, ケーキ:小麦粉の生地をベースに作ったもの. パイ, タルト, ブリオッシュ, クッキーなど. 注 可算名詞または集合的不可算名詞として用いられる. ▶ aimer les *pâtisseries* パティスリーが好きである / faire de la *pâtisserie* パティスリーを作る. ❷ 菓子[ケーキ]作り. ❸ 菓子[ケーキ]店. ▶ aller à la *pâtisserie pâtissier* ケーキ屋に行く / boulangerie *pâtisserie* パン・ケーキ店.

***pâtissier, ère** /patisje, ɛːr/ パティスィエ, パティスィエール/ 名 パティスィエ, ケーキ職人, ケーキ販売員. ▶ boulanger *pâtissier* パン・ケーキ職人.
— **pâtissière** 形《女性形のみ》crème *pâtissière* カスタードクリーム.

patois /patwa/ 男 ❶ 方言; 俚言(ウェミ). ❷《ある職業や集団の》特殊語, 隠語. ❸《軽蔑して》ひどい言葉遣い.

patoisant, ante /patwazɑ̃, ɑ̃ːt/ 形, 名 方言[俚言(ウェミ)]を話す(人).

patraque /patrak/ 形 俗 体調[気分]が悪い.

pâtre /pɑːtr/ 男 文章 牧人, 羊飼い.

patriarcal, ale /patrijarkal/; 《男複》**aux** /o/ 形 ❶《旧約聖書》の族長の. ❷ 文章《族長時代をしのばせる》質朴な. ❸《キリスト教》《カトリックの》総大司教の;《東方教会の》総主教の. ❹《民族学》家父長制の, 父権制の.

patriarcat /patrijarka/ 男 ❶《キリスト教》総大司教[総主教]の職[在任期間]; 総大司教区. ❷《民族学》家父長制, 父権制(↔matriarcat).

patriarche /patrijarʃ/ 男 ❶《旧約聖書におけるイスラエル民族の》族長. ▶ le temps des *patriarches* 族長時代(アブラハムからモーセまでの時代). ❷《文章》《大家族の》長老, 古老.
❸《キリスト教》総大司教; 総主教.

patriciat /patrisja/ 男 ❶《古代ローマ》(1) 父身分の者. (2) パトリキ階層, 血統貴族.
❷ 文章 貴族階級, エリート層.

patricien, enne /patrisjɛ̃, ɛn/ 名 ❶《古代ローマ》パトリキ: 共和政初期の世襲貴族. ❷ 文章 貴族.

***patrie** /patri/ 女 ❶ 祖国. ▶ mère *patrie* 母国, (海外領土に対し)本国 / amour de la *patrie* 祖国愛 / seconde *patrie* 第二の祖国 / *patrie* d'adoption 帰化した国, 第二の祖国. 比較 ⇨ PAYS¹. ❷ 生地, 生誕地. ❸《心の》ふるさと.
❹ <*patrie* de qn/qc> …の名産地, 本場, 中心地.
▶ Limoges est la *patrie* de la porcelaine. リモージュは陶器の名産地だ.

patrimoine /patrimwan/ 男 ❶ 世襲[相伝]財産; 遺産;《民法》資産. ▶ *patrimoine* national 国有財産. ❷《精神的》遺産. ▶ *patrimoine* humain 人類の遺産 / *patrimoine* culturel 文化遺産 / *patrimoine* mondial (ユネスコの)世界遺産.
❸《生物学》*patrimoine* génétique 遺伝形質.

patrimonial, ale /patrimɔnjal/; 《男複》**aux** /o/ 形 世襲財産の;《民法》資産の.

patriotard, arde /patrijɔtaːr, ard/ 名 極端な愛国主義者. — 形 極端に愛国的な.

patriote /patrijɔt/ 名 愛国者.
— 形 国を愛する, 愛国的な.

patriotique /patrijɔtik/ 形 愛国的な.

patriotiquement /patrijɔtikmɑ̃/ 副 愛国的に; 愛国者として.

patriotisme /patrijɔtism/ 男 愛国心, 祖国愛.

***patron**¹ /patrɔ̃/ パトロン/ 男 注 女性についても男性形を用いる. ❶ 経営者, 雇用者, 社長;《複数で》経営者側. ▶ le *patron* d'une entreprise ある会社の社長 / rapports entre *patrons* et employés 労使関係 / être son propre *patron* 自営業を行う.
❷《組織, 部局の》長, ボス, 上司;《病院で, インターンや学生を指導する》主任医師;《学生の》指導教授. ▶ *patron* de thèse 論文指導教授.
— **patron, onne** /patrɔ̃, ɔn/ 名 ❶《個人営業の》店主, 経営者;《小工場の》親方. ▶ *patron* d'un café カフェの主人. ❷《親しみを表して》主人, 旦那(ダṃ)様, 奥様. ❸ 話 夫, 亭主; 妻, 女房. ❹《キリスト教》守護聖人.

patron² /patrɔ̃/ 男 ❶《服飾》型紙, パターン. ▶ *patron* taille quarante-deux サイズ42の型紙 / couper une jupe sur [d'après] un *patron* スカートを型紙に合わせて裁つ.
❷《彩色・図案用の》紙型, 金属版, 型付け版.

patronage /patrɔnaʒ/ 男 ❶《有力者, 公的機関などによる》支持, 後援, 庇護(ゴ), 協賛. ▶ une exposition organisée sous le *patronage* du ministère de l'Education nationale 国民教育省後援の展覧会. ❷ 青少年クラブ, 青少年会館.
❸《守護聖人の》守護, 加護.

de patronage (皮肉に)《小説, 映画などについて》健全な, 青少年向きの.

patronal, ale /patrɔnal/; 《男複》**aux** /o/ 形 ❶ 経営[雇用]者の. ▶ intérêts *patronaux* 経営者側の利益. ❷《キリスト教》守護聖人[聖女]の. ▶ fête *patronale* 守護聖人の祝日.

patronat /patrɔna/ 男《集合的に》経営者, 使用者, 雇用者. ▶ une négociation *patronat*-syndicat 労使交渉.

patronner /patrɔne/ 他動 …を支持する, 後援する, 庇護(ゴ)する. ▶ Cette association est *patronnée* et financée par les Nations unies. この団体は国連に承認され資金援助を受けている.

patronnesse /patrɔnes/ 形《女性形のみ》古風《しばしば皮肉に》dame *patronnesse* 慈善好きの婦人.

patronyme /patrɔnim/ 男 文章 姓, 名字.

patronymique /patrɔnimik/ 形 文章 nom *patronymique* 姓, 名字 (=nom de famille). 注「名前」は prénom という.

patrouille /patruij/ 女 ❶ パトロール(隊), 巡察(隊). ▶ faire des *patrouilles* de nuit 夜間パトロールをする. ❷《軍事》(1) 斥候, 偵察. (2)《空軍で》小編隊. (3)《海軍の》哨戒(ゴョキ)艇隊.

patrouiller /patruje/ 自動 パトロールに行く; 偵察[哨戒(ショキ)]する.

patrouilleur /patrujœːr/ 男 ❶ 斥候兵, 偵察隊員. ❷ 偵察機, 哨戒(ショキ)機[艇].

***patte** /pat/ パット/ 女 ❶《動物, 昆虫の》脚. ▶ *patte* de devant 前脚 / *patte* de derrière 後脚 / Donne la *patte*. (犬に対して)お手 / nos compagnons à quatre *pattes* ペットの犬や猫. 比較 ⇨ JAMBE. ❷ 俗《人間の》足. ▶ traîner la *patte* 足を引きずって歩く / se casser la *patte* 足を折る / marcher à quatre *pattes* 四つんばいになって進む / être bas [court] sur *pattes* 足が短い / aller

patte-d'oie

à *pattes* 歩いていく(=aller à pieds). ❸ 俗 (人間の)手. ▶ Retire tes sales *pattes* de là. その汚い手を引っ込めろ. ❹(芸術家,職人,作家の)腕前,技量. ▶ avoir de la *patte* うまい,器用だ. ❺《複数で》長いもみあげ. ❻(ポケット,財布などの)ふた,垂れぶた. ❼『軍事』*patte* d'épaule (兵隊が銃を背負うための)布製の肩当て;布製肩章台(=épaulette). ❽(先端の平たい)鉤(ぎ). ▶ *patte* d'ancre 錨爪(いがり).

avoir une patte folle 軽く足を引きずる.

Bas les pattes! 手を引っこめろ,さわるな.

coup de patte (1)(画家などの)腕前,技量. ▶ avoir un bon *coup de patte* 上手に描く,力量がある. (2)(通りすがりに投げる)毒舌,辛辣(½¼)な批評.

en avoir plein les pattes 話 歩き疲れる;うんざりする.

entre les pattes [*sous la patte*] *de qn* …の支配下に,意のままに. ▶ tomber *entre les pattes* de qn …の手中に落ちる / tenir qn *sous sa patte* …を自分の意のままに扱う.

faire (*la*) *patte de velours* 〔猫が〕爪を隠す;〔人が〕猫をかぶる.

graisser la patte à qn 話 …に袖(¾)の下を使う.

montrer patte blanche (通行証や合い言葉で)身分を証明する.

pattes de mouche 読みにくい小さな字.

retomber sur ses pattes 話 無事窮地を脱する.

se fourrer dans les pattes de qn …につきまとう.

se tirer [*sortir*] *des pattes de qn* 話 …の支配から脱する.

tirer dans les pattes de qn 話(策略を巡らして)…の邪魔をする,足を引っ張る.

patte-d'oie /patdwa/; 《複》~s-~ 女 ❶ 三叉路(ā); 分岐点. ❷ 目尻(炀)の小じわ,からすの足跡.

pattemouille /patmuj/ 女(アイロンかけに使う)湿らせた当て布.

pattern /patɛrn/ 男『英語』型, パターン.

pâturage /pɑtyraːʒ/ 男 ❶ 牧場, 牧草地, 放牧地. ▶ *pâturage* communal 共同放牧場. ❷ 放牧;放牧権.

pâture /pɑtyːr/ 女 ❶(動物の)食べ物,餌(ǣ),飼料. ▶ donner la *pâture* à la volaille 鶏に餌をやる. ❷ 放牧;放牧地, 牧場. ▶ mener les vaches en *pâture* 雌牛を牧草地に連れていく. ❸(精神の)糧(½);(悪意や好奇心の)餌食(ᅳ). ▶ faire sa *pâture* de qc …を自分の糧とする / Il a été offert en *pâture* à la malignité publique. 彼は人々の嫌がらせの餌食にされた.

pâturer /pɑtyre/ 自動 牧草を食べる.
— 他動〔牧草など〕を食べる.

Pau /po/ 固有 ポー: Pyrénées-Atlantiques 県の県庁所在地.

paume /poːm/ 女 ❶ 手のひら (=*paume* de la main). ❷『スポーツ』ポーム: テニスの原型とされる球戯. ▶ jeu de *paume* ポームの室内球戯場.

paumé, e /pome/ 形 話 ❶ 道に迷った; 途方に暮れた. ❷ 惨めな, 文無しの. ❸ 人里離れた.
— 名 話 (ののしって) ❶ 落ちこぼれ, だめ人間. ❷ 惨めなやつ, 貧乏人.

paumer /pome/ 他動 話 ❶ …をなくす, 紛失する, 見失う. ❷〔打撃, 殴打など〕を受ける, 食らう. ❸ …を逮捕する. ▶ se faire *paumer* 捕まる, ばくられる. — **se paumer** 代動 道に迷う.

paupérisation /poperizɑsjɔ̃/ 女 貧困化; (生活水準の)低下.

paupériser /poperize/ 他動〔集団, 社会階層など〕を貧困化させる.

paupérisme /poperism/ 男 恒常的貧困状態: 社会の一部に極貧層が恒常的に存在すること.

paupière /popjɛːr/ 女 瞼. ▶ *paupière* supérieure 上瞼 / fermer 「les *paupières* [文章 la *paupière*] 瞼を閉じる; 眠る; 死ぬ.

paupiette /popjɛt/ 女『料理』ポピエット: 薄切りの肉(おもに子牛)に詰め物をした蒸し煮料理.

pause /poːz/ 女 ❶ 中断, 休止, 休憩; (話の途中の)間, 沈黙. ▶ la *pause* de midi 昼休み / cinq minutes de *pause* 5分間の休憩 / faire une [la] *pause* 休憩する. ❷『スポーツ』ハーフタイム. ❸『音楽』全休止[休符].

pause-café /pozkafe/; 《複》 ~s-~ 女 話 コーヒーブレイク, お茶の時間.

:pauvre /poːvr ポーヴル/ 形

❶《名詞のあとでまたは属詞として》❶ 貧しい, 貧乏な (↔riche). ▶ une famille *pauvre* 貧しい家庭 / travailleur *pauvre* ワーキングプアー / pays *pauvre* 貧しい国 / *pauvre* comme Job (ヨブのように)ひどく貧しい.
❷ 貧弱な, 貧相な. ▶ vêtements *pauvres* みすぼらしい衣服 / Ça fait *pauvre*. みすぼらしい.
❸ 乏しい, 不十分な; 不毛な. ▶ terre *pauvre* (=stérile) やせた土壌 / La documentation sur ce sujet est très *pauvre*. このテーマについての資料は極めてお粗末である. ◆*pauvre* de qc 〔人が〕…に乏しい, 欠けている. ▶ *pauvre* d'esprit [de talent] 才知[才能]に欠けた. ◆*pauvre* en qc 〔物が〕…に乏しい, 欠けている. ▶ un ouvrage *pauvre* en poésie 詩情に乏しい作品.

❷《名詞の前で》❶ 気の毒な, かわいそうな. ▶ une *pauvre* femme (=malheureux) 哀れな女 / Les *pauvres* gens ont bien souffert. 気の毒にあの人たちはたいへんつらい目に遭った.
❷《愛情または軽蔑を込めた呼びかけで》▶ Mon *pauvre* ami [chéri, vieux], tu n'as vraiment pas de chance. かわいそうに, 本当についていないよ. ❸ 今は亡き. ▶ Mon *pauvre* mari le disait souvent. 亡くなった主人がよくそう言っておりました. ❹ 軽蔑すべき, つまらない. ▶ un *pauvre* imbécile 大ばか者.

Pauvre de moi [*nous*] *!* ああ情けない.

語法 pauvre は名詞の前に来るか, 後ろに来るかで意味に違いが生じる.
(1)《名詞のあとで》貧しい, 貧乏な. ▶ un paysan *pauvre* 1人の貧しい農夫.
(2)《名詞の前で》哀れな, かわいそうな. ▶ un *pauvre* homme 1人のかわいそうな男.

—— 名《定冠詞または1人称の所有形容詞とともに》かわいそうな人, 不幸な人. ▶ Mon [Le] *pauvre*! かわいそうに.

—— 男 貧乏人, 貧民. ▶ donner aux *pauvres* 貧しい人に施しをする / les nouveaux *pauvres* 新貧困層 / asperge du *pauvre* 貧乏人のアスパラガス (poireau ネギのこと).

pauvre en esprit 心の貧しい人, 物欲を捨てた人. ▶ Bienheureux les *pauvres en esprit*. 『聖書』心の貧しい人々は幸いである.

pauvrement /povrəmɑ̃/ 副 貧しく; 貧困に. ▶ vivre *pauvrement* 貧しい暮らしをする / une chambre *pauvrement* éclairée 照明が貧弱な部屋.

***pauvreté** /povrəte ポーヴルテ/ 女 ❶ 貧しさ, 貧乏, みすぼらしさ (↔richesse). ▶ vivre dans la *pauvreté* 貧しく暮らす / la *pauvreté* de l'intérieur 室内装飾の貧弱さ. ❷ 不足, 欠乏. ▶ la *pauvreté* d'une récolte 作柄の不良 / *pauvreté* intellectuelle 知的貧困 / *pauvreté* 「d'idées [en idées]」アイデアの乏しさ.

pavage /pavaːʒ/ 男 舗装工事, 舗装; 舗装面. ▶ *pavage* en béton コンクリート舗装 / refaire le *pavage* d'une route 道路の舗装をやり直す.

pavane /pavan/ 女 パヴァーヌ: 16, 17世紀に流行した2拍子系のゆっくりした舞曲.

se pavaner /s(ə)pavane/ 代動 気取って歩く; 気取る, 横柄な態度をとる.

pavé /pave/ 男 ❶ 敷石, 舗石. ❷ 舗装面; 舗道, 石畳, 街路. ❸ 活字分厚い本; (新聞などの)字のぎっしり詰まった文章, 長ったらしい記事. ❹ 敷石状のもの. ▶ *pavé* d'Auge パヴェ・ドージュ(ノルマンディー地方の舗石チーズ). ❺ (新聞などの)囲みの広告記事 (=*pavé publicitaire*). ❻ 『情報』テンキー.

battre le pavé 街をぶらつく, うろつき回る.
brûler le pavé 急いで走る, とばす.
être sur le pavé 路頭に迷う; 路上生活をする.
pavé de l'ours いらいらさせる, ありがた迷惑.
tenir le haut du pavé 最高の地位を占める; 支配する.
un pavé dans la mare 突発事, 青天の霹靂(へきれき).

pavé, e /pave/ 形 <*pavé* (de + 無冠詞複数名詞)> ❶ (…で)舗装された. ▶ cour *pavée* de carreaux rouges 赤いタイルが敷き詰められた中庭. ❷ (…に)満ちた. ▶ Ce texte est *pavé* de fautes. この文章は間違いだらけだ.

pavement /pavmɑ̃/ 男 舗装, 石「煉瓦(れんが), タイル] 敷き. ▶ *pavement* de marbre 大理石張り.

paver /pave/ 他動 <*paver* qc (de + 無冠詞複数名詞)> …を(…で)舗装する.

***pavillon** /pavijɔ̃ パヴィヨン/ 男 ❶ (大都市郊外などの)一戸建て住宅; 俗 家, 別荘. ▶ habiter un *pavillon* de banlieue 郊外の一戸建てに住む. ❷ (博覧会などの)パビリオン, …館. ▶ *pavillon* allemand ドイツ館. ❸ 連続した建物の一部; 翼(よく), 張り出し; 分棟. ❹ (公園, 庭園などにある)小屋, あずま屋. ▶ *pavillon* de chasse 狩猟小屋. ❺ らっぱ形の物 [部分]. ▶ *pavillon* d'un cor ホルンの朝顔. ❻ *pavillon* de l'oreille 〔人, 動物の〕外耳, 耳介. ❼ (船舶の使用する)旗; 船籍; 『法律』(船舶の)国籍旗 (=*pavillon* national). ▶ *pavillon* de signalisation 信号旗.

amener le pavillon 〔軍艦などが〕降伏する.
「**baisser pavillon** [**mettre pavillon bas**] **devant qn** …に降伏する, 降参する

pavillonnaire /pavijɔnɛːr/ 形 ❶ 一戸建て住宅の(建ち並ぶ). ▶ habitat *pavillonnaire* 一戸建て住宅. ❷ 〔ホテル, 病院などが〕分棟式の.

pavois /pavwa/ 男 『海事』船旗. ▶ hisser grand *pavois* 満艦飾に飾る.

élever [**hisser**] **qn sur le pavois** …を最高位に就ける; 祭り上げる.

pavoisement /pavwazmɑ̃/ 男 (建物, 通り, 船などを)旗で飾ること; 旗飾り, 満艦飾.

pavoiser /pavwaze/ 他動 ❶ <*pavoiser* qc (de qc)> (建物, 通りなどを)(旗などで)飾る. ❷ 『海事』…に艦旗 [船飾] をする.

—— 自動 大喜びする, 喜びに浮き立つ. ▶ Les supporters *pavoisent*. サポーターたちは大喜びだ.

Il n'y a pas de quoi pavoiser. 大喜びをするようなことではない.

—— **se pavoiser** 代動 〔建物などが〕旗を飾る; 『海事』艦旗 [船飾] をする.

pavot /pavo/ 男 『植物』ケシ.

paxon /paksɔ̃/ 男 ⇨ PACSON.

payable /pejabl/ 形 (一定の形式, 期日を条件に)支払われるべき. ▶ *payable* 「en argent [en nature]」現金 [現物] 払いの.

payant, ante /pejɑ̃, ɑ̃ːt/ 形 ❶ 有料の. ▶ spectateurs *payants* (↔invité) (入場料を払う)一般観客 / billet *payant* (↔gratuit) (招待券に対して)有料切符. ❷ もうかる, 有効な. ▶ affaire *payante* 採算の取れる仕事 / efforts *payants* 報われる努力.

***paye** /pɛj ペイ/, **paie** /pɛ ペ/ 女 ❶ 給料の支払い. ▶ C'est le jour de *paye*. 今日は給料日だ. ❷ 給料, 俸給. ▶ feuille [bulletin] de *paye* 給料明細書 / toucher sa *paye* 給料をもらう / avoir une bonne *paye* 給料がいい. 比較 ⇨ RÉMUNÉRATION. ❸ 話 長い間. 注 給料日から次の給料日までの意から. ▶ Il y a [Ça fait] une *paye* que nous ne nous sommes pas vus. 私たちはもうずいぶん会っていない.

payement /pɛjmɑ̃/ 男 ⇨ PAIEMENT.

***payer** /peje ペイエ/ 12 他動

直説法現在	je pa**ie**	nous payons
	tu pa**ies**	vous payez
	il pa**ie**	ils pa**ient**
複合過去	j'ai payé	半過去 je payais
単純未来	je paierai	単純過去 je payai

*je paye 型の活用もある.

❶ <*payer* qc> 〔会費, 税金など〕を支払う; 〔借金など〕を返す. ▶ *payer* le prix 代金を払う / *payer* ses impôts 税金を納める / *payer* ses dettes 借金を支払う / 《目的語なしに》C'est moi qui paie

payeur

aujourd'hui. (レストランなどで)今日は私が払います. ◆*payer* + 金額 + de + 無冠詞名詞 で…だけ払う. ▶ *payer* six cents euros de loyer 部屋代600ユーロを払う. ◆*payer* + 金額 + pour qc …のために…だけ払う. ▶ Elle *a payé* cent euros pour ce foulard. 彼女はこのスカーフを100ユーロで買った.

❷ ⟨*payer* qc (à qn)⟩ ⟨…に⟩…の代金 [費用] を払う. ▶ *Payez*-lui son déplacement. 彼(女)に足代を払ってください. ◆*payer* qc + 金額 …の代金を…だけ払う (=*payer* + 金額 + pour qc). ▶ «Combien *as*-tu *payé* ta cravate?—Je l'*ai payée* cent euros.»「君のネクタイはいくらした」「100ユーロしたよ」

❸ ⟨*payer* qn⟩ …に賃金 [給料, 報酬] を支払う; 借金を返す. ▶ *payer* un employé 従業員に給料を払う / *payer* qn「en chèque [en espèces] …に小切手[現金]で支払う / *être* bien [mal] *payé* いい給料をもらっている [薄給である] / Ils *sont payés* pour ça. 彼らはそれで給料をもらってるんだ. ◆ne pas *être payé* pour qc/不定詞 …のために給料をもらっているわけではない/…する理由はまったくない. ▶ Je ne *suis* pas *payé* pour taper des lettres. 私が手紙をタイプする理由などまったくない.

❹ ⟨*payer* qc à qn⟩ …に…の費用を出す; を買ってやる, おごる (=offrir). ▶ *payer* un voyage en Europe à ses parents 両親にヨーロッパ旅行をプレゼントする / Viens avec moi! Je te *paie* un café. 一緒においでよ, コーヒーをおごるから.

❺ ⟨*payer* qn de⟩ …の(行為など)に報いる; (損失)の埋め合わせをする. ▶ Ce succès me *paie* de tous mes efforts. これだけの成功を収めたのだから努力の甲斐(かい)があった / (目的語なしに) Le crime ne *paie* pas. 犯罪は引き合わない / Etre dentiste, c'est un métier qui *paie*. 歯医者というのは実入りの多い仕事だ.

❻ ⟨*payer* qc de [avec, par] qc⟩ …で…の償いをする. ▶ Il *a payé* de dix ans de prison sa tentative de meurtre. 彼は殺人未遂で10年刑務所暮らしをした / (目的語なしに) C'est lui qui a commis une faute, c'est donc lui qui doit *payer*. 過ちを犯したのは彼なのだから報いを受けなければならないのも彼だ. ❼ 話 ⟨*payer* qc⟩ …の経費が出せる. ▶ Sa prime de transport ne *paie* pas son essence. 彼(女)のもらう交通費はガソリン代にも足りない.

congés payés 有給休暇.
ne pas payer de mine 見栄えがしない.
payer cher qc …が高くつく; 犠牲を強いる. ▶ Les Etat-Unis *ont payé cher* cette guerre. この戦争はアメリカに高くついた.
payer de qc = **payer avec qc** …で支払う. ▶ *payer de* sa poche 自腹を切る / *payer de* sa personne 体を張る; (仕事などに)積極的に取り組む.
payer「les pots cassés [la casse] (壊れた壺(つぼ)[破損品]の金を払う→) 尻拭(しりぬぐ)いをする.
payer pour qn/qc …の代わりに…の身代わり [犠牲] になる.
payer qn de retour …にお返しをする.
payer qn d'ingratitude …に恩をあだで返す.
Qui casse les verres les paie. ⇨ VERRE.
Tu me le paieras! この借りはいつか返すからな, 今に見ていろ.

— **se payer** 代動 ❶ 支払われる; 当然の報いがある. ▶ Tout *se paie*. 何事にも報いはある.
❷ ⟨*se payer* qc⟩ 自分に…を奮発する (=s'offrir). 注 se は間接目的. ▶ *se payer* un bon repas 御馳走を張り込む.
❸ 話 ⟨*se payer* qn // *se payer* de + 不定詞⟩ 〔嫌なこと〕を押しつけられる, いやいや…する. 注 se は間接目的. ▶ Je *me suis payé* tout le travail pénible. 嫌な仕事をみんな引き受ける羽目に陥った.
❹ 俗 ⟨*se payer* qc/qn⟩ …を手に入れる; 被る, 我慢する. 注 se は間接目的. ▶ Je *me suis payé* un zéro de conduite. 素行点がゼロだった.
❺ 支払わなければならない.

s'en payer (**une tranche**) 話 楽しい時を過ごす.
se payer de mots 空虚な言葉を連ねるだけで満足する.
se payer la tête de qn 話 …をばかにする, 嘲笑(ちょうしょう)する.

> 語法 「大金を払う」は payer beaucoup d'argent ではない
>
> 「(金を)払うは payer」という公式が頭の中にあると,「大金を払う」を payer beaucoup d'argent と訳してしまいがちであるが, これは正しくない. payer の用法の2本の柱は次の2つである.
> (1) ⟨**payer qn**⟩ 〔人〕に報酬を支払う
> • payer un employé 社員に給料を支払う.
> • Les enseignants ne sont pas bien payés au Japon. 日本の教師は給料が安い.
> (2) ⟨**payer qc**⟩ 〔物〕の代金を払う
> • J'ai payé mon piano très cher. 私のピアノは高かった.
> • J'ai payé mon costume trois cents euros. = J'ai payé deux trois cents euros pour mon costume. 私のスーツは300ユーロした.
> ◆ 上の例のように⟨payer qc + 金額⟩は⟨payer + 金額 + pour qc⟩で置き換えることができる. このように payer は「金額」または「金額を表わす語」を目的語にとることはあるが,「お金」argent という語は目的語にならない. したがって(×) payer de l'argent とはできないが, payer une somme d'argent importante (多額の金を支払う)とすることはできる (目的語は somme).
> ◆ argent を目的語にする動詞には dépenser, gaspiller がある. dépenser [gaspiller] beaucoup d'argent (お金をたくさん使う [むだに使う]).

payeur, euse /pejœːr, øːz/ 名 ❶ 金を払う人, 支払い人. ▶ un mauvais *payeur* 支払いの悪い人. ❷ (官公庁, 軍隊などの)会計係, 出納係.
— 形 支払いをする.

***pays**[1] /pei ペイ/ 男 ❶ 国, 国家. ▶ *pays* civilisé 文明国 / *pays* démocratique 民主主義国 / *pays* industriel 工業国 / *pays* agricole 農業国 / De quel *pays* êtes-vous? お国はどちらですか / La France est le *pays* du cyclisme. フランスは自転車競技の盛んな国である / *pays* du rêve 夢の国. ❷ 地方, 地域, 地帯. ▶ le *pays* basque バスク地方 / les *pays* froids 寒冷地 / un *pays* des fromages チーズ生産地. ❸ 地元, 故郷. ▶ Il n'est pas du *pays*. 彼は土地の人間ではない / *pays* natal 生まれ故郷 / revenir au *pays* 田舎に帰る.

avoir le mal du pays ホームシックにかかる.
de pays 地元の. ▶ vin *de pays* 地酒.
être en pays de connaissance 勝手が分かっている, ホームグラウンドにいる.
se croire en pays conquis 傍若無人に振る舞う.
voir du pays 各地を旅する. ▶ faire *voir du pays* à qn …に試練を与える.

比較 国
pays 最も一般的. 政治的なまとまりとしての「国」を指すだけではなく, 地理的なまとまりとしての「地方, 地域」をも指し, 特に「生まれ故郷」を指すこともある. **État** 1つの政府によって統治される制度としての国家. **nation** 第一義的には国民を集合的に指し,「国家」の意味でも国民の集合というニュアンスが含意される. **patrie** 自分の生まれた国, 祖国. **territoire** 領土, 国土.

pays², **payse** /pei, peiːz/ 名 地域 同郷人.
***paysage** /peizaːʒ ペイザージュ/ 男 ❶ 風景, 景色; 眺め, 光景. ▶ un beau *paysage* 見事な景色 / admirer le *paysage* 景色に見とれる / un *paysage* champêtre [urbain] 田園風景 [都市景観]. ❷ 風景画. ▶ un *paysage* de Van Gogh ゴッホの風景画. ❸ 状況, 情勢. ▶ le *paysage* politique français フランスの政治情勢.
Cela [*Ça*] *fait bien dans le paysage.* よい結果が出る.

paysager, ère /peizaʒe, eːr/ 形 ❶ 自然景観の, 風景の. ❷ 古風 自然の風景を模した. ▶ jardin *paysager* 自然式 [風景式] 庭園.

paysagiste /peizaʒist/ 名 ❶ 風景画家. ❷ 公園緑地デザイナー, 造園家 (=architecte *paysagiste*).

***paysan, anne** /peizɑ̃, an ペイザン, ペイザヌ/ 名 ❶ 農民, 農夫 [婦], 百姓. ▶ *paysan* propriétaire [fermier] 自作農 [小作農]. ❷《軽蔑して》田舎者.
— 形 ❶ 農民の. ▶ mœurs *paysannes* 農民の風習. ❷ 田舎風の; 粗野な.
La paysan du Danube 率直な発言で物議をかもす人 (ラフォンテーヌより).

比較 農民
paysan 農民, 百姓. ときに軽蔑的なニュアンスを持つ. **fermier** 農家, 農民を指して一般的に用いられ軽蔑的なニュアンスはない. **agriculteur** 農業従事者, 農業経営者. さまざまな職業の中の1つとして農業をとらえるときに一般的に用いられる. **exploitant agricole**《官庁用語》経営の単位としての農家. **cultivateur** 改まった表現.

paysannat /peizana/ 男《集合的に》農民, 農民階級.

paysannerie /peizanri/ 女《集合的に》農民.
Pays-Bas /peiba/ 固有 男複 オランダ (=Hollande): 首都 Amsterdam. ▶ aux *Pays-Bas* オランダに [で, へ].
PC 男《略語》❶ Parti communiste 共産党. ❷《英語》パソコン.
PCV 男《略語》paiement contre vérification コレクトコール, 料金着払い通話.
PDG 男《略語》président-directeur général 社長, 取締役会長.
péage /peaːʒ/ 男 ❶ (道路, 橋などの) 通行料. ▶ autoroute à *péage* 有料高速道路. ❷ (高速道路などの) 料金所. ▶ *péage* automatique (地下鉄などの) 自動改札機.

péagiste /peaʒist/ 名 (高速道路の) 料金徴収係.
***peau** /po ポー/ 女 ❶ 皮膚, 肌. ▶ *peau* blanche 白い肌 / *peau* bronzée 日焼けした肌 / avoir la *peau* douce 肌がなめらかだ / *peaux* sensibles 敏感な肌 / porter une chemise sur la *peau* 素肌にじかにワイシャツを着る / soins de la *peau* 肌の手入れ, スキンケア / se faire tirer la *peau* しわ取り手術を受ける.
❷ (動物の) 皮; 皮革. ▶ sac en *peau* de lézard トカゲのハンドバッグ / gants de *peau* fine 薄地の革手袋. ❸ (果実, 野菜などの) 皮. ▶ enlever la *peau* d'une tomate トマトの皮をむく.
❹ 身体, 生命. ▶ tenir à sa *peau* 命を惜しむ / risquer [jouer] sa *peau* 危ない橋を渡る.
❺ 話 la vieille *peau*《ののしって》くそばばあ.
❻ (液体の表面に生じる) 薄膜; (チーズの) 外皮. ▶ *peau* du lait (沸かした) 牛乳の表面に張る膜.

à fleur de peau (1) 皮膚の表面に. (2) 敏感な.
attraper qn par la peau 「*du cou* [*du dos*]」 話 …を逃げる寸前に捕まえる.
avoir la peau de qn = *faire la peau à qn* 話 …を殺す. ▶ J'*aurai* ta *peau*! ぶっ殺してやる.
avoir la peau dure 抵抗力がある, 強靭(きょうじん)である.
avoir qn dans la peau 話 …を熱愛している.
changer de peau = *quitter sa peau* 生活 [態度] を改める, 心を入れ替える.
dans la peau de qn …の役柄に; 立場に.
faire peau neuve (脱皮する→) (1) 生活 [態度] を改める, 心を入れ替える. (2) 面目を一新する, イメージチェンジする.
la peau 話 (1) 何もない, 駄目だ, 失敗だ. (2)《間投詞的に》嫌になった, ばかを言え (拒否, 軽蔑).
n'avoir que la peau et [*sur*] *les os* 骨と皮ばかりである, がりがりにやせている.
peau d'âne 俗 卒業証書, 免状.
peau de balle 話 嫌になった (=la *peau*).
peau de vache 意地悪な人.
se faire crever la peau 俗 殺される.
se sentir bien [*mal*] *dans sa peau* (1) くつろいだ [落ち着かない] 気分でいる. (2) 元気旺盛(おうせい)である 意気消沈している.

peaufinage /pofinaːʒ/ 男 入念な仕上げ.
peaufiner /pofine/ 他動 ❶ …をシャモア [セーム] 革でふく. ❷ 話 …を入念に仕上げる.
Peau-Rouge /poruːʒ/; 《複》 **~x-~s** 名 アメリカ・インディアン.

peausserie /posri/ 囡 ❶ なめし革. ❷ 皮なめし業, 皮革製造業; 皮革販売業.

peaussier /posje/ 男 皮なめし職人.

peccadille /pekadij/ 囡 [文語] わずかな過ち.

pechblende /pɛʃblɛ̃:d/ 囡 [ドイツ語][鉱物]瀝青(ﾚｷｾｲ)ウラン鉱, ピッチブレンド.

***pêche**[1] /pɛʃ/ ペシュ 囡 ❶ (の実). ▶ pêche blanche [jaune] 白[黄]桃 / pêche au sirop 桃のシロップ煮. ❷ びんた.
avoir la pêche [話] 元気である, 好調だ.
avoir「une peau [un teint] de pêche ピンクがかった柔らかな肌をしている.
se fendre la pêche [話] 大笑いをする.
― 形 [不変] 桃色の.

***pêche**[2] /pɛʃ/ ペシュ 囡 ❶ 釣り; 漁, 漁業, (貝類などの)採取; 漁法. ▶ aller à la pêche 釣りに行く / pêche à la ligne 竿(ｻｵ)釣り / pêche des perles 真珠とり / pêche au hareng ニシン漁 / petite [grande] pêche 沿岸[遠洋]漁業 / pêche excessive 魚の乱獲.
❷ 捕れた魚; 漁獲高, 水揚げ量. ▶ rapporter une belle pêche 大漁で帰る. ❸ 漁場, 釣り場.
aller à la pêche aux nouvelles [emplois] ニュース[職]を探しに行く.

***péché** /peʃe/ ペシェ 男 ❶ (宗教上の)罪. [注] 法律上の罪は crime という. ▶ péché de chair 肉欲の罪 / commettre un péché 罪を犯す / confesser [racheter] ses péchés 罪を告白する[償う] / remettre les péchés de qn …の罪を赦(ﾕﾙ)す / tomber dans le péché 罪に陥る.
❷ [神学] les sept péchés capitaux 7つの大罪(物欲 avarice, 憤怒(ﾌﾝﾇ) colère, ねたみ envie, 貪食(ﾄﾞﾝｼﾞｷ) gourmandise, 色欲 luxure, 傲慢(ｺﾞｳﾏﾝ) orgueil, 怠惰 paresse) / péché mortel 大罪 / péché originel 原罪. ❸ 過ち, 欠点. ▶ péché de jeunesse 若気の過ち.
A tout péché miséricorde. [諺] どんな罪にも赦しはある.
péché mignon 罪のない悪癖, 道楽. ▶ La gourmandise est son péché mignon. 彼(女)はおいしい物が大好きだ.

***pécher** /peʃe/ ペシェ 6

直説法現在	je pèche	nous péchons
	tu pèches	vous péchez
	il pèche	ils pèchent

[自動] ❶ (宗教上の)罪を犯す. ▶ pécher par orgueil 高慢の罪を犯す. ❷ ⟨pécher par qc⟩ …により過ちを犯す; …の点で欠点[欠陥]がある. ▶ Cet appareil pèche par sa trop grande sophistication. この器械はあまりに精密すぎるのが難点だ.
― [間他動] ⟨pécher contre qc⟩[道徳的・社会的規則]に反する. ▶ pécher contre「la politesse [la grammaire] 礼儀[文法]に反する.

pêcher[1] /peʃe/ 男[植物]モモ(桃)の木.

***pêcher**[2] /peʃe/ ペシェ 他動 ❶ [魚]を釣る, とる. ▶ pêcher la carpe au pain パンくずでコイを釣る / pêcher des moules ムール貝をとる. ❷ [話] …を見つけ出す, 拾う, 掘り出す. ▶ Où as-tu pêché cette idée? どこでそんな考えを仕入れてきたんだい.

― [自動] 魚をとる, 釣りをする. ▶ pêcher à la ligne 釣りをする / pêcher en mer 海釣りをする.
pêcher en eau trouble (濁った水で魚を釣る →)どさくさ紛れに利を得る, 漁夫の利を得る.
― **se pêcher** [代動] 釣れる, とれる.

pêcherie /pɛʃri/ 囡 漁場; (池などの)釣り場.

pêcheur, eresse /peʃœːr, peʃrɛs/ 名 (宗教上の)罪人(ﾂﾐﾋﾞﾄ). ― 形 罪の, 罪人の, 罪深い.

pêcheur, euse /peʃœːr, øːz/ 名 漁師, 釣り人. ▶ pêcheuse de coquillage 貝をとる海女(ｱﾏ).
pêcheurs d'hommes ([聖書](人々を漁(ｽﾅﾄﾞ)る者→)使徒, 伝道者.
― 形 漁をする. ▶ bateau pêcheur 漁船.

pécore /pekɔːr/ 囡 [古風] 気取ったばか娘.
― 名 [話] (軽蔑して)百姓.

pectoral, ale /pɛktɔral/; (男複) **aux** /o/ 形 ❶ 胸の. ▶ nageoire pectorale (魚類の)胸びれ. ❷ 呼吸器疾患に効く, 咳(ｾｷ)止めの. ▶ sirop pectoral 咳止めシロップ.

pécule /pekyl/ 男 ❶ (こつこつためた)小金; へそくり. ▶ amasser un pécule 小金をためる.
❷ (軍人の)退役一時金; (受刑者の)作業賞与金.

pécuniaire /pekynjɛːr/ 形 金銭の, 金銭による. ▶ embarras pécuniaires 財政難 / une aide pécuniaire 財政[金銭的]援助.

pécuniairement /pekynjɛrmɑ̃/ 副 金銭的に, 財政面で.

péd- [接頭] (pédi- の別形. 母音の前で) ❶「児童, 少年」の意. ❷「足」の意.

pédagogie /pedagɔʒi/ 囡 ❶ 教育学; 教授法, (児童)教育法. ❷ 教育者としての資質. ▶ avoir de la pédagogie 教育のセンスがある.

pédagogique /pedagɔʒik/ 形 ❶ 教育学[法]の. ▶ certificat d'aptitude pédagogique 教員免許状 / stage pédagogique 教育実習 / méthode pédagogique 教育法. ❷ 教育に適した, 教育的な. ▶ Cet instituteur a un sens pédagogique. あの先生は子供に教えるのがうまい.

pédagogiquement /pedagɔʒikmɑ̃/ 副 教育(学)的に, 教育上.

pédagogue /pedagɔg/ 名 ❶ 教育家[者]; 教え方を心得ている人. ❷ 教育学者.
― 形 教育者の素質に恵まれた, 教え上手な.

pédale /pedal/ 囡 ペダル. ▶ pédales de piano ピアノのペダル / pédale douce 弱音ペダル / pédale de frein d'une voiture 自動車のブレーキペダル.
lâcher les pédales [話] あきらめる, 断念する.
mettre les pédales douces [話] 穏便に事を進める.
perdre les pédales [話] しどろもどろになる.

pédaler /pedale/ [自動] ❶ ペダルを踏む; 自転車をこぐ. ❷ [俗] 早足で歩く, 急ぐ; 走る.
pédaler dans「la choucroute [la semoule, le yaourt] [話] むだ骨を折る, じたばたあがく.

pédalo /pedalo/ 男 [商標] ペダロ, 足踏みボート.

pédant, ante /pedɑ̃, ɑ̃:t/ 名 衒学(ｹﾞﾝｶﾞｸ)者, 学者ぶる人. ― 形 衒学的な, 学者ぶった.

pédanterie /pedɑ̃tri/ 囡 [文語] 衒学(ｹﾞﾝｶﾞｸ)的態度, ペダントリー (=pédantisme); 衒学的言動.

pédantesque /pedɑ̃tɛsk/ 形 文章 衒学(炊)的な, 学識をひけらかすような, もったいぶった.

pédantisme /pedɑ̃tism/ 男 衒学(炊)的態度; 衒学趣味.

pédé /pede/ 名 (pédéraste の略) 話 男色家.

pédéraste /pederast/ 男 男色家.

pédérastie /pederasti/ 女 少年愛; 男色.

pédestre /pedɛstr/ 形 徒歩の. ▶ randonnée *pédestre* ハイキング.

pédi- 接頭 (別形 péd-) ❶「児童, 少年」の意. ❷「足」の意.

pédiatre /pedjatr/ 名 小児科医.

pédiatrie /pedjatri/ 女 小児科学.

pédibus /pedibys/ 副 話 徒歩で, 歩いて.

pédicure /pediky:r/ 名 足部治療師: 足の皮膚, 爪(ふ)の専門の治療技師.

pedigree /pedigre/ 男 《英語》 ❶ (動物の)血統; 血統書. ❷ (皮肉に)(人の)血統, 家系.

pédologie¹ /pedolɔʒi/ 女 小児学, 児童学.

pédologie² /pedolɔʒi/ 女 土壌学.

pédoncule /pedɔ̃kyl/ 男 《植物学》花柄(から).

pédonculé, e /pedɔ̃kyle/ 形 《植物学》花柄(から)のある.

pédophile /pedofil/ 形 名 小児愛者(の)

pédophilie /pedofili/ 女 小児(性)愛.

Pégase /pegɑ:z/ 固有 男 ❶ 《ギリシア神話》ペガサス: 有翼の天馬. ❷ 《天文》ペガスス座.

pègre /pɛgr/ 女 泥棒 [詐欺, 強盗] 仲間.

peignai- 活用 ⇒ PEINDRE 80

***peigne¹** /pɛɲ/ ペーニュ 男 ❶ 櫛(ﾉ). ▶ se passer le *peigne* dans les cheveux 髪に櫛を当てる / se donner un coup de *peigne* さっと櫛でとかす. ❷ 櫛状の道具; 《繊維》筬(ﾟ). ❸ 《貝類》イタヤガイ類(ホタテガイを含む).

être sale comme un peigne 話 ひどく汚い.

passer qc au peigne fin …を入念に調べる.

peigne², **peignent** /pɛɲ/ 活用 ⇒ PEINDRE 80 ; PEIGNER Ⅲ

peigné, e /pɛɲe/ 形 ❶ 櫛(ﾉ)を入れた; 梳(ﾞ)かれた. ▶ des cheveux mal *peignés* ちゃんととかしていない髪. ❷ 《繊維》fil *peigné* 梳毛(ﾞﾉ)糸 / laine *peignée* 梳毛.

— **peigné** 男 《繊維》梳毛織物, ウーステッド.

peigne-cul /pɛɲky/ 男 (複) ~-~(s) 男 俗 《軽蔑して》ろくでなし; 粗野な輩.

peignée /pɛɲe/ 女 話 めった打ち.

***peigner** /pɛɲe/ ペニェ 他動 ❶ …を櫛(ﾉ)でとかす. ▶ *peigner* un chien 犬の毛を梳(ﾘ)く / se faire *peigner* 髪をとかしてもらう. ❷ 《繊維》[羊毛など]を梳く.

peigner la girafe 話 無用な仕事をだらだら続ける; 何もしないでいる.

— **se peigner** 代動 自分の髪をとかす. ▶ *Peigne-toi.* 髪をとかしなさい.

peignes /pɛɲ/ 活用 ⇒ PEINDRE 80 ; PEIGNER Ⅲ

peigni-, **peignî-** 活用 ⇒ PEINDRE 80

peignoir /pɛɲwa:r/ 男 ❶ バスローブ; (女性用)部屋着; (ボクサーなどの)ガウン. ❷ (理髪店の)肩掛けカバー.

peinard, arde /pɛna:r, ard/ 形 ゆったりとした, のんびりした; もの静かな, 穏やかな. ▶ un boulot *peinard* 気楽な仕事 / un coin *peinard* 静かな一角 / vivre en père *peinard* のんびりと暮らす.

peinardement /pɛnardəmɑ̃/ 副 話 静かに, ゆったりと, のんびりと.

***peindre** /pɛ̃:dr/ パーンドル/ 80

過去分詞 peint	現在分詞 peignant
直説法現在 je peins	nous peignons
tu peins	vous peignez
il peint	ils peignent

他動 ❶ …を塗る;《目的語なしに》塗装する. ▶ *peindre* les murs en blanc 壁を白く塗る / *peindre* un mur à la laque 壁にラッカーを塗る / *peindre* qc de plusieurs couleurs …をいろいろな色で塗る.

❷ (絵の具で) …を描(ﾞ)く;《目的語なしに》絵を描く. ▶ *peindre* un tableau 絵を描く / *peindre* les quais de la Seine セーヌの河岸を描く / *peindre* à l'huile [à l'eau] 油彩 [水彩] で描く.

❸ (言葉などで) …を描写する. ▶ Molière *peint* les défauts des hommes. モリエールは人間の弱点を描き出している.

— **se peindre** 代動 ❶ (感情などが)現れる, 描き出される. ▶ La joie *se peint* sur son visage. 喜びが彼(女)の顔に出ている.

❷ 自画像を描く; 自分を描写する.

❸ 〈se *peindre* qc〉〈自分の〉…に色を塗る. 注 se は間接目的. ▶ *se peindre* les ongles マニキュアをする.

***peine** /pɛn/ ペヌ/ 女 ❶ 罰; 刑罰. ▶ *peine* sévère 厳罰 / *peine* capitale [de mort] 死刑 / *peine* pécuniaire [d'amende] 罰金刑 / remise de *peine* 刑の免除 / L'accusé a été condamné à une *peine* de dix ans de prison. 被告は10年の刑に処せられた.

❷ 心痛, 苦悩. ▶ *peines* de cœur 恋の苦しみ / avoir de la *peine* 悲しむ / Je partage votre *peine*. 心中お察しします. ◆ faire de la *peine* à qn …につらい思いをさせる. ▶ Ça me fait de la *peine* de le voir si triste. 彼があんなに悲しそうなのを見るのはつらい.

❸ 苦労, 骨折り. ▶ Ce travail demande de la *peine*. この仕事は骨が折れる / Elle se donne beaucoup de *peine* pour aider les autres. 彼女はほかの人を助けるのに骨を折っている / **Ce n'est pas la peine.** その必要はない / C'est *peine* perdue. それは骨折り損だ.

à grand-peine ひどく苦労して, やっとのことで.

***à peine** (1) ほとんど…ない, かろうじて. 注 文頭に置かれると, 普通, 主語と動詞は倒置される. ▶ Elle respirait *à peine*. 彼女は息も絶え絶えだった. ◆ (*C'est*) *à peine si* + 直説法. …するのがやっとだ, ほとんど…ない. ▶ A cause de la chaleur, c'est *à peine si* j'ai pu dormir. 暑さでほとんど眠れなかった. (2) 《数量表現とともに》せいぜい, 多くても. ▶ Il y a *à peine* huit jours qu'il est arrivé. 彼が到着してまだせいぜい1週間だ. (3) やっと…したばかりの. ▶ J'ai *à peine* commencé. まだ

peiner

ようやく始めたばかりだ.

*à peine ..., que + 直説法 …するやいなや…, …するとすぐに…. ▶ *A peine* l'avion avait-il touché le sol, *que* les passagers se sont précipités vers les portes. 飛行機が着陸するやいなや, 乗客は出口に殺到した. 注 (1) 文頭に置かれると, 普通, 主語と動詞は倒置される. (2) à peine の節に続く節で que を省いたり, 代わりに et, lorsque, quand を用いることがある. (3) 省略文で, 過去分詞や場所の表現とともに用いられることがある (例: *A peine* arrivé, il s'est mis au travail. 着くやいなや彼は仕事に取りかかった / *A peine* dans le lit, il s'est endormi. ベッドに入るやいなや彼は眠り込んだ).

avec peine 苦労して, やっとの思いで.
avoir (de la) peine à + 不定詞 …に苦労する.
*Ce n'est pas la peine de + 不定詞 [**que** + 接続法]. …するには及ばない; …してもむだだ. ▶ *Ce n'est pas la peine de* venir me chercher à la gare. 駅に迎えに来てくださらなくても結構です.
C'est bien la peine [**de** + 不定詞 [**que** + 接続法]]. …するとは御苦労なことだ [むだなことをするものだ]. ▶ *C'était bien la peine de* tant courir! あんなに走り回ってばかみた.
comme une âme en peine ひどく悲しんで.
en être pour sa peine 徒労に終わる.
être bien en peine de [**pour**] + 不定詞 …するのに支障を感じる, …できかねる. ▶ Les scientifiques *sont bien en peine pour* expliquer ce phénomène. 科学者たちはこの現象を説明しかねている.
être [**se mettre**] **en peine de** [**pour**] **qn /qc** …のことを心配する. ▶ Ne *vous mettez pas en peine pour* moi. 私のことは心配しないでください.
mourir à la peine 過労で死ぬ.
ne pas être au bout de ses peines まだまだ難題が残っている, 苦労はこれからだ.
ne pas être en peine pour + 不定詞 …するのに困らない, 平気で…してのける.
perdre sa peine (**à** + 不定詞)(…して)むだ骨を折る.
pour la [**ta, votre ...**] **peine** (1) お礼に, 褒美として, お詫(わ)びに, 埋め合わせに. (2) 罰として.
prendre [**se donner**] **la peine de** + 不定詞 …する労をとる, わざわざ…する. ▶ Il *a pris la peine de* venir lui-même. 彼はわざわざ自分で来てくれました.
sans peine 難なく, 楽々と.
sous peine de qc/不定詞 (1)(違反すれば)…の罰を受けるものとして, 危険を冒して. ▶ «Défense d'afficher *sous peine d'*amende»「張り紙禁止, 違反者には罰金を科する」(2) …しないように, したくなければ. ▶ Il faut rouler doucement *sous peine de* déraper. スリップしないようにゆっくり運転しなければならない.
Toute peine mérite salaire. 諺 どんな苦労も報われるに値する.
valoir la peine [**de** + 不定詞 [**que** + 接続法]]. …するに値する, …する価値がある. ▶ Ce film *vaut la peine d*'être vu. あの映画は一見の価値がある.

比較 **苦しみ**
peine, chagrin 精神的苦痛.「…につらい思いをさせる」faire de la peine à qn と causer du chagrin à qn では前者のほうが口語的に使われる. **douleur, souffrance**《改まった表現》肉体的苦痛, 精神的苦痛のいずれをも指す. 精神的苦痛を指す場合には, 両者とも意味は peine よりはるかに強い.

peiner /pene/ 自動 苦労する, 骨を折る. ▶ *peiner* sur un problème ある問題で苦労する / Il *a peiné* pour faire cette traduction. この翻訳に彼はずいぶん苦労した. — 他動 …を苦しめる, 悲しませる. ▶ Cette nouvelle l'*a* beaucoup *peiné*. この知らせは彼をたいへん悲しませた.

peins, peint /pɛ̃/ ⇨ PEINDRE 80.
peint, peinte /pɛ̃, pɛ̃:t/ 形 (peindre の過去分詞) ❶ 色を塗った, 彩色した. ▶ papier *peint* 壁紙. ❷ 古風/《軽蔑して》おしろいを塗りたくった.

*peintre /pɛ̃:tr/ パーントル/ 男 ❶ 画家, 絵描(か)き. 注 女流画家を指す場合 femme *peintre* ともいう. ▶ *peintre* du dimanche 日曜画家. ❷ ペンキ屋, 塗装工. ❸ 文章 <*peintre* (de qc)>(心理, 風俗などの)描き手, 語り手.

⁑peinture /pɛ̃ty:r/ パンテュール/ 女 ❶ 絵, 絵画; 画法;《集合的に》絵画作品. ▶ J'aime la *peinture*. 私は絵が好きだ / *peinture* à l'huile 油絵 / *peinture* à l'eau 水彩画 / *peinture* française フランス絵画 / *peinture* figurative [abstraite] 具象 [抽象] 画 / un livre sur la *peinture* de Rubens ルーベンスの作品に関する本 / faire de la *peinture* 絵を描く. ❷ 塗料, ペンキ; 絵の具. ▶ «Attention à la *peinture*!» =«*Peinture* fraîche»「ペンキ塗りたて」/ boîte de *peintures* 絵の具箱. ❸ 塗装, 彩色. ▶ *peinture* au pistolet スプレー塗装 / refaire les *peintures* d'un appartement アパルトマンの塗り替えをする. ❹ 文章 (言葉などによる)描写.

en peinture 肖像に描いて.
ne (pas) pouvoir voir qc/qn en peinture (絵でみるのも御免だ→)…が大嫌いだ.
un pot de peinture 話 厚化粧の女.

比較 **絵, 絵画**
peinture ジャンルとしての絵画, 個々の絵画作品のいずれを指しても極めて一般的に用いられる. **tableau** 画枠に入った絵画の意で, 個々の絵画作品を指して peinture とともに一般的に用いられる. **toile** 特にカンバスに描かれた絵画作品.

peinturlurer /pɛ̃tyrlyre/ 他動 話 …をけばけばしく [ごてごてと] 塗る.
— **se peinturlurer** 代動 話 厚化粧をする.
péjoratif, ive /peʒɔratif, i:v/ 形 [語, 言い回しなどが] 軽蔑的な, 悪い意味の (↔mélioratif). ▶ mot *péjoratif* 軽蔑語 / sens *péjoratif* 軽蔑的な意味 / suffixes *péjoratifs* 軽蔑の接尾辞(-ard, -aud, -asse など).
péjoration /peʒɔrasjɔ̃/ 女【言語】軽蔑語化, 誹謗(ひぼう)法: 語義に非難, 軽蔑の意味が加わること.
péjorativement /peʒɔrativmɑ̃/ 副 軽蔑的に, 悪い意味で.
pékinois, oise /pekinwa, wa:z/ 形 北京 Pé-

kin の; 北京の人.
— **Pékin*ois, oise*** 名 北京の人.
— **pékinois** 男 ❶ 北京語, 北京官話: 現代中国の共通語の母体. ❷ ペキニーズ(犬).

pelade /pəlad/ 女 円形脱毛症.

pelage /pəlaːʒ/ 男〔動物の〕毛並み.

pélagique /pelaʒik/ 形 遠洋(性)の; 深海の.

pélargonium /pelargɔnjɔm/ 男〖植物〗ペラルゴニウム, ゼラニウム.

pel*é, e* /pəle/ 形 ❶ 毛の抜けた; はげた. ▶ un chien tout *pelé* すっかり毛の抜け落ちた犬. ❷ 何も生えていない, 樹木のない. ▶ une montagne *pelée* はげ山. ❸〔果物などの〕皮をむかれた.
— 名 はげ頭の人.

Il y a [Il n'y a que] quatre pelés et un tondu. 少人数しかいない; つまらぬ人しかいない.

pêle-mêle /pɛlmɛl/ 副 ごちゃごちゃに, 乱雑に. ▶ jeter quelques vêtements *pêle-mêle* dans un sac 服を乱雑に袋の中に入れる. — 男〔単複同形〕古風 ごちゃ混ぜの物; 雑多な集まり.

peler /pəle/ 3 他動〔野菜など〕の皮をむく. ▶ *peler* des oignons タマネギの皮をむく.
— 自動〔日焼けなどで〕皮がむける. ❷ *peler* de froid 寒さでふるえる.
— **se peler** 代動〔果物などの〕皮がむける.

pèler*in, ine* /pɛlrɛ̃, in/ 名 巡礼者. ▶ les *pèlerins* de la Mecque メッカの巡礼者.
— **pèlerine** 女 マント.

pèlerinage /pɛlrinaːʒ/ 男 ❶ 巡礼. ▶ faire un *pèlerinage*=aller en *pèlerinage* 巡礼をする. ❷ 聖地, 巡礼地. ❸〔名所, 旧跡などへの〕巡礼旅行, 名所巡り. ▶ *pèlerinage* littéraire 文学名所巡り.

pélican /pelikɑ̃/ 男〖鳥類〗ペリカン.

pelisse /pəlis/ 女 毛裏付きコート.

*****pelle** /pɛl/ ペル 女 ❶ シャベル, スコップ; ちり取り (=*pelle* à ordures). ▶ *pelle* de jardinier 園芸用シャベル / *pelle* mécanique パワーショベル / creuser un trou avec une *pelle* スコップで穴を掘る. ❷ *pelle* à tarte タルト[ケーキ]サーバー. ❸〔オールの〕水かき; オール, 櫂(ᵏᵃⁱ).

à la pelle 多量に, たくさん. ▶ On en ramasse *à la pelle*. そんなものはいくらでもある / remuer l'argent *à la pelle* 大金をもうける; 大金持ちである.

ramasser [prendre] une pelle 話 落ちる; 失敗する, しくじる.

pelletage /pɛltaːʒ/ 男 シャベルでかき混ぜること[掘ること].

pelletée /pɛlte/ 女〈*pelletée* de + 無冠詞単数名詞〉シャベル1杯分の…. ❷ 話〈des *pelletées* de + 無冠詞複数名詞〉たくさん [大量] の…. ▶ lancer des *pelletées* d'injures さんざん悪態をつく.

pelleter /pɛlte/ 4 他動〔土地〕をシャベルで掘る;〔穀物, 石炭など〕をシャベルでかき混ぜる[移す].

pelleterie /pɛltri/ 女 毛皮の加工[取引].

pelleteuse /pɛltøːz/ 女 ❶ パワーショベル. ❷ *pelleteuse* chargeuse ショベルカー.

pelleti*er, ère* /pɛltje, ɛːr/ 名 毛皮加工[取引]業者, 皮革職人.

pelliculaire /pelikylɛːr/ 形 ❶ 薄皮[皮膜]の張った, 薄膜状の. ❷ ふけのついた.

pellicule /pelikyl/ 女 ❶ フィルム. ▶ *pellicule* couleur [noir et blanc] カラー[白黒]フィルム / *pellicule* vierge (撮影されていない)生フィルム / donner une *pellicule* à développer フィルムを現像に出す / acheter un rouleau de *pellicule* フィルムを1本買う. ❷ 薄皮, 薄膜, 皮膜;《特に》(ブドウの)果皮. ❸〖スポーツ〗(1) *pelote* basque ペロタ: 正面の壁を利用して素手やラケットでボールを打ち合う競技. (2) ペロタ用のボール.

比較 フィルム
pellicule 写真, 映画いずれについても素材としてのフィルムをいう. **film** 映画について, 作品としてのフィルムをいう.

pelotage /p(ə)lɔtaːʒ/ 男 話 無遠慮な愛撫(あいぶ).

pelote /p(ə)lɔt/ 女 ❶ (糸, ひもなどの) 玉; 丸い塊. ▶ une *pelote* de laine 毛糸玉. ❷ (裁縫の) 針刺し, 針山 (=*pelote* à [d']épingles). ❸〖スポーツ〗(1) *pelote* basque ペロタ: 正面の壁を利用して素手やラケットでボールを打ち合う競技. (2) ペロタ用のボール.

avoir les nerfs en pelote 話 ひどくいらいらしている.

C'est une vraie pelote d'épingles. 不愉快極まりないやつだ.

peloter /pəlɔte/ 他動 話 ❶ …をなで回す. ❷ …にへつらう.

pelot*eur, euse* /p(ə)lɔtœːr, øːz/ 形, 名 ❶ 愛撫(あいぶ)の好きな(人). ❷ おべっか使いの(人).

peloton /p(ə)lɔtɔ̃/ 男 ❶ (糸, ひもなどの)小さい玉. ❷ (レース中の)選手の一団; (ある活動領域での)競争集団. ▶ être dans le *peloton* de tête 先頭集団[トップグループ]にいる / le *peloton* de tête des pays industriels 最先進工業国 / le *peloton* de queue 最後尾集団, 最下位グループ. ❸〖軍事〗小隊. ▶ un *peloton* d'exécution 銃殺(執行)隊.

pelotonner /p(ə)lɔtɔne/ 他動〔糸など〕を巻いて玉にする. — **se pelotonner** 代動 体を丸くする; 塊[一団]になる.

pelouse /p(ə)luːz/ 女 ❶ 芝生, 芝地; 芝(草). ▶ arroser une *pelouse* 芝生に散水する / tondre une *pelouse* 芝生を刈る /《Prière de ne pas marcher sur les *pelouses*》「芝生の上を歩かないでください」 ❷ 芝地グラウンド.

peluche /p(ə)lyʃ/ 女 ❶〖織物〗プラッシュ: 毛足の長い, ビロードに似たパイル織物. ❷ 縫いぐるみ. ▶ ours en *peluche* クマの縫いぐるみ. ❸ 綿ぼこり, 糸くず(の塊).

pelucher /p(ə)lyʃe/ 自動〔布地が〕毛羽立つ.

peluch*eux, euse* /p(ə)lyʃø, øːz/ 形 ❶ (毛長のビロードのように)手触りが柔らかい; 綿毛の生えた.

pelure /p(ə)lyːr/ 女 ❶ (果実, 野菜などの)むいた皮; 薄皮. ▶ *pelure* de pêche 桃の皮 / *pelure* d'oignon タマネギの薄皮. ❷ 話 服, 上着; コート.

pelvi*en, enne* /pɛlvjɛ̃, ɛn/ 形 ❶〖解剖〗骨盤の. ❷〖動物学〗nageoire *pelvienne* (魚の)腹びれ.

pén*al, ale* /penal/;《男複》*aux* /o/ 形〖法律〗刑罰の; 刑法の, 刑事に関する (↔civil). ▶ le code *pénal* 刑法典 / une loi *pénale* 刑罰法規

pénalement

/ le droit *pénal* 刑法.
— **pénal**;（複）***aux*** 男〖法律〗刑事; 刑事裁判所.

pénalement /penalmɑ̃/ 副〖法律〗刑罰上; 刑法上,刑事（訴訟法）上.

pénalisant, ante /penalizɑ̃, ɑ̃:t/ 形 不利益をもたらす, 不利な.

pénalisation /penalizasjɔ̃/ 女 ❶〖スポーツ〗（反則者への）ペナルティ. ❷ 不利益.

pénaliser /penalize/ 他動 ❶〖スポーツ〗…にペナルティを科す. ❷ …に罰則を与える; 不利な条件［不利益］を与える.

pénalité /penalite/ 女 ❶〖法律〗(1) 刑罰. (2)（税法違反に対する）罰金, 追徴金, 加算税; 違約金. ❷〖スポーツ〗ペナルティ（=pénalisation）.

penalty /penalti/;（複）***penaltys***（または ***penalties***） 男〖英語〗〖サッカー〗ペナルティキック. ▶ tirer un *penalty* ペナルティキックをする.

pénates /penat/ 男複 ❶〖古代ローマ〗家の守護神. ❷《ふざけて》住まい; 故郷. ▶ regagner [revoir] ses *pénates* 家へ帰る.
porter [emporter] ses pénates + 場所 … に移り住む.

penaud, aude /pəno, o:d/ 形 恥じ入った, しょげている; 当惑した.

pence /pɛns/ penny の複数形.

penchant /pɑ̃ʃɑ̃/ 男 ❶ 性向, 傾向; 好み. ▶ surmonter ses mauvais *penchants* 自分の悪癖を克服する. ◆ avoir un *penchant* 'à qc / 不定詞 / pour qc' …の癖がある, …を好む. ▶ avoir un *penchant* à [pour] la paresse 怠け癖がある / Il a un fâcheux *penchant* à se mettre en colère pour un rien. 彼にはつまらないことで怒り出す悪い癖がある.
❷ 文章 好意, 共感; 愛情. ▶ avoir un *penchant* pour qn …が好きだ.

***pencher** /pɑ̃ʃe/ パンシェ/ 自動 ❶（助動詞は être）傾く, かしぐ. ▶ une écriture qui *penche* à droite 右に傾いた書体 / Le soleil *penchait* à l'horizon. 太陽は地平線に傾いていた.
❷〈*pencher* pour qn/qc/不定詞〉…に気持ちが傾く, …の方を好む［選ぶ］. ▶ Il *penche* pour cette solution. 彼はこの解決法を採る気になっている / Je *penche* pour passer mes vacances en France plutôt qu'en Espagne. 私はどちらかといえばバカンスはスペインよりフランスで過ごしたいと思う.
pencher à croire que + 直説法 …のように思える. ▶ Je *penche à croire qu*'il avait tort. どうも彼が間違っていたように思える.
— 他動 …を傾ける, かしげる. ▶ *pencher* une carafe pour verser de l'eau 水をつぐために水差しを傾ける / *pencher* la tête sur le côté 首をかしげる.
— ***se pencher*** 代動 ❶ 身をかがめる, 身を乗り出す; 傾く. ▶《Défense de *se pencher* au dehors》「車外に身を乗り出すべからず」
❷〈*se pencher* sur qn/qc〉…を注意深く検討する; …に取り組む. ▶ *se pencher* sur le problème de la sécurité routière 交通安全の問題を検討する.

pend /pɑ̃/ 活用 ⇨ PENDRE 58

pendable /pɑ̃dabl/ 形 絞首刑に値する. 注 現在では次の成句でのみ用いられる.
jouer un tour pendable à qn …にひどいいたずらをする, 一杯食わせる.
un cas pendable 話 重大な過失.

pendaison /pɑ̃dɛzɔ̃/ 女 絞首刑, つるし首; 縊死（い）, 首つり.
pendaison de (la) crémaillère（暖炉の自在鉤（かぎ）つるし→）新居祝いの会.

:pendant[1] /pɑ̃dɑ̃/ パンダン/ 前

❶ …の間に. ▶ Elle est morte *pendant* la nuit. 彼女は夜のうちに死亡した.
❷ …の間ずっと. 注 次に時間, 距離を示す語がくる場合は省略することが多い. ▶ *pendant* longtemps 長い間 / *pendant* ce temps-là その間 / *pendant* (tout) l'été 夏の間ずっと / Elle est restée à Paris (*pendant*) un mois. 彼女はパリに1か月いた / Il a été malade *pendant* (tout) le voyage. 旅行中（ずっと）彼は病気だった /《副詞的に》avant la guerre et *pendant* 戦前, 戦中を通して.
pendant que j'y pense ところで, 思い出したが, 言っておくが. ▶ *Pendant que j'y pense*, n'oubliez pas la réunion de samedi. そうそう, 土曜日の会合を忘れないでください.
pendant que j'y suis 話 そこにいるついでに; いっそのこと. 注 je は各人称に変化させて用いる. ▶ Arrosez le jardin et *pendant que vous y êtes*, arrachez les mauvaises herbes. 庭に水をまいて, ついでに雑草も抜いてください.

***pendant que** + 直説法 (1) …する間に; している間中. ▶ *Pendant que* vous serez à Paris, pourriez-vous aller le voir? パリにいらっしゃる間に彼に会いに行っていただけますか. (2) …しているのに (=alors que, tandis que). ▶ Tu t'amuses *pendant que* je souffre! 私が苦しんでいるというのに君は遊んでいる.

語法 **pendant** と **durant, de**

(1) **pendant** と **durant**
どちらも同時代性や継続性を表わすが durant は pendant より丁寧な表現で, おもに書き言葉で用いられる. また副詞的に名詞のあとに置かれることがあり, その場合は継続性を強調する.

- Qu'est-ce que tu as fait pendant les vacances? 休みの間何をしたの.
- Il a plu durant toute la nuit. 一晩中雨が降っていた.
- Toute sa vie durant, il a été très honnête. 彼は一生涯正直者だった.

(2) **pendant** と **de**
「一定期間中…しなかった」というときは pendant ではなく de を用いる.
- Je n'ai pas travaillé de (toute) la journée. 私は一日中仕事をしなかった.
[比較]
- Je n'ai pas travaillé pendant la journée. 私は昼間は仕事をしなかった（＝夜仕事をした）.

pénétré

- Je n'ai pas travaillé (pendant) toute la journée. 私は一日中仕事をしたわけではない.
- Je n'ai rien fait de (toute) la journée [la matinée, la soirée, la semaine, l'année]. 私は一日中[午前中, 夕方, 1週間, 一年中]ずっと何もしなかった(この言い方ではjour, matin, soir, an は使わない).
- Je n'ai pas dormi de (toute) la nuit. 一晩中眠らなかった.
- Je n'ai pas mangé pendant trois jours. 私は3日間食事をしなかった.

pendant², ante /pɑ̃dɑ̃, ɑ̃:t/ 形 (pendre の現在分詞)垂れ下がった. ▶ un chien aux oreilles *pendantes* 耳の垂れた犬 / Il est assis sur le mur, les jambes *pendantes*. 彼は塀の上に足をぶらぶらさせて腰掛けている.

pendant³ /pɑ̃dɑ̃/ 男 ❶ (つり下げ形の)イヤリング, 耳飾り (=*pendant* d'oreille). ❷ 対をなすもの;匹敵するもの. ▶ Cette estampe est le *pendant* de l'autre. この版画はもう1枚のと対になる / A cette œuvre on ne peut pas trouver le *pendant*. この作品に匹敵するようなものは見当たらない / faire *pendant* à qc …と対をなす / se faire *pendant(s)* 〔2つの物が〕対をなす.

pendeloque /pɑ̃dlɔk/ 女 ❶ (イヤリングやネックレスなどに用いるナシ形の)下げ飾りの宝石. ❷ (シャンデリアに下げるナシ形の)カットグラス.

pendentif /pɑ̃dɑ̃tif/ 男 ❶ ペンダント. ❷【建築】ペンデンティブ, 穹隅(きゅうぐう).

penderie /pɑ̃dri/ 女 (服をつるす)衣装部屋, 衣装棚.

pendi-, pendî-, pendiss- 活用 ⇨ PENDRE 58

pendiller /pɑ̃dije/ 自動 話 (ぶらぶら)垂れ下がる, (揺れながら)ぶら下がる.

pendouiller /pɑ̃duje/ 自動 話 だらりと垂れ下がる.

***pendre** /pɑ̃:dr/ パーンドル/ 58 (過去分詞 pendu, 現在分詞 pendant) 他動 ❶ …をつるす, ぶら下げる, 掛ける. ▶ *pendre* un lustre au plafond 天井にシャンデリアをつるす / Elle *pend* ses robes dans une armoire. 彼女は洋服だんすにドレスをつるす. ❷ …を絞首刑にする.

dire pis [話 *pire*] *que pendre de qn* …のことをさんざん悪く言う.

Qu'il aille se faire pendre ailleurs [Va te faire pendre ailleurs]! 話 よそでさっさと縛り首になりに行くがいい. 話 自分では罰したくない人を追い出すときなどに用いる表現.

— 自動 ❶ ぶら下がる. ▶ Des fruits *pendent* aux branches. 果実が木の枝に下がっている. ❷ 垂れる, ぶら下がる. ▶ laisser *pendre* ses bras 腕をぶらぶらさせる / Il a les joues qui *pendent*. 彼の頬(ほお)は垂れ下がっている.

Ça lui pend au nez. 話 そのことが彼(女)を脅かしている, 今にも過ちの報いが来るかと彼(女)はひやひやしている.

— **se pendre** 代動 ❶ 〈*se pendre* à qc〉…にぶら下がる, しがみつく. ▶ *se pendre* par les mains à la branche d'un arbre 両手で木の枝にぶら下がる / *se pendre* au bras de qn …の腕にしがみつく. ❷ 首つり自殺する.

se pendre au cou de qn …の首に抱きつく;にべたべたする. ▶ Elle *s'est pendue au cou de* son ami. 彼女は恋人の首に抱きついた.

pends /pɑ̃/ 活用 ⇨ PENDRE 58

pendu, e /pɑ̃dy/ 形 (pendre の過去分詞) ❶ ぶら下がった, つり下げられた. ❷ 絞首刑になった;首つった.

avoir la langue bien pendue よく舌が回る, たいへんなおしゃべりだ.

être pendu à qn/qc …にしがみついている, から離れない.

être pendu「aux lèvres [aux paroles] de qn …の話に熱心に聞き入る.

Je veux (bien) être pendu si … もし…なら首をくくられてもいい, 誓って…でないと断言する.

— 名 絞首刑になった人;首つり人.

pendulaire /pɑ̃dylɛ:r/ 形 振り子の;振り子のような. ▶ mouvement *pendulaire* 振り子運動 / train *pendulaire* 振り子式車両.

***pendule¹** /pɑ̃dyl/ パンデュル/ 男 **振り子**. ▶ le *pendule* d'une horloge 時計の振り子 / *pendule* de Foucault フーコーの振り子.

***pendule²** /pɑ̃dyl/ パンデュル/ 女 振り子時計;置き[掛け]時計. ▶ *pendule* à coucou はと時計 / *pendule* électrique [à quartz] 電気[水晶]時計.

en faire une pendule 話 わめき散らす, 大騒ぎする.

remettre les pendules à l'heure 話 遅れをなくす, 時代に合わせる;あいまいなところをなくす, はっきりさせる.

pendulette /pɑ̃dylɛt/ 女 携帯用置き時計, 小型クロック.

pêne /pɛn/ 男 *pêne* demi-tour (錠前前の)ラッチボルト.

Pénélope /penelɔp/ 固有 女【ギリシア神話】ペネロペ, ペネロペイア:オデュッセウスの貞節な妻.

pénétrable /penetrabl/ 形 ❶ 〈*pénétrable* (à qn/qc)〉(…が)入り込める, 侵入[浸透]しうる. ▶ une forteresse difficilement *pénétrable* 突破困難な要塞(ようさい). ❷ 文章 理解できる;見抜ける.

pénétrant, ante /penetrɑ̃, ɑ̃:t/ 形 ❶ 浸透する;深く入り込む. ▶ une pluie fine et *pénétrante* 衣服に染み通る霧雨. ❷ 洞察力がある, 鋭い. ▶ une analyse *pénétrante* de la situation internationale 世界情勢についての鋭い分析.

pénétration /penetrasjɔ̃/ 女 ❶ 入り込むこと, 浸透, 浸入;侵入, 侵攻. ▶ force de *pénétration* d'un obus 砲弾の貫通力 / *pénétration* dans le corps d'un virus ウイルスの体内侵入 / taux de *pénétration* 普及率, 浸透率. ❷ 洞察力;明敏さ. ▶ un esprit doué d'une grande *pénétration* 豊かな洞察力に恵まれた精神 / avoir de la *pénétration* 鋭い洞察力を持つ. ❸ (男性器の)挿入.

pénétré, e /penetre/ 形 ❶ 〈*pénétré* de qc〉…が染み込んだ. ▶ des vêtements *pénétrés* de parfum 香水の染み込んだ服. ❷ 〈*pénétré* (de

pénétrer

qc)>(感情などに)満たされた；(思想などを)確信した．▶ être *pénétré* de reconnaissance 感謝の念に満ちている / être *pénétré* de son importance 思い上がっている / un air *pénétré* 自信ありげな様子．

*pénétrer /penetre ペネトレ/ ⑥

直説法現在	je pénètre	nous pénétrons
	tu pénètres	vous pénétrez
	il pénètre	ils pénètrent

自動 ❶ 入る，入り込む．▶ Le voleur *a pénétré* dans cette maison par la fenêtre de la cuisine. 泥棒は台所の窓からこの家に入り込んだ / réussir à *pénétrer* sur le marché français うまい具合にフランス市場に入り込む / La balle *a pénétré* dans le ventre. 銃弾は腹部に食い込んだ．❷〔思想，習慣などが〕浸透する．▶ une coutume étrangère qui *a pénétré* dans la vie japonaise 日本人の生活に浸透した外国の習慣．
── 他動 ❶ …に入り込む，浸透する．▶ La pluie *a pénétré* mes vêtements. 雨が衣服に染み込んだ．❷〔寒さなどが〕…の身に染みる；〔感情などが〕…を満たす．▶ Le froid nous *pénètre* jusqu'à la moelle des os. 骨の髄まで凍るような寒さだ / Le remords *a pénétré* sa conscience. 彼(女)は後悔の念でいっぱいになった．❸〔思想，流行などが〕…に広がる，行き渡る．❹〔秘密など〕を見抜く，洞察する．▶ *pénétrer* la pensée de qn …の考えを見抜く．❺〔男性器〕を挿入する．
── **se pénétrer** 代動 ❶ <*se pénétrer* de qc>（思想など）を確信する，深く理解する．▶ *se pénétrer* de la nécessité de qc …の必要性を確信する．❷ 混じり合う．

*pénible /penibl ペニーブル/ 形 ❶ 骨の折れる，つらい．▶ travail *pénible* つらい仕事 / respiration *pénible* 苦しそうな呼吸．
❷ つらい思いをさせる，痛ましい；耐えがたい．▶ souvenir *pénible* つらい思い出 / situation *pénible* à supporter 耐えがたい境遇．〔非人称構文で〕Il m'est *pénible* de te voir dans cet état. 君がこんな状態でいるのは見るに忍びない．
❸〔人が〕我慢ならない．▶ Ces enfants sont vraiment *pénibles*. この子供たちは本当に我慢がならない．

péniblement /peniblǝmɑ̃/ 副 ❶ 苦労して，骨を折って．▶ Il gagne *péniblement* sa vie. (=difficilement) 彼はやっとの思いで暮らしを立てている．❷ 文章 つらいほどに，痛ましく．▶ La nouvelle l'a *péniblement* affectée. その知らせに彼女はひどく悲しんだ．❸ かろうじて，やっと．▶ On comptait *péniblement* vingt personnes dans la salle. 会場には20人いるかいないかだった．

péniche /penif/ 女 ❶〔砂，建築材などを河川運送する〕平底船，伝馬船．❷〔軍事〕上陸用舟艇 (=*péniche* de débarquement).

pénicilline /penisilin/ 女 ペニシリン．
péninsulaire /penɛ̃sylɛːr/ 形 半島の；半島に住む．
péninsule /penɛ̃syl/ 女〔大きな〕半島．▶ la péninsule Ibérique =la *Péninsule* イベリア半島 / la *péninsule* des Balkans バルカン半島．

pénis /penis/ 男 陰茎，ペニス．
pénitence /penitɑ̃ːs/ 女 ❶〔カトリック〕(1) 悔悛(げしゅん)；悔悟；悔悛［告白］の秘跡 (=sacrement de *pénitence*). (2)〔聴罪司祭が悔悛者に科す〕罪の償い；(自ら贖罪(しょくざい)のために行う) 苦行．❷ 罰，懲らしめ；苦行．▶ mettre un enfant en *pénitence* 子供に罰を与える / par *pénitence* 自らを罰するために，償いに．
faire pénitence (*de qc*) (1) (…を) 悔いる．(2) (…を償うため) 苦行をする，断食をする．

pénitencier /penitɑ̃sje/ 男〔刑法〕刑務所．
pénitent, ente /penitɑ̃, ɑ̃ːt/ 名〔カトリック〕❶ 悔悛(げしゅん)者，告解者．❷ 苦行会員；俗人で，特殊な衣装を着け苦行と慈善を行った．
pénitentiaire /penitɑ̃sjɛːr/ 形 刑務所の．
penny /peni/; (複) **pence** /pɛns/ 男〔英語〕ペニー：英国，アイルランドなどの通貨単位．
pénombre /penɔ̃ːbr/ 女 ❶ 薄暗がり；薄明かり．❷ 無名，不遇．▶ rester dans la *pénombre*〔人が〕世間に認められない，くすぶっている．
pensable /pɑ̃sabl/ 形〔多く否定的表現で〕考えうる，信じうる．▶ C'est à peine *pensable*. とても考えられないことだ，とうてい信じがたいことだ．
pensant, ante /pɑ̃sɑ̃, ɑ̃ːt/ 形 思考能力のある，考える．▶ un être *pensant* 思考する存在，人間 / L'homme est un roseau *pensant*. 人間は考える葦(あし)である（パスカル）．
bien pensant 《多く軽蔑して》(宗教，政治，生活一般に関して) 保守的な，体制的な．
mal pensant 反体制的な，異端の．

pense-bête /pɑ̃sbɛt/ 男 複 心覚え，控え；メモ帳，備忘録．

*pensée /pɑ̃se パンセ/ 女 ❶ 思考(力)．▶ *pensée* logique [abstraite] 論理的［抽象的］思考．
❷ 考え，思念．▶ *pensée* ingénieuse いい考え / être absorbé dans ses *pensées* 物思いにふける / La *pensée* de la mort m'obsédait. 死の想念が頭から離れなかった / La *pensée* que ce tableau était à lui l'enthousiasmait. この絵が自分の物だと思うと彼はわくわくした．
❸ 考え(方)，見解；意図．▶ Je ne partage pas sa *pensée* sur ce sujet. その点に関して私は彼(女)の考え方に賛成しない / ouvrir franchement sa *pensée* 考えを率直に打ち明ける．比較 ⇨ OPINION.
❹ 思想，思想体系．▶ la *pensée* chrétienne キリスト教思想 / la *pensée* politique de Diderot ディドロの政治思想．
❺〔多く複数形で〕箴言(しんげん)，格言；断想(集)．▶ les *Pensées* de Pascal パスカルの「パンセ」．
❻〔植物〕パンジー，三色すみれ．

à la (*seule*) *pensée* 「*de* + 不定詞 [*que* ...]」…と考えるだけで，…と考えただけで．▶ Il était fou de joie à la *seule pensée* de revoir sa famille. 彼はまた家族に会えるかと思うと，いてもたってもいられないほどうれしかった．

dans la (*seule*) *pensée de* + 不定詞 …するつもりで．▶ Je l'ai fait *dans la* (*seule*) *pensée* de vous être utile. あなた(方)のお役に立てれば

と思ってそうしたのです.

par la [en] pensée 想像で, 頭の中で. ▶ Tu es loin de moi. Mais je suis à tes côtés *par la pensée*. あなたは遠くにいる. でも気持ちの上では私はあなたのすぐそばにいます.

|比較| **思索, 考察**

pensée 広く思考, 思索を表わす. **réflexion** より深く綿密な思考, 熟考をいう. sur qc を伴う構文では, 主題についての「省察, 考察」をいい, この場合は **considération, observation** とほぼ同義. **méditation** 高度な精神集中を伴う思索, 瞑想(めいそう)をいう.

*penser /pɑ̃se パンセ/

直説法現在	je pense	nous pensons
	tu penses	vous pensez
	il pense	ils pensent
複合過去	j'ai pensé	半過去 je pensais
単純未来	je penserai	単純過去 je pensai

|自動| 考える, 思う, 思考する. ▶ Je *pense* comme vous. 私はあなたと同じように考えています / la faculté de *penser* 思考力 / une façon de *penser* 考え方, 見方 / *penser* sur un sujet ある主題について考える / *penser* juste [faux] 正しく判断する [誤った判断を下す] / Je *pense*, donc je suis. 我思う, ゆえに我あり(デカルト).

donner [laisser] à penser 考えさせるものがある; 考える余地がある.

maître à penser 指導者的思想家, 精神[学問]の師.

penser tout haut 考えを声に出して言う, ひとりごとを言う.

Penses [Pensez] (donc)! よく考えてごらんなさい; まさか.

Penses-tu [Pensez-vous]! 区 《不信, 否定を強調して》まさか, 信じられない; とんでもない. ▶ Eux, gagner le match? *Pensez-vous*! 彼らが試合に勝つだって? とんでもない.

Tu penses [Vous pensez]! (1)《肯定を強調して》もちろんですとも, そのとおり. (2)《否定を皮肉に表わして》ところが, そうはいかない.

— **:penser** |他動| ❶ ⟨penser à qn/qc⟩ …のことを思う, 考える. 注 目的語が人の場合, 人称代名詞には強勢形を用いる. ▶ *penser* à l'avenir 将来のことを考える / *penser* à tout すべてを考慮する / *penser* aux autres 他人のことを考える / Je *pense* toujours à toi. 私はお前のことをいつも考えている / A quoi *pensez*-vous? 何を考えていますか / N'y *pensons* plus. もうそのことは忘れましょう. / Il ne *pense* qu'à l'argent. 彼は金のことしか頭にない. ❷ ⟨penser à + 不定詞⟩ …することを考える; 忘れずに…する. ▶ *Avez*-vous *pensé* à fermer le gaz en partant? 出がけにガス栓を閉めるのを忘れなかったでしょうね.

faire penser à qn/qc …を思い出させる, 連想させる.

(Mais) j'y pense. そうだ思い出した.

ne penser qu'à ça あれ(セックス)のことしか考えない.

On ne saurait penser à tout. 諺 すべてのことを考えることはできない.

sans penser à mal 悪意なしに, 悪気なく.

sans y penser 注意もせずに, 機械的に.

Tu n'y penses pas [Vous n'y pensez pas]! とても考えられない話だ, まさか.

— **:penser** |他動| ❶ ⟨penser que + 直説法⟩ …と思う, 考える. 注 主節が否定, 疑問のとき, que 以下は多く接続法が用いられる. ▶ Je *pense* que tu as tort. 君は間違っていると思う / Je ne *pense* pas qu'il vienne. 彼が来るとは思わない / *Pensez* que ce pianiste n'a que quinze ans! 考えてもごらん, あのピアニストはまだ15歳なのだ. ❷ ⟨penser qc⟩ …を思う, 考える; 思考する. 注 直接目的語は多く代名詞. ▶ C'est bien ce que je *pensais*. 思っていた通りだ / Elle dit ça, mais elle ne le *pense* pas. 彼女はそうは言っているが本当はそんなことは考えていない / Elle n'est pas aussi gentille que tu le *penses*. 彼女は君が思っているほど優しくない / *Penser* la démocratie aujourd'hui, qu'est-ce que cela veut dire? 今日, 民主主義を考えるとはいかなることか. ❸ ⟨penser qc de qn/qc⟩ 不定詞 …について…と思う. 注 多く que を伴う疑問表現で用いられる. ▶ Qu'en *pensez*-vous? それについてどう思いますか / Que *penserais*-tu d'aller ensemble au cinéma ce soir? 今晩一緒に映画に行くのはどう. ❹ ⟨penser qn/qc + 属詞⟩ …を…と思う. ▶ Personne ne *pensait* la situation si sérieuse. だれも事態がそれほど深刻だとは考えていなかった. ❺ ⟨penser + 不定詞⟩ …するつもりである; …と確信する. ▶ Je *pense* partir demain. 私は明日出発しようと思っている / Il *pense* avoir fini ce travail demain. 彼は明日にはこの仕事を終えていると思っている. ❻ 話《婉曲に》▶ Il a marché dans ce que je *pense*. 彼はあれ(糞(ふん))をふんづけた / Je lui ai flanqué un coup de pied là où tu *penses*. やつのあそこ(尻(しり))を蹴(け)っ飛ばしてやった.

n'en penser pas moins 腹の中では考えている, 意見がないわけではない.

penser [du bien [du mal] de qn/qc …のことをよく[悪く]思う.

Tu (le) penses [Vous (le) pensez]? そう思いますか.

Tu penses [Vous pensez] (bien) que [si] + 直説法 ! どんなに…かはお察しのとおりです. ▶ *Tu penses bien que* je ne l'ai pas fait exprès. わざとではないことは分かってもらえるよね.

|比較| **思う**

(1) 節を伴って「…と思う」と言う場合には **penser, trouver, croire** が普通. **estimer, considérer** は改まった表現. 属詞を伴って「…を…と思う」と言う場合には **trouver [croire, estimer** 《改まった表現》**] qn/qc + 属詞**, あるいは **tenir qn/qc pour + 属詞, prendre qn/qc pour + 属詞, regarder qn/qc comme + 属詞**.

(2)「…のことを思う, 思いをはせる」の意では **penser à** が最も一般的. **songer à** もほぼ同義に用いられる.

penseur, euse /pãsœːr, øːz/ 名 思想家；思索する人. 注 女性形は稀. ▶ «*Le Penseur*» de Rodin ロダンの「考える人」/ Rousseau est un des grands *penseurs* du XVIIIᵉ (dix-huitième) siècle. ルソーは18世紀の大思想家の一人である.

pensif, ive /pãsif, iːv/ 形 物思いにふけった，考え込んだ.

pension /pãsjɔ̃/ 女
英仏そっくり語
英 pension 年金.
仏 pension 年金，寄宿学校.
❶ 年金. ▶ toucher une *pension* de retraite [vieillesse] 退職[老齢]年金を受ける / avoir droit à une *pension* 年金の受給資格がある / verser une *pension* alimentaire (離婚後の)扶養手当を払い込む.
❷ 食事付き宿泊[下宿]；下宿屋. ▶ prendre une chambre「sans *pension* [avec *pension* complète, avec demi-*pension*] 朝食付き[3食付き，2食付き]で宿泊する.
❸ 寄宿舎，寄宿学校；《集合的に》寄宿生. ▶ mettre un enfant en *pension* dans un lycée 子供をリセの寄宿舎に入れる.

pensionnaire /pãsjɔnɛːr/ 名 ❶ 寄宿生.
❷ 下宿人；(ホテルなどの)食事付き長期宿泊客.
❸ (養老院などの)居住者.
❹ (コメディー・フランセーズの)準座員.

pensionnat /pãsjɔna/ 男 ❶ (私立の)寄宿学校. ❷《集合的に》寄宿学校生，寮生.

pensionné, e /pãsjɔne/ 形，名 年金[恩給]を受けている(人).

pensionner /pãsjɔne/ 他動 …に年金[恩給]を支給する.

pensivement /pãsivmã/ 副 物思わしげに.

pensum /pɛ̃sɔm/ 男《ラテン語》退屈な仕事.

penta- 接頭「5」の意.

pentagone /pɛ̃tagɔːn/ 男 ❶ 5辺形；5角形.
❷ (le Pentagone) 米国国防総省，ペンタゴン.

pentathlon /pɛ̃tatlɔ̃/ 男《スポーツ》五種競技.
▶ le *pentathlon* moderne 近代五種競技.

***pente** /pãːt/ 女 ❶ 勾配(こうばい)，傾斜. ▶ terrain en *pente* 傾斜地 / *pente* douce 緩やかな勾配 / *pente* raide 急な勾配 / La route a une *pente* de deux pour cent. 道路は2パーセントの勾配になっている.
❷ 坂，斜面；下り坂. ▶ en haut de la *pente* 坂の上に / monter [descendre] une *pente* 坂を上る[降りる] / freiner dans la *pente* 下り坂でブレーキをかける.
❸ (悪や安逸へと向かう)性向；(低落)傾向. ▶ suivre sa *pente* (悪い)性向に従う.
avoir「la dalle [le gosier] en pente 話 飲んべえだ.
être sur la [une] mauvaise pente (社会的，道徳的に)悪い方向に進んでいる.
remonter la pente 事態の立て直しを図る；立ち直ろうとする，更生の努力をする.
*sur une pente glissante [*話 *savonneuse*]* (悪い方へ)ずるずる引きずられて.

Pentecôte /pãtkoːt/ 女 ❶《キリスト教》聖霊降臨の主日，ペンテコステ：復活祭後の第7日曜日．聖霊が使徒に降臨したことを祝う. ▶ lundi de *Pentecôte* ペンテコステの翌日の月曜日(休日).
❷《ユダヤ教》ペンテコステ祭，五旬祭.

pénultième /penyltjɛm/ 形《言語》(音節が)終わりから2番目の.
— 女 (単語や詩句の)第2尾音節，次末音節.

pénurie /penyri/ 女 不足，欠乏. ▶ *pénurie* de vivres 食糧難 / faire face à une grave *pénurie* de main-d'œuvre 深刻な労働力の不足に直面する.

people /pipœl/ 形 有名人(のゴシップ)を追いかける. ▶ magazine *people* 有名人のゴシップ雑誌.
— 男複 有名人，セレブ.

peopolisation /pipɔlizasjɔ̃/ 女 メディアによる有名人(特に政治家)の私生活の露出.

pep /pɛp/ 男《米語》活力，ファイト，バイタリティー；迫力，パンチ(力). ▶ avoir du *pep* 威勢がいい，元気がある.

pépé /pepe/ 男 話《幼児語》おじいちゃん. ▶ le *pépé* et la mémé おじいちゃんとおばあちゃん.

pépée /pepe/ 女 話 若い女，娘.

pépère /pepɛːr/ 男 話《幼児語》おじいちゃん. ❷ 話 (おっとりした)太っちょ；太った坊や.
— 形 ❶ 太っちょの；おっとりした. ❷ 大きい，たっぷりある. ▶ une somme *pépère* かなりの額.
❸ 平穏な，快適な；たやすい. ▶ une vie *pépère* 気楽な暮らし.

pépie /pepi/ 女 話 ひどい渇き. ▶ avoir la *pépie* ひどく喉(のど)が渇く.

pépiement /pepimã/ 男 (小鳥の)さえずり.

pépier /pepje/ 自動 (小鳥が)さえずる；(特に)(スズメ，雛(ひな)鳥などが)鳴く.

pépin¹ /pepɛ̃/ 男 (ブドウ，リンゴなどの)種，種子. ❷ 話 (思いがけない)厄介，困難.

pépin² /pepɛ̃/ 男 話 雨傘.

pépinière /pepinjɛːr/ 女 ❶ 苗床.
❷ <une *pépinière* de + 複数名詞>(人材の)養成所. ▶ Le Conservatoire est une *pépinière* de jeunes talents. コンセルバトワール[国立音楽院]は若い才能の宝庫だ.

pépiniériste /pepinjerist/ 名，形 苗木屋(の).

pépite /pepit/ 女 金塊；(金属の)天然の塊.

péplum /peplɔm/ 男《ラテン語》❶《古代ギリシア》ペプロス：袖(そで)のない婦人用寛衣.
❷《映画》古代史劇，古代史劇スペクタクル，スペクタクル史劇.

peppermint /pepɛrmɛ̃ːt; pepɔrmint/ 男《英語》ペパーミント・リキュール.

pepsine /pɛpsin/ 女《生化学》ペプシン：消化酵素の一つ.

péquenaud, aude /pɛkno, oːd/ 名 話《軽蔑して》田舎者.

per- 接頭 ❶「…を通して，ずっと」の意.
❷「強意，完遂」を表わす. ▶ *per*mettre (まったく放任する→)許す.

perçage /pɛrsaːʒ/ 男 (木，金属などに)穴をあけること，穿孔(せんこう).

perçant, ante /pɛrsã, ãːt/ 形 ❶ 突き刺すような，鋭い；鋭敏な. ▶ un froid *perçant* 身を切るような寒さ / des cris *perçants* 金切り声 / un ス

prit *perçant* 慧眼(炒)の持ち主.

perce /pɛrs/ 囡 ❶（錐(𖝯)などの）穿孔具. ❷（管楽器の）穴.

mettre un tonneau en perce 酒樽(𖝯)を抜く.

percé, e /pɛrse/ 圏 穴のあいた. ▶ une poche *percée* 穴のあいたポケット / un mur *percé* de petites fenêtres 小さな窓がいくつも開いた壁.

percée /pɛrse/ 囡 ❶（森，町などの）貫通路；（建物の）開口部；（庭園の）見通し. ▶ faire [ouvrir] une *percée* dans une forêt 森に道をつける. ❷ 驚異的な成功［進歩］，ブレイクスルー. ▶ faire une *percée* technologique 目覚ましい技術革新を遂げる. ❸『軍事』敵陣突破；『スポーツ』ディフェンスを破ること.

percement /pɛrsəmɑ̃/ 男 穴をあけること；（道を）通すこと.

perce-neige /pɛrsənɛːʒ/ 男/囡（単複同形）『植物』スノードロップ，ユキノハナ.

perce-oreille /pɛrsɔrɛj/ 男『昆虫』ハサミムシ.

percepteur /pɛrsɛptœːr/ 男 収税吏；（罰金などの）徴収官.

perceptible /pɛrsɛptibl/ 圏 ❶ 感じ取れる，知覚できる. ▶ *perceptible* à l'œil nu 肉眼で見える / une ironie à peine *perceptible* ほとんど気づかないような皮肉. ❷〔税金が〕徴収できる.

perceptif, ive /pɛrsɛptif, iːv/ 圏『心理』知覚の. ▶ champ *perceptif* 知覚領域.

perception /pɛrsɛpsjɔ̃/ 囡 ❶ 知覚（作用）. ▶ *perception* visuelle 視覚 / *perception* auditive 聴覚 / verbes de *perception* 知覚動詞(regarder, écouter, sentir など).
❷ 文語〈*perception* de qc〉…についての認識. ▶ Il n'a pas une nette *perception* de la gravité de sa maladie. 彼は自分の病気の深刻さが分かっていない. ❸ 徴収；税金；税務職；税務署.

***percer** /pɛrse ペルセ/ ①

過去分詞 percé	現在分詞 perçant
直説法現在	je perce	nous perçons
	tu perces	vous percez
	il perce	ils percent

他動 ❶…を突き刺す，に穴をあける. ▶ Un clou *a percé* le pneu. タイヤに釘(𝑘)が刺さった / *percer* les oreilles pour y mettre des boucles 耳にピアスをつける穴をあける / *percer* un tonneau 酒樽(𖝯)を抜く.
❷〔穴など〕をあける，通す. ▶ *percer* une fenêtre 窓をつける / *percer* un tunnel dans un rocher 岩山にトンネルを通す.
❸ …を通り抜ける，の中を進む. ▶ *percer* la foule 人込みをかき分けて進む / *percer* le front des armées ennemies 敵軍の前線を突破する.
❹〔雨，光などが〕…を貫く，突き破る. ▶ Le soleil *perce* les nuages. 雲の間から日が差している.
❺ 文語 …を見抜く，見破る. ▶ *percer* les intentions de qn …の意図を見抜く.

percer le cœur à qn …を苦悩させる，の心を打ちひしぐ.

percer「les oreilles［les tympans］〔音が〕耳をつんざく.
percer qc/qn à jour …を見抜く；明るみに出す. ▶ Nous avons réussi à *percer à jour* son secret. 我々とは彼〔女〕の秘密を暴くことに成功した.
— 自動 ❶（突き破って）外に出る，現れる；〔できものが〕つぶれる. ▶ Sa première dent commence à *percer*. この子に1本目の歯が生え始めた. ❷ 明るみに出る，露見する. ▶ Rien n'*a percé* des négociations. 交渉の内容はまったく外部に漏れなかった. ❸ 頭角を現す. ▶ comédien qui a du mal à *percer* なかなか芽が出ない俳優. ❹『軍・スポーツ』敵陣を突破する.

perceur, euse /pɛrsœːr, øːz/ 图 穴をあける人；穴あけ工. ▶ *perceur* de murailles 押し込み強盗（=cambrioleur）.
— **perceuse** 囡 ドリル，穴あけ機；ボール盤；ボーリング機械，削岩機.

percevable /pɛrsəvabl/ 圏〔税金などが〕徴収できる.

percevoir /pɛrsəvwaːr/ 45 他動（過去分詞 perçu, 現在分詞 percevant）❶ …を感じ取る，知覚する. ▶ On *a perçu* une lueur dans la nuit. 闇(𝗈)夜に薄明かりが見えた. ◆être bien［mal］*perçu* よく［悪く］見られる. ▶ Un homme et une femme qui vivent ensemble sans être mariés, ce n'*est* plus mal *perçu*. 結婚せずに生活を共にする男女は，もう周囲から悪く見られたりはしない.
❷ …を察知する. ▶ *percevoir* une nuance subtile（=discerner）微妙なニュアンスを読み取る.
❸ …を受領する，徴収する. ▶ *percevoir* un loyer 部屋代を受け取る.

Perche /pɛrʃ/ 固有 男 ペルシュ地方：ノルマンディー地方の丘陵地帯.

perche[1] /pɛrʃ/ 囡『魚類』パーチ：スズキに近いパーチ科の淡水魚.

perche[2] /pɛrʃ/ 囡 棒，竿(𖠀). ▶ *perche* à son ブーム（録音用マイクを先端につけた長い棒）/ pratiquer le saut à la *perche* 棒高跳びをする.

tendre la perche à qn …に助け舟を出す，救いの手を差し延べる.

une grande perche 話 非常に背が高い人，のっぽ.

perché, e /pɛrʃe/ 圏 ❶〔鳥が〕（高い所に）とまった. ❷（高い所に）位置する. ▶ un petit village *perché* sur une colline 丘の上にある小さな村.

percher /pɛrʃe/ 自動 ❶〔助動詞は avoir〕〔鳥が〕（枝や高い所に）とまる. ❷ 話〔助動詞は avoir または être〕（高い所に）住む. ▶ Où est-ce que tu *perches*? 君はどこに住んでいるの. ❸ 話〔助動詞は être〕位置する.
— 他動 話 …を（高い所に）置く.
— **se percher** 代動 ❶〔鳥が〕（高い所に）とまる. ▶ Les oiseaux *se perchent* sur les fils électriques. 鳥が電線にとまっている. ❷（高い所に）乗る.

percheron, onne /pɛrʃərɔ̃, ɔn/ 圏 ペルシュ Perche 地方の.
— **Percheron, onne** 图 ペルシュ地方の人.

perchiste /pɛrʃist/ 图 棒高跳びの選手.

❷ (映画やテレビの)マイク係, ブーム係.
perchoir /pɛrʃwaːr/ 男 ❶ (鳥の)とまり木; ねぐら. ❷ 話 高い階にある住居; 高い所, 高座. ❸ 話 (フランス国民議会の)議長席.
perclus, use /pɛrkly, yːz/ 形 〔体などが〕動かなくなった, 不随の. ▶ un corps *perclus* de rhumatismes リューマチで動かない体 / être *perclus* de crainte 恐怖で身動きができない.
perçoir /pɛrswaːr/ 男 穴あけ機; 錐(きり).
perçoiv-, perçoi- 活用 ⇨ PERCEVOIR 45
percolateur /pɛrkɔlatœːr/ 男 (カフェの)エスプレッソ用コーヒーメーカー. 注 話し言葉では perco と略す.
perçu-, perçû-, perçuss- 活用 ⇨ PERCEVOIR 45
percussion /pɛrkysjɔ̃/ 女 ❶ 文章 打撃, 衝突, 衝撃. ❷【音楽】打楽器, パーカッション (=instruments à *percussion*). ❸【医学】打診(法).
percussionniste /pɛrkysjɔnist/ 名【音楽】打楽器奏者, パーカッション奏者.
percutant, ante /pɛrkytɑ̃, ɑ̃ːt/ 形 ❶ ぶつかる, 衝突する. ❷ 衝撃を与える; 〔議論などが〕説得力のある.
percuter /pɛrkyte/ 他動 ❶ …にぶつかる, 衝突する, 衝撃を与える. ▶ La voiture *a percuté* un arbre. 車は木に激突した. ❷【医学】…を打診する. ― 間他動 ⟨*percuter* contre qc⟩ …にぶつかる, 衝突する; …に当たって破裂〔爆発〕する.
percuteur /pɛrkytœːr/ 男 (銃などの)撃針, 打ち金.
perd /pɛːr/ 活用 ⇨ PERDRE 60
perdant, ante /pɛrdɑ̃, ɑ̃ːt/ 形 (perdre の現在分詞) ❶ 外れの. ▶ un billet *perdant* 空くじ. ❷ 敗者の, 損をした.
― 名 敗者, 損をした人.
perdi-, perdî-, perdiss- 活用 ⇨ PERDRE 60
perdition /pɛrdisjɔ̃/ 女 破滅, 喪失. ▶ un lieu de *perdition* 遊蕩(とう)の場, いかがわしい所 / un navire en *perdition* (=détresse) 遭難船.

P **:perdre** /pɛrdr ペルドル/ 60

過去分詞 perdu	現在分詞 perdant
直説法現在 je perds	nous perdons
tu perds	vous perdez
il perd	ils perdent
複 合 過 去 j'ai perdu	半 過 去 je perdais
単 純 未 来 je perdrai	単純過去 je perdis

他動 ❶〔持ち物〕を**失う**, なくす. ▶ *perdre* son passeport パスポートをなくす / J'ai encore *perdu* mes lunettes. まためがねが見当たらない.
❷〔仕事, 信用など〕を失う. ▶ *perdre* son travail 仕事を失う / *perdre* ses droits 権利を失う.
❸〔性質, 機能, 習慣など〕を失う, 喪失する. ▶ *perdre* la vue 視力を失う / *perdre* l'appétit 食欲がなくなる / *perdre* la raison 理性を失う, 気が狂う / *perdre* son sang-froid 冷静さを失う / *perdre* l'habitude de fumer 喫煙の習慣を断つ. ◆ *perdre* + 無冠詞名詞《種々の成句表現で》▶ *perdre* connaissance [espoir] 意識〔希望〕を失う.
❹ …をなくす, が少なくなる. ▶ *perdre* ses cheveux 髪が薄くなる / un arbre qui commence à *perdre* ses feuilles 葉が落ち始めた木 / *perdre* du poids やせる.
❺〔人〕を失う, 亡くす. ▶ Il *a perdu* son père dans un accident de voiture. 彼は父親を自動車事故で亡くした.
❻〔時間, 金, 機会など〕を失う, むだにする. ▶ *perdre* une occasion unique またとない機会を逃す / *perdre* son temps むだに時間を過ごす / J'ai *perdu* beaucoup d'argent dans ce procès. (=gaspiller) 私はこの訴訟でずいぶんと金を使ってしまった. ◆ *perdre* qc à qc 不定詞 …(すること)に〔時間〕を浪費する. ▶ Il *a perdu* une heure à la chercher. 彼は彼女を探し回って1時間を棒に振った.
❼〔道筋, 人など〕を見失う; 〔言葉など〕を聞き落とす, 見落とす. ▶ *perdre* son chemin 道に迷う / Nous *avons perdu* notre guide dans la foule. 私たちは雑踏の中でガイドとはぐれてしまった.
❽〔試合などに〕負ける. ▶ *perdre* une partie de tennis テニスの試合に負ける / *perdre* un procès 敗訴する.
❾ …を忘れる (=oublier). ▶ J'ai *perdu* le nom de cet auteur. その作家の名前を失念してしまった. ❿〔文章〕…を破滅〔堕落〕させる, 陥れる.
n'avoir rien à perdre (**mais tout à gagner**) 失うものは何もない〔ただ得るのみだ〕, これ以上悪くならない.
perdre de vue que + 直説法 …ということを忘れる, 失念する.
perdre de + 所有形容詞 + 名詞 …が減る, 弱まる. ▶ Cette photo *a perdu de* sa couleur. この写真は色あせてしまった.
perdre *la tête* [*l'esprit,* 話 *la boule*] 正気を失う, 取り乱す, うろたえる. ▶ Tu *perds la tête* ? 正気か.
perdre qn/qc **de vue** …を見失う; と疎遠になる. ▶ Je l'*ai perdue de vue* depuis longtemps. 彼女とはずいぶん前から会っていない.
perdre son âme 堕落する.
Tu n'y perds rien! 話 それでも損はしないよ.
Vous ne perdez rien pour attendre. (1) 待っても損はしない. (2)《反語的に》いつかひどい目に遭いますよ.
― ***perdre*** 自動 ❶ 損をする. ▶ *perdre* au jeu 賭(か)けに負ける. ❷ 負ける. ▶ Notre équipe *a perdu*. 我々のチームは負けた. ❸ 価値が低下する. ❹〔容器が〕漏れる. ▶ Ce tonneau *perd*. (=fuir) この樽(たる)は漏る.
― ***se perdre*** 代動 ❶ 道に迷う, 自分がどこにいるか分からなくなる (=s'égarer). ▶ *se perdre* dans une forêt 森で道に迷う / *se perdre* dans les détails 細部にこだわりすぎて本質を見失う.
❷ 見えなくなる, 消える. ▶ *se perdre* dans une foule 人込みの中に紛れる.
❸ 失われる, 消滅する. ▶ des traditions qui *se perdent* 廃れゆく伝統.
❹ ⟨*se perdre* dans qc⟩ …に没頭する. ▶ *se per-*

dre dans ses pensées 思索にふける.
❺ むだになる, 傷む, 駄目になる. ▶ Il y a des fraises qui sont en train de *se perdre* dans le frigo. 冷蔵庫に腐りかけているイチゴがある / laisser (*se*) *perdre* une occasion チャンスを逃す.
❻ 破滅する, 堕落する. ▶ *se perdre* dans l'alcoolisme アルコール中毒で身を滅ぼす.
Il y a des coups de pied au derrière qui se perdent. 話 尻をけってやりたいくらいだ.
Je m'y perds. もう混乱して分からない.
se perdre de vue 互いに会わなくなる, 疎遠になる.

perdreau /pɛrdro/;《複》**x** 男【鳥類】ヨーロッパヤマウズラの雛(ひな).

perdrix /pɛrdri/ 女【鳥類】ヤマウズラ.

perds /pɛːr/ 活用 ⇨ PERDRE 60

perdu, e /pɛrdy/ (perdre の過去分詞) ❶ 失われた; なくした. ▶ retrouver un sac *perdu* 紛失したバッグを見つける / objets *perdus* 忘れ物, 遺失物(預り所).
❷ 道に迷った; 姿を消した. ▶ enfant *perdu* 迷子 / chien *perdu* 迷い犬.
❸ 途方に暮れた, 絶望的な; 堕落した. ▶ Le malade est *perdu*. この病人はもう助からない / Tout est *perdu*. 万事休す.
❹ むだな, 駄目になった; 使い捨ての. ▶ occasion *perdue* 逃したチャンス / C'est du temps *perdu*. 時間のむだだ / Ça fait dix euros de *perdu*. それは10ユーロの損だ / bouteille *perdue*(↔consigné) 使い捨ての(回収されない)瓶.
❺ 負けた. ▶ guerre *perdue* 敗戦.
❻ 辺鄙(へんぴ)な, 人里離れた. ▶ un village *perdu* 人里離れた村, 僻地(へきち).

à corps perdu 猛然と, がむしゃらに.
à ses moments perdus = *à temps perdu* 暇なときに, あいた時間に.
Ce n'est pas perdu pour tout le monde. だれかの役に立っている, だれかが得をしている.
être perdu dans ses pensées [réflexions] 考えにふけっている.
Pour un perdu, deux retrouvés. = *Un(e) de perdu(e), dix de retrouvé(e)s.* 諺 1人［1つ］なくなっても代わりはいくらでも見つかる. 注 失恋した人を慰めるのによく用いられる.
── 名《次の句で》crier comme un *perdu* 気がふれたようにわめく.

*père /pɛːr/ ペール/ 男

❶ 父, 父親;（動物の）雄親. ▶ Mon *père* a cinquante-cinq ans. 私の父は55歳です / devenir *père* 父親になる / un *père* de famille 一家の父 / être (le) *père* d'un fils et de deux filles 1男2女の父親である /《同格的に》Dumas *père* 大デュマ, 父親の方のデュマ(↔Dumas fils) / Société Durand *père* et fils デュラン父子商会 / nouveau *père* 育児や家事もこなす新しい父親.
❷《比喩的に》父, 創始者, 元祖. ▶ Eschyle, (le) *père* de la tragédie 悲劇の父アイスキュロス / Il a été un vrai *père* pour moi. 彼は私にとって父親代わりだった.
❸《親しみを込めて》おやじ, じいさん. ▶ le *père* Rouault ルオーおじさん / le *père* Noël サンタクロース. ❹《複数で》文章 父祖, 先祖.
❺《多く *Père*》《キリスト教》❶ 父(なる神). ▶ Dieu le *Père* 父なる神 / au nom du *Père*, du Fils et du Saint-Esprit 父と子と聖霊の名において.（2）《称号や呼びかけで》神父, 師. 書 P., 省略形は PP. と略す. ▶ le *père* Deschamps デシャン神父［師］/ *Père* = mon *père* 神父様 / les *Pères* de l'Eglise（初期教会の）教父.

de père en fils 父から子へ;（先祖）代々の. ▶ Ils sont bouchers *de père en fils*. 彼らは親子代々にわたって肉屋だ.
en bon père de famille（一家のよき父として→）慎重に.
mon petit père《呼びかけで》おまえさん, おやじさん. 注 年齢に関係なく用いられる.
Tel père, tel fils. 諺 この父にしてこの子あり.
tuer père et mère どんな悪事でもする.
un gros père（おっとりした）太っちょ, おでぶさん.

pérégrination /peregrinasjɔ̃/《複数で》奔走, 東奔西走;（各地への）歴訪, 諸国漫遊.

péremptoire /perɑ̃ptwaːr/ 形 反論の余地のない, 有無を言わせない; 断定的な, 断固とした.

péremptoirement /perɑ̃ptwarmɑ̃/ 副 文章 有無を言わさず, 断固として.

pérennisation /perenizasjɔ̃/ 女（制度, 習慣などの）永続化.

pérenniser /perenize/ 他動 ❶ …を永続［存続］させる. ▶ *pérenniser* une institution 制度を永続させる. ❷（身分, 職）を保障する.

pérennité /perenite/ 女 文章 永続(性), 存続, 持続性.

péréquation /perekwasjɔ̃/ 女 ❶（税金の）均等割り当て. ❷（俸給, 年金, 税金などの）調整, 手直し.

perestroïka /perestrɔika/ 女《ロシア語》(旧ソ連の)ペレストロイカ.

perfectibilité /pɛrfɛktibilite/ 女 文章 改善可能性.

perfectible /pɛrfɛktibl/ 形 改善しうる. ▶ une technique *perfectible* 改善の余地がある技術.

perfection /pɛrfɛksjɔ̃/ 女 ❶ 完全, 完璧(かんぺき). ▶ atteindre à la *perfection* 完成の域に達する. ❷ 申し分ない人; 傑作, 逸品. ▶ Leur femme de ménage est une *perfection*. あの家の家政婦は非の打ち所がない.
❸《複数で》文章 美点, 長所.

à la perfection 完璧に, 見事に. ▶ jouer une sonate de Mozart *à la perfection* モーツァルトのソナタを完璧に弾く.
La perfection n'est pas de ce monde. 人間のすることで完全無欠なものなどあり得ない.

perfectionné, e /pɛrfɛksjɔne/ 形 申し分ない; 改良された;［製品などが］性能が高い.

perfectionnement /pɛrfɛksjɔnmɑ̃/ 男 ❶ 改良, 改善. ▶ *perfectionnements* techniques 技術改善. ❷（知識, 能力などの）改善, 向上. ▶ un stage de *perfectionnement* linguistique 語学能力向上のための研修.

perfectionner /pɛrfɛksjɔne/ 他動 …を改良する, 改善する; 完全にする. ▶ *perfectionner* un

perfectionnisme

— **se perfectionner** 代動 ❶ ⟨se perfectionner en qc⟩…に上達する. ▶ se perfectionner en français フランス語に磨きをかける. ❷ 改良される,改善される.

perfectionnisme /pɛrfɛksjɔnism/ 男 完璧(㊥)主義,完全主義.

perfectionniste /pɛrfɛksjɔnist/ 形 名 完璧(㊥)[完全]主義の(人).

perfide /pɛrfid/ 形 ❶ 不実な,裏切りの. ▶ un allié perfide 盟約に背いた同盟国 / le perfide Albion 不実なアルビオン(フランスがつけたイングランドのあだ名). 文章(見かけによらず)危険な,油断のならない. ▶ une promesse perfide 空約束.
— 名 裏切り者;不実な恋人.

perfidement /pɛrfidmɑ̃/ 副 文章 不実に,陰険に,悪意をもって.

perfidie /pɛrfidi/ 女 文章 裏切り,不実な行為[言葉].

perforateur, trice /pɛrfɔratœːr, tris/ 形 穴をあける,穿孔(㊥)する. — 名 キーパンチャー.
— **perforatrice** 女 回転式削岩機.

perforation /pɛrfɔrasjɔ̃/ 女 ❶ 穴をあけること. ❷【医学】穿孔(㊥). ▶ une perforation intestinale 腸穿孔. ❸(パンチカードなどの)穴;穿孔.

perforé, e /pɛrfɔre/ 形 穴のあいた,穿孔(㊥)した.

perforer /pɛrfɔre/ 他動 …に(小さい)穴をあける,パンチを入れる;穿孔(㊥)する. ▶ perforer un billet d'autocar バスの切符にパンチを入れる.

performance /pɛrfɔrmɑ̃ːs/ 女【英語】❶ (競技者,競走馬などの)成績,記録. ❷ 手腕;大成功,成果. ▶ C'est une (belle) performance. 大成功だ. ❸(多く複数で)(機器の)性能,能力. ❹(演劇,音楽などの)パフォーマンス,演技.

performant, ante /pɛrfɔrmɑ̃, ɑ̃ːt/ 形 ❶ 高性能の. ▶ Ce nouveau produit est particulièrement performant. この新製品はとりわけ性能がいい. ❷ 〔企業や製品などが〕競争力の強い (=compétitif).

pergola /pɛrgɔla/ 女〈イタリア語〉(庭,公園の)つる棚,パーゴラ.

peri- 接頭「周囲に」の意.

péricliter /periklite/ 自動〔企業,事業などが〕危機に陥る,不振に陥る.

périgée /periʒe/ 男【天文】近地点:天体や人工星がその軌道の中で,最も地球に近づく点.

Périgord /perigɔːr/ 固有 男 ペリゴール地方:ボルドー東部.

périgourdin, ine /perigurdɛ̃, in/ 形 ペリゴール Périgord 地方の;ペリゲー Périgueux の.
— **périgourdine** 女【料理】❶ (マデラ酒と刻みトリュフの入った)ペリゲーソース. ❷ ⟨à la périgourdin⟩ ペリゴール風:トリュフを付け合わせた料理.

Périgueux /perigø/ 固有 ペリゲー: Dordogne 県の県庁所在地.

péri-informatique /periɛ̃fɔrmatik/ 女【情報】コンピュータ周辺機器. péri-informatiques コンピュータ周辺機器.

***péril** /peril ペリル/ 男 ❶ 文章 危険 (=danger). ▶ courir un péril 危険を冒す / braver les périls 危険に立ち向かう. ◆ Il y a péril à + 不定詞 …するのは危険である. ▶ Il y a péril à traverser le désert sans avoir suffisamment d'eau. 水を十分用意しないで砂漠を横断するのは危険だ. ❷ 脅威,災禍. ▶ le péril jaune 黄禍 / le péril fasciste ファシズムの脅威.

au péril de sa vie 生命を賭(と)して,命がけで.
en péril 危険な状態に(ある). ▶ un navire en péril 遭難船 / mettre qc en péril …を危険に陥れる.

périlleusement /perijøzmɑ̃/ 副 文章 危険を冒して,危うく.

périlleux, euse /perijø, øːz/ 形 文章 危険な. ▶ une entreprise périlleuse 危険な企て / saut périlleux 宙返り,空中転回 / aborder un sujet périlleux (=délicat) デリケートな話題に触れる.

périmé, e /perime/ 形 ❶ 有効[使用]期限の切れた. ▶ billet périmé 期限切れの切符. ❷ 時代遅れの,旧式の. ▶ conceptions périmées (=démodé) 時代遅れの考え方.

se périmer /s(ə)perime/ 代動 有効期限が切れる;時代遅れになる. ▶ laisser (se) périmer un billet de chemin de fer 鉄道乗車券を有効期限切れにしてしまう.

périmètre /perimɛtr/ 男 ❶【数学】周,周囲の長さ. ▶ le périmètre d'un cercle 円周. ❷ (限定された)地域,区域. ▶ dans le périmètre immédiat 近隣の地区に.

périnatal, ale /perinatal/; (男複) **als** (または **aux** /o/) 形【医学】周産期[分娩(㊥)前後]の.

périnatalité /perinatalite/ 女【医学】周産期 (=période périnatale).

périnatalogie /perinatalɔʒi/ 女 周産期(医)学.

périnée /perine/ 男【解剖】会陰(㊥)(部).

***période** /perjɔd ペリオド/ 女 ❶ 期間,時期,時代. ▶ partir pour une période de deux ans 2年間の予定で出発する / Nous sommes dans une période difficile. 我々は困難な時期にある / pendant la période des vacances バカンスの期間中に / période transitoire [de transition] 過渡期 / par périodes ときどき,間をおいて / la période classique 古典時代 / la période bleue de Picasso ピカソの青の時代. ◆une période de + 無冠詞名詞 …の時期. ▶une période「d'expansion économique [de sécheresse] 経済発展[早魃(㊥)]の時期 / une période d'incubation 潜伏期. ◆en période + 形容詞 [de + 無冠詞名詞] …の時期には. ▶ En période de crise économique, le chômage augmente. 経済危機の時には失業が増える. 比較 ⇨ ÉPOQUE.

❷ 周期. ▶ période de révolution 公転周期 / période de l'ovulation 排卵期.
❸【地質】紀. ▶ période cambrienne カンブリア紀. ❹【軍事】(予備役軍人の)反復教練期間 (=période d'instruction).
❺【古代レトリック】総合文:多くの節が連なり終止符で完結する,調和のとれた長文.
❻【音楽】楽節.

périodicité /perjɔdisite/ 囡 周期性, 定期性.
▶ *périodicité* annuelle 1年周期 / Cette revue a une *périodicité* mensuelle. この雑誌は月刊だ.

périodique /perjɔdik ペリオディック/ 形 ❶ 周期的な, 定期的な. ▶ une publication *périodique* 定期刊行物 / classification *périodique* des éléments 元素の周期表. ❷ (女性の)生理用の (=hygiénique). ▶ serviette [tampon] *périodique* 生理用ナプキン[タンポン].
— 男 定期刊行物.

périodiquement /perjɔdikmɑ̃/ 副 周期的に, 定期的に.

péripétie /peripesi/ 囡 ❶ 予期せぬ出来事, 波瀾(らん). ▶ une vie pleine de *péripéties* 波瀾万丈の人生. ❷ 文章 (戯曲や物語の)急展開; (大詰めの前の)山場.

périphérie /periferi/ 囡 ❶ 都市の周辺地域, 近郊, 郊外. ▶ habiter à la *périphérie* de Paris パリの周辺部に住む. ❷ 周, 周囲. ▶ *périphérie* d'un cercle 円周.

périphérique /periferik/ 形 ❶ 周囲の, 周辺地域の. ▶ quartiers *périphériques* 周辺地区 / boulevard *périphérique* 環状道路; (特にパリの)外周環状道路 / poste [station] *périphérique* 周辺国局(本社と送信施設をフランス国外に置いたフランス向け放送局). ❷ 解剖 système nerveux *périphérique* 末梢(まっしょう)神経系.
— 男 ❶ 環状道路; (特に)(パリの)外周環状道路. ❷ 情報 周辺機器.

périphrase /perifrɑːz/ 囡 遠回しな言い方, 婉曲表現; レトリック 迂言(うげん)法(例: パリを la Ville-Lumière「光の都市」という). ▶ parler par *périphrases* 遠回しに話す.

périphrastique /perifrastik/ 形 (言い方が)遠回しな, 婉曲な; 迂言(うげん)法の.

périple /peripl/ 男 ❶ 長旅, 周遊. ▶ faire un *périple* en Europe ヨーロッパを旅行して回る. ❷ 大航海, 周航.

périr /periːr/ 自動 文章 ❶ 命を落とす, 非業の死を遂げる; [動物が]死ぬ; [植物が]枯れる. ▶ *périr* noyé 溺死(できし)する / *périr* à la guerre 戦死する / Deux personnes *ont péri* dans cet accident. その事故で2人が死んだ.
❷ ⟨*périr* de qc⟩ …で死にそうだ. ▶ *périr* d'ennui 退屈で死にそうだ. ❸ 滅びる, 消える; [船が]沈没する. ▶ La liberté ne *périra* jamais. 自由が滅びることは決してないだろう.

périscolaire /periskɔlɛːr/ 形 課外の, 課外活動の.

périscope /periskɔp/ 男 軍事 潜望鏡, ペリスコープ.

périssable /perisabl/ 形 ❶ 傷みやすい, 保存の利かない. ▶ denrées *périssables* 傷みやすい食品. ❷ 文章 滅びやすい, はかない.

périssoire /periswaːr/ 囡 カヌー.

péristyle /peristil/ 男 (建物や中庭を取り囲む)柱廊; (建物正面の)列柱, 柱廊玄関.

péritoine /peritwan/ 男 解剖 腹膜.

péritonite /peritɔnit/ 囡 医学 腹膜炎.

périurbain, aine /periyrbɛ̃, ɛn/ 形 都市周辺の.

perle /pɛrl/ 囡 ❶ 真珠, パール. ▶ *perle* fine [de culture] 天然[養殖]真珠 / collier de *perles* 真珠の首飾り.
❷ (真珠状の)玉, 飾り玉, ビーズ; 水滴; しずく. ▶ les *perles* d'un chapelet ロザリオの玉 / une *perle* de rosée 露の玉.
❸ 申し分のない人; 逸品. ▶ Leur cuisinier est une *perle*. 彼(女)らの料理人はまったくの掘り出し物だ / une *perle* de la littérature japonaise classique 日本古典文学の珠玉の一作品.
❹ 話 (答案などの)傑作な間違い; 滑稽(こっけい)なへま, どじ. ▶ relever des *perles* dans les copies d'élèves 生徒の答案に迷答を見つける.

enfiler des perles 話 くだらないことにかかわり合って時間をむだにする.

jeter des perles aux pourceaux (『聖書』豚に真珠を投げ与える→) 猫に小判.

perlé, e /pɛrle/ 形 ❶ 真珠で飾った, 真珠をちりばめた. ❷ 真珠状の; 真珠の輝きの. ▶ riz *perlé* 精米. ❸ 文章 申し分のない. ▶ un travail *perlé* 完璧(かんぺき)な仕事.

perler /pɛrle/ 自動 水滴になる. ▶ un front où *perle* la sueur 玉の汗を浮かべた額.
— 他動 文章 …を完璧(かんぺき)に仕上げる, 念入りにやる. ▶ *perler* un travail 入念な仕事をする.

perlier, ère /pɛrlje, ɛːr/ 形 真珠の, 真珠を産する. ▶ l'industrie *perlière* 真珠産業 / une huître *perlière* 真珠貝.

permanence /pɛrmanɑ̃ːs/ 囡 ❶ 永続性, 恒久性, 不変性; 連続性. ▶ la *permanence* d'une tradition ある伝統の永続性.
❷ (休日, 夜間なども開いている)窓口, 受付; 当直. ▶ être de *permanence* 当直に当たる / assurer la *permanence* 当直を行う / la *permanence* électorale d'un candidat ある候補者の選挙事務所. ❸ (リセの)自習室.

en permanence 常時, 休みなく.

permanent, ente /pɛrmanɑ̃, ɑ̃ːt ペルマナン, ペルマナーント/ 形 ❶ 連続的な; 不変の, 永続的な, 恒久の. ▶ un conflit *permanent* 絶えざる紛争 / un effort *permanent* たゆまぬ努力 / spectacle *permanent* (映画などの)連続興行 / Il y a des neiges *permanentes* sur le sommet. 山頂には万年雪がある / un cinéma *permanent* 連続上映している映画館 / Il est lent dans le travail: c'est un trait *permanent* de son caractère. 彼は仕事が遅い, これは変わりようもない彼の性分だ. ❷ 常任の; 常設の. ▶ comité *permanent* 常任委員会 / un correspondant [envoyé] *permanent* (新聞社の)駐在特派員 / pays membre *permanent* du Conseil de sécurité 安全保障理事会の常任理事国.
— 名 (党, 組合などの)専従職員.
— 囡 パーマネントウエーブ, パーマ. ▶ se faire faire une *permanente* パーマをかけてもらう.

perméabilité /pɛrmeabilite/ 囡 ❶ 浸透性; 透水性. ❷ 文章 影響などを受けやすいこと.

perméable /pɛrmeabl/ 形 ⟨*perméable* (à qc)⟩ ❶ (液体, 気体などを)通す, 浸透性[透過性]

permet

のある. ▶ un terrain *perméable* 透水性のよい土地. ❷ (影響などを)受けやすい. ▶ un homme *perméable* à toutes les influences 何にでも影響されてしまう人.

permet, permets /pɛrmɛ/ 活用 ⇨ PERMETTRE 65

***permettre** /pɛrmɛtr/ ペルメトル/ 65 他動

過去分詞 permis	現在分詞 parmettant
直説法現在 je permets	nous permettons
tu permets	vous permettez
il permet	ils permettent
複合過去 j'ai permis	
半過去 je permettais	
単純未来 je permettrai	単純過去 je permis

❶ ⟨*permettre* qc à qn⟩ …を…に**許可する**, 許す. ▶ Le médecin ne lui *permet* pas les exercises violents. 医者は彼(女)に激しい運動を許可しない. ◆ *permettre* à qn/qc de + 不定詞 ▶ Son père ne lui *a* pas *permis* de faire ce voyage seule. 彼女の父親は彼女が1人でこの旅行をすることを許さなかった / *Permettez*-moi de me présenter. 自己紹介させてください. ◆ *permettre* que + 接続法 ▶ Ma mère ne *permet* pas que je fume. 母は私がたばこを吸うのを許さない.

❷ ⟨*permettre* qc (à qn)⟩ ⌈物事が⌉…を…に**可能にする**. ▶ Cette phrase *permet* plusieurs interprétations. この文章は複数の解釈が可能である / Le sport *permet* de rester en bonne santé. スポーツは健康維持に役立つ.

Permettez! 失礼ですが. ▶ *Permettez*! Je voudrais dire un mot. すみませんが, ひとこと言わせてください.

Vous permettez? 《相席するときなどに》よろしいですか.

— **se permettre** 代動 ⟨*se permettre* qc // *se permettre* de + 不定詞⟩ 注 se は間接目的. ❶ 自分に…を許す. ▶ Il *s'est permis* un voyage en Italie pendant ses études à Paris. パリでの学生生活の合間, 彼はイタリアに旅をした / Elle *s'est permis* une fantaisie en achetant une robe très coûteuse. 彼女は気まぐれに高価なドレスを買った.

❷ あえて…する, 失礼にも…する. ▶ Je ne *me permettrai* pas d'intervenir. 私は口出しするつもりはない. ◆ Puis-je *me permettre* de + 不定詞 ? (丁寧な表現として)…してもよろしいでしょうか. ▶ Puis-je *me permettre* de vous demander quelque chose? 少々お尋ねしてもよろしいでしょうか.

比較 **許可する**
permettre 最も一般的. **admettre** 主として場所や組織に入るのを許可すること. **autoriser** 権威あるものが公に許可を与えること.

permîmes /pɛrmim/, **permirent** /pɛrmiːr/ 活用 ⇨ PERMETTRE 65

***permis**¹ /pɛrmi/ ペルミ/ 男 **許可(証)**; 免許(証); 《特に》**運転免許証**(= *permis* de conduire); 運

転免許試験. ▶ *permis* de travail 労働許可証 / passer son *permis* 運転免許試験を受ける.

***permis²**, **ise** /pɛrmi, iːz/ ペルミ, ペルミーズ/ 形 (*permettre* の過去分詞から転じて)許された; **可能な**. ▶ Les visites ne sont pas *permises* après huit heures. 面会は8時以降は禁止されている / se croire tout *permis* なんでもできると考える, 傍若無人に振る舞う. ◆《非人称構文で》Il est *permis* (à qn) de + 不定詞 …することが(…に)許されている[可能である]. ▶ Il vous est *permis* de penser tout autrement. 全然別の考え方をしても構いませんよ / Il n'est pas *permis* à tout le monde de + 不定詞. だれもが…できるわけではない.

permis³ /pɛrmi/ 活用 ⇨ PERMETTRE 65

permiss- 活用 ⇨ PERMETTRE 65

permiss*if*, *ive* /pɛrmisif, iːv/ 形 自由放任の; 寛容な, 寛大な. ▶ attitude *permissive* 寛容な態度.

***permission** /pɛrmisjɔ̃/ ペルミスィヨン/ 女 ❶ **許可**. ▶ demander à qn la *permission* de + 不定詞 …に…する許可を求める / obtenir la *permission* de + 不定詞 …する許可を得る / donner la *permission* de + 不定詞 …する許可を与える / s'absenter ⌈sans *permission* ⌊sans la *permission* de qn⌋ 無断で[…の許可なしに]欠席する. ❷ (軍人などの)外出許可; (入院患者の)外泊許可. 注 話し言葉では perm(e) と略す. ▶ soldat en *permission* 休暇中の軍人 / avoir la *permission* de minuit (午前0時までの)夜間外出許可を得ている.

avec votre permission お許しをいただいて; 失礼ながら, 言わせていただければ.

permissionnaire /pɛrmisjɔnɛːr/ 男 休暇中の軍人.

permissivité /pɛrmisivite/ 女 自由放任; 寛容, 寛大.

permit, permît /pɛrmi/, **permîtes** /pɛrmit/ 活用 ⇨ PERMETTRE 65

permutable /pɛrmytabl/ 形 交替[交換]可能な.

permutation /pɛrmytasjɔ̃/ 女 置換, 入れ換え; 配置転換. ▶ procéder à une *permutation* de deux employés 2人の社員の互いの配置転換を行う.

permuter /pɛrmyte/ 他動 …を相互に入れ換える, 交換する. ▶ *permuter* deux mots dans une phrase 文中の2語を入れ換える.
— 自動 ⟨*permuter* (avec qn/qc)⟩ (…と)職務[ポスト]を交換する.

pernicieusement /pɛrnisjøzmɑ̃/ 副 文章 有害に, 危険に.

pernic*ieux*, *euse* /pɛrnisjø, øːz/ 形 ❶ 体に悪い, 有害な. ▶ L'alcool est particulièrement *pernicieux* dans son cas. 彼(女)の場合, 酒が特に悪い. ❷ 文章 (精神的に)有害な, 好ましくない. ▶ un conseil *pernicieux* 危険な忠告.

péronnelle /pɛrɔnɛl/ 女 古風語 ばかでおしゃべりな女[娘].

péroraison /pɛrɔrɛzɔ̃/ 女 ❶ (古代レトリックで)演説の結論部. ❷ 内容空疎な長広舌.

pérorer /perɔre/ 自動 長広舌を振るう, 気取ってしゃべる.

Pérou /peru/ 固有 男 ペルー: 首都 Lima. ▶ au *Pérou* ペルーに［で, へ］.

peroxyde /pɛrɔksid/ 男 【化学】過酸化物. ▶ *peroxyde* d'hydrogène 過酸化水素.

perpendiculaire /pɛrpɑ̃dikylɛːr/ 形 <*perpendiculaire* (à qc)＞ (…と) 直角に交わる, 垂直な (=vertical). ▶ droite [ligne] *perpendiculaire* 垂線 / une rue *perpendiculaire* à une autre 別の通りと直角に交差する通り.
— 女 【数学】垂線.

perpendiculairement /pɛrpɑ̃dikylɛrmɑ̃/ 副 垂直に, 直角に.

perpète /pɛrpɛt/, **perpette** 女 俗 終身刑.
à perpète 話 (1) 永久に. (2) 遠方に.

perpétration /pɛrpetrasjɔ̃/ 女 文章 (犯罪行為の) 遂行, 犯行.

perpétrer /pɛrpetre/ 6 他動 文章〔犯罪行為〕を遂行する, 犯す (=commettre). ▶ *perpétrer* un crime 犯罪を犯す.

perpétuation /pɛrpetɥasjɔ̃/ 女 文章 永続; 存有, 保存.

perpétuel, le /pɛrpetɥɛl/ 形 ❶ 永久の, 永続的な (=éternel). ▶ neiges *perpétuelles* 万年雪 / la paix *perpétuelle* 永久平和.
❷ (ときに名詞の前で) 絶えず繰り返される. ▶ un souci *perpétuel* (=continuel) やむことのない気苦労 / jérémiades *perpétuelles* 果てしない繰り言. ❸ 終身の. ▶ fonction *perpétuelle* 終身職 / pension *perpétuelle* 終身年金. ❹ 【物理】 mouvement *perpétuel* 永久運動.

perpétuellement /pɛrpetɥɛlmɑ̃/ 副 ❶ 永久に. ❷ 絶えず, 常に決まって.

perpétuer /pɛrpetɥe/ 他動 …を永続させる, 保存する. ▶ un monument qui *perpétue* le souvenir de qn …の思い出を不朽のものとする記念碑 / *perpétuer* une tradition 伝統を継承する.
— **se perpétuer** 代動 永続する, 生き続ける.
▶ Ces injustices *se sont perpétuées* de génération en génération. これらの不正は代々続けられてきた.

perpétuité /pɛrpetɥite/ 女 文章 永続, 永久; 永続化.
à perpétuité (1) 永久に, いつまでも. ▶ concession *à perpétuité* (墓地の) 永代譲渡. (2) 終身の. ▶ être condamné (à la prison) *à perpétuité* 終身刑を宣告される.

Perpignan /pɛrpiɲɑ̃/ 固有 ペルピニャン: Pyrénées-Orientales 県の県庁所在地.

perplexe /pɛrplɛks/ 形 当惑した, 困った. ▶ un air *perplexe* 当惑した様子 / Cette demande me rend *perplexe*. その要求に私はとまどっている.

perplexité /pɛrplɛksite/ 女 当惑, 困惑. ▶ être dans une grande *perplexité* 当惑しきっている.

perquisition /pɛrkizisjɔ̃/ 女 (家宅) 捜索. ▶ opérer une *perquisition* au domicile de l'inculpé 被疑者の家宅捜索を行う / mandat de *perquisition* 捜索令状.

perquisitionner /pɛrkizisjɔne/ 自動 (家宅) 捜索する. ▶ *perquisitionner* chez [au domicile d'] un suspect 被疑者の家を捜索する.
— 他動 …を (家宅) 捜索する.

perron /pɛrɔ̃/ 男 (正面入り口前などの) 階段, ステップ. ▶ Il nous a accueillis sur le *perron*. 彼は玄関の階段まで私たちを出迎えてくれた.

perroquet /pɛrɔkɛ/ 男 ❶ 【鳥類】オウム. ▶ répéter comme un *perroquet* (オウムのように) わけも分からずに繰り返す, 受け売りでしゃべる.
❷ おうむ返しに繰り返す人, 受け売りする人.
vert perroquet (オウムの羽のような) 鮮やかな緑色.

perruche /peryʃ/ 女 ❶ 【鳥類】インコ; オウムの雌. ❷ おしゃべり女.

perruque /peryk/ 女 かつら, ヘアピース. ▶ porter une *perruque* かつらをかぶる.

perruquier /perykje/ 男 かつら [ヘアピース] 製造業者.

pers /pɛːr/ 形 《男性形のみ》〔目が〕青みがかった.

persan, ane /pɛrsɑ̃, an/ 形 ペルシア Perse の.
— **Persan, ane** 名 ペルシア人. ▶ Comment peut-on être *Persan*? どうしたらペルシャ人になれるのか (モンテスキューの「ペルシャ人の手紙」から).
— **persan** 男 ❶ ペルシア語. ❷ ペルシアネコ.

Perse /pɛrs/ 固有 女 ペルシア: イランの旧名.

persécuté, e /pɛrsekyte/ 形 迫害された; 責め立てられた.
— 名 ❶ 迫害された人. ❷ 被害妄想患者.

persécuter /pɛrsekyte/ 他動 ❶ …を迫害する; 不当に攻撃する. ▶ Les nazis *ont persécuté* les Juifs. ナチはユダヤ人を迫害した. ❷ …にうるさくつきまとう, を責め立てる. ▶ journalistes qui *persécutent* une vedette スターを追い回す記者たち.

persécuteur, trice /pɛrsekytœːr, tris/ 形, 名 迫害する (人); 責め立てる (人), 執拗 (しつよう) に追い回す (人).

persécution /pɛrsekysjɔ̃/ 女 ❶ 迫害. ▶ *persécutions* menées contre les Juifs ユダヤ人に対して加えられた迫害. ❷ 【精神医学】délire de *persécution* 迫害妄想.

Persée /pɛrse/ 固有 男 【ギリシア神話】ペルセウス: 怪物メドゥーサを退治したゼウスの子.

persévérance /pɛrseverɑ̃s/ 女 粘り強さ; 固執. ▶ étudier avec *persévérance* 辛抱強く研究する / avoir de la *persévérance* 粘り強い.

persévérant, ante /pɛrseverɑ̃, ɑ̃ːt/ 形 粘り強い, 根気のある.

persévérer /pɛrsevere/ 6 自動 <*persévérer* (dans qc)＞ // 文章 *persévérer* (à + 不定詞)＞ (…を) 辛抱強く続ける; (…に) 固執する. ▶ Ils *ont persévéré* dans la lutte. 彼らは辛抱強く戦い続けた / Je *persévère* à croire que + 直説法. 私は…であると信じてやまない.

persienne /pɛrsjɛn/ 女 鎧 (よろい) 戸, ブラインド, シャッター.

persiflage /pɛrsifla:ʒ/ 男 皮肉, 冷やかし, 揶揄 (やゆ).

persifler /pɛrsifle/ 他動 文章 …を皮肉る, 揶揄 (やゆ) する, 茶化す.

persifleur, euse /pɛrsiflœːr, øːz/ 名 皮肉

屋,毒舌家．——形 皮肉な．▶ un ton [air] *persifleur* 皮肉っぽい口調［様子］.

persil /pɛrsi/ 男 パセリ.

persillade /pɛrsijad/ 女《料理》ペルシャード．(1) ニンニク入り刻みパセリ．(2) 刻みパセリなどをつけた薄切り牛肉の冷製．

persillé, e /pɛrsije/ 形 ❶ パセリのみじん切りを振りかけた．❷［肉が］霜降りの．▶ viande *persillée* 霜降りの肉．

persistance /pɛrsistɑ̃ːs/ 女 ❶ 持続，存続．▶ la *persistance* de l'inflation インフレの長期化.
❷ 固執，執拗(ﾖｳ)さ．▶ affirmer qc avec *persistance* …を頑として主張し続ける / *persister* à + 不定詞 執拗に…し続けること.

persistant, ante /pɛrsistɑ̃, ɑ̃ːt/ 形 執拗(ﾖｳ)な，頑固な；持続する．▶ une fièvre *persistante* しつこい熱 / une récession *persistante* 長引く不況 / un arbre à feuilles *persistantes* 常緑樹．

persister /pɛrsiste/ 自動 ❶ ＜*persister* (dans qc)＞ （…に）固執する，（…を）固守する．▶ *persister* dans son opinion 頑として意見を変えない．
❷ ＜*persister* à + 不定詞＞ 執拗に［あくまでも］…し続ける．▶ *persister* à croire que + 直説法 …と信じてやまない．
❸ 持続する，存続する．▶ Le froid *a persisté* pendant huit jours. 寒さが1週間続いた / 《非人称構文で》Il *persistait* une odeur de moisi. かび臭いにおいがいつまでも残っていた．
Je persiste (et) je signe 私は自分の主張を変えません．

persona grata /pɛrsonagrata/ 形句《不変》《ラテン語》❶《外交官が》派遣先の国から承認された．圏 承認されない外交官は persona non grata という．❷ お気に入りの；快く迎えられる．

*****personnage** /pɛrsonaːʒ/ ペルソナージュ 男 ❶ （社会的影響力の大きい）人物．▶ un grand *personnage* de l'Etat 政府高官 / *personnage* historique 歴史上の人物 / *personnage* important 重要人物 / *personnage* connu 名士．
❷ (外見，行動などから見た）人間；やつ．▶ un drôle de *personnage* おかしなやつ．
❸ （小説，劇の）登場人物；（劇の）配役；（美術品に描かれた）人物．▶ un *personnage* de légende 伝説上の人物 / Dans cette pièce de théâtre il y a trois *personnages*. この芝居の登場人物は3人だ / jouer le *personnage* principal 主役を演じる．
❹ （社会の中で果たす）役割，立場．▶ jouer différents *personnages* dans la vie quotidienne 日常生活の中でさまざまな役割を演じる．
jouer un personnage ぎこちない振る舞いをする．
「*se mettre* [*entrer*] *dans la peau de son personnage* 語 劇中人物になりきる．

personnalisation /pɛrsonalizasjɔ̃/ 女 （規格品などを）個人の好みに合わせること，カスタマイズ．▶ la *personnalisation* d'une voiture (好みに合わせた）自動車のドレスアップ，カスタム化．

personnalisé, e /pɛrsonalize/ 形 個別的な要求に合わせた；個性に合った．▶ un enseignement *personnalisé* 生徒一人一人の個性に合った教育．

personnaliser /pɛrsonalize/ 他動 ❶ ＜規格品などを＞個人の好みに合わせる，カスタマイズする．▶ *personnaliser* un appartement アパルトマンを自分の好みに合わせてアレンジ［改装］する．
❷《法律》…を法人化する．

personnalisme /pɛrsonalism/ 男《哲学》人格主義．

*****personnalité** /pɛrsonalite/ ペルソナリテ 女 ❶ 個性，特性．▶ Cette actrice a une forte *personnalité*. この女優は強い個性を持っている / un style sans *personnalité* 個性のない文体 / affirmer [développer] sa *personnalité* 個性を発揮する［伸ばす］．
❷ 人格，パーソナリティー．▶ troubles de la *personnalité* 人格障害 / souffrir d'un dédoublement de la *personnalité* 人格の分裂に苦しむ．比較 ⇨ NATURE.
❸ 名士，お偉方．▶ le culte de la *personnalité* （政治的指導者に対する）個人崇拝 / de hautes *personnalités* du monde de la finance 財界の大立者．
❹《法律》droit de la *personnalité* 人格権 / la *personnalité* juridique [civile, morale] 法人格．

*****personne**¹ /pɛrson/ ペルソヌ 女

❶ 人，人間．▶ Trois *personnes* ont été blessées dans cet accident. この事故で3人が負傷した / places réservées aux *personnes* âgées 高齢者優先席 / par *personne* interposée …を介して / une grande *personne* (子供の言葉で）大人 / Il est venu avec cette (fameuse) *personne*. 《軽蔑して》彼は例のやつと一緒に来た．圏 quelques, plusieurs, 数詞とともに用いるときは，gens でなく personne になる．語法 ⇨ HOMME.
❷ （特定の形容詞を伴って）女性．▶ une jolie *personne* 美しい女性 / une jeune *personne* 若い娘．
❸ 人格，人柄；個人．▶ le respect de la *personne* humaine 人格［人間］の尊重 / la *personne* et l'œuvre de Balzac バルザックの人と作品 / Toute sa *personne* inspire confiance. 彼（女）の人柄には全幅の信頼がおける．
❹ 身体；容姿．▶ exposer sa *personne* 身を危険にさらす / Il est bien (fait) de sa *personne*. あの男は風采(ｻｲ)がよい．
❺《所有形容詞とともに》自分自身，自我．▶ soigner sa (petite) *personne* 我が身をかわいがる / Il fait grand cas de sa (petite) *personne*. 彼は思い上がっている．
❻《文法》人称．▶ la première *personne* 1人称．❼《法律》人，者．▶ *personne* morale [civile, juridique] 法人 / *personne* physique 個人 / *personne* à charge 被扶養者．
*****en personne** (1) 自ら，自分で；…本人．▶ Les responsables sont venus *en personne*. 責任者らがじきじきにやってきた．(2)《抽象名詞とともに》…の化身，そのもの．▶ C'est la paresse *en personne*. 怠惰を絵に描(ｶ)いたようなやつだ．
par personne 1人当たり．▶ cent euros par

personne 1 人100ユーロ.
payer de sa personne 危険に身をさらす, 体を張る; 積極的に取り組む.

＊personne² /pɛrsɔn ペルソヌ/ 代《不定》

❶《ne とともに》だれも…ない. 注 jamais, plus, rien は併用できるが, pas, point は併用できない. ▶《Vous avez vu quelqu'un ? —Non, je n'ai vu *personne*.》「だれか見かけましたか」「いいえ, だれも見ませんでした」/ *Personne* ne le sait. だれもそれを知らない / Il n'y a plus *personne*. もうだれもいない / *Personne* ne fait rien. だれも何もしない / Le temps n'attend *personne*. 歳月人を待たず / Il ne confie jamais à *personne* ce qu'il fait. 彼は何をしているのかをだれにも絶対言わない / Il n'y a *personne* qui puisse s'en occuper. その件を引き受けてくれそうな人はだれもいない(注 修飾節中の動詞は接続法). ◆ *personne* de ＋形容詞男性単数形 ▶ Je ne connais *personne* de plus gentil que cette fille. 彼女ほど優しい娘はいない / *Personne* d'autre que vous n'est venu hier. 昨日はあなた(方)のほかにはだれも来なかった.

❷《応答・省略文で》だれも(…ない). ▶《Y a-t-il quelqu'un ? —*Personne*.》「だれかいますか」「だれも」.

❸《否定の意を含む文中で, 多く接続法を伴って》だれか. ▶ Il est sorti sans que *personne* (ne) le voie. 彼はだれにも見られずに出ていった.

❹《比較級 ＋ *personne*〉だれよりも. ▶ Vous devez le savoir mieux que *personne*. あなた(方)はだれよりもよくそれを御存じのはずです.

comme personne だれよりも. ▶ avoir de l'esprit *comme personne* このうえなく才気にあふれている.
Il n'y a plus personne. 話 手伝ってくれやしないんだから(非難).
Je n'y suis pour personne. だれにも面会しません; 留守だと言ってください.

＊personnel, le /pɛrsɔnɛl ペルソネル/ 形 ❶ 個人的な, 私的な; 個人用の. ▶ souvenirs *personnels* 個人的な思い出 / C'est un ami *personnel* du président. 彼は大統領の個人的な友人である / objets *personnels* 身の回り品 / agir par intérêt *personnel* 個人的な利益のために行動した.

❷ 独自の, 個性的な. ▶ style *personnel* 独特な文体 / Il a des opinions très *personnelles* sur la question. その問題に関して彼はまったく独自の見解を持っている.

❸ 個人に対する, 個人あての. ▶ critiques [attaques] *personnelles* 個人攻撃. ◆《文法》人称の. ▶ pronom *personnel* 人称代名詞.

── **＊personnel** 男《集合的に》❶ 職員, 従業員; スタッフ. ▶ le *personnel* d'une usine 工場の(全)従業員 / le directeur du *personnel* 人事部長 / licencier [engager] du *personnel* 従業員の一部を解雇する[雇い入れる].

❷《形容詞等とともに》…の職[仕事]に就いている人々(全体). ▶ le *personnel* gouvernemental 政府関係者 / le *personnel* enseignant 教育関係者.

personnellement /pɛrsɔnɛlmɑ̃/ 副 ❶ 自分自身で, 自ら. ▶ Je vais m'en occuper *personnellement*. 自分でそれに取り組むつもりだ.
❷ 個人的に. ▶ Je ne le connais pas *personnellement*. 個人的には彼を知りません.
❸《多く文頭で》個人としては, 自分としては. ▶ *Personnellement*, je ne suis pas d'accord. 私個人としては賛成しかねます.

personnification /pɛrsɔnifikasjɔ̃/ 女 ❶ 擬人化; 擬人法. ❷ 化身, 典型.
personnifié, e /pɛrsɔnifje/ 形 擬人化された, 具現[体現]された. ▶ Maurice, c'est l'honnêteté *personnifiée*. モーリスは誠実を絵に描(か)いたような人だ.
personnifier /pɛrsɔnifje/ 他動 ❶ …を人格化[擬人化]する. ▶ Molière a *personnifié* l'avarice sous les traits d'Harpagon. モリエールは吝嗇(りんしょく)をアルパゴンの姿に託して描いた.
❷ …を具現する, の権化となる.

perspective /pɛrspɛktiːv/ 女 ❶ 遠近法, 透視図法. ▶ les lois de la *perspective* 遠近法.
❷ 見晴らし, 眺望;(まっすぐの)大通り. ▶ De la terrasse on a une belle *perspective* sur les Alpes. テラスからのアルプスの眺めはすばらしい.
❸ 予想, 見通し, 見込み. ▶ Quelles sont les *perspectives* d'avenir de l'industrie automobile ? 自動車産業の将来の見通しはどのようなものか / ouvrir de nouvelles *perspectives* 新しい展望を開く / La *perspective* de partir en voyage m'enchantait. 旅に出られそうなので私はうきうきしていた. ❹ 視野, 視点, 見地. ▶ envisager un problème dans une *perspective* sociologique ある問題を社会学的視野に立って考察する / dans cette *perspective* こうした見地から.

à la perspective de qc/不定詞/ …を思うと. ▶ Je suis heureux *à la perspective de* partir. 出かけることを思うとわくわくする.
en perspective (1) 将来は, 予想として. ▶ avoir un bel avenir *en perspective* 前途洋々である. (2) 遠近法によって. ▶ dessiner une maison *en perspective* 遠近法に従って家の図面を描く.

perspicace /pɛrspikas/ 形 洞察力の鋭い, 慧眼(けいがん)の. ▶ un jugement *perspicace* 明敏(めいびん)な判断.

perspicacité /pɛrspikasite/ 女 優れた眼力, 洞察力, 慧眼(けいがん). ▶ analyser avec *perspicacité* 鋭い眼力で分析する / manquer de *perspicacité* 洞察力を欠く.

persuadé, e /pɛrsɥade/ 形〈*persuadé* de qc /不定詞/ // *persuadé* que + 直説法〉…を確信した, 信じ込んだ. ▶ Je suis *persuadé* qu'un jour je serai reconnu. 私はいつか世に認められるものと確信している / J'en suis *persuadé*.(それは)確かだと思うよ / Je ne suis pas *persuadé* qu'elle puisse venir. 彼女が来られるという確信が私にはない(注 否定文では que 以下は接続法).

＊persuader /pɛrsɥade ペルスュアデ/ 他動 ❶〈*persuader* qn (de qc) // *persuader* qn (que ＋ 直説法)〉〈…を〉…に**納得させる**, 得心させる. ▶ se laisser *persuader* 説き伏せられる / Il m'a *per-*

persuasif

suadé de l'efficacité de ce médicament. 彼はその薬がとてもよく効くことを私に納得させた / Il les *a persuadés* qu'ils n'avaient pas à s'inquiéter. 彼は彼らに心配する必要はないことを納得させた / 《目的語なしに》 l'art de *persuader* 説得術, 弁論術. ❷ 〈*persuader* qn de + 不定詞〉 // 文章 *persuader* à qn de + 不定詞〉…を…するよう説得する, 言い聞かせて…させる. ▶ Il faut le *persuader* de partir. 彼を説得して出発する決意をさせなければ / On lui *a persuadé* de prendre des vacances. 彼(女)は休暇をとるように説得された.
— **se persuader** 代動 〈*se persuader* de qc // *se persuader* que + 直説法〉…を確信する; だと信じ込む. 注 一般には se は直接目的で過去分詞は主語に一致するが, 文章語では se は間接目的の過去分詞は主語と一致しない. ▶ Ils *se sont persuadé(s)* qu'ils ne risquaient rien. 彼らは絶対に損にはならないと確信した.

persuasif, ive /pεrsɥazif, iːv/ 形 説得力のある, 納得させる. ▶ un argument *persuasif* 納得のいく論旨.

persuasion /pεrsɥazjɔ̃/ 女 ❶ 説得; 説得力. ❷ 確信, 納得.

*****perte** /pεrt/ ベルト/ 女 ❶ 失うこと, 喪失; 紛失, 遺失. ▶ la *perte* de la vue 失明 / la *perte* de la mémoire 記憶喪失 / la *perte* des cheveux 抜け毛 / Elle a fait une déclaration de *perte* de sa carte de crédit au commissariat. 彼女はクレジットカードの紛失届を警察に出した.
❷ 死別; 別離. ▶ Il ne se consolera pas de la *perte* de son enfant.(=mort) 子に先立たれた彼の悲しみはいつまでも癒えないだろう.
❸ 損失;《複数で》損害; 戦死者. ▶ une *perte* sèche de mille euros 1000ユーロの丸損 / subir des *pertes* sévères 甚大な損害を被る. 比較 ⇨ DÉGÂT.
❹ むだ, 浪費. ▶ une *perte* de temps 時間のむだ / une considérable *perte* d'énergie 相当なエネルギーの浪費.
❺ 敗北; 破滅. ▶ la *perte* d'une bataille 敗戦 / jurer la *perte* de qn …を破滅させることを誓う / *perte* d'un procès 敗訴.
aller [*courir*] *à sa perte* 自ら身の破滅を招く, 墓穴を掘る.
à perte 損をして. ▶ vendre qc *à perte* …を仕入値[原価]以下で売る, 投げ売りする.
à perte de vue (1) 見渡す限り. ▶ une plaine qui s'étend *à perte de vue* 見渡す限り広がる平野. (2) 延々と. ▶ discuter de politique *à perte de vue* 際限のない政治議論を続ける.
avec perte et fracas 話 大騒ぎして, 手荒に. ▶ être mis *à la porte avec perte et fracas* 乱暴にたたき出される.
Ce n'est pas une (*grosse*) *perte*. たいした損失ではない, 惜しくない.
en pure perte 無益に, むだに.
passer qc aux pertes et profits …に見切りをつけte, 断念する.
perte de vitesse (1)《航空》失速. (2) 落ち目, 不振. ▶ Cette équipe est *en perte de vitesse*. このチームは落ち目だ.

pertinemment /pεrtinamɑ̃/ 副 文章 適切に, 的確に.

pertinence /pεrtinɑ̃ːs/ 女 ❶ 文章 適切さ, 的確さ, 妥当性, 正当性. ▶ parler avec *pertinence* 核心に触れた話をする, 至当な発言をする.
❷ 〖言語〗関与性.

pertinent, ente /pεrtinɑ̃, ɑ̃ːt/ 形 ❶ 適切な, 的確な, 妥当性のある. ▶ une remarque *pertinente* 的を射た指摘. ❷ 〖言語〗関与的.

perturbateur, trice /pεrtyrbatœːr, tris/ 名 攪乱(かくらん)者, トラブルメーカー.
— 形 混乱をもたらす.

perturbation /pεrtyrbasjɔ̃/ 女 ❶ 混乱, 動揺, トラブル; ダイヤの乱れ. ▶ *perturbation* politique 政治的混乱 / entraîner [provoquer] de sérieuses *perturbations* dans qc …に深刻な混乱をもたらす / Il y a des *perturbations* dans le trafic aérien. 空のダイヤが乱れている / mettre de la *perturbation* dans une réunion 集会を紛糾させる. ❷ 天気の乱れ. ▶ *perturbation* atmosphérique 大気の乱れ.

perturber /pεrtyrbe/ 他動 …を混乱させる, 妨害する; の体調[気持ち]を狂わせる. ▶ La grève *perturbe* les transports. ストが交通を混乱させている / Le voyage l'*a* un peu *perturbé*. 旅行をして彼は少し体調を狂わせた.

péruvien, enne /peryvjɛ̃, εn/ 形 ペルー・ペルーの. — **Péruvien, enne** 名 ペルー人.

pervenche /pεrvɑ̃ːʃ/ 女 ❶ 〖植物〗ツルニチニチソウ属: 花は淡青色. ❷ 話《パリ警察の》女性補助員: 淡青色の制服を着用し, 駐車違反を取り締まる.
— 形《不変》淡青色の.

pervers, erse /pεrvεːr, εrs/ 形 ❶ 文章 邪悪な, 不品行な. ▶ âme *perverse* よこしまな心 / conseils *pervers* 悪意のある助言. ❷ 変態的な, 〔性〕倒錯の. ▶ goûts *pervers* 変態的な趣味. ❸ effet *pervers* 副作用.
— 名 背徳者; 変質者; 〔性〕倒錯者.

perversion /pεrvεrsjɔ̃/ 女 ❶ 文章 腐敗, 堕落; 異常. ▶ la *perversion* des mœurs 風紀の紊乱(びんらん) / *perversions* du goût 味覚異常. ❷ 〔性〕倒錯. ▶ *perversion* sexuelle 性的倒錯.
C'est de la perversion! 話 それは異常だ.

perversité /pεrvεrsite/ 女 ❶ 邪悪さ;《多く複数で》悪意ある行為. ❷ 倒錯性; 病的悪意. ❸ 古 背徳, 不品行.

perverti, e /pεrvεrti/ 形 (*pervertir* の過去分詞) ❶ 堕落した, 退廃した. ❷ ゆがんだ, 変質した.
— 名 堕落した人, 不良.

pervertir /pεrvεrtiːr/ 他動 …を堕落させる, 悪くする; 変質させる, ゆがめる. ▶ un livre qui *pervertit* la jeunesse 青少年を毒する本 / L'excès de sel *pervertit* le goût. 塩の入れすぎは味覚を損ねる. — **se pervertir** 代動 堕落する; 変質する, ゆがむ.

pesage /pəzaːʒ/ 男 ❶ 重量測定, 計量. ▶ un appareil de *pesage* 計量器. ❷ 〖競馬〗(1)(騎手の)検量(所). (2)《競馬馬の》下見所, パドック.

pesamment /pəzamɑ̃/ 副 重く; 重たげに. ▶ marcher *pesamment* 足を引きずるように歩く.

pesant, ante /pəzɑ̃, ɑ̃ːt/ 形 ❶ 重さがある,

重い. ❷ 重荷になる；重苦しい. ▶ une atmosphère *pesante* 重苦しい雰囲気 / Sa présence nous est *pesante*. 彼(女)がいるとうっとうしい / marcher d'un pas *pesant* 重い足どりで歩く. ❸ 鈍い, 精彩のない. ▶ un style *pesant* 精彩のない[重苦しい]文体.

― **pesant** 男《次の句で》

valoir son pesant d'or 高価である, 貴重である.

pesanteur /pəzɑ̃tœ:r/ 囡 ❶ 重さ, 重量；重力. ▶ les lois de la *pesanteur* 重力の法則 / absence de *pesanteur* 無重力. 比較 ⇨ POIDS. ❷ 重々しさ, 重苦しさ, 圧迫感. ▶ avoir une *pesanteur* d'estomac 胃がもたれる. ❸ 鈍さ, 鈍重さ. ▶ la *pesanteur* d'esprit de qn …の頭の鈍さ.

pesé, e /pəze/ 形 ❶ 量られた, 計量された. ❷ 検討された, 吟味された.

tout bien pesé 熟慮の末, よくよく考えた結果.

pèse-bébé /pɛzbebe/；《複》～-～**s** 男 乳児用体重計.

pesée /pəze/ 囡 ❶ 重さを量ること, 計量. ▶ faire une *pesée* avec une balance 秤量(ひょうりょう)する. ❷ (一度に量る)分量. ▶ une *pesée* de quinine 1 回分のキニーネ.

pèse-lettre /pɛzlɛtr/ 男 手紙秤(ばかり), 小物郵便物秤.

pèse-personne /pɛzpɛrsɔn/；《複》～-～**s** 男 体重計, ヘルスメーター.

*****peser** /pəze/ プゼ/ ③

直説法現在	je p**è**se	nous pesons
	tu p**è**ses	vous pesez
	il p**è**se	ils p**è**sent

他動 ❶ …の重さを量る. ▶ *peser* un paquet 包みの重さを量る / *peser* un bébé sur une bascule 秤(はかり)で赤ん坊の体重を量る. ❷ …を検討する, 吟味する. ▶ *peser* ses mots 慎重に言葉を選ぶ.

peser le pour et le contre 賛否を秤にかける, どちらが得かよく考える.

― *****peser** 自動 ❶ …だけ重さがある. ▶ *peser* beaucoup [lourd] 重い / *peser* cent kilos 重さ 100 キロである. ❷《物が》重い. ▶ Ce qu'il peut *peser*, ce colis! なんてこの小包は重いんだ. ❸ 重きをなす, 影響力を持つ. ▶ un pays qui *pèse* lourd dans l'économie mondiale 世界経済に重きをなす国. ❹ 価値がある.

ne pas peser lourd 重要でない. ▶ Le côté sentimental *ne pèse pas lourd* dans ses décisions. 彼(女)は何かを決めるとき感情面に動かされることはない.

― *****peser** 間他動 ❶ ⟨*peser* sur qn/qc⟩ …に重くのしかかる；を苦しめる. ▶ Ce fardeau me *pèse* sur les épaules. この荷は両肩にずっしりと重い / *peser* sur la conscience de qn …の良心をさいなむ / *peser* sur l'estomac 胃にもたれる.
❷ ⟨*peser* à qn⟩ …の(精神的)負担となる, を悩ませる. ▶ Ce voyage d'affaires lui *pèse*. 彼(女)はこの出張で気が重い / Cela me *pèse* de le lui dire. 彼(女)にそれを話すと思うと気が重い.

❸ ⟨*peser* sur qc/qn⟩ …に強力に働きかける, 影響を及ぼす. ▶ *peser* sur une décision 決定を左右する. ❹ ⟨*peser* sur qc⟩ …を押す. ▶ *peser* sur un levier レバーを押す.

― **se peser** 代動 自分の体重を量る.

peseta /pezeta/ 囡《スペイン語》ペセタ：スペインのユーロ以前の通貨単位.

peseur, euse /pəzœ:r, ø:z/ 名 重さを量る人, 計量係；綿密に吟味する人.

peso /pezo/ 男《スペイン語》ペソ：ラテンアメリカ諸国, フィリピンなどの通貨単位.

pessimisme /pesimism/ 男 悲観論, 悲観的態度；厭世(えんせい)主義, ペシミズム (↔optimisme).

pessimiste /pesimist/ 形 悲観的な；厭世(えんせい)(主義)的な, ペシミスティックな (↔optimiste). ▶ être *pessimiste* sur qc …について悲観的である. ― 名 悲観的な人, 厭世家, ペシミスト.

peste /pɛst/ 囡 ❶ ペスト. ▶ être atteint de la *peste* ペストにかかる.
❷ 災いの種, 疫病神；手に負えない女. ▶ Quelle petite *peste*! なんて始末に負えない娘なんだ.
❸ 古風《間投詞的に》なんとまあ, なんだと.

fuir [craindre] qc/qn comme la peste 話 …を疫病神のように避ける[恐れる].

se méfier de qc/qn comme de la peste 話 …を疫病神のように警戒する.

pester /pɛste/ 間他動 ⟨*pester* contre qc/qn⟩ …をののしる, に毒づく.

pesticide /pɛstisid/ 男, 形 殺虫剤(の).

pestiféré, e /pɛstifere/ 形 ペストにかかった；ペストが発生した. ― 名 ペスト患者.

pestilence /pɛstilɑ̃:s/ 囡 文章 悪臭, 毒気.

pestilentiel, le /pɛstilɑ̃sjɛl/ 形 悪臭を放つ. ▶ une odeur *pestilentielle* すごい悪臭.

pet /pɛ/ 男 俗 屁(へ), おなら. ▶ lâcher un *pet* おならをする.

avoir (toujours) un pet de travers 話 いつも大げさに体の不調を訴える.

Ça ne vaut pas un pet (de lapin). 話 それはなんの価値もない.

filer comme un pet (sur une toile cirée) 俗 急に姿を消す, 急いで逃げる.

un pet de travers 話 トラブル, 不調. ▶ Il y a *un pet de travers*. どこか具合の悪いところがある / ne pas faire *un pet de travers* 申し分ない, 快調だ.

pétale /petal/ 男 花弁, 花びら.

pétanque /petɑ̃:k/ 囡 ペタンク：金属製のボールを転がして標的の球に近づけることで競う南仏起源のスポーツ. ▶ jouer à la *pétanque* ペタンクをする.

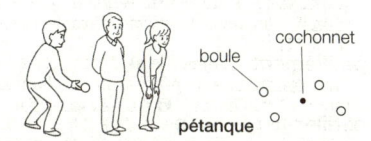

pétanque / boule / cochonnet

pétant, ante /petɑ̃, ɑ̃:t/ 形 [時刻が]ちょうど, ぴったり. ▶ à neuf heures *pétantes* 9 時ちょうどに.

pétaradant

pétarad*ant*, ante /petaradã, ã:t/ 形 続けざまに爆発音を立てる.

pétarade /petarad/ 女 連続した爆発音. ▶ les *pétarades* d'une motocyclette オートバイの爆音.

pétarader /petarade/ 自動〔エンジンなどが〕続けざまに爆発音を立てる.

pétard /petaːr/ 男 ❶ 爆竹; 爆薬;〖軍事〗雷管. ▶ tirer [faire claquer] des *pétards* 爆竹を鳴らす. ❷ 話 騒動. ▶ Il va y avoir du *pétard*! 今にひと騒動持ち上がるぞ. ❸ 俗 ピストル. ❹ 俗 尻(り). ❺ 俗 大麻. たばこ.

(être) en pétard 怒っている.

en pétard 話 ぼさぼさの. ▶ être coiffé *en pétard* 髪の毛がぼさぼさである, 逆立っている / les cheveux *en pétard* くしゃくしゃの髪; 逆立たせた髪.

faire du pétard 話 大騒ぎをする.

pet-de-nonne /pednɔn/;〈複〉**〜s-〜-〜** 男〖菓子〗ペド・ノンヌ: クルミ大のシュー生地を揚げてシュガーパウダーをまぶした菓子.

pété, e /pete/ 形 話 ❶ 頭のおかしな. ❷ 〈酒や麻薬で〉もうろうとなった.

péter /pete/ 6 自動 ❶ 話 爆発する, 激しい音をたてる;（不意に）割れる, はじける. ▶ Des obus *pétaient* dans tous les coins. 砲弾があちこちで破裂していた / Le câble *a pété* net. ロープはぶっつり切れた. ❷ 俗 おならをする.

envoyer péter qn …を追い出す.

Il faut que ça pète ou que ça dise pourquoi. 話 なんとしてでもやり遂げなければいけない.

péter dans la soie ぜいたくな服装［生活］をする.

péter de santé 健康ではちきれそうである.

péter plus haut que「son cul［son derrière］ 俗 高望みをする, 分をわきまえない.

— 他動 ❶ 俗 …を壊す, 切る, 破る. ▶ *péter* un vase (=casser) 花瓶を割る. ❷〈être pété〉酔っ払う.

péter「du feu［des flammes］ 俗 (1) 元気いっぱいである, 張り切っている. (2) たいへんなことになる.

péter la forme 話 張り切っている, 元気いっぱいだ.

pète-sec /pɛtsɛk/ 形, 名《不変》話 横柄な（人）.

péteux, euse /petø, ø:z/ 名 形 ❶ 臆病(ひょう)者, 腰抜け. ❷ 気取り屋, うぬぼれ屋.

pétill*ant*, ante /petijã, ã:t/ 形 ❶ ぱちぱちとはぜる; 泡立つ. ▶ vin *pétillant* (=mousseux) 微発泡性ワイン. ❷〈*pétillant* (de qc)〉〈…で〉きらめく, 輝く. ▶ un esprit *pétillant* 才気煥発(はつ)な人 / un regard *pétillant* d'ironie 皮肉っぽく光る目.

pétillement /petijmã/ 男 ❶ ぱちぱちとはぜること［音］; 泡立つこと. ▶ le *pétillement* du champagne シャンパンの泡立ち. ❷ きらめき, 躍動(感).

pétiller /petije/ 自動 ❶ ぱちぱちとはぜる. ▶ Le feu *pétille*. 火がぱちぱちとはぜている. ❷〈飲み物などが〉泡立つ. ▶ Le champagne *pétille* dans les coupes. シャンパンがグラスの中で泡立つ. ❸ 文章〈*pétiller* (de qc)〉〈…で〉きらめく, 輝く. ▶ un regard qui *pétille* d'intelligence 知性に輝く眼差(ぎし)し.

pétiole /petjɔl/ 男〖植物学〗葉柄.

petiot, ote /patjo, ɔt/ 形〈ごく〉小さい, ちっぽけな. — 名 話 小さい子供, おちびさん.

petit, ite /p(ə)ti, it/ プティ, プティット 形

❶《寸法, 形》小さい; 短い; 狭い. ▶ un homme très *petit* 非常に背の低い男 / une *petite* maison 小さな家 / un *petit* jardin 狭い庭 / un *petit* a 小文字のa / le *petit* doigt 小指 / marcher à *petits* pas 小またで歩く / Cette table est trop *petite*. このテーブルは小さすぎる.

❷《年齢》幼い, 小さい; 年下の. ▶ dans sa *petite* enfance 彼(女)がごく幼いころに / un *petit* garçon (12歳くらいまでの)男の子 / une *petite* sœur 妹 / le *petit* dernier 末っ子.

❸《数量》小さい, 少ない, わずかな. ▶ un *petit* groupe 小人数のグループ / une *petite* somme d'argent 少額の金 / boire à *petites* gorgées ちびちびと飲む / une *petite* heure 小一時間 / Attendez un *petit* moment. ちょっと待ってください / à un *petit* kilomètre d'ici ここから1キロ足らずの所に.

❹《程度, 規模》小さい, 弱い, ちょっとした. ▶ un *petit* bruit 小さな物音 / une *petite* opération ちょっとした手術 / un *petit* espoir わずかな望み / avoir une *petite* santé 虚弱な体質である / C'est un *petit* cadeau pour vous. これはあなた(方)へのささやかなプレゼントです / Écrivez-lui un *petit* mot. 彼(女)に一筆書いてください.

❺《地位, 身分》下級の, 下層の; 弱小の. ▶ un *petit* fonctionnaire 下級官吏 / les *petites* gens 庶民 / le *petit* commerce (個人商店などの)小売商 / les *petites* et moyennes entreprises 中小企業(略 PME).

❻《価値》取るに足りない, つまらない, 卑小な. ▶ C'est une bien *petite* chose. それはまったく取るに足りないことだ / Ce n'est pas une *petite* affaire de le faire obéir. 彼を服従させるのはたいへんなことだ / un *petit* esprit 狭量な人間.

❼《愛情や親しみを込めた表現で》▶ préparer de bons *petits* plats おいしいすてきな料理を用意する / avoir de *petites* attentions pour sa femme 妻に対し細やかな心配りをする.

❽《所有形容詞とともに, 呼びかけで》▶《愛情表現で》ma *petite* Louise かわいいルイーズ / mon *petit* papa （大好きな）パパ / ma *petite* chérie (いとしい)お前 / mon *petit* chou［poulet, ange］（多く子供に向かって）坊や /《憐れみ, 軽蔑などを込めて》Vous vous êtes trompée, ma *petite* dame. 奥さん, あなたは間違っておられますよ.

à la petite semaine 一時しのぎに.

au petit jour［matin］ 夜明けに.

petit ami // petite amie ボーイフレンド［ガールフレンド］.

petit coin = 話 **petit endroit** トイレ. 比較 ⇒ TOILETTE.

se faire (tout) petit 身を縮める, 目立たないようにする.

— 名 ❶ 子供, 小さい子; 背の低い人. ▶ les *peti-*

tes Dupont デュポン家の娘たち / Cette *petite* est bien élevée. この女の子はお行儀がいい / le tout-*petit* 赤ちゃん.

❷ mon *petit* ∥ ma *petite*《愛情や親しみ、ときには軽蔑をあらわす呼びかけ》注 女性に対してもしばしば mon *petit* を用いる. ▶ Comment ça va, mon *petit*? 元気かい / Embrasse-moi, ma *petite*. 私にキスしておくれ / Voyons, mon *petit*, tu es encore en retard! おい君、また遅れて来たね.

—— **petit** 男 ❶ 〔動物の〕子. ▶ Ma chatte a fait ses *petits*. うちの猫が子を生んだ. ❷ 身分の低い人，弱者；小企業，個人商店. ▶ la justice indulgente aux grands, dure aux *petits* 強者に寛大で弱者に厳しい裁き. ❸〔複数で〕低学年生，年小組の子供たち. ▶ la classe des *petits* 年少組 / les tout-*petits* 乳児. ❹ 小さいもの，小さいこと. ▶ l'infiniment *petit* 無限小.

en petit 小規模に，小さく.

en plus plus petit もっと小さい. ▶ J'en voudrais un comme ça, mais *en plus petit*. こういうので、もっと小さいのが欲しいのですが.

faire des petits (1)〔財産などが〕増えていく. (2)〔動物が〕子を産む.

Petit, petit. 鶏を呼ぶときの声.

—— 副 小さく. ▶ Tu prévois trop *petit*. 君は小さく見積もりすぎている.

petit à petit 少しずつ（＝peu à peu, pas à pas）.

un petit peu (de qc) ほんの少し（の…）.

voir petit 視野が狭い、考えに大胆さがない.

petit-beurre /p(ə)tibœːr/ 男 〔複〕 ~s-~ 男 【菓子】プチブール：長方形のバタービスケット.

petit-bourgeois, petite-bourgeoise /p(ə)tiburʒwa, p(ə)titburʒwaːz/ ；〔複〕 ~s-~, ~es-~es 形, 名 〔多く軽蔑して〕小市民階級（の人）、プチブル的な（人）.

petit-déjeuner /p(ə)tideʒœne/ ；〔複〕 ~s-~s 男 朝食. ▶ prendre le *petit-déjeuner* 朝食を取る. 注 manger le *petit-déjeuner* とはいわない.

petit-déjeuner /p(ə)tideʒœne/ 自動 話 朝食を取る.

petite-fille /p(ə)titfij/ プティットフィーユ；〔複〕 ~s-~s 女 孫娘.

petitement /p(ə)titmɑ̃/ 副 ❶ 狭苦しく. ▶ être *petitement* logé 狭苦しい所に住んでいる. ❷ みすぼらしく，貧弱に. ▶ vivre *petitement* 細々と暮らす. ❸ 卑劣に. ▶ se venger *petitement* 卑劣な仕返しをする.

petite-nièce /p(ə)titnjɛs/ ；〔複〕 ~s-~s 女 甥(おい)[姪(めい)]の娘.

petitesse /p(ə)tites/ 女 ❶ 小ささ；少なさ. ▶ la *petitesse* d'un salaire 給料の安さ. ❷ 卑しさ；卑小な行為. ▶ la *petitesse* d'esprit 精神の狭量さ / commettre des *petitesses* 卑劣な行為をする.

petit-fils /p(ə)tifis/ プティフィス；〔複〕 ~s-~ 男 孫（の子）.

petit-gris /p(ə)tigri/ ；〔複〕 ~s-~ 男 ❶ 〔動物〕リス. ❷ リスの毛皮. ❸ 〔貝類〕ニワマイマイ：食用カタツムリ.

pétition /petisjɔ̃/ 女 ❶ 陳情書，嘆願書；【法律】請願（書）. ▶ adresser [présenter] une *pétition* à qn …に陳情[請願]書を提出する / faire une *pétition* auprès de qn …に請願する. ❷ 【論理学】*pétition* de principe 論点先取の虚偽.

pétitionnaire /petisjɔnɛːr/ 名 請求者；【法律】請願者.

petit-lait /p(ə)tilɛ/；〔複〕 ~s-~s 男 乳製品製造の副産物（乳清，脱脂乳，バターミルクなど）.

boire du petit-lait 自尊心をくすぐられて満足する.

Cela se boit comme du petit-lait. これは飲みやすい，いくらでもいける.

petit-nègre /p(ə)tinɛgr/ 男 〔単数形のみ〕話（植民地の先住民の話す）片言のフランス語；へたなフランス語.

petit-neveu /p(ə)tinvø/；〔複〕 ~s-~x 男 甥(おい)[姪(めい)]の息子.

petit-pois /p(ə)tipwa/ 男複 グリーンピース.

petits-enfants /p(ə)tizɑ̃fɑ̃/ プティザンファン/ 男複 孫たち.

petit-suisse /p(ə)tisɥis/；〔複〕 ~s-~s 男 プチスイス：脂肪分の多いフレッシュチーズ.

pétoche /petɔʃ/ 女 話 恐怖. ▶ avoir la *pétoche* 震え上がる.

peton /pɔtɔ̃/ 男 話 小さな足，あんよ.

pétoncle /petɔ̃kl/ 男 【貝類】タマキガイ.

pétrel /petrɛl/ 男 【鳥類】ミズナギドリ.

pétrifiant, ante /petrifjɑ̃, ɑ̃ːt/ 形 ❶ 〔鉱泉などが〕石化する，石化作用のある. ❷ 文章 茫然(ぼうぜん)とさせる. ▶ une scène *pétrifiante* 茫然とする光景.

pétrification /petrifikasjɔ̃/ 女 ❶ 石化（作用）；化石化（作用）. ❷ 石灰質付着. ❸ （思想などの）硬直化.

pétrifié, e /petrifje/ 形 ❶ 石化した，化石になった. ❷ 茫然(ぼうぜん)とした. ▶ Elle resta *pétrifiée* de terreur. 彼女は恐れのあまり立ちすくんだ. ❸ 〔思想，制度などが〕硬直化した.

pétrifier /petrifje/ 他動 ❶ …を石化する，化石化する. ❷ …を茫然(ぼうぜん)とさせる. ▶ Cette nouvelle l'*a pétrifié*. その知らせを聞いて彼は茫然となった. ❸ 〔思想など〕を硬直化させる，型にはめる.

—— **se pétrifier** 代動 ❶ 石化する，化石になる. ❷ 茫然自失する. ❸ 〔思想，制度などが〕硬直化する，柔軟性を失う.

pétrin /petrɛ̃/ 男 ❶ （パンの）こね桶(おけ)；ミキサー. ❷ 話 窮地. ▶ être [se mettre] dans le *pétrin* 苦境に陥る.

pétrir /petriːr/ 他動 ❶ …をこねる. ▶ *pétrir* la pâte 生地を練る. ❷ …をもみくちゃにする；もむ. ▶ *pétrir* son mouchoir ハンカチをくしゃくしゃにする. ❸ 〔精神など〕を育成する，鍛える.

être pétri de ＋ 無冠詞名詞 …でできた；に満ちた. ▶ Il *est pétri de* bonnes intentions. 彼は善意に満ちている.

pétrissage /petrisaːʒ/ 男 ❶ （粉などを）こねること. ❷ （性格などの）育成.

pétrisseur, euse /petrisœːr, øːz/ 名 ❶ パン生地をこねる職人. ❷ （人格などの）育成者.

pétro- 接頭 「岩石，石油」の意.

pétrochimie

pétrochimie /petrɔʃimi/ 囡 石油化学.
pétrochimique /petrɔʃimik/ 形 石油化学の.
▶ un complexe *pétrochimique* 石油化学コンビナート.
pétrochimiste /petrɔʃimist/ 图 石油化学専門家〔研究者〕; 石油化学工業家.
pétrodollar /petrɔdɔla:r/ 男 オイルダラー.
pétrographie /petrɔgrafi/ 囡 岩石学.
***pétrole** /petrɔl ペトロル/ 男 ❶ 石油. ▶ *pétrole* brut 原油 / gisement de *pétrole* 油田 / puits de *pétrole* 油井 / raffinage du *pétrole* 石油精製 / Organisation des pays exportateurs de *pétrole* オペック, 石油輸出国機構(略 OPEP, 英語では OPEC) / Le prix du *pétrole* augmente. 石油の価格が上昇している.
❷ 灯油. ▶ réchaud [lampe] à *pétrole* 石油コンロ[ランプ].
❸《同格的に》bleu *pétrole* 灰色がかった青(の).
pétroleuse /petrɔlø:z/ 囡《パリ・コミューンのとき》石油をまいて火を放った女性闘士.
pétroli|er, ère /petrɔlje, ɛ:r/ 形 石油の.
▶ gisement *pétrolier* 油田 / industrie *pétrolière* 石油産業 / produit *pétrolier* 石油製品 / pays *pétrolier* 産油国 / choc *pétrolier* オイルショック. ── **pétrolier** 男 ❶ (石油)タンカー.
❷ 大石油企業家〔会社〕. ❸ 石油探査技師.
pétrolifère /petrɔlifɛ:r/ 形 石油を含む; 石油を産出する. ▶ région *pétrolifère* 油田地帯.
pétulance /petylɑ̃:s/ 囡 元気旺盛(^{おうせい})さ. ▶ jouer avec *pétulance* 活発に遊び回る.
pétul|ant, ante /petylɑ̃, ɑ̃:t/ 形 元気旺盛(^{おうせい})な, はやり立った. ▶ gamins *pétulants* 元気いっぱいの子供たち / joie *pétulante* 大喜び, 有頂天.
pétunia /petynja/ 男【植物】ペチュニア.
:**peu** /pø プー/ 副

❶ ❶ あまり…ない, ほとんど…ない. ▶《動詞のあとで》manger *peu* 少食である / Nous sortons fort *peu* le soir. 私たちは夜めったに外出しない / La beauté des fleurs dure *peu*. 花の命は短い /《形容詞, 副詞の前で》un auteur assez *peu* connu あまり知られていない作家 / Je le vois très *peu* souvent. 私はめったに彼に会わない / Il est *peu* satisfait de ces résultats. 彼はこの結果にあまり満足していない. 注 単音節の形容詞, 副詞の前では peu の代わりに pas très を用いる(例: un homme pas très grand あまり背の高くない男).
❷〈**peu de** + 無冠詞名詞〉ほんの少しの…, ごくわずかの…. ▶ avoir *peu* d'argent あまりお金がない / Martine a très *peu* d'amies, mais ce sont de vraies amies. マルチーヌはあまり友人が多くないが, でもその友人は本当の友だ / en *peu* de temps わずかの間に, またたく間に / Cet hiver, il y a trop *peu* de neige pour faire du ski. 今年の冬は雪があまりに少なすぎてスキーができない.
❸《名詞的に》わずかな物〔人〕; 些細(^{ささい})なこと. ▶ se contenter de *peu* わずかな物で満足する / Bien *peu* pourraient travailler comme Jean le fait. ジャンほどの働きができる人はごく少ない / Je ne me découragerai pas pour si *peu*! こんなつまらないことでくじけたりはしない.
❹《名詞的に》わずかな時間, 短時間(=*peu* de temps). ▶ sous [avant, d'ici] *peu* 間もなく, 近いうちに / depuis *peu* 少し前から / il y a *peu* 少し前に(depuis と il y a の相違については depuis ❷の 注 を参照).

❷(un とともに)❶ 少し, 多少(↔beaucoup).
▶ Il a l'air un *peu* fatigué. 彼は少々疲れているようだ / Elle fume un *peu* trop. 彼女はちょっとたばこを吸いすぎだ / Je me sens un (tout) petit *peu* mieux. (ほんの)少しは気分がよくなりました.
❷〈**un peu de** + 無冠詞名詞〉少量の…, 少しの…. 注 数えられるものについては一般に quelques を用いる. ▶ Donnez-moi un *peu* de cognac, s'il vous plaît. コニャックを少しください / Allons, un *peu* de courage. さあ, もう少し頑張って / mettre un petit *peu* de lait dans le thé 紅茶にほんの少しミルクを入れる.
❸ 話 ちょっと, 少し. 《命令文などの語調を和らげて》Descends un *peu*, que je te parle. ちょっと下りてきてよ, 話があるから / Va voir un *peu* ce qu'elle fait. 彼女が何をしているかちょっと見てきてください.
❹ 話《反語的に》とても, 本当に. ▶ C'est un *peu* tard! ちょっと遅いな.

❸〈(le) *peu* de + 無冠詞名詞〉わずかの…, なけなしの…; …の少なさ. ▶ On lui a volé le *peu* d'argent qui lui restait. 彼(女)はなけなしの金を盗まれた. 注 *peu* の否定的な意味を強調するときは le *peu* と一致し, 肯定的な意味の関係節中の動詞は le *peu* と一致し, 肯定的な意味のときは de 以下の名詞と一致する(例: Le *peu* d'eau que j'ai bu n'a pas apaisé ma soif. 少ししか水を飲まなかったので渇きはいやされなかった / Le *peu* de cheveux qui lui restent sont blancs. 彼(女)のわずかながら残っている髪は白い).

à *peu* de chose près およそ, ほぼ.
***à *peu* près** (1) およそ, だいたい, ほぼ. ▶ J'ai habité à Paris pendant *à peu près* un an. 私はパリにほぼ1年住んだ. 語法 ⇨ ENVIRON. (2)《名詞的に》おおよそのもの, 不明確なこと(=à-peu-près). ▶ Le juge était mécontent de l'*à peu près* des réponses de l'accusé. 裁判官は被告の曖昧(^{あいまい})な答えに満足しなかった.

C'est peu de + 不定詞 [*que* + 接続法].…するだけでは十分でない. ▶ *C'est peu de* répéter, il faut comprendre. 繰り返すだけでは十分でない, 理解しなければならない.

C'est (trop) peu dire.《前文を受けて》そう言うだけでは十分ではない.

****de peu*** わずかの差で, かろうじて. ▶ Elle a manqué le train *de peu*. 彼女はひと足違いで列車に乗り遅れた.

Il s'en faut de peu [***Peu s'en faut***] ***que*** + 接続法. もう少しで…するところだった, ほとんど….
▶ *Il s'en est fallu de peu* qu'il échoue à son bac. もう少しで彼はバカロレアに失敗するところだった.

pas qu'un peu 話 おおいに, すごく.
****peu à peu*** 少しずつ, 徐々に(=petit à petit).
▶ *Peu à peu*, le feu gagnait du terrain. 火

peu de chose ほんの少しのこと, 些細なこと. ▶ se mettre en colère pour *peu de chose* ちょっとしたことで腹を立てる / C'est *peu de chose* que de + 不定詞 …するのは取るに足りないことだ.
Peu m'importe. どうでもいい, 構わない.
pour peu que + 接続法 わずかでも…であれば, …しさえすれば. ▶ *Pour peu qu*'il le veuille, il sera heureux. そう望みさえすれば彼は幸せになるだろう.
pour si peu そんな小さなことで, そんなささいなことで. ▶ Il ne faut pas se décourager *pour si peu*. そんなささいなことで気を落としてはだめだよ.
pour un peu もう少しで, 危うく. ▶ *Pour un peu*, il se faisait écraser par un camion. すんでのところで彼はトラックにひかれるところだった.
quelque peu 文章 いささか, 少々 (=un *peu*).
si peu que + 接続法 少しでも…すれば. ▶ *Si peu qu*'il soit en retard, elle s'inquiète. 彼が少しでも遅くなれば彼女は心配する.
Très peu pour moi! 話 願い下げだ, お断りだ.
un peu plus et + 直説法半過去 もう少しで…となるところだった. ▶ *Un peu plus et* elle acceptait. もう少しで彼女は承諾するところだった.
(un) tant soit peu 少々, わずかなりとも. ▶ Son comportement me paraît *un tant soit peu* anormal. 彼(女)の行動は少々異常に思える.

語法 「少し」のいろいろ

1. 数えられない名詞が「少し」の場合
(1) <un peu de + 単数名詞> 少しの….
- Avec un peu de patience, tu y arriveras. ちょっと我慢して頑張ればできるようになるよ.
(2) <un (tout) petit peu de + 単数名詞//une (toute) petite quantité de + 単数名詞> ほんの少しの….
- Je mets dans mon café un tout petit peu de lait. 私はコーヒーにほんのちょっとミルクを入れます.
2. 数えられる名詞, 数えられない名詞の両方に使える表現
(1) <peu de + 名詞> ほんの少しの….
- Les Français mangent peu de poisson. フランス人はあまり魚を食べない.
- Mon père a peu d'amis. 父には友だちがあまりいない
(2) <bien [assez, très] peu de + 名詞> とても [かなり, 非常に] 少ない….
- Il y a très peu de Japonais qui parlent l'anglais et le français. 英語とフランス語の両方が話せる日本人はほんの少ししかいない.
3. 数えられる名詞とのみ使える表現
<quelques [un petit nombre de, un nombre limité de] + 複数名詞> わずかな [少数の, 限られた数の]…. ▷ QUELQUE 語法
- Il y a quelques problèmes à régler avant de partir. 出発の前に解決すべき問題がいくつかある.

◆「ちょっと質問があるのですが」を J'ai un peu de questions. とするのは誤り. un peu de は数えられる名詞と一緒には用いられない. これは, Je voudrais vous poser quelques questions. としなければならない.

peuh /pø/ 間投 ふん, へえ, ちぇ(無関心, 軽蔑など).
peuplade /pœplad/ 女 (未開社会の)小部族.
***peuple** /pœpl/ ププル 男

英仏そっくり語
英 people 人々, 国民.
仏 peuple 民族, 国民.

❶ 民族. ▶ *peuple* juif ユダヤ民族 / *peuple* élu 選民(ユダヤ民族のこと) / *peuple* nomade 遊牧民族 / le droit des *peuples* à disposer d'eux-mêmes 民族自決権.
❷ 国民; 人民. ▶ le *peuple* français フランス国民 / la souveraineté du *peuple* 国民主権.
❸ 大衆, 民衆, 庶民. ▶ les gens du *peuple* 一般大衆, 庶民 / un homme du *peuple* 庶民階級の人 / le petit [menu] *peuple* 下層民 / être [sortir] du *peuple* 庶民の出である / fils du *peuple* 庶民上がりの男.
❹ 話 群衆. ▶ place encombrée de *peuple* 群衆でごった返す広場 / Il y a du *peuple*. 人が大勢いる.
❺ 話 人, 世間. ▶ 「se moquer [se ficher] du *peuple* 人をばかにする.
❻ <un *peuple* de qn/qc> たくさんの…, …の群れ.
▶ s'entourer de tout un *peuple* d'admirateurs 大勢のファンに取り囲まれる.
Que demande le peuple? これ以上何が必要なんだ.
— 形 (不変) 庶民的な; 粗野な. ▶ Ça fait *peuple*. お里が知れる.

比較 国民
peuple 民族の統一性の観点から見た国民, 人民. **nation** 政治的な統一性としての国家の観点から見た国民. **population** 地理的な観点から見た住民, 国民. いずれも国名形容詞をつけて「…国民」という表現を作る. s'adresser 「au *peuple* français [à la *nation* française, à la *population* française] フランス国民に訴える.

peuplé, e /pœple/ 形 人の住んでいる. ▶ une région peu *peuplée* 過疎地 / une ville trop *peuplée* 人口過密都市.
peuplement /pœpləmɑ̃/ 男 ❶ 入植, 植民, 人口増加; (動植物の)移植, 増殖. ❷ 居住状態.
***peupler** /pœple/ ププレ 他動 ❶ <*peupler* qc (de qn/qc)> …に(…を)住まわせる, 移住させる, 増やす. ▶ *peupler* une région de colons ある地域に植民する / *peupler* un étang d'alevins 池に稚魚を放つ.
❷ <集団が>…に住みつく, を占める, 満たす. ▶ Autrefois, les indigènes *peuplaient* cette région. かつては先住民がこの地域に住んでいた.
❸ 文章 <心など>に取りつく, つきまとう. ▶ Les souvenirs de ses amours *peuplent* son âme. 恋の思い出が彼(女)の心から離れない.
— **se peupler** 代動 ❶ <住民 [人]でいっぱいになる. ❷ <*se peupler* de qn/qc> …であふれる. ▶ Ce parc *se peuple* de touristes en été. この公

peupleraie

園は夏, 観光客でごった返す.

peupleraie /pøplərɛ/ 囡 ポプラの木立.

peuplier /pøplije/ 男〖植物〗ポプラ. ▶ une allée de *peupliers* ポプラの並木道.

＊peur /pœːr/ プール/ 囡

❶ 恐怖, 恐れ, おびえ. ▶ la *peur* de la mort 死の恐怖 / être pris de *peur* 恐怖にとらわれる / frissonner de *peur* 恐怖で震える / être blanc [mort] de *peur* 恐怖で蒼白になる[生きた心地がしない] / éprouver「de la *peur* [une *peur* bleue] 身の毛のよだつような恐怖」を覚える / dominer sa *peur* 恐怖心を抑える
❷ 不安, 心配, 懸念. ▶ la *peur* du ridicule 物笑いの種になる心配 / la *peur* d'avoir été grossier 無作法をしたのではないかという不安. 比較 ⇨ INQUIÉTUDE.

＊avoir peur (de qc/qn/不定詞**)**(…を)怖がる, 恐れる. ▶ J'ai *peur*. 怖い / J'avais *peur* dans le noir. 私は暗闇の中で怖かった / *avoir grand-peur = avoir très peur* とても怖い, 非常に心配である / Il a *peur* des chiens. 彼は犬を怖がる / Il a *peur* que je ne sois pas renvoyé. 彼は首にならないのではないかと心配している. 比較 ⇨ CRAINDRE.

***avoir peur pour qn/qc** …のことを心配する. ▶ J'ai *peur* pour toi. 君のことが心配だ.

＊avoir peur que + 接続法 …を恐れる, 心配する. ▶ J'ai *peur* qu'il ne vous ait menti. 彼があなたにうそをついたのではないかと心配だ / J'ai *peur* qu'il ne vienne pas. 彼が来なかったらどうしよう.

avoir [faire] plus de peur que de mal — en être quitte pour la peur 怖い思いをする[させる]だけで済む, 実害なしに済む.

***de [par] peur / de qc**/不定詞/**que +** 接続法 …を恐れて, …するといけないから. ▶ Il se cachait de [par] *peur* du scandale. 彼は醜聞を恐れて身を隠していた / Il a couru de *peur* de manquer le train. 彼は列車に乗り遅れまいと走った / Ferme la porte, de *peur* qu'il ne prenne froid. 彼が風邪を引くといけないからドアを閉めなさい.

***faire peur (à qn)** (…を)怖がらせる, 不安にする;うんざりさせる. ▶ Ce gros chien *fait peur* aux passants. あの大きな犬は通行人を怖がらせている / Ça ne me *fait pas peur*. それは私には難しいことではない / Vous m'*avez fait peur*! (突然人が現れて)びっくりした, 驚かさないでください.

N'aie [N'ayez] pas peur. 怖がるな, 恐れるな;心配無用. ▶ N'ayez pas *peur* de dire la vérité. 恐れず真実を話してください.

prendre peur おびえる, ぎくっとする;不安になる.

sans peur 恐れずに;怖いもの知らずの. ▶ *sans peur* et sans reproche 恐れを知らず非の打ちどころのない(勇猛果敢な人を評する表現)

peureusement /pørøzmã/ 副 おびえて;おそるおそる. ▶ se cacher *peureusement* おびえて身を隠す.

peureux, euse /pørø, øːz/ 形 ❶ 臆病な, 怖がり屋の. ▶ un enfant *peureux* 臆病な子供. ❷ おじけづいた, おびえた. ▶ Il alla se cacher dans un coin, tout *peureux*. 彼はおびえて隅に隠れた.
— 名 臆病者, 怖がり屋.

peut /pø/ 活用 ⇨ POUVOIR¹ 48

＊peut-être /pøtetr/ プテトル/ 副

❶ …かもしれない, もしかしたら, たぶん. 注 文頭に置かれると, 主語と動詞を倒置することが多い. ▶ C'est *peut-être* vrai. それは本当かもしれない / 《Vous viendrez? —*Peut-être* [*Peut-être pas*]》「あなた(方)はいらっしゃいますか」「たぶん[おそらく駄目です]」/ *Peut-être* avons-nous des points communs. 私たちは共通点があるかもしれない. ◆*peut-être* …, mais … …だろうが, しかし …. ▶ Il n'est *peut-être* pas intelligent, mais il est consciencieux. 彼は頭はよくないかもしれないがまじめだ.
❷ *peut-être* bien きっと, 恐らく.
❸ 〈*Peut-être* (bien) que + 直説法〉たぶん…だろう. 注 主語と動詞は倒置しない. ▶ *Peut-être que* je ne pourrai pas venir. たぶん私は行けません.
❹《数形容詞を伴って》約…, およそ…. ▶ Il y avait *peut-être* trente personnes à la soirée. パーティーには30人ほど集まった.
❺《文末に置いて皮肉に, また挑発的に》そうなのかね, そうだろう？. ▶ Tu ne m'en crois pas capable, *peut-être*? 私にそんなことできないと思っているんだな, そうだろう.

Peut-être que oui, peut-être que non. そうとも言えるし, そうでないとも言える.

peuvent /pœːv/, **peux** /pø/ 活用 ⇨ POUVOIR¹ 48

pèze /pɛːz/ 男 話 金.

pff /pf/, **pfft** /pft/, **pfut** /pfyt/ 間投 ❶ へっ, ふん(無関心, 軽蔑). ❷ さっ, ぱっと(急な消滅).

phagocyte /fagɔsit/ 男〖生物学〗食細胞.

phagocyter /fagɔsite/ 他動 ❶〖生物学〗…を食作用により[破壊]する, に食作用が働く. ❷ …を吸収する, 併呑する.

phagocytose /fagɔsitoːz/ 囡 ❶〖生物学〗食作用. ❷ (ある集団による他集団の)吸収, 併呑.

phalange /falãːʒ/ 囡 ❶ 指骨;趾骨;指の関節. ❷ 軍団. ▶ les *phalanges* fascistes ファシスト軍団. ❸ 結社, グループ. ▶ une *phalange* d'artistes 芸術家の一団. ❹〖古代ギリシア〗密集隊形.

phalangiste /falãʒist/ 名, 形 (スペインの)ファランヘ党(員)(の).

phalanstère /falãstɛːr/ 男 ファランステール:フランスの空想社会主義者フーリエが構想した生活協同体.

phalanstérien, enne /falãsterjɛ̃, ɛn/ 形, 名 ファランステールの(住民);フーリエ主義の(人).

phallique /falik/ 形 男根崇拝の. ▶ stade *phallique*〖精神分析〗男根期.

phallo- 接頭「男根;男性」の意.

phallocrate /falɔkrat/ 形 男根崇拝論の, 男性優越論の. — 名 男根崇拝論者, 男性優越論者. 注 phallo と略す.

phallocratie /falɔkrasi/ 囡 男性による女性支

philippique

配, 男性優越論[主義].

phallus /falys/ 男 ペニス, 男根; 男根[陽物]像.

phanérogame /fanerɔgam/ 形『植物学』顕花植物の. — **phanérogames** 女複 顕花植物 (↔cryptogames).

pharamineux, euse /faraminø, øːz/ 形 ⇨ FARAMINEUX.

pharaon /faraɔ̃/ 男 ファラオ: 古代エジプト王の称号.

***phare** /faːr/ ファール/ 男 ❶ 灯台. ▶ phare tournant 回転光灯台 / gardien de phare 灯台守. ❷(自動車などの)ヘッドライト; サーチライト. ▶ Allumez vos phares. ヘッドライトを点灯せよ / en phares = pleins phares ハイビームで / phare de recul バックライト, 後退灯 / faire des appels de phares (ヘッドライトによる)パッシング(点滅合図)をする. ❸ 導き手, 模範となる人[物]; 主要な, 目玉の. ▶《同格的に》phare 模範的工場 / produit phare 目玉商品 / secteur phare 花形部門.

pharisaïque /farizaik/ 形 パリサイ人(ﾋﾞ)のような; 偽善[独善]的な, 形式的な.

pharisaïsme /farizaism/ 男 ❶『宗教』パリサイ派の教義; パリサイ人(ﾋﾞ)の風習[性格]. ❷ 形だけの信仰心, 偽善; 独善.

pharisien, enne /farizjɛ̃, ɛn/ 名 ❶『宗教』パリサイ人(ﾋﾞ), ❷ 独善家, 偽善者; 形式主義的[偽善的]信者. — 形 ❶ 偽善的な, 形式的な. ❷ パリサイ派[人]の.

pharmaceutique /farmasøtik/ 形 薬学の, 製薬の. ▶ industrie pharmaceutique 製薬産業 / produits pharmaceutiques 医薬品 / préparation pharmaceutique (薬剤師による)調剤薬 / spécialité pharmaceutique 専門薬品(処方により製造販売される一般薬).

***pharmacie** /farmasi/ ファルマスィ/ 女 ❶ 薬屋, 薬局. ▶ pharmacie de garde (夜間・休日営業の)救急薬局 / exercer la pharmacie 薬局を営む. ❷ 薬学. ▶ docteur en pharmacie 薬学博士 / faire des études de pharmacie 薬学を修める. ❸ 家庭常備薬一式. ▶ pharmacie portative 救急用薬品セット. ❹ 薬品棚; 救急箱.

***pharmacien, enne** /farmasjɛ̃, ɛn ファルマスィヤン, ファルマスィエヌ/ 名 **薬剤師**. ▶ aller chez le pharmacien 薬局に行く.

pharmacologie /farmakɔlɔʒi/ 女 薬理学.

pharmacologique /farmakɔlɔʒik/ 形 薬理学の, 薬理(学)の.

pharmacopée /farmakɔpe/ 女 ❶ 薬局方(ﾎﾞｳ): 法令に基づいた薬剤の公式処方集. ❷《集合的に》薬品.

pharyngé, e /farɛ̃ʒe/ 形『解剖』咽頭(ｲﾝﾄｳ)の. ▶ inflammation pharyngée 咽頭炎.

pharyngite /farɛ̃ʒit/ 女『医学』咽頭(ｲﾝﾄｳ)炎.

pharynx /farɛ̃ːks/ 男『解剖』咽頭(ｲﾝﾄｳ).

***phase** /faːz ファーズ/ 女 ❶ 局面, 段階; 時期. ▶ les phases d'une maladie (=stade) 病気の諸段階 / patient en phase terminale 終末期患者 / phases difficiles 困難な局面 / entrer dans une phase décisive 決定的な段階に入る. ❷『物理』相; 位相. ▶ phase gazeuse [liquide, solide] 気[液, 固]相. ❸『天文』les phases de la Lune 月相.

être en phase avec qn …と馬が合う.

Phénicie /fenisi/ 固有 女 フェニキア: 中東の地中海沿岸地域の古称.

phénicien, enne /fenisjɛ̃, ɛn/ 形 フェニキア Phénicie の. ▶ l'écriture phénicienne フェニキア文字(アルファベットのもとになった).

— **Phénicien, enne** 名 フェニキア人.

— **phénicien** 男 フェニキア語.

phéniqué, e /fenike/ 形『薬学』フェノール[石炭酸]を含んだ.

phénix /feniks/ 男 ❶ 不死鳥, フェニックス. ❷ 第一人者, 英傑. ❸『植物』フェニックス.

phénol /fenɔl/ 男『有機化学』フェノール(類), 石炭酸.

phénoménal, ale /fenɔmenal/;《男 複》**aux** /o/ 形 ❶ 驚くべき, 異常な. ❷『哲学』現象の.

phénoménalement /fenɔmenalmɑ̃/ 副 文章 驚くほど, 異常に.

***phénomène** /fenɔmɛn フェノメヌ/ 男 ❶ 現象. ▶ phénomènes naturels [sociaux] 自然[社会]現象. ◆ phénomène de + 無冠詞名詞 …現象. ▶ phénomène de vieillissement 老化現象. ◆ le phénomène + 人名 …ブーム. ▶ le phénomène Pokémon ポケモンブーム. ❷ 驚くべき人[物], 異常な出来事; 変人. ▶ un phénomène inexpliqué 未解明の珍事.

phénoménologie /fenɔmenɔlɔʒi/ 女『哲学』現象学.

phénoménologique /fenɔmenɔlɔʒik/ 形『哲学』現象学的な.

phéromone /ferɔmɔn/ 女『生物学』フェロモン.

phi /fi/ 男 フィー, ファイ(Φ, φ): ギリシア字母の第21字.

phil- 接頭 (philo- の別形. 母音の前で)「…を愛する」の意.

philanthrope /filɑ̃trɔp/ 名 ❶ 慈善家, 篤志家. ❷ 無私無欲の人.
— 形 慈善家の; 無私無欲な.

philanthropie /filɑ̃trɔpi/ 女 ❶ 博愛, 人類愛. ❷ 慈善, 篤志. ❸ 無私無欲.

philanthropique /filɑ̃trɔpik/ 形 博愛の; 慈善の. ▶ entreprise philanthropique 慈善事業.

philatélie /filateli/ 女 切手収集; 切手研究.

philatéliste /filatelist/ 名 切手収集家; 切手研究家.

philharmonie /filarmɔni/ 女 音楽同好会, 楽友会.

philharmonique /filarmɔnik/ 形 ❶ 音楽同好会の. ❷ (楽団の名称に用いられて)フィルハーモニック. ▶ orchestre philharmonique de Berlin ベルリン・フィルハーモニック・オーケストラ.

philippin, ine /filipɛ̃, in/ 形 フィリピン Philippines の; フィリピン諸島の.
— **Philippin, ine** 名 フィリピン人.

Philippines /filipin/ 固有 女複 フィリピン: 首都 Manille. ▶ aux Philippines フィリピンに[で, へ].

philippique /filipik/ 女 文章 弾劾演説, 非難,

攻撃.

philistin /filistɛ̃/ 男 (芸術を解さない)俗物.
philo /filo/ 女 (philosophie の略) 話 哲学.
philo- 接頭 (別形 phil-)「…を愛する」の意 (↔miso-).
philologie /filɔlɔʒi/ 女 文献学; 写本研究.
philologique /filɔlɔʒik/ 形 文献学の.
philologue /filɔlɔɡ/ 名 文献学者.
philosophale /filɔzɔfal/ 形 《女性形のみ》 pierre *philosophale* (1) 賢者の石(錬金術で, 金属を金に変える力があるとされた). (2) 入手困難なもの. ▶ chercher la pierre *philosophale* 解決不能な問題を追求する.
***philosophe** /filɔzɔf/ フィロゾフ/ 名 ❶ 哲学者, 思想家. ❷ (18世紀フランスの)啓蒙(けいもう)思想家. ❸ 哲人, 賢者; 人生の達人.
── 形 達観した, 悠然とした.
philosopher /filɔzɔfe/ 自動 ❶ 哲学する. ❷ 《軽蔑して》空疎な議論にふける.
── 自他動 <*philosopher* sur qc> …を考察する; について理屈をこね回す.
***philosophie** /filɔzɔfi/ フィロゾフィ/ 女 ❶ 哲学, 思想. ▶ les *philosophies* occidentales 西洋哲学. ❷ (学習科目の)哲学.
❸ 物の見方, 人生観. ▶ une *philosophie* optimiste 楽天的な考え方.
❹ (政治, 経済などの)基本方針[理念]. ❺ 達観, 諦観(ていかん). ▶ supporter les revers de fortune avec *philosophie* 不運を冷静に受け止める.
philosophique /filɔzɔfik/ 形 ❶ 哲学の, (啓蒙)思想の. ▶ une doctrine *philosophique* 哲学学説. ❷ 達観した, 超俗的な.
philosophiquement /filɔzɔfikmɑ̃/ 副 ❶ 哲学的に, 哲学者のように. ❷ 達観して, 冷静に. ▶ accepter *philosophiquement* son sort 従容(しょうよう)として運命に従う.
philtre /filtr/ 男 媚薬(びやく), ほれ薬.
phlébite /flebit/ 女 《医学》静脈炎.
phobie /fɔbi/ 女 ❶ 《精神分析》恐怖症. ❷ 極端な嫌悪, 本能的恐怖. ▶ avoir la *phobie* de la mer 海をひどく怖がる.
phobique /fɔbik/ 形 《精神分析》恐怖症(患者)の. ── 名 恐怖症患者.
phocéen, enne /fɔseɛ̃, ɛn/ 形 ❶ マルセイユの. ▶ la cité *phocéenne* マルセイユ. ❷ フェニキアの.
phœnix /feniks/ 男 《植物》フェニックス. (=phénix)
phonateur, trice /fɔnatœːr, tris/ 形 発声[発音]の.
phonation /fɔnasjɔ̃/ 女 発声, 発音.
phonatoire /fɔnatwaːr/ 形 発声[発音]の. (=phonateur)
phone /fɔn/ 男 《音響》フォン, ホン: 音または騒音の大きさのレベルを表わす単位.
phonème /fɔnɛm/ 男 《音声》音素: 意味をもたない音の観念的最小単位.
phonéticien, enne /fɔnetisjɛ̃, ɛn/ 名 音声学者.
phonétique /fɔnetik/ 形 音声の; 音声学の; 表音の. ▶ alphabet *phonétique* 音声字母.

── 女 ❶ 音声学. ❷ (一言語の)音声全体.
phonique /fɔnik/ 形 ❶ 騒音(公害)の. ❷《言語》音声の.
phono /fɔno/ 男 話 蓄音機.
phon(o)- 接頭「音声」の意.
phonographe /fɔnɔɡraf/ 男 蓄音機.
phonologie/fɔnɔlɔʒi/ 女《言語》音韻論[学].
phonologique /fɔnɔlɔʒik/ 形 音韻の.
phonologue /fɔnɔlɔɡ/ 名 音韻論学者.
phonothèque /fɔnɔtɛk/ 女 録音資料保存館.
phoque /fɔk/ 男 ❶《動物》アザラシ. ❷ アザラシの毛皮.
souffler comme un phoque 音を立てて苦しげに息をする.
phosphate /fɔsfat/ 男 ❶《化学》リン酸塩. ❷ リン酸肥料.
phosphaté, e /fɔsfate/ 形《化学》リン酸塩を含んだ. ▶ engrais *phosphaté* リン酸肥料.
phosphore /fɔsfɔːr/ 男《化学》リン. ▶ *phosphore* blanc 黄リン.
phosphoré, e /fɔsfɔre/ 形 リンを含む; リンを塗布した. ▶ pâte *phosphorée* (有害動物用の)毒団子.
phosphorer /fɔsfɔre/ 自動 話 知恵を絞る, 熱心に考える.
phosphorescence /fɔsfɔresɑ̃ːs/ 女 燐(りん)光;《生物学》(夜光虫などの)生物発光.
phosphorescent, ente /fɔsfɔresɑ̃, ɑ̃ːt/ 形 燐(りん)光を発する.
phosphorique /fɔsfɔrik/ 形 リンを含む. ▶ acides *phosphoriques* リン酸.
***photo** /foto/ フォト/ 女 (photographie の略)写真; 写真撮影. ▶ appareil (de) *photo* カメラ / *photo* numérique デジタル写真 / *photo* en couleurs カラー写真 / *photo* en noir et blanc 白黒写真 / *photo* d'identité 身分証明書用写真 / développer [tirer, agrandir] une *photo* 写真を現像[焼き付け, 引き伸ばし]する / prendre une *photo* de qn/qc …の写真を撮る / prendre qn en *photo* …を写真に撮る / faire de la *photo* 写真を趣味で取る / *photo* floue ピンボケの写真.
Il n'y a pas de photo. 明らかだ, 明々白々だ.
Il vaut mieux l'avoir en photo qu'à table. 彼(女)よりよく食べる.
Tu veux ma photo? 話 どこ見てるんだ.
photo- 接頭「光, 写真」の意.
photochimie /fɔtɔʃimi/ 女 光化学.
photocomposeuse /fɔtɔkɔ̃pozøːz/ 女《印刷》写真植字機.
photocomposition /fɔtɔkɔ̃pozisjɔ̃/ 女《印刷》写真植字, 写植.
photocopie /fɔtɔkɔpi/ 女 コピー, 写真複写. ▶ prendre une *photocopie* du document 資料のコピーをとる.
photocopier /fɔtɔkɔpje/ 他動 …のコピー[写真複写]をとる. ▶ *photocopier* un texte en dix exemplaires あるテキストのコピーを10部とる / machine à *photocopier* コピー機.
photocopieur /fɔtɔkɔpjœːr/ 男, **photocopieuse** /fɔtɔkɔpjøːz/ 女 複写機.
photocopillage /fɔtɔkɔpijaːʒ/ 男 本や文書の

違法複写.

photoélectrique /fɔtɔelɛktrik/ 形 [物理] 光電の, 光電的な. ▶ cellule *photoélectrique* 光電管.

photo-finish /fɔtɔfiniʃ/; 〈複〉 〜s-〜 男 《英語》 (スポーツ, 競馬などで, ゴールの) 写真判定.

photogénie /fɔtɔʒeni/ 女 写真映りのよさ.

photogénique /fɔtɔʒenik/ 形 ❶ 〔人, 顔, 姿が〕写真映りのよい. ▶ un acteur *photogénique* 写真映りのよい俳優; 絵になる俳優. ❷ 鮮明な写真の撮れる.

photographe /fɔtɔgraf/ 名 写真家, カメラマン; 写真屋.

photographie /fɔtɔgrafi/ 女 ❶ 写真; 写真撮影 (法). 圏 一般には photo ということが多い. ▶ *photographie* aérienne 航空写真 / faire de la *photographie* 写真が趣味である. ❷ 〈*photographie* de qc〉 …の表現, 再現. ▶ une *photographie* de la vie 人生のありのままの描写.

***photographier** /fɔtɔgrafje/ フォトグラフィエ/ 他動 ❶ …を写真に撮る, の写真を撮る. ▶ se faire *photographier* 写真を撮ってもらう. ❷ …を頭に焼き付ける. ❸ 〖物〗 …を正確に描き出す.

***photographique** /fɔtɔgrafik/ フォトグラフィック/ 形 ❶ 写真の; 写真を用いる. ▶ pellicule *photographique* 写真フィルム / papier *photographique* 印画紙 / épreuve *photographique* (写真の) プリント. ❷ 写真のように正確な, 写実に徹した.

photographiquement /fɔtɔgrafikmɑ̃/ 副 写真 (技術) によって; 写真のように正確に.

photograveur /fɔtɔgravœːr/ 男 写真製版工.

photogravure /fɔtɔgravyːr/ 女 写真製版. ▶ *photogravure* typographique 写真凸版 / *photogravure* offset 写真平版, オフセット.

photojournalisme /fɔtɔʒurnalism/ 男 写真ジャーナリズム.

photojournaliste /fɔtɔʒurnalist/ 名 写真ジャーナリスト.

photomaton /fɔtɔmatɔ̃/ 男 [商標] スピード写真装置; (撮影した) スピード写真.

photomécanique /fɔtɔmekanik/ 形 『印刷』 procédé *photomécanique* 写真製版法.

photomètre /fɔtɔmɛtr/ 男 ❶ 光度計. ❷ (照明器具用の) 測光器.

photon /fɔtɔ̃/ 男 [物理] フォトン, 光子.

photophore /fɔtɔfɔːr/ 男 ❶ 反射鏡付きライト. ❷ 『動物学』 発光器官.

photo-robot /fɔtɔrɔbo/; 〈複〉 〜s-〜s 女 (犯人の) モンタージュ写真.

photosynthèse /fɔtɔsɛ̃tɛːz/ 女 [植物学] 光合成.

photothèque /fɔtɔtɛk/ 女 写真資料 (館).

***phrase** /fraːz/ フラーズ/ 女

英仏そっくり語
英 phrase 句.
仏 phrase 文.

❶ 文. ▶ *phrase* énonciative [négative, interrogative] 平叙文 [否定文, 疑問文] / *phrase* simple [complexe] 単文 [複文] / *phrase* et proposition 文と節.
❷ (話された) 言葉. ▶ échanger quelques *phrases* 二言三言, 言葉を交わす / Il ne finit jamais ses *phrases*. 彼は最後まではっきりものを言わない. ❸ 〈複数で〉 もったいぶった言葉; 空疎な美辞麗句. ▶ sans *phrases* 単刀直入に / faire des *phrases* 気取った [もったいぶった] 言い方をする.
❹ 〖音楽〗 フレーズ, 楽句.

petite phrase メディアでよく取り上げられる政治家などの一言.

phrases toutes faites 紋切り型の言い回し.

phrasé /fraze/ 男 〖音楽〗 フレージング, 分節法.

phraséologie /frazeɔlɔʒi/ 女 ❶ 慣用語法; 語法 [慣用句] 集. ▶ la *phraséologie* administrative 行政用語, お役所言葉 / la *phraséologie* du français フランス語の特有語法. ❷ 美辞麗句, 大言壮語.

phraser /fraze/ 他動 〔楽曲〕 のフレージングを行う, フレーズを明確にする.

phraseur, euse /frazœːr, øːz/ 名 美辞麗句を並べ立てる人; 空疎なことを言う人.

phrastique /frastik/ 形 〖言語〗 文の. ▶ structures *phrastiques* 文構造.

phréatique /freatik/ 形 nappe *phréatique* 自由地下水.

phrygien, enne /friʒjɛ̃, ɛn/ 形 フリギア Phrygie (小アジア中西部の古代地域名) の. ▶ bonnet *phrygien* フリジア帽: フランス革命時の赤い縁なし帽.

— **Phrygien, enne** 名 フリギア人.

bonnet phrygien

phtisiologie /ftizjɔlɔʒi/ 女 [医学] 結核学.
phtisiologue /ftizjɔlɔg/ 名 結核専門医.
physicien, enne /fizisjɛ̃, ɛn/ 名 物理学者.
physio- 接頭 「自然, (精神に対する) 肉体, 生理」の意.
physiocrate /fizjɔkrat/ 名 重農主義者.
physiocratie /fizjɔkrasi/ 女 重農主義.
physiocratique /fizjɔkratik/ 形 重農主義の; 重農主義者の.
physiologie /fizjɔlɔʒi/ 女 生理学.
physiologique /fizjɔlɔʒik/ 形 ❶ 生理学の. ❷ 生理の, 生体の. ▶ l'état *physiologique* d'un malade 患者の生理状態 [体の具合].
physiologiquement /fizjɔlɔʒikmɑ̃/ 副 生理的に; 生理学上.
physiologiste /fizjɔlɔʒist/ 名 生理学者.
physionomie /fizjɔnɔmi/ 女 ❶ 顔つき, 表情; 顔だち, 容貌(ようぼう). ▶ une *physionomie* joyeuse (=expression) うきうきした顔 / une *physionomie* douce (=figure) 温和な顔だち / Sa *physionomie* s'illumina. 彼 (女) の顔がぱっと輝いた.
比較 ⇨ VISAGE.

❷ 様相, 外観; (進行の) 大勢. ▶ la *physionomie* d'une rue de Paris パリのある街角の表情 / la *physionomie* du scrutin 得票状況.

physionomiste /fizjɔnɔmist/ 形 人の顔をよく覚えている;人相を見るのが得意な.
— 名 人の顔をよく覚えている人;人相を見るのが得意な人.

***physique**¹ /fizik/ フィジック/ 形 ❶ 物質の,自然の;形而下の,具体的な. ▶ le monde *physique* 物質界 / sciences *physiques* 自然科学(物理と化学).
❷ 物理(学)的な, **物理学**の. ▶ phénomènes *physiques* 物理の現象.
❸ **身体の**, 肉体的な, 生理的な;肉欲的な. ▶ caractères *physiques* 身体的特徴 / force *physique* 体力 / troubles *physiques* 体の不調 / être en bon état *physique* 体調がよい / éducation *physique* 体育 / exercices *physiques* 運動 / dégoût *physique* 生理的な嫌悪 / amour *physique* 性愛 / désir *physique* 肉欲.
— 男 ❶ 肉体;健康状態. ▶ Le *physique* influe sur le moral. 身体は精神に影響する. ❷ 体つき,容姿. ▶ avoir un *physique* agréable 容姿端麗である.

au physique 肉体的に;容姿で. ▶ Je suis fatigué *au physique* comme au moral. 私は精神的にも肉体的にも疲れている.

avoir le physique de l'emploi 職業[地位,役割]にふさわしい容姿をしている.

***physique**² /fizik/ フィジック/ 女 **物理学**. ▶ *physique* atomique 原子物理学 / *physique* des astres 天体物理学 / expériences de *physique* 物理実験 / cours de *physique* 物理学の講義.

physiquement /fizikmɑ̃/ 副 ❶ 物質的に;物理的に. ▶ C'est *physiquement* impossible それは物理的に不可能だ. ❷ 肉体的に. ❸ 容姿の上で.

pi /pi/ 男 ❶ ピー, パイ(Π, π):ギリシア字母の第16字. ❷【数学】円周率, パイ(記号 π).

piaf /pjaf/ 男 俗 スズメ(=moineau).

piaffant, ante /pjafɑ̃, ɑ̃ːt/ 形 (いらいらして)足踏みをする.

piaffer /pjafe/ 自動 ❶【馬が】前進せずに前足で足踏みする. ❷【人が】足踏みをする. ▶ *piaffer* d'impatience いらいらして地団駄を踏む.

piaillement /pjajmɑ̃/ 男 ❶ (雛の)ぴいぴい鳴くこと. ❷ きいきい泣きわめく声.

piailler /pjaje/ 自動 ❶【雛・鳥が】ぴいぴい鳴く. ❷ 話【子供が】きいきい泣きわめく.

piaillerie /pjajri/ 女 話 ❶ (雛の)ぴいぴい鳴くこと. ❷ きいきい泣きわめく声.

pianissimo /pjani(s)simo/《イタリア語》 副 ❶【音楽】ピアニシモ, 極めて弱く. ❷ 話 できるだけそっと, ごくゆっくりと.

pianiste /pjanist/ 名 ピアニスト. ▶ *pianiste* de jazz ジャズピアニスト.

Ne tirez pas sur le pianiste. (下手なピアニストを撃たないでくれ→)一生懸命やっているのだから大目に見てくれ.

***piano**¹ /pjano/ ピアノ/ 男 **ピアノ**. ▶ jouer du *piano* ピアノを弾く / *piano* à queue グランドピアノ / *piano* droit アップライトピアノ.

piano à bretelles アコーデオン.

piano² /pjano/ 副《イタリア語》❶【音楽】弱音で, 弱く. ❷ 静かに.

pianotage /pjanɔtaːʒ/ 男 ❶ たどたどしくピアノを弾くこと. ❷ 物を指先で軽くたたくこと.

pianoter /pjanɔte/ 自動 ❶ たどたどしくピアノを弾く. ❷〈*pianoter* sur qc〉…を指先で軽くたたく. ▶ *pianoter* sur son clavier キーボードをたたく.

piastre /pjastr/ 女 ピアストル:エジプト, レバノン, スーダン, シリアの通貨単位.

piaule /pjoːl/ 女 話 部屋(=chambre), 住まい.
▶ rentrer dans sa *piaule* ねぐらへ帰る.

piaulement /pjolmɑ̃/ 男 (ひよこ, 小鳥の)鳴き声;(子供の)泣き声.

piauler /pjole/ 自動 ❶【小鳥が】ぴいぴい鳴く. ❷ 話【子供が】泣きわめく.

PIB 男《略語》produit intérieur brut 国内総生産, GDP.

pic¹ /pik/ 男 ❶【鳥類】キツツキ. ❷ 小型つるはし;火かき棒.

pic² /pik/ 男 ❶ とがった山, 尖峰;とがった山頂. ❷ (グラフなどの)最大値, 頂点.

pic³ /pik/《次の句で》*à pic* (1) 副 垂直に, 切り立って. ▶ Le rocher tombe *à pic* sur la mer. その岩は海の上にまっすぐ突き出ている. / couler *à pic* 沈没する;破産する. (2) 副 話 折よく, ちょうどよいところに. ▶ Ça tombe *à pic*. それはおあつらえむきだ. (3) 形 垂直な, 切り立った. ▶ une montagne *à pic* 切り立った山.

picador /pikadɔːr/ 男《スペイン語》ピカドール:闘牛で馬上から槍で牛を突き, 弱らせる役.

picaillons /pikajɔ̃/ 男複 俗 金.

pic*ard, arde* /pikaːr, ard/ 形 ピカルディ Picardie 地方の.
— **Pic*ard, arde*** 名 ピカルディ地方の人.

Picardie /pikardi/ 固有 女 ピカルディー地方:フランス北部.

picaresque /pikarɛsk/ 形【文学】roman *picaresque*《悪者》小説, ピカレスク・ロマン.

piccolo /pikɔlo/ 男《イタリア語》【音楽】ピッコロ.

pichenette /piʃnɛt/ 女 指[爪]で軽くはじくこと.

pichet /piʃɛ/ 男 柄の付いた水差し, ピッチャー.

pickles /pikœls/ 男複《英語》ピクルス, 漬け物.

pickpocket /pikpɔkɛt/ 男《英語》すり.

pick-up /pikœp/ 男《単複同形》《英語》❶ 小型トラック. ❷ レコードプレーヤー(=électrophone, tourne-disque). ❸ (レコードプレーヤーの)ピックアップ.

picoler /pikɔle/ 自動 俗 酒を飲む;《特に》深酒をする, 大酒を飲む.

picorer /pikɔre/ 自動【鳥が】餌をあさる.
— 他動 ❶【餌】をついばむ, つつく. ❷ 話【食べ物】をつまみ食いする. ❸【情報など】をあさる, 拾い集める.

picot /piko/ 男 ❶ (切り口が雑な木材の)とげ, ささくれ. ❷【建築】(目地を壊すのに用いる)石工道具. ❸【鉱山】とがったハンマー. ❹ (レースの)ぎざぎざ縁飾り, ピコット.

picoté, e /pikɔte/ 形 小さな穴のあいた;染み[斑点]のある.

picotement /pikɔtmɑ̃/ 男 ちくちく[ひりひり]する感触.

picoter /pikɔte/ 他動 ❶ …にちくちく［ひりひり］する感触を与える. ▶ La fumée *picote* les yeux. 煙が目にしみる. ❷〖食べ物〗をついばむ.

picrique /pikrik/ 形〖化学〗acide *picrique* ピクリン酸.

pictogramme /piktɔgram/ 男 絵文字；絵表示，ピクトグラフ.

pictural, ale /piktyral/《男複》**aux** /o/ 形 絵画の；絵画的な. ▶ art *pictural* 絵画芸術.

pidgin /pidʒin/ 男〖英語〗ピジン語，ピジンイングリッシュ(=*pidgin* english)：極東，東南アジアで発生した英語と原地語との混成語.

pie[1] /pi/ 女 ❶〖鳥類〗カササギ. ❷ おしゃべり女.
　bavard comme une pie ひどくおしゃべりな.
　— pie；《複》*pie(s)* 形 ❶〖馬，牛などが〗白に黒［赤］のぶちのある. ❷ voiture *pie*（白と黒の）パトカー.

pie[2] /pi/ 形 œuvre *pie* 信心の業，慈善(事業).

***pièce** /pjɛs ピエス/ 女

[英仏そっくり語]
英 piece 部品，断片.
仏 pièce 部分，部屋.

❶（全体を構成する）部分，1つ，1点. ▶ vêtement de deux *pièces* 上下そろいの服，ツーピース /（maillot de bain）deux *pièces* セパレーツの水着 / costume trois *pièces* 三ぞろいの服 / la *pièce* de résistance d'un repas 食事のメインディッシュ / les *pièces* d'un jeu d'échecs チェスの駒.

❷（機械の）部品. ▶ *pièce* d'un moteur エンジンの部品 / *pièce* détachée［de rechange］交換部品 / remplacer［changer］les *pièces* défectueuses 欠陥部品を取り替える.

❸（単位としての）1個，1つ；（動物などの）1頭，1匹. ▶ Ces fruits coûtent un euro (la) *pièce*. この果物は1ユーロです / pêcher de grosses *pièces* 大物を釣り上げる. *une pièce de* + 無冠詞名詞 1個［1つ］の…. ▶ une *pièce* de bois 1枚の板 / une *pièce* de drap ラシャの1巻 / une *pièce* de terre 1区画の土地 / une *pièce* de bétail 1頭の家畜 / une *pièce* d'artillerie 1門の大砲.

❹ 部屋. ▶ un appartement de trois *pièces* 3部屋のアパルトマン / louer un deux-*pièces* cuisine 1DK のアパルトマンを借りる(注 deux-*pièces* は寝室 une chambre とダイニングルーム une salle à manger を指す) / agrandir une *pièce* en abattant une cloison 間仕切りを取り除いて部屋を大きくする.

❺ 硬貨，コイン (=*pièce* de monnaie). ▶ *pièce* de cinq centimes 5サンチーム硬貨 / *pièce* d'or 金貨 / *pièce* d'argent 銀貨 / donner la *pièce* à qn 国 …にチップを与える. 比較⇨ ARGENT.

❻（文学，音楽の）作品；（特に）戯曲 (=*pièce* de théâtre). ▶ *pièce* en cinq actes 全5幕の戯曲 / *pièce* de vers 詩 / *pièce* pour clarinette クラリネットのための作品 / représenter une *pièce* de Molière モリエールの劇を上演する / *pièce* de circonstance 時事的な芝居.

❼ 書類，証明書；証拠品 (=*pièce* à convictions). ▶ *pièces* justificatives 証拠書類 / présenter une *pièce* d'identité 身分証明書を提出する / juger「sur *pièce*［avec *pièces* à l'appui］証拠に基づいて判断する.

❽ 継ぎ，当て布. ▶ mettre une *pièce* à un vêtement 服に継ぎを当てる.

❾〖菓子〗*pièce* montée ウエディングケーキなどに用いる山型のデコレーションケーキ.

à la pièce [*aux pièces*] (1) ばら売りの. ▶ marchandises vendues *à la pièce* ばら売りの商品. (2) 出来高払いの. ▶ être payé *aux pièces* 出来高払いである / travail「*à la pièce*［*aux pièces*］歩合制の仕事 / On n'est pas *aux pièces*. 国（出来高払いではないから）ゆっくりやろう.

de toutes pièces 隅から隅まで，完全に. ▶ créer［forger］une histoire *de toutes pièces* 一から十まで話をでっち上げる / être armé *de toutes pièces* 完全武装である，すきがない.

d'une seule pièce 均質な，一塊でできた (=tout d'une *pièce*).

en pièces 粉々に，ばらばらに. ▶ mettre qc *en pièces*；(=fragment, morceau) …を粉々にする，壊す；めちゃくちゃにする / Le pichet se brisa en mille *pièces*. その水差しは粉々に砕けた / tailler qc *en pièces* 文章 …を粉砕する，壊滅させる.

faire pièce à qn …に反対する，の邪魔をする.

fait de pièces et de morceaux 不統一な，ちぐはぐな；寄せ集めの.

pièce à pièce 少しずつ，徐々に. acquérir du mobilier *pièce à pièce* 少しずつ家具を手に入れる.

pièce d'eau（公園などの人工の）池.

tout d'une pièce (1) 均質な，一塊でできた. ▶ colonne faite *tout d'une pièce* 一枚岩でできた円柱. (2) ずけずけとものを言う，率直な；頑固な. ▶ Il est *tout d'une pièce* et dit tout ce qu'il pense sans crainte de blesser. 彼は一本気で，人が傷つくのもお構いなしに，思っていることをずけずけと言う.

piécette /pjeset/ 女 小型の硬貨；小銭.

***pied** /pje ピエ/ 男

❶（人間の）足（足首から下の部位で，その上は jambe）；（鳥，家畜などの）足 (=patte). ▶ pointe du *pied* つま先 / marcher sur la pointe des *pieds* つま先で歩く / *pied* plat 偏平足 / trace du *pied* sur le sable 砂の上の足跡 / avoir de grands *pieds* 足が大きい / 「se tordre［se fouler］le *pied* 足をくじく / avoir des cors aux *pieds* 足に魚の目がある / courir (les) *pieds* nus はだしで走る / *pied* de porc（料理で）豚の足. 比較⇨ JAMBE.

❷ 足どり，歩み，歩き方. ▶ partir d'un *pied* léger 足どりも軽く出かける.

❸（家具，道具などの）脚，脚部；（物の）下部，基部；（山などの）ふもと，すそ. ▶ table à six *pieds* 6本脚のテーブル / *pied* d'un appareil de photo カメラの三脚 / *pied* d'un verre グラスの脚 / *pied* d'un mur 壁の下部 / *pied* du lit ベッドの足元（枕の反対側）.

❹（植物の）根元；株，苗木. ▶ *pied* d'un arbre

pied-à-terre

木の根元 / un *pied* de céleri セロリ1株 / *pied* de vigne ブドウの苗木.

❺ 围 楽しみ, 快楽. ▶ Quel *pied*, ce film! あの映画ときたらおもしろいのなんのって.

❻ 靴底. ❼ 〖計量単位〗(1) ピエ: 昔の長さの単位. 約32.4センチ. (2) (英米の)フィート: 約30.48センチ.

❽ 〖詩法〗(ギリシア・ラテン詩で韻律の単位を成す)脚, (フランス詩の)音節 (=syllabe).

*à *pied* 歩いて, 徒歩で. ▶ Pierre a fait cinq kilomètres *à pied*. ピエールは5キロ歩いた / course *à pied* 徒競走 / *à pied*, à cheval et en voiture あらゆる手段を使って.

à pied d'œuvre (1) 仕事の現場にいる. (2) いつでも仕事にかかれる態勢にある.

à pieds joints 両足をそろえて. ▶ sauter *à pieds joints* 足をそろえてジャンプする.

au petit pied〖皮肉に〗小型の, ミニチュアの. ▶ un ambitieux *au petit pied* けちな野心家.

au pied de la lettre 文字どおりに.

au pied de qc …の下に[で]. ▶ *au pied* d'une montagne 山のふもとに / *au pied* d'une falaise 断崖(だんがい)の下に.

au pied levé 準備なしに, 予期しないまま.

aux pieds de qn …の足下にひざまずいて, ひれ伏して. ▶ ˹se jeter [tomber]˼ *aux pied de qn* …の足下に身を投げ出す.

avoir bon pied bon œil (年を取っても)足腰がしっかりしている, 元気である.

avoir le pied marin (1) 船の上でバランスを保つ. (2) 船酔いしない. (3) (困難に)動じない.

avoir les pieds sur terre 围 足が地についている, 現実を踏まえている.

avoir pied (dans l'eau) (水の中で)足がつく, 背が立つ. ▶ Cette piscine est très profonde; je n'*ai* pas *pied*. このプールはとても深くて私の足はつかない.

Ça lui fera les pieds.=*C'est bien fait pour ses pieds.* 彼にはいい薬になった. 注 lui, ses は各人称に変化させて用いる.

casser les pieds à qn …を困らせる, うるさがらせる.

C'est le pied. 围 最高だ, いかす.

comme un pied 围 不器用に. ▶ Il conduit *comme un pied*. 彼はひどく運転が下手だ.

coup de pied 足蹴(げり), キック. ▶ donner [recevoir] un *coup de pied* 蹴飛ばす[足蹴りを食らう].

de pied ferme 足をふんばって, 断固として.

des pieds à la tête /depjezalate/=*de pied en cap* /dəpjetãkap/ つま先から頭のてっぺんまで, すっかり, 完全に. ▶ considérer qn *des pieds à la tête* …をつま先から頭のてっぺんまでじろじろと見る.

en pied (1) (立ち姿の)全身像を描いた. ▶ portrait *en pied* 全身のポートレート. (2) 正式の.

être bête comme ses pieds 大ばかである.

faire des pieds et des mains あらゆる手段を用いる.

faire du pied à qn (異性の気を引くためにテーブルの下などで)…の足に自分の足をすり寄せる.

fouler qn/qc aux pieds (1) …を足で踏みつける.

(2) …をおおさまに軽蔑する.

Il y a des coups de pied au cul qui se perdent. あいつの尻でもけとばしてやりたい.

lâcher pied (1) 尻(しり)込みする, たじろぐ. (2) 退却する, 引き下がる.

lever le pied (1) 古風 持ち逃げする; ずらかる. (2) (車の)アクセルを離す.

marcher sur les pieds de qn …を無視する, 出し抜こうとする, 排除しようとする. ▶ Ne te laisse pas *marcher sur les pieds*. はじき出されないようにしなさい.

mettre les pieds dans le plat 微妙な問題に口を突っ込む, 失言する, へまをやらかす.

mettre ˹*les pieds* [*le pied*]˼ + 場所 …へ足を運ぶ, 行く. ▶ *mettre les pieds* dehors 外出する.

mettre pied à terre (馬から)降りる.

mettre qc sur pied …の態勢を整える, 準備する, 組織する〔計画など〕を立てる.

mettre qn à pied …を首にする;(一時的に)停職処分にする. ◆*mise à pied* 停職処分.

mettre qn au pied du mur …に決断を迫る.

perdre pied (1) (水の中で)背が立たない, 足を取られる. (2) 自分を見失う.

pied à pied /pjetapje/ 一歩一歩, 徐々に.

pieds et poings liés 手も足も出ない, 動きがとれない.

prendre pied (+ 場所)(…に)地歩を固める, 根を下ろす.

prendre son pied 围 強い快楽を得る; オルガスムスに達する.

˹*s'en aller* [*sortir, partir*]˼ *les pieds devant.* 死ぬ, 埋葬される.

s'être levé du pied gauche 機嫌が悪い.

souhaiter [*vouloir*] *être à cent pied sous terre* (深く地にもぐりたいほど)恥ずかしい.

sur le même pied = *sur un pied d'égalité* 同等に, 同じレベルに.

sur le pied de guerre いつでも出発できる態勢にある.

sur le pied de qn …として, のように. ▶ Il vit *sur le pied* d'un milliardaire. 彼は億万長者のような暮らしぶりをしている.

sur pied (1) 立っている, 起きている. ▶ Il est *sur pied* à cinq heures du matin. 彼は朝の5時に起きている. (2) (病気から)回復する. (3)〔植物が〕立ち木のままで; 収穫前に. ▶ sécher *sur pied* 立ち枯れる / fruits vendus *sur pied* 収穫前に売られた果実.

sur ses pieds 立って. ▶ Le malade est *sur ses pieds*. 病人は床上げした / retomber *sur ses pieds*〔猫などが〕足から降り立つ; 苦境を切り抜ける, 立ち直る.

vivre sur un grand pied 贅沢(ぜいたく)に暮らす.

pied-à-terre /pjetate:r/ 男〖単複同形〗(短期滞在用の)仮の住居.

pied-bot /pjebo/; 〖複〗〜s-〜s 男 湾曲した足の人.

pied-de-biche /pjedbiʃ/; 〖複〗〜s-〜-〜 男
❶ (ノッカーの)握り. ❷ 金てこ, バール. ❸ (ミシンの)押さえ金. ❹ (椅子(いす), テーブルなどのルイ15

様式の)湾曲した脚.
pied-de-poule /pjedpul/ 形《不変》〔毛織物などが〕千鳥格子の.
— **pied-de-poule**:《複》~s-~-~ 男〔織物〕千鳥格子の織物.
piédestal /pjedɛstal/;《複》**aux** /o/ 男 ❶(円柱, 彫像などの)台座, 台石. ❷(賛美の的になるような)立場. ▶ mettre qn sur un *piédestal* …を賛美する / tomber de son *piédestal* 威信を失う.
pied-noir /pjenwa:r/;《複》~s-~s 名, 形《男女同形》(独立以前の)アルジェリア在住[出身]のフランス人の).
*__piège__ /pjɛ:ʒ/ 男 罠(を); 策略, 落とし穴. ▶ *piège* à rats ねずみ取り / un renard pris au *piège* 罠にはまったキツネ / dresser [tendre] un *piège* 罠を仕掛ける / tomber dans un *piège* 罠にはまる. ❷(試験の)ひっかけ問題. ▶ une question(-)*piège* ひっかけ問題 / une dictée pleine de *pièges* ひっかけだらけの書き取り.
piège à cons 俗 (間抜けがひっかかる)見え透いた罠.
piégeage /pjeʒa:ʒ/ 男 起爆装置の設置.
piéger /pjeʒe/ 7 他動 ❶ …を罠(を)で捕らえる; 罠にかける, 窮地に陥れる. ▶ se faire *piéger* 罠にはまる. ❷ …に起爆装置を仕掛ける. ▶ une voiture *piégée* 爆弾を仕掛けられた車.
pie-grièche /pjegrijɛʃ/;《複》~s-~s 女 ❶【鳥類】モズ. ❷がみがみ言う[怒りっぽい]女.
piercing /pirsiŋ/ 男 ピアス.
pierraille /pjɛra:j/ 女 砂利, 砕石; 砂利道.
*__pierre__ /pjɛ:r ピエール/ 女 ❶ 石, 石材. ▶ jeter une *pierre* dans la rivière 川に石を投げる / chemin plein de *pierres* 石ころだらけの道 / chute de *pierres* 落石 / pavé de *pierre* 石畳 / cheminée en *pierre* 石のマントルピース / *pierre* à bâtir 建築用石材 / *pierre* à briquet ライターの石 / âge de (la) *pierre* 石器時代. ❷ 石碑; 墓. ▶ *pierre* levée 巨石記念物, メンヒル / *pierre* milliaire 里程標. ❸((la *pierre*))不動産. ▶ investir dans la *pierre* 不動産に投資する. ❹ *pierre* précieuse 宝石(ダイヤ, エメラルド, ルビー, サファイヤ) / *pierre* fine 準宝石. ❺ 古風【医学】結石 (=calcul).
apporter sa pierre à qc …に貢献する.
de pierre (石でできた→)冷ややかな; 反応を示さない. ▶ être [rester] *de pierre* 冷淡である / un cœur *de pierre* 非情な心 / un visage *de pierre* 冷ややかな顔.
être malheureux comme les pierres この上なく不幸である.
faire d'une pierre deux coups 一石二鳥の成果を上げる.
Il gèle [*Il fait froid*] *à pierre fendre.* (石が割れるほど)凍(ぽ)てつく寒さである.
jeter la pierre à qn …を非難する, 責める.
jeter [*une pierre* [*des pierres*] *dans le jardin de qn* …を暗に攻撃する, 中傷する.
marquer qc d'une pierre blanche …をよい思い出として心にとどめる.

ne pas laisser pierre sur pierre 完全に破壊する.
pierre angulaire [*d'angle*] (1)【建築】隅石. (2) 基礎, かなめ (=*pierre* fondamentale).
pierre à [*par*] *pierre* 一つ一つ, 少しずつ.
pierre de touche 試金石.
Pierre qui roule n'amasse pas mousse. 諺 転石苔(を)を生ぜず.
première pierre 礎石. ▶ poser la *première pierre* de qc …の創始者となる, 基礎を築く.
pierreries /pjɛrri/ 女複 (加工済みの)宝石類.
pierreux, euse /pjɛrø, ø:z/ 形 ❶ 石ころだらけの, 砂利で覆われた. ❷ 石質の; 石に似た. ▶ concrétion *pierreuse* 結石.
pierrot /pjɛro/ 男 ❶ ピエロ, 道化. ❷ 話 スズメ.
pietà /pjeta/ 女 (単複同形)(イタリア語)悲しみの聖母 (=Vierge de pitié): 十字架から降ろされたキリストをひざに抱く聖母像.
*__piété__ /pjete ピエテ/ 女 ❶ 信仰心, 敬虔(%)な心. ▶ images de *piété* 宗教画. ❷(親や故人に対する)敬愛の念. ▶ *piété* filiale 孝心.
piétinement /pjetinmã/ 男 ❶ 足踏み; 足踏みする音. ❷(事態の)足踏み状態, 停滞 (=stagnation).
piétiner /pjetine/ 自動 ❶ 足踏みをする; 地団駄を踏む. ▶ *piétiner* d'impatience 待ちかねて足を踏み鳴らす. ❷ 立ち往生する; (同じ場所を)行ったり来たりする. ▶ La foule *piétinait* sur les trottoirs. 群集は歩道で動きがとれないでいた. ❸ 進歩しない, 停滞する. ▶ L'affaire *piétine*. 事業は足踏み状態だ.
— 他動 ❶ …を踏みつける; 踏みつぶす. ❷〔規則, 権利, 感情など〕を踏みにじる.
piétisme /pjetism/ 男 敬虔(%)主義: 17世紀末, ドイツのルター派教会の運動.
piétiste /pjetist/ 形 敬虔(%)主義の.
— 名 敬虔派の信者.
*__piéton, onne__ /pjetõ, ɔn ピエトン, ピエトヌ/ 名 歩行者用. 女性形は稀. ▶ passage pour *piétons* 横断歩道.
— 形 歩行者用の. ▶ rue *piétonne* 歩行者専用道路 / zone *piétonne* 歩行者区域.
piétonnier, ère /pjetɔnje, ɛ:r/ 形 歩行者用の. ▶ rue *piétonnière* 歩行者専用道.
piètre /pjɛtr/ 形 《名詞の前で》劣った, 貧弱な, お粗末な. ▶ un *piètre* poète へぼ詩人.
piètrement /pjɛtrəmã/ 副 ❶ 哀れに, 惨めに. ❷ お粗末に, 下手に.
pieu[1] /pjø/;《複》**x** 男 杭(を).
pieu[2] /pjø/;《複》**x** 男 俗 ベッド, 寝床.
pieusement /pjøzmã/ 副 ❶ 敬虔(%)に, 信心深く. ❷ うやうやしく, 敬意をもって.
se pieuter /s(ə)pjøte/ 代動 俗 寝る.
pieuvre /pjœ:vr/ 女 ❶【動物】タコ (=poulpe). ❷ 文章 執念深い人.
*__pieux, pieuse__ /pjø, pjø:z ピュー, ピューズ/ 形 《ときに名詞の前で》❶ 敬虔(%)な, 信心深い. ▶ un homme *pieux* 信心深い男 / une image *pieuse* 宗教画. ❷ 敬意[敬愛]に満ちた, うやうやしい. ▶ un *pieux* mensonge 思いやりから出たうそ.

pif¹ /pif/ 間投 パンパン，パチパチ(破裂音，爆発音など).

pif² /pif/ 男 ❶ 俗 鼻. ❷ 勘. ▶ au *pif* 勘で，行き当たりばったりに / avoir du *pif* 勘がいい.

pif(f)er /pife/ 他動 《不定詞のみ》ne pas pouvoir *pif(f)er* qn/qc …のにおいをかぐのも嫌だ，に我慢ならない.

pifomètre /pifɔmɛtr/ 男 話 勘.
au pifomètre 勘で，おおよその見当で.

pige¹ /piːʒ/ 女 ❶ 規準寸法(具)；ものさし. ❷ (出版関係者の)行数単位の原稿料〔校正料〕；出来高払いの仕事. ❸ 話 …歳. ▶ travailler à la *pige* 1行いくらで仕事する. ❸ 話 …歳. ▶ Il a cinquante *piges*. 彼は50歳だ.

pige² /piːʒ/ 女 faire la *pige* à qn …を追い抜く，に勝つ.

pigeon /piʒɔ̃/ 男 ❶ 鳩(はと). ▶ *pigeon* domestique 土鳩 / *pigeon* voyageur 伝書鳩. ❷ 〖料理〗鳩肉. ❸ だまされやすい人，とんま.

pigeonnant, ante /piʒɔnɑ̃, ɑ̃ːt/ 形 はと胸の；〔ブラジャーが〕アップリフト型の.

pigeonne /piʒɔn/ 女 雌鳩(めす).

pigeonneau /piʒɔno/ 男；《複》**x** 雛鳩(ひな)，子鳩.

pigeonner /piʒɔne/ 他動 話 …をだます，ペテンにかける. ▶ se faire *pigeonner* だまされる.

pigeonnier /piʒɔnje/ 男 ❶ 鳩(はと)小屋，鳩舎(きゅうしゃ). ❷ 話 〔屋根裏や上層階の〕狭い住居.

piger /piʒe/ ② 他動 俗 ❶ …を理解する. ▶《目的語なしに》Tu *piges*? 分かるかい? ❷ 《命令形で》…を見る. ▶ *Pige* un peu la femme là-bas. ちょっとあの女を御覧よ.

pigment /pigmɑ̃/ 男 ❶ 色素. ❷ 顔料.

pigmentaire /pigmɑ̃tɛːr/ 形 ❶ 色素の. ❷〖繊維〗顔料捺染(なっせん)の.

pigmentation /pigmɑ̃tasjɔ̃/ 女 ❶ 〔皮膚組織などの〕色素沈着. ❷ 〔顔料による〕着色.

pigmenté, e /pigmɑ̃te/ 形 ❶ 色素が沈着した. ❷ 〔顔料で〕着色された.

pigmenter /pigmɑ̃te/ 他動 ❶ 〔皮膚〕に色素を沈着させる. ❷ …を顔料で着色する，染色する.

pigne /piɲ/ 女 ❶ 松かさ，松ぼっくり. ❷ 松の実，松果.

pignocher /piɲɔʃe/ 自動 ❶ 少しずつまずそうに食べる. ❷ 〔絵を〕細かく念入りに描く.

pignon¹ /piɲɔ̃/ 男 〖建築〗切妻壁，妻(壁).
avoir pignon sur rue〔商人などが〕信用がある；資産家〔名士〕である.

pignon² /piɲɔ̃/ 男 ❶ ピニオン，小歯車. ❷ 〖自転車〗(後輪の)小ギア. ❸ 時計の小歯車，かな.

pignon³ /piɲɔ̃/ 男 ❶ 松の実 (=pigne). ❷ 〖植物〗カサマツ，ピニョンマツ.

pignouf /piɲuf/ 男 話 柄の悪い男，下品なやつ.

pilaf /pilaf/ 男 〖料理〗ピラフ (=riz *pilaf*).

pilage /pilaːʒ/ 男 砕くこと，すりつぶすこと.

pilastre /pilastr/ 男 〖建築〗(壁面から突き出した方形断面の)つけ柱，柱形(ちゅうけい)，ピラスター.

*****pile**¹ /pil/ ピル 女 ❶ 堆積(たいせき). ▶ mettre qc en *pile* …を山と積み上げる. ◆ *pile* de + 無冠詞名詞 山のような〔たくさんの〕… . ▶ une *pile* d'assiettes うず高く積み重ねた皿. ❷ 支柱，ピア；(橋のアーチを支える)橋脚 (=*pile* de pont). ❸ 電池；乾電池 (=*pile* sèche). ▶ *pile* solaire 太陽電池 / *pile* rechargeable 充電池 / *pile* à combustible 燃料電池 / Les *piles* sont mortes. 電池が切れた. ❹ *pile* atomique 原子炉.

pile² /pil/ 女 硬貨の裏面 (=revers).
pile ou face (投げたコインが)表か裏か.

pile³ /pil/ 副 ぴたりと，きっちりと，ちょうど. ▶ à six heures *pile* 6時きっかりに / s'arrêter *pile* ぴたりと〔急に〕止まる / arriver [tomber] *pile* ちょうどよい時に来る / tomber *pile* sur qc (ちょうど)探していたものを見つける.

pile⁴ /pil/ 女 話 ❶ 乱打，殴打. ▶ flanquer [administrer] une *pile* à qn …をめった打ちにする. ❷ 惨敗，大敗. ▶ recevoir une *pile* 大敗を喫する.

piler¹ /pile/ 他動 ❶ …を砕く；すりつぶす，粉にする；ねり粉にする. ❷ 話 …をめった打ちにする；完全に打ち負かす. ▶ Notre équipe s'est fait *piler*. 我がチームは完敗した.

piler² /pile/ 自動 話 急ブレーキをかける.

pileux, euse /pilø, øːz/ 形 毛の，毛で覆われた.

pilier /pilje/ 男 ❶ 柱，支柱. ▶ les *piliers* d'un pont 橋柱. ❷ 支柱となるもの〔人〕，大黒柱. ▶ *piliers* du parti 党の中心人物. ❸ 話〈*pilier* de + 無冠詞名詞〉(軽蔑して)…の常連. ▶ un *pilier* de bistrot 居酒屋の常連. ❹〖ラグビー〗プロップ.

pillage /pijaːʒ/ 男 ❶ 略奪，強奪. ▶ une ville livrée [mise] au *pillage* 略奪に遭った都市. ❷ 横取り，横領. ▶ mettre au *pillage* les finances publiques 公金を横領する. ❸ 剽窃(ひょうせつ).

pillard, arde /pijaːr, ard/ 形 略奪を行う. ❷ 剽窃(ひょうせつ)をする.
— 名 ❶ 略奪者；盗賊. ❷ 剽窃者.

piller /pije/ 他動 ❶ …を略奪〔強奪〕する；荒らす. ▶ Les soldats *ont* pillé la ville. 兵士たちはその町で略奪を働いた. ❷ …を横領する. ▶ *piller* les finances publiques 公金を横領する. ❸ 〔作家，作品〕を剽窃(ひょうせつ)する.

pilleur, euse /pijœːr, øːz/ 名 ❶ 略奪者，盗人. ❷ 剽窃(ひょうせつ)者.

pilon /pilɔ̃/ 男 ❶ すりこぎ；乳棒. ❷ 木製の義足(の先端). ❸〖食肉〗鶏の下股(したもも)，ドラムスティック.
mettre un livre au pilon (パルプにするため)本をつぶす；本を廃刊にする.

pilonnage /pilɔnaːʒ/ 男 ❶ すりつぶすこと，つき砕くこと. ❷ 集中砲撃〔爆撃〕.

pilonner /pilɔne/ 他動 ❶ …をすりつぶす，砕く. ▶ *pilonner* des légumes 野菜をすりつぶす. ❷ …に激しい砲撃〔爆撃〕を繰り返す.

pilori /pilɔri/ 男 (アンシャン・レジーム下での)晒(さら)し台.
clouer [mettre] qn au pilori (1) …を晒し台にかける. (2) …を世間の批判にさらす.

pilotage /pilɔtaːʒ/ 男 ❶ (航空機，レースカーなどの)操縦. ▶ poste [cabine] de *pilotage* 操縦室 / *pilotage* sans visibilité 無視界飛行 / *pilotage* tête haute 有視界飛行 / *pilotage* automatique 自動操縦. ❷ 水先案内. ❸ (企業，国などの

の)経営, 運営.

pilote /pilɔt ピロット/ 男 ❶(航空機などの)操縦士, パイロット. ▶ *pilote* de ligne 定期航路のパイロット / *pilote* automatique 自動操縦装置, オートパイロット. ❷水先案内人, パイロット; 水先船(=bateau-*pilote*).
❸レーシングドライバー, レーサー.
❹ガイド, 道案内人; 〔文章〕(グループ, 国などの)指導者. ▶ servir de *pilote* à qn …を案内する.
❺《他の名詞と多くハイフン(-)で結び付いて, 同格的に》モデルの, 範例となる. ▶ usine-*pilote* モデル工場 / classe-*pilote* 実験クラス / ferme *pilote* パイロットファーム / jouer un rôle *pilote* 実験的役割を果たす. ❻〖情報〗(周辺機器用の)ドライバー.

piloter /pilɔte/ 他動 ❶(航空機, 船など)を操縦する; 〔機械など〕を操作〔運転〕する.
❷〔人〕を案内する. ▶ Je vais te *piloter* dans Paris. パリを案内してあげよう.

pilotis /piloti/ 男 〖建築〗❶(集合的に)(地盤中に打ち込んだ)基礎杭(く). ❷ピロティー: 建物を地上から持ち上げて吹き放ちの空間を作る柱, またはその空間.

pilou /pilu/ 男 綿ネル.

pilulaire /pilylɛːr/ 形 ❶丸剤の. ❷ピルの, 経口避妊薬の.

pilule /pilyl/ 女 ❶丸薬, 錠剤. ▶ prendre une *pilule* avec une gorgée d'eau 水と一緒に薬を飲み込む. ❷ピル, 経口避妊薬(=*pilule* contraceptive); 経口避妊法. ▶ être sous *pilule* ピルを服用している / prendre la *pilule* ピルを飲む / *pilule* du lendemain モーニングアフタービル(性交後に飲む避妊薬).

avaler la pilule 話 嫌なことをじっと我慢する.
dorer la pilule à qn 話 …を甘言で丸め込む.
prendre une [la] pilule 話 苦杯をなめる.

pimbêche /pɛ̃bɛʃ/ 女 つんと澄ました女; 高慢ちきな娘.

piment /pimɑ̃/ 男 ❶〖植物〗トウガラシ. ▶ *piment* doux ピーマン(=poivron) / *piment* fort 辛いトウガラシ(タカノツメ, カイエンなど).
❷ぴりっとした味; 刺激. ▶ Ses plaisanteries ont mis du *piment* dans la conversation. 彼(女)の冗談が会話をぴりりとさせてくれた.

pimenté, e /pimɑ̃te/ 形 ❶辛味の利いた, 辛い. ▶ une cuisine très *pimentée* ぴりっと辛い料理. ❷刺激のある; 〔話などが〕際どい.

pimenter /pimɑ̃te/ 他動 ❶〖料理〗…にトウガラシで風味をつける; 辛味を利かせる. ❷〔話など〕にぴりっとした味をつける; に刺激を与える.

pimpant, ante /pɛ̃pɑ̃, ɑ̃ːt/ 形 粋(いき)な, 優雅な, しゃれた.

pin /pɛ̃/ 男 ❶〖植物〗マツ(松). ▶ aiguilles de *pin* 松葉 / pomme de *pin* 松かさ.
❷松材. ▶ une table en *pin* 松材のテーブル.

pinacle /pinakl/ 男 ❶〖ゴシック建築〗のピナクル, 小尖塔(しょう). ❷高い地位, 栄誉.
être 「*au* [*sur le*] *pinacle* 最高の地位に就いている, 権力[名声]の絶頂にある.
porter qn au pinacle …を祭り上げる; 激賞する.

pinacothèque /pinakɔtɛk/ 女 (ドイツやイタリアで)美術館, 絵画館, ピナコテーク.

pinaillage /pinɑjaːʒ/ 男 話 (些細(ささい)なことに)難癖をつけること.

pinailler /pinɑje/ 自動 話〈*pinailler* sur qc〉(些細(ささい)なことに)難癖をつける, けちをつける.

pinailleur, euse /pinɑjœːr, øːz/ 形, 名 話 些細(ささい)なことに口うるさい(人), つまらないことにけちをつける(人).

pinard /pinaːr/ 男 話 ぶどう酒, ワイン.

pinardier /pinardje/ 男 話 ワイン商人; ワイン運搬船.

pinasse /pinas/ 女 (フランス南西部沿岸の)平底漁船.

pince /pɛ̃ːs/ 女 ❶挟む道具(ペンチ, やっとこ, ピンセットなど); 金てこ. ▶ *pince* à cheveux ヘアピン / *pince* à épiler 毛抜き / *pince* à sucre 砂糖ばさみ / *pince* à linge 洗濯ばさみ / *pince* à ongles 爪(つめ)切り / *pince* de chirurgien 外科手術用鉗子(かんし). ❷(カニやエビの)鋏(はさみ).
❸俗 手; 《複数で》足. ▶ serrer la *pince* à qn …と握手する. ❹〖服飾〗ダーツ, タック. ▶ pantalon sans *pinces* ノータックスラックス.

pincé, e /pɛ̃se/ 形 ❶取り澄ました. ▶ sourire *pincé* 冷ややかな薄笑い. ❷〔唇, 鼻などが〕ほっそりしていてつんとした印象を与える.

pinceau /pɛ̃so/; 《複》**x** /ː/ 男 ❶筆, 絵筆; 刷毛(はけ). ▶ *pinceau* à aquarelle 水彩画用の筆. ◆ coup de *pinceau* 筆で塗ること; 筆勢, タッチ. ❷〖光学〗*pinceau* lumineux 光線束. ❸《複数で》俗 足.

pincée /pɛ̃se/ 女 一つまみ(の量). ▶ une *pincée* de sel 一つまみの塩.

pincement /pɛ̃smɑ̃/ 男 ❶挟むこと; つまむこと; (弦楽器の)つま弾き. ❷胸が締めつけられるような苦しみ(=*pincement* au cœur). ▶ ressentir un *pincement* au cœur 胸が締めつけられる思いをする.

pince-monseigneur /pɛ̃smɔ̃sɛɲœːr/; 《複》～**s**-～ 女 (泥棒が戸をこじ開けるのに用いる)金てこ.

pince-nez /pɛ̃sne/ 男 古風 鼻めがね.

pincer /pɛ̃se/ パンセ ①

直説法現在	je pince	nous pinçons
tu pinces	vous pincez
il pince	ils pincent

他動 ❶(指または道具で)…をつまむ, 挟む; つねる. ▶ Il m'a *pincé* le bras. 彼は私の腕をつねった.
❷〔物が〕…を挟む, 締めつける. ▶ La porte lui a *pincé* un doigt. 彼(女)はドアに指を挟まれた / une robe qui *pince* la taille ウエストがぴったりしたドレス.
❸〔寒さが肌を〕刺す. ▶ Le froid *pince* les joues. 寒さで頬(ほお)がぴりぴりする / 〔非人称構文で〕Ça *pince*. 話 すごく寒い. ❹〖楽器の弦〗をつま弾く.
❺ 話 …を捕らえる; (犯行, 過ちの)現場で押さえる. ▶ *pincer* un voleur 泥棒をつかまえる.

en pincer pour qn 話 …にぞっこんほれ込む. ▶ C'est *pour* Anne que j'*en pince*. 僕が夢中になっているのはアンヌなんだ.

Pince-moi, je rêve! 夢じゃなかろうか.
pincer les lèvres 唇を引き締める.
— 間他動 〈*pincer* de qc〉[撥弦(はつげん)楽器]をつま弾く, 演奏する. ▶ *pincer* de la guitare ギターを弾く.
— **se pincer** 代動 〈*se pincer* qc〉(自分の)…を挟まれる;(自分の)…をつまむ. 注 se は間接目的. ▶ Il *s'est pincé* le doigt dans la portière. 彼は車のドアに指を挟まれた / *se pincer* le nez 鼻をつまむ.

pince-sans-rire /pɛ̃ssɑ̃ri:r/ 形, 名《不変》まじめな顔で冗談を言う(人), 何食わぬ顔で皮肉を言う(人).

pincette /pɛ̃sɛt/ 女 ❶ ピンセット. ❷(多く複数で)火ばさみ.
n'être pas à prendre avec des pincettes (1)(近寄れないほど)不機嫌だ. (2)ひどく不潔だ.

pinçon /pɛ̃sɔ̃/ 男 (肌に残る)つねられた跡, 挟まれた跡.

pineau /pino/;《複》**x** 男 [ワイン]ピノ: シャラント地方特産のデザートワイン.

pinède /pinɛd/ 女 松林.

pingouin /pɛ̃gwɛ̃/ 男 ❶[鳥類]オオウミガラス類. ❷(誤用で)ペンギン(=manchot).

ping-pong /piŋpɔ̃:g/ 男[英語]ピンポン, 卓球(=tennis de table). ▶ jouer au *ping-pong* ピンポンをする.

pingre /pɛ̃:gr/ 形 けちな, しみったれた.
— 名 けちん坊, しみったれ.
pingrerie /pɛ̃grəri/ 女 けち, しみったれ.

pin-pon /pɛ̃pɔ̃/ 間投 ピーポー(消防車の警笛).

pin's /pins/ 男 (襟などに差す)ラベルピン, ピンバッジ.

pinson /pɛ̃sɔ̃/ 男 [鳥類]アトリ.
chanter comme un pinson 上手に歌う.
gai comme un pinson とても陽気な.

pintade /pɛ̃tad/ 女 [鳥類]ホロホロチョウ.
pintadeau /pɛ̃tado/;《複》**x** 男 [鳥類]ホロホロチョウの幼鳥.

pinte /pɛ̃:t/ 女 パイント: 英米圏での液量単位. 英国では0.568リットル, 米国では0.473リットル.
「se payer [se faire] une pinte de bon sang」 大いに楽しむ, 大笑いする.

pinter /pɛ̃te/ 自動 話 大酒を食らう, 暴飲する.
— 他動 話 ❶〈酒〉をがぶがぶ飲む. ❷…を酔っ払わせる. — **se pinter** 代動 話 酔っ払う.

pin-up /pinœp/ 女《不変》[英語]❶ ピンナップ(写真). ❷ ピンナップガール, セクシーな女性.

piochage /pjɔʃa:ʒ/ 男 ❶ つるはしで掘ること. ❷ 話 猛勉強, がり勉.

pioche /pjɔʃ/ 女 つるはし.
tête de pioche 話 頑固者, 石頭.

piocher /pjɔʃe/ 他動 ❶ …をつるはしで掘る. ❷ 〈piocher qc (dans qc)〉(積み上げられた物から)…を取り出す. ❸ 話 …を猛勉強する. ▶ *piocher* un concours 猛烈に受験勉強する.
— 自動 ❶ 〈*piocher* (dans qc)〉(堆積の中から)取り出す, 掘り出す. ▶ *piocher* dans ses économies 貯金を取り崩す. ❷ 話 がり勉する.

piocheur, euse /pjɔʃœ:r, ø:z/ 名 ❶ 土木作業員. ❷ 話 がり勉, 勉強家. — 形 がり勉の.

piolet /pjɔlɛ/ 男[イタリア語]ピッケル.

pion /pjɔ̃/ 男 ❶(チェスの)ポーン, 歩(ふ). ❷(チェッカーなどの)駒(こま);碁石.
damer le pion à qn 話 …にまさる, を出し抜く.
n'être qu'un pion sur l'échiquier (人に操られる)将棋の駒にすぎない.

pioncer /pjɔ̃se/ ① 自動 話 (ぐっすり)眠る.

pionnier, ère /pjɔnje, ɛ:r/ 名 ❶[男性形で](未開地などの)開拓者. ❷(新分野の)開発者, 創始者, パイオニア. 注 女性についても男性形を用いることがある.

*****pipe** /pip ピップ/ 女 ❶ パイプ. ▶ *pipe* de bruyère ブライヤー・パイプ / fumer la *pipe* パイプをふかす. ❷ 導管, パイプ. ▶ *pipe* d'aération 通気管.
casser sa pipe 俗 死ぬ.
faire une pipe 俗 フェラチオをする.
nom d'une pipe 話 ちくしょう, くそ(憤慨, 驚き).
par tête de pipe 話 1人につき, 1人当たり.
se fendre la pipe 話 げらげら笑う.

pipé, e /pipe/ 形 [さいころなどが]いかさまの.
Les dés sont pipés. いかさまが仕組まれている.

pipeau /pipo/;《複》**x** 男 ❶ 牧人の笛;小型の縦笛. ❷ 鳥笛. ❸(複数で)(鳥を捕らえる)もち竿(ざお).
C'est du pipeau. うそだよ.
Ce n'est pas du pipeau. 本当だよ.
jouer du pipeau 気を引くためにうそをつく.

pipelet, ette /piplɛ, ɛt/ 名 話 ❶ 門番, 管理人. ❷(多く女性形で)おしゃべり, ゴシップ好き.

pipeline /pajplajn;piplin/ 男[英語]パイプライン(=oléoduc).

piper /pipe/ 他動 ❶[さいころ, トランプ]にいかさまの細工をする. ❷[鳥]を(鳴きまね, 鳥笛で)おびき寄せて捕らえる.
ne pas piper (mot) ひとことも言わない, 黙っている.

piperade /piperad/ 女[料理]ピペラッド: バスク地方のハムを添えたトマトとピーマンのオムレツ.

piperie /pipri/ 女 文章 ごまかし, 欺瞞(ぎまん), 詐欺.

pipette /pipɛt/ 女 ピペット: 少量の液体を採取するのに用いるガラス管.

pipi /pipi/ 男[幼児語] おしっこ, 小便. ▶ faire *pipi* おしっこをする.
C'est à faire pipi. (小便をもらすほど)おかしい.
dame-pipi 公衆トイレの管理人の女性.
pipi de chat まずい酒[飲み物];つまらない物.

piquage /pika:ʒ/ 男 ミシン縫い;穴あけ. ▶ le *piquage* d'une veste 上着のミシン縫い.

*****piquant, ante** /pikɑ̃, ɑ̃:t/ 形 ❶ 刺す, とげのある;とがった. ❷ 辛い;舌[肌, 鼻]を刺す. ▶ sauce *piquante* [料理]ピカントソース / barbe *piquante* ちくちくするひげ / L'air était vif et *piquant*. 大気は刺すように冷たかった. ❸ 文章 興味をそそる, 刺激的な.
— **piquant** 男 ❶(動植物の)とげ. ▶ les *piquants* des chardons アザミのとげ. ❷ 妙味, 魅力;おもしろい点. ▶ Ces détails donnent du *piquant* à l'histoire. これらのディテールが物語に興趣を添えている.

piratage

pique[1] /pik/ 囡 ❶ 槍(%). ❷ 楊枝(%).
— 男 スペード(の札).

pique[2] /pik/ 囡 とげのある言葉, 皮肉. ▶ envoyer [lancer] des *piques* à [contre] qn …にいやみを言う.

piqué, e /pike/ 形 ❶ (虫に食われて)穴のあいた; 染みのある, 斑点(%)のある. ▶ visage *piqué* de taches de rousseur そばかすのある顔. ❷ 話 頭がおかしい. ❸ ミシンで縫った; キルティングした. ❹ 〔ワインなどが〕酸っぱくなった. ❺ 〖音楽〗note *piquée* 鋭いスタッカート.
Ce n'est pas piqué des vers. 話 すごい, なみはずれている.
— 名 話 変人; 頭のいかれた人.
— **piqué** 男 ❶ 〔織物〕ピケ. ❷ 〖航空〗急降下.
▶ bombardement en *piqué* 急降下爆撃.

pique-assiette /pikasjɛt/; 〔複〕 ~-~**s** 名 話〔軽蔑して〕他人の家で)ただ飯を食う人, 食事をたかる人.

pique-feu /pikfø/ 男〔単複同形〕火かき棒.

pique-nique /piknik/ 男 ピクニック, 野外での軽食会. ▶ faire un *pique-nique* 野外で食事する.

pique-niquer /piknike/ 自動 ピクニックをする, 野外で食事をする.

pique-niqueur, euse /piknikœːr, øːz/ 名 ピクニックをする人, 野外で食事を取る人.

***piquer** /pike/ ピケ

直説法現在	je pique	nous piquons
	tu piques	vous piquez
	il pique	ils piquent

他動 ❶ …を(とがった物で)刺す, 突き刺す. ▶ Une épine lui *a piqué* le doigt. 彼(女)の指にとげが刺さった / se faire *piquer* par les moustiques 蚊に食われる.
❷ …に注射する. ▶ On l'*a piqué* contre la variole. 彼は天然痘の予防接種をされた / faire *piquer* un chien 犬に(特に安楽死の)注射をしてもらう.
❸ 〔とがった物〕を突き刺す. ▶ *piquer* sa fourchette dans un bifteck フォークをビフテキに刺す / *piquer* des olives オリーブをつつく.
❹ …をピンで留める. ▶ *piquer* une photo au mur 壁に写真をピンで留める.
❺ 〔目, 皮膚など〕をちくちく[ひりひり]させる. ▶ La moutarde *pique* la langue. マスタードは舌にぴりっとする / La fumée *pique* les yeux. 煙が目にしみる / Ça me *pique*. むずがゆい; ひりひり[ちくちく]する.
❻ 〔虫などが〕…に点々と穴をあける; に染みをつくる. ▶ Les vers *ont piqué* ce meuble. この家具は虫に食われている. ❼ …を強く打つ. ▶ *piquer* une note 〖音楽〗音符を鋭いスタッカートで奏する.
❽ 〔好奇心など〕を刺激する; 〔文章〕の感情を害する. ▶ *piquer* l'intérêt de qn …の興味を引く.
❾ 話 突然…する. ▶ *piquer* une colère かっとする / *piquer* une crise 発作を起こす.
❿ 話〈*piquer* qc/qn (à qn)〉(…から)…を盗む.
▶ On m'*a piqué* mon portefeuille. 私は財布をすられた. ⓫ 話 …の現場を押さえる, を逮捕する.
⓬ 〖服飾〗…を合わせ縫いする; ミシンで縫う; をキルティングする.
piquer des deux (馬に)両の拍車を入れる; 大急ぎで行く.
piquer qn au vif …の痛いところを突く; の自尊心を傷つける.
piquer une tête 頭から突っ込む.
piquer ⌈*un fard* [*un soleil*]⌉ ぱっと顔を赤める.
— 自動 ❶ 〈*piquer* (droit) sur qc/qn〉…に向かって進む, 突進する.
❷ 〔飛行機が〕急降下する; 〔船が〕沈む.
❸ 〔ワインが〕酸っぱくなる. ❹ 〔飲み物が〕ぴりっとする.
❺ ちくちくする; 〔人が〕ひげがちくちくする.
piquer du nez (1) 鼻先から倒れ込む. (2) 前方に傾く; 急降下する; 〔船が〕船首を突っ込む.
— se piquer 代動 ❶ 〈*se piquer* qc〉(自分の)…を刺す. 注 se は間接目的. ▶ *se piquer* le doigt avec une aiguille 針で指を刺す.
❷ 自分の体を刺す. ▶ *se piquer* avec une épine とげで けがをする.
❸ 話 (自分に)注射をする, 麻薬を打つ.
❹ 〔紙, 木などが〕染みがつく; 虫に食われる.
❺ 〔ワインなどが〕酸っぱくなる.
❻ 気分を害する, 怒る. ▶ Elle *se pique* d'un rien. 彼女はちょっとしたことで腹を立てる.
❼ 〈*se piquer* de qc/不定詞〉…を誇る, 自慢する.
▶ *se piquer* de littérature 文学の素養を誇る / Elle *se pique* d'être intelligente. 彼女は自分が頭がいいと自慢している.
se piquer au jeu 興味を持つようになる.
se piquer le nez 話 酔っ払う.

piquet /pikɛ/ 男 ❶ 杭(%). ▶ planter un *piquet* 杭を打つ / être planté [droit, raide] comme un *piquet* (棒杭のように)直立不動である. ❷ *piquet* de grève (ストライキの)ピケ.
❸ *piquet* d'incendie 駐屯消防隊.
mettre un enfant au piquet 子供を罰として立たせる.

piquetage /piktaːʒ/ 男 杭(%)打ち, 杭標示.

piqueté, e /pikte/ 形 〈*piqueté* de qc〉…がちりばめられた. ▶ ciel *piqueté* d'étoiles 星のちりばめられた夜空.

piqueter /pikte/ 4 他動 ❶ 〈*piqueter* qc de qc〉…に…をちりばめる. ❷ 杭(%)を打って…を示す.

piquette[1] /pikɛt/ 囡 ❶ ピケット: ブドウの搾りかすに水を加え発酵させた飲み物. ❷ 話 安ワイン.

piquette[2] /pikɛt/ 囡 話 惨敗, 大敗.

piqueur /pikœːr/ 男 (つるはし, 空気削岩機を使う)坑夫. — **piqueur, euse** /pikœːr, øːz/ 名 縫製工.

***piqûre** /pikyːr/ ピキュール 囡 ❶ 注射. ▶ faire une *piqûre* à qn dans le bras …の腕に注射をする / se faire faire une *piqûre* 注射をしてもらう / *piqûre* intraveineuse 静脈注射.
❷ 刺し傷, 虫刺され. ▶ *piqûres* de moustiques 蚊に食われた跡. ❸ 虫食い; (湿気などによる)染み. ❹ 縫い目, ステッチ.

piranha /pirana/ 男〖魚類〗ピラニア.

piratage /pirataːʒ/ 男 ❶ 違法コピー. ❷ 〖情報〗(コンピュータネットワークの)不法侵入. ▶ *piratage*

pirate

informatique ハッキング.
pirate /pirat/ 男 ❶ 海賊; 海賊船 (=bateau *pirate*). ❷ *pirate* de l'air ハイジャック犯人. ❸ *pirate* informatique ハッカー, 不正侵入者. ❹ 悪徳業者. ── 形 非合法の. ▶ édition *pirate* 海賊版 / radio-*pirate* 海賊放送.

pirater /pirate/ 他動 ❶ …の海賊版を作る, を無断で複製する; 違法コピーする. ▶ *pirater* un logiciel ソフトウエアを違法コピーする. ❷ …を剽窃(ひょうせつ)[盗作]する. ▶ se faire *pirater* ses idées アイデアを盗用される. ❸〖情報〗[コンピュータネットワーク]に不法侵入する. ▶ *pirater* un ordinateur コンピュータに不法侵入する.
── 自動 海賊を働く.

piraterie /piratri/ 女 ❶ 海賊行為. ❷ *piraterie* aérienne ハイジャック. ❸ 詐欺.

***pire** /piːr/ ピール 形 《多く名詞の前で》 ❶ 《mauvais の優等比較級》より悪い. ▶ Ton frère est peut-être paresseux, mais tu es *pire* que lui. 君の兄[弟]は不精かもしれないが, 君はもっとひどい / La situation est bien [encore] *pire* que je ne pensais. 情勢は思っていたよりはるかに悪い (注 ne は虚辞の) / Il n'y a rien de *pire*. これ以上悪いことはない / C'est *pire* que tout. 最悪だ / C'est encore *pire*. もっとひどい / ce qui est *pire* さらに悪いことには.
❷ 《mauvais の最上級: 定冠詞, 所有形容詞とともに》最悪の. ▶ la *pire* chose qui puisse nous arriver 我々に起こりうる最悪のこと.
注 (1)「欠陥」の意では pire を用いず, 常に plus mauvais を用いる(例: Sa vue est plus mauvaise que la vôtre. 彼(女)の視力はあなた(方)より悪い). (2) pire は bien, cent fois などを用い, beaucoup, très などは用いない.
── 男 ❶ 最悪のこと. ▶ A quoi ça sert d'imaginer toujours le *pire*? 常に最悪のことばかり考えていったい何になる / partenaires unis pour le meilleur et pour le *pire* 苦楽をともにするべく結ばれたパートナー / s'attendre au *pire* 最悪の事態を予想する / la politique du *pire* 捨て身戦術, 事態を悪化させて成果を得ようとする戦略.
au pire 最悪の場合には.
de pire [mal] en pire 話 ますます悪く, だんだんひどく. ▶ C'est *de pire en pire*. ますます悪くなっている.
en mettant les choses au pire 最悪の事態を考慮に入れて, 最悪の場合でも.
Le pire n'est pas toujours sûr. 必ずしも最悪の事態が起きるわけではない.
── 名 〈定冠詞 + *pire*(s) de + 複数名詞〉…のうちで最悪の人[物]. ▶ la *pire* des choses 最悪のこと.

piriforme /piriform/ 形 西洋ナシの形をした, ナシ状の.

pirojki /piroʃki/ 男複《ロシア語》〖料理〗ピロシキ.

pirouette /pirwɛt/ 女 ❶ (片足を軸とした)1回転, 半回転;〖バレエ〗ピルエット. ▶ faire une *pirouette* (その場で)くるりと回る. ❷ (意見や態度の)豹変(ひょうへん).
répondre par des pirouettes 話 (まじめな質問に)茶化して答える, はぐらかして答える.

pirouetter /pirwete/ 自動 (その場で)回転する;〖バレエ〗ピルエットをする.

pis¹ /pi/ 男 (牛, 羊, ヤギなどの)乳房.

***pis**² /pi/ 副 古《文章》《mal の比較級》もっと悪く. 注 現在ではほとんど成句的表現のみに用いられ, 普通は plus mal を使う.
aller de mal en pis 〔事態が〕ますます悪くなる. ▶ Le malade *va de mal en pis* 病人の容態はますます悪化している.
au pis aller /opizale/ 最悪の場合には [でも]. ▶ *Au pis aller*, j'arriverai dans trois heures. 遅くとも3時間後には着きます.
tant pis (残念だが)仕方がない. ▶ *Tant pis* pour moi. La prochaine fois, je ferai attention. 残念だけど仕方がない. 次は気をつける.
── 形 《不変》文章 もっと悪い. 注 現在では pire を用いることが多い. ▶ C'est bien *pis* que je ne pensais. 思っていたよりもずっとよくない.
qui pis est /kipize/ さらに悪いことには. ▶ Il est paresseux, et *qui pis est*, très bête. 彼は怠け者で, さらに悪いことに頭が鈍い.
── 男 ❶《無冠詞》もっと悪いこと. ▶ Il a fait bien *pis*. 彼はもっとずっと悪いことをやった.
❷《le pis》文章 最も悪いこと. ▶ le *pis* qui puisse arriver 起こりうる最悪の事態.
dire pis que pendre de qn …について悪口雑言の限りを尽くす.
mettre les choses au pis 最悪の事態を想定する.

pis-aller /pizale/ 男《単複同形》その場しのぎの手段;(やむを得ず選んだ)代役.

piscicole /pisikɔl/ 形 養魚の.

pisciculteur, trice /pisikyltœːr, tris/ 名 (魚の)養殖業者.

pisciculture /pisikyltyːr/ 女 養殖魚法.

pisciforme /pisiform/ 形 魚の形をした.

***piscine** /pisin/ ピスィヌ 女 ❶ 水泳プール. ▶ aller à la *piscine* プールに行く / nager dans la *piscine* プールで泳ぐ / *piscine* couverte 屋内プール / *piscine* en plein air 屋外プール. ❷《la *piscine*》フランス秘密情報機関.

Pise /piːz/ 固有 ピサ: イタリア中部の都市.

pisé /pize/ 男 (粘土, わらなどを混ぜ固めた)練り土.

pissaladière /pisaladjɛːr/ 女〖料理〗ピサラディエール: タマネギとアンチョビー入りタルト. ニース料理.

pissat /pisa/ 男 (ロバ, 馬などの)小便, 尿.

pisse /pis/ 女 俗 小便.

pissenlit /pisɑ̃li/ 男〖植物〗タンポポ.
manger les pissenlits par la racine (タンポポの根を食べる→)死んで墓の中にいる.

pisser /pise/ 自動 俗 ❶ 小便をする. ❷〔容器が〕漏る;〔液体が〕ほとばしり出る.
C'est comme si on pissait dans un violon. まったくむだなことだ, 骨折り損だ.
Il pleut comme vache qui pisse. どしゃ降りだ.
laisser pisser ほうっておく.
pisser dans son froc 俗 恐ろしさにちびる.
pisser sur qn/qc 卑 …を馬鹿にする, 軽蔑する.
── 他動 俗 ❶ *pisser* du sang 血尿を出す. ❷

〔液体〕を漏らす.
pisser de la copie 駄文を書き散らす.
pisseur, euse /pisœːr, øːz/ 图男 ❶ 小便の近い人. ❷ *pisseur de copie* 駄文を書きなぐる人;《特に》三流記者.
pisseux, euse /pisø, øːz/ 形話 ❶ 小便の染みた, 小便くさい. ❷ 黄ばんだ;〔色が〕あせた.
pissotière /pisɔtjɛːr/ 图女 話 (男子用) 公衆便所.
pistache /pistaʃ/ 图女 ピスタチオの実〔種子〕.
── 形《不変》淡黄緑色の.
pistachier /pistaʃje/ 图男 ピスタチオの木.
pistage /pistaːʒ/ 图男 追跡, 尾行.
pistard /pistaːr/ 图男〘自転車〙トラック(レース)の選手, ピストの選手.
****piste** /pist/ 图女 ❶❶ 滑走路. ▶ avion en *piste* 滑走路に出ている飛行機.
❷ ゲレンデ. ▶ *piste* de ski スキーのゲレンデ. ❸ (陸上競技場などの) トラック, 競走路. ▶ course sur *piste*〘自転車〙のトラックレース. ❹ (多く円形の) 演技場. ▶ *piste* de patinage スケートリンク / *piste* de cirque サーカスのリング. ❺ 専用道路. ▶ *piste* cyclable 自転車専用道. ❻ (テープなどの) トラック, 録音帯. ▶ *piste* sonore (映画の) サウンドトラック. ❼ ボーリングのレーン.
❷❶ (捜査, 探求の) 手がかり, 道筋;(犯人の) 足どり, 逃走経路. ▶ La police a [suit] une *piste*. 警察は手がかりを得ている[たどっている] / être sur la *piste* de qn …を追跡中である / brouiller les *pistes* 足どりをくらます / Mets-moi sur la *piste*. 手がかりをくれ.
❷ (獣の) 足跡;(人, 車の通った) 跡. ❸ (原野などの) 踏み分けられた道.
pister /piste/ 他動 話 …を尾行する;〔獲物〕のあとを追う.
pisteur, euse /pistœːr, øːz/ 图 (スキー場の) ゲレンデ監視員.
pistil /pistil/ 图男〘植物学〙雌しべ.
pistolet /pistɔlɛ/ 图男 ❶ ピストル, 拳銃(けんじゅう)(= revolver). ▶ tirer [lâcher] des coups de *pistolet* ピストルを数発撃つ.
❷ (塗料などの) スプレーガン, 吹きつけ器. ▶ peinture au *pistolet* 吹きつけ塗装.
❸ 話 un drôle de *pistolet* うさん臭いやつ.
pistolet-mitrailleur /pistɔlɛmitrajœːr/;(複) ~**s**-~**s** 小型機関銃, サブ・マシンガン.
pistoleur /pistɔlœːr/ 图男 吹きつけ塗装工.
piston /pistɔ̃/ 图男 ❶ ピストン. ❷ (金管楽器の) ピストン;コルネット(= cornet à *pistons*). ❸ 話 (就職や昇進などに際しての) 引き, 後ろ盾, コネ. ▶ avoir du *piston* 引きがある.
pistonner /pistɔne/ 他動 話 …を推薦する. ▶ Elle *est pistonnée*. 彼女にはコネがある.
pitance /pitɑ̃ːs/ 图女 食糧, 餌(えさ). ▶ servir une maigre *pitance* 粗末な食事を出す.
piteusement /pitøzmɑ̃/ 副 惨めに, みすぼらしく.
piteux, euse /pitø, øːz/ 形 (ときに名詞の前で) 惨めな, 情けない. ▶ faire *piteuse* mine 情けない顔をする / un résultat *piteux* 惨めな結果.
pithécanthrope /pitekɑ̃trɔp/ 图男 ピテカントロプス, ジャワ原人.

****pitié** /pitje/ 图女 ❶ 哀れみ, 同情, 憐憫(れんびん) (の情). ▶ inspirer la *pitié* à qn …の同情を誘う / éprouver de la *pitié* pour les malheureux 不幸な人々に哀れみを覚える / Je n'ai pas de *pitié* pour un tel crime. そういう犯罪はまったく許せない / Pas de *pitié* pour les fascistes! ファシストたちを許すな.
❷ 軽侮の念;惨めさ. ▶ un sourire de *pitié* さげすみの笑い / Quelle *pitié*! なんて情けないんだ.
à faire pitié 哀れなほど;とてもひどく.
avoir pitié de qn …に同情する, を哀れむ. ▶ *Ayez pité de nous*. 私たちを哀れんでください.
faire pitié (*à qn*) (…に) 哀れみを催させる. ▶ Ces pauvres enfants me *font pitié*. あの子たちは実にかわいそうだ.
faire pitié (*à voir*) やせて [疲れきって, 惨めで] 見る影もない.
par pitié (1) 哀れんで, 同情から. (2) お願いだから. ▶ *Par pitié*, laissez-moi tranquille. お願いだから私に構わないで.
Pitié (*pour qn*)*!* (…を) かわいそうだと思ってやりなさい;どうかお許しを, 御慈悲を.
prendre qn en pitié …を哀れと思う.
sans pitié 無慈悲な[に]. ▶ une personne *sans pitié* 冷酷な人.
piton /pitɔ̃/ 图男 ❶ ねじ丸環, ピートン, アイボルト:頭部が環状, 鉤(かぎ)状のボルト, ビスなど. ❷〘登山〙ハーケン, ピトン. ❸ 尖峰(せんぽう).
pitonnage /pitɔnaːʒ/ 图男〘登山〙ハーケン[ピトン]を打ち込むこと.
pitonner /pitɔne/ 自動〘登山〙(岩に) ハーケン[ピトン]を打ち込む.
pitoyable /pitwajabl/ 形 (ときに名詞の前で) ❶ 哀れな, 痛ましい, 同情に値する. ▶ Quelques-uns des réfugiés sont dans une situation *pitoyable*. 難民の何人かは気の毒な境遇にある.
❷ 下手な, くだらない. ▶ un *pitoyable* acteur へぼ役者.
pitoyablement /pitwajabləmɑ̃/ 副 惨めに, 下手に.
pitre /pitr/ 图男 (客寄せの) 道化師;おどけ者. ▶ faire le *pitre* おどける.
pitrerie /pitrəri/ 图女 (多く複数で) 道化;おどけ, おどけた冗談〔仕草〕.
****pittoresque** /pitɔrɛsk/ 形 ❶ 絵になる;趣のある. ▶ un site *pittoresque* 絵になる景色 / une rue *pittoresque* 風情のある通り.
❷ 風変わりな, 人目を引く. ▶ avoir une tenue *pittoresque* 人目を引く格好をする.
❸〔表現などが〕生き生きとした, 精彩に富む. ▶ scène *pittoresque* 鮮やかなシーン.
── 图男 絵になる美しさ;変わった趣;精彩.
pivert /pivɛːr/ 图男〘鳥類〙ヨーロッパアオゲラ.
pivoine /pivwan/ 图女〘植物〙ボタン, シャクヤク.
rouge comme une pivoine (恥ずかしいなどで) 顔が真っ赤な.
pivot /pivo/ 图男 ❶ 軸, ピボット;(羅針盤の) 心棒. ❷ 中心 (人物), かなめ. ▶ être le *pivot* d'une entreprise 企画の中心人物である. ❸〘歯科〙dent à *pivot* 差し歯.
pivotant, ante /pivotɑ̃, ɑ̃ːt/ 形 (軸を中心

pivotement

に)回転する. ▶ fauteuil *pivotant* 回転椅子(♀).
pivotement /pivɔtmɑ̃/ 男 (軸による)回転, 旋回.
pivoter /pivɔte/ 自動 (軸を中心に)回転する. ▶ *pivoter* sur ses talons 踵(だ)でくるりと回る.
pixel /piksɛl/ 男 〖情報〗 ピクセル.
pizza /pidza/ 女 《イタリア語》 ピザ.
pizzeria /pidzerja/ 女 《イタリア語》 ピザ専門店, ピッツェリア.
pizzicato /pidzikato/; 複 ***pizzicatos*** (または ***pizzicati*** /pidzikati/) 男 《イタリア語》 〖音楽〗 ピッチカート: 擦弦楽器を弓を使わず指先ではじく奏法.
PJ 女 〖略語〗 = police judiciaire 司法警察.
placage /plakaʒ/ 男 ❶〔壁や家具の化粧張り〕化粧板. ▶ *placage* d'[en] acajou マホガニーの化粧張り / *placage* de marbre 大理石化粧. ❷ 〖ラグビー〗 タックル (= plaquage).
*****placard** /plakaːr プラカール/ 男 ❶〔壁の中などに作り付けの〕戸棚, たんす, クロゼット. ▶ *placard* de cuisine 台所の戸棚. ❷ *placard* publicitaire 新聞[雑誌]広告. ❸ 張り紙, びら, 掲示. ❹〖印刷〗ゲラ刷り, 校正刷り (= épreuves en *placard*). ❺ 隠 刑務所.

avoir un cadavre dans le placard 話 やましい過去がある.
mettre [ranger] *qc/qn* au placard …を棚上げにする; のけ者にする. ▶ Le plan d'action *a été mis au placard*. 行動計画は棚上げになった.
sortir du placard 自分が同性愛者であることを公言する.

placarder /plakarde/ 他動 ❶〔ポスター, びらなどを(…に)張る. ▶ *placarder* un avis sur un mur 壁に告示を張り出す. ❷ <*placarder* qc (de qc)>〔壁など〕に(…を)一面に張る. ▶ *placarder* un mur d'affiches 壁にポスターをべたべた張る.

*****place** /plas プラス/ 女

〖英仏そっくり語〗
英 place 場所, 席.
仏 place 場所, 席, 広場.

❶ (人, 物の占める)位置, 場所. ▶ Remettez le livre à sa *place* dans la bibliothèque. 本を本棚のもとの場所に返してください / Ce pêcheur s'installe toujours à la même *place*. あの釣り人はいつも同じ場所に陣取る / Cet ouvrage consacre une *place* importante au problème du sida. この本はエイズ問題に多くのページを割いている. ◆ avoir [tenir] une *place* + 形容詞 …な位置を占める. ▶ La musique tient une grande *place* dans sa vie. 音楽は彼(女)の生活の中で大きな位置を占めている. 語法 ⇨ ENDROIT.

❷ 余地, スペース. ▶ Ce meuble tient trop de *place*. この家具は場所を取りすぎる / Pousse-toi un peu, fais-moi une petite *place*. ちょっと詰めて私に少し場所を空けてください / Il y a la *place* de ranger encore quelques livres. まだ何冊か本の入る余地がある.

❸ 席, 座席; 座席代金. ▶《Cette *place* est libre ? —Non, elle est occupée.》「この席は空いてますか」「いいえ, ふさがっています」/ Une *place* étudiant, s'il vous plaît. (入場券売り場などで)学生 1 枚お願いします / louer [réserver] sa *place* dans un train 列車の座席を予約する / payer *place* entière [demi-*place*] (入場料の)全額[半額]を払う / voiture à quatre *places* 4 人乗りの車 (注) une quatre *places* と略す).

❹ (一般に低い)地位, ポスト, 職. ▶ perdre sa *place* dans le monde 地位を失う / chercher une *place* de secrétaire 秘書の口を探す. 比較 ⇨ EMPLOI.

❺ 順位, 席次. ▶ Marie a eu la première *place* en maths. マリーは数学で 1 番になった / Elle occupe la première *place* dans ma tête. 彼女のことがまず私の頭にある.

❻ 広場. ▶ la *place* de la Concorde à Paris パリのコンコルド広場 / se promener sur la *place* 広場を散歩する.

❼ 要塞 (= *place* forte). ❽ 市場, 取引所; 実業界. ▶ *place* financière internationale 国際金融市場 / Il est bien connu sur la *place* de Paris. 彼はパリの実業界ではなかなか名が通っている.

*****à la place** (de *qc/qn*) (…の)代わりに. ▶ employer un mot *à la place d*'un autre ある語の代わりに他の語を使う / Pierre viendra *à la place de* Jean. ピエールがジャンの代わりに来ることになっている / On ne l'a pas remboursé, mais il a pu choisir un autre article *à la place*. 彼は払い戻してはもらえなかったが, 代わりに別の品物を選ぶことができた.

à la place de qn …の立場に(たてば). ▶ se mettre *à la place de qn* …の立場になって考える / *A ta place*, je refuserais. 私があなたの立場だったら断るだろう.

avoir [se faire] sa place au soleil 晴れて人並みの生活[地位]を手にする.

A vos places!* = *En place! (各自, 自分の)位置に[席に]ついて.

de place en place あちこちで. ▶ On voit des balcons fleuris *de place en place*. あちこちに花いっぱいのバルコニーが見える.

*****en place** (1) あるべき場所に, しかるべき所に. ▶ Tout est *en place*. 準備はすべて整っている; すべてがきちんと整頓(災)されている. (2) 地位のある, 有力な. ▶ les gens *en place* しかるべき地位にある人, 有力者.

entrer dans la place 敵の牙城(が)に乗り込む.
être à sa place ふさわしい場所にいる. ▶ Il *est bien à sa place* dans cette fonction. 彼にこの仕事は打って付けだ.
être maître de la place 我が物顔に振る舞う.
faire place à *qc* …に道を譲る; 取って代わられる. ▶ Les vieux immeubles *ont fait place à* des tours. 古い建物が高層ビルに取って代わられた.
faire place nette (1) 場所を空ける. (2) 邪魔物を一掃する.
mettre *qc* en place (1) …を配置する, 配備する; 設置する, 設立する. ▶ *mettre* ses idées *en place* 考えをきちんと整理する. (2) …を確立する; 実施する. ▶ *mettre en place* des mesures de sécurité 安全措置を講じる.
mise en place (1) 配置; 取り付け. ▶ faire la *mise en place* (レストランで)テーブルに食器をセッ

トする. (2) 確立, 実施. ▶ la *mise en place* d'une véritable politique du logement 真の住宅政策の実施.

ne pas tenir en place じっとしていない, 動き回っている. ▶ Depuis qu'elle a appris son arrivée, elle ne *tient* plus *en place*. 彼(女)がやって来ると知ってからというもの, 彼女は落ち着かない.

par places 所々に.

Place! 道をあけてください, 通してください.

Place à qn/qc! …に出番を与えよ. ▶ *Place aux* jeunes! 若者に活躍の場を.

place d'honneur 貴賓席.

prendre la place de qn …に取って代わる, と交代する.

prendre place 着席する. ▶ Veuillez *prendre place*. どうぞお座りください.

quitter la place 地位を去る, 仕事を辞める.

remettre qn à sa place (…をふさわしい地位に戻す→)…をたしなめる.

rester à sa place 身のほどをわきまえる.

sur la place publique 公に, 大衆の面前で. ▶ descendre *sur la place publique* 公衆の面前に立つ.

*****sur place*** (1) その場で. ▶ rester *sur place* その場を動かない, じっとしている / faire une enquête *sur place* 現場で調査する / Je ne rentre pas, je déjeunerai *sur place*. 家に戻らず出先でお昼を食べます. (2) 〖名詞的に〗立ち往生. ▶ faire du *sur place* [車などが] 立ち往生する; [計画などが] 進まない.

tenir sa place 地位にふさわしく振る舞う; ふさわしい地位を占める.

placé, e /plase/ 形 (ある場所, 立場に) 置かれた. ▶ un magasin bien *placé* 立地条件のよい店 / un personnage haut *placé* 高い地位にある人物. ◆ être bien [mal] *placé* pour + 不定詞 …するのに都合がよい [悪い] 立場にいる. ▶ Je suis bien *placé* pour le savoir. それを一番よく知っているのは私だ.

placebo /plasebo/ 男 《ラテン語》《医学》プラシーボ, 偽薬.

placement /plasmɑ̃/ 男 ❶ 投資, 運用. ▶ faire un bon *placement* 有利な投資をする / *placement* de fonds 資金運用. ❷ 就職させること. ▶ agence [bureau] de *placement* 就職幹旋(あっせん)所. ❸ (病院, 施設などへの) 収容.

placenta /plasɛ̃ta/ 男 〖解剖〗胎盤.

*****placer** /plase/ プラセ 他動

過去分詞 placé	現在分詞 plaçant
直説法現在 je place	nous plaçons
tu places	vous placez
il place	ils placent

❶ …を置く, 配置する. ▶ J'ai *placé* le bureau sous la fenêtre. 私は机を窓の下に置いた / *placer* un poste d'observation sur la montagne 山上に観測所を設置する / *placer* les invités à table 招待客を食卓につかせる / Votre demande me *place* dans une situation diffi-

cile. あなた(方)の要求は私の立場を難しくする.

❷ 位置づける, 設定する. ▶ Où *placez*-vous cette ville sur la carte? その町は地図のどこにあると思いますか / Il *place* l'action de son roman au début du XVIIIe [dix-huitième] siècle. 彼は小説の舞台を18世紀初頭に設定した / *placer* son intérêt au-dessus de tout 何よりも自分の利害を優先する.

❸ 〔人〕を (地位, 職に) 就かせる, の就職を世話する. ▶ On l'*a placée* à la comptabilité. 彼女は会計に配属された / *placer* son fils à la tête de son entreprise 息子を自分の企業のトップに就かせる.

❹ 〔言葉など〕を差し挟む. ▶ *placer* un bon mot dans une conversation 会話の中に気の利いた言葉を挟む. ❺ 〔金を〕投資する, 預金する. ▶ *placer* ses économies à la banque ためたお金を銀行に預金する. ❻ …を売りさばく, 売り払う. ▶ *placer* des marchandises 商品を売り込む.

en placer une 〖図〗口をきく; 口を差し挟む.

ne pas pouvoir placer un nom sur un visage 顔を見ても名前が思い出せない.

— ***se placer*** 代動 ❶ 席を占める; (ある立場に) 身を置く. ▶ *Placez-vous* là. そこにお座りください / *se placer* parmi les premiers トップ集団の中にいる / *se placer* à un point de vue ある見地に立つ / Elle *s'est placée* comme dactylo. 彼女はタイピストとして雇われた.

❷ 置かれている; 位置づけられる. ▶ un meuble qui *se place* près de la porte 扉のそばにある家具. ❸ 〔商品が〕はける. ❹ 〖図〗(成功するために) うまく立ち回る.

chercher à se placer auprès de qn …に自分を売り込む, 取り入る.

placet /plasɛ/ 男 〖法律〗(原告から裁判所に提出される)事件登録申請書.

placeur, euse /plasœːr, øːz/ 名 ❶ (宴会場, 劇場などの)座席案内係. 注 女性の場合は ouvreuse を用いることが多い.

❷ (就職口の) 斡旋(あっせん)業者, 周旋屋.

placide /plasid/ 形 〔人, 態度など〕が平静な, 穏やかな. ▶ une personne *placide* もの静かな人.

placidement /plasidmɑ̃/ 副 平静に, 穏やかに.

placidité /plasidite/ 女 平静さ, 穏やかさ. ▶ avec *placidité* 落ち着いて.

placier, ère /plasje, ɛːr/ 名 ❶ (市場内の) 場所仲買人. ❷ 商品ブローカー, 取次販売人.

*****plafond** /plafɔ̃/ プラフォン 男 ❶ 天井. ▶ une chambre basse de *plafond* 天井の低い部屋 / faux *plafond* (天井を低く見せる) 仮天井.

❷ 上限, 最高限度. ▶ atteindre son *plafond* 上限に達する /《同格的に》最高速度 / âge(-)*plafond* 上限の年齢 / prix(-)*plafond*(s) 上限価格.

❸ 〖航空〗上昇限度. ❹ 〖美術〗天井画.
❺ 〖気象〗*plafond* nuageux 雲底高度.

avoir une araignée au [dans le] plafond 〖図〗気が狂っている.

crever le plafond (1) 限度 [限界] を超える. (2) 斬新(ざんしん)な作品を作る.

plafond de verre ガラスの天井: 女性やマイノリティーの昇進を妨げる見えない障壁.

plafonné

sauter au plafond（驚きや怒りで）飛び上がる.
plafonné, e /plafɔne/ 形 上限の; 上限が定められた.
plafonnement /plafɔnmã/ 男 限度［限界］に達すること, 頭打ち.
plafonner /plafɔne/ 自動 ＜*plafonner* à ＋ 数量表現＞で頭打ちになる, 限界になる; 最高で…に達する. ▶ Mon salaire *plafonne* à quarante mille euros. 私の給料は4万ユーロで頭打ちになっている / avion qui *plafonne* à dix mille mètres 1万メートルで上昇限度に達する飛行機.
── 他動［部屋］に天井を設ける.
plafonnier /plafɔnje/ 男（天井にじかにつけた）天井灯;（車の）室内灯, ルームランプ.
*****plage** /plaːʒ/ プラージュ 女 ❶ 浜, 海岸; 海水浴場;（遊泳可能の）河岸, 湖岸. ▶ aller à la *plage* 海辺に行く / *plage* de sable 砂浜 / Paris-*plage* パリ・プラージュ（夏の間セーヌ川岸に作られる人工の砂浜）. 比較 ▷ BORD.
❷ 時間（帯）; 放送時間帯. ▶ se réserver des *plages* libres 自由時間をとっておく.
❸ 幅, 範囲. ▶ la *plage* des choix 選択の幅.
❹（レコードの）録音部分.
❺【海事】*plage* avant 船首甲板 / *plage* arrière 後甲板.
❻ *plage* arrière（自動車の）リアシェルフカバー.
plagiaire /plaʒjɛːr/ 名 盗作者, 剽窃（ひょうせつ）者.
plagiat /plaʒja/ 男 盗作, 盗用, 剽窃（ひょうせつ）.
plagier /plaʒje/ 他動 …を盗作する, 剽窃（ひょうせつ）する.
plagiste /plaʒist/ 名 海水浴場管理人; 海の家経営者.
plaid /plɛd/ 男【英語】❶【織物】プレード: タータンチェックの羊毛生地. ショールや毛布に用いられる.
❷（旅行用の）プレードのひざ掛け.
*****plaider** /plede/ プレデ 他動 ❶［訴訟事件］の弁護をする. ▶ *plaider* une cause perdue 敗訴すると分かっている事件を弁護する.
❷（弁護において）…を主張する. ▶ *plaider* l'innocence 無実を主張する / *plaider* la légitime défense 正当防衛を主張する /（目的語なしに）*plaider* coupable 有罪を認めた上で弁護する / *plaider* non coupable 無罪を主張する.

plaider la cause de qn/qc (1) …を弁護する. ▶ *plaider la cause d*'un accusé 被告の弁護をする. (2)［事情, 性格などが］…に有利に働く.

plaider le faux pour savoir le vrai 真実を聞き出すためにわざとうそを言う.
── 自動 ❶（裁判で）弁護する. ▶ *plaider* pour son client［弁護士が］依頼人のために弁論する（▷ 成句）. ❷ 訴訟をする.

plaider contre qn/qc (1)（法廷で）…に対して抗弁する. (2) …を非難［論難］する. ▶ *plaider* contre le racisme 人種差別反対を訴える.

plaider pour [en faveur de] qn/qc (1) …のために弁明する, 論陣を張る. ▶ *plaider* pour le respect des droits de l'homme 人権尊重を訴える. (2)［事情, 性格などが］…に有利に働く. ▶ Son honnêteté *a plaidé en* sa faveur. 彼(女)の正直さに有利に作用した.

plaider-coupable /pledekupabl/ 男 罪状を認めることと引き換えに被告の刑を軽減すること.

plaideur, euse /plɛdœːr, øːz/ 名【法律】訴訟人.
plaidoirie /plɛdwari/ 女【法律】口頭弁論; 弁護.
plaidoyer /plɛdwaje/ 男 ❶ 弁論, 口頭弁論. ❷（思想, 制度などに対する）弁護, 擁護. ▶ Ce livre est un *plaidoyer* pour les intellectuels. これは知識人擁護を訴える書物である / *plaidoyer* contre la peine de mort 死刑廃止論の弁護.
*****plaie** /plɛ/ プレ 女 ❶ 傷, 傷口. ▶ *plaie* profonde 深い傷 / les lèvres de la *plaie* 傷口 / bander une *plaie* 傷に包帯をする / désinfecter une *plaie* 傷口を消毒する / La *plaie* ゛se cicatrise［se ferme］. 傷口がふさがる.
❷ 痛手, 苦痛. ▶ *plaie* ゛de l'âme［du cœur］心の傷.
❸ 災厄; 厄介な人. ▶ Quelle *plaie*［C'est une vraie *plaie*］, ce type!　あいつは本当に厄介なやつだ.

enfoncer [remuer, retourner] ゛le couteau [le fer] dans la plaie（他人の）古傷に触れる, 苦しみを思い出させる.

mettre le doigt sur la plaie 苦しみの原因を突き止める.

ne chercher [demander, rêver, souhaiter] que plaies et bosses 喧嘩（けんか）早い.

Plaie d'argent n'est pas mortelle. 金銭上の損失は取り返せる.

plaign- 活用 ▷ PLAINDRE 79
plaignant, ante /plɛɲã, ãːt/ 形 (plaindre の現在分詞)【法律】告訴する. ▶ partie *plaignante* 原告側, 告訴人.
── 名 ❶【法律】原告. ❷ 請願者.
plaigni-, plaignî- 活用 ▷ PLAINDRE 79
plain-chant /plɛ̃ʃã/;〈複〉～**s**-～**s** 男【音楽】単旋聖歌, グレゴリオ聖歌.
*****plaindre** /plɛ̃ːdr/ プラーンドル 79 他動

過去分詞 plaint	現在分詞 plaignant
直説法現在 je plains	nous plaignons
tu plains	vous plaignez
il plaint	ils plaignent

❶ …を気の毒に思う, 哀れむ, に同情する. ▶ *plaindre* les malheureux 不幸な人々に同情する. ◆ *plaindre* qn de qc/不定詞 …を…で気の毒に思う. ▶ Je la *plains* d'avoir une fille aussi difficile. あんな気難しい娘を持って彼女も気の毒だ.
❷＜ne pas *plaindre* qc＞［苦労, 時間］を惜しまない. ▶ ne pas *plaindre* sa peine 骨惜しみしない.

être à plaindre《多く否定文で》同情に値する. ▶ Avec tout ce qu'il gagne, il n'*est pas à plaindre*. 彼はあんなに稼ぐんだから同情なんかいらないよ.
── **se plaindre** 代動 ❶＜*se plaindre* (de qc/qn)＞（…について）不満を言う; 苦情［文句］を言う. ▶ De quoi *te plains*-tu? 何が不満だと言うんだ / Tu sors sans manteau, alors ne *te*

plains pas si tu prends froid! コートなしで出かけて、風邪を引いても文句は言えないよ. ◆ *se plaindre* ⌈de + 不定詞 [que + 接続法]⌉ ▶ *se plaindre* d'avoir trop à faire 仕事が多すぎるとこぼす / Elle *se plaint* que la vie soit chère. 彼女は物価が高いと嘆いている.

❷ <*se plaindre* (de qc/不定詞)> 〈苦痛などを〉訴える; うめく. ▶ *se plaindre* d'avoir mal à la tête auprès de son médecin 医者に頭痛を訴える.

***plaine** /plɛn プレヌ/ 囡 **平野, 平原.** ▶ la *plaine* d'Alsace アルザス平野 / la *plaine* et la montagne 〈集合的に〉平野部と山岳部.

plain-pied /plɛ̃pje/ 男 〈次の句で〉
 de plain-pied (1) 同一平面に[の], 同じ階に[の]. ▶ trois pièces *de plain-pied* 同じ階にある3部屋. (2) 直ちに; 難なく. ▶ entrer *de plain-pied* dans un sujet すぐに本題に入る.
 être de plain-pied avec qn …と対等の立場である; 馬が合う.

plains, plaint /plɛ̃/ 活用 ⇨ PLAINDRE 79
***plainte** /plɛ̃t プラーント/ 囡 ❶ **苦痛の叫び, うめき声.** ▶ pousser des *plaintes* うめき声をたてる.
❷ **苦情, 不平.** ▶ sujet de *plainte* 不満の種.
❸《法律》**告訴.** ▶ porter [déposer une] *plainte* en diffamation contre qn …を名誉毀損(きそん)で訴える / retirer sa *plainte* 告訴を取り下げる.

plaintif, ive /plɛ̃tif, iːv/ 形〈声, 口調などが〉嘆きを含んだ, 愁いに満ちた. ▶ ton *plaintif* 切々とした口調.

plaintivement /plɛ̃tivmɑ̃/ 副 うめくように, 嘆くように, 哀れっぽく.

***plaire** /plɛːr プレール/ 73 間他動

過去分詞 plu	現在分詞 plaisant
直説法現在 je plais	nous plaisons
tu plais	vous plaisez
il pla**î**t	ils plaisent
複合過去 j'ai plu	半過去 je plaisais
単純未来 je plairai	単純過去 je plus

❶ <*plaire à qn*> 〈物が〉…の気に入る, に喜ばれる. ▶ Ce spectacle m'*a* beaucoup *plu*. あの芝居はたいへん気に入った[おもしろかった] / Cela vous *plaît*? お気に召しますか / Ça vous *a plu*? 気に入りましたか /《目的語なしに》La pièce *a plu*. 芝居は当たった. ◆《多く条件法で》*plaire* à qn à + 不定詞〔物事が〕…に…したいと思わせる. ▶ Cette ville me *plairait* beaucoup à habiter. その街にぜひ住んでみたい.

❷ <*plaire à qn*>〔人が〕…の気に入る, に好かれる. ▶ Cet individu ne me *plaît* pas du tout. あいつはまったく気に食わない /《目的語なしに》Il *plaît*. 彼は好感がもてる.

❸ 文章《非人称構文で》<Il *plaît* à qn de + 不定詞 // Il *plaît* à qn que + 接続法>…することが…の気に入る. ▶ Il ne me *plaît* pas qu'on me parle sur ce ton-là. そういう調子で話しかけられるのは心外だ /《不定詞を省略して》Faites ce qu'il vous *plaira*. お好きになさってください. 注 話し言葉では il の代わりに ça を用いる(例: Ça vous *plairait* d'aller au concert? コンサートに行きませんか).

avoir tout pour plaire 話〈あらゆる魅力を持つ→〉〈反語で〉なにもかも嫌だ, ぞっとする.

comme il vous plaira お好きなように.

Plaise [*Plût*] ⌈*à Dieu* [*au ciel*]⌉ *que* + 接続法. 文章 …でありますように; あればいい[よかった]のに. ▶ *Plaise à Dieu* qu'il réussisse! どうか彼が成功しますように.

Plaît-il? えっ, なんとおっしゃいましたか, なんですって.

**s'il vous* [*te*] *plaît* (1)〈依頼, 命令, 忠告などで〉どうぞ, すみませんが, お願いします. 注 話 すこともある. ▶ Passe-moi le sel, *s'il te plaît*. 塩をとってちょうだい / L'addition, *s'il vous plaît*. (カフェ, レストランなどで)お勘定をお願いします / Veux-tu sortir tout de suite, *s'il te plaît*?《皮肉に》さっさと出ていかないか. (2) 話《前言の強調》しかも, よろしいですか. ▶ Et elle a voyagé en première classe, *s'il vous plaît*! しかもですよ, 彼女はファーストクラスで旅行したんですから.

── ***se plaire** 代動〈過去分詞 plu は原則として不変〉❶ <*se plaire* à qc/不定詞>…を好む, 楽しむ. ▶ Il *se plaît* ⌈au travail [à travailler]⌉. 彼は仕事が好きだ.

❷ <*se plaire* + 場所 [avec qn]>…に […と]いることを好む;〔動植物が〕〈ある環境〉に適する. ▶ Nous *nous plaisons* beaucoup dans cette maison. 私たちはこの家がとても気に入っている / Je *me plais* à Paris. 私はパリが気に入っている / Il *se plaît* à la ville. 彼は都会住まいが気に入っている / Je *me plais* avec toi. 君といると楽しい.

❸ 自分を気に入る. ▶ Je *me plais* bien avec les cheveux longs. 私は自分の長い髪がとても気に入っている.

❹ 互いに好きになる, 気が合う. ▶ Ils *se sont plu* dès leur première rencontre. 彼らは初めて出会ったときから互いに好意を持った.

plais /plɛ/ 活用 ⇨ PLAIRE 73
plaisai- 活用 ⇨ PLAIRE 73
plaisamment /plɛzamɑ̃/ 副 ❶ おもしろく, ふざけて, 冗談半分に. ❷ 気持ちよく.

plaisance /plɛzɑ̃ːs/ 囡 ❶ <de *plaisance*> 娯楽の, レジャー用の. ▶ bateau de *plaisance* レジャー用の船(特にヨットを指す) / port de *plaisance* マリーナ, ヨットハーバー. ❷ クルージング, ヨッティング (=navigation de *plaisance*).

plaisancier, ère /plɛzɑ̃sje, ɛːr/ 形 舟遊びの; ヨット遊びの.
── 名 舟遊びをする人; ヨット乗り.

plaisa**nt, ante** /plɛzɑ̃, ɑ̃ːt/ 形 (← plaire の現在分詞) ❶ 快適な, 感じのよい. ▶ un lieu de vacances *plaisant* 快適な保養地 / C'est une femme *plaisante*. すてきな女性だ. ❷ 滑稽(こっけい)な, 愉快な. ▶ une histoire *plaisante* おもしろい話. ── **plaisant** 男 ❶ 文章 おもしろいこと. ❷ un mauvais *plaisant* 悪ふざけをする人.

plaisanter

*****plaisanter** /plɛzɑ̃te プレザンテ/ 自動 **冗談を言う**, ふざける. ▶ Je *plaisante* 冗談です / Vous *plaisantez!* 御冗談を / Je ne *plaisante* pas. これはまじめな話ですよ. ◆ ne pas *plaisanter* avec [sur] qc …について厳格[まじめ]である. ▶ Il ne *plaisante* pas avec la discipline. 彼は規律には厳格だ.
— 他動 …をからかう. ▶ Elle le *plaisante* sur sa manie. 彼女は彼の癖をからかう.

*****plaisanterie** /plɛzɑ̃tri プレザントリ/ 囡 ❶ **冗談, からかい**. ▶ mauvaise *plaisanterie* たちの悪い冗談[悪ふざけ] / *plaisanterie* fine [piquante, légère] しゃれた[きつい, 軽い]冗談 / dire [faire] une *plaisanterie* sur qn/qc …について冗談を言う / faire une *plaisanterie* à qn …をからかう / Il ne comprend pas la *plaisanterie*. 彼は冗談の分からない男だ.
❷ 取るに足りないこと, 容易なこと. ▶ C'est une *plaisanterie* de finir ça en une heure. これを1時間で終えるのはたやすいことだ.
par plaisanterie 冗談で, からかい半分で. ▶ J'ai dit ça *par plaisanterie*. 冗談で言っただけです.
tourner qc en plaisanterie …を茶化す, 冗談めかす.

plaisantin /plɛzɑ̃tɛ̃/ 男 不まじめな人, いいかげんな人; 悪ふざけをする人.

plaise-, plaisi- 活用 ⇨ PLAIRE 73

*****plaisir** /plezi:r プレズィール/ 男 ❶ **楽しみ, 喜び, 快楽**; 性的快感. ▶ éprouver du *plaisir* à bricoler 日曜大工をすることに喜びを感じる / Ce spectacle m'a donné beaucoup de *plaisir*. その芝居はたいへん楽しかった / C'est un *plaisir* de le voir. 彼に会えるのはうれしい / principe de *plaisir*《精神分析》快感[快楽]原則 / *Plaisir d'amour*「恋の喜び」(シャンソン). ◆ avoir le *plaisir* de + 不定詞《儀礼的表現で》…を喜びとする. ▶ J'espère que nous aurons bientôt le *plaisir* de vous voir. 近々お目にかかれるのを楽しみにしております / Nous avons le *plaisir* de vous annoncer la naissance de notre fils Enzo. 謹んで息子エンゾの誕生をお知らせ申し上げます / J'ai eu le *plaisir* de faire sa connaissance. 彼(女)とお近づきになる光栄を得ました.
❷ 気晴らし, 娯楽, 趣味. ▶ La conversation est son seul *plaisir*. おしゃべりは彼(女)の唯一の気晴らしだ. ◆ par *plaisir* // pour le [son] *plaisir* 気晴らしで, 趣味で. ▶ Il fait de la musique pour le *plaisir*. 彼は趣味で音楽をやっている.
❸《多く複数で》(物質的, 感覚的)快楽, 歓楽. ▶ les *plaisirs* de la table 食事の楽しみ / mener une vie de *plaisirs* 遊蕩(とう)生活を送る / lieux de *plaisir* 歓楽街, 悪所.
à plaisir 気まぐれに, わけもなく; 大いに. ▶ se lamenter *à plaisir* わけもなく嘆く.
Au plaisir de vous revoir. 話 = 俗 *Au plaisir!* さようなら.
*****avec (grand) plaisir** 進んで, 喜んで. ▶ travailler *avec plaisir* 進んで仕事をする / Je le recevrais *avec plaisir*. あの方を喜んでお迎えします / Tu viens avec nous?—*Avec plaisir*.「一緒に来るかい」「いいよ」.
avoir [prendre] (du) plaisir à qc/不定詞 …に喜びを感じる, を楽しむ. ▶ J'ai eu grand *plaisir* à lire votre livre. 御著書をたいへん楽しく拝読しました / Je *prends plaisir* à sa compagnie. 彼(女)が一緒にいてくれるのがうれしい.
avoir [mettre, prendre, éprouver] un malin plaisir à + 不定詞 意地悪にも…して喜ぶ.
de plaisir 喜びで. ▶ rougir *de plaisir* 喜びに紅潮する.
faire à qn le plaisir de + 不定詞《依頼または命令の表現で》…のために…していただく. ▶ *Faites*-moi *le plaisir de* passer la soirée avec moi. 私と一緒に夕べを過ごしていただけますか.
faire plaisir à qn …を喜ばせる, 楽しませる. ▶ **Ça me fait plaisir.** それはうれしい / Cette nouvelle m'a *fait plaisir*. その知らせはうれしい.
Je vous souhaite bien du plaisir! = Bien du plaisir! 話 (皮肉に)(困難なことや, 不快なことをしようとしている人に)せいぜいお楽しみを, 御苦労なことですね.
se faire un plaisir de + 不定詞 喜んで…する.
si c'est votre (bon) plaisir あなた(方)の御意向とあれば.

plaisons /plezɔ̃/, **plaît** /plɛ/ 活用 ⇨ PLAIRE 73

*****plan¹, plane** /plɑ̃, plan プラン, プラヌ/ 形 平らな, 平面の. ▶ surface *plane* 平面 / rendre qc *plan* …を平らにする, ならす / géométrie *plane* 平面幾何学.

*****plan²** /plɑ̃ プラン/ 男 ❶ **平面**, 面. ▶ *plan* incliné 斜面 / *plan* horizontal [vertical] 水平[鉛直]面 / *plan* d'eau 水面 / *plan* de travail (ユニット式の台所の)調理台.
❷ (写真, 舞台, 絵画などの)遠近, 景. ▶ premiers *plans* 前景 / arrière-*plans* 後景.
❸ (映画の)カット, ショット. ▶ *plan* général = *plan* d'ensemble ロング(ショット), 全景. ◆ gros *plan* クローズアップ. ▶ filmer un visage en gros *plan* 顔をアップで撮る.
au premier plan 前面に, 第一列に; 最重要の位置に. ▶ mettre qc *au premier plan* …を最重要視する.
de second plan 二級の, 二次的な.
de (tout) premier plan 第一級の, 最重要の. ▶ C'est un savant *de tout premier plan*. あれは一流の学者だ.
sur le même plan 同じレベル[次元]で.
「*sur le plan [au plan] + 形容詞 [de + 定冠詞 + 名詞]* …の面で, レベルで. ▶ Ça présente des inconvénients *sur le plan* technique. それは技術面で難点がある / C'est un ouvrage remarquable *sur* tous les *plans*. これはあらゆる点で優れた著作だ.

*****plan³** /plɑ̃ プラン/ 男 ❶ **計画, プラン**. ▶ faire le *plan* d'un voyage 旅行の計画を立てる / élaborer un *plan* 計画を練る / exécuter un *plan* 計画を実施する / *plan* d'action 行動計画, アクションプラン / *plan* B 代案 / *plan* de vol フライトプラ

planification

ン / *plan* des supports《広告》媒体計画, メディア・プランニング. 比較 ⇨ PROJET.
❷(国家的な)計画，(総合的な)政策. ▶ *plan* économique 経済計画 / *plan* quinquennal 5 か年計画. ◆*plan* de ＋ 無冠詞名詞 …計画, 政策. ▶ *plan* de développement 開発計画 / *plan* d'urbanisme 都市計画.
❸(作品などの)構想，草案，筋書. ▶ *plan* d'un roman 小説の草案.
❹地図. ▶ *plan* de Paris パリの市街図 / consulter le *plan* du métro 地下鉄路線図を調べる. ❺平面図，プラン；《ときに複数で》設計図，図面. ▶ faire le *plan* d'une maison 家の見取り図を描(ﾞ)く / tracer un *plan* 図面を引く.
❻ 圖 遊びに出かける計画.

acheter qc sur plan〔家など〕を見ただけで〔計画段階で〕買う.
en plan 圖 うっちゃって；中断して. ▶ Ne me laissez pas *en plan* dans ce quartier. この界隈(ﾞ)で私を置き去りにしないでください / Tous les projets sont restés *en plan*. すべての計画が中断したままになっていた.
se faire un plan ＋ 無冠詞名詞 …する計画を立てる. ▶ *se faire un plan* ciné 映画を見に行く予定である.
tirer des plans sur la comète 実現不可能な〔浮き世離れした〕計画を立てる.

planage /planaːʒ/ 男 平らにすること；(木材などの)鉋(ﾞ)仕上げ.
plan*ant, ante* /planɑ̃, ɑ̃ːt/ 形 圖 (麻薬で)トリップさせる；陶酔境に誘う.
*****planche** /plɑ̃ːʃ/ プランーシュ 女 ❶板. ▶ raboter une *planche* 板に鉋(ﾞ)をかける / sol en *planches* フローリングの床 / palissade en *planches* 板塀 / *planche* à repasser アイロン台 / *planche* à dessin 製図板 / *planche* à pain パン切り用まな板(⇨ 成句).
❷《スポーツ》(1) *planche* à roulettes スケートボード. (2) *planche* à voile ウィンドサーフィン(のボード). ▶ faire de la *planche* à voile ウィンドサーフィンをする. ❸ スキー板.
❹《複数で》舞台. ▶ monter sur les *planches* 舞台に立つ；俳優になる / quitter les *planches* 舞台を下りる；俳優をやめる / brûler les *planches* 熱演する. ❺《版画》版，原版；《印刷用の》版；挿し絵，図版. ❻(長方形の)畑，菜園. ▶ une *planche* de salades サラダ菜畑.

avoir du pain sur la planche 大量の仕事を抱え込んでいる.
être cloué entre quatre planches 圖 死んで棺桶(ﾞ)に入れられる.
faire la planche (水泳で)浮き身をする.
faire marcher la planche à billets 紙幣を乱発する，インフレ政策を行う.
planche à pain 圖 胸ぺちゃんこの女.
planche de salut 頼みの綱，最後の手段.
savonner la planche à qn …に対して卑怯な手を使う.

planchéier /plɑ̃ʃeje/ 他動〔床, 内壁〕を板張りにする.
*****plancher¹** /plɑ̃ʃe/ プランシェ 男 ❶床(ﾟ). ▶ couvrir le *plancher* d'une moquette 床にカーペットを敷く / *plancher* d'une automobile 自動車のフロア. ❷最低基準；下限. ▶ le *plancher* des salaires 給料の最低基準 /《同格的に》prix *plancher* 最低価格.

débarrasser le plancher 圖 立ち去る(＝partir).
le plancher des vaches 圖 (船, 飛行機の乗組員にとって)陸(ﾞ).
mettre [avoir] le pied au plancher 圖 アクセルをいっぱいに踏む.

plancher² /plɑ̃ʃe/ 自動 ❶ 圖《学生》黒板に答えを書く；試験を受ける；(口頭)発表をする.
❷ 俗〈*plancher* sur qc〉(問題などに)取り組む. ▶ *plancher* sur un rapport レポートに取り組む.
planchette /plɑ̃ʃɛt/ 女 ❶ 小さい板；棚板. ❷ (測量器の)平板.
planchiste /plɑ̃ʃist/ 名 ❶ ウインド・サーファー. ❷ スケート・ボードのライダー.
plancton /plɑ̃ktɔ̃/ 男 プランクトン，浮遊生物.
plane /plan/ 女 せん；両柄の鉋(ﾞ).
plan*é, e* /plane/ 形 vol *plané* 滑翔(ﾞ)；滑空.
faire un vol plané 圖 滑り落ちる.
planer¹ /plane/ 自動 ❶〔鳥が〕滑翔(ﾞ)する；〔グライダー，飛行機が〕滑空する. ▶ Des faucons *planaient*. 鷹(ﾞ)が空を舞っていた.
❷〔煙，においなどが〕漂う. ▶ Une épaisse fumée *planait* dans la chambre. 濃い煙が部屋に立ちこめていた.
❸〈*planer* sur qn/qc〉〔謎(ﾞ), 疑いなどが〕…の周りに漂う；〔危険などが〕…に迫る. ▶ Un mystère *plane* sur cette affaire. この事件は謎めいている / Un danger *planait* sur nous. 我々の身に危険が迫っていた. ❹ 超然としている；現実離れしている. ▶ Tu *planes* complètement. 君はまったくうわの空だ.
❺ 圖 恍惚(ﾞ)となる；(麻薬で)トリップする.
❻〖古風/文章〉〈*planer* sur qc〉〔視線などが〕…を見下ろす.
Ça plane! 圖 (ドラッグで)ハイな気分だ；最高！

planer² /plane/ 他動〔板，金属など〕を滑らかにする，平らにする；に鉋(ﾞ)をかける.
planétaire /planetɛːr/ 形 ❶ 惑星 [遊星] の. ▶ système *planétaire* 惑星系 / nébuleuse *planétaire* 惑星状星雲. ❷ 世界的な，世界的規模の. ▶ expansion *planétaire* de la technique 技術の世界的発達.
planétairement /planetɛrmɑ̃/ 副 地球レベルで，世界的規模で.
planétarium /planetarjɔm/ 男 プラネタリウム.
planète /planɛt/ 女 ❶ 惑星，遊星. ▶ orbite [trajectoire] d'une *planète* 惑星の軌道 / *planète* naine 準惑星(以前矮惑星と名づけられていた). ❷《la planète》地球(＝notre *planète*, la Terre). ▶ voyager par toute la *planète* 世界中を旅行する.
planeur /planœːr/ 男 グライダー，滑空機.
planifica*teur, trice* /planifikatœːr, tris/ 形《経済》計画化の. ▶ mesures *planificatrices* (経済の)計画化政策. ── 名 計画立案者.
planification /planifikasjɔ̃/ 女 計画化；計画経

planifier

済. ▶ *planification* économique 経済計画 / la *planification* des naissances 計画出産.

planifier /planifje/ 他動 …のプランを立てる, を計画的に組織〔運営〕する. ▶ l'économie *planifiée*(↔libéral) 計画経済.

planisphère /planisfɛ:r/ 男 ❶ 平面天球図; 星座早見表. ❷ (特に地球の)平面球形図. ▶ *planisphère* en projection de Mercator メルカトル式地図.

planiste /planist/ 形 経済計画論(者)の, 計画主義(者)の. — 名 経済計画論者, 計画主義者.

planning /planiŋ/ 男 〖英語〗 ❶ 生産〔業務〕計画; プランニング, 計画立案. ▶ tableau de *planning* 計画表. ❷ *planning* familial 家族計画, 出産計画.

planque /plɑ̃:k/ 女 話 ❶ 隠れ家, アジト; 隠し場所; (戦時の)避難場所. ❷ 楽で高給な仕事.
être en planque (警察が)張り込む.

planqué, e /plɑ̃ke/ 形 話 ❶ 隠された, 隠れた. ❷ 兵役を逃れた; 〔兵士が〕安全な勤務の.
— 名 話 安全な勤務にある兵士; 楽な仕事についている人.

planquer /plɑ̃ke/ 他動 話 …を隠す; かくまう.
— 自動 張り込む.
— **se planquer** 代動 話 隠れる.

***plant** /plɑ̃/ ブラン/ 男 ❶ 苗, 苗木. ▶ *plant* de vigne ブドウの苗木. ❷ (同じ植物の)苗床; 畑; 植え込み(地). ▶ un *plant* de carottes ニンジンの苗床.

plantain /plɑ̃tɛ̃/ 男 〖植物〗オオバコ.

plantation /plɑ̃tasjɔ̃/ 女 ❶ 植えつけ. ▶ la *plantation* des arbres fruitiers 果樹の植えつけ. ❷ (多く複数で)(植えつけられた)植物, 農作物. ▶ L'orage a saccagé les *plantations*. 作物が台なしになった. ❸ 農作地, 植林地. ▶ *plantation* de vignes ブドウ園. ❹ (熱帯地方などの)大農園, プランテーション. ▶ *plantation* de tabac たばこ農園.

***plante**[1] /plɑ̃:t/ プラント/ 女 ❶ 植物; 草本. ▶ jardin des *plantes* 植物園 / *plante* annuelle [vivace] 1 年生〔多年生〕植物 / *plante* verte 観葉植物. ❷ (複数で)植物界; 植物相. ▶ les animaux et les *plantes* 動物界と植物界.
une belle plante 話 美人.

plante[2] /plɑ̃:t/ 女 足の裏, 足底.

planté, e /plɑ̃te/ 形 ❶ 植わった; 突き刺さった. ▶ un verger *planté* de pommiers リンゴの木の植わった果樹園. ❷ 〔人が〕じっと立っている. ▶ Il restait *planté* devant la porte. 彼は扉の前にじっと立っていた. ❸ 〔髪, ひげ, 歯などが〕生えた. ▶ avoir des dents bien [mal] *plantées* 歯並びがよい〔悪い〕. ❹ bien *planté* (sur ses jambes) (体格が)がっしりとした. ▶ un enfant bien *planté* 体格のよい子.

***planter** /plɑ̃te/ プランテ/ 他動 ❶ …を植える, 植えつける; 〔種〕をまく. ▶ *planter* des fleurs 花を植える / 《目的語なしに》le moment de *planter* 植えつけの時期.
❷ ⟨*planter* qc de + 無冠詞名詞⟩…に…を植える. ▶ *planter* un jardin d'arbres 庭に木を植える.
❸ ⟨*planter* qc dans qc⟩…に…を打ち込む, 突き刺す. ▶ *planter* un piquet dans le sol 地面に杭(くい)を打ち込む.
❹ ⟨*planter* qc (+ 場所)⟩(…に)…を立てる, 据え付ける; 置く. ▶ *planter* une échelle contre un mur (=dresser) 壁にはしごを掛ける / *planter* sa tente dans le jardin (=dresser) 庭にテントを張る / *planter* son chapeau sur sa tête 帽子をかぶる.
❺ 〖情報〗〔コンピュータ〕をフリーズさせる.
planter là qn/qc …を見捨てる, 置き去りにする; 投げ出す. ▶ Elle s'est décidée à tout *planter* là. 彼女はすべてを投げ出す決意をした.
planter「son regard [ses yeux] sur qn …をじっと見つめる.
planter un baiser sur「la joue [les lèvres] 頬(ほお)〔唇〕にいきなりキスをする.
— 自動 〖情報〗〔コンピュータが〕フリーズする.
— **se planter** 代動 ❶ 植えられる; 突き刺さる. ▶ Cet arbre *se plante* en automne. この木は秋に植える. ❷ 話〔人が〕じっと立つ. ▶ Elle est venue *se planter* devant moi. 彼女が来て私の前に立ちはだかった. ❸ 話 道路から外れる; 事故を起こす. ▶ La voiture *s'est plantée* dans un arbre. 車は木にぶつかった. ❹ 俗 間違える; しくじる. ▶ Elle *s'est plantée* à son examen. 彼女は試験に失敗した. ❺ 〖情報〗〔コンピュータ〕がフリーズする. ▶ L'ordinateur *s'est planté*. コンピュータがフリーズした.

planteur, euse /plɑ̃tœ:r, ø:z/ 名 (熱帯地方の)大農園主, プランテーション経営者.

plantoir /plɑ̃twa:r/ 男 (苗を植える穴を掘るために使う)先のとがった農具.

planton /plɑ̃tɔ̃/ 男 伝令(兵); 伝令の任務.
faire le planton 話 立ったままじっと待っている.

plantureusement /plɑ̃tyrøzmɑ̃/ 副 文章 たっぷりと, 豊富に.

plantureux, euse /plɑ̃tyrø, ø:z/ 形 ❶〔食べ物が〕豊富な, 量の多い. ▶ un repas trop *plantureux* たっぷりすぎる食事. ❷〔女性の体が〕豊満な, むっちりした. ▶ une poitrine *plantureuse* ふくよかな胸. ❸ 文章 肥沃(ひよく)な.

plaquage /plaka:ʒ/ 男 ❶〖ラグビー〗タックル(=placage). ❷ 話 (相手を)見捨てること; (職場などの)放棄.

***plaque** /plak/ プラック/ 女 ❶ (金属, 木, 石などの)板; 板状のもの. ▶ *plaque* de marbre 大理石板 / *plaque* de chocolat 板チョコ / *plaque* d'égout マンホールのふた / *plaque* chauffante プレート式電熱器.
❷ (文字などの入った)標示板, プレート; バッジ, 記章. ▶ *plaque* commémorative 記念プレート / *plaque* de rue 通りの標示板 / *plaques* poteaux indicateurs 道路標識板 / *plaque* d'immatriculation ナンバープレート / montrer sa *plaque* 自分の記章を見せる.
❸ ⟨*plaque* de + 無冠詞名詞⟩…で覆われた箇所〔部分〕. ▶ *plaque* de boue ぬかるみ / *plaque* de verglas 凍結した路面.
❹ 〖医学〗斑(はん); (顔などの)しみ.
❺ 〖歯科〗*plaque* dentaire 歯石.

être [mettre, répondre] à côté de la plaque 話 的外れである, 的を外す.
plaque tournante (1)〖鉄道〗ターンテーブル, 転車台. (2)要衝, 中継点;中心地, かなめ. ▶ Cette ville est la *plaque tournante* entre les deux pays. この都市は両国を結ぶ要衝だ.

plaqué, e /plake/ 形 金[銀]張りした, めっきした. ▶ une montre *plaquée* or [argent] 金[銀]張りした腕時計.
— **plaqué** 男 化粧板;金[銀]張り. ▶ buffet en *plaqué* chêne カシの化粧張りをした食器棚.

plaquer /plake/ 他動 ❶ …を張り付ける, かぶせる;にめっきをする. ▶ *plaquer* du marbre sur un mur de ciment セメント壁に大理石の化粧張りをする / *plaquer* des bijoux d'or アクセサリーに金めっきする. ❷ <*plaquer* qn/qc contre [sur] qc>…に…を押しつける, なでつける. ▶ *plaquer* ses cheveux sur ses tempes 髪を両わきになでつける / *plaquer* l'adversaire contre un mur 敵を壁に押しつける. ❸ 話 …を見捨てる, 放棄する. ▶ Il *a* tout *plaqué* pour elle. 彼は彼女のためにすべてを捨てた. ❹〖ラグビー〗…にタックルする.
— **se plaquer** 代動 <*se plaquer* les cheveux 髪をなでつける. 注 se は間接目的.

plaquette /plakɛt/ 女 ❶ 小さな板. ❷ 小冊子.

plasma /plasma/ 男 ❶〖物理〗プラズマ. ▶ écran *plasma* プラズマテレビ. ❷〖医学〗血漿(けっしょう).

plastic /plastik/ 男《英語》プラスチック爆弾.

plasticage /plastika:ʒ/, **plastiquage** 男 プラスチック爆弾による爆破[テロ].

plasticien, enne /plastisjɛ̃, ɛn/ 名 ❶ 造形芸術家. ❷ プラスチック技術者[加工職人]. ❸〖外科〗形成外科医.

plasticité /plastisite/ 女 ❶ 可塑性. ❷ (性格などの)柔軟性, 適応性.

plastifier /plastifje/ 他動 …をプラスチック加工する, プラスチックで覆う.

*****plastique** /plastik プラスチック/ 形 ❶〖美術〗造形の. ▶ arts *plastiques* 造形芸術(彫刻, 建築, 素描, 絵画, 版画, 装飾美術などの総称). ❷ 形態美のある. ▶ la beauté *plastique* d'une œuvre ある作品の形態的な美しさ. ❸ 形成の, 整形の. ▶ chirurgie *plastique* 形成外科. ❹ プラスチック製の. ▶ vaisselle en matière *plastique* プラスチックの食器. ❺ 可塑性のある. ❻ explosif *plastique* プラスチック爆弾.
— 男 ❶ プラスチック, 合成樹脂;ビニール. ▶ bouteille en *plastique* ペットボトル / *plastique* biodégradable 生分解性プラスチック / sac en *plastique* ポリ袋, ビニール袋. ❷ プラスチック爆弾 (=plastic). ❸ ビニール袋.
— 女 ❶ 彫像. ▶ la *plastique* antique 古代の彫像. ❷ 体形(美). ▶ Il a une belle *plastique*. 彼は均整のとれた体形をしている.

plastiquer /plastike/ 他動 …をプラスチック爆弾で爆破する.

plastiqueur, euse /plastikœ:r, ø:z/ 名 プラスチック爆弾使用犯人.

plastron /plastrɔ̃/ 男 (鎧(よろい)の)胸当て;〖フェンシング〗胸当て.

plastronner /plastrɔne/ 自動 胸を張っていばる, ふんぞり返る.

:**plat¹, plate** /pla, plat プラ, プラット/ 形 ❶ 平らな, 平坦(へいたん)な. ▶ terrain *plat* 平坦な土地 / maison à toit *plat* 平屋根の家 / pays *plat* 平野, 平地 / mer *plate* 凪(なぎ)いだ海.
❷(厚さ, 高さを欠き)平たい;(底が)浅い. ▶ télévision à écran *plat* 薄型テレビ / bateau (à fond) *plat* 平底船 / assiette *plate* 平皿 / poisson *plat* (カレイ, ヒラメなどの)平たい魚 / cheveux *plats* (ぴったりとなでつけられた)癖のない髪 / poitrine *plate* 薄い胸 / Tavoir le ventre *plat* 空腹である / mettre des chaussures à talons *plats* かかとの低い靴を履く.
❸《ときに名詞の前で》平凡な, 特徴のない;無味乾燥な;興味のない. ▶ une physionomie *plate* 特徴のない顔立ち / un *plat* personnage 古風/文章 ありきたりの人物 / vin *plat* (酸味不足で)味気のないワイン.
❹ 平身低頭する, 卑屈な. ▶ faire de *plates* excuses ばか丁寧な詫(わ)びの言葉を述べる.
❺(水が)炭酸ガスを含まない. ▶ eau *plate* 炭酸ガスを含まないミネラルウォーター.

à plat ventre (1) 腹這(ば)いに, うつぶせに. (2) 平身低頭して. ▶ se mettre *à plat ventre* devant qn …にへいこらする.

pied plat 偏平足.

à plat (1) 平らに, 横に (=horizontalement). ▶ poser [mettre] le tissu bien *à plat* 布地を(ぴんと伸ばして)平らに広げる. (2)〔タイヤが〕空気の抜けた;〔バッテリーが〕上がった.

être à plat 話 疲労困憊(こんぱい)している;元気がない.

faire du plat à qn 話 …にお世辞を言う, 甘言を弄(ろう)する.

mettre qn/qc à plat (1) …を疲れさせる, 消耗させる. ▶ La grippe l'*a mis à plat*. インフルエンザのために彼は弱りきっている. (2) …を隅から隅まで検討する, 解決する.

tomber à plat 〔芝居, ジョークなどが〕受けない, 失敗に終わる. ▶ Ses plaisanteries *tombent* toujours *à plat*. 彼(女)の冗談は受けたためしがない.

— **plat** 男 ❶ 平らな部分;平地. ▶ le *plat* de la main 手のひら / *plat* de côtes〖食肉〗上ばら肉 (=plates côtes). ❷〖製本〗(表紙の)平(ひら):本の背や小口以外の部分. ▶ *plat* recto [verso] 表[裏]表紙.

*****plat²** /pla プラ/ 男 ❶(料理を盛って出す)大皿. ▶ *plat* à poisson(s) 魚料理用の大皿 / œufs 「au *plat* [sur le *plat*] 目玉焼き.

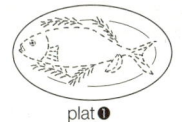

plat ❶   plat ❷

❷(皿に盛られた)料理. ▶ *plat* de viande [poisson] 肉[魚]料理 / *plat* chaud [froid] 温製[冷製]の料理 / *plat* du jour 今日のおすすめ

platane

料理 / *plat* régional 郷土料理 / menu à trois *plats* 3品から成るコース / *plat* cuisiné（食品店で売っている）調理済みの料理 / *plat* garni（フライドポテトなどの）付け合わせを添えた肉［魚］料理 / *plat* de résistance=*plat* principal メインディッシュ. 比較 ⇨ CUISINE.

faire (tout) un plat de qc …について大げさに騒ぎ立てる.

mettre les petits plats dans les grands 大盤ぶるまいする.

mettre les pieds dans le plat 話 ぶしつけに微妙な問題に触れる;（無遠慮が過ぎて）失態を演じる.

platane /platan/ 男『植物』プラタナス, スズカケノキ.

rentrer dans un platane 話（車で）道路わきの木にぶつかる.

***plateau** /plato/ ブラトー/;（複）×男 ❶ 盆, トレイ; 皿. ▶ servir le déjeuner sur un *plateau* 盆に載せて昼食を出す / *plateau*-télé テレビディナー. ◆*plateau* de + 食品名 …の盛り合わせ. ▶ *plateau* de fromages 各種チーズの盛り合わせ.
❷ 器具皿; 台板; 秤（はかり）皿. ▶ les *plateaux* d'une balance 秤皿 / le *plateau* tournant d'un four à micro-ondes 電子レンジのターンテーブル / jeu de *plateau* ボードゲーム.
❸ 舞台; スタジオセット, ステージ. ▶ *plateau* tournant 回り舞台 / frais de *plateau* 撮影費.
❹ 台地, 高原. ▶ *plateau* de Golan ゴラン高原 / *plateau* continental 大陸棚.
❺ *plateau* technique 病院の医療設備.

apporter [donner] qc à qn sur un plateau …に無条件で与える.

plateau-repas /plator(ə)pa/;（複）〜x-〜男（機内食などで用いられる）トレー; 機内食.

plate-bande /platbɑ̃ːd/;（複）〜s-〜s 女 ❶ 花壇. ❷『建築』（1）棚（り）形, 平縁.

marcher sur les plates-bandes de qn …の領分［権利］を侵害する.

platée /plate/ 女 1皿（分の食べ物）. ▶ une *platée* de fraises イチゴ1皿.

plate-forme¹ /platfɔrm/;（複）〜s-〜s 女 ❶ 少し高くなった水平面; 平屋根（=toit en *plate-forme*）. 注 駅などのプラットホームは quai という. ❷（バス, 列車などの）デッキ; 無蓋（む）貨車.
❸『軍事』（人や武器を支える）台, プラットフォーム.
❹ 台地, 高台. ▶ *plate-forme* continentale 大陸棚. ❺（海底油田掘削用）プラットフォーム（=*plate-forme* de forage）.

plate-forme² /platfɔrm/;（複）〜s-〜s 女（政党などの）綱領, 基本方針.

platement /platmɑ̃/ 副 ありきたりに, 平凡に; 卑屈に. ▶ un ouvrage *platement* écrit 月並な作品.

platine¹ /platin/ 女 ❶『オーディオ』プレーヤー; チューナー. ❷（顕微鏡の）載物台.

platine² /platin/ 男 プラチナ, 白金. ▶ bracelet en *platine* プラチナのブレスレット.
―― 形（不変）プラチナ色の. ▶ blond *platine* プラチナブロンド（の髪）.

platiné, e /platine/ 形 ❶ プラチナめっきした. ❷ プラチナブロンド（の髪）の.

platiner /platine/ 他動 ❶ …にプラチナめっきをする. ❷〔髪〕をプラチナブロンドに染める.

platitude /platityd/ 女 ❶ 平凡, 月並, 単調; 月並な言葉［行為］. ▶ dire des *platitudes* 陳腐なことを言う. ❷ 古風 低俗, 卑屈; 卑屈な行為.

platonicien, enne /platɔnisjɛ̃, ɛn/ 形 プラトン哲学［学派, 主義］の. ―― 名 プラトン学派の哲学者; プラトン主義の信奉者.

platonique /platɔnik/ 形 ❶ プラトニックな, 純粋に精神的［観念的］な. ▶ amour *platonique* プラトニック・ラブ. ❷ 理論上の; 思い込みだけで効果のない. ▶ une décision *platonique* 実行不可能な決定.

platoniquement /platɔnikmɑ̃/ 副 プラトニックに, 純粋に精神的に［観念的］に.

platonisme /platɔnism/ 男 プラトン哲学; プラトン主義.

plâtrage /platraːʒ/ 男 ❶ 漆喰（しっくい）を塗ること. ❷ 話 ギプスで固めること.

plâtras /platra/ 男（多く複数で）石膏（せっこう）のくず［かけら］.

avoir un plâtras sur l'estomac 話 胃が重い.

***plâtre** /plaːtr/ プラートル/ 男 ❶ 石膏（せっこう）; プラスター, 漆喰（しっくい）;（複数で）プラスター壁［工事］. ▶ *plâtre* agricole 農業用石膏（肥料, 土壌改良として用いる）/ refaire les *plâtres* プラスターを塗り替える. ❷ ギプス. ▶ avoir la jambe dans le *plâtre* 足にギプスをしている. ❸ 石膏像, 石膏作品.

battre qn comme plâtre …をぶちのめす, 乱暴に殴りつける.

essuyer les plâtres 話（1）（壁が乾ききっていない）新築の家に住む.（2）（新しい物事に直面して）真っ先に不便［被害］を被る.

plâtrer /platre/ 他動 ❶ …にプラスターを塗る. ▶ *plâtrer* un mur 壁にプラスターを塗る. ❷ …にギプスをはめる. ▶ Il s'est cassé l'avant-bras et s'est fait *plâtrer*. 彼は前腕を骨折しギプスをはめられた.

plâtrerie /platrəri/ 女 ❶ 石膏（せっこう）製造工場. ❷ 左官仕事, 漆喰（しっくい）塗り.

plâtreux, euse /platrø, øːz/ 形 ❶ プラスターを塗った. ❷ 石膏（せっこう）のように白っぽい. ❸〔チーズが〕石膏のように固い.

plâtrier /platrije/ 男 左官; 石膏（せっこう）細工師.

plausible /ploːzibl/ 形 是認できる, もっともらしい, 真実らしい. ▶ une explication *plausible* 納得のいく説明.

play-back /plɛbak/ 男（単複同形）『英語』『テレビ』『映画』プレイバック（方式）: あらかじめ録音された音に合わせて演技, 撮影をすること.

play-boy /plɛbɔj/ 男『米語』プレーボーイ.

plèbe /plɛb/ 女 ❶『古代ローマ』平民, プレプス. ❷ 文章（軽蔑して）庶民, 大衆, 下層民.

plébéien, enne /plebejɛ̃, ɛn/ 形 ❶『古代ローマ』平民の. ❷ 文章 庶民の, 庶民的な.

plébiscitaire /plebisitɛːr/ 形 国民［住民］投票の, 国民［住民］に基づく.

plébiscite /plebisit/ 男 ❶ 国民［住民］投票. ❷『国際法』領土帰属住民投票. ❸『古代ローマ』平民会決議, 平民会投票.

plébisciter /plebisite/ 他動 ❶ …を国民[住民]投票によって決める[選出する, 信任する]. ❷ を圧倒的多数で選出する; に圧倒的多数で賛成する.

pléiade /plejad/ 女 ❶《les Pléiades》【天文】プレヤデス(星団), 昴(すばる). ❷《la Pléiade》(16世紀後半フランス詩の)プレイヤッド派. ❸ 文章《une *pléiade* de ＋ 無冠詞複数名詞》一群の傑出した…. ▶ L'Ecole polytechnique a formé toute une *pléiade* d'ingénieurs. 理工科学校は優れた幹部技術者を輩出した.

plein, pleine /plɛ̃, plɛn プラン, プレヌ/ (plein はリエゾンの際には非鼻母音化する(例: plein air /plɛne:r プレネール/)) 形 ❶ いっぱいの, 満ちた. ▶ Le cinéma est *plein*. 映画館は満員だ / un verre *plein* à ras bord なみなみと注がれたグラス / parler la bouche *pleine* 食べ物を口に頬張(ほおば)ったまま話す / avoir le nez *plein* 鼻が詰まっている / avoir les mains *pleines* 両手がふさがっている.

❷《*plein de* ＋ 無冠詞名詞》…でいっぱいの, 満ちた. ▶ une salle *pleine* de monde 人でいっぱいのホール / des yeux *pleins* de larmes 涙をいっぱいためた目 / être *plein* de bonne volonté 善意にあふれている / être *plein* de santé 健康である / Il est *plein* d'attentions envers ses enfants. 彼は自分の子供たちのことで頭がいっぱいだ.
◆un *plein* ＋ 名詞 ＋ de ＋ 無冠詞名詞(容器)にいっぱいの量の…. ▶ acheter un *plein* panier de légumes かごいっぱいの野菜を買う / une *pleine* valise de livres かばんいっぱいの本.

❸《名詞の前で》完全な, 全面的な. ▶ la *pleine* lune 満月 / la *pleine* mer 沖 / avoir les *pleins* pouvoirs 完全な権力を手にする / remporter une *pleine* victoire 大勝利を収める / donner *pleine* satisfaction à qn …に大いに満足感を与える.

❹ 中身の詰まった; 充実した. ▶ une voix *pleine* 声量のある声 / un mur *plein*(扉, 窓など)開口部のない壁 / une journée *pleine* 充実した1日 / un discours bref et *plein* 手短で内容の濃い演説.

❺ ふっくらした, 肥えた, 丸い;〔動物が〕妊娠している. ▶ visage *plein* 丸々とした顔 / joues *pleines* ふっくらした頬 / hareng *plein* 子持ちニシン.

❻ 俗 酔っ払った.

à pleine main 手いっぱいに; 手でしっかりと. ▶ saisir qc *à pleine main* …を手でしっかりと握る.

à plein ＋ 無冠詞名詞 …いっぱいに. ▶ crier *à pleine* gorge 声を限りに叫ぶ / travailler *à plein* temps フルタイム[常勤]で働く（注 *à plein* temps ↔ à temps partiel, à mi-temps）/ sentir *à plein* nez 臭いを刺す, においがきつい / moteur qui tourne *à plein* régime フル回転するエンジン / respirer *à pleins* poumons 深呼吸する.

avoir le cœur plein 胸がいっぱいである, 悲しい.

en plein ＋ 無冠詞名詞 …の最中に, 真ん中に[で]. ▶ *en plein* milieu de la place 広場のちょうど真ん中で / *en plein* jour 真っ昼間に, 白昼; 公然と / *en plein* vent 吹きさらしの所で / être attaqué *en pleine* rue 道の真ん中で襲われる / être *en pleine* croissance 成長期である, 伸びざかりだ / se réveiller *en pleine* nuit 真夜中に目覚める / Ne restez pas *en plein* soleil. 直射日光の下にいてはいけません / *en pleine* mer はるか沖合いに.

être en pleine forme 元気いっぱいである; 絶好調である.

être plein à craquer ぎっしり詰まった, 超満員の. ▶ Le parking *est plein à craquer*. 駐車場は一杯だ.

être plein comme un œuf いっぱいである, ぎゅうぎゅう詰めである; 満腹の.

être plein de soi-même《皮肉に》うぬぼれている.

plein air 戸外, 屋外. ▶ en *plein air* 戸外で / un sport de *plein air* 屋外スポーツ.

比較 いっぱいの
plein (de qn/qc), rempli (de qn/qc) が普通. une bouteille *pleine* [*rempli*] d'eau 水をいっぱいに入れた瓶.
complet, bondé は乗り物や劇場などが人でいっぱいであるときに使う.

―― **plein** 男 ❶ いっぱいの状態, 満ちること. ▶ le *plein* (de la mer) 満潮 / La lune est dans son *plein*. 満月である.
❷(ガソリンの)満タン. ▶ Le *plein*, s'il vous plaît. 満タンでお願いします.
❸(状態, 程度などの)最高, 絶頂. ▶ Le *plein* de la bousculade, c'est à huit heures. 混雑のピークは8時だ / Il y a des *pleins* et des vides dans la vie. 人生は山あり谷ありだ.
❹(文字の線の)太い部分.

à plein 完全に; 満員で.

battre son plein (1)〔海が〕満ちる. (2)最高潮に達する. ▶ La fête *bat son plein*. 祭りは最高潮に達している.

en plein dans [***sur***] ***qc*** 話 ちょうど…の中に[上に], …のど真ん中に[真上に]. ▶ tomber *en plein dans* un embouteillage ちょうど渋滞にぶつかる / La bombe est tombée *en plein sur* la gare. 爆弾は駅の真上に落ちた.

faire le plein de qc …でいっぱいにする; 最高[最大]に達する. ▶ *faire le plein* (d'essence)(ガソリンを)満タンにする / *faire le plein* de ses voix 支持票をくまなく集める.

―― 前 ❶ …にいっぱいの. ▶ avoir de l'argent *plein* les poches ポケットにいっぱいのお金がある.
❷ 話 …の至る所に. ▶ Pierre a du chocolat *plein* la figure. ピエールの顔はチョコレートだらけだ.

―― 副 ❶ 話《*plein de* ＋ 無冠詞名詞》たくさんの… (=beaucoup). ▶ avoir *plein* d'argent お金がたくさんある / Il y a *plein* de fleurs sur le balcon de la maison. 家のバルコニーにたくさんの花がある. ❷ 話《tout *plein*》たいへん, 非常に. ▶ Il est "gentil tout *plein* [tout *plein* gentil]. 彼はとても親切だ. ❸ sonner *plein* 中身の詰まった音がする.

pleinement /plɛnmɑ̃/ 副 十分に, 完全に. ▶ Je suis *pleinement* satisfait de ma voiture. 私は自分の車にすっかり満足している.

plein-emploi /plɛnɑ̃plwa/;《複》〜s-〜s,

plein temps

plein emploi《複》~s ~s 男【経済】完全雇用.

plein temps /plɛ̃tɑ̃/, **plein-temps** 男 常勤, フルタイム.
à plein temps フルタイムの[で], 常勤の[で].

plénier, ère /plenje, ɛːr/ 形 (有資格者)全員出席の. ▶ assemblée [réunion] *plénière* 総会, 全体会議.

plénipotentiaire /plenipɔtɑ̃sjɛːr/ 男 全権使節, 全権代表, 全権委員. ― 形 全権を有する. ▶ ministre *plénipotentiaire* 全権公使.

plénitude /plenityd/ 女 文章 最高潮, 最大限, 絶頂; 十全, 完全性. ▶ être dans la *plénitude* de sa beauté 美しさの盛りである.

plénum /plenɔm/ 男 (政党などの)大会, 総会.

pléonasme /pleɔnasm/ 男【レトリック】冗語法: 同義の表現を繰り返し用いること. monter en haut など.

pléonastique /pleɔnastik/ 形【レトリック】冗語法の, 冗語的な.

pléthore /pletɔːr/ 女 過剰, 過多, だぶつき. ▶ Il y a *pléthore* de candidats à ce concours. この選抜試験には受験者が殺到している.

pléthorique /pletɔrik/ 形 過剰の, 過多の. un personnel *pléthorique* 余剰人員.

pleur /plœːr/ 男 ❶ (多く複数で) 古風 / 文章 涙 (=larme). ▶ verser [répandre] des *pleurs* 涙を流す / essuyer les *pleurs* de qn ⋯の涙をふいてやる; を慰める / (tout) en *pleurs* 涙にくれて. ❷ *pleurs* de la vigne ブドウの樹液.

pleurage /plœraːʒ/ 男 (レコード, テープなどの回転むらから生ずる)ワウ.

pleurard, arde /plœraːr, ard/ 形 話 泣き虫の; 愚痴っぽい. ― 名 話 泣き虫.

:**pleurer** /plœre プルレ/ 自動 ❶ 泣く, 涙を流す. ▶ *pleurer* à chaudes larmes さめざめと泣く / *pleurer* de joie うれし涙を流す / *pleurer* de dépit くやし涙を流す / *pleurer* de rage 怒りの余り涙を流す / La fumée me fait *pleurer*. 煙が目にしみて涙が出る.
❷〈*pleurer* auprès de qn〉⋯に嘆願する, 哀願する, 泣きつく. ▶ aller *pleurer* auprès de son patron pour obtenir une augmentation 給料を上げて欲しいと雇い主に泣きつく.
❸〈*pleurer* sur qc/qn〉⋯を嘆く, 悲しむ, 哀れむ. ▶ *pleurer* sur son propre malheur 我が身の不運を嘆く. ❹「木(の切り口)が」樹液を出す.
à (faire) pleurer 涙が出るほど, 非常に. ▶ être fatigué *à pleurer* 泣きたいほど疲れている / Ce film est bête *à pleurer*. これはひどくばかげた映画だ.
Arrête, tu vas me faire pleurer! 諺 (それ以上言うな, 泣けてくるから→)《反語的に》お涙ちょうだいは通じないよ.
C'est Jean qui pleure et Jean qui rit. いま泣いたカラスがもう笑った.
n'avoir plus que ses yeux pour pleurer すべてを失った.
pleurer comme une Madeleine (マグダラのマリアのように)泣きに泣く, さめざめと泣く.
Pleure, tu pisseras moins! 諺 (泣けばおしっこが減る→)思いっきり泣きなさい.
― 他動 ❶ ⋯(の消滅, 死)を嘆く, 悼む; 後悔する. ▶ *pleurer* sa femme 妻の死を悼む / *pleurer* sa jeunesse enfuie 過ぎ去った青春を嘆く / *pleurer* ses péchés 罪を悔いる. ❷ 話 (多く否定的表現で) ⋯を出し惜しむ. ▶ Il ne *pleure* pas sa peine. 彼は身を惜しまない. ❸ [涙]を流す. ▶ *pleurer* des larmes de joie うれし涙を流す.
pleurer misère 貧乏をかこつ.
― 間他動 話〈*pleurer* après qc (auprès de qn)〉(⋯に) ⋯をしつこく要求する.

pleurésie /plœrezi/ 女【医学】胸膜炎.

pleureur, euse /plœrœːr, øːz/ 形 枝の垂れた. ▶ saule *pleureur* シダレヤナギ.
― **pleureuse** 女 (葬儀に雇われる)泣き女.

pleurnichement /plœrniʃmɑ̃/ 男, **pleurnicherie** /plœrniʃri/ 女 (わざとらしく)泣くこと, 泣きまね; (めそめそと)愚痴ること;《複数で》泣き言.

pleurnicher /plœrniʃe/ 自動 話 ❶ わざとらしく泣く, 泣きまねをする; めそめそする. ❷ 話 (めそめそと)愚痴る, 泣き言を言う.

pleurnicheur, euse /plœrniʃœːr, øːz/, **pleurnichard, arde** /plœrniʃaːr, ard/ 形, 名 話 すぐめそめそする(人); 愚痴っぽい(人), 泣き言を言う(人);[声, 態度などが]めそめそした(人).

pleut /plø/ 活用 ⇨ PLEUVOIR 47

pleutre /pløːtr/ 男 文章 臆病(ぴょう)者, 意気地なし, 卑怯(きょう)者.
― 形 臆病な; 意気地のない, 卑怯な.

pleutrerie /pløtrəri/ 女 文章 臆病(ぴょう), 意気地のなさ; 卑怯(きょう), 卑劣.

pleuvasser /pløvase/, **pleuviner** /pløvine/, **pluviner** /plyvine/ 非人称 霧雨[小糠(こぬか)雨]が降る.

:**pleuvoir** /pløvwaːr プルヴォワール/ 47 非人称

過去分詞 plu	現在分詞 pleuvant
直説法現在 il pleut	
複合過去 il a plu	単純未来 il pleuvra

❶ 雨が降る. ▶ Il *pleut*. 雨が降っている / Il commence à *pleuvoir*. 雨が降ってきた / Il va *pleuvoir*. 雨が降りそうだ / Il *pleut* depuis hier. 昨日から雨が降っている / Il *pleuvait* légèrement [un peu]. 小雨が降っていた / Il *pleut* à verse. どしゃ降りだ. ❷《意味上の主語を伴って》落ちてくる, 降り注ぐ; 押し寄せる. ▶ Il *pleut* de grosses gouttes. 大粒の雨が降っている / Il *pleut* des bombes. 爆弾が雨あられと降る.
comme s'il en pleuvait 諺 どっさり, わんさと, ふんだんに. ▶ dépenser de l'argent *comme s'il en pleuvait* 湯水のようにお金を使う.
Il va pleuvoir! 諺 雨が降る, 珍しいこともあるものだ.
― 自動 文章 (雨のように)降る, 落ちてくる; (次々に)襲いかかる, 押し寄せる. ▶ Les bombes *pleuvaient* sur la ville. 爆弾が雨あられと町に降ってきた.

pleuvoter /pløvɔte/ 非人称 話 小雨が降る.
pleuvra /pløvra/, **pleuvrait** /pløvrɛ/ 活用
⇨ PLEUVOIR 47
Plexiglas /plɛksiglas/ 男 《ドイツ語》商標 プレキシガラス:安全ガラスとして自動車や飛行機の窓ガラスなどに用いる.

***pli** /pli/ プリ 男 ❶ ひだ, 折り目, 折り返し;(衣服の)プリーツ. ▶ jupe à plis プリーツスカート / repasser le pli d'un pantalon ズボンの折り目にアイロンをかける. ❷(紙, 衣服などの)しわ (=faux pli). ▶ faire des [de faux] plis しわが寄る.
❸(本来の)ひだ[曲線]のある形; (髪の)ウェーブ, 縮れ, 癖. ▶ Mes cheveux ont pris un mauvais pli pendant la nuit. 夜の間に髪に寝癖がついてしまった. ❹(皮膚の)しわ, たるみ. ▶「le pli [les plis] de la bouche 口元のしわ.
❺(土地の)起伏, 盛り上がり;《地質》褶曲(ﾋﾞｮｸ).
❻(おもに事務的な)封書, 手紙;封筒. ▶ envoyer une lettre sous pli 手紙を封筒で送る / recevoir un pli 手紙を受け取る.
❼《カード》札を取ること;取り札.
mise en plis (髪の)セット. ▶ se faire faire une mise en plis 髪をセットしてもらう.
ne pas faire un pli 話 造作ない; 確実に, 動かしがたい. ▶ Il va refuser, ça ne fait pas un pli. 彼は断るに決まっている.
prendre un [le] pli 癖がつく, 習慣になる. ▶ prendre un mauvais pli 悪習を身につける / prendre le pli de + 不定詞 …することが習慣になる.

pliable /plijabl/ 形 ❶ 曲げやすい, 折り畳める. ▶ une chaise pliable 折り畳み椅子(ｲｽ).
❷ 柔軟な, 従順な, 同調しやすい.
pliage /plijaʒ/ 男 折り畳む[畳む]こと.
pliant, ante /plijɑ̃, ɑ̃:t/ 形 折り畳み式の, 折り畳める. ▶ siège pliant 折り畳み椅子(ｲｽ) / vélo pliant 折り畳み自転車. — **pliant** 男 折り畳み椅子.
plie /pli/ 女 《魚類》カレイ.
***plier** /plije/ プリエ 他動 ❶ …を折る, 畳む; 整理する, かたづける. ▶ plier un journal 新聞を畳む / plier un éventail 扇子を閉じる / plier une feuille en deux 紙を2つに折る / plier la tente テントを畳む / plier ses affaires 自分の持ち物をしまう. ❷(枝など)を曲げる, たわめる. ▶ plier une branche 枝をたわめる / plier les genoux 膝を曲げる / être plié de rire 身をよじって笑う / plier son corps en deux 腰を曲げる. ❸〈plier qn /qc à qc〉…を…に従わせる, 服従させる. ▶ plier qn à sa volonté …を自分の意のままに動かす.
plier bagage 逃げ支度をする; そそくさと立ち去る, 逃げる.
— 自動 ❶ たわむ, 曲がる. ▶ L'arbre plie sous le poids des fruits. 木は果実の重みでしなっている. ❷ 屈服する (=céder). ▶ Nous ne plierons jamais. 私たちは決して屈しないだろう / plier devant la force 力の前に屈する.
— *se plier* 代動 ❶ 〈se plier à qc〉…に従う, 服従する, 順応する. ▶ se plier aux volontés de qn …の言いなりになる.
❷ たわむ, 曲がる; 折り畳まれる.

plinthe /plɛ̃:t/ 女《建築》❶ プリンス:柱礎などの下部を構成する平らな石.
❷ 幅木:壁の最下部で床に接する箇所に設けた横木.
plissage /plisa:ʒ/ 男 ひだ[プリーツ, 折り目]をつけること.
plissé, e /plise/ 形 ひだ[プリーツ]のついた. ▶ jupe plissée プリーツスカート.
— **plissé** 男(集合的に)ひだ, プリーツ.
plissement /plismɑ̃/ 男 ❶ しわを寄せること. ▶ avoir un plissement au front 額にしわを寄せる. ❷《地質》褶曲(ﾋﾞｮｸ)(作用).
plisser /plise/ 他動 ❶〔布地など〕に折り目をつける, ひだ[プリーツ]をつける; しわを作る. ▶ plisser une jupe スカートにプリーツをつける.
❷〔顔など〕にしわを寄せる. ▶ plisser son front 額にしわを寄せる.
— *se plisser* 代動 ひだ[しわ]になる.
pliure /plijy:r/ 女 折り目, 屈曲部.
ploiement /plwamɑ̃/ 男 文章 曲げること;屈曲, 湾曲.
***plomb** /plɔ̃/ プロン 男 ❶ 鉛. ▶ tuyau de plomb 鉛管 / soldats de plomb (玩具(ｶﾞﾝｸﾞ)の)鉛の兵隊 / essence sans plomb 無鉛ガソリン. ❷ 散弾. ▶ cartouche à plomb 散弾薬包 / du gros plomb 鹿玉(ｼｶﾀﾞﾏ). ❸《電気》ヒューズ (=fusible). ▶ Les plombs ont sauté. ヒューズが飛んだ. ❹《印刷》活字;組み版. ❺《釣り》おもり. ❻ 封印(用の鉛); (関税支払済証明用の)封印.
à plomb 垂直に; じかに. ▶ mettre un mur bien à plomb 塀をきっちり垂直に立てる.
avoir du plomb dans l'aile (翼に弾丸を受けている→)危機に瀕(ﾋﾝ)している; 損なわれている.
avoir [mettre] du plomb dans la tête 慎重である[にさせる].
avoir un plomb sur l'estomac 話 胃が重い.
de [en] plomb (1) 鉛でできた. (2)(鉛のように)重い. ▶ avoir [se sentir] des jambes de plomb 疲れて足が重い / sommeil de plomb 熟睡, 昏睡(ｺﾝｽｲ). (3) 鉛色の. ▶ ciel de plomb 鉛色の空. (4) 圧倒する, 打ちひしぐ. ▶ soleil de plomb 激しく照りつける太陽.
péter les plombs 話 かっとなる, 切れる.
se faire sauter les plombs 話(ヒューズを飛ばす→)酔っ払う, ラリる.
plombage /plɔ̃ba:ʒ/ 男 ❶ 鉛をつける[詰める]こと. ❷ 鉛で封印すること. ❸ 歯の充填(ｼﾞｭｳﾃﾝ); 歯に詰めたアマルガム, 詰め物.
plombé, e /plɔ̃be/ 形 ❶ 鉛をつけた[詰めた]. ▶ une canne plombée 先端に鉛を仕込んだステッキ.
❷ 鉛色の. ▶ le teint plombé 鉛のような顔色.
❸ 鉛で封印された. ❹《歯科》アマルガムを充填(ｼﾞｭｳﾃﾝ)した.
plomber /plɔ̃be/ 他動 ❶ …に鉛をつける[詰める]. ❷ …に鉛の封印をする. ❸〔虫歯〕にアマルガムを充填(ｼﾞｭｳﾃﾝ)する.
plomberie /plɔ̃bri/ 女 (ガス, 上下水道の)配管, 配管工事(業).
***plombier** /plɔ̃bje/ プロンビエ 男 ❶(ガス, 上下水道などの)配管工, 配管工事業者. ❷(警察の)盗聴係.
C'est le plombier! 話 水道屋です. 注 玄関先

plombières /plɔ̃bjeːr/ 囡《菓子》プロンビエール: 小粒の砂糖漬け果物入りバニラアイスクリーム.

plonge /plɔ̃ːʒ/ 囡（レストランなどの）皿洗い. ▶ faire la *plonge* 皿洗いをする.

plongeant, ante /plɔ̃ʒɑ̃, ɑ̃ːt/ 厖 見下ろす, 下へ向かう. ▶ De sa maison, on a une vue *plongeante* sur la ville. 彼（女）の家から町が見下ろせる.

plongée /plɔ̃ʒe/ 囡 ❶ 潜水. ▶ un sous-marin atomique en *plongée* 潜航中の原子力潜水艦 / *plongée* sous-marine スキューバダイビング. ❷ 見下ろすこと, 俯瞰（ふかん）;《映画》《テレビ》俯瞰撮影. ❸（飛行機などの）下降, 急降下.

plongeoir /plɔ̃ʒwaːr/ 男（水泳の）飛び込み台, 飛び板.

plongeon /plɔ̃ʒɔ̃/ 男 ❶ 飛び込み, ダイビング. ▶ faire un *plongeon* 飛び込む. ❷（前のめりに）落ちること, 転落. ❸ 話 ばか丁寧なお辞儀. ❹《サッカー》（ゴールキーパーの）セービング. ❺《鳥類》アビ.
faire le plongeon 熟 破産する, 重大な損害を受ける.

*****plonger** /plɔ̃ʒe/ プロンジェ ②

過去分詞 plongé	現在分詞 plongeant
直説法現在 je plonge	nous plongeons
tu plonges	vous plongez
il plonge	ils plongent

他動 ＜*plonger* qc/qn dans qc＞ ❶ …を（液体に）つける, 浸す, 沈める. ▶ *plonger* la vaisselle dans l'eau 食器を水につける.
❷〔手, 指など〕を…に突っ込む;〔ナイフなど〕を（人の体）に突き刺す. ▶ *plonger* la main dans sa poche 片手をポケットの中に突っ込む. ❸ …を（ある状態）に置く, 陥れる. ▶ *plonger* qn dans l'embarras …を困惑させる.
plonger「*son regard*［*ses yeux*］*dans*［*sur*］*qn/qc* …を深々とのぞき込む, 見つめる.
— 自動 ❶ 水に潜る, 潜水する. ▶ Le dauphin *plonge* dans la mer. イルカが海に潜る.
❷ 水に飛び込む. ▶ *plonger* dans la piscine プールに飛び込む / *plonger* du bord de la piscine プールの端から飛び込む. ❸＜*plonger* dans qc＞ …に深く入り込む; の中に埋もれる［消える］. ▶ *plonger* dans la foule 人込みの中に消える / *plonger* dans la dépression 鬱になる. ❹＜*plonger* sur qc＞ …目がけて急降下する. ▶ un vautour qui *plonge* sur sa proie 獲物目がけて襲いかかるハゲタカ. ❺〔視線が〕下へ向かう, のぞき込む; 熟 見渡せる, よく見える. ▶ De cette fenêtre, on *plonge* chez les voisins. この窓からは近所の家がよく見える. ❻《サッカー》〔ゴールキーパーが〕セービングする.

— *****se plonger** 代動 ＜*se plonger* dans qc＞ ❶ …に没頭する, 熱中する. ▶ *se plonger* dans le travail 仕事に没頭する / *se plonger* dans l'œuvre de qn …の作品を読みふける. ❷ …に身を浸す, つかる, 潜る. ▶ *se plonger* dans la mer 海に潜る. ❸ …に突き刺さる.

plongeur, euse /plɔ̃ʒœːr, øːz/ 图 ❶ 潜る人, 潜水夫, ダイバー;《水泳》飛び込みの選手. ❷（ホテル, レストランなどの）皿洗い.

plot /plo/ 男 *plot* lumineux ボタンライト（車道に埋め込まれた小さな灯火）.

plouc /pluk/, **plouk** 图, 厖《男女同形》俗（軽蔑して）どん百姓（の）, 田舎っぺ（の）.

plouf /pluf/ 間投 ザブン, ドブン, ピチャ, ポチャン（水に落ちる音）.

plouto- 接頭「富, 金権」の意.

ploutocrate /plutɔkrat/ 男（財力で政治を動かす）富豪, 金権政治家.

ploutocratie /plutɔkrasi/ 囡 金権政治.

ploutocratique /plutɔkratik/ 厖 金権政治の.

ployer /plwaje/ ⑩ 他動 ❶ 文章 …を曲げる, の形を変える. ▶ La tempête *a ployé* les arbres. 嵐（あらし）のため木々が傾いてしまった.
❷＜*ployer* qn/qc（sous qc）＞ …を（…に）服従させる, 従わせる. ▶ *ployer* un pays sous son autorité 国中ににらみを利かせる.
ployer les genoux 文章 (1) ひざをかがめる［折る］. (2) ひざを折って, 屈服する.
— 自動 文章 ＜*ployer*（sous qc）＞ ❶（…の重みで）曲がる, 変形する. ▶ Ses jambes *ploient* sous l'effet de la fatigue. 彼（女）は疲れて足がガクガクしている. ❷（…に）屈服する, 抑圧される. ▶ *ployer* sous l'impôt 重税に押しひしがれる.

plu /ply/ 活用 pleuvoir ㊼の過去分詞; plaire ㊻の過去分詞.

plucher /plyʃe/ 自動 ⇨ PELUCHER.

plucheux, euse /plyʃø, øːz/ 厖 ⇨ PELUCHEUX.

:pluie /plɥi/ プリュイ 囡 ❶ 雨, 雨水; 雨降り, 降水. ▶ jour de *pluie* 雨の日 / *pluie* fine 霧雨 / *pluie* d'orage 雷雨 / *pluies* acides 酸性雨 / saison des *pluies* 雨季 / recevoir la *pluie* 雨に遭う / La *pluie* tombe à verse. どしゃ降りである / Le temps est à la *pluie*. 雨が降りそうだ.
❷＜une *pluie* de ＋ 無冠詞名詞＞ …の雨; 多数［多量］の…. ▶ une *pluie* de coups めった打ち.
Après la pluie, le beau temps. 諺（雨のあとは晴れ→）苦あれば楽あり.
ennuyeux comme la pluie ひどく退屈な.
en pluie 雨のように. ▶ jeter le riz *en pluie* dans la casserole 米を鍋（なべ）にざあっとあける.
faire la pluie et le beau temps（雨にも晴れにもできる→）熟 強い影響力を持つ, 我が物顔に振る舞う.
parler de la pluie et du beau temps 当たり障りのない［つまらない］話をする.

plumage /plymaːʒ/ 男 ❶《集合的に》羽, 羽毛. ❷ 鳥の羽をむしること.

plumard /plymaːr/ 男 俗 ベッド, 寝床.

*****plume** /plym/ プリュム 囡 ❶ 羽, 羽毛; 羽毛状のもの. ▶ chapeau à *plumes* 羽飾りのついた帽子 / éventail en *plumes* 羽の扇 / oreiller de *plumes* 羽毛枕.
❷ ペン; ペン先, 鶩（が）ペン（＝*plume* d'oie）. ▶ *plume* en or 金のペン先 / dessin à la *plume* ペ

ン画 / lire la *plume* à la main ノートを取りながら読む. ❸ 話 ベッド (=plumard). ❹ 〖スポーツ〗poids *plume* (ボクシングなどの)フェザー級.

comme une plume (1) 羽のように. ▶ léger *comme une plume* 羽のように軽い. (2) 軽々と. ▶ soulever qn/qc *comme une plume* …を軽々と持ち上げる.

écrire [se laisser aller] au courant [fil] de la plume 筆に任せて書く, すらすらと書く.

perdre ses plumes はげる, 脱毛する.

prendre la plume 筆を執る, 執筆する.

se mettre dans 「la plume [les plumes] 俗 寝床に入る, 寝る.

vivre de sa plume 文筆で身を立てる.

voler dans les plumes à [de] qn 俗 …に殴りかかる; を非難する.

y laisser des plumes 損をする.

plumeau /plymo/; 〖複〗 **x** 男 羽ぼうき, 羽ばたき.

plumer /plyme/ 他動 ❶ …の羽毛を引き抜く, 羽をむしる. ▶ volaille *plumée* (調理のため)羽毛を取り除いた鶏肉. ❷ 話 …から金を巻き上げる.

plûmes /plym/ 活用 ⇨ PLAIRE 73

plumet /plymɛ/ 男 (帽子, 兜(かぶと)の)羽飾り, 羽の前立て.

plumier /plymje/ 男 筆箱, ペン入れ.

plum-pudding /plumpudiŋ/ 男 〖英語〗プラム・プディング.

***plupart** /plypa:r/ プリュパール/ 安 〈la *plupart* des + 複数名詞 // la *plupart* d'entre + 人称代名詞強勢形〉大部分の…, 大多数の…. 注 主語として用いる場合, 動詞は複数形. ▶ dans la *plupart* des cas たいていの場合 / La *plupart* des étrangers font cette sorte de faute. 外国人の大部分がこの種の誤りを犯す / La *plupart* des étudiantes sont studieuses. 大部分の女子学生はまじめだ / La *plupart* d'entre eux ont quitté leur pays. 彼らの大多数は国を離れた.

la plupart du temps たいてい, ほとんどいつも. ▶ *La plupart du temps*, je reste chez moi le soir. 夜はたいてい家にいます.

— 代 〖不定〗(la plupart) 大部分(の人). 注 主語として用いる場合, 動詞は複数形. ▶ Parmi les Parisiens, la *plupart* sont nés en province. パリ住民のうち, 大半は地方出身である.

(pour) la plupart 大部分は, 多くは. ▶ Ils sont, *pour la plupart*, satisfaits de leur vie. 彼らの大半は自分の生活に満足している.

plural, ale /plyral/; 〖男複〗 **aux** /o/ 形 複数の. ▶ vote *plural* 複数投票(権).

pluralisme /plyralism/ 男 ❶ 多元主義; 多元的体制, 複数体制. ▶ *pluralisme* politique 政治的多元主義. ❷ 〖哲学〗多元論.

pluraliste /plyralist/ 形 ❶ 多元主義の, 複数体制の. ❷ 〖哲学〗多元論の. — 名 多元主義者.

pluralité /plyralite/ 安 ❶ 複数性, 多数性, 多様性. ❷ 〖文法〗複数性.

plurent /ply:r/ 活用 ⇨ PLAIRE 73

plur(i)- 接頭 「複数の, 多数の」の意.

pluriannuel, le /plyrianɥɛl/ 形 ❶〖契約, 計画, 予算など〗数年にわたる, 複数年の.

❷〖植物〗多年生の.

pluridisciplinaire /plyridisiplinɛ:r/ 形 専門多分野にわたる, 学際的.

pluridisciplinarité /plyridisiplinarite/ 安 (研究, 教育の)多領域性, 学際性.

pluriel, le /plyrjɛl/ 形 ❶ 複数(形)の. ❷〖テキスト, 読み取り方〗多元的な, 複数性の.

— **pluriel** 男 〖文法〗複数(形). ▶ mot au *pluriel* 複数形の語.

pluripartisme /plyripartism/ 男 〖政治〗多党制, 小党分立(制).

:plus¹ /ply(s) プリュ(ス)/ (一般に子音の前および否定表現で /ply プリュ/, 母音および無音の h の前で /plyz/, de や que の前および文末で多く /plys/, 前置詞の場合および「プラス」の意味で常に /plys/) 副

《優等比較級》〈*plus* ... (que ...)〉(…より)もっと… [多く…].
《優等最上級》〈le [la, les] *plus* ... (de qn /qc)〉(…の中で)最も…, 最も多く.
〈*plus* de ...〉より多くの…; …以上.
《否定》〈ne ... *plus*〉もはや…ない.

Ⅰ《比較級, 最上級》
❶《形容詞, 副詞の比較級, 最上級を作る》
❶《形容詞, 副詞の優等比較級を作る》〈**plus** ... (**que** ...)〉(…より)もっと…. ▶ Elle est *plus* grande que moi. 彼女は私より背が高い / Il est (de trois ans) *plus* âgé que moi. 彼は私より(3歳)年上だ(注 Il est *plus* âgé que moi de trois ans. の語順でもよい) / Cette maison est (deux fois) *plus* grande que la nôtre. この家は うちより(2倍)大きい / Elle est *plus* maligne que je ne (le) croyais. 彼女は思ったより抜け目がない(注 ne は虚辞) / Il est *plus* bête que méchant. 彼は性悪というよりむしろばかだ / Rien n'est *plus* dangereux que de conduire en état d'ivresse. 酔っ払い運転ほど危険なものはない / Parlez *plus* fort. もっと大きな声で話してください.

❷《形容詞, 副詞の優等最上級を作る》〈**le [la, les] plus** + 形容詞 (+ **de** qn/qc) // **le plus** + 副詞 (+ **de** qn/qc)〉(…の中で)最も…. ▶ Elle est la *plus* intelligente de la classe. 彼女はクラスでいちばん頭がいい / C'est la robe la *plus* voyante que j'aie jamais vue. それは私が今まで見た中でいちばん派手なドレスだ / Elle court le *plus* vite de nous tous. 彼女は私たちみんなの中でいちばん足が速い / Rentrez le *plus* tôt possible. できるだけ早く帰ってきてください / 《所有形容詞とともに》C'est son *plus* grand mérite. それが彼(女)のいちばんいいところだ.

注 (1) 形容詞の最上級では通常定冠詞は性数一致をする. ただし, 他のものとの比較でなく, それ自体の性質の程度を比較するときは, 性数一致をさせずに le を用いることもある(例: C'est ce jour-là qu'elle a été le [la] *plus* heureuse. その日彼女は生涯で最も幸せだった.
(2) 副詞の最上級では定冠詞は常に le を用いる.

❷《**beaucoup** の比較級, 最上級》

plus

❶《beaucoup の優等比較級》(1)《動詞を修飾》⟨*plus* (que …)⟩⟨(…)⟩より多く. ▶ Elle gagne (bien) *plus* que son mari. 彼女は夫より(ずっと)収入が多い / J'ai *plus* travaillé que l'an dernier. 彼は去年よりよく働いた[勉強した].

(2)⟨**plus de** + 無冠詞名詞 (+ que …)⟩⟨(…)より多くの…. ▶ Il a *plus* de livres que moi. 彼は私よりたくさん本を持っている / Je voudrais un peu *plus* de café. もう少しコーヒーが欲しいのですが.

(3)⟨**plus de** + 数量表現⟩…以上, …を超える数量. ▶ Il a *plus* de trente ans. 彼は30歳を過ぎている / Il est *plus* de neuf heures. 9時を回っている / *plus* d'une fois 一度ならず, 何回も / *plus* de la moitié 半分以上, 過半数 /《名詞的に》les *plus* de dix-huit ans 18歳を過ぎた人々.

❷《beaucoup の優等最上級》(1)《動詞を修飾》⟨**le plus** (de qn/qc)⟩ (…の中で)最も多く. ▶ De nous quatre, c'est Marie qui lit le *plus*. 私たち4人の中でいちばんの読書家はマリーだ.

(2)⟨**le plus de** + 無冠詞名詞 (+ de qn/qc)⟩ (…の中で)最も多くの…. ▶ C'est lui qui nous a rendu le *plus* de services. 私たちに最も役立ってくれたのは彼だ. ◆ **le plus de** + 無冠詞名詞 + **possible** (注 possible は副詞なので不変)できるだけ多くの…. ▶ Nous voulons informer le *plus* de gens *possible*. 私たちはなるべく多くの人々に情報を与えたい.

Ⅱ《否定の副詞》

❶⟨**ne … plus**⟩もはや…ない. ▶ Elle n'est *plus* très jeune. 彼女はもうそんなに若くはない / Nous n'avons *plus* de sucre. もう砂糖がない / Il n'y a *plus* personne [rien]. もうだれもいない[何もない] / Je ne veux *plus* jamais le revoir. 彼にはもう二度と会いたくない. 注 くだけた表現では ne を省略することがある (例: J'irai *plus* la voir. 彼女にはもう会いに行かない).

❷⟨**ne … plus que …**⟩もはや…しか…ない. ▶ Je n'ai *plus* que cinq euros sur moi. もう5ユーロしか手もとにない / Il n'y a *plus* qu'à attendre son arrivée. あとは彼(女)の到着を待つばかりだ.

❸《動詞省略文で ne なしに》もはや…ない. ▶ *Plus* de doute. もう疑いの余地はない (=Il n'y a *plus* de doute) / *Plus* un jour à perdre! もはや1日たりともむだにはできない / *Plus* de guerre! もう戦争はたくさんだ / une femme *plus* très jeune 国 もう若くはない女 / Je vois encore Marie, mais *plus* Claire. マリーとはまだ付き合っているが, クレールとはもう交際がない.

── 前 (/plys/ と発音)プラス…; それに加えて…. ▶ Deux fois trois font [également] cinq. 2 足す3は5 / Il fait *plus* cinq. 気温はプラス5度だ / Vous paierez le loyer, *plus* les charges. 家賃にほかに管理費を支払っていただきます.

── 男 ❶ (le plus)より多いこと. ▶ ne différer que du *plus* ou du moins 数[量]の大小の違いでしかない. ❷⟨le *plus* que + 接続法⟩…する最大限のこと. ▶ Mille euros, c'est le *plus* que je puisse vous prêter. あなた(方)にお貸しできるのはせいぜい1000ユーロです. ❸ (un plus)プラスになること[もの]. ▶ Si tu parles espagnol, ce sera un *plus* sur le plan professionnel. スペイン語が話せたら, 職業上(就職の上で)有利だよ. ❹ プラス記号(+). 注 この意味では /plys/ と発音する.

* *au plus* /oply(s)/ = *tout au plus* /tutoplys/ 多くても, せいぜい. ▶ Ça coûte *au plus* cent euros. その値段はせいぜい100ユーロだ.

bien plus /bjɛ̃plys/ その上, しかも, それどころか. ▶ Il m'a insulté, *bien plus*, il m'a mis à la porte. 彼は私を口汚くののしったうえ, 外へ放り出した.

ce que … de plus + 形容詞 最も…なもの. ▶ C'est *ce que* j'ai *de plus* précieux au monde. これは私が何よりも大事にしているものだ. ◆ *tout ce qu'il y a de plus* + 形容詞 国 このうえなく…. ▶ C'est *tout ce qu'il y a de plus* comique. こんなに滑稽(こっけい)なことってないよ.

de plus /d(ə)ply(s)/ (1)《数量表現のあとで》…だけ多く, さらに…だけ. ▶ Il a six ans *de plus* que moi. 彼は私より6歳年上だ / Un pas *de plus*, j'aurais été écrasé par un camion. あと一歩でトラックにひかれるところだった / une fois *de plus* さらにもう一度. (2) その上, さらに. ▶ Ce film est ennuyeux, et *de plus* il est mal joué. この映画はつまらないばかりでなく演技が下手だ.

* *de plus en plus* /dəplyzɑ̃ply(s)/ ますます(多く), 次第に. ▶ Il devient *de plus en plus* gros. 彼はだんだん太ってきている / L'indice des prix augmente *de plus en plus*. 物価指数はますます上昇している.

des plus + 形容詞 極めて…な. ▶ La situation est *des plus* embarrassantes. 状況は厄介極まるものだ / un homme *des plus* loyal 実に忠実な男 (注 形容詞は一般に複数形であるが, 単数形になることもある).

en plus /ɑ̃ply(s)/ それに加えて; 余分に; その上, しかも. ▶ Cela coûte cinq cent euros, avec le port *en plus*. 代金は500ユーロで, 別に送料をいただきます / Il est stupide et, *en plus*, il est orgueilleux. 彼は間抜けで, その上高慢だ. ◆ *en plus de qn/qc* …に加えて, のほかにも. ▶ *En plus des* Français, il y avait là de nombreux étrangers. そこにはフランス人のほかにもたくさんの外国人がいた.

en plus + 形容詞 (似ているが)もっと…な. ▶ C'est comme chez nous *en* un peu *plus* grand. これはうちのと似ているが, もう大きいね.

il y a plus /iljaplys/ その上, それどころか.

ne pas plus … que … …以上に…だというわけではない; …ほど…でない. ▶ Cette superstition n'est *pas plus* stupide *que* n'importe quelle autre. この迷信がほかの迷信以上にばかげているというわけではない.

ni plus ni moins それ以上でも以下でもなく, まさに. ▶ C'est du vol, *ni plus ni moins*. それは盗み以外の何物でもない.

* *non plus* 《否定文とともに》…もまた…ない (↔ aussi). ▶ 《Je ne sais pas.──Moi, *non plus*.》「私は知らない」「私もだ」 / Lui *non plus* n'y a rien compris. 彼もまた全然理解できなかっ

た.
non plus A mais B もはや A でなく B である.
▶ agir *non plus* au hasard *mais* avec réflexion 行き当たりばったりの行動はもうやめて,よく考えて行動する.

on ne peut plus + 形容詞［副詞］このうえなく…な［に］. ▶ Je suis *on ne peut plus* heureux. 私は非常にうれしい.

pas plus que ... ne …と同様に…ない. ▶ *Pas plus qu*'on *ne* doit mentir, on ne doit dissimuler. うそをついてはいけないのと同じく,隠しだてをしてはいけない / Le réviseur *pas plus que* l'auteur *ne* s'est aperçu de la coquille. 著者と同様,校正者も誤植に気づかなかった.

*****plus ..., (et) plus [moins] ...** …が多ければ多いほど…が多い［少ない］. ▶ *Plus* on gagne, *moins* on est content. もうければもうけるほど,人は満たされなくなる.

*****plus ou moins** /plyzumwɛ̃/ (1) 多かれ少なかれ, ある程度は. ▶ réussir *plus ou moins* まあまあの成功を収める /《Tu es content ? — Hum ! *plus ou moins.*》「満足かい」「うーん,まあまあねぇ」(2) 大いに…であることもあれば,たいして…でないこともある. ▶ Ce dictionnaire est *plus ou moins* utile selon le niveau des apprenants. この辞書は学習者のレベルによって便利だったり,そうでなかったりする.

plus que jamais かつてないほど.

plus que qn/qc …以上のもの. ▶ Pour lui, il est *plus qu*'un professeur. 彼にとってあの人は教師以上の存在だ.

plus que + 形容詞［副詞］このうえなく…な［に］. ▶ résultat *plus qu*'honorable 極めて満足のいく成果.

qui plus est その上, おまけに. ▶ Il est négligent, et *qui plus est*, arrogant. 彼はだらしがなくて,おまけに横柄だ.

sans plus ただそれだけ. ▶ C'est un roman agréable à lire, *sans plus*. 楽しく読める小説だけど,ただそれだけだね.

un peu plus ou un peu moins 多少の差はあれ,多かれ少なかれ.

数量表現 + **et plus** …以上. ▶ les personnes âgées de soixante ans *et plus* 60 歳以上の人々.

plus² /ply/ 活用 ⇨ PLAIRE 73

*****plusieurs** /plyzjœːr/ プリュズィユール/ 形《不定》《複数形のみ》
いくつもの［幾人も］の,1つ［1人］ならず,若干の. ▶ Il a *plusieurs* enfants. 彼は子供が何人もいる / *plusieurs* fois 幾度も / *Plusieurs* personnes le pensent. 何人もの人たちがそう考えている / à *plusieurs* reprises 何度も繰り返して. 比較 ⇨ DIFFÉRENT, 語法 ⇨ QUELQUE.

比較 いくつか, いくつもの
plusieurs がいくつかといえば「多い」というニュアンスで使われるのに対して,**quelques** は 2,3 程度の少ない数を指す. plusieurs とほぼ同じニュアンスを持つのが **un certain nombre de**, **pas mal de** である. 一代《不定》《複数形のみ》❶〈*plusieurs* de + 指示［所有］形容詞 + 複数名詞 // *plusieurs* d'entre + 複数人称代名詞強勢形〉…のうちのいくつか［幾人か］,1つ［1人］ならず. ▶ *Plusieurs* de mes amis m'ont raconté cet accident. 私の友人の幾人もがその事故について語ってくれた / *plusieurs* d'entre nous 私たちの何人もが / Il y en a *plusieurs* qui me plaisent. 私の気に入っているものはいくつもある.

❷ 何人もの人たち,数人(= plusieurs personnes). ▶ *Plusieurs* le pensent. = Ils sont *plusieurs* à le penser. 何人もの人たちがそう考えている.

à plusieurs 何人かで.

plus-que-parfait /plyskəparfɛ/ 男《文法》大過去.

語法 直説法大過去の間違いやすい用法

(1) 過去の一点から見て,それよりもさらに前
• J'ai rencontré tout à fait par hasard Pierre Leroy. Je ne l'avais pas vu depuis cinq ans. まったく偶然にピエール・ルロワに会った. 5年ぶりだ(複合過去を用い,Je ne l'ai pas vu depuis cinq ans. とすると「5年前から彼には会っていない(今もまだ会っていない)」という意味になる. 再会後の表現では大過去の使用が不可欠).

(2) 現在との不連続を表わす.
複合過去は「過去の状態が現在も続いていること」を表わしうるが,大過去は「現在においては過去の状態が終わって,新たな状態に移行していること」すなわち「過去の状態が現在とは不連続であること」を示す. 以下の例で,大過去の代わりに複合過去を使うと,( )内のニュアンスが出ない.

• Je n'avais pas bien compris ton message. 君の言いたいことがよく分からなかった(しかし,今はよく分かった).

• Oh, pardon, je ne vous avais pas vu [remarqué]. あ,失礼, あなたがいるとは気がつきませんでした(今は気がついている).

• Je te l'avais bien dit. だから言ったでしょう(そして案の定そうなった).

pluss- 活用 ⇨ PLAIRE 73

plus-value /plyvaly/ 女 ❶ (地価などの)値上り,キャピタル・ゲイン.
❷ (マルクス経済学で)剰余価値. ❸ (予想を超える)税収超過.

plut, plût /ply/ 活用 ⇨ PLEUVOIR 47 ; PLAIRE 73

Pluton /plytɔ̃/ 固有 男 ❶《ギリシア神話》プルトン: 冥府の神. ❷《天文》冥王星.

plutonium /plytɔnjɔm/ 男《化学》プルトニウム.

*****plutôt** /plyto/ ブリュト/ 副 ❶ むしろ,どちらかと言えば. ▶ Je préfère *plutôt* cette cravate-ci. どっちかと言うとこちらのネクタイの方が好きです / Voyez *plutôt*. (とやかく言わずに)まあ見てごらんなさい.

❷〈**plutôt que ...**〉…よりむしろ. ▶ Elle est *plutôt* mélancolique que triste. 彼女は悲しいというより憂鬱なのだ / J'aime le café *plutôt* que le thé. 私はお茶よりむしろコーヒーが好きだ / *Plutôt* mourir que (de) souffrir. 苦しむより死んだ方がましだ / Elle donne *plutôt* qu'elle ne reçoit. 彼女はもらうことよりも与えることの方が多い.

❸ まあまあ, そこそこに, 割合に. ▶ Elle est *plutôt* jolie. 彼女はまあまあかわいい方だ.

❹ 話 とても.

mais (bien) plutôt 《否定的表現のあとで》というよりは. ▶ Il ne dormait pas *mais plutôt* sommeillait. 彼は眠っているというよりはまどろんでいた.

ou plutôt より正確に言えば. ▶ Il aime se promener, *ou plutôt* flâner. 彼は散歩が好きだ, もっと言えばぶらつくのが好きなのだ.

pluvial, ale /plyvjal/; (男複) **aux** /o/ 形 雨の. ▶ eau *pluviale* 雨水.

pluvier /plyvje/ 男 〖鳥類〗チドリ.

pluvieux, euse /plyvjø, ø:z/ 形 雨の降る, 雨の多い. ▶ saison *pluvieuse* 雨季.

pluviner /plyvine/ 非人称 ⇨ PLEUVINER.

pluvi(o)- 接頭 「雨」の意.

pluviomètre /plyvjɔmɛtr/ 男 雨量計.

pluviôse /plyvjo:z/ 男 プリュビオーズ, 雨月: フランス革命暦第5月. 現行暦では1月から2月.

PMA¹ 男複 (略語) pays les moins avancés 後発発展途上国.

PMA² 女 (略語) procréation médicalement assistée 補助生殖医療.

PME 女 (略語) petites et moyennes entreprises 中小企業.

PMU 男 (略語) pari mutuel urbain 場外馬券制度 [売り場].

PNB 男 (略語) produit national brut 国民総生産, GNP.

*****pneu** /pnø/ ブヌー/ 男 (pneumatique の略)タイヤ. ▶ gonfler un *pneu* タイヤに空気を入れる / vérifier la pression des *pneus* タイヤの空気圧を点検する / un *pneu* crevé [éclaté] パンクしたタイヤ / *pneu* neige スノータイヤ / *pneu* clouté スパイクタイヤ.

pneumatique /pnømatik/ 形 空気の; 圧縮空気による. ▶ canot *pneumatique* ゴムボート.

pneumo- 接頭 「肺」の意.

pneumonie /pnømɔni/ 女 〖医学〗肺炎.

pneumothorax /pnømɔtɔraks/ 男 人工気胸 (法).

pochade /pɔʃad/ 女 ❶ (彩色された)粗描画, 略画. ❷ 即興的作品, 即興の戯文.

pochard, arde /pɔʃa:r, ard/ 名 話 酔いどれ; 飲んべえ. ── 形 話 酔っ払った; 飲んだくれの.

:poche /pɔʃ/ ポシュ/ 女 ❶ (衣服, かばん類の)ポケット. ▶ *poche* extérieure 外ポケット / *poche* révolver (ズボンの)尻ポケット / mettre qc dans ses *poches* …をポケットに入れる / chercher [fouiller] dans sa *poche* ポケットの中を探る / argent de *poche* 小遣い銭, ポケットマネー. ▶ de *poche* ポケットサイズの; 小型の. ▶ format de *poche* ポケットサイズ / livre de *poche* 文庫本, ペーパーバック.

❷ (商店で包装用に使う)袋, 紙袋. ▶ *poche* en plastique ビニール袋.

❸ (衣服の)たるみ, しわ. ▶ Ce pantalon fait des *poches* aux genoux. このズボンはひざにしわが寄る.

❹ (目の下の)たるみ (=*poches* sous les yeux).

❺ *poche* d'air エアポケット.

avoir les* [*ses*] *poches pleines = avoir de l'argent plein les poches お金をたくさん持っている.

avoir qc en poche …を自由にできる; 手に入れるのは確実である. ▶ J'*ai* cent euros *en poche*. 私は100ユーロ持ち合わせがある / Elle *a* sa nomination *en poche*. 彼女の任命は確実だ.

C'est dans la poche. 成功間違いなしだ, 楽勝だ.

connaître qc/qn comme sa poche 話 …を熟知している.

en être de sa poche (自分のポケットから支払う→) 話 他人の負担すべき金を払う; 損をする.

faire les poches de [*à*] *qn* …のポケットを探る, ポケットの中味を調べる.

mettre qn dans sa poche 話 …を自在に操る, 子分にする.

ne pas avoir les yeux dans sa poche 話 無遠慮にじろじろ眺める; 好奇心旺盛(ぢ)である.

ne pas avoir sa langue dans sa poche 話 おしゃべりである; 口答えする.

payer de sa poche 自分の金で支払いをする; 自腹を切る.

s'en mettre plein les poches = se remplir les poches (不正な手段で)金をもうける, 私腹を肥やす.

── 男 話 文庫本, ペーパーバック (=livre de poche).

pocher /pɔʃe/ 他動 ❶ *pocher* un œil à qn …の目を殴ってあざをつくる. ❷ …をゆでて煮る. ▶ *pocher* des œufs (熱湯に)卵を割り入れてゆでる, ポーチドエッグを作る. ❸ …をさっと描く, 粗描する. ── 自 (服が)たるむ, しわになる. ▶ pantalon qui *poche* aux genoux 膝の出たズボン.

pochette /pɔʃɛt/ 女 ❶ (包装用の)紙 [布, ビニール] 袋, (平たい) ケース. ▶ *pochette* de disque レコード・ジャケット.

❷ (上着の)胸ポケット; ポケットチーフ. ❸ (ひもなしの)小型ハンドバッグ, ポシェット, ポーチ. ❹ (小学生用の)文房具入れ, 学用品入れ.

pochette-surprise /pɔʃɛtsyrpri:z/; (複) ~s-~s 女 (菓子, おもちゃなどの入った)お楽しみ袋, 福袋.

avoir eu son permis de conduire dans une pochette-surprise 話 自動車の運転が下手である.

pochoir /pɔʃwa:r/ 男 合羽(ぢ)刷り版原版, 型染めの型版, ステンシル版原版.

pochon /pɔʃɔ̃/ 男 ❶ (食品などを包む)紙 [ビニール, 布] 袋. ❷ ウエストバッグ.

podium /pɔdjɔm/ 男 ❶ 表彰台. ▶ monter sur le *podium* 表彰台に登る, (上位3位に)入賞する. ❷ 特設ステージ.

pod(o)- 接頭 「足」の意.

podologie /pɔdɔlɔʒi/ 女 足病学, 足学.

podomètre /pɔdɔmɛtr/ 男 歩数計.

poêle¹ /pwal ポワル/ 囡 フライパン. ▶ *poêle* à frire フライパン; 囲 金属[地雷]探知機 / *poêle* à crêpes クレープ用フライパン / faire sauter des légumes à la *poêle* フライパンで野菜を炒(いた)める.

tenir la queue de la poêle. (事業, 仕事などの)指揮を執る, 采配(さいはい)を振るう.

poêle² /pwal ポワル/ 團 ストーブ. ▶ *poêle* à gaz ガスストーブ.

poêle³ /pwal/ 團 棺覆い布. ▶ tenir les cordons du *poêle* (葬列で)棺の覆い布の四隅に垂らすひもを持つ.

poêlée /pwale/ 囡 フライパン1杯の量.

poêler /pwale/ 他動 (油を引いた鍋(なべ)で)〔材料〕を蒸し焼きにする, 炒(いた)め煮する.

poêlon /pwalɔ̃/ 團《料理》ポワロン: とろ火でクリームなどを煮るための小型の片手鍋(なべ).

poème /pɔɛm ポエム/ 團 ❶ (1編の)詩, 詩作品. ▶ réciter un *poème* 詩を朗読する / faire [composer] un *poème* 詩を作る / recueil de *poèmes* 詩集 / *poème* en prose 散文詩 / *poème* lyrique [épique] 叙情[叙事]詩.

❷《音楽》*poème* symphonique 交響詩.

C'est tout un poème. 囫 現実離れしている; 奇妙だ; あきれれた.

比較 詩

poème 1編ずつの「詩」作品. **poésie** 小説などに対立する文学ジャンルとしての「詩」. **vers** 詩作品の中の1行1行の「詩句」. また prose (散文)に対して「韻文」の意味でも使われる.

poésie /poezi ポエズィ/ 囡 ❶(文学ジャンルとしての)詩. ▶ aimer [goûter] la *poésie* 詩を愛する[鑑賞する] / écrire [faire] de la *poésie* 詩を書く / *poésie* lyrique [épique] 叙情[叙事]詩.

比較 ⇨ POÈME.

❷ 詩編, 詩作品. ▶ apprendre par cœur une *poésie* 詩を1編暗唱する.

❸ 詩情, 詩的な美しさ. ▶ un roman plein de *poésie* 詩情あふれる小説 / manquer de *poésie* ムードに欠ける.

poète /pɔɛt ポエト/ 團 ❶ 詩人. 注 女流詩人にも用いる. ▶ grand *poète* 大詩人 / *poète* lyrique 叙情詩人. ❷ 詩人肌の人; 理想家, 夢想家; 囫 (軽蔑して)現実離れした人. ▶ Il est un peu *poète*. 彼はいささか浮き世離れしている.

── 圏 詩人の; 詩情を解する. ▶ une femme *poète* 女流詩人.

poétesse /pɔetɛs/ 囡 女流詩人. 注 しばしば皮肉あるいは軽蔑の意味が含まれる.

poétique /pɔetik/ 圏 ❶ 詩の, 詩特有の. ▶ tournure *poétique* 詩特有の言い回し / œuvres *poétiques* 詩作品 / art *poétique* 詩法 / licence *poétique* 詩的許容, 破格. ❷ 詩的な趣のある. ▶ un paysage *poétique* 詩情をそそる風景.

── 囡 詩学, 詩論, 詩法 (=art poétique).

poétiquement /pɔetikmɑ̃/ 副 詩的に, 詩のように.

poétiser /pɔetize/ 他動 …を美化する, 現想化する. ▶ souvenirs *poétisés* 美化された思い出.

pognon /pɔɲɔ̃/ 團 囫 (単数形のみ) 俗 金(かね), 銭.

pogrom /pɔgrɔm/ 團 囫 (ロシア語)ユダヤ人迫害: 帝政ロシア時代の, 民衆による虐殺を伴った反ユダヤ運動.

poids /pwa ポワ/ 團 ❶ 重さ, 重量, 目方; 体重. ▶ Le *poids* de ce sac est de trois kilos. この袋の重さは3キロだ / mesurer le *poids* de qc sur une balance …の重さを秤(はかり)で量る / vendre qc au *poids* …を量り売りする / Quel est votre *poids*? あなたの体重はどれぐらいですか / prendre [perdre] du *poids* 体重が増える[減る] / surveiller son *poids* 体重に注意する / *poids* brut [total] (包装を含む)総重量 / *poids* net 正味重量, 内容量.

❷ 荷重, 荷, 積み荷. ▶ porter un *poids* de cent kilos 100キロの荷物を運ぶ.

❸ おもり, 分銅. ▶ mettre des *poids* dans une balance 秤におもりを載せる / *poids* et mesures 度量衡(器); 計量検査(所).

❹ 重荷, 負担, 重圧. ▶ supporter le *poids* des impôts 税の重圧に耐える / Il a senti le *poids* du travail. 彼は仕事に負担を感じた.

❺ 重要性, 影響力, 価値. ▶ donner du *poids* à qc …に重みを加える. ◆de *poids* 重要な, 権威のある. ▶ C'est un homme de *poids* dans le monde des affaires. 彼は実業界の大立て者だ.

❻《スポーツ》(1)(体重別競技の)級. ▶ *poids* lourd ヘビー級(⇨ 成 句) / *poids* plume [moyen] フェザー[ミドル]級 / *poids* coq [léger, mouche] バンタム[ライト, フライ]級. (2) 砲丸; 砲丸投げ.

au poids de l'or 非常に高い値で.

avoir deux poids (et) deux mesures 状況や自分の利益に従って善悪の判断を下す, 場合によってやり方を変える.

avoir un poids sur l'estomac 胃がもたれる.

de tout son poids 全体重をかけて; 全力で. ▶ appuyer qc *de tout son poids* 全力を挙げて…を支える[支援する] / peser *de tout son poids* sur qc …を全面的に圧迫する, に決定的な影響を与える.

deux poids deux mesures ダブルスタンダード.

faire le poids (1)〔ボクサーなどが〕体重を維持している. (2)〔多く否定の表現で〕力量がある, 能力を備えている. ▶ Il ne *fait* pas *le poids* pour assurer la direction de ce service. 彼にはこの部を管理するだけの力はない.

peser d'un poids + 形容詞 + dans [sur] qc …に…な重みを発揮する[影響を与える]. ▶ La renommée de la marque *a pesé d'un poids* considérable *dans* la négociation. ブランドの名声が商談で大いにものを言った.

poids lourd (1)《スポーツ》ヘビー級. (2) 大型の貨物自動車; 大型トラック. (3) 大物, 大企業.

poids mort (1) 死荷重, 自重. (2) 足手まとい, お荷物, ブレーキ.

比較 重さ

poids 最も一般的. 特に具体的な重量についてはこの語を用いるのが普通. **pesanteur** 重力, およびその作用としての重さの意. **lourdeur** 主として比喩(ひゆ)的に重苦しいもの, 圧迫するものについていう.

poignait /pwaɲɛ/ 活用 ⇨ POINDRE 81

poign*ant*, *ante* /pwaɲɑ̃, ɑ̃:t/ 圏 (poindre

の現在分詞)胸が張り裂けるような、とてもつらい. ▶ une scène *poignante* 衝撃的な場面 / des adieux *poignants* 胸痛む別離.

poignard /pwaɲaːr/ 男 短刀. ▶ donner un coup de *poignard* 短刀で一突きする / frapper qn d'un coup de *poignard* …を短刀で一突きする.

coup de poignard 文章 激しい精神的苦痛.

coup de poignard dans le dos 卑劣な攻撃; 裏切り.

poignarder /pwaɲarde/ 他動 …を短刀で突き刺す, 刺し殺す.

poignarder qn dans le dos …を後ろから刺す; …を裏切る.

poigne /pwaɲ/ 女 握力, 腕っぷし. ▶ avoir une bonne *poigne* 鹿毛(かせ)が強い.

à poigne 威圧的な, 権威主義的な.

avoir de la poigne (1) 腕っぷしが強い. (2) 権威がある.

***poignée** /pwaɲe ポワニェ/ 女 ❶ ひと握り. ▶ une *poignée* de sel ひとつかみの塩. ❷ ⟨une *poignée* de + 複数名詞⟩少数の…. ▶ une *poignée* de mécontents ひと握りの不平分子. ❸ 握りの部分, 柄; (刀の)つか. ▶ la *poignée* d'une porte ドアのノブ / la *poignée* d'une valise かばんの握り.

à poignée(s) = *par poignée(s)* 手いっぱいに, ふんだんに. ▶ Il dépense son argent *à poignée*. 彼は金をふんだんに使う.

poignées d'amour 腰のまわりのぜい肉.

poignée de main 握手. ▶ donner une *poignée de main* à qn …と握手する.

***poignet** /pwaɲɛ ポワニェ/ 男 ❶ 手首. ▶ Je me suis cassé le *poignet*. 私は手首を骨折した. ❷ 袖(そで)口, カフス. ▶ *poignet* de chemise ワイシャツの袖口 / *poignet* de force (手首の)リストバンド.

à la force ⌈*du poignet* [*des poignets*]⌉ 腕の力だけで; 自力で, 努力して.

***poil** /pwal ポワル/ 男 ❶ (動物の)毛; 《集合的に》毛並み. ▶ un chien à *poils* frisé 縮れ毛の犬 / un cheval de *poil* fauve 鹿毛(かせ)の馬. ❷ (人間の)毛, 体毛. 注 髪 cheveu, まつげ cil, まゆ毛 sourcil 以外をいう. ▶ avoir du *poil* au menton あごひげを生やしている. ❸ (ブラシなどの)毛; (布地, 絨毯(じゅうたん)などの)毛足. ▶ une brosse à dents à *poils* souples 柔らかい毛の歯ブラシ. ❹ (un poil) 話 ほんの少し, 少量. ▶ Il s'en est fallu d'un *poil* que + 接続法. もう少しで…だった / Avec un *poil* de courage, il pourrait s'en tirer. ちょっと勇気を出せば, 彼はうまく切り抜けられるんだが. ◆ à un *poil* près やっとのところで. ▶ réussir à un *poil* près un examen ぎりぎりで試験に合格する.

à poil 話 すっ裸で. ▶ se mettre *à poil* 裸になる.

au poil 話 (1) ちょうど, ぴったりに. ▶ arriver *au poil* 時間ちょうどに着く. (2) 完璧(かんぺき)に. ▶ Il travaille *au poil*. 彼は完璧に仕事をこなす / un professeur *au poil* すばらしい先生.

avoir qn sur le poil 話 …につきまとわれている. ▶ Il m'*a eu sur le poil* tout l'après-midi. 私は午後ずっと彼につきまとわれた.

avoir un poil dans la main ひどい怠け者だ, ぐうたらである.

de tout poil = *de tous poils* 話 〔人が〕あらゆる種類の.

être de bon [*mauvais*] *poil* 話 機嫌がよい〔悪い〕.

ne pas [*plus*] *avoir un poil de sec* 話 びしょぬれである; 汗びっしょりである.

poil de carotte 男 《形容詞的に無変化で》赤毛の (⇨ POIL-DE-CAROTTE). ▶ Elle a les cheveux *poil de carotte*. 彼女は赤毛だ.

reprendre du poil de la bête 元気を取り戻す, 立ち直る.

tomber sur le poil de [*à*] *qn* 話 …の不意を襲う; …に急に近づく.

poilant, ante /pwalɑ̃, ɑ̃ːt/ 形 俗 ひどく滑稽(こっけい)な.

poil-de-carotte /pwaldəkarɔt/ 形《不変》話 〔人が〕赤毛の (=rouquin).

se poiler /s(ə)pwale/ 代動 俗 大笑いする, 笑い転げる.

poilu¹, e /pwaly/ 形 毛の生えた; 毛深い. ▶ jambes *poilues* 毛深い足.

poilu² /pwaly/ 男 話 (第1次大戦の)兵士.

poinçon /pwɛ̃sɔ̃/ 男 ❶ 錐(きり), ポンチ, パンチ; 【機械】押し抜き具. ❷ (貴金属などの)極印, 刻印. ▶ apposer un *poinçon* 刻印をする.

poinçonnage /pwɛ̃sɔnaːʒ/ 男 ❶ (金属板などの)押し抜き, ポンチあけ. ❷ (貴金属などの)極印入れ. ❸ (切符などの)パンチ入れ, 入鋏(にゅうきょう).

poinçonner /pwɛ̃sɔne/ 他動 ❶ 〔金属板など〕を押し抜く, ポンチあける. ❷ 〔金銀細工など〕に極印を打つ. ❸ 〔切符〕にパンチを入れる.

poinçonneur, euse /pwɛ̃sɔnœːr, øːz/ 名 ❶ 改札係. ❷ 押し抜き工.

poinçonneuse /pwɛ̃sɔnøːz/ 女 ❶ 押し抜き機; 穿孔(せんこう)機. ❷ (切符に穴をあける)パンチ; 自動改札機.

poindre /pwɛ̃ːdr/ 81 自動 《不定詞, 分詞, 直説法現在・半過去・単純未来の3人称以外はほとんど用いられない》(過去分詞 point, 現在分詞 poignant) 文章 現れ始める, 見え出す. ▶ Il partira quand le jour *poindra*. 彼は夜が明けたら出発するだろう.

***poing** /pwɛ̃ ポワン/ 男 ❶ こぶし, げんこつ. ▶ taper du *poing* sur la table (不満の表明として)机をこぶしでたたく. ❷ *poing* américain (殴るためにこぶしにはめる)メリケンサック.

au poing 手に持って. ▶ Il m'a menacé, couteau *au poing*. 彼はナイフを手にして脅した.

*coup de poing (1) げんこつ, パンチ. ▶ donner un *coup de poing* げんこつを一発食らわす / faire le *coup de poing* 殴り合いをする. (2) 《形容詞的に》強い印象を与える; 不意を襲う. ▶ style *coup de poing* パンチの利いた文体.

dormir à poings fermés ぐっすり眠る.

lever le poing (デモなどで連帯のしるしとして)こぶしを挙げる.

montrer le poing (こぶしを突き出して)脅す.

se ronger les poings (不安, 後悔, 怒りに)さいなまれる.

serrer les poings (怒りで)こぶしを握りしめる; 全力を尽くす.

*point /pwɛ̃ ポワン/ 男

[英仏そっくり語]
英 point 点, 先端.
仏 point 点, ピリオド.

❶ 点; 点状のもの. ▶ Le bateau n'était plus qu'un *point* à l'horizon. 船はもはや水平線上の小さな点でしかなかった / La feuille est jaune avec des *points* bruns. 葉は黄色で, 茶色の斑点(はん)がポツポツある / le *point* d'intersection de deux droites 2直線の交点.

❷ 終止符, ピリオド (.); (点を伴った)符号;〚情報〛ドット. 注 .com は point com と読む. ▶ les *points* et les virgules 句点と読点, ピリオドとコンマ / *point* d'exclamation 感嘆符 (!) / *point* d'interrogation 疑問符 (?) / *point* de suspension 中断符 (…) / *point* d'orgue〚音楽〛フェルマータ, 延声記号 (⌒) / *Point*, à la ligne. (書き取りの際)ピリオド, 改行 (⌴ 成句).

❸ 地点, 箇所; (船などの)現在地点. ▶ *point* de départ 出発点 / *point* d'arrivée 到着点 / *point* d'eau 給水地点 (砂漠の泉, 井戸など) / *point* de vente 販売店, 商品取扱店 / *point* de rencontre 待ち合わせの場 / donner le *point* par radio 無線で現在位置を知らせる.

❹ …な点, 問題点, 論点; 要点, 項目. 注「…な点で」という場合, 前置詞は sur を用いる. ▶ discuter sur un *point* important 重要な点について討議する / Sur ce *point*, vous avez raison. その点ではあなた (の方) が正しい / un *point* de détail 二次的な問題点 / *point* fort 得意な点 / *point* faible 弱点 / *point* commun 共通点 / *point* litigieux 争点 / un programme politique en dix-huit *points* 18項目からなる施政方針.

❺ 段階; 程度. 注「…な段階 [程度] で」という場合, 前置詞は à を用いる. ▶ La situation en est toujours au même *point*. 事態は相変わらず元のままである / au *point* où nous en sommes 目下の段階では / Vous voyez à quel *point* ça va mal. どれほど具合が悪いかお分かりでしょう / (jusqu') à un certain *point* ある程度まで.

❻ 点数, 得点;(さいころの)目;(指数などの)ポイント. ▶ jouer une manche de ping-pong en vingt et un *points* 1ゲーム21点でピンポンの試合をする / obtenir seize *points* sur vingt 20満点で16点取る / victoire aux *points*〚ボクシング〛判定勝ち / amener six *points* (さいころで) 6 の目を出す / L'inflation a augmenté de trois *points* en passant de 5% à 8%. インフレは5パーセントから8パーセントに上がって, 3ポイント増大した.

❼ 縫い目, 編み目, ステッチ. ▶ coudre à grands [petits] *points* 粗い [細かい] 目で縫う / faire un *point* à un vêtement 服を繕う.

❽〚化学〛境界点 (温度). ▶ le *point* d'ébullition 沸点 / le *point* de congélation 凝固点 / le *point* de fusion 融点.

❾〚印刷〛ポイント:活字の大きさの単位.

à ce point = ***à tel point*** これほど [それほど] までに. ▶ Je ne me suis jamais senti seul *à ce point*. これほど自分が孤独に感じたことはない.

「***à ce point*** [***au point***, ***à tel point***] ***que*** + 直説法 非常に…なので…である. ▶ Elle a travaillé *à tel point qu'*elle est tombée malade. 彼女はあまりに働きすぎたので病気になった / Est-ce grave *au point qu'*il soit fâché? 彼が怒るほど事態は深刻なのですか (注 主節が否定または疑問のとき従属節は一般に接続法).

****à point*** ほどよい; ちょうどよい状態に. ▶ Vous voulez votre bifteck saignant, *à point* ou bien cuit? ビフテキの焼き具合はレア, ミディアム, ウェルダンのいずれにしますか / arriver *à point* ちょうどよい時に着く.

à point nommé ちょうどよい時に. ▶ Vous arrivez *à point nommé*. ちょうどよい時にいらっしゃいました.

au plus haut point = ***au dernier point*** このうえなく, 極めて. ▶ Ils se detestent *au plus haut point*. 彼らはものすごく憎み合っている.

au point きちんと調整された; 準備万端整った. ▶ Cette technique n'est pas encore *au point*. この技術はまだ完成されていない / Le projet est bien *au point*. 計画はすっかり整っている.

au point de + 不定詞 …するほどまで. ▶ Ce n'est pas grave *au point de* se désespérer. 絶望するほど深刻なことではない.

de point en point 逐一, 漏れなく. ▶ exécuter des ordres *de point en point* 命令を 1 つずつ忠実に実行する.

en tout point = ***à tous points*** あらゆる点で, 完全に, 全面的に.

****être sur le point de*** + 不定詞 まさに…しようとしている. ▶ Le train *était sur le point de* partir. 列車は発車間際だった.

****faire le point*** (1) (船の) 現在位置を測定する. (2) 現状を明らかにする. ▶ Cette étude *fait le point* de [sur] la situation économique en France. この研究はフランスの経済状況を分析・統括している.

le point du jour 夜明け.

mal en point 調子が悪い, 病気の.

marquer 「***un point*** [***des points***]」 優位に立つ, リードする.

mettre le [***un***] ***point final à qc*** …に終止符を打つ, を終わらせる.

mettre les points sur les i (i の頭の点を打つ →)正確を期す, 念を押す; 事細かに説明する.

****mettre qc au point*** (1)〔機械〕を調整する;〔カメラなど〕の焦点を合わせる. (2)〔計画など〕を手直しする. (3)〔新技術など〕を確立 [開発] する. ▶ *mettre au point* une nouvelle technologie 新技術を開発する. (4)〔問題など〕を明確にする. ▶ *mettre* les choses *au point* 事態 [物事] をはっきりさせる.

mise au point (1) (機械の) 調整; (カメラなどの) ピント合わせ. (2) (計画などの) 手直し, 調整. ▶ Ce projet demande une *mise au point*. この計画

point

は手直しが必要だ. (3)（新技術などの）確立, 開発.
▶ la *mise au point* d'un nouveau vaccin 新しいワクチンの開発. (4)（事件, 問題などの）要約的説明, 事情説明. ▶ faire une *mise au point* sur la recherche la plus avancée en cancérologie 癌(%)研究の最先進について要約的説明をする.

Point, à la ligne. それ以上話すことはない.

point chaud (1) 紛争地域,（軍事・政治的な）危険地帯; 激戦地. (2)（事故, 犯罪の）多発地.

Point barré! 俗 以上, この話はもうこれでやめだ.

point de vue ⇨ POINT DE VUE.

Point G G スポット.

point mort (1)（自動車の変速器の）ニュートラル. (2) 停滞状態. ▶ Les négociations sont au *point mort*. 交渉は膠着(ﾁゃく)状態にある.

point noir (1) 難点; 困った点. ▶ Le seul *point noir* de ce projet, c'est qu'il est extrêmement coûteux. この計画の唯一の難点は金がかかりすぎるということだ. (2)（道路の）難所, 混雑地点; 事故多発地点.

point par point 一つずつ, 逐一.

point sensible (1) 弱点; 急所. (2)【軍事】緊要地点: 破壊されると著しく戦力低下に結び付く施設.

rendre des points à qn (1)（スポーツ, ゲームなどで）…にハンディを与える. (2) …より勝っている（と思う）.

retour au point zéro 届 白紙状態に戻ること, ゼロからのやり直し.

Un point, c'est tout. それ以上言うことはない.
▶ Si tu n'es pas d'accord, on annule ce voyage, *un point c'est tout*. 君が同意しないのならこの旅行は取りやめ, 単にそれだけのことだ.

Un trait, un point! 俗 以上, この話はもうこれでやめだ.

***point**[2] /pwɛ̃/ 副 文章（少しも）…ない. ❶ 《ne とともに》 ▶ Il n'a *point* d'argent. 彼は一文無しだ / *Point* n'est besoin de + 不定詞. …する必要はまったくない.

❷《ne なしで》▶ «Tu es content ? — *Point* du tout.»「満足かい」「全然」.

point[3] /pwɛ̃/ 活用 poindre 81 の直説法現在 3 人称単数または過去分詞.

pointage /pwɛ̃taːʒ/ 男 ❶（名簿, 帳簿などの）チェック, しるし付け, 照合. ▶ *pointage* à l'entrée de l'usine 工場入り口でのタイムカードの打刻. ❷ ねらいづけ;（銃, 望遠鏡などの）照準［焦点］合わせ.

***point de vue** /pwɛ̃dvy ポワントゥヴュ/《複》**~s de ~** 男 ❶ 観点, 見地, 視点; 意見, 見解. ▶ De ce *point de vue*, vous avez raison. その点からすればあなた（方）は正しい / d'un autre *point de vue* 別の見方をすれば / au［du］*point de vue* social 社会的な観点では / Cette voiture coûte cher au *point de vue* (de la) consommation d'essence. この車は燃費の点では高くつく / Je partage votre *point de vue*. あなた（方）の考えに賛成します. 比較 ⇨ OPINION.

❷ 見晴らしのよい所; 見晴らし, 眺望. ▶ On a un beau *point de vue*. 海がよく見える.

***pointe** /pwɛ̃ːt ポワーント/ 女 ❶ とがった先, 切っ先, 先端; 針. ▶ aiguiser la *pointe* de qc …の先をとがらせる / la *pointe* des pieds つま先 / *pointe* d'asperge アスパラガスの先端の柔い部分.

❷ 突出部, 突端; 岬; 山頂. ▶ jardin dont la *pointe* touche la rivière 突端が川に通じている庭園 / la *pointe* de l'île 島の岬.

❸ ピーク, 頂点. ▶ pousser une *pointe* de vitesse 最高速度を出す; スパートをかける / pousser une *pointe* à 180km/h［cent quatre-vingts kilomètres par heure］最高時速 180 キロを出す.

❹ 《une *pointe* de + 無冠詞名詞》少量の…. ▶ une *pointe* de poivre 少量の胡椒(ﾌょぅ) / avec une *pointe* d'ironie 少々の皮肉を込めて.

❺ 辛辣(ﾀじ)な言葉, 皮肉. ▶ lancer des *pointes* à qn …に辛辣な言葉を浴びせる.

❻ 釘, 鋲(ﾋょぅ), スパイク;《複数で》スパイクシューズ (=souliers à *pointes*).

❼【美術】素描用尖筆(ｾﾝ); エッチング用鉄筆.

❽【バレエ】ポアント, つま先立ち. ▶ chaussons à *pointes* トウシューズ.

❾【医学】*pointes* de feu 焼灼(ﾄょぅ).

de pointe (1) 最先端の. ▶ technologie *de pointe* 先端技術. (2) 最大の, 最高の. ▶ vitesse *de pointe* 最高速度.

en pointe (1) 先のとがった. ▶ une barbe *en pointe* ぴんと張ったあごひげ. (2) 最先端の. ▶ secteur *en pointe* dans la médecine 医学の最先端分野.

être à la pointe de qc (1) …の先頭に立つ. ▶ *être à la pointe* du combat 戦いの最前線に立つ. (2) …に通暁している. ▶ journaliste *à la pointe* de l'actualité 時事に詳しい新聞記者.

heure de pointe ラッシュアワー;（電力, ガスの消費量の）ピーク時 (↔heure creuse).

la pointe du jour 文章 曙光(ﾄょ).

pousser［faire］une pointe jusqu'à qc …まで足を伸ばす.

sur la pointe des pieds つま先立ちで; そっと, 慎重に.

pointé, e /pwɛ̃te/ 形 点のついた. ▶ zéro *pointé* 付点つき零点（他の科目ができても, これで落第となる）.

pointeau /pwɛ̃to/ ;《複》**x** 男【機械】❶ 打錐(ｽぃ), センターポンチ. ❷（気化器の）ニードル弁.

pointer[1] /pwɛ̃te/ 他動 ❶ …をチェックする, 点検する;（の）出欠を取る. ▶ *pointer* les noms des absents 欠席者の名前をチェックする / *pointer* les ouvriers pour le paiement du salaire 給料支払いのため労働者の出勤簿付けをする.

❷《*pointer* qc sur［vers］qn/qc》…を…に向ける; ねらいをつける. ▶ *pointer* son index vers qn …を指差す / *pointer* le canon sur l'ennemi 敵に向けて砲のねらいを定める.

❸〔音符〕に付点を打つ.

—— 自動 ❶ タイムカードを押す; 出勤する. ▶ machine à *pointer* タイムレコーダー / *pointer* au chômage 失業保険を受け取りに行く. ❷（ペタンクで）玉を的玉の近くに投げる.

—— **se pointer** 代動 俗 着く; 現れる. ▶ Il s'est *pointé* à trois heures. 彼は 3 時にやって来た.

pointer[2] /pwɛ̃te/ 他動〔耳など〕をぴんと立てる. ▶

cheval qui *pointe* les oreilles (物音に)耳をぴんと立てる馬.
— 自動 ❶ そびえ立つ. ▶ clocher qui *pointe* au-dessus des toits 屋根の上にそびえる鐘楼. ❷ 現れ始める；芽を出す. ▶ Le jour *pointe*. 夜が明け始める / Son génie *a pointé* de bonne heure. 彼(女)は早くから頭角を現した.
— **se pointer** 代動〔馬が〕後脚で立つ.

pointeur, euse /pwɛtœːr, øːz/ 名 ❶ 記録係，チェック係；作業時間記録係. ❷ 〖スポーツ〗得点記録係. ❸ (大砲の)照準手.
— **pointeur** 男 〖情報〗ポインター(矢印の形のカーソル).
— **pointeuse** 女 タイムレコーダー.

pointillé /pwɛtije/ 男 ❶ 点線；ミシン目. ▶ Détachez suivant le *pointillé*. 点線に沿って切り取ってください. ❷ 〖絵画〗点描法. ▶ dessin au *pointillé* 点描画.
en pointillé (1) 点線で. (2) 大まかに，おぼろげに.

pointilleux, euse /pwɛtijø, øːz/ 形 (細かいことに)うるさい，気難しい.

pointillisme /pwɛtijism/ 男 〖絵画〗点描法，点描主義.

pointilliste /pwɛtijist/ 形 〖絵画〗点描の，点描主義の. — 名 点描派(の画家).

__pointu, e__ /pwɛty/ 形 ❶ とがった，鋭い. ▶ un clocher *pointu* 尖塔(せんとう)形の鐘楼. ❷ 〔声が〕きんきんした，甲高い. ❸ accent *pointu* (南仏人から見た)パリ訛(なまり). ❹ 最先端の(=de pointe). ❺ 文章〔性格などが〕気難しい，口やかましい. — 副 南仏 parler *pointu* パリ訛(なまり)で話す.

pointure /pwɛtyːr/ 女 ❶ (靴，帽子，手袋，服などの)サイズ，寸法. ▶ Quelle *pointure* chaussez vous? —Je fais du 40. 「靴のサイズはいくつですか」「40号です」
❷ une (grosse) *pointure* 話 大物，有力者.

point-virgule /pwɛ̃virgyl/; (複) ～s-～s 男 セミコロン，ポアン・ヴィルギュル(；).

__poire__ /pwaːr/ 女 ❶ ナシ(の実)；(特に)洋ナシ. ▶ tarte aux *poires* 洋ナシのタルト. ❷ 洋ナシ形のもの. ▶ *poire* électrique ナシ形スイッチ. ❸ ナシブランデー，ポワール. ❹ 話 間抜け，だまされやすい人. ▶ Quelle bonne *poire*, ce type! なんて間抜けなんだ，あいつは. ❺ 俗 顔；頭. ▶ en pleine *poire* 顔面に / se sucer la *poire* キスし合う.
couper la poire en deux 損得を共にする，妥協する.
entre la poire et le fromage デザートのころに；くつろいでいるときに.
garder une poire pour la soif まさかのときに備えておく.
— 形 話 間抜けな，お人よしの.

poireau /pwaro/; (複) **x** 男 ❶ 〖植物〗セイヨウネギ，ポロネギ. ❷ 話 faire le *poireau* 長い間待つ.

poireauter /pwarote/ 自動 話 長いこと待つ，待ちくたびれる.

poirier /pwarje/ 男 ナシ(の木).
faire le poirier 逆立ちをする.

__pois__ /pwa/ 男 ❶ 〖植物〗(1) エンドウマメ；グリンピース(=petits *pois*, *pois* verts). ▶ écosser des *pois* エンドウのさやをむく / des *pois* cassés (2つに割ったビュレ用の)乾燥グリンピース. (2) *pois* de senteur スイートピー. ❷ *pois* chiche ヒヨコマメ. ❸ 水玉模様. ▶ une jupe blanche à *pois* bleus 白地に青い水玉模様のスカート.
avoir un pois chiche dans la tête 話 おつむがからっぽだ.

__poison__ /pwazɔ̃/ ポワゾン 男 ❶ 毒，毒物；有害なもの. ▶ assassiner qn par le *poison* 〜を毒殺する. ❷ 話 嫌な仕事，面倒なこと. ▶ Quel *poison* de retourner là-bas! また向こうに引き返すなんて面倒だね. ❸ 文章 (精神面で)有害〔危険〕なもの. — 名 〖男女同形〗厄介者，困った〔嫌な〕やつ.

poissard, arde /pwasaːr, ard/ 形 下層民の言葉をまねた. ▶ un argot *poissard* 荒っぽい言葉. — **poissarde** 女 ❶ 下品な女，下層の女. ❷ (軽蔑して)市場の女商人；魚屋のおかみ.

poisse /pwas/ 女 俗 不運，厄介事. ▶ Quelle *poisse*! なんという不運だ.

poisser /pwase/ 他動 ❶ …をべっとりと汚す〔覆う〕. ❷ 俗 …を捕らえる，逮捕する. ▶ se faire *poisser* 捕まえられる. — **se poisser** 代動 (自分の)〔体の部分〕をべっとりと汚す. ▶ *se poisser* les mains 手をべとべとにする.

poisseux, euse /pwasø, øːz/ 形 ❶ べとべとした，ねばつく. ▶ mains *poisseuses* 汚れでべとついた手. ❷ 汚らしい，嫌悪感の.

__poisson__ /pwasɔ̃/ ポワソン 男 ❶ 魚；魚類. ▶ *poissons* de rivière 川魚 / *poissons* d'eau douce 淡水魚 / *poisson* rouge 金魚 / *poisson* volant トビウオ / prendre des *poissons* 魚を捕る.
❷ 魚肉. ▶ manger du *poisson* 魚を食べる / J'aime le *poisson*. 私は魚(を食べるの)が好きです / filet de *poisson* 魚の切り身.
❸ 魚形の物. ▶ un *poisson* en chocolat 魚形のチョコレート.
❹ (Poissons) 魚座；双魚宮.
engueuler qn comme du poisson pourri 話 …を口汚くののしる.
être (heureux) comme un poisson dans l'eau 水を得た魚のようである，生き生きしている.
faire une queue de poisson à qn (車で)…に乱暴な追い越しをかける.
finir en queue de poisson 尻(しり)切れとんぼになる；竜頭蛇尾に終わる.
noyer le poisson (事態を紛糾させて)相手の疲れを待つ.
Petit poisson deviendra grand. (人や物事について)小物もやがては大物となる；末が楽しみだ.
poisson d'avril 四月ばか，エープリルフール.

poissonnerie /pwasɔnri/ 女 ❶ 魚貝類〔海産物〕販売業；魚屋. ❷ 魚市場.

poissonneux, euse /pwasɔnø, øːz/ 形 魚の多い.

poissonnier, ère /pwasɔnje, ɛːr/ 名 魚屋.

poitevin, ine /pwatvɛ̃, in/ 形 ❶ ポアトゥー Poitou 地方の. ❷ ポアティエ Poitiers の.
— **Poitevin, ine** 名 ポアトゥーの人；ポアティエの人.

Poitiers /pwatje/ 固有 ポワチエ: Vienne 県の県

Poitou

庁所在地.

Poitou /pwatu/ 固有 男 ポワトゥー地方: フランス西部の旧州.

poitrail /pwatraj/ 男 話 《ふざけて》大きな胸.

‡poitrine /pwatrin ポワトリヌ/ 女 ❶ 胸, 胸部. ▶ tour de *poitrine* 胸囲 / serrer qn sur [contre] sa *poitrine* …を胸に抱き締める / respirer à pleine *poitrine* 深呼吸をする.
❷《女性の》胸, 乳房. ▶ une belle *poitrine* 美しいバスト / Elle a ˈde la [beaucoup de] *poitrine*. 彼女は豊かな胸をしている.
❸《牛や豚の》胸部肉. ▶ *poitrine* fumée ベーコン. ❹『音楽』voix de *poitrine* 胸声, 低い声. 注 高い声は voix de tête.

s'en aller de la poitrine 肺病で死ぬ.

poivrade /pwavrad/ 女『料理』❶ ポワブラードソース: 粒胡椒(こしょう), エシャロット, 白ワインなどで作る肉料理用ブラウンソース.
❷ à la *poivrade* 塩胡椒(こしょう)で.

*poivre /pwa:vr ポワーヴル/ 男 胡椒(こしょう), ペッパー. ▶ *poivre* en grains 粒胡椒 / moulin à *poivre* 胡椒挽(ひ)き / steak au *poivre* ペッパーステーキ.

poivre et sel《形容詞的に無変化で》《髪などが》白髪まじりの. ▶ cheveux *poivre et sel* ごま塩頭.

poivré, e /pwavre/ 形 ❶ 胡椒(こしょう)の入った. ▶ salade *poivrée* 胡椒の利いたサラダ. ❷《話などが》皮肉の利いた, 痛烈な.

poivrer /pwavre/ 他動 …に胡椒(こしょう)をかける. ▶ saler et *poivrer* qc …に塩胡椒をする.
— **se poivrer** 代動 話 酔っ払う.

poivrier /pwavrije/ 男 ❶ コショウ(の木). ❷《食事用の》胡椒(こしょう)入れ.

poivrière /pwavrijɛ:r/ 女 ❶ 胡椒(こしょう)入れ. ❷ toit en *poivrière* 円錐(すい)屋根. ❸《円錐屋根の》物見やぐら, 望楼.

poivron /pwavrɔ̃/ 男『植物』ピーマン.

poivrot, ote /pwavro, ɔt/ 名 話 酔っ払い.

poix /pwa/ 女 木(き)タールピッチ; 松やに, ピッチ.

poker /pɔkɛ:r/ 男《英語》❶ ポーカー;《ポーカーで》フォアカード. ▶ jouer au *poker* ポーカーをする. ❷『ゲーム』*poker* d'as ポーカーダイス.

coup de poker 大胆な試み.

partie de poker ポーカーの勝負;《外交官などの》虚々実々のかけひき.

polaire /pɔlɛ:r/ 形 ❶ 極の; 極地の. ▶ cercle *polaire* 極圏 / région *polaire* nord [sud] 北[南]極地方 / ours *polaire* ホッキョクグマ. ❷『宇宙航行』orbite *polaire* 極軌道. ❸『物理』《電》磁極の. ❹『数学』coordonnées *polaires* 極座標. — **Polaire** 女《la Polaire》北極星 (= l'étoile polaire).

polar /pɔla:r/ 男 話 推理小説 (= roman policier); 探偵[刑事]映画.

polarisation /pɔlarizasjɔ̃/ 女 ❶《力, 影響などの》一点[一極]集中. ❷『物理』偏り; 偏光. ❸《電池などの》成極, 分極.

polarisé, e /pɔlarize/ 形 ❶ 話 <*polarisé* (sur qn/qc)>《…に》集中した; 没頭した. ▶ Il est *polarisé* sur son examen. 彼は試験のことで頭がいっぱいだ. ❷『物理』偏った, 偏光の. ▶ la lumière *polarisée* 偏光. ❸『電気』分極した, 成極した.

polariser /pɔlarize/ 他動 ❶《関心, 努力などを》集中させる, 引き付ける. ▶ un orateur qui *polarise* l'attention de son auditoire 聴衆の注意を一身に集める演説者. ❷『物理』…を偏光させる. ❸『電気』…に極性を与える.
— **se polariser** 代動 <se *polariser* sur qn /qc>…に関心を集中する.

polder /pɔldɛ:r/ 男《オランダ語》ポルダー: 堤防に囲まれ, その水位が調節できる干拓地.

pôle /po:l/ 男 ❶《地球の》極; 極地. ▶ *pôle* arctique [boréal, Nord] 北極 / *pôle* antarctique [austral, Sud] 南極 / exploration au *pôle* sud 南極探検.
❷《活動, 地域などの》中心, 拠点, 核. ▶ une région qui devient un *pôle* économique 経済の中心となる地域 / *pôle* d'attraction 人気の中心, 呼び物 / *pôle* de croissance 成長の中心地 / *pôle* d'entreprise 産業クラスター.
❸《物事の》対極, 正反対. ▶ aller d'un *pôle* à l'autre 極端から極端へ走る.
❹『物理』《電気, 磁石の》極. ▶ le *pôle* magnétique 磁極 / *pôle* positif [négatif] プラス[マイナス]極.
❺『数学』《極座標の》極.

polémique /pɔlemik/ 形 論争的な, 攻撃的な. ▶ un article *polémique* 論駁(ばく)記事 / pamphlet *polémique* 攻撃文書, 檄文(げきぶん).
— 女《特に文章による》論争, 論戦. ▶ déclencher une *polémique* 論争の火ぶたを切る / entretenir une *polémique* à propos de la peine de mort 死刑について論争を戦わす. 比較 ⇨ DISCUSSION.

polémiquer /pɔlemike/ 自動 <*polémiquer* (avec [contre] qn)>《…と》論争する.

polémiste /pɔlemist/ 名 論争家, 論争好き.

polémologie /pɔlemɔlɔʒi/ 女 戦争学: 戦争につ いての社会学的研究.

polenta /pɔlenta/ 女《イタリア語》『料理』ポレンタ. (1) イタリアで, トウモロコシの粉に湯かスープを加え練り上げた料理, あるいはこれを冷まして焼いたガレット. (2) コルシカで, クリの粉を練り上げた料理.

pole position /polpozisjɔ̃/ 女《英語》《レースの》ポールポジション, 有利な位置.

*‡poli¹, e** /pɔli ポリ/ 形 礼儀正しい; 丁重な. ▶ être *poli* avec qn …に対して礼儀正しい / refus *poli* 丁重なお断り / sourire *poli* お愛想笑い.

trop poli pour être honnête あまりに慇懃(いんぎん)で下心があるのではないかと思わせる.

poli², e /pɔli/ 形 (polir の過去分詞) 磨かれた, 艶(つや)のある.
— **poli** 男 光沢, 艶. ▶ donner un beau *poli* à du marbre 大理石に美しい光沢を出す.

*‡police¹** /pɔlis ポリス/ 女 ❶ 警察. ▶ appeler la *police* 警察を呼ぶ / avertir la *police* 警察に通報する / agent de *police* 警官 (比較 ⇨ POLICIER) / commissariat de *police* 警察署 / *police*-secours 警察の緊急出動班 / Préfecture de *police* (パリ)警視庁 / *police* judiciaire 司法警察 (略 PJ: 刑事事件を取り扱う) / contrôle de po-

lice 警察の職務質問. ❷ 治安, 統制, 取り締まり. ▶ faire la *police* 治安[秩序]を維持する / la *police* intérieure d'un lycée リセの内規. ❸【法律】tribunal de *police* 違警罪裁判所.

police² /pɔlis/ 囡 ❶【法律】*police* d'assurance 保険証券. ❷【印刷·情報】フォント.

policé, e /pɔlise/ 形 文明化された; 洗練された, 教養のある. ▶ une société *policée* 文明社会.

policeman /pɔlismɑn/; (複) **policemen** /pɔlismɛn/ 男【英語】(英国の)巡査, 警察官.

polichinelle /pɔliʃinɛl/ 男 ❶ (Polichinelle) ポリシネル, プルチネッラ: イタリア笑劇の道化役. ❷ (マリオネットの)ポリシネル人形. ❸ 語 滑稽(こっけい)で信用できない人, ころころ意見の変わる人.

avoir un polichinelle dans le tiroir 俗 はらんでいる.

faire le polichinelle 語 おどける.

secret de polichinelle 公然の秘密.

policier, ère /pɔlisje, ɛːr ポリスィエ, ポリスィエール/ 形 ❶ 警察の. ▶ chien *policier* 警察犬 / enquête *policière* 警察の捜査. ❷ 探偵物の. ▶ roman *policier* 推理小説 / film *policier* 刑事物の映画.

— **policier** 男 ❶ 警察官. ▶ *policier* en uniforme 制服警官 / *policier* en civil 私服刑事. ❷ 語 推理小説.

比較 警官, 刑事
policier 制服, 私服, 階級を問わず警官一般をいう. ただし日常的には **agent de police** 「制服警官」, **inspecteur** (de police) 「私服警官, 刑事」という限定された語を使うことが多い. **flic** は警官一般をいうくだけた表現.

policlinique /pɔliklinik/ 囡 ❶ 市立病院. ❷ 外来患者診療所; (病院の)外来部門.

poliment /pɔlimɑ̃/ 副 礼儀正しく, 丁寧に.

polio /pɔljo/ 囡 〖医学〗ポリオ. — 名 ポリオ患者.

poliomyélite /pɔljɔmjelit/ 囡 〖医学〗ポリオ.

poliomyélitique /pɔljɔmjelitik/ 形 〖医学〗ポリオの, ポリオにかかった. — 名 ポリオ患者.

polir /pɔliːr/ 他動 ❶ …を磨く, 光らせる. ▶ *polir* des chaussures 靴を磨く.
❷〔文章〕に磨きをかける, を推敲(すいこう)する.

— **se polir** 代動 ❶ 磨かれる, 艶が出る; 洗練される. ❷ (自分の)…を磨く. 注 se は間接目的. ▶ *se polir* les ongles 爪を磨く.

polissage /pɔlisaːʒ/ 男 研磨, 艶(つや)出し; (文章の)推敲(すいこう).

polisson, onne /pɔlisɔ̃, ɔn/ 名 いたずらっ子, やんちゃ坊主. — 形 ❶ やんちゃな. ❷ 卑猥(ひわい)な, 際どい, 好色な. ▶ des propos *polissons* 猥談.

polissonner /pɔlisɔne/ 自動 古風〔子供が〕いたずらをする.

polissonnerie /pɔlisɔnri/ 囡 ❶ (子供の)いたずら, 悪さ. ❷ 悪ふざけ; 卑猥(ひわい)な言動.

politesse /pɔlitɛs ポリテス/ 囡 ❶ 礼儀(正しさ). ▶ formules de *politesse* 敬語(表現) / par *politesse* 礼儀上; お愛想で / faire une visite de *politesse* à qn …を表敬訪問する / avoir de la *politesse* 礼儀をわきまえている, 礼儀正しい / manquer de *politesse* 礼儀を欠く. ❷ 挨拶(あいさつ). ▶ faire un échange de *politesses* 挨拶を交わす.

avoir la politesse de + 不定詞 礼儀正しく…する. ▶ *Ayez la politesse de* le saluer. 彼に行儀よく挨拶しなさい.

brûler la politesse à qn …の前を(知らんふりで)通り過ぎる; 挨拶もせずに立ち去る.

rendre une [la] politesse à qn (1) …に挨拶を返す. (2)〖(しばしば皮肉に)〗…に同じことをする, お返しをする.

politicaillerie /pɔlitikajri/ 囡 語 (下劣な)政治策動.

politicard¹ /pɔlitikaːr/ 男 (厚顔無恥の)政治屋, 策動家.

politicard², arde /pɔlitikaːr, ard/ 形 政治屋の, 策謀好きな.

politicien, enne /pɔlitisjɛ̃, ɛn/ 名 (多く軽蔑して)政治屋, 政治家. 注 一般に政治家は homme politique という.
— 形 (軽蔑して)政治屋の, 策謀的な.

politique¹ /pɔlitik ポリティック/ 形 ❶ 政治の, 政治的な. ▶ homme [femme] *politique* 政治家 / parti *politique* 政党 / situation *politique* 政治情勢 / alternance *politique* 政権交代 / réforme *politique* 政治改革 / science *politique* 政治学 / réfugié *politique* 政治亡命者 / se lancer dans la vie *politique* 政界入りをする / les milieux *politiques* 政界.
❷〔文章〕かけひきの上手な, 巧妙な, 政略的な. ▶ Ce n'est pas très *politique*. それはあまり上手なやり方ではない.
❸ l'économie *politique* 経済学. 注 今日ではむしろ la science économique という.

politique² /pɔlitik ポリティック/ 囡 ❶ 政治. ▶ faire de la *politique* 政治に携わる / parler *politique* 政治を論じる.
❷ 政策. ▶ *politique* intérieure 内政 / *politique* extérieure 外交(政策) / *politique* du logement 住宅政策 / exposer sa *politique* 政策を述べる / mener une *politique* de coexistence pacifique 平和共存政策を実施する. 注〈*politique* de + 無冠詞名詞〉は政策の内容を, 〈*politique* une + 定冠詞 + 名詞〉は政策の分野を表わす.
❸ 方策, やり方, かけひき. ▶ pratiquer la *politique* du moindre effort 最少の労力で済むようなやり方をする / *politique* commerciale d'une entreprise ある企業の営業方針.
— 名 政治家. — 男 (集合的に)政治的なこと.

politique-fiction /pɔlitikfiksjɔ̃/ 囡 政治フィクション.

politiquement /pɔlitikmɑ̃/ 副 ❶ 政治的に. ❷〔文章〕巧みに. ▶ agir *politiquement* 巧みに立ち回る.

politisation /pɔlitizasjɔ̃/ 囡 政治色を帯びること, 政治化.

politiser /pɔlitize/ 他動 …に政治色を与える. ▶ *politiser* le débat 論議に政治色を持たせる.
— **se politiser** 代動 政治色を帯びる;〔人が〕政治的立場を決める.

polka /pɔlka/ 囡 〖音楽〗ポルカ: 2 拍子の舞曲.

pollen /pɔlɛn/ 男【植物学】花粉. ▶ allergie au *pollen* 花粉症.

polluant, ante /pɔlɥɑ̃, ɑ̃:t/ 形 汚染する, 汚染源となる. ― **polluant** 男 汚染物質.

polluer /pɔlɥe/ 他動 …を汚染する. ▶ des eaux *polluées* （有毒物質などで）汚染された水.

pollueur, euse /pɔlɥœ:r, ø:z/ 名（環境の）汚染者, 汚染源. ▶ pays gros pollueurs 汚染大国. ― 形 汚染する.

pollution /pɔlysjɔ̃/ 女 ❶（環境）汚染, 公害. */ pollution* atmosphérique 大気汚染 / lutte contre la *pollution* 公害対策 / *pollution* sonore 騒音公害. ❷【医学】*pollutions* nocturnes 夢精.

polo /pɔlo/ 男【英語】❶【スポーツ】ポロ: 英国の馬上競技. ❷ ポロシャツ.

Pologne /pɔlɔɲ/ 固有 女 ポーランド: 首都 Varsovie. ▶ en *Pologne* ポーランドに [で, へ].

polonais, aise /pɔlɔnɛ, ɛ:z/ 形 ポーランド Pologne の. ― **Polonais, aise** 名 ポーランド人. *être soûl comme un Polonais* 話 ぐでんぐでんに酔っ払う. ― **polonais** 男 ポーランド語. ― **polonaise** 女 ❶ ポロネーズ: ポーランドの民族舞踊［舞曲］. ❷【菓子】ポロネーズ: メレンゲで包んだフルーツケーキ.

poltron, onne /pɔltrɔ̃, ɔn/ 形 臆病(びょう)な, 意気地のない. ― 名 臆病者, 意気地なし.

poltronnerie /pɔltrɔnri/ 女 臆病(びょう), 意気地なし.

poly- 接頭「多数の」の意.

polychrome /pɔlikro:m/ 形 多色［極彩色］の.

polychromie /pɔlikrɔmi/ 女 極彩色;（建築, 彫像などの）彩色.

polyclinique /pɔliklinik/ 女 総合病院, 総合診療所.

polyculture /pɔlikylty:r/ 女（種々の作物の）同時栽培.

polyèdre /pɔljɛdr/ 男【数学】多面体. ― 形 angle *polyèdre* 多面角.

polyester /pɔljɛstɛ:r/ 男【有機化学】ポリエステル.

polygame /pɔligam/ 名 多妻の男; 多夫の女. ― 形 ❶ 一夫多妻の; 一妻多夫の. ❷【植物学】雑性花の.

polygamie /pɔligami/ 女 ❶ 一夫多妻（制）; 一妻多夫（制）. ❷【植物学】雌雄混株.

polyglotte /pɔliglɔt/ 形 数か国語を話す; 数か国語で書かれた. ― 名 数か国語を話す人.

polygonal, ale /pɔligɔnal/;《男 複》**aux** /o/ 形 多角［多辺］形の.

polygone /pɔligo:n/ 男 ❶【数学】多角［多辺］形. ❷【軍事】*polygone* de tir 砲兵射撃演習場.

polygraphe /pɔligraf/ 名（ときに軽蔑して）多様な主題を扱う著述家; 雑文家, なんでも屋.

polymérisation /pɔlimerizasjɔ̃/ 女【有機化学】重合.

polymorphe /pɔlimɔrf/ 形 ❶ 文章 多形の, 千変万化の. ❷【化学】【生物学】多形性の.

polymorphisme /pɔlimɔrfism/ 男 ❶ 文章 多形性. ❷【化学】【生物学】多形性.

Polynésie /pɔlinezi/ 固有 女 ポリネシア.

polynésien, enne /pɔlinezjɛ̃, ɛn/ 形 ポリネシア Polynésie の. ― **Polynésien, enne** 名 ポリネシア人.

polynôme /pɔlino:m/ 男【数学】多項式.

polype /pɔlip/ 男 ❶【動物学】ポリプ: サンゴなど腔腸(こうちょう)動物の一種. ❷【医学】ポリープ, 腫瘤(しゅりゅう).

polyphonie /pɔlifɔni/ 女 ❶【音楽】ポリフォニー, 多声音楽. ❷【言語】多音性.

polyphonique /pɔlifɔnik/ 形 ❶【音楽】ポリフォニーによる, 多声の. ❷【言語】多音性の.

polysémie /pɔlisemi/ 女【言語】多義（性）.

polysémique /pɔlisemik/ 形【言語】多義的, 多義の.

polystyrène /pɔlistirɛn/ 男【化学】ポリスチレン, スチレン樹脂, ポリスチロール.

polysyllabe /pɔlisi(l)lab/ 形【言語】多音節の. ― 男 多音節語.

polysyllabique /pɔlisi(l)labik/ 形【言語】多音節の.

polytechnicien, enne /pɔliteknisjɛ̃, ɛn/ 名 理工科学校 Ecole polytechnique の学生, 卒業生.

polytechnique /pɔliteknik/ 形 Ecole *polytechnique* 理工科学校: グランゼコールの1つで国防省所管の理工系の大学. 学生の隠語では l'X という. ― **Polytechnique** 女 理工科学校.

polythéisme /pɔliteism/ 男 多神教.

polythéiste /pɔliteist/ 形 多神教（徒）の. ― 名 多神教徒.

polyvalence /pɔlivalɑ̃:s/ 女 ❶ 複数の機能［能力］を有すること, 多面［多義］性. ❷【化学】【医学】多価.

polyvalent, ente /pɔlivalɑ̃, ɑ̃:t/ 形 ❶ 複数の機能を持つ, 多目的の. ▶ un mot *polyvalent* 多義語 / une salle *polyvalente* 多目的ホール. ❷《人が》多様な能力［資格］を持つ. ▶ un professeur *polyvalent* 数科目兼任教師. ❸【化学】【医学】多価の. ― 名 ❶ 会計検査官. ❷ ソーシャルワーカー.

pommade /pɔmad/ 女 軟膏(なんこう); ポマード. *passer de la pommade à qn* 話 …におもねる, ごまをする.

pommader /pɔmade/ 他動 ❶ …にポマードを塗る. ❷ 話 …にごまをする. ― **se pommader** 代動 ❶〈*se pommader* qc〉（自分の）…にポマードを塗る. 注 se は間接目的.

†**pomme** /pɔm ポム/ 女 ❶ リンゴ. ▶ croquer une *pomme* リンゴをかじる / *pommes* à couteau 生食用リンゴ / *pommes* à cuire 料理用リンゴ / *pommes* à cidre シードル用リンゴ / tarte aux *pommes* アップルパイ / jus de *pomme*(s) リンゴジュース / eau-de-vie de *pomme* アップルブランデー（カルバドスなど）/《同格的に》le vert *pomme* 青リンゴ色. ❷（リンゴに似た）丸い形のもの. ▶ *pomme* de canne ステッキの丸い握り / *pomme* d'Adam

(2)仏/ *pomme* de chou キャベツの球/ *pomme* d'arrosoir じょうろの口/ *pomme* de pin 松ぼっくり/ *pomme* de douche シャワーヘッド.
❸ ジャガイモ (= *pomme* de terre). ▶ *pommes frites* フレンチフライドポテト/ *pommes chips* ポテトチップス/ *steak pommes frites* フライドポテト添えビーフステーキ.
❹ 話 頭, 顔. ▶ faire une drôle de *pomme* 変な顔をする. ❺ 話 <ma [ta, sa] *pomme*> 私 [君, あいつ]. ▶ N'y touche pas, ce n'est pas pour ta *pomme*. 触るなよ, これは君のためのものじゃないんだから. ❻ 話 ばか, お人よし.
bonne pomme 《同格的に》話 お人好し(の).
être aux pommes 話 とてもいい, すばらしい.
grand [haut] comme trois pommes 話 とても小さい; 背丈が低い, ちんちくりんの.
tomber dans les pommes 話 気絶する.
pommé, e /pome/ 形 ❶ 〔キャベツなどが〕結球した. ❷ 話 ひどい, このうえない. ▶ une sottise *pommée* 愚の骨頂.
pommeau /pomo/; 〔複〕**x** 男 (刀 剣の)つか頭, (杖や傘の)丸い握り.
*****pomme de terre** /pomdətɛːr/ 女 ポムドゥテール; 〔複〕**~s ~ ~** 女 ジャガイモ, バレイショ (⇨ POMME). ▶ éplucher des *pommes de terre* ジャガイモの皮をむく/ purée de *pomme de terre* マッシュポテト.
un nez en pomme de terre 話 団子鼻.
pommelé, e /pomle/ 形 ❶ 〔空が〕うろこ雲に覆われた. ❷ 〔馬が〕連銭葦毛の.
se pommeler /s(ə)pomle/ 4 代動 〔空が〕群雲 [うろこ雲] に覆われる.
pommette /pomɛt/ 女 頬骨, 頬. ▶ un visage aux *pommettes* saillantes 頬骨の突き出た顔.
*****pommier** /pomje/ 男 リンゴの木.
pompage /pɔ̃paːʒ/ 男 (ポンプによる)くみ上げ, 吸い出し; 揚水.
*****pompe**[1] /pɔ̃ːp/ 女 ❶ ポンプ. ▶ *pompe à main* 手押しポンプ/ *pompe à air* 空気ポンプ/ *pompe à incendie* 消防 [消火] ポンプ/ *pompe à essence* (ガソリンスタンドの)給油ポンプ/ prix à la *pompe* (ガソリンなどの)ガソリンスタンドでの価格/ *pompe à vélo* 自転車の空気入れ.
❷ 話 靴. ▶ enlever ses *pompes* 靴を脱ぐ. ❸ 話 腕立て伏せ. ▶ faire des *pompes* 腕立て伏せをする. ❹ 隠 〔軍隊〕soldat de deuxième *pompe* 二等兵, 平の兵隊.
à toute(s) pompe(s) 話 全速力で.
avoir le [un] coup de pompe 話 どっと疲れが出る, へたばる.
être [marcher] à côté de ses pompes 話 ぼんやりしている; 考えがまとまらない.
être bien [à l'aise] dans ses pompes 話 くつろいでいる, 元気だ.
lâcher les pompes à qn 俗 …を放っておく, …と別れる.
pompe à fric 金儲けの手段.
pompe[2] /pɔ̃ːp/ 女 ❶ *pompes funèbres* 葬儀/ un service des *pompes funèbres* 葬儀店.
❷ 古風/文章 (儀式, 行列などの)盛大さ, 荘重さ.

en grande pompe 盛大に, 荘重に.
pompé, e /pɔ̃pe/ 形 疲れきった, へとへとになった.
pomper /pɔ̃pe/ 他動 ❶ …をポンプでくみ上げる.
❷ 〔液体〕を吸う, 吸い取る; 〔機械が〕燃料を吸う.
❸ 話 〔酒〕を飲む. ▶ 《目的語なしに》Qu'est-ce qu'il *pompe*! よく飲むやつだ.
❹ 〔答えなど〕を写し取る (= copier).
❺ 話 …を疲労困憊させる.
pomper l'air à qn …を疲れさせる.
pomper le dard à qn …をうんざりさせる, いらいらさせる.
pompette /pɔ̃pɛt/ 形 ほろ酔いの.
pompeusement /pɔ̃pøzmɑ̃/ 副 大げさに, 誇張して.
pompeux, euse /pɔ̃pø, øːz/ 形 ❶ もったいぶった, 仰々しい. ❷ 〔言葉遣いが〕大げさな, 誇張した. ▶ un style *pompeux* 誇張の多い文体.
*****pompier**[1] /pɔ̃pje/ ポンピエ 男 消防士 (= sapeur-pompier). ▶ voiture de *pompiers* 消防車/ le *pompier* de service (劇場などの)出張消防士/ appeler les *pompiers* 消防車を呼ぶ/ Elle est *pompier* 彼女は消防士だ. 注 女性にも *pompier* を用いる.
fumer comme un pompier 話 ヘビースモーカーである.
pompier[2], **ère** /pɔ̃pje, ɛːr/ 形 もったいぶった, 気取った, 大時代な.
— **pompier** 男 ❶ 大時代な作風. ❷ 旧弊な画家 〔作家〕.
pompiérisme /pɔ̃pjerism/ 男 (作家, 画家の)気取ったスタイル; 滑稽な仰々しさ.
pompiste /pɔ̃pist/ 名 (ガソリンスタンドの)給油係.
pompon /pɔ̃pɔ̃/ 男 ❶ (衣服, 帽子, カーテンなどにつける)玉房, ポンポン.
❷ 〔植物〕(バラ, ダリヤ, 菊などの)ポンポン咲きの花. ▶ une rose *pompon* ポンポンばら.
avoir décroché le pompon 話 もう限界だ.
avoir [tenir] le pompon 話 《多く皮肉に》他人に勝る, 一番だ.
C'est le pompon! これはひどい.
pomponner /pɔ̃pɔne/ 他動 …におめかしさせる; を飾り立てる. ▶ *pomponner* ses enfants pour la kermesse お祭りのために子供を着飾らせる.
— **se pomponner** 代動 着飾る.
ponant /pɔnɑ̃/ 男 古/文章 西(方).
ponçage /pɔ̃saːʒ/ 男 (研磨剤による材料表面の)研磨, 磨き上げ, パフがけ, やすりがけ.
ponce /pɔ̃ːs/ 女 軽石 (= pierre *ponce*).
ponceau /pɔ̃so/; 〔複〕**x** 男 〔植物〕ヒナゲシ (= coquelicot).
— 形 (不変)ヒナゲシ色 [鮮紅色]の.
poncer /pɔ̃se/ 1 他動 (軽石, 紙やすり, 研磨剤などで)…を磨く, 研磨する.
— **se poncer** 代動 <*se poncer* qc> (自分の)…を軽石でこする. 注 se は間接目的.
ponc*eur*, euse /pɔ̃sœːr, øːz/ 名 研磨工, パフがけ作業員. — **ponceuse** 女 研磨機.
poncho /pɔ̃ʃo/ 男 《スペイン語》〔服飾〕❶ ポンチョ: 中南米の住民が着用するマントの一種. ❷ (上部

poncif

がソックス状の)室内履き.
poncif /pɔ̃sif/ 男 平凡な主題[表現], 紋切り型; 凡作.
ponction /pɔ̃ksjɔ̃/ 女 ❶〖外科〗穿刺(せん). ▶ une *ponction* lombaire 腰椎(ようつい)穿刺. ❷ 天引き;(税の)徴収.
ponctionner /pɔ̃ksjɔne/ 他動 ❶〖医学〗…に穿刺(せん)する. ❷ 話 …を天引きする;から徴収する.
ponctualité /pɔ̃ktɥalite/ 女 きちょうめん;時間厳守. ▶ avec *ponctualité* 時間どおりに;きちょうめんに.
ponctuation /pɔ̃ktɥasjɔ̃/ 女 句読法. ▶ signes de *ponctuation* 句読点, 句読記号(ピリオド, コンマ, セミコロン, コロン, 疑問符, 感嘆符など).
ponctuel, le /pɔ̃ktɥɛl/ 形 ❶ きちょうめんな, 実直な;時間に正確な. ▶ être *ponctuel* à qc /不定詞 きちんと…を果たす. ❷(時間, 範囲などの)限られた. ▶ une mesure *ponctuelle* 一時的措置 / opération *ponctuelle* 限定的作戦. ❸ 点の. ▶ source lumineuse *ponctuelle* 点光源.
ponctuellement /pɔ̃ktɥɛlmɑ̃/ 副 ❶ きちょうめんに;時間どおりに. ❷ 一時的に;局部的に.
ponctuer /pɔ̃ktɥe/ 他動 ❶ 句読点を打つ. ❷ <*ponctuer* qc de qc>(身振りや音)で[話]を区切る, 際立たせる. ▶ *ponctuer* ses phrases de coups de poing sur la table 合間合間にこぶしで机をたたいて話をする.
— **se ponctuer** 代動 <*se ponctuer* de qc> …で区切られる.
pond /pɔ̃/ 活用 ⇨ PONDRE 59
pondération /pɔ̃derasjɔ̃/ 女 ❶(判断の)冷静さ, 慎重;穏健. ❷ 力の均衡, 釣り合い. ▶ la *pondération* des pouvoirs 諸権力の均衡.
pondéré, e /pɔ̃dere/ 形 思慮深い, 冷静な.
pondérer /pɔ̃dere/ 6 他動 ❶ …に均衡を保たせる, バランスを取らせる. ❷ …を落ち着かせる, なだめる.
pondéreux, euse /pɔ̃derø, ø:z/ 形 積み荷などが非常に重量のある.
— **pondéreux** 男複 重量物質〖貨物〗.
pondeur, euse /pɔ̃dœ:r, ø:z/ 形〖鳥が〗卵をよく産む. — 名 多作な作家.
— **pondeuse** 女 ❶ 産卵鶏, レイヤー. ❷ 俗 多産な女.
pondi-, pondî-, pondiss- 活用 ⇨ PONDRE 59
pondre /pɔ̃:dr/ 59 他動(過去分詞 pondu, 現在分詞 pondant) ❶〖卵〗を産む. ▶ un œuf frais *pondu* 産みたての卵. ❷ 話〖軽蔑して〗〖子供〗を産む. ❸ 話〖作品〗を生み出す.
poney /pɔnɛ/ 男 ポニー, 小馬.
pongiste /pɔ̃ʒist/ 名 卓球選手.
‡**pont** /pɔ̃/ 男 ❶ 橋. ▶ traverser [passer] un *pont* 橋を渡る / un *pont* suspendu つり橋 / un *pont* de liaison 連絡橋 / les *ponts* de la Seine セーヌ川に架かる橋 / jeter [lancer] un *pont* sur un fleuve 川に橋を架ける.
❷ 橋渡し, 仲立ち;つながり, 交流. ▶ servir de *pont* 橋渡しをする, パイプ役を果たす / rétablir les *ponts* avec un pays ある国との関係を回復する.
❸ 甲板, デッキ;上甲板(= *pont* supérieur). ▶

monter sur le *pont* デッキに出る / le *pont* principal メーンデッキ, 正甲板.
❹ les *Ponts* et Chaussées /lepɔ̃zeʃose/ 土木局. 注 単に les Ponts ということもある. ▶ un ingénieur des *Ponts* (et Chaussées) 土木技師 / Ecole nationale des *Ponts* et Chaussées 国立土木学校.
❺〖軍事〗tête de *pont* 橋頭堡(ほ). ❻〖自動車〗(1) *pont* arrière 後輪車軸. (2) *pont* de graissage オイル交換用リフト. ❼〖服飾〗折り返し, フラップ. ❽〖スポーツ〗(レスリングの)ブリッジ.
coucher sous les ponts 橋の下で寝る;浮浪者の生活をする.
couper [brûler] les ponts (1) 背水の陣を敷く. (2) 関係を断ち切る, 絶交する.
***faire le pont** 休日に挟まれた日を休みにする, 飛び石連休をつないで休む.
faire un pont d'or à qn 大金を積んで…をある役職に迎える, …を高給で引き抜く.
Il coulera [passera] de l'eau sous les ponts (avant que + 接続法**).** (…までに)多くの時間がかかるだろう.
pont aérien(緊急時の)ピストン空輸.
pont aux ânes /pɔ̃tozan/ (1) ピタゴラスの定理の証明;だれでも解ける簡単な問題. (2) 当たり前のこと, 周知の事実.
pontage /pɔ̃ta:ʒ/ 男 ❶(仮橋の)架設. ❷(船の)甲板取り付け. ❸〖外科〗バイパス移植.
ponte /pɔ̃:t/ 女 ❶ 産卵, 放卵. ❷ 産卵期(=saison de la ponte). ❸ 1回の産卵数. ❹〖生理学〗*ponte* ovarienne 排卵.
ponté, e /pɔ̃te/ 形(ponter¹ の過去分詞)〖船が〗甲板の(張ってある).
ponter¹ /pɔ̃te/ 他動 ❶〖船〗に甲板をつける. ❷〖外科〗〖血管〗にバイパスを作る.
ponter² /pɔ̃te/ 自動〖ゲーム〗(ルーレットなどで)胴元に対抗して賭(か)ける.
pontife /pɔ̃tif/ 男 ❶〖カトリック〗高位聖職者. ▶ le souverain *pontife* ローマ教皇.
❷ 話(しばしば皮肉に)大御所, ボス.
pontifiant, ante /pɔ̃tifjɑ̃, ɑ̃:t/ 形 大御所ぶった, もったいぶった.
pontifical, ale /pɔ̃tifikal/;〖男複〗**aux** /o/ 形〖カトリック〗教皇の;司教の.
pontificat /pɔ̃tifika/ 男〖カトリック〗❶ 教皇[司教]の位;教皇職. ❷ 教皇在位期間.
pontifier /pɔ̃tifje/ 自動 話 大御所ぶる, 偉そうに話す〖振る舞う〗.
pont-l'évêque /pɔ̃levɛk/ 男 ポンレヴェック:ノルマンディ地方のチーズ.
pont-levis /pɔ̃lvi/;〖複〗~**s**-~ 男(城塞の)跳ね橋, 跳開橋. ⇨ CHÂTEAU 図.
Pont-Neuf /pɔ̃nœf/ 固有 男 ポン=ヌフ:セーヌ川に架かるパリ最古の橋. ▶ être solide comme le *Pont-Neuf* いたって頑健である.
Pontoise /pɔ̃twa:z/ 固有 ポントワーズ:Val-d'Oise 県の県庁所在地.
ponton /pɔ̃tɔ̃/ 男 ❶ 浮き橋;浮き桟橋(= *ponton* d'accostage). ❷(港内用の)はしけ, 台船.
pontonnier /pɔ̃tɔnje/ 男〖軍事〗架橋工兵.
pool /pul/ 男〖英語〗❶ 生産者連合, 企業連合, プ

pop /pɔp/ 〖英語〗形〖不変〗ポップの, ポップスの. ▶ la musique *pop* ポップミュージック / groupe *pop* ポップグループ.
— 女〖単複同形〗ポップミュージック. ▶ une idole de la *pop* ポップミュージックのアイドル.

pop art /pɔpart/ 男〖英語〗ポップアート.

pop-corn /pɔpkɔrn/ 男〖米語〗ポップコーン.

popeline /pɔplin/ 女〖織物〗ポプリン.

popote /pɔpɔt/ 女 ❶ キャンピング用鍋(なべ)セット. ❷ 話 スープ; 炊事. ▶ faire la *popote* 食事を作る. ❸ 士官［下士官］食堂.

faire la tournée des popotes 話 宣伝や情報収集のためにあちこちに顔を出す.

— 形〖不変〗話 家事にかまけた, 所帯じみた; 俗っぽい. ▶ un mec *popote* 所帯じみた男.

popotin /pɔpɔtɛ̃/ 男 俗 尻(しり).

se manier le popotin 急ぐ.

populace /pɔpylas/ 女〖軽蔑して〗下層民, 下層階級; 大衆, 庶民.

populacier, ère /pɔpylasje, ɛːr/ 形 文章 下層民［階級］の; 下品な, 下卑た.

***populaire** /pɔpylɛːr ポピュレール/ 形 ❶ 人民の, 民衆の; 庶民の. ▶ République *populaire* de Chine 中華人民共和国 / une démocratie *populaire* 人民民主主義 / le front *populaire* 人民戦線 / un quartier *populaire* 下町.
❷ 民間に普及［流布］した. ▶ une tradition *populaire* 民間伝承 / un langage *populaire* 俗語 / mot *populaire* 通俗的な言葉.
❸ 大衆的な, 通俗的な. ▶ un roman *populaire* 大衆小説.
❹ 人気のある, 一般受けのする. ▶ un chanteur *populaire* 人気歌手.

populairement /pɔpylɛrmɑ̃/ 副 大衆的に, 通俗的に; 俗語で.

populariser /pɔpylarize/ 他動 ❶ …を一般に普及させる. ❷ …の人気を高める.
— ***se populariser*** 代動 普及する; 人気が出る.

popularité /pɔpylarite/ 女 人気, 人望. ▶ avoir une grande *popularité* たいした人気がある / soigner sa *popularité* 人気を落とさぬように気を配る.

***population** /pɔpylasjɔ̃ ポピュラスィヨン/ 女 ❶ 人口. ▶ La *population* de la France est de plus de soixante millions d'habitants. フランスの人口は6千万人以上だ / la *population* totale du globe 地球の総人口 / le dénombrement [recensement] de la *population* 人口調査 / région à *population* dense 人口密集地域 / *population* agricole [scolaire] 農業［就学］人口 / *population* active 就業人口, 労働人口.
❷ 住民, 国民. ▶ un appel à la *population* 住民への訴え. 比較 ⇨ PEUPLE.
❸〖生態学〗個体群, 集団.
❹〖統計〗（調査対象となる）母集団.

populationniste /pɔpylasjɔnist/ 形 人口増加を図る, 人口増加主義の. — 名 人口増加主義者.

populeux, euse /pɔpylø, øːz/ 形 人（口）の多い.

populisme /pɔpylism/ 男〖政治〗ポピュリズム, 大衆迎合主義.

populiste /pɔpylist/ 形, 名 ポピュリズムの（政治家）.

populo /pɔpylo/ 男 話 下層民; 群衆.

***porc** /pɔːr ポール/ 男

〖英仏そっくり語〗
英 pork 豚肉.
仏 porc 豚肉, 豚.

❶ 豚肉. ▶ *porc* salé 塩漬け豚肉 / manger du *porc* 豚肉を食べる / rôti de *porc* ローストポーク.
❷ 豚. ▶ *porc* sauvage イノシシ (=sanglier) / être gras [sale] comme un *porc* 豚みたいに太っている［汚い］. ❸（なめした）豚革. ▶ sac en *porc* 豚革のバッグ. ❹ 話 豚野郎. ▶ manger comme un *porc* 食べ方が汚ない.

比較 豚
porc, cochon ともに食用の豚を指すが, porc は肉や革として利用された豚を指すことが多く, cochon は動物自体を指すことが多い. 比喩(ひゆ)的な用法では porc の方が意味が強い.

porcelaine /pɔrsəlɛn/ 女 ❶ 磁器; 磁器製品. ▶ une assiette en [de] *porcelaine* 磁器の皿 / une *porcelaine* de Limoges リモージュ焼.
❷〖動物〗ホシダカラガイ属 (=cyprée).

porcelainier, ère /pɔrsəlenje, ɛːr/ 名 磁器商, 磁器製造業者. — 形 磁器の.

porcelet /pɔrsəlɛ/ 男 子豚.

porc-épic /pɔrkepik/;〖複〗~s-~s 男 ❶〖動物〗ヤマアラシ. ❷ 話 怒りっぽい人, 気難しい人.

porche /pɔrʃ/ 男（建物の）ポーチ.

porcher, ère /pɔrʃe, ɛːr/ 名 豚飼い.

porcherie /pɔrʃəri/ 女 ❶ 豚小屋, 養豚場. ❷ 不潔な場所.

porcin, ine /pɔrsɛ̃, in/ 形 豚の; 豚のような. ▶ yeux *porcins* 豚のように小さく濁った目.
— ***porcins*** 男複〖動物〗イノシシ亜目.

pore /pɔːr ポール/ 男 ❶ 毛穴. ❷（多孔物質, 岩石などの）細孔, 空隙(くうげき). ❸〖植物学〗（気孔, 発芽孔, 水孔などの）小孔.

par tous les [ses] pores 全身から［で］. ▶ respirer la joie *par tous les pores* 喜びを体全体で表わす.

poreux, euse /pɔrø, øːz/ 形 細孔［小孔］のある, 多孔質の.

porion /pɔrjɔ̃/ 男（炭坑, 油田の）坑内監督.

porno /pɔrno/ 形〖男女同形〗(pornographique の略) 話 ポルノの. ▶ un film [cinéma] *porno* ポルノ映画. — 男 (pornographie の略) 話 ポルノ.

pornographe /pɔrnɔgraf/ 男 ポルノ作家.

pornographie /pɔrnɔgrafi/ 女 ❶ ポルノ. ❷ 猥褻(わいせつ)性.

pornographique /pɔrnɔgrafik/ 形 ポルノの, 猥褻(わいせつ)な.

porosité /pɔrozite/ 女（岩石, 粉体などの）多孔性, 多孔度.

porphyre /pɔrfiːr/ 男 斑岩(はんがん).

***port¹** /pɔːr ポール/ 男 ❶ 港. ▶ entrer dans le *port* 入港する / sortir du *port* 出港する / sta-

port

tionner [relâcher] dans le *port* 港に停泊する / *port* maritime 海港 / *port* fluvial 河川港 / *port* de commerce 貿易港 / *port* de pêche 漁港 / *port* franc 通過貨物免税港.
❷ 港町, 港湾都市. ❸《文章》避難所; 安息の場所.
❹《情報》ポート:コンピュータと周辺機器をつなぐ接続端子.

arriver à bon port 無事に到着する.
arriver au port (1) 入港する. (2) 目的に達する.
faire naufrage au port = ***échouer en vue du port*** あと一歩というところで失敗する.
port d'attache (1) 船籍港; 母港. (2)(人が)いつも戻ってくる所, 根拠地.
toucher au port《文章》成功を目前にする.

port² /pɔːr/ 男 ❶ 着用, 佩用(はいよう); 所持. ▸ le *port* de l'uniforme 制服の着用 / le *port* de décorations 勲章の佩用.
❷(手紙, 荷物の)送料, 運賃(= frais de *port*). ▸ payer le *port* d'un paquet 小包の郵送料を支払う / *port* dû 送料受取人払いで / franc [franco] de *port* = *port* payé 送料支払い済みの[で].
❸ 姿, 態度, 物腰. ▸ un *port* de tête 首[頭]の構え方 / avoir un *port* de reine 女王然としている, 堂々としている.
❹《音楽》*port* de voix ポルタメント.

port d'armes (1) 武器の所持; 銃砲所持許可(証). (2) 捧(ささ)げ銃(つつ).

portabilité /pɔrtabilite/ 女 ❶(ソフトウェアの)移植可能性. ❷ *portabilité* du numéro (携帯電話の)ナンバーポータビリティ, 番号持ち運び制度.

portable /pɔrtabl/ 形 ❶ 携帯用の, ポータブルの. ▸ téléphone *portable* 携帯電話. ❷ 着られる, 身につけられる. ❸《法律》持参すべき. ❹《情報》(ソフトウェアなどが)他のシステムに移植可能な.
—— 男 携帯用機器; (特に)携帯電話, ノートパソコンなど.

portage /pɔrtaːʒ/ 男 背負って運ぶこと; 荷担ぎ運搬, 荷運び. ▸ faire du *portage* de marchandise 商品を背負って運ぶ.

portail /pɔrtaj/ 男 ❶(教会などの正面の)扉口, ポルターユ. ❷(公園などの大きな)門. ❸《情報》ポータル:インターネットの入り口となるサイト.

portant, ante /pɔrtɑ̃, ɑ̃ːt/ 形 支える. ▸ les parties *portantes* d'un édifice 建築物を支える部分.
à bout portant (1) ごく近くから. (2) 面と向かって.
bien [mal] portant 体調がよい[悪い].
—— **portant** 男 ❶(トランクなどの)取っ手. ❷《演劇》(照明装置, 大道具を支える)支柱.

portatif, ive /pɔrtatif, iːv/ 形 携帯用の, ポータブルの. ▸ télévision *portative* ポータブルテレビ.

:porte /pɔrt ポルト/ 女
❶ 出入り口, 門, 戸口; (空港などの)ゲート. ▸ entrer par la *porte* 入り口から入る / franchir [passer] la *porte* (家の)敷居をまたぐ / sonner à la *porte* 入り口のチャイムを鳴らす / *porte* principale 正門, 正面玄関 / *porte* d'entrée 入り口 / *porte* de sortie 出口 / *porte* de service 通用門, 勝手口 / *porte* de derrière 裏口 / *porte* de secours 非常口 / le pas de la *porte* 出入り口の敷居.
❷ ドア, 扉, 戸. ▸ ouvrir la *porte* ドアを開ける / fermer une *porte* à clef ドアに鍵(かぎ)をかける / frapper à la *porte* ドアをノックする / enfoncer [forcer] une *porte* ドアを打ち破る / La *porte*!= Fermez la *porte*! ドア[戸]を閉めて.
❸(自動車, 列車などの)ドア;(家具などの)扉. ▸ une voiture à deux *portes* ツードアの車 / la *porte* d'une armoire 洋服だんすの扉.
❹(都市の)門, 城門跡;(特にパリの)市門, 市門界隈(かいわい). ▸ habiter à la *porte* de Saint-Cloud サン=クルー門のあたりに住む.
❺《多く複数で》峡谷; 峠. ▸ *Portes* de Fer 鉄の門:ドナウ川の峡谷.
❻《スキー》(回転競技の)旗門.

*à la porte 戸口に[で], 外へ[で]. ▸ mettre [《俗》flanquer] qn *à la porte* …を追い払う, たたき出す; 解雇する / A la *porte*! 出て行け.

à la porte (de qc/qn) = ***aux portes (de qc/qn)*** (…の)すぐそばに, 間近に. ▸ être *aux portes* de la mort《文章》死期が近づいている.

à sa porte 自分のすぐ近くに[で]. 注 sa は各人称に変化させて用いる. ▸ La station de métro est *à ma porte*. 地下鉄の駅は私の家のごく近くだ.

C'est la porte à côté すぐ近くだ. ▸ *C'est pas la porte à côté*. 遠い.

de porte en porte 家から家へ, 一軒一軒.

écouter aux portes 盗み聞きする, スパイする.

entrer par la grande porte (1) 正面から堂々と入る. (2) いきなり要職に就く.

entrer par la petite porte (1) 裏口から[縁故で]職に就く. (2) 下積みからたたき上げる.

être aimable [gracieux] comme une porte de prison 仏頂面をしている, ひどく愛想が悪い.

forcer [violer] la porte de qn …の家に無理やり入る.

frapper à la bonne [mauvaise] porte 打ってつけの相手を選ぶ[見当違いをする].

frapper [heurter] à toutes les portes 相手構わず援助を求める; あらゆる手段を尽くす.

Il faut qu'une porte soit ouverte ou fermée.《諺》どっちつかずは許されない.

ouvrir [fermer] la porte à qc …への道を開く[閉ざす]. ▸ *ouvrir la porte aux* négociations 交渉への道を開く.

ouvrir [fermer] sa porte à qn …を自宅に迎える[入れない]; に門戸を開く[閉ざす]. 注 sa は各人称に変化させて用いる. ▸ un pays qui *ferme sa porte aux* immigrés 移民を受け入れない国.

porte à porte (1) すぐ隣に, 近隣に. ▸ Nous habitons *porte à porte*. 私たちは隣同士だ. (2) 戸口から戸口へ. ▸ faire du *porte à porte* [セールスマンなどが]戸別訪問する / De chez moi à mon travail, je mets une demi-heure *porte à porte*. 私の家から職場まではドア・ツー・ドアで30分

かかる.

***porte ouverte** (à qc)* (…への)門戸, 通じる道. ▶ laisser la *porte ouverte* à un compromis 妥協の余地を残す / 《同格的》 opération [journée] *portes ouvertes* (施設の)一般公開[公開日].

prendre [gagner] la porte (さっと)出て行く.

se ménager une porte de sortie 逃げ道を用意しておく.

recevoir [parler à] qn entre deux portes 玄関先で…を応対する[と立ち話をする].

trouver porte close (訪問先が)留守である；門前払いを食わされる.

— 形 《解剖》 veine *porte* 門脈.

porté, e /pɔʀte/ 形 ❶ ⟨être *porté* à qc/不定詞⟩ …する傾向がある；…したい気持ちである. ▶ être *porté* à la colère 怒りっぽい.
❷ ⟨être *porté* sur qc⟩ …が大好きである.

porte- 接頭「…を運ぶもの, の入れ物」の意.

porte-à-faux /pɔʀtafo/ 男 (建築物の)突出部分, 張り出し.

en porte-à-faux (1) 突き出た, 持ち出しになった. ▶ un mur posé *en porte-à-faux* 張り出し壁. (2) 不安定な, どっちつかずの. ▶ une situation *en porte-à-faux* 不安定な[どっちつかずの]状態.

porte-à-porte /pɔʀtapɔʀt/ 男 (セールスのための)戸別訪問, 訪問販売.

porte-avions /pɔʀtavjɔ̃/ 男 航空母艦.

porte-bagages /pɔʀtəbagaːʒ/ 男 (自転車, 自動車などの)荷台, キャリア；(電車, バスなどの)荷物棚, 網棚.

porte-bébé /pɔʀtəbebe/；《複》~-~s 男 (赤ん坊を運ぶための)かご；(自転車や自動車の)赤ん坊用腰掛け；(赤ん坊用の)抱っこひも, 負ぶいひも.

porte-bonheur /pɔʀtəbɔnœːʀ/ 男《単複同形》お守り；幸福のマスコット. ▶ 《同格的》 breloque *porte-bonheur* お守りのペンダント.

porte-bouteilles /pɔʀtəbutɛj/ 男 (瓶を幾重にも寝かせておく地下室などの)瓶敷き；携帯用瓶立て[瓶かご].

porte-cartes /pɔʀtəkaʀt/ 男 ❶ 名刺入れ；身分証明書入れ. ❷ 地図入れ.

porte-cigarettes /pɔʀtəsigaʀɛt/ 男 シガレットケース.

porte-clefs /pɔʀtəkle/, **porte-clés** 男 キーホルダー.

porte-conteneurs /pɔʀtəkɔ̃tənœːʀ/ 男 コンテナ船.

porte-couteau /pɔʀtəkuto/；《複》~-~x 男 ナイフ置き, ナイフレスト.

porte-documents /pɔʀtədɔkymɑ̃/ 男 書類かばん, 書類入れ.

porte-drapeau /pɔʀtədʀapo/；《複》~-~ x 男 ❶ (連隊の)旗手. ❷ (暴動, 社会運動などの)リーダー, 旗頭.

*****portée** /pɔʀte/ 女 ❶ 射程, 届く範囲. ▶ un missile d'une *portée* de 350km [trois cent cinquante kilomètres] 射程350キロのミサイル / une artillerie à longue *portée* 長距離砲.

❷ 影響力, 効力；重要性, 重大さ. ▶ avoir une grande *portée* とても重要である / la *portée* politique d'un événement 事件の政治的影響力 / sans *portée* pratique まったく取るに足らない. ◆d'une *portée* + 形容詞 ▶ un incident diplomatique d'une *portée* considérable 大きな波紋を呼ぶ外交上のトラブル.

❸ 理解の及ぶ範囲, 知的水準. ▶ Ce concept dépasse la *portée* de l'intelligence ordinaire. その概念は普通の人の理解の範囲を超えている.

❹ 一腹の子. ▶ des lapins de même *portée* 同腹のウサギ. ❺《音楽》 (五線)譜表.
❻《建築》スパン, 梁間(はりま).

*****à la portée de qn*** …の手の届く範囲に；理解できる. Ne laissez pas de médicaments *à la portée des* enfants. 子供の手の届く所に薬を置いてはいけません / Cette science n'est pas *à la portée de* tout le monde. この学問はだれにでも理解できるわけではない / *à la portée de* toutes les bourses だれにでも買える, 手頃な価格の.

à la portée 簡単に手に入る.

*****à portée de** + 無冠詞名詞⟩ …の届く範囲に. ▶ *à portée de* voix 声の届く範囲に / garder un dictionnaire *à portée de* main 辞書を手元に置く.

hors de (la) portée de qn/qc …の手の届かない[近づけない]所に；理解を超えて. ▶ Cette voiture est *hors de* ma *portée*. この車は高すぎて私には買えない.

porte-fenêtre /pɔʀtəfnɛtʀ/；《複》~-s-~s 女 フランス窓.

*****portefeuille** /pɔʀtəfœj/ ポルトフイユ 男 ❶ 札(さつ)入れ, 紙入れ, 財布. ▶ un *portefeuille* en cuir 革の札入れ / avoir un *portefeuille* bien garni 懐が温かい.

❷ 大臣の職. ▶ le *portefeuille* des Affaires étrangères 外務大臣の職 / un ministre sans *portefeuille* 無任所大臣.

❸ 所有する有価証券の一覧表；ポートフォリオ(運用資産の組み合わせ). ▶ société de *portefeuille* 持ち株会社 / *portefeuille* de produits 製品一覧. ❹《服飾》une jupe (en) *portefeuille* 巻きスカート.

faire un lit en portefeuille (いたずらで)シーツを横に2つ折りにして足を伸ばせないようにベッドメークする.

porte-jarretelles /pɔʀtəʒaʀtɛl/ 男 (ストッキングをつって止める)ガーターベルト.

portemanteau /pɔʀtəmɑ̃to/；《複》x 男 コート掛け；帽子掛け. ▶ accrocher le pardessus au *portemanteau* オーバーをコート掛けに掛ける.

épaules en portemanteau 話 怒り肩.

portemine /pɔʀtəmin/, **porte-mine** 男 シャープペンシル.

porte-monnaie /pɔʀtəmɔnɛ/ 男《単複同形》財布, がま口, 小銭入れ. ▶ *porte-monnaie* électronique 電子財布.

avoir le porte-monnaie bien garni 懐が温かい, 金がある.

faire appel au porte-monnaie de qn …の

porte-parapluies

財布を当てにする；の厚情に訴える.
porte-parapluies /pɔrtəparaplɥi/ 男《単複同形》傘立て；ステッキ立て.
porte-parole /pɔrtəparɔl/ 男《単複同形》❶ スポークスマン. ▶ le *porte-parole* de l'Elysée フランス大統領の公式スポークスマン. ❷ 代弁者.
porte-plume /pɔrtəplym/ 男《単複同形》ペン軸，ペンホルダー.
＊porter[1]/porte ポルテ/

直説法現在	je porte	nous portons
	tu portes	vous portez
	il porte	ils portent
複合過去 j'ai porté	半過去 je portais	
単純未来 je porterai	単純過去 je portai	

― 他動 …を持つ，身につけている.
<*porter* qc (à [sur] qc)>(…に)…を運ぶ.
<*porter* qn/qc à qc/不定詞>…を…の状態に導く，…するように仕向ける.
― 間他動 <*porter* sur qc>…を対象とする，にかかわる.
― **se porter** 代動 体調が…である.

❶ ❶〔荷物など〕を持つ，持っている，抱える，担ぐ. ▶ Cette valise est trop lourde, je ne peux pas la *porter*. このスーツケースは重すぎて，私には持てない / Elle *porte* son enfant dans ses bras. 彼女は子供を腕に抱いている / *porter* qc sous un bras …をわきに抱える / *porter* qc sur son dos …を背負う / *porter* qc sur ses épaules …を肩に担ぐ / *porter* qc sur soi …を携帯する.
❷〔衣服など〕を身につけている；〔ひげ〕を生やしている. 注「身につける」という動作を表わすときは mettre を用いる. ▶ Elle *portait* une jupe rouge. 彼女は赤いスカートをはいていた / *porter* des lunettes めがねをかけている / *porter* une bague 指輪をはめている / *porter* la moustache 口ひげを生やしている. 比較 ⇨ S'HABILLER.
❸〔名前，称号など〕を持つ；〔物が記載〕を有する，…が記されている. ▶ Ces deux personnes *portent* le même nom. その2人は同姓である / La lettre *porte* la date du 8 [huit] mai. 手紙は5月8日付けだ / Cette médaille *porte* une inscription. そのメダルにはある銘が記されている.
❹〔外観，特徴〕を有する，備えている；〔様子，年齢〕を示す，見せる. ▶ La ville *porte* encore la trace des bombardements. その街はまだ爆撃の跡が残っている / Elle *portait* un air de tristesse sur son visage. 彼女は顔に悲しそうな表情を浮かべていた / *porter* (bien) son âge 年相応に見える，年齢が顔に出ている.
❺<*porter* qc + 属詞>〔体の部分〕を(ある状態に)保つ. ▶ *porter* la tête haute 昂然(ごうぜん)と頭を上げている / *porter* le buste droit 背筋をぴんと伸ばしている / *porter* les cheveux longs 髪を長く伸ばしている.
❻〔物が〕…を支える. ▶ L'étagère qui *porte* les livres gondole légèrement. 本を載せた棚はわずかに反っている / Mes jambes ne me *portent* plus. 私はもう立っていられない〔足がふらついている〕/《目的語なしに》L'eau de mer *porte* mieux que l'eau douce. 海水は淡水より浮力が大きい.
❼〔責任など〕を担う，負う. ▶ *porter* une lourde responsabilité 重責を負う.
❽〔動物が子〕を身ごもる，はらむ；〔実〕をつける；〔土地が作物〕を産出する；〔資本が利子〕を生む. ▶ un arbre qui *porte* beaucoup de fruits 実がたくさんなる木 /《目的語なしに》La chatte *porte* deux mois. 雌猫の妊娠期間は2か月である.
❾<*porter* qc en soi>…を内に含む；〔感情など〕を胸中に秘める；〔計画，作品〕を温める. ▶ Il *porte* en lui de la haine contre la bourgeoisie. 彼はブルジョアジーに対して憎しみを抱いている.

❷ ❶ …を運ぶ，持っていく，届ける. ▶ Tu m'aides à *porter* les bagages jusqu'à la voiture？ 荷物を車まで運ぶのを手伝ってくれるかい / *porter* une lettre à la poste 手紙を郵便局へ出しに行く / *porter* un verre à ses lèvres グラスを口もとへ運ぶ / *porter* une affaire devant les tribunaux ある件を裁判所に持ち込む〔提訴する〕.
❷<*porter* qc sur [à] qn/qc>〔視線，努力，関心など〕を…に向ける. ▶ *porter* son regard sur qn …を見つめる / *porter* son attention sur un petit détail 細かい点に注意を払う / *porter* de l'intérêt [un vif intérêt] à un projet ある計画に関心を〔強い関心〕を抱く / Le gouvernement *porte* ses efforts sur la lutte contre l'inflation. 政府はインフレ対策に力を入れている / *porter* un jugement sur qn/qc …について判断〔評価を〕を下す.
❸ …をもたらす；なす. ▶ *porter* bonheur [chance] à qn …に幸せ〔幸運〕をもたらす / *porter* préjudice à qn/qc …に損害を与える / *porter* tort [un tort considérable] à qn/qc …に損害〔甚大な損害〕をもたらす /《名詞とともに動詞句を作る》*porter* secours à qn …に救いの手を差し延べる / *porter* plainte contre qn …を告訴する / *porter* témoignage de qc …について証言する / *porter* un jugement sur qn/qc …について判断〔評価〕を下す.
❹ …を記入する，記載する. ▶ *porter* une somme sur un registre ある金額を帳簿に記入する / se faire *porter* malade (病気と記入してもらう→)仮病を使う.
❺<*porter* qn/qc à qc/不定詞>…を…(の状態)に導く，至らせる，…するようにしむける. ▶ *porter* qc à sa perfection …を完成の域まで高める / *porter* un roman à l'écran 小説を映画化する / Des échecs nombreux l'*ont porté* à la prudence. 多くの失敗を重ねて彼は慎重になった / Tout cela me *porte* à croire que c'est faux. どう見ても私にはそれは間違いだとしか思えない /《目的語なしに》Ce climat *porte* à l'apathie.(=inciter) この気候は人を無気力にする.
❻ *porter* qc(de + 数詞)à + 数詞 …を(…から)…に増やす. ▶ Ce bureau a décidé de *porter* son personnel de 100 à 130 employés.

portrait-robot

この事務所は従業員を100人から130人に増やすことに決めた.

ne pas porter qn dans son cœur …を嫌っている, のことをよく思っていない. ▶ Je *ne la porte pas* dans mon cœur. 私は彼女が気に食わない.

— ***porter*** 間他動〈*porter sur qc*〉❶ …を対象とする, にかかわる. ▶ La discussion *portait sur* la situation économique. 議論は経済情勢をめぐってのものだった.

❷〔重みが〕…にかかる. ▶ Tout l'édifice *porte* sur ces deux colonnes.(=reposer) 建物全体の重みはこの2本の円柱にかかっている / L'accent *porte* sur la dernière syllabe.(=frappe) アクセントは最後の音節にかかる.

❸ …にぶつかる. ▶ Il est tombé et sa tête *a porté* sur une grosse pierre. 彼は転んで大きな石に頭をぶつけた.

— ***porter*** 自動 ❶（ある距離まで）届く, 到達する. ▶ Ce missile *porte* à 350km [trois cent cinquante kilomètres]. そのミサイルは射程350キロメートルである / Il a une voix qui *porte*. 彼の声はよく通る.

❷ 命中する;〔指摘などが〕的を射ている, 有効[適切]である（=juste）. ▶ Ses conseils *ont porté*. 彼(女)の忠告は効き目があった.

porter à la tête〔酒などが〕頭をくらくらさせる.

— ***se porter*** 代動 ❶ 体の調子が…である. ▶ *se porter* bien [mal] 体の調子がいい [悪い] / « Comment vous *portez-vous*?—Je *me porte* bien.»「お元気ですか」「元気です」

❷〔服などが〕着用される,（…なのが）流行する. ▶ une veste simple qui *se porte* facilement 気楽に着られるシンプルな上着 / Les jupes *se portent* courtes cette année. 今年はスカートはミニが流行している.

❸〈*se porter* + 属詞〉…になる, …として名乗りをあげる. ▶ *se porter* candidat à une élection 選挙に立候補する / *se porter* garant 保証人になる.

❹〈*se porter* sur [vers] qc/qn〉〈視線, 感情, 支持などが〉…に向けられる. ▶ Les soupçons *se portent* sur lui. 嫌疑は彼にかかっている.

porter² /pɔrtɛːr/ 男《英語》ポーター: 英国製黒ビールの一種.

porte-savon /pɔrtsavɔ̃/《複》~-~**s** 男 石鹸(ﾂｹﾝ)入れ, 石鹸置き.

porte-serviettes /pɔrtsɛrvjɛt/ 男 タオル掛け.

porteur, euse /pɔrtœːr, øːz/ 形〈(être) *porteur* de qc〉…を持っている, 備えている. ▶ être *porteur* d'une grosse somme d'argent 大金を所持している. ❷ 進歩[発展]の見込める, 益のある. ▶ une industrie *porteuse* 発展性のある産業 / marché *porteur* 有望な市場. ❸ mère *porteuse*（人工授精による）代理母.

— 名 ❶ 配達人, 使者, 伝令. ▶ un *porteur* de journaux 新聞配達人. ❷ 着用者. ▶ un *porteur* de lunettes めがねをかけている人.

❸〔医学〕保菌者, キャリア. ▶ *porteur* du VIH HIV キャリア.

— **porteur** 男 ❶ ポーター, 赤帽; 荷物を担ぐ人. ❷（各種書類の）所持者;（手形などの）所持人, 持参人. ▶ un chèque payable au *porteur* 持参人払いの小切手. ❸ un gros *porteur* ジャンボ機; 大型トラック.

porte-voix /pɔrtəvwa/ 男 ❶ メガホン（=mégaphone）. ❷〔海事〕伝声管, 伝声器.

portier, ère /pɔrtje, ɛːr/ 名 門番.
— **portier** 男 ❶（公共施設の）門衛;（ホテルの）ドアマン. ❷ *portier* électronique オートロック.

portière /pɔrtjɛːr/ 女 ❶（自動車, 列車などの）ドア, 扉. ❷（扉の代わりや扉を隠すために下げる）ドアカーテン, 帷(とばり).

portillon /pɔrtijɔ̃/ 男 ❶（丈の低い）開き戸, 小門. ❷（ラッシュ時などにホームへの入場を制限するための地下鉄の）自動開閉扉（=*portillon* automatique）.

Ça se bouscule au portillon. 話 早口すぎて何を言っているのか分からない.

***portion** /pɔrsjɔ̃ ポルスィヨン/ 女 ❶（食事の）1人前;（1人分の）分け前, 割り当て;（遺産などの）取り分. ▶ deux *portions* de frites フライドポテト 2人前 / partager qc en *portions* égales …を等分に分ける / une *portion* de gâteau ケーキ1切れ. 比較 ⇨ PARTIE.

❷ 部分. ▶ Une *portion* de la route est très abîmée. 道路の一部がひどく傷んでいる.

portique /pɔrtik/ 男 ❶〔建築〕ポルチコ, 柱廊玄関, 柱廊. ❷（つり輪などを下げる）横木. ❸（空港の）門型金属探知装置. ❹〔鉄道〕*portique* à signaux（信号機などを取りつける）門型ビーム装置. ❺ *portique* de lavage 自動洗車機 / *portique* de détection（空港の）金属探知機.

porto /pɔrto/ 男 ポート(ワイン): ポルトガル産の甘口ワイン.

portoricain, aine /pɔrtɔrikɛ̃, ɛn/ 形 プエルト·リコ Porto Rico の.
— **Portoricain, aine** 名 プエルト·リコ人.

***portrait** /pɔrtrɛ ポルトレ/ 男 ❶ 肖像(画), 肖像彫刻. ▶ faire le *portrait* de qn …の肖像を描く［彫る］/ *portrait* en pied 全身(肖)像 / *portrait* en buste 胸像(の肖像) / *portrait* de famille 先祖の肖像.

❷ 肖像写真, ポートレート（=*portrait* photographique）.

❸ 人物描写, 性格描写. ▶ faire le *portrait* de qn …の人物描写をする.

❹ 話 顔. ▶ se faire abîmer le *portrait* 負傷して顔がめちゃめちゃになる.

être le portrait de qn …にそっくりである, 生き写しだ.

jeu des portraits 私はだれでしょうゲーム（質問に oui, non だけで答えて人や物の名前を当てさせるゲーム.）

portrait chinois 質問を通じて回答者の性格をあてるゲーム.

portraitiste /pɔrtrɛtist/ 名 肖像画家.

portrait-robot /pɔrtrɛrɔbo/;《複》~-**s**-~**s** 男 ❶（容疑者の）似顔絵, モンタージュ写真. ❷（人物, 製品などの）代表的イメージ, 全体像, 典型. ▶ le *portrait-robot* du mari idéal 理想的

portraiturer

な夫のタイプ.

portraiturer /pɔrtretyre/ 他動 ❶ …を肖像画に描く. ❷〔人物〕を描写する.

portuaire /pɔrtɥɛːr/ 形 港の. ▶ installation [équipement] *portuaire* 港湾施設.

portug*ais, aise* /pɔrtygɛ, ɛːz/ 形 ポルトガル Portugal の.
— **Portug*ais, aise*** 名 ポルトガル人.
— **portugais** 男 ポルトガル語.
— **portugaise** 女 ❶ ポルトガルカキ (=huître portugaise). ❷ 〖俗〗耳.

Portugal /pɔrtygal/ 固有 男 ポルトガル: 首都 Lisbonne. ▶ au *Portugal* ポルトガルに[で, へ].

pose /poːz/ 女 ❶ 設置, 取り付け. ▶ la *pose* d'un compteur à gaz ガスのメーターの設置. ❷ ポーズ. ▶ prendre la *pose* ポーズを取る / une *pose* académique はまったポーズ / une séance de *pose* (モデルの) 1 回のポーズ時間. ❸ 姿勢, 態度. ▶ avoir une *pose* nonchalante なげやりな態度をとる. ❹ 気取り. ▶ parler avec [sans] *pose* 気取って[ざっくばらんに]話す. ❺〖写真〗(1)(比較的長い)露出, ポーズ. ▶ temps de *pose* 露出時間. (2)(フィルムの1コマ). ▶ une pellicule de trente-six *poses* 36 枚撮りのフィルム.

pos*é, e* /poze/ 形 (poser の過去分詞) ❶ 落ち着いた, 冷静な. ▶ un homme *posé* 落ち着いた男 / d'un ton *posé* もの静かな口調で. ❷ une voix bien [mal] *posée* 〖音楽〗安定した[不安定な]声.

Poséidon /pɔzeidɔ̃/ 固有 男 〖ギリシア神話〗ポセイドン: 海, 泉を支配するオリンポスの神.

posément /pozemɑ̃/ 副 落ち着いて, 急がずに, 静かに.

:poser /poze/ ポゼ/ 他動 ❶ …を置く. ▶ *poser* des livres sur une table 本をテーブルの上に置く / *Posez* cela par terre. それを床に置きなさい / Elle a *posé* ses yeux sur lui. 彼女は彼を見つめた.
❷ …を取り付ける, 設置する (=installer). ▶ *poser* des rideaux カーテンをつける / *poser* le téléphone 電話を設置する.
❸〔問いなど〕を出す, 提出する. ▶ *poser* une question à qn …に質問する / Ça *pose* un problème. それは厄介な問題だ / *poser* sa candidature 立候補する.
❹ …を定める; 認める. ▶ *poser* un principe 原則を立てる / *poser* des règles 規則を定める.
❺〈*poser* que +接続法〉…と仮定する.
❻ …を立派に見せる, の地位[名声]を高める. ▶ Son succès l'a définitivement *posé*. その成功によって彼の名声は不動のものとなった.
❼ (ある位に)〔数字〕を置く, 書く. ▶ Huit et six, quatorze, je *pose* quatre et je retiens un. 8 足す 6 は 14, 4 を置いて 1 上がる.
ceci posé そう定められて[認められて]いるので. ▶ *Ceci posé*, il s'ensuit ces conséquences. そうであるからして, 結果として次の結論が出てくる.
— 自動 ❶ 〈*poser* sur qc〉…の上に置かれている,

載っている. ❷ ポーズをとる; モデルを務める. ▶ Elle *pose* pour un magazine de mode. 彼女はファッション雑誌のモデルをしている. ❸ 格好をつける, 気取る. ❹ 〈*poser* à qn〉…を気取る, のふりをする. ▶ *poser* à l'artiste 芸術家ぶる. ❺〖写真〗露出する.

— **se poser* 代動 ❶〔鳥, 昆虫などが〕とまる;〔飛行機などが〕着陸する. ▶ L'avion *s'est posé* sur la piste. 飛行機が滑走路に着陸した.
❷〔物が〕置かれる. ▶ Les compteurs d'électricité *se posent* à hauteur d'homme. 電気のメーターは人の背の高さに取り付けられている / Ce papier peint *se pose* facilement. この壁紙は貼りやすい.
❸〈*se poser* (sur qn/qc)〉〔眼差しが〕(…に)注がれる. ▶ Son regard *se posait* sur nous. 彼(女)の眼差しは我々に注がれていた.
❹〔問題が〕提起される, 生する, 存在する. ▶ Le problème *se pose* de savoir s'il faut répondre à cette critique. この批判に答えるべきかどうかが問題だ.
❺〈*se poser* qc〉〔問題など〕を自分に課す. 注 se は間接目的. ▶ Je *me suis posé* moi-même cette question. 私もその問題は考えてみた.
❻〈*se poser* en +無冠詞名詞〉…を自任する, …気取りである. ▶ *se poser* en victime 被害者を気取る / *se poser* en expert エキスパートを自任する.

se poser (*un peu*) *là* 限度を超している, 相当なものだ. ▶ Comme abruti, il *se pose là*! 頭の悪さにかけてはやつは相当なものだ.

pos*eur, euse* /pozœːr, øːz/ 名 ❶ 取り付け工[職人]; 置く[仕掛ける]人. ▶ un *poseur* d'affiches ポスター張り. ❷ 気取り屋.
— 形 気取り屋の.

posit*if, ive /pozitif, iːv/ ポジティフ, ポジティーヴ/ 形 ❶ 確実な, 明白な. ▶ fait *positif* 明白な事実.
❷ 現実的な; 実際的な; 実利[功利]的な. ▶ avantages *positifs* 実利, 実益 / C'est un esprit *positif*. 彼は実利的精神の持ち主だ.
❸ 実証的な, 事実[経験]に基づいた. ▶ preuve *positive* 実証, 確証 / sciences *positives* 実証科学.
❹ 積極的な, 建設的な, 前向きの. ▶ action *positive* 積極的[前向きの]行動 / résultat *positif* 実りある成果.
❺ 肯定的な (↔négatif); (意見などが)好意的な. ▶ réponse *positive* 肯定的な答え / La critique de ce roman est très *positive*. この小説の評判はとてもいい.
❻〖電気〗陽の, 正の, プラスの. ▶ électricité *positive* 陽電気, 正電荷 / ion *positif* 陽イオン / pôle *positif* プラス極.
❼〖写真〗陽画の, ポジの. ▶ épreuve *positive* 陽画, ポジ.
❽〖医学〗〔検査反応などが〕陽性の. ▶ réaction *positive* 陽性反応. ❾〖数学〗正の, プラスの.
— **positif** 男 ❶ 合理的なもの; 実際的[実利的]なもの. ❷〖写真〗陽画, ポジ. ❸〖文法〗(形容詞, 副詞の)原級.

position /pozisjɔ̃ ポズィスィョン/ 囡 ❶ 位置, 配置；順位. ▶ la *position* des joueurs (サッカーなどの)選手のポジション / les feux de *position* (自動車などの)ポジションランプ / L'avion a fait connaître sa *position*. 飛行機は位置を知らせてきた. ◆en + 序数詞 + *position* (競争で)…番目の. ▶ C'est la France qui arrive en seconde *position*. 2位につけたのはフランスである.
❷ 姿勢, 構え. ▶ la *position* debout [couchée, assise] 立った[横になった, 座った]姿勢 / changer de *position* 姿勢を変える / se mettre en *position* de combat 戦闘態勢を取る.
❸ 地位, 身分. ▶ *position* sociale 社会的地位 / améliorer sa *position* 地位を向上させる.
❹ 立場, 状況. ▶ être dans une *position* délicate 微妙な立場にある / en *position* de leader リーダーとしての立場にある. ◆être en *position* de + 不定詞 …できる状況にある. ▶ Je ne suis pas en *position* de la juger. 私は彼女を裁ける立場ではない.
❺ 態度, 見解. ▶ une *position* politique 政治的立場 / Quelle est votre *position* sur ce sujet? この問題に対してはどういう見解をお持ちですか. ◆prendre *position* (pour [contre] qc) (…に賛成[反対]の)態度を表明する. ▶ Ce ministre a pris nettement *position* contre le nucléaire. この大臣ははっきりと反核の立場を表明した.
❻ 〖軍事〗陣地. ▶ guerre de *position* 陣地戦.
❼ (問題などの)設定.
❽ (銀行口座などの)貸借状況, 残高. ▶ demander sa *position* 残高を照会する.
En position! 位置に！, 構え.
prise de position 態度の表明.
rester sur ses positions 立場を変えない, いかなる妥協にも応じない.

positionnement /pozisjɔnmɑ̃/ 團 ❶ 位置決め；配置. ▶ système de *positionnement* par satellite 全地球位置把握システム, GPS システム.
❷ (銀行口座の)残高計算.

positionner /pozisjɔne/ 他動 ❶ …を位置づける；の位置を測る. ❷ [市場における商品の]位置づけを測る, をポジショニングする. ❸ …を定位置に置く. ❹ (銀行口座の残高)を計算する.
― ***se positionner*** 代動 [人が]地位を占める, 自分を位置づける.

positivement /pozitivmɑ̃/ 副 ❶ 確かに, 本当に；まさに. ❷ 積極的に, 前向きに；肯定的に, 好意的に. ❸ 〖電気〗陽[正]電気に.

positivisme /pozitivism/ 團 実証主義, 実証哲学.

positiviste /pozitivist/ 名, 形 実証主義者(の).

positron /pozitrɔ̃/, **positon** /pozitɔ̃/ 團 〖物理〗陽電子, ポジトロン：電子の反粒子.

posologie /pozɔlɔʒi/ 囡 ❶ 薬用量学. ❷ 薬量：1回あるいは1日当たりの投薬量.

possédant, ante /pɔsedɑ̃, ɑ̃:t/ 形 財産[資産]のある. ▶ la classe *possédante* 有産階級.
― 名 《多く複数で》財産家, 資産家, 資本家.

possédé, e /pɔsede/ 形 (悪魔などに)取りつかれた.
― 名 悪魔に取りつかれた人. ▶ exorciser un *possédé* 悪魔に取りつかれた人を悪魔払いする.

***posséder** /pɔsede/ ポセデ/ 6 他動

直説法現在	je poss**è**de	nous possédons
tu poss**è**des	vous possédez
il poss**è**de	ils poss**è**dent

❶ …を所有する, 持つ；備えている. ▶ *posséder* une grosse fortune 莫大な財産がある / *posséder* la vérité 真実[真相]をつかんでいる / *posséder* une mémoire excellente すばらしい記憶力の持ち主だ.
❷ …を熟知する, に精通する, を身につけている. ▶ *posséder* son métier 自分の仕事を完全にこなせる / Elle *possède* bien son italien. 彼女はイタリア語に堪能だ.
❸ *posséder* une femme 女と肉体関係を持つ.
❹ …を支配する, とりこにする. ▶ La jalousie le *possède*. 彼は嫉妬にさいなまれている.
❺ [悪魔などが]…に取りつく.
❻ (話) …をだます, ひっかける. ▶ Il nous *a* bien *possédés*! 私たちは彼にまんまとだまされた / se faire *posséder* だまされる.
― ***se posséder*** 代動 《多く否定的表現で》自制する. ▶ ne pas *se posséder* de joie 喜びを抑えきれない.

possesseur /pɔsesœ:r/ 團 持ち主, 所有者. ▶ le *possesseur* d'un immeuble ビルの持ち主 / le *possesseur* d'un secret 秘密を握っている人.

possessif, ive /pɔsesif, i:v/ 形 ❶ 〖心理〗独占欲の強い. ❷ 〖文法〗所有の. ▶ adjectifs [pronoms] *possessifs* 所有形容詞[代名詞].
― **possessif** 團 所有詞：所有形容詞と所有代名詞.

***possession** /pɔsesjɔ̃ ポセスィョン/ 囡 ❶ 所有；所持；入手. ▶ la *possession* d'une fortune 財産の所有 / s'assurer la *possession* de qc …を所有[入手]する.
❷ 所有物, 財産；《多く複数で》所有地；領土. ▶ Ce terrain est sa *possession*. この地所は彼(女)の持ち物だ.
❸ 把握；(自己)制御；精通, 熟知. ▶ la *possession* de la vérité 真実[真相]の把握 / la *possession* d'une langue étrangère 外国語に精通していること / la *possession* de soi(-même) 自制.
❹ 〖神学〗悪魔つき；〖精神医学〗憑依(現象).
avoir qc en sa possession = ***être en possession de qc*** …を所有[所持]している. ▶ J'*ai* en ma *possession* un livre qui vous intéressera. あなた(方)の興味を引きそうな本を持っています / *être en possession de* toutes ses facultés (精神的に)まったく正常である.
entrer en possession de qc …を手に入れる.
être* [*tomber*] *en la possession de qn …の手中にある, 手に落ちる.
être en pleine possession de ses moyens (精神的, 肉体的に)好調である.
prendre possession de qc …を手に入れる, 占有[占領]する.

possibilité

rentrer en possession de qc …を取り戻す.
reprendre possession de soi-même 自分を取り戻す, 我に返る.

***possibilité** /pɔsibilite ポシビリテ/ 囡 ❶ 可能なこと, 可能性, 見込み. ▶ *la possibilité d'une guerre* 戦争が起きる可能性 / *envisager toutes les possibilités* あらゆる可能性を考える / *Il n'y a que deux possibilités.* 選択の余地は2つしかない. ❷ 機会, 手段. ▶ *laisser [donner] à qn la possibilité de +* 不定詞 …に…の機会を与える, …することを許す. ❸《複数で》能力; 資力. ▶ *Cet élève a de grandes possibilités* この生徒は高い能力を持っている / *Ce n'est pas dans mes possibilités.* それは私の力には余る.

avoir la possibilité de + 不定詞 …が可能である; する能力 [資力] がある. ▶ *Je viendrai, si j'en ai la possibilité.* 行けたら行きます.

possible /pɔsibl ポシブル/ 形

❶ 可能な, ありうる, 考えられる. ▶ *Une erreur est toujours possible.* なんらかのミスは常に付き物だ / *Dans ce cas-là, aucune discussion n'est possible!* それなら議論の余地はあるまい / *Venez demain, si (c')est possible.* できれば明日お越しください / *Ce n'est pas possible autrement.* 他のやり方では不可能だ / 《*Irez-vous à la mer cet été?—Oui, possible* [*C'est bien possible*].》「今年の夏は海へ行きますか」「ええ, 行くかもしれません [たぶんね]」

❷《最上級またはそれに準ずる表現を強めて》可能な限りの, できるだけの. ▶ *la valise la plus légère possible* できるだけ軽いスーツケース / *essayer tous les moyens possibles et imaginables* あらん限りの手を尽くす / *le plus tôt possible* できるだけ早く / *aussitôt que possible = aussitôt qu'il sera possible* = *dès que possible* できるだけ早い機会に / *autant que possible* できるだけ / *avec le plus de précision possible* できるだけ正確に. 注 <*le plus* [*moins*] *de* + 複数名詞 + *possible*> の表現では原則として性数の一致は行わない(例: *pour courir le moins de risques possible* できる限り危険を冒さないために).

❸ 話 まずまずの, 我慢できる. ▶ *C'était un lit tout juste possible.* まあ一応横になれるベッドだった / *Elle n'est pas possible.* あの女には我慢がならない.

Ce n'est pas (Dieu) possible!* = *Est-ce possible? = Pas possible! 話 まさか, 冗談だろう.

Il est [話 ***C'est***] ***possible de +*** 不定詞. …するのは可能である.

****Il est possible que +*** 接続法. (1) …かも知れない. ▶ *Il est possible qu'elle soit malade.* 彼女は病気かもしれない. (2) …は可能である.

pas possible 話 すばらしい; どうしようもない. ▶ *un succès pas possible* 思いがけない大成功 / *faire un bruit pas possible* とんでもない騒音を出す.

Possible que + 接続法. 話 たぶん…だろう. ▶ *Possible qu'il ne vienne pas.* 彼は来ないかもしれない.

比較 **可能な, ありうる**
possible, probable いずれも可能性を示すが, probable の方が蓋然(ぜん)性が高く, 「たぶんそうなるだろう」の意. **éventuel** の蓋然性の度合いは possible と同じだが, 「一定の条件が満たされば」という含みを持つ.

— 男 可能(なこと);《複数で》可能性. ▶ *de tout son possible* できる限り / *faire (tout) son possible* 'pour + 不定詞 [*pour que* + 接続法] …のためにできる限りのことをする / *réaliser tous les possibles* あらゆる可能性を実現させていく.

au possible 非常に, 極めて. ▶ *Elles sont jolies au possible.* 彼女たちはたいへん美人だ.

dans la mesure du possible できる限り.

post- 接頭「後ろの, 次の」の意 (↔pré-).

postage /pɔsta:ʒ/ 男 投函(かん), 郵送.

***postal, ale** /pɔstal ポスタル/;《男複》**aux** /o/ 形 郵便の. ▶ *carte postale* 郵便はがき; 絵はがき / *colis postal* 郵便小包 / *compte courant postal* 郵便振替口座(略 CCP) / *mandat postal* 郵便為替 / *code postal* 郵便番号.

postcure /pɔstky:r/ 囡 アフターケア: 治療後社会復帰前の保養(期間).

postdater /pɔstdate/ 他動 …の日付を実際より遅らせる. ▶ *chèque-postdaté* 先日付小切手.

postdoctoral, ale /pɔstdɔktɔral/;《男複》**aux** /o/ 形 博士号取得後の.

:**poste**¹ /pɔst ポスト/ 囡 ❶ 郵便. ▶ *envoyer* [*expédier*] *qc par la poste* …を郵便で送る / *receveur* [*employé*] *des postes* 郵便局長 [局員] / *poste aérienne* 航空郵便 / *le cachet de la poste* 消印 / *La Poste* ラ・ポスト(フランスの郵便).

❷ 郵便局 (=*bureau de poste*). 注 日本語の「ポスト」は *boîte à* [*aux*] *lettres* という. ▶ *grande poste* 本局, 中央郵便局 / *mettre une lettre à la poste* (郵便局の窓口, ポストに)手紙を出す [投函(かん)する].

❸ (昔の)宿駅; 宿駅間の行程(約8キロメートル); 駅馬車. ▶ *des chevaux de poste* 駅馬.

passer comme une lettre à la poste 話 難なく通過する;〔要請などが〕すんなり認められる;《ふざけて》わけなく消化する.

poste restante 局留め. ▶ *se faire adresser son courrier poste restante* 郵便物を局留めで送ってもらう.

***poste**² /pɔst ポスト/ 男 ❶ 地位, ポスト; 職務. ▶ *poste d'instituteur* 小学校教師の職 / *poste vacant* 空きポスト, 空席 / *occuper un poste-clef* 要職に就いている / *être nommé à un nouveau poste* 新しいポストに任命される / *rejoindre* [*quitter*] *son poste* 着任 [離任] する / *le correspondant japonais en poste à Paris* パリ駐在の日本人特派員. 比較 ⇨ EMPLOI.

❷ <*poste de* + 無冠詞名詞>(用途, 機能別の)…室, …所. ▶ *poste de pilotage* (飛行機の)操縦席, コックピット / *poste de secours* (負傷者に応急手当を施す)看護所.

❸ <*poste de* + 無冠詞名詞> …装置(設置場所); 供給 [補給] 所. ▶ *poste d'incendie* 消火栓.

❹ 詰め所; 交番, 派出所 (=*poste* de police). ▶ *poste* de douane 税官吏詰め所 / conduire [emmener] qn au *poste* …を交番に連行する / passer la nuit au *poste* 留置場で一晩過ごす.
❺《軍事》部隊, 持ち場;（部署についた）兵士, 部隊. ▶ *poste* de combat 戦闘拠点 / *poste* de commandement 司令部 (略 PC).
❻ テレビ (=*poste* de télévision); ラジオ (=*poste* de radio). ▶ un *poste* portatif ポータブルテレビ［ラジオ］.
❼（電話の）内線. ▶ *Poste* six cent six, s'il vous plaît. 内線606番をお願いします.
❽（交替制の）勤務(時間). ▶ *poste* de nuit 遅番.
❾（予算, 帳簿の）項目.

être [rester] à son poste (1)〔兵士が〕部署を守る. (2) 持ち場を守る.
être fidèle [solide] au poste (1) 義務［職務］をきちんと果たす. (2)〖話〗なかなかじょうぶ.

posté, e /poste/ 形〔仕事, 人が〕交替勤務の. ▶ le travail *posté* ノンストップ労働方式.

poster¹ /poste/ 他動 …を部署に就かせる, 配置する. ▶ *poster* des sentinelles 歩哨（；^）を立てる.
― **se poster** 代動（監視, 襲撃などのために）部署に就く.

poster² /poste/ 他動 ❶ …を郵送する, 投函（☆^）する. ❷（インターネットで）…を投稿する.

poster³ /pɔstɛːr/ 男〖英語〗ポスター.

postérieur, e /pɔsterjœːr/ 形 ❶〈*postérieur* (à qc)〉（時間的に）（…より）あとの (↔antérieur). ▶ L'accident est bien *postérieur* à son mariage. その事故は彼(女)の結婚後ずいぶんたってから起きた / Nous verrons cela à une date *postérieure*. そういうことはもっと先になってから考えよう. ❷（空間的に）後ろの. ▶ la partie *postérieure* du crâne 後頭部.
― **postérieur** 男 尻(;^).

postérieurement /pɔsterjœrmɑ̃/ 副〈*postérieurement* (à qc)〉(…より)あとに.

posteriori /pɔsterjɔri/《ラテン語》⇨ A POSTERIORI.

postériorité /pɔsterjɔrite/ 女（時間的に）あとであること.

postérité /pɔsterite/ 女 ❶ 文章 子孫, 後裔（☆^）;（芸術家などの）後継者. ❷ 文章 後世. ▶ travailler pour la *postérité* 後世のために仕事をする / passer à la *postérité* 後代に名を残す.

postface /pɔstfas/ 女 後書き, 後記.

posthume /pɔstym/ 形 ❶ 死後出版［刊行］の; 死後の. ▶ œuvre *posthume* 死後出版作品, 遺作. ❷（父の）死後に生まれた. ▶ un enfant *posthume* 遺児.

postiche /pɔstiʃ/ 形 ❶ 人工の, 作り物の; 見せかけの, 偽の. ▶ cheveux *postiches* 付け毛, かつら / talents *postiches* 見かけ倒しの才能.
❷ あとから付け加えた.
― 男 かつら; つけひげ.

postier, ère /pɔstje, ɛːr/ 名 郵便局員.

postillon /pɔstijɔ̃/ 男 ❶（昔の駅馬車の）御者.
❷《多く複数で》話（しゃべりながら飛ばす）唾（ヮ^）. ▶ envoyer des *postillons* 唾を飛ばす.

postillonner /pɔstijɔne/ 自動 話（しゃべりながら）唾（ヮ^）を飛ばす.

postimpressionnisme /pɔstɛ̃presjɔnism/ 男 後期印象派［主義］.

postindustriel, le /pɔstɛ̃dystrijɛl/ 形（高度）工業化以後の.

postmoderne /pɔstmɔdɛrn/ 形 ポストモダンの.

postmodernisme /pɔstmɔdɛrnism/ 男 ポストモダニズム.

postnatal, ale /pɔstnatal/;《男複》**als** 形 出生後の, 新生児の.

postopératoire /pɔstɔperatwaːr/ 形〖医学〗術後の.

postposer /pɔstpoze/ 他動〖言語〗…を後置する. ▶ le sujet *postposé* 後置主語.

postposition /pɔstpozisjɔ̃/ 女〖文法〗❶ 後置. ❷ 後置詞.

postscolaire /pɔstskɔlɛːr/ 形 学校卒業後の. ▶ enseignement *postscolaire*（生涯教育の一環として社会人を対象とした）学校後教育.

post-scriptum /pɔstskriptɔm/ 男《単複同形》（手紙の）追伸. 注 P.-S. と略す.

postsynchronisation /pɔstsɛ̃krɔnizasjɔ̃/ 女〖映画〗〖テレビ〗アフレコ: 撮影済みのフィルムに合わせてせりふや音を録音すること.

postsynchroniser /pɔstsɛ̃krɔnize/ 他動〖映画〗〖テレビ〗〔撮影済みのフィルムに〕アフレコでせりふを入れる.

postulant, ante /pɔstylɑ̃, ɑ̃ːt/ 名（職, 地位の）志願者, 志望者; 聖職志願者.

postulat /pɔstyla/ 男 ❶〖論理学〗公準, 要請. ❷ 文章 暗黙の前提, 基本原理. ❸〖カトリック〗修練志願期, 聖職志願期.

postuler /pɔstyle/ 他動 ❶〔職や地位〕を志願する. ❷（前提として）…を仮定する;〔命題など〕を公準として立てる. ▶ *postuler* la bonté naturelle de l'homme 人間性善説の原理に立つ.
― 自動〈*postuler* à [pour] qc〉…に志願をする.

posture /pɔstyːr/ 女 ❶（特に不自然な）姿勢. ▶ être assis dans une *posture* inconfortable 窮屈［無理］な姿勢で座っている.
❷ 古風／文章 立場, 境遇.
être en bonne [mauvaise] posture 有利な［不利な］状況にある.
être en posture de + 不定詞 …できる態勢［状況］にある.

***pot** /po/ ポ/（一部の熟語表現を除き, 後続の語とリエゾンしない）男 ❶ 壺（^）, 甕（^）; 瓶. ▶ *pot* de faïence 陶器の壺 / petit *pot* びん入りの離乳食.
◆*pot* à + 無冠詞名詞 …を入れる容器. ▶ *pot* à confitures /pɔtakɔ̃fityːr/ ジャムの瓶 / *pot* à eau /pɔtao/ 水差し. ◆*pot* de + 無冠詞名詞 …の入った容器; 容器 1 杯の…. ▶ manger tout un *pot* de confiture ジャムを 1 瓶平らげる.
❷ 植木鉢 (=*pot* de fleurs). ▶ fleurs en *pots* 鉢植えの花.
❸ 話（酒類の）1 杯; 酒宴, カクテルパーティー. ▶ prendre un *pot* 1 杯やる / faire un *pot* d'adieu（同僚の）送別会を開く.
❹ しびん, おまる (=*pot* de chambre).

potable

❺ 圄 運, つき. ▶ avoir du *pot* 運がいい / coup de *pot* チャンス / Manque de *pot*! ついていない.
❻ 俗 尻(ﾄ).
❼〖自動車〗*pot* d'échappement マフラー, 消音器.
❽〖料理〗(1) poule au *pot* 雌鶏(ﾒﾝ)のポトフ. (2) 古 料理用深鍋(ﾅﾍﾞ).
❾〖カード〗(ポーカーなどで)繰り越しになっている賭(ｶ)け金.
❿ *pot* belge ドーピング薬.

à la fortune du pot (食事など)特別な準備をせずに, あり合わせで.
C'est le pot de terre contre le pot de fer. (鉄の壺に刃向かう土の壺だ→)勝負は始めからついている.
découvrir [trouver] le pot aux roses /potoroːz/ (事件の)秘密をかぎつける.
en deux [trois] coups de cuiller à pot 圄 手早く, またたく間に; 難なく.
être sourd comme un pot 圄 まったく耳が聞こえない.
faire le pot de fleurs 圄 建物の整備をする; 同じ場所にじっとしている.
payer les pots cassés (他人の)失敗の責任を負う, 尻拭(ﾇｸﾞ)いをする.
plein pot エンジン全開で, 全速で. ▶ rouler *plein pot* 全速で運転する / payer *plein pot* 正規の料金を払う.
pot à tabac ずんぐりした男.
pot au noir /potonwaːr/ (1) 靴墨入れ. (2) 厄介な事態, 危機的状況. (3) 赤道無風帯; 濃霧の発生で知られる大西洋赤道付近の豪雨帯.
tourner autour du pot (鍋の周りをうろつく→)遠回しに言う, 回りくどい言い方をする.

potable /pɔtabl/ 形 ❶〖水が〗飲用に適する. ▶ eau *potable* 飲料水. ❷ 圄 まあまあの. ▶ un logement *potable* どうにか我慢できる住まい.
potache /pɔtaʃ/ 男 圄 中学生, 高校生.
*potage /pɔtaːʒ/ 男 ポタージュ;(コンソメなども含めた)スープ. ▶ *potage* à la crème クリームポタージュ / *potage* clair 澄んだ[コンソメ]スープ / prendre du [un] *potage* ポタージュを飲む.
*potager, ère /pɔtaʒe, eːr/ ポタジェ, ポタジェール/ 形 ❶〖穀物以外の植物が〗食用の. ▶ plantes *potagères* 食用植物, 野菜. ❷ 野菜の; 野菜を植えた. ▶ culture *potagère* 野菜栽培 / jardin *potager* 菜園, 野菜畑.
— **potager** 男 家庭菜園, 野菜畑.
potasse /pɔtas/ 女〖化学〗カリ, カセイカリ.
potasser /pɔtase/ 他動 …を猛勉強する. ▶ *potasser* les maths 数学を熱心に勉強する.
potassium /pɔtasjɔm/ 男〖化学〗カリウム.
pot-au-feu /pɔtofø/ 男〖単複同形〗❶〖料理〗ポトフ. 大きな塊のままの牛肉と野菜をゆっくり煮込んだ家庭料理. ❷ ポトフ用牛肉.
— 形〖不変〗家事にかまけた; マイホーム主義の.
pot-de-vin /pɔdvɛ̃/,〖複〗〜s-〜-〜 男 賄賂(ﾜｲﾛ), リベート.
pote /pɔt/ 名 圄 友達, 仲間.
Touche pas à mon pote. 友だちに手を出すな(人権差別反対のスローガン).

poteau /pɔto/,〖複〗**x** 男 ❶ 柱, 支柱; 電柱. ▶ *poteau* indicateur 案内標識, 道標. ❷〖スポーツ〗ゴールポスト (=*poteau* de but);(競走, 競馬の)出発点[決勝点]の標代 (=*poteau* de départ [d'arrivée]). ❸ 銃殺刑用の柱 (=*poteau* d'exécution). ▶ envoyer [mettre] qn au *poteau* …を銃殺刑に処する. ❹ 圄 太い足.
Au poteau! 死ね.
potée /pɔte/ 女〖料理〗ポテ: 塩漬け豚肉などと野菜を煮込んだ料理.
potelé, e /pɔtle/ 形 ふっくらした, ぽってりした. ▶ un enfant *potelé* ぽっちゃりした子供.
potence /pɔtɑ̃ːs/ 女 ❶ 絞首台; 絞首刑. ▶ être condamné à la *potence* 絞首刑を宣告される. ❷ 直角の支柱, T字型支柱.
potentat /pɔtɑ̃ta/ 男 ❶ 専制君主, 絶対君主. ❷ 大立者, 実力者, ボス. ▶ un patron qui dirige en *potentat* ワンマン経営者.
potentialiser /pɔtɑ̃sjalize/ 他動 ❶ …の効果を高める. ❷ …の薬効を増す.
potentialité /pɔtɑ̃sjalite/ 女 ❶ 可能性; 潜在性. ❷ 潜在力, 潜在能力.
potentiel, le /pɔtɑ̃sjɛl/ 形 ❶ 潜在的な, 可能性を持った. ▶ marché *potentiel* 潜在的市場. ❷〖物理〗énergie *potentielle* ポテンシャルエネルギー.
— **potentiel** 男 ❶ 潜在力, 潜在能力[資源]. ▶ *potentiel* économique 潜在経済力 / *potentiel* de croissance 成長の可能性 / à haut [fort] *potentiel* 能力の高い.
❷〖物理〗〖化学〗ポテンシャル. ▶ le *potentiel* électrique 電位.
potentiellement /pɔtɑ̃sjɛlmɑ̃/ 副 潜在的に, 可能性を秘めて.
poterie /pɔtri/ 女 ❶ 陶器(製造). ▶ *poteries* grecques ギリシアのテラコッタ. ❷(金属製の)容器. ▶ *poterie* de cuivre 銅製の容器.
poterne /pɔtɛrn/ 女(城の城壁などに通じる抜け道の)出入り口, 隠し扉[門]. ⇨ CHÂTEAU 図.
potiche /pɔtiʃ/ 女 ❶ 陶磁器, 花瓶, 飾り壺(ﾂﾎﾞ). ❷ 名誉職にある人, 飾りだけの人物.
potier /pɔtje/ 男 陶工; 陶器商.
potin /pɔtɛ̃/ 男 圄 ❶《多く複数で》ゴシップ, うわさ話, 陰口. ▶ faire des *potins* sur qn …の陰口をたたく. ❷ 騒ぎ, 騒動. ▶ faire du *potin* 騒ぎ立てる; 騒動を起こす.
potion /posjɔ̃/ 女〖薬学〗水剤.
Quelle potion! なんてまずい飲み物だ.
potiron /pɔtirɔ̃/ 男〖植物〗セイヨウカボチャ.
pot-pourri /popuri/,〖複〗〜**S**-〜**S** 男 ❶〖音楽〗メドレー. ❷ ポプリ: 芳香性の強い各種草花を乾燥させ, 取り合わせて容器に詰めたもの.
pou /pu/,〖複〗**x** 男 シラミ. ▶ être mangé aux *poux* シラミに食われる.
chercher des poux [à qn [dans la tête de qn] 圄 …につまらないことで難癖[言いがかり]をつける, からむ.
être fier [orgueilleux] comme un pou ひどく高慢ちきだ.
être laid comme un pou ひどく醜い.
pouah /pwa/ 間投 圄 うっ, あっ(嫌悪, 軽蔑, 恐怖など).

poubelle /pubɛl/ ブベル 囡 **ごみ箱，くず入れ．** ▶ jeter [mettre] qc à la *poubelle* …をごみ箱に捨てる / faire les *poubelles* ごみ箱をあさる / jeter un fichier à la *poubelle*〖情報〗ファイルをごみ箱に入れる / sac-*poubelle* ごみ袋 / voiture *poubelles* ごみ収集車 / classe(-)*poubelle* 落ちこぼれ学級 / télé *poubelle* 低俗テレビ / les *poubelles* de l'histoire 歴史のごみ箱(人々が忘れたがっていること).

*****pouce** /pus/ プス 男 **❶ 親指；足の親指**(=gros orteil). ▶ sucer son *pouce* 親指をしゃぶる. **❷** (子供が遊びの中止を求め親指を立てて言う)タイム，たんま. ▶ demander *pouce* たんまをする / *Pouce* cassé! たんま終わり. **❸** プース：昔の長さの単位. 12分の1ピエ(27.07ミリ).

donner le [*un*] *coup de pouce à qc* (1)（作品）に最後の仕上げをする. (2)[話] …（の事実）をゆがめる，にちょっと手を加える.

donner un coup de pouce à qn …の後押しをする，を助ける.

et le pouce[話]（相手の言ったことに対し）もっと，もう少し. ▶《Ça revient bien à mille euros. — Oui, *et le pouce*.》「1000ユーロは下るまい」「そう，もう少しいくな」

faire du pouce ヒッチハイクをする.

manger sur le pouce[話]（立ったまま）急いで食事する；簡単に食事を済ます.

mettre les pouces 抵抗をやめる，降参する.

ne pas reculer [*bouger, avancer*] *d'un pouce* 微動だにしない.

se tourner les pouces[話] 何もしないでいる，のらくらと暮らす.

何もしないでいることを表すしぐさ

sur le pouce ヒッチハイクで.

pouding /pudiŋ/ 男 ⇨ PUDDING.

poudrage /pudraːʒ/ 男〖農業〗粉剤散布.

*****poudre** /pudr/ プードル 囡 **❶ 粉，粉末.** ▶ réduire qc en *poudre* を粉末にする / *poudre* à laver 合成洗剤 / *poudre* d'or 金粉 / *poudre* de lait (écrémé) 脱脂粉乳. ◆en *poudre* 粉末状の. ▶ lait en *poudre* 粉ミルク / sucre en *poudre* 粉砂糖. **❷ おしろい.** ▶ se mettre de la *poudre* おしろいをつける. **❸ 火薬.** ▶ faire détoner [exploser] la *poudre* 火薬を爆発させる / *poudre* noire 黒色火薬，煙剤.

jeter de la poudre aux yeux (*de qn*)（…の）目をくらます[欺く]，(…を) 眩惑する，だます.

mettre le feu aux poudres 火薬に火をつける；激情を呼び起こす；騒動[紛争]を引き起こす.

ne pas avoir inventé la poudre（火薬を発明したわけではない→)[話] あまり利口ではない.

se répandre comme une traînée de poudre〘うわさなどが〙どんどん広がる.

poudré, e /pudre/ 形 おしろいをつけた.

poudrer /pudre/ 他動 **❶** …におしろい[パウダー]をつける. **❷**[文章] …に粉をまぶす[まく]；を覆う.

— **se poudrer** 代動 おしろいをつける.

poudrerie /pudrəri/ 囡 火薬工場.

poudr*eux*, *euse* /pudrø, øːz/ 形 **❶ 粉のような，粉状の.** ▶ neige *poudreuse* 粉雪. **❷**[文章] ほこりだらけの. ▶ une route *poudreuse* ほこりっぽい道. — **poudreuse** 囡 粉雪.

poudrier /pudrije/ 男 コンパクト(化粧道具).

poudrière /pudrijɛːr/ 囡 **❶ 火薬庫. ❷**（戦争の）危険地帯，紛争地帯.

poudroiement /pudrwamɑ̃/ 男 [文章] **❶** ほこりが舞い上がること；（雪などが）粉のように舞い上がること. **❷**（雪などが光を受けて）きらめくこと.

poudroyer /pudrwaje/ 10 自動 [文章] **❶** ほこりを立てる，ほこりで覆われる；（ほこりのように）舞い上がる. ▶ un chemin qui *poudroie* au passage d'une voiture 車が通ってほこりの舞い上がる道. **❷**（光を受けて）きらめく. ▶ Le lac *poudroie*. 湖面がきらめく.

❸〘光が〙(空中に舞う)ほこりをきらめかす.

pouët-pouët /pwɛtpwɛt/ 間投 ププー，パパー（らっぱ，自転車のクラクションなどの音).

pouf[1] /puf/ 間投 ドスン，ドカン（墜落，破裂の音など).

faire pouf[話] 落ちる，転ぶ，倒れる(=tomber).

pouf[2] /puf/ 男 **❶** プーフ：19世紀後半に流行したクッションスツール. **❷** 椅子(*)代わりに使う厚いクッション.

pouffer /pufe/ 自動 (思わず)噴き出す.

pouillerie /pujri/ 囡 **❶** 赤貧；汚らしい場所[もの]. **❷**（集合的に）（極度の）貧民層.

pouilles /puj/ 囡複[古] 悪口，非難.

chanter pouilles à qn[文章] …を罵倒(*)する.

pouill*eux*, *euse* /pujø, øːz/ 形 **❶**[人，動物が] シラミだらけの，シラミのわいた. **❷ 極貧の；みじめな.** ▶ quartier *pouilleux* 貧民街.

— 名 **❶** シラミがたかっている人. **❷** 貧乏のどん底にいる人.

poujadisme /puʒadism/ 男 **❶** プジャード運動：プジャードが南仏の小売業者と始めた税制反対闘争に始まり，1954年右派政党に発展した大衆運動. **❷**（プチブルの行政機関に対する）偏狭な権力要求.

poulailler /pulaje/ 男 **❶** 鶏小屋. **❷**[俗] 天井桟敷；天井桟敷の観客.

poulain /pulɛ̃/ 男 **❶**（30か月までの，雄，雌の）若駒(饗)，子馬. **❷** 秘蔵っ子；新人.

*****poule** /pul/ プル 囡 **❶ 雌鶏(%)**（↔coq)**；雌鶏肉.** ▶ *poule* de Bresse ブレス地方産の雌鶏 / élever des *poules* 養鶏を営む / *poule* au riz 雌鶏の煮込みライス添え.

❷[俗] 妻；愛人. **❸**[俗] 尻軽(紫)女；売春婦. **❹**〖鳥類〗*poule* d'eau バン / *poule* faisane キジの雌. **❺**〖スポーツ〗リーグ戦，リーグ戦の組.

avoir la chair de poule 鳥肌が立つ.

donner la chair de poule à qn …を震え上がらせる.

ma (*petite*) *poule*《女性への呼びかけで》いとしいおまえ.

mère poule 過保護な母親.

poule aux œufs d'or（金の卵を生む鶏 →）たえ

ず富や利益をもたらすもの. ◆*tuer la poule aux œufs d'or* せっかちな欲張りから元も子もなくしてしまう.
poule mouillée 【話】臆病(ぴょう)者, 意気地なし.
quand les poules auront des dents（鶏に歯が生えるときにね→）【話】決して(…ない).
「*se coucher* [*se lever*] *comme* [*avec*] *les poules* 早寝［早起き］をする.
Une poule n'y retrouverait pas ses poussins.（雌鶏も自分の雛(ひな)を見つけられないだろう →）ひどくごった返している.

*poulet /pulɛ プレ/ 男 ❶（鶏の）雛(ひな), ひよこ; 若鶏(どり).
❷ 食肉用若鶏, ブロイラー. ▶ manger du *poulet* 鶏肉を食べる / aile [cuisse] de *poulet* 鶏の手羽肉［腿(もも)肉］/ blanc de *poulet* ささ身 / *poulet rôti* ローストチキン.
❸ 【話】mon (petit) *poulet*《男の子などへの呼びかけで》おまえ; 坊や.
❹ 【話】手紙; 恋文. ❺ 【俗】警官, お巡り.

poulette /pulɛt/ 女 ❶ 若い雌鶏(めん). ❷ 【話】若い女, 娘. ❸ 【話】《親しく呼びかけて》君. ▶ Ma *poulette*! ねえ, 君. ❹ 【料理】sauce (à la) *poulette* プーレットソース: 卵黄, バター, レモンなどで作るホワイトソース.

pouliche /puliʃ/ 女 若い雌馬.
poulie /puli/ 女 滑車, プーリー.
pouliner /puline/ 自動 [馬が] 子を産む, 分娩(ぶんべん)する.
poulinière /pulinjɛːr/ 形《女性形のみ》繁殖用の. ▶ une jument *poulinière* 繁殖用雌馬.
— 女 繁殖用雌馬.
poulot, otte /pulo, ɔt/ 名 【話】《愛情表現で》坊や; 嬢ちゃん.
poulpe /pulp/ 男 【動物】タコ.
pouls /pu/ 男 ❶ 脈搏(みゃくはく); 脈所. ▶ avoir un *pouls* rapide [lent] 脈が速い［遅い］/ accélération [élévation] du *pouls* 脈搏の高進 / chercher le *pouls* 脈を探す. ❷（物事の）指標, 目安.
prendre [*tâter*] *le pouls de qn/qc* (1) …の脈を取る. (2) …の意向を打診する; 動向を探る.

*poumon /pumɔ̃ プモン/ 男 ❶ 肺, 肺臓. ▶ faire une radio des *poumons* 肺のX線撮影をする / *poumon artificiel* [*d'acier*]【医学】鉄の肺（呼吸を人工的に保持するための大型金属製装置）. ❷ 酸素［活力］を与えるもの. ▶ *poumon* de la Terre 地球の肺（地球の酸素の源）/ *poumon économique* 経済活動の中心.
avoir 「*du poumon* [*des poumons, de bons poumons*］声量がある; 息切れしない.
chanter [*crier*] *à pleins poumons* 大声で歌う［叫ぶ］.
cracher ses poumons 【話】［結核患者が］多量に痰(たん)を吐く.
respirer [*aspirer*] *à pleins poumons* 深呼吸する.

poupard /pupaːr/ 男 丸々と太った赤ん坊.
poupe /pup/ 女 船尾 (↔proue).
avoir le vent en poupe (1)［船が］追い風に乗る. (2)［人, 活動などが］幸運に恵まれている.

*poupée /pupe プペ/ 女 ❶ 人形. ▶ *poupée* de chiffon 布の人形 / jouer à la *poupée* お人形で遊ぶ.
❷（おしゃれだが軽薄な）かわいい女; 【話】若い女, 娘.
❸【話】指の包帯; 包帯をした指. ▶ faire une *poupée* 指に包帯を巻く.
❹ マネキン人形.
de poupée (1) 人形の(ような). ▶ un visage *de poupée* 人形のような顔. (2) たいへん小さな. ▶ un jardin *de poupée* 猫の額ほどの庭.

poupin, ine /pupɛ̃, in/ 形〔顔が〕丸々として血色のよい;〔人が〕丸顔の, 童顔の.
poupon /pupɔ̃/ 男 ❶（まだ歩けない）赤ん坊, 赤ちゃん. ❷ ベビー人形.
pouponner /pupɔne/ 自動 ❶ 赤ん坊をあやす. ❷ よく妊娠する［子供ができる］.
pouponnière /pupɔnjɛːr/ 女（3歳未満の幼児を寄宿させる）乳児院.

:*pour* /puːr プル/ 前

《目的, 用途, 適性》…のために［の］.
《時間表現とともに》…に.
《関与》…のために.
《原因, 理由》…のために, のせいで.
《属性》…として.
《対比》…にしては.
<*pour* + 不定詞>…するために.
<*pour que* + 接続法>…するために.

■1《方向》…へ, …に.
❶《目的, 用途, 適性》…のために［の］. ▶ Il travaille *pour* son examen. 彼は試験のために勉強している / C'est *pour* vous. これはあなた(方)用［あて］です / sirop *pour* la toux 咳(せき)止めシロップ / film *pour* adultes 成人向き映画 / Il n'est pas fait *pour* le travail de bureau. 彼は事務系の仕事には向いていない / C'est bon *pour* la santé. それは健康によい /《副詞的に》Si tu veux arriver, il faut travailler *pour*. 【話】もし君が成功したいのであれば, そのために勉強しなければならない.

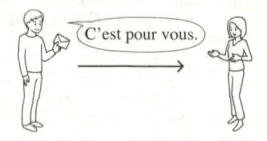

C'est pour vous.

◆*pour* + 不定詞 …するために. ▶ les formalités *pour* obtenir un visa ビザ取得の手続き / Il faut six heures *pour* aller à Paris. パリへ行くには6時間かかる / Je n'ai rien dit *pour* ne pas le blesser. 彼を傷つけないように何も言わなかった / *pour* ce faire そうするために / *Pour* quoi faire? = *Pour* faire quoi? 何をするためですか. 注 主文の動詞の目的語は不定詞の意味上の主語となりうる（例: Je l'ai choisi *pour* être votre guide. 私はあなた(方)の案内役に彼を選んだ).
◆*pour que* + 接続法 …するために. ▶ Il fait tout ce qu'il peut *pour que* tout le monde

soit content. みんなが満足するように，彼はできるだけのことをする．
◆ *pour* que ne pas + 接続法 = 話 *pour* (ne) pas que + 接続法 ▶ Il a mis une barrière *pour* que les enfants ne sortent pas. 彼は子供たちが出ていかないように柵(?)をした．
❷《対象》…に対する，対して．▶ Sa haine *pour* lui est étonnante. 彼に対するあの人の憎しみにはびっくりする / Il a du goût *pour* la musique. 彼は音楽が好きだ．
❸《賛成，支持》…に賛成して．▶ Vous êtes *pour* ou contre la peine de mort? あなた(方)は死刑に賛成ですか，反対ですか / La majorité s'est prononcée *pour* ce projet. 過半数がこの計画に賛成の態度を表明した /《省略的に》Je suis *pour*. 私は賛成だ．
❹《目的地》…へ向かって，…行きの．▶ partir *pour* la campagne 田舎へ出かける / prendre un train *pour* l'Italie イタリア行きの列車に乗る / s'embarquer *pour* New York ニューヨーク行き(の船[飛行機])に乗る / quitter la France *pour* les Etats-Unis フランスを去って米国へ行く．

partir pour la campagne

2《時間表現とともに》…に．
❶《予定の時期，期間》…の予定で；にわたって．注 他の前置詞とともに用いることができる．▶ Ce sera *pour* ce soir [la semaine prochaine]. それは今晩[来週]です /《C'est *pour* quand, ton départ? — *Pour* dans huit jours.》「君の出発はいつ」「1週間後だ」/ Alors, c'est *pour* aujourd'hui ou *pour* demain? いったいいつまで待たせるつもりなんだ / Il est parti *pour* longtemps. 彼は長期の予定で出発した / un contrat conclu *pour* une durée de cinq ans 向こう5年間の期限のある契約 / La réunion est prévue *pour* le 10 [dix] septembre. 集会は9月10日に予定されている．
❷《時期，機会》…に，のところは．▶ Viendras-tu *pour* Noël? クリスマスには来るかい / C'est tout *pour* aujourd'hui. 今日のところはこれでおしまいです / *pour* le moment 今のところ，さしあたり / *pour* une fois 一度だけ / *pour* une autre fois また別の機会に / *Pour* cette fois je vous pardonne; mais gare à la prochaine! 今度だけは許してやろう，だが次にはけっして許さないぞ．

3《形容詞，名詞などの明確化》…にとって；について．
❶《関与》…にとって．▶ C'est difficile *pour* moi. それは私には難しい / Elle est tout *pour* moi. 私にとって彼女はすべてだ．
❷《主題，観点》…に関して(は)，としては．▶ *Pour* les mathématiques, il est imbattable. 数学に関しては彼の右に出る者はいない / *Pour* moi, le projet n'est pas réalisable. 私の目から見れば計画は実現不可能だ / *Pour* la loi, il s'agit bel et bien d'une infraction. 法律的には違反になる．
❸《文脈で文の要素を強調》…と言えば．▶ *Pour* une malchance, c'est une malchance. 不運と言えばまったく不運だ / *Pour* être antipathique, il l'est vraiment. 感じが悪いと言えば，彼は本当にそうだ．
❹《表現の補足》《*pour* + 不定詞》…すれば．*pour* prendre un exemple 一例を挙げれば / *pour* en revenir à qc …に話を戻すと．◆*pour* ne pas dire + 形容詞[名詞] …だとは言わないが，とは言わないまでも．▶ Dès le second verre, il est gai *pour* ne pas dire gris. 2杯目から彼は陽気になってくる，ほろ酔いとまではいかないが．

4《因果関係》
❶《原因，理由》…のために，のせいで．▶ Il est célèbre *pour* ses découvertes médicales. 彼は医学上の発見で有名だ / C'est *pour* ça que tu n'es pas venu? 君が来なかったのはそのせいなのかい / Ne te mets pas en colère *pour* si peu. そんなつまらないことで怒るなよ．◆*pour* + 無冠詞名詞 ▶ Il est absent *pour* maladie. 彼は病気で欠席だ / La maison est fermée *pour* réparations. 改装工事のため休業いたします / Il a eu une amende *pour* excès de vitesse. 彼はスピード違反で罰金刑を受けた．◆*pour* + 不定詞複合形 ▶ Il a été puni *pour* avoir menti. 彼はうそをついたので罰を受けた．
❷《結果》…なことに．▶ *Pour* son malheur, il n'a pas vu le passant qui traversait. 不幸なことに彼には横断中の歩行者が見えなかった．
❸《適合》…であるのに…；…なので，それで…．注 assez, trop とともに用いる．▶ Pierre est assez grand *pour* comprendre cela. ピエールは大きくなったのでそのことが理解できる / C'est trop beau *pour* être vrai. それは話がうますぎて本当とは思えない．◆*pour* que + 接続法 ▶ Le village est trop loin *pour* qu'elle puisse y aller à pied. その村は遠すぎて彼女は歩いては行けない．
❹《判断の理由》…である，であるからには．▶ Qu'est-ce qu'il est impoli *pour* oser vous parler sur ce ton! あなた(方)にあんな口の利き方をするとは彼は何と失礼なのでしょう．
❺《文章《継起》《*pour* + 不定詞》そして…，それから…．▶ Il est parti *pour* ne plus revenir. 彼は立ち去って二度と戻ってこなかった．

5《等価，対応関係》
❶《属性》…として．注 多く主語または目的語の属詞として用いられ，*pour* のあとの名詞は一般に無冠詞．▶ avoir *pour* conséquence qc 結果として…となる / passer *pour* intelligent 頭がよいと思われている / prendre qn *pour* femme …を妻にする / Je le tiens *pour* avare. 彼はけちだと思う / Je l'ai pris *pour* son frère. 彼をお兄さん[弟]と間違えた．
❷《代理》…の代わりに，を代表して(=à la place de qn). ▶ Ne réponds pas *pour* lui. 彼の代返をするなよ / payer *pour* qn …の分を代わりに支払う．
❸《交換，代価》…と交換に，の埋め合わせとして．

▶ prendre un mot *pour* un autre ある言葉を別の言葉と取り違える / Il a changé sa moto *pour* une voiture. 彼はオートバイを手放して車を手に入れた / Il l'a eu *pour* cinq cents euros. 彼はそれを500ユーロで手に入れた.

❹《相当》〈*pour* + 数量表現〉…分，…相当. ▶ L'augmentation des salaires contribuera *pour* 0,2% [zéro virgule deux pour cent] à l'inflation. 賃金の上昇が0.2パーセントのインフレ要因になろう. ◆*pour* + 数量表現 + de + 無冠詞名詞…相当の. ▶ acheter *pour* trois euros de cerises さくらんぼを3ユーロ分だけ買う.

❺《割合》…につき，…に対して. ▶ Ma fille pèse une trentaine de kilos *pour* 1,3 [un virgule trois] mètres. 私の娘は身長1.3メートルで体重が約30キロです / dix *pour* cent 10パーセント.

❻《同一名詞を反復して正確な符合を表わす》まったく同じ…で[に]. ▶ C'est mot *pour* mot qu'il a dit. それは一語一語，彼が言った言葉そのままです / Il y a tout juste un an, jour *pour* jour. ちょうど1年前の今日になる / Elle lui ressemble trait *pour* trait. 彼女はあの人にうり二つだ.

❼《同一語を反復して選択を表わす》同じ[どうせ]…なら. ▶ Partir *pour* partir, je préfère aller à l'étranger. どうせどこかに行くなら外国の方がいい / Démission *pour* démission, autant démissionner tout de suite. どうせ辞職するならぐに辞職したい.

❽《対比》…にしては，のわりには. ▶ Il est petit *pour* son âge. 彼は年のわりには小柄だ / Il fait froid *pour* la saison. この季節にしては寒い / *Pour* un Anglais, il parle bien le français. 彼はイギリス人にしてはフランス語を上手に話す.

❻《譲歩》
❶ 文章〈*pour* (si) + 形容詞[副詞] + que + 接続法〉いかに…であろうと. ▶ *Pour* surprenant qu'elle soit, cette histoire n'en est pas moins vraie. いかに意外であろうと，その話はやはり本当である.

❷〈*pour* + 不定詞〉…ではあるが. ▶ *Pour* être pauvre, il n'en est pas moins fier. 彼は貧しいけれども誇り高い.

avoir pour soi *qc* …を長所[美点]とする. ▶ Elle *a pour* elle de magnifiques yeux bleus. 見事な青い目が彼女を引き立てている.

C'est fait pour. そのためにあるのです. ▶ «Je peux écrire là-dessus ? — Oui, *c'est fait pour*.» 「ここに書いてもいいですか」「ええ，そのためにこれあるんです」

en être pour *qc* …の代償に何も得ない. ▶ *en être pour* ʼses frais [son argent] 金を払っただけで何も手に入らない，損をする / *en être pour* sa peine 骨折り損のくたびれもうけである.

être pour beaucoup [***quelque chose***] ***dans*** *qc* …に大いに[なんらかの]関係がある. ▶ Il *est pour beaucoup dans* le succès de la pièce. この芝居の成功は彼の力によるところが大きい.

ne pas être pour + 不定詞 文章 …できない，す

るようなものではない. ▶ Cet échec *n'est pas pour* nous décourager. この失敗は我々を落胆させるほどのものではない.

pour ce qui est de *qn/qc* …に関しては. ▶ *Pour ce qui est de* mon projet de voyage en France, je suis obligé de l'annuler. 私のフランスに旅行に出かける計画については，中止せざるを得ない.

── 副 賛成して. ▶ Je suis *pour*. 私は賛成です.

── 男《単複同形》賛成，可；利点，長所. ▶ le *pour* et le contre 賛成と反対，可否；長短 / discuter le *pour* et le contre 賛否[長短]を論じる.

pourboire /purbwa:r/ 男 チップ. ▶ donner un *pourboire* au garçon de café 喫茶店のボーイにチップをやる.

pourceau /purso/;《複》✗ 男 文章 ❶ 豚. ❷ 不潔な人；大食漢. ❸ 道楽者.

*****pourcentage** /pursɑ̃ta:ʒ/ プルサンタージュ/ 男
❶ パーセンテージ，百分率. ▶ Le *pourcentage* de travailleurs agricoles dans ce pays est de 2,8% [deux virgule huit pour cent]. この国の農業労働者の割合は2.8パーセントである / Un fort *pourcentage* de l'électorat a voté pour lui. 有権者の大部分が彼に票を投じた / *pourcentage* de réussite 成功[合格]率.

❷ 歩合. ▶ travailler [être payé] au *pourcentage* 歩合給で働く[給料をもらう] / toucher un *pourcentage* sur les bénéfices 利益に応じた歩合金を受け取る.

pourchasser /purʃase/ 他動 ❶ …を(捕らえようと)執拗(とぢ)に追う，追い回す；追い求める. ▶ *pourchasser* un criminel 犯人を追いかける / *pourchasser* l'argent 金銭を追い求める.

── **se pourchasser** 代動 追いかけ合う.

pourfendeur /purfɑ̃dœ:r/ 男 文章 激しく非難[攻撃]する人.

pourfendre /purfɑ̃:dr/ 58 他動《過去分詞 pourfendu, 現在分詞 pourfendant》文章 /《ふざけて》…を激しく非難する，徹底的に攻撃する.

se pourlécher /s(ə)purleʃe/ 代動《御馳走(ごち)の前後に》舌なめずりをする，唇をなめ回す.

pourparler /purparle/ 男《多く複数で》交渉，折衝. ▶ être [entrer] en *pourparlers* avec qn …と交渉中である[交渉に入る].

pourpre /purpr/ 形 赤紫色の，緋(ひ)色の.

── 男 赤紫色，紫がかった紅，緋色. ▶ Son visage devint *pourpre*. 彼(女)の顔が赤くなった.

── 女 ❶ 赤紫[古代紫]染料：古代地中海人が貝から抽出して用いた. ❷ 文章 真紅. ❸ 文章《富や権威の象徴とされた》真紅の布[衣]. ❹《カトリック》枢機卿(ぷ)の位 (=*pourpre* romaine).

pourpré, e /purpre/ 形 文章 真紅の，緋(ひ)色の.

*****pourquoi** /purkwa/ プルクワ/ 副《疑問》なぜ，どうして，なんのために.

❶《直接疑問》▶ «*Pourquoi* êtes-vous arrivé en retard ? — Parce qu'il y a un terrible embouteillage.» 「どうして遅れたんですか」「ひどい渋滞だったから」/ «*Pourquoi* mets-tu ton manteau ? — Pour me réchauffer.» 「なぜコートを着るの」「暖かくしていたいから」/ *Pourquoi* ce

poursuivre

livre est-il déchiré? なぜこの本は破れているのですか / Pourquoi veux-tu que j'y aille? なぜ私にそこへ行ってほしいの? / Et pourquoi? ではどうして / Mais pourquoi? それはまたどうして. ◆ Pourquoi est-ce que + 直説法? 話 Pourquoi est-ce que tu dis ça? どうして君はそんなことを言うの. ◆pourquoi + 名詞[形容詞] ▶ Pourquoi une telle indifférence? なぜこうも無関心なのか.
❷〖間接疑問〗 ▶ Je ne comprends pas pourquoi tu es fâché contre moi. どうして君が私に腹を立てているのか分からない / J'ignore pourquoi elle pleure. 彼女がなんで泣いているのか知りません / Il est venu, je ne sais pourquoi. 彼は来たが、そのわけは分からない / On ne sait trop pourquoi. それはあまりよく分からない / sans demander pourquoi わけも聞かずに / Elle me demande pourquoi est-ce qu'on ne me voit plus. 話 どうしてもう私に会えないのかと彼女は私に聞く.
❸ <pourquoi + 不定詞>〖反語的に〗…してなんになるのか、なぜ…するのか. ▶ Mais pourquoi pleurer? なんだって泣くんだい / Pourquoi donc me donner de semblables conseils? そんな忠告をしてもらっていったいなんの役に立つのでしょうか.
*C'est pourquoi + 直説法. それゆえに…、だから…. ▶ Il fait trop froid; c'est pourquoi je ne veux pas sortir. 寒すぎる、だから外に出たくないのだ.
Il faut que ça marche ou que ça dise pourquoi. 何が何でもうまくやらなければいけない.
le pourquoi du comment＝le comment du pourquoi 話 そのわけ、理由.
*pourquoi pas? もちろん(どうしてそうでないわけがあろう). ▶ «J'ai deux billets pour le concert de ce soir, vous venez?—Pourquoi pas?»「今夜のコンサートのチケットを2枚持っているのですが、いらしゃいますか」「もちろん」.
*voilà [voici] pourquoi 以上[以下]の理由で. ▶ Voilà pourquoi elle est partie sans me dire au revoir. こんなわけで彼女は私にさよならも言わずに行ってしまったのです / Le fait est que je suis obligé d'y aller, et voici pourquoi. 実際は私がそこへ行かざるを得ないということで、そのわけは次のとおりだ.
— 男〖単複同形〗❶ 原因、理由、動機. ▶ Il m'a expliqué le pourquoi et le comment. 彼はなぜ、どうしてか[理由と事情]を私に説明した / le pourquoi de son comportement 彼(女)の行動の理由.
❷ なぜという質問. ▶ Les pourquoi des enfants sont souvent embarrassants. 子供たちのなぜという質問にはときにうんざりする.

pourr- 活用 ⇨ POUVOIR¹ 48

pourri, e /puri/ 形 (pourrir の過去分詞) ❶ 腐った、腐敗した、朽ちた. ▶ fruits pourris 腐った果物. ❷〖人が〗堕落した；〖子供が〗(甘やかされて)駄目になった. ▶ régime pourri 腐敗した政体 / un enfant pourri 甘やかされた子供. ❸〖気候などが〗じめじめした；ぐずついた. ▶ un été pourri 雨の多い夏. ❹ ぼろぼろに砕けた、風化した.

être pourri de + 無冠詞名詞 話 …がいっぱいある、腐るほどある. ▶ Il *est pourri de* fric. やつは腐るほど金を持っている.
— **pourri** 男 腐ったもの、腐った部分. ▶ sentir le *pourri* 腐ったにおいがする.

pourriel /purjɛl/ 男 迷惑メール、スパム.
pourriez /pu(r)rje/, **pourrions** /pu(r)rjɔ̃/ 活用 ⇨ POUVOIR¹ 48
***pourrir** /puri:r プリール/ 自動 ❶ 腐る、腐敗する、朽ちる. ❷〖情勢などが〗悪化する. ▶ La situation politique *pourrit*. 政治状況は悪化している / Le gouvernement laisse *pourrir* la grève. 政府はストを放置して自滅するのを待っている.
❸ 話〖人が〗(悪い環境、状態に)長くとどまる、くすぶる. ▶ *pourrir* dans la misère 貧苦のどん底で苦しむ.
— 他動 ❶ …を腐らせる、腐敗させる. ❷ …を堕落させる；〖子供〗を(甘やかして)駄目にする. ▶ L'argent l'*a pourri*. 金が彼を堕落させた. ❸〖情勢など〗を悪化させる.
— **se pourrir** 代動 ❶ 腐る、腐敗する.
❷〖情勢などが〗悪化する.

pourrissant, ante /purisɑ̃, ɑ̃:t/ 形 ❶ 腐りかけた. ❷〖状況が〗悪化しつつある.
pourrissement /purismɑ̃/ 男 ❶ 腐敗、腐食. ❷ (情勢などの)悪化、深刻化.
pourriture /purity:r/ 女 ❶ 腐敗. ▶ odeur de *pourriture* 腐敗臭. ❷ 腐ったもの、腐敗した部分. ▶ une répugnante *pourriture* 胸の悪くなるような腐敗物. ❸ (精神的、社会的)腐敗、堕落. ▶ la *pourriture* d'un régime politique 政治体制の腐敗. ❹〖ののしって〗腐ったやつ、下劣なやつ. ❺〖農業〗腐敗病.
pourrons, pourront /pu(r)rɔ̃/ 活用 ⇨ POUVOIR¹ 48
poursuis, poursuit /pursɥi/ 活用 ⇨ POURSUIVRE 63
***poursuite** /pursɥit プルスュイット/ 女 ❶ 追跡；追求. ▶ la *poursuite* de la vérité 真実の追求 / jeux de *poursuite* 鬼ごっこ / radar de *poursuite* 追跡レーダー / être [se mettre] à la *poursuite* de qn …を追跡中である.
❷ 継続、続行. ▶ la *poursuite* des négociations 交渉の継続.
❸〖法律〗訴追、起訴. ▶ acte de *poursuite* 訴追行為 / engager des *poursuites* contre qn …を起訴する.
❹〖多く複数で〗(異性を)追い回すこと、口説き.
❺〖自転車〗追い抜き競走.
poursuivant, ante /pursɥivɑ̃, ɑ̃:t/ 名 ❶ 追跡者、追っ手. ▶ Le malfaiteur a échappé à ses *poursuivants*. 賊は追っ手を振り切った.
❷〖法律〗(手続きの)追行者；原告.
***poursuivre** /pursɥi:vr プルスュイーヴル/ 63 他動

過去分詞 poursuivi	現在分詞 poursuivant
直説法現在 je poursuis	nous poursuivons
tu poursuis	vous poursuivez
il poursuit	ils poursuivent

pourtant

❶ …を追う, 追跡する. ▶ *poursuivre* un fugitif 逃亡者を追う / Il *est poursuivi* par ses créanciers. 彼は借金取りに追いかけ回されている.
❷ …を追求する, の実現に努める. ▶ *poursuivre* son intérêt 利益を追求する / *poursuivre* ses desseins 計画の実現を図る.
❸〔活動, 行為〕を続行する, 継続する;〔話〕を続ける. ▶ *poursuivre* ses études 学業を続ける / 〔目的語なしに〕*Poursuivez*, cela m'intéresse! 話を続けてください, おもしろいから.
❹ …を訴える;《法律》訴追する. ▶ *poursuivre* qn「au civil [au pénal] …に対し民事［刑事］訴訟を起こす / *être poursuivi* en justice pour vol 窃盗罪で起訴される.
❺ …を悩ませる; につきまとう. ▶ Cette idée me *poursuit* depuis hier. その考えは昨日から頭にこびりついて離れない.
❻〈*poursuivre* qn de qc〉…を…で責め立てる. ▶ *poursuivre* qn de sa haine …をいつまでも憎み続ける.
❼〔異性〕に言い寄る, を追い回す.
— **se poursuivre** 代動 ❶ 追いかけ合う. ❷ 続けられる, 続く. ▶ La discussion *se poursuivit* très tard. 討論は遅くまで続いた.

***pourtant** /purtɑ̃/ ブルタン 副 しかしながら, それでも, にもかかわらず. ▶ Il n'a pas compris ce qu'on lui disait, *pourtant* il est intelligent. 彼は言われたことが分からなかった, 頭がいいのに / Elle n'est *pourtant* pas idiote. それでも彼女はばかではない. ◆ et *pourtant* だが, しかし. ▶ Il n'avait pas révisé et *pourtant* il a réussi. 彼は復習をしなかったが, それでも合格した / Il est difficile, et *pourtant* important de dire la vérité. 真実を語るのは困難だが大事なことだ. ◆ mais *pourtant* それでいながら. ▶ un voyage coûteux mais *pourtant* utile 金はかかるが有益な旅行.

pourtour /purtu:r/ 男 ❶ 周囲(の長さ). ▶ un jardin qui a cent mètres de *pourtour* 周囲100メートルの庭.
❷ 周辺. ▶ sur le *pourtour* de qc …の周りに, 周辺に.

pourvoi /purvwa/ 男《法律》上告, 抗告. ▶ *pourvoi* en cassation 上告 / *pourvoi* en grâce 恩赦請願.

pourvoie, pourvoient, pourvoies /purvwa/ 活用 ⇨ POURVOIR 33

pourvoir /purvwa:r/ 33

過去分詞 pourvu	現在分詞 pourvoyant
直説法現在 je pourvois	nous pourvoyons
tu pourvois	vous pourvoyez
il pourvoit	ils pourvoient

他動 ❶〈*pourvoir* qn de qc〉…に(必要, 有益なもの)を供給する. ▶ Son père le *pourvoira* d'une recommandation. 父親は彼に推薦状を持たせてやるつもりだ / La nature l'*a pourvu* de grandes qualités. 自然は彼に優れた資質を与えた. ❷〈*pourvoir* A de B〉A に B をつける, 装備する. ▶ *pourvoir* une voiture d'équipements spéciaux 車に特別仕様を施す.
— 間他動〈*pourvoir* à qc〉❶ …の必要を満たす, 仕事を引き受ける. ▶ *pourvoir* à l'entretien de la famille 一家の生計を賄う / *pourvoir* au nettoiement de la rue 道路掃除を引き受ける.
❷〔地位, 職〕に人材を供給する.
— **se pourvoir** 代動 ❶〈*se pourvoir* de qc〉…を準備する, 用意する. ▶ *se pourvoir* de provisions pour le voyage 旅行に必要な食糧品を準備する.
❷《法律》上訴する. ▶ *se pourvoir* en cassation 破毀(棄)を申し立てる.

pourvoi(棄), pourvoit /purvwa/ 活用 ⇨ POURVOIR 33

pourvoy- 活用 ⇨ POURVOIR 33

pourvoyeur, euse /purvwajœ:r, ø:z/ 名 ❶ 供給者. ▶ un *pourvoyeur* de drogue 麻薬密売人. ❷ 供給源. ▶ La misère est une *pourvoyeuse* de crimes. 貧困は犯罪の温床である. ❸《軍事》弾薬手.

pourvu, e /purvy/ 形 (pourvoir の過去分詞) ❶〈*pourvu* de qc/qn〉…を持っている, …に恵まれた. ▶ une maison *pourvue* de toutes les commodités あらゆる設備を備えた家 / Cet écrivain est *pourvu* d'imagination. その作家は想像力に恵まれている. ❷ 金持ちの. ❸〔地位, 職が〕ふさがった.

pourvu-, pourvû-, pourvuss- 活用 ⇨ POURVOIR 33

pourvu que /purvyk/ 接句〈*pourvu que* + 接続法〉❶ …さえすれば, …であれば. ▶ *Pourvu qu*'il arrive au but, le reste est peu de chose. 彼が目的を達しさえすれば, あとはどうでも構わない.
❷《独立節で》…であればよいのだが. ▶ *Pourvu qu*'il fasse beau demain. 明日晴れてくれればいいのだが / *Pourvu qu*'il ait reçu ma lettre! 彼が私の手紙を受け取っているといいのだが.

poussage /pusa:ʒ/ 男《1隻の動力船での》連結平底船後押し航法.

poussah /pusa/ 男 ❶ 起き上がりこぼし. ❷《ぶよぶよ》太った小男.

pousse /pus/ 女 ❶《植物の》発生, 発芽;《歯, 髪などが》生えること. ▶ la *pousse* des cheveux 育毛. ❷ 新芽, 若枝. ▶ *pousse* de bambou タケノコ. ❸ jeune *pousse* 新芽;設立間もない企業, スタートアップ.

poussé, e /puse/ 形 ❶ 押された;駆り立てられた. ▶ une affection *poussée* jusqu'à l'aveuglement 盲愛にまで達した愛情. ❷ 高い水準に達した;入念な. ▶ une informatisation très *poussée* 高度のコンピュータ化. ❸ 度を越した. ▶ une plaisanterie un peu *poussée* 度の過ぎる冗談. ❹ 成長した, 伸びた, 生えた.

pousse-café /puskafe/ 男《単複同形》話《コーヒーのあとに飲む》食後のリキュール.

poussée /puse/ 女 ❶ 押し;圧力. ▶ D'une *poussée*, il m'a fait tomber. ひと押しで彼は私を倒した / Sous la *poussée* des eaux, le barrage a cédé. 水圧で堰(ぜき)は切れた.

❷ 勃興(ぼう), 高まり; 急増. ▶ une *poussée* de sentiments nationalistes 国家主義意識の高揚 / une *poussée* des prix 物価の急騰.

❸ (病気の)激発. ▶ une *poussée* de fièvre 急な発熱. ❹ (ジェットエンジンなどの)推力. ❺〖物理〗*poussée* d'Archimède 浮力.

***pousser** /puse プセ/ 他動 ❶ …を押す. ▶ *pousser* la porte ドアを押す / *pousser* qn par les épaules …の肩を押す / *pousser* qn du coude (注意を促すために)…をひじで押す /《目的語なしに》Ne *poussez* pas, il y a de la place pour tout le monde. 押さないでください, みんな座れ[入れ]ますから.

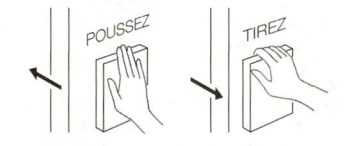

POUSSEZ　TIREZ

❷〈*pousser* qn/qc (＋場所)〉…を(…へと)押しやる; 追い込てる. ▶ *pousser* ses affaires dans un coin 身の回り品を隅に押しやる / *pousser* la chaise contre le mur 椅子(いす)を壁際に押しつける.

❸ …を推進する, 押し進める. ▶ *pousser* plus loin l'exploration 探究をさらに進める / Il ne faut pas *pousser* la plaisanterie trop loin. 冗談は度を越してはならない. ◆ *pousser* qc (jusqu')à qc/不定詞 …を…にまで押し進める. ▶ *pousser* un travail à la perfection 仕事を完璧(かんぺき)なものにする / Il a *poussé* la gentillesse jusqu'à me guider. 彼は実に親切なことに道案内までしてくれた.

❹〈*pousser* qn (à qc/不定詞)〉…を(…へと)駆り立てる. ▶ *pousser* qn au désespoir …を絶望に追いやる / C'est la curiosité qui l'*a poussé* à agir ainsi. このような行動に彼を駆り立てたのは好奇心である /《目的語なしに》Dans ce café, on *pousse* à la consommation. このカフェでは客が金を使うようにしむけている.

❺〔声〕を発する; 話〔歌〕を歌う. ▶ *pousser* un cri 叫び声を上げる / *pousser* un soupir ため息をつく.

❻ …の勢いを強める. ▶ *pousser* un moteur エンジンをフル回転させる / *pousser* le feu 火勢を強める.

❼〔人〕の後押しをする. ▶ *pousser* un candidat ある候補者を後押しする / *pousser* un élève 生徒に勉強させる [の学力を伸ばす].

❽話〔植物が枝などを伸ばす;〔人が歯など〕を生やす. ▶ bébé qui *pousse* ses dents 歯が生え始めた赤ん坊.

(*à la*) *va comme je te pousse* 話 いいかげんに, ぞんざいに. ● Ce travail a été fait *à la va comme je te pousse*. この仕事はいいかげんにやってある.

en pousser une 話 1曲歌う.

pousser les choses au noir 物事を悲観的に見る, 暗い方へと考える.

pousser qn à bout (1) …を窮地に追い込む. (2) …をかんかんに怒らせる.

pousser qn en avant …を目立たせる, 引き立たせる; 矢面に立たせる.

pousser son avantage 有利な立場を生かす.

— 間他動〈*pousser* sur [contre] qc〉…を強く押す. ▶ *pousser* sur [contre] la porte de toutes ses forces ドアを力いっぱい押す.

— 自動 ❶ …を育つ, 伸びる. ❷ 成長する. ▶ L'herbe *a* beaucoup *poussé*. 草がたくさん生えた / Les bananes *poussent* dans les régions tropicales. バナナは熱帯地方で生長する / faire *pousser* des légumes 野菜を栽培する / Sa barbe *pousse* très vite. 彼のひげは伸びがとても早い / Elle laisse *pousser* ses ongles. 彼女は爪を伸ばしている / En ce moment, mon fils *pousse* terriblement. 話 今, 息子は育ち盛りだ.

❷《plus loin, jusqu'à とともに》行く, 進む. ▶ *pousser* plus loin さらに先へ進む / Poussons jusqu'au prochain village. 次の村まで行こう.

❸〔町などが〕発展する, 大きくなる;〔家々が〕次々と増える. ▶ La ville *a poussé* comme un champignon. 町は急速に大きくなった.

❹ (分娩(ぶんべん), 排便時に)力む.

❺ 話 度を過ごす, 行きすぎる (=exagérer). ▶ Faut pas *pousser*! やりすぎ[言いすぎ]はいけない.

pousser à la roue (車輪を押す→) (1) (成功するように)後押しする, 援助する. (2) 事態[状況]を進展させる.

— **se pousser** 代動 ❶ 場所を空ける, 詰める. ▶ Pousse-toi, laisse-moi passer. そこをのいて私を通してくれ. ❷ 出世する, のし上がる. ❸ 押し合う.

se pousser du col 話 威張る, 大きな顔をする, 鼻高々である.

poussette /pusɛt/ 囡 ❶ (折り畳み式の)ベビーカー, バギー; ショッピングカート. ❷ 話 (渋滞時の)のろのろ運転.

pousseur /pusœːr/ 男 ❶ 押し船. ❷〖宇宙航行〗ブースター, 補助推進装置.

poussier /pusje/ 男 ❶ 粉炭; 炭塵(じん). ❷ (わら, 干し草などの)くず.

***poussière** /pusjɛːr プスィエール/ 囡 ❶ ちり, ほこり. ▶ Le vent soulève des tourbillons de *poussière*. 風が土ぼこりを巻き上げる / [essuyer] la *poussière* ほこりを取る[ぬぐう] / pelle [chiffon] à *poussière* ちり取り[からぶき用の雑巾(ぞうきん)] / avoir une *poussière* dans l'œil 目にごみが入る / plancher couvert de *poussière* ほこりを被った床.

❷ 粉塵(ふんじん), 微粒子. ▶ *poussières* radioactives 放射性塵 / *poussière* cosmique 宇宙塵.

❸〈une *poussière* de ＋ 無冠詞複数名詞〉無数の…. ▶ La voie lactée est une *poussière* d'étoiles. 銀河は無数の星くずの集まりである.

❹〈une *poussière*〉ごくわずか, 取るに足りないもの. ❺ 文章 亡骸(なきがら).

et des poussières (端数を示して)…とほんの少々. mille euros *et des poussières* 1000ユーロと少々.

mordre la poussière 地面に投げ倒される; 一敗

poussiéreux

地にまみれる.
réduire [mettre] qc en poussière …を粉々にする, 粉砕する, 壊滅させる.
tomber en poussière ぼろぼろになる, 風化する.
poussiéreux, euse /pusjerø, ø:z/ 形 ❶ ほこりっぽい, ほこりをかぶった. ❷ くすんだ灰色の. ❸ 古ぼけた, 時代遅れの.
poussif, ive /pusif, i:v/ 形 ❶ 息切れのする; 〔機械などが〕あえぐような, 不調の. ❷〔作品などが〕精彩のない; 苦し惨憺(さんたん)の.
poussin /pusɛ̃/ 男 ❶ 雛(ひな), ひよこ. ❷《愛情表現で》ちびちゃん. ▶ Allons, il faut rentrer, mes *poussins*. さあ, おちびちゃんたち, もう帰らなきゃいけないよ.
poussivement /pusivmɑ̃/ 副 息を切らして, あえぎながら; やっとのことで.
poussoir /puswa:r/ 男 (ベル, 目覚まし時計などの)押しボタン.
*****poutre** /putr/ ブトル/ 女 ❶ 梁(はり), 桁(けた), ビーム. ▶ plafond aux *poutres* apparentes 梁がむき出しになった天井 / une maîtresse *poutre* 大梁 / une *poutre* roulante 天井走行クレーン. ❷ 〖体操〗平均台.
C'est la paille et la poutre. 自分の欠点には気づかず, 他人の些細(ささい)な欠点を言い立てる人だ.
Il voit la paille dans l'œil du voisin et ne voit pas la poutre dans le sien. 他人の小さな欠点ばかり見て自分の大きな欠点に気づかない.
poutrelle /putrɛl/ 女 〖建築〗小梁(こばり).

:**pouvoir**¹ /puvwa:r/ プヴォワール/ 48 他動

過去分詞 pu	現在分詞 pouvant
直説法現在 je peux [puis]	nous pouvons
tu peux	vous pouvez
il peut	ils peuvent
複合過去 j'ai pu	
単純未来 je pourrai	半過去 je pouvais
接続法現在 je puisse	単純過去 je pus

《直説法現在で1人称単数は普通 je peux を用い, je puis は古語または文章語. ただし倒置形は常に puis-je を用いる》

❶《*pouvoir* + 不定詞》注 否定のとき文章語では pas を省略することがある. ❶《能力, 可能》…できる. ▶ Je *peux* vous aider. 私はあなたを手伝うことができる / Ce vieillard ne *peut* pas marcher. その老人は歩くことができない / Cette voiture *peut* faire du 250km/h [deux cent cinquante kilomètres par heure]. その車は時速250キロを出せる / Je n'*ai pas pu* prendre le train de dix heures. 10時の列車には乗れなかった.

❷《許可, 権利》…してもよい, が許される. ▶ *Puis*-je fumer? たばこを吸ってもいいですか / Est-ce que je *pourrais* vous parler un moment? 少々お話ししたいことがあるのですがよろしいでしょうか(注 条件法は丁寧な表現) / Vous *pouvez* entrer sans frapper. ノックせずに入ってよろしい / Vous ne *pouvez* pas prendre l'alcool. アルコールを飲んではいけません / si on *peut* dire そう言ってよければ, 言うならば.

❸《推測, 可能性》…かもしれない, でありうる. ▶ Cet état de choses *peut* durer encore longtemps. この事態は当分続くかもしれない / Il *a pu* se suicider. = Il *peut* s'être suicidé. 彼は自殺したのかもしれない / Elle *pouvait* avoir dépassé le cap de la cinquantaine. 彼女は50の坂を越えていた可能性がある / Il *peut* se tromper lui aussi. 彼だって間違えることはある / Ça ne *peut* pas être vrai. それが本当であるはずがない / 《非人称構文で》Il *peut* y avoir grève. ストライキがあるかもしれない.

❹《疑問文で; 依頼》…してくれますか. ▶ Tu *peux* me prêter de l'argent? お金を貸してくれるかい / *Pourriez*-vous me donner un verre d'eau? 水を1杯いただけますか(注 条件法は丁寧な表現).

❺《疑問文で; 当惑, いらだちなど》いったいぜんたい…. ▶ Où est-ce que j'*ai* bien *pu* mettre mes lunettes? めがねをいったいどこに置いたかなあ / Comment *pouvez*-vous dire une chose pareille? どうしてそんな大それたことが言えるのですか.

❻《感嘆文で; 驚き, 憤慨などの強調》なんとまあ…. ▶ Comment ils *peuvent* être bruyants! 彼らはなんて騒々しいんだろう / Qu'est-ce qu'il '*a pu* [n'*a pas pu*] tonner! いやはや雷鳴のすごかったこととくれば.

❼《*pouvoir* bien [toujours] + 不定詞》《譲歩》…してもよい(けれど…). ▶ Tu *peux* toujours aller le voir, mais je ne garantis pas qu'il *puisse* t'aider. 彼に会いに行くなら行ってもいいけど, 助けてくれるかどうかは保証しない / Il *peut* bien essayer, mais il n'est pas sûr que ça marche. 彼がやってみるのはいいが, うまくいくかどうかは分からない.

❽《提言, 示唆》…するとよい. ▶ Si le blessé vomit, on *peut* lui mettre la tête sur le côté. けが人が吐くような場合には, 頭を横にしてやってください / Il *aurait pu* me dire ça plus tôt! 彼がもっと早く私にそれを言ってくれていたらよかったのに.

❾ 文章《接続法の倒置文で; 願望》…でありますように. ▶ *Puissiez*-vous réussir! 成功されますように / *Puisse* le ciel nous être favorable! 天が我々に味方しますように.

❷《不定詞を伴わずに》…できる. ❶《文脈から推測できる不定詞の省略》(1)《既出の動詞の反復を避けて》▶ «*Est*-ce que je *peux* aller au cinéma? —Oui, tu *peux*.» 「映画に行ってもいい?」「うん,(行っても)いいよ」/ Je *peux*? (許可を求めて)いいですか / Je fais tout ce que je *peux*. できるだけのことはします / Ils se débrouillent comme ils *peuvent*. 彼らは彼らなりになんとかやっている / Il a employé tous les moyens qu'il *a pu* pour la convaincre. 彼は彼女を説得するために使える手段はすべて使った(注 過去分詞 pu は不変). (2)《既出の動詞を中性代名詞 le で受けて》▶ Résistez, si vous le *pouvez*. 抵抗できるものならしてみなさい.

❷《不定詞 faire を省略したと見なされる表現で, 多く不定代名詞または beaucoup などとともに》

Tu *peux* ce que tu veux. あなたはしたいことをしてよい / Vous *pouvez* beaucoup pour m'aider. (私を助けるためにあなた(方)は多くのことができる→) 手伝っていただければたいへん助かります / Qu'y puis-je? (そのことについて)私に何ができようか.

Il peut arriver [Il peut se faire] que + [接続法]. 《非人称構文で》…かもしれない. ▶ *Il peut arriver que* l'avenir ne soit pas meilleur. 未来が今よりよくならないということもありうる.

*__n'en pouvoir plus__ (1) (疲労, 苦痛, いらだちなどで)精根尽き果てる, へとへとである. ▶ Je suis crevé! Je *n'en peux plus*! 私は疲れ果てた, もう駄目だ / Il *n'en peut plus* de douleur. 彼は苦痛で参っている. (2) (満腹で)これ以上は食べられない. (3)〖物が〗くたびれて使えない.

ne pas pouvoir ne pas + [不定詞] …せざるを得ない. ▶ Je *ne peux pas ne pas* penser à mon père, quand j'écoute cette musique. この音楽を聴くとどうしても父のことを思い出す.

*__n'y pouvoir rien__ どうにもできない. ▶ On *n'y peut rien*. お手上げだ.

on ne peut mieux このうえなくよく [よい], 完璧(%)に[な]. ▶ Il va *on ne peut mieux*. 彼はこのうえなく元気だ.

on ne peut moins + 形容詞［副詞］全然…でない [なく]. ▶ Il est *on ne peut moins* poli. 彼は無作法極まる.

on ne peut plus + 形容詞［副詞］このうえなく…な [に]. ▶ Il a été *on ne peut plus* aimable. 彼は最高に親切だった.

Peut mieux faire. (成績の評価で)もっとがんばろう.

pouvoir sur qn/qc …に対して権威［影響力］を持つ. [注] しばしば不定代名詞を目的語にする. ▶ Personne ne *peut* rien *sur* lui. だれも彼を抑えられない.

Qui peut le plus peut le moins. [諺] 大事を成しうる者は小事を成しうる.

— se pouvoir [代動]《非人称構文で》❶ ‹Il *se peut* que + [接続法]› …かもしれない, はありうる. ▶ Il *se peut* qu'elle vienne. 彼女が来ることはありうる.

❷ ‹Cela [Ça] *se peut*› そうかもしれない. ▶ « Tu crois qu'il va pleuvoir ? —Ça *se peut*. » 「雨が降るかな」「(降ることは)ありうるね」

❸ ‹s'il *se peut*› できれば, もし可能なら.

autant que faire se peut 可能な限り, できるだけ.

[比較] …できる

pouvoir, savoir いずれも不定詞を伴って「…できる」の意味になるが, pouvoir は個々の場面で, できるかできないかを問題にし, savoir は, そもそも能力を持っているかいないかを問題にする. Il ne *peut* pas nager aujourd'hui. 彼は今日は(なんらかの原因で)泳げない. Il *sait* nager. 彼は泳げる.

*__pouvoir²__ /puvwa:r/ プヴォワール/ [男]

❶ ❶ 権力, 政権 ; 政府当局. ▶ le *pouvoir* exécutif [législatif, judiciaire] 行政［立法, 司法］権 / la séparation des *pouvoirs* 権力分立(三権分立など) / exercer [détenir] le *pouvoir* 権力を行使する [握っている] / L'armée a pris le *pouvoir*. 軍部は政権を奪取した / Le parti au *pouvoir* 政権党, 与党 / arriver [accéder] au *pouvoir* 政権の座に就く / être au *pouvoir* 政権の座にある / les *pouvoirs* publics 行政当局, 諸官庁 / une décision 「du *pouvoir* [des *pouvoirs* publics] 政府［当局］の決定. [比較] ⇨ FORCE.

❷ 支配力, 影響力, 権威. ▶ Il a un grand *pouvoir* sur ses enfants. 彼は子供たちに大いににらみが利く / Il a beaucoup de *pouvoir* dans les milieux politiques. 彼は政界ではたいへん顔が利く / tomber [être] au *pouvoir* de qn …の支配下 [手中] に落ちる [ある].

❸《多く複数で》権限 ;《法律》代理権 ; 委任(状). ▶ Le directeur a le *pouvoir* de renvoyer un élève. 校長は生徒を退学させる権限を持つ / les *pouvoirs* d'un ambassadeur 大使の職務権限 / excéder ses *pouvoirs* 職務権限を超える / donner「plein *pouvoir* [pleins *pouvoirs*] à un délégué pour négocier 交渉に当たり代表に全権を委任する.

❷ ❶ 力, 能力. ▶ Il a un remarquable *pouvoir* de concentration. 彼はすばらしい集中力がある / Cette bombe a un grand *pouvoir* de destruction. この爆弾は大きな破壊力を持つ / Si seulement j'avais le *pouvoir* de connaître l'avenir. 私に未来を知る力があったらなあ / Cela dépasse son *pouvoir*. それは彼(女)の手に余る(注 son *pouvoir* = ses possibilités) / *pouvoir* d'achat 購買力.

❷ ‹ *pouvoir* + 形容詞 ∥ *pouvoir* de + 無冠詞名詞› …力, …量, …能, …率. ▶ *pouvoir* blanchissant 漂白力 / le *pouvoir* d'attraction d'un aimant 磁石の引力 / *pouvoir* calorifique 発熱量.

être en son pouvoir (1) …にとって可能である ; の権限内にある. ▶ Ce *n'est* pas *en mon pouvoir*. それは私の手には負えない /《非人称構文で》Il *n'est* pas *en mon pouvoir* de prendre cette décision. その決定を下すことは私にはできない. (2) …の支配下にある, 意のままである.

PQ [男] [話]《略語》papier hygiénique トイレットペーパー.

præsidium /prezidjɔm/, **présidium** [男] 旧 ソ連のソビエト最高会議幹部会.

pragmatique /pragmatik/ [形] ❶ 実際的な ; 実用的な. ❷《哲学》プラグマティズムの. ❸《言語》語用論的な. — [女]《言語》語用論.

pragmatisme /pragmatism/ [男] ❶《哲学》プラグマティズム. ❷ 実用主義.

pragmatiste /pragmatist/ [形], [名] ❶《哲学》プラグマティズムの(哲学者). ❷ 実用主義の(人).

praire /pre:r/ [女]《貝類》ハマグリの一種.

prairial /prerjal/; 《複》**als** [男] プレリアル, 草月 : フランス革命暦第9月. 現行暦では5月から6月.

*__prairie__ /preri/ プレリ/ [女] 草地, 牧草地. ▶ *prairie* artificielle 人工牧草地(休耕地を利用して特定の家畜を飼う).

praline /pralin/ [女] プラリーヌ, 糖衣アーモンド.

cucul la praline [形句] 時代遅れで滑稽($\overset{こっ}{}$)な ; 子

供っぽい.
praliné, e /praline/ 形〖菓子〗アーモンド糖を加えた.
— **praliné** 男 プラリネ（ケーキ）：アーモンド糖クリーム入りのケーキ.
praliner /praline/ 他動 ❶〖菓子〗…にプラリネ［アーモンド糖］を加える. ❷〔種子や苗〕を(植えつけ前に)肥料粘土につける.
praticable /pratikabl/ 形 ❶〔道などが〕通行可能の, 通れる. ▶ chemin *praticable* pour les voitures 自動車が通れる道. ❷ 実行可能な, 実現しうる. ❸〔舞台装置のドア, 窓, 階段などが〕見せかけでなく実際に使える.
— 男 ❶〖演劇〗実物の大道具. ❷〖映画〗(カメラ, 照明を載せる)台. ❸〖体操〗(床運動の)マット.
praticien, enne /pratisjɛ̃, ɛn/ 名 ❶ 実務家, (技術を)実地に行う人. ❷ 臨床医.
pratiquant, ante /pratikɑ̃, ɑ̃:t/ 形 教会の掟(ｵｷﾃ)を実践する. ▶ catholique *pratiquant* 日曜に教会に行くカトリック信者.
— 名 ❶ 教会の掟を実践する信者. ❷(スポーツなどの)実践者, 愛好家.

***pratique**¹ /pratik プラティック/ 形 ❶ 実践的な, 実用的な, 実地の (↔théorique). ▶ Guide *pratique* de Paris パリ実用ガイドブック / acquérir une connaissance *pratique* de l'anglais 英語の実用的な知識を得る / travaux *pratiques* 実習, 演習.
❷ 実際的な, 現実的な；実利的な. ▶ la vie *pratique* 実生活 / homme [femme] *pratique* 実際人 / avoir le sens pratique 現実感覚にたけている / intérêts *pratiques* 実利.
❸ 便利な. ▶ outil *pratique* 便利な道具 / Passons par ici, ce sera plus *pratique*. こちらから行こう, その方が楽だろう.

***pratique**² /pratik プラティック/ 女 ❶ 実践, 実行. ▶ passer de la théorie à la *pratique* 理論を実践に移す / La *pratique* d'un sport est saine. スポーツをすることは健康によい.
❷ 実務経験；経験的知識. ▶ manquer de *pratique* 実地経験が足りない / avoir une longue *pratique* de la pédagogie 長年にわたる教育の実践経験がある.
❸ 慣行, やり方；行為. ▶ Le paiement par carte de crédit est une *pratique* courante. クレジットカードによる支払いは日常的に行われることである / s'indigner des *pratiques* inhumaines 非人道的なやり口に憤慨する / une *pratique* illégale de la médecine 違法な医療行為.
❹ 教会の掟(ｵｷﾃ)の遵守(ｼﾞｭﾝｼｭ)；《複数形》信仰の実践. 注 カトリックでは毎日曜日のミサの参列など.
❺ libre *pratique* (1) ヨーロッパ共同体域外原産品の流通許可. (2) 入港許可.
en pratique = *dans la pratique* 実際には, 現実には.
mettre qc en pratique …を実践に移す. ▶ *mettre* un projet *en pratique* 計画を実行する.

***pratiquement** /pratikmɑ̃ プラティクマン/ 副 実際には, 現実には；実用的に見て；ほとんど, いわば. ▶ *Pratiquement*, c'est impossible. 現実的には無理だ / Son ouvrage est *pratiquement* terminé. 彼(女)の仕事は事実上終わっている.

***pratiquer** /pratike プラティケ/ 他動 ❶〔スポーツ, 活動, 職業〕を実際に［常日ごろ］行う. ▶ Il *pratique* le golf depuis trois ans. 彼は3年前からゴルフをやっている / Il faut *pratiquer* l'anglais pour ne pas l'oublier. 英語を忘れないためには実際に使わなければならない /《目的語なしに》un médecin qui ne *pratique* plus もう診察を行っていない医者.
❷《多く目的語なしに》〔信仰〕を実践する. ▶ Il est catholique, mais il ne *pratique* pas. 彼はカトリックだが, 教会へは行っていない.
❸ …を実践する, 実施する；適用する. ▶ *pratiquer* une politique sociale avancée 進歩的な社会政策を実施する / un magasin qui *pratique* des rabais 安売りをしている店 / *pratiquer* des prix élevés 高い値段をつける.
❹〔手術など〕を行う. ▶ *pratiquer* une opération chirurgicale 外科手術を行う.
❺〔窓, 通路など〕をつける. ▶ la route *pratiquée* entre les deux villes 両市間に開けた道路.
❻〔道路〕を普段利用する. ▶ Cette rocade *est* très *pratiquée*. このバイパスはよく利用されている.
❼〔作家, 作品〕を愛読する.
❽ …と付き合う；に出入りする.
— ***se pratiquer** 代動 (恒常的に)実行される. ▶ Cela *se pratique* encore dans les villages. それは今なお田舎で行われている.

***pré** /pre プレ/ 男 ❶ 草地；牧草地. ▶ mener les vaches au *pré* 牛を牧場に連れて行く. ❷ 決闘場. ▶ aller sur le *pré* 決闘する.
pré carré 縄張り.

pré- 接頭 ❶「前の, 先の」の意 (↔post-). ❷「優越」を表わす (↔sub-).

préalable /prealabl/ 形 ❶ 事前の, 前もっての. ▶ un avis *préalable* 事前通告［予告］/ *préalable* à qc …に先立った / une enquête *préalable* à l'opération publicitaire 宣伝活動のための事前調査. ❷ 先決すべき. ▶ une question *préalable* 先決問題.
— 男 前提条件. ▶ ouvrir le dialogue sans *préalable* 白紙状態で対話を開始する.
au préalable まず最初に；前もって.

préalablement /prealabləmɑ̃/ 副 前もって, 先に. ▶ *préalablement* à qc …の前に.

préambule /preɑ̃byl/ 男 ❶ 序言, 前置き；〖法律〗前文. ▶ le *préambule* d'un rapport 報告書の序文. ❷ 前兆, 前触れ.
en préambule (à qc) (…の)前置きとして.
sans préambule 前置きなしに, いきなり.

prébende /prebɑ̃:d/ 女 ❶〖文章〗実入りのよい閑職；役得. ❷〖カトリック〗司教座聖堂参事会員職；司教座聖堂参事会員聖職禄.

précaire /prekɛ:r/ 形 ❶ 不安定な, 不確実な；一時的な. ▶ un bonheur *précaire* かりそめの幸福 / être dans une situation *précaire* 不安定な地位［境遇］にいる. ❷ 臨時の, パートの；一時しのぎの, 間に合わせの. ▶ travail [emploi] *précaire* 不安定労働［雇用］/ travailleur *précaire* 非正規労働者. ❸〖法律〗仮の. ▶ possession

précieux

(à titre) *précaire* 仮の占有.
précarisation /prekarizɔsjɔ̃/ 囡 不安定化. ▶ *précarisation* de l'emploi 雇用の不安定化.
précariser /prekarize/ 他動 …を不安定にする.
— **se précariser** 代動 不安定になる. ▶ L'emploi *se précarise*. 雇用が不安定化する.
précarité /prekarite/ 囡 ❶ 不安定, 不確かさ；一時的なこと；生活が不安定なこと. ❷ 〚法律〛仮の占有.
***précaution** /prekosjɔ̃/ プレコスィヨン/ 囡 用心, 注意；慎重；予防策. ▶ négliger les *précautions* nécessaires 必要な注意を怠る / sans *précaution* うかつに / prendre des *précautions* contre les maladies 病気にならないよう用心する.

avec précaution 注意して. ▶《Objet fragile à manier *avec précaution*》「壊れ物につき取り扱い注意」

par（mesure de）précaution 念のため.

précautions oratoires（聴衆の反感を抑えるための）前置き, 予防線, 言葉の気配り.

prendre ses précautions 予めトイレに行っておく.

principe de précaution 予防原則：因果関係が科学的に立証されていなくても, 環境や健康面で予防的に対策を講じること.

se précautionner /s(ə)prekosjɔne/ 代動 ❶〈*se précautionner* contre qn/qc〉（危険などに）備える, を用心する. ● *se précautionner* contre le froid 寒さに備える. ❷〈*se précautionner* de qc〉（用心のため）…を備える, 用意する, 携行する.
précautionneusement /prekosjɔnøzmɑ̃/ 副 慎重に, 用心深く, 注意して.
précautionn*eux*, *euse* /prekosjɔnø, øːz/ 形 注意深い, 用心深い, 慎重な.
précédemment /presedamɑ̃/ 副 あらかじめ, 前に, 以前に. ▶ comme nous l'avons dit *précédemment* 先ほど申し上げましたように.
précéd*ent*, *ente /presedɑ̃, ɑ̃ːt/ プレセダン, プレセダーント/ 形 前の, 先の, 先行の（↔suivant）. ▶ l'année *précédente* 前年 / dans un *précédent* ouvrage 以前の著作で / Il n'était pas là la semaine dernière, ni la semaine *précédente*. 彼は先週もその前の週も来なかった［いなかった］/《名詞を省略して》Relisez cette page et la *précédente*. このページと前のページを再読せよ.

[比較] 前の, 先の
précédent 継起の順番のうえで, ある時点の直前に当たるものをいう. **antérieur** ある時点より前にあるような範囲すべてについていう.

— **précédent** 男 前例. ▶ créer un *précédent* 前例を作る.
sans précédent 前例のない, 空前の.
***précéder** /presede/ プレセデ/ 6 他動

直説法現在	je précède	nous précédons
	tu précèdes	vous précédez
	il précède	ils précèdent

❶ …に先行する, の前に位置する, より先に起こる. ▶ La cause *précède* l'effet. 原因は結果に先行する / symptômes qui *précèdent* une maladie 病気に先立つ症状 / la cour qui *précède* l'édifice 建物の前庭 /《目的語なしに》dans le chapitre qui *précède* 前章で. ◆（être）*précédé* de qc …に先立たれる. ▶ Le nom *est précédé* de l'article. 名詞の前には冠詞が来る.

❷ …の前を進む, の先に立つ. ▶ Je vais vous *précéder* pour vous montrer le chemin. 私が先頭に立って道案内します.

❸ …より先に着く. ▶ Il m'*a précédé* de dix minutes. 彼は私より10分早く着いた.

❹ …の前任者である. ▶ ceux qui m'*ont précédé* à ce poste 私の前任者たち.

❺ …の先を越す；にまさる. ▶ Il *était précédé* dans cette recherche par son concurrent. 彼はその研究でライバルに先を越されていた.
précellence /preselɑ̃ːs/ 囡 文語 優秀, 卓越, 傑出.
précepte /presɛpt/ 男 教え, 教訓；（神, 教会の）戒律, 掟（ｵｷﾃ）. ▶ suivre les *préceptes* de l'Evangile 福音書の教えに従う.
précept*eur*, *trice* /preseptœːr, tris/ 名 ❶（貴族などの子弟の）家庭教師. ❷（広く）師, 指導者.
prêche /prɛʃ/ 男 ❶（牧師, 司祭の）説教. ❷ 話 お説教, 小言.
prêcher /preʃe/ 他動 ❶〚福音〛を述べ伝える；…の説教をする. ▶ *prêcher* l'Evangile 福音を説く / *prêcher* le carême 四旬節の説教をする.
❷〔実行, 実践〕を説き勧める, 唱道する. ▶ *prêcher* l'indulgence (à qn)（…に）寛容を説く.
— 自動 福音を説く, 説教する. ▶ *prêcher* aux infidèles 不信心者に福音を説く.

prêcher dans le désert（砂漠で説教する→）聴衆に相手にされない.

prêcher d'exemple = *prêcher par l'exemple* 自ら手本を示して他人を説得する.

prêcher pour ⌈*son saint* [*son clocher, sa paroisse*]⌋ ただ自分の利益のために話す, おためごかしを言う.

prêch*eur*, *euse* /prɛʃœːr, øːz/ 形, 名 ❶ 説教する（人）, 説教好きの（人）. ❷〚カトリック〛ドミニコ会の（修道士）.
prêchi-prêcha /prɛʃiprɛʃa/ 男〘単複同形〙話 くどいお説教, 繰り言.
***précieusement** /presjøzmɑ̃/ プレスィユーズマン/ 副 ❶ 大事に, 大切に. ▶ conserver *précieusement* des photos 写真を大切に保管する. ❷ 気取って, もったいぶって. ▶ s'exprimer *précieusement* 気取った言葉使いをする.
préci*eux*, *euse /presjø, øːz/ プレスィユー, プレスィユーズ/ 形 ❶ 貴重な, 高価な. ▶ objet *précieux* 貴重品 / métal *précieux* 貴金属 / pierre *précieuse* 宝石.

❷《ときに名詞の前で》貴い, 大事な, 得がたい. ▶ un *précieux* conseil ありがたい忠告 / La santé est le bien le plus *précieux*. 健康は最も大切な財産である / un *précieux* collaborateur かけがえのない協力者｜注 人を表わす名詞とともに用いるときは必ず前に置く).

préciosité

❸ 気取った. ▶ Elle parle d'une manière *précieuse*. 彼女は気取った話し方をする.
❹【文学】(17世紀の)プレシオジテの; 才女の.
— 图 気取り屋.
— **précieuse** 囡【文学】(17世紀の)才女, 才女気取りの女性.

préciosité /presjozite/ 囡 ❶【文学】プレシオジテ: 言葉や思考, 感情, 風習の極度の洗練を求めた17世紀の文学的・社会的傾向. ❷ (言葉遣いや態度の)気取り, もったいぶり, 凝りすぎ.

précipice /presipis/ 男 ❶ 断崖(燃), 絶壁; 深淵(炊). ❷ 破滅; 破綻(柒), 危機; 破産.

précipitamment /presipitamɑ̃/ 副 大急ぎで, 慌ただしく; 突然に.

précipitation /presipitasjɔ̃/ 囡 ❶ 大急ぎ; 性急, 慌ただしさ. ▶ s'enfuir avec *précipitation* あたふたと逃げる / décider sans *précipitation* 落ち着いて決める / Dans la *précipitation*, j'ai oublié mon parapluie. 急いでいて傘を忘れてしまった. ❷《多く複数で》【気象】降水; 雨, 雪, 雹(な)など. ▶ *précipitation* annuelle 年降水量. ❸【化学】沈殿.

précipité, e /presipite/ 形 ❶ 大急ぎの, 急な; 慌ただしい, 性急な. ▶ à pas *précipités* 急ぎ足で / un rythme *précipité* 速いリズム / départ *précipité* 慌ただしい出発 / une décision *précipitée* 性急な決定. ❷ 投げ落とされた, 落下した. ▶ une roche *précipitée* 落下した岩.
— **précipité** 男【化学】沈殿物.

*****précipiter** /presipite/ 他動 ❶ …を突き落とす, 投げ落とす; 突き飛ばす. ▶ *précipiter* qn du haut d'une falaise …を絶壁の上から突き落とす / Il *a été précipité* contre le mur. 彼は塀にたたきつけられた.
❷ ⟨*précipiter* qn/qc (dans qc)⟩…を~(破局などに)陥れる, 駆り立てる. ▶ *précipiter* qn dans le malheur …を不幸に陥れる / La guerre civile *a précipité* ce pays dans le chaos. 内戦がその国を混乱に陥れた.
❸ …を早める; 速める. ▶ *précipiter* son départ 出発を早める / *précipiter* ses pas 歩みを速める / Il ne faut rien *précipiter*. せいては事を仕損じる. ❹【化学】…を沈殿させる.
— 圓【化学】沈殿する.
— *****se précipiter** 代動 ❶ 飛び降りる, 身を投げる; 落ちる. ▶ Il *s'est précipité* du sixième étage dans le vide. 彼は7階から宙に身を投げた.
❷ 駆けつける, 突進する, 飛び込む. ▶ *se précipiter* vers la sortie 出口の方へ突進する / *se précipiter* au secours d'un blessé 負傷者の救助に駆けつける / *se précipiter* sur l'ennemi 敵に飛びかかる.
❸ 急ぐ. ▶ Inutile de *se précipiter*! 慌てることはない.
❹ 急に進む; 速まる. ▶ Les événements *se précipitent*. 事件は急展開している / Les battements du cœur *se précipitent*. 心臓の鼓動が早くなる.

*****précis, ise** /presi, iːz/ プレスィ, プレスィーズ/ 形 ❶ 的確な, 正確な; はっきりした. ▶ calcul *précis* 正確な計算 / le sens *précis* d'un mot 語の正確な意味 / s'inquiéter sans raison *précise* はっきりした理由もなく心配する / Sois plus *précis*, explique-moi la situation. もっとはっきりして事態を説明してください.
❷〔時, 場所が〕ちょうどの; ちょうどその;〔人が〕きちょうめんな. ▶ à quatorze heures *précises* 14時きっかりに / Soyez *précis*, venez à neuf heures. 時間厳守で9時に来なさい.
❸〔人の(動作)が〕的確な;〔機器が〕精密な, 狂いのない. ▶ un tireur *précis* 腕の確かな射撃手.

précis /presi/ 男 概略, 概要; 概説, 概説書.

*****précisément** /presizemɑ̃/ プレスィズマン/ 副 ❶ まさしく, まさに, ちょうど. ▶ C'est *précisément* ce que je veux faire. まさしくそれが私のしたいことです / Il est arrivé *précisément* comme on parlait de lui. ちょうどうわさをしているところへ当の彼がやってきた.
❷ 正確に, 明確に. ▶ décrire *précisément* les circonstances 状況を正確に記述する / Les personnes concernées, les femmes mariées plus *précisément* … 関係者の皆さん, もっと正確に言えば既婚の御婦人方….
❸ 話(応答で)そのとおり. ▶ «C'est lui qui t'en a parlé ? — *Précisément*.»「あなたにそのことをしゃべったのは彼だね」「そうです」/ Pas *précisément*. そうとも限りません / *Précisément* pas. 全く違います.

*****préciser** /presize/ 他動 …を明確にする, はっきり述べる. ▶ *préciser* ses idées 自分の考えをはっきりさせる / Pourriez-vous *préciser* ? もっとはっきり言ってくださいますか. ◆ *préciser* que + 直説法 ▶ Le président *a précisé* qu'il n'était pas question de céder. 譲歩するのは論外だと大統領は明言した.
— **se préciser** 代動 明確になる.

*****précision** /presizjɔ̃/ プレスィズィヨン/ 囡 ❶ 正確, 的確; 精度, 精密. ▶ la *précision* d'une information 情報の正確さ / avec *précision* 正確に. ◆ de *précision* 正確な, 精密な. ▶ mécanique de *précision* 精密機械.
❷《多く複数で》詳報, 詳細. ▶ donner [demander] des *précisions* sur qc …について詳しい説明をする[求める].

précité, e /presite/ 形 前記の, 上述の.

*****précoce** /prekɔs/ プレコス/ 形 ❶〔植物が〕早生(な)の, 早咲きの, 早なりの;〔動物が〕成育の早い. ▶ fruits *précoces* 早生の果物. ❷ 通常の時期より早い. ▶ un vieillissement *précoce* 早老 / printemps *précoce* 一足早い春. ❸〔子供が〕早熟の; おませな. ▶ enfant *précoce* 早熟な子供.

précocement /prekɔsmɑ̃/ 副 早熟に, 通常の時期より早く.

précocité /prekɔsite/ 囡 ❶ 早熟; 早なり, 早咲き. ▶ *précocité* sexuelle 性的早熟 / enfant d'une *précocité* étonnante 驚くほど早熟な[ませた]子供. ❷ (季節などの)早い到来.

précolombien, enne /prekɔlɔ̃bjɛ̃, ɛn/ 形 コロンブス(によるアメリカ大陸到達)以前の.

préconçu, e /prekɔ̃sy/ 形 前もって構想された. ▶ idée *préconçue* 先入観.

préconiser /prekɔnize/ 他動 ❶ ⟨*préconiser* qc // *préconiser* de + 不定詞 // *préconiser* que + 接続法⟩…を強く勧める. ▶ *préconiser* un médicament ある薬を勧める. ❷〔教皇が新司教の〕任命を宣言する.

précu*it, ite* /prekɥi, it/ 形 調理済みの. ▶ aliments *précuits* 調理済み食品.

précurseur /prekyrsœ:r/ 男 先駆者. ▶ les *précurseurs* de la science moderne 近代科学の先駆者たち.
— 形〔男性形のみ〕先触れの. ▶ signes *précurseurs* de l'orage 今にも雷雨になりそうな気配.

préda*teur, trice* /predatœ:r, tris/ 形 捕食性の. — 男 ❶ 捕食動物〔植物〕; 狩猟採集民. ❷ 会社の乗っ取り屋.

prédécesseur /predesesœ:r/ 男 ❶ 前任者, 先任者. ❷〔複数で〕先人, 先駆者.

prédestination /predestinasjɔ̃/ 女 ❶ 宿命, 運命. ❷《キリスト教》〔救霊〕予定説.

prédestiné, e /predestine/ 形 ❶ 前もって運命づけられた. ▶ un homme *prédestiné* au malheur 不幸になる運命の人. ❷《キリスト教》救霊を予定された. — 名 救霊予定者.

prédestiner /predestine/ 他動 ❶⟨*prédestiner* qn à qc/不定詞⟩…を…に運命づける, に…を予定する. ▶ Sa naissance le *prédestinait* à (mener) une vie facile. 彼はその生まれからして楽な生活を送れるようになっていた. ❷《キリスト教》〔神が〕…の救霊〔地獄落ち〕を予定する.

prédétermination /predeterminasjɔ̃/ 女 《哲学》〔結果が〕あらかじめ決定されていること, 先行決定;《神学》先定.

prédéterminer /predetermine/ 他動〔意思, 行為〕をあらかじめ決定する.

prédicat /predika/ 男《文法》述語, 述部;《論理学》述語; 賓辞.

prédicateur /predikatœ:r/ 男 説教師.

prédicat*if, ive* /predikatif, i:v/ 形《文法》述語〔述部〕の;《論理学》述語的な; 賓辞の.

prédication /predikasjɔ̃/ 女 ❶ 宣教, 布教, 伝道. ❷ 説教, 説法, 訓話.

prédiction /prediksjɔ̃/ 女 予言, 予測. ▶ faire des *prédictions* 予言する.

prédilection /predilɛksjɔ̃/ 女 偏愛, 熱愛, ひいき. ▶ avoir une *prédilection* pour qn/qc …をひいきにする, が大好きだ.
de prédilection 特に好みの. ▶ mon livre *de prédilection* 私の愛読書.

prédîmes /predim/ 活用 ⇨ PRÉDIRE 76

prédire /predi:r/ 76 他動〔過去分詞 prédit, 現在分詞 prédisant〕⟨*prédire* qc // *prédire* que + 直説法⟩予言する; 予測する. ▶ *prédire* l'avenir 未来を予言する.

prédis-, prédi- 活用 ⇨ PRÉDIRE 76

prédisposer /predispoze/ 他動⟨*prédisposer* qn à qc/不定詞⟩…に(…という)傾向を与える. ▶ C'est son éducation qui le *prédisposait* à une vie austère. 彼が禁欲的生活に向かう素地を作ったのは教育である. ◆(être) *prédisposé* à qc …の傾向がある, しやすい. ▶ un enfant *prédisposé* au rhume 風邪を引きやすい子供.

prédisposition /predispozisjɔ̃/ 女 傾向, 素質, 性向. ▶ une *prédisposition* au crime 犯罪に走りやすい傾向 / Cet enfant a des *prédispositions* pour la musique. この子は音楽の素質がある.

prédit, prédît /predi/, **prédîtes** /predit/ 活用 ⇨ PRÉDIRE 76

prédominance /predɔminɑ̃:s/ 女 優位, 優勢, 卓越.

prédomin*ant, ante* /predɔminɑ̃, ɑ̃:t/ 形 優勢な; 主要な; 支配的な. ▶ Mon souci *prédominant* est de trouver du travail. 心配事といえば, とにかく職を見つけることです.

prédominer /predɔmine/ 自動 最も重要な位置を占める; 優勢である. ▶ Le riz *prédomine* dans cette région. 米がこの地方の主要産物である. ◆ *prédominer* sur qc/qn …にまさる. ▶ Il *prédomine* sur ses concurrents. 彼はライバルたちに比べて一頭地を抜いている.

préélectoral, ale /preelɛktɔral/; 《男複》**aux** /o/ 形 選挙前の.

préemballé, e /preɑ̃bale/ 形〔食料品が〕パック詰めの.

prééminence /preeminɑ̃:s/ 女 優越, 優位. ▶ se disputer la *prééminence* économique 経済覇権を競い合う / donner la *prééminence* à qc …に上位の地位を与える, を最優先する.

prééminent, ente /preeminɑ̃, ɑ̃:t/ 形 優位の, 上位の; ぬきんでた.

préemption /preɑ̃psjɔ̃/ 女《法律》先買(権).

préencollé, e /preɑ̃kɔle/ 形〔壁紙などが〕接着剤付きの.

préétabli, e /preetabli/ 形 あらかじめ決定された, 前もって定められた.

préexist*ant, ante* /preɛgzistɑ̃, ɑ̃:t/ 形 先在の, 前存の. ▶ bâtiments *préexistants* 既存の建物.

préexistence /preɛgzistɑ̃:s/ 女 先在, 前存. ▶ la *préexistence* des âmes《神学》魂の先在(肉体より以前から魂が存在していたとする説).

préexister /preɛgziste/ 自他動 ⟨*préexister* à qc⟩…以前に存在する, より前からある. ▶ coutume qui *préexistait* à une loi 法律以前に存在していた慣習.

préfabrication /prefabrikasjɔ̃/ 女 プレハブ工法.

préfabriqué, e /prefabrike/ 形 ❶〔建物が〕プレハブ式の, 組み立て式の;〔材料が〕プレハブ用の. ❷ 前もって作られた; 作り物の. ▶ des scandales *préfabriqués* 作られた醜聞.
— **préfabriqué** 男 プレハブ部材 (=élément préfabriqué); プレハブ式建物.

préface /prefas/ 女 ❶ 序文. ▶ la *préface* d'un livre 本の序文. ❷⟨*préface* (à qc)⟩(…の)前置き; 前触れ, 発端. ▶ Cet incident était une *préface* à l'insurrection. その事件は暴動の幕開けだった. ◆en *préface* à qc …に先立って. ❸〔ミサの〕序唱.

préfacer /prefase/ 1 他動 …に序文を書く.

préfacier /prefasje/ 男 序文執筆者.

préfectoral, ale /prefɛktɔral/; 《男複》

préfecture

aux /o/ 形 知事の; 県の.

*__préfecture__ /prefekty:r プレフェクテュール/ 女 ❶ 県庁; 県庁所在地;《集合的に》県の行政業務. Rouen est la *préfecture* de la Seine-Maritime. ルーアンはセーヌ＝マリティム県の県庁所在地だ. ❷ 知事の職［任期］. ❸（パリなどの）警視庁（=*Préfecture* de police）. ❹【軍事】*préfecture* maritime 海軍軍管区. ❺（日本の）県.

préférable /preferabl/ 形 < *préférable* (à qc)>（…より）望ましい. ▶ Cette solution me paraît *préférable* à la première. この解決法は最初のよりいいと思います. ◆《非人称構文で》Il est *préférable*「de + 不定詞［que + 接続法］…する方がよい. ▶ Il est *préférable* de partir tout de suite. すぐ出発した方がよい.

préféré, e /prefere/ 形 お気に入りの, ひいきの. ▶ C'est ma chanson *préférée*. これは私の大好きな歌だ. ― 名 お気に入り(の人).

*__préférence__ /preferɑ̃:s プレフェランス/ 女 ❶ 好み, えり好み;《複数で》ひいき, 偏愛; 好みのもの. ▶ Il avait une *préférence* marquée [nette] pour son fils cadet. 彼は次男を特に好いていた / Je n'ai pas de *préférence*. 私はどちらでも構わない. ❷ 関税の特恵 (= *préférence* douanière). ▶ *préférence* communautaire EU農産物特恵.

*__accorder__ [__donner__] *la préférence à qn* /qc …の方を好む, 選ぶ.

*__avoir la préférence de qn__ …の好みである.

*__avoir__ [__obtenir__] *la préférence sur qn* …より好まれる.

*__de préférence__ むしろ. ▶ Choisissez cette cravate *de préférence*. むしろこのネクタイを選びなさい.

*__de__ [__par__] *préférence à qn/qc* …よりもむしろ. ▶ employer du beurre *de préférence* à l'huile 食用油よりもバターを使う.

*__par ordre de préférence__ 好みの順番に.

préférentiel, le /preferɑ̃sjɛl/ 形 優先的な, 特権的な. ▶ tarif *préférentiel* 特恵関税(率) / vote *préférentiel* 名簿順位変動式投票法(比例代表制で, 政党の候補者名簿上の順位決定のため, 好みの候補者名を選択できる投票法).

préférentiellement /preferɑ̃sjɛlmɑ̃/ 副 特恵的に, 特権的に.

*__préférer__ /prefere プレフェレ/ 6 他動

直説法現在	je préfère	nous préférons
	tu préfères	vous préférez
	il préfère	ils préfèrent

<*préférer* A (à B)>（Bより）Aのほうを好む, 選ぶ. ▶ Je *préfère* la campagne à la ville. 私は都会より田舎の方が好きだ / De [Parmi] tous les fruits, c'est la pomme que je *préfère*. 果物の中で一番好きなのはリンゴです / *Préférez*-vous du café ou du thé? コーヒーと紅茶とどちらになさいますか / Le muguet *préfère* l'ombre. スズランは日陰を好む /《目的語をとらず》Si tu *préfères*, nous y allons tout de suite. よかったら今すぐ行こう. ◆ *préférer* + 不定詞 …する方がよい. ▶ Je *préfère* me taire. 私は黙っている方がいい / Je *préfèrerais* rester chez moi. 私はできれば家にいたいのですが. ◆ *préférer* + 不定詞 (plutôt) que (de) + 不定詞 …するより…する方を好む. ▶ Elle *préfère* sortir plutôt que (de) rester chez elle. 彼女は家にいるより出かけるのが好きだ. ◆ *préférer* que + 接続法 …であるほうがよい. ▶ Je *préfère* qu'il vienne. 私はむしろ彼に来てほしい.

― **se préférer** 代動 自分を好む. ▶ Je *me préfère* avec les cheveux longs. 私は髪を長くしているのが好きだ.

*__préfet__ /prefɛ プレフェ/ 男 ❶ 知事. 注 政府に任命される. 現在の正式名称は共和国委員 commissaire de la République. ▶ une femme *préfet* 女性知事. ❷ 長, 長官. ▶ *préfet* de police 警視総監 / *préfet* maritime 海軍軍管区司令長官. ❸（キリスト教系の学校の）学監 (= *préfet* des études).

préfète /prefɛt/ 女 知事夫人.

préfiguration /prefigyrasjɔ̃/ 女 予兆.

préfigurer /prefigyre/ 他動 …をあらかじめ示す, の前兆となる.

préfixation /prefiksasjɔ̃/ 女【言語】接頭辞をつける.

préfixe /prefiks/ 男【言語】接頭辞 (↔ suffixe).

préfixé, e /prefikse/ 形 (préfixer¹ の過去分詞)【言語】接頭辞がついた.

préfixer¹ /prefikse/ 他動【言語】…に接頭辞を付加する.

préfixer² /prefikse/ 他動【法律】…をあらかじめ定める.

préformer /preforme/ 他動 …をあらかじめ作る［形成する］.

prégnant, ante /preɲɑ̃, ɑ̃:t/ 形 含蓄のある, 意味深長な.

préhistoire /preistwa:r/ 女 ❶ 先史時代; 先史学. ❷ 前史. ▶ la *préhistoire* de l'aviation 航空機発明までの歴史.

préhistorien, enne /preistɔrjɛ̃, ɛn/ 名 先史学者.

préhistorique /preistɔrik/ 形 ❶ 先史(時代)の. ❷ 図 非常に古い, 時代遅れの.

préimplantatoire /preɛ̃plɑ̃tatwa:r/ 形 diagnostic *préimplantatoire* 着床前診断.

préjudice /preʒydis/ 男 損害. ▶ *préjudice* matériel 物質的損害 / *préjudice* moral 精神的損害 /「causer un *préjudice*［porter *préjudice*］à qn …に損害を与える, 迷惑をかける / subir un *préjudice* 損害を被る. 比較 ⇨ DÉGÂT.

*__au préjudice de qc__ …を無視して, に反して.

*__au préjudice de qn__ …に損害を与えて, を犠牲にして. ▶ Cela a été fait *à* mon *préjudice*. それは私を犠牲にして行われた.

*__sans préjudice de qc__ (1)…を損なうことなく. (2) 区 …は別にして.

préjudiciable /preʒydisjabl/ 形 < *préjudiciable* à qn/ qc> …に有害な, を害する.

préjudiciel, le /preʒydisjɛl/ 形 先決の. ▶ une question *préjudicielle* 先決問題.

*__préjugé__ /preʒyʒe プレジュジェ/ 男 ❶ 偏見, 先入観, 先入主. ▶ un *préjugé* de race 人種の偏見

/ avoir un *préjugé* contre qn/qc …に対して偏見を抱く / lutter contre les *préjugés* 偏見と闘う. ❷ 予測しうる状況［兆候］. ▶ C'est un *préjugé* en sa faveur. これは彼(女)に有利な兆候だ.

préjuger /preʒyʒe/ ③ 間他動 *<préjuger de qc>* …について速断する; 決めてかかる. ▶ *préjuger* d'une réaction de qn …がこう反応すると決めてかかる.
── 他動 ❶ 文章 …について速断する; 決めてかかる. ❷『法律』*<préjuger qc>* …について暫定的判断を示す.

se prélasser /s(ə)prelase/ 代動 くつろぐ.
prélat /prela/ 男『カトリック』高位聖職者.
prélatin, ine /prelatɛ̃, in/ 形 ラテン文化［ラテン語］以前の. ── 男 *prélèvement* 以前の文化『言語』.
prélavage /prelavaːʒ/ 男 下洗い;《特に》(洗濯機での) 予洗.
prélèvement /prelɛvmɑ̃/ 男 ❶ 採取, 抽出; 採取見本［標本］. *prélèvement* de sang 採血; 採った血液. ❷ (金額の) 先取り, 控除, 天引き. ▶ *prélèvement* automatique sur un compte bancaire 銀行口座からの自動引き落とし. ❸ 課税, 徴収. ❹ (EC の) 輸入課徴金.
prélever /prelve/ ③ 他動 ❶ …を取り出す, 採取する. ▶ *prélever* du sang au malade 病人から採血する. ❷ *<prélever qc (sur qc/qn)>* (…から)〔金額〕を天引きする, 先取りする; 自動引き落しとする. ▶ *prélever* une somme sur un compte bancaire 銀行口座からの金額を差し引く〔引き落とす〕.
préliminaires /preliminɛːr/ 男複 ❶ 予備折衝, 事前交渉. ❷ 前置き, 下準備.
── **préliminaire** 形 予備の, 事前の. ▶ études *préliminairess* 予備調査.
prélude /prelyd/ 男 ❶『音楽』前奏曲, プレリュード. ❷ (演奏前の) 楽器・声の調整(音). ❸ *<prélude à qc>* …の前触れ. ▶ Cet incident était un *prélude* à un conflit grave. この事件は重大な紛争の序曲であった.
préluder /prelyde/ 自動『音楽』❶ (演奏前に) 楽器の試し弾きをする［声を出してみる］.
❷ 開始を告げる短い楽句を奏する.
── 間他動 文章 *<préluder* à qc*>* …の前触れとなる, に先立つ; 開始を告げる.
prématuré, e /prematyre/ 形 時期尚早の, 早すぎる. ▶ une démarche *prématurée* 早まった行動 / une mort *prématurée* 夭折(ようせつ) / un accouchement *prématuré* 早産 / Il est *prématuré* de conclure. 結論を出すのはまだ早すぎる.
── 名 未熟児 (=enfant *prématuré*).
prématurément /prematyremɑ̃/ 副 時期尚早に, 早まって.
préméditation /premeditasjɔ̃/ 女 (悪事などを) たくらむこと; 計画. ▶ un meurtre avec *préméditation* 予謀殺人.
prémédité, e /premedite/ 形 熟考済みの; 計画的な. ▶ un crime *prémédité* 予謀犯罪.
préméditer /premedite/ 他動 *<préméditer qc // préméditer* de + 不定詞*>* …をたくらむ;『法律』〔犯罪行為〕を予謀する.
prémices /premis/ 女複 ❶ (古代の神にささげる) 初物: 初穂, 家畜の初子など. ❷ 文章 始まり, 発端; 処女性. ▶ les *prémices* du printemps 春の始まり / messe de *prémices* 新任司祭の初ミサ.

*premier, ère /prəmje, ɛːr/ プルミエ, プルミエール/ 形 ❶《多く名詞の前で》❶ 最初の, 第 1 の. ▶ la *première* partie d'un roman 小説の第 1 部 / s'asseoir au *premier* rang 最前列に座る / Prenez la *première* rue à droite. 最初の通りを右に行きなさい / Je suis en *première* année de droit. 私は法学部の 1 年生です / le *premier* étage 2 階(注 1 階 is rez-de-chaussée) / la *première* personne『言語』1 人称 /《名詞のあとで》Napoléon Iᵉʳ ［*premier*］ナポレオン 1 世(注 2 世以降は基数詞を用いる) / livre *premier* 第 1 巻.

語法 たとえば「最初の 30 ページ」という場合, 正しい語順は, 日本語とは逆に les trentes premières pages というふうに「数詞」が先に出ることに注意. dernier (最後の) についても同様.

• J'aime beaucoup *les dix premières [dernières] minutes* de ce film. 私はこの映画の最初の［最後の］10 分が大好きだ.

❷ 初めての, 最初の; 初期の. ▶ C'est la *première* fois que je viens à Paris. パリに来たのはこれが初めてです / *Première* nouvelle! それは初耳だ / *premier* amour 初恋 / les *premiers* secours 応急手当 / la *première* jeunesse ごく若いころ. ◆ 定冠詞 + *premier* + 名詞 + à + 不定詞 …した最初の人［物］. ▶ La France a été le *premier* pays à instituer le système métrique. フランスはメートル法を制度化した最初の国である.

❸ 1 番の; 最高位の. ▶ Cet élève est *premier* en maths. その生徒は数学で第 1 位の成績だ / sortir *premier* d'une école 学校を首席で卒業する / avoir le *premier* rôle 主役を務める / obtenir le *premier* prix 1 等賞をとる / *premier* ministre 首相 / *premier* violon コンサートマスター.

❹ 第 1 級の; 最重要の. ▶ voyager en *première* classe ファースト・クラスで旅行する / article de *premier* choix 一級品 / événements de *première* importance 極めて重大な出来事.

❷《多く名詞のあとで》❶ 根本的な; 肝心の. ▶ principe *premier* 根本原理 / objectif *premier* 主目的 / vérité *première* 自明の理; 絶対的真理.

❷ 原初の; 元来の. ▶ remettre une peinture ancienne dans son état *premier* 古い絵を元の状態に復元する / retrouver son ardeur *première* 当初の熱意を取り戻す / matières *premières* 原材料.

❸『数学』素の. ▶ nombre *premier* 素数 / facteur *premier* 素因数.

à la première heure 朝早く; できるだけ早く.
à la première occasion 機会のあり次第.
à première vue = *au premier abord* 一目見て, 一見したところでは.
arriver (bon) premier 最初［真っ先］に着く.
au [du] premier coup すぐに, 最初から.
en premier lieu まず初めに, 第一に.
le premier venu (1) 最初に来た人. (2) だれでも.

première

▶ *Le premier venu* pourra le remplacer. だれでも彼の代わりは務まるだろう / Ce n'est pas *la première venue*. あれはどこにでもいるような女ではない.

le premier + 名詞 + **venu** 最初に来た…; どんな…でも. ▶ dans le *premier* café *venu* 近くのカフェで.

── 名 ❶ 最初の人〔物〕, 一番の人〔物〕. ▶ Il est le *premier* de la classe. 彼はクラスの首席だ /《同格的に》Elles sont arrivées les *premières*. 彼女たちが最初に到着した / tomber la tête la *première* まっさかさまに落ちる. ◆ 定冠詞 *premier* à + 不定詞 …する最初の人〔物〕. ▶ Cette session générale est la *première* à siéger en Asie. 今回の総会はアジアでは初の開催である.

❷ 前者. ▶ Ni Jean ni Alain ne me plaisent : le *premier* est trop bavard et le second trop taciturne. ジャンもアランも好きになれない. ジャンはひどくおしゃべりで, アランはひどく無口だから.

❸【演劇】jeune *premier*〔*première*〕主役の美男〔美女〕役.

── **premier** 男 ❶ ついたち. 注 1er と略す. ▶ le *premier* mai 5月1日, メーデー.

❷(建物の)2階. ▶ habiter au *premier* 2階に住む.

❸(パリの)第1区. ▶ habiter dans le *premier* 第1区に住む.

❹《le Premier》(特に英国の)首相.

❺ mon *premier*(言葉当て遊び charade の)最初の部分.

en premier (1)まず初めに. (2)(位が)筆頭の.

première /prəmjɛːr/ 囡 ❶(催しの)初演, 初日; (映画の)封切り. ❷ 初登頁.

❸(技術分野での)初成功, 画期的な出来事. ▶ une grande *première* dans l'histoire de l'automobile 自動車史上空前の技術革新.

❹(乗り物の)1等席; 1等切符. ▶ voyager en *première* 1等〔ファースト・クラス〕で旅行する.

❺ 第1学級(の生徒): リセの第2学年.

❻(自動車)1速, ローギア. ▶ monter une côte en *première* ローギアで坂を上る.

❼【服飾】アトリエ主任. ❽ 最初の道. ▶ la *première* à droite 最初の道〔ひと筋目〕を右へ.

de première 第一級の, たぐいまれな. ▶ une nouvelle *de première* とてつもないニュース.

***premièrement** /prəmjɛrmɑ̃/ プルミエールマン/ 副 第一に.

premier-né, première-née /prəmjene, prəmjɛrne/; (複)〜**s**-〜**s**, **premières-nées** 形 最初に生まれた. ── 名 初生児, 第1子.

prémilitaire /premilitɛːr/ 形 徴兵前の, 入営前の.

prémisse /premis/ 囡 ❶【論理学】(三段論法の)前提. ❷〖文章〗前提; 前置き.

prémolaire /premolɛːr/ 囡 小臼歯(⅔).

prémonition /premɔnisjɔ̃/ 囡 予感, 虫の知らせ.

prémonitoire /premɔnitwaːr/ 形 前触れの, 前兆となる. ▶ rêve *prémonitoire* 予知夢 / symptôme *prémonitoire*【医学】前駆症状.

prémunir /premyniːr/ 他動〈*prémunir* qn contre qc〉…から…を守る.

── **se prémunir** 代動〖文章〗〈*se prémunir* contre qc〉…に対して備える, 用心する.

prenant, ante /prənɑ̃, ɑ̃ːt/ 形 (prendre の現在分詞) ❶ 魅力的な. ▶ un film *prenant* 心を奪う映画. ❷ (金などを)受け取る; 買う気のある. ▶ partie *prenante*【法律】受取人. ❸ 時間〔労力〕がかかる. ▶ un travail très *prenant* 非常に手間のかかる仕事. ❹ 物をつかむ能力のある.

prénatal, ale /prenatal/; (男複) **als** 形 出生前の, 産前の. ▶ *diagnostics prénatals* 出生前診断 / allocations *prénatales* 妊婦手当.

:prendre /prɑ̃ːdr/ プランドル/ 87 他動

過去分詞 pris		現在分詞 prenant
直説法現在	je prends	nous prenons
	tu prends	vous prenez
	il prend	ils prennent
単純未来	je prendrai	nous prendrons
	tu prendras	vous prendrez
	il prendra	ils prendront
半過去	je prenais	nous prenions
	tu prenais	vous preniez
	il prenait	ils prenaient
複合過去	j'ai pris	nous avons pris
	tu as pris	vous avez pris
	il a pris	ils ont pris
命令法	prends	prenons prenez

…を取る, つかむ. ▶ *prendre* un verre グラスを手に取る
〔乗り物〕に乗る. ▶ *prendre* le train 列車に乗る
〔写真〕を撮る.
〔風呂〕に入る.
…を食べる, 飲む.

■ …を取る, 捕まえる, 取り上げる, 選択する.

prendre

❶ …を(手に)取る, (手, 道具で)つかむ. ▶ *prendre* un verre グラスを手に取る / *prendre* la plume ペンをとる, 執筆する / *prendre* le volant ハンドルを握る, 運転する / *prendre* les armes 武器をとる. ◆ *prendre* qn par〔à〕qc …(の体の一部)をつかむ, 握る. ▶ Je l'*ai prise* par la main. 私は彼女の手をつかんだ (= Je lui *ai pris* la main) / *prendre* qn à la gorge …の喉(⅔)元をつかまえる; を窮地に追いやる. ◆ *prendre* qn sur〔contre, dans, entre〕qc …を…に抱く, 乗せる. ▶ *prendre* un enfant「sur ses ge-

prendre

noux [dans ses bras]子供をひざの上に［腕の中に］抱き上げる / Il m'a *prise* contre lui. 彼は私を抱き締めた.

❷〈prendre qc/qn (à qn)〉〈…から〉…を奪う, 取り上げる. ▶ On lui a *pris* ses terres. 彼（女）は土地を奪われた / Ils m'*ont pris* cent euros pour une petite réparation. 彼らはちょっとした修理に100ユーロ取った. ◆ *prendre* A sur B（金, 時間について）B から A を取り出す; 割く. ▶ *prendre* mille euros sur ses économies 貯金から1000ユーロを割く /《目的語なしに》*prendre* sur son temps 時間を割く.

❸〔物〕を手に入れる, 得る. ▶ *prendre*（un）rendez-vous avec qn …と会う約束を取り付ける / *prendre* des vacances バカンスをとる / *prendre* une chambre dans un hôtel ホテルに部屋を取る / Tous les matins, il *prend* son pain dans cette boulangerie. 彼は毎朝このパン屋でパンを買う.

❹〔人, 動物〕を捕まえる;〔人〕の心をとらえる. ▶ La police a *pris* le voleur. 警察が泥棒を逮捕した / *prendre*（=attraper）des poissons à la ligne 魚を釣る / *prendre* qn par la douceur …を甘言で丸め込む / Elle sait le *prendre*. 彼女は彼の扱い方を心得ている. ◆ *prendre* qn à ＋不定詞 …が…している現場を押える. 注àと不定詞はしばしば y で置き換えられる. ▶ Si je te *prends* encore à mentir, je te punis. 今度うそをついたら許さないぞ / Je vous y *prends*！さあ現場を押えたぞ.

❺〔感情, 事件などが〕…をとらえる, 襲う. ▶ La colère l'*a pris* soudain. 怒りが突然彼を襲った. **Qu'est-ce qui te prend?** いったいどうしたの / L'envie me *prend* de faire cela. 私はふとそうしたい気持ちになる.

❻…を選びとる;〔人〕を（ある役割に）選ぶ. ▶ Laquelle de ces écharpes *prendrez*-vous? これらのスカーフのうち, どれをお選びになりますか / *prendre* un sujet あるテーマを取り上げる / Prenons un exemple. 一例を挙げよう / *prendre* un avocat 弁護士を雇う / ◆ *prendre* qc/qn comme [à, en tant que] ＋ 無冠詞名詞 …として…を選ぶ. ▶ Qu'est-ce que vous *prenez* comme boisson? 飲み物は何になさいますか / *prendre* qn comme secrétaire …を秘書に雇う.

❼〔乗り物〕に乗る. ▶ Je *prends* le train de quatre heures. 私は4時の列車に乗る.

❽…を迎えにいく;（乗り物）に乗せる. ▶ Je passerai vous *prendre* chez vous. お宅へお迎えに寄りましょう / Pouvez-vous me *prendre* dans votre voiture? 車に乗せてもらえませんか.

❾〔道, 経路〕を行く, 進む;〔方向〕へ向かう. ▶ *prendre* la première rue à droite 最初の通りを右へ行く / *prendre* l'escalier 階段を使う / *prendre* la direction de Paris パリの方に向かう / *prendre* la mer 航海に出る.

❿〔場所〕を占める;〔距離, 間隔など〕をとる;〔席など〕につく. ▶ un objet qui *prend* de la place 場所ふさぎな物 / *prendre* une ville frontière 国境の町を占領する / *prendre* du recul 距離をとる / *prendre* sa place 自分の席につく.

⓫〔時間, 労力, 金など〕がかかる, を要求する;〔時間〕をかける. ▶ Ce travail *prend* beaucoup de temps. この仕事には多くの時間がかかる / Ce médecin *prend* très cher. この医者はとても高い料金を取る / **Prenez votre temps**, on n'est pas pressé. ゆっくりやってください, 急いでいませんから.

⓬ …と話をする, 会談する. ▶ *prendre* qn à part …をわきへ呼んで話す.

⓭〔写真, 記録など〕をとる, 写す. ▶ *prendre* une photo 写真を撮る / *prendre* des notes メモをとる / *prendre* une copie コピーをとる.

⓮〔寸法, 温度など〕を測る, 測定する. ▶ *prendre* les dimensions [les mesures] de qc …の寸法を測る / *prendre* la température de qn …の体温［脈］を測る.

⓯〔風呂など〕を浴びる;〔空気など〕を吸う. ▶ *prendre* un bain 入浴する / *prendre* une douche シャワーを浴びる / *prendre* le soleil 日光浴をする / *prendre* l'air 外の空気を吸う, 戸外に出る.

2 …を身につける,（自分のものとして）とる, 受け取る.

❶〔食事など〕を食べる;〔飲み物, 薬など〕を飲む. ▶ Voulez-vous *prendre* quelque chose? 何か召し上がりますか / *prendre* son déjeuner 昼食を食べる / *prendre* du café コーヒーを飲む / A *prendre* avant les repas.（薬について）毎食前に服用のこと.

❷ …を身につける, 着る;（身につけて）…を持っていく. ▶ *prendre* ses lunettes pour lire le journal 新聞を読むためにめがねをかける / *prendre* le voile ベールをかぶる; 修道女になる / Si tu sors, *prends* ton parapluie. 出かけるなら傘を持っていきなさい.

❸〔液体など〕を吸収する;〔色〕に染まる. ▶ Ces chaussures *prennent* facilement l'eau. この靴はすぐに水がしみてくる / Les feuilles *prennent* une couleur dorée. 葉が金色に色づく.

❹〔数量, 年齢など〕が増える, を重ねる. ▶ *prendre* 2kg [deux kilogrammes] 2 キロ太る / *prendre* du poids 目方が増える / *prendre* de l'âge 年を取る.

❺〔態度など〕をとる;〔感情など〕を持つ, 抱く;〔外観, 様相〕を呈する, 見せる. ▶ *prendre* une attitude sévère 厳しい態度をとる / *prendre* de l'intérêt à qc/qn …に興味を持つ / *prendre* une bonne [mauvaise] tournure 好転［悪化］する / Le conflit a *pris* le caractère d'une lutte de classes. 紛争は階級闘争の性格を帯びるに至った.

❻〔習慣など〕を身につける;〔病気〕にかかる. ▶ *prendre* l'habitude de ＋ 不定詞 …する習慣を身につける / *prendre* un mauvais goût 悪い趣味を持つようになる / *prendre* froid 風邪をひく.

❼ …を受ける, 受け取る;〔客, 患者など〕を受け入れる, 引き受ける. ▶ *prendre* l'avis de qn …の意見を聞く / *prendre* un surnom あだ名を頂戴（ちょうだい）する / *prendre* des leçons particulières 個人レッスンを受ける / *prendre* qn en pension …を下宿させる / Ce train ne *prend* pas de

prendre

voyageurs. この列車は乗客を乗せない.

❽〈*prendre* sur soi qc // *prendre* sur soi de + 不定詞〉…の責任を引き受ける, 責任を持って…するようにする. ▶ *prendre* sur soi la faute de qn …の過failure責任を取る / J'ai *pris* sur moi de l'avertir. 彼(女)に注意するのは私が引き受けた.

❾〈*prendre* qc/qn + 様態〉…を…に受け止める, 理解する, 解釈する. ▶ Il *a* mal *pris* la plaisanterie. 彼は冗談を悪くとった / *prendre* qc au sérieux …をまじめに受け止める / *prendre* qc à la légère …を気軽に受け止める / *prendre* les choses comme elles sont 物事をあるがままに受け止める. ◆ *prendre* A en B A を B で受け止める, A に対して B という感情を抱く. ▶ *prendre* qn en amitié [pitié] …に友情 [哀れみ] を抱く / *prendre* qc/qn en horreur [grippe] …を嫌悪する.

❿ 話 〔打撃, 被害など〕を食らう, 被る. ▶ *prendre* des coups 殴られる / Il *a pris* la porte en pleine figure. 彼は真っ正面からドアに顔をぶつけた / Qu'est-ce qu'on *a pris*! まったくひどい目に遭ったもんだ.

⓫《さまざまな名詞を伴って動詞句を作る》▶ *prendre* forme 形になる / *prendre* feu 燃え上がる / *prendre* la parole 発言する / *prendre* sa retraite 引退する / *prendre* conscience de qc …に気づく.

à tout prendre すべてを考え合わせれば, 結局.
Ça te [*vous*] *prend souvent?* 話 これはいったいなんのまねだ.
C'est à prendre ou à laisser. このまま受け入れるかやめるかどちらかだ, 嫌ならやめるがいい.
le prendre bien 甘んじて受け入れる.
On ne m'y prendra plus. もうその手には乗らないぞ.
Où avez-vous pris cela? 話 そんな(ばかげた)ことをどこで仕入れたのか.

*prendre A pour B (1) A を B と見なす; A を B と取り違える. ▶ On le *prenait pour* un savant. 彼は学者と見なされていた / Je l'*ai prise pour* sa sœur. 私は彼女を姉[妹]と間違えた / *Pour* qui me *prenez-vous*? 私をだれだと思っているんだ, 見損なわないでくれ. 比較 ⇨ PENSER. (2) A を B として選ぶ. ▶ *prendre* qn *pour* époux [épouse] …を夫[妻]にする.
prendre l'air 空気 [外気] を吸う; 一息入れる.
prendre une femme (1) 妻をめとる. (2) 話 女を抱く.
se laisser prendre 捕まる, 逮捕される; だまされる, 一杯食わされる.

比較 手に取る, つかむ
prendre どのような取り方にせよ, 広く「手に取る」ことを表わす. **saisir** 手で確実につかむこと. **empoigner** 荒々しく, 強く, 握りしめること. **s'emparer de** 乱暴につかんで奪うこと, 都市や権力の奪取にも用いる. **attraper** 動いているものを捕まえること. 必ずしも手でつかむとは限らない.

—— 間他動〈*prendre* à qn〉〔欲望, 感情などが〕…にわかに起こる, を襲う. ▶ L'envie lui *a pris* de voyager. =《非人称構文で》Il lui *a pris* l'envie de voyager. 彼(女)はふと旅に出たくなった / *Qu'est-ce qui lui prend?* 彼(女)はいったいどうしたんだ.
Bien [*Mal*] (*en*) *prend à qn* (*de* + 不定詞). (…することは)…にとっていい [悪い] 結果となる. ▶ *Bien* m'*a pris de* vérifier par moi-même. 自分で確かめてみてよかった.

—— ***prendre** 自動 ❶〔液体などが〕固まる, 凍る; 焦げつく. ▶ La mayonnaise *prend*. マヨネーズが固まる / La gelée commence à *prendre*. ゼリーが固まり始めている / Le lac *a pris*. 湖が凍った / La sauce qui *prend* au fond de la casserole シチュー鍋(%)の底に焦げついたソース.

❷〔植物が〕根づく;〔種痘, ワクチンなどが〕つく;〔染料などが〕着色する. ▶ Toutes mes boutures *ont pris*. 挿し木は全部ついた / Le vaccin *a pris* sur lui. ワクチンは彼に効いた.

❸〔火が〕つく. ▶ Le feu *a pris* au toit. 屋根に火がついた.

❹ 効果が上がる, うまくいく, 成功する. ▶ Son histoire n'*a* pas *pris*. 彼(女)の話は信用されなかった (=On ne l'a pas cru(e).) / La nouvelle revue a l'air de *prendre*. この新しい雑誌は当たりそうだ / Ça ne *prend* pas avec moi. その手には乗らないぞ.

❺ 道を行く, 方向をとる. ▶ *prendre* à gauche 左へ曲がる / *prendre* par les petites rues 裏通りを行く / *prendre* au [par le] plus court 最短距離を行く.

❻〔道, 線, 話などが〕始まる. ▶ La grande-rue *prend* devant la gare. その大通りは駅前から始まっている.

❼ 話 しかられる, ひどい目に遭う. ▶ C'est toi qui fais les bêtises et c'est moi qui *prends*. ばかなことをすると怒られるのは私だ.

prendre sur soi 忍耐する, 自制する.

—— ***se prendre** 代動 ❶〔物が〕手に取られる, つかまれる. ▶ Cela *se prend* avec les doigts [par le milieu]. それは指で [真ん中を] 持つのです.

❷ 捕まる; ひっかかる, 挟まれる. ▶ Un moucheron *s'est pris* dans une toile d'araignée. ハエがクモの巣にかかった. ◆ *se prendre* qc dans [entre, à] qc〔自分の体の一部〕を…に挟まれる. 注 間接目的. ▶ Elle *s'est pris* le doigt dans la porte. 彼女はドアに指を挟んだ.

❸ 取り合う, 握り合う. ▶ *se prendre* par le bras 腕を取り合う / *se prendre* aux cheveux 話 髪をつかみ合う; 取っ組み合いの喧嘩(%).

❹ …を奪い合う. 注 se は間接目的. ▶ *se prendre* le ballon ボールを奪い合う.

❺〔食事が〕取られる;〔薬などが〕服用される. ▶ Le petit déjeuner *se prend* à sept heures. 朝食は7時です / Ce médicament *se prend* avant les repas. この薬は食前に服用する.

❻ 理解される, 解釈される. ▶ Ce terme *se prend* en mauvaise part. この言葉はしばしば悪い意味に取られる.

*s'en prendre à qc/qn …を批判する, 責める. ▶ Il *s'en est pris* à moi. 彼は私を非難した / Il ne pourra *s'en prendre* qu'*à* lui-même. 彼は自分しか責められない, 悪いのは彼自身だ.

se prendre à qc 文章 …に執着する, 熱中する. ▶ *se prendre au jeu* 賭事(ごと)に熱中する.

se prendre à +不定詞 文章 …し始める.

se prendre au sérieux 自分を重大視する, もったいぶる.

se prendre de qc (ある感情)を持つ, 抱く. ▶ *se prendre「d'amitié [d'aversion] pour qn* …に友情［反感］を持つ.

se prendre par la main (1) 手を取り合う, 手をつなぐ. (2) 話 頑張る, 奮起する.

*__se prendre pour__ + 属詞 自分を…と思う. ▶ Il *se prend pour* un grand musicien. 彼は自分を大音楽家だと思っている / **Pour qui se prend-il?** 彼は何様のつもりだ / Il ne *se prend pas pour* rien. 話 彼は自分が相当なものだと思っている.

*__s'y prendre__ 振る舞う, 行動する, 取りかかる. ▶ *s'y prendre* à plusieurs fois 数度試みる / *s'y prendre* bien [mal] うまくやる［まずいやり方をする］/ Montrez-moi comment il faut *s'y prendre*. どのようにすべきか教えてください / Je ne sais pas comment *m'y prendre*. どうすればいいかわからない.

preneur, euse /prənœːr, øːz/ 名 ❶ 買い手;【法律】賃借人. ❷ ⟨*preneur* (de qc)⟩ (…を)取る人. ▶ *preneur* de son 録音技師.

prenn- 活用 ⇨ PRENDRE 87

*__prénom__ /prenɔ̃/ 男 (姓 nom de famille に対して) 名. ▶ Ils se tutoient, ils s'appellent par leurs *prénoms*. 彼らは「君, 僕」で話し, (姓でなく)名で呼び合っている.

prénommé, e /prenɔme/ 形 …という名の. ▶ Il a un fils *prénommé* Jean. 彼にはジャンという名の息子がいる / le *prénommé* Paul ポールという名の男.
— 名 …という名の人.

prénommer /prenɔme/ 他動 …を(…と)名づける. ▶ *prénommer* un enfant Jean 子供をジャンと名づける.
— **se prénommer** 代動 (…という)名である. ▶ Il *se prénomme* Jean. 彼の名はジャンです.

prénuptial, ale /prenypsjal/; ⟨男 複⟩ **aux** /o/ 形 結婚前の. ▶ examen *prénuptial* 婚前検診 / certificat *prénuptial* 婚前検診証明書(結婚前2か月以内のものを役所に提出する義務がある).

préoccupant, ante /preɔkypɑ̃, ɑ̃ːt/ 形 心配させる, 気がかりな.

préoccupation /preɔkypasjɔ̃/ 女 ❶ 心配, 気がかり; 懸念. ▶ avoir de graves *préoccupations* 深刻な悩みがある. ❷ 専心, 没頭. ▶ Sa *préoccupation* le rend distrait. 彼は気を奪われてうわの空だ.

préoccupé, e /preɔkype/ 形 気がかりな, 案じている. ▶ Vous avez l'air *préoccupé*. 心配そうな御様子ですね. ◆ *préoccupé* de qc …を気にかける. ▶ Il n'est guère *préoccupé* de son avenir. 彼は自分の将来をあまり気にしていない.

préoccuper /preɔkype/ 他動 …を心配させる; の心を占める. ▶ Cette idée le *préoccupe*. その考えが彼の頭から離れない.
— **se préoccuper** 代動 ⟨*se préoccuper* de qc/ 不定詞⟩ …を気にかける, 心配する. ▶ Elle ne *se préoccupe* que de ses enfants. 彼女は子供のことしか頭にない.

préopératoire /preɔperatwaːr/ 形【医学】手術前の, 手術に先行する.

prépa /prepa/ 女 (*préparatoire* の略) 話 グランゼコール準備課程.

préparateur, trice /preparatœːr, tris/ 名 ❶ 実験助手. ❷ *préparateur* en pharmacie 調剤助手.

*__préparatif__ /preparatif/ プレパラティフ/ 男 (多く複数で) 準備(作業), 支度. ▶ faire les [ses] *préparatifs* de départ 出発の準備をする.

*__préparation__ /preparasjɔ̃/ プレパラスィヨン/ 女 ❶ 準備, 用意, 支度. ▶ la *préparation* du repas 食事の支度 / roman en *préparation* 執筆中の小説.
❷ 調理, 調合; 調理された飲食品; 調合薬. ▶ la *préparation* des médicaments 薬の調合 / *préparation* chimique 化学調合物.
❸ (計画の) 立案, 作成. ▶ la *préparation* et l'exécution du budget 予算の編成と執行.
❹ 予習, 下調べ, 受験勉強. ▶ faire sa *préparation* en français フランス語の予習をする.
❺ 心構え, 覚悟. ▶ la *préparation* à la retraite 退職の心構え.
❻【軍事】*préparation* militaire 陸軍の体験入隊.

préparatoire /preparatwaːr/ 形 準備の, 予備の. ▶ travail *préparatoire* 予備作業 / cours *préparatoire* (小学校の)準備課程 / classe *préparatoire* グランゼコール準備学級.

*__préparer__ /prepare/ プレパレ/ 他動
❶ …を準備する, 用意する. ▶ *préparer* ses bagages pour voyager 旅行するために荷物を整える / *préparer* ses leçons 授業の予習をする / *préparer* un discours 演説の草稿を練る / *préparer* un examen 試験勉強をする (比較 ⇨ EXAMINER) / *préparer* une grande école 高等専門学校の受験勉強をする.
❷ ⟨食事⟩の支度をする; を料理する; 調合する. ▶ *préparer* le dîner 夕食の支度をする / *préparer* du poisson pour le déjeuner 昼食に魚を料理する / *préparer* le café コーヒーを入れる / plat (tout) *préparé* 調理済み食品.
❸ … を企てる, 計画する. ▶ *préparer* un voyage 旅行プランを練る / *préparer* le budget 予算を編成する / *préparer* un symposium シンポジウムを企画する / *préparer* un attentat テロをたくらむ / *préparer* une surprise à qn …をびっくりさせようとたくらむ.
❹ ⟨*préparer* qc (à qn)⟩ (…に)…をもたらす, 予告する. ▶ Ce temps orageux nous *prépare* un retour difficile. この荒れ模様では帰りが思いやられる.
❺ ⟨*préparer* qn à [pour] qc // *préparer* qn à + 不定詞⟩ …に…の準備をさせる; の覚悟をさせる. ▶ *préparer* qn 「pour le bac [au bac] …にバカロレアの準備をさせる / *préparer* qn à une mauvaise nouvelle …に悪い知らせに対する心構えをさせる.

prépayer

❻ ⟨*préparer* qc (à qn)⟩ 話〔病気〕になりかけているように(…には)見える. ▶ Tu nous *prépares* un gros rhume. 君, ひどい風邪を引きそうだね.

比較 用意する, 準備する
préparer《最も一般的》具体的なものを用意する場合にも, 仕事や課題のために準備を整える場合にも広く用いる. **arranger, aménager** 場所を使いやすいように整えること. arranger, **organiser** 計画や仕事の段取りをつけること.

— *se préparer 代動 ❶⟨*se préparer* (à [pour] qc/不定詞)⟩(…の)準備を整える, 身支度をする; 心構えをする. ▶ *Préparez-vous.* 用意して下さい / *se préparer* à un examen 試験の準備をする / *se préparer* pour un voyage 旅行の支度をする / *se préparer* pour sortir 出かける用意をする.

❷ ⟨*se préparer* qc⟩自分のために…を用意する. 注 se は間接目的. ▶ *se préparer* un sandwich 自分のためにサンドイッチを作る / *se préparer* des ennuis 自ら厄介事を作り出す.

❸ 準備[用意]される. ▶ Le repas *se prépare* dans la cuisine. 食事は台所で準備中だ / Un voyage, ça *se prépare*. 旅をするには準備が必要だ. ❹ 起ころうとしている. ▶ Un orage *se prépare*. 雷雨が来そうだ /《非人称構文で》Il *se prépare* quelque chose de grave. 何かたいへんなことが起こりそうだ.

prépayer /prepeje/ 他動 …を前払いする. ▶ carte *prépayée* プリペイドカード.

prépondérance /prepɔ̃derɑ̃:s/ 女 優越性, 優位; 主導権, 支配権. ▶ Ce pays a acquis la *prépondérance* sur le marché du sucre. その国は砂糖市場における主導権を握った.

prépondér*ant, ante* /prepɔ̃derɑ̃, ɑ̃:t/ 形 ❶ 優勢な, 優越した, 支配的な. ▶ jouer un rôle *prépondérant* 主導的な役割を果たす. ❷ voix *prépondérante* (票が割れたときの)裁決権, キャスチング・ボート.

prépos*é, e* /prepoze/ 名 担当者, (特に下級の)係員. ▶ les *préposés* des douanes 税関職員.

préposer /prepoze/ 他動 ⟨*préposer* qn à qc/不定詞⟩…を(職務などに)任ずる, 当たらせる. ▶ *préposer* qn à la direction des travaux …に作業の指揮[工事の監督]を担当させる.

prépositi*f, ive* /prepozitif, i:v/ 形 前置詞の. ▶ locution *prépositive* 前置詞句(à cause de, à côté de など).

__préposition__ /prepozisjɔ̃/ プレポズィスィョン/ 女 前置詞.

prépositionn*el, le* /prepozisjonel/ 形《文法》前置詞の; 前置詞に導かれる.

prépuce /prepys/ 男《解剖》(陰茎の)包皮.

préraphaélite /prerafaelit/ 形《絵画》ラファエロ前派の.
— 名 ラファエロ前派の画家; 前古典主義の画家.

préretraite /prer(ə)tret/ 女 (退職金の優遇などを伴う)定年前退職, 早期退職.

préretrait*é, e* /prer(ə)trete/ 形 名 早期退職した(人).

prérogative /prerɔgati:v/ 女 (多く複数で)特権. ▶ les *prérogatives* du président 大統領特権.

préromantique /preromɑ̃tik/ 形 ロマン主義に先立つ, 前ロマン派の, プレロマンチスムの.

préromantisme /preromɑ̃tism/ 男 前ロマン主義, プレロマンチスム.

__près__ /pre プレ/ 副

❶ (空間的に)近くに, そばに. ▶ La gare est tout *près*. 駅はすぐそばです / C'est plus *près* par là. そちら[こちら]の方が近道です.

❷ (時間的に)近くに, すぐに. ▶ Noël est tout *près*. クリスマスはもうすぐです / Les vacances sont encore tout *près* (de nous). まだ休暇が明けて間もない / Samedi prochain, c'est trop *près*. 次の土曜では早すぎる.

à beaucoup *près* 《多く否定的表現で》それどころではない; はるかに. ▶ Je ne suis pas aussi riche que toi, *à beaucoup près*. 私はあなたほどの金持ちではない, とんでもない.

à peu de chose(s) *près* ほとんど, ほぼ. ▶ Son fils lui ressemble, *à peu de chose près*. 彼(女)の息子は彼(女)によく似ている.

__à peu près__ (1) ほとんど, だいたい, およそ. ▶ Il est sorti il y a *à peu près* vingt minutes. 彼はおよそ20分くらい前に出ていった. 語法 ⇨ ENVIRON. (2) およそ, 概算で(⇨ À-PEU-PRÈS).

à qc *près* (1) …を除けば. ▶ *à* quelques exceptions *près* いくつかの例外を別とすれば / *à* cette différence *près* que + 直説法 …であるという違いを無視すれば. ◆*à* cela [ceci] *près* que + 直説法 …にしようとすれば. ▶ Il se sentait heureux, *à* cela *près* qu'il n'avait pas un sou. 金にまったく縁がないことを別とすれば, 彼は幸せだった. (2) …の(誤)差で; …単位の正確さで. ▶ *À* cinq minutes *près*, je le rencontrais. 5分違えば彼に会えたのだが / Le laser coupe les métaux les plus durs *au* micron *près*. レーザー光線はどんなに硬い金属でもミクロン単位で切断する. (3) ⇨ 成句 **ne pas (en) être à qc près**.

Ce n'est pas tout *près* 話 近くはない, 遠い.

__de près__ 間近から; 注意深く. ▶ regarder un tableau *de près* 絵を近くに寄って見る / observer [examiner] qc *de près* …を子細に調べる / surveiller [tenir] qn/qc *de près* …を厳重に監視する / Il ne faut pas regarder la télé *de* trop *près*. テレビをあまり近くから見てはいけない / y regarder *de* plus *près* そこのところをより詳細に見て[検討して]みると / se raser *de près* きちんとひげをそる / voir la mort *de près* 命拾いする / Les grands travaux se suivent *de près*. 大工事が相次いで行われている.

de *près* ou de loin 多少なりとも, なんらかの形で.

être *près*「de son argent [de ses sous, de ses intérêts] 金に細かい, けちである.

être *près* de + 不定詞 …しようとしている, する寸前である. ▶ On était *près* de partir quand le téléphone a sonné. 出発間際に電話が鳴った.

ne pas (en) être à qc *près* …など気にしない, …くらいなんでもない. ▶ Je ne [n'en] suis pas à cinq minutes *près*. 5分やそこらどうでもいい.

す, 気長に待ちます / Tu *n'en es pas à* ça *près.* そんなことどうでもよいだろう.
ne pas y regarder de si [*trop*] *près* それ以上のことを望まない, ほどほどで満足する.
ni de *près* ni de loin まったく, 全然. ▶ Je ne le connais ni de *près* ni de loin. 私は彼をまったく知らない.
près de qn/qc (1) (空間的, 時間的に)…の近くに. ▶ tout *près* de Paris パリ近郊に / Est-ce qu'il y a un bureau de poste *près* d'ici ? この辺に郵便局はありますか / Il était *près* de midi. 正午に近かった / Mon oncle est *près* de la retraite. おじは定年間近だ. (2) (関係などが)…に接近して; の手前に; と大差なし. ▶ Il est passé tout *près* du succès. 彼はもう少しで成功するところだった. (3) およそ…, 約…, 弱. ▶ Elle a touché *près* de dix mille euros. 彼女は1万ユーロ近く受け取った.
présage /preza:ʒ/ 男 前兆, 前触れ; (前兆に基づく)予想. ▶ bon [mauvais] *présage* 吉[凶]兆 / *présages* d'une tempête 嵐(あらし)の前触れ / tirer (un) *présage* d'un événement ある出来事から未来を占う.
présager /prezaʒe/ 2 他動 ‹ *présager* qc ∥ *présager* que + 直説法 › ❶ …の前兆である; を予測させる. ▶ Rien ne laissait *présager* que … …と予想させるものは何もなかった / Ce ciel couvert *présage* un orage. この曇り空は嵐(あらし)の前触れだ. ❷ 〔人が〕を予想する.
pré-salé /presale/; 〔複〕〜**s-**〜**s** 男 プレサレ: 海辺の牧場で育てられた羊, その羊肉.
presbyte /presbit/ 形, 名 老眼の(人).
presbytéral, ale /presbiteral/; 〔男複〕**aux** /o/ 形 (カトリックで)司祭の; (プロテスタントで)牧師の.
presbytère /presbitɛ:r/ 男 司祭館.
presbytérien, enne /presbiterjɛ̃, ɛn/ 形, 名 (プロテスタントの)長老派の(教会員), 長老派教会の(支持者).
presbytie /presbisi/ 女 老眼.
prescience /presjɑ̃:s/ 女 予知; 予感. ▶ avoir la *prescience* d'un bouleversement mondial 世界的大変動を予見する.
préscolaire /preskɔlɛ:r/ 形 学齢期以前の, 就学前の.
prescripteur, trice /preskriptœ:r, tris/ 名 商品の選択などに影響力を持つ評論家.
prescriptible /preskriptibl/ 形 〔法律〕時効にかかる; 時効の対象となる.
prescription /preskripsjɔ̃/ 女 ❶ 規定; (医者の)処方. ▶ suivre les *prescriptions* d'un médecin 医者の処方に従う. ❷ 〔法律〕時効. ▶ On ne peut le poursuivre, il y a *prescription*. もはや彼を追及することはできない, 時効だから / délai de *prescription* 時効期間.
prescrire /preskri:r/ 78 (過去分詞 prescrit, 現在分詞 prescrivant) 他動 ❶ ‹ *prescrire* qc (à qn) ∥ *prescrire* (à qn) de + 不定詞 › (…に)を規定する, 命ずる; 〔薬〕を処方する; 〔治療法〕を勧める. ▶ accomplir les formalités que *prescrit* le règlement 規則が定める手続きを踏む / *pres-*

crire un repos 休養を命じる.
❷ 〔権利, 利益〕を時効によって取得する; 〔債務, 刑罰〕を時効によって消滅させる.
— **se prescrire** 代動 ❶ 規定される, 命じられる. ❷ 〔法律〕時効になる.
prescris, prescrit /preskri/ 活用 ⇨ PRESCRIRE 78
prescrit, ite /preskri, it/ 形 (prescrire の過去分詞) ❶ 規定された, 定められた. ▶ Ne pas dépasser la dose *prescrite*. (処方箋(せん)記載の)薬の用量を超えないように.
❷ 〔法律〕時効の成立した.
prescriv- 活用 ⇨ PRESCRIRE 78
préséance /preseɑ̃:s/ 女 上席権, 優先権. ▶ avoir la *préséance* sur qn …の上席を占める.
présélection /preselɛksjɔ̃/ 女 予備選抜; (機械類の)プリセット.
présence /prezɑ̃:s/ プレザンス 女 ❶ (人がある場所に)いること, 存在; 出席. ▶ Votre *présence* est indispensable. あなたにはぜひいてもらわなければならない / sentir une *présence* à côté de soi 辺りに人の気配を感じる / fuir [éviter] la *présence* de qn …を避ける / Sa *présence* chez moi me réconfortait. 家に彼(女)がいてくれて心強かった / Vous êtes prié d'honorer la cérémonie de votre *présence*. (招待状で)式典に御臨席くだされば光栄に存じます / feuille de *présence* 出席者名簿 / jeton de *présence* (会合などへの)出席手当.
❷ (物がある場所に)あること, 存在. ▶ rechercher la *présence* de minerais 埋蔵されている鉱石を探す / *présence* de sucre dans les urines 尿に糖が出ていること.
❸ 影響力, 勢力; 参加, かかわり. ▶ la *présence* française à l'étranger 外国におけるフランスの威信 / *présence* militaire 軍隊の駐留 / *présence* des jeunes dans la société 若者の社会参加.
❹ (作家, 作品などの)現代性, 現代への影響力. ▶ *présence* de Rousseau ルソーの現代性.
❺ (俳優などの)個性, 魅力, 存在感. ▶ avoir de la *présence* 存在感がある / manquer de *présence* 存在感がない
en présence 面前に, 向かい合って (=face à face).
en présence de qn/qc …の前で, に直面して, の出席のもとに. ▶ *en* ma *présence* 私の面前で / Je ne parlerai qu'*en présence de* mon avocat. 弁護士なしでは何も話せません / On se trouve *en présence d'*une crise économique. 経済的危機に直面している / mettre qn *en présence de* qn/qc …を…と対面[直面]させる.
faire acte de présence = faire de la présence (会合などに)ちょっと出席する, 顔だけ出す.
hors de la présence de qn …のいないところで.
présence d'esprit 機転, 当意即妙; 落ち着き. ▶ avoir de la *présence d'esprit* 機転が利く / Je n'ai pas eu la *présence d'esprit* de lui répliquer. 私は彼(女)にとっさにやり返すことができなかった.
présent¹, ente /prezɑ̃, ɑ̃:t/ プレザン, プレザー

présent

ント/ 形 **1**《空間的に》❶〈*présent* (à qc)〉〔人が〕(…に)いる, 居合わせる；出席している. ▶ Madame X, ici *présente* ここにいらっしゃる X 夫人 / Tous les membres du comité sont *présents* à la réunion. すべての委員が会議に出席している /《Mademoiselle Martin？—*Présent(e)* !》「マルタンさん」「はい」(注 女性でも男性形を用いて答えることが多い)

❷〔物が〕ある, 存在する. ▶ sucre *présent* dans le sang 血液中に含まれている糖 / Leur souvenir est toujours *présent* dans la maison. 彼(女)らの思い出は今でも家の中に残っている.

2《時間的に》❶ 現在の, 今の. ▶ l'état *présent* de la langue 言語の現状 / le siècle *présent* 今世紀 / le temps *présent* = l'époque *présente* 現代 / l'instant *présent* = la minute *présente* 今, 現在 / ne penser qu'au moment *présent* 当面の問題のみを考える；後先のことを考えない.

❷《名詞の前で》この, 今問題になっている. ▶ la *présente* lettre 本書状, この手紙 / le 10 [dix] du *présent* mois 今月の10日. ❸〔文法〕現在の. ▶ participe *présent* 現在分詞.

avoir qc présent à l'esprit …が心に残っているを記憶にとどめている. ▶ J'ai encore ces paroles *présentes* à l'esprit. 私は今でもその言葉を忘れずにいる.

être présent「à l'esprit [à la mémoire] de qn …の心に残っている. ▶ Ce souvenir *était* toujours *présent* à sa *mémoire*. その思い出はずっと彼(女)の心に残っていた.

être présent「en pensée [par la pensée, par le cœur] 気持ちの上では参加している.

— 名 出席者.

— ***présent*** 男 ❶ 現在, 今. ▶ vivre dans le *présent* (過去のことや将来のことで悩まずに)現在に生きる. ❷〔文法〕現在. ▶ *présent* de l'indicatif 直説法現在 / conjuguer un verbe au *présent* 動詞を現在形に活用させる.

à présent (過去の事実と対比して)今は, 今では. ▶ *A présent*, tu peux sortir. 今なら出かけてもいいよ.

à présent que + 直説法 今や…であるから. ▶ *A présent que* tout le monde est arrivé, on peut ouvrir la séance. 全員集まったので会議が開ける.

d'à présent 文章 今日の, このごろの. ▶ les jeunes filles *d'à présent* 近ごろの若い娘. 比較 ⇨ ACTUEL.

dès à présent 今すぐにでも.

jusqu'à présent 現在まで(は), これまで(は) (=jusqu'ici).

— **présente** 女〔商業〕本書状 (=présente lettre).

présent² /prezã/ 男 文章 贈り物, プレゼント (=cadeau). ▶ faire *présent* de qc à qn …に…を贈る.

présentable /prezɑ̃tabl/ 形 人前に出せる, 体裁のいい, 見苦しくない.

présentateur, trice /prezɑ̃tatœːr, tris/ 名 ❶ (ラジオ・テレビ番組の)司会者；(ニュース番組の)解説者, キャスター.

❷ (商品展示会などの)宣伝係, 展示説明員.

présentation /prezɑ̃tasjɔ̃/ 女 ❶《多く複数で》(人の)紹介. ▶ faire les *présentations* (人を)引き合わせる.

❷ 公開, 紹介；展示会, 発表会. ▶ assurer la *présentation* du journal télévisé de vingt heures 午後8時のテレビニュースを担当する / *présentation* de la mode ファッション・ショー.

❸ 展示, 陳列, 配列；(物の)体裁. ▶ la *présentation* des articles dans un magasin ある商店のディスプレー.

❹ 風采(ふうさい), 外見, 身なり. ▶ avoir une mauvaise *présentation* ぱっとしない, 見た目の悪い.

❺ (論文などの)説明, 展開(の仕方).

❻ 呈示, 提出. ▶ La *présentation* d'une pièce d'identité est obligatoire. 必ず身分証明書を呈示すること / sur *présentation* de qc …を呈示して, 見せるだけで.

présentement /prezɑ̃tmɑ̃/ 副 文章 現在, 今, 目下のところ.

présenter /prezɑ̃te プレザンテ/ 他動

英仏そっくり語

英 to present 贈呈する, 発表する.
仏 présenter 紹介する, 見せる.

❶ 〈*présenter* A à B〉A を B に**紹介する**. ▶ Je vous *présente* mon fils. 息子をご紹介します / Permettez-moi de vous *présenter* Monsieur Dupont. デュポン氏を紹介させていただきます.

❷ 〈*présenter* qn/qc à qc〉〔候補者, 候補者など〕を…に**推薦する**, 立てる. ▶ Chaque parti *présente* ses candidats aux élections municipales. 各党が地方選挙に候補者を立てている / *présenter* un film au festival de Cannes カンヌ映画祭に映画を出品する.

❸ 〈*présenter* qc〉〔商品など〕を**展示する**, 陳列する. ▶ *présenter* des articles dans une vitrine 商品をショーウインドーに陳列する / Ta femme a l'art de bien *présenter* les plats. 君の奥さんは料理の盛りつけがとてもうまい.

❹ 〈*présenter* qc (à qn)〉…を(観客に)公開する, 紹介する. ▶ *présenter* un nouveau film 新しい映画を紹介する / Le couturier *a présenté* sa collection. デザイナーがコレクションを発表した / Elle *présente* le journal de vingt heures. 彼女は夜8時のニュースのキャスターを担当している.

❺ 〈*présenter* qc (à qn)〉…を(…に)**提示する**, 見せる；提出する. ▶ *présenter* son billet au contrôleur 切符を車掌に見せる / *présenter* une thèse 学位論文を提出する / *présenter* sa candidature à un poste ある職に応募する. 比較 ⇨ MONTRER.

❻ 〈*présenter* qc (à qn)〉(…に)…を差し出す, 勧める. ▶ *présenter* un fauteuil à un visiteur 訪問客にひじ掛け椅子(いす)を勧める.

❼ 〔考えなど〕を展開し, 述べる. ▶ *présenter* des observations 見解を述べる / *présenter* à qn ses félicitations …にお祝いを述べる / *présenter* ses excuses [remerciements] お詫び[お礼]を述べる.

❽ …を呈する, 示す, 現す. ▶ Le chemin *présen-*

tait de nombreux détours. 道はつづら折りに曲がっていた / *présenter* les choses telles qu'elles sont 物事をあるがままに描く / Depuis hier, le malade *présente* des symptômes alarmants. 昨日来,病人は危険な徴候を見せている.

❾〖軍事〗 *Présentez* armes! 捧(ささ)げ銃(つつ)(号令).

── 自動 話 *présenter* bien [mal]〔人が〕好感[嫌な感じ]を与える.

── ***se présenter** 代動 ❶ <*se présenter* (à qn)> (…に) **自己紹介する**. ▶ Je *me présente*: Pierre Durand. 私はピエール・デュランと言います. ◆*se présenter* comme + 属詞 …を自称する,と称する.

❷ <*se présenter* (à qc)> (試験を) **受ける**; (選挙などに) **立候補する**. ▶ *se présenter* au baccalauréat バカロレアを受験する / *se présenter* pour un emploi ある職に応募する / *se présenter* aux élections présidentielles 大統領選挙に立候補する.

❸ **姿を見せる,現れる;出頭する**. ▶ Je ne peux pas *me présenter* dans cette tenue. こんな格好じゃ出られない / *se présenter* au bureau de vote 投票所に行く / *se présenter* aux autorités 当局に出頭する.

❹ <*se présenter* (à qn/qc)> (…に) **起こる,生じる,現れる**. ▶ Une difficulté *s'est présentée*. 難題が生じた / Un spectacle magnifique *se présenta* à nos yeux. すばらしい光景が眼前に現れた /《非人称構文で》Il *s'est présenté* à ma pensée une idée extravagante. ばかげた考えが頭に浮かんだ.

❺ **外観を示す,様相を呈する**. ▶ Ça *se présente* comment? (形状などについて) どんなふうですか / Cette affaire *se présente* bien. この件はうまくいきそうだ [期待できる].

présentoir /prezɑ̃twa:r/ 男 **陳列棚,ショーケース**.

préservatif /prezɛrvatif/ 男 **コンドーム** (=condom); **避妊具**. ▶ mettre un *préservatif* コンドームをつける / *préservatif* féminin 女性用避妊具,ペッサリー(=diaphragme).

préservation /prezɛrvasjɔ̃/ 囡 **保護,保障,保存;予防**. ▶ la *préservation* de l'environnement naturel 自然環境の保護.

préserver /prezɛrve/ 他動 <*préserver* qn/qc (de qc)> …を (…から) **守る**. ▶ Vous nous *avez préservés* d'un grand malheur. 我々はあなた(方)のおかげで大事に至らずに済んだ / Cet imperméable vous *préserve* mal de la pluie. このレインコートはほとんど雨よけにはならない.

Dieu [*Le Ciel*] *nous préserve de qc* 不定詞 . 神が我々を…から守り給わんことを.

── **se préserver** 代動 <*se préserver* de qc> …から身を守る,免れる. ▶ *se préserver* du soleil 日差しを避ける.

présidence /prezidɑ̃:s/ 囡 ❶ **大統領 [議長,裁判長,会長] 職**. ❷ **大統領 [議長,裁判長,会長] の任期**. ❸ (大統領,議長などの) **官邸,宿舎,執務室**. ❹ (会議,集会などの) **主宰,司会**. ▶ La *présidence* de la séance est assurée par Mme Martin. 会議の司会者はマルタン夫人である.

*président /prezidɑ̃/ 男 ❶ **大統領**. ▶ le *président* de la République française フランス共和国大統領 / le *président* Sarkozy サルコジ大統領.

❷ **議長,委員長,裁判長;**(組織,団体の) **会長,総裁,主宰者**. ▶ *président* du tribunal 裁判所長 / *président* de l'Assemblée nationale 国民議会 (下院) 議長 / *président* d'une société scientifique 学会の会長 / *président*-directeur général 社長 (略 PDG).

présidente /prezidɑ̃:t/ 囡 ❶ (女性の) **大統領;議長,委員長;会長**. ❷ **大統領 [議長,裁判長,会長] 夫人**.

présidentiable /prezidɑ̃sjabl/ 形 名 **フランス大統領になる可能性のある (人)**.

présidentialisme /prezidɑ̃sjalism/ 男 **大統領強権制,大統領集権主義**.

présidentiel, le /prezidɑ̃sjɛl/ 形 **大統領 [議長,裁判長,会長] の**. ▶ régime *présidentiel* 大統領制.

── **présidentielles** 囡複 **大統領選挙** (=élections présidentielles). 注 単数形で用いられることもある.

*présider /prezide/ 他動 ❶ 〔会議,集会など〕を **司会する,の議長を務める**. ▶ *présider* un débat 討論の司会をする. ❷ …を **主宰する,の主人役を務める**. ▶ *présider* un dîner 晩餐(ばんさん)会の主人役を務める.

── 間接他動 《多く主語は物》 <*présider* à qc> …をつかさどる,支配する,に関与する.

présidium /prezidjɔm/ 男 ⇨ PRÆSIDIUM.

présomptif, ive /prezɔ̃ptif, i:v/ 形 **推定される**. ▶ héritier *présomptif* 推定相続人.

présomption /prezɔ̃psjɔ̃/ 囡 ❶ (多く複数で) **推定,推測,仮定**. ▶ des *présomptions* faibles あやふやな仮定 / *présomption* d'innocence 推定無罪. ❷ **うぬぼれ,思い上がり,慢心**.

présomptueusement /prezɔ̃ptɥøzmɑ̃/ 副 文章 **うぬぼれて,思い上がって,横柄に**.

présomptueux, euse /prezɔ̃ptɥø, ø:z/ 形 **うぬぼれた,思い上がった,傲慢 (ごうまん) な**.

── 名 **うぬぼれの強い [傲慢な] 人**.

*presque /prɛsk/ プレスク 副 (語末の e は presqu'île (⇨ PRESQU'ÎLE) を除いて省略されない) ❶ **ほとんど,ほぼ**. ▶ *presque* dix kilos 10 キロ (グラム) 弱 / C'est *presque* sûr. それはほぼ確実だ / *presque* toujours たいていいつも / Elle a *presque* pleuré. 彼女はもう少しで泣き出すところだった /《Il est trois heures? —Oui, *presque*.》「3 時になりましたか」「ええ,そろそろ」/ Ça n'arrive *presque* jamais. そんなことはまずめったに起こらない /《As-tu trouvé des fautes? —*Presque* pas.》「間違いがありましたか」「いいえほとんど見つかりません」 語法 ⇨ ENVIRON.

❷ 《定冠詞+presque+抽象名詞》 **ほとんど…に近いもの**. ▶ J'en ai la *presque* certitude. それはまず間違いないと思う.

ou presque (直前の断言を緩和して) **あるいはほとんど (…だ)**. ▶ J'ai enfin fini mon travail *ou presque*. やっと仕事が終わった,すっかりではないが

終わったようなものだ.

presqu'île /prɛskil/ 囡 半島. 注 イベリア半島のように大きなものは péninsule と呼ぶ.

pressage /prɛsaːʒ/ 男 プレス加工; 加圧, 圧縮.

press*ant, ante* /prɛsɑ̃, ɑ̃ːt/ 形 ❶ 粘り強い, 執拗(しつよう)な. ▶ sollicitations *pressantes* たっての願い, 懇願. ❷《ときに名詞の前で》差し迫った, 緊急な. ▶ avoir un *pressant* besoin d'argent 緊急に金が必要である.

***presse** /prɛs/ プレス/ 囡 ❶ 出版物;《特に》新聞, 雑誌, 定期刊行物 (= *presse* périodique); 出版, 報道, ジャーナリズム. ▶ *presse* quotidienne [hebdomadaire] 日刊紙 [週刊誌] / *presse* d'information 情報紙 / *presse* d'opinion オピニオン紙 / *presse* du cœur (写真中心の)恋愛小説誌 / *presse* féminine 女性誌 / *presse* gratuite 無料紙 [誌] / agence de *presse* 通信社 / service de *presse* 報道担当, 広報係 / liberté de la *presse* 出版報道の自由 / *presse* écrite 活字メディア / *presse* télévisée テレビメディア / *presse* parlée ラジオニュース / travailler dans la *presse* ジャーナリズムの仕事をする / Toute la *presse* en parle. あらゆる新聞雑誌がそのことを取り上げている.

❷《集合的に》ジャーナリスト, 報道関係者. ▶ conférence de *presse* 記者会見 / attaché de *presse* (政府の)報道担当官, スポークスマン.

❸ 印刷機; 印刷(術).

❹ プレス(機), 圧縮機, 圧搾機;(ズボンなどの)プレッサー. ▶ *presse* hydraulique 水圧プレス.

❺ (商売の)繁忙, 活況. ▶ Evitez les grands magasins à midi aux moments de *presse*. お昼の混雑するときにデパートに行くのはやめなさい.

❻ 文章 群衆, 人込み, 雑踏. ▶ fendre la *presse* 群衆をかき分けて進む.

avoir bonne [mauvaise] presse 新聞雑誌によく [悪く] 書かれる; 世間の評判がよい [悪い].

sous presse 印刷中の. ▶ mettre un livre sous *presse* 本を印刷する.

press*é, e /prɛse/ 形 ❶ 絞った, 圧搾した. ▶ orange *pressée* オレンジのジュース. ❷ 急を要する, 緊急の. ▶ lettre *pressée* 急ぎの手紙. ❸ 急いでいる. ▶ Il est bien *pressé*. 彼はとても急いでいる / d'un pas *pressé* 急ぎ足で. ◆ (être) *pressé* "de + 不定詞 [que + 接続法]" …を急いでいる, 早く…したがっている. ▶ Je suis *pressé* de partir. すぐにでも出発したい.

n'avoir rien de plus pressé que de + 不定詞 一刻も早く…しようと急ぐ, 取るものも取りあえず…する.

— *pressé* 男 aller [courir] au plus *pressé* 最も重要なことを真っ先にする / parer au plus *pressé* 緊急措置をとる.

presse-bouton /prɛsbutɔ̃/ 形《不変》押しボタンの, オートメ化した.

presse-citron /prɛssitrɔ̃/ 男《単複同形》レモン搾り器.

pressens, pressent /prɛsɑ̃/ 活用 ⇨ PRESSENTIR 19

pressenti-, pressentî- 活用 ⇨ PRESSENTIR 19

pressentiment /prɛsɑ̃timɑ̃/ 男 予感. ▶ le *pressentiment* d'un danger 危険なことがあるという虫の知らせ / J'ai le *pressentiment* qu'il lui est arrivé quelque chose. 彼(女)の身によくないことが降りかかっているような気がする.

***pressentir** /prɛsɑ̃tiːr/ プレサンティール/ 19 他動 (過去分詞 pressenti, 現在分詞 pressentant) ❶ <*pressentir* qc // *pressentir* que + 直説法>…を予感する; 感づく, 見抜く. ▶ *pressentir* un malheur 不幸を予感する / Rien ne laissait *pressentir* une mort si soudaine. こんな突然の死を予想させるものは何もなかった / Je *pressens* qu'il réussira à ses examens. 彼は試験に受かるような気がする.

❷ <*pressentir* qn>(あるポストに就く気があるかどうか)…の胸中を探る, 意向を打診する. ▶ *pressentir* qn comme ministre …の大臣就任の意向を打診する / Il a été *pressenti* pour le poste. 彼は, そのポストに就くよう打診された.

pressentiss- 活用 ⇨ PRESSENTIR 19

presse-papiers /prɛspapje/ 男 文鎮, ペーパーウエート.

presse-purée /prɛspyre/ 男《単複同形》野菜こし器, マッシャー.

:**presser** /prɛse/ プレセ/ 他動 ❶ 押す, 押しつける. ▶ *presser* un bouton ボタンを押す / *presser* qn dans ses bras …を抱きしめる / *presser* la main de qn …の手を握り締める / 《目的語なしに》Pour ouvrir, *pressez* ici. 開けるには, ここを押してください. ◆ *presser* qn/qc sur [contre] qc …を…に押しつける. ▶ La foule le *pressait* contre le mur. 彼は群衆に塀に押しつけられていた.

presser un bouton   presser une orange

❷ …を搾る, 絞り出す. ▶ *presser* une orange オレンジを搾る.

❸ …をせきたてる, 急がせる. ▶ Il est paresseux, il faut le *presser* sans cesse. 彼は怠け者だから, 絶えずせきたてなければならない / Rien ne nous *presse*. 何も急ぐことはない. ◆ *presser* qn de + 不定詞 …に…せよと迫る, 急いで…させる. ▶ On l'a *pressé* de s'expliquer sur cette affaire. 彼はその件について釈明を迫られた.

❹〔速度, 動きなど〕を速める. ▶ *presser* l'allure 歩調を速める / *presser* le pas 足取りを速める / 《目的語なしに》Allons, *pressons*! さあ, 急ごう. ❺ プレス加工する.

presser qn 「dans ses bras [sur son cœur, contre soi]」 …を抱き締める.

presser qn de questions …を質問攻めにする.

— 間他動 <*presser* sur qc>…を強く押す, 押しつける. ▶ *presser* sur un bouton de sonnerie 呼び鈴のボタンを強く押す.

— 自動 差し迫っている, 急を要する. ▶ Le temps *presse*. もう時間がない / Rien ne *presse*. 何も

présupposition

— ***se presser*** 代動 ❶ ‹ *se presser* sur [contre] qn/qc› …に体を押しつける，抱きつく，しがみつく. ▶ Elle *s'est pressée* contre son mari. 彼女は夫にしがみついた
❷ 押し合う，ひしめく. ▶ Les gens *se pressent* à l'entrée du cinéma. 映画館の入り口は人でごった返している.
❸ 急ぐ (=se dépêcher). ▶ manger sans *se presser* たっぷり時間をかけて食事をする. ◆ *se presser* de + 不定詞 急いで…する. ▶ *Pressez-vous* de partir! 急いで出かけなさい.

pressing /prεsiŋ/ 男〖英語〗❶ (衣服の)プレス. ❷ プレス専門店，クリーニング店.

***pression** /prεsjɔ̃/ プレシィョン/ 女 ❶ 押すこと. ▶ une légère *pression* de la main 手で軽く押すこと.
❷ (人，社会などの)圧力，強制. ▶ *pression* sociale 社会の圧力 / groupe de *pression* 圧力団体 (=lobby) / faire *pression* sur qn …に圧力をかける / mettre la *pression* sur qn …にプレッシャーをかける / *pression* fiscale 税負担. ◆ sous la *pression* de qc/qn …の圧力で. ▶ prendre une décision sous la *pression* des événements 事の成り行き上やむを得ず決断を下す.
❸ 圧力. ▶ *pression* atmosphérique 気圧 / *pression* de la vapeur 蒸気圧.
❹ 生ビール (=bière (à la) *pression*). 注 瓶ビール bière en bouteille に対していう. ▶ un demi *pression* 生ビール1杯.
❺〘服飾〙スナップ (=bouton-pression).

faire monter la pression 緊張感を高める.

sous pression (1) 加圧[圧縮]した，与圧のかかった. ▶ gaz *sous pression* 圧縮ガス. (2) 話 いらいらした，うずうずした. ▶ Il est toujours *sous pression*. 彼はいつもぴりぴりしている.

pressoir /prεswa:r/ 男 ❶ (果汁や油を搾る)圧搾機，搾り機；(特に)ブドウ圧搾機. ❷ 圧搾場[小屋，室].

pressurage /prεsyra:ʒ/ 男 (果物などの搾り機による)圧搾；〖ワイン〗ブドウの圧搾.

pressurer /prεsyre/ 他動 ❶ …を搾る，圧搾する.
❷ (金銭，財産を)…から搾り取る. ▶ les contribuables *pressurés* par les impôts 税負担にあえぐ納税者.

— **se pressurer** 代動 話 *se pressurer* le cerveau 頭を働かす，知恵を絞る.

pressurisation /prεsyrizasjɔ̃/ 女 気圧を正常に保つこと，与圧.

pressurisé, e /prεsyrize/ 形 (飛行機の機内などが)与圧された，気圧が正常に保たれた.

pressuriser /prεsyrize/ 他動 (飛行機の機内など)を与圧する，の気圧を正常に保つ.

prestance /prεstɑ̃:s/ 女 堂々とした風貌(ふうぼう)，威厳，押し出し. ▶ avoir de la *prestance* 貫禄(かんろく)がある / de belle *prestance* 押し出しのよい.

prestataire /prεstatε:r/ 男 ❶ *prestataire* de services サービス業従事者. ❷〖法律〗(給付金，手当の)受給者.

prestation /prεstasjɔ̃/ 女 ❶ (社会保険などの)給付(金)，手当，扶助金. ▶ *prestations* familiales 家族手当 / *prestations* de sécurité sociale 社会保障給付金 / toucher les *prestations* 給付金を受ける. ❷ 夫役；〘軍事〙給与. ▶ *prestation* en nature (道路補修などのために市町村が負担する)夫役；(軍事)現物支給. ❸ (スポーツ選手，俳優などの)演技，プレー，パフォーマンス. ▶ bonne *prestation* des joueurs 選手たちの見事なプレー / la *prestation* télévisée d'un homme politique 政治家のテレビ出演.
❹ 宣誓 (=*prestation* de serment).

preste /prεst/ 形 文章 すばやい，敏捷(びんしょう)な，機敏な.

prestement /prεstəmɑ̃/ 副 文章 すばやく，機敏に.

prestesse /prεstεs/ 女 文章 敏捷(びんしょう)，機敏.

prestidigitateur, trice /prεstidiʒitatœ:r, tris/ 名 手品師，奇術師，マジシャン.

prestidigitation /prεstidiʒitasjɔ̃/ 女 (主として手先を使った)手品，奇術；見せ物，見世物.

prestige /prεsti:ʒ/ 男 威信，威光，名声，評判. ▶ avoir du *prestige* 威厳[威信]がある / La mode française conserve toujours son *prestige* dans le monde entier. フランスのファッションは世界中でその威信を保ち続けている / *prestige* de l'uniforme 軍服の威光.

de prestige 威信を誇示する；権威のある. ▶ voiture *de prestige* 高級車 / politique *de prestige* 国威発揚政策.

prestigieux, euse /prεstiʒjø, ø:z/ 形 威信[威光]のある，名高い；(広告などで)豪華な，魅力的な. ▶ une collection *prestigieuse* 名高いコレクション.

prestissimo /prεstisimo/ 副〖イタリア語〗〘音楽〙プレスティシモ，極めて急速に.

presto /prεsto/ 副〖イタリア語〗❶〘音楽〙プレスト，急速に. ❷ 話 早く，急いで.

présumé, e /prezyme/ 形 推定された. ▶ un meurtrier *présumé* 殺人容疑者. ◆ *présumé* + 属詞 …と見なされた，思われた. ▶ être *présumé* innocent 無実と見なされる.

présumer /prezyme/ 他動 ‹ *présumer* qc // *présumer* que + 直説法› …を推定する，推測する，と思う. ▶ *présumer* une issue heureuse 上首尾に終わると推測する / On ne le voit plus, je *présume* qu'il est vexé. 彼の姿が見えなくなった，気分を害したのだと思う / Docteur Livingstone, je *présume*? リビングストン博士ですよね. ◆ *présumer* qn/qc + 属詞 …を…と見なす[思う]. ▶ Je la *présume* honnête. 彼女は正直だと思う.

— 間他動 ‹ *présumer* (trop) de qc/qn› …を買いかぶる，過大評価する. ▶ *présumer* trop de ses forces 自分の力を過信する.

présupposé /presypoze/ 男 ❶ 想定，前提. ❷〘言語〙前提：発話の伝える本来のメッセージとは別に，既知・自明のものとして暗黙のうちに含まれる諸情報.

présupposer /presypoze/ 他動 …をあらかじめ想定する，前提とする.

présupposition /presypozisjɔ̃/ 女 ❶ 文章 想定，前提；予想. ❷〘言語〙前提；予想.

prêt

*prêt¹, prête /prɛ, prɛt プレ、プレット/ 形
❶ 準備［用意］ができた，支度の整った． ▶ A table, le dîner est *prêt*. 食事ができましたよ、席に着いてください / Attends un peu, je serai *prêt* dans un quart d'heure. ちょっと待って、15分で身支度できるから / «Toujours *prêt*!»「備えよ常に」(ボーイスカウトのモットー) / Tenez-vous *prêt*. 準備をしておけ.
❷〈*prêt* à [pour] qc/不定詞〉…の準備が整った、できる状態にある；の覚悟ができている． ▶ être *prêt* au départ 出発の準備ができている / *prêt* à toutes les compromissions どんな妥協でもする気でいる / Tout est *prêt* pour la rentrée 新学期の用意はすべて整っている / Les marchandises sont *prêtes* à être expédiées. 商品はいつでも発送できます / Je suis *prêt* à démissionner. 辞職する覚悟はできている． ◆ *prêt*-à-不定詞《形容詞、名詞の合成語を作る》▶ *prêt*-à-manger ファーストフード (=fast-food) / des *prêts*-à-monter (模型などの) 組み立て部品 (=kit) / *prêt*-à-penser 借り物の思想 / aliments *prêts* à consommer 調理済食品.

être prêt à tout (*pour* + 不定詞) (…するためには) 何でもする． ▶ Je *suis prêt à tout* pour le convaincre. 彼を説得するためにはなんでもするつもりだ．

prêt² /prɛ/ 男 ❶ 貸すこと，貸し；貸し出し． ▶ bibliothèque de *prêt* 貸し出し専門図書館.
❷ 融資，貸付 (金)；貸借． ▶ solliciter un *prêt* auprès d'une banque 銀行に融資を申し込む / rembourser les *prêts* 借金を返済する / obtenir des *prêts* à long [court] terme 長期［短期］の貸付を得る / *prêt* d'honneur 無利子の貸付. ❸《軍事》(下士官、兵隊の) 俸給.

prêt-à-porter /prɛtapɔrte/《複》〜*s*-〜-〜 男《集合的に》プレタポルテ、高級既製服；プレタポルテ業界.

prêté, e /prete/ 形 貸し付けられた．
— **prêtée** 男 C'est un *prêté* pour un rendu. これでおあいこだ.

prétendant, ante /pretɑ̃dɑ̃, ɑ̃:t/ 名 ❶ 王位を要求する人． ▶ prince *prétendant* 王位を要求する王子. ❷ 求婚者.

*prétendre /pretɑ̃:dr プレタンドル/ 58

過去分詞 prétendu	現在分詞 prétendant
直説法現在 je prétends	nous prétendons
tu prétends	vous prétendez
il prétend	ils prétendent

[英仏そっくり語]
英 to pretend ふりをする、主張する.
仏 prétendre 主張する．

他動 ❶〈*prétendre* + 不定詞 // *prétendre* que + 直説法〉…だと言い張る，**主張する**． ▶ Elle *prétend* qu'on lui a volé son porte-monnaie. 彼女は財布を盗まれたと言い立てている / Je ne *prétends* pas être un expert. 私は自分が専門家であると言うつもりはない． ◆ à ce qu'il *prétend* (私は信じないが) 彼の主張によれば． ▶ A ce qu'il *prétend*, c'est Pierre qui est arrivé le premier. 彼の言うには、先に来たのはピエールだ.
❷ 文章〈*prétendre* + 不定詞 // *prétendre* que + 接続法〉(ぜひ) …したいと思う，することを求める［要求する］，するつもりである． ▶ Je *prétends* 「être obéi [qu'on m'obéisse]. 私の言うことに従ってもらいたい．
— 間他動 文章〈*prétendre* à qc〉…を切望する；(自分のものとして) 要求する，(当然の権利として) 請求する． ▶ *prétendre* à un titre 肩書を欲しがる / *prétendre* à un salaire supérieur もっと高い給料を要求する.
— **se prétendre** 代動〈*se prétendre* + 属詞〉自分が…だと主張する，自称する． ▶ Il *se prétend* peintre. 彼は画家だと称している.

prétendu, e /pretɑ̃dy/ 形 (*prétendre* の過去分詞)《多く名詞の前で》❶ (本当ではないが) …と言われている，いわゆる． ▶ ce *prétendu* document この資料と称される代物. ❷ 自称の． ▶ J'ai été interpellé par un *prétendu* policier. 私は刑事と称する男に呼び止められた.

prétendument /pretɑ̃dymɑ̃/ 副《形容詞を伴って》(本当ではないが) …と思われている；自称…． ▶ un ouvrier *prétendument* qualifié 自称熟練工.

prête-nom /prɛtnɔ̃/ 男《法律》名義貸与.
prétentaine /pretɑ̃tɛn/, **pretentaine** /prɔtɑ̃tɛn/ 女 courir la *prétentaine* ほっつき歩く、うろつき回る；《特に》漁色にふける，享楽的生活をする.

prétentieusement /pretɑ̃sjøzmɑ̃/ 副 これ見よがしに、気取って、もったいぶって.

prétentieux, euse /pretɑ̃sjø, ø:z/ 形 うぬぼれが強い；気取った，きざな． ▶ une femme intelligente, mais trop *prétentieuse* 頭は切れるが鼻持ちならない女 / maison *prétentieuse* きざな作りの家. — 名 うぬぼれの強い人；気取り屋.

*prétention /pretɑ̃sjɔ̃ プレタンシォン/ 女 ❶《多く複数で》(権利の) 主張，要求；《複数で》(報酬、賃金などの) 要求額． ▶ *prétention* à la succession 相続権の主張 / Quelles sont vos *prétentions*? どのくらい給料が欲しいのですか.
❷ 野望． ▶ Il a des *prétentions* au poste de directeur. 彼は社長の座をねらっている.
❸ 自負、うぬぼれ；気取り． ▶ parler avec *prétention* もったいぶった話し方をする / Il a une certaine *prétention* à l'élégance. 彼は粋(いき)がっている.

avoir des prétentions (1) 野心がある. (2) うぬぼれが強い.

avoir la prétention de + 不定詞 (1) …だと自慢する． ▶ J'*ai la prétention de* bien connaître ce problème. はばかりながら、この問題についてはよく知っています. (2)《多く否定形で》…だと主張する． ▶ Je n'*ai* pas *la prétention de* rivaliser avec lui. 私が彼と張り合うなど滅相もない.

sans prétention(s) 控え目な、てらいのない.

*prêter /prete プレテ/ 他動 ❶ …を貸す；《目的語に…に》金を貸す． ▶ *prêter* de l'argent à qn …に金を貸す / *Prêtez*-moi votre voiture jusqu'à demain. 明日まで車を貸してください / *prêter* sur

gage(s) 担保をとって金を貸す.
❷〔労力, 時間など〕を与える, もたらす, 提供する. ▶ *prêter* la main à qn …に手を貸す / *prêter* son concours à qn/qc …に協力する / *prêter* de l'importance à qc/qn …を重視する / *prêter* sa voix à qn …を代弁する.
❸〈*prêter* + 無冠詞名詞〉《種々の成句表現で用いられる》▶ *prêter* attention à qn/qc …に注意を払う / *prêter* secours à qn …を救助する / *prêter* serment 宣誓する.
❹〈*prêter* qc à qn/qc〉〔言葉, 考えなど〕を…に帰する;〔罪など〕を…のせいにする. ▶ Évitez de lui *prêter* de mauvaises intentions. 彼(女)に悪意があると決めつけるのはやめなさい.

On ne prête qu'aux riches. 諺 (金持ちしか金を貸してもらえない→)人は日ごろの行いによって判断される.

prêter le flanc à qc (批判, 攻撃などに)身をさらす, の的になる.

比較 **貸す**
prêter に対して **louer** は特に賃貸する場合に用いる. *Prête*-moi ta voiture. 君の車を貸してくれ. *louer* une voiture à la journée 1日いくらで車を貸す.

── 問他動〈*prêter* à qc〉…を招く, 引き起こす. ▶ *prêter* à discussion 論議を呼ぶ / *prêter* à rire 笑いの種になる, 笑いを呼ぶ.

── **se prêter** 代動 ❶〈*se prêter* à qc〉…に同意する. ▶ *se prêter* aux flatteries お世辞を言われて喜ぶ. ❷〈*se prêter* à qc/〔物が〕〔不定詞〕〉…に適している, 合っている. ▶ un sujet qui *se prête* bien à un film 映画化に適したテーマ. ❸貸される.

C'est comme une brosse, ça ne se prête pas. それは人に貸すものではない.

prêt*eur, euse* /pʁɛtœːʁ; pʁɛtœːʁ, øːz/ 名 貸し主;債権者, 融資者.

***prétexte** /pʁetɛkst/ 男 ❶ 口実, 言い訳. ▶ Ce n'est qu'un *prétexte* pour ne rien faire. それは何もしないための口実に過ぎない / donner〔fournir〕des *prétextes* à qn …に言い訳をする / sous un *prétexte* quelconque 適当な口実をつけて. ❷ きっかけ, 機会. ▶ Tout est pour lui *prétexte* au roman. すべてが彼にとっては小説を書く素材になる.

donner prétexte à qc = **servir de prétexte à qc** …の口実となる.

prendre prétexte de qc pour + 不定詞 …を口実に…する. ▶ Il *a pris prétexte de* la pluie *pour* ne pas venir. 彼は雨を口実に来なかった.

sous aucun prétexte いかなる場合にも. ▶ C'est un film à ne manquer *sous aucun prétexte*. これは絶対見逃せない映画だ.

***sous prétexte de qc**/不定詞 = **sous (le) prétexte que** + 直説法 …を口実に. ▶ *Sous prétexte de* maladie, il a refusé mon invitation. 病気にかこつけて彼は私の招待を断った.

prétexter /pʁetɛkste/ 他動〈*prétexter* qc // *prétexter* que + 直説法〉…を口実にする, にかこつける. ▶ *prétexter* une indisposition pour ne pas venir 気分が悪いのを口実にして来ない.

prétoire /pʁetwaːʁ/ 男 ❶ 文章 法廷. ❷『古代ローマ』地方長官の公邸.

***prêtre** /pʁɛtʁ プレートル/ 男〖宗教〗聖職者, 祭司, 神官, 僧侶(ੌੌ);〖カトリック〗司祭, 聖職者. ▶ Le *prêtre* célèbre la messe le dimanche. 司祭は日曜日にミサを挙げる / *prêtre*-ouvrier 労働司祭 / se faire *prêtre* 司祭になる.

比較 **神父, 聖職者**
prêtre カトリックの聖職者位階制で「司祭」を意味し, プロテスタントの **pasteur**「牧師」がこれに対応する. **curé** 小教区を管轄する主任司祭. **abbé, ecclésiastique** 聖職位階を問わず, キリスト教の聖職者を一般的にいう. 特に abbé は司祭に対する呼称「…神父, 神父さま」の意で用いられる.

prêtresse /pʁɛtʁɛs/ 女 (異教の)女祭司 [神官], 巫女(੍ਟ).

prêtrise /pʁetʁiːz/ 女〖カトリック〗司祭の身分, 司祭職. ▶ recevoir la *prêtrise* 司祭になる.

***preuve** /pʁœːv プルーヴ/ 女 ❶ 証拠, あかし;証明(法). ▶ une *preuve* évidente 明白な証拠 / donner qc comme *preuve* …を証拠として挙げる / Voici la *preuve* de son innocence. これが彼(女)の無実を立証する証拠だ / Vous êtes「la *preuve*〔la *preuve* vivante〕. あなたがその証拠〔生き証人〕です. ◆une *preuve* de qc (感情, 性質, 能力など)のあかし, 表われた行動. ▶ une *preuve* de courage 勇気の表われ.
❷ 検算(=*preuve* d'une opération).

à preuve = **la preuve** その証拠に. ▶ N'importe qui peut conduire, *à preuve* ma femme. 車の運転などだれでもできる, 私の妻がいい証拠だ.

(à) preuve que + 直説法 (1)その証拠に…だ. ▶ Bien sûr que je t'aime, *preuve que* je suis venu te voir. 君を愛しているとも, その証拠にこうして会いに来たじゃないか. (2)(前述のことは)…であることの証拠だ. ▶ Il a réussi, *à preuve qu'*il ne faut jamais désespérer. 彼は成功したが, これは決してあきらめてはいけないということを証明するものだ.

C'est la preuve「de qc〔que + 直説法/条件法〕. それが…の証拠だ, それが…を証明している.

faire la preuve「de qc〔que + 直説法〕…を証明する, の証拠を示す (=prouver).

***faire preuve de qc** (感情, 性質, 能力など)を示す, 発揮する (=montrer). ▶ *faire preuve d*'endurance 辛抱強いところを示す.

faire ses preuves 実力のほどを示す. ▶ La méthode *a fait ses preuves*. その方法は真価を発揮した.

jusqu'à preuve (du) contraire 反証を挙げられない限り;これまで分かったところでは.

preuve(s) en main 証拠を手に. ▶ *Preuves en main*, l'avocat a démontré l'innocence de l'accusé. 証拠を挙げて弁護士は被告の無実を証明した.

prévaloir /pʁevalwaːʁ/ 39 (過去分詞 prévalu, 現在分詞 prévalant) 自動 文章〈*prévaloir* (sur〔contre〕qc)〉(…を)制する, (…に)まさる. ▶

prévalu-

Son point de vue *a prévalu* sur tous les autres. 彼(女)の見解が他のすべての見解を制した / faire *prévaloir* ses droits 自分の権利を認めさせる. — **se prévaloir** 代動 <*se prévaloir* de qc> ❶ (自分の利点, 特権などを)利用する. ❷ (自分の長所など)を誇る, 鼻にかける.

prévalu-, prévalû-, prévaluss- 活用 ⇨ PRÉVALOIR 39

prévaricateur, trice /prevarikatœːr, tris/ 形, 名 文章 不正をした(人), 背任罪に問われた(人).

prévarication /prevarikasjɔ̃/ 女 文章 業務上の不正;(特に公務員の)職務上の義務違反, 背任, 汚職.

prévau-, prévaudr- 活用 ⇨ PRÉVALOIR 39

prévenance /prevənɑ̃ːs / prevnɑ̃ːs/ 女 ❶ 思いやり, 気配り. ❷ (多く複数で)思いやりのある態度[言葉]. ▶ entourer qn de *prévenances* …になにかと思いやりのある言葉をかける.

prévenant, ante /prevənɑ̃; prevnɑ̃, ɑ̃ːt/ 形 (*prévenir* の現在分詞)思いやりのある, 気が利く. ▶ une infirmière très *prévenante* envers ses malades 病人にとても親切な看護婦.

*prévenir /prevəniːr プレヴニール/ 28 他動

過去分詞 prévenu	現在分詞 prévenant
直説法現在 je préviens	nous prévenons
tu préviens	vous prévenez
il prévient	ils préviennent

英仏そっくり語
英 to prevent 妨げる, 予防する.
仏 prévenir 予告する, 知らせる, 予防する.

❶ <*prévenir* qn (de qc) // *prévenir* qn (que + 直説法)>…に(…を)**予告する, 警告する**. ▶ Il nous attendra à la gare, je l'*ai prévenu* 「de notre arrivée [que nous arriverions]. 彼は駅で待っていてくれるよ, 私たちが到着するのを知らせておいたから. 比較 ⇨ INFORMER.
❷ **知らせる, 通知する, 通報する**. ▶ *prévenir* la police 警察に知らせる / En cas d'accident, *prevenez* le concierge. 事故の場合は管理人に届けてください /《目的語なしに》*prévenir* par écrit 文書で通知する.
❸ **…を予防する, 防止する**. ▶ *prévenir* une maladie 病気を予防する / *prévenir* les accidents de la route 交通事故を未然に防ぐ.
❹ (察知して)**…をかなえてやる, 満足させる**. ▶ Sa grand-mère est toujours attentive à *prévenir* ses besoins. 祖母は, 彼(女)の欲求をかなえてやろうといつも心を配っている. ❺ 文章 〔反対, 質問など〕の先回りをする, を封じ込める.
Mieux vaut prévenir que guérir. 諺 予防は治療に勝る;転ばぬ先の杖(?).
prévenir qn contre [en faveur de] qn/qc …に偏見[好感]を抱かせる. ▶ Son air sérieux nous *prévenait* en sa *faveur*. 彼(女)の真剣な様子に我々は好感を抱いた.
— **se prévenir** 代動 互いに知らせ合う.

préventif, ive /prevɑ̃tif, iːv/ 形 予防の, 防止の. ▶ médecine *préventive* 予防医学 / prendre des mesures *préventives* 予防措置を講ずる / détention [prison] *préventive*《法律》予防拘禁 / attaque *préventive* 先制攻撃.
— **préventive** 女 俗 予防拘禁.

prévention /prevɑ̃sjɔ̃/ 女 ❶ 先入観, 思い込み;《特に》偏見, 悪意. ▶ avoir des *préventions* contre [en faveur de] qn …に初めから反感[好感]を抱く / sans *prévention* 偏見なしに, 公平に.
❷ (事故, 病気などの)予防措置, 防止対策. ▶ *prévention* routière 交通安全対策.
❸《刑法》予防拘禁;予防拘禁期間.

préventivement /prevɑ̃tivmɑ̃/ 副 予防のために, 予防として.

préventorium /prevɑ̃tɔrjɔm/ 男 結核予防サナトリウム.

prévenu, e /prevəny; prevny/ 形 (*prévenir* の過去分詞) ❶ 先入観を抱いた, 予断を持った. ▶ des juges *prévenus* 偏見を持った審判官 / être *prévenu*「en faveur de [contre] qn/qc …に対して初めから好感[反感]を抱いている.
❷ <*prévenu* de qc/不定詞>…の罪に問われた.
— 名 刑事被告人, 被疑者.

préverbe /preverb/ 男《言語》動詞前接辞, 動詞接頭辞(例: revenir の re, prévoir の pré).

prévien-, préviendr-, prévin-, prévîn- 活用 ⇨ PRÉVENIR 28

prévîmes /previm/, **prévirent** /previːr/, **prévis** /previ/ 活用 ⇨ PRÉVOIR 32

prévisibilité /previzibilite/ 女 予測可能性.

prévisible /previzibl/ 形 予想[予測, 予知]できる.

prévision /previzjɔ̃/ 女 予想, 予測, 予知, 展望. ▶ *prévision* boursière 株価予想 / *prévisions* météorologiques [de la météo] 天気予報 / faire des *prévisions* 予想を立てる, 予想する / se tromper dans ses *prévisions* 見通しを誤る.

en prévision de qc …に備えて. ▶ faire ses valises *en prévision de* son départ 出発に備えて荷造りをする.

prévisionnel, le /previzjɔnɛl/ 形 先を見越した;予測に基づく. ▶ une mesure *prévisionnelle* 将来に対する布石.

prévisionniste /previzjɔnist/ 男 ❶《経済》経済予測専門家. ❷ 天気予報官, 気象予測専門家.

préviss-, prévi-, préviː- 活用 ⇨ PRÉVOIR 32

prévoie, prévoient, prévoies /prevwa/ 活用 ⇨ PRÉVOIR 32

*prévoir /prevwaːr プレヴォワール/ 32 他動

過去分詞 prévu	現在分詞 prévoyant
直説法現在 je prévois	nous prévoyons
tu prévois	vous prévoyez
il prévoit	ils prévoient

❶ <*prévoir* qc // *prévoir* que + 直説法>…を**予想する**. ▶ *prévoir* la défaite d'une équipe あ

るチームの負けを予想する / Je n'avais pas *prévu* ça. こんなことは思っても見なかった / La météo *prévoit* que le temps s'améliorera. 天気予報によれば天候は回復する見込みである.

❷ …を予定する, 見込む; 準備する. ▶ On *prévoit* l'ouverture de cette autoroute pour le mois prochain. この高速道路は来月開通予定である / J'ai tout *prévu* pour bien accueillir les hôtes. 来客をもてなす手はすべて整った.

— **se prévoir** 代動 予想される.

prévois, prévoit /prevwa/ 活用 ⇨ PRÉVOIR 32

prévôt /prevo/ 男 ❶ 歴史 プレヴォ: アンシャンレジーム下の国王の地方行政官, または領主の代理裁判官. ▶ *prévôt* des marchands (封建時代の)パリ[リヨン]市長. ❷ 軍事 憲兵; 憲兵隊長. ❸ (昔の)フェンシングの補助教師 (= *prévôt* d'armes). ❹ (昔の)看守補佐囚; 牢名主.

prévoy- 活用 ⇨ PRÉVOIR

prévoyance /prevwajɑ̃ːs/ 女 ❶ (将来に向けての)心がけ, 用意周到; 先見の明. ▶ faire preuve de *prévoyance* 先見の明を示す / manquer de *prévoyance* 目先のことしか考えない. ❷ 生活保障. ▶ société de *prévoyance* 私的共済組合, 互助会.

prévoyant, ante /prevwajɑ̃, ɑ̃ːt/ 形 (prévoir の現在分詞)用意周到な; 先見の明のある.

prévu, e /prevy/ 形 (prévoir の過去分詞)予定された, 予想された; 用意された; 規定された. ▶ au moment *prévu* 予定の時刻に / les cas *prévus* par la loi 法に定められた事例. ◆ être *prévu* pour qn/qc …に予定されている. ◆ Cette voiture est *prévue* pour quatre personnes. この車は4人乗りだ. ◆ plus [moins] … que *prévu* 予想[予定]を上回って[下回って]…. 注 この場合 prévu は不変. ▶ Nous sommes arrivés à destination plus tôt que *prévu*. 私たちは思ったより早く目的地に着いた.

comme prévu 予定どおり, 打ち合わせどおり.

prie-Dieu /pridjø/ 男 (単複同形)祈禱(きとう)台.

*****prier** /prije/ プリエ 他動
英仏そっくり語
英 to pray 祈る.
仏 **prier** 祈る, 頼む.

❶ <*prier* qn (de + 不定詞) // *prier* qn (que + 接続法)> 〔神〕に〈…を〉祈る, 祈願する. ▶ Je *prie* Dieu de me pardonner tous mes péchés. 私のあらゆる罪を許してくださるよう, 神に祈ります / *Prions* Dieu qu'il nous aide. 神に助けてくださるように祈ろう.

❷ <*prier* qn de + 不定詞 // *prier* qn que + 接続法> …に…を頼む, 懇願する, 頼み込む. ▶ *prier* le médecin de venir 医者に往診を頼む / Je vous *prie* de me suivre. 後について来てください / Je vous *prie* d'agréer l'expression de mes sentiments les meilleurs. (手紙の末尾で)敬具. ◆ *être prié* de + 不定詞 (招待状などで)…してください. ▶ Vous *êtes prié* d'arriver à l'heure. 定刻にお越しください.

❸ 文章 <*prier* qn à qc/不定詞> …を…に招く, 招待する. ▶ *prier* qn à dîner …を夕食に招く.

Je vous prie. (疑問文, 命令文とともに))すみませんが; お願いですから (=s'il vous plaît). ▶ Pardon, où est la mairie, *je vous prie* ? すみません, 市役所はどこですか.

*****Je vous en prie.** (1) ((承諾, 同意を示して))どうぞ. «Je peux entrer? —*Je vous en prie.*»「入っていいですか」「どうぞ」(2) ((礼を言われて))どういたしまして. ▶ «Merci beaucoup. —*Je vous en prie.*» 「どうもありがとうございます」「どういたしまして」(3) ((禁止命令として))もういい. ▶ Ah non, *je vous en prie*, ça suffit! もうたくさんだ, やめてください.

se faire prier なかなかうんと言わない, ごねる. ▶ ne pas *se faire prier* 二つ返事で引き受ける.

— 自動 祈る, 祈願する. ▶ *prier* pour les morts 死者のために祈る / *prier* pour la paix 平和のために祈る.

*****prière** /prijɛːr/ プリエール 女 ❶ 祈り, 祈禱(きとう); 祈りの文句, 祈禱文. ▶ livre de *prières* 祈禱書 / dire sa *prière* 祈りを唱える / être en *prière* 祈っている.

❷ 懇願, 願い, 頼み. ▶ faire une *prière* à qn …に頼み事をする / Il a fini par céder à sa *prière*. 彼(女)に泣きつかれて彼はとうとう折れた.

à la prière de qn …に頼まれて, の願いにより.

*****Prière de + 不定詞** (張り紙などで)…してください. ▶ «*Prière de* ne pas fumer»「たばこは御遠慮ください」

prieur, e /prijœːr/ 名 小修道院長(の).

prieuré /prijœre/ 男 ❶ 小修道院長職, 小修道院の教会. ❷ 小修道院長職. ❸ 小修道院長住居.

prima donna /primado(n)na/; 複
prime donne /primedo(n)ne/ (または不変) 女 ((イタリア語))プリマドンナ: オペラで主役を演ずる女性スター歌手.

primaire /primɛːr/ 形 ❶ 初等の, 初歩の. ▶ école *primaire* 小学校 / enseignement *primaire* 初等教育. ❷ 第1段階の, 第1の; 初期の. ▶ élection *primaire* (2回投票制選挙で)第1回投票 / secteur *primaire* 第1次産業 / couleurs *primaires* 三原色 / 地質 古生代. ❸ 幼稚な, 無教養な; 単純な, 偏狭な. ▶ un raisonnement un peu *primaire* 少々子供っぽい理屈.

— 男 ❶ 初等教育. ❷ 第1次産業. ❸ 地質 古生代 (= paléozoïque).

— 女複 (2回投票制選挙で)第1回投票.

— 名 幼稚[無教養]な人; 単純[偏狭]な人.

primat[1] /prima/ 男 カトリック 首座司教.

primat[2] /prima/ 男 ((ドイツ語)) 文章 〔哲学〕優位(性); 優先, 優越, 卓越.

primate /primat/ 男 ❶ (複数形で)〔動物〕霊長類. ❷ 話 粗野で無知な男.

primauté /primote/ 女 優位, 優越, 卓越. ▶ donner la *primauté* à une idée ある思想を優先させる / affirmer la *primauté* de la raison sur les sentiments 感情に対する理性の優越性を主張する.

prime[1] /prim/ 形 〔数学〕ダッシュ記号(´)のついた. 話 たとえば a' は a *prime* と読む.

de prime abord 文章 まず, 最初に.

prime

la prime jeunesse 文章 幼年期.

prime² /prim/ 囡 ❶ (本給以外の)特別手当, 報奨金; 賞与, ボーナス. ▶ octroyer [donner] une *prime* à ses employés 社員に特別手当を支給する / une *prime* de fin d'année 年末のボーナス / une *prime* de transport 通勤手当. ❷ (販売促進のための)景品; 特典. ▶ *Prime* à tout acheteur. お買い上げの方に漏れなく粗品進呈. ❸ (保険の)掛け金, 保険料. ◆ プレミアム, 割増金.

en prime 景品[おまけ]として;《多く皮肉に》おまけに. ▶ recevoir qc *en prime* …を景品として受け取る.

faire prime 評価が高い, もてはやされている. ▶ Cet appareil *fait prime* sur le marché. このカメラは市場の人気商品だ.

primé, e /prime/ 厖 (primer² の過去分詞)賞を与えられた. ▶ un film *primé* au Festival de Cannes カンヌ映画祭受賞映画.

primer¹ /prime/ 他動 …にまさる, をしのぐ. ▶ Ces questions *priment* toutes les autres. 何をおいてもこれらの問題が最重要である.
— 間他動〈*primer* sur qc〉…にまさる, をしのぐ. ▶ Pour lui, la vie familiale *prime* sur le travail. 彼は仕事よりも家庭生活を優先している.

primer² /prime/ 他動 …に賞を与える.

prîmes /prim/ 活用 ⇨ PRENDRE 87

primesautier, ère /primsotje, ε:r/ 厖 率直な, 自然な (=spontané). ▶ être gai et *primesautier* 陽気で率直である.

primeur /primœ:r/ 囡 ❶ できたて; 真新しさ. ▶《同格的に》beaujolais *primeur* ボージョレの新酒. ❷《複数で》走りの青果; 早なり[促成栽培]の青果. ▶ un marchand de *primeurs* 八百屋.

avoir la primeur de qc …を真っ先に入手する[楽しむ]. ▶ Vous en *aurez la primeur*. 何をおいてもまずあなた(方)にそれを差し上げましょう.

donner [*réserver*] *à qn la primeur de qc* …に…を最初に与える[知らせる, 見せる].

primevère /primvε:r/ 囡【植物】サクラソウ.

***primitif, ive** /primitif, i:v/ プリミティフ, プリミティーヴ/ 厖 ❶ 原初の, 初期の(時代)の. ▶ le monde *primitif* 原初の世界 / l'homme *primitif* 原始人 / l'art *primitif* 原始美術.
❷ 本来の, もともとの. ▶ l'état *primitif* 元の状態 / le sens *primitif* d'un mot (=premier) 語の原義 / budget *primitif* 当初予算.
❸ 未開の. ▶ une société *primitive* (↔civilisé) 未開社会 / les peuples *primitifs* 未開民族.
❹ 素朴な; 粗野な; 粗末な. ▶ une technique encore *primitive* (=sommaire) まだ粗末な段階にある技術.
❺ les couleurs *primitives* (スペクトルの) 7 色.
— 名 ❶ 未開人, 未開種族[民族]. ❷【美術】盛期ルネサンス以前の画家.

primitivement /primitivmã/ 副 最初は, 元来, そもそもは.

primo /primo/ 副《ラテン語》第 1 に, 最初に.

primo-accédant, ante /primoaksedã, ã:t/《男複》~-~**s** 名《男複》初めて家を買う人.

primordial, ale /primɔrdjal/;《男複》**aux** /o/ 厖 ❶ 最も重要な, 肝要な (=capital). ▶ jouer un rôle *primordial* dans un domaine ある領域で非常に重要な役割を果たす. ◆《非人称構文で》Il est *primordial* que + 接続法. ▶ Il est *primordial* que vous gardiez le silence pour le moment. 当面は沈黙を守るのが肝心ですよ. 比較 ⇨ IMPORTANT. ❷ 最初の, 原初の.

***prince** /prε̃:s/ プランス/ 男 ❶ 君主, 王. ▶ *Le Prince*「君主論」(マキアベリ) / ces *princes* qui nous gouvernent 権力の保持者たち.
❷ 王子, 皇子, 親王. ▶ *Le Petit Prince*「星の王子様」/ *prince* héritier 皇太子 (=dauphin) / le *prince* de Galles プリンス・オブ・ウェールズ(英国皇太子の称号) / les *princes* du sang 国王の子供[兄弟, 甥(おい)]. ❸ 大公: 公爵 duc の上の位にあるフランスの最高位貴族で, 公国 principauté を統治する. ▶ le *prince* de Monaco モナコ公. ❹ 文章 第一人者, 王者. ▶ le *prince* des poètes 詩聖.

être [*se montrer*] *bon prince* 雅量がある, 寛容さを示す.

être habillé [*vêtu*] *comme un prince*（王侯のように）贅沢(ぜいたく)に着飾っている.

le fait du prince 政府[権力]の専制的行為.

Prince Charmant（おとぎ話に出てくる）王子様.

prince de galles /prε̃sdəgal/ 男 厖《不変》【服飾】グレンチェック（の）.

princeps /prε̃sεps/ 厖《不変》《ラテン語》初めての. ▶ l'édition *princeps* de *Candide*（ヴォルテールの）「カンディード」の初版.

***princesse** /prε̃ses/ プランセス/ 囡 ❶ 王妃, 皇太子妃, 大公妃. ❷ 王女, 皇女, 内親王. ❸ 女王.

aux frais de la princesse 話 公費で, 社費で, 自分の金を使わずに.

faire la princesse = *prendre des airs de princesse* 話 気取る, 高慢[尊大]な態度をとる.

princier, ère /prε̃sje, ε:r/ 厖 ❶ 君主[王侯]にふさわしい;（王侯のように）豪華な, 贅沢(ぜいたく)な.
❷ 文章 君主の, 王侯の, 王妃の; 王子[王女]の, 王族の; 大公の.

princièrement /prε̃sjεrmã/ 副 君主のように, 王侯のように; 豪華な, 贅沢(ぜいたく)な.

***principal, ale** /prε̃sipal/ プランスィパル/;《男複》**aux** /o/ 厖 主要な, おもな. ▶ le personnage *principal* d'un film 映画の主人公 / Où est l'entrée *principale* de l'immeuble? 建物の正面玄関はどこですか / les *principales* villes de France フランスの主要都市 / résidence *principale* 本宅 / la proposition *principale* d'une phrase 文の主節.

— **principal**:《複》**aux** 男 要点, 事の本質. ▶ Le *principal* est de réussir. 要は成功することだ / Etre en bonne santé, c'est le *principal*. (=essentiel) 健康であること, それがいちばん大事だ.

— **principal, ale**:《男複》**aux** 名 コレージュの校長. 注 女性の場合, Madame le *Principal* ともいう.

— **principale** 囡【文法】主節 (=proposition principale).

***principalement** /prε̃sipalmã/ プランスィパルマン/

副 主として, おもに, 特に. ▶ La Beauce produit *principalement* du blé. ボース地方はおもに小麦を産出する.

principauté /prɛ̃sipote/ 囡 公国. ▶ la *principauté* du Liechtenstein リヒテンシュタイン公国.

***principe** /prɛ̃sip/ プランシップ/ 男 ❶ **原則, 原理**. ▶ le *principe* de la liberté d'expression 表現の自由という原則 / le *principe* d'Archimède アルキメデスの原理 / Le *principe* est bon, mais la pratique sera difficile. 考え方としてはいいのだが実行するとなると難しそうだ. ◆ partir du *principe* que + 直説法 …という原則から出発する. ◆ poser [ériger] en *principe* qc [que + 直説法] …を原則に立てる, 前提にする.
❷《複数で》(個人, 集団の)**主義, 信条**. ▶ un homme sans *principes* 無節操な人 / Il n'est pas dans mes *principes* de satisfaire tous les désirs de l'enfant. 子供の欲求をすべて満たしてやるというのは, 私の主義ではない.
❸《複数で》(学問の)**基礎知識, 初歩**. ▶ apprendre les (premiers) *principes* de la chimie 化学の初歩を学ぶ.
❹ 文章 根源, 始原; 原因. ▶ le *principe* de la vie 生命の根源.
❺ 構成要素, 成分 (=élément). ▶ les *principes* constituants d'un remède 薬の成分.

avoir des principes はっきりした主義を持っている.
avoir pour principe de + 不定詞 …するのが主義である, …するのを信条としている. ▶ Il *a pour principe de* ne jamais prêter d'argent. 彼は絶対金を貸さない主義だ.
de principe 原則的な, 基本的な; 形式的な. ▶ un accord *de principe* 原則的合意, 基本協定 / Je ne peux pas accepter ça. C'est une question *de principe*. 私はそれを認めるわけにはいかない. 原則の問題だ.
***en principe** 原則として, 一般に, 普通; 理論的には; おそらく. ▶ *En principe*, il ne travaille pas le samedi. 普通彼は土曜日は働かない / «Vous pouvez venir à la réunion?—*En principe*, oui.»「ミーティングに出られますか」「ええ, たぶん」.
par principe 主義として; 必ず. ▶ *Par principe*, elle n'ouvre jamais la porte à un inconnu. 見知らぬ人には絶対にドアを開けないのが彼女の主義だ.
pour le principe 建て前として, 方針として. *Pour le principe*, personne ne s'y opposera. 建て前上だれも反対しないだろう.

printanier, ère /prɛ̃tanje, ɛːr/ 形 春の, 春らしい. ▶ un temps *printanier* 春らしい気候 / Vous êtes bien *printanière*, avec cette robe! その服はいかにも春らしい装いですね.

***printemps** /prɛ̃tɑ̃/ プランタン/ 男 ❶ **春**. ▶ au *printemps* 春に / Ce jardin est célèbre pour ses fleurs au *printemps*. あの庭園は春の花で有名だ / un *printemps* tardif [précoce] 遅まきの[早い]春 / l'équinoxe de *printemps* 春分 / le *printemps* de Prague (1968年の)プラハの春.
❷ 文章 青春, 若い盛り; (政治的な)緊張緩和の時期. ▶ au *printemps* de la vie 青春時代に.

❸ (若い人について)年. ▶ Elle avait quinze *printemps*. 彼女は15の春を迎えていた.

prion /prijɔ̃/ 男《生物》プリオン: BSE の原因とされるタンパク質.

priori /prijɔri/《ラテン語》⇨ A PRIORI.

prioritaire /prijɔritɛːr/ 形, 名 優先権を持つ(人); (身体障害者など)優先カードを持った(人).
▶ voie *prioritaire* 優先車線 / en *prioritaire* 《郵便》優先便で.

priorité /prijɔrite/ 囡 ❶ (発言, 通行, 座席などの)優先(権), 先行(権). ▶ donner [accorder] la *priorité* à qc …に優先権を与える[認める], を優先させる / la *priorité* à droite (交差点での)右側優先. ❷ carte de *priorité* (身体障害者, 妊婦などに与えられる, 乗り物などの)優先カード; 優先カードの持ち主.
en priorité 何よりもまず, 優先的に. ▶ Nous discuterons ce point *en priorité*. この点を特に議論しよう.

prirent /priːr/ 活用 ⇨ PRENDRE 87

pris¹, prise /pri, priːz/ 形 (prendre の過去分詞) ❶ (場所, 時間が)ふさがっている; (人が)忙しい. ▶ Cette place est-elle *prise*? この席はふさがっていますか / Je suis très *pris* cette semaine. 私は今週はとても忙しい.
❷ (感情などに)とらえられた, 襲われた; (病気などに)かかった, 冒された. ▶ être *pris* de peur 恐怖に取りつかれている / avoir le nez *pris* 鼻をやられている.
❸ ひっかかった, 挟まれた; 巻き込まれた. ▶ Sa robe est *prise* dans la portière. 彼女のドレスが車のドアに挟まれた.

C'est autant de pris. = **C'est toujours ça de pris (sur l'ennemi).** 話 (たいしたことはないが)それだけでももうけものだ.
être bien pris (dans sa taille) = **avoir la taille bien prise** 均整のとれた体つきをしている, スマートである.

pris² /pri/ 活用 ⇨ PRENDRE 87

***prise** /priːz/ プリーズ/ 囡 ❶ **取ること, 奪うこと, 捕らえること**. ▶ *prise* du pouvoir 権力の掌握 / la *prise* de la Bastille バスティーユ監獄の奪取(1789年7月14日) / *prise* d'otages 人質を取ること / décréter *prise* de corps 逮捕命令を出す.
❷ **捕らえたもの, 獲物**. ▶ Le pêcheur a rapporté une belle *prise*. 漁師は見事な獲物を持ち帰った.
❸ **持つところ, 手をかけるところ**; (岩壁などの)とっかかり, 足場. ▶ Ce meuble n'offre aucune *prise*. この家具には手をかけるところが全然ない / chercher une bonne *prise* うまいとっかかり[足場]を探す.
❹ (水, 空気などの)取り入れ(口), コック. ▶ une *prise* d'eau 取水; 水栓, 蛇口 / une *prise* d'air 通気孔, 換気孔.
❺ (電気の)差し込み, コンセント (= *prise* de courant). ▶ *prise* mâle 差し込みプラグ / *prise* femelle 差し込み口, コンセント / *prise* de terre アース.
❻ (自動車などで)エンジンとの連絡, ギヤの入った状態. ▶ laisser sa voiture en *prise* 車をギヤの

priser

入ったままにしておく / *prise* directe 直結(ギヤボックスの入力と出力の回転が等しい状態).

❼〔格闘技の〕組み手, 技. ▶ une *prise* à la nuque 襟首をつかむ組み手.

❽ 固まること, 凝固. ▶ du ciment à *prise* rapide 速乾性のセメント.

❾ ‹*prise* de [en] + 無冠詞名詞›《prendre と共に作られる動詞句の名詞化》▶ *prise* de conscience 自覚, 意識化 / *prise* de contact (人と)コンタクトを取ること / *prise* de position 態度決定 / la *prise* en considération de qc …を考慮すること / faire une *prise* de sang 採血する / *prise* de son (放送, 映画で)録音 / *prise* de vue(s) (映画, テレビの1カットの)撮影, テイク.

avoir prise (*sur qn/qc*) (…に対して)影響力を持つ. ▶ Je n'*ai* aucun *prise* sur mon fils. 私には息子はまったく手に負えない.

donner prise à qc …に手がかりを与える, の原因を作る. ▶ Son attitude *donne prise aux* soupçons. 彼(女)の態度は疑惑を招く.

être [*se trouver*] *aux prises avec qn/qc* …と争っている, 戦っている. ▶ *être aux prises avec* des difficultés inimaginables 想像を絶する困難と闘う.

être en prise directe sur [*avec*] *qc* …と直結している, 密接にかかわっている.

lâcher prise (1) 手を放す. (2) 引き下がる, 断念する, あきらめる. ▶ *Lâcher prise*, c'est de reconnaître son impuissance. あきらめるとは, 自分の無力を認めることだ.

mettre qn/qc aux prises …を戦わせる, 対決させる.

prise de bec (くちばしのつつき合い→) 話 喧嘩(ﾞ), 口論. ▶ avoir une *prise de bec* avec qn …と喧嘩する.

prise en charge (1) 世話, 援助 ; 扶養. ▶ *prise en charge* des personnes handicapées 身体障害者の扶助. (2) (社会保障からの)払い戻し. (3) (タクシーの)メーターを倒すこと; 初乗り運賃, 基本料金.

priser¹ /prize/ 他動 文章 ‹*priser* qc/qn ∥ *priser* que + 接続法›…を高く評価する, 重んじる. ▶ Le thon est un poisson très *prisé* par les Japonais. マグロは日本人に非常に好まれる魚だ.

priser² /prize/ 他動 〔かぎたばこを〕かぐ; 〔薬, 麻薬など〕を吸う.

prismatique /prismatik/ 形 ❶ 角柱(型)の. ❷ プリズムの, プリズム分光の. ▶ jumelles *prismatiques* プリズム双眼鏡.

prisme /prism/ 男 ❶ 角柱, (結晶の)柱体. ❷ プリズム (=*prisme* optique).

voir à travers un prisme 色めがねで物を見る, 物事をゆがめて見る.

*****prison** /prizɔ̃/ プリゾン/ 女 ❶ 刑務所; 拘置所; 〔軍事〕営倉. ▶ être en *prison* 刑務所に入っている / mettre qn en *prison* …を投獄する / sortir [s'évader] de *prison* 出獄する[脱獄する].

❷ 禁固, 懲役. ▶ faire de la *prison* 服役する / être condamné à cinq ans de *prison* 5年の懲役刑に処せられる / à vie *prison* 終身刑.

❸ 牢獄(ラぅ)を思わせる場所. ▶ Il se sent en *pri-*

son à l'école. 彼には学校が牢獄のように感じられる.

aimable [*gracieux*] *comme une porte de prison* 不愛想極まりない, 感じが悪い.

*****prisonnier, ère** /prizɔnje, ε:r/ プリゾニエ, プリゾニエール/ 名 囚人, とらわれの人; 捕虜. ▶ *prisonnier* d'Etat 国事犯 / *prisonnier* de droit commun 普通犯 / *prisonnier* de guerre 捕虜 / camp de *prisonniers* 捕虜収容所 / faire qn *prisonnier* …を逮捕する, 捕虜にする / se constituer *prisonnier* 自首する / *libérer* un prisonnier 囚人を釈放する.

── 形 ❶ とらわれの, 投獄された. ▶ soldats *prisonniers* 捕虜になった兵士たち. ❷ ‹*prisonnier* de qc›…にとらわれた. ▶ Il était *prisonnier* de ses préjugés. 彼は偏見で凝り固まっていた.

❸ ballon *prisonnier* ドッジボール.

priss- 活用 ⇨ PRENDRE 87

prit, prît /pri/, **prîtes** /prit/ 活用 ⇨ PRENDRE 87

Privas /priva/ 固有 プリヴァ: Ardèche 県の県庁所在地.

privatif, ive /privatif, i:v/ 形 ❶ ‹*privatif* de qc›…を剥奪(ﾂ)する. ▶ une peine *privative* de liberté 自由剥奪の刑, 禁固.

❷ 〖文法〗小辞や接頭辞が〕欠性の, 否定の.

privation /privasjɔ̃/ 女 ❶ 剥奪(ﾂ); 喪失, 欠乏. ▶ la *privation* des droits civils 市民権剥奪 / la *privation* de la vue (=perte) 失明.

❷ 《多く複数で》(生活を)切り詰めること, 耐乏; 節約. ▶ mener une vie de *privations* 耐乏生活を送る / s'imposer des *privations* 節制する.

privatisation /privatizasjɔ̃/ 女 (公共事業などの)民営化, 私企業化.

privatiser /privatize/ 他動 〔公共事業など〕を民間に移行する, 民営化する.

privauté /privote/ 女 《多く複数で》(特に女性への)なれなれしさ. ▶ des *privautés* de langage なれなれしい言葉遣い / prendre [avoir] des *privautés* avec qn …になれなれしくする.

*****privé, e** /prive/ プリヴェ/ 形 ❶ 私有の; 私立の (↔public). ▶ «Propriété *privée*, entrée interdite» 「私有地につき立ち入り禁止」 / école *privée* 私立学校 / entreprise *privée* 私企業.

❷ 私的な, 個人的な, 非公式の. ▶ vie *privée* 私生活 / conversation *privée* 二人だけの会話 / nouvelles de source *privée* 非公式筋からのニュース / droit *privé* 〖法律〗私法 / à titre *privé* (↔officiel) 私人として, 非公式に.

── *privé* 男 ❶ 民間企業 (=secteur *privé*). ▶ travailler dans le *privé* 民間企業で働く.

❷ 私生活 (=vie *privé*). ▶ Il est charmant dans le *privé*. 彼はプライベートでは感じのいい人だ.

en privé 個人的に, 一対一で; 非公式に. ▶ Puis-je vous parler *en privé*? 個人的にあなたとお話ししたいのですが.

*****priver** /prive/ プリヴェ/ 他動 ‹*priver* qn de qc /不定詞/›…から…を奪う, 剥奪(ﾂ)する; に…を禁じる. ▶ On l'*a privé* de ses droits. 彼は権利を奪われた / Si tu n'obéis pas, tu seras *privé* de dessert. 言うことをきかないなら, デザートはお預けだ.

すよ.
— **se priver** 代動 ❶ ‹ *se priver* de qc / 不定詞 ›…を自らに禁じる, …なしですませる. ▶ ne pas *se priver* de tabac [fumer] 禁煙する. ◆ne pas *se priver* de + 不定詞 …せずにいられない, してばかりいる. ▶ Elle ne *se prive* pas de critiquer. 彼女はしょっちゅうおまえの文句を言っている. ❷つましく暮らす, 節約する. ▶ *se priver* pour élever ses enfants 子供を育てるために節約する.

***privilège** /privilɛːʒ プリヴィレージュ/ 男 特権; 幸運, 利点. ▶ les *privilèges* de la noblesse 貴族の諸特権. ◆avoir le *privilège* de + 不定詞 …する特権を持つ. ▶ J'ai le *privilège* de la voir tous les jours. (= chance) 私は毎日彼女の顔を見ることができるという幸運に恵まれている / le *privilège* de l'âge 年の功 / La pensée est le *privilège* de l'espèce humaine. 思考能力は人類だけが持つ特権である.

avoir le triste privilège de + 不定詞 …するという辛い役割を果たす. ▶ *avoir le triste privilège d*'annoncer une catastrophe aérienne 飛行機事故を伝えるという辛い役割を引き受ける.

privilégié, e /privileʒje/ 形 ❶ 特権を与えられた; 優遇された. ▶ les classes *privilégiées* 特権階級. ❷ 恵まれた, 幸運な; 特に選ばれた. ▶ un climat *privilégié* 恵まれた天候.
— 名 特権者; 恵まれた人.

privilégier /privileʒje/ 他動 …に特権[特典]を与える; を特別扱いする.

***prix** /pri プリ/ 男

英仏そっくり語
英 price 値段.
仏 prix 値段, 賞.

❶ ❶ 値段, 価格. ▶ *prix* net 正価, 正札 / *prix* fixe 定価 / *prix* hors taxe 税抜き価格(略 prix HT) / *prix* toutes taxes comprises 税込み価格(略 prix TTC) / *prix* courant 時価, 相場 / *prix* de revient 原価 / *prix* de vente 売り値 / Quel est le *prix* de cette cravate? = A quel *prix* est cette cravate? このネクタイはいくらですか / Vous l'avez acheté à quel *prix* ? あなたはそれをいくらで買いましたか / vendre à bas *prix* 安く売る / à moitié *prix* 半値で / payer le *prix* de qc …の代金を払う / augmenter [baisser] le *prix* de qc …の価格を値上げ[値下げ]する / le *prix* au kilo キログラム単価.

❷ 《複数形で》物価. ▶ Les *prix* augmentent. 物価が上がる / hausse [baisse] des *prix* 物価上昇[下落] / indice des *prix* 物価指数 / flambée des *prix* 物価急騰.

❸ 料金, 賃金. ▶ le *prix* de location 賃料.

❹ 価値, 値打ち. ▶ attacher [donner] du *prix* à qc/qn …を高く評価する, に価値を与える / apprécier [estimer] qc à son juste *prix* (= valeur) …を正しく評価する. ❺ 代償; 報い. ▶ Son échec est le juste *prix* de sa paresse. 彼(女)の失敗は怠けたことに対する当然の報いだ.

❷ ❶ 賞; 賞品, 賞金. ▶ le *prix* Nobel [Goncourt] ノーベル[ゴンクール]賞 / le *prix* d'excellence 優秀賞 / décerner un *prix* 賞を授与する / remporter le premier *prix* 一等賞を取る / gagner un *prix* de 5000 euros 賞金5000ユーロを獲得する.

❷ 受賞作品; 受賞者. ▶ Avez-vous lu le dernier *prix* Goncourt? 今年のゴンクール賞受賞作を読みましたか / Mme X, le *prix* Nobel de la paix, va venir au Japon. ノーベル平和賞の受賞者X氏が来日する予定だ.

❸ 《賞の懸かった》競技, レース, 試合. ▶ aller au Grand *Prix* グランプリレースを見に行く.

à aucun prix 《否定文で》どんな値段でも; いかなる場合にも. ▶ Ils ne céderont *à aucun prix*. 彼らはどうやっても譲歩しないだろう.

à prix d'argent 金を払って, 金銭で.

à prix d'or 非常な高値で.

***à tout prix** どんな代償を払っても, 是が非でも. ▶ Il faut *à tout prix* que je réussisse à cet examen. ぜひともこの試験には合格しなくてはならない.

***au prix de qc** (1) …の代価で. ▶ acheter un chandail *au prix de* trois cents euros セーターを300ユーロで買う. (2) …と引き換えに, の代償で, 払って. ▶ Cet imposant barrage a été construit *au prix de* longues années et de nombreuses vies. この立派なダムは, 長い年月と多くの人命の犠牲の上に築かれた.

C'est le même prix. それは同じことだ, どちらでもかまわない.

de prix 高価な. ▶ objet *de prix* 高級品.

dernier prix (1) (これ以上負けられない)最安値. (2) 最終決定(回答). ▶ C'est *mon dernier prix*. これ以上はまけられない; 私の最終回答だ.

faire un prix à qn …に値引きする.

hors de prix 法外に高い. ▶ Cet article est *hors de prix*. この品物はべらぼうに高い.

mettre à prix la tête de qn …の首に賞金を懸ける.

mettre qc à prix (競売などで)…に値をつける. ▶ Cette chaise de style a été *mise à prix* à mille euros. この年代ものの椅子(☆)に1000ユーロの値がつけられた.

n'avoir pas de prix = **être sans prix** 値がつけられないほど高い価値がある.

payer le prix fort 話 高い金を払う; 高い代償を払う.

y mettre le prix 大金を払う, 相当尽力する.

比較 値段, 価格
prix 売られる品物, サービス行為の代価, 値段. **tarif** 交通機関の運賃や郵送料金など, 一覧表として体系化されている料金, 価格. **coût** ある行為に要する費用, 経費, サービス行為の代価.

pro /pro/ 名《男女同形》(professionnel の略) 話 プロスポーツ選手; 本職; 熟練工.

pro- 接頭 ❶「前に」の意. ▶ *pro*grès 進歩. ❷「…に賛成の」の意. ▶ *pro*(-)anglais 親英派の. ❸「…の代理」の意. ▶ *pro*nom (名詞の代理→)代名詞.

proactif, ive /proaktif, iːv/ 形 先取りする, 事前対策の. ▶ stratégie *proactive* 先取り戦略.

probabilité /prɔbabilite/ 囡 ❶ 確からしさ,蓋然(がぃ)性. ▶ *probabilité* d'une hypothèse 仮説の確からしさ[蓋然性] / La *probabilité* du succès est très faible. 成功の見込みは少ない. ❷ 確率.

selon toute probabilité 多分,十中八九.

***probable** /prɔbabl/ プロバブル/ 厖 ありそうな,本当らしい,確からしい. ▶ Votre réélection est très *probable*. あなた(方)の再選の可能性は高い / Le pire n'est pas certain, mais il est *probable*. 最悪の事態になるとは言い切れないが,それは大いにあり得ることだ / 《副詞的に》«Viendra-t-il demain?—*Probable*.»「彼は明日来るだろうか」「多分ね」/ 《非人称構文で》Il est *probable* qu'il acceptera. 彼は多分承知するだろう. 比較 ⇨ POSSIBLE.

probablement /prɔbabləmɑ̃/ 副 たぶん,おそらく. ▶ Il est *probablement* encore chez lui, à cette heure-ci. 彼はこの時間,たぶんまだ家にいるだろう / *Probablement* qu'il arrivera en retard. たぶん,彼は遅れてくるよ.

probant, ante /prɔbɑ̃, ɑ̃:t/ 厖 ❶〔論拠などが〕説得力のある,確かな. ▶ C'est tout à fait *probant*. 議論の余地がない. ❷《法律》証拠となる. ▶ pièce *probante* 証拠書類.

probatoire /prɔbatwa:r/ 厖 学力[能力]を認定する,証明する. ▶ un examen *probatoire* 学力テスト.

probe /prɔb/ 厖 文章 実直な,誠実な,正直な.

probité /prɔbite/ 囡 実直,誠実,正直. ▶ un homme de *probité* まじめな人間.

problématique /prɔblematik/ 厖 〔実現性,真実性などの〕疑わしい,不確かな. ▶ La victoire est *problématique*.(=incertain)勝利はおぼつかない.
— 囡 文章 (特定の領域,学問分野における)問題提起,問題意識;諸問題.

problématiquement /prɔblematikmɑ̃/ 副 文章 疑わしく,不確かに.

:problème /prɔblɛm/ プロブレム/ 男 ❶(学問,学習上の)問題. ▶ poser [résoudre] un *problème* 問題を出す[解く] / faire un *problème* de mathématiques 数学の問題を解く. ❷(実生活上の)問題;悩みごと. ▶ J'ai un *problème*. 困ったことがあります / Il est à l'âge où l'on a des *problèmes*. 彼は悩みごとの多い年齢にさしかかっている / C'est un faux *problème*(ありもしない問題→)それは口実だ / C'est ton *problème*. それは君の問題だ(他の人は関係ない)/ Le *problème*, c'est... 問題は…だ. ◆ le *problème* de + 定冠詞 + 名詞 …が提起する問題. ▶ le *problème* du logement 住宅問題. ◆un *problème* de + 無冠詞名詞 …にかかわる問題. ▶ Elle a des *problèmes* d'argent. 彼女はお金に困っている. ◆à *problèmes* よく問題を起こす,悩みの種となっている. ▶ un enfant à *problèmes* 問題児. 語法 ⇨ QUESTION.

faire [poser] problème 問題[トラブル]を引き起こす.

Il n'y a pas de problème. = **(Y a) pas de problème.** 園 事は簡単だ,問題ない;(承諾を表して)いいですよ.

Le problème n'est pas là. それが問題なのではない.

poser des problèmes トラブルを起こす,面倒な事になる.

sans problème 難なく,無事に,問題なく;(返事で)大丈夫です.

***procédé** /prɔsede/ プロセデ/ 男 ❶ 方法,方式;技法,手法. ▶ *procédé* de fabrication 製造法. 比較 ⇨ MOYEN². ❷《軽蔑して》技巧,常套(じょぅ)手段. ▶ Ça sent le *procédé*. それは技巧を凝らした感じだ,わざとらしい. ❸《多く複数で》振る舞い,態度. ▶ *procédés* corrects きちんとした振る舞い / Je n'aime pas tes *procédés*. 君の態度は気に入らない / échange de bons *procédés* 持ちつ持たれつの関係.

***procéder** /prɔsede/ プロセデ/ ⑥

直説法現在	je procède	nous procédons
	tu procèdes	vous procédez
	il procède	ils procèdent

間他動 ❶〈procéder à qc〉…を行う,実施する,進める. ▶ *procéder* à une enquête 調査する,アンケートを実施する / *procéder* à un remaniement ministériel 内閣改造を行う / *procéder* à l'interrogatoire de l'inculpé 容疑者の尋問を行う. 比較 ⇨ EFFECTUER. ❷ 文章〈procéder de qc〉…から生じる,起こる,発する. ▶ des maladies qui *procèdent* d'une mauvaise hygiène 不衛生が原因で起こる病気.
— 自動 行う,処理する(=agir). ▶ *procéder* par ordre 順序よく行う / *procéder* avec méthode 要領よく(秩序立てて)行う / façon de *procéder* やり方.

procédure /prɔsedy:r/ 囡 ❶(訴訟)手続;(公共機関などへの)手続き. ▶ le Code de *procédure* civile [pénale] 民事[刑事]訴訟法 / entamer une *procédure* de divorce 離婚訴訟を起こす / Quelle est la *procédure* à suivre pour se faire rembourser les frais médicaux? 医療費の払い戻しを受けるには,どういう手続きを踏めばいいのですか. ❷(技術的な作業,科学的な実験などの)手順,方法.

***procès** /prɔsɛ/ プロセ/ 男 ❶《法律》訴訟. ▶ *procès* civil [criminel] 民事[刑事]訴訟 / faire [intenter] un *procès* à qn …を告訴する / gagner [perdre] un *procès* 勝訴[敗訴]する / être en *procès* avec [contre] qn …と係争中である. ❷ 文章 過程,プロセス(=processus). ❸《言語》過程.

faire le procès de qc/qn …を非難する.

sans (autre) forme de procès (訴訟手続を踏まずに→)無造作に,いとも簡単に.

processeur /prɔsesœ:r/ 男 《情報》プロセッサー.

procession /prɔsesjɔ̃/ 囡 ❶(宗教上の)行列. ▶ la *procession* de la Fête-Dieu《カトリック》聖体行列. ❷(人,車などの)列. ▶ marcher en *procession* 列をなして歩く.

processionnaire /prɔsesjɔnɛ:r/ 厖 chenille

processionnaire ギョウレツケムシ(行列毛虫).
— 囡 ギョウレツケムシ.

processionnel, le /prɔsesjɔnεl/ 形 行列の; (整然と)連なる.

processus /prɔsesys/ 男 (一連の現象の)プロセス, 過程, 経過. ▶ un *processus* historique 歴史的プロセス / *processus* de production [fabrication] 生産[製造]工程 / *processus* de paix 和平プロセス / *processus* de + 定冠詞 + 名詞 …の持っているプロセス. ◆le *processus* de la hausse des prix du pétrole 石油価格の上昇過程.

procès-verbal /prɔsεvεrbal/ 《複》 *aux* /o/ 男 ❶ 《法律》調書. ▶ dresser (un) *procès-verbal* 調書[供述書]を作成する. ❷ (交通違反の)調書. 話し言葉では PV /peve/ と略す. ❸ (会議の)記録, 議事録. ▶ établir le *procès-verbal* d'une séance 会議の記録を作る.

:prochain, aine /prɔʃɛ̃, εn プロシャン, プロシェヌ/ 形 ❶ (時間)次の, 今度の; 間近に迫った, 近い. 現時点を起点としない翌週, 翌月, 翌年には suivant を用いる(例: la semaine suivante 翌週). ▶ lundi *prochain* 今度の月曜日 / la semaine *prochaine* 来週 / le mois *prochain* 来月 / l'année *prochaine* 来年 / le printemps *prochain* 今度の春 / le quinze septembre *prochain* きたる9月15日 / dans un avenir *prochain* 近い将来に / un jour *prochain* 近いうちに. ◆la *prochaine* fois この次には, 今度は. ▶ **A la prochaine fois!** ではまた近いうちに.
❷ (場所)次の, 今度の; 文章 隣の, すぐ近くの. ▶ tourner à gauche au *prochain* carrefour 次の交差点を左に曲がる / à la *prochaine* station 次の駅で.
❸ cause *prochaine* 直接原因, 近因.
— **prochain** 男 《単数形のみ》(宗教的な意味で)隣人, 同胞. 定冠詞, 所有形容詞とともに用いられる. ▶ aimer son *prochain* 隣人を愛する.
— **prochaine** 囡 ❶ 次の駅. ▶ Vous descendez à la *prochaine*?(=prochaine station) 次の駅で降りますか. ❷ A la *prochaine*!(=prochaine fois) ではまた近いうちに.

prochainement /prɔʃεnmɑ̃/ 副 近いうちに, 間もなく.

***proche** /prɔʃ プロシュ/ 形 ❶ <*proche* (de qc /qn)> (空間的, 時間的に)(…に)近い, 近接した, 接近した(↔lointain). ▶ Paris et sa *proche* banlieue パリとその近郊 / dans un *proche* avenir 近い将来に / J'ai demandé à un passant la station la plus *proche*. 私は通りがかりの人に最寄りの地下鉄の駅はどこか尋ねた / La date limite est *proche*. 期日が近い / Ce drame est encore *proche*. その惨事からさほど時間がたっていない.
❷ <*proche* (de qc)> (…に)似た, 類似した. ▶ L'espagnol est *proche* de l'italien. スペイン語はイタリア語に近い.
❸ <*proche* (de qn)> (…と)近しい, 親しい. ▶ un ami *proche* 親しい友人 / un *proche* parent 近親者.

de proche en proche 少しずつ, 次第に.
— 名 《多く複数で》近親者; 側近.

Proche-Orient /prɔʃɔrjɑ̃/ 固有 男 近東.

proclamation /prɔklamasjɔ̃/ 囡 ❶ 宣言, 布告, 声明; 公表. ▶ la *proclamation* des résultats d'un examen 試験の結果の公表 ❷ 声明文, 宣言文. ▶ rédiger [lancer] une *proclamation* 声明文を起草する[発する].

proclamer /prɔklame/ 他動 <*proclamer* qn /qc (+ 属詞)// *proclamer* que + 直説法> ❶ (正式に)…を(…であると)宣言する, 布告する. ▶ Le Sénat *proclama* Napoléon empereur des Français. 元老院はナポレオンがフランス皇帝であることを宣言した / *proclamer* le résultat d'un scrutin 投票の結果を公表する / *proclamer* l'état de siège 戒厳令を出す.
❷ (大勢の前で)…を言明する, 主張する. ▶ *proclamer* son innocence 自らの無実を主張する.
— **se proclamer** 代動 <*se proclamer* + 属詞> 自分が…であると宣言する[言明する].

proclitique /prɔklitik/ 形 《言語》 後接的な.
— 囡 後接語: 固有のアクセントを失い, 後続語と結びついてアクセント単位を作る, 冠詞や代名詞など.

proconsul /prɔkɔ̃syl/ 男 《ラテン語》 ❶ 文章 (地方あるいは植民地の)総督, 独裁者. ❷ 《古代ローマ》属州総督.

procréateur, trice /prɔkreatœːr, tris/ 形 文章 子供を産む, 生殖する. — 名 文章 子をなす者.

procréation /prɔkreasjɔ̃/ 囡 文章 (人間の)生殖; 出産. ▶ *procréation* médicalement assistée 生殖補助医療(略 PMA).

procréer /prɔkree/ 他動 文章 〔人間が子〕を作る; 出産する.

procuration /prɔkyrasjɔ̃/ 囡 《法律》 代理, 代理権; 委任状.
par procuration 代理人を立てて; 他人まかせで. ▶ un vote *par procuration* 代理投票 / guerre *par procuration* 代理戦争.

***procurer** /prɔkyre/ プロキュレ/ 他動 <*procurer* qc/qn (à qn)> (…に)…を得させる, 手に入れさせる; 〔物が〕(…に)…をもたらす. ▶ *procurer* un emploi à un chômeur 失業者に職を見つけてやる / Il m'a *procuré* un billet pour ce concert. 彼はそのコンサートの切符を1枚私のために手に入れてくれた / La lecture me *procure* un grand plaisir.(=apporter, donner) 読書は私にとって大きな喜びだ. 比較 ⇨ DONNER.
— **se procurer** 代動 <*se procurer* qc> …を手に入れる. se は間接目的. ▶ *se procurer* de l'argent 金を手に入れる / Procure-toi les documents nécessaires. 必要書類をそろえなさい. 比較 ⇨ OBTENIR.

procureur /prɔkyrœːr/ 男 ❶ 検事. ▶ *procureur* général 検事総長. ❷ 《法律》代理人.

prodigalité /prɔdigalite/ 囡 浪費癖(↔ avarice); 《多く複数で》浪費.

prodige /prɔdiːʒ/ 男 ❶ 驚くべきこと, 驚異. ▶ Vous avez fait des *prodiges*! 驚くべきことをやってのけましたね / déployer des *prodiges* d'ingéniosité 驚くほどの機略を発揮する.
❷ 非凡な人物, 天才的な人, 偉才. ▶ Son fils

prodigieusement

est un petit *prodige*. 彼(女)の息子はまさに神童だ / 《同格的に》enfant *prodige* 神童.
❸ 文章 超自然的出来事, 奇跡.
tenir du prodige 奇跡的である.

prodigieusement /prɔdiʒjøzmɑ̃/ 副 驚くほど, 非常に; 異常に.

prodigieux, euse /prɔdiʒjø, ø:z/ 形 ❶ 驚異的な, すばらしい; 非凡な. ▶ progrès *prodigieux* 驚異的な進歩 / Ce livre a connu un succès *prodigieux*. この本はすごい評判をとった.
❷ とてつもない, 異常な. ▶ une bêtise *prodigieuse* 信じられないほどの愚行.
❸ 文章 奇跡的な, 不可思議な.

prodigue /prɔdig/ 形 ❶ 浪費家の; 気前のよい (↔avare). ▶ se montrer *prodigue* avec qn …に気前よくする / un enfant [fils] *prodigue* 放蕩(ほうとう)息子. ❷ ⟨*prodigue* de qc⟩ …を振りまく, 惜しまない. ▶ être *prodigue* de compliments お世辞を振りまく / Il est *prodigue* de son temps. 彼は時間を惜しまない.
── 名 浪費家, 気前のよい人.

prodiguer /prɔdige/ 他動 ❶ …を浪費する (=dilapider, gaspiller). ▶ *prodiguer* son immense fortune 莫大(ばくだい)な財産を食いつぶす.
❷ …を惜しみなく与える; やたらに振りまく. ▶ *prodiguer* des soins à qn 一生懸命…の世話をする / *prodiguer* des compliments à qn …にお世辞を振りまく.

prodrome /prɔdro:m/ 男 文章 前兆, 前触れ.
▶ les *prodromes* d'une guerre 戦争の予兆.

*****producteur, trice** /prɔdyktœ:r, tris/ プロデュクトゥール, プロデュクトリス/ 形 ⟨*producteur* (de + 無冠詞名詞)⟩ …の; を生産する, 生み出す. ▶ pays *producteurs* de pétrole 産油国.
── 名 ❶ 生産者 (↔consommateur).
❷ (映画, テレビなどの) 製作者, プロデューサー, 制作会社.

productible /prɔdyktibl/ 形 生産できる.

productif, ive /prɔdyktif, i:v/ 形 ❶ 生産の, 生産的な. ▶ forces *productives* 生産力 / un sol *productif* 肥沃(ひよく)な土地.
❷ ⟨*productif* de + 無冠詞名詞⟩ …を生む, もたらす. ▶ un capital *productif* d'intérêts 利潤を生む資本.

*****production** /prɔdyksjɔ̃/ プロデュクスィョン/ 女 ❶ 生産, 産出; 生産高. ▶ *production* industrielle 工業生産 / *production* en (grande) série = *production* de [en] masse 大量生産 / moyens de *production* 生産手段 / mode de *production* 生産様式 / coût de *production* 生産コスト.
❷ 《多く複数で》生産物, 製品. ▶ *productions* du sol et de l'industrie 農産物と工業製品.
❸ 精神的生産活動; (ある作家, 時代, ジャンルの) 作品, 産物. ▶ la *production* dramatique du XXᵉ [vingtième] siècle 20世紀の演劇作品.
❹ (テレビ, ラジオの) 番組製作, 番組; (映画の) 製作, 作品. ▶ la *production* de films publicitaires コマーシャル・フィルムの製作 / directeur de *production* プロデューサー / société de *production* 制作会社 / *production* franco-japonaise

日仏合作映画.
❺ (現象の) 発生, 生成; 〖医学〗(細胞, 組織などの) 生産(物).
❻〖法律〗(書類などの) 提出.

語法 la production du riz か la production de riz か

la production du riz は (la production de + 定冠詞 + 名詞) は「米を生産すること」という行為を, la [une, cette] production de riz (la [une, cette] production de + 名詞) は「米の生産高 [量]」を表わす.

• *La production des appareils électroménagers* constitue un secteur important dans l'ensemble de l'économie japonaise. 家電製品の生産は, 日本経済全体の中で重要な部門を形成している.

• *La production d'appareils électroménagers* a connu cette année un très net recul par rapport à l'année dernière. 今年の家電製品の生産量は昨年と比べて明らかに低下した.

productivisme /prɔdyktivism/ 男 生産本位 [生産重視] 理論, 生産性第一主義.

productiviste /prɔdyktivist/ 形 生産本位主義(者)の.

productivité /prɔdyktivite/ 女 ❶ 生産性, 生産力. ▶ la *productivité* du travail 労働の生産性 / accroître la *productivité* d'une usine 工場の生産性を向上させる. ❷ 利益 [収益] 率.

:**produire** /prɔdɥi:r プロデュイール/ 70 他動

過去分詞 produit	現在分詞 produisant

直説法現在	je produis	nous produisons
	tu produis	vous produisez
	il produit	ils produisent
複合過去	j'ai produit	
半過去	je produisais	
単純未来	je produirai	単純過去 je produisis

《しばしば目的語なしに》❶ …を生産する, 産出する; [植物が果実] を実らせる. ▶ *produire* en série un nouveau modèle de voiture 新型の自動車を大量生産する / La France *produit* plus de cinq cents sortes de fromages. フランスは500種類以上のチーズを産出している / Ce pays *a produit* de nombreux prix Nobel. この国から多くのノーベル賞受賞者が輩出している / Ces arbres commencent à *produire*. これらの木は実をつけ始めている. 比較 ⇨ FAIRE¹.
❷ [現象, 感情, 結果など] を生じさせる, 引き起こす. ▶ *produire* une vive impression sur qn …に強烈な印象を与える / La guerre *produit* toutes sortes de maux. 戦争はあらゆる災禍を招く.
❸ [作品など] を作り出す; 〖映画〗…を製作する. ▶ *produire* un roman 小説を書く / *produire* un film 映画を製作する / 《目的語なしで》 Ce romancier *produit* beaucoup. この小説家は多作だ. 比較 ⇨ FAIRE¹.
❹ [利益] を生む, もたらす. ▶ 《目的語なしに》

faire *produire* son argent 自分の金に利子を生ませる.
❺ …を提出する, 示す. ▶ *produire* un document 書類を提出する / *produire* des témoins 証人を立てる.
── se **produire** 代動 ❶〔現象, 事件などが〕起こる, 生じる. ▶ Un événement imprévu *se produisit*. 予想外の出来事が起こった /《非人称構文で》Il *s'est produit* un petit incident. ちょっとした事件が起きた. ❷ 舞台に出る, 出演する. ▶ *se produire* sur scène 舞台に立つ.

produis, produit /prɔdɥi/ 活用 ⇨ PRODUIRE 70

produis- 活用 ⇨ PRODUIRE 70

*__produit__ /prɔdɥi/ プロデュイ/ 男 ❶ 生産物, 産物, 製品. ▶ *produits* agricoles 農産物 / *produits* alimentaires 食料品 / *produits* de beauté 化粧品 / *produits* de luxe 贅沢(ぜいたく)品. ◆ *produit* de qc …の所産, 結果. ▶ un pur *produit* de l'imagination 単なる想像の産物 / les *produits* de la terre 農産物.
❷ メンテナンス用品, …剤. ▶ *produits* d'entretien 家庭用クリーナー類.
❸ 収益, 利益, 収入. ▶ *produit* de l'impôt 税収 / le *produit* brut 総収入, 総売上高 / *produit* net 純益, 純利益 / *produit* national brut 国民総生産(略 PNB, 英語では GNP) / *produit* intérieur brut 国内総生産(略 PIB, 英語では GDP).
❹〔数学〕積. ▶ 36 est le *produit* de 12 par 3. 36は12と3の積である.

proéminence /prɔeminɑ̃:s/ 女 文章 突起；突起物, 突出部.

proéminent, ente /prɔeminɑ̃, ɑ̃:t/ 形 突起している. ▶ nez *proéminent* 高くとがった鼻.

prof /prɔf/ 名《男女同形》(professeur の略)話 教授；教師, 先生.

profanateur, trice /prɔfanatœ:r, tris/ 形, 名 文章 瀆聖(とくせい)の(人), 不敬な(人).

profanation /prɔfanasjɔ̃/ 女 ❶ 瀆聖(とくせい). ▶ une *profanation* de sépulture 墓を暴くこと. ❷〔貴重なものの〕汚損, 悪用.

profane /prɔfan/ 形 ❶ 文章 宗教と無関係の, 世俗の (↔religieux, sacré). ▶ le monde *profane* 俗界 / art *profane* (宗教芸術に対する)世俗芸術. ❷〈*profane* (en qc)〉(ある分野において)素人の, 門外漢の. ▶ Elle est *profane* en musique. 彼女は音楽のことは分からない.
── 名 ❶ (ある宗教に対して)非信徒, 俗人.
❷ 素人, 門外漢. ▶ aux yeux d'un *profane* 門外漢の目には / Je suis un [une] *profane* en peinture. 私は絵については素人です.
── 男 俗, 俗事.

profaner /prɔfane/ 他動 ❶ …の神聖をけがす, を冒瀆(ぼうとく)する. ▶ *profaner* un autel 祭壇をけがす. ❷〔貴重なもの〕をけがす, 損なう, 悪用する. ▶ *profaner* un nom 名を辱める.

proférer /prɔfere/ ⑥ 他動 …を口に出す, 発言する. ▶ 声高に言う. ▶ sans *proférer* un seul mot ただのひとことも発せずに / *proférer* des injures 罵詈(ばり)雑言を浴びせる.

professer /prɔfese/ 他動 文章 …を公言する, 表明する, 主張する. ▶ *professer* un profond mépris pour qc …に対して軽蔑の気持ちをあからさまにする / Il *professait* que le plus grand écrivain était Balzac. 最も偉大な作家はバルザックだと彼は主張していた.

*__professeur, e__ /prɔfesœ:r/ プロフェスール/ 名
英仏そっくり語
英 professor 教授.
仏 professeur 教授, (中学校以上の)教師.
(コレージュ以上の)教授；教師, 先生. 注 (1) 教師に呼びかけるときは Monsieur もしくは Madame という. (2) 女性については男性形か professeure を用いる. ▶ *professeur* de lycée リセの先生 / *professeur* de français フランス語の教師 / *professeur* d'université 大学教授 / *professeur* des écoles 小学校教師 / J'ai eu Mme Martin comme *professeur*. マルタン先生が私の先生だった / un *professeur* à la Sorbonne ソルボンヌ大学教授 / *professeur* honoraire 名誉教授 / Elle est *professeur* de piano. 彼女はピアノの先生だ / un *professeur* femme = une femme *professeur* 女の先生.

語法 **professeur** をめぐって

(1) **un professeur de français**
「フランス語の先生」という場合, un professeur du français としてはならない. 他の学科や学問についても同じで, de のあとには無冠詞の名詞がくる.
• un professeur de sociologie [musique] 社会学[音楽]の先生.
• un professeur d'anglais [d'histoire] 英語[歴史]の先生.

(2)「教授」と「教師」
professeur は大きく分けて, 大学の正式な資格としての「教授」と, 一般的意味での「教師」との2つの意味がある. 後者の意味では中等教育および高等教育にたずさわる人のほか,「ダンスの先生」un professeur de danse のように広く「何かを教える人」を指す. 小学校教師は instituteur という. また,「仕事はなんですか」と聞かれて「教師です」と答える場合の最も普通の言い方は 《 Je suis enseignant. 》 あるいは 《 Je suis dans l'enseignement. 》 で,「私は教職についています」という意味になる. 《 Je suis professeur. 》 と言えないこともないが, この場合は(1)にあるように, 〈professeur de + 学科〉の形をとるか, 《 Je suis professeur dans un collège. 》 (私は中学校の教師をしている)のようにあとに機関名を示すのが普通である.

*__profession__ /prɔfesjɔ̃/ プロフェッシヨン/ 女 ❶ 職業. ▶ Quelle est votre *profession*? (=métier) 御職業はなんですか / la *profession* d'avocat 弁護士の職 / une *profession* libérale 自由業 / exercer [pratiquer] une *profession* ある職業に携わる / être sans *profession* 無職である.
❷《集合的》同業者.
❸ 文章 (主義, 方針などの)公言, 表明；《カトリック》誓願(式)；(信仰の)告白. ▶ *profession* de foi 信仰告白；所信[信条]表明, 政治家の公約.

de profession (1) 本職の. ▶ un musicien *de profession* プロの音楽家. (2) 常習の. ▶ un menteur *de profession* うそばかりつく人.

faire profession de qc (主義, 信条など)を公言する, 表明する. ▶ *faire profession de* libéralisme 自由主義を表明する.

比較 職業

profession 公の文書などでは職業全般を指す用語として用いられるが, 具体的な職種との関係では, 医師, 弁護士など社会的地位の高い職種に用いられる. **métier** 職業全般を指す最も一般的な語. ときにそれぞれの職業に必要な知識, 技能の全体を指すことがある. **carrière** 人生の進路, 出世, 昇進の階梯(かいてい)というイメージを伴った「職業」という語で, おもに軍人, 政治家, 教師, 医師, 弁護士, ジャーナリストなど専門職に用いられる.

professionnaliser /prɔfesjɔnalize/ 他動 …をプロ化する, 職業化する. — **se professionnaliser** 代動 プロ化する.

professionnalisme /prɔfesjɔnalism/ 男 職業意識, (スポーツの)プロ精神 (↔amateurisme).

***professionnel, le** /prɔfesjɔnɛl/ プロフェスィヨネル/ 形 ❶ 職業の, 職業上の. ▶ enseignement *professionnel* 職業教育 / un stage de formation *professionnelle* 職業訓練 / certificat d'aptitude *professionnelle* 職業適性証(略 CAP) / secret *professionnel* (医者などの)職業上の秘密 / conscience *professionnelle* 職業意識 / faute *professionnelle* 職業上の過失 / maladie *professionnelle* 職業病 / école *professionnelle* 専門学校 / lycée *professionnel* 職業リセ.

❷ 本職の, プロの, 玄人の. ▶ un sportif *professionnel* プロスポーツ選手.

— 名 ❶ 本職, プロ, 玄人 (↔amateur). ▶ un travail de *professionnel* プロの仕事.

❷ プロスポーツ選手 (=*professionnel* du sport) (↔amateur).

❸ 専門労働者, 熟練工 (=ouvrier professionnel). ❹ ⟨*professionnel* de qc⟩…の常習者. ▶ un *professionnel* du retard 遅刻常習者. 注 語義①②③については話し言葉で pro と略す.

professionnellement /prɔfesjɔnɛlmɑ̃/ 副 職業的に, 専門的に; 職業上.

professoral, ale /prɔfesɔral/; (男複) **aux** /o/ 形 教授[教師]の; 教師らしい; 学者ぶった. ▶ le corps *professoral* 教授陣.

professorat /prɔfesɔra/ 男 教職, 教授職; 教職期間. ▶ se destiner au *professorat* 教職を志す.

profil /prɔfil/ 男 ❶ 横顔, プロフィール. ▶ avoir un *profil* régulier [grec] 整った[ギリシア彫刻風の]横顔をしている / un beau *profil* 美しい横顔 / *profil* perdu 斜め後方から見た横顔.

❷ 輪郭, 外形. ▶ le *profil* d'une voiture 車のシルエット.

❸ (職業, 仕事などに必要な)人物像;(個人の)資格, 適性. ▶ Il n'a pas le *profil*. 彼はその任ではない / *profil* psychologique 『心理』サイコグラフ, (個人の)心理的適性[特徴].

❹ (物事, 状況の)特徴, 概要. ▶ le *profil* du marché 市場概要.

❺ 断面(図); 側面(図). ▶ plan de *profil* 『幾何』側平面. ❻ 『ジャーナリズム』人物紹介記事, 人物欄. ❼ 『情報』パターン.

de profil 横顔で, 横を向いて; 側面から. ▶ peindre qn *de profil* …の横顔の絵を描く.

montrer son meilleur profil 話 精一杯いいところを見せようとする.

profil bas (1) 消極的な姿勢, 低姿勢. ▶ adopter le *profil bas* 目立たないでいる. (2) (成績, 業績などの)低迷.

profilage /prɔfilaʒ/ 男 (犯罪者)プロファイリング.

profilé, e /prɔfile/ 形 特定の断面[外形]を持った. — **profilé** 男 ❶ (特定の断面を持った)形鋼. ❷ (押し出し成形による)プラスチック鋼.

profiler /prɔfile/ 他動 ❶ 文章 …の輪郭をはっきりと示す[描く]. ▶ Les montagnes *profilent* leur silhouette dans le lointain. 遠くに山々がくっきりとその姿を見せている.

❷ …の断面図[側面図]を描く; …を横から描く.

— **se profiler** 代動 ❶ ⟨*se profiler* + 場所⟩…を背景に輪郭がはっきりと現れる[見える]. ▶ Les tours de Notre-Dame *se profilaient* en noir sur le ciel bleu. ノートルダム大聖堂の鐘楼が青空に黒々と浮かび上がっていた.

❷ (問題, 状況などが)浮かび上がる, 見えてくる.

profileur, euse /prɔfilœːr, øːz/ 名 プロファイラー.

***profit** /prɔfi/ プロフィ/ 男 ❶ 利益, 利得, 利潤. ▶ Il ne cherche que son *profit*. 彼は自分の利益だけを追いかける / procurer un *profit* 利益[利潤]を生み出す / faire de gros *profits* 大きな利益をあげる / *profit* net 純利潤[利益] / taux de *profit* 利益[利潤]率.

❷ (知的, 精神的な)効用, 有益さ. ▶ Sa connaissance du français a été d'un grand *profit*. フランス語の知識が彼(女)に大いに役立った.

****au profit de qn/qc*** (1) …の利益になるように, のために. ▶ donner de l'argent *au profit des* enfants handicapés 障害児を助けるために金を出す. (2) (一方が不利になる方だけ)他方に有利に. ▶ L'exode rural dépeuple les campagnes *au profit des* villes. 農村の過疎化で都市人口が増える.

avec profit 有益に, 役に立って.

avoir le profit de qc …を利用する.

faire du profit = ***faire beaucoup de profit*** 話 〔品物などが〕徳用[経済的]である, 長持ちする.

faire (son) profit de qc …を利用する, から利益を得る.

Il n'y a pas de petits profits. 話 どんなに小さくてももうけはもうけ.

mettre qc à profit = 文章 ***tourner qc à profit*** …を有効に利用する. ▶ *mettre* son expérience *à profit* 自分の経験を生かす.

profits et pertes /prɔfizepɛrt/ (1) 『商業』損益. (2) passer qc aux *profits et pertes* …を断念する, あきらめる.

tirer profit de qc …をうまく利用する; から利益を得る.

trouver (son) profit à qc/不定詞 …を役立て

る，利用する．

profitable /prɔfitabl/ 形 ⟨*profitable* (à qn)⟩（…に）有益な，利益をもたらす．

*__profiter__ /prɔfite プロフィテ/ 間他動 ❶ ⟨*profiter de qc/qn*⟩…を利用する，で得をする． ▶ *profiter* d'un bon conseil よい忠告を役立てる / *profiter* de la faiblesse de qn …の弱みに付け込む / *profiter* de qn …に付け込む，利用する / *profiter* de la vie 人生を楽しむ Je *profiterai* du week-end pour ranger ma chambre. 週末を利用して部屋をかたづけるつもりだ．

❷⟨*profiter* à qn/qc⟩…に利益をもたらす，の得になる；〔食べ物などが〕…の滋養となる． ▶ Vos conseils m'*ont* bien *profité*. 御忠告はたいへん有益でした．

❸⟨*profiter* de qn⟩…と一緒に楽しく過ごす．

— 自動 ❶ 話 成長する；発育する，成育する；〔植物が〕実をつける． ▶ Cet enfant *a* bien *profité* depuis l'année dernière. この子は去年と比べてずいぶん大きくなった．

❷ 話 経済的［徳用］である；長持ちする．

Bien mal acquis ne profite jamais. 諺 悪銭身につかず．

profiterole /prɔfitrɔl/ 女〔菓子〕プロフィトロール：カスタードクリームなどを詰め，チョコレートをかけた小さなシュークリーム．

profiteur, euse /prɔfitœːr, øːz/ 名 もうけ［利得］に終始する人；（特に）（他人の不幸などに乗じる）便乗者． ▶ *profiteurs* de guerre 死の商人．

*__profond, onde__ /prɔfɔ̃, ɔ̃ːd プロフォン, プロフォーンド/ 形

英仏そっくり語
英 profound（主に比喩的に）深い．
仏 profond 深い．

❶ 深い． 注 フランス語には「浅い」という単語はなく, peu *profond* を用いる． ▶ puits *profond* 深い井戸 / une blessure *profonde* 深い傷 / racines *profondes*（地中）深く張った根． ◆ *profond* de + 数量表現 …の深さのある． ▶ une piscine *profonde* de six mètres 深さ6メートルのプール．

❷（名詞の前またはあとで）奥行きのある，奥深い． ▶ la perspective *profonde* d'un tableau 絵画の奥行きのある遠近法 / forêt *profonde* 深い森．

❸〔動作が〕深々とした，重々しい；〔色が〕濃い． ▶ tomber dans un *profond* sommeil 深い眠りに落ち込む / voix *profonde* 重々しい声 / *profond* salut 最敬礼 / vert *profond* 深緑色 / nuit *profonde* 深い闇で）夜 / regard *profond* 深いまなざし / pousser un *profond* soupir 深いため息をつく．

❹（ときに名詞の前で）深い考えを持った，深遠な． ▶ C'est un esprit *profond*. 洞察力の深い人だ．

❺ 奥底にある，本質的な． ▶ la signification *profonde* d'une œuvre ある作品の本質的意味 / la nature *profonde* de l'homme 人間の根源的本性 / la France *profonde* 奥底のフランス．

❻（名詞の前またはあとで）極度の，激しい，強烈な． ▶ silence *profond* 深い沈黙 / *profonde* erreur 甚だしい誤り / éprouver une joie *profonde* 強い喜びを抱く．

❼〔心理〕psychologie *profonde* 深層心理学．

— **profond** 男 最深部，奥底． ▶ au plus *profond* de notre cœur 我々の心の奥底に．

— 副 深く，底の方へ． ▶ creuser *profond* 深く掘る．

*__profondément__ /prɔfɔ̃demɑ̃ プロフォンデマン/ 副 ❶ 深く，奥底まで． ▶ creuser *profondément* la terre 地面を深く掘る． ❷ 非常に，極度に；徹底的に． ▶ dormir [réfléchir] *profondément* 熟睡［熟考］する / respirer *profondément* 深呼吸する / aimer *profondément* 心から愛する / Ils sont *profondément* différents l'un de l'autre. 彼らは性格がまったく違う．

*__profondeur__ /prɔfɔ̃dœːr プロフォンドゥール/ 女 ❶ 深さ；（多く複数で）深い所，深部． ▶ la *profondeur* d'un fossé 溝の深さ / puits de dix mètres de *profondeur* ＝puits d'une *profondeur* de dix mètres 深さ10メートルの井戸 / les grandes *profondeurs* océaniques 深海，大海溝．

❷ 奥行き；（容器などの）高さ． ▶ la longueur, la largeur et la *profondeur* d'une boîte 箱の縦，横，奥行き［高さ］．

❸（思想，精神などの）深さ，深遠さ；（複数で）（心，問題などの）奥底，深層部． ▶ une œuvre sans *profondeur* 深みのない作品 / La *profondeur* de son caractère lui donne un certain charme. 彼(女)の性格の奥深い［計り知れない］ところすまた魅力になっている / dans les *profondeurs* de l'âme 魂の奥底で / psychologie des *profondeurs* 深層心理学．

❹（程度の激しさ，深さ． ▶ la *profondeur* du changement 変化の激しさ / la *profondeur* de son amour 彼(女)の愛の深さ．

en profondeur 深く；根本的に［に］． ▶ creuser *en profondeur* 深く掘る / transformer *en profondeur* la société 社会を根底から変革する．

profus, use /prɔfy, yːz/ 形 文章 おびただしい，あふれんばかりの．

profusion /prɔfyzjɔ̃/ 女 豊富，多量；過剰． une *profusion* de + 無冠詞複数名詞 大量の…，過剰な…．

à profusion 豊富に，ふんだんに． ▶ manger des fruits *à profusion* 果物をふんだんに食べる．

progéniture /prɔʒenityːr/ 女 ❶ 文章〔集合的に〕(人, 動物の)子, 子孫． ▶ avoir une nombreuse *progéniture* 子だくさんである． ❷ 話（ふざけて）家族；子供．

progestatif, ive /prɔʒɛstatif, iːv/ 名, 形〔医学〕黄体形成の．

progiciel /prɔʒisjɛl/ 男〔情報〕パッケージソフト．

programmable /prɔgramabl/ 形 ❶〔機器が〕プログラミングできる． ❷ 予定しうる，計画できる． ▶ naissance *programmable* 計画出産．

programmateur, trice /prɔgramatœːr, tris/ 名（テレビ, ラジオの）番組編成者；（映画館の）番組担当．

— **programmateur** 男 ❶（機器の）マイコン制御装置，タイマー． ❷〔電気〕プログラム作成器．

programmation /prɔgramasjɔ̃/ 女 ❶（テレビ, ラジオの）番組編成． ❷〔情報〕プログラミング．

*__programme__ /prɔgram プログラム/ 男 ❶ 番組，演目；（芝居などの）プログラム． ▶ *programme* de

programmé

télévision テレビ番組(表) / Demandez le *programme*! プログラムはいかがですか(売り子の呼び声) / un changement de *programme* プログラムの変更 / jouer un morceau hors *programme* プログラムにない曲を1曲演奏する.
❷ 授業計画, カリキュラム；《集合的に》(授業, 試験の)科目. ▶ Le français est au *programme* de l'examen. フランス語は試験科目に入っている / le *programme* d'histoire de la terminale 最終学年の歴史の授業内容.
❸ 計画, 予定. ▶ *programme* de fabrication 生産計画 / *programme* de travail 仕事の計画 / *programme* politique 施政方針, 政治綱領 / Mon *programme* de la semaine prochaine est très chargé. 来週のスケジュールはいっぱいに詰まっている. 比較 ⇨ PROJET.
❹《情報》(コンピュータなどの)プログラム.

C'est tout un programme! 諺 (それだけ聞けば)あとは推して知るべしだ.
le programme des réjouissances 諺 (1)(催し物, 行事などの)スケジュール. (2)《皮肉に》嫌な仕事の予定.
Vaste programme! 《皮肉で》それは大変だ.

programmé, e /prɔgrame/ 形 ❶《機器が》全自動の;《情報》プログラムで制御された. ❷ enseignement *programmé* プログラム学習《教育》.

programmer /prɔgrame/ 他動 ❶…を(テレビ, ラジオ)番組に組む；〔映画〕を上映予定に入れる. ❷…を予定する, 計画する. ❸〔装置など〕をプログラミングする.
— 自動 (コンピュータの)プログラミングをする.

programmeur, euse /prɔgramœr, øːz/ 名 (コンピュータの)プログラマー.

*progrès /prɔgrɛ/ プログレ/ 男 ❶ 進歩;(技量, 知識などの)上達, 向上. ▶ les *progrès* de la médecine 医学の進歩 / croire au *progrès* de l'humanité 人類の進歩を信じる / Qu'est-ce que tu as fait comme *progrès*! 諺 ずいぶん上達したねえ / Il y a du *progrès*. 諺 よくなっている, 調子よくいっている. ❷《多く複数で》進行, 進展, 拡大；(軍隊などの)前進. ▶ les *progrès* d'une épidémie 伝染病の蔓延(まんえん).

être en progrès 進歩している, 上達しつつある. ▶ Les joueurs de cette équipe *sont en progrès*. このチームの選手たちは良くなっている.
faire des progrès (1) 進行する. (2) 進歩する, 上達する. ▶ *faire* de grands *progrès* en français フランス語がとても上達する.
ne faire aucun progrès 全然進歩しない.
On n'arrête pas le progrès! 《皮肉で》たいした進歩だ.

progresser /prɔgrese/ 自動 ❶ 進歩する, 向上する. ▶ *progresser* à grands pas 長足の進歩を遂げる / Mon fils *a progressé* en mathématiques. うちの子は数学の力が伸びた. ❷ 進行する, 広がる；普及する；前進する. ▶ Le cancer *a progressé*. 癌(がん)が進行した.

progressif, ive /prɔgresif, iːv/ 形 ❶ 前進的な, 漸進的な；徐々に増大する. ▶ le rapprochement *progressif* des deux pays 両国の段階的な歩み寄り. ❷《税制》impôt *progressif* (↔proportionnel) 累進税.
— **progressif** 男《文法》進行形.

progression /prɔgresjɔ̃/ 女 ❶ (段階的, 持続的な)発展, 拡大, 増加, 進行. ▶ la *progression* de la science 学問の発展 / la *progression* d'une maladie 病気の悪化. ◆ être en *progression* 進歩[発展]している. ❷ 前進；《軍事》進軍. ▶ *progression* d'une armée 軍隊の進軍. ❸《数学》数列, 級数 (=suite).

progressisme /prɔgresism/ 男 進歩主義.
progressiste /prɔgresist/ 形 進歩主義の, 進歩派の. ▶ idées *progressistes* 進歩主義思想.
— 名 進歩主義者 (↔conservateur).

progressivement /prɔgresivmɑ̃/ 副 徐々に, 次第に.

progressivité /prɔgresivite/ 女 ❶ 漸次性, 前進性. ❷《税制》累進性. ▶ la *progressivité* de l'impôt 累進課税制度.

prohibé, e /prɔibe/ 形 (法的に)禁止された, 禁制の. ▶ marchandises *prohibées* (輸入)禁制品. 比較 ⇨ DÉFENDU.

prohiber /prɔibe/ 他動 …を(法的に)禁止する. ▶ *prohiber* l'importation de vins étrangers 外国産ワインの輸入を禁止する.

prohibitif, ive /prɔibitif, iːv/ 形 ❶ (法的に)禁止する, 禁止の. ▶ prendre des mesures *prohibitives* 禁止措置をとる. ❷ 手が出ないほど高値の. ▶ prix *prohibitif* とんでもない値段.

prohibition /prɔibisjɔ̃/ 女 ❶ (法的)禁止, 禁制；《経済》(輸入, 製造, 販売の)禁止. ▶ la *prohibition* de la chasse [pêche] 禁猟[禁漁] / prendre des mesures de *prohibition* 禁止措置をとる. ❷ la *prohibition* (d'alcool) (1919-33年の米国の)禁酒法(時代).

prohibitionnisme /prɔibisjɔnism/ 男 ❶ 保護貿易主義. ❷ (米国の)禁酒法政策, 禁酒論.

prohibitionniste /prɔibisjɔnist/ 形 ❶ 保護貿易主義の. ❷ (米国の)禁酒主義の.
— 名 ❶ 保護貿易主義者. ❷ (米国の)禁酒論者.

proie /prwa/ 女 ❶ 獲物, 餌食(えじき). ▶ épier sa *proie* 獲物をうかがう / un oiseau de *proie* 猛禽(もうきん)；貪欲(どんよく)で残酷な人間.
❷ 犠牲, 食い物；(激しい感情の)とりこ. ▶ être la *proie* d'escrocs 詐欺師の食い物になる / La forêt fut la *proie* des flammes. 森は火に包まれた. ◆ être en *proie* à qc 文章 …のとりこになる；(激しい感情)に襲われる. ▶ être en *proie* à la colère 怒りに襲われる.

lâcher [laisser, abandonner] la proie pour l'ombre (幻影を追って獲物を逃がす→)夢[幻]を追って実利を失う(ラ・フォンテーヌ「寓話(ぐうわ)」).

projecteur /prɔʒɛktœːr/ 男 ❶ 投光器, スポットライト. ❷ 映写機, プロジェクター.
être sous les projecteurs de l'actualité マスコミにもてはやされている.

projectile /prɔʒɛktil/ 男 発射物[体]；砲弾, 弾丸.

projection /prɔʒɛksjɔ̃/ 女 ❶ 発射, 射出；《多く複数で》放出[噴出]物. ▶ *projection* d'obus 砲弾の発射 / *projections* volcaniques 火山噴出

物. ❷(映画などの)上映, 映写; 映写会. ▶ appareil de *projection* 映写機 / salle de *projection* 映写室; 試写室 / La *projection* de ce film a été interdite. この映画の上映は禁止された.

❸ 予想. ▶ *projections* économiques 経済予想.

❹〖数学〗射影, 投影(図);〖測量〗(地図の)図法. ▶ *projection* orthogonale 正射影 / *projection* de Mercator メルカトル図法.

❺〖心理〗〖精神分析〗投射, 投影.

projectionniste /prɔʒɛksjɔnist/ 名 映写技師.

***projet** /prɔʒɛ プロジェ/ 男

英仏そっくり語

英 project (大規模な)計画.
仏 projet 計画.

❶ **計画, 案, 予定, プラン.** ▶ *projet* de réforme 改革案 / *projets* économiques 経済計画 / faires des *projets* de vacances バカンスの計画を立てる / Quels sont vos *projets* pour cet été? 今年の夏の予定はいかがですか / former le *projet* de + 不定詞 …する計画を立てる / réaliser un *projet* 計画を実現する / Ces *projets* sont à l'étude. これらの計画を検討中である. ◆ en *projet* 計画中の. ▶ routes en *projet* 計画中の道路.

❷ **案; 草稿.** ▶ *projet* de contrat 契約の文案 / Sa thèse n'est qu'à l'état de *projet*. 彼(女)の学位論文は草稿の段階にすぎない.

❸ 設計, 設計図, デザイン. ▶ dresser un *projet* de chemin de fer 鉄道の設計図を作る.

❹〖法律〗*projet* de loi 法案. ▶ soumettre [présenter] un *projet* de loi sur la réforme fiscale au Parlement 議会に税制改革に関する法案を提出する. ❺〖哲学〗投企.

avoir des projets sur qn/qc …を得ようとする, ねらう.

比較 **計画**

projet, plan 意味, 用法ともにほとんど同じだが, *plan* quinquennal (五か年計画), *projet* de loi (法案)のような表現では相互に置き換えることはできない. **programme** 手順. 日程などがより明確に規定されている計画.

***projeter** /prɔʒte プロジュテ/ 4 他動 ❶ <*projeter* qc // *projeter* de + 不定詞> …を**計画する**, 企画する. ▶ Nous *projetons* pour cet été de faire un voyage en France. 我々はこの夏フランス旅行を計画している.

❷ **…を投げつける; 放出する.** ▶ *projeter* qn contre le sol …を地面にたたきつける / un volcan qui *projette* une pluie de pierres 雨のように石を噴出する火山 / *être projeté* hors de la voiture 車の外に投げ出される. 比較 ⇨ JETER.

❸〔光, 影など〕を**投影する**;〔映画など〕を**映す**, 上映する. ▶ *projeter* une ombre 影を投げかける / *projeter* un film 映画を上映する / Qu'est-ce qu'on *projette* en ce moment à Paris? 今パリではどんな映画をやっているのですか.

❹ 文章 <*projeter* qc sur qn> …に〔感情〕を投影する. ▶ Il *projette* ses rêves sur la réalité. 彼は現実に自分の夢を投影している[夢と現実を混同している]. ❺〖数学〗〔図形〕を投影[投象]する.

— **se projeter** 代動 ❶ 文章〔光, 影などが〕投影される, 映る. ❷ 文章 <*se projeter* sur qn>(他者に)自分を投影する. ❸〖数学〗〔図形が〕投影[投象]される.

projeteur, euse /prɔʒtœːr, øːz/ 名 企画者, プランナー; 設計者.

prolégomènes /prɔlegɔmɛn/ 男複 ❶ 序論, 緒言, 序説. ❷(ある問題理解の)前提概念[原理], 予備知識.

prolétaire /prɔletɛːr/ 名 プロレタリア, 無産者.
— 形 労働者(階級)の; プロレタリアの.

prolétariat /prɔletarja/ 男 プロレタリアート, 無産者階級.

prolétarien, enne /prɔletarjɛ̃, ɛn/ 形 プロレタリアの, 無産者階級の. ▶ la classe *prolétarienne* プロレタリア階級.

prolétarisation /prɔletarizasjɔ̃/ 女 プロレタリア化.

prolétariser /prɔletarize/ 他動 …をプロレタリア化する. — **se prolétariser** 代動 プロレタリア化する; プロレタリアになる.

prolifération /prɔliferasjɔ̃/ 女 増殖; 繁殖; 増加. ▶ la *prolifération* des cellules cancéreuses 癌(ガン)細胞の増殖 / *prolifération* des armes nucléaires 核兵器の拡散.

proliférer /prɔlifere/ 6 自動 増殖する, 繁殖する; 急増する. ▶ Les sauterelles *prolifèrent* dans cette région. この地方ではイナゴが異常発生している.

prolifique /prɔlifik/ 形 ❶ 繁殖力の強い; 多産な. ▶ un animal *prolifique* 繁殖力の強い動物. ❷〔芸術家が〕多作の.

prolixe /prɔliks/ 形 ❶ 口数の多い, 饒舌(じょう)な. ❷〔文章などが〕冗漫な, 冗長な.

prolixité /prɔliksite/ 女 文章 饒舌(じょう); 冗漫, 冗長.

prolo /prɔlo/ (prolétaire の略) 名《男女同形》俗 労働者; プロレタリア.
— 形《男女同形》俗 労働者(階級)の.

prologue /prɔlɔg/ 男 ❶(作品の)プロローグ, 序言, 序幕, 導入部. ❷(事件などの)幕明け, 前触れ. ▶ Cette rencontre inattendue a été le *prologue* de notre amour. この思いがけない出会いが私たちの愛の始まりだった.

prolongateur /prɔlɔ̃gatœːr/ 男 延長コード.

prolongation /prɔlɔ̃gasjɔ̃/ 女 ❶(時間的な)延長. ▶ la *prolongation* d'une trêve 休戦の延長 / obtenir une *prolongation* de séjour de deux mois 2か月の滞在延長が認められる. ❷〖スポーツ〗延長戦. ▶ jouer les *prolongations* 延長戦をする.

prolongé, e /prɔlɔ̃ʒe/ 形 ❶(時間的に)長く続く. ▶ une sécheresse *prolongée* 長く続く日照り. ❷(空間的に)延長された. ▶ une avenue *prolongée* jusqu'au périphérique 環状道路まで延長された通り.

prolongement /prɔlɔ̃ʒmɑ̃/ 男 ❶(空間的な)延長; 延長部分. ▶ le *prolongement* d'une voie 道路の延長. ❷《多く複数で》(事件などの)余波, 波紋; 結果. ▶ Cette affaire aura des *pro*-

prolonger

longements fâcheux. この事件は厄介な余波をもたらすだろう.

dans le prolongement de qc …の延長線上に.

***prolonger** /prɔlɔ̃ʒe プロロンジェ/ ② 他動

過去分詞 prolongé	現在分詞 prolongeant
直説法現在 je prolonge	nous prolongeons
tu prolonges	vous prolongez
il prolonge	ils prolongent

❶（時間的に）…を延ばす,引き延ばす. ▶ *prolonger* un délai 期間を延長する / *prolonger* son séjour de deux semaines 滞在を2週間延ばす. ❷（空間的に）…を延ばす,延長する. ▶ *prolonger* une route de cinq kilomètres 道路を5キロ延長する. ❸〖物が〗…の延長である,に続く. ▶ un sentier qui *prolonge* la route その道路に続く1本の小道.

— ***se prolonger*** 代動 ❶（時間的に）延びる,長引く. ▶ La réunion *s'est prolongée* jusqu'à neuf heures. 会議は9時まで延びた. ❷（空間的に）伸びる,続く. ▶ Le chemin *se prolonge* à travers bois. 道は森を横切ってずっと続いている.

***promenade** /prɔmnad プロムナド/ 囡 ❶ 散歩. ▶ faire une *promenade* 散歩する / aller [partir] en *promenade* 散歩に出かける / prendre les enfants en *promenade* 子供たちを散歩に連れていく / *promenade* à bicyclette サイクリング / *promenade* en voiture ドライブ / *promenade* à la campagne ハイキング.
❷ 散歩道, 遊歩道.

promenade de santé 簡単なこと, たやすいこと.

***promener** /prɔmne プロムネ/ ③ 他動 ❶ …を散歩させる, 連れ歩く, 案内する. ▶ *promener* son chien 犬を散歩させる / *promener* un ami étranger à travers Paris 外国の友人にパリを案内する.
❷〈*promener* qc sur qc〉…に〔視線など〕を巡らせる, 走らせる. ▶ *promener* ses yeux sur le paysage 景色を見渡す / *promener* ses doigts sur le clavier ピアノの鍵盤(

)に指を走らせる.
❸ …を持ち歩く〔運ぶ〕, 移動させる. ▶ Il *promène* partout son insolence. 彼はどこへ行っても横柄な態度をとる.

Cela [Ça] vous [te] promènera. 話 ちょっとした散歩〔気晴らし〕になりますよ（使い走りなどを頼むときに用いる表現）.

— ***se promener** 代動 散歩〔散策〕する. ▶ aller *se promener* 散歩に出かける / *se promener* dans les bois 林の中を散歩する / *se promener* en voiture ドライブする / *se promener* dans sa chambre, de long en large 部屋の中をうろうろする.

Allez vous promener [Va te promener]! 出ていけ, うるさい (=Allez-vous-en [Va-t'en]!).

Qu'il aille se promener! あいつを追い払え〔つまみ出せ〕.

— ***promener*** 自動 注 現在では次の表現でのみ用いられる.

envoyer promener qc 話 …を投げつける; 投げ出す, 放棄する. ▶ Il *envoya promener* sa chaise d'un coup de pied. 彼は椅子(

)を蹴(

)飛ばした / *envoyer* tout *promener* 何もかも投げ出す〔嫌になる〕.

envoyer promener qn 話 …を追い出す, 追い払う. ▶ Il m'agaçait, je l'*ai envoyé promener*. あいつは気に障るからたたき出してやった.

promeneur, euse /prɔmnœːr, øːz/ 名 散歩者, 散策者.

promenoir /prɔmnwaːr/ 男 ❶（病院, 刑務所, 学校などの）遊歩場. ❷（劇場の）立ち見席.

***promesse** /prɔmɛs プロメス/ 囡 ❶ 約束. ▶ faire une *promesse* 約束する / tenir sa *promesse* 約束を守る / manquer à sa *promesse* 約束を破る / réaliser ses *promesses* électorales 選挙公約を果たす / Je lui ai fait la *promesse* de garder le secret. 私は彼（女）に秘密を守ると約束した.
❷《多く複数で》文章（成功の）可能性, 見込み; 才能. ▶ un jeune musicien plein de *promesses* 将来が期待できる若手音楽家.
❸〖法律〗予約（証書）, 約束; 契約. ▶ *promesse* de vente 売買の予約.

promesse ⸢de Gascon [d'ivrogne, en l'air]⸥ 空約束, 安請け合い.

promet, promets /prɔmɛ/ 活用 ⇨ PROMETTRE ⑥⑤

Prométhée /prɔmete/ 固有 男 〖ギリシア神話〗プロメテウス: 神々から火を盗んで人間に与えたため, ゼウスによって鎖につながれた巨人族の一人.

prométhéen, enne /prɔmeteɛ̃, ɛn/ 形 プロメテウス Prométhée の. ▶ l'esprit *prométhéen* プロメテウス的精神（理想主義と人間信頼に満ちた精神）.

prometteur, euse /prɔmɛtœːr, øːz/ 形 有望な, 見込みのある. ▶ un sourire *prometteur* 期待を持たせる微笑 / faire des débuts *prometteurs* 幸先(

)よいデビューをする.

***promettre** /prɔmɛtr プロメトル/ ⑥⑤

過去分詞 promis	現在分詞 promettant
直説法現在 je promets	nous promettons
tu promets	vous promettez
il promet	ils promettent
複合過去 j'ai promis	
半過去 je promettais	
単純未来 je promettrai	単純過去 je promis

他動〈*promettre* qc // *promettre* de + 不定詞 // *promettre* que + 直説法〉❶ …を約束する. ▶ *promettre* le secret à qn …に秘密を守ると約束する / *promettre* ⸢son cœur [son amour]⸥ 愛を誓う / Il *a promis* à sa femme de rentrer tôt. 彼は妻に早く帰ると約束した / Je t'écrirai de temps en temps, je te le *promets*. ときどき手紙を書くよ, 約束する / Le Premier ministre *a promis* que le gouvernement prendrait des

mesures efficaces contre l'inflation. 首相は, 政府がインフレに対して有効な措置を講ずることを約束した.
❷ …を予告する, 予想する; の前兆を示す, が見込まれる. ▶ Je vous *promets* du beau temps pour demain. 明日は絶対にいい天気ですよ / L'analyste économique *a promis* la montée des cours. その経済アナリストは相場の上昇を予想した / Je te *promets* que tu seras content. 君はきっと結果に満足するよ.

Promettre et tenir font deux. 諺（約束をすることと守ることは別の→）言うは易(*やす*)く行うは難し.

promettre la lune = *promettre monts et merveilles* できもしない約束をする, 大口をたたく.

— 自動 ❶ 見込みがある; 期待を抱かせる. ▶ Ce jeune acteur a fait des débuts qui *promettent* beaucoup. この若手俳優は幸先(*さいさき*)のよいデビューを飾った.
❷ 話《反語的に》先が思いやられる, 困難[悪化]が予想される. ▶ Ça promet! 先が思いやられる / De la neige en septembre, ça *promet* pour cet hiver! 9月に雪が降るなんて, この冬が思いやられる.

— *se promettre* 代動 ❶ ⟨*se promettre* qc⟩ …を期待する, 見込む; 予定する. 注 se は間接目的. ▶ *se promettre* beaucoup de plaisir de qc …をとても楽しみにしている / Je *me suis promis* un petit voyage pour le week-end. 週末に小旅行に出かけるつもりにしている.
❷ ⟨*se promettre* de + 不定詞⟩ …を決心する, 心に誓う. 注 se は間接目的. ▶ *se promettre* de ne plus recommencer 2度とそんなことはしないと決心する.
❸ 約束し合う. ▶ Ils *se sont promis* de s'aimer pour toujours. 彼らはいつまでも愛し合うことを約束した.

promîmes /prɔmim/, **promirent** /prɔmi:r/ 活用 ⇨ PROMETTRE 65

prom*is*¹, ise /prɔmi, i:z/ 形 (promettre の過去分詞) ❶ 約束された, 取り決められた. ▶ C'est *promis*. 約束したよ. ❷ (将来などを) 約束された, 有望である. ▶ un jeune homme *promis* à un brillant avenir 輝かしい未来を約束された青年.

Chose promise, chose due. 諺 約束したことは果たさなければならない.

la terre promise (1) 《聖書》約束の地: 神がイスラエル人に約束したカナンの地. (2) 文章 豊かな土地; 理想郷.

prom*is*² /prɔmi/ 活用 ⇨ PROMETTRE 65
promiscuité /prɔmiskɥite/ 囡 (人々の) 入り交じっている状態, 混雑. ▶ La *promiscuité* de l'hôpital me dégoûte. 病院が混んでいて嫌になる.

promiss- 活用 ⇨ PROMETTRE 65
promit, **promît** /prɔmi/, **promîtes** /prɔmit/ 活用 ⇨ PROMETTRE 65
promo /prɔmo/ 囡 (promotion の略) 話 (グランドゼコールの) 同期入学生.
promontoire /prɔmɔ̃twa:r/ 男 岬; 台地の突出部.
promot*eur*, *trice* /prɔmɔtœ:r, tris/ 名 ❶ 住宅デベロッパー, 不動産開発業者 (=*promoteur immobilier*). ❷ *promoteur* de ventes 販売促進担当者.
❸ 文章 発案者, 主唱者; 推進者. ▶ le *promoteur* d'une loi ある法律の発案者.

promotion /prɔmɔsjɔ̃/ 囡 ❶ 昇進, 昇級, 昇任. ▶ avoir une *promotion* 昇進する / fêter sa *promotion* 昇進を祝う / *promotion* de qn au poste de directeur …の部長職への昇進 / bénéficier d'une *promotion* …昇進する.
❷ 《集合的に》同期昇進者; (グランドゼコールの) 同期入学生 (注 話し言葉では promo と略す). ▶ camarades de *promotion* 同期の友たち.
❸ 地位向上. ▶ *promotion* sociale 社会的地位の向上.
❹ 販売促進, セールスプロモーション (=*promotion des ventes*). ▶ un article en *promotion* (売り上げ増のための) 特売商品 / notre *promotion* du mois 今月のお買得品. ❺ *promotion immobilière* 不動産開発.

promotionnel, le /prɔmɔsjɔnɛl/ 形 販売促進の. ▶ tarifs *promotionnels* 特別優待料金.
promouvoir /prɔmuvwa:r/ 他動 (不定形, 過去分詞以外は稀)（過去分詞 promu）❶ …を (…に) 昇進 [昇級, 昇任] させる. ▶ *promouvoir* qn à un poste de responsabilité …を責任ある地位に昇進させる / être *promu* directeur 部長に昇進する.
❷ …を促進する, 奨励する. ▶ *promouvoir* une politique pacifiste 平和主義政策を推進する.

prompt, *prompte* /prɔ̃, prɔ̃:t/ (p は発音しない) 形 文章 ❶ 迅速な, すばやい (=rapide). ▶ une *prompte* réponse 即答 / *prompt* retournement de situation 状況の急変 / Je vous souhaite un *prompt* rétablissement. 1日も早い回復をお祈りします. ❷ ⟨*prompt* à qc/不定詞⟩ すぐに…する, …するのが早い. ▶ Il est *prompt* à la colère. 彼はすぐにかっとなる.

avoir la main prompte すぐに人を殴る.
avoir le geste prompt 行動が早い.

promptement /prɔ̃tmɑ̃/ (2番目の p は発音しない) 副 文章 すばやく, 迅速に.
promptitude /prɔ̃tityd/ (2番目の p は発音しない) 囡 すばやさ, 迅速. ▶ répondre avec *promptitude* 即座に答える / Sa *promptitude* à faire volte-face est déconcertante. 彼 (女) の変わり身の早さにはあきれるばかりだ.

prom*u*, *e* /prɔmy/ 形 (promouvoir の過去分詞) 昇進 [昇級, 昇任] した.
— 名 昇進 [昇級, 昇任] 者.

promulgation /prɔmylɡasjɔ̃/ 囡 (法律, 法令の) 発布, 公布. ▶ *promulgation* de la constitution 憲法の公布.
promulguer /prɔmylɡe/ 他動 〔法律, 法令〕を発布 [公布] する.
prône /pro:n/ 男 ❶《カトリック》(主日のミサでの) 日曜説教. ❷ (長たらしい) 説教.
prôner /prone/ 他動 文章 …を強く勧める; 称賛する. ▶ *prôner* la tolérance 寛容を訴える.
*pronom /prɔnɔ̃/ プロノン 男《文法》代名詞. ▶ *pronom* démonstratif [indéfini, interroga-

pronominal

tif, personnel, possessif, relatif] 指示[不定, 疑問, 人称, 所有, 関係]代名詞.
pronominal, ale /prɔnɔminal/;《男 複》**aux** /o/ 形《文法》代名詞的な, 代名詞の. ▶ verbe *pronominal* 代名動詞.
— **pronominal**;《複》**aux** 男 代名動詞.
pronominalement /prɔnɔminalmɑ̃/ 副《文法》❶ 代名詞的に. ❷ 代名動詞的に.
prononçable /prɔnɔ̃sabl/ 形《多く否定的表現で》発音できる.
prononcé, e /prɔnɔ̃se/ 形 ❶ 発音された; 述べられた. ▶ le discours *prononcé* vendredi par le Premier ministre 金曜日に首相が行った演説.

❷ はっきりした, 際立った; 目立った. ▶ avoir les traits du visage *prononcés* 目鼻立ちがはっきりしている / avoir un goût *prononcé* pour la peinture ことのほか絵が好きである.

*__prononcer__ /prɔnɔ̃se/ プロノンセ/ ①

過去分詞 prononcé	現在分詞 prononçant
直説法現在 je prononce	nous prononçons
tu prononces	vous prononcez
il prononce	ils prononcent

他動 ❶ …を発音する. ▶ *prononcer* l'anglais correctement 英語を正確に発音する /《目的語なしに》Il *prononce* très bien. 彼はとても発音がいい / On ne *prononce* pas le «d» du mot «grand».「grand」という単語の「d」は発音しない.

❷〔言葉〕を発する, 言う;〔演説など〕を行う. ▶ Il m'a regardé dans les yeux sans *prononcer* un mot. 彼はひとことも言わずに私をじっと見詰めた / *prononcer* un discours de bienvenue 歓迎の辞を述べる.

❸ …を宣言する;《法律》〔判決〕を言い渡す. ▶ *prononcer* la dissolution de l'Assemblée 議会の解散を宣言する / Le juge *a prononcé* une peine de trois ans de prison. 判事は禁固3年の刑を言い渡した.

— 自動《法律》判決を言い渡す.

— **se prononcer** 代動 ❶ 発音される. ▶ Comment son nom *se prononce*-t-il? 彼(女)の名前はどう発音するのですか.

❷〈*se prononcer* (sur qc)〉(…について)意見を表明する, 態度を決める. ▶ *se prononcer* sur la réforme fiscale 税制改革について意見を述べる. ◆ *se prononcer* pour [en faveur de] qn/qc …に賛成の立場をとる. ▶ Il *s'est prononcé* en faveur du projet de réforme de l'enseignement supérieur. 彼はその高等教育改革案に賛成の立場を表明した. ◆ *se prononcer* contre qn/qc …に反対の立場をとる.

***prononciation** /prɔnɔ̃sjasjɔ̃/ プロノンスィアスィヨン/ 女 発音. ▶ les règles de la *prononciation* française フランス語の発音規則 / avoir une bonne [mauvaise] *prononciation* 発音がよい[悪い].

pronostic /prɔnɔstik/ 男 ❶《医学》予後; 病気の見通し;《医者の》予後診断. ❷《多く複数で》予想, 予測. ▶ se tromper dans ses *pronostics* 予測を誤る / faire des *pronostics* sur qc …の予想を立てる.

pronostiquer /prɔnɔstike/ 他動 ❶ …を予想[予測]する. ▶ *pronostiquer* le résultat des élections 選挙結果を予想する / La météo *pronostique* du beau temps [qu'il fera beau]. 天気予報では晴れだ.

❷《医学》〈*pronostiquer* qc à qn〉〔医者などが〕…に…であるとの予後[病気の見通し]を告げる. ▶ Le médecin lui *a pronostiqué* un rapide rétablissement. 医者は彼(女)にすぐよくなると告げた.

pronostiqueur, euse /prɔnɔstikœːr, øːz/ 名《軽蔑して》予測する人; 予想屋.

propagande /prɔpagɑ̃ːd/ 女 宣伝, プロパガンダ. ▶ *propagande* électorale 選挙運動 / film de *propagande* 宣伝用映画 / faire de la *propagande* pour qn/qc …を売り込む, 宣伝する / C'est de la *propagande*! それはデマだ.

propagandiste /prɔpagɑ̃dist/ 名 宣伝者; 布教者. — 形 宣伝する, 布教する.

propagateur, trice /prɔpagatœːr, tris/ 名 宣伝者, 伝播(ぱ)者. ▶ un *propagateur* d'idées nouvelles 新しい思想の普及者.

propagation /prɔpagasjɔ̃/ 女 ❶ 普及, 伝播(ぱ). ▶ la *propagation* des ordinateurs (=diffusion) コンピュータの普及 / la *propagation* d'une épidémie 伝染病の蔓延(まん).

❷ 文章 布教, 宣教. ▶ la *propagation* de la foi chrétienne キリスト教の布教.

❸《物理》(音, 熱, 光などの)伝搬, 伝達.

propager /prɔpaʒe/ ② 他動 …を広める, 普及させる, 伝播(ぱ)する. ▶ *propager* une doctrine ある学説を広める / *propager* un bruit うわさを広める. 比較 ⇨ RÉPANDRE.

— **se propager** 代動 ❶ 広まる, 普及する; 蔓延(まん)する. ❷〔音, 熱, 光などが〕伝わる, 伝搬する.

propane /prɔpan/ 男《化学》プロパン.

propédeutique /prɔpedøtik/ 女 予備課程, 教養課程; 1948年から1966年まで大学などで専門課程履修以前に課された1年間の準備課程.

propension /prɔpɑ̃sjɔ̃/ 女〈*propension* à qc /不定詞〉…の傾向, 性癖. ▶ avoir une *propension* naturelle à la paresse 生来怠け癖がある / Il a une certaine *propension* à critiquer les autres. 彼は他人のことをとやかく言いがちだ.

prophète, prophétesse /prɔfɛt, prɔfetɛs/ 名 ❶《宗教》預言者. ▶ le roi-*prophète* = le *prophète*-roi 預言者王(ダビデを指す) / le *prophète* マホメット / faux *prophète* 偽預言者.

❷ 予言者, 占い師. 注 女性でも男性形を用いるのが普通. ▶ Je ne suis pas *prophète*. 先のことは私には分かりません / Pas besoin d'être *prophète* pour savoir que… …はだれでも知っている / *prophète* de malheur 不吉な予言をする人.

Nul n'est prophète en son pays. (1)《聖書》預言者故郷に入れられず. (2) 諺 人の真価は郷里では認められない.

prophétie /pʀɔfesi/ 囡 ❶ 予言；予想，予測． ▶ Tes *prophéties* se sont réalisées. 君の予想したとおりになった． ❷〖宗教〗預言；神託．

prophétique /pʀɔfetik/ 厖 予言的な，予知の． ▶ Ses paroles étaient *prophétiques*. 彼(女)の言葉は将来を予言していた．

prophétiser /pʀɔfetize/ 他動 ❶ …を予言する；予測［予想］する． ▶ *prophétiser* la dégradation de la situation économique 経済情勢の悪化を予言する． ❷〖宗教〗…を預言する．

prophylactique /pʀɔfilaktik/ 厖 予防の． ▶ prendre des mesures *prophylactiques* (=préventif) 予防対策を講じる．

prophylaxie /pʀɔfilaksi/ 囡 (病気の)予防． ▶ la *prophylaxie* des épidémies 伝染病の予防 / une mesure de *prophylaxie* antituberculeuse 結核予防策．

propice /pʀɔpis/ 厖 文章 ⟨*propice* (à qc)⟩ (…に)適した，好都合な． ▶ un climat *propice* à la vigne ブドウ栽培に適した気候 / choisir le moment *propice* 絶好の時をとらえる．

propitiation /pʀɔpisjasjɔ̃/ 囡〖キリスト教〗贖罪(しょくざい)． ▶ victime［sacrifice］de *propitiation* 贖罪のいけにえ．

propitiatoire /pʀɔpisjatwaːʀ/ 厖〖キリスト教〗贖罪(しょくざい)の，神の慈悲を請う．

***proportion** /pʀɔpɔʀsjɔ̃/ プロポルスィヨン/ 囡 ❶ 釣り合い，バランス；〈複数で〉(全体の)均整，調和． ▶ avoir de belles *proportions* 均整がとれている［プロポーションがよい］．
❷ 割合，比率． ▶ la *proportion* d'or d'un alliage 合金中の金の含有率 / Il y a une *proportion* égale de réussites et d'échecs. 成功と失敗の比率は半々だ / Quelle est la *proportion* de fumeurs en France? フランスの喫煙者の割合はどのくらいですか． ◆dans la *proportion* de + 数量表現 …の比率［割合］で． ▶ dans la *proportion* de cent contre un 100対1の割合で．
❸〈複数で〉大きさ，規模，スケール． ▶ une statue aux *proportions* gigantesques 巨大な彫像 / réduire le coût de production dans des *proportions* importantes 生産コストを大幅に引き下げる． ◆prendre des *proportions* + 形容詞 …な規模になる． ▶ Le chômage a pris des *proportions* inouïes. 失業は途方もない規模に達した．
❹〖数学〗比例；比例式． ▶ en *proportion* directe［inverse］de qc …に正比例［反比例］して．

en proportion 同じ比率［割合］で，それに釣り合って．

en proportion de qc (1) …に比例して，応じて． ▶ Ses revenus sont calculés *en proportion des* ventes. 彼(女)の収入は売上額に応じて計算される． (2) …と比較して，の割りに． ▶ Le résultat était mince *en proportion des* efforts fournis. 努力した割りに成果は芳しくなかった．

sans ［*hors de*］***proportion avec qc*** …とはまったく釣り合いのいな．

toute(s) proportion(s) gardée(s) あらゆる差異を考慮した上で；細かい点は別として．

proportionnalité /pʀɔpɔʀsjɔnalite/ 囡 比例，釣り合い；比例配分(制)． ▶ coefficient de *proportionnalité* 比例係数．

proportionné, e /pʀɔpɔʀsjɔne/ 厖 ❶ ⟨*proportionné* à qc⟩ …に釣り合った． ▶ La punition est *proportionnée* à la faute. 罰は落ち度に見合ったものだ． ❷ bien *proportionné* 〔体などが〕よく均整のとれた，プロポーションのよい．

proportionnel, le /pʀɔpɔʀsjɔnɛl/ 厖 ❶ ⟨*proportionnel* à qc⟩ …に応じた，釣り合った；に比例した． ▶ toucher une rétribution *proportionnelle* au travail fourni なされた仕事に応じた報酬を受け取る． ❷ 比率の定まった，比例制の． ▶ la représentation *proportionnelle* 比例代表制． ❸〖数学〗比例の． ▶ grandeur directement［inversement］*proportionnelle* 正［反］比例する量． ― **proportionnelle** 囡 比例代表制．

proportionnellement /pʀɔpɔʀsjɔnɛlmɑ̃/ 副 ⟨*proportionnellement* (à qc)⟩ (…に)比例して；(…の)割合から見て．

proportionner /pʀɔpɔʀsjɔne/ 他動 …を釣り合わせる，のバランスをとる． ▶ *proportionner* les meubles d'un salon 客間の家具をバランスよく配置する． ◆*proportionner* qc à qc …を…に釣り合わせる． ▶ *proportionner* la production à la demande 生産高を需要に合わせる．

***propos** /pʀɔpo/ プロポ/ 男 ❶〈多く複数で〉(ある事柄についての)言葉，発言，話． ▶ des *propos* en l'air 根も葉もない話 / échanger de vifs *propos* 激しい言葉でやり合う / tenir des *propos* frivoles たわいない話をする． ❷ 文章 意図，目的． ▶ avoir le ferme *propos* de + 不定詞 …しようと固く決心する / Ce n'est pas mon *propos*. それは私の意図するところではない / Son *propos* était de nous entretenir de ce projet. この計画について我々に話すことが彼(女)の目的だった．

à ce propos その点に関して，それについては，そういえば．

****à propos*** (1) ところで，ときに． ▶ Ah! *A propos*, je voulais vous demander. あ，そうそう，あなたにお聞きしたいと思っていたんです． (2) 都合よく，折よく，時宜を得た． ▶ Vous êtes venu très［fort］*à propos*. ちょうどよいところにいらっしゃいました． ◆***Il est à propos*** ***de*** + 不定詞 ［***que*** + 接続法］ (今)…するのは適切なことだ．

à propos de qc/qn …に関して． ▶ Je vous écris à son *propos*.(=sujet) 彼(女)のことで手紙を差し上げます / A quel *propos*? = A *propos* de quoi? どういうわけか，何についてですか．

à propos de tout (***et de rien***) わけもなく，なんでもないのに．

à tout propos 何かにつけて，しょっちゅう． ▶ interrompre qn *à tout propos* 決まって…の話の腰を折る．

de propos délibéré 故意に，わざと

hors de propos (1) 折あしく，時宜を得ずに． ▶ Il serait *hors de propos* de + 不定詞. (今)…するのはまずいだろう． (2) わけもなく；いわれのない． ▶ reproches *hors de propos* いわれのない非難．

mal à propos 折あしく，時宜を得ずに． ▶ Son intervention est tombée très *mal à propos*.

proposer

彼(女)は実に間の悪いときに口を挟んだものだ.

*proposer /prɔpoze プロポゼ/ 他動

英仏そっくり語
英 to propose 提案する, プロポーズする.
仏 proposer 提案する.

❶ …を申し出る, **提案する**, 提示する. ▶ *proposer* son aide à qn …に援助を申し出る / proposer une solution 解決策を提案する / On vous *propose* le menu à trente euros ce soir. 今夜のおすすめは30ユーロの定食です / Quel prix *proposez-vous*? どれくらいの値段を提示しますか / Les candidats doivent choisir deux problèmes parmi les cinq *proposés*. 受験者は出された5問のうち2問を選ばなくてはならない. ◆ proposer (à qn) de + 不定詞 // *proposer* que + 接続法 (…に)…することを申し出る; 勧める, 提案する. ▶ Je lui *ai proposé* de faire les courses. 彼(女)に買い物をしてあげようと申し出た / Je vous *propose* de passer ce week-end. 今度の週末に会いに来てください / Je *propose* qu'un comité soit créé. 委員会の設置を提案いたします.

❷ <proposer qn à [pour] qc>…を(地位, 役職など)に推薦する, 指名する. ▶ On l'*a proposé* pour ce poste. 彼はそのポストに推された.

── **se proposer** 代動 ❶ <se proposer pour qc/不定詞 // *se proposer* comme + 無冠詞名詞>…に志願する; …しようと申し出る. ▶ *se proposer* comme intermédiaire 仲介役を買って出る.

❷ <se proposer qc // se proposer de + 不定詞>…を自分に課す; …することを目的とする, …するつもりである. 注 se は間接目的. ▶ *se proposer* un but 目標を定める / Je *me propose* de créer une galerie photo sur Internet. 私はインターネットに写真展示コーナーを作るつもりだ / Dans ce livre, l'auteur *se propose* d'examiner la situation économique de l'ex-Union soviétique. 本書で著者は, 旧ソ連の経済状況の分析を目的としている.

*proposition /prɔpozisjɔ̃ プロポズィスィヨン/ 女

❶ **提案**, 申し出; 提議. ▶ accepter [repousser] une *proposition* 提案を受け入れる [拒否する] / faire une *proposition* avantageuse à qn …に有利な申し出をする / *proposition* de paix 和平の申し入れ / *proposition* de loi 法案.

❷《文法》節. ▶ *proposition* principale [subordonnée, indépendante] 主節[従位節, 独立節] / *proposition* relative 関係詞節.

❸《論理学》命題; 《数学》定理.

faire des propositions à qn (女)に言い寄る.

sur (la) proposition de qn …の提案[推薦]によって.

*propre /prɔpr プロプル/ 形

英仏そっくり語
英 proper 適切な, 正式な.
仏 propre 清潔な, 固有の, 自身の.

❶ ❶ **清潔な**, 汚れのない; きれい好きの. ▶ une chemise *propre* (↔sale) きれいなシャツ / avoir les mains *propres* 手が清潔である.

❷ 無公害の. ▶ voiture *propre* 無公害車.

❸ **清廉な**, やましいところのない (=honnête). ▶ argent *propre* qui vient du travail 仕事でもうけたまっとうな金 / Toutes ces spéculations, ce n'est pas très *propre*. これらの投機は少々うさん臭い / homme politique *propre* クリーンな政治家 / M. *Propre* ミスター・クリーン.

❹ 囧 きちんとした, 間違いのない. ▶ une réparation très *propre* とても丁寧な修理 / Ce pianiste a un jeu *propre*. このピアニストは正確な演奏をする.

❺ おむつの取れた; 排泄(はいせつ)のしつけのできた. ▶ À deux ans, un enfant est presque *propre* le jour. 2歳になると子供は昼間はほとんどおむつがいらなくなる.

❷ ❶ **固有の**, 特有の; 本来の. ▶ nom *propre* 固有名詞 / les qualités *propres* d'un individu ある人の特性 / au sens *propre* du mot 言葉の本来の意味において. ◆ propre à qn/qc // une coutume *propre* à cette région この地方特有の慣習.

❷《多く所有形容詞とともに, 名詞の前で》**自分自身**の…. ▶ Je l'ai vu de mes *propres* yeux. 私はこの目でそれを見た / Ce sont là ses *propres* paroles. 彼(女)はまさにこう言ったのです.

❸ ふさわしい, **適切な**. ▶ un terme *propre* 適切な用語. ◆ propre à qc/不定詞 …に適した; …する性質の, …できる. ▶ un sol *propre* à la culture du blé 小麦の栽培に打ってつけの土地 / Je le crois *propre* à remplir cet emploi. 私は彼がこの仕事に適任だと思う.

en main(s) propre(s) 本人の手に.

être propre sur soi 身ぎれいにしている.

Nous voilà propres! = Nous sommes propres! 囧 困ったことになった, もうお手上げだ.

propre comme un sou neuf 新造貨幣のようにきれいな, ぴかぴかの.

── 男 ❶ <le propre de qn/qc>…の**特性**, 特質, 属性. ▶ Le rire est le *propre* de l'homme. 笑いは人間の特性である.

❷ (言葉の)**本来の意味** (=sens propre). ▶ prendre un mot au *propre* ある言葉を本来の意味に解釈する / au *propre* comme au figuré 言葉の本来の意味でも比喩的な意味でも.

❸ 清書. ▶ mettre un brouillon au *propre* 下書きを清書する.

❹《複数で》《民法》(夫婦各自の)固有財産 (= biens propres).

Ça sent le propre. 洗いたてのいいにおいがする.

C'est du propre. 囧《反語的に》そいつはひどい.

en propre 固有のものとして, 自分のものとして. ▶ avoir qc *en propre* …を私有している; 特有のものとする / Cette maison lui appartient *en propre*. この家は彼(女)の所有物である.

*proprement /prɔprəmɑ̃ プロプルマン/ 副 ❶ **清潔に**, きれいに; きちんと, 入念に. ▶ tenir une maison *proprement* 家の中をきれいにしておく / une fille *proprement* habillée 入念に身なりを整えた女の子 / manger *proprement*(汚さずに)きれいに食べる.

❷ 正しく, 誠実に. ▶ se conduire *proprement*

道徳的に[礼儀正しく]振る舞う. ❷本質的に;文章厳密に,まさしく.

*__à proprement parler__ 厳密[正確]に言えば. ▶ *A proprement parler*, ce n'est pas un opéra. 厳密に言えばそれはオペラではない.

*__proprement dit(e)__ 厳密な意味での, 本来の意味での. ▶ En plus du loyer *proprement dit*, il faut payer les charges pour louer un appartement. アパルトマンを借りるには, いわゆる家賃のほかに管理費も払う必要がある.

propret, ette /prɔprɛ, ɛt/ 形 小ぎれいな, 小ざっぱりした.

propreté /prɔprəte/ 女 清潔さ, きれいさ. ▶ avoir des habitudes de *propreté* きれい好きである.

*__propriétaire__ /prɔprijetɛːr/ プロプリエテール/ 名 ❶ 所有者, 持ち主. ▶ le *propriétaire* d'un immeuble 建物の所有者 / le *propriétaire* d'un chat 猫の飼い主.
❷ 地主; 家主 (↔locataire). ▶ de grands [petits] *propriétaires* terriens 大[小]地主.

*__faire le tour du propriétaire__ 自分の地所[持ち家]を見て回る; (訪問先の)家を見て回る.

*__propriété__ /prɔprijete/ プロプリエテ/ 女 ❶ 所有, 所有権. ▶ procéder à un transfert de *propriété* 所有権の譲渡[移転]を行う / *propriété* intellectuelle 知的所有権 / *propriété* littéraire 文学著作権 / *propriété* industrielle 工業所有権 / posséder qc en toute *propriété* …を占有する.
❷ 所有地[家屋]; (田舎, 郊外の)大邸宅; 財産, 所有物. ▶ acheter une jolie *propriété* à la campagne 田舎にすてきな家を買う / *propriété* mobilière [immobilière] 動産[不動産] / *propriété* privée 私有地 / Ce tableau est la *propriété* du Louvre. この絵はルーヴル美術館が所蔵している. 比較 ⇨ BIEN.
❸ 性質, 属性. ▶ les *propriétés* chimiques d'un corps ある物体の化学的性質. 比較 ⇨ CARACTÈRE.
❹ (言葉, 表現などの)的確さ, 適切さ.

proprio /prɔprijo/ 男 (propriétaire の略) 家主, 大家.

propulser /prɔpylse/ 他動 ❶ …を(推進機で)推進させる. ❷ …を(荒々しく)投げ出す, 押しやる. ❸ 話 …を抜擢(ばってき)する. ▶ Elle a été *propulsée* directrice des ventes. 彼女は営業部長に抜擢された. — **se propulser** 代動 話 [人が(…へ)] 行く, 移動する.

propulseur /prɔpylsœːr/ 男 (船, 飛行機などの)推進機関; (特に)ロケットエンジン. ▶ *propulseur* à hélice プロペラ[スクリュー]推進機 / *propulseur* à réaction ジェットエンジン.

propulsion /prɔpylsjɔ̃/ 女 推進. ▶ sous-marin à *propulsion* nucléaire 原子力潜水艦.

prorata /prɔrata/ 男〖単複同形〗〘法律〙割り当て, 分け前.

*__au prorata de qc__ …の割合に応じて, に比例して.

prorogation /prɔrɔgasjɔ̃/ 女 ❶ (期限, 期日の)延長, 延期. ▶ la *prorogation* d'un congé 休暇の延長. ❷ (議会の)会期の延長.

proroger /prɔrɔʒe/ 2 他動 ❶ …(の期日, 期限)を延期する, 延長する. ❷ 〖議会〗の会期を延長する. — **se proroger** 代動 〖議会が〗会期延長[延会]になる.

prosaïque /prɔzaik/ 形 平凡な, 月並な.

prosaïquement /prɔzaikmɑ̃/ 副 平凡に, ありきたりに.

prosaïsme /prɔzaism/ 男 文章 平凡さ, おもしろみのなさ.

prosateur /prɔzatœːr/ 男 散文作家.

proscription /prɔskripsjɔ̃/ 女 ❶ 追放. ❷ 文章 (思想, 品物などの)禁止, 禁制; (言葉などの)使用禁止.

proscrire /prɔskriːr/ 78 他動 (過去分詞 proscrit, 現在分詞 proscrivant) ❶ …を追放する; 排除する. ▶ *proscrire* qn de la société …を社会から追放する. ❷ 文章 …(の使用)を禁止する. ▶ *proscrire* les cigarettes たばこを禁じる.

proscris, proscrit /prɔskri/ 活用 ⇨ PROSCRIRE 78

proscrit, ite /prɔskri, it/ 形 (proscrire の過去分詞) ❶ 追放された. ❷ 文章 禁止された. ▶ un livre *proscrit* 禁書. — 名 追放者.

proscriv- 活用 ⇨ PROSCRIRE 78

prose /proːz/ 女 ❶ 散文. ▶ faire de la *prose* 散文をつづる / écrire en *prose* 散文で書く / un poème en *prose* 散文詩.
❷ 《しばしば皮肉に》(特徴のある)書き方, 文体; 文章. ▶ la *prose* administrative お役所風文体 / Je reconnais sa *prose*. 彼(女)らしい書き方だ.

prosélyte /prozelit/ 名 (教義, 政党などへの)新しい賛同者, 新加入者; 新改宗者.

prosélytisme /prozelitism/ 男 (教義, 政党などへの)熱心な勧誘, 宣伝熱.

prosodie /prɔzɔdi/ 女 ❶ 〘詩法〙韻律法, 韻律学. ❷ 〘音楽〙プロゾディー; 声楽で, 歌詞の音節の強弱, 長短などを音楽上のそれと一致させる技法.

prosodique /prɔzɔdik/ 形 〘言語〙韻律の, 韻律素論の.

prosopopée /prɔzɔpɔpe/ 女 〘レトリック〙活喩(かつゆ)法: 不在者, 死者, 動植物, 事物にものをしゃべらせる技法.

prospecter /prɔspɛkte/ 他動 ❶ (資源発見のために)〖土地, 地域〗を調査する. ▶ *prospecter* une région pour y chercher du pétrole 石油を求めてある地域を調査する.
❷ 〖市場, 顧客층を開拓〖調査〗する.

prospec*teur*, *trice* /prɔspɛktœːr, tris/ 名 ❶ 調査する人; 探索者. ❷ *prospecteur*-placier 職業安定所職員, 就職幹旋(あっせん)人. — 形 調査[探索]する. ▶ un agent *prospecteur* 調査員.

prospec*tif*, *ive* /prɔspɛktif, iːv/ 形 未来の; 将来を展望する. — **prospective** 女 未来学, 未来研究.

prospection /prɔspɛksjɔ̃/ 女 ❶ (資源の)調査, 探査. ❷ 市場調査, マーケットリサーチ; 顧客層の開拓, 予想.

prospectiviste /prɔspɛktivist/ 名 未来学者. — 形 未来学の, 未来研究.

prospectus /prɔspɛktys/ 男 案内書, パンフレット; 宣伝用ちらし. ▶ distribuer des *prospectus* ちらしを配る / le *prospectus* d'un hôtel ホテルのパンフレット.

prospère /prɔspɛːr/ 形 ❶ 繁栄している, 順調な. ▶ être dans une situation *prospère* (経済的に)繁栄している. ❷ 元気な, 溌剌(はつらつ)とした. ▶ avoir une mine *prospère* 健康そうな顔をしている.

prospérer /prɔspere/ ⑥ 自動 ❶ 繁栄する; 発展している. ▶ une industrie qui *prospère* 活況期にある[発展している]産業.
❷〔動植物が〕繁殖する, よく育つ.

prospérité /prɔsperite/ 女 ❶ (経済的)繁栄, 発展. ▶ une période de *prospérité* 好況期 / être en pleine *prospérité* 繁栄のさなかにある. ❷ (個人の)幸運, 安泰. ▶ Je vous souhaite bonheur et *prospérité*. 御多幸と御盛運をお祈りします.

prostate /prɔstat/ 女〘解剖〙前立腺(せん).
prostatique /prɔstatik/ 形〘解剖〙前立腺の; 前立腺患者の. ― 名 前立腺患者.
prosternation /prɔstɛrnasjɔ̃/ 女, **prosternement** /prɔstɛrnəmɑ̃/ 男 文章 ❶ ひれ伏すこと, 平伏. ❷ 屈従, 隷属.

se prosterner /s(ə)prɔstɛrne/ 代動 < *se prosterner* devant qc/qn > ❶ …にひれ伏す, 平伏する. ▶ *se prosterner* devant Dieu ひれ伏して神を拝む. ❷ 文章 …に屈従する, ぺこぺこする.

prostitué /prɔstitɥe/ 男 男娼.
prostituée /prɔstitɥe/ 女 娼婦(しょうふ), 売春婦.
prostituer /prɔstitɥe/ 他動 ❶ …に売春をさせる. ❷ 文章〔才能など〕を売り渡す, 安売りする. ▶ *prostituer* son talent au pouvoir 才能を権力に売り渡す.
― **se prostituer** 代動 ❶ 売春をする. ❷ 文章 (金のために)自分の才能を売る.

prostitution /prɔstitysjɔ̃/ 女 ❶ 売春. ▶ maison de *prostitution* 娼館(しょうかん) / se livrer à la *prostitution* 体を売る. ❷ 文章 (才能などの)安売り; (金銭による)腐敗, 堕落.

prostration /prɔstrasjɔ̃/ 女 文章 衰弱, 虚脱; 憔悴(しょうすい). ▶ être dans un état de *prostration* physique extrême 激しい衰弱状態にある.

prostré, e /prɔstre/ 形 衰弱した; 憔悴(しょうすい)した.

protagoniste /prɔtagɔnist/ 名 主役, 主人公; 中心人物. ▶ arrêter les *protagonistes* de la révolte 暴動の首謀者たちを逮捕する.

protecteur, trice /prɔtɛktœːr, tris/ 形 ❶ 保護する, 庇護(ひご)する. ▶ les lois *protectrices* des sites naturels 自然の景観を保護する法律 / société *protectrice* des animaux 動物愛護協会. ❷ 保護者ぶった, 尊大な. ▶ prendre un ton *protecteur* 保護者ぶった口の利き方をする. ❸〘経済〙保護貿易(主義)の. ▶ régime [système] *protecteur* 保護貿易制度.
― 名 保護者; 庇護者. ▶ un *protecteur* des arts 芸術の庇護者.

***protection** /prɔtɛksjɔ̃/ プロテクシヨン/ 女 ❶ 保護, 庇護(ひご). ▶ *protection* de l'environne-ment 環境の保護 / prendre qn sous sa *protection* …を自分の庇護の下に置く / une exposition organisée sous la haute *protection* de l'ambassade de France フランス大使館後援の展覧会 / *protection* sociale 社会的保護, 社会保障 / *protection* rapprochée 身辺警護 (語法 ⇨ SÉCURITÉ).

❷ < *protection* (contre qc) > (…に対する)**防備**[予防](措置); 保護策; 防御物. ▶ mesures de *protection* contre l'incendie 火災予防のための措置 / *protection* routière 交通安全対策 / rideau de *protection* 防火シャッター.

❸ 後ろ盾, 後援者. ▶ avoir de hautes *protections* 有力者を後ろ盾とする. ❹〘経済〙保護貿易.
par protection 後押し[コネ]によって.

protectionnisme /prɔtɛksjɔnism/ 男 保護貿易(主義) (↔libre-échange).
protectionniste /prɔtɛksjɔnist/ 形 保護貿易主義の. ― 名 保護貿易主義者.

protectorat /prɔtɛktɔra/ 男 ❶ 保護領[国]; 保護領制. ❷〘歴史〙(1) 護国官政治: 英国でクロムウェルの政治を指す. (2) 護民官職.

protégé, e /prɔteʒe/ 形 保護された, 守られた. ▶ rapport sexuel *protégé* コンドームを使った性行為 / Etat *protégé* 保護国.
― 名 匿 保護されている人[動物]; お気に入り. ▶ C'est mon petit *protégé*. あれは私の秘蔵っ子だ.

protège-cahier /prɔtɛʒkaje/ 男 ノートカバー.
protège-dents /prɔtɛʒdɑ̃/ 男 (ボクサーなどの)マウスピース.

***protéger** /prɔteʒe/ プロテジェ/ ⑦ 他動

過去分詞 protégé	現在分詞 protégeant
直説法現在 je protège	nous protégeons
tu protèges	vous protégez
il protège	ils protègent

❶ …を保護する, 守る. ▶ *protéger* les animaux sauvages 野生動物を保護する. ◆*protéger* A de [contre] B A をBから守る. ▶ *protéger* la population de la pollution atmosphérique 大気汚染から住民を守る.
❷〔人〕の後ろ盾になる; 目をかける.
❸〔思想, 活動など〕を擁護する, 助成する. ▶ *protéger* les arts 芸術を保護する.
― **se protéger** 代動 < *se protéger* (de [contre] qn/qc) > (…から)自分を守る, 防ぐ. ▶ *se protéger* du froid 寒さから身を守る.

protéine /prɔtein/ 女〘生化学〙たんぱく質.

***protestant, ante** /prɔtɛstɑ̃, ɑ̃ːt/ プロテスタン, プロテスタント/ 名 **プロテスタント**, プロテスタント教徒.
― 形 プロテスタントの, 新教(徒)の. ▶ temple *protestant* プロテスタントの教会堂 / pasteur *protestant* 牧師.

protestantisme /prɔtɛstɑ̃tism/ 男 (総称としての)プロテスタント教会; 新教の教義.

protestataire /prɔtɛstatɛːr/ 形, 名 文章 抗議する(人), 異議を唱える(人).

***protestation** /prɔtɛstasjɔ̃/ プロテスタスィヨン/ 女 ❶ 抗議, 異議; 抗議文. ▶ *protestation* énergique [violente] 強い[激しい]抗議 / geste de *protestation* 抗議の意思表示 / mouvement de *protestation* 抗議運動 / en signe de *protestation* 抗議のしるしに / être sourd à toutes les *protestations* どんな抗議にも耳を貸さない / Aucune *protestation* ne s'est élevée dans la salle. 会場ではまったく反対の声が上がらなかった / rédiger une *protestation* contre l'introduction d'une nouvelle taxe 新たな間接税導入に対して抗議文を書く. ❷ 誓い, 明言. ▶ *protestations* d'amitié 友情の誓い.

*protester /prɔtɛste プロテステ/ 自動 抗議する, 反対する; 異議を唱える. ◆ *protester* contre qc …に反対して抗議する. ▶ Beaucoup de gens *protestent* contre ces impôts. 多くの人々がこれらの税金に反対している. ◆ *protester* auprès de qn …に抗議する. ◆ *protester* auprès du gouvernement 政府に抗議する.

— 他動 文章 *protester* de qc (auprès de qn)》(…に対して)…を主張する, 保証する, 訴える. ▶ *protester* de son innocence 無実を主張する.

— 他動 《法律》〔手形など〕に対して拒絶証書を作成する; …の支払いを拒絶する.

protêt /prɔtɛ/ 男 《法律》拒絶証書.
prothèse /prɔtɛːz/ 女 《医学》(補綴(てつ)された)人工装具, 人工臓器. ▶ *prothèse* dentaire 義歯.
prothésiste /prɔtezist/ 名 ❶ 義手［義足］製造技師. ❷ *prothésiste* dentaire 歯科技工士.
proto- 接頭「原初の, 最初の」の意.
protocolaire /prɔtɔkɔlɛːr/ 形 ❶ (外交的)儀礼［儀典］の, 儀礼上の. ▶ visite *protocolaire* 表敬訪問. ❷ 作法にかなった, 慣例に従った.
protocole /prɔtɔkɔl/ 男 ❶ 公式[外交]儀礼; (外務省の)儀典局. ▶ observer les règles du *protocole* 外交儀礼を遵守する.
❷ (社交上の)慣習, しきたり, エチケット.
❸ 議定書; 協定事項. ▶ établir un *protocole* d'accord 協定書を作成する / *protocole* de Kyoto 京都議定書. ❹ 《情報》プロトコル.
proton /prɔtɔ̃/ 男 《物理》陽子, プロトン.
protoplasme /prɔtɔplasm/ 男 《生物学》原形質.
prototype /prɔtɔtip/ 男 ❶ 原型, モデル; 典型. ❷ 試作品;(自動車の)プロトタイプ.
protozoaires /prɔtɔzɔɛːr/ 男複 《動物》原生動物.
protubérance /prɔtyberɑ̃ːs/ 女 ❶ 隆起, 突出部. ❷《解剖》隆起. ❸《医学》瘤(こぶ).
protubérant, ante /prɔtyberɑ̃, ɑ̃ːt/ 形 〔体の一部分が〕突出した, 隆起した.
prou /pru/ 副 古 多く. 注 現在では次の表現でのみ用いられる.

peu ou prou 文章 多かれ少なかれ.
proudhonien, enne /prudɔnjɛ̃, ɛn/ 形 プルードン Proudhon の; プルードン主義の.

— 名 プルードン主義者.
proue /pru/ 女 船首, 舳先(へさき) (↔poupe).
prouesse /pruɛs/ 女 文章 ❶ 快挙, 壮挙. ▶ Les pionniers de l'aéronautique ont accompli de véritables *prouesses*. 航空技術の開拓者たちは真の偉業を成し遂げた.
❷《しばしば皮肉に》豪傑ぶり, お手柄.
prouvable /pruvabl/ 形 証明[立証]可能な.
***prouver** /pruve プルヴェ/ 他動 ❶ …を証明する, 立証する. ▶ *prouver* son innocence auprès du tribunal 裁判所で無罪を証明する / Cela reste à *prouver*. それにはなんの証拠もない / Les faits *ont prouvé* qu'elle avait raison. 彼女が正しかったことは事実が証明した. ◆《非人称構文で》Il *est prouvé* que + 直説法. …ということは立証されている. ▶ Il *est prouvé* qu'il est coupable. 彼の有罪は立証されている. 注 否定文では que 以下は接続法.

❷ …を示す, 明らかにする. ▶ Ce cadeau te *prouve* son amitié. この贈り物は君への彼(女)の友情のしるしだ / Qu'est-ce que ça *prouve*? それで何が分かるというのだ.

avoir quelque chose à prouver 虚勢を張る.
le désir de prouver 虚勢.

— **se prouver** 代動 ⟨*se prouver* qc // *se prouver* que + 直説法⟩…を自分自身に証明する. 注 se は間接目的.
provenance /prɔvnɑ̃ːs/ 女 出所, 発送[発信]地; 産地. ▶ J'ignore la *provenance* de cette lettre. 私はこの手紙がどこから来たのか知らない. ◆ *en provenance de* …から来た, に発する; …産[製]の. ▶ un train en *provenance* de Bordeaux ボルドー発の列車 (注 en *provenance de* ↔ à destination de) / les importations en *provenance* de Pologne ポーランドからの輸入品.
provençal, ale /prɔvɑ̃sal/; 《男複》**aux** /o/ 形 プロヴァンス Provence 地方の; プロヴァンス語の.

— **Provençal, ale**:《男複》**aux** 名 プロヴァンス地方の人.

— **provençal** 男 プロヴァンス語.

— **provençale** 女 《料理》⟨à la *provençale*⟩ プロヴァンス風: トマト, ニンニク, パセリを使った料理.
Provence /prɔvɑ̃ːs/ 固有 女 プロヴァンス地方: 南仏の旧州.
provende /prɔvɑ̃ːd/ 女 (家畜, 特に羊の)飼料, 餌(えさ), 配合飼料.
***provenir** /prɔvniːr プロヴニール/ 28 自動 (過去分詞 provenu, 現在分詞 provenant)《助動詞は être》⟨*provenir de qc*⟩ ❶ …から来る, を産地[出所, 起源]とする. ▶ un vin *provenant* d'Italie イタリア産ワイン / D'où *provient* ce colis? この小包はどこから来たのですか.
❷ …の結果である, に由来する. ▶ Le succès ne pourra *provenir* que de vos efforts. 成功するかしないかはあなた(方)の努力次第です.
***proverbe** /prɔvɛrb プロヴェルブ/ 男 ❶ 諺(ことわざ), 格言. ❷《les Proverbes》(旧約聖書の)箴言(しんげん) (=le livre des *Proverbes*).

faire mentir le proverbe いつも諺どおりではないことを示す.

passer en proverbe 諺にまでなる, 周知の事実となる.
proverbial, ale /prɔvɛrbjal/; 《男複》**aux** /o/

proverbialement

形 ❶ 諺(ことわざ)の, 諺風の. ▶ une expression *proverbiale* 諺的な表現. ❷《諺になるほど》知れ渡った, 周知の. ▶ Sa bonté est *proverbiale*. 彼（女）が親切なことはよく知られている.

proverbialement /prɔvɛrbjalmɑ̃/ 副 諺(ことわざ)風に; 諺で.

providence /prɔvidɑ̃:s/ 女 ❶〖神学〗摂理. ❷《Providence》神. ▶ Les desseins de la *Providence* sont impénétrables. 神意は予測しがたい / 不慮の出来事に驚いてはならない. ❸ 救いの神; 僥倖(ぎょうこう). ▶ Vous êtes ma *providence*! あなたは私の救い主だ. ❹ Etat(-)*providence* 福祉国家.

providentiel, le /prɔvidɑ̃sjɛl/ 形 ❶〖神学〗摂理による; 摂理の. ❷ 思いがけない, 幸運な. ▶ une rencontre *providentielle* 思いもかけないうれしい出会い / C'est *providentiel*! 思いもよらぬ幸運だ.

providentiellement /prɔvidɑ̃sjɛlmɑ̃/ 副 ❶〖神学〗摂理によって, 摂理のように. ❷ 思いがけず, 運よく.

provider /prɔvidœ:r/ 男《英語》〖情報〗プロバイダー.

provien-, proviendr- 活用 ⇨ PROVENIR 28

***province** /prɔvɛ̃:s/ プロヴァンス/ 女 ❶《集合的に》《首都に対する》地方; 田舎. ▶ une ville de *province* 地方都市 / habiter en *province* 地方に住む. 比較 ⇨ CAMPAGNE. ❷《個々の》地方;《特に》《アンシャンレジーム下での》州. 《現在》ノルマンディ, アルザスなど現在の地域圏 région にほぼ対応する. ❸《ベルギー, カナダなどの》行政区分, 州. ─ 形《不変》話 田舎っぽい. ▶ Ça fait *province*, cette robe. そのドレスはやぼったいね.

provincial, ale /prɔvɛ̃sjal/;《男複》**aux** /o/ 形 地方の, 田舎の; 田舎臭い. ▶ la vie *provinciale* 地方生活 / avoir des manières *provinciales* 垢(あか)抜けていない. ─ 名 地方の人, 田舎者.

provincialisme /prɔvɛ̃sjalism/ 男 ❶ 地方訛(なまり), 方言. ❷ 地方人気質; 田舎臭さ, やぼったさ.

provinss-, provin-, provîn- 活用 ⇨ PROVENIR 28

proviseur /prɔvizœ:r/ 男《リセの》校長.

***provision** /prɔvizjɔ̃/ プロヴィズィヨン/ 女 ❶〈*provision* de + 無冠詞名詞〉…の蓄え, 貯蔵. ▶ avoir une importante *provision* de conserves 缶詰をたっぷり貯蔵している. ❷《複数で》食糧(の蓄え). ▶ faire [avoir] des *provisions* pour une semaine 1週間分の食糧を蓄える[がある]. ❸《複数で》買い物, 買った品物. ▶ sac [panier] à *provisions* 買い物袋[かご] / faire ses *provisions* 買い物に行く. ❹〈une *provision* de + 無冠詞名詞〉大量の…, 非常に多くの…. ▶ avoir une bonne *provision* de courage 非常に勇気がある. ❺〖金融〗引当金; 預金. ▶ un chèque sans *provision* 不渡小切手. ❻〖法律〗《弁護士などに払う》予納金; 仮払金. *faire provision de* + 無冠詞名詞 …を豊富に蓄える, 十分に備蓄する. ▶ faire provision de bois pour l'hiver 冬に備えて薪(まき)を蓄える.

provisionnel, le /prɔvizjɔnɛl/ 形〖税制〗仮の. ▶ un acompte *provisionnel*（前年度の税額により決められる）予定納税(額).

provisoire /prɔvizwa:r/ 形 仮の, 一時的な, 暫定的な. ▶ gouvernement *provisoire* 臨時政府 / mise en liberté *provisoire* 仮釈放 / à titre *provisoire* 一時的に, 仮に / bonheur *provisoire* 束の間の幸せ. ─ 男 仮のもの, 一時的な状態.

provisoirement /prɔvizwarmɑ̃/ 副 仮に, 一時的に, 暫定的に.

provoc /prɔvɔk/ 名形 話 provocation, provocateur, provocant の略.

provocant, ante /prɔvɔkɑ̃, ɑ̃:t/ 形 ❶ 挑戦的な, 挑発的な. ▶ une attitude *provocante* 挑発的な態度. ❷ 扇情的な. ▶ une minijupe *provocante* 挑発的なミニスカート.

provocateur, trice /prɔvɔkatœ:r, tris/ 形 扇動する, 挑発する. ▶ un regard *provocateur* 色っぽい目つき. ─ 名 扇動者, 挑発者. 注 女性形は稀.

provocation /prɔvɔkasjɔ̃/ 女 挑発, 扇動; 挑発的言動; 教唆. ▶ répondre à une *provocation* 挑発に応じる [乗る] / avoir une attitude de *provocation* 挑戦的な態度をとる / une *provocation* à la désobéissance 不服従の呼びかけ / Ça, c'est de la *provocation*. それは挑発だ.

***provoquer** /prɔvɔke/ プロヴォケ/ 他動 ❶ …を引き起こす, …の原因となる. ▶ La déclaration du Premier ministre *a provoqué* de violentes manifestations. 首相の発言は激しい抗議デモを引き起こした / *provoquer* la colère de qn …を怒らせる / Ce virus *provoque* une maladie grave. このウィルスは重い病気の原因になる. ❷ …を挑発する, 怒らせる. ▶ *provoquer* qn en duel …に決闘を挑む / Ne le *provoque* pas, il peut devenir dangereux. あいつを怒らせるな, ひょっとすると危ないからね. ❸ …の欲情をそそる. ▶ femme qui *provoque* les hommes 男をそそる女. ❹〈*provoquer* qn à qc/不定詞〉…を…するようにそそのかす, しむける. ▶ *provoquer* qn à la violence …を暴力に向かわせる. ─ **se provoquer** 代動 ❶ 起こる, 生じる. ❷ 挑発し合う.

proxénète /prɔksenɛt/ 名 売春斡旋(あっせん)業者, ぽん引き.

proxénétisme /prɔksenetism/ 男 売春斡旋(あっせん)(業).

proximité /prɔksimite/ 女 ❶ 文章《空間的な》近さ, 隣接, 近接. ▶ La *proximité* de la mer constitue l'un des agréments de cette maison. 海に近いのがこの家の魅力の一つになっている. ❷《時間的な》近さ. ▶ La *proximité* des vacances ne nous incite pas à travailler. バカンスが近づいて, 私たちは仕事に身が入らない. *à proximité (de qc/qn)*（…の）すぐ近くに, すぐそばに. ▶ Y a-t-il un poste d'essence *à proximité*? 近くにガソリンスタンドはありますか.

prude /pryd/ 形（性的事柄について）上品ぶった，取り澄ました．
— 女 上品ぶった女．▶ faire la *prude* = jouer les *prudes* 取り澄ました態度をとる；かまととぶる．

prudemment /prydamɑ̃/ 副 慎重に，用心深く．

*****prudence** /prydɑ̃ːs/ プリュダーンス/ 女 **慎重さ，用心深さ**．▶ se faire vacciner contre une maladie par (mesure de) *prudence* 用心のために予防接種を受ける / se conduire avec *prudence* 慎重に行動する / Il a eu la *prudence* de s'assurer contre l'incendie. 彼は慎重を期して火災保険に加入した．
Prudence est mère de sûreté. 諺（用心は安全の母→）転ばぬ先の杖(?)．

*****prud*ent, ente** /prydɑ̃, ɑ̃ːt プリュダン，プリュダーント/ 形 **慎重な，用心深い**．▶ un automobiliste *prudent* 安全運転につとめるドライバー /《非人称構文で》Il serait *prudent* d'attendre. 待つのが賢明だろう / Ce n'est pas *prudent* de laisser la porte ouverte. ドアを開けっ放しにしておくのは不用心だ．⇔ 名 慎重な人，用心深い人．

pruderie /prydri/ 女 文章（性的事柄に対して必要以上に）上品ぶること，取り澄ました態度．

prud'homme /prydɔm/ 男【法律】労働裁判所裁判員 (=conseiller *prud'homme*)．▶ la Conseil des *prud'hommes* 労働裁判所．

prune /pryn/ 女 ❶ セイヨウスモモ，プラム．❷ プラムブランデー．
Des prunes! 話 とんでもない．注 過度の要求に対する拒否．
pour des prunes 話 むだに (=pour rien)．▶ se donner du mal *pour des prunes* つまらないことで苦労する．
— 形《不変》プラム色の，濃い紫の．

pruneau /pryno/;《複》**x** 男 ❶ 干しスモモ，乾燥プラム．❷ 俗 弾丸．▶ recevoir un *pruneau* dans la tête 頭に一発食らう．
être noir comme un pruneau 話（干しスモモのように）色が黒い；見事に日焼けしている．

prunelle¹ /prynɛl/ 女 ❶ スロープラム（の実）．❷ スロージン：スロープラムの果実酒．

prunelle² /prynɛl/ 女 ひとみ；目，眼差(${}^{{\rm まな}}$)し．
tenir à qc comme à la prunelle de ses yeux …をことのほか大切にする．▶ Elle *tient à* cette photo *comme à la prunelle de ses yeux*. 彼女はこの写真を何よりも大切にしている．
jouer de la prunelle 色目を使う．

prunier /prynje/ 男【植物】プラムの木，セイヨウスモモの木．

prurit /pryrit/ 男 ❶ かゆみ．❷ 文章 ⟨un *prurit* de qc⟩ …への抑えがたい欲望．▶ Il est saisi par un *prurit* de gloire. 彼は抑えきれない名誉欲にかられた．

Prusse /prys/ 固有 女 プロイセン，プロシア．

prussi*en, enne* /prysjɛ̃, ɛn/ 形 プロイセン，Prusse の，プロシアの．
— **Prussien, enne** 名 プロイセン人，プロシア人．

PS 男《略語》Parti socialiste 社会党．

P-S 男《略語》post-scriptum 追伸，二伸．

psallette /psalɛt/ 女（教会付属の）聖歌隊員養成所，聖歌隊学校．

psalmiste /psalmist/ 男（旧約聖書の）詩編作者；《le Psalmiste》ダビデ．

psalmodie /psalmɔdi/ 女 ❶【宗教】（聖書の）詩編詠唱（法）．❷ 文章 単調な朗読［朗唱］；平板な調子．

psalmodier /psalmɔdje/ 自動 ❶【宗教】（聖書の）詩編を詠唱する．❷ 文章 一本調子に語る．
— 他動 ❶【宗教】〔詩編など〕を詠唱する．❷ 文章 ⟨*psalmodier* qc // *psalmodier* que + [直説法]⟩ …を一本調子に語る［唱える］．

psaume /psoːm/ 男 ❶（旧約聖書の）詩編．❷【音楽】詩編（曲）．

psautier /psotje/ 男【宗教】詩編集，典礼用詩編；詩編入り典礼書．

pschitt /pʃit/《擬音》プシュ，シュッ（炭酸水などが吹き出す音の擬態音）．

pseudo /psødo/ 男 話 pseudonyme の略．

pseudo- 接頭「偽の，疑似の」の意．

pseudonyme /psødɔnim/ 男 筆名，ペンネーム；芸名；偽名．▶ écrire sous un *pseudonyme* ペンネームでものを書く．

PSG《略語》Paris-Saint-Germain パリ・サンジェルマン：パリに本拠のあるプロサッカーチーム．

psitt /psit/, **pst** /pst/ 間投 話 さあ，おい（注意喚起，呼びかけなど）．

psittacisme /psitasism/ 男 ❶ 口まね，おうむ返し．❷【精神医学】オウム症，プシタシズム：理解していない言葉や文章をとめどなく繰り返す状態．

psy /psi/ 名，形 (psychologue, psychiatre, psychanalyste の略)心理学者(の)；精神病学者(の)；精神分析学者(の)．

psychanalyse /psikanaliːz/ 女 ❶ 精神分析（療法）．▶ suivre une *psychanalyse* 精神分析を受ける．❷（芸術作品などの）精神分析的解釈［研究］．

psychanalyser /psikanalize/ 他動 ❶ …を精神分析する．❷〔作家，芸術作品など〕に精神分析的解釈を施す．

psychanalyste /psikanalist/ 名 精神分析学者．▶《同格的に》un médecin *psychanalyste* 精神分析医．

psychanalytique /psikanalitik/ 形 精神分析の．▶ cure *psychanalytique* 精神分析治療．

psyché¹ /psiʃe/ 女【哲学】プシケ，魂，精神：人格的統一を成すと考えられた精神現象の総体．

psyché² /psiʃe/ 女 ❶（大型の）鏡台．❷【昆虫】ミノガ．

psychédélique /psikedelik/ 形 ❶【精神医学】幻覚症状の；幻覚を引き起こす．▶ drogues *psychédéliques* 幻覚剤．❷ サイケデリックな，サイケ調の．▶ musique *psychédélique* サイケデリック・ロック，サイケ・ロック．

Psychée /psiʃe/ 固有 女【ギリシア神話】プシュケ：魂の意味．愛の神エロスに愛された美少女．

psychiatre /psikjatr/ 名 精神科医．

psychiatrie /psikjatri/ 女 精神医学．

psychiatrique /psikjatrik/ 形 精神医学の，精神医療の．

psychique /psiʃik/ 形 精神の，心理の，心的な．

▶ trouble *psychique* (=mental) 精神障害.
psychisme /psiʃism/ 男 精神現象; 精神構造.
psychodrame /psikɔdram/ 男【精神医学】(治療のための)心理劇, サイコドラマ.
psycholinguistique /psikɔlɛ̃gɥistik/ 女 心理言語学. ── 形 心理言語学の.
***psychologie** /psikɔlɔʒi/ プシコロジ/ 女 ❶ 心理学. 注 話し言葉では psycho と略す. ▶ *psychologie* de l'enfant 児童心理学 / *psychologie* collective 集団心理(学).
❷ 心理的洞察力. ▶ avoir de la *psychologie* 人の気持ちが分かる / manquer de *psychologie* 人の気持ちが分からない. ❸(芸術作品に表現された)心理分析, 心理描写. ❹(集団, 個人の)心理, 心性, 性格. ▶ la *psychologie* du Français moyen 平均的フランス人の心理.
***psychologique** /psikɔlɔʒik/ プシコロジック/ 形 心理学の; 心理の, 精神の. ▶ analyse *psychologique* 心理分析 / états *psychologiques* 精神状態 / roman *psychologique* 心理小説 / guerre *psychologique* 心理戦.
moment [*instant*] *psychologique* (1)【心理】心理的契機. (2)(行動の)絶好のチャンス, 潮時.
psychologiquement /psikɔlɔʒikmɑ̃/ 副 心理学的に; 心理的に, 精神的に.
psychologue /psikɔlɔg/ 名 ❶ 心理学者; カウンセラー. ❷ 心理洞察家, 人間心理を見抜く人. ── 形 人間の心理に通じた, 人の心が分かる.
psychomo*teur, trice* /psikɔmɔtœːr, tris/ 形【生理学】精神運動の, 大脳活動の.
psychopathe /psikɔpat/ 名【精神医学】精神病質者.
psychopathologie /psikɔpatɔlɔʒi/ 女 精神病理学.
psychopédagogie /psikɔpedagɔʒi/ 女 教育心理学.
psychophysiologie /psikɔfizjɔlɔʒi/ 女 精神生理学.
psychose /psikoːz/ 女 ❶【精神医学】精神病. ❷(集団的な)強迫観念. ▶ *psychose* collective 集団ヒステリー.
psychosoc*ial, ale* /psikɔsɔsjal/; (男複) ***aux*** /o/ 形 社会心理的な; 社会心理学(上)の.
psychosociologie /psikɔsɔsjɔlɔʒi/ 女 社会心理学 (=psychologie sociale).
psychosomatique /psikɔsɔmatik/ 形【精神医学】心身の, 精神身体の, 心因性機能器官障害の. ── 女 心身医学.
psychotechnique /psikɔteknik/ 女, 形 精神工学(の); 個人の職業, 適性などを測る技法の総称.
psychothérapeute /psikɔterapøːt/ 名 精神療法医, 心理療法医.
psychothérapie /psikɔterapi/ 女 精神療法, 心理療法, サイコセラピー.
psychotique /psikɔtik/ 形【精神医学】❶ 精神病の, 精神病による. ❷ 精神病にかかった. ── 名 精神病患者.
psychotrope /psikɔtrɔp/ 形【薬学】向精神性の. ── 名 向精神薬.
PTT 男《略語》(le ministère des) Postes, Télécommunications et Télédiffusions (元の)フランス郵政省; 郵便局. 注 1991年に La Poste と France Télécom に分離.

pu /py/ 活用 pouvoir¹ 48 の過去分詞; paître 53 の過去分詞.
puant, puante /pɥɑ̃, pɥɑ̃ːt/ 形 ❶ 臭い, 悪臭を放つ. ▶ un fromage *puant* においの強いチーズ. ❷ 鼻持ちならない, 傲慢(ぷ)な. ▶ être *puant* d'orgueil お高くとまっている.
puanteur /pɥɑ̃tœːr/ 女 悪臭. ▶ un cadavre qui dégage une *puanteur* insupportable 堪え難い悪臭を発する死体. 比較 ⇨ ODEUR.
pub¹ /pyb/ 女 (publicité の略) 話 広告, コマーシャル; 広告業界.
un coup de pub 話 いい宣伝.
pub² /pœb/ 男《英語》(英国などの)パブ, 居酒屋; (英国風パブをまねたフランスの)バー, カフェ.
pubère /pybɛːr/ 形, 名 文章 思春期に達した(若者), 年ごろの(若者).
pubertaire /pybertɛːr/ 形 思春期の.
puberté /pyberte/ 女 ❶ 思春期. ❷【法律】l'âge de la *puberté*(法定の)婚姻(可能)年齢: 男子18歳, 女子15歳以上.
pubis /pybis/ 男【解剖】❶ 恥骨. ❷ 恥丘. ▶ les poils du *pubis* 恥毛, 陰毛.
publiable /pyblijabl/ 形 公にできる, 発表できる.
publ*ic, *ique /pyblik ピュブリック/ 形 ❶ 公の, 公共の, 公衆の (↔privé). ▶ l'intérêt *public* 公益 / l'ordre *public* 公共の秩序; 治安 / l'opinion *publique* 世論 / l'ennemi *public* 社会の敵 / biens *publics* 公共財産 / école *publique* 公立学校 / service *public* 公共企業体 / travaux *publics* 公共土木事業[工事] / relations *publiques* 広報活動, PR.
❷ 公務の, 国家の, 官公庁の. ▶ l'autorité *publique* 政府当局 / le Trésor *public* 国庫 / le droit *public* 公法 / une charge *publique* 政府の要職, 公職 / charges *publiques* 国税 / la chose *publique* 文章 国家 / les affaires *publiques* 国事, 公務 / un homme [personnage] *public* 公人 / entrer dans la fonction *publique* 公務員になる.
❸ 公開の, みんなのための. ▶ débat *public* 公開討論 / cours *public* 公開授業[講座] / scrutin *public* 記名投票 / jardin *public* 公園(比較 ⇨ JARDIN).
❹ 周知の, 公然の. ▶ Le scandale est devenu *public*. そのスキャンダルは今やだれもが知るところとなった / Il est de notoriété *publique* que + 直説法. …は周知の事実である.
── 男 ❶ 公衆, 一般の人々. ▶《Accès interdit au *public*》「関係者以外立入禁止」 /《Avis au *public*》「お知らせ」,「通告」 / service chargé des rapports avec le *public* 広報課. ❷《集合的に》観客, 聴衆, 読者. ▶ les applaudissements du *public* 聴衆の拍手 / conquérir un vaste *publics* 多くの読者を獲得する / film tous *publics* 万人向けの映画 / Le chanteur n'a pas déçu son *public*. その歌手はファンを裏切らなかった.
en public 公衆の面前で, 人前で, 公然と.

être bon public (演出家, 作家などの意図を)素直に受け入れる;たやすく感動する.
grand public (1)《定冠詞 le とともに》一般大衆. (2)《形容詞的に》一般大衆向けの. ▶ un film *grand public* 大衆娯楽映画.

***publication** /pyblikasjɔ̃ ピュブリカスィヨン/ 囡 ❶ 出版, 発刊, 刊行. ▶ un ouvrage en cours de *publication* 刊行中の作品. ❷ 出版物, 刊行物. ▶ *publications* périodiques 定期刊行物. ❸ 発表, 公表; 公布, 公示. ▶ la *publication* des résultats d'un examen 試験結果の発表 / la *publication*「d'une loi [des traités] 法律 [条約]の公布.

publiciste /pyblisist/ 图 広告業者, 広告製作者.

publicitaire /pyblisitɛːr/ 形 広告の, 宣伝の. ▶ film *publicitaire* コマーシャル・フィルム / annonce *publicitaire* 宣伝広告 / agence *publicitaire* 広告代理店 / rédacteur *publicitaire* コピーライター. — 图 広告業者.

***publicité** /pyblisite ピュブリスィテ/ 囡 ❶ 広告, 宣伝; 広告文, コマーシャル. 話 話し言葉ではしばしば pub と略す. ▶ agence de *publicité* 広告代理店 / faire de la *publicité* pour une marque de lessive ある洗剤製品の宣伝をする / passer une *publicité* à la radio ラジオでコマーシャルを流す / *publicité* sur les lieux de vente 店頭広告 / travailler dans la *publicité* 広告関係の仕事をする.
❷ 文章 周知, 公開; 公示. ▶ la *publicité* des débats en justice 法廷での審理の公開性 / donner une *publicité* à une affaire privée プライバシーを表沙汰(ざた)にする.
C'est de la publicité! それは自己宣伝だ.

***publier** /pyblije ピュブリエ/ 他動 ❶ …を出版する, 発行する, 掲載する. ▶ *publier* un livre 本を出版する / *publier* un philosophe ある哲学者の著作を出版する / *publier* un article dans une revue 雑誌に論文を発表する.
❷ …を公にする, 公表する. ▶ *publier* un communiqué 公式声明を発表する / *publier* les bans d'un mariage 結婚の公示をする.
— se publier 代動 公刊[出版]される.

publipostage /pyblipostaːʒ/ 男 通信販売, ダイレクトメール.

publiquement /pyblikmɑ̃/ 副 公に; 公衆の面前で, 公然と.

puce /pys/ 囡 ❶《昆虫》ノミ. ▶ être piqué [mordu] par une *puce* ノミに食われる. ❷《les puces》(パリの)蚤(のみ)の市; 古物市 (=le marché aux *puces*). ❸ 小柄な人, ちび. ❹《エレクトロニクス》チップ. ▶ carte à *puce* IC カード / *puce* à ADN DNA チップ. ❺《動物》*puce* d'eau ミジンコ.
avoir la puce à l'oreille 警戒する, 心配する.
mettre la puce à l'oreille de [à] qn …に疑惑を抱かせる.
sac à puces 話 (1) ベッド. (2) 犬.
secouer les puces à qn 話 …をしかりつける.
secouer ses puces 話 動き回る, 急ぐ.
— 形《不変》赤褐色の.

puceau /pyso/;《複》**x** 男, 形《男性形のみ》話 童貞(の).
pucelage /pyslaːʒ/ 男 話 処女性, 童貞.
pucelle /pysɛl/ 囡 ❶ 話 処女. ❷ la *Pucelle d'Orléans* オルレアンの処女(ジャンヌ・ダルク).
— 形 処女の.

puceron /pysrɔ̃/ 男 ❶《昆虫》アブラムシ, アリマキ. ❷ 小さい子供.

pudding /pudiŋ/, **pouding** 男《英語》《菓子》プディング: 果物の砂糖漬けやパン, 米などを型入れして蒸した菓子. ▶ *pudding* au riz ライスプディング / *pudding* de Noël クリスマスプディング (=plum-pudding).

puddleur /pydlœːr/ 男《金属》錬鉄工.

pudeur /pydœːr/ 囡 ❶ (特に性的な事柄に対する)羞恥(しゅうち)(心); 恥じらい. ▶ un spectacle qui offense la *pudeur* 良俗に反する見せ物.
❷ 慎み, 遠慮. ▶ Ayez au moins la *pudeur* de vous taire. 少しは口を慎みたまえ.
❸《法律》outrage public à la *pudeur* 公然猥褻(わいせつ)(罪) / attentat à la *pudeur* (未成年に対する)強制猥褻罪.
sans pudeur 恥知らずな[に].

pudibond, onde /pudibɔ̃, ɔ̃ːd/ 形 お上品ぶった; (特に性的な事柄に対して)極端に恥ずかしがる, かまととぶる.

pudibonderie /pydibɔ̃dri/ 囡 お上品ぶること; (必要以上の)恥じらい.

pudicité /pydisite/ 囡 文章 慎み深さ; 控え目であること.

pudique /pydik/ 形 ❶ 慎み深い, 恥じらいのある. ▶ une femme *pudique* つつましい女性 / un geste *pudique* 恥じらいの身振り.
❷ 控え目な, 遠慮深い. ▶ faire une remarque *pudique* sur qc …について遠回しに述べる.

pudiquement /pydikmɑ̃/ 副 ❶ 慎み深く, 恥じらって. ❷ 控え目に, 遠回しに.

puer /pɥe/ 他動《*puer* + 定冠詞 + 名詞》❶ …の悪臭を放つ. ▶ Il *pue* le vin. 彼は酒臭い.
❷ …を感じさせる. ▶ Son geste *pue* l'hypocrisie. 彼(女)の行いは偽善臭い / Ça *pue* le fric chez lui. 彼の家はいかにも金持ちという雰囲気だ.
— 自動 悪臭を発する, 臭い. ▶ Ça *pue* ici! ここ臭い.

puéricultrice /pɥerikyltris/ 囡 (新生児から3歳児までの乳幼児保育専門の)保母.

puériculture /pɥerikylty:r/ 囡《医学》育児学[法].

puéril, e /pɥeril/ 形 子供のような, 子供じみた; たわいない. ▶ une imagination *puérile* 子供っぽい発想 / Tu es *puéril* de penser ainsi. そんなふうに考えるとは君も大人気ない.

puérilement /pɥerilmɑ̃/ 副 文章 子供っぽく, 幼稚に.

puérilité /pɥerilite/ 囡 ❶ 子供っぽさ, 幼稚さ. ❷《多く複数で》文章 子供じみた言動; たわいないこと. ▶ s'attacher à des *puérilités* つまらないことに執着する.

puerpéral, ale /pɥɛrperal/;《男複》**aux** /o/ 形 産褥(さんじょく)の. ▶ fièvre *puerpérale* 産褥熱.

pugilat /pyʒila/ 男 殴り合い, 乱闘.

pugiliste

pugiliste /pyʒilist/ 男 文章 ボクサー.
puîné, e /pɥine/ 形, 名 古風 次に生まれた(弟, 妹). 注 今日では cadet, cadette を用いる.
***puis**[1] /pɥi ピュイ/ 副 ❶《時間的に》それから, ついで. ▶ Des gens entraient, *puis* ressortaient. 人々が中へ入っていったと思ったら, また出ていった / Le bruit était d'abord faible, *puis* précis, *puis* lourd. 初めはかすかな音だったが, だんだんはっきりしてきて, さらには鈍い響きを帯びてきた.
❷《空間的に》次いで, その向こうに. ▶ On peut apercevoir la cathédrale, *puis* les tours du château. 大聖堂が見え, 次いで城の塔が一望できる.
❸《列挙を受けて》〈(et) *puis*〉それから, そして, および(⇨ 成句). ▶ A l'occasion de son anniversaire il y avait ses amis, son frère et *puis* sa sœur. 彼の誕生日には, 友人達とお兄さん[弟さん], そしてお姉さん[妹さん]が来ていた.
❹《理由などを補足して》〈et *puis*〉さらに, そのうえ(⇨ 成句). ▶ Je n'ai pas le temps, et *puis* ça m'embête. 私には暇がないし, それに気が乗らない.
Et puis? そのあとは; だからどうだというのか.
Et puis c'est tout. ただそれだけである. ▶ Il est brave, *et puis c'est tout*, me dit-elle. 彼は律気で, そしてただそれだけの男だ, と彼女は私に言う.
(et) puis quoi [après, ensuite](?) 話 それから; それがなんだ. ▶ Elle m'en voudra? *Et puis après*? 彼女が私を恨むだろうって, それがどうした.
Et puis encore! (行きすぎた要求に対して)いいかげんにしろ.
puis[2] /pɥi/ 活用 ⇨ POUVOIR[1] 48
puisage /pɥizaːʒ/ 男《水を)くむこと.
puisatier /pɥizatje/ 男 井戸掘り人夫.
puiser /pɥize/ 他動 ❶《水など》をくむ. ▶ *puiser* de l'eau à un puits 井戸で水をくむ / 《目的語なしに》*puiser* au bassin 池から水をくむ.
❷ …を引き出す, 取り出す. ▶ *puiser* des exemples chez les auteurs classiques 古典作家から用例を引く / 《目的語なしに》*puiser* dans son porte-monnaie 財布から金を出す / *puiser* aux sources 原典[原資料]から着想[借用, 引用]する.
***puisque** /pɥisk(ə) ピュイスク/ (il(s), elle(s), on, un(e), en の前では puisqu' になる) 接 ❶《既知の理由を導いて》…だから, である以上. ▶ *Puisque* c'est efficace, il faut continuer. 効果があるのだから続けなければならない / Nous partons *puisqu'*ils nous attendent. (御存じのように)彼らが待っていますから, 私たちは出かけます. 語法 ⇨ PARCE QUE.
❷《用いた語を正当化して》というのは…だからだが. ▶ Ces escrocs, *puisqu'*il faut les appeler ainsi, ont été arrêtés par la police. あのぺてん師ども, つまりこう呼ぶのがふさわしいからだが, やつらは警察につかまった. ◆ *puisque* + 無冠詞名詞 + il y a, ... ▶ Son départ, *puisque* départ il y a, est fixé à midi. 彼(女)が発(ﾀ)つのは, というのは彼(女)は出発するわけなのだが, 正午となっている.

❸《主節を略して感嘆詞的に》…じゃないか, …が分からないのか. ▶ *Puisque* je vous le dis! だからあなた(方)にそう言ってるじゃありませんか.
puissamment /pɥisamã/ 副 ❶ 力強く, 強力に. ▶ un pays *puissamment* armé 強力な軍備を持つ国. ❷ 話 大いに, 非常に. ▶ Il est *puissamment* intelligent. 彼はたいへん頭が切れる / 《しばしば皮肉に》C'est *puissamment* raisonné. そいつはたいした理屈だね, ヘ理屈だ.
***puissance** /pɥisɑ̃ːs ピュイサンス/ 女 ❶ 権力, 支配力. ▶ la *puissance* publique 国家権力 / la *puissance* spirituelle 教会の権力, 教権 / la volonté de *puissance* 権力への意志, 支配欲 / soumettre qn à sa *puissance* …を支配下に置く. 比較 ⇨ FORCE.
❷ 力, 強さ; 能力. ▶ la *puissance* des images [mots] 映像[言葉]の訴える力 / la *puissance* d'une arme 武器の威力 / Il a une grande *puissance* de travail. 彼は仕事ができる. ◆ de *puissance* 力強い, 威力のある. ▶ une explosion de faible *puissance* 破壊力の小さい爆発.
❸ 大国, 強国. ▶ les grandes *puissances* 列強.
❹ 権力者, 有力者; 文章 絶大な力を持つもの. ▶ les *puissances* d'argent 金権家たち / les *puissances* des ténèbres 文章 悪魔 / *puissances* occultes 霊, 霊力.
❺ 出力, パワー, 仕事率; (音や光の)強さ. ▶ La *puissance* de cette voiture est de cinq chevaux fiscaux. この車は課税馬力で 5 馬力だ / augmenter [diminuer] la *puissance* d'un poste de radio ラジオの音量を上げる[下げる] / *puissance* nominale 公称[定格]出力 / *puissance* électrique 電力 / Cette ampli a une *puissance* de 100 watts. このアンプは出力 100 ワットだ. 比較 ⇨ FORCE.
❻《法律》権利. ▶ *puissance* paternelle 父権.
❼《数学》累乗, 冪(^{ベき}). ▶ élever dix à la *puissance* deux 10 を 2 乗する / dix *puissance* six 10 の 6 乗.
❽《哲学》可能態. ❾《les Puissances》《宗教》能天使: 天使の第 6 階級.
(à la) puissance + 基数詞 = *à la* + 序数詞 + *puissance* 話 度外れの, けた違いの. ▶ un imbécile 「*à la puissance* dix [*à la dixième puissance*] とてつもないばか.
en puissance 潜在的(に). ▶ un criminel *en puissance* 潜在的犯罪者.
être en la puissance de qn 文章 …の支配下にある. ▶ fils *en la puissance de* son père 父親に頭が上がらない息子.
***puissant, ante** /pɥisɑ̃, ɑ̃ːt ピュイサン, ピュイサーント/ 形 ❶ 権力[勢力]のある, 強大な. ▶ un personnage *puissant* 有力者 / une *puissante* armée 強力な軍隊.
❷ 強い, 強力な. ▶ une voiture *puissante* 馬力のある車 / un *puissant* médicament 強力な薬 / une voix *puissante* 力強い声.
— **puissant** 男《複数で》有力者.
puisse /pɥis/ 活用 ⇨ POUVOIR[1] 48
puisse-, puissi- 活用 ⇨ POUVOIR[1] 48

puits /pɥi ピュイ/ 男 ❶ 井戸. ▶ *puiser* [*tirer*] *de l'eau au puits* 井戸から水をくむ / *creuser un puits* 井戸を掘る / *puits artésien* 掘り抜き井戸. ❷ (鉱山の)立坑 (=*puits de mine*); 油井 (=*puits de pétrole*).

un puits de science 博識家, 物知り.

pull /pyl/ 男 (*pull-over* の略)セーター. ▶ *pull à col roulé* タートルネックのセーター / *pull en cachemire* カシミアのセーター.

pullman /pulman/ 男 《米語》デラックス観光バス.

pull-over /pylɔvɛːr/ 男 《英語》セーター. ▶ *mettre un pull-over* セーターを着る.

pullulation /pylylasjɔ̃/ 女 急激な増殖. ▶ *pullulation microbienne* 細菌の増殖.

pullulement /pylylmɑ̃/ 男 ❶ (おびただしい)群れ, 大群. ▶ *un pullulement d'insectes* 昆虫の群れ. ❷ 急激な繁殖, 大発生.

pulluler /pylyle/ 自動 ❶ 急速に[大量に]繁殖する. ▶ La chaleur a fait *pulluler* les mouches. 暑さでハエが大量発生した.
❷ たくさんいる[ある]. ▶ Les blogs *pullulent* sur le web. ウェブにはブログがたくさんある. ◆ *pulluler de* + 無冠詞複数名詞 …でいっぱいだ. ▶ La ville *pullule* de touristes. 町は観光客でごった返している.

pulmonaire /pylmɔnɛːr/ 形 《医学》肺の; 肺疾患の. ▶ *artère* [*veine*] *pulmonaire* 肺動脈[静脈] / *tuberculose pulmonaire* 肺結核(症).

pulpe /pylp/ 女 ❶ 果肉; (野菜などの皮をむいた)身の部分. ❷ *pulpe des doigts* 指先の腹. ❸ 《解剖》髄. ▶ *pulpe des dents* 歯髄.

pulpeux, euse /pylpø, øːz/ 形 果肉の多い, 果肉状の; (果肉のように)柔らかな.

pulsar /pylsaːr/ 男 《英語》《天文》パルサー: 極めて短い周期で, 規則正しく電波を放射する天体.

pulsation /pylsasjɔ̃/ 女 ❶ (心臓の)拍動.
❷ 《物理》振動; 脈動.

pulser /pylse/ 他動〔空気, ガスなど〕を押し出す, 送り出す.

pulsion /pylsjɔ̃/ 女 《精神分析》欲動. ▶ *pulsions de mort* 死の欲動, タナトス.

pulvérisateur /pylverizatœːr/ 男 噴霧器, スプレー.

pulvérisation /pylverizasjɔ̃/ 女 ❶ 噴霧, 吹きつけ, 散布. ❷ 粉末化, 粉砕.

pulvériser /pylverize/ 他動 ❶ …を粉末にする.
❷ …を噴霧する, 吹きつける. ▶ *pulvériser du parfum sur les vêtements* 衣服に香水をスプレーする. ❸ …を粉砕する, やっつける. ▶ Le camion a été *pulvérisé* par l'explosion. トラックは爆発でこっぱみじんになった / *pulvériser l'ennemi* 敵を粉砕する / *pulvériser un record* 話 記録を大幅に破る.
— **se pulvériser** 代動 粉末になる.

pulvérulent, ente /pylverylɑ̃, ɑ̃ːt/ 形 粉末状の; 粉末になりやすい.

puma /pyma/ 男 《動物》ピューマ.

pûmes /pym/ 活用 ⇨ POUVOIR¹ 48

punaise /pynɛːz/ 女 ❶ ナンキンムシ; カメムシ.
❷ 画びょう, 押しピン. ▶ *une affiche fixée avec des punaises* 押しピンで留めたポスター.
❸ 俗 《間投詞的に》おやおや; ちぇっ, しまった(驚き, くやしさなど).

plat comme une punaise 話 卑屈である, 人にぺこぺこしている.

une punaise de sacristie 話 こちこちに凝り固まった女信者.

punaiser /pyneze/ 他動 話 …を画びょう[押しピン]で留める.

punch¹ /pɔ̃ːʃ/ 男 《英語》パンチ, ポンチ: ブランデー, ラム酒などに砂糖, 果汁, ソーダなどを加えた飲み物. ▶ *boire du punch* ポンチを飲む.

punch² /pœn(t)ʃ/ 男 《英語》(ボクシングで)パンチ力, 決定打; 話 パワー, 迫力. ▶ *avoir du punch* パンチ(力)がある.

puncheur /pœn(t)ʃœːr/ 男 《ボクシング》ハードパンチャー, 強打者.

punching-ball /pœn(t)ʃiŋbo:l/ 男 《英語》《ボクシング》(練習用の)パンチングボール.

puni, e /pyni/ 形, 名 (*punir* の過去分詞)罰せられた(者).

punique /pynik/ 形 《歴史》カルタゴ(人)の. ▶ *les guerres puniques* (ローマとカルタゴの)ポエニ戦争.

*punir /pyniːr ピュニール/ 他動

直説法現在	je punis	nous punissons
	tu punis	vous punissez
	il punit	ils punissent

❶ …を罰する, 処罰する. ▶ *punir le coupable* 犯人を処罰する / *punir une infraction* 違反を罰する. ◆ *punir qn de* [*pour*] *qc*/不定詞複合形 …を…の理由で罰する. ▶ *punir qn d'(avoir commis) un vol* …を窃盗のかどで罰する. ◆ *punir qn/qc de qc* …に…の罰を与える. ▶ *punir un automobiliste négligent d'une amende* 注意を怠ったドライバーに罰金を科す / Ce crime *est puni* de mort. この罪は死刑だ.
❷ 《多く受動態で》〈*punir* qn de qc/不定詞〉…の…を懲らしめる. ▶ Jean a été *puni* de son orgueil. ジャンは傲慢(ごうまん)の報いを受けた / Il *est puni* de sa bonté. 彼はお人好しであるがゆえに損をしている.

être puni par où l'on a péché 話 自業自得である.

punissable /pynisabl/ 形 罰すべき, 処罰に値する.

punitif, ive /pynitif, iːv/ 形 処罰の, 刑罰の. ▶ *une expédition punitive* 討伐(部隊).

*punition /pynisjɔ̃ ピュニスィヨン/ 女 ❶ 罰, 処罰, 懲罰. ▶ *punition corporelle* 体罰 / *infliger* [*donner*] *une punition* 罰を与える / Pour ta *punition*, tu n'iras pas au cinéma. 罰として, 映画に行ってはいけません.
❷ (悪業, 過ちなどの)報い, 当然の結果. ▶ Son échec doit être la *punition* de son étourderie. 彼(女)の失敗は軽率さの報いに相違ない.

en punition de qc …に対する罰として.

punk /pœ̃:k/ 男 《米語》パンク; 《特に》パンク・ロック; パンク・ファッション.

pupillaire

―名《男女同形》, 形《不変》パンク族(の).

pupillaire /pypi(l)lɛːr/ 形《解剖》瞳孔(ぎ)の.

pupille¹ /pypij/ 名 (後見人のいる)孤児;《法律》(公ബの保護を受けている)被後見子. ▶ *pupille* de l'Etat 国の被後見子 / *pupille* de la Nation (国の援助を受けている)戦災孤児.

pupille² /pypij/ 女 ひとみ (=prunelle);《解剖》瞳孔(ぎ).

pupitre /pypitr/ 男 ❶ (傾斜した)書見台;譜面台;教室机. ▶ le *pupitre* d'un dessinateur 製図台 / le *pupitre* d'un chef d'orchestre 指揮者の譜面台. ❷《情報》制御卓, コンソール.

pupitreur, euse /pypitrœːr, øːz/ 名《情報》コンソールオペレーター, 制御卓操作員.

***pur, pure** /pyːr/ ピュール/ 形 ❶ 純粋な, 混じりけのない. ▶ or *pur* 純金 / un tissu (en) *pure* laine 純毛の生地 / cheval de *pur* sang サラブレッド / couleur *pure* 原色 / boire son whisky *pur* ウイスキーをストレートで飲む / confiture *pur* fruit (添加物なしの)果実100%ジャム (注 *pur* は fruit に一致)

❷ 澄んだ, きれいな. ▶ eau *pure* 澄んだ水 / ciel *pur* 澄みきった青空.

❸《名詞の前で》まったくの, 純然たる, 単なる. ▶ un *pur* hasard まったくの偶然 / la *pure* vérité 純然たる事実 / par *pure* curiosité 単なる好奇心から / C'est *pure* folie de + 不定詞.…するなどはまさに狂気の沙汰(ざ)だ.

❹〖学問, 芸術などが〗純粋な, 純理論的な. ▶ les sciences *pures* (↔appliqué) 純粋科学.

❺ 純真無垢(く)な, 清純な. ▶ un cœur *pur* 汚れを知らぬ心 / une jeune fille *pure* 清純な乙女.

❻ 完璧(絶)な, 洗練された. ▶ une femme au profil *pur* 端正な横顔の女性 / parler un français *pur* きれいなフランス語を話す.

❼〈*pur* de qc〉…のない, …でない. ▶ ciel *pur* de nuages 雲一つない空 / être *pur* de tout soupçon 疑いをかけられる余地がない.

de pure forme まったく形式だけの; 形式[手続き]上の.

en pure perte むだに, 無益に, 空しく. ▶ Il a travaillé *en pure perte*. 彼の働きも徒労に終わった.

pure et dur 強硬な, 非妥協的な. ▶ une politique *pure et dure* 強硬策.

pur et simple 無条件の; まったくの, 純然たる. ❷ 教義[党派]に忠実な人, 強硬派, 純粋な人.

purée /pyre/ 女 ❶〖料理〗ピュレ, 裏ごし;《特に》マッシュポテト (=*purée* de pommes de terre). ❷ 俗 〖間投詞的に〗*Purée*! 惨めだ, 情けない.

être dans la purée 暮らしに困る.

purée de pois 話 濃霧. ▶ Il y a souvent de la *purée de pois*, ici. ここはよく濃霧が発生する.

purement /pyrmɑ̃/ 副 純粋に, もっぱら, 単に. ▶ J'ai agi *purement* par gentillesse. 私はただ親切心からそう振る舞っただけだ.

purement et simplement 無条件に; ただ単に. ▶ refuser *purement et simplement* きっぱり断る / S'il n'est pas venu hier, c'est qu'il a *purement et simplement* oublié son rendez-vous. 彼が昨日来なかったのは, ただ単に待ち合わせを忘れたからだ.

purent /pyːr/ 活用 ⇨ POUVOIR¹ 48

***pureté** /pyrte/ ピュルテ/ 女 ❶ 混じりけのないこと;純粋さ, 純度. ▶ la *pureté* d'un métal 金属の純度 / un diamant d'une grande *pureté* 非常に純度の高いダイヤモンド. ❷ 清澄. ▶ la *pureté* de l'air 空気のすがすがしさ.

❸ 純真無垢(く), 清純; 純潔. ▶ avoir de la *pureté* de cœur 清らかな心を持っている.

❹ 完璧(絶)さ, 端正; (言語, 様式などの)純正. ▶ la *pureté* du dessin デッサンの確かさ.

purgatif, ive /pyrgatif, iːv/ 形 下剤の.
― *purgatif* 男 下剤. ▶ prendre un *purgatif* 下剤を飲む.

purgation /pyrgasjɔ̃/ 女 ❶ 古風〖医学〗便通;下剤 (=purge). ❷ *purgation* des passions (演劇による)情念の浄化.

purgatoire /pyrgatwaːr/ 男 ❶〖神学〗煉獄(舌). ❷ 試練の場〖時〗. ▶ faire son *purgatoire* sur terre この世で煉獄の苦しみに遭う.

purge /pyrʒ/ 女 ❶ 下剤 (=purgatif); 下剤で通じをつけること. ❷ (管, タンクなどの)水〖ガス〗抜き.

❸ 粛清, パージ. ▶ pratiquer une *purge* dans un parti 政党内を粛清する.

purger /pyrʒe/ 2 他動

過去分詞 purgé	現在分詞 purgeant
直説法現在 je purge	nous purgeons
tu purges	vous purgez
il purge	ils purgent

❶〖機器など〗の水〖ガス〗抜きをする. ▶ *purger* un réservoir タンクを空にする.

❷ 文章〈*purger* qc (de qn/qc)〉…から(…を)一掃する, 粛清する. ▶ *purger* son esprit des soucis 自分の心から心配事を取り除く / *purger* le pays d'opposants 国内から反対派を粛正する.

❸ …に下剤を投与する. ▶ *purger* un malade 患者に下剤を投与する.

❹〖刑〗に服する. ▶ *purger* une peine de trois mois de prison 禁固3か月の刑に服する.

― **se purger** 代動 ❶ 下剤を服用する.

❷〈*se purger de qc*〉自分の…を取り除く.

purifiant, ante /pyrifjɑ̃, ɑ̃ːt/ 形 文章 清める.

purificateur, trice /pyrifikatœːr, tris/ 形 清める, 浄化する.
― **purificateur** 男 浄化装置. ▶ *purificateur* d'air 空気清浄器.

purification /pyrifikasjɔ̃/ 女 ❶ 浄化, 純化. ❷ 清めの儀式. ❸〖カトリック〗*Purification* de la Vierge 聖母マリアの清めの祝日: 2月2日. ❸ *purification* ethnique 民族浄化.

purificatoire /pyrifikatwaːr/ 男〖カトリック〗(ミサで司祭が使う)清浄巾(さ), 聖杯布巾.
― 形 文章 清めの, 浄化の.

***purifier** /pyrifje/ ピュリフィエ/ 他動 ❶ …を浄化する, 純化する. ▶ *purifier* l'air 空気を浄化する / *purifier* la langue 国語を純化する. ❷ 文章〈*purifier* qc/qn (de qc)〉〖心など〗を(…から)

める. ▶ *purifier* son cœur de l'envie 心の中のねたみを捨て去る.
— **se purifier** 代動 身を清める.
purisme /pyrism/ 男 ❶【言語】純正語法主義. ❷ (芸術・思想上の)純粋主義.
puriste /pyrist/ 名 ❶ 純正語法主義者. ❷ (芸術・思想上の)純粋主義者.
— 形 純粋主義(者)の, 純正語法主義(者)の.
purit*ain, aine* /pyritɛ̃, ɛn/ 名 ❶ ピューリタン, 清教徒. ❷ (宗教的, 道徳的に)厳格な人.
— 形 ❶ 清教徒の(ような). ❷ 厳格な. ▶ une éducation *puritaine* 厳格な教育.
puritanisme /pyritanism/ 男 ❶ ピューリタニズム, 清教(主義). ❷ 厳格主義.
purpur*in, ine* /pyrpyrɛ̃, in/ 形 詩語 文章 緋(ʰ)色の.
pur-sang /pyrsɑ̃/ 男〖単複同形〗サラブレッド(種); 純血種.
purulence /pyrylɑ̃:s/ 女 ❶【医学】化膿(ᵏᵃ). ❷ 文章 精神的荒廃, 道徳の退廃.
purul*ent, ente* /pyrylɑ̃, ɑ̃:t/ 形 ❶【医学】化膿(ᵏᵃ)した, 化膿性の. ▶ plaie *purulente* 化膿した傷. ❷ 文章 退廃〖堕落〗させる.
pus¹ /py/ 男 膿(⁴), うみ.
pus² /py/ 活用 ⇨ POUVOIR¹ 48
pusillanime /pyzi(l)lanim/ 形 文章 気の弱い, 臆病(⁴)な, 小心な.
pusillanimité /pyzi(l)lanimite/ 女 文章 気の弱さ, 意気地なさ, 臆病(⁴), 小心.
puss- 活用 ⇨ POUVOIR¹ 48
put, pût /py/ 活用 ⇨ POUVOIR¹ 48
putain /pytɛ̃/ 女 俗 ❶ 娼婦(ˢⁿ), 尻軽(ˡᵏ)女.
❷ ⟨*putain* de qc/qn⟩ いまいましい…. ▶ *Putain* de temps! なんてうっとうしい天気なんだ!
❸ *Putain*! ちえっ, くそっ(怒り, 驚き, 絶望など).
fils [enfant] de putain 〖ののしって〗この野郎.
put*atif, ive* /pytatif, i:v/ 形 【法律】推定上の.
▶ enfant [père] *putatif* 推定上の子供［父］／mariage *putatif* 善意誤想婚(法的に無効なことを知らないで行った結婚).
pute /pyt/ 女 俗 娼婦(ˢⁿ), 売女(ᵇᵃ); ふしだらな女.
pûtes /pyt/ 活用 ⇨ POUVOIR¹ 48
putois /pytwa/ 男 ❶【動物】ケナガイタチ. ❷ ケナガイタチの毛皮.
crier [hurler] comme un putois 諺 強く抗議する, がなり立てる.
putréfaction /pytrefaksjɔ̃/ 女 腐敗. ▶ tomber en *putréfaction* 腐敗する／un cadavre en état de *putréfaction* avancée 腐乱死体.
putréfier /pytrefje/ 他動 …を腐らせる.
— **se putréfier** 代動 腐る, 腐敗する.
putrescible /pytresibl/ 形 腐りやすい.
putride /pytrid/ 形 腐った, 腐敗した; 腐敗から生じる. ▶ eau *putride* 腐った水.
putsch /putʃ/ 男〖ドイツ語〗軍事クーデター.
putschiste /putʃist/ 形 軍事クーデターの.
— 名 軍事クーデター荷担者.
Puy-de-Dôme /pɥid(ə)do:m/ 固有 男 ピュイ＝ド＝ドーム県 [63]: 中央山地北部.
Puy-en-Velay /pɥɑ̃v(ə)lɛ/ (**Le**) 固有 ル・ピュイ・アン・ヴレ: Haute-Loire 県の県庁所在地.

puzzle /pœzl/ 男〖英語〗❶ ジグソーパズル. ❷ 難問, 謎(⁴)解き.
P-V 男〖略語〗procès-verbal 交通違反. ▶ attraper un *P-V* 交通違反でつかまる
PVD 男〖略語〗pays en voie de développement 発展途上国, 開発途上国.
pygmée /pigme/ 名 ❶《Pygmée》【人類学】(アフリカなどの)ピグミー. ❷ 古風 小人; 文章 取るに足りない人.
pyjama /piʒama/ 男 パジャマ. ▶ être en *pyjama* パジャマ姿である.
pylône /pilo:n/ 男 ❶ (高圧線などを支える)柱塔. ❷ (橋や街路の入り口を飾る)塔.
pyramid*al, ale* /piramidal/;《男複》***aux*** /o/ 形 ❶ ピラミッド状の, 角錐(ᵏˢ)状の. ▶ une société *pyramidale* ピラミッド構造を持つ社会.
pyramide /piramid/ 女 ❶ ピラミッド. ▶ la *pyramide* de Chéops クフ王のピラミッド. ❷ ピラミッド状のもの. ▶ une *pyramide* de fruits 果物の山. ❸【数学】角錐(ᵏˢ). ❹【統計】*pyramide* des âges 人口年齢分布図.
en pyramide ピラミッド状の [に].
pyrén*éen, enne* /pireneɛ̃, ɛn/ 形 ピレネー Pyrénées 山脈〖地方〗の.
— **Pyrén*éen, enne*** 名 ピレネー地方の人.
Pyrénées /pirene/ 固有 女複 ピレネー山脈.
Pyrénées-Atlantiques /pirenezatlɑ̃tik/ 固有 女複 ピレネー＝アトランティック県 [64]: ピレネー山脈西部.
Pyrénées-Orientales /pirenezɔrjɑ̃tal/ 固有 女複 ピレネー＝オリアンタル県 [66]: ピレネー山脈東部.
pyrex /pirɛks/ 男 商標 パイレックス, 耐熱ガラス.
pyro- 接頭〖「火, 熱」の意〗.
pyroclastique /piroklastik/ 形 (火山による)火砕の. ▶ coulée *pyroclastique* 火砕流.
pyrogène /piroʒɛn/ 形 ❶【地質】火成の. ❷【医学】発熱性の.
pyrograver /pirograve/ 他動〖木の板〗に装飾を焼きつける; を焼き絵で飾る.
pyrogravure /pirogravy:r/ 女 焼き絵: 熱した金属製の鏝(ᵗˢ)で木の板に焼きつけた装飾画.
pyroman*e* /piroman/ 名【精神医学】放火魔.
pyromanie /piromani/ 女【精神医学】放火癖.
pyrotechnie /pirotɛkni/ 女 ❶ 火薬学. ❷ 花火〖火工品〗製造術; 花火〖火工品〗製造工場.
pyrrhon*ien, enne* /pirɔnjɛ̃, ɛn/ 形【哲学】ピュロン Pyrrhon (の懐疑論)の. — 名【哲学】ピュロン(の懐疑論)の信奉者; 懐疑論者.
pyrrhonisme /pirɔnism/ 男【哲学】ピュロニズム, 懐疑論; 懐疑論者.
pythagoric*ien, enne* /pitagorisjɛ̃, ɛn/ 形, 名 ピタゴラス主義〖学派〗の(人).
pythagorisme /pitagorism/ 男【哲学】ピタゴラス主義＝数を万物の原理と見なすピタゴラスの学説.
pythie /piti/ 女 ❶【古代ギリシア】巫女(ᵐ). ❷ 文章 女占い師.
python /pitɔ̃/ 男【動物】ニシキヘビ.
pythonisse /pitonis/ 女 ❶【古代ギリシア】女予言者. ❷【オカルト】女占い師.

Q, q

Q, q /ky/ 男 フランス字母の第17字.

QG 男《略語》話 Quartier général 司令部, 本部.

QI 男《略語》quotien intellectuel 知能指数.

qi gong /tʃikɔ̃g/ 男《不変》《中国語》気功.

quadra /k(w)adra/ 形 名 話 (quadragénaire の略) 40歳代の(人).

quadr(a)- 接頭「4」の意.

quadragénaire /k(w)adraʒɛnɛ:r/ 形, 名 40歳代の(人).

quadrangulaire /k(w)adrɑ̃gylɛ:r/ 形 4 角(形).

quadrant /kadrɑ̃/ 男《数学》四分円, 象限(しょう). ▸ premier *quadrant* (座標平面の)第1象限.

quadrature /k(w)adraty:r/ 女《数学》求積(法).

quadrature du cercle 円積問題; 解決できない問題.

quadri- 接頭「4」の意.

quadriennal, ale /k(w)adrijenal/; (男複) **aux** /o/ 形 ❶ 4 年間続く. ▸ plan *quadriennal* 4か年計画. ❷ 4年に1度の.

quadrilatère /k(w)adrilatɛ:r/ 男 4辺形.

quadrillage /kadrija:ʒ/ 男 ❶ 格子縞(じま), 碁盤目, 方眼. ▸ *quadrillages* des rues 碁盤目状の街路 ❷(小区域に分けた)網の目警備, 警戒網. ❸ 公共施設などを各地に配置すること.

quadrille /kadrij/ 男 カドリーユ: 19世紀に流行した舞踊で, 4人1組で方形を作って踊る.

quadrillé, e /kadrije/ 形 碁盤縞(じま)の. ▸ papier *quadrillé* 方眼紙.

quadriller /kadrije/ 他動 ❶ …に碁盤目状に線を引く. ❷(都市や地域など)を小区画に分けて警備する.

quadrimoteur /kadrimɔtœ:r/ 形《男性形のみ》4基のエンジンを備えた.
— 男 4発機 (=avion quadrimoteur).

quadriparti, e /k(w)adriparti/ , **quadripartite** /k(w)adripartit/ 形 ❶ 4党[4か国]の代表者で構成された, 4者間の. ❷ 4つの部分[要素]から成る.

quadriréacteur /kadrireaktœ:r/ 形《男性形のみ》《航空》ターボジェット・エンジンを4基持つ.
— 男 4発ターボジェット機.

quadru- 接頭「4」の意.

quadrupède /k(w)adryped/ 形《動物学》四足の. — 男 四足類, 四足動物.

quadruple /k(w)adrypl/ 形 4倍の, 四重の; 4つから成る. — 男 4倍(の量).

quadrupler /k(w)adryple/ 自動 4倍になる.
— 他動 …を4倍にする.

quadruplés, ées /k(w)adryple/ 名《複数形のみ》4つ子.

*****quai** /ke/ ケ/ 男 ❶(駅の)プラットホーム. ▸ Je vous attendrai sur le *quai*. プラットホームでお待ちします / Le train arrive [part] au *quai* numéro sept, voie numéro douze. 列車は7番ホーム12番線に到着する[から発車する] / billet [ticket] de *quai* (駅構内)入場券 / *quai* d'arrivée 到着ホーム / *quai* de départ 出発ホーム / accès aux *quais* ホームの入り口.

❷ 波止場, 埠頭(ふと), 桟橋. ▸ *quai* d'embarquement 乗船桟橋 / *quai* de débarquement 下船桟橋.

❸ 河岸; 河岸沿いの通り. ▸ se promener sur les *quais* 河岸を散歩する / le *Quai* (d'Orsay) フランス外務省(オルセー河岸にある) / le *Quai* des Orfèvres パリ警視庁(オルフェーヴル河岸にある) / le *Quai* Conti アカデミーフランセーズ(コンティ河岸にある).

quaker, keresse /kwɛkœ:r, krɛs/ 名《英語》クエーカー(教徒).

qualifiable /kalifjabl/ 形 ❶(多く否定的表現で)形容できる, 言葉で表わせる. ▸ Une telle conduite n'est pas *qualifiable*. そのような行為は言語道断だ. ❷《スポーツ選手が》出場資格のある.

qualificatif, ive /kalifikatif, i:v/ 形 性質を示す. ▸ adjectif *qualificatif* 品質形容詞.
— **qualificatif** 男 形容語 [句].

qualification /kalifikasjɔ̃/ 女 ❶(職業教育による)資格, 職能. ▸ *qualification* professionnelle 職業資格. ❷《スポーツ》出場資格. ▸ *qualification* pour la finale 決勝出場権. ❸ 形容, 呼称; 修飾.

qualifié, e /kalifje/ 形 <être *qualifié* (pour qc/不定詞)>(…への)資格のある, 十分な能力を持った; 出場資格を得た, 予選を通った. ▸ ouvrier *qualifié* 熟練工 (=professionnel) / skieur *qualifié* pour les jeux Olympiques オリンピック競技への出場資格を得たスキー選手.

*****qualifier** /kalifje/ カリフィエ/ 他動 ❶ < *qualifier* qn/qc (de + 無冠詞名詞[形容詞])>…を(…と)形容する, 呼ぶ, 規定する. ▸ *qualifier* une politique de réactionnaire ある政策を反動的だと決めつける / Il m'*a qualifié* d'imbécile. 彼は私をばか呼ばわりした.

❷ < *qualifier* qn (pour qc/不定詞)>…に(…の)資格を与える; (試合への)出場権をもたらす. ▸ Son diplôme le *qualifie* pour cet emploi. 免状を持っているので彼はこの職に就く資格がある / Ce but *a qualifié* leur équipe pour la finale. その得点が彼(女)らのチームの決勝進出を決める1点となった. ❸《文法》…を修飾する.

— **se qualifier** 代動 < se *qualifier* pour qc / 不定詞>…への出場資格を得る. ▸ se *qualifier* pour (participer à) la finale 決勝に進出する.

qualitatif, ive /kalitatif, iːv/ 形 質的な、性質上の. ▶ différence *qualitative* 質的な相違.

qualitativement /kalitativmɑ̃/ 副 質的に、質の点で.

:**qualité** /kalite カリテ/ 女 ❶ 質、品質. ▶ certificat de *qualité* 品質証明 / améliorer la *qualité* d'un produit 製品の質的向上を図る / marchandise de bonne [mauvaise] *qualité* 良質な[粗悪な]商品 / viande de première *qualité* 最高級の肉 / Ces meubles sont d'excellente *qualité*. これらの家具は高級品だ / la *qualité* de la vie 生活の質 / rapport *qualité*-prix コストパフォーマンス / cercle de *qualité* クォリティーサークル.

❷ 優れた性質、長所、美点. ▶ les *qualités* et les défauts de qn …の長所と短所 / Cet appareil présente des *qualités* indiscutables. この装置は申し分のない性能を見せている / Il a beaucoup de *qualités*. 彼は長所がたくさんある / Elle a toutes les *qualités*. 彼女は完璧だ.

❸ (社会的な)地位、資格. ▶ Donnez vos nom, prénom, âge et *qualité*. 氏名、年齢、職業を言ってください.

avoir qualité pour + 不定詞 …する資格がある.

de qualité 高品質の、優れた. ▶ laine *de qualité* 上質のウール / film *de qualité* 優れた映画.

en (sa) qualité de + 無冠詞名詞 …の資格で、として. ▶ *en sa qualité de* chef de gouvernement 政府首班として.

ès qualités 職能上の資格で、公人として.

qualiticien, enne /kalitisjɛ̃, jɛn/ 名 品質管理担当者.

:**quand** /kɑ̃ カン/ 副 疑問 (quand est-ce que /kɑ̃tɛsk/ の場合以外はリエゾンしない) いつ.

❶ (直接疑問) ▶ *Quand* partez-vous? = 話 *Quand* est-ce que vous partez? = 話 Vous partez *quand*? あなた(方)はいつ出発しますか / *Quand* Pierre est-il arrivé? ピエールはいつ着いたのですか / *Quand* reviendra ta fiancée? = *Quand* ta fiancée reviendra-t-elle? 君のフィアンセはいつ帰ってくるのか (注 主語が名詞でも動詞が単純時制で目的語がない場合は複合倒置をしなくてもよい) / On se revoit où et *quand*? 話 今度はいつどこで会おうか.

❷ (前置詞とともに) ▶ Depuis *quand* apprenez-vous le français? あなた(方)はいつからフランス語を習っているのですか / Jusqu'à *quand* resterez-vous à Paris? あなた(方)はいつまでパリにいる予定ですか / De *quand* date ce meuble? この家具はいつのものですか / Alors, «votre mariage [ce travail], c'est pour *quand*? あなた方の結婚はいつですか [この仕事はいつまでにやればいいのか].

❸ (間接疑問) ▶ Il m'a demandé *quand* je partirais. 彼は私にいつ出発するのか尋ねた (注 くだけた会話では Il m'a demandé *quand* est-ce que je partirais. ともいうが正しくない) / Je ne sais pas jusqu'à *quand* ça va durer. これがいつまで続くのか私は知りません / Je l'ai déjà vue une fois, mais je ne sais plus *quand*. 彼女を一度見たことがあるけれど、いつだったか覚えていない.

— :**quand** 接 (母音の前ではリエゾンし、語尾の d は /t/ と発音する) ❶ (同時性) …するとき、…すると、…したら. ▶ *Quand* il est arrivé à la gare, le train partait [était parti]. (=lorsque) 彼が駅に着いたとき、列車は発車しかけていた [出たあとだった] / Prête-moi ce livre *quand* tu l'auras lu. 読み終わったらその本を貸してください / *Quand* tu auras fini, tu pourras partir. 終わったら出かけてもいいですよ.

注 主節が半過去でそのあとに quand 以下の従属節がある場合、従属節の方に主要な意味があることが多い (例: Je dormais dans ma chambre, *quand* j'entendis la porte s'ouvrir brusquement. 部屋で眠っていると、突然ドアの開く音がした).

❷ (習慣的行為) …するときは (いつでも). ▶ Le bus arrive en retard *quand* il pleut. (=chaque fois que) バスは雨が降るといつも遅れる / *Quand* j'étais petit, j'allais à l'église tous les dimanches avec mes parents. 小さかったころ、いつも日曜日には両親と教会へ行った.

❸ 文章 (原因、条件) …だから; …ならば. ▶ *Quand* je te le dis, tu peux me croire. (=du moment que) 私が言うのだから信じていいよ / *Quand* un homme n'a plus rien à perdre, il peut prendre tous les risques. (=dès lors que) もはや失うものが何もないならば、人はどんな危険をも冒すことができる.

❹ 文章 (対立) …なのに、にもかかわらず. ▶ Tu te plains, *quand* tu as tout lieu d'être content. (=alors que) 君は喜んで当然なのに文句を言うんだね.

❺ (譲歩) < *quand* + 条件法 // *quand* (bien) même + 条件法 > たとえ…でも (=même si). ▶ *Quand* même tu serais en bonne santé, tu ne devrais pas tant boire. 健康な体でもそんなに飲んではいけないよ.

❻ 話 (名詞節を導いて) …のとき. ▶ J'aime aussi *quand* il parle de philosophie. 哲学の話をしているときの彼も好きだ / Je me souviens de *quand* vous étiez petits. あなたたちが小さかったころのことを覚えています.

Quand je [on] pense que + 直説法. …だとはね、…とは驚きだ. ▶ *Quand* on pense qu'elle aura bientôt seize ans! 彼女がもうすぐ16歳だとはね.

Quand je vous disais (que + 直説法). (…と)言っておいたではありません. ▶ *Quand je vous le disais*! 言ったとおりでしょう、だから言わないことじゃない.

*****quand même** (1) (対立) それでもやはり、にしても. ▶ Les voyages sont devenus faciles entre la France et le Japon. Mais la France reste loin *quand même*. フランスと日本の間を行き来することは簡単になったが、それでもやはりフランスは遠い. (2) 話 (憤慨、強調) まったく、いくらなんでも、やっぱり. ▶ Mille euros! c'est *quand même* beaucoup. 1000ユーロだって、そりゃ大金だよ / Tu aurais *quand même* pu me le dire! まったく、そう言ってくれてもよさそうなものじゃないか. (3) ⇨ ❺

*****quant à** /kɑ̃ta カンタ/ 前句 …については、関して

quant-à-soi

は、はどうかと言うと。▶ Vous partez ? *Quant à moi*, je reste. あなた(方)は行きますか、私は残ります / *Quant à* espérer un changement, il ne faut pas y songer. 変化を期待するなんて、そんなことを考えてはいけない.

quant-à-soi /kɑ̃taswa/ 男《単複同形》打ち解けない態度. ▶ rester [se tenir] sur son *quant-à-soi* よそよそしくしている、つんと澄ましている.

quantième /kɑ̃tjɛm/ 男 文章 日付.

quantifiable /kɑ̃tifjabl/ 形 《数》量化しうる.

quantification /kɑ̃tifikɑsjɔ̃/ 女 ❶ 【物理】量子化. ❷ 【論理学】量化: 量記号を用いて命題の成立範囲を限定する操作.

quantifié, e /kɑ̃tifje/ 形 ❶ 【物理】量子化された. ❷ 【論理学】(命題が)量化された.

quantifier /kɑ̃tifje/ 他動 …を数量化する;【論理学】(命題)を量化する;【物理】…を量子化する.

quantita*tif, ive* /kɑ̃titatif, iːv/ 形 量的な、数量の. ▶ analyse *quantitative* 【化学】定量分析.

quantitativement /kɑ̃titativmɑ̃/ 副 量的に、量の点で.

***quantité** /kɑ̃tite/ カンティテ/ 女 ❶ <la *quantité* de + 無冠詞名詞>…の量, 数量. ▶ Quelle est la *quantité* de vin que contient cette bouteille ? この瓶に入るワインの量はどれくらいですか / Quelle *quantité* de farine faut-il mettre ? どれくらいの量の小麦粉を入れなければいけませんか / La *quantité* d'eau tombée pendant cet hiver a été supérieure à la normale. この冬の降水量は平年を上回った.
❷ 【文法】adverbe de *quantité* 数量副詞(beaucoup, peu, trop など).
❸ 【詩法】(音節の)長短.
considérer qn/qc comme (*une*) *quantité négligeable* …を考慮に入れない, 無視する.
*en (*grande*) *quantité* 多量に, 大量に, どっさりと. ▶ Au marché, il y a des asperges *en quantité*. 市場にはアスパラガスが豊富に出回っている / J'ai fait des frites *en quantité* industrielle. フライドポテトを売るほど作った.
en petite quantité 少量だけ, わずかばかり.
*(*une*) *quantité* [*des quantités*] *de* + 無冠詞名詞 多数の…, 多量の…. ▶ *Quantité* de gens croient que l'argent fait le bonheur. 多くの人は金があれば幸せになれると思っている.

quantum /kwɑ̃tɔm/ ;《複》*quanta* /kwɑ̃ta/ 男 ❶ 定量;割り当て額. ❷ (選挙票決を有効にする)最低投票数. ❸ 【商業】歩合. ❹ 【物理】量子. ▶ théorie des *quanta* 量子論.

quarantaine /karɑ̃tɛn/ 女 ❶ <une *quarantaine* (de + 複数名詞)> 約40(の…). ▶ une *quarantaine* de jours およそ40日. ❷ (la quarantaine) 約40歳. ▶ Il avait largement dépassé la *quarantaine*. 彼はとっくに40の坂を越していた. ❸ 検疫. 注 昔は検疫停船期間が40日であったことから.
mettre qn en quarantaine …を仲間外れにする, 村八分にする.

***quarante** /karɑ̃ːt/ カラーント/ 形 《数》《不変》❶《名詞の前で》40の. ❷《名詞のあとで序数詞として》40番目の. ▶ la page *quarante* 40ページ.
— 男《単複同形》❶ 40;《le quarante》40番(地). ▶ Je chausse du *quarante*. 私の靴のサイズは40です / Il habite au *quarante* de cette rue. 彼はこの通りの40番地に住んでいる.
❷ 【テニス】フォーティ: 第3ポイント.
❸ (les Quarante)(定員40名の)アカデミー・フランセーズ会員.
C'est reparti [parti] comme en quarante. (1940年のように始まった→)火ぶたを切った, やる気満々でスタートした.
se moquer de qn/qc comme de l'an quarante 話 …をまったく気にしない, 問題にしない.

quarantième /karɑ̃tjɛm/ 形 ❶ 40番目の. ▶ dans sa *quarantième* année 彼(女)が40歳のときに. ❷ 40分の1の.
— 男 40分の1. — 名 40番目の人[物].

***quart** /kaːr/ カール/ 男 ❶ 4分の1; 4分の1リットル入りの小瓶; 4分の1リーブル (=*quart* de livre). ▶ un *quart* de poulet 四半身の(ロースト)チキン / Donnez-moi un *quart* Perrier. ペリエの小瓶を1本ください / un *quart* de beurre 125グラム入りのバター.
❷ 15分 (=un *quart* d'heure). ▶ six heures et *quart* = six heures un *quart* 6時15分 / sept heures moins le *quart* 7時15分前 / «Il est six heures ? — Non, il est ˹le *quart* [moins le *quart*]˼.» 「6時かな」「いや,(6時) 15分 [15分前] だよ」
❸ 【海事】4時間の当直. ▶ être de *quart* 当直中である / officier de *quart* 当直士官 / prendre le *quart* 当直に就く.
❹ 【音楽】*quart* de soupir 16分休符 / *quart* de ton 4分音.
❺ 【スポーツ】*quarts* de finale 準々決勝.
au quart de tour 話 すぐに, きっちり. ▶ un moteur qui démarre *au quart de tour* 一発でかかるエンジン.

***quart d'heure** (1) 15分間. ▶ dans un *quart d'heure* 15分後に / attendre trois *quarts d'heure* 45分待つ / le dernier *quart d'heure* (戦いなどの)大詰め, 最後の正念場. (2) 少しの時間. ▶ pour le *quart d'heure* 今のところ. (3) passer un mauvais *quart d'heure* 少しの間嫌な思いをする.

trois quarts (1) 4分の3. (2) 大部分. ▶ les *trois quarts* du temps 《副詞的に》たいてい, しょっちゅう / La salle était aux *trois quarts* pleine. 会場は満席に近かった. (3) de *trois quarts* 〔肖像画, 人物写真が〕斜め正面からの.

quarte /kart/ 女 【音楽】4度.

quarté /karte/ 男 【競馬】4連勝式勝馬投票法(の場所).

quarteron[1] /kartərɔ̃/ 男 (多く軽蔑して)少数の人々. ▶ un *quarteron* de mécontents 一握りの不平分子.

quarter*on*[2], *onne* /kartərɔ̃, ɔn/ 名 黒人の血を4分の1受けた白人(特に母親が混血の場合を指す).

quartette /k(w)artɛt/ 男 ジャズ・カルテット.

quatre-vingt-dix

*quartier /kartje カルティエ/ 男 ❶ ❶ 地区, 街; 界限(かい)(の住人); (行政上の)小地区. ▶ les beaux *quartiers* 高級住宅街 / les vieux *quartiers* 旧市街 / un *quartier* d'affaires ビジネス街 / le *Quartier* latin カルチエ・ラタン(パリの学生街) / Y a-t-il un fleuriste dans le *quartier*? この界隈に花屋はありますか / **Je ne suis pas du quartier.** 私はこのあたりの者ではない / cinéma de *quartier* 近所の映画館 / Tout le *quartier* en a parlé. 町中がその話題でもちきりだった / *quartier* difficile [sensible] 困難[問題]地域 / les jeunes des *quartiers* 恵まれない地域の若者たち.
❷《軍事》兵営, 兵舎. ▶ *quartiers* d'hiver (軍隊の)冬期の宿営地[期間].
❷ ❶ 四半分, 4つに割ったうちの1つ. ▶ un *quartier* de pomme 4つ切りリンゴの1切れ.
❷ 1切れ, 一塊. 注 オレンジなどの場合は多く皮をむいた中の1袋分を指す. ▶ un *quartier* de fromage チーズ1切れ / un *quartier* de viande 肉の一塊, ブロック肉 / Des *quartiers* de rocher obstruaient la route. (崩れ落ちた)岩の塊が道をふさいでいた.
❸ (月の)弦. ▶ La lune est dans son premier [dernier] *quartier*. 月は上[下]弦である.
avoir quartier libre (兵営からの)外出が許されている; 自由な外出[行動]ができる.
avoir ses quartiers de noblesse 高名である.
ne pas faire de quartier 皆殺しにする, 情け容赦なく振る舞う. ▶ *Pas de quartier!* 情けは無用だ.
quartier général (1) 司令部(略 QG). ▶ grand *quartier général* 総司令部(略 GQG). (2) 拠点, 根城. ▶ Montparnasse a constitué le *quartier général* des artistes. モンパルナスは芸術家の根城となった.

quartier-maître /kartjemɛtr/ 男;《複》~s-~s 男《軍事》*quartier-maître* de première classe 水兵長 / *quartier-maître* de deuxième classe 上等水兵.

quart-monde /karmɔ̃d/ 男 ❶ (先進国の)最貧困階層. ❷ 第四世界: 第三世界の中の最貧困諸国.

quartz /kwarts/ 男 石英; 水晶. ▶ montre à *quartz* クォーツ時計.

quasar /k(w)azaːr/ 男《英語》《天文》クエーサー, 準星.

quasi /kazi/ 副《ラテン語》ほとんど…, …も同然 (=presque). ▶ Le raisin est *quasi* mûr. ブドウはほとんど熟している / la *quasi*-totalité des dettes 借金のほぼ全額.

quasiment /kazimɑ̃/ 副話 ほとんど, ほぼ. ▶ Il était *quasiment* mon frère. 彼は私の兄弟同然だった.

quaternaire /kwatɛrnɛːr/ 形 ❶ 4つの要素からなる, 4で割り切れる. ▶ numération *quaternaire*《数学》4進法. ❷《化学》4元素からなる. ❸《地質》第四紀の. ❹《経済》secteur *quaternaire* 第四次産業部門: 情報, 研究, 医療, 教育など, 知識集約的サービス産業.

— 男《地質》第四紀.

*quatorze /katɔrz/ カトルズ/ 形《数》《不変》❶《名詞の前で》14の. ❷《名詞のあとで序数詞として》14番目の. ▶ Louis XIV [*quatorze*] ルイ14世(注 人名では一般にローマ数字を用いる).
chercher midi à quatorze heures 物事をわざわざ難しく考える; 事を面倒にする.
— 男 ❶ 14.
❷ (le quatorze) 14番(地); 14日. ▶ J'habite au *quatorze* de cette rue. 私はこの通りの14番地に住んでいる / le *quatorze* juillet 7月14日(フランス革命記念日).
❸ (第1次世界大戦の始まった)1914年. ▶ la guerre de *quatorze* 第1次世界大戦.

*quatorzième /katɔrzjɛm/ 形 **14番目の**. ▶ au *quatorzième* siècle 14世紀に. ❷14分の1の.
— 男 ❶14分の1. ❷ (le *quatorzième*)(パリの)第14区; 14番目; 15階.
— 名 14番目の人[物].

quatorzièmement /katɔrzjɛmmɑ̃/ 副 14番目に.

quatrain /katrɛ̃/ 男《詩法》カトラン, 4行詩, 4行の詩節.

*quatre /katr/ カトル/ 形《数》《不変》❶《名詞の前で》4つの. ▶ les *quatre* saisons 四季.
❷《名詞のあとで序数詞として》4番目の. ▶ le tome *quatre* 第4巻 / Henri IV [*quatre*] アンリ4世(注 人名では一般にローマ数字を用いる).
❸ わずかな, 少しの. ▶ à *quatre* pas d'ici ここからすぐの所に.
faire les quatre cents coups /katsɑku/ 放埒(ほう)をする.
faire son quatre(-)heures de qn/qc …相手に楽しい一時を過ごす.
Je n'ai pas quatre bras. 私は一人で全部をすぐにはできない.
un de ces quatre matins 話 近いうちに.
— ***quatre** 男《単複同形》❶ 4; 4つ. ▶ diviser un gâteau en *quatre* ケーキを4つに分ける. ❷ (le quatre) 4番, 4号; 4日. ▶ habiter au *quatre* de la rue des Fables ファーブル街4番地に住む / Nous sommes le *quatre* mai. 5月4日です.
❸ (トランプの)4の札; (さいころの)4の目.
❹《スポーツ》フォア: 4人乗りのレース用ボート.
comme quatre たくさん, 人並はずれて. ▶ manger *comme quatre* ばか食いする.
quatre à quatre (階段を)4段ずつ, 数段飛ばして; 大急ぎで. ▶ monter un escalier *quatre à quatre* 階段を急いで駆け上がる.
「se mettre [se couper] en quatre 尽力する, 大いに骨を折る, 身を粉にする.
se tenir à quatre 懸命に自制する.
un de ces quatre 近いうちに.

quatre-quatre /kat(rə)katr/ 女《不変》4輪駆動車. 注 4x4 ともつづる.

quatre-saisons /kat(rə)sɛzɔ̃/ 女複 marchand de [des] *quatre-saisons* (行商の)露天の八百屋.

*quatre-vingt-dix /katrəvɛ̃dis/ カトルヴァンデ

quatre-vingt-dixième

ィス/ 形《数》《不変》❶《名詞の前で》90 の. ▶ *quatre-vingt-dix* euros 90 ユーロ. ❷《名詞のあとで序数詞として》90 番目の.
— 男 **90**; 90 番(地).

quatre-vingt-dixième /katrəvẽdizjɛm/ 形 ❶90 番目の. ❷90 分の 1 の.
— 男 90 分の 1. — 名 90 番目の人[物].

quatre-vingtième /katrəvẽtjɛm/ 形 ❶80 番目の. ❷80 分の 1 の.
— 男 80 分の 1. — 名 80 番目の人[物].

*__quatre-vingts__ /katrəvẽ カトルヴァン/(あとに数詞が続く場合(例: quatre-vingt-trois)、また序数(形容詞)として用いられる場合(例: numéro quatre-vingt)は s がつかない)形《数》《不変》❶《名詞の前で》80 の. ❷《名詞のあとで序数詞として》80 番目の. ▶ la page *quatre-vingt* 80 ページ目.
— 男 ❶80. ❷80 番(地).

*__quatrième__ /katrijɛm カトリエム/ 形 ❶ 4 番目の, 第 4 の. ▶ être *quatrième* en math 数学で 4 番目である. ❷ 4 分の 1 の.
en quatrième vitesse (1)《自動車》トップ・ギアで, 第 4 速で. (2) 大急ぎで.
— 名 4 番目の人[物]. ▶ Il est le *quatrième* sur la liste. 彼は名簿の 4 番目だ.
— 男 ❶《un quatrième》4 分の 1. ❷《le quatrième》5 階;《パリの》第 4 区. ▶ habiter au *quatrième* 5 階に住む / habiter dans le *quatrième* 4 区に住んでいる.
— 女 ❶《教育》第 4 学級: コレージュの第 3 学年. ▶ entrer en *quatrième* 第 4 学級に入る. ❷《自動車》第 4 速. ▶ passer la [en] *quatrième* ギアを 4 速に入れる.

quatrièmement /katrijɛmmɑ̃/ 副 4 番目に, 第 4 に.

quatuor /kwatɥɔːr/ 男《音楽》四重奏[唱] (曲); 四重奏[唱]団. ▶ *quatuor* à cordes 弦楽四重奏(曲) / *quatuor* vocal 四重唱(曲).

:**que** /k(ə) ク/ 接, 副, 代《関係》, 代《疑問》

> **que**¹ 接
> 《名詞節》…ということ. ▶ Je pense *que* tout ira bien. 私はすべてがうまく行くと思う.
> **que**² 副
> なんと…だろう. ▶ *Qu*'elle danse bien! 彼女はなんてダンスがうまいんだろう.
> **que**³ 代
> 《関係代名詞》…のところの. ▶ Voilà les photos *que* j'ai prises en France. これがフランスで撮った写真です.
> **que**⁴ 代
> 《疑問代名詞》何を. ▶ *Que* faites-vous ici? ここで何をしていますか.

:**que**¹ /k(ə)/(母音または無音の h の前では qu' となる)接

❶《名詞節を導く》…ということ.

❶《直接目的語》▶ Je pense *que* tout ira bien. 私はすべてがうまくいくと思う / Elle veut *qu*'il vienne. 彼女は彼が来ることを望んでいる /《間接話法で》Il m'a dit *qu*'il partait. 彼は出発すると私に言った.

❷《間接目的語》▶ Il consent「à ce *que*[文章 *que*] je fasse ce travail. 彼は私がこの仕事をすることに同意している / Je m'étonne「*qu*'il soit arrivé[de ce *qu*'il est arrivé] si tôt. 私は彼がこんなに早く到着したことに驚いている. ⇨語法

❸《形容詞の補語》▶ Je suis certain (de ce) *qu*'il viendra. 彼はきっとやって来る / Je suis heureux *que* vous soyez venu. あなたにおいでいただいてうれしく思っています. ⇨語法

❹《名詞の同格》▶ J'ai l'impression *qu*'il n'est pas content. 私には彼が満足していないように思える / Le moment est venu *que* je vous avoue la vérité. あなた(方)に真実を告げるときがやって来た.

❺《主語の属詞》▶ Mon idée est *qu*'il pleuvra demain. 明日は雨が降ると思う /《c'est que による強調》Ce qui est certain, c'est *qu*'il a menti. 確かなことは彼がうそをついたということだ.

❻《非人称構文の意味上の主語》▶ Il faut *que* vous compreniez. あなた(方)に理解してもらう必要がある / Il est évident *que* la situation empire. 状況が悪化しているのは明らかだ / C'est dommage *qu*'il soit malade. 彼が病気なのは残念だ.

❼《主語》▶ *Qu*'elle ait réussi à l'examen ne m'étonne pas du tout. 彼女が試験に合格したことに私は少しも驚かない. 注 que 以下の節が主動詞より前にくるとき, 節の中の動詞は常に接続法を用いる.

❽《文頭に置かれて遊離構文を作る》▶ *Qu*'il ait refusé votre proposition, c'est bien probable. 彼があなた(方)の提案を断ったとは, いかにもありそうなことだ / *Qu*'il soit venu, je ne m'y attendais pas. 彼が来るとは予期していなかった. 注 que 以下の名詞節の機能に応じて, 主節で ce, cela, le, en, y などの代名詞を用いて受ける.

❾《状況補語》▶ Cela vient de ce *que* vous avez menti. それはあなた(方)がうそをついたことから来ている.

❿《省略文の場合》▶ Nul [Point de] doute *qu*'il ne revienne. 彼はきっと戻ってくるだろう / Dommage *que* + 接続法. …は残念だ.

語法 que ..., à ce que ..., de ce que ... consentir à, se souvenir de, content de, heureux de など前置詞を伴う場合は, à [de] ce que と単に que の両方とも可能なことがある (⇨1 ②, ③). この que は直接目的語や関係代名詞と間違えやすいので注意が必要. なお, s'inquiéter que + 接続法 が s'inquiéter de ce que + 直説法/接続法 となるように, que と de ce que とでは導く後の動詞の叙法が違うことがある.

❷《副詞節を導く》

❶《先行する接続詞(句)の代用として》▶ Il vous recevra quand il rentrera et *qu*'il aura déjeuné. 帰ってきて昼食を終えたら彼はあなた(方)にお会いするでしょう / Si tu es sage et *qu*'il fasse beau, nous sortirons. 君がいい子にしていてお天気がよかったら外へ出かけよう注 si の代用となる que 以下の節では動詞は接続法となるのが普通).

que

❷《結果, 程度》その結果…, …するほど. 注 多く si, tant, tel, de sorte などとともに用いる. ▶ Il a crié si fort *qu*'on l'a fait sortir. 彼は大声で叫んだので外に出された / La chaleur était telle *qu*'on ne pouvait pas dormir. 眠れないほど暑かった / 《単独で》Il a changé *qu*'on a peine à le reconnaître. 彼はすっかり変わって見分けもつかないほどだ.

❸《目的》…するために (=pour que). 注 命令形または疑問形の主節のあとで用いる. que 以下の動詞は常に接続法. ▶ Déshabille-toi, *que* je t'ausculte. 服を脱いでごらん, 聴診器を当てるから.

❹《理由》…であるところを見ると (=puisque). 注 疑問形または感嘆を表わす主節のあとで用いる. ▶ Vous étiez donc absent *que* je ne vous ai pas vu? お見かけしなかったところをみると御不在だったのですね.

❺《原因, 説明》…だから (=parce que). ▶《Pourquoi ne venez-vous pas demain ? ─ C'est que j'ai du travail.》「どうして明日いらっしゃらないのですか」「仕事があるのです」◆ Ce n'est pas [Non (pas)] *que* + 接続法 (, mais …). …のではなく (…なのだ). ▶ Il reste au lit, non *qu*'il soit vraiment malade, mais il le croit. 彼は床に就いているが, 本当に病気なのではなく病気だと思い込んでいるのだ.

❻《仮定, 条件》もし…なら (=si), …であろうと (=même si, soit que). 注 que 以下の動詞は常に接続法. ▶ *Qu*'une seule personne manque à l'appel, (et) nous ne pouvons partir. たった1人でも欠けたら私たちは出発できない / Il doit travailler *qu*'il le veuille ou non. 彼は望もうと望むまいと働かなくてはならない.

❼《時間》…するとき (=quand, lorsque); …する前に (=avant que); …して以来 (=depuis que). ▶ Ils se connaissaient depuis dix minutes à peine *qu*'ils étaient déjà amis. 彼らは知り合って10分もすると, もう友達になっていた / Nous ne sortirons pas *que* tu n'aies fini ton devoir. おまえが宿題を終えないうちは外出しないよ. ◆'il y a [voici, voilà, cela fait] + 期間 + *que* + 直説法 …してから…になる. ▶ Il y a longtemps *que* je ne vous ai pas vu. あなたに会わなくなってからずいぶんになる. ◆ à peine … *que* + 直説法 …するやいなや…. ▶ Elle venait à peine de sortir *qu*'il se mit à pleuvoir. 彼女が出かけるとすぐ雨が降り始めた.

❽《譲歩》…であれ, où, qui, quoi, quel, quelque などとともに用いる. que 以下の動詞は常に接続法. ▶ Où *que* vous alliez, écrivez-moi. どこへ行こうと手紙をください.

❾《除外》…なしに (=sans que). 注 主節は否定形. que 以下の動詞は常に接続法. ▶ Il ne se passe pas une semaine *qu*'il ne vienne. 彼がやって来ない週はない.

❿《仮定の結果節》注 主節および que 以下の動詞は常に条件法. ▶ Il serait malade *que* ça ne m'étonnerait pas. 彼が病気だとしても私は驚かない.

⓫ 届《対立》…なのに (=alors que). ▶ Moi, je travaille, *que* toi, tu ne fais rien. 私は働いているのにあなたは何もしない.

❸《独立節》〈**Que** + 接続法〉

❶《命令, 願望》▶ *Que* personne ne bouge! だれも動くな / *Qu*'il se taise! 彼には黙ってらいたい [彼を黙らせろ] / *Que* le Seigneur ait pitié de lui! 主が彼を憐(あわ)れみたまわんことを.

❷《驚き, 憤慨》▶ Moi, *que* je mente! 私がうそをついているだなんて / *Qu*'il fasse une pareille chose! 彼がそんなことをするとは.

❹《提示, 強調の表現で》

❶《出来事の提示, 行為の強調》〈**voilà [voici] que** + 直説法〉▶ Tiens, voilà *que* le temps se couvre. おや, 曇ってきた.

❷《間接目的語, 状況補語の強調》〈**C'est … que** + 直説法〉▶ C'est à vous *que* je parle. 私はあなた(方)に話しているのですよ / C'est demain *qu*'il part. 彼の出発は明日だ.

❸《属詞の強調》〈**C'est … que** + 名詞 // **C'est … que de** + 不定詞〉▶ C'est une belle ville *que* Venise. ベネチアは美しい町だ / C'est une idée insensée *que* de vouloir partir si tôt. そんなに早く出発しようなんてなんて計画だ.

❹《動詞を省略した文で》▶ Riche idée *que* la vôtre! すばらしい考えだ, あなた(方)のは / Quelle bonne surprise *que* de vous rencontrer! あなた(方)にお会いできるとはなんとうれしいんでしょう.

❺《比較の表現で》

❶《plus, moins, aussi, autant などとともに用いて比較の対象を示す》▶ [**moins**] grand *qu*'elle. 彼は彼女より背が高い [低い] / On le croit plus riche *qu*'il n'est. 彼は実際以上に金持だと思われている. 注 不平等比較では que 以下の動詞の ne を用いることが多い.

❷《même, autre, autrement, davantage, plutôt, tel などとともに》▶ J'ai le même âge *que* vous. 私はあなた(方)と同い年です / Je ne vois d'autre moyen *que* celui-là. それ以外の方法はまったく思いつかない.

❻《制限の表現で》

❶〈**ne … que …**〉…しか…ない. 注 主語, 主動詞の中の要素を制限する. 会話では ne が省略されることもある. ▶ Il n'a *que* vingt ans. 彼はまだ20歳にすぎない / Il ne pense *qu*'à son travail. 彼は自分の仕事のことしか考えていない / n'avoir *qu*'à + 不定詞 …しさえすればよい.

❷〈**ne faire que** + 不定詞〉…しかしない, …してばかりいる. ▶ Il ne fait *que* regarder la télé. 彼はテレビを見てばかりいる.

❸〈**ne … pas que …**〉…だけ…なのではない. ▶ Il n'y a pas *que* moi qui pense ainsi. そんなふうに考えているのは私だけではない.

❹〈**ne plus [jamais, rien, guère] que …**〉…以外にはもう [決して, 何も, ほとんど] …ない. ▶ Je n'ai plus *que* dix euros sur moi. もう10ユーロしか持ち合わせがない.

❺〈ne … *que* plus [mieux, trop] …〉よりいっそう [よりよく, あまりにも] …するばかりだ. ▶ Il n'en est *que* plus coupable. そのことで彼の罪はますます重い / Je ne sais *que* trop ma faiblesse. 私は自分の弱点を十分に承知している.

❻ 文章《personne, rien, aucun, nul などの否

定の表現または疑問文とともに)…でなければ，…のほかには(=si ce n'est, sinon). ▶ Rien n'est beau *que* le vrai. 真実以外に美しいものはない.
❼圖《疑問文》
❶ 《Est-ce *que* …?》 ⇨ ᴇsᴛ-ᴄᴇ ǫᴜᴇ.
❷俗《疑問詞 + *que* …》 ▶ Comment *qu*'il a fait? あいつどうやったんだ.
❽《虚辞的用法》
❶《副詞(句) + *que* …》 ▶ Peut-être *qu*'il a raison. たぶん彼が正しいのだろう / surtout *que* + 直説法 …なだけになおさら / Bien sûr *que* oui [non]. もちろんそうだ［違う］.
❷ 圏《oui, non, si の強調》 ▶《Vous êtes d'accord?—Oh! *que* non!》「賛成ですか」「いや，とんでもない」
❸俗《挿入節を導く》 ▶《Viens ici》, *qu*'il m'a dit. ここへおいでと彼は私に言った. 注 正しくは m'a-t-il dit と倒置される.

:**que**² /k(ə) ク/ (母音または無音の h の前では qu' となる) 副 ❶《感嘆》なんと(=comme).
▶ *Qu*'elle danse bien! 彼女はなんてダンスがうまいんだろう(注 話し言葉では Ce qu'elle danse bien! または Qu'est-ce qu'elle danse bien! ともいう) / *Que* c'est beau! なんてきれいなんだろう.
◆ *que* de + 無冠詞名詞 なんと多くの… (=combien de). ▶ *Que* de problèmes nous avons à résoudre! 解決すべき問題がなんと多いことか.
❷ 文章《疑問》なぜ(=pourquoi); どういう点で(=en quoi). ▶ *Que* tardez-vous à l'aimer? なぜ彼(女)を愛するのをためらっているのか /《ne とともに非難, 驚き, 後悔を表わして》*Que* ne dites-vous la vérité? なぜ本当のことを言わないのだ.

:**que**³ /k(ə) ク/ (母音または無音の h の前では qu' となる) 代《関係》《不変》
❶《関係詞節の直接目的語として》
❶《先行詞は人または物》…するところの. ▶ Les garçons *que* tu vois là sont mes élèves. あそこに見える少年たちは私の生徒だ / Voilà les photos *que* j'ai prises en France. これがフランスで撮った写真です / le livre *que* voici ここにあるこの本 / Il a sorti du tiroir une clef *qu*'il a donné à Françoise. 彼は引き出しの中から鍵(%)を取り出し, それをフランソワーズに渡した.
❷《先行詞が節》注 一部の慣用表現でのみ用いる. ▶ Il n'est pas marié, *que* je sache. 私の知る限りでは彼は結婚していない /《 J'aime bien le travail.—*Que* tu dis. 》「私は仕事が好きだ」「よく言うよ(本当かい)」 (注 dire, croire などの動詞の前で疑いを表わす).
❷《属詞として》
❶《先行詞が名詞, 代名詞》…するところの. ▶ Il n'est plus l'homme *qu*'il était. 彼はもう昔の彼ではない / le vieillard *que* je suis 老人である私.
❷《先行詞が形容詞》 ▶ Absorbée *qu*'elle était dans ses pensée, elle ne répondit pas. 彼女は考え事に夢中になっていて返事をしなかった / De pauvre *qu*'il était, il est devenu riche. 彼は貧乏だったが, 金持ちになった /《感嘆文》Etourdi *que* tu es! なんて君はうかつなやつなんだ!
❸古/区《状況補語として》
❶《時間》 ▶ du temps *que* j'étais jeune 私が

若かったころ / Tu te souviens de l'hiver *qu*'il a fait si froid?(=où) あの寒かった冬のことを覚えているかい. ❷《距離, 値段, 重量》 ▶ les quarante kilomètres *qu*'il a couru 彼が走破した40キロ / les mille euros *qu*'m'a coûté cette robe このドレスに支払った1000ユーロ / les vingt kilos *que* pèse cette valise このスーツケースの重さ20キロ. ❸《方法, 状態》 ▶ de la façon *que* j'ai vécu 私の生きてきたやり方で / du train *que* vont les choses (=où) この成り行きでは.
❹《非人称構文の意味上の主語として》 ▶ Je vais écouter au téléphone le temps *qu*'il fera demain. 電話で明日の天気を聞いてみよう / Savez-vous l'heure *qu*'il est? 今何時か分かりますか.
❺《先行詞なしで》注 次のような慣用表現でのみ用いる. ▶ advienne *que* pourra どんなことが起ころうとも / coûte *que* coûte 是が非でも.

ce que + 現在分詞 それを…すると. ce *que* disant そう言うと.

*ce que + 直説法 …するところのもの[こと]. ▶(1)《直接目的語》Faites ce que vous voulez. 好きなようにしなさい / Ce *que* tu me dis ne me surprend pas du tout. 君の言うことにはまったく驚かない /《間接疑問を導く》Demandez-lui ce *qu*'il veut. 彼に何が望みなのか聞いてください(注 直接疑問形は qu'est-ce que) /《先行する節, 文を受ける》Elle pleura, ce *qu*'elle ne faisait jamais. 彼女が泣いた, そんなことは一度もなかったのに. (2)《属詞》Elle est restée ce *qu*'elle a toujours été. 彼女は昔のままだ. (3)《非人称構文の意味上の主語》J'ai ce *qu*'il vous faut. あなた(方)に必要なものを持っている.

**C'est … que* + 直説法《直接目的語の強調》…なのは…だ. ▶ *C'est* lui *que* je cherche. 私が探しているのは彼だ.

(et) … *que* + 直説法《感嘆》*Et* cette bague *que* j'ai perdue. ああ, あのなくしてしまった指輪.

:**que**⁴ /k(ə) ク/ (母音または無音の h の前では qu' となる) 代《疑問》何(を). ❶《直接目的語》
▶ *Que* faites-vous ici?=*Qu*'est-ce que vous faites ici? ここで何をしているのですか(⇨ ǫᴜ'ᴇsᴛ-ᴄᴇ ǫᴜᴇ) / *Qu*'avez-vous? どうしたのか / *Que* fait votre frère? あなたの兄弟は何をしているのですか(注 直接目的語の場合, 常に単純倒置) / *Que* préfères-tu, du café ou du thé?(=lequel) コーヒーと紅茶どちらがいいの. ◆ *que* + 不定詞 ▶ *Que* faire? どうしよう /《間接疑問文で》Il ne savait plus *que* dire. 彼はもうなんと言っていいか分からなかった(注 savoir, avoir などの動詞の否定形用いる. 肯定形では quoi が普通).
❷《属詞》 ▶ *Qu*'est-elle devenue? 彼女はどうなっただろう / *Que* serai-je dans dix ans? 10年後, 私はどうなっているだろう.
❸《非人称構文の意味上の主語》 ▶ *Qu*'y a-t-il? 何があるのか; どうした / *Que* se passe-t-il? 何が起こったのか /《il を省略して》*Qu*'importe! 構うものか.

Québec /kebɛk/ 固有 男 ケベック: カナダ東部のフランス語文化圏をなす州, 州都も Québec.

québécisme /kebesism/ 男《フランス語の》ケベ

québécois, oise /kebekwa, waːz/ 形 ❶ ケベック Québec の, ケベック州の. ❷ (ケベックの)フランス系カナダ人の.
— **Québécois, oise** 名 ケベック(州)の人.
— **québécois** 男 (フランス語の)ケベック方言.

＊**quel, quelle** /kɛl ケル/ 形《疑問》

| 男性単数 quel | 女性単数 quelle |
| 男性複数 quels | 女性複数 quelles |

どのような, どのくらいの. ❶《付加形容詞》▶ *Quelle* route prenez-vous? どの道を行きますか / *Quelle* équipe a gagné? どのチームが勝ったの / *Quel* âge avez-vous? 何歳ですか / *Quelle* heure est-il? 何時ですか / On est *quel* jour? 今日は何曜日ですか / Sur *quelle* voie le train arrive-t-il? 列車は何番線に到着ですか.
❷《属詞》▶ *Quelle* est votre adresse? 御住所はどちらですか / *Quel* est le prix de cette cravate? このネクタイの値段はいくらですか / *Quelles* sont les personnes qui acceptent? 承諾しているのはだれとだれですか. 注 主語が人称代名詞または ce の場合には quel は用いられず, qui を用いる(例: Qui êtes-vous? あなた(方)はだれですか / Qui est-ce? あれはだれですか).
❸《間接疑問文》▶ Je me demande *quelle* solution (il faut) choisir. どんな解決策を選ぶべきだろうか / Dites-moi *quelle* est la situation. どんな状況なのか教えてください. 注 間接疑問文で人を表わす場合には, 現在では qui を用いるのが普通.

— ＊**quel, quelle** 形《感嘆》なんという(驚き, 称賛, 非難など). ❶《付加形容詞》▶ *Quelle* horreur! なんて恐ろしい / *Quel* sale temps! なんて嫌な天気だ / *Quel* dommage qu'elle soit partie! 彼女が出発してしまったとはなんと残念なことに.
❷《属詞》▶ *Quelle* a été ma joie lorsque j'ai réussi à l'examen! 私が試験に受かったときの喜びはどんなであったことか.

— 形《関係》《譲歩》〈**quel que** + **être** の接続法〉…がどうであろうと. 注 que のあとの語順は〈être + 名詞〉, あるいは〈人称代名詞 + être〉となる. ▶ *Quelle* que soit votre décision, écrivez-nous. 結論がどうであれ, 手紙をください / Dieu aime les hommes, *quels* qu'ils soient. 神はどんな人間であれ愛し給う.
— 代《疑問》どちらが. ▶ De nous deux, *quel* est le plus grand? 我々2人のうちどちらが背が高いだろう.

＊**quelconque** /kɛlkɔ̃ːk ケルコンク/ 形《不定》《多くの名詞のあとで》なんらかの, (何[だれ]でもよい), 任意の. ▶ tarder pour une raison *quelconque* なんらかの理由で遅れる / Prenez une carte *quelconque*. なんでもよいからカードを1枚取ってください / un triangle *quelconque* 任意の3角形.
— 形 平凡な, 取るに足りない. ▶ Ce film est assez *quelconque*. この映画はあまりおもしろくない.

＊**quelque** /kɛlk ケルク/ (母音の前でエリジョンしない)形《不定》
❶《複数で》いくつかの, 何人かの, 少数の. ▶ Il reste encore *quelques* bouteilles de vin. まだワインが何本か残っている / depuis *quelques* jours 数日前から / *quelques* dizaines de personnes 数十人の人々 / dire *quelques* mots 二言三言いう. 比較 DIFFÉRENT, PLUSIEURS.
❷《単数で》いくらかの, 少量の. ▶ gagner *quelque* argent いくらかお金を稼ぐ / depuis *quelque* temps しばらく前から / Il habite à *quelque* distance d'ici. 彼はここから少しの所に住んでいる.
❸《単数で》ある, なんらかの. ▶ Il paraît qu'il lui est arrivé *quelque* accident. 彼(女)に何か事故が起こったらしい / Tu le reverras *quelque* jour. あなたはいつかまた彼に会うだろう / Désirez-vous *quelque* autre chose? 何かほかの物がお入り用ですか.

quelque + 名詞 + *que* + 接続法《譲歩》どんな…でも. ▶ *Quelques* efforts *que* tu fasses, tu ne le dépasseras jamais. あなたがどんなに努力しても, 絶対に彼を追い越せないだろう / De *quelque* façon *que* l'on envisage le problème, la solution est difficile. その問題をどんなふうに検討してみても解決は困難だ.

数量表現 + *et quelque(s)* 話 …と少々. ▶ J'ai ｢mille euros *et quelques* [mille *et quelques* euros]. 1000ユーロちょっと持っている / dans un mois *et quelque* 1か月あとで.

— ＊**quelque** 副 文章《数詞の前で》およそ, 約, ほぼ (=environ). ▶ un cadeau de *quelque* cinquante euros 50ユーロぐらいのプレゼント.

quelque peu 文章 少し, やや, 幾分 (=un peu).
▶ Il était *quelque peu* embarrassé. 彼は少々当惑気味であった.

quelque + 形容詞 + *que* + 接続法《譲歩》どれほど…でも. 注 quelque は副詞なので不変. ▶ *Quelque* savants *qu'*ils soient, il leur reste beaucoup à apprendre. 彼らがどれほど博学であろうと, 学ぶべきことはまだたくさん残っている.

　　語法 **quelques** と **plusieurs** の「いくつか」

(1)「いくつか」の考え方
plusieurs は, 対象となるものの数が多いと思われているとき, quelques は反対に少ないと思われているときに用いる. 数の大小は主観的な判断によるもので, 客観的な数とは無関係. この数の大小の主観的判断による違いは, ne … que (…しか…ない)という表現が quelques と一緒に使えるのに対して plusieurs と一緒には使えないという点に現れている.
• Il me reste encore quelques cheveux. 私にはまだいくらか髪の毛が残っている(本来はたくさんあるものが, 少ししかない).
• Il a plusieurs appartements à Paris. 彼はパリにアパルトマンをいくつも持っている(本来は1つが普通なのに, 複数持っている).
• Le monde est vaste. Mais il n'y a que quelques pays que j'aimerais vraiment visiter. 世界は広いけれど, 本当に行ってみたい国はほんのいくつかしかない.

(2) 形の上での注意
quelques は冠詞類が前につくことがあるが, plusieurs は冠詞類は伴わない. また plusieurs は

quelque chose

不定代名詞として単独で用いられることがあるが quelques は形容詞としてしか用いない.
- Les quelques Français que j'ai rencontrés cet été m'ont tous envoyé une carte de Noël. 今年の夏に出会った何人かのフランス人はみんな私にクリスマスカードを送ってきた.
- Parmi les Français que j'ai rencontrés cet été, plusieurs m'ont envoyé une carte de Noël. 今年の夏会ったフランス人のうち何人かがクリスマスカードを送ってきた.
- Parmi les Francais que je connais, il y en a plusieurs qui parlent couramment japonais. 私が知っているフランス人の中には日本語を流暢に話す人が何人もいる (quelques は形容詞としてしか用いないため, il y en a quelques qui … とはいえない. 「何人かいる」というニュアンスを出すときは, 不定代名詞の quelques-uns を用いて, Il y en a quelques-uns qui … とする).

:quelque chose /kɛlkəʃoːz ケルクショーズ/ 代《不定》

❶ 何か, ある物[事]. ▶ Tu vois *quelque chose?* —Non, je ne vois rien. 「何か見えるかい」「いや, 何も見えない」/ Voulez-vous prendre *quelque chose?* 何か召し上がりますか / J'ai *quelque chose* à te dire. 君にちょっと言うことがある. ◆**quelque chose de** + 形容詞男性単数形 何か…なもの. ▶ Y a-t-il *quelque chose* de neuf? 何か新しいことがありますか.

❷ 何かよくないこと. ▶ *Quelque chose* est arrivé. 何か(悪いこと)が起こった / si jamais il m'arrive *quelque chose* もし私に何か(万一のこと)が起こった場合は / Il y a *quelque chose* entre eux. 彼らの間には何か(いざこざ)がある.

❸ ひとかどの人物. ▶ se croire *quelque chose* 自分をたいした人物だと思っている.

C'est quelque chose. (1) たいしたもの[こと]だ. ▶ C'est déjà *quelque chose*. それだけでもなかなかのものだ; 何もないよりましだ. (2) ひどいもの[こと]だ. ▶ Il a manqué à sa promesse. *C'est quelque chose* quand même. 彼は約束を破った. 本当にひどいじゃないか.

dire quelque chose (*à qn*) (1) (…に)何か言う. (2) (…に)何かを思い出させる, (…の)心に訴える. ▶ Ce visage me *dit quelque chose.* この顔には見覚えがある.

être pour quelque chose à [*dans*] *qc* …に何か関係している. ▶ Il *est pour quelque chose dans* cette affaire. 彼はその件に一枚かんでいる.

faire quelque chose (1) 何かをする. (2) 大きなことをする. (3) 心を揺さぶる. ▶ Ce film m'*a fait quelque chose*. その映画は私の心を動かした / Ça m'*a fait quelque chose* d'apprendre sa mort. 彼(女)が亡くなったことを聞いて私は気が動転した.

quelque chose comme … (1) …のようなもの. ▶ C'était *quelque chose comme* un rêve. それは夢のようだった. (2)《数詞とともに》およそ, 約… (=environ). ▶ Elle a *quelque chose comme* quarante ans. 彼女は40歳くらいだ.

Quelque chose me dit que + 直説法 なんだか…のような気がする.

un petit quelque chose 何かちょっとしたもの (食べ物, お金, 贈り物など).

**quelquefois /kɛlkəfwa ケルクフォワ/ 副 時折, ときどき. ▶ Il va dîner *quelquefois* au restaurant. 彼はときにはレストランへ食事に行く / Il est *quelquefois* méchant, mais pas toujours. 彼は意地悪なときがあるが, いつもというわけではない.

**quelque part /kɛlkəpaːr ケルクパール/ 副/句 ❶ どこかで, どこかに. ▶ Je l'ai déjà vue *quelque*. 私は以前どこかで彼女に会ったことがある. ❷ 話 (トイレ, 尻(ƒ)などを婉曲(ƒ)に指して)とある場所に.

quelques-uns, unes /kɛlkəzœ̃, yn/ 代《不定》《複数形のみ》❶ (一般に, 既出の名詞を受けるか, de + 名詞, en とともに)(…の中の)何人か, ある人々, いくつか(の物). ▶ *Quelques-uns* des assistants se mirent à rire. 列席者の中の何人かは笑い出した / *quelques-uns* d'entre nous 我々のうち何人か / Il y avait beaucoup d'étudiants, dont je connaissais *quelques-uns*. たくさんの学生がいたが, 私はその中の何人かを知っていた. ◆*quelques-uns* de + 形容詞複数形 何人かの…な人; いくつかの…なもの. ▶ Parmi ses poésies, il y en a *quelques-unes* de très belles. 彼(女)の詩の中にはたいへん美しいのが何編かある.

❷《単独で》若干の人, ある種の人々.

**quelqu'un /kɛlkœ̃ ケルカン/ 代《不定》《単数形のみ》

❶ だれか; ある人. ▶ «Il y a *quelqu'un* dans la chambre? —Il n'y a personne.» 「部屋の中にだれかいますか」「だれもいません」/ *Quelqu'un* vous demande au téléphone. C'est une femme. あなたに電話です, 女の人からですよ / Y a-t-il *quelqu'un* qui pourrait venir avec moi? だれか私と一緒に来てくれる人はいませんか / J'attends *quelqu'un*. 人を待っています. ◆*quelqu'un de* + 形容詞男性単数形 (だれか)…な人. ▶ *quelqu'un d'autre* だれかほかの人 / Il faut trouver *quelqu'un de* mieux qualifié. だれかもっと熟練した人を探さねばならない.

❷ 重要な人物, 相当な人. ▶ Il se croit *quelqu'un*. 彼は自分を偉い人間だと思っている.

C'est quelqu'un. (1) たいした[非凡な]人物だ. (2) 話 ひどいことだ, ただ事ではない.

quelqu'un², une /kɛlkœ̃, yn/ 代《不定》固/文章 <*quelqu'un de* + 代》名詞>…の中のある一人, ある一つ. 注 複数形は quelques-uns, quelques-unes. ▶ *quelqu'une* de ces photos これらの写真のうちのどれか1枚.

quémander /kemɑ̃de/ 他動 [金銭, 援助など]をせがむ, (しつこく)ねだる, 懇願する.

quémandeur, euse /kemɑ̃dœːr, øːz/ 名 文章 しつこい嘆願者, うるさい請願者.

qu'en-dira-t-on /kɑ̃diratɔ̃/ 男《単複同形》世間のうわさ, 世評; 陰口, ゴシップ.

quenelle /kənɛl/ 女 [料理] クネル: 円筒形にまとめた魚や肉のすり身.

quenotte /kənɔt/ 女 話 幼児語 子供の歯.

quenouille /kənuj/ 女 ❶ 糸巻き棒, 紡錘. ❷ (果樹の)紡錘形仕立て [刈り込み].

tomber en quenouille (1) 打ち捨てられる, 放置される. (2) 女性に牛耳られる. (3) 古 [領地などが

(相続によって)女性の手に渡る.

querelle /kərɛl クレル/ 囡 **喧嘩**(ケンカ), 口論; **論争**; 紛争; 不和, 対立. ▶ une *querelle* de famille 家庭内のいざこざ / un sujet de *querelle* 喧嘩の種 / apaiser une *querelle* 喧嘩を止める / Il a eu une *querelle* avec elle. 彼は彼女と言い争いをした / De fréquentes *querelles* s'élèvent entre eux. 彼らの間ではよくもめ事が起きる / intervenir dans une *querelle* 喧嘩に介入する / la *querelle* des anciens et des modernes〖文学〗新旧論争.

chercher querelle à qn …に喧嘩を売る.
mauvaise querelle = ***querelle d'Allemand*** 不当な喧嘩, 理由のない喧嘩.

quereller /kərele キュレレ/ 他動〖人〗を非難する.
— **se quereller** 代動 ❶ 互いに喧嘩(ケンカ)をする, 激しく口論する. ❷ <*se quereller* avec qn> …と喧嘩をする.

querelleur, euse /kərelœːr, øːz/ 形, 名 喧嘩(ケンカ)好きな(人), 喧嘩っ早い(人).

quérir /keriːr/ 他動〖不定形のみ〗文章 …を呼ぶ, 探す. ▶ aller [venir, envoyer] *quérir* qn …を呼びに行く[来る, 人をやる].

***qu'est-ce que** /kɛsk(ə) ケスク/ (母音または無音の h の前では qu'est-ce qu' となる. 主語と動詞の倒置を避けるため, que に代わって日常語で多用される)代《疑問》❶《直接目的語》何を. ▶ *Qu'est-ce que* tu as fait? 何をやったのだ (=Qu'as-tu fait?) / *Qu'est-ce que* vous avez? どうしたんですか / *Qu'est-ce que* vous avez comme apéritifs? 食前酒はどんなのがありますか.
❷《属詞》何, どのような. ▶ *Qu'est-ce que* c'est? それは何 / *Qu'est-ce que* c'est comme arbre? これは何という木ですか / *Qu'est-ce qu*'il est devenu? 彼はどうなったのか.
❸《非人称構文の意味上の主語》何が. ▶ *Qu'est-ce qu*'il lui faut? 彼(女)には何が必要なのですか / *Qu'est-ce qu*'il y a? どうしたの.
❹< *qu'est-ce que* + 名詞>…とは何か. ▶ *Qu'est-ce que* la littérature? 文学とは何か / Après tout, *qu'est-ce que* cet individu-là? 結局あいつは何者だ.
❺《副詞的に》どれくらい (=combien). ▶ *Qu'est-ce que* vous pesez? あなた(方)の体重はどれくらいですか.
❻話《感嘆, 強調を表わす》なんて…なんだ. ▶ *Qu'est-ce qu*'il y a comme poussière! なんてほこりがひどいんだ / 《副詞的に》*Qu'est-ce qu*'il a l'air fatigué!(=comme) 彼はなんて疲れたふうなんだ.
❼話《間接疑問文で ce que の代用として》▶ Je ne te dirai jamais *qu'est-ce que* j'ai fait hier. 私が昨日したこと, 君には絶対言わないよ.

qu'est-ce que c'est que … 話《 qu'est-ce que の強調形》▶ *Qu'est-ce que c'est que* ça? それはなんですか / *Qu'est-ce que c'est que* vous voulez? 何が欲しいのですか; どうしろというのですか.

***qu'est-ce qui** /kɛski ケスキ/ 代《疑問》❶《主語》何が. ▶ *Qu'est-ce qui* s'est passé? 何が起きたのか; どうしたのか. ❷ 話《間接疑問文で ce qui の代用として》▶ Dites-moi *qu'est-ce qui* est arrivé. 何が起きたのか言いなさい. ❸ 話《qui est-ce qui の代用》だれが.

questeur /kɛstœːr/ 男〖古代ローマ〗財務官.

***question** /kɛstjɔ̃ ケスティヨン/ 囡

❶ **質問**. ▶ poser une *question* à qn …に質問する / se poser des *questions* よく考える; 疑問を抱く / presser qn de *questions* …を質問攻めにする / répondre à la *question* de qn …の質問に答える / faires les *questions* et les réponses 質疑応答をする / *question* à piège ひっかけ問題 / *question* fermée 選択問題 / *question* ouverte 自由記述問題 / Quelle [Cette, Belle] *question*!《皮肉》いやな質問だねえ(愚問だよ).
❷ **問題**. ▶ examiner une *question* 問題を検討する / aborder une *question* 問題に取り組む / discuter une *question* 問題を討議する / soulever une *question* 問題を提起する / *questions* sociales [économiques] 社会[経済]問題 / une *question* d'actualité 時事問題 / C'est une *question* de principe. それは原則にかかわる問題だ. ◆**la question de** + **定冠詞** + **名詞** …が提起する問題. ▶ la *question* du chômage 失業問題. ◆**une question de** + **無冠詞名詞** …にかかわる問題. ▶ C'est une *question* de vie ou de mort. それは死活問題だ; のるかそるかの瀬戸際だ. ◆***question*** (de) + 無冠詞名詞 話《文頭で》…の件については. ▶ *Question* salaire, on en reparlera plus tard. 給与の件についてはまたあとで相談しましょう.
❸〖政治〗*questions* écrites [orales] (国会議員が大臣に対して行う)文書[口頭]による質問.

Ce n'est pas la question. そんなこと(が問題なの)ではない.
C'est toute la question. = ***Là est la question.*** そこが難点[ネック]になっている.
****en question*** 問題[話題]になっている, 当該の; 危険[不安]な状態にある. ▶ la personne *en question* 問題の人物.
****être hors de question*** 問題外である, 問題にならない. ▶ Il *est hors de question d*'accepter ce projet. その案はとうてい受け入れられない.
faire question 問題になる, 疑いもつ. ▶ Cela ne *fait* pas *question*. それは疑問の余地がない.
****Il est question*** ⎾**de qn/qc** 不定詞 [**que** + 接続法]. …が問題[話題]になっている. ▶ Il *est question d*'élargir l'Union européenne. 欧州連合の拡大が話題になっている / De quoi *est-il question*? 何が問題なのですか, なんの話ですか.
****Il n'est pas question de*** + 不定詞 [**que** + 接続法]…は問題外だ, とんでもない. ▶ Il *n'est pas question que* nous cédions. こっちが譲歩するなんて問題外だ / Il *n'en est* pas *question*. それは論外だ.
(Il n'y a) pas de question. 話 問題ない, 確実だ.
mettre [***remettre***] ***qc en question*** …を問い直す, (再)検討する; 危うくする. ▶ Il faut *remettre* ce projet *en question*. この計画は再検

questionnaire

討する必要がある.
*__Pas question__. 園 論外だ, とんでもない.
　__Question à__ + 金額 …の賞金がかかっている問題; 難しい問題.

> 語法 __question__ と __problème__
>
> question と problème は, ともに「…問題, …な問題」などというときに最もよく使われるが, 基本的な違いは次のようなものである.
>
> (1) __la question [le problème] de__ + 定冠詞 + 名詞(…が提起する問題)
> - la question du chômage [du logement] 失業[住宅]問題.
> - la question de la faim dans le monde d'aujourd'hui 現代世界における飢餓の問題.
> - les (divers) problèmes de l'environnement 環境の諸問題.
>
> (2) __une question [un problème]__ + 形容詞(句)(…な問題)
> - C'est une question délicate [d'actualité]. それは厄介な[今日的な]問題だ.
> - C'est un problème difficile [épineux]. それは難しい問題だ.
> - C'est un problème (d'ordre) économique [politique]. それは経済[政治](の範疇(はんちゅう)に属する)問題だ.
>
> (3) __une question [un problème] de__ + 無冠詞名詞(…にかかわる問題)
> - C'est une question de sécurité [d'argent]. それは安全性[金]の問題だ.
>
> (4) 動詞との結びつき
> - poser [soulever, s'attaquer à, faire face à] une question [un problème] 問題を提起する[に取り組む, に挑戦する, に直面する].
> - être confronté [se heurter] à une question [un problème] 問題に直面する [する].
>
> ◆ 上記(1)から(4)の各例文では, question も problème も同じように使える.

*__questionnaire__ /kεstjɔnε:r ケスティヨネール/ 男 (アンケートなどの)__質問事項, 質問表__. ▶ Remplissez ce *questionnaire*. この質問表に記入せよ / *questionnaire* à choix multiple 回答選択式アンケート.

__questionner__ /kεstjɔne/ 他動 <*questionner* qn (sur qn/qc)> (…について)…に質問する.
　── __se questionner__ 代動 質問し合う.

__questionn__*eur, euse* /kεstjɔnœ:r, ø:z/ 形, 名 質問好きの(人).

__questure__ /k(ɥ)εsty:r/ 女 ❶ (国会事務局の)財務担当. ❷ 古代ローマ 財務官の職[任期].

__quête__ /kεt/ 女 ❶ faire la *quête* dans une église 教会で献金を集める. ❷ 文章 探究.
__en quête de qc/qn__ …を探し求めて. ▶ être [se mettre] en *quête d'*un logement 家を探している[探し始める].

__quêter__ /kete/ 他動 …を求める, 請う, 欲しがる. ▶ *quêter* des compliments 賛辞を求める.
　── 自動 募金をする.

__quêt__*eur, euse* /kεtœ:r, ø:z/ 名 ❶ 寄付金[募金, 義捐(ぎえん)金]を集める人. ❷ 文章 <*quêteur*

de qc>(好意など)を求める人.

:__queue__ /kø クー/ 女 ❶ 尾, しっぽ. ▶ la *queue* d'un chat 猫の尾 / Le chien remue la *queue* quand il est content. 犬はうれしいとしっぽを振る.
❷ (行列, 順位などの)しんがり; (列車などの)後部. ▶ la tête et la *queue* du cortège 行列の先頭と最後尾 / A la *queue*! = Mettez-vous à la *queue*. 列の後ろにつきなさい[並びなさい] / être à la *queue* de sa classe クラスでびりである / les wagons de *queue* d'un train 列車の後部車両 / La sortie est en *queue*. 出口は後ろだ.
❸ (待つ人の)行列, 列. ▶ Il y avait une *queue* de cinquante personnes devant le cinéma. 映画館の前に50人ほどの列ができていた / J'ai fait deux heures de *queue*. 私は2時間並んで待った.
❹ (一続きの物事の)末尾, 末端. ▶ recevoir la *queue* de l'orage 上がり際の雷雨に見舞われる / commencer par la *queue* 後ろ[終わり]から逆に始める.
❺ (物の)尾に当たる部分; (鍋(なべ)などの)取っ手, 柄. ▶ la *queue* d'une comète 彗星(すいせい)の尾 / la *queue* d'un avion 飛行機の尾部 / la *queue* d'une casserole 片手鍋の柄 / piano à *queue* グランドピアノ.
❻ 花梗(かこう), 葉柄, 茎. ▶ des *queues* de radis ラディッシュの葉.
❼ (衣服の)垂れ. ▶ habit à *queue* 燕尾(えんび)服.
❽ おさげ(髪). ▶ *queue* de cheval ポニーテール.
❾ ビリヤード キュー.
❿ (字体の)しっぽ, (文字の)縦線; 音楽 符尾: 音符の縦棒.
⓫ 俗 陰茎, ペニス.
__à la queue (leu leu)__ 列をなして, 順番に.
__des queues de cerises__ 話 つまらぬこと[もの]. ▶ pour *des queues de cerises* むだに, 無価値に.
__faire la queue__ (列に)並んで待つ.
__la queue basse = la queue entre les jambes__ すっかり恥じ入って; しょげ返って. ▶ s'en aller *la queue basse* しっぽを巻いて逃げる.
__n'avoir ni queue ni tête__ 支離滅裂である, 首尾一貫していない.
__sans queue ni tête__ 支離滅裂な, 一貫性を欠く.
__se mordre la queue__ (自分のしっぽを噛(か)む→) 話 堂々巡りをする. ▶ Ton raisonnement *se mord la queue*. 君の理屈には埒(らち)が明かない.
__tenir la queue de la poêle__ (事業などの)主導権[指揮権]を握っている.

__queue-de-cheval__ /kødʃəval/; (複) ～s-～-～ 女 ポニーテール.

__queux__ /kø/ 男 文章 maître *queux* 料理長.

:__qui__ /ki キ/ 代 (関係)(不変)

❶ (関係副節の主語として, 先行詞は人または物)…するところの. ▶ Connaissez-vous l'homme *qui* parle avec elle? 彼女と話している男性を御存じですか / Montrez-moi le pull bleu *qui* est dans la vitrine. ショーウインドーの中の青いセーターを見せてください / (先行詞と離れた位置で) Le voilà *qui* arrive. ほら彼がやって来た / Il est là

qui est-ce que

qui joue au tennis. 彼はあそこでテニスをしている / Il n'a rien dit *qui* soit faux. 彼は間違ったことは何一つ言っていない.

❷《前置詞のあとで，先行詞は人》▶ Comment s'appelle la fille avec *qui* tu parlais tout à l'heure? あなたがさっき一緒に話していた女の子はなんという名前なの / Il est la seule personne sur *qui* je puisse compter. 彼は私が信頼できる唯一の人です.

注 (1) 先行詞が人の場合は〈前置詞 + qui〉，物の場合は〈前置詞 + lequel〉を用いるのが普通．ただし，前置詞が parmi, dans, entre, au nombre de のときは先行詞が人でも lequel を用いる．(2) 前置詞が de の場合，de qui よりも一般に dont を用いることが多い．ただし dont は〈前置詞 + 名詞〉を限定することはできないので，その場合には de qui または duquel を用いる(例: l'homme sur l'aide [de qui [duquel] je compte 私が助力を当てにしている男．l'homme dont je compte sur l'aide は誤り).

❸《先行詞なしで》…する(ところの)人 (=celui qui, celui que). ▶ *Qui* va lentement va sûrement. 諺 《ゆっくり歩む者は確実に進む→》はやては事をしそんじる / Rira bien *qui* rira le dernier. 諺 最後に笑う者が一番よく笑う / Amenez *qui* vous voulez. だれでも好きな人を連れてきなさい / Nous sommes attirés par *qui* nous flatte. 私たちはお世辞を言ってくれる人に引かれる.

❹《先行詞なしで》…するもの［こと］(=ce qui). 注 関係詞節の主語として多く voici, voilà とともに用いられる．▶ Voilà *qui* doit être agréable. これはきっとすてきなことだろう.

ce qui + 直説法 …するところのもの［こと］．▶ Je fais *ce qui* me plaît. 私は好きなことをする / *Ce qui* est important, c'est de vivre. 重要なのは生きることだ / 《間接疑問を導く》Savez-vous *ce qui* s'est passé? 何が起こったのか知っていますか (注 直接疑問形は qu'est ce qui) / 《先行する節，文を受ける》Il a réussi, *ce qui* m'a étonné. 彼は成功したが，そのことに私は驚いた.

(**c'est**) **à qui** + 直説法単純未来 ⇨ à.

*C'est ... qui + 直説法 《主語の強調》…なのは…だ. ▶ *C'est* toi *qui* as tort. 間違っているのは君だ.

qui ... qui ... 文章 ある者は…またある者は… (=l'un ... l'autre ... [les uns ... les autres ...]). ▶ Ils sont tous partis, *qui* en voiture, *qui* en train. 彼らは皆出発した，ある者は車で，ある者は列車で．

*qui² /ki キ/

《疑問》❶《主語》だれが ▶ *Qui* a téléphoné? = *Qui* est-ce qui a téléphoné? だれが電話してきたのですか / 《 *Qui* est là?—C'est moi, Jeanne. 》「どなたですか」「私です，ジャンヌです」 / 《間接疑問文で》Dites-moi *qui* a cassé les vitres. だれが窓ガラスを割ったのか言いなさい / *Qui* des deux a gagné aux échecs? (=lequel) 2人のうちどちらがチェスに勝ったのですか．

❷《直接目的語》だれを．▶ *Qui* attendez-vous? = *Qui* est-ce que vous attendez? だれを待っているのですか(⇨ QUI EST-CE QUE) / *Qui* Paul attend-il? ポールはだれを待っているのですか(注 主語が名詞の場合，複合倒置を行う) / Tu as vu *qui*? 話 だれに会ったんだい / 《間接疑問文で》Je ne sais pas même *qui* mon fils fréquente. 私は息子がだれと付き合っているのかさえ知らない.

❸《属詞》▶《 *Qui* est-ce?—C'est Monsieur Martin. 》「あれはどなたですか」「マルタンだ」 / *Qui* sont ces gens? この人たちはだれですか (注 属詞の場合，常に単純倒置を行う) / C'est *qui*, Charles? シャルルってだれ? / 《間接疑問文で》Dis-moi *qui* c'est. あれはだれなのか教えてよ. 注 Qui est-ce? は複数の人についても用い，Qui sont-ce? とは言わない.

❹《間接目的語》▶ A *qui* pensez-vous? だれのことを考えているのですか / De *qui* 「parle Paul [Paul parle-t-il]? ポールはだれの話をしているのですか(注 主語が名詞の場合，単純倒置でも複合倒置でもよい．ただし動詞が est, a, va など1音節のときは単純倒置を行う) / Tu écris à *qui*? 話 だれに手紙を書いているの / 《間接疑問文で》Savez-vous avec *qui* Paul est sorti? ポールがだれと一緒に出かけたか御存じですか.

❺《省略文で》▶《 Il est venu hier?—*Qui* ça [*Qui* donc], il? 》「彼は昨日来ましたか」「だれのこと，彼って」

❻ 話《名前を尋ねて》▶ Monsieur *qui*? 何さんですか /《 Pierre *qui*?—Pierre Dupont. 》「ピエール何というんですか」「ピエール・デュポンです」

je ne sais qui = **on ne sait qui** だれだか分からない人．▶ Elle fréquente un *je ne sais qui*. 彼女はだれだかよく分からない男と付き合っている.

qui que + 接続法 だれであろうと．▶ *Qui que* vous soyez, vous devez obéir à la loi. あなた(方)がだれであろうと，法には従わなければならない / *qui que* ce soit それがだれであろうと.

quia /kɥija ; kwija/《ラテン語》《次の句で》
être à quia 返答に詰まる.

quiche /kiʃ/ 囡《料理》キッシュ: パイ生地に卵, 生クリーム, ベーコンなどを加えて作るタルト料理. ▶ *quiche* lorraine キッシュロレーヌ.

quiconque /kikɔ̃ːk/ 代《関係》《先行詞なしに》…する者はだれでも．注 toute personne qui に相当するが，通例男性単数扱い．▶ *Quiconque* a des préjugés est incapable d'analyser la situation. 偏見を持つ者は状況を見極めることができない.

— 代《不定》何人(綜)，だれでも (=n'importe qui). ▶ Je le sais mieux que *quiconque*. 私はそのことをだれよりもよく知っている.

quid /kɥid ; kwid/ 副《疑問》《次の句で》
quid de qc …はどうなっているか, どう思うか, どうか．▶ *Quid* de la liberté d'expression? 表現の自由はどうなっているのか.

quidam /k(ɥ)idam/ 男《ラテン語》話《ふざけて》知らない男, だれか; 《素性を明かしたくない》某氏, ある人.

*qui est-ce que /kiɛsk(ə) キエスク/ (母音または無音の h の前では qui est-ce qu' となる. 主語と動詞の倒置を避けるため qui に代わって日常語で多

用される)代《疑問》❶《直接目的語》だれを. ▶ *Qui est-ce qu'*il cherche? 彼はだれを探しているのですか.

❷《属詞》だれ. ▶ *Qui est-ce que* vous êtes? どなたですか.

❸《前置詞とともに》▶ A *qui est-ce que* tu penses? だれのことを考えているの.

❹話《間接疑問文で qui の代用として》▶ Il ignore *qui est-ce que* j'ai vu. 彼は私がだれに会ったのか知らない.

*qui est-ce qui /kieski キエスキ/ 代《疑問》❶《主語》だれが (=qui). ▶ *Qui est-ce qui* est venu? だれが来たの.

❷話《間接疑問文で qui の代用として》▶ Je me demande *qui est-ce qui* a raison. だれが正しいのだろう.

quiétisme /kjetism/ 男 静寂主義, キエティスム: 17世紀のモリノスらの神秘思想.

quiétiste /kjetist/ 名 静寂主義者.
— 形 静寂主義の.

quiétude /kjetyd/ 女 文章 安らぎ, 平穏; 魂の平安.

en toute quiétude 心静かに.

quille¹ /kij/ 女 ❶《九柱戯の》木柱, ピン. ▶ le jeu de *quilles* 九柱戯(ボウリングに似た遊戯) / jouer aux *quilles* 九柱戯で遊ぶ. ❷話 足.
❸(ワインの)細長い瓶.

recevoir qn comme un chien dans un jeu de quilles 話 …を冷遇する, 邪険に扱う.

quille² /kij/ 女《海事》竜骨, キール.

Quimper /kɛ̃pɛːr/ 固有 カンペール: Finistère 県の県庁所在地.

quincaillerie /kɛ̃kɑjri/ 女 ❶ 金物類; 金物屋. ❷ 安物装身具, イミテーション.

quincaillier, ère /kɛ̃kɑje, ɛːr/ 名 金物商人, 金物店主.

quinconce /kɛ̃kɔ̃ːs/ 男 ❶ <en *quinconce*>(正方形の四隅と中央に1点ずつ置いた)5点形に; 5点形の. ❷(樹木の)5点形の配植.

quinine /kinin/ 女《薬学》キニーネ, キニン.

quinqua /kɛ̃ka/ 形 名 話 (quinquagénaire の略) 50歳代の(人).

quinqu(a)- 接頭「5」の意.

quinquagénaire /kɛ̃kaʒenɛːr/ 形, 名 50歳代の(人).

quinquennal, ale /kɛ̃kenal/, 《男 複》aux /o/ 形 ❶ 5年ごとの. ▶ élection *quinquennale* 5年に1度の選挙. ❷ 5年間続く. ▶ plan *quinquennal* 5か年計画の.

quinquennat /kɛ̃kena/ 男 (5か年計画の)5年間; 任期の5年間.

quinquina /kɛ̃kina/ 男 ❶《植物》キナノキ. ❷ キナ: キナノキの樹皮で, 抗マラリア薬キニーネの原料. ❸ キナ入りワイン: 食前酒の一種.

quinte /kɛ̃ːt/ 女 ❶(百日咳などの)咳の発作 (=*quinte* de toux). ❷《音楽》5度. ❸《カード》同種札の5枚続き, (ポーカーで)ストレート.

quintessence /kɛ̃tesɑ̃ːs/ 女 ❶ 精髄, 真髄, 本質; 精華. ▶ dégager la *quintessence* d'une doctrine ある学説の本質的な点を明らかにする.
❷(古代哲学で)第5元素, エーテル.

quintette /kɛ̃tet/ 男《音楽》❶ 五重奏[唱] (曲); 五重奏[唱]団. ❷(ジャズの)クインテット.

quintidi /kɛ̃tidi/ 男 革命暦旬日の第5日.

quintuple /kɛ̃typl/ 形 5倍の; 五重の; 5つから成る. — 男 5倍(の数量).

quintupler /kɛ̃typle/ 自動 5倍になる.
— 他動 …を5倍にする.

quintuplés, ées /kɛ̃typle/ 名《複数形のみ》5子.

*quinzaine /kɛ̃zen カンゼヌ/ 女 ❶ 約15. ▶ une *quinzaine* de personnes 15人ばかりの人々. ❷ 2週間. ▶ dans une *quinzaine* 2週間後に. ❸ 2週間分の給与.

*quinze /kɛ̃ːz カーンズ/ 形《数》(不変)❶15の. ▶ *quinze* personnes 15人. ❷ *quinze* jours 2週間. ▶ Dans *quinze* jours! 再来週に会いましょう. ❸《名詞のあとで序数詞として》15番目の. ▶ la page *quinze* 第15ページ.
— 男《単複同形》*quinze ❶15.
❷ (le quinze) 15番(地); 15日. ▶ le *quinze* août 8月15日 / J'habite au *quinze* de cette rue. 私はこの通りの15番地に住んでいる.
❸ 2週間. ▶ lundi en *quinze* 2週間後の月曜日 / aujourd'hui en *quinze* 2週間後の今日.
❹《スポーツ》フィフティーン. (1)ラグビーの1チーム. (2)テニスの第1ポイント.

*quinzième /kɛ̃zjɛm カンズィエム/ 形 ❶ 15番目の. ▶ le *quinzième* siècle 15世紀. ❷ 15分の1の.
— 名 15番目の人[物].
— 男 ❶ 15分の1. ❷ (le quinzième) 15世紀; (パリの)第15区; 16階.

quinzièmement /kɛ̃zjɛmmɑ̃/ 副 15番目に.

quiproquo /kiproko/ 男 思い違い, 人違い.

quittance /kitɑ̃ːs/ 女 領収証, 受領証書, 支払済証書. ▶ *quittance* de loyer 家賃領収証.

quitte /kit/ 形 ❶ 借金[負い目]のなくなった. ▶ Lui ayant tout remboursé, je suis *quitte* envers elle. 全部返済したので, 彼女からの借金はなくなった / Nous sommes *quittes*. 我々もこれで互いに貸し借りなしだ.

❷ <*quitte* de qc>(義務, 嫌なこと)から放免された, を免れた. ▶ *quitte* de tous droits et taxes 一切の税を免除された / être *quitte* d'une corvée つらい仕事をしないで済む.

en être quitte à bon compte 大損しないで切り抜ける.

en être quitte pour qc …だけで済む. ▶ *en être quitte pour* la peur 怖い思いをしただけで済む / Il s'est bagarré avec un voyou, mais il *en a été quitte pour* quelques égratignures. 彼はちんぴらと大乱闘を演じたがかすり傷だけで済んだ.

jouer (à) quitte ou double 一か八かの大勝負に出る.

quitte à + 不定詞 副句 たとえ…することになっても(構わないから), …するおそれがあるとしても(敢えて). 注 quitte は不変. ▶ Vérifions le moteur, *quitte à* perdre du temps. 時間のむだになっても構わないから, エンジンを点検しよう.

quitte ou double のるかそるか, 一か八か.

jouer (à) *quitte ou double* 一か八かやってみる.

＊quitter /kite キテ/ 他動

仏英そっくり語

英 to quit やめる.
仏 quitter 去る、離れる、やめる.

❶《人》と**別れる**, **から離れる**; **を見捨てる**. ▶ Il faut que je vous *quitte*, j'ai un rendez-vous. おいとましなければなりません、約束があるので / Il *a quitté* sa femme pour sa maîtresse. 彼は愛人のために妻を捨てた / Elle ne *quitte* pas sa mère d'un pas. 彼女は母親のそばから一歩も離れない / Cette pensée ne l'a jamais *quitté*. その考えが彼の脳裏から離れることはなかった / Un sourire ironique ne *quitte* pas ses lèvres. 彼(女)は口元にいつも皮肉な笑みを浮かべている.

❷《場所》**を立ち去る**, **離れる**. ▶ Il *a quitté* Paris pour Rome. 彼はパリを発(ﾀ)ってローマに向かった / *quitter* son appartement du centre pour la banlieue 都心のアパルトマンから郊外へ引っ越す / *quitter* la route〔車が〕道路外に飛び出す /《目的語なしに》A quelle heure *quittes*-tu le soir? 夕方何時に(仕事が)引けるの?

❸〔仕事,活動など〕**をやめる**, **退く**. ▶ *quitter* son emploi 退職する / *quitter* la médecine pour la politique 医者をやめて政治の道に入る.

❹〔服など〕**を脱ぐ**, **とる**. ▶ *quitter* ses gants 手袋を脱ぐ / Elle ne *quitte* plus ce collier. そのネックレスを彼女は肌身離さずつけている / *quitter* le deuil 喪服を脱ぐ; 喪が明ける.

ne pas quitter *qn*/*qc* **des yeux** …から目を離さない.

＊Ne quittez pas!〔電話で〕そのままお待ちください.

— **se quitter** 代動〔互いに〕別れる. ▶ Ils *se sont quittés* bons amis. 彼らは仲よく別れた.

quitus /kitys/ 男〔商法〕〔責任者の業務完遂を確認する〕監査証明書.

qui-vive /kiviːv/ 間投 だれか〔歩哨(ﾀｳ)の誰何(ｶﾞ)〕. ▶ Halte-là, *qui-vive*? 止まれ、だれか?
—— 男〔単複同形〕誰何(の声).

être [**se tenir**] **sur le qui-vive** 警戒している、危険〔敵の攻撃〕に備えている.

＊quoi¹ /kwa コワ/ 代《関係》《不変》《関係代名詞 que³ の強勢形》常に前置詞のあとで)

❶《(ce, chose, rien, point などを先行詞として)》注 c'est, voici, voilà のあとでは先行詞 ce はしばしば省略される. ▶ C'est (ce) à *quoi* je pensais. それは私が考えていたことです / Voilà (ce) en *quoi* tu te trompes. それが君の間違っている点だ / Il n'y a rien de *quoi* il s'étonne. 彼が驚くようなことは何もない.

❷《前述の文章を受けて》▶ Dépêchez-vous, sans *quoi* vous serez en retard. 急ぎなさい、さもないと遅れますよ / Il fait son cours; après *quoi* il répond aux questions. 彼は講義をして、そのあとで質問を受ける / faute de *quoi* さもないと / moyennant *quoi* そうすれば.

❸ 文章《先行詞が物》注 普通は lequel を用いる. ▶ une passion à *quoi* rien ne résiste 何物も押しとどめることのできない情熱.

avoir de quoi 話 金がある、裕福である.
comme quoi ⇨ COMME.

＊de quoi + 不定詞 (1) …するのに必要なもの. ▶ As-tu *de quoi* écrire? 何か書くものを持っていますか / Il n'a pas *de quoi* vivre. 彼は生活できるだけのものがない. (2) …する理由, 値打ち. ▶ Il n'y a pas *de quoi* rire. 笑い事ではない /《Il est très en colère.—Il y a *de quoi* (être en colère).》「彼はひどく怒っているよ」「それだけの理由はある」

＊(Il n'y a) pas de quoi. (礼には及びません→)どういたしまして.

＊quoi² /kwa コワ/ 代《疑問》《疑問代名詞 que⁴ の強勢形》何. ❶《前置詞のあとで》▶ A *quoi* pensez-vous? 何を考えているのですか / De *quoi* s'agit-il? なんのことですか /《間接疑問文で》Dites-nous à *quoi* cela sert. それが何に役立つのか私たちに教えてください /《不定詞とともに》Je ne sais par *quoi* commencer. 何から始めてよいか分からない.

❷《直接目的語・属詞》(1) 話《動詞のあとで》▶ Tu fais *quoi*? 何をしているの (=Que fais-tu?, Qu'est-ce que tu fais?) / C'est *quoi*? それは何だ / J'ai une surprise; devine *quoi*. (=ce que c'est) 思いがけないことがある、なんだか当ててごらん / Dis *quoi* tu as mangé. (=ce que) 何を食べたか言ってごらん. (2)《不定詞とともに》▶ *Quoi* dire? なんと言ったらいいのか (注 que dire より俗語的, 強調的) / Je sais *quoi* faire. どうしたらいいか分かっている 注 間接疑問文の場合, 肯定形では quoi, 否定形では que が普通. (3)《省略文で》▶《 Je voudrais vous demander quelque chose. — *Quoi* (donc)? 》「お願いしたいことがあるんですが」「なんですか」

❸《主語; 省略文で》▶《 Une chose me manque. — *Quoi* (donc)? 》「足りないものがある」「何が(足りないのですか)」

❹《説明を求めて》▶《 Rien. — *Quoi*, rien. 》「なんでもないよ」「なんでもないってどういうことだ」

❺《問い返しに》えっ、なんだって (=comment, pardon).

A quoi bon? それが何になるのか.
De quoi? 俗 なんだと (挑戦、威嚇など). ▶ *De quoi, de quoi*, des menaces? なんだと、脅しのつもりか.
Et puis quoi? (1) それがどうした、だからなんだというんだ. (2) *Et puis quoi* encore? その上なんだというんだ (いいかげんにしろ).
je ne sais quoi = on ne sait quoi (1)《男性名詞として》なんだか分からないもの. (2)《不定代名詞として》▶ avoir *je ne sais quoi* de + 形容詞 なにかしら…なもの〔ところ〕がある.
n'importe quoi ⇨ IMPORTER.
... ou quoi? 俗 …か何か; …なんじゃないのか. ▶ C'est une blague *ou quoi*? それは冗談なのかい.

＊Quoi de + 形容詞**?** …である何か; …なものがあるか. 注 形容詞は常に男性単数形. ▶ *Quoi de* neuf? 何か変わったことでも? / *Quoi de* meilleur qu'un bon café? 1杯のおいしいコーヒーほどいいものがあろうか.

quoi que ce soit (1)《肯定文で》なんでも, 何か. ▶ si vous avez besoin de *quoi que ce soit* 必要なことがあればなんでも. (2)《否定文で》何も. ▶ Il n'a jamais pu vendre *quoi que ce soit*. 彼は今まで何一つ売ることができなかった.

quoi que + 接続法 (1)《直接目的語》何を…しようと. ▶ Je reste avec lui *quoi qu'*il dise. 彼がなんと言おうと私は彼と残る. (2)《非人称構文の意味上の主語》何が…しようと. ▶ Téléphone, *quoi qu'*il arrive. 何が起ころうとも電話しなさい. (3)《前置詞とともに》sur *quoi que* l'on se fonde 何に依拠しようと.

quoi qu'il en ait 文章 いやおうなしに, 知らず知らずに. 注 il は各人称に変化させて用いる.

quoi qu'il en soit ともかく, いずれにせよ.

— *quoi* 間投 ❶《驚き, 憤慨》何, なんだって. 注 強調して eh *quoi*, mais *quoi*, *quoi* donc などとなることもある. ▶ *Quoi!* vous osez protester? 何, 歯向かおうというのか / *Quoi!* tu ne viens pas? えっ, 君は来ないのかい. ❷ 話 つまり, 要するに. 注 文末で説明や列挙などを締めくくる. ▶ Il leur a laissé sa maison, ses meubles, son argent, tout, *quoi*. 彼は彼(女)らに自分の家も家具も金も, つまり一切合切残したわけだ.

quoique /kwak コワク/ (il(s), elle(s), on, en, un(e) の前では quoiqu' となる)接 ❶《接続法とともに》…とはいえ, にもかかわらず. ▶ Je lui confierai ce travail *quoiqu'*il soit bien jeune. ずいぶん若いが彼にこの仕事を任せよう /《主語と動詞を省略して》Il est simple, *quoique* riche. 彼は金持ちだが気さくだ / La production continue de baisser *quoique* à un rythme lent. 緩やかな調子ではあるが, 生産が落ち続けている /《分詞とともに》*Quoique* ne se présentant pas aux élections, il a une grande influence politique. 選挙には出ないが, 彼は大きな政治的影響力を持っている.
❷《直説法, 条件法とともに》しかし, まあ…, もっとも…. ▶ Je préfère la montagne, *quoique* après tout ça m'est égal. 私は山の方がいいな, でも結局どちらでもいいよ.

quoique ça 話 それはそうだが, それでもやはり.

quolibet /kɔlibɛ/ 男 揶揄(㊟), 冷やかし, からかい. ▶ essuyer des *quolibets* 嘲笑(㊟)を浴びる.

quota /k(w)ɔta/ 男 割り当て額[量]; パーセンテージ. ▶ fixer des *quotas* d'importation 輸入割り当て額[量]を決定する / *quota* de vente 売り上げノルマ / *quota* de prises 漁獲割り当て量.

quote-part /kɔtpaːr/ ;《複》~*s*-~*s* 女 分け前; 割り当て; 負担部分. ▶ toucher sa *quote-part* 分け前をもらう.

quotidien, enne /kɔtidjɛ̃, ɛn コティディヤン, コティディエヌ/ 形 ❶ 毎日の, 日常の, 日々の. ▶ travail *quotidien* いつもの仕事 / pain *quotidien* 日々の糧(㊟) / ma promenade *quotidienne* 私が日課にしている散歩 / la vie *quotidienne* 日常生活. ❷ 文章 平凡な, 単調な.

— **quotidien** 男 ❶ 日刊紙. ▶ un *quotidien* du soir 夕刊紙. ❷ 日常的な事柄; 日常生活.

au quotidien 日々の, 常日頃の. ▶ la santé *au quotidien* 日々の健康.

quotidiennement /kɔtidjɛnmɑ̃/ 副 毎日, 日常的に.

quotidienneté /kɔtidjɛnte/ 女 文章 日常性, 平々凡々, 月並.

quotient /kɔsjɑ̃/ 男 ❶《数学》(割り算の)商. ❷《心理》*quotient* intellectuel 知能指数(略 QI). ❸《法律》*quotient* électoral 当選基数; 比例代表制における1議席当たりの有効投票数.

quotité /kɔtite/ 女《法律》持ち分, 割り当て額.

R, r

R, r /eːr/ 男 フランス字母の第18字. ▶ les mois en *r* つづりに r のつく月（9月から4月までで，カキを食べても危険がないとされる期間）/ rouler ses *r* 巻き舌で r を発音する．

rab /rab/ 男（rabiot の略）話 ❶ 残り分；追加分． ❷ 超過勤務；追加兵役期間． ▶ faire du *rab* 残業する．

rabâchage /rabɑʃaːʒ/ 男 話 同じことの繰り返し；くどい話；繰り返し練習すること． ▶ faire du *rabâchage* くどくど話す；何度も復習する．

rabâcher /rabɑʃe/ 他動 …をくどくど言う；何度も繰り返して覚える． ▶ *rabâcher* toujours les mêmes choses いつも同じことばかり言う / *rabâcher* ses leçons 授業を何度も復習する．
— 自動 くどくどと繰り返す．

rabâcheur, euse /rabɑʃœːr, øːz/ 名 同じことをくどくど言う人． — 形 くどくどしい．

rabais /rabɛ/ 男 値下げ, 値引き, 割引． ▶ un *rabais* de 5% [cinq pour cent] sur tous les prix marqués 全品表示価格の5パーセント引き / accorder [obtenir] un *rabais* 値引きする[させる]．

au rabais (1) 安く，値引きして． ▶ vendre des marchandises *au rabais* 商品を安売りする．(2) 話〔仕事などが〕安い賃金の，引き合わない；質の悪い，値打ちのない． ▶ refuser un travail *au rabais* 賃金の安い仕事を断る / un journaliste *au rabais* 無能なジャーナリスト．

rabaisser /rabese/ 他動 ❶ …の価値を低下させる；を弱める． ▶ Souvent la guerre *rabaisse* l'homme au niveau de la bête. しばしば戦争は人間を動物のレベルにまで引き落とす． ❷ …を低く評価する，けなす． ▶ *rabaisser* les mérites d'autrui 他人の長所をけなす． ❸〔思い上がりなど〕をくじく． ▶ *rabaisser* l'orgueil de qn …の高慢をくじく． — **se rabaisser** 代動 へりくだる，謙遜(けんそん)する．

rabat¹ /raba/ 男 ❶ 折り返し；（ポケットの）フラップ． ▶ poche à *rabat* フラップ付きポケット． ❷（司法官や聖職者などのガウンの）胸飾り．

rabat² /raba/ 活用 ⇨ RABATTRE 64

rabat-joie /rabaʒwa/ 形, 名《不変》陰気で興ざめな（人），座を白けさせる（人）．

rabats /raba/ 活用 ⇨ RABATTRE 64

rabatt- 活用 ⇨ RABATTRE 64

rabattage /rabataːʒ/ 男（獲物の）狩り出し．

rabattement /rabatmɑ̃/ 男〖図学〗ラバットメント：ある平面上の図形を，交線を軸として回転させ，別の図形に射影すること．

rabatteur, euse /rabatœːr, øːz/ 名 ❶〔狩猟〕（獲物の）狩り出し係，勢子(せこ)． ❷《軽蔑して》客引き，勧誘員，周旋屋． — **rabatteur** 男（刈り取り機で）茎を刃の上に押さえ込む装置．

rabatti-, rabattî-, rabattiss- 活用 ⇨ RABATTRE 64

rabattre /rabatr/ 64（過去分詞 rabattu, 現在分詞 rabattant）他動 ❶〔上がったもの〕を下げる，下ろす．
▶ *rabattre* sa jupe（まくれた）スカートを下ろす / *rabattre* une balle（テニス, 卓球で）スマッシュする / Le vent *rabat* la fumée vers moi. 風で煙が私の方に吹き下りてくる．
❷ …を折り畳む；（折って）平らにする，閉める． ▶ *rabattre* le col de son pardessus オーバーの（立てた）襟を寝かす / *rabattre* le dos de l'enveloppe 封筒の封をする．
❸〔金額〕を差し引く，割り引く． ▶ Le vendeur a consenti à *rabattre* 10% [dix pour cent] du [sur le] prix fixe. 売り手は定価から1割引くことに同意した．
❹〔自信，勢いなど〕をくじく，そぐ． ▶ *rabattre* l'orgueil [les prétentions] de qn …の慢心[野望]をくじく．
❺〖園芸〗〔木, 枝〕を元まで切る，切り戻す．
❻〔狩猟〕〔獲物〕を狩り立てる，追い込む．

en rabattre （信頼, 幻想, 願望などを）捨てる，断念する；(…に関して)意見を変える，評価を下げる． ▶ Elle est sûre de son talent, mais elle *en rabattra*. 彼女は自分の才能に自信を持っているが，じきに思い知るだろう．
— 自動 ❶ 方向転換する． ❷〈*rabattre* de qc〉…を修正する，緩和する． ▶ *rabattre* de ses exigences 要求を下げる[変える]．
— **se rabattre** 代動 ❶（上方から）降りる，下がる． ▶ le brouillard qui *se rabat* au sol 地面にまで垂れ込めた霧． ❷ 畳まれる；閉じる． ▶ une table à repasser qui *se rabat* contre le mur 壁に折り畳めるようになったアイロン台． ❸ 急に方向転換する；元の位置へ戻る． ▶ Avant de *se rabattre*, l'automobiliste doit faire fonctionner son clignotant. 車線を変える前に，運転者はウインカーをつけなければならない． ❹〈*se rabattre* sur qn/qc〉…に甘んじる，で我慢する． ▶ Faute d'argent, elle *s'est rabattue* sur une voiture d'occasion. お金がないので彼女は中古車で我慢した．

rabattu, e /rabaty/ 形（rabattre の過去分詞）垂れ下がった． ▶ un chapeau *rabattu* 縁の垂れた帽子．

rabbin /rabɛ̃/ 男 ラビ，ユダヤ教の祭司．

rabbinique /rabinik/ 形 ラビの，ユダヤ教の祭司の．

rabelaisien, enne /rablɛzjɛ̃, ɛn/ 形〔言葉，話しぶりなどが〕ラブレー Rabelais 風の；陽気で露骨な．

rabibochage /rabibɔʃaːʒ/ 男 話 仲直りさせること；仲直り．

rabibocher /rabibɔʃe/ 他動 話 ❶ …を仲直りさせる (=réconcilier). ▶ *rabibocher* des amis fâchés depuis longtemps 長い間仲たがいしていた友達同士を仲直りさせる. ❷ …を(一時しのぎに)修理する.
— **se rabibocher** 代動 話 仲直りする.

rabiot /rabjo/ 男 ❶ (飲食物が配られたあとの)残り, 余り; 追加分. ▶ demander un *rabiot* de dessert デザートの追加を注文する.
❷ 超過勤務[残業]時間; (懲戒処分による)追加兵役期間. ▶ faire du *rabiot* 残業する.

rabioter /rabjɔte/ 他動 話 …をかすめ取る, 余分に取る. — 自動 話 ⟨*rabioter* sur qc⟩ …から余分の利益を得る. ▶ Elle est peu dépensière : elle *rabiote* sur les achats. 彼女は倹約家で買い物も切り詰めている.

rabique /rabik/ 形【医学】狂犬病の.

râble /rɑ:bl/ 男 (特にウサギの)背肉.
tomber [sauter] sur le râble (à [de] qn) (…に)不意に襲いかかる, 飛びかかる.

râblé, e /rɑble/ 形 ❶ [動物が]背肉のよくついた.
❷ [人が]がっしりとしてたくましい.

rabot /rabo/ 男 鉋(かんな). ▶ aplanir [dresser] une planche au *rabot* 板を鉋で平らに削る[仕上げる] / passer le *rabot* sur qc = donner un coup de *rabot* à qc …に鉋をかける.

rabotage /rabɔta:ʒ/ 男 鉋(な)かけ, 平削り.

raboter /rabɔte/ 他動 ❶ …に鉋(な)をかける, を(機械で)平削りにする. ❷ 話 …をひどくこする. ▶ *raboter* ses pneus contre le trottoir 歩道の縁石でタイヤをこする. — **se raboter** 代動 話 ⟨se raboter qc⟩ 自分の…を擦りむく. 注 se は間接目的. ▶ Elle s'est *rabotée* les genoux en tombant. 彼女は転んでひざを擦りむいた.

raboteur /rabɔtœ:r/ 男 鉋(な)削り工.

raboteuse /rabɔtø:z/ 女 鉋(な)盤, 平削り盤.

raboteux, euse /rabɔtø, ø:z/ 形 文章 ❶ でこぼこした. ▶ un chemin *raboteux* でこぼこ道.
❷ [文体などが]ごつごつした.

rabougri, e /rabugri/ 形 (rabougrir の過去分詞)[子供や植物などが]発育の悪い, 虚弱な. ▶ enfant *rabougri* ひ弱な子供.

rabougrir /rabugri:r/ 他動 稀【植物】の生育を妨げる[止める]. — **se rabougrir** 代動 ❶【植物】が生育不良である, よく育たない. ❷ [人が]弱々しくなる, やつれる;(老いて)背が縮む.

rabouter /rabute/ 他動 [木材, 金属など]を突き合わせ接合する; [布など]を縫い合わせる.

rabrouer /rabrue/ 他動 …ににがみがみ言う;を邪険に扱う, 冷たくあしらう.

racaille /rakɑ:j/ 女 (集合的に)社会のくず, ごろつき, ならず者.

raccommodable /rakɔmɔdabl/ 形 繕える, 直せる.

raccommodage /rakɔmɔda:ʒ/ 男 (衣服の)繕い, 修繕; 繕った部分. ▶ faire du *raccommodage* 繕い物をする.

raccommodement /rakɔmɔdmɑ̃/ 男 話 仲直り, 和解.

*****raccommoder** /rakɔmɔde/ ラコモデ/ 他動 ❶ [衣服など]を繕う. ▶ *raccommoder* des chaussettes ソックスを繕う. 比較 ⇨ RÉPARER. ❷ [小物]を修繕する. ▶ *raccommoder* des assiettes 皿を修繕する. ❸ 話 …を和解させる, 仲直りさせる. ▶ *raccommoder* deux amis 2人の友人を仲直りさせる / *raccommoder* un fils avec son père 息子を父親と和解させる.
— **se raccommoder** 代動 和解する, 仲直りする. ▶ Elle s'est *raccommodée* avec son mari. 彼女は夫と仲直りした.

raccommodeur, euse /rakɔmɔdœ:r, ø:z/ 名 (衣服の)繕い職人; [陶器などの]修理工.

raccompagner /rakɔ̃paɲe/ 他動 [帰る人]を送っていく, 見送る; に付き添っていく. ▶ *raccompagner* qn chez lui en voiture …を車で家まで送る.

raccord /rakɔ:r/ 男 ❶ 接合, つなぎ; 接合部. ▶ faire un *raccord* de peinture (以前のペンキとの)境目が目立たないようにペンキを塗る / faire des *raccords* dans un articles où des coupures ont été nécessaires 必要に迫られて削除した部分のある記事を(部分的に文章を変えて)うまくつなぐ. ❷ 結合部品, 継ぎ手. ▶ un *raccord* de tuyau パイプ継ぎ手. ❸【映画】(カットとカット, イメージとイメージなどの)つなぎ. ❹ faire un *raccord* (de maquillage) 化粧直しをする.

raccordement /rakɔrdəmɑ̃/ 男 ❶ 連結, 接続. ▶ le *raccordement* de deux canalisations 2つの導管の接続. ❷【鉄道】voie de *raccordement* 連絡線.

raccorder /rakɔrde/ 他動 ⟨*raccorder* qc (à qc)⟩ を(…に)つなぎ合わせる, 接続させる, 連結させる. ▶ *raccorder* deux fils électriques 2本の電線をつなぐ / *raccorder* le bâtiment principal à l'annexe 本館と別館をつなぐ.
— **se raccorder** 代動 ⟨*se raccorder* (à [avec] qc)⟩ (…に[と])接続する, 連結する, つながる. ▶ Ce chapitre *se raccorde* mal avec ce qui précède. この章は前章とうまくつながらない.

raccourci /rakursi/ 男 ❶ 近道 (↔détour). ▶ prendre un *raccourci* 近道を行く. ❷【情報】*raccourci* clavier キーボード・ショートカット. ❸ 凝縮された表現; 省略(法). ❹【絵画】【彫刻】短縮法.
en raccourci 要約された; 要約して. ▶ raconter son voyage *en raccourci* 自分の旅について手短に話す.

*****raccourcir** /rakursi:r ラクルスィール/

直説法現在	je raccourcis	nous raccourcissons
	tu raccourcis	vous raccourcissez
	il raccourcit	ils raccourcissent

他動 ❶ …を短くする, 縮める. ▶ *raccourcir* une robe de cinq centimètres ドレスの丈を5センチ詰める / *raccourcir* ses vacances de trois jours 休みを3日短縮する / *raccourcir* un discours 話を縮める / 《目的語なしで》Passons par là, ça raccourcit. こっちから行こう, その方が近道だから. ❷ 話 …の首をはねる.
— 自動 短くなる, 縮む. ▶ Les jours *raccourcissent* en automne. 秋には日が短くなる.

— **se raccourcir** 代動 短くなる，縮む．
raccourcissement /rakursismɑ̃/ 男 短くす
る[なる]こと，短縮．▶ *raccourcissement* des
jours 日が短くなること / *raccourcissement* de la
journée de travail 労働時間の短縮．
raccroc /rakro/ 男 古[ビリヤード]まぐれ当たり.
注 現在では次の表現でのみ用いられる．
par raccroc 運よく；好運にも．
raccrochage /rakrɔʃaːʒ/ 男 ❶ 客引き，呼び込
み．❷ (あきらめていたものを)再び手に入れること．
▶ le *raccrochage* d'une négociation 交渉の
(土壇場での)再開．
***raccrocher** /rakrɔʃe/ ラクロシェ 他動 ❶ …を再
びかける，元の場所にかける．▶ *raccrocher* un
manteau à un portemanteau オーバーをハンガ
ーにかける．
❷ ⟨*raccrocher* qc à qc⟩ …を…につなぐ；と関係
づける．▶ On peut *raccrocher* cette idée à
une autre plus générale. この考えはもっと一般
的な考えに関連づけることができる．
❸ …を呼び止める；[客引きなどが客]を引く．▶ se
faire *raccrocher* par une prostituée 娼婦(しょうふ)に
声をかけられる．❹ (あきらめていたもの)を思い
がけず[運よく]手に入れる，再び手に入れる．▶ *rac-
crocher* une négociation (失敗しかけていた)交
渉を運よく再開させてまとめ上げる．
— 自動 ❶ 電話を切る．▶ Ne *raccrochez* pas !
切らずにそのままお待ちください．
❷ 俗[スポーツ選手や芸能人が]引退する．
— **se raccrocher** 代動 ⟨*se raccrocher*
à qc/qn⟩ …にすがみつく；を頼りにする．▶ Dans
son malheur, elle *se raccroche* à la reli-
gion. 不幸の中にあって彼女は宗教にすがっている．
❷ ⟨*se raccrocher* à [avec] qc⟩ [物事が]…に関
係する，と結び付く．▶ Cette idée *se raccroche*
bien au sujet. その考えはテーマにぴったり合ってい
る．
***race** /ras/ ラス 女 ❶ 人種．▶ la *race* blanche
[jaune, noire] 白色[黄色, 黒色]人種 / la
race humaine 文章 人類．
❷ (動物の)品種；(誤用で)種(しゅ) (=espèce). ▶
le croisement entre *races* 異品種交配 / l'amé-
lioration des *races* 品種改良．
❸ (由緒ある)血筋，家系，一門；世代，後裔(こうえい).
▶ la *race* des Capétiens カペー王朝 / être de
race noble 高貴[名門]の出である．
❹ (よく似た人間の)部類，連中．▶ la *race* des
maîtres 教師という種族 / Quelle sale *race* ! 話
なんて嫌な連中だ．
avoir de la race (天性の)気品がある．
Bon chien chasse de race. 諺 (良犬は生まれ
つき狩りをする→)血は争えない．
de race 純血種の．▶ un chien *de race* 純血種
の犬．
fin de race 《無変化で形容詞的に》退廃的な, デカ
ダンな．
racé, e /rase/ 形 ❶ 純血種の．▶ un cheval
racé 純血種の馬．❷ 天性の気品を備えた．
rachat /raʃa/ 男 ❶ 買い戻し；再び買うこと．▶
la vente avec faculté de *rachat* 買い戻し権つ
き売買．❷ (企業などの)買収；(債務, 保険金など

の)清算，償還．▶ le *rachat* de pension 年金
資格の買い取り．❸ 贖罪(しょくざい)；償い．▶ le *ra-
chat* des fautes par la souffrance 苦しみによ
る過ちの償い．❹ 文章 (身の代金支払いによる捕虜,
奴隷などの)解放，釈放．
rachetable /raʃtabl/ 形 ❶ 買い戻すことができ
る，あがないうる，償える．
racheter /raʃte/ 5 他動 ❶ …を再び買う，買い足
す；買い戻す．▶ Il n'y a pas assez de vin, il
faut en *racheter*. ワインが足りないので買い足さな
ければならない．
❷ ⟨*racheter* qc (à qn)⟩ …(から)…を買い取る；
[中古品]を買う；[企業]を買収する．▶ *racheter*
la voiture de son ami 友人の(中古の)車を買い
取る / *racheter* une entreprise 企業を買収する．
❸ (金, 賠償金を払って) …の負担を免れる，清算
する．▶ *racheter* une pension 年金支給義務を
(一括払いで)清算する．
❹ ⟨*racheter* qc (+ 手段)⟩ [罪や過ち]を(…で)
償う；[欠点]を(…で)補う．▶ *racheter* ses er-
reurs 過ちを償う / Ses qualités *rachètent* lar-
gement ses défauts. 彼(女)の数々の美点はその
欠点を補って余りある．
❺ [キリスト教] …の罪をあがなう．▶ Le Christ,
par sa mort, *a racheté* les hommes. キリスト
は自らの死によって人類の罪をあがなった．
❻ 文章 (身の代金を払って)[奴隷, 捕虜など]を請け
出す，釈放させる．▶ *racheter* un prisonnier 保
釈金を払って囚人の身柄を引き受ける．
Il n'y a pas un pour racheter l'autre.
どっちもどっちで, 両方とも救いようがない．
— **se racheter** 代動 ❶ ⟨*se racheter* (+ 手
段)⟩ [罪や過ちが] (…によって)償われる；[人が]
(…によって)名誉を挽回(ばんかい)する，過ちを償う．❷ 買
い取られる．❸ ⟨*se racheter* qc⟩ (自分のために)
…を買い直す．注 se は間接目的．
rachidien, enne /raʃidjɛ̃, ɛn/ 形 [解剖] 脊
椎(せきつい)の，脊柱の．
rachis /raʃis/ 男 [解剖] 脊柱(せきちゅう) (=colonne
vertébrale).
rachitique /raʃitik/ 形 ❶ [医学] くる病の；くる
病にかかった．❷ 発育不全の, 発育の悪い．
— 名 くる病患者．
rachitisme /raʃitism/ 男 ❶ [医学] くる病．❷
(動植物の)発育不全．
racial, ale /rasjal/; ⟨男複⟩ *aux* /o/ 形 人種
の．▶ préjugés *raciaux* 人種的偏見 / discrimi-
nation *raciale* 人種差別．
***racine** /rasin/ ラスィヌ 女 ❶ (植物の)根；(器官,
神経などの)根(ね). ▶ arracher qc avec ses *ra-
cines* …を根こそぎにする / la *racine* d'une dent
歯根．❷ 根源，根底．▶ détruire [couper] le
mal à la *racine* 悪を根絶やしにする / Certaines mala-
dies ont leurs *racines* dans le patrimoine
génétique. 病気の中には遺伝的な原因が認められ
るものもある．❸ (多く複数で) 文章 (土地, 集団などと
の)強いきずな，結び付き，ルーツ．▶ Elle a ses *ra-
cines* en Alsace. 彼女のルーツはアルザスだ．❹
[言語] 語根．❺ [数学] 累乗根；(方程式の)根(こん),
解．▶ la *racine* carrée de trois 3の2乗根
[平方根], $\sqrt{3}$.

racinien

prendre racine (1)〔植物が〕根付く, 根を生やす. (2)〔人が〕長時間立ち続ける;〔他人の家に〕長居する, 長居する.

racinien, enne /ʀasinjɛ̃, ɛn/ 形 ラシーヌ Racine の;〔趣味, 流儀などが〕ラシーヌ風の.

racisme /ʀasism/ 男 ❶ 人種主義, 人種差別(主義), 人種的偏見. ▶ lutter contre le *racisme* 人種的偏見と闘う. ❷〔誤用〕差別(主義);敵意. ▶ *racisme* anti-jeunes 若者嫌い.

raciste /ʀasist/ 形 人種差別の, 人種主義の. ▶ une politique *raciste* 人種差別政策.
— 名 人種(差別)主義者.

racket /ʀaket/ 男〔米語〕ゆすり, たかり, 恐喝.

racketter /ʀakete/ 他動 …を恐喝する, ゆする.

racketteur, euse /ʀaketœʀ, øːz/ 名 恐喝者, やくざ, ギャング.

raclage /ʀakla:ʒ/ 男 削り取ること, はぎ取り.

raclée /ʀakle/ 女 ❶ めった打ち. ▶ recevoir une *raclée* こっぴどく殴られる. ❷ 完敗. ▶ flanquer une *raclée* à l'équipe adverse 相手チームをこてんこてんにやっつける.

raclement /ʀakləmɑ̃/ 男 削る[ひっかく]こと;削る[ひっかく]音;せき払い. ▶ le *raclement* de violon バイオリンをきいきい鳴らす音.

racler /ʀakle/ 他動 ❶ …をこそげる;削り取る. ▶ *racler* une casserole 鍋(⓭)の底をさらう. ❷ をひどくこする, ひっかく. ▶ *racler* le bord du trottoir avec ses pneus 歩道の端をタイヤでこする. ◆*racler* qc contre [sur] qc …を…にぶつけて傷つける. ▶ *racler* son pare-choc contre le bâtiment 建物にぶつけて車のバンパーを傷める. ❸〔弦楽器で〕〔曲〕を下手に演奏する. ❹〔飲み物が喉(⓭)を]刺す.

racler les fonds de tiroir 話 あり金を残らずかき集める;なけなしの金をはたく.
— ***se racler*** 代動 *se racler* la gorge(痰(⓭)を取るために)せき払いする. 注 se は間接目的.

raclette /ʀaklɛt/ 女 ❶ 削り[搔(⓭)き]道具. ▶ la *raclette* de table ダストパン:パンくずを掃除するための卓上用具. ❷〔料理〕ラクレット:大きなチーズを温めて溶けたのをジャガイモに添えて食べるスイスの郷土料理.

racleur, euse /ʀaklœʀ, øːz/ 名 ❶〔弦楽器を〕下手に弾く人. ❷ 削り[搔(⓭)き]落とす人.

racloir /ʀaklwaːʀ/ 男 削り[搔(⓭)き]道具.

raclure /ʀakly:ʀ/ 女 削りくず;《複数で》くず, かす.

racolage /ʀakɔla:ʒ/ 男 ❶ 話(厚かましい)勧誘, 募集. ❷(売春婦の)客引き.

racoler /ʀakɔle/ 他動 ❶〔宣伝などにより〕…を募る, 勧誘する. ▶ *racoler* des partisans 党員を募る / *racoler* des électeurs 有権者を獲得する. ❷〔売春婦が客〕を引く.

racoleur, euse /ʀakɔlœʀ, øːz/ 名(厚かましい)勧誘員, 宣伝員.
— 形 露骨に勧誘する;客引きをする.
— ***racoleuse*** 女(客引きをする)売春婦.

racontable /ʀakɔ̃tabl/ 形《多く否定的表現で》語ることのできる. ▶ Cela n'est guère *racontable* en public. それはちょっと人前では話せない.

racontar /ʀakɔ̃ta:ʀ/ 男 むだ話, くだらない話;うわさ話, 陰口.

***racconter** /ʀakɔ̃te/ ラコンテ/ 他動 ❶〈*raconter* qc〔不定詞〕// *raconter* que+[直説法]// *raconter*+間接疑問節〉…を物語る, の話をする. ▶ *raconter* une histoire 話を聞かせる / *raconter* qc en détail …を事細かに述べる / *raconter* ses vacances à qn …に休暇の話をする / Elle m'*a raconté* 「avoir vu [qu'elle avait vu], un jour, une soucoupe volante. 彼女は私に空飛ぶ円盤を一度見たことがあると言った / *Raconte*-moi ce que tu as fait hier. 昨日何をしたか言ってください. ❷〔いいかげんなこと〕を言う, ほざく. ▶ Qu'est-ce que tu racontes? 何をほざいているのに.

en raconter 話 長々としゃべる.

Je te le raconte pas! 話 口ではとても言い表せない, すごい.

raconter sa vie 話 長々と無駄話をする.
— ***se raconter*** 代動 ❶ 自分(の身の上)を語る. ❷ 語られる, 叙述される. ▶ Ces choses-là ne *se racontent* pas devant des enfants! そんな話は子供の前ではできない. ❸〈*se raconter* qc // *se raconter* que+[直説法]〉…を互いに語り合う. 注 se は間接目的. ▶ Ils *se sont raconté* leur vie. 彼らは身の上話をし合った.

racorni, e /ʀakɔʀni/ 形(racornir の過去分詞)❶ 固くなった;角質化した;干からびた. ❷ 無感覚になった. ▶ une sensibilité *racornie* 鈍くなった感受性.

racornir /ʀakɔʀni:ʀ/ 他動 …を固くする;角質化する;かたくなにする. ▶ La chaleur et l'humidité *ont racorni* ce cuir. 暑さと湿気でこの革は硬くなってしまった. — ***se racornir*** 代動 固くなる;角質化する;かたくなになる.

racornissement /ʀakɔʀnismɑ̃/ 男 ❶ 固くなること;角質化;干からびること. ❷ 無感覚になること, かたくなになること.

radar /ʀadaːʀ/ 男〔英語〕レーダー.

avancer [se diriger, marcher] au radar 話 五里霧中の状態のまま進む.

radariste /ʀadaʀist/ 名 レーダー技師.

rade /ʀad/ 女〔海事〕停泊地, 錨地. ▶ La flotte est en *rade* à Toulon. その艦隊はトゥーロンに停泊中である / mettre en *rade*(船を)錨地に向けて操船する.

laisser qn/qc en rade 話 …を見捨てる.

rester [tomber, être] en rade 話 見捨てられる;立ち往生する, 故障する. ▶ Le projet *est resté en rade*. その計画は放置されたままだ.

radeau /ʀado/ 男《複》× いかだ. ▶ un *radeau* de sauvetage 膨張式救命ボート.

radial, ale /ʀadjal/ ;《男複》*aux* /o/ 形 半径(の);半径方向の, 放射状の. ▶ les voies *radiales*(都心と周辺部を結ぶ)放射状の幹線道路 / pneu *radial* ラジアルタイヤ.
— ***radiale*** 女 放射状幹線道路.

radiant, ante /ʀadjɑ̃, ɑ̃:t/ 形 放射する, 輻射(&)する. ▶ chaleur *radiante* 放射熱.
— ***radiant*** 男〔天文〕(流星群の)放射点.

***radiateur** /ʀadjatœːʀ/ ラディアトゥール/ 男 ❶ ラジエーター, 放熱器, 暖房器. ▶ *radiateur* de chauffage central セントラルヒーティングの放熱器 / ra-

radiation¹ /radjasjɔ̃/ 囡 (名簿などからの)抹消; 除名, 除籍. ▶ la *radiation* d'un médecin par le Conseil de l'ordre 医師会決定による医師の除名.

radiation² /radjasjɔ̃/ 囡 (光, 音波, 電波などの)放射(線), 輻射(ᵘ̂)(線). ▶ la *radiation* infrarouge [ultraviolette] 赤[紫]外線 / la *radiation* radioactive 放射能線 / un corps qui émet des *radiations* 放射線を出す物体.

radical, ale /radikal/;《男複》**aux** /o/ 形 ❶ 根源にある, 根源の, 根本的な. ▶ différence *radicale* 根本的相違. ❷ 徹底的な, 全面的な. ▶ réforme *radicale* 抜本的改革 / changer qc d'une manière *radicale* …をすっかり変える. ❸〔薬, 方法などが〕効果の高い, 確実な. ▶ remède *radical* 特効薬. ❹ 急進主義の, (フランスの)急進社会主義の. ❺ 〖植物学〗根の; 根生の. ❻ 〖言語〗語基の; 語根の. ❼〖数学〗根(ᵏ)の.
— 名 ❶ (フランスの)急進社会党員. ❷〖歴史〗(7月王政以降の)急進主義者, 急進派.
— **radic*al*: (複) *aux*** /o/ 男 ❶〖言語〗(語根が具現化された)語基. ❷〖化学〗基(³). ラジカル. ▶ *radicaux* libres フリーラジカル. ❸〖数学〗根号 (√, ⁿ√).

radicalement /radikalmɑ̃/ 副 根本的に, 完全に, 徹底的に. ▶ guérir *radicalement* une maladie 病気を根治する / Ce qu'il dit est *radicalement* faux. 彼の言うことは全くの間違いだ.

radicalisation /radikalizasjɔ̃/ 囡 急進化, 過激化, 先鋭化.

radicaliser /radikalize/ 他動 …を急進的にする, 過激にする. ▶ *radicaliser* les revendications 要求を激化させる. — **se radicaliser** 代動 先鋭化する, 過激になる.

radicalisme /radikalism/ 男 ラディカリズム, 急進主義, 過激主義; 非妥協的な態度.

radié, e /radje/ 形 ❶ 文章 放射状の. ❷ fleur *radiée* (キクなどの)舌状花.
— **radiée** /radje/ 囡 (キクの科の)タンポポ亜科.

radier¹ /radje/ 男 (河川の)護岸, 護床; (水路, 地下道などの)基礎; (ダムの)水たたき, エプロン.

radier² /radje/ 他動 (名簿などから)…を削除する, 抹消する. ▶ se faire *radier* des listes électorales 選挙人名簿から外される.

radieux, euse /radjø, øːz/ 形 ❶〔太陽が〕光り輝く; 日が照っている. ▶ un *radieux* soleil de printemps 春の燦々(ᶻⁿ̂)と輝く太陽 / une journée *radieuse* 晴れ渡った1日. ❷ 喜び[幸福]に満ちた. ▶ un sourire *radieux* 晴れやかな笑み.

radin, ine /radɛ̃, in/ 形 話 けちな, けちん坊の. 注 女性に対して男性形を使うことがある.
— 名 話 けちん坊.

radiner /radine/ 自動 話 (急いで)やって来る, 戻ってくる (=rappliquer).
— **se radiner** 代動 話 (急いで)やって来る, 戻ってくる.

radinerie /radinri/ 囡 話 けちけちすること.

*__radio__ /radjo/ ラディオ/ 囡 ❶ ラジオ, ラジオ受信機 (= poste de *radio*, récepteur de *radio*); ラジオ放送 (= radiodiffusion); ラジオ放送局 (= station de *radio*). ▶ allumer [ouvrir, mettre] la *radio* ラジオをつける / éteindre [fermer, arrêter] la *radio* ラジオを消す / émission [programme] de *radio* ラジオ放送[番組] / écouter la *radio* ラジオを聞く / écouter les informations à la *radio* ラジオでニュースを聞く / passer à la *radio* ラジオに出演する; ラジオで放送される / mettre la *radio* sur France Culture フランス・キュルチュールを選局する / *radio* pirate 海賊放送(局) / *radio* libre 自由放送(民間FMラジオ放送) / 《同格的に》le flash *radio* ラジオのスポットニュース.
❷ X線撮影[写真] (=radiographie). ▶ passer à la *radio* = passer une *radio* X線検査を受ける / prendre la *radio* du poumon 肺のX線撮影を行う / Les *radios* sont bonnes. レントゲンの結果は良好だ.
❸ 無線電話 (=radiotéléphonie).

radio-trottoir 巷の噂.
— 名 無線電信技師 (=radiotélégraphiste); 無線技師 (=radioélectricien). ▶ un *radio* de bord d'un navire 船舶の通信士 / un *radio*(-) amateur ハム, アマチュア無線家.

radio- 接頭 ❶「放射線, X線」の意. ❷「放送, 無線」の意.

radioactif, ive /radjoaktif, iːv/ 形 放射性の, 放射能を持つ. ▶ éléments *radioactifs* 放射性元素 / déchets *radioactifs* 放射性廃棄物.

radioactivité /radjoaktivite/ 囡 放射能.

radioamateur /radjoamatœːr/ 男 アマチュア無線家, ハム.

radioastronomie /radjoastrɔnɔmi/ 囡 電波天文学.

radiodiffuser /radjodifyze/ 他動 …をラジオで放送する. ▶ *radiodiffuser* des informations ニュースをラジオで流す.

radiodiffusion /radjodifyzjɔ̃/ 囡 ラジオ放送; (テレビを含む)放送; 放送機関. 注 ラジオ放送の意では radio と略す. ▶ la *radiodiffusion* stéréophonique ステレオ放送.

radioélectricité /radjoelektrisite/ 囡 電波技術, 電波工学, 無線工学.

radioélectrique /radjoelektrik/ 形 ❶ 電波の (=hertzien). ❷ fréquence *radioélectrique* 無線周波数 (=radiofréquence).

radiographie /radjografi/ 囡 X線撮影(法). 注 radio または graphie と略す.

radiographier /radjografje/ 他動 …をX線撮影する. ▶ se faire *radiographier* レントゲンを撮ってもらう / *radiographier* un malade 患者のX線写真を撮る.

radioguidage /radjogidaːʒ/ 男 ❶ 無線誘導. ❷ (ラジオによる)道路交通情報.

radioguider /radjogide/ 他動 ❶ …を無線誘導する. ❷ (ラジオで)…に道路交通情報を与える.

radio-isotope /radjoizɔtɔp/ 男 放射性同位元素[同位体], ラジオアイソトープ.

radiologie /radjɔlɔʒi/ 囡 放射線(医)学.

radiologique /radjɔlɔʒik/ 形 放射線学の.

radiologue /radjɔlɔg/ 名 放射線科医; 放射線取

radionavigant /radjɔnavigɑ̃/ 男〖海事〗〖航空〗(無線)通信士.

radionavigation /radjɔnavigasjɔ̃/ 女 無線航法, 電波航法.

radiophonie /radjɔfɔni/ 女 無線通信, ラジオ放送.

radiophonique /radjɔfɔnik/ 形 無線通信の; ラジオ放送の. 注 radio と略す.

radioreportage /radjɔrɔpɔrtaːʒ/ 男 (ラジオの)現地取材番組, ラジオ中継.

radioreporter /radjɔrɔpɔrtɛːr/ 男 (ラジオの)放送記者, 現地取材員, 中継記者.

radio-réveil /radjɔrevɛj/;(複) ~**s**-~**s** 男 ラジオ付き目覚まし時計.

radioscopie /radjɔskɔpi/ 女 〖医学〗X 線透視(法).

radiosonde /radjɔsɔ̃ːd/ 女 ラジオゾンデ.

radio-taxi /radjɔtaksi/ 男 無線タクシー.

radiotéléphone /radjɔtelefɔn/ 男 無線電話機.

radiotéléphonie /radjɔtelefɔni/ 女 無線電話.

radiotélescope /radjɔteleskɔp/ 男 〖天文〗電波望遠鏡.

radiotélévisé, e /radjɔtelevize/ 形 ラジオ・テレビ同時放送の.

radiothérapie /radjɔterapi/ 女 〖医学〗放射線治療, 放射線療法.

radis /radi/ 男 〖植物〗ラディッシュ, ハツカダイコン. ▶ le *radis* du Japon (日本の)ダイコン / le *radis* noir クロダイコン(外皮は黒いが, 形・味は日本のダイコンに似る).

ne pas [*plus*] *avoir un radis* 俗 びた一文持っていない.

radium /radjɔm/ 男 〖化学〗ラジウム.

radotage /radɔtaːʒ/ 男 支離滅裂な物言い, 脈絡のないたわごと; 同じ話の繰り返し, くどい話. ▶ Je ne veux pas écouter tes *radotages*. 君のたわごとなんか聞きたくない.

radoter /radɔte/ 自動 (もうろくして)たわごとを言う; 繰り言を言う. ▶ Il commence à *radoter*, il devient gâteux. 彼は支離滅裂なことを言うようになった. もうろくしてきたのだ / Cesse donc de *radoter*! 同じことをくどくど言うな.

— 他動 …をくどくどと話す, 繰り返して言う.

radoteur, euse /radɔtœːr, øːz/ 形, 名 たわごとを言う(人); 繰り言を言う(人).

radoub /radu(b)/ 男 〖海事〗船体の修理. ▶ le bassin de *radoub* 乾ドック.

radouber /radube/ 他動 ❶ 〖船体〗を修理する. ❷〖漁網〗を繕う(=ramender).

radoucir /radusiːr/ 他動 ❶ …を温和[温暖]にする. ▶ Le vent d'ouest *a radouci* le temps. 西風が吹いて天候が和らいだ.
❷ 古風〔人, 感情〕を穏やかにする.

— **se radoucir** 代動 ❶〔気候などが〕温和[温暖]になる. ❷〔人が〕温和になる;〔性質, 口調などが〕穏やかになる. ▶ Sa colère est tombée soudain et il *s'est radouci*. 急に彼の怒りは静まり態度が和らいだ.

radoucissement /radusismɑ̃/ 男 温和[温暖]になること.

rafale /rafal/ 女 ❶ 突風, 疾風. ▶ *rafale* de pluie 激しく吹きつける雨 / Le vent souffle par [en] *rafales*. 風が突風となって吹きすさぶ.
❷(機関銃などの)連射, (砲の)斉射. ▶ des *rafales* de mitrailleuses 機銃掃射 / tirer par *rafales* 連続発射する.

raffermir /rafɛrmiːr/ 他動 ❶ …を(より)固くする. ▶ *raffermir* les muscles par un massage マッサージで筋肉を引き締める. ❷ …を(いっそう)安定させる, 強固にする. ▶ Le succès aux dernières élections *a raffermi* le gouvernement. 先の選挙での勝利は政府をさらに安定させた / Cet événement l'*a raffermi* dans sa résolution. この出来事で彼の決心は固まった.

— **se raffermir** 代動 ❶(より)固くなる. ❷(いっそう)安定する, 強固になる. ▶ *se raffermir* dans ses intentions 意を固める.

raffermissement /rafɛrmismɑ̃/ 男 ❶ 固くすること[なる]こと. ▶ le *raffermissement* des tissus (筋肉などの)組織を引き締めること. ❷ 安定, 強化.

raffinage /rafinaːʒ/ 男 精製. ▶ le *raffinage* du pétrole 石油の精製.

raffiné, e /rafine/ 形 ❶ 洗練された; 凝った, 手の込んだ. ▶ manières *raffinées* 洗練された物腰 / style *raffiné* 磨き上げられた文体 / cuisine *raffinée* 凝った料理. 比較 ⇨ DÉLICAT. ❷ 精製された. ▶ sucre *raffiné* 精製糖.

— 名 洗練された人, 趣味のよい人.

raffinement /rafinmɑ̃/ 男 ❶(物腰, 表現などの)洗練, 巧緻(ち); 凝ったもの; 凝りすぎ. ❷ ⟨*raffinement* de qc⟩ …の極み. ▶ un *raffinement* de cruauté 残忍の極み.

raffiner /rafine/ 他動 ❶ …を精製する, 精錬する. ▶ *raffiner* le pétrole 石油を精製する.
❷ …を洗練する, 磨く. ▶ *raffiner* ses manières マナーに磨きをかける.

— 間他動 ⟨*raffiner* sur qc⟩ …に凝る; 凝りすぎる, を細かく気にしすぎる. ▶ *raffiner* sur la présentation 体裁を構いすぎる.

— **se raffiner** 代動 洗練される.

raffinerie /rafinri/ 女 製油所(=*raffinerie* de pétrole); 精製所.

raffineur, euse /rafinœːr, øːz/ 名 ❶ 精油業者; 精油技師. ❷ 精製業者.

raffoler /rafɔle/ 間他動 ⟨*raffoler* de qn/qc⟩ …に夢中になる, 熱中する. ▶ *raffoler* de musique 音楽に熱中する / *raffoler* des sucreries 甘いものに目がない / Le public *raffolait* de cet acteur. 観客はこの俳優に魅了された.

raffut /rafy/ 男 騒音, 大騒ぎ. ▶ faire du *raffut* 大騒ぎする.

raffûter /rafyte/ 他動 〖ラグビー〗…をハンドオフする.

rafistolage /rafistɔlaːʒ/ 男 話 大ざっぱな修繕, 応急措置.

rafistoler /rafistɔle/ 他動 話 …をざっと修繕する, の応急修理をする. ▶ *rafistoler* un vêtement déchiré 破れた服をざっと繕う.

rafle /rafl/ 囡 ❶ 一斉検挙, 手入れ. ▶ être pris dans une *rafle* 手入れにひっかかる / faire [effectuer] une *rafle* dans un bar あるバーの手入れを行う. ❷ 古風 強奪, 略奪.

rafler /rafle/ 他動 話 …を残らずかっさらう, かっぱらっていく.

***rafraîchir** /rafreʃiːr/ ラフレシール/

直説法現在	je rafraîchis	nous rafraîchissons
	tu rafraîchis	vous rafraîchissez
	il rafraîchit	ils rafraîchissent

他動 ❶ …を冷やす; 涼しくする. ▶ *rafraîchir* du vin ワインを冷やす / La pluie *a rafraîchi* le temps. 雨で涼しくなった.
❷〔人〕をさっぱりさせる, さわやかな気分にさせる. ▶ Servez-nous quelque chose à boire qui nous *rafraîchisse*. (暑いので)何かさっぱりする飲み物をください.
❸ …を新しい状態に戻す, よみがえらせる. ▶ *rafraîchir* un tableau (汚れ落とし, ニス塗り直しなどで) 絵をクリーニングする.
❹〖情報〗(モニターの画面やメモリーを)書き換える, リフレッシュする.
rafraîchir ﹁*la mémoire* [*les souvenirs*] *à* [*de*] *qn* 話 …の記憶を呼び起こす, に忘れていたことを思い出させる. ▶ Si tu prétends n'avoir pas dit ça, je vais te *rafraîchir la mémoire*. そんなことを言った覚えがないと言うなら, 思い出させてやろう.
rafraîchir les cheveux 毛先をカットする.
── 自動 涼しくなる, 冷える. ▶ mettre qc à *rafraîchir* …を冷やしておく.
── **se rafraîchir** 代動 ❶ 涼しくなる, 冷える. ▶ Après l'averse, le temps *s'est rafraîchi*. 夕立のあと涼しくなった. ❷ 冷たいものを飲む, 涼を取る. ▶ On est allé *se rafraîchir* dans un café. 冷たいものを飲みにカフェに行った.
❸ <*se rafraîchir* qc> …をさわやかにする. 注 se は間接目的. ▶ *se rafraîchir* la gorge 喉を潤す. ❹ 少し化粧を直す.

rafraîchissant, ante /rafreʃisɑ̃, ɑ̃ːt/ 形 涼味のある, さわやかな. ▶ brise *rafraîchissante* 涼風 / boisson *rafraîchissante* 清涼飲料水(水) / œuvre *rafraîchissante* すがすがしい作品.

rafraîchissement /rafreʃismɑ̃/ 男 ❶ 涼しくなること, (気温の)低下; 冷却. ▶ le *rafraîchissement* de la température 気温の低下.
❷ 冷たい飲み物; 《複数で》(パーティーなどで出される)ソフトドリンク. ▶ prendre un *rafraîchissement* dans un café カフェで清涼飲料水を飲む.
❸ 修復, 改修, 化粧直し. ▶ le *rafraîchissement* d'un immeuble ビルの改装 / le *rafraîchissement* de la mémoire 記憶を新たにすること. ❹〖情報〗(モニターやメモリーの)書き換え, リフレッシュ.

ragaillardir /ragajardiːr/ 他動 話 …の元気を回復させる; を励ます, 元気づける. ▶ Cette bonne nouvelle nous *a ragaillardis*. この朗報に接して私たちは力付けられた.
── **se ragaillardir** 代動 元気を回復する.

***rage** /raːʒ/ ラージュ/ 囡 ❶ **激怒**, 憤怒, 激昂(ﾝ). ▶ être dans une *rage* folle 怒り狂っている / se mettre en *rage* contre qn/qc …に対して激怒する. ❷ <*rage* de qc/不定詞> …への執着; 熱中, 熱狂. ▶ la *rage* de vivre 生への激しい執着 / avoir la *rage* du jeu 賭(か)け事に夢中になっている. ❸ 狂犬病. ▶ vaccin contre la *rage* 狂犬病ワクチン.
avoir la rage 俗 憎しみで一杯である, 恨み骨髄だ.
Ce n'est plus de l'amour, c'est de la rage. 話 それはもう恋というより乱心だ.
de rage 怒り狂って, 怒りのあまり. ▶ étouffer *de rage* 怒りで息を詰まらせる / être fou *de rage* 怒り狂っている.
faire rage 猛威を振るう, 荒れ狂う. ▶ La tempête *a fait rage* pendant vingt-quatre heures. 嵐(ﾗ)がまる1日荒れ狂った.
rage de dents 猛烈な歯痛.

rageant, ante /raʒɑ̃, ɑ̃ːt/ 形 話 怒りをかき立てる, いらいらさせる, いまいましい, 癪(ﾊ)にさわる.

rager /raʒe/ ② 自動 激怒する, かんかんに怒る. ▶ Ça me fait *rager* d'avoir manqué mon train. いつもの列車に乗り遅れるとはいまいましい.

rageur, euse /raʒœːr, øːz/ 形 ❶ 怒りっぽい, 短気な, 激しやすい. ▶ enfant *rageur* 癇(ﾗ)の強い子供. ❷〔口調, 表情が〕怒った, 不機嫌な. ▶ parler d'un ton *rageur* いらいらした調子で話す.

rageusement /raʒøzmɑ̃/ 副 激怒して, 腹を立てて.

raglan /raglɑ̃/ 男《英語》ラグラン: ラグラン袖(ﾃ)のオーバーコート.

ragondin /ragɔ̃dɛ̃/ 男 ❶〖動物〗ヌートリア: 南米産の大型齧歯(ﾆ)類. ❷ ヌートリアの毛皮.

ragot /rago/ 男《多く複数で》悪口, うわさ, 陰口. ▶ faire des *ragots* 陰口を利く.

ragoût /ragu/ 男(肉と野菜の)煮込み, シチュー. ▶ le *ragoût* de mouton 羊の煮込み.

ragoûtant, ante /ragutɑ̃, ɑ̃ːt/ 形《多く否定的表現で》❶ 食欲をそそる, うまそうな.
❷ 感じのよい, 気に入った. ▶ Cette histoire est peu *ragoûtante*. その話はとんと心を引かれない.

raï /raj/ 男 ライ: アルジェリア起源のポピュラー音楽.

raid /rɛd/ 男《英語》❶ (偵察, 捕虜の奪回, 標的の爆破などを目的とした)襲撃, 急襲, 拠点攻撃.
❷ 長距離耐久レース. ❸ 株式公開買いつけ開始.

***raide** /rɛd レド/ 形 ❶ 固い, こわばった, 硬直した; ぴんと張った. ▶ doigts *raides* de froid 寒さでかじかんだ指 / cheveux *raides* 直毛, 剛毛 / corde *raide* ぴんと張ったロープ.
❷〔坂, 階段などが〕急な, 険しい. ▶ montagne aux versants très *raides* 切り立った斜面の山々. ❸ 文章〔態度などが〕堅苦しい, ぎこちない; 古風 頑固な, 妥協しない. ▶ Elle est timide; elle se tient toujours *raide* en public. 彼女は内気で, 人前ではいつもぎこちない / répondre d'un ton *raide* すげない口調で答える. ❹ 話 信じがたい, 容認しがたい. ▶ Cette histoire est un peu *raide*. その話はまゆつば物だ. ❺ 際どい, 卑猥(ﾜ)な. ❻ 話〔酒が〕強い. ❼ 話 文無しの.
avoir ﹁*une jambe raide* [*les jambes raides*] (1)(病気, けがなどで)足が曲がらない. (2)(疲

労などで)足が棒になる,足がしびれている.
raide comme ｢*un mannequin* [*un manche à balai, un pieu, un piquet*, 話 *un échalas*]｣しゃちこばった;直立不動の.
— 副 ❶ 急勾配(ぷい)で,険しく. ▶ Cette côte monte *raide*. その坂は登りがきつい.
❷ 突然に,不意に. ▶ tomber *raide* ばったり倒れる.
raide mort 即死で. 注 形容詞のように修飾する語の性数に一致する. ▶ Pendant la fusillade, les soldats sont tombés *raides morts*. 銃撃戦の間に兵士たちはばたばたと死んでいった.

raider /rɛdœːr/ 男《英語》企業乗っ取り屋.

raideur /rɛdœːr/ 女 ❶ 固さ,こわばり,硬直. ▶ la *raideur* du corps après la mort (死体の)死後硬直. ❷ 急勾配(ぷい),険しさ. ▶ la *raideur* d'une côte 坂道の険しさ. ❸〘態度などの〙堅苦しさ,ぎこちなさ;頑固. ▶ montrer de la *raideur* dans ses rapports avec autrui 他人との付き合いで堅苦しい態度を示す.

raidillon /rɛdijɔ̃/ 男 急坂道.

raidir /rɛdiːr/ 他動 ❶ …を固くする,緊張させる. ▶ *raidir* une corde ロープを強く張る / *raidir* ses bras 両腕をぴんと突っ張る. ❷ …をかたくなにする;頑固にする. ▶ *raidir* sa position 強硬姿勢を取る. ◆ *raidir* qn dans qc 文章 …の〘態度など〙を硬化させる. ▶ Vos interventions ne feront que le *raidir* dans son obstination. あなた(方)が口出しすれば彼は意固地になるばかりでしょう. — **se raidir** 代動 ❶ ぴんと張る;体を固くする. ❷〈*se raidir (contre qc)*〉(…に)敢然と立ち向かう,屈しない. ▶ *se raidir* contre la souffrance 苦痛にじっと耐える. ❸〈*se raidir dans qc*〉…を強硬に貫く,において一歩も譲らない.

raidissement /rɛdismɑ̃/ 男 ❶ 固くする[なる]こと,硬直. ▶ le *raidissement* de la nuque 首筋の凝り. ❷〘態度などの〙硬化,〘対立関係の〙緊張;非妥協的態度. ▶ le *raidissement* soudain des relations patronat-syndicats 経営者と組合の関係の突然の緊迫.

*raie[1] /rɛ/ 女 ❶〘生地,動物などの〙縞(。). ▶ un maillot blanc à *raies* bleues 白地に青い縞(。)模様のシャツ. ❷〘髪の〙分け目. ▶ porter la *raie* ｢sur le côté [à gauche]｣髪を横[左]で分ける. ❸ 線,筋,溝. ▶ faire des *raies* au crayon sur un papier (=ligne) 紙に鉛筆で線を引く.

raie[2] /rɛ/ 女《魚類》エイ.

raifort /rɛfɔːr/ 男《植物》セイヨウワサビ.

***rail** /raːj/ ラーイユ 男《英語》❶ レール;線路. ▶ sortir des *rails* 脱線する (= dérailler). ❷（単数で)鉄道;鉄道輸送 (= transport par *rail*). ❸ *rail* de sécurité ガードレール.
être sur les rails〘事業,政策などが〙順調に進行中である;緒に就く. ▶ Le train *est sur les rails*. 仕事は順調だ.
mettre [remettre] qc sur les rails〘事業,政策など〙を軌道に乗せる[乗せ直す].

railler /raje/ 他動 …をからかう,嘲弄(ちょう)する. ▶ On le *raille* ｢sur sa tenue [d'avoir dit cela]｣. 彼は身なり[そう言ったこと]を笑われている.

raillerie /rajri/ 女 揶揄(や);冷やかし;嘲笑(たょう). ▶ une *raillerie* piquante 辛辣(はう)な皮肉 / ne pas ménager à qn/qc ses *railleries* …をさんざんからかう.

railleur, euse /rajœːr, øːz/ 形 からかう,冷やかす;冷やかし好きの. ▶ un ton *railleur* からかうような口ぶり / un sourire *railleur* 冷笑.
— 名 からかい好きな人.

rainer /rene/ 他動〘木材,金属など〙に溝をつける[刻む].

rainette /rɛnɛt/ 女《動物》アマガエル.

rainurage /renyraːʒ/ 男 ❶〘木材,金属,石などに〙溝をつけること. ❷〘高速道の路面の〙目地.

rainure /renyːr/ 女〘木材,金属などの表面に刻んだ〙溝.

raïs /rais/ 男 アラブ諸国の国家元首.

***raisin** /rɛzɛ̃/ レザン 男
［英仏そっくり語］
英 raisin 干しブドウ.
仏 raisin ブドウ.

❶ ブドウ(の実). ▶ une grappe de *raisin* 一房のブドウ / un grain de *raisin* 一粒のブドウ / manger ｢du *raisin* [des *raisins*]｣ブドウを食べる / *raisins* secs 干しブドウ,レーズン / *raisin* de table 生食用のブドウ. ❷ *raisin* d'ours クマコケモモ. ❸ *raisin*(s) de mer イカ[タコ]の卵.

raisiné /rezine/ 男〘ヨウナシやマルメロなどを加えて作る〙ブドウジャム.

:raison /rɛzɔ̃/ レゾン 女

❶ 理性;分別,判断力,良識. ▶ perdre la *raison* 理性[正気]を失う,気がふれる / revenir à la *raison* 正気に返る / mariage de *raison* (財産,家柄などによる)理性的結婚 / entendre *raison* = se rendre à la *raison* 道理を聞き分ける / décision conforme à la *raison* 良識ある決定 / la *raison* pure [pratique]《哲学》純粋[実践]理性.

❷ 理由,原因. ▶ la *raison* pour laquelle il est parti 彼が立ち去った理由 / J'ai mes bonnes *raisons* de contester. 私には異議申し立てをするだけの正当な事由がある /《Pourquoi tu n'acceptes pas sa proposition?—J'ai mes *raisons*.》｢なぜ君は彼(女)の申し出を受けないの?｣｢私なりのわけがあるのです｣/ Il n'y a aucune *raison* pour qu'il ne réussisse pas à l'examen. 彼が試験に落ちるわけは何もない / Pour quelle *raison* avez-vous commencé le français? どういう理由からフランス語を始められたのですか / Il a été emprisonné pour des *raisons* politiques. 彼は政治的理由で投獄された / la *raison* d'être 存在理由,レゾン・デートル;生きがい.

❸ 論拠,言い分,口実. ▶ *raisons* pour et *raisons* contre 賛成の論拠と反対の論拠 / Ses *raisons* ne sont pas valables. 彼(女)の理屈には根拠がない / se rendre aux *raisons* de qn …の言い分を受け入れる / opposer des *raisons* péremptoires [pertinentes] aux attaques de qn …の攻撃に断固とした[適切な]反論をする.

❹ 比率,割合. ▶ en *raison* directe [in-

verse] de qc …に正比例［反比例］して.
❺ *raison* sociale 合名［合資］会社の商号: 例えば, Dupont et fils「デュポン親子商会」
âge de raison (7歳ごろの)物心のつく年ごろ, 学齢期.
à plus forte raison なおさら, まして, いわんや.
▶ Ce bagage est déjà très lourd pour un homme, *à plus forte raison* pour une femme. この荷物は男でもとても重いのだから, 女ならなおさらのことだ. 注 文頭にくると, しばしば主語と動詞が倒置される.
à raison de qc …の割合で. ▶ une étoffe vendue *à raison de* trente euros le mètre 1メートルにつき30ユーロで売られている布地.
avec (juste) raison 正当な理由があって, もっともなことだが. ▶ Le patron a renvoyé *avec raison* cet employé. 雇用主は正当な理由があってこの社員を解雇した.
avoir raison de qn/qc 文章 …に打ち勝つ, を打ちのめす. ▶ Il *a eu raison des* obstacles. 彼は障害に打ち勝った / La maladie *a eu raison de* lui. 彼は病いに負けた.
*****avoir raison (de** + 不定詞) (…するのは)正しい, もっともである. ▶ Vous *avez raison*. あなた(方)の言うとおりです / J'ai eu raison de me méfier de lui. 彼に用心したのは正しかった. 注 冠詞の有無に注意(例: avoir des *raisons* de + 不定詞 …する理由がある).
avoir sa raison 正気を保つ.
Ce n'est pas une raison (「**pour qc**/不定詞 [**pour que** + 接続法]」). 話 それは(…の)理由にならない. ▶ *Ce n'est pas une raison pour* ne pas aller à l'école. それは学校に行かないことの理由にはならない.
comme de raison 文章 当然のこととして.
demander raison de qc (侮辱など)に対する償いを求める.
donner raison à qn …が正しいとする; の正しさを示す. ▶ Le tribunal nous *a donné raison*. 裁判所は我々の主張を認めた.
*****en raison de qc** (1) …の理由で, を考慮して. ▶ *En raison du* brouillard, tous les vols sont retardés. 霧のためにすべての飛行機の便が遅れた. (2) …に相応して. ▶ Les prix varient *en raison des* besoins. 物価は需要に応じて変動する.
entendre raison 道理をわきまえる, 説得に応じる.
mettre qn à la raison …に無理やり言うことを聞かせる.
plus que de raison 度を超えて. ▶ boire *plus que de raison* 飲みすぎる.
pour la raison que + 直説法 …という理由で. ▶ Je ne l'ai pas vu *pour la* (simple) *raison que* je me trouvais absent. なにしろ私はそこにいなかったのだから, 彼に会わなかった(までのことだ).
*****pour raison de qc** …の理由で. ▶ Il a pris sa retraite *pour raison de* santé. 彼は健康上の理由で退職した.
pour une raison ou (pour) une autre なんらかの理由で.
raison de plus (「**si** + 直説法 [**pour** + 不定詞]」)(…なら)なおさらだ. ▶ «Il pleut.—*Rai-son de plus pour* ne pas sortir.»「雨が降っている」「それじゃあ, なおさら外出しない方がいい」
sans raison 理由のない; 理由なくして. ▶ tristesse *sans raison* いわれのない悲しみ.
se faire une raison (そういうものだと)あきらめる.

*****raisonnable** /rɛzɔnabl レゾナブル/ 形 ❶ 理性のある. ▶ L'homme est un animal *raisonnable*. 人間は理性を持った動物である.
❷ 思慮分別のある, 道理をわきまえた. ▶ un enfant *raisonnable* 聞き分けのよい子供 / une conduite *raisonnable* 良識のある行動 / opinion *raisonnable* もっともな意見. ◆ 《非人称構文で》Il est [C'est] *raisonnable* de + 不定詞 …はもっともだ, 分別がある. ▶ Il n'est pas *raisonnable* de se conduire comme ça. そんな風に振る舞うのは分別がない.
❸ 程よい, 適切な. ▶ prix *raisonnable* 手ごろな値段.

raisonnablement /rɛzɔnabləmɑ̃/ 副 ❶ 理性的に, 分別をもって; 当然のこととして. ▶ se conduire *raisonnablement* 分別のある行動をする / On peut *raisonnablement* penser qu'il réussira à son examen. 当然, 彼は試験に受かるでしょう. ❷ 適度に, 程よく; 話 まずまず, そこそこに. ▶ manger *raisonnablement* 度を超さない程度に食べる / Il travaille *raisonnablement*. 彼の働き［勉強］ぶりはまずまずだ.

raisonné, e /rɛzɔne/ 形 ❶ 考え抜かれた, 熟慮の上での. ▶ projet *raisonné* よく練られた計画 / choix *raisonné* 思慮深い選択. ❷ 理論に基づいた, 体系的な. ▶ méthode *raisonnée* de français フランス語の理論的学習法.

raisonnement /rɛzɔnmɑ̃/ 男 論理, 推理; 推論, 論証. ▶ *raisonnement* inductif [déductif] 帰納［演繹(えき)］的推理 / *raisonnement* juste [faux] 正しい［間違った］推論 / un *raisonnement* qui ne tient pas debout 成り立たない論理 / réfuter un *raisonnement* 議論に反駁(ばく)する / Je ne peux pas suivre ton *raisonnement*. 君の理屈にはついていけない.
Ce n'est pas un raisonnement! 話 それは理屈が通らない.
d'après ce raisonnement その理屈でいくと.

*****raisonner** /rɛzɔne レゾネ/ 自動 ❶ 思考する, じっくり考える. ▶ Il faut *raisonner* avant d'agir. 行動を起こす前によく考えねばならない. ❷ 推論する, 推理する. ▶ *raisonner* juste [faux] 正しく［誤って］推論する. ❸ 議論をする; へ理屈を並べる, 口答えをする. ▶ On ne peut pas *raisonner* avec elle. 彼女と議論してもむだだ / Ne *raisonne* pas! つべこべ言うな.
raisonner comme「un panier percé [une pantoufle, un tambour (mouillé)]」 話 筋道の通らない考え方をする, でたらめなことを言う.
— 他動 ❶ …を諭して, に言い聞かせる. ▶ On ne peut pas la *raisonner*; elle ne veut rien entendre. 彼女を諭すのは無理だ, 何も聞こうとはしない. ❷ を(論理的に)考察する; 検討する.
— **se raisonner** 代動 ❶ (理性によって)自制する. ▶ Allons, *raisonne-toi*. まあまあ落ち着きなさ

raisonneur

い. ❷《おもに否定文で》〔感情などが〕理性によって抑えられる. ▶ L'amour ne *se raisonne* pas. 恋は思案の外(ほか).

raisonn*eur, euse* /rɛzɔnœːr, øːz/ 形, 名 理屈をいう(人), 口答えする(人), 文句を言う(人). ▶ faire 「le *raisonneur* [la *raisonneuse*] つべこべ文句を言う.

raja /ra(d)ʒa/《単複同形》, **rajah** 男 ❶《ヒンズー教諸国》の王. ❷ (英国王家に臣従した)インドの貴族《諸侯》.

rajeunir /raʒœniːr/ 他動 ❶ …を若返らせる; 若々しくする. ▶ L'amour l'*a rajeunie* de dix ans. 恋は彼女を10歳も若返らせた / *rajeunir* les cadres d'un parti 党幹部の若返りを図る.
❷〔服装などが〕…を年より若く見せる. ▶ Cette coiffure la *rajeunit*. その髪形で彼女は若々しく見える. ❸ …を年より若く見る. ▶ Vous me *rajeunissez* de cinq ans! あなた(方)は私を5つも若く見ていらっしゃいますよ. ❹ …に新しさを取り戻させる. ▶ *rajeunir* une vieille robe 古いドレスを仕立て直す[リフォームする] / *rajeunir* un tableau (修復によって)絵をよみがえらせる.
Cela ne me [nous] *rajeunit pas*. 話 私[我々]ももう年だ.
— 自動 (行為の結果としての状態を示す場合, 助動詞は être)若返る, 若やぐ. ▶ Il *a rajeuni* depuis qu'il s'est mis au sport. 彼はスポーツを始めてから若返った / Il s'est longuement reposé à la campagne, et il *est* tout *rajeuni*. 彼は長い間田舎で休養したので, すっかり若さを取り戻した.
— **se rajeunir** 代動 自分の年を若く言う; 自分を若く見せる.

rajeuniss*ant, ante* /raʒœnisɑ̃, ɑ̃ːt/ 形 (rajeunir の現在分詞)若返らせる, 若返させる. ▶ crème *rajeunissante* 肌を若返らせるクリーム.

rajeunissement /raʒœnismɑ̃/ 男 ❶ 若返らせること; 若返り. ▶ cure de *rajeunissement* 若返り療法. ❷ 新しさを取り戻させること, 新しくすること, 再生. ▶ *rajeunissement* de vieux habits 古着のリフォーム / *rajeunissement* des cadres 幹部の若返り.

rajout /raʒu/ 男 付加(物);(特に)加筆; 増築部分.

rajouter /raʒute/ 他動 <*rajouter* qc (à qc)> …を(…に)付け加える, 余分に付け足す. ▶ *rajouter* un post-scriptum à une lettre 手紙に追伸を書き足す.
en rajouter 話 余計なことを言う. ▶ Il faut toujours qu'il *en rajoute*! 彼はいつもひとこと多い.

rajustement /raʒystəmɑ̃/, **réajustement** /reaʒystəmɑ̃/ 男 (給料, 価格などの)スライド, 調整.

rajuster /raʒyste/ 他動 ❶〔服装など〕をきちんと直す. ▶ *rajuster* sa cravate ネクタイを直す. ❷〔給料, 価格〕をスライドさせる. 注 この語義では réajuster を用いることが多い. ❸ …を調整する. ▶ *rajuster* le tir 照準を定める.
— **se rajuster** 代動 身なりを直す[整える].

râle[1] /rɑːl/ 男《鳥類》クイナ.

râle[2] /rɑːl/ 男 ぜいぜい言うあえぎ, しゃがれた音. ▶ le *râle* de la mort 臨終の際の喘鳴(ぜんめい).

ralent*i, e* /ralɑ̃ti/ 形 (ralentir の過去分詞)(普通より)ゆっくりした, 緩やかな. ▶ mener une vie *ralentie* ゆっくりしたペースの生活を送る.
— **ralenti** 男 ❶ アイドリング: エンジンの低速回転. ❷《映画》スローモーション.
au ralenti ゆっくりで, のろのろで; スローモーションで. ▶ travailler *au ralenti* ぐずぐず働く.

***ralentir** /ralɑ̃tiːr/ ラランティール/

直説法現在	je ralentis	nous ralentissons
	tu ralentis	vous ralentissez
	il ralentit	ils ralentissent

他動 ❶ …の速度を落とす[緩める]. ▶ *ralentir* le pas 歩みを緩める.
❷ …を抑制する, 鈍らせる, 弱める. ▶ *ralentir* l'inflation インフレを抑制する / *ralentir* la fougue de qn …の飆攘(ごうけつ)を抑える.
— 自動 速度を落とす, 減速する (↔accélérer). ▶ 《*Ralentir*, travaux!》「工事中, 徐行せよ」
— **se ralentir** 代動 ❶ 速度[勢い]を失う, 緩慢になる. ❷ 〔人が〕気力をなくす, 衰える.

ralentissement /ralɑ̃tismɑ̃/ 男 ❶ 減速; 徐行. ❷ (活動, 作用などの)低下, 不振. ▶ *ralentissement* de l'expansion économique 経済発展の鈍化.

râler /rɑle/ 自動 ❶ ぜいぜいあえぐ. ▶ Le blessé *râlait*. 負傷者はあえいでいた.
❷ 話 ぶうぶう言う, ぷりぷり怒る. ▶ faire *râler* qn …をぷりぷり怒らせる.
— 他動 話 <*râler* après [contre] qn/qc> …に対して文句を言う[怒る].

râl*eur, euse* /rɑlœːr, øːz/ 名, 形 話 不平家(の).

ralliement /ralimɑ̃/ 男 ❶ <*ralliement* à qc> (党派, 体制など)への参加, 賛同. ▶ Les *ralliements* à notre cause sont chaque jour plus nombreux. 我々の主張への賛同は日に日に増えている. ❷ (部隊, 軍人などの)集合, 集結.
mot de ralliement 合い言葉.
point de ralliement (部隊の)集合地点;(見解の)一致点.
signe de ralliement (部隊の集合地を示す旗などの)標識;(メンバー同士確認のための)目印.

rallier /ralje/ 他動 ❶ 〔離散した兵, 部隊, 艦隊など〕を再び集める, 再集合させる. ▶ *rallier* sa troupe en désordre 散り散りになった部隊を再び結集する. ❷ (部隊, 党派など)に再び戻る, 再合流する. ▶ Les opposants *ont rallié* la majorité. 反対派は多数派と再び一緒になった. ❸ <*rallier* qn à qc> …を…に賛同させる, 同意させる. ▶ *rallier* qn à un projet …をある計画に賛同させる.
❹ …の支持を得る; …を集める, 結合させる. ▶ Cette proposition *a rallié* tous les suffrages. この提案は全員の同意票を得た. ❺《海事》*rallier* 「la terre [la côte] 陸[海岸]に接近する.
— **se rallier** 代動 ❶ <*se rallier* à qc> (党派など)に加わる, を支持する;(意見など)に同意する. ▶ *se rallier* à une ligne neutraliste 中道路線に加わる / *se rallier* à l'avis de qn …の意見に同意する. ❷ 再集合する.

rallonge /ralɔ̃ːʒ/ 囡 ❶(伸長, 拡張のための)継ぎ足し部分, 先継ぎ(部分). ▶ la *rallonge* d'un compas コンパスの中継ぎ[先継ぎ] / une table à *rallonges* 拡張式テーブル. ❷延長コード. ❸[話](金額や休暇などの)臨時手当, 割増し金. ▶ demander une *rallonge* de crédits 追加予算を要求する. ❹[話] nom à *rallonges* (貴族の尊称を示す de などを含む)長ったらしい名前.

rallongement /ralɔ̃ʒmɑ̃/ 男 ❶(洋服の丈などを)延ばすこと, 下げること. ❷(日や休暇が)長くなること, 延長.

rallonger /ralɔ̃ʒe/ [2] 他動 (継ぎ足して)…を長くする, 延ばす; 遠回りさせる(↔raccourcir). ▶ *rallonger* de cinq centimètres une jupe trop courte 短すぎるスカートの丈を5センチ延ばす. —— 自動 [話][日などが]長くなる.
— se **rallonger** 代動 長くなる.

rallumer /ralyme/ 他動 ❶ …を再びつける, 再点火する. ❷ …を再燃[再発]させる. ▶ *rallumer* le conflit 争いを再燃させる.
— se **rallumer** 代動 ❶再びつく, 再点灯する. ❷再燃する, 再発する.

rallye /rali/ 男(自動車の)ラリー;(徒歩, 馬などによる)長距離競走.

ramadan /ramadɑ̃/ 男 イスラム暦の第9月, ラマダン: 日の出から日没まで断食する月.

ramage /ramaːʒ/ 男 ❶(茂みなどでの)鳥のさえずり. ❷[複数で]【服飾】葉むら[枝葉]模様;(特に)唐草模様.

ramassage /ramasaːʒ/ 男 寄せ集めること, 拾い集めること, 収集. ▶ *ramassage* des vieux journaux 古新聞の回収 / *ramassage* scolaire (バスなどによる)学童の通学送迎.

ramassé, e /ramase/ 形 ❶[体などが]ずんぐりした, がっしりした. ❷[文体などが]引き締まった, 簡潔な.

ramasse-miettes /ramasmjɛt/ 男 パンくず用卓上ブラシ, パンくず掃除器.

*****ramasser** /ramase/ ラマセ/ 他動 ❶(1か所に)…を**集める**, 寄せ集める, まとめる. ▶ *ramasser* des feuilles mortes au pied d'un arbre 木の根元に枯れ葉を寄せ集める.

❷(数か所から)…を**回収する**, 集めて回る; 収集する. ▶ *ramasser* du lait dans les fermes 農家から牛乳を集めて回る.

❸[食用の植物など]を**採集する**, 採取する. ▶ *ramasser* des champignons キノコ狩りをする.

❹[落ちているもの]を**拾う**, 拾い上げる. ▶ *ramasser* le crayon qu'on a laissé tomber だれかが落とした鉛筆を拾う.

❺[倒れている人]を抱き起こす. ▶ *ramasser* un enfant qui est tombé 転んだ子供を抱き起こす.

❻ …を簡潔にする, 要約する. ▶ *ramasser* ses idées en un raccourci 思想を要約する.

❼ …を**ちぢめる**, 縮める. ▶ *ramasser* son corps 身を縮める, 丸くなる / *ramasser* ses cheveux en chignon 髪を束ねてシニョンにする.

❽ …を**逮捕する**, 連行する. ▶ se faire *ramasser* しょっぴかれる(⇨ 成句).

❾ [話] …を食らう, 被る. ▶ *ramasser* un bon rhume ひどい風邪を引く.

ramasser ses forces 力を振り絞る.
ramasser「une pelle [une bûche] [話] 転ぶ, 落ちる.
se faire ramasser [話] 手厳しくしかられる.
— se **ramasser** 代動 ❶身を縮める, 丸くなる. ▶ un chat qui *se ramasse* avant de bondir sur une souris ネズミに飛びかかろうとして身を丸める猫. ❷(転んで)立ち上がる. ❸[話] 転ぶ, 落ちる; 失敗する. ▶ *se ramasser* à l'examen 試験に落ちる.

ramasseur, euse /ramasœːr, øːz/ 名 寄せ[拾い]集める人, 収集者, 集荷人. ▶ *ramasseur* de mégots もく[吸い殻]拾い / *ramasseur* de balles de tennis テニスの球拾い(役).

ramassis /ramasi/ 男(ろくでなしの)群れ;(がらくたの)山.

rambarde /rɑ̃bard/ 囡(特に船橋, 甲板などの)手すり, 欄干.

Rambouillet /rɑ̃buje/ 固有 ランブイエ: パリ南西方の都市.

ramdam /ramdam/ 男 どんちゃん騒ぎ, 大騒ぎ.

rame[1] /ram/ 囡 オール, 櫂(かい), 櫓(ろ). ▶ faire force de *rames* 力いっぱい[力強く]オールを漕(こ)ぐ.

ne pas en fiche(r) une rame [話] 何も仕事をしない.

rame[2] /ram/ 囡 ❶【紙・パルプ】連: 紙の取引単位で1連は500枚, 20帖(じょう)に当たる. 日本では1000枚. ❷(1編成の)列車, 車両編成;(地下鉄の)電車 (=*rame* de métro).

rame[3] /ram/ 囡(豆などのつるを絡ませるための)支柱, 枝木.

rameau /ramo/;〔複〕**x** 男 ❶(枝分かれした)小枝; 分枝. ❷(系統樹分類などの)分枝, 小部門. ▶ les *rameaux* de la famille des langues indo-européennes インド・ヨーロッパ語族の諸語派. ❸《Rameaux》【カトリック】枝の主日 (=dimanche des *Rameaux*): 復活祭直前の日曜日で, キリストが受難の前にエルサレムに入った記念日.

ramée /rame/ 囡 [文章](こんもりした)枝の茂み.

*****ramener** /ramne/ ラムネ/ [3] 他動

直説法現在	je ramène	nous ramenons
	tu ramènes	vous ramenez
	il ramène	ils ramènent

❶ …を再び連れていく[くる]. ▶ *ramener* le malade chez le médecin 患者を再び医者のところに連れていく.

❷ …を**連れ戻す**, 送り届ける. ▶ *ramener* un fugitif en prison 脱走者を刑務所に連れ戻す / *ramener* qn (chez lui) en voiture …を車で家に送る.

❸ …を持ち帰る, 持ってくる; 返しに来る, 戻しに行く. ▶ Vous me *ramènerez* le parapluie que je vous ai prêté. お貸しした傘を返してください / un chien *ramené* de la campagne 田舎から連れて帰ってきた犬.

❹[出来事, 状況など]…を帰らせる. ▶ Le mauvais temps nous *ramena* à la maison. 天気が悪くなったので私たちは家に帰った / Qu'est-ce

ramer

qui vous *ramène* ici? なんでここに戻ってきたのですか.
❺〈*ramener* qc〉…をよみがえらせる, 回復させる; 再びもたらす. ▶ mesures destinées à *ramener* l'ordre 治安を回復するための措置.
❻(前の状態, 心情, 問題などに)…を戻す, 立ち戻らせる, 立ち返らせる. ▶ *ramener* qn à la vie …を生き返らせる, 蘇生(ポ)させる / *ramener* la couverture sur soi 毛布を引き寄せる / *ramener*「au devoir [à la raison]」…に本分[理性]を取り戻させる.
❼〈*ramener* qc à qc〉…に…を帰着させる, 帰す; 還元する; 減らす. ▶ *ramener* des services à une direction unique いくつかの業務を単一指揮系統でまとめる / *ramener* le nombre d'heures de travail au niveau de la moyenne européenne 労働時間数をヨーロッパ諸国の水準にまで引き下げる / Le bureau *a ramené* son personnel de 20 à 15 employés. その事務所は従業員数を20人から15人に減らした.
❽ …を置き直す, 移す, 寄せる. ▶ *ramener* ses cheveux en arrière 髪を後ろにかきやる / *ramener* le ballon au centre du jeu ボールをセンターに戻す.
❾〈*ramener* qc à [sur] qc/qn〉(感情, 思考など)を…に集中する, 注ぐ. ▶ *ramener* toute son affection sur qn …に愛情のすべてを傾ける.

ramener「*sa fraise* [*sa gueule*] *= la ramener* 话 利口ぶる; 出しゃばって口を出す.

ramener tout à soi なんでも自分中心に考える.

— *se ramener* 代動 ❶〈*se ramener* à qc〉…に帰着する, 結局…である. ▶ Finalement, tout *se ramène* à un problème de conscience. 結局, すべては良心の問題に帰する.
❷ 話〔人が〕来る, 帰る.

ramer[1] /rame/ 自動 ❶ 船[オール]を漕(こ)ぐ. ❷ 俗 苦労する; すごく頑張る.

ramer[2] /rame/ 他動〔つる植物〕に支柱を立てる.

rameur, euse /ramœːr, øːz/ 名 漕(こ)ぐ人, 漕手(ミゅ).

rameuter /ramøte/ 他動 ❶〔離散した群衆, 支持者など〕を再び集める, 再結集する; 再び動員する. ❷〔猟犬〕を再び呼び集める.

rami /rami/ 男 (トランプゲームの一種で)ラミー.

ramier /ramje/ 男《鳥類》モリバト.

ramification /ramifikasjɔ̃/ 女 ❶ 枝分かれ, 分枝; 分岐; 枝道, 支線. ▶ *ramification* d'une tige 茎の枝分かれ / *ramifications* nerveuses 神経分岐 / *ramifications* d'une voie ferrée 鉄道の支線. ❷ 下部組織, 支部, 支店. ▶ Cette société a des *ramifications* à l'étranger. この会社は海外に多くの支店を持っている.

ramifié, e /ramifje/ 形 枝分かれした; 分岐した.

se ramifier /s(ə)ramifje/ 代動 ❶ 枝分かれする, 分岐する. ▶ une tige qui *se ramifie* いくつもの枝を張る幹 / Les nerfs *se ramifient*. 神経組織は枝状に分かれる.
❷ 下部組織[支店, 支部]を持つ. ▶ une secte qui *se ramifie* 下部組織[分派]を持つセクト.

ramille /ramij/ 女《多く複数で》(枝の先端の)細枝, 小枝.

ramolli, e /ramɔli/ 形 (ramollir の過去分詞) ❶ 柔らかくなった. ❷ 話 ぼけた, もうろくした; 無気力になった. ▶ cerveau *ramolli* おつむの弱い人.
— 名 ぼけた[もうろくした]人.

ramollir /ramɔliːr/ 他動 …を柔らかくする. ▶ La chaleur *a ramolli* le beurre. 暑さでバターが柔らかくなった.
— **se ramollir** 代動 ❶ 柔らかくなる.
❷ 話 ぼけが始まる, もうろくする; 無気力になる.

ramollissant, ante /ramɔlisɑ̃, ɑ̃ːt/ 形 文章 気をそぐ, けだるくする.

ramollissement /ramɔlismɑ̃/ 男 柔らかくなること, 軟化. ▶ *ramollissement* cérébral 脳軟化(症).

ramollo /ramɔlo/ 形, 名《男女同形》話 ぼけた(人), もうろくした(人); 無気力な(人).

ramonage /ramɔnaːʒ/ 男 煙突掃除; 煤(す)払い.

ramoner /ramɔne/ 他動 ❶ …の煤(す)払いをする. ▶ *ramoner* une cheminée 煙突掃除をする.
❷《登山》〔チムニー〕を登る.

ramoneur /ramɔnœːr/ 男 煙突掃除夫.

rampant, ante /rɑ̃pɑ̃, ɑ̃ːt/ 形 ❶ 這(は)う. ▶ marche *rampante* 匍匐(ほ)前進 / animal *rampant* 這う動物. ❷ こびへつらう, 卑屈な. ▶ caractère *rampant* 卑屈な性格. ❸ 話 personnel *rampant* (飛行場の)地上勤務員. ❹《建築》傾斜した. ❺ ひそかに進む. ▶ nationalisme *rampant* 忍び寄るナショナリズム.
— **rampant** 男 ❶ 話(飛行場の)地上勤務員.
❷《建築》傾斜(部); 切妻, 破風.

rampe /rɑ̃ːp/ 女 ❶ 傾斜路, 斜面; 勾配(ぶき). ▶ la *rampe* d'accès (高速道路などの)傾斜出入路, ランプウエー / monter [gravir] une *rampe* 坂道を上る. ❷(階段の)手すり, 欄干. ▶ se pencher sur la *rampe* 手すりから身を乗り出す /《Prière de tenir la *rampe*》「手すりにおつかまりください」❸ 脚光, フットライト (=feux de la *rampe*); (店先などを飾る)照明灯の列. ▶ la *rampe* de balisage (滑走路の)誘導灯, 標識灯.

passer la rampe〔せりふなどが〕受ける, 当たる.

rampe de lancement (1)(ミサイルなどの)発射台. (2)(成功, 出世の)跳躍台, 足場.

tenir bon la rampe 話 元気[達者]でいる; くじけない.

rampeau /rɑ̃po/ 男;《複》**x** 男 (さいころ遊びなどの)同点決勝戦, プレーオフ.

ramper /rɑ̃pe/ 自動 ❶ 這(は)う, 這い進む. ▶ Un serpent *rampe* dans l'herbe. 草の中を蛇が這っている / le lierre qui *rampe* le long d'un mur 壁を這い伝う蔦(た).
❷ 這いつくばる, 平身低頭する; へつらう. ▶ *ramper* devant un supérieur 上司にこびへつらう.

ramponneau /rɑ̃pɔno/ 男;《複》**x** 男 俗 殴打. ▶ recevoir un *ramponneau* 殴られる.

ramure /ramyːr/ 女 ❶(1本の木全体の)枝.
❷(鹿, トナカイなどの)角.

rancard /rɑ̃kaːr/, **rencard** 男 ❶ 話 密告, たれこみ. ❷ 話 会う約束, 会合; デート. ▶ donner [filer] un *rancard* à qn …と会う約束をする; デートをする.

rancarder /rɑ̃karde/ 他動 ❶ 話 …に密告する, たれこむ. ❷ 話 …と会う約束をする, 会合する; デー

トをする.

rancart /rɑ̃kaːr/ 男 俗 mettre [jeter] qc au *rancart* …を捨てる, お払い箱にする, 処分する, 厄介払いする.

Rance /rɑ̃ːs/ 固有 女 ランス川: ブルターニュ地方を流れ, 英仏海峡に注ぐ.

rance /rɑ̃ːs/ 形 悪臭のする, すえたにおいの.
— 男 悪臭, すえたにおい.

ranch /rɑ̃ːtʃ/ 男《英語》(米国の)大牧場.

ranci /rɑ̃si/ 男 酸敗したにおい, すえたにおい.

rancir /rɑ̃siːr/ 自動〔脂肪質が〕酸敗する, 悪臭を放つ. — 他動〔脂肪質〕を酸敗させる.

rancissement /rɑ̃sismɑ̃/ 男〔脂肪質が腐って〕悪臭を放つこと, 酸敗.

rancœur /rɑ̃kœːr/ 女 文章 恨み, 遺恨, 怨恨(えん). ▶ avoir de la *rancœur* pour [contre] qn …に恨みを持つ.

rançon /rɑ̃sɔ̃/ 女 ❶ 身の代金. ▶ exiger une forte *rançon* 莫大(ばく)な身の代金を要求する / délivrer qn moyennant une *rançon* …を身の代金と引き換えに解放する. ❷ 代価, 代償; つけ. ▶ *rançon* de la gloire 栄光の代償 / *rançon* du plaisir 快楽のつけ / Il n'a plus de vie privée, c'est la *rançon* de la célébrité. 彼にはもうプライバシーはない, それは有名税というものだ.

rançonnement /rɑ̃sɔnmɑ̃/ 男 金品の強奪; 身の代金の強要, ゆすり; 金銭の不当要求.

rançonner /rɑ̃sɔne/ 他動 ❶ …から金品を脅し取る. ▶ *rançonner* les voyageurs 旅行者から金品を巻き上げる. ❷ 他に不当な金額を要求する. ▶ *rançonner* les touristes 観光客からぼる.

rancune /rɑ̃kyn/ 女 恨み, 怨恨(えん). ▶ avoir de la *rancune* contre qn …に恨みを抱く / garder (de la) *rancune* à qn de [pour] qc …に対して…を恨みに思う / Sans *rancune*! 恨みっこなしだ.

rancunier, ère /rɑ̃kynje, ɛːr/ 形, 名 根に持つ(人), 執念深い(人).

randonnée /rɑ̃dɔne/ 女 ハイキング (=*randonnée* à pied); 遠乗り, トレッキング. ▶ une *randonnée* en montagne 山歩き / faire une *randonnée* à bicyclette サイクリングをする / sentiers de grande *randonnée* (国立公園などの)自然遊歩道 / ski de *randonnée* 山スキー.

randonneur, euse /rɑ̃dɔnœːr, øːz/ 名 山歩きをする人, ハイカー; サイクリングをする人; 山スキーをする人.

***rang** /rɑ̃ ラン/ 男 ❶ (横の)列. 注 縦の列は file という. ▶ Au cinéma, il était assis au premier *rang*. 映画館で彼は最前列に座っていた / quitter son *rang* 列を離れる / se mettre en *rang*(s) 整列する / des élèves en *rangs* par deux 2列隊列に並んだ生徒 / collier à deux *rangs* de perles 2連の真珠のネックレス.
❷ 順位, 序列, (所定の)位置. ▶ Ce pays se situe au troisième *rang* mondial pour la production de vin. その国はワイン生産量で世界第3位だ / avoir *rang* avant [après] qn …より序列が上[下]である / occuper le premier *rang* pour qc …で第1位を占める / Cette question est au premier *rang* de ses préoccupa-

tions. その問題は彼(女)の最大の関心事である / par *rang* d'âge 年齢の順に / par *rang* de taille. 身長[大きさ]の順に.
❸ 地位, 身分, 家柄; 名門. ▶ le *rang* social 社会的地位 / un officier de haut *rang* 高級将校 / tenir [garder] son *rang* 地位にふさわしく振る舞う; 地位 [面目] を保つ.
❹《複数で》集団, 仲間;《軍事》隊列. ▶ Nous l'avons admis dans nos *rangs*. 私たちは彼を仲間に加えた.
❺《集合的に》兵卒. ▶ servir dans le *rang* 兵卒として軍務に服する / officier sorti du *rang* (士官学校出でない)兵卒上がりの士官 [将校].
❻ 〔編み目の〕段.

***au rang de qn/qc** …の数の内[仲間]に. ▶ mettre un écrivain *au rang des* plus grands ある作家を大作家の一人と見なす.

***avoir rang de** + 無冠詞名詞 …の肩書きを持つ. ▶ *avoir rang de* ministre 大臣の身分にある.

***de rang** たて続けに, 連続して. ▶ dormir dix heures *de rang* 10時間ぶっ通しで眠る.

***être du même rang** 同等である; 同じ地位にある.

***être [se mettre] sur les rangs** (競争者として)志願する, 立候補する.

***grossir les rangs de qn** …の仲間に加わる.

***mettre qc/qn sur le même rang** …を同列に置く, 同等の(価値がある)と見なす.

***prendre rang parmi [avec] qn** …の列[仲間]に加わる, 一員である[となる].

***rentrer dans le rang** (一兵卒に戻る→)(特権的な地位や無軌道な生活から離れて)当たり前の生活に戻る.

***serrer les rangs** (1) 隊列の間を詰める. (2) 団結を強める.

rangé, e /rɑ̃ʒe/ 形 ❶ 整理された; きちんと並べられた. ▶ une pièce bien *rangée* 整頓(とん)された部屋 / bataille *rangée* (戦列を整えた)本格戦, 殴り合い. ❷〔生活態度の〕まじめな; 品行方正な. ▶ Ce garçon est bien *rangé* maintenant. あの青年は今はまじめな暮らしぶりだ.

***être rangé des voitures** 話 素行が改まる, まじめ[堅気]になる.

range-CD /rɑ̃ʒsede/ 男《不変》CDラック.

rangée /rɑ̃ʒe/ 女 並び, 列. ▶ une *rangée* d'arbres (1列の)並木 / la première *rangée* de fauteuils 座席の1列目.

rangement /rɑ̃ʒmɑ̃/ 男 ❶ 整理, かたづけ. ▶ faire des *rangements* dans un placard 押し入れの整理をする. ❷ 収納(スペース); 収納家具.

***ranger** /rɑ̃ʒe ランジェ/ ② 他動

過去分詞 rangé	現在分詞 rangeant
直説法現在 je range	nous rangeons
tu ranges	vous rangez
il range	ils rangent

❶ …をきちんと並べる, 整列させる. ▶ *ranger* des soldats de plomb sur l'étagère おもちゃの兵隊を棚に並べる / *ranger* les mots par ordre alphabétique 語をアルファベット順に配列する. ❷ …を整理する, かたづける. ▶ *ranger* ses affaires 身の回りの物をかたづける / Je ne sais plus où *j'ai rangé* ce livre. あの本をどこへしまったか忘れた / *ranger* sa chambre 自室をかたづける. ❸〔車など〕を傍らに寄せる. ▶ *ranger* sa voiture sur le bas-côté de la route 車を路肩に止める. ❹ <*ranger* qn/qc parmi qn/qc> …を…のうちに数える, に分類する. ▶ *ranger* un poète parmi les romantiques ある詩人をロマン主義作家に分類する.

— **se ranger** 代動 ❶ 並ぶ, 整列する. ▶ *se ranger* par trois 3列に並ぶ / *se ranger* sur la ligne de départ スタートラインに整列する. ❷ 整理される; 収納される. ▶ Ces assiettes *se rangent* dans le buffet. これらの皿は食器戸棚にしまう. ❸〔人, 車が〕傍らに寄る, よける. ▶ *Range-toi*, un camion arrive. わきに寄れ, トラックが来るぞ. ❹ <*se ranger* parmi qn/qc> …に分類される, のうちに数えられる. ❺ 話 生活態度を改める, 堅気になる.

se ranger à l'avis [l'opinion] de qn …の意見に同調する.

se ranger du côté de qn …の側につく, に味方する.

ranimer /ranime/ 他動 …に意識[生気]を取り戻させる, を活気づける; の勢いを再び強める, をかき立てる. ▶ *ranimer* une personne évanouie 気絶した人を正気づかせる / *ranimer* le feu avec un soufflet ふいごで火をかき立てる / *ranimer* l'ardeur de qn …の情熱をかき立てる.

— **se ranimer** 代動 意識[生気]を取り戻す; 活気づく. ▶ Son visage *s'est ranimé*. 彼(女)の顔に生気が戻った.

rap /rap/ 男〔英語〕ラップ: リズムに乗って語るように歌う. ▶ chanteur de *rap* ラップ歌手.

rapace /rapas/ 形 ❶〔鳥が〕獰猛(どうもう)な. ❷ 貪欲(どんよく)な, 強欲な. — 男 猛禽(もうきん)類.

rapacité /rapasite/ 女 ❶〔動物の〕獰猛(どうもう)さ. ❷ 貪欲(どんよく), 強欲.

rapatrié, e /rapatrije/ 形〔本国に〕還された, 引き揚げた, 帰還した. — 名 本国送還者, 帰還者, 引き揚げ者.

rapatriement /rapatrimɑ̃/ 男 ❶ 本国送還. ❷〔資産などの〕本国への引き揚げ, 還流.

rapatrier /rapatrije/ 他動 ❶ …を本国へ送還する, 帰還させる. ▶ *rapatrier* des prisonniers de guerre 捕虜を本国へ送還する. ❷〔国外資産など〕を本国へ送金する〔還流させる, 引き揚げる〕. — **se rapatrier** 代動〔捕虜, 移民などが〕(本国へ)引き揚げる, 送還される.

râpe /rɑːp/ 女 ❶ おろし金. ▶ *râpe* à fromage チーズおろし. ❷ 荒目やすり.

râpé, e /rɑpe/ 形 ❶ (おろし金で)おろした. ▶ fromage *râpé* おろしチーズ. ❷〔衣服が〕擦り切れた. ▶ pardessus *râpé* 擦り切れたコート.

C'est râpé! 駄目になった, 絶望的だ.

— **râpé** 男 (グリュイエールなどの)おろしチーズ.

râper /rɑpe/ 他動 ❶ …を擦りおろす. ▶ *râper* du fromage チーズをおろす. ❷ …にやすりをかける. ❸〔喉(のど), 肌〕にひりひりする. ▶ un vin qui *râpe* la gorge えぐい味のワイン.

rapetassage /raptasaːʒ/ 男 話〔衣服などの〕応急修理, 繕い, 継ぎ当て.

rapetasser /raptase/ 他動 話〔衣服など〕をざっと修繕する;〔原稿〕を手直しする.

rapetissement /raptismɑ̃/ 男 ❶ 縮小, 短縮. ❷ 過小評価; 価値の低下.

rapetisser /raptise/ 他動 ❶ …を小さくする[見せる], 縮める. ▶ La distance *rapetisse* les objets. 遠くの物は小さく見える. ❷ …を過小評価する, おとしめる. — 自動 小さくなる, 縮む;〔日が〕短くなる. — **se rapetisser** 代動 小さくなる, 縮む. ▶ *se rapetisser* au lavage〔衣服が〕洗濯で縮む.

râpeux, euse /rɑpø, øːz/ 形 ❶ ざらざらした. ❷〔ワインなどが〕渋味の強い.

raphia /rafja/ 男 ❶【植物】ラフィアヤシ: マダガスカル島原産のヤシ科の植物. ❷ ラフィアの葉の繊維.

rapiat, ate /rapja, at/ 形 古風 けちな, しみったれた. 注 女性形は稀. — 名 話 けち, しみったれ.

‡**rapide** /rapid/ ラピッド/ 形 ❶〔速度, テンポの〕速い. ▶ train *rapide* 特急列車 / voie *rapide* 高速道路 / marcher d'un pas *rapide* 急ぎ足で歩く / Prenez le métro, ce sera plus *rapide*. 地下鉄で行きなさい, その方が早いですよ. ❷〔動作, 処理などの〕すばやい, 俊敏な. ▶ Il est *rapide* dans son travail. 彼は仕事が早い / avoir l'esprit *rapide* 頭の回転が早い. ❸ 短期間で行われる, すみやかな, 手短な. ▶ un succès *rapide* 瞬く間の成功 / Nous espérons une réponse *rapide*. すぐに御返事いただければ幸いです / jeter un coup d'œil *rapide* sur qc …にざっと目を通す / faire un résumé *rapide* de la situation 状況を手短に要約する. ❹〔傾斜の〕急な. — 男 ❶ 特急列車. ❷ (多く複数で)急流, 激流.

***rapidement** /rapidmɑ̃/ ラピドマン/ 副 速く, 急いで; すばやく, 直後に. ▶ marcher *rapidement* さっさと歩く / faire *rapidement* un travail てきぱきと仕事をする.

rapidité /rapidite/ 女 速さ; 迅速, 俊敏. ▶ *rapidité* des mouvements 動きの速さ / agir avec *rapidité* きびりきびと行動する.

rapiéçage /rapjesaːʒ/ 男 継ぎはぎ, 修繕.

rapiécer /rapjese/ 9 他動〔衣服など〕に継ぎ当てる, を修繕する.

rapin /rapɛ̃/ 男〔才能のない〕画家, へぼ絵描き.

rapine /rapin/ 女 文章 ❶ 略奪. ❷〔公金などの〕横領, 着服. ❸ (複数で) 略奪品.

raplapla /raplapla/ 形《不変》話 疲れきった, くたくたの.

rappel /rapɛl/ 男 ❶ 呼び戻し, 召還;(再) 召集, 集合. ▶ *rappel* d'un ambassadeur 大使の召還. ❷〔欠陥品の〕回収, リコール. ▶ *rappel* d'un produit. 製品のリコール. ❸ <*rappel* à qc>…への復帰命令; 注意, 警告. ▶ lancer un *rappel* à la raison 理性に立ち戻るよう呼びかける / *rappel* à la question (議長が

rapport

発言者に行う)本題に戻れとの注意.
❹ 思い出させること；想起． ▶ Le *rappel* de cette aventure l'a agité. その出来事を蒸し返されて彼は動揺した / un bref *rappel* des informations de la journée 1日のニュースの短いまとめ / signal de *rappel* de limitation de vitesse 速度制限確認標識.
❺ 再通知, 督促状. ▶ recevoir un *rappel* pour payer le complément 残金支払いの督促状を受け取る.
❻ (給料の差額分の)追加支給． ▶ toucher un *rappel* de trois mois 3か月分の(昇級)差額を受け取る. ❼ カーテンコール, アンコール.
❽ 反復. ▶ le *rappel* de couleurs (絵画, 服飾などで)同色反復. ❾ [登山] 懸垂下降, アプザイレン (=descente en *rappel*). ❿ [医学] 追加注射.
battre le rappel (1) 集合太鼓［らっぱ］を鳴らす. (2) 総動員する, 呼び集める. ▶ Pour avoir du monde à sa conférence, il *a battu le rappel* auprès de ses amis. 講演会に人を集めるために, 彼は友人たちに総動員をかけた.

rappelé, e /raple/ 形 再召集［召還］された.
— 名 再召集兵.

*rappeler /raple/ ラプレ/ 4 他動

直説法現在	je rappe***ll***e	nous rappelons
	tu rappe***ll***es	vous rappelez
	il rappe***ll***e	ils rappe***ll***ent

❶ …を呼び戻す；召還する, (再)召集する. ▶ Une affaire urgente le *rappelle* à Paris. 彼は急用でパリへ戻らなければならない / *rappeler* un ambassadeur 大使を召還する / *rappeler* un acteur (カーテンコールで)俳優を舞台に呼び戻す.
❷ …に再び電話する, 電話をかけ直す. ▶ *Rappelez-moi* ce soir.
❸ <*rappeler* qc/qn (à qn)>(…に)…を思い出させる, 想起［連想］させる. ▶ Ce parc me *rappelle* mon enfance. この公園に来ると私は子供のころを思い出す / Ce paysage montagneux *rappelle* la Suisse. この山岳風景はスイスを思わせる［によく似ている］.
❹ …をもう一度言う, について念を押す. ▶ *Rappelez-moi* votre nom, s'il vous plaît. お名前はなんとおっしゃいましたか. ◆*rappeler* à qn「de + 不定詞［que + 直説法］」▶ Je vous *rappelle* que nous déjeunons ensemble dimanche. 日曜日に昼食を御一緒することをお忘れなく.
❺ <*rappeler* qn à qc> …を…に立ち返らせる. ▶ *rappeler* qn à la raison …を理性に立ち返るよう促す / *rappeler* qn à la vie …を蘇生させる / *rappeler* qn à l'ordre …に静粛［規則遵守］を求める.
❻ [欠陥製品]をリコール［回収］する.
Dieu l'a rappelé à lui. 神は彼をみもとに召された, 彼はみまかった.
Rappelez-moi [Veuillez me rappeler] au bon souvenir de qn. …によろしくお伝えください.

— ***se rappeler** 代動 ❶ <*se rappeler* qc/qn> …を覚えている, 思い出す. 注 se は間接目的.

▶ Je *me rappelle* bien cette scène. その光景をよく覚えている / Je ne *me rappelle* plus. もう覚えていない, 忘れた. ◆*se rappeler* + 不定詞［que + 直説法］▶ Je *me rappelle* avoir vu ce film auparavant. その映画は前に見た記憶がある / Je *me rappelle* qu'il y était aussi. 彼もいたことを覚えている. ◆*se rappeler* + 間接疑問節. ▶ Je *me rappelle* pas qui a téléphoné. だれからの電話だったか思い出せない. ◆*se rappeler de* + 人称代名詞強勢形. ▶ Elle *s'est rappelée de* toi. 彼女は君のことを思い出した.
❷ *se rappeler*「à qn [au bon souvenir de qn] …によろしく言う. ❸ 互いにまた電話し合う.

rappeur, euse /rapœr, ø:z/ 名 ラップ歌手.
rappliquer /raplike/ 自動 俗 戻ってくる；やって来る.

*rapport /rapɔ:r/ ラポール/ 男 ❶ 報告；報告書. ▶ faire un *rapport* écrit [oral] sur qc …について文書で［口頭で］報告する / rédiger un *rapport* 報告書を作成する.
❷ 関係, 関連；共通点, 類似点. ▶ *rapports* parents-enfants 親子関係 / faire [établir] le *rapport* entre deux événements ２つの出来事を関連づける / Il n'y a aucun *rapport* entre ces deux faits. その２つの事実の間にはなんの関係もない / avoir beaucoup de *rapport* avec qc …と共通点が多い, 非常によく似ている / être sans *rapport* avec qc …と関係［類似性］がない / Je ne vois pas le *rapport*. それはわからない / Cela n'a aucun *rapport*. それは関係ない.
❸ 《多く複数で》対人関係, 交際；《特に》性的関係. ▶ Les *rapports* entre ces deux pays sont devenus difficiles. 両国の関係は難しくなった /「avoir de [être en] bons *rapports* avec qn …と仲がいい / avoir des *rapports* avec qn …と肉体関係がある / *rapports* protégés コンドームをつけた性行為 / entretenir des *rapports* de coexistence pacifique 平和的共存関係を保つ.
❹ 収穫, 収益；利潤. ▶ une terre qui est d'un bon *rapport* 収穫［収益］が多い土地 / un *rapport* d'actions [du tiercé] 株［馬券］の配当 / des pêchers en plein *rapport* 実の多い桃の木.
❺ 比, 比率；釣り合い. ▶ dans le *rapport* de un à dix 1対10の比率で / *rapport* de [des] forces 力の均衡 / Il y a un bon *rapport* qualité-prix 価格の割に品質が良い.
*avoir rapport à qc …に関連がある. ▶ Cet article *a rapport à* vos recherches. この論文はあなた(方)の研究に関連がある［参考になる］.
en rapport avec qc …と釣り合った, 調和した. ▶ salaire *en rapport avec* sa qualification 資格に見合った給与.
mettre qn en rapport avec qn …を…に紹介する, 引き合わせる.
*par rapport à qn/qc (1) …と比べて. ▶ Ma maison est petite *par rapport à* la tienne. 私の家は君の家に比べると小さい. (2) …と関連して.
rapport à qc/qn 俗 (1) …に関して. (2) …のために, のせいで.
sous le rapport de qc …の点から見ると. ▶

rapportage

Cet hôtel est excellent *sous le rapport du* confort. 快適さの点ではこのホテルはすばらしい.
sous tous (les) rapports あらゆる点を考慮に入れて, どこから見ても.

rapportage /raporta:ʒ/ 男 語 (生徒の)告げ口.

rapporté, e /raporte/ 形 付け加えられた; 縫い付けられた. ▶ des terres *rapportées* 盛り土.

rapporte-paquet /raportpake/ 男 俗 チクリ屋, 密告者.

＊rapporter /raporte ラポルテ/ 他動 ❶ …を再び持ってくる; 戻す, 返す. ▶ N'oublie pas de lui *rapporter* son parapluie. 彼(女)に傘を返すのを忘れないように / *Rapportez* du pain sur la table. テーブルにパンをもっと持ってきてください.

❷ ⟨*rapporter* qc (de qc à qn)⟩ ⟨…から…に⟩…を持ち帰る. ▶ Il m'*a rapporté* des cigares de son voyage. 彼は旅行のお土産に葉巻を買ってきてくれた / Je te *rapporterai* sa réponse. 彼(女)の返事をもらってきてやろう / J'*ai rapporté* une bonne impression de cet entretien. 私はその会談からよい印象を得た.

❸ [収穫, 利益]をもたらす, 生む. ▶ un placement qui *rapporte* 5% [cinq pour cent] 利回り 5 パーセントの投資 / Ce mensonge ne te *rapportera* rien. そんなうそは君のためにならない / ⟨目的語なしに⟩ Ce travail *rapporte* beaucoup. この仕事は実にもうかる.

❹ …を報告する, 伝える; 語 ⟨しばしば目的語なしで⟩ 告げ口する. ▶ *rapporter* les circonstances d'un accident 事故の状況を報告する / On m'*a rapporté* qu'il était malade. 彼が病気だという知らせを受けた.

❺ …を付け加える; 縫い付ける. ▶ *rapporter* des poches à une veste 上着にパッチポケットをつける.

❻ ⟨*rapporter* A à B⟩ A を B に結び付ける, 関係づける; のせいにする. ▶ *rapporter* un phénomène social à son époque ある社会現象を時代と関連づける / *rapporter* tout à soi すべてを自己中心に考える.

❼ 〖法律〗[政令など]を撤回する, 無効にする.

— **＊se rapporter** 代動 ⟨*se rapporter* à qc/qn⟩ …と関連がある. ▶ La réponse ne *se rapporte* pas à la question. その答えは質問と関係がない.

＊s'en rapporter à qn/qc …に任せる, 頼る. ▶ Je m'en *rapporte* à vous. あなた(方)にお任せします. 比較 ⇨ SE FIER.

rapporteur, euse /raportœ:r, ø:z/ 形 語 告げ口する.
— 名 間 告げ口する人.
— **rapporteur** 男 ❶ (国会, 委員会などの)報告者. ❷ 〖計量〗分度器.

rapprendre /raprã:dr/ 87 他動 (過去分詞 rappris, 現在分詞 rapprenant) …を再び学ぶ, 学び直す; 再び教える.

rapprenn-, rappri-, rapprî-, rappriss- 活用 ⇨ RAPPRENDRE 87

rapproché, e /raproʃe/ 形 ❶ 近い; 間隔の短い. ▶ deux villages *rapprochés* 近接する 2 つの村 / échecs *rapprochés* 相次ぐ失敗. ❷ よく似た, 類似した.

rapprochement /raproʃmã/ 男 ❶ 近づける[近づく]こと, 接近. ▶ le *rapprochement* de deux satellites 2 つの衛星の接近. ❷ 歩み寄り; 和解. ▶ le *rapprochement* de deux nations 両国の歩み寄り. ❸ 関連づけ; 比較; 類似関係. ▶ faire le *rapprochement* entre deux événements 2 つの事件を関連づける.

＊rapprocher /raproʃe ラプロシェ/ 他動 ❶ (空間的, 時間的に)…を近づける. ▶ *rapprocher* deux tables 2 つのテーブルを近づける. ◆ *rapprocher* A de B B に A を近づける. ◆ *rapprocher* sa chaise du feu 暖炉に椅子(ʰ)を近づける / Chaque jour nous *rapproche* de la mort. 我々は日一日と死に近づいている. ❷ [人]を親密にする; 和解させる. ▶ Des goûts communs les *ont rapprochés*. 共通の趣味が彼らを近づけた. ❸ …を比較[対照]する; 関連づける.

— **＊se rapprocher** 代動 ⟨*se rapprocher* (de qn/qc)⟩ ❶ (…に)近づく. ▶ Ne *te rapproche* pas trop du téléviseur. テレビに近づきすぎないで / L'examen *s'est rapproché*. 試験が間近に迫った. ❷ (…に) 和解する APPROCHER. ❷ (…に)親密になる; 歩み寄る, 和解する. ❸ (…に)類似する; 比較される. ▶ une école de peinture qui *se rapproche* de l'impressionnisme 印象派に近い流派.

> 語法 **s'approcher** と **se rapprocher**
> s'approcher (de qn/qc) は対象に向かって近づいて行き, 最終的には対象と接触する運動を表わす. se rapprocher (de qn/qc) は対象に対してより近い位置に移動することを表わす. 重要なのは「以前よりも距離が近くなること」で, 対象との接触はない.
> ● *Approche-toi*, je voudrais te dire quelque chose de confidentiel. 近くに来てよ, 君に内緒の話があるんだ.
> ● *Rapproche-toi*, je n'entends pas bien ce que tu me dis. もっと近くに来てよ, 君の言うことがよく聞こえないんだ.

rapsodie /rapsɔdi/ 女 ⇨ RHAPSODIE.
rapt /rapt/ 男 誘拐, 拉致(ᵕ).
raquer /rake/ 他動 語 [金]を払う.
raquette /raket/ 女 ❶ ラケット. ❷ かんじき.

:rare /rɑːr ラール/ 形 ❶ 珍しい, 稀な. ▶ timbre *rare* 珍しい切手 / livre *rare* 稀覯(ᵏʰ)本 / métaux *rares* 希少金属.

❷ ⟨多く複数名詞の前で⟩ 数少ない. ▶ à de *rares* exceptions près ごく少数の例外は別にして / A cette heure, les clients sont *rares*. この時間帯は客がまばらだ.

❸ めったに起こらない; 間遠な. ▶ occasion *rare* めったにない機会. ◆ ⟨非人称構文で⟩ Il est *rare* 「de + 不定詞 [que + 接続法]. …は稀なことである. ▶ Il est *rare* de le voir fatigué. 彼が疲れているのを見るのは珍しい / Il est *rare* qu'il soit en retard. 彼が遅刻することはめったにない.

❹ ⟨多く名詞の前で⟩ 類(ᵗ)い稀な; なみはずれた. ▶ un artiste de *rare* talent 非凡な才能を持つ芸術家. ❺ [髪, 草など]が薄い, まばらな.
❻ 語 ありそうもない, 驚くべき.

se faire [devenir] rare [人が]めったに姿を見せなくなる; [物が]数少なくなる.

raréfaction /rarefaksjɔ̃/ 囡 ❶(気体の)希薄化. ❷減少, 品薄; 不足, 欠乏.

raréfier /rarefje/ 他動 ❶〔気体〕を希薄にする. ❷…を稀少なものにする, 数少なくする.
— **se raréfier** 代動 ❶ 希薄になる. ▶ L'oxygène *se raréfie* avec l'altitude. 酸素は高度が増すにつれて希薄になる. ❷稀になる, 数少なくなる. ▶ Les légumes frais *se raréfient* sur le marché. 生鮮野菜が市場で品不足だ.

*****rarement** /rɑrmɑ̃/ ラルマン/ 副稀に, めったに…ない. ▶ Elle vient *rarement* me voir. 彼女はめったに私に会いに来ない.

rareté /rarte/ 囡 ❶稀であること, 珍しさ, 希少性; 文章 稀な出来事. ▶ un timbre d'une grande *rareté* 非常に珍しい切手 / Elle se plaint de la *rareté* de vos lettres. 彼女はあな た(方)の手紙がめったに来ないとこぼしている. ❷珍品.

rarissime /rarisim/ 形 非常に珍しい.

ras, rase /rɑ, rɑːz/ 形 ❶短く刈った; 毛足の短い. ▶ avoir [porter] les cheveux *ras* 丸刈りにしている / un chien à poil *ras* 毛の短い犬 / gazon *ras* 刈り込まれた芝生. ❷(表面に)何もない, 平らな. ▶ en *rase* campagne 広々とした平野で. ❸すれすれの. ▶ une cuillerée *rase* de farine スプーンすり切り1杯の小麦粉.

à ras bord (容器の)縁までいっぱいに, なみなみと. ▶ remplir un verre *à ras bord* グラスになみなみとつぐ.

table rase ⇨ TABLE.

— **ras** 副 ごく短く. ▶ des ongles coupés *ras* 短く切った爪(5).

en avoir ras le bol (*de qc*)〔不定詞〕 話(…に)うんざりする, 飽き飽きする. ▶ J'*en ai ras le bol de* (faire) ce travail. この仕事にはうんざりだ.

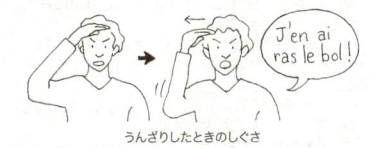

うんざりしたときのしぐさ

— 男〔次の句で〕
à ras ごく短く; すれすれに. ▶ les cheveux coupés *à ras* 短く刈り込んだ髪.
à [*au*] *ras de qc* …と同じ高さで; すれすれに.
à ras de terre (1)地面すれすれに. (2)低俗な, 次元の低い.
ras du cou 丸首の. ▶ pull-over *ras du cou* 丸首のセーター.

rasade /razad/ 囡 <une *rasade* de + 無冠詞名詞> たっぷり1杯分の(飲み物).

rasage /razaːʒ/ 男〔ひげなどを〕そること.

rasant, ante /razɑ̃, ɑ̃ːt/ 形 ❶(地表と)すれすれの; かすめる. ▶ tir *rasant* 〔軍事〕接地射. ❷ 話 うんざりさせる, 退屈な.

rascasse /raskas/ 囡〔魚類〕カサゴ.

rasé, e /raze/ 形〔ひげなどを〕そった; 短く刈った. ▶ Tu es mal *rasé*. 君はちゃんとひげをそっていないね / tête *rasée* 丸刈りの頭.

rase-mottes /razmɔt/ 男 超低空飛行 (=vol en *rase-mottes*). ▶ faire du *rase-mottes* 超低空飛行をする.

*****raser** /raze/ 他動 ❶〔ひげなど〕をそる; 刈り込む. ▶ *raser* la barbe de qn …のひげをそる / *raser* un condamné 受刑者を丸刈りにする /《目的語なしに》 crème à *raser* シェービング・クリーム. ❷〔建物など〕を取り壊す, 破壊し尽くす. ▶ Tout le quartier *a été rasé* par un bombardement. その地区は爆撃を受けて壊滅した. ❸…をすれすれに通る, かすめる. ▶ La moto *a rasé* un piéton. バイクは歩行者をかすめて走り去った / *raser* les murs (姿を隠すため)壁伝いに歩く. ❹ 話 …をうんざりさせる. ▶ Tu me *rases* avec tes histoires! 君の話は聞き飽きた.
— *****se raser** 代動 ❶ ひげをそる. ❷ <*se raser* qc> 自分の…をそる. 注 se は間接目的. ▶ *se raser* la moustache 口ひげをそり落とす. ❸ 話 うんざりする.

raseur, euse /razœːr, øːz/ 形, 名 話 (長話などで)うんざりさせる(人).

rasibus /razibys/ 副 話 すれすれに.

ras-le-bol /rɑlbɔl/ 男〔単数形のみ〕話 飽き, 嫌気, 退屈, 不満(⇨ RAS 副 成句).

*****rasoir** /rɑzwaːr/ ラゾワール/ 男 ❶ かみそり. ▶ *rasoir* électrique 電気かみそり / *rasoir* mécanique [de sûreté] 安全かみそり / le feu du *rasoir* かみそり負け / coupe au *rasoir* レザーカット.
— 形 〔不変〕話 うんざりさせる, 退屈な.

rassasier /rasazje/ 他動 ❶ …を満腹させる. ❷ 文章 <*rassasier* qn/qc (de qc)> …を(…で)満足させる; 飽きさせる. ▶ *rassasier* sa vue de qc …を眺めて視覚に堪能(½)する / Je *suis rassasié* de ces éternelles histoires! そんなきりのない話はうんざりだ. — **se rassasier** 代動 ❶ 満腹する. ❷ <*se rassasier* (de qc)>(…に)満足する.

rassemblement /rasɑ̃bləmɑ̃/ 男 ❶(再び)集めること; 収集. ▶ le *rassemblement* de documents 資料の収集. ❷ 人の集まり, 人だかり. ▶ L'incendie a provoqué un *rassemblement*. 火事に人だかりができた / disperser un *rassemblement* 群衆を追い散らす. ❸ 結集; 集会; (政党名で)連合. ▶ un *rassemblement* de protestation 抗議集会. ❹〔軍事〕集合(させること); 集合らっぱ. ▶ *Rassemblement*! 集合!

*****rassembler** /rasɑ̃ble/ ラサンブレ/ 他動 ❶ …を(再び)集める, 集合させる; 取りまとめる. ▶ *rassembler* les élèves dans la cour 生徒を校庭に集合させる / *rassembler* des documents 資料を収集する. ❷〔精神力〕を集中する. ▶ *rassembler* ses souvenirs 記憶を呼び覚ます / *rassembler* son courage 勇気を奮い立たせる / *rassembler* ses idées 考えをまとめる.
— *****se rassembler** 代動 (再び)集まる; 集合する. ▶ Les manifestants *se sont rassemblés* sur la place. デモ隊は広場に集合した.

rasseoir /raswaːr/ 他動 (過去分詞 rassis, 現在分詞 rasseyant) ❶ …を再び座らせる. ❷ …を据え直す, 置き直す.
— **se rasseoir** 代動 再び座る. ▶ *Rasseyez*-

rasséréner

vous. もう一度お座りください／《*se* を省略して》faire *rasseoir* qn …を再び座らせる.

rasséréner /raserene/ ⑥ 他動 文章 …の気持ちを晴れさせる；を安心させる.
— **se rasséréner** 代動 文章 晴れやかになる；愁眉(しゅうび)を開く.

rassey-, rassie- 活用 ⇨ RASSEOIR 41

rassir /rasi:r/ 自動〔パンなどが〕固くなる.
— **se rassir** 代動〔パンなどが〕固くなる.

rassirent /rasi:r/ 活用 ⇨ RASSEOIR 41

rassis, ise /rasi, i:z/ 形 (rasseoir の過去分詞) ❶〔パンなどが〕少し固くなった. 注 話し言葉では女性形に rassie を多く用いる. ❷ 文章 冷静沈着な.

rassiss-, rassi-, rassî-, rassoi- 活用 ⇨ RASSEOIR 41

rassortiment /rasɔrtimɑ̃/ 男 ⇨ RÉASSORTIMENT.

rassortir /rasɔrti:r/ 他動, 代動 ⇨ RÉASSORTIR.

rassoy- 活用 ⇨ RASSEOIR 41

rassurant, ante /rasyrɑ̃, ɑ̃:t/ 形 安心させる. ▶ nouvelle *rassurante* 安心させる知らせ／individu peu *rassurant* 油断ならないやつ.

rassuré, e /rasyre/ 形 安心した.

*****rassurer** /rasyre/ ラシュレ 他動 …を安心させる, 落ち着かせる. ▶ Ce que vous me dites me *rassure*. お話を聞いてほっとしました.
— **se rassurer** 代動 安心する, ほっとする. ▶ *Rassurez-vous*, je ne vous reproche rien. 御心配なく, あなた（方）を責めたりしませんから.

RAS TVB 《略語》話 Rien à signaler. Tout va bien. 特記事項なし, 万事 OK.

*****rat** /ra ラ/ 男 ❶ ネズミ. 注 ハツカネズミは souris という. ▶ *rat* noir クマネズミ／*rat* gris [d'égout] ドブネズミ／*rat* des champs 野ネズミ, 畑ネズミ／piège à *rat* ネズミ取り／détruire les *rats* ネズミを退治する.
❷ mon (petit) *rat*（女性, 子供に対する愛称で）こねずみちゃん, おちびちゃん.
❸ petit *rat* (de l'Opéra) オペラ座のバレエ練習生：公演ではエキストラに起用される. ❹ けちん坊.

être fait comme un rat 話 まんまと罠(わな)にかかる, はめられる.
face de rat 俗《ののしって》ねずみ野郎.
Les rats quittent le navire.（ネズミが船を離れる→）危なくなると卑怯(ひきょう)者は逃げる.
rat de bibliothèque 話 本の虫.
rat d'hôtel 話 ホテル荒らし.
s'ennuyer comme un rat mort 話 ひどく退屈する.
— 形〔男女同形〕話 けちな.

rata /rata/ 男 (ratatouille の略) 俗 まずい食事.

ratage /rata:ʒ/ 男 話 失敗, しくじり.

rataplan /rataplɑ̃/ 間投 ドンドン（太鼓の音）. ▶ Plan, *rataplan*! ドン, ドドドン.

ratatiné, e /ratatine/ 形 ❶ しなびた. ❷ 大破した.

ratatiner /ratatine/ 他動 ❶ 話 …をしなびさせる；縮ませる. ❷ 話 …をめちゃめちゃに壊す；打ち負かす；俗 …を殺す. ▶ se faire *ratatiner* 大敗を喫する；殺される. ❸〔金〕を使い果たす.
— **se ratatiner** 代動 ❶ しなびる；〔老齢など

で）体が縮む. ❷ 俗 激突する；大破する.

ratatouille /ratatuj/ 女 ❶〔料理〕ラタトゥーユ (=*ratatouille* niçoise)：トマト, ナス, ズッキーニなどをオリーブ油でいためて煮たニース名物の野菜料理. ❷ 話 粗末な料理；ごった煮.

rate¹ /rat/ 女 雌ネズミ.

rate² /rat/ 女〔解剖〕脾臓(ひぞう).
dilater la rate 話 大笑いさせる.

raté, e /rate/ 形（的を）外れた；しくじった. ▶ A côté, *raté*! それ, 失敗だ／occasion *ratée* 逃した機会／mariage *raté* 失敗した結婚.
— 名〔人生の〕落伍(らくご)者, 失敗者.
— **raté** 男 ❶（銃などの）不発；《多く複数で》（エンジンなどの）不調〔異常〕（音）. ▶ moteur qui a des *ratés* 調子の悪いエンジン.
❷（交渉, 計画などの）不調；欠陥. ▶ La négociation a connu des *ratés*. 交渉は難航した.

râteau /rɑto/; 《複》**x** /rɑto/ 男 熊手；ラトー（ルーレットなどでチップをかき寄せる道具）.

râteler /rɑtle/ ④ 他動〔落ち葉など〕を熊手でかき集める.

râtelier /rɑtəlje/ 男 ❶ まぐさ棚. ❷（長い物を並べる）架, 台. ▶ un *râtelier* d'armes 銃架／un *râtelier* à pipes パイプ立て. ❸ 話 入れ歯.
manger "*à deux* [*à plusieurs, à tous les*] *râteliers* 話 どこででもうまい汁を吸う, 二またをかける.

*****rater** /rate/ ラテ 他動 ❶ …を撃ち損じる. ▶ *rater* un lièvre ウサギを撃ち損ねる.
❷ …に失敗する；をやりそこなう. ▶ *rater* un examen 試験に落ちる／*rater* sa vie 人生をしくじる／*rater* un plat 料理を作りそこなう／*rater* un virage カーブを切りそこなう.
❸ …に〔乗り〕遅れる；会いそこなう；〔機会, 地位など〕を逃す, ふいにする. ▶ *rater* son train 列車に乗り遅れる／Je l'ai *raté* de cinq minutes. 5分違いで彼に会えなかった.
ne pas en rater une 話 へまばかりしている.
ne pas rater qn 話 …に思い知らせてやる, …をこっぴどくやっつける.
— 自動 ❶〔銃砲などが〕不発に終わる, 命中しない.
❷〔計画などが〕失敗に終わる.
Ça n'a pas raté. 思ったとおりだ.
— **se rater** 代動 ❶ 互いに会えない. ▶ Nous nous sommes *ratés* de peu. ほんの少しの違いで会い損なった. ❷ 自殺に失敗する.

ratiboiser /ratibwaze/ 他動 俗 ❶ < *ratiboiser* qc à qn >…から…を奪う, 巻き上げる.
❷〔賭(かけ)などで〕…を文無しにする；破滅させる.
❸〔髪〕を丸刈りにする.

raticide /ratisid/ 男 殺鼠(さっそ)剤.

ratification /ratifikasjɔ̃/ 女 批准；承認；追認；批准書.

ratifier /ratifje/ 他動 ❶ …を批准する, 承認する；追認する. ❷ …を正しいと認める.

ratio /rasjo/ 男 率, 比率.

ratiocination /rasjɔsinasjɔ̃/ 女 文章 長々と理屈を言うこと, へ理屈.

ratiociner /rasjɔsine/ 自動 長々と理屈を言う, へ理屈をこねる.

ration /rasjɔ̃/ 女 ❶（食糧などの）1日分の配給量

[糧食]. ▶ recevoir sa *ration* de pain パンの配給を受ける / *rations* imposées en temps de guerre 戦時配給物資 / *ration* alimentaire（1日の）必要栄養量.

❷ 話 (嫌なことの)分け前. ▶ recevoir sa *ration* d'épreuves 相応の苦痛を味わう.

rationalisation /ʀasjɔnalizasjɔ̃/ 囡 合理化. ▶ plan de *rationalisation* 合理化計画.

rationaliser /ʀasjɔnalize/ 他動 ❶ …を合理化する. ▶ *rationaliser* la production 生産を合理化する.
❷〔行為や実践など〕を理論化する, 言語化する.

rationalisme /ʀasjɔnalism/ 男 ❶ 合理主義. ❷【哲学】合理論, 理性論.

rationaliste /ʀasjɔnalist/ 形 ❶ 合理主義の. ❷【哲学】合理論の, 理性論の.
— 名 ❶ 合理主義者. ❷ 合理論者, 理性論者.

rationalité /ʀasjɔnalite/ 囡 合理性.

rationnel, le /ʀasjɔnɛl/ 形 ❶ 理性的な. ▶ une attitude *rationnelle* 理性的な態度.
❷ 合理的な, 理にかなった. ▶ un esprit *rationnel* 合理的精神(の持ち主) / Ce qu'il dit est *rationnel*. 彼の言うことは理にかなっている.
❸【数学】nombre *rationnel* 有理数 / expression *rationnelle* 有理式.

rationnellement /ʀasjɔnɛlmɑ̃/ 副 合理的に. ▶ agir *rationnellement* 分別のある行動をする.

rationnement /ʀasjɔnmɑ̃/ 男 割り当て, 配給. ▶ *rationnement* du tabac タバコの配給(制).

rationner /ʀasjɔne/ 他動 ❶ …を割り当て配給する. ▶ *rationner* l'essence ガソリンを配給制にする, 結合; 配給. ❷ …に配給制を敷く;〔の食事の量を減らす. ▶ *rationner* les habitants d'un pays occupé 占領国の住民に配給制を敷く.
— **se rationner** 代動 (自分の)食事を制限する.

ratissage /ʀatisaʒ/ 男 ❶ 熊手でかきならすこと, かき集め. ❷ 徹底的な捜査; 掃討.

ratisser /ʀatise/ 他動 ❶ …を熊手でかき集める[掃除する]. ▶ *ratisser* une allée 並木道を熊手で掃除する. ❷ …をしらみつぶしに捜査する; 掃討する. ▶ La police *a ratissé* tout le quartier. 警察はその地区全域を徹底捜査した. ❸ 話 (賭(ばく)で)…を一文無しにする. ▶ se faire *ratisser* au jeu 賭ですってんてんになる.

raton /ʀatɔ̃/ 男 ❶ 子ネズミ. ❷ *raton* laveur アライグマ.

ratonnade /ʀatɔnad/ 囡 話 (ヨーロッパ人による北アフリカの)アラブ人迫害; (ある人種や社会集団に対する)迫害, 暴力行為.

RATP 囡《略語》Régie autonome des transports parisiens パリ交通公団.

rattachement /ʀataʃmɑ̃/ 男 (再び)結び付けること, 結合; 合併, 併合.

rattacher /ʀataʃe/ 他動 ❶ *rattacher* qn/qc à qc〔機関, 施設など〕を…に従属[付属]させる. ▶ un institut de recherches *rattaché* à une université 大学付属の研究所 / *rattacher* un service au ministère de l'Education nationale ある係を国民教育省の管轄に置く. ❷〈*rattacher* A à B〉A を B に結び付ける. 注 B が主で

A が従である場合に用いる. ▶ *rattacher* un fait à une loi générale ある事実を一般的な法則に結び付ける / Rien ne le *rattache* plus à sa famille. もはや何一つ彼を家庭につなぎとめるものはない. ❸〔靴ひもなど〕を再び結ぶ, 結び直す.
— **se rattacher** 代動〈*se rattacher* à qc〉(主たるものに)結び付く, 関係する.

rattrapable /ʀatʀapabl/ 形 取り戻せる; 追いつける.

rattrapage /ʀatʀapaʒ/ 男 ❶ 追いつくこと; 取り戻すこと. ▶ cours de *rattrapage* 補習授業.
❷ 調整. ▶ *rattrapage* des salaires 賃金の物価調整分.

***rattraper** /ʀatʀape/ ラトラペ 他動 ❶ …を再び捕らえる. ▶ *rattraper* un prisonnier évadé 脱獄囚を捕まえる. ❷〔落ちそうなもの〕をつかむ. ▶ *rattraper* un enfant qui va tomber 転びかけた子供を抱き止める. ❸ …に追いつく. ▶ Pars devant, je te *rattraperai* bientôt. 先に行ってくれ, すぐ追いつくから. ❹〔失ったもの, 時間, 失敗〕を取り戻す. ▶ *rattraper* un retard 遅れを取り戻す.
❺〔過ちなど〕を償う, 埋め合わせる.
— **se rattraper** 代動 ❶〈*se rattraper* à qc〉…につかまる, すがる. ▶ se *rattraper* à une branche 枝にしがみつく. ❷ 遅れ[損失]を取り戻す; 埋め合わせをする. ▶ se *rattraper* sur les desserts (食事の不足を)デザートで埋め合わせる. ❸ ミスを取り繕う.

rature /ʀatyʀ/ 囡 (字句を)削除する線; 削除箇所. ▶ faire des *ratures* sur qc …の字句を削る.

raturer /ʀatyʀe/ 他動 …を線を引いて消す, 削除する.

rauque /ʀok/ 形〔声が〕しわがれた;〔音が〕低く響く, うなるような.

ravage /ʀavaʒ/ 男《多く複数で》❶ 被害, 大損害. ▶ les *ravages* de la guerre 戦争の惨禍 / *ravages* dus à l'inondation 洪水による被害. 比較 ⇒ DÉGÂT. ❷ 文章 (肉体的, 精神的)荒廃. ▶ les *ravages* du temps 歳月のもたらす荒廃, 老衰.

faire des ravages (1)〔伝染病などが〕猛威をふるう, 甚大な被害をもたらす. (2) 話 (多くの)異性心をとらえる; 次々と異性を泣かせる.

ravagé, e /ʀavaʒe/ 形 ❶ 荒廃した; 憔悴(しょうすい)した. ▶ visage *ravagé* やつれた顔.
❷ 話 気のふれた.

ravager /ʀavaʒe/ ② 他動 ❶ …を荒らす; に被害を与える. ▶ La guerre *a ravagé* le pays. 戦禍で国は荒廃した.
❷ 文章 (肉体的, 精神的に)…を荒廃させる, 憔悴(しょうすい)させる. ▶ Le malheur *a ravagé* sa vie. 不幸が彼(女)の生活をすさんだものにした.

ravageur, euse /ʀavaʒœʀ, øːz/ 形 ❶ 荒らす, 被害を与える. ❷ (肉体, 精神を) 荒廃させる.
— 名 荒らす者, 被害を与える者〔動物〕.

ravalement /ʀavalmɑ̃/ 男 (壁などの)磨き[洗い]直し, 化粧直し, 塗り替え.

ravaler /ʀavale/ 他動 ❶〔口の中の物〕を飲み込む;〔感情など〕を抑える. ▶ *ravaler* sa salive つばを飲み込む / *ravaler* sa colère 怒りを抑える.

ravaudage

❷ …をおとしめる, の価値を下げる. ▶ *ravaler* la réputation de qn …の評判を落とす.
❸〔壁など〕を磨き〔洗い〕直す, 化粧直しする.
faire ravaler ses paroles à qn …の言葉を撤回させる.
— **se ravaler** 代動 品位が下がる, 品格が落ちる.

ravaudage /ravodaːʒ/ 男〔衣類などの〕繕い.
ravauder /ravode/ 他動〔衣類など〕を繕う;《目的語なしに》繕い物をする.
rave /raːv/ 女〘植物〙フランスカブ.
***ravi, e** /ravi/ 形 (ravir の過去分詞)〈*ravi* (de qc)〔不定詞〕〉//*ravi* (que +〔接続法〕)〉〈(…で)大喜びの, たいへんうれしい. ▶ Il est *ravi* de ce voyage. 彼はこの旅行に大喜びだ / Je suis *ravi* de vous revoir. あなた(方)に再会できてとてもうれしく思います / Il est *ravi* que je lui fasse ce cadeau. 私がこれをプレゼントするというので彼は大喜びだ.
ravier /ravje/ 男 オードブル皿.
ravigotant, ante /ravigɔtɑ̃, ãːt/ 形 話 元気づける, 元気の出る.
ravigote /ravigɔt/ 女〘料理〙ラヴィゴットソース: ケーパー, エシャロット, 香草などが入った辛みの利いたドレッシング.
ravigoter /ravigɔte/ 他動 話 …を元気づける.
ravin /ravɛ̃/ 男 峡谷; くぼ地.
ravine /ravin/ 女 ❶ 小さな峡谷. ❷(流水でできた)小さい溝, くぼ地.
ravinement /ravinmɑ̃/ 男 (流水による)溝の形成;(浸食による)地面のくぼみ.
raviner /ravine/ 他動 ❶〔流水が地面〕に溝をつける, をうがつ. ❷(多く過去分詞形で)〔顔〕にしわを刻む. ▶ visage *raviné* 深いしわの刻まれた顔.
ravioli /ravjoli/ 男〘イタリア語〙〘料理〙ラビオリ: 小さな四角いめん生地の間に挽(ひ)き肉やホウレン草を挟んだもの.
ravir /raviːr/ 他動 ❶ …の心を奪う, を魅了する. ▶ Ce spectacle m'a *ravi*. 私はその光景にうっとりとなった.
❷ 文章〈*ravir* qn/qc (à qn)〉(…から)…を奪う, さらう. ▶ La guerre *a ravi* trois fils à cette famille. この一家は戦争で3人の息子を亡くした.
à ravir うっとりするほど, すばらしく. ▶ Elle est belle *à ravir*. 彼女はこの上なく美しい.
se raviser /s(ə)ravize/ 代動 意見〔考え〕を変える, 思い直す.
ravissant, ante /ravisɑ̃, ãːt/ 形 うっとりするほど美しい, すばらしい, 見事な. ▶ une petite fille *ravissante* 魅惑的な少女.
ravissement /ravismɑ̃/ 男 うっとりすること, 恍惚(こうこつ)状態. ▶ jeter [plonger] qn dans le *ravissement* …をうっとりさせる.
ravisseur, euse /ravisœːr, øːz/ 名 誘拐者.
ravitaillement /ravitajmɑ̃/ 男 (食糧, 物資, 燃料の)補給, 供給; 食糧. ▶ le *ravitaillement* d'un village isolé par la neige 雪で孤立した村への救援物資の供給 / aller au *ravitaillement* 話 食料品の買い出しに行く / avoir du *ravitaillement* pour une semaine 話 1週間分の買い置きがある.

ravitailler /ravitaje/ 他動〈*ravitailler* qn/qc (en qc)〉…に〔食糧などを〕補給〔供給〕する. ▶ *ravitailler* une armée 軍隊に食糧, 弾薬を補給する / *ravitailler* une ville en viande ある町に肉を供給する / *ravitailler* un avion en vol 飛行機に空中給油をする.
— **se ravitailler** 代動〈*se ravitailler* (en qc)〉(食糧などの)補給を受ける; 必需品を仕入れる. ▶ *se ravitailler* dans un supermarché スーパーマーケットで食料品を買い込む / *se ravitailler* en essence ガソリンを補給する.
ravitailleur, euse /ravitajœːr, øːz/ 名 補給係. — **ravitailleur** 補給車両, 補給艦, 給油機.
raviver /ravive/ 他動 ❶ …の勢いを強める, を再びかき立てる, よみがえらせる. ▶ *raviver* le feu 火をかき立てる / *raviver* la colère de qn …の怒りをかき立てる / *raviver* des couleurs 色彩を鮮やかにする. ❷〔金属面〕を磨く.
— **se raviver** 代動 再び勢いづく;〔希望, 感情などが〕よみがえる, 強まる, つのる.
ravoir /ravwaːr/ 他動《不定形のみ》❶ …を再び手に入れる, 取り戻す. ▶ Il pleure parce qu'il ne peut pas *ravoir* son jouet. 彼はおもちゃを取り戻せなくて泣いている. ❷ 話 …を元どおりきれいにする. ▶ Je ne peux pas *ravoir* cette casserole. この鍋(なべ)は元のようにきれいにならない.
rayé, e /reje/ 形 ❶ 縞(しま)のある, 筋のついた. ▶ pantalon *rayé* 縞のズボン / papier *rayé* 罫紙(けいし).
❷ 擦り傷のついた;〔銃身が〕筒内に腔線(こうせん)のある.
rayer /reje/ 12 他動 ❶ …に擦り傷をつける; 筋をつける, 線を引く. ▶ *rayer* un disque レコードに傷をつける / *rayer* du papier 紙に線を引く. ❷ (線を引いて)…を消す, 削除する. ▶ *rayer* un mot dans une phrase 文中の1語に線を引いて消す.
❸〈*rayer* qn/qc de qc〉…から…を抹消する. ▶ *rayer* qn de la liste …をリストから削除する / *rayer* qc de sa mémoire …を記憶から消す, 忘れ去る.
***rayon¹** /rejɔ̃/ レイヨン 男 ❶ 光線. ▶ *rayons* du soleil 太陽光線, 日光 / *rayon* laser レーザー光線.
❷ 光明. ▶ un *rayon* d'espérance 希望の光.
❸《複数で》放射線, 輻射(ふくしゃ)線. ▶ *rayons* infra-rouges 赤外線 / *rayons* ultra-violets 紫外線 / *rayons* X /rejɔ̃iks/ X 線 / traitement par *rayons* 放射線治療.
❹ (円の)半径;(中心からの)距離, 範囲. ▶ chercher une location dans un *rayon* de trente kilomètres autour de Paris パリから半径30キロ圏内に借家を探す.
❺ (車輪の)スポーク; 放射状の物. ▶ disposition en *rayons* 放射状の配置.
rayon d'action (1) 航続〔射程〕距離. (2) 行動半径, 活動範囲.
rayon de soleil (1) つかの間の太陽〔晴れ間〕. (2) 心を喜びで満たすもの, 心の太陽.
***rayon²** /rejɔ̃/ レイヨン 男 ❶ (本棚などの)棚板. ▶ Le livre est au [sur le] troisième *rayon* (de la bibliothèque). その本は(本棚の)3段目

にある. **❷**（デパートなどの）**売り場**. ▶ *rayon* pour hommes 紳士用品売り場 / acheter une poupée au *rayon* des jouets おもちゃ売り場で人形を買う / chef de *rayon* 売り場主任.
❸ 話 (得意の)分野, 領域. ▶ Ce n'est pas mon *rayon*. それは私に関係ないことだ / en connaître un *rayon* その分野に詳しい.
❹〖養蜂〗巣板(す).
C'est tout ce qu'on a en rayon. = ***C'est tout ce qui reste en rayon.*** これが最後の残り〔チャンス〕だ, これがぎりぎり最後の条件だ.

rayonnage /rejɔnaːʒ/ 男 (本)棚.

rayonnant, ante /rejɔnɑ̃, ɑ̃ːt/ 形 **❶** 光を放つ, 輝く; 放射する. ▶ chaleur *rayonnante* 放射熱. **❷**〈*rayonnant* (de + 無冠詞名詞)〉(喜びなどに)輝く, 満ちあふれた. ▶ Elle a le visage *rayonnant* de joie. 彼女は喜びにあふれた顔をしている. **❸** 放射状の.

rayonne /rejɔn/ 女〖繊維〗レーヨン, 人絹.

rayonné, e /rejɔne/ 形 放射状の, 放射状装飾のある.

rayonnement /rejɔnmɑ̃/ 男 **❶** 放射, 輻射(ふく); (集合的に)放射線. ▶ *rayonnement* solaire 太陽放射, 日射. **❷**（人, 国家などの）輝かしさ, 威光; 影響力. ▶ accroître le *rayonnement* d'un pays 国の威信を高める. **❸**（表情などの）輝き, 喜色. ▶ Un *rayonnement* de joie illumine son visage. 彼(女)の顔は喜びに輝いている.

rayonner /rejɔne/ 自動 **❶** 光を放つ, 輝く;〔熱などが〕放射する. **❷**〔感情などが〕あふれ出る;〔表情などが〕輝く. ▶ Son visage *rayonne* de joie. 彼(女)の顔は喜びに輝いている. **❸** 放射状に延びる;影響力を持つ. ▶ place d'où *rayonnent* plusieurs avenues 何本かの大通りが放射状に延びる広場 / L'industrie informatique *rayonne* dans le monde entier. 情報産業が全世界に影響を及ぼしている. **❹**（ある拠点を基に)動き回る.

rayure /rejyːr/ 女 **❶**（多く複数で)縞(しま), 縞模様. ▶ cravate à *rayures* bleues et blanches 青と白の縞柄のネクタイ.
❷（物の表面の)ひっかき傷. ▶ faire des *rayures* sur une carrosserie 車体に擦り傷をつける.
❸ 腔線(こう): 銃身内の螺旋(らせん)状の溝.

raz /rɑ/ 男 瀬戸; (瀬戸などに起こる)激しい潮流, 急流.

raz de marée /rɑdmare/, **raz-de-marée** 男〖単複同形〗**❶** 津波; 高潮. **❷** 大変動, 激変; (選挙の)大勝利.

razzia /radzja/ 女 (野盗の)襲撃, 略奪.
faire (une) razzia sur qc 話 …をごっそり奪う, 根こそぎ持ち去る.

razzier /ra(d)zje/ 他動 …を(略奪のために)襲撃する, 強奪する.

ré /re/ 男〖単複同形〗〖音楽〗(音階の)レ, (日本音名の)二音, D 音.

re-, ré- 接頭〖別形 r-〗**❶**「再び」の意. ▶ *re*dire 繰り返して言う / *re*dresser 立て直す, 修正する. **❷**「元へ戻ろう」を表わす. ▶ *re*ntrer 帰る. **❸**「対立」を表わす. ▶ *ré*agir 反応する, 対抗する. **❹**「強意, 完遂」を表わす. ▶ *re*chercher 探求する.

réabonnement /reabɔnmɑ̃/ 男 (新聞, 雑誌などの)予約(購読)の更新, 購読継続.

réabonner /reabɔne/ 他動 …のために予約(購読)を更新する. — **se réabonner** 代動〈*se réabonner* (à qc)〉(新聞, 雑誌の)予約(購読)を更新する, (…を)続けてとる.

réac /reak/ 形, 名《男女同形》(réactionnaire の略) 話 反動的な(人).

réaccoutumer /reakutyme/ 他動〈*réaccoutumer* qn à qc/不定詞〉…を…に再び慣らす.
— **se réaccoutumer** 代動〈*se réaccoutumer* à qc/不定詞〉…に再び慣れる.

réacteur /reaktœːr/ 男 **❶** ジェットエンジン.
❷〖化学〗反応装置, リアクター.
❸〖原子力〗(原子)炉. ▶ *réacteur* nucléaire 原子炉 / *réacteur* à eau légère 軽水炉.

réactif, ive /reaktif, iːv/ 形 **❶** 反応する; 反作用の; 反応する. **❷**〖電気〗リアクタンス性の.
— **réactif** 男〖化学〗試薬.

***réaction** /reaksjɔ̃/ レアクスィヨン/ 女 **❶**〈*réaction* (à qc)〉(…への)反応, 反響. ▶ *réaction* de l'opinion publique à une nouvelle loi 新しい法律に対する世論の反応 / susciter des *réactions* fortement contrastées 賛否両論を巻き起こす / avoir une *réaction* de colère 怒りの反応を示す / être sans *réaction* なんの反応も示さない.
❷〈*réaction* (contre qc)〉(…に対する)反発, 反動. ▶ Le réalisme est une *réaction* contre le lyrisme du romantisme. リアリズムはロマン主義の叙情性に対する一種の反発である / en *réaction* contre qc …に対する反動〔反発〕として.
❸《la réaction》保守反動. ▶ combattre les forces de la *réaction* 反動勢力と闘う.
❹〖物理〗〖化学〗反応, 反作用. ▶ propulsion par *réaction* ジェット推進 / avion à *réaction* ジェット機 / *réaction* nucléaire (原子)核反応 / *réaction* en chaîne 連鎖反応.
❺ (機械などの)反応性. ▶ Cette voiture a de bonnes *réactions*. この車はレスポンスがいい.
❻〖生理学〗〖心理〗反応.

réactionnaire /reaksjɔnɛːr/ 形, 名 反動的な(人), 反動主義の(人).

réactivation /reaktivasjɔ̃/ 女 再活性化.

réactiver /reaktive/ 他動 …を再び活発にさせる. ▶ *réactiver* le feu 火を再びかき立てる / *réactiver* les commissions 委員会の活動を再開する.

réadaptation /readaptasjɔ̃/ 女 再適応, 社会復帰; リハビリテーション.

réadapter /readapte/ 他動〈*réadapter* qn/qc (à qc)〉…を(…に)再び適応させる; にリハビリテーションを行う. — **se réadapter** 代動〈*se réadapter* (à qc)〉(…に)再び適応する.

réadmet, réadmets /readmɛ/ 活用 ⇨ RÉADMETTRE 65

réadmettre /readmɛtr/ 65 他動 (過去分詞 réadmis, 現在分詞 réadmettant) …に(入会, 入党などを)再び許可〔承認〕する; 復帰〔復職, 復学〕を許可

réadmi-

する.

réadmi-, réadmî-, réadmiss- 活用 ⇨ RÉADMETTRE 65

réadmission /readmisjɔ̃/ 囡 再入会 [再入党] 許可; 復帰 [復職, 復学] の許可.

réaffirmer /reafirme/ 他動 …を(別の機会に)再び確認 [断言, 主張]する.

*****réagir** /reaʒiːr/ レアジール 間他動 ❶ ⟨*réagir* à qc⟩ …に反応する, 対応する. ▶ *réagir* prudemment à une proposition ある提案に慎重に対応する / Comment a-t-elle *réagi* à la nouvelle ? 彼女はその知らせにどんな反応 [態度] を示しましたか / Cette voiture *réagit* mal au freinage. この車はブレーキのレスポンスが悪い / 《目的語なしに》Je ne sais pas comment *réagir*. どう振る舞っていいものか分からない. ❷ ⟨*réagir* contre qc/qn⟩ …に抵抗する, 逆らう. ▶ *réagir* contre la mode 流行に逆らう / *réagir* contre les injustices 不正に立ち向かう / 《目的語なしに》Ne vous laissez pas abattre, il faut *réagir*. くじけないで, 頑張らなくては駄目ですよ. ❸ ⟨*réagir* sur qc/qn⟩ …に逆に作用する, 影響する. ▶ Son discours peut *réagir* sur les sondages. 彼(女)の演説は世論調査に影響するかもしれない.

réajustement /reaʒystəmɑ̃/ 男 ⇨ RAJUSTEMENT.

réajuster /reaʒyste/ 他動 ⇨ RAJUSTER.

réalisable /realizabl/ 形 ❶ 実現 [実行] 可能な. ▶ plan *réalisable* 実現可能な計画. ❷ 現金に換えられる, 換金しうる.

réalisateur, trice /realizatœːr, tris/ 名 ❶ (映画の)監督; (テレビ, ラジオの)ディレクター. ❷ 実現 [実行] する人, 実行家.

réalisation /realizasjɔ̃/ 囡 ❶ 実現, 実行; 製作, 建造. ▶ la *réalisation* d'un idéal 理想の実現. ❷ 成果; 作品, 製品. ▶ les dernières *réalisations* françaises dans le domaine de l'automatisation オートメーションの分野におけるフランスの最近の成果. ❸ 《映画》《テレビ》監督, 演出. ❹ (資産などの)現金化; 売却.

*****réaliser** /realize/ レアリゼ 他動

> 英仏そっくり語
> 英 to realize 実感する, 実現する.
> 仏 réaliser 実現する.

❶ …を実現する; 実行する; 達成する. ▶ *réaliser* un plan 計画を実現する / *réaliser* son vieux rêve 長年の夢を実現する / *réaliser* ses promesses 約束を果たす / *réaliser* un exploit 快挙を成し遂げる / *réaliser* des bénéfices 利益を上げる. 比較 ⇨ EFFECTUER.

❷ [映画, テレビ番組など]を監督する, 演出する. ▶ *réaliser* un film 映画を監督する.

❸ [資産など]を現金化する; 売却する. ▶ *réaliser* son capital 財産を現金化する.

❹ …を実感する; が分かる, に気がつく (= comprendre). 注 英語 realize から. ▶ *réaliser* l'importance d'un événement 事件の重大さを悟る / 《目的語なしに》Tu *réalises* ? 分かるかい.

❺ ⟨*réaliser* qc de qn/qc⟩ …の [模範, 典型] となる. ▶ homme qui *réalise* le type de l'ambitieux 野心家の見本のような男.

— **se réaliser** 代動 ❶ 実現する. ▶ Ses prévisions *se sont réalisées*. 彼(女)の予想は現実のものとなった. ❷ ⟨*se réaliser* (dans qc)⟩ (…で)自己の理想を達成する; 自己を実現する. ▶ *se réaliser* dans son travail 仕事において自己を開花させる.

réalisme /realism/ 男 ❶ 現実主義; 現実的感覚. ▶ voir la situation avec *réalisme* 状況を現実に即して理解する. ❷ 写実性, 迫真性; (現実描写の)露骨さ. ❸ 《文学》《芸術》写実主義, リアリズム. ❹ 《哲学》実在論 (↔ idéalisme); (スコラ哲学で)実念論 (↔ nominalisme).

réaliste /realist/ 形 ❶ 現実主義の, 現実感覚のある. ❷ [表現などが] 写実的な; どぎつい, みだらな. ❸ (文学や美術などで) 写実主義の, リアリズムの. ❹ 《哲学》実在 [実念] 論の.
— 名 ❶ 現実主義者. ❷ (文学, 美術などで) 写実主義者.

*****réalité** /realite/ レアリテ 囡 ❶ (la réalité) 現実. ▶ regarder la *réalité* en face 現実を直視する / La *réalité* dépasse la fiction. 事実は小説よりも奇なり / *réalité* virtuelle 仮想現実. ❷ 実在性; 実在性, 現実性. ▶ douter de la *réalité* des OVNI UFO の実在を疑う. ❸ (しばしば複数で) 現実のもの [姿]; 実情, 実体. ▶ connaître les *réalités* économiques 経済の実態を把握する / être confronté à une *réalité* nouvelle 新しい事態に直面する / prendre ses désirs pour des *réalités* 願望を現実と取り違える, 幻想を抱く.

dans la réalité 現実 [実生活] において.

*****en réalité** 実際には, 本当のところ. ▶ Il a l'air pauvre, mais il est *en réalité* riche. 彼は貧しそうに見えるが実際は金持ちだ.

reality show /realitiʃo/ 男 《英語》リアリティ番組 (一般視聴者が参加する台本なしの番組).

réanimateur, trice /reanimatœːr, tris/ 名 蘇生(ホネ)医, 救急医.

réanimation /reanimasjɔ̃/ 囡 《医学》蘇生(ホネ), 蘇生法 [術].

réanimer /reanime/ 他動 …を蘇生させる.

réapparaiss- 活用 ⇨ RÉAPPARAÎTRE 50

réapparaître /reaparetr/ 50 自動 《助動詞は avoir または être》再び現れる.

réapparition /reaparisjɔ̃/ 囡 再出現, 再登場.

réapparu-, réapparû-, réapparuss- 活用 ⇨ RÉAPPARAÎTRE 50

réapprendre /reaprɑ̃ːdr/ 87 他動 ⇨ RAPPRENDRE.

réapprovisionner /reaprovizjone/ 他動 [店など]に再び品物を仕入れる [補給する].

réarmement /rearməmɑ̃/ 男 ❶ 再武装; 再軍備. ❷ (銃の)再装塡(ξΞ). ❸ (船の)再艤装(ξΞ).

réarmer /rearme/ 他動 ❶ …を再武装させる. ❷ [銃]を再び装塡する. ❸ [船]を再艤装する. — 自動 [国が]再軍備する; 軍備を再強化する.

réassortiment /reasɔrtimɑ̃/ 男 (商品の)補充; 新入荷品.

réassortir /reasɔrtiːr/ 他動 ❶ (不足分を足して) [欠けているもの]をそろえ直す.

❷ [店, 商人]に品ぞろえのために再び納入する.
— **se réassortir** 代動 (欠けているものを)手に

récapitulatif

入れる; 在庫を補充する. ▶ *se réassortir* en couverts (不足を買い足して) 食器を一そろいにする.

rébarbat*if, ive* /rebarbatif, iːv/ 形 ❶ 気難しそうな, 取っ付きにくい, つっけんどんな. ▶ une mine *rébarbative* 険しい顔つき. ❷ 〔仕事や問題が〕おもしろみのない, うんざりするような.

rebat /rəba/ 活用 ⇨ REBATTRE 64

rebâtir /rəbɑtiːr/ 他動 …を建て直す, 再建する.

rebats /r(ə)ba/ 活用 ⇨ REBATTRE 64

rebattre /r(ə)batr/ 64 他動 (過去分詞 rebattu, 現在分詞 rebattant) …を再び打つ, 繰り返し打つ. ▶ *rebattre* les cartes カードを切り直す / *rebattre* un matelas マットレスを打ち直す.
rebattre les oreilles à qn de qc …の耳にたこができるほど…を繰り返し言う.

rebattu, e /r(ə)baty/ 形 (rebattre の過去分詞) 言い古された, 月並な. ▶ un calembour *rebattu* 使い古された駄じゃれ.

rebelle /rəbɛl/ 形 <*rebelle* (à qc/qn)> ❶ (政府, 権力に対する) 反逆の, 反乱の. ▶ actions *rebelles* 反政府運動.
❷ (…に) 従わない, 反抗的な. ▶ *rebelle* aux conseils 忠告に耳を貸さない.
❸ (…に) 向かない, (…を) 理解しない. ▶ être *rebelle* à la musique 音楽を解さない.
❹ (…で) 扱いにくい, 手に負えない, 治りにくい. ▶ chevelure *rebelle* (au peigne) (とかしても直らない) くせ毛 / fièvre *rebelle* 解熱剤の効かない熱.
— 名 反逆者, 謀反人.

se rebeller /sərəbele / srəbele/ 代動 <*se rebeller* (contre qn/qc)> (…に対して) 反逆する, 反抗する, 逆らう.

rébellion /rebɛljɔ̃/ 女 反逆, 反乱; (集合的に) 反逆者, 反徒. ▶ réprimer la *rébellion* 反乱を鎮圧する.

rebeu /rəbø/ 男 北アフリカ系2世フランス人.

se rebiffer /sərəbife / srəbife/ 代動 <*se rebiffer* (contre qn/qc)> (…に) 逆らう, 反抗する; (命令などを) 拒む. ▶ *se rebiffer* contre son chef ボスに逆らう.

rebiquer /r(ə)bike/ 自動 話 〔髪の毛が〕立つ, はねる; 〔襟先などが〕反り返る.

reblochon /r(ə)blɔʃɔ̃/ 男 ルブロション: 牛乳で作るオート=サヴォア産の軟質チーズ.

reboisement /r(ə)bwazmɑ̃/ 男 再植林.

reboiser /r(ə)bwaze/ 他動 …に再植林する.

rebond /r(ə)bɔ̃/ 男 (ボールなどの) 跳ね返り, バウンド.

rebondi, e /r(ə)bɔ̃di/ 形 (rebondir の過去分詞) 丸く膨らんだ; 丸々と太った.

rebondir /r(ə)bɔ̃diːr/ 自動 ❶ 〔ボールなどが〕跳ね返る, 弾む. ▶ un ballon qui *rebondit* sur le sol 地面に当たって跳ね返るボール.
❷ 〔事件などが〕新たな展開を見せる; 再燃する. ▶ Ces témoignages ont fait *rebondir* le procès. それらの証言は裁判に新たな波紋を投げかけた.

rebondissement /r(ə)bɔ̃dismɑ̃/ 男 ❶ (ボールなどの) 跳ね返り. ❷ 新たな展開; 再燃. ▶ le *rebondissement* imprévu d'une affaire 事件の意外な進展.

rebord /r(ə)bɔːr/ 男 (一段高くなった) 縁, へり.

reboucher /r(ə)buʃe/ 他動 〔穴など〕を再びふさぐ; 〔容器など〕に再び栓をする.
— **se reboucher** 代動 〔管などが〕再び詰まる.

rebours /r(ə)buːr/ 男 (次の句で)
à rebours 逆さに, あべこべに. ▶ marcher *à rebours* 後ずさりする / comprendre *à rebours* あべこべに解釈する / faire tout *à rebours* 常識に反した行動をとる.
à [*au*] *rebours de qc* …とは逆の [に].
compte [*comptage*] *à rebours* 秒読み, カウントダウン; (日程などの) 逆算.

rebouteux, euse /r(ə)butø, øːz/ 名 話 接骨師, 整骨師, 骨接ぎ.

reboutonner /r(ə)butɔne/ 他動 〔服〕のボタンを再びかける.

rebrousse-poil /r(ə)bruspwal/ 《次の句で》
à rebrousse-poil 副句 (1) 毛並みに逆らって. ▶ caresser un chat *à rebrousse-poil* 猫の毛を逆なでする. (2) prendre qn *à rebrousse-poil* …の神経を逆なでする.

rebrousser /r(ə)bruse/ 他動 〔髪, 毛など〕を逆立たせる, 逆なでする.
rebrousser chemin (途中で) 引き返す.
— 自動 〔髪, 毛などが〕逆立つ.
— **se rebrousser** 代動 〔髪, 毛などが〕逆立つ.

rebuffade /r(ə)byfad/ 女 手荒い拒絶, 手ひどいあしらい.

rébus /rebys/ 男 ❶ 判じ物, 判じ絵, 語呂(ろ)合わせパズル (例: nez rond, nez pointu, main = Néron n'est point humain). ▶ deviner [déchiffrer] un *rébus* 謎(な)解きをする. ❷ 読みにくい筆跡. ❸ 謎めいた言葉; 謎.

rebut /r(ə)by/ 男 ❶ くず, 廃棄物. ❷ 人間のくず.
de rebut 粗悪な. ▶ objets *de rebut* がらくた.
mettre [*jeter*] *qc/qn au rebut* …をお払い箱にする.

rebutant, ante /r(ə)bytɑ̃, ɑ̃ːt/ 形 うんざりさせる, 不快な. ▶ un travail *rebutant* うんざりする仕事.

rebuter /r(ə)byte/ 他動 ❶ …のやる気をなくさせる, に嫌気を起こさせる. ▶ Ce travail me *rebute*. 私はこの仕事に嫌気が差している.
❷ …を不快にさせる. ▶ Ses manières me *rebutent*. 彼(女)の振る舞いは不愉快だ.

recadrer /r(ə)kadre/ 他動 ❶ 〔写真のフレーミング〕を変える. ❷ …の枠組みを見直す.

récalcitrant, ante /rekalsitrɑ̃, ɑ̃ːt/ 形 強情に逆らう, 言うことを聞かない. ▶ caractère *récalcitrant* 強情な性格 / être [se montrer] *récalcitrant* à [contre] qc …を [命令として] 受けつけない. — 名 頑固者, 強情っ張り, 抵抗者.

recalculer /r(ə)kalkyle/ 他動 …を計算し直す.

recalé, e /r(ə)kale/ 形 話 落第した, 不合格の.
— 名 落第生, 不合格者.

recaler /r(ə)kale/ 他動 話 …を試験に落第させる. ▶ Il s'est fait *recaler* au bac. 彼はバカロレアに落ちた.

récapitulat*if, ive* /rekapitylatif, iːv/ 形 要約する, 要点を挙げている. ▶ liste [table] *récapitulative* 要点一覧表.

récapitulation /rekapitylasjɔ̃/ 囡 要点を繰り返すこと；要約. ▶ faire la *récapitulation* d'un compte 報告の要点を繰り返す.

récapituler /rekapityle/ 他動 ❶ …の要点を繰り返す；を要約する. ▶ *récapituler* un discours 講演の要点を繰り返す. ❷ …を丹念にたどる，回顧する.

recaser /r(ə)kaze/ 他動 話 …を再就職させる，復職させる.

recel /rəsɛl/ 男〖法律〗(盗品，犯人，財産などの)隠匿，贓物(ぞうぶつ)隠匿(罪). ▶ *recel* de malfaiteur 犯人隠匿.

receler /rəsle/ 5，**recéler** /r(ə)sele/ 6 他動 ❶〔盗品，犯人など〕を隠匿する. ▶ *receler* des bijoux volés 盗品の宝石を隠し持つ. 比較 CACHER. ❷ …を含み持つ，包蔵する. ▶ Les fonds océaniques *recèlent* de grandes richesses. 海洋底は大きな富を蔵している.

receleur, euse /rəslœːr; rsəlœːr, øːz/ 名〖法律〗隠匿者.

*****récemment** /resamã レサマン/ 副 最近，近ごろ. ▶ J'ai vu Jean *récemment*. 私は最近ジャンに会った / tout *récemment* つい最近，ついこの間.

語法 **récemment** と類似表現

(1) **récemment, dernièrement**
これらの表現では動詞は必ず複合過去形になる. dernièrement の方がやや口語的. いずれも，il n'y a pas longtemps による置き換えも可能.
・Mes parents ont fait un voyage en France récemment. 私の両親はつい最近フランスを旅行した.

(2) **ces temps-ci, ces jours-ci, ces derniers temps, ces temps derniers**
これらの表現では，動詞は現在形または複合過去形になる.
・Il n'est pas en forme ces temps-ci. 最近，彼は元気がない.
・Le prix du pétrole a augmenté ces derniers temps. 最近，石油の価格が上がった.
・Je ne lis pas beaucoup ces jours-ci. 近ごろはあまり本を読んでいない.

(3) (**au cours de**) **ces dix dernières années** [**derniers mois**] 最近10年間 [10か月] で.
これらの表現では動詞は複合過去形になる.
・Tokyo a énormément changé au cours de ces dix dernières années. 東京はここ10年間で大きく変わった.
・Ces deux dernières semaines, nous avons eu beaucoup d'invités. ここ 2 週間，私たちのところにはずいぶんたくさんの来客があった.

(4) **depuis quelque** [**peu de**] **temps** 最近，少し前から.
これらの表現では動詞は現在形になる.
・Depuis quelque temps, elle rentre tard le soir. 最近，彼女は家に帰るのが遅い.
・Nous sommes à Nice depuis peu de temps. 私たちはつい最近ニースに来ました.

recensement /r(ə)sãsmã/ 男 ❶ 人口調査，国勢調査. ▶ faire le *recensement* de la population 国勢調査を行う. ❷ 調査；明細目録. ▶ *recensement* général des votes (選挙区の)開票結果集計.

recenser /r(ə)sãse/ 他動 ❶〔人口〕を調査する. ▶ *recenser* la population d'un pays 国勢調査をする. ❷ …の調査目録を作る.

*****récent, ente** /resã, ãːt レサン，レサーント/ 形 最近の. ▶ une nouvelle toute *récente* 最新情報 / C'est tout *récent*. つい最近のことだ / immeuble *récent* 現代的ビル.

recentrage /r(ə)sãtraːʒ/ 男〖サッカー〗センタリング. ❷〖政治〗政策の修正.

recentrer /r(ə)sãtre/ 他動 ❶〖サッカー〗〔ボール〕をセンタリングする，センターフォワードへ送る. ❷〖政治〗〔政策〕を修正する.

récépissé /resepise/ 男 受領書；預り証.

réceptacle /reseptakl/ 男 集合地，集積所.

récepteur /reseptœːr/ 男 ❶ 受信機；受話器 (=*récepteur* de téléphone). ▶ *récepteur* de radio ラジオ受信機 / décrocher le *récepteur* 受話器を外す. ❷〖生物学〗(感覚の)受容器；(ホルモンなどの)受容体. ❸〖言語〗(メッセージの)受信者.
—— **récept*eur*, *trice*** /reseptœːr, tris/ 形 (電波，音波などを) 受ける. ▶ poste *récepteur* 受信機，受像機.

récept*if*, *ive* /reseptif, iːv/ 形 ❶ <*réceptif* à qc> …を受け入れやすい. ▶ L'enfant est *réceptif* à la publicité. 子供は広告の影響を受けやすい. ❷ 病気にかかりやすい.

*****réception** /resepsjɔ̃ レセプシォン/ 囡 ❶ (手紙，小包などを) 受け取ること，受領. ▶ *réception* d'un paquet 小包の受領 / accusé [avis] de *réception* (書留などの) 受取通知(書) / livraison payable à la *réception* 代金受取払いの配達. ❷ (電波などの) 受信. ▶ les zones de mauvaise *réception* 受信不良地域. ❸ (人の) 受け入れ，接待；レセプション，歓迎会；レセプション会場 (=salle de *réception*). ▶ faire une bonne [mauvaise] *réception* à qn …を歓待 [冷遇] する / donner une *réception* レセプションを開く. ❹ (ホテルなどの) 受付，フロント. ▶ Adressez-vous à la *réception*. フロントにお問い合わせください. ❺ 入会 (式). ▶ discours de *réception* 入会演説. ❻〖スポーツ〗着地；レシーブ.

réceptionner /resepsjɔne/ 他動 ❶〔納品〕を受理する. ❷〔ボール〕をレシーブする.

réceptionniste /resepsjɔnist/ 名 (ホテル，会社の) 受付係，応接係.

réceptivité /reseptivite/ 囡 ❶ 影響を受けやすいこと，受容性，感受性. ❷ (受信機の) 感度，受信能力. ❸ 病気にかかりやすいこと，罹患(りかん)度.

récess*if*, *ive* /resesif, iːv/ 形〖生物学〗劣性の (↔dominant).

récession /resesjɔ̃/ 囡 (経済活動の) 落ち込み；景気後退，不況.

*****recette** /r(ə)sɛt ルセット/ 囡

英仏そっくり語
英 receipt レシート，収入.
仏 recette レシピ，収入.

❶ (料理の) 作り方，料理法，レシピ (=*recette* de

cuisine). ▶ Tu peux me donner ta *recette* du coq au vin? あなたの鶏のワイン煮の作り方を教えてくれますか / livre de *recettes* 料理本.
❷ やり方, 秘訣(^{ひけつ}). ▶ une *recette* infaillible pour réussir 必ず成功する方法.
❸ 収入; 売上高;〖映画〗興業収入. ▶ la *recette* journalière d'un magasin 店の1日の売上高 / Les dépenses excèdent les *recettes*. 支出は収入を上回っている / *recettes* publiques (国, 地方公共団体の)財政収入, 税収.
❹〘税金の〙徴収, 徴税; 収税吏の職; 税務官庁. ▶ aller à la *recette* des impôts 税務署に行く / garçon de *recette* (銀行などの)集金係.
faire recette 好評である, 大当たりする.

recevabilité /rəsvabilite; rsəvabilite/ 女〖法律〗(請求などの)受理可能性.

recevable /rəsvabl; rsəvabl/ 形 ❶ 容認しうる, 受け入れることができる. ▶ Cette excuse n'est pas *recevable*. そんな言い訳は認められない.
❷〘法律〙〔請求などが〕受理されうる.

receveur, euse /rəsvœːr; rsəvœːr, œːz/ 名 ❶〘臓器の〙被移植者. ❷〘輸血の〙受血者. ▶ *receveur* universel 万能受血者(AB型の人).
❸ 収入役, 収税吏. ❹ 郵便局長 (= *receveur* des postes).

***recevoir** /rəsvwaːr; rsəvwaːr ルスヴォワール/ 45 他動

過去分詞 reçu	現在分詞 recevant
直説法現在 je reçois	nous recevons
tu reçois	vous recevez
il reçoit	ils reçoivent
複合過去 j'ai reçu	半過去 je recevais
単純未来 je recevrai	単純過去 je reçus
接続法現在 je reçoive	

❶ ‹*recevoir* qc (de qn/qc)›(…から)…を受ける, 受け取る. ▶ *recevoir* un mail 電子メールを受け取る / *recevoir* un coup de téléphone 電話を一本もらう / *recevoir* une lettre de ses enfants 子供たちからの手紙を受け取る / *recevoir* un cadeau プレゼントをもらう / *recevoir* un prix littéraire 文学賞を受ける / *recevoir* des conseils d'un ami 友人からいろいろ忠告を受ける.
❷〘被害, 非難, 行為などを〙受ける, 被る. ▶ *recevoir* un coup de poing 殴られる / *recevoir* un affront 侮辱を受ける / *recevoir* une averse にわか雨に遭う / Le projet de loi *a reçu* des modifications. 法案は修正された.
❸〘客〙を迎える, 招き入れる, もてなす, **面会する**;〔訪問〕を受ける. ▶ *recevoir* qn à dîner …を夕食に招く / *recevoir* qn dans le salon …を客間に通す / Ils nous *ont* bien [mal] *reçus*. 彼らは私たちを厚遇してくれた［冷遇した］／〘目的語なしに〙Elle sait *recevoir*. 彼女は客のもてなし方を心得ている / Ils *reçoivent* beaucoup. あの家にはお客が多い / Le médecin *reçoit* de 9 heures à 12 heures. その医師は9時から12時まで(外来患者を)診察する.
❹〘要求など〙を受け入れる, 認める. ▶ *recevoir* des excuses 謝罪を受け入れる / *recevoir* une plainte 告訴を受理する.
❺〘多く受動態で〙…の入学［入会］を許す, を合格とする. ▶ être *reçu* à un examen 試験に合格する / Il *a été reçu* dans les premiers à Polytechnique. 彼は理工科学校に上位で合格した.
❻〘物が〙…を受ける, 入れる, 収容する. ▶ La salle peut *recevoir* mille personnes. そのホールは1000人収容できる.
❼ …を受信する. ▶ On ne *reçoit* pas la sixième chaîne de télévision dans cette région. この地域ではテレビの第6チャンネルは映らない.
— **se recevoir** 代動 ❶ 互いに招待し合う. ❷〘スポーツ〙着地する.

recev- 活用 ⇨ RECEVOIR 45

rechange /r(ə)ʃɑ̃ːʒ/ 男 取り替え用の品, 交換部品.
de rechange 予備の, 取り替え用の, 代わりの. ▶ roue *de rechange* スペアタイヤ / vêtements *de rechange* 着替えの衣類 / solution *de rechange* 代案.

rechaper /r(ə)ʃape/ 他動〔タイヤ〕を再生する.

réchapper /reʃape/ 問他動〘助動詞は avoir または être〙‹*réchapper* de [à] qc›〘危険など〙から逃れる, を切り抜ける. ▶ *réchapper* d'un cancer 癌(^{がん})から一命をとりとめる.
en réchapper 窮地を脱する.

recharge /r(ə)ʃarʒ/ 女 ❶ (火器などの)(再)装填(^{てん});(バッテリーの)(再)充電. ❷ スペア, 予備. ▶ *recharge* de stylo 万年筆のカートリッジ.

rechargeable /r(ə)ʃarʒabl/ 形 再装填(^{てん})[再充電]できる, 入れ換え[充電]式の.

rechargement /r(ə)ʃarʒəmɑ̃/ 男 ❶ 再び荷を積むこと. ❷ 再充電;(銃などの)再装填(^{てん}).

recharger /r(ə)ʃarʒe/ 2 他動 ❶ …に再び[さらに]荷を積む. ❷ …に再び充填(^{てん})[装填]する; を再充電する. ▶ *recharger* un appareil photo カメラのフィルムを入れ換える.

***réchaud** /reʃo/ レショ／ 男 こんろ; レンジ. ▶ *réchaud* à gaz ガスこんろ［レンジ］.

réchauffage /reʃofaːʒ/ 男 温め直すこと, 再加熱.

réchauffé, e /reʃofe/ 形 ❶ 温め直された. ❷ 蒸し返された, 二番煎(^じ)じの, 焼き直しの.
— **réchauffé** 男 ❶ 温め直された料理. ❷〘話〙蒸し返し; 焼き直し, 二番煎じ. ▶ C'est du *réchauffé*. それはなんの新味もない.

réchauffement /reʃofmɑ̃/ 男 (気候などが)再び暖かくなること;(冷えたものを)再び温めること. ▶ le *réchauffement* de la Terre 地球の温暖化 / *réchauffement* climatique 気候温暖化.

***réchauffer** /reʃofe/ レショフェ／ 他動 ❶〘冷えたもの〙を再び温める, 温め直す. ▶ *réchauffer* un plat 料理を温め直す / Prenez un verre, ça vous *réchauffera*. 一杯飲めば体が温まりますよ ／〘目的語なしに〙La marche ça *réchauffe*! 歩くと体が温まる.
❷〘気持ち〙を再びかき立てる. ▶ Cela *réchauffe* le cœur. それは心を奮い立たせる.
— **se réchauffer** 代動 ❶ 体を温める. ▶ courir pour *se réchauffer* 体を温めるために走

rechausser

る. ❷〔気候などが〕暖かくなる;〔料理などが〕温まる. ▶ faire *réchauffer* un plat 料理を温め直す.

rechausser /r(ə)ʃose/ 他動 …に再び靴を履かせる. **— se rechausser** 代動 再び靴を履く.

rêche /rɛʃ/ 形 ❶〔手触りの〕粗い, ざらざらした. ▶ peau *rêche* ざらざらした肌, さめ肌. ❷ 渋い, 酸っぱい. ❸ つっけんどんな, 気難しい.

*****recherche** /r(ə)ʃɛrʃ/ ルシェルシュ 女 ❶〈多く複数で〉研究. ▶ faire des *recherches* sur qc …について研究する / *recherches* historiques 歴史(学的)研究 / faire de la *recherche* 研究者である, 研究生活を送る / *recherche* et développement 研究開発.

❷ 探すこと, 捜索, 捜索. ▶ la *recherche* d'un objet perdu 失(な)物探し / *recherche* de renseignements 情報収集 / échapper aux *recherches* de la police 警察の捜査の手から逃れる.

❸〖情報〗検索. ▶ faire des *recherches* sur Internet インターネットで検索する / moteur de *recherche* サーチエンジン.

❹〈la *recherche* de qc〉…の追求, 探求. ▶ la *recherche* du bonheur 幸福の追求 / la *recherche* des causes de l'inflation インフレの原因の究明〔調査〕.

❺ 洗練;気取り, 凝りすぎ. ▶ être habillé avec *recherche* 洗練された装いをしている.

*****à la recherche de qn/qc** …を探し求めて. ▶ Elle est *à la recherche d*'un appartement. 彼女はアパルトマンを探している / A la *recherche* du temps perdu 「失われた時を求めて」(プルーストの小説).

recherché, e /r(ə)ʃɛrʃe/ 形 ❶ 探し求められている;珍しい, 貴重な. ▶ un livre très *recherché* 稀覯(きょう)本, 珍本. ❷ 人気のある, 売れっ子の. ▶ un acteur *recherché* 引っ張りだこの俳優. ❸ 凝った;わざとらしい. ▶ un style *recherché* 気取った文章.

*****rechercher** /r(ə)ʃɛrʃe/ ルシェルシェ 他動 ❶ …を探す;捜索する. ▶ *rechercher* un livre égaré 見当たらない本を探す / *rechercher* les auteurs d'un attentat テロ事件の犯人たちを捜索する.

❷ …を探究する, 研究する;調査する. ▶ *rechercher* l'origine de l'homme (=étudier) 人間の起源を探る / *rechercher* comment le criminel a pu s'évader 犯人がどうやって逃走したのかを調べる.

❸〖情報〗検索する. ▶ *rechercher* un mot dans un fichier ファイルの中の語を検索する.

❹ …を求める, 追求する. ▶ *rechercher* la perfection 完璧(なき)を求める / *rechercher* l'amitié de qn …の友情を得ようとする.

❺〈venir [aller] *rechercher* qn/qc〉…を(再び)迎えに来る[行く], 取りに来る[行く]. ▶ Je vous laisse ma fille, je viendrai la *rechercher* dans une heure. 娘を置いていきますが, 1時間したら迎えに来ます.

❻ …を追い回す, と親しくなろうとする. ▶ une personne très influente que tout le monde *recherche* だれもが近づきになろうとする有力者.

— se rechercher 代動 ❶ 互いに探し合う.

❷ 探究される, 調査される.

rechigner /r(ə)ʃiɲe/ 間他動 話〈*rechigner* à qc /不定詞〉…を嫌がる, 渋る. ▶ *rechigner* à la besogne しぶしぶ仕事をする.

rechristianiser /r(ə)kristjanize/ 他動 …を再びキリスト教化する.

rechute /r(ə)ʃyt/ 女 ❶〔病気の〕ぶり返し. ❷ 文章〔罪, 悪習などに〕再び陥ること.

rechuter /r(ə)ʃyte/ 自動 ❶ 病気がぶり返す. ❷ 文章〔罪, 悪習などに〕再び陥る.

récidivant, ante /residivã, ãːt/ 形〖医学〗再発性の, 再発する.

récidive /residiːv/ 女 ❶ 再び同じ過ちを犯すこと. ❷〖刑法〗累犯. ❸〖医学〗(病気の)再発.

récidiver /residive/ 自動 ❶ 同じ過ち[犯罪]を繰り返す. ❷〔病気が〕再発する.

récidiviste /residivist/ 名 ❶〖刑法〗累犯者, 再犯者. ❷ 同じ過ちを繰り返す人.
— 形 累犯の, 再犯の.

récif /resif/ 男 礁, 暗礁, リーフ. ▶ *récif* corallien [de corail] 珊瑚(ボル)礁.

récipiendaire /resipjɑ̃dɛːr/ 男 文章 ❶ (入会式を催して迎え入れられた, 学術団体などの)新会員. ❷ (学士号, 勲章などの)受領者.

*****récipient** /resipjɑ̃/ レシピヤン 男 容器, 入れ物. ▶ remplir [vider] un *récipient* 容器を満たす[空にする].

réciprocité /resiprosite/ 女 ❶ 相互性. ▶ La *réciprocité* de leur amour se voit bien. 彼らが互いに愛し合っていることはよく分かる. ❷〖国際法〗互恵(待遇), 相互(主義).

*****réciproque** /resiprɔk/ レシプロック 形 ❶ 相互の, 互いの. ▶ relations [rapports] *réciproques* 相互関係 / amour *réciproque* 相思相愛 / contrat *réciproque* 双務契約. ❷〖文法〗verbe pronominal *réciproque* 相互的代名動詞.
— 女 逆, 反対;同様のこと. ▶ Il a confiance en elle, mais la *réciproque* n'est pas vraie. 彼は彼女を信用しているが, 彼女の方はそうではない / rendre la *réciproque* à qn …に仕返し[同じ仕打ち]をする / s'attendre à la *réciproque* 相手に同じことをしてもらいたいと期待する.

réciproquement /resiprɔkmɑ̃/ 副 ❶ 相互に. ▶ se congratuler *réciproquement* 互いにお祝いを言い合う. ❷〈(et) *réciproquement*〉また逆に, 逆もまた同じ. ▶ Il aime tout le monde, et *réciproquement*. 彼は皆を愛している, 皆もまた彼を愛している.

*****récit** /resi/ レシ 男 物語, 話. ▶ Elle m'a fait le *récit* de son voyage. 彼女は私に旅行の話をした / écrire un *récit* 物語を書く. 比較 ⇨ HISTOIRE.

récital /resital/;《複》**als** 男 リサイタル, 独唱[独奏]会;独演会. ▶ *récital* de piano ピアノリサイタル.

récitant, ante /resitã, ãːt/ 名 ❶ (オペラなどの)叙唱の歌い手. ❷ ナレーター, 語り手.

récitatif /resitatif/ 男〖音楽〗レチタティーヴォ, 叙唱.

récitation /resitasjɔ̃/ 女 ❶ 暗誦, 朗唱.

recommander

❷（学課の）暗唱用のテキスト［教材］.
réciter /resite/ 他動 ❶ …を暗唱する. ▶ *réciter* sa prière 祈りを唱える / *réciter* sa leçon 学課を暗唱する / *réciter* un poème à qn …に詩を（そらで）朗誦(?ょう)して聞かせる.
❷ …を口先だけで言う. ▶ Les témoins *ont récité* tous la même chose. 証人たちは皆，判で押したように同じことを言った.

***réclamation** /reklamasjɔ̃ レクラマスィヨン/ 女
❶ （当然の権利の）**主張，要求**. ▶ les *réclamations* incessantes du personnel (=revendication) 次々と出される従業員の諸要求 / la *réclamation* de dommages et intérêts 損害賠償請求.
❷ **苦情，抗議，**（購入品などに関する）**クレーム**;《複数で》苦情処理係. ▶ faire [déposer] une *réclamation* (=plainte) 苦情を言う［提出する］ / bureau [service] des *réclamations* 苦情係.

réclame /reklam/ 女 古風 広告，宣伝；広告文.
en réclame 特売の，安売りの. ▶ mettre qc *en réclame*〔商品〕を安売りする.
faire de la réclame à qn/qc …を宣伝する，売り込む. ▶ Cela ne lui *fait pas de réclame*. そんなことは彼（女）の得にはならない.

***réclamer** /reklame レクラメ/ 他動 ❶〈*réclamer* qc (à qn)〉（正当な権利として）（…に）…を**要求する，請求する**. ▶ *réclamer* une augmentation de salaire à la direction 経営陣に賃上げを要求する / Je lui *ai réclamé* le stylo que je lui avais prêté. 私は彼（女）に貸した万年筆を返すように言った.
❷ …を求める；〔人〕を呼び求める，に会いたがる. ▶ *réclamer* le silence 静粛を求める / un enfant hospitalisé qui *réclame* sa mère 母親に来てしがる入院中の子供. ❸〔物が〕…を必要とする. ▶ un travail qui *réclame* beaucoup de soin 細心の注意を要する作業.
—— 自動 文章〈*réclamer* (contre qn/qc)〉（…に）抗議する，異議を申し立てる.
—— **se réclamer** 代動〈*se réclamer* de qn /qc〉…を引合いに出す，後ろ盾にする.

reclassement /r(ə)klasmɑ̃/ 男 ❶ 分類のし直し. ❷ 給与表の改訂. ❸ 再就職口の斡旋(ॡੌਂ);（障害者などの）社会復帰.

reclasser /r(ə)klase/ 他動 ❶ …を分類し直す.
❷〔公務員など〕の等級づけ［給与体系］を改める.
❸ …に再就職口を斡旋する；〔障害者など〕を社会復帰させる.

reclouer /r(ə)klue/ 他動 …に釘(ॄੇ)を打ち直す.

reclus, use /rəkly, y:z/ 形 ひきこもっている；隠棲(ॄੂい)した. ▶ mener une vie *recluse* 隠遁(ॢੁ)生活を送る. —— 名 世捨て人，隠遁者.

réclusion /reklyzjɔ̃/ 女 ❶〖法律〗懲役 (=*réclusion* criminelle). ▶ *réclusion* 'à perpétuité [perpétuelle]' 無期懲役. ❷ 隠遁(ॢੁ)生活.

recoiffer /r(ə)kwafe/ 他動 …の髪を直してやる.
—— **se recoiffer** 代動 ❶ 自分の髪を直す. ❷ 帽子をかぶり直す.

recoin /rəkwɛ̃/ 男 片隅，奥底. ▶ explorer les coins et les *recoins* くまなく捜し回る / les *recoins* du cœur 心の奥底.

reçoiv-, reçoi- 活用 ⇨ RECEVOIR 45

recollage /r(ə)kɔla:ʒ/ 男（はがれたものを）再び張り付けること；（欠けた器などの）張り合わせ.

recoller /r(ə)kɔle/ 他動（糊(ੀ)などで）…を張り直す，再びくっつける；張り合わせて修理する.
—— 間他動 話〈*recoller* à qn〉〔先行集団〕に追いつく.
—— **se recoller** 代動 話〈*se recoller* à qc〉(仕事など)に再び取りかかる.

***récolte** /rekɔlt レコルト/ 女 ❶（農作物などの）**収穫，取り入れ**. ▶ la saison des *récoltes* 収穫の季節 / faire la *récolte* des blés 小麦の収穫をする. ❷ 収穫物；収穫量. ▶ rentrer la *récolte* 収穫物を取り入れる / La *récolte* est bonne cette année. 今年は豊作だ. ❸（資料などの）収集. ▶ *récolte* de renseignements 情報の収集.

語法 **la récolte du riz** か **la récolte de riz** か la récolte du riz は「米を収穫すること」という行為を表わし, la [une, cette] récolte de riz は「米の収穫（量）」を表わす(⇨ PRODUCTION 語法).

• *La récolte des olives* demande beaucoup de main-d'œuvre. オリーヴの収穫をする際には，人手がたくさんいる.

• *La récolte de fruits* n'a pas été très bonne cette année. 今年の果物の収穫量はあまりかんばしくなかった.

***récolter** /rekɔlte レコルテ/ 他動 ❶〔作物など〕を**収穫する，取り入れる**. ▶ *récolter* des fruits 果物を収穫する. ❷ 話 入手する；受ける，に見舞われる. ▶ *récolter* des renseignements 情報を入手する / *récolter* des coups 話 げんこつを食らう.
récolter ce qu'on a semé まいた種を刈る，自業自得である.
—— **se récolter** 代動〔作物が〕収穫される；得られる.

recombinaison /r(ə)kɔ̃binɛzɔ̃/ 女〖生物〗組み換え. ▶ *recombinaison* génétique 遺伝子組み換え.

recommandable /r(ə)kɔmɑ̃dabl/ 形（多く否定的表現で）推奨に値する；（特に）人柄が尊敬に値する. ▶ une personne peu *recommandable* 感心できない人.

recommandation /r(ə)kɔmɑ̃dasjɔ̃/ 女 ❶ 推薦，推挙；推薦状. ▶ solliciter une *recommandation* 推薦を請う / lettre de *recommandation* 推薦状. ❷ 勧告，忠告. ▶ suivre les *recommandations* de ses parents 両親の勧めに従う / faire des *recommandations* à qn …に忠告する. ❸（郵便物の）書留扱い. ▶ fiche de *recommandation* postale 書留郵便の受領証.

recommandé, e /r(ə)kɔmɑ̃de/ 形 ❶ 書留の. ▶ lettre *recommandée* 書留の手紙. ❷ 推薦された，勧められる. —— **recommandé** 男 書留(便). ▶ envoyer un colis en *recommandé* 書留で小包を送る.

***recommander** /r(ə)kɔmɑ̃de ルコマンデ/ 他動
❶〈*recommander* qc (à qn)〉（…に）…を**勧める，推奨する**；勧告する. ▶ *recommander* un livre aux élèves ある本を生徒に勧める / Le médecin lui *a recommandé* le repos. 医師は彼

(女)にゆっくり休むよう勧告した / **Qu'est-ce que vous recommandez?** お勧めは何ですか. ◆ *recommander* (à qn)「de + 不定詞 [que + 接続法]」▶ Il m'*a recommandé* de me méfier. 彼は私に用心するよう忠告した.
❷〈*recommander* qn (à [auprès de] qn)〉(…に)…を**推薦する**, 推挙する. ▶ Je vous le *recommande* pour cette place. その職の適任者として彼をあなた(方)に推薦します.
❸〔郵便物〕を**書留**にする.
Ce n'est pas très recommandé. それはあまりお勧めできません.
recommander son âme à Dieu (臨終に際して)魂の救済を祈る.
── se recommander 代動 ❶〈*se recommander de* qn〉(後ろ盾, 証人として)…を引き合いに出す. ▶ Vous pouvez *vous recommander* de moi. 私の名を出されて結構です.
❷(特徴などにより)真価を表わす, 推奨に値する; 推薦される. ▶ Cet hôtel *se recommande* par sa cuisine. このホテルは料理が評判だ.
se recommander à Dieu 神にすがる.

recommencement /r(ə)kɔmɑ̃smɑ̃/ 男 ❶ 再開, 再び始めること. ❷ やり直し, 繰り返し.

*****recommencer** /r(ə)kɔmɑ̃se ルコマンセ/ 1

過去分詞 recommencé	現在分詞 recommençant
直説法現在 je recommence	nous recommençons
tu recommences	vous recommencez
il recommence	ils recommencent

他動 ❶ …を**再び始める**, 再開する. ▶ *recommencer* la lutte 戦闘を再開する.
❷〈*recommencer* à + 不定詞〉また…し始める. ▶ *recommencer* à travailler また働き始める /《非人称動詞とともに》Voilà qu'il *recommence* à pleuvoir. おやまた雨が降り出した.
❸ …を**やり直す**; 繰り返す. ▶ *recommencer* sa vie 人生をやり直す / *recommencer* son explication à partir du début 説明を最初からやり直す / *recommencer* les mêmes erreurs 同じ過ちを繰り返す /《目的語なしに》Je ne *recommencerai* pas. もう二度としません / Si tu *recommences*, tu seras puni. 今度同じことをしたら, ただでは済まないぞ / Tout est à *recommencer*! すべてやり直しだ / Si c'était à *recommencer*… もしやり直しができるなら….
── 自動 再び始まる, 再開する; ぶり返す. ▶ L'école *recommence* en septembre. 学校は9月に再び始まる / La maladie *a recommencé*. 病気が再発した.
On prend les mêmes et on recommence! 諺 進歩がない, あいも変わらずだ.

*****récompense** /rekɔ̃pɑ̃s レコンパンス/ 女 ❶ ほうび, 報酬; 賞. ▶ mériter une *récompense* ほうびに値する / recevoir sa *récompense* 報酬を受け取る / *récompense* en argent 報償金, 賞与 / Ce réalisateur a reçu pour son film la plus haute *récompense*. その監督は映画で最高の賞を受賞した. ❷ 報い;《皮肉に》応報, 罰. ▶ Sa réussite est la juste *récompense* de son travail. 彼(女)の成功は, その働きの当然の報いだ.
en récompense de qc …の報酬として.

*****récompenser** /rekɔ̃pɑ̃se レコンパンセ/ 他動 ❶〈*récompenser* qn (de [pour] qc)〉(…について)…に**報いる**, ほうびを与える. ▶ Voilà un cadeau pour te *récompenser* de ton aide. お手伝いしてくれたごほうびにプレゼントがあるよ / Il *a été récompensé* de ses efforts. 彼の努力は報われた / Elle *a été récompensée* de sa méchanceté.《皮肉に》彼女は意地悪の報いを受けた. ❷〔努力, 功績など〕に報いる. ▶ *récompenser* le travail de qn …の働きに報いる / Sa patience *est* enfin *récompensée*. 彼(女)の辛抱はついに報われた.

recomposé, e /r(ə)kɔ̃poze/ 形 再構成された.
▶ famille *recomposée* 連れ子のいる再婚家庭.

recomposer /r(ə)kɔ̃poze/ 他動 ❶ …を組み立て直す, 再構成する. ❷ *recomposer* le numéro (電話で)ダイヤルし直す, かけ直す. ❸〔印刷〕校正されたテキストなど〕を組み直す.
── se recomposer 代動 再び組み立てられる, 再構成される.

recompter /r(ə)kɔ̃te/ 他動 …を数え直す, 計算し直す.

réconciliation /rekɔ̃siljɑsjɔ̃/ 女 和解, 仲直り; 調和.

réconcilier /rekɔ̃silje/ 他動 ❶〈*réconcilier* qn (avec [et] qn)〉(…と)…を和解させる, 仲直りさせる. ▶ *réconcilier* les époux 夫婦を和解させる / *réconcilier* la mère et la fille 母と娘を仲直りさせる. ❷〈*réconcilier* qn avec qc〉…に…への偏見を改めさせる, のよさを見直させる. ▶ Cette exposition m'*a réconcilié* avec la peinture moderne. この展覧会で, 私は現代絵画に対する認識を新たにした. ❸ 文章〈*réconcilier* qc et qc〉…と…を両立させる, 調和させる.
── se réconcilier 代動 仲直りする. ▶ *se réconcilier* avec qn …と仲直りする.

reconductible /r(ə)kɔ̃dyktibl/ 形〔契約など〕が更新 [継続, 延長] できる.

reconduction /r(ə)kɔ̃dyksjɔ̃/ 女(契約などの)更新;(計画などの)継続, 延長.

reconduire /r(ə)kɔ̃dɥi:r/ 70 他動(過去分詞 reconduit, 現在分詞 reconduisant) ❶ …を送っていく, 見送る. ▶ *reconduire* qn en voiture chez lui …を車で家まで送る / *reconduire* un visiteur jusqu'à l'ascenseur 来客をエレベーターまで見送る. ❷ …を追い払う; 退去させる. ▶ *reconduire* à la frontière un clandestin 密入国者を国外退去させる. ❸〔措置, 契約など〕を継続 [延長, 更新] する;〔人〕を元の職務に(更新で)留任させる. ▶ *reconduire* la politique actuelle 現行の政策を継続する.

reconduis- 活用 ⇨ RECONDUIRE 70

réconfort /rekɔ̃fɔ:r/ 男 力づけ, 慰め. ▶ apporter du *réconfort* à qn …を励ます.

réconfortant, ante /rekɔ̃fɔrtɑ̃, ɑ̃:t/ 形 ❶ 元気にする, 力をつける. ❷ 慰める, 励ます. ▶ paroles *réconfortantes* 励ましの言葉.

réconforter /rekɔ̃fɔrte/ 他動 ❶〔飲食物, 薬が〕…を強壮にする, に活力を与える. ▶ Un verre de vin l'*a réconforté*. ワインを1杯飲むと彼は

気になった．❷ …を励ます，力づける．▶ Ton amitié m'a *réconforté*. 君の友情が私の心の支えになった．— **se réconforter** 代動 ❶（飲食によって）元気になる．▶ J'ai besoin de *me réconforter*. 腹ごしらえをしなくてはいけない．❷ 気力を取り戻す．

reconnais /r(ə)kɔnɛ/ 活用 ⇨ RECONNAÎTRE 50
reconnaiss- 活用 ⇨ RECONNAÎTRE 50
reconnaissable /r(ə)kɔnɛsabl/ 形 それと分かる，識別できる．▶ Il est *reconnaissable* à ses cheveux roux. 彼は赤毛で見分けがつく．

***reconnaissance** /r(ə)kɔnesɑ̃:s/ ルコネサーンス/ 女 ❶ それと分かること，見分けること，再認．▶ signe de *reconnaissance*（互いに相手がだれだと分かるための）目印；（相手に気づいたときの）目顔の合図．❷ 承認，認知；承認書，証書．▶ la *reconnaissance* d'un nouveau gouvernement 新政府の承認 / *reconnaissance* d'enfant 子供の認知 / *reconnaissance* de dette 借用証書．❸（場所などの）調査，探査；〘軍事〙偵察．▶ la *reconnaissance* d'un pays inconnu 未知の地域の踏査 / *reconnaissance* spatiale 人工衛星による偵察（写真）/ satellite de *reconnaissance* 偵察衛星．❹ 感謝．▶ éprouver de la *reconnaissance*（pour an）（…に）感謝の念を抱く / exprimer sa *reconnaissance* à qn …に対して謝意を表する / en *reconnaissance* de son aide 彼（女）の助力に感謝して．❺〘情報〙識別，認識．▶ *reconnaissance* des formes パターン認識 / *reconnaissance* optique des caractères 光学式文字認識，OCR / *reconnaissance* vocale 音声認識．

aller [*partir*] *en reconnaissance*（1）（場所などの）調査［偵察］に行く．(2) 話 探しに行く．
reconnaissance du ventre 話《皮肉に》飲み食い［物質的援助へ］の恩義

reconnaissant, ante /r(ə)kɔnesɑ̃, ɑ̃:t/ 形 感謝している，ありがたく思っている．▶ être *reconnaissant* à qn de [pour] qc …に…を感謝する / se montrer *reconnaissant* envers qn …に対して感謝の気持ちを表わす / Je vous serais *reconnaissant* de bien vouloir me répondre au plus tôt.（手紙で）できるだけ早くお返事をいただければ幸いに存じます．

reconnaît /rəkɔnɛ/ 活用 ⇨ RECONNAÎTRE 50
***reconnaître** /r(ə)kɔnɛtr/ ルコネトル/ 50 他動

過去分詞 reconnu	現在分詞 reconnaissant
直説法現在 je reconnais	nous reconnaissons
tu reconnais	vous reconnaissez
il reconnaît	ils reconnaissent
複合過去 j'ai reconnu	
半過去 je reconnaissais	
単純未来 je reconnaîtrai	
単純過去 je reconnus	

❶（前に見聞きしたので）…がそれと分かる，見知［聞き］覚えがある．▶ Il y avait longtemps que je n'avais pas vu Jean, mais je l'*ai reconnu* tout de suite. それまでジャンには長い間会っていなかったけれど，（そこにいるのが）彼だとすぐ分かった．/ Je *reconnais* cette chanson! この歌は聞いた覚えがある［なんの歌か分かる］/ Je te *reconnais* bien là! そこがいかにも君らしい / On ne le *reconnaît* plus. 彼はすっかり変わってしまった．❷ …を識別する，見分ける．▶ *reconnaître* la voix de qn …の声を聞き分ける，声で…だと分かる / Il sait *reconnaître* les plantes. 彼は植物の種類を見分ける知識がある．◆*reconnaître* qn/qc à qc …で…だと分かる．▶ *reconnaître* qn à sa démarche 歩き方で…だと分かる．◆*reconnaître* bien là qn/qc …は相変わらずだと思う．▶ Je te *reconnais* bien là! そこがいかにも君らしい．

❸ …を（事実として）認める，承認する；認知する．▶ *reconnaître* ses fautes 自分の過ちを認める / *reconnaître* l'innocence d'un accusé 被告の無罪を認める / *reconnaître* un nouveau gouvernement 新政府を承認する / *reconnaître* un enfant 子供を認知する / Je *reconnais* qu'il a raison. 彼が正しいことは認めよう / *reconnaître* qn pour chef …を首領と認める．◆ *reconnaître* + 完了形不定詞．▶ Il *a reconnu* s'être trompé. 彼は自分が間違えたことを認めた．◆*reconnaître* qc à qn …に…があることを認める．▶ Il faut lui *reconnaître* une certaine franchise. 彼(女)にある種の率直さがあることは認めなければならない．

❹〔場所など〕を踏査する；〔敵〕を偵察する．▶ *reconnaître* les sources d'un fleuve 川の水源を踏査する / *reconnaître* les positions adverses 敵陣を偵察する．

— **se reconnaître** 代動 ❶ 自分の姿を認める．▶ *se reconnaître* dans son fils 息子の中に自分自身を見る．❷（自分のいる場所の）見当がつく．▶ Je ne *m'y reconnais* plus. もう何がなんだか分からなくなった．❸〈*se reconnaître* + 属詞〉自分を…と認める．▶ *se reconnaître* coupable 自分に罪ありと認める．❹〈*se reconnaître* qc〉自分の…を認める．注 se は間接目的．▶ ne pas *se reconnaître* la moindre responsabilité dans un échec 失敗を少しも自分の責任だとは認めない．❺〈*se reconnaître* à qc〉…によって識別される．▶ Cet oiseau *se reconnaît* à sa queue rouge. この鳥は赤い尾で見分けがつく．❻ 互いに見覚えている，相手を思い出す．

reconnu, e /r(ə)kɔny/ 形（reconnaître の過去分詞）広く［世に］認められた．▶ C'est un fait *reconnu*. それは周知の事だ．

reconnu-, reconnû-, reconnuss- 活用 ⇨ RECONNAÎTRE 50

reconquérir /r(ə)kɔ̃keri:r/ 27 他動 (過去分詞 reconquis, 現在分詞 reconquérant) ❶ …を再び征服する，奪回する．❷〔権利，名誉など〕を取り戻す，回復する．

reconquête /r(ə)kɔ̃kɛt/ 女 ❶ 再征服，奪回；（権利などの）回復．❷《Reconquête》レコンキスタ：キリスト教徒による，イスラム教徒からのスペイン国土回復のための戦い．

reconquier-, reconquièr- 活用 ⇨ RECON-

reconsidérer

QUÉRIR 27
reconsidérer /r(ə)kɔ̃sidere/ ⑥ 他動 …を再検討する，見直す，考え直す.

reconstituant, ante /r(ə)kɔ̃stitɥɑ̃, ɑ̃:t/ 形 体力を回復させる. ▶ aliment *reconstituant* 栄養食.
— **reconstituant** 男 強壮剤，疲労回復薬.

reconstituer /r(ə)kɔ̃stitɥe/ 他動 ❶ …を作り直す，再構成する. ▶ *reconstituer* une société 会社を再建する / *reconstituer* un dossier 書類を作成し直す. ❷ …を元どおりに再現する，復元する. ▶ *reconstituer* fidèlement un quartier d'une ville détruite 破壊された都市の一画をそっくり復元する / *reconstituer*「un crime［un accident］犯罪［事故］状況を再現する. ❸〔体力など〕を回復させる;〔器官など〕を再生させる.
— **se reconstituer** 代動 再び作られる, 再構成される; 回復する, 再生する. ▶ Le parti s'est *reconstitué*. 党は再建された.

reconstitution /r(ə)kɔ̃stitysjɔ̃/ 女 ❶〔組織などの〕再建；再構成. ▶ *reconstitution* d'un parti 党の再建. ❷ 再現, 復元. ▶ *reconstitution* historique 史実の再現. ❸《刑法》*reconstitution* d'un crime 現場検証.

reconstruction /r(ə)kɔ̃stryksjɔ̃/ 女 再建, 復興. ▶ la *reconstruction* d'une maison 家の建て替え.

reconstruire /r(ə)kɔ̃strɥi:r/ 70 (過去分詞 reconstruit, 現在分詞 reconstruisant) 他動 …を再建する, 再興する. ▶ *reconstruire* un quartier ravagé par la guerre 戦争で荒廃した地区を再建する. — **se reconstruire** 代動 再建される.

reconstruis- 活用 ⇒ RECONSTRUIRE 70

reconversion /r(ə)kɔ̃vɛrsjɔ̃/ 女 〔産業や設備などの〕(再)転換；切り替え. ▶ la *reconversion* d'une fabrique de tanks en usine d'automobiles 戦車工場から自動車工場への再転換. ❷〔労働者の〕配置転換；転職.

reconvertir /r(ə)kɔ̃vɛrti:r/ 他動 ❶ <*reconvertir* qc (en［à］qc)>〔産業, 設備など〕を(…に)(再)転換する, 切り替える. ▶ bâtiments *reconvertis* en école 学校に転用された建物. ❷ <*reconvertir* qn (dans qc)> …を(…に)配置転換する, 転職させる. ▶ Il a été reconverti dans les bureaux. 彼は事務部門に転属させられた. — **se reconvertir** 代動 <*se reconvertir* dans qc> …の業界［分野］に転職する.

recopiage /r(ə)kɔpja:ʒ/ 男 コピー, 転写；書き直し, 清書.

recopier /r(ə)kɔpje/ 他動 ❶ …を書き写す；(何度も)書く. ❷ …を清書する.

*****record** /r(ə)kɔ:r/ ルコール /《英 語》男 ❶(最 高)記録, レコード. ▶ établir un *record* 記録を作る / battre le *record* du monde de saut à la perche 棒高跳びの世界記録を破る / détenir un *record* 記録を保持する / *record* de France フランス記録 / *record* du monde 世界記録 / *record* de vitesse スピード記録.
battre tous les records 話 極め付きである. ▶ Pour la maladresse, il *bat tous les records*. 不器用にかけては彼は極め付きだ.
— 形《男女同形》記録的な, 最高の, 空前の. ▶ déficit *record* 記録的な赤字.
en un temps record 話 あっという間に.

recordman, woman /r(ə)kɔrdman, wuman/；《複》**men, women** /r(ə)kɔrdmɛn, wumɛn/（または **mans, womans**）名 記録保持者.

recoucher /r(ə)kuʃe/ 他動 …を再び寝かせる［横たえる］. — **se recoucher** 代動 再び横になる［寝る］.

recoud /r(ə)ku/ 活用 ⇒ RECOUDRE 83

recoudre /r(ə)kudr/ 83 他動 (過去分詞 recousu, 現在分詞 recousant) ❶ …を縫い直す, 繕う. ▶ *recoudre* un bouton ボタンを付け直す. ❷〔傷口など〕を縫合する.

recouds /r(ə)ku/ 活用 ⇒ RECOUDRE 83

recoupement /r(ə)kupmɑ̃/ 男〔出所の異なる〕情報の突き合わせ；(情報の突き合わせによる事実の)検証, 確認. ▶ *recoupement* des témoignages 証言の突き合わせ.

recouper /r(ə)kupe/ 他動 ❶ …を再び切る；裁ち直す. ▶ Peux-tu me *recouper* du pain? 私にもっとパンを切ってくれるかい. ❷〔証言などと〕と一致する. ▶ Votre témoignage *recoupe* le sien. あなた(方)の証言は彼(女)の証言と合致している.
— 自動《カード》カットし直す.
— **se recouper** 代動〔証言, 情報などが〕合致する.

recouraient, recourais, recourait /rəkurɛ/ 活用 ⇒ RECOURIR 23

recourbé, e /r(ə)kurbe/ 形 (先端が)曲がった. ▶ nez *recourbé* わし鼻.

recourber /r(ə)kurbe/ 他動 …の端を曲げる. ▶ *recourber* une branche 枝の先を曲げる.

recourir /r(ə)kuri:r/ 23 (過去分詞 recouru, 現在分詞 recourant) 間他動 <*recourir* à qn/qc> …に助けを求める, 頼る；〔手段など〕に訴える, を用いる. ▶ *recourir* à un ami 友人に頼る / *recourir* à l'emploi de la force 武力に訴える / *recourir* à un emprunt 借金に頼る.
— 自動 再び走る, 再び競技に出場する.
— 他動 …を再び走る. ▶ *recourir* un cent mètres 100メートル競走に再び出場する.

recourr- 活用 ⇒ RECOURIR 23

recours[1] /r(ə)ku:r/ 男 ❶ <*recours* à qn/qc>…に頼る［訴える］こと. ▶ Le *recours* à la violence ne sert à rien. 暴力に訴えてもなんにもならない. ❷ 頼りになる手段［人］, 究極の手だて. ▶ C'est［Vous êtes］notre dernier *recours*. これ［あなた(方)］が我々の最後の頼みの綱だ / C'est sans *recours*. お手上げだ. ❸《法律》訴え, 不服申し立て. ▶ *recours* en révision 再審の訴え / *recours* en grâce 恩赦［減刑］の請願.
*****avoir recours à qn/qc** …に頼る, 訴える. ▶ *avoir recours à* des spécialistes 専門家に頼る.
avoir un recours contre qn/qc …への対策［対抗手段］がある.

recours[2] /r(ə)ku:r/, **recourt** /rəku:r/ 活用 ⇒ RECOURIR 23

recouru, e /rəkury/ 活用 recourir 23 の過去分

詞.
recouru-, recourû-, recouruss- 活用 ⇨ RECOURIR 23

recous-, recousi-, recousî-, recousiss- 活用 ⇨ RECOUDRE 83

recouvert, erte /r(ə)kuvɛːr, ɛrt/ 形 (recouvrir の過去分詞)‹*recouvert* (de qc)›（…で）覆われた; 覆い尽くされた.

recouvrai-, recouvr- 活用 ⇨ RECOUVRER Ⅲ; RECOUVRIR 19

recouvrement[1] /r(ə)kuvrəmɑ̃/ 男 ❶ 文章（失ったものの）回復. ▶ *recouvrement* de la vue 視力の回復. ❷（借金の）取り立て; (税の)徴収. ▶ *recouvrement* d'une créance 債務の取り立て. [recouvrer「取り戻す」から]

recouvrement[2] /r(ə)kuvrəmɑ̃/ 男 ❶ 再び覆うこと, 覆い尽くすこと. ❷ 被覆, カバー. ❸〖建築〗(瓦などの)重なり.

recouvrer /rəku:vr/, **recouvres** /r(ə)ku:vr/, **recouvrez** /r(ə)kuvre/ 活用 ⇨ RECOUVRER Ⅲ; RECOUVRIR 19

recouvrer /r(ə)kuvre/ 他動 ❶ 文章 …を取り戻す, 回復する. ▶ *recouvrer* son bien 財産を取り戻す / *recouvrer* la santé 健康を回復する. ❷〔借金, 税金〕を取り立てる. ▶ *recouvrer* les impôts 税を徴収する.

recouvriez /r(ə)kuvrije/, **recouvrions** /r(ə)kuvrijɔ̃/ 活用 ⇨ RECOUVRER Ⅲ; RECOUVRIR 19

recouvrîmes /r(ə)kuvrim/ 活用 ⇨ RECOUVRIR 19

*****recouvrir** /r(ə)kuvri:r/ ルクヴリール 19 他動

| 過去分詞 recouvert | 現在分詞 recouvrant |

直説法現在 je recouvre	nous recouvrons
tu recouvres	vous recouvrez
il recouvre	ils recouvrent

❶ …を再び覆う;（のカバーなど）を張り替える. ▶ *recouvrir* une casserole 鍋(ᑉ)に再びふたをする / *recouvrir* un siège 椅子(♀)を張り替える / *recouvrir* un livre 本にカバーをかける.

❷ …をすっかり覆う, 覆い尽くす. ▶ La neige *recouvre* le sol. 雪が地面を覆い尽くしている. ◆*recouvrir* A de B A を B ですっかり覆う, A に B を張る［敷き詰める］. ▶ *recouvrir* un mur de papier peint 壁に壁紙を張る.

❸ …を覆い隠す, 包み隠す. ▶ Sa désinvolture *recouvre* une grande timidité. 彼(女)の豪放さの裏にはたいへんな気弱さが隠されている.

❹ …(の領域など)を含む, 包括する; に及ぶ. ▶ Cette étude *recouvre* des domaines divers. この研究は多様な分野を包含している.

— **se recouvrir** 代動 ❶‹*se recouvrir* (de qc)›（…で）覆われる. ▶ La campagne *se recouvre* de neige. 野原は雪で覆われている.

❷〔空が〕再び曇る. ▶ Le ciel *s'est recouvert*. また曇った. 重なり合う.

recouvriss-, recouvri-, recouvrî- 活用 ⇨ RECOUVRIR 19

recracher /r(ə)kraʃe/ 他動〔口に入れたもの〕を吐き出す. — 自動 口に入れたものを吐き出す.

récré /rekre/ 女 話（récréation の略）学校の休み時間.

récréatif, ive /rekreatif, iːv/ 形 気晴らしの, 娯楽の. ▶ lecture *récréative* 気晴らしのための読書, 軽い読み物.

récréation /rekreasjɔ̃/ 女 再創造; 再現.

récréation /rekreasjɔ̃/ 女 ❶ 休息, 気晴らし, 息抜き. ▶ prendre un peu de *récréation* 少し休憩する / La peinture est sa seule *récréation*. 絵を描くことは彼(女)の唯一の楽しみだ.

❷（学校などの）休み時間, 休憩時間. 注 話し言葉では récré と略す. ▶ être en *récréation* 休み時間中である.

recréer /r(ə)kree/ 他動 ❶ …を再び作り出す, 再建する. ❷ …を再現する.

récréer /rekree/ 他動 文章 …に気晴らしをさせる, を楽しませる.

— **se récréer** 代動 文章 休養する; 楽しむ.

recreuser /r(ə)krøze/ 他動 …を再び掘る; さらに深く掘る.

se récrier /(s)ərekrije/ 代動 文章 叫びを上げる; 抗議の声を上げる.

récriminateur, trice /rekriminatœːr, tris/ 形, 名（すぐに）他人を非難する（人）, 不平不満の多い（人）.

récrimination /rekriminasjɔ̃/ 女（多く複数で）非難, 不平, 苦情. ▶ Cessez vos *récriminations*. 文句を言うのはやめなさい.

récriminer /rekrimine/ 自動‹*récriminer* (contre qn/qc)›（…を）激しく非難する.

récrire /rekriːr/ 78 他動（過去分詞 récrit, 現在分詞 récrivant）❶ …を書き直す; リライトする.
❷〔目的語なしに〕もう一度手紙を書く.

récris, récrit /rekri/ 活用 ⇨ RÉCRIRE 78

récriv- 活用 ⇨ RÉCRIRE 78

recroquevillé, e /r(ə)krɔkvije/ 形 干からびて縮んだ;〔人が〕縮こまった.

se recroqueviller /(sə)r(ə)krɔkvije/ 代動 ❶〔葉, 紙などが〕（熱, 乾燥などによって）縮む, 干からびる. ❷〔人が〕縮こまる. ▶ se *recroqueviller* dans son lit ベッドの中で丸くなる.

recru, e /r(ə)kry/ 形 文章 疲労困憊(ᑉ)した. ▶ être *recru* de fatigue 疲労困憊している.

recrudescence /r(ə)krydesɑ̃ːs/ 女（病気などの）ぶり返し, 盛り返し. ▶ *recrudescence* de la grippe インフルエンザの再流行 / *recrudescence* de chaleur 暑さのぶり返し / *recrudescence* des combats 戦闘の再燃.

recrudescent, ente /r(ə)krydesɑ̃, ɑ̃ːt/ 形 文章 勢いを盛り返した, ぶり返した.

recrue /r(ə)kry/ 女 ❶ 新兵. ❷ 新会員, 新党員.

recrutement /r(ə)krytmɑ̃/ 男 ❶ 募集, 採用. ❷ 新兵［補充兵］徴募, 徴兵.

recruter /r(ə)kryte/ 他動 ❶ …を募集する, 集める. ▶ *recruter* du personnel 職員を募集する.
❷〔兵員〕を徴募する;〔部隊〕に新兵を補充する. ▶ soldats *recrutés* 新兵.

— **se recruter** 代動 ❶ 募集される;〔会, 部隊などが〕補充される. ❷‹*se recruter* dans [parmi] qn》〜(ある層)の出身である. ▶ Les militants *se recrutent* surtout parmi les ouvriers. 活動家はとりわけ労働者出身が多い.

recrut*eur, euse* /r(ə)krytœːr, øːz/ 图 募集係, 勧誘員.

recta /rɛkta/ 副 ❶ 題 きちんと, 極めて正確に. ▶ payer *recta* 期日どおりきちんと支払う.
❷ 即座に, 迷わずに.

rect*al, ale* /rɛktal/;《男複》**aux** /o/ 形【医学】直腸の.

*****rectangle** /rɛktɑ̃ːgl/ レクターングル 形【数学】直角の. ― triangle *rectangle* 直角三角形.
― 男 長方形; 長方形のもの. ▶ *rectangle* blanc (成人向けテレビ番組を表わす)白い四角印.

rectangulaire /rɛktɑ̃gylɛːr/ 形 ❶ 長方形の. ❷【数学】座標軸が直交する.

recteur /rɛktœːr/ 男 ❶ 大学区長. ❷ (私立大学の)学長; (イエズス会のコレージュの)校長.

rect(i)- 接頭「まっすぐな」の意.

rectifiable /rɛktifjabl/ 形 訂正可能な.

rectificat*if, ive* /rɛktifikatif, iːv/ 形 訂正のための, 修正する. ▶ note *rectificative* 訂正文[表].
― **rectificatif** 男 訂正文[表].

rectification /rɛktifikasjɔ̃/ 女 正すこと, 訂正, 修正; 訂正文. ▶ la *rectification* d'un alignement (乱れた)列を整えること / insérer une *rectification* dans un journal 新聞に訂正文を掲載する.

rectifier /rɛktifje/ 他動 ❶ …を正す, 直す, 修正する. ▶ *rectifier* la position du rétroviseur バックミラーの位置を直す / *rectifier* une faute 誤りを訂正する / *rectifier* la longueur d'un pantalon ズボンの丈を直す. ❷ 俗『人』を殺す.

rectifier le tir (1) 照準を正す. (2) 軌道を修正する, やり方を変える.

rectiligne /rɛktiliɲ/ 形 まっすぐな, 直線の;【数学】直線から成る.

rectitude /rɛktityd/ 女 文章 ❶ (判断, 行いなどの)公正, 正しさ. ▶ la *rectitude* d'un raisonnement 推論の正しさ. ❷ (線の)まっすぐさ.

recto /rɛkto/ 男 (印刷物の)表の面, (本の)右側ページ, 奇数ページ (↔verso). ▶ *recto* verso 裏表に, 両面に.

rector*al, ale* /rɛktɔral/;《男複》**aux** /o/ 形 大学区長の.

rectorat /rɛktɔra/ 男 大学区長の職[任務, 任期]; 大学区長.

rectum /rɛktɔm/ 男【解剖】直腸.

reç*u, e* /r(ə)sy/ 形 (recevoir の過去分詞)受けた, 受け取られた; 一般に認められた. ▶ idées *reçues* 社会通念; 紋切り型の考え.
― 图 合格者.
― **reçu** 男 領収書, 受け取り. ▶ donner [délivrer, remettre] un *reçu* 領収書を切る.

recueil /r(ə)kœj/ 男 ❶ 文集, 選集. ▶ *recueil* de vers 詩集 / *recueil* de lois 法令集 / *recueil* de dessins デッサン画集. ❷ 寄せ集め.

recueillement /r(ə)kœjmɑ̃/ 男 精神集中; 内省, 瞑想.

recueill*i, e* /r(ə)kœji/ 形 (recueillir の過去分詞) 瞑想にふけった; 瞑想的な, 内省的な.

*****recueillir** /r(ə)kœjiːr/ ルクイール 18 他動

過去分詞 recueilli	現在分詞 recueillant
直説法現在 je recueille	nous recueillons
tu recueilles	vous recueillez
il recueille	ils recueillent

❶ …を集める, 収集する. ▶ *recueillir* de l'argent pour soutenir un mouvement 運動を支援するために金を集める / *recueillir* des renseignements 情報を収集する / *recueillir* les dépositions des témoins 証人の供述を採録する.
❷〖孤児など〗を引き取る. ▶ *recueillir* un chat abandonné 捨て猫を飼う.
❸ …を(容器に)受ける, 集める. ▶ *recueillir* de l'eau de pluie dans une citerne 水槽に雨水を溜(た)める. ❹ …を獲得する;〖成果〗を得る;(相続で)…を手に入れる. ▶ *recueillir* cent voix 百票を集める / *recueillir* le fruit de ses efforts 努力の成果を得る / *recueillir* une bonne part des biens 莫大(ばくだい)な財産を受け継ぐ.
― **se recueillir** 代動 内省する, 思念を凝らす; 黙禱(もくとう)する.

recuire /r(ə)kɥiːr/ 70 (過去分詞 recuit, 現在分詞 recuisant) 他動 …を焼き直す, 煮直す.
― 自動 焼き直される, 煮直される. ▶ faire *recuire* une viande trop saignante 生焼けの肉を焼き直す.

recuis /r(ə)kɥi/, **recuit** /rəkɥi/ 活用 ⇨ RECUIRE 70

recuis- 活用 ⇨ RECUIRE 70

recu*it, ite* /r(ə)kɥi, it/ 形 (recuire の過去分詞) 焼き直された, 煮直された.
― **recuit** 男【金属】焼きなまし.

recul /r(ə)kyl/ 男 ❶ 後退, 退却; (発砲の際に生じる火器の反動. ▶ le *recul* d'une armée 軍隊の撤退 / phares de *recul* (自動車の)後退灯, バックライト / Il a eu un mouvement de *recul*. 彼は後ずさりした.
❷ 減少, 衰退. ▶ *recul* de la mortalité 死亡率の低下 / un *recul* de la civilisation 文明の衰退. ◆être en *recul* 後退[衰退]している. ▶ Le secteur de la sidérurgie est stagnant, voire en *recul*. 鉄鋼業は停滞どころか後退している. ❸ (全体を見るのに必要な空間的, 時間的)隔たり, 距離. ▶ Avec le *recul* du temps, on juge mieux les événements. 時をおいて見ると何が起きたかよく分かる.

prendre du recul (1) 後ろに下がる, 距離をとる.
(2) (客観的に判断するため)距離を置いて見る.

reculade /r(ə)kylad/ 女 (行き過ぎ, 深入りのあとでの)撤退, 尻込み, 譲歩.

recul*é, e* /r(ə)kyle/ 形 ❶ 人里離れた. ❷ 遠い昔の. ▶ les siècles les plus *reculés* はるか昔の時代. 比較 ⇨ ÉLOIGNÉ.

*****reculer** /r(ə)kyle/ 自動 ❶ 後退する, 退く (↔avancer). ▶ *reculer* de deux pas 2歩下がる / *reculer* devant l'ennemi 敵を前にして退

却する / Une voiture *recule* pour se garer. 駐車しようとして車がバックする. ❷ <*reculer* (devant qc)> 〈困難, 障害を前に〉尻(ﾄﾞ)込みする, たじろぐ. ▶ *reculer* devant le danger 危険を前にして尻込みする / Elle ne *recule* devant rien. 彼女は何に対しても尻込みしない / C'est le moment de te décider, tu ne peux plus *reculer*. 決断の時が来た, もうあとへは引けないぞ. ◆ne pas *reculer* devant qc (望ましくない行動)も平気でする. ▶ Il ne *recule* pas devant le mensonge. 彼は平気でうそをつく. ❸ 減少する, 衰退する. Le chômage *a reculé* le mois dernier. 先月の失業率は低下した / Elle *a reculé* en math. 彼女は数学の成績が下がった.

reculer pour mieux sauter (1) 跳躍の勢いをつけるために後ろに下がる. (2) 嫌な問題を先に延ばす.

—他動 ❶ …を後ろへ下げる; 〈境界〉を(向こうへ)押し広げる. ▶ *reculer* sa chaise 椅子(ｲｽ)を下げる / *reculer* une clôture 柵(ｻｸ)を広げる.
❷ …を延期する. ▶ *reculer* un rendez-vous d'une semaine 約束を1週間先に延ばす.

— se reculer 代動 後ろへ下がる. ▶ *Recule-toi* un peu. 少し下がって.

reculons /r(ə)kylɔ̃/ 〈次の句で〉
 à reculons 副句 後ろへ, 後戻りして. ▶ marcher [aller] *à reculons* 後ずさりする; 後退する.
reçûmes /r(ə)sym/ 活用 ⇨ RECEVOIR 45
récup /rekyp/ 女 話 récupération の略.
récupérable /rekyperabl/ 形 ❶ 取り戻せる, 回収できる, 埋め合わせのきく; 職場復帰できる. ❷ déchets *récupérables* 回収できる廃棄物. ❷ 骨抜きにできる, 懐柔しうる.
récupérat*eur, trice* /rekyperatœːr, tris/ 形 ❶ 元気を回復させる. ❷〈反対派〉を懐柔する, (体制側に)取り込む. ❸〈廃品〉を回収する.
—名 (廃品)回収業者.
— **récupérateur** 男 レキュペレーター, 再生用熱交換器, 蓄熱室.
récupération /rekyperasjɔ̃/ 女 ❶ 回収; 回復. ▶ *récupération* d'une créance 債権の回収 / *récupération* de territoires 領土の回復 / *récupération* des déchets 廃棄物の回収利用.
❷ (欠勤日などの)埋め合わせ. ❸ (反対派, 危険分子などの)取り込み, 懐柔. ▶ *récupération* politique d'un mouvement ある運動を政治的に利用すること.
*récupérer /rekypere/ レキュペレ/ 6 他動 ❶ …を取り戻す. ▶ *récupérer* une cabine spatiale 宇宙船を回収する / J'ai *récupéré* le livre que je lui avais prêté. 彼(女)に貸した本を私は返してもらった / faut vendre plus de dix mille exemplaires pour *récupérer* la mise. 元手を回収するには1万部以上売らなければならない.
❷ (欠勤日など)の埋め合わせをする. ▶ *récupérer* une journée de travail つぶれた分を1日働いて埋め合わせる.
❸ …を(再利用のために)回収する. ▶ *récupérer* de vieux journaux 古新聞を回収する.
❹ (体力, 健康などを)回復する; 〈目的語なしに〉元気を回復する. ▶ *récupérer* ses forces 体力を回復する / Laisse-moi *récupérer*. 休ませてくれよ.

❺〔反対派〕を丸め込む, 懐柔する. ▶ *récupérer* un mouvement populaire 民衆運動を取り込む. ❻ 迎えに行く. ▶ *récupérer* son enfant à la sortie de l'école 子供を学校の門まで迎えに行く.

récurage /rekyraːʒ/ 男 (磨き粉などで)磨くこと; 磨いてあること.
reçurent /rasyːr/ 活用 ⇨ RECEVOIR 45
récurer /rekyre/ 他動〔台所道具など〕を磨く. ▶ poudre à *récurer* クレンザー.
récurrence /rekyrɑ̃ːs/ 女 ❶ 文章 反復, 回帰. ❷ raisonnement par *récurrence* 数学的帰納法.
récurr*ent, ente* /rekyrɑ̃, ɑ̃ːt/ 形 回帰性の, 繰り返し現れる. ▶ fièvre *récurrente* 〖医学〗 回帰熱.
récursif, ive /rekyrsif, iːv/ 形 ❶〔規則などが〕繰り返し適用される, 再帰的な. ❷〔集合, 命題などが〕帰納的な.
reçus /r(ə)sy/ 活用 ⇨ RECEVOIR 45
récusable /rekyzabl/ 形 信用のおけない; 〖法律〗忌避しうる. ▶ un témoignage *récusable* 信憑(ｼﾝﾋﾟｮｳ)性に欠ける証言.
récusation /rekyzasjɔ̃/ 女 ❶ 〖法律〗(裁判官, 陪審員, 証人などの)忌避. ❷ 文章 容認しないこと, 拒否.
récuser /rekyze/ 他動 ❶ 〖法律〗〔裁判官, 証人など〕を忌避する. ❷ …(の正当性)を認めない; 退ける. ▶ *récuser* le transformisme 進化説に異を唱える. — se récuser 代動 (ある問題に対して)自らに能力 [権限, 責任] なしとする.
reçûss-, reçu-, reçû- 活用 ⇨ RECEVOIR 45
recyclable /r(ə)siklabl/ 形 ❶ 再生利用可能な. ❷ 再教育できる; 進路変更できる.
recyclage /r(ə)siklaːʒ/ 男 ❶ (廃棄物の)再生利用, リサイクル. ▶ *recyclage* du papier 紙のリサイクル. ❷ (職業人の)再教育, 再訓練; (生徒の)進路変更. ▶ stage de *recyclage* 研修研修.
recycler /r(ə)sikle/ 他動 ❶ (廃棄物など)を再生利用する. ▶ papier *recyclé* 再生紙. ❷〔職業人〕に再教育をする; 〔生徒〕を進路変更させる.
— se recycler 代動 ❶ 再教育を受ける. ❷ 新しい考えに慣れる.
rédact*eur, trice* /redaktœːr, tris/ 名 (新聞, 書籍, 雑誌の)編集者; 執筆者. ▶ un *rédacteur* d'un dictionnaire ある辞書の編集者 / *rédacteur* publicitaire コピーライター / *rédacteur* en chef 編集長, (新聞の)主筆.
rédaction /redaksjɔ̃/ 女 ❶ (文書などの)作成, 起草; (記事, 本などの)編集, 執筆. ▶ *rédaction* d'un contrat 契約書の作成 / *rédaction* d'un article de journal 新聞記事の執筆. ❷《集合的に》編集員, 編集部. ▶ écrire à la *rédaction* d'une revue 雑誌の編集部に手紙を書く. ❸ (小学校の)作文.

比較 作文
rédaction, composition いずれも小中学校などで課せられる作文を指すが, composition は単独では小中学校の試験全体を指すこともあるので, composition française は意味を明確化することが多い. dissertation リセの上級クラスや大学などで課せられる小論文. thème 英作文など,

rédactionnel

外国語による作文.

rédactionnel, le /redaksjɔnel/ 形 編集の; 文書作成の. ▶ publicité *rédactionnelle* 記事(体)広告(記事を装った広告).

reddition /re(d)disjɔ̃/ 女 ❶ 降伏. ▶ *reddition* d'un fort 要塞(ホッ)の明け渡し. ❷【法律】*reddition* de comptes (委託管理財産に関する)計算書の提示.

redécouvert, erte /r(ə)dekuvɛːr, ɛrt/ 活用 redécouvrir 16 の過去分詞.

redécouvrir /r(ə)dekuvriːr/ 16 他動 (過去分詞 redécouvert, 現在分詞 redécouvrant)…を再発見する, を改めて気づく.

redéfinir /r(ə)definiːr/ 他動 …に新しい定義を与える, を新たに定義し直す.

redemander /rədmɑ̃de; rədəmɑ̃de/ 他動 ❶ …を再び頼む, 再び注文する; 再び尋ねる. ❷ …を返すよう要求する. ▶ Je lui *ai redemandé* mon stylo. 私は彼(女)に万年筆を返してくれと言った.

redémarrage /r(ə)demaraːʒ/ 男 再発進, 再スタート; 再推進, 再興.

redémarrer /r(ə)demare/ 自動 ❶〔人, 車が〕(止まったあと)再び出発する, 再スタートする. ❷ 再び活発になる. ▶ L'économie *redémarre*. 経済が活況を取り戻す.

rédempteur, trice /redɑ̃ptœːr, tris/ 名 ❶ 罪をあがなう人, 贖罪(セ\^ヘ)の人. ❷ (le Rédempteur) あがない主(イエス・キリスト).
— 形 文章 贖罪の.

rédemption /redɑ̃psjɔ̃/ 女 ❶ (la Rédemption)(キリストによる)贖罪(ミ\^ヘ). ❷ 償い, あがない.

redéploiement /r(ə)deplwamɑ̃/ 男 (産業, 経済活動の)再編成;(軍事力の)再配備.

redéployer /r(ə)deplwaje/ 10 他動 ❶〔産業構造, 経済活動など〕を再編成する. ❷〔部隊, 兵員など〕を再編する, 再配備する.

redescendre /r(ə)desɑ̃ːdr/ 58 (過去分詞 redescendu, 現在分詞 redescendant) 自動〔助動詞はêtre〕(上がった所から)また降りる; 再び下がる.
— 他動 ❶ …を再び降ろす. ❷〔階段など〕をまた降りる.

redevable /rədvabl; rədəvabl/ 形〈être *redevable* de qc à qn〉❶ …に〔金〕の借りがある, 債務を負っている. ▶ Il m'est *redevable* de vingt mille francs. 彼は私に 2 万フランの借金がある. ❷ …に…の恩を受けている, 義理がある. ▶ Je ne veux leur être *redevable* de rien. 彼らにはなんの世話にもなりたくない.

redevance /rədvɑ̃ːs; rədəvɑ̃ːs/ 女 ❶ (公共サービスの)使用料;(特許などの)ロイヤリティー; 負担金. ▶ *redevance* téléphonique 電話料金 / *redevance* de la télévision テレビ受信料 / *redevance* d'auteur (著者の)印税, 著作権使用料. ❷ (定期的に支払うべき)使用料. ▶ *redevance* d'une ferme 地代, 小作料.

*****redevenir** /rədvəniːr; rədvəniːr/ ルドゥヴニール, 28 自動 (過去分詞 redevenu, 現在分詞 redevenant) 〔助動詞はêtre〕再び…になる, に戻る. ▶ Le temps *redeviendra* beau demain. 明日は天気が回復するでしょう.

redevenu, e /rədvəny; rədəvny/ 活用 redevenir 28 の過去分詞.

redevoir /rədvwaːr; rədəvwaːr/ 44 他動 (過去分詞 redû, 現在分詞 redevant)〈*redevoir* qc à qn〉…に〔金〕の借りがまだ残っている. ▶ Il me *redoit* cinq mille euros. 彼は私にまだ 5000 ユーロの未払いがある.

redevr- 活用 ⇨ REDEVOIR 44

rédhibitoire /redibitwaːr/ 形 ❶【法律】売買契約解除の原因となるべき. ❷ 文章 致命的な障害となる. ▶ défaut *rédhibitoire* 致命的欠陥 / prix *rédhibitoire* (売るには)どだい無理な値段.
vice rédhibitoire (1) 売買契約取り消しの原因となる品物の欠陥. (2) 致命的な欠点.

rediffuser /r(ə)difyze/ 他動 ❶〔番組〕を再放送する. ❷〔放送〕を再送信〔中継〕する.

rediffusion /r(ə)difyzjɔ̃/ 女 再放送, 再放映.

rédiger /rediʒe/ 2 他動 (書式に従って)…を書く, 作成する. ▶ *rédiger* un article de journal 新聞記事を書く / *rédiger* un contrat 契約書を作成する /〔目的語なしに〕Il *rédige* bien. 彼は筆が立つ.

redîmes /r(ə)dim/ 活用 ⇨ REDIRE 75

redingote /r(ə)dɛ̃gɔt/ 女【服飾】❶ (ウエストで幾分くびれた)フレアー形の婦人用コート. ❷ (18, 19 世紀の)フロックコート.

redire /r(ə)diːr/ 75 他動

過去分詞 redit	現在分詞 redisant
直説法現在 je redis	nous redisons
複合過去 j'ai redit	単純未来 je redirai

❶ …を繰り返し言う. ▶ Pouvez-vous me *redire* votre nom ? お名前をもう一度言ってもらえますか / Mon père *redit* toujours la même chose. 父はいつも同じことばかり言う / Je lui *ai redit* de ne pas claquer la porte. ドアをばたんと閉めないようにと私は何度も彼(女)に注意した. ❷ …を口外する. ▶ N'allez pas le lui *redire* ! このことは彼(女)には言わないでくださいよ.
avoir〔*trouver, voir*〕*à redire à qc* …に文句をつける. ▶ Elle *trouve à redire à* tout. 彼女は何にでもケチをつける / Je ne *vois* rien *à redire à* cela. それは非の打ちどころがない.

redis-, redi-, rediss- 活用 ⇨ REDIRE 75

redistribuer /r(ə)distribɥe/ 他動 …を配り直す;〔資本, 財産など〕を再分配する.

redistribution /r(ə)distribysjɔ̃/ 女 再分配, 再配分.

redit, redît /rədi/, **redîtes** /r(ə)dit/ 活用 ⇨ REDIRE 75

redite /r(ə)dit/ 女 むだな繰り返し, 冗長.

redoi-, redoiv- 活用 ⇨ REDEVOIR 44

redondance /r(ə)dɔ̃dɑ̃ːs/ 女 ❶ 冗長; むだに〔同じ意味の〕言葉の繰り返し. ❷【情報】冗長性.

redondant, ante /r(ə)dɔ̃dɑ̃, ɑ̃ːt/ 形 冗長な. ▶ un style *redondant* 冗漫な文体.

redonner /r(ə)dɔne/ 他動〈*redonner* qc (à qn)〉❶ (…に)…を再び与える. ❷ (…に)〔失ったもの〕を取り戻させる;〔借りた物〕を返す. ❸〔映画

や芝居を］再上映する、再演する.
── 自動 ❶ ＜redonner dans qc＞…に再び陥る. ▶ redonner dans ses erreurs passées 過去の過ちを繰り返す. ❷ 勢いを盛り返す.

redorer /r(ə)dɔre/ 他動 …の金箔(診)をはり直す；金めっきをし直す.

redoublant, ante /r(ə)dublɑ̃, ɑ̃:t/ 名 留年生，落第生.

redoublé, e /r(ə)duble/ 形 重複した；何度も繰り返された；倍加した. ▶ pas redoublé 一段と早い歩調.
frapper à coups redoublés 立て続けにたたく.

redoublement /r(ə)dubləmɑ̃/ 男 ❶ 倍加，激化. ▶ redoublement de douleur 苦痛の倍加. ❷ 留年，落第. ❸〖言語〗語や音節の重複.

redoubler /r(ə)duble/ 他動 ❶ …を倍加させる，募らせる. ▶ redoubler ses efforts いっそう努力する. ❷ …を重複させる，2度繰り返す. ❸〔学年，クラスなど〕をやり直す；《目的語なしに》留年する.
── 間他動 ＜redoubler de + 無冠詞名詞＞…を倍加する. ▶ redoubler de violence ますます強くなる.
── 自動 いっそう激しくなる，ますます募る. ▶ La pluie redouble. 雨はますます激しくなる.

*__redoutable__ /r(ə)dutabl/ ルドゥターブル/ 形 恐ろしい，恐るべき. ▶ concurrent redoutable 手ごわい競争相手.

redoute /r(ə)dut/ 女〖要塞(訣)〗角面堡(ぷぇぇ)，方形堡.

*__redouter__ /r(ə)dute/ ルドゥテ/ 他動 …をひどく恐れる；心配する，危惧(き)する. ▶ redouter ses parents 親をひどく恐れる / redouter l'avenir 将来を憂える. ◆ redouter «de + 不定詞 [que (ne) + 接続法]» ▶ Elle redoute de tomber malade. 彼女は病気になりはしないかと恐れている / Je redoute qu'il n'apprenne cette nouvelle. このニュースが彼の耳に入らないかと心配だ. 比較 ⇨ CRAINDRE.

redoux /r(ə)du/ 男 寒気のゆるみ.

redressement /r(ə)drɛsmɑ̃/ 男 立て直し，再建；立ち直り，復興. ▶ redressement de l'économie 経済の立て直し［復興］/ plan de redressement 復興計画 / redressement judiciaire 会社更生法(の適用).

redresser /r(ə)drese/ 他動 ❶ …をまっすぐに直す，立て直す. ▶ redresser la tête 顔を上げる / redresser le buste 胸を張る / redresser la taille 背筋を伸ばす / redresser l'appareil avant d'atterrir 着陸直前に（飛行機の）機首を起こす / braquer et redresser les roues d'une voiture ハンドルを戻して車のタイヤをまっすぐに直す /《目的語なしに》redresser après un virage カーブのあとで車を直進に立て直す. ❷〔状況〕を立て直す；文章…を正す，修正する. ▶ Le gouvernement tente de redresser la situation financière. 政府は財政状態の立て直しを図っている / redresser le jugement de qn …の判断の誤りを正す.
── **se redresser** 代動 ❶ 身を起こす；姿勢を正す，毅然(キン)とする. ▶ se redresser dans son lit ベッドで上体を起こす / Redresse-toi! 姿勢を正せ. ❷ 立ち直る，復興する. ▶ Le Japon s'est redressé très rapidement après la guerre. 日本は戦後目覚ましい速さで復興を遂げた.

redresseur, euse /r(ə)drɛsœ:r, ø:z/ 形〖電気〗整流する.
── **redresseur** 男 ❶ redresseur de torts （中世の）正義の騎士；《しばしば皮肉に》正義の味方. ❷〖電気〗整流器.

redû, e /r(ə)dy/ 活用 redevoir 44 の過去分詞.

réducteur, trice /redyktœ:r, tris/ 形 ❶ 減少させる；単純化する. ▶ schéma réducteur 単純な図式. ❷〖化学〗還元する. ❸〖機械〗減速する.
── **réducteur** 男 ❶〖化学〗還元剤. ❷〖機械〗減速装置.

réductible /redyktibl/ 形 ❶ ＜réductible à qc＞…に単純化しうる，帰着させうる. ❷ 減少［縮小］しうる，下げうる. ❸〖数学〗可約の. ▶ fraction réductible 可約分数.

*__réduction__ /redyksjɔ̃/ レデュクスィヨン/ 女 ❶ 減少，削減，カット. ▶ réduction de salaire 賃金カット / réduction du personnel 人員削減 / réduction du temps de travail 労働時間の短縮（略 RTT）/ réduction d'impôts 減税. 比較 ⇨ DIMINUTION.
❷ 値引き，割引. ▶ billet de réduction 割引切符 / réduction étudiant 学割 / avoir［obtenir］dix pour cent de réduction 10パーセント割引してもらう / Le boucher m'a fait une réduction. 肉屋は値引きしてくれた / réduction de 20% sur le prix affiché 表示価格から20％の値引き.
❸ 縮小，縮尺；(縮小した)模作，ミニチュア. ▶ réduction d'une carte 地図の縮小(版) / échelle de réduction 縮尺スケール.
❹ 単純化，要約. ▶ réduction à des éléments simples 単純な要素への分解.
❺〖数学〗réduction d'une fraction 約分.
❻〖外科〗(ヘルニア，脱臼(ミジ)などの)整復.
❼ réduction embryonnaire〖医学〗多胎・減数手術.
en réduction 小型にした，ミニチュアの.

*__réduire__ /redɥi:r レデュイール/ 70

過去分詞 réduit	現在分詞 réduisant
直説法現在 je réduis	nous réduisons
tu réduis	vous réduisez
il réduit	ils réduisent
複合過去 j'ai réduit	半過去 je réduisais
単純未来 je réduirai	単純過去 je réduisis

他動 ❶ …を減らす，少なくする，短くする. ▶ réduire ses dépenses 費用を切り詰める / réduire la hauteur d'un mur 壁を低くする. ◆ réduire A de B // réduire B sur A AをBだけ減らす. ▶ réduire ses effectifs de 4%［quatre pour cent］従業員を4パーセント削減する. ◆ réduire A à B AをBに減らす. ▶ réduire la journée de travail à huit heures 1日の労働を8時間に減らす.
❷ …を縮小する，縮尺する. ▶ réduire une carte 地図を縮尺する / réduire une photo 写真

réduis-

を縮写する.
❸ ⟨*réduire* qn à qc/不定詞⟩…を…に追い込む, 陥れる. ▶ *réduire* qn au désespoir …を絶望に陥れる / *réduire* qn au silence …を黙らせる.
❹ ⟨*réduire* qc à qc⟩…を単純化して…にする, を…に帰する. ▶ *réduire* un compte-rendu à l'essentiel 報告を要点だけに絞る. ◆*réduire* qc à rien …を無に帰する. ▶ Un incident de parcours *a réduit* à rien tous ses projets. 不測の事態で彼(女)の計画はすっかり水の泡と消えた.
❺ ⟨*réduire* qc en qc⟩…を(より小さなものに)変える, 換算する. ▶ *réduire* qc en miettes …を粉々にする / *réduire* des grains en poudre 穀物を挽(ひ)いて粉にする / *réduire* des mètres cubes en litres 立方メートルをリットルに換算する.
❻《数学》*réduire* des fractions au même dénominateur 通分する.
❼《外科》〔骨折, 脱臼(きゅう)など〕を整復する.
❽《料理》〔ソースなど〕を煮詰める.

en être réduit à qc/不定詞 …を余儀なくされる; …の破目に陥る. ▶ J'*en ai été réduit à* abandonner mon projet. 私は計画を諦めることを余儀なくされた.

réduire qn en esclavage [*servitude*] …を奴隷化する, 屈伏させる.

— 自動 〔スープなどが〕煮詰まる.

— *se réduire* 代動 ❶ 減る, 少なくなる. ▶ La durée du service militaire va en *se réduisant*. 兵役期間はだんだん短くなっている.
❷ 出費を抑える, 生活を切り詰める.
❸ ⟨*se réduire* à qc/不定詞⟩…だけにとどまる, 限られる, …に帰着する. ▶ Mon profit *se réduit* à bien peu de chose. 私の利益は結局ないも同然だ / Je me *réduirai* à quelques exemples. いくつかの例を引くだけにとどめておこう.
❹ ⟨*se réduire* en qc⟩…に変わる, と化す. ▶ Ces belles forêts *se sont réduites* en cendres. この美しい森は灰に帰してしまった.

réduis- 活用 ⇨ RÉDUIRE 70

réduit¹, ite /redɥi, it/ 形 (réduire の過去分詞)
❶ 減少した, 限られた; 縮小された, 小さい. ▶ avancer à vitesse *réduite* スピードを落として運転する / modèle *réduit* d'une voiture 車のミニチュア. ❷ 割引された. ▶ voyager「à tarif [à prix] *réduit* 割引料金で旅行する.

réduit² /redɥi/ 男 狭苦しい部屋;(部屋の)片隅.

réduit³ /redɥi/ 活用 ⇨ RÉDUIRE 70

reduss-, redu-, redû- 活用 ⇨ REDEVOIR 44

réécouter /reekute/ 他動 …を再び聞く, 聞き直す.

réécrire /reekriːr/ 78 他動 ⇨ RÉCRIRE.

réécriture /reekrityːr/ 女 書き直し, リライト.

rééditer /reedite/ 他動 ❶ …を再版する, 重版するする; の新版を出す. ❷ 話 …を繰り返す.

réédition /reedisjɔ̃/ 女 ❶ 再版, 重版; 再版本. ❷ 繰り返し, 再現.

rééducation /reedykasjɔ̃/ 女 ❶ 機能回復訓練, リハビリテーション. ❷〔非行少年などの〕再教育, 社会復帰.

rééduquer /reedyke/ 他動 ❶ …に機能回復訓練〔リハビリテーション〕を施す.
❷〔非行少年など〕を再教育する, 社会復帰させる.

***réel, le** /reεl レエル/ 形 ❶ 現実の, 実在の; 真に…った. ▶ personnage *réel* 実在の人物 / fait *réel* 実事 / histoire *réelle* 実話 / La menace est *réelle*. 脅威は現実のものである.
❷ 実際の, 実質的な. ▶ salaire *réel* 実質賃金.
❸《多く名詞の前で》著しい; 真の. ▶ faire de *réels* efforts 本気で努力する.
❹《数学》nombre *réel* 実数.
— *réel* 男 現実; 現実のもの. ▶ le *réel* et le fictif 現実と虚構.

réélection /reeleksjɔ̃/ 女 再選, 再当選.

rééligible /reeliʒibl/ 形 再選できる; 再選される資格のある.

réélire /reeliːr/ 72 他動 (過去分詞 réélu, 現在分詞 réélisant)…を再び選出する, 再選する.

réélis-, rééli- 活用 ⇨ RÉÉLIRE 72

***réellement** /reelmɑ̃ レエルマン/ 副 ❶ 現実に, 実際に. ▶ Cela s'est passé *réellement*. それは実際に起きたことだ.
❷ 本当に. ▶ Je suis *réellement* désolé. 本当に申し訳ありません.
❸《多く文頭で》実際は, 本当のところ. ▶ *Réellement*, tu exagères. 正直に言って, 君は勝手過ぎるぞ.

réélu-, réélû-, rééluss- 活用 ⇨ RÉÉLIRE 72

réembaucher /reɑ̃boʃe/ 他動 …を再び雇う.

réemploi /reɑ̃plwa/ 男 ⇨ REMPLOI.

réemployer /reɑ̃plwaje/ 4 他動 ⇨ REMPLOYER.

réengager /reɑ̃ɡaʒe/ 12 他動, 自動, 代動 ⇨ RENGAGER.

réentendre /reɑ̃tɑ̃ːdr/ 58 他動 (過去分詞 réentendu, 現在分詞 réentendant)…をもう一度聞く, 聞き直す.

rééquilibrage /reekilibraːʒ/ 男 均衡〔バランス〕の回復.

rééquilibrer /reekilibre/ 他動 …に均衡〔バランス〕を取り戻させる.

réessayer /reeseje/ 12 他動 …を再び試みる; 再び仮縫い〔試着〕をする.

réévaluation /reevalɥasjɔ̃/ 女 ❶ 再評価. ❷ 平価切り上げ(↔dévaluation).

réévaluer /reevalɥe/ 他動 ❶〔資産など〕を再評価する. ❷〔通貨〕の平価切り上げを行う.

réexamen /reeɡzamɛ̃/ 男 再検査, 再検討.

réexaminer /reeɡzamine/ 他動 …を調べ直す, 再検討する.

réexpédier /reekspedje/ 他動〔郵便物など〕を再び発送する; 転送する; 送り返す.

réexporter /reeksporte/ 他動〔輸入した商品〕を再輸出する.

***refaire** /r(ə)fεːr/ ルフェール/ VI 他動

過去分詞 refait	現在分詞 refaisant
直説法現在 je refais	nous refaisons
複合過去 j'ai refait	単純未来 je referai

❶ …をもう一度する; やり直す. ▶ *refaire* le calcul 計算をやり直す / *refaire* un voyage en Ita-

réfléchir

lie もう一度イタリア旅行をする / *refaire* un pansement 包帯を巻き直す[取り替える] / Ce n'est pas un bon devoir, il faut le *refaire* [c'est à *refaire*]. この宿題はひどいな, やり直しだ.
❷ …を直す; 修理する / *refaire* une toiture 屋根を直す / *refaire* ses forces 体力を回復する / *refaire* le monde 世直しをする.
❸[先人の行い]を繰り返す, まねる.
❹ 話 …をだます, かつぐ. ◆ *refaire* un naïf 世間知らずをだます. ◆ *refaire* qn de + 金額 …から…をだまし取る.
❺ 話 〈*refaire* qc à qn〉…から…を盗む.
On ne se refait pas. 人は簡単には変われないものだ.
refaire sa vie (1) 人生をやり直す. (2) 再婚する.
Si c'était à refaire! もしやり直せたらなあ.
— **se refaire** 代動 ❶ 体力[健康]を回復する.
❷ 〈*se refaire* à qc〉(元の生活, 習慣など)に再び慣れる, もう一度なじむ. ❸ (多く否定的表現で)(自分の)性格をすっかり変える. ▶ Je suis comme ça, je ne peux pas *me refaire*. 私はこのとおりの人間で, そう変わることができるものでもありません. ❹ 〈*se refaire* qc/qn〉自分の…を取り戻す, 回復する; …を新たに作る. 注 se は間接目的.
▶ *se refaire* une réputation 再び名声を得る / *se refaire* une beauté 化粧を直す / *se refaire* une santé 健康を取り戻す / *se refaire* des amis 新たに友達をつくる / *se refaire* le nez 鼻の整形手術を受ける. ❺ 話 身代を立て直す;《特に》ばくちの負けを取り返す.

refais /r(ə)fɛ/ 活用 ⇨ REFAIRE Ⅵ
refais- 活用 ⇨ REFAIRE Ⅵ
refait /rəfɛ/, **refaites** /r(ə)fɛt/ 活用 ⇨ REFAIRE Ⅵ
refass- 活用 ⇨ REFAIRE Ⅵ
réfection /refɛksjɔ̃/ 女 改修, 修理. ▶ une route en *réfection* 改修中の道路.
refer- 活用 ⇨ REFAIRE Ⅵ
référé /refere/ 男 【法律】急速審理.
***référence** /referɑ̃:s/ レフェランス/ 女 ❶ 参照, 参考; 出典指示[注記]; 典拠. ▶ *références* au bas des pages ページ下の注記 / indiquer la *référence* d'une citation 引用の出典を明記する.
❷(商業文書の左上に書く)▶整照記号; 返信の際にはこの記号を明記する. ❸(人物, 才能の)保証;《複数で》身元保証(書), 紹介状. ▶ fournir de sérieuses *références* 信頼のおける身元保証書を提示する. ❹ 準拠, 基準. ▶ prix de *référence* / indemnités de chômage calculées par *référence* au salaire des trois derniers mois 退職前3か月の給与を基にして計算する失業手当. ❺【言語】指示, 指向.
faire référence à qc/qn …を参照する, に依拠する; 言及する; かかわる.
ouvrage de référence 参考文献.
référendaire /referɑ̃dɛ:r/ 形 国民投票に関する.
referendum /referɛ̃dɔm/, **référendum** 男
❶ 国民投票. ❷(集団の全構成員に対する)意見調査, アンケート.
référent /referɑ̃/ 男【言語】指向対象.

référentiel, le /referɑ̃sjɛl/ 形【言語】(事物, 対象を)指示する, 指向的な.
se référer /s(ə)refere/ ⑥ 代動 ❶ 〈*se référer* à qc/qn〉…を参照する, 典拠とする; に従う, 頼る.
▶ *se référer* à un texte 原文を参照する / *se référer* à (l'avis de) qn …に意見を仰ぐ.
❷ 〈*se référer* à qc〉[物事が]…に関連する, かかわる.
— **référer** /refere/ 間他動 ❶ 〈en *référer* à qn〉…に頼る, 訴える; 決定を仰ぐ.
❷ 〈*référer* à qc〉…に関連する, かかわる.
❸【言語】〈*référer* à qc〉…を指示する.
referiez /rəfərje/, **referions** /rəfərjɔ̃/ 活用 ⇨ REFAIRE Ⅵ
refermable /r(ə)fɛrmabl/ 形[包装が使用後に]閉じることができる.
refermer /r(ə)fɛrme/ 他動 …を(元どおりに)閉じる, 閉める; 閉め直す. — **se refermer** 代動 (元どおりに)閉じる, 閉まる.
referons, referont /rəf(ə)rɔ̃/ 活用 ⇨ REFAIRE Ⅵ
refiler /r(ə)file/ 他動 話 〈*refiler* qc/qn à qn〉…に[不良品など]をつかませる, 押しつける. ▶ On lui *a refilé* une fausse pièce. 彼(女)はにせ硬貨をつかまされた / Il m'*a refilé* sa grippe. 私は彼に流感をうつされた.
réfléchi, e /refleʃi/ 形 (réfléchir の過去分詞) ❶ 熟慮された; [人が]思慮深い. ▶ une réponse *réfléchie* よく考えたうえでの返答.
❷【言語】verbe pronominal *réfléchi* 再帰的代名動詞 / pronom *réfléchi* 再帰代名詞.
C'est tout réfléchi. 十分考えた上だ, 考え直す余地はない.
***tout bien réfléchi** 考え抜いたあげく. ▶ *Tout bien réfléchi*, je n'accepterai pas votre proposition. よくよく考えましたが, あなた(方)の申し出を受け入れるわけにはまいりません.
***réfléchir** /refleʃi:r/ レフレシール/

直説法現在	je réfléchis	nous réfléchissons
	tu réfléchis	vous réfléchissez
	il réfléchit	ils réfléchissent

間他動 〈*réfléchir* à [sur] qc〉…についてよく考える, 熟考する. ▶ Avant de parler, *réfléchissez* bien à ce que vous allez dire. 話す前に, 言おうとしていることについてよく考えてごらんなさい / *réfléchir* sur un sujet あるテーマについて熟慮する / 《目的語なしに》agir sans *réfléchir* よく考えもせずに行動する / Je demande à *réfléchir*. よく考えさせてください / Ce film fait *réfléchir*. これは考えさせる映画だ. ◆ donner à *réfléchir* (à qn) (…に)熟考を促す; 自重を促す.
— 他動 ❶ …を反射する; 映し出す. ▶ Le miroir *réfléchit* les rayons lumineux. 鏡は光線を反射する. ❷ 〈*réfléchir* que + 直説法〉(考えた末)…ということに気がつく, と判断する. ▶ Je n'ai pas *réfléchi* que la lettre aurait dû être recommandée. 手紙を書留にした方がいいとは考えつかなかった.
— **se réfléchir** 代動 〈*se réfléchir* dans

réfléchissant

[sur] qc)…に映る，反射する．▶ La lune *se réfléchit* dans le lac. 月が湖に映っている．

réfléchiss*ant, ante* /refleʃisɑ̃, ɑ̃ːt/ 形 反射する．▶ surface *réfléchissante* 反射面．

réflecteur /reflɛktœːr/ 男 反射装置，反射鏡；反射望遠鏡．

réflectorisé, e /reflɛktɔrize/ 形 光反射装置を備えた；夜光塗料を塗った．

***reflet** /r(ə)flɛ/ ルフレ/ 男 ❶ 反射光，照り返し；(鏡，水などに映る)影，像．▶ regarder le *reflet* de son visage dans la vitrine ショーウインドーに映る自分の顔を見つめる．❷ 光沢，艶(⌀).▶ une étoffe verte à *reflets* dorés 金色の光沢を持つ緑の布．❸ <*reflet* de qc/qn>…の反映，を映す鏡．▶ L'art est le *reflet* d'une société. 芸術は一社会の反映である．

refléter /r(ə)flete/ ⑥ 他動 ❶ …を反射する；(の像)を映す．▶ La vitrine *reflète* le mouvement de la rue. ショーウインドーが往来の様子を映している．❷ …を反映する，表わす．▶ Les magazines *reflètent* les préoccupations de l'époque. 雑誌は時代の関心事を反映する．

— **se refléter** 代動 < *se refléter* (dans [sur] qc)> (…に)映し出される，反映される；現れる．

refleurir /r(ə)flœriːr/ 自動 ❶ 再び花が咲く，また花をつける．❷ 文章 よみがえる，再び栄える．

— 他動 …を再び花で飾る．

reflex /reflɛks/ 〖英語〗形(不変)〖写真〗反射式の．▶ visée *reflex* 反射式ファインダー．

— 男 レフレックス・カメラ(= appareil *reflex*). ▶ *reflex* à un objectif 一眼レフカメラ．

réflexe /reflɛks/ 男 ❶ 反射的動作，とっさの反応．▶ avoir de bons *réflexes* 反射神経が鋭い / J'ai eu le *réflexe* de freiner, il était temps. 私はとっさにブレーキを踏んだ，危いところだった．❷〖生物学〗反射．▶ *réflexe* conditionné [conditionnel] 条件反射．

— 形〖生物学〗運動反射の．

réflex*if, ive* /reflɛksif, iːv/ 形〖哲学〗反省的な；反省に基づく．

***réflexion** /reflɛksjɔ̃/ レフレクスィヨン/ 女 ❶ 熟考，熟慮．▶ agir sans *réflexion* 軽率に行動する / La remarque qu'il a faite mérite *réflexion*. 彼の指摘は一考に値する / Cela demande *réflexion*. それは一考を要する．比較 ⇨ PENSÉE.

❷(多く複数で)考察，見解，指摘．▶ un ouvrage plein de *réflexions* justes 的確な指摘を多く盛り込んだ著作 / *réflexions* sur la vie 人生論．❸ 話 批判めいた指摘，文句．▶ Elle m'a fait une *réflexion* insolente en public sur la façon de me tenir. 彼女は失礼にも公衆の面前で私のマナーにけちをつけた / Garde tes *réflexions* pour toi. つべこべ文句を言うな．❹〖物理〗反射．▶ angle de *réflexion* 反射角．

à la réflexion よく考えてみると．▶ *A la réflexion*, votre conseil me paraît bon à suivre. よく考えてみれば，あなた(方)のお勧めに従ってもよさそうですね．

réflexion faite よく考えた末に．▶ *Réflexion faite*, je ne partirai pas aujourd'hui. よく考えた末，今日の出発は取りやめました．

refluer /r(ə)flye/ 自動 ❶ 逆流する；[潮が]引く．❷ [群衆が]後戻りする，引き返す．

reflux /r(ə)fly/ 男 ❶ 逆流；引き潮．▶ le flux et le *reflux* de la mer 潮の干満．❷ 後退，退潮．

refondat*eur, trice* /rəfɔ̃datœːr, tris/ 名 (政党などの)再建派の(政治家)．

refondation /rəfɔ̃dasjɔ̃/ 女 再建，立て直し．▶ *refondation* sociale 社会再建．

refonder /rəfɔ̃de/ 他動 [政党などを]再建する，立て直す．

refondre /r(ə)fɔ̃ːdr/ ㊾ 他動 (過去分詞 refondu, 現在分詞 refondant) ❶ [金属]を溶かし直す，鋳直す．▶ *refondre* des monnaies 貨幣を改鋳する．❷ …を(全面的に)書き直す．▶ édition *refondue* d'un dictionnaire 辞書の改訂版．

refont /rəfɔ̃/ 活用 ⇨ REFAIRE Ⅵ.

refonte /rəfɔ̃ːt/ 女 ❶ (金属)の鋳直し；(貨幣の)改鋳．❷ 改訂，改正．

réformable /reformabl/ 形 改めうる；改められるべき．

réformat*eur, trice* /reformatœːr, tris/ 名 改革者；〖キリスト教〗宗教改革者．

— 形 改革の，改革を図る．▶ idées *réformatrices* 革新的な考え．

réformation /reformasjɔ̃/ 女〖法律〗(上級審による判決の)変更，修正．

***réforme** /reform/ レフォルム/ 女 ❶ 改革，改善．▶ *réforme* fiscale 税制改革 / *réforme* administrative 行政改革 / *réforme* constitutionnelle 憲法の改正 / la *réforme* de l'enseignement 教育改革．❷〖キリスト教〗(la Réforme) 宗教改革．❸〖軍事〗(兵役不適格による)除隊，退役，兵役免除；(資材，軍馬などの)廃用処分．

réform*é, e* /reforme/ 形〖キリスト教〗宗教改革派の，新教の；〖特に〗カルヴァン派の．▶ Eglise *réformée* 改革派[カルヴァン派]教会 / religion *réformée* 新教．

❷〖軍事〗(不適格者として)除隊になった．

— **réformé** 男 除隊になった軍人．

reformer /r(ə)forme/ 他動 …を作り直す；再編成する．▶ *reformer* des rangs 列を組み直す．

— **se reformer** 代動 再び形成される；再編成される．

***réformer** /reforme/ レフォルメ/ 他動 ❶ …を改革する，改める，改善する．▶ *réformer* le système fiscal 税制を改革する / *réformer* la loi 法律を改正する / *réformer* les méthodes de travail 作業手順を改善する．❷ 文章 [悪いもの]を取り除く．▶ *réformer* les abus 悪弊を改める．❸〖軍事〗(不適格者として)…を除隊にする；[軍馬，資材]を廃用処分にする．❹〖法律〗[下級審の判決]を変更する．

réformette /reformɛt/ 女 話 (皮肉に)部分的手直し，小手先の修正．

réformisme /reformism/ 男 (革命に頼らない)改良主義；修正主義．

réformiste /reformist/ 名 改良主義者；修正主義者． — 形 改良主義の；修正主義の．

refoul*é, e* /r(ə)fule/ 形〖精神分析〗抑圧された；

refuser

話 本能を抑えた；〔特に〕性欲を抑えた．
― 名 〔性欲などを〕抑えた人．

refoulement /r(ə)fulmɑ̃/ 男 ❶ 追い返す［押し戻す］こと；撃退．❷〔感情などの〕抑制；〖精神分析〗抑圧．

refouler /r(ə)fule/ 他動 ❶ …を押し返す，撃退する．▶ *refouler* les manifestants デモ隊を押し返す．❷〔感情〕を抑える，押し殺す；〖精神分析〗…を抑圧する．▶ *refouler* ses larmes 涙をこらえる / *refouler* son agressivité 攻撃的性格を抑圧する．❸〈多く目的語なしに〉〔液体を〕逆流させる．▶ Cet évier *refoule*. この台所の排水口は（詰まって）逆流する．

réfractaire /refraktɛːr/ 形 ❶ ⟨*réfractaire* à qc⟩ …に逆らう；動かされない．▶ être *réfractaire* à l'autorité 権威に従わない / *réfractaire* aux influences 影響を受けにくい / Il est *réfractaire* à l'esthétique. 彼は美が分からない男だ．❷ 〔物理的，化学的な〕作用を受けにくい；〔特に〕耐熱性の．▶ brique *réfractaire* 耐火煉瓦〔ホホャ〕．❸ 〖歴史〗(1)〔第2次大戦中に〕対独協力を拒否した．(2) prêtre *réfractaire*〔フランス革命時の〕宣誓拒否聖職者．― 名 ❶ 反抗する人．❷〖歴史〗〔第2次大戦中の〕対独協力拒否者．

réfracter /refrakte/ 他動 〖物理〗〔光線〕を屈折させる．― **se réfracter** 代動 屈折する．

réfraction /refraksjɔ̃/ 女 〖物理〗屈折．▶ angle de *réfraction* 屈折角．

refrain /r(ə)frɛ̃/ 男 ❶ リフレイン，反復句．❷ 同じ言葉の繰り返し；口癖．▶ Changez de *refrain*! 同じことばかり言わないでください．

refréner /r(ə)frene/, **réfréner** /refrene/ 6 他動〔感情〕を抑える，鎮める．― **se refréner, se réfréner** 代動 話 自制する．

réfrigérant, ante /refriʒerɑ̃, ɑ̃ːt/ 形 ❶ 冷却する．▶ mélange *réfrigérant* 寒剤．❷ 話 冷淡な．▶ un accueil *réfrigérant* 冷ややかな応対．― **réfrigérant** 男 熱交換器，冷却器．

*__réfrigérateur__ /refriʒeratœːr/ 男 冷蔵庫．▶ *réfrigérateur*-congélateur 冷凍冷蔵庫 / mettre le beurre au [dans le] *réfrigérateur* バターを冷蔵庫に入れる．

比較 **冷蔵庫**．
réfrigérateur いわゆる「電気冷蔵庫」を指す標準的な語．日常的にはむしろ **frigidaire**（元来は商標）や **frigo**（くだけた表現）の方が普通に用いられる．**glacière** アイスボックス．

réfrigération /refriʒerasjɔ̃/ 女 冷却；冷蔵．

réfrigéré, e /refriʒere/ 形 ❶ 冷却［冷蔵］した；冷凍装置のついた．❷ 話 凍えている．

réfrigérer /refriʒere/ 6 他動 ❶ …を冷却する；冷蔵する．▶ *réfrigérer* de la viande 肉を冷蔵する．❷ …の熱意を冷ます，気持ちをなえさせる．

*__refroidir__ /r(ə)frwadiːr/ ルフロワディール/ 他動

直説法現在	je refroidis	nous refroidissons
	tu refroidis	vous refroidissez
	il refroidit	ils refroidissent

❶ …を冷ます，冷やす．▶ *refroidir* du café コーヒーを冷ます / La pluie *a* refroidi l'atmosphère. 雨が降って空気がひんやりとした．❷ …の熱意を冷ます；〔熱意，興味など〕をそぐ．❸ 話 …を殺す．
― 自動 ❶ 冷める，冷える．▶ Venez à table, la soupe va *refroidir*. 食卓についてください，スープが冷めますから．❷〔熱意などが〕冷める．
― **se refroidir** 代動 ❶ 冷める，冷える．▶ Le temps *se refroidira* demain matin. 明日の朝は冷え込みそうだ．❷〔熱意などが〕冷める，うせる．❸ 体が冷える；風邪を引く．

refroidissement /r(ə)frwadismɑ̃/ 男 ❶ 冷えること；冷却．❷〔体の〕冷え，悪寒．▶ prendre un *refroidissement* 寒けがする．❸〔熱意，感情などが〕冷めること．▶ *refroidissement* de l'amitié 友情のかげり．

*__refuge__ /r(ə)fyːʒ/ ルフュージュ/ 男 ❶ 避難場所，隠れ家；たまり場．▶ lieu de *refuge* 逃げ場 / chercher [trouver] *refuge* chez des amis 友人宅にかくまってもらう / *demander* refuge à qn …にかくまってくれるように頼む / valeur *refuge* 安全な投資先．❷ 心の支え，よりどころ．❸ 山小屋，避難小屋．❹〔車道の〕安全地帯；〔橋上の〕待避所．

réfugié, e /refyʒje/ 形 避難した，亡命した．
― 名 亡命者，難民．▶ accueillir les *réfugiés* politiques 政治亡命者を受け入れる．

*__se réfugier__ /s(ə)refyʒje/ スレフュジエ/ 代動 避難する，亡命する；逃避する．▶ Surpris par une averse, je *me suis réfugié* sous un arbre. にわか雨に遭って私は木の下に逃げ込んだ / *se réfugier* à l'étranger 外国に亡命する / Il *se réfugie* dans le travail pour oublier ses soucis. 彼は心配事を忘れようと仕事に打ち込む．

*__refus__ /r(ə)fy/ ルフュ/ 男 拒否，拒絶．▶ *refus* 「d'obéir [d'obéissance] 服従の拒否 / *refus* d'aliments 拒食 / essuyer un *refus* 断られる / se heurter à un *refus* 拒絶に会う / Il a opposé un *refus* catégorique à notre demande. 彼は私たちの頼みをきっぱり断った．
Ce n'est pas de refus. 話 喜んでいただきます［お受けします］．

refusé, e /r(ə)fyze/ 形 拒否された；不合格の．
― 名 不合格者；落選者．

*__refuser__ /r(ə)fyze/ ルフュゼ/ 他動 ❶〔贈り物，申し出など〕を拒む，断る．▶ *refuser* une invitation 招待を断る．❷ ⟨*refuser* qc (à qn)⟩ 〔…に〕…を与えない；〔…の〕要求，依頼など〕に応じない．▶ *refuser* une augmentation à des ouvriers 労働者の賃上げ要求に応じない / *refuser* sa porte à qn …に門を閉ざす．❸ ⟨*refuser* de + 不定詞⟩ …するのを拒否する．▶ Elle *refuse* de reconnaître qu'elle a tort. 彼女は自分の過ちを認めようとしない．❹ ⟨*refuser* qn⟩ …を入らせない；不合格［不採用］にする．▶ J'ai été *refusé* au baccalauréat. 私はバカロレアに落ちた．❺ ⟨*refuser* qc à qn⟩ …に〔資質，権利〕があることを認めない．▶ On ne peut lui *refuser* certains dons. 彼(女)になんらかの才能があることは認めないわけにはいかない．
― **se refuser** 代動 ❶ ⟨*se refuser* qc⟩ 自分

réfutable

に…を禁じる[断じ]. 注 se は間接目的. ▶ Il ne se refuse rien. 彼は何でもしたい放題している.
❷ ⟨se refuser à qc/不定詞⟩…に同意しようとしない,を受け入れない. ▶ se refuser à l'évidence 明らかなことを認めようとしない / Elle s'est refusée à répondre à cette question indiscrète. 彼女はこのぶしつけな質問に答えようとしなかった. ❸ 《否定的表現で》断られる. ▶ Un apéritif, ça ne se refuse pas. アペリチフなら喜んでいただきます.

ne rien se refuser 話 欲しいものはなんでも買う, あればあるだけ金を遣う.

réfutable /refytabl/ 形 反駁(ばく)できる, 論破できる.

réfutation /refytasjɔ̃/ 女 反論, 反駁(ばく); 反証.

réfuter /refyte/ 他動 …に反論する, 反駁する.

regagner /r(ə)ɡaɲe/ 他動 ❶ …を取り戻す, 回復する. ▶ *regagner* le temps perdu むだにした時間を取り戻す / *regagner* la confiance de ses électeurs 有権者の信頼を回復する. ❷ …へ戻る, 帰る.

regagner du terrain 失地を回復する, 勢力を挽回(ばん)する.

regain /r(ə)ɡɛ̃/ 男 ❶ ⟨*regain* de + 無冠詞名詞⟩…の回復, よみがえり. ▶ retrouver un *regain* de jeunesse 若返る. ❷ 二番生えの草.

régal /reɡal/; ⟨複⟩ **als** 男 ❶ 大好物, 御馳走(ちそう). ▶ La tarte aux pommes est mon grand *régal*. りんごのタルトは私の大好物だ.
❷ 楽しみ, 喜び. ▶ Ce jardin est un *régal* pour les yeux. この庭は目の保養になる.

régalade /reɡalad/ 女 boire à la *régalade* 《瓶やグラスに唇を触れずに》直接喉(のど)に流し込む.

régaler¹ /reɡale/ 他動 ❶ …の地ならしをする. ❷ *régaler* une taxe 税を均等に割り当てる.

régaler² /reɡale/ 他動 ❶ ⟨*régaler* qn (de qc)⟩…に(…を)御馳走(ちそう)する. ▶ Il nous a invités d'un excellent vin 客に上等のワインを振舞う. ❷ 話《目的語なしに》おごる.

— **se régaler** 代動 ❶ ⟨*se régaler* (de qc)⟩《御馳走, 好物を》食べる. ▶ Elle *s'est régalée* de gâteaux. 彼女は好物のケーキに舌鼓を打った. ❷ ⟨*se régaler* (de qc) // *se régaler* (à + 不定詞)⟩⟨…を⟩大いに楽しむ. ▶ *se régaler* à écouter un opéra オペラを聴いて楽しむ.

:regard /r(ə)ɡaːr ルガール/ 男 ❶ 視線; 注視. ▶ suivre [montrer] qn/qc du *regard* …を目で追う[示す] / jeter un *regard* sur qn/qc …を一瞥(いちべつ)する / promener son *regard* sur qc …を見渡す / se dérober aux *regards* 人目を避ける / échanger un *regard* d'intelligence avec qn …を示し合わせの目配せを交わす / Sa toilette extravagante a attiré tous les *regards*. 彼(女)の奇抜な格好は人目を引いた / Au premier *regard*, la maison semble confortable. 一見したところ住み心地のよさそうな家だ.

❷ 目つき, 眼差(まな)し. ▶ un *regard* tendre [noir] 優しい[敵意を込めた]目つき / lancer un *regard* de colère à qn …を怒った目でにらむ.

❸ マンホール, 検査孔; 《タンクなどの》のぞき穴.

au regard de qc …に関しては; 照らし合わせて見ると. ▶ être en règle *au regard de* la loi 法にかなっている.

droit de regard 監視[監査]権. ▶ avoir (un) *droit de regard* sur la gestion d'un magasin 店の運営に対して監査権を持つ.

en regard 相対した, 対比させた. ▶ un texte latin avec traduction *en regard* 対訳付きのラテン語テキスト.

en regard de qc …と比較すれば. ▶ une œuvre peu connue *en regard de* sa qualité 質が高いわりにはあまり知られていない作品.

regardant, ante /r(ə)ɡardɑ̃, ɑ̃ːt/ 形 話 けちな, 締まり屋の.

:regarder /r(ə)ɡarde ルガルデ/

直説法現在	je regarde	nous regardons
	tu regardes	vous regardez
	il regarde	ils regardent
複合過去	j'ai regardé	半過去 je regardais
単純未来	je regarderai	単純過去 je regardai

英仏そっくり語
英 to regard 見なす.
仏 regarder 見る, かかわる, 見なす.

他動 ❶ …を見る, 眺める. ▶ *regarder* la télévision テレビを見る / *regarder* qn dans les yeux en parlant 相手の目を見て話す / *regarder* qn en face …の顔をまともに見る / *regarder* à sa montre quelle heure il est 今何時か時計を見る / Je vais *regarder* s'il y a encore des places. まだ席があるか調べてみます /《目的語なしに》*Regardez*. 見て下さい / Vous *avez* bien *regardé*? よく見ましたか / *regarder* par la fenêtre 窓の向こうを見る / *regarder* dans un dictionnaire 辞書を見る / *regarder*「derrière soi [partout] 振り返る[あちこち見る] / *regarder* qn/qc + 不定詞 [qui + 直説法]…が…しているのを眺める. ▶ *Regarde*-moi faire. 私がどうするか見ていなさい / *regarder* la neige tomber = *regarder* tomber la neige = *regarder* la neige qui tombe 降りしきる雪に見入る. 比較 ⇨ EXAMINER.

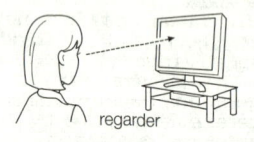

regarder

❷ …にかかわる, 関係がある. ▶ Cela ne vous *regarde* pas. それはあなた(方)には関係がないです.

Ça ne vous regarde pas.

régional

❸〔建物などが〕…に臨む, 面している. ▶ façade qui *regarde* la rue 通りに面した建物の正面 /〔目的語なしに〕Mon appartement *regarde* vers le midi. 私のアパルトマンは南向きだ.
❹ …を考えに入れる, 考慮する. ▶ Tu ne *regardes* que ton intérêt. 君は自分の利害しか考えていない / *regarder* la réalité telle qu'elle est 現実をありのままに見つめる / *regarder* le danger en face 危険を直視する[に面と向かう].
❺〈*regarder* A comme B〉A を B と見なす. ▶ Il me *regarde* comme son fils. 彼は私を息子のように思ってくれている. 比較 ▷ PENSER.
▪ *Regardez-moi qc/qn.* …をまあ見てくれ. 注 moi は強調のための虚辞的代名詞. ▶ Non mais, *regardez-moi* ça! まあこれを見てくれよ.
▪ *Regardez voir* (*si* +直説法). 話 (…かどうか) 見てこい, よく見ろ.
▪ *Vous ne m'avez pas regardé.* 話 見損なうな; お門違いだよ.
——間他動〈*regarder* à qc〉…のことをよく考える; に気を配る. ▶ *regarder* à la dépense 財布のひもが堅い / Quand elle achète, elle *regarde* avant tout au prix. 買い物となると彼女はまず値段を気にする.
▪ *y regarder à deux fois* (決める前に)よくよく考える.
▪ *y regarder de près* 子細に検討する.
—— **se regarder** 代動 ❶ 自分の姿を見る. ❷ 見つめ合う; 向かい合う. ❸ 見られる, 眺められる.
▪ *Il ne s'est pas regardé.* 話 彼は自分のことは棚に上げている.

regarnir /r(ə)garniːr/ 他動〈*regarnir* qc (de qc)〉…に(…を)再び備えつける, 補充する.

régate /regat/ 女 (多く複数で)レガッタ, ヨットレース, ボートレース.

régence /reʒɑ̃ːs/ 女 ❶ 摂政の職; 摂政時代. ▶《la Régence》オルレアン公フィリップの摂政時代 (1715-23).
—— **Régence** 形《不変》レジャンス様式の; オルレアン公摂政時代風の.

régénérateur, trice /reʒeneratœːr, tris/ 形 文章 (器官, 触媒などを)再生させる; 刷新する.
—— **régénérateur** 男 再生装置; 熱交換装置.

régénération /reʒenerasjɔ̃/ 女 ❶ (器官などの) 再生. ❷ 文章 再生, 更生, 刷新. ▶ *régénération* des mœurs 風俗の刷新. ❸《化学》(触媒などの)再生, 再活性化; (原子炉での)増殖, 転換.

régénéré, e /reʒenere/ 形 ❶ 再生された. ❷ 刷新された; 生まれ変わった.

régénérer /reʒenere/ ⑥ 他動 ❶ (器官, 触媒などを)再生する. ❷ 文章 …をよみがえらせる, 刷新する. —— **se régénérer** 代動 再生される, 生まれ変わる.

régent, ente /reʒɑ̃, ɑ̃ːt/ 名 摂政. ▶ le *Régent* 摂政オルレアン公フィリップ.
—— 形 摂政の. ▶ prince *régent* 摂政皇太子.

régenter /reʒɑ̃te/ 他動 …を意のままにする, 牛耳る.

reggae /rege/ 男, 形《英語》『音楽』レゲエ(の). ▶ groupe *reggae* レゲエグループ.

régicide /reʒisid/ 名 王の殺害者, 弑逆(しいぎゃく)者.

—— 男 王の殺害, 弑逆(罪); 王の処刑.

régie /reʒi/ 女 ❶ 国営, 公営. ▶ travaux en *régie* 国営[公営]事業. ❷ 公共企業体, 公社, 公団. ▶ *Régie* française des tabacs たばこ公社 / *Régie* autonome des transports parisiens パリ交通公団(略 RATP). ❸ (放送スタジオに隣接する)音響・映像調整室; (演劇, 映画の)製作(進行)部.

regimber /r(ə)ʒɛ̃be/ 自動 ❶ 逆らう, 反抗する. ▶ *regimber* contre l'autorité 権威に逆らう.
❷〔馬などが〕後脚を蹴(け)り上げて逆らう.
—— **se regimber** 代動 逆らう, 反抗する.

*****régime**¹ /reʒim レジム/ 男 ❶ (社会, 政治, 経済の)体制, 制度, 政体. ▶ *régime* démocratique 民主制 / *régime* capitaliste 資本主義体制 / Ancien *Régime* アンシャンレジーム(フランス革命以前の政治・社会体制) / changement de *régime* 政権交代.
❷ (法律で制定された)制度, 規定. ▶ *régime* fiscal 税制 / *régime* matrimonial 夫婦財産制 / *régime* des prisons 刑務所の管理規定.
❸ 食餌(じ)療法, ダイエット. ▶ être [se mettre] au *régime* ダイエットする / suivre [faire] un *régime* pour garder la ligne 体の線を保つためにダイエットする / *régime* sec 禁酒療法.
❹《機械》(エンジンの)回転数; 正常運転, 定格. ▶ *régime* maximal 最大出力 / *régime* de croisière 経済速度運転.
❺ (河川の)流況, 河相. ❻《言語》被制辞.
▪ *à plein régime* エンジン全開で, フル回転で; 全力を尽くして. ▶ marcher *à plein régime* 全速力で疾走する; 力を振り絞る.

régime² /reʒim/ 男 (果実の)房.

*****régiment** /reʒimɑ̃ レジマン/ 男 ❶ (陸軍の)連隊. ▶ *régiment* d'infanterie 歩兵連隊.
❷ 話 軍隊, 兵役. ▶ faire son *régiment* 兵役を務める.
❸ 話〈un *régiment* de +無冠詞複数名詞〉多数の…. ▶ un *régiment* d'invités 大勢の招待客.
▪ *Il y en a pour un régiment.* 話 (食料などが)1個連隊分は優にある, あり余るほどある.

régimentaire /reʒimɑ̃tɛːr/ 形 連隊の; 軍隊の.

*****région** /reʒjɔ̃ レジョン/ 女 ❶ 地方; 地域; (都市の)周辺部, 近郊. ▶ *régions* équatoriales 赤道地帯 / *région* industrielle [agricole] 工業[農業]地帯 / goûter un vin de la *région* その土地のワインを賞味する / aller en vacances dans la *région* de Nice ニース方面へバカンスに行く.
❷《行政》(多く Région) (数県単位の)地域圏, レジョン. ▶ la *région* parisienne パリ地域圏(1976年以降は *Région* d'Ile-de-France と呼ばれている) / préfet de *Région* 地域圏知事.
❸ (思想, 学問などの)領域, 分野. ▶ *régions* de la philosophie 哲学の領域.
❹ (身体の)一定部分, 部位. ▶ éprouver une douleur dans la *région* du cœur 心臓の辺りに痛みを感じる.
❺ (海軍, 鉄道などの)管区. ▶ *région* militaire 軍管区 / *région* maritime [aérienne] 海軍 [空軍]管区.

*****régional, ale** /reʒjonal レジオナル/; 《男 複》

aux /o/ 形 ❶ 地方の;地域の,地域圏の. ▶ métropole *régionale* 地方の中心都市 / réseau express *régional* 首都圏高速鉄道網(略 RER) / cuisine *régionale* 郷土料理 / accords *régionaux* 地域協定 / conseil *régional* 地方圏議会 / élections *régionales* 地方圏選挙(注 les régionales とも言う). ❷《医学》身体局所の. ▶ anesthésie *régionale* 局所麻酔(法).

régionalisation /reʒjɔnalizasjɔ̃/ 女 (政治,経済などの)地方分散化,地方分権化.

régionaliser /reʒjɔnalize/ 他動 (政治,経済など)を地方分散化する,地方分権化する.

régionalisme /reʒjɔnalism/ 男 ❶ 地方主義;(政治・経済上の)地方分権主義. ❷《文学の》地方趣味. ❸《言語》一地方に特有の語法.

régionaliste /reʒjɔnalist/ 形,名 ❶ 地方(尊重)主義の(人);地方分権主義の(人). ❷《文学》地方色豊かな(作家).

régir /reʒiːr/ 他動 ❶《文章》…を規定する,支配する. ▶ les lois qui *régissent* les mouvements des astres 天体の運行を支配する(宇宙の)諸法則. ❷《言語》〔格,法など〕を支配する.

régisseur /reʒisœːr/ 男 ❶ (土地,財産などの)管理人. ❷ (演劇の)舞台監督(=*régisseur* de théâtre);(テレビ,映画の)助監督.

registre /rəʒistr/ 男 ❶ 登録簿,記録簿,帳簿. ▶ tenir un *registre* 帳簿をつける / *registre* de comptabilité 会計簿,出納帳 / *registre* (public) d'état civil 身分登録簿,戸籍原簿. ❷ (楽器の)音域,声域. ❸ (作品,演説などの)調子,スタイル. ❹ (知識,能力などの)幅. ▶ Il a un *registre* très étendu en matière de musique contemporaine. 現代音楽については彼はたいへん詳しい. ❺《情報》(コンピュータの)レジスター.

réglable /reglabl/ 形 ❶ (機器,機能が)調節可能な. ❷ 支払いが可能な. ▶ achat *réglable* en dix mensualités 10回の月賦払いが可能な買い物.

réglage /reglaːʒ/ 男 ❶ (機器の)調整,調節. ❷ (紙の)罫(ケイ)引き;《集合的に》罫.

***règle** /regl/ 女 ❶ 規定,規則,ルール,原則. ▶ les *règles* du football サッカーのルール / établir [prescrire] une *règle* 規則を定める / respecter [violer] les *règles* 規則を守る[に違反する] / Il n'y a pas [point] de règle sans exception. 諺 例外のない規則はない.
❷ 規範,しきたり. ▶ les *règles* de la morale 道徳規범 / les *règles* de la politesse 礼儀作法 / *règle* grammaticale 文法規則.
❸《 la *règle* 》通例,世の常. ▶ Son cas n'échappe pas à la *règle*. 彼(女)の場合も例外ではない / C'est la *règle*. それが通例だ.
❹ 定規,ものさし. ▶ tirer une ligne à la [avec une] *règle* 定規で線を引く / *règle* à calcul 計算尺. ❺《複数で》月経,生理. ▶ avoir ses *règles* 生理がある.

avoir pour règle de + 不定詞 = *se faire une règle de* + 不定詞 …を方針とする.

dans [*selon*] *les règles* (*de l'art*) 規則[礼儀,慣習]どおりに,型どおりに. ◆ faire une demande *dans les règles* 順当な手続きを踏んで要求を出す / une sottise *dans toutes les règles*

《皮肉に》愚の骨頂.

de règle 決まり[通例]の. ◆《非人称構文で》*Il est de règle que* + 接続法 [*de* + 不定詞]. …であるのが通例だ;…であって当然だ.

en bonne règle 規定[慣例]にかなった.

***en règle** (1) 法規に合った,正規の. ▶ un passeport *en règle* 正規のパスポート. (2) 正式な,作法にかなった. ▶ un duel *en règle* 正式の[正々堂々とした]決闘.

en règle générale 一般に,概して.

règle d'or 最も大事な法則,金科玉条.

règle(s) du jeu ゲームの規則;(さまざまな状況との)約束事,ルール.

⌈*se mettre* [*être*] *en règle* (*avec qn/qc*) (…に対して)義務を果たす. ▶ *se mettre en règle avec* ses créanciers 債権者にきちんと借金を清算する.

> 比較 **規則**
> **règle** 個々の規則,ルールを指して最も一般的に用いられる. **règlement** 定められた諸規則 *règles* の総称. **réglementation** 特に法として定められた規則の総称. 適用される分野や事項を明示して使われることが多い. 規制. **norme** 工業製品などの「規格」の意味で用いられるほか, règle は文字文化としては書かれてはいないが一般にだれもが従う「規範」の意味を持つ. **conventions**《改まった表現》暗黙の約束事,きまり.

réglé, e /regle/ 形 ❶ (物事が)かたのついた. ▶ C'est une chose *réglée*. それはもう済みだ. ❷ (機器が)調節された. ▶ un appareil bien *réglé* きちんと調整された機器. ❸ 規律のある. ▶ avoir une vie *réglée* 規則正しい生活をする. ❹ 月経[生理]のある. ❺ (紙の)罫(ケイ)を引いた. ▶ papier *réglé* 罫紙.

être réglé comme du papier à musique 話 (1)(物事が)細かく段取りされている. (2)(人,日課が)判で押したようだ,几帳面(キチョウメン)だ.

***règlement** /regləmɑ̃/ レグルマン 男 ❶ 規則,規定;《集合的に》規則書. ▶ *règlement* intérieur d'une entreprise 企業の内規 / *règlement* d'une école 校則,学則 / obéir au *règlement* 規則に従う / *règlement* (*européen*) (欧州連合の)規則. 比較 RÈGLE.
❷《法律》(行政庁が定める)命令,規則.
❸ (紛争などの)解決,決着. ▶ *règlement* amiable [à l'amiable] 示談による解決,円満解決.
❹ 決済,支払い(=*règlement* d'un compte); 支払い. ▶ faire un *règlement* par chèque bancaire 銀行小切手で支払う.

règlement de compte(s) (暴力による)決着,果たし合い;仕返し.

réglementaire /regləmɑ̃tɛːr/ 形 規定どおりの;規則に関する. ▶ tenue *réglementaire* d'un militaire 軍人の正規の服装 / dispositions *réglementaires* (行政機関が行う)法的措置.

réglementairement /regləmɑ̃tɛrmɑ̃/ 副 規則にのっとって,規則上は.

réglementation /regləmɑ̃tasjɔ̃/ 女 ❶ 規制,統制;(法規の)制定. ▶ *réglementation* des prix 物価統制. ❷《集合的に》(特定分野の)法規,規則. ▶ *réglementation* du travail 労働

法規. 比較 ▷ RÈGLE.

réglementer /regləmɑ̃te/ 他動 ❶ …を規制［統制］する. ▶ *réglementer* le droit de grève ストライキ権を規制する. ❷《目的語なしに》法規を制定する.

***régler** /regle/ レグレ /⑥ 他動

直説法現在	je règle	nous réglons
	tu règles	vous réglez
	il règle	ils règlent

❶〔案件, 争いなど〕を**解決する**. ▶ *régler* une affaire 一件を処理する / *régler* un conflit 紛争を解決する.
❷〔料金, 勘定〕を**支払う**. ▶ *régler* une note d'hôtel ホテル代を清算する / *régler* ses créanciers 債権者に支払いをする.
❸ …を取り決める. ▶ *régler* l'emploi de son temps 日課を決める.
❹〔機器, 機能など〕を**調整する**, 調節する. ▶ *régler* sa montre 腕時計を合わせる. ◆ *régler* qc à［sur］+ 数量表現〔機器〕を…に合わせる. ▶ *régler* la sonnerie d'un réveil sur sept heures 目覚ましを7時にセットする.
❺ 〈*régler* qc sur qc/qn〉〔自分の行動, 意見など〕を…に合わせる. ▶ *régler* sa conduite sur qn …の振る舞いを見習う.
❻ …に罫線(ﾋﾟ)を引く.
avoir un compte à régler avec qn …に仕返ししなければならない.
régler son compte à qn 話 …をひどい目に遭わせる; …に復讐(ｼｭｳ)をする.
— **se régler** 代動 ❶〔問題などが〕解決される. ❷〔機器が〕調整される. ❸〈*se régler* sur qn［qc〕〉…にならう.

réglette /reglɛt/ 囡〔断面が正方形の〕角定規; 小定規.

régleur, euse /reglœːr, øːz/ 图〔機器の〕調整工. — **régleuse** 囡 罫(ｹｲ)引き機.

réglisse /reglis/ 囡 ❶〔植物〕カンゾウ（甘草). ❷ カンゾウエキス.

réglo /reglo/ 形〔不変〕俗 ❶ 規則［規定］にかなった. ❷ 几帳面(ﾒﾝ)な.

réglure /reglyːr/ 囡 罫(ｹｲ)引き機, 罫の引き方.

régnant, ante /reɲɑ̃, ɑ̃ːt/ 形 ❶ 統治する. ▶ prince *régnant* 君臨する王. ❷ 支配的な, 流行の.

***règne** /rɛɲ/ レニュ 男 ❶〔王の〕**君臨**, 治世. ▶ sous le *règne* de Louis XIV [quatorze] ルイ14世の治世下［時代〕に. ❷ 支配; 絶対的影響力. ▶ C'est le *règne* de l'argent. いまや金がものをいう御時世ですよ. ❸〔生物学〕界. ▶ *règne* animal［végétal, minéral］動物〔植物, 鉱物〕界.

***régner** /reɲe/ レニェ /⑥ 自動 ❶〔君主が〕**君臨する**, **統治する**. ▶ *régner* (pendant) vingt ans 20年間君臨［統治〕する.
❷ **支配する**, 権力を振るう. ▶ Elle *règne* dans la maison. 彼女が家を取り仕切っている. ❸〔状態, 気分が〕行き渡る, みなぎる. ▶ faire *régner* l'ordre dans la classe クラスを静かにさせる / Le bon accord *règne* entre nous. 我々の間には完全な合意が成立している /《非人称構文で》Il règne un affreux despotisme dans ces pays. これらの国々にはひどい専制政治が横行している.
La confiance règne!《反語的に》ずいぶんな信用ぶりだね（疑い深いね).

regonfler /r(ə)gɔ̃fle/ 他動 ❶ …を再び膨らます. ▶ *regonfler* un ballon 風船に空気を入れる. ❷ 話 …に元気［勇気〕を取り戻させる. ▶ Cette nouvelle m'*a regonflé*. 私はその知らせを聞いて元気を取り戻した. — 自動 再び膨らむ, 再び増大する.
— **se regonfler** 代動 再び膨らむ; 再び増大する; 元気［勇気〕を取り戻す.

regorger /r(ə)gɔrʒe/ ② 間他動〈*regorger* de + 無冠詞名詞〉…で満ちあふれる, いっぱいになる. ▶ *regorger* de bonheur 幸せにあふれている / région qui *regorge* de richesses 豊富な資源に恵まれた地方.

regratter /r(ə)grate/ 他動〔壁〕（の汚れなど〕をかき落とす, 削り落とす.

régresser /regrese/ 自動 ❶ 後退する; 退歩する. ❷〔精神分析〕〔幼児性へ〕退行する.

régressif, ive /regresif, iːv/ 形 後退の, 退行［逆行〕の.

régression /regresjɔ̃/ 囡 ❶ 後退; 逆行; 低下. ▶ *régression* du chômage 失業の減少 / être en (voie de) *régression* 低下［減少〕しつつある. ❷〔生物学〕〔器官, 組織の〕退化, 退行. ❸〔精神分析〕〔幼児性への〕退行.

***regret** /r(ə)grɛ/ ルグレ 男 ❶ **後悔**, 悔い. ▶ le *regret* d'une faute 過ちに対する悔恨 / être rongé de *regrets* 後悔の念にさいなまれる / J'ai du *regret* de n'avoir pas pris parti. 私は優柔不断な態度を取ったことを後悔している.
❷ **残念さ**; 《多く儀礼的表現で》**遺憾**, 申し訳なさ. ▶ exprimer ses *regrets* 詫(ﾜ)びる, 陳謝する, 遺憾の意を表明する / J'ai le *regret* de n'avoir pu vous rendre service. あなた（方〕のお役に立てなかったのが残念です / Tous mes *regrets*. まことに申し訳ありません（丁寧な表現).
❸ **愛惜**, 惜しむ［懐かしむ〕気持ち. ▶ le *regret* du pays natal 郷愁 / avoir le *regret* de sa jeunesse 青春時代を懐かしむ / Elle *a quitté* sa mère avec regret. 彼女は名残り惜しい思いつつ母と別れた.
à mon [notre] grand regret 残念なことに, 残念ですが.
à regret 心ならずも; いやいや, しぶしぶ.
être au regret de + 不定詞 = *avoir le regret de* + 不定詞〔特に公式文書で〕遺憾ながら…しなければなりません. ▶ Je *suis au regret de* vous informer que votre candidature a été refusée. 遺憾ながら応募の件は貴意に添い得なかったことをお知らせいたします.
Sans regret? 話 後悔しませんね, いいんですね.

regrettable /r(ə)grɛtabl/ 形 残念な, 遺憾な. ▶ un incident *regrettable* 惜しむべき出来事. ◆《非人称構文で》Il est *regrettable* que + 接続法.…は残念［遺憾〕なことだ.

regretté, e /r(ə)grete/ 形〔物, 人が〕惜しまれている; 今は亡き. ▶ le *regretté* Monsieur Dupont 故デュポン氏.

***regretter** /r(ə)grete/ ルグレテ 他動

regrimper

❶ …を後悔する. ▶ regretter ses fautes 自分の過ちを悔やむ. ◆ regretter de + 不定詞複合形 …したことを後悔する. ▶ Elle regrette d'être venue. 彼女は来なければよかったと思っている. ❷ …を残念に思う. ▶ Nous regrettons ce jugement du tribunal. 我々は裁判所のこの判決に不満である. ◆ regretter de + 不定詞[que + 接続法]…を残念[遺憾]に思う. ▶ Je regrette de vous avoir fait attendre. お待たせしてすみません / Il regrette de ne pas pouvoir vous rendre ce service. 彼はあなた(方)のお役に立てなくて残念がっています / Je regrette qu'il ne soit pas venu. 彼が来なかったのは残念だ. ❸ …を惜しむ; 懐かしむ. ▶ regretter le temps passé 過去を懐かしむ / regretter un ami mort 死んだ友を悼む.

Je regrette, … 國 (1) すみませんが…. ≪ « L'hôtel Bellevue, s'il vous plaît ? —Je regrette, je ne suis pas du quartier. » 「ベルヴュホテルに行きたいのですが」「すみません, 私はこの辺りの者ではないので」(2) お言葉を返すようですが. ▶ Je regrette, mais ce n'est pas ce que j'ai dit. お言葉ですが, 私はそんなことを申しましたのではありません.

Vous le regretterez! (脅して)今に後悔するぞ.
Vous ne le regretterez pas! (勧めて)決して後悔しませんよ, ぜひおやりなさい.

regrimper /r(ə)grɛ̃pe/ 自動 再びよじ登る[上昇する]. —他動〈坂など〉を再び登る.

regrossir /r(ə)grosir/ 自動 (一旦(沈)やせたのが)再び太る.

regroupement /r(ə)grupmɑ̃/ 男 ❶ 再び集める[集まる]こと, 再編成; 結集. ▶ regroupement de communes 市町村の合併. ❷ 集合, まとまり.

regrouper /r(ə)grupe/ 他動 ❶ …を再び集める, 再編成する. ❷ …を統合する, 結集する.
— **se regrouper** 代動 集まる; 再結集する.

régularisation /regylarizasjɔ̃/ 女 ❶ (文書などの)正規[正式]化. ▶ régularisation d'un acte juridique 公正証書の正式化. ❷ (内縁関係の相手との)正式な結婚. ❸ 調節, 調整.

régulariser /regylarize/ 他動 ❶ …を正規[正式]のものにする. ▶ faire régulariser un permis de séjour 正式な滞在許可証をもらう. ❷ régulariser (sa situation)(内縁関係にあった相手と)正式に結婚する. ❸〔作用, 過程など〕を安定させる; 調節[調整]する. ▶ régulariser une horloge 時計を調整する.

régularité /regylarite/ 女 ❶ 規則正しさ, むらのなさ; 正確さ. ▶ une régularité d'horloge 時計のような正確さ / régularité dans son travail 仕事における几帳面(ゑ゙)さ. ❷ 正規であること; 適法性, 合法性. ❸ 整っていること, 均整(美). ❹ visage d'une grande régularité 非常に端正な顔立ち.

régula*teur, trice* /regylatœːr, tris/ 形 調節[調整]する, 規制する. ▶ dispositif [système] régulateur 調節装置[機構].
— **régulateur** 男 ❶〔文章〕制御[支配, 規制]するもの. ❷〖機械〗調速機, レギュレーター.

régulation /regylasjɔ̃/ 女 規制, 管制; 調節. ▶ poste de régulation 管制センター / régulation automatique 自動制御 / régulation des naissances 家族計画.

*****régul*ier, ère*** /regylje, ɛːr/ レギュリエ, レギュリエール/ 形 ❶ 規則正しい; 定期的な; いつもの. ▶ une vitesse régulière 一定速度 / efforts réguliers 恒常的な努力 / train régulier 定期列車 / verbes réguliers (↔irrégulier) 規則動詞. ❷ 正規の, 正式の; 合法的な. ▶ gouvernement régulier 合法政府 / une procédure régulière (↔illégal) 正規の手続き / un immigré en situation régulière 合法的に滞在している移民. ❸〔生活, 態度などが〕規律正しい, 品行方正な; 几帳面(ゑ゙)な. ▶ mener une vie régulière 規則正しい生活を送る / Cet ouvrier est régulier dans son travail. その労働者は手抜きをしない. ❹〔形が〕整った, 均整がとれた. ▶ avoir des traits réguliers 端正な顔立ちをしている / écriture régulière きれいな字.

à intervalles réguliers (時間的, 空間的に)一定の間隔を置いて.
— **régulier** 男 ❶ (正規の)修道士. ❷ 正規軍兵士.

*****régulièrement*** /regyljɛrmɑ̃/ レギュリエールマン/ 副 ❶ 正式に, 合法的に. ▶ un fonctionnaire régulièrement nommé 正式に任命された官吏. ❷ 規則正しく, 一定して. ▶ courir régulièrement 同じペースで走る. ❸ 定期的に; 几帳面(ゑ゙)に. ▶ Ils ne payaient pas régulièrement leurs impôts. 彼らは税金をきちんとは納めていなかった. ❹ 副〔文興〕で普通なら. ▶ Régulièrement, il ne devrait pas être battu. 順当なら彼が負けるはずはない.

régurgitation /regyrʒitasjɔ̃/ 女 ❶〖生理学〗吐出: 食べ物が胃や食道から口に戻ること. ❷〖動物学〗反芻(沢).

régurgiter /regyrʒite/ 他動〔食べ物〕を戻す, 吐き出す.

réhabilitation /reabilitasjɔ̃/ 女 ❶ 復権, 復位, 復職. ▶ réhabilitation judiciaire 裁判上の復権. ❷ 名誉回復; 再評価. ▶ réhabilitation posthume 死後の名誉回復. ❸ (建物の)改修, 改築;(市街の)近代化. 身体障害者の「リハビリテーション」は réadaptation, rééducation という.

réhabilité, e /reabilite/ 形, 名 復権を許された(人), 有罪宣告を取り消された(人).

réhabiliter /reabilite/ 他動 ❶ …の有罪宣告を取り消す, を復権させる. ▶ réhabiliter la victime d'une erreur judiciaire 誤審により冤罪(沈)を受けた人の有罪判決を取り消す.
❷ …の名誉を回復させる, を再評価する.
❸〔建物など〕を改修する;〔市街地〕を再開発する.
— **se réhabiliter** 代動 復権する, 名誉を回復する.

réhabituer /reabitɥe/ 他動 <réhabituer qn à qc /不定詞/>…に再び慣らす.
— **se réhabituer** 代動 <se réhabituer à qc /不定詞/>…に再び慣れる.

rehaussement /roosmɑ̃/ 男 ❶ さらに高くすること. ❷ (価値, 効果などを)さらに高めること.

rehausser /roose/ 他動 ❶ …をさらに高くする. ▶ rehausser d'un mètre une muraille 城壁

を1メートル高くする. ❷〔価値, 効果など〕をいっそう高める; 引き立たせる. ▶ L'uniforme *rehausse* le prestige d'un policier. 制服は警官の権威を強調するものだ. ❸ ‹rehausser qc de qc›…を…で飾る. ▶ *rehausser* les rideaux d'un galon de soie 絹の飾りひもでカーテンを飾る.
— se rehausser 代動 さらに高くなる; 一段と引き立つ.

rehausseur /ʀəosœːʀ/ 男 チャイルドシート.
réhydrater /ʀeidʀate/ 他動〔乾燥した皮膚など〕に水分を再補給する.
Reich /ʀaiʃ; ʀeʃ/ 固有 男〔ドイツ語〕ドイツ帝国.
réification /ʀeifikasjɔ̃/ 女〘哲学〙物(%)化, 物象化.
réifier /ʀeifje/ 他動〘哲学〙〔精神的なもの, 人間など〕を物化する, 物象化する.
réimperméabiliser /ʀeɛ̃pɛʀmeabilize/ 他動 …に再び防水加工を施す, 再防水する.
réimplanter /ʀeɛ̃plɑ̃te/ 他動 ❶〔産業施設など〕を再び導入する, 再設置する. ❷〘外科〙〔臓器〕を再移植する.
réimportation /ʀeɛ̃pɔʀtasjɔ̃/ 女 再輸入, 逆輸入.
réimporter /ʀeɛ̃pɔʀte/ 他動〔輸出品〕を再び輸入する, 逆輸入する.
réimpression /ʀeɛ̃pʀesjɔ̃/ 女 ❶(本の)増刷, 増し刷り; 重版, 再版. ❷ 再版[重版]本.
réimprimer /ʀeɛ̃pʀime/ 他動〔本〕を増刷する; 再版する, 重版する.
Reims /ʀɛ̃s/ 固有 女 ランス: パリ北東の都市. 大司教座が置かれていた.

*****rein** /ʀɛ̃ ラン/ 男 ❶ 腎臓(%). 注 食用にする動物の腎臓には rognon を用いる. ▶ greffe du *rein* 腎臓移植 / *rein* artificiel 人工腎臓 / être sous *rein* artificiel 人工透析を受けている.
❷〈複数で〉腰. ▶ tour de *reins* 腰痛, ぎっくり腰 / avoir mal aux *reins* 腰が痛い.

avoir les reins solides〔困難に堪えるだけの〕底力［財力］がある.
casser [briser] les reins à qn (1)…をたたきのめす. (2)…を挫折(ど)させる.
donner un coup de reins ふんばる, 最大限の努力をする.
mettre l'épée dans les reins à [de] qn …をせきたてる, 強要する.
sonder [scruter] les reins et les cœurs 心の奥底を探る.

réincarcérer /ʀeɛ̃kaʀseʀe/ 6 他動 …を再び監禁する, 再び投獄[拘置]する.
réincarnation /ʀeɛ̃kaʀnasjɔ̃/ 女〔魂が〕他の肉体に再び宿ること, 転生; 再来.
se réincarner /(s)ʀeɛ̃kaʀne/ 代動〔魂が〕他の肉体に宿って生まれ変わる, 転生する.
réincorporer /ʀeɛ̃kɔʀpɔʀe/ 他動 …を再び合体[合併]させる;〔元の部隊に〕再編入する.

*****reine** /ʀɛn レーヌ/ 女 ❶ 王妃; 女王. ▶ le roi et la *reine* 王と王妃 / la *reine* Marie-Antoinette 王妃マリー=アントアネット.
❷〈la *reine* de qc〉…の女王, 花形, ヒロイン. ▶ la *reine* du bal 舞踏会の花形 / *reine* de beauté 美人コンテストの優勝者 / la *Reine* du ciel 天の元后(ミミ)(聖母マリア) / C'est la *reine* des connes. 話 あの女は大ばかだ.
❸ 女王バチ; 女王アリ.
❹(チェス, トランプの)クイーン(=dame).

avoir une dignité de reine offensée〔女性が〕つんつんしている, お高くとまっている.
avoir un port de reine〔女性が〕威厳がある.
reine mère (1) 王太后: 王の母. (2) 話 義母, 姑(%).

reine-claude /ʀɛnklo:d/;〈複〉~s-~s 女 レーヌ・クロード: 西洋スモモの一品種.
reine-marguerite /ʀɛnmaʀɡəʀit/;〈複〉~s-~s 女〘植物〙アスター, エゾギク.
reinette /ʀɛnɛt/ 女 レネット: 香りのよい生食用リンゴの品種.
réinitialiser /ʀeinisjalize/ 他動〘情報〙❶〔コンピュータなど〕を再起動する. ❷…を再初期化する.
réinscription /ʀeɛ̃skʀipsjɔ̃/ 女 再記入; 再登録.
réinscrire /ʀeɛ̃skʀi:ʀ/ 78 (過去分詞 réinscrit, 現在分詞 réinscrivant) 他動〔名前〕を再記入する; 再登録する. — se réinscrire 代動 再登録する.
réinscriv- 活用 ⇨ RÉINSCRIRE 78
réinsérer /ʀeɛ̃seʀe/ 6 他動 ❶ …を再び挿入する. ▶ *réinsérer* un nom oublié dans une liste 忘れていた名前を改めてリストに入れる.
❷〔受刑者, 身体障害者など〕を社会復帰させる.
réinsertion /ʀeɛ̃sɛʀsjɔ̃/ 女〔受刑者, 身体障害者, 失業者などの〕社会復帰. ▶ *réinsertion* des anciens prisonniers 元受刑者の社会復帰.
réinstallation /ʀeɛ̃stalasjɔ̃/ 女 再び据えること, 元に戻すこと; 再任; 再び居を定めること.
réinstaller /ʀeɛ̃stale/ 他動 …を再び据える; 再任する;〔権利などを〕…に回復させる. — se réinstaller 代動 再び落ち着く; 再び居を定める; 再任される.
réintégration /ʀeɛ̃teɡʀasjɔ̃/ 女 ❶ 帰職, 復職;(権利などの)回復. ▶ obtenir sa *réintégration* 復職する. ❷(美術品の修復における)復元.
réintégrer /ʀeɛ̃teɡʀe/ 6 他動 ❶ ‹*réintégrer* qn (dans qc)›〔職場などに〕…を復帰[復職]させる;〔権利などを〕…に回復させる. ▶ *réintégrer* qn dans sa nationalité française …にフランス国籍を回復させる. ❷〔元の場所に〕戻る. ▶ *réintégrer* le domicile conjugal〔妻, 夫が〕婚家に戻る.
réintroduction /ʀeɛ̃tʀɔdyksjɔ̃/ 女 再導入, 再挿入.
réintroduire /ʀeɛ̃tʀɔdɥi:ʀ/ 70 他動(過去分詞 réintroduit, 現在分詞 réintroduisant) …を再び導入する, 再び取り入れる.
réinventer /ʀeɛ̃vɑ̃te/ 他動 …を再発明[発見]する;…に新たな価値[意義]を見いだす.
réinvestir /ʀeɛ̃vɛsti:ʀ/ 他動 …を再投資する. — 自動 再投資する.
réitération /ʀeiteʀasjɔ̃/ 女 文章 繰り返し, 反復.
réitérer /ʀeiteʀe/ 6 他動 …を繰り返す, 反復する. ▶ *réitérer* sa demande 要求を繰り返す. — se réitérer 代動 繰り返される.
rejaillir /ʀ(ə)ʒaji:ʀ/ 自動 ❶〔液体が〕跳ねる; ほとばしる. ▶ liquide qui *rejaillit* sur qn/qc …に跳ね返る液体.

rejaillissement

❷〈rejaillir sur qn〉〔名誉, 恥辱などが〕…に及ぶ, 波及する. ▶ Sa honte *a* rejailli sur nous tous. 彼(女)の不面目が我々全員にまで及んだ.

rejaillissement /r(ə)ʒajismɑ̃/ 男 文章 ❶〈液体の〉跳ね返り; ほとばしり. ❷ 波及, 影響.

rejet /r(ə)ʒɛ/ 男 ❶ 投棄, 廃棄; 廃棄物. ▶ le *rejet* d'hydrocarbures en mer(タンカーなどによる)廃油の海中投棄. ❷ 拒否, 拒絶. ▶ *rejet* d'une proposition 提案の拒否 ❸【医学】〔移植臓器の〕拒絶反応(= réaction [phénomène] de *rejet*). ❹【詩法】送り, 送り語. ❺ 新芽, 若芽.

***rejeter** /rəʒ(ə)te ルジュテ/ ④ 他動

直説法現在	je reje**tt**e	nous rejetons
	tu reje**tt**es	vous rejetez
	il reje**tt**e	ils reje**tt**ent

❶ …を戻す; 投げ返す. ▶ *rejeter* un poisson à l'eau 魚を水に返してやる / *rejeter* une balle ボールを投げ返す.
❷ …を(外に)投げ出す; 吐き出す; 捨てる, 廃棄する. ▶ La mer *rejette* une épave. 海は漂流物を岸に打ち上げる / Son estomac *rejette* toute nourriture. 彼(女)の胃は食べたものをすべて吐いてしまう.
❸ …を締め出す, 遠ざける, 除く. ▶ *rejeter* un démarcheur hors de la maison 訪問販売員を家の外へ追い返す. ◆*rejeter* A de B B から A を取り除く. ▶ *rejeter* de son esprit toute idée de vengeance 心の中から復讐(ふくしゅう)心をすっかり捨て去る.
❹ …を拒否する, 拒絶する;【法律】〔請求〕を排斥する. ▶ *rejeter* une proposition 提案を拒否する / L'Assemblée *a* rejeté ce projet de loi. 議会はその法案を否決した.
❺〔他の場所に〕…を移す, 送る. ▶ *rejeter* un mot à la fin d'une phrase ある語を文末に移す.
❻〔体の一部〕を急に動かす. ▶ *rejeter* la tête en arrière 頭をのけぞらせる.
❼〈*rejeter* qc sur qn〉〔責任など〕を…に押しつける, 転嫁する. ▶ *rejeter* une faute sur qn 過失を…のせいにする.
❽【医学】〔生体が移植組織〕を拒絶する.
— **se rejeter** 代動 ❶ 飛びのく. ▶ *se rejeter* en arrière 後ろに飛びのく, のけぞる.
❷〈*se rejeter* sur qc〉(次善のもの)で済ませる. ▶ Faute de viande, on *se rejette* sur le fromage. 肉がないので, チーズで間に合わせる.

rejeton /rəʒtɔ̃ / rʒətɔ̃/ 男 ❶〔切り株や幹から生える〕新芽, ひこばえ. ❷ 話 子供, 息子, 娘. 注 女性形として rejetonne を用いることもある.

***rejoindre** /r(ə)ʒwɛ̃:dr ルジョワーンドル/ 81 他動

過去分詞 rejoint	現在分詞 rejoignant

直説法現在	je rejoins	nous rejoignons
複合過去	j'ai rejoint	単純未来 je rejoindrai

❶ …と再び一緒になる, …に追いつく. ▶ Je vous *rejoins* dans un instant. 後からすぐに行きますよ / *rejoindre* ses enfants en vacances バカンス中の子供たちと合流する.
❷〔場所〕に戻る, たどりつく;〔道など〕に通じる. ▶ *rejoindre* la maison 家へたどりつく / La rue *rejoint* le boulevard Saint-Michel. その通りはサン・ミシェル大通りに通じている.
❸〔職, 持ち場など〕に復帰する;〔集団など〕に加わる. ▶ *rejoindre* son corps 本隊に復帰する.
❹ …によく似ている; と意見が一致する. ▶ Ton opinion *rejoint* la mienne. 君のその考えは私と同じだ. ◆*rejoindre* qn dans qc …と(意見など)で一致する.

— **se rejoindre** 代動 ❶ 再び一緒になる, 合流する. ▶ Nous allons nous *rejoindre* chez lui. 彼の家で落ち合いましょう / deux droites qui *se rejoignent* en un point 1点で交わる2本の直線. ❷ 共通点を持つ. ▶ Les deux points de vue *se rejoignent*. 2つの見解は似通っている.

rejoins /r(ə)ʒwɛ̃/, **rejoint** /rəʒwɛ̃/ 活用 ⇨ REJOINDRE 81

rejouer /r(ə)ʒwe/ 自動 再び賭(か)けをする.
— 他動 ❶〔劇, 音楽〕を再演する;〔ゲームなど〕を再びする. ❷ …を再び賭ける.

réjoui, e /reʒwi/ 形 (réjouir の過去分詞)楽しげな, 陽気な.

***réjouir** /reʒwi:r レジュイール/ 他動

直説法現在	je réjouis	nous réjouissons
	tu réjouis	vous réjouissez
	il réjouit	ils réjouissent

…を喜ばす, 楽しませる. ▶ Sa réussite *a* réjoui ses parents. 彼(女)の成功は両親を喜ばせた.
— ***se réjouir** 代動 喜ぶ, 楽しむ. ▶ Il *se* réjouit à la pensée de vous voir. 彼はあなた(方)に会えると思って有頂天だ. ◆*se réjouir* de qc / 不定詞 ▶ Je *me réjouis* de votre succès. 御成功おめでとうございます. ◆*se réjouir* «que + 接続法 [de ce que + 直説法]» ▶ Je *me réjouis* que tout soit terminé. すべてが終わって私はうれしい.

réjouissance /reʒwisɑ̃:s/ 女 ❶ 歓喜, (集団的な)喜び. ▶ illuminations en signe de *réjouissance* 祝賀のイルミネーション.
❷《複数で》祝祭, 祝賀行事; お祭り騒ぎ.

réjouissant, ante /reʒwisɑ̃, ɑ̃:t/ 形 喜ばせる, うれしい; おもしろい. ▶ une perspective *réjouissante* 明るい見通し / Eh bien, c'est *réjouissant*!(皮肉に)ああ, 結構なことで.

relâche /r(ə)lɑ:ʃ/ 女 ❶〔劇場, 映画館の〕休演, 休場. ▶ faire *relâche* 休演[休業]する. ❷ 文章〔仕事の〕中断; くつろぎ. ▶ prendre un peu de *relâche* 少し休憩する. ❸〔避難, 修理, 補給のための〕入港; 避難港(= port de *relâche*).
sans relâche 絶えず. ▶ travailler *sans relâche* 休みなく働く.

relâché, e /r(ə)lɑʃe/ 形 緩んだ; だらけた. ▶ discipline *relâchée* 緩んだ規律 / conduite *relâchée* 放蕩(ほうとう).

relâchement /r(ə)lɑʃmɑ̃/ 男 ❶ 緩み, 弛緩(しかん). ▶ *relâchement* d'une corde ロープの緩み

/ *relâchement* musculaire 筋肉の弛緩. ❷（規律などの）たるみ. ▶ un *relâchement* de la discipline 規律のたるみ.

relâcher /r(ə)lɑʃe/ 他動 ❶ …を緩める，緩和する. ▶ *relâcher* un cordage ロープを緩める / *relâcher* les muscles 筋肉を弛緩(しかん)させる / *relâcher* son attention 気を緩める. ❷ …を釈放する，放免する. ― 自動（船が）寄港する.
― **se relâcher** 代動 緩む，たるむ；〔人が〕気を抜く. ▶ *se relâcher* dans son travail 仕事をいいかげんにする / La discipline *se relâche* beaucoup, ces temps-ci. 最近，規律がひどくたるんでいる.

relais /r(ə)lɛ/ 男 ❶（勤務，作業などの）交替(制)，引き継ぎ. ▶ ouvriers de *relais* 交替要員 / travailler par *relais* 交替制で働く. ♦ prendre le *relais* de qc/qn …と交替する，に取って代わる；を引き継ぐ. ▶ Dans cette région, la culture du blé a pris le *relais* de l'élevage. この地方では麦作が牧畜に取って代わった. ❷ 中継，中継地；仲介者，調停者. ▶ *relais* de télévision テレビの中継所／（同格的に）satellite(-)*relais* 中継衛星／servir de *relais* 仲介する. ❸《スポーツ》リレー競走(=course de *relais*). ▶ le quatre cents mètres *relais* = le *relais* quatre fois cent mètres 400メートルリレー. ❹ prêt-*relais* つなぎ融資.

relance /r(ə)lɑ̃s/ 女 ❶（計画，景気などの）立て直し；《特に》経済振興策. ▶ une *relance* intérieure 内需拡大 / la *relance* de l'économie 経済再建. ❷（ポーカーで）賭(か)け金の釣り上げ.

relancer /r(ə)lɑ̃se/ 1 他動 ❶ …を再び投げる，投げ返す. ▶ *relancer* la balle ボールを投げ返す. ❷ …を再び動かす，再び推進する. ▶ *relancer* un moteur エンジンを再びかける / *relancer* l'investissement 投資をさらに活発にする. ❸ …につきまとう，を追い回す. ▶ un importun qui *relance* ses amis pour se faire prêter de l'argent 金を借りようと友人につきまとうしつこい男. ― 自動 賭(か)け金を釣り上げる.

relater /r(ə)late/ 他動〔事実，事件など〕を詳細に述べる〔報じる〕.

*relatif, ive** /r(ə)latif, iːv/ ルラティフ，ルラティーヴ/ 形 ❶ <*relatif* à qc> …についての，に関する，に関係のある. ▶ études *relatives* au Japon 日本に関する研究.
❷ 相対的な，比較による. ▶ majorité *relative* (↔absolu) 相対多数 / valeur *relative* 相対的価値.
❸ 不十分な，不完全な，限られた；まあまあの. ▶ un résultat *relatif* いまひとつの成績 / Il est d'une honnêteté toute *relative*. 彼の誠実さはまあまあといった程度だ.
❹《文法》関係を示す. ▶ pronom *relatif* 関係代名詞 / proposition *relative* 関係詞節.
Tout est relatif.（すべては相対的なものだ→）それだけでは何も判断できない，なんとも言えない.
― **relatif** 男 ❶ 相対的なもの. ❷《文法》関係詞.
avoir le sens du relatif バランス感覚がある.
― **relative** 女《文法》関係詞節.

relation /r(ə)lasjɔ̃/ ルラシィヨン/ 女 ❶（事象・事件間の）関係，関連. ▶ *relation* de cause à effet 因果関係 / la *relation* de l'homme avec son milieu 人間と環境の関係 / Il y a une *relation* entre les deux meurtres. 2つの殺人の間には関係がある.
❷《多く複数で》（人と人との）関係，仲，交際. ▶ *relations* d'amitié 友人関係 / relationssionnelles 仕事上の付き合い / avoir de bonnes [mauvaises] *relations* avec qn …と仲がいい〔悪い〕/ avoir des *relations* (sexuelles) avec une femme 女性と肉体関係を持つ.
❸ コネ；知人，知り合い. ▶ obtenir un emploi par *relation*(s) (=piston) コネで就職する / avoir des *relations* dans les milieux politiques 政界にコネがある / Ce n'est pas un ami, seulement une *relation*. 彼は友人ではなく，単なる知り合い.
❹《多く複数で》（国家，集団間の）関係，交流；《複数で》外交関係 (=*relations* diplomatiques). ▶ *relations* culturelles 文化交流 / les *relations* Est-Ouest 東西関係 / rétablir les *relations* diplomatiques avec un pays ある国と国交を回復する / *relations* publiques 広報活動，PR. ❺（交通・通信上の）連絡. ▶ *relations* entre Paris et Marseille パリーマルセイユ間の連絡. ❻ 文章 陳述，報告，旅行記. ▶ faire la [une] *relation* de qc …について報告する / *relation* d'un voyage en Chine 中国旅行記.
être [entrer, se mettre] en relation avec qn …と交際中である〔交際を始める〕.

relationnel, le /r(ə)lasjɔnɛl/ 形 ❶ 関係の. ❷ 人間関係の. ❸ base de données *relationnelle* リレーショナルデータベース.

*relativement** /r(ə)lativmɑ̃/ ルラティヴマン/ 副 ❶ 相対的に；比較的，割合に. ▶ aliment *relativement* riche en vitamines 比較的ビタミンの多い食べ物.
❷ <*relativement* à qc> …と比較して. ▶ La vie est très chère *relativement* à l'an dernier. 去年と比べて物価がずいぶん高い.
❸ <*relativement* à qc> …に関して，について. ▶ N'avez-vous rien appris de nouveau *relativement* à cette affaire? この件について何も新しいことを聞いていないのですか.

relativisation /r(ə)lativizasjɔ̃/ 女 相対化.
relativiser /r(ə)lativize/ 他動 …を相対化する，絶対視しない.
relativisme /r(ə)lativism/ 男《哲学》相対主義.
relativiste /r(ə)lativist/ 形, 名《哲学》相対主義(の人)，相対論的(な).
relativité /r(ə)lativite/ 女 ❶ 相対性. ▶ théorie de la *relativité*（アインシュタインの）相対性理論. ❷ 相関性，関連性.
relax /r(ə)laks/, **relaxe** 形《不変》話 リラックスした；くつろいだ. ▶ une soirée très *relax* とても心安らぐタベ / tenue *relax* くだけた服装.
― 男 休息，休養. ― 副 落ち着いて.
― 間投 落ち着け！ ▶ *Relax*, Max. 落ち着け（Max は語呂合わせのため）.

relaxant, ante /r(ə)laksɑ̃, ɑ̃ːt/ 形 リラックス

relaxation

させる, くつろがせる. ▶ une atmosphère *relaxante* なごやかな雰囲気.

relaxation /r(ə)laksasjɔ̃/ 囡 ❶ 休息, くつろぎ. ❷〖医学〗リラックス療法. ❸〖物理〗緩和.

relaxe /r(ə)laks/ 囡〖法律〗(刑の)免除; 釈放.

relaxer /r(ə)lakse/ 他動 ❶ (肉体的, 精神的に)…をくつろがせる, リラックスさせる.
❷〖法律〗…を放免する, 釈放する.
— **se relaxer** 代動 リラックスする, くつろぐ.

relayer /r(ə)leje/ 12 他動 ❶ <*relayer* qn> …と交替する; を引き継ぐ. ▶ *relayer* un ami auprès d'un malade 友人と交替して病人に付き添う. 比較 ⇨ REMPLACER. ❷ <*relayer* A par B> A を B で置き換える. ❸〖放送など〗を中継する.
— **se relayer** 代動 互いに交替する, 交替で働く; 〖走者が〗リレーする.

relayeur, euse /r(ə)lejœːr, øːz/ 名〖スポーツ〗リレー選手, リレー競技参加者.

relecture /r(ə)lɛktyːr/ 囡 読み返すこと, 再読.

relégation /r(ə)legasjɔ̃/ 囡 ❶〖刑法〗(海外領土への)流刑. ❷〖スポーツ〗(チームの)下部リーグ落ち.

relégué, e /r(ə)lege/ 形 ❶ 追いやられた, 格下げされた. ❷ 流刑に処せられた. — 名 流刑囚.

reléguer /r(ə)lege/ 6 他動 ❶ …を追いやる, 格下げする. ▶ *reléguer* qn dans un emploi subalterne …を左遷する. ❷ をかたづける, しまう.

relent /r(ə)lɑ̃/ 男 ❶ (多く複数で)(こもった)におい, 悪臭. ❷ 文章 形跡, 疑い. ▶ *relents* de scandale スキャンダルのにおい.

relevé, e /rəlve; rləve/ 形 ❶ 高くなった. ▶ moustache *relevée* en pointe ぴんと跳ね上がった口ひげ. ❷ <*relevé* de qc> …って引き立てられた; 飾られた. ▶ plafonds pistache *relevés* de stuc blanc 白い化粧漆喰(ﾞ)で装飾された薄緑色の天井. ❸〖料理が〗香辛料の利いた, 味の濃い. ❹ 高尚な, 気高い.

relevé /rəlve; rləve/ 男 書き写すこと; 明細書, 一覧表. ▶ *relevé* d'adresses 住所の控え / faire un *relevé* des dépenses 支出明細書を作る / faire le *relevé* du compteur d'eau 水道のメーターを検針する / *relevé* d'identité bancaire 銀行口座証明書.

relève /r(ə)lɛːv/ 囡 交替, 引き継ぎ; 交替要員. ▶ prendre la *relève* (de qn) (…と)交替する, (…の)あとを引き継ぐ.

relèvement /r(ə)lɛvmɑ̃/ 男 ❶ (倒れた物を)起こすこと; 上げること. ▶ le *relèvement* d'un volet シャッターを上げること. ❷ (国, 経済などの)再建, 復興. ▶ le *relèvement* rapide de l'économie 経済の急速な復興. ❸ (賃金, 価格などの)引き上げ; (水位などの)上昇.

*relever /rəlve; rləve ルルヴェ/ 3

直説法現在	je relève	nous relevons
	tu relèves	vous relevez
	il relève	ils relèvent
複合過去	j'ai relevé	半過去 je relevais
単純未来	je relèverai	単純過去 je relevai

他動 ❶ (倒れた人, 物)を(再び)起こす. ▶ *relever* une chaise renversée ひっくり返った椅子(ﾞ)を起こす.
❷〔国, 経済など〕を再建する, 復興する. ▶ *relever* un pays vaincu 敗戦国を復興する / *relever* le moral de qn …を元気づける.
❸ …を上げる, 高くする. ▶ *relever* la tête 顔を上げる; 元気を取り戻す / *relever* ses manches 袖(ﾞ)をまくる / *relever* le niveau de vie 生活水準を上げる. ◆*relever* qc de + 数量表現 ▶ *relever* l'impôt de 5% [cinq pour cent] 税金を5パーセント引き上げる.
❹ <*relever* qc (de [par] qc)> (…によって)…を際立たせる; 〖料理〗の味を引き立たせる. ▶ *relever* un discours d'anecdotes 逸話を入れてスピーチに興を添える / Un peu de poivre *relève* la sauce. 胡椒(ﾞ)を少し入れるとソースの味が引き立ちます.
❺ <*relever* qc // *relever* que + 直説法> …を指摘する, 見つける. ▶ *relever* des défauts 欠点を指摘する.
❻ …を書き留める; 〔型など〕を写し取る. ▶ *relever* une adresse 住所を控える / *relever* le compteur de gaz = 関 *relever* le gaz ガスメーターを検針する / *relever* des empreintes digitales 指紋を採取する.
❼ <*relever* qn de qc> …を(義務など)から解放する; から(任務)を取り上げる. ▶ Il m'a *relevé* de mon engagement. 彼は私のした約束をなかったことにしてくれた / être *relevé* de ses fonctions 解任される.
❽〔非難, 中傷など〕に言い返す, 応酬する. ▶ *relever* une allusion perfide 陰険な当てこすりにかみつく / une accusation qui ne mérite pas d'être *relevée* 取り合うに値しない非難.
❾〔人〕と交替する. ▶ *relever* une sentinelle 歩哨(ﾞ)を交替する. ❿ …を集める. ▶ *relever* les copies 答案を集める.

relever le gant = *relever le* [*un*] *défi* 挑戦に応じる, 受けて立つ.

— 間接他 ❶ <**relever de qn/qc**> …の支配域 [管轄]に属する; の支配 [統治] 下にある. ▶ En France, les départements *relèvent* des préfets. フランスでは, 県は知事の管轄である / étude qui *relève* de la philosophie 哲学の分野に属する研究 / Ça *relève* du miracle. それは奇跡的だ.
❷ <*relever* de qc> 〖病気〗から回復する. ▶ Il *relève* de maladie. 彼は病み上がりだ.

— ***se relever** 代動 ❶ 立ち上がる; 起き上がる. ❷ <*se relever* (de qc)> (…から)立ち直る. ▶ La France s'est vite *relevée* de ses ruines. フランスは荒廃からいちはやく復興した. ❸〔物が〕持ち上がる, 高くなる. ❹ (互いに)仕事を交替する.

relief¹ /rəljɛf/ 男 ❶ 盛り上がり, 隆起, 浮き出し. ▶ motifs en *relief* 浮き出し模様 / *reliefs* osseux d'un visage 骨ばった顔立ち / être [paraître] en *relief* 浮き出ている [見える]. ❷ 凹凸; 起伏. ▶ carte en *relief* 立体地図. ❸ 立体感; 際立っていること. ▶ Ce personnage a beaucoup de *relief*. この作中人物は際立っている / restitution du *relief* sonore par la stéréophonie ステレオ音声による音の立体感の再生. ❹〔彫刻〕浮き彫り, レリーフ.

donner du relief à qc …を際立たせる. ▶ Il sait *donner du relief à* ce qu'il dit. 彼は話にめりはりをつけるのがうまい.

mettre qc en relief …を強調する, はっきりさせる. ▶ Dans cet ouvrage, il a réussi à bien *mettre en relief* son originalité. この著書で彼は自分の独創性を見事に打ち出している.

relief² /rɔljef/ 男〖多く複数で〗 文章 食事の残り, 残飯.

***relier** /rəlje/ ルリエ 他動 ❶ …を結ぶ, 連絡する. ▶ L'autoroute *relie* les deux villes. 高速道路が両都市を結んでいる.
❷ …を関連させる, 関係づける. ▶ *relier* le présent au passé 現在を過去と関係づける.
❸〔本〕を綴(と)じる, 製本〔装丁〕する.

relieur, euse /rəljœːr, øːz/ 名 製本屋, 製本職人.

religieusement /r(ə)liʒjøzmɑ̃/ 副 ❶ 宗教的に; 信心深く; 戒律を守って. ▶ prier *religieusement* 敬虔(けいけん)に祈る ❷ 細心に; 注意深く.

***religieux, euse** /r(ə)liʒjø, øːz ルリジュー, ルリジューズ/ 形 ❶ 宗教の. ▶ art *religieux* 宗教芸術 / musique *religieuse* 宗教音楽 / école *religieuse* ミッションスクール / mariage *religieux* (↔civil) 教会で行う結婚式.
❷ 修道院の, 宗規による, 信仰の. ▶ habit *religieux* 修道服 / ordre *religieux* 修道会 / la vie *religieuse* 修道〔信仰〕生活.
❸ 敬虔(けいけん)な, 信心深い; うやうやしい. ▶ un esprit *religieux* 敬虔な人 / un respect *religieux* (人に対する)うやうやしさ.
❹ 細心の. ▶ s'acquitter d'une tâche avec un soin *religieux* 細心の注意を払って任務を遂行する.
— 名 修道者.
— **religieuse** 女〖菓子〗(2つのシュークリームを重ねて糖衣をかけた)エクレア.

***religion** /r(ə)liʒjɔ̃ ルリジョン/ 女 ❶ 宗教. ▶ la *religion* chrétienne キリスト教 / la *religion* musulmane イスラム教 / *religion* d'Etat 国教 / *religion* naturelle 自然宗教 / embrasser [pratiquer] une *religion* ある宗教を信じる[実践する].
❷ 信仰, 宗教心, 信心. ▶ avoir de la *religion* 信仰がある / abjurer une *religion* 信仰を捨てる.
❸ 崇拝; 神聖な義務. ▶ la *religion* du progrès 進歩崇拝 / L'étude est pour lui une *religion*. 研究は彼にとって聖務である.
❹ 修道生活; 修団. ▶ entrer en *religion* 修道会に入る.

religiosité /r(ə)liʒjozite/ 女 宗教的感情, 宗教心.

reliquaire /r(ə)likɛːr/ 男 聖遺物箱.

reliquat /r(ə)lika/ 男 ❶ 差引き残高; 残金.
❷ 残り物.

relique /r(ə)lik/ 女 ❶ 聖遺物: カトリック教会などで神聖化されている聖人の遺体(の一部), 遺品. ❷ (貴重な)記念品, 形見. ❸ 貴重な動植物.

garder qc comme une relique …を後生大事

にしまっておく, 秘蔵する.

relire /r(ə)liːr/ 72 〖過去分詞 relu, 現在分詞 relisant〗 他動 …を再び読む, 読み返す.
— **se relire** 代動 自分の書いた物を読み返す.

relis-, reli- 活用 ⇨ relire 72

reliure /rəljyːr/ 女 ❶ 製本; 製本技術.
❷ 装丁. ▶ *reliure* en basane 羊なめし革表紙.

relocalisation /rəlokalizasjɔ̃/ 女 元の場所に戻すこと.

relocaliser /rəlokalize/ 他動 ❶ 移動する.
❷〔移動したもの〕を元の場所に戻す. ▶ *relocaliser* la production au Japon 製造拠点を日本に戻す.

relogement /r(ə)lɔʒmɑ̃/ 男〖家を失った人に〗住居を与えること;〖家を失った人が〗住居を与えられること.

reloger /r(ə)lɔʒe/ 2 他動〖家を失った人〗に新たな住居を与える.

relooker /r(ə)luke/ 他動 話 …の見た目を新しくする, イメージチェンジする.

relou, e /rəlu/ 形 ウザい, かったるい.

relouer /rəlwe/ 他動 …を再び貸す[借りる].

relu, e /r(ə)ly/ 活用 relire 72 の過去分詞.

relu-, relû-, reluss- 活用 ⇨ RELIRE 72

reluire /rəlɥiːr/ 71 自動〖過去分詞 relui, 現在分詞 reluisant〗(反射して)輝く, 光る; 艶(つや)が出る. ▶ faire *reluire* des meubles 家具をぴかぴかに磨く. 比較 ⇨ BRILLER.

reluis- 活用 ⇨ RELUIRE 71

reluisant, ante /rəlɥizɑ̃, ɑ̃ːt/ 形 ❶(反射して)輝く, 光る, 艶(つや)のある. ▶ toits *reluisants* de pluie 雨にぬれて光る屋根.
❷ 多く否定的表現で 輝かしい. ▶ un avenir peu *reluisant* 暗い前途.

reluquer /r(ə)lyke/ 他動 話 …を(物欲しそうに)横目で見る; に目をつける.

rem /rɛm/ 男〖英語〗レム: 線量当量の単位.

remâcher /r(ə)mɑʃe/ 他動 ❶〔思い出など〕をかみしめる, 絶えず思い返す. ❷〔動物が〕…を噛(か)み直す, 反芻(はんすう)する.

remailler /r(ə)maje/, **remmailler** /rɑ̃maje/ 他動 …の編み目をかがり直す.

remake /rimɛk/ 男〖英語〗❶〖映画〗リメーク, 再映画化. ❷(文学作品などの)新版, 改訂版.

rémanent, ente /remanɑ̃, ɑ̃ːt/ 形 残留している, 残存している.

remaniement /r(ə)manimɑ̃/ 男 ❶ 手直し, 改作; 再編成. ▶ *remaniement* d'un plan プランの手直し / procéder à un *remaniement* ministériel 内閣改造を行う. ❷(舗道, 屋根などの)補修.

remanier /r(ə)manje/ 他動 ❶〔小説, 論文など〕を手直しする. ❷〔集団, 組織など〕を編成し直す. ▶ *remanier* le cabinet 内閣を改造する.

remariage /r(ə)marja:ʒ/ 男 再婚.

se remarier /sər(ə)marje; srəmarje/ 代動 再婚する.

***remarquable** /r(ə)markabl/ ルマルカーブル 形
❶ 注目すべき, 目立つ. ▶ un changement *remarquable* 顕著な変化 /〖非人称構文で〗Il est *remarquable* que + 接続法 …は注目に値する,

remarquablement

驚くべきことである. ◆être *remarquable* par qc …で目立つ, に特徴がある. ▶ L'éléphant est *remarquable* par la longueur de sa trompe. 象の特徴は鼻が長いことだ.
❷ 傑出した, 優れた. ▶ un exploit *remarquable* 目覚ましい功績, 快挙. 比較 ⇨ BRILLANT.

remarquablement /r(ə)markabləmɑ̃/ 副 傑出して, すばらしく. ▶ Elle joue *remarquablement* du piano. 彼女のピアノ演奏はすばらしい.

*__remarque__ /r(ə)mark ルマルク/ 女 ❶ 注意, 指摘, 忠告. ▶ faire une *remarque* désobligeante 癪(しゃく)に触る指摘をする / digne de *remarque* 注目に値する. ◆faire la *remarque* 「de qc [que + 直説法]」…について注意を促す, を指摘する. ▶ Tu n'es pas très prudent. Je t'en ai déjà fait la *remarque*. 君はあまり慎重じゃないね, 前にもそのことは言ったけど.
❷ 注記; 備考. 注 rem. と略す. ▶ livre plein de *remarques* pertinentes 適切な注がふんだんについた本.

*__remarquer__ /r(ə)marke ルマルケ/ 他動

直説法現在	je remarque	nous remarquons
複合過去	j'ai remarqué	
単純未来	je remarquerai	

❶ …に注目する, 気づく. ▶ *remarquer* la présence de qn …の存在に気づく / Il entra sans être *remarqué*. 彼が入ってきたのにだれも気づかなかった. ◆*remarquer* que + 直説法/接続法 ▶ J'ai *remarqué* qu'il était gêné. 彼が金に困っていることが分かった / Je n'ai pas *remarqué* qu'il fût [était] si vieux. 彼がそんなに年だなんて思いもよらなかった(注 主節が否定の場合, que 以下は接続法のことが多いが, 事実を強調するときは直説法になる).
❷ <*remarquer* qn/qc dans [parmi] qn/qc>〈集団〉の中で…を見分ける, 認める. ▶ Je l'ai tout de suite *remarquée* dans la foule. 雑踏の中ですぐに彼女だと分かった.
❸《多く挿入句で》…と指摘する. ▶ Tiens! tu as changé de coiffure, *remarqua*-t-elle. あら, 髪形を変えたの, と彼女は言った.

*__faire remarquer (à qn) qc__ [que + 直説法](…に)…について注意を促す, を指摘する. ▶ *faire remarquer* une erreur 誤りを指摘する / Elle m'a fait *remarquer* que ma robe était sale. 彼女は私のワンピースが汚れていると言った.

faire remarquer qn 〔物事が〕…を目立たせる. ▶ Ses manières bizarres le *font remarquer* partout. 彼は奇行のためどこへ行っても目立つ.

Remarquez (bien) que + 直説法 …に御注意ください, 御注目ください.

*__se faire remarquer (par [pour] qc)__ (…で)注目を集める, 目立つ. ▶ chercher à *se faire remarquer* 目立とうとする.

— __se remarquer__ 代動 気づかれる, 目立つ.

remastériser /rəmasterize/ 他動 …をリマスターする.

remballage /rɑ̃balaʒ/ 男 (解いた荷物の)梱造りのし直し, 再梱包(こんぽう).

remballer /rɑ̃bale/ 他動 ❶〔荷物〕を荷造りし直す, 再び包む. ❷話〔出かかった言葉〕を引っ込める. ❸ …を追っ払う.
remballer sa marchandise 話 商品を引っ込める, 執拗(しつよう)な売り込みはしない.

rembarquement /rɑ̃barkəmɑ̃/ 男 再乗船;(荷物の)再度の船積み.

rembarquer /rɑ̃barke/ 他動 …を再び乗船させる; 再び船に積み込む.
— 自動 再び乗船する.
— __se rembarquer__ 代動 再び乗船する.

rembarrer /rɑ̃bare/ 他動 …を激しく拒絶する, 手ひどくはねつける.

rembaucher /rɑ̃boʃe/ 他動 ⇨ RÉEMBAUCHER.

remblai /rɑ̃blɛ/ 男, **remblayage** /rɑ̃blɛjaʒ/ 男 盛り土; 埋め立て; 築堤.

remblayer /rɑ̃blɛje/ 12 他動 …に盛り土をする; を埋める, 埋め立てる.

rembobiner /rɑ̃bɔbine/ 他動 …を巻き戻す.

remboîtage /rɑ̃bwataʒ/ 男【製本】装丁のし直し.

remboîtement /rɑ̃bwatmɑ̃/ 男 (外れたものを)はめ直すこと.

remboîter /rɑ̃bwate/ 他動 ❶〔外れたもの〕をはめ直す. ❷《製本》…を装丁し直す.

rembourrage /rɑ̃buraʒ/ 男 詰め物をすること; 詰め物.

rembourrer /rɑ̃bure/ 他動 …に詰め物をする. ▶ *rembourrer* les épaules d'un veston 上着に肩パッドを入れる.

remboursable /rɑ̃bursabl/ 形 償還されうる, 償還されるべき.

remboursement /rɑ̃bursəmɑ̃/ 男 返済, 償還, 払い戻し. ▶ *remboursement* d'une dette 借金の返済 / *remboursement* des frais médicaux 医療費払い戻し / livraison contre *remboursement* 代金引き換え便.

*__rembourser__ /rɑ̃burse ランブルセ/ 他動 …を返済する, 払い戻す, 償還する. ▶ *rembourser* une dette 借金を返済する / Tu peux me prêter cent euros? Je te *rembourserai* après. 100ユーロ貸してくれないか. あとで返すから / On l'a *remboursé* de ses frais de déplacement. 彼は出張費を払い戻してもらった / *Remboursez*! 入場料返せ(注 ひどい芝居に対するやじ) / «Satisfait ou *remboursé*.»(広告で)ご満足いただけない場合は返金いたします.

— __se rembourser__ 代動 立て替えた金を返してもらう.

> 語法「(病気の際に)保険がきく」は
> **être remboursé par la Sécurité sociale**
>
> フランスの社会保険制度では, 病院などにまず経費を全額支払い, それから各地の社会保険事務所で払い戻しを受けるシステムになっているので,「払い戻しを受ける」という表現が頻繁に使われる.「保険がきく」とはすなわち「社会保険による払い戻しが受けられる」être remboursé par la Sécurité sociale のことなのである.
>
> (1) 検査などが主語の場合

- Il a subi une série d'examens qui ne sont pas remboursés [pris en charge, couverts] par la Sécurité sociale. 彼は保険がきかない一連の検査を受けた.

(2) 人が主語の場合
- Tout étranger, s'il a un emploi, est automatiquement couvert [pris en charge] par la Sécurité sociale. 外国人は, 職を持っていれば, みんな自動的に社会保険に入る.
- J'ai dépensé beaucoup d'argent pour avoir tous ces médicaments. Il va falloir que j'aille à la Sécurité sociale pour me faire rembourser. これだけの薬を買うのにずいぶんお金をはたいた. 社会保険事務所に行って払い戻してもらわなければ.
◆ se faire rembourser par la Sécurité sociale (払い戻しをしてもらう) という形が非常によく用いられる.
◆ 保険証 (carte d'assurance maladie) は carte vitale とも呼ばれ, ICチップ付きカードになった.

se rembrunir /s(ə)rɑ̃bryniːr/ 代動 〔表情が〕曇った顔になる.

＊remède /r(ə)mɛd/ ルメド 男 ❶ 薬, 治療薬. ▶ *remède* efficace 特効薬 / *remède* universel 万能薬 / formule [recette] d'un *remède* 処方 / prescrire [administrer] un *remède* 薬を処方 [投与] する / prendre un *remède* 薬を服用する / *remède* de cheval 劇薬, 荒療治.

❷ *<remède* à [contre] qc>(…の) 防止策, 打開策. ▶ Il faut chercher un *remède* à [contre] l'inflation monétaire. インフレ防止策を講じなくてはいけない.

Aux grands maux, les grands remèdes. 諺 難局には荒療治.

Le remède est pire que le mal. 諺 (薬の方が病気より悪い→) 改善策がかえって事態を悪くする.

porter remède à qc …の防止策を講じる.

remède à l'amour 戯 醜い人.

remède de bonne femme (おばさんの薬→) 素人療法, 民間療法.

sans remède 手の施しようがない. ▶ un mal *sans remède* 不治の病; 手の施しようのない災厄.

remédier /r(ə)medje/ 間他動 *<remédier* à qc> …を改善する, 直す. ▶ *remédier* à la situation 状況を改善する.

se remémorer /sər(ə)memɔre; srəmemɔre/ 代動 *<se remémorer* qc/qn> …を思い出す. 注 se は間接目的.

remerciement /r(ə)mɛrsimɑ̃/ 男 (多く複数で) 感謝; 謝辞, お礼. ▶ faire ses *remerciements* à qn …に感謝し, 礼を述べる / avec tous mes *remerciements* 感謝の気持ちを込めて / 「une lettre [un discours] de *remerciement* 礼状 [お礼の言葉].

＊remercier /r(ə)mɛrsje/ ルメルスィエ 他動 ❶ …に感謝する, 礼を言う. ▶ Je vous *remercie*. ありがとうございます / Je ne sais (pas) comment vous *remercier*. お礼の申しようもございません. ◆ remercier qn de [pour] qc …について礼を言う. ▶ Je vous *remercie* de votre obligeance. 御親切にありがとうございます / Je vous *remercie* pour votre cadeau. 贈り物ありがとうございます. ◆ *remercier* qn de + 不定詞 ▶ Elle l'*a remercié* d'être venu. 彼女は彼の来訪に礼を述べた.

❷ …の好意を (丁重に) 辞退する. ▶ «Voulez-vous que je vous accompagne?—(Non,) je vous *remercie*.»「御一緒しましょうか」「いいえ結構です」

❸ …に暇を出す, を解雇する (=congédier). ▶ *remercier* son secrétaire 秘書に暇を出す.

＊remettre /r(ə)mɛtr/ ルメトル 65 他動

過去分詞 remis	現在分詞 remettant
直説法現在 je remets	nous remettons
tu remets	vous remettez
il remet	ils remettent
複合過去 j'ai remis	半過去 je remettais
単純未来 je remettrai	単純過去 je remis

❶ *<remettre* qc/qn (+ 場所)>…を (…に) 戻す. ▶ *remettre* un livre à sa place 本を元の場所に戻す / *remettre* un bouton à une veste (取れた) ボタンを上着につける / Il a remis sa pipe dans sa poche. 彼はパイプをポケットにしまった / *remettre* un malade dans son lit 病人をベッドに戻す / *remettre* de l'ordre dans qc …を整理 [整頓(ぜい)] する.

❷ …を元の状態に戻す. ▶ *remettre* droit un cadre 額縁をまっすぐに直す / *remettre* un meuble sur ses pieds 家具を元どおりまっすぐな状態に置き直す / *remettre*「un os [une articulation]骨 [関節] の外れを治す / *remettre* qn sur la bonne voie …を正道に戻す, 更生させる. ◆ *remettre* qc/qn à [en] qc ▶ *remettre* une pendule à l'heure 振り子時計の時刻を合わせる / *remettre* les otages en liberté 人質を全員解放する / *remettre* en service une ligne d'autobus あるバスの路線の営業を再開する.

❸ …の健康を回復させる. ▶ L'air de la campagne l'a remise. 田舎の空気を吸って彼女は回復した / Prends un petit coup, ça va te *remettre*. 一杯飲んでごらん, 元気が出るよ.

❹ …を再び着る, 再び身につける. ▶ *remettre* son chapeau 帽子をまたかぶる. ◆ *remettre* qc à qn …を…に再び着せる. ▶ *remettre* son pull à un enfant 子供にセーターをまた着せる.

❺ *<remettre* qn/qc à qn>…を…に手渡す, 提出する, ゆだねる. ▶ *remettre* un rapport au ministre de l'Education nationale (=présenter) 報告書を文部大臣に提出する / *remettre* sa démission (=donner) 辞表を出す / *remettre* une somme d'argent à (la garde de) qn (=confier) ある金額を…に預かってもらう / *remettre* un malfaiteur à la justice (=livrer) 犯人を司法の手にゆだねる.

❻ *<remettre* qc à + 日時>…を…に延期する (=reporter). ▶ Il ne faut jamais *remettre* à demain ce qu'on peut faire le jour même. 諺 その日にできることを明日に延ばすな / *remettre* à plus tard qc …をもっとあとに延ばす.

◆ *remettre* qc de + 期間 …を…だけ延期する. ▶ *remettre* son départ de dix jours 出発を10日延期する.

❼ …を加える. ▶ *remettre* du sel dans la soupe スープに塩を足す.

❽ 〈*remettre* qc à qn〉…の〔義務〕を免除する;〔罪〕を許す. ▶ *remettre* une dette à qn …の借金を帳消しにする / *remettre* une partie de sa peine à un condamné 受刑者の刑を一部減じる / Dieu *remet* les péchés. 神は罪を赦(ゆる)したまう. ❾〔文章〕…を思い起こさせる; 思い出す. ▶ *remettre* qc dans l'esprit (de qn) = *remettre* qc (à qn) en esprit (…に)…を思い出させる / Je ne vous *remets* pas. (=reconnaître) どちら様でしたか, 思い出せません.

en remettre (それを足す→)〖話〗誇張する, 余計なことを言う[する] (=en rajouter). ▶ Il *en remet* toujours, quand il raconte une histoire. 彼の話はいつも大げさなんだよ.

remettre ça〖話〗また始める; もう1杯飲む. ▶ *Remettez-nous ça!* もう一杯お代わりを下さい.

remettre les pieds + 場所 …にまた足を運ぶ.

remettre qc「*en cause*[*en question*]」…を再び検討する, 再び問題にする.

remettre qn à sa place …を叱責する.

remettre qn au pas …にしなすべきことをさせる.

— ***se remettre**〖代動〗❶ (元の場所, 状態に)再び身を置く. ▶ *se remettre*「à table[au lit]」食卓[ベッド]に戻る / *se remettre* debout 立ち上がる / *se remettre* en marche〔機械などが〕再び動き出す / *se remettre* en route 再び歩き始める / Il *s'est remis* en colère. 彼はまた怒り出した. ❷ 〈*se remettre* à qc/不定詞〉再び…し始める. ▶ *se remettre*「au travail[à travailler]」再び仕事を始める / La pluie *s'est remise* à tomber. (=recommencer) 雨がまた降り出した. ❸〈*se remettre* (de qc)〉(…から)回復する. ▶ Ma mère *se remet* lentement d'une longue maladie. 私の母は長患いから徐々に回復しつつある / *Remets-toi*, ça s'arrangera. 気を取り直しなさい, うまく行くから / Le temps *se remet* (au beau). 天気が回復する.

❹ 思い浮かべる; 思い出す, 覚えている. 注 se は間接目的. ▶ *se remettre* qc/qn「en esprit[en tête, en mémoire]」…を頭に思い浮かべる / Je me souviens de son visage, mais je ne me *remets* pas son nom. (=se rappeler) 彼(女)の顔は思い浮かぶのだが, 名前が思い出せない.

❺〈*se remettre* (avec qn)〉(…と)和解する, 仲直りする. ▶ Ils *se sont remis* ensemble un an après leur divorce. 彼らは離婚後1年でよりを戻した. ❻ 身をゆだねる. ▶ *se remettre* à la police 警察に自首する / *se remettre* à「entre les mains de」Dieu 神(かみ)の手に」身をゆだねる.

s'en remettre à qn/qc …に任せる, を信頼する. *s'en remettre au jugement de qn* …の判断に任せる. 比較 ⇨ SE FIER.

remeubler /r(ə)mœble/〖他動〗〔部屋〕に新しい家具を入れる, の家具を取り替える.

— **se remeubler**〖代動〗(自分の)家具を新調する.

remilitarisation /r(ə)militarizasjɔ̃/〖女〗再軍備.

remilitariser /r(ə)militarize/〖他動〗〔ある地域, 国〕を再軍備化する.

— **se remilitariser**〖代動〗再軍備する.

remîmes /r(ə)mim/〖活用〗⇨ REMETTRE ⓺

réminiscence /reminisɑ̃:s/〖女〗❶ かすかな記憶〔思い出〕. ❷〔芸術・文学作品の〕無意識的な借用. ▶ Il y a dans cet opéra des *réminiscences* de Wagner. このオペラには作者の意識しないワーグナーの影響がある. ❸〔心理〕無意志的記憶, レミニサンス.

remis¹, **ise** /r(ə)mi, i:z/〖形〗(remettre の過去分詞) ❶〈*remis* (de qc)〉(病気, 興奮などから)回復した, 立ち直った. ▶ Elle n'est pas encore *remise* de son chagrin d'amour. 彼女は失恋の痛手からまだ立ち直っていない.

❷〈*remis* (en [à] qc)〉(元の状態に)戻された. ▶ un appartement *remis* à neuf リフォームされたアパルトマン. ❸〔決定などが〕延期された. ▶ La réunion est *remise* à une date ultérieure. 会議は後日に延期された / Ce n'est que partie *remise*.〖話〗また今度の機会に.

remis² /r(ə)mi/〖活用〗⇨ REMETTRE ⓺

remise /r(ə)mi:z/〖女〗❶ (元の場所, 状態に)戻すこと. ▶ la *remise* en place d'un meuble 家具を元どおりに置くこと / la *remise* en marche d'une centrale nucléaire 原子力発電所の再稼働. ❷ 手渡すこと; (賞などの)授与. ▶ la *remise* d'une lettre à son destinataire 受取人への手紙の配達 / la *remise* des prix aux lauréats 受賞者への賞の授与.

❸ 値引き, 割引 (=réduction). ▶ faire une *remise* de cinq pour cent sur tous les articles 全商品を5パーセント引きにする.

❹ 延期. ▶ la *remise* à plus tard d'une réunion 集会の延期.

❺ 免除, 減免. ▶ une *remise* de peine 減刑.

❻〔農家の〕物置; 車置き場.

remiser /r(ə)mize/〖他動〗…を車庫に入れる;〔当面不用のもの〕をしまっておく, かたづける.

remiss-〖活用〗⇨ REMETTRE ⓺

rémissible /remisibl/〖形〗❶〔罪が〕許しうる. ❷〖刑法〗減刑の対象となる.

rémission /remisjɔ̃/〖女〗❶ 赦免; 容赦. ▶ *rémission* des péchés 免罪 / accorder une *rémission* à un coupable 罪人を赦免する.

❷ (病気の)小康, 一時的鎮静. ▶ *rémission* matinale de la fièvre 朝の一時的下熱.

sans rémission 容赦なく, 仮借なく; 決定的に. ▶ Si tu recommences, tu seras puni *sans rémission*. またやったら容赦なく罰せられるよ.

remit, /rəmi/, **remîtes** /r(ə)mit/〖活用〗⇨ REMETTRE ⓺

remmailler /rɑ̃maje/〖他動〗⇨ REMAILLER.

remmener /rɑ̃mne/〖③〗〖他動〗…を連れて帰る, 連れ戻す.

remodelage /r(ə)mɔdla:ʒ/〖男〗❶ 形を作り直すこと; 整形. ❷ 再整備; 再編成. ▶ *remodelage* des vieux quartiers 旧市街の再開発.

remodeler /r(ə)mɔdle/〖⑤〗〖他動〗❶ …の形を作り

直す[整える]. ▶ *remodeler* le visage 顔を整形する. ❷ …を整備[編成]し直す. ▶ *remodeler* un ensemble urbain 都市全体を再開発する.

rémois, oise /remwa, waːz/ 形 ランス Reims の. — **Rém*ois, oise*** 名 ランスの人.

remontage /r(ə)mõtaːʒ/ 男 ❶ (機械などの)再組み立て. ❷ (時計の)巻き上げ; 組み立て.

remont*ant, ante* /r(ə)mõtã, ãːt/ 形 ❶ 〔飲み物, 薬が〕元気をつける, 強壮の. ❷ 上がっていく, 上昇する.
— **remontant** 男 強壮剤; 強壮飲料.

remonte /r(ə)mõːt/ 女 ❶ (河川の)遡行(こう). ❷ (産卵期の)魚の川上り;〔集合的に〕川上りする魚.

remontée /r(ə)mõte/ 女 ❶ 再び上がること, 再上昇. ▶ *remontée* des eaux d'une rivière 川の水位の再上昇. ❷ (河川の)遡行(こう). ▶ effectuer la *remontée* d'un fleuve en bateau 船で川上りをする. ❸ (スキーの)リフト (= *remontée mécanique*). ❹〔スポーツ〕順位の挽回(ばん), 追い上げ.

remonte-pente /r(ə)mõtpãːt/; 〔複〕~-~s 男 ⇨ TÉLÉSKI.

remonter /r(ə)mõte/ ルモンテ 自動《助動詞は être, ときに avoir》❶ 再び上る; 再び乗る;〔特に〕北に再び上る, (大都市に)再び上がる. ▶ *remonter* au premier étage 2 階にまた上がる / *remonter* en bateau 再乗船する / *remonter* à Paris (南下のあと, あるいは地方から)パリに再び上る.
❷ 再び上昇[増加]する, 再び高まる; ずり上がる. ▶ Après cette descente, le chemin *remonte*. この下り坂のあと, 道はまた上りになる / Les prix des denrées alimentaires「*ont remonté* [*sont montés*]. 食料品の価格が再び上昇した (注 物価, 気温, 成績など段階の再上昇をいう場合は助動詞に avoir も用いられる).
❸ (河川, 時間, 因果関係などを)さかのぼる, 逆にたどる. ▶ Une équipe d'explorateurs *est remontée* jusqu'aux sources de l'Amazone. 探検隊はアマゾン川の水源までさかのぼった / *remonter* au vent 風上に帆走する / *remonter* dans le temps 時をさかのぼる. ◆ *remonter* de A à B A から B へ因果関係を逆にたどる. ▶ *remonter* de l'effet à la cause 結果から原因に遡行(こう)する. ◆ *remonter* à [jusqu'à] qc/qn〉(ある時代, 人など)に起源を持つ. ▶ Ce monument *remonte* à l'époque romaine. この記念建造物はローマ時代のものだ.

remonter au déluge (ノアの洪水までさかのぼる→)はるか昔にさかのぼる.
— 他動 ❶ …を[に]再び上る. ▶ *remonter* l'escalier 階段をまた上る.
❷〔河川, 時間, 因果関係など〕をさかのぼる. ▶ *remonter* un fleuve 大河の流れを遡行する / machine à *remonter* le temps タイムマシーン.
❸ …を再び運び上げる; さらに高める. ▶ *remonter* une malle au grenier トランクを再び屋根裏部屋に上げる / *remonter* son col 襟を立てる / *Remontez* ce tableau d'environ cinq centimètres. その絵をあと5センチぐらい上に上げてください.
❹ …を元気づける; に活気を与える;〔士気, 気力など〕を高揚させる. ▶ Ce cordial va vous *remonter*. この気付け薬で元気が出ますよ. ◆ *remonter* le moral à [de] qn …を元気づける. ▶ Il m'a téléphoné pour me *remonter* le moral. 彼は私を元気づけようと電話をしてくれた.
❺〔時計など〕のぜんまい[ねじ]を巻く.
❻ …を再び組み立てる. ▶ *remonter* un moteur エンジンを組み立て直す.
❼ (必要なものを) …を補充する, 新しくする. ▶ *remonter* son ménage 家財道具[家庭用品]を新たに買いそろえる. ❽〔競争者, 敵方〕に追いつく.

remonter 「*le courant* [*la pente*]」形勢を立て直す, 巻き返しを図る; 困難に立ち向かう.
— **se remonter** 代動 ❶ 元気を取り戻す. ▶ prendre un verre de vin pour *se remonter* 元気づけにワインを1杯飲む. ❷ *se remonter* le moral 元気を取り戻す. 注 se は間接目的.

remontrance /r(ə)mõtrãːs/ 女《多く複数で》叱責(せき), 忠告, 説教. ▶ faire [adresser] des *remontrances* à un enfant 子供をしかる.

remontrer /r(ə)mõtre/ 他動 …を再び示す. ▶ *Remontrez*-moi ce modèle. あの型のをもう一度見せてください.

en remontrer à qn …より優れていることを示す; に説教する. ▶ Il prétend *en remontrer à* son maître. 彼は先生より自分が上だと言ってはばからない.

— **se remontrer** 代動 再び現れる, 再び人の前に姿を現す.

remordre /r(ə)mɔrdr/ 60 (過去分詞 remordu, 現在分詞 remordant) 他動 …に再び噛(か)みつく.
— 間他動〈*remordre à qc*〉❶ …に再び噛みつく.
❷ …に再び取り組む. ▶ Il ne veut plus *remordre* au travail. 彼はもう仕事をやり直す気はない.

***remords*¹** /r(ə)mɔːr/ ルモール 男 **後悔**, 悔恨; 良心の呵責(かしゃく). ▶ avoir des *remords* 後悔する / être bourrelé [harcelé] de *remords* 自責の念にさいなまれる.

remords² /r(ə)mɔːr/ 活用 ⇨ REMORDRE 60

remorquage /r(ə)mɔrkaːʒ/ 男 曳航(えいこう); (自動車, グライダーなどの)牽引(けんいん)(作業).

remorque /r(ə)mɔrk/ 女 ❶ 曳航(えいこう); (自動車, 列車などの)牽引(けんいん). ▶ prendre un bateau en *remorque* 船を曳航する. ❷ トレーラー, (エンジンなしの)付随車. ▶ *remorque* de camping キャンピングトレーラー. ❸ 引き綱 (= *câble de remorque*).

à la remorque 後ろに. ▶ Il est toujours *à la remorque*. 彼はいつでも人の後ろについている.

être [*se mettre*] *à la remorque de qn* …の後ろからついて行く; 言いなりになる.

remorquer /r(ə)mɔrke/ 他動 ❶〔船〕を曳航(えいこう)する;〔自動車, 列車など〕を牽引(けんいん)する.
❷ 話 …を引き連れる.

remorqu*eur, euse* /r(ə)mɔrkœːr, øːz/ 形 曳航(えいこう)する; 牽引(けんいん)する.
— **remorqueur** 男 曳(えい)船, タグボート.

remoudre /r(ə)mudr/ 84 他動 (過去分詞 remoulu, 現在分詞 remoulant)〔穀物, コーヒー豆など〕を2度挽(ひ)く, 挽き直す.

rémoulade /remulad/ 女〔料理〕レムラードソース: 香草, マスタードなどを利かせたマヨネーズソース.

▶ céleri *rémoulade* 根セロリのレムラードソースあえ.

remoulu-, remoulû-, remouluss- 活用
⇨ REMOUDRE 84

remous /r(ə)mu/ 男 ❶ 渦, 逆波;(流体の)乱れ. ❷《多く複数で》群衆の渦, 雑踏. ❸《多く複数で》(社会, 人心などの)動揺.

rempailler /rɑ̃paje/ 他動〔椅子(ﾃ)など〕のわらを詰め替える.

rempaqueter /rɑ̃pakte/ 4 他動 …を包み直す.

rempart /rɑ̃paːr/ 男 ❶ 城壁, 城塞(じょう);《複数で》城壁地帯. ❷ 文章 防御物, 盾. ▶ faire à qn un *rempart* de son corps 身をもって…を守る.

rempiler /rɑ̃pile/ 他動 …を積み直す;再び積み上げる.

remplaçable /rɑ̃plasabl/ 形 代わりが利く, 取り替えできる.

remplaç*ant*, *ante* /rɑ̃plasɑ̃, ɑ̃ːt/ 名 代理人, 代役(スポーツでも)補欠;後任者.

remplacement /rɑ̃plasmɑ̃/ 男 代わる[代える]こと, 交替;代理, 代用. ▶ *remplacement* de pneus タイヤの交換 / produit de *remplacement* 代用品 / assurer [faire] le *remplacement* de qn …の代理を務める / en *remplacement* de qc/qn …の代わりに, に代えて.

***remplacer** /rɑ̃plase/ ランプラセ/ 1 他動

過去分詞 remplacé	現在分詞 remplaçant
直説法現在 je remplace	nous remplaçons
tu remplaces	vous remplacez
il remplace	ils remplacent

❶ <*remplacer* A (par B)> A を (B に)替える, 取り替える. ▶ *remplacer* l'énergie pétrolière par l'énergie solaire 石油エネルギーから太陽エネルギーに切り替える / *remplacer* un carreau cassé 壊れた窓ガラスを取り替える. ❷ …に代わる;の代理をする. ▶ Vous êtes fatigué, je vais vous *remplacer*. お疲れでしょうから私が代わりましょう / Le miel *remplace* le sucre. 蜂蜜(はち)は砂糖の代わりになる. ❸〔情報〕置換する.

比較 代わる
remplacer 人がだれかの代わりをする場合にも, 物が何かの代わりに使われる場合にも, ともに最も一般的に用いられる. **se substituer à** remplacer とほぼ同義で, より改まった表現. (1) 人について. **succéder à** 前任者の地位, 職務を引き継ぐこと, 後継者になること. **relayer** 中断できない仕事で, 人に代わってその仕事を引き継いで続けること. **suppléer**《官庁用語》一時的に職務を代行すること. **supplanter** 押しのけて取って代わること. (2) 物について. **tenir lieu de** + 無冠詞名詞《改まった表現》別のものが等価物としての役をすること. **servir de** + 無冠詞名詞 臨時に…の役目を果たすこと.

— **se remplacer** 代動 代えられる.

rempli, *e* /rɑ̃pli/ 形 (remplir の 過 去 分 詞) ❶ <*rempli* (de + 無冠詞名詞)>(…で)いっぱいの, 満たされた;文章 (ある感情や思いに)浸った. ▶ un verre bien *rempli* なみなみと注(つ)がれたグラス / être *rempli* de colère 怒りに燃えている. 比較 ⇨ PLEIN. ❷〔時間〕が充実した. ▶ une journée bien *remplie* 休む暇もない1日. ❸〔義務などが〕果たされた.

être rempli «*de soi-même* [*de son importance*]» 文章 うぬぼれている, 思い上がっている.

***remplir** /rɑ̃pliːr/ ランプリール/ 他動

直説法現在 je remplis	nous remplissons
tu remplis	vous remplissez
il remplit	ils remplissent

❶ <*remplir* qc (de + 無冠詞名詞)>…を(…で)満たす, いっぱいにする;埋める, 充填(じゅう)する. ▶ *remplir* un trou 穴を埋める / *remplir* le tonneau d'eau 樽(たる)に水を張る / Les nouvelles de la guerre *remplissent* la première page des journaux. 戦争のニュースが新聞の一面を埋めている / Ce succès l'a *rempli* d'orgueil. この成功で彼は鼻高々だった.
❷〔時間〕を使う, 埋める. ▶ Il ne sait comment *remplir* son temps libre. 彼は暇な時間をどう過ごしていいか分からない.
❸〔書類など〕に必要事項を書き込む, 記入する. ▶ *remplir* une formule 申し込み用紙に記入する.
❹〔義務, 役割など〕を果たす;〔条件, 期待など〕を満たす. ▶ *remplir* une fonction ある職務を果たす / *remplir* l'attente de qn …の期待にこたえる / *remplir* ses promesses 約束を守る / *remplir* une condition 条件を満たす.

— **se remplir** 代動 ❶ <*se remplir* (de + 無冠詞名詞)>(…で)いっぱいになる, 満たされる. ▶ Le ciel *se remplit* de nuages. 空は一面の雲に覆われている. ❷ <*se remplir* qc (de qc)>自分の…を(…で)満たす. 注 se は間接目的. ▶ *se remplir* l'estomac たらふく食べる.

remplissage /rɑ̃plisaʒ/ 男 ❶ (容器などを)満たすこと. ▶ *remplissage* d'un tonneau 樽(たる)詰め作業. ❷ 埋め草, 付け足し.

remploi /rɑ̃plwa/ 男 ❶ (解体した資材などの)再利用. ❷〔民法〕買い換え, 再投資.

remployer /rɑ̃plwaje/ 10 他動 ❶ …を再び使う, 再利用する(=réemployer). ❷〔民法〕…を再投資する.

se remplumer /s(ə)rɑ̃plyme/ 代動 ❶〔鳥が〕再び羽毛が生える. ❷ 話 (経済的に)立ち直る, 持ち直す. ❸ 話 (病後などに)健康を回復する, 体重が戻る.

rempocher /rɑ̃pɔʃe/ 他動 …を再びポケットに入れる, ポケットに戻す.

remporter /rɑ̃pɔrte/ 他動 ❶ …を持ち帰る;(元の場所へ)戻す. ▶ *remporter* les assiettes à la cuisine 皿を台所に下げる.
❷ …を獲得する, 勝ち取る. ▶ *remporter* une victoire (sur qn) (…から)勝利を勝ち取る / *remporter* un match 試合に勝つ / *remporter* un succès brillant 輝かしい成功を収める / *remporter* un prix 賞を取る.

remu*ant*, *ante* /rəmɥɑ̃, ɑ̃ːt/ 形 動き回る, じっとしていない;活動的な. ▶ un enfant *remuant* 落ち着きのない子供.

remue-ménage /r(ə)mymenaːʒ/ 男《単複同形》❶《家具などの》配置換え；上を下への大騒ぎ. ❷《世情などの》大混乱, 騒動.

remue-méninges /r(ə)mymenɛ̃ːʒ/ 男 ブレーンストーミング（=brainstorming）：自由にアイデアを出し合う集団思考.

remuement /r(ə)mymɑ̃/ 男 動くこと, 動き；動かすこと. ▸ *remuement* d'un muscle 筋肉の動き.

*remuer /rəmɥe ルミュエ/ 他動 ❶ …を動かす, 移動させる. ▸ *remuer* des meubles 家具を動かす / *remuer* la tête 頭を動かす / un chien qui *remue* la queue しっぽを振る犬.

❷ …をかき混ぜる, かき回す. ▸ *remuer* son café コーヒーをかき回す / *remuer* la salade サラダを混ぜる / *remuer* la terre 土を掘り返す, 畑を耕す.

❸ …を揺り動かす；感動させる, 動揺させる. ▸ les paroles qui *remuent* l'auditoire 聴衆の心に訴える言葉.

ne pas remuer le petit doigt（人が困っていても）指一本動かさない.

ne remuer ni pied ni patte 身動き一つしない.

remuer beaucoup d'argent 大金を動かす, 大きな事業をやる.

remuer ciel et terre（天地を動かす→）あらゆる策を講ずる, 奮闘努力する.

―― 自動 ❶ 動く, 身動きする；揺れる, ぐらつく. ▸ Cet enfant ne peut rester sans *remuer*. この子ったら, じっとしていられないは子だね / Il *a remué* toute la nuit. 彼は一晩中まんじりともしなかった / Les blés *remuent* au vent. 小麦畑が風にそよぐ / avoir une dent qui *remue* 歯が1本ぐらぐらしている. ❷ 行動に移る, 反抗する.

Ton nez remue.（鼻がぴくぴく動いているよ→）話 うそをついてるな.

―― **se remuer** 代動 ❶ 動き回る, 体を動かす. ▸ avoir de la peine à *se remuer* 体が動かしにくい. ❷（ある目的のために）努力する. ▸ *se remuer* beaucoup pour + 不定詞 …するために奔走する.

rémunérateur, trice /remyneratœːr, tris/ 形〔仕事が〕金になる, もうかる.

rémunération /remynerasjɔ̃/ 女 報酬；給与, 賃金.

> 比較 **報酬, 給料**
> **rémunération** あらゆる「報酬」を表わす最も意味の広い語だが, 実際にはその報酬のタイプに応じて個別の語を使い分ける方が普通である. **paye** rémunération とほぼ同義だが, よりくだけた表現. **salaire** 被雇用者が定期的に受ける給料. **appointements** salaire と同義だが, 使われる頻度は少ない. **traitement** おもに公務員の給料を指す. **cachet** 音楽家, 俳優などに対する出演料, ギャラ.

rémunérer /remynere/ ⑥ 他動 …に報酬を与える, 給与を支払う. ▸ *rémunérer* le concours de qn …の協力に謝礼金を払う / *rémunérer* des ouvriers en heures supplémentaires 工員に超過勤務手当を支払う.

renâcler /r(ə)nɑkle/ 自動 ❶〔動物が〕（不満そうに）鼻を鳴らす. ❷〈renâcler (à qc)〉〈…を〉嫌がる. ▸ *renâcler* à la besogne 仕事を嫌がる.

renais /r(ə)nɛ/ 活用 ⇨ RENAÎTRE 51

renaiss- 活用 ⇨ RENAÎTRE 51

renaissance /r(ə)nesɑ̃ːs/ 女 ❶ 再生, よみがえり；再興, 復興. ▸ *renaissance* du printemps 春の再来 / la *renaissance* du Japon après la guerre 戦後日本の復興. ❷《la Renaissance》ルネサンス, 文芸復興；ルネサンス期. ❸《同格的に》l'architecture Renaissance ルネサンス建築.

renaissant, ante /r(ə)nesɑ̃, ɑ̃ːt/ 形 (renaître の現在分詞) ❶ 再生する, よみがえる. ▸ difficultés sans cesse *renaissantes* 次々と持ち上がる難問. ❷ ルネサンス(期)の. ▸ l'art *renaissant* ルネサンス芸術.

renaît /r(ə)nɛ/ 活用 ⇨ RENAÎTRE 51

renaître /r(ə)nɛtr/ 51 (過去分詞 rené, 現在分詞 renaissant) 自動《助動詞は être. ただし複合時制と過去分詞は稀にしか用いない》再び生まれる, よみがえる；活力を取り戻す. ▸ La nature *renaît* au printemps. 自然界は春になると息を吹き返す / faire *renaître* le passé 過去をよみがえらせる / Le courage *renaît*. 勇気がまた湧(ﾜ)いてくる / se sentir *renaître* 生き返る心地がする.

renaître de ses cendres（不死鳥のごとく）灰の中からよみがえる, 新しい命を得る.

―― 間他動 文章〈renaître à qc〉…に戻る, を取り戻す. ▸ *renaître* à la vie 健康を取り戻す.

rénal, ale /renal/;《男複》**aux** /o/ 形〔解剖〕腎臓の, 腎臓に属する.

renaqui-, renaquí-, renaquiss- 活用 ⇨ RENAÎTRE 51

*renard /r(ə)naːr ルナール/ 男 ❶ キツネ. ▸ *renard* argenté 銀ギツネ / *renard* bleu 白ギツネ / rusé comme un *renard* キツネのようにずる賢い. ❷ キツネの毛皮. ▸ manteau à col de *renard* キツネの毛皮の襟付きコート.

❸ ずる賢い男. ▸ fin *renard* 抜け目のない男.
❹（水路, 水槽などの）漏水孔.

renarde /r(ə)nard/ 女 文章 雌ギツネ.

renardeau /r(ə)nardo/ 男《複》**x** 男 子ギツネ.

renchérir /rɑ̃ʃeriːr/ 自動 値上がりする. ▸ Le loyer a bien *renchéri*. 家賃がうんと上がった.

―― 間他動〈renchérir sur qn/qc〉…より以上のことをする[言う], をしのぐ. ▸ Il *renchérit* sur tout ce qu'il entend raconter. 彼は, なんにせよ人から聞いたことを大げさに話す.

renchérissement /rɑ̃ʃerismɑ̃/ 男 値上がり.

*rencontre /rɑ̃kɔ̃ːtr ランコーントル/ 女 ❶（偶然の）出会い, 遭遇. ▸ *rencontre* inattendue 奇遇 / faire une mauvaise *rencontre* 悪い人[危険人物]と出会う / dès la première *rencontre* 初めて会ったときから / site de *rencontre* 出会いサイト.

❷ 会見, 会談；会議. ▸ *rencontre* officielle 公式会談 / *rencontre* au sommet 首脳会談 / arranger [ménager] une *rencontre* entre deux personnes 双方の会見を取り持つ.

❸（スポーツの）試合；遭遇戦；決闘. ▸ *rencontre* de boxe ボクシングの試合 / *rencontre* amicale 親善試合 / La *rencontre* a eu lieu en terrain

rencontrer

neutre. 中立地帯で小競り合いがあった. ❹〖物と物の〗接触;〖車などの〗衝突;〖流れの〗合流. ▶ *rencontre* de deux lignes 2線の交わり / *rencontre* de deux pensées 2つの考えの一致 / point de *rencontre* 接点, 交点; 一致点. ❺ 文章 偶然; 場合, 機会. ▶ en toute *rencontre* どんな場合でも.

à la rencontre de qn …を迎えに. ▶ aller [venir] *à la rencontre* de qn …を迎えに行く[来る].

de rencontre 文章 偶然の. ▶ marchandise *de rencontre* 掘り出し物 / amours *de rencontre* 行きずりの情事.

faire la rencontre de qn …と知り合いになる.

par rencontre 古風 偶然に (=par hasard).

rencontrer /rɑ̃kɔ̃tre ランコントレ/ 他動
❶ …に偶然出会う, 出くわす; と知り合う. ▶ *rencontrer* qn sur son chemin 途中で…に出会う / Il *a rencontré* sa future épouse dans un bal. 彼は妻になった女性と舞踏会で知り合った.
❷ 〖約束して〗…と会う, 落ち合う, 会見する. ▶ Il *a rencontré* un envoyé spécial du *New York Times*. 彼はニューヨーク・タイムズの特派員と会見した.
❸ …を見つける; に遭遇する; ぶつかる, 衝突する. ▶ *rencontrer* des difficultés 困難に遭遇する / *rencontrer* une violente opposition 猛反対に遭う / *rencontrer* ˹les yeux [le regard]˺ de qn …と目が合う / La voiture *a rencontré* un mur. 車は壁にぶつかった.
❹ 〖スポーツ〗…と対戦する. ▶ La France *rencontrera* l'Italie. フランスはイタリアと対戦する / Il *a rencontré* un adversaire plus faible que lui. 彼は自分より弱い相手とぶつかった.

— **se rencontrer** 代動 ❶〖人が〗出会う; 知り合う; 会見する. ▶ Nous *nous sommes* déjà *rencontrés*. 以前にお目にかかっています.
❷〖互いの〗考え〖感情〗が一致する. ▶ *se rencontrer* dans la même certitude 同じ確信を抱く / *se rencontrer* avec qn …と同意見である.
❸〖物が〗出合う; 接触する; 衝突する. ▶ Les deux voitures *se sont rencontrées* à un croisement. 2台の車は交差点で衝突した.
❹ 見いだされる, 存在する, ある. ▶ Le sentiment de solitude *se rencontre* tant chez les jeunes que chez les vieux. 孤独感というものは老若を問わずあるものだ. /〖非人称構文で〗Il *se rencontre* des gens qui croient que tout leur est permis. 自分にはなんでも許されると思っている人たちがいる. ❺〖スポーツ〗対戦する.

rend /rɑ̃/, **rendaient, rendais, rendait** /rɑ̃dɛ/ 活用 ⇨ RENDRE 58

rende /rɑ̃:d/ 活用 ⇨ RENDRE 58

rendement /rɑ̃dmɑ̃/ 男 ❶〖単位面積当たりの〗収穫高. ▶ *rendement* du blé à l'hectare ヘクタール当たりの小麦の生産量. ❷ 生産性, 効率; 収益(率). ▶ augmenter le *rendement* 生産性を上げる.

rendent, rendes /rɑ̃:d/, **rendez** /rɑ̃de/ 活用 ⇨ RENDRE 58

***rendez-vous** /rɑ̃devu ランデヴー/ 男 ❶ 会う約束, 会合; デート. ▶ J'ai (un) *rendez-vous* avec M. Dupont. 私はデュポンさんと会う約束がある / J'ai *rendez-vous* à deux heures. 私は2時に約束がある / prendre (un) *rendez-vous* chez le dentiste 歯医者に予約を入れる / donner (un) *rendez-vous* à qn …と会う約束をする / se donner *rendez-vous* (互いに)会う約束をする / *rendez-vous* manqué すっぽかされた約束 / *rendez-vous* d'affaires 商談 / médecin qui reçoit sur *rendez-vous* 予約制の医者 / maison de *rendez-vous* ラブホテル / *rendez-vous* social 労使会談 / *rendez-vous* spatial 宇宙ランデブー.
❷ 会合〖約束〗の場所; 溜(ﾀ)まり場. ▶ arriver le premier au *rendez-vous* 約束の場所に一番先に着く / Ce café est le *rendez-vous* des étudiants. このカフェは学生たちの溜まり場だ.

rendi-, rendî-, rendiss- 活用 ⇨ RENDRE 58

rendormir /rɑ̃dɔrmi:r/ 20 〖過去分詞 rendormi, 現在分詞 rendormant〗他動 …を再び眠らせる.
— **se rendormir** 代動 再び眠る.

rendors, rendort /rɑ̃dɔ:r/ 活用 ⇨ RENDORMIR 20

rendosser /rɑ̃dose/ 他動〖衣服〗を再び身に付ける.

***rendre** /rɑ̃dr ランドル/ 58

過去分詞 rendu		現在分詞 rendant
直説法現在	je rends	nous rendons
	tu rends	vous rendez
	il rend	ils rendent
複合過去	j'ai rendu	半過去 je rendais
単純未来	je rendrai	単純過去 je rendis
接続法現在	je rende	

他動 ❶ …を返す, 返却する; 返品する; 引き渡す. ▶ Je vous *rends* votre livre. お借りした本をお返しします / *rendre* la monnaie sur cent euros 100ユーロ受け取って釣り銭を渡す / Un article acheté en solde ne peut *être rendu*, ni échangé. バーゲン品の返品, 交換はできません / *rendre* les armes 武器を引き渡す, 降伏する.

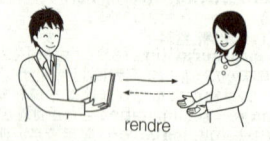

rendre

❷〈*rendre* qc à qn/qc〉〖正常な状態, 失った能力〗を…に回復させる. ▶ *rendre* l'espoir à qn (=redonner) …に希望を取り戻させる / *rendre* la liberté à un prisonnier 囚人を釈放する.
❸〈*rendre* qn/qc + 属詞〉…を…にする. ▶ *rendre* qn heureux …を幸せにする / *rendre* qn responsable de qc …に…の責任を負わせる / Cette nouvelle m'*a rendu* triste. その知らせを聞いて私は悲しくなった. /〖目的語なしに〗Ce travail *rend* nerveux. この仕事をするといらいらしてくる.

❹（返礼として）…を行う, 与える;〔仕返し〕をする.
▶ *rendre* une invitation 返礼として招待する / *rendre* à qn sa visite 答礼として…を訪問する / *rendre* la politesse à qn …にお返しをする, 仕返しをする.

❺（返礼の意識なしに）…を行う, 与える. ▶ *rendre* service à qn/qc …のために役立つ, 貢献する / *rendre* visite à qn …を訪問する / *rendre* justice à qn …を正しいと認める, 評価する. 用 慣用表現では目的語は多く無冠詞だが, 修飾語を伴う場合は冠詞をつける（例: les services qu'il *a rendus* au pays 彼が国に果たした貢献）.

❻ 話 …を吐く, 吐き出す (=vomir). ▶ Il *a rendu* tout son dîner. 彼は夕食に食べたものをすっかり戻してしまった /《目的語なしに》avoir envie de *rendre* 吐き気がする.

❼〔水分など〕を出す;〔音〕を発する. ▶ Les tomates *ont rendu* beaucoup d'eau à la cuisson. トマトを煮ると汁がたくさん出た / *rendre* des sons très clairs とても澄んだ音を出す.

❽ …を表現する; 翻訳する. ▶ le mot qui *rend* le mieux ma pensée 私の考えを最もよく言い表わす言葉 / Il est difficile de *rendre* en français cette tournure japonaise. この日本語の言い回しをフランス語に訳すのは難しい.

❾ …を表明する, 言い渡す. ▶ *rendre* un jugement 判断を示す / *rendre* un arrêt 判決を言い渡す. ❿ …を引き渡す, 明け渡す. ▶ *rendre* les armes 武器を引き渡す; 降伏する.

bien le rendre à qn (1) …にお返しをする; 同じ感情を持つ. ▶ Il déteste ses collègues, mais ils *le* lui *rendent bien*. 彼は同僚たちが大嫌いだが彼らの方でもそう思っている. (2) 負けず劣らずだ, 似たり寄ったりだ. ▶ Sa sœur est antipathique, mais il *le* lui *rend bien*. 彼の姉［妹］は感じが悪いが, 彼だって似たようなものだ.

— 自動《多く副詞とともに》実りをもたらす, 結果を生む. ▶ un sol qui *rend* peu 作物があまり実らない土地 / La pêche *a* bien *rendu* cette année. 今年は豊漁だった.

— *se rendre 代動 ❶ <se rendre + 場所 // se rendre à qc> …へ行く, 赴く. ▶ *se rendre* au Japon 日本へ行く / Il *se rend* à son travail à pied. 彼は歩いて仕事に行く.

se rendre à son travail

❷ <se rendre (à qn/qc)> （…に）従う, 屈する; 降伏する. ▶ *se rendre* aux ordres de qn …の命令に従う / *se rendre* à l'évidence 明白な事実を受け入れる / *se rendre* sans conditions 無条件降伏する.

❸ <se rendre + 属詞> 自らを…にする, …になる. ▶ *se rendre* célèbre 有名になる / *se rendre* maître de qc …の主(ぬし)になる, を支配する.

se rendre compte「de qc［que + 直説法］

…に気づく, が分かる (⇨ COMPTE).
rends /rā/ 活用 ⇨ RENDRE 58
rendu, e /rādy/ 形 (rendre の過去分詞) ❶ 表現された, 描かれた. ▶ C'est bien *rendu*. うまく表現されている. ❷ 疲れ切った, 疲労困憊(ぱい)した. ▶ être *rendu* (de fatigue) へとへとに疲れている. 比較 ⇨ FATIGUÉ. ❸ 着いた, 届いた. ▶ Encore quelques jours et nous serons *rendus* chez nous. あと何日かすれば家に帰り着くだろう.
— **rendu** 男 ❶ 話 返されたもの, 返品.
❷〚美術〛表現(力), 描写(力).
C'est un prêté pour un rendu. 話 それは当然の仕返しだ; 売り言葉に買い言葉だ.
rêne /ren/ 女（多く複数で）❶ 手綱. ❷ 文章 管理, 指導. ▶ tenir［prendre］les *rênes* du gouvernement 政権を掌握する.
lâcher les rênes (1) 手綱をゆるめてしまう. (2) すべてを放擲(てき)する.
renégat, ate /r(ə)nega, at/ 名 ❶ 背教者. ❷ 変節者, 裏切り者.
renégociation /r(ə)negɔsjasjɔ̃/ 女（協定や条約などの）改定交渉, 再交渉.
renégocier /r(ə)negɔsje/ 他動 …を再度交渉する.
renfermé, e /rãferme/ 形〘人, 性格が〙感情を外に出さない, 閉鎖的な.
— **renfermé** 男 こもった嫌なにおい. ▶ Ça sent le *renfermé*. こもったにおいがする.
*****renfermer** /rãferme/ ランフェルメ/ 他動 ❶ …を含む, 収める〔収容〕する. ▶ Cette valise *renferme* des papiers importants. (=contenir) このスーツケースには重要書類が入っている / Le récit du témoin *renfermait* plusieurs ambiguïtés. その証人の話にはいくつか曖昧(まい)な点があった / Le sous-sol de la région *renferme* du pétrole. この地方の地下には石油が埋蔵されている.
❷ 文章 …を再び閉じ込める, しまい込む.
❸ 古風〚感情〛を隠す, 秘める.
— **se renfermer** 代動 古風 閉じこもる. ▶ *se renfermer* en［sur］soi-même 自分の殻にこもる.
renfiler /rãfile/ 他動 …に再び糸を通す.
renflé, e /rãfle/ 形 膨らんだ; 膨らみのついた. ▶ colonne *renflée* 中太の柱.
renflement /rãfləmã/ 男 膨らみ. ▶ *renflement* d'une colonne 円柱の膨らみ.
renfler /rãfle/ 他動 …に膨らみをつける.
— **se renfler** 代動 膨らむ.
renflouage /rãflua:ʒ/ 男 ❶〚海事〛（沈没船の）浮上作業,（座礁船の）離礁作業. ❷ 財政援助.
renflouement /rãflumã/ 男 財政援助.
renflouer /rãflue/ 他動 ❶〚難船など〛を浮上させる; 離礁させる. ❷ …の財政困難を救う. ▶ *renflouer* une entreprise 企業に資金援助をする.
renfoncé, e /rãfɔ̃se/ 形 奥くぼんだ. ▶ des yeux *renfoncés* くぼんだ目.
renfoncement /rãfɔ̃smã/ 男 くぼみ, へこみ.
▶ *renfoncement* d'un mur 壁の引っ込み.
renfoncer /rãfɔ̃se/ 1 他動 …にさらに深く〔奥へ〕押し込む. ▶ *renfoncer* son chapeau 帽子をさらに深くかぶる.

renforcé

— **se renfoncer** 代動 奥へ[深く]入り込む.
renforcé, e /rɑ̃fɔrse/ 形 補強された, 強化された;〔衣服が〕裏打ちされた.
renforcement /rɑ̃fɔrsəmɑ̃/ 男 強化, 補強. ▶ *renforcement* d'une poutre 梁(はり)の補強.
renforcer /rɑ̃fɔrse/ ① 他動 ❶ …をさらに強くする;強化する, 補強する. ▶ *renforcer* un mur 壁を補強する / *renforcer* une armée 軍隊を増強する. ❷〔信念, 立場など〕をさらに強固にする, 裏付けする. ▶ *renforcer* les soupçons 疑惑を深める / *renforcer* qn dans son opinion …の意見をいっそう強固にする. ❸〔声, 表現など〕をさらに強める;〔色〕をより濃くする.
— **se renforcer** 代動 さらに強まる.
renfort /rɑ̃fɔːr/ 男 ❶ 増援, 加勢;援軍, 救援物資〔人員〕. ▶ envoyer des *renforts* 援軍を送る / amener qn en *renfort* …を手伝いとして連れてくる. ❷〔技術〕補強;補強材.
à grand renfort de qc 多くの…を使って. ▶ convaincre son auditoire *à grand renfort de* données statistiques 豊富な統計資料を駆使して聴衆を納得させる.
renfrogné, e /rɑ̃frɔɲe/ 形 しかめ面の, 不機嫌な. ▶ visage *renfrogné* しかめ面, 渋面.
se renfrogner /s(ə)rɑ̃frɔɲe/ 代動 顔をしかめる, 眉(まゆ)をひそめる.
rengagé /rɑ̃gaʒe/ 形〔男性形のみ〕再役した;再雇用された. — 名 再役軍人.
rengagement /rɑ̃gaʒmɑ̃/ 男 ❶〔軍事〕再役;兵役再登録. ❷ 再び抵当に入れること.
rengager /rɑ̃gaʒe/ ② 他動 ❶ …を再び投入する;再び質〔抵当〕に入れる. ❷ …を再び雇う.
— 自動〔軍事〕再役する.
— **se rengager** 代動〔軍事〕再役する.
rengaine /rɑ̃gɛn/ 女 ❶ 決まり文句, 口癖. ▶ C'est toujours la même *rengaine*. またいつもの決まり文句だ. ❷ はやり歌(のリフレーン).
rengainer /rɑ̃gene/ 他動 ❶ …を再び鞘(さや)〔ケース〕に収める. ▶ *rengainer* son épée 剣を鞘に収める. ❷ 語〔言いかけたこと〕をやめる. ▶ *rengainer* son discours 話を途中でやめる.
se rengorger /s(ə)rɑ̃gɔrʒe/ ② 代動 ❶〔鳥が〕胸を反らす. ❷〔人が〕威張る, 尊大ぶる. ▶ Fier de ses succès, il *se rengorge*. 成功を鼻にかけて彼は偉そうにしている.
reniement /r(ə)nimɑ̃/ 男 否認;放棄;裏切り. ▶ *reniement* de sa foi 信仰の放棄 / *reniement* de Saint Pierre ペテロの否認.
renier /rənje/ 他動 ❶ …を否認する;(偽って)知らないと言う, 自分のものと認めない. ▶ *renier* sa signature 自分の署名であることを否認する / *renier* un parti 党派を離れる / *renier* ses opinions 意見を変える / Saint Pierre *renia* trois fois Jésus. 聖ペテロは3度イエスを知らないと言った. ❷〔宗教など〕を捨てる. ▶ *renier* sa foi 信仰を捨てる. — **se renier** 代動 自説を捨てる;態度〔立場〕をがらりと変える.
reniflement /r(ə)nifləmɑ̃/ 男 鼻を鳴らして息を吸うこと〔音〕;はなをすること〔音〕.
renifler /r(ə)nifle/ 自動 鼻を鳴らして息を吸う;はなをする. — 他動 …をかぐ;語〔事件など〕をかぎつける. ▶ *renifler* du tabac 嗅(か)ぎたばこをかぐ / *renifler* quelque chose de louche 何かうさん臭いものをかぎつける.

renifleur, euse /r(ə)niflœːr, øːz/ 形, 名 はなをすする(癖のある人).
renne /rɛn/ 男〔動物〕トナカイ.
Rennes /rɛn/ 固有 レンヌ:Ile-et-Vilaine 県の県庁所在地.
renoi /rənwa/ 名 黒人.
renom /r(ə)nɔ̃/ 男 ❶ 名声, 好評. ▶ *renom* des vins de France フランスワインの知名度の高さ. ❷ 文章 世評. ▶ un bon [mauvais] *renom* よい〔悪い〕評判.
de (grand) renom = ***en renom*** 名高い;評判の. ▶ une école *de* grand *renom* 有名校 / un café *en renom* 評判の喫茶店.
renommé, e /r(ə)nɔme/ 形 名高い, 評判の. ▶ un vin *renommé* 銘酒. ◆ *renommé pour* + 所有形容詞 + 名詞 …で有名な. ▶ une ville *renommée* pour ses excellentes pipes 上等のパイプ作りで有名な町. 比較 ⇨ CÉLÈBRE.
renommée /r(ə)nɔme/ 女 ❶ 名声, 盛名. ▶ un savant de *renommée* internationale 国際的に著名な学者 / jouir d'une grande *renommée* 名声〔高評〕を得る. ❷ 文章 世評, 風聞. ▶ avoir une bonne *renommée* 世間の評判がよい / J'ai appris cet événement par la *renommée*. その出来事はうわさで知った.
renommer /r(ə)nɔme/ 他動 …を再び任命する;再選する.
renoncement /r(ə)nɔ̃smɑ̃/ 男 文章〈*renoncement* (à qc)〉〔現世の幸福の〕放棄, 断念;禁欲. ▶ *renoncement* au monde 浮き世を捨てること, 遁世(とんせい) / *renoncement* à soi-même 自己放棄, 自己犠牲 / mener une vie de *renoncement* 世俗を離れて生きる.

***renoncer** /r(ə)nɔ̃se/ ルノンセ ①

過去分詞 renoncé	現在分詞 renonçant
直説法現在	je renonce	nous renonçons
	tu renonces	vous renoncez
	il renonce	ils renoncent

間他動 ❶〈*renoncer* à qc〉〔権利, 財産など〕を放棄する, 捨てる. ▶ *renoncer* à une succession 相続を放棄する / *renoncer* au pouvoir 権力の座を去る / *renoncer* à soi-même 自己を放棄する.
❷〈*renoncer* à qc/不定詞〉〔好物, 習慣など〕を断つ, やめる. ▶ *renoncer* au tabac たばこをやめる / *renoncer* à boire 酒を断つ.
❸〈*renoncer* à qc/qn/不定詞〉…をあきらめる, 断念する. ▶ *renoncer* à un voyage 旅行を断念する / *renoncer* à passer un examen 受験をあきらめる / J'y *renonce*! C'est impossible. お手上げだ, できない / *renoncer* à celle qu'on aime 愛する女性をあきらめる / *renoncer* au monde 浮き世を捨てる;修道生活に入る.
— 自動 ❶ あきらめる, やめる. ❷〔カード〕ディスカードする, 場札以外の札を出す.
— **se renoncer** 代動 自分を捨てる.

renonciation /r(ə)nõsjasjõ/ 囡 文書 ⟨*renonciation* à qc⟩…の断念, 放棄. ▶ *renonciation* à un projet 計画の放棄.

renoncule /r(ə)nõkyl/ 囡 【植物】キンポウゲ.

renouer /rənwe/ 他動 ❶ …を結ぶ; 結び直す. ▶ *renouer* sa cravate ネクタイを締め直す. ❷ …を再開する; 〔関係など〕を再び結ぶ, 回復する. ▶ *renouer* la conversation 再び会話を始める. ── 間他動 ❶ ⟨*renouer* avec qn⟩ …と再び関係を結ぶ. ▶ *renouer* avec un ancien ami かつての友人と旧交を温める. ❷ ⟨*renouer* avec qc⟩ 〔伝統など〕を取り戻す, 復活させる.

renouveau /r(ə)nuvo/; 〈複〉 **x** 男 ❶ よみがえり, 再生, 復活; 回復, 復興. ▶ connaître un *renouveau* de succès 人気を取り戻す. ❷ 文書 春の訪れ; 春.

renouvelable /r(ə)nuvlabl/ 形 ❶ 更新〔継続〕できる; 交換可能な. ❷ 〔エネルギーが〕再生可能な. ▶ énergies *renouvelables* 再生可能エネルギー.

*****renouveler** /r(ə)nuvle/ ルヌヴレ/ 4 他動

直説法現在	je renouve**ll**e	nous renouvelons
	tu renouve**ll**es	vous renouvelez
	il renouve**ll**e	ils renouve**ll**ent

❶ …を新しくする, 取り替える. ▶ *renouveler* le mobilier d'une maison ある家の家具を取り替える / Cette entreprise est en train de *renouveler* son personnel. その会社は人事異動の最中だ.
❷ …を変革する, 一新する. ▶ Cette découverte a *renouvelé* la physique. この発見は物理学を一変させた.
❸ …を更新する. ▶ *renouveler* son passeport パスポートを更新する / *renouveler* un contrat pour trois ans 3年期限で契約を更新する.
❹ …を再び行う, 繰り返す. ▶ Il a *renouvelé* sa question. 彼は質問を繰り返した.
── se **renouveler** 代動 ❶ 入れ替わる; 一新される. ❷ 〔芸術家などが〕作風を一新する, 新境地を開く. ▶ Cet écrivain ne se *renouvelle* pas assez. この作家の作風はたいして変わりばえしない. ❸ 繰り返される, 再び起こる. ▶ Que pareil incident ne se *renouvelle* plus! こんな事故は二度と起こらないでほしい.

renouvellement /r(ə)nuvɛlmã/ 男 ❶ 取り替え, 入れ替え. ▶ *renouvellement* d'un stock 在庫品の補給 / *renouvellement* d'une assemblée 議会の改選. ❷ 変革, 一新. ▶ *renouvellement* des sciences 科学の革新. ❸ 更新. ▶ *renouvellement* d'un passeport パスポートの更新. ❹ 繰り返し.

rénovateur, trice /renɔvatœːr, tris/ 形 変革する, 革新的な. ▶ doctrine *rénovatrice* 革新的理論. ── 名 変革者, 改革者.

rénovation /renɔvasjõ/ 囡 ❶ 改修, 修復;〔都市の一区画の〕再開発 (=*rénovation* urbaine). ▶ *rénovation* d'une salle de spectacle 劇場の改装. ❷ 文書 刷新, 改革.

rénover /renɔve/ 他動 ❶ …を新しくする; 改築する. ▶ restaurant entièrement *rénové* 全面改装されたレストラン. ❷ 〔制度など〕を改革する, 改良する. ▶ *rénover* des méthodes pédagogiques 教育方法を刷新する.

*****renseignement** /rãsɛɲmã ランセニュマン/ 男 ❶ 情報, 資料. ▶ donner〔fournir〕un *renseignement* 情報を与える / prendre des *renseignements* sur qc/qn …について調査する / Pour plus amples *renseignements*, adressez-vous au bureau. 詳細については事務所にお問い合わせください. ❷〈複数で〉インフォメーション, 案内(所) (=bureau de *renseignements*). ▶ s'adresser aux *renseignements* de la gare 駅の案内所に問い合わせる. ❸〈多く複数で〉諜報 (ちょう). ▶ agent de *renseignements* 諜報員 / service de *renseignements* 諜報機関 / *Renseignements* Généraux 総合情報局(略 RG).
aller aux renseignements 問い合わせる, 調査する.

*****renseigner** /rãsɛɲe ランセニェ/ 他動 ⟨*renseigner* qn (sur qc/qn)⟩ (…について)…に教える, 情報を与える. ▶ *renseigner* un passant 通行人に道を教える / Puis-je vous renseigner? お困りですか / Je vais vous *renseigner* sur cette affaire. その事件のことを教えてあげましょう / être bien〔mal〕*renseigné* 事情に明るい〔疎い〕. 比較 ⇨ INFORMER.
── se **renseigner** 代動 ⟨se *renseigner* (sur qc/qn)⟩ (…について) 問い合わせる, 照会する, 調べる. ▶ se *renseigner* sur les horaires des avions 飛行機の時刻表を調べる / se *renseigner* auprès de qn …に問い合わせる. 比較 ⇨ EXAMINER.

rentabilisation /rãtabilizasjõ/ 囡【経済】収益化.

rentabiliser /rãtabilize/ 他動 …の利益を上げる.

rentabilité /rãtabilite/ 囡【経済】収益性. ▶ taux de *rentabilité* 収益率.

rentable /rãtabl/ 形 収益性のある, 採算が合う; 語 労力に見合う, やりがいのある.

*****rente** /rãːt/ ラーント/ 囡 ❶ 金利, 権利; 不労所得. ▶ avoir des *rentes* 金利収入〔不労所得〕がある / vivre de ses *rentes* 金利で暮らす / toucher une *rente* 金利で受け取る. ❷ 年金, 恩給. ▶ *rentes* viagères 終身年金. ❸〈複数で〉国債 (=*rentes* sur l'Etat). ❹ 語 金づる, かも. ❺ 語 金食い虫;(定期的に生じる)出費. ❻ *rente* de situation 地位に伴う特権, 既得権.

rentier, ère /rãtje, ɛːr/ 图 金利収入のある人; 金利生活者. ▶ mener une vie de *rentier* 遊んで暮らす / C'est un petit *rentier*. 彼にはわずかながら不労所得がある.

rentrant, ante /rãtrã, ãːt/ 形 ❶【航空】引込み式の. ▶ train d'atterrissage *rentrant* (飛行機の)引込み脚. ❷【数学】angle *rentrant* 優角(180°以上の角).

rentré, e /rãtre/ 形 ❶〔感情が〕抑制された, 内に秘められた.
❷〔体の一部が〕くぼんだ. ▶ joues *rentrées* こけた頬 (ほお) / yeux *rentrés* 金壺 (かなつぼ) 眼.
── **rentré** 男【服飾】折り返し.

*****rentrée** /rãtre/ ラントレ/ 囡 ❶ 帰ること, 戻ること;

帰宅. ▶ heure de *rentrée*（休憩後仕事などに）戻る時間 / la *rentrée* des vacanciers à Paris バカンスに出かけていた人たちのパリへのUターン / *rentrée* atmosphérique 大気圏再突入.
❷ (活動の)再開; (バカンスなどの)休み明け; **新学年, 新学期**. ▶ la *rentrée* des classes = la *rentrée* scolaire 新学年の開始 / la *rentrée* parlementaire 議会の再開 / *rentrée* littéraire 夏休み明けの, 文芸書の新刊が集中して刊行される時期 / *rentrée* théâtrale (夏休み後の)演劇シーズンの開幕. ◆à la *rentrée* (de qc) (…の)休み明けに; 新年度に, 年度始めに.
❸ カムバック, 返り咲き. ▶ faire sa *rentrée* sur une scène parisienne パリの舞台にカムバックする / préparer sa *rentrée* politique 政界への返り咲きを準備する.
❹ (農作物などの)取り入れ, 収納.
❺ (金銭の)受領, 徴収. ▶ *rentrées* d'argent 納金 / *rentrées* de l'impôt 税金の徴収.
❻ [カード] (捨てたカードの代わりに取る)めくり札.

*rentrer /rɑ̃tre ラントレ/

直説法現在	je rentre	nous rentrons
	tu rentres	vous rentrez
	il rentre	ils rentrent
複合過去	je suis rentré(e)	(自動)
半過去	je rentrais	
単純未来	je rentrerai	単純過去 je rentrai

自動 《助動詞は être》❶ **帰る, 戻る; 再び入る; 帰宅する**. ▶ *rentrer* à la maison 家に帰る / *rentrer* à Paris パリに戻る / *rentrer* de l'école 学校から帰る / *rentrer* dîner 夕食を食べに帰る / Elle *rentrera* vendredi. 彼女は金曜に帰ってくる.
❷ (もとの活動, 状態に)戻る, 復帰する;《特に》〔学校が〕始業する. ▶ *rentrer* dans le devoir 本分[義務]に立ち戻る / Cette actrice *est rentrée* en scène. その女優は舞台に復帰した / Tout *est rentré* dans l'ordre. すべては平常に戻った / Les écoles *rentrent* en septembre. 学校は9月に始まる.
❸〈*rentrer* dans qc〉…を取り戻す. ▶ *rentrer* dans ses droits 権利を回復する / *rentrer* dans ses dépenses 出費を取り戻す.
❹〈*rentrer* dans qc〉…に無理に入る; めり込む; 話 …に激突する. ▶ Le cou lui *rentre* dans les épaules. 彼(女)は首がひどく短い / Les jambes me *rentrent* dans le corps. 疲れてへとへとだ / Sa voiture *est rentrée* dans un arbre. 彼(女)の車は木に衝突した.
❺〈*rentrer* dans qc〉(容器など)に収まる, はまる. ▶ Cette clef ne *rentre* pas dans la serrure. この鍵は)その錠に合わない / Je ne *rentre* plus dans mes pantalons. ズボンが入らなくなった.
❻〈*rentrer* dans qc〉…に含まれる, 属する. ▶ *rentrer* dans une catégorie あるカテゴリーに含まれる / Cela ne *rentre* pas dans ses attributions. それは彼(女)の権限外のことだ.
❼ [金銭が]戻ってくる, 回収される. ▶ faire *rentrer* les fonds 資金を回収する.
❽ 話 入る (=entrer).

faire rentrer qc dans la tête de qn …を…に無理やり理解させる, …の頭にたたき込む.
rentrer dans les bonnes grâces de qn …の好意[寵愛]を取り戻す.
rentrer dans qn = ***rentrer dans le chou [lard] de [à] qn*** = ***lui rentrer dedans*** 話 …に猛然と飛びかかる, 殴りかかる. 注 lui は各人称に変化させて用いる.
rentrer en soi-même 文章 自分に立ち帰る, 自省する.

── 他動 《助動詞は avoir》❶ …を(中に)**入れる**, しまう. ▶ *rentrer* sa voiture au garage 車を車庫に入れる. ❷ …を引っ込める, 隠す. ▶ *rentrer* le ventre 腹を引っ込める / *rentrer* sa chemise dans son pantalon シャツの裾をズボンの中に押し込む. ❸ [感情]を抑える. ▶ *rentrer* ses larmes 涙をこらえる.

renversant, ante /rɑ̃vɛrsɑ̃, ɑ̃ːt/ 形 仰天させる, びっくりさせる.

renversé, e /rɑ̃vɛrse/ 形 ❶ 逆になった; 倒れた; 傾いた. ▶ pyramide *renversée* 逆ピラミッド形 / la tête *renversée* 頭を反らして. ❷ びっくり仰天した, 唖然(ぁぜん)とした. ❸ écriture *renversée* (古書体学で)左傾斜の書体.
C'est le monde renversé. それは常識外れだ.

renversement /rɑ̃vɛrsəmɑ̃/ 男 ❶ (上下, 左右が)逆になること, (順序などを)入れ換えること. ▶ *renversement* des images 像の倒立 / *renversement* du vent 風向きの逆転. ❷ (状況などの)逆転, 激変; (制度などの)転覆; 瓦解(がかい). ▶ *renversement* de la situation 形勢の逆転 / *renversement* des valeurs 価値観の大転換 / *renversement* du régime 体制の転覆. ❸ (体の一部を)反り返らせること. ▶ *renversement* du buste 上半身を反らせること.

*renverser /rɑ̃vɛrse ランヴェルセ/ 他動 ❶ …を逆にする, 逆転にさせる; 倒す, ひっくり返す. ▶ *renverser* un seau バケツをひっくり返す / *renverser* le sablier 砂時計を逆さにする / *renverser* qn d'un croc-en-jambe …を足をひっかけて倒す / *renverser* du vin sur la nappe テーブルクロスにワインをこぼす / Une voiture folle *a renversé* un petit garçon. 暴走車が男の子をはねた / se faire *renverser* はねられる.
❷ [秩序, 制度など]を覆す, 打破する. ▶ *renverser* tous les obstacles あらゆる障害を打破する / Tous ses projets *ont été renversés*. 彼(女)の計画はすべてくつがえった / *renverser* un ministère [un cabinet] (不信任案可決により)内閣を総辞職させる.
❸ [頭など]を後ろに反らす, のけぞらせる. ▶ *renverser* la tête en arrière 頭を後ろに反らす.
❹ 話 …を仰天させる. ▶ Cette nouvelle nous *a renversés*. その知らせは私たちを驚かせた.
── 自動 [海事] [潮が]変わる.

比較 **ひっくり返す, 逆にする**
renverser おもに上下を逆にすることで, 立っていたものが倒れたり, 中に入っていたものがこぼれたりする.

する結果を伴う場合が多い. **retourner** おもに表裏, 前後を逆にすることで, renverser のような重大な結果は伴わない. **inverser** 順序や方向を逆にすること.

— **se renverser** 代動 ❶ 体を反らせる. ▶ *se renverser* sur sa chaise 椅子(ｽ)に反っくり返る. ❷ 倒れる, ひっくり返る. ▶ Le bateau *s'est renversé*. 船が転覆した.

renvoi /rɑ̃vwa/ 男 ❶ 解雇, 免職; 追放; 退学, 停学. ▶ décider le *renvoi* d'une partie du personnel 従業員の一部解雇を決定する / *renvoi* d'un élève 生徒の退学〔停学〕処分. ❷ 送り返すこと, 返却; 投げ返すこと. ▶ *renvoi* d'une lettre 手紙の返送 / *renvoi* d'une marchandise 返品. ❸ 反射, 反響. ❹ 参照指示, 送り; 参照記号. ❺ 延期. ▶ *renvoi* d'une audience à huitaine 公判の1週間の延期. ❻ げっぷ, おくび. ▶ avoir des *renvois* げっぷが出る. ❼〔法律〕(他の裁判所への)移送;(法案の委員会への)付託. ❽〔音楽〕反復記号.

*****renvoyer** /rɑ̃vwaje/ ランヴォワイエ/ 13 他動

直説法現在	je renvo**ie**	nous renvoyons
	tu renvo**ies**	vous renvoyez
	il renvo**ie**	ils renvo**ient**
複合過去	j'ai renvoyé	半過去 je renvoyais
単純未来	je renverrai	単純過去 je renvoyai

❶ …を**送り返す**, 返す; 再び送る. ▶ *renvoyer* une lettre à l'expéditeur 手紙を差出人に返送する.
❷ …を投げ返す; 反射する, 反響する. ▶ *renvoyer* un ballon ボールを投げ返す / la surface du lac qui *renvoie* les rayons du soleil 太陽の光を反射している湖面.
❸ …を戻らせる, **帰らせる**. ▶ *renvoyer* un enfant malade chez ses parents 病気の子供を両親のもとへ帰らせる.
❹ …を追い出す, 追い払う; **解雇する** (=licencier). ▶ Il a été *renvoyé* du lycée. 彼はリセを退学させられた / *renvoyer* des employés 従業員を解雇する.
❺〈*renvoyer* qn/qc + 場所〉…を…に差し向ける, 回す;〔法律〕…に移送する. ▶ Le projet de loi *a été renvoyé* aux commissions compétentes. その法案は専門の委員会に委託された.
❻〈*renvoyer* qn à qc〉…に…を参照させる, 指し示す. ▶ Je *renvoie* le lecteur à mon précédent ouvrage. 読者は私の前作を参照されたい /(目的語なしに)notes qui *renvoient* à certains passages 参照すべき箇所を指示する注.
❼〈*renvoyer* qc (à + 日付)〉…を(…まで)延期する;〔法律〕…の審理を(…まで)延期する. ▶ *renvoyer* l'affaire à huitaine 仕事を1週間延期する.

— **se renvoyer** 代動 …を投げ返し合う. 注 se は間接目的. ▶ *se renvoyer* la balle ボールを投げ合う; 激しく口論し合う, 責任を転嫁し合う.

réoccupation /reɔkypasjɔ̃/ 女 再占領.
réoccuper /reɔkype/ 他動 …を再び占領する.
réopérer /reɔpere/ 6 他動 …を再び手術する.

réorganisateur, trice /reɔrganizatœːr, tris/ 形, 名 組織し直す(人), 再編成する(人).
réorganisation /reɔrganizasjɔ̃/ 女 再組織, 再編成, 改組.
réorganiser /reɔrganize/ 他動〔制度など〕を組織し直す, 再編成する; 改編する.
réorientation /reɔrjɑ̃tasjɔ̃/ 女 新しい方向づけ; 再指導.
réorienter /reɔrjɑ̃te/ 他動 …を新しい方向に向ける; 再指導する. — **se réorienter** 代動 新しい方向に向かう.
réouverture /reuvertyːr/ 女 再開.
repaire /r(ə)pɛːr/ 男 ❶(野獣の)隠れ場, 巣. ❷(盗賊などの)巣窟(ｿｳ).
repaiss-, repai-, repaî- 活用 ⇨ REPAÎTRE 50
repaître /r(ə)pɛtr/ 50 (過去分詞 repu, 現在分詞 repaissant) 他動 文章〈*repaître* qn/qc (de qc)〉…を(…で)養う; 堪能(ｶﾝ)させる. ▶ *repaître* son esprit de lectures 読書で心を豊かにする.

— **se repaître** 代動 文章〈*se repaître* de qc〉❶〔動物が〕(餌(ｴ)を)(たらふく)食う. ❷ …を楽しむ. ▶ *se repaître* de chimères 妄想にふける.

se repaître de sang et de carnage 流血を好む, 残忍だ.

*****répandre** /repɑ̃ːdr/ レパーンドル/ 58 他動

過去分詞 répandu	現在分詞 répandant
直説法現在 je répands	nous répandons
複合過去 j'ai répandu	単純未来 je répandrai

❶ …をこぼす, 流す; まき散らす. ▶ *répandre* de l'eau sur une nappe テーブルクロスに水をこぼす / *répandre* le sang 血を流す, 人を殺傷する.
❷〔光, においなど〕を発散する, **放つ**. ▶ *répandre* une odeur exquise 心地よい香りを放つ.
❸〔感情など〕を引き起こす. ▶ Cette nouvelle *a répandu* la joie dans toute la ville. そのニュースで町中が喜びに包まれた.
❹ …を**広める**, 伝える. ▶ *répandre* une doctrine ある学説を広める / *répandre* un bruit うわさを広める. ❺ 文章 …を広く与える, 施す. ▶ *répandre* des bienfaits 恩恵を与える.

— **se répandre** 代動 ❶ 流れる, こぼれる; 散らばる, 広がる. ▶ Le pétrole *s'est répandu* à la surface de la mer. 石油が海面に広がった / Les manifestants *se répandent* dans les rues. デモ隊が通りにあふれている /(非人称構文で) Il *s'est répandu* soudain une odeur insupportable. 耐えがたいにおいが突然漂った.
❷〔考え, ニュースなどが〕**広まる**, 伝わる, 伝播(ﾊﾟ)する. ▶ Les nouvelles *se répandent* vite dans ce village. この村ではニュースはすぐさま広がる.
❸〈*se répandre* en + 無冠詞複数名詞〉存分に…する, やたらに…する. ▶ *se répandre* en injures [invectives] ひどくののしる.
❹ 文章 社交界に出入りする.

répandu, e /repɑ̃dy/ 形(répandre の過去分詞) ❶ こぼれた; 散らばった. ▶ livres *répandus* sur

une table 机の上に散らかっている本. ❷〔考え, ニュースなどが〕広まった, 広く知られた. ▶ idée très *répandue* 一般に流布している考え方.
❸ 文章 社交界に出入りする, 顔が広い.

réparable /reparabl/ 形 修理できる; 償いうる, 埋め合わせのできる.

reparaiss- 活用 ⇨ REPARAÎTRE 50

reparaître /r(ə)parɛtr/ 50 自動〈過去分詞 reparu, 現在分詞 reparaissant〉再び姿を現す, 再び現れる.

réparateur, trice /reparatœːr, tris/ 名 修理〔修繕〕する人.
— 形 ❶ 元気を回復させる. ▶ sommeil *réparateur* 体力を回復させる睡眠. ❷ chirurgie *réparatrice* 形成外科.

***réparation** /reparasjɔ̃/ レパラシヨン 女 ❶ 修理, 修繕; (複数で)〔建物の〕修理工事. ▶ *réparation* d'une montre 時計の修繕 / Cette maison a besoin de grosses *réparations*. この家は大がかりな補修工事が必要だ. ◆ en *réparation* 修理中の. ▶ L'ascenseur est en *réparation*. エレベーターは修理中だ.
❷ 償い, 埋め合わせ, 補償;〖法律〗賠償;(複数で)〔国家間の〕賠償. ▶ en *réparation* de qc …の償いとして, の埋め合わせに / demander *réparation* d'une offense 侮辱に対する償いを求める / obtenir *réparation* 償いを受ける / *réparations* imposées à un pays vaincu 敗戦国に課せられた賠償金. ❸〖サッカー〗coup de pied de *réparation* ペナルティキック / surface de *réparation* ペナルティエリア.

:**réparer** /repare レパレ/ 他動 ❶ …を修理する, 修繕する. ▶ *réparer* une machine 機械を修理する / donner qc à *réparer* …を修理に出す.
❷ …を償う, 弁償する, 埋め合わせをする. ▶ *réparer* ses torts 過ちを償う. ❸〔体力など〕を回復する. ▶ *réparer* ses forces 元気を取り戻す /《目的語なしに》Il faut manger pour *réparer*. 体力を回復するためには, 食べなくてはいけない.

比較 直す, 修理する
  réparer 以前と同じ機能を果たすように修理すること. **restaurer** 以前とまったく同じ状態に戻すこと. おもに建築や美術品について言う. **raccommoder** とりあえず用が足せるように直すこと. 衣服の繕いなどについて言う.

— **se réparer** 代動 修理される; 償われる.

reparler /r(ə)parle/ 自動他動 ❶ 〈*reparler* de qc 〔qn〕〉…について再び話す. ▶ On en *reparlera*. その話はまたにしよう.話 これで済んだと思うなよ.
❷〈*reparler* à qn〉〔仲たがいしていた人〕と再び口を利く.
— 自動 再び話す.
— **se reparler** 代動〔仲たがいしていた人同士が〕再び口を利く.

repars /r(ə)paːr/, **repart** /rəpaːr/ 活用 ⇨ REPARTIR[1,2] 19

repartent /rəpart/, **repartes** /r(ə)part/, **repartez** /r(ə)parte/ 活用 ⇨ REPARTIR[1,2] 19

repartie /rəparti/ 女 すばやい応答, 当意即妙の答え. ▶ esprit de *repartie* 当意即妙の才.

repartiez /r(ə)partje/, **repartîmes** /r(ə)partim/, **repartions** /r(ə)partjɔ̃/ 活用 ⇨ REPARTIR[1,2] 19

***repartir**[1] /r(ə)partiːr ルパルティール/ 19 自動

過去分詞 reparti	現在分詞 repartant
直説法現在 je repars	nous repartons
tu repars	vous repartez
il repart	ils repartent

《助動詞は être》❶ 再び出発する. ▶ Nous *sommes repartis* après une halte. 我々は休憩の後また出発した. ❷ 戻る, 帰っていく. ❸ 再び始まる; 再び動き出す, 再び活気づく. ▶ C'est reparti! 話 ほら, また始まった.
repartir à zéro 新規まき直しをする.

repartir[2] /rəpartiːr/ 19 他動〈過去分詞 reparti, 現在分詞 repartant〉文章 …を言い返す, 即答する.

répartir /repartiːr レパルティール/ 他動

直説法現在 je répartis	nous répartissons
tu répartis	vous répartissez
il répartit	ils répartissent

❶〈*répartir* qc (entre qn)〉…を(…の間に)分配する, 配分する; 割り当てる. ▶ *répartir* un travail entre plusieurs personnes 仕事を何人かの人間に割り振る.
❷〈*répartir* qc (sur qc)〉…を(ある期間に)配分する, 振り分ける. ▶ *répartir* le programme de travaux sur trois années 作業計画を3年間に振り分ける.
❸〈*répartir* qn/qc (en qn/qc)〉…を(…に)分類する, 分ける. ▶ *répartir* les joueurs en deux équipes 選手を2チームに分ける.
— **se répartir** 代動 ❶ 分かれる; 分けられる, 配分される. ❷ *se répartir* qc …を分け合う.

repartiss-, reparti-, repartî- 活用 ⇨ REPARTIR[1,2] 19

répartition /repartisjɔ̃/ 女 ❶ 分配, 配分, 割り当て. ▶ *répartition* des biens d'une succession 遺産の分配 / *répartition* de l'impôt 税の割り当て. ❷ 分布, 配置; 分類. ▶ *répartition* géographique des animaux 動物の地理上の分布.

repartons /r(ə)partɔ̃/ 活用 ⇨ REPARTIR[1,2] 19

reparu-, reparû-, reparuss- 活用 ⇨ REPARAÎTRE 50

***repas** /r(ə)pɑ ルパ/ 男 食事; 食事時間. ▶ prendre un *repas* léger [copieux] 軽い〔たっぷりとした〕食事をとる / préparer le *repas* 食事の仕度をする / sauter un *repas* 食事を抜く / *repas* froid 冷たい料理の食事 / *repas* à la carte アラカルトの食事 / *repas* champêtre ピクニックの食事 / *repas* de noces 結婚披露宴 / *repas* d'affaires ビジネス上の会食 / faire trois *repas* par jour 1日に3回食事をする / manger entre les *repas* 間食する / Toute la famille se retrouve aux (heures des) *repas*. 食事時には家族全員が顔をそろえる.

repassage /r(ə)pɑsaːʒ/ 男 ❶ アイロンかけ. ❷ (刃物を)研ぐこと.

repasser /r(ə)pɑse/ ルパセ/ 自動《助動詞は多く être》再び通る, また通り過ぎる; また立ち寄る. ▶ Au retour, je ne suis pas repassé par les mêmes endroits. 帰りには私は同じ場所は通らなかった / Je repasserai demain. 明日また来ます / Voulez-vous repasser lundi prochain? 今度の月曜日にまた来ていただけますか / Des souvenirs repassaient dans sa mémoire. 数々の思い出が彼(女)の記憶によみがえった / film qui repasse 再上映の映画.
Il peut [Tu peux] toujours repasser! 話 何度来たってだだよ, おあいにくさま.
repasser derrière qn …の仕事を点検する.
— 他動《助動詞は avoir》❶ …を再び通る[越える]. ▶ repasser les mers 再び海を渡る. ❷ …を再び渡す; 再び貸す; 話〔受け取ったもの〕を(他人に)引き渡す. ▶ repasser les plats (食卓で)料理を(もう一度)回す / repasser son rhume à qn …に風邪を移す. ❸ …をやり直す. ▶ repasser un examen 試験を受け直す. ❹ …にアイロンをかける. ▶ repasser une chemise ワイシャツにアイロンをかける /《目的語なしに》fer à repasser アイロン / planche [table] à repasser アイロン台. ❺〔刃物〕を研ぐ. ❻ …を思い出す, 想起する. ❼ …を復習する, 繰り返し練習する. ▶ repasser sa leçon 暗唱の課題を復習する.
— **se repasser** 代動 アイロンがかけられる; アイロンがけを必要とする.

repasseur, euse /r(ə)pɑsœ:r, ø:z/ 名 ❶ アイロンをかける職人. ❷ 研ぎ師.
— **repasseuse** 女 アイロンかけ機, ロータリープレス.

repavage /r(ə)pava:ʒ/ 男 (道路などの)敷石を替えること, 再舗装.

repaver /r(ə)pave/ 他動〔道路など〕の敷石を替える, を舗装し直す.

repayer /r(ə)peje/ 12 他動 …を再び支払う.

repêchage /r(ə)peʃa:ʒ/ 男 ❶ 水中から引き上げること. ❷ (落第生の)救済, 追試験 (=examen de repêchage). ❸『スポーツ』敗者復活戦.

repêcher /r(ə)peʃe/ 他動 ❶ …を水から引き上げる. ❷ 話 …を救済する. ▶ repêcher un candidat (点数の水増しや追試などで)不合格者を合格させる. ❸『スポーツ』…に敗者復活のチャンスを与える.

repeign- 活用 ⇨ REPEINDRE 80

repeindre /r(ə)pɛ̃:dr/ 80 他動 (過去分詞 repeint, 現在分詞 repeignant) …を塗り替える. ▶ repeindre des murs 壁を塗り替える.

repeint /rəpɛ̃/, **repeins** /r(ə)pɛ̃/ 活用 ⇨ REPEINDRE 80

repens /r(ə)pɑ̃/ 活用 ⇨ SE REPENTIR 19

repenser /r(ə)pɑ̃se/ 間他動〈repenser à qc〉…について再考する, さらに熟慮を重ねる. ▶ J'y repenserai. もう一度よく考えてみましょう.
— 他動 …を再考する, 考え直す; 検討し直す. ▶ repenser une question 問題を再考する.

repent /rəpɑ̃/, **repente** /r(ə)pɑ̃:t/ 活用 ⇨ SE REPENTIR 19

repentant, ante /r(ə)pɑ̃tɑ̃, ɑ̃:t/ 形 罪[過ち]を悔いている.

repenti, e /r(ə)pɑ̃ti/ 形, 名 罪[過ち]を悔いた(人), 改悛(かいしゅん)した(人).

*se **repentir*** /sər(ə)pɑ̃ti:r/ スルパンティール/ 19 代動

過去分詞 repenti	現在分詞 se repentant

直説法現在	je me repens	nous nous repentons
	tu te repens	vous vous repentez
	il se repent	ils se repentent

〈se repentir de qc/不定詞〉…を悔いる, 後悔する. ▶ se repentir d'une faute 過ちを悔いる / Il s'est repenti amèrement d'avoir trop parlé. しゃべりすぎたことで彼は苦い後悔の念にとらわれた.
Il s'en repentira. 思い知らせてやるぞ(脅し文句).

repentir /r(ə)pɑ̃ti:r/ 男 ❶ 改悛(かいしゅん), 悔悟; 後悔. ▶ un repentir sincère 心からの悔悟. ❷ 文章 (おもに絵画の)制作中の修正; 修正した跡.

repérable /r(ə)perabl/ 形 位置が決定できる; 見分けがつく.

repérage /r(ə)pera:ʒ/ 男 (目標, 位置の)測定, 探知. ▶ repérage des avions par radar レーダーによる飛行機の探知.

repercer /r(ə)perse/ 1 他動 …に再び穴をあける.

répercussion /reperkysjɔ̃/ 女 反響, 反射;《多く複数で》影響, 波紋. ▶ répercussion d'un son 音の反響 / Cet événement aura de graves répercussions. この事件は重大な影響をもたらすだろう.

répercuter /reperkyte/ 他動 ❶ …を反響させる; 反映させる. ▶ mur qui répercute le son 音を反響させる壁. ❷ 話〈répercuter qc (à [sur] qn)〉…を(…に)伝える, 伝達する. ▶ répercuter un consigne à tout le monde 指示を全員に伝える. ❸『税制』…を転嫁する. ▶ répercuter la charge sur les prix 税負担を価格に跳ね返らせる.
— **se répercuter** 代動 ❶ 反響する, 反射する. ▶ Le fracas du marteau se répercute dans la cour. ハンマーの音が中庭に響きわたる. ❷〈se répercuter sur qc〉…に影響を及ぼす, 跳ね返る. ▶ La hausse des prix se répercute sur le niveau de vie. 物価の上昇は生活水準に響いてくる.

reperdre /r(ə)perdr/ 60 他動 …を再び失う.

repère /r(ə)pε:r/ 男 ❶ (目標への)目印, 手がかり. ▶ choisir [fixer] un repère 目印を選ぶ[決める] / Pour aller chez lui, la poste vous servira de repère. 彼の家に行くには郵便局を目標にして行ったらいいですよ.
❷ 指標; 目盛り. ▶ repère de niveau 水準点.

point de repère 目印, 標識; 手がかり. ▶ Il manque de points de repère pour en juger. 彼はそれを判断するための手がかりを欠いている.

語法 un point de repère

point de repère は「何かを位置づけるのに役立つもの」で, 空間的・時間的に目標となるものばかりでなく, さまざまな文脈で「目立つもの, 画するもの」

repérer

というような意味で使われる．
(1) **空間的な目標・目印**
- Comment je peux venir chez vous de la gare de Meguro? Vous pouvez me donner quelques points de repère? 目黒の駅からお宅にはどういうふうに行けばいいのですか．目標になるものをいくつか教えてくれませんか．

(2) **時間的な目標・目印**
- L'année 1789 n'est pas un simple point de repère dans l'histoire de France; c'est une véritable fracture. 1789年という年はフランス史の中の単なる一里塚ではなく，真の意味での断絶である．

(3) **その他**
- Marx et Freud constituent deux points de repère importants pour comprendre l'évolution de la pensée contemporaine. マルクスとフロイトは，現代思想の展開を理解するための2つの重要な指標である．
- Voici d'abord les principaux points de repère de l'actualité. (アナウンサーが)「まず，今日のおもなニュースを申し上げます」

repérer /r(ə)pere/ ⑥ 他動 ❶ …に目印をつける；を目印で示す．❷ …の（正確な位置）を探知する．▶ *repérer* un sous-marin ennemi 敵の潜水艦を探知する．❸ 話 …に目をつける；に気づく．▶ *repérer* qn dans la foule 人込みの中に…を見つける．

se faire repérer 目をつけられる，マークされる；見つかる．

— ***se repérer*** 代動 話 ❶ 方角が分かる，自分の現在位置が分かる．▶ Je *me repère* facilement dans cette ville. この町では自分が今どこにいるのかすぐ分かる / Je n'arrive pas à *me repérer* dans ce problème. この問題にはどう対処してよいのか分からない．❷ 見つかる，見つけられる．

répertoire /repertwa:r/ 男 ❶ 目録，リスト；総覧，類集．▶ *répertoire* alphabétique アルファベット順の目録 / *répertoire* d'adresses 住所録 / faire le *répertoire* de qc …の一覧表を作成する，を列挙する．
❷ (劇団，演奏家などの)レパートリー，出し物．▶ *répertoire* de la Comédie-Française コメディー・フランセーズの上演目録 / inscrire une nouvelle chanson à son *répertoire* 新曲を自分の持ち歌に加える．❸ 話 <*répertoire* (de qc)> (…の)豊富な知識．▶ avoir un *répertoire* de jurons のしり言葉を山ほど知っている．

répertorier /repertorje/ 他動 …の目録を作成する；を目録に記入する．

répéter /repete/ レペテ/ ⑥ 他動

直説法現在	je répète	nous répétons
	tu répètes	vous répétez
	il répète	ils répètent

❶ …を繰り返して言う；復唱する．▶ *répéter* toujours la même chose いつも同じことを言う / Je vous *répète* que vous ne devez pas y aller. 繰り返して言いますが，あそこへ行ってはいけませんよ / Il ne se l'est pas fait *répéter*. 彼は一も二もなく承知した / 《目的語なしに》 *Répétez* après moi. 私のあとについて言いなさい．
❷ 〔聞いたこと〕を伝える，口外する；受け売りする．▶ Je vous confie le secret, ne le *répétez* pas. 秘密を教えましょう，でも他言しないでください / Il ne fait que *répéter* ce qu'il a entendu dire. 彼は他人から聞いた話を受け売りしているだけだ．
❸ …を繰り返す，反復する．▶ *répéter* un motif décoratif 同じ模様を繰り返して配する．
❹ …を練習する；の稽古(ｹｲｺ)をする，リハーサルする．

— ***se répéter*** 代動 ❶ 同じことを繰り返して言う．❷ 繰り返される．▶ L'histoire *se répète*. 歴史は繰り返される / Que cet incident ne *se répète* plus! こんな事件が二度と起きないように．

répétit*eur, trice* /repetitœ:r, tris/ 名 古風 家庭教師．

répétit*if, ive* /repetitif, i:v/ 形 繰り返される，反復的な．

répétition /repetisjɔ̃/ レペティスィオン/ 女 ❶ 繰り返し，反復．▶ *répétition* du même geste 同じ動作の反復 / éviter les *répétitions* inutiles むだな繰り返しを避ける / arme à *répétition* 連発銃．❷ (芝居，音楽などの)稽古(ｹｲｺ)，リハーサル．▶ *répétition* générale 総稽古，ゲネプロ / mettre une pièce en *répétition* 脚本を読み合わせにかける．❸ 古風 個人教授，補習．

répétitivité /repetitivite/ 女 反復性．

repeuplement /r(ə)pœpləmɑ̃/ 男 (減少した人口や動植物を)再び増やすこと．

repeupler /rəpœple/ 他動 〔減少した人口や動植物〕を再び増やす，再び住みつかせる．▶ *repeupler* une région désertée 過疎地帯の人口を増やす．

— ***se repeupler*** 代動 〔人口や動植物が〕再び増える．

repiquage /r(ə)pika:ʒ/ 男 ❶ 再び刺すこと．❷ 《農業》(苗の)植え替え，移植．▶ *repiquage* du riz 田植え．❸ 〖オーディオ〗(レコード，テープの)再録音，ダビング；復刻盤．

repiquer /r(ə)pike/ 他動 ❶ …を再び刺す．❷ 《農業》…を植え替える．▶ *repiquer* du riz 田植えをする．❸ 〖オーディオ〗…を再録音［ダビング］する．❹ 〖土木〗 *repiquer* une chaussée 敷石を取り替える．

— 間他動 話 <*repiquer* à qc> …を再び始める；に再び戻る．▶ *repiquer* au plat 食べかけの皿をまたつつく / *repiquer* au truc 話 またやり出す．

répit /repi/ 男 猶予；小休止；休息．▶ La douleur ne lui laisse pas un instant de *répit*. 彼(女)の痛みは一瞬も和らぐことがなかった．

sans répit 絶え間なく，休みなく．

replacement /r(ə)plasmɑ̃/ 男 ❶ 元の位置に戻すこと；(問題の)新たな位置づけ，とらえ直し．❷ 新しい職に就かせること；復職，再就職．

replacer /r(ə)plase/ 他動 ❶ …を(…に)戻す，置き直す．▶ *replacer* un livre sur une étagère 本を棚に戻す / *replacer* un mot dans son contexte ある単語を文脈の中に置き直す．❷ …を新しい地位に就ける；復職させる．

— ***se replacer*** 代動 ❶ 元の位置［状況］に戻る．❷ 新しい地位に就く；復職する．

répondre

replanter /r(ə)plɑ̃te/ 他動 …を植え替える.

replâtrage /r(ə)platra:ʒ/ 男 ❶ 漆喰(ぶ?)の塗り替え. ❷ 見かけだけの取り繕い，一時的な手直し；《特に》(夫婦などの)表面上の和解.

replâtrer /r(ə)platre/ 他動 ❶ …に漆喰(ぶ?)を塗り直す. ❷ …を取り繕う，一時的に手直しする.

replet, ète /r(ə)ple, et/ 形 でっぷり太った.

repleut /r(ə)plø/ 活用 ⇨ REPLEUVOIR 47

repleuvoir /r(ə)pløvwa:r/ 47 非人称 (過去分詞 replu, 現在分詞 repleuvant)また雨が降る.

repli /r(ə)pli/ 男 ❶ 折り返し；《多く複数で》ひだ，しわ. ❷ 《多く複数で》文章 (河川の)蛇行；(土地の)起伏. ❸ 《多く複数で》文章 (心，意識の)深奥，秘められた場所. ❹ (景気などの)後退；【軍事】撤退. ▶ *repli* stratégique 戦略的撤退 / *repli* général du dollar ドルの全面安 / *repli* technique テクニカル要因による下げ / *repli* communautaire 自分の属するコミュニティの中に閉じこもってしまう態度 / *repli* identitaire アイデンティティを共有する者同士で排他的集団を作ること.

repliement /r(ə)plimɑ̃/, 文章 **reploiement** /r(ə)plwamɑ̃/ 男 ❶ 自分の殻に閉じこもること. ❷ 後退；撤退.

replier /r(ə)plije/ 他動 ❶ …を折り畳む. ▶ *replier* un journal 新聞を畳む / *replier* le drap sous la couverture シーツを毛布の下に折り込む. ❷ (部隊など)を後退[撤退]させる.

— **se replier** 代動 ❶ 折り畳まれる；折れ曲がる. ▶ serpent qui *se replie* sur lui-même とぐろを巻く蛇. ❷ 後退[退却]する；値下がりする. ❸ ⟨*se replier* sur soi-même⟩自分の殻に閉じこもる.

réplique /replik/ 女 ❶ (すばやい)返答，受け答え；(気色ばんだ)抗議，口答え. ▶ argument sans *réplique* 反駁(なん)の余地のない論拠 / avoir la *réplique* facile (=repartie) すぐに言い返す / Pas de *réplique*! 口答えするな.
❷ 【演劇】(相手に返す)せりふ. ▶ oublier [manquer] sa *réplique* せりふを忘れる[とちる].
❸ そっくり似た物[人]，うり二つ；【美術】レプリカ，複製. ▶ Ce garçon est la *réplique* vivante de son père. この少年は父親に生き写しだ.
❹ 余震.

donner la réplique à qn (1) 【演劇】…の相手役を務める. (2) (会話で)(相手)を立てる.

se donner la réplique 応酬し合う，論戦する.

***répliquer** /replike/ レプリケ/ 他動 ⟨*répliquer* qc à qn / *répliquer* à qn que + 直説法⟩ (すかさず)言い返す, 応酬する. ▶ Je lui ai *répliqué* qu'il mentait. それはうそだと彼に言い返してやった / Il n'y a rien à *répliquer* à cela. それには反論の余地がない.

— 間他動 ⟨*répliquer* à qc/qn⟩ ❶ …に抗弁[反論]する，口答えする. ▶ *répliquer* à la critique 批判[非難]に応酬する / 《目的語なしに》Je te défends de *répliquer*! 口答えは無用だ.
❷ …に反撃[反抗]する，報復する.

reploiement /r(ə)plwamɑ̃/ 男 文章 ⇨ REPLIEMENT.

replonger /r(ə)plɔ̃ʒe/ ❶ 他動 ❶ …を再び浸す[沈める]. ❷ …を(ある状態に)再び陥れる.

— 自動 ❶ 再び飛び込む[潜る]；話 (ある状態に)再び陥る. ❷ 再び犯罪を犯す.

— **se replonger** 代動 再び潜る[浸る]；再び没頭する.

replut, replût /rəply/ 活用 ⇨ REPLEUVOIR 47

répondant, ante /repɔ̃dɑ̃, ɑ̃:t/ 名 【法律】保証人. ▶ être le *répondant* de qn …の保証人である.

avoir du répondant 話 財政的裏付けがある；相当な金を持っている.

répondeur, euse /repɔ̃dœ:r, ø:z/ 形, 名 ❶ 質問に答える(人). ❷ 文章 口答えする(人).

— **répondeur** 男 留守番電話. ▶ *répondeur* enregistreur 録音機能付き留守番電話 / laisser un message sur le *répondeur* 留守番電話に伝言を残す.

***répondre** /repɔ̃:dr レポーンドル/ 59

過去分詞 répondu		現在分詞 répondant
直説法現在	je réponds	nous répondons
	tu réponds	vous répondez
	il répond	ils répondent
複合過去	j'ai répondu	半過去 je répondais
単純未来	je répondrai	単純過去 je répondis
接続法現在	je réponde	

他動 ❶ ⟨*répondre* qc (à qn/qc) // *répondre* (à qn/qc) que + 直説法⟩ (…に)…と答える, 返答する. ▶ *répondre* oui はいと答える / *répondre* non à une question 質問にノーと答える / *répondre* présent à l'appel de son nom 名前を呼ばれてはいと答える / *Répondez-*lui que je ne peux le recevoir. 彼に会えないと答えてください / Bien *répondu*! 話 御名答 / 《非人称構文で》Il m'a été *répondu* que cela n'était pas possible. それは不可能だと私に返答があった.

❷ ⟨*répondre* (à qn) de + 不定詞 // *répondre* (à qn) que + 接続法⟩ (…に)…するようにと答える，命じる. ▶ Mon père m'a *répondu* de faire ce que je voulais. 父は私に，やりたいようにやれと答えた. ❸【カトリック】*répondre* la messe ミサの答唱をする.

— 間他動 ❶ ⟨*répondre* à qn/qc⟩ ❶ 【質問など】に答える, 返答する；【呼びかけなど】に応じる. ▶ *répondre* à une lettre 手紙に返事を書く / *répondre* à un salut 挨拶を返す /《目的語なしに》RSVP(招待状の添え書きとして)折り返し御返事お願いいたします(注 *Répondez* s'il vous plaît. の略) / **Ça ne répond pas.** (電話で)応答がない / *répondre* oralement [par écrit] 口頭[文書]で回答する / *répondre* par monosyllabe そっけない返事をする.

❷ …に反論[反駁(なん)]する；口答えする，言い返す. ▶ *répondre* à des critiques 批判に対し反論する.

❸ (態度，行動などによって)…に対応する；応じる，報いる. ▶ *répondre* à la violence par la violence 暴力には暴力をもって応じる / *répondre* à la gentillesse de qn …の親切に報いる.

❹ [音，色などが]…に呼応する；[建築物などが]…

répons

と対をなす. ▶ Ce pavillon *répond* à celui de l'autre côté. この棟は反対側の棟と対をなす.

❺〔要求, 期待など〕に見合う, 合致する. ▶ Ce que nous proposons *répond* certainement à votre attente. 私どものお勧め品は必ず皆様の御期待に添えるものと存じます.

❻〔生物, 機械などが〕…に反応を示す. ▶ Cette voiture *répond* bien à l'accélérateur. この車はアクセルのレスポンスがよい /〔目的語なしに〕Les freins ne *répondent* plus. ブレーキが利かなくなった.

❷ ❶ ⟨*répondre* de [pour] qn⟩…の保証をする, 責任を持つ. ▶ *répondre* de soi 自らの言動に責任を持つ / Vous pouvez avoir confiance en mon ami, je *réponds* de lui. 私の友人を信用なさって結構です, 彼のことは私が請け合います.

❷ ⟨*répondre* (à qn) de qc /不定詞/ // *répondre* (à qn) que + 直説法⟩(…に) …を保証する, の責任を持つ. ▶ *répondre* de la bonne foi de qn …の誠意を保証する / Je ne *réponds* de rien. 私には責任は持てない / Je vous *réponds* que ça ne se passera pas comme cela. 以後こんなことを起こさないと約束します.

Je vous en réponds. それは私が請け合います.

répondre au nom de qn (…という名で呼ぶと答える→) …という名前である.

— *se répondre* 代動 ❶ 自問自答する; 応酬し合う. ❷〔音などが〕響き合う, 呼応し合う. ❸〔建物などが〕対称をなす.

répons /repɔ̃/ 男『カトリック』応唱.

*:**réponse** /repɔ̃ːs/ レポーンス/ 女 ❶ 返事, 答え. ▶ faire [donner] une *réponse* à qn …に返事をする / Notre demande reste sans *réponse*. 私たちの問い合わせには返答がない / recevoir une *réponse* à une lettre 手紙の返事を受け取る / *réponse* affirmative [négative] 肯定的[否定的]返事. ◆une の名詞とハイフン(-)で結び付いて, 同格的[]回答用角, の返信用の. ▶ bulletin-*réponse* (アンケートなどの)回答用紙 / enveloppe-*réponse* 返信用封筒.

❷ 反論, 反駁[]. ▶ droit de *réponse* (新聞などへの)反論掲載権.

❸ (ある行為, 行動に対する)返報; 応答. ▶ Il a sonné, mais pas de *réponse*. 彼は呼び鈴を鳴らしたが応答がなかった.

❹『生物学』『心理』応答, 反応(=réaction). ▶ *réponse* conditionnée 条件反射 / *réponse* musculaire 筋肉反応.

❺『音楽』(フーガの)応答.

avoir réponse à tout なんにでも即答[対処]できる.

en réponse à qc (1) …への返事[返信]として. (2) …に対応[呼応]して.

faire les demandes [les questions] et les réponses (自分で問題提起をして自分で答える→) 㽪 相手につけ入るすきを与えない.

pour toute réponse 返事の代わりに. ▶ *Pour toute réponse*, il a haussé les épaules. 返事をする代わりに彼は肩をすくめた.

réponse de Normand 曖昧[あいまい]な答え.

repopulation /r(ə)pɔpylasjɔ̃/ 女 人口の再増加.

report /r(ə)pɔːr/ 男 ❶(期日の)延期. ❷繰越(高); 転記;〔印刷〕転写. ❸(票の)移動.

reportage /r(ə)pɔrtaːʒ/ 男 ❶ ルポルタージュ, 探訪記事, 現地報告. ▶ *reportage* filmé 記録[ルポルタージュ]映画 / *reportage* télévisé テレビのルポ番組 / faire un *reportage* sur qc …について探訪記事[報告]を書く. ❷ 報道記者の職[仕事]. ▶ faire du *reportage* リポーターをしている / être en *reportage* 取材中である.

*****reporter**[1] /r(ə)pɔrte/ ルポルテ/ 他動 ❶ …を(元の場所に)持っていく, 返す; (元の対象に)戻す. ▶ *reporter* un livre à la bibliothèque 図書館に本を返す.

❷ …を延期する. ▶ Le jugement *est reporté* à huitaine. 判決は1週間後に延期された.

❸ …を(過去に)さかのぼらせる; に(昔を)回想させる. ▶ Cette chanson nous *reporte* aux années trente. その歌を聞くと30年代を思い出す.

❹〔文章など〕を移動する;〔数字など〕を転記する. ▶ *reporter* un paragraphe à un chapitre précédent ある段落を前の章に移す.

❺ ⟨*reporter* qc sur qn/qc⟩〔…に向けられていたもの〕を…に移す, 向け直す. ▶ *reporter* sa voix au second tour sur un autre candidat 第2回投票で他の候補に投票する.

❻『証券』『決済期日』を繰り延べる.

— *se reporter* 代動 ❶ ⟨*se reporter* à qc⟩ …を参照する. ▶ *se reporter* au chapitre Ⅲ 第3章を参照する. ❷ ⟨*se reporter* sur qn⟩(他の対象)に移る, 向けられる. ❸ ⟨*se reporter* à qc⟩(過去)にさかのぼる, 立ち返る. ▶ *se reporter* aux années de sa jeunesse 若いころのことを思い出す.

reporter[2] /r(ə)pɔrtɛːr/ 男『英語』(新聞, テレビなどの)記者, 報道員, リポーター.

*****repos** /r(ə)po/ ルポ/ 男 ❶ 休息, 休み, 休暇. ▶ prendre du *repos* 休息を取る / prendre deux jours de *repos* 2日間休む / maison de *repos* 療養所 / Garde à vous !… *Repos* !『軍事』気をつけ!…休め! ♦ être de *repos* 仕事が休みである. ▶ Je suis de *repos*, aujourd'hui. 今日は休みだ.

❷ 活動の停止, 休止. ▶ animal au *repos* 休眠中の動物 / rester [demeurer] en *repos* じっとしている.

❸ 文章 (心の)平安, 安らぎ; (社会の)平和, 安寧. ▶ avoir la conscience en *repos* 心安らかである / assurer le *repos* public 治安を維持する.

❹ 文章 眠り, 憩い. ▶ le *repos* éternel 永眠, 永遠の安らぎ.

❺ (スピーチなどの)間(*), 息継ぎ;『詩法』句切り.

de tout repos 安全確実な.

le repos du guerrier 㽪 (戦士の休息→)(1) 休暇中の束の間の情事. (2) 献身的な女性.

sans trêve ni repos 休みなく, 絶えず.

reposant, ante /r(ə)pozɑ̃, ɑ̃ːt/ 形 (reposer[1] の現在分詞)休息を与える, 疲れをいやす; 安らぎを与える. ▶ vacances *reposantes* 疲れをいやす休暇.

reposé, e /r(ə)poze/ 形 (reposer[1] の過去分詞)十

分休息した, 疲れをいやした; 平静な. ▶ visage *reposé* リフレッシュした顔.
à tête reposée ゆっくりと, 落ち着いて, 十分時間をかけて. ▶ prendre une décision *à tête reposée* じっくり考えて決心する.

***reposer**¹ /r(ə)poze ルポゼ/ 自動 ❶ 〔文章〕休む, 横になる; 眠る. ▶ Ici *repose* X. 〔墓碑銘として〕X ここに眠る (=Ci-gît X).
❷ laisser *reposer* du vin ワインを寝かせておく / laisser *reposer* une terre 〖農業〗休耕する.
── 間他動 〈*reposer* sur qc/qn〉 ❶ …の上に建つ〔乗っている〕. ▶ colonne qui *repose* sur un socle de marbre 大理石の台座の上に建つ円柱.
❷ …に基づく, 根拠を置く. ▶ Son sinistre pressentiment ne *repose* sur rien. 彼(女)の不吉な予感にはなんら根拠がない.
❸ …次第である, に依存する.
── 他動 ❶ 〈*reposer* qc sur qc〉〔体の一部〕を…で休める, に置く. ▶ *reposer* ses jambes sur un tabouret 両足をスツールにもたせかける.
❷ …を休める, の疲れをいやす. ▶ Un éclairage doux *repose* la vue. 柔らかい照明は目を休める.
── **se reposer** 代動 ❶ 休む, 休養する. ▶ Allez ! *Repose-toi* un peu. さあ, ちょっと休みなさいよ / *se reposer* d'un travail 仕事の疲れを取るために休む. ❷ 〈*se reposer* qc〉〔体の一部〕を休める. 注 se は間接目的. ▶ *se reposer* la vue 目を休める. ❸ 〈*se reposer* sur qn/qc〉 …に任せる, 頼る. ▶ Elle *se repose* sur lui de tout. 彼女は何事も彼に任せている. 比較 ⇨ SE FIER.

reposer² /r(ə)poze/ 他動 ❶ …を(元の場所に)戻す; 再び置く. ▶ *reposer* son livre sur la table 本をテーブルの上に戻す. ❷ 〔問題など〕を再び出す.
── **se reposer** 代動 〔問題が〕再び出される.

repose-tête /r(ə)poztɛt/ 男〔単複同形〕⇨ APPUI-TÊTE.

repositionnable /r(ə)pozisjɔnabl/ 形 貼り直しのできる. ▶ colle *repositionnable* 貼り直しのできる接着剤.

repositionner /r(ə)pozisjɔne/ 他動 ❶ …の位置を修正する. ❷ …の位置づけを変える, 修正する.

reposoir /r(ə)pozwa:r/ 男〔カトリック〕仮祭壇, 聖体仮安置所.

repoussage /r(ə)pusa:ʒ/ 男 (金属板や革に施す)打ち出し加工〔細工〕.

repoussant, ante /r(ə)pusɑ̃, ɑ̃:t/ 形 嫌悪の念を催させる, 不快な, むかつくような.

***repousser**¹ /r(ə)puse ルプセ/ 他動 ❶ …を押し返す, 押しやる; はねつける. ▶ *repousser* la table contre le mur (=reculer) 机を壁際に押しやる / *repousser* l'ennemi 敵を追い払う / La foule nous *a repoussés* vers la sortie. 人がごった返していて, 我々は出口の方へ押しやられてしまった.
❷ …を拒絶する, 却下する. ▶ *repousser* une demande en mariage 結婚の申し込みを断る / *repousser* une tentation 誘惑を退ける.
❸ …を不快にする. ▶ Tout en lui la *repousse*. 彼の一挙一動が彼女の気に障る. ❹ …を延期する. ▶ La date de l'examen *a été repoussée* à lundi. 試験日が月曜に延期になった. ❺ 〔金属板や革〕に打ち出し細工を施す.
── **se repousser** 代動 ❶ 互いに反発する. ▶ Les électrons *se repoussent*. 電子は反発し合う. ❷ 拒絶される.

repousser² /r(ə)puse/ 自動 〔植物が〕再び生える; 〔髪, ひげが〕再び伸びる.

repoussoir /r(ə)puswa:r/ 男 引き立て役; 醜い人.

répréhensible /repreɑ̃sibl/ 形 非難すべき, とがめられるべき.

repren- 活用 ⇨ REPRENDRE 87

***reprendre** /r(ə)prɑ̃:dr ルプランドル/ 87

過去分詞 repris	現在分詞 reprenant
直説法現在 je reprends	nous reprenons
tu reprends	vous reprenez
il reprend	ils reprennent
複合過去 j'ai repris	半過去 je reprenais
単純未来 je reprendrai	単純過去 je repris

他動 ❶ …を再び手にする, 取り戻す; 引き取る. ▶ *reprendre* le volant ハンドルを再び握る, 運転を再開する / Vous pouvez *reprendre* votre passeport. パスポートをお返しします / *reprendre* sa place 席に戻る / *reprendre* ses bagages à la consigne 一時預かり所で預けた荷物を受け取る / Les articles en soldes ne *sont* pas *repris*. バーゲンの品物は返品できません.
❷ 〔力など〕を回復する, 取り戻す. ▶ *reprendre* des forces 体力を回復する〔元気を取り戻す〕 / *reprendre* sa liberté 自由を取り戻す / *reprendre* son sang-froid 落ち着きを取り戻す. ◆*reprendre* + 無冠詞名詞 ▶ *reprendre* connaissance 意識を取り戻す / *reprendre* courage 〔confiance〕勇気〔自信〕を取り戻す.
❸ 〔食べ物, 飲み物〕をお代わりする. ▶ *reprendre* de la viande 肉をお代わりする / Je *reprendrais* bien un peu de vin. ワインをもう少しいただきましょう.
❹ 〔人〕を再び捕える; 再び迎える; 〔病気などが人〕を再び襲う. ▶ *reprendre* un évadé 脱走者〔脱獄囚〕を再逮捕する / *reprendre* son ancienne secrétaire 以前の秘書をまた雇う / La grippe m'*a repris*. インフルエンザがまたぶり返した.
❺ 〔仕事など〕を再開する; 〔店など〕を引き継ぐ. ▶ *reprendre* son travail 仕事に戻る / *reprendre* ses études また勉強を始める / *reprendre* l'école (休みが明けて)〔子供が〕再び学校に行く / *reprendre* une conversation 会話をまた始める / Il *a repris* le bureau de son père. 彼は父の事務所を引き継いだ / La vie *reprend* son cours. いつもの暮らしが始まった.
❻ 〔劇や映画など〕を再演〔再上映〕する; 再び取り上げる; 〔同じ言葉や事を〕繰り返す. ▶ *reprendre* une pièce de théâtre 戯曲を再上演する / *reprendre* sans cesse les mêmes arguments いつも同じ理屈を持ち出す.
❼ 〔話, 言葉〕をつなぐ, 続ける. ▶ *reprendre* la parole 言葉を継ぐ / 《目的節なしに》Il *reprit*: «Ça m'est égal.» 彼は「どうでもいいよ」と付け加

repreneur

えた / 《挿入句で》《 Oui, reprit-elle, vous avez raison.》「ええ、おっしゃるとおりです」と彼女は言葉を続けた. ❽〔文章, 衣服など〕を手直しする, 改変する. ▶ reprendre plusieurs fois le même texte 文章を何度も書き直す / reprendre le col d'une veste 上着の襟を手直しする. ❾ しかる, 注意する. ▶ reprendre un élève pour sa mauvaise conduite 行いの悪い生徒をしかる.

On ne m'y reprendra plus. もうそんなことはしない; もうその手は食わない.

Que je ne vous y reprenne pas. 2度と同じことはさせない, 今度は黙っていない.

reprendre sa parole 約束を取り消す.

── 自動 ❶ 元気を取り戻す;〔植物が〕根付く. ▶ Le commerce a repris. 商業界は活気を取り戻した / Les plants de salade ont bien repris. サラダ菜の苗はしっかり根付いた.

❷ 再び始まる, 再開する. ▶ Les cours vont reprendre demain. 講義は明日再開されます.

── **se reprendre** 代動 ❶ 立ち直る, 気を落ち着ける. ❷ 言い改める, 言い直す. ▶ Il a fait une faute de français, mais s'est repris aussitôt. 彼はフランス語の間違いをしたが, すぐに言い直した. ❸ <se reprendre à + 不定詞> 再び…し始める.

s'y reprendre à deux [plusieurs] fois 繰り返しやってみる.

repreneur /r(ə)prənœ:r/ 男 企業再建家, 乗っ取り屋.

reprenn- 活用 ⇨ REPRENDRE 87

représailles /r(ə)prezaːj/ 女複 復讐(ふくしゅう), 仕返し;(国家間の)報復. ▶ user de représailles = exercer des représailles 報復[復讐]する / par [en] représailles (de [contre] qc) (…に対する)報復として.

***représent**ant, ante /r(ə)prezɑ̃tɑ̃, ɑ̃:t ルプレザンタン, ルプレザンターント/ 名 ❶ 代表者, 代理人; 国会議員. ▶ représentant du peuple 国民の代表; 代議士 / Chambre des représentants (米国やベルギーの)下院/(日本の)衆議院 / représentant légal 法定代理人 / représentant syndical 組合代表 / le représentant du Japon à l'ONU 国連の日本代表 / désigner [envoyer] un représentant 代表を指名する[送る]. ❷ セールスマン, 販売代理人 (=représentant de commerce). ▶ représentante en produits de beauté 化粧品のセールスウーマン. ❸ 代表例, 見本, 典型. ▶ C'est un représentant de la petite bourgeoisie. 彼はプチブルの典型だ.

représentatif, ive /r(ə)prezɑ̃tatif, iːv/ 形 ❶ <représentatif (de qc)> (…を)代表する; 代表的な, 典型的な. ▶ un garçon représentatif de la jeune génération 若い世代の典型的青年. ❷ 〔代表者による〕;〔政治〕代議制の. ▶ régime [système] représentatif 代議制, 間接民主政体. ❸ <représentatif (de qc)> (…を形に)表わす, 示す. ▶ signe représentatif d'une idée ある概念を表わす記号. ❹ 図 homme représentatif 風采(ふうさい)の立派な男.

***représentation** /r(ə)prezɑ̃tasjɔ̃ ルプレザンタスィヨン/ 女 ❶ (図, 記号, 言葉などによる) 表現, 再現. ▶ la représentation de l'espace par la perspective 遠近法による空間表現 / la représentation graphique de l'évolution des prix 物価変動のグラフ表示 / une représentation sculptée de la Vierge 聖母マリアの彫像.

❷ 〖哲学〗〖心理〗表象: 感覚や記憶を介して得られるイメージ. ▶ la faculté de la représentation spatiale 空間表象能力.

❸ (演劇などの)上演, 公演, 興行. ▶ donner des représentations (数回)公演を行う / représentation en matinée 昼の部, マチネー.

❹ 代表制, 代表権; 代表者[団]. ▶ représentation proportionnelle 比例代表制 / la représentation nationale 国民の代表(国会議員の総称) / la représentation syndicale 労組代表 / représentation diplomatique 外交代表.

❺ 〖法律〗代理; 販売代理業. ▶ représentation en justice 訴訟代理 / en représentation de qn …の代理で / faire de la représentation 販売代理業[セールス]をする.

❻ 古風 貫禄(かんろく)を示すこと, 体面を保つこと. ▶ être en représentation 貫禄がある, 気取っている / frais de représentation (官僚や管理職の)交際費.

(être) en représentation わざとらしく振る舞う.

représentativité /r(ə)prezɑ̃tativite/ 女 代表性; 代表としての資格; 代表能力.

:**représenter** /r(ə)prezɑ̃te ルプレザンテ/ 他動 ❶ …を表わす, 表現する, 描写する. ▶ représenter l'accroissement des accidents par un diagramme グラフで事故の増加を表示する / La colombe représente la paix. 鳩は平和を表す / Ce tableau représente la Vierge et l'Enfant. この絵は聖母子を描いている.

❷ …を想起[連想]させる; 表象[象徴]する, 具現する. ▶ La balance représente la justice. 秤(はかり)は正義を象徴する.

❸ …を代表する, の典型である; 代理をする;〔会社〕の代理業務をする. ▶ Il représente la France à la conférence internationale. 彼はその国際会議にフランス代表で参加する / Elle représente bien la nouvelle génération. 彼女は典型的な新世代だ / se faire représenter par qc …に代理をしてもらう.

❹ …である; を意味する. ▶ Cette méthode représente un avantage. この方法にはメリットがある.

❺ 〔数量〕に相当する;〔部分や割合〕を占める. ▶ Cela représente deux ans de travail. それは2年間の仕事の成果だ / Les étrangers représentent environ 10% [dix pour cent] de la population totale en France. フランスの全人口の約10%は外国人である.

❻ 〔演劇など〕を上演する;〔役〕を演じる. ▶ La troupe a représenté une comédie. 劇団は喜劇を上演した. ❼ …を再び提У [提示]する.

── 自動 古風 貫禄(かんろく)がある, 風采(ふうさい)がよい. ▶ Il représente bien. 彼は押し出しが立派だ.

── ***se représenter** 代動 ❶ …を想像する,

思い描く. 注 se は間接目的. ▶ J'ai du mal à *me représenter* son enfance.(=s'imaginer) 子供の時の彼(女)なんて想像もつかない / *Représentez-vous* ma surprise. 私がどんなに驚いたか想像してみてください.
❷ <*se représenter* (à qc)> (…に)再出頭[再出馬]する. ▶ *se représenter* aux élections 選挙に再出馬する / *se représenter* à un examen 再度試験を受ける.
❸ [物事が]再び現れる. ▶ Une telle occasion ne *se représentera* jamais. このようなチャンスは二度とあるまい. ❹ <*se représenter* par qc> (記号や図など)で表わされる.

répressif, ive /represif, i:v/ 形 ❶ 抑圧的な. ❷ 『法律』処罰の, 取締りの. ▶ textes *répressifs* 刑罰法令.

répression /represjɔ̃/ 女 ❶ 抑圧, 鎮圧. ▶ *répression* de l'émeute 暴動の鎮圧.

réprimande /reprimɑ̃:d/ 女 叱責(しっせき);『刑法』(未成年に対する)戒告. ▶ faire [adresser] une *réprimande* à qn …を叱責する.

réprimander /reprimɑ̃de/ 他動 …をしかる, 叱責(しっせき)する.

réprimer /reprime/ 他動 ❶ [感情, 衝動など]を抑える, こらえる. ▶ *réprimer* sa colère (=contenir) 怒りを抑える. ❷ …を抑圧[鎮圧]する; 罰する. ▶ *réprimer* une révolte 反乱を鎮圧する.

reprîmes /r(ə)prim/ 活用 ⇨ REPRENDRE 87

reprint /rəprint/ 男〖英語〗(本, 雑誌などの)リプリント, 復刻.

reprirent /rəpri:r/ 活用 ⇨ REPRENDRE 87

repris[1], ise /r(ə)pri, i:z/ 形 (reprendre の過去分詞)再び手を加えられた; 繰り返される.
— **repris** 男 *repris* de justice 前科者.

repris[2] /r(ə)pri/ 活用 ⇨ REPRENDRE 87

reprise /r(ə)pri:z/ 女 ❶ 取り戻し; 奪回. ▶ *reprise* d'un fort 砦(とりで)の奪回.
❷ 再開; 繰り返し, 反復; 回復. ▶ *reprise* des cours d'université 大学の授業の再開 / *reprise* économique 景気回復 / barre de *reprise*〖音楽〗反復記号.
❸ (芝居の)再上演, (テレビなどの)再放送, (映画の)再上映.
❹ 下取り; (アパルトマン入居時に払う家具, 備品の)買い取り(金). ▶ «*Reprise* en cas de non convenance» (広告で)「お気に召さない場合は返品できます」/ payer une *reprise* de trois mille euros à l'ancien locataire 先住者に(家具類の代金として) 3000 ユーロの買い取り金を払う.
❺ (エンジンの)加速(性能). ▶ avoir de bonnes *reprises* 〔自動車などが〕出足がよい.
❻ (衣服の)繕い; 修復. ▶ *reprise* perdue かけはぎ / faire une *reprise* à la chemise ワイシャツを繕う. ❼〖ボクシング〗ラウンド(=round).

***à plusieurs [diverses, maintes] reprises** 幾度も, たびたび. ▶ Je l'ai vu *à diverses reprises*. 彼にはたびたび会ったことがある.
*à + 数詞 + *reprises* …回も.

repriser /r(ə)prize/ 他動〔衣類など〕を繕う.

repriss-, repri-, reprî- 活用 ⇨ REPRENDRE 87

réprobateur, trice /reprɔbatœ:r, tris/ 形 非難のこもった, 非難するような.

réprobation /reprɔbasjɔ̃/ 女 厳しい非難.

***reproche** /r(ə)prɔʃ/ ルプロシュ 男 **非難, 叱責**;批判; 恨み. ▶ faire [adresser] des *reproches* à qn …を非難する / ton de *reproche* がめるような口調 / accabler qn de *reproches* に非難の言葉を浴びせる / Le seul *reproche* qu'on puisse faire à ce film, c'est sa longueur. その映画の唯一の難点は長すぎることだ.

faire reproche à qn de qc 不定詞 …について…を責める.

sans reproche(s) (1) 非の打ち所のない. ▶ homme *sans reproche* 申し分ない人. (2) 非難するつもりはないが. ▶ (Soit dit) *sans reproche*, permettez-moi de vous dire que … とがめるつもりはないが, しかし…と申し上げたい.

***reprocher** /r(ə)prɔʃe/ ルプロシェ 他動 <*reprocher* qc (à qn/qc) // *reprocher* (à qn/qc) de + 不定詞> …のことで…を**非難する**, とがめる. ▶ On lui *a reproché* sa paresse. みんなは彼(女)の怠慢を非難した / Il m'*a reproché* d'avoir dit du mal de sa mère. 彼は母親の悪口を言ったと私を責めた / Je ne vous *reproche* rien, mais … 別にあなた(方)を責めるわけではないが, しかし….

— **se reprocher** 代動 ❶ <*se reprocher* qc // *se reprocher* de + 不定詞> …のことで自分をがめる. 注 se は間接目的. ▶ Je n'ai rien à *me reprocher*. 私は何らやましい点はない / Je *me reproche* d'avoir manqué de courage. 私は勇気を欠いたことを後悔している. ❷ 非難し合う.

reproducteur, trice /r(ə)prɔdyktœ:r, tris/ 形 生殖[繁殖]用の. ▶ organes *reproducteurs* 生殖器官 / cheval *reproducteur* 種馬.
— **reproducteur** 男 繁殖用家畜.

reproductible /r(ə)prɔdyktibl/ 形 再生[複製]できる; 繁殖[生殖]可能な.

***reproduction** /r(ə)prɔdyksjɔ̃/ ルプロデュクスィヨン 女 ❶ 再生, 再現; 繰り返し. ▶ *reproduction* sonore 音響再生 / *reproduction* des mêmes erreurs 同じ間違いの繰り返し.
❷ コピー;『美術』複製; 転載. ▶ *reproduction* des documents écrits 文書の複写[コピー] / «*Reproduction* interdite»「転載を禁ず」/ droit de *reproduction* 版権.
❸ (動植物の)**生殖, 繁殖**. ▶ *reproduction* sexuée 有性生殖. ❹『経済』『社会学』再生産.

***reproduire** /r(ə)prɔdɥi:r/ ルプロデュイール 70 (過去分詞 reproduit, 現在分詞 reproduisant) 他動 ❶ …を**再現する**, 再生する; 繰り返す. ▶ un récit qui *reproduit* fidèlement la réalité 現実を忠実に再現している物語 / *reproduire* un son 音を再生する.
❷ …を**複製する**, 複写する. ▶ *reproduire* un dessin par la photographie デッサンを写真で複製する / machine à *reproduire* 複写機.
❸ …を再録する, 転載する. ▶ *reproduire* le texte de la conférence dans une revue 講演原稿を雑誌に再録する. ❹ …を生む, 増やす.

— **se reproduire** 代動 ❶ **繁殖する**, 殖える.
❷ 再び生じる, 繰り返される. ▶ Le même ma-

lheur risque de *se reproduire* partout. 同じ不幸がまたどこで起こらないとも限らない.

reproduis- 活用 ⇨ REPRODUIRE 70

reprographie /r(ə)prɔgrafi/ 女 (電子写真などによる)複製, 複写.

reprographier /r(ə)prɔgrafje/ 他動 …をコピーする, 複写する.

réprouvé, e /repruve/ 形, 名 世間からのけ者にされた(人);〘神学〙神に見放された(人).

réprouver /repruve/ 他動 ❶ …を非難する, 排斥する. ▶ *réprouver* l'attitude de qn …の態度を非難する / *réprouver* la violence 暴力を否定する. ❷〘神学〙〔神が〕…に永罰を与える.

reptation /rɛptasjɔ̃/ 女 爬行(はこう), 這(は)うこと.

reptile /rɛptil/ 男 ❶ 爬虫(はちゅう)類の動物;《複数で》爬虫類. ❷ 卑屈な人.

repu, e /rəpy/ 形 (repaître の過去分詞) ❶ 満腹した, たらふく食べた. ❷ <*repu* (de qc)> (…を)堪能(かんのう)した, …に満足した. ▶ Il est *repu* de cinéma. 彼は映画を堪能している.

républic*ain, aine /repyblikɛ̃, ɛn レピュブリカン, レピュブリケヌ/ 形 ❶ 共和制(支持)の, 共和国の. ▶ journal *républicain* 共和派の新聞 / garde *républicaine* 共和国儀仗隊. ❷ 共和主義の, 共和党の. ▶ le parti *républicain* 共和党.
— 名 共和主義者;(米国の)共和党員.

***république** /repyblik レピュブリック/ 女 ❶ 共和国, 共和制. ▶ la *République* populaire de Chine 中華人民共和国 / *république* démocratique [fédérale, socialiste] 民主[連邦, 社会主義] 共和国. ❷ 《la République》フランス共和国 (=la *République* française). ▶ le Président de la *République* フランス共和国大統領 / la Vᵉ *République* 第5共和制. ❸ 文章 (組織化された)集団, グループ. ▶ la *république* des lettres 文壇, 文士連.

la république des copains コネ社会.
On est en république! 話 ここは共和国[自由の国]なんだぞ. 注 禁止, 拘束に対する抗議.

《Vive la République!》

「共和国万歳!」これは, フランス大統領の全国民向け放送の最後などで用いられる言葉だが, 町中のこんな場面でも耳にすることができる.

あるバスが狭い道を抜けようとすると駐車中の車が邪魔して動けなくなった. バスの運転手が困り果てて降りてくると, それに気づいた近くの肉屋やパン屋や通行人が, みんなで駐車車両を押してバスが通れるだけ移動させた. ようやくバスは動き出し, 運転手は手を振って町の協力者たちに挨拶(あいさつ)した. そのとたん協力者の一人が《Vive la République!》と叫び, それに呼応して大きな拍手が沸き起こった….

république とは, そもそもラテン語の res (物) + publicus (民衆の)に由来する. この小さな出来事は, 「共和国」という言葉が, フランス人の日常生活にどのように浸透しているかを示すよい例といえるだろう.

répudiation /repydjasjɔ̃/ 女 ❶ (一方的な)離縁. ❷ 文章 (主義などの)放棄, 拒否.

répudier /repydje/ 他動 ❶ …と一方的に離婚する, を離縁する. ❷ 文章 …を捨てる, 拒否する. ▶ *répudier* ses engagements 約束を破棄する.

répugnance /repyɲɑ̃:s/ 女 嫌悪, 嫌気. ▶ avoir de la *répugnance* pour certains aliments ある種の食べ物が大嫌いである / faire un travail avec *répugnance* いやいや仕事する.

répugn*ant, ante* /repyɲɑ̃, ɑ̃:t/ 形 嫌悪[嫌き気]を催させる, 不快な. ▶ laideur *répugnante* (=affreux) ぞっとするような醜さ / odeur *répugnante* (=écœurant) 胸の悪くなるようなにおい / individu *répugnant* 見下げ果てたやつ.

répugner /repyɲe/ 自他動 ❶ <*répugner* à qc 不定詞> …を嫌う. ▶ Il *répugne* à parler en public. 彼は人前でしゃべるのが嫌いだ. ❷ <*répugner* à qn> …に嫌悪を催させる. ▶ Ce type me *répugne*! (=déplaire) あいつにはむかつく /《非人称構文で》Il me *répugne* de devoir vous le dire. それをあなた(方)に言わなければならないのが実につらい.
— 他動 …に嫌悪を催させる.

répulsion /repylsjɔ̃/ 女 ❶ 嫌悪, 反感. ▶ éprouver de la *répulsion* pour qn/qc …に反感を抱く / inspirer une vive *répulsion* à qn …に激しい嫌悪感を抱かせる. ❷〘物理〙斥力, 反発力.

repuss-, repu-, repû- 活用 ⇨ REPAÎTRE 50

***réputation** /repytasjɔ̃/ 女 ❶ 評判, うわさ. ▶ Cette entreprise a une mauvaise *réputation*. この会社は評判が悪い / avoir [jouir d'une] bonne *réputation* 評判が良い / soigner sa *réputation* 自分の評判に気を配る. ◆*réputation*「de + 無冠詞名詞 [de + 不定詞] …という評判. ▶ Il a la *réputation* de [d'être] menteur. 彼はうそつきで通っている. ❷ 名声, 好評. ▶ acquérir [conquérir] de la *réputation* 名声を得る / préserver sa *réputation* 名声を保つ / compromettre [perdre] sa *réputation* 人気をなくす / Sa *réputation* n'est plus à faire. 彼(女)の名声はいまや確固たるものだ / marque de *réputation* mondiale 世界的に有名なブランド.

connaître qn/qc de réputation …をうわさ[評判]では知っている. ▶ Je ne la *connais* que de *réputation*. 彼女のことはうわさでしか知らない.

réput*é, e* /repyte/ 形 ❶ <*réputé* (pour + 所有形容詞 + 名詞)> (…で)有名な, 評判の高い. ▶ restaurant *réputé* 評判の良いレストラン / région *réputée* pour ses vins ワインで有名な地方. 比較 CÉLÈBRE. ❷ <*réputé* (pour) + 属詞> …と見なされている. ▶ homme *réputé* égoïste エゴイストで通っている人 / Il est *réputé* bien écrire. 彼は筆が立つことで評判だ.

réputer /repyte/ 他動 <*réputer* qn/qc (pour) + 属詞> …を…と見なす. 注 pour を用いるのは文章語. ▶ On le *répute* bon musicien. 彼は音楽家としての評価が高い.

repûtes /r(ə)pyt/ 活用 ⇨ REPAÎTRE 50

requérir /r(ə)keri:r/ 27 他動 (過去分詞 requis, 現在分詞 requérant) ❶ …を要請する, 強く求める. ▶ *requérir* l'aide de qn …の援助を求める. ◆*requérir* qn「de + 不定詞［que + 接続法］…に…を強く要求する. ▶ *requérir* un journal d'insérer une rectification 新聞社に訂正文の掲載を求める.
❷『法律』…を請求する；求刑する. ▶ Le procureur *a requis* deux ans de prison. 検事は2年の刑を求刑した.
❸ <*requérir* (de qn) qc // *requérir* (de qn) que + 接続法>「物事が」(…に)…を求める, 必要とする. ▶ Ce travail *requiert* beaucoup d'attention. この仕事には細心の注意が必要だ.

requerr- 活用 ⇨ REQUÉRIR 27

requête /r(ə)kɛt/ 女 ❶ 懇請；要望(書). ▶ adresser［faire, présenter］une *requête* à qn …に要望を出す, 要望書を提出する. ❷『法律』申請(書)；『行政』請願. ▶ maître des *requêtes* au Conseil d'Etat コンセイユ・デタ(国務院)主任審理官.
à［*sur*］*la requête de qn* …の請求により.

requiem /rekɥiɛm/ 男〈単複同形〉『カトリック』レクイエム；死者のためのミサ(曲).

requier-, requièr- 活用 ⇨ REQUÉRIR 27

requîmes 活用 ⇨ REQUÉRIR 27

requin /r(ə)kɛ̃/ 男 ❶『魚類』サメ, フカ. ❷ 暴利をむさぼる人, 強欲漢.

requinquer /rəkɛ̃ke/ 他動 ❶ 話 …を元気づける, 立ち直らせる. ▶ Un verre de vin, ça te *requinque*. 1杯飲めば元気が出るよ.
❷ 話 …を改装する, 手直しする.
— **se requinquer** 代動 話 元気になる.

requièrent /rəki:r/, **requis** /r(ə)ki/ 活用 ⇨ REQUÉRIR 27

requis, ise /rəki, i:z/ 形 (requérir の過去分詞) <*requis* (pour qc/不定詞)>(…に)必要な. ▶ satisfaire aux conditions *requises* 必要条件を満たす. — **requis** 男 (戦時の)徴用者 (=*requis* civil)；(占領下の)徴用労働者.

réquisition /rekizisjɔ̃/ 女 ❶ 徴用, 徴発；要請(書). ▶ *réquisition* civile 民事徴用 / *réquisition* militaire 軍用徴発令 / *réquisition* de la force armée 軍隊の出動要請. ❷『法律』(裁判所への)請求；〈複数で〉『刑法』論告, 求刑.

réquisitionner /rekizisjɔne/ 他動 ❶ …を徴用［徴発］する. ▶ *réquisitionner* des locaux pour les réfugiés 難民のために建物を徴発する.
❷ 話 …を駆り出す, 動員する, 引っぱり出す.

réquisitoire /rekizitwa:r/ 男 ❶『法律』請求；論告(文). ▶ <*réquisitoire* contre qc/qn> …に対する非難；告発文書.

requiss-, requi-, requî- 活用 ⇨ REQUÉRIR 27

RER 男〈略称〉Réseau express régional (パリと近郊を結ぶ)首都圏高速交通網.

rescapé, e /rɛskape/ 形, 名 (事故で)生き残った(人), 難を免れた(人).

rescousse /rɛskus/ 女『国際法』(拿捕(ほ)された船舶の)取り戻し, 奪還. 注 一般には次の表現でのみ用いる.

à la rescousse 救助［救援］に. ▶ appeler qn/qc *à la rescousse* …に助けを求める；を援用する / aller *à la rescousse* de qn …を助けに行く.

***réseau** /rezo/ レゾ/〈複〉**x** 男 ❶ 網, ネット；網目状のもの. ▶ *réseau* de fils de fer barbelés 鉄条網 / *réseau* d'habitudes 文章 習慣のしがらみ.
❷ (交通, 通信, 供給などの)組織網, ネットワーク. ▶ *réseau* routier［ferroviaire, aérien］道路［鉄道, 航空］網 / *Réseau* express régional 首都圏高速交通網(略 RER) / *réseau* de transports en commun 公共交通網 / *réseau* commercial［de distribution］販売網 / *réseau* télévisuel［de télévision］テレビ放送網 / *réseau* téléphonique 電話回線網 / *réseau* informatique［d'ordinateurs］コンピュータネットワーク, オンラインシステム / mise en *réseau* ネットワーク化 / *réseau* local ローカルエリアネットワーク, LAN / *réseau* étendu ワイドエリアネットワーク, WAN / le *Réseau* ネット, インターネット / *réseau* d'espionnage スパイ網.
❸ 地下組織(網). ▶ *réseau* de résistance (第2次大戦下の)対独抵抗地下組織.

résection /resɛksjɔ̃/ 女『外科』切除, 切除術.

réservation /rezɛrvasjɔ̃/ 女 (座席や部屋などの)予約. ▶ faire une *réservation* 予約する / annuler une *réservation* 予約をキャンセルする.

***réserve** /rezɛrv/ レゼルヴ/ 女 ❶ 貯え, 予備, 備蓄. ▶ faire des *réserves* de sucre 砂糖の買い置きをする / avoir une petite *réserve* (d'argent) 少し貯金がある. ◆de *réserve* 予備の, 保存用の. ▶ vivres de *réserve* 保存食, 非常食 / monnaie de *réserve* 外貨準備高 / équipe de *réserve* 二軍.
❷ 慎重；遠慮. ▶ Il montre une grande *réserve* en tout. 彼は何事につけてもひどく慎重な男だ.
❸ 留保(条件), 制限. ▶ acceptation assortie de *réserves* 条件つきの承諾.
❹ 保護地域. ▶ *réserve* de chasse 禁猟区 / bois de *réserve* 保安林 / *réserves* indiennes 北米先住民居留地 / *réserve* naturelle 自然保護区 / *réserve* zoologique 動物保護区.
❺〈複数で〉(石油, 鉱物などの)埋蔵量；資源量. ▶ *réserves* mondiales de pétrole 世界の石油埋蔵量 / *réserves* de thon マグロの資源量.
❻ (美術館, 図書館の)収蔵庫, 非公開収蔵品；(商品などの)倉庫.
❼『生理学』*réserves* nutritives 体内貯蔵栄養.
❽『軍事』(予備役で)予備隊. ▶ officiers de *réserve* 予備役の士官.
❾『経済』積立金, 準備金；『民法』遺留分 (=*réserve* héréditaire). ▶ fonds de *réserve* 準備金 / *réserve* légale 法定積立金.
avec réserve 控え目に；留保つきで.
****en réserve*** 予備に, 取っておいた. ▶ avoir［mettre, tenir］qc *en réserve* …を取って［蓄えて］おく.
être［*demeurer, se tenir*］*sur la réserve* 慎重な態度を保つ, 警戒心を解かない.

réservé

faire [émettre] des réserves sur qc …に全面的には賛成しない，疑問を呈する．

***sans réserve** 留保なしに[の]，全面的に[な]；遠慮なく．▶ *une admiration sans réserve* 手放しの称賛／*parler sans réserve* 腹蔵なく話す．

***sous réserve* "de qc/不定詞 [que + 接続法]** (1)…することを条件として，しさえすれば．▶ *Je veux bien participer aux frais, sous réserve d'être consulté avant.* 前もって相談してくれれば喜んで費用は払います．(2)…のない限り；を除いて．▶ *sous réserve d'erreur* 間違っていなければ．

sous* (toute) *réserve 条件[留保]付きで．▶ *donner son accord sous réserve* 条件付きで同意する．

sous toutes réserves = ***sous réserve*** 真偽の保証なしに．▶ *une nouvelle donnée sous toutes réserves* 未確認情報．

réservé, e /rezerve/ 形 ❶ ⟨*réservé* (à [pour] qn/qc)⟩(…)専用の；(…)に充てられた．▶ *places réservées aux handicapés* 身体障害者優先席／*quartier réservé* 赤線地帯，いかがわしい界隈(かいわい)．
❷ 予約済みの．▶ *avoir une place réservée dans le train* 列車の指定席を取ってある．
❸ ⟨*réservé* à qn⟩…に運命づけられた，定められた．▶ *le sort qui lui est réservé* 彼(女)に定められた運命／《非人称構文で》*Il lui était réservé de mourir jeune.* 彼(女)は若くして死ぬ運命だった．
❹ 慎重な；慎み深い．▶ *un caractère réservé* 控え目な性格／*Il est réservé dans ses propos.* 彼は言葉遣いが慎重だ．
❺《法律》保留された．▶ *droits de reproduction réservés* 不許複製，複製権保有．

:réserver /rezerve/ レゼルヴェ/ 他動 ❶ …を予約する．▶ *réserver une chambre dans un hôtel* ホテルに部屋を予約する／*Il nous a réservé deux places à côté de lui.* 彼は私たちに自分と並びの席を2つ予約してくれた．
❷ …を取っておく，残しておく；割り当てる．▶ *réserver le meilleur pour la fin* いちばんおいしいものを最後に取っておく／*réserver une somme d'argent pour les besoins imprévus* 不意の出費に備えていくらかの金を蓄えておく／*On lui a réservé un poste important.* 彼(女)に要職があてがわれた．
❸ ⟨*réserver qc à qn*⟩…を…に予定する，運命づける；定める(=destiner)．▶ *On ne sait pas ce que l'avenir nous réserve.* 将来，何が我々の身に起こるかは分からない／*Cette soirée me réservait une surprise.* その夜会では予期せぬ出来事が私を待ち受けていた．
❹ …を保留する，控える．▶ *réserver sa réponse* 回答を見合わせる．

réserver l'avenir あとのことを考えて行動[判断]を控える，将来の可能性を残しておく．

réserver un bon accueil à qn …を歓待する．

— ***se réserver** 代動 ❶ ⟨*se réserver qc*⟩…を自分のために取っておく．注 se は間接目的．▶ *Il a loué sa maison, mais il s'est réservé une pièce.* 彼は家を貸したが，自分には1部屋残しておいた／*se réserver le droit de +* 不定詞 …する権利を確保しておく．
❷ ⟨*se réserver de +* 不定詞⟩…する可能性[権利]を保留する；いずれ…することにする．注 se は間接目的．▶ *Je me réserve de revenir sur cette question.* この問題にはまたあとで[折をみて]触れることにします．
❸ ⟨*se réserver pour qc*⟩(…に備えて)様子を見る，自制する；体力を蓄えておく．▶ *se réserver pour une meilleure occasion* もっとよい機会を待つ／*Je me réserve pour le dessert.* デザートが入る分を空けておく．

réserviste /rezervist/ 男 予備役軍人．

réservoir /rezervwa:r/ 男 ❶ 貯水池[槽]；タンク．▶ *réservoir à [d']essence* (自動車の)燃料タンク／《同格的に》*wagon-réservoir* タンク車．❷《漁業》養魚池，生簀(いけす)．❸ 貯蔵所；宝庫．▶ *Le Rhin est un important réservoir d'énergie électrique.* ライン川は重要な電力源だ．

résidant, ante /rezidã, ã:t/ 形 在住する；駐在する．▶ *membre résidant* (学会などの)在住会員．— 名 居住者．

résidence /rezidã:s/ 女 ❶ 居住(地)；駐在(地)[期間]．▶ *établir [fixer] sa résidence à Lyon* リヨンに住居を構える／*certificat de résidence* 居住証明書／*résidence principale* 本家，本宅／*résidence secondaire* セカンドハウス，別荘／*résidence universitaire* 学生寮／*résidence pour personnes âgées* 老人ホーム．❷ 邸宅；高級マンション．▶ *résidence du président* 大統領官邸．比較 ⇨ MAISON.

résident, ente /rezidã, ã:t/ 名 ❶ 居住者；在留外人．▶ *résidents espagnols en France* フランス在留スペイン人．❷ (大学寮の)寮生；(マンションなどの)居住者．
— 形 (プログラムが)常駐の．▶ *programme résident* 常駐プログラム．

résidentiel, le /rezidãsjɛl/ 形 住宅(向き)の，居住用の．▶ *quartiers résidentiels* (高級)住宅街．

résider /rezide/ 自動 ❶ …に居住する，在住[在留]する(=habiter)．▶ *Il réside actuellement à Paris.* 彼は現在パリに居住している．❷ ⟨*résider dans* [*en*] *qc*⟩…にある，存する．▶ *La difficulté réside en ceci.*(=consister) 困難は以下の点にある．

résidu /rezidy/ 男 ❶ かす，残り；残滓(ざん)；残留物，廃棄物．❷ (最終的に)残ったもの，価値のないもの．

résiduaire /rezidɥɛ:r/ 形 文章 かすの，廃物の．▶ *eaux résiduaires* 廃水．

résiduel, le /rezidɥɛl/ 形 残留性の；長引く．▶ *fatigue résiduelle* 慢性疲労．

résignation /reziɲasjɔ̃/ 女 甘受，忍従，あきらめ．▶ *résignation à l'injustice* 不正へのあきらめ／*subir qc avec résignation* 仕方なく…を耐え忍ぶ．

résigné, e /reziɲe/ 形 あきらめた；忍従した．▶ *d'un air résigné* 観念した様子で．
— 名 あきらめた人．

se résigner /s(ə)reziɲe/ 代動 ⟨*se résigner (à*

qc/不定詞》)…を甘受する，あきらめて受け入れる．▶ *se résigner* à son sort 運命を受け入れる / Cette idée m'aide à *me résigner*. そう考えるとあきらめがつく．

— **résigner** /rezine/ 他動 文章〔職など〕を辞する，放棄する．

résiliable /reziljabl/ 形〔法律〕〔契約が〕解除可能な，解約できる．

résiliation /reziljasjɔ̃/ 女〔法律〕解約，解除．▶ *résiliation* du contrat 契約の解除．

résilience /reziljɑ̃:s/ 女 ❶〔物理〕衝撃強さ．❷〔心理〕ショックや逆境に対する強さ．

résilient, ente /reziljɑ̃, ɑ̃:t/ ❶ 衝撃に強い．❷ ショックや逆境に強い．

résilier /rezilje/ 他動〔法律〕〔契約など〕を解除する (=annuler)．

résille /rezij/ 女 ヘアネット．

résine /rezin/ 女 樹脂；松脂 (=*résine* du pin)．

résiné /rezine/ 男〖ワイン〗レツィーナ (=vin *résiné*)：松脂(ヤニ)で香りをつけたワイン．

résiner /rezine/ 他動〔松など〕から樹脂を採取する；…に樹脂を塗る．

résineux, euse /rezinø, ø:z/ 形 樹脂を生ずる［含む］；樹脂の．— **résineux** 男複〖植物〗(松など樹脂を含む)針葉樹，松柏(ショウハク)類．

résinier, ère /rezinje, ɛ:r/ 名 樹脂採取人．— 形 樹脂(製品)の．

résipiscence /rezipisɑ̃:s/ 女 文章 改悛(カイシュン)，悔悟．

***résistance** /rezistɑ̃:s レズィスターンス/ 女 ❶（攻撃，権力などへの)抵抗，反抗；（計画などへの）妨害．▶ *résistance* passive（非暴力による）消極的抵抗 / opposer une *résistance* farouche à un projet 計画に猛烈に反対する / Cela ne se fera pas sans *résistance*. それはすんなりとはいかないだろう．❷《多く la Résistance》(第2次大戦中の対ドイツ占領軍)レジスタンス運動［組織］(=mouvements de *résistance*)．▶ Conseil national de la *Résistance* 全国抵抗評議会（略 CNR）/ entrer dans la *Résistance* レジスタンスに参加する / faire de la *résistance* レジスタンス運動をする．❸ （肉体的な）持久力，耐久力 (=endurance)；抵抗力．▶ manquer de *résistance* 持久力に欠ける / Il a beaucoup de *résistance* à la fatigue. 彼は疲れがこたえない．❹〔物理〕抵抗；〔電気〕抵抗(器)．▶ la *résistance* de l'air 空気抵抗 / *résistance* électrique 電気抵抗．❺〔生物〕耐性．❻〔料理〕plat de *résistance* メインディッシュ，主菜；《比喩的に》主要部分，本題．

résistant, ante /rezistɑ̃, ɑ̃:t/ 形 ❶ 丈夫な，耐久力(耐久性)のある，抵抗力のある．▶ homme très *résistant* 丈夫な人 / un tissu *résistant* 長持ちする生地．❷ レジスタンス活動をする；反抗的な．

— 名 レジスタンス活動家；(特に)(第2次大戦中の)対独レジスタンス活動家．

***résister** /reziste レズィステ/ 間他動 ❶〈*résister* à qn/qc〉…に抵抗する，反抗する，逆らう．▶ Cet enfant *résiste* à sa mère. その子は母親の言うことを聞かない /〈目的語なしに〉La porte *résiste* quand on veut l'ouvrir. ドアが開きにくい．❷〈*résister* à qc/qn〉〔誘惑(者)など〕に抵抗する，をはねつける；〔試練など〕に耐える．▶ *résister* à la tentation 誘惑と戦う / Personne ne *résiste* à l'attrait de la Provence. プロヴァンス地方の魅力にはだれも逆らえない / *résister* à l'adversité 逆境に耐える /〈目的語なしに〉Elle n'a pas pu *résister*, elle a acheté cette robe. 彼女はがまんできずにそのドレスを買った．❸〈*résister* à qc〉〔物〕に…に抗する，持ちこたえる．▶ amitié qui *a résisté* au temps 年月を経ても変わらない友情．

résolu, e /rezɔly/ 形 (résoudre の過去分詞) ❶ 断固とした，毅然(キゼン)とした；決意の固い．▶ adversaire *résolu* 果敢な態度を見せる敵［相手］/ répondre d'un ton *résolu* 決然とした口調で答える．❷〈*résolu* à qc/不定詞〉/ *résolu* à ce que + 接続法〉…する決心である，の覚悟をしている．▶ être *résolu* à tout どんなことでもする用意［覚悟］がある / Il est *résolu* à ce que les choses aillent vite. 彼は事を早期に断行するつもりである．

résoluble /rezɔlybl/ 形 解決できる；〔法律〕解除できる；〔数学〕解ける．

résolument /rezɔlymɑ̃/ 副 断固として，きっぱりと；敢然と，勇敢に．▶ marcher *résolument* à la mort 敢然と死地に赴く．

résoluss-, résolu-, résolû- 活用 ⇨ RÉSOUDRE 83

***résolution** /rezɔlysjɔ̃ レゾリュスィヨン/ 女 ❶ 決心，決意．▶ prendre la *résolution* de + 不定詞 …する決心をする / Ma *résolution* est prise. 覚悟はできた / prendre de bonnes *résolutions* 新年の決意を立てる．❷《単数で》意志の強さ，決断力，気概．▶ homme de *résolution*（決めたことは）最後までやり遂げる人 / avec *résolution* 敢然と，断固として．❸ 決議；決議文．▶ proposition［projet］de *résolution* 決議案 / *résolution* de l'Assemblée générale des Nations unies 国連総会決議．❹ 解決；〔数学〕解法．▶ *résolution* d'un problème 問題の解決 / *résolution* d'une équation 方程式を解くこと．❺ 変化；分解．❻〔情報〕解像度．

résolv- 活用 ⇨ RÉSOUDRE 83

résonance /rezɔnɑ̃:s/ 女 ❶ 響き，反響．▶ *résonance* d'une salle ホールの反響．❷ 文章（精神的）反響；効果．▶ Cet événement a eu une grande *résonance* dans les milieux politiques. その事件は政界に大きな波紋をもたらした．❸〔物理〕〔電気〕共鳴；共振．▶ caisse de *résonance* 共鳴箱 / *résonnance* magnétique nucléaire 核磁気共鳴．

résonant, ante /rezɔnɑ̃, ɑ̃:t/, **résonnant, ante** 形〔物理〕共鳴［共振］する．

résonateur /rezɔnatœ:r/ 男〔物理〕共鳴器；〔エレクトロニクス〕共振子．

résonner /rezɔne/ 自動 ❶ 鳴り響く，響き渡る．▶ Sa voix *résonne* dans la caverne. 彼(女)

résorber

の声が洞窟(½½)に響き渡る. ❷〔場所が〕反響する. ▶ Cette pièce *résonne* trop. この部屋は音が響きすぎる / A cette bonne nouvelle, la salle de classe *a résonné* de cris de joie. この朗報に教室は歓声で沸き返った.

résorber /rezɔrbe/ 他動 ❶〖医学〗〔腫瘍(½½)など〕を吸収する, 散らす. ❷〔弊害など〕を徐々に解消する, 取り除く. ▶ *résorber* l'inflation インフレを解消する. — **se résorber** 代動 ❶〖医学〗〔腫瘍などが〕吸収される, 散る. ❷ 徐々に解消される.

résorption /rezɔrpsjɔ̃/ 女 ❶〖医学〗〔腫瘍(½½)などの〕吸収. ❷〔弊害などの〕段階的解消. ▶ *résorption* du déficit extérieur 対外赤字の解消.

***résoudre** /rezudr レズードル/ 83 他動

過去分詞 résolu	現在分詞 résolvant
直説法現在 je résous	nous résolvons
tu résous	vous résolvez
il résout	ils résolvent

《日常語ではおもに不定形, 過去分詞形で用いる》
❶ …を解く, 解決する. ▶ *résoudre* un problème 問題［困難］を解決する / *résoudre* une équation 方程式を解く.
❷〈*résoudre* de + 不定詞〉…する決心を固める. ▶ *résoudre* de se présenter à l'élection 選挙に立候補することに決める.
❸〈*résoudre* qn à + 不定詞〉…に…する決心をさせる. ▶ Il faut le *résoudre* à accepter. 彼に承諾する決心をさせなくてはならない.
❹〈*résoudre* qc en qc〉 を…に分解する, 変える. ▶ La chaleur *résout* la glace en eau. 暖かくなると氷が溶けて水になる.
— **se résoudre** 代動 ❶〈*se résoudre* à qc｜不定詞〉*se résoudre* à ce que + 接続法〉…の決心をする, 覚悟を決める. ▶ *se résoudre* à un coup de force 実力行使を決める / *se résoudre* au pire 最悪の事態を覚悟する / Il ne *se résout* pas à y renoncer. 彼はあきらめきれないでいる.
❷ 解決される; 解消される. ▶ J'ignore comment ce problème va *se résoudre*. どうすればこの問題が解決されるか私には分からない.
❸〈*se résoudre* en qc〉 …に変わる. ▶ brouillard qui *se résout* en pluie 雨に変わる霧. ❹〈*se résoudre* à qc〉 …に帰着する. ▶ Cette querelle *se résout* à peu de chose. その争いは結局たいしたことではない.

résous, résout /rezu/ 活用 ⇨ RÉSOUDRE 83

***respect** /rɛspɛ レスペ/ 男 ❶ 尊敬, 敬意; (神, 死者などへの)崇敬. ▶ *respect* d'un fils pour son père 父親に対する息子の敬意 / *respect* de soi(-même) 自尊心 / inspirer le *respect* 尊敬の念を起こさせる / avoir du *respect* pour qn …を尊敬している / manquer de *respect* à [envers] qn …に対して礼を失する / montrer du *respect* à [envers] qn …に敬意を示す / avec *respect* 丁重に.

❷ 尊重, 重視, 遵守. ▶ *respect* de la loi 遵法 / *respect* de la parole donnée 約束を守ること / *respect* de la vie privée プライバシー.

❸《複数で》《儀礼的表現で》敬意の印, 挨拶(½½). ▶ Présentez mes *respects* à votre femme. 奥様によろしく / Veuillez agréer, Monsieur, mes *respects*.《手紙の末尾で》敬具.
Respect!《間投詞的に》すばらしい演奏だ.

respect humain /rɛspɛ(k)ymɛ̃/ 世間体, 遠慮. ▶ Il est retenu par le *respect humain*. 彼は周囲の思惑を気にしている.

sauf votre respect = ***sauf [avec] le respect que je vous dois*** (こう申しては)失礼ですが.

tenir [garder] qn en respect (武器などで)…を威圧する. ▶ tenir un malfaiteur *en respect* avec un revolver ピストルで犯人の動きを封じる.

respectabilité /rɛspɛktabilite/ 女 尊敬に値すること, 尊厳; 体面.

respectable /rɛspɛktabl/ 形 ❶ 尊敬［尊重］すべき; 考慮に値する. ▶ un homme *respectable* 尊敬に値する男 / Vos scrupules sont *respectables*. 御心配はもっともです. ❷ 相当な, かなりの. ▶ une somme *respectable* (↔insignifiant) かなりの金額.

***respecter** /rɛspɛkte レスペクテ/ 他動 ❶ …を尊敬する, に敬意を払う. ▶ *respecter* ses parents 両親を敬う / se faire *respecter* de ses adversaires 敵対者から尊敬される.

❷ …を尊重する, 重んじる. ▶ *respecter* le droit de l'autre 他人の権利を尊重する / faire *respecter* la règle 規則を守らせる / *respecter* le sommeil de qn …の眠りを妨げない /《*Respectez* les pelouses!»「芝生に入らないで下さい」.

— **se respecter** 代動 自分を大事にする; 対面を重んじる.

qui se respecte 話 その名にふさわしい［恥じない］. ▶ Un acteur *qui se respecte* n'acceptera pas ce rôle. ひとかどの役者ならその役は引き受けまい.

respectif, ive /rɛspɛktif, iːv/ 形 それぞれの, 各自の. ▶ la force *respective* de deux équipes 両チームのそれぞれの実力.

respectivement /rɛspɛktivmɑ̃/ 副 めいめい, 各自. ▶ Les deux coupables ont écopé *respectivement* de cinq et quatre ans de prison. 2人の犯人はそれぞれ懲役5年と4年の刑を食らった.

respectueusement /rɛspɛktɥøzmɑ̃/ 副 敬意を込めて, 丁重に, うやうやしく.

respectueux, euse /rɛspɛktɥø, øːz/ 形 ❶〈*respectueux* (envers [pour, avec] qn)〉 (…に対して)敬意を抱いている［払っている］. ▶ Il est *respectueux* envers ses maîtres. 彼は先生を尊敬している.

❷〈*respectueux* de qc〉 …を尊重する, 遵守する. ▶ être *respectueux* de la liberté des autres 他人の自由を尊重している.

❸ 丁重な, うやうやしい, 慇懃(½½)な. ▶ en termes *respectueux* 丁重な言葉で / Veuillez agréer, Monsieur, mes sentiments *respectueux*.《手紙の末尾で》敬具.

à (une) distance respectueuse（礼儀や警戒心から）適当な間をおいて.

respirable /rɛspirabl/ 形 呼吸できる.

respirateur /rɛspiratœːr/ 男（人工）呼吸器.

***respiration** /rɛspirasjɔ̃/ レスピラスィヨン/ 女 ❶ 呼吸, 息. ▶ avoir la *respiration* difficile 呼吸が困難である / retenir sa *respiration* 息を殺す / reprendre sa *respiration* 息を継ぐ / *respiration* artificielle 人工呼吸. ❷《生理学》呼吸（作用）. ▶ *respiration* externe [interne] 外 [内] 呼吸. ❸《音楽》息継ぎ.

respiratoire /rɛspiratwaːr/ 形 呼吸の. ▶ faire des mouvements [exercices] *respiratoires* 呼吸運動 [深呼吸] をする / appareil *respiratoire* 呼吸器 / voies *respiratoires*（気管支, 肺などの）気道 / capacité *respiratoire* 肺活量.

***respirer** /rɛspire/ レスピレ/ 自動 ❶ 呼吸する, 息をする, 生きている. ▶ *respirer* par la bouche 口で息をする / *respirer* profondément [à fond] 深呼吸する. ❷ ひと息つく; ほっとする. ▶ Ouf, on *respire*! / ふう, やっと息がつける / Laissez-moi *respirer* un moment.(=souffler) ちょっとひと息つかせてください / *respirer*「à l'aise [librement]」くつろいだ気分になる. ❸ はっきり表われる. ▶ visage où *respire* le désappointement 失望の色をありありと浮かべた顔.

comme on respire 平気で, いとも簡単に. ▶ Il ment *comme* il *respire*. 彼は平気でうそをつく.
— 他動 ❶ …を吸う, 呼吸する;〔におい〕をかぐ. ▶ *respirer* un air pur sur le sommet 山頂で澄んだ空気を吸う / *respirer* le grand air 新鮮な空気を吸う / *respirer* le parfum d'une rose バラの香りをかぐ. ❷ 文章 …をありありと示す, 印象づける. ▶ Elle *respire* la santé. 彼女は健康そのものだ.

resplendir /rɛsplɑ̃diːr/ 自動 文章 輝く, 光る. ▶ Le lac *resplendissait* sous le soleil.(=luire) 湖は陽光を浴びて輝いていた / Son visage *resplendit* de joie.(=rayonner) 彼（女）の顔は喜びに輝いている. 比較 ⇨ BRILLER.

resplendissant, ante /rɛsplɑ̃disɑ̃, ɑ̃ːt/ 形 光り輝いている. ▶ beauté *resplendissante* まばゆいばかりの美しさ / visage *resplendissant* de bonheur 幸福に輝く顔.

resplendissement /rɛsplɑ̃dismɑ̃/ 男 文章 輝き, 光輝.

responsabilisation /rɛspɔ̃sabilizasjɔ̃/ 女 責任を押しつけること, 責任転嫁.

responsabiliser /rɛspɔ̃sabilize/ 他動 …に責任を負わせる.
— **se responsabiliser** 代動 責任を負う.

***responsabilité** /rɛspɔ̃sabilite/ レスポンサビリテ/ 女 責任, 責務;《多く複数で》責任ある地位 [仕事], 要職. ▶ avoir la *responsabilité* de qc …の責任がある / prendre [assumer] la *responsabilité* de qc …の責任をとる / avoir le sens des *responsabilités* 責任感がある / avoir de lourdes [grandes] *responsabilités* 重責を担う, 重要なポストにある / sous sa (propre) *responsabilité* 自分（自身）の責任において / décliner toute *responsabilité* 責任を一切負わない / rejeter les *responsabilités* sur qn …に責任を転嫁する / *responsabilité* civile [pénale, collective]民事 [刑事, 連帯] 責任 / *responsabilité* morale 道義的責任 / haute *responsabilité* 要職 / société à *responsabilité* limitée 有限（責任）会社（略 SARL）.

de responsabilité〔地位が〕責任のある, 決定権のある. ▶ un poste *de responsabilité* 責任のあるポスト.

prendre (toutes) ses responsabilités 責任を持って行動する, 一切の責任をとる.

***responsable** /rɛspɔ̃sabl/ レスポンサブル/ 形 ❶〈*responsable* (de [pour] qc)〉（…の）責任がある,（…について）責任を取るべき. ▶ Le père est *responsable* pour ses enfants. 父親は子供に関して責任がある.
❷〈*responsable* de qc〉…の原因である. ▶ Je considère l'état défectueux des freins comme *responsable* de l'accident. ブレーキの故障が, 事故の原因だと私は思います.
❸ 思慮に富む, 分別がある. 注 英語 responsible の影響. ▶ attitude *responsable* 思慮ある態度.
ne pas être responsable de ses actes 自分の行為に責任が持てない, 頭がおかしい.
— 名 ❶ 責任者, 代表者. ▶ *responsables* syndicaux 労組の代表 / *responsable* des ventes 販売部長. ❷（病気などの）原因; 元凶.

resquille /rɛskij/ 女 話 ごまかし; ただ見, ただ乗り; 割り込み.

resquiller /rɛskije/ 自動 話（不正に）ただ入る, ごまかして手に入れる. ▶ *resquiller* dans le métro 地下鉄にただ乗りをする. — 他動 話 …を（ごまかして）ただで手に入れる, だまし取る.

resquilleur, euse /rɛskijœːr, øːz/ 形, 名 話 ごまかしをする（人）; ただ見 [ただ乗り] の（客）.

ressaigner /r(ə)seɲe/ 自動 再出血する.

se ressaisir /sər(ə)seziːr; srəseziːr/ 代動 落ち着きを取り戻す; 立ち直る, 盛り返す. ▶ Il a failli éclater en sanglots, mais il *s'est ressaisi*. 彼は泣き出しそうになったが, ぐっとこらえた / L'équipe a mis des mois pour *se ressaisir*. チームは陣容を立て直すのに何か月もかかった.
— **ressaisir** /r(ə)seziːr/ 他動 …を再び手に取る, 再び捕らえる.

ressaisissement /r(ə)sezismɑ̃/ 男 文章 落ち着きを取り戻すこと, 立ち直ること.

ressasser /r(ə)sase/ 他動 ❶ …をくどくど繰り返す. ▶ *ressasser* les mêmes plaisanteries 同じ冗談を何度も言う. ❷ …を（心の中で）反芻(ﾊﾝｽｳ)する.

ressaut /r(ə)so/ 男 隆起, 凹凸, 段差;（壁面の）突き出し.

ressauter /r(ə)sote/ 他動 …を再び飛び越す.
— 自動 再び跳ぶ.

***ressemblance** /r(ə)sɑ̃blɑ̃ːs/ ルサンブラーンス/ 女 ❶ 似通っていること, 類似, 相似. ▶ avoir de la *ressemblance* avec qn/qc …と似ている / Il existe une certaine *ressemblance* morphologique entre les Chinois et les Japonais. 中国人と日本人には体型の類似性がある / Toute *ressemblance* avec des personnages réels ne

ressemblant

peut être que fortuite. これはフィクションであり、実在の人物とは一切関係ありません。❷〔複数で〕類似点，共通点．▶ noter des *ressemblances* entre les deux objets 2つの物の共通点を指摘する．

ressembl*ant, ante* /r(ə)sãblã, ã:t/ 形 そっくりな，生き写しの．▶ portrait très *ressemblant* 実物そっくりの似顔絵．

＊ressembler /r(ə)sãble/ ルサンブレ 間他動 ＜*ressembler* à qn/qc＞ ❶ …に似ている，類似している．▶ Marie *ressemble* à sa mère. マリーは母親に似ている / Votre problème *ressemble* en bien des points au mien. あなた(方)の抱えている問題は，多くの点で私のと似通っている / chercher à *ressembler* à qn …の真似をする．

❷ …に似つかわしい，ふさわしい．▶ Cela lui *ressemble* tout à fait d'avoir dit cela. そんなことを言ったなんていかにも彼(女)らしい / Cela ne te *ressemble* pas. それは君らしくない．

A quoi ça ressemble! なぜそんなことをするのか，そんなことをして何になるのか．

A quoi ressemble-t-il? 話 彼はどんな体つき〔顔つき，感じ〕の人ですか．▶ *A quoi ressemblera* le monde en 2050? 世界は2050年にはどのようになっているのだろうか．

ne ressembler à rien (1) 独創的〔ユニーク〕である．(2) まともでない，意味をなさない，珍奇である．

— **se ressembler** 代動 ❶ 互いに似ている．注 se は間接目的．▶ *se ressembler* comme deux gouttes d'eau うり二つである．

❷《多く否定的表現で》相変わらずだ，昔のままである．注 se は直接目的．▶ Il ne *se ressemble* plus depuis qu'il est marié. 彼は結婚してから人が変わった．

Qui se ressemble s'assemble. 諺 類は友を呼ぶ．

ressemelage /r(ə)səmlaːʒ/ 男 靴底の張り替え．

ressens /r(ə)sã/, **ressent** /rəsã/ 活用 ⇨ RESSENTIR 19

ressentiment /r(ə)sãtimã/ 男 恨み，怨念(おん)，遺恨．▶ éprouver du *ressentiment* à l'égard de qn …に対して恨みを抱く / conserver 〔garder〕un vif *ressentiment* d'une offense 侮辱されたことを強く恨みに思う．

ressentir /r(ə)sãtiːr/ 19 (過去分詞 ressenti, 現在分詞 ressentant) 他動 ❶〔感覚，感情〕を(強く)感じる，覚える．▶ *ressentir* la fatigue 疲れを覚える / *ressentir* un grand bonheur 大きな幸せを覚える / *ressentir* de la sympathie pour qn …に共感を覚える．❷ …の影響を痛切に感じる．▶ *ressentir* durement la hausse des prix 物価の上昇でひどく苦しむ．

— **se ressentir** 代動 ＜*se ressentir* de qc＞ …の影響を受ける；被害〔後遺症〕をとどめる．▶ *se ressentir* d'une opération 手術のあとがまだ完全でない / Le parti *se ressent* de la défaite aux élections. 党は選挙の敗北の後遺症で今も悩んでいる．

ne pas s'en ressentir pour qc〔不定詞〕話 …する気にならない．▶ Je *ne m'en ressens pas* pour lui pardonner. 彼(女)を許す気にはなれないね．

resserre /r(ə)sɛːr/ 女 物置，貯蔵庫．

resserré, e /r(ə)sere/ 形〔場所が〕挟まれた；狭い．

resserrement /r(ə)sɛrmã/ 男 ❶ 締め直すこと，強く締めること．❷〔関係などの〕強化，緊密化．

resserrer /r(ə)sere/ 他動 ❶ …を締め直す，さらにきつく締める．▶ *resserrer* son nœud de cravate ネクタイを締め直す．❷〔間隔や幅〕を縮める，狭める．▶ *resserrer* les livres sur un rayon 棚の本の間隔を詰める．❸〔関係など〕を固める，緊密化する；〔規制など〕を厳しくする．

— **se resserrer** 代動 ❶ 縮まる，狭まる．❷ 締め直される．❸〔関係などが〕強まる．

ressers /r(ə)sɛːr/, **ressert** /rəse:r/ 活用 ⇨ RESSERVIR 19

resservir /r(ə)sɛrviːr/ 21 (過去分詞 resservi, 現在分詞 resservant) 他動 ❶〔料理〕を再び出す．❷ 話〔同じこと〕をまた言う．

— **resservir** 自動 まだ使える．

— **se resservir** 代動 ＜*se resservir* de qc＞ …を再び使用する．

ressors /r(ə)sɔːr/ 活用 ⇨ RESSORTIR¹ 19

ressort¹ /r(ə)sɔːr/ 男 ❶ ばね，スプリング，ぜんまい．❷ 気力，やる気，気迫．▶ avoir du *ressort* 気力がある / manquer de *ressort* 気力を欠く．

faire ressort (ばねのように)はね返る，弾む．

ressort² /r(ə)sɔːr/ 男〔裁判所の〕管轄(区域)；〔人の〕権限．

en dernier ressort (1) 終審で(の)．(2) 最終的に，結局．▶ *En dernier ressort*, il a décidé de partir. 結局，彼は出発することにした．

être du ressort de qc/qn …の管轄である；の権限内のことだ．▶ Ce n'est pas de mon *ressort*. それは私の手に余る問題だ，私の領分ではない．

ressort³ /rəsɔːr/ 活用 ⇨ RESSORTIR¹ 19

ressortir¹ /r(ə)sɔrtiːr/ 19 (過去分詞 ressorti, 現在分詞 ressortant) 自動〔助動詞は être〕❶ 再び外出する；(入ってて)外へ出る．▶ *ressortir* du magasin sans rien acheter 何も買わずに店を出る．❷ 際立つ，目立つ，浮き出る．▶ La couleur *ressort* mieux sur ce fond. その色は，バックがこの色のほうが引き立つ / Il a fait *ressortir* les avantages de ce projet. 彼はその企画の利点を強調した．❸＜*ressortir de qc*＞ …の結果として出てくる．▶〔非人称構文で〕Il *ressort* de l'enquête que son alibi n'est pas fondé. 調査から彼(女)のアリバイは根拠がないと分かった．

— 他動〔助動詞は avoir〕話 …を再び取り出す．▶ *ressortir* de vieux vêtements 昔の服を再び出す．

ressortir² /r(ə)sɔrtiːr/ Ⅳ 間他動〔助動詞は être〕＜*ressortir* à qc＞ ❶ …の管轄に属する．▶ Cette affaire *ressortit* à la cour d'appel. この事件は控訴院の管轄だ．❷ 文章 …(の領域)に属する．

ressortiss*ant, ante* /r(ə)sɔrtisã, ã:t/ 名 海外在留者，外国居留者．▶ les *ressortissants* japonais en Angleterre 在英外人．

＊ressource /r(ə)surs/ ルスルス 女 ❶〔複数で〕資産，財源．▶ ménages aux *ressources* modestes 低収入の世帯 / être sans *ressources* 資産がない / les *ressources* de l'Etat 国の財源.

❷《複数で》資源. ▶ *ressources* naturelles 天然資源 / *ressources* minières 鉱物資源 / *ressources* humaines 人材, 人的資源 / directeur des *ressources* humaines 人事部長.

❸《複数で》(潜在的)能力, 可能性. ▶ déployer toutes les *ressources* de son talent 才知の限りを尽くす / *ressources* d'une langue ある言語の表現力.

❹(苦境を脱する)方策, 手段, 頼みの綱. ▶ Vous êtes ma dernière *ressource*. もうあなたしか頼れる人がいない.

avoir de la ressource 余力がある, まだやれる.

en dernière ressource 最後の手段として, 窮余の一策として.

être à bout de ressources 能力の限界である, 力を使い果たした.

être sans ressources 無収入である.

Il y a encore de la ressource. まだ策はある, 事態はまだ絶望的ではない.

sans ressource 文章 手の施しようのない, 救いようのない.

「***un homme[une personne]de ressource(s)***」辣腕(☆)家, 敏腕家.

se ressouvenir /sər(ə)suvniːr; srəsuvniːr/ 28 代動 (過去分詞 ressouvenu, 現在分詞 se ressouvenant) 文章 〈*se ressouvenir* de qc〉(昔のこと, 忘れていたこと)を改めて思い出す.

ressouven-, ressouvin-, ressouvîn- 活用 ⇨ SE RESSOUVENIR 28

ressusciter /resysite/ 自動《助動詞は avoir または être》❶ 生き返る, よみがえる; 命をとりとめる. ▶ Jésus-Christ *est ressuscité* le troisième jour après sa mort. キリストは死後3日目に復活した. ❷ 勢いを取り戻す. ▶ pays qui *a ressuscité* après une catastrophe 大災害のあと復興した国.

── 他動 ❶ …を生き返らせる;(重病, 絶望などから)回復させる. ▶ *ressusciter* les morts 死者をよみがえらせる / Ce traitement l*'a ressuscité*. その手当てのおかげで, 彼は危険な状態を脱した.

❷ …をよみがえらせる, 復興させる. ▶ *ressusciter* une mode ある流行を復活させる.

ressuyer /resɥije/ 11 他動 ❶ …を再びぬぐう. ❷ …を乾かす, 乾燥させる.

restant, ante /restɑ̃, ɑ̃ːt/ 形 ❶ 残りの, 残っている. ▶ la seule personne *restante* d'une famille 一家のただ1人の生き残り.

❷ poste-*restante* 局留郵便.

── **restant** 男 残り;残額. ▶ payer le *restant* (de qc) (…の)残金を払う.

restau, resto /resto/ 男 (restaurant の略) 話 レストラン, 食堂. ▶ *restau* U 大学食堂, 学食 / les *restos* du cœur 心のレストラン:ホームレスなどに対する, 冬期の無償食事サービス.

*****restaurant** /restorɑ̃ レストラン/ 男 レストラン, 料理店, 食堂. ▶ manger au *restaurant* レストランで食事をする / aller au *restaurant* レストランに行く, 外食する / manger dans un *restaurant* sympathique 雰囲気のいいレストランで食事する / *restaurant* chinois 中華料理店 / *restaurant* rapide ファーストフードのレストラン / *restaurant* libre-service セルフ・サービスのレストラン / hôtel(-)*restaurant* ホテルを兼ねたレストラン / *restaurant* universitaire 学生食堂 / wagon-*restaurant* 食堂車.

比較 食堂, レストラン

restaurant 最も一般的. **taverne** 民芸風のカフェレストラン. **auberge** 田舎のホテル兼レストラン. **buffet** 駅構内などの軽食堂. **gargotte**《軽蔑的》安食堂. **cantine** 学校, 工場などの食堂.

┌─ レストランは「体力回復店」 ─┐

restaurant は restaurer(食べ物で体力を回復させる)からできた名詞で, 元来は「滋養食」の意味であった. それが18世紀になると特に「滋養に富む肉のスープ」を指すようになり, 次いでこれらを売る店そのものをいうようになった.

└──────────────────────┘

restaurateur¹, trice /restoratœːr, tris/ 名 ❶ (芸術作品などの)修復(技術)家. ❷ 文章 復興者, 再興者.

restaurateur², trice /restoratœːr, tris/ 名 レストラン経営者.

restauration¹ /restorasjɔ̃/ 女 ❶ 修復, 復元;修理. ▶ la *restauration* d'une cathédrale カテドラルの修復 / *restauration* immobilière (町並み保存のための)不動産修復. ❷ 復活, 復興;復権. ▶ la *restauration* des lettres et des arts 文学芸術の復興. ❸《la Restauration》(ブルボン王朝の)王政復古(1814-30).

restauration² /restorasjɔ̃/ 女 外食産業, レストラン業. ▶ *restauration* rapide ファーストフード産業.

restaurer /restore/ 他動 ❶ …を復元する, 修復する. ▶ *restaurer* un tableau(=réparer)絵画を復元する / un vieux château totalement *restauré* 全面的に修復された古城. 比較 ⇨ RÉPARER. ❷ 復興させる, 立て直す. ▶ *restaurer* une coutume ある習慣を復活させる / *restaurer* les Bourbons ブルボン王家を再興する / *restaurer* la paix 平和を取り戻す.

se restaurer /s(ə)restore/ 代動 (食べて)体力を回復する;食事をする.

── **restaurer** /restore/ 他動 文章 …に食事を供する.

restauroute /restorut/, **restoroute** 男 商標 (高速道路沿いの)レストラン, ドライブ・イン.

*****reste** /rest レスト/ 男 ❶〈le *reste* (de qc/qn)〉(…のうちの)残り, 余り;残金. ▶ conserver les papiers nécessaires et déchirer tout le *reste* 必要な書類を取っておき, ほかは全部破り捨てる / payer le *reste* la semaine suivante 残額を翌週に支払う / le *reste* de la vie de qn …の残された人生, 余生 / pour le *reste* de sa vie 一生, 死ぬまで.

❷〈le *reste* (de qn/qc)〉(…のうちの)他の物[人], ほかの…. ▶ Le *reste* des suspects「sera interrogé[seront interrogés]demain. 他の

容疑者は明日取り調べを受ける. 注 le reste de + 複数名詞が主語になるとき, 動詞は多く単数形.
❸ 《le reste》その他の事, それ以外. ▶ Préparez les bagages, je m'occupe du *reste*. 荷造りをしてください, ほかは私が引き受けます / C'est inutile d'en dire plus, vous devinez le *reste*. これ以上申し上げる必要はないでしょう, あとは察してください. / Le *reste* est silence. あとは沈黙(シェークスピア「ハムレット」).
❹ 名残, 痕跡(読み), 余韻; わずかに残ったもの. ▶ C'est un *reste* de l'ancien français. これは古いフランス語の名残だ. ◆un *reste* de + 無冠詞名詞 わずかに残った…. ▶ J'ai encore un *reste* d'espoir. 私にはまだわずかに希望が残っている.
❺ 《複数で》残飯, 残り物; (他人の)おこぼれ, 残した物. ▶ conserver les *restes* du déjeuner pour le repas du soir 昼食の残りを夕食のために取っておく.
❻ 《複数で》廃墟(読み); 遺骸, 遺骨. ▶ les *restes* d'un bâtiment détruit 壊れた建物の残骸.
❼ 〖数学〗(引き算, 割り算などの)差, 余り, 剰余.
de reste 余分の, あり余るほどの. ▶ avoir de l'argent *de reste* 金があり余っている.
*du reste = 文章 *au reste* その上, しかも; もっとも. ▶ Elle est partie, *du reste*, je m'y attendais. 彼女は行ってしまった, まあ予想はしていたが.
être [*demeurer*] *en reste avec qn* …に借り[借金, 恩義]がある.
et (*tout*) *le reste* 〖列挙を受けて〗などなど. ▶
faire le reste あとは…がしてくれる. ▶ Le temps *fera le reste*. あとは時が解決してくれる.
le reste du temps (1) 残りの時間. (2) そのほかの時間[時期]は, 別の機会には.
ne pas demander [*attendre*] *son reste* 早々に退散する.
pour le reste = *quant au reste* ほかのことに関しては, そのほかは. ▶ *Pour le reste*, je dois me débrouiller. そのほかのことは自分でなんとかしなくてはならない.
sans demander son reste 黙って, こっそりと.

***rester** /rɛste レステ/ 自動

直説法現在	je reste	nous restons
	tu restes	vous restez
	il reste	ils restent
複合過去	je suis resté(e)	
半過去	je restais	
単純未来	je resterai	単純過去 je restai

英仏そっくり語
英 to rest 休む, 静止している.
仏 rester とどまる, …のままでいる.

《助動詞はêtre》 ❶ とどまる. ❶ (同じ場所に)とどまる, ずっといる[ある]. ▶ Nous *sommes restés* à Paris une semaine. 私たちはパリに1週間いた / *rester* à la maison toute la journée 1日中家にいる / *rester* au lit 寝床から起きてこない; 寝たきりである / *Restez* ici, je reviens tout de suite. ここにいてください, すぐに戻ります / Que tout ça *reste* entre nous! くれぐれも内密に. ◆ *rester* à + 不定詞 // 話 *rester* + 不定詞 …するためにとどまる. ▶ *Restez* (à) dîner avec nous. 一緒に食事をしていってください.
❷ 〈*rester* + 属詞 // *rester* + 様態〉(同じ状態, 立場など)にとどまる; …のままでいる. ▶ *rester* debout 立ったままでいる / *rester* jeune いつまでも若い / *rester* célibataire 独身のままでいる / *rester* fidèle à soi-même 自分に忠実であり続ける / *rester* en relation avec qn …と交際を保つ / *rester* sans bouger じっとしている / *rester* dans l'ignorance de qc …を知らないでいる / Sa réputation *est restée* intacte au-delà de sa mort. 彼(女)の名声は死後も損われなかった.
❸ 〈*rester* à + 不定詞〉…し続ける, …して時を過ごす. ▶ Elle *est restée* des heures à regarder la télévision. 彼女は何時間もテレビを見て過ごした.
❹ 〈*en rester à qc/qn*〉…(の程度)にとどまる, …以上は進まない. ▶ La dernière fois, nous en *sommes restés* à la page vingt. 前回は20ページまでやりました / En matière de musique, j'en *suis resté* à la musique romantique. 音楽については, 私の興味はロマン派どまりだ. ◆ *en rester là* もこまでやめる, それ以上進まない. ▶ Il faut en *rester* là de cette discussion stérile. こんな不毛な議論はこの辺でやめるべきだ.
❺ 〈*rester sur qc*〉…にとどまる, 執着[固執]する; を強く感じ続ける. ▶ *rester* sur un échec 失敗にこだわり続ける / *rester* sur une impression de malaise après avoir vu un film 映画を見たあと, なんとも居心地の悪い感じが残る.

❷ 残る. ❶ 〈*rester* (*de qn/qc*)〉(…のうちから)残る, 残存する. ▶ Un oncle, c'est le seul parent qui *reste* à cet orphelin. おじが1人, それがその孤児に残された唯一の親戚(読み)である / Rien ne *reste* de ces anciennes coutumes. これらの古い慣習は今ではまったく残っていない / 《倒置文で》Cinq ôté de sept, *reste* deux. 7引く5は2 / Ne *restent* [*reste*] que trois rescapés dans cette catastrophe. この大惨事の生存者はわずか3人だけ / C'est une œuvre qui *restera*. これは後世に残る作品だ / Les paroles s'envolent, les écrits *restent*. 諺 言葉は消えるが文字は残る.
❷ 〈*rester* à + 不定詞〉…すべきものとして残る, 依然…する必要がある. ▶ Tout *reste* à faire dans ce domaine. この分野ではすべてがこれからである.
❸ 《非人称構文で》 ❶ 〈*Il reste qc/qn* (à qn)〉(…に)…が残っている. ▶ Il *reste* 100 euros. 100ユーロ残っている / Il nous *reste* encore quelques amis. 私たちにはまだ何人か友人が残っている / C'est la seule chance qu'il te *reste*. これは君に残された唯一のチャンスだ(注 qu'il te *reste* = qui te *reste*) / Il ne me *reste* plus beaucoup d'argent. 私にはもうあまりお金が残っていない.
❷ 〈*Il reste* (à qn) à + 不定詞〉(…に)…することが残っている, (…は)まだ[これから]…しなければならない. ▶ Il me *reste* beaucoup à faire. 私にはまだやらなければならないことがたくさんある / Il ne me *reste* plus qu'à vous remercier. (あとはあ

résultat

なた(方)にお礼を言うだけです →)そろそろ失礼します. ▶ **Reste à** + 不定詞. ▶ *Reste* à savoir si je peux me libérer ce jour-là. 残るは私がその日を空けられるかどうかだ / *Reste* à savoir pourquoi elle a fait ça. 彼女がなぜそうしたかはまだわからない / *Reste* à prouver que ce projet ne présente aucun danger. あとはその計画にいかなる危険もないことを証明するだけだ.

❸ <**Il reste que** + 直説法 // **Il n'en reste pas moins que** + 直説法>いずれにせよ[それでもやはり]…であることに変わりはない. ▶ *Il reste que ce travail est nécessaire.* それでもやはりこの仕事は必要だ / *Il n'en reste pas moins que j'ai été choqué par ses propos.* それでも彼(女)の発言に私がショックを受けたことに変わりはない. ▶ **Reste que** + 直説法. ▶ *Reste que* la popularité du président de la République ne baisse guère. いずれにせよ大統領の人気はあまり落ちない.

❹ <**Il reste** + 形容詞 +「**que** + 直説法「**de** + 不定詞」>それでもやはり…が…であることに変わりはない. 注 形容詞は vrai, évident, nécessaire, prouvé, possible, démontré など. ▶ *Il reste* toujours vrai que nous avons beaucoup à apprendre des Français. 私たちがフランス人から学ぶことが多いというのは依然として真実である / *Il reste* possible de se réconcilier. 和解し合う可能性はまだ残っている.

- *rester en chemin* [*route*, 話 *plan*] 途中でやめる; 挫折(ざせつ)する.

- *rester sur* [*le cœur* [*l'estomac*]〔不愉快なことなどが〕胸につかえる. ▶ Cela m'*est resté sur le cœur*. それが今でもくやしい.

- **y rester** 話 (危険な企てで)命を落とす, 死ぬ.

restituer /ʀɛstitɥe/ 他動 ❶ …を(本来の持ち主に)返す, 返還する. ▶ *restituer* les objets volés (=remettre) 盗んだ品物を返す.
❷ …を復元する, 修復する. ▶ *restituer* un texte altéré 改竄(かいざん)された原典を正す.
❸ …を再現する; 〔音〕を再生する. ▶ un film qui *restitue* les mœurs d'une époque ある時代風俗を再現した映画.
❹〔蓄積したエネルギー〕を放出する.

restitution /ʀɛstitysjɔ̃/ 女 ❶ 返還, 返却.
❷ 復元; 再現.

resto /ʀɛsto/ 男 ⇨ RESTAU.

restoroute /ʀɛstoʀut/ 男 ⇨ RESTAUROUTE.

restreign- 活用 ⇨ RESTREINDRE 80

restreindre /ʀɛstʀɛ̃:dʀ/ 80 (過去分詞 restreint, 現在分詞 restreignant) 他動 …を限定する, 制限する, 狭める. ▶ *restreindre* ses dépenses (=réduire) 出費を抑える / *restreindre* son activité 活動範囲を狭める / *restreindre* la liberté de qn …の自由を制限する.

— **se restreindre** 代動 ❶ <*se restreindre* (à qc)> (…に)縮小される, 狭まる; 限られる. ❷ 生活を切り詰める.

restreint, einte /ʀɛstʀɛ̃, ɛ̃:t/ 形 (restreindre の過去分詞) <*restreint* (à qc)> (…に)限られた, 限定された, 少ない, 小さい. ▶ public *restreint* 限られた人数の聴衆 / un espace *restreint* 狭い空間 / édition à tirage *restreint* 限定版.

restrictif, ive /ʀɛstʀiktif, i:v/ 形 制限する, 限定の. ▶ clause [condition] *restrictive* 制限条項 / interprétation *restrictive* de la loi 法の厳密な解釈.

restriction /ʀɛstʀiksjɔ̃/ 女 ❶ 制約, 条件; 留保. ▶ la *restriction* du sens d'un mot 語義の限定 / apporter des *restrictions* au pouvoir de qn …の権限に制約を設ける / Il a accepté, mais avec *restriction* [des *restrictions*]. 彼は条件付きで承諾した / faire des *restrictions* 保留条件を付ける, 疑義を差し挟む.
❷ (数量などの)制限, 削減, 縮小. ▶ *restriction* des crédits (=diminution) 予算削減 / imposer des *restrictions* aux exportations 輸出制限を課する.
❸《複数で》物資統制, 配給制. ▶ imposer des *restrictions* 配給制を敷く.

- *sans restriction* 全面的に[な]; 無条件で[の]. ▶ Je l'approuve *sans restriction*. 私は全面的に賛成です.

restructuration /ʀəstʀyktyʀasjɔ̃/ 女 再構成, 再編成; 立て直し;〔企業の〕リストラ.

restructurer /ʀəstʀyktyʀe/ 他動 …を再構成する, 再編成する; 立て直す; リストラする. ▶ *restructurer* un quartier ある地区を再開発する.

— **se restructurer** 代動 再構成される, 再編成される; 立て直される.

resucée /ʀ(ə)syse/ 女 話 ❶ (飲み物の)お代わり, もう1杯. ❷ 二番煎(せん)じ, 焼き直し.

résultante /ʀezyltɑ̃:t/ 女 (複合要因から生じる)結果, 産物. ▶ L'évolution de l'histoire est la *résultante* de toutes les forces sociales. 歴史の発展はもろもろの社会的な力が互いに影響を及ぼし合ったその結果としてある.

*****résultat** /ʀezylta/ レズュルタ/ 男 ❶ 結果. ▶ le *résultat* d'une enquête 調査の結果 / C'est le *résultat* qui compte. 重要なのは結果だ / Le *résultat* est que + 直説法. 結果は…である. ◆ avoir pour *résultat* qc [de + 不定詞] 結果として…を招く. ▶ Votre bêtise a eu pour *résultat* de le vexer. あなた(方)の愚行で彼は気分を害した.
❷《多く複数で》成果, よい結果. ▶ aboutir à un meilleur *résultat* よりよい結果に達する / L'assemblée générale se termina sans *résultats*. 総会はなんの成果も見ないまま閉幕した.
❸《複数で》(数値や合否で示された)結果; 試験の成績; 合格者名簿;(選挙などの)集計結果; 試合成績[スコア]. ▶ *résultats* de l'élection 選挙の集計結果 / *résultats* des examens 試験の成績 / *résultats* des courses 競馬のレース結果.
❹(計算の)解答. ▶ le *résultat* d'une addition 足し算の答え.
❺ 話《副詞的に》その結果.

- *résultat(s) des courses* 結局のところ.

> 比較 **結果**
> **résultat** 因果関係の結果についてよい意味でも悪い意味でも最も普通に用いられる. **conséquence** 因果関係の結果について, 特に悪い意味

résulter

で用いられることが多い．**suite** 時間的にあとにくるものの意で，因果関係の結果を表わす場合には logique, naturel などの形容詞を伴うことが多い．また病気や事故の後遺症を表わすこともある．**effet** 物事の作用の結果をいう．

***résulter** /rezylte レズュルテ/ 自動《不定形，現在分詞，3人称でのみ用いられる．助動詞は être または a avoir》❶ «*résulter* de qc» …の結果である，の結果として生ずる，に起因する．▶ fatigue qui *résulte* du surmenage 働きすぎによる疲労 / Je ne sais ce qui en *résultera*. その結果何が起こるのかは分からない．

❷《非人称構文で》〈Il *résulte* A de B〉B から A が生じる．▶ Il *est résulté* de leur rencontre une vraie amitié. 彼(女)らの出会いから真の友情が芽生えた．◆ Il *résulte* de qc [Il en *résulte*] que + 直説法. …の結果[その結果]…ということになる．▶ Il en *résulte* que l'économie japonaise a connu une croissance rapide. その結果，日本経済は高度成長を迎えることとなった / Qu'en *résultera*-t-il? その結果どうなるだろう．

résumé /rezyme/ 男 ❶ 要約，レジュメ．▶ le *résumé* des nouvelles ニュースの要点 / faire un *résumé* de la situation 状況を手短に説明する．❷ 要覧，概説書．▶ *résumé* de géométrie 幾何学概論．

en résumé 要約すると，簡単に言うと，結局のところ．▶ *En résumé*, voici la situation. つまり，これが現状だ．

*résumer** /rezyme レズュメ/ 他動

英仏そっくり語
英 to resume 再開する．
仏 résumer 要約する．

❶ …を要約する，総括する．▶ *résumer* une discussion 討論を総括する / *Résumez* ce texte en 20 lignes. このテキストを20行で要約しなさい．❷ …を端的に写す，の縮図である．

— **se résumer** 代動 ❶ (自分の)考えを要約する．▶ pour *nous résumer* 今までお話ししたことを要約しますと．❷ 要約される．▶ En lui *se résume* toute une époque. 彼の中に1つの時代が凝縮的に現れている．◆ *se résumer* à qc/不定詞 …のひとことに尽きる，要するに…だ．▶ Son travail *se résume* à classer des documents. 彼(女)の仕事は要するに資料整理だ．

resurgir /r(ə)syrʒiːr/ 自動 また突然現れる．

résurrection /rezyrɛksjɔ̃/ 女 ❶ 蘇生(ホム)，復活．▶ la *Résurrection* キリスト復活(の図)．❷ (危篤からの)回復．❸ (文芸などの)復活，(過去の)再興．

retable /rətabl/ 男 (教会の)祭壇画．

*rétablir** /retabliːr レタブリール/ 他動

直説法現在	je rétablis	nous rétablissons
	tu rétablis	vous rétablissez
	il rétablit	ils rétablissent

❶ …を元の状態に戻す，立て直す；復旧する．▶ *rétablir* la situation économique 経済状態を立て直す / *rétablir* un texte 原典を復元[校訂]する / *rétablir* l'ordre 秩序を回復させる / *rétablir* la circulation 交通止めを解除する / *rétablir* le courant 停電を復旧する / *rétablir* les relations diplomatiques 外交関係を修復する / *rétablir* les communications téléphoniques 電話回線を復旧する．

❷ «*rétablir* qn dans [à] qc» …を…に戻す，に取り戻させる．▶ *rétablir* qn dans 「son emploi [ses droits] …を復職[復権]させる / *rétablir* qn à sa place …を元の地位に復帰させる．❸ …の健康を取り戻させる．▶ Le repos l'a *rétablie*. 安静にしていたので彼女は再び元気になった．

rétablir 「*les faits* [*la vérité*] 事実[真実]を明らかにする．

— **se rétablir** 代動 ❶ 健康を回復する，再び元気になる．▶ Le malade *se rétablit* lentement. 患者は徐々に快方へと向かっている．❷ 復活する，元に戻る．▶ Le silence *s'est rétabli* dans la salle. 部屋に静寂が戻った．

rétablissement /retablismɑ̃/ 男 ❶ 回復，復活；正常化，再建．▶ le *rétablissement* des relations diplomatiques entre deux pays 2国間の外交再開 / le *rétablissement* de l'économie d'un pays 一国の経済の立て直し．❷ 健康の回復，治癒；精神的な立ち直り．❸《体操》懸垂．

retaille /r(ə)tɑːj/ 女 (宝石の)再カット．

retailler /r(ə)taje/ 他動 …を再び切る[削る]．▶ *retailler* une pierre précieuse 宝石を再カットする．

rétamage /retamaːʒ/ 男 (鍋(鴨)などの)錫(杞)めっきのし直し．

rétamé, e /retame/ 形 ❶ 錫(杞)めっきし直した．❷ 俗 へとへとに疲れた．❸ 俗 使い物にならない．

rétamer /retame/ 他動 ❶ …に再び錫(杞)めっきする．❷ 俗 …を酔いつぶす；へとへとに疲れさせる．❸ (賭博(ボク)で)…を一文無しにする．❹ 俗 …を駄目にする，台なしにする．

rétameur /retamœːr/ 男 錫(杞)めっき職人．

retapage /r(ə)tapaːʒ/ 男 話 ❶ (大ざっぱな)手入れ，修理．❷ 健康の回復．

retape /r(ə)tap/ 女 俗 ❶ faire la *retape*〔売春婦が〕客引きをする．❷ (激しい)宣伝活動，勧誘．

retaper /r(ə)tape/ 他動 話 ❶ …をざっと手直しする，の手入れをする．▶ *retaper* un lit ベッドをざっと整える．❷ …に元気[健康]を取り戻させる．

— **se retaper** 代動 話 元気を取り戻す．

*retard** /r(ə)taːr ルタール/ 男 ❶ 遅刻．▶ s'excuser de son *retard* 遅刻を詫(♯)びる / le *retard* d'un avion 飛行機の遅れ / partir avec 「un *retard* d'une heure [une heure de *retard*] 1時間遅れて出発する / billet de *retard* 遅延証明書．❷ (期限に対する)遅れ，遅滞．▶ *retard* de paiement 支払いの遅れ / payer avec *retard* 遅れて払う．

❸ (発達，進歩，競争の)遅れ．▶ *retard* de croissance 発育の遅れ / *retard* mental 知恵遅れ / rattraper son *retard* 遅れを取り戻す．❹《薬学》《同格的に》médicament *retard* 持続性薬剤．

avoir [*prendre*] *du retard* (*sur qn/qc*) (…より)遅れている[遅れる，遅れを取る]．注 形容

詞を伴うと du の代わりに不定冠詞を用いる. ▶ Ma montre prend du *retard*. 私の腕時計は遅れる / J'ai pris du *retard* dans mon travail. 仕事がうまくはかどっていない / Tu as du *retard*! 🔊 君は遅れているなあ，ぞぞ知らなかったのか / avoir「un *retard* important [un net *retard*] sur qn/qc に対して大きな [顕著な] 遅れを取っている.
◆ **avoir [prendre] + 数量表現 + de retard** ∥ **avoir [prendre] un retard de + 数量表現** …だけ遅れている [遅れる]. ▶ avoir「deux heures *de retard* [un *retard de* deux heures]」2時間の遅れを取っている.
avoir un métro [train] de retard 🔊 遅れている.

en retard (de + 数量表現) (…だけ) 遅れて; 滞って. ▶ Dépêchez-vous! Vous êtes *en retard*. 急ぎなさい，遅れていますよ / arriver *en retard* de dix minutes à un rendez-vous 待ち合わせに10分遅れる / se mettre *en retard* (くずぐずして) 遅くなる / être *en retard* pour payer son loyer 家賃を滞納している / arriver *en retard* à l'école 学校に遅刻する. ◆ ***en retard sur qn/qc*** …より遅れて. ▶ Ce pays est économiquement *en retard sur* le nôtre. その国は我が国より経済的に遅れている.

retard à l'allumage (1) 点火のタイミングの遅れ. (2) 理解の遅さ，反応の鈍さ.
sans retard 直ちに.

retardataire /r(ə)tardatɛːr/ 形 ❶ 遅刻した，遅れた. ▶ élèves *retardataires* 遅刻した生徒. ❷ 時代遅れの. ❸ 勉強の遅れた. — 名 ❶ 遅刻者. ❷ 時代遅れの人. ❸ 勉強の遅れた子供.

retarda*teur, trice* /r(ə)tardatœːr, tris/ 形 (反応，動きなどを) 抑制する，遅らせる.

retardé, e /r(ə)tarde/ 形 ❶ 知恵遅れの. ❷ 遅れた; 延期された. ▶ pays économiquement *retardé* 経済的に遅れた国. — 名 知恵遅れの子供.

retardement /r(ə)tardəmɑ̃/ 男 《次の句で》
à retardement (1) 時限装置を備えた. ▶ bombe *à retardement* 時限爆弾. (2) 🔊 遅れて, あとになって. ▶ agir *à retardement* 後手にまわる / comprendre *à retardement* 理解が遅い.

*****retarder*** /r(ə)tarde/ ルタルデ/ 他動 ❶ ‹*retarder* qn/qc› …を遅らせる，遅延させる. ▶ *retarder* une montre de dix minutes 腕時計 (の針) を10分遅らせる / Les embouteillages ont *retardé* son arrivée. 渋滞で彼は到着が遅くなった / Je ne veux pas vous *retarder*. お引き止めはしません. ◆ *retarder* qn/qc dans qc …の…を遅らせる. ▶ Ces bavardages le *retardent* dans ses préparatifs. むだ話で彼は支度がはかどらない.
❷ …を延期する. ▶ *retarder* ses vacances d'une semaine 休暇を1週間先に延ばす.
— 自動 ❶ 〔時計が〕遅れている. ▶ Ma montre *retarde* de trois minutes. 私の時計は3分遅れている.
❷ 🔊 〔考えなどが〕遅れている; 事情に疎い. ▶ *retarder* sur son temps (考えが) 時代遅れである / Ma voiture? Tu *retardes*, je l'ai vendue il y a deux ans. 私の車だって. 今ごろ何を言ってるんだ，あれは2年前に売ってしまったよ.
❸ 〔事象 (の生起)〕が遅れる; 遅くなる.
— **se retarder** 代動 〔人が〕遅れる.

reteign-, retein- 活用 ⇨ RETEINDRE [80]

reteindre /r(ə)tɛ̃ːdr/ [80] 他動 (過去分詞 reteint, 現在分詞 reteignant) …を染め直す.

reten- 活用 ⇨ RETENIR [28]

*****retenir*** /r(ə)tniːr/ ルトゥニール/ [28] 他動

過去分詞 retenu	現在分詞 retenant
直説法現在 je retiens	nous retenons
tu retiens	vous retenez
il retient	ils retiennent
複合過去 j'ai retenu	半過去 je retenais
単純未来 je retiendrai	単純過去 je retins

❶ …を引き止める，とどまらせる. ▶ Tu es pressé, je ne te *retiens* pas plus longtemps. 君は急いでいるんだろ，もうこれ以上は引き止めない / Le mauvais temps nous *a retenus* toute la journée à la maison. 悪天候のため私たちは1日中家に閉じ込められた / *retenir* qn à dîner …を夕食に引き止める.
❷ …を止める，制止する; 抑える，こらえる. ▶ *retenir* sa colère 怒りを抑える / *retenir* ses larmes 涙をこらえる / *retenir* sa langue 口をつつしむ / *retenir* son souffle 息を止める / *retenir* un cheval 馬の足並みを抑える. ◆ *retenir* qn de + 不定詞 (=empêcher) …が…するのを制止する. ▶ *retenir* qn de faire une bêtise …がばかなことをするのを思いとどまらせる.
❸ …を支える. ▶ *retenir* qn par le bras …の腕を支える / Elle serait à coup sûr tombée, si je ne l'*avais* pas retenue. 私がつかまえてやらなかったら彼女は絶対に転んでいた / Vite! *Retiens* le vase, il va tomber! 早く，花瓶が倒れそうだ，押さえてくれ.
❹ ‹*retenir* qc (par [avec] qc)› (…で) …を留める，固定する; せき止める. ▶ *retenir* les cheveux avec une barrette (整髪用) クリップで髪を留める / *retenir* l'attention de qn (=attirer) …の注意を引く.
❺ …を記憶に留める，忘れない. ▶ *Retenez* vien ce que je vous dis. 私があなたに言うことをよく覚えておきなさい / un nom facile à *retenir* 覚えやすい名前. ◆ *retenir que* + 直説法 …ということを覚えておく.
❻ …を考慮に入れる，取り上げる，採用する. ▶ *retenir* une suggestion 提言を取り上げる / Parmi les nombreux projets présentés, c'est celui de M. Dupont qui *a été retenu*. (=adopter) 数多く提出されたプロジェクトの中から採用されたのはデュポン氏のものである / *retenir* une cause 〔裁判所が〕訴訟を受理する.
❼ …を取っておく，予約する; 前もって確保する. ▶ *retenir* une chambre d'hôtel (=réserver) ホテルに部屋を取る / J'*ai retenu* une étudiante pour qu'elle garde mes enfants ce soir-là. その晩子供たちを預かってもらうために女子学生を1人頼んだ.
❽ …を控除 [天引き] する; 返さずにおく，差し押さえ

rétention

る. ▶ *retenir* cinq pour cent du salaire d'un employé pour la retraite 退職年金のために従業員の給料から5パーセント天引きする / *retenir* les impôts à la source 税金を源泉徴収する. ❾ (次の桁(½)に送るために)〔数〕を取っておく. ▶ Additionner 28 et 6; 8 plus 6 font 14, je pose 4 et je *retiens* 1. 28足す6の計算では、まず8足す6は14で、4を書いて1を十の位に繰り上げるために取っておく.

Je ne sais pas ce qui me retient! 話 ああなんてこんなに我慢してるのやらないんだ.

Je vous [le] retiens! あなたのこと[そのこと]は覚えておくよ、もうこりごりだ(へまをした相手や役立たなかったものへの皮肉).

Retenez-moi, ou je fais un malheur. 話 私を怒らせないほうが身のためだ.

── *se retenir* 代動 ❶ (倒れ落ちないように)身を支える. ▶ *se retenir* sur une pente glissante 滑りやすい斜面で体のバランスを保つ / *se retenir* au bras de qn (=s'accrocher) …の腕にすがる. ❷ <*se retenir* (de + 不定詞)> (…するのを)自制する, 我慢する, こらえる. ▶ *se retenir* de rire 笑いをかみ殺す / Malgré sa colère, il a essayé de *se retenir*. 彼は頭にきたが, なんとか自分を抑えようとした / *se retenir* pour ne pas pleurer 泣くのをこらえる.

❸〔言葉などが〕覚えられる. ▶ une formule qui *se retient* facilement 覚えやすい決まり文句.

❹〔便[尿]〕意をこらえる.

rétention /retɑ̃sjɔ̃/ 囡 ❶〔法律〕droit de *rétention* (債権者の持つ)留置権. ❷〔医学〕*rétention* d'urines 尿閉.

retentir /r(ə)tɑ̃ti:r/ 自動

直説法現在	je retentis	nous retentissons
	tu retentis	vous retentissez
	il retentit	ils retentissent

❶ 鳴り響く, 響き渡る. ▶ Des cris *retentirent* dans la cour. 叫び声が中庭に響き渡った.
❷ 文章 <*retentir* de qc>〔場所が〕(音)で満たされる. ▶ La salle *retentissait* d'applaudissements. ホールは割れんばかりの拍手喝采(ﾀﾂﾞﾊｸ)だった.
❸ <*retentir* sur qc> …に影響を及ぼす. ▶ La hausse des prix *retentit* sur le pouvoir d'achat. 物価上昇は購買力に影響する.

retentissant, ante /r(ə)tɑ̃tisɑ̃, ɑ̃:t/ 形 ❶ よく響く, 響き渡る (=sonore). ❷ 反響を呼ぶ, 影響の大きい.

retentissement /r(ə)tɑ̃tismɑ̃/ 男 ❶ 影響, 余波. ▶ avoir un *retentissement* profond sur qc …に大きな影響を与えている. ❷ 評判, 反響. ▶ Ce film a eu un grand *retentissement*. その映画は大評判になった.

retenu, e /r(ə)təny/; /rət(ə)ny/ 形 (retenir の過去分詞) ❶ 予約済みの. ▶ place *retenue* (=réservé) 予約席. ❷ 抑制された, 慎み深い, 控えめな. ▶ une fille calme et *retenue* もの静かで控えめな娘.

retenue /r(ə)təny/; /rət(ə)ny/ 囡 ❶ 留め置き, 保留. ▶ la *retenu* d'une marchandise à la douane 税関での商品の保留[差し押さえ].
❷ (罰として生徒に与える)居残り. ▶ avoir deux heures de *retenu* 2時間の居残りをさせられる.
❸ (報酬からの)控除, 天引き. ▶ faire une *retenu* de dix pour cent sur un salaire 給料の10パーセントを天引きする. ❹ 慎み, 控えめ. ▶ manquer de *retenu* 慎みがない / parler avec [sans] *retenu* 控えめに[無遠慮に]話す. ❺〔土木〕貯水, 貯水量; 貯水池 (=*retenu* d'eau). ❻〔数学〕(次の位への)繰り上がり.

réticence /retisɑ̃:s/ 囡 ❶ 故意の言い落とし; 言外の意味. ▶ parler sans *réticence* 包み隠さず話す. ❷ ためらい. ▶ accepter avec *réticence* ためらいながら承諾する / sans aucune *réticence* なんのためらいもなく.

réticent, ente /retisɑ̃, ɑ̃:t/ 形 ❶ 故意に黙っている; 思ったままを言わない. ▶ un sourire *réticent* 意味ありげな微笑. ❷ ためらいがちな, 煮え切らない. ▶ se montrer *réticent* devant un projet ある企画にためらいを示す.

réticule /retikyl/ 男 ❶ (女性用の)小型ハンドバッグ. ❷〔光学〕レチクル: 照準用の十字線.

réticulé, e /retikyle/ 形 文章 網状の.

retien-, retiendr- 活用 ⇨ RETENIR 28

rétine /retin/ 囡〔解剖〕網膜. ▶ décollement de la *rétine* 網膜剝離(ﾊｸﾘ).

rétinien, enne /retinjɛ̃, ɛn/ 形 網膜の.

retinss-, retin-, retîn- 活用 ⇨ RETENIR 28

retiré, e /r(ə)tire/ 形 ❶ 人里離れた, 辺鄙(ﾍﾝﾋﾟ)な. ▶ un village *retiré* 人里離れた村. ❷ 引きこもった, 隠棲(ｲﾝｾｲ)した. ▶ vivre *retiré* 隠遁(ｲﾝﾄﾝ)生活を送る. ❸ 引退した, 退職した.

***retirer** /r(ə)tire/ 他動 ルティレ

英仏そっくり語
英 to retire 引退[退職]する, 引っ込む.
仏 retirer 引き出す, 引っ込める.

❶ <*retirer* qc/qn de qc> ❶ (場所)から…を取り出す; 引き出す, 受け取る. ▶ *retirer* les mains de ses poches 両手をポケットから出す / *retirer* le pain du four パンをかまどから取り出す / *retirer* un blessé des décombres 負傷者を瓦礫(ｶﾞﾚｷ)の中から救い出す / *retirer* de l'argent de la banque 銀行からお金を引き出す.
❷ <*retirer* qc (de qc)> (場所から)〔手足など〕を引っ込める; 〔物〕をのける. ▶ *Retire* ta main, tu vas te brûler. 手を引っ込めろ, やけどするぞ / *Retire* tes affaires de la table. テーブルから物をどけなさい.
❸ …から〔利益, 結果など〕を引き出す, 得る. ▶ *retirer* des bénéfices considérables d'une affaire 事業でかなりの利益を得る.
❹ …に…をやめさせる. ▶ *retirer* son fils du collège 息子を中学校から退学させる.
❺ 〔本〕を増刷する; 〔写真を〕焼き増しする.

❷ <*retirer* qc/qn à qn> ❶ …から…を取り去る; 取り上げる, 奪う. ▶ *retirer* son collier à un chien 犬の首輪を外す / *retirer* à qn son emploi …を首にする / On lui *a retiré* le permis de conduire. 彼(女)は運転免許証を取り上げられた / On ne me *retirera* pas l'idée que + 直説法 話 何と言われようと私は…だと思う.

❷ …に対する[気持ち, 評価]を取り下げる. ▶ Il m'*a retiré* sa confiance. 彼は私を信頼しなくなった.

❸ <retirer qc> ❶ [身につけている物]を脱ぐ, 外す. ▶ *retirer* sa veste ジャケットを脱ぐ / *retirer* ses lunettes めがねを外す.

❷ [言動]を取り下げる, 撤回する. ▶ *retirer* sa candidature 立候補を取りやめる / Je *retire* ce que j'ai dit. 前言は取り消します.

— *se retirer 代動 ❶ 立ち去る, 退散[退去]する. ▶ Il est temps de *me retirer*. もうおいとまする時間です / *Retire-toi* de là. あっちへ行け.

❷ <se retirer (de qc)> <…から>手を引く, 引退する; (勝負)を降りる, 棄権する. ▶ *se retirer* de la vie politique 政治活動から引退する.

❸ …に引きこもる, 隠遁(いんとん)する. ▶ *se retirer* dans sa chambre 自分の部屋に引っ込む / Ils ont décidé de *se retirer* à la campagne. 彼らは田舎に引きこもることに決めた. ❹ [潮, 水などが]引く. ❺ (射精前に)ペニスを引き抜く.

retombée /r(ə)tɔ̃be/ 囡 ❶ [複数で](悪)影響, 波及効果. ▶ les *retombées* politiques d'un scandale financier 贈収賄事件の政治的影響. ❷ 落下; [複数で]落下物. ▶ *retombées* radioactives 放射性降下物, 死の灰. ❸ [文章] (興奮などの)沈静.

***retomber** /r(ə)tɔ̃be/ ルトンベ/ 自動 [助動詞は être) ❶ 再び倒れる, 再び落ちる; 着地する. ▶ Elle se releva, mais *retomba* aussitôt. 彼女は起き上がったが, すぐまた倒れた / laisser *retomber* un rideau de fer シャッターを下ろす / Le chat *est retombé* sur ses pattes. 猫が四つ足で着地した / Le dollar *est retombé* à 110 yens. ドルは110円に戻した.

❷ <retomber dans [en] qc // retomber + 属詞>(悪い状態)に再び陥る. ▶ *retomber* dans l'erreur 過ちを繰り返す / Le pays *retomba* dans la guerre civile. 国は再び内戦に陥った / *retomber* malade また病気になる.

❸ [髪, カーテンなどが]垂れ下がる. ▶ De petites boucles blondes *retombaient* sur son front. ブロンドの小さな巻き毛が彼(女)の額に垂れていた.

❹ <retomber sur qn> [責任, 支払いなどが] …にふりかかる, 帰する. ▶ C'est sur lui que *retombent* toutes les responsabilités. 責任はすべて彼にある.

❺ <retomber sur qc> …に立ち戻る, 舞い戻る. ▶ La conversation *retombe* toujours sur le même sujet. 話はいつも同じ話題に戻る.

❻ [怒り, 興奮などが]冷める, 治まる. ❼ [雨や雷が]再び降る.

Ça lui retombera sur le nez. 諺 彼(女)にその報いが来るだろう.

retomber sur ses pieds 諺 立ち直る, 苦境を切り抜ける.

retordre /r(ə)tɔrdr/ 60 他動 (過去分詞 retordu, 現在分詞 retordant) ❶ …を再び絞る. ▶ *retordre* du linge 洗濯物をさらに固く絞る.

❷ [糸, ロープ]を撚(よ)る, 撚り合わせる.

donner du fil à retordre à qn …をてこずらせる, …に面倒をかける.

rétorquer /retɔrke/ 他動 反論する, 言い返す. ▶ On m'*a rétorqué* que j'avais tort. 私が間違っていると反論された.

retors, orse /rətɔːr, ɔrs/ 形 ❶ 狡猾(こうかつ)な, ずる賢い. ❷ [繊維] fil *retors* 撚(よ)り糸.

rétorsion /retɔrsjɔ̃/ 囡 報復措置. ▶ mesures de *rétorsion* 報復措置, 対抗手段 / user de *rétorsion* envers un Etat ある国に対して報復策を取る.

retouche /r(ə)tuʃ/ 囡 ❶ 手直し, 修正, 加筆. ▶ faire quelques *retouches* à un tableau 絵に修正を加える. ❷ (既製服の)寸法直し.

retoucher /r(ə)tuʃe/ 他動 ❶ [作品など]を修正する. ▶ *retoucher* un tableau 絵に手を加える / photo *retouchée* 修正写真. ❷ [服]の寸法を直す.

retouch|eur, euse /r(ə)tuʃœːr, øːz/ 图 (写真などの)修正屋; (服の)寸法直し屋.

***retour** /r(ə)tuːr ルトゥール/ 男 ❶ 帰ること, 戻ること; 帰路, 帰途; 帰還. ▶ attendre le *retour* de qn …の帰りを待つ / dès mon *retour* 帰るとすぐに / prendre un (billet d') aller et *retour* 往復切符を買う / sur le chemin du *retour* 帰り道で[に] / prendre un express au *retour* 帰りに急行に乗る.

❷ <retour à qc/qn> …への復帰, 立ち戻り. ▶ *retour* à la nature 自然回帰 / le *retour* à la terre 帰農, 自然に帰ること / *retour* au calme 平静に戻ること / le *retour* d'un homme politique au pouvoir 政治家の政権復帰.

❸ 過去にさかのぼること, 回顧. ▶ faire un *retour* sur son passé 自分の過去を振り返る / *retour* en arrière 回顧, 回想; (映画などの)フラッシュバック.

❹ 再来, 再生, 回帰. ▶ *retour* du froid 寒さのぶり返し / le *retour* d'une maladie 病気の再発 / le *retour* de la paix 平和の再来 / *retour* éternel [哲学]永劫回帰.

❺ 返送, 返却, 返品. ▶ le *retour* d'une lettre à l'envoyeur 手紙の差出人への返送.

❻ [文章] (感情, 助力などの)お返し, 返報. ▶ aimer qn sans espoir de *retour* 愛されるという期待もなく…を愛する.

❼ [文章] (情勢などの)急変, 激変.

❽ [スポーツ] match *retour* リターンマッチ, 雪辱戦. ❾ [情報] リターンキー.

***à mon retour (de qc)** 私が(…から)帰ったとき. ▶ mon は各人称に変化させて用いる. ▶ J'irai vous voir *à mon retour*. 帰ったら会いに行きます.

***au retour de qc** …から帰ると.

de retour à [de] qc …に [から] 帰ると. ▶ *De retour à Paris, il a repris contact avec les autorités françaises.* パリに戻ると彼はフランス当局と再び連絡を取った.

***en retour** (1) [動きなどが]逆方向の. ▶ effet *en retour* 跳ね返り, 反動. (2) *en retour* (de qc) (…の)代わりに, お返しに. ▶ Que lui donnerez-vous *en retour* de ses services? 彼(女)が骨を折ってくれたお返しに何をあげるつもりですか.

***être de retour** 帰っている. ▶ Mon père *sera de retour* demain soir. 父は明日の夜には帰って

retourne

faire retour à qn (元の所有者)に返却される，戻される．
par retour (*du courrier*) 折り返し(の便で)．▶ répondre *par retour* 折り返し返事をする．
par un juste retour des choses 起こるべくして(起こった)，当然の報いとして．
payer qn de retour …に同じ感情でこたえる，同じ態度で接する．
point de non retour 後戻りのできない段階．
retour d'âge 更年期．
retour de bâton しっぺ返し，自業自得．
retour de flamme (1) しっぺ返し，自業自得．(2)(活動や情熱の)再開，再燃．(3) (内燃機関の)バックファイア．
retour de manivelle (1) (内燃機関の)クランクの逆転．(2) 固 情勢の急変，しっぺ返し，反動．
retour en force 華々しい再来，猛烈な巻き返し．▶ *retour en force* du choléra コレラの激しい再流行．
retour offensif (1) 反撃．(2) (病気や悪天候など の)ぶり返し．
retour sur soi-même 自己省察，自省．▶ faire un *retour sur soi-même* 反省する．
sans retour 永久に．
sur le retour (1) 帰ろうとしている．(2) 老い始めている．▶ une dame *sur le retour* 初老の婦人．

retourne /r(ə)turn/ 女 〖カード〗アップカード：切り札を決定するために表向きにするカード．

retournement /r(ə)turnəmɑ̃/ 男 (意見，態度，事態などの)急変，急転．▶ Son *retournement* a surpris tout le monde. 彼(女)の豹変(ひょうへん)ぶりにはみんな驚いた．

***retourner** /r(ə)turne ルトゥルネ/ 他動 ❶ …を裏返す，ひっくり返す，逆さにする；(の語 [文字] 順を入れ換える．▶ *retourner* ses poches ポケットをひっくり返す / *retourner* une carte トランプをめくる / *retourner* un vêtement 服を裏返しに仕立て直す．比較 ⇨ RENVERSER.
❷ …をかき回す，かき混ぜる．▶ *retourner* la salade サラダをかき混ぜる / *retourner* la terre 土地を耕す．
❸ 〔部屋などを〕ひっかき回す．▶ Les policiers ont *retourné* toute la maison. 警官は家中をひっかき回した．
❹ 〈*retourner* qc à qn〉…を…に返送[返品]する．▶ *retourner* une lettre à son expéditeur 差出人に手紙を返送する．
❺ 〈*retourner* qc à [contre] qn〉〔同じ批判などを〕(相手に)言い返す；〔悪感情〕を(他人に)向ける．▶ *retourner* un argument contre qn 同じ論法で…に反駁する / *retourner* sa colère contre qn …に八つ当たりする．
❻ 〔状況〕を逆転させる；〔人の〕意見[態度]を一変させる．▶ *retourner* la situation à son avantage 情勢を自分に有利な方に一転させる．❼ 固 …を動転させる，仰天させる．▶ Cette nouvelle m'a tout *retourné*. この知らせに私は仰天した．
retourner la tête 振り向く．
retourner qn comme ⌈**un gant** [固 **une crêpe**]⌉…に難なく意見を変えさせる．
tourner et retourner qc (1) (手の中で)…をもてあそぶ．(2) 〔考え，計画など〕を何度も検討してみる．
— 自動《助動詞は多く être》❶ 引き返す，戻る．▶ *retourner* ⌈dans son appartement [en France]⌉ 自分のアパルトマン[フランス]へ戻る / *Retournez* à votre place. 席に戻りなさい / Il est *retourné* chez lui prendre son parapluie. 彼は傘を取りに家に戻った．
❷ …へ再び行く，を再訪する．▶ *Retournez*-vous cet été à la mer? この夏また海へ行きますか / Il faut que tu *retournes* chez le médecin. もう一度医者へ行くべきだ．
❸ 〈*retourner* à qc〉(元の状態，活動などに)戻る，立ち返る．▶ *retourner* à la vie civile 民間人に戻る / *retourner* à son ancien métier 元の職業に復帰する / *retourner* à l'état sauvage 野生に帰る．
❹ 〈*retourner* à qn〉〔財産などが〕(元の持ち主)に戻る，復帰する．▶ Ses biens *retourneront* à sa famille. 彼(女)の財産は家族の手に戻るだろう．
de quoi il retourne 《非人称構文で》何が問題なのか (= de quoi il s'agit). Savez-vous *de quoi il retourne* ? いったいどうなっているのですか．
retourner en arrière 引き返す．
— ***se retourner** 代動 ❶ 体の向きを変える；ひっくり返る．▶ *se retourner* sur le dos [ventre] 仰(ぁぉ)向き[腹這(ばぃ)い]になる / se tourner et *se retourner* dans son lit ベッドの中で何度も寝返りを打つ / La voiture *s'est retournée*. 車は横転した．
❷ 振り向く，振り返る．▶ *se retourner* vers qn …の方を振り向く / partir sans *se retourner* 振り返らずに立ち去る / On *se retournait* sur son passage. 皆は彼(女)が通るのを振り向いて見た．
❸ 〈*s'en retourner*〉帰っていく，戻る．▶ *s'en retourner* ⌈chez soi [dans son pays natal]⌉ 家 [故国] へ帰る．
❹ 〈*se retourner* vers qn/qc〉…に頼る，すがる．▶ Désorientée, elle ne savait vers qui *se retourner*. 彼女は途方に暮れてだれにすがったらいいのか分からなかった．
❺ 〈*se retourner* contre qn〉〔悪感情が〕…に向けられる；〔行為が〕(不利な結果になって)…にはね返る．▶ Sa haine *s'est retournée* contre ses amis. 彼(女)の憎しみは友人たちに向けられた / Ses procédés *se retourneront* contre lui-même. 彼のやり口ではいずれ自分が痛い目に遭うぞ．
❻ 〈*se retourner* contre qn〉(寝返って)…を敵に回す．▶ *se retourner* contre ses anciens amis かつての友人に背を向ける．
laisser à qn le temps de se retourner …に適切な処置をとる，余裕を与える．
s'en retourner comme on est venu むだ骨に終わって[空しく]引き上げる．

retracer /r(ə)trase/ 他動 ❶ …を生き生きと語る，生々しく描く．▶ *retracer* la vie d'un grand homme 偉人の生涯を活写する．
❷ 〔線などを描き直す，引き直す．
— **se retracer** 代動 ❶ 〈*se retracer* qc〉…をありありと思い出す．注 se は間接目的．
❷ 〔事件などが〕思い起こされる．

rétractation /retraktasjɔ̃/ 囡 [文章]（前言などの）取り消し, 撤回.

rétracter¹ /retrakte/ 他動 [文章]〔約束, 前言など〕を取り消す, 撤回する.
— **se rétracter** 代動 前言を取り消す.

rétracter² /retrakte/ 他動〔器官, 筋肉など〕を収縮させる；引っ込める.
— **se rétracter** 代動〔器官, 筋肉などが〕収縮する；引っ込む.

rétractile /retraktil/ 形〔動物の爪(ﾂﾒ), 頭などが〕引っ込められる.

rétraction /retraksjɔ̃/ 囡〖医学〗（器官や組織の）収縮, 退縮.

retrait¹ /r(ə)trɛ/ 男 ❶ 後退, 撤退；（水などが）引くこと. ▶ *retrait* des troupes d'occupation 占領軍の撤退 / *retrait* des eaux d'un fleuve 川の水位の低下. ❷（計画, 約束などの）撤回, 取り消し. ▶ *retrait* d'un projet de loi 政府提出法律案の撤回. ❸（預金などの）引き出し；（手荷物などの）受領. ▶ *retrait* d'argent à la banque 銀行預金の引き出し. ❹（資格, 身分などの）取り消し, 剥奪(ﾊｸﾀﾞﾂ). ▶ *retrait* du permis de conduire 運転免許の取り消し. ❺（物体の）収縮.
en retrait (1)〔列より〕引っ込んで［だ］, 奥まった. ▶ maison *en retrait*（家並みより引っ込んでいる家. (2)〔人, 主張などが〕後退している.

*****retraite*** /r(ə)trɛt/ ルトレト 囡 ❶ 引退, 退職, 退役. ▶ prendre sa *retraite* 退職する / être à la *retraite* 退職している / avoir l'âge de la *retraite* 定年に達する / maison de *retraite* 老人ホーム / *retraite* anticipée 早期退職(比較) ⇨ HÔPITAL).

❷（退職）年金, 恩給 (= pension de *retraite*).
▶ toucher une petite *retraite* 少額の年金を受け取る / caisse nationale des *retraites* pour la vieillesse 老齢年金公庫.

❸[文章] 隠れ家, 隠居所, 避難所.

❹（敗れた軍隊の）退却, 後退. ▶ couvrir une *retraite* 後退を援護する.
battre en retraite (1) 退却する. (2)（一時的に）譲歩する.

retraité, e /r(ə)trete/ 形 退職［退役］した；年金［恩給］を受けている. — 名 退職者；年金生活者.

retraitement /rətrɛtmɑ̃/ 男（核燃料の）再処理.

retraiter /r(ə)trete/ 他動〔使用済みの核燃料〕を再処理する.

retranché, e /r(ə)trɑ̃ʃe/ 形（塹壕(ｻﾞﾝｺﾞｳ), 塁などの）防御施設を施した.

retranchement /r(ə)trɑ̃ʃmɑ̃/ 男 防御陣地, 砦(ﾄﾘﾃﾞ)；塹壕(ｻﾞﾝｺﾞｳ) (= *retranchement* creusé).
attaquer [forcer, poursuivre] qn dans ses (derniers) retranchements …を激しく攻撃する, 徹底的に追い詰める.

retrancher /r(ə)trɑ̃ʃe/ 他動 ❶ <*retrancher* qc (de qc)> …を削除する, 抹消する；[文章]〔部分〕を切除する. ▶ *retrancher* des passages d'un texte 文章から数箇所を削る / *retrancher* les parties malades d'un organe 器官から病巣を取り除く. ❷ <*retrancher* qc de [sur] qc> …から…を控除する, 差し引く；〔数〕を引く. ▶ *retrancher* une somme sur un salaire 給料からある額を差し引く. ❸（塹壕(ｻﾞﾝｺﾞｳ)などで）〔陣地〕を防御する；…に防御施設を築く.
— **se retrancher** 代動 <*se retrancher* derrière qc> …の背後［中］に立てこもる, …で身を守る. ▶ *se retrancher* dans la montagne 山に立てこもる / *se retrancher* derrière l'autorité de qn …の権威を盾に取る / *se retrancher* dans un mutisme 黙秘する.

retranscription /r(ə)trɑ̃skripsjɔ̃/ 囡 再度の書き写し, 新たな書き換え.

retranscrire /r(ə)trɑ̃skri:r/ 他動〔過去分詞 retranscrit, 現在分詞 retranscrivant〕…を書き写す, 写し直す.

retranscriv- 活用 ⇨ RETRANSCRIRE 78

retransmet /rətrɑ̃smɛ/, **retransmets** /r(ə)trɑ̃smɛ/ 活用 ⇨ RETRANSMETTRE 65

retransmettre /r(ə)trɑ̃smɛtr/ 65 他動〔過去分詞 retransmis, 現在分詞 retransmettant〕❶ <*retransmettre* qc à qn> 〔知らせなど〕を再び（別の人）に伝える. ❷ …を中継放送する. ▶ *retransmettre* un match en direct 試合を生中継で放送する.

retransmi- 活用 ⇨ RETRANSMETTRE 65

retransmission /r(ə)trɑ̃smisjɔ̃/ 囡 ❶ 再び伝えること. ❷ 中継放送；中継放送の番組. ▶ *retransmission* en direct [différé] 生［録画］放送.

retravailler /r(ə)travaje/ 他動 …に再び手を加える；を仕上げる.
— 自動 ❶ <*retravailler* à qc> …に再び従事する, 再び取りかかる. ❷ 再び働く.

rétréci, e /retresi/ 形 (rétrécir の過去分詞) ❶ 狭められた, 縮んだ. ❷〔精神などが〕偏狭な.

rétrécir /retresi:r/ 他動 ❶ …を狭める, 縮める. ▶ *rétrécir* une jupe スカート（の丈［幅］)を詰める. ❷〔能力, 効力など〕を縮小する, 狭小化する.
— 自動 狭くなる, 縮む. ▶ Ce tissu *a* rétréci au lavage. この布地は洗ったら縮んでしまった.
— **se rétrécir** 代動 ❶ 狭くなる, 縮む.
❷ 偏狭になる, 貧弱になる.

rétrécissement /retresismɑ̃/ 男 ❶ 狭まること, 縮小；偏狭. ❷〖医学〗狭窄(ｷｮｳｻｸ).

retremper /r(ə)trɑ̃pe/ 他動 ❶ <*retremper* qc (dans qc)> …を再び（水などに）浸す. ❷〔鋼鉄〕を再焼き入れする. ❸〔人, 精神など〕を鍛え直す.
— **se retremper** 代動 ❶ 再び浸る. ❷ <*se retremper* (dans qc)> …に触れて新たな活力を得る. ▶ *se retremper* dans le milieu familial 家庭に戻って元気を取り戻す.

rétribuer /retribye/ 他動〔人, 仕事〕に報酬を払う, 賃金を支払う. ▶ *rétribuer* un travail 「au mois [à la journée]」月ぎめで［日割りで］賃金を支払う / travail bien *rétribué* 実入りのよい仕事 / *rétribuer* un avocat 弁護士に謝礼を払う.

rétribution /retribysjɔ̃/ 囡 報酬；給与. ▶ recevoir la *rétribution* de qc …の報酬を受け取る.

rétro¹ /retro/ 形〔不変〕(rétrograde の略)[話] 復古調の, 懐古趣味の. ▶ coiffure *rétro* レトロの髪型. — 男 ❶ 復古調, 懐古趣味. ❷〖ビリヤード〗

rétro

引き球 (=effet rétrograde).
rétro² /retro/ 男 (rétroviseur の略) 話 バックミラー.
rétro- 接頭「逆方向に，後方に」の意.
rétroacti*f, ive* /retroaktif, i:v/ 形 法令などが遡及(ｿｷｭｳ)力のある，遡及的な. ▶ effet *rétroactif* 遡及効果.
rétroaction /retroaksjɔ̃/ 女 ❶ 遡及(ｿｷｭｳ)力，遡及効果，遡及性. ❷ フィードバック，帰還.
rétroactivement /retroaktivmɑ̃/ 副 過去にさかのぼって.
rétroactivité /retroaktivite/ 女 【法律】遡及(ｿｷｭｳ)効：過去にさかのぼって適用すること.
rétrocéder /retrosede/ 6 他動 ⟨*rétrocéder* qc à qn⟩ (譲ってくれた本人）に…を再譲渡する，返還する；（第三者）に…を転売する.
rétrocession /retrosesjɔ̃/ 女 【法律】(譲渡人本人への)再譲渡，返還；（第三者への）譲渡，転売.
rétrofusée /retrofyze/ 女 逆(推進)ロケット.
rétrogradation /retrogradasjɔ̃/ 女 ❶ 後退，退却. ❷ (公務員，軍人の)降格，降級. ❸ (競馬，競走での)着順を下げる罰則.
rétrograde /retrograd/ 形 ❶ 逆行の，後退の. ▶ marche *rétrograde* 後退 / mouvement *rétrograde* 逆行. ❷ 時代に逆行する，反動の；復古的な. ▶ politique *rétrograde* 反動政治.
rétrograder /retrograde/ 自動 ❶ 後退する，後戻りする. ▶ L'ennemi a commencé à *rétrograder*. 敵は退却し始めた. ❷ 退行する，下落する. ▶ Cet élève est en train de *rétrograder*. この生徒は成績が下がり続けている. ❸ (ギアを)シフトダウンする.
— 他動 …の階級［位置］を下げる，を降格させる.
rétrogression /retrogresjɔ̃/ 女 後退，逆行，退化.
rétrospecti*f, ive* /retrospektif, i:v/ 形 過去にさかのぼる，回想の，回顧の. ▶ étude *rétrospective* 回顧的考証 / J'ai une peur *rétrospective*. 今思い出してもぞっとする.
rétrospective /retrospekti:v/ 女 ❶ 回顧展. ▶ une *rétrospectif* du cubisme キュービズム回顧展. ❷ (テレビなどの)回顧特集；総集編.
rétrospectivement /retrospektivmɑ̃/ 副 過去を顧みて，あとで思い返すと.
retroussé, e /r(ə)truse/ 形 まくれ上がった，折り返された；反り返った. ▶ nez *retroussé* 反り返った鼻.
retroussement /r(ə)trusmɑ̃/ 男 まくり上げること，折り上げ；反り返り.
retrousser /r(ə)truse/ 他動 …をまくる，まくり上げる；反らせる. ▶ *retrousser* le bas de son pantalon ズボンの裾(ｽｿ)を折り上げる.
— **se retrousser** 代動 裾をまくる[折り上げる]；めくれる；反り返る.
retroussis /r(ə)trusi/ 男 服飾 折り返し；めくれた部分. ▶ bottes à *retroussis* 折り返し付きのブーツ.
retrouvailles /r(ə)truva:j/ 女複 話 ❶ 再会. ▶ Nous avons fêté par un dîner nos *retrouvailles*. 私たちは再会を祝って夕食をともにした. ❷ 友好関係の回復.

retrouver /r(ə)truve ﾙﾄﾙｳﾞｪ/ 他動 ❶ 〔なくなった物，いなくなった人〕を見つけ出す，捜し出す；〔忘れた事〕を思い出す. ▶ *retrouver* ses clef なくした鍵(ｶｷﾞ)を見つける / *retrouver* une voiture volée 盗難車を捜し出す / Je ne *retrouve* pas son nom. 彼(女)の名を思い出せない / ne pas *retrouver* son chemin 道に迷う.

❷ 〔人，機会など〕に再び出くわす；もう一度会う. ▶ C'est une occasion que tu ne *retrouveras* pas. 君にとってまたとない機会だ / aller *retrouver* qn 〔別れていた人〕に会いに行く / Je te *retrouverai* ici à midi. 正午にまたここで会おう.

❸ 〔元の状態〕を取り戻す，回復する. ▶ *retrouver* la santé 健康を回復する / *retrouver* sa gaieté 陽気さを取り戻す / *retrouver* le sommeil 再び眠りにつく.

❹ 〔面影など〕を認める，それと分かる. ▶ On *retrouve* chez le fils l'expression du père. 息子に父親の面影を認める.

❺ ⟨*retrouver* qc/qn + 属詞⟩ …を（…という状態）で見いだす. ▶ *retrouver* qn grandi …の成長した姿を目にする / On l'a *retrouvé* mort. 彼は死体で発見された.

Je saurai vous retrouver. = *Je vous retrouverai.* = *Tu me retrouveras.* 今に見ていろ，覚えてろ.
Une chatte n'y retrouverait pas ses petits. ひどい散らかりようだ.

— ***se retrouver*** 代動 ❶ 〔同じものが〕再び〔ほかにも〕見つかる. ▶ De telles circonstances ne *se sont* jamais *retrouvées*. あとにも先にもこんな機会は二度となかった / expression qui *se retrouve* dans plusieurs langues いくつもの言語に見られる表現.

❷ 再会する；落ち合う. ▶ Ils *se sont retrouvés* par hasard. 彼らは偶然再会した.

❸ (ある状態に)陥る；突然陥る，行きつく. ▶ *se retrouver*「sans travail [au chômage]」失業する / *se retrouver* à la rue ホームレスになる / *se retrouver* au point de départ 振り出しに戻る / Il perdit sa femme et *se retrouva* seul. 彼は妻を亡くして，気がついたらひとりぼっちだった.

❹ (自分の)いる場所が分かる；（どうなっているのか）見当がつく. ▶ Je ne *me suis* pas *retrouvé* dans ce dédale de rues. 迷路のような道で自分がどこにいるのか分からなくなった / Je ne *me retrouve* plus dans mes comptes. 計算がわからなくなった.

❺ 自己を取り戻す.

Comme on se retrouve! 世間は狭いものですね，珍しい所でお会いしましたね.
On se retrouvera. 今に見ておれ，覚えてろ.
s'y retrouver 話 立て替えた金を返してもらう；（支出に見合った）利益をあげる，元を取る.

rétroviral, ale /retroviral/; 男複 **aux** /o/ 形 レトロウィルスの.
rétroviseur /retrovizœ:r/ 男 バックミラー. 注 話し言葉では rétro と略す.
rets /rɛ/ 男 古|文章 (鳥獣や魚を捕らえる)網.
retsina /retsina/ 男 (単複同形) レチーナ：発酵前に松脂(ﾏﾂﾔﾆ)を加えたギリシアの白ワイン.

réunification /reynifikasjɔ̃/ 囡 再統一, 再統合. ▶ *réunification* de l'Allemagne ドイツの再統一.

réunifier /reynifje/ 他動 …を再統一［再統合］する.

Réunion /reynjɔ̃/ 固有 囡 レユニオン島 [974]: マダガスカル島東方のフランス海外県.

*__réunion__ /reynjɔ̃/ レユニョン/ 囡

英仏そっくり語
英 reunion 再会, 同窓会.
仏 réunion 集合, 会議.

❶ **集合**, 会合, 会議. ▶ Nous avons une *réunion* cet après-midi. 午後会合がある / participer à une *réunion* 会議に出席する / La *réunion* se tiendra à trois heures. 会議は3時に開かれる / organiser une *réunion* 会を催す / être en *réunion*〔人が〕会議中である / *réunion* sportive スポーツ大会 / *réunion* politique 政治集会 / *réunion* publique 公開討論会 / *réunion* d'information 報告会 / *réunion* de famille 家族の集い / salle de *réunion* 会議室 / liberté de *réunion* 集会の自由. ❷ 集めること, 集合, 結合; 〔領土の〕併合. ▶ la *réunion* des preuves 証拠集め / la *réunion* de A à B A の B への併合 / point de *réunion* (道や川の)合流点.

比較 **集会, 会議**

réunion さまざまな種類・規模の集会, 会議を指して, 最も一般的に用いられる. **assemblée** 多人数の, しかも代表, 代議員の集まりの意でもむに用いられる. **conférence** 多く「国際会議」の意. **congrès** 政治, 学術研究などの問題を討議する多く定期的な「大会」の意. **colloque** 一般に congrès より規模の小さい「討論会, シンポジウム」の意. **meeting** 大衆の参加する「政治集会, 政治討論会」の意でしばしば示威的な性格を持つ.

*__réunir__ /reyni:r/ レユニール/ 他動

直説法現在	je réunis	nous réunissons
	tu réunis	vous réunissez
	il réunit	ils réunissent

❶ …を1つにまとめる, **集める**, 収集する. ▶ *réunir* dans une vitrine des pièces de collection ショーケースに収集品をまとめる / *réunir* tous ses efforts 全力をあげる / *réunir* les papiers nécessaires 必要書類をそろえる / *réunir* des informations 情報を集める.

❷ …を結ぶ, 接合する. ▶ Ce pont *réunit* les deux villes. 2つの町はこの橋で結ばれている. ◆ *réunir* A et [à] B A と B を結びつける; 併合する. ▶ *réunir* une province à un Etat ある州を国家に併合する.

❸ 文章 〈*réunir* (en soi) qc〉〔いくつかの特徴〕を併せ持つ. ▶ *réunir* en soi des dons remarquables 驚くべき才能を兼ね備える.

❹〔人〕を(呼び)集める;〔会〕を招集する. ▶ *réunir* des amis dans un dîner 友人を夕食に招く / Un but commun nous *réunit*. 私たちは共通の目標で結ばれている.

— *__se réunir__ 代動 ❶〔人が〕集まる, 集結する, 団結する. ▶ *se réunir* entre amis 仲間内で集まる. ❷〔会議などが〕招集される, 開かれる. ❸ 〈*se réunir* (en qc)〉(1つのものに)統合される;(1か所で)合流する.

réussi, e /reysi/ 形 (réussir の過去分詞) 成功した; すばらしい, 満足すべき. ▶ photo tout à fait *réussie* 非常によく撮れた写真 / Sa réception était parfaitement *réussie*. 彼(女)のレセプションは大成功だった / Eh bien, c'est *réussi*!(皮肉に) 上出来だね.

*__réussir__ /reysi:r/ レユスィール/

直説法現在	je réussis	nous réussissons
	tu réussis	vous réussissez
	il réussit	ils réussissent

自動 ❶ **成功する**, うまくいく. ▶ L'expérience *a réussi*. 実験は成功した / Ce film *a réussi*. この映画は好評だった / *réussir* dans la vie 出世する / *réussir* dans les affaires ビジネスで成功する / *réussir* bien en maths 数学でいい点を取る. ❷〔植物が〕よく育つ. ▶ La vigne ne *réussit* pas dans ce terrain. この土地にブドウは育たない.

— 間他動 ❶〈*réussir* à qc/不定詞〉…に**成功する**, うまく…する. 注 qc は「試験」のほかは, tout に限られる. ▶ *réussir* à un examen 試験に合格する / Il *a réussi* à convaincre ses parents. 彼は両親を説得することができた. ❷〈*réussir* à qn〉…に有利に運ぶ;…の お気に入る. ▶ Tout lui *réussit*. 彼(女)は何をやってもうまくいく / Rien ne lui *réussit*. 彼(女)は何をやってもうまくいかない / Ce remède me *réussit*. この薬は私に効く.

— 他動 …を首尾よく成し遂げる, うまく作る. ▶ *réussir* un examen 試験に合格する / *réussir* un plat 料理を上手に作る / *réussir* un but ゴールする / *réussir* un essai トライを決める / *réussir* un coup しとめる, 狙いが成功する.

*__réussite__ /reysit/ レユスィット/ 囡 ❶ **成功**, 合格 (=succès); 出世. ▶ belle *réussite* 大成功 / la *réussite* d'une entreprise 計画の達成 / pourcentage de *réussite* au bac バカロレアの合格率. 比較 ▷ succès. ❷ 成功作, 成功したもの. ▶ une *réussite* de librairie ベスト[ロング]セラー.

réutilisable /reytilizabl/ 形 再利用可能な.

réutilisation /reytilizasjɔ̃/ 囡 (ごみ, 廃棄物の)再利用, リサイクル.

réutiliser /reytilize/ 他動 …を再利用する.

revaccination /r(ə)vaksinasjɔ̃/ 囡 ワクチンの再接種.

revacciner /r(ə)vaksine/ 他動 …にワクチンを再接種する.

revaloir /r(ə)valwa:r/ 38 他動《不定形, 直説法単純未来, 条件法現在以外は稀》〈*revaloir* qc à qn〉…に対して報いる; 仕返しをする. ▶ Je vous le *revaudrai* un jour. いつかこの恩返し[仕返し]をしますよ.

revalorisation /r(ə)valorizasjɔ̃/ 囡 ❶ 平価切り上げ;(賃金などの)引き上げ. ❷ 再評価.

revaloriser /r(ə)valorize/ 他動 ❶…の価値を高める, を引き上げる. ▶ *revaloriser* l'euro ユーロ

revanchard

の価値を回復させる / *revaloriser* les salaires 賃金をスライドさせる. ❷ …を再評価する, 見直す. ▶ *revaloriser* une théorie ある理論を再評価する.

revanch*ard, arde* /r(ə)vɑ̃ʃɑːr, ard/ [形] [話]《軽蔑して》(特に軍事面で)報復をねらう, 報復論の. ▶ politique *revancharde* 報復政策.
— [名]《軽蔑して》報復論者.

revanche /r(ə)vɑ̃ːʃ/ ルヴァーンシュ [女] ❶ 報復, 仕返し, 復讐(ふくしゅう); 反撃, 巻き返し. ▶ prendre sa *revanche* sur qn …に報復する / J'aurai ma *revanche* un jour. いつか仕返しをしてやる. ❷ 雪辱戦, リターンマッチ. ❸ (流行などの)リバイバル, 復活.

à charge de revanche お返しを条件に. ▶ Je vous prête de l'argent aujourd'hui, mais *à charge de revanche*. 今日はお金を貸してあげますが, 今度はこちらが当てにしていますよ.

en revanche その代わりに, 反面; それとは逆に. ▶ Il est très aimable, mais, *en revanche*, son frère est d'un abord difficile. 彼はたいへん愛想がいいが, 兄[弟]のほうは逆にとっつきにくい.

revanchisme /r(ə)vɑ̃ʃism/ [男] (国際関係などにおける)報復主義.

rêvasser /rɛvase/ [自動] 夢想にふける.

rêvasserie /revasri/ [女] 夢想, 空想.

rêvass*eur, euse* /revasœːr, øːz/ [名] 夢想家, 空想家. — [形] 夢想にふける.

revaudr- [活用] ⇨ REVALOIR [38]

rêve /rɛːv/ レーヴ [男] ❶ 夢. ▶ faire un *rêve* 夢を見る / Cette nuit, j'ai fait un *rêve* étrange. ゆうべ不思議な夢を見た / Bonne nuit, faites de beaux *rêves*. おやすみなさい, いい夢を / mauvais *rêve* 悪夢 (=cauchemar) / *rêve* éveillé 白昼夢 / *rêve* prémonitoire 予知夢.

❷ 願望, 理想, あこがれ. ▶ réaliser son *rêve* 夢を実現する / *rêve* de jeunesse 若い頃の夢 / Mon *rêve*(, c')est de vivre à la campagne. 私の夢は田舎に住むことだ / Il a trouvé la femme de ses *rêves*. 彼は理想の女性を見つけた / le *rêve* américain アメリカン・ドリーム.

❸ 夢想, 幻想. ▶ Ce n'est qu'un *rêve*. それは夢物語でしかない / se perdre dans ses *rêves* 空想にふける. ❹ [話] すばらしいもの.

C'est [Ce n'est pas] le rêve. [話] これこそ理想どおりのものだ [これは理想と言えるほどではない].

de ses rêves 彼(女)にとって理想的な.

de rêve (1) 夢のような, 幻想的な. (2) [話] あこがれの, 理想の. ▶ une voiture *de rêve* あこがれの車.

disparaître [s'évanouir] comme un rêve 夢のようにはかなく消える.

en rêve 夢の中で. ▶ Je t'ai vue *en rêve*. 君のことを夢で見た / Même pas *en rêve*! [話] それは無理だ.

[比較] 夢, 夢想
rêve 本来は睡眠時の「夢」をいうが, 比喩(ひゆ)的に「夢想」の意味でも用いられる. **songe** rêve と同義で文章語. **cauchemar**「悪夢」の意. **rêverie** 覚醒(かくせい)時の「夢想」のことをいう.

rêv*é, e* /reve/ [形] 理想的な, おあつらえ向きの.

revêche /r(ə)vɛʃ/ [形] とっつきにくい, 気難しい, つっけんどんな.

revêcu, e /r(ə)veky/ [活用] revivre [62] の過去分詞.

revécu-, revécû-, revécuss- [活用] ⇨ RE-VIVRE [62]

réveil /revɛj/ レヴェイユ [男] ❶ 目覚め; (迷い, 夢などからの)覚醒. ▶ au *réveil* 目を覚ましたときに, 起き抜けに / dès le [son] *réveil* 目が覚めるとすぐに / *réveil* téléphonique モーニングコール / avoir le *réveil* pénible 寝起きが悪い.

❷ 目覚まし時計. ▶ mettre le *réveil* à sept heures 目覚ましを7時にセットする. ❸ 起床合図(のらっぱ, 太鼓). ▶ sonner le *réveil* 起床らっぱを吹く. ❹ よみがえり, 復活, 活動再開. ▶ le *réveil* de la nature 自然の目覚め, 春 / le *réveil* d'un volcan 火山活動の再開.

réveiller /reveje/ レヴェイエ [他動]

直説法現在	je réveille	nous réveillons
	tu réveilles	vous réveillez
	il réveille	ils réveillent

❶ …を目覚めさせる, 起こす;〔気絶した人〕の意識を回復させる. ▶ *Réveille*-moi à six heures. 6時に起こしてくれ / *réveiller* qn d'un profond sommeil …を深い眠りから目覚めさせる / Je *suis* mal *réveillé*. 僕はまだよく目が覚めていない.
❷ …に活を入れる, を発奮させる. ▶ *réveiller* un homme paresseux 怠け者の尻(しり)をたたく.
❸ …をよみがえらせる, 呼び覚ます, 呼び起こす. ▶ *réveiller* l'attention 注意を喚起する / *réveiller* en qn de vieux souvenirs …に昔の思い出を呼び起こす.

bruit à réveiller les morts (死者も目覚めるほどの)すさまじい音.

Ne réveillez pas le chat qui dort. [諺] (寝ている猫を起こすな →) 触らぬ神にたたりなし.

[比較] 起こす, 目覚めさせる
réveiller 睡眠から目覚めさせるという具体的な意味でおもに用いられる. **éveiller** 人の心の中に感情などを目覚めさせるという比喩(ひゆ)的な意味に用いられる.

— ***se réveiller*** [代動] ❶ 目が覚める, 起きる; 意識を回復する. ▶ *Réveille*-toi. 目を覚まして / *se réveiller* en sursaut 飛び起きる, はっと目が覚める / *se réveiller* de bonne heure 早起きする / Excusez mon retard, je ne *me suis* pas *réveillé*. 遅刻してすみません, 目が覚めなかったもので.
❷ (無気力などから)抜け出す, 発奮する. ▶ Allons, *réveille*-toi! さあ, しゃんとして.
❸〔事物が〕よみがえる, 再び勢いづく. ▶ Leur animosité *s'est réveillée*. 彼(女)らのいがみ合いがまた始まった.

réveillon /revɛjɔ̃/ [男] レヴェイヨン: クリスマスイブや大みそかの深夜の会食 [祝宴].

réveillonner /revɛjɔne/ [自動] レヴェイヨン *réveillon* をする.

réveillonn*eur, euse* /revɛjɔnœːr, øːz/ [名] レヴェイヨン réveillon の会食者.

révélat*eur, trice* /revelatœːr, tris/ [形] *révélateur* (de qc)〉(隠されたものを)示唆する, 明か

す．▶ symptôme *révélateur* d'une maladie 病気の徴候．— **révélateur** 男［写真］現像液．

révélation /revelasjɔ̃/ 囡 ❶（秘密などの）暴露；《多く複数で》（明らかにされた）情報，新事実．▶ la *révélation* d'une conspiration 陰謀の暴露 / faire à qn des *révélations* importantes …に重要な情報を提供する．❷ ひらめき，直観的認識；啓示．▶ avoir la *révélation* de qc …を突然認識する / Ce voyage fut pour moi la *révélation* de l'Orient. この旅行は私にとってまさに東洋の発見だった / savoir par *révélation* 直観で知る / *révélation* divine 神の啓示．❸（スポーツ，芸術などの）新星，新鋭．

révélé, e /revele/ 形 ❶ 暴かれた．❷［神学］神の啓示による，天啓の．▶ religion *révélée*（↔naturel）啓示宗教．

***révéler** /revele ルヴェレ/ ⑥ 他動

直説法現在	je révèle	nous révélons
	tu révèles	vous révélez
	il révèle	ils révèlent

❶ …を明かす，暴露する；打ち明ける．▶ *révéler* un secret 秘密を暴露する / *révéler* à qn (quelles sont) ses véritables intentions …に真の意図を明かす / Le coupable *a révélé* l'heure du crime. 犯人は犯行時刻を自供した / L'épreuve nous *révèle* à nous-mêmes. 試練に遭って人は己を知る．
❷［物が］…のしるしとなる，を示す．▶ une attitude qui *révèle* de bons sentiments 優しい気持ちのにじむ態度 / Son style *révèle* l'effort. 彼（女）の文体には苦心の跡がうかがえる．
❸［神が真理など］を啓示する．
❹［写真］…を現像する．
❺ …を一般に知らしめる．

— **se révéler** 代動 ❶ 現れる，明らかになる；真価を発揮する．▶ Son talent *s'est révélé* tout à coup. 彼（女）の才能はたちどころに明らかとなった．❷〈*se révéler* + 属詞〉…であることが分かる．▶ Ce travail *s'est révélé* plus facile qu'on ne pensait. その仕事は思っていたより簡単なことが分かった．❸ 啓示によって示される．

revenant, ante /rəvnɑ̃; rvənɑ̃, ɑ̃:t/ 名 ❶ 幽霊．▶ raconter des histoires de *revenants* 怪談を聞かせる．❷ 图 久しぶりに会った人．▶ Tiens, un *revenant* ! おや，これはお珍しい．

revendai-, revend- 活用 ⇨ REVENDRE 58

revendeur, euse /r(ə)vɑ̃dœ:r, ø:z/ 名 ❶ 仲買人．❷ 古物商．▶ *revendeur* de livres 古本屋．

revendi-, revendî-, revendiss- 活用 ⇨ REVENDRE 58

revendicatif, ive /r(ə)vɑ̃dikatif, i:v/ 形 （社会的な）権利要求の．▶ mouvement *revendicatif* 権利要求運動．

***revendication** /r(ə)vɑ̃dikasjɔ̃ ルヴァンディカスィヨン/ 囡 ❶（権利などの）要求，主張．▶ satisfaire des *revendications* 要求を満たす / *revendications* ouvrières 労働者の諸要求 / *revendications* salariales 賃上げ要求 / *revendication* des minorités ethniques 少数民族の権利主張．❷［法律］（所有権に基づく）返還請求．❸（テロなどの）犯行声明．

revendiquer /r(ə)vɑ̃dike/ 他動 ❶ …を（権利として）要求する，請求する，主張する．▶ *revendiquer* sa part d'héritage 遺産の分け前を要求する / *revendiquer* une augmentation de salaire 賃上げを要求する．
❷［責任など］を負う；…が自分の作［行為］だと言う．▶ *revendiquer* la responsabilité de qc …の全責任を取る / *revendiquer* un attentat テロの犯行声明を出す．

revendre /r(ə)vɑ̃:dr/ 58 他動（過去分詞 revendu, 現在分詞 revendant）…を転売する．▶ *revendre* un terrain 土地を転売する．

avoir qc à revendre 話 …があり余るほどある ▶ Il *a* de l'esprit *à revendre*. 彼は機知にあふれている．

revends /r(ə)vɑ̃/ 活用 ⇨ REVENDRE 58

revenez-y /rəvnezi; rvənezi/ 男（単複同形）（昔の感情，感覚などの）よみがえり，再生．
avoir un goût de revenez-y 話 また欲しくなるほどおいしい．

***revenir** /rəvni:r ルヴニール/ 28 自動

過去分詞 revenu		現在分詞 revenant
直説法現在	je reviens	nous revenons
	tu reviens	vous revenez
	il revient	ils reviennent
複合過去	je suis revenu(e)	
半過去	je revenais	単純未来 je reviendrai
単純過去	je revins	接続法現在 je revienne

《助動詞は être》❶ 再び来る，再び現れる．▶ Le docteur lui a dit de *revenir* demain. 医者は彼（女）に明日また来るようにと言った / C'est un sujet qui *revient* souvent dans nos conversations. それは私たちの会話にたびたび出てくる話題だ．❷ 戻ってくる，帰ってくる．▶ *revenir* 'à la maison [chez soi]' 家に帰ってくる / *revenir* à sa place 自分の席［持ち場］に戻る / *revenir* de l'école 学校から帰る / Quand est-ce qu'elle *revient* au Japon ? 彼女はいつ日本に戻ってくるのですか / Attendez-moi ici, je *reviens* tout de suite. ここでちょっと待ってて，すぐ戻るから / Elle *est revenue* très fatiguée de ses vacances. 彼女はバカンスから疲れ果てて戻ってきた．◆*revenir* + 不定詞 …しに戻る．▶ Je *reviendrai* vous chercher ce soir. 今晩また迎えに来ます．◆*revenir* de + 不定詞 …して戻る．▶ Elle *est revenue* de faire son marché. 彼女は市場で買い物をして戻ってきた．

❸［記憶，力などが］戻る，回復する，よみがえる．▶ Après avoir longtemps cherché, son nom m'*est revenu*. 長いこと考えたあげく彼（女）の名前を思い出した / Ça me *revient* ! ああ，思い出した / Les forces te *reviendront* petit à petit. あなたの体力は少しずつ回復してくるでしょう /《非人称構文で》Il me *revient* que + 直説法．文章 …で

revenir

あることを思い出す.

❹ ⟨*revenir* à qc⟩（元の状態）に戻る, 回復する, 復帰する. ▶ *revenir* à soi 意識を回復する, 我に返る / *revenir* à la vie 生き返る, 息を吹き返す / *revenir* au projet initial 最初の計画に立ち戻る / *revenir* à la marque 引き分ける / On y *reviendra*. またあとでその話に戻ることにしよう.

❺ ⟨*revenir* de qc⟩（ある状態）から回復する, 抜け出る;（考え方など）から離れる. ▶ *revenir* de son évanouissement 気がつく, 意識を取り戻す / *revenir* de ses illusions 幻覚から覚める / Elle n'est pas encore *revenue* de son étonnement. 彼女はまだ驚きから覚めていない.

❻ ⟨*revenir* à qn⟩（権利, 義務として）…に帰属する; のものになる. ▶ un terrain qui lui *reviendra* au moment de la succession 相続のとき彼（女）のものになる土地 /［非人称構文で］Il ne me *reviendra* pas grand-chose de cette transaction. その取引からの実入りはたいしたことがない / Il lui *revient* de + 不定詞. …するのは彼（女）の役目だ.

❼ ⟨*revenir* à qn⟩ …に帰する, 結局…ということになる. ▶ Cela *revient* au même. 結局は同じことだ / Ça *revient* cher. それは高くつく / Ça *revient* à une question d'argent. 結局はお金の問題. ◆*revenir* + 数量表現 （金額が）…だけかかる. ▶ Le dîner m'*est revenu* à trente euros. 夕食は30ユーロかかった / A combien *revient* cette moto? このバイクはいくらするの.

❽ ⟨*revenir* sur qc⟩ …を再び検討する, 話題にする. ▶ *revenir* sur une question 問題を再検討する / Ne *revenez* pas sur le passé. 昔の話を蒸し返さないでください / Je ne *reviendrai* pas sur ce sujet. この問題には触れない.

❾ ⟨*revenir* sur qc⟩（約束など）を取り消す;（考え, 気持ち）を変える. ▶ *revenir* sur une décision 決定を翻す / *revenir* sur sa parole 前言を取り消す.

❿ 文章 ⟨*revenir* à qn⟩〔うわさ, ニュースが〕…に伝わる, の耳に入る. ▶ Certains propos tenus sur sa conduite lui *sont revenus* (aux oreilles). 彼（女）は自分の品行が取りざたされているのを耳にした.

⓫ 話 ［多く否定表現で］⟨*revenir* à qn⟩ …の気に入る. ▶ Cette logique-là ne me *revient* pas du tout. この論理は私にはまったく納得いかない.

⓬ 話 ⟨*revenir* à qn⟩〔食べ物が〕…の口に嫌な味を残す.

⓭ ⟨faire *revenir* qc⟩（肉, 野菜など）を炒める. ▶ faire *revenir* des oignons à［dans］la poêle フライパンでタマネギを炒める.

Cela revient à dire que + 直説法. それはつまり…ということになる.

en revenir (1) 命を取り留める. (2)（誤り, 幻想などから）覚める. ▶ J'*en suis* bien *revenu*. もうたくさんだ；もう信じない.

en revenir à qc …に立ち返る, 話を戻す. ▶ pour *en revenir* à notre projet 我々の計画に話を戻すと.

n'en pas revenir（'de qc/不定詞 ［que + 接続法］）話 （…に）非常に驚く. ▶ Je *n'en reviens*

pas de sa mauvaise foi. 彼（女）の不誠実にはあきれる / Je *n'en reviens pas qu'*elle ait réussi. 彼女が成功したなんて本当に驚きだ.

revenir à la charge（失敗のあと）やり直す.

revenir de loin（遠くから戻ってくる→）命拾いする, 九死に一生を得る.

revenir de tout 何事にも無関心になる.

revenir là-dessus 再検討する.

revenir sur ses pas（もと来た道を）引き返す.

— *s'en revenir* 代動 文章 ⟨*s'en revenir* de qc⟩ …から戻ってくる, 帰ってくる.

語法 帰る, 戻る

「帰る, 戻る」に相当する動詞には revenir のほか, rentrer, retourner, repartir などがあるがそれぞれ意味が違う.

(1) **Quand est-ce que vous revenez en France?**（いつまたフランスに来ますか）
これはたとえば, フランス人が日本の友人に, いつ自分のいる所へ戻ってくるかと尋ねるときの表現である. revenir は「話し手のいる場所に戻る」場合に用いる.

(2) **Quand est-ce que vous rentrez en France?**（いつフランスに帰るのですか）
たとえば日本に住んでいるフランス人にいつフランスに帰るのか尋ねるときには, rentrer を用いる. rentrer は「自宅や生活拠点のある所に帰る」ことをいう. 話し手のいる場所はどこでもよい.

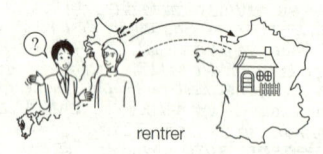

(3) **Quand est-ce que vous retournez en France?**（いつまたフランスに行きますか; いつフランスに戻りますか）
すでにフランスに行ったことがある人, しばしばフランスに行く人もしくはフランスから来た人に対して尋ねる表現. retourner は「もといた場所に戻ること」を表わし, しかも話し手はその場所（フランス）にはいない.

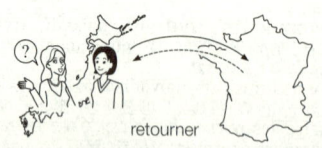

(4) **Quand est-ce que vous repartez**

en France?(いつフランスにお帰りですか)
フランス人旅行者にはこう聞く. repartir も「もとの場所に帰ること」を表わすが, この語には前提として partir (出発する)があり,「今の場所について最近やって来た」というニュアンスが含まれる. 話し手は「今の場所」にいるのであって「帰る場所(フランス)」にはいない.

revente /r(ə)vɑ̃:t/ 囡 ❶ 転売. ❷ 仲買.

***revenu** /rəvny; rvəny/ ルヴニュ 男 **所得, 収入; 収益.** ▶ avoir de gros *revenus* 莫大(ばく)な収入がある / déclarer ses *revenus* 所得を申告する / *revenu* annuel 年収 / *revenu* disponible 可処分所得 / *revenu* brut [net] 総[純]所得 / *revenu* fiscal 税収 / *revenu* minimal d'insertion 社会復帰最低所得保障 / impôts sur le *revenu* 所得税 / *revenu* national 国民所得.

***rêver** /reve レヴェ/ 自動 ❶ **夢を見る.** ▶ J'ai beaucoup *rêvé* cette nuit. 昨夜はたくさん夢を見た. ❷ **夢想にふける, ぼんやりする.** ▶ Il *rêve* au lieu d'écouter. 彼はしっかり聞かずにぼんやりしている / *rêver* tout éveillé 白昼夢にふける. ❸ **現実離れした事を考える.** ▶ Abandonner ton travail pour revenir à tes études? Tu *rêves*! 仕事をやめて勉学をまた続けるだって, 夢みたいなことを言って.

(*Il ne*) *faut pas rêver.* 話 世の中そんなに甘くない.

On croit rêver! まさか(驚き, 怒り).

— 間接他 ❶ ⟨*rêver* de qc/qn⟩…の夢を見る. ▶ J'ai *rêvé* de vous cette nuit. 昨夜, あなたの夢を見ました.
❷ ⟨*rêver* de qc/不定詞 // *rêver* (de ce) que + 接続法⟩…を夢見る, 切望する. ▶ *rêver* d'une vie meilleure よりよい生活を夢見る / Il *rêve* de s'acheter une voiture. 彼は車を買うことを切望している / Elle *rêve* que son fils soit médecin. 彼女は息子が医者になることを夢見ている.
❸ ⟨*rêver* à qc⟩…を夢想する; に思いをはせる. ▶ *rêver* à un projet ある計画について思いめぐらす / A quoi *rêves*-tu? 何をぼんやり考えているの.

J'en rêve la nuit. 話 それを夢にまで見るほどだ.

— 他動 ❶ …を夢で見る. ▶ J'*ai rêvé* que j'étais un oiseau. 鳥になった夢を見た / Nous avons *rêvé* la même chose. 私たちは同じ夢を見た.
❷ 文章 …を夢見る, 切望する. ▶ *rêver* un avenir merveilleux すばらしい将来を夢見る / ⟪無冠詞名詞を伴って⟫ *rêver* mariage [fortune] 結婚 [金持ちになること] を夢見る.
❸ ⟦ばかげた事⟧を空想する. ▶ Je n'ai jamais dit cela, tu l'*as rêvé*! (=inventer) 話 そんなことを言った覚えはない, 君の思い違いだ.

ne rêver que plaies et bosses 喧嘩(げんか)早い.

— *se rêver* 代動 ⟨*se rêver* + 属詞⟩自分が…になることを夢見る. ▶ Elle *se rêve* vedette de cinéma. 彼女は映画スターになるのが夢だ.

réverbération /reverberasjɔ̃/ 囡 (光, 熱の)反射; (音の)反響.

réverbère /reverbe:r/ 男 ❶ **街灯.** ▶ *réverbère* à gaz ガス灯. ❷ four à *réverbère* 反射炉.

réverbérer /reverbere/ ⑥ 他動 (光, 熱を)反射する; (音を)反響させる. ▶ Le mur blanc *réverbère* bien la lumière. 白い壁面は光をよく反射する.

reverdir /r(ə)verdi:r/ 自動 ❶ (木などが)再び緑色になる. ❷ 文章 よみがえる; 若返る.
— 他動 …を再び緑色にする.

révérence /reverɑ̃:s/ 囡 ❶ 文章 畏敬(いけい), 尊敬. ▶ avec *révérence* 敬意を込めて, うやうやしく. ❷ (片足を後ろに引き, ひざを折って身をかがめる)お辞儀. ▶ faire la *révérence* à qn …に(ひざを折って)うやうやしくお辞儀をする.

tirer sa révérence (一礼して)立ち去る, 別れる.

révérencieux, euse /reverɑ̃sjø, ø:z/ 形 文章 うやうやしい, 礼儀正しい.

révérend, ende /reverɑ̃, ɑ̃:d/ 形 …師, …様; 司祭, 修道女に対する敬称. ▶ mon *révérend* Père 神父様 / ma *révérende* Mère (女子修道院の)院長様.
— 名. ▶ mon *révérend* 神父様 / ma *révérende* (女子修道院の)院長様.

révérendissime /reverɑ̃disim/ 形 ⟦カトリック⟧猊下(げいか), 尊師: 大司教, 修道会総長などに対する敬称.

révérer /revere/ ⑥ 他動 文章 …を敬う, 尊ぶ.

rêverie /revri/ 囡 **夢想, 空想; ばかげた考え.** ▶ être perdu dans ses *rêveries* 物思いにふけっている. 比較 ⇨ RÊVE.

reverr- 活用 ⇨ REVOIR¹ 31.

revers /r(ə)ve:r/ 男 ❶ **裏, 裏側, 裏面.** ▶ inscrire son nom au *revers* de la feuille du livre 書物の裏面に自分の名を記入する / L'indignation, c'est le *revers* de l'amour. 怒るのは愛情の裏返しだ.
❷ (衣服などの)折り返し. ▶ pantalon à *revers* 折り返しのあるズボン.
❸ (手の)甲 (↔paume). ▶ essuyer la sueur d'un *revers* de main 手の甲で汗をぬぐう.
❹ (テニス, 卓球の)バックハンド (↔coup droit). ▶ volée de *revers* バックハンドボレー.
❺ 裏目, 失敗. ▶ subir un *revers* 敗北する / *revers* militaires 軍事的敗北.

le revers de la médaille (メダルの裏側→)物事の裏面, 醜い側面.

reverser /r(ə)verse/ 他動 ❶ …を再びつぐ; (元の容器に)戻す. ❷ (財産, 金額などを)移す, 繰り越す. ▶ *reverser* le titre d'un bail sur la tête de ses enfants 賃貸借契約の名義を子供に移す.
— *se reverser* 代動 ❶ 自分のグラスにもう一杯つぐ. ❷ 再び注ぐ (流れ込む).

réversibilité /reversibilite/ 囡 可逆性.

réversible /reversibl/ 形 ❶ 逆にできる, 可逆性の. ▶ Le temps n'est pas *réversible*. 時の歩みはもとに戻せない.
❷ (衣服, 布地などが)リバーシブルの, 両面使いの. ▶ manteau *réversible* リバーシブルコート.
❸ ⟦法律⟧(元の所有者に)戻しうる, 返還すべき; (他の人に)委譲しうる.

revêt /rəve/, **revête** /r(ə)vɛt/ 活用 ⇨ REVÊTIR 22.

revêtement

revêtement /r(ə)vɛtmɑ̃/ 男 外装［内装］材; 被覆, コーティング;（道路の）舗装. ▶ *revêtement asphaltique* アスファルト舗装.

revêtir /r(ə)veti:r/ 22 他動

過去分詞 revêtu	現在分詞 revêtant
直説法現在 je revêts	nous revêtons
tu revêts	vous revêtez
il revêt	ils revêtent

❶〔改まった服〕を着用する, 身につける. ▶ *revêtir ses habits du dimanche* 外出着を着る.
❷〈revêtir qn de qc〉…に…を着せる. ▶ *revêtir un acteur de son costume de scène* 役者に舞台衣装を着せる.
❸〈revêtir qc de qc〉…を…で覆う. ▶ *revêtir un mur de carreaux* 壁にタイルを張る.
❹〔衣服が〕…の身を包む;〔物が〕…を覆う.
❺〔ある形状, 性質〕を帯びる, 呈する. ▶ *revêtir une importance considérable* かなりの重要性を帯びる.
❻〈revêtir qc/qn de qc〉…に（ある様相）を与える;（権限, 地位など）を与える. ▶ *revêtir qn d'une autorité* …に権限を与える.
❼〈revêtir qc (de qc)〉（サインなどで）…を発効させる. ▶ *revêtir un dossier d'une signature* 書類にサインをする / *revêtir un passeport d'un visa* パスポートにビザを与える.
— **se revêtir** 代動〈se revêtir de qc〉…を着る, 身につける. ▶ *se revêtir d'un habit de cérémonie* 礼服を着る.

revêtiss-, revêti-, revêtî-, revêt- 活用 ⇨ REVÊTIR 22

revêtu, e /r(ə)vety/ 形（revêtir の過去分詞）〈*revêtu* (de qc)〉〈…を〉着た;（…で）覆われた;（権限などを）備えた;（署名の）なされた. ▶ *maison revêtue d'ardoises* スレートぶきの家.

rêveur, euse /rɛvœ:r, ø:z/ 形 夢見がちな; 物思いにふけった.
laisser (qn) rêveur 話（…に）変だなと思わせる. ▶ *Cela me laisse rêveur.* それはどうかな; 信じられない.
— 名 夢見がちな人, 夢想家.

rêveusement /rɛvøzmɑ̃/ 副 夢見るように; ぼんやりと; 当惑して.

revien-, reviendr- 活用 ⇨ REVENIR 28

revient /rəvjɛ̃/ 男 *prix de revient* 原価, 元値.

revigorant, ante /r(ə)vigɔrɑ̃, ɑ̃:t/ 形 元気を回復させる, 新たな力を与える.

revigorer /r(ə)vigɔre/ 他動 …に新たな力［はずみ］を与える. ▶ *Un bon massage revigore les muscles.* 上手なマッサージは筋肉の疲れを取る.
— **se revigorer** 代動 元気を取り戻す.

revîmes /r(ə)vim/, **revirent** /rəvi:r/ 活用 ⇨ REVOIR[1] 31

revin- 活用 ⇨ REVENIR 28

revirement /r(ə)virmɑ̃/ 男 急変, 豹変（ひょうへん）. ▶ *Ses revirements sont constants.* 彼(女)の態度が豹変するのはいつものことだ.

revis /r(ə)vi/ 活用 ⇨ REVOIR[1] 31 ; REVIVRE 62

révisable /revizabl/ 形 再検討［修正］できる.

réviser /revize/ 他動 ❶ …を再検討する, 見直す; に修正を加える, 手直しをする. ▶ *réviser un procès* 訴訟の再審を行う / *nouvelle édition complètement révisée* 全面改訂新版.
❷ …を復習する. ▶ *réviser des matières d'examen* 試験科目の復習をする.
❸〔機械など〕を点検する; 修理する. ▶ *faire réviser sa voiture* 自動車を点検に出す.

réviseur, euse /revizœ:r, ø:z/ 名 ❶ 修正する人. ❷〔印刷〕校正係.

révision /revizjɔ̃/ 女 ❶ 再検討, 修正;〘法律〙再審. ▶ la *révision* d'un projet 計画の見直し / la *révision* d'un traité 条約の改正 / *révision des listes électorales* 選挙人名簿の改訂 / *demande [pourvoi] en révision* 再審請求.
❷（自動車などの）点検.
❸ 復習, 勉強. ▶ *faire des révisions* 復習する / *révisions d'anglais* 英語の復習.

révisionnisme /revizjɔnism/ 男 ❶ 修正主義.
❷ ユダヤ人強制収容所におけるガス室の存在否定論.

révisionniste /revizjɔnist/ 形 ❶ 憲法改正論の. ❷ 修正主義の. ❸ ガス室の存在を否定する.
— 名 ❶ 憲法改正論者. ❷ 修正主義者. ❸ ガス室存在否定論者.

revisité, e /r(ə)vizite/ 形 見直された, 改訂された.

revisser /r(ə)vise/ 他動〔器具〕のねじを締め直す;〔ボルト, ナット〕を再び締める.

revit /rəvi/ 活用 ⇨ REVOIR[1] 31 ; REVIVRE 62

revitaliser /r(ə)vitalize/ 他動 …を再び活性化する, よみがえらせる.

revîtes /r(ə)vit/ 活用 ⇨ REVOIR[1] 31

reviv- 活用 ⇨ REVIVRE 62

revivifier /r(ə)vivifje/ 他動 文章 …に元気を回復させる, を再び活性化する.

reviviscence /rəvivisɑ̃:s/ 女 ❶ 文章（記憶, 感情の）よみがえり. ❷〘生物学〙蘇生（そせい）力.

revivre /r(ə)vi:vr/ 62

過去分詞 revécu	現在分詞 revivant
直説法現在 je revis	nous revivons
複合過去 j'ai revécu	単純未来 je revivrai

自動 ❶ 生き返る, よみがえる.
❷ 元気を取り戻す. ▶ *se sentir revivre* 生き返った気分になる. ❸ 文章〈*revivre* dans qc/qn〉…の中に生き続ける. ▶ *J'ai le sentiment de revivre dans mon fils.* 息子を見ているとまるで自分を見ているような気がする.

faire revivre qn/qc (1) …を生き返らせる. (2) …に元気を取り戻させる. ▶ *Cette bonne nouvelle m'a fait revivre.* そのよい知らせで私は元気を取り戻した. (3)〔すたれていたものなど〕を復活させる. ▶ *faire revivre une mode* あるファッションをもう一度流行させる. (4)（芸術作品などの中で）〔人物, 時代など〕をよみがえらせる, 再現する.
— 他動 ❶ …を再び生きる, 再び体験する. ▶ *Je ne veux pas revivre ce que j'ai vécu.* 私は過去の体験を繰り返したくない. ❷ …を思い出す. ▶

revivre sa jeunesse 青春時代を追憶する.
révocabilité /revɔkabilite/ 囡 罷免[解任]できること；無効にできること.
révocable /revɔkabl/ 厖 罷免できる，解任できる；取り消し可能な，無効にできる.
révocation /revɔkasjɔ̃/ 囡 ❶ 罷免，解任，解職. ▶ *révocation* populaire リコール.
❷ (法的効力の)取り消し，撤回. ▶ la *révocation* d'un testament 遺言(状)の取り消し / *révocation* de l'édit de Nantes (1685年の)ナントの勅令の廃止.
revoici /r(ə)vwasi/ 前 圇 また(ここに)来た. ▶ Me *revoici*. 私，また来たよ.
revoie /r(ə)vwa/, **revoient** /rəvwa/, **revoies** /r(ə)vwa/ 活用 ⇨ REVOIR¹ ③①
revoilà /r(ə)vwala/ 前 圇 またあそこに[ここに]やって来た. ▶ Nous *revoilà* dans la même situation. 我々はまたもや同じ状況に陥った.

***revoir**¹ /r(ə)vwa:r/ ルヴォワール ③① 他動

過去分詞 revu	現在分詞 revoyant
直説法現在 je revois	nous revoyons
tu revois	vous revoyez
il revoit	ils revoient
複合過去 j'ai revu	半過去 je revoyais
単純未来 je reverrai	単純過去 je revis

❶ …に再び会う，再会する. ▶ Quand le *revois*-tu? 今度はいつ彼に会うの.
❷ …を再び見る. ▶ aller *revoir* au Louvre ses tableaux préférés お気に入りの絵をもう一度見にルーヴルへ行く / Nous *avons revu* ce film trois fois. 私たちはこの映画を3回見ました.
❸ …に再び行く，を再訪する. ▶ *revoir* sa patrie 故国に帰る.
❹ …を思い出す. ▶ Je *revois* les lieux de mon enfance. 私は子供時代を過ごした場所をありありと思い出す.
❺ …を再検討する，修正する. ▶ *revoir* entièrement le système d'éducation 教育制度を全面的に見直す / édition *revue* et corrigée 改訂版 /《 A *revoir*》「要検討」/ *revoir* à la hausse [baisse] 上方[下方]修正する.
❻ …を復習する.
revoir qn **en train de** + 不定詞[現在分詞] …していた[した]…の姿を思い出す. ▶ Je la *revois* encore arrivant toute seule à la gare. 私は今でも1人で駅に降り立った彼女の姿を思い出す.
— **se revoir** 代動 ❶ 再会する. ▶ Quel jour *nous revoyons*-nous? 今度はいつお会いできますか / Elles ne se sont jamais *revues*. 彼女たちは二度と会うことがなかった. ❷ (同じ場所，状況に)戻る. ▶ Elle *s'est revue* dans son village. 彼女は生まれ故郷の村に戻った. ❸ 自分の姿を思い出す[覚えている]. ▶ Il *se revoit* à l'âge de dix ans. 彼は10歳の自分を思い出す.
revoir² /r(ə)vwa:r/ 男 再会.
*au revoir さようなら，ではまた(お会いしましょう).

▶ dire *au revoir* à qn …にさようならを言う，別れの挨拶(ﾀﾞ)をする / faire *au revoir* de la main 手を振って別れを告げる.
revois /r(ə)vwa/, **revoit** /rəvwa/ 活用 ⇨ REVOIR¹ ③①
revoler /r(ə)vɔle/ 自動 飛んで帰る；再び飛ぶ.
révoltant, ante /revɔltɑ̃, ɑ̃:t/ 厖 反発を買うような，けしからぬ. ▶ égoïsme *révoltant* 目に余る利己的な態度 / injustice *révoltante* 許しがたい不正.
révolte /revɔlt/ 囡 ❶ 反乱，暴動. ▶ fomenter[réprimer] une *révolte* 反乱をあおる[鎮圧する]. ❷ 抵抗，反抗. ▶ être en *révolte* contre ses parents 両親に反抗する / esprit de *révolte* 反逆精神. ❸ 憤激. ▶ exprimer sa *révolte* contre le racisme 人種差別に対する怒りを表明する.
révolté, e /revɔlte/ 厖 ❶ 反乱を起こした. ❷ 反抗的な. ❸ 憤激した.
— 名 反逆者，暴徒；反抗的な人.
révolter /revɔlte/ 他動 〔事柄が人〕を憤慨させる. ▶ Quand je vois ça, ça me *révolte*. それを見るとむかっとする. 比較 ⇨ DÉGOÛTER.
— **se révolter** 代動 ❶ <*se révolter* (contre qc/qn)>(…に対して)反抗する，反乱を起こす. ▶ *se révolter* contre 「ses parents [le destin] 両親[運命]に逆らう. ❷ <*se révolter* contre qc> …に立腹する，怒る. ▶ *se révolter* contre une mesure injuste 不当な措置に反発する.
révolu, e /revɔly/ 厖 〔時が〕経過した，過ぎ去った. ▶ La période de prospérité est *révolue*. 繁栄の時代は終わった / A l'âge de dix-huit ans *révolus* elle s'est mariée. 満18歳で彼女は結婚した.

***révolution** /revɔlysjɔ̃/ レヴォリュスィヨン 囡 ❶ 革命. ▶ la *révolution* socialiste 社会主義革命 / la *Révolution* (française) (1789年の)フランス革命 / la *révolution* française de 1848 二月革命 / la *révolution* de velours (1989年チェコスロバキアの)ビロード革命 / la *révolution* orange (2004年ウクライナの)オレンジ革命. ❷ 革新，大改革. ▶ *révolution* industrielle 産業革命 / *révolution* technologique 技術革新 / *révolution* informatique IT 革命 / la *révolution* verte 緑の革命(第三世界諸国などでの農業技術の改革) / *révolution* culturelle 文化的大改革；(特に中国の)文化大革命 / *révolution* copernicienne コペルニクスの転回. ❸ 騒動，大混乱. ▶ Toute la classe était en *révolution* après l'annonce d'un examen imprévu. 突然試験が告げられてクラス中がパニック状態になった. ❹ 〖天文〗公転(周期). ❺ 回転. ▶ axe de *révolution* 回転軸.
révolution de palais 政権交代，政権抗争.
révolutionnaire /revɔlysjɔnɛ:r/ 厖 ❶ 革命の；革命派の. ▶ gouvernement *révolutionnaire* 革命政府 / calendrier *révolutionnaire* 革命暦(フランス第1共和政の暦). ❷ 革新的な，斬新(ﾂﾞ)な. ▶ une théorie scientifique *révolutionnaire* 斬新な科学理論.
— 名 革命家；変革者.
révolutionnarisme /revɔlysjɔnarism/ 男

révolutionnariste /revɔlysjɔnarist/ 形 革命至上主義の. — 名 革命至上主義者.

révolutionner /revɔlysjɔne/ 他動 ❶ …を激変させる. ▶ La machine à vapeur *a révolutionné* l'industrie. 蒸気機関は産業を一変させた. ❷ 話 …を大混乱に陥れる. ▶ La nouvelle du cambriolage *a révolutionné* le village. 押し込み強盗のニュースで村は大騒ぎになった.

revolver /revɔlvɛr/ 男《英語》❶ ピストル, リボルバー. ▶ tirer un coup de *revolver* sur qn …にピストルを一発撃つ. ❷〖服飾〗poche *revolver* ヒップポケット.

révoquer /revɔke/ 他動 ❶〔公務員〕を罷免する, 解任する. ▶ Il *a été révoqué* à la suite de malversations. 彼は汚職をして免職になった. ❷ …(の法的効力)を取り消す, 撤回する. ▶ *révoquer* un contrat 契約を撤回する.

revoy- 活用 ⇨ REVOIR¹ 31.

revoyure /r(ə)vwajyːr/ 女 話《次の句で》 *à la revoyure* あばよ, バイバイ.

***revue** /r(ə)vy ルヴュ/ 女 ❶ 定期刊行物, 雑誌. ▶ *revue* hebdomadaire [mensuelle] 週刊[月刊]誌 / *revue* féminine 女性誌 / *revue* littéraire 文芸誌 / s'abonner à une *revue* 雑誌を定期購読する / lancer une *revue* 雑誌を創刊する. ❷ 検討, 点検, 検査. ▶ faire la *revue* de ses papiers 自分の書類を点検する / *revue* de (la) presse (ある問題を扱ったいくつかの)新聞記事の要約紹介. ❸〖軍事〗閲兵, 観閲式. ▶ la *revue* du quatorze juillet 7月14日(フランス革命記念日)の観閲式. ❹ 風刺喜劇, 寸劇; (ミュージックホールの)レビュー. ▶ *revue* de chansonniers 寄席のコント風寸劇.

être de la revue 話 期待が外れる, がっかりする.

être de revue 話 また会う機会がある.

passer qc en revue (1) …を点検する, 検討する. (2) …を閲兵する.

revuiste /r(ə)vyist/ 名 レビュー作者.

révulsé, e /revylse/ 形〖目, 顔などが〗ひきつった.

révulser /revylse/ 他動 ❶ 話 (恐怖や怒りで)…を動転させる. ▶ Sa politique nous *a révulsés*. 彼(女)のやり方に口にはぎょっとさせられた. ❷ 文章〖目, 顔など〗をひきつらせる.

— *se révulser* 代動〖顔などが〗ひきつる.

***rez-de-chaussée** /redʃose レドショセ/ 男《単複同形》〖建物の〗1階. ▶ habiter au *rez-de-chaussée* 1階に住む.

RF 女《略語》République française フランス共和国.

RFA 女《略語》République fédérale d'Allemagne ドイツ連邦共和国.

rhabillage /rabijaːʒ/ 男 ❶ 着替え. ❷ 修理.

rhabiller /rabije/ 他動 ❶ …に再び着せる, 着替えをさせる. ❷ …を修理する. ▶ *rhabiller* une montre 時計を修理する. ❸ …の見た目を新しくする. — *se rhabiller* 代動 再び着替え, 着替える.

aller se rhabiller (1) 着替えに行く. (2) 引っ込む.

rhabilleur, euse /rabijœːr, øːz/ 名 修理[修繕]工.

rhapsodie /rapsɔdi/, **rapsodie** 女〖音楽〗ラプソディー, 狂詩曲. ▶ *rhapsodies* hongroises ハンガリー狂詩曲.

rhénan, ane /renɑ̃, an/ 形 ライン Rhin 川の; ラインラント Rhénanie の.

rhéteur /retœːr/ 男 ❶(古代の)修辞学[雄弁術]教師. ❷ 文章 美辞を連ねる雄弁家.

rhétoricien, enne /retɔrisjɛ̃, ɛn/ 形 レトリックを用いる, 弁舌の巧みな. — 名 レトリックを用いる人, 修辞学者.

rhétorique /retɔrik/ 女 ❶ 修辞学, レトリック; 雄弁術, 演説法. ▶ figures de *rhétorique* 言葉の綾(ぁゃ), 文彩. ❷ 話《軽蔑して》美辞麗句, 空疎な雄弁.

Rhin /rɛ̃/ 固有 男 ライン川.

rhin(o)- 接頭「鼻」の意.

rhinocéros /rinɔserɔs/ 男〖動物〗サイ.

rhinologie /rinɔlɔʒi/ 女 鼻科学.

rhino-pharyngite /rinofarɛ̃ʒit/ 女〖医学〗鼻咽頭(いんとう)炎.

rhizome /rizoːm/ 男〖植物学〗根茎.

rhodanien, enne /rɔdanjɛ̃, ɛn/ 形 ローヌ Rhône 川の.

rhododendron /rɔdɔdɛ̃drɔ̃/ 男 ツツジ.

Rhône /roːn/ 固有 男 ❶ ローヌ県[69]: ローヌ川とソーヌ川の合流する付近を占める県. ❷ ローヌ川: スイス南部に発し地中海に注ぐ.

Rhône-Alpes /ronalp/ 固有 ローヌ=アルプ地方: フランス東南部.

rhum /rɔm/ 男 ラム(酒).

rhumatisant, ante /rymatizɑ̃, ɑ̃ːt/ 形, 名 リューマチにかかった(人).

rhumatismal, ale /rymatismal/;《男複》**aux** /o/ 形 リューマチ性の.

rhumatisme /rymatism/ 男 リューマチ. ▶ avoir「un *rhumatisme* [des *rhumatismes*]」リューマチにかかっている.

rhumatologie /rymatɔlɔʒi/ 女 リューマチ(病)学.

rhumatologique /rymatɔlɔʒik/ 形 リューマチ(病)学の.

rhumatologue /rymatɔlɔg/ 名 リューマチ(病)学者.

***rhume** /rym リュム/ 男 風邪. ▶ avoir un *rhume* 風邪をひいている / attraper [prendre] un *rhume* 風邪をひく / *rhume* de cerveau 鼻風邪 / *rhume* des foins 花粉症, 枯草熱.

riaient, riais, riait /rjɛ/ 活用 ⇨ RIRE¹ 55.

riant, riante /rjɑ̃, rjɑ̃ːt/ 形 ❶〖表情などが〗うれしそうな, 晴れやかな. ❷〖風景などが〗のどかな, 明るい.

ribambelle /ribɑ̃bɛl/ 女 ❶(人, 動物の)長い行列. ❷〈une *ribambelle* de + 無冠詞複数名詞〉たくさんの… ▶ avoir une *ribambelle* d'amis 友達が大勢いる.

ribaud, aude /ribo, oːd/ 形 文章 ふしだらな, 自堕落な. — 名 文章 放蕩(ほうとう)者, 身持ちの悪い人.

ribonucléique /ribonykleik/ 形〖生化学〗 acide *ribonucléique* リボ核酸, RNA(略 ARN).

ricanement /rikanmɑ̃/ 男 冷笑, せせら笑い; にやにやする, 薄笑い.

ricaner /rikane/ 自動 ❶ あざ笑う, せせら笑う. ❷ (意味もなく, または困惑して)薄笑いを浮かべる.

ricaneur, euse /rikanœːr, øːz/ 形, 名 嘲笑(ちょうしょう)的な(人).

Ricard /rikaːr/ 商標 リカール: パスティス(アニスの香りの食前酒)のブランド名.

richard, arde /riʃaːr, ard/ 名 話《軽蔑して》金持ち, お大尽.

*riche /riʃ/ リシュ/

❶ 金持ちの, 裕福な (↔pauvre). ▶ un homme *riche* 金持ち / devenir *riche* 金持ちになる / un pays *riche* 富める国, 金満国家 / un quartier *riche* 高級住宅街 / être *riche* à millions 百万長者である / *riche* comme Crésus 大金持ちである / faire un *riche* mariage 金持ちと結婚する / Je ne suis pas assez *riche* pour acheter un bateau. 私は船を買えるほど金持ちじゃない.
❷ 豊かな, 豊富な. ▶ une *riche* collection 豊かな収集品 / un aliment *riche* 滋養に富む食べ物 / un sol *riche* 肥沃(ひよく)な土地 / langue *riche* 表現力の豊かな言語.
❸ 〈*riche* en [de] ＋ 無冠詞名詞〉…に富んだ, の豊富な. ▶ un fruit *riche* en vitamines ビタミン豊富な果物 / un livre *riche* d'enseignements 教えられる点の多い本 / *riche* de promesses 将来有望な. ❹ 高価な; 豪華な. ▶ faire de *riches* présents (=coûteux) 高価な贈り物をする.
C'est une riche idée. 話 それは名案だ.
faire riche 〔物が〕豪華[立派]に見える. ▶ Ça fait *riche*. 話 こいつは豪勢だね.
une riche nature 話 (仕事にも遊びにも)活動的な人.

―― 名 金持ち, 富豪. ▶ un nouveau *riche* 成り金, 成り上がり者 (=parvenu) / un gosse de *riche(s)* 話 金持ちのどら息子.

richelieu /riʃəljø/; 《複》**richelieu(s)** 男 (編み上げの)短靴.

richement /riʃmɑ̃/ 副 ❶ 豪華に, 贅沢(ぜいたく)に. ▶ une femme *richement* vêtue 華やかに着飾った女性. ❷ 金持ちになるように. ▶ marier *richement* sa fille 娘を金持ちに嫁がせる.
❸ 豊かに, 豊富に. ▶ un livre *richement* illustré 豊富な図版入りの本.

*richesse /riʃes/ リシェス/ 女 ❶ 富, 裕福. ▶ vivre dans la *richesse* (=aisance) 裕福に暮らす.
❷ 豪華, 贅沢(ぜいたく)さ. ▶ la *richesse* du décor du salon 居間の装飾の豪華さ.
❸ 豊かさ, 豊富さ, 肥沃(ひよく). ▶ la *richesse* charbonnière d'une mine 鉱山の石炭埋蔵量[産出量]の豊かさ / la *richesse* en vitamines ホウレンソウの豊富なビタミン含有量 / *richesse* du vocabulaire 語彙(ごい)の豊富さ / *richesse* intérieure 内面の豊かさ.
❹ 《複数で》財産. ▶ amasser les *richesses* 財を成す.
❺ 《複数で》宝物;(精神的な)富. ▶ les *richesses* d'un musée (=trésor) 美術館の至宝 / les *richesses* intellectuelles du genre humain 人類の知的遺産.
❻ 《複数で》資源. ▶ les *richesses* naturelles (=ressources) 天然資源.

richissime /riʃisim/ 形 大金持ちの.

ricin /risɛ̃/ 男 〔植物〕ヒマ, トウゴマ. ▶ huile de *ricin* ひまし油.

ricocher /rikɔʃe/ 自動 〔投げた小石が〕水切りをする;〔銃弾が〕跳ね返る.

ricochet /rikɔʃɛ/ 男 (水切りで小石が)跳ねること, 水切り;(銃弾の)跳ね返り. ▶ faire des *ricochets* 水切り遊びをする.
par ricochet 間接的に; 波及的に. ▶ J'ai eu de vos nouvelles *par ricochet*. あなた(方)のことは人づてにいろいろと聞いた.

ric-rac /rikrak/ 副 過不足なく, きっかり; ぴったり, ぎりぎり. ▶ payer *ric-rac* ぴったり支払う.

rictus /riktys/ 男 ひきつった笑い, 作り笑い.

ride /rid/ 女 ❶ 〔顔, 皮膚の〕しわ. ▶ Elle a de petites *rides* au coin des yeux. 彼女は目尻(めじり)に小じわができている. ❷ さざ波, 波紋.

ridé, e /ride/ 形 しわの寄った; 波立った; しなびた.

*rideau /rido/ リド/;《複》✕ *rideaus*
❶ カーテン. ▶ *rideau* de dentelle レースのカーテン / doubles *rideaux* 二重カーテン / *rideau* de douche シャワーカーテン / Voulez-vous tirer [fermer] les *rideaux* ? カーテンを引いて[閉めて]いただけませんか / ouvrir [écarter] les *rideaux* カーテンをあける.
❷ (舞台の)幕. ▶ lever [baisser] le *rideau* 幕を上げる[下ろす] / le lever du *rideau* 開幕 / «*Rideau* à huit heures» 「8時開幕」. ***Le rideau est tombé sur qc.*** 《比喩的に》…に幕が下りた. ❸ 〈*rideau* de ＋ 無冠詞名詞〉…の仕切り, 遮蔽(しゃへい)物. ▶ *rideau* de verdure 人目を遮る生け垣 / *rideau* de fumée 煙幕.
❹ シャッター, 防火壁 (=*rideau* de fer).
être [tomber] en rideau 故障している[故障する].
grimper aux rideaux 話 有頂点になる.
Rideau! (1) 幕だ. (2) やめろ, もうたくさんだ (=Assez !).
rideau de fer (1)(防火用)シャッター. (2)(かつての東西間の)鉄のカーテン.
tirer le rideau sur qc (1)(話題など)をおしまいにする. (2)(過ちなど)を不問に付す, うやむやにする. ▶ *tirer le rideau sur* sa paresse 自分の怠惰を隠す.

ridelle /ridɛl/ 女 (トラックの荷台の両側につける)側壁;(荷車の)荷枠.

rider /ride/ 他動 ❶ 〔顔, 手など〕にしわを作る. ▶ L'âge a *ridé* son front. 老いは彼(女)の額にしわを刻んだ. ❷ 〔水面〕にさざ波を立てる.
―― **se rider** 代動 しわが寄る; さざ波が立つ.

*ridicule /ridikyl/ リディキュル/ 形 ❶ おかしな, 滑稽(こっけい)な, 嘲笑(ちょうしょう)すべき. ▶ se rendre *ridicule* 物笑いになる / se sentir *ridicule* (似合わないで)自分が滑稽に見える / s'habiller de manière *ridicule* 変な格好をする. 比較 ➪ DRÔLE.

ridiculement

❷ あきれた, ばかげた. ▶ C'est *ridicule*. ばかげている / prétention *ridicule* ばかばかしい主張 / Vous êtes *ridicule* de refuser son invitation. 話 彼(女)の招待を断るなんてあなたはどうかしている / 《非人称構文で》Il serait *ridicule* de se fâcher pour si peu. そんな小さなことで怒るなんてばかげている. ❸ 取るに足りない, わずかな. ▶ une somme *ridicule* わずかな金額.

— ***ridicule** 男 ばかばかしさ, 滑稽さ; 物笑いの種. ▶ saisir tout le *ridicule* de sa situation 自分の立場の滑稽さ加減に気づく / tomber dans le *ridicule* 物笑いになる / C'est le comble du *ridicule*. 愚の骨頂だ / craindre le *ridicule* もの笑いになるのを恐れる / couvrir qc de *ridicule* …を笑い物にする / se couvrir de *ridicule* 物笑いになる.

Le ridicule tue [*ne tue pas*]. いったん物笑いになると立ち直れない[物笑いになっても平気だ].

se donner le ridicule de + 不定詞 愚かにも…する.

tourner qn/qc en ridicule …をばかにする, 笑い物にする.

ridiculement /ridikylmɑ̃/ 副 ❶ 滑稽(話)に. ❷ ばかばかしく, 取るに足りない程度に. ▶ salaire *ridiculement* bas スズメの涙ほどの給料.

ridiculiser /ridikylize/ 他動 …を笑い物にする, 茶化す. — **se ridiculiser** 代動 物笑いになる.

ridule /ridyl/ 女 小じわ.

rie /ri/ 活用 ▷ RIRE[1] 55

:rien /rjɛ̃/ リヤン(1) 次に来る語とリエゾンし, 鼻母音はそのまま発音される. (例: rien à dire /rjɛ̃nadiːr/) 代 《不定》

❶ 《ne とともに》何も…ない. ▶ Je ne sais rien. 私は何も知らない / Je ne dis rien. 私は何も言わない / Il fait nuit, on ne voit *rien*. 夜になって何も見えない / Elle n'a peur de *rien*. 彼女は怖いものなしだ / Je n'ai rien à faire aujourd'hui. 話 今日は何もすることがない / On ne pouvait plus *rien* pour elle. もう彼女のためにしてあげられることはなかった / Ça ne sert à *rien*. それはなんの役にも立たない / Rien n'est plus beau que les cerisiers en fleurs. 花開いた桜ほど美しいものはない.

◆*ne … rien de* + 形容詞男性単数形 …なものは何も…ない. ▶ Il n'y a *rien* d'intéressant à la télévision. テレビで何も面白いものがない / Je n'ai *rien* d'autre à vous dire. あなた(方)に言うべきことはほかには何もありません.

注 (1) rien の位置は単純時制では動詞のあとだが, 複合時制では過去分詞の前, 不定詞の直接目的となる場合は不定詞の前(例: Je n'ai *rien* entendu. 何も聞こえなかった / Il est impossible de ne *rien* dire. ひとことも言わないというわけにはいかない).
(2) rien を修飾する関係節中の動詞は接続法(例: Je n'ai *rien* qui aille avec cette robe. 私はこのワンピースに合うものがない).

❷ 《ne を省略して》何も…ない. ▶《Que faites-vous? — *Rien*.》「何しているのですか」「何も」 / 《A quoi ça mène-t-il? —A *rien*.》「どうなりますか」「どうにもなりません」/ J'ai rien vu. 話 何も見えなかった (=Je n'ai rien vu). ◆《Il n'y a》 *rien à* + 不定詞 …すべきことは何もない. ▶ *Rien* à dire. 何も言うことはない, たいへん結構.

◆《Il n'y a》 *rien de* + 形容詞男性単数形. …なものは何もない. ▶ *Rien* d'étonnant si vous êtes fatigué. お疲れになって当然ですよね.

❸ 《ne を伴わずに》何も; 何であれ. 注 否定的な意味を含む文, 主文が否定の場合の従属節, 否定の答えを予想する疑問文中で用いられる. ▶ Y-a-t-il *rien* de plus arrogant que son attitude? (=quelque chose) 彼(女)の態度以上に傲慢(蕊)なものがあるだろうか / Je ne pense pas qu'il puisse *rien* entreprendre contre vous.(=quoi que ce soit) 彼があなた(方)を敵に回して何かをしかけるとは思いません / 《avant de, avant que とともに》Il a grondé sa fille avant qu'elle puisse *rien* dire. 彼は娘が何か言う前に彼女をしかりつけてしまった / 《sans, sans que とともに》Sans qu'elle dise *rien*, j'avais tout deviné. 彼女は何も言わなかったが私はすべてを見抜いていた / 《trop … pour, trop … pour que とともに》Il est trop confiant pour *rien* soupçonner. 彼は信頼しきっているので, 何も疑いを持っていない.

❹ 《ne を伴わずに》わずかなもの, つまらないこと, 無. ▶ vivre de *rien* つましく暮らす / se satisfaire de *rien* わずかなもの[こと]で満足する / tomber [se réduire] à *rien* 無に帰する.

Admettons [*Mettons*] *que j'ai rien dit.* 話 (何も言わなかったことにしておきましょう→)今のは取り消します.

*Cela [話 *Ça*] *ne fait rien*. たいしたことではない.

Ce n'est pas rien. = 話 *C'est* [*Ça n'est*] *pas rien*. 重要である, 無視できない. ▶ Elever quatre enfants, *ça n'est pas rien*. 子供を4人育てるのはたいへんなことだ.

*Ce [*Cela*] *n'est rien.* = 話 *C'est rien*. どういたしまして, なんでもない. 注 謝罪した相手に対する返答としても用いる.

C'est cela ou rien. ほかに選択の余地はない.

(*C'est*) *mieux que rien.* ないよりまし; なかなかのものだ.

C'est moins que rien. ゼロ以下だ, 下の下だ.

C'est rien de le dire. (そう言ってみても無意味だ→)それどころではない, もっとだ.

C'est tout ou rien. すべてか無かだ.

comme si de rien n'était 何事もなかったかのように.

**De rien.* どういたしまして. ▶《 Je vous remercie. — *De rien*. 》「ありがとうございます」「どういたしまして」

de rien du tout 話 無価値な, 取るに足りない. ▶ une blessure *de rien du tout* ほんのかすり傷.

en moins de rien すぐに, 直ちに.

Il n'en est rien. それは正確[本当]ではない. ▶ L'économie japonaise a l'air de bien se porter. Or, *il n'en est rien*. 日本経済は順調のように見える. が, 実はそうではない.

n'avoir rien de + 形容詞男性単数形 [*de qc* | *qn*] とまったく共通点がない ▶ *n'avoir rien de* commun avec qn/qc …とまったく共通点がない / Elle *n'a rien de* sa mère. 彼女は母親に似ても

rigoureusement

似つかない.
ne dire rien à qn …の関心をそそらない; 記憶を呼び起こさない. ▶ *Voyager seul, ça ne me dit rien.* 1人で旅行するなんてまったく気乗りがしない / *Jean-Pierre Vincent? Ça ne me dit rien.* ジャン=ピエール・ヴァンサンだって, 聞いたことのない名前だ.
(ne ...) en rien いかなる点でも(…ない). ▶ *Ce film ne touche en rien.* この映画にはまるで心に迫るものがない.
ne rien avoir dans la culotte = ***ne rien avoir entre les jambes*** 俗 男らしくない.
ne ... rien de moins que ... 本当に[まさに]…である. ▶ *Il n'est rien de moins que votre père.* 彼こそあなた(方)のお父さんなのですよ.
ne rien faire à qn [人が]…に害を加えない; [物が]…に効果を与えない, …にはどうでもいいことだ. ▶ *Il [Elle] (ne) t'a rien fait.* 俗 (あれが君に何かしたわけではない→)…を乱暴に扱わないでくれ.
ne ... rien moins que ... まったく…でない. ▶ *Il n'est rien moins qu'intelligent.* 彼は全然頭がよくない.
n'être rien à [pour] qn …と無関係である, 親しくない. ▶ *Il n'est rien pour moi.* 彼とは別に親しいわけではありません.
On n'a rien sans rien. 話 (何もしなければ何も手に入らない→)代価はつきものだ.
*****pour rien*** (1) 無益に, むだに. ▶ *mourir [attendre] pour rien* 犬死にする[待ち損じる]. (2) 無料で, ただで; ただ同然で. ▶ *acheter une vieille voiture d'occasion pour rien* 古い中古車を二束三文で買う. (3) つまらない理由で. ▶ *Il se plaint pour rien.* ちょっとしたことで彼は不平を言う. (4) 存在しないものとして. ▶ *compter qc pour rien* …を無視する.
pour rien au monde ⇨ MONDE.
*****rien à faire*** 手の打ちようがない; 話 (要求などを拒否して)駄目です. ▶ *Il n'y a plus rien à faire.* もう手の施しようがない / *Rien à faire, je n'accepterai jamais ça.* 駄目です, 絶対にそれは受け入れられません.
rien de [à] rien まったく…ない. ▶ 《*Il reste du beurre? — Rien de rien!*》「まだバターある」「全然ないよ」
rien de plus [moins] それ以上[以下]ではない. ▶ *Elle a fait ce qu'il fallait, rien de plus, rien de moins.* 彼女はなすべきことをしたまでで, それ以上でもそれ以下でもない.
rien「que de [qu'à]」+ 不定詞 ただ…するだけで. ▶ *Rien que d'y penser* そのことを考えるだけで / *Rien qu'à la voir, on se rend compte qu'elle est malade.* 彼女を見ただけで病気だと分かる.
*****rien que qc/qn*** ただ…だけ, たった…の…. ▶ *Rien que ça!*《皮肉に》たったそれだけ! たいしたもんだ.
trois fois rien ほんの少しのもの, わずかな金.
un bon à rien 無能な人, 役立たず.
—— 男 (後続の語とリエゾンしない)つまらないもの, くだらないもの; 些細(さいさい)なこと, ごくわずかなもの. ▶ *faire des riens* くだらないことをする, ろくなことをしない / *Un rien la fait rire.* 彼女はたわいもないことに笑う / *Il s'en est fallu d'un rien qu'elle tombât.* 彼女はもうちょっとで転げ落ちるところだった.
comme un rien 話 たやすく, 造作なく.
un rien de + 無冠詞名詞 ほんの少量の…. ▶ *en un rien de temps* たちまち, あっと言う間に / *avec un rien d'ironie* ちょっぴり皮肉をきかせて.
un rien + 形容詞(句) ほんの少し…. ▶ *C'est un rien trop petit.* ちょっと小さすぎる.
—— 名 《不変》*un* [*une*] *rien-du-tout* = *un* [*une*] *rien de rien* 取るに足りない人, くだらないやつ.
—— 副 俗 ひどく, すごく, まったく. ▶ *Il fait rien froid ici.* ここは恐ろしく寒いな.

rient, ries /ri/ 活用 ⇨ RIRE¹ 55

riesling /rislin/ 男《ドイツ語》【ワイン】リースリング: アルザス地方の辛口白ワイン.

rieur, rieuse /rjœːr, rjøːz/ 形 よく笑う, 陽気な ▶ *yeux rieurs* 笑みをたたえた目.
—— 名 (よく)笑う人, 笑っている人.
avoir [mettre] les rieurs de son côté 相手をだしにして人々を笑わせる.
—— **rieuse** 女 ユリカモメ.

riez /rje/ 活用 ⇨ RIRE¹ 55

rififi /rififi/ 男 隠 喧嘩(けんか)(騒ぎ), 乱闘.

rifle /rifl/ 男《英語》ライフル銃.

rigide /riʒid/ 形 ❶ 固い, 頑丈な. ▶ *livre à couverture rigide* ハードカバーの本. ❷ 厳格な; 硬直した, 柔軟性のない. ▶ *moraliste rigide* 厳格な道徳家 / *éducation rigide* 厳格な教育 / *structure rigide d'une société* 硬直した社会構造.

rigidement /riʒidmɑ̃/ 副 厳しく, 厳格に.

rigidifier /riʒidifje/ 他動 …を堅くする; 硬直化させる.

rigidité /riʒidite/ 女 ❶ 固いこと; 固さ. ▶ *rigidité des poils d'une brosse* ブラシの毛の硬さ. ❷ 厳格さ; 頑固さ, 硬直性. ▶ *rigidité des mœurs* 道徳の厳格さ.

rigolade /rigolad/ 女 話 ❶ はしゃぐこと, 楽しむこと. ❷ 冗談. ▶ *C'est de la rigolade.* それは冗談だ. ❸ たやすいこと. ▶ *Vingt kilomètres à pied, c'est une rigolade pour toi.* 20キロ歩くくらい君にとっては朝飯前だ.

rigolard, arde /rigolaːr, ard/ 形, 名 話 陽気な(人), おどけた(人).

rigole /rigol/ 女 ❶ (灌漑(かんがい)・排水用の)溝, 水路. ❷ 細い水の流れ.

rigoler /rigole/ 自動 話 ❶ 笑う; 楽しむ. ▶ *On a bien rigolé.* とても楽しかった / *Il n'y a pas de quoi rigoler.* 笑い事じゃない. ❷ ふざける. ▶ *Tu rigoles!* 冗談だろう.

rigolo, ote /rigolo, ot/ 形 話 ❶ おもしろい, 滑稽(こっけい)な. ▶ *un type rigolo* ひょうきんなやつ. 比較 ⇨ DRÔLE. ❷ 奇妙な, 不思議な.
—— 名 おもしろい人, おどけ者, まじめな人.

rigorisme /rigorism/ 男 (特に倫理的, 宗教的な)厳格さ, 厳格主義.

rigoriste /rigorist/ 形, 名 厳格すぎる(人), 厳格主義の(人).

rigoureusement /rigurøzmɑ̃/ 副 ❶ 厳密に,

rigoureux

正確に; 厳格に. ▶ Il est *rigoureusement* interdit de fumer. 喫煙は厳禁である. ❷ 完全に. ▶ Je n'ai *rigoureusement* rien compris. 私にはさっぱり分からなかった.

rigour*eux*, *euse* /riguʀø, øːz/ 形 ❶ 厳格な, 厳しい. ▶ une morale *rigoureuse* 厳格な道徳 / Il s'est montré *rigoureux* envers les retardataires. 彼は遅刻した者たちに厳しい態度を見せた / un hiver *rigoureux* 厳冬.
❷ 厳密な, 正確な. ▶ sens *rigoureux* d'un mot 語の厳密な意味 / observer un repos *rigoureux* 絶対安静を守る.

rigueur /riɡœːʀ/ 女 ❶ 厳格さ, 厳しさ. ▶ la *rigueur* de la loi 法の厳格さ / la *rigueur* de l'hiver 冬の厳しい寒さ / traiter qn avec (la dernière) *rigueur* に(徹底して)厳しく扱う / une politique de *rigueur* 緊縮政策.
❷ 厳密さ, 正確さ. ▶ la *rigueur* du jugement 判断の厳正さ.

à la rigueur やむを得なければ, 最悪の場合には. ▶ *A la rigueur*, je peux venir ce soir. どうしてもというのなら今夜来ますよ.

de rigueur 〖文章〗(習慣や規則によって)課せられている, ぜひとも必要な. ▶ délai *de rigueur* ぎりぎりの期限 / A ce gala, la tenue de soirée est *de rigueur*. このガラコンサートでは夜会服着用のこと.

Il est de rigueur de 〖不定詞〗 [*que* + 接続法] 必ず…しなければならない.

tenir rigueur à qn de qc …について…を許さない. ▶ Je ne vous en *tiens* pas *rigueur*. そのことならなんとも思っていません.

riiez /ʀije/, **rijje**, **riions** /ʀijɔ̃/, **rijjɔ̃/ 活用 ⇨ RIRE¹ 55

rikiki /ʀikiki/ 形 〖不変〗 ⇨ RIQUIQUI.

rillettes /ʀijɛt/ 女複 〖料理〗 リエット: 豚, ガチョウなどの肉をラードで煮込んだペースト状食品.

rillons /ʀijɔ̃/ 男複 〖料理〗 リヨン: 豚肉をラードで炒(いた)め, その脂汁に漬け込んだトゥール料理.

rime /ʀim/ 女 脚韻, 韻: フランス詩では2つの詩句の少なくとも最終強勢母音以下の音が同じもの. ▶ *rime* masculine 男性韻(無音の e 以外で終わるもの) / *rime* féminine 女性韻(無音の e で終わるもの).

n'avoir ni rime ni raison わけが分からない, 筋道が立っていない.

sans rime ni raison でたらめに, めちゃくちゃに.

rim*é*, *e* /ʀime/ 形 韻を踏んだ.

rimer /ʀime/ 自動 ❶ [語 が]韻を踏む. ▶ «Vent» *rime* avec «souvent». vent と souvent は韻を踏む. ❷ …を伴う, …に等しい. ▶ Mondialisation *rime* avec chômage. グローバル化とはすなわち失業のことだ. ❸ 〖文章〗詩句[韻文]をつくる.

A quoi ça rime ? そんなことをして何になる.

ne rimer à rien 意味がない, ばかげている.

— 他動 …を韻文で書く.

rîmes /ʀim/ 活用 ⇨ RIRE¹ 55

rim*eur*, *euse* /ʀimœːʀ, øːz/ 名 月並みな詩人.

rinçage /ʀɛ̃saːʒ/ 男 ❶ すすぎ(洗い). ❷ (髪に)リンスすること.

rinceau /ʀɛ̃so/; (複) x 男 〖建築〗〖美術〗唐草文, 巻葉装飾.

rince-bouteilles /ʀɛ̃sbutɛj/ 男 瓶洗いブラシ; 空瓶洗浄機.

rince-doigts /ʀɛ̃sdwa/ 男 フィンガーボール.

rincée /ʀɛ̃se/ 女 話 土砂降り.

rincer /ʀɛ̃se/ ① 他動 …を洗う; すすぐ. ▶ *rincer* des verres コップを洗う.

se faire rincer 話 (雨で)ずぶぬれになる.
— *se rincer* 代動 自分の…をすすぐ. 注 se は間接目的. ▶ *se rincer* la bouche 口をすすぐ.

se rincer le gosier 話 一杯やる.

se rincer l'œil 話 (美人などを見て)目の保養をする.

rincette /ʀɛ̃sɛt/ 女 (コーヒーを飲んだ茶碗で飲む少量の)ブランデー.

rinçure /ʀɛ̃syːʀ/ 女 すすぎに使った水, 汚れ水.

ring /ʀiŋ/ 男 〖英語〗(ボクシングなどの)リング.

ringard¹ /ʀɛ̃ɡaːʀ/ 男 火かき棒.

ringard², *arde* /ʀɛ̃ɡaːʀ, aʀd/ 名 話 大根役者; 落ち目の俳優; 能無し.
— 形 時代遅れの, 古臭い.

ringardise /ʀɛ̃ɡaʀdiːz/ 女 話 落ち目, 時代遅れ.

ringardiser /ʀɛ̃ɡaʀdize/ 他動 …を古くさく見せる. —*se ringardiser* 代動 古くさくなる.

Rio de Janeiro /ʀjodʒaneʀo/ 固有 リオデジャネイロ, リオ: ブラジルの都市.

rions /ʀjɔ̃/ 活用 ⇨ RIRE¹ 55

ripaille /ʀipaːj/ 女 贅沢(ぜいたく)な食事, 大宴会. ▶ faire *ripaille* 御馳走(ごちそう)をたらふく食べる.

ripailler /ʀipaje/ 自動 御馳走(ごちそう)をたらふく食べる (= faire ripaille).

ripaill*eur*, *euse* /ʀipajœːʀ, øːz/ 名 話 御馳走(ごちそう)好きの人; 宴会好き.

riper /ʀipe/ 他動 ❶ [重い物]を滑らせて位置をずらす. ❷ …を(研磨具で)削る. — 自動 ❶ 滑る, 横滑りする, スリップする. ❷ 俗 ずらかる.

riposte /ʀipɔst/ 女 言い返すこと, 反撃, 応酬. ▶ être prompt à la *riposte* とっさに言い返す.

riposter /ʀipɔste/ 間他動 <*riposter* à qn/qc> …に(即座に)言い返す, やり返す; 反撃する. ▶ *riposter* à une plaisanterie de mauvais goût par une gifle 悪趣味な冗談に平手打ちでやり返す.
— 他動 〖言葉〗を(即座に)言い返す.

ripou /ʀipu/ 《複》 ~*s*, ~*x* 形 買収された, 腐敗した.
— 男 汚職警官.

riquiqui /ʀikiki/, **rikiki** 形 〖不変〗 俗 ちゃちな, みすぼらしい.

:rire¹ /ʀiːʀ/ リール 55

過去分詞 ri	現在分詞 riant
直説法現在 je ris	nous rions
tu ris	vous riez
il rit	ils rient
複合過去 j'ai ri	半過去 je riais
単純未来 je rirai	単純過去 je ris
接続法現在 je rie	

自動 ❶ 笑う. ▶ J'ai beaucoup *ri*. 私は大笑いし

た / *rire* aux éclats 大笑いをする / *rire* de bon cœur 心の底から笑う / *rire* aux larmes 涙が出るほど笑う / éclater de *rire* (わっと)笑い出す / se tordre de *rire* 身をよじって笑う / Il ne cesse de faire *rire* le public. 彼は周りの人を笑わせてばかりいる. ◆*rire* de qc …が原因で笑う ▶ *rire* d'une plaisanterie 冗談を聞いて笑う. ❷ 楽しむ, 笑い興じる. ▶ Il ne pense qu'à *rire*. 彼は遊ぶことばかり考えている / On *a* bien ri ce soir. 今夜はとても楽しかった. ❸ ふざける, 冗談を言う. ▶ faire qc en *riant* ふざけて…をする.
avoir (toujours) le mot pour rire 何かにつけて冗談を飛ばす; いつも気の利いたことを言う.
C'est à mourir de rire. 死ぬほどおかしい.
histoire de rire 冗談に, 冗談のつもりで.
Il n'y a pas de quoi rire. 笑い事ではない.
Laissez-moi rire! = *Vous voulez rire!* 冗談でしょう.
pour rire 話 嘘気に.
*pour rire 冗談に, おもしろ半分に. ▶ C'est *pour rire*. 冗談だ.
Rira bien qui rira le dernier. 諺 最後に笑う者が最もよく笑う, 勝負は終わってみないと分からない.
rire「au nez [à la barbe] de qn …の鼻先でせせら笑う.
rire aux anges (1) ほくそ笑む, 1人でにんまりする. (2)〔赤ん坊が〕眠ったまま笑う.
rire comme「une baleine [un bossu] 話 大笑いをする, 腹の皮がよじれるほど笑う.
rire「dans sa barbe [sous cape] 腹の中でせせら笑う, ほくそ笑む.
rire du bout des dents 口先だけで笑う, 作り笑いする.
rire jaune 苦笑いする.
sans rire 冗談抜きで.
Vous me faites rire! 冗談でしょう.
Tel qui rit vendredi, dimanche pleurera. 諺 金曜日に笑っている者も日曜日には泣くはめになる.
— 間他動 ❶〈*rire* de qn/qc〉…を茶化す, 嘲笑(ちょうしょう)する. ▶ *rire* des snobs 俗物を茶化して笑う. ❷〈*rire* de qc〉…を問題にしない, 気に留めない. ▶ *rire* d'un avertissement 警告を聞き流す.
Il vaut mieux en rire qu'en pleurer. くよくよせずに笑って済まそう.
— *se rire* 代動《過去分詞 ri は不変》❶ 文章〈*se rire* de qc〉…をものともしない, 問題にしない. ▶ Il *se rit* des difficultés. 彼は困難を意に介さない. ❷ 文章〈*se rire* de qn〉…をばかにする, 気に留めない.

***rire**² /riːr/ リール/ 男 笑い. ▶ un éclat de *rire* 爆笑 / *rire* forcé 作り笑い / *rire* moqueur 嘲笑(ちょうしょう) / *rire* gros 高笑い, 大笑い / avoir le fou *rire* 笑いが止まらない, ばか笑いする.

rirent /riːr/, **ris** /ri/ 活用 ⇨ RIRE¹ 55
ris¹ /ri/ 男 文章 快楽.
ris² /ri/ 男〔特に子牛や子羊の〕胸腺(きょうせん). ▶ *ris* de veau niçoise 子牛の胸腺とオリーブのトマトソース煮.

risée¹ /rize/ 女〔周囲の人からの〕あざけり; あざけりの的.
risée² /rize/ 女 突風, 疾風(しっぷう); スコール.
risette /rizɛt/ 女〔特に幼児の〕笑い. ▶ Allons, fais *risette* à ta maman! さあ, ママににっこり笑ってちょうだい.
risible /rizibl/ 形 滑稽(こっけい)な, ばかばかしい, 笑うべき, 笑いぐさの.
risotto /rizɔto/ 男《イタリア語》〖料理〗リゾット: 米をブイヨンで炊き込んだ雑炊料理.

***risque** /risk リスク/ 男 ❶ 〔予想される〕**危険**, 危険性. ▶ s'exposer à un *risque* 危険に身をさらす / On n'a rien sans *risque*. リスクなしには何も得られない / facteur de *risque* リスク要因 / une entreprise pleine de *risques* 危険極まりない企て / Il n'y a pas grand *risque* à + 不定詞. …してもたいした危険はない〔大丈夫だ〕/ Il a le goût du *risque*. 彼は危ない橋を渡りたがる.
❷ おそれ, 脅威. ▶ *risque* d'échec 失敗するおそれ / réduire les *risques* de conflit de la guerre atomique 核戦争の脅威を減らす / Il n'y a pas de *risque* qu'il refuse. 彼が拒否するおそれはない. ❸〔保険, 社会保障の対象となる〕事故, 災害. ▶ s'assurer contre les *risques* d'incendie 火災保険に加入する / assurance tous *risques* 全災害保険.
à risque(s) 危険を伴う. ▶ grossesse *à risque* 危険を伴う妊娠 / groupe *à risque*〔特定の病気にかかりやすい〕リスクグループ / conduites *à risque* 危険行動 / à haut *risque* ハイリスクの.
à ses risques et périls 自己責任において. 注 ses は各人称に合わせて変化する. ▶ Si tu n'écoutes pas nos avertissements, c'est *à tes risques et périls*. 我々の警告が聞けないのなら, 何が起こってもおまえの責任だ.
*au risque de + 不定詞 …の危険を冒して. ▶ *Au risque* de se tuer, il a sauté dans le vide. 彼は死の危険を冒して飛び降りた.
C'est un risque à courir. 一か八かやってみるべきだ.
courir le risque de qc 不定詞 …の危険を冒す, おそれがある. ▶ *courir le risque* d'un échec 失敗するおそれがある.
courir [prendre] un risque 危険を冒す.
risqué, e /riske/ 形 ❶ 危険の多い. ▶ une hypothèse *risquée* 大胆な仮定. ❷〔話が〕きどい.
***risquer** /riske リスケ/ 他動 ❶ …を**危険にさらす**. ▶ *risquer* sa vie pour sauver un noyé 溺れた人を助けようとして生命を危険にさらす / En se comportant ainsi, il *risque* sa réputation. あんな風に振る舞って, 彼は評判を落としかねない / *risquer* de l'argent dans une affaire 事業にお金をつぎ込む.
❷ …の危険を冒す. ▶ *risquer* la mort 死の危険を冒す / *risquer* la prison 刑務所入りの危険を冒す / Qu'est-ce qu'on *risque*? どんな危険〔不都合〕があるというのか / Ça ne *risque* rien. 何の危険もない, 大丈夫だ.
❸ 思い切って…する. ▶ Je veux *risquer* une démarche en ce sens. 思い切ってこの方面に進んでみようと思う / *risquer* une question あえて質

問する / *risquer* une allusion あえてほのめかす. ❹ <*risquer* de + 不定詞 // *risquer* que + 接続法>…のおそれがある, しかねない. ▶ Attention! Tu *risques* de te faire mal. 気をつけて, けがをするかもしれないよ /《非人称動詞とともに》Il *risque* de pleuvoir, ne sortons pas. 雨が降るかもしれない, 外出は見合わせよ / Vous *risquez* qu'il s'en aperçoive. 彼に気づかれるおそれがありますよ.
❺ <*risquer* de + 不定詞>…する可能性がある, チャンスがある. ▶ Ça *risque* de marcher. うまく行くかもしれない / Il ne *risque* pas de gagner. 彼が勝つチャンスはまずない.

Qui ne risque rien n'a rien. 諺 (危険を冒さない者は何も得られない→)虎穴(こけつ)に入らずんば虎児を得ず.

risquer gros 大金を賭(か)ける, 大ばくちを打つ.

risquer「le coup [le paquet, la partie] 話 (危険を承知で)あえてやってみる.

risquer le tout pour le tout 一か八(ばち)かの賭に出る.

risquer un regard (見つかる危険を冒して)こっそりのぞく.

— ***se risquer*** 代動 ❶ (危険なことに)乗り出す; (場所に)あえて足を運ぶ. ▶ *se risquer* dans une entreprise ある企てに手を出す / A ta place, je ne m'y *risquerais* pas. 私ならそんな危ない橋は渡らない. ❷ <*se risquer* à + 不定詞> 思い切って…する. ▶ *se risquer* à exprimer son idée あえて私見を述べる.

risque-tout /riskatu/ 名《不変》向こう見ずな人.

rissoler /risɔle/ 他動【料理】〔肉, 野菜〕をきつね色に炒(い)める, こんがり焼く.
— 自動 焼き色がつく, こんがりと焼ける.

ristourne /risturn/ 女 ❶ 値引き, 割引. ❷ リベート. ❸ (共済保険の)割り戻し; (協同組合の)払い戻し金.

faire une ristourne à qn (1)…に割引をする. (2)…にリベートを渡す.

ristourner /risturne/ 他動 …を払い戻す.

rit, rît /ri/ 活用 ⇨ RIRE¹ 55

rite /rit/ 男 ❶〔宗教の〕祭式, 典礼. ▶ *rites* catholiques カトリック典礼. ❷ 儀式, 式典. ▶ *rites* d'une société secrète 秘密結社の儀式 / *rites* funèbres 葬儀. ❸ 習わし, 慣行. ▶ le *rite* des cartes de nouvel an 年賀状を出す習慣. ❹【民族学】儀礼. ▶ *rite* de passage 通過儀礼.

rîtes /rit/ 活用 ⇨ RIRE¹ 55

ritournelle /riturnɛl/ 女 ❶【音楽】リトルネッロ: 歌曲の前後あるいは各楽節の間の短い器楽曲. ❷ 決まり文句. ▶ C'est toujours la même *ritournelle*. また同じ話だ. ❸【広告】コマーシャルソング.

ritualisation /ritɥalizasjɔ̃/ 女 儀礼化, 慣例化.

ritualiser /ritɥalize/ 他動 …を儀式化する.

rituel, le /ritɥɛl/ 形 ❶ 儀式の, 典礼の. ❷ 儀礼的な, お決まりの. ▶ les vœux *rituels* du nouvel an 新年恒例の祝辞 / Il vient à midi le samedi, c'est *rituel*. 彼は毎週土曜日の正午にやってくる, 判で押したように.

— **rituel** 男 ❶ 慣例, しきたり. ❷ 典礼定式(書).

rituellement /ritɥɛlmɑ̃/ 副 ❶ 儀礼的に, 儀礼に従って. ❷ 習慣的に, 決まって.

rivage /rivaʒ/ 男 岸, 岸辺, 浜辺; 湖岸. ▶ un *rivage* de sable 砂浜. 比較 ⇨ BORD.

***rival, ale** /rival/ リヴァル;《男複》**aux** /o/ 名 競争相手, ライバル; 恋敵. ▶ éliminer tous ses *rivaux* すべての競争相手を蹴(け)落とす / Elle n'a pas de *rivale* en beauté. 美しさで彼女に並ぶ者はない. 比較 ⇨ ADVERSAIRE.

sans rival [rivale] 比類のない, 無敵の.
— 形 ライバル関係にある, 対抗する.

rivaliser /rivalize/ 自動 ❶ <*rivaliser* de + 無冠詞名詞 (+ avec qn)>(…と)…を張り合う, 競う. ▶ *rivaliser* de courage avec qn …と勇気を競う. ❷ <*rivaliser* avec qc>〔物が〕…に匹敵する, と等価である. ▶ Chez un orateur, le geste *rivalise* avec la parole. 演説者にとって, 身振りは言葉に劣らず重要である.

rivalité /rivalite/ 女 ライバル関係, 対抗; 対立. ▶ une *rivalité* amoureuse 恋敵の関係 / entrer en *rivalité* 敵対関係になる / susciter des *rivalités* d'intérêts 利害の対立を生む.

rive /riːv/ 女 ❶ 河岸, 湖岸; (海峡の)沿岸 ▶ les *rives* du Rhône ローヌ川沿岸 / arriver sur l'autre *rive* 対岸に着く / *rive* droite [gauche] (下流に向かって)右岸[左岸]. 比較 ⇨ BORD.
❷ (都市の)川沿いの地区. ▶ habiter *Rive* gauche = habiter la *rive* gauche de la Seine パリのセーヌ川左岸地区に住む.

rivé, e /rive/ 形 固定された; くぎづけになった. ▶ rester *rivé* sur place その場にくぎづけになっている / Il est *rivé* à son travail. 彼は今の仕事を離れられない.

river /rive/ 他動 ❶〔打ち込んだ釘(くぎ)など〕の先を打ち曲げる, を打ちつぶす. ❷ …をリベット締めにする, つなぎ合わせる. ▶ *river* deux plaques de tôle 2枚の鉄板をリベットで締める. ❸ 文章 <*river* qn (à qc)> …を(…に)くぎづけにする. ▶ Tout cela le *rive* à son village. こうしたことが重なって, 彼は自分の村から離れられないでいる.

river son clou à qn …をやり込める, 黙らせる.

riverain, aine /rivrɛ̃, ɛn/ 形 (川, 道などに)沿った. ▶ les pays *riverains* de la Baltique バルチック海沿岸諸国.
— 名 沿岸[沿道]の住民[土地所有者]. ▶ les *riverains* d'une rue 通りの住民 / accès réservé aux *riverains* 住民以外通行禁止.

rivet /rive/ 男 リベット, 鋲(びょう).

rivetage /rivtaːʒ/ 男 リベット締め[接合], 鋲(びょう)打ち.

riveter /rivte/ 4 他動 …をリベット締めする, 鋲(びょう)打ちする.

Riviera /rivjera/ 固有 女 リビエラ地方: フランスからイタリアにかけての地中海沿岸の観光・保養地.

***rivière** /rivjɛːr リヴィエール/ 女 ❶ 川. 注 他の川に注ぐ川のこと. 海に注ぐ川は fleuve. ▶ descendre [remonter] une *rivière* en bateau 船で川を下る[上る] / La Marne est une *rivière* qui se jette dans la Seine. マルヌ川はセーヌ川の支流だ. ❷ 文章 〈*rivière* de + 無冠詞名詞〉…の流れ. ▸ une *rivière* de sang (おびただしい)流血.

❸ *rivière* de diamants ダイヤモンドの首飾り. ❹《スポーツ》(陸上, 馬術の障害競技で)水壕(ᵚう).

rivoir /rivwa:r/ 男 リベットハンマー.

rivure /rivy:r/ 女 リベット接合[継手], 鋲(びょう)留め.

rixe /riks/ 女 殴り合い, 乱闘.

*****riz** /ri/ リ/ 男 ❶ 米; 御飯, ライス. ▸ manger du *riz* 米を食べる / *riz* au curry ドライカレー / *riz* pilaf ピラフ / *riz* cantonais チャーハン / *riz* au lait リオレ(デザート用牛乳煮ライス) / *riz* rond 短粒米, ジャポニカ米 / *riz* long 長粒米, インディカ米. ❷ イネ. ▸ culture du *riz* 稲作 / le repiquage du *riz* 田植え / paille de *riz* 稲わら.

rizerie /rizri/ 女 精米所.

riziculteur, trice /rizikyltœ:r, tris/ 名 稲作従事者, 稲栽培者.

riziculture /rizikylty:r/ 女 稲作.

rizière /rizjɛ:r/ 女 稲田.

RMA 男《略語》revenu minimum d'activité 活動最低所得保障.

RMI 男《略語》revenu minimum d'insertion 社会復帰最低所得保障.

RMIste /eremist/ 名 社会復帰最低所得保障(RMI)の適用を受けている人(= érémiste).

RN 女《略語》route nationale 国道. ▸ la *RN*4 国道4号線.

*****robe** /rɔb/ ロブ/ 女 ❶ ドレス, ワンピース. ▸ mettre une *robe* ドレスを着る / porter une *robe* ドレスを着ている / *robe* longue ロングドレス / *robe* de soie 絹のドレス / *robe* d'hiver 冬物ワンピース / *robe* de mariée ウエディングドレス / *robe* du soir イブニングドレス, 夜会服 / *robe*-tablier エプロンドレス / *robe* de grossesse マタニティドレス. ❷ ガウン;(丈の長い)幼児服. ▸ *robe* de baptême 洗礼服 / *robe* de chambre 部屋着, ガウン. ❸ 法服, 僧服. ▸ *robe* de magistrat 法官服 / homme de *robe* 司法官 / la noblesse de *robe* 法服貴族 (↔noblesse d'épée). ❹ (動物, 特に馬の)毛色. ❺ (果物, 野菜などの)皮. ▸ pomme de terre en *robe* de chambre 皮付きのゆでジャガイモ. ❻ (ワインの)色調.

*****robinet** /rɔbinɛ/ ロビネ/ 男 ❶ (水道, ガスなどの)コック, 栓; 蛇口. ▸ *robinet* à [du] gaz ガス栓 / *robinet* d'incendie 消火栓 / de l'eau du *robinet* 水道水 / *robinet* mélangeur 冷温水混合栓 / ouvrir [fermer] un *robinet* 栓を開く[閉じる] / tourner le *robinet* コックをひねる.

❷ (子供の)おちんちん.

C'est un vrai robinet. 話 おしゃべりなやつだ.

couper [*fermer*] *le robinet de qc* …の供給を停止する.

les problèmes de robinet (小学生の)流量計算の問題.

un robinet d'eau tiède つまらないことばかりとめどなくしゃべる[書く]人.

robinetier, ère /rɔbin(ə)tje, ɛ:r/ 名 (水道などの)コック類製造[販売]業者.

robinetterie /rɔbinɛtri/ 女 ❶ (水道などの)コック類製造[販売]業; コック類製造工場.

❷《集合的に》コック類.

robinier /rɔbinje/ 男【植物】ニセアカシア.

robot /rɔbo/ 男 ❶ ロボット; 産業用ロボット (=*robot* industriel). ❷《他の名詞とハイフン(-)で結び付いて, 同格的に》無人装置の. ▸ avion-*robot* 自動操縦飛行機. ❸ 家庭用万能電気調理器, (フード)プロセッサー (=*robot* ménager). ❹ 機械的に行動する人, 他人の言いなりになる人.

robotique /rɔbɔtik/ 女, 形 ロボット工学(の).

robotisation /rɔbɔtizasjɔ̃/ 女 ロボット化.

robotiser /rɔbɔtize/ 他動 ❶〔工場などに〕産業用ロボットを備える;〔作業など〕をロボット化する. ❷〔人〕をロボットのようにする.

— *se robotiser* 代動 ロボット化される, ロボットのようになる.

*****robuste** /rɔbyst/ ロビュスト/ 形 ❶ 頑丈な, 丈夫な. ▸ un homme *robuste* たくましい男 / épaules *robustes* がっしりした肩 / voiture *robuste* 頑丈な車 / avoir une santé *robuste* 壮健である. 比較 ⇨ FORT. ❷〔意志などが〕堅い. ▸ une confiance *robuste* 確固たる信頼.

robustesse /rɔbystɛs/ 女 頑丈さ, 丈夫さ.

roc /rɔk/ 男 ❶ 岩, 岩石. ▸ dur comme un *roc* 岩のように固い〔頑丈な〕; 非常に頑固な. ❷ 強固なもの; 頑固な人. ▸ C'est un *roc*! あいつは頑固だ.

rocade /rɔkad/ 女 バイパス道路. ▸ une *rocade* autoroutière 自動車専用バイパス.

rocaille /rɔka:j/ 女 ❶ 砂利; 石ころだらけの土地. ❷ ロカイユ: 小石と貝殻をセメントで固めたもので, 人工洞窟(くっ)などの庭園装飾に用いる.
— 男《美術》ロカイユ様式 (=style rocaille): ルイ15世時代に流行した, 渦巻き形の曲線模様を持つ装飾モチーフ. — 形《不変》ロカイユ様式の.

rocailleux, euse /rɔkajø, ø:z/ 形 ❶ 石の多い, 石ころだらけの. ❷〔文章などが〕ごつごつした;〔音が〕耳障りな.

rocambolesque /rɔkɑ̃bɔlɛsk/ 形《冒険, 出来事などが》途方もない, 波瀾(らん)万丈の, 信じられないような.〔ポンソン=デュテーラーヌの小説の主人公で波瀾万丈の活躍をした Rocambole の名から〕

roche /rɔʃ/ 女 岩, 岩石. ▸ creuser la *roche* 岩に穴をあける / *roche* calcaire 石灰岩 / *roche* sédimentaire 堆積(たいせき)岩 / eau de *roche* 岩清水 / cœur de *roche* 冷酷な心.

clair comme l'eau de roche 明瞭(みょう)な, 非常に分かりやすい.

Rochefort /rɔʃfɔ:r/ 固有 ロシュフォール: フランス西部の町.

Rochelle /rɔʃɛl/ (**La**) 固有 ラ・ロシェル: Charente-Maritime 県の県庁所在地.

*****rocher** /rɔʃe/ ロシェ/ 男 ❶ (切り立った)岩, 岩壁. ▸ faire du *rocher* ロッククライミングをする.
❷ 岩礁, 暗礁. ▸ échouer sur les *rochers* 暗礁に乗り上げる.

❸ (le Rocher) モナコの別名.

Roche-sur-Yon /rɔʃsyrjɔ̃/ (**La**) 固有 ラ・ロシュ=シュール=ヨン: Vendée 県の県庁所在地.

rocheux, euse /rɔʃø, ø:z/ 形 岩の多い, 岩石

で覆われた; 岩でできた.

rock /rɔk/, **rock and roll** /rɔkɛn(d)rol/ 男 《米語》ロック, ロックンロール.
— **rock** 形 《不変》ロックンロールの.

rocker /rɔkœːr/ 名 《米語》 ❶ ロック歌手.
❷ ロックファン; ロック調の服装を好む若者.

rocking-chair /rɔkintʃɛːr/ 男 《英語》ロッキングチェア, 揺り椅子(*).

rococo /rɔkɔko/ 男 ❶ 〖美術〗ロココ様式: 18世紀, フランスに起こり全ヨーロッパに及んだ装飾様式.
❷ 流行遅れの様式 [品物]. — 形 《不変》 ❶ ロココ様式の. ❷ 話 流行遅れの, 旧式で滑稽(%%)な.

rodage /rɔdaːʒ/ 男 ❶ （自動車などの）慣らし運転 (期間). ▶ voiture en *rodage* 慣らし運転中の車. ❷ （新制度などの）試験的実施, 試行（期間）.

rôdailler /rodaje/ 自動 歩き回る, うろつく.

rodéo /rodeo/ 男 ❶ ロデオ. ❷ *rodéo* automobile [motorisé] （市街地での暴走族の）車の競走. ❸ 騒ぎ, 騒動, けんか.

roder /rode/ 他動 ❶ 〔自動車, エンジンなど〕を慣らし運転する. ❷ …を徐々に完成に近づける. ▶ *roder* une nouvelle méthode pédagogique 新しい教育法を軌道に乗せる. ❸ 〈être rodé〉熟練している; 調整ができている. ▶ Elle n'*est* pas encore *rodée*. 彼女はまだ慣れていない.
— **se roder** 代動 （仕事などに）慣れる.

rôder /rode/ 自動 ❶ うろつく, 徘徊(%%)する.
❷ 〔考えなどが〕絶えずつきまとう.

rôd*eur, euse* /rodœːr, øːz/ 名 ごろつき, 無頼漢. ▶ un *rôdeur* de nuit 夜盗.

Rodez /rɔdɛːz/ 固有 ロデズ, ロデス: Aveyron 県の県所在地.

rodomontade /rɔdɔmɔ̃tad/ 女 ほら, 空威張り, 大言壮語.

rogaton /rɔɡatɔ̃/ 男 《多く複数で》話 食べ残し, 残飯.

rogne /rɔɲ/ 女 話 怒り, 不機嫌. ▶ être en *rogne* 怒っている, 機嫌が悪い / mettre qn en *rogne* …を怒らせる.

rogner¹ /rɔɲe/ 他動 ❶ …を削り落とす, 切り落とす. ▶ *rogner* les branches d'un arbuste 木の枝を刈り込む.
❷ …を減らす, 減少させる. ▶ *rogner* des marges bénéficiaires マージンを削る / *rogner* les pouvoirs de qn …の権力を縮小する.

rogner les ailes à qn …の活動力を奪う, 自由な行動を阻む.
— 間他動 〈*rogner* sur qc〉 …にかかる費用を節約する. ▶ *rogner* sur la nourriture 食費を削る.

rogner² /rɔɲe/ 自動 話 怒る, 不機嫌になる.

rogn*eur, euse* /rɔɲœːr, øːz/ 名 端を切り落とす人; 〖製本〗断截工.

rognon /rɔɲɔ̃/ 男 （料理用の）腎臓(%%).

rognure /rɔɲyːr/ 女 切りくず, 裁ちくず. ▶ des *rognures* de viande くず肉.

rogomme /rɔɡɔm/ 男 話 voix de *rogomme* （酒飲みの）しゃがれ声.

rogue /rɔɡ/ 形 〔人, 態度などが〕横柄な, 尊大な. ▶ air *rogue* 尊大な態度.

:roi /rwa/ ロワ 男 ❶ 王. ▶ le *roi* et la reine 王と王妃 / le *roi* de France フランス国王 / *roi* constitutionnel 立憲君主 / le *Roi*-Soleil 太陽王（ルイ14世）/ Le *roi* est mort, vive le *roi*! 国王崩御, 新国王万歳!
❷ 王者, 第一人者. ▶ le *roi* du pétrole 石油王 / le *roi* de la route 自転車競技のチャンピオン / le *roi* des animaux 百獣の王, ライオン. ◆ le *roi* des + 複数名詞 …の王様, 最高の…. ▶ le *roi* des fromages 最高のチーズ / C'est le *roi* des imbéciles. どうしようもないばかである / le *roi* des cons 大ばか / C'est vraiment le *roi*! 本当にばかだ.
❸ 《同格的に》bleu *roi* 群青, ウルトラマリン.
❹ 〖キリスト教〗les *Rois* mages （キリスト降誕の際に訪れた）東方の三博士 / fête [jour] des *Rois* 公現祭 (=Epiphanie) / gâteau [galette] des *Rois* 公現祭のお菓子（中にソラマメか陶器の人形が入れてあり, それに当たった人が王様になる）. ❺ 〖ゲーム〗（トランプ, チェスの）キング. ▶ *roi* de pique スペードのキング / échec au *roi* 王手.

heureux comme un roi 最高に幸せな, 至福の.

le roi de la création 万物の霊長, 人間.

Le roi n'est pas son cousin. （王は彼（女）のいとこではない→）あれはすっかり天狗(%%)になっている.

morceau de roi 飛び切りの御馳走(%%).

tirer les rois [*les Rois*]（公現祭にくじ入りのお菓子 galette を食べて）王様を選ぶ.

travailler pour le roi de Prusse ただ働きをする, むだ骨を折る.

Roissy /rwasi/ 固有 ロアシー; シャルル=ドゴール空港 (=l'aéroport de *Roissy*).

:rôle /roːl/ ロール 男 ❶ （演劇の）役; （俳優の）せりふ. ▶ jouer [interpréter] un *rôle* ある役を演じる / premier *rôle*=*rôle* principal 主役 / second *rôle* 脇役 / *rôle*-titre タイトルロール / jeu de *rôle* ロールプレー / distribuer les *rôles* 役を割り当てる / apprendre son *rôle* せりふを覚える.
❷ （社会における）役目, 役割. ▶ le *rôle* du Japon dans le monde 世界における日本の役割 / Lui dire la vérité? Ce n'est pas mon *rôle*! 彼（女）に本当のことを言うんだって, そんな役目は御免だよ / avoir pour *rôle* de + 不定詞 …する役割 [機能] を持つ. ◆ jouer un *rôle* (de + 無冠詞名詞) （…としての）役割 [機能] を果たす. ▶ jouer un *rôle* d'intermédiaire entre deux nations 2国間の調停役を務める.
❸ （裁判所の）訴訟事件目録; 納税者名簿 (=*rôle* des contribuables); 徴兵名簿 (=*rôle* de la conscription).

à tour de rôle 順番に. ▶ Nous conduisons nos enfants à la maternelle *à tour de rôle*. 私たちは交代して子供たちを幼稚園に連れて行く.

avoir le beau rôle 話 わりのいい役を演じる, 楽な役回りになる.

rôle-titre /roltitr/ 男 タイトルロール.

roller /rɔlœːr/ 男 ローラースケート.

roll*eur, euse* /rɔlœːr, øːz/ 名 ローラースケートをする人.

rom*ain, aine* /rɔmɛ̃, ɛn/ 形 ❶ 古代ローマ（帝国）の. ▶ antiquité grecque et *romaine* 古代ギリシャ・ローマ文明 / empereur *romain* ローマ皇

帝 / chiffres *romains* ローマ数字. ❸ ローマ Rome の. ❸ ローマ教会の, ローマカトリックの. ▶ Eglise *romaine* ローマ教会. ❹〖印刷〗caractères *romains* ローマン体活字 (=roman).
— **Romain, aine** 图 ローマ人.
travail de Romain 骨の折れる大仕事, 大事業.
— **romain** 男〖印刷〗ローマン体.
— **romaine** 囡 タチチシャ: レタスの一品種.

***roman**¹ /rɔmɑ̃ ロマン/ 男 ❶ 小説, 長編小説. ▶ lire un *roman* 小説を読む / le héros [personnage] d'un *roman* 小説の主人公［登場人物］/ le *roman* et la nouvelle 長編小説と中編小説 / le nouveau *roman* ヌーヴォー・ロマン / *roman* d'amour 恋愛小説 / *roman* noir 暗黒小説 / *roman* d'aventure 冒険小説 / *roman* de mœurs 風俗小説 / *roman* d'épouvante 怪奇小説 / *roman* de science-fiction =*roman* d'anticipation SF 小説 / *roman* historique 歴史小説 / *roman* policier 推理小説. ❷ 波瀾(らん)万丈の物語; 荒唐無稽(けい)な話. ▶ La vie de cette femme est un vrai *roman*. この女性の生涯はまさしく一編の小説だ / Cela n'arrive que dans les *romans*. それはお話の中でしかありえない / C'est tout un *roman*. まるで小説みたいだ, 信じられない.

roman², **ane** /rɔmɑ̃, an/ 形 ❶〖言語〗ロマンス(諸)の. ▶ langues *romanes* ロマンス諸語（ラテン語から分化したフランス語, イタリア語, スペイン語など). ❷〖美術〗ロマネスク(時代)の: ヨーロッパで10-12世紀にかけて広がった美術についていう. ▶ église *romane* ロマネスク教会.
— **roman** 男 ❶ ロマンス語. ❷ ロマネスク美術［様式］.

romance /rɔmɑ̃:s/ 囡 ❶ (甘く感傷的な)恋愛詩, ロマンス: 18, 19世紀に流行した. ❷〖音楽〗ロマンス, (甘美で叙情的旋律の)声楽曲, 小器楽曲. ❸ 恋歌.

romancer /rɔmɑ̃se/ 1 他動 …を小説化する, 小説風に描く. ▶ un récit *romancé* de la Révolution française フランス革命を小説風に描いた物語.

romanche /rɔmɑ̃:ʃ/ 男 ロマンシュ語: スイスのグリゾン地方などで行われるレト・ロマン語の一つ. スイスの第4公用語.

romancier, ère /rɔmɑ̃sje, ɛ:r/ 图 小説家.

romand, ande /rɔmɑ̃, ɑ̃:d/ 形 (スイスで)フランス語を話す, フランス語系の.
— **Romand, ande** 图 フランス語を話すスイス人 (↔Alémanique).

romanesque /rɔmanɛsk/ 形 ❶ 小説のような, 現実離れした. ▶ une aventure *romanesque* 奇想天外な事件 / un amour *romanesque* まるで小説みたいな恋愛. ❷ 空想的な, 夢見がちな. ▶ avoir une imagination *romanesque* 夢のようなことを想像する. ❸ 文章 (文学ジャンルとしての)小説の.
— 男 (le romanesque) ❶ 小説的なこと, 現実離れした面. ❷ 文章 (文学ジャンルとしての)小説の特質.

roman-feuilleton /rɔmɑ̃fœjtɔ̃/ (複)〜**s-**〜**s** 男 ❶ 新聞連載小説. ❷ ありそうもない話, 波瀾(らん)万丈の物語.

roman-fleuve /rɔmɑ̃flœ:v/; (複)〜**s-**〜**s** 男 ❶ 大河小説: 数世代にわたる登場人物を扱う長大な小説. ❷ 極めて長い物語.

romani /rɔmani/ 男 ジプシー語, ロマニー語.

romaniser /rɔmanize/ 他動 ❶ 〖被征服民族など〗にローマ文明［ラテン語］を押しつける, をローマ化する. ❷ 〖ある言語〗をローマ字でつづる.
— 自動 ローマカトリック教会の教義に従う.

romaniste /rɔmanist/ 图 ロマンス語学者.

roman-photo /rɔmɑ̃fɔto/; (複)〜**s-**〜**s** 男 写真小説: 簡単な筋書きと一連の写真による劇画に似た物語.

romantique /rɔmɑ̃tik/ 形 ❶ ロマン主義の, ロマン派の. ▶ le mouvement *romantique* ロマン主義運動 / la poésie *romantique* ロマン派の詩. ❷ 夢想的な, ロマンチックな. ▶ amour *romantique* ロマンチックな恋 / une jeune fille rêveuse et *romantique* 夢見がちでロマンチックな娘 / un site *romantique* 詩情あふれる景色.
— 图 ロマン派の芸術家; ロマンチックな人.

romantisme /rɔmɑ̃tism/ 男 ❶ ロマン主義. ▶ le *romantisme* allemand ドイツロマン主義. ❷ 夢想的気分, ロマンチシズム. ▶ le *romantisme* de l'adolescence 青春期のロマンチシズム.

romarin /rɔmarɛ̃/ 男〖植物〗マンネンロウ: 香料に用いる.

rombière /rɔ̃bjɛ:r/ 囡 奥様然とした女性.

Rome /rɔm/ 固有 ローマ: イタリアの首都.

***rompre** /rɔ̃:pr/ ロンプル 61

過去分詞 rompu	現在分詞 rompant
直説法現在 je romps	nous rompons
tu romps	vous rompez
il rompt	ils rompent

他動 ❶〔関係, 契約など〕を断つ. ▶ *rompre* les relations diplomatiques 国交を断絶する / *rompre* un contrat 契約を破棄する / *rompre* un traité 条約を破棄する / *rompre* ses fiançailles 婚約を解消する.
❷〔状態, 動きなど〕を遮る, 中断する. ▶ *rompre* le silence 沈黙を破る / *rompre* l'équilibre 均衡を破る, バランスを崩す / *rompre* la monotonie 単調さを破る / *rompre* un charme 呪縛(ばく)を破る.
❸〔隊列, 秩序など〕を崩す, 乱す. ▶ *rompre* les rangs 列を乱す / *Rompez* (les rangs)！(号令で)解散.
❹ 文章 …を折る, 砕く, 引きちぎる. ▶ *rompre* le pain パンを手でちぎる / *rompre* un morceau de bois d'un coup de poing こぶしの一撃で木切れを割る / Le chien *a rompu* la chaîne. 犬は鎖を引きちぎった / Le fleuve *a rompu* ses digues. 川の堤防は決壊した. ❺ 文章〈*rompre* qn à qc〉…を…に慣れさせる, に…を仕込む.

applaudir à tout rompre 割れるような拍手を送る.

rompre des lances avec qn …と議論を戦わせる, と一戦交える.

rompre des lances pour qn …を弁護する.
rompre la cervelle [tête] à qn …をうるさがらせる.
rompre la glace (会話などで初めの)堅苦しい雰囲気をほぐす.

— ＊**rompre** 間他動 ❶ ⟨rompre avec qn⟩…と関係を断つ;⦅目的語なしに⦆(恋人と)別れる. ▶ *rompre* avec sa famille (=se brouiller) 家族と縁を切る / Ils ont *rompu*. 彼らは別れた.
❷ ⟨rompre avec qc⟩〘伝統, 習慣など〙を断つ, やめる. ▶ Cette idée *rompt* avec son raisonnement habituel. この発想は彼(女)の従来の考え方とはまるで異なっている.

— 自動 ❶ 古風 折れる, 切れる. ❷〘スポーツ〙(フェンシング, ボクシングで)後退する.

— **se rompre** 代動 ❶ 解消される, 破られる. ▶ Si la politique industrielle actuelle se poursuit, l'équilibre de l'environnement risque de *se rompre* d'un jour à l'autre. 現在の工業政策がこのまま続くようなことがあれば, 環境のバランスは近い将来崩れてしまうだろう.
❷⦅物が⦆折れる, 切れる. ▶ La corde s'est *rompue*. 縄が切れた. ❸ ⟨se rompre qc⟩(自分の)…を折る. 注 se は間接目的. ▶ *se rompre* les os 骨を折る(⇨ 成句).

se rompre「le cou [les os](墜落して)大けがをする;墜落する. 注 se は間接目的.

romps, rompt /rɔ̃/ 活用 ⇨ ROMPRE 61

rompu, e /rɔ̃py/ 形(<rompre の過去分詞) ❶ ⟨rompu (de + 無冠詞名詞)⟩(…で)疲れきった, へとへとの. ▶ Il était *rompu* de travail. 彼は過労で疲れきっていた / avoir les membres *rompus* 手足が疲れきっている. ❷ ⟨rompu à qc⟩…に熟練[精通]した. ▶ Il sont *rompus* à ce genre de travail. 彼らはこの種の仕事には慣れている. ❸ 破られれた;切れた. ▶ des fiançailles *rompues* 解消された婚約.

romsteck /rɔmstɛk/, **rumsteck** 男 ランプ:ステーキ用の牛の腰肉.

ronce /rɔ̃ːs/ 女 ❶ キイチゴ. ❷ イバラ. ▶ une vie semée de *ronces* et d'épines いばらの人生. ❸ 有刺鉄線(= *ronce* artificielle). ❹〘建築〙木目.

ronceraie /rɔ̃sre/ 女 キイチゴ[イバラ]の生い茂った荒れ地.

ronchon, onne /rɔ̃ʃɔ̃, ɔn/ 名 気難しい人, 不平家. — 形 気難しい, 不平を言う.

ronchonnement /rɔ̃ʃɔnmɑ̃/ 男 話 文句, 不平不満.

ronchonner /rɔ̃ʃɔne/ 自動 話 文句を言う, ぶつぶつ不平を言う. — 間他動 話 ⟨ronchonner après qc/qn⟩…のことでぶつぶつ不満を言う.

ronchonneur, euse /rɔ̃ʃɔnœːr, øːz/ 形, 名 話 絶えず文句[不平]を言う(人).

＊**rond, ronde** /rɔ̃, rɔ̃ːd ロン, ロード/ 形 ❶ 丸い, 円形の, 球形の. ▶ plat *rond* 丸い皿 / visage *rond* 丸顔 / un ballon *rond* サッカーボール / La Terre est *ronde*. 地球は丸い / avoir le dos *rond* 背中が丸い, 猫背である / faire [ouvrir] des yeux *ronds*（驚いて）目を丸くする.
❷ 肉付きのよい;ずんぐりした. ▶ avoir le ventre *rond* 腹が出ている / joues *rondes* ふっくらした頬 / un petit enfant *rond* et rose 丸々太って血色のよい幼児.
❸ 端数のない, 切りのよい. ▶ un chiffre [nombre] *rond* 端数のない数, 概数 / deux cents euros tout *ronds* ちょうど200ユーロ.
❹ 話 酔っ払った. ❺ ⟨rond (en qc)⟩(…において)率直な, 単刀直入な. ▶ être *rond* en affaires ビジネスライクである, てきぱき仕事をする.

rond comme une queue de pelle ぐでんぐでんに酔った.

table ronde 円卓;円卓会議. ▶ organiser une *table ronde* sur le thème de qc …をテーマに円卓会議を開く.

— **rond** 副 話 ⟨tourner rond⟩ ❶〘エンジンが〙正常に回転する. ❷〘物事が〙うまく行く[運ぶ]. ▶ Cela ne tourne pas *rond*. 不調である. ❸ (多く否定的表現で)体調がよい;(精神的に)正常である. ▶ Il [Ça] ne tourne pas *rond*. あいつは頭が少し変だ.

tout rond (1) まるごと, そのまま. ▶ avaler qc *tout rond* …をまる飲みする. (2) (金額が)ぴったりの, 端数のない. ▶ Ça fait trois cents euros *tout rond*. ちょうど300ユーロだ.

— ＊**rond** 男 ❶ 円, 輪. ▶ tracer un *rond* avec un compas コンパスで円を描く / faire des *ronds* de fumée（たばこで）煙の輪を作る. ❷ 丸い物, 環状の物. ▶ *rond* de citron レモンの輪切り / un *rond* de serviette ナプキンリング. ❸ 話 お金, 小銭. ▶ Ils ont des *ronds*. 彼らは金持ちだ / Il n'a pas le [un] *rond*. 彼は一文なしだ.

en rond 丸くなって. ▶ s'accroupir *en rond* autour de qn …の周りに輪になってしゃがむ.

faire des ronds de jambe 仰々しい挨拶(あいさつ)をする;(気に入られようとして)ばか丁寧に振る舞う.

pas pour un rond ただで.

tourner en rond 堂々巡りで進歩がない.

rond-de-cuir /rɔ̃dkɥiːr/; ⦅複⦆ ~s-~-~ 男 古風 (軽蔑して)小役人, 事務員.

ronde /rɔ̃ːd/ 女 ❶ 輪舞, ロンド. ▶ danser une *ronde* ロンドを踊る. ❷ 巡回, 見回り;パトロール隊. ▶ faire une *ronde* 見回りをする. ❸〘音楽〙全音符. ❹ 丸書体.

à la ronde (1) 四方に, 周りに. ▶ à dix lieues *à la ronde* 十里四方に. (2) 順番に. ▶ verser à boire *à la ronde* 順に飲み物をついで回る.

entrer dans la ronde (1) 踊りの輪に加わる. (2) 仲間入りをする;皆と同じようにする.

rondeau /rɔ̃do/; ⦅複⦆ **x** 男 ❶〘詩法〙(1) ロンドー:中世の定型詩. 2 種類の脚とリフレーンを持つ. (2) 印刷 17世紀に流行した定型詩で, 中世のロンドーを改革したもの. ❷〘音楽〙ロンドー.

ronde-bosse /rɔ̃dbɔs/; ⦅複⦆ ~s-~s 女〘彫刻〙丸彫り.

rondelet, ette /rɔ̃dlɛ, ɛt/ 形 ❶ 小太りの, 丸々とした. ▶ femme *rondelette* 小太りの女.
❷ somme *rondelette* かなりの金額.

rondelle /rɔ̃dɛl/ 女 ❶ 座金, ワッシャー. ❷ 輪切り, スライス. ▶ une *rondelle* de citron レモンの輪切り / un salami coupé en *rondelles* 輪切りにしたサラミ.

rondement /rɔ̃dmɑ̃/ 副 ❶ すばやく、きびきびと. ▶ mener une affaire *rondement* てきぱきと仕事をかたづける. ❷ [古風] 率直に. ▶ parler *rondement* ざっくばらんに話す.

rondeur /rɔ̃dœːr/ 囡 ❶ 丸み、膨らみ;《複数で》(体つきの)丸み. ❷ 率直さ、人のよさ.

rondin /rɔ̃dɛ̃/ 男 ❶ 丸太薪(絜). ❷ (製材前の)輸入原木; 丸太.

rondo /rɔ̃do/ 男《イタリア語》【音楽】ロンド、回旋曲.

rondouill*ard, arde* /rɔ̃dujaːr, ard/ 形《皮肉に》太っちょの.

rond-point /rɔ̃pwɛ̃/ 《複》〜s-〜s 男 (放射状に道路が出る)円形広場、ロータリー.

ronfl*ant, ante* /rɔ̃flɑ̃, ɑ̃ːt/ 形 ❶ 〔言葉、肩書きなどが〕大げさで空疎な. ▶ phrases *ronflantes* 美辞麗句 / promesse *ronflante* 口先だけの立派な約束. ❷ ごうごう〔ぶんぶん〕と鳴る.

ronflement /rɔ̃fləmɑ̃/ 男 ❶ いびき. ❷ うなるような音. ▶ le *ronflement* d'un avion 飛行機の鈍い爆音.

***ronfler** /rɔ̃fle/ ロンフレ 自動 ❶ いびきをかく;[話] ぐっすり眠る. ❷ うなりを発する. ▶ Le moteur *ronfle*. エンジンがうなりを上げる / Le poêle commence à *ronfler*. ストーブがごうごうと音を立て始める.

ronfl*eur, euse* /rɔ̃flœːr, øːz/ 名 いびきをかく人. ── **ronfleur** 男 (電話の)ブザー.

***ronger** /rɔ̃ʒe/ ロンジェ [2] 他動

過去分詞 rongé	現在分詞 rongeant
直説法現在 je ronge	nous rongeons
tu ronges	vous rongez
il ronge	ils rongent

❶ …をかじる、嚙(ゕ)む;〔虫が〕…を食う. ▶ des rats qui *rongent* du pain パンをかじるネズミ.
❷ …をむしばむ、浸食する. ▶ Les acides *rongent* les métaux. 酸は金属を腐食する / une rivière qui *ronge* ses rives 岸辺を浸食する川.
❸〔悲しみなどが〕…を苦しめる、悩ませる. ▶ le remords qui *ronge* le cœur 心を責めさいなむ悔恨 / être *rongé* de remords 後悔の念にさいなまれる.
ronger son frein (1)〔馬が〕馬銜(はみ)を嚙む. (2) 腹立ち[くやしさ]のあまり歯ぎしりする、辛うじていらだちを抑える.
── **se ronger** 代動 ❶ 〈se ronger qc〉 自分の…を嚙む. 注 se は間接目的. ▶ *se ronger* les ongles (不安、いらだちなどから)爪(ゔ)を嚙む.
❷ 〈se ronger (de qc)〉 (…に)苦しむ、悩む. ▶ *se ronger* d'inquiétude 不安に苦しむ.
se ronger les poings くやしい [腹立たしい] 思いをする; 絶望する.
se ronger les sangs [話] 不安にさいなまれる.

rong*eur, euse* /rɔ̃ʒœːr, øːz/ 形 嚙(ゕ)む、かじる; むしばむ; 侵食性の. ▶ le mammifère *rongeur* 齧歯(げっし)目. ── **rongeurs** 男複【動物】齧歯類(ウサギ、ネズミなど).

ronron /rɔ̃rɔ̃/ 男 ❶ ごろごろ(猫が喉(ゕ)を鳴らす音). ▶ faire *ronron*〔猫が〕ごろごろいう. ❷ [話] 鈍い連続音. ▶ le *ronron* d'un moteur モーターのうなり. ❸ 単調さ.

ronronnement /rɔ̃rɔnmɑ̃/ 男 ❶ 猫が喉(ゕ)をごろごろ鳴らすこと[音]. ❷ モーターなどがうなること[音].

ronronner /rɔ̃rɔne/ 自動 ❶〔猫が〕ごろごろ喉(ゕ)を鳴らす. ❷〔モーター、自動車などが〕うなる. ❸ (満足の意を表わして)〔人が〕のどを鳴らす.

roquefort /rɔkfɔːr/ 男〔チーズ〕ロックフォール.

roquet /rɔkɛ/ 男 ❶ すぐほえ立てる小犬. ❷ やかま屋.

roquette /rɔkɛt/ 囡 ロケット;ロケット弾発射筒.

rosace /rozas/ 囡 ❶【建築】ロザース、円花飾り;円い花形の装飾. ❷ (ゴシック教会建築などの)ばら窓 (=rose).

rosacé, e /rozase/ 形【植物学】バラのような、ばら形(ゕ)の. ── **rosacée** 囡 ❶《複数で》【植物】バラ科. ❷【医学】酒皶(しゅさ)[性痤瘡(ざそう)]、赤鼻.

rosaire /rozɛːr/ 男 ロザリオ; ロザリオの祈り. ▶ égrener son *rosaire* ロザリオをつまぐる / dire son *rosaire* ロザリオの祈りを唱える.

rosat /roza/ 形《不変》〔香油などが〕バラから取った、ばらエキスを含む.

rosâtre /rozɑːtr/ 形 くすんだばら色の、さえないピンクがかった.

rosbif /rɔsbif/ 男 ❶ ローストビーフ. ❷ [話] [古風]《軽蔑的に》イギリス人.

***rose** /roːz/ ローズ 囡 ❶ バラ(の花). 注 赤いバラは仏社会党のシンボル. ▶ *roses* rouges [blanches] 赤い[白い]バラ / bouquet de *roses* バラの花束 / eau de *rose* ばら水(バラの花から作った化粧水) / confiture de *rose* バラのジャム / huile [essence] de *rose* バラ油. ❷【植物】*rose* de Noël クリスマスローズ / *rose* trémière タチアオイ / bois de *rose* 紫檀(しだん)、ローズウッド. ❸〈de *rose*〉ばら色の. ▶ avoir un teint de *rose* 血色がよい. ❹【建築】ばら窓: ゴシック教会建築などで、バラの花形の飾り格子を持つ円窓. ❺ *rose* des vents (羅針盤の)方位図、ウインドローズ. ❻ *rose* des sables 砂漠のバラ(サハラ砂漠で見られる、バラの形をした石膏の結晶).
à l'eau de rose〔映画、小説などが〕甘ったるい、感傷的な.
envoyer qn sur les roses [話] …を追い払う.
être frais comme une rose 顔の色艶(ゕ)がよい、血色がよい.
ne pas sentir la rose 嫌なにおいがする.
(Il n'y a) pas de roses sans épines. [諺] バラにとげあり、苦楽相伴う.
── ***rose** 形 ❶ ばら色の、ピンクの. ▶ couleur *rose* ばら色 / joues *roses* バラ色の頬. ❷《形容詞、無冠詞名詞を伴って不変形容詞を作る》…ピンクの. ▶ une robe *rose* clair 明るいピンクのドレス. ❷ 性風俗の. ❸ 社会党の. ▶ la vague *rose* 社会党の躍進. ❹《多く否定的表現で》楽しい、いいことずくめの. ▶ Ce n'est pas (tout) *rose*. そいつは楽じゃない.
── ***rose** 男 ばら色、ピンク; ピンクの服. ▶ une écharpe d'un *rose* vif 鮮やかなピンクのスカーフ / être habillé de *rose* ピンクの服を着ている / La

rosé

vie en rose「バラ色の人生」(エディット・ピアフ).
rose bonbon 恵まれた，不自由ない．▶ vie rose bonbon 何不自由ない生活.
voir「**la vie [tout] en rose** (↔noir) 人生[すべて]をばら色に見る，楽観する．
rosé, e /roze/ 形 ばら色の；ピンクがかった.
— **rosé** 男 ロゼワイン (= vin rosé).
roseau /rozo/ 男;(複) **x** 男 ❶〖植物〗ヨシ，アシ. ❷ (人間の非力，もろさの象徴としての) 葦(ぁし). ▶ roseau *pensant* 考える葦(パスカル).
rosée /roze/ 女 露． ▶ la *rosée* du matin 朝露 / herbe trempée de *rosée* 露にぬれた草 / point de *rosée*〖物理〗露点.
roseraie /rozrɛ/ 女 バラ園.
rosette /rozɛt/ 女 ❶ (リボンの) ばら結び. ❷ (勲章の) ロゼット，略綬(ゅう). ▶ avoir la *rosette* 叙勲されている；(特に) レジョンドヌール 4 等勲章佩用(はい)者となる. ❸ (リヨン産の) ドライソーセージ.
rosier /rozje/ 男〖植物〗バラ(の木).
rosière /rozjɛ:r/ 女 ばら冠の乙女：昔，村で品行方正によりほうびのばら冠を授けられた少女.
rosiériste /rozjerist/ 名 バラ栽培者.
rosir /rozi:r/ 自動 ばら色になる.
— 他動 …をばら色にする.
rossard, arde /rɔsa:r, ard/ 形，名 意地悪な(人).
rosse /rɔs/ 女 ❶ 意地悪者. ❷ 古風 駄馬.
— 形 話 ❶ 意地悪な，悪意ある. ❷ 厳しい.
rossée /rɔse/ 女 びんた，殴打. ▶ flanquer une *rossée* à qn …を殴りつける.
rosser /rɔse/ 他動 …をひどく殴る.
rosserie /rɔsri/ 女 あくどい仕打ち，卑劣な行い，意地悪；邪険な言葉.
rossignol /rɔsiɲɔl/ 男 ❶〖鳥類〗ナイチンゲール，サヨナキドリ. 注 鳴き声が美しいことで知られる. ▶ chanter comme un *rossignol* 歌がとても上手だ. ❷ 売れ残りの本[品]；流行遅れの品. ❸ 錠前をこじ開ける道具[鉤(かぎ)].
rot /ro/ 男 俗 げっぷ，おくび.
rotatif, ive /rotatif, i:v/ 形 回転する，回転式の. ▶ moteur *rotatif* ロータリーエンジン.
— **rotative** 女〖印刷〗輪転機.
rotation /rɔtasjɔ̃/ 女 ❶ 回転(運動)；自転. ▶ la *rotation* de la Terre 地球の自転 / un mouvement de *rotation* 回転運動. ❷ (交通機関の) 定期運行回数，便数. ❸ (業務などの) 交替，輪番，ローテーション. ❹〖経営〗*rotation* des stocks 在庫の回転 / *rotation* du personnel 人事配置の輪番交替；人事回転率. ❺〖農業〗*rotation* des cultures 輪作 (=assolement).
rotatoire /rɔtatwa:r/ 形 回転する，回転の. ▶ mouvement *rotatoire* 回転運動.
roter /rɔte/ 自動 俗 げっぷを出す，おくびが出る.
rôti, e /roti/ 形 (rôtir の過去分詞)〖料理〗ローストした. ▶ poulet *rôti* ローストチキン.
— **rôti** 男 ロースト肉. ▶ *rôti* de bœuf ローストビーフ (=rosbif).
rotin /rɔtɛ̃/ 男〖植物〗籐(とう)；籐のステッキ.
rôtir /roti:r/ 他動 ❶〖料理〗(肉などを) ローストする，オーブンで蒸し焼きにする，串(くし) であぶり焼きにする. ❷ 話 …を強い熱にさらす. ❸ 文章〖日光が草花な

ど〗をしおれさせる.
— 自動 話 ❶ 焼ける，ローストされる. ▶ faire *rôtir* un poulet 鶏をローストする. ❷ (日光などで) 焼ける. ▶ On *rôtit* ici. ここは暑くてたまらない.
— **se rôtir** 代動 話 ❶ (日光で) 肌を焼く. ▶ *se rôtir* au soleil 太陽で肌を焼く. ❷〈*se rôtir* qc〉(体の一部) をあぶる，暖める. ❸ 焼かれる.
rôtissage /rotisa:ʒ/ 男〖料理〗ロースト，天火焼き，串(くし) 焼き.
rôtisserie /rotisri; rotisəri/ 女 ❶ ロースト肉専門店. ❷ ロースト肉専門のレストラン.
rôtisseur, euse /rotisœ:r, ø:z/ 名 ロースト肉屋.
rôtissoire /rotiswa:r/ 女 ロースター，ロースト器.
rotonde /rɔtɔ̃d/ 女 ロトンダ：ドームのある円形の建物.
rotor /rɔtɔ:r/ 男〖英語〗(ヘリコプターなどの) 回転翼，ローター；〖電気〗回転子.
roture /rɔty:r/ 女 文章 平民の身分；《集合的に》平民.
roturier, ère /rɔtyrje, ɛ:r/ 名, 形 平民(の), 庶民(の).
rouage /rwa:ʒ/ 男 ❶ 歯車. ▶ *rouages* d'une montre 時計の歯車. ❷ (組織の中の) 歯車，一要素. ❸《多く複数で》仕組み，機構. ▶ *rouages* administratifs 行政機構.
rouan, anne /rwɑ̃, an/ 形〖馬や牛が〗鹿毛粕毛(かげかすげ)の，黒，褐色，白色の毛が混じった.
— **rouan** 男 鹿毛粕毛(の馬).
roublard, arde /rubla:r, ard/ 形，名 話 悪賢い(やつ)，油断のならない(人).
roublardise /rublardi:z/ 女 悔 ずる賢さ；悪賢い行い.
rouble /rubl/ 男 ルーブル：ロシアの通貨単位.
roucoulade /rukulad/ 女, **roucoulement** /rukulmɑ̃/ 男 ❶ (鳩(はと)の) くうくう鳴く声. ❷ 甘いささやき.
roucouler /rukule/ 自動 ❶〖鳩(はと)が〗くうくう鳴く. ❷ 甘くささやく. — 他動 …を切々と[悩ましげに]歌う；(愛の言葉) を切々と語る.

*****roue** /ru/ 女 ❶ 車輪；(ホイールに組んだ)タイヤ. ▶ *roues* avant [arrière] 前[後]輪 / quatre *roues* motrices 4 輪駆動，4WD / chapeau de *roue* ホイールキャップ / une *roue* de secours スペアタイヤ / une autoroute interdite aux deux *roues* 2 輪車進入禁止の高速道路.
❷ (機械などの) 歯車 (= *roue* dentée)；(動力伝達用の) 車輪，プーリー. ▶ *roue* libre 自転車などのフリーホイール / *roue* de friction 摩擦車 / une *roue* hydraulique 水車.
❸ 車輪状の装置；円盤状の物. ▶ grande *roue* 観覧車 / *roue* de potier 轆轤(ろくろ) / *roue* de loterie (がらがら回して玉を出す)福引き装置；(宝くじ抽選の)ルーレット盤. ❹〖海事〗*roue* de gouvernail 舵輪(だりん)，スクリュー.
être en roue libre (制約や監視なしで) 自由に振る舞う；やすやすと行う.
faire la roue (1)〖クジャクなどが〗尾羽を開く. (2) 気取る，いいところを見せようとする. (3)〖体操〗側転をする.
la cinquième roue 「du carrosse [de la

***charrette*]** 役立たずの人.
la roue de la Fortune（運命の女神が回す紡ぎ車→）運命，有為転変.
La roue tourne. 運命の輪が回る，世の中は絶えず変わる.
mettre des bâtons dans la roue（車輪に棒を挟む→）人の足を引っ張る，仕事の妨害をする.
pousser à la roue（馬を助けて車の後押しをする→）一肌脱ぐ；事態を進展させる.
sucer la roue de qn（自転車競技で）…の後にぴったりくっつく.
sur les chapeaux de roue 全速力で.

roué, e /rwe/ 形，名 悪賢い（人），したたかな（人）.

rouelle /rwɛl/ 女 [料理]❶（骨ごと）輪切りにした子牛のもも肉. ❷（野菜などの）輪切り.

Rouen /rwɛ̃/ 固有 ルーアン: Seine-Maritime 県の県庁所在地.

rouer /rwe/ 他動 ❶…を車刑に処する. ❷ *rouer* qn de coups …をめった打ちにする.

rouerie /ruri/ 女 ❶（多く複数で）策略，手練手管. ❷ずる賢さ，狡猾さ.

rouet /rwe/ 男 ❶糸車，紡ぎ車. ❷滑車；滑車を用いた装置.

rouflaquette /ruflakɛt/ 女 話 頬ひげ.

***rouge** /ru:ʒ/ ルージュ/ 形

❶赤い. ▶ vin *rouge* 赤ワイン / brûler un feu *rouge* 赤信号を無視する / un brun *rouge* 赤褐色 / la mer *Rouge* 紅海. ◆*rouge* + 名詞［形容詞］…のような赤色の. 注 この形では rouge も，後ろに来る名詞，形容詞も不変. ▶ *rouge* sang 血のように赤い / pull-overs *rouge* brique 赤煉瓦色のセーター. ❷［顔などが］**赤くなった，赤らんだ**. ▶ avoir les joues *rouges* 頬が紅潮している / être *rouge* de colère 怒りで真っ赤になっている / être *rouge* comme un coq 真っ赤になっている（un coq 以外に une cerise, un ciqueli-cot, une écrevisse, une tomate, une pivoine などが用いられることがある）. ❸赤熱した. ▶ braises *rouges* 真っ赤におこった炭火. ❹共産主義の，左翼の；共産圏の. ▶ un député *rouge* 左翼系の代議士 / les banlieues *rouges* 共産党の強い郊外.

— ***rouge** 男 ❶赤，赤色. ▶ *Le Rouge et le Noir*「赤と黒」（スタンダール）/ une femme vêtue de *rouge* 赤い服を着た女性 / colorer qc en *rouge* …を赤く着色する. ❷（化粧用の）紅；（特に）口紅 (=*rouge* à lèvres). ▶ *rouge* à joues 頬紅 / *rouge* à ongles (=vernis) マニキュア / se mettre du *rouge* 口紅を塗る / bâton de *rouge* リップスティック. ❸（肌の）赤み，紅潮. ▶ Le *rouge* de la honte lui monta au front. 恥ずかしさで彼(女)の顔は赤らんだ. ❹話 赤ワイン. ▶ boire un coup de *rouge* 赤ワインを一杯やる / gros *rouge* 安物の赤ワイン. ❺赤信号. ▶ Le feu va passer au *rouge*. 信号は間もなく赤に変わる.

être au [dans le] *rouge*〔企業などが〕赤字である，経営危機に瀕している.

— 名 左翼，共産主義者.

— 副 se fâcher tout *rouge* 真っ赤になって怒る / voter *rouge* 共産党に投票する.
voir rouge 激昂する, かっとなる.

rougeâtre /ruʒɑtr/ 形 赤みを帯びた，赤みがかった. ▶ brun *rougeâtre* 赤茶色.

rougeaud, aude /ruʒo, o:d/ 形〔顔などが〕赤らんだ. — 名 赤ら顔の人.

rouge-gorge /ruʒɡɔrʒ/（複）〜s-〜s 男〔鳥類〕コマドリ.

rougeoiement /ruʒwamɑ̃/ 男 赤みを帯びた輝き［反射光］. ▶ le *rougeoiement* de l'aube 朝焼け.

rougeole /ruʒɔl/ 女〔医学〕麻疹，はしか.

rougeoyant, ante /ruʒwajɑ̃, ɑ̃:t/ 形 赤みを帯びた；赤々と燃えた.

rougeoyer /ruʒwaje/ 10 自動 赤みを帯びる.

rouget, ette /ruʒɛ, ɛt/ 形 話 赤みがかった.
— **rouget** 男〔魚類〕ヒメジ.

rougeur /ruʒœ:r/ 女 ❶赤さ，赤い色；（特に）（顔などの）紅潮. ❷（皮膚の）赤斑，発赤.

rougi, e /ruʒi/ 形（rougir の過去分詞）赤くなった；赤く染まった.

***rougir** /ruʒi:r ルジール/ 自動

直説法現在	je rougis	nous rougissons
	tu rougis	vous rougissez
	il rougit	ils rougissent

❶赤くなる；〔金属が〕赤熱する. ▶ Les feuilles des arbres commençaient à *rougir*. ぽつぽつ木の葉が色づき始めていた.
❷顔を赤らめる. ▶ *rougir* de honte 恥ずかしさで赤くなる / *rougir* de colère 怒りで赤くなる. ❸＜*rougir* de qc/qn＞…を恥じる. ▶ *rougir* de ses actes 自分の行いを恥じる / ne *rougir* de rien 厚顔無恥である / Je n'ai pas à *rougir* de mes parents. 私は両親を誇りに思っている.

rougir jusqu'aux oreilles 耳まで赤くなる.

— 他動 …を赤くする；〔金属〕を赤くなるまで熱する ▶ La lumière du couchant *rougit* la campagne. 夕日が田園を茜色に染めていた.

rougir ses mains (dans le sang) 文章（手を血で汚す→）人を殺す.

rougissant, ante /ruʒisɑ̃, ɑ̃:t/ 形 赤くなる；顔を紅潮させる，赤面する.

rouille /ruj/ 女 ❶錆. ▶ le fer attaqué [rongé] par la *rouille* 錆びついた鉄 / la *rouille* de cuivre 緑青. ❷〔料理〕ルイユ: ニンニクと赤トウガラシをオリーブ油で溶いたソース. ブイヤベースなどに添える. ❸（植物の）錆病.

— 形《不変》錆色の，赤褐色の.

rouillé, e /ruje/ 形 ❶錆ついた. ▶ fer *rouillé* 錆びた鉄. ❷〔能力，活力などが〕衰えた，鈍った. ▶ Il est un peu *rouillé* en anglais. 彼の英語の力は少し鈍っている. ❸〔小麦，ブドウなどが〕錆病にかかった. ❹ 文章 錆色の，赤褐色の.

rouiller /ruje/ 他動 ❶〔金属〕を錆つかせる. ❷〔能力，活力など〕を衰えさせる，鈍らせる.

— 自動 錆びる.

— **se rouiller** 代動 ❶錆つく. ❷〔能力，精神などが〕衰える，鈍る.

roulade

roulade /rulad/ 安 ❶ でんぐり返し；（ショックを和らげるための）体の回転（=roulé-boulé）. ❷〖音楽〗ルラド：旋律中の急速な装飾的パッセージ. ❸〖料理〗ルラーデ：ミートロールの一種.

roulage /rula:ʒ/ 男 ❶ 運搬，運送. ❷〖農業〗（畑に）ローラーをかけること.

roulant, ante /rulɑ̃, ɑ̃:t/ 形 ❶（車で）動く，移動する，回転式の，車輪式の. ▶ table *roulante* ワゴンテーブル / fauteuil *roulant* 車椅子(ｲｽ) / escalier *roulant* エスカレーター / trottoir *roulant* 動く歩道 / tapis *roulant* ベルトコンベヤ（=convoyeur à tapis）. ❷〖道路が〗走りやすい；〖車が〗走行可能な. ❸ 园（笑い転げるほど）おかしい，ひどく滑稽(ｹｲ)な. ❹ matériel *roulant*（鉄道の）車両；（企業の）輸送機材. ❺ personnel *roulant*（列車，バスの）乗務員；（車両勤務の）郵便仕分け係. ❻〖軍事〗feu *roulant* 連続射撃.

un feu roulant de + 無冠詞複数名詞 …の連発. ▶ *un feu roulant de* questions 矢継ぎ早の質問.

— **roulant** 男《多く複数で》园（列車の）乗務員；（車両勤務の）郵便仕分け係.

— **roulante** 安〖軍事〗野外炊事用車両.

roulé, e /rule/ 形 ❶（円筒形に）巻いた；丸めた. ▶ pull à col *roulé* タートルネックのセーター / chat *roulé* ボールのように体を丸めた猫. ❷〖音声〗《r》*roulé* 巻き舌のr. ❸〖食肉〗épaule *roulée* ショルダーロール：除骨してロール状に整形した肩肉.

bien roulé 园（特に女性が）プロポーションのよい.

— **roulé** 男 ロールケーキ.

***rouleau** /rulo/ ルロ/ 男〖複〗× ❶ ローラー；ころ. ▶ passer une pelouse au *rouleau* ローラーで芝生を地ならしする / *rouleau* de peintre en bâtiment ペンキ塗りローラー / *rouleau* compresseur ロードローラー. ❷（円筒状に）巻いたもの，ロール. ▶ un *rouleau* de papier hygiénique トイレットペーパー1巻き / donner un *rouleau* (de pellicule) à développer フィルムを現像に出す / *rouleau* de printemps（中華，ベトナム料理の）春巻き. ❸（髪を巻くための）カーラー，巻き毛. ❹〖料理〗麺棒(ﾒﾝ)（=*rouleau* à pâtisserie）. ❺〖スポーツ〗（走り高跳びの）ロールオーバー（=rouleau costal）. ▶ *rouleau* ventral ベリーロール / *rouleau* dorsal 背面飛び.

être au bout ⌈de son rouleau ⌊du rouleau⌉（1）もう話すことがない.（2）金［力］が尽きる；余命いくばくもない.

roulement /rulmɑ̃/ 男 ❶ 転がること，回転. ▶ le frottement de *roulement* 転がり摩擦. ❷（車などが）走ること，走行. ❸（車や球の）転がる［走る］音；震音，轟音(ｺﾞｳ). ❹（体の一部）を揺する，左右に動かすこと. ▶ faire des *roulements* d'yeux 目をきょろきょろさせる. ❺（仕事などの）交替，輪番. ▶ travailler par *roulement* 交替制で働く. ❻（資本や商品の）回転，循環. ❼〖機械〗軸受け，ベアリング. ▶ un *roulement* à billes ボールベアリング.

***rouler** /rule/ ルレ/

英仏そっくり語
英 to roll 転がる，転がす.
仏 rouler 転がる，〖車が〗走る，転がす.

自動 ❶ 転がる；転げ落ちる. ▶ *rouler* dans l'escalier 階段を転げ落ちる / La balle *a roulé* sous une voiture. ボールは車の下に転がっていった / Il *a roulé* du haut d'un perron. 彼は石段の上から転げ落ちた.

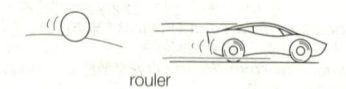

rouler

❷〖車が〗走る；車を走らせる. ▶ Le train *roule* à 150 [cent cinquante] à l'heure. 列車は時速150キロで走っている / Ça *roule* bien. 园 車の流れはいい / *rouler* à droite 右側を走る / *rouler* en voiture de sport スポーツカーを乗り回す / Tu *roules* trop vite. スピードの出しすぎだよ / *rouler* au super ハイオクで走る.

❸ うろつく，放浪する.
❹〔資本，商品などが〕回転する，循環する.
❺〔人が〕交替で働く.
❻〔音が〕とどろく，鳴り響く. ▶ une ovation qui *roule* en tonnerre 万雷の拍手.
❼ <*rouler* sur qc/qn>〔話が〕…を巡って展開する. ▶ L'entretien *a roulé* sur la politique. 対談は政治の話題に終始した.
❽〖海事〗〖船が〗ローリング[横揺れ]する.

Ça roule! 园 うまく行っている，調子がいい.
Ça roule bien [mal]. 車の流れがよい［悪い］.
ivre à rouler sous la table ひどく酔った.
rouler pour qn …のために働く，力を貸す.
rouler sur l'or 大金持ちである.
Roulez jeunesse! ほらがんばれ.

— ***rouler** 他動 ❶ …を転がす，転がして運ぶ. ▶ *rouler* un tonneau 樽(ﾀﾙ)を転がす / une rivière qui *roule* des galets 小石を押し流す川.
❷〔車輪のついた物〕を動かす；（車で）…を移動させる. ▶ *rouler* un chariot ワゴンを押す / *rouler* un bébé dans une poussette 乳母車に赤ん坊を乗せている.
❸ …を巻く，丸める. ▶ *rouler* un tapis じゅうたんを巻く / *rouler* ses manches jusqu'au coude ひじまで袖をまくし上げる / *rouler* du fil sur une bobine 糸巻きに糸を巻く / *rouler* ses cigarettes à la main たばこを手で巻く / *rouler* un journal 新聞を丸める.
❹ <*rouler* qc/qn dans qc>…を…でくるむ. ▶ *rouler* des croquettes dans la farine コロッケに小麦粉をまぶす / *rouler* un nouveau-né dans un lange 新生児をおくるみで包む.
❺ …にローラーをかける；を麺棒(ﾒﾝ)で延ばす. ▶ *rouler* le gazon 芝生にローラーをかける / *rouler* de la pâte 生地を麺棒で延ばす.
❻〔体の一部〕を揺する，振る. ▶ *rouler* les épaules 肩を揺する / *rouler* les yeux 目をきょろきょろさせる.
❼〖文章〗…を思い巡らす. ▶ *rouler* mille projets dans sa tête あれこれ計画を思案する.
❽ 园 …をだます，かつぐ. ❾〖音声〗*rouler* les 《r》 rを巻き舌で発音する.

rouler sa bosse (1) あちこち旅行して回る．(2) いろいろな人生経験を積む．

se faire rouler (***dans la farine***) 話 だまされる；ぱられる．

— **se rouler** 代動 ❶ 転げ回る．▶ *se rouler dans* [*sur*] *l'herbe* 草の上を転げ回る．❷ 体を丸める．❸ <*se rouler* dans qc> …にくるまる．❹〔テント，敷物などが〕巻かれる；巻ける．

se rouler les pouces = 話 ***se les rouler***（手持ちぶさたで）手を組んで親指をくるくる回す；何もしないでいる．注 se は間接目的．

se rouler par terre (1) 地面［床］の上を転げ回る．(2) 笑い転げる．

roulette /rulɛt/ 女 ❶（家具などの）キャスター，脚輪．▶ *table à roulettes* ワゴンテーブル / *patins à roulettes* ローラースケート．❷ 歯科用ドリル (=fraise dentaire)．❸【ゲーム】ルーレット．❹ ルレット，（革や布，銅板などの模様つけや篆刻(てんこく)に用いる）回転刃の工具．❺【菓子】*roulette à pâte* パイ切り車，パイローラー．

marcher [***aller***] ***comme sur des roulettes*** 話〔事業，計画が〕円滑に運ぶ．

roulette russe ロシアンルーレット．

rouleur, euse /rulœːr, øːz/ 形【自動車】un cric *rouleur*（キャスター付きの）ガレージ・ジャッキ．

— **rouleur** 男 ❶【自転車】（平地，特にタイムレースで）持久力のある選手．❷【自動車】ガレージ・ジャッキ．

roulis /ruli/ 男 (船, 飛行機などの) 横揺れ，ローリング．(↔tangage)

roulotte /rulɔt/ 女 ❶（ジプシーや旅芸人などが住む）大型馬車，ハウストレーラー．❷ *vol à la roulotte* 車荒し．

roumain, aine /rumɛ̃, ɛn/ 形 ルーマニア Roumanie の．

— **Roumain, aine** 名 ルーマニア人．

— **roumain** 男 ルーマニア語．

Roumanie /rumani/ 固有 女 ルーマニア：首都 Bucarest．▶ *en Roumanie* ルーマニアに［で，へ］．

round /rawnd/ 男【英語】❶【ボクシング】ラウンド．❷（交渉などの）段階，ラウンド．

roupie¹ /rupi/ 女 古風 鼻水，鼻汁．

Ce n'est pas de la roupie de sansonnet. 話 それはたいしたものだ［貴重なものだ］．

roupie² /rupi/ 女 ルピー：インドなどの貨幣単位．

roupiller /rupije/ 自動 話 眠る，ひと眠りする．

roupillon /rupijɔ̃/ 男 話 うたた寝，ひと眠り．▶ faire [piquer] un *roupillon* ひと眠りする．

rouquin, ine /rukɛ̃, in/ 形, 名 話 赤毛の（人）．— **rouquin** 男 話 赤ワイン．

rouscailler /ruskɑje/ 自動 話 文句を言う，不平を鳴らす，ぼやく．

rouspétance /ruspetɑ̃ːs/ 女（激しい）文句を言う，抗議．▶ faire de la *rouspétance* 文句を言う，抗議する．

rouspéter /ruspete/ 6 自動 話 激しく文句を言う，抗議する，反抗する．

rouspéteur, euse /ruspetœːr, øːz/ 形, 名 話 不平を鳴らす(人)，文句の多い(人)．

roussâtre /rusɑːtr/ 形 赤茶けた，赤みを帯びた．

rousse /rus/ roux の女性形．

roussette /rusɛt/ 女 ❶【魚類】トラザメ．❷【動物】オオコウモリ．

rousseur /rusœːr/ 女 ❶ 赤褐色，赤茶色．❷（複数で）そばかす (=taches de *rousseur*)．❸ 古い紙にできるしみ．

roussi, e /rusi/ 形 赤茶けた，焦げた．

— **roussi** 男 焦げ臭いにおい．

sentir le roussi 焦げ臭い，〔事態などが〕悪化する，きな臭い．

Roussillon /rusijɔ̃/ 固有 男 ルシヨン地方：ピレネー山脈から地中海に広がる地域．

roussir /rusiːr/ 他動 …を赤褐色にする；焦がす．▶ *roussir du linge en repassant* アイロンを当てていて下着を焦がしてしまう．

— 自動 赤褐色になる；焦げる．

roussissement /rusismɑ̃/ 男 女 赤褐色になること；赤茶けた状態．

routage /rutaːʒ/ 男 ❶ 発送先別の仕分け．❷【情報】ルーティング．

routard, arde /rutaːr, ard/ 名（ヒッチハイクなどで）仕上がりの旅をする若者，気ままに旅する人．▶ *Le Guide du routard*「ギド・デュ・ルタール」（著名な旅行ガイドシリーズ）．

*route /rut/ ルート 女 ❶（都市間を結ぶ）道路，街道．▶ *route nationale*（略 RN）/ *route départementale* 県道（略 D）/ la grand-*route* =la grande *route* 幹線道路 / la *route* de Paris パリへの道 / *route* revêtue 舗装道路 / *route* à péage 有料道路 / *route* à quatre voies 4車線道路 / prendre une *route* ある道を通る / fermer une *route*（冬期に山間部で）道路を閉鎖する / Il y a des travaux sur cette *route*. この道路では工事が行われている．注 *route* は町と町を結ぶ道で，両側に建物が建っていることを想定しないため，「道路で」と言うときの前置詞は sur を用いる (⇨ RUE). 比較 ⇨ CHEMIN.

❷ 陸路，道路交通．▶ arriver par la *route* 車[バス]でやって来る / accident de la *route* 自動車事故 / Code de la *route* 道路交通法，交通法規 / à deux heures de *route* de là そこから車で2時間の所に / La *route* est plus économique que le rail. 車の方が鉄道より安上がりだ．

❸ 道筋，行程；旅．▶ changer de *route* 進路を変える / rencontrer qn sur sa *route* 道の途中で…に出会う / demander [montrer] la *route* à qn …に道を尋ねる［教える］ / perdre sa *route* 道に迷う / se tromper de *route* 道を間違える / faire *route* à pied 徒歩で行く / **Bonne route!** (=voyage) よい御旅行を / carnet de *route* 旅日記 / feuille de *route*（軍人の）単独移動許可証；ロードマップ，行程表．

❹（一定の）ルート，路線，軌道．▶ *route* aérienne 航空路，エアライン / *route* maritime（船の）航路 / *route* des Indes インド航路 / la *route* de la soie 絹の道，シルクロード / une course sur *route* ロードレース．

❺（人生の）道，進路，行く手；手段，方法．▶ la *route* du bonheur 幸福への道 / suivre une *route* toute tracée あらかじめ決められたコースをたどる / La *route* s'ouvre largement devant

lui. 彼の前途は洋々たるものだ.
avoir qc en route …を進行中[制作中]である.
▶ Cet écrivain *a* plusieurs livres *en route*. この作家は数冊の本を執筆中だ / Elle *a* un enfant *en route*. 彼女は妊娠している.
barrer [couper] la route à qn …の行く手を阻む; を阻止する.
*en (cours de) route 途中で, 旅行中に; 進行中に, 作業中に.
En route! さあ, 出発だ.
être en route pour + 場所 …に向かっているところである.
être sur la bonne route 正しい道筋をたどっている; 順調に進んでいる.
faire de la route 車で走り回る.
faire fausse route (1) 道を間違える. (2) 手段を誤る; 判断を誤る.
faire la route 無銭旅行する.
faire route avec qn …と旅をする.
faire route vers [sur] qc …に向かって進む.
*mettre en route qc (1) [エンジンなど]を始動させる. ▶ *mettre* un véhicule *en route* 車を発車させる. (2) [事業など]を始める, 軌道に乗せる.
mise en route (1) (エンジンなどの)始動, 運転開始. (2) (事業などの)着手, 開始.
se mettre en route 出発する (=partir).
tailler la route 〖俗〗急いで出発する, ずらかる.
tenir la route (1) [車の]ロードホールディングがよい. (2) よくできている. (3) [論拠などが]しっかりしている;[計画が]実現可能である.

routeur /rutœːr/ 男〖情報〗ルーター.
routier[1] /rutje/ 男 vieux *routier* 老練家, 古だぬき.
routier[2], **ère** /rutje, ɛːr/ 形 道路の. ▶ réseau *routier* 道路網 / circulation *routière* 道路交通 / carte *routière* 道路地図 / gare *routière* バスターミナル / transport *routier* トラック輸送.
— **routier** 男 ❶ 長距離トラック運転手; トラック運送業者. 比較 ⇨ CONDUCTEUR. ❷ (道路沿いにある)トラック運転手用の簡易食堂 (=restaurant de *routiers*). ❸〖自転車〗ロードレースの選手 (↔pistard).
— **routière** 女〖自動車〗ツーリングカー.
routine /rutin/ 女 ❶ 型にはまった行動[思考], 習慣的な行動; しきたり, 因習. ▶ se dégager de la *routine* quotidienne マンネリ化した日常から脱け出す. 比較 ⇨ HABITUDE. ❷〖情報〗ルーチン.
de routine いつもの, 型どおりの.
routinier, ère /rutinje, ɛːr/ 形 慣例に従った, 旧習を守る; 型にはまった.
— 名 旧習を守る人, 慣例に固執する人.
rouvraient, rouvrais, rouvrait /ruvre/ 活用 ⇨ ROUVRIR⑯
rouvre[1] /ruːvr/ 男〖植物〗オウシュウナラ.
rouvre[2] /ruːvr/ 活用 ⇨ ROUVRIR⑯
rouvre-, rouvri- 活用 ⇨ ROUVRIR⑯
rouvrir /ruvriːr/ ⑯ (過去分詞 rouvert, 現在分詞 rouvrant) 他動 …を再び開く, 再開する. ▶ *rouvrir* la fenêtre 窓を再び開く / *rouvrir* le débat sur qc …についての議論を再開する.

rouvrir une blessure [*plaie*] 悲しみを新たにさせる, 苦悩を思い出させる.
— 自動 再開する. ▶ La boulangerie *rouvre* demain. パン屋は明日営業を再開する.
— **se rouvrir** 代動 再び開く. ▶ une blessure qui risque de *se rouvrir* また開くおそれのある傷口.

*roux, rousse /ru, rus/ ルー, ルス/

男性単数 roux	女性単数 rousse
男性複数 roux	女性複数 rousses

形 ❶ 赤褐色の, 赤茶色の; 赤茶色がかった. ▶ cheveux *roux* 赤毛 / taches *rousses* sur la peau そばかす / beurre *roux* 焦がしバター. ❷ 赤毛の. ▶ une belle *rousse* 赤毛の美人. ❸ lune *rousse* 春枯れの月: 4月に出る月で, しばしば霜害で作物を赤褐色に枯らす.
— ****roux, rousse*** 名 赤毛の人.
— **roux** 男 ❶ 赤褐色, 赤茶色. ❷〖料理〗ルー. ▶ *roux* blanc [blond, brun] ホワイト [ブロンド, ブラウン] ルー.

*royal, ale /rwajal/ ロワイヤル/;《男複》**aux** /o/ 形 ❶ 国王の, 王位の; 王立の. ▶ pouvoir *royal* 王権, 国王の権力 / la famille *royale* 王家, 王室 / prince *royal* 皇太子, 王太子 / palais *royal* 王宮 / ceindre la couronne *royale* 頭に王冠を頂く; 王位に就く / l'Académie *royale* de Belgique ベルギー王立アカデミー. ❷ 王にふさわしい; 堂々たる, 豪華な. ▶ un cadeau *royal* 豪華な贈り物 / un festin *royal* 豪勢な宴会. ❸ 話 完全な; 極度の. ▶ une indifférence *royale* まったくの無関心 / une paix *royale* 完全な平和.
la voie royale 王道, 確実な方法.
— **royale** 女 (la Royale) フランス海軍.
royalement /rwajalmɑ̃/ 副 ❶ 豪華に, 贅沢(ざ)に; 堂々と, 立派に. ▶ être traité *royalement* (=magnifiquement) 盛大なもてなしを受ける. ❷ 話 極端に, 甚だしく, 完全に.
royalisme /rwajalism/ 男 王政主義, 王党主義.
royaliste /rwajalist/ 名, 形 王政主義者(の); 王党派(の).
être plus royaliste que le roi (王以上に王政主義者である…) (思想などを)提唱者よりさらに過激に主張する, 徹底した信奉者である.
royalties /rwajalti/ 女複〖英語〗❶ 著作権料, ロイヤリティ; 特許権使用料. ❷ (油田採掘やパイプライン使用のための)権利金.
royaume /rwajoːm/ 男 王国. ▶ le *royaume* de Danemark デンマーク王国 / le *Royaume-Uni* 連合王国, 英国 / le *royaume* des cieux 天国 / Mon *royaume* pour un cheval! 王国なんてくれてやる, 馬をもて (シェークスピア『リチャード三世』から. 絶望的な状況におかれたときに使われる).
royauté /rwajote/ 女 王座, 王位; 王権, 王政. ▶ aspirer à la *royauté* 王位につくことを切望する.
RSVP《略語》Répondez, s'il vous plaît. 折り返し御返事ください.
RTT 女《略語》réduction du temps de travail 労働時間削減.
RU 男《略語》restaurant universitaire 学生食

堂.

ruade /rɥad/ 囡 (馬などが)後脚でけること.

ruban /rybɑ̃/ 男 ❶ リボン. ▶ nouer un *ruban* autour d'un cadeau 贈り物にリボンをかける. ❷ リボン状のもの, テープ. ▶ *ruban* adhésif 粘着テープ / *ruban* magnétique 磁気テープ. ❸ (勲章の)綬(じゅ). ▶ un *ruban* rouge 話 レジオンドヌール勲章.

le ruban bleu (de qc) (ある分野での)記録的な成果のしるし; ブルーリボン賞, 最優秀賞.

rubaner /rybane/ 他動 …を帯状にする.
rubanerie /rybanri/ 囡 リボン製造[販売]業.
rubéole /rybeɔl/ 囡 〖医学〗風疹(ふうしん).
Rubicon /rybikɔ̃/ 固有 ルビコン川. ▶ franchir le *Rubicon* (ルビコン川を渡る→)不退転の決意で行動に移る.
rubicond, onde /rybikɔ̃, ɔ̃:d/ 形 文章 (顔などが)真っ赤な. ▶ une face *rubiconde* 赤ら顔.
rubis /rybi/ 男 ❶ ルビー, 紅玉. ▶ *rubis* balais バラスルビー. ❷ 時計用ルビー, 時計用貴石(=pierre). ▶ une (montre) trois *rubis* 3石の時計. ❸ 文章 ルビー色.

payer rubis sur l'ongle 即金で全額支払う.

rubrique /rybrik/ 囡 ❶ (新聞の)欄, 見出し. ▶ tenir la *rubrique* littéraire 文芸欄を担当する / Vous trouverez ces indications à la *rubrique* financière. それらの情報は経済欄に載っている. ❷ (分類の)項目, 見出し. ▶ les *rubriques* d'une encyclopédie 百科事典の項目 / regrouper qc sous la même *rubrique* …を同一項目に分類する.

ruche /ryʃ/ 囡 ❶ (ミツバチの)巣箱; (1つの巣に住む)蜂群. ❷ 人が集まる活気に満ちた場所. ▶ Le centre de la ville est une *ruche* bourdonnante jusqu'à dix-sept heures. 町の中心部は午後5時までは, 大勢の人が働く喧噪(けんそう)の場だ.

rucher /ryʃe/ 男 養蜂(ようほう)場; (ひとまとめに置かれた密蜂(みつばち)の)巣箱群.

***rude** /ryd/ リュド/ 形 ❶ 手触りの硬い. ▶ un drap *rude* ごわごわした敷布.

❷ 粗野な, 無作法な. ▶ un homme simple et *rude* 素朴で無骨な男 / parler sur un ton *rude* 荒っぽい口調で話す / être *rude* avec qn …に厳しく接する.

❸ 過酷な, 耐えがたい. ▶ un métier *rude* (=pénible) つらい仕事 / une montée *rude* 急な坂 / un hiver très *rude* 酷寒の冬.

❹ 耳障りな, 聞き苦しい. ▶ une voix perçante et *rude* 甲高い不快な声.

❺ 話 (名詞の前で)なみはずれた, ものすごい. ▶ avoir un *rude* estomac 健啖(けんたん)家である / un *rude* appétit 大変な食欲 / un *rude* gaillard たくましい男 / Il a une *rude* veine. 彼はまったく運の強いやつだ. ❻ (名詞の前で)恐るべき, 手ごわい. ▶ un *rude* jouteur (=redoutable) 手ごわい相手 / un *rude* combat 苦戦.

C'est un peu rude. = **Ça me paraît rude.** 話 それはちょっと信じがたい.

en voir de rudes つらい目に会う, 苦労する.

être (mis [soumis]) à rude épreuve 厳しい試練を受ける.

rudement /rydmɑ̃/ 副 ❶ 荒々しく, 乱暴に. ▶ La porte se ferma *rudement*. ドアがばたんと閉まった. ❷ 手厳しく, 容赦なく. ▶ traiter qn *rudement* (=cruellement) …を邪険に扱う / refuser *rudement* 無礼にしゃりしゃりと拒絶する. ❸ 話 非常に, すごく. ▶ C'est *rudement* cher. べらぼうに高い.

rudesse /rydɛs/ 囡 ❶ 手触りの硬さ, ざらざら[ごわごわ]すること. ▶ la *rudesse* d'une étoffe 布地のきめの粗さ. ❷ 荒々しさ, 過酷さ. ▶ traiter qn avec *rudesse* …を邪険に扱う / la *rudesse* du climat 風土の厳しさ / la *rudesse* d'une tâche 仕事のつらさ.

rudiment /rydimɑ̃/ 男 ❶ (複数で)(学問, 芸術の)初歩, 基礎, 基本事項. ▶ apprendre les *rudiments* de la grammaire フランス語文法の基礎を習う. ❷ 〖生物学〗(器官の)原基; 痕跡(こんせき)器官.

rudimentaire /rydimɑ̃tɛːr/ 形 ❶ 初歩の, 基礎的な; 不完全な. ▶ connaissances *rudimentaires* 初歩的知識. ❷ 〖生物学〗原基の, 未発達の.

rudoiement /rydwamɑ̃/ 男 文章 邪険な態度, 容赦のない扱い.

rudoyer /rydwaje/ 10 他動 …を邪険に[容赦なく]扱う.

***rue** /ry/ リュ/ 囡

❶ 通り, 道, 街路. ▶ *rue* animée にぎやかな通り / *rue* commerçante 商店街 / Prenez la première *rue* à gauche. 最初の通りを左に曲がりなさい / traverser la *rue* 通りを横断する / *rue* piétonne 歩行者専用道路 / *rue* à sens unique 一方通行路 / au coin de la *rue* 街角で / Il habite *rue* de Rivoli. 彼はリボリ通りに住んでいる / Les enfants jouent dans la *rue*. 子供たちは通りで遊んでいる.

注 (1)「…通りに住んでいる」というように副詞的に用いる場合には, 前置詞や冠詞はつけない. boulevard, avenue, place についても同様のことがいえる.
(2) rue とは町の中の道で, 両側に建物が建っているため, 「通りで」というときの前置詞は dans を用いる(⇨ ROUTE). ⇨ CHEMIN.

❷ 街, 市街, 街頭. ▶ l'homme de la *rue* 一般の人, 普通の人 / en pleine *rue* = dans la *rue* 街頭で, 往来で / 戸外で / combat de *rues* 市街戦 / manifester dans les *rues* 街頭デモをする / chanteur des *rues* ストリートシンガー.

❸ (集合的に)町の人々; 通行人; 群衆, 大衆. ▶ soulever la *rue* 群衆を扇動する.

à tous les coins de rue 至る所に, どこにでも.

courir les rues (1) 街中を駆け回る. (2)〔うわさなどが〕知れ渡る. (3) ありふれている. ▶ Cela [Ça] *court les rues*. それはよくあることだ.

descendre dans la rue (デモ, 蜂起(ほうき)のために)街へ繰り出す.

être à la rue 路頭に迷う, 無一文である.

jeter [mettre] qn à la rue …を追い出す, 路頭に迷わせる.

ruée /rɥe/ 囡 (大勢の人の)殺到; 人の波, 押し寄せる群衆. ▶ une *ruée* vers l'or ゴールドラッシュ.

ruelle /rɥɛl/ 囡 ❶ 路地, 小路, 裏通り. ❷ 寝台と壁の間の空間.

se ruer /s(ə)rɥe/ 代動 ❶ ⟨*se ruer* sur qn/qc⟩

…に飛びかかる, 襲いかかる. ❷ <*se ruer* vers [dans, sur] qc> …に殺到する, 押し寄せる. ▶ Les gens *se ruaient* vers la sortie. 人々は出口へと殺到した.
— **ruer** /rɥe/ 自動 〔馬が〕後脚で蹴(ゖ)る.
ruer dans les brancards 激しく反抗する, 食ってかかる.

rufian /ryfjɑ̃/, **ruffian** 男 大胆な冒険家.

***rugby** /rygbi/ リュグビ 男 〔英語〕ラグビー.

rugbyman /rygbiman/;〔複〕**men** /mɛn/ 男 ラグビー選手, ラガー.

rugir /ryʒir/ 自動 ❶〔ライオン, トラなどが〕ほえる. ❷〔風, 波などが〕うなる, とどろく. ❸ 叫ぶ, わめく. ▶ *rugir* de colère 怒号する.
— 他動 …を大声で叫ぶ, わめく. ▶ *rugir* des menaces 大声で脅す.

rugissant, ante /ryʒisɑ̃, ɑ̃:t/ 形 ❶〔ライオン, トラなどが〕ほえる. ❷〔風, 波などが〕うなる, とどろく.

rugissement /ryʒismɑ̃/ 男 ❶〔ライオン, トラなどの〕ほえ声, うなり声. ❷〔風, 波などの〕うなり, とどろき. ❸〔苦痛, 怒りなどの〕うなり声, 叫び声.

rugosité /rygozite/ 女 (表面の)ざらざらしていること, ごつごつしていること, きめの粗いこと.

rugueux, euse /rygø, ø:z/ 形 きめの粗い, ざらざらした, でこぼこのある. ▶ avoir la peau *rugueuse* きめの粗い肌をしている.
— **rugueux** 男 〔信管の〕発火装置.

Ruhr /ru:r/ 固有 女 ❶ ルール川: ライン川支流. ❷ ルール地方: ドイツの工業地域.

***ruine** /rɥin/ リュイヌ 女 ❶ (多く複数で) 廃墟(ガ), 遺跡. ▶ visiter les *ruines* des vieux châteaux 古城の遺跡を訪ねる / Les habitants ont été ensevelis sous les *ruines*. 住民は崩れた家に生き埋めとなった / se relever de ses *ruines* 廃墟から立ち直る. ❷ (建物の)荒廃, 崩壊, 廃屋. ▶ un château en *ruine* 廃墟と化した城. ❸ (文明, 国家などの)没落, 崩壊, 破滅;(名声, 地位などの)喪失, 失墜. ▶ la *ruine* de la civilisation romaine ローマ文明の没落 / la *ruine* de la réputation 名声の失墜. ❹ 破産, 倒産;破産の原因. ▶ être au bord de la *ruine* 破産寸前である. ❺ 話 うらぶれた人, 落ちぶれた人. ▶ Ce n'est plus qu'une *ruine*. あの人はもう見る影もない.
aller [***courir***] ***à la ruine*** 破滅の道をたどる, 滅びる.
menacer ruine 崩れかけている, 崩壊に瀕(*)する. ▶ Ce mur *menace ruine*. この壁は今にも崩れそうだ.
tomber en ruine 〔建物などが〕崩壊する, 廃墟と化す.

ruiné, e /rɥine/ 形 ❶ 破産した, 倒産した;没落した. ❷〔健康, 名誉などが〕損なわれた. ❸〔建物が〕崩壊した, 廃墟(ガ)と化した.

***ruiner** /rɥine/ 他動 ❶ …を**破産させる**, 倒産させる. ▶ Sa passion du jeu a *ruiné* sa famille. 彼(女)の賭博(½)熱が一家を破産させた / Tu veux me *ruiner*! 君は私を破産させる気かね. ❷〔健康など〕を害する. ▶ *ruiner* sa santé 健康を損なう.
❸ …を失わせる, 台なしにする. ▶ *ruiner* la réputation de qn …の名声を傷つける / *ruiner* les espoirs de qn …の希望を粉々に砕く / *ruiner* une doctrine 学説を覆す.
❹ 文章〔作物など〕に大損害を与える. ▶ La grêle a *ruiné* le vignoble. 雹(*)でブドウ畑に大きな被害が出た.
— **se ruiner** 代動 ❶ 破産する;莫大(½)な出費をする. ▶ Il *s'est ruiné* au jeu. 彼は賭(*)で無一文になった / Elle *s'est ruinée* en vêtements. 彼女は服にひどく金をかけた. ❷ *se ruiner* la santé 健康を損なう. 注 se は間接目的.

ruineux, euse /rɥinø, ø:z/ 形 破産させる, 莫大(½)な費用のかかる. ▶ dépenses *ruineuses* 莫大な出費 / avoir des goûts *ruineux* 金のかかる趣味を持つ / Ce n'est pas *ruineux*. そんなに高くない.

***ruisseau** /rɥiso/ リュイソ;〔複〕**x** 男 ❶ 小川. ▶ le lit du *ruisseau* (小川の)河床, 水路. ❷ 文章 <*ruisseau* de + 無冠詞名詞> …の流出. ▶ des *ruisseaux* de larmes あふれ出る涙. ❸ (道路わきの)溝, どぶ, 排水溝. ❹ どん底の生活, 惨めな境遇. ▶ tomber [rouler] dans le *ruisseau* 落ちぶれる / tirer qn du *ruisseau* …を惨めな境遇から救い出す.

Les petits ruisseaux font les grandes rivières. 諺 (小川が集まって大河になる→)ちりも積もれば山となる.

ruisselant, ante /rɥislɑ̃, ɑ̃:t/ 形 ❶ とめどなく流れる. ▶ une pluie *ruisselante* 降りしきる雨. ❷ <*ruisselant* (de + 無冠詞名詞)>(…で)びしょぬれの. ▶ un visage tout *ruisselant* de larmes 涙でくしゃくしゃになった顔. ❸ 文章 <*ruisselant* de + 無冠詞名詞>(喜び, 光など)にあふれた, 輝いた.

ruisseler /rɥisle/ 4 自動 ❶ とめどなく流れる. ▶ La pluie *ruisselle* sur les murs. 雨水が塀を伝って流れ落ちている. ❷ <*ruisseler* (de + 無冠詞名詞)>(…で)びしょぬれになる. ▶ Il *ruisselait* de sueur. 彼は汗びっしょりになっていた. ❸ 文章 <*ruisseler* (de + 無冠詞名詞)>(喜び, 光などに)あふれる.

ruisselet /rɥisle/ 男 文章 小さな流れ;小川.

ruissellement /rɥisɛlmɑ̃/ 男 ❶ 流れること, 流れ. ▶ le *ruissellement* de la pluie sur les vitres 窓ガラスを伝う雨水の流れ. ❷ (光などに)満ちあふれること;(宝石などの)きらめき.

rumba /rumba/ 女〔音楽〕ルンバ.

***rumeur** /rymœ:r/ リュムール 女 ❶ うわさ, 風聞. ▶ répandre [faire courir] une *rumeur* うわさを広める / la *rumeur* publique 世評. ❷ ざわめき, (遠くから聞こえる)雑音. ▶ une *rumeur* monte de la rue. ざわめきが街から聞こえてくる. ❸ 不満の声, 不穏な空気. ▶ *rumeur* de mécontentement うわめきの声 / Des *rumeurs* s'élèvent de la foule. 群衆から不平の声が上がる.

ruminant, ante /ryminɑ̃, ɑ̃:t/ 形 反芻(½)する. — **ruminant** 男 反芻動物;〔複数で〕反芻類.

rumination /ryminasjɔ̃/ 女 ❶ 反芻(½). ❷ 熟慮, 熟考;(感情を)繰り返し心に抱くこと.

ruminer /rymine/ 他動 ❶〔食べ物〕を反芻(½)す

rythmique

る. ❷ …を思い巡らす, 繰り返し心に抱く. ▶ *ruminer* un projet 計画をじっくりと練る.
rumsteck /rɔmstɛk/ 男 ⇨ ROMSTECK.
rune /ryn/ 女 ルーン文字: 特に北欧で使われたゲルマン民族の古文字.
Rungis /rœ̃ʒis/ 固有 ランジス: パリ南方の町.
rupestre /rypɛstr/ 形 ❶ 〖植物学〗岩場に生える. ❷ 岩壁に描かれた, 岩に彫られた.
rup*in, ine* /rypɛ̃, in/ 形 俗 金持ちの, 豪華な.
── 名 俗 金持ち.
rupture /rypty:r/ 女 ❶ 折れること, 切断; 決壊, 破砕. ▶ la *rupture* d'un câble ケーブルの断線 / la *rupture* d'une digue 堤防の決壊, 破堤. ❷ 絶交, 仲たがい; (国交などの)断絶. ▶ lettre de *rupture* 絶交の手紙 / la *rupture* des pourparlers avec qn …との交渉の決裂. ❸ 急変, 激変. ▶ une *rupture* de rythme リズムの急変 / une *rupture* d'équilibre 均衡の破綻. ❹ (契約などの)破棄, 解消; 中止. ▶ la *rupture* d'un traité 条約の破棄 / *rupture* de fiançailles 婚約解消.
en rupture avec qn/qc …と絶交[対立]する; にまったくそぐわない.
en rupture de qc …を欠いた. ▶ être *en rupture de* stock 在庫を切らしている.
rural, ale** /ryral/ 形; (男複) ***aux /o/ 形 田舎の, 農村の (↔urbain); 農業の. ▶ communes *rurales* 農村 / vie *rurale* 田舎の生活.
── 名《多く複数形》農村[田舎]の住民, 農民.
rurbain, aine /ryrbɛ̃, ɛn/ 形 都市農村混合の, 田園都市の.
***ruse** /ry:z/ 女 策略, 術策; 悪だくみ, 手練手管. ▶ recourir à la *ruse* 術策を弄(ろう)する / obtenir qc par (la) *ruse* 権謀を用いて…を手に入れる / déjouer les *ruses* de qn …の悪だくみの裏をかく / *ruses* de guerre 奇襲戦術, 作戦 / *ruse* grossière 見えすいた策略 / avec *ruse* 巧みに.
rusé, e /ryze/ 形 狡猾(こうかつ)な, 悪賢い; ずるそうな. ▶ *rusé* comme un vieux renard 古ぎつねのように悪知恵にたけた.
── 名 ずるい人, 悪賢い人; 抜け目のない人.
ruser /ryze/ 自動 術策を弄(ろう)する, 狡猾(こうかつ)に立ち回る.
rush /rœʃ/; (複) ~(**e**)**s** 〖英語〗 ❶ 大勢の人の殺到, ラッシュ. ❷ 〖スポーツ〗ラストスパート; 相手に猛然と向かっていくこと.
rushes /rœʃ/ 男複 〖米語〗〖映画〗ラッシュ(プリント) (=épreuves de tournage).
russe /rys/ 形 ロシア Russie の.
à la russe ロシア風に. ▶ boire *à la russe* ロシア式に乾杯する (注 一気に飲み干してコップを投げる).
montagnes russes (1) ジェットコースター. (2) アップダウンの多い道路.
── **Russe** 名 ロシア人. ▶ *Russe* blanc 白系ロシア人.
── **russe** 男 ロシア語.
Russie /rysi/ 固有 女 ロシア.

russification /rysifikasjɔ̃/ 女 ロシア化.
russifier /rysifje/ 他動 …をロシア化する.
rust*aud, aude* /rysto, o:d/ 形〖人, 態度が〗がさつな, 粗野な; 無作法な.
── 名 粗野[無作法]な人, 田舎者.
rusticité /rystisite/ 女 ❶ 田舎染みていること, 素朴さ. ❷ 粗野, 無骨.
rustique /rystik/ 形 ❶〖家具, 調度類が〗田舎調の, 素朴な; 〖建築, 建材が〗ルスティカ (仕上げ) の; 丸太の. ▶ armoire *rustique* 民芸調の戸棚. ❷〖動植物が〗丈夫な, 環境の変化に強い.
── 男 田舎風, 民芸調.
rustre /rystr/ 形, 男 粗野な(男), 無作法な(男), 無教養な(男).
rut /ryt/ 男〖動物学〗盛り; 発情期 (=période du *rut*). ▶ un cerf en *rut* 盛りのついた鹿.
rutabaga /rytabaga/ 男〖植物〗スウェーデンカブ, ルタバガ.
rutil*ant, ante* /rytilɑ̃, ɑ̃:t/ 形 ❶ (しばしば皮肉に)ぴかぴかする, きらきら輝く. ▶ un uniforme *rutilant* ぴかぴかの[真新しい]制服. ❷ 文章 真っ赤に輝く.
rutiler /rytile/ 自動 きらきら輝く, ぴかぴか光る.
Rwanda /rwɑ̃da/ 固有 男 ルワンダ: 首都 Kigali. ▶ au *Rwanda* ルワンダに[で, へ].
***rythme** /ritm/ 男 リトゥム ❶ (音楽の)リズム, 拍子. ▶ *rythme* binaire [tertiaire] 2 [3] 拍子 / avoir le sens du *rythme* リズム感がある / marquer le *rythme* 拍子を取る / boîte à *rythmes* リズムボックス.
❷ (仕事, 活動の)リズム, テンポ, ペース. ▶ le *rythme* de la vie moderne 現代生活のテンポ / travailler à un *rythme* normal 普段のペースで仕事をする / se mettre au *rythme* de qn …のペースに合わせる / aller à son *rythme* マイペースでやる / *rythme* annuel 年率 / à ce *rythme* この調子で. ◆**au rythme de qc** …の割合で, ペースで. ▶ Il écrit au *rythme* de cinq pages par jour. 彼は日に 5 ページの割合で執筆する.
❸ 規則正しい変化, 周期的な運動, リズム. ▶ le *rythme* des saisons 季節の巡り / le *rythme* des vagues 寄せては返す波の動き / *rythme* cardiaque 心臓の鼓動. ❹ (詩の)律動, リズム; (文章の)リズム; (美術, 映画などの)リズム(感).
rythmé, e /ritme/ 形 リズムのある, 明快な.
rythmer /ritme/ 他動 …をリズムに合わせる, にリズムをつける; 〖音楽, 詩など〗のリズムをとる. ▶ chanter pour *rythmer* sa marche 歌を歌って歩みにリズムをつける / *rythmer* une phrase 文章にリズムを与える.
rythmique /ritmik/ 形 ❶ リズムのある, 律動的な. ▶ gymnastique *rythmique* リトミック, リズム体操 (=rythmique). ❷ (詩, 文章の)律動に関する. ▶ groupe *rythmique* リズムグループ. ❸〖音楽〗リズムの. ▶ accent *rythmique* リズムアクセント.
── 女 ❶ (ギリシア・ラテン語の)韻律学. ❷ リトミック, リズム体操. ❸ (オーケストラの)リズム楽器. ❹ 体操用シューズ.

S, s

S, s /ɛs/ 男 ❶ フランス字母の第19字. ❷ S字形. ▶ virage en *s* [*S*] S字カーブ.

sa /sa/ son¹の女性形.

SA 女〔略語〕société anonyme 株式会社.

sabbat /saba/ 男 ❶（ユダヤ人の）安息日（土曜日）. ❷魔女集会, サバト.

sabbatique /sabatik/ 形（ユダヤ教の）安息日の. ▶ repos *sabbatique* 安息日の休息.
　année *sabbatique* 休暇年度：大学教授などに研究のために与えられる7年に1度の1年間の休暇. 英語 sabbatical year の訳.

sabir /sabiːr/ 男 ❶ サビール語：地中海沿岸の港で用いられたフランス語, アラビア語, ベルベル語, スペイン語, イタリア語などの混成語.
❷《軽蔑して》わけの分からない言葉.

sablage /sablaːʒ/ 男 砂をまくこと；砂で（金属面などを）磨くこと.

***sable** /saːbl サーブル/ 男 ❶ 砂. ▶ bac à *sable* （公園の）砂場 / plage de *sable* 砂浜 / mer de *sable* 広大な砂丘 / horloge à *sable* 砂時計 / *sable* fin 細い砂 / tempête de *sable* 砂嵐.
❷《複数で》砂原；砂漠. ▶ *sables* mouvants（砂漠などで風によって移動する）漂砂；クイックサンド.
bâtir sur le *sable* 砂上に楼閣を築く.
être sur le *sable* 話 (1) 文無しだ. (2) 失業している, 仕事にあぶれている.
grain de *sable* (1) 砂粒. (2) 小さな障害.
Le marchand de *sable* est passé.（砂売りのおじさんが通ったよ→）話 さあもうおねんねしようね. 注 砂売りが目に砂をかけると眠くなるというおとぎ話から.
── 形《不変》砂色の, 明るい灰色がかったベージュ色の.

sablé, e /sable/ 形 ❶ 道などが）砂で覆われた. ▶ une allée *sablée* 砂を敷きつめた小道. ❷〖菓子〗サブレーの. ── **sablé** 男〖菓子〗サブレー：さくっとした口当たりのクッキー.

sabler /sable/ 他動 ❶（道など）に砂をまく.
❷ *sabler* le champagne（祝宴などで）シャンペンを飲む.

sableur, euse /sablœːr, øːz/ 名（鋳物の）砂型工. ── **sableuse** 女 噴砂機.

sableux, euse /sablø, øːz/ 形 砂を含む；砂地の. ▶ terrain *sableux* 砂地.

sablier /sablije/ 男 砂時計.

sablière /sablijɛːr/ 女 砂採取場.

sablonneux, euse /sablɔnø, øːz/ 形 砂で覆われた；砂質の. ▶ terre *sablonneuse* 砂地.

sabord /saboːr/ 男（船の）舷窓（ばそう）；砲門.

sabordage /sabɔrdaːʒ/ 男 ❶（船の）自沈. ❷ （企業の）自発的な営業活動停止.

saborder /sabɔrde/ 他動 ❶（船体に穴をあけて）〔艦船を〕沈める, 自沈させる. ❷〔営業活動を〕する, 廃業する；〔計画〕を故意にぶち壊す.
── **se saborder** 代動 ❶〔艦船が〕自沈する. ❷〔企業が〕自発的に営業活動を停止する.

sabot /sabo/ 男 ❶ 木靴, サボ. ▶ paysan en *sabots* 木靴を履いた農民. ❷ 蹄（ひづめ）. ▶ ferrer le *sabot* d'un cheval 馬に蹄鉄（ていてつ）を打つ. ❸〔座浴用の〕浴槽（=baignoire *sabot*）. ❹ むち独楽（ごま）.
❺（家具の）脚金, 脚飾り. ❻ *sabot* de frein ブレーキシュー；（鉄道の）制輪子.
Je ˈle vois [ˈl'entends] venir avec ses gros *sabots*. 話 彼の意図は見え見えだ. 注 je, le は各人称に変化させて用いる.
n'avoir pas les deux pieds dans le même *sabot* 抜け目がない.
sabot de Denver（駐車違反の車の車輪にかける）足かせ.
travailler [jouer] comme un *sabot* 話 仕事〔演奏, 演技〕がひどく下手だ.

sabotage /sabotaːʒ/ 男 ❶（仕事などを）ぞんざいにかたづけること. ❷（労働争議などの際の）サボタージュ, 怠業；（機械, 設備の）破壊. ❸（計画, 交渉などの）妨害. ▶ le *sabotage* d'un plan de paix 和平計画の妨害.

木靴とサボタージュ

日本語「サボる」の語源になった sabotage は, saboter（仕事をぞんざいにかたづける）からの派生語である. そして sabotar は sabot（木靴）に由来する. sabot には「木靴」のほかに「独楽（こま）」の意味があり, この両者に共通するイメージから,「ぶつかる」という意味の語 saboter が誕生し, やがて「揺さぶる」の意になり, さらには「仕事を荒っぽくかたづける」となったもの. なお, 日本語「サボタージュ」が比較的穏やかな「怠業」を指すのに対して, フランス語, 英語の sabotage は工場の機械設備などを損傷し, 生産の妨害行為をするようなことまで含んでいる.

---

saboter /sabote/ 他動 ❶〔仕事など〕をぞんざいにかたづける. ▶ *saboter* un travail やっつけ仕事をする. ❷〔機械, 設備など〕を故意に破壊する. ❸〔計画, 交渉など〕を妨害する. ▶ *saboter* les négociations de paix 和平交渉の進展を妨げる.

saboteur, euse /sabotœːr, øːz/ 名 ❶ いいかげんな仕事をする人. ❷ サボタージュする人；破壊〔妨害〕する人.

sabre /saːbr/ 男 ❶ サーベル, 刀；（フェンシングの）サーブル. ▶ *sabre* japonais 日本刀 / faire du *sabre* 剣術（けんじゅつ）. ❷ 武力, 軍隊.
▶ le *sabre* et le goupillon 話 軍隊と教会.

sabrer /sɑbre/ 他動 ❶ …をサーベルで斬（き）る. ❷ 話 …を大幅に削除する. ▶ *sabrer* de longs passages sur un manuscrit 原稿を大幅に削る / 《目的語なしに》*sabrer* dans un discours スピーチをはしょる. ❸ 話《受験者》を不合格にする;《従業員》を首にする. ❹ 話〔仕事など〕をぞんざいにかたづける.

sabreur /sɑbrœːr/ 男 サーベルの使い手;（フェンシングで）サーブルの選手.

***sac**[1] /sak サック/ 男 ❶ 袋. ▶ *sac* en plastique ビニール袋 / *sac* de [en] papier 紙袋 / un *sac* de blé 小麦の入った袋 / *sac* à provisions 買い物袋 / *sac* de couchage 寝袋, シュラーフ / *sac* de sable サンドバッグ,（工事用の）砂のう.
❷ 袋の中身, 1 袋(分). ▶ moudre cent *sacs* de blé 小麦100袋分を挽(ひ)く / café vendu en *sac* 袋単位で売られるコーヒー.
❸ ハンドバッグ (=*sac* à main); かばん. ▶ *sac* en crocodile ワニ革のハンドバッグ / *sac* à dos リュックサック / *sac* de sport スポーツバッグ / *sac* d'écolier（学童の）ランドセル / *sac* de voyage ボストンバッグ.
❹ 話 金, 財産. ▶ avoir le *sac* 金持ちである / épouser le *sac* 金持ちの娘と結婚する.

avoir plus d'un tour dans son sac 抜け目がない;悪知恵がよく働く.

être ficele [fagoté] comme un sac ひどい身なりをしている.

L'affaire est dans le sac. これで一件落着だ.

mettre [fourrer] dans le même sac 十把一からげに扱う.

prendre qn la main dans le sac …の行為の現場を押さえる, を現行犯で逮捕する.

sac à malice(s) 方策, 手管; 機略に富んだ人, 悪知恵にたけた人.

sac à vin 話 大酒飲み, 酔っ払い.

sac de nœuds 話 こじれた問題.

vider son sac 話 腹の中をぶちまける;（秘密, 過ちを）告白する.

sac[2] /sak/ 男（都市, 地域の）略奪, 蹂躙(じゅうりん). ▶ le *sac* de Rome (1527年の)ローマ劫掠(ごうりゃく).

mettre qc à sac〔場所〕を荒らす, から略奪する.

mise à sac 略奪.

saccade /sakad/ 女 ぎくしゃくした [不規則な] 動き.

par saccades ぎくしゃくと, がたごとと. ▶ La voiture avançait *par saccades*. 車はがくんがくんと進んでいった.

saccadé, e /sakade/ 形〔動きが〕不規則な, ぎくしゃくした;〔言葉が〕とぎれとぎれの. ▶ gestes *saccadés* ぎこちないしぐさ / un style *saccadé* ぎくしゃくした文体.

saccage /sakaːʒ/ 男 文章 略奪;（踏み）荒らすこと, 台なしにすること.

saccager /sakaʒe/ [2] 他動 文章 …を（踏み）荒らす, 台なしにする;略奪する.

saccageur, euse /sakaʒœːr, øːz/ 名 文章（家や庭などを）踏み荒らす者;略奪者.

sacchari- 接頭「糖」の意.

saccharin, ine /sakarɛ̃, in/ 形 糖質の;（砂）糖の. — **saccharine** 女 サッカリン.

saccharose /sakaroːz/ 男【化学】ショ糖, サッカロース, スクロース.

sacerdoce /saserdɔs/ 男 ❶ 司祭職, 神職. ❷（権威としての）教会;教皇権. ❸ 尊い職業, 聖職.

sacerdotal, ale /saserdɔtal/;（男複）***aux*** /o/ 形 司祭（司教）の;聖職（者）の. ▶ vêtements *sacerdotaux* 司祭服.

sache, sachent, saches /saʃ/ 活用 ⇨ SAVOIR[1] [37]

sachet /saʃe/ 男 小さな袋 [包み]. ▶ *sachet* de thé ティーバッグ / *sachet* de lavande ラベンダーのにおい袋.

sachiez /saʃje/, **sachions** /saʃjɔ̃/ 活用 ⇨ SAVOIR[1] [37]

sacoche /sakɔʃ/ 女（革, 布製の）肩掛けかばん. ▶ *sacoche* de facteur（郵便配達の）配達かばん.

sac-poubelle /sakpubel/;（複）**~s-~** 男 ゴミの袋.

sacquer /sake/ 他動 俗 ❶ …を首にする, に暇を出す;を不合格にする. ▶ *sacquer* un employé 従業員を首にする / Il s'est fait *sacquer* au bac. 彼はバカロレアに落ちた. ❷ …を手ひどくしかる.

sacral, ale /sakral/;（男複）***aux*** /o/ 形 神聖な, 聖化された.

sacralisation /sakralizasjɔ̃/ 女 神聖化, 神聖視.

sacraliser /sakralize/ 他動 …を神聖化 [神聖視] する.

sacramentel, le /sakramɑ̃tel/ 形【神学】秘跡の. ❷（しばしば皮肉に）(秘跡のように)厳かな, 儀式めいた.

sacre /sakr/ 男 ❶（教会が聖別する国王の）戴冠(たいかん)式, 成聖式. ❷（司祭を司教にする）聖別式. 注 現在は ordination épiscopale が正式. ❸（聖別式のように厳かな）祭典, 祝典.

***sacré, e** /sakre サクレ/ 形 ❶ 神聖な, 聖なる;宗教の. ▶ feu *sacré* 聖火 / art *sacré* 宗教芸術 / chant *sacré* 聖歌 / musique *sacrée* 宗教音楽, 教会音楽 / édifice *sacré* 神殿, 至聖所 / les lieux *sacrés* 聖地 / livres *sacrés* 聖書;聖典 / histoire *sacrée* 聖史 / ordres *sacrés* 聖職(位階).
❷ 崇高な, 侵すべからざる;極めて重要な. ▶ devoir *sacré* 崇高な義務 / droit *sacré* 侵すべからざる権利 / Les vacances sont *sacrées* pour beaucoup de Français. バカンスは多くのフランス人にとってかけがえのないものだ / Sa sieste, c'est *sacré*! 話 彼(女)の昼寝を絶対に邪魔してはいけません.
❸ 話《名詞の前で》いまいましい. ▶ *Sacré* menteur [farceur]! うそつきめ / Ce *sacré* Dupont! くそっ, デュポンのやつ / *Sacré* nom「de Dieu [d'un chien, d'une pipe]! 俗 こん畜生.
❹《名詞の前で, ときに皮肉に》すばらしい, 結構な. ▶ Il a une *sacrée* chance! 彼はすごく運がいい / Il faut une *sacrée* patience pour réaliser ce grand projet! この大計画を実現するにはなみなみならぬ忍耐がいる.
— **sacré** 男 聖なるもの, 神聖. ▶ le *sacré* et le profane 聖と俗.

sacrebleu /sakrəblø/, **sacredieu** /sakrədjø/ 間投 話 ちえっ, 畜生.

Sacré-Cœur

Sacré-Cœur /sakrekœːr/ 男〖カトリック〗(イエス・キリストの)聖心(ど). ▶ les Dames du *Sacré-Cœur* 聖心(ど)修道女会 / Basilique du *Sacré-Cœur* (パリの)サクレ=クール寺院.

sacrement /sakrəmɑ̃/ 男〖カトリック〗秘跡. ▶ sept *sacrements* 7つの秘跡(洗礼 baptême, 堅信 confirmation, 聖体 eucharistie, 悔俊(げ), pénitence, 婚姻 mariage, 叙階 ordre, 終油 extrême-onction) / recevoir les derniers *sacrements* (de l'Eglise) 臨終の秘跡を受ける.

sacrement /sakrəmɑ̃/ 副 とても, ひどく. ▶ J'ai eu *sacrement* peur. とても怖かった.

sacrer /sakre/ 他動 ❶〈王や司教〉を聖別する. ▶ Napoléon se fit *sacrer* empereur par le pape. ナポレオンは教皇によって聖別されて皇帝となった. ❷ …を(…として)讃える; 認める. ▶ Il a été *sacré* meilleur cinéaste de l'année. 彼はその年の最優秀映画人の栄誉に輝いた.

sacrificateur, trice /sakrifikatœːr, tris/ 名 犠牲をささげる祭司.

*****sacrifice** /sakrifis サクリフィス/ 男 ❶ 犠牲; 犠牲的行為. ▶ *sacrifice* de soi 自己犠牲 / faire le *sacrifice* de sa vie à [pour] la patrie 祖国のために命をなげうつ / esprit de *sacrifice* 犠牲的精神 / imposer des *sacrifices* à toute la population 国民全体に多大な犠牲を強いる.

❷ (多く複数で)出費. ▶ faire de grands *sacrifices* pour (l'éducation de) ses enfants 子供(の教育)のために多大な犠牲を払う.

❸ 供犠(ぎ), いけにえ. ▶ faire [offrir] des *sacrifices* aux dieux 神々にいけにえをささげる / *sacrifices* humains 人身御供. ❹〖カトリック〗le saint *sacrifice* (de la messe) ミサ聖祭.

sacrificiel, le /sakrifisjɛl/ 形 犠牲の, 供犠(ぎ)の.

sacrifié, e /sakrifje/ 形 犠牲にされた; 処分された; 自らを犠牲にする. ▶ marchandises *sacrifiées* 見切り品 / vendre qc à prix *sacrifié* …を投げ売りする / mission *sacrifiée* 決死隊. ── 名 犠牲者.

sacrifier /sakrifje/ 他動 ❶〈*sacrifier* qc/qn (à [pour] qc/qn) (…のために)…を犠牲にする;〈時間〉を費やす. ▶ *sacrifier* sa vie pour son pays 祖国のために命をなげうつ / *sacrifier* tout à sa famille 家族のためにすべてを犠牲にする / Je *sacrifierais* tout pour le sauver. 彼を救うためならなんでも犠牲にするだろう.

❷ …をいけにえとしてささげる. ▶ *sacrifier* 「un animal [une victime] à la divinité 神に動物 [いけにえ]をささげる.

❸ 話〖商品など〗を廉価で手放す;(惜しみながら)…を捨てる. ▶ *sacrifier* des articles invendus 売れ残り品を放出する.

── 間他動〈*sacrifier* à qc〉❶〈神, 聖なるもの〉にいけにえをささげる. ❷ 文章 …に従う, 身を任せる. ▶ *sacrifier* à la mode 流行に追随する.

── **se sacrifier** 代動〈*se sacrifier* (à [pour] qc/qn)〉(…のために)自己を犠牲にする. ▶ *se sacrifier* à une idée 理念のために身をささげる / Jésus s'est *sacrifié* pour les hommes. イエスは人類のために身を捧げた.

sacrilège /sakrilɛːʒ/ 男 ❶〖カトリック〗汚聖, 瀆聖(ど). ▶ commettre un *sacrilège* 不敬を働く. ❷ 冒瀆, ありうべからざる行為. ▶ C'est un *sacrilège* d'avoir démoli ce château. この城を壊してしまったなんて許しがたいことだ.
── 形 冒瀆の, 罰当たりの, 不敬な. ▶ une action *sacrilège* 瀆聖(ど)行為, 罰当たりな行い.
── 名 瀆神者, 神を冒瀆する者; 罰当たり.

sacripant /sakripɑ̃/ 男 話 ならず者, ごろつき.

sacristain /sakristɛ̃/ 男 (教会の)堂守, 聖具室係.

sacristaine /sakristɛn/, **sacristine** /sakristin/ 女 聖具室 [香部屋] 係の修道女.

sacristie /sakristi/ 女 (教会の)聖具室, 香部屋. **punaise de sacristie** (聖具室の南京虫 →) 話 (教会に始終出入りする)信心に凝り固まった女.

sacro-saint, ainte /sakrosɛ̃, ɛ̃ːt/ 形 (皮肉に)神聖不可侵の.

sadique /sadik/ 形 サディズムの, 加虐性愛の; 加虐趣味の, 残酷な (↔masochiste). ▶ tendances [penchants] *sadiques* サディズム的性向.
── 名 サディスト, 加虐性愛者; 残忍な人.

sadisme /sadism/ 男 サディズム, 加虐性愛; 加虐趣味 (↔masochisme).

sadomasochisme /sadomazoʃism/ 男 サド・マゾヒズム.

sadomasochiste /sadomazoʃist/ 形 サド・マゾヒズムの. ── 名 サド・マゾヒスト.

safari /safari/ 男 (アフリカでの)猛獣狩り, サファリ.

safarien, enne /safarjɛ̃, ɛn/ 形 (アフリカの)猛獣狩りの, サファリの.

safari-photo /safarifoto/;(複) ~s-~s 男 (アフリカでの)野生動物撮影旅行.

safran /safrɑ̃/ 男〖植物〗サフラン; サフラン色, 黄色;(香料の)サフラン粉.
── 形 (不変) サフラン色の, 黄色の.

saga /saga/ 女 ❶〖文学〗サガ: 中世北欧の散文物語. ❷ 幾世代にも渡る一族の物語; 波乱に満ちた長い話.

sagace /sagas/ 形 文章 慧眼(ど)の, 明敏な. ▶ un esprit *sagace* 鋭敏な頭脳(の持ち主).

sagacité /sagasite/ 女 慧眼(ど), 明敏さ.

*****sage** /saːʒ サージュ/ 形
〔英仏そっくり語〕
英 sage 賢明な.
仏 sage 賢明な,〈子供が〉おとなしい.

❶ 賢明な, 思慮深い; 慎重な. ▶ un *sage* vieillard 思慮深い老人 / de *sages* conseils 思慮に富んだ忠告 / Vous avez été *sage* de ne pas intervenir dans cette affaire. この件にかかわらずに賢明でしたよ. ◆(非人称構文で)Il est *sage* 「de + 不定詞 [que + 接続法]. ▶ Il serait plus *sage* d'employer la douceur. ここは穏やかに出た方が賢明だろう.

❷〈子供, 動物が〉おとなしい, 従順な. ▶ Sois *sage*! いい子にしていなさい / Si tu n'es pas *sage*, le Père-Noël ne viendra pas. お利口にしていないと, サンタクロースが来てくれませんよ.

❸(異性に対して)慎み深い; 貞淑な. ▶ une femme *sage* 身持ちの堅い女性.

❹ 節度ある, 控え目な. ▶ goûts *sages* 控え目な趣味 / une robe *sage* 話 地味なドレス.
sage comme une image〔子供が〕(置き物のように)おとなしくしている.
── 名 賢明な人, 思慮深い人; 慎重な人. ▶ agir en *sage* 賢明に振る舞う.
── 男 ❶ 賢人, 賢者; 哲人. ▶ les Sept *Sages* de la Grèce ギリシアの七賢人 / le *Sage* 賢者(旧約聖書「箴言(ﾉﾝ)」の著者とされるソロモンを指す). ❷ 学識経験者, 有識者. ▶ comité des *sages* 賢人委員会.

sage-femme /saʒfam/;《複》~s-~s 女 助産婦, 産婆.

sagement /saʒmɑ̃/ 副 ❶ 賢明に, 分別を持って; 慎重に. ❷ おとなしく, 控え目に.

***sagesse** /saʒes サジェス/ 女 ❶ 賢明さ, 良識; 慎重さ. ▶ diriger ses affaires avec *sagesse* 慎重に取引を進める / L'âge nous apporte la *sagesse*. 人は年とともに分別がついてくる / Il a eu la *sagesse* de renoncer à cette affaire hasardeuse. 彼は賢明にもこの危険な仕事を断念した / écouter la voix de la *sagesse* 良識の声に耳を傾ける / la *sagesse* des nations (諺などに表われた)民衆の知恵.
❷ (子供の)おとなしさ, 従順. ▶ enfant d'une *sagesse* exemplaire (=docilité) 模範となるほど聞き分けのよい子供. ❸ 節度; 地味. ▶ Ce livre est d'une *sagesse* ennuyeuse. この本はうんざりするほど陳腐だ. ❹ dents de *sagesse* 知歯(ﾁ), 親知らず. ❺ 文章 知恵, 英知; 達観.

Sagittaire /saʒiteːr/ 固有 男〔天文〕射手座.

sagou*in, ine* /sagwɛ̃, in/ 名 話 不潔な人〔子供〕.

Sahara /saara/ 固有 男 サハラ砂漠.

sahari*en, enne* /saarjɛ̃, ɛn/ 形 サハラ砂漠 Sahara の.

saharienne /saarjɛn/ 女〔服飾〕サファリジャケット.

sahraoui, e /sarawi/ 〔アラビア語〕形 西サハラの. ── **Sahraoui, e** 名 西サハラの住民.

saign*ant, ante* /sɛɲɑ̃, ɑ̃ːt/ 形 ❶ 出血している. ▶ blessure [plaie] *saignante* 血が出ている傷口. ❷〔肉が〕生焼けの, レアの. 注 ミディアムは à point, ウェルダンは bien cuit という. ❸〔心が〕痛んでいる. ❹ 過酷な, 辛辣(ﾗｯ)な.

saignée /seɲe/ 女 ❶〔医学〕瀉血(ｼｬｹﾂ), 刺絡(ﾗｸ); 瀉血された血液. ❷ 肘(ﾋｼﾞ)の内側のくぼみ. ❸ (血の出るような)大出費. ❹〔戦争による〕人的損失. ▶ La France a subi une *saignée* importante en 1914 [mil neuf cent quatorze]. フランスは1914年(第1次大戦)で多くの人命を失った.

saignement /sɛɲmɑ̃/ 男〔医学〕出血;《特に》鼻血 (=*saignement* de nez).

***saigner** /seɲe セニェ/ 自動 ❶ 出血する. ▶ Il *saigne* du nez. 彼は鼻血を出している / La plaie *saigne*. 傷口から血が出ている. ❷ 文章〔心などが〕痛む, 痛手を負う. ▶ Le coeur me *saigne*. 私は心が痛む.
Ça va saigner. (討論などが)白熱しそうだ, 血を見そうだ.
── 他動 ❶〔人に〕瀉血(ｼｬｹﾂ)をする. ▶ *saigner* qn au bras …の腕から採血する. ❷〔家畜〕を血を抜いて殺す. ▶ *saigner* un poulet 若鶏をつぶす. ❸ 話 …を刺し殺す. ▶ une femme qui *a saigné* son amant 愛人を刺殺した女. ❹ 古風 …から膏血(ｶｳｹﾂ)を絞る, 金を巻き上げる. ▶ *saigner* les contribuables 納税者から血税を搾り取る.
(être) saigné à blanc 疲弊した.
── **se saigner** 代動 莫大(ﾀﾞｲ)な犠牲 [出費] を払う.
se saigner aux quatre veines 話 あり金をはたく, どんな犠牲をもいとわない.

saillaient, saillait /saje/ 活用 ⇨ SAILLIR 18

saill*ant, ante* /sajɑ̃, ɑ̃ːt/ 形 (saillir の現在分詞) ❶ 張り出した, 突き出た; 盛り上がった. ▶ les parties *saillantes* d'un édifice 建物の張り出した部分 / un menton *saillant* しゃくれあご. ❷ 目立った, 際立った. ▶ les faits les plus *saillants* d'une journée 1日で最もめぼしい出来事.

saille, saillent /saj/ 活用 ⇨ SAILLIR 18

sailler- 活用 ⇨ SAILLIR 18

saillie /saji/ 女 ❶ 突出部, 出っ張り; 盛り上がり. ▶ les *saillies* d'un édifice 建物の張り出し部分. ❷ 文章 (表現の)さえ, 才気, 機知. ▶ une réponse pleine de *saillies* 機知に富んだ返答. ❸ 交尾; 種付け.

en saillie 張り出した, 突き出た. ▶ un balcon *en saillie* 張り出したバルコニー.

faire [former] saillie 突き出る, 張り出す. ▶ un auvent qui *fait saillie* 張り出している庇(ﾋｻｼ).

saillir /sajiːr/ 自動 18 (おもに不定形と3人称で用いられる)(過去分詞 sailli, 現在分詞 saillant) 張り出す, 突き出る; 盛り上がる. ▶ faire *saillir* ses muscles 力瘤(ｺﾌﾞ)を作る / les veines qui *saillent* 浮き出た静脈.
── 他動 Ⅳ《おもに不定形と3人称で用いられる》〔雌〕と交尾する.

saillirent /sajiːr/, **saillissent** /sajis/, **saillit, saillît** /saji/ 活用 ⇨ SAILLIR 18

***sain, saine** /sɛ̃, sɛn サン, セーヌ/ 形 ❶ 健康な; 丈夫な; 傷んでいない. ▶ corps *sain* 丈夫な体 / peau *saine* 健康な肌 / dents *saines* 健康な歯 / être *sain* de corps et d'esprit 心身ともに健全である. ❷ 正常な, 異常のない, 健全な. ▶ une famille *saine* 健全な家庭 / un jugement *sain* 正しい判断 / une affaire *saine* 不正のない取引き / économie *saine* 健全な経済. ❸ 健康によい, 体のためになる (↔ malsain). ▶ nourriture *saine* 健康食 / L'air des montagnes est très *sain*. 山の空気はたいへん健康によい.

sain et sauf (試練や危機を経たあとで)無事に, つつがなく. ▶ Il est sorti *sain et sauf* de l'accident. 彼は事故に遭っても無事だった.

saindoux /sɛ̃du/ 男 ラード, 豚の脂身.

sainement /sɛnmɑ̃/ 副 ❶ 健康的に, 衛生的に. ❷ 健全に, 正しく.

sainfoin /sɛ̃fwɛ̃/ 男〔植物〕アルファルファ.

***saint, sainte** /sɛ̃, sɛ̃ːt サン, サーント/ 形 ❶ 聖なる, 神聖な. ▶ la *sainte* Bible = l'Ecriture *sainte* = les *saintes* Ecritures 聖書 / les livres *saints* 聖典 / un lieu *saint* = un *saint* lieu 聖所(教会, 神殿, 寺院など) / la Terre *sainte* 聖地, パレスチナ / ville(s) *sainte*(s) 聖都(キリスト教, ユダヤ教ではエルサレム, イスラム教ではメッカ, エルサレム, メディナのこと) / guerre *sainte* 聖戦 / la semaine *sainte* 聖週間(復活祭前の1週間) / la *Sainte*-Trinité 聖三位一体 / peuple *saint* 聖なる民(ユダヤ民族).

❷《多く名詞の前で》聖人のような, 信心深い; 道徳にかなった. ▶ une *sainte* femme 敬虔(ﾋﾞﾝ)な女性 / un *saint* homme 聖人君子 / mener une vie *sainte* 聖人のような生活を送る / être saisi d'une *sainte* colère 義憤に駆られる.

❸《聖人の名などの前で》聖…, 聖女…. ▶ l'Evangile selon *saint* Jean 聖ヨハネによる福音書 / la *Sainte* Vierge 聖母(マリア) / la *Sainte* Famille 聖家族(イエス, マリア, ヨセフ).

❹《名詞の前で》〖恐怖などが〗極度の, 非常な.

❺《人名とハイフン(-)で結び付いて》注 必ず大文字で始める. 祝日の場合は定冠詞 la を伴う(fête の省略). ▶ la *Saint*-Jean 洗礼者聖ヨハネの(誕生の)祝日(6月24日) / la *Saint*-Sylvestre 大晦日 / l'île de *Sainte*-Hélène セント=ヘレナ島 / le boulevard *Saint*-Michel サン=ミッシェル大通り.

toute la sainte journée 1日中, 朝から晩まで.

— 名 ❶(特にカトリックの)聖人, 聖者, 聖女. ▶ vie d'un *saint* 聖人伝 / fêter un *saint* 聖人の祝日を祝う. ❷ 聖人のような人, 人徳の厚い人. ▶ Cette femme est une *sainte*. あの人は聖女のような人だ. ❸ 聖人像. ▶ un *saint* de faïence 陶製の聖人像.

Ce n'est pas un saint.(彼は聖人ではない→)彼にも非難すべき欠点がある.

Il vaut mieux ⌈s'adresser [avoir affaire] à Dieu qu'à ses saints.[諺](聖人たちよりもじかに神様に訴える方がいい→)下っ端よりも直接上役と交渉する方が早い.

ne (plus) savoir à quel saint se vouer どうすればよいのか[だれに頼っていいのか]分からない, お手上げだ.

prêcher pour son saint 自分の利益を図る, 自分の利益を弁護する.

— **saint** 男(エルサレム神殿の)至聖所.

saint des saints (1)(エルサレム神殿の)至聖所: 契約の櫃(ﾋﾞﾂ)の安置所. (2)(建物の)深奥部. (3)(企業, 団体などの隠された)中枢機関.

saint-bernard /sɛbɛrnaːr/ ;《複》〜-〜(**s**) 男 セントバーナード(犬).

Saint-Brieuc /sɛbrijø/ 固有 サン=ブリュー: Côtes-d'Armor 県の県庁所在地.

saint-cyrien /sɛsirjɛ̃/ 男 サン=シール Saint-Cyr 陸軍士官学校生徒[出身者].

saintement /sɛ̃tmɑ̃/ 副 聖人のように, 敬虔(ﾋﾟﾝ)に.

sainte nitouche /sɛ̃tnituʃ/;《複》〜**s**〜 女 貞淑ぶる女, かまととぶる.

Saint-Esprit /sɛ̃tɛspri/ 男《単数形のみ》〖キリスト教〗(三位一体の一位格としての)聖霊.

sainteté /sɛ̃tte/ 女 ❶(人, 物の)聖性, 神聖さ; (聖人の)聖徳. ❷(Sainteté)猊下(ｹﾞｲｶ)(教皇に対する尊称). ▶ Sa *Sainteté* le pape Benoît XVI 教皇ベネディクト16世猊下(注 S.S. と略記する).

Saint-Etienne /sɛ̃tetjɛn/ 固有 サン=テティエンヌ: Loire 県の県庁所在地.

saint-frusquin /sɛ̃fryskɛ̃/ 男《単複同形》[話] あり金全部; あらゆる所持品. ▶ dépenser tout son *saint-frusquin* 全財産を使い果たす.

… *et tout le saint-frusquin* [話]《列挙を受けて》…その他一切合切, 残り全部(=et tout le reste).

Saint-Germain-des-Prés /sɛ̃ʒɛrmɛ̃depre/ 固有 サン=ジェルマン=デ=プレ: パリのセーヌ川左岸の地区.

saint-glinglin /sɛ̃glɛ̃glɛ̃/《次の句で》

à la saint-glinglin 副句 [話] 決して[いつまでも](…ない). ▶ Avec lui, il faut s'attendre à être payé *à la saint-glinglin*. あいつが相手ではまず払ってもらう見込みはないよ.

Saint-Honoré /sɛ̃tɔnɔre/ 固有 rue du faubourg *Saint-Honoré* サン=トノレ通り: パリの高級モード街.

saint-honoré /sɛ̃tɔnɔre/;《複》〜-〜(**s**) 男 〖菓子〗サントノレ: パイ生地の上にプチシューをリング状にあしらい, 真ん中をクリームでうめたケーキ.

Saint-Lazare /sɛ̃lazaːr/ 固有 gare de *Saint-Lazare* サン=ラザール駅: パリからフランス北西部に向かう列車の始発駅.

Saint-Lô /sɛ̃lo/ 固有 サン=ロー: Manche 県の県庁所在地.

Saint-Louis /sɛ̃lwi/ 固有 île *Saint-Louis* サン=ルイ島: パリ中心部のセーヌ川上の島.

Saint-Malo /sɛ̃malo/ 固有 サン=マロ: ブルターニュ半島北部の観光都市.

Saint-Michel /sɛ̃miʃɛl/ 固有 boulevard *Saint-Michel* サン=ミッシェル通り: パリのセーヌ川左岸の学生街.

Saint-Nazaire /sɛ̃nazɛːr/ 固有 サン=ナゼール: フランス西部ロアール河口の都市.

Saint-Office /sɛ̃tɔfis/ 男〖教皇庁〗の検邪聖省: 16世紀に設置された異端糾問機関.

Saintonge /sɛ̃tɔ̃ːʒ/ 固有 サントンジュ地方: フランス西部の旧州.

saint-père /sɛ̃pɛːr/;《複》〜**s**-〜**s** 男《多く Saint-Père》〖カトリック〗聖父: ローマ教皇の尊称.

Saint-Siège /sɛ̃sjɛːʒ/ 固有 〖カトリック〗聖座: ローマ教皇庁.

saint-simonien, enne /sɛ̃simɔnjɛ̃, ɛn/ 形 サン=シモン主義(者)の: Saint-Simon が提唱した空想的社会主義. — 名 サン=シモン主義者.

Saint-Sylvestre /sɛ̃silvɛstr/ 女 聖シルベストルの祝日(12月31日); 大みそか.

Saint-Tropez /sɛ̃trɔpe/ 固有 サン=トロペ: 南仏の保養地.

sais /sɛ/ 活用 ⇨ SAVOIR[1] 37

saisi, e /sezi/ 形(saisir の過去分詞)❶ 捕らえられた. ❷ 衝撃を受けた, 驚いた; (感情などに)襲われた. ▶ être *saisi* d'horreur 恐怖に襲われる. ❸ 〖法律〗差し押さえられた; 発禁になった. ▶ une maison *saisie* 差し押さえられた家屋.

saisie /sezi/ 女〖法律〗❶ 差し押さえ. ▶ *saisi* mobilière [immobilière] 動産[不動産]差し押さ

え / être sous le coup d'une *saisi* 差し押さえられている. ❷押収; 発売禁止処分. ▶ procéder à la *saisi* de qc …を押収[発禁]にする. ❸〖情報〗データ入力.

**saisir /sezi:r セズィール/ 他動

直説法現在	je saisis	nous saisissons
	tu saisis	vous saisissez
	il saisit	ils saisissent
複合過去	j'ai saisi	半過去 je saisissais
単純未来	je saisirai	単純過去 je saisis

❶ …をつかむ,握る;捕らえる,捕まえる. ▶ *saisir* le bras [la main] de qn …の腕を取る[手を握る] / *saisir* qn 「dans ses bras [à bras(-)le(-)corps]」 …を抱きとめる; 取り押さえる. ▶ *saisir* qc/qn par [à] qc …の(部分)をつかむ, 捕らえる. ▶ Il m'*a saisi* par le bras. 彼は私の腕をつかんだ. 比較 ⇨ PRENDRE.

❷〔機会など〕をとらえる, 利用する. ▶ *saisir* l'occasion 機会をとらえる / C'est une chance à *saisir*. これは見逃せないチャンスだ / *saisir* un prétexte pour ne pas travailler 口実を見つけて仕事を休む.

❸ …を把握する, 理解する; 見分ける; 聞き取る. ▶ *saisir* la situation par l'intuition 状況を直観的に把握する / *saisir* une nuance ニュアンスを理解する / Je ne *saisis* pas très bien ce que vous voulez dire. 何をおっしゃりたいのか私にはよく分かりません / 《目的語なしに》Vous *saisissez*? 語 分かりますか.

❹〔感情, 感覚などが人〕をとらえる, 襲う;〔物事が人〕を驚かす;感動させる. ▶ Un malaise l'*a saisie*. 彼女は急に気分が悪くなった / En sortant, je sentis le froid me *saisir*. 外に出ると, ひどい寒さを感じた / Sa pâleur m'*a saisi*. 彼(女)の顔色の悪さに私はびっくりした.

❺〖法律〗〔財産など〕を差し押さえる;〔証拠品〕を押収する;〔出版物や映画〕を発禁にする. ▶ *saisir* les immeubles 不動産を差し押さえる / *saisir* un journal 新聞の発行を差し止める.

❻〖法律〗<*saisir* qn/qc (de qc)>〔事件を〕〔裁判所など〕に提訴する;〔問題を〕〔委員会など〕に付託する. ▶ *saisir* un tribunal d'une affaire 事件を裁判所に申し立てる.

❼〖料理〗〔肉など〕を強火で手早くいためる.

❽〖情報〗〔データ〕を入力する. ▶ *Saisissez* votre code d'accès. アクセスコードを入力して下さい.

— **se saisir** 代動 <*se saisir* de qc/qn>…をつかむ; 捕らえる. ▶ Elle s'est saisie d'un couteau. 彼女はナイフをつかんだ.

saisissable /sezisabl/ 形 理解できる;〔音などが〕聞き取れる.

saisissant, ante /sezisã, ã:t/ 形 ❶ 強烈に心をとらえる, 印象的な; 衝撃的な. ▶ un récit *saisissant* 心を揺さぶる物語 / spectacle *saisissant* 目を見張るような光景. ❷〔寒さが〕身にしみる.

saisissement /sezismã/ 男 ❶ 強い[不意の]驚き, 衝撃, 感動. ▶ être muet de *saisissement* ショックで声も出ない. ❷ ぞくっとする寒さ, 寒け.

*saison /sezɔ̃ セゾン/ 女 ❶ 季節. ▶ les quatre *saisons* 四季 / en toute(s) *saison(s)* 1年中, オールシーズンの / la belle *saison* (晩春から初秋にかけての)天気の良い季節 / la mauvaise *saison* (晩秋から冬にかけての)天気の悪い季節 / la *saison* sèche 乾季 / la *saison* pluvieuse [des pluies] 雨季 / hors *saison* 季節はずれの[で] / marchand de [des] quatre(-)*saisons* 季節の野菜・果物の行商人 / en cette *saison* 今のこの季節には(は) / Il fait froid pour la *saison*. 今の季節にしては寒い.

❷〔農作業などの〕時期; 収穫期; 漁期; 猟期. ▶ *saison* de la moisson 収穫期 / *saison* des amours 発情期. ◆ de *saison* 旬(しゅん)の, 出盛りの. ▶ Les huîtres sont de *saison*. カキは今が旬だ.

❸〔レジャー, 行事などの〕シーズン. ▶ la *saison* des vacances バカンスのシーズン / la *saison* des soldes バーゲンセールの時期 / haute [basse] *saison* 忙しい[暇な]時期.

❹ 湯治(の時期). ▶ faire une *saison* à Vittel ヴィテルで湯治をする.

❺〖服飾〗(春夏と秋冬の2つから成る)シーズン. ▶ les nouvelles collections de la *saison* 次のシーズンのための新作コレクション.

être de saison 時宜にかなっている, 適切である.

être hors de saison 時宜にかなっていない, 不適切である. ▶ Cette remarque *est hors de saison*. その指摘は的外れだ.

Y a plus de saisons! 話 (季節感がなくなった→)(1)天候が異常である. (2)世の中が変わった.

saisonnier, ère /sezɔnje, ɛ:r/ 形 ❶ 季節の, ある季節に特有の. ▶ vents *saisonniers* 季節風 / maladies *saisonnières* 季節病.

❷ 季節[一定の期間]限りの. ▶ ouvrier *saisonnier* 季節労働者.

— **saisonnier** 男 季節労働者.

sait /sɛ/ 活用 ⇨ SAVOIR¹ 37

saké /sake/ 男《日本語》日本酒.

salace /salas/ 形 文章 好色な; みだらな.

salacité /salasite/ 女 文章 好色, 好色さ, みだらさ.

*salade /salad サラド/ 女 ❶ サラダ. 注 salade に形容詞句がつかない場合は, サラダ菜だけのサラダをさす. サラダ菜だけのサラダであることを明確にする場合は salade verte という. ▶ manger de la *salade* サラダを食べる / *salade* composée コンビネーションサラダ / *salade* niçoise (オリーブ, トマト, アンチョビー, ゆで卵などの入った)ニース風サラダ / *salade* cuite 温野菜サラダ / *salade* de fruits フルーツサラダ / remuer [tourner, fatiguer] la *salade* サラダを混ぜる[あえる].

❷ サラダ用葉菜[生菜]類(玉レタス, サラダ菜, チコリ, クレソンなど). ❸ <en *salade*> フレンチドレッシングであえた. ▶ haricots verts en *salade* 英(さ)インゲンのフレンチドレッシングあえ. ❹ 話〔話などの〕混乱, もつれ. ▶ Quelle *salade*! 支離滅裂な話だ. ❺〈複数で〉話 でたらめ, ほら, うそ.

panier à salade (1) サラダ用水切りかご. (2) 話 囚人護送車.

raconter des salades ほらを吹く, でたらめを言う.

vendre sa salade (1) 俗〔香具師(ゃし)が〕口上を述べる, 口車にのせる. (2) 説得に努める.
saladier /saladje/ 男 サラダボウル(の中身).
salage /salaːʒ/ 男 ❶ 塩漬け(にすること); 塩を振ること. ❷ (道路の雪や氷を溶かすための)散塩.
*__salaire__ /salɛːr/ サレール 男 ❶ 給与, 給料, 賃金. ▶ *salaire* élevé＝haut *salaire* 高給／*salaire* bas [maigre] 低賃金／*salaire* de misère 薄給／bulletin de *salaire* 給与(支給)明細書／*salaire* de base 基本給／*salaire* fixe 固定給／*salaire* horaire 時間給／*salaire* mensuel 月給／*salaire* minimum interprofessionnel de croissance 全産業一律スライド制最低賃金(略 SMIC)／éventail [fourchette] des *salaires*（1つの企業, 産業部門の）賃金格差／*salaire* brut 税込み給与／*salaire* net (社会保険負担を差し引いた)手取り額／hausse [blocage] des *salaires* 賃金の上昇［据え置き］／augmenter [bloquer] le *salaire* 給与を引き上げる［凍結する］／augmentation de *salaire* 賃上げ／toucher [recevoir] son *salaire* 給与を受け取る. 比較 ⇨ RÉMUNÉRATION. ❷ 文章 褒美; 報い, 罰.
salaison /salɛzɔ̃/ 女 ❶ 塩漬け(にすること); 《複数で》塩漬け食品.
salamalecs /salamalɛk/ 男・複 ばか丁寧な挨拶(さつ).
salamandre /salamɑ̃ːdr/ 女 ❶【動物】サンショウウオ. ❷【紋章】火とかげ.
salami /salami/ 男 サラミ(ソーセージ).
salangane /salɑ̃gan/ 女【鳥類】アナツバメ: 巣は中国料理の材料となる.
salant /salɑ̃/ 形《男性形のみ》塩を産出する［含んだ］. ▶ marais *salant* 塩田.
salarial, ale /salarjal/;《男複》aux /o/ 形 給与の, 賃金の.
salariat /salarja/ 男 給与生活, サラリーマンの身分;（集合的に）サラリーマン.
*__salarié, e__ /salarje/ サラリエ 形 給与［賃金］の支払いを受ける. ▶ un travail *salarié* 賃金労働.
— 名 賃金生活者, サラリーマン, 従業員.
salaud /salo/ 男 俗〔ののしって〕卑劣漢, げす野郎. ▶ C'est「un vrai [un beau] *salaud*. なんてげす野郎だ／Espèce de *salaud* ! ばかやろう.
— 形《男性形のみ》俗 下劣な, 卑劣な. ▶ Il est un peu *salaud*. 彼はちょっと汚いよ.
:**sale** /sal/ サル 形 ❶ 汚れている, 汚い, 不潔な. ▶ avoir les mains *sales* 汚れた手をしている／laver du linge *sale* 汚れた下着を洗う／Il est *sale* comme「un peigne [un cochon, un porc]. 彼はひどく汚らしい／argent *sale* 汚ない金.
❷《名詞の前で》卑劣な, 軽蔑すべき. ▶ un *sale* individu ひどいやつ.
❸《名詞の前で》嫌な, 不愉快な, 厄介な. ▶ une *sale* affaire [histoire] 厄介事／Quel *sale* temps ! なんて嫌な天気だろう／jouer un *sale* tour à qn …に嫌がらせをする／*Sale* temps pour l'industrie du disque. 苦境に立たされたレコード産業.
❹ くすんだ, さえない. ▶ une couleur *sale* くすんだ色／un blanc *sale* 薄汚れた白.
❺ 卑猥(ひわい)な, みだらな. ▶ raconter des histoires *sales* 猥談(わいだん)をする.
avoir une sale gueule 話 嫌な［虫の好かない］顔をしている; 具合の悪そうな［疲れた］顔をしている.
C'est pas sale! 俗 そいつは悪くない, すばらしい.
faire une sale gueule 話 困った顔をする; いまいましそうな顔をする.
— 男 洗濯物入れ.
salé, e /sale/ 形 ❶ 塩分を含んだ; 塩辛い. ▶ eau *salée* 塩水／lac *salé* 塩水湖. ❷ 塩で味付けした; 塩漬けにした. ▶ beurre *salé* 加塩バター／anchois *salés* アンチョビーの塩漬け. ❸ 露骨な, 卑猥(ひわい)な, 際どい. ▶ propos *salés* 際どい話, 猥談. ❹ 話 手厳しい, 法外な. ▶ La note est *salée*. 勘定が高過ぎる.
— **salé** 男【料理】豚肉の塩漬け.
salement /salmɑ̃/ 副 ❶ 汚く, 汚して. ❷ 俗 ひどく, 非常に.
*__saler__ /sale/ サレ 他動 ❶ …を塩で味つけする; 塩漬けにする. ▶ *saler* la soupe スープの味を塩で整える. ❷ 話 …を厳しく罰する. ❸ 話〔法外な値段〕を吹っかける;〔相手〕からぼる. ▶ *saler* le client 客からぼる／*saler* la note 法外な勘定を吹っかける. ❹ *saler* la chaussée（雪や氷を溶かすために）道路に塩をまく.
saleron /salrɔ̃/ 男（食卓用の）小さな塩入れ.
saleté /salte/ 女 ❶ 汚さ, 不潔. ❷ 汚物, ごみ;《複数で》動物の糞(ふん). ▶ J'ai une *saleté* dans l'œil. 私は目にごみが入った. ❸（多く複数で）話 卑猥(ひわい)なこと(ば);（な言動）. ▶ dire des *saletés* 卑猥なことを言う. ❹ 話 卑劣な言行. ▶ faire une *saleté* à qn …に卑劣なことをする. ❺ 話 がらくた, 不良品; まずい食べ物.
salière /saljɛːr/ 女（食卓・台所用）塩入れ.
saligaud /saligo/ 男 話 ❶ 下劣なやつ, 卑劣漢. ❷ 汚い人, 不潔な人.
salin, ine /salɛ̃, in/ 形 塩分を含んだ, 塩辛い. ▶ air *salin* 潮風.
— **salin** 男 塩田 (＝marais salant).
— **saline** 女 製塩工場.
salinité /salinite/ 女 塩分, 塩分濃度.
*__salir__ /saliːr/ サリール 他動

直説法現在	je salis	nous salissons
	tu salis	vous salissez
	il salit	ils salissent

❶ …を汚す, 汚くする. ▶ *salir* ses vêtements 服を汚す／Cette usine *a sali* l'eau d'une rivière. あの工場は川の水を汚染した.
❷〔体面, 名声など〕をけがす. ▶ *salir* la réputation de qn …の評判を傷つける.
— **se salir** 代動 ❶ 自分の体［衣服］を汚す; 汚れる. ▶ Le blanc *se salit* facilement. 白は汚れやすい／se *salir* les mains 手を汚す. ❷ 自分の体面をけがす. ▶ Elle *s'est salie* dans ce scandale. 彼女はそのスキャンダルで評判を落とした.
salissant, ante /salisɑ̃, ɑ̃ːt/ 形 (salir の現在分詞) ❶ 汚し, 汚い. ▶ un métier *salissant* 汚れ仕事. ❷ 汚れやすい. ▶ Le blanc est une couleur *salissante*. 白は汚れやすい色だ.

salissure /salisy:r/ 囡 汚れ, ほこり.
salivaire /salivɛ:r/ 形 唾液(ﾀﾞ)の.
salive /sali:v/ 囡 唾液(ﾀﾞｴｷ), 唾(ﾂﾊﾞ); よだれ.
saliver /salive/ 自動 唾液(ﾀﾞｴｷ)を分泌する; よだれを垂らす.

*__salle__ /sal/ サル/ 囡 **❶**(住居内の特定目的の)部屋. ▶ *salle* à manger 食堂 / *salle* de bain(s) 浴室 / *salle* de séjour (食堂と客間を兼ねた)居間, リビングルーム / *salle* d'eau (洗濯, 洗面もできる)シャワー室.
❷(公共建造物などの)室, ホール, 会場; 劇場(=*salle* de théâtre); 映画館 (=*salle* de cinéma). ▶ *salle* d'exposition 展示室 / *salle* d'attente 待合室, 控え室 / *salle* de lecture 閲覧室 / *salle* de classe 教室 / *salle* des pas perdus (駅の)〖コンコース; (裁判所などの)ホール / *salle* de concert コンサートホール / *salle* de conférences 講演会場, 講堂 / *salle* de réunion 集会室 / *salle* d'armes フェンシング訓練室 / *salle* d'opération 手術室 / *salle* de travail 分娩室 / *salle* des fêtes 公会堂. **❸** 観客(席). ▶ une *salle* enthousiaste 熱狂的観衆 / Toute la *salle* applaudissait. 観客全員が拍手喝采していた.
faire salle comble〔劇場が〕大入りになる;〔芝居が〕大当たりする.

比較 部屋
salle 魂分けして, 住居内の特定の部屋を指す場合と公共建造物や公共施設を指す場合の2つの使い方があるが, 必ず用途を明示する語を伴う. *salle* de bains 浴室. *salle* à manger 食堂. *salle* de cours 教室. *salle* de concert コンサートホール. **chambre** 基本的にはベッドが置かれている部屋をいう. *chambre* à un lit シングルルーム. louer une *chambre* près de l'université 大学の近くに部屋を借りる. **pièce** 家やアパルトマンのそれぞれの部屋をいう. 特定の目的, 用途を明示しない場合に使う. une *pièce* claire et spacieuse 明るくて広い部屋. また, 住居の間取りとして数える部屋の意味で使うこともある. その場合, 台所と浴室は含まない. un appartement de trois *pièces* 3間のアパルトマン. un deux-*pièces* cuisine 2K のアパルトマン.

salmigondis /salmigɔ̃di/ 男 ごたまぜ, 寄せ集め.
*__salon__ /salɔ̃/ サロン/ 男 **❶** 客間, 応接室. ▶ *salon*-salle à manger リビング・ダイニングルーム / *salon* d'attente (医院などの)待合室. **❷** 客間用家具一式, 応接セット. **❸** サロン: 上流婦人が著名人, 芸術家などを招いて催す集い;《複数で》文章 社交界(の人々). ▶ fréquenter les *salons* 社交界に出入りする. **❹** 室, 店. ▶ *salon* de coiffure 美容院, 理髪店 / *salon* de beauté 美容院, ビューティサロン / *salon* de thé ティールーム, 喫茶店 / *salon* particulier (レストランの)個室 / *salon* d'essayage 試着室 / voiture-*salon* サロンカー. **❺**《多くSalon》(定期的に開かれる)美術展, サロン; 美術展批評. ▶ *Salon* d'Automne サロン・ドートンヌ. **❻**《Salon》(定期的に開かれる)新作展示会, 新製品見本市. ▶ *Salon* de l'automobile モーターショー / *Salon* de l'Agriculture 農業フェア.
faire salon サロンを開く, おしゃべり友達を集める.
le dernier salon où l'on cause 井戸端会議.

salonn*ard, arde* /salɔna:r, ard/《軽蔑して》サロンの常連, 社交界かぶれの人.
salopard /salɔpa:r/ 男 俗 けす, 卑劣漢. 注 salaud より意味が弱い.
salope /salɔp/ 囡 俗 あばずれ, 淫売(ﾊﾞｲ);《ののしって》売女(ﾊﾞｲﾀ).
saloper /salɔpe/ 他動 俗 **❶**〔仕事など〕を雑にする, 台なしにする. **❷** …を汚す.
saloperie /salɔpri/ 囡 **❶** 汚いもの, ごみ. ▶ faire de la *saloperie* + 場所 …を汚す, 散らかす. **❷** 粗悪なもの; がらくた. ▶ Ce produit, c'est une vraie *saloperie*. この製品はほんとにひどい代物だ. **❸** 下劣な行為; 卑猥(ﾜｲ)な話.
salopette /salɔpɛt/ 囡 サロペット, オーバーオール: 胸当て付きのズボン.
salpêtre /salpɛtr/ 男 硝石; 硝酸カリウム.
salsa /salsa/ 囡〖音楽〗サルサ.
salsifis /salsifi/ 男〖植物〗セイヨウゴボウ.
saltimbanque /saltɛ̃bɑ̃:k/ 男 (大道やサーカスの)軽業師, 曲芸師.
salubre /salybr/ 形 健康によい, 体のためになる.
salubrité /salybrite/ 囡 健康によいこと, 衛生.
▶ *salubrité* publique 公衆衛生.

*__saluer__ /salɥe/ サリュエ/ 他動 **❶** …に挨拶(ｱｲｻﾂ)する, 会釈をする. ▶ *saluer* qn de la main 手を振って…に挨拶する / *saluer* qn en s'inclinant …にお辞儀する / Saluez-la de ma part. 彼女によろしく / J'ai bien l'honneur de vous *saluer*.《手紙の末尾で》敬具.
❷(軍律, 慣習にのっとり)…に敬意を表する. ▶ *saluer* le drapeau 国旗に敬礼する.
❸(好意や敬意を示して)…を迎える;〔知らせなど〕を受け止める. ▶ *saluer* qn「d'applaudissements[par des applaudissements]…を拍手喝采(ｻｲ)で迎える / L'annonce de ces résultats a été *saluée* par des protestations. 結果が発表されると一斉に抗議の声が起こった.
❹ …を称賛する, 褒める, の価値[美点]を認める. ▶ Il faut *saluer* son effort. 彼(女)の努力をたたえなければならない / Nous l'avons *salué* comme roi. 私たちは彼を王に祭り上げた. ◆ *saluer* A en B B を A として認める. ▶ On a *salué* en lui le précurseur du surréalisme. 彼はシュルレアリスムの先駆者として高く評価された.
— *se saluer* 代動 挨拶を交わす.

salure /saly:r/ 囡 塩分, 塩度, 塩気.
*__salut__ /saly/ サリュ/ 男 **❶** 救い, 救済; 安泰; 救われる道. ▶ *salut* de l'âme 魂の救済 / Il n'a du son *salut* qu'à sa fuite. 逃げるよりほかに彼が助かる道はなかった / Armée du *salut* 救世軍. **❷** 挨拶(ｱｲｻﾂ), 会釈. ▶ faire un *salut* à qn …に挨拶をする / répondre au *salut* de qn …の挨拶にこたえる, 答礼をする. **❸**(軍隊などの)敬礼. ▶ *salut* militaire 軍隊式敬礼 / *salut* au drapeau 国旗〖軍旗〗への敬礼. **❹**〖カトリック〗聖体降福式 (=*salut* du saint sacrement).
Hors de qc, point de salut. …なしに救いはない, なしに済まされない. ▶ Hors de l'Eglise, *point de salut*. 教会の外に救いなし; 人の道を外れて救われる者なし.
salut public 国家の保護, 公安. ▶ Comité de

salutaire

salut public（フランス革命期の）公安委員会.
――[間投][話] ❶ やあ、よう；バイバイ. ▶ *Salut* tout le monde, ça va? ようみんな、元気かい / Bon, je m'en vais, *salut*! じゃ行くよ、バイバイ. ❷（断りの言葉にして）それはごめんだ.

salutaire /salytɛːr/ [形] ❶ 健康によい、体のためになる. ▶ remède *salutaire* 良薬. ❷ 有益な、役に立つ、有効な. ▶ avis *salutaire* ためになる意見.

salutation /salytasjɔ̃/ [女] ❶（多く複数で）（うわべだけの）儀礼、大げさな挨拶(勃).
❷（複数で）Veuillez agréer, Monsieur, mes *salutations* distinguées.《手紙の末尾で》敬具.
❸《カトリック》*salutation* angélique 天使祝詞、アベ・マリア：天使ガブリエルがマリアに行った挨拶.

salutiste /salytist/ [名] 救世軍兵士.
――[形] 救世軍の.

Salvador /salvadɔːr/ (**El**) [固有][男] エルサルバドル：首都 San Salvador. ▶ au *Salvador* エルサルバドルに[で、へ].

salvadorien, enne /salvadɔrjɛ̃, ɛn/ [形] エルサルバドル El Salvador の.
―― **Salvadorien, enne** [名] エルサルバドル人.

salvateur, trice /salvatœːr, tris/ [形][文章] 救助する、救済する. ―― [名][文章] 救助者、救済者.

salve /salv/ [女] ❶（祝意、敬意などを表すための）一連の空砲、礼砲、祝砲. ❷ 一斉射撃［砲撃］. ▶ feu de *salve* 集中砲火. ❸ *salve* d'applaudissements 万雷の拍手.

Salzbourg /salzbuːr/ [固有] ザルツブルク：オーストリアの都市.

samaritain, aine /samaritɛ̃, ɛn/ [形] サマリアの. ―― **Samaritain, aine** [名]《聖書》サマリア人. ▶ faire le bon *Samaritain* 救いの手を差し伸べる.

samba /sɑ̃ba/ [女]《音楽》サンバ.

samedi /samdi/ サムディ [男] 土曜日. ▶ le *samedi* saint 聖土曜日（復活祭前の土曜日）.

samouraï /samuraj/, **samurai** [男]《日本語》侍、武士.

samovar /samɔvaːr/ [男]《ロシア語》サモワール：ロシアや中東の国々で用いられる銅製の湯沸かし器.

sampleur /sɑ̃plœːr/ [男] サンプラー.

SAMU /samy/ [男][略語] Service d'aide médicale d'urgence 医師同乗救急車.

sana /sana/ [男] (sanatorium の略) [話] サナトリウム.

sanatorium /sanatɔrjɔm/ [男]《英語》サナトリウム、療養所.

sanctification /sɑ̃ktifikasjɔ̃/ [女]《キリスト教》（カトリックの）成聖；（プロテスタントで）聖化.

sanctifier /sɑ̃ktifje/ [他動] ❶《キリスト教》…を聖なるものとする、成聖［聖化］する.
❷（聖なるものとして）…を尊ぶ、祝う. ▶ *sanctifier* le dimanche 安息日を祝う.

sanction /sɑ̃ksjɔ̃/ [女] ❶ 承認、認可；（国王、元首の下す）裁可、批准. ▶ être soumis à la *sanction* de la nation 国民の審判にゆだねられる / *sanction* des lois 法律の裁可 / Ce mot a reçu la *sanction* du bon usage. この語は正しい用法として認められた. ❷ 報い、応報. ▶ Son échec n'est que la *sanction* de sa paresse. 彼(女)の失敗は怠惰の報いにほかならない. ❸ 制裁、刑罰. ▶ prendre des *sanctions* sociales 社会的制裁を加える / *sanction* économique 経済制裁 / *sanction* militaire 武力制裁.

sanctionner /sɑ̃ksjɔne/ [他動] ❶ …を承認する；批准する. ▶ Le ministre des Finances *a sanctionné* ces projets économiques. 大蔵大臣はその経済プランを承認した. ❷ …を罰する. ▶ *sanctionner* une infraction 違反を罰する.

sanctuaire /sɑ̃ktɥɛːr/ [男] ❶（一般に）聖域、聖地；（カトリックの聖堂内の）内陣. ❷ 神殿、教会；聖地. ❸（動物などの）保護地域、サンクチュアリ；核抑止力の及ぶ地域.

sanctuarisation /sɑ̃ktɥarizasjɔ̃/ [女] 聖域化；聖域たること.

sandale /sɑ̃dal/ [女] サンダル.

sandalette /sɑ̃dalɛt/ [女]（ロー・カットの）軽いサンダル.

***sandwich** /sɑ̃dwi(t)ʃ/ サンドウィッチ、サンドウィッシュ ; (複) ～(**e**)**s**《英語》❶ サンドイッチ. ▶ *sandwich* au jambon ハムサンド.
❷ 3層構造.

en sandwich [話] 挟まれて. ▶ prendre qn *en sandwich* …を挟み撃ちにする.
――[形]《不変》3層構造を持つ.

sandwicherie /sɑ̃dwi(t)ʃri/ [女] サンドイッチ店.

:**sang** /sɑ̃/ サン [男] ❶ 血、血液. ▶ types de *sang* 血液型 / tension du *sang* 血圧 / circulation du *sang* 血液循環 / le sang / *sang* contaminé HIV ウィルスに汚染された血液 / avoir un *sang* pauvre 貧血気味である / perdre beaucoup de *sang* 大量に出血する / faire「une prise［une transfusion］de *sang* 採血［輸血］をする / Le *sang* lui monte au visage. 血が彼(女)の顔に上る、赤面する.

❷ 流血、殺戮. ▶ verser [répandre, faire couler] le *sang* 血の雨を降らす、殺戮を行う.

❸ [文章] 血筋、血統. ▶ être du même *sang* 血を分けた仲である. ◆pur *sang* 純血種；（特に）サラブレッド；《同格的に》生っ粋の. ▶ Parisien pur *sang* 生っ粋のパリジャン.

apport de sang neuf [frais]（比喩的に）新しい血の導入.

avoir du sang bleu 高貴な出である.

avoir du sang dans les veines [話] 血気盛んである、覇気がある；勇敢である.

avoir du sang 'de poulet [de navet] [話] 元気がない、臆病(ど)である.

avoir du sang sur les mains 人を殺したことがある、手を血で汚している.

avoir le sang chaud 血の気が多い、気性が激しい.

avoir le sang qui monte à la tête（恥ずかしさや怒りなどで）顔を真っ赤にする.

avoir qc dans le sang [話] 生来…の傾向［素質］がある. ▶ Elle *a* le commerce *dans le sang*. 彼女は根っからの商売人である.

Bon sang! 畜生、いまいましい.

Bon sang ne peut [saurait] mentir. [諺] 血は争えない.

coup de sang 脳出血; かっとなる.
être en sang 血まみれである.
jusqu'au sang 血が出るまで.
liens du sang 一族の絆(きずな), 肉親の情.
mettre qc à feu et à sang …を戦火と流血の場と化する, 大混乱に陥れる;〔伝統, 文化など〕を荒廃させる.
se faire [*du mauvais sang* [*un sang d'encre*] = *se ronger les sangs*] 國 気が気でない, 盛んに気をもむ.
sentir son sang se glacer dans ses veines 血の凍る思いをする, 恐怖で身がすくむ.
suer sang et eau /sɥesɑ̃keo/ 國 血のにじむような努力をする.
tourner les sangs à qn 國 …を動転させる, 怖がらせる.
(*Tout*) *mon sang n'a fait qu'un tour*. 私はすっかり動転した.
voix du sang 家族の絆.

sang-froid /sɑ̃frwa/ 男〔単数形のみ〕冷静, 平静. ▶ garder [perdre] son *sang-froid* 冷静さを保つ[うろたえる].
de sang-froid 冷静沈着に; 平然と.

sanglant, ante /sɑ̃glɑ̃, ɑ̃:t/ 形 ❶ 血まみれの, 血だらけの; 流血を伴う. ▶ avoir les mains *sanglantes* 血まみれの手をしている / mort *sanglante* 凄惨(せいさん)な死. ❷ 辛辣(しんらつ)な. ▶ reproches *sanglants* 情け容赦のない非難.

sangle /sɑ̃:gl/ 女 ❶ 〔革, 麻などの〕バンド, ベルト, 帯ひも. ❷ lit de *sangle* X 型の枠に革帯などを張った寝台.

sangler /sɑ̃gle/ 他動 ❶〔馬など〕に腹帯をつける. ❷〔人の体〕を強く締めつける.

sanglier /sɑ̃glije/ 男 イノシシ; イノシシ肉. 注 雌は laie, 子は marcassin という.

sanglot /sɑ̃glo/ 男 しゃくり上げて泣くこと, むせび泣き, 嗚咽(おえつ). ▶ pousser des *sanglots* むせび泣く, 嗚咽を漏らす / éclater en *sanglots* 泣き崩れる.

sangloter /sɑ̃glɔte/ 自動 しゃくり上げて泣く, 泣きじゃくる.

sang-mêlé /sɑ̃mele/ 名〔不変〕混血の人.

sangria /sɑ̃grija/ 女〔スペイン語〕サングリア: 赤ワインに砂糖, オレンジやレモンなどを入れた飲み物.

sangsue /sɑ̃sy/ 女 ❶〔動物〕ヒル. ❷ 國 しつこくつきまとう人.

sanguin, ine /sɑ̃gɛ̃, in/ 形 ❶ 血液の. ▶ groupes *sanguins* 血液型 / vaisseaux *sanguins* 血管. ❷ 多血の. ▶ tempérament *sanguin* 多血質.
— **sanguin** 男 多血質の人.
— **sanguine** 女 ❶ ブラッドオレンジ: オレンジの一種. 果肉が赤い. ❷ サンギーヌ, ベンガラ, 紅殻; 紅殻チョーク画.

sanguinaire /sɑ̃ginɛ:r/ 形 ❶ 血を好む, 残虐な. ▶ un tyran *sanguinaire* 殺戮(さつりく)を好む暴君. ❷ 文章 流血を伴う. ▶ luttes *sanguinaires* 血みどろの戦い.

sanguinolent, ente /sɑ̃ginɔlɑ̃, ɑ̃:t/ 形 ❶ 血の混じった, 血に染まった. ❷ 血のように赤い.

sanisette /sanizɛt/ 女 商標 〔コイン式〕トイレ.

sanitaire /sanitɛ:r/ 形 ❶ 公衆衛生の, 保健衛生の. ▶ action *sanitaire* et sociale 保健社会活動 / établissement *sanitaire* 病院, 医療機関 / avion *sanitaire* 傷病者搬送機.
❷ appareils [installations] *sanitaires*〔住宅内の〕衛生設備; バス・トイレ一式.
— 男〔おもに複数で〕衛生設備; バス・トイレ.

***sans** /sɑ̃ サン/

❶〈**sans qc/qn**〉❶ …のない, なしに. ▶ un devoir *sans* faute(s) 間違いのない宿題 / un document *sans* importance 重要でない書類 / chanter *sans* accompagnement 伴奏なしで歌う / Soyez *sans* crainte. 御心配なさらずに / J'irai *sans* toi. あなた抜きで行きますよ /《不定冠詞などで意味を強調して》Il est parti *sans* un mot de remerciement. 彼は感謝の言葉一つ口にせずに立ち去った / réussir un examen *sans* aucun effort まったく努力せずに試験に合格する.
❷《条件, 仮定》…がなければ. ▶ *Sans* ce défaut, il serait un excellent acteur. (=s'il n'avait pas) あの欠点がなければ彼はすばらしい俳優なのだが / *Sans* votre secours, je serais mort. (=s'il n'y avait pas eu) あなた(方)が助けてくれなかったら死んでいたところだ.
❸〈*sans* A ni B 〉*sans* A et *sans* B〉A も B もない, A も B もなしに. ▶ un repas *sans* fromage et *sans* dessert チーズもデザートもない食事 / être *sans* foi ni loi 信仰心も道徳心もない. 注 A, B 二つの名詞の間に主従の関係がない場合は〈*sans* A et *sans* B〉の方が普通.

❷〈**sans** + 不定詞〉❶ …せずに. ▶ partir 「*sans* dire un mot [*sans* mot dire] ひとことも言わずに去る / rester deux jours *sans* (rien) manger 2 日間何も食べないでいる / Je ne peux pas y aller *sans* être invité. 招待がなければ行くわけにはいかない.
❷《結果》(…であるが)…であることはない. ▶ On a discuté des semaines entières *sans* aboutir. まるまる数週間議論を重ねたが結論には至らなかった.
❸《譲歩, 対立》…でなくとも. ▶ *Sans* être belle, ma cousine a du charme. 私のいとこは美人ではないけれどチャーミングだ.
❹ 國《同じ動詞を繰り返して》…するともなく…する. ▶ Il travaille *sans* travailler. 彼は勉強するともなく勉強している / J'y croyais *sans* y croire. 私は半信半疑だった. 注 (1) 現用では主節の主語が不定詞の主語は同一. 主語が異なる場合は〈*sans que* + 接続法〉の構文をとる. (2) sans のあとの不定詞の直接目的語が不定冠詞または部分冠詞をとる場合, 通常の否定文と同じく de に変わる(例: Il sort *sans* faire de bruit. 彼は音も立てずに出ていく).

❸〈**sans que** + 接続法〉❶ …することなしに. ▶ Il est entré *sans* qu'on s'en aperçoive. だれにも気づかれずに彼は入った / Il ne se passe pas de jour *sans* qu'il téléphone à son amie. 1 日として彼が恋人に電話をかけない日はない.
❷《結果》(…であるが)…であることはない. ▶ Elle a attendu longtemps *sans* que rien ne se produise. 彼女は長い間待ったけれど何も起こらな

った. ❸《譲歩, 対立》…でなくとも. ▶ Ce tableau révèle un certain talent, *sans* qu'on puisse crier au génie. 天才とまでは言えないにしても, この絵はある種の才能を感じさせる.

ne pas être sans + 不定詞 …せずにはいない. ▶ Vous *n'êtes pas sans* savoir qu'elle vient de se marier. 彼女が新婚早々だということを御存じないわけはないでしょう / Sa déclaration *n'a pas été sans* soulever quelques protestations. 彼(女)の言明はいくばくかの異議申し立てを引き起こさずにはいなかった.

non sans ... …がないわけではない, やはり…が伴う. ▶ Il a été élu, *non sans* peine [difficulté]. 彼は当選はしたが, 苦労がなかったわけではない / Mon père est revenu, *non sans* avoir l'air inquiet. 父は戻ってきたが, 心配そうだった.

***sans cesse** [**arrêt**] 絶えず. ▶ travailler *sans arrêt* 休まず仕事をする / Il pleut *sans cesse*. 絶え間なく雨が降る.

***sans doute** ▷ DOUTE.

sans plus ▷ PLUS¹.

sans quoi [**cela, ça**] さもないと. ▶ Dépêche-toi, *sans quoi* tu seras en retard. 急ぎなさい, さもないと遅刻するよ.

— 副話 それなしで. ▶ Il a oublié ses lunettes et il ne peut pas conduire *sans*. 彼はめがねを忘れてきた, それなしでは運転できないのに.

sans-abri /sɑ̃zabri/ 名《不変》家を失った人; ホームレス.

sans-cœur /sɑ̃kœːr/ 形, 名《不変》薄情な(人), 情け知らずな(人).

sanscrit, ite /sɑ̃skri, it/ 形, 男 ▷ SANSKRIT.

sans-culotte /sɑ̃kylɔt/ 男《歴史》サンキュロット: フランス革命期の過激派. 元は貴族的なキュロット(半ズボン)をはいていない者の意.

sans-emploi /sɑ̃zɑ̃plwa/ 名《不変》(多く複数で)失業者 (=chômeur).

sans-façon /sɑ̃fasɔ̃/ 男《単複同形》儀式ばらないこと; 無作法.

sans-faute /sɑ̃foːt/ 男 ミスのない演技, 完璧なできばえ.

sans-fil /sɑ̃fil/ 男《単複同形》無線電報; 無線電信文.

sans-gêne /sɑ̃ʒɛn/ 男《単複同形》無遠慮, ずうずうしさ. ▶ agir avec *sans-gêne* 傍若無人に振る舞う. — 名《不変》無遠慮な[ずうずうしい]人.

sanskrit, ite /sɑ̃skri, it/, **sanscrit, ite** 形 サンスクリットの, 梵語(ぼんご)の.
— **sanskrit, sanscrit** 男 サンスクリット, 梵語.

sans-le-sou /sɑ̃lsu/ 名《不変》話 文無し.

sans-logis /sɑ̃lɔʒi/ 名《不変》(多く複数で)ホームレス.

sansonnet /sɑ̃sɔnɛ/ 男《鳥類》ムクドリ.

sans-papier /sɑ̃papje/ 男 不法入国者.

sans-parti /sɑ̃parti/ 名《不変》無党派の人.

sans-plomb /sɑ̃plɔ̃/ 男《不変》無鉛ガソリン.

sans-soin /sɑ̃swɛ̃/ 名《不変》話 だらしない人, いいかげんな人.

sans-souci /sɑ̃susi/ 形《不変》のんきな, 気楽な.
— 名《不変》古風 のんきな人, 楽天家.

santal /sɑ̃tal/;《複》**als** 男《植物》ビャクダン(白檀).

:**santé** /sɑ̃te/ サンテ 女 ❶ 健康. ▶ *santé* physique [mentale] 肉体的[精神的]健康 / ménager sa *santé* 健康に気をつける / perdre la *santé* 健康を損なう / recouvrer la *santé* 健康を回復する / bon [mauvais] pour la *santé* 体によい[悪い] / favorable [nuisible] à la *santé* 健康によい[悪い] / être plein de *santé* 健康そのものだ / produits de *santé* 健康食品 / bilan de *santé* 健康診断. ❷ 体調, 健康状態. ▶ être en bonne [mauvaise] *santé* 体の調子がよい[悪い] / état de *santé* 健康状態 / une *santé* délicate 虚弱体質 / avoir une grande [petite] *santé* 体が丈夫である[弱い] / Bonne année et bonne *santé*. 新年おめでとう, 今年も元気でね / *santé* financière 財政力. ❸ 保健衛生. ▶ service de la *Santé* publique 保健所 / maison de *santé* 私立の精神科病院 / centre de *santé* 保健センター / l'Organisation mondiale de la *santé* (国連)世界保健機関(略 OMS, 英語では WHO) / dépenses de *santé* 医療費. ❹ (la Santé)パリのラ・サンテ刑務所.

avoir la santé 話 頑健である; 意気軒昂である.

A votre santé! 乾杯. 注 略して À la vôtre!または Santé! とも言う.

boire à la santé de qn …の健康を祈って乾杯する.

Comment va la santé? 話 元気ですか.

refaire une santé à qn 話 …を元気にする, 立ち直らせる.

Tant qu'on a la santé... 話 健康でありさえすれば(後はよしとしよう).

santon /sɑ̃tɔ̃/ 男 サントン: おもにプロヴァンス地方でクリスマスにキリスト誕生場面の模型に飾る土製の小さな彩色人形.

Saône /soːn/ 固有 女 ソーヌ川: フランス東部を流れリヨンでローヌ川に合流する.

Saône-et-Loire /sonelwaːr/ 固有 女 ソーヌ=エ=ロアール県 [71]: 中央山地東部.

São Paulo /saopolo/ 固有 サン=パウロ: ブラジルの都市.

saoudien, enne /saudjɛ̃, ɛn/ 形 サウジアラビアの, Arabie Saoudite の.
— **Saoudien, enne** 名 サウジアラビア人.

saoul, saoule /su, sul/ 形, 名 ▷ SOÛL.

saouler /sule/ 他動, 代動 ▷ SOÛLER.

sapajou /sapaʒu/ 男《動物》オマキザル.

sape¹ /sap/ 女《軍事》対壕(ごう): 敵の陣地に迫るための塹壕(ざんごう).

sape² /sap/ 女《多く複数で》衣服, 衣類.

saper¹ /sape/ 他動 ❶《建物など》を土台から崩壊させる, 掘り崩す. ❷《水が》…を浸食する. ▶ Le courant violent *sape* la rive. 激しい流れが河岸を浸食している. ❸《制度など》を切り崩す, の基盤を覆す. ▶ *saper* le moral de qn …をがっかりさせる.

saper² /sape/ 他動 俗 …に服を着せる. ▶ Elle est bien *sapée*. 彼女ははめかし込んでいる.
— **se saper** 代動 俗 服を着る.

sapeur /sapœːr/ 男〖軍事〗工兵.
  fumer comme un sapeur 話 やたらにたばこを吸う.
sapeur-pompier /sapœrpɔ̃pje/ ; 〈複〉~*s*-~*s* 男 消防士 (=pompier).
saphir /safiːr/ 男 サファイア; サファイア色, 青色.
  ▶ yeux de *saphir* 青く澄んだ目.
  — 形〖不変〗サファイア色の, 青く輝く.
sapide /sapid/ 形 文章 味のある, うま味のある.
*****sapin** /sapɛ̃/ サパン 男 ❶〖植物〗モミ; モミ材. ▶ un *sapin* de Noël クリスマスのモミの木 / une commode en *sapin* モミ材のたんす / vert *sapin* 深緑. ❷ 話 棺桶(かんおけ).
  sentir le sapin (棺桶のにおいがする→) 話 病気が重い, 死期が迫っている.
sapinière /sapinjɛːr/ 女 モミ林.
saponacé, e /saponase/ 形 石鹸(せっけん)性 [質] の; 石鹸として使える.
sapristi /sapristi/ 間投 ちぇっ, なんてこった, ええっ, おいおい (驚き, 憤慨, いらだちなど).
saquer /sake/ 他動 ⇨ SACQUER.
sarabande /sarabɑ̃ːd/ 女 ❶ サラバンド. (1) 16世紀のスペインで起こった活発で扇情的なダンス. (2)〖音楽〗17, 18世紀に流行した典雅でゆっくりしたテンポの舞曲. ❷ 騒々しい遊び; 大騒ぎ.
sarcasme /sarkasm/ 男 皮肉, 嘲弄(ちょうろう).
sarcastique /sarkastik/ 形 皮肉な, 冷笑的な.
  ▶ un rire *sarcastique* せせら笑い.
sarcastiquement /sarkastikmɑ̃/ 副 皮肉に, 冷笑的に.
sarcelle /sarsɛl/ 女〖鳥類〗コガモ.
sarclage /sarkla:ʒ/ 男 除草, 草取り.
sarcler /sarkle/ 他動〔草〕を取り除く;〔地所〕を除草する;〔作物〕の雑草を除く.
sarcome /sarkoːm/ 男〖医学〗肉腫(にくしゅ).
sarcophage /sarkɔfaːʒ/ 男 ❶ (古代の) 石棺. ❷ sac (de couchage) *sarcophage* フード付寝袋. ❸ 石棺: 事故を起こした原子力炉をつつむ, コンクリートの覆い.
sardane /sardan/ 女 サルダーナ: スペインのカタロニア地方の民俗舞曲, 舞踊.
sarde /sard/ 形 サルデーニャ (島) Sardaigne の.
  — **Sarde** 名 サルデーニャ (島) の人.
*****sardine** /sardin/ サルディヌ 女 ❶ イシイワシ, サーディン ▶ *sardines* à l'huile オイルサーディン. ❷ テントの留め杭.
  être serrés comme des sardines (缶詰のイワシのように) すし詰めになっている, 身動きがとれない.
sardinerie /sardinri/ 女 サーディン [イワシ] 缶詰工場.
sardinier, ère /sardinje, ɛːr/ 形 イワシ (漁) の; イワシ缶詰製造の.
  — 名 イワシ漁の漁師; イワシ缶詰工.
  — **sardinier** 男 イワシ漁船 [網].
sardoine /sardwan/ 女〖鉱物〗赤色縞瑪瑙 (しまめのう).
sardonique /sardɔnik/ 形 冷笑的な, 嘲弄(ちょうろう)するような. ▶ rire *sardonique* 冷笑, せせら笑い.
sari /sari/ 男〖服飾〗(インド女性の) サリー.
sarigue /sarig/ 女 ⇨ OPOSSUM.
sarin /sarɛ̃/ 男〖化学〗サリン. ▶ attentat au *sarin* サリン毒ガステロ事件.
SARL 女〖略語〗société à responsabilité limitée 有限 (責任) 会社.
sarment /sarmɑ̃/ 男 つる; (ブドウの) 若枝.
sarras*in*, *ine* /sarazɛ̃, in/ 形 サラセン人(の).
  — **Sarras*in*, *ine*** 名 サラセン人: 中世ヨーロッパでイスラム教徒に対する呼称.
  — **sarrasin** 男 ❶〖植物〗ソバ. ❷ そば粉 (=farine de *sarrasin*).
sarrau /saro/ 男 サロー, 上っ張り: 農夫, 子供などのゆったりとした作業用上着.
Sarre /saːr/ 固有 女 ❶ サール川, ザール川: モーゼル川支流. ❷ ザール地方: ドイツ西部.
sarr*ois*, *oise* /sarwa, waːz/ 形 ザール Sarre 地方の. — **Sarr*ois*, *oise*** 名 ザール地方の人.
Sarthe /sart/ 固有 女 ❶ サルト川 [72]: フランス北西部. ❷ サルト川: メーヌ川支流.
sas /sɑːs/ 男 ❶ 篩(ふるい); 漉(こ)し器. ❷ (運河, 河川の) 閘室(こうしつ), ロック室. ❸ 気閘, エアロック (=*sas* à air, *sas* pneumatique).
Satan /satɑ̃/ 男 サタン, 魔王 (悪魔の首領).
satané, e /satane/ 形〖名詞の前で〗ひどい, 嫌な.
  ▶ ce *satané* menteur あのとんでもないうそつき.
satanique /satanik/ 形 サタンの; 悪魔の; 悪魔主義の. ▶ esprit *satanique* 悪霊.
satellisation /satelizasjɔ̃/ 女 ❶ (人工衛星の) 打ち上げ. ❷ (国などの) 属国化, 従属化.
satelliser /satelize/ 他動 ❶〔ロケットなど〕を打ち上げて人工衛星にする, 衛星軌道に乗せる. ❷…を衛星国にする;〔地域, 企業など〕を従属させる.
satellite /satelit/ 男 ❶ 衛星 (=*satellite* naturel). ❷ 人工衛星 (=*satellite* artificiel). ▶ lancer un *satellite* 人工衛星を打ち上げる / *satellite* de télécommunication = *satellite*-relais 通信〔中継〕衛星 / *satellite* d'observation 観測衛星. ◆ par *satellite*(s) 人工衛星による. ▶ émission de télévision par *satellite* 衛星放送. ❸ 衛星国 (=pays *satellite*); (取り巻くように) 従属する物〔人〕. ▶ un homme en vue et ses *satellites* 重要人物とその取り巻き /〖同格的に〗ville *satellite* = cité-satellite 衛星都市. ❹ (廊下で本館につながれた) 付属建物, サテライト.
satiété /sasjete/ 女 文章 飽満 [満腹] 状態; (うんざりして) 見向きもしたくない状態.
  (*jusqu'*)*à satiété* 飽きるほど, うんざりするほど. manger [boire] (jusqu')à *satiété* 嫌というほど食べる [飲む].
satin /satɛ̃/ 男〖繊維〗繻子(しゅす), (絹製の) サテン. ▶ Elle a une peau de *satin*. 彼女は (サテンのような) きめの細かい肌をしている.
satiné, e /satine/ 形 サテンの光沢のある. ▶ peau *satinée* きめの細かい肌 / papier *satiné* 光沢紙.
  — **satiné** 男 サテンの光沢 [艶(つや)].
satiner /satine/ 他動 …にサテンのような光沢を与える.
satinette /satinɛt/ 女 綿繻子(しゅす): サテンのような光沢を持つ綿織物.
satire /satiːr/ 女 ❶ 風刺, 皮肉. ▶ faire la *satire* de qc/qn …を風刺する / un trait de *satire* 警句. ❷ 風刺詩; 風刺文学.

satirique /satirik/ 形 風刺の,皮肉な. ▶ un esprit *satirique* 風刺精神(の持ち主) / propos *satiriques* 毒舌. ── 名 風刺詩人; 風刺作家.

*__satisfaction__ /satisfaksjɔ̃/ サティスファクスィヨン/ 女 ❶ 満足(感); 喜び, 楽しさ. ▶ éprouver une vive [profonde] *satisfaction* 非常な [深い] 満足感を覚える / avec *satisfaction* 満足して, 喜んで / Tout s'est passé à la *satisfaction* générale. すべてうまくいって皆が喜んだ. ◆avoir la *satisfaction* de + 不定詞 …することをうれしく思う. ▶ J'ai eu la *satisfaction* de constater que j'avais raison. 自分が正しかったことを確認して私はほっとした. ❷ 〔欲望などを〕満足させること, 充足;〔要求などの〕同意,受け入れ. ▶ la *satisfaction* des besoins matériels [moraux] 物質的 [精神的] 欲求の充足 / avoir [obtenir] *satisfaction* 要求どおりの回答 [決着] を得る.

donner (toute) satisfaction à qn (1) …の期待にこたえる, を満足させる. ▶ Cet enfant donne toute satisfaction à ses parents. この子は両親の期待どおりだ. (2) …の要求にこたえる; に償いをする.

*__satisfaire__ /satisfɛːr/ サティスフェール/ VI

過去分詞 satisfait	現在分詞 satisfaisant
直説法現在 je satisfais	nous satisfaisons
複合過去 j'ai satisfait	単純未来 je satisferai

他動 ❶ 〔人〕を満足させる,喜ばせる;の気に入るようにする. ▶ Le résultat me *satisfait*. 結果には満足している / Il est difficile de *satisfaire* tout le monde. みんなを満足させるのは難しい.
❷ 〔欲望, 欲求など〕を満たす, 充足させる; にかなう. ▶ *satisfaire* sa soif 喉(②)の渇きをいやす / *satisfaire* sa curiosité 好奇心を満足させる / *satisfaire* l'attente de qn …の期待に添う.
── 間他動 <*satisfaire* à qc> 〔義務など〕を果たす;〔嗜好(し), 要求など〕を満たす, に応じる;〔条件など〕にかなう. ▶ *satisfaire* à ses obligations 自分の義務を果たす / *satisfaire* à toutes les épreuves あらゆる試練をくぐり抜ける.
── **se satisfaire** 代動 ❶ <*se satisfaire* de qc> …に満足する, を甘受する. ▶ *se satisfaire* de peu わずかなもので満足する. ❷ 性的 [生理的] 欲求を満たす.

satisfais /satisfɛ/ 活用 ⇨ SATISFAIRE VI
satisfais- 活用 ⇨ SATISFAIRE VI
satisfais*ant*, *ante* /satisfəzɑ̃, ɑ̃:t/ 形 (satisfaire の現在分詞) 満足のいく, 十分な; 申し分のない. ▶ résultat *satisfaisant* 満足な結果 [成績].

*__satisfait__[1], *aite* /satisfɛ, ɛt/ サティスフェ, サティスフェット/ 形 (satisfaire の過去分詞) ❶ <*satisfait* de qc/qn> …に満足した, を喜ぶ. ▶ Le professeur est *satisfait* de ses élèves. 先生は生徒の出来に満足している / Il a toujours un air *satisfait*. 彼はいつも得意そうだ / être *satisfait* de soi(-même) 自己満足している / 《*Satisfait* ou remboursé*》* 「ご満足いただけない場合は代金をお返しします」. ◆ *satisfait* «de + 不定詞

[que + 接続法]》 ▶ Il est très *satisfait* d'avoir abouti à ces résultats. 彼はこれほどの結果を得られたいへん喜んでいる.
❷ 〔欲求などが〕満たされた;〔要求などが〕実現した. ▶ Vous voilà *satisfait* ! 話 ほら見たことか.

satisfait[2] /satisfɛ/, **satisfaites** /satisfɛt/ 活用 ⇨ SATISFAIRE VI
satisfass- 活用 ⇨ SATISFAIRE VI
satisfecit /satisfesit/ 男《単複同形》文章 称賛; 感謝状, 賞状.
satisfer-, satisfi-, satisfî-, satisfiss- 活用 ⇨ SATISFAIRE VI
satisfont /satisfɔ̃/ 活用 ⇨ SATISFAIRE VI
satrape /satrap/ 男 ❶ 文章 暴君; (独裁的な) 権力者. ❷ (古代ペルシアの) 太守.
saturateur /satyratœ:r/ 男 給湿 [加湿] 器.
saturation /satyrasjɔ̃/ 女 ❶ 飽和状態; うんざりすること. ▶ arriver à *saturation* 飽和 [限界] に達する / (jusqu'à) *saturation* 飽きるほど, うんざりするほど. ❷ 〚物理〛〚化学〛飽和. ▶ point de *saturation* 飽和点.
satur*é*, *e* /satyre/ 形 ❶ <*saturé* (de qc)> (…で) 飽和状態の; 〚物理〛〚化学〛飽和した. ▶ Le périphérique parisien est *saturé*. パリの外環状道路は満杯状態だ.
❷ <*saturé* de qc/不定詞> …でいっぱいの; にうんざりした. ▶ Le marché américain est *saturé* de produits chinois. アメリカの市場は中国製品であふれている / Je suis *saturé* de ses vantardises. あいつの自慢話は聞き飽きた.
saturer /satyre/ 他動 ❶ <*saturer* qn/qc de qc> …で…をいっぱいにする; うんざりさせる.
❷ 〚化学〛〚物理〛<*saturer* qc de qc> …で…を飽和させる.
Saturne /satyrn/ 固有 男 ❶ 〚ローマ神話〛サトゥルヌス: 農耕の神. ❷ 〚天文〛土星.
saturni*en*, *enne* /satyrnjɛ̃, ɛn/ 形 サトゥルヌス Saturne の.
saturnisme /satyrnism/ 男 〚医学〛鉛中毒 (症).
satyre /sati:r/ 男 ❶ 〚ギリシア神話〛サテュロス: 半人半獣の好色な森の妖精. ❷ 話 色情狂; 痴漢.

*__sauce__ /so:s/ ソース/ 女 ❶ ソース. ▶ *sauce* claire [épaisse] 薄い [濃い] ソース / fond de *sauce* ソースの出し汁 [フォン] / *sauce* blanche [brune] ホワイト [ブラウン] ソース / *sauce* tomate トマトソース / *sauce* tartare タルタルソース / *sauce* Béchamel ベシャメルソース / *sauce* vinaigrette ドレッシング / viande en *sauce* ソース煮込みの肉 / allonger [réduire] une *sauce* ソースを延ばす [煮詰める] (⇨ 成句) / lier une *sauce* ソースにとろみをつける. ❷ 話 添え物; 出し方. ▶ varier la *sauce* (=présentation) 表現 [目先] を変える. ❸ 話 にわか雨, どしゃ降り.

allonger la sauce 話 (余計なことを) だらだら話す [書く].
A quelle sauce serons-nous mangés ? 私たちはどんな扱いをされるのか.
La sauce fait passer le poisson. 諺 つまらないものでも体裁しだいでよく見える.
mettre [employer] qc/qn à toutes les

sauces 話 …をとことん利用する，こき使う．

saucée /sose/ 女 話 にわか雨，どしゃ降り． ▶ recevoir la *saucée* にわか雨に遭う．

saucer /sose/ ❶ 他動 ❶ 〔皿〕のソースをぬぐう．❷ …をソースに浸す；にソースをかける．❸ 話 〔雨が〕…をびしょぬれにする． ▶ se faire *saucer* 雨でびしょぬれになる．

saucière /sosjɛːr/ 女 卓上用ソース入れ．

*****saucisse** /sosis/ ソシス／ 女 (火を通して食べる)ソーセージ，腸詰め． ▶ *saucisse* de Francfort フランクフルトソーセージ／ *saucisse* de Vienne ウインナソーセージ．

ne pas attacher「son chien [ses chiens] avec des saucisses 話 ひどくけちである．

*****saucisson** /sosisɔ̃/ ソシソン／ 男 ❶ (火を通さずそのまま食べる)ソーセージ． ▶ *saucisson* sec ドライ[サラミ]ソーセージ．❷ (パン)ソシソン：数本の切り込みが入ったソーセージ型の棒状パン．

être ficelé comme un saucisson 話 (ひもで縛ったソーセージのような)おかしな服装をしている．

saucissonner /sosisone/ 自動 話 ソーセージを立ち食いする；(携帯した)手軽な昼食をとる． ▶ *saucissonner* sur l'herbe 野外で弁当を食べる．

*****sauf**¹ /sof/ ソフ／ 前 ❶ …は別として，を除いて (= excepté)． ▶ Je suis très occupé *sauf* le dimanche. 日曜日以外は忙しい／ Tout le monde était content, *sauf* lui. 彼以外はみんな満足していた／ Il parle de tout *sauf* de politique. 彼は政治のことだけは口にしない．◆**sauf si** + 直説法 …でなければ． ▶ Je viendrai *sauf* s'il pleut. 雨が降らなければ行きます．◆**sauf que** + 直説法 …ということを除けば． ▶ Le rôti était excellent, *sauf* qu'il était un peu trop cuit. 肉は少々焼きすぎだったがおいしかった．
❷ 〈*sauf* + 無冠詞名詞〉…の […がある] 場合は別として，…がなければ． ▶ *sauf* omission [correction] 遺漏 [訂正の必要] がなければ／ *sauf* erreur de notre part 我々が間違っていなければ／ *sauf* imprévu 不測の事態がない限り／ *sauf* avis contraire 特に訂正の通知がない限り．
❸ 文章 〈*sauf* à + 不定詞〉…するかもしれないが，するという留保つきで． ▶ Il acceptera, *sauf* à s'en repentir plus tard. 彼は承諾するだろう，あとで悔やむかもしれないが．

sauf le respect que je vous dois = ***sauf votre respect*** はばかりながら，失礼ながら．

*****sauf**², **sauve** /sof, soːv/ ソフ，ソーヴ／ 形 ❶〔命が〕助かった，無事な． ▶ avoir la vie *sauve* 命拾いする／ laisser la vie *sauve* à qn …の命を救ってやる．❷〔名誉などが〕損なわれていない，無傷の． ▶ L'honneur est *sauf*. 名誉〔体面〕は保たれた．

sain et sauf つつがなく，無事に． ▶ Ils sont arrivés *sains et saufs*. 彼らは無事到着した．

sauf-conduit /sofkɔ̃dɥi/ 男 (特に軍から与えられる)通行許可証．

sauge /soːʒ/ 女 〘植物〙サルビア；セージ：香料，薬用．

saugrenu, e /sogrəny/ 形 とっぴな，風変わりな． ▶ une idée *saugrenue* 奇抜なアイデア．

saule /soːl/ 男 〘植物〙ヤナギ．

saumâtre /somɑːtr/ 形 ❶ 塩辛い，塩分 [海水] の混じった．❷ 不愉快な．

la trouver saumâtre 話 (発言，意見などについて) 堪え難い [許し難い] と思う．

saumon /somɔ̃/ 男 〘魚類〙サケ． ▶ *saumon* fumé スモークサーモン，サケの薫製．
── 形 (不変) サーモンピンクの．

saumoné, e /somɔne/ 形 ❶ サーモンピンクの． ▶ rose *saumonée* サーモンピンク．❷ 〘魚類〙 truite *saumonée* カワマス．

Saumur /somyːr/ 固有 ソーミュール：フランス西部の都市．

saumure /somyːr/ 女 (食品の塩漬けに用いる)塩水．

sauna /sona/ 男 サウナ． ▶ prendre un *sauna* サウナに入る．

saunier, ère /sonje, ɛːr/ 名 ❶ 製塩労働者．❷ 塩商人．

saupiquet /sopikɛ/ 男 ソピケ：辛口のエシャロットソース．

saupoudrage /sopudraʒ/ 男 (粉などを) 振りかけること，まぶすこと；(予算などを) ばらまくこと．

saupoudrer /sopudre/ 他動 〈*saupoudrer* qc de [avec] qc〉…に…を振りかける，まぶす，ちりばめる；ばらまく． ▶ *saupoudrer* qc de sel …に塩を振る／ *saupoudrer* les crédits 予算をばらまく．

saupoudreuse /sopudrøːz/ 女 (振りかけ式の)調味料入れ．

saur /soːr/ 形 (男性形のみ) hareng *saur* 薫製ニシン．

être maigre comme un hareng saur 話 やせてがりがりだ．

saur- 活用 ⇨ SAVOIR¹ 37

sauriens /sorjɛ̃/ 男複 〘動物〙トカゲ亜目．

*****saut** /so/ ソー／ 男 ❶ 跳躍，ジャンプ；落下，ダイビング． ▶ faire un *saut* en arrière 後ろへ飛びのく／ d'un seul *saut* ひと跳びで／ *saut* à la corde 縄跳び／ *saut* en hauteur 走り高飛び／ *saut* en longueur 走り幅飛び／ *saut* à la perche 棒高跳び／ triple *saut* 三段跳び／ *saut* en ski スキーのジャンプ／ *saut* en parachute パラシュート降下／ *saut* à l'élastique バンジージャンプ．
❷ 飛躍，急転，一足飛び；(物価などの)急騰． ▶ faire un *saut* dans l'inconnu 未知の領域へ飛び込む／ faire un *saut* extraordinaire dans sa carrière 異例の昇進をする／ Les prix ont fait un *saut*. 物価が急騰した．

au saut du lit 起きるなり，起きがけに． ▶ prendre qn *au saut du lit* (訪問者が)…の起き抜けを襲う．

faire le saut 思い切った決断を下す，一か八かやってみる．

faire un saut + 場所 …に急いで立ち寄る． ▶ *faire un saut* chez le boulanger パン屋へ一走りする．

le grand saut 話 あの世行き，死．

ne faire qu'un saut de A à B A から B へ大急ぎで移動する [往復する]． ▶ Il n'a fait qu'un *saut* de la rue à la maison. 彼は通りから家へ駆け込んだ．

saut périlleux (1)〘スポーツ〙宙返り，とんぼ返り．(2) 一か八かの決断．

sauté

sauté, e /sote/ 形 ソテーにした. ▶ champignons *sautés* au beurre マッシュルームのバターソテー.

sauté /sote/ 男 ソテー. ▶ *sauté* de veau 子牛のソテー.

saute-mouton /sotmutɔ̃/ 男 (単複同形) 馬跳び. ▶ jouer à *saute-mouton* 馬跳びをして遊ぶ.

:sauter /sote/ 自動 ❶ 跳ぶ, 飛び上がる. ▶ *sauter* haut 高くジャンプする / *sauter* à la corde 縄跳びをする / *sauter* en longueur 走り幅飛びをする / *sauter* en hauteur 走り高飛びをする / *sauter* en l'air 飛び上がる.
❷ 飛び降りる; 飛び込む. ▶ Allez, *sautez*! さあ, 飛び降りて / *sauter* par la fenêtre 窓から飛び降りる / *sauter* en parachute パラシュート降下する.
❸ 飛び起きる, さっと立つ. ▶ *sauter* 「de son [à bas du] lit 寝床から飛び起きる.
❹〈*sauter* de + 無冠詞名詞〉〔喜び, 怒り, 驚きなどで〕飛び上がる. ▶ *sauter* de joie 小躍りして喜ぶ.
❺ 吹っ飛ぶ, 爆発する; 外れる;〔特に〕〔ボタンが〕ちぎれる;〔栓, ヒューズが〕飛ぶ. ▶ faire *sauter* un pont (=exploser) 橋を爆破する / Les plombs *ont* encore *sauté*! またヒューズが飛んだ / faire *sauter* le bouchon de champagne シャンパーニュの栓をぽんと抜く.
❻ 抜け落ちる, 途中を飛ばす;〔話などが〕飛躍する; 飛び級する; 特別昇進する. ▶ faire *sauter* une contravention 罰金を払わないで済ます / Son discours *saute* d'un sujet à l'autre. 彼(女)のスピーチは話があちこちに飛ぶ. ❼〔銀行, 企業などが〕倒産する. ❽ 首になる, 職を失う. ▶ On l'a fait *sauter*. 彼は首になった. ❾〔料理〕faire *sauter* qc …をソテーする; いためる.
Et que ça saute! 話 さっさとやれよ, ほら急いで.
sauter au plafond (1) 激昂(げきこう)する. (2) 飛び上がるほど驚く.
se faire sauter la cervelle 頭を撃って自殺する.
— 間他動 ❶〈*sauter* sur [à] qn // *sauter* à qc〉…に飛びかかる, 駆け寄る. ▶ Le chat *a sauté* sur le papillon. 猫は蝶(ちょう)に飛びついた / *sauter* au cou de qn (キスしようと)…の首に飛びつく. ❷〈*sauter* sur qc〉…に飛びつく. ▶ *sauter* sur une occasion チャンスに飛びつく. ❸〈*sauter* sur [dans] qc〉〔乗り物〕に飛び乗る. ▶ *sauter* sur sa moto バイクに飛び乗る / *sauter* dans un taxi タクシーに飛び乗る.
sauter aux yeux 一目瞭然(りょうぜん)〔明白〕である.
— 他動 ❶〔障害物を〕跳び越える. ❷ …を飛ばす;〔食事を〕抜く;〔学年を〕飛び級する. ▶ *sauter* une ligne en lisant 1行読み落とす / *sauter* un repas 1食抜く. ❸ 話〔女を〕ものにする.
la sauter 話 食事を抜く; 腹ぺこである.
sauter le pas 危険を伴う決断をする, のるかそるかでやってみる.

sauterelle /sotrɛl/ 女 ❶〔昆虫〕イナゴ, バッタ. ❷ やせすぎの女〔娘〕.

sauternes /sotɛrn/ 男 ソーテルヌ: 甘口のボルドー白ワイン.

sauteur, euse /sotœːr, øːz/ 名 ジャンプ競技の選手. ▶ *sauteur* en longueur 走り幅飛びの選手. ▶ *sauteur* à ski スキージャンプの選手.
— 形〔動物学〕(移動が)跳躍による. ▶ insectes *sauteurs* 跳躍する昆虫(バッタなど).
— **sauteur** 男〔馬術〕障害飛翔馬.
— **sauteuse** 女 ソテー用フライパン.

sautill*ant*, *ante* /sotijɑ̃, ɑ̃ːt/ 形 ❶ ぴょんぴょん跳ぶ. ▶ pas *sautillant* 跳ねるような足どり. ❷〔文体などが〕切れ切れの;〔考え, 行動が〕移り気の, 気まぐれな.

sautillement /sotijmɑ̃/ 男 ❶ ぴょんぴょん跳ねること. ❷ 文章(考え, 話題などの)目まぐるしい変化.

sautiller /sotije/ 自動 ❶ ぴょんぴょん跳ぶ, 跳ね回る;〔踊りなどが〕弾む. ❷〔会話, 考えなどが〕目まぐるしく変わる, 脈絡もなく飛ぶ.

sautoir /sotwaːr/ 男 ❶〔スポーツ〕跳躍競技場. ❷ (胸元まで垂れる)長い首飾り.
en sautoir 首からさげて. ▶ porter une croix *en sautoir* 十字架を首から下げる.

sauvage /sovaːʒ/ ソヴァージュ/ 形

英仏そっくり語
英 savage 獰猛(どうもう)な, 猛烈な.
仏 sauvage 野生の, 人跡未踏の.

❶〔動植物が〕野生の. ▶ animaux [bêtes] *sauvages* 野生動物 / plante *sauvage* 野生植物 / forêt *sauvage* 原生林 / rosier *sauvage* 野バラ.
❷〔場所が〕人跡未踏の, 未開の;〔民族, 習俗などが〕未開の, 原始的な. ▶ une région *sauvage* 未開の地域.
❸〔人, 態度などが〕非社交的な; 人見知りする. ▶ avoir un caractère *sauvage* (=insociable) 性格が非社交的である.
❹〔運動, 現象などが〕自然発生的な; 無許可の; 無統制の. ▶ grève *sauvage* 山猫スト / hausse des prix *sauvage* 天井知らずの物価上昇 / camping *sauvage* 違法キャンプ / décharge *sauvage* ゴミの不法投棄. ❺ 粗野な, 粗暴な, 残忍な.
— 名 ❶ 粗野な〔乱暴な〕人. ❷ 交際嫌い, 非社交的な人; はにかみ屋. ❸ 古 未開人. ▶ le mythe du bon *sauvage* よき未開人の神話(18世紀の哲学者たちが文明批判のために作り出した考え方).

sauvagement /sovaʒmɑ̃/ 副 野蛮に, 乱暴に, 残酷に.

sauvage*on*, *onne* /sovaʒɔ̃, ɔn/ 名 ❶ しつけをされていない子供, 野生児. ❷ 郊外の非行青少年.

sauvagerie /sovaʒri/ 女 ❶ 非社交性, 人間嫌い. ❷ 野蛮さ, 残酷さ.

sauvagine /sovaʒin/ 女 ❶ 野生の水鳥. ❷ (野生の肉食獣の)毛皮.

sauvegarde /sovgard/ 女 ❶ (権力, 制度による)保護, 庇護(ひご). ▶ se mettre sous la *sauvegarde* de la justice〔無能力者などが〕裁判所の保護を受ける. ❷ 保護する人〔もの〕; 支え. ❸〔情報〕(データの)保存, バックアップ.

sauvegarder /sovgarde/ 他動 ❶〔権利, 名誉など〕を保護する, 守る. ▶ *sauvegarder* les libertés 自由を守る. ❷〔情報〕〔データ〕を保存する, バックアップする. ▶ *sauvegarder* un fichier ファイ

sauve-qui-peut /sovkipø/ 男[単複同形] ❶「逃げろ」という叫び声. ▶ entendre le *sauve-qui-peut*「逃げろ」の叫びを聞く. ❷ 我先に逃げること, 敗走. ▶ *sauve-qui-peut* général 全面的な壊走, 総崩れ.

＊**sauver** /sove ソヴェ/ 他動
<英仏そっくり語>
英 to save 救う, たくわえる, 節約する.
仏 sauver 救う.

❶ …を救う, 助け出す; 守る. ▶ *sauver* un malade 病人を救う / *sauver* sa réputation 名声を守る / *sauver* qn de la misère …を窮乏から助け出す / *sauver* la vie à qn …の命を救う; のために大いに尽力する / *sauver* une entreprise en déficit (=redresser) 赤字の会社を立て直す.
❷〔欠陥〕の埋め合わせをする, を償う. ▶ Les acteurs ont du mal à *sauver* la pièce. 役者はこの芝居の出来の悪さをカバーするのに苦労している.
❸〖キリスト教〗〔神が人, 魂〕を救済する.

sauver ⌈les *apparences* ⌊la *face*⌋ 体面を保つ, うわべを取り繕う.

sauver les *meubles* (災害, 破産などの際)生活や仕事を維持するのに最低限必要な物を手元に残す.

sauver ⌈sa *peau* ⌊sa *tête*⌋ 話 命拾いする, 命が助かる.

— ＊**se sauver** 代動 ❶ 逃げ出す. ▶ *Sauvez-vous*! 逃げてください / *se sauver* d'un danger 危機を脱する / *se sauver* de la prison 脱獄する / 《se を省略して》*Sauve* qui peut! 逃げられる者は逃げろ. 比較 ⇨ S'ENFUIR.
❷ 話 早々に立ち去る, 帰る. ❸ (牛乳などが)吹きこぼれる.

sauvetage /sovta:ʒ/ 男 救助, 救出; 救済, 救護. ▶ *sauvetage* nautique 海難[水難]救助 / bateau [canot] de *sauvetage* 救命ボート / ceinture [gilet] de *sauvetage* 救命胴衣.

sauveteur /sovtœ:r/ 男 救助隊員; 救助者. ▶《同格的に》bateau *sauveteur* 救命ボート.

sauvette /sovɛt/ 女《次の句で》
à la sauvette 副句 (1) 急いで; 人目を避けて. (2)〔手入れのときにすぐ逃げ出せるような形で; 無認可で. ▶ vendre *à la sauvette* 無許可で売る.

sauveur /sovœ:r/ 男 ❶ 救い主, 救済者.
❷《Sauveur》救世主, イエス・キリスト.

savaient, savais, savait /save/ 活用 ⇨ SAVOIR[1] 37

savamment /savamɑ̃/ 副 ❶ 学者のように, 博識をもって. ❷ よくわけを知って, 事情を心得て. ▶ J'en parle *savamment*. よく分かったうえでお話ししているのです. ❸ 巧みに, 巧妙に.

savane /savan/ 女 サバンナ.

＊**savant, ante** /savɑ̃, ɑ̃:t/ サヴァン, サヴァーント/ 形《ときに名詞の前で》❶ 博学[博識]な; 学問のある. ▶ de *savants* hommes 博学な[教養豊かな]人々 / société *savante* 学会. ❷《*savant* en [sur, dans] qc》…に通じている, 詳しい. ▶ être *savant* en histoire [sur un sujet] 歴史[ある主題]に通じている. ❸ 学問の, 学術の; 難解な. ▶ revue *savante* 学術雑誌 / mots [termes] *savants* 学者語(ギリシア・ラテン語を借用して作られた語) / musique *savante* 芸術音楽(大衆音楽 musique populaire の対) / C'est trop *savant* pour moi 私には難しすぎる. ❹ 巧みな, 巧緻(ち)な. ▶ la *savante* ordonnance de ce tableau この絵の絶妙な構成 / chien *savant* よく芸を仕込まれた犬, 学者犬.

— **savant** 男 学者, 科学者.

savarin /savarɛ̃/ 男〖菓子〗サヴァラン: ラム酒入りシロップに浸したリング型ケーキ.

savate /savat/ 女 ❶ 古靴, 古スリッパ. ❷ 話 下手くそな人, ぶきっちょ.

traîner la savate 話 貧乏暮らしをする.

savent /sa:v/ 活用 ⇨ SAVOIR[1] 37

saveur /savœ:r/ 女 ❶ 味, 風味. ▶ *saveur* agréable [aigre] よい[酸っぱい]味 / avoir de la *saveur* 風味がある / sans *saveur* 風味ない, まずい. ❷ (文体などの)味わい, 趣.

savez /save/, **saviez** /savje/, **savions** /savjɔ̃/ 活用 ⇨ SAVOIR[1] 37

Savoie /savwa/ 固有 女 ❶ サヴォア県[73]: アルプス山脈西部. ❷ サヴォア地方: フランス東部.

＊**savoir**[1] /savwa:r サヴォワール/ 37 他動

過去分詞 su	現在分詞 sachant
直説法現在 je sais	nous savons
tu sais	vous savez
il sait	ils savent
複合過去 j'ai su	半過去 je savais
単純未来 je saurai	単純過去 je sus
接続法現在 je sache	

❶ ❶《*savoir* qc》〔情報, 事実〕を知っている, 知る. 注 目的語は極めて限られていて, 普通は抽象的な意味を持つ名詞. ▶ *savoir* une nouvelle あるニュースを知っている / Elle est très curieuse; elle *sait* tout ce qui se passe autour d'elle. 彼女はたいへん好奇心の強い人間で, 自分の周りに起こることはなんでも知っている / Je ne *sais* rien [pas grand chose] sur lui. 私は彼について何も[たいしたことは]知らない /《目的語なしに》Je ne *sais* pas. 知りません, 分かりません. ◆*savoir* qc de [par] qc/qn …によって…を知っている. ▶ Je *sais* cela par ton père. そのことは君のお父さんから聞いて知っている.

❷《*savoir* que + 直説法》…ということを知っている, 分かっている. ▶ Je *sais* que tu ne m'aimes pas. 君が私を好きでない分かっている / Je ne *savais* pas qu'il était en voyage. 彼が旅行中とは知らなかった.

❸《*savoir* + 間接疑問節》…か(どうか)知っている. 注 pas はよく省略される. ▶ Je ne *sais* (pas) s'il viendra. 彼が来るかどうかは分からない / Il ne *sait* pas quand il partira. 彼はいつ出発するのか知らない.

❹《*savoir* + 中性代名詞》▶《Savez-vous qu'il est malade? — Oui, je (le) *sais*. 「彼が病気なのを知っていますか」「はい, (そのことを)知っています」(注 中性代名詞の le は省略可能で, 省略するとややくだけた調子になる) / Je n'en *sais*

savoir

rien. = 語 J'en *sais* rien. そのことについては何も知りません。

❺ ⟨**savoir** qn/qc ＋ 属詞⟩ …が…であるのを知っている。▶ Je ne vous *savais* pas si méchant. あなたがそんなに意地悪とは知らなかった。/ Je la *sais* en voyage. 彼女が旅行中なのは知っている。

❻ ⟨**savoir** qc à qn⟩ …が…を持っているのを知っている。▶ Je ne lui *savais* pas d'ennemis. 彼(女)に敵があるとは知らなかった。

注 ne pas savoir が単独で半過去に置かれると,「これまで知らなかった(しかし今は知っている)」という意味になる(⇨ IMPARFAIT 語法).

❷（学習,教育などを通して）〔外国語,職業,義務など〕をよく分かっている, 心得ている。▶ Il *sait* le latin. 彼はラテン語ができる / Il *sait* son devoir. 彼は自分の義務を心得ている / *savoir* son métier 自分の仕事に精通している / *savoir* son rôle 自分のせりふを暗記している / *savoir* un poème par cœur 詩をそらんじている。

❸ ⟨**savoir** ＋ 不定詞⟩ ❶ …できる, …するすべを心得ている。▶ *savoir* lire 字が読める / *savoir* jouer aux échecs チェスが指せる / Ne craignez rien, je *sais* me taire. 心配しないでください, 私は口が固いですから / Il faut *savoir* dire non. はっきりいいえと言えることも必要だ。比較 ⇨ POUVOIR[1].

❷ 《条件法の否定文で》…するわけにはいくまい, …しかねる。注 pouvoir と同義で語気緩和に用いられ, pas は省略する。▶ On ne *saurait* penser à tout. 何もかもに気を配るというわけにはいくまい / Il ne *saurait* être question de ＋ 不定詞. …するのは問題外だ, …することはできない。

(**à**) *savoir* すなわち; 列挙すれば。▶ Tout est prêt pour le dîner, *à savoir* le potage, le rôti, la salade, les boissons, etc. 夕食の準備はすべて整っている, つまりポタージュ, ロースト肉, サラダ, 各種飲み物などだ。

à savoir que ＋ 直説法 すなわち…である。

comme tu peux pas savoir 語 (思いもよらないほど→)極度に[の], 信じられないほど。

*en savoir long (*sur* qn/qc) (…について)詳しく知っている。

*faire savoir à qn ... …を…に知らせる。▶ Je vous *ferai savoir* le jour et l'heure de mon départ. 私の出発の日時をお知らせします / Il m'*a fait savoir* qu'il était bien arrivé. 彼は無事到着したと私に知らせてきた。比較 ⇨ INFORMER.

Je crois [*Nous croyons*] *savoir que* ... 確か…のはずだ(情報が不確かな場合の表現)。

Je ne sache ... 文章 私の知る限り…ではない。注 sache は savoir の接続法で, 語気緩和になる。▶ Je *ne sache* pas que je vous aie invité. あなたを御招待した覚えはありません / Je *ne sache* rien qui égale cette œuvre. この作品と並ぶものなど思いつきません。

「*je ne sais* [*on ne sait*]」＋ 疑問詞 …だか分からない。▶ Il y a *je ne sais* combien de temps qu'il ne l'a pas vue. 彼は久しく彼女に会っていない / Elle a réussi, *on ne sait* comment. どうやったか分からないが, 彼女は成功した / *je ne sais* où ＝ *on ne sait* où どこだか分からな

い所に[で] / *je ne sais* quand ＝ *on ne sait* quand いつだか分からないときに / *je ne sais* quel ＝ *on ne sait* quel ... なんだか分からない… / *je ne sais* qui ＝ *on ne sait* qui だれか(知らない人) / *je ne sais* quoi ＝ *on ne sait* quoi なんだか分からないもの。

Je ne veux pas le savoir. 語 あなたの言い訳は聞きたくない。

Je sais ce que je dis. 事情を知ったうえで言うのです。

Je sais ce que je sais. これ以上申し上げることはありません。

ne pas savoir ce qu'on veut 優柔不断である。▶ Vous *ne savez pas ce que vous voulez*. あなた(方)は自分で決断できないのですね。

ne rien vouloir savoir 断固として耳を貸さない。▶ J'ai expliqué que je n'étais pas coupable, mais le professeur *n'a rien voulu savoir*. 悪いのは自分じゃないと説明したが, 先生はまったく聞いてくれなかった。

ne savoir que [*quoi*] *faire* 何を[どう]すればいいのか分からない。▶ Les enfants s'ennuient le dimanche. Ils *ne savent pas quoi faire*. 日曜日になると子供たちは退屈する。何をしていいのか分からないのだ。

**On ne sait jamais.* (何が起きるか)分かったものではない; ありえないことではない。

On sait ce qu'on perd, on (*ne*) *sait pas ce qu'on retrouve.* 語 先が見えない, 先行きが読めない。

que je sache 私の知る限り。▶ Il n'était pas invité, *que je sache*. 私の知る限りでは彼は招待されていなかった。

que sais-je (*encore*)*!* 《列挙を受けて》等々, その他いろいろ。

qui sait ありえないことではない; おそらく。▶ Un jour, *qui sait*, les robots remplaceront les hommes. いつの日か人間はロボットに取って代わられるかもしれない。

qui vous savez ＝ (qn/qc) *que vous savez* (はっきり名指すのを避けて)御存じの, 例の。▶ J'ai rencontré hier *qui vous savez*. 昨日あなた(方)が御存じのあの人に会いました / Je vous envoie le portrait *que vous savez*. 例の肖像画をお送りします。

(*reste à*) *savoir si* ... ＝ *c'est à savoir si* ... 語 …かどうかまだ分からない; ただ, …かどうかが問題だ。▶ C'est un beau projet, *reste à savoir s'il sera accepté*. それはいい計画だが, それを受け入れられるかどうかはまだ分からないね。

Sache [*Sachez*] (*bien*) *que* ＋ 直説法 …を分かってください。▶ *Sachez bien que* jamais je n'accepterai. いいですか, 絶対に承諾しませんからね。

sans le savoir それと知らずに, 無意識に。

savoir de quoi on parle 自信たっぷりである; 情況を完全に把握している。

savoir vivre 人付き合いを心得ている。

savoir y faire 語 ＝ *savoir s'y prendre* 対処の仕方を心得ている。

si je savais 語 分かっていたら(…するのに)。

語法 savoir と connaître の使い分け

I. savoir の特徴
1. 従属節を伴う場合 savoir が用いられる.
- Je sais qu'elle habite près d'ici. 彼女がこの近くに住んでいることは知っている. ◆que 以下は直説法.
- Ça, je ne le savais pas. それは知らなかった. ◆le は先行の節を受ける中性代名詞.
- Je ne sais pas à qui m'adresser. だれに尋ねたらいいのか分からない. ◆間接疑問文を導く.
- Il m'a téléphoné pour savoir si tout le monde allait bien. みんなが元気かどうか知りたくて彼は私に電話してきた.

2.「人」を単独に直接目的補語には取らないが〈savoir qn/qc ＋ 属詞（形容詞など）〉構文は可能.
- Je ne te savais pas aussi amoureuse de Paul. 君がそんなにまでポールを愛しているなんて知らなかった. ◆Je ne savais pas que tu étais aussi amoureuse de Paul. と同義.

3.「物」を直接目的補語に取る場合は connaître と比べて使用範囲が限定される.
- J'aime ce texte de Stendhal. Je le sais presque par cœur. 私はスタンダールのこの文章が好きだ. ほとんど暗記している. ◆基本表現は savoir qc par cœur (…を暗記している).
- 《Savez-vous quelque chose de ses fréquentations féminines ? — Non, je n'en sais strictement rien.》「彼の女性関係について何か知っていますか」「いいえ, 何も」 ◆基本表現は savoir quelque chose [tout] sur [de] qc (…について何か [すべて] 知っている).
- Il sait tout. 彼はなんでも知っている.
- Je ne sais rien [pas grand chose] sur lui. 私は彼について何も [たいしたことは] 知らない. ◆基本表現は ne rien savoir [ne pas savoir grand chose] sur [de] qc …について何も [たいしたことは] 知らない.

II. connaître の 特徴
1.「人」を目的語に取る場合
- 《Vous connaissez Monsieur Dupont ? — Oui, je le connais très bien, C'est un très bon ami.》「デュポンさんを御存じですか」「ええ, よく知っています. とても親しい友人です」 ◆「…を知っている, 面識がある」のほか「(作家など) を読んで知っている」という場合にも用いる.
- connaître qn de vue …と面識はないが顔は知っている.

2.「物」を目的語に取る場合
- Il connaît bien Paris. Il y est allé plusieurs fois. 彼はパリをよく知っている. 何度も行っているから. ◆目的語は国, 都市, 場所などで, 実際そこへ行ったことがあることを示す.
- Vous connaissez *La Femme d'à côté* de Truffaut ? トリュフォーの「隣の女」を知っていますか [見たことがありますか]. ◆目的語は本, 映画, 食べ物などで, 読んだり, 見たり, 食べたりしたことがあることを示す.
- Je connais très bien les difficultés du français. Je suis passé par là, moi aussi. フランス語のどこが難しいか私はよく知っています. 私もそこを通ってきたのですから. ◆目的語は問題, 困難などで, 経験したり見聞きして知っていることを示す.

III. savoir と connaître の両方が可能な場合
1.「言葉を表わす名詞」を目的語に取る場合.
- savoir le français フランス語ができる. ◆savoir は apprendre (習い覚える) に対応. apprendre の結果としての知識.
- connaître très bien le français フランス語を非常によく知っている. ◆connaître は étudier (研究する) に対応. étudier の結果としての知識. 多く très bien など強調の副詞表現とともに用いる.

2. 住所, 名前, ニュースなどを目的に取る場合
- Je ne sais [connais] pas son adresse. 私は彼(女)の住所を知らない. ◆savoir と connaître の間に意味の違いはない.

IV. 次の例文で2つの動詞の違いを確認しよう.
- Il ne connaît pas le sushi. Il n'en a jamais mangé. Il ne sait pas ce que c'est. 彼は鮨(すし)を知らない. 一度も食べたことがない. どういうものかも知らない.
- 《Vous connaissez ce poème de Baudelaire ? — Oui, je le connais bien sûr. On l'a étudié en classe. Mais, je ne le sais pas par cœur.》「このボードレールの詩を知ってる」「もちろん知ってるよ, 学校で勉強したから. でも暗唱はできないよ」

savoir

tout ce qu'il sait 話《動詞のあとで》思い切り，大いに．▶ 注 il は各人称に変化させて用いる．Il cognait *tout ce qu'il sait*［文章 *savait*］．彼は力いっぱいなぐりつけた．

「***tu sais*［*vous savez*］**」（主張を強めたり，念を押して）でしょう．▶ Et puis, *tu sais*, nous serons très heureux de t'aider. それにね，私たちはあなたの手助けができればとてもうれしいんです．

Tu sais quoi? 話 知ってる?；ねえねえ，あのさあ．

***Va*［*Allez*］*savoir*.** 話 なんだかよく分からない，確かなことが言えない．

Vous n'êtes pas sans savoir que + 直説法. あなた（方）も御存じのように…．

> 比較 知る，知っている
> (1) **savoir** と **connaître** の使い分けはときに微妙だが，一般に savoir のあとには「知識，情報」などむしろ知的に知っている対象が，connaître のあとには「事物，人物」などむしろ経験的に知っている対象が続く．たとえば Je *sais*［*connais*］son nom.「私は彼の名前を知っている」の場合は両方が可能だが，Je *connais* Paul.「私はポールを知っている(面識がある)」の場合には savoir は使えない．逆に Je *sais* que Paul est malade.「私はポールが病気なのを知っている」の場合のように〈savoir que（従属節）〉形では connaître は使えない．⇨ 語法
> (2) savoir の類義表現としては **être au courant de**, **être informé de** があるが，いずれも「ある情報を知っている」という場合にのみ用いられる．

— **se savoir** 代動 ❶〈*se savoir* + 属詞〉自分が…であると知っている．▶ Le malade *se sait* perdu. その病人は自分が駄目だと知っている．❷〔物が〕知られる；広く知れ渡る．▶ Tout finit par *se savoir*. 何事もいつかは知られてしまうものだ．

Ça ne saurait. それが本当なら知れ渡っているはずだ．そんなことはありえない．

savoir² /savwa:r/ 男 (体系的な）知識；学問；知．

savoir-faire /savwarfe:r/ 男〔単複同形〕❶（実務処理の）能力，手腕；〔職業上の〕技量．❷〔経済〕ノウハウ（=know-how).

savoir-vivre /savwarvi:vr/ 男〔単複同形〕礼儀作法，マナー．

:**savon** /savɔ̃/ 男 ❶ 石鹸(せっけん)．▶ *savon* en poudre 粉石鹸 / bulle de *savon* シャボン玉 / se laver le visage avec du *savon* 石鹸で顔を洗う / *savon* à barbe シェービングフォーム．❷ 話 ひどくしかること，大目玉．▶ donner［passer］un *savon* à qn …をこっぴどくしかる．

savonnage /savɔna:ʒ/ 男 石鹸(せっけん)で洗うこと．

savonner /savɔne/ 他動 ❶〔体，衣類など〕を石鹸(せっけん)で洗う．❷〈*savonner* (la tête de) qn〉…を頭ごなしにしかりつける．

— **se savonner** 代動 自分の体を石鹸で洗う．

savonnerie /savɔnri/ 女 石鹸(せっけん)工場．

savonnette /savɔnɛt/ 女 化粧石鹸(せっけん)．

savonneux, euse /savɔnø, ø:z/ 形 化粧石鹸(せっけん)を含んだ；石鹸のような；滑りやすい．▶ eau *savonneuse* 石鹸水．

savons /savɔ̃/ 活用 ⇨ SAVOIR¹ 37

savourer /savure/ 他動 ❶〔飲食物など〕をじっくり味わう．▶ *savourer* une tasse de café コーヒーを味わって飲む．⇨ GOÛTER. ❷ …をゆっくり楽しむ，享受する．▶ *savourer* son bonheur 幸せをかみしめる．

savoureusement /savurøzmɑ̃/ 副 おいしく，うまそうに；味わい深く，おもしろく．

savoureux, euse /savurø, ø:z/ 形 ❶ 味のよい，おいしい．❷ 味わいのある，おもしろい．▶ une plaisanterie *savoureuse* 気の利いた冗談．

savoyard, arde /savwaja:r, ard/ 形 サヴォア Savoie 地方の．

— **Savoyard, arde** 名 サヴォア地方の人．

Saxe /saks/ 固 女 ザクセン：ドイツの地方．

saxo /sakso/ 男 (saxophone, saxophoniste の略) サクソフォーン；サクソフォーン奏者．

saxon, onne /saksɔ̃, ɔn/ 形 ザクセン Saxe 地方の(ドイツ南東部)の；〖歴史〗サクソン人［族］の．

— **Saxon, onne** 名 ザクセン地方の人；〖歴史〗サクソン人［族］．

saxophone /saksɔfɔn/ 男 サクソフォーン．

saxophoniste /saksɔfɔnist/ 名 サクソフォーン奏者．

saynète /sɛnɛt/ 女 寸劇，幕間(まくあい)狂言．

scabreux, euse /skabrø, ø:z/ 形 ❶ 際どい，みだらな．▶ histoire *scabreuse* 猥談(わいだん). ❷ 文章 厄介な，危険のある．▶ problème *scabreux* 厄介な問題．

scalp /skalp/ 男《英語》（北米先住民が勝利の記念に敵からはぎ取った）毛髪付きの頭皮．

scalpel /skalpɛl/ 男〖外科〗メス．

scalper /skalpe/ 他動 …の頭皮をはぐ．

scampi /skãpi/ 男複《イタリア語》〖料理〗スカンピ：エビの衣揚げ．

*****scandale** /skãdal/ スカンダル 男 ❶ 世間のひんしゅく，悪評．▶ causer［provoquer］un *scandale* public 世のひんしゅくを買う / faire *scandale* 物議をかもす / presse à *scandale* 著名人のプライバシーを暴く新聞や雑誌．❷ 言語道断，恥ずべきこと．▶ C'est un *scandale*! けしからんことだ / L'élection d'un homme si incapable est un *scandale*. あんな無能な人間が選ばれるとはとんでもないことだ．❸ 醜聞，スキャンダル；（汚職などの）不正事件．▶ *scandale* politique 政治スキャンダル / *scandale* financier 財政汚職．❹ 大騒ぎ，騒乱．▶ ivrogne qui fait un［du］*scandale* dans la rue 通りで大声を上げて騒ぐ酔っ払い．

scandaleusement /skãdaløzmɑ̃/ 副 破廉恥に．❷ 話 ひどく，途方もなく．▶ Il est *scandaleusement* ignorant. 彼はひどい愚か者だ．

scandaleux, euse /skãdalø, ø:z/ 形 ❶ 破廉恥な，言語道断の；醜聞［スキャンダル］の．▶ chronique *scandaleuse* 醜聞記事．❷ 法外な，むちゃな．▶ prix *scandaleux* 法外な値段．

scandaliser /skãdalize/ 他動 …を憤慨させる，の眉(まゆ)をひそめさせる．▶ *scandaliser* les convives par des propos grossiers 下品な話で会食者たちのひんしゅくを買う．

— **se scandaliser** 代動〈*se scandaliser* de qc // *se scandaliser* que + 接続法〉…に憤慨する．▶ Il *se scandalise* d'un rien［pour un rien］. 彼はつまらないことに腹を立てる．

scander /skɑ̃de/ 他動 ❶〔音節や語〕を区切ってはっきり発音する. ❷〔詩句〕を脚に分解する; …を拍子を明確につけて演奏する〔歌う〕.
scandinave /skɑ̃dinaːv/ 形 スカンジナビアの.
—— **Scandinavie** 名 スカンジナビア人.
Scandinavie /skɑ̃dinavi/ 固有 女 スカンジナビア.
scanner¹ /skanɛːr/ 男〖英語〗スキャナー.
scanner² /skane/ 他動 …をスキャンする, 走査する. —— 自動 スキャナーを用いる.
scanographie /skanɔgrafi/ 女〖医学〗スキャノグラフィー, コンピュータ断層撮影.
scansion /skɑ̃sjɔ̃/ 女〖詩法〗詩句を脚に分けて発音すること; シラブルを切って発音すること.
scaphandre /skafɑ̃ːdr/ 男 ❶ 潜水服. ❷ *scaphandre spatial* 宇宙服.
scaphandrier /skafɑ̃drije/ 男〔潜水服をつけた〕潜水夫, ダイバー.
scapulaire /skapylɛːr/ 男〖カトリック〗スカプラリオ; 修道者の肩衣(がた).
scarabée /skarabe/ 男 ❶〖昆虫〗コガネムシの総称; タマオシコガネ. ❷〖考古学〗スカラベ, 神聖甲虫; 古代エジプト人が印章や護符として用いたコガネム シ像で, 再生, 復活の象徴.
scarification /skarifikasjɔ̃/ 女 ❶〖医学〗乱切(らっきり)法. ❷〖民族学〗〔装飾として特に顔面につけた〕身体瘢痕(はんこん).
scarlatine /skarlatin/ 女〖医学〗猩紅(しょうこう)熱.
scarole /skarɔl/ 女〖植物〗キクヂシャ.
scatologie /skatɔlɔʒi/ 女 糞尿譚(ふんにょうたん), スカトロジー.
scatologique /skatɔlɔʒik/ 形 糞尿譚(ふんにょうたん)(趣味)の, スカトロジーの.
sceau /so/; 〔複〕**x** 男 ❶ 印, 官印, 印璽(いんじ). ▶ le *sceau* de l'université 大学の公印 / le garde des *Sceaux* 司法大臣. ❷〔蠟(ろう), 鉛などの上に押された〕刻印, 印〔商標などが押された〕封, 封蠟. ▶ mettre [apposer] son *sceau* 押印する. ❸ 文章 しるし, あかし. ▶ un ouvrage marqué du [au] *sceau* de la bonne foi 誠実さの刻み込まれた作品.
confier qc sous le sceau du secret 絶対に秘密を守る約束で…を打ち明ける.
scélérat, ate /selera, at/ 形 文章 邪悪な, 凶悪な. ▶ un regard *scélérat* 陰険な目つき.
—— 名 ❶ 文章 極悪人. ❷ 悪党, 悪がき.
scellé /sele/ 男〔多く複数で〕〖法律〗封印. ▶ mettre [lever] les *scellés* 封印をする〔解く〕.
scellement /selmɑ̃/ 男 ❶ 押印. ❷〖建築〗〔材端の〕埋め込み, 差し込み接合〔接着〕.
sceller /sele/ 他動 ❶〔文書の認証, 封印のために〕…に押印する; を封印する. ▶ *sceller* un contrat 契約書に捺印(なついん)する / *sceller* une lettre 手紙に封をする. ❷〔協定, 友好など〕を確固たるものにする, 確認する. ▶ *sceller* une alliance 同盟関係を強化する. ❸ …を固く閉じる; 塞ぐ. ▶ *sceller* une fenêtre 窓をきちっと閉める / avoir les lèvres *scellées* 口を固く閉じている. ❹〖建築〗〔セメントや漆喰(しっくい)などを用いて〕〔材〕を差し込み〔埋め込み〕接着する, 固定する.

scénario /senarjo/ 男 ❶〔映画の〕シナリオ, 脚本;〔演劇, 小説の〕筋書. ❷〔計画, 交渉などの〕筋書, 予測. ▶ Tout se déroule selon le *scénario* habituel. すべてはいつもの筋書どおり運んでいる.
scénariste /senarist/ 名 シナリオライター.
*****scène** /sɛn/ セヌ 女 ❶〔劇場の〕舞台;〔政治, 経済などの〕ひのき舞台. ▶ entrer en *scène*〔舞台に〕登場する / paraître en [sur (la)] *scène* 舞台に立つ / sortir de *scène*〔舞台から〕退場する / quitter la *scène*〔役者が〕引退する, 舞台を去る / une grande figure de la *scène* politique 政界の大物 / *scène* internationale 国際舞台.
❷ 舞台装置, 背景;〔筋の展開する〕場面, 時, 場所. ▶ un changement de *scène* 場面転換 / La *scène* se passe à Paris. 場面はパリである.
❸〔集合的に〕演劇, 舞台芸術. ▶ les vedettes de la *scène* et de l'écran 舞台と映画のスターたち.
❹〔戯曲の〕場;〔映画, 劇, 小説などの〕場面, シーン. ▶ acte III [trois], *scène* II [deux] 第3幕第2場 / la grande *scène* du cinquième acte 第5幕の見せ場 / *scène* d'amour ラブシーン / *scène* à faire 山場, クライマックス.
❺〔実生活的〕場面, 光景;〔絵画で人物を描き物語を示唆する〕場面, 情景. ▶ être témoin d'une *scène* de meurtre 殺人の現場を目撃する / *scène* de genre 風俗画.
❻ 喧嘩(けんか), 大騒ぎ;〔感情の〕大げさな表出. ▶ *scène* de ménage 夫婦喧嘩 / avoir une *scène* avec qn …といざこざを起こす / faire une *scène* (à qn)〔…に〕喧嘩を売る;〔…に対して〕怒る.
le devant de la scène ⑴ 舞台の前面. ⑵ 目につく位置, 重要な地位. ▶ occuper *le devant de la scène* 重鎮である.
metteur en scène〔芝居の〕演出家; 映画監督.
mettre en scène 演出する, 上演する.
mise en scène ⑴ 演出, 上演; 段取り, 段取ること. ⑵ 芝居気, スタンドプレー. ▶ C'est de la *mise en scène*. あれはお芝居だよ.
porter qc à la scène …を舞台にかける, 戯曲化する.

scénique /senik/ 形 舞台の, 演劇の; 演劇的な. ▶ indication *scénique* ト書き / jeux *scéniques*〔劇場以外での〕芝居, 野外演技.
scepticisme /sɛptisism/ 男 ❶ 懐疑的態度. ▶ avec *scepticisme* 半信半疑で. ❷〖哲学〗懐疑論.
sceptique /sɛptik/ 形 ❶ 懐疑的な, 疑い深い. ❷〖哲学〗懐疑論の. —— 名 懐疑論者; 懐疑的な人.
sceptre /sɛptr/ 男 ❶ 王杖(おうじょう); 王権. ❷ 文章 支配権, 優越性.
s(c)hah /ʃa/ 男 イラン〔ペルシア〕国王, シャー.
schéma /ʃema/ 男 ❶ 図, 図表; 図式. ▶ *schéma* explicatif 説明図. ❷ 概要, あらまし. ▶ présenter en un *schéma* 概略化して示す / *schéma* directeur〔都市の〕基本計画.
schématique /ʃematik/ 形 ❶ 図で表わした, 図解による. ▶ coupe *schématique* 断面図. ❷ 簡略な; 粗雑な, 図式的な. ▶ croquis [figure] *schématique* 略図.

schématiquement /ʃematikmɑ̃/ 副 図式的に; 大ざっぱに.

schématisation /ʃematizasjɔ̃/ 囡 図式化; 簡略[単純]化.

schématiser /ʃematize/ 他動 ❶ …を図で表わす, 図式化する. ❷ …を単純[簡略]化する.

schématisme /ʃematism/ 男 図式化傾向, 簡略[単純]化しすぎる傾向.

schème /ʃɛm/ 男 ❶ 図式; 全体像. ❷【哲学】(カントの)先験的図式;【心理】図式, シェーマ.

scherzo /skɛrdzo/ 男《イタリア語》【音楽】スケルツォ, 諧謔(かいぎゃく)曲.

schilling /ʃiliŋ/ 男《ドイツ語》シリング：ユーロ以前のオーストリアの通貨単位.

schismatique /ʃismatik/ 名 離教者.
── 形 離教者の. ▶ église *schismatique* 分離教会.

schisme /ʃism/ 男 ❶【キリスト教】教会分離, 離教. ▶ *schisme* d'Orient (7-11世紀にかけてのローマ教会からの)東方教会の分離. ❷ 文章(組織, 団体の)分裂.

schiste /ʃist/ 男【鉱物】結晶片岩; 頁岩(けつがん).

schist*eux, euse* /ʃistø, ø:z/ 形【鉱物】頁岩(けつがん)質の.

schizoïde /skizɔid/ 形, 名【精神医学】分裂病質の(人).

schizophrène /skizɔfrɛn/ 形【精神医学】統合失調症にかかった. ── 名 統合失調症患者.

schizophrénie /skizɔfreni/ 囡【精神医学】統合失調症.

schnaps /ʃnaps/ 男《ドイツ語》シュナップス：ジャガイモや穀類から造られるドイツの蒸留酒.

schnock /ʃnɔk/, **schnoque** 男 話 愚か者.
── 形《不変》話 愚かな, 間抜けな.

schuss /ʃus/ 男《ドイツ語》【スキー】直滑降.
── 副 直滑降で; 猛スピードで.

sciage /sjaʒ/ 男 のこぎりで挽(ひ)くこと;【林業】製材(品).

*scie /si/ スィ／囡 ❶ のこぎり. ▶ *scie* à bois 木挽(び)き用のこぎり / *scie* à métaux 金のこ. ❷ 陳腐な決まり文句; 聞き古したリフレイン. ❸ 話 退屈な人[物], うるさい人物. ❹【魚類】ノコギリエイ (=poisson *scie*). ❺【音楽】*scie* musicale ミュージカルソー.

en dents de scie (1) 鋸歯(きょし)状の, ぎざぎざの. (2) 不規則な, むらのある.

*science /sjɑ̃:s/ スィヤーンス／囡 ❶ 学問, 科学. ▶ La *science* est universelle. 学問[科学]は普遍的なものだ / La *science* n'a pas de patrie. 科学に国境はない / homme de *science* (文学者 homme de lettres に対して)科学者. ❷《多く複数で》(特定領域の)科学, 学. ▶ *sciences* appliquées 応用科学 / *sciences* exactes 精密科学 / *sciences* naturelles 自然科学 / *sciences* humaines 人文科学 / *sciences* sociales 社会科学 / *science* économique 経済学 / Sciences Po パリ政治学院：Institut d'études politiques de Paris の通称. ❸《複数で》理科系の学問. ▶ les *sciences* et les lettres 理科系の学問と文科系の学問 / faculté des *sciences* 理学部. ❹ 学識, 教養; 文章 (知識と経験からなる)知恵. ❺ 文章 技術, 技量. ▶ la *science* de la guerre 戦術.

science-fiction /sjɑ̃sfiksjɔ̃/;《複》~*s*-~*s* 囡《米語》空想科学小説[映画], サイエンス・フィクション, SF. 注 SF と略す.

scientificité /sjɑ̃tifisite/ 囡 科学性, 学術性.

*scientifique /sjɑ̃tifik/ スィヤンティフィック／形 ❶ 学問の, 学術の；(自然)科学の. ▶ découvertes *scientifiques* 学問[科学]上の発見 / travaux *scientifiques* 学術的研究 / nom *scientifique* 学名 / Centre national de la recherche *scientifique* 国立科学研究センター(略 CNRS). ❷ 科学的な, 客観的な. ▶ méthode *scientifique* 科学的方法.
── 名 科学者; 理科系学生 (↔littéraire).

scientifiquement /sjɑ̃tifikmɑ̃/ 副 科学的に, 学術的に.

scientisme /sjɑ̃tism/ 男 (19世紀末の)科学(万能)主義.

scientiste /sjɑ̃tist/ 形 科学(万能)主義の.
── 名 科学主義者. 注「科学者」は scientifique.

scier /sje/ 他動 ❶ …をのこぎりで挽(ひ)く. ❷ 話 …を驚かす (=étonner).

scierie /siri/ 囡 製材工場.

scieur /sjœːr/ 男 製材工.

scinder /sɛ̃de/ 他動 [集合体]を分割する, 細分する. ── **se scinder** 代動 分裂する. ▶ Le parti *s'est scindé* en deux. 党は2つに分裂した.

scintill*ant, ante* /sɛ̃tijɑ̃, ɑ̃:t/ 形 きらきら輝く, またたく. ▶ étoiles *scintillantes* またたく星々.

scintillation /sɛ̃tijasjɔ̃/ 囡 文章 (宝石, 星などの)輝き, きらめき.

scintillement /sɛ̃tijmɑ̃/ 男 ❶ (星の)またたき; (ダイヤモンドなどの)きらめき. ❷ (テレビ, 映画の)画像のちらつき.

scintiller /sɛ̃tije/ 自動 [星, 宝石などが]またたく, きらきら輝く.

scission /sisjɔ̃/ 囡 (政党, 意見などの)分裂, 割れ. ▶ une *scission* de la majorité 与党の分裂.

scissionner /sisjɔne/ 自動 [団体, 政党などが]分裂する; 分離する.

scissionnisme /sisjɔnism/ 男 分裂主義, 分裂[分派]行動.

scissionniste /sisjɔnist/ 名 分裂主義者; 分離派. ── 形 分裂主義の; 分裂[分派]した.

sciure /sjy:r/ 囡 のこくず, おがくず; 切りくず.

sclérose /skleroːz/ 囡 ❶【医学】硬化症. ▶ *sclérose* artérielle 動脈硬化症. ❷ (思想, 制度などの)硬直化, 適応不能.

sclérosé, e /skleroze/ 形 ❶【医学】硬化した. ❷ [社会, 制度が]硬直化した.
── 名【医学】硬化症患者.

scléroser /skleroze/ 他動【医学】(治療目的で)[組織]を硬化させる.
── **se scléroser** 代動 ❶【医学】[組織, 器官が]硬化する. ❷ [思想, 制度などが]硬直化する, 柔軟性を失う. ▶ Le gouvernement *s'est sclérosé* dans la bureaucratie. 政府は官僚主義に凝り固まっている.

*scolaire /skɔlɛːr/ スコレール／形 ❶ 学校の, 学校教育の. ▶ âge *scolaire* 学齢 / année *scolaire* 教育年度, 学年度 / carnet [livret] *scolaire* 通知

信簿 / livre [manuel] *scolaire* 教科書 / vacances *scolaires* 学校の休み / population *scolaire* 就学人口. ❷《軽蔑して》教科書的な, 独創性の乏しい.

scolairement /skɔlɛrmɑ̃/ 副 生徒がやるように, 学校流に, 教科書的に.

scolarisable /skɔlarizabl/ 形 就学可能な.

scolarisation /skɔlarizasjɔ̃/ 囡 ❶ 学校教育［教育施設］の整備［設置］. ❷ 就学. ▸ le taux de *scolarisation* 就学率.

scolariser /skɔlarize/ 他動 ❶ …の学校教育［教育施設］を整備する. ❷〔子供〕を就学させる.

scolarité /skɔlarite/ 囡 ❶ 就学, 通学. ▸ années de *scolarité* 教育年限 / certificat de *scolarité* 在学証明書 / les frais de *scolarité* 授業料 / le taux de *scolarité* 就学率. ❷ 就学年限.

scolastique /skɔlastik/ 形 ❶《中世の》スコラ学（派）の. ❷《軽蔑して》スコラ的形式主義の, 瑣末（まっ）主義の.
— 囡 ❶ スコラ神学［哲学］. ❷《軽蔑して》スコラ的形式主義. — 图 ❶ スコラ神学者［哲学者］. ❷《修道会の》修道生. ❸《軽蔑して》教条的な人.

sconse /skɔ̃s/, **skunks** /skɔ̃ks/ 男 スカンクの毛皮.

scoop /skup/ 男《英語》《新聞の》特種, スクープ.

scooter /skutɛːr; skutœːr/ 男《英語》スクーター.

scootériste /skuterist/ 图 スクーター乗り.

scopie /skɔpi/ 囡《radioscopie の略》話 X 線透視.

scorbut /skɔrbyt/ 男《医学》壊血病.

scorbutique /skɔrbytik/ 形, 图《医学》壊血病の（患者）.

score /skɔːr/ 男《英語》❶《スポーツ》スコア, 得点. ❷《選挙や票決での》得票（数）.

scorie /skɔri/ 囡《多く複数で》❶《金属》鉱滓（さい）, スラグ. ❷ かす, かす.

scorpion /skɔrpjɔ̃/ 男 ❶《動物》サソリ. ❷《Scorpion》《天文》蠍（さそり）座.

scotch¹ /skɔtʃ/; 《複》**scotch(e)s** 男《英語》スコッチ（ウイスキー）.

scotch² /skɔtʃ/ 男《米語》商標 スコッチテープ（セロハンテープ）.

scotcher /skɔtʃe/ 他動 …をセロハンテープで張りつける.

scottish-terrier /skɔtiʃterje/ 男《英語》スコッチテリア（犬）.

scout /skut/ 男《英語》ボーイスカウト（の隊員）. 注 ガールスカウトは guide.
— **scout, scoute** 形 ボーイスカウトの.

scoutisme /skutism/ 男 ボーイスカウト運動［活動］.

scrabble /skrab(ə)l/ 男《英語》商標 スクラブル: 文字札を並べて単語を作るゲーム.

scribe /skrib/ 男 ❶《軽蔑して》事務員. ❷《古代史》（古代エジプトなどで公文書を作成した）書記;（古代ユダヤの）律法学者.

script¹ /skript/ 男《英語》❶（手書きの）活字体書体（=écriture *script*）. ▸ écrire en *script* 活字体で書く. ❷ 台本, 脚本, スクリプト. ❸《情報》スクリプト.

script² /skript/ 男 仮証書, 仮証券.

scripte /skript/ 图《映画》スクリプター, 仮証（係）.

scripteur /skriptœːr/ 男《言語》書き手.

*****scrupule** /skrypyl/ 男 ❶ ためらい,（事の当否についての）疑念, 良心のとがめ. ▸ *scrupules* de conscience 良心の呵責（かしゃく）/ sans *scrupules* 平然と, はばかるところなく / vaincre [faire taire] ses *scrupules* ためらう気持ちを抑える.
❷ きちょうめん, 細心, 綿密. ▸ une exactitude poussée jusqu'au *scrupule* 細心なまでの正確さ.

avoir scrupule à + 不定詞 …するのは気がとがめる.

se faire (un) scrupule de qc 不定詞 気がひけて…をためらう, …するのに二の足を踏む.

scrupuleusement /skrypylǿzmɑ̃/ 副 ❶ 良心的に, 誠実に. ❷ 正確に, 細心綿密に.

scrupuleux, euse /skrypylǿ, ǿːz/ 形 ❶ 良心的な, きまじめな. ▸ C'est un homme d'une *scrupuleuse* honnêteté. 彼は謹厳実直な男だ. ❷ 細心綿密な, 丹念な. ▸ soins *scrupuleux* 細心の心遣い.

scrutateur, trice /skrytatœːr, tris/ 形 文章 詮索（せんさく）する. ▸ un regard *scrutateur* 探るような目つき. — 图 開票立会人, 開票者.

scruter /skryte/ 他動 ❶ …を探る, 詮索（せんさく）する. ▸ *scruter* les intentions de qn (=sonder) …の意向を探る. ❷ …をじっくり観察する.

scrutin /skrytɛ̃/ 男 投票. ❶ ouvrir [fermer] un *scrutin* 投票を開始する［締め切る］/ dépouiller le *scrutin* 開票する / mode de *scrutin* 投票方式 / *scrutin* secret 無記名［秘密］投票 / *scrutin* public 記名［公開］投票 / *scrutin* uninominal [individuel] 単記投票 / *scrutin* de liste = *scrutin* proportionnel（比例代表制の）名簿式投票 / *scrutin* majoritaire 多数決投票.

sculpté, e /skylte/（p は発音せず）形 彫刻を施した.

*****sculpter** /skylte/ スキュルテ／（p は発音せず）他動 …を彫刻する, 彫る. ▸ *sculpter* un buste 胸像を彫る. — 自動 彫刻する.

sculpteur /skyltœːr/（p は発音せず）男 彫刻家. ▸ un *sculpteur* sur bois 木彫家 / une femme *sculpteur* 女流彫刻家.

sculptural, ale /skyltyral/;《男 複》*aux* /o/（p は発音せず）形 ❶《美術》彫刻の. ❷〔容姿などが〕彫像のような, 端正な.

*****sculpture** /skyltyːr/ スキュルテュール／（p は発音せず）囡 彫刻（芸術［作品］）. ▸ la *sculpture* romane [gothique]《集合的に》ロマネスク［ゴシック］彫刻.

SDF 图《略語》sans domicile fixe ホームレス, 路上生活者.

*****se** /s(ə)/ /s/ 代《人称》
（代名詞の再帰代名詞 3 人称単数・複数形. 母音または無音の h の前では s' となる. 複合時制における過去分詞は ① ② では主語の性数と一致, ③ ④ では性数不変）.

séance

1 《直接目的語》**❶**《再帰的》彼[彼女, それ](ら)自身を. ▶ Elle *se* regarde dans la glace. 彼女は鏡(で自分の姿)を見る / Je *me* hais. 私は自分が嫌いだ / Elle *s'*est couchée tôt. 彼女は早く寝た.
❷《相互的》互いに相手を[に]. ▶ Ils *s'*aiment (l'un l'autre). 彼らは愛し合っている / Ils *se* sont rencontrés à Paris. 彼らはパリで出会った / On *s'*est quittés bons amis. 私たちはよい友達として別れた.
❸《受動的; 多く主語は物》▶ Ces produits *se* sont bien vendus. それらの製品はよく売れた / Ton nom *s'*écrit comment? 名前はどう書くの / Ça *se* voit. それは一目で分かる.
2《役割の説明ができない se》▶ Il *s'*en va. 彼は立ち去る / Elle *s'*est moquée de moi. 彼女は私を冷やかした / Il *s'*est aperçu de son erreur. 彼は自分の誤りに気づいた.
3《間接目的語》**❶**《再帰的》彼[彼女, それ](ら)自身に. ▶ Elle *s'*est lavé les cheveux. 彼女は髪を洗った / Il *s'*est demandé pourquoi. 彼はなぜなのかと考えた. **❷**《相互的》互いに相手に[の]. ▶ Ils *s'*écrivent (l'un à l'autre). 彼らは文通し合っている / Elles *se* sont serré la main. 彼女たちは握手した.
4《非人称構文で》▶ Il *se* fait tard. もう(夜も)遅い時間だ / Il *se* peut qu'il vienne. 彼は来るかもしれない / Il *s'*en est fallu de peu. 危うくそうなるところだった.
[注] faire, laisser, envoyer などのあとでは se は省略されることが多い(例: Faites-le (*se*) taire. 彼を黙らせなさい / Je l'ai envoyé (*se*) promener. 私は彼を追い払った).

***séance** /seɑ̃:s セアーンス/ 囡 **❶** 会議, 審議; 会期. ▶ présider une *séance* 議長を務める / les *séances* du Parlement 国会の審議 / *séance* du conseil des ministres 閣議 / être en *séance* 開会[開廷]中である / La *séance* est ouverte [levée, suspendue]. 開会[閉会, 休会]いたします.
❷(会食, 共同作業などの)1回の時間;(限られた時間内で行う)1回分の仕事. ▶ une *séance* de pose モデルの1回のポーズ時間 / faire de longues *séances* à table 長々と会食する.
❸ 上映, 上演, 会. ▶ *séance* musicale 音楽会 / A quelle heure est la prochaine *séance* ? 次の上映は何時ですか.
❹ 見苦しい場面, 大騒ぎ. ▶ une *séance* de cris et de larmes 泣いたりわめいたりの一騒ぎ.

séance tenante (1) 開会[開廷]中に, 会議中に. (2) 直ちに, 即座に. ▶ Il a obéi *séance tenante*. 彼は即座に従った.

séant /seɑ̃ セアン/ 男 <sur son *séant*> 座った姿勢でいる. [注] son は各人称に変化させて用いる. ▶ 「se dresser [se mettre] sur son *séant* (寝た姿勢から)上体を起こして座る, (急に)起き上がる.

— séant, ante /seɑ̃, ɑ̃:t/ 形 (seoir の現在分詞)[文章] ふさわしい, 似つかわしい. ▶《非人称構文で》Il n'est pas *séant* 「de + [不定詞][que + [接続法]]. …するのはよくない.

***seau** /so ソー/;《複》**X** 男 **❶** バケツ, 手桶(ﾃｵｹ). ▶ *seau* à glace ワインクーラー / puiser de l'eau avec un *seau* バケツで水を汲(ｸ)む.
❷ バケツ[桶] 1 杯分. ▶ vider un *seau* d'eau バケツ1杯分の水を捨てる.

à seaux たくさん, 激しく. ▶ Il pleut *à seaux*. どしゃ降りの雨だ.

sébile /sebil/ 囡(物乞いに使う)小さな椀(ﾜﾝ); 木の容器.

***sec, sèche** /sɛk, sɛʃ セック, セッシュ/ 形

| 男性単数 sec | 女性単数 sèche |
| 男性複数 secs | 女性複数 sèches |

❶ 乾いた, 乾燥した; 水気のない. ▶ climat *sec* 乾燥した気候 / saison *sèche* 乾季 / orage *sec* 雨を伴わない嵐(ｱﾗｼ) / temps *sec* からっと晴れた天気 / avoir la peau *sèche* 肌がかさかさしている / Il fait *sec*. 空気が乾燥している / toux *sèche* 空咳(ｶﾗｾﾞｷ).
❷ 干した, 乾燥させた. ▶ raisins *secs* 干しブドウ / gâteaux *secs* クッキー類.
❸ 何もついていない, 単独の, それだけの. ▶ manger du pain *sec* 何もつけないパンを食べる / être au pain *sec* et à l'eau パンと水だけで過ごす / prendre un whisky *sec* ウイスキーをストレートで飲む / perte *sèche* 補償のない損失, 丸損 / jouer une partie *sèche* 1回きりの勝負をする.
❹ やせこけた, 肉の落ちた. ▶ un vieillard grand et *sec* 背が高くやせこけた老人.
❺ 柔らかさのない, 無味乾燥な, 情感[おもしろみ]のない. ▶ tissu *sec* ごわごわした布 / bruit *sec* 乾いた音, 響きのない音 / style *sec* 潤いのない文体.
❻ 冷淡な, 無愛想な, よそよそしい. ▶ dire un non *sec* きっぱりと否定する[断る] / regarder d'un œil *sec* les souffrances des autres 他人の苦しみを平然と眺める.
❼ 〖ワイン〗辛口の, ドライな (↔doux, liquoreux). ▶ vin blanc *sec* 辛口の白ワイン.

à pied sec 足をぬらさずに.

avoir 「la gorge sèche [話 le gosier sec] 喉(ﾉﾄﾞ)が渇いている[からからだ].

coup sec すばやい[鋭い]一撃. ▶ d'un *coup sec* すばやく, 効果的に.

en cinq sec(s) 話 すばやく, 急いで.

fruit sec (1) ドライフルーツ. (2) 期待外れの人; 落伍(ﾗｸｺﾞ)者.

l'avoir sec 話 (1) がっかりする; いらいらする. (2) 喉が渇く.

ne pas [plus] avoir un poil de sec 話 (1) 汗だくになる; ずぶぬれになる. (2) 恐怖にとらわれる.

rester [être] sec 話 答えに詰まる. [注] この場合 sec は不変.

— sec 男 **❶** 乾燥(状態); 乾燥した場所. ▶ mettre [tenir] qc au *sec* …を乾燥した所に置く / se mettre au *sec* 話 座礁する.
❷ 干し草 (↔vert).

à sec 水のかれた; 乾いた. ▶ une source complètement *à sec* 完全に干上がった泉 / nettoyage *à sec* ドライクリーニング.

être à sec (1) 話 一文無しである, すかんぴんである. (2) 何も言うことがない, 考えが浮かばない.

— 副 ❶ すばやく，出し抜けに；言う間に，手加減せず．▶ frapper *sec* 容赦せずにたたく / démarrer *sec* 急発進する / Il pleut *sec*! ひどいどしゃ降りだ / couper *sec*〔放送などが〕(事故などで)急にとぎれる．❷ 無愛想に，そっけなく．▶ refuser tout *sec* すげなく断る．❸ 話 猶予なしに．

aussi sec 話 間を置かずに，すぐに．

boire sec 大酒を飲む．

— **sèche** 女 話 たばこ，もく．

secam /sekam/ 男 (séquentiel à mémoire の略) セカム：フランスで開発されたカラーテレビの方式．

sécant, ante /sekɑ̃, ɑ̃ːt/ 形〘数学〙<*sécant* (à qc)>〈線，面などを〉切る，分割する．

— **sécante** 女〘数学〙割線．

sécession /sesesjɔ̃/ 女 (特に一部住民の国家からの)分離，離脱．▶ Guerre de *Sécession* (アメリカ)南北戦争．

sécessionniste /sesesjɔnist/ 形 分離(独立)主義の，分離派の．— 名 分離(独立)主義者．

séchage /seʃaːʒ/ 男 乾かすこと，乾燥．

séchant, ante /seʃɑ̃, ɑ̃ːt/ 形 乾燥機能付きの．▶ lave-linge *séchant* 洗濯乾燥機．

sèche[1] /sɛʃ/ sec の女性形．

sèche[2] /sɛʃ/ 活用 ⇨ SÉCHER ⑥

sèche-cheveux /sɛʃʃəvø/ 男 ヘアドライヤー (=séchoir)．

sèche-linge /sɛʃlɛ̃ːʒ/ ；《複》〜〜(**s**) 男 (洗濯物の)乾燥機 (=séchoir)．

sèche-mains /sɛʃmɛ̃/ 男 (手を乾かす)温風乾燥機，エアータオル．

sèchement /sɛʃmɑ̃/ 副 ❶ 冷淡に，そっけなく；無味乾燥に．▶ refuser *sèchement* にべもなく断る．❷ すばやく，乱暴に．▶ démarrer *sèchement* 急発進する．

****sécher** /seʃe セシェ/ ⑥

直説法現在	je sèche	nous séchons
	tu sèches	vous séchez
	il sèche	ils sèchent

他動 ❶ …を乾かす，乾燥させる．▶ *sécher* du linge 洗濯物を干す (=mettre du linge à sécher) / Le froid *sèche* la peau. 冷気で肌が乾燥する．❷〔水気など〕を取る；…を干上がらせる．▶ *sécher* ses larmes 涙をぬぐう / La chaleur *a séché* les ruisseaux. 暑さで小川がかれた / *sécher* du poisson 干し魚を作る．❸ 俗 〖学生〗〔授業〕をサボる；〔会合など〕をすっぽかす．▶ *sécher* un cours 講義をサボる．

sécher ˹les larmes [les pleurs]˺ de qn …の悲しみを慰める．

— 自動 ❶ 乾く，乾燥する．▶ faire *sécher* du linge = mettre du linge à sécher 洗濯物を干す．❷〔水分が〕なくなる；干上がる．▶ Les ruisseaux *sèchent* en été. 小川は夏になると干上がる．❸ <*sécher* de qc>…に憔悴(ﾚょう)する，で神経が衰弱する．▶ Elle *sèche* d'ennui. 彼女は退屈で参っている．❹ 話 (口頭試問などで)答えに詰まる (=rester sec)．❺ 俗 〖学生〗授業をサボる．

sécher sur pied (1)〔木が〕立ち枯れする．(2)話 退屈する，待ちくたびれる．

— **se sécher** 代動 ❶〈自分の〉体[衣服]を乾かす．▶ *se sécher* devant la cheminée 暖炉の前で体[衣服]を乾かす．❷<*se sécher* qc>〈自分の〉…を乾かす．注 se は間接目的．▶ *se sécher* les cheveux 髪を乾かす．

sécheresse /seʃrɛs/ 女 ❶ 乾燥，乾き；乾燥状態．▶ période de *sécheresse* 乾季．
❷ 潤いのなさ，味気なさ，無味乾燥．▶ *sécheresse* de style 文体の味わいのなさ．
❸ 冷淡，そっけなさ，無愛想．▶ répondre avec *sécheresse* 無愛想に返事をする．

séchoir /seʃwaːr/ 男 ❶ 乾燥場[室]，物干し場[台]．▶ *séchoir* à linge 物干し場[台]．
❷ 乾燥機；ヘアドライヤー (=sèche-cheveux)．

*****second, onde** /s(ə)ɡɔ̃, ɔ̃ːd/ スゴン，スゴーンド / (母音または無音の h で始まる男性単数名詞の前ではリエゾンして /s(ə)ɡɔ̃t/ となる) 形 (一般に名詞の前で) ❶ 第2の，2番目の，2度目の．▶ le *second* chapitre = le chapitre *second* 第2章 / *second* violon (オーケストラの)第2バイオリン / dans la *seconde* moitié du XIXe [dix-neuvième] siècle 19世紀の後半に / passer la *seconde* vitesse ギアをセカンドに入れる / épouser qn en *secondes* noces …と再婚する．

❷ (序列で) 2番目の，二級の．▶ obtenir le *second* prix 2等賞をもらう / un billet de *seconde* classe (乗り物の)2等切符 / un ouvrage de *second* ordre 二流の作品．

❸ もう一つの，別の，新たな．▶ une *seconde* jeunesse 第2の青春 / un *second* Mozart モーツァルトの再来 / *seconde* vue 透視力．

❹〖名詞のあとで〗二次的な，副次的な．▶ des causes *secondes* 第2原因，副因．

de [en] seconde main 間接に[の]；受け売りの；中古の．▶ acheter une chose de *seconde* main 中古品を買う．

en second lieu 第2に，次に．

être en [dans un] état second 正気を失った状態である．

pour la seconde fois 2番目に，再び．

  比較 **2番目の**
  second, deuxième 両者ともほぼ同様に用いられるが，なんらかの価値判断を伴う場合や序列が2つ以上続かない場合は second を用いる傾向がある．article de *second* choix 二級品．Le Japon est ma *seconde* patrie. 日本は私の第2の祖国だ．

— 名 2番目の人[物]；(前者に対して)後者．▶ le *second* d'une liste リストの2番目 / Elle est arrivée la *seconde*. 彼女は2番目にやって来た．

sans second(e) 文章 比類のない，比肩するもののない．▶ une beauté *sans seconde* 比類なき美しさ．

— **second** 男 ❶ 助手，補佐役．❷〘軍事〙副艦長．❸〘海事〙一等航海士．❸ 3階 (=second étage) (⇨ ÉTAGE)．▶ habiter au *second* 3階に住む．

en second 次席の[で]，上の者に代わって．

— **seconde** 女 ❶ (乗り物の) 2等席；2等切符．▶ voyager en *seconde* 2等で旅行する．❷ 第2学級：リセの第1学年．❸〘自動車〙第2速，

セカンド. ▶ passer la [en] *seconde* ギアをセカンドに入れる. ❹『音楽』2度. ❺『印刷』再校.

secondaire /s(ə)gɔ̃dɛːr/ 形 ❶ 副次的な, 二流の. ▶ personnage *secondaire* 二流の人物 / jouer un rôle *secondaire* わき役を務める. ❷ 第2段階の, 第2の; 第1次の. ▶ enseignement *secondaire* 中等教育 / secteur *secondaire* 第2次産業.
── 名 ❶ 中等教育. ❷『地質』中生代 (=ère secondaire). ❸ 第2次産業.

secondairement /s(ə)gɔ̃dɛrmɑ̃/ 副 2次的に, 副次的に, 付随的に.

*__seconde__ /s(ə)gɔ̃ːd/ 女 ❶ 秒(記号 s).
▶ vitesse de trois mètres (par) *seconde* 秒速3メートル.
❷ 瞬時, わずかの間. ▶ Une *seconde*! ちょっと待ってください / Je n'en ai que pour deux *secondes*. すぐ済みます / Attendez-le, il va arriver dans une *seconde*. もう少し待ってください, 彼はもうすぐやってくるでしょう. 比較 ⇨ MOMENT.
❸『計量単位』秒(記号 ″): 角度の単位.

secondement /s(ə)gɔ̃dmɑ̃/ 副 第2に, 次に.

seconder /s(ə)gɔ̃de/ 他動 ❶ (片腕として)補佐する, 助ける. ▶ assistant qui *seconde* un médecin 医師を助ける助手. ❷〔人やその行動など〕を支援する, 後押しする. ▶ être secondé par les circonstances 状況に恵まれる.

*__secouer__ /s(ə)kwe/ 他動 ❶ …を揺さぶる, (強く)振る. ▶ *secouer* le flacon 瓶を振る / être *secoué* sur un bateau 船でひどく揺られる / *secouer* la tête (同意または拒否のしるしに)首を振る. 比較 ⇨ AGITER.
❷ …を振り払う. ▶ *secouer* la neige de son manteau コートの雪を払い落とす.
❸ …に衝撃を与える. ▶ Cette nouvelle l'a beaucoup *secouée*. この知らせは彼女に大きなショックを与えた. ❹ 話 …をどやしつける, に発破をかける.
J'en ai rien à secouer. 話 どうでもいい, かまわない.
secouer le joug 束縛を払いのける.
secouer ⸢sa torpeur [sa paresse]⸥ 奮起する.
── **se secouer** 代動 ❶ (自分の)体を(激しく)揺する. ❷ 奮起する, 元気を出す. ▶ Allons, *secouez-vous*, au travail! さあ, 元気を出して仕事だ.

secourable /s(ə)kurabl/ 形 文章 進んで人を助ける, 思いやりのある. ▶ un ami *secourable* 思いやりのある友人 / tendre à qn une main *secourable* …に救いの手を差し延べる.

*__secourir__ /s(ə)kuriːr/ 他動 (過去分詞 secouru, 現在分詞 secourant) ❶ …を救助する, 救出する. ▶ *secourir* un blessé 負傷者を救助する. ❷ …を援助する, 救済する. ▶ *secourir* les réfugiés 難民を救済する.
── **se secourir** 代動 助け合う.

secourisme /s(ə)kurism/ 男 応急手当, 救急法. ▶ pratiquer le *secourisme* 応急処置を施す.

secouriste /s(ə)kurist/ 名 救急[救護]隊員.
secourr- 活用 ⇨ SECOURIR 23

*__secours__[1] /s(ə)kuːr/ 男 ❶ 救助, 救援.
▶ aller [venir] au *secours* de qn …を助けに行く / appeler au *secours* 助けを求める / crier au *secours* 助けてくれと叫ぶ / demander du *secours* 救いを求める.
❷ (物質的)援助; 救援物資[金]. ▶ association [société] de *secours* mutuel 相互扶助組織, 共済組合 / envoyer des *secours* aux sinistrés 被災者に救援物資を送る.
❸《多く複数で》救助隊; 援軍.
❹《多く複数で》応急手当, 救急処置. ▶ premiers *secours* aux noyés おぼれた人の応急処置 / poste de *secours* 救護所.
❺ 助け, 頼り. ▶ Sans le *secours* d'un dictionnaire, je ne pourrais pas lire ce livre. 辞書に頼らなければ私はこの本を読めないだろう.

Au secours! 助けて!
de secours 非常用の; 予備の. ▶ sortie [issue] *de secours* 非常口 / roue *de secours* スペアタイヤ.
être d'un grand secours (à qn) 大いに(…の)役に立つ. ▶ Sa mémoire lui *a été d'un grand secours*. 記憶力のよさが大いに彼(女)の役に立った / Mes relations ne m'*ont été d'aucun secours*. 私のコネは何の役にも立たなかった.
porter secours à qn …を救う, 助ける.

secours[2], **secourt** /sokuːr/ 活用 ⇨ SECOURIR 23

secouru, e /səkury/ 活用 secourir 23 の過去分詞.

secouru-, secourû-, secouruss- 活用 ⇨ SECOURIR 23

secousse /s(ə)kus/ 女 ❶ 揺れ, 衝撃, 振動. ▶ rude [violente] *secousse* 激しい揺れ / *secousse* sismique 地震の揺れ / *secousse* politique 政治的変動. ❷ 心の動揺, ショック. ▶ Cette nouvelle a été pour lui une terrible *secousse*. その知らせは彼にはたいへんなショックだった.
ne pas en ficher une secousse 話 何もしない, ぶらぶらしている.
par secousses (1) ぎくしゃくと. (2) 不規則に; 気まぐれに.
sans secousse 滑らかに; 静かに.

:__secret__[1], __ète__ /səkrɛ, ɛt/ 形 ❶ 秘密の. ▶ garder [tenir] qc *secret* …を秘密にしておく / ordres *secrets* 秘密指令 / documents *secrets* 機密文書 / codes *secrets* 暗号(表) / négociations *secrètes* 裏取引 / services *secrets* 秘密情報機関 / agent *secret* スパイ / association *secrète* 秘密結社.
❷《ときに名詞の前で》内に秘めた, ひそかな. ▶ haine *secrète* 秘められた憎しみ / *secrète* envie ひそかな羨望(賞).
❸ 人目につかない, 隠された. ▶ escalier *secret* 隠し階段 / 文章 胸の内を明かさない.

:__secret__[2] /səkrɛ/ 男 ❶ 秘密. ▶ garder [tenir] un *secret* 秘密を守る / trahir un *secret* 秘密を漏らす / dévoiler un *secret* 秘密をあばく / confier un *secret* à un ami 友人に秘密を打ち明ける / C'est un [mon] *secret*. 話 これは内緒.

séculier

❷ 口外しないこと, 秘密厳守 [保持]. ▶ Il m'a promis le *secret* absolu sur cette affaire. この件に関しては絶対口外しないと彼は私に約束した / *secret* de fabrication 製法の秘密 / *secret* professionnel (医師などの) 職業上の守秘義務. ❸ 秘訣(ひけつ), こつ. ▶ le *secret* du bonheur 幸福の鍵(かぎ) / Quel est ton *secret* pour rester si jeune? いつまでもそんなに若々しい秘訣はなんですか. ❹ 《多く複数で》[文章] 秘められた部分, 神秘; 内奥. ▶ les *secrets* de la nature 自然の神秘 / dans le *secret* du [de son] cœur 心の奥底で. ❺ 隠されたわけ, 深い事情. ▶ avoir le *secret* de l'affaire 事件の真相を知っている. ❻ 秘密の仕掛け, からくり. ▶ une serrure à *secret* 秘密仕掛けの錠前.

au secret 独房に. ▶ mettre un inculpé *au secret* 容疑者を独房に入れる.

dans le (plus grand) secret = *en secret* こっそりと, 人に知られずに. ▶ recevoir qn *en secret* ひそかに…の訪問を受ける.

dans le secret (de qc) (…の) 秘密を知っている. ▶ Elle m'a mis *dans le secret*. 彼女は私に秘密を打ち明けた / être *dans le secret* des dieux 事の裏事情に通じている.

le secret de Polichinelle (ポリシネル [道化] の秘密→) 公然の秘密.

le secret d'Etat (1) 国家機密. (2) [話] 重大な秘密.

ne pas avoir de secret pour qn …に対して隠し事をしない. ▶ Je *n'ai pas de secret pour* vous. 何も隠し事はありません.

*****secrétaire** /s(ə)krete:r スクレテール/ 名 ❶ 秘書, 助手. ▶ une *secrétaire* sténodactylo 速記とタイプのできる秘書 / une *secrétaire* médicale 医師 [歯科医] の女性助手. ❷ 書記 (官), 秘書官. ▶ *secrétaire* d'ambassade 大使館書記官 / *secrétaire* d'Etat 閣外大臣; (アメリカの) 国務長官; (バチカン市国の) 国務 [聖省] 長官 / *secrétaire* général 事務局長; (政党の) 書記長, 幹事長 / *secrétaire* général de l'ONU 国連事務総長 / *secrétaire* général du gouvernement 内閣官房長官. ❸ *secrétaire* de rédaction 編集次長, 編集実務責任者. ― 男 ライティング・デスク.

secrétairerie /s(ə)kreterri/ 女 *secrétairerie* d'Etat (バチカン市国の) 国務 [聖省] 長官の職; 国務省, 聖省.

secrétariat /s(ə)kretarja/ 男 ❶ 秘書 [書記] の職 [任期]. ▶ école de *secrétariat* 秘書養成所. ❷ 秘書課, 書記局, 事務局. ▶ *Secrétariat* général de l'ONU 国連事務局.

secrètement /səkrɛtmɑ̃/ 副 ❶ 内密に, ひそかに. ▶ voyager *secrètement* お忍びで旅行する. ❷ [文章] 心の中で, 内心.

secréter /sekrete/ [6] 他動 ❶ [生理学] …を分泌する. ❷ …をにじみ出させる, 発散する. ▶ Ce livre *sécrète* l'ennui. この本を読むのは退屈だ.

secréteur, trice /sekretœ:r, tris/ 形 [生理学] 分泌する, 分泌の. ▶ glande *sécrétrice* 分泌腺(せん).

secrétion /sekresjɔ̃/ 女 [生理学] 分泌; 分泌物. ▶ glandes à *sécrétion* interne 内分泌腺(せん).

sectaire /sɛktɛ:r/ 形, 名 セクト [党派] 主義的な (人); 不寛容な (人), 偏狭な (人).

sectarisme /sɛktarism/ 男 セクト [党派] 主義; 了見の狭さ, 不寛容.

sectateur, trice /sɛktatœ:r, tris/ 名 セクト [党派] の一員; (凝り固まった) 信者.

secte /sɛkt/ 女 ❶ 宗派; カルト. ❷ セクト, 党派.

*****secteur** /sɛktœ:r セクトゥール/ 男 ❶ 地区, 区域. ▶ *secteur* sauvegardé [都市計画] 保全地区 / le 8e [huitième] *secteur* de Paris パリ第8選挙区.

❷ 部門, 分野; 産業部門. ▶ *secteur* primaire [secondaire, tertiaire] 第1次 [第2次, 第3次] 産業 / *secteur* privé [public] 民間 [公共] 部門 / *secteur* de l'automobile 自動車産業部門. ❸ [話] 場所, 所. ▶ Changeons de *secteur*. 場所を変えよう. ❹ [電気] 地域配電網; 電源. ▶ panne de *secteur* (一区域全体の) 停電. ❺ [軍事] 防衛区域. ❻ [数学] *secteur* circulaire 扇形.

*****section** /sɛksjɔ̃ セクシォン/ 女 ❶ (組織などの) 区分, 部, 課, 科, 部門, 支部. ▶ *section* électorale 選挙区 / *section* littéraire [scientifique] [教育] 文系 [理系] コース. ❷ (文章の) 節. ▶ un chapitre divisé en trois *sections* 3節から成る章. ❸ (道路, 鉄道などの) 区間; (バスなどの) 運賃区間. ❹ 切断 (面); 断面図. ▶ la *section* d'un tendon 腱(けん) の切断 / une *section* traversale [longitudinale] 横 [縦] 断面図. ❺ [軍事] (30-40人の) 小隊. ❻ [音楽] セクション. ▶ *section* rythmique リズムセクション.

sectionnement /sɛksjɔnmɑ̃/ 男 ❶ 分割, 細分. ❷ 切断. ▶ le *sectionnement* d'une artère 動脈の切断.

sectionner /sɛksjɔne/ 他動 ❶ …を分割する. ▶ *sectionner* un département en quatre circonscriptions électorales 1つの県を4つの選挙区に分ける. ❷ …を切断する.

sectoriel, le /sɛktɔrjɛl/ 形 一部門の, 分野ごとの; 産業部門別の.

sectorisation /sɛktɔrizasjɔ̃/ 女 ❶ (産業の) 部門化. ❷ (行政上の) 地域分化.

sectoriser /sɛktɔrize/ 他動 …を区分する, 細分化する.

Sécu 女 《略語》[話] sécurité sociale 社会保障. ▶ lunettes de la *Sécu* [話] (保険で買える) 安物のメガネ.

séculaire /sekylɛ:r/ 形 ❶ 100年ごとの. ▶ cérémonie *séculaire* 100年記念の祝典. ❷ 100年たった; 数世紀来の. ▶ un arbre *séculaire* 樹齢(すうれい) 百年の老木 / habitudes *séculaires* 古来の習慣.

sécularisation /sekylarizasjɔ̃/ 女 ❶ (修道会からの) 脱会, 還俗(げんぞく). ❷ (教会財産の) 民間移譲; 国有化.

séculariser /sekylarize/ 他動 ❶ …を還俗(げんぞく) させる. ❷ [教会の資産など] を国家 [民間] に移譲する.

séculier, ère /sekylje, ɛ:r/ 形 ❶ 世俗の. ❷ [宗教] 修道会に属さない, 在俗の. ▶ clergé *séculier* (↔régulier) 在俗聖職者.

― **séculier** 男 在俗司祭.

secundo

secundo /s(ə)gɔ̃do/ 副《ラテン語》第2に，2番目に．注 2º と略す．

sécurisant, ante /sekyrizɑ̃, ɑ̃ːt/ 形〔環境，態度などが〕安心感を与える．

sécuriser /sekyrize/ 他動 …に安心感を与える．

sécuritaire /sekyritɛːr/ 形 治安の． ▶ politique *sécuritaire* 治安政策．

***sécurité** /sekyrite/ セキュリテ 女 ❶ 安全；保障．▶ être en *sécurité* 安全である / assurer la *sécurité* de qn …の身の安全を守る / *sécurité* publique 治安 / renforcer la *sécurité* routière 交通安全対策を強化する / *sécurité* de l'emploi 雇用の保障 / *sécurité* alimentaire 食の安全 / la *sécurité* internationale [collective] 国際[集団]安全保障 / le Conseil de *sécurité* 安全保障理事会 / la Compagnie républicaine de *sécurité* (フランス)共和国機動隊(略 CRS).
❷ 安心，安心感．▶ dormir en toute *sécurité* 枕(まくら)を高くして寝る．
❸ la *Sécurité sociale* 社会保険局，社会保険(注 話し言葉では sécu ともいう)．
de sécurité 安全のための．▶ ceinture *de sécurité* 安全ベルト / éclairage *de sécurité* 非常用ライト．

> 語法 la Sécurité sociale, la protection sociale, la couverture sociale
>
> (1) **la Sécurité sociale**
> 社会保険(局) la Sécurité sociale は健康保険や年金を扱っている行政機構全体を指す．
> • être à la Sécurité sociale 社会保険に入っている．
> • cotiser à la Sécurité sociale 社会保険料を(定期的に)払う．
> • se faire rembourser par la Sécurité sociale 社会保険による払い戻しを受ける．
> ◆ 日本の健康保険証は la carte de Sécurité sociale と訳すことができる．
> (2) **la protection sociale**
> 制度・仕組みとしての社会保障を指すのは la protection sociale である．la Sécurité sociale はその中核にあたる．
> • La protection sociale est financée par trois types d'agents ; les entreprises, les travailleurs actifs et l'Etat. 社会保障の財源は3つのタイプの支払い主によって確保されている．すなわち事業主(企業)，就労者，国の3者である．
> (3) **la couverture sociale**
> 制度としての社会保障，または具体的な保険を指す．
> • Quand on part à l'étranger, le point le plus important, c'est d'avoir une couverture sociale au cas où l'on tomberait malade. 外国に行く場合いちばん大事なのは，病気になったときのことを考えてなんらかの保険を確保しておくことだ．

sédatif, ive /sedatif, iːv/ 形 鎮静の，鎮痛の．
— **sédatif** 男 鎮静薬．

sédentaire /sedɑ̃tɛːr/ 形 ❶ 座ったままの；出歩かない，運動不精の．▶ profession *sédentaire* 事務職，デスクワーク / Il est devenu très *sédentaire*. 彼はめっきり外出しなくなった． ❷ 定住する．(↔nomade). ▶ un peuple *sédentaire* 定住民(族)．
— 名 ❶ 家にこもる人． ❷《複数で》定住民(族)．

sédiment /sedimɑ̃/ 男 ❶【地質】堆積(たいせき)物． ❷ 沈積物；【医学】沈渣(ちんさ)．

sédimentaire /sedimɑ̃tɛːr/ 形【地質】堆積(たいせき)性の． ▶ roche *sédimentaire* 堆積岩．

sédimentation /sedimɑ̃tasjɔ̃/ 女 ❶【地質】堆積(たいせき)(作用)． ❷【化学】沈殿(作用)，沈降．

séditieux, euse /sedisjø, øːz/ 形 反乱を起こす．▶ une troupe *séditieuse* 反乱軍．
— 名 暴徒，反乱者(=factieux)．

sédition /sedisjɔ̃/ 女 反乱，暴動．

séducteur, trice /sedyktœːr, tris/ 名 誘惑者，女[男]たらし．— 形 ❶ 魅惑的な，心をとらえる． ❷（異性を)誘惑する，女[男]たらしの．

séduction /sedyksjɔ̃/ 女 ❶ 誘惑． ▶ utiliser tous les moyens de *séduction* あらゆる誘惑の手だてを尽くす． ❷ 魅惑；魅力． ▶ Elle a de la *séduction*. 彼女には魅力がある．

séduire /sedɥiːr/ 70 他動(過去分詞 séduit, 現在分詞 séduisant) ❶ …の心を捕らえる，を魅惑する．▶ Il *a séduit* les auditeurs par son intelligence. 彼は知性で聴衆を魅了した / Ses projets me *séduisent*. 彼(女)の計画には魅力を感じています /《目的語なしに》chercher à *séduire* 人の気を引こうとする．
❷ 文章 …を誘惑する，たらし込む． ▶ *séduire* une femme mariée 人妻と関係を持つ．

séduis, séduit /sedɥi/ 活用 ⇨ SÉDUIRE 70

séduis-, séduisi-, séduisî-, séduisiss- 活用 ⇨ SÉDUIRE 70

séduisant, ante /sedɥizɑ̃, ɑ̃ːt/ 形 魅力的な，人を引き付ける． ▶ femme *séduisante* 魅力ある女性 / proposition *séduisante* 興味をそそる提案．

segment /sɛgmɑ̃/ 男 ❶【数学】線分(=*segment* de droite)；(図形の)部分，切片．▶ *segment* circulaire 弧形． ❷【動物学】(環形動物の)体節． ❸【機械】*segment* de piston ピストンリング / *segment* de frein ブレーキシュー． ❹【言語】切片，分節．

segmentation /sɛgmɑ̃tasjɔ̃/ 女 ❶ 分割；分節． ❷【生物学】(受精卵の)卵割．

segmenter /sɛgmɑ̃te/ 他動 …を分割する．
— **se segmenter** 代動 分裂する．

ségrégatif, ive /segregatif, iːv/ 形 人種隔離[差別]の． ▶ politique *ségrégative* 人種隔離政策．

ségrégation /segregasjɔ̃/ 女 ❶ (有色人種の)隔離，分離． ▶ *ségrégation* raciale 人種隔離． ❷ (階層，宗教，性などによる)差別；区別． ▶ *ségrégation* sexuelle 性差別．

ségrégationnisme /segregasjɔnism/ 男 人種隔離政策；差別主義．

ségrégationniste /segregasjɔnist/ 形 人種隔離政策[主義]の；差別主義の．
— 名 人種隔離主義者；差別主義者．

ségrégué, e /segrege/, **ségrégé, e** /segreze/ 形 人種隔離[差別]政策が行われている; 差別を受けた.

seiche /sεʃ/ 女 【動物】(コウ)イカ.

séide /seid/ 男 文章 (ある人物, 主義の)盲目的[狂信的]信奉者.

seigle /sεgl/ 男 ライムギ. ▶ pain de *seigle* ライ麦パン.

*__seigneur__ /sεɲœːr セニュール/ 男 ❶(封建時代の)領主, 主君. ▶ le *seigneur* et ses vassaux 領主とその家臣 / droit du *seigneur* 領主権(特に初夜権を指す) / Le *Seigneur* des Anneaux「指輪物語」,「ロード・オブ・ザ・リング」.
❷(アンシャンレジーム以降の)貴族. ❸ 主(ぁるじ); 富豪; 大物, 支配者. ▶ les *seigneurs* de la finance 財界の顔役. ❹《Seigneur》【キリスト教】主(ぁ), 神. ▶ le jour du *Seigneur* 主日, 日曜日 / Notre-*Seigneur* 我らの主(イエス・キリスト).

A tout seigneur, tout honneur. ⇨ HONNEUR.

en grand seigneur みやびやかに; 奢侈(しゃ)に. ▶ vivre *en grand seigneur* 大名暮らしをする.

faire le grand seigneur 金に糸目をつけない; 殿様気取りでいる.

seigneurial, ale /sεɲɔrjal/; 《男 複》**aux** /o/ 形 ❶ 〖歴史〗領主の, 諸侯の. ❷ 文章 王侯貴族にふさわしい, 豪勢な.

seigneurie /sεɲœri/ 女 ❶ 【歴史】荘園; 領主権. ❷ Votre *Seigneurie* 閣下: 英国上院議員および昔のフランス貴族院議員に対する敬称.

*__sein__ /sɛ̃ サン/ 男 ❶(女性の)乳房. ▶ les *seins* 両の乳房 / bouts des *seins* 乳首 / donner [offrir] le *sein* à un bébé 赤ん坊に乳をやる / nourrir un enfant au *sein* 子供を母乳で育てる / prendre un bain de soleil *seins* nus トップレスで日光浴をする / cancer du *sein* 乳癌.
❷ 文章 胸; 胸の内. ▶ serrer [presser] qn sur [contre] son *sein* …を胸に抱きしめる. ❸ 文章 胎内, 腹. ❹ 内部, 内奥. ▶ le *sein* de la terre 地球内部.

au sein de qc …のただ中で; 内部で. ▶ Même *au sein du* gouvernement, il y aurait des divergences de vues sur ce problème. この問題については政府内部でも意見の不一致があるようだ.

Seine /sεn/ 固有 女 セーヌ川.

Seine-et-Marne /sεnemarn/ 固有 女 セーヌ=エ=マルヌ県[77]: パリ東方.

Seine-Maritime /sεnmaritim/ 固有 女 セーヌ=マリティム県[76]: パリ北方.

Seine-Saint-Denis /sεnsɛ̃d(ə)ni/ 固有 女 セーヌ=サン=ドニ県[93]: パリ北東部.

seing /sɛ̃/ 男 (公式証書への)自署.

séisme /seism/ 男 ❶ 地震. ❷ 激動, 大混乱.

SEITA《略語》Société nationale d'exploitation industrielle des tabacs et des allumettes タバコ・マッチ専売公社. 注 現在は Altadis.

*__seize__ /sεːz セーズ/ 形 〖数〗(不変) ❶(名詞の前で)16の. ▶ Elle a *seize* ans. 彼女は16歳である.
❷(おもに名詞のあとで序数詞として)16番目の. ▶ page *seize* 16ページ.
── *__seize__ 男 〖単複同形〗❶16. ❷《le *seize*》

16日; 16番地. ❸(映画の)16ミリフィルム.

*__seizième__ /sεzjεm セズィエム/ 形 **16番目**の; 16分の1の. ▶ le *seizième* siècle 16世紀.
── 名 16番目の人[物].
── 男 ❶16分の1. ❷16世紀. ❸(パリの)第16区: 高級住宅街として知られる. ❹17階. ❺ *seizième* de finale ベスト16を決める試合.

seizièmement /sεzjεmmɑ̃/ 副 16番目に.

*__séjour__ /seʒuːr セジュール/ 男 ❶ 滞在, 逗留(とうりゅう); 滞在期間. ▶ carte de *séjour* (外国人の)滞在許可証 / *séjour* irrégulier 不法滞在 / J'ai fait un *séjour* linguistique en France. 私はフランスで語学研修をした / frais de *séjour* hospitalier 入院費 / faire un bref *séjour* à la montagne 短期間山で過ごす / prolonger son *séjour* 滞在期間を延長する. ❷ リビングルーム, 居間 (=salle de *séjour*). ❸ 文章 滞在地; 保養地.

séjournant, ante /seʒurnɑ̃, ɑ̃ːt/ 名 湯治客, 保養客; 観光客.

séjourner /seʒurne/ 自動 ❶ …に滞在する (=faire un séjour). ▶ *séjourner* à l'hôtel ホテルに滞在する / *séjourner* dans un hôpital 入院中である. ❷〔物が〕…に残る, 動かないでいる. ▶ vin qui *séjourne* à la cave 地下室に眠っているワイン.

*__sel__ /sεl セル/ 男 ❶ 塩. ▶ mettre du *sel* dans la soupe スープに塩を入れる / *sel* fin 精製塩 / gros *sel* 粗塩 / *sel* gemme 岩塩 / une pincée de *sel* 一つまみの塩.
❷ ぴりっとしたもの, 機知. ▶ une plaisanterie pleine de *sel* わさびの利いた冗談.
❸〖化学〗塩(ぇん). ▶ *sel* acide 酸性塩.
❹《複数で》気つけ薬.

le sel de la terre (1)〖聖書〗地の塩: 社会の模範となる人. (2) 精鋭, 選良.

mettre son grain de sel dans qc …に出しゃばって口を出す, おせっかいを焼く.

poivre et sel〔髪などが〕ごま塩の.

sélect, e /selεkt/ 形 古風 えり抜きの, 一流の. ▶ le monde *sélect* 上流社会.

sélecteur /selεktœːr/ 男 【電気通信】チューナー, セレクター.

sélectif, ive /selεktif, iːv/ 形 ❶ 選択[選別]式の; 選別による. ▶ une méthode *sélective* 選択的方法. ❷〖電波〗(ラジオが)分離性能のよい.

*__sélection__ /selεksjɔ̃ セレクスィヨン/ 女 ❶ 選択, 選抜. ▶ faire [opérer] une *sélection* parmi les candidats 応募者の中から選抜する / *sélection* professionnelle (適性検査による)職業選択 / match [épreuve] de *sélection* 代表選抜試合. ❷ 選ばれた人[物]. ▶ la *sélection* française pour les jeux Olympiques オリンピック・フランス代表(団). ◆une *sélection* de + 複数名詞 …の一団; ーそろいの…. ▶ une *sélection* de films 名作映画選. ❸〖生物学〗選択, 淘汰(とうた). ▶ *sélection* naturelle 自然淘汰.

sélectionné, e /selεksjɔne/ 形 選抜[選別]された, 精選された. ── 名 選抜[選別]された人.

sélectionner /selεksjɔne/ 他動 … を選抜[選別]する, 精選する. ▶ *sélectionner* des athlètes pour un championnat 選手権出場選手を

sélectionneur

選抜する。

sélectionneur, euse /sɛlɛksjɔnœːr, øːz/ 名 選択［選抜, 選別］する人；適性職業選択試験官；選考委員.

sélectivement /selɛktivmɑ̃/ 副 選択によって, 選別的に.

sélectivité /selɛktivite/ 女 〖電波〗(受信機による希望波の)選択度.

Séléné /selene/ 固有 女 〖ギリシア神話〗セレネ：月の女神.

self /sɛlf/ 男 語 セルフサービス (=self-service)；セルフサービスのレストラン.

self-control /sɛlfkɔ̃trɔːl/ 男 《英語》自己抑制, 自制.

self-made-man /sɛlfmɛdman/;《複》~-~-**men** /sɛlfmɛdmɛn/ 男 《英語》腕一本で出世した男, 立志伝中の人.

self-service /sɛlfsɛrvis/ 男 《英語》セルフサービス；セルフサービスの店.

selle /sɛl/ 女 ❶ 鞍(くら). ▶ se mettre en *selle* 鞍にまたがる / monter un cheval sans *selle* 裸馬に乗る / cheval de *selle* 乗用馬. ❷(自転車などの)サドル. ❸(羊や子牛などの)鞍下肉. ❹〖彫刻〗(上部が回転する)彫塑台. ❺《複数形》大便.

aller à la selle トイレに行く.

être bien en selle (1) 馬にしっかりまたがっている. (2) 地位にしっかり収まっている.

mettre qn en selle …が事業を始めるのを手助けする.

se remettre en selle 元の地位に復帰する；立ち直る.

seller /sele/ 他動 〔馬, 牛など〕に鞍(くら)を置く.

sellerie /sɛlri/ 女 ❶ 馬具置場；馬具一式. ❷ 馬具製造［販売］業；馬具製造業.

sellette /sɛlɛt/ 女 ❶(昔の)被告人尋問用腰掛け. ❷〖彫刻〗小型の回転式彫塑台. ❸〖建築〗(塗装工などの用いる)つり腰掛け.

être sur la sellette (1) 被告人席に上る；告訴される. (2) とかく取り沙汰(さた)される, うわさの的になる.

mettre qn sur la sellette …を尋問する.

sellier /selje/ 男 馬具製造［販売］人.

*__selon__ /s(ə)lɔ̃/ スロン /前 ❶ …どおりに, に従って. ▶ faire qc *selon* les règles …を規則どおりにやる. ❷ …によれば；の見地からは. ▶ *selon* les journaux 新聞によれば / Il a fait, *selon* moi, une bêtise. 私に言わせてもらえれば, 彼もくだらないことをしたものだ / *selon* toute apparence [vraisemblance] 見たところ, どう見ても / Evangile *selon* Saint Jean ヨハネによる福音書. ❸ …に応じて, …次第で. ▶ *selon* les circonstances 状況に応じて / C'est différent *selon* les cas. それは場合によって異なる / dépenser *selon* ses moyens 懐具合に応じて支出する / Nous partirons ou non, *selon* le temps qu'il fera. 出かけるかどうかは天気次第だ.

C'est selon. それは場合による, 類似の (=Ça dépend).

selon que + 直説法 …に応じて, したがって. ▶ Son humeur change *selon qu*'on l'admire ou le critique. 彼(女)の機嫌は, ほめられるかけなされるかで, ころころ変わる.

Seltz /sɛl(t)s/ eau de *Seltz* セルツァ炭酸水：食塩と少量のナトリウムなどの炭酸塩を含む天然鉱水.

semailles /s(ə)mɑj/ 女複 (おもに穀物の)種まき；種まきの時期.

*__semaine__ /s(ə)mɛn/ スメヌ/ 女

❶ 週. ▶ cette *semaine* 今週 / la *semaine* dernière 先週 / la *semaine* prochaine 来週 / **A la semaine prochaine!** また来週 / une fois「par *semaine* [la *semaine*]週に1度 / toutes les deux *semaines* 2週間に1度 / au début de la *semaine* = en début de *semaine* 週の初めに / à la fin de la *semaine* = en fin de *semaine* 週末に(注 多く week-end を用いる) / « Quel jour de la *semaine* est-ce aujourd'hui ? — C'est aujourd'hui samedi. » 「今日は何曜日ですか」「土曜日です」

❷(曜日に関係なく)**1週間**, 7日間. ▶ prendre une *semaine* de vacances 1週間の休暇をとる / Il est parti pour une *semaine*. 彼は1週間の予定で出発した / dans une *semaine* 1週間後に / la *semaine* du livre 読書週間.

❸(日曜日に対して)**週日**, ウイークデー. ▶ J'ai eu une *semaine* chargée. 忙しい1週間だった.

❹(労働時間の単位としての)週；週給：(1週間分の)小遣い. ▶ la *semaine* de quarante heures 週40時間労働 / Il a touché sa *semaine*. 彼は週給を受け取った / appliquer la *semaine* de cinq jours 週5日制を実施する.

❺〖キリスト教〗**週間** sainte = grande *semaine* 聖週間：復活祭に先立つ1週間.

à la petite semaine その場限りの, 先の見通しなしに. ▶ vivre *à la petite semaine* その日暮らしをする.

à la semaine 週単位で, 週ぎめで. ▶ chambre louée *à la semaine* 週単位で貸す部屋.

de semaine 週番の. ▶ être *de semaine* 週番に当たっている.

en semaine = pendant la *semaine* 平日に. ▶ La boutique est ouverte *en semaine*. 店は日曜を除き営業している.

la semaine anglaise (英国で始まった)土曜半[全]休制度. ▶ faire *la semaine anglaise* 土曜半ドン［週休2日］で働く.

semainier, ère /səmɛnje, ɛːr/ 名 (学校, 修道院などの)週番. — **semainier** 男 七曜表；曜日付きデスクダイアリー.

sémanticien, enne /semɑ̃tisjɛ̃, ɛn/ 名 〖言語〗意味論研究者.

sémantique /semɑ̃tik/ 女 〖言語〗意味論.
— 形 〖言語〗意味論的な；意味の.

sémaphore /semafɔːr/ 男 ❶ 〖海事〗(海岸から視覚信号で船舶と交信する)信号所. ❷〖鉄道〗腕木式信号機.

*__semblable__ /sɑ̃blabl/ サンブラーブル/ 形 ❶ 似ている, 類似の (=pareil). ▶ deux maisons *semblables* 似通った2軒の家 / dans un cas *semblable* そんな場合 / Nous avons des goûts *semblables*. 私たちは似たような趣味を持っている / Je n'ai jamais rien vu de *semblable*. こんなことは見たことがない. ◆ semblable à qn/qc …に似ている.

▶ une maison *semblable* à la mienne 私の家に似た家.

❷《名詞の前で》《ときに軽蔑して》そのような. ▶ De *semblables* propos sont inadmissibles. そんな言葉は許されない. ❸〘数学〙相似の.
——名《所有形容詞とともに》❶ 同胞, 同類. ▶ aimer ses *semblables* 同胞を愛する. ❷ 似た存在.

semblant /sãblã/ 男〈un *semblant* de ＋ 無冠詞名詞〉うわべの…, わずかばかりの…. ▶ manifester un *semblant* d'intérêt 関心のあるふりをする / Il n'y a pas un *semblant* de vérité dans ce qu'elle a dit. 彼女の言ったことには真実さのかけらもない.

***faire semblant** (de ＋ 不定詞)* (…する)ふりをする. ▶ Il ne dort pas, il *fait semblant*. 彼は寝たふりをしているだけだ.

ne faire semblant de rien 無知[無関心]を装う, 何食わぬ顔をする, とぼける.

sembler /sãble/ サンブレ/ 自動

❶〈**sembler** ＋ 属詞 // **sembler** ＋ 不定詞〉…らしい, …のように見える[思われる]. ▶ Elle *semble* fatiguée. 彼女は疲れているらしい / Les heures m'*ont semblé* très longues. 私には時間がとても長く思われた / Vous *semblez* regretter son départ. きみは出発を残念に思っているらしそうですね.

❷《非人称構文で》❶〈**Il semble que …**〉…らしい, のようだ. 注 確実なニュアンスのとき que 以下は直説法または条件法, 不確実または疑問・否定文のときは接続法. ▶ Il *semble* qu'il n'y a [ait] rien à faire. 万事休すらしい / Il ne *semble* pas qu'on puisse finir avant midi. 昼までには終わりそうもない.

❷〈**Il me** [**te, …**] **semble que …**〉…>私 [君, …] は…と思う (＝Je [Tu, …] crois que …). 注 ①に比べて確実性のニュアンスが強い. 肯定文のとき que 以下は直説法または条件法, 否定・疑問文のときは接続法. ▶ Il me *semble* que c'est assez grave. かなり深刻だと私は思う / Il ne me *semble* pas que cela soit possible. それは可能だとは思えない.

❸〈**Il me** [**te, …**] **semble** ＋ 不定詞〉私 [君, …] には…のように見える. ▶ Il nous *semble* les connaître. 我々は彼らを知っているような気がする.

❹〈**Il** (**me, te, …**) **semble** ＋ 形容詞「**de** ＋ 不定詞 [**que …**]」〉…は…のようである, のように私 [君, …] には思われる. 注 主節が否定・不確実のニュアンスを表わすとき que 以下は接続法. ▶ Il me *semble* inutile de revenir là-dessus. いまさらこれを蒸し返しても仕方ないだろう / Il nous *semble* superflu que vous reveniez. もう一度御足労願うこともないと思います.

❺《挿入句で》〈(à ce qu')il me [te, …] *sem-ble* // (me, te, …) *semble-t-il* ce (me, te, …) *semble*〉私 [君, …]の考えでは, 思うに. ▶ Il est déjà parti, me *semble-t-il*. 彼はもう出かけたらしい / Il a dû venir, ce me *semble*, la semaine dernière. 彼は先週来たような気がする.

Que vous en semble? 文章 それをどう思いますか.

Que vous [*te*] *semble*(*-t-il*) *de qc?* 文章 …についてどう思いますか.

si [*comme, quand, ce que*] *bon me semble* よいと思えば[よいと思うように, よいと思うときに, よいと思うものを]. 注 me は各人称に変化させて用いる. ▶ Elle travaille *quand bon lui semble*. 彼女は気が向いたときに勉強をする / Prenez *ce que bon vous semble*. 気に入ったものを取りなさい.

semé, e /s(ə)me/ 形〈*semé* de ＋ 無冠詞名詞〉…をまいた, ちりばめた; でいっぱいの. ▶ une campagne *semée* d'arbres 木々の点在する田園 / une composition *semée* de fautes 間違いだらけの作文.

semelle /s(ə)mɛl/ スメル/ 女 ❶ 靴底, 靴の裏; (靴の)底敷; (靴下の)底, 裏. ▶ chaussures à *se-melles* de cuir 革底の靴. ❷ スキー板の裏 / アイロンの底 (＝*semelle* de fer). ❸ 話 堅い肉. ▶ C'est de la *semelle*. 靴底みたいに堅い肉だ.

battre la semelle (暖まるために)足踏みする.

ne pas avancer d'une semelle (1) 1 歩も動かない. (2)まったく進歩しない.

ne pas quitter qn d'une semelle …から 1 歩も離れない, につきまとう.

ne pas reculer d'une semelle 1 歩も譲らない [退かない].

semence /s(ə)mɑ̃s/ 女 ❶ 種, 種子. ▶ blé de *semence* 種ムギ / acheter des *semences* 種を買う. ❷ 文章 原因. ▶ les *semences* d'une révolution 革命の火種. ❸ 話 精液. ❹ (靴職人, 絨緞(じゅうたん)職人の使う)鋲(びょう).

semer /s(ə)me/ スメ/ 3 他動

直説法現在	je sème	nous semons
	tu sèmes	vous semez
	il sème	ils sèment

❶ [種子]をまく. ▶ *semer* du blé 麦をまく / 《目的語なしに》 *semer* à la volée 投げまきする. 注 ensemencer は畑を目的語とする(例: ensemencer un champ en blé 畑に小麦の種をまく).

❷ …をまき散らす, 広める. ▶ *semer* des clous sur la route 道路に釘(くぎ)をばらまく / *semer* la discorde 不和の種をまく / *semer* des idées nouvelles 新しい思想を広める.

❸ 話〔人〕をまく; 引き離す. ▶ *semer* ses poursuivants 追っ手をまく.

Qui sème le vent récolte la tempête. 諺 (風の種をまく者は嵐(あらし)を刈り取る→)身から出た錆(さび).

semer son argent 乱費する.
—— *se semer* 代動 まかれる.

semestre /s(ə)mɛstr/ 男 ❶ 6 か月, 半年, 半期; (年 2 学期制の)学期. ▶ le premier [second] *semestre* 上 [下] 半期, 前 [後] 期. ❷ 半期分の手当 [年金].

semestriel, le /səmɛstrijɛl/ 形 半期 [半年]ごとの. ▶ revue *semestrielle* 年 2 回発行の雑誌.

semestriellement /səmɛstrijɛlmɑ̃/ 副 半年 [半期]ごとに.

semeur, euse /s(ə)mœːr, øːz/ 名 ❶ 種をまく人. ❷〈*semeur* de ＋ 無冠詞名詞〉(デマ, 不和な

ど)の種をまく人. ▶ *semeur* de faux bruits デマを流す者.

semi- 接頭「半分」の意.

semi-automatique /səmiɔtɔmatik/ 形 半自動(式)の, セミオートマチックの.

semi-circulaire /səmisirkylɛːr/ 形 半円(形)の.

semi-conducteur /səmikɔ̃dyktœːr/ 男〘エレクトロニクス〙半導体.
— **semi-conduc*teur, trice*** /səmikɔ̃dyktœːr, tris/ 形 半導体の.

semi-conserve /səmikɔ̃sɛrv/ 女 (加熱などをして容器に密封包装した)チルド食品.

semi-consonne /səmikɔ̃sɔn/ 女 〘音声〙半子音 (=semi-voyelle).

sémill*ant, ante* /semijɑ̃, ɑ̃ːt/ 形 快活な, 活発な.

séminaire /seminɛːr/ 男 ❶〘カトリック〙神学校. ▶ petit *séminaire* 小神学校(カトリック系中等学校. ただし生徒は必ずしも聖職志望ではない). ❷ セミナー, ゼミナール, 研究会. ▶ *séminaire* de sociologie 社会学のゼミナール.

sémin*al, ale* /seminal/;(男複) ***aux*** /o/ 形 ❶〘医学〙精液の. ❷〘植物学〙種子の. ❸ 文章〔概念などが〕根源的な.

séminariste /seminarist/ 男 神学生.

sémio- 接頭「記号」の意.

sémiologie /semjɔlɔʒi/ 女 ❶ 記号学. ❷〘医学〙症候学.

sémiologique /semjɔlɔʒik/ 形 ❶ 記号学の. ❷〘医学〙症候学の.

sémiologue /semjɔlɔg/ 名 ❶ 記号学者. ❷〘医学〙症候学専門医.

sémiotic*ien, enne* /semjɔtisjɛ̃, ɛn/ 名 記号論研究者.

sémiotique /semjɔtik/ 女 記号論.
— 形 記号論の.

semi-publ*ic, ique* /səmipyblik/ 形 半官半民の.

sémique /semik/ 形 〘言語〙意味素の; 意味の.

semi-remorque /səmirmɔrk/ 女 〘自動車〙セミトレーラー.

semis /s(ə)mi/ 男 ❶ (特に園芸, 植林の)種まき; 種のまき方. ❷ 苗床; (集合的に)苗, 苗木. ❸ 文章(装飾用に)散らし模様.

sémite /semit/ 名, 形 ❶ セム族(の). ❷ (誤用で)(軽蔑して)ユダヤ人(の).

sémitique /semitik/ 形 セム語系の; 因慣 セム族 Semites の. ▶ les langues *sémitiques* セム語族. — 男 セム語(族).

sémitisme /semitism/ 男 ❶ セム族気質, セム文明の特性. ❷〘言語〙セム語特有の語法.

semi-voyelle /səmivwajɛl/ 女 〘音声〙半母音 (例: [j] [ɥ] [w]).

semonce /səmɔ̃ːs/ 女 ❶ 文章 叱責, 訓戒. ▶ faire des *semonces* à qn …をしかる. ❷ (他の船に対する)国旗掲揚[停船]の命令. ▶ coup de *semonce* (国旗掲揚, 停船を求める)警告射撃.

semoule /s(ə)mul/ 女 ❶ セモリナ: 硬質小麦, トウモロコシ, 米などの粗びき粉. ❷ sucre *semoule* グラニュー糖.

sempiternel, *le* /sɛ̃pitɛrnɛl/ 形 《ときに名詞の前で》果てしのない; 相も変わらぬ.

sempiternellement /sɛ̃pitɛrnɛlmɑ̃/ 副 果てしなく, 長々と.

sénat /sena/ 男 セナ/ 男 ❶《Sénat》元老院(フランスの上院). ❷〘古代ローマ〙元老院.

sénateur /senatœːr/ 男 ❶ 元老院(上院)議員. ❷〘歴史〙(ローマなどの)元老院議員.
train de sénateur 重々しい足どり.

sénatori*al, ale* /senatɔrjal/;(男複) ***aux*** /o/ 形 元老院(議員)の. ▶ élections *sénatoriales* 元老院選挙.

sénatus-consulte /senatyskɔ̃sylt/ 男 ❶〘古代ローマ〙元老院令, 元老院布告. ❷〘歴史〙(執政政府, 第1・第2帝政下の)元老院決議.

séné /sene/ 男 〘植物〙センナ: 下剤として用いる.

Sénégal /senegal/ 固有 男 セネガル: 首都 Dakar. ▶ au *Sénégal* セネガルに[で, へ].

sénégal*ais, aise* /senegalɛ, ɛːz/ 形 セネガル Sénégal の.
— **Sénégal*ais, aise*** 名 セネガル人.

sénescence /senesɑ̃ːs/ 女 老衰.

sénesc*ent, ente* /senesɑ̃, ɑ̃ːt/ 形 老化した.

sénile /senil/ 形 ❶ 老人の, 老年の. ▶ démence *sénile* 老年性痴呆(ほう). ❷ 老いぼれた, もうろくした.

sénilité /senilite/ 女 老化(現象), 老衰.

senior /senjɔːr/ 名, 形《英語》(男女同形)《スポーツ》シニアの.

Sens /sɑ̃ːs/ 固有 サンス: シャンパーニュ地方の都市.

:sens /sɑ̃ːs サーンス/

❶ ❶ 感覚, 知覚(機能). ▶ les cinq *sens* 五感(視覚 vue, 聴覚 ouïe, 嗅覚(きゅう)odorat, 味覚 goût, 触覚 toucher) / le sixième *sens* 第六感, 直感 / organe des *sens* 感覚器官 / reprendre (l'usage de) ses *sens* 意識を取り戻す.
❷ (複数で)官能, 性欲. ▶ exciter les *sens* 欲情をかき立てる.
❸ (ふつう)把握[認識]能力, 勘, センス. ▶ le *sens* artistique 芸術的センス / le *sens* de l'orientation 方向感覚 / le *sens* du rythme リズム感覚 / le *sens* moral 倫理感 / le *sens* pratique 実際的感覚 / avoir le *sens* des affaires 事業の才がある / avoir le *sens* de l'humour ユーモアのセンスがある / faire preuve d'un *sens* aigu de la réalité 鋭い現実感覚を示す.
❹ 考え方, 見方, 意見. ▶ à mon *sens* 私の考えでは / abonder dans le *sens* de qn …と同意見である / Ce que vous dites va dans mon *sens*. あなた(方)のおっしゃることに私も同感です.

❷ ❶ (語, 文, 記号などの)意味. ▶ le *sens* propre [figuré] 原義 [比喩(ゆ)的意味] / au *sens* large [étroit] du terme 語の広い[狭い]意味で / Dans quel *sens* ce mot est-il employé? この語はどんな意味で使われていますか / mots à double *sens* 二重の意味にとれる語. ◆ avoir du *sens* 意味がある. ▶ **Ça n'a pas de sens.** そんなのはナンセンスだ.
❷ 意義, 価値, 存在理由. ▶ trouver un *sens* à l'existence 生活に生きがいを見いだす.

sensible

***bon sens** 分別, 良識, 常識. ▶ un homme de *bon sens* 良識家 / avoir du *bon sens* 良識がある / en dépit du *bon sens* 常識に反して; むちゃくちゃに / gros *bon sens*《加》至極素朴な常識.
en [dans] ce sens こうした意味で; この(観)点で. 注 sens² にも同じ形の成句があるので注意. ◆
en ce sens que + 直説法 …という意味で.
***en [dans] un (certain) sens** ある意味で(は). ▶ *En un sens*, vous avez raison. ある意味では, あなたは正しい.
sens commun 常識. ▶ Ça n'a pas le *sens commun*. それは非常識だ.
tomber sous le [les] sens 明白である.

比較 **意味**
sens, signification 語義の差はほとんどないが, sens の方がより一般的. 熟語表現には sens が使われる. また sens は意味が広いため, 厳密を要する学術用語では signification が使われる.

***sens**² /sɑ̃s サーンス/ 男

❶ 方向, 向き. ▶ (voie à) *sens* unique 一方通行路 / carrefour à *sens* giratoire ロータリー / «*sens* interdit»「車両進入禁止」/ tailler dans le *sens* du bois 木目に沿って切る / Tournez le bouton dans le *sens* des aiguilles d'une montre. ダイアルを時計方向に回しなさい / Ça fait dix mètres dans le *sens* 「de la longueur [de la largeur]」. それは縦[横]の長さが10メートルだ.
❷ (社会などの)動向, 流れ; 方針. ▶ le *sens* de l'histoire 歴史の流れ / se prononcer dans le même *sens* 同じ趣旨の発言をする.
dans 「le bon [le mauvais] sens 正しい[逆]向きに; よい[間違った]方向に. ▶ Ce meuble n'est pas mis *dans le bon sens*. この家具はちゃんとした向きに置かれていない.
en ce sens この方向に, この方針に沿って. 注 sens¹ にも同じ形の成句があるので注意. ▶ Les efforts entrepris *en ce sens* depuis quelques années commencent à porter leurs fruits. 数年来この方針に沿って払われてきた努力が成果を上げはじめた.
en sens contraire [inverse] 反対方向に.
en tout [tous] sens = *dans tous les sens* 四方八方に, あらゆる方向に; 至る所に.
sens dessus dessous /sɑ̃dsydsu/ (1) 上下逆さに. ▶ mettre une voiture *sens dessus dessous* 自動車をひっくり返す. (2) ごちゃごちゃに, 混乱して; 気が動転した. ▶ La maison était *sens dessus dessous*. 家の中はめちゃくちゃであった.
sens devant derrière /sɑ̃dvɑ̃dɛrjɛːr/ 前後逆に. ▶ mettre un pull-over *sens devant derrière* セーターを後ろ前に着る.

sens³ /sɑ̃/ 活用 ⇨ SENTIR 19
sensass /sɑ̃sɑːs/ 形《不変》(sensationnel の略) 話 すばらしい; ものすごい.

***sensation** /sɑ̃sɑsjɔ̃/ サンサスィヨン/ 女 ❶ 感覚.
▶ la *sensation* auditive 聴覚 / avoir une *sensation* de froid 寒けを覚える.
❷ (生理的な)感じ, 印象. ▶ une *sensation* agréable 快感 / *sensation* de bien-être 満足感. ◆ avoir la *sensation*「de + 不定詞 [que + 直説法]」…の感じがする. ▶ Il avait la *sensation* d'être traqué. 彼は追跡されているような気がしていた.
❸《複数で》興奮, 刺激. ▶ Si tu aimes les *sensations* fortes, je te conseille ce film d'horreur. もしスリルが好きなら, このホラー映画がいいよ.
à sensation 衝撃的な; 俗受けのする. ▶ un journal *à sensation* 低俗な新聞.
faire sensation センセーションを巻き起こす.
sensationnalisme /sɑ̃sɑsjɔnalism/ 男 センセーショナリズム, 扇情主義.
sensationnel, le /sɑ̃sɑsjɔnɛl/ 形 ❶ センセーショナルな, 世間を驚かせる. ▶ une nouvelle *sensationnelle* センセーショナルなニュース. ❷ 話 すばらしい; ものすごい.
— **sensationnel** 男 センセーショナルなもの.
sensé, e /sɑ̃se/ 形 良識[分別]のある; 理にかなった.
sensibilisateur, trice /sɑ̃sibilizatœːr, tris/ 形 ❶《写真》増感性の; 《化学》反応促進の. ❷ 人の関心をかき立てる.
— **sensibilisateur** 男《写真》増感剤, 感光剤.
sensibilisation /sɑ̃sibilizɑsjɔ̃/ 女 ❶ (社会問題などへ)関心を持たせること, 世論の喚起. ▶ la *sensibilisation* aux problèmes du chômage 失業問題についての世論の喚起. ❷《写真》増感. ❸《医学》感作(ホポ): 抗原に対して反応しやすくすること.
sensibiliser /sɑ̃sibilize/ 他動 ❶ < *sensibiliser* qn/qc (à [sur] qc) >(…について)…に関心を持たせる, の注意を促す. ▶ *sensibiliser* les fumeurs aux dangers du tabac たばこの害に対して喫煙者の自覚を促す. ❷《写真》〔乾板など〕に感光性を与える, 増感する. ❸《医学》…を感作(ホポ)する. — **se sensibiliser** 代動 < *se sensibiliser* à qc >…に対して敏感になる.

***sensibilité** /sɑ̃sibilite サンスィビリテ/ 女 ❶ 感覚, 感覚能力. ▶ la *sensibilité* de l'œil 視覚 / la *sensibilité* à la chaleur 温覚.
❷ 感性, 感受性; 思いやり. ▶ un enfant d'une grande *sensibilité* 感受性豊かな子供 / Il n'a aucune *sensibilité*. 彼には情というものがない.
❸ (思想などの)傾向, 立場. ❹ (計器などの)感度, 精度;《写真》(フィルムの)感光度.

***sensible** /sɑ̃sibl サンスィブル/ 形
英仏そっくり語
英 sensible 分別のある.
仏 sensible 敏感な, 過敏な, 目立つ.
❶ < *sensible* (à qc) >(…に)敏感な, 感じやすい; 感受性の強い. ▶ un enfant *sensible* 感受性の強い子供 / avoir le cœur *sensible* 心が優しい / être *sensible* à la critique 批評を気にしすぎる / être *sensible* à la musique 音楽を解する / Je suis *sensible* à vos attentions.《儀礼的表現で》御厚意痛み入ります.
❷ < *sensible* (à qc) >(刺激などに)過敏な, 弱い. ▶ avoir la gorge *sensible* = être *sensible* de la gorge 喉(²)が弱い / plante *sensible* au froid 寒さに弱い植物 / produit *sensible* à la

chaleur 熱に弱い製品 / endroit [point, côté, partie] *sensible* 弱点, 急所.

❸《ときに名詞の前で》はっきりと分かる, 目立つ. ▶ une hausse *sensible* des prix 物価の顕著な上昇 / faire de *sensibles* progrès 目覚ましい進歩を遂げる.

❹ デリケートな, 対応に慎重を要する. ▶ quartier *sensible* 要注意地域 / dossier social *sensible* 慎重な対応が必要な社会問題.

❺ 感度のよい;〖写真〗感光性の. ▶ balance *sensible* 精密秤(ばかり)/ plaque *sensible* 乾板.

❻ 感覚されうる, 知覚されうる. ▶ le monde *sensible* 感覚界.

❼ 〖音楽〗note *sensible* 導音.

—— 名 〖音楽〗導音.

sensiblement /sɑ̃sibləmɑ̃/ 副 ❶ かなり, 顕著に; はっきりと. ▶ Les cours ont *sensiblement* baissé. 相場は大きく値を下げた.

❷ ほとんど, ほぼ. ▶ Ils ont *sensiblement* la même taille. ＝ Ils sont *sensiblement* de la même taille. 彼らは背丈がだいたい同じだ.

sensiblerie /sɑ̃sibləri/ 女 (過度の)感傷癖, 涙もろさ.

sensitif, ive /sɑ̃sitif, i:v/ 形 ❶〖生理学〗感覚を伝達する. ▶ les nerfs *sensitifs* 知覚神経.

❷ 文章 神経過敏な.

—— 名 文章 神経過敏な人.

—— **sensitive** 女〖植物〗オジギソウ.

sensoriel, le /sɑ̃sɔrjɛl/ 形 知覚神経の.

sensualisme /sɑ̃sɥalism/ 男 ❶〖哲学〗感覚論. ❷ 官能;官能[快楽]主義.

sensualiste /sɑ̃sɥalist/ 形〖哲学〗感覚論(学派)の. —— 名 感覚論者.

sensualité /sɑ̃sɥalite/ 女 ❶ 官能性;《複数で》官能の喜び. ▶ avoir de la *sensualité* 官能的である. ❷ 感覚的な快楽の追求. ▶ *sensualité* gastronomique 食い道楽.

sensuel, le /sɑ̃sɥɛl/ 形 ❶ 官能の, 感覚の. ▶ amour *sensuel* 性愛. ❷ 肉感的な, 官能的な. ▶ une bouche *sensuelle* 肉感的な口. ❸ 好色な, 享楽的な. —— 名 好色な人;享楽家.

sensuellement /sɑ̃sɥɛlmɑ̃/ 副 感覚[官能]的に;肉感的に.

sent /sɑ̃/, **sentaient, sentais, sentait** /sɑ̃tɛ/, **sente** /sɑ̃:t/ 活用 ⇨ SENTIR 19

sentence /sɑ̃tɑ̃:s/ 女 ❶〖法律〗判決;宣告. ▶ prononcer [exécuter] une *sentence* 判決を申し渡す[執行する]. ❷ 文章 格言.

sentencieusement /sɑ̃tɑ̃sjøzmɑ̃/ 副 文章 気取って, もったいぶって, 格言調で.

sentencieux, euse /sɑ̃tɑ̃sjø, ø:z/ 形《軽蔑して》/(皮肉に)格言調の;気取った, 大げさな. ▶ un ton *sentencieux* もったいぶった調子.

sentent, sentes /sɑ̃:t/, **sentez** /sɑ̃te/ 活用 ⇨ SENTIR 19

senteur /sɑ̃tœ:r/ 女 ❶ 文章 香り, 香気. 比較 ⇨ ODEUR. ❷〖植物〗pois de *senteur* スイートピー.

senti, e /sɑ̃ti/ 形 (sentir の過去分詞) 文章《bien, fortement とともに》熱の入った, 実感のこもった. ▶ un discours bien *senti* 真情のこもった演説.

***sentier** /sɑ̃tje/ サンティエ / 男 ❶ (森, 野山などの)小道. 比較 ⇨ CHEMIN. ❷ 文章 歩むべき(険しい)道. ▶ les *sentiers* de la gloire 栄光への道.

suivre les sentiers battus ありきたりの方法を用いる, 皆と同じようにする.

sentiez /sɑ̃tje/ 活用 ⇨ SENTIR 19

***sentiment** /sɑ̃timɑ̃ サンティマン/ 男 ❶ ❶ 感情, 気持ち. ▶ exprimer [manifester] ses *sentiments* 感情を表に出す / *sentiment* religieux 宗教的感情 / avoir un *sentiment* de colère 怒りを感じる / avoir des *sentiments* généreux 大らかな心を持つ / éprouver un *sentiment* de soulagement 安堵感を覚える.

❷ (理性に対して)情, 情感. ▶ agir par *sentiment* 情に駆られて行動する.

❸《多く複数で》好意, 思いやり;愛情, 恋心. ▶ les (bons) *sentiments* 思いやり / déclarer ses *sentiments* à qn …に愛を打ち明ける.

❹《複数で》Veuillez agréer l'expression de mes *sentiments* distingués [dévoués, respectueux].《手紙の末尾で》敬具.

❷ ❶ 直感, 印象;意識. ▶ avoir le *sentiment* de son isolement 自分が孤立していると感じる.
◆ avoir le *sentiment* 「de ＋ 不定詞 [que ＋ 直説法]」 …のような気がする, と思う. ▶ J'ai le *sentiment* qu'on me trompe. だまされているような気がする.

❷ 感覚, センス (＝sens). ▶ avoir le *sentiment* du comique ユーモアのセンスがある.

❸ 文章 意見, 判断, 観点. ▶ A mon *sentiment*, … 私の考えでは… / exprimer [exposer] son *sentiment* sur qc …についての自分の見解を表明する. 比較 ⇨ OPINION.

avec sentiment 気持ちを込めて.

avoir qn au sentiment …の情に訴える.

Ça n'empêche pas les sentiments. 諺《皮肉に》こんなことをしたからって思いやりがないわけではない, これも(君の)ためを思えばこそさ.

faire du sentiment 情を絡ませる. ▶ Ce n'est pas le moment de *faire du sentiment*. 情にほだされている場合ではない.

la faire au sentiment 諺 感傷的になる, 情に訴える.

***sentimental, ale** /sɑ̃timɑ̃tal サンティマンタル/;《男複》**aux** /o/ 形 ❶ 感情の, 愛情の. ▶ attachement *sentimental* 愛着 / vie *sentimentale* 愛情生活 / chanson *sentimentale* ラブソング. ❷ 感傷的な, センチメンタルな.

—— ***sentimental, ale**;《男複》**aux** 名 感傷的な人, ロマンチスト.

sentimentalement /sɑ̃timɑ̃talmɑ̃/ 副 心情的に;感傷的に.

sentimentalisme /sɑ̃timɑ̃talism/ 男 感傷主義;感傷癖, 涙もろさ.

sentimentalité /sɑ̃timɑ̃talite/ 女 多感な性格;感傷癖.

sentîmes /sɑ̃tim/ 活用 ⇨ SENTIR 19

sentinelle /sɑ̃tinɛl/ 女 ❶〖軍事〗歩哨(ほしょう). ▶ relever les *sentinelles* 衛兵を全員交替させる. ❷ 見張り(番). ▶ être en *sentinelle* 見張りに立つ.

sentions /sɑ̃tjɔ̃/ 活用 ⇨ SENTIR 19

sentir /sãtiːr サンティール/ [19]

過去分詞 senti	現在分詞 sentant
直説法現在 je sens	nous sentons
tu sens	vous sentez
il sent	ils sentent
複合過去 j'ai senti	半過去 je sentais
単純未来 je sentirai	単純過去 je sentis

[他動] ❶ ❶ …を感じる；意識する，に気づく．▶ *sentir* le froid 寒さを感じる / *sentir* un courant d'air すきま風を感じる / *sentir* ses torts 自分の誤りに気づく / *sentir* le danger 危険を察知する．◆ *sentir* que + [直説法] …であるのを感じる．▶ Elle *a senti* qu'on lui tapait sur l'épaule. 彼女はだれかに肩をたたかれた気がした．◆ *sentir* qn /qc + [不定詞] …が…するのを感じる．▶ On *sent* l'hiver venir. 冬の訪れが感じられる / Elle *a senti* la colère le gagner. 彼女は怒りが込み上げてくるのがわかった．◆ *sentir* qn/qc + 属詞 …が…だと感じる．▶ Je *sens* ma mère inquiète. 母は心配しているようだ．

❷ [美，芸術など]を味わう；解する．▶ *sentir* la beauté d'une œuvre musicale 音楽作品の持つ美しさを感じ取る．

❷ ❶ …のにおいをかぐ；[におい]を感じる．▶ *sentir* une rose バラの香をかぐ / On *sent* ici l'odeur de gaz. ここはガスくさい / Je ne *sens* rien parce que j'ai un rhume. 風邪を引いているので鼻が利かない．

❷ …のにおいを放つ．▶ Cette pièce *sent* le tabac. この部屋はたばこ臭い / Ça *sent* le brûlé. 焦げ臭い / Ça *sent* le moisi ici. ここはかび臭い / Ça *sent* le poisson. 魚の臭いがする．

❸ …を思わせる，の印象を与える．▶ un garçon qui *sent* la province 田舎臭い少年 / Ça *sent* le piège. 罠(わな)のにおいがする．

faire sentir (à qn) qc [que + 直説法] (…に)…を感知させる，分からせる．▶ *faire sentir* la beauté d'une œuvre d'art 芸術作品のよさを感じ取らせる / Il m'a *fait sentir* que j'étais de trop. 彼は私が邪魔であることをそれとなく悟らせた．

ne pas pouvoir sentir qn [話] …に我慢がならない，を毛嫌いする．

ne plus pouvoir sentir 「ses jambes [ses pieds] (疲労で)足の感覚がない，くたくたである．

se faire sentir 感じられる；明らかになる．▶ Ces jours-ci, le froid commence à *se faire sentir*. 近ごろ寒さが感じられるようになってきた．

sentir le roussi [話] (事態，状況が)きな臭い，雲行きが怪しい．

— *sentir* [自動] ❶ におう．▶ Ça *sent* bon. いいにおいだ / Tu *sens* bon. 君はいいにおいがする / Ça *sent* fort. においがきつい．

❷ 悪臭を放つ，臭い．▶ Cette viande commence à *sentir*. この肉は臭くなり始めている．◆ *sentir* de qc (体の部分)に悪臭がある．▶ Il *sent* de la bouche. 彼は口臭がある．

sentir mauvais (1) 嫌なにおいがする．▶ Ça *sent mauvais*. 嫌なにおいがする．(2) [話] 雲行きが怪しい．

— *se sentir* [代動] ❶ <se sentir + 属詞> 自分が…だと感じる．▶ *se sentir* heureux 自分を幸せだと感じる / *se sentir* bien [mal] 気分がいい [悪い] / Je *me sens* bien à Paris. パリは居ごこちがいい / Elle *s'est sentie* capable de faire ce travail. 彼女はこの仕事は自分にできると思った．◆ *se sentir* + [不定詞] 自分が…するのを感じる．▶ *se sentir* rougir 顔が赤くなるのを感じる / Ils *se sont sentis* revivre. 彼らは生き返ったように感じた．

❷ <se sentir qc> 自分に…を感じる．[注] se は間接目的．▶ *se sentir* une responsabilité 自ら責任を感じる / Tu *te sens* le courage de continuer? まだ続ける気力があるのかい．

❸ 明らかになる；感じ取られる．▶ Les effets des grèves vont *se sentir* à la fin du mois. ストライキの影響は月末には表面化してくるだろう．

ne pas pouvoir se sentir [話] 憎み合っている，いがみ合っている．

ne pas [plus] se sentir (de + 無冠詞名詞**)** [話] (…で)我を忘れる；有頂天になる．▶ Il *ne se sentait plus de* joie. 彼は喜びのあまり我を忘れていた．

Tu ne te sens plus ? [話] 頭が変になったのかい．

sentiss-, senti-, senti- [活用] ⇒ SENTIR [19]

seoir /swaːr/ [43] [自動] (直説法現在・半過去・単純未来，条件法現在，接続法現在の各3人称単数形，および現在分詞で用いられる) (現在分詞 seyant, séant) [古風]/[文章] ❶ <*seoir* à qn/qc> …に似合う，ふさわしい．▶ Ce chapeau vous *sied* bien. この帽子はあなたによく似合います．

❷ (非人称構文で) <Il *sied* (à qn) de + [不定詞] // Il *sied* que + [接続法]>(…は)…するのがふさわしい，すべきだ．▶ Il vous *sied* mal de vous fâcher pour une pareille chose. こんなことに怒るとはあなた(方)らしくもない．

sépale /sepal/ [男] [植物学] 萼片(がくへん)．

séparable /separabl/ [形] <*séparable* (de qc)> (…から)分けることのできる．

séparateur, trice /separatœːr, tris/ [形] 分離する．— **séparateur** [男] 分離器 [装置]；[電気] (電池の)隔離板．

*séparation /separasjɔ̃ セパラスィヨン/ [女] ❶ 分離．▶ la *séparation* des pouvoirs 権力 [三権] 分立 / la *séparation* des Eglises et de l'Etat 政教分離．

❷ 別離；仲たがい．▶ *séparation* de deux amants 恋人たちの別れ．

❸ 境界；仕切り；区別．▶ la surface de *séparation* 境界面 / faire une *séparation* nette entre les deux problèmes 2つの問題をはっきり区別する．

❹ [民法] *séparation* de corps 別居 / *séparation* de biens 夫婦別財産制．

séparatisme /separatism/ [男] [政治] 分離 [独立] 主義；分離 [独立] 運動．

séparatiste /separatist/ [名] [政治] 分離 [独立] 主義者．— [形] 分離 [独立] 主義の．

séparé, e /separe/ [形] ❶ <*séparé* (de qn/qc)>

séparément

(…と)切り離された；別れた. ▶ vivre *séparé* de sa femme 妻と別れて暮らす. ❷ 別(個)の. ▶ adresser une facture par envoi *séparé* 請求書を別便で送る.

séparément /separemɑ̃/ 副 別々に, 個別に. ▶ vivre *séparément* 別居する / traiter deux questions *séparément* 2つの問題を別々に論じる.

***séparer** /separe セパレ/ 他動 ❶ ⟨*séparer* qc (de [d'avec] qc)⟩…を(…から)分ける, 分離する. ▶ *séparer* le blanc du jaune d'un œuf 卵の白身と黄身を分ける / *séparer* le bon grain d'avec le mauvais よい種を悪いものからえり分ける / *séparer* ses cheveux par une raie 髪に分け目をつける. ◆*séparer* qc en ＋ 複数名詞 …を…に分割する. ▶ *séparer* une pièce en deux 部屋を2つに分ける.

❷ ⟨*séparer* qn (de [d'avec] qn)⟩…を(…から)引き離す；仲たがいさせる. ▶ *séparer* un enfant de sa mère 子供を母親から引き離す / Nos opinions politiques nous *ont séparés*. 政治的意見の違いが私たちを折り合いが悪くさせた.

❸ ⟨*séparer* qc (de qc)⟩…を(…から)区別する；別個に考える. ▶ *séparer* deux problèmes 2つの問題を分けて考える.

❹ ⟨*séparer* qc/qn (de qc/qn)⟩〔空間, 時間などが〕…を(…から)分け隔てる. ▶ la frontière qui *sépare* les deux pays 両国を分ける国境 / Trois semaines nous *séparent* des vacances. バカンスはまだ3週間も先のことだ.

— **se séparer* 代動 ❶ ⟨*se séparer* (de qn)⟩(…と)別れる. ▶ *se séparer* des siens 家族と別れる / C'est l'heure de nous *séparer*. もうお別れの時間です / Ils *se sont séparés* bons amis. 彼らはいい友達のまま別れた.

❷ ⟨*se séparer* de qc/qn⟩…を手放す；〔使用人〕を解雇する. ▶ Il ne *se sépare* jamais de son calepin. 彼はかたときもメモ帳を離さない. ❸ ⟨*se séparer* (de qc)⟩〔物が〕(…から)分かれる；(…と)区別される. ▶ chemin qui *se sépare* en deux 二またに分かれている道. ❹〔会合などが〕解散する.

sépia /sepja/ 囡 ❶ イカの墨. ❷ セピア. ▶ couleur *sépia* セピア色 /《形容詞的に》une robe *sépia* セピア色のドレス. ❸ セピア(水彩画用顔料)で描いたデッサン.

***sept** /sɛt セット/ 形 《数》《不変》❶《名詞の前で》7つの. ▶ guerre de *Sept* Ans 七年戦争 / ouvert *sept* jours sur *sept* 年中無休の. ❷《おもに名詞のあとで序数詞として》7番目の. ▶ le chapitre *sept* 第7章.

— **sept* 男《単複同形》❶ 7；7つ, 7人. ❷ (le sept) 7番, 7号；7日；(トランプの)7の札. ▶ le *sept* juillet 7月7日.

septante /sɛptɑ̃t/ 形《数》古〔地域〕(ベルギー, スイス, フランス東部で)70の.

***septembre** /sɛptɑ̃:br セプタンブル/ 男 9月. ▶ en [au mois de] *septembre* 9月に.

septennal, ale /sɛptenal/；《男複》**aux** /o/ 形 ❶ 7年続く；7年ごとの；7年任期の.

septennat /sɛptena/ 男 7年の期間；(特にかつてのフランス大統領の)7年任期.

septentrional, ale /sɛptɑ̃trijɔnal/；《男複》**aux** /o/ 形 文章 北の, 北方の.

septicémie /sɛptisemi/ 囡〖医学〗敗血症.

***septième** /sɛtjɛm セティエム/ 形 ❶ 7番目の. ▶ le *septième* art 第7芸術：映画のこと. ❷ 7分の1の. ▶ la *septième* partie 7分の1(の部分).

être au septième ciel 天にも昇る心地だ.

— 名 7番目の人〔物〕.

— 男 ❶ 7分の1. ▶ quatre *septièmes* 7分の4. ❷ (パリの)第7区；8階.

— 囡 ❶ 第7学年の(生徒たち)：初等教育の中級科 cours moyen の2年目, すなわち最終学年に当たる. ❷〖音楽〗7度.

septièmement /sɛtjɛmmɑ̃/ 副 7番目に.

septique /sɛptik/ 形 ❶ 細菌に汚染された；病原菌による；病原となる. ❷ fosse *septique* 浄化槽.

septuagénaire /sɛptɥaʒenɛːr/ 形, 名 70歳代の(人).

septuple /sɛptypl/ 男, 形 7倍の.

sépulcral, ale /sepylkral/；《男複》**aux** /o/ 形 文章 墓〔死〕を思わせる, 薄気味悪い.

sépulcre /sepylkr/ 男 ❶ 文章 墓, 墳墓. ❷ (le sépulcre)(エルサレムにあるキリストの)聖墓 (= le saint *sépulcre*).

sépulcres blanchis (白く塗られた墓→)偽善者.

sépulture /sepylty:r/ 囡 墓, 墓所.

séquelle /sekɛl/ 囡《しばしば複数で》❶〖医学〗後遺症. ❷〔事件の〕余波, 後遺症. ▶ les *séquelles* de la guerre 戦争の後遺症.

séquençage /sekɑ̃saːʒ/ 男〖生物学〗配列決定. ▶ *séquençage* du génome humain ヒトゲノムの(全塩基)配列の解明.

séquence /sekɑ̃ːs/ 囡 ❶ 一続きのもの. ❷〖映画〗シークエンス：複数のショットからなり, まとまった出来事, 内容を持つ説話上の単位. ❸〖カード〗シークエンス, 続き札；(ポーカーの)ストレート. ❹〖言語〗要素連続, 連続要素. ❺〖情報〗シーケンス：操作の順序だった進行.

séquentiel, le /sekɑ̃sjɛl/ 形 連続した, 順序を追った, 逐次の.

séquestration /sekɛstrasjɔ̃/ 囡 不法監禁.

séquestre /sekɛstr/ 男 ❶〖法律〗係争物の第三者供託. ▶ *séquestre* conventionnel 協議による供託 / *séquestre* judiciaire 裁判所の命による供託, 財産保全処分. ❷ (敵国財産の) 接収.

séquestrer /sekɛstre/ 他動 ❶ …を閉じ込める, 不法監禁する；隔離する. ❷〖法律〗〔係争物〕を寄託〔供託〕する.

séquoia /sekɔja/ 男〖植物〗セコイア.

sera /səra/, **serai** /səre/, **seraient, serais, serait** /sərɛ/ 活用 ⇨ ÊTRE¹ Ⅱ

sérail /seraj/ 男 ❶ (オスマン・トルコ皇帝の)宮殿. ❷ 古 ハーレム, 後宮.

séraphin /serafɛ̃/ 男 熾(し)天使, セラフィム：9階級中最上級の天使.

séraphique /serafik/ 形 ❶〖神学〗熾(し)天使の, セラフィムの. ❷ 文章 天使のような.

serbe /sɛrb/ 形 セルビア Serbie の.

— **Serbe** 名 セルビア人.

serment

Serbie /sɛrbi/ 固有 女 セルビア：バルカン半島の共和国．

serein, eine /sərɛ̃, ɛn/ 形 ❶ 心静かな，平静な．▶ un regard *serein* 穏やかな眼差(${}^{\xi}_{\xi}$)し．❷ 公平な．▶ un jugement *serein* 公平無私な裁定［判断］．❸ 文章［天気などが］穏やかな；［社会情勢などが］平穏な．▶ un ciel *serein* 澄み渡った空．

sereinement /sərɛnmɑ̃/ 副 冷静に，落ち着いて．

sérénade /serenad/ 女 ❶［音楽］セレナード．❷ 囮 大騒ぎ，どんちゃん騒ぎ．

sérénité /serenite/ 女 平静，平穏；公平．▶ voir［envisager］les choses avec *sérénité* 物事を冷静な目で見る．

serez /sǝre/ 活用 ⇨ ÊTRE¹ Ⅱ

serf, serve /sɛːr/; serf, sɛrv/ 名 ❶（封建時代の）農奴．❷ 文章 隷従する者，奴隷．— 形 ❶ 農奴の．❷ 文章 隷従的な．

serge /sɛrʒ/ 女［織物］サージ．

sergent /sɛrʒɑ̃/ 男［軍事］（陸・空軍の）伍長(${}^{\text{č̣̣̣̣̣̣̂}}_{\text{č̣̣̣̣̣̣̂}}$)．

sergent-chef /sɛrʒɑ̃ʃɛf/;（複）〜**s**-〜**s** 男［軍事］（陸・空軍の）軍曹．

sergent-major /sɛrʒɑ̃maʒɔːr/;（複）〜**s**-〜**s** 男（昔の）特務曹長．

séricicole /serisikɔl/ 形 養蚕の．

sériciculteur /serisikyltœːr/ 男 養蚕者，養蚕家．

sériciculture /serisikylty:r/ 女 養蚕．

*****série** /seri/ セリ/ 女 ❶ 一続き，シリーズ．▶ une *série* de catastrophes 打ち続く惨事 / prendre une *série* de mesures 一連の措置をとる / numéro de *série* 通し番号．

❷ 一そろい，セット．▶ une *série* d'instruments 道具一式 / une *série* de casseroles 鍋のセット / soldes des fins de *séries* 半端物のバーゲン．

❸ 種別，カテゴリー．▶ ranger des livres par *séries* 図書を部門別に整理する．

❹（規格品の）大量生産．▶ voiture de *série* 大量生産の自動車 / en grande *série* 大量生産方式で．

❺［スポーツ］グループ，クラス；予選．

❻［音楽］セリー，音列．

❼［映画］film de *série* B　B級映画 / film de *série* Z 最低の映画．

❽［テレビ］シリーズ物，連続物（＝*série* télévisée）．▶ une *série* policière 刑事もののシリーズ．❾［数学］級数．❿［電気］直列．

*****en［par］série**（1）相次いで．▶ attentats *en série* 一連のテロ事件 / tueur *en série* 連続殺人者．（2）大量に．▶ fabrication *en série* 大量生産 / faire［travailler］*en série* 量産する，粗製乱造する（＝faire de la *série*）．

hors série 規格外の，なみはずれた，ずば抜けた．machine *hors série* 特注の機械 / talent *hors série* 卓抜した才能 / numéro spécial *hors série*（雑誌の）臨時特集号．

série noire（1）セリ・ノアール，推理小説叢書．（2）セリ・ノアール：犯罪映画，ミステリー映画の総称（＝film noir）．（3）相次ぐ不幸な事件．

sériel, le /serjɛl/ 形 ❶ 連続した，一続きの．❷［音楽］セリーの，音列の．▶ la musique *sérielle* ミュージック・セリエル，12音音楽．

sérier /serje/ 他動（重要度や性質に応じて）〔問題など〕を分類する；順に並べる．

*****sérieusement** /serjøzmɑ̃/ セリユズマン/ 副 ❶ まじめに，真剣に，熱心に，本気で．▶ travailler *sérieusement* まじめに働く / parler *sérieusement*（冗談抜きに）真剣に話す．❷ ひどく．▶ être *sérieusement* blessé 重傷を負っている．

*****sérieux, euse** /serjø, ø:z/ セリユー，セリユーズ/ 形 ❶ まじめな，勤勉な；思慮深い．▶ un employé *sérieux* 勤勉な労働者．

❷ 真剣な，本気の．▶ C'est vrai, je suis *sérieux*. 本当だよ，ふざけているんじゃない / Soyons *sérieux*. 真剣にやろう．

❸ 信頼できる；確かな，根拠のある．▶ un client *sérieux* 冷やかしでない客；上得意 / une maison de commerce *sérieuse* 信用のおける店 / preuves *sérieuses* 確実な証拠．

❹［仕事などが］入念な，手堅い，良質の．▶ un travail *sérieux* 丹念な仕事．

❺ 深刻な，ゆゆしい．▶ maladie *sérieuse* 重病 / La situation est assez *sérieuse*. 状況はかなり厳しい．

❻（名詞の前で）かなりの，重大な；有力．▶ une *sérieuse* augmentation des impôts かなりの増税 / un *sérieux* concurrent 有力なライバル．

❼ 話〈c'est *sérieux*〉（冗談ではなく）本当である．▶ Alors c'est *sérieux*, tu acceptes？ じゃ，本当に君は承知するんだね / Ce n'est pas *sérieux*. 冗談じゃない，ふざけるな．

sérieux comme un pape 話（教皇のように）かちかちの堅物の，くそまじめ．

— **sérieux** 男 ❶ まじめさ，真剣さ，熱心さ；謹厳さ．▶ garder son *sérieux* まじめな表情を崩さない / avec *sérieux* まじめに / Il manque de *sérieux* dans son travail. 彼は仕事そっちのけだ．❷ 深刻さ，重大さ．▶ le *sérieux* de la situation 状況の深刻さ．❸ 俗（1リットル入りのビールの）大ジョッキ．

*****prendre qc|qn au sérieux** …をまじめにとらえる，真に受ける；重要視する．▶ Elle *prend* toutes les plaisanteries *au sérieux*. 彼女は冗談をすべて真に受けてしまう．

se prendre au sérieux 自己（の言動）を過大評価する．

seriez /sǝrje/ 活用 ⇨ ÊTRE¹ Ⅱ

serin /sǝrɛ̃/ 男 ❶ カナリヤ．❷ 間抜けな［愚直な］男．— 形（不変）間抜けな．

seriner /s(ǝ)rine/ 他動 ❶〈*seriner* qc à qn〉…に…を繰り返し言って教え込む．❷〈*seriner* qn〉…に同じことを繰り返す；をうるさがらせる．

seringue /s(ǝ)rɛ̃:g/ 女［医学］注射器；固 浣腸(${}^{\text{čん}}_{\text{čん}}$)器，洗浄器．❷［園芸用の］噴霧器．

seringuer /s(ǝ)rɛ̃ge/ 他動 ❶［薬液など］を注射［注入］する．❷〔水，薬剤〕を噴霧する．

serions /sǝrjɔ̃/ 活用 ⇨ ÊTRE¹ Ⅱ

serment /sɛrmɑ̃/ 男 ❶（聖なるものにかけての）誓い，誓約；宣誓．▶ *serment* sur l'honneur 名誉にかけての誓い / prêter *serment*（右手を上げ

て)宣誓する / témoigner sous (la foi du) *serment* 宣誓をしたうえで証言する / *serment* politique (大統領などの)就任宣誓 / *serment* d'Hippocrate (医師の倫理を規定した)ヒポクラテスの誓詞. ❷ 固い約束, 確約. ◆ échanger des *serments* d'amour 固く愛を誓い合う. ◆faire le *serment*「de + 不定詞［que + 直説法］…することを誓う［約束する］.

serment d'ivrogne 当てにならない誓い.

sermon /sɛrmɔ̃/ 男 ❶〖カトリック〗説教. ▶ faire [prononcer] un *sermon* sur qc …について説教［講話］する / le *sermon* sur la montagne (キリスト教の)山上の垂訓. ❷ お説教, くどい小言.

sermonner /sɛrmɔne/ 他動 …にお説教する.

sermonneur, euse /sɛrmɔnœːr, øːz/ 名 文章 お説教好きの人, やかまし屋.
— 形 お説教好きの.

séronégatif, ive /seronegatif, iːv/ 形 血清反応陰性の.

séropo /seropo/ 形 (séropositif の略)血清反応陽性の.

séropositif, ive /seropozitif, iːv/ 形 血清反応陽性の; エイズウイルス抗体陽性の.

sérothérapie /seroterapi/ 女〖医学〗血清療法.

serpe /sɛrp/ 女 鉈鎌（なたがま）.

*****serpent** /sɛrpɑ̃/ セルパン 男 ❶〖動物〗ヘビ. ▶ *serpent* à sonnettes ガラガラヘビ / *serpent* à lunettes コブラ / *serpent* venimeux 毒ヘビ. ❷ 文章 邪悪な人, 腹黒い人; 陰険な言動; 危険なもの. ▶ langue de *serpent* 毒舌 / ruse de *serpent* 非常な狡知（こうち）/ *serpent* caché sous les fleurs (魅惑的な外見の下の)隠れた危険. ❸ 蛇状のもの. ▶ *serpent* argenté du fleuve 銀色に光って続ける大河. ❹《Serpent》〖天文〗蛇(座).

réchauffer un serpent dans son sein 文章 恩知らずを庇護（ひご）してやる.

serpent de mer (1) (伝説上の)大海蛇; (得体の知れない)海獣. (2) 話 (ニュースがないときの)お決まりの話題; (新聞などの)埋め草.

serpenteau /sɛrpɑ̃to/; ⟨複⟩ **x** 男 ❶ 蛇の子. ❷ 蛇花火.

serpenter /sɛrpɑ̃te/ 自動 蛇行する.

serpentin, ine /sɛrpɑ̃tɛ̃, in/ 形 文章 (蛇のように)くねくねとした.
— **serpentin** 男 ❶ (祭りなどで投げる色つきの)紙テープ. ❷ (蒸留器の)冷却用蛇管.

serrage /sɛraːʒ/ 女 締めつけること.

serre /sɛːr/ 女 ❶ 温室 (=*serre* chaude). ▶ *serre* à forcer 促成栽培用温室 / culture en *serre* 温室栽培. ❷ 養魚池, 生けす. ❸〖気象〗〖物理〗effet de *serre* 温室効果. ❹ (多く複数で)〖猛禽（もうきん）〗類の爪(つめ).

serré, e /sere/ 形 ❶〔服などが〕体にぴったりした;〔人が〕(服などで)窮屈そうな. ▶ un veston *serré* à la taille ウエストを絞った背広.
❷ 密な; 濃い. ▶ tissu *serré* 目のつんだ布地 / café bien *serré* 濃いコーヒー. ❸ (互いに)接近した; 密集した. ▶ en rangs *serrés* びっしり並ん

で. ❹ きつく締められた. ▶ un nœud trop *serré* 固すぎて解けない結び目. ❺ 緻密（ちみつ）な, 厳密正確な;〔文体などが〕簡潔な. ▶ une étude *serrée* 緻密な研究. ❻〔試合などが〕白熱した, 互角の. ▶ une lutte *serrée* 接戦. ❼ (経済的に)困窮した, 切り詰めた. 話 けちな. ▶ une vie *serrée* 窮乏生活 / budget *serré* 緊縮予算. ❽ (時間的に)余裕のない, 予定が詰まった. ▶ emploi du temps *serré* ハードスケジュール.

avoir la gorge serrée (不安, ショックで)喉（のど）が締めつけられる.

discussion serrée 白熱した討論, 激論.
— **serré** 副 間隔を詰めて, 密に. ▶ Ecrivez plus *serré*. もっと詰めて書きなさい.

jouer serré 手堅いゲーム運びをする; 慎重に振る舞う.

serre-frein /sɛrfrɛ̃/ 男〖鉄道〗(昔の手動ブレーキの)制動手.

serre-livres /sɛrliːvr/ 男 ブックエンド, 本立て.

serrement /sɛrmɑ̃/ 男 締めつけること; 締めつけられること.

:serrer /sere/ セレ 他動 ❶ …を握り締める; 抱き締める; 締めつける. ▶ *serrer* qc dans sa main …を手に握り締める / *serrer* la main à qn …の手を握る, と握手する / *serrer* le cou à qn …の喉（のど）を絞める / *serrer* qn/qc「entre ses bras [sur son cœur］…を強く抱き締める / *serrer* qc dans un étau …を万力で締める
❷〔体の一部〕を引き締める. ▶ *serrer*「les lèvres [la bouche] 唇［口元］をきつく結ぶ / *serrer* les dents 歯を食いしばる / *serrer* les poings こぶしを固く握り締める.
❸〔ねじ具など〕を締める, 留める. ▶ *serrer* une vis ねじを締める / *serrer* le frein à main ハンドブレーキをかける.
❹〔結び目〕を締める;（ひもなどで）…を縛る, 束ねる. ▶ *serrer* sa ceinture ベルトを締める / *serrer* une gerbe dans un ruban 花束をリボンでくくる.
❺〔服などが人, 体〕にぴったり合う; 窮屈である. ▶ Ce pantalon me *serre* trop. このズボンはきつすぎる / Ces chaussures lui *serrent* le pied. この靴は彼（女）にはきつい.
❻〔感情が胸を〕締めつける. ▶ La tristesse me *serre* le cœur. 悲しくて心を締めつけられる思いだ / J'en ai le cœur *serré*. 心が締めつけられる思いだ.
❼ …の間隔を詰める;〔文体, 表現〕を簡潔にする. ▶ *serrer* les rangs 列を詰める; 団結する / écrire en *serrant* les lettres 文字を詰めて書く.
❽ …を(ある場所に)追い詰める. ▶ *serrer* qn dans un coin …を片隅に追い詰める.
❾ (車などに乗って) …にすれすれに寄る. ▶ *serrer* sa droite 右に寄せて走る.
❿ ⟨*serrer* qn de près⟩ …に迫る. ▶ *serrer* de près une femme 女性にしつこく言い寄る.
⓫ ⟨*serrer* qc (de près)⟩ …を子細に検討する; 正確に理解［表現］する. ▶ *serrer* une question de plus près 問題を緻密（ちみつ）に究明していく / Cette traduction ne *serre* pas le texte

d'assez près. この翻訳は原文にあまり忠実ではない.

serrer la vis à qn 話 …を厳しく扱う，締め上げる.

serrer les fesses 話 おじけづく，びくびくする.

── 自動 近づく，寄る．▶ *serrer* 'à gauche [sur sa gauche]（車などを）左に寄せる.

── **se serrer** 代動 ❶ 自分の体を締めつける.

❷〈*se serrer* qc〉自分の…を締めつける．[注] se は間接目的．▶ *se serrer* la taille ウエストを締めつける.

❸〈*se serrer* qc〉互いに…を握り合う．[注] se は間接目的．▶ *se serrer* la main 握手を交わす.

❹（おのずと）締まる.

❺〈*se serrer*（contre qn/qc）〉（…に）ぴったり身を寄せる．▶ L'enfant *se serre* contre sa-mère. 子供が母親にしがみつく.

❻〈*se serrer*（l'un contre l'autre）〉身を寄せ合う，互いの間隔を詰める．▶ *se serrer* autour de la table テーブルの周りに集まる，ひしめき合う / *Serrez-vous*, faites-nous un peu de place. 少し詰めて場所をあけてください.

❼（感動，苦悩などで）（胸などが）締めつけられる.

serre-tête /sɛrtɛt/;《複》~-~(**s**) 男 ヘアバンド；（髪をぴったり包み込む）縁無し帽.

serriste /sɛrist/ 名 温室栽培家.

serrure /sery:r/ 女 錠，錠前，ロック．▶ regarder par le trou de la *serrure* 鍵(穴)からのぞく / La clef est dans la *serrure*. 鍵は穴に差してある.

serrurerie /seryrri/ 女 ❶ 錠前製造（業）. ❷ 金具製造；金具，金物製品.

serrurier /seryrje/ 男 ❶ 錠前屋. ❷ 金具製造業者.

sers, sert /sɛːr/ 活用 ⇨ SERVIR ㉑

sertir /sɛrti:r/ 他動 ❶（台座，指輪の爪(つめ)などに）〔宝石〕をはめ込む．❷〔2つの金属部品〕を（はめ込みにより）接合固定する.

sertissage /sɛrtisa:ʒ/ 男 ❶（宝石の）はめ込み. ❷（金属部品のはめ込みによる）接合固定法.

sertiss*eur, euse* /sɛrtisœ:r, ø:z/ 名（宝石の）はめ込み細工師.

── **sertisseur** 男 薬莢(やっきょう)装填(そうてん)器.

sérum /serɔm/ 男 【医学】❶ 血清．▶ *sérum* sanguin). ❷ *sérum* artificiel 生理食塩水.

servage /sɛrva:ʒ/ 男 ❶ 農奴の身分．❷ 隷属.

servaient, servais, servait /sɛrvɛ/ 活用 ⇨ SERVIR ㉑

servant /sɛrvɑ̃/ 男 ❶【カトリック】（ミサの）侍者. ❷（テニスなどの）サーバー．❸【軍事】（弾薬の装填(てん)などを行う）火器操作要員.

── 《男性形のみ》（servir の現在分詞）[古] 仕える，奉仕する．▶ frère *servant*（修道院で雑用をする）助修士 / chevalier [cavalier] *servant* 貴婦人に忠誠を誓った中世騎士；女性の世話を焼く男.

servante /sɛrvɑ̃:t/ 女 [古風] [地域] 女中，下女，家政婦.

serve, servent, serves /sɛrv/ 活用 ⇨ SERVIR ㉑

serv*eur, euse* /sɛrvœ:r, ø:z/ 名 ❶ ウエーター，ウエートレス，ボーイ；バーテン．❷（テニス，卓球などで）サーバー.

── **serveur** 男【情報】サーバー.

servez /sɛrve/ 活用 ⇨ SERVIR ㉑

servi, *e* /sɛrvi/ 活用 servir ㉑ の過去分詞.

serviabilité /sɛrvjabilite/ 女 世話好き，親切.

serviable /sɛrvjabl/ 形 世話好きの，好意的な，親切な.

****service** /sɛrvis セルヴィス/ 男

❶（人の）役に立つこと，手助け．▶ Puis-je [Est-ce que je peux] vous demander un petit *service*? ちょっとお願いしたいことがあるのですが / J'ai un *service* à vous demander. お願いがあるんですが / **Qu'y a-t-il pour votre service?** 話 何かお役に立つことはありませんか / **Je suis à votre service.** なんなりと申しつけてください / **A votre service!**（巡査や案内係などがお礼に対して）どういたしまして.

❷（ホテル，レストランなどの）**サービス**；サービス料．▶ Le *service* est médiocre dans cet hôtel. このホテルはサービスが今一つだ / menu à trente euros, *service* compris サービス料込みで30ユーロの定食 / Le *service* est en plus. サービス料は別です / *service* après-vente アフターサービス.

❸食事の世話．▶ un restaurant libre *service* セルフサービスのレストラン / Dans ce restaurant, le *service* est rapide. このレストランは料理の出るのが早い / faire le *service* 給仕する；食べ物を皿に盛る.

❹（企業，役所などにおける）**勤務，職務**；《多く複数で》（報酬を得てする）**仕事**．▶ Il a vingt ans de *service*. 彼は勤続20年だ / être chargé d'un *service* de surveillance 監督業務を任される / les heures de *service*（=travail）勤務時間 / le *service* de nuit 夜勤 / Je serai obligé de me priver de vos *services*. 申し訳ありませんが，あなたには辞めていただかなければなりません（解雇通告の決まり文句）.

❺ 兵役（=*service* militaire）．▶ faire son *service* 兵役を務める.

❻（宗教的な）勤め，儀式．▶ *service* funèbre 死者のためのお勤め（ミサなどをあげること）.

❼（主人に）仕えること，奉公；召し使いの仕事．▶ porte de *service* 勝手口 / être en *service* chez qn …の家に奉公している.

❽（公的な）機関；（役所，会社などの）**局，部，課**．▶ *services* publics《総称的に》公共サービス（機関）（鉄道，ガス，電気など）/ le *service* des ventes dans une maison de commerce 商社の販売部 / *service* social 福利厚生課 / chef de *service* 課長 / *service* d'ordre（デモ，集会などの）警備係，治安係 / *services* secrets 秘密情報機関.

❾【経済】《多く複数で》**サービス部門，サービス産業**．▶ société de *services* サービス会社 / les biens et les *services* 財とサービス.

❿（交通機関などの）**運行，便**；（店舗，工場などの）**営業，操業**．▶ les horaires de *service* 時刻表 / le *service* d'été（鉄道の）夏期ダイヤ.

⓫（物の）使用；（機械などの）稼働状態．▶ faire un long *service* 長持ちする.

⓬（食器，茶器などの）**セット**；（ナプキン，テーブルク

ロスなどの)一そろい. ▶ *service* à café コーヒーセット / *service* de table ナプキンとテーブルクロスのセット.

❸ 〖スポーツ〗(テニス, バレーボールなどの)サーブ. ▶ faire un *service* サーブする / faute de *service* サーブミス, フォールト / changement de *service* サーブチェンジ, サイドアウト.

❹ (刊行物などの)配付, 発送. ▶ faire le *service* gratuit d'une revue 雑誌を無料配付する.

**au service de qn/qc* …の役に立って; のために働いて. ▶ la science *au service de* la paix 平和に役立つ科学 / mettre l'électronique *au service de* la musique 電子工学を音楽に応用する / se mettre *au service de* l'Etat 国家のために働く / se consacrer *au service de* Dieu 聖職者となる.

être à cheval sur le service = 〖話〗 *être service(-)service* 部下の仕事ぶりに厳格である.
être de service 勤務中である.
hors de service 使用不能の, 使えなくなった. 注 会話で HS と省略することがある. ▶ Ma voiture est *hors de service*. 私の自動車は故障している / Je suis *HS*! 私はくたくただ.
mettre qc en service (機械など)を設置する, 動かし始める; (交通機関などの)運行を始める. ▶ *mettre en service* une autoroute 高速道路を開通させる / *mettre en service* une cabine téléphonique 電話ボックスを設置する.
prendre son service 勤務に就く.

**rendre service à qn* …の役に立つ, …に貢献する. ▶ Elle nous *a rendu service* en nous prêtant sa voiture. 私たちは彼女に車を貸してもらえて大いに助かった / Votre lettre de recommandation m'*a* bien *rendu service*. あなたの推薦状が大いに役立ちました. ◆ *rendre* + 冠詞 + *service (à qn)* (…の)役に立つ. ▶ Je vous remercie de tous les *services* que vous m'avez rendus. 何から何までお世話になり, ありがとうございました / Ce dictionnaire *rendra* bien *des services*. この辞書は大いに役立つだろう. ◆ *rendre un mauvais service à qn* …に親切にするつもりが裏目に出る, とってかえって迷惑になる.

service de presse (1) (新刊書の)マスコミ関係への寄贈; 寄贈書. (2) (企業などの)広報課; (要人, スターなどの)報道係.

***serviette** /sɛrvjɛt セルヴィエット/ 囡 ❶ (食卓用)ナプキン (=*serviette* de table). ▶ rond de *serviette* ナプキンリング / *serviette* en papier 紙ナプキン. ❷ タオル (=*serviette* de toilette). ▶ *serviette* de bain バスタオル / *serviette* éponge (パイル地の)タオル. ❸ 書類かばん, 折りかばん. ▶ *serviette* d'écolier 小学生用かばん. ❹ *serviette* hygiénique [périodique] (生理用)ナプキン.

serviez /sɛrvje/ 動 ⇨ SERVIR ㉑
servile /sɛrvil/ 形 ❶ 卑屈な, 奴隷のような. ▶ un flatteur *servile* 卑屈なおべっか使い. ❷ 盲従的な, 模倣的な, 創意のない. ▶ une imitation *servile* べったりの模倣 / traduction *servile* まったくの直訳. ❸ 奴隷の, 農奴の.
servilement /sɛrvilmɑ̃/ 副 卑屈に, 卑しく.

servilité /sɛrvilite/ 囡 卑屈, 奴隷根性.
servîmes /sɛrvim/, **servions** /sɛrvjɔ̃/ 活用 ⇨ SERVIR ㉑

***servir** /sɛrviːr セルヴィール/ ㉑

過去分詞 servi		現在分詞 servant	
直説法現在	je sers	nous servons	
	tu sers	vous servez	
	il sert	ils servent	
複合過去	j'ai servi	半過去	je servais
単純未来	je servirai	単純過去	je servis

他動 ❶ 〔人〕に食事 [飲み物] を出す; 〔商人が客〕の相手をする. ▶ Il faut *servir* les invités d'abord. まずお客さんによそってあげなくては / Madame *est servie*. 奥様お食事の用意ができました (召し使いの決まり文句) / On vous *sert*, Madame? (注文を確かめようとして) 奥様, もう御用はお聞きしているでしょうか. ◆ *servir* qn de [en] qc …に…を出す. ▶ Je vais vous *servir* de ce plat. この料理を取ってあげましょう.

servir

❷ ⟨*servir* qc (à qn)⟩ (…に)〔料理, 飲み物など〕を出す, 供する; 〔品物〕を売る. ▶ *servir* du vin à qn …にワインをつぐ / *servir* un bon rapas おいしい食事を出す / Qu'est-ce que je vous *sers*? (カフェなどでボーイが)何を召し上がりますか; (食卓で)何をよそってあげましょうか / A table! C'est *servi*. さあ, テーブルについて, 食事の用意ができたよ / *servir* 「à déjeuner [à boire]」 à qn …に昼食 [飲み物] を出す / Aujourd'hui le boucher m'*a servi* de la très bonne viande. 今日は肉屋さんがとてもいい肉を売ってくれた / 《ときに目的語なしに》 *servir* (qc) chaud [froid] 〔料理, 飲み物〕を熱い [冷たい] 状態で出す / *servir* frais 冷やして出す.

❸ …を助ける; 〔物が〕…に役立つ. ▶ être toujours prêt à *servir* ses amis いつでも友達に手を貸す / se dévouer à *servir* les pauvres 貧民の救済に献身する / *servir* les intérêts de qn …の利益のために尽くす / Il faut avouer que les circonstances l'*ont servi*. 状況が彼に有利に働いたことを認めなければならない.

❹ 〔人, 集団〕に奉仕する; 仕える. ▶ *servir* sa patrie 祖国に奉仕する / *servir* l'Etat (官吏, 軍人として)国家に仕える / *servir* qn comme chauffeur 運転手として…に仕える / *servir* Dieu 神に仕える / *servir* la messe ミサの侍者を務める.

❺ …を給付する, 供給する; 〖話〗…に話題を提供する. ▶ *servir* 「une pension [une rente]」 à qn (=payer) …に年金を給付する / *servir* les cartes (トランプの)カードを配る / *servir* la balle 〖ス

seuil

ポーツ]サーブする / On nous *sert* les mêmes histoires. いつも同じ話ばかり聞かされる.
❻〔武器など〕を作動する状態にする. ▶ *servir* une pièce d'artillerie 大砲に弾を装填(なる)する.
être servi 語〔嫌なことに〕事欠かない. ▶ En fait d'embêtements, nous *avons été servis*. 厄介なことなら我々には嫌というほどあった.
On n'est jamais si bien servi que par soi-même. 諺 自分でやるのが一番だ.
Pour vous servir. 古風/(ふざけて)なんなりとお申しつけください.

── ✻**servir** 間他動 ❶ <*servir* à qn> 〔物が〕…の役に立つ. ▶ Sa connaissance de l'anglais lui *a servi* lors de son voyage. 旅行中英語の知識が彼(女)の役に立った. ◆ *servir* à qn à + 不定詞〔物が〕…にとって…するのに役立つ. ▶ Cet argent lui *servira* à payer ses dettes. この金で彼(女)は借金を払えるだろう.
❷ <*servir* à qc> 〔物が〕…に使用される, 役立つ. ▶ *servir* à beaucoup de choses〔道具などが〕使い道が広い / A quoi ça *sert*? これは何に使うのですか / A quoi *sert* cet instrument? この道具は何に使うのですか / Ça ne *sert* à rien. そんなことをしても何の役にも立たない / Ça ne *sert* à rien de se mettre en colère. 怒ったってなんにもならない /〈反語的に〉A quoi「ça *sert*[cela *sert-il*, *sert*]de faire tant de réunions? そんなに会議ばかりやってなんになるのか.
❸ <*servir* à + 不定詞>〔物が〕…するのに役立つ, 使用される. ▶ un instrument qui *sert* à ouvrir les bouteilles 瓶のふたを開けるのに使う道具.
❹ <*servir* (à qn) de + 無冠詞名詞>〔人, 物が〕(…にとって)…として役立つ, の**役目を果たす**. ▶ Cette pièce *sert* de chambre d'amis. この部屋は来客用の寝室に使っています / Elle m'*a servi* d'interprète. 彼女は私の通訳を務めてくれた / Cela lui *servira* de leçon. それは彼(女)にとって教訓になるだろう. 比較 ⇨ REMPLACER.

── ✻**servir** 自動 ❶〔召し使いとして〕仕える. ▶ Elle *a servi* comme femme de chambre. 彼女は小間使いとして仕えた.
❷ 兵役に就く, 軍務に服する. ▶ *servir* dans l'armée de l'air 空軍で軍務に就く.
❸〔物が〕役に立つ, 使用される. ▶ Ne jette pas ce vieux couteau, ça peut encore *servir*. その古いナイフは捨てないで, まだ使えるから.
❹〔スポーツ〕サーブする.

── ✻**se servir** 代動

直説法現在	je me sers	nous nous servons
	tu te sers	vous vous servez
	il se sert	ils se servent

❶ <se servir de qc/qn> …を使う;《悪い意味で》…を利用する. ▶ *se servir* d'un dictionnaire 辞書を使う / *se servir* de sa voiture pour aller à son travail 出勤にマイカーを使う / On s'est servi de lui comme bouc émissaire. 彼はスケープゴートにされてしまった. 比較 ⇨ EMPLOYER.

se servir d'un dictionnaire

❷ <se servir (de [en]) qc>〔料理, 飲み物〕を自分で取る, つぐ. ▶ *se servir* en [des] légumes 野菜を自分の皿に取る / *se servir* du vin ワインを自分でつぐ / **Servez-vous.** 御自由にお取りください / *se servir* un verre d'eau 自分のグラスに水をつぐ(注 se は間接目的).
❸〔決まった店で〕買う. ▶ *se servir* chez le même boucher いつも同じ肉屋で買う.
❹〔料理, 飲み物が〕出される. ▶ Le champagne *se sert* bien frais [frappé]. シャンペンはよく冷やして出すものだ.

serviss-, servi-, servî- 活用 ⇨ SERVIR 21
serviteur /sɛrvitœːr/ 男 ❶ 文章 仕える者, 奉仕者, 僕(｀ぼく). ▶ *serviteur* fidèle et dévoué 忠実にして献身的な奉仕者 / *serviteur* de l'Etat 公僕 / *serviteur* de Dieu《カトリック》神の僕(司祭, 修道者など). ❷ 古風 召し使い, 奉公人.
servitude /sɛrvityd/ 女 ❶ 隷属, 隷従.
❷〔文章〕束縛, 拘束;義務. ▶ les *servitudes* d'un métier 職業上の拘束〔義務〕.
❸〔法律〕地役(権). ▶ *servitude* de passage 通行権.
servofrein /sɛrvofrɛ̃/ 男〔自動車〕(ブレーキの)サーボユニット, ブースター, 倍力装置.
servomécanisme /sɛrvomekanism/ 男〔サイバネティックス〕サーボ機構:機械的運動などを常に設定された値に保つ自動制御機構.
servomoteur /sɛrvomotœːr/ 男〔サイバネティックス〕サーボモータ:サーボ機構中での作動要素.
servons /sɛrvɔ̃/ 活用 ⇨ SERVIR 21
ses /se/ son¹, sa の複数形.
sésame /sezam/ 男 ❶〔植物〕ゴマ(の実). ▶ huile de *sésame* ごま油. ❷〔目的に達するための〕魔法の言葉[手段], 成功の鍵(｀かぎ). 注「千夜一夜物語」のアリババの言葉《*Sésame*, ouvre-toi》「開けゴマ」より.
✻**session** /sesjɔ̃ セッスィヨン/ 女 ❶(議会の)**会期**. ▶ réunir le Parlement en *session* ordinaire [extraordinaire] 通常[臨時]国会を召集する. ❷〔法律〕(法廷の)開廷期. ❸ 試験期間.
set /sɛt/ 男〔英語〕❶(テニス, バレーボールなどの)セット. ❷(一そろいの)ランチョンマット.
Sète /sɛt/ 固有 セート:南仏モンペリエ近くの漁港.
setter /sɛtɛːr/ 男〔英語〕セッター:イギリス産の狩猟犬.
✻**seuil** /sœj スイユ/ 男 ❶ **敷居;戸口, 入り口**. ▶ passer [franchir] le *seuil* 敷居をまたぐ.
❷ 始まり, 端緒. ▶ au *seuil* du discours 演説の冒頭で / être au *seuil* de la vieillesse 老境にさしかかる.
❸ 限界, 許容限度. ▶ *seuil* de tolérance 我慢の限界. ❹〔心理〕〔物理〕〔生物〕閾(｀しきい)(値). ❺〔経営〕*seuil* de rentabilité 損益分岐点.

seul

＊seul, seule /sœl スル/ 形

❶《名詞の前で》唯一の, ただ…だけの (=un, unique). ▶ mon *seul* amour 私の唯一の恋 / Je ne l'ai vu qu'une *seule* fois. 彼には一度しか会っていない / Mon *seul* souci est de + 不定詞. 私が唯一心がけているのは…することだ / A la *seule* pensée d'en parler à mon père, je me déprime. (=simple) それを父に話さねばならないと考えただけで気がめいる / d'un *seul* coup 一気に, 一撃で /《否定を強調して》Il n'y avait plus une *seule* place libre. 空席はもう一つもなかった. ◆ seul + 名詞 + 関係節 注 関係詞節中の動詞は普通接続法だが, 現実性を強調するときは直説法. ▶ C'est la *seule* personne qui puisse le convaincre. あの人は彼を説得できる唯一の人間だ. ◆《属詞として》être *seul* à + 不定詞 ▶ Ils sont *seuls* à le comprendre. 彼らだけがそれを理解できる.

❷ 単独の, ひとりだけの; 孤独な. (1)《属詞として》注 しばしば tout で強調される. ▶ Je suis *seul*. 私は独りぼっちだ / Je suis tout *seul*. 私はまったく独りぼっちだ / Elle vit *seule*. 彼女は一人暮らしをしている / être *seul* au monde 天涯孤独である / Il vit *seul* avec son fils. 彼は息子と2人だけで暮らしている / Elle se sent (toute) *seule* depuis son divorce. 彼女は離婚以来独りぼっちだと感じている / Il est「un peu [très]*seul*. 彼は少し[とても]孤独だ. (2)《名詞のあとで》▶ Au bal, il y avait beaucoup d'hommes *seuls*. ダンスパーティーには連れのない男がたくさんいた / C'est une femme bien *seule*. 彼女はたいへん孤独な女性だ.

❸《副詞的に》(1)《多く文頭, または名詞, 強勢形代名詞のあとで》…だけ (=seulement, uniquement). ▶ *Seul* son courage [Son courage *seul*] lui a permis de tenir. ひたすら根性だけで彼(女)は耐え抜くことができた / Elle *seule* pouvait le comprendre. 彼を理解できたのは彼女だけだった. (2) 独力で; ひとりで. 注 しばしば tout で強調される. ▶ Je me débrouillerai (tout) *seul*. 私も独りでなんとかやります / Le feu ne prend pas tout *seul*. 火がひとりでについくことはない.

＊**à lui (tout) seul** 独力で; …だけで. ▶ Je l'ai fait *à moi (tout) seul*. 私は独力でそれをした / A elle seule, la Chine représente environ un quart de la population mondiale. 中国は一国だけで世界の人口の約4分の1を占めている.

Cela [Ça] va tout seul. 話 うまくいく, 簡単にかたづく.

seul à seul 一対一で, 差し向かいで (=en tête à tête). ▶ Je voudrais parler à Marie *seul à seule*. 私はマリーと2人きりで話がしたい (注 性数の一致は任意).

── 名 ただ一人; 唯一の人. ▶ par la volonté d'un *seul* ただ一人の人の意志によって / Vous n'êtes pas le *seul*. あなただけじゃありません (ほかにもたくさんいます). ◆ être le *seul*「à + 不定詞[qui + 接続法]▶ Elle est la *seule* à pouvoir répondre. 答えられるのは彼女だけだ / Vous êtes les *seuls* qui ayez [aient] gardé le secret. 秘密を守ったのはあなた方だけだ.

pas un seul《否定を強調して》ただ一人として…ない. ▶ Il n'en reste *pas un seul*. 人っ子一人残っていやしない.

＊seulement /sœlmɑ̃ スルマン/ 副 ❶（それ以上では [以外には] なく）ただ…だけ. 注 多くの場合 ne … que の構文で言い換えができる. ▶ Nous sommes「*seulement* quatre [quatre *seulement*]. 私たちは4人だけだ / Je pars pour deux jours *seulement*. 私が出かけるのはほんの2日だけです / Il fait cela *seulement* pour nous ennuyer. 彼がそんなことをするのは, ただ単に私たちを困らせるためだ.

❷ (時間について) まだ…; やっと…. ▶ Il est *seulement* dix heures. まだ10時だ / Il vient *seulement* d'arriver. (=juste) 彼はたった今着いたばかりだ / C'est *seulement* vers neuf heures qu'on nous a servis. 料理が出たのはやっと9時ころになってからだった.

❸《節の初めで対立, 制限を示して》ただし. ▶ C'est une bonne voiture, *seulement* elle coûte cher. (=mais) いい車だけど, ただ高いね.

❹《命令文で》とにかく, ちょっと. ▶ Essaie *seulement*. とりあえずやってみれば.

＊non [ne pas] seulement A mais (encore [aussi]) B A だけではなく B も. ▶ *Non seulement* il a plu, *mais encore* il a fait froid. 雨が降って, しかも寒かった.

pas seulement …さえ…ない (=même pas). ▶ Il n'a *pas seulement* de quoi se payer un costume. 彼はスーツを買う金もない.

sans seulement + 不定詞 …しないで (= sans même). ▶ Il est parti *sans seulement* nous prévenir. 彼は私たちに予告もせずに行ってしまった.

seulement voilà ただし.

si seulement + 直説法半過去[大過去]《現実に反する願望を表わして》せめて…なら[だったら]. ▶ *Si seulement* je pouvais prendre une semaine de vacances! せめて1週間の休暇が取れたらなあ.

sève /sɛːv/ 女 ❶ 樹液. ❷ 文章 精気, 活力, 気力. ❸ (熟成した) ワインの香気; 芳醇(ほうじゅん)さ.

＊sévère /sevɛːr セヴェール/ 形 ❶ 厳しい, 厳格な, 容赦のない. ▶ des parents *sévères* 厳格な親 / un verdict *sévère* 厳しい審判 / Vous êtes trop *sévère* avec elle. あなたは彼女に対して厳し過ぎる / prendre des mesures *sévères* 厳しい措置を取る / prendre un air *sévère* いかめしい態度をとる. ❷ 飾り気のない, 地味な, 堅苦しい. ▶ une tenue trop *sévère* pour son âge 年のわりには地味な服装. ❸ 深刻な, 手痛い, 重大な. ▶ subir une *sévère* défaite 惨敗する.

sévèrement /sevɛrmɑ̃/ 副 ❶ 厳しく, 厳格に. ❷ 手痛く, ひどく.

sévérité /severite/ 女 ❶ 厳しさ, 厳格; 厳しい行為 [判断]. ▶ élever un enfant avec *sévérité* 厳格に子供を育てる. ❷ 飾り気のなさ, 地味. ▶ *sévérité* du style 文体の簡潔さ. ❸ 深刻さ, 重大さ.

sévices /sevis/ 男複 虐待, 暴力, 折檻(せっかん). ▶ exercer des *sévicess* sur qn …を虐待する.

sévillan, ane /sevijɑ̃, an/ 形 セビリアの Séville

show-business

Sévillan, ane 名 セビリアの人.

Séville /sevil/ 固有 セビリア：スペイン南部のアンダルシア地方の都市.

sévir /sevi:r/ 間他動 〈sévir contre qn/qc〉…に厳罰をもって臨む、を厳しく扱う. ▶ *sévir* contre des abus d'autorité 職権乱用を厳しく罰する.
── 自動 猛威を振るう、脅威となる；のさばる.

sevrage /səvra:ʒ/ 男 離乳；離乳期.

sevrer /səvre/ ③ 他動 ❶ …を離乳させる. ❷ 文章 〈sevrer qn de qc〉…から（楽しみなどを）取り上げる、奪う.
── **se sevrer** 代動 〈se sevrer de qc〉（楽しみなどを）自分に禁じる、断つ.

Sèvres /sɛ:vr/ 固有 セーヴル：パリ西方の町.

sèvres /sɛ:vr/ 男 セーヴル焼き：セーヴル Sèvres 産の磁器.

sex- 接頭「6」の意.

sexagénaire /sɛksaʒenɛ:r/ 形, 名 60 歳代の(人).

sexagésimal, ale /sɛgzaʒezimal/；(男複) **aux** /o/ 形 60を基本とする、60進の.

sex-appeal /sɛksapil/ 男《米語》セックスアピール、性的魅力.

*****sexe** /sɛks/ セクス 男 ❶ 性、性別. ▶ le *sexe* masculin [fort] 男性 / le *sexe* féminin = le beau *sexe* 女性 / des discriminations liées au *sexe* 性による差別 / le deuxième *sexe* (第2の性→)女性 / le troisième *sexe* (第3の性→)同性愛者. ❷ 性器、外部生殖器. ▶ *sexe* de l'homme 男性性器 / *sexe* de la femme 女性性器. ❸ (単数で)性的問題. ▶ le *sexe* et l'argent セックスと金.

sexeur /sɛksœ:r/ 男 (ひよこの)性別鑑定士.

sexisme /sɛksism/ 男 性差別；性差別主義.

sexiste /sɛksist/ 名 女性差別主義者、男尊女卑の人. ── 形 女性差別の、男尊女卑の.

sexologie /sɛksɔlɔʒi/ 女 性科学.

sexologue /sɛksɔlɔg/ 名 性科学者.

sex-shop /sɛksʃɔp/ 男《英語》ポルノショップ.

sextant /sɛkstɑ̃/ 男 ❶ 六分儀. ❷《数学》円の6分の1、60度の円弧 [角].

sextuor /sɛkstɥɔ:r/ 男《音楽》六重唱[奏]；六重唱[奏]団.

sextuple /sɛkstypl/ 形 ❶ 6倍の. ❷ (同種の)6 個から成る. ── 男 6倍.

sextupler /sɛkstyple/ 他動 …を6倍にする.
── 自動 6倍になる.

sexualisation /sɛksɥalizasjɔ̃/ 女 性的意味の付与、性的側面の強調.

sexualiser /sɛksɥalize/ 他動 …に性的意味を与える、の性的側面を強調する.
── **se sexualiser** 代動 性的意味を付与される.

sexualité /sɛksɥalite/ 女 ❶《生物》性別、性的特徴. ❷《精神分析》性、性欲、性行動. ▶ *sexualité* infantile 幼児性欲 / troubles de la *sexualité* 性の障害.

sexué, e /sɛksɥe/ 形 有性の、性別のある；両性の結合による. ▶ reproduction *sexuée* 有性生殖.

sexuel, le /sɛksɥɛl/ 形 ❶ 性的な、性欲の、性交の. ▶ relations *sexuelles* 性的関係 / éducation *sexuelle* 性教育 / acte *sexuel* 性行為 / vie *sexuelle* 性生活. ❷《生物学》性の. ▶ organes *sexuels* 生殖器 / caractères *sexuels* primaires [secondaires] 一次[二次]性徴. ❸《精神分析》性欲の、性衝動の.

sexuellement /sɛksɥɛlmɑ̃/ 副 性的に.

sexy /sɛksi/ 形 (不変)《英語》セクシーな.

seyaient, seyait /sɛjɛ/ 活用 ⇨ SEOIR ④3

seyant, ante /sɛjɑ̃, ɑ̃:t/ 形 (seoir の現在分詞)〔衣装、髪型などが〕似合う.

SF 女《略語》science-fiction　SF小説[映画].

shah /ʃa/ 男 ⇨ S（C）HAH.

shaker /ʃɛkœ:r/ 男《英語》(カクテル用の)シェーカー.

shakespearien, enne /ʃɛkspirjɛ̃, ɛn/ 形 シェークスピア Shakespeare の；シェークスピア(劇)風の.

shako /ʃako/ 男 シャコ：庇(ひさし)のついた円筒形の軍帽. 現在は陸軍士官学校の制帽.

shampooiner /ʃɑ̃pwine/, **shampouiner** 他動 …(の髪)をシャンプーする.

shampooing /ʃɑ̃pwɛ̃/, **shampoing** 男《英語》❶ シャンプーすること、洗髪. ❷ シャンプー酒.

shampooingneur, euse /ʃɑ̃pwinœ:r, ø:z/, **shampouineur, euse** 名 ❶ (美容院、理髪店などの)シャンプー係. ❷ (電動式の)カーペットクリーナー.

Shanghaï /ʃɑ̃ŋgaj/ 固有 上海：中国の都市.

shérif /ʃerif/ 男 ❶ (英国の)州長官. ❷ (米国の)保安官、シェリフ.

sherpa /ʃɛrpa/ 男 ❶《ネパール語》シェルパ：ヒマラヤ登山の案内人. ❷ サミットでの首脳の個人代表.

sherry /ʃeri/；(複) **sherrys** (または **sherries**) 男《英語》シェリー酒.

shetland /ʃɛtlɑ̃:d/ 男 ❶《繊維》シェトランド：スコットランド産の毛織物. ❷ シェトランドシープドッグ：コリーを小型化した牧羊犬.

shilling /ʃiliŋ/ 男《英語》シリング：英国の旧通貨単位.

shintô /ʃinto/, **shintoïsme** /ʃintɔism/ 男《日本語》《宗教》神道.

shit /ʃit/ 男《英語》俗 マリファナ、ハシッシュ.

Shoah /ʃoa/ 男 ショアー：ナチスによるユダヤ人大虐殺：ホロコースト.

shocking /ʃɔkiŋ/ 形 (不変) 《英語》古／(ふざけて)ショッキングな、不作法な、破廉恥な.

shogun /ʃɔgun/ 男《日本語》将軍.

shoot /ʃut/ 男《英語》❶ (サッカーの)シュート. ❷ 俗 (ヘロインなどの)麻薬注射.

shooter /ʃute/ 自動 (サッカーで)シュートする. ── **se shooter** 代動 俗 (自分に)麻薬を注射する.

shopping /ʃɔpiŋ/ 男《英語》ショッピング、買い物；ウインド・ショッピング. ▶ faire du *shopping* ショッピングをする

short /ʃɔrt/ 男《英語》ショートパンツ.

show /ʃo:/；(複) ***show(s)*** 男《英語》ショー. ▶ *show* télévisé テレビのワンマンショー / faire un *show* (政治家が)パフォーマンスをする.

show-biz /ʃobiz/ 男《米語》話 ショービジネス.

show-business /ʃobiznɛs/ 男《米語》ショービジネス.

si

*si¹ /si スィ/ 接
(il, ils の前ではエリジョンして s' となる)

《仮定》⟨si + 直説法⟩もし…なら；（事実に反してでも）…だったら；（過去に）…だったとしたら.
《対立, 譲歩》…ではあるが.
《間接疑問文を導く》…かどうか.

❶《仮定, 条件》**❶** ⟨si + 直説法現在［直説法過去］⟩《単なる仮定；主節は直説法または命令法》もし…なら. ▶ S'il fait beau demain, nous sortirons. 明日もし天気がよければ外出しよう（注 仮定が未来の場合も si の節はおもに現在形）/ Si je ne suis pas là, laisse un message. もし私がいなければメッセージを残しておいてください. ◆ si jamais [par hasard] + 直説法 万一…なら. ▶ Si jamais j'arrive en retard, ne m'attends pas. もし私が遅れたら, 待たなくていいよ.
注 si の節を反復する場合, 2 番目の節は que + 接続法 で置き換えられることが多い(例: S'il fait beau demain「et que j'en aie [et si j'en ai] le temps, je sortirai. 明日天気がよくて時間があれば外出します).
❷ ⟨si + 直説法半過去⟩《現在の事実に反する仮定または未来の実現可能性の少ない仮定；主節は条件法現在》もし…だったら（…なのに）；万一…だったら. ▶ Si j'avais de l'argent, j'achèterais une voiture. お金があれば車を買うのに / S'il faisait mauvais demain, nous ne sortirions pas. 万一明日天気が悪ければ, 外出しないことになろう.
注 (1) si 以下が動作の完了を示す直説法大過去になることがある(例: Si j'avais fini mon travail, j'irais avec toi. 仕事を終えていたら君と一緒に行くのに). (2) 必然的帰結を強調するときは, si を直説法半過去にすることがある(例: Au bout de vingt ans, si le travail marchait, ils pouvaient avoir une rente. 20 年後にもし仕事がうまくいけば, 彼らは金利収入を得られるだろう).
❸ ⟨si + 直説法大過去⟩《過去の事実に反する仮定；主節は条件法過去》もし…だったとしたら（…だったのに）. ▶ S'il avait fait beau hier, nous serions sortis. 昨日天気がよかったら外出したのだが. 注 (1) 過去の条件の結果としての現在の状態を示すときは, 主節は条件法現在を用いる(例: Je serais malade si tu ne m'avais pas aidé. 君が助けてくれなかったら僕は今ごろ病気になっていただろう). (2) 必然的帰結を強調するときは, 主節は直説法半過去を用いる(例: Si tu tu n'étais pas venu, je repartais sans t'avoir vu. もし君が来なかったら, 私は君に会わずに出発していた). (3) 文章語では条件節と主節の両方または一方に接続法大過去を用いることがある(例: S'il eût fait [avait fait] beau hier, nous「fussions sortis [serions sortis]. 昨日天気がよければ外出したのだが).
❹《主節を伴わない疑問文・感嘆文で, 勧誘・願望・後悔・いらだち・仮定的疑問などを示す》▶ Si nous allions au cinéma? 映画を見に行こうか / Si seulement [au moins] je pouvais me reposer! せめて休憩くらいできたらなあ / Si vous m'aviez prévenu! 前もって私に知らせておいてくださったらよかったのに / Si vous vous taisiez! 黙ったらどうなんだ / Et si elle se fâche? もし彼女が怒ったらどうしよう).
❺ ⟨plus … que si + 直説法半過去［直説法大過去］⟩《比較文》▶ J'ai plus de souvenirs que si j'avais mille ans. 私には 1000 歳まで生きたより, 多くの思い出がある(ボードレール).

❷《事実を表わす》**❶**《反復》…するときは（いつも）, …するごとに. ▶ S'il faisait beau, il allait se promener. 天気がよいときには彼はよく散歩に出かけたものだった.
❷《対立, 比較, 譲歩》…ではあるが, であるにしても. ▶ Si elle est aimable, sa femme est arrogante. 彼は愛想がいいのに奥さんは横柄だ.
❸ ⟨Si …, c'est …⟩《事実の提示；主節で理由を説明》…なのは（…だからだ）. ▶ S'il revient te voir, c'est (parce) qu'il n'a pas d'amour-propre. 彼が君に会いに戻ってくるなんて, プライドがないのだ / Si je t'ai grondé, c'est pour ton bien. 君をしかったのは君のためを思ってのことだ.
❹《原因》…だから, だからといって. ▶ Comment pourrait-il la trouver, s'il ne connaît pas même son nom? 彼は彼女の名前すら知らないのにどうして彼女を見つけられるだろうか / Ne vous étonnez pas s'il est venu. 彼が来たからといって驚かないでください.

❸《間接疑問文を導く》**❶** …かどうか. 注 主節の動詞は demander, dire, douter, hésiter, ignorer, savoir, s'assurer, s'informer, voir など. ▶ Savez-vous s'il viendra? 彼が来るかどうか知っていますか / J'ignore s'il l'a fait. 彼がそれをしたかどうか私は知らない.
❷ どんなに, どれほど（＝combien）. ▶ Vous pensez s'ils étaient fiers! 彼らがどんなに誇り高かったかを考えてみなさい.
❸《相手の質問を繰り返して》…かどうかって. 注 驚き, 憤慨などを表わすこともある. ▶ 《Vous connaissez cette ville?》— Si je connais cette ville!》「その町を知っていますか」「私がその町を知っているですって」.

comme si ⇨ COMME.

excepté [sauf] si + 直説法 …の場合を除いて, …でない限り.

*même si + 直説法 たとえ…であろうと. ▶ Même si je prends un taxi, je serai en retard. たとえタクシーを拾っても私は遅刻するだろう.

si ce「n'est [n'était] … (1) …でなければ. ▶ Qui peut le savoir, si ce n'est lui? 彼でなければだれがそのことを知りうるだろうか. (2) …でないにしても. ▶ C'est un des meilleurs, si ce n'est le meilleur. それは断トツではないにしろ, 最良の部類の 1 つではある. (3) …がなければ. ▶ Si ce n'est ce travail, j'irais [Si ce n'était ce travail, je serais allé] avec toi. この仕事がなければ君と一緒に行く［行った］のだが. (4) …以外は. ▶ On n'entend rien, si ce n'est le bruit des vagues. 潮騒(しおさい)以外は何も聞こえない. ◆ **si ce n'est「de + 不定詞［que + 直説法］** ▶ Il ne fait rien, si ce n'est de déranger les autres. 彼は他人の邪魔をする以外何もしない.

Si ce n'est pas + 属詞！ まったく…だ. ▶ Si ce n'est pas honteux! 本当に恥ずかしいことだ.

siècle

***si je ne** me trompe* [*m'abuse*] もし私の思い違いでなければ.
si j'étais vous もしも私があなたなら.
s'il en fut このうえなく. ▶ C'est un hardi menteur *s'il en fut*. やつは極め付きの大うそつきだ.
si on peut dire いわば, 言ってみれば.
si oui もしそうなら, そのとおりなら.
si possible もし可能なら, できれば.
si tant est que + 接続法 (強い疑念を伴って)もし…なら, …である限りは. ▶ Invitez-les tous, *si tant est que* nous ayons assez de verres. グラスの数が足りるのなら彼らをみな招待すればいい.
― 男《単複同形》もしもということ, 仮定. ▶ Avec des *si*, on mettrait Paris dans une bouteille. 諺 (仮定の話ならパリを瓶に詰めることもできる→)もしという話ならどんなことでも可能だ.

*si² /si スィ/
副

《否定の考えを打ち消して》いいえ.
《強調》これほど, とても.
〈*si* + 形容詞 [副詞] + que …〉非常に…なので…である.

❶〖肯定; 先行する否定の考えを打ち消して〗いいえ, そんなことはない. ▶《Tu ne viens pas? ― *Si*, je viens.》「来ないの」「いや, 行く」/《Il n'est pas venu hier. ― *Si*, il est venu, mais il n'est pas resté longtemps.》「昨日彼は来なかった」「いや, 来たけれど長くはいなかった」/《Je ne le connais pas. ― Mais *si*, tu l'as vu un jour chez moi.》「私は彼を知らない」「そんなわけないよ, いつかうちで会ったでしょう」(注 *si* の強調はほかに ma foi si, 話 que si, 文章 si fait など) / 《dire, penser などの動詞の補足節として》Je pensais qu'il ne viendrait pas, mais quand je lui en ai parlé il m'a répondu que *si*. 私は彼が来ないものと思っていたが, そのことを彼に話すと, いや行くと答えた / 《省略》Il ne part pas, moi *si*. 彼は出かけないが, 私は出かける.

❷〖強調〗❶ これほど, そんなに; とても, たいへん. ▶ Pas *si* vite! そんなに急がないで / Ce n'est pas *si* facile. それほど簡単ではない / C'est une fille *si* belle. それはとても美しい女の子だ / J'ai *si* faim! とてもおなかがすいた.

❷〈*si* + 形容詞 [副詞] + que …〉非常に…なので…である, …なほど…である. 注 主節が否定, 疑問のとき que 以下は接続法. 英語の so … that … に相当する. ▶ Il parle *si* bas qu'on ne l'entend pas. 彼はたいへん小声で話すので聞き取れない / Elle n'est pas *si* stupide qu'elle ne puisse comprendre ceci. 彼女はこのことが理解できないほど愚かではない.

❸〖譲歩〗〈*si* + 形容詞 [副詞] + que + 接続法〉// *si* + 形容詞 + soit-il〉どんなに…であろうとも, いくら…とはいえ. 注 soit-il は各人称に変化させて用いる. ▶ Il échouera, *si* malin qu'il soit. いくら抜け目がないとはいっても, 彼は失敗するだろう / *Si* adroitement qu'il ait parlé, il n'a convaincu personne. 彼はどんなに巧みに話しても, だれ一人説得することはできなかった / *Si* bêtes soient-ils, ils comprendront. いくら彼らがばかでも分かるだろう.

❹《否定文および疑問文における同等比較; aussi の代用》それほど, これほど. ▶ Il n'est pas *si* grand que son père. 彼は父親ほど背が高くない / Elle n'est pas *si* timide que vous croyez. 彼女はあなた(方)が思っているほど内気ではない / Il ne travaille pas *si* lentement qu'il en a l'air. 彼の仕事ぶりは見かけほどのらではない.

*si bien que + 直説法 = **tant et si bien que** + 直説法 その結果…である (= de sorte que). ▶ Il s'est adouci, *si bien que* je me suis senti plus à l'aise. 彼は角が取れてきて, 一緒にいてもずっとくつろげた.

si³ /si/ 男《単複同形》〖音楽〗(音階の)シ, 口音.
siamois, oise /sjamwa, wa:z/ 形 シャム Siam (タイ王国の旧称)の.
― **Siamois, oise** 名 シャム人.
Sibérie /siberi/ 固有 女 シベリア.
sibérien, enne /siberjɛ̃, ɛn/ 形 シベリア Sibérie の. ― **Sibérien, enne** 名 シベリアの人.
sibylle /sibil/ 女 (古代の)巫女(ざ), シビラ.
sibyllin, ine /sibi(l)lɛ̃, in/ 形 ❶ (古代の)巫女(ざ)[シビラ] の. ❷ 文章 (巫女の予言のように)謎(なぞ)めいた, 曖昧(あいまい)な, 分かりにくい.
sic /sik/ 副 ❶ 原文のまま, 原文どおり. ❷ 話《名詞のあとで》いわゆる. ▶ le socialisme-*sic* いわゆる社会主義, 社会主義とやら.
sicav /sika:v/ 女〖略語〗société d'investissement à capital variable 投資信託会社; 投資信託で運用される株.
siccatif, ive /sikatif, i:v/ 形 (絵の具, ペンキなどを)乾燥させる.
siccité /siksite/ 女 文章 乾燥(状態).
Sicile /sisil/ 固有 女 シチリア, シシリー: イタリア南部の島.
sicilien, enne /sisiljɛ̃, ɛn/ 形 シチリア Sicile の, シシリーの. ― **Sicilien, enne** 名 シチリア人, シシリー人.
sida /sida/ 男 (syndrome immuno-déficitaire acquis の略)エイズ, 後天性免疫不全症候群. ▶ virus du *sida* エイズウィルス.
side-car /sajdka:r/ 男〖英語〗サイドカー.
sidéen, enne /sideɛ̃, ɛn/ 名 エイズ感染者, エイズ患者.
sidér- 接頭「鉄; 星」の意.
sidéral, ale /sideral/; 《男複》**aux** /o/ 形 ❶〖天文〗恒星の. ▶ année *sidérale* 恒星年 / jour *sidéral* 恒星日. ❷ 文章 星の; 星から発する.
sidérant, ante /siderɑ̃, ɑ̃:t/ 形 話 唖然(あぜん)とさせる, びっくり仰天させる.
sidérer /sidere/ 6 他動 話 …を唖然(あぜん)とさせる, びっくり仰天させる.
sidérurgie /sideryrʒi/ 女 製鉄術; 鉄工業.
sidérurgique /sideryrʒik/ 形 製鉄術の, 製鋼法の.
sidérurgiste /sideryrʒist/ 名 製鉄工, 製鉄技師; 製鉄業者.
*siècle /sjɛkl/ スィエクル/ 男 ❶ 1 世紀, 100 年間; 世紀. ▶ au vingt et unième *siècle* 21 世紀に

sied

/ le dixième *siècle* avant [après] Jésus-Christ 紀元前[後]10世紀 / à travers les *siècles* 数世紀を通じて / un quart de *siècle* 4半世紀 / un demi-*siècle* 半世紀. 注「…世紀から…世紀に」という場合, 3通りの書き方が可能(例: au XVIIᵉ et au XVIIIᵉ *siècle* = au XVIIᵉ et au XVIIIᵉ *siècles* = aux XVIIᵉ et XVIIIᵉ *siècles* 17世紀から18世紀において).

❷ 時代; 当代. ▶ notre *siècle* 現代, 今世紀 / *siècles* futurs [à venir] 後世 / le match du *siècle* 世紀の大試合 / le Grand *siècle* ルイ14世の時代 / mal du *siècle* 世紀[時代]病 / fin de *siècle* 世紀末 / enfant du *siècle* 時代の寵児(だっこ). ◆ le *siècle* de qc ∥ un *siècle* de + 無冠詞名詞 …の時代. ▶ le *siècle* de l'atome 原子力時代 / le *siècle* des lumières 啓蒙時代(フランスの18世紀).

❸ 話 長い年月. ▶ Il y a des *siècles* que je ne t'ai vu. ずいぶんお久しぶりですね / depuis des *siècles* ずっと昔から.

du siècle 話 世紀の. ▶ amour *du siècle* 世紀の大恋愛.

être de son siècle 時代に遅れない.

sied, siée, siéent /sje/ 活用 ⇨ SEOIR 43

***siège** /sjɛːʒ スィエージュ/ 男 ❶ 椅子(す), 座席. ▶ un *siège* réglable リクライニングシート / *siège* avant [arrière] (自動車の)前席[後席] / *siège* pliant 折り畳み椅子 / avancer [offrir] un *siège* à qn …に椅子をすすめる / prendre un *siège* 椅子にかける.

❷ (会社, 官庁などの)本部, 本拠地, 所在地. ▶ *siège* d'un parti 政党本部 / *siège* principal 本部, 本店 / *siège* social 本社 / *siège* d'un tribunal 裁判所所在地.

❸ 議席. ▶ Le parti a gagné vingt *sièges* à l'Assemblée. その党は国会で20議席を獲得した.

❹ 尻(b), 臀部(な). ▶ bain de *siège* 座浴.

❺ 室, 臓, 中枢; 患部. ▶ le *siège* de la raison 理性の中枢 / le *siège* d'une douleur 痛みの部位.

❻ [軍事]攻囲陣; 攻囲戦. ▶ le *siège* de Paris en 1870 1870年のパリ攻囲 / faire le *siège* de qc = mettre le *siège* devant qc …を包囲する, 攻囲する / lever le *siège* 包囲を解く; 立ち去る.

❼ [カトリック](教皇, 司教の)座. ▶ Saint-Siège 聖座, 教皇座 / le *siège* épiscopal [d'un évêché] 司教座.

état de siège 戒厳令. ▶ ville en *état de siège* 戒厳令下にある町.

siéger /sjeʒe/ 7 自動 ❶ (会社, 官庁などが)本拠を置く; 所在する. ▶ L'ONU *siège* à New York. 国連本部はニューヨークにある. ❷ (議員, 裁判官などが)現職にあり, 席を占める. ▶ *siéger* à la Chambre 下院に席を持つ / *siéger* dans un tribunal 裁判官の職にある. ❸ (法廷, 会議などが)開かれる; (人が)審議中である. ▶ Le tribunal *siège* aujourd'hui. 法廷は今日開かれている. ❹ (病気などが)宿る. ▶ Le mal *siège* là. 病気はこの部位だ.

***sien, sienne** /sjɛ̃, sjɛn スィヤン, スィエヌ/ 代 《所有》

| 男性単数 le sien | 女性単数 la sienne |
| 男性複数 les siens | 女性複数 les siennes |

*sien は普通, 定冠詞を伴う.

彼のもの, 彼女のもの, 自分のもの. 注 〈所有形容詞 son, sa, ses + 名詞〉に代わる代名詞. 所有されるものの性, 数に応じて変化する. ▶ votre fils et le *sien* あなた(方)の息子と彼(女)の息子.

— **sien** 男 ❶ (les siens)(彼, 彼女の)家族, 身内, 仲間, 味方. ▶ Elle passe la Noël avec les *siens*. 彼女は家族とともにクリスマスを過ごす.

❷ 古 自分のもの[財産, 持ち分, 考え].

y mettre du sien (1) 自分の努力[金]などをつぎ込む; 頑張る. ▶ Il y *a mis du sien*. Il faut que tu en fasses autant. 彼は彼で頑張ったんだから, 君も同じようにしなくちゃ. (2) 譲歩する, 犠牲を払う.

— **siennes** 女複 (いつもの)愚行.

faire des siennes 相変わらずばかげたことをする, いつものへまをする.

— **sien, sienne** 形 《所有》 ❶ 文章 (属詞として)彼の, 彼女の, 自分の. ▶ Ce livre est *sien*. この本は彼(女)のだ(注 普通は Ce livre est à lui [elle]. という).

❷ 古 / 文章 (付加形容詞として)彼の, 彼女の, 自分の. ▶ un *sien* ami / œsjenami) 彼(女)の友人.

sieste /sjɛst/ 女 (昼食後の)休息, 昼寝, シエスタ. ▶ faire la *sieste* 昼寝をする.

sieur /sjœːr/ 男 ❶《法廷用語で》…氏, …殿 (=monsieur). ▶ l'avocat du *sieur* Martin マルタン氏の弁護士.

❷《軽蔑して》le *sieur* un tel なんとかいう男.

sifflant, ante /siflɑ̃, ɑ̃ːt/ 形 口笛を吹くような; (音が)ひゅうひゅういう. — **sifflante** 女 [音声]シー音(=consonne sifflante): s, z などの摩擦子音.

sifflement /sifləmɑ̃/ 男 (空気を裂くような)鋭い音; ひゅうひゅう[しゅうしゅう]いう音; 口笛[汽笛]の音; (ラジオの)雑音. ▶ le *sifflement* d'une locomotive 機関車の汽笛 / un *sifflement* du vent 風の鳴る音 / *sifflement* d'oreilles 耳鳴り.

***siffler** /sifle スィフレ/ 自動 ❶ 口笛[ホイッスル]を吹く; 汽笛を鳴らす. ❷ (小鳥が)鋭く鳴く; (蛇が)しゅうしゅういう音を出す. ▶ Le merle *siffle*. ツグミが鳴く. ❸ (物が)鋭い音を立てる. ▶ La vapeur *siffle*. 蒸気がしゅっしゅっと漏れる.

— 他動 ❶ [メロディーを]口笛で吹く. ▶ *siffler* une chanson à la mode 流行歌を口笛で吹く.

❷ [人, 動物などを]口笛で呼ぶ. ▶ *siffler* son chien 口笛を吹いて犬を呼ぶ.

❸ [審判員が] …を笛で合図する. ▶ L'arbitre a *sifflé* une faute. 審判が笛を吹いて反則を宣した.

❹ [役者や演奏者を]口笛を吹いてやじる. ▶ L'acteur s'est fait *siffler*. 俳優は口笛でやじられた.

❺ 話 [飲み物を]一気に飲み干す. ▶ *siffler* un verre de vin ワインを1杯ぐいとやる.

sifflet /siflɛ/ 男 ❶ 小さい笛, 呼び子; 汽笛, 号笛; (呼び子, 汽笛などの)音, 響き; (鳥などの)鳴き声. ▶ *sifflet* d'alarme 警笛 / *sifflet* d'agent de police 警官の呼び子 / donner un coup de

sifflet 呼び子を吹く. ❷《多く複数で》口笛のやじ. ▶ *sifflets* du parterre 平土間からの口笛のやじ. ❸話 喉;笛;喉. ▶ serrer le *sifflet* à qn …の喉を締める.
couper le sifflet à qn 話 …を黙らせる.
en sifflet (呼び子の口のように)斜めに.

siffleur, euse /siflœːr, øːz/ 形 口笛[呼び子]を吹く;〔鳥が〕ぴいぴい鳴く;〔蛇が〕しゅうしゅういう. 名 ❶ 口笛を吹いてやじる人. ❷ 俗 ぐいぐいと杯をあける人.

sifflotement /siflɔtmɑ̃/ 男 軽く口笛を吹くこと;軽く口笛で吹かれた曲[メロディー].

siffloter /siflɔte/ 自動 軽く[静かに]口笛を吹く. — 他動 …を軽く口笛で吹く.

sigillé, e /siʒile/ 形 印の押してある. ▶ vases *sigillés* (ガロ・ロマン様式の)印章模様のある壺(?).

sigle /sigl/ 男 略号. ▶ SNCF est le *sigle* de la Société nationale des chemins de fer français. SNCF はフランス国有鉄道の略号である.

sigma /sigma/ 男 シグマ(Σ, σ, ς): ギリシア字母の第18字.

signal** /sinal/ スィニャル/: 《複》 ***aux /o/ 男 ❶ 合図, サイン; 口火, きっかけ, 兆候. ▶ Attendez mon *signal* pour entrer. 私が合図するまで中へ入るのは待ってください / à mon *signal* 私が合図したら / Leur arrestation a été le *signal* de la révolte. 彼らの逮捕が反乱の口火となった / le *signal* d'une maladie 病気の兆候.
❷ 信号(機); 標識. ▶ *signal* d'alarme 警報(器) / *signal* de détresse 遭難信号 / *signal* d'appel (電話の)呼び出し音 / *signal* sonore 信号音 / *signaux* ˹de route [routiers]˺ 道路交通標識, 信号灯 / Le conducteur n'a pas respecté le *signal*. 運転手は信号無視をした.
donner le signal de qc (1) …の合図をする. (2) …の口火を切る.

signalé, e /sinale/ 形 ❶ 標識[信号機]を備えた. ❷ 文章 注目すべき, 著名な. ▶ rendre un *signalé* service à qn …に大いに貢献する.

signalement /sinalmɑ̃/ 男 人相書き; 身体的特徴. ▶ donner le *signalement* d'un criminel 犯罪人の特徴を知らせる.

***signaler** /sinale/ 他動 ❶ (信号, 標識で)…を知らせる, 合図をする, 示す. ▶ un panneau qui *signale* un danger aux automobilistes ドライバーに危険を知らせる標識. 比較 ⇨ MONTRER.
❷ …を教える, 指摘する; についての注意を促す. ▶ Je vous *signale* que je partirai demain. 明日私が出発することをお伝えします / Rien à *signaler*. (報告書などで)特記事項なし.
❸ (警察などに)…を通報する, 告発する. ▶ *signaler* un escroc à la police 詐欺犯人を警察に通報する.
— ***se signaler*** 代動 人目を引く, 注目される; 異彩を放つ. ▶ *se signaler* par son courage 勇敢なことで知られる / *se signaler* à l'attention de qn …の注意を引く.

signalétique /sinaletik/ 形 特徴を記載した. ▶ fiche *signalétique* (警察の)犯罪者カード.

signalisation /sinalizasjɔ̃/ 女 ❶ 信号[標識]を設置すること; 信号を送ること. ❷ 信号システム; 標識体系. ▶ *signalisation* routière 道路標識.

signaliser /sinalize/ 他動 [道路など]に標識[信号]を設置する.

signataire /sinatɛːr/ 名 署名者, 調印者.

***signature** /sinatyːr/ スィニャテュール/ 女 署名, サイン; 署名すること;(条約などの)調印. ▶ apposer sa *signature* sur qc …に署名する / honorer sa *signature* 契約を履行する / Une petite *signature*, s'il vous plaît. サインをお願いします / L'arrêté va être porté à la *signature* du ministre. 法令は間もなく大臣の署名を受けることになっている.

***signe** /sin/ スィニュ/ 男 ❶ しるし; 兆し, 前兆, 兆候. ▶ un *signe* ˹avant-coureur [précurseur]˺ de qc …の前兆[予兆] / La baisse de l'inflation est un *signe* favorable à l'économie nationale. インフレの沈静化は国民経済にとって明るい兆しだ.
❷ 特徴. ▶ *signes* particuliers (本人であることを証明する)身体的特徴.
❸ 合図, サイン;(意思を伝える)身振り, 動作. ▶ répondre par un *signe* de tête affirmatif [négatif] うなずいて[首を横に振って]答える / faire un *signe* de (la) croix 十字を切る / langage des *signes* 手話.
❹ 記号, 符号. ▶ *signe* linguistique 言語記号 / *signes* orthographiques つづり字記号 / *signes* de ponctuation 句読点(記号).
❺ 標章, 記章. ❻ 〖占星術〗黄道十二宮 (=*signe* du zodiaque).
C'est bon [mauvais] signe. よい[悪い]兆候だ, 幸先(穏)がよい[前兆が悪い].
C'est signe ˹de qc [que + 直説法˺. それは…のしるし[証拠]だ, それは…を意味する.
donner des signes de + 無冠詞名詞 …の兆候[様子, 態度]を見せる. ▶ *donner des signes d'impatience* いらだちの様子を隠さない.
****en signe de*** + 無冠詞名詞 …のしるしとして.
faire signe à qn 話 …と連絡を取る. ▶ Je vous *ferai signe* dès mon retour. 戻り次第連絡します.
****faire signe (à qn) ˹de*** + 不定詞 ˹ que + 直説法˺ (…に)…の身振りで[合図を]する. ▶ *faire signe* à qn *de* venir …に来るようにと合図する.
faire signe que oui [non] (身振りで)賛成[反対]の意を示す.
ne pas donner signe de vie 便り[音沙汰(琉)]がない, 消息不明である. ▶ Il *ne donne plus signe de vie*. 彼からの連絡がぷっつりと切れた.
signe des temps 《多く悪い意味で》時代の特徴[反映].
sous le signe de qc (1) …の星のもとに. ▶ être né *sous le signe* ˹de la chance [du scorpion]˺ 幸運の星のもとに生まれる[さそり座生まれである]. (2) …の雰囲気[状況]で. ▶ La réunion eut lieu *sous le signe de* la bonne humeur. 会合は和気あいあいとした雰囲気下で行われた.

***signer** /sine/ スィニェ/ 他動 ❶ 〔手紙, 書類など〕に署名する, サインする. ▶ *signer* un contrat 契約

signifiant

書に署名する / 《目的語なしで》Datez et *signez*. 日附けして下にサインして下さい. ❷〔条約, 協定などに〕**調印する, を締結する.** ▶ *signer* 「la paix [un traité de paix] 講和条約に調印する. ❸〔作品などに〕署名を入れる, を署名入りで書く[作る, 発表する]. ▶ *signer* un tableau 絵に署名する. ❹〔金銀細工などに〕刻印する, 極印を打つ.

C'est signé. だれの仕業か一目瞭然(りょうぜん)だ.
— **se signer** 代動 十字を切る.

signifi*ant, ante* /sinifjɑ̃, ɑ̃ːt/ 形 意味する; 文章 意味深い.
— **signifiant** 男〖言語〗能記, 記号表現, シニフィアン (↔signifié).

significa*tif, ive* /sinifikatif, iːv/ 形 ❶ 意味深い, 明白に意味を表わす; 胸中を物語る. ▶ un regard *significatif* 意味ありげな視線. ▶《*significatif* de qc》…を示している. ▶ Cette dispute est *significative* de son caractère. この口論は彼(女)の性格をよく表わしている. ❸ 重要な, 大きな意味を持つ. ❹〖数学〗chiffre *significatif* 有効数字.

signification /sinifikasjɔ̃/ 女 ❶ 意味, 意義; 語義. ▶ la *signification* historique d'un événement ある事件の歴史的意味 / chercher la *signification* d'un mot dans le dictionnaire 辞書で単語の意味を調べる. 比較 ▷ SENS¹.
❷〖言語〗意味作用: 記号表現と記号内容の相互的な結び付き. ❸〖法律〗送達, 通知. ❹〖文法〗degré de *signification* (原級, 比較級, 最上級の3つから成る形容詞, 副詞の)比較の級.

significativement /sinifikativmɑ̃/ 副 はっきりした意味を表わして, 意味深く.

signifié /sinifje/ 男〖言語〗所記, 記号内容, シニフィエ (↔signifiant).

*****signifier** /sinifje/ スィニフィエ 他動 ❶〔物が〕…を**意味する**; 表わす, 示す, 物語る. ▶ Que *signifie* ce mot? この単語の意味はなんですか (▷ 成句) / L'envol des hirondelles *signifie* que l'automne est proche. ツバメが飛び立つということは, 秋が間近いということだ.
❷ 文章〔人が〕…をはっきりと言う, 知らせる, 通告する. ▶ *signifier* ses intentions à qn …に自分の意向をはっきり伝える / *signifier* à qn de + 不定詞 …にするように命じる.

Cela ne signifie pas grand-chose. それには別にたいした意味はない.
Cela ne signifie rien. それはなんの意味もない.
Que signifie + 指示形容詞 + 名詞? この…はいったいどういうことなのか(驚き, 不満, いらだち). ◆
Qu'est-ce que cela signifie? これはいったいどういうことなのか.

*****silence** /silɑ̃ːs/ スィランス 男 ❶ **沈黙, 無言.** ▶ garder [observer] le *silence* 沈黙を守る / rompre le *silence* 沈黙を破る / Faites *silence*. 静かにしなさい / *Silence!* 静粛に / Un peu de *silence*, s'il vous plaît. 少し静かにして下さい / minute de *silence* 黙禱(もくとう). ❷ **静けさ, 静寂.** ▶ *silence* de mort 死んだような静けさ. ❸ 秘密を守ること; 言及しないこと. ▶ la loi du *silence* (犯罪組織などの)黙秘の掟(おきて). ❹ 音沙汰(さた)のないこと, 音信不通. ❺〖音楽〗休止; 休止符, 休符.

dans le silence (1) 静かに. (2) 秘密裏に.
en silence (1) 音を立てずに, 静かに, 無言で. (2) 文句を言わずに; 心中で, ひそかに. ▶ obéir *en silence* 黙って従う.
imposer silence à qn …を黙らせる.
passer qc sous silence …に言及しない, を故意に伏せておく. ▶ Nous *avons passé* ce fait *sous silence*. 私たちはこのことを口にしなかった.
réduire qn au silence (1) …の発言を封じる, 議論の余地を与えない. (2) 話 …を殺す.

silencieusement /silɑ̃sjøzmɑ̃/ 副 静かに; 音を立てずに, 黙って; ひそかに.

*****silenci*eux, euse*** /silɑ̃sjø, øːz/ スィランスィユー, スィランスィユーズ 形 ❶ **無言の; 無口な, 寡黙な.** ▶ rester *silencieux* 黙ったままでいる. ❷ **静かな; 音の立てない.** ▶ un moteur *silencieux* 音の静かなモーター / un quartier *silencieux* 静かな街. 比較 ▷ CALME.
— **silencieux** 男 (エンジン, 銃の)消音器, マフラー, サイレンサー.

silési*en, enne* /silezjɛ̃, ɛn/ 形 シロンスク Silésie (ポーランド南西部), シレジアの.
— **Silési*en, enne*** 名 シロンスクの人, シレジアの人.

silex /sileks/ 男《ラテン語》フリント, 火打ち石.

silhouette /silwɛt/ 女 ❶ **シルエット; (背景にくっきりと浮かぶ)輪郭, 影.** ❷ 体つき, 体の線. ❸ (美的な観点から見た衣服, 車などの)ライン, フォルム, スタイル. ❹ (小説などの)副次的な登場人物; その他大勢.

silhouetter /silwete/ 他動 …の輪郭を描く; シルエットを描く[写す].
— **se silhouetter** 代動 シルエットとなって現れる, くっきりと輪郭が浮かび上がって見える.

silicate /silikat/ 男 ケイ酸塩.
silice /silis/ 女 シリカ, 二酸化ケイ素.
silic*eux, euse* /silisø, øːz/ 形 ケイ質の.
silicium /silisjɔm/ 男〖化学〗ケイ素, シリコン.
silicone /silikoːn/ 女〖化学〗シリコーン, ケイ素化合物.
silicose /silikoːz/ 女〖医学〗珪肺(けいはい)(症).
sillage /sijaːʒ/ 男 ❶ 航跡; (船の)進行速度. ❷ (人, 動物, 車などの)通った跡. ❸〖物理〗伴流, 後流.

marcher dans le sillage de qn = *suivre le sillage de qn* …の例にならう, を範とする.

sillon /sijɔ̃/ 男 ❶ (畑の)畝(うね)溝; 《複数で》詩語 田畑. ▶ tracer [creuser, ouvrir] un *sillon* 畝を作る. ❷ 《多く複数で》(物の通った)跡; 溝; 筋. ▶ *sillons* de larmes 涙の跡. ❸ (レコードの)溝. ❹ 《多く複数で》文章 (顔の)しわ.

sillonner /sijɔne/ 他動 ❶ …に筋をつける[刻む]. ▶ rides qui *sillonnent* un visage 顔に刻まれたしわ. ❷ …を縦横に走る[行き交う]. ▶ réseau de routes qui *sillonnent* toute la France フランス中を縦横に延びている道路網.

silo /silo/ 男 ❶ (穀物, 牧草などを貯蔵するための)サイロ, 倉庫, 地下倉庫. ❷〖軍事〗ミサイルサイロ. ▶ *silo* de lancement 打ち上げサイロ. ❸ *silo* à voitures 立体駐車場.

silure /silyːr/ 男〖魚類〗ナマズ.

simagrée /simagre/ 囡《多く複数で》見せかけ, 気取り；茶番.

simien, enne /simjɛ̃, ɛn/ 形 猿の；猿のような.
— **simiens** 男複《動物》真猿類, 真猿亜目.

simiesque /simjɛsk/ 形《文章》猿のような.

similaire /similɛːr/ 形 類似した, 同様の, 同種の. ▶ une idée *similaire* 同じような考え方.

similarité /similarite/ 囡 類似, 相似.

simili[1] /simili/ 男 模造品. ▶ bijoux en *simili* 模造宝石.

simili[2] /simili/ 囡 (similigravure の略)《印刷》網版法.

simil(i)– 接頭 「類似, 模倣」の意.

similicuir /similikɥiːr/ 男 人造革, 模造革.

similigravure /similigravyːr/ 囡《印刷》網版法.

*****simple** /sɛ̃ːpl/ サーンプル 形 ❶ 簡単な, 単純な；《悪い意味で》安易な. ▶ un moyen *simple* et sûr 簡単で確実な方法 / Ce n'est pas (si) *simple*. 事はそう簡単ではない / fournir des explications *simples* 分かりやすい説明をする.
❷ 簡素な, 飾り気のない, 質素な；《悪い意味で》お粗末な. ▶ une robe *simple* シンプルな服 / un repas tout *simple* ごく質素な食事 / un style *simple* 簡潔な文体 / goûts *simples* 素朴な趣味.
❸《名詞の前で》単なる, ただの；一介の. ▶ un *simple* hasard 単なる偶然 / Ce n'est qu'une *simple* formalité. これはただの形式にすぎません / un *simple* soldat 一兵卒 / un *simple* particulier 一個人.
❹ 率直な, 気取らない；謙虚な, つつましい. ▶ un homme *simple* et bon 純朴で善良な人.
❺ 単純な, 間抜けな, お人よしの. ▶ *simple* et crédule 単純で信じやすい.
❻ 身分の低い；無知な, 粗野な. ▶ des gens *simples* 身分の低い人々.
❼《ときに名詞の前で》一重の, 1 回の. ▶ un nœud *simple* 一重結び / un aller *simple* pour Marseille マルセイユ行きの片道切符 1 枚.
❽ 単一の. ▶ couleur *simple* 単色 / corps *simple*《化学》単体 / phrase *simple* 単文 / temps *simple* 単純時制.

c'est (bien) simple 話は(至極)簡単だ；言うまでもなく；要するに, つまり.

dans le plus simple appareil 裸の.

pur et simple 無条件の, 純然たる.

simple comme bonjour 話 ばかみたいに簡単な.

simple d'esprit 知能の遅れた.

— 名 ❶ 単純素朴 [質朴] な人, お人よし. ❷ つつましく暮らす人. ❸ *simple* d'esprit《婉曲に》知恵遅れの人, 知的障害者.

— 男 ❶ 単純なこと [もの]. ❷ (テニスなどの) シングルス. ▶ *simple* dames [messieurs] 女子 [男子] シングルス. ❸《複数で》薬草.

*****simplement** /sɛ̃pləmã/ サンプルマン 副 ❶ 簡単に, 単純に. ▶ raconter les choses *simplement* 事の次第を手短に話す. ❷ 率直に, 気取らずに；簡素に. ▶ vivre *simplement* et tranquillement 質素に平穏に暮らす. ❸ ただ, 単に. ▶ Je voulais *simplement* vous dire bonjour. (電話などで) ただちょっと御挨拶(゙あいさつ)と思いまして.

purement et simplement ただひたすら, 無条件に, 全面的に.

simplet, ette /sɛ̃plɛ, ɛt/ 形 ❶ [考えなどが] 単純すぎる. ❷ やや間抜けな, とろい, おめでたい.

*****simplicité** /sɛ̃plisite/ 囡 ❶ 簡単さ, 単純さ. ▶ la *simplicité* d'un problème 問題の分かりやすさ. ❷ 簡素, 質素, 飾り気のなさ. ▶ parler avec *simplicité* 飾らずに話す. ❸ 素朴さ, 率直さ, 気取りのなさ. ❹ だまされやすさ, 愚かさ. ▶ Je n'ai pas la *simplicité* de le croire. それを信じるほどおめでたくはありません. ❺ 単一性.

en toute simplicité 率直に, 気取らずに.

simplifiable /sɛ̃plifjabl/ 形 ❶ 単純化できる, 簡略化できる. ❷《数学》約分できる.

simplificateur, trice /sɛ̃plifikatœːr, tris/ 形, 名 単純 [簡略] 化する (人).

simplification /sɛ̃plifikasjɔ̃/ 囡 ❶ 単純化, 簡略化. ❷《数学》(分数の) 約分.

*****simplifier** /sɛ̃plifje/ サンプリフィエ 他動 …を簡単 [簡素] にする, 単純化する. ▶ *simplifier* les formalités 手続きを簡素化する / *simplifier* un problème 問題を単純化する / *simplifier* une fraction《数学》約分する.

simplisme /sɛ̃plism/ 男 過度の単純化 (傾向), 一面化；簡略主義.

simpliste /sɛ̃plist/ 形, 名 単純化しすぎる (人), 一面的な見方をする (人).

simulacre /simylakr/ 男《文章》まね事, 模擬行為；見せかけ；模造品. ▶ un *simulacre* de combat 模擬戦 / un *simulacre* d'autonomie うわべだけの自治.

simulateur, trice /simylatœːr, tris/ 名 (感情などを) 偽ってみせる人；まねをする人；仮病を使う人. — **simulateur** 男 シミュレーター.

simulation /simylasjɔ̃/ 囡 ❶ (病気などの) ふりをすること, 偽装. ❷ シミュレーション. ❸《民法》仮装行為. ❹《心理》偽態.

simulé, e /simyle/ 形 (simuler の過去分詞) 見せかけの, 偽りの. ▶ maladie *simulée* 仮病.

simuler /simyle/ 他動 ❶ (だますために) …を装う, のように見せかける. ❷ [物が] …のように見える；を模倣する, 再現する：シミュレーションする.

simultané, e /smyltane/ 形 同時に起こる, 同時の. ▶ traduction *simultanée* 同時通訳 / équations *simultanées* 連立方程式.

simultanéité /simyltaneite/ 囡 同時性；同時に存在すること.

simultanément /simyltanemã/ 副 同時に, 一緒に.

sinanthrope /sinãtrɔp/ 男 シナントロプス, 北京原人.

sinapisme /sinapism/ 男《薬学》カラシ硬膏(こう).

*****sincère** /sɛ̃sɛːr/ サンセール 形 ❶ 誠実な, 率直な. ▶ des sentiments *sincères* うそ偽りのない気持ち. ❷ 本物の, 正真正銘の. ▶ un démocrate *sincère* 生っ粋の民主主義者.

sincèrement /sɛ̃sɛrmã/ 副 率直に, 心から, 本当に. ▶ Je suis *sincèrement* désolé de ne

sincérité

pas vous être utile. お役に立てないことを心から申し訳なく思います / *Sincèrement*, vous ne le saviez pas? 本当のところ,御存じなかったんでしょう.

Sincèrement vôtre [à vous]. 《手紙の末尾で》敬具.

sincérité /sẽserite/ 囡 ❶ 誠実, 率直. ▶ Je vous le dis en toute *sincérité*. 心からそう申し上げているのです. ❷ 本物であること, 真正さ.

sinécure /sineky:r/ 囡 閑職.

sine die /sinedje/ 副句《ラテン語》〖法律〗無期限に.

sine qua non /sinekwanɔn/《ラテン語》形句 必要不可欠の, 必須の.

***singe** /sẽ:ʒ/ サーンジュ/ 男 ❶ 猿; 雄猿. ❷ 醜い人; 悪賢い人. ❸ 猿まねをする人. ❹ 俗 親方, ボス. ❺ 話 コンビーフ.

être adroit [malin, laid] comme un singe 猿のように抜け目がない [悪知恵が働く, 醜い].

faire le singe 百面相をする, おどけて見せる.

On n'apprend pas à un vieux singe à faire la grimace. 諺 (老いた猿に渋面の作り方を教えるには及ばない→) 釈迦に説法.

payer en monnaie de singe (猿の銭で払う→) 口先でごまかして払うべき金を払わない.

singer /sẽʒe/ 他動 ❶ …を猿まねしてからかう; ものまねをする. ❷ …のふりをする, 装う.

singerie /sẽʒri/ 囡 ❶ 百面相; 滑稽(㍿)なしぐさ, ひょうきんな顔つき. ❷ 猿まね, 下手な模倣. ❸《多く複数で》媚(㍿), へつらい; 気取り.

singulariser /sẽgyljarize/ 他動 (奇抜さで)…を目立たせる.
— ***se singulariser*** 代動 (奇抜さで)自分を目立たせる, 奇をてらう.

singularité /sẽgylarite/ 囡 ❶ 奇妙さ, 奇抜さ. ❷ 独特, 特異性.

***singulier, ère** /sẽgylje, ɛ:r サンギュリエ, サンギュリエール/ 形 ❶《ときに名詞の前で》**奇妙な, 奇抜な**; 常軌を逸した. ▶ une *singulière* façon de voir les choses 変わったものの見方. 比較 ⇨ BIZARRE. ❷ 文章 他と異なる, 特異な. ▶ une nature *singulière* 特異な性質. ❸〖文法〗単数の.
— ***singulier*** 男〖文法〗単数.

singulièrement /sẽgyljermã/ 副 ❶ 文章 奇妙に, 風変わりに. ▶ se conduire *singulièrement* 奇矯な振る舞いをする. ❷ ひどく, たいそう. ▶ Cela m'a *singulièrement* aiguisé l'appétit. 私はとても大いに食欲をそそられた. ❸ 特に, とりわけ (=particulièrement).

siniser /sinize/ 他動 …に中国文化を広める, を中国化する.

sinistre¹ /sinistr/ 形 ❶ 不吉な, 不気味な. ▶ un présage *sinistre* 不吉な前兆 / des bruits *sinistres* 薄気味悪い物音. ❷ 陰気な, 暗い. ▶ un quartier *sinistre* うらぶれた街 / avoir une mine *sinistre* 暗い顔をしている. 比較 ⇨ TRISTE. ❸《名詞の前で》いまいましい, ひどい. ❹ 文章《ときに名詞の前で》有害な.

sinistre² /sinistr/ 男 ❶ 災害. ▶ Le *sinistre* a fait de nombreuses victimes. その災害で多大の犠牲者が出た. ❷〖民法〗(被保険物件の)損害.

sinistré, e /sinistre/ 形 罹災(㍿)した. ▶ une région *sinistrée* 罹災地域.
— 名 被災者, 罹災者.

sinologie /sinɔlɔʒi/ 囡 中国学, 中国研究.

sinologue /sinɔlɔg/ 名 中国研究家.

***sinon** /sinɔ̃ スィノン/ 接 ❶《節の冒頭で》さもなければ, そうでなければ. ▶ Dépêchez-vous, *sinon* vous serez en retard. 急ぎなさい, さもないと遅れますよ / Elle doit être malade, *sinon* elle serait déjà venue. 彼女は病気に違いない, そうでなければもう来ているはずだもの.
❷《否定文, 疑問文を補って》…を除いて, 以外は, でないのは. ▶ Il ne sentait rien, *sinon* une légère douleur. 軽い痛み以外, 彼は何も感じなかった / Qu'est-ce qu'on peut faire *sinon* accepter? 受け入れる以外に何ができるというのか.
❸ …ではないにしても. ▶ Il est un des rares, *sinon* le seul, à connaître la clef de cette affaire. 彼はこの事件の鍵(㍿)を握る唯一の人とは言わないまでも, 数少ない中の 1 人だ / Il faut le faire, *sinon* pour le plaisir, du moins par devoir. 好きでするのではなくても, 少なくとも義務としてそれをしなければならない.

sinon que + 直説法 古風 …以外は, を除いては.
注 rien のあとに来る場合が多い.

sinoque /sinɔk/ 形, 名 古風話 頭のいかれた(人); 愚鈍な(人).

sinueux, euse /sinyø, ø:z/ 形 曲がりくねった; 紆余(㍿)曲折の. ▶ cours *sinueux* d'une rivière 川の蛇行.

sinuosité /sinyozite/ 囡 曲がりくねり; 紆余(㍿)曲折.

sinus /sinys/ 男〖数学〗正弦, サイン(記号 sin).

sinusoïdal, ale /sinyzɔidal/;《男 複》**aux** /o/ 形〖運動, 曲線, 関数などが〗正弦波形の, 正弦曲線状の.

sinusoïde /sinyzɔid/ 囡〖数学〗正弦曲線, サインカーブ.

sionisme /sjonism/ 男 シオニズム, ユダヤ復興運動.

sioniste /sjonist/ 形 シオニズムの, ユダヤ復興運動の. — 名 シオニスト, ユダヤ復興主義者.

siphoïde /sifoid/ 形 サイホン状の.

siphon /sifɔ̃/ 男 ❶ サイホン, 吸い上げ管. ❷ (炭酸水用)サイホン瓶.

siphonné, e /sifone/ 形 話 頭が空っぽな, いかれた.

siphonner /sifone/ 他動〔液体〕をサイホンで吸い上げる [注入する].

sire /si:r/ 男 ❶《呼びかけで》陛下, 王様. ❷ 古〈侯, 殿〈中世封建領主, 貴族の尊称).

pauvre sire 無能なやつ, 文無し.

triste sire 見下したやつ.

sirène /sirɛn/ 囡 ❶ サイレン, 警笛, 霧笛. ▶ *sirène* d'alerte [d'alarme] (空襲, 火災などの)警笛, サイレン. ❷〖ギリシア神話〗セイレン, シレーヌ: 歌声で船乗りを誘惑する人魚. ❸ 妖婦.

écouter le chant des sirènes (セイレンの歌を聴く→) 魅惑される.

voix de sirène うっとりする声 [言葉].

sirocco /sirɔko/ 男 シロッコ: 北アフリカの砂漠から南ヨーロッパに吹きつける非常に乾燥した南東の熱風.

sirop /siro/ 男 ❶ シロップ, 糖液. ▶ poire au *sirop* 洋梨のシロップ漬け / *sirop* de citron レモンシロップ [加糖果汁] / *sirop* contre la toux 咳(せき)止めシロップ. ❷ 甘ったるいもの. ▶ Cette musique, c'est du *sirop*. この音楽は甘ったるい.

siroter /sirɔte/ 他動 話 …を味わいながら [ちびちび] 飲む. ▶ *siroter* un jus d'orange オレンジジュースを(ストローを使って)ちびちび飲む.
— 自動 話 酒をちびちび飲む.

sirupeux, euse /sirypø, ø:z/ 形 ❶ シロップ状の; 甘い. ❷ 甘ったるい. ▶ un film *sirupeux* 甘ったるい映画.

sis, sise /si, si:z/ 形 文章〖行政〗…に所在する. ▶ une maison *sise* rue Bonaparte ボナパルト通り所在の家.

sismique /sismik/ 形 地震の.

sism(o)- 接頭 「地震」の意.

sismographe /sismɔgraf/ 男 地震計.

sismologie /sismɔlɔʒi/ 女 地震学.

site /sit/ 男 ❶ 景観, 景勝地, 観光名所. ▶ une *site* splendide すばらしい景勝地 / *site* classé 風致地区. ❷(開発や利用の観点から見た) 地勢; 用地, 敷地. ▶ respecter le *site* 地形に即した開発を行う / *site* olympique オリンピック会場. *site* propre [réservé](バス, 市電の)専用道路[軌道]. ❹〖考古学〗遺跡 (=*site* archéologique). ❺〖情報〗サイト. ▶ *site* Internet インターネットサイト / visiter un *site* サイトを訪れる.

sit-in /sitin/ 男 [単複同形]〖英語〗(公共の場所での)座り込みストライキ.

sitôt /sito/ 副 ❶ (過去分詞とともに) …するとすぐに. ▶ *Sitôt* entré, il se coucha. 彼は部屋に入るなり寝てしまった / *Sitôt* dit, *sitôt* fait. 言下に実行された. /<*sitôt* que +直説法>…するとすぐに, であるやいなや. ▶ *Sitôt* qu'on l'eut averti, il se rendit à la police. 知らせを受けるとすぐに彼は警察に行った. ❸<*sitôt* après [avant] (…)>…のすぐあとに [前] に. ▶ *Sitôt* après la gare de Dijon, le train s'arrêta. ディジョン駅を出た直後に列車は停止した / *sitôt* avant sa mort 彼(女)の死の直前に. ❹<ne … pas de *sitôt*>すぐには…しない. ▶ La paix universelle ne se réalisera pas de *sitôt*. 世界の平和はすぐには実現しないだろう. ❺ 文章(前置詞的に)…のあとすぐに. ▶ *sitôt* le repas 食事が済むとすぐ.

***situation** /situasjɔ̃/ 女 ❶ 状況, 情勢. ▶ être dans une *situation* critique 危機的状況にある / La *situation* politique a changé. 政局 [政情] は変化した / rester maître de la *situation* 情勢を把握している / *situation* financière 財務状況.
❷ 立場, 境遇. ▶ Il se trouve dans une *situation* délicate. 彼は微妙な立場にある / *situation* de famille (履歴書などの)妻子の有無; 既婚・未婚の別.
❸ 地位, 身分; 定職. ▶ avoir une belle *situation* いい職についている / perdre sa *situation* ポストを失う. 比較 ⇨ EMPLOI.
❹ 位置, 所在. ▶ La *situation* de l'hôpital est centrale. その病院は町の真ん中にある / Paris a une *situation* privilégiée. パリは地の利がある.
❺ (劇, 物語などの)場面, 状況, シチュエーション.
être dans une situation intéressante 古風 (婉曲に)妊娠している.
être en situation de +不定詞 …できる状態にある. ▶ Il n'était pas en *situation* de s'opposer à ce projet. 彼はその計画に反対できる立場にいなかった.

situé, e /situe/ 形 位置した, 面した. ▶ immeuble bien *situé*(交通の便, 環境などが)いい場所にある建物. ◆être *situé* à + 距離 [時間] + de qc …から…の所にある. ▶ Cette ville est *situé* à deux heures de train (au nord) de la capitale. この町は首都から電車で(北へ) 2時間行ったところにある.

***situer** /situe/ 他動 …の場所 [時代, 立場] を特定する, 位置づける. ▶ *situer* un missile avec un radar ミサイルをレーダーでつきとめる / L'auteur a *situé* l'action à Londres au XVIe [seizième] siècle. 著者は物語の舞台を16世紀のロンドンに設定した / On ne le *situe* pas bien. 彼はつかみどころがない.
— **se situer** 代動 …にある, 位置する. ▶ Ce parti se *situe* plutôt à gauche. この政党はどちらかと言えば左寄りである / se *situer* dans le cadre de qc …の一環である / La hausse des prix se *situera* entre 2% et 3%. 物価上昇率は 2 % と 3 % の間になる見込みだ.

***six** /sis/ スィス/ 形〖数〗(不変)(発音は単独では /sis/, 子音または有音の h の前では /si/, 母音または無音の h の前では /siz/) ❶(数詞の)6つの. ▶ *six* enfants 6人の子供たち. ❷(おもに名詞のあとで序数詞として) 6番目の. ▶ page *six* 6ページ / Charles VI [*six*] シャルル 6 世.
— ***six** 男 [単複同形](発音は常に /sis/. ただし月日を表わす場合, le *six* avril /ləsis(z)avril/, le *six* mai /ləsi(s)mɛ/). ❶ 6, 6つ. ▶ Deux fois trois font *six*. 2掛ける3は6. ❷ (le *six*) 6日, 6時; 6番. ▶ Nous sommes le *six* juin. 今日は6月6日だ.

six-huit /sisɥit/ 男 [単複同形]〖音楽〗8分の6拍子 (=mesure à *six-huit*)〖音楽〗8分の6拍子の曲.

***sixième** /sizjɛm/ スィズィエム/ 形 ❶ 第6の, 6番目の. ▶ le *sixième* sens 第六感 / le *sixième* étage 7階. ❷ 6分の1の.
— 名 6番目の人 [物].
— 男 ❶ 6分の1. ▶ le *sixième* de la population 人口の 6分の 1. ❷ 7階. ❸(パリの)第6区.
— 女 第6学年の(生徒): 中等教育の第1年目. ▶ entrer en *sixième* 第6学年に入る.

sixièmement /sizjɛmmɑ̃/ 副 第6に, 第6番目に.

six-quatre-deux /siskat(rə)dø/〖次の句で〗*à la six-quatre-deux* 副句 形句 話 大急ぎで[の]; ぞんざいに [な].

sixte /sikst/ 女〖音楽〗6度. ▶ le *sixte* majeure [mineure] 長 [短] 6度.

sizain /sizɛ̃/ 男 ❶(トランプカードの)6個1組. ❷【詩法】6行詩.
Skaï /skaj/ 男 商標 レザーレット：合成皮革.
skate-board /skɛtbɔrd/ 男《英語》スケートボード.
sketch /skɛtʃ/:《複》**sketches** 男《英語》スケッチ：劇場、ミュージック・ホール、テレビなどで演じられる寸劇、コント.
*****ski** /ski/ 男 ❶ スキー. ▶ faire du *ski* スキーをする / station de *ski* スキー場 / piste de *ski* ゲレンデ / saut à *ski* (スキーの)ジャンプ(競技) / *ski* de fond クロスカントリー・スキー / *ski* nautique 水上スキー. ❷(複数で)(用具としての)スキー.
skiable /skjabl/ 形 スキーのできる、スキーに適した. ▶ saison *skiable* スキーシーズン.
skier /skje/ 自動 スキーをする.
ski*eur, euse* /skjœːr, øːz/ 名 スキーヤー、スキーをする人；スキー選手.
skiff /skif/ 男《英語》スキフ：両手で漕(こ)ぐ、1人用の細長いボート.
skin /skin/ 男 スキンヘッド.
skinhead /skined/ 男《英語》俗 スキンヘッド：頭をそり、戦闘服装をした右翼の暴力的な若者.
skipper /skipœːr/ 男《英語》(外洋レース用のヨットの)船長、艇長(ていちょう).
skunks /skɔ̃ːks/ 男 ⇨ SCONSE.
Skyrock /skajrɔk/ 固有 スカイロック：フランスの若者向け民間FMラジオ局.
slalom /slalɔm/ 男《スキー》スラローム、回転競技. ▶ *slalom* géant 大回転.
slalomer /slalɔme/ 自動《スキー》回転競技をする、スラロームする.
slalom*eur, euse* /slalɔmœːr, øːz/ 名《スキー》回転競技[スラローム]の選手.
slave /slaːv/ 形 スラブの；スラブ系(言語)の.
— **Slave** 名 スラブ人.
— **slave** 男 スラブ語派.
slaviste /slavist/, **slavis*ant, ante*** /slavizɑ̃, ɑ̃ːt/ 名 スラブ語[スラブ文学]専門家、スラブ学者.
slip /slip/ 男《英語》ブリーフ、パンティ；水泳パンツ(=*slip* de bain).
slogan /slɔɡɑ̃/ 男《英語》スローガン、標語、歌い文句、キャッチフレーズ.
smash /smaʃ/:《複》**smashs**(または **smashes**)男《英語》(テニス、卓球などの)スマッシュ；(バレーボールの)スパイク.
SMIC /smik/ 男《略語》salaire minimum interprofessionnel de croissance 全産業一律スライド制最低賃金.
smic*ard, arde* /smikaːr, ard/ 名 口語 全産業一律スライド制最低賃金労働者；最低賃金労働者、最低給与生活者.
smog /smɔɡ/ 男《英語》スモッグ.
smoking /smokiŋ/ 男《英語》タキシード、スモーキング. 注 英語 smoking-jacket の略.
SMS 男《略語》《英語》short message service ショートメッセージサービス：携帯電話で短いメッセージをやりとりするサービス.
snack-bar /snakbaːr/, **snack** /snak/ 男《米語》スナックバー、スナック、軽食堂.

SNCF 女《略語》Société nationale des chemins de fer français フランス国有鉄道.
sniff /snif/ 間投 くんくん、ふんふん(においをかぐ音).
sniffer /snife/ 他動 隠語[麻薬]を吸う.
snob /snɔb/ 男《男女同形》スノッブ、上流気取りの人. — 形《男女同形》スノッブらしい、上流ぶった.
snober /snɔbe/ 他動 …を見下す、鼻先であしらう、にそっけなくする.
snobin*ard, arde* /snɔbinaːr, ard/ 形、名 口語《軽蔑して》スノッブの(人)、上流気取りの(人)、ちょっときざな(人).
snobisme /snɔbism/ 男 スノビズム、上流気取り；新しがり、俗物根性.
*****sobre** /sɔbr/ ソブル 形 ❶ 飲食が控え目な；酒を飲まない；(動物が)わずかな食べ物と水で生きる. ▶ Il est toujours *sobre* quand il conduit. 彼は運転するときはいつも飲まない.
❷ 簡素な、地味な. ▶ style *sobre* 飾り気のない文体 / vêtements *sobres* シンプルな服.
❸ 文章 <*sobre* de [en] + 無冠詞複数名詞 // *sobre* dans + 複数名詞>…に節度のある、控え目な. ▶ être *sobre* en paroles 口数が少ない / un homme *sobre* de compliments お世辞を言わない男.
sobrement /sɔbrəmɑ̃/ 副 控え目に；地味に、簡素に. ▶ boire *sobrement* 酒を控え目にする / vivre *sobrement* つつましやかに暮らす.
sobriété /sɔbrijete/ 女 ❶ 節食、小食；節酒、禁酒. ❷ 文章 節度、抑制；簡素、地味.
sobriquet /sɔbrikɛ/ 男 あだ名、ニックネーム.
soc /sɔk/ 男 犂(すき)先；犂の刃.
sociabilité /sɔsjabilite/ 女 社交性、社交上手.
sociable /sɔsjabl/ 形 ❶ 社交的な、愛想のよい. ❷ 社会[集団]生活を営む；群生する. ▶ L'homme est un animal *sociable*. 人間は社会的動物である.
*****social, *ale*** /sɔsjal/ ソシャル /:《男 複》***aux*** /o/ 形 ❶ 社会の、社会的な. ▶ la vie *sociale* 社会生活 / le contrat *social* 社会契約 / les classes *sociales* 社会階級 / les sciences *sociales* 社会科学 / phénomène *social* 社会現象.
❷ 社会階級(間)の；労使(間)の. ▶ conflits *sociaux* 社会(階級間)の紛争 / réforme *sociale* 社会改革. / Le climat *social* est tendu. 労使関係は緊迫している.
❸ 社会福祉[保障]の. ▶ assurances *sociales* 社会保険 / aide *sociale* 社会福祉事業；社会扶助、生活保護 / les systèmes *sociaux* 社会保障制度.
❹ 社会生活を営む、群棲(ぐんせい)する. ▶ insectes *sociaux* 社会性昆虫(アリ、ミツバチなど).
❺ 社交界の、社交上の. ▶ conventions *sociales* 社交界のしきたり. ❻ 会社の. ▶ capital *social* 会社の資本金 / siège *social* 本社(所在地).
entrer dans la vie sociale 実社会に入る、就職する.
— **social**《集合的に》❶ 社会問題、社会面；労働問題. ❷ 社会的なもの；社会性.
social-démocrate, sociale-～ /sɔsjaldemɔkrat/:《男 複》***sociaux-～s*** /sɔsjodemɔkrat/ 形 社会民主党の；社会民主主義の.

SOFRES

—名 社会民主党員; 社会民主主義者.
social-démocrate /sɔsjaldemɔkrat/ 安
〖政治〗社会民主主義; 改良主義的社会主義.
socialement /sɔsjalmɑ̃/ 副 社会的に(見て), 社会階級という点から.
socialisation /sɔsjalizasjɔ̃/ 安《生産手段など》の共有化;(国の)社会主義化.
socialiser /sɔsjalize/ 他動 …を社会主義化する; [生産手段など]を共有[国有, 国営]化する.
***socialisme** /sɔsjalism ソシヤリスム/ 男 **社会主義**. ▶ *socialisme* utopique 空想(的)社会主義 / *socialisme* démocratique 社会民主主義 / *socialisme* d'Etat 国家社会主義.
***socialiste** /sɔsjalist ソシヤリスト/ 形 社会主義(者[政党])の; フランス社会党の. ▶ Parti *socialiste* 社会党(略 PS).
—名 社会主義者; 社会党員.
sociétaire /sɔsjetɛːr/ 名 (正規の)団員, 会員. ▶ un *sociétaire* de la Comédie-Française コメディー・フランセーズの正座員.
—形 正会員の, 正座員の.
sociétal, ale /sɔsjetal/ 形 社会に関わる.
sociétariat /sɔsjetarja/ 男 正会員の資格;《特に》(コメディー・フランセーズの)正座員の資格.
***société** /sɔsjete ソシエテ/ 安

英仏そっくり語
英 society 社会, 協会.
仏 société 社会, 協会, 会社.

❶ 社会. ▶ la *société* moderne 近代社会 / *société* de consommation 消費社会 / Les fourmis vivent en *société*. アリは社会生活を営む.
❷ 協会, 団体. ▶ la *Société* protectrice des animaux 動物愛護協会 / *société* secrète 秘密結社 / *société* mutualiste coopérative 共済[協同]組合 / *société* savante 学会 / la *Société* des Nations 国際連盟.
❸ 会社. ▶ Il travaille dans une *société* commerciale. 彼は商事会社に勤めている / *société* anonyme 株式会社(略 SA) / *société* à responsabilité limitée 有限会社(略 SARL) / constituer [fonder] une *société* 会社を設立する. 比較 ⇨ ENTREPRISE.
❹ 社交界, 上流社会. ▶ la haute *société* 上流社会 / les usages de la bonne *société* 上流社会の礼儀作法 / fréquenter la *société* 社交界に出入りする.
❺ 交際, 付き合い. ▶ Je n'aime pas leur *société*. 私はあの人たちとはお付き合いしたくありません / jeu de *société* (グループで遊ぶ)室内ゲーム.
❻《la société》話 その場にいる人々. ▶ Toute la *société* se mit debout. 会衆のすべてが立ち上がった.
en [dans la] société de qn …と一緒に, ともに.
societé civile (1)(契約に基づく)市民社会; 国家. (2) 非営利団体, 社団法人.
socio- 接頭「社会」の意.
socioculturel, le /sɔsjɔkyltyrɛl/ 形 社会文化の, 文化普及の.
socio-économique /sɔsjɔekɔnɔmik/ 形 社会経済学の.

sociolinguistique /sɔsjɔlɛ̃gɥistik/ 安, 形 社会言語学(の).
sociologie /sɔsjɔlɔʒi/ 安 社会学. ▶ *sociologie* du travail 労働社会学.
sociologique /sɔsjɔlɔʒik/ 形 社会学の.
sociologue /sɔsjɔlɔɡ/ 名 社会学者. ▶ *sociologue* du travail 労働社会学者.
sociométrie /sɔsjɔmetri/ 安 ソシオメトリー, 社会測定法: 集団の人間関係を測定し, その集団の構造や変化を解明する方法.
sociométrique /sɔsjɔmetrik/ 形 ソシオメトリーの, 社会関係を測定する.
sociopolitique /sɔsjɔpɔlitik/ 形 社会政治的な.
socioprofessionnel, le /sɔsjɔprɔfesjɔnɛl/ 形 社会的職能別の, 職業別の.
—名 ある職業を代表して政治活動をする人.
socle /sɔkl/ 男 ❶ 台座, 台石. ❷〖地質〗基盤, 楯(ミ)状地.
socque /sɔk/ 男 木製サンダル; 厚底の木靴.
socquette /sɔkɛt/ 安 商標 ソケット: ふくらはぎまでの短い靴下.
socratique /sɔkratik/ 形 ソクラテス Socrate (流)の.
soda /sɔda/ 男《英語》ソーダ水. ▶ un *soda* (au) citron レモンスカッシュ.
sodé, e /sɔde/ 形〖化学〗ソーダ[ナトリウム]を含んだ.
sodique /sɔdik/ 形〖化学〗ナトリウムの, ナトリウムを含んだ. ▶ sel *sodique* ナトリウム塩.
sodium /sɔdjɔm/ 男《英語》〖化学〗ナトリウム.
sodomie /sɔdɔmi/ 安 男色, 肛門(ミミ)性交.
sodomiser /sɔdɔmize/ 他動 …と男色[肛門(ミミ)性交]をする.
sodomite /sɔdɔmit/ 男 男色家, ホモセクシュアル.

***sœur** /sœːr スール/ 安

❶ 姉妹, 姉, 妹. ▶ J'ai une *sœur*. 私には姉[妹]がいる / Marie et Thérèse sont *sœurs*. マリーとテレーズは姉妹だ / *sœur* aînée = grande *sœur* 姉 / *sœur* cadette = petite *sœur* 妹.
❷ 修道女, シスター. ▶ bonne *sœur* 話(慈善病院, 教育施設の)修道女 / Bonjour ma *sœur*. こんにちは, シスター.
❸〈les petites *sœurs* de …〉(慈善事業を行う)…修道女会.
❹ 文章 似通ったもの. 注 女性名詞を受けて用いられる. ▶ L'action n'est pas la *sœur* du rêve. 行動と夢想とは相いれない.
❺〖神話〗les Neuf *Sœurs* ミューズ 9 姉妹 (=les Muses).
âme sœur 心の通い合った異性の友, 魂の伴侶(ﾊﾝ).
Et ta sœur?[!] 話 ほっといてくれ, 知ったことか, いいかげんにしろよ: 話を遮るときや口出しをさせないときに用いる.
sœurette /sœrɛt/ 安 話(多く呼びかけで)妹, おまえ.
sofa /sɔfa/ 男 (数人掛けの)ソファー, 寝椅子(ｲｽ).
SOFRES /sɔfrɛs/ 安《略語》Société française

software

d'enquêtes par sondages ソフレス：フランスの世論調査会社．

software /sɔftwɛːr/ 男〖英語〗〖情報〗ソフトウエア (=logiciel) (↔hardware).

*****soi** /swa/ ソワ 代〖人称〗〖3 人称再帰代名詞 se の強勢形，性数不変，おもに人を指し，不定的な主語（on, chacun, personne, tout le monde など），不定詞や非人称の意味上の主語，総称的に用いられた名詞主語を受ける〗**自分，自分自身；それ自身．**

❶《前置詞のあとで》▶ Chacun pense d'abord à *soi*. だれしも自分のことを考える / Personne n'avait d'argent sur *soi*. だれ一人金を持ち合わせていなかった / Pour réussir, il faut avoir confiance en *soi*. 成功するためには自信を持つことが必要だ / L'égoïste ne vit que pour *soi*. 利己主義者というものは自分のためにだけ生きる． ◆名詞 + à *soi* 自分自身の…． ▶ Tout le monde rêve d'avoir une maison à *soi*. だれもがマイホームを持つことを夢見る． ◆名詞 + de *soi* 自分自身に対する…． ▶ la maîtrise de *soi* 自制 / la conscience de *soi* 自意識．

❷《属詞として》▶ Ce qu'on aime dans un autre, c'est *soi*. 人が他人の中に愛しているものは自分自身である / Il faut toujours être [rester] *soi*. どんなときでも自分を失ってはならない．

❸《比較・制限の que のあとで》▶ Celui qui n'aime que *soi* n'est aimé de personne. 自分しか愛さない者はだれからも愛されない．

注 主語が総称的ではなく特定の人である場合でも，その人自身だということを強調したいときは人称代名詞強勢形の代わりに soi を用いることがある（例：C'est un homme sûr de *soi*. 彼は自分に自信のついている男だ / Elle comprit pourquoi Marie ne voulait jamais parler de *soi*. 彼女にはマリーがなぜ自分のことを決して話そうとしないのか分かっていた．この場合 elle では意味が曖昧（ｱｲﾏｲ）になる））．

Cela va de soi. それは当然[自明]のことだ，言うまでもないことだ．

en soi (1) 本来，それ自体として；自らのうちに． ▶ *En soi*, le problème est simple ; ne le compliquez pas ainsi. それ自体としては問題は単純なのですから，そんなふうにややこしくしないでください． (2)〖哲学〗即自：対自 pour soi に対する．

Il va de soi que + 直説法．…は当然である，言うまでもないことだ．

― 名《単数形のみ》自我，自己；〖精神分析〗エス，イド．

soi-disant /swadizɑ̃/ 形《不変》❶ …と自称する． ▶ une *soi-disant* comtesse 自称伯爵夫人．

❷ …と言われている，いわゆる． ▶ Sa *soi-disant* maladie est un prétexte. 彼(女)の言う病気は口実である．

― 副 ❶ …と称して，(表向きは)…ということにして． ▶ Il est entré *soi-disant* pour chercher un dossier. 彼は書類を捜すためと称して部屋に入ってきた． ❷ 話〈*soi-disant* que + 直説法｜条件法〉…だそうだ，…らしい． ▶ Il ne l'a pas invitée, *soi-disant* qu'ils se sont brouillés. 彼は彼女を招待しなかった，どうも喧嘩（ｹﾝｶ）をしたらしい．

*****soie** /swa/ ソワ 女 ❶ 絹． ▶ bas de *soie* 絹のストッキング / vers à *soie* 蚕（ｶｲｺ）．

❷（絹のような）光沢，柔らかさ，細さ． ▶ la *soie* de ses cheveux 彼(女)の髪の絹のような艶（ﾂﾔ）．

❸（動物の）剛毛，硬毛． ▶ une brosse en *soies* de sanglier イノシシの毛のブラシ．

soient /swa/ 活用 ⇨ ÊTRE¹ Ⅱ

soierie /swari/ 女 ❶ 絹織物，絹製品．

❷〖集合的に〗絹織物産業．

*****soif** /swaf/ ソワフ 女 ❶〖喉（ﾉﾄﾞ）の〗渇き． ▶ apaiser [étancher] sa *soif* 渇きをいやす / mourir de *soif* 死ぬほど喉が渇く．

❷〈*soif* de qc｜不定詞〉…への渇望；欲求． ▶ la *soif* de connaître 知識欲 / Cet enfant a *soif* d'affection. この子は愛情に飢えている．

*****avoir soif** (1) 喉が渇く． ▶ Donnez-moi une bière, j'*ai* très *soif*. ビールを 1 杯ください，とても喉が渇いていますから． (2)〔土，植物などが〕水分が不足する．

boire à sa soif 飲みたいだけ飲む．

donner soif (à qn) (…に) 喉を渇かせる． ▶ Cette cuisine me *donne soif*. この料理は喉が渇く．

jusqu'à plus soif 話 存分に，嫌というほど． ▶ boire *jusqu'à plus soif* 浴びるほど飲む．

rester sur sa soif 渇きが残る；不満が残る．

soiff*ard, arde* /swafaːr, ard/ 名 大酒飲み，飲んべえ，飲んだくれ．

soign*ant, ante* /swaɲɑ̃, ɑ̃ːt/ 形 看護する．

― 名 看護する人．

soign*é, ée* /swaɲe/ 形 ❶ 身だしなみのよい；手入れの行き届いた． ▶ Elle a les cheveux *soignés*. 彼女の髪はよく手入れされている．

❷〔仕事などが〕入念になされた． ▶ donner une finition *soignée* に入念に仕上げる．

❸ 世話を受けた；治療を受けた． ▶ un malade mal *soigné* ろくな手当を受けていない病人．

❹ 話《反語的に》…をひどい目に遭わせる； (皮肉に) あざとい；ひどい． ▶ une addition *soignée* ばか高い勘定．

*****soigner** /swaɲe/ ソワニェ 他動

| 直説法現在 je soigne | nous soignons |
| 複合過去 j'ai soigné | 単純未来 je soignerai |

❶ …の世話をする；手入れをする． ▶ *soigner* sa peau 肌の手入れをする / *soigner* ses invités 客をもてなす．

❷ …の治療[手当て]をする；を看護する． ▶ *soigner* un blessé けが人の手当てをする / *soigner* son rhume 風邪を治す．

❸ …を入念にする，に気を配る． ▶ *soigner* son travail 丁寧に仕事をする / *soigner* les détails 細部に気を配る．

❹ 話《反語的に》…をひどい目に遭わせる．

Il faut soigner ça! 話（気に障る態度に対して）それなんとかならないか，それやめてくれ．

Il faut vous faire soigner! 話 気でもふれたのか，頭がおかしいんじゃないか．

― *****se soigner** 代動 ❶〔人が〕健康[身だしなみ]に気をつける；養生する． ▶ Elle attache une grande importance à *se soigner*. 彼女は身だしなみにとても気を遣っている / *Soignez-vous* bien.

（病人に対して）お大事に．❷〔病気が〕治る，治療できる．▶ La tuberculose *se soigne* bien aujourd'hui. 結核は今では治る病気である．
Ça se soigne! 話 それなんとかならないか，頭がおかしいんじゃないか．

soigneur /swaɲœːr/ 男 （スポーツ選手の）トレーナー；（ボクサーなどの）セコンド．

soigneusement /swaɲøzmɑ̃/ 副 念入りに，丁寧に．▶ une maison *soigneusement* entretenue 隅々まで手入れの行き届いた家．

soigneux, euse /swaɲø, øːz/ 形 ❶ ＜*soigneux* (de qc)＞（…に）よく気を配る，よく気がつく；（…を）大事にする．▶ Il est extrêmement *soigneux* de ses intérêts. 彼は自分の利益には恐ろしく熱心だ．❷ 文章 （ときに名詞の前で）「作業が」入念な．

*****soi-même** /swamɛm/ ソワメム 代 《人称》 自分自身（⇨ MÊME）． 注 主語が不定的（on など）のとき，非人称構文，不定詞句などで用いる．▶ Il ne faut pas se renfermer en *soi-même*. 自分の殻に閉じこもってはならない／aimer son prochain comme *soi-même* 自分自身と同じように隣人を愛する．
un autre soi-même （もう1人の自分→）親友．

*****soin** /swɛ̃/ ソワン 男 ❶ 入念さ，細心，配慮．▶ un travail fait avec [sans] *soin* 丁寧に［ぞんざいに］なされた仕事／Il manque de *soin*. 彼は気配りが足りない．
❷ 管理，管理の責任［務め］．▶ On lui confia le *soin* de diriger l'entreprise. 彼（女）はその会社の経営管理を任された．
❸ 《複数で》世話，心遣い．▶ confier un enfant aux *soins* d'un ami 友人に子供の世話をしてもらう／entourer ses hôtes de *soins* attentifs ねいがいしく客の世話を焼く／*soins* du ménage 家事．
❹ 《複数で》治療，手当て，看護．▶ *soins* dentaires 歯の治療／premiers *soins* 応急手当て／recevoir des *soins* dans un hôpital 病院で治療を受ける．
❺ 《美容》スキンケア；手入れ．▶ produit de *soin* スキンケア製品／*soins* de beauté ビューティケア／*soins* du corps ボディケア／*soins* de la chevelure 髪の手入れ，ヘアケア．
❻ 文章 気がかり，関心事．
aux bons soins de Monsieur [Madame] ... 氏気付，様方（手紙のあて名）．
avoir [prendre] soin de qn/qc …を大事にする，の世話［手入れ］をする（＝soigner）．▶ *avoir soin* de son chien 飼犬の面倒を見る．
avoir [prendre] soin「de ＋ 不定詞 ［*que* ＋ 接続法］」…するように心がける；ちゃんと…する．▶ Ayez toujours *soin* de fermer le robinet du gaz après usage. ガスを使ったあと必ず栓を締めるように心がけてください．
être aux petits soins pour [avec] qn …にこまごまと気を配る；をちやほやする，かわいがる．

*****soir** /swaːr/ ソワール 男 夕方；晩，夜．▶ Le *soir* tombe. 日が暮れる／le journal du *soir* 夕刊紙／robe du *soir* イブニングドレス／à six heures du *soir* 午後6時に／le quinze au *soir* 15日の晩に／A *ce soir*! (別れ際に) それでは今晩また．◆《定冠詞，指示形容詞をつけて副詞的に》▶ On se reverra ce *soir*. 今晩また会えるでしょう／Ce jardin est fermé le *soir*. この公園は夜間は閉じられる．◆《hier, demain, 曜日などのあとで副詞的に》▶ Il est arrivé hier *soir*. 彼は昨夜着いた／On va se voir lundi *soir*. 月曜日の晩に会いましょう．
être du soir 宵っ張りでいる．
le Grand soir 偉大なる夕べ：社会主義革命達成の日．
le soir de la vie 文章 人生のたそがれ，晩年．

*****soirée** /sware/ ソワレ 女 ❶ （日没から就寝までの）夜の時間，晩，宵．▶ passer la *soirée* chez un ami 友人の家で夜を過ごす／toute la *soirée* 一晩中／*Bonne soirée!* （別れ際に）では，よい晩を．
❷ 夜会，（夕食後の）パーティー．▶ une *soirée* musicale 音楽の夕べ／aller en *soirée* 夜のパーティーに出かける／tenue de *soirée* 夜会服（タキシード，イブニングドレス）．
❸ （演劇，映画などの）夜の公演，夜の部 (↔matinée)．▶ en *soirée* 夜の部で．

sois /swa/ 活用 ⇨ ÊTRE Ⅰ

*****soit¹** /swa/ ソワ 接 ❶ ＜*soit* …, *soit* …＞…かあるいは…か，…にせよ…にせよ．▶ *Soit* (par) timidité, *soit* (par) mépris elle ne lui adressait jamais la parole. 臆病(ホォォ)だからか，それとも軽蔑してか，彼女は彼にひとことも声をかけなかった／Il faut *soit* lui téléphoner, *soit* lui envoyer un télégramme. 彼（女）に電話するか電報を打つかしなければ．
❷ 仮に…があるとしよう，…だとせよ．▶ *Soit* un rectangle ABCD. 長方形 ABCD があるとする．
❸ すなわち，つまり．▶ J'ai gagné quatre mille euros, *soit* sept cent mille yens. 私は4000ユーロ，すなわち70万円稼いだ．
soit que ＋ 接続法 ［*ou*］*que* ＋ 接続法 …かあるいは…か，…にせよ…にせよ．▶ *Soit qu*'il soit fatigué, *soit qu*'il en ait marre, il arrive toujours à l'heure au travail. 疲れていようと，飽き飽きしていようと，彼はいつも時間どおりに仕事にかかる．

—— **soit** /swat/ （発音に注意）副 《oui の代わりに譲歩を表わして》まあいいでしょう，よろしい（＝bien, bon）．▶ *Soit!* et après? まあいいでしょう，でそのあとは．

soit² /swa/ 活用 ⇨ ÊTRE Ⅰ Ⅱ

soixantaine /swasɑ̃tɛn/ 女 ❶ 約60．▶ une *soixantaine* de personnes 約60人．❷ 60歳．

*****soixante** /swasɑ̃ːt/ ソワサーント 形 《数》《不変》
❶ 《名詞の前で》60の．❷ 《おもに名詞のあとで序数詞として》60番目の．▶ Voyez la page *soixante*. 60ページをごらんなさい．
—— 男 60；60番．▶ habiter au *soixante* rue X X 街60番地に住む．

*****soixante-dix** /swasɑ̃tdis/ ソワサーントディス 形 《数》《不変》 ❶ 《名詞の前で》70の．▶ Il a plus de *soixante-dix* ans. 彼は70歳を超えている．❷ 《おもに名詞のあとで序数詞として》70番目の．
—— 男 70；70番．

*****soixante-dixième** /swasɑ̃tdizjɛm/ ソワサント

soixante-huitard

ディズィエム/形/ ❶70番目の. ❷70分の1の.
── 名 70番目の人[物]. ── 男 70分の1.

soixante-huit*ard, arde* /swasɑ̃tɥita:r, ard/ 形 名 1968年の5月革命の(世代).

*****soixantième** /swasɑ̃tjɛm/ ソワサンティエム/ 形 ❶60番目の. ❷60分の1の.
── 名 60番目の人[物]. ── 男 60分の1.

soja /sɔʒa/ 男 ❶ 大豆. ▶ germes de *soja* もやし / sauce de *soja* 醤油(ﾖｳ) / lait de *soja* 豆乳.

*****sol**[1] /sɔl/ ソル/ 男 ❶ 地面, 地表. ▶ poser qc au *sol* …を地面に置く / tomber sur le *sol* 地面に倒れる / le personnel au *sol* (航空会社の)地上勤務員. 比較 ▷ TERRE.
❷ 床. ▶ nettoyer le *sol* de la cuisine 台所の床を掃除する. ❸ 土壌, 土質. ▶ un *sol* fertile 肥沃(ﾖｸ)な土地. ❹ 土地: 地方, 国. ▶ s'approprier le *sol* 土地を手に入れる / le *sol* français フランスの国土 / le *sol* natal 祖国 / le droit du *sol* (国籍取得に関する)出生地主義.

sol[2] /sɔl/ 男 (単複同形)『音楽』(音階の)ソ, ト音, G音.

solaire /sɔlɛ:r/ 形 ❶ 太陽の. ▶ rayons *solaires* 太陽光線 / énergie *solaire* 太陽エネルギー / système *solaire* 太陽系 / cadran *solaire* 日時計 / chauffage *solaire* 太陽熱暖房 / pile *solaire* 太陽電池. ❷ 太陽光線から守る. ▶ crème *solaire* 日焼け止めクリーム.

solanacées /sɔlanase/ 女複 『植物』ナス科.

solarium /sɔlarjɔm/ 男 ❶ (療養所やホテルなどの)サンルーム, 日光浴室. ❷ 『医学』日光療法を行う療養所, ソラリウム.

*****soldat** /sɔlda/ ソルダ/ 男 ❶ 兵隊, 軍人; (陸軍, 空軍の)下級兵士, 兵卒. ▶ un *soldat* de métier 職業軍人 / un *soldat* du contingent (兵役義務期間の)召集兵 / un *soldat* d'infanterie 歩兵 / un *soldat* de deuxième classe 2等兵 / la tombe du *Soldat* inconnu (パリの)無名戦士の墓. ❷ ⟨*soldat* de qn/qc⟩ …のために闘う闘士. ▶ un *soldat* de la liberté 自由の戦士. ❸ *soldat* de plomb おもちゃの兵隊, 鉛の兵隊.
jouer au petit soldat 勇者ぶる.

soldate /sɔldat/ 女 話 女兵士, 婦人兵.

soldatesque /sɔldatɛsk/ 形 兵隊(風)の. ▶ le langage *soldatesque* (荒っぽい)軍隊言葉.
── 女 《集合的に》軍規の乱れた兵士の群れ.

*****solde**[1] /sɔld/ ソルド/ 男 ❶ バーゲン, 見切り処分; 《多く複数で》バーゲン品, 見切り商品. ▶ Les *soldes* ont commencé. バーゲンセールが始まった / acheter un manteau en *solde* バーゲンでコートを買う. ❷ 残金. ▶ régler le *solde* 残金[未払い金]を精算する.

solde[2] /sɔld/ 女 (軍人の)俸給. ▶ toucher sa *solde* (軍人の)給料をもらう.
à la solde de qn …に金で雇われている, 買収されている. ▶ avoir qn *à* sa *solde* …を金で雇う, 買収する.

solder /sɔlde/ 他動 ❶ [商品]を見切り処分する, 安売りする. ▶ *solder* des vêtements en fin de saison シーズン末に衣料品をバーゲンする.
❷ [勘定, 借金]を清算する.
── *se solder* 代動 ⟨*se solder* par qc⟩ …の結果に終わる; [決算の結果が]…になる. ▶ Nos tentatives se sont *soldées* par un échec. 私たちの企ては失敗に帰した.

solderie /sɔldəri/ 女 バーゲン店.

sole /sɔl/ 女 舌びらめ. ▶ *sole* meunière 舌びらめのムニエル.

solécisme /sɔlesism/ 男 『言語』(文構成上の)誤用.

*****soleil** /sɔlɛj/ ソレイユ/ 男

❶ 太陽. 注 特に天文学用語では大文字で始める. ▶ La Terre tourne autour du *Soleil*. 地球は太陽の周りを回っている / Le *soleil* se lève à l'est et se couche à l'ouest. 太陽は東から昇り西に沈む / le lever du *soleil* 日の出 / le coucher du *soleil* 日の入り / le *soleil* levant 朝日 / le *soleil* couchant 夕日 / le pays du *Soleil* levant 日出ずる国, 日本.
❷ 日光, 日差し; 日なた. ▶ un visage bronzé par le *soleil* 日に焼けた顔 / prendre un bain de *soleil* 日光浴をする / marcher en plein *soleil* かんかん照りの中を歩く / se mettre au *soleil* 日に当たる / lunettes de *soleil* サングラス.
❸ 太陽のような人[物]; 権勢者. ▶ le Roi-*Soleil* 太陽王(ルイ14世).
❹ (鉄棒競技での)車輪. ▶ faire le grand *soleil* à la barre fixe 鉄棒で大車輪をする.
avoir ⌈des biens [du bien] au soleil 不動産[土地]を所有している.
coup de soleil 日焼け.
Il fait (du) soleil. = *Il y a soleil.* 日が照っている, 天気がいい.
Le soleil brille ⌈luit⌉ pour tout le monde. 諺 (太陽は万人のために輝く→) だれもがそれぞれ利益を享受する資格がある.
piquer un soleil 話 ぱっと顔を赤らめる.
place au soleil 恵まれた地位, 重要なポスト. ▶ avoir sa *place au soleil* 要職に就いている / se faire une *place au soleil* 出世する.
rayon de soleil (1) 日光. (2) 喜びの源泉, 光明. Elle est mon *rayon de soleil*. 彼女は私の太陽だ.
sous le soleil 地上に, この世に. ▶ Rien de nouveau *sous le soleil*. 諺 天(ｶ)が下に新しきものなし.

*****solennel, le** /sɔlanɛl/ ソラネル/ 形 ❶ 儀式などが 荘厳な, 壮麗な. ▶ cérémonie *solennelle* 厳かな儀式 / la messe *solennelle* 荘厳ミサ.
❷ 正式な, 公式の. ▶ contrat [acte] *solennel* 『法律』正式な契約[厳正証書] / faire une déclaration *solennelle* 公式声明を発表する.
❸ 重々しい, もったいぶった. ▶ le tour *solennel* des orateurs 演説家たちの大仰な口調.

solennellement /sɔlanɛlmɑ̃/ 副 ❶ 荘厳に, 壮麗に. ❷ 正式に, 公式に. ❸ 仰々しく; 儀式ばって.

solenniser /sɔlanize/ 他動 …を盛大に[厳かに]祝う; 荘重なものにする.

solennité /sɔlanite/ 女 ❶ 荘厳さ; もったいぶった様子, 気取り. ▶ parler avec *solennité* 厳かに[もったいぶって]話す. ❷ 祝典, 祭典; 儀式, 式典.

solex /sɔleks/ 男 商標 ソレックス：原動機付き自転車.

solfège /sɔlfɛːʒ/ 男〖音楽〗ソルフェージュ：楽典, 聴音, 視唱など音楽の基礎教育全般, またはそれに用いる練習書.

Solférino /solferino/ 固有 rue Solférino ソルフェリノ通り：パリのフランス社会党本部の所在地.

solfier /sɔlfje/ 他動〖音楽〗…をドレミファの階名で歌う.

solidaire /sɔlidɛːr/ 形 ❶ <solidaire (de qn/qc)>（…と）連帯している. ▶ se déclarer solidaire des ouvriers en grève スト中の労働者との連帯を表明する. ❷ <solidaire (de qc)>（…と）関連している, 連動している. ▶ Ces deux problèmes sont solidaires. この2つの問題は互いに関連し合っている. ❸〖法律〗連帯（責任）の.

solidairement /sɔlidɛrmɑ̃/ 副 連帯して, 連帯責任によって.

se solidariser /s(ə)sɔlidarize/ 代動 <se solidariser avec qn> …と連帯する.

*__solidarité__ /sɔlidarite/ ソリダリテ 女 ❶ 連帯；連帯感. ▶ un sentiment de solidarité 連帯感 / par solidarité avec qn …と連帯して. ❷ 関連, 連係. ▶ solidarité de deux phénomènes 2つの現象の関連性. ❸〖法律〗連帯責任.

:solide /sɔlid/ ソリド 形 ❶ 丈夫な. ▶ un mur solide 堅牢(けんろう)な壁 / faire un nœud solide 堅い結び目を作る / un enfant solide 体の丈夫な子供 / Je n'ai pas le cœur solide. 私は心臓が丈夫でない. 比較 ⇨ FORT.
❷ 固い, 固体の. ▶ aliments solides et aliments liquides 固形食と流動食 / le corps solide 固体.
❸ 確固たる, しっかりした. ▶ arguments solides 確かな論拠 / amitié solide 固い友情 / esprit solide 確固たる精神（の持ち主）/ J'ai de solides raisons pour croire cela. そう思うのはそれなりの理由があるからだ.
❹ 話〖名詞の前で〗すごい；たっぷりの. ▶ un solide coup de poing 強烈なパンチ / de solides revenus たくさんの収入. ❺〖数学〗立体の.

avoir la tête solide （困難に対して）冷静に対処する.

être solide au poste (1)〔兵が〕（攻撃に対して）持ち場を守る. (2)(仕事などを)やり抜く, 頑張りが利く.

solide ⌈comme un roc ［comme le Pont-Neuf⌋ きわめて頑丈〖頭健〗な.

— 男 ❶ 固体, 固形物. ▶ manger du solide 固形食を食べる. ❷ 頑丈さ；確実なこと. ❸〖数学〗立体.

solidement /sɔlidmɑ̃/ 副 ❶ しっかりと, 頑丈に；確実に. ▶ La barque est solidement attachée. ボートはしっかりつなぎ留めてある / une tradition solidement enracinée 深く根づいた伝統.
❷ 話 激しく.

solidification /sɔlidifikasjɔ̃/ 女 固まること；凝固.

solidifier /sɔlidifje/ 他動 …を凝固［凝結］させる, 固める. — **se solidifier** 代動 凝固［凝結］する, 固まる.

solidité /sɔlidite/ 女 ❶ 丈夫さ, 頑丈さ. ▶ vérifier la solidité d'un appareil 装置の堅牢(けんろう)性を検査する. ❷ 確固たること, 安定. ▶ la solidité de leur amitié 彼(女)らの友情の固さ / la solidité d'un raisonnement 推論の確かさ.

soliloque /sɔlilɔk/ 男 文章 ❶ 独り言；独白. （相手にしゃべらせずに）自分だけがしゃべること.

soliloquer /sɔlilɔke/ 自動 文章 独り言を言う；独白する.

soliste /sɔlist/ 名 ❶〖音楽〗独奏［独唱］者, ソリスト. ❷〖バレエ〗ソリスト.

*__solitaire__ /sɔlitɛːr/ ソリテール 形 ❶ 孤独な；単独の. ▶ enfance solitaire 孤独な子供時代 / mener une existence solitaire 独居［単身］生活を送る / homme solitaire. 孤独を好む男.
❷ 人気(ひとけ)のない, 人里離れた. ▶ un quartier solitaire 寂しい界隈(かいわい).
— 名 孤独な人；交際嫌いの人.
— 男 ❶ 隠者, 出家. ❷ (指輪の)一個石のダイヤモンド. ❸〖ゲーム〗ソリタリー（一人でするパズル）.

solitairement /sɔlitɛrmɑ̃/ 副 文章 独りきりで, 孤独に. ▶ vivre solitairement 独りで暮らす.

*__solitude__ /sɔlityd/ ソリチュド 女 ❶ 孤独. ▶ vivre dans la solitude 独りぼっちで暮らす / la solitude à deux (夫婦) 2人きり / avoir besoin de solitude 孤独を必要とする / Excusez-moi de troubler votre solitude. (せっかく)お独りのところをお邪魔します.
❷ 文章 人気(ひとけ)のなさ. ▶ habiter dans une solitude champêtre ひなびた土地に閑居する.

solive /sɔliːv/ 女〖建築〗根太(ねだ), 梁(はり).

sollicitation /sɔlisitasjɔ̃/ 女〖多く複数で〗❶ 懇願, 請願. ▶ céder aux sollicitations 懇願を聞き入れる. ❷ 誘惑. ▶ Les sollicitations de la vie citadine sont nombreuses. 都会の生活は多くの誘惑に満ちている. ❸ 働きかけ, 刺激.

solliciter /sɔlisite/ 他動 ❶ <solliciter qc (de qn)> // solliciter (de qn) de + 不定詞> （…に）［許可など］を求める, 願い出る. ▶ solliciter une audience du président 大統領に謁見を願い出る / solliciter de la direction de partir avant l'heure de sortie 上司に早退を申し出る.
❷ <solliciter qn (de + 不定詞)> …に（…してくれるよう）懇願する, 訴える. ▶ Je l'ai sollicité d'intervenir en ma faveur. 私は彼にとりなしを頼んだ. ❸ …を刺激する；に働きかける. ▶ solliciter l'attention 注意を引く / Une grande affiche peut solliciter le regard. 大きいポスターだと視覚に訴えやすい.
❹〔人〕の気をそそる, を誘惑する. ▶ La société de consommation nous sollicite de toutes parts. 我々はあらゆる所で消費社会の誘惑にさらされている. ❺〔文章など〕に勝手な解釈をほどこす.

solliciteur, euse /sɔlisitœːr, øːz/ 名 請願者.

sollicitude /sɔlisityd/ 女 心遣い, 思いやり；関心. ▶ soigner un malade avec sollicitude 心を込めて病人を看病する.

solo /sɔlo/ 名（複）**solos**（または **soli**/sɔli/）（イタリア語）男 独奏（曲）, 独唱（曲）, ソロ. ▶ le solo de violon バイオリン独奏.

Sologne

en solo ソロで；単独で. ▶ jouer *en solo* 独奏する.
— 形《不変》ソロの. ▶ spectacle *solo* ワンマンショー.

Sologne /sɔlɔɲ/ 固有 女 ソローニュ地方：パリ南部.

sol-sol /sɔlsɔl/ 形《不変》〖軍事〗地対地の. ▶ missile *sol-sol* 地対地ミサイル.

solstice /sɔlstis/ 男〖天文〗至点. ▶ *solstice* d'été 夏至 / *solstice* d'hiver 冬至.

solubilisé, e /sɔlybilize/ 形 溶けやすい，溶けやすくなった. ▶ café *solubilisé* インスタントコーヒー.

solubiliser /sɔlybilize/ 他動 …を溶けやすくする，可溶化する.

solubilité /sɔlybilite/ 女〖化学〗溶解性，可溶性；溶解度.

soluble /sɔlybl/ 形 ❶ 溶ける，溶解性の，可溶性の. ▶ Le sucre est *soluble* dans l'eau. 砂糖は水に溶ける / café *soluble* インスタントコーヒー. ❷ 解決可能な. ▶ un problème difficilement *soluble* なかなか解けない問題.

soluté /sɔlyte/ 男 ❶〖化学〗溶質：溶液中に溶けている物質. ❷〖薬学〗溶体；液剤.

*solution /sɔlysjɔ̃/ 女 ❶ 解答，解決（案）. ▶ trouver la *solution* d'une énigme 謎(なぞ)を解く（=résoudre une énigme）/ *solution* de facilité 安易な解決策 / **Ce n'est pas une solution !** それでは解決にならない / Cette affaire exige une *solution* rapide. この件には早急な解決策が必要だ / *solution* d'une équation 方程式の解.
❷〖化学〗溶液；溶解. ▶ la *solution* salée [de sel] 食塩水 / *solution* saturée 飽和溶液.
la solution finale 最終解決（ナチのユダヤ人絶滅計画）.
solution de continuité 中断，断絶. ▶ sans *solution de continuité* 切れ目なく，連綿と.

solutionner /sɔlysjɔne/ 他動 …に解答を与える，を解決する.

solvabilité /sɔlvabilite/ 女〖法律〗（借金の）支払い［返済］能力.

solvable /sɔlvabl/ 形〖法律〗（借金などの）支払い能力のある.

solvant /sɔlvɑ̃/ 男〖化学〗溶媒；（塗料などの）溶剤.

somali, e /sɔmali/, **somalien, enne** /sɔmaljɛ̃, ɛn/ 形 ソマリア Somalie の.
— **Somali, e**, **Somalien, enne** 名 ソマリア人.

Somalie /sɔmali/ 固有 女 ソマリア：首都 Mogadishu. ▶ en *Somalie* ソマリアに［で，へ］.

somatique /sɔmatik/ 形 ❶ 身体の（↔psychique）. ❷〖生物学〗体部の；体細胞の.

somatiser /sɔmatize/ 他動〔精神的苦痛〕を身体的症状に転換する.

:sombre /sɔ̃:br/ ソーンブル 形 ❶〔場所などが〕暗い，薄暗い. ▶ une pièce *sombre* 薄暗い部屋 / Il fait *sombre*. 辺りが暗い，空が曇っている / nuit sombre 闇夜.
❷ 黒っぽい，くすんだ，濃い. ▶ vêtement *sombre* 地味な色合いの服 / le vert *sombre* 暗緑色.
❸ 陰気な，憂鬱(ゆううつ)な. ▶ avoir l'air *sombre* 沈んだ様子をしている / de *sombres* pensées 悲観的な考え / L'avenir est *sombre*. 将来は暗い / éprouver un *sombre* pressentiment 不吉な予感に襲われる. 比較⇨ TRISTE.
❹ 話《名詞の前で》ひどい，嘆かわしい. ▶ un *sombre* imbécile どうしようもないばか / C'est une *sombre* histoire. まったくひどい話だ.
coupe sombre（予算，人員などの大幅な）削減.

sombrer /sɔ̃bre/ 自動 ❶ 文章〔船が〕沈没する.
❷ <*sombrer* dans qc>…に陥る；没入する. ▶ *sombrer* dans l'alcoolisme アルコールにおぼれる / *sombrer* dans la misère 零落する.
❸ 文章〔物が〕失われる. ▶ une entreprise qui est près de *sombrer* 倒産寸前の企業 / Sa raison *a sombré*. 彼(女)は理性を失った.

sombrero /sɔ̃brero/ 男《スペイン語》ソンブレロ.

sommaire /sɔmɛ:r/ 形 ❶ 手短な，簡潔な. ▶ description *sommaire* 簡潔な描写. ❷ 簡単な；最低限の. ▶ connaissances *sommaires* 初歩的な知識. ❸ 皮相な，浅薄な. ▶ porter un jugement trop *sommaire* 短絡的すぎる判断を下す. ❹〖法律〗略式の. ▶ jugement *sommaire* 略式裁判 / exécution *sommaire* 即決処刑. — 男 要約，概略.

sommairement /sɔmɛrmɑ̃/ 副 簡単に，簡潔に. ▶ exposer ses idées *sommairement* 考えをかいつまんで話す / pièce meublée très *sommairement* 最小限の家具だけ備え付けた部屋.

sommation[1] /sɔmasjɔ̃/ 女 ❶〖軍事〗（歩哨(ほしょう)の）誰何(すいか)；（暴徒などへの）解散命令.
❷ 文章 勧告，要請. ▶ la *sommation* de paraître en justice 法廷への召喚.

sommation[2] /sɔmasjɔ̃/ 女〖数学〗求和，総和を求めること；総和法.

Somme /sɔm/ 固有 女 ❶ ソンム県 [80]：フランス北部. ❷ ソンム川：北仏を流れ英仏海峡に注ぐ.

*somme[1] /sɔm/ 女 ❶ 金額，総額（=*somme* d'argent）；大金. ▶ Il avait une grosse *somme* sur lui. 彼は大金を所持していた / C'est une *somme* ! これは大金だ / arrondir une *somme* 全額を丸める. ❷ 和，合計；総計，総量. ▶ faire la *somme* de deux nombres 2つの数の和を出す / La *somme* des pertes humaines est incalculable. 人的損失の総計は数字では表わせないほどだ. ❸ 全書，大全. ▶ *la Somme théologique*（トマス・アクィナスの）神学大全.
en somme = *somme toute* 結局，要するに.
▶ *Somme toute*, il avait raison. 結局，彼は正しかった.

somme[2] /sɔm/ 女《次の句で》
bête de somme 運搬用の家畜；酷使される人.
▶ travailler comme une *bête de somme* 馬車馬のように働く.

somme[3] /sɔm/ 男 眠り. ▶ faire un *somme* 一眠りする / ne faire qu'un *somme* 一晩中ぐっすり眠る.

*sommeil /sɔmɛj/ ソメイユ 男 ❶ 眠気. ▶ tomber de *sommeil* 眠くて倒れそうだ / céder au *sommeil* 睡魔に屈する. ❷ 眠り，睡眠. ▶ *sommeil* profond [léger] 深い [浅い] 眠り / prendre trois heures de *sommeil* 3時間の睡眠を取る / en plein *sommeil* 熟睡中の / dormir d'un *sommeil* de plomb 熟睡する, こんこんと眠る / le *sommeil* hibernal 冬眠 / le dernier *sommeil* = le *sommeil* éternel 文章 永眠. ❸ 休止状態. ▶ une société en *sommeil* 休業状態の会社 / La direction a décidé de mettre cette affaire en *sommeil*. 理事会はその件を一時棚上げにすることに決めた.

⁂*avoir sommeil* 眠い. ▶ J'ai *sommeil*. 私は眠い / J'ai très *sommeil*, j'ai besoin d'un café. 私はとても眠い, コーヒーを1杯飲まなければ.

dormir du sommeil du juste 心安らかに眠る.

sommeiller /sɔmeje/ 自動 ❶ うたた寝する, まどろむ. ❷ 文章〔知性, 自然などが〕眠っている, 活動してない; 潜んでいる.

sommelier, ère /sɔməlje, ɛːr/ 名 ソムリエ: レストランのワイン係.

sommer¹ /sɔme/ 他動〈 sommer qn de + 不定詞〉…に…するよう強く促す, 命令する. ▶ *sommer* des manifestants de se disperser デモ隊に解散を命じる / *sommer* qn de [à] comparaître（裁判所に）…を召喚する.

sommer² /sɔme/ 他動〖数学〗…の和を求める, 合計する.

sommes /sɔm/ 活用 ⇨ ÊTRE¹ Ⅱ

⁂**sommet** /sɔmɛ/ ソメ 男 ❶ 頂; 山頂. ▶ monter au *sommet* de la tour 塔のてっぺんに登る / le plus haut *sommet* du monde 世界の最高峰. ❷ 極致, 絶頂; 最高位. ▶ parvenir au *sommet* du pouvoir 権力の絶頂に上り詰める. ❸〈au *sommet*〉首脳の. ▶ rencontre au *sommet* トップ会談. ❹ サミット, 頂上会談 (=conférence au *sommet*). ▶ le *sommet* des huit 先進8か国首脳会議 / un *sommet* franco-allemand 仏独首脳会談. ❺〖数学〗頂点.

sommier¹ /sɔmje/ 男 ❶（ベッドの）マットレス台. ❷〖法律〗帳簿, 出納帳. ❸（複数形で）話 犯罪記録保管所.

sommité /sɔ(m)mite/ 女 傑出した人物. ▶ les *sommités* du monde médical 医学界の最高権威たち.

somnambule /sɔmnɑ̃byl/ 名 夢遊病者.
—— 形 夢遊症の.

somnambulique /sɔmnɑ̃bylik/ 形 夢遊症の; 夢遊病のような.

somnambulisme /sɔmnɑ̃bylism/ 男 ❶ 夢遊病. ❷ *somnambulisme* provoqué 催眠状態.

somnifère /sɔmnifɛːr/ 形 話〔退屈で〕眠気を催させる. —— 男 睡眠薬, 催眠剤.

somnolence /sɔmnɔlɑ̃ːs/ 女 ❶ 半睡状態, 夢うつつ. ❷ 文章 無為, 無気力.

somnolent, ente /sɔmnɔlɑ̃, ɑ̃ːt/ 形 ❶ 半睡状態の, 夢うつつの. ❷ 無気力な, 無為の. ❸ 文章〔才能などが〕眠っている, 発揮されない.

somnoler /sɔmnɔle/ 自動 ❶ うとうとする, 居眠りする. ❷ 眠る, 計画などが）眠る.

somptuaire /sɔ̃ptɥɛːr/ 形 贅沢な, 豪奢なな. ▶ dépenses *somptuaires* 贅沢な出費.

somptueusement /sɔ̃ptɥøzmɑ̃/ 副 贅沢に, 豪奢に.

somptueux, euse /sɔ̃ptɥø, øːz/ 形 贅沢な, 豪華な, 壮麗な. ▶ un palais *somptueux* 贅を尽くした宮殿 / un *somptueux* cadeau 豪華な贈り物.

somptuosité /sɔ̃ptɥozite/ 女 文章 豪華さ, 華麗さ; 豪華なもの.

⁂**son¹, sa** /sɔ̃, sa/ ソン, サ /
（複）***ses*** /se/ セ/ 形〖所有〗

男性単数 son	女性単数 *sa
複 数 ses	

* 母音または無音の h の前では sa の代わりに son を用いる.

(son, ses は母音または無音の h の前ではリエゾンするが, その際 son は鼻母音のまま発音するのが普通 (例: son ami /sɔ̃nami/)

彼の, 彼女の; それの.

❶《所有, 帰属, 関係, 行為主を示す》(1)《特定の人に関して》▶ *son* cahier 彼(女)のノート / *sa* profession 彼(女)の職業 / *sa* femme et ses enfants 彼の妻と子供たち / *son* époque 彼(女)の生きた時代 / J'attends *son* retour. 私は彼(女)の帰りを待っている. (2)《不特定な主語 on, chacun などに関して》彼の, 彼女の. ▶ chacun (à) *son* tour おのおの順番に / Il ne faut pas manquer à *sa* parole. 自分でした約束を破ってはならない. (3)《事物に関して》▶ Paris n'est *pas* ses habitants パリとその住民です / La lettre n'est pas arrivée à *son* destinataire. 手紙はあて先に届かなかった.

❷《若干の動作名詞の前で行為の対象を示す》▶ aller 'à *son* secours [à *sa* rencontre] 彼(女)を救助[迎え]に行く / Jean s'enfuit à *sa* vue. ジャンは彼(女)[それ]を見て逃げ出した.

❸《個人的習慣, 癖, 関心などを示す》▶ Il porte *sa* cravate rouge. 彼は愛用の赤いネクタイをしている / Elle a *sa* crise. 彼女はまたいつもの発作が出た. ❹《尊称》▶ *Sa* Majesté 国王 [女王] 陛下 / *Son* Excellence 閣下.

⁂**son²** /sɔ̃/ ソン 男 ❶ 音; 音響. ▶ *son* aigu [grave] 鋭い [重々しい] 音 / baisser [augmenter] le *son* de la radio ラジオのボリュームを下げる[上げる] / produire [émettre] un *son* 音を出す / la vitesse du *son* 音速 / ingénieur du *son* 録音技師 / la prise de *son* 録音 / les *sons* consonants [dissonants]〖音楽〗協和音[不協和音].

❷〖言語〗音(ネ). ▶ le *son* ouvert [fermé] 開[閉]音 / le *son* nasal 鼻音.

「*au son* [*aux sons*] *de qc* …の音に合わせて; の音を聞いて. ▶ danser *au son* de l'accordéon アコーデオンに合わせて踊る.

(*spectacle*) *son et lumière* 音と光のショー: 城館などで夜間に催す野外ショー. 照明と音響の演出を中心に歴史劇などが演じられる.

son³ /sɔ̃/ 男 ❶ 麩(ホキ), 糠(ォ). ▶ farine de *son* 麩の混じった小麦粉 / pain au *son* 麩入りのパン. ❷（詰め物用の）籾殻(ﾖﾐ). ▶ poupée de *son* 籾殻を詰めた人形. ❸ taches de *son* そばかす.

sonar /sɔnaːr/ 男〖英語〗ソナー: 音波の反射を利

sonate

用して海中探索や通信などを行う装置.
sonate /sɔnat/ 囡〖音楽〗ソナタ. ▶ *sonate* pour piano ピアノソナタ.
sonatine /sɔnatin/ 囡〖音楽〗ソナチネ.
sondage /sɔ̃daːʒ/ 男 ❶ 調査;《特に》世論調査. ▶ *sondage* d'opinion 世論調査 / *sondage* d'écoute 視聴率調査 / pratiquer [effectuer] des *sondages* sur un problème あることについて(世論)調査を実施する. ❷ 測深, 水深測量;《大気などの》観測, 探査. ❸〖医学〗ゾンデの挿入.
sonde /sɔ̃ːd/ 囡 ❶〖海事〗水深測量器, 測鉛. ❷〖気象〗探測気球. ❸〖外科〗ゾンデ, 消息子; カテーテル. ❹ *sonde* spatiale 宇宙探査機.
sonder /sɔ̃de/ 他動 ❶〔意図, 情勢など〕を探る. ▶ *sonder* l'opinion publique 世論調査をする / *sonder* l'avenir 未来を予測する. ❷ …を測深する; 探測する. ▶ *sonder* un port 港の水深を測る / *sonder* un terrain ボーリングで地質調査する. ❸《ゾンデで》…を検査する. ▶ *sonder* un malade ゾンデで患者を検査する.
sonder le terrain (1) 土地を探査する. (2) 状況を綿密に検討する.
sondeur, euse /sɔ̃dœːr, øːz/ 名〔地質探査の〕試掘人.
— **sondeur** 男 測深機, 探査機.
— **sondeuse** 囡 ボーリング機械.
songe /sɔ̃ːʒ/ 男〖文章〗夢, 夢想, 夢幻. ▶ être plongé dans un *songe* 空想にふける / faire [avoir] un *songe* 夢を見る. 比較 ⇨ RÊVE.
songe-creux /sɔ̃ʒkrø/ 男〖単複同形〗〖文章〗夢想家, 空想家.

*__songer__ /sɔ̃ʒe/ ソンジェ/ ②

過去分詞 songé	現在分詞 songeant
直説法現在 je songe	nous songeons
tu songes	vous songez
il songe	ils songent

間他動 ❶ *‹songer* à qc/qn› …のことを思い浮かべる, 思い出す. ▶ *songer* à son amie pendant le voyage 旅の間ガールフレンドのことを思っている. 比較 ⇨ PENSER.
❷ *‹songer* à qc/qn/ 不定詞› …のことを考える, 考慮する. ▶ *songer* à l'avenir 将来のことを考える / A quoi *songes*-tu? 何を考えているの / ne *songer* qu'à soi 自分のことしか頭にない / Je *songe* à acheter une maison de campagne. 私は田舎に別荘を買おうと思っている / ne *songer* qu'à défendre ses intérêts 自分の利益を守ることしか考えない. ▶ *Songe* à ce que tu dis.(=faire attention) 自分の言葉に気をつけなさい / *Songez* à fermer le gaz. ガスの元栓を締め忘れないように. ❹ *‹songer* à qc/不定詞› …を考える, するつもりである. ▶ *songer* ⌈au mariage [à se marier] 結婚しようと思う / sans *songer* à mal 悪意なしに.
faire songer à qc/qn …のことを思わせる, を連想させる.
Il n'y faut pas songer. それは実現不可能だ.
sans songer à mal 悪気はなしに.

Songez-y bien! (1) よく考えてみなさい. (2) 古風 覚えておけ.
Vous n'y songez pas!=A quoi songez-vous? まさか, とんでもない.
— 他動 ‹*songer* que + 直説法 // *songer* + 間接疑問節〉…を考える, 考慮に入れる. ▶ *Avez*-vous *songé* que votre avenir était en jeu? あなた(方)の未来がかかっていることをよく考えましたか / *Songez* combien le problème du logement est important au Japon. 日本では住宅問題がいかにたいへんな問題か考えてもみなさい.
— 自動 夢想する, 空想にふける.
songerie /sɔ̃ʒri/ 囡〖古風〗〖文章〗夢想(にふけること).
songeur, euse /sɔ̃ʒœːr, øːz/ 形 考え込んでいる, 思案顔の, 物思わしげな. ▶ avoir un air *songeur* 思案に暮れている様子である.
sonique /sɔnik/ 形〖物理〗音の; 音速の. ▶ vitesse *sonique* 音速 / barrière *sonique* 音速の壁.
sonnaille /sɔnɑːj/ 囡《家畜の首につける》鈴;《複数で》《家畜の》鈴の音.
sonnailler[1] /sɔnaje/ 男 鈴をつけて群れの先頭を行く家畜.
sonnailler[2] /sɔnaje/ 自動〔家畜が〕《首の》鈴を鳴らす.
sonnant, ante /sɔnɑ̃, ɑ̃ːt/ 形 ❶〔時刻が〕ちょうどの. ▶ à cinq heures *sonnantes* きっかり5時に. ❷〔時計が〕時を打つ, 定時に鳴る.
sonné, e /sɔne/ 形 ❶〔時刻が〕《鐘などで》告げられた; 経過した. ▶ Il est trois heures *sonnées*. 3時が鳴った; 3時を回った. ❷ 話〔年齢が〕過ぎた. ▶ Il a soixante ans bien *sonnés*. 彼は60の坂を越してだいぶになる. ❸〈殴られて〉ふらふらになった;《つらい事に》打ちのめされた. ▶ boxeur *sonné* グロッキーになったボクサー. ❹ 話 少し頭がおかしい.

*__sonner__ /sɔne/ ソネ/ 自動 ❶ 鳴る, 音を立てる. ▶ Le clairon *sonne*. らっぱが鳴る / Le téléphone a *sonné*. 電話が鳴る / faire *sonner* son réveil à sept heures 目覚まし時計を7時に鳴らす / Les oreilles lui *sonnent*. 彼〔女〕は耳鳴りがする.
❷ ベル〔呼び鈴〕を鳴らす, ブザーを押す. ▶ On *sonne* à la porte. 戸口でベルが鳴っている / *sonner* pour appeler l'infirmière 呼び鈴を鳴らして看護婦を呼ぶ / Entrez sans *sonner*. ベルを鳴らさずにお入りください.
❸〔時が〕《合図の音で》告げられる. ▶ Midi a *sonné* à la cathédrale. 大聖堂の鐘が正午を告げた /《非人称構文で》Il *sonne* onze heures. 11時が鳴る. ❹〈はっきり〉発音される. ▶ faire *sonner* la fin de la phrase 文末をはっきり発音する.
Sa dernière heure a sonné. 彼(女)の最期がやって来た.
sonner bien [mal] 耳に快く〔不快に〕響く. ▶ mot qui *sonne* bien à l'oreille 耳に心地よく響く語.
sonner creux (1) うつろな響きを立てる. (2) 空疎な印象を与える.
sonner faux (1)〔楽器が〕狂った音を出す. (2) うそ

sordidité

っぽい[白々しい]印象を与える. ▶ Ce récit *sonne faux*. その話はいんちきくさい.
— 他動 ❶〔鐘, らっぱなど〕を鳴らす, 響かせる. ▶ *sonner* une cloche 鐘を鳴らす.
❷（鐘など）…（の時）を告げる, 合図する;〔物が〕…を告げる, 合図する. ▶ *sonner* les matines 早朝の祈りの鐘を鳴らす / L'horloge *a sonné* onze heures. 時計が11時を打った.
❸（ベルなどで）…を呼ぶ. ▶ *sonner* une femme de chambre 呼び鈴でメードを呼ぶ.
❹ 話 …（の頭）を殴りつける; にショックを与える.
On ne vous a pas sonné! 話 あなたはお呼びじゃない, あなたの出る幕ではない.
se faire sonner（*les cloches*）話 厳しくしかられる, ひどく思い知らされる.
— 間他動 <*sonner* de qc>〔管楽器〕を吹く, 吹奏する. ▶ *sonner* du cor ホルンを吹く.

sonnerie /sɔnri/ 囡 ❶（鐘, ベルなどの）音. ▶ la *sonnerie* d'un horloge 時計の鳴る音 / La *sonnerie* du téléphone l'a réveillée. 電話の音で彼は目を覚ました. ❷ ベル. ▶ remonter la *sonnerie* ベルのねじを巻く. ❸ 信号らっぱ（の合図音）. ❹ 携帯電話の着信音, 着メロ.

sonnet /sɔnɛ/ 男 〘詩法〙ソネット, ソネ: イタリア起源の14行詩.

***sonnette** /sɔnɛt ソネット/ 囡 ❶ 呼び鈴, ベル; ベルの音. ▶ Le visiteur a appuyé sur la *sonnette*. 客は呼び鈴を押した / *sonnette* d'alarme 非常ベル, 警報ベル.
❷（金属製の）小さな鈴, 振って鳴らす鈴. ▶ agiter [tirer] une *sonnette* 鈴を鳴らす.
❸ serpent à *sonnette*(*s*) ガラガラヘビ.

sonneur /sɔnœːr/ 男 ❶（教会の）鐘突き男. ❷ 角笛[らっぱ]吹き.
dormir comme un sonneur 爆睡する.

sono /sɔno/ 囡 話 音響[拡声]装置, スピーカー.

sonore /sɔnɔːr/ 形 ❶ 音, 声がよく響く. ▶ voix *sonore* よく響く声. ❷〔部屋が〕音のよく反響する. ▶ salle *sonore* 音のよく響くホール. ❸ 音の; 音を出す. ▶ ondes *sonores* 音波 / cinéma *sonore* トーキー映画 / fond *sonore* バックグラウンドミュージック / effets *sonores* 効果音 / piste *sonore* サウンド・トラック. ❹〘音声〙有声の. ▶ consonne *sonore* 有声子音.
— 囡〘音声〙有声音, 有声子音.

sonorisation /sɔnɔrizasjɔ̃/ 囡 ❶（スピーカー, アンプ, マイクなど）音響[拡声]装置（の設置）. ❷〔映画〕音入れ, 音づけ. ❸〘音声〙有声化.

sonoriser /sɔnɔrize/ 他動 ❶〔映画, スライド〕に音をつける. ❷〘音声〙〔無声音〕を有声化する. ❸〔ホールなど〕に音響[拡声]装置を取り付ける.

sonorité /sɔnɔrite/ 囡 ❶ 音色, 響き;《複数で》（声の）抑揚. ▶ Cet instrument a une belle *sonorité*. この楽器は音色がいい / Sa voix a des *sonorités* douces. 彼(女)の話し声は優しい響きをしている / Cette salle de concert a une bonne *sonorité*. このコンサートホールは音響がいい. ❷〘音声〙有声性.

sonothèque /sɔnotɛk/ 囡（映画, 放送の効果音を収蔵した）サウンド・ライブラリー, ソノテーク.

sont /sɔ̃/ 活用 ⇨ ÊTRE¹ Ⅲ

Sophia Antipolis /sofja ɑ̃tipolis/ 固有 ソフィア・アンティポリス: ニースとカンヌの間にある研究学園都市.

sophisme /sofism/ 男 詭弁(きべん), へ理屈.

sophiste /sofist/ 名（古代ギリシアの）ソフィスト; 詭弁(きべん)家, へ理屈屋.

sophistication /sofistikasjɔ̃/ 囡 ❶ 気取り, わざとらしさ; 凝りすぎ. ❷（技術などの）精密化, 高度化.

sophistique /sofistik/ 形 ❶ 詭弁(きべん)の, 詭弁を弄(ろう)する, こじつけの. ❷〘哲学〙（古代ギリシアの）ソフィストの.
— 囡 ❶（古代ギリシアの）ソフィストの論法; 詭弁法. ❷ 詭弁, へ理屈.

sophistiqué, e /sofistike/ 形 ❶ 手の込んだ, 洗練された; 凝りすぎた, 気取りすぎた. ▶ un style *sophistiqué* 凝りに凝った文体 / une femme *sophistiquée* おしゃれに凝りすぎの[気取った]女性. ❷ 精巧な, 高度に複雑な. ▶ technologie *sophistiquée* 最先端技術.

sophistiquer /sofistike/ 他動 ❶ …を過度に洗練する, 凝る. ❷〔技術など〕を精巧にする, 高度化する. — *se sophistiquer* 代動 複雑化する, 手が込んでくる; 精巧になる, 高度化する.

soporifique /sɔpɔrifik/ 形 ❶ 催眠性の. ❷ 話 眠くなるような, 退屈な.
— 男 ❶ 睡眠薬; 催眠剤. ❷ 話（眠くなるほど）退屈なもの.

soprano /sɔprano/;《複》**sopranos**（または **soprani** /sɔprani/）《イタリア語》男〘音楽〙ソプラノ. — **soprano**, **soprane** /sɔpran/ 名 ソプラノ歌手.

sorbet /sɔrbɛ/ 男 シャーベット. ▶ *sorbet* à l'orange = *sorbet* orange オレンジシャーベット.

sorbetière /sɔrbətjɛːr/ 囡 アイスクリーム[シャーベット]製造器.

sorbier /sɔrbje/ 男〘植物〙ナナカマド.

sorbonnard, arde /sɔrbonaːr, ard/ 名 話 ソルボンヌ大学の教授[学生].

Sorbonne /sɔrbon/ 固有 囡 ソルボンヌ: パリ大学の通称. ▶ Université de Paris-*Sorbonne* パリ・ソルボンヌ大学（パリ第4大学）.

sorcellerie /sɔrsɛlri/ 囡 魔法, 妖術(ようじゅつ), 呪術(じゅじゅつ); 不思議なことだ. ▶ Cela tient de la *sorcellerie*. 摩訶(まか)不思議なことだ.

sorcier, ère /sɔrsje, ɛːr/ 名 ❶ 魔法使い, 魔術師; 呪術(じゅじゅつ)師. ❷ 意地悪の醜い老婆, 鬼婆（= vieille *sorcière*）. 注 この意味では女性形のみ.
chasse aux sorcières 魔女狩り;（反対派の）粛清.
Il ne faut pas être（*grand*）*sorcier pour* + 不定詞 …するのはたいして難しいことではない.
— 形 話 難しい. ▶ Ce n'est pas *sorcier*. それは簡単至極だ.

sordide /sɔrdid/ 形 ❶〔衣服, 場所などが〕汚れた, みすぼらしい. ❷ 下劣な, あさましい, さもしい. ▶ crime *sordide* 卑劣な犯罪.

sordidement /sɔrdidmɑ̃/ 副 ❶ 汚らしく. ❷ 下劣に, けちけちと, さもしく.

sordidité /sɔrdidite/ 囡 文章 ❶ 汚らしさ, みすぼらしさ. ❷ 下劣さ, あさましさ.

sort

*sort¹ /sɔːr ソール/ 男

英仏そっくり語
英 sort 種類.
仏 sort 運命, くじ.

❶ 運, 運命. ▶ être favorisé par le *sort* 運に恵まれる / braver [affronter] les coups du *sort* 運命に立ち向かう / par une ironie du *sort* 運命の皮肉で.

❷ 境遇, 身の上. ▶ améliorer le *sort* des handicapés 障害者の社会的待遇を改善する.

❸ 成り行き, 帰趨(きすう). ▶ veiller au *sort* de ce projet 計画の成否を見守る.

❹ 抽選, くじ. ▶ tirer au *sort* くじを引く / tirage au *sort* 抽選, くじ引き / Le *sort* est tombé sur elle. 彼女が抽選に当たった.

❺ 呪(のろ)い. ▶ jeter un *sort* à qn …に呪いをかける.

Coquin de sort!=*Bon sang de bon sort!*=*Bon dieu de sort!* 諺 ちぇっ, 畜生.

faire un sort à qc (1) 諺 …を平らげる; 始末する, けりをつける. ▶ *faire un sort à* un plat 料理を平らげる. (2) …を強調する; 活用する.

Il y a un sort sur tout ce que j'entreprends. 諺 何をやってもうまくいかない.

Le sort en est jeté! 賽(さい)は投げられた, 決断は下った. 注 カエサルがルビコン川を渡ったときの言葉.

比較 **sort** 我々の境遇を支配するような超越的力の概念を含まずに, 単に物事の成り行き, 人の行く末をいう. **destin** 境遇, 成り行きを支配するような超越的力を表わす最も一般的な語. 人間について使われる場合には不運を指すことが多い. **destinée** destin とほぼ同義だが, 主として個々人の運命を指す. **fatalité** 破滅や不幸にいたる運命のこと.

sort², **sors** /sɔːr/ 活用 ⇨ SORTIR¹ 19

sortable /sɔrtabl/ 形 《多く否定的表現で》人前に出せる, 行儀のよい. ▶ Tu n'es vraiment pas *sortable*. 君は本当に行儀が悪い, 人前に出せないよ.

sortaient, sortais, sortait /sɔrte/ 活用 ⇨ SORTIR¹ 19

sortant, ante /sɔrtɑ̃, ɑ̃ːt/ 形 (← sortir¹ の現在分詞) ❶《くじなどが》当たりの. ▶ un numéro *sortant* 当選番号. ❷ 任期の満了した. ▶ député *sortant* 任期の切れた議員.

— **sortants** 男複 (ある場所から)出ていく人々.

*sorte¹ /sɔrt/ 女 ❶ 種類. ▶ Quelle sorte de sac désirez-vous? どんな種類のかばんをお望みですか / On vend ici toutes *sortes* d'articles de sport. 当店ではあらゆる種類のスポーツ用品を販売しています / Il ne faut pas fréquenter les hommes de cette [sa] *sorte*. ああいった [彼のような類(たぐい)の]人たちと付き合ってはいけない / choses de même *sorte* 同じ種類のもの / Ces satellites sont munis d'instruments de mesures de toute(s) *sorte*(s). こうした衛星はあらゆる種類の計器を装備している.

❷《**une sorte de + 無冠詞名詞**》一種の…, …のようなもの. ▶ Elle portait une *sorte* de robe-tablier.(=espèce) 彼女はエプロンドレスのようなものを着ていた.

de la sorte そのように, そんなふうに. ▶ Vous ne devriez pas vous habiller *de la sorte*. そんな身なりをしない方がいいのに.

de sorte à + 不定詞 …するように, となるように. ▶ On a agi *de sorte à* dissiper ses soupçons. 彼(女)の疑いを晴らすために人々は手を尽くした.

de (telle) sorte que + 接続法《目的》…するように. ▶ Parle plus haut, *de sorte qu*'on puisse t'entendre. みんなが分かるようにもっと大きい声で話しなさい.

de (telle) sorte que + 直説法《結果》その結果, したがって. ▶ Il est tombé malade, *de sorte que* leur voyage a été remis à plus tard. 彼が病気になったので旅行は後日に延期された.

en quelque sorte いわば, 言ってみれば. ▶ Ne pas protester, c'est *en quelque sorte* accepter. 抗議しないのは言ってみれば受け入れるようなことだ.

faire en sorte `de +* 不定詞 [*que +* 接続法]*` …ようにする. ▶ *Faites en sorte* d'arriver à l'heure. 時間通りに着くようにしなさい.

比較 (1) 種類. **sorte** 最も一般的. **espèce** 本来は動物の種類を表わす語だが, 事物にはあまり使わない. **genre** 事物のジャンル, 範疇(はんちゅう)をいう. **type** 人や物の類型, 典型を言う. (2) ある種の. **une sorte de, une espèce de** ほぼ同じ意味で, 人間について使われる場合には軽蔑的なニュアンスになる. **un genre de** 人間については使わない.

sorte², **sortent**, **sortes** /sɔrt/, **sortez** 活用 ⇨ SORTIR¹ 19

*sortie /sɔrti ソルティ/ 女 ❶ 外出, 外に出ること; 退出. ▶ *sortie* en famille 家族そろっての外出 / *sortie* entre amis 友人同志の外出 / faire une petite *sortie* ちょっと散歩に出る / Des mères attendent la *sortie* des écoliers. 母親たちが子供たちの下校を待っている / l'heure de la *sortie* 退出[終業] 時刻.

❷ 出口. ▶ *sortie* de métro 地下鉄の出口 / *sortie* de secours 非常口 / Les *sorties* de Paris sont encombrées le 1ᵉʳ [premier] juillet. パリから出る道は7月1日にはたいへん混雑する.

❸ 発売, 発表; 出版; (映画の)公開, 封切り. ▶ la *sortie* d'un nouveau modèle de voiture 新型車の発売 [発売] / la *sortie* d'un roman (=parution, publication) 小説の出版.

❹ 出荷; 輸出; 国外持ち出し. ▶ payer des droits pour la *sortie* de certains produits ある種の製品の輸出のために税金を払う / la *sortie* de capitaux 資本の国外流出.

❺ 支出. ▶ Il y a eu plus de *sorties* que de rentrées ce mois-ci.(=dépense) 今月は収入より支出のほうが多かった.

❻ 罵倒(ばとう); 無作法な言葉. ▶ faire une *sortie* contre qn …をののしる [こき下ろす].

❼《演劇》退場. ❽《情報》出力, アウトプット. ❾ (航空機の)出撃.

à la sortie de qc (1) …の出口で; を出るときに. ▶ *à la sortie du* tunnel トンネルを出ると. (2)

sortir

の終わった後に. ▶ Tous les soirs, *à la sortie du travail, il rencontre sa fiancée.* 毎晩, 仕事が引けると彼はフィアンセに会う.

être de sortie 国 出かける予定がある; 外出許可をもらった. ▶ *Aujourd'hui, nous sommes de sortie.* 今日, 私たちは外出する予定です.

faire la sortie des écoles = ***attendre les petites filles à la sorties des écoles*** (女児を校門で待ち伏せする→)変質者である.

Par ici la sortie! お帰りはあちら.

se ménager une (porte de) sortie 逃げ道を作っておく.

sortie-de-bain /sɔrtidbɛ̃/; 〈複〉 ~s-~-~ 囡 バスローブ.

sortiez /sɔrtje/, **sortîmes** /sɔrtim/, **sortions** /sɔrtjɔ̃/ 活用 ⇨ SORTIR¹ 19

sortilège /sɔrtilɛːʒ/ 男 ❶ 魔力, 呪(のろ)い.
❷ 魔法のような魅力.

***sortir**¹ /sɔrtiːr/ ソルティール/ 19 自動

過去分詞 sorti	現在分詞 sortant
直説法現在 je sors	nous sortons
tu sors	vous sortez
il sort	ils sortent
複合過去 je suis sorti(e)	
半過去 je sortais	単純未来 je sortirai
単純過去 je sortis	接続法現在 je sorte

《助動詞は être》❶ <*sortir* (de qc)>(…から)外に出る; (用事を終えて)(…を)離れる, 去る. ▶ *Sortez!* 出て行きなさい / *Je ne suis pas sorti de la maison de toute la journée.* 私は一日中家を出なかった / *sortir de son pays* 生まれ故郷[国]を離れる / *sortir du lit* 寝床を離れる / *sortir de table*(食事を終えて)食卓を離れる / *sortir de l'hôpital* 退院する.

sortir de la maison

❷ 出かける, 遊びに行く, (…と)つき合う; 戸外に出る. ▶ *sortir en voiture* ドライブに行く / *Il va mieux et le médecin l'autorise à sortir un peu.* 彼は体の具合がよくなってきたので, 医者が少しなら外出してもいいと言っている / *Nous sortons beaucoup en ce moment.* 近ごろ私たちは外出の機会が多い / *sortir avec qn* …とつき合う / *Ils sortent ensemble.* 彼らはつき合っている. *sortir* + 不定詞 …しに出かける. ▶ *Nous sommes sortis dîner en ville.* 私たちは町に食事しに行った.

❸ <*sortir* de qc> …の出身である; を卒業する. ▶ *Il sort d'une famille aisée.* 彼は裕福な家庭の出である / *sortir de (l'Ecole) Polytechnique* 理工科学校を卒業する / *sortir du rang* 〔将校が〕兵卒上がりである;〔要職にある人が〕平からのたたきあげである.

❹ <*sortir* de qc> (ある時期)を終える; (ある状態)を脱する. ▶ *On sortait de l'hiver.* 冬も終わろうとしていた / *sortir de l'adolescence* 思春期を終える / *sortir d'une grippe* 風邪が治る / *sortir d'affaire [d'embarras]* 窮地を脱する.

❺ <*sortir* de qc> …からはみ出す; 外れる. ▶ *sortir des rails* 〔列車が〕脱線する / *Elle n'est pas sortie de sa modération habituelle.* 彼女はいつもの節度を忘れなかった / *Là, vous sortez du sujet.* それを言ったのでは本題からそれますよ.

❻ <*sortir* de qc> …から外部に出る, 流れ出る, 漏れる. ▶ *Le sang lui sortait de la bouche.* 彼(女)の口からは血が出ていた / *Ce qui a été dit ne doit pas sortir d'ici.* 言われたことはここだけの話にしておかなければいけません.

❼ 〔芽, 歯などが〕生えてくる. ▶ *Quand est-ce que ses premières dents sont sorties?* この子の最初の歯はいつ生えてきましたか.

❽ 発表される, 出版される; 〔映画が〕封切られる. ▶ *Le dernier numéro de la revue Histoire vient de sortir.* (= paraître) 「歴史」誌の最新号は出たばかりだ / *Un nouveau film de Luc Besson doit sortir bientôt.* リュック・ベッソンの最新作がもうすぐ公開されるだろう.

❾ <*sortir* de qc> …から突き出ている; 浮き出ている. ▶ *Ton mouchoir sort de la poche.* ハンカチがポケットから出ているよ / *Attention! Il y a un clou qui sort du mur.* 気をつけて, 壁から釘(くぎ)が出ているよ.

❿ <*sortir* de qc> (結果として)…から生じる. ▶ *D'où sortent ces idées stupides?* どこからそんなばかげたことを思いつくのですか / 〔非人称構文で〕*Il n'est rien sorti d'intéressant de nos recherches.* 我々の研究からはなんの興味深い結果も得られなかった.

⓫ (くじ, さいころで)〔数字が〕出る; (試験に)〔問題が〕出る. ▶ *un sujet qui sort souvent aux concours* 試験によく出る問題.

C'est nouveau, ça vient de sortir. 国 最新[最先端]のものである; 前代未聞である.

D'où sort-il? 国 いったいあの男はどこの出なんだ, お里が知れるね(無学, 無作法な人間に対する驚き).

en sortir (1) 窮地を脱する (= s'en sortir). (2) 国 仕事を終わらせる. ▶ *J'ai trop à faire, je n'en sors pas.* やることが多すぎて終わりそうない.

Les yeux lui sortent de la tête. 国 彼(女)はひどく怒っている.

ne pas (vouloir) sortir de là (議論などで)論点をやたらに広げない; 自説を曲げない. ▶ *Il n'y a pas à sortir de là.* それ以上論じる必要はない, そこまでにしておくべきだ / *Malgré tout ce qu'on peut lui objecter, il ne veut pas sortir de là.* どんなに反対されようと彼は自説を曲げようとはしない.

sortir de「*la mémoire* [*l'esprit, la tête, l'idée*]」忘れられる. ▶ *Le rendez-vous m'était complètement sorti de la tête.* その待ち合わせのことはすっかり忘れていた.

sortir「*de l'ordinaire* [*du commun*]」普段と違う; 奇抜だ, 独創的だ.

sortir

sortir d'en prendre 話 二度とごめんだ，もうたくさんだ．

sortir de + 不定詞 話 …したばかりである (= venir de + 不定詞)．▶ Je *sors de* travailler. 今，仕事が終わったところだ．

sortir du cœur 〔言葉などが〕真心から出る，誠意がこもっている．

— ***sortir** 他動《助動詞は avoir》❶ …を外に連れ出す；話 …を(観劇，パーティーなどに)連れていく．▶ *sortir* un enfant 子供を外に連れていく / *sortir* son chien 犬を散歩に連れていく / Elle voudrait que son mari la *sorte* davantage. 彼女は夫にもっと遊びに連れていってもらいたいと思っている．

❷〈*sortir* qc (de qc)〉…を(…から)取り出す，外に出す．▶ *sortir* les mains de ses poches ポケットから手を出す / *sortir* la voiture du garage ガレージから車を出す．

sortir les mains

❸〈*sortir* qn de qc〉…を…から助け出す，救う．▶ *sortir* un blessé des décombres 負傷者を瓦礫の下から助け出す / *sortir* qn *d'affaire* [*de là*] …を窮状から救う．

❹ …を発売する；出版する．▶ *sortir* une voiture nouvelle 新型車を出す / *sortir* un nouveau dictionnaire français-japonais 新しい仏和辞典を刊行する．

❺ 話 …を追い出す，つまみ出す；〔競争相手〕を破る．▶ *Sortez-*le d'ici! そいつをここからつまみ出せ / *sortir* qn en demi-finale 準決勝で…を破る．

❻ 話 …を言う，口にする．▶ Qu'est-ce qu'il va encore *sortir* comme bêtise? (=dire) 彼はまたどんなばかなことを言うだろうか / en *sortir* une bien bonne おもしろい話をする，冗談を言う．

— **se sortir** 代動〈*se sortir* de qc〉…から抜け出る．▶ *se sortir* d'un mauvais pas 難局を切り抜ける．

****s'en sortir*** 窮地を脱する，難局を切り抜ける．▶ Il a entrepris un travail très difficile, mais il *s'en sortira*. 彼は非常に難しい仕事を始めたが，うまくやってのけるだろう．

sortir[2] /sɔrtiːr/ 男 古 文章 出る[終える]こと．注 次の成句表現では普通に用いられる．

au sortir de qc …から出るときに；…を終えるときに．▶ *au sortir* de l'hiver 冬の終わりに / *Au sortir* du cinéma, il est allé au café. 映画館を出て，彼はカフェに行った．

sortiss-, sorti-, sortî- 活用 ⇨ SORTIR[1] [19]

SOS /esoes/ 男《単複同形》❶ 遭難信号，エス・オー・エス；助けを求める声．▶ envoyer [lancer] un *SOS* エス・オー・エスを発信する．

❷ (団体名で)…救護団．▶ le *SOS* Racisme 人種差別 SOS: 反人種差別団体の名称．

sosie /sɔzi/ 男 うり二つの人．▶ être le *sosie* de qn …とうり二つである．

***sot, sotte** /so, sɔt ソ，ソット/ 形 ❶ 文章《ときに名詞の前で》愚かな，ばかな，ばかげた．▶ Je n'ai jamais rien vu d'aussi *sot*. こんなばかなことは見たことがない / Elle n'est pas aussi *sotte* qu'elle en a l'air. 彼女は見かけほどばかじゃない．

❷ 面食らった，当惑した．▶ se trouver *sot* 面食らう．

— 名 間抜け，ばか．▶ *sot* en trois lettres 文字どおりのばか / Ne ris pas comme une *sotte*. ばかみたいに笑わないでよ．

> 比較 ばかな
> **sot**《文章語》< **bête** < **idiot, imbécile** < **stupide**（やや改まった表現），**crétin**（くだけた表現）が用いられ，この順で意味が強まる．このうち人間以外(行為，考えなど)を形容する場合には，sot, idiot, stupide を用いるのが普通である．

— **sot** 男 (中世の笑劇 sotie における)道化，道化師．

sotie /sɔti/ 女 (中世の)笑劇，茶番劇．

sot-l'y-laisse /soliles/ 男《単複同形》(家禽(ミミ)の)腰骨の両わきについている肉．注「ばかはそれを残す」の意．美味で珍重される．

sottement /sɔtmɑ̃/ 副 愚かにも，ばかのように．

sottise /sɔtiːz/ 女 ❶ 愚かさ．▶ la *sottise* humaine 人類の愚かさ / J'ai eu la *sottise* de le croire. 私は愚かにもそれを信じた．

❷ ばかなこと；(特に)(子供の)いたずら，そそう．▶ dire des *sottises* ばかなことを言う / faire une *sottise* (=bêtise) へまをする．

❸《複数で》話 罵詈(ᄫᄇ)雑言．▶ accabler qn de *sottises* (=injures) …を罵倒する．

sottisier /sɔtizje/ 男 (作家，名士の発言や文章の)愚言集；(学生の宿題などの)珍答集．

sou /su/ 男 ❶《貨幣》スー．注 5 サンチームに当たる昔の貨幣単位．❷《複数で》話 金(²)，コイン，硬貨．▶ avoir des *sous* お金がある / un appareil à *sous* スロットマシン，コインゲーム機．

de quatre sous 安物の，値打ちのない．

être près de ses sous ひどく金に細かい，けちだ．

être propre comme un sou neuf ぴかぴかだ，清潔だ．

être sans le sou = n'avoir pas le sou 話 一文無しである．

gros sous 金．▶ question de *gros sous* 金の問題 / parler de *gros sous* 金の話をする．

ne pas avoir (pour) un sou de qc 話 まったく…を持たない．▶ Il n'a pas un *sou* de jugeote. あいつは一かけらの分別もない．

pas pour un sou まったく…ない．▶ Il n'est pas jaloux *pour un sou*. 彼はまったく人をうらやんだりしない人だ．

pas un sou 一銭も…ない．▶ Ça ne coûte *pas un sou*. それはただだ．

「***s'ennuyer [s'embêter] à cent sous de l'heure***」 話 ひどくうんざりする，退屈でたまらない．

sou à [par] sou 少額ずつ，ちびちびと．▶ compter [économiser] *sou à sou* ちびちびと金をためる．

souffle

Un sou est un sou. 諺（1スーは1スーだ→）一円を笑う者は一円に泣く．

soubassement /subasmɑ̃/ 男 ❶ 建物基礎部，下部構造．❷〈多く複数で〉(制度，理論などの)基礎，土台．

soubresaut /subrəso/ 男 ❶ (馬の)不意の跳ね; (乗り物の)急な揺れ．身震い，痙攣(咒)．▶ avoir un *soubresaut* びくっとする，飛び上がる / Il est très nerveux, au moindre bruit il fait des *soubresauts*. 彼はとても神経質で，ちょっとの物音でもびくっとする．

soubrette /subrɛt/ 女 文章 (喜劇に登場する)小間使い，侍女．

souche /suʃ/ 女 ❶ 切り株，根元．▶ arracher une *souche* 根株を取り除く．❷ 始祖，先祖．être de vieille *souche* 古い家柄の出である．❸ 起源．▶ mot de *souche* latine (=origine) ラテン語起源の / Français de *souche* 生粋のフランス人．❹ (小切手帳，領収書などの)控え，割り符．▶ un carnet à *souche*(s) 控え付きの帳面．❺【生物】cellule *souche* 幹細胞 / cellule *souche* embryonnaire 胚性幹細胞 / cellule *souche* mésenchymateuse 間葉系幹細胞．

dormir comme une souche ぐっすり眠る．
faire souche 始祖となる，子孫をもうける．
rester [être] comme une souche じっとして動かない，なんの反応も示さない．

****souci**¹ /susi/ 男 ❶ 心配，気がかり; 心配の種．▶ vivre sans *souci*(s) のんきに暮らす / se faire du *souci* (pour qn/qc) (…のことで)気をもむ，心配する / avoir du *souci* à se faire 心配の種が尽きない / avoir des *soucis* 気がかりなことがある，心配事がある / Elle a toujours des *soucis* d'argent. 彼女はお金のことで苦労が絶えない．
❷ 〈*souci* de qc/不定詞〉…への気遣い，配慮．▶ avoir le *souci* de sa réputation 自分の評判を気にする．
C'est「le moindre [le cadet, le dernier] de mes soucis. それはどうでもいいことです．

souci² /susi/ 男【植物】キンセンカ．

se soucier /s(ə)susje/ 代動 (多く否定的表現で)〈*se soucier* de qn/qc/不定詞〉…を気にかける，心配する; …することに気を使う．▶ Je ne m'en soucie guère. そんなことは別に気にかけていない / Il se soucie peu de plaire. 彼は人に好かれようなどとはあまり思わない．

se soucier de qc/qn「comme de l'an quarante [comme de sa première chemise] 話 …を全然気にかけない．

soucieux, euse /susjø, ø:z/ 形 ❶ 心配している，心配そうな．▶ L'approche des examens le rend *soucieux*. 試験が近づくにつれ彼は不安になっている / avoir un air *soucieux* 心配そうな様子をしている．
❷〈*soucieux* de qc/不定詞〉…に関心がある，を気にする; …したいと思っている，…することに腐心する．▶ être peu *soucieux* de sa réputation 人のうわさなど気にしない / être *soucieux* de ne froisser personne だれの気も損ねないよう気を使う．

soucoupe /sukup/ 女 ❶ (コーヒーカップなどの)受け皿，ソーサー．❷ 古風 une *soucoupe* volante 空飛ぶ円盤，UFO (=ovni).

soudage /sudaːʒ/ 男 溶接，はんだ付け，鑞(﨟)付け．▶ *soudage* au gaz ガス溶接．

****soudain, aine** /sudɛ̃, ɛn スダン，スデヌ/ 形 文章 突然の，不意の．▶ une mort *soudaine* 突然の死．— **soudain** 副 急に，突然に．▶ *Soudain*, il se mit à pleurer. 突然，彼は泣き出した．

soudainement /sudɛnmɑ̃/ 副 文章 急に，突然に．

soudaineté /sudɛnte/ 女 文章 唐突さ，思いがけなさ，突然なこと．

Soudan /sudɑ̃/ 固有 男 スーダン: 首都 Khartoum. ▶ au *Soudan* スーダンに[で，へ]．

soudanais, aise /sudanɛ, ɛ:z/ 形 スーダン Soudan の．
— **Soudanais, aise** 名 スーダン人．

soudard /sudaːr/ 男 文章 粗暴な兵隊．

soude /sud/ 女 ❶ 水酸化ナトリウム，苛性(ミネィ)ソーダ (=*soude* caustique). ❷ 炭酸ナトリウム，ソーダ．

souder /sude/ 他動 ❶ …を溶接する，はんだ付け[鑞(﨟)付け]する．▶ un fer à *souder* はんだ鏝(﨟)．❷ …をつなぎ合わせる，接合する．❸ 文章〔人，組織など〕を緊密[強力]に結びつける．
— **se souder** ❶ 溶接される，はんだ付け[鑞付け]される．❷ (骨などが)癒着する，接合される．❸ 連帯する，緊密に結びつく．

soudeur, euse /sudœːr, øːz/ 名 はんだ付け[鑞(﨟)付け]工，溶接工．

soudoyer /sudwaje/ 10 他動 …を買収する，金で雇う．

soudure /sudyːr/ 女 ❶ 溶接，鑞(﨟)付け，はんだ付け．❷ 溶接部．▶ Le tuyau d'échappement est crevé à la *soudure*. 排気管は溶接箇所で破裂した．❸ はんだ．
faire [assurer] la soudure (端境期や入荷前で在庫の乏しいときに)需要のやりくりをつける，(入金前の)急場をしのぐ．

soufflage /sufla:ʒ/ 男【ガラス】吹き: 空気を入れてガラスの成形を行う方法．▶ le *soufflage* à la bouche 手吹き．

soufflant, ante /suflɑ̃, ɑ̃:t/ 形 ❶ 風を送る．❷ 話 息の止まりそうな，驚くべき．▶ un record *soufflant* 驚異的な記録．

****souffle** /sufl スフル/ 男 ❶ (吐く)息; 息の長さ; 呼吸．▶ éteindre dix bougies d'un seul *souffle* 一息で10本のろうそくを吹き消す / retenir son *souffle* 息をひそめる / Pour jouer d'un instrument à vent, il faut du *souffle*. 息が続かなくては管楽器は吹けない / On le renverserait d'un seul *souffle*. 吹けば飛びそうな人だ．
❷ (風，大気などの)そよぎ，一吹き; 微風．▶ Il n'y a pas un *souffle* (de vent). そよ吹く風もない．❸ 爆風．❹ 文章 (創造的)霊感，ひらめき (=*souffle* créateur). ❺【医学】(聴診時に認められる)雑音．▶ le *souffle* cardiaque 心雑音．

avoir du souffle 息切れしない．
avoir le souffle court 息切れしやすい．
couper le souffle à qn (1)〔強風などが〕…の呼吸を苦しくさせる．(2) …をびっくりさせる．▶ une nouvelle à *couper le souffle* 思わず息を飲む知ら

soufflé

せ.

en avoir le souffle coupé 話 あっと驚く,息を飲む.

être à bout de souffle (1) 息を切らせている. (2) 疲れ果てている,やり抜く元気をなくしている.

le dernier souffle 臨終,最期. ▶ jusqu'à son *dernier souffle* 息を引き取るまで,死ぬまで.

manquer de souffle (1) 息切れしやすい. (2) ひらめきに欠ける.

second souffle (1) 息を吹き返すこと. (2) 新たな活力,活動の再開,巻き返し. ▶ trouver son [un] *second souffle* 勢いを取り戻す,盛り返す.

soufflé, e /sufle/ 形 ❶〖顔などが〗膨れた,はれた,むくんだ. ▶ un visage *soufflé* (=bouffi) むくんだ顔. ❷ 話 びっくり仰天した,啞然(ホム)とした. ▶ être *soufflé* de qc …に驚く. ❸【料理】スフレにした,ふんわり焼いた. ▶ des pommes (de terre) *soufflées* ポムスフレ(2度揚げして膨らませた薄切りジャガイモ).

— **soufflé** 男【料理】スフレ:泡立てた卵白を加えて,ふっくらと焼き上げた料理やデザート.

*****souffler** /sufle/ 自動 ❶〖風が〗吹く. ▶ Le vent *souffle* du nord. 風は北から吹いている / 〖非人称構文で〗Il *souffle* une brise matinale. 朝のそよ風が吹いている.

❷ 息を吐く,息を吹きかける. ▶ *souffler* dans [sur] ses doigts pour les réchauffer 息で指を暖める / *souffler* sur sa soupe 息を吹きかけてスープをさます / Inspirez, *soufflez*. (レントゲン撮影などで)息を吸って,吐いて.

❸ 息を切らす,あえぐ. ▶ *souffler* comme un bœuf 牛のように荒い息づかいをする,ぜいぜいいう / Il a monté l'escalier en *soufflant*. 彼は息を切らせて階段を上った. ❹ 息をつく,ひと休みする. ▶ Laissez-moi le temps de *souffler*. ちょっとひと息つかせてくれ / Entre deux classes, les élèves ont dix minutes pour *souffler*. 授業の合間に10分間の休み時間がある.

regarder [voir] de quel côté [d'où] souffle le vent 風向きを見る,情勢の変化を見守る.

souffler sur le feu (1) 息を吹きかけて火を起こす. (2)〖喧嘩(ﾎﾞ)などを〗あおりたてる,火に油を注ぐ.

— 他動 ❶ …に息を吹きかけ,吹き消す. ▶ *souffler* une bougie ろうそくを吹き消す. ❷ …を吹き[吐き]かける,吹き出す,吹き流す. ▶ *souffler* de la fumée au nez de qn …の顔にたばこの煙を吹きかける. ❸〖爆風,強風が建物など〗を吹き飛ばす. ▶ Le cyclone *a soufflé* plusieurs baraques. 突風でバラックが何軒かも吹き飛ばされた. ❹ <*souffler* qc (à qn) // *souffler* (à qn) de + 不定詞>〖…に〗…を小声で言う,耳打ちする;ほのめかす,吹き込む. ▶ *souffler* qc à l'oreille de qn …の耳に耳打ちする / *souffler* une réplique à un acteur (舞台裏から)役者にせりふをつける. ❺ 話 <*souffler* qc/qn à qn> …から…を奪う,取り上げる. ▶ Il lui *a soufflé* sa petite amie. 彼はその人の恋人を奪った. ❻ 話 …をびっくりさせる,驚かせる. ❼【ガラス】*souffler* le verre ガラス器を吹いて作る.

ne pas souffler mot (de qc) (…について)ひとことも言わない,沈黙を守る.

soufflerie /sufləri/ 女 ❶【物理】風洞. ❷ 送風機,送風装置.

soufflet /sufle/ 男 ❶ ふいご,送風器. ❷(カメラなどの)蛇腹;(客車間の)幌(ﾎﾛ). ❸ 文章(頰(ﾎﾟ)へ の)平手打ち;侮辱. ▶ donner [recevoir] un *soufflet* 平手打ちを食らわす[食らう].

souffleter /suflǝte/ 4 他動 文章 …を侮辱する,辱める,踏みにじる.

souffleur, euse /suflœːr, øːz/ 名 ❶【演劇】プロンプター. ▶ le trou du *souffleur* プロンプターボックス. ❷(ガラス成形を行うときの)吹き手.

*****souffrance** /sufrɑ̃ːs/ 女(心身の)苦しみ,苦痛,苦悩. ▶ être dur à la *souffrance* 苦しみによく耐える / médicaments qui atténuent les *souffrances* 痛みを和らげる薬 / Il a réussi à dominer ses *souffrances*. 彼は苦悩を克服できた. 比較 ▷ PEINE.

en souffrance 未決の,未処理の,ペンディングの. affaire *en souffrance* 未処理の件 / colis *en souffrance* 局に留め置かれたままの小包み.

souffrant, ante /sufrɑ̃, ɑ̃ːt/ 形 体調〖気分〗の悪い,病気の. ▶ Il ne peut venir, car il est *souffrant*. 彼は体の具合が悪くて来られません / un air *souffrant* 加減の悪そうな様子.

souffre-douleur /sufrǝdulœːr/ 男《単複同形》虐待される人〖動物〗,なぶり物.

souffreteux, euse /sufrǝtø, øːz/ 形 病弱な,病身の. ▶ enfant *souffreteux* 虚弱児.

:souffrir /sufriːr/ スフリール/ 16

過去分詞 souffert	現在分詞 souffrant	
直説法現在	je souffre	nous souffrons
	tu souffres	vous souffrez
	il souffre	ils souffrent

自動 ❶ 苦しむ. ▶ Où *souffrez*-vous? どこが苦しい[痛む]のですか / Ses rhumatismes le font *souffrir*. 彼は持病のリューマチに苦しんでいる.

❷ 話 苦労する. ▶ J'*ai souffert* pour lui expliquer ce problème. 彼(女)にこの問題を説明するのには苦労した.

❸ 被害を受ける,損なわれる. ▶ La grêle est tombée, les arbres fruitiers *ont* beaucoup *souffert*. 雹(ﾋｮｳ)が降って果樹は大被害を受けた.

Il faut souffrir pour être belle[beau]. 話 美しくなるためにはそれなりの苦労がつきもの.

souffrir comme un damné 地獄の苦しみを味わう.

— 間他動 ❶ <*souffrir* de qc>…が痛い. ▶ *souffrir* de la tête 頭が痛い / Alors,「de quoi [d'où] *souffrez*-vous?」(医師が患者に)さて,どこが痛むのですか. ❷ <*souffrir* de qc>〖病気〗にかかっている. ▶ Il *souffre* depuis cinq ans de rhumatismes. 彼は5年前からリューマチにかかっている. ❸ <*souffrir* de qc/不定詞>…で苦しむ,悩む;被害を受ける. ▶ *souffrir* de la faim 飢餓に苦しむ / Le pays *souffre* d'une crise économique. その国は経済危機にあえいでいる / *souffrir* d'être seul 孤独に悩む / Sa réputation en a

souffert. 彼(女)の評判はそのことで傷ついた / des légumes qui *ont souffert* du gel 霜害にあった野菜.
— 他動 ❶ …を我慢する, 耐える. ▶ *souffrir* la faim 空腹を我慢する / Il ne peut pas *souffrir* les épinards. 彼はホウレンソウがどうしても食べられない / Je ne peux pas *souffrir* ce type-là.(=sentir) 私はあいつが大嫌いだ.
❷ 文章〈*souffrir* qc〉〔事物が〕…を許容する. ▶ une règle qui ne *souffre* aucune exception いかなる例外も認めない規則.
❸ 文章〈*souffrir* qc // *souffrir* que + 接続法〉…を許す, 認める. ▶ Il ne *souffre* pas la moindre critique. 彼はどんな批判も許さない.
souffrir 「*le martyre* [*mille morts*]」非常に苦しむ, 艱難(かんなん)辛苦をなめる.
— **se souffrir** 代動 ❶〈pouvoir とともに否定的表現で〉互いに我慢する. ▶ Ils ne peuvent pas *se souffrir*. 彼らはいがみ合っている.
❷ 許される; 耐えられる.
souffriss- 活用 ⇨ SOUFFRIR 16
soufre /sufr/ 男 ❶ 硫黄. ▶ dioxydes de *soufre* 二酸化硫黄, 亜硫酸ガス. ❷ 硫黄色(=jaune *soufre*).
sentir le soufre 〔著作, 話題などが〕異端の感がする, きな臭い. 注 悪魔は硫黄のにおいがすると信じられていたことから.
soufrer /sufre/ 他動 …に硫黄を塗る〔染み込ませる〕; 硫黄で処理する. ▶ *soufrer* la vigne (殺菌のため)ブドウ畑に硫黄粉を散布する.
souhait /swɛ/ 男 願い, 望み; 祝詞. ▶ exprimer [former, formuler] des *souhaits* 願い事を述べる / réaliser un *souhait* 望みをかなえる / les *souhaits* de bonne année 新年の祝詞.
à souhait 文章 望みどおりに, 申し分なく. ▶ Tout marche *à souhait*. すべて思いどおりに運んでいる.
A vos [*tes*] *souhaits!*《ふざけて》お望みがかなえられますように. 注 くしゃみをした人に対して言う.
souhaitable /swɛtabl/ 形 望ましい, 願わしい. ▶ Il a toutes les qualités *souhaitables* pour ce poste. 彼はその地位に就くに望ましい資格をことごとく備えている / 《非人称構文で》Il serait *souhaitable* que vous vous perfectionniez en anglais. あなた(方)はもっと英語に磨きをかけたらいいですね.
***souhaiter** /swete スウェテ/ 他動 ❶ …を願う, 望む. ▶ *souhaiter* la fin de la guerre 戦争の終結を願う / Je *souhaite* sa réussite. 彼(女)の成功を祈る / Je vous *souhaite* bonne chance. 御幸運を / Je vous *souhaite* un bon anniversaire! 誕生日おめでとう /《Anglais *souhaité*》「(求人で)英語できれば尚可」. ◆ *souhaiter* à qn la bonne année …に新年の挨拶をする. 注「私」から「あなた」に向かっての挨拶の場合には la bonne année ではなく une bonne année と不定冠詞を用いる(⇨ 成句). ▶ Nous sommes allés *souhaiter* la bonne année à Monsieur et Madame Dupont. 私たちはデュポンご夫妻に新年の挨拶をしに行った.
❷〈*souhaiter* (de) + 不定詞〉…したいと願う, 望む. ▶ Je *souhaite* partir au plus vite. できるだけ早く出発したい. ◆ *souhaiter* à qn de + 不定詞 …が…するよう願う, 祈る. ▶ Je lui *souhaite* de réussir à cet examen. 彼(女)がその試験に合格することを願っている.
❸〈*souhaiter* que + 接続法〉…であることを願う, 望む. ▶ Nous *souhaitons* que vous réussissiez à votre concours. あなた(方)が選抜試験に合格されることを願っています / Il est à *souhaiter* que tout le monde ait lu le texte avant le cours. 授業の前に全員がテキストを読んでいることが望ましい.
Je vous souhaite bien du plaisir. =話 *Je vous en souhaite.*《皮肉に》(厄介な事態に直面した人に)お楽しみですね, 御苦労さんですね.
Je vous souhaite une bonne année. 今年があなた(方)にとってよい年でありますように. 注 年が明けてから賀す新年の挨拶.
— **se souhaiter** 代動 お互いに〔幸運など〕を願う. 注 se は間接目的. ▶ *se souhaiter* bon voyage お互いによい旅を願う.
souiller /suje/ 他動 ❶ …を汚す, 汚染する. ▶ *souiller* ses mains de sang 手を血で汚す, 人を殺す. ❷〔人(の名誉など)〕をけがす.
souillon /sujɔ̃/ 名《男女同形》不潔な人.
souillure /sujy:r/ 女 文章 けがれ, 汚点.
souk /suk/ 男 ❶ (アラブ諸国の)市場, スーク. ❷ 俗 雑然たる場所; 乱雑, 混乱.
soûl, soûle /su, sul/ 形 ❶ 酔った. ▶ Elle est rentrée *soûle* à la maison. 彼女は酔って家へ戻ってきた.
❷ 文章〈*soûl* de qc〉…にうんざりした, 飽きた.
être soûl comme「*un cochon* [*un Polonais, une grive*]」泥酔している.
— **soûl** 男《次の句で》*tout son soûl* 好きなだけ, 思う存分(=tout son content). 注 son は各人称に変化させて用いる.
soulagement /sulaʒmɑ̃/ 男 ❶ (苦痛の)軽減, 緩和; 慰め. ▶ apporter un *soulagement* à un malade 病人の苦痛を和らげる / des paroles de *soulagement* 慰めの言葉. ❷ 安堵(あんど), 安らぎ. ▶ pousser un soupir de *soulagement* 安堵の吐息を漏らす.
***soulager** /sulaʒe スラジェ/ ② 他動

過去分詞 soulagé	現在分詞 soulageant
直説法現在 je soulage	nous soulageons
tu soulages	vous soulagez
il soulage	ils soulagent

❶〈*soulager* qn (de qc)〉(肉体的・精神的苦痛から)…を解放する, 楽にする. ▶ Ce remède a bien *soulagé* le malade. 病人はこの薬でずいぶん楽になった. ◆ *être soulagé* (de + 不定詞)(…することで)気持ちが楽になる. ▶ Elle *fut soulagée* d'entendre la voix de son mari. 彼女は夫の声を聞いてほっとした. ❷〔苦痛〕を軽減する. ▶ Ce médicament *soulage* la douleur.(=apaiser, calmer) この薬は痛みを鎮めてくれる.
❸ …の負担を減らす; を助ける. ▶ Cette ma-

chine *soulage* les ouvriers. この機械は工具の負担を軽減する. ❹ ⟨*soulager* qn/qc (de qc)⟩ …の(重荷, 荷重)を軽くする, 減らす. ▶ *soulager* qn de ses paquets …の荷物を持ってやる.

— **se soulager** 代動 ❶ (負担が)軽減される; 気が楽になる. ▶ *se soulager* par l'aveu de sa faute 自分の過ちを告白して良心の呵責(か)から解放される. ❷ 俗 用便する.

soûlant, ante /sulɑ̃, ɑ̃:t/ 形 話 うんざりさせる. ▶ Il est *soûlant* avec ses récriminations. 彼の口うるさいのにはうんざりだ.

soûlard, arde /sulaːr, ard/ 名, 形 俗 飲んだくれ(の), 酔っ払い(の).

soûler /sule/ 他動 ❶ 話 …を酔わす. ❷ 文章 ⟨*soûler* qn (de qc)⟩ …を(…で)陶酔させる, 夢中にさせる; 満足させる. ▶ *soûler* qn de beaux discours 美辞麗句を並べて…をうっとりさせる. ❸ …をうんざりさせる, 疲れさせる, 飽きさせる.

— **se soûler** 代動 ❶ 話 酔う, 痛飲する. ▶ *se soûler* la gueule 俗 泥酔する (注 se は間接目的). ❷ 陶酔する, 夢中になる. ▶ *se soûler* de ses propres paroles 自分の言葉に酔いしれる.

soûlerie /sulri/ 女 話 酔い, 酩酊(めい).

soulèvement /sulɛvmɑ̃/ 男 ❶ 持ち上がる[上げる]こと. ▶ le *soulèvement* des flots 波のうねり. ❷ (大規模な)反乱, 蜂起. ▶ provoquer [réprimer] un *soulèvement* 反乱を誘発[鎮圧]する.

***soulever** /sulve スルヴェ/ ③ 他動

直説法現在	je soul**è**ve	nous soulevons
	tu soul**è**ves	vous soulevez
	il soul**è**ve	ils soul**è**vent

❶ …を少し上げる, 持ち上げる. ▶ *soulever* une table 机を持ち上げる / *soulever* le couvercle d'une casserole 鍋(なべ)のふたを取る.
❷〔波, ほこりなど〕を立てる, 舞い上げる. ▶ La voiture *soulevait* de la poussière. 車は土ぼこりを巻き上げていた.
❸ ⟨*soulever* qn (contre qn)⟩ …に(…に対する)怒りをかき立てる; 反乱を起こさせる, を(…に対して)蜂起(ほう)させる. ▶ *soulever* l'opinion publique contre le gouvernement 反政府の世論をあおる / Son attitude arrogante *a soulevé* ses collègues contre lui. 彼の横柄な態度は同僚の反感を招いた.
❹〔問題〕を提起する. ▶ *soulever* un problème grave 重大な問題を惹起(じゃっき)する.
❺〔感情など〕をかき立てる, 巻き起こす. ▶ *soulever* l'enthousiasme 熱狂させる.
❻〔感情などが人〕を興奮させる, 高ぶらせる. ▶ *être soulevé* d'indignation 憤怒(ふん)にかられる.
❼ 話 ⟨*soulever* qc/qn à qn⟩ …から…を盗む, 奪う. ▶ On lui *a soulevé* son portefeuille. 彼(女)は財布を盗まれた.

soulever le cœur (à qn) (…に)吐き気を催させる, 強い嫌悪感を抱かせる.

— **se soulever** 代動 ❶ 身を起こす, 起き上がる. ▶ Elle est si faible qu'elle ne peut *se soulever* de sa chaise. 彼女は椅子から立ち上がれないほど弱っている. ❷ 持ち上がる;〘地質〙隆起する. ▶ Les vagues commencent à *se soulever*. (=s'agiter) 波が立ち始めている. ❸ ⟨*se soulever* (contre qc)⟩ (…に対して)反乱を起こす, 蜂起する. ▶ *se soulever* contre le dictateur 独裁者に対して蜂起する.

soulier /sulje/ 男 短靴, 靴. 注 一般に chaussure を用いる傾向に.

être dans ses petits souliers 居心地[きまり]が悪い, 苦境にある.

soulignage /sulipaːʒ/ 男 ❶ 下線[アンダーライン]を引くこと. ❷ 下線.

***souligner** /suline スリニェ/ 他動 ❶ …に下線を引く. ▶ *souligner* un titre en rouge 見出しに赤で下線を引く. ❷ ⟨*souligner* qc / *souligner* que + 直説法⟩ …を強調する, 力説する. ▶ On ne saurait trop *souligner* l'importance de cet événement. この事件の重要性はいくら強調してもしすぎることはない. ❸ …を際立たせる, 引き立てる. ▶ Ce tissu à rayures *souligne* l'embonpoint. そのストライプの生地は肥満を目立たせる.

soumet, soumets /sume/ 活用 ⇨ SOUMETTRE 65

***soumettre** /sumɛtr スメトル/ 65 他動

過去分詞 soumis	現在分詞 soumettant
直説法現在	je soumets	nous soumettons
	tu soumets	vous soumettez
	il soumet	ils soumettent

⟨*soumettre* qn/qc (à qn/qc)⟩ ❶ …を(…に)服従させる, 従属させる; 抑える. ▶ *soumettre* un pays ある国を征服する, 服属させる / *soumettre* les élèves à une discipline rigoureuse 生徒に厳格な規律を課す / *être soumis* à un certain nombre de contraintes いくつかの拘束に縛られる. ❷〔問題など〕を…の判断にゆだねる, 任せる. ▶ *soumettre* un problème à un expert 問題を専門家の手にゆだねる.
❸ …に…を受けさせる. ▶ *soumettre* un produit à une analyse 製品を分析にかける.

— **se soumettre** 代動 ❶ 降伏する, 服従する. ▶ Après une courte résistance, les ennemis *se sont soumis*. 敵兵は短い抵抗のあと投降した.
❷ ⟨*se soumettre* (à qc)⟩ (…に)従う, 同意する. ▶ *se soumettre* aux ordres de qn (=obéir) …の命令に従う.

soumis, ise /sumi, iːz/ 形 (soumettre の過去分詞) ❶ 従順な, 素直な. ▶ un enfant *soumis* 素直な子供. ❷ ⟨*soumis* à qn/qc⟩ …に従った, 服従した; を受けた. ▶ les revenus *soumis* à l'impôt 課税の所得.

soumiss- 活用 ⇨ SOUMETTRE 65

soumission /sumisjɔ̃/ 女 ❶ 服従; 従順さ. ▶ *soumission* aveugle 盲従. ❷ 降伏, 帰順. ▶ Les révoltés ont fait leur *soumission*. 反乱は降伏した. ❸〘法律〙請負見積書, 入札.

soumissionnaire /sumisjɔnɛːr/ 名〘法律〙入札者.

soumissionner /sumisjɔne/ 他動 〖法律〗…を入札する.

soumit, soumît /sumi/**, soumîtes** /sumit/ 活用 ⇨ SOUMETTRE 65

soupape /supap/ 女 弁, バルブ. ▶ *soupape* de sûreté 安全弁.

*__soupçon__ /supsɔ̃/ スプソン/ 男 ❶ 疑い, 疑惑, 嫌疑. ▶ avoir des *soupçons* sur qn/qc …に疑いを抱く / dissiper les *soupçons* 疑いを晴らす / Son attitude a éveillé mes *soupçons*. 彼(女)の行動は私の疑惑を呼んだ.
❷ 推測, 予想, 予感. ▶ J'ai le *soupçon* que ces gens conspirent. やつらが何かたくらんでいると踏んでいる.
❸〈un *soupçon* de + 無冠詞名詞〉少量の…, わずかな…. ▶ (se) mettre un *soupçon* de rouge à lèvres うっすらと口紅をつける.

soupçonnable /supsɔnabl/ 形《多く否定的表現で》疑わしい.

*__soupçonner__ /supsɔne/ スプソネ/ ❶〈*soupçonner* qn/qc (de qc/不定詞)〉…に(…の)疑いを抱く, 嫌疑をかける, 予想する. ▶ *soupçonner* qn *de* vol [d'avoir volé] …に泥棒の疑いをかける / Il est *soupçonné* d'avoir participé à plusieurs attentats. 彼はいくつものテロ事件にかかわったのではないかと疑われている / Je *soupçonne* un piège ワナではないかと思う.
❷〈*soupçonner* qc / *soupçonner* que + 直説法〉…を推し測る, 予想 [予感] する, ではないかと思う. 注 主節が疑問文, 否定文の場合は que 以下一般に接続法になる. ▶ On *soupçonne* que c'est lui qui est l'auteur des lettres anonymes. (=penser) 匿名の手紙を書いたのは彼だとみんなは思っている / Vous ne *soupçonnez* pas ce que ça demande comme travail. それがどんなにたいへんな仕事か, あなた(方)はよく分かっていない.
La femme de César ne doit pas même être soupçonnée. 諺 (カエサルの妻は疑いをかけられるようなことはあってはならない→)李下に冠を正さず.

soupçonneusement /supsɔnøzmɑ̃/ 副 疑い深く, 疑わしそうに.

soupçonneux, euse /supsɔnø, øːz/ 形 疑い深い, 疑ってかかる. ▶ un mari *soupçonneux* 疑い深い夫 / un regard *soupçonneux* 疑い深い目つき.

*__soupe__ /sup/ スプ/ 女 ❶ スープ. ▶ *soupe* à l'oignon オニオンスープ / *soupe* de légumes 野菜スープ / assiettes à *soupe* スープ皿 / *soupe* instantanée インスタントスープ / manger (de) la *soupe* スープを飲む.
❷ 食事; (スープだけの)野戦食. ▶ *soupe* populaire (貧窮者のための)無料公営給食(所).
A la soupe. 話 食事ですよ (=A table).
aller à la soupe 俗〖政治屋が〗うまい汁を吸おうとする.
Cela vient comme un cheveu sur la soupe. 話 それは場違いである, 都合が悪い.
cracher dans la soupe 話 役に立つものを軽蔑する.
être trempé comme une soupe ずぶぬれだ.
gros plein de soupe 話 太って腹の出た男; 肥満児.
manger la soupe sur la tête de qn …より背が高い; …より優れている.
Par ici la bonne soupe! 話 うまい汁にありつけるぞ.
Pour grandir, il faut manger de la soupe. 話 大きくなりたかったらちゃんと食べることだ.
servir la soupe à qn …の引き立て役になる.
soupe au lait 短気な(人), すぐ怒る(人). ▶ Il est *soupe au lait*. 彼は短気だ.

スープを「食べる」

日本語では「スープを飲む」というが, フランス語では manger [prendre] de la soupe といい, 決して boire (飲む) は使わない. boire の目的語になるのは人が直接口をつけて飲むコーヒーや水であり, スプーンですくうものは液体が主であっても「食べる」ものなのだ.
ところで, フランス語の soupe は本来, 野菜などの具がたくさん入ったものを指す. レストランなどではこれらの具をミキサーにかけて液状にすることが多く, これを potage という. また病人には具を取り除いて汁だけを与えるが, この場合は bouillon という. potage も bouillon も, 動詞は prendre が使われる.

---

soupente /supɑ̃ːt/ 女 (部屋を上下に仕切って作った)中二階.

souper¹ /supe/ 男 (観劇, 夜会のあとの)夜食.

souper² /supe/ 自動 (観劇, 夜会のあとで)夜食を取る.

(*en*) avoir soupé de qc/不定詞 話 …にうんざりする.

soupeser /supəze/ 3 他動 ❶ …を手に持って重さを計る. ❷ …をじっくり検討する, 子細に吟味する.

soupière /supjɛːr/ 女 (取っ手やふたのついた)スープ鉢.

*__soupir__ /supiːr/ スピル/ 男 ❶ ため息. ▶ pousser un profond *soupir* 深いため息をつく / *soupir* de résignation あきらめのため息 / *soupir* de soulagement 安堵のため息.
❷ 文章 嘆き, 悲嘆. ❸〖音楽〗4 分休符. ▶ un demi-*soupir* 8 分休符.
rendre le dernier soupir 息を引き取る, 死ぬ.

soupirant, ante /supirɑ̃, ɑ̃ːt/ 形 文章 (恋の)ため息をつく; 恋をしている.

soupirer /supire/ 自動 ❶ ため息をつく. ▶ *soupirer* de soulagement 安堵のため息をつく.
❷ 文章〈*soupirer* après qc〉…を熱望する, 渇望する. ▶ *soupirer* après les honneurs 名誉を強く望む.
❸ 文章〈*soupirer* pour qn〉…に恋い焦がれる.
— 他動〈*soupirer* qc // *soupirer* que + 直説法〉《多く挿入句で》…とため息まじりに言う. ▶ Ah! *soupira*-t-elle, c'est impossible. 「でも, そんなことできないわ」ため息とともに彼女は言った.

*__souple__ /supl/ スプル/ 形 ❶ しなやかな, 柔らかい.

souplement

▶ branche *souple* しなやかな枝 / bottes en cuir *souple* 柔らかな革のブーツ / faire des exercices pour rester *souple* 体を柔軟に保つために運動をする. ❷ 順応性のある, **柔軟な**, 協調性のある. ▶ esprit *souple* 柔軟な精神 / horaire *souple* フレックスタイム / Il sont très *souples* pour ce genre de choses. 彼らはそういったことには大いに融通が利く (物分かりがいい).

être souple comme un gant = avoir l'échine souple = avoir les reins souples 従順である, 言いなりになる.

souplement /supləmɑ̃/ 副 柔軟に; しなやかに, 軽やかに.

souplesse /suplɛs/ 囡 ❶ しなやかさ, 柔らかさ. ▶ la *souplesse* d'une danseuse 踊り子の(動き の)しなやかさ. ❷ 順応力, 柔軟性, 如才なさ. ▶ manœuvrer avec *souplesse* 巧みに立ち回る.

en souplesse 機敏に, 巧みに, 楽々と (=avec aisance). ▶ pivoter *en souplesse* 軽やかに回転する.

*source /suʀs/ スルス 囡 ❶ 泉; 水源. ▶ *source* thermale 温泉 / eau de *source* わき水 / remonter un fleuve jusqu'à sa *source* 水源まで川をさかのぼる / Le Rhône prend sa *source* en Suisse. ローヌ川の水源はスイスにある / *source* de pétrole 油井.

❷ <*source* de qc> (…の)**源**, 根源, 原因. ▶ *source* de revenus 収入源 / La lecture est pour moi une *source* inépuisable de plaisir. 読書は私にとってくみ尽くすことのできない喜びの源だ.

◆ *être à la source de qc* …の源にある. Qu'est-ce qui est à la *source* du développement économique du Japon ? 日本の経済発展の根源には何があるのだろうか.

❸ (情報などの)出所, 筋. ▶ ne pas révéler ses *sources* 情報の出所を明かさない.

❹ 《複数で》原典, 原資料; 典拠. ▶ citer ses *sources* 出典を明らかにする.

❺ (エネルギーなどの)源. ▶ une *source* d'énergie エネルギー源.

❻ la retenue à la *source* (税金の)源泉徴収.

❼ 〖言語〗 langue *source* 起点言語; 翻訳のもとになる言語.

Cela coule de source. 当然の結果である, 明らかである.

de bonne source = de source sûre 確かな情報筋から. ▶ tenir une information *de bonne source* ある情報をしっかりした情報筋から得る.

remonter *aux sources* [*à la source*] 根源にさかのぼって調べる, 原因を突き止める.

sourcier, ère /suʀsje, ɛːʀ/ 囝 (振り子や棒で地下水を発見する)水脈占い師.

***sourcil** /suʀsi/ スルスィ 匣 眉(まゆ), 眉毛. ▶ avoir de gros *sourcils* 眉が太い / froncer les *sourcils* 眉をひそめる / lever les *sourcils* (驚いて)眉を上げる, 目を丸くする.

sourcilier, ère /suʀsilje, ɛːʀ/ 形 眉(まゆ)の, 眉毛の.

sourciller /suʀsije/ 自 《否定的表現で》(感動, 驚き, 不満などで)眉(まゆ)をぴくっとさせる, 眉をひそめる. ▶ sans *sourciller* 眉ひとつ動かさずに, 無表情で, 平然と.

sourcilleux, euse /suʀsijø, øːz/ 形 気難しい, 細かい; 煩雑な.

***sourd, sourde** /suːʀ, suʀd/ スール, スルド/ 形 ❶ 耳の聞こえない, 耳が不自由な. ▶ Il est *sourd* d'une oreille. 彼は片方の耳が不自由だ / Tu es *sourd* ? (今言ったこと)聞こえてるの, 聞かないの.

❷ <*sourd* (à qc)> (…を)聞き入れようとしない. ▶ rester *sourd* à toutes les protestations あらゆる抗議に耳を貸さない.

❸ (音, 色が)鈍い, はっきりしない. ▶ bruit *sourd* 鈍い音 / les teintes *sourdes* d'un tableau 絵の鈍い色調.

❹ (感覚, 感情などが)はっきり表に出ない, 内にこもった. ▶ douleur *sourde* 鈍痛 / inquiétude *sourde* 漠とした不安.

❺ 《名詞の前で》〔行為が〕目に見えない, ひそかな. ▶ de sourdes menées 陰謀. ❻ 〖音声〗無声の. ▶ consonne *sourde* 無声子音.

être sourd comme un pot 〖話〗 耳がまったく聞こえない.

faire la sourde oreille 聞こえないふりをする.

— 图 耳が不自由な人, 耳が聞こえない人.

Ce n'est pas tombé dans l'oreille d'un sourd. (忠告などが)ちゃんと聞き入れてもらえた.

crier [***frapper***] ***comme un sourd*** 力いっぱい叫ぶ[打つ].

dialogue de sourds 聞く耳を持たない者同士の対話.

Il n'est pire sourd que celui qui ne veut pas entendre. 〖諺〗 (聞く耳持たぬ者は聞こえない者より始末が悪い→)分からないのは分かろうとしないからだ.

— **sourde** 囡 〖音声〗無声子音.

sourdement /suʀdəmɑ̃/ 副 ❶ (音が)鈍く, かすかに. ❷ ひそかに, こっそりと.

sourdine /suʀdin/ 囡 〖音楽〗弱音器; (ピアノの)ソフトペダル.

en sourdine (1) 弱音器をつけて; 音を弱めて. (2) ひそかに, こっそりと. ▶ mener une politique *en sourdine* ある政策をひそかに推進する.

mettre une sourdine (à qc) (1) (…に)弱音器をつける. (2) 〖話〗 (…を)抑制する, 弱める. ▶ *mettre une sourdine à* son enthousiasme 興奮を抑える.

sourdingue /suʀdɛ̃ːg/ 形, 图 《軽蔑して》耳の聞こえない(人).

sourd-muet, sourde-muette /suʀmyɛ, suʀd(ə)myɛt/: 《複》 ~s-~s 聾啞(ろうあ)の.

— 图 聾啞者.

sourdre /suʀdʀ/ 60 自 《不定形および直説法現在・半過去の3人称でのみ用いる》〖文章〗 ❶ (水などが)わき出る; (涙が)あふれる. ❷ (思想, 感情などが)生じる, 現れる.

souriaient, souriais, souriait /suʀjɛ/ 活用 ⇨ SOURIRE¹ 55

souriant, ante /suʀjɑ̃, ɑ̃ːt/ 形 にこやかな, 微笑を絶やさない. ▶ visage *souriant* ほほえんだ顔.

souricière /suʀisjɛːʀ/ 囡 ❶ ネズミ取り(器). ❷ (警察の)罠(わな), 張り込み.

sourire¹ /suriːr スリール/ [55]

過去分詞 souri	現在分詞 souriant
直説法現在 je souris	nous sourions
tu souris	vous souriez
il sourit	ils sourient
複合過去 j'ai souri	半過去 je souriais
単純未来 je sourirai	単純過去 je souris

[自動] ほほえむ, にっこり笑う. ▶ Elle est apparue en *souriant*. 彼女ははほえみながら現れた / *sourire* malicieusement 意地悪そうに薄笑いする.
faire sourire 苦笑させる, 軽い軽蔑を感じさせる. ▶ Ça (me) *fait sourire*. 笑わせるなあ.
—— [間他動] ❶ <*sourire* à qn> …にほほえみかける.
❷ <*sourire* à qn> [物が] …の気に入る; にとって好転する. ▶ Cette idée ne me *sourit* guère.(= plaire, enchanter) そのアイデアはあまり気に入らない / La chance lui *sourit*. 運が彼(女)に味方した. ❸ <*sourire* de qn/qc> …をおもしろがる, 笑う. ▶ Elle *souriait* de mon embarras. 彼女は私の困惑をおもしろがっていた.
—— **se sourire** [代動] 微笑し合う.
sourire² /suriːr/ [男] 微笑, ほほえみ. ▶ faire [adresser] un *sourire* (à qn) (…に)ほほえみかける / Il avait un *sourire* ironique sur les lèvres. 彼は口もとに皮肉そうな薄笑いを浮かべていた.
avoir le sourire [話] にんまりしている, 満足げである, 喜色満面である.
être tout sourire ご満悦である, 笑いが止まらない.
garder le sourire (苦境にあっても)微笑を絶やさない.

*souris¹ /suri スリ/ [女] ❶ 【動物】ハツカネズミ, マウス. ▶ *souris* blanche 白色ハツカネズミ.
❷ (同格的に)ねずみ色の (=gris *souris*).
❸ [話] 若い女, 娘; 情婦. ❹ 【情報】マウス. ▶ cliquer avec la *souris* マウスでクリックする.
jouer au chat et à la souris 鬼ごっこをする; 行き違いになる.
Quand le chat n'est pas là, les souris dansent. [諺] 鬼のいぬ間の洗濯.

souris², **sourit** (suri/, **sourîtes** /suriːt/ [活用] ⇨ SOURIRE¹ [55]
sournois, oise /surnwa, waːz/ [形] ❶ 陰険な, 腹黒い. ❷ 表面に出ない. ▶ un mal *sournois* ひそかに進行する病.
—— [名] 陰険な[腹黒い]人.
sournoisement /surnwazmɑ̃/ [副] 陰険に, ずる賢く; こっそりと.
sournoiserie /surnwazri/ [女] [文章] 陰険さ, 腹黒さ; 陰険な行為.

*sous /su スー/ [前]

❶ (位置, 場所) …の下に[で, を, の]. ▶ s'abriter *sous* un parapluie 傘に入る / porter son sac *sous* son bras バッグをわきに抱える / cacher un pistolet *sous* son manteau コートの下にピストルを忍ばせる / Le village est *sous* la neige. 村は雪の中に埋もれている / à cent mètres *sous* terre 地下100メートルの所に / se promener *sous* la pluie 雨の中を歩く / *sous* 「les yeux [le regard] de qn …の眼前で.

sous la table   sous la pluie

❷ (支配, 従属; 指揮, 指導) …のもとに; 治下に. ▶ *sous* l'Ancien Régime 旧体制下に / être *sous* les ordres de qn …の部下である / se mettre *sous* la protection de qn …の庇護(ゴ)下に身を置く / travailler *sous* la direction d'un grand professeur 高名な教授の指導のもとで勉強する.
❸ (原因, 影響) …によって, を受けて. ▶ une branche qui plie *sous* le poids de la neige 雪の重みにたわむ枝 / agir *sous* 「le coup [l'empire] de la colère 怒りに駆られて行動する / *sous* l'influence de qn/qc …の影響を受けて / être *sous* médicaments 薬を飲んでいる(治療中である).
❹ (手段, 方策) …のもとに, の名称[形]で. ▶ *sous* le nom de X X という名で / *sous* prétexte [couleur] de qc [不定詞] …という口実のもとに.
❺ (条件) …のもとに; 条件で. ▶ *sous* condition 条件付きで / *sous* réserve de + [不定詞] …という留保付きで / être *sous* contrat 契約を結んでいる / *sous* serment 宣誓のもとに / «Défense de stationner, *sous* peine d'amende»「駐車禁止, 違反者は罰金」
❻ (視点) …から見て. ▶ *sous* cet angle その角度から見ると / *sous* cet aspect その面から見ると.
❼ (時間) …のうちに; 以内に. ▶ *sous* huitaine 1週間以内に / *sous* peu 近いうちに, 間もなく.

sous-alimentation /suzalimɑ̃tasjɔ̃/ [女] 栄養不足; 栄養失調.
sous-alimenté, e /suzalimɑ̃te/ [形] 栄養不足の, 栄養失調の.
sous-bois /subwɑ/ [男] (森林の)下木; 下草, 下生え; 下草の生い茂る所.
sous-chef /suʃɛf/ [男] 長代理, 副長. ▶ *sous-chef* de gare 駅助役.
sous-classe /suklɑːs/ [女] 【生物学】亜綱.
sous-comité /sukɔmite/ [男] 小委員会; 分科会.
sous-commission /sukɔmisjɔ̃/ [女] 小委員会; 分科委員会.
sous-consommation /sukɔ̃sɔmasjɔ̃/ [女] 過少消費, 消費不足.
souscripteur, trice /suskriptœːr, tris/ [名] ❶ (公債などへの)応募者; (出版物の)予約申し込み者. ❷ (手形, 小切手などの)振り出し者.
souscription /suskripsjɔ̃/ [女] (公債などへの)応募; (出版物などの)予約申し込み; 予約金. ▶ un livre vendu en [par] *souscription* 予約販

売の本. ❷ 寄付(金). ▶ donner une *souscription* à une œuvre d'entraide 助け合い運動への寄付.

souscrire /suskri:r/ 78 (過去分詞 souscrit, 現在分詞 souscrivant) 間他動〈*souscrire* à qc〉❶ …に出資[醵金(きょきん)]する; 応募する, 予約する. ▶ *souscrire* à une publication 出版物の予約をする / *souscrire* à un emprunt 公債に応募する / *souscrire* pour cent euros à la construction du monument 記念碑建立に100ユーロの寄付を申し込む. ❷ …に同意する. ▶ *souscrire* à une proposition (=consentir) 提案に賛同する.
── 他動 …に署名する;(署名して)支払いを約束する. ▶ *souscrire* un contrat 契約書にサインする / *souscrire* un abonnement à une revue 雑誌の予約購読を申し込む.

souscris, souscrit /suskri/ 活用 ⇨ SOUSCRIRE 78

souscriv- 活用 ⇨ SOUSCRIRE 78

sous-cutané, e /sukytane/ 形【医学】皮下の. ▶ injection *sous-cutanée* 皮下注射.

sous-développé, e /sudevlɔpe/ 形 低開発の, 発展の遅れた. ▶ pays *sous-développés* 低開発諸国(注 今日では pays en voie de développement「開発途上国」を多く用いる).

sous-développement /sudevlɔpmɑ̃/ 男 低開発状態, 後進性.

sous-diacre /sudjakr/ 男【カトリック】副助祭.

sous-directeur, trice /sudirektœ:r, tris/ 名 ❶ 次長, アシスタントマネージャー. ❷ 副支配人, 副校長.

sous-emploi /suzɑ̃plwa/ 男 (労働力, 設備などの)不完全雇用, 部分雇用.

sous-ensemble /suzɑ̃sɑ̃:bl/ 男【数学】部分集合.

sous-entendre /suzɑ̃tɑ̃:dr/ 58 他動 (過去分詞 sous-entendu, 現在分詞 sous-entendant)〈sous-entendre qc // sous-entendre que + 直説法〉❶ …をほのめかす, 言外ににおわせる. ▶ Qu'est-ce qu'elle *sous-entend* par là ? 彼女はそのことで何をほのめかしているのか / Il *sous-entend* que nous sommes responsables de cette erreur. 彼はこの過ちの責任が私たちにあると暗に言っている. ◆ laisser *sous-entendre* à qn que + 直説法 … に…であるとそれとなく分からせる. ▶ Il m'a laissé *sous-entendre* qu'il ne vivait plus avec sa femme. 彼は奥さんと別居していることを私ににおわせた.
❷ [物事が]…を暗に意味する. ▶ Parler couramment français pour un japonais *sous-entend* plusieurs années de travail acharné. 日本人にとってフランス語を流暢(りゅうちょう)に話すということは, 何年ものあいだ一生懸命勉強しなければならないということだ.

sous-entendu, e /suzɑ̃tɑ̃dy/ 形 (sous-entendre の過去分詞)言外にほのめかされた, 明示されていないが了解される. ▶《非人称構文で》Il est *sous-entendu* que + 直説法. …が言外にほのめかされている.
── **sous-entendu** 男 言外の意味, 当てこすり, ほのめかし. ▶ parler par *sous-entendus* はっきり言わない, ほのめかして話す.

sous-équipé, e /suzekipe/ 形 設備が整っていない;[地域, 国などが]産業設備の不十分な.

sous-équipement /suzekipmɑ̃/ 男 設備不足;(地域, 国などの)産業設備の不備[立ち遅れ].

sous-estimation /suzɛstimasjɔ̃/ 女 小評価.

sous-estimer /suzɛstime/ 他動 …を過小評価する.

sous-évaluation /suzevalɥasjɔ̃/ 女 小評価.

sous-évaluer /suzevalɥe/ 他動 …を過小評価する.

sous-exploitation /suzɛksplwatasjɔ̃/ 女 (資源などの)不十分な開発, 低開発.

sous-exploiter /suzɛksplwate/ 他動〔資源など〕を十分に開発しない.

sous-exposer /suzɛkspoze/ 他動【写真】〔フィルム〕の露出を十分に行わない. ▶ une photo *sous-exposée* 露出不足の写真.

sous-exposition /suzɛkspozisjɔ̃/ 女【写真】露出不足.

sous-fifre /sufifr/ 男 話 (軽んじて)(会社, 役所などの)下っ端, ひら.

sous-jacent, ente /suʒasɑ̃, ɑ̃:t/ 形 ❶ 下にある, 下に横たわる. ▶ une couche *sous-jacente* (鉱脈などの)下層. ❷ 隠れた, 表面に出ない. ▶ un sentiment *sous-jacent* 内に秘められた感情.

sous-lieutenant /suljøtnɑ̃/ 男 (陸・空軍の)少尉.

sous-locataire /sulɔkatɛ:r/ 名 (土地, 建物などの)又借り人, 転借人.

sous-location /sulɔkasjɔ̃/ 女 (土地, 建物などの)又借り, 又貸し.

sous-louer /sulwe/ 他動〔土地, 建物など〕を又貸し[又借り]する.

sous-main /sumɛ̃/ 男《単複同形》(吸い取り紙付きの筆記用)下敷き, デスクパッド.

sous-marin, ine /sumarɛ̃, in/ 形 海中[海底]の. ▶ volcan *sous-marin* 海底火山 / câble *sous-marin* 海底ケーブル / la plongée *sous-marine* スキューバダイビング.
── **sous-marin** 男 潜水艦. ▶ *sous-marin* nucléaire 原子力潜水艦.

sous-marinier /sumarinje/ 男 潜水艦の乗組員.

sous-multiple /sumyltipl/ 男, 形【数学】約数(の), 約量(の).

sous-œuvre /suzœ:vr/ 男《次の句で》
en sous-œuvre (建物の)土台[基礎]から(の).

sous-officier /suzɔfisje/ 男 (陸・空軍の)下士官.

sous-ordre /suzɔrdr/ 男 ❶ 下役, 下っ端;部下. ▶ travailler en *sous-ordre* 部下として働く, 下っ端である. ❷【生物学】亜目.

sous-payer /supeje/ 12 他動 …に(不当に)安い賃金を支払う.

sous-peuplé, e /supœple/ 形 人口過疎の.

sous-peuplement /supœplɑ̃mɑ̃/ 男 人口過疎.

sous-préfecture /suprefɛkty:r/ 女 郡庁(所

sous-préfet /suprefe/ 男 副知事.
sous-production /suprɔdyksjɔ̃/ 女 生産不足, 過少生産.
sous-produit /suprɔdyi/ 男 ❶ 副産物. ❷ 悪しき物まね, 亜流.
sous-programme /suprɔgram/ 男 〖情報〗サブルーチン.
sous-prolétaire /suprɔletɛːr/ 名 下層プロレタリアート, 下層無産労働者.
sous-prolétariat /suprɔletarja/ 男 下層無産労働者階級.
sous-secrétaire /sus(ə)kretɛːr/ 男 *sous-secrétaire* d'Etat 政務次官, 次官補, (米国の)国務次官.
sous-secrétariat /sus(ə)kretarja/ 男 *sous-secrétariat* d'Etat 政務次官職; 事務次官の事務局.
soussigné, e /susiɲe/ 形 (証書などの)末尾に署名した, 下名の. ▶ Je *soussigné* X déclare que … (裁判などで)下記署名の私 X は…を申し立てます. ─ 名 末尾〔下〕に署名した者, 下名者.
*__sous-sol__ /susɔl/ 男 ❶ 地下室, 地階. ▶ Dans ce grand-magasin, l'alimentation est au second *sous-sol*. このデパートでは食料品売り場は地下 2 階にある. ❷ 地下, 地下の地層. ▶ une expérience nucléaire en *sous-sol* 地下核実験 / les ressources du *sous-sol* 地下資源.
sous-station /sustasjɔ̃/ 女 変電所.
sous-tendre /sutɑ̃ːdr/ 58 (過去分詞 sous-tendu, 現在分詞 sous-tendant) ❶ 〖数学〗〔弦が弧〕に対する. ❷ …の基盤である, 根底にある. ▶ Toute son œuvre *est sous-tendue* par cette conception. 彼(女)の作品全体がこうした考え方に裏打ちされている.
sous-tension /sutɑ̃sjɔ̃/ 女 不足電圧.
sous-titrage /sutitraʒ/ 男 字幕入れ.
sous-titre /sutitr/ 男 ❶ サブタイトル. ❷ (映画の)字幕スーパー.
sous-titré, e /sutitre/ 形 〔映画が〕字幕付きの. ▶ film *sous-titré* 字幕付き映画.
sous-titrer /sutitre/ 他動 〔映画など〕に字幕を入れる.
soustraction /sustraksjɔ̃/ 女 ❶ 〖数学〗引き算, 減法. ▶ faire une *soustraction* 引き算をする. ❷ 〔書類などの〕抜き取り; 〖刑法〗窃取.
soustraire /sustrɛːr/ 68 〔直説法単純過去・前過去, 接続法半過去は用いない〕(過去分詞 soustrait, 現在分詞 soustrayant) 他動 ❶ 〔数〕を引く; 〔金額など〕を差し引く. ▶ *soustraire* 5 de 〔à〕 12 12 から 5 を引く /《目的語なしに》savoir additionner et *soustraire* 足し算, 引き算ができる. ❷ …をだまし取る. ▶ *soustraire* de l'argent à qn (=voler) …から金を巻き上げる. ❸ 〔書類など〕を抜き取る. ▶ des documents *soustraits* d'un dossier confidentiel 機密書類綴(3)りから抜き取られた文書. ❹ 文章 <*soustraire* qn/qc à qc>…に…を免れさせる, を…から守る 〔隠す〕. ▶ *soustraire* qn à un danger …を危険から守る / *soustraire* qn à une obligation …の義務を免除する.

─ **se soustraire** 代動 <*se soustraire* à qc>…から逃れる, を免れる. ▶ *se soustraire* à une obligation 義務を免れる.
soustrais, soustrait /sustrɛ/ 活用 ⇨ SOUSTRAIRE 68
sous-traitance /sutrɛtɑ̃ːs/ 女 下請け. ▶ une entreprise de *sous-traitance* 下請け企業.
sous-traitant, ante /sutrɛtɑ̃, ɑ̃ːt/ 形 下請けの. ▶ une entreprise *sous-traitante* 下請け企業.
─ **sous-traitant** 男 下請け業者.
sous-traiter /sutrɛte/ 他動 …を下請けに出す; の下請けを引き受ける;《目的語なしに》下請けをする; 下請けに出す.
soustray- 活用 ⇨ SOUSTRAIRE 68
sous-ventrière /suvɑ̃trijɛːr/ 女 〖馬具〗腹帯: 両側の轅(ながえ)につないで腹の下に通す.
sous-verre /suvɛːr/ 男〔単複同形〕(枠のない)ガラスの写真立て〔額〕.
sous-vêtement /suvɛtmɑ̃/ 男 (多く複数で)下着, 肌着.
soutane /sutan/ 女 スータン: カトリック教会の聖職者の通常服.
soute /sut/ 女 ❶ 船倉. ❷ (飛行機などの)貨物室, 荷物室.
soutenable /sutnabl/ 形 ❶ 支持〔弁護〕できる. ▶ Ce point de vue est *soutenable*. この見解は支持できる. ❷ 《多く否定の表現で》我慢できる.
soutenance /sutnɑ̃ːs/ 女 博士〔修士〕論文の口頭審査.
soutènement /sutɛnmɑ̃/ 男 〖土木〗❶ 扶壁(ふへき)(=contrefort). ❷ (土砂掘削中に用いられる)土止め.
souteneur /sutnœːr/ 男 売春婦のひも.
*__soutenir__ /sutniːr/ ストゥニール 28 他動

過去分詞 soutenu	現在分詞 soutenant
直説法現在 je soutiens	nous soutenons
tu soutiens	vous soutenez
il soutient	ils soutiennent
複合過去 j'ai soutenu	半過去 je soutenais
単純未来 je soutiendrai	単純過去 je soutins

❶ …を支える. ▶ *soutenir* le poids 重さを支える / les colonnes qui *soutiennent* un édifice (=supporter) 建造物を支えている円柱 / Une infirmière *soutenait* le blessé. 看護婦がけが人を支えていた.
❷ …を支持する, 支援する, に味方する. ▶ *soutenir* le mouvement de grève ストライキを支援する / *soutenir* une équipe de foot サッカーチームを応援する / *soutenir* un candidat aux élections (=appuyer) 選挙である候補者を支持する / C'est ma femme qui me *soutenait* dans mes épreuves. 苦境の私を支えてくれたのは妻であった.
❸ …を(金銭的に)援助する, 扶養する. ▶ *soutenir* une famille 家計を支える / *soutenir* un mouvement de charité 慈善運動を援助する

/ *soutenir* l'économie 経済を支える.
❹ …を保つ, 持続させる, 維持する. ▶ *soutenir* la conversation 会話がとぎれないようにする / *soutenir* l'intérêt du lecteur jusqu'au bout 読者の興味を最後までつなぎとめる.
❺ …に力を与える, 〔物が〕…を元気づける. ▶ faire une piqûre à qn pour *soutenir* le cœur …に強心剤を打つ / Prenez un peu d'alcool, cela vous *soutiendra*. お酒を少し飲みなさい, 元気が出ますよ.
❻ <*soutenir* qc // *soutenir* que + 直説法>…を主張する; 〔弁論〕〔支持〕する. ▶ *soutenir* une doctrine ある学説を主張〔弁護〕する / *soutenir* une thèse 学位論文の口頭審査を受ける / Elle *soutient* qu'elle a raison. 彼女は自分が正しいと言う.
❼ 文章 …に耐える, 持ちこたえる. ▶ *soutenir* l'assaut de l'ennemi 敵の攻撃に持ちこたえる / *soutenir* le regard de qn …をにらみ返す.
soutenir la comparaison avec qn/qc …との比較に耐える, と肩を並べる.
soutenir *son rang* [*sa réputation*] 地位〔名声〕にふさわしく振る舞う.
— *se soutenir* 代動 ❶ 立っている; (空, 水に) 浮かぶ. ▶ Complètement ivre, il ne pouvait pas *se soutenir*. 彼は酒に足を取られて立っていられなかった / *se soutenir* dans l'eau grâce à une bouée ブイにつかまって水に浮く.
❷ 持続する, 維持される. ▶ L'intérêt de la pièce *se soutient* jusqu'au dernier acte. この芝居は最終幕まで興味津々である.
❸〔考えなどが〕認められる; うなずける. ▶ Cela ne peut *se soutenir* historiquement. 歴史的に見てこれはどうもおかしい / C'est un point de vue qui peut *se soutenir*. うなずける見解である.
❹ 互いに助け合う.
soutenu, e /sutny/ 形 (soutenir の過去分詞) ❶ 一貫した, 持続した. ▶ effort *soutenu* 不断の努力 / attention *soutenue* たゆまぬ注意力. ❷ 強烈な, 際立った. ▶ une robe d'un bleu *soutenu* 派手なブルーのドレス. ❸〔文章などが〕格調の高い.
*****souterrain, aine** /suterɛ̃, ɛn ステラン, ステレヌ/ 形 ❶ 地下の. ▶ passage *souterrain* 地下道 / essai nucléaire *souterrain* 地下核実験. ❷ 文章 隠れた, 内密の. ▶ manœuvres *souterraines* 地下工作.
— *souterrain* 男 地下道.
soutien /sutjɛ̃/ 男 ❶ 支持, 支援, 援助. ▶ apporter son *soutien* à qn/qc (=aide, appui) …を支持する / *soutien* électoral 選挙応援 / *soutien* scolaire 学習支援. ❷ 支持者, 擁護者; 支えとなる者. ▶ *soutien* de famille 一家の大黒柱, 扶養者. ❸ 支える物, 支柱.
soutiendr- 活用 ⇨ SOUTENIR 28
soutien-gorge /sutjɛ̃gɔrʒ/; (複) ～s-～(s) 男 ブラジャー.
soutienn- 活用 ⇨ SOUTENIR 28
soutiens, soutient /sutjɛ̃/ 活用 ⇨ SOUTENIR 28
soutin- 活用 ⇨ SOUTENIR 28

soutirage /sutiraʒ/ 男 (ワインなどの) 澱(おり)抜き, (別の容器への) 詰め替え.
soutirer /sutire/ 他動 ❶ (澱(おり)を除くために)〔ワインなど〕を詰め替える, 澱引きする. ❷ <*soutirer* qc à qn>…から…を取り上げる, まんまとせしめる. ▶ *soutirer* de l'argent à qn …から金を巻き上げる.
souvenance /suvnɑ̃:s/ 女 文章 思い出, 追憶.
▶ avoir *souvenance* de qn/qc …を覚えている.
*****se souvenir** /s(ə)suvni:r スヴニール/ 28 代動

過去分詞 souvenu	現在分詞 se souvenant
直説法 je me souviens	nous nous souvenons
現在 tu te souviens	vous vous souvenez
il se souvient	ils se souviennent

❶ <*se souvenir* de qc/qn>…を覚えている, 思い出す;《命令形で》…を忘れるな. ▶ Je *me souviens* très bien de cette soirée. 私はそのパーティーのことをよく覚えている / Je n'arrive pas à *me souvenir* de son nom. 私にはどうしても彼(女)の名前が思い出せない / si je *m'en souviens* bien 私の記憶が正しければ / Souviens-toi de ta promesse. 約束を忘れるなよ / Il m'a rendu un grand service; je *m'en souviendrai* toute ma vie. 彼にはすごく世話になった. 一生忘れないだろう.
❷ <*se souvenir* de + 不定詞>…ことを覚えている,《命令形で》忘れずに…する. ▶ Elle ne *se souvient* pas d'être déjà venue dans ce restaurant avec moi. 彼女は過去に私とこのレストランに来たことがあるのを覚えていない / Souviens-toi de leur téléphoner. 忘れずに彼(女)らに電話してください /《se を省略して》Tu me feras *souvenir* de prendre ce paquet. この小包を持っていくのを忘れるなと声をかけてくれ.
❸ <*se souvenir* que + 直説法>…ということを覚えている. 留意 主節が否定文, 疑問文のとき que 以下は多く接続法. ▶ Je *me souviens* qu'il a dit cela. 彼がそう言ったのを覚えています / Je ne *me souviens* pas qu'il soit venu. 彼が来たことは覚えていない.
❹ <*se souvenir* + 間接疑問節> ▶ Elle ne *se souvient* plus où elle a acheté cette valise. 彼女はそのかばんをどこで買ったのかもう覚えていない.
Il s'en souviendra! 話 やつはいまに後悔するぞ.
Je m'en souviendrai! 話 いまに見ていろ, 覚えていろ.
— *souvenir* /suvni:r/ 間他動 文章 (非人称構文で) <Il *souvient* à qn de qc/qn/不定詞 // Il *souvient* à qn que + 直説法>…に…が思い出される, …が…を覚えている. ▶ Il ne me *souvient* pas d'avoir entendu cette histoire. 私はこの話を聞いた記憶がない.
*****souvenir** /suvni:r スヴニール/ 男

英仏そっくり語
英 souvenir 土産.
仏 souvenir 思い出, 土産.

❶ 思い出; 記憶. ▶ raconter ses *souvenirs*

d'enfance 子供のころの思い出を語る / laisser un *souvenir* impérissable 消えることのない思い出を残す / J'en garde un bon [mauvais] souvenir. いい[嫌な]思い出がある / Ce n'est plus qu'un mauvais *souvenir*. 今となってはそれは嫌な思い出でしかない / conserver [perdre] le *souvenir* de qc …を覚えている[忘れる].
❷《儀礼的表現で》▶ Veuillez me rappeler au bon *souvenir* de votre père. 父君によろしくお伝えください / Croyez à mon fidèle [respectueux, affectueux] *souvenir*.《手紙の末尾で》敬具.
❸ 記念品, 思い出の品; 土産物. ▶ Acceptez ce livre comme *souvenir*. 記念にこの本を受け取ってください / *souvenirs* de Paris パリ土産 / boutique [magasin] de *souvenirs* 土産物屋 / photo-*souvenir* 記念写真 / Il m'a rapporté un *souvenir*. 彼は私にお土産を持って帰ってくれた.
❹《複数で》回想録.
en souvenir (de qn/qc)（…の）思い出として.
▶ *en souvenir de* notre rencontre 私たちの出会いの思い出に / Gardez ceci *en souvenir*. 思い出にこれを受け取ってください.

:**souvent** /suvɑ̃ スヴァン/ 副

❶ しばしば, たびたび. 注 複合時制では souvent は助動詞と過去分詞の間. ▶ Il pleut *souvent* en septembre. 9月はよく雨が降る / Je l'ai *souvent* rencontré l'année dernière. 去年はよく彼に会った / Il ne vient pas *souvent* ici. 彼はあまりここには来ない.
❷ 多くの場合, 往々にして. ▶ Quand on habite dans une grande ville, on souffre *souvent* de l'asthme. 大都市に住んでいると, 往々にして喘息(ぜんそく)に悩まされる.
le plus souvent たいていの場合.
plus souvent qu'à son tour 通常より頻繁に.

souverain, aine /suvʀɛ̃, ɛn/ 形 ❶《ときに名詞の前で》至上の, 最高の, 比類のない. ▶ le *souverain* bien 最高善 / 「une adresse [une habileté] *souveraine* たぐいまれな巧妙さ.
❷ 主権を持つ, 至上権を有する; 至高の. ▶ Le peuple est *souverain* en démocratie. 民主主義においては人民が主権を有する / Etat *souverain* 主権国家.
❸《ときに名詞の前で》優越感あらわな, 尊大な. ▶ faire preuve d'une *souveraine* indifférence このうえない冷淡さを示す.
❹〖薬〗が極めて有効な. ▶ un remède *souverain* 特効薬.
❺ le *souverain* pontife ローマ教皇.
— 名 ❶《Spartiate》スパルタ市民. ❷ 厳格な人.
— 名 ❶ 君主. ▶ un *souverain* absolu [constitutionnel] 絶対[立憲]君主.
— **souverain** 男 主権者.

souverainement /suvʀenmɑ̃/ 副 ❶ 最高に, このうえなく. ▶ un homme *souverainement* intelligent このうえなく頭のよい男. ❷ 最高の権威をもって. ▶ décider *souverainement* 全権をもって断を下す.

souveraineté /suvʀɛnte/ 女 ❶ 至上権, 主権. ▶ la *souveraineté* héréditaire 世襲主権 / la *souveraineté* nationale 国民主権 / la *souveraineté* populaire 人民主権. ❷《国家の》主権, 統治権. ▶ *souveraineté* territoriale 領土主権 / atteinte à la *souveraineté* d'un Etat 国家の主権の侵害.

souvien-, souviendr-, souvienn-, souvin-, souvîn-, souvinss- 活用 ⇨ SE SOUVENIR 28

soviet /sɔvjɛt/ 男《ロシア語》ソビエト: 労働者兵士代表会議. ▶ le *Soviet* suprême ソビエト最高会議.

soviétique /sɔvjetik/ 形 ソ連の. ▶ l'Union des républiques socialistes *soviétiques* ソビエト社会主義連邦共和国（略 URSS）/ ex-*soviétique* 旧ソ連の. — 名 ソ連人.

soviétologue /sɔvjetɔlɔg/ 名 ソ連政治研究者.

soya /sɔja/ 男 ⇨ SOJA.

soyeux, euse /swajø, ø:z/ 形 絹のような, (絹のように)柔らかくて光沢のある.
— **soyeux** 男〖絹〗絹織物製造[販売]業者.

soyez /swaje/, **soyons** /swajɔ̃/ 活用 ⇨ ÊTRE¹ Ⅱ

SPA 女《略語》Société protectrice des animaux 動物愛護協会.

spacieux, euse /spasjø, ø:z/ 形 広々とした. ▶ une pièce *spacieuse* 広々とした部屋.

spadassin /spadasɛ̃/ 男 文章 雇われ刺客.

spaghetti /spageti/; 《複》 *spaghetti(s)* 男《イタリア語》スパゲッティ. ▶ *spaghettis* à la tomate スパゲッティ・トマトソース.

spahi /spai/ 男〖歴史〗(かつてフランス陸軍により組織された)アルジェリアなどの先住民騎兵.

sparadrap /spaʀadʀa/ 男 絆創膏(ばんそうこう).

Sparte /spaʀt/ 固有 女: ギリシア南部の町.

sparterie /spaʀtəʀi/ 女 アフリカハネガヤ繊維工芸品(製造).

spartiate /spaʀsjat/ 形 ❶ スパルタ Sparte の. ❷ 厳格な性格の; スパルタ式の. ▶ une éducation *spartiate* スパルタ式教育.
— 名 ❶《Spartiate》スパルタ市民. ❷ 厳格な人.
— 女 ❶ 革ひもで編んだサンダル. ❷ à la *spartiate* スパルタ式に, 厳しく.

spasme /spasm/ 男 痙攣(けいれん). ▶ avoir des *spasmes* de l'estomac 胃痙攣を起こす.

spasmodique /spasmɔdik/ 形 痙攣(けいれん)の, ひきつったような. ▶ rire *spasmodique* ひきつり笑い.

spath /spat/ 男《ドイツ語》〖鉱物〗 *spath* d'Islande (透明な)方解石 / *spath* fluor 蛍石.

spatial, ale /spasjal/;《男複》*aux* /o/ 形 ❶ 宇宙の. ▶ vaisseau *spatial* 宇宙船 / navette *spatiale* スペースシャトル / études *spatiales* 宇宙研究. ❷ 空間の, 空間に関する.

spatule /spatyl/ 女 ❶ へら, へら状の器具; 〖美術〗パレットナイフ. ❷《スキー》トップベンド: スキー板の先端の反り返った部分.

speaker /spikœ:ʀ/ 男〖英語〗❶ (英, 米の)下院議長. ❷ 古風 男性アナウンサー.

speakerine /spikʀin/ 女 古風 女性アナウンサー.

*:**spécial, ale** /spesjal/ スペシャル/;《男複》 *aux* /o/ 形 ❶ 特別の, 特殊な; 例外的な. ▶ en-

spécialement

voyé *spécial* (新聞などの)特派員 / cas *spécial* 例外的なケース / faire paraître un numéro *spécial* 臨時増刊を出す / effets *spéciaux* 特撮 / un poste qui exige une formation *spéciale* (=particulier) 特殊な知識が要求されるポスト.

❷ ⟨*spécial* à qn/qc⟩ …に特有の, 固有の. ▶ C'est une façon de parler *spéciale* aux jeunes d'aujourd'hui. それは現代の若者に特有の話し方だ.

❸ 特異な, 風変わりな. ▶ Il est *spécial*, ce type ! (=bizarre) 変わり者だよ, あいつは.

*spécialement /spesjalmɑ̃ スペスィヤルマン/ 副 ❶ 特に, とりわけ, わざわざ. ▶ Tu es venu *spécialement* pour me voir ? (=exprès) わざわざ会いに来てくれたの ? / «Est-ce que tu es pressé ? — Pas *spécialement*.» (=tellement) 「急いでるかい ?」「いや, 別に」. ❷ 特別に, 専門に. ▶ un local *spécialement* aménagé pour la photographie 写真撮影専用に改造された部屋.

spécialisation /spesjalizasjɔ̃/ 囡 (知識や技術の)専門化, 特殊化.

spécialisé, e /spesjalize/ 形 ⟨*spécialisé* (en [dans] qc)⟩ …が…の分野に関する. ▶ un magasin *spécialisé* 専門店 / un juriste *spécialisé* dans le droit international 国際法専門の法学者 / un ouvrier *spécialisé* 一般工, 単能工(略 OS).

spécialiser /spesjalize/ 他動 …を専門化する, の分野を限定する.

— **se spécialiser** 代動 ⟨*se spécialiser* en [dans] qc⟩ …を専門とする, 専攻する. ▶ *se spécialiser* en pédiatrie 小児科を専門にする.

*spécialiste /spesjalist スペスィヤリスト/ 名 ❶ 専門家, スペシャリスト. ▶ un *spécialiste* d'informatique コンピュータ専門家 / *spécialiste* en rhumatologie リューマチ専門医. ❷ 話 ⟨*spécialiste* de qc⟩ …の得意な人 ; 常習者. ▶ un *spécialiste* des mots-croisés クロスワードパズルの達人.

*spécialité /spesjalite スペスィヤリテ/ 囡 ❶ 専門, 専攻. ▶ Sa *spécialité*, c'est l'histoire de l'art. 彼(女)の専門は美術史だ.

❷ 得意とすること[物] ; 特産品, 名物. ▶ la *spécialité* du chef シェフの自慢料理 / C'est la *spécialité* de la [cette] région. それはこの地方の名産です. ❸ 話 (悪い)癖, おはこ, 得意技. ▶ Sa *spécialité*, c'est de mettre le nez dans ce qui ne le regarde pas. 自分と関係のないことに口を出したがるのが彼の癖だ.

spécieux, euse /spesjø, øːz/ 形 文章 見せかけだけの, まことしやかな. ▶ sous un prétexte *spécieux* もっともらしい口実を設けて.

spécification /spesifikasjɔ̃/ 囡 ❶ 明記, 明示. ▶ sans *spécification* d'heure ni de date (=précision) 時間と日付を明示せずに.

❷ (製品の)仕様(書).

spécificité /spesifisite/ 囡 特性, 特殊性.

spécifier /spesifje/ 他動 ⟨*spécifier* qc / *spécifier* que +直説法⟩ …を明示する, はっきり言う, 特定する. ▶ *spécifier* les conditions d'un prêt 貸し付け条件を明示する.

spécifique /spesifik/ 形 特有の, 独特の ; …に特有の. ▶ odeur *spécifique* 特有のにおい / étudier les problèmes *spécifiques* de l'économie capitaliste 資本主義経済に特徴的な諸問題を研究する.

spécifiquement /spesifikmɑ̃/ 副 特徴的に, 典型的に. ▶ une coutume *spécifiquement* japonaise 日本特有の風習.

spécimen /spesimɛn/ 男 ❶ 典型, 代表例. ▶ un *spécimen* de l'architecture gothique ゴシック建築の代表例. ❷ 見本, 試供品.

*spectacle /spɛktakl スペクタクル/ 男 ❶ 光景, 情景. ▶ un *spectacle* magnifique すばらしい光景 / Le quartier bombardé offrait un *spectacle* atroce. 爆撃を受けた地区は恐ろしい様相を呈していた. ❷ (演劇, 映画などの)見せ物, ショー ; 興行. ▶ salle de *spectacle*(s) 劇場, 映画館, ホール / aller au *spectacle* 芝居[映画]を見に行く / le monde du *spectacle* 芸能界 / l'industrie du *spectacle* ショービジネス / la politique-*spectacle* 政治ショー.

à grand spectacle 大々的な演出の. ▶ un film *à grand spectacle* スペクタクル映画.

au spectacle de qc …を見て, 目にして.

donner qc en spectacle …を見せびらかす.

⌈se donner [s'offrir] en spectacle 自分を見せ物[さらしもの]にする.

spectaculaire /spɛktakylɛːr/ 形 人目を引く, 派手な, 目覚ましい. ▶ un accident *spectaculaire* sur l'autoroute 高速道路でのすさまじい事故 / faire [réaliser] des progrès *spectaculaires* 目覚ましい進歩を遂げる.

spectateur, trice /spɛktatœːr, tris/ 名 ❶ 観客, 見物人. ❷ 傍観者 ; 目撃者.

spectral, ale /spɛktral/; 《男複》**aux** /o/ 形 ❶ 幽霊の, 幽霊に似た. ▶ une pâleur *spectrale* 幽霊のような青白さ. ❷ スペクトルの. ▶ analyse *spectrale* スペクトル分析.

spectre /spɛktr/ 男 ❶ 幽霊, 亡霊. ▶ croire aux *spectres* 幽霊の存在を信じる. ❷ (幽霊のように)やせこけて青白い人. ❸ ⟨le *spectre* de + 定冠詞 + 名詞⟩ …の恐ろしさ, 脅威. ▶ le *spectre* de la guerre 戦争の脅威. ❹ スペクトル. ▶ le *spectre* solaire 太陽光線のスペクトル.

spectroscope /spɛktrɔskɔp/ 男 分光器, スペクトロスコープ : 光を分光してスペクトルを得る装置.

spectroscopie /spɛktrɔskɔpi/ 囡 分光学.

spéculateur, trice /spekylatœːr, tris/ 名 投機家, 相場師.

spéculatif, ive /spekylatif, iːv/ 形 ❶ 投機的な. ▶ bulle *spéculative* 投機バブル / valeurs *spéculatives* 投機株 / fonds *spéculatif* ヘッジファンド / manœuvre *spéculative* (株などの)投機的操作. ❷ 思弁的な, 思索にふける.

spéculation /spekylasjɔ̃/ 囡 ❶ 投機, 思惑買い. ▶ s'enrichir par la *spéculation* sur les terrains à bâtir 土地投機でもうける.

❷ 思索, 思弁 ; 憶測.

spéculer /spekyle/ 間他動 ⟨*spéculer* sur qc⟩ ❶ …を投機の対象とする, …に相場を張る. ▶ *spéculer* sur les valeurs boursières 株でもうようとする / 《目的語なしに》 *spéculer* en Bourse 株式の投

機売買をする / *spéculer* à la hausse 値上がりを予想して株を買う / *spéculer* à la baisse 値下がりを予想して株を売る. ❷ …につけ込む, 乗じる. ▶ *spéculer* sur l'échec de ses concurrents 競争相手の失敗につけ込む. ❸ …について思索する.

speech /spitʃ/;《複》~(e)s 男《英語》スピーチ, 談話, 挨拶(勢).

speedé, e /spide/ 形 ❶ 覚醒剤を使った. ❷ 興奮した.

speeder /spide/ 自動 話 急ぐ.

spéléo- 接頭「洞穴」の意.

spéléologie /speleɔlɔʒi/ 女 洞穴学; 洞窟(勢)探検.

spéléologique /speleɔlɔʒik/ 形 洞穴学[洞窟(勢)探検]の.

spéléologue /speleɔlɔg/ 名 洞穴学者; 洞窟(勢)探検家.

spermatozoïde /spɛrmatozoid/ 男〖生物学〗精子.

sperme /spɛrm/ 男 精液.

spermicide /spɛrmisid/ 形〖医学〗殺精子の.
— 男 殺精子薬.

sphère /sfɛːr/ 女 ❶ 球; 球形, 球体, 球面. ▶ le centre d'une *sphère* 球の中心 / *sphère* céleste 天球 / *sphère* terrestre 地球.
❷ (作用, 活動などの)範囲, 領域, 圏. ▶ étendre [agrandir] sa *sphère* d'activité 自分の活動範囲を広げる / *sphère* d'influence 勢力範囲 / les hautes *sphères* de la finance 財界の上層部.

sphéricité /sferisite/ 女 球であること.

sphérique /sferik/ 形 ❶ 球形[状]の. ▶ La terre est *sphérique*. 地球は球形である.
❷ 球面の.

sphincter /sfɛ̃ktɛːr/ 男〖解剖〗括約筋.

sphinx /sfɛ̃ːks/ 男 ❶〖ギリシア神話〗スフィンクス. ❷ 謎(なぞ)めいた人物.

spinal, ale /spinal/;《男複》**aux** /o/ 形〖解剖〗脊椎(せきつい)の, 脊柱の; 脊髄の.

spiral, ale /spiral/;《男複》**aux** /o/ 形 螺旋(らせん)[渦巻き]状の.
— **spirale** 女 ❶〖数学〗螺旋, 渦巻き線.
❷ 螺旋[渦巻き]状のもの; 螺旋状の針金. ▶ *spirales* de fumée 煙の渦巻き.

en spirale 螺旋[渦巻き]状の[に]. ▶ un escalier *en spirale* 螺旋階段.

spirite /spirit/ 形 交霊術の.
— 名 交霊術者, 交霊術研究家.

spiritisme /spiritism/ 男 交霊術.

spiritual /spiritɥɔl/;《複》**als** /ɔls/ 男 ⇨ NÉGRO-SPIRITUAL.

spiritualisation /spiritɥalizasjɔ̃/ 女 ❶ 文章 精神化, 霊化. ❷ (テキストの)寓意(ぐうい)[神秘]の解釈.

spiritualiser /spiritɥalize/ 他動 文章 …に精神性を付与する, …を気高くする.

spiritualisme /spiritɥalism/ 男〖哲学〗唯心論.

spiritualiste /spiritɥalist/ 形 唯心論の.
— 名 唯心論者.

spiritualité /spiritɥalite/ 女 ❶ 精神性, 唯心性. ❷ 霊的[信仰]生活; 信仰に関わる思索[著述].

spirituel, le /spiritɥɛl/ スピリテュエル 形 ❶ 機知に富んだ. ▶ homme *spirituel* 才人 / plaisanterie *spirituelle* 気の利いた冗談 / réponse *spirituelle* 当意即妙の返答.
❷ 精神的な, 知的な; 霊魂の, 心の. ▶ héritage *spirituel* 精神的[知的]遺産 / vie *spirituelle* 霊的[信仰]生活; 精神生活.
❸ 宗教的な. ▶ la puissance temporelle des rois et le pouvoir *spirituel* de l'Eglise 国王の世俗権力と教会の宗教的権力.

spirituellement /spiritɥɛlmɑ̃/ 副 ❶ 機知をもって, 才気煥発(かんぱつ)に. ❷ 精神的に; 霊的に.

spiritueux, euse /spiritɥø, øːz/ 形 アルコール度の高い. — **spiritueux** 男 (アルコール度の高い)蒸留酒, スピリッツ.

spirochète /spirɔkɛt/ 男〖細菌〗スピロヘータ.

spleen /splin/ 男《英語》古|文章 憂鬱(ゆううつ), 厭世(えんせい)的な気分. ▶ le *Spleen de Paris*「パリの憂鬱」(ボードレールの詩集).

splendeur /splɑ̃dœːr/ 女 ❶ 豪華, 華麗. ▶ la *splendeur* du palais de Versailles ヴェルサイユ宮殿の壮麗さ. ❷ 豪華なもの; 見事なもの. ▶ les *splendeurs* de l'art chinois 中国美術の逸品の数々 / Son appartement, c'est une véritable *splendeur*. 彼(女)のアパルトマン, これがものすごく立派なんですよ. ❸ 栄華, 繁栄. ▶ Cette ville ne retrouvera jamais son ancienne *splendeur*. この町は決して往時の繁栄を取り戻すことはないだろう. ❹ 文章 光輝. ▶ la *splendeur* du soleil d'été 夏の太陽の燦然(さんぜん)たる輝き.

dans toute sa splendeur (1) 美しさのまっ盛りの. (2) 話(皮肉に)明々白々の. ▶ C'est l'égoïste *dans toute sa splendeur*. あいつは紛れもないエゴイストだ.

splendide /splɑ̃did/ 形 ❶ 華麗な, 壮麗な, 見事な. ▶ une fête *splendide* 豪華な宴(うたげ) / On a une vue *splendide* sur la mer. (=magnifique) すばらしい海の眺めだ. 比較 ⇨ ADMIRABLE.
❷ 文章 光輝く. ▶ Il fait un soleil *splendide*. 燦々(さんさん)たる陽光だ.

splendidement /splɑ̃didmɑ̃/ 副 輝かしく, 燦然(さんぜん)と; 豪華に, 見事に.

spoliateur, trice /spɔljatœːr, tris/ 名 文章 略奪者; 横領者. — 男 文章 略奪する, 横領する.

spoliation /spɔljasjɔ̃/ 女 文章 略奪, 強奪; 横領, 詐取.

spolier /spɔlje/ 他動 文章 ⟨spolier qn de qc⟩…から…を略奪[詐取, 横領]する. ▶ *spolier* qn de son héritage …から遺産を奪い取る.

spongieux, euse /spɔ̃ʒjø, øːz/ 形 ❶ 浸透性の, 吸水性の, スポンジ状の. ❷ 海綿質の, スポンジ状の.

spongiforme /spɔ̃ʒiform/ 形 海綿状の. ▶ encéphalopathie *spongiforme* bovine 牛海綿状脳症(BSE).

sponsor /spɔ̃sɔːr/ 男《英語》スポンサー, (番組の)提供者, 広告主.

sponsoriser /spɔ̃sɔrize/ 他動 …のスポンサーになる.

spontané, e /spɔ̃tane/ 形 ❶ 自発的な. ▶ aveu *spontané* 任意の自白. ❷ (意志や人為によ

spontanéisme

ってではなく)自然に生じた、おのずからの. ▶ inflammation *spontanée* 自然発火 / grève *spontanée* (=sauvage) 山猫スト / une réaction *spontanée* de refus 反射的な拒否反応. ❸ 素直な、打算［下心］のない. ▶ C'est une fille très *spontanée*. あれはまったく天真爛漫(らんまん)な娘だ.

spontanéisme /spɔ̃taneism/ 男 自発性信奉主義：大衆による革命の自発性や個人の創造的自発性を信奉する説.

spontanéiste /spɔ̃taneist/ 名, 形 自発性信奉主義(者)(の).

spontanéité /spɔ̃taneite/ 女 ❶ 自発性, 自然さ. ▶ la *spontanéité* des aveux du prévenu 被疑者の自白の任意性. ❷ 率直さ, 素直さ. ▶ garder sa *spontanéité* d'enfant 子供のような素直さを失わない / manquer de *spontanéité* 素直さに欠ける.

spontanément /spɔ̃tanemɑ̃/ 副 自発的に, おのずから. ▶ Il m'a prêté *spontanément* de l'argent. 彼は進んでお金を貸してくれた.

sporadique /spɔradik/ 形 ❶ 散発的な, 散在する. ▶ grèves *sporadiques* 散発的ストライキ. ❷〔病気が〕散発性の.

sporadiquement /spɔradikmɑ̃/ 副 散発的に, 散発して.

sporange /spɔrɑ̃:ʒ/ 男【植物学】胞子嚢(のう).

spore /spɔ:r/ 女【植物学】胞子.

__sport__ /spɔ:r/ スポール《英語》男 スポーツ, 運動. ▶ faire du *sport* スポーツをする / Vous aimez le *sport*？ スポーツはお好きですか / Qu'est-ce que vous faites comme *sport*？ どんなスポーツをしますか / *sports* individuels［d'équipes］個人［団体］競技 / *sports* de ballon 球技 / *sports* de combat 格闘技 / terrain de *sport* 運動競技場 / vêtements［articles］de *sport* スポーツウェア［用品］/ voiture (de) *sport* スポーツカー / magasin de *sport* スポーツ用品店.

C'est du sport. 話 そいつは面倒［厄介］だぞ.
Il va y avoir du sport. 話 喧嘩(けんか)になるぞ, ただでは済まないぞ.

sports d'hiver (1) 山岳リゾートで過ごす冬のバカンス. 注 ウインタースポーツをするしないにかかわらない. (2) ウインタースポーツ.

―― 形《不変》❶ 話 スポーツ用の；スポーティーな. ▶ chaussures *sport* スポーツシューズ.
❷《属詞として》正々堂々とやる, フェアプレーを行う. ▶ Elle a été très *sport* avec sa concurrente. 彼女はライバルに対してたいへんフェアだった.
―― 名 スポーツ選手, スポーツマン.

__sportif, ive__ /spɔrtif, i:v/ スポルティフ, スポルティーヴ/ 形 ❶ スポーツの. ▶ épreuve［compétition］*sportive* スポーツの試合［競技］/ natation *sportive* 競泳 / journal［club］*sportif* スポーツ新聞［クラブ］/ ❷ スポーツ好きの. ❸ 正々堂々とした, フェアな. ▶ esprit *sportif* スポーツマンシップ / se montrer *sportif* フェアな態度を示す.
―― 名 スポーツマン.

sportivement /spɔrtivmɑ̃/ 副 スポーツマンらしく, 正々堂々と.

sportivité /spɔrtivite/ 女 スポーツマンシップ；フェアな態度.

spot /spɔt/ 男《英語》❶ スポットライト. ❷ (テレビ, ラジオの)スポット広告 (=*spot* publicitaire).

spoutnik /sputnik/ 男 スプートニク：旧ソ連が打ち上げた世界初の人工衛星.

spray /sprɛ/ 男《英語》スプレー.

sprint /sprint/ 男《英語》❶ スパート；ラストスパート (=*sprint* final). ▶ battre son adversaire au *sprint* ラストスパートで相手を破る / piquer un *sprint* スパートをかける.
❷ 短距離レース, スプリント(競走).

sprinter¹ /sprintœ:r/ 男《英語》(陸上・自転車競技の)スプリンター, 短距離走者.

sprinter² /sprinte/ 自動 ❶ ラストスパートをかける. ❷ 話 全力で走る.

squale /skwal/ 男【魚類】サメ.

squame /skwam/ 女 ❶【医学】(皮膚からはがれる)鱗屑(りんせつ). ❷【植物学】鱗片 (=écaille).

squameux, euse /skwamø, ø:z/ 形 ❶【医学】鱗屑(りんせつ)で覆われた. ❷【動物】うろこで覆われた；うろこ状の.

square /skwa:r/ 男《英語》(柵(さく)で囲まれた広場の)小公園. 比較 ⇨ JARDIN.

squash /skwaʃ/ 男《英語》【スポーツ】スカッシュ, スカッシュ・ラケット.

squatter¹ /skwatœ:r/ 男《米語》無断入居者, 不法占拠者.

squatter² /skwate/ 他動〔空き家, 土地など〕を不法占拠する；に不法占居する.

squelette /skəlɛt/ 男 ❶ 骨格. ▶ *squelette* de la main 手の骨格. ❷ 骸骨(がいこつ). ❸ (船, 建築物の)骨組み. ❹ (作品などの)骨子, あらすじ. ❺ 話 がりがりにやせた人.

squelettique /skəletik/ 形 ❶ 骸骨(がいこつ)のような, がりがりの. ❷ 骨組みだけの, 簡単すぎる.

squille /skij/ 女【動物】シャコ.

SRAS /sras/ 男《略語》syndrome respiratoire aigu sévère 重症急性呼吸器症候群, サーズ(SARS).

Sri Lanka /srilɑ̃ka/ 固有 スリランカ：首都 Colombo. ▶ au *Sri Lanka* スリランカに［で, へ］.

St.《略語》⇨ SAINT.

stabilisateur, trice /stabilizatœ:r, tris/ 形 安定させる.
―― **stabilisateur** 男 ❶ 安定装置. ❷【化学】安定剤.

stabilisation /stabilizasjɔ̃/ 女 安定化；安定していること.

stabiliser /stabilize/ 他動 …を安定させる. ▶ *stabiliser* un échafaudage 足場を安定させる / *stabiliser* les prix 物価を安定させる.
―― **se stabiliser** 代動 安定する. ▶ Les prix tendent à *se stabiliser*. 物価は安定に向かっている / L'état du malade *s'est stabilisé*. 病人の容体は安定した.

stabilité /stabilite/ 女 安定性, 不変性. ▶ la *stabilité* des habitudes 習慣の不変性 / rétablir la *stabilité* des cours de la Bourse 市況の安定を回復させる / manquer de *stabilité* dans ses sentiments 情緒の安定を欠く.

stable /stabl/ 形 安定した, 変化しない. ▶ monnaie *stable* 安定通貨 / une position *stable* 確固たる地位 / une relation *stable* 永続的な関係

/ Elle a un caractère *stable*. 彼女は落ち着きのある性格だ / Il n'a pas d'emploi *stable*. 彼は定職に就いていない.

staccato /stakato/ 副〖イタリア語〗〘音楽〙スタッカートで, 音はっきり［短く］切って.
— 男 スタッカート.

***stade** /stad/ スタド 男 ❶ **スタジアム**, 競技場. ▶ *stade* olympique オリンピック・スタジアム / Stade de France スタッド・ド・フランス（パリ近郊にある多目的スタジアム）. ❷（発達の）**段階**;（病気などの）期. ▶ premier *stade* 第一段階 / Ce remède en est encore au *stade* expérimental. その薬はまだ実験の段階にある.

stadier, ère /stadje, ɛːr/ 名（サッカーなどの）スタジアム安全担当者.

staff[1] /staf/ 男〘建築〙スタッフ, 荴石膏（こうせっこう）.

staff[2] /staf/ 男〘米語〙（企業, 団体などの）幹部グループ, スタッフ; 職員, 部員, 局員.

***stage** /staːʒ/ スタージュ 男 **研修**; 短期講習, セミナー. ▶ *stage* pédagogique 教育実習 / faire un *stage* linguistique 語学研修を受ける / s'inscrire à un *stage* d'été 夏期セミナーに申し込みをする / être en *stage* 研修中である / *stage* de formation 職業実習.

stagflation /stagflasjɔ̃/ 女〘米語〙〘経済〙スタグフレーション: 景気後退下での物価上昇.

stagiaire /staʒjɛːr/ 名 研修者, 実習生.
— 形 研修［実習］中の. ▶ avocat *stagiaire* 弁護士修習生.

stagnant, ante /stagnɑ̃, ɑ̃ːt/ 形 ❶ よどんでいる, 流れない. ▶ l'eau *stagnante* d'un étang 池のよどんだ水. ❷ 沈滞している. ▶ Le commerce est *stagnant*. 商売がどうもぱっとしない.

stagnation /stagnasjɔ̃/ 女 ❶ よどみ. ❷ 停滞, 沈滞. ▶ la *stagnation* de la production 生産の不振.

stagner /stagne/ 自動 ❶ よどむ, 流れない. ▶ La brume *stagne* au fond de la vallée. 霧が谷底に立ちこめている. ❷ 停滞する, 沈滞する. ▶ Ses affaires *stagnent*. 彼(女)の商売は不振だ / *stagner* dans un poste subalterne 低い地位に甘んじる.

stalactite /stalaktit/ 女 鍾乳（しょうにゅう）石.

stalag /stalag/ 男〘ドイツ語〙（第2次大戦中の）ドイツの捕虜収容所: 特に下士官, 兵卒を収容した.

stalagmite /stalagmit/ 女 石筍（せきじゅん）.

stalinien, enne /stalinjɛ̃, ɛn/ 形 スターリン Staline の; スターリン主義の.
— 名 スターリン主義者.

stalinisme /stalinism/ 男 スターリン主義.

stalle /stal/ 女 ❶（大聖堂内陣左右の）聖職者席. ❷（劇場の）客席に付属した折り畳み席. ❸（ガレージの）駐車区画.

stances /stɑ̃ːs/ 女複〘文学〙スタンス: 同型の詩節から成る悲劇的叙情詩.

stand /stɑ̃ːd/ 男〘英語〙❶（博覧会場などの）展示場所, スタンド; 展示品. ❷（モータースポーツで）ピット: 給油やタイヤ交換などを行う場所.

standard[1] /stɑ̃daːr/〘英語〙男（製品の）規格, 規準.
— 形〘不変〙❶〔製品が〕標準の, 規格に合った. ▶ modèle *standard* スタンダードタイプ / le français *standard* 標準フランス語. ❷ 型どおりの. ▶ une pensée *standard* 型にはまった考え.

standard[2] /stɑ̃daːr/ 男（内線用の）電話交換台［機］. (=*standard* téléphonique).

standardisation /stɑ̃dardizasjɔ̃/ 女（製品などの）標準化; 規格化; 画一化.

standardiser /stɑ̃dardize/ 他動 …を規格化する; 画一化する. ▶ *standardiser* une fabrication 製法を規格化する.
— se standardiser 代動 規格化される; 画一化する.

standardiste /stɑ̃dardist/ 名（内線）電話交換手,（国際電話）のオペレーター.

standing /stɑ̃diŋ/ 男〘英語〙❶（高い）社会的地位, ステータス;（高い）生活程度. ▶ améliorer son *standing* 生活水準を向上させる. ❷（設備の）快適さ, 豪華さ. ▶ immeuble de grand *standing* 高級マンション.

standiste /stɑ̃dist/ 名 ブース担当者.

stannifère /sta(n)nifɛːr/ 形〘鉱物〙錫（すず）の, 錫を含む.

staphylocoque /stafilɔkɔk/ 男〘細菌〙ブドウ球菌.

star /staːr/ 女〘英語〙❶ 映画スター; 人気俳優［歌手］. ❷（各界の）著名人, 人気者.

starking /starkiŋ/ 男/女〘英語〙スターキング: リンゴの一品種.

starlette /starlɛt/ 女 駆け出し女優, スターの卵.

starter /startɛːr/ 男 ❶（スポーツの）スタート係, スターター. ❷〘自動車〙チョーク.

starting-block /startiŋblɔk/ 男〘英語〙（陸上競技で）スターティング・ブロック.

starting-gate /startiŋget/ 男/女〘英語〙〘競馬〙スターティング・ゲート.

start-up /startœp/ 女〘単複同形〙〘英語〙スタートアップ, 創業したばかりの企業. 注 フランス語訳は jeune pousse.

stase /staːz/ 女〘医学〙（体液の分泌, 循環におけるうっ滞, 静止.

***station** /stasjɔ̃/ スタスィヨン 女 ❶ 駅. ▶ *station* de métro 地下鉄の駅（注 鉄道の駅は gare）/ Je descendrai à la prochaine *station*. 次の駅で降ります / *station* d'autocar 長距離バスの停留所（注 市内のバス停は arrêt）/ *station* de chemin de fer (鉄道の)小駅 / *station* de taxis タクシー乗り場. 比較 ⇨ GARE[1].

❷ 立ち寄ること, 立ち止まること. ▶ faire de longues *stations* devant les vitrines ウインドーショッピングをして回る / faire une courte *station* dans une ville ある町にちょっと寄る.

❸ 姿勢. ▶ rester en *station* verticale 直立姿勢でいる / *station* debout [assise] 立ったままの［座った］姿勢.

❹ 保養地, リゾート. ▶ *station* climatique 保養地 / *station* thermale 温泉場 / *station* de sports d'hiver ウインタースポーツのリゾート.

❺ 観測所, 研究所; 放送局, 発信基地. ▶ *station* météorologique 測候所 / *station* d'émission 送信局; 放送局.

❻（給油などの）施設. ▶ *station*-service ガソリ

stationnaire

ンスタンド / *station* de lavage 洗車場 / *station orbitale* [spatiale] 宇宙ステーション.

stationnaire /stasjɔnɛːr/ 形 静止している；変動のない. ▶ un malade dans un état *stationnaire* 病状に変化のない患者.
— 男 沿岸警備艇.

***stationnement** /stasjɔnmɑ̃/ スタスィヨヌマン/ 男 駐車；停車. ▶ une voiture en *stationnement* 駐車中の車 /《*Stationnement* interdit》「駐車禁止」/《*Stationnement* gênant》「迷惑駐車禁止」/ parc de *stationnement* 駐車場 (=parking).

stationner /stasjɔne/ 自動 ❶ 駐車する；停車する. ▶ Il est interdit de *stationner* ici. ここは駐車禁止だ /《Défense de *stationner*》「駐車禁止」/（公道などで人が）立ち止まる.
— 他動 話 …を駐車する；（多く受動態で）…の車を駐車させる. ▶ Je *suis stationné* devant la gare. 私の車は駅前に止めてあります.

station-service /stasjɔ̃sɛrvis/；（複）～s-~ 女 ガソリンスタンド，サービスステーション.

statique /statik/ 形 変化［動き］のない，停滞した (↔dynamique). ▶ électricité *statique* 静電気. — 女 [物理] 静力学.

statisme /statism/ 男 文章 静止状態，静態；停滞.

statisticien, enne /statistisjɛ̃, ɛn/ 名 統計学者.

statistique /statistik/ 女 統計（結果）；統計学. ▶ faire des *statistiques* 統計を取る / *statistiques* démographiques 人口統計.
— 形 統計（学）の. ▶ tableau *statistique* 統計表.

statistiquement /statistikmɑ̃/ 副 統計上，統計学的に.

statuaire /statɥɛːr/ 名 彫像彫刻家.
— 形 彫像用の，彫像の. — 女 彫像術.

***statue** /staty/ スタテュ/ 女 像，彫像. 注 おもに半身大以上の像をいう. ▶ dresser [élever, ériger] une *statue* à qn …の像を立てる / *statue* en pied 立像 / *statue* de bronze ブロンズ像 / *statue* équestre 騎馬像 / la *statue* de la Liberté 自由の女神像 / Cette femme est une *statue*. あの女は（彫像のように）冷たい感じの美人だ.

statuer /statɥe/ 間他動 文章〈*statuer* sur qc〉…について裁定を下す；を裁決する. ▶ *statuer* sur un litige 訴訟に判決を下す.

statuette /statɥɛt/ 女《彫刻》丸彫り小像，小立像.

statufier /statyfje/ 他動 ❶ 話 …の像を建てる；《皮肉に》…を褒めそやす. ▶ *statufier* une célébrité locale 土地の名士の像を建てる.
❷ 文章 [感情などが] …を立ちすくませる.

statu quo /statykwo/ 男（単複同形）[ラテン語] 現状. ▶ maintenir le *statu quo* 現状を維持する / le *statu quo* européen ヨーロッパの現状.

stature /statyːr/ 女 ❶ 身長，背丈. ▶ une personne de haute *stature* 長身の人. ❷ スケール，規模. ▶ un homme d'Etat d'une tout autre *stature* 飛び抜けてスケールの大きい政治家.

statut /staty/ 男 ❶ 社会的地位；ステイタス. ▶ le *statut* de la femme 女性の社会的地位. ❷ 法的資格，身分規定. ▶ les salariés qui ont un *statut* précaire 一時雇用の労働者. ❸《複数で》団体規約，定款.

statutaire /statytɛːr/ 形 規約に基づく，規約上の.

statutairement /statytɛrmɑ̃/ 副 規約［定款］に基づいて.

Ste.《略語》⇨ SAINTE.

steak /stɛk/ 男《英語》ステーキ；ビフテキ (=bifteck). ▶ *steak* frites フライドポテト添えビーフステーキ / *steak* au poivre ペッパーステーキ.

steamer /stimœːr/ 男《英語》古風 汽船.

steeple-chase /stipœlʃɛːz/ 男《英語》《競馬》障害競走，スティープル・チェイス.

stèle /stɛl/ 女 石碑，石柱.

stellaire /ste(l)lɛːr/ 形 ❶ 星の；恒星の. ❷ 星形の，放射状の.

stencil /stɛnsil/ 男《英語》ステンシル（ペーパー）.

sténo /steno/ 名《男女同形》(sténographe の略) 速記者.
— 女 ❶ (sténographie の略) 速記（術），速記録. ❷ (sténodactylo の略) 速記タイプライター術.

sténodactylo /stenodaktilo/ 名 速記タイピスト.

sténographe /stenograf/ 名 速記者.

sténographie /stenografi/ 女 速記（術）；速記業；速記録.

sténographier /stenografje/ 他動 …を速記する.

sténographique /stenografik/ 形 速記（術）の；速記による.

sténotype /stenɔtip/ 女 ステノタイプ，欧文印字用速記タイプライター.

sténotypie /stenɔtipi/ 女 （ステノタイプを用いる）速記タイプライター術，速記タイプライター業.

sténotypiste /stenɔtipist/ 名 速記タイピスト.

stentor /stɑ̃tɔːr/ 男 ❶《動物》ラッパムシ. ❷ voix de *stentor* よく響く大声. 注「イリアス」の登場人物で，50人に匹敵する声を持つ Stentor の名から.

stéphanois, oise /stefanwa, waːz/ 形 サン=テティエンヌ Saint-Etienne の.
— **Stéphanois, oise** 名 サン=テティエンヌの人.

steppe /stɛp/ 女 ステップ，温帯草原，荒草原.

steppique /stɛpik/ 形 ステップの；ステップに生息する.

stéréo /stereo/ 形 (不変) (stéréophonique の略) ステレオの. ▶ chaîne hi-fi *stéréo* ハイファイステレオセット.
— 女 (stéréophonie の略) ❶ ステレオ. ▶ émission en *stéréo* (↔mono) ステレオ放送. ❷ ステレオセット.

stéréo- 接頭 ❶「立体」の意. ❷「固体，固まった」の意. ▶ *stéréo*type 紋切り型，常套（じょう）句.

stéréométrie /stereɔmetri/ 女 立体幾何学.

stéréophonie /stereɔfɔni/ 女 ステレオ. 注 stéréo と略す. ▶ emission en *stéréophonie* ステレオ放送.

stéréophonique /stereɔfɔnik/ 形 ステレオの. 注 stéréo と略す. ▶ disque *stéréophonique* ステレオのレコード.

stéréoscope /stereɔskɔp/ 男《英語》〖光学〗ステレオスコープ, 立体鏡.

stéréoscopie /stereɔskɔpi/ 女 立体視(法): 両眼視により立体的な遠近感を得る原理.

stéréoscopique /stereɔskɔpik/ 形 立体視(の); ステレオスコープの. ▶ un appareil *stéréoscopique* 立体カメラ.

stéréotype /stereɔtip/ 男 決まり文句, 常套(じょう)句; 紋切り型.

stéréotypé, e /stereɔtipe/ 形 紋切り型の, 型にはまった. ▶ Ce journal télévisé est *stéréotypé* depuis quelque temps. そのニュース番組は近ごろマンネリ化している.

stéréotypie /stereɔtipi/ 女〖印刷〗ステロ版[鉛版]印刷(術).

stérile /steril/ 形 ❶ 実のならない; 不毛の. ▶ arbre *stérile* 実のならない木 / terre *stérile* (↔fertile) 不毛の土地. ❷ 生殖力のない, 不妊の. ▶ une femme *stérile* 不妊症の女性. ❸ 実りのない, 無益な. ▶ un auteur *stérile* 創造力の乏しい作家 / effort *stérile* 徒労 / Leur discussion est souvent *stérile*. 彼(女)らの議論はたいていなんの結論ももたらさない. ❹ 無菌の, 殺菌された. ▶ salle de chirurgie *stérile* 無菌手術室.

stérilet /sterilɛ/ 男 体内避妊具(リング, フィルムなど).

stérilisant, ante /steriliza, ã:t/ 形 ❶ 不妊にする; 不毛にする. ▶ technique *stérilisante* 避妊法. ❷ 殺菌する.

stérilisateur /sterilizatœ:r/ 男 消毒器, 滅菌装置.

stérilisation /sterilizasjɔ̃/ 女 ❶ 殺菌, 消毒. ▶ *stérilisation* par l'ébullition 煮沸消毒. ❷ 不妊手術. ❸ 文章(心情などの)枯渇.

stérilisé, e /sterilize/ 形 ❶ 殺菌された, 消毒済みの. ▶ lait *stérilisé* 滅菌乳. ❷ 不妊手術を施された.

stériliser /sterilize/ 他動 ❶ …を殺菌する, 消毒する. ▶ *stériliser* un instrument 器具を消毒する. ❷ …に不妊手術を施す. ▶ faire *stériliser* une chatte 雌猫に不妊手術をさせる.

stériliste /sterilist/ 名 (人口抑制のための)避妊処置[手術]支持者.

stérilité /sterilite/ 女 ❶ 不毛(性), 貧弱さ. ▶ la *stérilité* d'un sol 土壌の不毛性 / la *stérilité* d'un débat 論争のむなしさ / la *stérilité* de l'imagination 想像力の貧しさ. ❷ 無菌状態, 殺菌されていること. ▶ la *stérilité* des instruments chirurgicaux 外科器具の消毒済みの状態. ❸ 不妊症, 生殖不能.

sterling /sterliŋ/《英語》男 (英国の)ポンド. 注 証券業界で livre sterling の略語として使われる.
— 形《不変》英貨の. ▶ livre *sterling* ポンド.

sterne /stern/ 女〖鳥類〗アジサシ.

sternum /stɛrnɔm/ 男〖解剖〗胸骨.

stéroïde /steroid/ 男〖生化学〗ステロイド; ステロイドホルモン.
— 形 hormone *stéroïde* ステロイドホルモン.

stéthoscope /stetɔskɔp/ 男 聴診器.

steward /stiwart/ 男《英語》スチュワード: 飛行機, 客船などの男性客室乗務員.

stick /stik/ 男《英語》❶ (短いしなやかな)ステッキ, 杖(つえ); 鞭(むち). ❷《スポーツ》(ホッケーの)スティック. ❸ (口紅, アイラインなどの)スティック型化粧品.

stigmate /stigmat/ 男 ❶ 傷跡, 瘢痕(はんこん). ▶ *stigmates* de la petite vérole 天然痘によるあばた / porter les *stigmates* d'une blessure 傷跡をとどめている. ❷ 文章 汚名, 烙印(らくいん). ❸《複数で》〖キリスト教〗聖痕: 十字架上のキリストが受けた5つの傷跡と同じ傷跡(が現れること).

stigmatisation /stigmatizasjɔ̃/ 女 文章 公然たる非難[糾弾]; 汚名を着せられること.

stigmatisé, e /stigmatize/ 形, 名〖キリスト教〗聖痕(せいこん)を受けた(者).

stigmatiser /stigmatize/ 他動 ❶ …に烙印(らくいん)を押す; 傷跡をつける. ❷ …を公然と非難する.

stimulant, ante /stimylã, ã:t/ 形 刺激する, 興奮させる. ▶ un médicament *stimulant* 興奮剤 / une *stimulante* émulation よい刺激となるライバル意識.
— *stimulant* 男 興奮剤; 刺激. 物. ▶ Le café est une sorte de *stimulant*. コーヒーは一種の興奮剤である.

stimulateur /stimylatœ:r/ 男〖医学〗*stimulateur* cardiaque (心臓の)ペースメーカー.

stimulation /stimylasjɔ̃/ 女 ❶ 激励, 鼓舞. ❷ 刺激すること.

stimuler /stimyle/ 他動 …を発奮させる, 刺激する; 活性化する. ▶ *stimuler* le zèle des employés 従業員の熱意をかき立てる / Les succès d'un rival l'*ont stimulé*. ライバルの成功で彼は奮起した / *stimuler* l'industrie régionale 地場産業を活性化する.

stimulus /stimylys/;《複》***stimuli*** /stimili/ (または不変) 男〖医学〗〖生物学〗刺激(物).

stipendier /stipãdje/ 他動 文章 …を買収する. ▶ *stipendier* un journaliste ジャーナリストを買収する.

stipulation /stipylasjɔ̃/ 女〖法律〗約定, 条項.

stipuler /stipyle/ 他動 (契約, 条文の中で)…を規定する, 明記する. ▶ Le contrat *stipule* une garantie d'un an. 契約は1年間の保証を規定している. ◆《非人称構文で》Il *est stipulé* que + 直説法 …であると明記されている.

stochastique /stɔkastik/ 形〔現象, 変動などが〕確率(論)的な, 偶然量を含んだ.
— 女 推計学, 推測統計学.

stock /stɔk/ 男《英語》❶ ストック, 在庫品. ▶ écouler un *stock* 在庫(品)をさばく / Nous avons cet article en *stock*. この品物は在庫があります / *stock* disponible 在庫あり / *stock* épuisé 在庫切れ. ❷ 話 手持ち, 貯え. ▶ faire des *stocks* de café コーヒーを買いだめする. ◆un *stock* de qc たくさんの…. ▶ Il a un *stock* de bons mots. 彼は気の利いた言葉をぽんぽん言える. ❸〖財政〗保有高. ▶ le *stock* d'or d'un pays 一国の金保有高.

stockage /stɔkaːʒ/ 男 ❶ (商品, 資材などの)ストック, 貯蔵. ❷ (原料, 燃料などの)貯蔵所, 保管

stock-car /stɔkkaːr/ 男《英語》(障害物レース用に改造した)ストックカー; ストックカーレース.

stocker /stɔke/ 他動 ❶〖商品, 資材など〗をストックする, 備蓄する. ▶ *stocker* des marchandises en magasin 商品を蔵入れする. ❷〖情報〗〔データ〕を保管する.
— **se stocker** 代動 貯蔵される.

stockfisch /stɔkfiʃ/ 男《単複同形》乾鱈(だら); 魚の干物.

stockiste /stɔkist/ 男 ❶ 仕入れ業者, (メーカー専属の)問屋. ❷ (自動車, 機械の)メーカー専属部品代理店, パーツ取り扱い店.

stoïcien, enne /stɔisjɛ̃, ɛn/ 形, 名 ❶ ストア哲学[学派]の(哲学者). ❷ 克己的な(人), 禁欲的な(人).

stoïcisme /stɔisism/ 男 ❶〖哲学〗ストア哲学. ❷ (ストア派の)禁欲主義; (苦しみ, 不幸などに耐える)克己心.

stoïque /stɔik/ 形 逆境に負けない, 毅然(きぜん)とした. — 克己的な人, 毅然とした人.

stoïquement /stɔikmɑ̃/ 副 克己的に, 毅然(きぜん)として, 冷静に.

stomacal, ale /stɔmakal/;《男複》**aux** /o/ 形 古風 胃の, 胃に関する.

stomat(o)- 接頭「口」の意.

stomatologie /stɔmatɔlɔʒi/ 女 口腔(こうくう)病学.

stomatologue /stɔmatɔlɔg/ 男 口腔(こうくう)科医, 口腔外科医.

stop /stɔp/《英語》男 ❶ (車の)ストップランプ (=feu *stop*); 一時停止の標識.
❷ 話 ヒッチハイク (=auto-stop). ▶ faire du *stop* ヒッチハイクをする / aller à Nice en *stop* ニースまでヒッチハイクで行く.
— 間投 止まれ; やめろ. ▶ Avancez, encore, *stop*! もっと前に出て, もうちょっと, はいストップ.

stop-over /stɔpɔvœːr/ 男《単複同形》《米語》(飛行機旅行での)途中寄港.

stoppage /stɔpaːʒ/ 男〖服飾〗かけはぎ.

stopper¹ /stɔpe/ 他動 ❶〖乗り物, 機械など〗を停止させる (=arrêter). ▶ *stopper* un train en actionnant le signal d'alarme 非常警報装置を作動させて列車を止める. ❷ …を阻止する, 食い止める. ▶ *stopper* l'inflation インフレを食い止める. — 自動 (急に)止まる, 立ち止まる.

stopper² /stɔpe/ 他動〖衣類〗をかけはぎする.

stoppeur, euse /stɔpœːr, øːz/ 名 話 ヒッチハイカー (=auto-stoppeur).

store /stɔːr/ 男 (巻き上げ式の)日よけ, ブラインド; (店舗の)シャッター. ▶ baisser [lever] un *store* 日よけを下ろす[上げる].

strabisme /strabism/ 男〖医学〗斜視.

strapontin /strapɔ̃tɛ̃/ 男 ❶ (乗り物, 劇場などの)折り込み椅子(いす), 補助席. ❷ (会議出席のオブザーバー資格, 非正式の資格; 重要ではない地位.

Strasbourg /strasbuːr/ 固有 ストラスブール: Bas-Rhin 県の県庁所在地.

strasbourgeois, oise /strasburʒwa, waːz/ 形 ストラスブール Strasbourg の.
— **Strasbourgeois, oise** 名 ストラスブールの人.

stratagème /strataʒɛm/ 男 計略, 権謀術数.

strate /strat/ 女 ❶ (社会などの)層, 階層. ❷〖地質〗地層. ❸〖言語〗レベル (=niveau).

stratège /strateːʒ/ 男 ❶ (軍事作戦の指揮を執る)司令官, 将軍. ❷ 戦略家, 策士, 計略家. ▶ *stratège* politique 政治の策士.

stratégie /strateʒi/ 女 戦略; 作戦, かけひき. ▶ *stratégie* atomique [nucléaire] 核戦略 / *stratégie* commerciale マーケティング戦略, 販売政策 / *stratégie* électorale 選挙戦術 / *stratégie* d'entreprise 企業戦略 / élaborer une *stratégie* 作戦を練る.

stratégique /strateʒik/ 形 戦略上の, 戦略的な; かけひき上の. ▶ armes *stratégiques* 戦略兵器 / nucléaire *stratégique* 戦略核 / le point *stratégique* d'une entreprise 企業の戦略拠点.

stratification /stratifikasjɔ̃/ 女 ❶ 層, 層状. ❷〖地質〗成層, 層理. ❸〖政治〗〖社会学〗*stratification* politique 政治階層化 / *stratification* sociale 社会成層. ❹〖統計〗層化.

stratifié, e /stratifje/ 形 層になった, 層状の. ▶ roche *stratifiée* 成層岩.

stratifier /stratifje/ 他動 …を層状にする.

stratosphère /stratɔsfɛːr/ 女 成層圏.

stratosphérique /stratɔsferik/ 形 成層圏の.

stratus /stratys/ 男 層雲.

streptocoque /strɛptɔkɔk/ 男〖細菌〗連鎖球菌.

streptomycine /strɛptɔmisin/ 女〖化学〗ストレプトマイシン.

stress /strɛs/ 男《英語》ストレス.

stressant, ante /strɛsɑ̃, ɑ̃ːt/ 形 ストレスを引き起こす. ▶ avoir une vie *stressante* ストレスのたまる生活をしている.

stressé, e /strɛse/ 形 ストレスを抱えた.

stresser /strɛse/ 他動 …にストレスを生じさせる.

*****strict, stricte** /strikt/ ストリクト 形 ❶ (しばしば名詞の前で)厳密な; 完全な. ▶ au sens *strict* du mot 言葉の厳密な意味において / dans la plus *stricte* intimité ごく内輪に[で] / C'est la *stricte* vérité. まったくの真実だ, まさに本当のことなんだ.
❷《名詞のあとで》厳しい, 厳格な. ▶ un homme *strict* 厳格な人 / Il est très *strict* en affaires. 彼は商売にかけてはとても厳しい.
❸《名詞の前で》最低限の, ぎりぎりの. ▶ le *strict* nécessaire [minimum] 必要最低[小]限のもの.
❹《名詞のあとで》〖言葉, 服装が〗きちんとした, 端正な. ▶ un costume *strict* 簡素な衣装 / sur un ton *strict* むだのない口調で / être *strict* dans sa tenue 身なりが端正である.

strictement /striktəmɑ̃/ 副 ❶ 厳しく; 完全に. ▶ *strictement* confidentiel 極秘の / affaire *strictement* personnelle 全くの私事 / *strictement* parlant 厳密に言えば. ❷ きちんと, 端正に. ▶ être *strictement* habillé 身なりがきちんとしている.

stricto sensu /striktosɛ̃sy/ 副句《ラテン語》狭い意味で, 狭義には; 厳密な意味で.

stridence /stridɑ̃ːs/ 女 文章 (声, 音の)鋭さ, 甲

strident, ente /stridā, ā:t/ 形 叫び, 音が鋭い, 甲高い.

stridulant, ante /stridylā, ā:t/ 形 鋭い音を出す.

strie /stri/ 女 《多く複数で》線条, 縞(￥), (細い)溝.

strié, e /strije/ 形 線[溝]のある, 縞(￥)模様の. ▶ une planche de bois *striée* 縞模様の板.

strier /strije/ 他動 …に線[溝, 縞(￥)]をつける.

string /striŋ/ 男 《英語》《服飾》ストリング: 超ビキニ型の水着や下着.

strip-tease /stripti:z/;《複》〜-〜(**s**) 男 《英語》❶ ストリップショー; ストリップ劇場. ❷ 自らの秘密を好んで暴露すること.

strip-teaseuse /striptizø:z/ 女 ストリッパー.

striure /strijy:r/ 女 線条, 筋; 縞(￥)模様.

strobophotographie /strɔbɔfɔtɔgrafi/ 女 ストロボ写真.

stroboscope /strɔbɔskɔp/ 男 ストロボスコープ.

strophe /strɔf/ 女 ❶ 詩節; 詩. ❷ 《詩法》(ギリシア悲劇・叙情詩の合唱歌で)第1段.

structural, ale /stryktyral/;《男複》**aux** /o/ 形 ❶ 構造の. ▶ changement *structural* 構造変化. ❷ 構造を研究する; 構造主義の. ▶ analyse *structurale* 構造分析 / linguistique *structurale* 構造言語学.

structuralisme /stryktyralism/ 男 構造主義.

structuraliste /stryktyralist/ 形 構造主義(者)の. 男 構造主義者.

structuration /stryktyrasjɔ̃/ 女 構造化.

*****structure** /strykty:r/ ストリュクテュール/ 女 ❶ 構造; 構成; 骨組み. ▶ *structure* moléculaire 分子構造 / *structure* d'un écosystème 生態系の構造 / *structure* d'un poème 詩の構成 / entreprendre des réformes de *structure* 構造改革に取り組む. ❷ 機構, 組織, 機関. ▶ *structures* administratives 行政機構 / *structure* d'accueil (文化, スポーツ, 観光などのためのサービスを提供する)受け入れ施設[機関].

structuré, e /stryktyre/ 形 構造を備えた; 組織化された, 構成された.

structurel, le /stryktyrɛl/ 形 構造的な, (社会)構造上の. ▶ chômage *structurel* 構造的失業.

structurer /stryktyre/ 他動 …を構造化する, 組織化する; 構成する. ▶ *structurer* un mouvement 運動を組織化する.

— **se structurer** 代動 構造化する, 組織化される; 構成される.

strychnine /striknin/ 女 《化学》ストリキニーネ, ストリキニン.

stuc /styk/ 男 《建築》❶ スタッコ, 化粧漆喰(￥). ❷ スタッコ[化粧漆喰]細工.

studette /stydɛt/ 女 ミニ・ワンルームマンション.

studieusement /stydjøzmɑ̃/ 副 勤勉に, 熱心に; 勉強をしながら.

studieux, euse /stydjø, ø:z/ 形 ❶ 学問好きの; 勤勉な. ❷ 学問[研究]にささげられた; 学問[研究]に明け暮れた.

*****studio** /stydjo/ ステュディオ/ 男 《英語》❶ ワンルームマンション, ステュディオ. ❷ (写真家の)スタジオ; (映画の)撮影所; 録音[録画]スタジオ;(バレリーナ, ダンサーの)稽古(￥)場;(デザイナーの)アトリエ. ▶ tourner en *studio* スタジオで撮映する.

stup /styp/ 男 (stupéfiant の略)麻薬.

stupéfaction /stypefaksjɔ̃/ 女 びっくり仰天, 茫然(￥)自失. ▶ A ma grande *stupéfaction*, il est parti sans répondre. 私がとても驚いたことに, 彼は返事もせずに行ってしまった.

stupéfaire /stypefɛ:r/ 他動 (直説法現在3人称単数および複合時制のみ)(過去分詞 stupéfait, 現在分詞 stupéfaisant)…を仰天させる, 呆然(￥)とさせる.

stupéfait, aite /stypefɛ, ɛt/ 形 びっくり仰天した, 茫然(￥)自失した. ▶ Il est *stupéfait* de te voir si grandi. 彼は君があんなに大きくなったので驚いている. 比較 ⇨ ÉTONNÉ.

stupéfiant, ante /stypefjā, ā:t/ 形 肝をつぶすような, 驚くべき. ▶ nouvelle *stupéfiante* あっと言わせる知らせ.

— **stupéfiant** 男 麻薬 (=drogue). ▶ trafic de *stupéfiants* 麻薬取り引き.

stupéfié, e /stypefje/ 形 仰天した, 唖然(￥)とした. 比較 ⇨ ÉTONNÉ.

stupéfier /stypefje/ 他動 …を仰天させる, 唖然(￥)とさせる. ▶ Son aplomb nous *a stupéfiés*. 彼(女)のずうずうしさに我々は唖然とした.

stupeur /stypœ:r/ 女 仰天, 呆然(￥)自失. ▶ rester muet de *stupeur* あっけにとられて言葉も出ない / Cet événement imprévu nous a plongés dans la *stupeur*. その思いがけない事件に我々は呆然とした.

stupide /stypid/ 形 頭の鈍い, 愚鈍な, ばかげた. ▶ Il n'est pas assez *stupide* pour se croire intelligent. 彼は自分を頭のいい人間だと思うほどばかではない / un accident *stupide* (避けることのできた)ばかげた事故.

stupidement /stypidmā/ 副 愚かにも, ばかげた仕方で.

stupidité /stypidite/ 女 愚かさ; ばかげたこと[もの]. ▶ la *stupidité* de la guerre 戦争の愚劣さ / dire des *stupidités* ばかげたことを言う.

stupre /stypr/ 男 《文章》遊蕩(￥), 放蕩.

*****style** /stil/ スティル/ 男 ❶ 文体, 言葉遣い; スタイル. ▶ *style* parlé [écrit] 口語 [文語] 体 / *style* familier [soutenu] くだけた[改まった]文体 / *style* administratif 役所風の文体 / *style* publicitaire 広告コピーの文体 / un écrivain qui a du *style* 独自の作風のある作家 / travailler son *style* 文体を練る.

❷ (芸術上の)様式, 作風. ▶ *style* roman ロマネスク様式 / *style* Renaissance ルネサンス様式 / meubles de *style* anglais 英国風家具 / le *style* d'un peintre ある画家の作風.

❸ (個人や集団に特有な)行動様式; 好み, 趣味. ▶ *style* de vie ライフスタイル / Ce n'est pas mon *style*. これは私好みではない / C'est bien dans son *style*. いかにも彼(女)らしい.

❹ 型, タイプ, スタイル. ▶ un parti démocrate de *style* américain アメリカ流の民主主義政党 / un costume gris *style* homme d'affaires 実業家スタイルのグレーの背広.

stylé

❺〘文法〙話法. ▶ *style* direct 直接話法 / *style* indirect 間接話法 / *style* indirect libre 自由間接話法.
❻〘スポーツ〙フォーム. ▶ le *style* d'un coureur 走者のフォーム / un nageur qui a du *style* 見事なフォームの泳者.

de grand style 大がかりな. ▶ une campagne *de grand style* 一大キャンペーン.

de style (1) 時代物の, 古風な様式の. ▶ meubles *de style* 時代ものの家具. (2) 古風な様式を模した. ▶ robe *de style* 昔風のドレス.

stylé, e /stile/ 形〖使用人などが〗よく仕込まれた〖しつけられた〗.

styler /stile/ 他動〖使用人など〗をきちんとしつける〖仕込む〗.

stylet /stile/ 男 ❶ 細身の短剣. ❷〘外科〙探り針. ❸〘昆虫〙吻針(ホウシン); (ハチの)毒針.

stylisation /stilizasjɔ̃/ 女 様式化; 図案化.

styliser /stilize/ 他動 …を様式化する.

styliste /stilist/ 名 ❶〘服飾〙スタイリスト. ❷ 工業デザイナー.

stylisticien, enne /stilistisjɛ̃, ɛn/ 名 文体(論)研究者, 文体論学者.

stylistique /stilistik/ 形 文体の, 文体論の.
— 女 文体論.

*__stylo__ /stilo/ 男 万年筆, ペン. ▶ *stylo* à cartouche カートリッジ式万年筆 / *stylo* (à) bille ボールペン / *stylo* à pointe feutre フェルトペン.

su, sue /sy/ 形 (savoir¹ の過去分詞)知られた; 覚えている. ▶ une nouvelle à peine *sue* あまり知られていないニュース.
— **su** 男 (ある事実などを)知っていること, 知識. 注 次の成句表現でのみ用いられる.

(*au vu et*) ***au su* *de tout le monde*** [*de tous*] だれにも隠すことなく, 公然と. ▶ Elle vit avec lui *au su de tout le monde*. 彼女が彼と同棲(ドウセイ)していることはみんな知っている.

suaire /sɥɛːr/ 男 ❶〘文章〙経帷子(キョウカタビラ). ❷〘キリスト教〙saint *suaire* (キリストの遺骸(イガイ)を包んだと伝えられる)聖骸布.

suant, suante /sɥɑ̃, sɥɑ̃ːt/ 形 ❶ 汗ばんだ. ❷ うんざりさせる. ▶ un cours *suant* 退屈極まりない講義.

suave /sɥaːv/ 形 甘美な, 心地よい. ▶ une saveur *suave* 美味 / une voix *suave* 甘い声.

suavité /sɥavite/ 女〘文章〙甘美さ, 心地よさ. ▶ *suavité* d'une mélodie メロディーの心地よさ.

sub- 接頭〖別形 suc-, suf-, sug-, sup-, sus-, su-〗❶「下に; 下から上へ」の意. ▶ *sub*strat 基盤. ❷「従属, 後続; 副, 亜」の意. ▶ *sub*ordonner 従わせる / *suf*fixe 接尾辞 / *sub*sonique 亜音速の. ❸「交替, 補充」の意. ▶ *sub*stituer 入れ換える. ❹「ひそかに」の意. ▶ *sub*orner たぶらかす, 買収する. ❺「強意, 完遂」を表わす. ▶ *sub*sister 存続する.

subalpin, ine /sybalpɛ̃, in/ 形 ❶ アルプス山麓(サンロク)の. ❷〘植物学〙亜高山性の.

subalterne /sybaltɛrn/ 形〖人, 地位などが〗下位の, 下級の; 副次的な. ▶ un employé *subalterne* 下役 / un rôle *subalterne* 端役.
— 名 下役, 部下.

subconscient, ente /sybkɔ̃sjɑ̃, ɑ̃ːt/ 形 意識下の, 潜在意識の.
— **subconscient** 男〘心理〙下意識.

subdiviser /sybdivize/ 他動 …を再分割する, 小分けする.
— **se subdiviser** 代動 再分割される, 小分けされる.

subdivision /sybdivizjɔ̃/ 女 再分割(されたもの), 下位区分. ▶ les *subdivisions* d'une armoire de rangement 整理棚の仕切り.

*__subir__ /sybiːr/ スュビール 他動

直説法現在	je subis	nous subissons
	tu subis	vous subissez
	il subit	ils subissent

❶〖つらい試練〗を受ける, に耐える. ▶ *subir* la torture 拷問を受ける / Je ne peux plus continuer à *subir* de tels affronts. こんな侮辱はもう我慢できない / Notre équipe *a subi* une grave défaite. 我がチームは大敗を喫した.
❷〖作用, 変化など〗を被る; 〖影響〗を受ける. ▶ Ce plan *a subi* diverses modifications. この計画はさまざまな修正を経ている / *subir* la mauvaise influence de ses camarades 友人の悪い影響を受ける / Les prix ont *subi* une hausse importante. 物価は大きく上昇した.
❸〖試験, 検査など〗を受ける. ▶ *subir* une opération chirurgicale 手術を受ける.
❹ 話〖人〗に我慢して付き合う. ▶ Il faut *subir* l'orateur ennuyeux pendant deux heures. 2時間もこの退屈な演説者に我慢しなければならない.

subit, ite /sybi, it/ 形 突然の, 急な. ▶ un changement *subit* de situation 状況の急変.

subitement /sybitmɑ̃/ 副 突然に, 急に.

subito /sybito/ 副 (ラテン語)話 突然, 急に. ▶ partir *subito* 急に出発する.

subjectif, ive /sybʒɛktif, iːv/ 形 主観的な, 個人的な (↔objectif). ▶ un jugement *subjectif* 主観的判断 / Les goûts sont *subjectifs*. 好みというのは主観的なものだ / C'est mon interprétation *subjective*. これは私自身の個人的な解釈です.

subjectivement /sybʒɛktivmɑ̃/ 副 主観的に. ▶ interpréter *subjectivement* 主観的に解釈する.

subjectivisme /sybʒɛktivism/ 男〘哲学〙主観主義.

subjectivité /sybʒɛktivite/ 女 ❶ 主観. ❷〘哲学〙主観性; 主体性.

subjonctif, ive /sybʒɔ̃ktif, iːv/ 形 接続法の.
— **subjonctif** 男〘文法〙接続法.

subjuguer /sybʒyge/ 他動〘文章〙…を魅了する, の心を捕らえる. ▶ un homme politique qui *subjugue* le public par ses discours enflammés 熱情的な演説で大衆を魅了する政治家.

sublimation /syblimasjɔ̃/ 女 ❶〘化学〙昇華. ❷〘文章〙昇華, 純化.

sublime /syblim/ 形 ❶ 崇高な, 気高い. ▶ un *sublime* abnégation 崇高な自己犠牲 / un style *sublime* 高尚な文体. ❷ 見事な, すばらしい. ▶ Ce camembert est *sublime*. 話 このカマンベールチーズはすごくおいしい. 比較 ⇨ ADMIRABLE. ― 男 崇高, 気高さ.

sublimé, e /syblime/ 形 昇華された, 純化された. ― **sublimé** 男〖化学〗昇華物.

sublimer /syblime/ 他動 ❶ 文章 …を昇華させる, 純化させる. ▶ *sublimer* une passion 情念を昇華させる. ❷〖化学〗〖精神分析〗…を昇華させる.
― **se sublimer** 代動 昇華する, 純化する.

subliminal, ale /sybliminal/;(男複) **aux** /o/ 形 サブリミナルの.

sublimité /syblimite/ 女 文章 崇高, 卓越性.

submerger /sybmɛrʒe/ 2 他動 ❶ …を浸す, 沈める, 包み込む. ▶ Le fleuve en crue *a submergé* la plaine. 増水した川が平野を水浸しにした. ❷《多く受動態で》…に侵入する, を圧倒する, 制圧する. ▶ Les forces de l'ordre *ont été* complètement *submergées* par la foule des manifestants. 機動隊はデモ隊に完全に圧倒された / être *submergé* de travail 仕事漬けになっている.

submersible /sybmɛrsibl/ 形 水没する; 水中で使える. ― 男 (海底探査用の) 潜水艇.

submersion /sybmɛrsjɔ̃/ 女 沈没, 浸水. ▶ la *submersion* d'un navire 船の沈没 / mort par *submersion* 溺死(ﾃﾞｷｼ) / la *submersion* d'un terrain 土地の冠水.

subodorer /sybɔdɔre/ 他動 話 …をかぎつける, 感づく. ▶ *subodorer* un complot 陰謀をかぎつける.

subordination /sybɔrdinasjɔ̃/ 女 ❶ ⟨*subordination* (à qn/qc)⟩ …への従属, 服従. ▶ la *subordination* des intérêts particuliers à l'intérêt général 個々の利益より全体の利益の優先. ❷〖文法〗(節の) 従属; 従位関係. ▶ conjonction de *subordination* 従位接続詞.

subordonné, e /sybɔrdɔne/ 形 従属した, 下位の. ― 名 部下, 配下.
― **subordonnée** 女〖文法〗従位節, 従属節 (=proposition subordonnée).

subordonner /sybɔrdɔne/ 他動 ❶ ⟨*subordonner* qn à qn⟩ …を…に従わせる, 服従させる. ▶ *subordonner* les soldats au commandant 兵士を司令官の指揮下に置く. ❷ ⟨*subordonner* qc à qc⟩ …を…の下位に置く. ▶ Elle *subordonne* tout à sa carrière. 彼女は仕事第一である. ❸ ⟨être *subordonné* à qc⟩ …次第である, に左右される. ▶ Notre départ *est subordonné* au temps. 出かけるかどうかは天候次第だ.
― **se subordonner** 代動 ⟨*se subordonner* à qn/qc⟩ …に従う.

subornation /sybɔrnasjɔ̃/ 女〖刑法〗証人の買収 (=*subornation* de témoins).

suborner /sybɔrne/ 他動 ❶〔証人〕を買収する, 買収して偽証させる. ❷ 文章 …を誘惑する (=séduire). ▶ *suborner* une jeune fille 若い娘を誘惑する.

subreptice /sybrɛptis/ 形 文章 不正に[こっそり]なされた. ▶ un marché *subreptice* 闇(ﾔﾐ)取引.

subrepticement /sybrɛptismɑ̃/ 副 こっそりと, ひそかに; 違法な手段で.

subrogé, e /sybrɔʒe/ 名〖民法〗代理者, 代位者.

subséqu*ent, ente /sypsekɑ̃, ɑ̃:t/ 形〖法律〗直後の; 次位の. ▶ le degré *subséquent* de parenté 1親等.

subside /sybzid; sypsid/ 男 援助金; 助成金. ▶ *subsides* apportés aux pays en voie de développement 発展途上国への援助金.

subsidiaire /sybzidjɛːr; sypsidjɛːr/ 形 補足的な, 付帯的な.

subsistance /sybzistɑ̃ːs/ 女 ❶ 生活の糧, 生計. ▶ gagner sa *subsistance* 生計を立てる / pourvoir à la *subsistance* de sa famille 家族の生計を支える.
❷《複数で》古風 食糧, 生活必需品.

subsister /sybziste/ 自動 ❶ 存続する, 残存する. ▶ des souvenirs qui *subsistent* 消えやらぬ思い出 /《非人称構文で》Il *subsiste* encore un point obscur dans cette affaire. この事件には, なお1つ不明な点が残っている.
❷ 生活を維持する. ▶ La famille arrivait à *subsister* tant bien que mal. 一家はどうにかこうにか暮らしていけるようになった.

subsonique /sypsɔnik/ 形 音速以下の, 亜音速の.

*****substance** /sypstɑ̃ːs/ シュブスタンス/ 女 ❶ 物質. ▶ une *substance* solide [liquide, gazeuse] 固体 [液体, 気体]. ❷ 要点, 内容. ▶ Voici en quelques lignes la *substance* de cette discussion. 議論の要点を数行にまとめるとこうなる / Il n'y a aucune *substance* dans ce texte. この文章にはまるで中身がない. ❸ (人体の) 組織. ❹〖哲学〗実体 (↔forme).
en substance 要するに; おおよそ. ▶ Voilà ce qu'ils auraient dit, *en substance*. 彼らの言いたかったのは, 要するに次のようなことなのだ.

substantiel, le /sypstɑ̃sjɛl/ 形 ❶ 栄養のある, 滋味豊かな; 充実した. ▶ Nous avons pris un petit déjeuner *substantiel*. 我々は栄養たっぷりの朝食を食べた / lecture *substantielle* 充実した読書. ❷ 相当な, かなりの. ▶ un prêt *substantiel* 多額の貸付 / On a noté un changement *substantiel* dans l'attitude du gouvernement. 政府側の態度にかなりの変化が見られた.
❸ 本質的な, 重要な. ▶ extraire d'un livre ce qu'il contient de plus *substantiel* 一冊の本からそのもっとも重要な部分を抜粋する.
❹〖哲学〗実体の.

substantiellement /sypstɑ̃sjɛlmɑ̃/ 副 たくさん, たっぷりと. ▶ manger *substantiellement* たくさん食べる.

substantif, ive /sypstɑ̃tif, iːv/ 形〖文法〗実詞の. ▶ propositions *substantives* 名詞節.
― **substantif** 男 実詞 (=nom).

substantifique /sypstɑ̃tifik/ 女 *substantifique* mœlle 文章からくみ取るべき精髄.

substantivement /sypstɑ̃tivmɑ̃/ 副〖文法〗実詞的に, 名詞として.

substantiver /sypstɑ̃tive/ 他動〖文法〗…を

詞化する，名詞化する．
substituer /sypstitɥe/ 他動 ‹*substituer* A à B› B の代わりに A を用いる, B を A に置き換える (=remplacer B par A). ▶ *substituer* une copie à un original オリジナルの代わりにコピーを使う.

— **se substituer** 代動 ‹*se substituer* à qn /qc› …の代わりとなる；に取って代わる. ▶ *se substituer* au directeur pour la signature 支店長の代わりにサインする. 比較 ⇨ REMPLACER.

substitut /sypstity/ 男 ❶ 代替物, 代用品. ❷〖法律〗検事代理.

substitution /sypstitysjɔ̃/ 女 取り替え, 代用. ▶ la *substitution* de documents 書類の入れ替え. ◆la *substitution* de A à B B の代わりに A を用いること. ▶ la *substitution* du pétrole au charbon 石炭に代わって石油を使うこと.

substrat /sypstra/ 男 ❶ 基盤, 土台. ▶ le *substrat* économique d'un développement culturel 文化の発展を支える経済基盤. ❷〖言語〗基層. ▶ le *substrat* gaulois en France フランスにおけるゴール語基層.

subterfuge /sypterfy:ʒ/ 男 逃げ口上, 言い逃れ. ▶ user de *subterfuges* 言い逃れをする.

subtil, e /syptil/ 形 ❶ 繊細な, 鋭敏な. ▶ un observateur *subtil* 緻密(ち)な観察者 / une intelligence *subtile* 鋭敏な知性の持ち主. 比較 ⇨ DÉLICAT. ❷ 巧妙な；巧妙すぎる. ▶ une remarque *subtile* うがった指摘 / une personne *subtile* et dangereuse ずる賢くて危険な人物. ❸ 捕らえにくい, 微妙な. ▶ une nuance *subtile* 微妙なニュアンス / une différence bien *subtile*(言葉で表わしがたい)微妙な違い.

subtilement /syptilmɑ̃/ 副 巧妙に, 巧みに. ▶ Il a répondu *subtilement*. 彼はうまい返事をした.

subtilisation /syptilizasjɔ̃/ 女 くすねること, かすめ取ること.

subtiliser /syptilize/ 他動 話 …をくすねる, だまし取る. ▶ On lui a *subtilisé* son porte-monnaie dans le métro. 彼(女)は地下鉄で財布をすられた. — 自動 文章 凝りすぎる；微に入り細を穿(うが)つ. ▶ Ne *subtilisons* pas. 持って回った言い方はやめよう.

subtilité /syptilite/ 女 ❶ 鋭さ；巧妙さ. ▶ la *subtilité* d'esprit 精神の機敏さ / la *subtilité* d'une analyse 分析の鋭さ / la *subtilité* d'une manœuvre 策略の抜け目のなさ. ❷(多く複数で) 凝りすぎ；微妙な点, 難しい点. ▶ discuter sur des *subtilités* 微妙な問題を論議する / les *subtilités* du vocabulaire précieux 気取った用語の分かりにくさ.

subtropical, ale /syptrɔpikal/；(男複) **aux** /o/ 形 亜熱帯の.

suburbain, aine /sybyrbɛ̃, ɛn/ 形 近郊の, 郊外の. ▶ zone *suburbaine* 都市近郊地帯.

subvenir /sybvəni:r/ 28 間他動 (過去分詞 subvenu, 現在分詞 subvenant)‹*subvenir* à qc› …の費用を援助する；を供する. ▶ *subvenir* aux besoins de toute la famille 家族全員を扶養する / *subvenir* aux frais 経費を負担する.

subvention /sybvɑ̃sjɔ̃/ 女 助成金, 補助金. ▶ obtenir une *subvention* 補助金を得る / les *subventions* accordées par l'Etat aux théâtres nationaux 国立劇場に国が与える補助金.

subventionner /sybvɑ̃sjɔne/ 他動 …に助成金を出す, 補助金を与える.

subversif, ive /sybvɛrsif, i:v/ 形(既成の秩序, 価値の)覆す, 破壊する. ▶ idées *subversives* 国家転覆思想.

subversion /sybvɛrsjɔ̃/ 女(既成の秩序, 価値の)転覆, 破壊, 打倒.

subvertir /sybvɛrti:r/ 他動 文章〔既成の秩序, 価値〕を覆す, 破壊する.

subvien-, subviendr-, subvienn-, subvin-, subvîn-, subvinss- 活用 ⇨ SUBVENIR 28

suc /syk/ 男 ❶(植物や肉に含まれる)汁, 液. ▶ le *suc* de viande 肉汁 / extraire le *suc* d'un fruit en pressant 果汁を搾り出す / le *suc* gastrique 胃液. ❷ 文章 精粋, エキス. ▶ le *suc* de la science 科学の精華.

succédané /syksedane/ 男 ❶ 代用品. ▶ un *succédané* de caviar キャビアの代用品. ❷ 代わりの人〔物〕；亜流.

*****succéder** /syksede/ スュクセデ/ 6 間他動

英仏そっくり語

英 to succeed 成功する, あとを継ぐ.
仏 succéder あとを継ぐ.

❶ ‹*succéder* à qn› …のあとを継ぐ, 後任になる. ▶ Elle a *succédé* à son père. 彼女は父親の後を継いだ / *succéder* à qn dans son emploi …の後任になる. 比較 ⇨ REMPLACER.

❷ ‹*succéder* à qc› …のあとにやって来る, あとに続く. ▶ Le découragement *succédait* à l'enthousiasme. 熱狂のあとに落胆が来た / La nuit *succède* au jour. 一日が終わり夜がやって来る.

— **se succéder** 代動 ❶(次々に)あとを継ぐ. 注 se は間接目的. ▶ Trois gouvernements *se sont succédé* en trois ans. 3年の間に3つの政府が交替した.

❷ 続く. 注 se は間接目的. ▶ Les jours pluvieux *se sont succédé* pendant une semaine. ぐずついた日が1週間続いた.

*****succès** /syksɛ/ 男 ❶ 成功, 好成績 (↔échec). ▶ obtenir [remporter] un grand *succès* 大成功を収める / Il est sur le chemin du *succès*. 彼は成功の途上にある / *succès* scolaires 学業の好成績 / Le *succès* est assuré. 成功は間違いなしだ / Le projet est un *succès*. 計画は成功だ.

❷ 人気, ヒット；ヒット作. ▶ Cette chanson est un *succès*. この歌はヒットしている / un *succès* fou [monstre] 話 大ヒット, ばか受け / un *succès* de circonstance 一時の当たり / un *succès* de librairie ベストセラーの本. ◆avoir du *succès* (auprès de qn)(…の間に)好評を博す, (異性に)もてる. ▶ La pièce a eu du *succès* auprès du public. その芝居は大衆の間に好評を博した / Elle a beaucoup de *succès* (auprès des hommes). 彼女はたいへん(男に)もてる.

à succès 大成功の, ヒットした. ▶ une chanson

à succès ヒット曲 / un écrivain *à succès* ベストセラー作家.

avec succès 成功して, 成功裏に. ▶ Il a passé le bachot *avec succès*. 彼はバカロレアにパスした.

sans succès 不成功に, 不首尾に. ▶ J'ai essayé de la persuader, mais *sans succès*. 彼女を説得しようとしたが, だめだった.

比較 **成功**
succès 最も一般的. **réussite** ほぼ同義だが, la *réussite* de のあとには意味上の主語ばかりでなく副詞的語も来る. **triomphe** 勝利, 華々しい成功をいう.

successeur /syksɛsœːr/ 男 後継者, 継承者. ▶ désigner son *successeur* 後継者を指名する / Le *successeur* de ce ministre sera probablement Mᵐᵉ X. あの大臣の後任は多分 X 夫人だろう.

success*if, ive* /syksesif, iːv/ 形《複数で》相次ぐ, 次々と起こる. ▶ découvertes *successives* 相次ぐ発見.

succession /syksɛsjɔ̃/ 女 ❶ 連続, 継起. ▶ une *succession* d'incidents トラブルの続発 / une *succession* de visiteurs 引きも切らぬ訪問客. ❷《法律》相続; 相続財産. ▶ recevoir par voie de *succession* 相続によって遺産を手にする / répudier une *succession* 相続を放棄する / droits de *succession* 相続税 / ordre de *succession* 相続順位 / déclaration de *succession* 遺産申告. ❸（権力, 地位などの）後継, 継承. ▶ prendre la *succession* de qn …のあとを継ぐ, 後任になる / lutte pour la *succession* au trône 王位継承を巡る争い.

successivement /syksesivmɑ̃/ 副 次々に, 相次いで; 代わる代わる.

succinct, incte /syksɛ̃, ɛ̃ːt/ 形 ❶〔文章などが〕簡潔な;〔人が〕手短に話す. ▶ Soyez *succinct*. 手短に話してください.
❷ 話《多くふざけて》量の少ない. ▶ un déjeuner *succinct* 軽い昼食.

succinctement /syksɛ̃tmɑ̃/ 副 簡潔に, 言葉少なに (=brièvement).

succion /syksjɔ̃/ 女（液体の）吸引, 吸い上げ.

succomber /sykɔ̃be/ 自動 ❶ < *succomber* (à qc) >（…で）死ぬ. ▶ Le blessé *a succombé* aussitôt. 負傷者はすぐに息を引き取った / *succomber* à l'épidémie de choléra コレラの流行でやられて死ぬ. ❷（抵抗の末に）敗北する; 文章（重荷などに）押しつぶされる. ▶ Ils *ont succombé* sous le nombre. 相手方の数に圧倒されて彼らは負けた. ❸ 文章〔女性が〕身を任せる.
―― 間接他 < *succomber* à qc >〔誘惑など〕に屈する, 身をゆだねる. ▶ *succomber* au sommeil 睡魔に負ける / *succomber* à la tentation 誘惑に負ける.

succube /sykyb/ 男 スクブス (↔incube): 女の姿をとる夢魔.

succulence /sykylɑ̃ːs/ 女 文章 おいしさ.

succulent, ente /sykylɑ̃, ɑ̃ːt/ 形 おいしい, うまみのある. ▶ un plat *succulent* 美味な料理.

succursale /sykyrsal/ 女 支店, 支部. ▶ les *succursales* d'une banque 銀行の支店 / un magasin à *succursales* multiples チェーン方式の店.

succursalisme /sykyrsalism/ 男 チェーンストア方式.

sucer /syse/ 1 他動 ❶〔汁, 液〕を吸う, すする. ▶ *sucer* le jus d'une orange オレンジの果汁を吸う. ❷ …をなめる, しゃぶる. ▶ *sucer* un bonbon ボンボンをしゃぶる / *sucer* son pouce 親指をしゃぶる.

sucer qc avec le lait 文章 …に幼時から慣れ親しむ. ▶ *sucer avec le lait* une doctrine 幼少時から教義を教え込まれる.

sucer qn jusqu'à la moelle …を骨の髄までしゃぶる.

―― **se sucer** 代動 しゃぶられる; 吸い上げられる. ▶ pastilles qui *se sucent*（噛(か)まずに）なめるトローチ.

se sucer la poire 話（長く激しく）キスし合う.
注 se は間接目的.

sucette /sysɛt/ 女 ❶ 棒付きボンボン［キャンディー］. ❷ おしゃぶり.

suceur, euse /sysœːr, øːz/ 形 吸う, 吸引する.

Suchard /syʃaːr/ 商標 スシャール: チョコレートのブランド名.

suçon /sysɔ̃/ 男 話 吸いあざ; キスマーク.

suçoter /sysɔte/ 他動 話 …をちびちびなめる, 唇の先でなめる.

sucrage /sykraːʒ/ 男 砂糖を加えること, 加糖.

sucr*ant, ante* /sykrɑ̃, ɑ̃ːt/ 形 甘くする, 甘味をつける.

*sucre /sykr/ スュクル 男 ❶ 砂糖; 話 角砂糖 (=morceau de *sucre*). ▶ fraises au *sucre* イチゴの砂糖かけ / canne à *sucre* サトウキビ / betterave à *sucre* テンサイ / mettre du *sucre* dans un mets 料理に砂糖を入れる / Je ne mets pas de *sucre* dans mon café. 私はコーヒーに砂糖を入れない / Combien de *sucres* voulez-vous dans votre café? コーヒーにいくつ角砂糖を入れますか / *sucre* blanc 白糖 / *sucre* candi 氷砂糖 / *sucre* de raisin ブドウ糖 / *sucre* en poudre 粉糖 / *sucre* glace 粉糖, パウダーシュガー / *sucre* semoule［granulé］グラニュー糖 / faux *sucre* 人工甘味料. ❷ 糖. ▶ *sucre* de malt 麦芽糖 / *sucre* dans les urines 尿中の糖.

casser du sucre sur le dos de qn 話 …の陰口を言う.

en sucre (1) 砂糖でできた. ▶ un bonhomme *en sucre* 砂糖人形. (2) 話《多く否定的表現で》〔人が〕ひ弱な, 弱々しい. ▶ Cet enfant peut bien vous aider, il n'est pas *en sucre*. この子はきっとあなた方のお役に立ちますよ, やわではありませんから. (3)《愛情表現で》かわいい. ▶ Mon petit lapin *en sucre*. 私のかわいいウサギちゃん.

être tout sucre (tout miel)《欲しいものを得るためなど》いかにも愛想よく振る舞う.

*sucré, e /sykre/ スュクレ 形 ❶ 甘い; 砂糖を入れた. ▶ une orange *sucrée* 甘いオレンジ / vin *sucré* 甘口ワイン / eau *sucrée* 砂糖水 / Ce café est trop *sucré*. このコーヒーは甘すぎる / Prenez-vous votre café *sucré*? コーヒーには砂糖を入れますか. ❷ さも優しそうな. ▶ des propos *sucrés*

sucrer

甘言 / une voix *sucrée* 猫なで声.
— 名 faire ⸢le *sucré* [la *sucrée*]⸥ さも優しそうに振る舞う，猫をかぶる.
— **sucré** 男 甘味.

*****sucrer** /sykre スュクレ/ 他動 ❶ …に砂糖を加える；を甘くする. ▶ Il ne *sucre* jamais son thé. 彼は紅茶には決して砂糖を入れない / *sucrer* sa tisane avec du miel はちみつを入れて煎(ﾂ)じ薬に甘味をつける.
❷ 俗 …を取り消す. ▶ *sucrer* une permission (軍隊で)休暇を取り消す.
— **se sucrer** 代動 ❶ 自分で砂糖を入れる. ▶ Le thé est servi, *sucre-toi*. 紅茶が入ったよ，砂糖は自分で入れて. ❷ うまい汁を吸う.

sucrerie /sykrəri/ 女 ❶ 製糖工場. ❷《多く複数で》甘い物，砂糖菓子. ▶ aimer les *sucreries* 甘い物が好きである.

sucrier, ère /sykrije, ɛːr/ 形 砂糖を作る；砂糖の採れる. ▶ l'industrie *sucrière* 製糖工業.
— 名 製糖業者；製糖工.
— **sucrier** 男 砂糖入れ，砂糖壺(ﾂﾎﾞ).

:**sud** /syd スュド/ 男《単数形のみ》❶ 南. ▶ le vent du *sud* 南風 / se diriger vers le *sud* 南へ向かう / L'appartement est ⸢en plein *sud* [au *sud*]⸥. このアパルトマンは南向きだ.
❷《多く Sud》南部，南部地方. ▶ le *sud* de la France 南仏 (=le Midi). ◆固有名詞 + du *Sud* 南…. ▶ Amérique du *Sud* 南米 / Afrique du *Sud* 南アフリカ.
au sud de qc …の南方に [で]. ▶ Orléans se trouve *au sud de* Paris. オルレアンはパリの南に位置する. 語法 ⇨ NORD.
— 形《不変》南の. ▶ la rive *sud* de la Loire ロアール川南岸 / le pôle *Sud* 南極 / l'hémisphère *Sud* 南半球.

sud-africain, aine /sydafrikɛ̃, ɛn/ 形 南アフリカの；南アフリカ共和国の.
— **Sud-Africain, aine** 名 南アフリカ共和国の人.

sud-américain, aine /sydamerikɛ̃, ɛn/ 形 南アメリカの.
— **Sud-Américain, aine** 名 南米人.

sud-coréen, enne /sydkɔreɛ̃, ɛn/ 形 韓国の.
— **Sud-Coréen, enne** 名 韓国人.

sud-est /sydɛst/ 男《単数形のみ》❶ 南東(略 S-E). ❷ 南東部 [地方]. 注 多く Sud-Est または Sud-est とつづる. ▶ l'Asie du *Sud-Est* 東南アジア. — 形《不変》南東の.

sudoku /sudoku/ 男《日本語》数独.

sudorifique /sydɔrifik/ 形 発汗を促す，発汗の.
— 男 発汗薬.

sudoripare /sydɔripaːr/ 形 汗を分泌する.

sud-ouest /sydwɛst/ 男《単数形のみ》❶ 南西(略 S-O). ❷ 南西部 [地方]. 注 多く Sud-Ouest または Sud-ouest とつづる. — 形《不変》南西の.

Suède /sɥɛd/ 固有 女 スウェーデン：首都 Stockholm. ▶ en *Suède* スウェーデンに [で，へ].

suédois, oise /sɥedwa, waːz/ 形 スウェーデンの；*Suède* の.
— **Suédois, oise** 名 スウェーデン人.

suée /sɥe/ 女《労働，不安などによる》大汗. ▶ attraper une bonne *suée* びっしょり汗をかく.

*****suer** /sɥe スュエ/ 自動 ❶ 汗をかく (= transpirer). ▶ *suer* à grosses gouttes 玉の汗をかく / *suer* de peur 恐怖で冷汗をかく.
❷ 水分を染み出させる，結露する. ▶ Les murs *suent* d'humidité. 壁が湿気で汗をかいている / faire *suer* des légumes〖料理〗野菜をしんなりさせる.
❸ 俗〈*suer* (sur qc)〉(…のために)骨折る，苦労する. ▶ *suer* sur une dissertation 小論文に四苦八苦する.
faire suer qn 俗 …をうんざりさせる，いらいらさせる. ▶ Elle *fait suer* le monde avec ses critiques. 彼女はあれこれ批評して皆をうんざりさせる.
se faire suer 俗 うんざりする.
— 他動 ❶〔雰囲気，気配などを〕を発散する. ▶ une personne qui *sue* l'orgueil 傲慢(ｺﾞｳﾏﾝ)そうな人. ❷〔汗など〕をにじみ出させる.
en suer une 踊る，ダンスする.
suer sang et eau /sɥesɑ̃keo/ 大いに骨を折る，骨身を削る.

*****sueur** /sɥœːr スュウール/ 女 ❶ 汗；発汗. ▶ une peau moite de *sueur* 汗ばんだ肌 / être mouillé [trempé] de *sueur* 汗びっしょりになる. ◆ en *sueur* 汗をかいた. ▶ coureurs en *sueur* 汗びっしょりのランナーたち. ❷ 労苦. ▶ Voici le fruit de nos *sueurs*. これは我々の汗の結晶だ.
à la sueur de son front 額に汗して，苦労して. ▶ gagner son pain *à la sueur de son front* 額に汗して生活の糧を得る.
avoir des sueurs froides (不安や恐怖で)冷汗をかく，怖い思いをする.

Suez /sɥɛːz/ 固有 女 スエズ：エジプトの都市. ▶ canal de *Suez* スエズ運河.

:**suffire** /syfiːr スュフィール/ 69

過去分詞 suffi	現在分詞 suffisant
直説法現在 je suffis	nous suffisons
tu suffis	vous suffisez
il suffit	ils suffisent
複合過去 j'ai suffi	半過去 je suffisais
単純未来 je suffirai	単純過去 je suffis

間他動 ❶〈*suffire* à qc/不定詞〉〔物が〕…に十分である. ▶ L'offre ne *suffit* pas à la demande. 需要に供給が追いつかない / Un seul verre *suffit* à me rendre ivre. たった 1 杯飲んだだけでも酔っ払ってしまう.
❷〈*suffire* à qn〉…を満足させる. ▶ Vos tendres paroles me *suffisent*. あなた(方)の優しい言葉で私には十分です.
❸〈*suffire* à qc/不定詞〉〔人が〕…の能力がある，が十分できる. ▶ Elle pouvait désormais *suffire* à tous ses besoins. 彼女はいまや自活ができたし，もう私の手に余る. ▶ Je n'y *suffis* plus. もうそれは私の手に余る.
❹《非人称構文で》〈Il *suffit* à qn de qc / 不定詞〉…にとって…だけでよい [十分である]. ▶ Il vous *suffit* d'un coup de téléphone pour

rassurer vos parents. 御両親を安心させるにはちょっと電話してあげれば済むことです.
── 自動 ❶ 十分である, 足りる. ▶ Cela ne *suffit* pas. それでは不十分だ / Ça *suffira* pour aujourd'hui. 今日のところはこれで十分だ. ◆ *suffire* pour qc/不定詞 // *suffire* pour que + 接続法 …(する)には十分である. ▶ Cette somme devrait *suffire* pour le prochain voyage. 今度の旅行には, これだけの額があれば十分なはずだ / Un seul mot *suffit* pour la convaincre. 彼女を納得させるにはほんのひとことで足りる.
❷《非人称構文で》…だけで十分である. ▶ Il *suffit* d'une fois. 1度だけでたくさんだ / Il *suffirait* d'un peu de bonne volonté pour arriver à vos fins. 目的を達成するには少しやる気を出しさえすればよいだろう.

A chaque jour suffit sa peine. 諺 一日の苦労は一日で十分である.

Ça suffit (comme ça)! = Suffit! 話 もうたくさんだ, これ以上は御免だ.
── se suffire 代動 自給する, 自分でやっていく. ▶ Il travaille pour *se suffire* à lui-même. 彼は自活するために働く.

suffisamment /syfizamɑ̃/ 副 十分に. ▶ Il a *suffisamment* mangé. 彼はたっぷり食べた. ◆ *suffisamment* de + 無冠詞名詞 十分な…. ▶ Il a *suffisamment* de biens pour vivre aisément toute sa vie. 彼には一生左うちわで暮らせるくらいの財産がある.

suffisance /syfizɑ̃:s/ 女 文章 思い上がり, 尊大. ▶ parler avec un ton de *suffisance* 思い上がった口ぶりで話す / un homme plein de *suffisance* うぬぼれのかたまりのような男.

en suffisance = *à sa suffisance* 文章 十分に. ▶ avoir du vin *en suffisance* ワインがたっぷりある.

*suffis**ant, ante*** /syfizɑ̃, ɑ̃:t/ スュフィザン, スュフィザーント/ 形 (suffire の現在分詞) ❶ 十分な, 満足できる. ▶ obtenir des résultats *suffisants* 満足のいく結果を得る / C'est plus que *suffisant*. 十二分だ / condition nécessaire et *suffisante* 必要十分条件 / avoir une réserve *suffisante* d'argent たっぷり貯金がある. ◆ *suffisant* pour + 不定詞 // *suffisant* pour que + 接続法 …するのに十分な. ▶ Trois euros, c'est *suffisant* pour déjeuner au restau U. 3 ユーロあれば, 学食でお昼を食べるのに十分だ. ❷ 文章 うぬぼれの強い, 傲慢(ごうまん)な. ▶ un ton *suffisant* 尊大な口調.
── 名 うぬぼれ屋, 威張り屋. ▶ faire le *suffisant* 思い上がる, 偉そうにする.

suffise-, suffisi-, suffiss-, suffi-, suffî- 活用 ⇨ SUFFIRE 69

suffixation /syfiksasjɔ̃/ 女【言語】接尾辞添加, 接尾辞による派生語形成.

suffixe /syfiks/ 男【言語】接尾辞.

suffoc**ant, ante** /syfɔkɑ̃, ɑ̃:t/ 形 ❶ 息苦しくさせる. ▶ une chaleur *suffocante* むせ返るような暑さ. ❷ 啞然(あぜん)とさせる.

suffocation /syfɔkasjɔ̃/ 女 息苦しさ, 呼吸困難. ▶ avoir des *suffocations*(喘息(ぜんそく)などで)呼吸困難になること.

suffoquer /syfɔke/ 他動 ❶ …を息苦しくさせる. ▶ *être suffoqué* par la chaleur humide 蒸し暑さに息が詰まりそうになる.
❷[怒り, 驚きなどが]…の息を詰まらせる, 啞然(あぜん)とさせる. ▶ Il nous a *suffoqués* avec ses déclarations. 彼の宣言に我々は息をのんだ.
── 自動 ❶ 息苦しくなる;【医学】窒息する.
❷ 〈*suffoquer* de + 無冠詞名詞(激しい感情)で〉息が詰まる. ▶ *suffoquer* de surprise 驚いて息をのむ.

suffrage /syfra:ʒ/ 男 ❶ 投票; 票. ▶ *suffrages* exprimés 有効投票 / obtenir 10% [dix pour cent] des *suffrages* 10パーセントの票を獲得する. ❷ 選挙(制度). ▶ *suffrage* direct [indirect] 直接[間接]選挙 / Le président de la République est élu au *suffrage* universel direct. フランス共和国大統領は直接普通選挙で選ばれる. ❸ 文章 賛同, 同意. ▶ accorder son *suffrage* 賛成する.

suffragette /syfraʒɛt/ 女《英語》(英国で女性に選挙権がなかったころ)婦人参政権論を唱えた女性.

*suggérer /sygʒere/ スュグジェレ/ 6 他動 ❶ …を提案する. ▶ *suggérer* une idée à qn …にある考えを提示する. ◆ *suggérer* (à qn) de + 不定詞 ▶ Je lui *ai suggéré* d'aller voir un médecin. 私は彼(女)に医者に診てもらうように勧めた. ◆ *suggérer* que + 接続法 ▶ Je *suggère* que nous allions nous promener. 散歩にでも行かないか.
❷ …を暗示する, ほのめかす; 思い起こさせる. ▶ Je lui *ai suggéré* que c'était moins facile qu'il ne pensait. それは思っているほどたやすくないことを彼にそれとなく言ってやった / Ce tableau *suggère* bien la tristesse de l'hiver. この絵は冬のもの悲しさを思い起こさせる.

suggest**if, ive** /sygʒɛstif, i:v/ 形 ❶ 暗示に富んだ; 連想を呼び起こす. ▶ livre *suggestif* 暗示的な書物. ❷ 挑発的な, エロチックな.

suggestion /sygʒɛstjɔ̃/ 女 ❶ 提案. ▶ faire une série de *suggestions* concrètes 一連の具体的提案をする / Il a agi sur la *suggestion* de son père. 彼は父親の助言に従って行動した. ❷ 示唆, 暗示. ❸【心理】暗示.

suggestionner /sygʒɛstjɔne/ 他動 …を暗示にかける. ── se suggestionner 代動 自己暗示にかかる; 固定観念にとらわれる.

suicidaire /sɥisidɛ:r/ 形 自殺の, 自殺的な, 破滅に至る. ▶ comportement *suicidaire* 自殺行為. ── 名 自殺に走りがちな人.

suicide /sɥisid/ 男 ❶ 自殺, 自害. ▶ commettre un *suicide* 自殺する / tentative de *suicide* 自殺未遂 / *suicide* collectif 集団自決 / candidat au *suicide* 自殺志願者 / attentat *suicide* 自爆テロ. ❷ 自滅; 自殺行為. ▶ Rouler à cent à l'heure, c'est un [du] *suicide*! 時速100キロも出すなんて自殺行為だ. ❸《同格的に》死を覚悟の. ▶ avion-*suicide* 特攻機.

suicidé, e /sɥiside/ 形, 名 自殺した(者).

se suicider /s(ə)sɥiside/ 代動 ❶ 自殺する. ▶ *se suicider* d'un coup de revolver ピストルで

suie

自殺する. ❷ 自滅する.
suie /sɥi/ 囡 煤(すす).
suif /sɥif/ 圐 ❶ 獣脂；油脂. ❷ 諺《軽蔑して》(人間の)脂肪.
suiffer /sɥife/ 他動〔金属, 皮革など〕に脂を塗る.
suintement /sɥɛ̃tmɑ̃/ 圐 (液体の)滲出(しんしゅつ); (壁, 岩, 傷口などから)染み出した水分.
suinter /sɥɛ̃te/ 自動 ❶ 染み出る, 滴る. ▶ l'eau qui *suinte* dans un tunnel トンネル内に染み出した水. ❷〔物, 場所が〕液体を滴らせる. ▶ un sous-sol où les murs *suintent* 壁から水がにじみ出ている地下室 / une plaie qui *suinte* 血の滴る傷口.
suis /sɥi/ 活用 ⇨ ÊTRE¹［Ⅱ］; SUIVRE 63
Suisse /sɥis/ 固有 囡 スイス: 首都 Berne. ▶ en *Suisse* スイスに［で, へ］.
suisse /sɥis/ 圏 スイス Suisse の. ▶ la Confédération *suisse* スイス連邦 / le franc *suisse* スイスフラン.
── **Suisse** 图 スイス人. 注 ときに女性形 Suissesse も用いられる.
── **suisse** 圐 ❶〖チーズ〗petit *suisse* プチスイス: 白く柔らかい小型円形チーズ. ❷ (教会の)守衛, 制服警護員;〖歴史〗スイス人傭兵(ようへい).
manger [*boire*] *en suisse* 1人で食べる［飲む］.
suit /sɥi/ 活用 ⇨ SUIVRE 63
*__suite__ /sɥit/ スュイット 囡 ❶ 続き, そのあと. ▶ reprendre la *suite* d'une histoire 物語の続きを話し始める / Apportez-nous la *suite*. 次の料理を出してください / *suite* et fin (連載物で)本号完結, 最終回 / la *suite* de la page dix 10ページからの続き / la *suite* au prochain numéro 以下次号 / *suite* à votre lettre (商業文で)貴信に対する御返事として, 拝復.
❷〈une *suite* de + 無冠詞複数名詞〉…の連続, 一続き (=série). ▶ une *suite* d'événements 一連の出来事 / une rue bordée d'une *suite* de boutiques de mode ブティックの建ち並ぶ通り / Il a eu une *suite* de malheurs. 彼は不運続きだった.
❸《多く複数で》結果, 帰結; 影響, 余波. ▶ les *suites* d'une maladie (=séquelles) 病気の後遺症 / Le divorce est la *suite* logique de leur mésentente. この離婚は彼らの不和からして当然の結果だ / Il est mort des *suites* de cet accident. 彼はその事故がもとで亡くなった / Cette erreur n'a pas eu de *suite*(*s*). この過ちはあとに影響を残さなかった. 比較 ⇨ RÉSULTAT.
❹ (計画, 約束などの)実行. ▶ Ce projet n'a pas eu de *suite*. その計画は実現しなかった.
❺ 一貫性, 筋道, 脈絡. ▶ Son raisonnement manque de *suite*. 彼(女)の推論は筋道が通らない.
❻ (集合的に)随員, 従者; 取り巻き(連). ▶ la *suite* présidentielle 大統領の随行員.
❼ (高級ホテルの)続き部屋, スイートルーム.
❽〖音楽〗組曲. ❾〖数学〗列, 数列.
à la suite 続けて, 次々に. ▶ boire trois verres *à la suite* 酒を3杯ずつ続けて飲む.
*__à la suite de qc/qn__ …のあとで (=après); …のせいで (=en raison de). ▶ Un vote a eu lieu *à la suite de* ce débat. その討議に引き続き投票が行われた / *A la suite de* cet accident, elle a dû arrêter son travail. その事故に遭って彼女は仕事をやめざるをえなかった.
avoir de la suite dans les idées 意志が固い, 根気がある；頑固一徹である.
dans la suite あとになって, 後に (=par la *suite*).
*__de suite__ (1) たて続けに (=d'affilée); 中断なしに. ▶ manger six huîtres *de suite* カキを一気に6つ食べる / travailler sept heures *de suite* 休まずに7時間働く. (2) すぐに (⇨ 成句 tout de suite).
donner suite à qc (計画など)を実行に移す；(要求など)を認める, に応じる.
(*et*) *ainsi de suite* 以下同様(にして).
faire suite à qc …に続く, の次に来る；に隣接する. ▶ le débat qui *a fait suite à* l'exposé 研究発表のあとを受けて行われた討論.
*__par la suite__ あとになって, 後に. ▶ J'ai appris *par la suite* qu'elle était célibataire. あとになって彼女が独身であることを知った.
*__par suite de qc__ …の結果で；のせい［おかげ］で. ▶ Ils se sont séparés *par suite d*'un désaccord. 彼らは不仲が原因で別れた.
prendre la suite de qn …のあとを継ぐ. ▶ Son fils *a pris* sa *suite*. 彼(女)の息子がそのあとを継いだ.
sans suite (1) 脈絡のない, 支離滅裂な. ▶ tenir des propos *sans suite* とりとめのない話をする. ▶ (2) (質問や要求などに)回答［反応］のない；実現しない.
suite à qn …に引き続いて.
*__tout de suite__ すぐに, 直ちに. ▶ Venez ici *tout de suite*. すぐここに来なさい / Cet immeuble se trouve *tout de suite* après le carrefour. そのビルは交差点のすぐ向こうにあります / A *tout de suite*! (いったん別れるときに)じゃああとで.
*__suivant__¹, *ante* /sɥivɑ̃, ɑ̃:t/ スュイヴァン, ヴァーント/ 圏 ❶ 次の；以下のような. ▶ La personne *suivante*, s'il vous plaît. 次のかたどうぞ / Voir la page *suivante*. 次のページを見よ.
❷ その次の. ▶ 《Fermé à Noël et les trois jours *suivants*》「クリスマスとその後の3日間休業」/《間接話法中で》Il a dit qu'il viendrait le lundi *suivant*. 彼は次の月曜日に来ると言った. 注 現在とは別の起点に基づいて「その次」を表わす. 現在が起点の場合は prochain を用いる.
── 图 ❶《定冠詞とともに, 前出の名詞を受けて代名詞的に》次のもの；…のようなもの. ▶ dans ces chapitres et les *suivants* これらの章とそれ以降の章で / La définition est la *suivante*. その定義は次のとおりである. ❷ 次の人. ▶ Au *suivant*! はい次, 次の人. ❷ 文章 お供, 従者；召し使い.
*__suivant__² /sɥivɑ̃/ スュイヴァン/ 前 ❶ …に従って, によれば. 注 人称代名詞の前では suivant を避け, selon, d'après を用いる. ▶ *suivant* la télévision テレビによれば / *Suivant* son habitude, il s'est levé à sept heures. いつものように彼は7時に起きた.

❷ …に応じて, によって. ▶ *suivant* le cas 場合に応じて / Les mœurs diffèrent *suivant* les pays et les époques. 風俗は国や時代によって異なる.

❸ …に沿って. ▶ découper *suivant* le pointillé ミシン目に沿って切り取る.

suivant que + 直説法 …に応じて, …次第で. ▶ Le point de vue change, *suivant qu*'on est d'un parti ou d'un autre. どちらの側につくかで観点が変わる.

suive, suivent, suives /sɥiːv/ 活用 ⇨ SUIVRE 63

suiveur, euse /sɥivœːr, øːz/ 名 ❶ (審判, 報道関係者など, レースの)伴走者. ❷ 追随者, 模倣者.

suivez /sɥive/ 活用 ⇨ SUIVRE 63

suivi, e /sɥivi/ 形 (suivre の過去分詞) ❶ 長く続いている, 継続的な. ▶ entretenir avec qn des relations *suivies* …と継続的な関係を保つ / un article *suivi* 続けて売れている商品, 定番商品. ❷ 理路整然とした. ▶ une histoire *suivie* 筋の通った話. ❸〔講義, 番組などが〕人気のある. ▶ un cours *suivi* あまり人気のない講義. ❹〈être *suivi* de qc〉続いて…が来る. ▶ Ses menaces ont été immédiatement *suivies* d'effet. 彼(女)の脅しは効果覿面(てきめん)であった.
— *suivi* 男 追跡調査, フォローアップ.

suivi-, suivî-, suiviss- 活用 ⇨ SUIVRE 63

suivisme /sɥivism/ 男 追随的な態度, 付和雷同; 御都合主義, 日和見主義.

suiviste /sɥivist/ 形, 名 追随的な(人), 付和雷同的な(人).

***suivre** /sɥiːvr スュイーヴル/ 63

過去分詞 suivi	現在分詞 suivant
直説法現在 je suis	nous suivons
tu suis	vous suivez
il suit	ils suivent
複 合 過 去 j'ai suivi	半 過 去 je suivais
単 純 未 来 je suivrai	単純過去 je suivis

他動 ❶ …の後について行く[来る];〔物が〕…のあとから来る. ▶ *Suivez*-moi. 私についてきてください / Si vous voulez bien me suivre. こちらにどうぞ / *suivre* qn de près …のすぐあとについていく / *suivre* qn dans son voyage (=accompagner) …の旅行についていく / Passez devant, je vous *suis*. 先に行ってください, ついていきますから / un chien fidèle qui *suit* partout son maître どこにでも主人のあとについていく忠実な犬 / Vos bagages vous *suivront* par le train. あなた(方)の荷物はあとから鉄道便で届きます.

❷ …のあとを追う, 尾行する;〔想念などが〕…につきまとう. ▶ *suivre* qn/qc「des yeux [du regard]」…の動きを目で追う / Le souvenir de cet accident la *suit*, il ne la quitte pas un instant. (=poursuivre, obséder) その事故の記憶が彼女につきまとって一瞬たりとも離れない.

❸ …の次に来る, に続く. ▶ L'été *suit* le printemps. 春の後に夏が来る / Les notes *suivent* le texte. 注は本文のあとにある / pendant les jours qui *ont suivi* l'attentat そのテロ事件があってから数日の間.

❹〔道, 方針など〕に沿って進む;〔道〕…に沿っている. ▶ *Suivez* cette rue, vous déboucherez sur la rue Saint-Jacques. この通りを行きなさい, そうすればサン=ジャック通りに出ます / *suivre* une ligne d'action 活動方針に沿って進む / *suivre* le fil de ses idées 思考の糸を追う.

❺ …に従う, を見習う, まねる;〔変化〕に即応する. ▶ *suivre* la mode 流行に追随する / *suivre* le conseil de qn …の忠告に従う / C'est un exemple à *suivre*. 見習うべきお手本だ / Personne ne vous *suivra* dans votre décision. だれもあなた(方)の決定にはついてこないでしょう / Le mot d'ordre de grève *a été* peu *suivi*. ストの指令に従う者はほとんどいなかった / Les salaires ne *suivent* pas l'inflation. 給料の上がり具合はインフレについていかない.

❻〔授業など〕に出席する;〔治療など〕を規則正しく行う. ▶ *suivre* un régime ダイエットする.

❼〔話し手, 議論など〕を理解する, についていく. ▶ Vous me *suivez*? お分かりになりましたか / Je ne *suis* pas votre raisonnement. あなた(方)の論理が理解できない /《目的語なしに》un élève qui ne *suit* pas en mathématiques 数学で授業についていけない生徒.

❽ …の動向[経過]を注視する. ▶ *suivre* l'actualité (=s'intéresser à) 政治の動きに関心を払う / *suivre* un match de rugby à la radio ラジオでラグビーの試合の行方を追う / un élève que je *suis* depuis deux ans 2年前から担当[指導]をしている生徒 / *suivre* un malade 病人の経過を見守る / C'est une affaire à *suivre*. これは成り行きを見守るべき事件だ.

❾〔商品, 製品〕を常に取りそろえておく.

à *suivre* (次回, 次号に)続く.

Suivez mon regard. 諺 (私の視線の先を見て下さい→)《ほのめかして》だれ[何]のことだかお分かりでしょう.

suivre le mouvement 皆と同じように行動する.

suivre qn dans la tombe …のあとを追って死ぬ.

suivre qn「par la [en] pensée〔いない人〕のことを考え続ける, の振る舞いを想像する.

suivre son cours〔事態が〕当然の成り行きを示す. ▶ L'inflation *a suivi* son cours fatal. インフレは致命的な方向に進んだ.

— 自動 ❶ 次に来る, 続く;付随して生じる. ▶ Lisez ce qui *suit*. 続きを読んでください / l'exemple qui *suit* 次に挙げる例 / Si les prix augmentent, les salaires doivent *suivre*. 物価が上がれば, それに伴って給与も上がらなくてはならない.

❷ あとからついていく[くる];あとで来る. ▶ Tout le monde *suit*? 全員ついてきていますか / Voici votre paquet, la facture *suit*. お宅あての小包です, 送り状はあとで来ます / faire *suivre* un courrier 郵便物を転送してもらう /《Faire *suivre*》(封筒の上書きで)「名宛(なあて)人転居[長期不在]の場合は転送願います」

sujet

comme suit 以下に述べるように，次のような．
Il suit de qc que ＋[直説法] ❶ **主題**，テーマ．《非人称構文で》…の帰結として…であると分かる．▶ *Il suit de* votre témoignage *qu*'il est parfaitement innocent. あなた(方)の証言で彼は完全に無実だということになる．

— **se suivre** [代動] ❶ 引き続く，相次ぐ．▶ *se suivre* à la file 1 列になって続く / des événements qui *se suivent* 相次いで起こる出来事．
❷〔数などが〕続いている．▶ des cartes qui *se suivent* 数が続いているカード(ストレートなど) / Les pages ne *se suivent* pas. ページが飛んでいる．
❸首尾一貫している．
Les jours se suivent et ne se ressemblent pas. [諺] 日々は続けど等しからず．

***sujet**[1] /syʒɛ スュジェ/ [男] ❶ **主題**，テーマ．▶ un *sujet* de conversation 話題 / aborder un *sujet* あるテーマに触れる / entrer dans「le vif [le cœur] du *sujet* 話の核心に入る / changer de *sujet* 話題を変える / une remarque hors du *sujet* 本題から外れた指摘 / Revenons à notre *sujet*. 本題に戻ろう / un *sujet* difficile à traiter 扱い方が難しいテーマ / une tapisserie avec un *sujet* légendaire 伝説を題材［モチーフ］にしたタピスリー / Quel est le *sujet* de ce livre？ この本のテーマは何ですか．
❷（争い，不平の）**理由**，原因．▶ un *sujet* de mécontentement 不満の種 / sans *sujet* 理由なく / Quel est le *sujet* de votre discorde？ あなた方の反目のわけは何ですか．
❸〔形容詞(と)とともに〕…な人，生徒．▶ un bon [mauvais] *sujet* 品行のよい［悪い］人［生徒］/ un brillant *sujet* = un *sujet* d'élite 秀才．❹ 被験者，被験体；実験動物．▶ *sujet* d'expériences 実験動物．
❺〖文法〗主語；主辞．❻〖哲学〗主体，主観．

****au sujet de qc/qn*** …について，関して．▶ Il ne m'a rien dit *au sujet de* sa démission. 辞職の件について彼は私に何も言わなかった / Je me fais du souci *à son sujet*. 彼(女)のことで私は心配している / *à ce sujet* その件について / Vous voulez lui parler, c'est *à quel sujet*？ 彼(女)と話がしたいって，どのような用件ですか．
avoir sujet de ＋[不定詞] …する理由がある．▶ Vous n'*avez pas sujet de* vous plaindre. あなた(方)が不満を言う筋合いはない．
sans sujet 理由なく，いわれのない．

sujet[2]**, ette** /syʒɛ, ɛt/ [形]〈*sujet* à qc/[不定詞]〉…に陥りやすい，を免れえない．▶ être *sujet* au mal de mer 船酔いしやすい / L'homme est *sujet* à se tromper. 人間は間違うことがよくある．
sujet à caution 〔情報などが〕信用できない．
sujet à révision 再検討すべき；見直しのありうる．

— [名] ❶ 臣下，臣民．❷ 国民．▶ Elle est *sujet* britannique. 彼女はイギリス国民である．[注] 女性形は稀．

sujétion /syʒesjɔ̃/ [女] ❶ 束縛，拘束；つらい義務，責務．▶ un emploi qui comporte une grande *sujétion* 多大な拘束を伴う仕事．❷ [文章] 服従，隷属．▶ un pays tenu en *sujétion* par un autre 他国に隷属を余儀なくされた国．

sulf- [接頭]「硫黄」の意．
sulfamide /sylfamid/ [男]〖化学〗サルファ剤．
sulfatage /sylfataːʒ/ [男]（おもにブドウの病害駆除のための）硫酸銅溶液散布．
sulfate /sylfat/ [男]〖化学〗硫酸塩．▶ *sulfate* de cuivre 硫酸銅 / *sulfate* d'ammoniaque 硫酸アンモニウム，硫安．
sulfaté, e /sylfate/ [形]〖化学〗硫酸塩を含んだ．
sulfater /sylfate/ [他動]〔ブドウ畑に〕硫酸銅溶液を（農薬として）散布する．
sulfateur, euse /sylfatœːr, øːz/ [名]（硫酸銅溶液を）散布する人．

— **sulfateuse** [女]（硫酸銅溶液の）散布器．
sulfure /sylfyːr/ [男]〖化学〗硫化物．
sulfureux, euse /sylfyrø, øːz/ [形] ❶ 硫黄質の．❷ [話] 物騒な；悪魔を思わせる．❸〖化学〗acide *sulfureux* 亜硫酸 / gaz *sulfureux* 亜硫酸ガス，二酸化硫黄．
sulfurique /sylfyrik/ [形]〖化学〗acide *sulfurique* 硫酸．
sulfurisé, e /sylfyrize/ [形]〖化学〗硫酸処理した．▶ papier *sulfurisé* 硫酸紙．
sultan /syltɑ̃/ [男]《トルコ語》オスマン・トルコ皇帝，スルタン，サルタン；（イスラム教国の）君主．
sultanat /syltana/ [男] サルタンの座［治世］；サルタン治下の国．
Sumer /symeːr/ [固有] シュメール：古代バビロニア南部地方．
sumérien, enne /symerjɛ̃, ɛn/ [形] シュメールの．— **Sumérien, enne** [名] シュメール人．
sûmes /sym/ [活用] ⇨ SAVOIR[1] [37]．
sunnite /synit/ [名] [形] イスラム教スンニー派(の)．
super[1] /sypɛːr/ [形]《不変》❶ [話] すばらしい，すごくいい．▶ C'est *super*！ 最高だ / Il est *super*, ce mec！ やつは最高だね．[比較] ⇨ ADMIRABLE．❷《靴下，下着などが》LL サイズの，特大の (=de taille *super*)．
super[2] /sypɛːr/ ; 《複》〜(s) [男] [話] ❶ (*supercarburant* の略) スーパー，ハイオクガソリン．
❷ (*supermarché* の略) スーパーマーケット．
super- [接頭] ❶「超，スーパー」の意．❷「上の，上に」の意．▶ *super*poser 重ね合わせる．

***superbe**[1] /sypɛrb スュペルブ/ [形] 非常に美しい，すばらしい；立派な．▶ une vue *superbe* すばらしい眺め / un temps *superbe* 上天気 / avoir une *superbe* situation 立派な地位に就く．[比較] ⇨ ADMIRABLE．
superbe[2] /sypɛrb/ [女] [文章] 傲慢(ぷ)，尊大．▶ avec *superbe* 尊大に．
superbement /sypɛrbəmɑ̃/ [副] すばらしく，見事に，とてつもなく．
superbénéfice /sypɛrbenefis/ [男] 超高利益，過剰利益．
supercalculateur /sypɛrkalkylatœːr/ [男] スーパーコンピュータ．
supercarburant /sypɛrkarbyrɑ̃/ [男] ハイオクガソリン．
super-champion, onne /sypɛrʃɑ̃pjɔ̃, ɔn/

名 スーパーチャンピオン.

supercherie /sypɛrʃəri/ 女 ごまかし, いんちき, ぺてん. ▶ user de *supercherie* いんちきをやる.

superette /sypɛrɛt/ 女 小規模食品スーパー.

superfétatoire /sypɛrfetatwa:r/ 形 文章 余計な, 蛇足の. ▶ une explication *superfétatoire* 余計な説明.

superficie /sypɛrfisi/ 女 ❶ 面積, 表面積. ▶ Quelle est la *superficie* de cette chambre ? この部屋の面積はいくらですか / calculer la *superficie* d'une sphère 球の表面積を計算する.
❷ 文章 うわべ, 表層. ▶ rester à la *superficie* des choses 物事の上面しか見ない.

superficiel, le /sypɛrfisjɛl/ 形 ❶ 表面の, 表層の. ▶ couches *superficielles* de l'écorce terrestre 地殻の表層.
❷ 深みのない, 皮相な, 浅薄な. ▶ connaissances *superficielles* 薄っぺらな知識 / avoir des relations *superficielles* avec qn …と単なる付き合いの関係にある / une personne *superficielle* 浅薄な人.
❸ うわべだけの, 見せかけの. ▶ une amabilité *superficielle* うわべだけの愛想のよさ.

superficiellement /sypɛrfisjɛlmɑ̃/ 副 ❶ 表面だけに, 軽く. ▶ être blessé *superficiellement* かすり傷を負う. ❷ 表面的に, 皮相に, 浅薄に; うわべだけ.

superfin, ine /sypɛrfɛ̃, in/ 形 極上の, 最高級の. ▶ beurre *superfin* 極上のバター.

superflu, e /sypɛrfly/ 形 余計な, 不必要な, 無益な. ▶ dépenses *superflues* むだな出費 / tenir des propos *superflus* 不必要なことを言う / Il est *superflu* d'insister. これ以上言ってみてもむだだ. — **superflu** 男 余計なもの, 贅沢(ぜいたく)品.

superfluité /sypɛrflyite/ 女 文章 余計であること, 不必要; 余分なもの, 不必要なもの.

supergrand /sypɛrgrɑ̃/ 男 話 ❶ 超大国.
❷ 巨大企業.

***supérieur, e** /sypɛrjœ:r/ スュペリユール/ 形 ❶ 上の, 上方の, 上部の(↔inférieur). ▶ la mâchoire *supérieure* 上あご / la lèvre *supérieure* 上唇 / les étages *supérieurs* d'un immeuble ビルの上方階.
❷ 上流の, 川上の. ▶ le cours *supérieur* d'un fleuve 川の上流 / la Seine *supérieure* セーヌ川の上流.
❸ <*supérieur* à qc>…より大きい, を上回る. ▶ une note *supérieure* à la moyenne 平均より高い点数 / La superficie de ce pays est deux fois *supérieure* à celle du Japon. この国の面積は日本の2倍である.
❹ <*supérieur* (à qn/qc)>(…より)優れた, 卓越した. ▶ un article de qualité *supérieure* 高級品 / se croire *supérieur* aux autres 人より自分のほうが優れていると思う / Son nouveau livre est *supérieur* aux précédents. 彼(女)の新作は前の諸作よりもさらに優れている.
❺ 上位の, 上級の, 高等な. ▶ être doué d'une intelligence *supérieure* 非常に頭がいい / les classes *supérieures* de la société 上流階級 / l'enseignement *supérieur* 高等教育(注 初等

[中等]教育は l'enseignement primaire [secondaire]) / l'Ecole normale *supérieure* 高等師範学校 / les cadres *supérieurs* d'une entreprise 会社の重役, 高級管理職者(注 中級管理職者には les cadres moyens).
❻ <*supérieur* à qc>…を掌握した; を上回る力量の. ▶ un homme *supérieur* à la situation 事態を高所から冷静に判断できる男.
❼ 高慢な, 尊大な. ▶ prendre des airs *supérieurs* 人を見下した態度を取る.
❽ 〖天文〗planète *supérieure* 外惑星: 軌道が地球軌道の外側にある惑星.
— 男 目上の人, 上司. ▶ obéir à ses *supérieurs* 目上の人[上司]に服従する. ❷ 修道院長.

supérieurement /sypɛrjœrmɑ̃/ 副 際立って, 極めて; 見事に. ▶ un garçon *supérieurement* intelligent なみはずれて頭のよい少年.

supériorité /sypɛrjɔrite/ 女 <*supériorité* (sur qn/qc)>(…に対する)優越, 優位. ▶ avoir la *supériorité* numérique [du nombre] 数において優勢である / la *supériorité* des transports en commun sur la voiture individuelle マイカーに対する公共交通機関の優れた点 / sentiment de *supériorité* 優越感 / prendre un air de *supériorité* 尊大な態度を取る.

superlatif /sypɛrlatif/ 男 ❶〖文法〗最上級. ▶ le *superlatif* relatif 相対最上級(例: 「le plus [le moins] grand 一番大きい[小さい]) / le *superlatif* absolu 絶対最上級(例: très grand たいへん大きい). ❷ 大げさな言葉, 過度に強める語.
— **superlatif, ive** /sypɛrlatif, i:v/ 形 文章 〔賛辞などの〕大げさな, 仰々しい.

supermarché /sypɛrmarʃe/ 男 スーパーマーケット.

superposable /sypɛrpozabl/ 形 重ねることのできる, 積み重ねられる.

superposer /sypɛrpoze/ 他動 …を重ねる; 重ね合わせる. ▶ *superposer* des livres 本を積み重ねる / des lits *superposés* 2段ベッド. ◆ *superposer* A à B AをBに重ねる.
— **se superposer** 代動 ❶ 重なる, 重なり合う. ❷ <*se superposer* à qc>…に付け加わる.

superposition /sypɛrpozisjɔ̃/ 女 重ねること; 重ね合わせ.

superproduction /sypɛrprɔdyksjɔ̃/ 女 〖映画〗超大作.

superprofit /sypɛrprɔfi/ 男 超過利潤, 過剰利潤, 巨額[巨大]利潤.

superpuissance /sypɛrpɥisɑ̃:s/ 女 超大国.

supersonique /sypɛrsɔnik/ 形 超音速の.
— 男 超音速機.

superstar /sypɛrsta:r/ 女《米語》スーパースター.

superstitieux, euse /sypɛrstisjø, ø:z/ 形 迷信深い; 迷信に基づく. — 名 迷信家.

superstition /sypɛrstisjɔ̃/ 女 ❶ 迷信; 縁起かつぎ. ❷ 盲信; 不合理な執着. ▶ avoir la *superstition* de l'ordre 異常なまでに物事の順序にこだわる.

superstructure /sypɛrstrykty:r/ 女 ❶ (マルクス主義で, 政治制度, 文化現象などの)上部構造.

supertanker

❷ 〖建築〗基面上構造物. ❸ 〖鉄道〗上構(レール, 駅舎など).

supertanker /sypertɑ̃kɛːr/ 男〖英語〗超大型タンカー.

superviser /sypɛrvize/ 他動〔仕事〕を監督[管理]する.

superviseur /sypɛrvizœːr/ 男 ❶ (仕事の)監督者；監修者. ❷〖情報〗スーパーバイザー, 監視プログラム.

supervision /sypɛrvizjɔ̃/ 女〖英語〗❶ (仕事の)監督；監修. ❷〖映画〗監修.

supin /sypɛ̃/ 男〖文法〗目的分詞, スピーヌム：ラテン語で, ある種の動詞の目的語や特定の形容詞の限定修飾語の働きをする動詞的名詞.

supplanter /syplɑ̃te/ 他動 ❶ …の地位を奪う, を押しのける. ▶ *supplanter* un rival (= évincer) ライバルを蹴(ナ)落とす.
❷ …に取って代わる. ▶ La télévision n'*a* pas *supplanté* le cinéma. テレビが映画に取って代わったわけではない. 比較 ⇨ REMPLACER.

suppléance /sypleɑ̃ːs/ 女 (職務の)代理, 代行；代理職. ▶ obtenir une *suppléance* 代理の職に就く.

suppléant, ante /sypleɑ̃, ɑ̃ːt/ 形 代理の, 代行の；補欠の. ▶ un instituteur *suppléant* 代用教員. ── 名 代行者.

suppléer /syplee/ 他動 ❶ …を補う, 補足する, 埋める. ▶ *suppléer* un manque 不足を補う / *suppléer* des mots dans une phrase elliptique 省略文に語を補う / *suppléer* la main d'œuvre par des machines 人手の不足を機械で補う. ❷ …の代わりをする；代理を務める. ▶ *suppléer* un professeur absent 不在の教師の代理を務める.
── 間他動 ⟨*suppléer* à qc⟩ ❶ 〔不足〕を補う, 埋め合わせる. ▶ La rapidité de ce joueur *supplée* à son manque de puissance. この選手の持つスピードはパワーの不足をカバーしている.
❷ 〔物が〕…にとって代わる, の代用となる. ▶ La centrale nucléaire doit-elle *suppléer* à la centrale thermique?(= se substituer) 原子力発電所は火力発電所に取って代わるべきなのか.

__supplément__ /syplemɑ̃/ シュプレマン 男 ❶ 追加, 補足. ▶ demander un *supplément* d'informations 補足の情報を要求する / Je voudrais un *supplément* de frites, s'il vous plaît. フライドポテトの追加をお願いします. 注 complément が不足分を指すのに対して, supplément は追加分を指す.
❷ 付録, 補遺, 増補. ▶ le *supplément* d'un dictionnaire 辞書の補巻 / le *supplément* littéraire d'un journal 新聞の文芸付録.
❸ 追加料金, 割増し料金. ▶ payer un *supplément* 割増料金を払う / *supplément* pour excédent de bagages 手荷物の重量超過に対する追加料金.
__en supplément__ 追加の；規定外の；別料金の. ▶ « Vin *en supplément* »「(コース料理で)ワインは別料金」.

__supplémentaire__ /syplemɑ̃tɛːr/ シュプレマンテール 形 追加の, 補足の. ▶ demander des crédits *supplémentaires* 追加融資を求める / un train *supplémentaire* 臨時増発列車 / faire des heures *supplémentaires* 残業をする.

supplétif, ive /sypletif, iːv/ 形〖軍事〗(現地で臨時に雇われた)補充兵の.
── **supplétif** 補充兵.

suppliant, ante /syplijɑ̃, ɑ̃ːt/ 形 懇願する. ▶ un regard *suppliant* 哀願するような眼差(ぎ)し. ── 名 嘆願者.

supplication /syplikasjɔ̃/ 女 哀願, 嘆願.

supplice /syplis/ 男 ❶ 体刑；拷問；責め苦. ▶ subir de terribles *supplices* ひどい拷問を受ける / condamner qn au *supplice* de la roue …を車裂きの刑に処する. ❷ 死刑 (= le dernier *supplice*)；刑場. ▶ mener qn au *supplice* …を刑場へ引き立てる. ❸ ひどい苦しみ. ▶ Ce mal de dents est un *supplice*. この歯痛はたまらない / éprouver le *supplice* de la jalousie 嫉妬(ど)の苦しみを味わう.
__être au supplice__ ひどく苦しむ, 責めさいなまれる.
__le supplice de Tantale__ (タンタロスの苦しみ→) 欲しいものを目の前にしながら手に入れられない苦しみ.
__mettre qn au supplice__ …をひどく苦しめる.
__supplice chinois__ 残酷な刑罰；激しい精神的苦痛.

supplicié, e /syplisje/ 名 拷問を加えられた人；死刑に処せられた人.

supplicier /syplisje/ 他動 ❶ …を拷問にかける；死刑に処する. ❷ 文章 …をひどく苦しめる.

__supplier__ /syplije/ シュプリエ 他動 ⟨*supplier* qn de + 不定詞 / *supplier* que + 接続法⟩ ⟨…に⟩ …を嘆願する. ▶ L'enfant *suppliait* sa mère de ne pas le punir. その子は母親に聞かないでくれと懇願していた / Je vous en *supplie*, laissez-moi partir. お願いですから, 行かせてください / Elle *a supplié* qu'on ne la laisse pas seule. 彼女は独りぼっちにしないでくれと懇願した / Je vous *supplie* de vous taire. 黙っていてもらえますか.

supplique /syplik/ 女 嘆願, 請願(書).

support /sypɔːr/ 男 ❶ 支え. ▶ le *support* d'une statue 彫像の台座.
❷ 媒体. ▶ se servir de la télévision comme *support* pour une campagne électorale 選挙運動のためにテレビを媒体として利用する / *supports* publicitaires 広告媒体(新聞, テレビなど) / un *support* d'information〖情報〗情報記憶媒体(ディスク, テープなど).

supportable /sypɔrtabl/ 形 ❶ 耐えられる, 我慢できる. ▶ une douleur *supportable* 我慢できる痛み / Il fait très chaud. Mais c'est tout à fait *supportable*. とても暑いが, 十分我慢はできる.
❷ (多く否定的表現で) 許せる, 許容できる. ▶ Son attitude n'est pas *supportable*. 彼(女)の態度は許せない.

*__supporter__*¹ /sypɔrte/ シュポルテ 他動 ❶ …を我慢する, 堪え忍ぶ, 甘受する. ▶ *supporter* la faim 飢えを堪え忍ぶ / *supporter* un affront 侮辱にじっと耐える / Je ne *supporte* pas le bruit. 騒音に耐えられない / Je ne peux pas *supporter* ce type-là.(= sentir) あいつには我慢できない. ⟪多く否定的表現で⟫ *supporter*「de + 不定詞

[que + 接続法］▶ Il ne *supporte* pas「d'être contredit［qu'on le contredise］. 彼は反対されることが我慢できない.
❷ …に耐える, への抵抗力がある;〔飲食物〕を受けつける. ▶ *supporter* le froid 寒さに耐える［強い］/ Le bateau *a* bien *supporté* la tempête. 船はよく嵐(あらし)に耐えた / Il *supporte* difficilement la chaleur humide de Tokyo. 彼は東京の蒸し暑さが苦手だ / Elle ne *supporte* pas le vin. 彼女はワインが駄目だ.
❸ …(の重み)を支える. ▶ les poutres qui *supportent* le plafond 天井を支える梁(はり).
❹ …を引き受ける, 負担する;〔物が税など〕を課される. ▶ *supporter* tous les frais d'un procès 裁判の全費用を負担する / Ces articles *supportent* des taxes élevées. これらの商品には高い税金が課される.
❺〔選手, チーム〕を応援する. 注 英語の影響.
❻〔情報〕〔コンピュータが〕…を使える仕様になっている, サポートする.
— **se supporter** 代動 ❶ 互いに我慢し合う.
❷〔物事が〕我慢できる, 耐えられる.
supporter² /syporte:r/ 男 名 (スポーツ選手, チームの) 応援者, ファン, サポーター;（政治家などの）支持者.
supposé, e /sypoze/ 形 想定された; 仮定された. ▶ le nombre *supposé* des victimes 推定犠牲者数 / l'auteur *supposé* du vol 窃盗犯と目される人物 / La pression est *supposée* constante. 圧力は一定だと仮定されている.
— **supposé** 前 …とすれば, としても.
supposé que + 接続法 …とすれば, としても. ▶ *Supposé qu*'il fasse beau, viendrez-vous avec nous à la plage? 天気がよければ一緒に海に行きますか.
***supposer** /sypoze/ スュポゼ/ 他動 ❶ ＜*supposer* que + 直説法＞…だと考える, と推測する. 注 主節が疑問, 否定の場合には, que には接続法. ▶ On *supposait* que vous étiez au courant. あなた(方)は御存じだと思っていました / Son silence laisse *supposer* qu'il se désintéresse totalement de ce problème. 彼が黙りこくっているということは, この問題に全然関心がないということだろう /〔目的語なしに〕Vous êtes au courant, je *suppose* ? もう御存じでしょう.
❷ ＜*supposer* qn/qc + 属詞＞…を…だと想像する, と推測する. ▶ Je *suppose* ses enfants très intelligents. 彼(女)の子供たちは頭がいいんだろうな. ◆ *supposer* qc à［chez］qn …が…にあると思う［推測する］. ▶ On lui *suppose* une fortune personnelle. 彼(女)には個人資産があると目されている.
❸ ＜*supposer* qc ∥ *supposer* que + 接続法＞…を仮定する. ▶ *Supposons* une ligne A-B. 直線 AB があるとしよう / *Supposez* que vous ayez un accident. あなた(方)が事故に遭ったと仮定してごらんなさい. ◆ *supposer* qc + 属詞 …を…だと仮定する. ▶ *supposer* la pression constante 圧力が一定だと仮定する.
❹ ＜*supposer* qc ∥ *supposer* que + 接続法 / 直説法＞〔物〕…を前提とする, 必要とする;（当然）予想させる. ▶ Avouer sa faute *suppose* du courage. 過ちを認めるためには勇気が必要だ / La réussite de ce projet *suppose*（qu'on fasse）de gros efforts.（=impliquer）この計画を成功させるにはたいへんな努力が必要だ / Ta réponse *suppose* que tu n'as rien compris. その答えぶりから察するに君はまったく分かっていないね.
❺〔法律〕…を偽る.
à supposer que + 接続法 …を仮定して, 仮に…だとすれば. ▶ *A supposer que* vous gagniez le gros lot, que ferez-vous? 宝くじに当たったらどうしますか.

***supposition** /sypozisjɔ̃ スュポズィスィヨン/ 女 ❶ 推測. ▶ faire une *supposition* 推測する / Ce n'est qu'une simple *supposition*. それは単なる推測だ.
❷ 文章 仮定. ▶ dans cette *supposition* こう仮定すれば.
une supposition (*que* + 接続法) 話 仮に…としたら. ▶ *Une supposition qu*'il ne vienne pas, nous ne pourrions pas partir. 彼が来てくれないとすると我々は出かけるわけにはいかないのだが / *Une supposition*: vous trouvez un billet de cent euros dans la rue; que ferez-vous? 仮に道端で100ユーロ紙幣を見つけたとしたらどうしますか.

suppositoire /sypozitwa:r/ 男 座剤, 座薬.
suppôt /sypo/ 男 文章（悪人, 悪事の）手先. ▶ les *suppôts* de la réaction 反動の手先 / un *suppôt* de Satan 悪魔の手先; ［比喩的］ひどいやつ.
suppression /sypresjɔ̃/ 女 ❶ 除去; 削除. ▶ la *suppression* d'un mot ある単語の削除 / *suppression* d'emplois 人員整理 / effectuer 1000 *suppressions* d'emplois 1000人の人員整理を行う / faire des *suppressions* dans un texte 本文に削除を施す. ❷（法律, 制度などの）廃止. ▶ la *suppression* de la peine de mort (=abolition) 死刑廃止. ❸ 抹殺.
***supprimer** /syprime/ スュプリメ/ 他動 ❶ …を取り除く, 消し去る, **削除する**. ▶ un médicament qui *supprime* la douleur 痛み止めの薬 / *supprimer* un passage 一節を削除する / un article qui *a été supprimé* par la censure 検閲で抹消された記事 / *supprimer* les obstacles 障害を取り除く / *supprimer* un mur 壁を取り壊す / L'avion *supprime* les distances. 航空機は距離を大幅に縮める.
❷ …を廃止する, 撤廃する. ▶ *supprimer* une loi ある法律を廃止する / *supprimer* la discrimination raciale (=abolir) 人種差別を撤廃する.
❸ ＜*supprimer* qc à qn＞…から取り上げる, に禁ずる. ▶ On lui *a supprimé* son permis de conduire. (=retirer) 彼(女)は運転免許を取り消された. ❹ …を抹殺する, 殺す.
— **se supprimer** 代動 自殺する.
suppuration /sypyrasjɔ̃/ 女 化膿(のう).
suppurer /sypyre/ 自動 化膿(のう)する.
supputation /sypytasjɔ̃/ 女 ❶ 算出, 見積もり;（日付などの）算定. ❷ 予測, 見通し.
supputer /sypyte/ 他動 …を推算する, 概算する; 値踏みする; 予測する. ▶ *supputer* le coût d'un

supra

voyage 旅行の費用を見積もる.

supra /sypra/ 副《ラテン語》前に, 上に, 前述のように. ▶ Voir *supra* page 50 [cinquante]. 上記50ページ参照.

supra- 接頭「超」の意.

supraluminique /sypralyminik/ 形 超光速の.

supranational, ale /sypranasjɔnal/;《男複》**aux** /o/ 形 超国家的な, 一国の枠を超えた.

supranationalité /sypranasjɔnalite/ 安 超国家性.

suprasensible /syprasɑ̃sibl/ 形 超感覚的な, 感覚を超えた.

supraterrestre /sypraterestr/ 形 現世を超えた, 彼岸の. ▶ monde *supraterrestre* あの世.

suprématie /sypremasi/ 安 ❶ 支配的地位, 主導権, 覇権. ▶ avoir la *suprématie* maritime 制海権を握る. ❷ 優位, 優越. ▶ la *suprématie* économique 経済的優位.

***suprême** /syprɛm スュプレム/ 形 ❶ 最高(位)の. ▶ le chef *suprême* de l'Etat 国家元首 / autorité *suprême* 最高権威 / l'Être *suprême* 最高存在, 神. ❷《ときに名詞の前で》至高の; ずば抜けた. ▶ un bonheur *suprême* 至福 / déployer une *suprême* habileté 並ぶ者のない技量を発揮する / au *suprême* degré 極度に, このうえなく. ❸《ときに名詞の前で》最後の, 末期の. ▶ un espoir *suprême* 最後の望み / faire un *suprême* effort 最後の力を振り絞る / instant [heure] *suprême* 最期, 臨終. ❹《料理》sauce *suprême* シュプレームソース: クリームソースの一種.
— 男《料理》シュプレーム: 鳥のささ身や白身魚のクリームソース煮.

suprêmement /syprɛmmɑ̃/ 副 最高に, 極度に, 極めて.

***sur**[1] /syːr スュール/ 前

❶《位置》…の上に. ▶ Je peux poser mon sac *sur* la table? バッグをテーブルの上に置いていいですか / s'asseoir *sur* une chaise 椅子(す)に座る / dormir *sur* le dos 仰向(あお)けに眠る / marcher *sur* les mains 逆立ちで歩く / les ponts *sur* la Seine セーヌ川に架かる橋 / Regarde l'avion qui passe *sur* nos têtes!(=au-dessus de) 上をごらん, 飛行機が飛んでいくよ.

sur le plafond
sur le mur
sur la table

❷《表面, 目標》…(の表面)に. ▶ coller une affiche *sur* le mur 壁にポスターを張る / embrasser qn *sur* la joue …の頬(ほ)にキスする / écrire qc *sur* un cahier ノートに…を書く / enregistrer qc *sur* cassette カセットに…を録音する / rejeter une faute *sur* qn …に過失を転嫁する.

❸《方向, 近接》…の方に; に向けて; 面して. ▶ tourner *sur* sa gauche 左へ曲がる / *Sur* votre droite, c'est la Tour Eiffel. 右手に見えるのがエッフェル塔です / jeter un coup d'œil *sur* /qc …に一瞥(いちべつ)をくれる / fermer la porte *sur* qn …の面前でドアをぴしゃりと閉める / Est-ce que vous avez une chambre qui donne *sur* la mer? 海に面した部屋はありますか / Il y a beaucoup de châteaux *sur* la Loire. ロワール川沿いには多くの城がある.

❹《範囲》…にわたって. ▶ La plage s'étend *sur* trois kilomètres. 砂浜は3キロメートルにわたっている.

❺《主題》…について. ▶ écrire [discuter] *sur* qc …について書く[議論する] / faire un exposé *sur* Foucault フーコーについて発表する / *Sur* ce point, il a raison. その点に関しては彼が正しい.

❻《対象, 優越, 影響》…に対して. ▶ Il y a une taxe *sur* l'alcool. 酒類は課税されている / Tu as un avantage *sur* lui, tu n'as jamais le trac à l'oral. 口頭試験では彼より君の方が有利だ, 君は絶対あがらないからね / L'alcool n'a aucun effet *sur* moi. アルコールは私には全然効かない / régner *sur* qn/qc …を支配する.

❼《根拠, 保証, 基準》…に基づいて; かけて; 合わせて. ▶ fabriquer qc *sur* commande [demande] …を注文に応じて作る / *sur*「la recommandation [l'invitaion] de qn …の推薦 [招待] により / prêter *sur* gages 担保を取って貸す / jurer *sur* son honneur 名誉にかけて誓う / régler sa montre *sur* l'horloge de la gare 腕時計を駅の大時計に合わせる.

❽《比較, 抽出》…のうち; に対して; のうちから. ▶ Deux Français *sur* trois sont déjà allés à l'étranger. フランス人の3人に2人は外国に行ったことがある /《Tu as eu quelle note à l'examen?—Douze *sur* vingt.》「テストは何点だったの」「20点満点で12点」/ ouvert vingt-quatre heures *sur* vingt-quatre 24時間営業の / une pièce de trois mètres *sur* cinq 3メートル掛け5メートルの部屋 / prendre [prélever] une cotisation *sur* un salaire 給料から掛け金を天引きする.

❾《状態, 調子, 媒体, 手段》…で. ▶ être *sur* la défensive 守勢に立っている / chanter *sur* le mode mineur 短調で歌う / Ne me parle pas *sur* ce ton. そういう口の利き方はやめてくれ / Il y a un film américain *sur* France 2. フランス・ドゥー (フランスの国営テレビ)でアメリカ映画をやっている / compter *sur* ses doigts 指折り数える.

❿《累積, 反復》…に重ねて. ▶ vivre les uns *sur* les autres 狭いところに積み重なるようにして暮らす / recevoir visite *sur* visite 次から次にと訪問を受ける.

⓫《時間》(1) …と同時に; の直後に. ▶ *sur*「le coup [le moment]ただちに, 即座に / être pris *sur* le fait 現行犯で捕まる. (2) …してから; しようとして. ▶ *sur* ces mots そう言ってから / être *sur* le [son] départ 出かけるところである / Elle va *sur* ses cinquante ans. 彼女は間もなく50歳になる. (3) …ころに (=vers). ▶ *sur*「le soir [les deux heures] 夕方 [2時] ころに.

sur ce /syrsə/ そう言うと. ▶ *Sur ce*, il est parti. そう言うと彼は出ていった.

sur soi 身につけて. ▶ Je n'ai pas d'argent *sur moi*. 私は金の持ち合わせがない.

sur², sûre /sy:r/ 形 酸味のある, 酸っぱい. ▶ pommes *sures* すっぱいリンゴ.

*sûr, sûre /sy:r/ 形 ❶ ⟨être *sûr* de qc /不定詞/ être *sûr* que + 直説法⟩…を確信している. 注 主節が否定, 疑問で, que 以下が不確実な事柄を表わす場合には接続法. ▶ être *sûr* de ses calculs 自分の計算が正しいと確信する / être *sûr* de réussir 成功している / Je suis *sûr* que c'est elle. きっと彼女だと思う / Je ne suis pas *sûr* qu'il vienne. 彼が来るかどうか確信がない / J'en suis *sûr*. きっとそうだと思う.
❷ ⟨(être) *sûr* de qn/qc⟩…を信頼している; に自信がある. ▶ Je suis absolument *sûr* de son honnêteté. 私は彼(女)の誠実さに絶対の信頼を置いている / un homme trop *sûr* de lui 自信過剰の男 / être *sûr* de sa mémoire 記憶力に自信がある.
❸ 確実な, 確かな. ▶ Le succès est *sûr*.(=certain, assuré) 成功間違いなし. ◆ Il est *sûr* que + 直説法 . …であることは確かだ. ◆ Ce qui est *sûr*, c'est que + 直説法 . 確かなのは…である. ▶ Ce qui est *sûr*, c'est qu'il reviendra. 確かなのは彼が戻ってくるということだ. ◆ Une chose est *sûre*, (c'est que) + 直説法 . 1 つだけ確かなことは…である. ▶ Une chose est *sûre*, c'est que j'irai à Paris cet été. 1 つだけ確かなことは, 今年の夏に私はパリに行くということだ.
❹ 信頼できる; 〔判断, 技量などが〕確かな. ▶ un ami *sûr* 信頼できる友 / un chirurgien qui a la main *sûre* 腕の確かな外科医 / avoir le coup d'œil *sûr* 一目で判断できる確かな目を持っている.
❺ 安全な. ▶ Le quartier n'est pas très *sûr* la nuit. その界隈(かいわい)は夜間はあまり安全ではない / mettre de l'argent en lieu *sûr* 金を安全な所に置く / Prenez votre parapluie, c'est plus *sûr*. 傘をお持ちなさい, その方が安心ですよ.

à coup sûr 確実に, 間違いなく. ▶ Elle réussira *à coup sûr*. 彼女は間違いなく成功するだろう.

le plus sûr 最善 (=le meilleur). ▶ *Le plus sûr* est de ne pas trop compter sur les autres. 一番いいのは他人をあまり当てにしないことだ.

Le temps n'est pas sûr. 空模様が怪しい.

sûr et certain 話 (sûr の強調で)強く確信している; 絶対に確かな. ▶ J'en suis *sûr et certain*. それは絶対間違いありません.

— **sûr** 副 話 確かに (=sûrement).

*bien sûr もちろん. ▶ «Viendras-tu dimanche? —*Bien sûr*.»「日曜日に来るかい」「もちろん」/ *Bien sûr* (que) oui [non]. もちろんそうです[そうではありません] / *Bien sûr* que je t'écrirai! もちろん手紙を書きます / Mais c'est *bien sûr*! 話 《ひらめいて》あっそうか.

pour sûr 話 確かに, もちろん. ▶ *Pour sûr* qu'il est parti! もちろんやつは出かけたよ.

surabondamment /syrabɔ̃damɑ̃/ 副 文章 過剰に, 過度に; くどくどと, 必要以上に.

surabondance /syrabɔ̃dɑ̃:s/ 女 過剰, 過多, あり余っていること. ▶ *surabondance* de produits sur le marché 市場での製品のだぶつき.

surabondant, ante /syrabɔ̃dɑ̃, ɑ̃:t/ 形 過剰な, あり余る. ▶ une récolte de riz *surabondante* 米の過剰収穫.

surabonder /syrabɔ̃de/ 自動 ❶ 多すぎる, あり余っている. ▶ une ville où *surabondent* les touristes 観光客のひしめく町. ❷ ⟨*surabonder* de [en] qc⟩…をあり余るほど持っている. ▶ Ce pays *surabonde* de [en] richesses minières. この国には鉱物資源があり余るほどある.

suractivité /syraktivite/ 女 過剰活動.

suraigu, ë /syregy/ 形 〔音, 声などが〕非常に鋭い, 甲高い.

surajouter /syraʒute/ 他動 …をさらに加える, 余分に付け足す.

suralimentation /syralimɑ̃tasjɔ̃/ 女 ❶ 栄養過多;〖医学〗高栄養療法. ❷ (エンジンへの燃料の)過給.

suralimenter /syralimɑ̃te/ 他動 ❶ …に過度の栄養を与える; 高栄養療法を施す. ❷ (エンジンに)〔燃料〕を過給する.

suranné, e /syrane/ 形 文章 時代遅れの, 古めかしい. ▶ auteur *suranné* 時代遅れの作家.

surarmement /syrarməmɑ̃/ 男 過剰軍備.

surate /syrat/ 女 コーランの章, スーラ.

surbaisser /syrbese/ 他動 …の高さを限界まで下げる, をぎりぎりまで低くする.

surbooké, e /syrbuke/ 形 オーバーブッキングした.

surboum /syrbum/ 女 古風話 (若者が自宅で行う)ダンスパーティー (=boum).

surbrillance /syrbrijɑ̃:s/ 女 〖情報〗反転, ハイライト.

surcapacité /syrkapasite/ 女 〖経済〗過剰生産能力.

surcharge /syrʃarʒ/ 女 ❶ 積みすぎ; 重量超過. ▶ une *surcharge* de deux cents kilos (=excédent) 200 キロの重量超過 / avoir dix kilos de *surcharge* 重量が10キロ超過している / prendre des voyageurs en *surcharge* 定員を超えて乗客を乗せる. ❷ 余分 [過度] の負担; 過剰, 過多. ▶ Cela me cause une *surcharge* de travail. (=surcroît) それは私にとって余分な仕事になる / une *surcharge* d'ornements 装飾過多. ❸ 書き加え, 加筆. ▶ un brouillon noir de *surcharges* 加筆で真っ黒になった下書き.

surchargé, e /syrʃarʒe/ 形 ❶ 荷を積みすぎた, 定員オーバーの. ▶ un camion *surchargé* 荷を積みすぎたトラック. ❷ 仕事の多すぎる, 多忙な. ▶ un emploi du temps *surchargé* ぎっしり詰まったスケジュール. ❸ 飾りすぎた. ❹ 書き加え [加え刷り] のある. ▶ des manuscrits *surchargés* de corrections 加筆訂正のある原稿.

surcharger /syrʃarʒe/ 2 他動 ❶ ⟨*surcharger* qn/qc⟩…に荷を積みすぎる; 乗客を乗せすぎる; 重量をかけすぎる. ❷ ⟨*surcharger* qn (de qc)⟩…に (…の) 負担をかけすぎる. ▶ *surcharger* qn de travail …に仕事の負担をかけすぎる / *surcharger* les contribuables d'impôts 納税者に税金をかけすぎる. ❸ ⟨*surcharger* qc (de qc)⟩…を (…で) 詰め込みすぎる; を (…で) 飾りすぎる. ▶ un enseigne-

surchauffe

ment qui *surcharge* la mémoire des enfants 子供に知識を詰め込みすぎる教育.
❹ <*surcharger qc (de qc)* >…に(…を)書き加える, 加筆する; に加え刷りをする.
— **se surcharger** 代動 <*se surcharger de qc* >…を背負い込みすぎる.

surchauffe /syrʃoːf/ 女 ❶ 過熱, オーバーヒート. ❷『経済』(景気の)過熱.

surchauffé, e /syrʃofe/ 形 ❶ 過熱した; 暖房が効きすぎた. ❷ 過度に興奮した, 高ぶった.

surchauffer /syrʃofe/ 他動 …を温めすぎる, 熱しすぎる; 過熱状態にする.

surchoix /syrʃwa/ 形〈不変〉極上の, 精選された. ▶ un produit *surchoix* 特選品.

surclasser /syrklase/ 他動 ❶ (スポーツで)…に大差で勝つ, 圧勝する. ❷ より格段に優れている. ▶ Ce produit *surclasse* tous les autres. この製品は他のどれよりも優れている.

surcomposé, e /syrkɔ̃poze/ 形『文法』重複合の.

surconsommation /syrkɔ̃sɔmasjɔ̃/ 女 過剰消費.

surcontre /syrkɔ̃ːtr/ 男 (ブリッジで)リダブル.

surcontrer /syrkɔ̃tre/ 他動 (ブリッジで)…にリダブルをかける.

surcouper /syrkupe/ 他動『カード』〔相手の切り札より強い切り札で切る.

surcoût /syrku/ 男 追加費用.

surcroît /syrkrwa/ 男 増加, 追加. ▶ Leur absence m'impose un *surcroît* de travail. 彼(女)らがいないのでいやおうなしに私の仕事が増える.

de [par] surcroît その上, おまけに. ▶ un livre utile et intéressant *par surcroît* おもしろくてためになる本.

pour surcroît de qc さらに…なことに. ▶ *pour surcroît de* malheur さらに不幸なことに.

surdéveloppé, e /syrdevlɔpe/ 形〔産業, 経済が〕開発過剰な.

surdimensionné, e /syrdimɑ̃sjɔne/ 形 過大な, 過剰な.

surdimutité /syrdimytite/ 女『医学』聾啞(ろうあ).

surdité /syrdite/ 女 耳が聞こえないこと; 難聴. ▶ Elle est atteinte d'une *surdité* totale. 彼女は耳がまったく聞こえない.

surdoué, e /syrdwe/ 形, 名 非常に知能指数の高い(人〔子供〕). ▶ enfant *surdoué* 天才児.

sureau /syro/; (複) **x** 男『植物』ニワトコ.

surélévation /syrelevasjɔ̃/ 女 ❶ (建物などを)さらに高くすること; 普通より高くすること.
❷ 再増加; 再値上げ.

surélever /syrelve/ ③ 他動 …をさらに高くする. ▶ *surélever* une maison ancienne d'un étage 前からある家に 1 階建て増しする / un rez-de-chaussée *surélevé* 床を地面より一段高くあげる / *surélever* les tarifs 料金を引き上げる.

*sûrement** /syrmɑ̃/ シュルマン/ 副 ❶ 確かに, 必ず, きっと. ▶ Ça lui plaira *sûrement*. きっと彼(女)の気に入るよ / Il sera *sûrement* arrivé avant nous. 彼はきっと我々より先に着いている / «Vous pouvez venir ce soir ? — *Sûrement* [*Sûrement* pas].» 「今晩来られますか」「もちろん[まず無理です]」/ *Sûrement* qu'il viendra. 話 彼は必ず来る.

❷ 確実に, 間違いなく. ▶ conduire *sûrement* et rapidement son esprit 頭をすばやく的確に働かせる.

❸ 安全に. ▶ conduire *sûrement* 安全運転する / cacher qc *sûrement* …を安全な所に隠す.

Qui va lentement va sûrement. 諺 ゆっくり行く者は確実に進む.

surenchère /syrɑ̃ʃɛːr/ 女 ❶ (競売での)競り上げ. ▶ faire une *surenchère* de cent euros sur qn …よりも100ユーロ高値をつける.
❷ エスカレートすること, 激化. ▶ une *surenchère* de violences ますますエスカレートする暴力 / la *surenchère* électorale 選挙での公約競争.

surenchérir /syrɑ̃ʃerir/ 自動 ❶ (競売で)競り上げる. ❷ <*surenchérir sur qn* >(競争相手)以上のことを言う〔する〕.

surenchérisseur, euse /syrɑ̃ʃerisœːr, øːz/ 名 (競売で)値を競り上げる人.

surencombré, e /syrɑ̃kɔ̃bre/ 形 非常に混雑した, すし詰めの.

surendetté, e /syrɑ̃dete/ 形 累積債務を抱えた.

surendettement /syrɑ̃detmɑ̃/ 男 累積債務.

surent /syːr/ 活用 ▷ SAVOIR[1] ③⑦

surentraînement /syrɑ̃trɛnmɑ̃/ 男『スポーツ』オーバートレーニング.

suréquipement /syrekipmɑ̃/ 男 設備過剰.

suréquiper /syrekipe/ 他動〔工場など〕に過剰に設備を施す.

surestimation /syrɛstimasjɔ̃/ 女 ❶ (値段の)過大見積もり. ❷ 過大評価, 買いかぶり.

surestimer /syrɛstime/ 他動 ❶〔値段〕を過大に見積もる. ❷ …を過大評価する, 買いかぶる; 大げさに考える. — **se surestimer** 代動 自分を過大評価する.

suret, ette /syrɛ, ɛt/ 形 少し酸っぱい.

*sûreté** /syrte/ シュルテ/ 女 ❶ 安全; 公安. ▶ *sûreté* publique 公共の治安 / un attentat contre la *sûreté* de l'Etat 国家公安侵害.
❷ 確かさ; 確実さ; 確信. ▶ Sa mémoire est d'une *sûreté* absolue. 彼(女)の記憶力は正確無比だ / la *sûreté* de la main 腕前の確かさ / la *sûreté* de ses renseignements 彼(女)の情報の確かさ.

de sûreté 安全のための, 安全な. ▶ épingle *de sûreté* 安全ピン / chaîne *de sûreté* (ドアの)防犯チェーン / serrure *de sûreté* セーフティ・ロック / mesure *de sûreté*『刑法』保安処分.

en sûreté 安全に, 安全に〔en 安全で〕. ▶ mettre qn/qc *en sûreté* …を安全な場所に保管する[かくまう]/ Les bijoux sont *en sûreté*. 宝石は安全な場所に保管してある / Je ne me sens pas *en sûreté* dans ce quartier. この界隈(かいわい)は安全な気がしない.

pour plus de sûreté 念のために, 用心を期して.

surévaluation /syrevalɥasjɔ̃/ 女 過大評価.

surévaluer /syrevalɥe/ 他動 …を過大評価する.

surexcitable /syrɛksitabl/ 形 過度に興奮しやすい, 刺激に対して過敏な.

surexcitation /syrɛksitasjɔ̃/ 女 過度の興奮; 熱狂; いらいら.

surexcité, e /syrɛksite/ 形 過度に興奮した, エキサイトした.

surexciter /syrɛksite/ 他動 ❶…を過度に興奮させる. ❷〔感情など〕を強く刺激する, 鼓舞する. ▶ *surexciter* l'imagination 想像力をかき立てる.

surexploitation /syrɛksplwatasjɔ̃/ 女 ❶ 過度の開発. ❷ 過度の搾取.

surexploiter /syrɛksplwate/ 他動 ❶ …を過度に開発する. ❷ …から過度に搾取する. ❸〔魚など〕を乱獲する.

surexposer /syrɛkspoze/ 他動〔フィルム, 印画紙など〕を露光過度にする, 露出オーバーにする.

surexposition /syrɛkspozisjɔ̃/ 女 露出過度, 露出オーバー.

surf /sœrf/ 男《英語》サーフィン; サーフボード. ▶ faire du *surf* サーフィンをする.

***surface** /syrfas/ スュルファス 女 ❶ 表面. ▶ la *surface* de la Terre 地球の表面 / un plongeur qui remonte à la *surface* 水面に浮上する潜水夫 / un objet dont la *surface* est lisse 表面の滑らかな物 / par voie de *surface* 船便[地上便]で (↔par voie aérienne).

❷ 面積 (=superficie). ▶ Ce studio fait 35m² [trente-cinq mètres carrés] de *surface*. このワンルームの面積は35平方メートルです / Cet appartement a une *surface* de cent mètres carrés. このマンションの広さは100平方メートルだ / calculer la *surface* d'un salon 客間の面積を計算する.

❸ grande *surface* 大規模小売店, スーパーマーケット.

❹ うわべ, 見かけ. ▶ ne voir que la *surface* des choses 物事のうわべだけしか見ない / politesse de *surface* うわべだけの礼儀正しさ.

❺〔数学〕面. ▶ *surface* plane 平面 / *surface* courbe 曲面.

avoir de la surface 慣 社会的に信用がある.

en surface (1) 水面近くに. ▶ Les poissons nagent *en surface*. 魚が水面近くを泳いでいる. (2) うわべだけ, 表面的に. ▶ Il n'a fait son étude qu'*en surface*. 彼は上っ面しか勉強しなかった.

faire surface (水面に) 浮上する.

refaire surface = *revenir à la surface* (1) 意識を回復する. (2) カムバックする;（意気消沈から）立ち直る.

surfaire /syrfɛːr/ VI 他動(不定形, 直説法現在, 過去分詞以外は稀)(過去分詞 surfait) 文章 ❶〔商品〕を高くふっかける. ❷ 〈*surfaire* qn/qc〉…を過大評価する.

surfait, aite /syrfɛ, ɛt/ 形 (surfaire の過去分詞) ❶〔物や値段が〕高すぎる. ❷ 過大評価された, 買いかぶられた.

surfer /sœrfe/ 自動 サーフィンをする. ▶ *surfer* sur Internet ネットサーフィンをする.

surfeur, euse /sœrfœːr, øːz/ 名 サーファー.

surfiler /syrfile/ 他動〔布〕に縁かがりをする, 裁ち目かがりをする.

surfin, ine /syrfɛ̃, in/ 形〔食品, 品質が〕極上の, 飛び切りの.

surgélateur /syrʒelatœːr/ 男 (食品の) 急速冷凍設備.

surgélation /syrʒelasjɔ̃/ 女 超低温急速冷凍.

surgelé, e /syrʒəle/ 形 急速冷凍した. ▶ aliments *surgelés* 冷凍食品.

— **surgelé** 男 冷凍食品.

surgeler /syrʒəle/ 5 他動〔食品〕を急速冷凍する.

surgénérateur, trice /syrʒeneratœːr, tris/ 形〔原子力〕réacteur *surgénérateur* 増殖炉.

— **surgénérateur** 男 増殖炉.

surgir /syrʒiːr/ 自動(助動詞は一般に avoir, 稀に être) ❶ 出現する, 突然現れる. ▶ Un camion *a surgi* sur la droite. 突然右手にトラックが現れた. ❷ (不意に) 生じる, 起こる. ▶ Des difficultés inattendues *ont surgi*. 予期せぬ困難が生じた.

surgissement /syrʒismɑ̃/ 男 不意の出現.

surhomme /syrɔm/ 男 超人, スーパーマン.

surhumain, aine /syrymɛ̃, ɛn/ 形 超人的な, 人間離れした.

surimi /syrimi/ 男《日本語》カニ風味かまぼこ.

surimposer /syrɛ̃poze/ 他動 〈*surimposer* qc〉…に付加税を課す; 重税をかける. ▶ *surimposer* les importations 輸入品に付加税を課す.

surimpression /syrɛ̃prɛsjɔ̃/ 女〔写真〕〔映画〕二重写し, 二重焼き付け.

Surinam /syrinam/ 固有 男 スリナム: 首都 Paramaribo. ▶ au *Surinam* スリナムに[で, へ].

surintendant, ante /syrɛ̃tɑ̃dɑ̃, ɑ̃ːt/ 名 (工場内の福利厚生に携わる) ケースワーカー.

surir /syriːr/ 自動 酸っぱくなる.

surjeter /syrʒəte/ 4 他動〔2枚の布やレース模様〕をかがる, かがり合わせる.

***sur-le-champ** /syrləʃɑ̃/ 副句 すぐに, ただちに, 即座に.

surlendemain /syrlɑ̃dmɛ̃/ 男 翌々日.

surligner /syrliɲe/ 他動 …を蛍光ペンでマークする.

surligneur /syrliɲœːr/ 男 蛍光ペン.

surmédicalisation /syrmedikalizasjɔ̃/ 女 (社会的傾向としての) 医療漬け.

surmédicaliser /syrmedikalize/ 他動 …に医療技術を過度に使用する.

surmenage /syrmənaːʒ/ 男 酷使; 過労. ▶ le *surmenage* des élèves 生徒の勉強づけ / mort par *surmenage* 過労死.

surmené, e /syrməne/ 形 酷使された, 過労に陥った.

surmener /syrməne/ 3 他動 …を酷使する; 過労に陥らせる. ▶ *surmener* le cœur 心臓に負担をかける. — **se surmener** 代動 過労に陥る.

sur-moi /syrmwa/ 男〔精神分析〕超自我.

surmontable /syrmɔ̃tabl/ 形 克服できる.

surmonter /syrmɔ̃te/ 他動 ❶〔障害〕を乗り越える; 制する. ▶ *surmonter* une difficulté 困難を乗り越える / *surmonter* sa peur (=dominer) 恐怖に勝つ. ❷〔物が〕…の上にある. ▶ la tour qui *surmonte* le château 城館の上にそびえる塔 / une chapelle *surmontée* d'un dôme 円屋根を頂いた礼拝堂.

— **se surmonter** 代動 ❶ 己に勝つ, 自制する. ❷ 乗り越えられる, 克服される.

surmortalité /syrmɔrtalite/ 囡 高い死亡率.

surmouler /syrmule/ 他動 再度…の型を取る. ▶ une statue *surmoulée* 複製の影像.

surmulot /syrmylo/ 男〖動物〗ドブネズミ.

surnager /syrnaʒe/ ⓬ 自動 ❶ 表面に浮かぶ. ❷ 残存する, 生き残る.

surnaturel, le /syrnatyrɛl/ 形 ❶ 超自然的な. ▶ le pouvoir *surnaturel* des sorciers 魔法使いの魔力 / les êtres *surnaturels* 超自然的存在. ❷ 桁はずれた; 摩訶(ふ)不思議な. ▶ une beauté *surnaturelle* この世のものとは思われない美しさ. ❸ 神の恩寵(ちょう)による.

— **surnaturel** 男 ❶ 超自然的[神秘的]なもの; 魔力. ❷ 神の恩寵. ❸ 幻想的なもの.

surnom /syrnɔ̃/ 男 異名; あだ名, ニックネーム. ▶ donner un *surnom* à qn …にあだ名をつける.

surnombre /syrnɔ̃:br/ 男〘定員〙過剰. ▶ en *surnombre* 定員以上に, 余分に.

surnommer /syrnɔme/ 他動 …にあだ名[異名]をつける. ▶ Guillaume, *surnommé* le Conquérant 征服王の異名をとるウィリアム.

surnuméraire /syrnymerɛ:r/ 形 定数[定員]以上の; 余計[余分]な.

surpassement /syrpasmɑ̃/ 男 文章 超越.

surpasser /syrpɑse/ 他動 …をしのぐ, 上回る. ▶ *surpasser* qn en habileté 器用さで…をしのぐ / Le succès a *surpassé* de beaucoup mes espérances. (=dépasser) この成功は私の期待をはるかに上回るものだった.

— **se surpasser** 代動 いつもよりうまくやる. ▶ Cet acteur *s'est surpassé* aujourd'hui. この役者は今日はいつになく好演した.

surpatte /syrpat/ 囡 話 (若者たちが自宅で催す)ダンスパーティー.

surpayer /syrpeje/ ⓬ 他動 ❶ …を高すぎる値段で買う. ❷ …に過分の賃金を支払う.

surpêche /syrpɛʃ/ 囡 魚の乱獲.

surpeuplé, e /syrpœple/ 形 人口[人員]過剰の.

surpeuplement /syrpœpləmɑ̃/ 男 人口[人員]過剰.

surplace /syrplas/ 男 話 faire du *surplace* (交通渋滞で)〔車が〕進めない.

surplis /syrpli/ 男〖カトリック〗スルプリ, サープリス: 司祭がミサのときスータン soutane の上に着る, 袖(そで)の広い白衣.

surplomb /syrplɔ̃/ 男 ❶ 上部の張り出した状態. ❷〖登山〗オーバーハング. ❸〖建築〗(建物部分の)張り出し.

surplombement /syrplɔ̃bmɑ̃/ 男 上部の張り出し.

surplomber /syrplɔ̃be/ 他動 …の上に張り出す; の上に切り立つ. ▶ Le premier étage *surplombe* la rue. 二階が通りに張り出している.

— 自動 上部が張り出す, のめり出る.

surplus /syrply/ 男 ❶ 余分, 剰余. ▶ vendre le *surplus* de sa récolte 収穫の余りを売る. ❷《複数で》余剰[過剰]生産物. ▶ liquider des *surplus* 在庫を一掃する / les *surplus* américains (第2次大戦中の)米軍放出物資. ❸〖経済〗剰余金, 積立金.
au surplus その上, しかも. ▶ Cet appartement est trop petit et, *au surplus*, il est mal situé. このアパルトマンは小さすぎるうえに不便なところにある.

surpopulation /syrpɔpylasjɔ̃/ 囡 人口過剰, 過密人口.

surprenaient, surprenais, surprenait /syrprənɛ/ 活用 ⇨ SURPRENDRE 87

surprenant, ante /syrprənɑ̃, ɑ̃:t/ 形 (surprendre の現在分詞)意外な, 驚くべき. ▶ une déclaration *surprenante* 驚くべき言明 / faire des progrès *surprenants* 目覚ましい進歩を遂げる / Il est *surprenant* que +接続法 …ことは驚くべきことだ.

*__surprendre__ /syrprɑ̃:dr/ スュルプラーンドル/ 87 他動

過去分詞 surpris	現在分詞 surprenant
直説法現在	je surprends nous surprenons
	tu surprends vous surprenez
	il surprend ils surprennent
複合過去	j'ai surpris 半過去 je surprenais
単純未来	je surprendrai 単純過去 je surpris

❶ …を驚かせる, びっくりさせる. ▶ Cette nouvelle nous a fort *surpris*. そのニュースは我々をひどく驚かせた / Cela me *surprendrait*. そんなことってあるものだろうか.

❷ …を現場で取り押さえる. ▶ *surprendre* un voleur 泥棒をその場で取り押さえる. ◆ *surprendre* qn à + 不定詞 ▶ On les a *surpris* à s'embrasser. 彼らはキスしているところを見られてしまった.

❸ …を不意に訪れる; 出し抜けに襲う. ▶ *surprendre* qn chez lui …の家を突然訪問する / L'orage nous a *surpris* au retour de la promenade. 散歩の帰りに突然雷雨に見舞われた / se faire *surprendre* par la pluie 雨に降られる / *surprendre* l'ennemi 敵を奇襲する.

❹〘秘密など〙をはからずも発見する, に出くわす. ▶ *surprendre* un secret 秘密を思いかけず発見する / *surprendre* une conversation たまたま会話を耳にする.

❺ 文章 …をだまし取る, 巧みに手に入れる.

— **se surprendre** 代動 ❶《*se surprendre* à + 不定詞》思わず…している自分に気づく. ▶ Elle *s'est surprise* à le tutoyer. 彼女はいつしか彼を tu と呼んでいるのに気づいた.
❷ 互いに相手の意表を突く.

surpreni-, surprenn- 活用 ⇨ SURPRENDRE 87

surpression /syrprɛsjɔ̃/ 囡 ❶〖土木〗超過圧(力). ❷ 精神的重圧.

surprime /syrprim/ 囡 割増し保険料.

surprîmes /syrprim/, **surprirent** /syrpri:r/, **surpris** /syrpri/ 活用 ⇨ SURPRENDRE 87

surpris, ise /syrpri, i:z/ 形 (surprendre の過

去分詞）驚いた, 意表を突かれた. ▶ rester *surpris* 呆然（ぜん）とする. ◆ être *surpris* de qc/不定詞 // être *surpris* que ＋ 接続法 …に驚く, を意外に思う. ▶ Je suis *surpris* de l'étendue de son savoir. 彼(女)の博学ぶりには驚かされる / Nous sommes agréablement *surpris* d'apprendre que son film a obtenu le premier prix. 彼(女)の映画が最優秀賞に選ばれたのは私たちにとってうれしい驚きだ. 比較 ⇨ ÉTONNÉ.

surprise /syrpri:z スュルプリーズ/ 女 ❶ 驚き. ▶ boîte à *surprise* びっくり箱 / rester muet de *surprise* びっくりして声も出ない / à ma *surprise* 驚いたことには / pousser un cri de *surprise* 驚きの声をあげる / **Quelle surprise !** これは驚いた.
❷ 思いがけないこと. ▶ Une mauvaise *surprise* l'attend. 思いもかけない困った事態が彼(女)を待ち受けている / un voyage sans *surprises* 平穏無事な旅 / prix sans *surprises*（宿泊などの）一切込みの値段 ‹他の名詞と多くハイフン(-)で結び付いて› attaque-*surprise* 奇襲 / visite-*surprise* 突然の来訪 / grève-*surprise* 抜き打ちスト.
❸ 思いがけない贈り物［喜び］. ▶ faire une *surprise* à qn …に思いがけない贈り物をする / Ne regardez pas encore, c'est une *surprise* ! まだ見ては駄目ですよ, あっと言わせるプレゼントなんだから. ❹『軍事』奇襲.

par surprise 不意を突いて, 出し抜けに. ▶ attaquer qn *par surprise* …の不意を襲う.

surprise du chef (1) シェフの特別料理. (2) C'est la *surprise du chef*. ふたを開けるまではわからない.

surprise-partie /syrprizparti/;〔複〕～s-～s 女 古風（飲食物持参で友人宅を不意打ちする）押しかけパーティー; (自宅で催される若者たちの)ダンスパーティー.

surpriss-, surpri-, surprî- 活用 ⇨ SURPRENDRE 87

surproduction /syrprɔdyksjɔ̃/ 女『経済』過剰生産, 生産過剰.

surréalisme /syrealism/ 男 シュールレアリスム, 超現実主義.

surréaliste /syrealist/ 形 シュールレアリスムの.
── 名 シュールレアリスト.

surréel, le /syreɛl/ 形 超現実的な.
── **surréel** 男 超現実(性), 超現実的なもの.

surrégénérat*eur*, *trice* /syreʒeneratœ:r, tris/ 形 ⇨ SURGÉNÉRATEUR.

surréna*l*, *ale* /sy(r)renal/;〔男複〕*aux* /o/ 形『解剖』腎(じん)の上の, ; 副腎の.
── **surrénale** 女 副腎.

surréservation /syrrezɛrvasjɔ̃/ 女 定員外予約, オーバーブッキング.

sursatur*é*, *e* /sysatyre/ 形 ‹ *sursaturé* de qc ›…にうんざりする. ▶ être *sursaturé* de réalité 現実に飽き飽きする.

sursaut /syrso/ 男 ❶ びくっとすること, どきっとすること. ▶ Il a eu un *sursaut* en entendant frapper à la fenêtre. 窓をたたく音に彼はびくっとした. ❷ ‹ *sursaut* de qc ›(感情の)高ぶり, (力などを)奮い起こすこと. ▶ dans un dernier *sursaut* d'énergie 最後の力を振り絞って.

en sursaut はっとして, 不意に. ▶ se réveiller *en sursaut* はっと目を覚ます.

sursauter /syrsote/ 自動 びくっとする. ▶ La sonnerie du téléphone l'a fait *sursauter*. 電話のベルの音に彼(女)ははっとした.

surseoir /syrswa:r/ 42 間他動（過去分詞 sursis, 現在分詞 sursoyant）文章 /『法律』‹ *surseoir* à qc ›…を延期［猶予］する. ▶ *surseoir* à une exécution 刑の執行を延期する.

sursi-, sursi-, sursiss- 活用 ⇨ SURSEOIR 42

sursis /syrsi/ 男 ❶ 猶予, 延期. ▶ *sursis* à l'éxécution des peines 刑の執行猶予 / avec *sursis* 執行猶予付き.
❷ 徴兵猶予 (=*sursis* d'incorporation).

sursitaire /syrsitɛ:r/ 名 執行猶予中の人; 徴兵猶予者.

sursoi-, sursoy- 活用 ⇨ SURSEOIR 42

surtaxe /syrtaks/ 女 ❶ 付加税. ▶ *surtaxe* progressive (所得税の)累進付加税.
❷ 割増し料金.

surtaxer /syrtakse/ 他動 …に付加税を課する; 重税を課する.

surtension /syrtɑ̃sjɔ̃/ 女 過電圧.

surtout¹ /syrtu スュルトゥ/ 副 ❶ とりわけ, 特に; 何より. ▶ Ils sont tous intelligents, *surtout* l'aîné. あの兄弟はそろって頭がいいが, 中でも長男は秀逸だ / Il est assez timide, *surtout* avec les femmes. 彼はかなり内気で, 特に女性に対しては. ❷《命令や助言などを強調して》絶対に, くれぐれも. ▶ *Surtout* ne dites rien ! 口外はくれぐれも慎んでください.

surtout pas 話 そればかりはいけない, とんでもない. ▶ Vous voulez le voir ? *Surtout pas* ! 彼に会いたいですって, それだけはいけません.

surtout que ＋ 直説法 話 …だからなおのこと, だからこそ (=d'autant que). ▶ Dépêchez-vous, *surtout que* l'orage menace. 嵐(あらし)になりそうだから, なおのこと急ぎなさい.

surtout² /syrtu/ 男 (花やろうそくなどを載せる食卓中央の)プレート, 飾り皿.

survalorisation /syrvalɔrizasjɔ̃/ 女 誇大表示.

survaloriser /syrvalɔrize/ 他動 …に高すぎる価値を与える, を実際以上に見せる.

survécu /syrveky/ 活用 survivre 62 の過去分詞.

survécu-, survécû-, survécuss- 活用 ⇨ SURVIVRE 62

surveillance /syrvejɑ̃:s/ 女 ❶ 監視, 監督, 見張り. ▶ On lui a confié la *surveillance* des travaux. 彼(女)は工事の監督を任された / exercer une *surveillance* active sur qn …を厳重に見張る / être sous la *surveillance* de la police 警察に監視されている / être mis sous haute *surveillance* 厳しい監視下に置かれる / société de *surveillance* 警備会社 / Direction de la *surveillance* du territoire 国土監視局(略 DST: スパイ活動を取り締まる). ❷『軍事』navire [avion] en *surveillance* 哨戒(しょうかい)艇［機］.

surveillant, ante /syrvejɑ̃, ɑ̃:t/ 名 ❶ 監視人, 監督, 見張り. ▶ *surveillant* de prison 刑務所の看守 / *surveillant* de chantier 現場監督. ❷ 生徒監督. ▶ *surveillant* d'étude 自習監督 / *surveillant* d'internat 舎監 / *surveillant* général 学監.

surveillé, e /syrveje/ 形 監視[監督]された. ▶ être en liberté *surveillée* 保護観察処分の身である.

*****surveiller** /syrveje/ スュルヴェイエ 他動 ❶ …を監視[監督]する, 見張る. ▶ *surveiller* un prisonnier 囚人を監視する / *surveiller* des travaux 工事の進行を監督する / *surveiller* un malade 病人を看護する / Tu peux *surveiller* le bébé un instant? ちょっと赤ちゃんを見ててくれる? ❷ 〔言動, 身の回りなど〕に気を配る, 気をつける. ▶ *surveiller* son langage 言葉遣いに気を付ける / *surveiller* sa ligne 体型に気を付ける.
— **se surveiller** 代動 ❶ 〔自分の〕言動に気をつける; 身の回りに気を配る. ❷ 監視し合う.

survenir /syrvəni:r/ 28 自動《過去分詞 survenu, 現在分詞 survenant》《助動詞は être》不意にやって来る; 突発する. ▶ Elle *est survenue* juste au moment où l'on parlait d'elle. ちょうどうわさをしているところに彼女がやってきた / 《非人称構文で》S'il *survenait* quelque difficulté, n'hésitez pas à me téléphoner. もし困ったことが起きたら遠慮なく電話をください.

survêtement /syrvɛtmɑ̃/ 男 ❶ トレーニングウエア, ジャージ. 略 survêt /syrvɛt/. ❷ 〔化学兵器, 核兵器などから身を守るための〕防護衣.

survie /syrvi/ 女 ❶ 生き延びること, 生存, 余命, 延命. ▶ obtenir une *survie* de quelques mois grâce à une greffe du cœur 心臓移植により数か月生き延びる / équipement de *survie* 延命装置 / chances de *survie* 生存可能性 / la *survie* d'une entreprise 企業の生き残り. ❷ 死後の生; 来世.

survien-, surviendr-, survienn-, survin-, survîn-, survinss- 活用 ⇨ SURVENIR 28

survis, survit /syrvi/ 活用 ⇨ SURVIVRE 62

survivance /syrvivɑ̃:s/ 女 〔風習などの〕名残, 過去の遺物.

survivant, ante /syrvivɑ̃, ɑ̃:t/ 形 (*survivre* の現在分詞) ❶ あとに残された; 〔事故などで〕生き残った. ▶ un époux *survivant* 妻に先立たれた夫. ❷ 〔時代を越えて〕生き長らえた.
— 名 ❶ あとに残された人, 遺族; 〔事故などの〕生存者. ▶ Il n'y a aucun *survivant* parmi les passagers de l'avion. 飛行機の乗客には1人の生存者もいない. ❷ 〔時代の〕生き残り. ▶ C'est un *survivant* du marxisme. 彼はマルクス主義の生き残りだ.

*****survivre** /syrvi:vr/ スュルヴィーヴル 62 間他動

過去分詞 survécu	現在分詞 survivant
直説法現在 je survis	nous survivons
複合過去 j'ai survécu 単純未来 je survivrai	

〈*survivre* à qn/qc〉❶ …のあとも生き残る; 〔事故など〕から助かる. ▶ *survivre* dix ans à son mari 夫より10年長生きする / Il *a* seul *survécu* à la catastrophe. 大惨事の中, 彼一人が生き残った / 〔目的語なしに〕l'espoir de *survivre* 助かる見込み.
❷ …に耐えて生き延びる. ▶ *survivre* à l'humiliation 屈辱に耐えて生き長らえる.
❸ 〔物が〕…のあとも存続する. ▶ L'œuvre d'art *survit* à son auteur. 芸術作品は作家の死後も生き続ける / 《目的語なしに》des coutumes qui *survivent* encore de nos jours 今もなお残る風習.
— **se survivre** 代動 ❶〈*se survivre* dans qn/qc〉…の中に死後も生き続ける. ▶ *se survivre* dans son œuvre 死後も作品の中に生き続ける. ❷ いたずらに生き長らえる.

survol /syrvɔl/ 男 ❶ 上空飛行. ▶ *survol* des zones militaires 軍事地帯の上空飛行.
❷ 〔記事などに〕ざっと目を通すこと; (問題を)ざっと検討すること.

survoler /syrvɔle/ 他動 ❶ 〔飛行機などが〕…の上空を飛ぶ. ▶ L'avion *survole* les Alpes. 飛行機はアルプス上空を飛行中だ. ❷ 〔記事など〕にざっと目を通す; 〔問題〕をざっと検討する.

survoltage /syrvɔlta:ʒ/ 男 語 過電圧.

survolté, e /syrvɔlte/ 形 ❶ 異常に興奮した. ❷ 過大な電圧のかかった.

survolter /syrvɔlte/ 他動 ❶ 〔観客など〕を極度に興奮させる, 熱狂させる. ❷ …に過大な電圧をかける.

sus¹ /sy(s)/ 副 古風・文章 ❶ courir *sus* à qn …に襲いかかる / Sus à qn! …にかかれ, おまけに. ❷ 〈en *sus* (de qc)〉(…に)加えて, おまけに. ▶ Le service est en *sus* du prix indiqué. 表示価格にサービス料が加わります.

sus² /sy/ 活用 ⇨ SAVOIR¹ 37

susceptibilité /sysɛptibilite/ 女 感情を害しやすいこと, 傷つきやすさ. ▶ blesser [ménager] la *susceptibilité* de qn …の自尊心を傷つける[傷つけないようにする].

*****susceptible** /sysɛptibl/ スュセプティーブル 形 ❶ 〈*susceptible* de qc/不定詞〉…の対象となる, される余地がある. 注 不定詞は受動態. ▶ un texte *susceptible* de plusieurs interprétations いく通りにも解釈できるテキスト / Son projet est *susceptible* d'être amélioré. 彼(女)の案には改善の余地がある.
❷ 〈*susceptible* de + 不定詞〉…しうる; する可能性がある. ▶ un projet de loi *susceptible* d'améliorer la condition féminine 女性の地位を向上させうる法案.
❸ 自尊心の強い, 傷つきやすい, 感情を害しやすい.

susciter /sysite/ 他動 ❶ 〔感情, 考えなど〕を呼び起こす, かき立てる. ▶ Les propos du président *ont suscité* un intérêt profond de la population. 大統領の発言は国民の深い関心を呼んだ. ❷ 文章 …を引き起こす; 〔ねたみ, 羨望(*など*)を〕抱く人々〕を生み出す. ▶ *susciter* des ennuis à qn …に迷惑をかける / Sa brillante carrière lui *a suscité* bien des envieux. 彼(女)の華やかな

経歴は多くの人のねたみを買った.

suscription /syskripsjɔ̃/ 囡 ❶(手紙, 封筒の)上書き, 表書き. ❷《法律》(証書作成者の)記名. ▶ un acte de *suscription* (遺言作成の際の公証人による)上書き証書.

susdit, ite /sysdi, it/ 形 上記の, 前述の.
— 名 上記［前述］のもの.

susmentionné, e /sysmɑ̃sjɔne/ 形〔事項が〕上述の, 前記の.

susnommé, e /sysnɔme/ 形 上に名を挙げた, 前記の. — 名 前記の者, 上記の者.

__suspect, ecte__ /syspɛ, ɛkt ススペ,ススペクト/ 形 ❶ 怪しい, 疑わしい. ▶ témoignage *suspect* 疑わしい証言 / conduite *suspecte* 怪しげな行動 / arrêter un individu *suspect* 不審な人物を逮捕する. ◆*suspect* de + 無冠詞名詞 …の疑いがある. ▶ un arbitre *suspect* de partialité 公正さを欠くおそれのある審判. ◆tenir qn pour *suspect* …に嫌疑をかける. ❷ 品質の怪しい. ▶ un vin *suspect* 品質の疑わしいワイン.
— 名 容疑者; 不審人物.

suspecter /syspɛkte/ 他動 …を疑う, に嫌疑をかける; があると疑う. ▶ *suspecter* la bonne foi de qn …の善意を疑う / *suspecter* quelque machination 何か陰謀があるとにらむ / On le *suspecte*「de trahison［d'avoir trahi］. 彼が裏切ったのだと疑われている / La police *suspecte* que les terroristes préparent un nouvel attentat. 警察はテロリストが次のテロ行為を計画中だとにらんでいる.
— **se suspecter** 代動 疑い合う.

suspend-, suspendi-, suspendî- 活用
⇨ SUSPENDRE 58

__suspendre__ /syspɑ̃:dr ススパーンドル/ 58 他動

過去分詞 suspendu	現在分詞 suspendant
直説法現在 je suspends	nous suspendons
複合過去 j'ai suspendu	
単純未来 je suspendrai	

❶ …をつるす, ぶら下げる, かける. ▶ *suspendre* un lustre au plafond シャンデリアを天井につるす / *suspendre* sa veste à un portemanteau 上着をコートハンガーにかける.
❷ …を中断する, 一時停止する. ▶ *suspendre* son activité 活動を一時停止する / *suspendre* la séance 会議を一時中断する.
❸ …を一時停止させる; 一時停職処分にする, の資格を一時剥奪(ﾊﾟｸ)する. ▶ *suspendre* un journal 新聞を発行停止処分にする / *suspendre* un permis de conduire 運転免許を停止する / *suspendre* un fonctionnaire 公務員を停職処分にする.
❹〔決定, 実行など〕を保留する, 延期する. ▶ *suspendre* son jugement 判断を見合わせる.
— **se suspendre** 代動〈*se suspendre* à qc〉…にぶら下がる. ▶ *se suspendre* à une branche par un seul bras 片手で枝にぶら下がる.

suspendu, e /syspɑ̃dy/ 形 (suspendre の過去分詞) ❶ つるされた, ぶら下げられた; 空中の. ▶ pont *suspendu* つり橋 / autoroute *suspendue* 高架道路 / les jardins *suspendus* de Babylone バビロンの空中庭園. ❷ voiture bien［mal］*suspendue* サスペンションのよい［悪い］車. ❸〈*suspendu* à qc〉…に依存する. ▶ Le sort des passagers est *suspendu* aux décisions du pilote. 乗客の運命は機長の決断にかかっている. ❹ 中断された, 一時停止された; 停職にされた, 保留された.
être suspendu aux lèvres de qn …の話に一心に耳を傾ける.

suspens /syspɑ̃/ 男《次の句で》
en suspens (1) 中断された; 未解決の, 未決定の. ▶ des problèmes *en suspens* 未解決の問題 / Un projet de loi reste *en suspens*. 法案が棚上げされたままになっている / On a laissé les travaux *en suspens*. 作業は中断されたままだ. (2) 心を決めかねて, 迷って.

suspense[1] /syspɛns/ 男《英語》(映画や小説の)サスペンス. ▶ film à *suspense* サスペンス映画.

suspense[2] /syspɑ̃:s/ 囡《カトリック》停職処分, 聖職停止.

suspensif, ive /syspɑ̃sif, i:v/ 形《法律》(判決の執行, 契約の履行を)停止する.

suspension /syspɑ̃sjɔ̃/ 囡 ❶ つるすこと; つり具合. ▶ vérifier la solidité d'une *suspension* つるし方がしっかりしているか調べる.
❷《機械》(自動車や電車などの)サスペンション, 懸架. ▶ *suspension* avant フロントサスペンション / *suspension* indépendante 独立懸架.
❸ 中断, 一時停止. ▶ *suspension* de paiements 支払い停止 / *suspension* de séance 休会 / *suspension* d'audience 休廷.
❹ (公職にある者の)職務停止, 停職処分.
❺ つり下げ照明器具, ペンダント.
❻ points de *suspension* 中断［省略］符(…).

suspente /syspɑ̃:t/ 囡 (パラシュートと装着帯をつなぐ)サスペンションライン; (気球とかごを結ぶ)サスペンションロープ.

suspicion /syspisjɔ̃/ 囡 疑惑, 不信, 嫌疑. ▶ avoir de la *suspicion* à l'égard de qn …に疑惑を抱く / tenir qn en *suspicion* …に不信を抱く.

suss- 活用 ⇨ SAVOIR[1] 37

sustentation /systɑ̃tasjɔ̃/ 囡 宙に浮いた状態; (飛行機の)空中での平衡状態; 浮力, 揚力. ▶ train à *sustentation* magnétique 磁気浮上式鉄道, リニアモーターカー.

se sustenter /s(ə)systɑ̃te/ 代動 古風《ふざけて》栄養［食事］を取る.
— **sustenter** /systɑ̃te/ 他動 古風 …に栄養［食事］を与える.

susurrement /sysyrmɑ̃/ 男 文章 ささやき; ささやくような音［声］.

susurrer /sysyre/ 他動 …をささやく. ▶ *susurrer* des mots doux à l'oreille 甘い言葉を耳元でそっとささやく. — 自動 ささやく, つぶやく;〔木, 小川などが〕さらさら音を立てる.

sut, sût /sy/, **sûtes** /syt/ 活用 ⇨ SAVOIR[1] 37

suture /syty:r/ 囡 縫合(術). ▶ On a fait au blessé plusieurs points de *suture*. けが人は何

suturer

針か縫った.
suturer /sytyre/ 他動〔傷口などを〕縫合する.
suzerain, aine /syzrɛ̃, ɛn/ 名〖歴史〗封主.
── 形 封主の, 封主に属する.
suzeraineté /syzrɛnte/ 女 ❶〖歴史〗封主権. ❷ 支配権.
svastika /svastika/ 男《サンスクリット》まんじ(卍), 逆まんじ(卐).
svelte /svɛlt/ 形 すらりとした, ほっそりした, しなやかな.
sveltesse /svɛltɛs/ 女 文章 すらりとして優雅なこと.
SVP s'il vous plaît の略(⇨ PLAIRE).
sweater /swetœːr/; switœːr/ 男《英語》セーター.
sweat-shirt /swetʃœrt/; switʃœrt/ 男《英語》スウェットシャツ.
swing /swiŋ/ 男《英語》(ジャズの)スイング; (ボクシング, ゴルフの)スイング.
swinguer /swiŋge/ 自動 スイング調で演奏する[歌う]; 〔曲が〕スイングする.
sybarite /sibarit/ 名 遊蕩者.
syllabe /si(l)lab/ 女〖言語〗音節, 音綴(てつ), シラブル. ▶ vers de douze *syllabes* 12音節の詩句(=alexandrin) / «Japon» a deux *syllabes*. Japonは2音節からなる / détacher les *syllabes* 音節を区切って発音する.
ne pas prononcer une syllabe ひとことも口にしない.
syllabique /si(l)labik/ 形 音節の, 音綴(てつ)の. ▶ écriture *syllabique* 音節文字法: 1音節が1文字で表わされる表記(法).
syllepse /si(l)lɛps/ 女〖文法〗シレプシス: 文法規則によらず, 意味によって性数を一致させる方法(例: Tout le monde *sont* là? みんないるかい).
syllogisme /sil(l)ɔʒism/ 男〖論理学〗三段論法.
syllogistique /sil(l)ɔʒistik/ 女, 形〖論理学〗三段論法(の).
sylphe /silf/ 男 シルフ: ケルト・ゲルマン神話の空気の精.
sylphide /silfid/ 女 文章 ❶ 大気[空気]の小妖精(ようせい). ❷ ほっそりした優美な女性; 理想の女性.
sylvestre /silvɛstr/ 形 文章 森林の; 森林に生息する.
sylv(i)- 接頭「森林の」の意.
sylvicole /silvikɔl/ 形 植林の; 林学の.
sylviculteur /silvikyltœːr/ 男 植林者.
sylviculture /silvikyltyːr/ 女 植林, 林学.
sym- 接頭 (syn- の別形. b, p の前で)「共に, 同時に」の意.
symbiose /sɛ̃bjoːz/ 女 ❶〖生物学〗共生. ❷ 文章〈en *symbiose* avec qn〉…と密接な関係にある, 共存した. ▶ vivre en *symbiose* avec qn …と親密に暮らす.
symbole /sɛ̃bɔl/ 男 ❶ 象徴, 表象, シンボル; 象徴的人物. ▶ La colombe est le *symbole* de la paix. 鳩(はと)は平和の象徴である / Elle est le *symbole* de l'avarice. 彼女はけちの権化だ. ❷ 記号, 符号. ▶ *symbole* chimique 化学記号 / *symbole* atomique 原子記号, 元素記号. ❸《カトリック》*symbole* des Apôtres 使徒信経.
symbolique /sɛ̃bɔlik/ 形 ❶ 象徴的な. ▶ sens *symbolique* 象徴的な意味 / écriture *symbolique* 絵文字 / logique *symbolique* 記号論理学. ❷ 形だけの, 実質を伴わない. ▶ une augmentation toute *symbolique* des salaires ほんのしるしばかりの昇給 / C'est un geste purement *symbolique*. あれはまったくのポーズにすぎない.
── 女 ❶ (ある地域, 民族, 時代に固有の)象徴体系. ❷ (特に宗教, 神話, 社会学の)象徴理論, 象徴研究.
symboliquement /sɛ̃bɔlikmɑ̃/ 副 象徴的に.
symbolisation /sɛ̃bɔlizasjɔ̃/ 女 ❶ 象徴化, 記号化, シンボル表現. ❷〖精神分析〗(夢の)象徴化, 象徴作用.
symboliser /sɛ̃bɔlize/ 他動 …を象徴する. ▶ On *symbolise* habituellement la justice par la balance. 正義は普通秤(はかり)で象徴される / Dans ce film le vieillard *symbolise* la mort. この映画の中で老人は死を象徴している.
symbolisme /sɛ̃bɔlism/ 男 ❶〖芸術〗象徴主義, サンボリスム. ❷ 記号の使用, 象徴[記号]表現; 象徴体系. ❸〖論理学〗記号体系.
symboliste /sɛ̃bɔlist/ 形 象徴主義の. ── 名 象徴派の詩人[芸術家].
symétrie /simetri/ 女 ❶ (左右)対称, シンメトリー. ▶ vases disposés avec *symétrie* 左右対称に置かれた花瓶. ❷ (状況などの)類似(性), 相似. ▶ la *symétrie* de deux situations 2つの状況の類似性. ❸ 釣り合い, 均整, 調和. ❹〖数学〗axe de *symétrie* 対称軸.
symétrique /simetrik/ 形 ❶ (左右)対称の, 対になる. ❷〖数学〗対称の.
── 名 対をなすもの, 対称物.
symétriquement /simetrikmɑ̃/ 副 (左右)対称的に, 対をなして.
sympa /sɛ̃pa/ 形《不変》(sympathique の略)話 感じがよい, 気持ちのよい. ▶ un type *sympa* 感じのいい人 / C'est *sympa*, ce café. ここのカフェいいね / C'était *sympa*, hier soir. 夕べは楽しかったね / Ah, c'est *sympa*. それもどうも.
*sympathie /sɛ̃pati サンパティ/ 女 ❶ 好感, 好意, 親近感. ▶ montrer [témoigner] de la *sympathie* à qn …に好意を示す, 親身になる / Il semble qu'elle a de la *sympathie* pour son professeur de piano. 彼女はピアノの教師に好意を寄せているらしい.
❷ 共感, 同感, 共鳴. ▶ gagner la *sympathie* des lecteurs 読者の共感を得る.
❸ 同情, 思いやり. ▶ Croyez à toute ma *sympathie*.《儀礼的表現で》心からお悔やみ申し上げます.
*sympathique /sɛ̃patik サンパティック/ 形
英仏そっくり語
英 sympathetic 同情した, 共感した.
仏 sympathique 感じのよい, 好ましい.
❶〔人や態度が〕感じのよい, 好ましい. ▶ Je le trouve très *sympathique*, ton cousin. あなた

synode

のいとこってとてもいい人ですね / un comportement *sympathique* 好感の持てる態度．
❷ 話 すてきな，快適な．▶ un déjeuner *sympathique* 楽しい昼食 / restaurant *sympathique* 感じのいいレストラン．
❸ 古風 共感した，共鳴した；同情的な．▶ Elle est *sympathique* à la douleur de son ami. 彼女は恋人の苦しみを我がことのように心配している．
— 男【生理学】交感神経（=grand *sympathique*）．

sympathiquement /sɛ̃patikmɑ̃/ 副 好意的に，快く；感じよく．

sympathisant, ante /sɛ̃patizɑ̃, ɑ̃:t/ 形 （党派，団体の思想に）共鳴している，同調している．
— 名 共鳴者，シンパ．

sympathiser /sɛ̃patize/ 自動〈*sympathiser* (avec qn)〉（…と）気が合う，仲よくなる．▶ Elle a tout de suite *sympathisé* avec ses nouveaux voisins. 彼女は新しい隣人たちとすぐに意気投合した．

symphonie /sɛ̃fɔni/ 女 ❶ 交響曲，シンフォニー．❷ 文章 （色，香りなどの）調和．

symphonique /sɛ̃fɔnik/ 形 シンフォニーの．▶ poème *symphonique* 交響詩 / orchestre *symphonique* 交響楽団．

symphoniste /sɛ̃fɔnist/ 名 交響曲の作曲家；交響楽団員．

symposium /sɛ̃pozjɔm/ 男 討論会，シンポジウム（=colloque）．

symptomatique /sɛ̃ptɔmatik/ 形 ❶【医学】症状の，症状を示す；対症の．▶ fièvre *symptomatique* de la grippe 感冒の徴候を示す熱．❷ 前兆となる，兆候を示す．▶ Cet incident est *symptomatique* du malaise politique. この事件は政情不安の現れだ．

symptôme /sɛ̃pto:m/ 男 ❶【医学】症状．▶ *symptômes* subjectifs 自覚症状 / Le malade présente les *symptômes* caractéristiques du choléra. 患者にはコレラ特有の症状が出ている．❷ 前兆，兆候．▶ un *symptôme* d'inflation インフレの兆候．

syn- 接頭 （別形 sym-）「共に，同時に」の意.

synagogue /sinagɔg/ 女 シナゴーグ：ユダヤ教の礼拝堂．

synchrone /sɛ̃krɔ:n/ 形 ❶ 同時に起こる，同時の；同一周期の．▶ mouvements *synchrones* 同一周期の運動．❷【電気】同期の，同波の．

synchronie /sɛ̃krɔni/ 女 ❶【言語】共時態（↔diachronie）．

synchronique /sɛ̃krɔnik/ 形 ❶ 共時的な，共時論の．▶ linguistique *synchronique*【言語】共時言語学．❷ 同時に起こる．

synchronisation /sɛ̃krɔnizasjɔ̃/ 女 ❶ 同時化，シンクロナイズ，同期（化）．❷【映画】（映像と音声の）シンクロナイゼーション，同時録音．

synchroniser /sɛ̃krɔnize/ 他動 ❶〈*synchroniser* qc (avec qc)〉…を（…と）同時に行う．▶ Les rameurs *synchronisaient* bien leurs mouvements. 漕手(#)の櫂(#)さばきはぴったり息が合っていた．❷〔2つ以上の装置〕を同時に作動させる．❸ *synchroniser* un film 映画の音声と映像をシンクロさせる．

synchroniseur /sɛ̃krɔnizœ:r/ 男 シンクロナイザー，同期装置．

synchronisme /sɛ̃krɔnism/ 男 ❶（運動などの）同時性，同期（状態）．❷（歴史上の事件の）時期の符号，同時期発生．

synclinal, ale /sɛ̃klinal/；（男複）**aux** /o/ 形【地質】向斜の．
— **synclinical**；（複）**aux** 男 向斜．

syncope /sɛ̃kɔp/ 女 ❶ 失神．▶ avoir une *syncope* = tomber en *syncope* 失神する，人事不省になる．❷【音楽】シンコペーション，切分音．

syncopé, e /sɛ̃kɔpe/ 形【音楽】シンコペーションを用いた；（ジャズなどで）ビートのきいた．

syncoper /sɛ̃kɔpe/ 他動【音楽】…にシンコペーションを行う．— 自動 シンコペーションになる．

syncrétisme /sɛ̃kretism/ 男（哲学，宗教上の）諸説［諸派］混合，シンクレティズム．

syndic /sɛ̃dik/ 男（集団の）利益代表，総代，代理人．▶ *syndic* de faillite 破産管財人．

syndical, ale /sɛ̃dikal/；（男複）**aux** /o/ 形 労働組合の；組合の．▶ délégué *syndical* 労組代表 / droit *syndical* 組合結成権；労働組合法．

syndicalisation /sɛ̃dikalizasjɔ̃/ 女 労働組合加入；組合結成；組合員化．▶ taux de *syndicalisation* 組合員組織率．

syndicaliser /sɛ̃dikalize/ 他動 …を組合に加入させる；〔諸組合〕を産業別組合に組織する．
— **se syndicaliser** 代動 組合を組織する．

syndicalisme /sɛ̃dikalism/ 男 ❶ 労働組合運動；労働組合主義，サンディカリズム．❷ 組合活動．▶ faire du *syndicalisme* 組合活動をする．

syndicaliste /sɛ̃dikalist/ 名 組合活動家．
— 形（労働）組合の；サンディカリズムの．

*****syndicat** /sɛ̃dika/ サンディカ 男 ❶ 組合；労働組合（=*syndicat* ouvrier）．注 複数の組合 syndicat が，（単一産業）組合 fédération を構成し，さらにこれを統括するのが同盟 confédération である．▶ *syndicat* patronal 経営者組合 / *syndicat* coopératif 協同組合 / adhérent d'un *syndicat*（労働）組合員 / militant d'un *syndicat*（労働）の活動家 / *syndicat* maison 御用組合 / négociations entre *syndicats* et patronat 労使交渉．❷ 協会，組合．▶ *syndicat* d'initiative 観光協会，観光案内所．

syndicratie /sɛ̃dikrasi/ 女 組合支配の体制．

syndiqué, e /sɛ̃dike/ 形 組合に加入した，組合を組織した．— 名 組合員．

syndiquer /sɛ̃dike/ 他動 …を組合に組織する，の組合を結成する．▶ *syndiquer* des ouvriers 労働者の組合を作る．
— **se syndiquer** 代動 組合に加入する；組合を結成する．

syndrome /sɛ̃drɔ:m/ 男【医学】症候群．▶ *syndrome* de Down ダウン症候群．

synecdoque /sinɛkdɔk/ 女【レトリック】提喩(#)：部分で全体を，全体で部分を表わす比喩．たとえばパンで食べ物一般を表わすこと．

synergie /sinɛrʒi/ 女 協同，共働作用．

synode /sinɔd/ 男 ❶（カトリックやプロテスタント

synonyme

の)教会会議. ❷ *synode* israélite ユダヤ教会議.
synonyme /sinɔnim/ 形 同義の, 類義の. ▶ termes *synonymes* 同義語, 類義語.
— 男 同義語, 類義語 (↔antonyme).
synonymie /sinɔnimi/ 女 類義, 同義.
synonymique /sinɔnimik/ 形 同義の, 類義の.
synopsis /sinɔpsis/ 男 ❶ (ある学問, 問題などの)概要, 要覧, 一覧表. ❷《映画》シノプシス, あらすじ.
synoptique /sinɔptik/ 形 ❶ 概観的な, 一覧する. ▶ tableau *synoptique* d'histoire 歴史年表.《キリスト教》les Évangiles *synoptiques* 共観福音書: マタイ, マルコ, ルカの3福音書.
— **synoptiques** 男複《キリスト教》共観福音書.
syntactique /sɛ̃taktik/ 形 統語論 [法] の, 統辞論 [法] の, 構文論 [法] の (=syntaxique).
syntagmatique /sɛ̃tagmatik/ 形《言語》連辞の (↔paradigmatique). ▶ rapport *syntagmatique* 連辞関係.
syntagme /sɛ̃tagm/ 男《言語》❶ 句: 英語の phrase に相当する. ▶ *syntagme* nominal [verbal] 名詞 [動詞] 句. ❷ 連辞, 統合 (↔paradigme): 言連鎖内における語や記号素の結合をいう.
syntaxe /sɛ̃taks/ 女 シンタックス, 統語論: 文を構成する要素間の結合の規則.
syntaxique /sɛ̃taksik/ 形 統語論の.
synthé /sɛ̃te/ 男 (synthétiseur の略) 話 シンセサイザー.
synthèse /sɛ̃tɛːz/ 女 ❶ 総合, 総括, 集大成; 総論. ▶ analyse et *synthèse* 分析と総合 / esprit de *synthèse* 総合的精神 / faire la *synthèse* de deux théories 2つの理論を総合する. ❷ 合成. ▶ *synthèse* chimique 化学合成 / image [son] de *synthèse* 合成画像 [音] / produit de *synthèse* 合成品.
synthétique /sɛ̃tetik/ 形 ❶ 総合的な; 総括的な. ▶ avoir une vue *synthétique* de la situation 状況の全貌(ぼう)をとらえる. ❷ 合成の, 人工の (↔naturel). ▶ matières *synthétiques* 合成物質 / textiles *synthétiques* 合成繊維 / diamant *synthétique* 人造ダイヤ. ❸ シンセサイザーの. ▶ musique *synthétique* シンセサイザーによる音楽. — 男 合成物, 合成品.
synthétiquement /sɛ̃tetikmɑ̃/ 副 ❶ 総合的に, 総合によって. ❷ 合成によって, 人工的に.
synthétiser /sɛ̃tetize/ 他動 ❶ …を総合する, 総括する, まとめる. ▶ *synthétiser* les différents résultats d'un sondage 調査の結果を総合する. ❷ …を合成する.
synthétiseur /sɛ̃tetizœːr/ 男《音楽》シンセサイザー. 注 話し言葉では synthé と略す.
syphilis /sifilis/ 女《医学》梅毒.
syphilitique /sifilitik/ 形《医学》梅毒の; 梅毒に冒された. — 名 梅毒患者.
Syrie /siri/ 固有 女 シリア: 首都 Damas. ▶ en *Syrie* シリアに [で, へ].
syrien, enne /sirjɛ̃, ɛn/ 形 シリアの, Syrie の.
— **Syrien, enne** 名 シリア人.
systématique /sistematik/ 形 ❶ 体系的な;

秩序立った. ▶ un classement *systématique* 系統立った分類 / une discussion *systématique* 理路整然とした議論. ❷ 一貫した, 徹底的な. ▶ opposer un refus *systématique* à une proposition ある提案に一貫して反対する. ❸ 例外のない, お定まりの; 型にはまった, 融通の利かない. ▶ C'est *systématique*. 決まってそうだ, いつだってそうだ / menteur *systématique* 嘘ばかりつく人.
esprit systématique (1) 体系的精神. (2)《軽蔑して》杓子(しゃくし)定規な頭, 柔軟でない考え.
— 女 ❶ 文章 体系. ❷ 系統学, 分類法.
systématiquement /sistematikmɑ̃/ 副 ❶ 体系的に, 組織的に, 計画的に. ❷ 一貫して, 徹底的に; 決まりきって. ▶ refuser *systématiquement* de voter いつも決まって棄権する.
systématisation /sistematizasjɔ̃/ 女 体系化, 系統づけ, 組織化.
systématiser /sistematize/ 他動 …を体系化する, 系統づける, 組織化する.
— 自動《軽蔑して》お定まりの考え方 [行動] をする, 柔軟性に欠ける.
— **se systématiser** 代動 体系化される, 系統づけられる.
＊système /sistɛm スィステム/ 男 ❶ 体系; 統一理論, 学説. ▶ le *système* philosophique de Descartes デカルトの哲学体系 / *système* linguistique 言語体系.
❷ 体制, 制度; 体制社会. ▶ *système* de défense 防衛体制 / *système* monétaire 貨幣制度 / *système* économique 経済体制 / *système* scolaire 教育制度 / *système* politique 政治制度 / se défendre contre le *système* 体制に反抗しておのれの立場を守る.
❸ 方法, 方式; 話 うまいやり方. ▶ Je connais un bon *système* pour entrer sans payer. ただで入れるうまい手を知ってるよ.
❹ 系, 系統. ▶ *système* digestif 消化器系 / *système* solaire 太陽系.
❺ 装置, 機構, システム. ▶ *système* d'éclairage 照明装置 / *système* de fermeture automatique 自動開閉装置 / *système* d'information 情報処理システム.
❻ 計量法; 単位系 (=*système* d'unités). ▶ *système* décimal 10進法 / *système* métrique メートル法 / *système* international d'unités 国際単位系(略 SI).
❼《情報》システム. ▶ ingénieur *système* システムエンジニア / *système* d'exploitation 基本ソフト, OS.
courir [*porter, taper*] *sur le système* (*à qn*) (…を) いらだたせる.
esprit de système (1) 体系的精神 [思考]. (2) 教条主義的傾向, 型にはまった考え.
le système D = *le système débrouille* 話 巧妙な手, 要領のいいやり方.
par système 思い込みで, 予断によって; 型どおりに, 決まりきって. ▶ Ce théoricien ne peut penser et agir que *par système*. この理論家は型どおりの考え方, 行動しかできない.
systémique /sistemik/ 形 ❶ 体系の; システムの. ❷ 血液循環系の. — 女 システム理論.

T, t

T, t /te/ 男 フランス字母の第20字. ▶ en *T* *T*字形の / *t* euphonique 調音のt (例: Arrive-*t*-on? Aime-*t*-il?).

t' te, tu の省略形.

ta /ta/ ton¹ の女性形.

*__tabac__¹ /taba/ タバ/ 男 ❶ 〖植物〗タバコ.
❷ (喫煙用)たばこ. ▶ abus du *tabac* たばこの吸い過ぎ / *tabac* brun 黒みがかった強いたばこ / *tabac* blond 黄色がかった軽いたばこ.
❸ たばこ屋, たばこ小売店 (=débit de *tabac*, bureau de *tabac*). ▶ café-*tabac* たばこ屋兼業のカフェ / aller au *tabac* たばこ屋に行く.
C'est le même tabac. 諺 相変わらず同じだ.
du même tabac 同じ種類の.
── 形 《不変》たばこ色の (=couleur *tabac*).

tabac² /taba/ 男 ❶ (芝居などの)大成功. ▶ faire un *tabac* 大当たりする.
❷ 諺 殴打. ▶ donner du *tabac* à qn …を殴る.
passer qn à tabac 諺 …を激しく殴る.

tabagie /tabaʒi/ 女 たばこの煙 [におい] の立ちこめた場所.

tabagique /tabaʒik/ 形 たばこ中毒の.
── 名 たばこをたくさん吸う人.

tabagisme /tabaʒism/ 男 たばこ中毒, たばこの害. ▶ *tabagisme* passif 間接喫煙 / lutte contre le *tabagisme* 禁煙運動.

tabasser /tabase/ 他動 話 …を殴りつける.

tabatière /tabatjɛːr/ 女 ❶ かぎたばこ入れ.
❷ 〖建築〗(屋根にあけられた)明かり取り口; 天窓.

tabernacle /tabɛrnakl/ 男 〖カトリック〗聖櫃(ひつ): 聖体を納めた箱型容器.

****table** /tabl/ ターブル/ 女
❶ テーブル, 卓, (脚付きの)台, 机. ▶ *table* de bois 木のテーブル / *table* de nuit [de chevet] ナイトテーブル / *table* pliante 折り畳み式テーブル / *table* roulante ワゴン式テーブル / *table* de travail 仕事机; 作業台 / *table* de toilette 化粧洗面台 / *table* d'opération 手術台 / *table* de jeu (トランプの)ゲーム台 / *table* de télévision テレビ台 / *table* de ping-pong 卓球台 / *table* de lancement ロケット発射台 / *table* de communion = sainte *table* 聖体拝領台 / *table* tournante (交霊術の)三脚円卓.

❷ 食卓, テーブル; 食事;《集合的に》会食者. ▶ mettre [dresser] la *table* 食卓の用意をする / desservir [débarrasser] la *table* 食卓をかたづける / inviter qn à sa *table* …を食事に招く / réserver [retenir] une *table* au restaurant レストランの予約をする / être à *table* 食事中である / se tenir bien à *table* テーブルマナーを守る / **A table!** 御飯ですよ, 食卓についてください / Passons à *table*. 食卓につきましょう / sortir [se lever] de *table* 食卓を離れる / vin de *table* 食卓用の(安)ワイン, テーブルワイン / service de *table* 食器セット / aimer (les plaisirs de) la *table* おいしい物が好きである, 食道楽である / une bonne *table* おいしい食事, 御馳走(ごちそう) / présider la *table* (食卓で)上席を占める; ホスト役を務める.

❸ 表, 目録, 一覧. ▶ *table* des matières 目次 / *table* chronologique 年表 / *table* alphabétique アルファベット順索引 / *table* de multiplication 九九の表 / *table* de logarithmes 対数表.

❹ (木, 石, 金属などでできた)平板, 盤. ▶ *table* d'échecs チェス盤 / *table* d'orientation (展望台などの)方位指示盤 / *table* à dessin 製図板, 製図机 / *tables* de la Loi (モーセの十戒を刻んだ)律法の石板.

dessous de table 袖(そで)の下, 賄賂(わいろ).

faire un tour de table (会合で)順々に発言する.

jouer [mettre] cartes sur table (1) 手の内を見せてゲームをする. (2) 正々堂々と振る舞う.

se mettre à table (1) 食卓につく. (2) 俗 (警察で)口を割る.

table rase (1) 〖哲学〗タブラ・ラサ, 白紙. (2) 白紙状態. ▶ faire *table rase* du passé 過去を一掃する.

table ronde (1) 円卓. ▶ chevaliers de la *Table ronde* (アーサー王伝説の)円卓の騎士. (2) 円卓会議. ▶ organiser une *table ronde* sur un problème ある問題について円卓会議を開く.

tenir table ouverte だれかれなくもてなす.

*__tableau__ /tablo/ タブロ/;《複》**x** 男 ❶ 絵, 絵画. ▶ *tableau* peint à l'huile 油絵 / faire [peindre] un *tableau* 絵を描(か)く / *tableau* abstrait [figuratif] 抽象[具象]画 / exposer ses *tableaux* (展覧会に)絵を出品する / accrocher [pendre] un *tableau* au mur 絵を壁に掛ける. 比較 ⇨ PEINTURE.

❷ 掲示板, 告知板. ▶ *tableau* d'affichage 掲示板, (競技の)記録表示板 / *tableau* 「des départs [des arrivées] (駅, 空港の)出発[到着]時刻掲示板.

❸ 黒板 (=*tableau* noir). ▶ aller [passer] au *tableau*〔生徒が〕黒板の前に出る / faire un dessin au *tableau* 黒板に図を書く.

❹ (計器などの)盤, ボード. ▶ *tableau* des clefs (ホテルのフロントにある客室用の)鍵(かぎ)掛け / *tableau* de commande (洗濯機などの)スイッチパネル / *tableau* de bord 計器板, ダッシュボード / *tableau* de contrôle 集中制御盤.

❺ 表, 一覧表; 名簿. ▶ *tableau* de prix 料金表 / *tableau* chronologique 年表 / *tableau* des conjugaisons 動詞活用表 / *tableau* généalogique 家系図; 血統(図) / *tableau* d'honneur (終

業式などの)優等生名簿.
❻ 描写；光景,場面；(芝居の)景. ▶ brosser un *tableau* pessimiste de la situation internationale 国際情勢を悲観的に描き出す / drame en vingt *tableaux* 20景のドラマ.
Il y a une ombre au tableau. 玉にきずだ.
jouer [*miser*] *sur les deux tableaux* 二またをかける,敵対する両者に渡りをつける.
pour achever le tableau あげくの果てには.
Vous voyez d'ici le tableau! 圄 その場が目に浮かぶでしょう.

tableautin /tablotɛ̃/ 男 小さな絵.
tablée /table/ 女 食卓を囲む人々；会食者.
tabler /table/ 間他動 <*tabler* sur qc/qn>…を当てにする,期待する. ▶ *tabler* sur la chance 幸運を期待する.
tablette /tablɛt/ 女 ❶ 棚板,横板. ▶ *tablettes* d'une bibliothèque 本棚の棚板 / *tablette* individuelle (列車,飛行機の座席に付いている)テーブル板. ❷ 板状のもの,錠剤. ▶ *tablette* de chocolat 板チョコ. ❸ (塀,壁などの)笠石,笠木；上板,棚. ▶ *tablette* de marbre d'une cheminée 大理石の炉棚. ❹ (複数で)[考古学](筆記用の)粘土板.
écrire [*inscrire, noter*] *qc sur ses tablettes* …をよく覚えておく,肝に銘じる. ▶ Ce n'est pas *écrit* sur mes *tablettes*. それには留意しなかった；それは覚えていない.
rayer qc/qn de ses tablettes …を記憶から消し去る；当てにするのをやめる.
tableur /tablœːr/ 男 表計算ソフト.
*****tablier** /tablije/ タブリエ/ 男 ❶ エプロン,前掛け,上っ張り. ▶ mettre un *tablier* エプロンをつける / *tablier* d'écolier 小学生の上っ張り[スモック] / robe-*tablier* エプロンドレス.
❷ *tablier* du pont 橋床(ぼう)，橋の桟板.
❸ (暖炉の炉床前面にある)鉄製カーテン；(店の)シャッター.
Ça lui va comme un tablier à une vache. 圄 全然似合わない.
rendre son tablier 圄 暇を取る；辞任する.
tabloïd /tablɔid/ 男 タブロイド判 (=format tabloïd)；タブロイド判の新聞[印刷物].
―― 形 (不変) タブロイド判の.
tabou /tabu/ 男 タブー,禁忌；禁制,禁句.
―― **tabou, e** 形 (ときに不変)タブーの,禁忌の,禁制の；批判できない,神聖不可侵の. ▶ un mot *tabou* 禁句 / un sujet *tabou* 触れてはならない話題.
taboulé /tabule/ 男 [料理]タブレ：小麦のひき割り粉にミント,トマトなどを混ぜオリーブ油とレモンで味付けしたレバノン料理.
tabouret /tabuʁɛ/ 男 (ひじ掛け,背のない)椅子(い),スツール. ▶ *tabouret* de piano ピアノ用椅子 / *tabouret* de bar バーの止まり木 / *tabouret* de pieds (椅子に座ったときに用いる)足載せ.
tabulaire /tabylɛːʁ/ 形 ❶ テーブル状の；平板状の. ❷ [数学]表の. ▶ logarithmes *tabulaires* 対数表.
tac /tak/ 間投 カチッ,カタッ,パン (発砲音,刀身のぶつかり合いなどの乾いた音). 注 機関銃の連続射

音を示して tacatac ということもある.
―― 男 (発砲音などの)乾いた音.
répondre [*riposter*] *du tac au tac* 売り言葉に買い言葉でやり返す.

*****tache** /taʃ/ タシュ/ 女 ❶ 染み,汚れ. ▶ faire une *tache* de vin sur [à] qc …にワインの染みをつける / enlever [ôter] des *taches* 染みを抜く / Cette *tache* d'encre ne partira (disparaîtra) pas au lavage. このインクの染みは洗っても落ちないよ.
❷ 斑点(はん)，ぶち；(肌の)染み,あざ. ▶ chien blanc à *taches* noires 白と黒のぶちの犬 / *tache* 「de rousseur [de son] そばかす.
❸ 汚点,欠点；けがれ. ▶ C'est une *tache* à sa réputation. これは彼(女)の名声にけがすものだ / *tache* originelle [キリスト教]原罪.
❹ 色の点；(印象派絵画の)色斑.
❺ (太陽の)黒点 (=*tache* solaire).
❻ 圄 卑劣な奴.
faire tache そぐわない,不調和である,場違いである. ▶ Ce vase *fait tache* dans notre salon. この花瓶はうちの応接間には全然合わない.
faire tache d'huile (油染みのように)知らない間にどんどん拡大する,じわじわと浸透する.
taché, e /taʃe/ 形 ❶ 染みのついた,汚れた. ▶ chemise *tachée* d'encre インクの染みのついたワイシャツ. ❷ (天然の)斑点(はん)[斑(まだら)]のある. ▶ marbre *taché* de gris 灰色の斑模様の大理石 / visage *taché* de son そばかすのある顔.

*****tâche** /tɑːʃ/ ターシュ/ 女 ❶ (なすべき)仕事；任務,務め,使命. ▶ accomplir sa *tâche* 仕事をやりとげる / A chacun sa *tâche*. 各人にはそれぞれの仕事がある / avoir pour *tâche* de + 不定詞 …を任務とする / La *tâche* du journaliste consiste à rapporter le fait tel qu'il est. ジャーナリストの使命は事実をありのままに報道することだ. 比較 ⇨ TRAVAIL. ❷ (情報)タスク.
à la tâche 出来高払いで. ▶ travail *à la tâche* 賃仕事 / Je ne suis pas *à la tâche*. 圄 (出来高払いではないから)ゆっくり思うように仕事をさせてくれ.
prendre à tâche de + 不定詞 …しようと努める.

*****tacher** /taʃe/ タシェ/ 他動 …に染みをつける,斑点(はん)をつける. ▶ *tacher* un livre avec de l'encre インクで本を汚す.
―― 自動 染みる,染みを作る. ▶ Les jus de fruits *tachent*. 果汁は染みになる.
―― **se tacher** 代動 ❶ (自分の)服に染みをつける. ❷ <*se tacher* qc> (自分の)(体の部分)を汚す. ❸ 染みがつく,汚れる. ▶ Une nappe blanche *se tache* vite. 白いテーブルクロスはすぐ汚れる. ❹ 斑(まだら)になる,斑点で覆われる.

*****tâcher** /tɑʃe/ 間他動 <*tâcher* de + 不定詞> …するように努める. ▶ Je vais *tâcher* de les convaincre. ひとつ彼らを説得してみましょう / Tâchez d'être à l'heure. 遅刻しないよう気をつけなさい. 比較 ⇨ ESSAYER.
―― 他動 <*tâcher* que + 接続法>《命令形で》…するよう努力する. ▶ *Tâchez* que ça ne se reproduise plus! もう二度とそんなことが起こらないよう

tâcheron /tɑʃrɔ̃/ 男 (出来高払いの)農業労働者; (建築関係の)下請け業者; 建築作業員.

tacheté, e /taʃte/ 形 <tacheté (de qc)> (…の)斑点のある. ▶ une robe *tachetée* de points rouges 赤い水玉模様のドレス.

tacheter /taʃte/ [4] 他動 稀 <tacheter qc (de qc)> …に(…の)小さな斑点(%)をつける; 染みをつける.

tachy- 接頭「速い; 速度」の意.

tachygraphe /takigraf/ 男 タコグラフ, 運行記録計.

tachymètre /takimetr/ 男 タコメーター, 回転計, 回転速度計.

tacite /tasit/ 形 暗黙の. ▶ consentement *tacite* 暗黙の同意.

tacitement /tasitmɑ̃/ 副 文章 暗黙のうちに; それとなく.

taciturne /tasityrn/ 形, 名 無口な(人), 寡黙な(人), 口数の少ない(人).

tacot /tako/ 男 話 おんぼろ車, ぽんこつ車.

tact /takt/ 男 ❶【生理学】触覚. ❷ 機転, 臨機応変; 如才なさ. ▶ avoir du *tact* 機転が利く / agir avec *tact* そつなく振る舞う.

tacticien, enne /taktisjɛ̃, ɛn/ 名 ❶ (軍事)戦術家, 参謀. ❷ 策謀家, 策士.

tactile /taktil/ 形【生物学】触覚の. ▶ écran *tactile* タッチスクリーン.

tactique /taktik/ 安 ❶ 戦術. ❷ 策略, 術策, 駆け引き.
── 形 戦術の; 戦術上の. ▶ arme nucléaire *tactique* 戦術核兵器.

taekwondo /tekwɔ̃do/ 男 テコンドー.

taffetas /tafta/ 男 ❶ (織物) (絹)タフタ: 低い横畝のある平織の絹織物. ▶ robe en *taffetas* タフタのワンピース. ❷ (薬学) *taffetas* gommé 絆創膏(%).

tag /tag/ 男 スプレーの落書.

taguer /tage/ 他動 …にスプレーで落書きする.

tagueur, euse /tagœːr, øːz/ 名 スプレーで落書きをする人.

Tahiti /taiti/ 固有 タヒチ島: 仏領ポリネシアの島.

tahitien, enne /taisjɛ̃, ɛn/ 形 タヒチ *Tahiti* の. ── **Tahitien, enne** 名 タヒチの人.

taï chi /taj(t)ʃi/ 男 (中国語)太極拳(%).

taie /tɛ/ 安 (枕(♯)の)カバー.

taïga /taiga/ 安 タイガ: シベリアおよびロシア平原北部を占める広大な亜寒帯林.

taillade /tajad/ 安 切り傷; 切れ込み. ▶ se faire une *taillade* en se rasant ひげをそっていて切り傷を作る / faire des *taillades* dans un tronc d'arbre 木の幹に切れ込みを入れる.

taillader /tajade/ 他動 …に切り傷をつける; 切り込みを入れる. ▶ *taillader* le visage à qn …の顔に切り傷をつける.
── **se taillader** 代動 <se taillader qc> (自分の)(体の部分)に切り傷をつける.

taillanderie /tajɑ̃dri/ 安 ❶ 刃物製造(販売)業. ❷ (集合的に)刃物類.

taillandier /tajɑ̃dje/ 男 刃物師, 刃物職人.

*****taille** /tɑːj/ タイユ 安 ❶ 切ること, カット; 裁断(法). ▶ *taille* des pierres 石材の切り出し / pierre de *taille* 切り石 / *taille* d'un diamant ダイヤモンドのカット / *taille* en brillant ブリリアントカット / *taille* des arbres 樹木の剪定(☆).

❷ 身長, 背丈. ▶ la *taille* moyenne des Japonais 日本人の平均身長 / homme de grande [petite] *taille* 背の高い [低い] 人 / 《Quelle est votre *taille*?—Un mètre soixante-dix-huit.》「身長はどれくらいですか」「1メートル78センチです」/ Ma *taille* est de un mètre soixante-dix. 私の身長は1メートル70センチです.

❸ 体つき; (洋服の)サイズ. 注 靴, 手袋, 靴などのサイズは pointure という. ▶ *taille* courante 標準サイズ / grande *taille* L サイズ / Cette veste n'est pas à ma *taille* / il me faut la *taille* en dessous. この上着は私の体に合わない, 1つ下のサイズが必要だ / 《Quelle *taille* faites-vous?—Je fais du 40 [quarante].》 話「あなたの服のサイズはいくつですか」「40です」/ Ma *taille* est de 38. 私のサイズは38です / Il faudrait la *taille* au-dessus. 上のサイズでなければだめだ.

❹ 腰(回り), ウエスト. ▶ une robe à *taille* haute ハイウエストのドレス / mesurer le tour de *taille* ウエストサイズを測る / avoir la *taille* fine ウエストが細い / avoir la *taille* bien prise (ウエストが締まった)スタイルがよい / prendre qn par la *taille* …の腰に手を回す, 腰のあたりを捕らえる / Quel est votre tour de *taille*? ウエストは何センチですか.

❺ 大きさ, 規模; 重要性. ▶ photo de la *taille* d'une carte de visite 名刺判の写真 / la *taille* d'une entreprise 企業の規模.

à [de] la taille de qc/qn …に釣り合った, ふさわしい. ▶ un poste *à la taille de* ses capacités [*à sa taille*] 彼(女)の能力に見合ったポスト.

de taille 話 非常に大きな; 重大な. ▶ Il est *de taille*, ton parapluie! ずいぶん大きいんだね, 君の傘は! / C'est une erreur *de taille*. それは重大な誤りだ.

être [se sentir] de taille (à + 不定詞) (…する)力がある [あると感じる]. ▶ Il *se sent de taille* à l'accomplir tout seul. 彼は独りでそれをやり遂げられると思っている / Il n'*est pas de taille*. 彼はその任ではない.

taillé, e /taje/ 形 ❶ (…の)体つきをした. ▶ un homme bien *taillé* スタイルのよい男 / Il est *taillé* en Hercule [en force]. 彼は筋骨たくましい. ❷ 切られた, 刈られた, 裁たれた. ▶ moustache *taillée* court 短くそろえたひげ.

être taillé pour qc/不定詞 …に向いている, 適している.

taille-crayon /tajkrɛjɔ̃/; (複) 〜-〜s 男 鉛筆削り.

taille-douce /tajdus/; (複) 〜s-〜s 安 銅版画.

taille-ongles /tajɔ̃gl/ 男 爪(♯)切り.

*****tailler** /taje/ タイエ 他動 (形を整えるために)…を切る, 刈る, 削る, 裁断する. ▶ *tailler* une haie 生垣を剪定(☆)する / *tailler* un crayon 鉛筆を削る / *tailler* un diamant ダイヤモンドをカットする / *tailler* une robe「d'après [sur] un patron

tailleur

型紙どおりにドレスを裁断する.
tailler un costume à qn 俗 …に身のほどを思い知らせる, 本当のことをはっきり言ってやる.
── 自動 切開する; 切りつける.
── **se tailler** 代動 ❶ <*se tailler qc*> 自分の…を切る [刈る, 削る]. 注 se は間接目的. ▶ Il s'est taillé la barbe. 彼はひげを刈り込んだ. ❷ 切られる; 刈り込まれる. ❸ <*se tailler qc*> …を獲得する, 我が物にする. ❹ 話 逃げ出す, 消え失せる.
▶ *Taillons-nous*! ずらかろう.
se tailler un beau succès 大当たりを取る.

*__tailleur__ /tajœːr タイユール/ 男 ❶ (おもに注文紳士服を作る) テーラー, 仕立て屋, 洋服屋. ▶ se faire faire un costume chez un *tailleur* テーラーでスーツを作ってもらう.
❷ テーラード・スーツ: 男物仕立ての婦人用スーツ.
❸ <*tailleur* de + 無冠詞名詞> …のカッティング [加工] 職人. ▶ un *tailleur* de pierre 石工.
s'asseoir en tailleur あぐらを組んで座る.

tailleur-pantalon /tajœːrpɑ̃talɔ̃/; 《複》 ~S-~S パンタロンスーツ.
taillis /taji/ 男 雑芽林, 雑木林; 低木林.
tain /tɛ̃/ 男 (鏡の) 裏箔(はく); 錫(すず)のアマルガム.

:**se taire** /s(ə)tɛːr ステール/ 73 代動

過去分詞 tu	現在分詞 se taisant
直説法現在 je me tais	nous nous taisons
tu te tais	vous vous taisez
il se tait	ils se taisent

❶ 黙る, 口をつぐむ; **沈黙を守る**. ▶ Allez-vous vous taire? 黙ってくれませんか / *Taisez-vous*! 黙りなさい / savoir se taire 口が堅い.
❷ 聞こえなくなる, 静まる. ▶ Les vents *se sont tus*. (=se calmer) 風が吹きやんだ.
faire taire (se を省略して) 黙らせる; 抑圧する.
▶ *Faites taire* cet enfant. この子供を黙らせなさい.
Il a perdu une belle occasion de se taire. 話 (黙っていればいいのに) 彼は口を滑らした.
── **taire** /tɛːr/ 他動 文章 ❶ …を言わない, 黙っている. ❷ 〈感情〉 を見せない, 隠す.
taire sa gueule 下品

tais, tait /tɛ/ 活用 ⇨ SE TAIRE 73
tais- 活用 ⇨ SE TAIRE 73
Taïwan /tajwan/ 固有 台湾 (=Formose). ▶ à *Taïwan* 台湾に [で, へ].
take-off /tekɔf/ 男 《英語》《経済》 テイクオフ: 自力で工業化による経済成長が可能になること.
talc /talk/ 男 《鉱物》 滑石, タルク.
talé, e /tale/ 形 〈果物などが〉 傷んだ.

*__talent__ /talɑ̃ タラン/ 男 ❶ 才能, 素質, 適性. ▶ *talent* de société 社交の才 / avoir du *talent* pour le jardinage 園芸の才がある / avoir beaucoup de *talent* とても才能がある / Montrez-nous vos *talents*. お手並み拝見いたしましょう / écrivain de *talent* 才能に恵まれた作家 / avoir le *talent* de + 不定詞 《しばしば皮肉に》 …するすべを心得ている.
❷ 才能のある人; 《集合的に》 有能な人材 (=gens de *talent*). ▶ apparition de nouveaux *talents* 有能な新人の登場 / encourager les jeunes *talents* 若い才能を伸ばす.

talentueux, euse /talɑ̃tɥø, øːz/ 形 才能のある.
taliban /talibɑ̃/ 男 タリバン: イスラム神学校で教育・訓練を受けた神学生からなるアフガニスタンの武装勢力.
talion /taljɔ̃/ 男 ❶ 《古法》 loi du *talion* (目には目を, 歯には歯をという) 同害刑法, 反座法.
❷ 厳しい仕返し.
talisman /talismɑ̃/ 男 ❶ お守り, 魔よけ.
❷ 魔力 [不思議な力] を持つもの.
talkie-walkie /tokiwoki/ ; 《複》 ~S-~S 男 《米語》 トランシーバー, トーキーウォーキー.
Talmud /talmyd/ 男 《ユダヤ教》 タルムード: ユダヤ教の律法や宗教的教律, 解説などを集めた書.
talmudique /talmydik/ 形 タルムードの.
taloche /talɔʃ/ 女 話 (特に子供への) びんた, 平手打ち.
talocher /talɔʃe/ 他動 話 〈子供など〉 を平手でぶつ, にびんたを食らわす.

*__talon__ /talɔ̃ タロン/ 男 ❶ 踵(かかと). ▶ pivoter [tourner] sur ses *talons* 踵でくるりと回る / s'asseoir sur ses *talons* しゃがむ / être accroupi sur ses *talons* しゃがんでいる.
❷ (靴, 靴下などの) 踵, ヒール. ▶ *talons* plats [hauts] ロー [ハイ] ヒール. ❸ 〈有蹄(ゆうてい)類の〉後ろひずめ; (蹄鉄の) 鉄臂(てっぴ). ❹ (パン, チーズ, ハムなどの) 端; 切り落としの部分. ❺ (小切手帳などの) 控え部分; 本紙 volant を切り離したあとに残る部分. ❻ 《ゲーム》 ストック, 山札: 配ったあとに残るカード 〔ドミノの牌(ぱい)〕.
avoir l'estomac dans les talons 話 腹がぺこぺこである.
marcher [être] sur les talons de qn …を追いかけ回す. ▶ La police *est sur ses talons*. 警察が彼 (女) を追っている.
montrer [tourner] les talons 踵を返す, 逃げ出す.
talon d'Achille (1) アキレス腱(けん). (2) 弱点, 急所.

talonnage /talɔnaːʒ/ 男 《ラグビー》 ヒールアウト.
talonner /talɔne/ 他動 ❶ …のすぐあとからついて行く, を追跡する. ▶ *talonner* un adversaire 敵を急追する. ❷ 〈馬〉 に拍車をかける. ❸ …をうるさく攻めたてる; 悩ます. ▶ Ses créanciers le *talonnent*. 債権者が彼を責めたてる. ❹ 《ラグビー》 〔ボール〕 をヒールアウトする.
── 自動 《ラグビー》 ヒールアウトする.
talonneur /talɔnœːr/ 男 《ラグビー》 フッカー.
talquer /talke/ 他動 …に打ち粉をつける; 滑石粉を引く.
talus /taly/ 男 ❶ (道路, 鉄道などの) 土手. ▶ *talus* de remblai 盛り土の土手.
❷ 傾斜, 勾配(こうばい); 急斜面. ▶ tailler qc en *talus* …を斜めに切る.
tamanoir /tamanwaːr/ 男 《動物》 オオアリクイ.
tambouille /tɑ̃buj/ 女 話 ❶ 粗末な [ありきたりの] 料理. ❷ 料理をすること. ▶ faire la *tambouille* 料理をする.

*tambour /tɑ̃buːr/ タンブール 男 ❶ 【音楽】太鼓, ドラム; 太鼓の音. ▶ battre du [le] *tambour* 太鼓をたたく (⇨ 成句) / *tambour* de basque タンバリン. ❷ 鼓手, 太鼓をたたく人. ❸ 【建築】タンブール: 二重扉の前室. ▶ *tambour* cylindrique à l'entrée d'un hôtel ホテル入り口の回転扉. ❹ ドラム, シリンダー, 円筒, 胴. ▶ *tambour* de frein ブレーキドラム / *tambour* d'une machine à laver 洗濯機の回転水槽.

au son du tambour 騒がしく; 厚かましく.

battre le tambour 鳴り物入りの宣伝をする, 吹聴(ﾌｨﾁｮｳ)する.

sans tambour ni trompette 騒ぎ立てずに, こっそりと.

tambour battant (1) 太鼓の音に合わせて; 太鼓を打ち鳴らしながら. (2) 堂々と; てきぱきと, 迅速に.

tambour de ville 太鼓をたたいて公告を触れ回る役人.

tambourin /tɑ̃burɛ̃/ 男 ❶ タンブラン: プロヴァンス地方起源の長太鼓. ❷ タンバリン (=tambour de basque).

tambourinage /tɑ̃burinaːʒ/ 男 ❶ 太鼓[タンブラン]の演奏. ❷ (固い物をたたいて)とんとん音をさせること; とんとんという音.

tambourinaire /tɑ̃burinɛːr/ 男 ❶ タンブランをたたく人. ❷ (太鼓をたたいて)触れ回る役人.

tambourinement /tɑ̃burinmɑ̃/ 男 ❶ 太鼓の連打音. ❷ 太鼓の響きに似た音. ▶ le *tambourinement* de la pluie ざあっと鳴る雨音.

tambouriner /tɑ̃burine/ 他動 ❶ …を太鼓で(伴)奏する. ❷ 文章 …を大声で触れ回る, と騒ぎ立てる. ❸ 古風 …を太鼓をたたいて触れ回る. ── 間他動 ⟨*tambouriner* sur [contre, à] qc⟩ …をたたく, たたいて音を立てる. ▶ *tambouriner* à [sur] la porte ドアをどんどんたたく / *tambouriner* sur la table 机の上を指でとんとんたたく.

tambour-major /tɑ̃burmaʒɔːr/; (複) ~s-~s 男 (軍楽隊の)鼓手長, 鼓笛隊隊長.

tamis /tami/ 男 篩(ﾌﾙｲ), こし器.

passer qc au tamis (1) …を篩にかける. (2) …を厳選する; 吟味する.

tamisage /tamizaːʒ/ 男 篩(ﾌﾙｲ)にかけること, 篩い分け.

Tamise /tamiːz/ 固有 女 (英国の)テームズ川.

tamiser /tamize/ 他動 ❶ …を篩(ﾌﾙｲ)にかける, 篩い分ける. ▶ *tamiser* de la farine 小麦粉を篩う. ❷ [光]を和らげて通す. ▶ une lumière *tamisée* (物を通して射す)柔らかな光.
── **se tamiser** 代動 [光が]和らげられる.

tampon /tɑ̃pɔ̃/ 男 ❶ (穴をふさぐ)詰め物, 栓. ▶ *tampon* de liège コルク栓. / boucher une fuite d'eau avec un *tampon* 水漏れ箇所に詰め物をする
❷ 丸めたガーゼ[綿], パッド; 止血用タンポン. ▶ *tampon* hygiénique [périodique] 生理用タンポン / *tampon* imbibé d'éther エーテルに浸したガーゼ.
❸ たんぽ, パッド. ▶ vernir un meuble avec un *tampon* 家具にたんぽでニスを塗る / *tampon* encreur スタンプパッド, スタンプ台.
❹ 緩衝器, 緩衝装置. ▶ *tampon* d'une locomotive 機関車の緩衝器 / (同格的に) zone [Etat] *tampon* 緩衝地帯 [国] / mémoire *tampon* バッファーメモリー.
❺ スタンプ, 検印, 消印. ▶ donner un coup de *tampon* à un passeport パスポートに出[入]国印を押す / apposer le *tampon* sur une lettre 手紙に消印を押す.

coup de tampon 話 (2グループ間の)対立, 衝突; 試練, 苦難.

en tampon 丸められた, くしゃくしゃにされた.

servir de tampon entre deux personnes 2者間の対立を緩和する.

tamponnement /tɑ̃pɔnmɑ̃/ 男 ❶ 詰め物[栓]をすること. ❷ (パッドによる)塗布; (タンポンによる)ふき取り, 消毒. ❸ 【外科】(傷口に)タンポンを詰めること, タンポン充填(ｼﾞｭｳﾃﾝ)法. ❹ (車, 列車の)衝突; 衝突事故.

tamponner /tɑ̃pɔne/ 他動 ❶ …に(パッドなどで)塗る, を(タンポンなどに)ぬぐう. ▶ *tamponner* un meuble avec une teinture 家具に塗料を塗る / *tamponner* son front avec son mouchoir 丸めたハンカチで額をふく. ❷ …に[スタンプ[印章]を]押す. ▶ faire *tamponner* une autorisation 許可証に判をもらう. ❸ …に激しくぶつかる, 衝突する. ❹ …の穴をふさぐ, に栓をする; [壁]に詰め木をする. ── **se tamponner** 代動 [車などが]ぶつかり合う.

s'en tamponner `le coquillard [l'œil]` 話 気にかけない, 意に介さない.

tamponneur, euse /tɑ̃pɔnœːr, øːz/ 形 衝突する. ▶ auto *tamponneuse* (遊園地でぶつけ合って遊ぶ)電気豆自動車.

tamponnoir /tɑ̃pɔnwaːr/ 男 穿孔(ｾﾝｺｳ)ドリル.

tam-tam /tamtam/ 男 ❶ タムタム: アフリカの打楽器. ❷ (中国の)銅鑼. ❸ 話 大騒ぎ; 大がかりな宣伝. ▶ faire du *tam-tam* autour d'un événement ある事件を巡って大騒ぎする.

tan /tɑ̃/ 男 タン皮(ｶﾜ), タンニン樹皮.

tancer /tɑ̃se/ 1 他動 文章 …を叱責(ｼｯｾｷ)する.

tandem /tɑ̃dɛm/ 男 ❶ 2人乗り自転車, タンデム. ❷ 話 2人組; (2者の)協力体制, 連合. ▶ travailler en *tandem* 2人で組んで仕事をする.

*tandis que /tɑ̃di k(ə)/ タンディク 接句 ❶ (同時性)…する時に, …する間. ▶ Ils sont arrivés *tandis que* je m'apprêtais à sortir. 私が出かける準備をしている時に彼らはやって来た.
❷ (之一方…, これに反して…; …であるのに. ▶ Elle aime l'opéra *tandis que*, moi, je préfère le jazz. 彼女はオペラが好きだ. ところが私の方はジャズが好きときてる / Pourquoi est-il parti, *tandis qu*'il (lui) fallait rester. 残っていなければならなかったのに, なぜ彼は出発したのだろうか.

tangage /tɑ̃gaːʒ/ 男 (飛行機, 船などの)縦揺れ, ピッチング.

tangence /tɑ̃ʒɑ̃ːs/ 女 接触, 接触状態. ▶ point [ligne] de *tangence* 【数学】接点 [接線].

tangent, ente /tɑ̃ʒɑ̃, ɑ̃ːt/ 形 ❶ 【数学】接する. ▶ droite *tangente* à un cercle 円に接する直線 / vecteur *tangent* à une courbe 曲線の接ベクトル. ❷ 話 すれすれの, ぎりぎりの. ▶ Paul a réussi, mais c'était *tangent*! ポールは試験

tangenter

にパスした. でもぎりぎりでだ.
— **tangente** 囡《数学》❶ 接線. ▶ la *tangent* à une courbe 曲線の接線. ❷《三角関数》の）正弦、タンジェント.
prendre la tangente (1) こっそりと逃げ出す. (2)（難局を）巧みに切り抜ける.
tangenter /tɑ̃ʒɑ̃te/ 他動 …に沿っていく［いる］, 並んでいく, 近接する.
tangentiel, le /tɑ̃ʒɑ̃sjɛl/ 形 接線の; 正接の.
Tanger /tɑ̃ʒe/ 固有 タンジール：モロッコ北部の港湾都市.
tangible /tɑ̃ʒibl/ 形 ❶ 文章 触れて感知できる. ❷ 明白な. ▶ preuve *tangible* 明白な証拠.
tango /tɑ̃go/ 男 タンゴ.
— 形《不変》(鮮やかな)オレンジ色の.
tanguer /tɑ̃ge/ 自動 ❶〔船, 飛行機などが〕縦揺れ［ピッチング〕する. ❷話〔前後左右に〕揺れ動く, ぐらつく; ふらふら歩く.
tanière /tanjɛːr/ 囡 ❶（野獣の）巣穴. ❷ あばら家.
tanin /tanɛ̃/, **tannin** 男《化学》タンニン（酸）.
tank /tɑ̃ːk/ 男《英語》①（石油などの）タンク.
tanker /tɑ̃kɛːr/ 男《英語》タンカー.
tannage /tanaʒ/ 男（皮の）なめし.
tannant, ante /tanɑ̃, ɑ̃ːt/ 形 皮なめし用の.
— **tannante** 男 皮なめし剤.
tanné, e /tane/ 形 ❶〔皮が〕なめされた. ❷ 褐色に日焼けした.
— **tannée** 囡話 殴打, めった打ち, 完敗.
tanner /tane/ 他動 ❶〔皮〕をなめす. ❷ …を日焼けさせる. ❸話 …をうんざりさせる.
tanner le cuir à qn 話 …をこらしめる.
tannerie /tanri/ 囡 なめし業［工場, 作業］.
tanneur /tanœːr/ 男 なめし工; なめし革製造［販売］業者.
tannin /tanɛ̃/ 男 ⇨ TANIN.

:tant /tɑ̃ タン/ 副

❶《強度》❶ 非常に, あれほど, そんなに. ▶ Il mange *tant*! 彼はすごく食べる / J'ai *tant* marché. 私は実によく歩いた / Ne travaillez pas *tant*! そんなに働きなさんな.
❷〈***tant de*** + 無冠詞名詞〉多くの…, それほど多くの…. ▶ *Tant* d'hommes sont morts. あんなにたくさんの人が死んでしまった / *tant* de fois 何度となく / des gens comme il y en a *tant* どこにでもいるような人々.
❸〈***tant* (de** + 無冠詞名詞) + **que** + 直説法〉非常に…なので…である. ▶ J'ai *tant* marché que je suis épuisé. あんまり歩いたのでくたくただ / Il y avait *tant* de brouillard que l'avion est resté au sol. 霧があんまり深いので, 飛行機は出発を見合わせた / Il fume *tant* que ses dents sont jaunies. 彼はたばこをよく吸うので歯が黄色くなっている.
❹ 文章《原因を示す文を導いて》それほどに. ▶ Il n'ose rien entreprendre, *tant* il a peu d'énergie. 彼はもう何か企てる気力もない, それほど落胆してしまったのだ.
❺《名詞的に》多くのこと. ▶ Il a fait *tant* pour toi. 彼はあなたのために多くのことをした / J'ai *tant* à vous dire. あなた（方）に言うことがたくさんあります.

❷《同等比較》❶〈***tant ... que ...***〉…と同様…も, ..., les enfants, *tant* filles que garçons 子供らは, 女の子も男の子も / Ses romans sont lus *tant* au Japon qu'à l'étranger. 彼（女）の小説は日本でも外国同様読まれている.
❷〈**ne ... pas tant (de** + 無冠詞名詞) + **que ...**〉…ほど…ではない, …よりむしろ…だ. ▶ Vous ne travaillez pas *tant* que lui. あなた（方）は彼ほど仕事をしない / Il n'y avait pas *tant* de difficultés qu'on le disait. 言われていたほど困難なことは多くなかった.
❸〈***tant que ...***〉…と同じだけ, と同じほど. ▶ Prenez「*tant* qu'il vous plaira［*tant* que vous voudrez］. 好きなだけお取りなさい / Il pleut *tant* qu'il peut. 話（雨が）どしゃ降りだ.
❹〈***tant ..., tant ...***〉…するほど…する, …であればそれだけ…する. 注 多く動詞 valoir とともに用いられる. ▶ *Tant* vaut l'instituteur, *tant* vaudra l'enseignement. 教師が優秀であればあるほど教育は優れたものになる.
❸〈***tant que*** + 直説法〉…する間（は）, する限り; のうちに. ▶ *Tant* que l'économie se porte bien, personne ne proteste. 経済が順調である限り, だれも抗議はしない / Il vaut mieux voyager *tant* qu'on est jeune. 若いうちに旅をしておいた方がいい（注 *tant* que＝pendant que）.
❹《名詞的に, 明示されない数量を示して》いくらか, これこれ. ▶ Cette traduction est payée à *tant* la ligne. この翻訳は1行いくらという形で支払われる / toucher *tant* par mois 1か月当たりこれこれの収入を得る / Ça fait *tant*. これこれの値段になる. ◆le *tant* 某日. ▶ J'ai rendez-vous avec Monsieur Un tel, le *tant*, pour telle affaire. 私は某氏と某日, 某用件で会う約束がある.
en tant que + 直説法 …である限り（=dans la mesure où）. ▶ La justice est bonne *en tant qu'*elle garantit l'égalité des droits. 正義は権利の平等を保証する限り善である.
*****en tant que*** + 無冠詞名詞 …として, の資格で（=comme）. ▶ la photographie *en tant qu'*œuvre d'art 芸術としての写真 / *En tant que* spécialiste, je vous donne mon avis. 専門家として私はあなた（方）に意見を述べます / *en tant que* tel そのようなものとして.
Si tant est que + 接続法 ⇨ SI¹.
tant bien que mal どうにかこうにか. ▶ Il a réussi *tant bien que mal* à réparer son vélo. 彼はなんとかかんとか自転車を修理するのに成功した.
tant et plus たくさん; 大いに. ▶ J'ai des amis *tant et plus*. 私には友人がたくさんいる.
tant et si bien que + 直説法 非常によく…ので…だ. ▶ Il a fait *tant et si bien qu'*il est arrivé à ses fins. 彼は一生懸命頑張ったので目的を達した.
tant il est vrai que + 直説法 ゆえに…である; それほど…である.
*****tant mieux*** それはよかった, しめた. ▶ Il est

guéri, tant mieux. よかった, 彼は元気になった.

*tant pis 仕方がない; 気の毒に. ▶ Il n'est pas là, tant pis! 彼はいないが仕方がない / Tant pis pour vous. あなた(方)には気の毒ですが.

tant qu'à moi 私はと言えば. 注 quant à の誤用. moi は各人称に変化させて用いる.

tant qu'à + 不定詞 どうせ…しなければならないなら. ▶ Tant qu'à déménager, je préfère que ce soit en province. どうせ引っ越さねばならないなら, 私は田舎へ行きたい. ◆ tant qu'à faire どうせなら. ▶ Tant qu'à faire, je préfère aller au théâtre. どうせなら, 芝居に行く方がいい.

tant que ça 話 それほど, そんなに. ▶ Dis-moi pourquoi tu tiens à lui tant que ça. 君が彼にそれほど執着するわけを私に言ってごらん.

tous tant que ⸢nous sommes [vous êtes]⸥ 私たち[あなた方]みんな.

(un) tant soit peu 少しでも, 多少なりと. ▶ Si vous craignez tant soit peu le froid, restez chez vous. 少しでも寒いのが嫌なら, 家にいなさい.

Vous m'en direz tant! 話《驚き, 皮肉, 反対の意を込めて》よく言いますね; よく分かったよ.

*tante /tɑ̃:t タ-ント/ 囡 ❶ 伯 母, 叔 母. ▶ grand-tante 大伯[叔]母 / tante paternelle [maternelle] 父[母]方の伯[叔]母 / tante à la mode de Bretagne 父[母]の従姉妹(^{いと}こ). ❷ 話 ma tante 質屋. 注 用立てた金の出所を「親戚(^{しんせ}き)から借りた」と偽る言い方を皮肉ったのが始まり. ❸ 俗《同性愛者の》女役.

tantième /tɑ̃tjɛm/ 形 固《量, 数》が》一定の, 既定の; 何番目かの. — 男 一定の割合, 定率.

tantine /tɑ̃tin/ 囡 話 おばちゃん.

tantinet /tɑ̃tinɛ/ 男 話《un tantinet (de qc)》ほんの少し(の…).

*tantôt /tɑ̃to タント/ 副 ❶《反復して》ある時は…まある時は…. ▶ Elle est tantôt optimiste, tantôt pessimiste. 彼女はある時は楽天家であり, またある時は厭世(^{えんせい})家だ. / Tantôt bien, tantôt mal. 良かったり, 悪かったり.

❷《今日の》今日の. ▶ Venez tantôt prendre le thé.《今日の》午後, お茶にいらしてください / A tantôt. ではまた午後に.

Tanzanie /tɑ̃zani/ 固有 囡 タンザニア: 首都 Dar es Salam. ▶ en Tanzanie タンザニアに[で, へ].

tanzanien, enne /tɑ̃zanjɛ̃, ɛn/ 形 タンザニアの Tanzanie の.
— Tanzanien, enne 名 タンザニア人.

taoïsme /taɔism/ 男 道教.

taoïste /taɔist/ 形 道教の; 道士の.
— 名 道教信奉者, 道士, 道家.

taon /tɑ̃/ 男《昆虫》アブ.

tapage /tapaʒ/ 男 ❶ 大騒ぎ, 喧噪(^{けんそう}), 騒音. ▶ faire un tapage infernal どんちゃん騒ぎをする / tapage nocturne [injurieux]《法律》安眠妨害, 騒音, 物議, センセーション. ▶ On a fait beaucoup de tapage autour de cette affaire. あの事件をめぐって大騒動だ.

tapageur, euse /tapaʒœ:r, ø:z/ 形 ❶ 騒々しい, 騒ぐのが好きな. ▶ un enfant tapageur 騒がしい子供.
❷ 世間を騒がす, 物議を醸す; 人目を引く. ▶ une publicité tapageuse 派手な宣伝.

tapant, ante /tapɑ̃, ɑ̃:t/ 形《時刻を表わす名詞のあとで》ちょうど…時. 注 taper の現在分詞と見なして, 性数変化させないこともある. ▶ à midi tapant 正午きっかりに.

tape /tap/ 囡《平手で》たたくこと; 平手打ち. ▶ recevoir une grande tape dans le dos 背中をどんとたたかれる / Il m'a donné une tape amicale sur l'épaule. 彼は親しげに私の肩をたたいた.

tapé, e /tape/ 形 ❶《果物が》傷みの出た, 腐りかけた. ❷ 話《顔などが》老けた; くたびれた, たるんだ. ▶ Elle est un peu tapée. 彼女は少々くたびれた[老けた]顔をしている. ❸ 話《bien tapé》《返答などが》びしゃりときまった;《飲み物が》たっぷりつがれた. ▶ une réponse bien tapée まさに当を得た返答 / un demi bien tapé なみなみとつがれた生ビール. ❹ 頭のおかしい, いかれた.

tape-à-l'œil /tapalœj/ 形, 名《不変》けばけばしい《物》, 安びかの《物》.

tapée /tape/ 囡 話《une tapée [des tapées] de + 無冠詞名詞》多量の…, 多数の…. ▶ une tapée d'enfants 大勢の子供.

tapement /tapmɑ̃/ 男 たたくこと; たたく音.

*taper /tape タペ/ 間他動 ❶《taper sur [dans, à, contre] qc》…をたたく, ぶつ. ▶ taper à qn sur l'épaule …の肩をぽんとたたく / taper dans ses mains ぱちぱちと手をたたく / taper à la porte ドアをノックする / taper dans un ballon ボールをけ[たたく] / taper sur un clou avec un marteau 金槌(^{かなづち})で釘(^{くぎ})を打つ / ◆《目的語なしに》taper de qc（手, 足)を打ち鳴らす. ▶ taper des mains 手をたたく / taper du pied（神経質に)足をとんとんいわせる / taper des pieds 足を踏み鳴らす. 比較 ⇨ FRAPPER.

❷《taper sur qn》…を殴る. ▶ Je lui ai tapé dessus. 私は彼(女)をぴしっとたたいた /《目的語なしに》Ce boxeur tape dur. このボクサーはハードパンチャーだ.

❸ 話《taper sur qn/qc》…の悪口を言う, を非難する. ▶ taper sur les absents その場にいない人の陰口をたたく.

❹《taper dans qc》〔蓄えなど〕に手をつける; たっぷり食う[飲む]. ▶ taper dans les provisions 貯蔵していた食料に手をつける.

taper dans le mille 成功する; ずばり言い当てる.

taper dans l'œil de qn 話 …の気に入る. ▶ Ce manteau m'a tapé dans l'œil. 私はそのコートがすっかり気に入った.

taper sur les nerfs de qn 話 …の神経に障る, をいらだたせる.

taper sur le ventre de qn 話 …に変になれなれしくする.

— 他動 ❶ …をたたく, ぶつ;〔曲〕を下手に弾く. ▶ taper sur sa canne …をステッキでぶつ / taper une sonatine sur un piano ピアノで下手なソナチネを弾く. 比較 ⇨ FRAPPER.

❷ …をタイプする. ▶ taper une lettre 手紙をタイプする / Tapez votre mot de passe. パスワードをタイプしてください.

❸《taper qc sur [contre] qc》…を…にぶつけ

tapette

る. ❹ 話 …に(…を)借りようとする. ▶ *taper* qn de cent euros …に100ユーロを無心する.
❺ 話 〖車が〗…の速度に達する. ▶ Ma bagnole *tape* le 200. 私の車は200キロでる.
taper les trois coups (床を3つたたいて)開演を告げる.
──自動 ❶ タイプする. ▶ Je sais *taper*. 私はタイプができる. ❷ 〖太陽が〗照りつける. ▶ Le soleil *tape* dur. 日差しがきつい / Ça *tape*. 話 かんかん照りだ.
── **se taper** 代動 ❶ たたき合う. 殴り合う. ❷ 自分の体をたたく.
❸ 話 〈*se taper* qc〉(心行くまで)…を楽しむ; たっぷり食う〖飲む〗. 注 se は間接目的.
❹ 話 〈*se taper* qc/qn // *se taper* de + 不定詞〗いやいや…する; 〖つらいこと〗をしょいこむ. ▶ *se taper* tout le travail 仕事を全部する.
❺ 俗 〈*se taper* qn〉…と寝る〖性交する〗.
C'est à se taper la tête contre les murs. 話 にっちもさっちもいかない, 八方ふさがりだ, まったくお手上げだ.
Il y a de quoi se taper le derrière par terre. 話 お笑い草だ.
se taper de qn/qc …を気にしない, ばかにする. ▶ On *s'en tape*. そんなことはどうでもいい.
se taper la cloche 話 たらふく食う〖飲む〗.
se taper les cuisses 大いに喜ぶ.
tapette /tapɛt/ 女 ❶ 絨毯(じゅう)たたき; ハエたたき. ❷ 舌; おしゃべりな人. ▶ avoir「une fière *tapette*〖une sacrée *tapette*, une de ces *tapettes*〗とてもおしゃべりである. ❸ 話 女役の男色家, おかま.
tapeur, euse /tapœːr, øːz/ 名 話 借金の常習者, 借金魔.
tapi, e /tapi/ 形 うずくまった, 潜んだ.
tapin /tapɛ̃/ 男 俗 (街娼(しょう)の)客引き行為.
tapinois /tapinwa/ 〖次の句で〗
en tapinois 副句 ひそかに, こっそりと. ▶ Le voleur a fui *en tapinois*. 泥棒はこっそり逃げ出した.
tapioca /tapjɔka/ 男 〘ポルトガル語〙タピオカ: キャッサバの根から採るでんぷん.
se tapir /s(ə)tapiːr/ 代動 ❶ 〖動物, 人が〗うずくまって隠れる. ▶ Le chaton *s'est tapi* sous un meuble. 子猫は家具の下にもぐって小さくなった.
❷ 〖人が〗引きこもる.
tapir /tapiːr/ 男 〘動物〙バク.
***tapis** /tapi/ タピ 男 ❶ 絨毯(じゅう), カーペット. ▶ *tapis* persan ペルシア絨毯 / *tapis* volant 空飛ぶ絨毯 / battre les *tapis* 絨毯をはたく.
❷ 敷物; (軟質の)床材; (机, 椅子(いす)などに張る)クロス; (緑色のクロスを張った)会議机, 賭博(とばく)台 (=*tapis* vert). ▶ *tapis* de linoléum リノリウムの床材 / *tapis* de bain バスマット / *tapis* de judo 柔道の畳 / *tapis* de souris マウスパッド.
❸ (ボクシングなどの)マット. ▶ aller au *tapis* マットに沈む, ダウンする / envoyer son adversaire au *tapis* 相手を倒す, ノックアウトする.
❹ 文章 絨毯状の広がり. ▶ un *tapis* de neige 一面の雪原 / *tapis* de bombes 絨毯爆撃.
❺ *tapis* roulant ベルトコンベヤ; 動く歩道.

amuser le tapis (1)〖賭博で〗小手調べに少しだけ賭ける. (2)〖おもしろい話で〗座をにぎわす.
dérouler le tapis rouge (赤い絨毯を敷く→)丁重に迎える.
marchand de tapis (1) 絨毯売り. (2) ずるい商人, しつこい物売り. ▶ discussion de *marchand de tapis* 話 長くわずらわしい議論.
se prendre les pieds dans le tapis へまをする.
sur le tapis 話題になる. ▶ mettre une question *sur le tapis* ある問題を議題として取り上げる / revenir *sur le tapis* 再び話題に上る.
tapis-brosse /tapibrɔs/ 男 靴ふきマット.
tapisser /tapise/ 他動 ❶〈*tapisser* qc (de + 無冠詞名詞)〉…に(壁紙などを)張る, (壁紙などで)飾る. ▶ *tapisser* un salon 客間に壁紙を張る / *tapisser* sa chambre d'affiches 寝室にポスターを張り巡らす. ❷ 〖物が〗…を覆う. ▶ lierre qui *tapisse* un mur 壁一面を覆っている蔦(つた).
tapisserie /tapisri/ 女 タピスリー, タペストリー, つづれ織り; つづれ織りの壁掛け. ▶ *tapisseries* des Gobelins ゴブラン織りの壁掛け.
faire tapisserie (女性がダンスパーティーなどで)だれにも誘われない, 壁の花になる.
tapissier, ère /tapisje, ɛːr/ 名 ❶ 壁紙職人, 内装業者; (家具用)クロス張り〖修繕〗業者.
❷ タピスリー〖絨毯(じゅう)〗の織り師.
tapotement /tapotmɑ̃/ 男 ❶ 軽くたたくこと; 軽くたたく音. ❷ (マッサージの)叩打(こうだ)法.
tapoter /tapɔte/ 他動 …を軽く何度もたたく. ▶ *tapoter* la joue d'un enfant 子供の頬(ほお)を軽くぽんぽんとたたく. ── 間接他動 〈*tapoter* sur qc〉…を軽く何度もたたく. ▶ *tapoter* sur la table テーブルをとんとんたたく.
taquet /takɛ/ 男 ❶ (家具などを安定させるための)楔(くさび), 支(つっ)かい木, 突っかい.
❷ (タイプライターの)タブ爪(つめ).
être au taquet 俗 〖給料が〗頭打ちになる, これ以上の昇給は望めない.
taquin, ine /takɛ̃, in/ 形, 名 からかい好きな(人).
taquiner /takine/ 他動 ❶ …をからかう, 冷やかす.
❷ 〖事物, 痛みなどが〗…の気障りになる. ▶ Ce retard me *taquine*. この遅れが気になって困る.
taquiner la muse 詩を作る.
taquiner le goujon 魚釣りをする.
── **se taquiner** 代動 からかい合う.
taquinerie /takinri/ 女 からかい好き; からかい, 冷やかし.
tarabiscoté, e /tarabiskɔte/ 形 ❶ 〘建築〙たくさんの溝飾り〖刳形(くりがた)〗のある. ❷ 話 装飾過多の; 〖文体などが〗気取った, 凝った.
tarabuster /tarabyste/ 他動 ❶ (執拗(しつよう)に)…を悩ませる, 苦しめる. ❷ 〖物が〗…の心配の種となり, 気をもませる.
tarasque /tarask/ 女 タラスク: 南仏の町タラスコンに伝わる伝説の竜.
taratata /taratata/ 間投 話 ❶ ふうん, へえ(疑惑, 軽蔑, 不信など). ❷ タラタッタ(らっぱの音).
Tarbes /tarb/ 固有 タルブ: Hautes-Pyrénées 県の県庁所在地.

tard /taːr タール/ 副

❶ 遅く，遅れて；後に．▶ se lever *tard* 遅く起きる / arriver très *tard* ひどく遅刻する / C'est trop *tard* maintenant. 今更もう遅い / Trop *tard*! 遅すぎる / 《非人称構文で》Il est *tard*「pour + 不定詞」[pour que + 接続法]．…するには手遅れである．

❷ 夜遅くに；遅い時刻 [時期] に．▶ *tard* dans la matinée 昼近く / *tard* dans la soirée 夕方遅く / *tard* dans la nuit 夜更けに / *tard* dans l'année 年も押し詰まって / Où vas-tu si *tard*? こんな遅い時刻にどこへ行くの / 《非人称構文で》Il est [Il se fait] *tard*. 夜も更けた [更けてきた]．

***au plus tard** 遅くとも．▶ dans un mois *au plus tard* 遅くとも1か月後に．

Il n'est jamais trop tard pour bien faire. 諺 善をなすに遅すぎるということはない．

Mieux vaut tard que jamais. 諺 遅れても，しないよりはまし．

pas plus tard que demain 明日でもすぐに．

pas plus tard qu'hier つい昨日；ごく最近．

***plus tard** あとで．▶ comprendre *plus tard* あとで分かる / remettre à *plus tard* 延期する / dix ans *plus tard* 10年後に / Ce sera pour *plus tard*. それについてはまたのことにしよう．

***tôt ou tard** 遅かれ早かれ，いずれそのうちに．
—— 男〈sur le *tard*〉年を取ってから；晩になって．
▶ Il s'est marié sur le *tard*. 彼は晩婚だった．

***tarder** /tarde タルデ/ 自動 遅れる，なかなか来ない；手間取る．▶ une lettre qui *tarde* なかなか着かない手紙 / Ne *tardez* pas, partez immédiatement. ぐずぐずせずに，すぐ出発しなさい / **Ça ne va pas tarder.** もうじきです／Il ne devrait pas *tarder*. もうすぐのはずだ / Il est midi: les invités ne vont pas *tarder*. 正午になった，そろそろお客さんのお出ましだ / sans (plus) *tarder* これ以上待たずに，即座に．

—— 間他動 ❶〈*tarder* à + 不定詞〉…するのが遅れる，なかなか…しない．▶ Il *tarde* à prendre une décision. 彼は優柔不断だ / Il n'a pas *tardé* à s'en apercevoir. 彼はすぐにそれに気づいた．/ Ils ne vont pas *tarder* à arriver. 彼らはもうすぐ着く．❷《非人称構文で》〈Il me *tarde* de + 不定詞 // Il me *tarde* que + 接続法〉…が待ち遠しい．注 me は各人称に変化させて用いる．▶ Il me *tarde* de connaître les résultats. 私は結果を知りたくてうずうずしている / Il lui *tarde* que ce soit terminé. 彼(女)は早く終わらないかとやきもきしている．

tard*if, ive* /tardif, iːv/ 形 ❶〔時間の〕遅い．
▶ petit déjeuner *tardif* 遅い朝食 / à une heure *tardive* 遅い時間に．❷ 遅すぎた，遅れた．
▶ remords *tardifs* 遅ればせの後悔．❸〔植物などが〕遅咲きの．

tardivement /tardivmɑ̃/ 副 遅い時刻 [時期] に；あとになって．▶ rentrer *tardivement* 遅く帰宅する / s'en apercevoir *tardivement* あとになってそれと気づく．

tare /taːr/ 女 ❶〔天秤(てん)にかける商品の〕容器 [風袋] の重さ．❷〔損傷，目減りによる〕商品価値の低下．❸〔人，社会などの〕欠陥．❹ 遺伝的欠陥．

tar*é, e* /tare/ 形 ❶ 傷のある，傷んだ．▶ fruits *tarés* 傷んだ果物．❷ 遺伝的欠陥のある；俗 うすのろの．❸ 腐敗した，堕落した．▶ politicien *taré* 悪徳政治家．—— 名 ❶ 遺伝的欠陥のある人．❷ 堕落した人間．❸ 俗 ばか，うすのろ．

tarentelle /tarɑ̃tɛl/ 女 タランテラ：南イタリア起源のテンポの速い舞曲．

tarentule /tarɑ̃tyl/ 女〔動物〕タランチュラ：毒グモと信じられてきた南欧産のクモ．

tarer /tare/ 他動〔容器，風袋〕の重さを計る．

targette /tarʒɛt/ 女〔戸などにつける簡単な〕掛け金，差し金．

se targuer /s(ə)targe/ 代動 文章〈*se targuer* de qc/不定詞〉…を鼻にかける，自負する，自慢する．
▶ Il *se targue* un peu trop d'y parvenir. 彼は自分の出世を少々過信ぎみだ．

tarière /tarjɛːr/ 女 錐(きり)，壺(つぼ)錐，ドリル．

***tarif** /tarif タリフ/ 男 ❶ 料金；料金表．▶ *tarif* public 公共料金 / demi *tarif* (子供などの)半額料金 / payer plein *tarif* 普通料金を支払う / *tarif* des consommations (飲食店の)値段表 / *tarif* des chemins de fer 鉄道運賃(表) / voyager à *tarif* réduit [étudiant] 割引料金 [学割] で旅行する / *tarif* de groupe 団体料金 / *tarifs* postaux 郵便料金 / *tarifs* aériens 航空運賃．比較 ⇨ PRIX．

❷ 話〔値段などの〕相場，常識的な線．▶ Il aura cinquante euros d'amende, c'est le *tarif*! 彼は50ユーロの罰金を食らうだろう，その辺が相場だ．❸ *tarif* de l'impôt 税率(表) / *tarif* douanier 関税率表，税関表．

à ce tarif-là 話 そういうことなら．

C'est le même tarif. どちらでも同じことだ，どちらでもいい．

tarifaire /tarifɛːr/ 形 料金 [価格] の；税率の．

tarifer /tarife/ 他動 …の料金 [価格，税率] を定める．

tarification /tarifikasjɔ̃/ 女 料金 [価格，税率] の決定．

tarir /tariːr/ 他動 …を干上がらせる，干す；尽きさせる．▶ La sécheresse *a tari* toutes les mares de cette région. 旱魃(かんばつ)でこの地方の沼はすべて干上がってしまった / L'âge *a tari* sa puissance créatrice. 年を取って彼(女)の創造力は枯渇してしまった．

—— 自動 涸(か)れる，干上がる；尽きる．▶ Cette rivière *tarit* tous les étés. この川は毎年夏になると涸れる．

—— 間他動 ❶〈ne pas *tarir* sur qc/qn〉…の話になると際限がない．▶ Il ne *tarit* pas sur ce sujet. 彼はそのことになると話が尽きない．
❷〈ne pas *tarir* de qc〉とめどなく…する．▶ Il ne *tarit* pas d'éloges sur vous. 彼はあなた(方)のことを褒めだすと際限がない．

—— **se tarir** 代動 涸れる；尽きる．

tarissement /tarismɑ̃/ 男 干上がること；枯渇．

Tarn /tarn/ 固有 男 タルン県 [81]：フランス南西部．—— タルン川：ガロンヌ川支流．

Tarn-et-Garonne /tarnegarɔn/ 固有 男 タルン＝エ＝ガロンヌ県 [82]：フランス南西部．

tarot

tarot /taro/ 男 タロット：イタリア起源の78枚1組のカードで占いにも用いられる；タロットゲーム.

tartan /tartɑ̃/ 男〖英語〗タータン（チェック）.

tartane /tartan/ 女〘地中海の〙小型帆船.

tartare /tarta:r/ 形〘料理〙sauce *tartare* タルタルソース.
— 男 タルタルステーキ（=steak *tartare*）.

tartarinade /tartarinad/ 女 話 大ぼら，はったり，大言壮語.

***tarte** /tart/ 女 ❶ タルト：生地の上に果物，クリームなどを飾り入れて作るケーキ. ▶ *tarte* au citron レモンのタルト / *tarte* aux cerises サクランボのタルト. ❷ 話 平手打ち，殴打. ▶ Tu veux une *tarte*? ひっぱたかれたいのか.
Ce n'est pas de la tarte. 話 そいつは厄介だ.
tarte à la crème (1) クリームタルト. (2) 空疎な常套(じょう)句，ばかの一つ覚え.
— 形 話 間抜けな；みっともない. ▶ Ça fait *tarte*. ださい.

tartelette /tartəlɛt/ 女〖菓子〗タルトレット，小型のタルト.

tartignole /tartiɲɔl/ 形 俗 不格好な，みっともない；ばかげた.

tartine /tartin/ 女 ❶（バター，ジャムなどを塗った）パン切れ. ▶ *tartine* de confiture ジャムをつけたパン切れ. ❷ 話 長ったらしい話［記事，手紙］.

tartiner /tartine/ 他動 ❶ < *tartiner* qc (de qc)〉〔パン切れなど〕に（バターなどを）塗る. ▶ *tartiner* un toast de confiture トーストにジャムを塗る. ❷ fromage à *tartiner* チーズスプレッド：パンなどに塗って食べるペースト状チーズ. ❸ 話 …を長々としゃべる［書く］. — **se tartiner** 代動〔バター，ペーストなど〕を塗りかける.

tartre /tartr/ 男 ❶〘ワイン〙酒石. ❷ 歯石（= *tartre* dentaire）. ❸ 湯垢(あか).

tartuf(f)e /tartyf/ 男 偽善者. 注 モリエールの「タルチュフ」の主人公 Tartuffe から.

tartuf(f)erie /tartyfri/ 女 偽善；えせ信心.

***tas** /tɑ/ 男 ❶ 山積み. ▶ *tas* de sable 砂の山 / mettre qc en *tas* …を山積みする，積み上げる. ❷ <un [des] *tas* de + 無冠詞名詞> 多数の…. ▶ un *tas* de gens 大勢の人 / s'intéresser à des *tas* de choses さまざまなことに関心を持つ. ❸ 話 有象無象の連中. ▶ *Tas* de salauds. この卑怯(ひきょう)者どもめが. ❹〘建築〙建設中の建造物；建築工事現場.
dans le tas 話 人々の中に，群衆に. ▶ tirer *dans le tas* 群衆に向けて発砲する.
Il y en a des tas et des tas. 話 それならあり余るほどある.
sur le tas 話 仕事現場で，実地で. ▶ grève *sur le tas* 座り込みストライキ / apprendre son métier *sur le tas* 実地で職業技術を身につける / formation *sur le tas* 実地訓練.
taper dans le tas たらふく食べる［飲む］.

tassage /tasa:ʒ/ 男〖スポーツ〗走路妨害，レース妨害.

:tasse /tɑ:s/ 女（取っ手付きの）茶碗(ちゃわん)，カップ；茶碗1杯分. ▶ *tasse* à café コーヒーカップ / *tasse* à thé 紅茶カップ / une *tasse* de thé 1杯の紅茶 / prendre une *tasse* de café au lait 1杯のカフェオレを飲む.
boire une [*la*] *tasse* 話 ❶（泳いでいて）水を飲む. ❷ 失敗する.
Ce n'est pas ma tasse de thé. 私の好み［趣味］ではない.

tassé, e /tase/ 形 ❶ 沈下した，崩れかけた. ▶ terre *tassée* 地盤沈下した土地. ❷（年老いて）体が縮んだ. ▶ une petite vieille toute *tassée* ひどくやせ衰えた老女. ❸ ぎっしり詰め込まれた. ▶ voyageurs *tassés* dans le métro 地下鉄にすし詰めにされた乗客.
bien tassé (1) なみなみとつがれた. ▶ un demi *bien tassé* なみなみとつがれた生ビール. (2)〔飲み物が〕濃い；〔酒が〕度の強い. ▶ café *bien tassé* 濃いコーヒー. (3)《数量表現を伴って》少なくとも…，たっぷり…. ▶ livre de neuf cents pages *bien tassées* 900ページたっぷりの本.

tasseau /taso/; 〘複〙 **x** 男（棚などの）受け木，腕木.

tassement /tasmɑ̃/ 男 ❶（土，雪などの）圧縮，沈下. ▶ *tassement* du sol 地盤沈下. ❷ 鈍化，伸び悩み；低下. ▶ *tassement* des cours de la Bourse 株式の緩やかな値下がり.

tasser /tase/ 他動 ❶ …を詰め込む，押し込める；圧(お)し固める. ▶ *tasser* ses affaires dans un sac de voyage 旅行鞄に身の回り品を詰め込む / *tasser* le tabac dans la pipe パイプにたばこを詰める. ❷〖スポーツ〗（コースを侵して）〔相手〕の走行を妨害する.
— **se tasser** 代動 ❶ 沈下する，めり込む. ▶ terrains qui *se tassent* 地盤沈下が進行中の土地. ❷ 身をかがめる，背を丸める；（老齢で）体が縮む. ❸（狭い場所に）すし詰めにされる，間隔を詰め合う. ▶ *Tassez-vous* sur le banc. 席をお詰め願います. ❹ 話〔事態が〕平常に戻る，丸くおさまる. ❺ 俗 <*se tasser* qc> …を腹一杯食う［飲む］.

taste-vin /tastəvɛ̃/, **tâte-vin** /tɑtvɛ̃/ 男〘単複同形〙❶（聞き酒用の）小さな銀カップ. ❷（聞き酒用に樽(たる)からワインを取り出すための）ピペット管（=pipette）.

tata /tata/ 女〘幼児語〙おばちゃん.

tatami /tatami/ 男〘日本語〙畳.

tatane /tatan/ 女 話 靴.

tâter /tate/ 他動 ❶ …に触ってみる，を手で探る. ▶ *tâter* une étoffe 布地の手触りを確かめる / *tâter* le pouls du malade 病人の脈をとる. ❷ …の意向を探る；出方をうかがう. ▶ Il faut le *tâter* sur cette question. この件について彼の意向を打診してみる必要がある.
tâter le terrain （うまくいくかどうか）状況を調べておく；意向を探っておく.
— 間他動 ❶ <*tâter* de qc> …をやってみる；経験する. ▶ Il a *tâté* un peu de tous les métiers. 彼はいろいろな仕事を経験した. ❷ <y *tâter*> その気がある，それに精通している.
— **se tâter** 代動 （決断の前に）熟考する；迷う，ためらう. ▶ Il n'a rien décidé, il *se tâte*. 彼は決めかねて考え込んでいる.

tâte-vin /tɑtvɛ̃/ 男〘単複同形〙⇨ TASTE-VIN.

tatillon, onne /tatijɔ̃, ɔn/ 形，名 話 些細(ささい)なことにこだわる（人），こまかい（人）.

tâtonnant, ante /tatɔnɑ̃, ɑ̃:t/ 形 手探りの,恐る恐るの；暗中模索の.
tâtonnement /tatɔnmɑ̃/ 男 ❶ 手探り. ❷ 暗中模索, 試行錯誤. ▶ procéder par *tâtonnement* 試行錯誤を繰り返す.
tâtonner /tatɔne/ 自動 ❶ 手探りする, 手探りで進む. ❷ 模索する, 試行錯誤を繰り返す. ❸《知識不足のために》ためらう；決めかねる.
tâtons /tatɔ̃/《次の句で》
à tâtons 副句 手探りで；暗中模索で. ▶ avancer *à tâtons* dans l'obscurité 暗闇(ゃみ)を手探りで進む.
tatou /tatu/ 男《動物》アルマジロ.
tatouage /tatwa:ʒ/ 男 入れ墨(をすること).
tatouer /tatwe/ 他動〔体の部分〕に入れ墨をする；〔模様〕を入れ墨する. ▶ se faire *tatouer* la poitrine 胸に入れ墨してもらう.
taudis /todi/ 男 あばら屋；屑 汚く散らかった家.
taulard, arde /tola:r, ard/ 名 屑 囚人, 受刑者.
taule /to:l/ 女 ❶ 屑 部屋. ❷ 俗 刑務所, 監獄. ▶ aller en *taule* 刑務所に入る.
taulier, ère /tolje, ɛ:r/ 名 屑（ホテル, レストランなどの）主人, 経営者.
taupe /to:p/ 女 ❶《動物》モグラ. ❷《服飾》モール：暗灰色で光沢のあるモグラの毛皮. ❸《学生》（理工科学校受験のための）数学準備学級.
myope comme une taupe ひどい近視の（人）；目先が利かない（人）.
vivre comme une taupe 家にこもって暮らす.
taupé, e /tope/ 形《服飾》モールスキン風の.
— **taupé** 男 モールスキン風フェルト帽.
taureau /toro/《複》**x** 男 ❶（去勢されていない）雄牛. 注 去勢された牛は bœuf, 雌牛は vache という. ▶ course de *taureaux* 闘牛 / *taureau* de combat 闘牛用の雄牛. ❷《Taureau》《天文》牡牛(ざ)《座》,《占星術》金牛宮.
de taureau（雄牛のように）たくましい, 力強い, 巨大な. ▶ un cou *de taureau* たくましい太首.
prendre le taureau par les cornes 決然と困難に立ち向かう.
taurin, ine /torɛ̃, in/ 形 ❶ 雄牛の. ❷ 闘牛の.
tauromachie /tɔrɔmaʃi/ 女 闘牛術.
tautologie /totɔlɔʒi/ 女 トートロジー, 類語［同義語］反復.
tautologique /totɔlɔʒik/ 形 類語［同義語］反復の.
***taux** /to/ トー 男 ❶ 比率, 割合, パーセンテージ. ▶ *taux* de natalité 出生率 / *taux* de mortalité 死亡率 / *taux* de croissance économique 経済成長率 / *taux* d'inflation インフレ率. ❷ 年利率, 金利（= *taux* d'intérêt）；利回り率. ▶ prêter de l'argent au *taux* de cinq pour cent 年利5パーセントでお金を貸す / *taux* d'escompte officiel 公定歩合 / *taux* usuraire 高利 / *taux* de base bancaire プライムレート, 最優遇貸出金利（略 TBB）. ❸ 公定価格；レート, 水準；税額, 税率. ▶ *taux* des salaires 給与水準 / *taux* de change 為替相場 / *taux* de l'impôt 税額.
tavelé, e /tavle/ 形〔顔, 果実などが〕斑点(はん)のある.
tavelure /tavly:r/ 女（皮膚の）染み, 斑点(はん).
taverne /tavɛrn/ 女 ❶ 居酒屋, 飲み屋. ❷ 田舎風カフェレストラン. 比較 ⇨ RESTAURANT.
tavernier, ère /tavɛrnje, ɛ:r/ 名 居酒屋の主人；（カフェ, レストランの）店主.
taxation /taksasjɔ̃/ 女 ❶ 納税額の決定. ❷ 価格統制, 上限価格規制. ▶ la *taxation* de la viande 肉の価格統制.
***taxe** /taks/ タクス/ 女 ❶ 税, 租税. ▶ *taxe* locale 地方税 / *taxe* d'habitation 住民税 / *taxe* foncière 固定資産税 / *taxe* de consommation 消費税（略 TVA）/ *taxe* sur la valeur ajoutée 付加価値税（略 TVA）/ *taxe* sur le chiffre d'affaires 売上税 / prix toutes *taxes* comprises 税込みの値段 / prix hors *taxe* 税抜き価格 / boutique hors *taxe* 免税店 / produit hors *taxe* 免税品. 比較 ⇨ IMPÔT. ❷（電話, 郵便, 鉄道などの）**公共料金**. ▶ *taxe* postale 郵税, 郵便税 / *taxe* des télécommunications 電話料金. ❸（食料品などの）公定価格. ▶ vendre un produit à la *taxe* 公定価格である製品を販売する.
taxer /takse/ 他動 ❶ …に課税する. ▶ *taxer* les objets de luxe 贅沢(ぜい)品に課税する. ❷ …の価格を統制する. ▶ Le gouvernement *taxe* la plupart des denrées. 食料品の大部分は政府が価格統制している. ❸〈*taxer* qn/qc de qc〉…を…と非難する. ▶ Elle le *taxe* de méchanceté. 彼女は彼を意地悪だと言う.
***taxi** /taksi/ タクスィ/ 男 ❶ タクシー. ▶ prendre un *taxi* タクシーに乗る / aller en *taxi* タクシーで行く / appeler un *taxi* タクシーを呼ぶ / *taxi* libre 空車 / Hep, *taxi*! おーい, タクシー / station de *taxis* タクシー乗り場 / radio-*taxi* 無線タクシー. ❷ 屑 タクシー運転手（= chauffeur de *taxi*）. ▶ Il fait le *taxi*. = Il est *taxi*. 彼はタクシー運転手だ. ❸ avion-*taxi* チャーター機.
taxidermie /taksidɛrmi/ 女 剥製(はく)術.
taxi-girl /taksigœrl/ 女（バー, キャバレーなどで客と踊る）女性ダンサー.
taximètre /taksimɛtr/ 男 タクシーメーター.
taxinomie /taksinɔmi/ 女 分類学.
taxiway /taksiwɛ/ 男《米語》（飛行機の）誘導路, タクシーウェイ.
Tchad /tʃad/ 固有 男 チャド：首都 N'Djamena. ▶ au *Tchad* チャドに［で, へ］.
tchadien, enne /tʃadjɛ̃, ɛn/ 形 チャドの；Tchad の.
— **Tchadien, enne** 名 チャド人.
tchao /tʃao/ 間投 ⇨ CIAO.
tchatche /tʃatʃ/ 女 ❶ おしゃべり. ❷ 郊外の団地に住む若者の隠語.
tchatcher /tʃatʃe/ 自動 おしゃべりする.
tchécoslovaque /tʃekɔslɔvak/ 形（旧）チェコスロバキア；Tchécoslovaquie の.
Tchécoslovaquie /tʃekɔslɔvaki/ 固有 女（旧）チェコスロバキア.
tchèque /tʃɛk/ 形 チェコの. ▶ République *tchèque* チェコ共和国.
— **Tchèque** 名 チェコ人.

— **tchèque** 男 チェコ語.
tchin-tchin /tʃintʃin/ 間投 話 (互いにグラスを触れ合わせて言う)乾杯.
TDAH 男 (略語) trouble de déficit d'attention avec ou sans hyperactivité 注意欠陥多動性障害.
***te** /t(ə) トゥ/ 代 (人称)
(目的語 2 人称; 母音または無音の h の前では t' となる).

1 《直接目的語》**❶** 君を. ▶ Je *t'*aime. 君を愛してる / Ce film ne *t'*intéresse pas? この映画はつまらないのかい. **❷** 《voici, voilà とともに》▶ *Te* voilà enfin ! やっと現れたね.

2 《間接目的語》**❶** 君に; 君のために. ▶ Qu'est-ce qu'il *t'*a dit? 彼は君になんて言ったんだ / Je te ferai un gâteau. おまえにケーキを作ってあげよう / Ferme la fenêtre, s'il te plaît. 悪いが窓を閉めてくれないか.
❷ 《取得, 除去の動詞とともに》君から. ▶ Qui *te* l'a volé? だれが君からそれを盗んだんだ.
❸ 《属詞とともに》君にとって. ▶ Ça *te* sera utile. それは君の役に立つだろう.
❹ 《定冠詞 + 体の部分を表わす名詞とともに》君の.
▶ Il *t'*a serré la main. 彼は君の手を握った.
❺ 《注意を引くための虚辞的用法》▶ Je *te* lui ai craché à la figure. あいつの顔につばをかけてやった.

3 《再帰代名詞》▶ Ne *t'*inquiète pas. 心配するな / Ne *te* fais pas d'illusions. 甘い考えはやめろ / Va-*t'*en! 出て行け. 注 肯定命令で en, y を伴わないときは強勢形となる(例: Dépêche-*toi*! 急いで).

té /te/ 男 **❶** (外形, 断面に)T 字形のもの. **❷** T 定規 (=*té à dessin*). **❸** 《機械》《金属》T 形綱.
***technicien, enne** /teknisjɛ̃, ɛn/ テクニスィヤン, テクニスィエヌ 名 **❶** (特殊技術の)専門家. ▶ un technicien des problèmes de gestion 経営問題専門家 / (同格的に) ministre *technicien* テクノクラートの大臣.
❷ (ingénieur の下で働く)特殊技術者.
▶ *technicien* de surface 清掃員.
— 形 技術の.
technicité /teknisite/ 女 専門性; (技術者の)技能, テクニック. ▶ travail d'une haute *technicité* 高度に専門的な仕事.
***technique** /tɛknik/ テクニック / 形 **❶** 専門的な, 専門分野の. ▶ mots [termes] *techniques* 専門語, 術語 / revue *technique* (技術的)専門雑誌.

❷ (芸術的創造における)テクニックの, 技法上の.
▶ les difficultés *techniques* d'un morceau de piano あるピアノ曲の技法上の難しさ.
❸ (科学)技術の; 技術分野の; 技術者養成の. ▶ progrès *technique* et scientifique 科学技術の進歩 / incident *technique* (技術上の原因による)故障 / escale *technique* 給油や修理のための寄港 / enseignement *technique* 職業教育 / collèges *techniques* 職業学校.
— 男 職業教育, 技術教育.
— 女 **❶** テクニック, 技巧, 技法. ▶ la *technique* du théâtre 演劇の技法.

❷ 《科学》技術. ▶ *technique* avancée [de pointe] 先進 [先端] 技術.
❸ (うまい)やり方, こつ. ▶ ne pas avoir la (bonne) *technique* 手際が悪い, やり方がまずい.
techniquement /tɛknikmɑ̃/ 副 技術的に, 技術面で; 専門的に.
techno- 接頭 「技術」の意.
technocrate /tɛknɔkrat/ 名 テクノクラート: 高度な科学技術の専門知識を持つ高級官僚.
technocratie /tɛknɔkrasi/ 女 (多く悪い意味で)テクノクラシー, テクノクラート支配体制.
technocratique /tɛknɔkratik/ 形 テクノクラシーの; テクノクラートの.
technologie /tɛknɔlɔʒi/ 女 工学; テクノロジー, 科学技術. ▶ haute *technologie* ハイテクノロジー, ハイテク / *technologie* de pointe 先端技術 / transfert de *technologie* 技術移転.
technologique /tɛknɔlɔʒik/ 形 工学の; テクノロジーの, 科学技術の.
technopole /tɛknɔpɔl/ 女 研究学園都市.
technopôle /tɛknɔpol/ 男 先端産業都市.
teck /tɛk/, **tek** /tɛk/ 男 チーク(材).
teckel /tekɛl/ 男 (ドイツ語)ダックスフント.
tectonique /tɛktɔnik/ 女, 形 テクトニクス(の), 構造地質学(の).
Te Deum /tedeɔm/ 男 (単複同形)テ・デウム: カトリック教会で歌われるラテン語賛歌, その儀式.
tee /ti/ 男 (英語) 《ゴルフ》ティー; ティーグラウンド.
teenager /tined͡ʒɛːr/ 名 (男女同形)(英語)ティーンエージャー.
tee-shirt /tiʃœrt/, **T-shirt** 男 (英語)ティーシャツ.
teign- 活用 ⇨ TEINDRE 80
teigne /tɛɲ/ 女 **❶** 《昆虫》ヒロズコガ, イガ: 幼虫は植物や衣類の害虫. **❷** 《医学》頭部白癬(はくせん). **❸** 話 意地悪な人, いやなやつ.
méchant comme la teigne ひどく意地が悪い.
teigneux, euse /tɛɲø, øːz/ 形, 名 **❶** 《医学》白癬にかかった(人). **❷** 話 意地悪な(人), 怒りっぽい(人).
teindre /tɛ̃ːdr/ 80 他動

過去分詞 teint	現在分詞 teignant
直説法現在 je teins	nous teignons
複合過去 j'ai teint	単純未来 je teindrai

<*teindre* qc (en qc)>…を(…色に)染める, 染色する; 色づける. ▶ faire *teindre* un vêtement en noir 上着を黒く染めさせる / Le soleil couchant *teignait* la mer en rouge. 夕日が海を真っ赤に染めていた.
— **se teindre** 代動 **❶** <*se teindre* qc>(自分の)〔爪(つめ), 髪など〕を染める.
❷ (自分の)髪を染める. ▶ Elle *s'est teinte* en brune. 彼女は髪を褐色に染めた.
❸ <*se teindre* (de qc)>(…に)染まる, 色づく.
teins, teint /tɛ̃/ 活用. ⇨ TEINDRE 80
teint /tɛ̃/ 男 **❶** 顔色. ▶ avoir le *teint* pâle 青白い顔をしている / fond de *teint* (化粧の)ファンデーション. **❷** 《繊維》染め上がり, 染め面(めん).

***aller bien au teint** 似合う；打ってつけである．
bon teint《形容詞的に》(1) 堅牢(%)染めの. (2) 話 意志堅固な.

***teint, teinte** /tɛ̃, tɛ̃:t タン, ターント/ 形 (teindre の過去分詞) ❶ 染められた． ▶ avoir les cheveux *teints* 髪を染めている． ❷ 話 髪を染めた． ▶ Elle est *teinte*. 彼女は髪を染めている．

teint*ant*, *ante* /tɛ̃tã, ã:t/ 形〔クリームなどが〕着色用の．

teinte /tɛ̃:t/ 囡 ❶ 色合い, 色調, 濃淡；色． ▶ une *teinte* rougeâtre 赤みがかった色 / une toilette aux *teintes* vives 派手な色調の服装．
❷〈une *teinte* de + 無冠詞名詞〉多少…じみたところ, …を帯びたもの． ▶ avec une *teinte* de tristesse dans la voix 声に幾分悲しみをにじませて．

teint*é*, *e* /tɛ̃te/ 形 ❶ 薄く着色された． ▶ des lunettes à verres *teintés* 薄く色のついためがね．
❷〈*teinté* de qc〉…の気味を帯びた, の混じった．
▶ blanc *teinté* de rose ピンクがかった白．

teinter /tɛ̃te/ 他動〈*teinter* qc (en [de] qc)〉…を(…色に)薄く着色する． ▶ *teinter* un papier 紙に薄く色を塗る．

— **se teinter** 代動〈*se teinter* (de qc)〉❶ (…色に)薄く色がつく, 染まる． ❷ …の気味を帯びる, 混ざっている． ▶ Sa remarque *se teinte* d'un peu d'ironie. 彼(女)の意見には幾分皮肉が込められている．

teinture /tɛ̃ty:r/ 囡 ❶〔繊維, 皮革, 木などの〕染色, 染め出し． ▶ *teinture* de la soie 絹の染色 / *teinture* solide = bonne *teinture* 堅牢(%)染め / *teinture* des cheveux 染髪． ❷ 染料． ❸〈une *teinture* de qc〉…の表面的な知識． ▶ avoir une petite *teinture* de philosophie 哲学をちょっとかじっている． ❹《薬学》*teinture* d'iode ヨードチンキ．

teinturerie /tɛ̃tyrri/ 囡 染色業；染物屋．
teinturi*er*, *ère* /tɛ̃tyrje, ɛ:r/ 名 ❶ (染め物をする)クリーニング屋. ❷ 染め物業者, 染め物職人.
tek /tɛk/ 男 ⇒ TECK.

***tel, telle** /tɛl テル/ 形《不定》

| 男性単数 tel | 女性単数 telle |
| 男性複数 tels | 女性複数 telles |

❶《類似, 同一；強度》そのような；それほどの.
● そんな, こんな. (1)《付加形容詞として不定冠詞のあとで》▶ Il ne faut pas manquer une *telle* occasion. そのような機会を逃してはならない / Une *telle* politique ne peut pas être bien accueillie par la population. そのような政治〔政策〕は国民に歓迎されるはずがない. (2)《属詞として》▶ Il n'est pas intelligent, mais il passe pour *tel*. 彼は利口ではないのに, 利口で通っている.
❷〈*tel* (+ 名詞 +) **que** + 直説法／条件法〉あまりの…なので…である. 注 主節が否定または疑問のとき que 以下では接続法. (1)《付加形容詞として不定冠詞とともに》▶ Il a eu「de *tels* ennuis [des ennuis *tels*] avec sa voiture qu'il l'a vendue. 彼の車はあまりにトラブルが多かったので, 彼はそ

れを売り払ってしまった. (2)《属詞として》▶ Sa fatigue était *telle* qu'il s'est endormi tout de suite. 彼は非常に疲れていたのですぐに眠ってしまった / La pluie n'est pas *telle* qu'on doive remettre l'excursion. 雨は遠足を延期しなければならないほどひどいものではない.

❸《文頭で, 前文の内容を受けて》以上のような. 注 主節と動詞は倒置される. ▶ *Telle* est la situation actuelle. 以上が目下の状況である / Protéger l'environnement, *tel* est le but de cette loi. 環境保全, それがこの法律の目指すところである.

❹〈**tel …, tel …**〉《2つのものの間の類似を示す》
▶ *Telle* j'étais, *telle* je suis restée. 私は以前そうであったし, 今もそのままです / *Tel* père, *tel* fils. 諺 この父にしてこの子あり.

❷《比較, 例示》〈**tel que …**〉…のような. 注 tel は普通, 先行する名詞と性数一致.
●〈**tel que qn/qc**〉▶ un pays *tel* que la France フランスのような国 / Un accident *tel* que celui-ci n'arrive que très rarement. このような事故は稀にしか起こらない / Elle est *telle* que sa mère. 彼女は母親に似ている /《que を省略して》Certains fruits, *tels* les pommes, les oranges, etc. se trouvent en toutes saisons. リンゴやオレンジのような果物は1年中出回っている.

❷〈**tel que** + 直説法〉▶ une période de crise *telle* que nous la traversons 我々が現在経験しつつある危機の時代 / Acceptez-le *tel* qu'il est. あるがままの彼を受け入れなさい.

❸ 文章《比喩》…のように (= comme). 注 tel は普通, 後続の名詞と性数一致. ▶ Il a filé *telle* une flèche. 彼は矢のように逃げ去った.

❹《無冠詞で不特定のものを示し》これこれの, しかじかの, ある. ▶ Je note toujours sur mon carnet ce que je fais ; *telle* chose, *tel* jour, à *tel* endroit, etc. 私は手帳に, 何日にどこでこれこれのことをするというのを書き留めている / *Tel* jour il est gai, *tel* autre, il est taciturne. 彼はある日には陽気にしているかと思うと, 別の日には黙りこくっている. ◆ *tel* et [ou] *tel* これこれ. ▶ *Telle* et *telle* chose(s) seront à faire. これこれのことがなされるべきだろう.

à tel point que + 直説法 …であるほど, …までに.
▶ Il a travaillé *à tel point qu*'il est tombé malade. 彼は働きすぎて病気になった.
comme tel そういうものとして． ▶ Elle n'est pas linguiste, mais on la considère *comme telle*. 彼女は言語学者ではないがそう見られている.
***en tant que tel** それ自体として． ▶ Votre conduite, *en tant que telle*, est irréprochable. あなた(方)の行動はそれ自体としては非難の余地がない.
rien de tel そのようなものは何も(ない)；それにまさるものは何も(ない). ▶ Il n'y a *rien de tel* pour se distraire. 気晴らしにはそれが一番だ / *Rien de tel* que la marche pour se délasser l'esprit. 精神の疲れをいやすには歩くに限る.
Tel que! 話 (ありのままで→)嘘みたいですが本当です.

télé

tel qu'en lui-même その人のありのまま.

*tel quel そのままの，ありのままの. ▶ Il a acheté la maison *telle quelle*. 彼はその家を現状のまま買い取った.
— 代《不定》❶《不定冠詞とともに》なにがしという人，某. 国 Untel ともいう. ▶ Monsieur un *tel* 某氏 / la famille Untel 某家.
❷《文章》ある人〔物〕. ▶ *Tel* préfère le café, *tel* autre le thé. ある者はコーヒーを，他の者は紅茶を好む / *Tel* est pris qui croyait prendre. 騙してやるつもりでいた者が逆にしてやられる.

télé /tele/ 女 (télévision の略)テレビ. (*C'est*) *comme à la télé*. (テレビで見るように)よく見える.

télé- 接頭 ❶「遠距離の，遠隔の」の意. ❷「テレビ」の意. ❸「空中ケーブルの」の意.

téléachat /teleaʃa/ 男 テレビショッピング.

téléaffichage /teleafiʃaːʒ/ 男 (広告，ニュース，時刻表などの)電光掲示板.

téléalarme /telealarm/ 女 (警備センター直結の)非常警報；緊急電話，緊急通報：身障者などがボタンを押すだけで通報できるシステム.

télébenne /telebɛn/, **télécabine** /telekabin/ 女 (スキー場の)ゴンドラ.

télécarte /telekart/ 女 商標 テレホンカード.

téléchargeable /teleʃarʒabl/ 形《情報》ダウンロード可能な.

téléchargement /teleʃarʒəmɑ̃/ 男《情報》ダウンロード.

télécharger /teleʃarʒe/ 他動《情報》…をダウンロードする. ▶ *télécharger* un logiciel ソフトウェアをダウンロードする.

télécinéma /telesinema/ 男 テレシネ：映画フィルムの映像からテレビ映像への変換装置.

télécom /telekɔm/ (télécommunication の略)情報通信. ▶ réseau *télécom* 情報通信ネットワーク.

télécommande /telekɔmɑ̃ːd/ 女 遠隔操作〔制御〕，リモートコントロール；リモコン装置.

télécommander /telekɔmɑ̃de/ 他動 ❶〔機械装置など〕を遠隔操作〔制御〕する，リモートコントロールする. ❷…を陰で操る.

télécommunication /telekɔmynikasjɔ̃/ 女《おもに複数で》(電信，電話，テレビ，ラジオなどによる)遠距離通信，電気通信. ▶ satellite de *télécommunications* 通信衛星.

téléconférence /telekɔ̃ferɑ̃ːs/ 女 テレビ電話会議.

téléconseiller, ère /telekɔ̃seje, ɛːr/ 名 コールセンターで顧客への電話対応を行う人.

télécopie /telekɔpi/ 女 ファックス.

télécopier /telekɔpje/ 他動〔文書など〕をファックスで送る.

télécopieur /telekɔpjœːr/ 男 ファックス(端末機).

télédéclaration /teledeklarasjɔ̃/ 女 電子申告(インターネットで行う税金申告).

télédétection /teledetɛksjɔ̃/ 女 遠隔探査.

télédiffusé, e /teledifyze/ 形 放映された，テレビ中継の.

télédiffuser /teledifyze/ 他動 …を放映する，テレビ中継する.

télédiffusion /teledifyzjɔ̃/ 女 テレビ放送. ▶ *télédiffusion* par satellites 衛星中継 / *télédiffusion* directe 生中継.

télédistribution /teledistribysjɔ̃/ 女 (契約者だけに番組を送る)ケーブル〔有線〕テレビジョン，CATV.

téléenseignement /teleɑ̃sɛɲmɑ̃/ 男 ❶(テレビ，ラジオによる)通信放送教育. ❷ 通信教育.

téléfilm /telefilm/ 男 テレビドラマ.

télégénie /teleʒeni/ 女 テレビ映りのよさ.

télégénique /teleʒenik/ 形 テレビ映りのよい.

télégramme /telegram/ 男 電報. ▶ envoyer un *télégramme* 電報を打つ.

télégraphe /telegraf/ 男 (有線)電信(機)(=*télégraphe* électrique)；モールス電信(機)(=*télégraphe* (de) Morse).

télégraphie /telegrafi/ 女 電信(技術).

télégraphier /telegrafje/ 他動 …を電報で知らせる，電信で送る，打電する.

télégraphique /telegrafik/ 形 ❶ 電信の；電信〔電報〕による. ▶ mandat *télégraphique* 電信為替. ❷ 電文体の；非常に簡略な. ▶ un style *télégraphique* 電文のように簡潔な文体.

télégraphiste /telegrafist/ 名 ❶ 電信技手；無線士. ❷〔速達〕配達人. ▶《同格的に》un facteur *télégraphiste* 電報配達人.

téléguidage /telegidaːʒ/ 男 無線誘導，遠隔操縦，リモートコントロール.

téléguider /telegide/ 他動 ❶〔飛行機などを〕無線誘導〔遠隔操縦〕する，リモートコントロールする. ❷〔人の行動など〕を陰で操る.

téléinformatique /teleɛ̃fɔrmatik/ 女, 形 データ通信(技術)(の).

télémanipulateur /telemanipylatœːr/ 男 マニピュレーター，遠隔操作装置：人間が直接作業できない場所に用いるマジックハンドなど.

télémanipulation /telemanipylasjɔ̃/ 女 (マニピュレーターによる)遠隔制御.

télématique /telematik/ 女 データ通信，テレマティーク：電気通信と情報処理の融合.
— 形 データ通信の.

télémédecine /telemedsin/ 女 遠隔医療.

télémètre /telemɛtr/ 男 距離計.

téléo- 接頭「目的，目標」の意.

téléobjectif /teleɔbʒɛktif/ 男 望遠レンズ.

téléologie /teleɔlɔʒi/ 女《哲学》目的論.

téléopérateur /teleɔperatœːr/ 男 テレオペレーター：遠隔操作で指令を出す技術.

télépathie /telepati/ 女 テレパシー.

télépathique /telepatik/ 形 テレパシーの.

télépéage /telepeaːʒ/ 男 高速道路料金の自動精算.

téléphérique /teleferik/ 形 空中ケーブル輸送の. — 男 ロープウェー；空中ケーブル.

:téléphone /telefɔn/ テレフォヌ 男 電話；電話機. ▶ donner〔passer〕un coup de *téléphone* 電話をかける / recevoir un coup de *téléphone* 電話を受ける / appeler qn au *téléphone* …に電話をかける / avoir qn au *téléphone* …と電話で話す(=téléphoner) / être au *téléphone* 電話中であ

tellement

る / Le *téléphone* sonne. 電話が鳴っている / se faire installer le *téléphone* 電話を引く / abonnés du *téléphone* 電話加入者 / numéro de *téléphone* 電話番号 / *téléphone* portable [mobile] 携帯電話 / *téléphone* fixe 固定電話 / *téléphone* sans fil コードレス電話 / *téléphone* à touches プッシュホン / *téléphone* interne 内線電話 / *téléphone* public 公衆電話 / annuaire du *téléphone* 市外電話 / annuaire du *téléphone* 電話帳 / carte de *téléphone* テレフォンカード / *téléphone* rouge ホットライン.

téléphone arabe [de brousse] すばやい口コミ.

téléphoné, e /telefɔne/ 形 ❶ 電話伝達による. ❷《スポーツ》(相手に)[動き,手の内が]読まれた,知られた. ▶ une feinte *téléphonée* 読まれたフェイント / C'est *téléphoné*. 見え見えである.

:téléphoner /telefɔne/ テレフォネ / 他動 …を電話で知らせる. ▶ *téléphoner* une nouvelle à un ami 友人に知らせを電話で伝える. ◆ *téléphoner* à qn「que + 直説法 [de + 不定詞] …に…と電話する. ▶ Je lui *ai téléphoné* que la réunion était remise. 集会は延期になったと彼(女)に電話した / *Téléphone*-lui de venir. 彼(女)に来るように電話しなさい.

— **se téléphoner** 代動 電話し合う,電話で話し合う. ▶ On *se téléphone* demain. 明日電話で話そう.

— 自動 <*téléphoner* (à [chez] qn)> (…に)電話する. ▶ *Téléphonez*-moi demain. 明日電話ください.

電話するしぐさ

téléphonique /telefɔnik/ 形 電話の; 電話による. ▶ réseau *téléphonique* 電話網 / central *téléphonique* 電話(交換)局 / cabine *téléphonique* 電話ボックス / appareil *téléphonique* 電話機 / répondeur *téléphonique* 留守番電話 / communication *téléphonique* 通話.

téléphoniste /telefɔnist/ 名 電話交換手.

téléphotographie /telefɔtɔgrafi/ 女 望遠写真術.

téléréalité /telerealite/ 女 リアリティ TV: 素人が出演する台本なしのバラエティー番組.

télescopage /teleskɔpaʒ/ 男 ❶〔車などの〕激突,(激突して)互いにめり込むこと. ❷(思い出などの)交錯. ❸〖言語〗陥入: 2語が混交して生じた語 (例: franglais < français + anglais).

télescope /teleskɔp/ 男 望遠鏡. ▶ *télescope* électronique 電子望遠鏡.

télescoper /teleskɔpe/ 他動 ❶〔車が他の車〕に激突する,(激突して)めり込む. ❷〖言語〗*télescoper* deux mots 2語を陥入させる.

— **se télescoper** 代動 ❶(激突して)互いにめり込む. ❷〔文章〕〔思い出などが〕入り混じる.

télescopique /teleskɔpik/ 形 ❶（天体）望遠鏡による; 肉眼では見えない. ▶ observation *télescopique* 望遠鏡による観測 / planètes *télescopiques* 肉眼では見えない惑星.
❷ はめ込み式の,入れ子式の. ▶ antenne *télescopique* 伸縮式アンテナ.

télésiège /telesjɛʒ/ 男〖スキー〗チェアリフト: 2-4人乗りの椅子リフト.

téléski /teleski/ 男〖スキー〗T バーリフト.

téléspecta|teur, trice /telespɛktatœːr, tris/ 名 テレビの視聴者.

télésurveillance /telesyrvɛjɑ̃ːs/ 女 遠隔監視,モニター. ▶ caméra de *télésurveillance* 監視カメラ.

Téléthon /teletɔ̃/ 男 商標 テレソン: チャリティー募金を行う長時間番組.

télétravail /teletravaj/ 男 在宅勤務.

télévangéliste /televɑ̃ʒelist/ 男 (米国の)テレビ伝道師.

télévisé, e /televize/ 形 テレビで放送された,テレビ放送による. ▶ journal *télévisé* テレビニュース.

téléviser /televize/ 他動 …を放映する,テレビに映す.

téléviseur /televizœːr/ 男 テレビ受像機.

:télévision /televizjɔ̃/ テレヴィズィヨン / 女 ❶ テレビジョン,テレビ(放送). 話 télé, téloche, TV /teve/ と略すこともある. ▶ regarder la *télévision* テレビを見る / ouvrir [fermer] la *télévision* テレビをつける [消す] / *télévision* numérique terrestre 地上デジタルテレビ(略 TNT) / passer à la *télévision* テレビに出る / Qu'est-ce qu'il y a à la *télévision*? テレビで何をやっていますか / caméra de *télévision* テレビカメラ / émission de *télévision*「en direct [en différé] テレビの生[録画]放送 / chaîne de *télévision* テレビチャンネル[放送局] / *télévision* par câble 有線テレビ.
❷ 略 テレビ受像機 (=poste de *télévision*, téléviseur). ▶ *télévision* haute définition ハイビジョンテレビ / *télévision* à écran plat 薄型テレビ / rester devant la *télévision* テレビを見ている / acheter une *télévision* en couleurs カラーテレビを買う. ❸ テレビ局. ▶ *télévision* publique [privée] 公共[民間]テレビ局.

télévisuel, le /televizɥɛl/ 形 (表現手段としての)テレビの; テレビ用[向き]の.

télex /teleks/ 男 テレックス,加入電信.

télexer /telɛkse/ 他動 …をテレックス伝送する.

:tellement /tɛlmɑ̃/ テルマン / 副

❶ とても,非常に. ▶ Il est *tellement* gentil. 彼は実に親切だ / Il parle *tellement* vite. 彼はものすごく早口だ.

❷ 話 <*tellement de* + 無冠詞名詞> とても多くの…. ▶ J'ai *tellement* de choses à faire. 私にはやるべきことが山ほどある.

❸《否定的表現で》それほど…でない,あまり…でない. ▶ « Tu aimes le cinéma ? — Pas *tellement*. »「映画は好きかい」「それほどでもない」/ Je n'ai pas *tellement* de visites aujourd'hui. 今日はあまり来客はない.

tellurique

❹《tellement ... que ...》あまりに…なので だ, …であるほど…だ. 注 que 以下は, 主節が肯定 のときは直説法か条件法を, 疑問・否定のときは接続 法を用いる. ▶ J'étais *tellement* fatigué que je me suis endormi. あまり疲れていたのでつい眠ってしまった / Il n'est pas *tellement* vieux qu'il ne puisse travailler. 彼は働けないほど老いてはいない.

❺《比較級の強調》はるかに, ずっと. ▶ Ce serait *tellement* mieux. その方がずっといいのに / Elle est *tellement* plus intelligente que lui. 彼女は彼よりずっと頭がいい.

❻《原因, 理由の節を導く》それほど…だ. ▶ Il ne pouvait prononcer un seul mot, *tellement* il était ému. 彼はひとことも口が利けなかった, それほど感動していたのだ.

tellurique /telyrik/ 形 ❶《地球物理》地球の, 地中の. ▶ secousse *tellurique* 地震 (=séisme). ❷《天文》planète *tellurique* 地球型惑星.

téloche /telɔʃ/ 女 俗 テレビ.

téméraire /temerɛ:r/ 形 向こう見ずな, 無謀な; 大胆不敵な; 軽率な. ▶ un homme *téméraire* 無鉄砲な男 / une entreprise *téméraire* 無謀な 企て / un jugement *téméraire* 軽々しい判断.
── 名 向こう見ずな人, 無鉄砲な人.

témérairement /temerɛrmɑ̃/ 副 文章 無謀に, 無鉄砲に; 軽率に.

témérité /temerite/ 女 無謀, 無鉄砲; 軽率. ▶ avec *témérité* 無謀 [軽率] にも.

***témoignage** /temwaɲaːʒ/ 男
❶ 証言. ▶ d'après [selon, sur] le *témoignage* de qn …の証言によれば / faux *témoignage* 偽証 / porter *témoignage* de qc …について証言する / invoquer le *témoignage* de qn …の証言を求める [援用する] / être appelé en *témoignage* 証人として召喚される. ◆ *témoignage* sur qc …を伝える証言 [資料]. ▶ un précieux *témoignage* sur la vie de l'époque 当時の生活を物語る貴重な資料.

❷《*témoignage* de qc》(気持ちなど) のしるし, あかし. ▶ en *témoignage* de mon amitié 私の友情のあかしとして / Acceptez ce modeste *témoignage* de ma reconnaissance. このささやかな感謝のしるしをお納めください.

rendre *témoignage* à qc …に敬意を表する. ▶ rendre *témoignage* à la loyauté de qn …の誠実さをたたえる / rendre *témoignage* à la vérité 真理を重んずる.

rendre *témoignage* à [pour] qn …に有利な証言をする.

***témoigner** /temwaɲe テモワニェ/ 自動 証言する. ▶ *témoigner* pour [en faveur de] qn …に有利な証言をする / *témoigner* contre qn …に不利な証言をする / *témoigner* en justice 法廷で証言する.
── 他動 ❶《*témoigner* que + 直説法 // *témoigner* + 不定詞複合形》…であると証言する. ▶ Elle *a témoigné*「qu'elle l'avait vu [l'avoir vu] rôder près des lieux du crime. 彼女は彼が犯行現場付近をうろついているのを見たと証言した. ❷〔感情など〕を表わす. ▶ Il m'*a témoigné* toute sa sympathie. 彼はすっかり私に同情した様子を見せた.
── 間他動《*témoigner* de qc》❶ …を確証する, 保証する. ▶ Je peux *témoigner* de son innocence. 私は彼(女)の無実を断言できる. ❷〔物が〕…を表わす, 示す. ▶ Il est courageux, sa conduite en *témoigne*. 彼が勇敢なのはその行動を見れば分かる.

***témoin** /temwɛ̃ テモワン/ 男 ❶ 証人. ▶ audition des *témoins* 証人尋問 / *témoin* à charge 検察側の証人 / *témoin* à décharge 被告人側の証人 / faux *témoin* 偽証者 / *témoin* muet 証拠物件 / mander des *témoins* 証人を召喚する / entendre les *témoins* 証人尋問をする.

❷ 立ち会い人 (=*témoin* instrumentaire); (昔の決闘の) 介添え人. ▶ servir de *témoin* de mariage 結婚の立ち会い人を務める.

❸ 目撃者. ▶ *témoin* oculaire 目撃者 / Un passant a été le seul *témoin* de cet accident d'automobile. 偶然通りがかった人がその自動車事故の唯一の目撃者だった.

❹ (時代の特色などを物語る) 証拠物; 証言者. ▶ Les arènes d'Arles sont un des *témoins* de la civilisation gallo-romaine. アルルの円形闘技場はガロ・ロマン時代の文明を物語るものの1つだ.

❺《文脈で接続詞的に》その証拠に…がある. 注 この意味では不変. ▶ Il s'est encore disputé avec sa femme. *Témoin* sa mauvaise humeur. 彼はまた奥さんと喧嘩(けんか)したんだ. あの不機嫌が何よりの証拠.

❻《他の名詞としばしばハイフン (-) で結びついて, 同格的に》(比較対照の際の) 証拠 [指標] となる物. ▶ lampe *témoin* (作動中であることを示す) 表示ランプ / appartement (-)*témoin* モデルルーム.

❼《陸上競技》バトン. ▶ passage [transmission] du *témoin* バトンタッチ / Les coureurs se passent le *témoin*. 走者がバトンタッチする.

être *témoin*「de qc [que + 直説法]」…の証人 [立ち会い人, 目撃者] である. ▶ J'ai été *témoin* de leurs disputes. 私は彼らが口論している所に居合わせた.

prendre qn à *témoin*「de qc [que + 直説法]」…に (…の) 証人になってもらう. ▶ Je vous *prends à témoin* que je ne suis pas responsable. 私に責任がないことはあなた(方)が証人だ.

sans *témoins* 立ち会い人なしで; だれも見ていない所で. ▶ Parlons *sans témoins*. 人のいない所で話そう.

tempe /tɑ̃:p/ 女 こめかみ; 鬢(びん).

tempérament /tɑ̃peramɑ̃/ 男 ❶ 気質, 気性, 性分; 話 個性の強い人. ▶ un *tempérament* d'artiste 芸術家的な気質, 芸術家肌 / Cet homme a un *tempérament* violent. あの男は気性が激しい / C'est un *tempérament*. あれは強い個性の持ち主だ. 比較 ⇨ NATURE.

❷ 体質. ▶ un *tempérament* sanguin 多血質 / avoir un *tempérament* faible 虚弱体質である. ❸ 話 好色なたち, 色好み. ❹ 緩和, 軽減. ❺《音楽》音律; 平均律.

à *tempérament* 分割払いで. ▶ acheter une

voiture *à tempérament* 車をローンで買う.
avoir du tempérament (1) 個性が強い. (2) 語 好色[多情]である.
「**s'abîmer**[**se fatiguer, se creuver, s'esquinter**]**le tempérament** 國 へとへとになる.
tempérance /tɑ̃perɑ̃:s/ 囡 節制; 節食[酒].
tempérant, ante /tɑ̃perɑ̃, ɑ̃:t/ 图, 形 節制家(の), 節食[節酒]家(の).
***température** /tɑ̃peraty:r/ タンペラテュール/ 囡 ❶ 気温; 温度. ▶ Ces jours-ci, les *températures* sont très basses pour la saison. 今の季節にしてはこのところ気温がとても低い / *température* d'ébullition 沸点, 沸騰点 / *température* absolue 絶対温度 / *température* critique 限界温度, 臨界温度.
❷ 体温 (=*température* du corps). ▶ prendre sa *température* 自分の体温を計る / avoir de la *température* 熱がある / feuille de *température* 体温表 / animaux à *température* variable [constante] 変温[定温, 恒温]動物.
❸ (集団, 世論などの)動向. ▶ prendre la *température* d'un groupe 集団の動静を探る.

tempéré, e /tɑ̃pere/ 形 ❶ 温暖な, 穏やかな.
▶ climat *tempéré* 温暖な気候 / régions *tempérées* = zone *tempérée* 温帯. ❷ 古文章 節度のある, 穏健な. ❸ 音楽 gamme *tempérée* 平均律音階. ❹ 政治 monarchie *tempérée* 立憲君主政体.

tempérer /tɑ̃pere/ ⑥ 他動 文章 ❶ [暑さ, 寒さ] を和らげる. ▶ Le vent du sud *tempère* le climat de ce pays. 南風がこの国の気候を温暖なものにしている.
❷ [過激なもの]を緩和する. ▶ *tempérer* des paroles trop dures きつい言葉遣いを和らげる.
— **se tempérer** 代動 文章 緩和される.

***tempête** /tɑ̃pɛt/ タンペット/ 囡 ❶ 暴風雨, 嵐 (あらし); しけ. ▶ *tempête* de neige 吹雪; ブリザード / *tempête* de sable 砂嵐 / La *tempête* fait rage. 嵐が荒れ狂う.
❷ (嵐のような)動乱, 騒擾(そうじょう); (心理的な)激発, 動揺; 激論. ▶ les *tempêtes* révolutionnaires 革命の嵐 / Cette loi va déchaîner des *tempêtes*. この法律は激しい議論を巻き起こすだろう. ◆ une *tempête* de + 無冠詞名詞 嵐のような(轟音(ごうおん), 喚声など). ▶ une *tempête* d'injures 罵詈(ばり)雑言の嵐 / Le concert s'est terminé dans une *tempête* d'applaudissements. コンサートは嵐のような拍手喝采(かっさい)のうちに幕を閉じた.
Qui sème le vent récolte la tempête. 諺 (風をまけば嵐を収穫する→)争いの種をまけば倍する危険が降りかかる.
une tempête dans un verre d'eau (コップの中の嵐→)空騒ぎ.

tempêter /tɑ̃pete/ 自動 俗 〈*tempêter* contre qc/qn〉 …に対してどなる, わめき散らす.

tempétueux, euse /tɑ̃petyø, ø:z/ 形 文章 ❶ [場所が]嵐の多い, よくしける. ❷ 波瀾(はらん) に富んだ, 激動する. ❸ 怒りっぽい, かっとなりやすい.

***temple** /tɑ̃:pl/ 男 ❶ 神殿, 聖堂, 寺院. 注 synagogue, église, mosquée 以外のものに用いられる. ▶ *temple* shintoïste 神社 / *temple* du Parthénon パルテノンの神殿.
❷ プロテスタント教会堂. ▶ aller au *temple* 教会堂へ行く. 比較 ⇨ ÉGLISE.
❸【歴史】(1) chevalerie du *Temple* テンプル騎士団 (=ordre des Templiers). (2) (le Temple) (エルサレムの)神殿. ❹ (le Temple) (パリの)テンプル騎士団本拠地; (現在の)タンプル地区.
❺ (フリーメーソンの)支部 (=loge).

templier /tɑ̃plije/ 男【歴史】テンプル騎士団員.

tempo /tɛpo/ 〈複〉 ~**s** (または ***tempi*** /tɛpi/) 男〔イタリア語〕音楽 テンポ.

temporaire /tɑ̃pɔrɛ:r/ 形 一時的な, 臨時の, 仮の. ▶ mesure *temporaire* 当座の措置 / pouvoir *temporaire* 暫定政権 / employer le personnel *temporaire* 臨時職員を雇う / société de travail *temporaire* 臨時労働者[人材]派遣業.

temporairement /tɑ̃pɔrɛrmɑ̃/ 副 一時的に, 臨時に, 仮に.

temporal, ale /tɑ̃pɔral/:《男複》**aux** /o/ 形 解剖 側頭(骨)の; 側頭葉の.
— **temporal**:《複》**aux** 男 側頭骨 (=os temporal).

temporalité /tɑ̃pɔralite/ 囡 ❶【哲学】【文法】時間性. ❷【古法】(教会の)世俗領; (司教などの)俗事裁判権; (教皇の)世上権.

temporel, le /tɑ̃pɔrɛl/ 形 ❶ つかの間の, はかない. ▶ bonheur *temporel* つかの間の幸せ.
❷ 現世の, この世での, 物質的な. ▶ biens *temporels* 物質的財産 / pouvoir *temporel* = puissance *temporelle* (教皇の)世上権.
❸ 時間の (↔spatial). ❹【言語】時を表わす; 時制の. ▶ proposition *temporelle* 時の従属節.
— **temporel** 男【カトリック】❶ (教皇の)世上権. ❷ (聖職者の)収入; 古 (教会の)世俗的財産.
— **temporelle** 囡【文法】時の従属節.

temporellement /tɑ̃pɔrɛlmɑ̃/ 副 ❶ 世俗的に, 物質的に. ❷ 時間的に.

temporisateur, trice /tɑ̃pɔrizatœ:r, tris/ 图 時機を待つ人, 時間稼ぎをする人.
— 形 時機を待つための, 時間稼ぎの. ▶ politique *temporisatrice* 引き延ばし政策.
— **temporisateur** 男 タイマー.

temporisation /tɑ̃pɔrizasjɔ̃/ 囡 好機を待つこと, 時間稼ぎ, 引き延ばし.

temporiser /tɑ̃pɔrize/ 自動 時機を待つ.

***temps** /tɑ̃/ タン/ 男

❶ ❶ 時間, 時. ▶ le *temps* et l'espace 時間と空間 / Le *temps* passe vite. 時はたちまちのうちに過ぎ去る / Combien de *temps* mets-tu pour aller à la faculté? 大学に行くのにどれくらいかかるの / J'ai eu du mal à me garer, ça m'a pris du *temps*. 駐車するのにてこずって, 時間がかかりました / Ça prend trop de *temps*. 時間がかかりすぎる / tuer le *temps* 時間をつぶす / gagner du *temps* 時間を節約 / perdre du *temps* 時間を無駄にする / Il faut du *temps*. 時間が必要だ / avoir du *temps* libre 暇である / emploi du *temps* タイムスケジュール, 時間割 / avec le *temps* 時とともに, 時がたてば / depuis peu de *temps* ち

temps

ょっと前から / dans [sous] peu de *temps* じき に，間もなく / pendant ce *temps*-là その間に / en peu de *temps* 短時間で / *temps* légal [local] 標準[地方]時. ◆*temps* de + 無冠詞名詞（…する）時間. / *temps* de travail 労働時間 / *temps* de pose 露出時間.

❷《所有形容詞とともに》（自由になる）時間，暇，余暇. ▶ employer son *temps* à la lecture 読書をして時を過ごす / Il passe son *temps* 'à travailler [à ne rien faire]. 彼は仕事に明け暮れている[何もしないで過ごしている] / Nous avons tout notre *temps*. 時間は十分ある.

❸ 時代，時期，ころ. ▶ le *temps* passé 過去 / le bon vieux *temps* 古きよき時代 / en ce *temps*-là あのころ，当時 / depuis ce *temps*-là 以来のとき以来 / au [du] *temps* de Louis XIV [quatorze] ルイ14世の時代には / du *temps* de ma jeunesse = dans mon jeune *temps* 私の若いころ / *temps* des vacances バカンスの時期 / *temps* des lilas リラ[ライラック]の季節.

❹《複数で》時代，ころ；《特に les temps》現代，当世. ▶ Les *temps* ont bien changés. 時代は変わってしまった / un signe des *temps*（多く悪い意味で）時代の象徴 / les *temps* modernes 現代 / Les *temps* sont durs. 厳しい御時世だ / ces *temps*-ci この頃.

❺（作業，操作などの）段階；（体操，バレエなどの）一つ一つの動作. ▶ un programme de travaux réalisé en deux *temps* 2段階に分けて実行される作業計画 / dans un premier *temps* 第1段階で，まず最初に / un *temps* de valse ワルツのステップ.

❻〖文法〗時；（動詞の）時制，時称. ▶ complément de *temps* 時の状況補語 / les *temps* simples [composés] 単純[複合]時制.

❼〖音楽〗拍子，拍. ▶ La valse est un air à trois *temps*. ワルツは3拍子の曲だ / mesure à deux *temps* 2拍子 / *temps* fort [faible] 強[弱]拍.

❽〖機械〗サイクル，行程. ▶ moteur à deux [quatre] *temps* 2[4]サイクル・エンジン.

❾〖スポーツ〗タイム. ▶ réaliser le meilleur *temps* ベストタイムを記録する. ❿〖情報〗*temps* partagé = partage de *temps* 時分割，タイム・シェアリング / *temps* réel 実時間，リアルタイム / en *temps* réel 実時間で，リアルタイムで. ⓫《擬人化して》）時の神：鎌(%)と砂時計を手にした有翼の老人.

❷ 天気，天候. ▶ Quel *temps* fait-il? どんな天気ですか / Il fait un *temps* superbe. すばらしい天気だ / Quel sale *temps*! なんてひどい天気だ / un *temps* chaud et humide 蒸し暑い天気 / un *temps* sec からからの天気 / Nous avons eu beau *temps* pendant les vacances. バカンスの間好天に恵まれた / Le *temps* se met 'à la pluie [au beau]. 雨が降り[晴れ]始めた / sortir par tous les *temps* どんな天候でも出かける.

à plein temps = ***à temps complet*** フルタイムで[の]. ▶ travailler *à plein temps* 常勤で働く.

*****à temps*** 定刻に；間に合って，遅れずに. ▶ Si on l'avait emmenée *à temps* à l'hôpital, elle ne serait pas morte. もう少し早く病院に運んでいたら彼女は死ななくてすんだのに.

à temps partiel パートタイムで.

au temps pour moi 間違った，やり直しだ.

avant le temps 時節よりも早く，思ったより早く.

avoir fait son temps (1) 現役を退く. (2) 兵役[刑期]を務めあげる. (3) 使い古しになる，時代遅れになる. ▶ Cette robe *a fait son temps*. このワンピースはもう時代遅れです.

avoir tout le temps たっぷり時間がある.

*****ces derniers temps*** = ***ces temps derniers*** 最近.

Chaque chose en son temps. 何事にも時期というものがある.

*****dans le temps*** 〖舊〗昔，かつては. ▶ *Dans le temps* c'était la campagne, maintenant il y a des maisons partout. 昔ここは原っぱだったのに今では至る所家が建っている.

dans le [au] temps où + 直説法 = ***du temps où [que]*** + 直説法 …の時.

*****de mon temps*** 私の（若い[盛りの]）ころは. 注 mon は各人称に変化させて用いる. ▶ *De votre temps*, c'était différent. あなた（方）のころはそりゃ違ってたでしょう / Les hommes *de notre temps* ne connaissent pas de guerre. 今の人たちは戦争を知らない.

depuis le temps que + 直説法 …して以来.

*****de temps en temps*** /dətɑ̃zɑ̃tɑ̃/ = ***de temps à autre*** /dətɑ̃zao:tr/ ときどき. ▶ Je la vois *de temps en temps*. 私は彼女をときどき見かける.

| Il fait beau. 天気が良い | Il pleut. 雨が降る | Il neige. 雪が降る | Il y a du brouillard. 霧がかかっている | Il fait du vent. 風がある |

Il fait mauvais. 天気が悪い
Il fait bon [lourd]. 気持ちが良い[うっとうしい]

Il fait chaud [froid]. 暑い[寒い]
Il fait doux [frais]. 暖かい[涼しい]

temps 天候

de [en] tout temps 常に, いつの時代にも. ▶ *De tout temps, les hommes se sont fait la guerre.* いつの時代にも人間は戦争をしてきた.
en deux temps, trois mouvements すばやく. ▶ *J'ai terminé en deux temps, trois mouvements.* すぐに終わった.
*__en même temps (que ...)__ (…と)同時に; (…の)一方では. ▶ *Ils sont arrivés en même temps.* 彼らは同時に着いた / *Il est en même temps romancier et cinéaste.* 彼は小説家でありまた一方で映画人だ / *La ville se développe en même temps que l'industrie.* 都市は工業とともに発展する.
en moins de temps qu'il n'en faut pour le dire 話 (そう言うより早く→)あっという間に.
en「peu [un rien] de temps たちまちのうちに.
*__en temps de__ + 無冠詞名詞 …の時期に. ▶ *en temps de paix* 平時に / *en temps de crise* 危機の時期に.
en temps et lieu /ɑ̃tɑ̃zeljø/ しかるべき時と場所で.
en temps normal [ordinaire] ふだんに.
en temps utile /ɑ̃tɑ̃zytil/ = **en temps voulu** しかるべき時に.
entre temps その間に, そうこうするうちに.
être dans les temps 話 (好タイムをキープしている→)まだ間に合う.
être de son temps 時流に乗っている.
faire son temps 兵役に服する.
*__Il est temps「de__ + 不定詞「que + 接続法」. 今こそ…すべき時だ. ▶ *Il est temps de partir.* さあ出かける時だ / *Il est temps que nous prenions une décision.* そろそろ結論を出す時だ.
*__Il était temps.__ かろうじて間に合った; やっとだ. ▶ *Il était temps, ce bébé serait tombé si je ne l'avais retenu.* 危ういところだった, もし私が支えなかったらあの赤ん坊は転んでいたところだ.
Il faut prendre le temps comme il vient. 現実をあるがままに受け入れねばならない.
Il n'est que temps. 急がなくてはならない.
l'air du temps (特定のある時期, 時点の空気, 雰囲気→)時の運, 天の巡り合わせ.
*__la plupart [moitié] du temps__ たいてい. ▶ *Il pleut ici la plupart du temps.* ここはしょっちゅう雨が降る.
Le temps, c'est de l'argent. 諺 時は金なり.
*__le temps de__ + 不定詞 (1) …する時間, 暇. ▶ *trouver [prendre] le temps de se reposer* 休み時間をとる / *Je n'ai pas le temps de jouer avec toi.* 君と遊んでいる暇はない. (2) …すべき時. ▶ *Le temps est venu de prendre une décision.* 決断を下すべき時が来た. (3) …する間に. 注 この意味では〈le temps que + 接続法〉も用いられる. ▶ *Je me suis arrêté en chemin juste le temps de prendre un verre.* 私は道すがら, 1杯だけひっかけようと寄り道した / *Le temps que tu y ailles, tout sera fini.* 君がそこに行き着く間にすべてが終わっているだろう / *Juste le temps de me changer.* 話 着替える間だけ(ちょっと待ってください).
Le temps presse. 時が差し迫っている, すばやく行動しなければ.
n'avoir qu'un temps つかの間のものだ. ▶ *La jeunesse n'a qu'un temps.* 青春ははかない.
On ne vit pas de l'air du temps. 霞(ﾂﾞ)を食って生きてはいけない.
On prendra bien le temps de mourir! 話 急ぐ必要はない.
par les temps qui courent 今日では.
pour un temps しばらくの間.
prendre (tout) son temps たっぷり時間をかける. ▶ *Prenez votre temps.* どうぞごゆっくり.
quelque temps しばらくの間. ▶ *Il attendit quelque temps.* 彼はしばらく待った / *depuis quelque temps* 少し前から.
sale temps pour les mouches 話 (ハエ向きの嫌な天気→)雲行きが怪しい, やばい雰囲気だ.
「__se donner [se payer, prendre] du bon temps__ 人生を楽しむ, 楽しく時を過ごす.
temps d'arrêt 休止期間, 合間.
temps「de chien [de cochon] 話 ひどい悪天候.
temps mort (1) 活動していない時間, 休止. (2) 《スポーツ》タイムアウト, ロスタイム.
*__tout le temps (que__ + 直説法) (…の間中)絶えず, 始終. ▶ *Elle chante tout le temps.* 彼女はいつも歌っている / *Elle a bavardé avec son amie tout le temps qu'a duré la cérémonie.* セレモニーの間中彼女は友達とおしゃべりしていた.
Voilà [Il y a] beau temps que + 直説法. …してから久しい.

tenable /t(ə)nabl/ 形 《否定的表現で》我慢できる, 耐えられる; 維持できる.

tenace /tənas/ 形 ❶ くっついて離れない, なかなか消えない. ▶ *colle très tenace* 粘着力の強い糊(ﾉﾘ) / *douleur tenace* いつまでも続く痛み / *préjugés tenaces* 抜きがたい偏見. ❷ 頑固な, 強情な, 粘り強い.

ténacité /tenasite/ 女 ❶ くっついて離れないこと, 粘りけ; しつこさ. ▶ *ténacité d'une odeur* においのしつこさ / *ténacité d'un ressentiment* 恨みの根強さ. ❷ 頑固さ, 強情さ. ▶ *Il manque de ténacité.* 彼は粘り強さに欠ける.

tenaient, tenait, tenais /t(ə)nɛ/ 活用 ⇨ TENIR 28

tenaille /tənɑ:j/ 女 《多く複数で》やっとこ; プライヤー. ▶ *tenailles à vis* 万力.

tenaillement /tənɑjmɑ̃/ 男 責め苦.

tenailler /tənɑje/ 他動 苦しめる, 責めさいなむ. ▶ *être tenaillé par la faim et la soif* 飢えと渇きに苦しむ.

tenancier, ère /tənɑ̃sje, ɛ:r/ 名 ❶ (賭博(ﾄﾊﾞｸ)場, 酒場, ホテルなどの)支配人, 経営者. ❷ 借地農, 小作農.

tenant, ante /tənɑ̃, ɑ̃:t/ 形 くっついた, 離れない. ▶ *chemise à col tenant* 襟付きのシャツ.
séance tenante 開会中に; すぐその場で. ▶ *Il accepta séance tenante.* 彼は即座に承諾した.
—— 名 《スポーツ》選手権保持者.
—— **tenant** 男 ❶ 〈*tenant* de qc〉(主義など)の信奉者, 支持者. ▶ *les tenants d'un parti* ある党の支持者. ❷ 《複数で》《法律》隣接地.

tend

d'un (seul) tenant = *tout d'un tenant* 一続きの, 地続きの.
les tenants et les aboutissants (事柄の)詳細, 一部始終. ▶ connaître *les tenants et les aboutissants* d'une affaire 事件の顚末を知る.

tend /tã/, **tendaient, tendais, tendait** /tãdɛ/ 活用 ⇨ TENDRE[58]

***tendance** /tãdã:s/ タンダーンス/ 囡 ❶ 性向, 性癖. ▶ *tendances* égoïstes 利己的な性質 / *tendance* à exagérer 誇張癖 / Il a une certaine *tendance* à la paresse. 彼は怠惰なところがある. ❷ 傾向, 風潮, 趨勢(${}^{すう}_{せい}$). ▶ *tendances* de la musique contemporaine 現代音楽の動向 / *tendance* boursière 株価動向, チャート / la *tendance* d'un livre 本の意図, 方向. ❸ (政党などの)派閥, 分派, セクト.
avoir tendance à + 不定詞 …する傾向がある. ▶ Tu *as tendance à* tout exagérer. 君はなんでも誇張する傾向がある.
procès de tendance 邪推による非難.
── 形 《不変》流行の, トレンディーな. ▶ bottes *tendance* 流行のブーツ.

tendancieusement /tãdãsjøzmã/ 副 偏向して, 底意を持って.

tendanci*eux*, *euse* /tãdãsjø, ø:z/ 形 偏向した, 偏った, 意図的な. ▶ un jugement *tendancieux* 偏った判断.

tende, tendent, tendes /tã:d/ 活用 ⇨ TENDRE[1]

tend*eur*, *euse* /tãdœ:r, ø:z/ 名 (壁紙などを)張る人, (罠(わな))を仕掛ける人.
── **tendeur** 男 (綱, ベルト, 鉄線などの)引っ張り具; (固定用の)伸縮バンド.

tendi-, tendî-, tendiss- 活用 ⇨ TENDRE[1] [58]

tendin*eux*, *euse* /tãdinø, ø:z/ 形 ❶《解剖》腱(けん)の. ❷《肉が》すじの多い.

tendon /tãdɔ̃/ 男《解剖》腱(けん). ▶ le *tendon* d'Achille アキレス腱.

***tendre**[1] /tã:dr/ タンードル/ [58]

過去分詞 tendu	現在分詞 tendant
直説法現在 je tends	nous tendons
複合過去 j'ai tendu	単純未来 je tendrai

他動 ❶ …をぴんと張る; 〔手足など〕をぐっと伸ばす. ▶ *tendre* une corde 綱をぴんと張る / *tendre* un arc 弓を引き絞る / *tendre* ses muscles 筋肉を伸ばす.

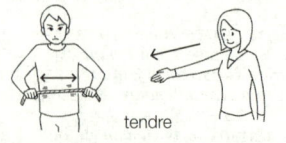

❷ …を(広げて)張る; 〔罠(わな)など〕を仕掛ける. ▶ *tendre* une tente テントを張る / *tendre* un filet 網を仕掛ける.
❸ 〔壁紙など〕を張る; 〔場所〕に(壁紙などを)張る. ▶ *tendre* sa chambre de papier peint 自分の部屋に壁紙を張る.
❹ 〈*tendre* qc à qn〉…を…に差し出す, 差し延べる; 提供する. ▶ *tendre* les bras à qn (歓迎, 抱擁などのために)…に両腕を差し出す / *tendre* un paquet de cigarettes à qn …にたばこを勧める.
❺ …を緊張させる, 張りつめる. ▶ *tendre* son esprit pour + 不定詞 …するために精神を集中させる / *tendre* des relations 関係を緊迫させる.
tendre la main (1) 手を差し出す; 物乞(ご)いをする; 救いを求める. (2) 救いの手を差し延べる. (3) 協力 [和解] を申し出る.
tendre l'oreille 耳をそば立てる.
tendre **un piège** [**une embuscade, des embûches**] à qn …に罠をかける, を陥れようとする.
── 間他動 〈*tendre* à qc/不定詞〉 ∥ *tendre* vers qc〉❶ …を目標とする, 目指す. ▶ *tendre* à [vers] la perfection 完璧(かんぺき)を目指す / *tendre* vers zéro ゼロに近づく.
❷ …の傾向がある; する性質のものだ. ▶ Le Japon *tend* se dépeupler. 日本の人口は減少傾向にある / Ceci *tendrait* à prouver que notre hypothèse était juste. このことも我々の仮説が正しかったことを証明するだろう.
tendre à sa fin 終わりに近づく.
── ***se tendre** 代動 ❶ ぴんと張られる, 差し出される. ❷ 緊張する. ▶ Les relations entre les deux pays *se sont tendues* depuis cet incident. あのトラブル以後, 両国間の関係は緊迫している.

***tendre**[2] /tã:dr/ タンードル/ 形 ❶ 柔らかい. ▶ viande *tendre* 柔らかい肉 / pain *tendre* (焼きたての)柔らかいパン / bois *tendre* 軟材.
❷ 優しい, 思いやりのある, 愛情のこもった. ▶ cœur *tendre* 優しい心(の持ち主) / mère *tendre* 優しい母親 / *tendre* amitié 厚い友情 / Pierre est très *tendre* avec sa fiancée. ピエールはフィアンセにとても優しい / *tendre* aveu 愛の告白 / paroles *tendres* 甘い言葉 / dire des mots *tendres* 優しい言葉をかける. ❸ 〔色, 光などが〕淡い, 和らいだ. ▶ bleu *tendre* 淡いブルー.
âge tendre = *tendre enfance* 幼年期, 子供時代. ▶ dès mon *âge* le plus *tendre* ごく幼いころから.
ne pas être tendre avec [*pour*] *qn/qc* 話 …に対して情け容赦がない, 手厳しい.
── 名 心優しい人, 愛情の深い人; 情にもろい人.

tendrement /tãdrəmã/ 副 優しく, 愛情を込めて.

***tendresse** /tãdrɛs/ タンドレス/ 囡 ❶ 優しさ, 愛情, 思いやり. ▶ regarder qn avec *tendresse* …を愛情のこもった眼差(まなざ)しで見つめる / avoir de la *tendresse* pour qn …に愛情を抱く / *tendresse* maternelle 母の愛. 比較 ⇨ AMOUR. ❷ 《複数で》愛情の表現, 愛撫(あいぶ), 甘い言葉. ▶ mille *tendresses* 《手紙の末尾で》愛を込めて. ❸ 話 好み, 愛好.

tendreté /tãdrəte/ 囡 (肉などの)柔らかさ.

tendu, e /tɑ̃dy/ 形 (tendre¹ の過去分詞) ❶ ぴんと張られた. ▶ un fil *tendu* ぴんと張ったコード. ❷ 緊張した, 緊迫した. ▶ avoir l'esprit *tendu* 気を張りつめている / J'étais très *tendu*. 私はひどく緊張していた / La situation demeure *tendue*. 情勢は依然緊迫している. ❸ 張り巡らされた. ▶ les murs *tendus* de tissu gris 灰色の壁布を張った壁. ❹ 差し出された, 差し延べられた. ▶ des poings *tendus* 振り上げたこぶし.
à bras tendus 腕を伸ばして; 懸命に, 力いっぱい.
politique de la main tendue 宥和(ゆうわ)政策.
ténèbres /tenɛbr/ 女複 ❶ 闇(やみ), 暗闇. ▶ *ténèbres* épaisses de la nuit 夜の深い闇 / 'l'abîme [l'empire] des *ténèbres* 地獄 / 'l'ange [l'esprit, le prince] des *ténèbres* 悪魔. ❷ 未知の領域, 謎(なぞ).
ténébreux, euse /tenebrø, ø:z/ 形 文章 ❶ 闇(やみ)の, 暗闇の. ▶ une forêt *ténébreuse* 真っ暗な森. ❷ 陰険な, 腹黒い. ▶ un complot *ténébreux* ひそかな謀議. ❸ 不可解な, 謎(なぞ)の. ▶ les temps *ténébreux* de l'histoire 歴史上の謎の時代. ❹〔人が〕陰鬱(いんうつ)な; 神秘的な.
――名 ❶ 陰鬱な人, 神秘的な人. ❷ un beau *ténébreux* 憂愁の漂う美男子.
teneur¹ /tɑnœ:r/ 女 ❶ 文面;〔文書などの正確な〕内容. ▶ la *teneur* d'un article 論文の内容. ❷ 含有量, 濃度. ▶ *teneur* en gaz carbonique de l'atmosphère 大気中の炭酸ガス濃度.
teneur², euse /tɑnœ:r, ø:z/ 名 係, 担当者. ▶ un *teneur* de livres 簿記〔帳簿〕係.
tenez /t(ə)ne/, **teniez** /tənje/, **tenions** /tənjɔ̃/ 活用 ⇨ TENIR 28
ténia /tenja/ 男〖動物〗サナダムシ.
⁂tenir /t(ə)ni:r トゥニール/ 28

過去分詞 tenu	現在分詞 tenant
直説法現在 je tiens	nous tenons
tu tiens	vous tenez
il tient	ils tiennent
複合過去 j'ai tenu	半過去 je tenais
単純未来 je tiendrai	単純過去 je tins
接続法現在 je tienne	

――他動 …を持っている, つかんでいる.
〈tenir qn/qc + 属詞〉…を〔ある状態, 位置〕に保つ.
〔会議〕を開く.
〔約束〕を守る.
――間他動〈*tenir à* …〉…に執着する.
〈*tenir de* qn/qc〉…の血を引く, に似る.
――自動〔人が〕持ちこたえる, 頑張る.
〔物, 状態が〕変化〔変質〕しない.
――代動〈*se tenir* + 様態〉〔ある態度, 姿勢〕を保つ, 〔ある状態〕にとどまる.
〈*se tenir* + 場所〔時間〕〉…で〔会議などが〕開かれる.

他動 ❶ …を(手に)持っている, つかんでいる. ▶ Il *tient* son chapeau à la main. 彼は帽子を手に持っている / *tenir* la rampe 手すりにつかまる / *tenir* un enfant par la main 子供の手を引く / *tenir* le volant ハンドルを握る, 運転する / *tenir* le pouvoir 権力を握る / Il croit *tenir* la vérité.(=détenir) 彼は真実をつかんでいると信じている.

tenir

❷〔物が〕…をつなぎ止めている, 固定している. ▶ Deux vis *tiennent* ce panneau.(=fixer) 2本のねじがこのパネルを止めている.
❸〔人〕を拘束する, 引き止める; 押さえる, 意のままにする. ▶ Ce vieux bavard m'*a tenu* plus d'une heure. (=retenir) あのおしゃべりな老人に1時間以上引き止められた / La police *tient* les voleurs. 警察は泥棒一味を拘留している / *tenir* qn à sa merci …を意のままに支配する.
❹〈*tenir* qn/qc + 属詞〉…を〔ある状態, 位置〕に保つ, 維持する. ▶ *tenir* les yeux fermés 目を閉じたままでいる / *tenir* un plat au chaud 料理を温めておく. ◆*tenir* qn en + 無冠詞名詞 ▶ *tenir* qn en garde contre qc/qn …に…への用心を怠らせない / *tenir* qn en mépris …を軽蔑する /《目的語なしに》Le café *tient* en éveil. コーヒーを飲むと目が覚める.
❺〔状態, 態度など〕を保つ;〔場所〕を離れないでいる. ▶ *tenir* son sérieux 真剣な〔まじめな〕態度を崩さない / *tenir* sa droite 右側通行を守る / *tenir* 'le lit [la chambre] (=garder)〔病院などで〕ベッドを離れない / *tenir* un journal 日記をつける.
❻〔場所, 位置〕を占める. ▶ Cette table *tient* la moitié de la pièce.(=occuper) このテーブルは部屋の半分を占めている / La lecture *tient* une place importante dans ma vie. 読書は私の生活の中で重要な位置を占めている.
❼ …を収容する, だけ容量がある. ▶ une salle qui *tient* six cents personnes(=contenir) 600人収容可能のホール.
❽〔職務, 役割など〕を受け持つ, 担当する. ▶ *tenir* la caisse [comptabilité] 会計係を務める / *tenir* une rubrique dans un périodique 雑誌のあるコラムを担当している / *tenir* un rôle (芝居などで)ある役を演じる; 役割を果たす / *tenir* le piano ピアノのパートを受け持つ.
❾ …を管理する, 運営する. ▶ *tenir* un hôtel ホテルを経営する / Elle *tient* bien sa maison. 彼女は立派に家を切り盛りしている / Ce professeur ne sait pas *tenir* sa classe. あの先生は自分のクラスを掌握できないでいる.
❿〔会議, 催しなど〕を開く, 主催する. ▶ *tenir* une conférence de presse 記者会見を行う.
⓫〔話〕をする. ▶ *tenir* un discours 演説する.

tenir

⓬〔約束など〕を守る. ▶ *tenir* (sa) parole = *tenir* ses engagements 約束を守る.

⓭ **tenir qc de qn** …から…を得る, 受け継ぐ. ▶ De qui *tenez*-vous ce renseignement? その情報はだれから聞いたのですか / Il *tient* son caractère de sa mère. 彼の性格は母親譲りだ.

⓮ <**tenir qn/qc pour** + 属詞 // **tenir pour** + 属詞 と「**de** + 不定詞 [**que** + 接続法]>…を…と見なす. ▶ Il *est tenu* pour responsable. 彼が責任者だと見なされている / Je *tiens* pour peu probable qu'il ait menti. 彼がうそをついたということはまずあるまい. 比較▷ PENSER.

⓯〔感情, 病気などが人〕をとらえる, 襲う. ▶ La colère le *tenait*. 彼は怒りに駆られていた / Un gros rhume le *tient* depuis trois jours. 彼は 3 日前からひどい風邪にかかっている.

⓰ 話〔病気〕にかかっている;〔酔い〕が回っている. ▶ *tenir* un rhume 風邪を引いている.

⓱ …に耐える, …に強い. ▶ *tenir* la tempête 暴風雨に耐える / *tenir* le vin 酒に強い.

⓲〔商品〕を扱っている, 店に置いている.

⓳ 文章 <*tenir* que + 直説法> …と主張する, 思う.

en tenir pour qn/qc 話 …に夢中である.
en tenir une 話 酔っ払っている.
faire tenir qc à qn〔多く官庁用語で〕…に…を手渡す, 届ける, 提出する. ▶ *faire tenir* un message à qn …に伝言を届ける.

Mieux vaut tenir que courir. 諺 明日の百より今日の五十.

Qu'est-ce qu'il tient! 話 (1) あいつは大ばかだ. (2) 彼はひどく酔っ払っている. (3) 彼はひどい風邪だ.

tenir la mer (1)〔船が〕沖合にいる, 荒天に耐えて航行している. (2)〔軍事〕制海権を保持する.

tenir la route (1)〔車が〕ロード・ホールディングがよい. (2) 話 困難や障害に負けない, しっかりしている.

Tiens [Tenez]!〔間投詞として〕(1)〔相手の注意を引くとき〕ちょっと, ほら, ねえ. ▶ *Tiens*, passe-moi une cigarette. おい, たばこを 1 本くれ / Vous ne me croyez pas? *Tenez*, voilà un exemple. 私の言うことが信じられませんか, じゃあ 1 つ例を挙げましょう. (2)〔驚き, 怒り, 皮肉を表わして〕おや, なんだって, へえ. 注 この意味では Tiens の形だけ. ▶ *Tiens*! Vous êtes là? あれ, こんなところにいらしたんですか / *Tiens* donc!〔怒り, 軽蔑を表して〕えっ?; なんだと; へっ, ほう. (3)〔相手に物を差し出して〕はい, どうぞ. ▶ *Tenez*, c'est à vous. はい, これがあなた(方)の分です.

— ***tenir*** 他動 ❶ <**tenir à qn/qc**>…に執着する, を大切に思う; を心から願う. ▶ *tenir* à la vie 生命に執着する / Il *tient* à votre visite. 彼はあなた(方)の来訪を心待ちにしています / Je n'y *tiens* pas. 私はそれに固執しない, それはどうでもいい. 注 目的語が人の場合, 代名詞は強勢形を用い, 間接目的語にしない(例: Je *tiens* à elle. 私は彼女をとても大切に思っている).

❷ <**tenir à** + 不定詞 // **tenir à ce que** + 接続法>…を強く望む, 熱望する. ▶ J'ai *tenu* à les inviter. 私は彼らをぜひとも招待したかった / Il ne *tient* pas à ce qu'elle le sache. 彼は彼女がそれを知ることを望んでいない.

❸ <**tenir à qc // tenir à ce que** + 直説法> …に起因する, の結果である. ▶ Ce succès *tient* à vos efforts. この成功はあなた(方)の努力の結果です.

❹ <**tenir à qc**>…にくっついている. ▶ un tableau qui *tient* au mur 壁に掛かっている絵.

❺ <**tenir de qn/qc**>…の血を引く, の影響を受けている; に似る, を思わせる. ▶ L'enfant *tient* plus de son père que de sa mère. その子は母親よりも父親の方に似ている / Cela *tient* du miracle [prodige].〔ときに皮肉に〕それは奇跡的だ.

avoir de qui tenir〔才能, 性格など〕親譲りの素質を持っている, 血筋は争えない.

Il a tenu à peu de chose que (ne) + 接続法〔非人称構文で〕もう少しで…するところだった.

Il [Cela] tient à qn [de + 不定詞 [**que** + 接続法〔非人称構文で〕…かどうかは…次第である. ▶ Il *tient à* vous *d*'en décider. それを決めるのはあなた(方)です.

ne tenir qu'à 「un fil [un cheveu](1 本の糸[髪]にかろうじてつながっている→)風前のともしびだ.

Qu'à cela ne tienne. それはたいした問題ではない.

— ***tenir*** 自動 ❶〔ある位置, 姿勢に〕とどまっている. ▶ Je ne *tiens* plus sur mes jambes. もう立っていられない / Mes lunettes ne *tiennent* pas bien. 私のめがねはすぐにずり落ちる.

❷〔人が〕持ちこたえる, 頑張る, 我慢する. ▶ Tu *tiens* encore? Mais ne te force pas. まだ大丈夫かい, でも無理するなよ / Ils *ont tenu* quarante-huit heures sans rien manger. 一行は 48 時間何も食べずに耐え抜いた.

❸〔物, 状態が〕変化 [変質] しない, しっかりしている, 長持ちする. ▶ Sa coiffure *tient* bien. 彼(女)のヘアスタイルは崩れない / J'espère que le beau temps *tiendra* jusqu'au week-end. この好天は週末まで続いてくれると思う / Le gouvernement ne *tiendra* plus. この政府はもう長くないだろう / Ça *tient* toujours, notre rendez-vous? 約束に変更はないね.

❹〔論理などが〕首尾一貫している, 破綻(はたん)がない. ▶ Mais ça ne *tient* pas, ton raisonnement. でも君の論理は支離滅裂だよ.

❺ <*tenir* + 場所>…に収まる. ▶ Cet appareil *tient* dans le creux de la main. このカメラは片手にすっぽり収まる / On ne *tiendra* pas à six autour de cette table. このテーブルに 6 人は無理だ.

❻ <**tenir en [dans] qc**>…に要約される, 還元される. ▶ Ma réponse *tiendra* en deux mots. 私の返事はひとことで済みます.

Il n'y a (pas de) qc qui tienne. …などもっての外である; はまったく問題にならない. ▶ *Il n'y a pas de* raison *qui tienne*. 理屈を言ってもむだだ.

ne pas tenir debout (1) 立っていられない. (2)〔話などが〕つじつまが合わない, 通用しない.

ne plus pouvoir tenir = **ne pouvoir y tenir** こらえきれない, 我慢できない. ▶ N'y *tenant* plus, il est sorti. こらえきれずに彼は出ていった.

tenir bon 頑張る, 耐え抜く, 生き延びる. ▶ *Tenez bon*! J'arrive. 頑張れ, すぐそこに行くから.

tenir pour une opinion ある意見を支持する.

— *se tenir 代動 ❶ ⟨*se tenir* qc⟩〔自分の体の一部〕を押さえる, 抱える. 注 se は間接目的. ▶ *se tenir* le ventre おなかを押さえる.

❷ ⟨*se tenir* à qc/qn⟩ …につかまる, くっつく. ▶ *se tenir* à la rampe 手すりにつかまる.

se tenir à la rampe

❸ ⟨*se tenir* + 様態⟩ (ある態度, 姿勢)を保つ; (ある状態)にとどまる. ▶ *Tiens-toi* droit. 姿勢を真っすぐにしなさい / *se tenir* debout [assis] 立って[座って]いる / *se tenir* tranquille 静かにしている / *se tenir* bien [mal] 行儀がいい[悪い](⇨成句).

❹ じっとして[立って]いる; 行儀よくする (=*se tenir* bien). ▶ Ces enfants ne savent pas *se tenir*. この子供たちはおとなしくしていられない / Il sait *se tenir* en société. 彼は礼儀作法をわきまえている.

❺〔ある場所〕にいる, 位置する. ▶ Il *se tenait* au milieu de la chambre. 彼は部屋の真ん中にいた.

❻ ⟨*se tenir* + 場所[時間]⟩〔会議, 催しなどが〕…で[に]開かれる, 行われる. ▶ La conférence *se tiendra* à Tokyo en mai. その会議は5月に東京で開かれる.

❼ ⟨*se tenir* pour + 属詞⟩ 自分を…と見なす. ▶ Il *se tient* pour battu. 彼は負けを認めている.

❽〔事象が〕互いに関連している;〔話が〕首尾一貫している. ▶ Dans cette affaire tout *se tient*. この件ではすべてが絡み合っている / une histoire qui ne *se tient* pas つじつまの合わない話.

❾ ⟨*se tenir* par qc⟩ 互いに…を取り合う. ▶ Ils *se tenaient* par la main. 彼らは手を取り合っていた / *se tenir* par la taille 互いに腰に手を回し合う.

❿〔人が〕互いに依存し合う, 関係し合う.

ne (*pas*) *pouvoir se tenir de* + 不定詞 文章 …せずにいられない. ▶ Il *ne pouvait se tenir de* rire. 彼は笑いをこらえきれなかった.

savoir à quoi s'en tenir 事情に通じている, どう対処すべきか心得ている.

se le tenir pour dit 言われたとおりにする, 文句を言わない. 注 se は間接目的. ▶ *Tenez-vous-le pour dit*. 黙って言いつけを守りなさい.

s'en tenir à qc …だけにとどめる, に限る, で満足する. ▶ Il *s'en tient à* des idées toutes faites. 彼はありきたりの考えで満足している / *s'en tenir là* そこまででやめておく.

se tenir à quatre ⇨ QUATRE.

se tenir bien à table 話 食欲が旺盛である.

Tenez-vous [*Tiens-toi*] *bien!* (1) おとなしく[行儀よく]しなさい. (2) 姿勢よくしなさい. (3) 話〔話の前に〕驚かないで, 気を静めてください.

*tennis /tenis/ テニス/ 男〔英語〕❶ テニス. ▶ jouer au *tennis* テニスをする / une partie de *tennis* テニスの1ゲーム. ❷ テニスコート (=terrain de *tennis*). ❸ *tennis* de table 卓球. ❹《多く複数で》テニスシューズ.

tenon /tənɔ̃/ 男〔建築〕柄(ほぞ).

tenons /t(ə)nɔ̃/ 活用 ⇨ TENIR 28

ténor /tenɔːr/ 男 ❶〔音楽〕テノール(の声); テノール歌手〔楽器, 声部〕. ❷《多く複数で》話 大立物, リーダー, 花形.

tensioactif, ive /tɑ̃sjoaktif, iːv/ 形〔化学〕界面[表面]活性の. ▶ agent *tensioactif* 界面活性剤.

*tension /tɑ̃sjɔ̃/ タンスィヨン/ 女 ❶ 張り(具合), 引っ張り. ▶ régler la *tension* d'une corde ロープ〔弦〕の張り具合を調節する.

❷〔精神の〕緊張; 集中. ▶ *tension* nerveuse いらだち, 興奮 / *tension* d'esprit 精神集中.

❸〔関係, 状況の〕緊張, 緊迫; いざこざ. ▶ *tensions* politiques 政治的緊張 / l'actuel climat de *tensions* internationales 現今の緊迫した国際情勢.

❹〔医学〕血圧 (=*tension* artérielle). ▶ prendre la *tension* de qn …の血圧を計る / avoir [faire] de la *tension* 話 血圧が高い.

❺〔物理〕応力, 張力; 圧力. ▶ *tension* superficielle 表面張力.

❻〔電気〕電圧.

tentaculaire /tɑ̃takylɛːr/ 形 ❶ 触手の; 触手のある. ❷〔触手を伸ばすように〕四方八方に広がる. ▶ une firme multinationale *tentaculaire* 次々に手を広げていく多国籍企業.

tentacule /tɑ̃takyl/ 男〔軟体動物などの〕触手;〔タコ, イカなどの〕足.

tentant, ante /tɑ̃tɑ̃, ɑ̃ːt/ 形 気を引く, 魅力的な. ▶ une offre *tentante* 心引かれる申し出.

tentateur, trice /tɑ̃tatœːr, tris/ 形 心を惑わす; 悪に誘う. ▶ beauté *tentatrice* 人を惑わす美貌(び)[美人].

— 名 誘惑者;《多く le Tentateur》悪魔.

tentation /tɑ̃tasjɔ̃/ 女 ❶ 誘惑, 欲望; 心そそるもの. ▶ la *tentation* des voyages [de voyager] 旅心 / résister [succomber] à la *tentation* 誘惑に耐える[負ける]. ❷〔神学〕誘惑, 試み.

*tentative /tɑ̃tatiːv/ タンタティーヴ/ 女 ❶ 試み, 企て. ▶ *tentative* de réforme 改革の試み / faire une *tentative* auprès de qn …に働きかける.

❷〔刑法〕未遂(罪). ▶ *tentative* de meurtre 殺人未遂 / *tentative* de suicide 自殺未遂.

*tente /tɑ̃ːt/ ターント/ 女 テント. ▶ *tente* de camping キャンプ用テント / monter [plier] la *tente* テントを張る[畳む] / *tente* à oxygène 酸素テント.

planter sa tente + 場所 話 …に居を構える.

se retirer sous sa tente 怒って手を引く.

*tenter /tɑ̃te/ タンテ/ 他動 ❶ …を試みる, 企てる. ▶ *tenter* une aventure 冒険を試みる / *tenter* sa chance 運を試す / *tenter* le tout pour le tout のるかそるかやってみる / Il a tout tenté pour la gagner. 彼女を得るために彼はあらゆる手を尽くした. ◆ *tenter de* + 不定詞 …しようと試みる. ▶ J'ai tenté en vain de le convaincre. 彼を説得しようとしたがむだだった. 比較 ⇨ ESSAYER.

tenture

❷ …の気をそそる；を悪に誘惑する. ▶ Ce ruban me *tente*, mais il est un peu cher. このリボンが欲しいけれど，ちょっと値が張る / Ça ne me *tente* guère. 食指が動かない / se laisser *tenter* par une proposition 誘いに乗る. ◆ *être tenté de* + 不定詞 …したくなる，する気になる. ▶ Je *suis tenté* de croire que tous ces efforts sont inutiles. こうした努力もすべてむだなもののように思えてきた.

Il ne faut pas tenter le diable. 目の毒だ.
tenter Dieu 文章 (途方もない願い事をして)神を試す；人間業を超えることを企てる.

tenture /tɑ̃ty:r/ 囡 壁掛け, 壁紙, 垂れ布[幕].
tenu, e /t(ə)ny/ 形 (tenir の過去分詞) ❶ 〈bien [mal] *tenu*〉手入れのよい[悪い]，世話の行き届いた[行き届いていない]. ▶ maison mal *tenue* よごれ放題の家 / enfant bien *tenu*（世話が行き届いて）身ぎれいな子供.
❷〈être *tenu* à qc // être *tenu* de + 不定詞〉…を(法律的，道徳的に)義務づけられている. ▶ Le médecin est *tenu* au secret professionnel. 医者は職業上の秘密を守る義務がある / Il est *tenu* de ne pas quitter le pays. 彼は出国を禁じられている.
❸ 忙しい，拘束された. ▶ être *tenu* par ses occupations 仕事で忙しい.

ténu, e /teny/ 形 ❶ ごく薄い，ごく細い，微少な.
❷ かすかな; 微妙な. ▶ voix *ténue* か細い声.

*__tenue__ /t(ə)ny/ トゥニュ 囡 ❶ 服装，身なり. ▶ une *tenue* convenable [négligée] きちんとした[だらしない]身なり / sortir en *tenue* légère 軽装で出かける / militaire en *tenue* (↔civil) 制服を着た軍人 / dans cette *tenue* この装いで. ◆ *tenue de* + 無冠詞名詞 …用の服装. ▶ *tenue* de soirée 夜会服 / *tenue* de ville 街着, タウンウエア / *tenue* de sport スポーツウエア. 比較 ⇨ VÊTEMENT.
❷ 行儀(のよさ)，品行, 作法. ▶ avoir de la *tenue* 行儀がよい, 物腰が上品だ / manquer de *tenue* 行儀が悪い，品がない / la bonne *tenue* à table よいテーブルマナー / Un peu de *tenue*! 少しは行儀よくして.
❸ 姿勢. ▶ mauvaise *tenue* d'un écolier courbé sur ses cahiers ノートにかがみこんでいる小学生の悪い姿勢.
❹ 管理，運営，手入れ，世話. ▶ la *tenue* de la maison 家事の切り回し / la *tenue* des comptes 帳簿管理, 簿記 / veiller à la bonne *tenue* d'une école 学校の健全な運営に気を配る.
❺ 高尚さ，格調, 品位. ▶ un roman d'une haute *tenue* littéraire 文学的格調の高い小説.
❻ (会議，催しなどの)開催；開催期間.
❼ *tenue* de route (車の)ロード・ホールディング.
❽ (株価の)堅調, 安定.
être en petite tenue 国 軽装[薄着]である.
tout d'une tenue = *d'une seule tenue* 一続きの, 連続した.

ténuité /tenɥite/ 囡 文章 極めて薄い[細かい]こと；微細, 微少.

tequila /tekila/ 男/囡 テキーラ: リュウゼツランから作られるメキシコの蒸留酒.

TER 男 (略語) train express régional 地方急行列車.

ter /tɛ:r/ 副 ❶ (番号, 番地, 条項などで)…の3. ▶ le douze *ter* de la rue Emile Zola エミール・ゾラ通り12番地の3. ❷《音楽》(ある楽句, パッセージなどを) 3回繰り返して.

tératologie /teratɔlɔʒi/ 囡 奇形学.
tératologique /teratɔlɔʒik/ 形 奇形学の.
tercet /tɛrsɛ/ 男 《詩法》3行詩.
térébenthine /terebɑ̃tin/ 囡 ❶ 松脂(ぽ). ❷ テレビン油, テレピン油 (=essence de *térébenthine*).
tergiversation /tɛrʒivɛrsasjɔ̃/ 囡 (多く複数で) 回りくどい言い方, 逃げ口上.
tergiverser /tɛrʒivɛrse/ 自動 回りくどい言い方をする, 言い逃れる；(決心を)ためらう.

*__terme__ /tɛrm/ テルム 男 ❶ ❶ 期限, 期日. ▶ avancer [reculer] le *terme* 期限を繰り上げる[繰り下げる] / Passé ce *terme*, les billets seront périmés. この期限を過ぎると切符は無効になります / vente à *terme* 期限つき売買 / opérations à *terme* 先物取引 / marché à *terme* 先物市場.
❷ (家賃などの)支払い期限; (通常3か月単位の)借用期間; 1期分の賃借料金. ▶ payer à *terme* échu 満期時[期末]に支払う / payer son *terme* 家賃を払う.
❸ 文章 最後, 終わり. ▶ le *terme* d'un voyage 旅の終わり / arriver au *terme* de sa vie 死期を迎える / mener [conduire] qc à (son) *terme* …を最後まで成し遂げる / mettre un *terme* à qc …に終止符を打つ. ❹ 出産予定日, 臨月 (=*terme* de l'accouchement). ▶ accoucher à *terme* 予定日に出産する / enfant né avant *terme* 予定日前に生まれた子供.
❷ ❶ 言葉, 単語; 用語, 術語. ▶ *terme* nouveau 新語 / *terme* technique 専門用語, テクニカルターム / *terme* juridique 法律用語.
❷《複数で》表現, 言葉遣い. ▶ *termes* explicites はっきりした物言い / aux *termes* du contrat 契約書の文面からすれば / en ces *termes* このような言葉で / en d'autres *termes* 言葉を換えれば.
❸《論理学》(1) 名辞. (2) 項.
❹《数学》項. ▶ les *termes* d'une équation 方程式の項. ❺《言語》項, 辞項.

*__à court [moyen, long] terme__ 短期[中期, 長期]の. ▶ projet à long *terme* 長期計画.
à terme 時期が来れば, いずれは; 結局は.
en termes + 形容詞 …な形で. ▶ Le problème se pose déjà *en termes* concrets. 問題はすでに具体的な形で提起されている.
en termes de + 無冠詞名詞 …の面において. ▶ Le premier constructeur mondial a vu son concurrent passer devant lui *en termes de* commandes. 世界第一のこのメーカーはライバル社に受注の面で先を越された.
être en bons [mauvaises] termes avec qn …と仲がよい[悪い].
moyen terme (1) 中間項；《論理学》中名辞. (2) 妥協策. ▶ choisir un *moyen terme* 折衷案を採る.

terminaison /tɛrminɛzɔ̃/ 囡 ❶〖言語〗語尾. ❷〖解剖〗*terminaisons* nerveuses 神経終末.

terminal¹, ale /tɛrminal/; (男複) *aux* /o/ 形 末端の; 最終の. ▶ phase *terminale* d'une maladie 不治の病の末期 / classe *terminale* (リセの)最終学年.

— **terminale** 囡 (リセの)最終学年 (= classe terminale).

terminal² /tɛrminal/; (複) *aux* /o/ 男 ❶ 終着駅, ターミナル駅; エアターミナル. ❷ (コンピュータの)ターミナル, 端末(装置). ❸ 石油ターミナル, 石油貯蔵基地.

terminé, e /tɛrmine/ 形 終わった, 完了した, 済んだ. ▶ (C'est) *terminé*. もう終了した;(憤慨して)これ以上はお断りだ.

***terminer** /tɛrmine/ テルミネ 他動 ❶ …を終える, 完了する. ▶ *terminer* ses devoirs 宿題を終える / *terminer* ses études 学業を終える / *terminer* un débat 議論を終わらせる / *terminer* un tableau 絵を仕上げる / *terminer* ses jours à la campagne 田舎で生涯を終える / 《目的語なしに》pour *terminer* (演説などで)終わりに / Avez-vous *terminé*? (給仕が)もうお済みですか. 比較 ⇨ FINIR. ❷ ‹*terminer* qc par qc/qn› …を…で締めくくる, おしまいにする. ▶ *terminer* un repas par des fruits 食事の終わりに果物を食べる.

— 間他動 ‹(en) *terminer* avec qc/qn› …を終える, にけりをつける; と縁を切る. ▶ Je *termine avec* cette affaire et je suis à vous. この件をかたづけてしまったら御用を承ります / J'ai hâte d'*en avoir terminé avec* ce travail. この仕事を早く終わらせたい.

— **se terminer** 代動 ❶ 終わる, 終了する. ▶ Les vacances *se terminent* demain. バカンスは明日終わる / *se terminer* bien [mal] いい [まずい] 結果に終わる. ❷ ‹*se terminer* par [en] qc› …で[の形で]終わる. ▶ les mots qui *se terminent* par x x で終わる語 / La pièce *se termine* en tragédie. その芝居は悲劇となって終わる.

terminologie /tɛrminɔlɔʒi/ 囡 ❶ (集合的に)専門用語, 術語; (思想家などに特有の)用語. ▶ la *terminologie* médicale 医学用語. ❷ 専門用語学.

***terminus** /tɛrminys/ テルミニュス 男 終着駅, 終点, ターミナル. ▶ *Terminus*! Tout le monde descend. 終点です. 皆様お降り願います / aller jusqu'au *terminus* 終点まで行く / 《同格的に》gare [station] *terminus* 終着駅.

termite /tɛrmit/ 男〖昆虫〗シロアリ.

termitière /tɛrmitjɛːr/ 囡 シロアリの巣, 蟻塚.

ternaire /tɛrnɛːr/ 形 3 (要素)から成る. ▶ numération *ternaire*〖数学〗3 進法.

terne /tɛrn/ 形 輝きのない, 生気のない, 光沢のない; ぱっとしない. ▶ coloris *ternes* くすんだ色合い / œil [regard] *terne* とろんとした目つき.

terni, e /tɛrni/ 形 (ternir の過去分詞)輝きを失った, 光沢を失った; (名声などが)損なわれた. ▶ miroir *terni* 曇った鏡.

ternir /tɛrniːr/ 他動 ❶ …の輝きを失わせる; を曇らせる. ❷〖名誉, 価値など〗を損なう, 汚す. ▶ *ternir* la réputation de qn …の名声に傷をつける.

— **se ternir** 代動 ❶ 輝きを失う, 曇る. ❷〖名誉, 価値など〗損なわれる, 消滅する.

***terrain** /tɛrɛ̃/ テラン 男 ❶ 土地, 地形, 地表; 地所. ▶ *terrain* plat 平坦(へいたん)な土地 / *terrain* vague (都市周辺の)空き地 / un *terrain* à lotir 分譲地 / du *terrain* 土地 / acheter du *terrain* 土地を買う. 比較 ⇨ TERRE. ❷ 土壌, 地質, 地味(ぢみ); 《多く複数で》地層. ▶ *terrain* fertile 肥沃(ひよく)な土地 / *terrain* calcaire 石灰質の土壌. ❸ ‹*terrain* de qc› (野外の)…場; グラウンド. ▶ *terrain* de camping キャンプ場 / *terrain* de jeu 遊び場 / *terrain* de sport グラウンド, 運動場 / *terrain* de golf ゴルフ場. ❹ 戦場, 陣地; 決闘場. ▶ le *terrain* conquis 占領地 / reconnaître le *terrain* 敵状を視察する. ❺ (活動の)場, 分野; 状況. ▶ situer une discussion sur un *terrain* économique 経済領域に絞って討議をする / chercher un *terrain* d'entente 妥協点を探る / tâter [sonder] le *terrain* 事前に探りを入れる.

avoir l'avantage du terrain (1) 有利な戦況に立っている. (2) 得意な領域で勝負する.

céder du terrain (戦場で)退却する; (議論などで)譲歩する.

être [rester] maître du terrain (戦場で)勝ち残る, 勝利を収める.

être sur son terrain 自分の得意とするところにいる, 自分の土俵で相撲を取る.

**gagner du terrain* 勢力範囲を広げる; (競争相手を)引き離す; 優勢に立つ, 勢いを増す.

homme de terrain 現場の人, 実務家.

occuper le terrain 独壇場である.

perdre du terrain 陣地を失う, 後退する; (競争相手に)差をつけられる; 劣勢になる, 勢いがなくなる.

préparer le terrain 地ならしをする; 工作する, 根回しをする.

regagner le terrain perdu 失地を回復する.

se placer sur un bon [mauvais] terrain 有利[不利]な立場に身を置く.

sur le terrain (1) 現場で, 実地に. ▶ enquête *sur le terrain* 実地[現地]調査. (2)〖スポーツ〗競技の場で.

tout terrain = *tous terrains* オフロード用の. ▶ véhicule *tout terrain* オフロード車(ジープなど).

***terrasse** /tɛras/ テラス 囡 ❶ (カフェやレストランの)テラス: 店の前の歩道に椅子(いす), テーブルを並べた客席. ❷ (建物の)テラス; 大型バルコニー. ❸ (石垣などで支えた階段状の)土壇(どだん), 台地; 段丘. ▶ cultures en *terrasses* 段々畑. ❹〖建築〗陸(ろく)屋根 (=toiture-terrasse), 平たい屋根; (ビルなどの)屋上.

terrassement /tɛrasmɑ̃/ 男 ❶ 土木作業; 整地, 土地造成. ▶ travaux de *terrassement* 土木工事. ❷ 盛り土.

terrasser /tɛrase/ 他動 …を(地面に)打ち倒す; 打ちのめす, 黙らせる. ▶ Cette nouvelle l'*a ter-*

terrassier

rassée. その知らせに彼女は打ちのめされた / *terrasser* son interlocuteur d'un regard menaçant にらみつけて相手を黙らせる.

terrassier /tɛrasje/ 男 ❶ 土木作業員. ❷ 土木工事業者.

**terre /tɛːr テール/ 女

❶《la Terre》地球. ▶ La fusée a quitté la *Terre*. ロケットは地球を離れた / sciences de la *Terre* 地球科学 (=géosciences).
❷ 地面, 大地, 地表. ▶ tremblement de *terre* 地震 / se coucher sur la *terre* 地面に横たわる.
❸ 陸, 陸地 (=*terre* ferme). ▶ «*Terre*!»「陸だ」/ vent de *terre* 陸風 / l'armée de *terre* 陸軍 / village dans les *terres* 内陸部の村, 奥地.
❹ 土地, 所有地, 地所; 領地. ▶ acheter une *terre* 土地を買う / vivre de ses *terres* 土地からの上がりで暮らす / *terre* vierge 処女地.
❺ 土; (陶芸用) 粘土, 土絵の具. ▶ chemin de *terre* (舗装されていない) 土の道 / *terre* 'à poterie [à potier] 陶土 / *terre* cuite テラコッタ (製品).
❻ 土壌; 耕地, 農地; 農耕生活. ▶ *terre* stérile やせた土地 / labourer [cultiver] la *terre* 土地を耕す / *terres* à blé 小麦畑 / produits de la *terre* 農産物 / aimer la *terre* 土に親しむ, 農耕生活を愛する.
❼ 地方, 地域, 国, 地. ▶ *terre* natale 祖国 / *terre* promise 約束の地, パレスチナ.
❽ 世界; 全世界の人々. ▶ voyager par toute la *terre* 世界中を旅する / aux quatre coins de la *terre* 世界中に, 至る所に.
❾ 地上, 現世, この世. ▶ quitter la *terre* この世を去る. ❿〖化学〗*terres* rares 希土類 (元素).
⓫〖電気〗アース. ▶ prise de *terre* 接地.

*à terre 地面に; 床に. ▶ mettre pied à *terre* (馬, 車などから) 降り立つ / tomber à *terre* 落ちる, 倒れる / jeter à *terre* ほうり出す, 投げる; 打ち倒す; 破壊する / aller [descendre] à *terre* 上陸する.

en terre (1) 地中に. (2) 陶製の.
entre ciel et terre 空中に, 宙に.
mettre qn en terre …を埋葬する.
mettre qn plus bas que terre 話 …をさげすむ, ないがしろにする, けなす.

*par terre (1) 地面に; 床に. ▶ tomber *par terre* 倒れる, 落ちる / s'asseoir *par terre* 地面 [床の上] に座る. (2) 陸路で. ▶ voyager *par terre* 陸路で旅行する. (3) 壊れた, おじゃんになった. ▶ Voilà, tout son avenir *par terre*! これで彼 (女) の将来もめちゃくちゃだ.

politique de la terre brûlée 焦土作戦: 敵軍に利用されないよう, 自らの施設などを焼き払う戦術.
quitter la terre 死ぬ.
remuer ciel et terre 奔走する, 八方手を尽くす.
Reviens sur terre! 俗 いい加減に目を覚ませよ, 何をぼんやりしてるんだ.
sous (la) terre 地下に.
sur (la) terre (1) 地面の上に; 床の上に. (2) 陸上に [で]. (3) 地球上に [で]. (4) この世で; この世にお

けるに. ▶ rester [être] *sur terre* 生きている. (5) 現実に. ▶ avoir les pieds *sur* (la) *terre* 話 足が地についている, 現実をふまえている.

toucher (la) terre 着陸する.
vouloir rentrer [être à cent pieds] sous terre 穴があったら入りたい.

> 比較 土地, 地面
> *terre* 最も一般的. 特に空, 海に対して「陸地」を表わす場合にはこの語以外は用いない. *sol* 意味の範囲は *terre* 同様に広いが, 特に土地の表面を問題にするとき, あるいは農業などの観点から「土壌」を問題にするときに用いる. *terrain* なんらかの使用目的を持った土地. 土地の購入などの場合に用いることが多い.

terre à terre /tɛratəːr/, **terre-à-terre** 形《不変》世俗的の, 卑近な; 物質的な.
terreau /tero; (複) x/ 男 腐植土, 黒土 (ぐろ).
Terre-Neuve /tɛrnœːv/ 固有 女 ニューファンドランド島; (カナダの) ニューファンドランド州.
terre-neuvien, enne /tɛrnœvjɛ̃, ɛn/ 形 ニューファンドランド Terre-Neuve 島の, ニューファンドランド州の.
— **Terre-Neuvien, enne** 名 ニューファンドランド島 [州] の人.
terre-plein /tɛrplɛ̃/ 男 (盛り土して石垣などで補強した) 台地; 土手. ▶ *terre-plein* central (盛り土をして高くした道路の) 中央分離帯.
terrer /tere/ 他動〖植物〗の根元に肥えた土をかける.
— **se terrer** 代動 <se terrer (+ 場所)> ❶〖動物が〗(地中, 穴に) 住む, 隠れる. ❷ (…に) 隠れる, 人を避けて (…に) 引きこもる.
terrestre /tɛrɛstr/ 形 ❶ 地球の. ▶ le globe *terrestre* 地球. ❷ この世の, 地上の; 世俗の; 物質的な. ▶ la vie *terrestre* 現世 / les choses *terrestres* 俗事 / paradis *terrestre* 地上の楽園. ❸ 陸上の; 陸生の. ▶ transports *terrestres* 陸上輸送 / animaux *terrestres* 陸生動物.

*terreur /tɛrœːr テールール/ 女 ❶《極度の》恐怖;《複数で》(激しい) 不安. ▶ pousser des cris de *terreur* 恐怖の叫びをあげる / être saisi de *terreur* 恐怖にとらわれる / semer la *terreur* 恐怖の種をまく. 比較 PEUR.
❷ 恐怖政治, 圧政, 暴政;《Terreur》(フランス革命期の) 恐怖政治. ▶ régime de *terreur* 恐怖政治体制 / gouverner par la *terreur* 圧政を敷く. ❸ (人の) 恐怖の的; 話 乱暴者. ▶ jouer les *terreurs* 乱暴者のふりをする.

terreux, euse /tɛrø, øːz/ 形 ❶ 土の. ▶ odeur *terreuse* 土のにおい. ❷ 土の混じった, 土のついた. ▶ chaussures *terreuses* 泥んこの靴. ❸ 土色の. ▶ teint *terreux* 土気色の顔.

**terrible /tɛribl テリーブル/ 形《ときに名詞の前で》
❶ 恐ろしい, ぞっとする. ▶ visage *terrible* 怖い顔 / cauchemar *terrible* 恐ろしい悪夢 / *terrible* accident ひどい事故.
❷ (程度, 強度が) すさまじい, ものすごい. ▶ un froid *terrible* ものすごい寒さ / C'est un *terrible* bavard. あいつはものすごいおしゃべりだ.
❸《人, 態度, 天候などが》実に不愉快な, 最悪の. ▶ un caractère *terrible* 実に嫌な性格 / être

d'une humeur *terrible* ひどく不機嫌である. ❹話 すごい, すばらしい. ▶ un type *terrible* すごいやつ / Ce film n'est pas *terrible*. あの映画はたいしたことはない. 比較 ⇨ ADMIRABLE.
C'est terrible* de** + 不定詞 **[*que + 接続法**]**. …は実に困ったものだ. ▶ *C'est terrible que* l'on ne puisse pas compter sur lui. 彼を当てにできないのは残念至極だ.
enfant terrible (1) 手に負えない子供. (2) 〔集団内の〕変わり者, 異端者.
Pas terrible (, *terrible*). 話 〔すばらしくはない→〕ひどい, さえない.
— 副 話 すごく. ▶ Ça marche *terrible*. 興行などが絶好調だ.
— 男 ❶ 恐ろしいこと; 困ったこと. ❷ Ivan le *Terrible* イワン雷帝.

terriblement /tɛribləmɑ̃/ 副 非常に, 過度に. ▶ Il faisait *terriblement* chaud. うだるように暑かった.

terri*en, enne* /tɛrjɛ̃, ɛn/ 形 ❶ 農民の, 田舎の. ❷ 土地を所有する. ▶ propriétaire *terrien* 地主. ❸ 〔人が〕内陸暮らしの. — 名 ❶ 農民. ❷ 地主. ❸ 内陸暮らしの人; (船乗りに対して) 陸者(ホホホ). ❹ 《les Terriens》地球人.

terrier /tɛrje/ 男 ❶ (ウサギやモグラなどの) 巣穴, トンネル. ❷ テリア (犬).

terrifi*ant, ante* /tɛrifjɑ̃, ɑ̃:t/ 形 ❶ 怖い, ぞっとさせる. ❷ ものすごい, 途方もない, 異常な.

terrifier /tɛrifje/ 他動 …を怖がらせる, 恐怖に陥れる.

terril /tɛril/ 男 (鉱山の) ぼた山.

terrine /tɛrin/ 女 ❶ 〔料理〕(1) (陶製の) テリーヌ型. (2) テリーヌ (パテ). ▶ *terrine* de lapin ウサギの陶製の鉢. ❷ (おもに陶製の) 鉢.

***territoire** /tɛritwa:r/ テリトワール 男 ❶ 領土, 国土. ▶ le *territoire* français フランス領土 / *territoire* maritime [aérien] 領海 [領空] / aménagement du *territoire* 国土整備 [開発]. 比較 ⇨ PAYS. ❷ 担当地区, 管轄地域. ❸ 属領, 自治領; 居住地域. ▶ *territoires* d'outremer (かつての) 海外領土 (2003年に collectivité d'outre-mer 海外公共団体と改称). ❹ (個人の) 領分, 縄張り. ❺ (動物の) テリトリー.

Territoire de Belfort /tɛritwardəbɛlfɔ:r/ 固有 女 テリトアール・ド・ベルフォール地区 [90]: フランス東部.

territorial*, ale* /tɛritɔrjal/; 《男複》*aux* /o/ 形 ❶ 領土の, 国土の. ▶ intégrité *territoriale* 領土保全 / mer *territoriale* 領海. ❷ 国土防衛の. ❸ (動物の) テリトリーの.
— **territorial**: 《複》*aux* 男 国土防衛軍兵士 [部隊].
— **territoriale** 女 国土防衛軍 (=armée territoriale).

territorialité /tɛritɔrjalite/ 女 〔法律〕属地性, 属領性; 属地主義.

terroir /tɛrwa:r/ 男 ❶ 耕作適地; 〔特に〕(ワイン用の) ブドウ産地. ▶ Ce vin a un goût de *terroir*. このワインには産地特有の味わいがある. ❷ 郷土, 田舎, 地方. ▶ mots [accent] du *terroir* お国言葉 [訛(&%)].

terroriser /tɛrɔrize/ 他動 ❶ …を脅かす, 恐怖に陥れる. ▶ Les racketteurs *terroisaient* la ville. ギャングどもが町を震え上がらせていた. ❷ 《(しばしば目的語なしに)》(…に) 恐怖政治を行う [敷く].

terrorisme /tɛrɔrism/ 男 テロリズム, テロ行為. ▶ acte de *terrorisme* テロ行為.

terroriste /tɛrɔrist/ 名 テロリスト. — 形 テロリズムの; テロリストの. ▶ attentat *terroriste* テロ攻撃 / groupe *terroriste* テロリストグループ.

tertiaire /tɛrsjɛ:r/ 形 ❶ 〔経済〕secteur *tertiaire* 第三次産業. ❷ 〔地質〕第三紀の.
— 名 〔経済〕第三次産業従事者.
— 男 ❶ 〔地質〕第三紀 (=ère tertiaire). ❷ 〔経済〕第三次産業.

tertiarisation /tɛrsjarizasjɔ̃/, **tertiairisation** /tɛrsjɛrizasjɔ̃/ 女 (産業の) 第三次化, 第三次産業の拡大; 経済のサービス化.

tertio /tɛrsjo/ 副 《ラテン語》第3に (=troisièmement). 注 3°. と略記する.

tes /te/ ton[1], ta の複数形.

tesson /tesɔ̃/ 男 (ガラス, 陶器の) 破片, かけら.

test /tɛst/ 男 〔英語〕(能力, 適性などの) テスト, 検査. 注 「学力試験」の意味はない. ▶ *test* psychologique 心理テスト / *test* d'aptitude(s) 適性検査 / soumettre qn à un *test* = faire passer un *test* à qn …をテストにかける. ❷ (製品などの) 検査, チェック. ❸ テストケース, 試金石. ❹ 〔医学〕検査, 試験. ▶ *test* biologique 生体組織検査 / *test* ADN DNA 鑑定.

***testament** /tɛstamɑ̃/ テスタマン 男 ❶ 遺言 (書). ▶ faire un *testament* 遺言書を作成する / donner [léguer] qc par *testament* 遺言で…を与える, 遺贈する / mettre [coucher] qn sur son *testament* …を受贈者として遺言に記す / *testament* authentique = *testament* par acte public 公正証書遺言. ❷ (作家などの) 遺作. ❸ Ancien [Nouveau] *Testament* 旧約 [新約] 聖書.
Il peut faire son testament. (遺言書でも作っておくことだ→) 話 (ののしって) もう先は長くない.

testamentaire /tɛstamɑ̃tɛ:r/ 形 遺言 (書) による, 遺言の. ▶ héritier *testamentaire* 遺言書による相続人 / exécuteur *testamentaire* 遺言執行人.

test*ateur, trice* /tɛstatœ:r, tris/ 名 〔法律〕遺言者.

tester[1] /tɛste/ 自動 遺言する; 遺贈する.

tester[2] /tɛste/ 他動 ❶ …(の知能, 適性など) をテストする. ❷ 〔製品など〕を検査する, チェックする. ❸ 〔人の気持ちなど〕を試す.

test*eur, euse* /tɛstœ:r, ø:z/ 名 ❶ (能力, 適性などの) テストを行う人. ❷ (製品などの) 検査技師. — **testeur** 男 検査機器, テスター.

testicule /tɛstikyl/ 男 〔解剖〕睾丸(ぷる).

tétanique /tetanik/ 形 〔医学〕破傷風の; 破傷風にかかった.
— 名 破傷風患者.

tétaniser /tetanize/ 他動 ❶ …をけいれんさせる. ❷ 麻痺させる.

tétanos /tetano:s/ 男 〔医学〕破傷風.

têtard /tɛta:r/ 男 ❶ オタマジャクシ. ❷ (若枝を茂らせるため) 頂部を刈り込んだ木. ❸ 俗 子供.

tête

**tête /tet テット/ 囡

❶ (人, 動物の)頭. ▶ baisser la *tête* 頭を下げる, うつむく, うなだれる / tourner la *tête* vers qn …の方へ顔を向ける / faire oui de la *tête* うなずく / sortir (la) *tête* nue 帽子をかぶらずに出かける / avoir mal à la *tête* 頭が痛い / se laver la *tête* 頭［髪］を洗う.

❷ 顔, 表情. ▶ avoir [faire] une drôle de *tête* (何かわけのありそうな)妙な顔をしている[する] / Elle a une belle *tête*. 彼女は美人だ / Il a une bonne *tête*. 彼は人のよさそうな顔をしている / Il a aperçu une *tête* connue. 彼は知った顔を見つけた / Ne fais pas cette *tête*-là. そんな顔をするなよ / Quelle *tête* tu as! なんて顔してるんだ.

❸ 頭の働き(判断力, 記憶, 知能など). ▶ avoir de la *tête* 頭がいい, 判断力がある / C'est une *tête*! 頭のいい人だ / avoir (toute) sa *tête*〔老人, 病人が〕しっかりしている / avoir la *tête* vide ものが考えられない / n'avoir rien dans la *tête* 何も考えていない; 判断力がない / Je n'ai pas la *tête* à écouter vos histoires. (ほかのことで頭がいっぱいで)あなた(方)の話を聞ける状態ではありません / Même en cas d'imprévu, il sait garder sa *tête*. 不測の事態にも彼は冷静さを失わない / Il m'a donné son adresse, mais ça m'est sorti de la *tête*. 彼は住所を教えてくれたのだが忘れてしまった.

❹ 性格, 気質. ▶ avoir la *tête* chaude 怒りっぽい, 気が短い / avoir la *tête* dure 頑固である / C'est une *tête* molle. あいつは軟弱なやつだ.

❺ 身の上, 個人; (数を示して)…人, …頭(⁶). ▶ Un malheur lui est tombé sur la *tête*. 彼(女)の身に不幸が降りかかった / attirer la haine sur sa *tête* 憎しみを買う / prendre une chose sur sa *tête* あることの責任を取る / un troupeau de soixante *têtes* 60頭の群れ. ▶ trente *têtes* 1人につき, 1人当たり. ▶ un dîner à trente euros par *tête* 1人前30ユーロの夕食.

❻ 命; 首. ▶ sauver sa *tête* (=peau) 命拾いする / jouer [risquer] sa *tête* 命を賭(ʰ)ける / demander la *tête* d'un accusé 被告に死刑を求刑する.

❼ 頭1つ分の長さ[差]. ▶ Pierre a une *tête* de plus que Marie. ピエールはマリーより頭1つだけ背が高い / Le cheval a gagné d'une *tête*. その馬は頭差で勝った.

❽ 上部, 頭部, 先端部. ▶ Ce tableau est accroché la *tête* en bas. この絵は上下逆さまに掛かっている / la *tête* d'un arbre 木の梢(ᵊ⁾) / la *tête* d'un lit ベッドの枕(⁶)元, ヘッドボード / la *tête* d'un marteau ハンマーの頭 / *tête* de lecture (テープレコーダー, ビデオデッキなどの)再生ヘッド.

❾ 先頭, 冒頭, 最初; (団体などの)指導者, リーダー. ▶ la *tête* d'un train 列車の先頭 / la *tête* d'affiche 主役 / *tête* de ligne (鉄道, 路線バスの)起点 / Il est la *tête* de l'entreprise. 彼は社長だ. ❿《スポーツ》(サッカーの)ヘディング.

⓫《音楽》voix de *tête* 裏声, ファルセット.

*à la tête de qc (1) …のトップに, を指導する[率いる]地位に. ▶ mettre qn *à la tête* d'une faculté …を学部長にする / être *à la tête du* cortège 行列の先頭に立つ. (2) …を所有している. ▶ se trouver *à la tête* d'une grosse fortune 莫大(⁶⁾)な財産を手にしている.

à la tête du client 相手に応じて, 相手の顔を見て.

avoir la tête ailleurs うわの空である, ほかの事を考えている.

avoir ses têtes 話 人の好き嫌いがある.

avoir la grosse tête 話 自信過剰である, うぬぼれが強い.

avoir une idée derrière la tête 隠し事がある.

Ça va pas la tête? 頭がおかしいんじゃないか.

casser la tête à qn …を疲れさせる, うるさがらせる.

C'est une forte tête. 強情だ, 頑固者だ.

*coup de tête (1) 頭突き. (2) 軽率な行動; 一時的な感情. ▶ Pierre a démissionné sur un *coup de tête*. ピエールは一時の感情で辞職してしまった.

dans sa tête 心の中では, 根は. ▶ être jeune *dans sa tête* 気が若い / Il ne parle pas beaucoup mais il est net *dans sa tête*. 彼はあまりしゃべらないけれどはっきりした考えを持っている人だ / être bien [mal] *dans sa tête* 俗 頭が大丈夫[おかしい].

de la tête aux pieds = des pieds à la tête 頭のてっぺんからつま先まで.

*de tête (1) 先頭の. ▶ wagon *de tête* 先head車両 / l'article *de tête* d'un journal 新聞のトップ記事. (2) 頭の中で, 文字を使わずに. ▶ calculer *de tête* 暗算をする. (3) 理知的の. ▶ une femme *de tête* 頭のいい[しっかりした]女性.

donner sa tête à couper (que + 直説法) 話 (…ということは)絶対確実だ, 首を賭けてもいい.

en avoir par-dessus la tête (de qn/qc) (…に)うんざりする.

en avoir une tête 疲れきった顔をしている. ▶ Il *en a une tête*. げっそりした顔をしているなあ, 彼は.

en faire une tête 陰気な顔をする. ▶ Tu *en fais une tête*! 冴えない顔をしているね.

*en tête (1) 先頭に[で], トップに[で]. ▶ arriver *en tête* トップで到着する[ゴールインする]. (2) 頭にかぶって. ▶ casque *en tête* ヘルメットをかぶって.

(en) tête à tête ⇨ TÊTE A TÊTE.

(en) tête de qc …の先頭[冒頭]に; 先頭[冒頭]の. ▶ un coureur *en tête du* peloton 一団の先頭を走るランナー.

être tombé sur la tête (転んで頭を打った→) 俗 頭がどうかしている.

*faire la tête 話 ふくれっ面をする, むくれる.

faire une grosse tête à qn 俗 (顔がはれるほど)…を殴る.

grosse tête 秀才, インテリ.

jeter qc à la tête de qn …を…に関して非難する.

la tête haute [basse] 昂然(ᶜ⁾)と[うなだれて].

la tête la première (1) 逆さに. (2) 軽率に, 向こう見ずに.

La tête lui tourne. 彼(女)はめまいを起こしてい

る; 彼(女)は思い上がっている.
monter à la tête à qn (1) …を興奮させる; かっとさせる. (2) …を酔わせる; の頭に上る.
monter la tête à qn …を怒らせる, けしかける.
n'en faire qu'à sa tête 他人の忠告に耳を貸さない, 好き勝手に振る舞う.
ne pas [plus] savoir où donner la tête どうしていいかわからない, 途方に暮れている.
Parisien tête de chien, Parigot tête de veau. パリっ子は犬の頭, パリの下町っ子は子牛の頭(子供のはやし歌).
*perdre la tête 逆上する.
prendre la tête 首位に立つ, 主導権を握る.
prendre la tête à qn 話 …をうんざりさせる, 怒らせる. ▶ Tu me *prends* la *tête*. いい加減にしろ.
「*se casser [se creuser] la tête* 話 頭を絞る.
se mettre「dans la [en] tête「de + 不定詞 [*que* + 直説法/条件法] (1) …することに決める. (2) …と思い込む.
se monter la tête 興奮する.
se payer la tête de qn 話 …をばかにする.
se taper la tête contre les murs (1) 壁に頭をぶつける. (2) 悪戦苦闘する, もがく.
*tenir tête à qn …に逆らう, 反抗する.
tête baissée 頭を下げて, 前を見ずに; 向こう見ずに. ▶ donner *tête baissée* dans qc …に向けて猪突(ちょとつ)猛進する, 後先考えずに進む.
tête de mort 頭蓋骨, どくろ.
tête de pipe (1) パイプの火皿. (2) 話 1 人. ▶ par *tête de pipe* 1 人当たり (=par *tête*).
tête de Turc 嘲笑(ちょうしょう)の的.
tourner la tête à qn ⇨ TOURNER.

tête-à-tête /tɛtatɛt/ 副 ❶ 向かい合って, 差し向かいで. ❷ ⟨*tête-à-tête* (avec qn/qc)⟩ (…と) 2 人きりで, 連れ立って.
— 男 ❶ 差し向かい; 対談, 面談. ▶ le *tête-à-tête* de deux chefs d'Etat 2 国の首脳の会談. ❷ (2 人掛けの) ラブチェアー.
en tête-à-tête 差し向かいで, 2 人きりで.

tête-bêche /tɛtbɛʃ/ 副 (並列並びで互いの向きが) 上下あべこべに, 互い違いに.

tête-de-nègre /tɛtdənɛɡr/ 男, 形《不変》黒褐色(の).

tétée /tete/ 女 ❶ 乳を吸う [飲む] こと. ❷ 授乳; (授乳 1 回分の) 乳の量.

téter /tete/ 6 他動 ❶ 乳を吸う, 飲む; …の乳を吸う. ▶ *téter* le lait 乳を飲む / *téter* sa mère 母親の乳を吸う / 〈目的語なしに〉 donner à *téter* 「à son enfant [à ses petits]」 子供に乳を与える. ❷ 話 …をしゃぶる, 吸う.

tétine /tetin/ 女 ❶ (哺乳(ほにゅう)類の) 乳房. ❷ ゴム製乳首 [おしゃぶり]. ❸ 話 (人の) 乳房, おっぱい.

téton /tetɔ̃/ 男 話 乳房.

tétra- 接頭「4」の意.

tétraèdre /tetraɛdr/ 男『数学』4 面体. ▶ *tétraèdre* régulier 正 4 面体. — 形 4 面 (体) の.

tétralogie /tetralɔʒi/ 女 ❶『ギリシア』4 部作. ❷ 文章 (文学, 音楽などの) 4 部作.

tétramètre /tetramɛtr/ 男『詩法』❶ (ギリシア・ラテン詩で) 4 歩格, 8 脚詩行. ❷ (フランス詩の) 4 分節 [韻律] 詩句.

tétrapodes /tetrapɔd/ 男複 四足動物.

tétras /tetrɑːs/ 男『鳥類』ライチョウ.

têtu, e /tety/ 形 頑固な, 意固地な.
être têtu comme「une bourrique [un mulet, une mule]」 非常に頑固である.
— 名 頑固 [強情] 者, 石頭.

teuf /tœf/ 女 祭り, パーティー.

teuf-teuf /tœftœf/;《複》~(**s**)-~(**s**) 男 ❶ ダダダ, ブルンブルン (エンジンの作動音). ❷ 古風/話 旧式の自動車, ぽんこつ車.

***texte** /tɛkst/ テクスト 男 ❶ 原文, テキスト, **本文**.
▶ se reporter au *texte* 原文を参照する / établir un *texte* 本文(ほんもん)を校訂する / lire Platon dans le *texte* プラトンを原書で読む / le *texte* d'une loi 法律の条文.
❷ 原稿, 草稿. ▶ *texte* manuscrit 手書き原稿.
❸ 作品; 文献. ▶ *texte* bien écrit よく書かれた作品 / *texte* inédit 未発表作品 / *textes* classiques 古典作品 / *textes* religieux 教典.
❹ (作品の) 断章, 抜粋; 聖書の言葉. ▶ *textes* choisis 選文集, 抜粋集 / citer un *texte* 章句を引用する / explication de *texte* テクスト解釈.
❺ 主題, 題目. ▶ *texte* d'une dissertation 小論文の主題 / cahier de *textes* (課題を書き留める) 宿題帳. ❻ 歌詞, せりふ; 台本, シナリオ. ▶ *texte* d'une chanson シャンソンの歌詞 / apprendre son *texte* せりふを覚える.

textile /tɛkstil/ 形 ❶ 織物(の原料)になる. ▶ fibre *textile* 繊維. ❷ 紡績の, 紡織業の. ▶ industrie *textile* 繊維産業.
— 男 ❶ 繊維, 織物の原料. ▶ *textiles* naturels [synthétiques] 天然 [合成] 繊維. ❷ 織物業界, 繊維産業.

texto¹ /tɛksto/ 副 原文どおりに.

texto² /tɛksto/ 男 商標 (携帯電話の) ショートメッセージ.

textuel, le /tɛkstyɛl/ 形 ❶ 原文に忠実な; 字句どおりの. ▶ traduction *textuelle* 逐語訳 / *Textuel!* 話 (皮肉で) まさにそのとおり. ❷ 原文の, テキストの. ▶ analyse *textuelle* 作品分析.

textuellement /tɛkstyɛlmɑ̃/ 副 原文どおりに, 字句どおりに.

texture /tɛkstyːr/ 女 ❶ (物質, 生物体, 岩石などの) 組成, 組織, 構造. ❷ 文章 (作品の) 構成.

TF1 女《略語》Télévision française 1 テー・エフ・アン: フランスのテレビ局の一つ.

TGV 男《略語》train à grande vitesse テージェーヴェー, フランス新幹線.

thaïlandais, aise /tailɑ̃dɛ, ɛːz/ 形 タイ Thaïlande の.
— **Thaïlandais, aise** 名 タイ国人.

Thaïlande /tajlɑ̃ːd/ 固有 女 タイ: 首都 Bangkok. ▶ *en Thaïlande* タイに [で, へ].

thalassothérapie /talasɔterapi/ 女 タラソテラピー, 海洋療法.

thalidomide /talidɔmid/ 女 商標『薬学』サリドマイド.

***thé** /te/ テ 男 ❶ お茶; 紅茶; ハーブティー. ▶ boire [prendre] du *thé* お茶を飲む / faire

théâtral

[préparer] du *thé* お茶を入れる / un *thé* = une tasse de *thé* お茶1杯 / sachet de *thé* ティーバッグ / *thé* vert 緑茶 / *thé* fort [léger] 濃い[薄い]お茶 / *thé* au citron レモンティー / *thé* au lait ミルクティー / *thé* à la menthe ミントティー. ❷ (午後の)ティータイム；ティーパーティー. ▶ salon de *thé* 喫茶店 / prendre le *thé* お茶とおやつで一服する / donner un *thé* お茶会を開く. ❸ 茶の木 (=théier); 茶の葉. ▶ culture du *thé* 茶の栽培. ❹〖植物〗 *thé* du Brésil マテチャ(=maté). ❺ rose(-)*thé* ティーローズ, 淡黄色.

theâtral, ale /teatral/;《男複》**aux** /o/ 形 ❶ 演劇の, 芝居の. ▶ art *théâtral* 舞台芸術 / œuvre *théâtrale* 劇作品 / représentation *théâtrale* 舞台公演 / saison *théâtrale* 演劇シーズン. ❷ 芝居がかった, わざとらしい, 思わせぶりの.

théâtralement /teatralmɑ̃/ 副 ❶ 芝居がかって, 大げさに. ❷ 演劇の規則に従って[によれば].

théâtraliser /teatralize/ 他動 文章 …を演劇化する；脚色する；〔動作など〕を芝居がらせる.

*__théâtre__ /teaːtr/ テアートル / 男 ❶ 演劇, 芝居. ▶ faire du *théâtre* 芝居をやる / homme de *théâtre* 演劇人 / décor de *théâtre* 舞台装置 / pièce de *théâtre* 戯曲 / *théâtre* de marionnettes 人形劇.
❷ 劇場；劇団. ▶ aller au *théâtre* 芝居を見に行く / directeur de *théâtre* 劇場支配人 / *théâtre* de verdure 野外劇場 / *Théâtre*-Français コメディー=フランセーズ (=Comédie-Française) / *Théâtre* national populaire 国立民衆劇場 (略 TNP).
❸《集合的に》(特定の作家, 時代, 形式の)戯曲, 劇作品. ▶ *théâtre* psychologique 心理劇 / *théâtre* de boulevard ブールヴァール劇, 軽演劇.
❹ 芝居がかった態度, わざとらしさ. ▶ C'est du *théâtre*. あれは芝居だ, とんだ茶番だ.
❺ 文章 (事件などの)舞台, 現場. ▶ Cette maison a été le *théâtre* d'un crime. この家はある犯罪の舞台となった.
❻〖軍事〗 *théâtre* d'opérations 作戦地域[海域] (略 TO).

coup de théâtre (芝居の)どんでん返し；劇的変化；突発事件.

thébaïde /tebaid/ 女 文章 隠遁(いんとん)地, 人里離れた所.

théier /teje/ 男 茶の木.
théière /tejɛːr/ 女 ティーポット, 急須(きゅうす).
théisme /teism/ 男 有神論.
théiste /teist/ 名 有神論者. ― 形 有神論の.
thématique /tematik/ 形 ❶ テーマ[主題]に関する, テーマ別の. ▶ encyclopédie *thématique* テーマ別百科事典 / critique *thématique* テーマ[テマチック]批評 / chaîne *thématique* (テレビの)専門チャンネル. ❷〖音楽〗主題の. ❸〖音声〗voyelle *thématique* 幹母音：語幹を形成するため語根に加えられる母音.
― 女 テーマ研究；テーマ体系, テーマ群.

*__thème__ /tɛm テム/ 男 ❶ テーマ, 主題；命題, 論題. ▶ Quel est le *thème* principal de ce roman? この小説の主たるテーマは何か.
❷ (自国語から外国語への)翻訳作文 (↔version)；翻訳作文の課題. ▶ faire un *thème* anglais 英作文をする. 比較 ⇨ RÉDACTION.
❸〖音楽〗主題, テーマ.
❹〖言語〗(1) 語幹. (2) 主題.

un fort en thème 話 優等生；がり勉.

théo- 接頭「神」の意.
théocratie /teɔkrasi/ 女 神権[神政]政治；教権政治(体制).
théocratique /teɔkratik/ 形 神権[神政]政治の, 教権社会[国家]の.
théogonie /teɔgɔni/ 女 神々の起源[系譜]；神統記, 神統系譜学.
théologie /teɔlɔʒi/ 女 神学；神学説；神学書. ▶ *théologie* catholique カトリック神学 / *théologie* scolastique スコラ神学.
théologien, enne /teɔlɔʒjɛ̃, ɛn/ 名 神学者；神学生.
théologique /teɔlɔʒik/ 形 神学上の；神学的な. ▶ querelles *théologiques* 神学論争.
théologiquement /teɔlɔʒikmɑ̃/ 副 神学上, 神学的に見て[言えば].
théorème /teɔrɛm/ 男〖数学〗〖論理学〗定理. ▶ *théorème* de Pythagore ピタゴラスの定理.
théoricien, enne /teɔrisjɛ̃, ɛn/ 名 理論家.

*__théorie__ /teɔri テオリ/ 女 ❶ 理論；学説. ▶ *théorie* de l'évolution 進化論 / *théorie* de la relativité 相対性理論 / *théorie* des ensembles 集合論 / bâtir [élaborer] une *théorie* 理論を構築する[練り上げる] / mettre une *théorie* en application 理論を実践に移す.
❷ (実践に対しての)理論；空論. ▶ C'est de la *théorie*. そんなのは理屈だ.

en théorie 理論上は；理屈では. ▶ C'est beau *en théorie*, mais en fait, c'est impossible. 理論的には見事だが, 実際には不可能だ.

théorique /teɔrik/ 形 ❶ 理論的な, 純理の；思弁的な. ▶ physique *théorique* 理論物理学 / raisonnement *théorique* 思弁的推論.
❷ 単に存在する；理屈だけの. ▶ égalité *théorique* 形だけの平等.

théoriquement /teɔrikmɑ̃/ 副 理論上, 理論的には；理屈の上では；原則的には.
théorisation /teɔrizasjɔ̃/ 女 理論化.
théoriser /teɔrize/ 自動《しばしば軽蔑して》理論を築く；理屈をこねる. ― 他動 …を理論づける.
théosophe /teɔzɔf/ 名 神智(しんち)学者.
théosophie /teɔzɔfi/ 女 神智(しんち)学.
thèque /tɛk/ 女 ❶〖植物学〗(苔(こけ)類の)子嚢(のう). ❷〖解剖〗胞膜, 被膜.
thérapeute /terapøːt/ 名 臨床医, (専門の治療技術を持つ)医師；(特に)精神療法医.
thérapeutique /terapøtik/ 形 治療の, 治療に関する. ▶ indication *thérapeutique* 処方.
― 女 治療学, 療法.
thérapie /terapi/ 女 ❶ 治療学 (=thérapeutique). ❷ 精神療法 (=psychothérapie).
thermal, ale /tɛrmal/；《男複》**aux** /o/ 形 温泉の；湯治の. ▶ station *thermale* 湯治場, 温泉 / cure *thermale* 温泉療法 / eaux *thermales*

温泉水.

thermalisme /tɛrmalism/ 男 ❶ 温泉治療技術. ❷ 温泉利用; 温泉開発(事業).

thermes /tɛrm/ 男複 ❶《古代ローマ》共同浴場. ❷ 湯治場.

thermicien, enne /tɛrmisjɛ̃, ɛn/ 名 熱エネルギー研究者〔技師〕.

thermidor /tɛrmidɔːr/ 男 テルミドール, 熱月: フランス革命暦11月, 現行暦では7月から8月.

thermique /tɛrmik/ 形 熱の; 温度の. ▶ énergie *thermique* 熱エネルギー / centrale *thermique* 火力発電所 / analyse *thermique* 熱分析.

therm(o)- 接頭「熱, 温度」の意.

thermodynamique /tɛrmɔdinamik/ 女, 形 熱力学(の).

thermoélectrique /tɛrmɔelɛktrik/ 形 熱電(気)の.

thermogène /tɛrmɔʒɛn/ 形《物理》熱を発生する.

thermographie /tɛrmɔgrafi/ 女 サーモグラフィ.

***thermomètre** /tɛrmɔmɛtr/ テレメメトル/ 男 ❶ **温度計, 寒暖計, 体温計.** ▶ *thermomètre* médical 体温計 / Le *thermomètre* indique〔marque〕une température de 38°〔trente-huit degrés〕. 寒暖計は38度を示している / Le *thermomètre* monte〔descend〕. 気温が上がる〔下がる〕. ❷ 指標, 目安, バロメーター.

thermométrie /tɛrmɔmetri/ 女《物理》温度測定(法).

thermonucléaire /tɛrmɔnykleɛːr/ 形 熱核反応の, 原子核融合反応の. ▶ réaction *thermonucléaire* 熱核反応.

thermos /tɛrmoːs/ 男/女 商標 魔法瓶 (= bouteille *thermos*).

thermostat /tɛrmɔsta/ 男 サーモスタット.

thésard, arde /tezaːr, ard/ 名 話 博士論文準備者.

thésaurisation /tezɔrizasjɔ̃/ 女 ❶ 退蔵, 蓄財. ❷《経済》資本蓄積.

thésauriser /tezɔrize/ 自動 (運用せずに)金をため込む. — 他動 文章 〔金〕をため込む.

thésauris*eur*, *euse* /tezɔrizœːr, øːz/ 名 文章 金をため込む人, 蓄財家.

thesaurus /tezɔrys/ 男 ❶ (文献学, 考古学の)辞典. ❷《情報》シソーラス, 類語辞典.

thèse /tɛːz/ 女 ❶ 命題, 主張, 説. ▶ avancer〔défendre, réfuter〕une *thèse* ある説を主張〔擁護, 反駁(はんばく)〕する / citer qc à l'appui de sa *thèse* 自説を根拠づけるために…を引き合いに出す. ◆à *thèse* 文章 (政治・社会・哲学上の)主張を持った. ▶ roman〔pièce〕à *thèse* 問題小説〔劇〕. ❷ 博士論文 (=*thèse* de doctorat). ▶ une soutenance de *thèse* 学位論文の口頭審査. ❸《哲学》定立, テーゼ.

thon /tɔ̃/ 男《魚類》マグロ.

thonier /tɔnje/ 男 マグロ漁船.

thoracique /tɔrasik/ 形《解剖》胸の, 胸郭の.

thorax /tɔraks/ 男《ラテン語》《解剖》胸部; 胸.

thriller /trilœːr/ 男《英語》スリラー(映画); ホラー映画; ミステリー小説〔映画〕.

thrombose /trɔ̃boːz/ 女《医学》血栓症.

thuriféraire /tyrifereːr/ 男 文章 おべっか使い. ❷《カトリック》(提げ)香炉奉持者.

thym /tɛ̃/ 男《植物》タイム.

thyroïde /tirɔid/ 形《解剖》corps〔glande〕*thyroïde* 甲状腺(せん). — 女 甲状腺.

thyroïdien, enne /tirɔidjɛ̃, ɛn/ 形《解剖》甲状腺(せん)の. ▶ hormone *thyroïdienne* 甲状腺ホルモン.

tiare /tjaːr/ 女《カトリック》❶ (教皇の)三重冠, 教皇冠. ❷ 教皇職, 教皇位.

Tibet /tibɛ/ 固有 男 チベット. ▶ au *Tibet* チベットに〔で, へ〕.

tibét*ain*, *aine* /tibetɛ̃, ɛn/ 形 チベット Tibet の. — **Tibét*ain*, *aine*** 名 チベット人. — **tibétain** 男 チベット語.

tic /tik/ 男 ❶ チック(症). ❷ 無意識の癖.

***ticket** /tikɛ/ ティケ/ 男《英語》❶ 切符, 券, チケット. ▶ *ticket* de métro 地下鉄の切符 / *ticket* de bus バスの切符 / *ticket* d'entrée 入場券 / *ticket*-repas 昼食補助券 / un carnet de *tickets* 1シートの回数券. 比較 ⇨ BILLET. ❷ *ticket* modérateur 医療保険の患者負担金. **avoir un ticket avec qn** 俗 (異性)にもてる, のハートをつかむ.

tic-tac /tiktak/, **tic tac** 男《単複同形》カチカチ〔コチコチ, チクタク〕という音. ▶ le *tic-tac* d'une pendule 柱時計のチクタクという音.

tiédasse /tjedas/ 形《悪い意味で》生ぬるい. ▶ un café *tiédasse* ぬるくてまずいコーヒー.

***tiède** /tjɛd/ ティエド/ 形 ❶ ぬるい, 生暖かい. ▶ café *tiède* ぬるい〔冷めた〕コーヒー / vent *tiède* 生暖かい風 / Il fait *tiède*. 温い陽気だ. ❷ 熱意のない, 煮えきらない. ▶ accueil *tiède* 熱意のないもてなし / sentiment *tiède* 煮えきらない感情. — 副 boire〔manger〕*tiède* 生ぬるい〔冷めた〕飲み物〔食べ物〕を. — 名《多く複数で》熱意のない人, 煮えきらない人.

tièdement /tjɛdmɑ̃/ 副 熱意がない様子で, 気が乗らないふうに.

tiédeur /tjedœːr/ 女 ❶ 生ぬるさ, 生暖かさ. ▶ la *tiédeur* du climat 気候が温暖なこと. ❷ 熱意のなさ, 気のなさ. ▶ la *tiédeur* de son accueil 彼(女)の出迎えのそっけなさ. ❸ 心地よさ, あたたかみ. ▶ la *tiédeur* de l'amour maternel 母親の愛情のぬくもり.

tiédir /tjediːr/ 自動 ぬるくなる〔生暖かく〕なる. ▶ faire *tiédir* l'eau 水を少し温める〔湯を冷ます〕. — 他動 …を生ぬるくする.

tiédissement /tjedismɑ̃/ 男 ぬるくする〔なる〕こと, 生暖かくする〔なる〕こと.

***tien, tienne** /tjɛ̃, tjɛn/ ティヤン, ティエヌ/ 代《所有》

男性 単数 le tien	女性 単数 la tienne
男性 複数 les tiens	女性 複数 les tiennes
*tien は普通, 定冠詞を伴う.	

❶《定冠詞とともに》君のもの, 君のそれ. ▶ Ce sont mes affaires, occupe-toi des *tiennes*.

これは私の問題だ. 君は自分のことをしていなさい / A la *tienne*! 〔諺〕(君の健康のために)乾杯 (=A ta santé!). ❷《les tiens》君の家族, 仲間.

— **tien** 男 ❶《le tien》君のもの［財産, 持ち分, 考え］. ❷《les tiens》君の家族［身内, 仲間, 味方］.

y mettre du tien (1) 協力する. (2) 譲歩する.

— **tiennes** 女複《君のいつもの》愚行, ばかげた行為.

— **tien, tienne** 形《所有》文章 ❶《属詞として》君の. ▶ Je suis *tien*. 私は君のものだ. 注 普通は Je suis à toi. という.

❷《付加形容詞として》君の. ▶ un *tien* parent 君の身内の一人.

tiendr-, tienn- 活用 ⇨ TENIR 28

tiens[1] /tjɛ̃/ 間投 ❶《相手の注意を引いて》ちょっと, ほら, ねえ;《驚き, 怒り, 皮肉を表わして》おや, まって, へえ(⇨ TENIR 成句).

tiens[2], **tient** /tjɛ̃/ 活用 ⇨ TENIR 28

tierce /tjɛrs/ 女 ❶《カード》(ピケで)同種類の3枚続きの札. ▶ *tierce* majeure (エース, キング, クイーンの)最強の3枚続き. ❷《音楽》3度. ▶ *tierce* majeure [mineure] 長［短］3度. ❸《印刷》3校; 校了. ❹60分の1秒.

tiercé /tjɛrse/ 男 ❶《競馬》3連勝式勝馬投票法(上位3頭の馬番号を当てる); 3連勝式の配当.

— **tiercé, e** 形 ❶《競馬》pari *tiercé* 3連勝式勝馬投票法. ❷ rime *tiercée*(1詩節が3行の)3韻句法.

***tiers, tierce** /tjɛːr, tjɛrs ティエール, ティエルス/ 形 ❶ 第3の, 第3番目の. ▶ une *tierce* personne 第三者; 部外者 / le *tiers* état 〔歴史〕第三身分(フランス革命前に貴族, 聖職者の下に置かれた平民の身分).

— **tiers** 男 ❶ 3分の1. ▶ manger un *tiers* du gâteau ケーキの3分の1を食べる / les deux *tiers* 3分の2 / le *tiers* provisionnel 予定納税(2月, 5月に前年度分の3分の1ずつ納税する制度). ❷ 第三者, よそ者, 部外者. ▶ Je ne peux pas raconter ma vie devant des *tiers*. 他人の面前で私の人生を語るなんてできません / *apprendre* qc par un *tiers* 部外者の口から…を知る.

se moquer du tiers comme du quart 〔諺〕だれであろうと気にかけない, 何事も気にしない.

tiers-monde /tjɛrmɔ̃ːd/ 男 第三世界.

tiers-mondisme /tjɛrmɔ̃dism/ 男 ❶《政治》第三世界主義:第三世界の近代化, 発展を支持する立場. ❷《先進国》の第三世界との連帯.

tiers-mondiste /tjɛrmɔ̃dist/ 名 第三世界主義者;第三世界との連帯を表明する［信条とする］人.

— 形 ❶ 第三世界主義の;第三世界と連帯する.

***tige** /tiːʒ ティージュ/ 女 ❶ 茎;幹. ▶ *tige* souterraine 地下茎. ❷ 苗木. ❸ 軸, 棒, 細長い部分;(燭台(しょくだい)などの)支柱. ▶ une *tige* de fer 鉄の細い棒. ❹《ブーツの》胴.

faire tige 子孫を残す.

tigre /tigr/ 男 ❶ トラ. ❷ 文章 残酷な人, 情け容赦のない人.

jaloux comme un tigre 恐ろしいほど嫉妬(しっと)深い, 嫉妬に狂った.

tigré, e /tigre/ 形 虎斑(こはん)のある;斑点(はんてん)〔縞(しま)〕のある. ▶ un chat *tigré* 虎猫.

tigresse /tigrɛs/ 女 ❶ 雌のトラ. ❷ 嫉妬(しっと)深い女.

jalouse comme une tigresse 〔女性が〕嫉妬に狂った.

tilde /tild/ 男《スペイン語》《言語》ティルデ. (1) スペイン語で, n を /ɲ/ と発音するときにつける波形の補助記号 (˜). (2) フランス語などの鼻母音を表わすために発音記号の母音の上につける記号 (˜).

tilleul /tijœl/ 男 ❶《植物》シナノキ;《特に》オウシュウボダイジュ. ❷ シナノキの花;(シナノキの花の)煎(せん)じ茶, リンデン・ハーブティー. ❸《工芸, 細工, 楽器用の》シナノキ材. ❹ 黄緑色, 浅緑色 (=vert *tilleul*).

tilt /tilt/ 男 ティルト:ピンボールのゲーム中に台を手荒く扱うとつくランプ.

faire tilt (ティルトの合図が出る→)〔言葉, イメージが〕ぴんとくる, 合点がいく.

tilter /tilte/ 自動 話 ぴんとくる.

timbale /tɛ̃bal/ 女 ❶《音楽》ティンパニー. ❷ (円筒形をした脚のない)金属カップ. ▶ une *timbale* en argent 銀杯. ❸《料理》タンバル. (1) 円筒形の焼き型. (2) 野菜, 肉, 魚の筒形詰め料理.

décrocher la timbale 〔諺〕(競争の末)目的を達する, 望みの物を手に入れる.

timbalier /tɛ̃balje/ 男《音楽》ティンパニー奏者.

timbrage /tɛ̃braːʒ/ 男 証印［消印］の押印.

***timbre** /tɛ̃ːbr ターンブル/ 男 ❶《郵便》切手 (=timbre-poste). ▶ faire collection de *timbres* 切手収集をする / mettre [coller] un *timbre* sur une enveloppe 封筒に切手を張る / *timbre* à un euro 1ユーロ切手.

❷ 収入印紙. ▶ *timbre* fiscal (公文書の)収入印紙 / *timbre* de quittance (領収書用)収入印紙 (=timbre-quittance).

❸ 証紙;シール (=timbre-prime). ▶ *timbres* anticancéreux 癌(がん)撲滅協賛シール.

❹ 証印, 印影, スタンプ;打印器. ▶ *timbre* humide (インクを使う)スタンプ印 / *timbre* sec (印肉を用いない)打ち出し印 / apposer son *timbre* 証印を押す.

❺ 音色, 響き. ▶ voix qui a du *timbre* 響きのよい声 / le *timbre* de la flûte フルートの音色.

❻ 呼鈴, ベル;鐘. ▶ *timbre* de bicyclette 自転車のベル.

avoir le timbre fêlé 〔諺〕少し頭がおかしい, いかれている.

timbré, e /tɛ̃bre/ 形 ❶ 切手を張った, 消印の押された;証印［認印］のある;収入［納税］印のある, 収入印紙の張ってある. ▶ papier *timbré* (印紙の張ってある)公文書用紙 / une lettre *timbrée* de Tokyo 東京の消印のある手紙. ❷ 響きのよい. ▶ une voix bien *timbrée* 響きのよい声. ❸ 話 少し気のふれた. — 名 話 少し頭がおかしい人.

timbre-poste /tɛ̃brəpɔst/;《複》~s-~ 男 郵便切手 (=timbre).

timbre-quittance /tɛ̃brəkitɑ̃ːs/;《複》~s-~(s) 男 (領収書用)収入印紙.

timbrer /tɛ̃bre/ 他動 …に切手［収入印紙, シール］を張る;証印［消印］を押す. ▶ *timbrer* une lettre 手紙に切手を張る.

*timide /timid ティミド/ 形 ❶ 内気な, 恥ずかしがり屋の, 臆病(ӝ氞)な. ▶ Elle est *timide* avec moi. 彼女は私の前では遠慮がちだ / parler d'une voix *timide* おずおずとした声で話す.
❷ ひどく慎重な, 消極的な. ▶ tentative *timide* 消極的な試み.
— 名 内気な人, 気の弱い人, 臆病な人.

timidement /timidmɑ̃/ 副 遠慮がちに; 臆病(ӝ氞)に, おどおどと; はにかんで.

timidité /timidite/ 女 ❶ 気弱; 遠慮; 内気. ▶ surmonter sa *timidité* 自分の気の弱さを克服する. ❷ (試み, 表現などの) 消極性, 優柔不断.

timonerie /timɔnri/ 女 [海事]操舵(ᛥ); 操舵手; 操舵室.

timonier /timɔnje/ 男 [海事]操舵(ᛥ)手[員]; 信号・航路監視員. ▶ le Grand *Timonier* 偉大な操舵手 (毛沢東のこと).

timoré, e /timɔre/ 形, 名 小心翼々とした(人), 引っ込み思案の(人).

tinctorial, ale /tɛ̃ktɔrjal/; (男複) **aux** /o/ 形 染色の, 染色用の.

tinss-, tin-, tîn- 活用 ⇒ TENIR 28

tintamarre /tɛ̃tamaːr/ 男 すさまじい音, 騒音. ▶ faire du *tintamarre* 大騒ぎをする.

tintement /tɛ̃tmɑ̃/ 男 ❶ (鐘の)音; 余韻. ❷ チリン[カチン]という音. ❸ *tintement* d'oreilles 耳鳴り.

tinter /tɛ̃te/ 自動 ❶ (鐘が)鳴る. ▶ La cloche *tinte*. 鐘が鳴っている. ❷ 鋭い音がする; チリン[カチン]と音を立てる. ❸ 耳鳴りがする. ▶ Les oreilles me *tintent*. 私は耳鳴りがする.
Les oreilles ont dû vous tinter. (耳鳴りがしたでしょう→) 話 (噂されて)くしゃみが出たでしょう. 注 不在中にうわさをした相手に言う.
— 他動 [鐘]を鳴らす.

tintin /tɛ̃tɛ̃/ 男 (次の句で)
faire tintin 話 (物が欠乏している; 食べ物にありつけない. ▶ On va encore faire *tintin*. また飯は抜きだ.
— 間投 話 からっけつだ; お手上げだ.

tintouin /tɛ̃twɛ̃/ 男 話 ❶ 心配, 悩み. ▶「avoir du [se donner] *tintouin* 悩みがある.
❷ 騒音, 喧噪(ᛥ).

tiquer /tike/ 自動 話 嫌な顔をする.

*tir /tiːr ティール/ 男 ❶ 射撃, 発砲; 発射; 掃射. ▶ le *tir* à l'arc アーチェリー / le *tir* au pistolet ピストル射撃 / le *tir* au pigeon クレー射撃 / *tir* d'un missile ミサイルの発射 / le *tir* (ロケットの)発射台 / faire du *tir* (スポーツとして)射撃をする. ❷ 射程, 照準. ▶ régler le *tir* 照準を定める. ❸ 射撃(練習)場. ❹ (1)(ペタンクでティールの)相手のボールをはじくために, 強くノーバウンドでボールを投げること. (2)(サッカーなどの)シュート. ▶ un *tir* au but ゴールシュート / épreuve des *tirs* au but サッカーのPK戦.
rectifier le tir 軌道修正する.

tirade /tirad/ 女 ❶ (役者の)長ぜりふ. ❷ (しばしば軽蔑して)長広舌, 大演説. ▶ faire une *tirade* sur qc …について大演説をぶつ.

tirage /tiraːʒ/ 男 ❶ 印刷; 印刷物, 版; 印刷[発行]部数; (版画の)刷り. ▶ faire [procéder à] un premier *tirage* de mille exemplaires (本, 版画を)初刷りで1000部刷る / les *tirages* à part d'un article 論文の抜き刷り (注 *tirage* à part = tiré à part) / une édition à *tirage* limité 限定版 / Cette revue a un gros *tirage*. この雑誌は膨大な発行部数を誇る.
❷ (写真の)焼き付け, プリント. ▶ le développement et le *tirage* d'une pellicule フィルムの現像と焼き付け.
❸ 抽選, くじ引き. ▶ le *tirage* au sort des numéros gagnants 当選番号の抽選.
❹ (煙突及びの)吸い込み; 通風, ドラフト.
❺ 引くこと, 引き伸ばし. ▶ un cordon de *tirage* カーテン開閉用の引きひも.
Il y a du tirage. 話 困難[抵抗]がある.

tiraillement /tirajmɑ̃/ 男 ❶ (あちこちへ何度も)引っ張ること. ❷ (多く複数で)痙攣(ᛥ); 激痛. ▶ avoir des *tiraillements* d'estomac 胃痙攣を起こす. ❸ (さまざまな感情, 欲望に)引き裂かれること, 葛藤(ᛥ). ❹ (多く複数で)意見の対立, 不和, 軋轢(ᛥ).

tirailler /tiraje/ 他動 ❶ (あちこちへ何度も)…を引っ張る. ▶ *tirailler* sa barbe あごひげをしごく.
❷ …の心を引き裂く, を迷わす, 悩ます. ▶ *être tiraillé*「par qc [entre A et B] …に[AとBの間の葛藤で]悩まされる.
— 自動 むやみに発砲する.

tiraillerie /tirajri/ 女 (多く複数で) 話 (度重なる)争い, 不和.

tirailleur /tirajœːr/ 男 ❶ (部隊に先行する)狙撃(ᛥ)兵. ▶ se déployer en *tirailleurs* 散開隊形に展開する. ❷ (昔の植民地の)原地人歩兵.

tirant /tirɑ̃/ 男 ❶ (靴の)つまみ革; (巾着(ᛥ)の)ひも. ❷ *tirant* d'eau (船の)喫水.

tiré, e /tire/ 形 ❶ 顔, 表情などが)やつれた, 憔悴(ᛥ)しきった. ▶ avoir le visage *tiré* 疲れた様子をしている. ❷ [金融] *être tiré* en *tiré* sur une banque étrangère 外国の銀行を支払い人として振り出された小切手[手形].
être tiré à quatre épingles きちんとした服装をしている.
être tiré par les cheveux (議論, 論証などが)強引な, こじつけの.
— *tiré* 男 ❶ (小切手, 為替手形の振り出し人が指定する)支払い人 (↔tireur). ❷ 銃insk; 銃猟許可地域. ❸ *tiré* à part 抜き刷り, 別刷り (=tirage à part).

tire-bouchon /tirbuʃɔ̃/ 男 (コルク栓の)栓抜き, コルクスクリュー.
en tire-bouchon 螺旋(ᛥ)状の[に]. ▶ un escalier *en tire-bouchon* 螺旋階段.

se tire-bouchonner /s(ə)tirbuʃɔne/ 代動 ❶ 螺旋(ᛥ)状になる; 身をよじる. ❷ 腹の皮がよじれるほど笑う.

tire-clou /tirklu/ 男 釘(ᛥ)抜き.

tire-fesses /tirfɛs/ 男 話 (スキーで, 尻(ᛥ)に当て部分が円盤状の)バーリフト, Tバーリフト (=téléski).

tire-larigot /tirlarigo/ (次の句で)
à tire-larigot 副句 話 たくさん, 多量に. ▶ boire *à tire-larigot* 浴びるように飲む.

tirelire /tirliːr/ 女 ❶ 貯金箱. ❷ 話 顔, 頭.

tirer

:**tirer** /tire ティレ/

直説法現在	je tire	nous tirons
	tu tires	vous tirez
	il tire	ils tirent
複合過去	j'ai tiré	半過去 je tirais
単純未来	je tirerai	単純過去 je tirai

[他動] **1** ⟨tirer qc/qn⟩ …を引く.

❶ …を引く, 引っ張る (⇨ [間他動] ①). ▶ *tirer* une corde 綱を引っ張る / *tirer* un drap シーツをぴんと伸ばす / *tirer* un tiroir 引き出しをあける / *tirer* le frein à main ハンドブレーキを引く / *tirer* les fauteuils vers le canapé ひじ掛け椅子(す)をソファーの方に引き寄せる / *tirer* une voiture en panne 故障車を牽引(けんいん)する / *tirer* le rideau カーテンを引く. ◆*tirer* qn par le bras …の腕を引く, 引っ張る.

❷ …を引く (=tracer). ▶ *tirer*「un trait [une ligne]」線を引く / *tirer* le plan d'une maison 家の図面を引く.

❸ ⟨くじ, カードなど⟩を引く; 引いて占う. ▶ *tirer* un bon numéro くじでいい番号を引く / *tirer* l'horoscope de qn …の星占いをする.

❹ ⟨弾丸など⟩を発射する, ⟨矢⟩を射る; ⟨花火など⟩を打ち上げる. ▶ *tirer* une balle de fusil 発砲する / *tirer* une fusée ロケットを打ち上げる.

❺ …を撃つ, 撃ち倒す; 射止める. ▶ *tirer* un oiseau au vol 飛んでいる鳥を撃つ.

❻ …を刷る, 印刷する; ⟨写真⟩をプリントする, 焼きつける. ▶ *tirer* un livre à huit mille exemplaires ある本を8000部印刷する / bon à *tirer* 校了.

❼ [固] ⟨*tirer* + 期間⟩ …の間我慢する. ▶ *tirer* deux ans de service militaire 2年間の兵役に耐える.

❽ ⟨小切手, 為替⟩を切る, 振り出す. ▶ *tirer* un chèque 小切手を切る.

2 ⟨tirer A de B⟩ B から A を引き出す.

❶ ⟨利益, 結論など⟩を導き出す, 得る. ▶ *tirer* un grand bénéfice de ses transactions [opérations] boursières 証券[株]取引で大きな利益を得る / *tirer* une conclusion d'une série d'expériences 一連の実験から結論を導き出す / Chaque pays doit *tirer* des leçons de sa propre histoire. 各々の国は自らの歴史から教訓を導き出さなければならない.

❷ …から…を取り出す, 抽出する. ▶ *tirer* un porte-monnaie de son sac (=sortir) バッグから財布を取り出す / *tirer* un son d'un instrument 楽器の音を出す / *tirer* un film d'un roman 小説をもとに映画を作る.

❸ …に…を負っている. ▶ *tirer* sa source de qc …を源とする / Cette fête *tire* son origine d'une vieille légende populaire. このお祭りは古い民間伝説に由来している / *tirer* sa force de ses multiples expériences à l'étranger 外国での数多くの経験を自分の実力とする.

❹ …から…を救い出す, 助け出す. ▶ *tirer* qn du danger de mort …を死の危険から救い出す / *tirer* des blessés de la voiture accidentée 事故車からけが人を救出する.

❺ ⟨tirer qc de [à] qn⟩ …から[言葉, 行動]を引き出す. ▶ *tirer* de qn des explications …から釈明の言葉を引き出す / ne rien pouvoir *tirer* de qn …から何も期待できない / Je n'ai pas pu lui *tirer* un seul mot. 彼(女)からひとことも聞き出せなかった.

❻ ⟨成句表現で⟩ ⟨tirer + 無冠詞名詞 + de qc⟩ …から…を引き出す, 得る. ▶ *tirer* profit [satisfaction] de qc …から利益[満足]を得る / *tirer* argument de qc …を論拠とする / *tirer* vanité de ses succès 自分の成功を自慢する.

tirer des larmes à qn …を泣かせる.
tirer l'aiguille 縫い物をする.
tirer「la jambe [固 la patte] (1) 足を引きずる. (2) いやいや仕事をする.
tirer qc à soi …を独り占めする, 思うままにする.
tirer la couverture *à soi* 自分だけいい目を見る.
tirer qc au sort …をくじで決める.
tirer (qc) en longueur …を長引かせる, 引き延ばす.
tirer son chapeau à qn (1) 帽子をとって…に挨拶(あいさつ)する. (2) …に脱帽する, 感服する.

—— :***tirer*** [自動] ⟨tirer sur qc/qn⟩ ❶ [物]を引っ張る. ▶ *tirer* sur les lacets de ses chaussures avant de les nouer 靴のひもを結ぶ前に引っ張る / *tirer* sur les rênes pour arrêter un cheval 馬を止めるために手綱を引く. [注] 他動詞の ⟨tirer qc⟩ は単に …を引っ張る意味で, 間接他動詞の ⟨tirer sur qc⟩ は元々固定されているものを無理に引っ張る場合に使われる.

❷ …に向けて発砲する; 弓を引く. ▶ *tirer* sur une cible 的をねらって撃つ / *tirer* sur un ennemi 敵に向けて発砲する.

❸ …色を帯びる. ▶ un vert qui *tire* sur le bleu 青みがかった緑 / Ses cheveux blonds *tirent* sur le roux. 彼(女)の金髪は赤みを帯びている.

❹ ⟨たばこなど⟩を吸う, 吸い込む.

(trop) tirer sur la ficelle [corde] [固] やりすぎる, 度を過ごす.

tirer sur tout ce qui bouge [固] 機銃掃射を浴びせる; ⟨ふざけて⟩ 一匹残らずやっつける.

—— [自動] ❶ 発砲する; ⟨矢など⟩を射る; (ペタンクで)相手の玉に命中させる; (サッカーで)シュートする. ▶ Tirez! 撃て / *tirer*「à l'arc [au pistolet]」弓を射る[ピストルを撃つ] / *tirer* dans le dos 背後から撃つ / Messieurs les Anglais, *tirez* les premiers! イギリスの方々, そちらから先に撃たれよ(18世紀のオーストリア王位継承戦争中にフランス軍の武将がイギリス軍に発したとされる言葉) / *tirer* au but ゴールにシュートする.

❷ ⟨tirer à + 数詞⟩ [本などが] …部印刷[発行]される. ▶ un journal qui *tire* à trente mille (exemplaires) 発行部数3万の新聞.

❸ [自動車が] 力がある. ▶ Cette voiture *tire* bien dans les côtes. この車は坂道でも引っ張りが利く.

❹ [煙突などが] 通風がある. ▶ une cheminée qui *tire* (bien) 換気のよい煙突.

tirer à sa fin 終わりかけている.

tirer au flanc 俗 さぼる.

— **se tirer** 代動 ❶ ⟨*se tirer* de qc⟩…から抜け出す；を切り抜ける. ▶ *se tirer* d'un mauvais pas 苦境から抜け出す，難局を切り抜ける.

❷ ⟨*se tirer* de qc⟩…から引き出される，導き出される，に由来する.

❸ 話〔嫌な仕事が〕終わる. ▶ Ça *se tire*! やっと終わった.

❹ 話 逃げる (=se sauver, s'en fuir).

s'en tirer なんとか無事に切り抜ける，どうにかこうにかやっていく. ▶ Il est gravement blessé, mais il *s'en tirera*. 彼は重傷を負っているがなんとか助かるだろう / Il *s'en est tiré* avec une petite amende. 彼はちょっとした罰金だけで済んだ. ◆ *s'en tirer bien* [mal] うまく乗り切る[手こずる]. ▶ Sa tâche était difficile, mais il *s'en est bien tiré*. 彼の仕事は難しかったが，うまくやり遂げた / Il *s'en tire mal* avec ses enfants. 彼は子供の扱いで手を焼いている.

se tirer d'affaire 難局を切り抜ける. ▶ Tous les moyens sont bons pour *se tirer d'affaire*. 難局を切り抜けるにはどんな手段を使ってもかまわない.

tiret /tirɛ/ 男 ダッシュ（―）；（誤用で）ハイフン（正しくは trait d'union）.

tirette /tirɛt/ 女 ❶（家具などについた）スライド式の棚板. ❷（機械作動用の）引きひも，スイッチ；（開閉装置の）レバー.

tireur, euse /tirœːr, øːz/ 名 ❶ 射撃手，射手. ❷（サッカーの）ストライカー. ❸ 占い師. ▶ *tireuse* de cartes 女カード占い師. ❹（小切手，為替の）振り出し人. ❺（写真の）焼き付け作業者. 注 ❷と❺を除いて女性形は稀.

— **tireuse** 女 ❶ 焼き付け機，プリンター.

❷ 生ビールサーバー.

***tiroir** /tirwaːr/ 男 引き出し. ▶ ouvrir [fermer] un *tiroir* 引き出しをあける[閉める] / mettre [ranger] qc dans un *tiroir* …を引き出しにしまう.

fond de tiroir 引き出しの奥にしまってある[忘れ去られている]もの；陳腐なもの；残り金，ありがね.

nom à tiroirs 話（貴族の家系を示す de の入った）長ったらしい名前 (=nom à rallonges).

pièce [*roman*] *à tiroirs* 文章 挿話劇[小説]：本筋と関連のない挿話をいくつも組み込んだもの.

se remplir le tiroir 俗 たらふく食う.

tiroir-caisse /tirwarkɛs/；(複) ~**s**-~**s** 男 金銭登録器，レジスター.

tisane /tizan/ 女 煎じ薬，ハーブティー.

tison /tizɔ̃/ 男 薪 (まき) などの燃えさし，燠 (おき).

tisonner /tizɔne/ 他動 〔火〕をかき立てる.

tisonnier /tizɔnje/ 男 火かき棒.

tissage /tisaːʒ/ 男 ❶ 機織り. ▶ *tissage* à la main 手織り. ❷ 織物工場.

tisser /tise/ 他動 ❶ …を織る；織り上げる. ▶ *tisser* une toile 布を織り上げる / une araignée qui *tisse* sa toile 巣を張るクモ /《目的語なしに》 métier à *tisser* 織機，機 (はた).

❷ …を織り成す，組み立てる. ▶ *tisser* des intrigues compliquées 込み入った計略を巡らす.

tisserand, ande /tisrɑ̃, ɑ̃ːd/ 名 機織り工.

tisseur, euse /tisœːr, øːz/ 名 織工，織り子.

***tissu** /tisy ティッシュ/ 男 ❶ 織物；生地. ▶ *tissu* de laine [soie, coton] 毛[絹, 綿]織物 / une robe en *tissu* imprimé プリント地のワンピース.

❷ 織り目，織り方. ▶ l'étoffe d'un *tissu* lâche [serré] 粗い[詰んだ]織り目の布地. ❸ ⟨un *tissu* de + 無冠詞複数名詞⟩（よからぬこと）の連続，…の塊. ▶ Cette histoire n'est qu'un *tissu* de mensonges. この話はうその塊だ. ❹ 〔生物学〕組織. ▶ *tissu* nerveux 神経組織. ❺（社会などの）組織，構造. ▶ *tissu* urbain 都市構造.

比較 **布, 織物**
tissu 最も一般的. **étoffe** tissu よりも改まった表現. **toile** 特に麻，亜麻，綿などの目の粗い織物.

— **tissu, e** 形 文章 ⟨*tissu* de qc⟩…で織りなされた，作られた.

tissu-éponge /tisyepɔ̃ːʒ/；(複) ~**s**-~**s** 男 タオル(地).

titan /titɑ̃/ 男 ❶〔ギリシア神話〕(*Titans*)ティタン，タイタン：オリュンポス神以前の巨人族の神. ウラノス(天)とガイア(地)の12人の子. ❷ 文章 巨人，超人. ▶ un travail de *titan* 超人的な仕事.

titanesque /titanɛsk/ 形 文章 ティタンの；巨大な，超人的な.

titi /titi/ 男 話 生意気なパリの若者.

titillation /titijasjɔ̃; titilasjɔ̃/ 女 文章 《ふざけて》軽いくすぐり[くすぐったさ]；(欲求，感情などの)軽いうずき.

titiller /titije/ 他動 文章 《ふざけて》❶ …に心地よく触れる，を軽くくすぐる. ❷ …(の感情)をうずうずさせる.

titrage /titraːʒ/ 男 ❶（映画などの）題名[タイトル]付け；（記事などの）見出し付け. ❷ 字幕をつけること. ❸〔化学〕滴定.

***titre** /titr ティトル/ 男 ❶ 標題. ❶（本，映画，歌などの）題名，タイトル；本. ▶ Ce roman a un joli *titre*. この小説はタイトルがすてきだ / Quel est le *titre* du film que tu as vu? 君が見た映画のタイトルは何ですか / donner un *titre* à qc …にタイトルをつける / Cet ouvrage a pour *titre*: *La Nausée*. この作品は「嘔吐 (おうと) 」という題である / publier qc sous le *titre*: X 「X」という題で…を出版する / la page de *titre* 本の扉 / rôle-*titre* タイトルロール / les dix meilleurs *titres* de l'année 今年出た本のベストテン.

❷（新聞などの）見出し. ▶ les gros *titres* de la une 1面で扱われている重大ニュース.

❷ 称号，資格. ❶ 称号. ▶ le *titre* de maréchal 元帥の称号 / un *titre* de noblesse 爵位.

❷ 肩書き，官職名；（複数で）学歴，資格；文章（感謝，評価などを受ける）権利，資格. ▶ le *titre* de directeur [professeur] 部長[教授]の肩書き / avoir tous les *titres* pour enseigner 教師になる資格が十分にある / avoir des *titres* à la reconnaissance de qn …に感謝されて当然である.

◆ *titre* de + 無冠詞名詞 …の資格；名. ▶ le *titre* de père 父の資格 / le *titre* de citoyen américain アメリカ市民権.

❸（スポーツなどの）タイトル，選手権. ▶ détenir le *titre* de champion du monde 世界チャンピ

titré

オンのタイトルを持っている / disputer un *titre* タイトルを争う / remporter un *titre* タイトルを獲得する.

3 ❶ 証書. ▶ *titre* de propriété (=certificat) 不動産登記証書 / *titre* de transport 乗車証(切符, 定期券の総称).

❷ 証券, 株券. ▶ acheter des *titres* 株[債権]を買う / *titre* nominatif [au porteur] 記名[無記名]証券.

4 比率. **❶** 純分:合金中の金, または銀の含有率.
❷ 力価, 滴定量;《特に》質量濃度.
❸【繊維】(糸の太さを示す)番手, 繊度.

*__à ce titre__ そのような資格[理由]で.

__à juste titre__ 正当に, 当然のこととして. ▶ Vous évoquez ce problème *à juste titre*. あなた(方)がその問題を挙げるのは当然です.

__à plus d'un titre__ = __à plusieurs titres__ いくつもの理由で.

__à quel titre__《疑問文で》どんな資格[理由]で. ▶ Tu dis ça *à quel titre*? なんの資格があって君はそんなことを言うのか.

*__à titre de__ + 無冠詞名詞 …として, の資格で. ▶ *à titre* d'ami 友人として / *à titre* d'exemple 例として, 目安として / *à titre* d'essai 試験的に, 試しに.

*__à titre__ + 形容詞 …の形で, として. ▶ *à titre* définitif 決定的に / *à titre* exceptionnel 例外的に / *à titre* personnel 個人の資格で / *à titre* gratuit 無料で.

__au même titre (que qn/qc)__ (…と)同様に, 同じ資格[理由]で.

__en titre__ (1) 正規の, 正式の. ▶ un professeur *en titre* (正)教授. (2) 公認の. ▶ un fournisseur *en titre* 出入りの商人.

titré, e /titre/ 形 爵位のある.

titrer /titre/ 他動 ❶ …に題をつける;〔無声映画などに〕字幕を入れる;…という見出しをつける. ▶ Le journal *Le Monde* titre à la une: «…». 「ル・モンド」紙は第一面に「…」と見出しをつけている.

❷〔酒類が〕…度のアルコールを含む. ▶ Cette vodka *titre* 50° (cinquante degrés). このウオッカはアルコール分50度である.

❸〔溶液〕を滴定する;〔合金〕の純分を検定する.

titrisation /titrizasjɔ̃/ 女【金融】証券化.

titubant, ante /titybɑ̃, ɑ̃t/ 形 よろめく, 千鳥足の.

tituber /titybe/ 自動 よろめく, 千鳥足で歩く.

titulaire /titylɛːr/ 形 ❶ 肩書きを有する, 正式の. ▶ professeur *titulaire* (国家公務員の)専任教師(注 非常勤で期限付き契約の maître auxiliaire, vacataire に対して, 中等教育教員適性証 CAPES や中・高等教育資格 agrégation などを持つ教師を指す).

❷〈*titulaire* de qc〉(法的に)…を有する, 保持する. ▶ une personne *titulaire* du permis de conduire 運転免許証所有者.

── 名 ❶ (有資格の)正職員;(国家公務員の)専任教師. ❷〈*titulaire* de qc〉…の有資格者, (証明書などの)保持者, 名義人.

titularisation /titylarizasjɔ̃/ 女 正職員にする[なる]こと.

titulariser /titylarize/ 他動 …を正職員にする, 任用[任命]する.

Tivoli /tivoli/ 固有 ティボリ: イタリア北部の保養地.

TNT 女《略語》télévision numérique terrestre 地上デジタルテレビ.

toast /toːst/ 男《英語》❶ 祝杯, 乾杯(の音頭);乾杯の挨拶(ホサミ). ▶ porter un *toast* 乾杯する.
❷ トースト.

toasteur /tostœːr/ 男 トースター.

toboggan /tɔbɔɡɑ̃/ 男《英語》❶ トボガン(小型のそり);トボガン競技用コース (=piste de *toboggan*). ❷ 滑り台. ❸ (荷物の積み換え用)滑走装置. ❹ (立体交差のための自動車用)仮設橋.

toc /tɔk/ 擬成 ❶ コツン, コツコツ:ドアなどをたたく音. 多く toc(-)toc と繰り返す. ❷ Et toc!(相手をぎゃふんと言わせる返答に付け加えて)どうだまいったか, ぐうの音も出まい.
── 男 ❶ こつこつという音, 物をたたく音. ❷ 話 まがい物, にせもの, 模造品. ▶ un bijou en *toc* まがい物の宝石 / C'est du *toc*. これはにせものだ.
── 形 《不変》❶ 話 頭の変な (=toqué). ▶ être un peu *toc* 少し頭がいかれている.
❷ まがい物の, 安びかの.

tocade /tɔkad/ 女 ⇨ TOQUADE.

tocante /tɔkɑ̃t/ 女 話 腕時計, 懐中時計.

tocard¹, arde /tɔkaːr, ard/, **toquard, arde** 形 滑稽(紗)な;醜い, 悪趣味な.

tocard², arde /tɔkaːr/, **toquard** 男女 ❶ 勝ち目のない馬. ❷ 無能な運動選手, へぼ選手;話 くだらない人間.

toccata /tɔkata/;《複》~s (または *toccate* /tokate/) 女《イタリア語》【音楽】トッカータ:鍵盤(炊)楽器のための即興的で技巧的な曲.

tocsin /tɔksɛ̃/ 男 警鐘, 早鐘. ▶ sonner le *tocsin* 半鐘を鳴らす.

tofu /tofu/ 男《日本語》豆腐.

toge /tɔːʒ/ 女 ❶ (法曹人の着用する長い)礼服, 式服. ❷ トガ:古代ローマの男子の寛衣.

Togo /togo/ 固有 男 トーゴ:首都 Lomé. ▶ au *Togo* トーゴに[で, へ].

togolais, aise /tɔɡɔlɛ, ɛːz/ 形 トーゴ Togo の. ── **Togolais, aise** 名 トーゴ人.

tohu-bohu /toyboy/《単数形のみ》名 混乱, 喧噪(然), 大騒ぎ, 大騒音.

*__toi__ /twa/ トワ
代《人称》

《2人称単数, 強勢形》君, あなた, おまえ. ❶ (主語, 目的語;他の名詞と並置するとき以外は必ず非強勢形で受け直す) ▶ Tu es d'accord, *toi*? 賛成かい, 君は / *Toi* et moi (nous) irons ensemble. 君と私は一緒に行こう / Je t'aime bien, *toi*. 好きだよ, 君のことは.

❷ (省略文で) ▶ Et *toi*? 君はどうなの / Je suis fatigué. Pas *toi*? 僕は疲れたよ, 君は /《Qui cherche-t-il? ── *Toi*.》「彼はだれを探しているんだ」「君だよ」

❸ (前置詞のあとで) ▶ Je compte sur *toi*. あなたを頼りにしているよ / Nous avons parlé de *toi*. 私たちはあなたの話をした / Je vais avec *toi*. 君と一緒に行くよ.

❹《属詞》▶ C'est *toi*? 君なのか / C'est *toi* qu'elle aime. 彼女が愛しているのは君だ / Si j'étais *toi*, je refuserais. 僕が君だったら、断わる.
❺《比較・制限の que, 類似の comme のあとで》▶ Elle danse mieux que *toi*. 彼女はあなたより踊りがうまい / Il est bavard comme *toi*. 彼も君同様おしゃべりだ.
❻《不定詞, 分詞節の主語》▶ *Toi*, mentir! 君がうそをつくなんて / *Toi*, parti, ta mère sera bien triste. 君が行ってしまうとお母さんは寂しがるだろう.
❼《代名詞の肯定命令文で》▶ Dépêche-*toi*! 急いで / Assieds-*toi* là. そこに座りなさい. 注 en, y を伴うときは *t'* となる(例: Va-*t'en*! 出ていけ).

*toile /twal/ トワル 囡 ❶ 平織物, (平織りの)布, 布地. ▶ tisser une *toile* 布を織る / *toile* de lin [coton] 亜麻[綿]布 / *toile* imprimée プリント布 / robe de *toile* 平織り地のワンピース / *toile* cirée 防水加工した布. 比較 ⇨ TISSU.
❷《les toiles》語 シーツ, 敷布 (=draps). ▶ se mettre dans les *toiles* 寝床に入る.
❸《絵画》カンバス, 画布;(カンバスに描かれた)絵画. ▶ peindre une *toile* 絵を描く. 比較 ⇨ PEINTURE.
❹ 語 スクリーン;映画. ▶ se payer une *toile* 映画代を奮発する. ❺ *toile* d'araignée クモの巣.
❻《la Toile》ウェブ, インターネット. ▶ surfer sur la *Toile* ネットサーフィンする.

toile de fond (舞台の)背景を描いた布;(風景画の)背景, 遠景;(出来事の)背景, バック.

toilerie /twalri/ 囡 平織物[麻布, 綿布]製造(工場);平織物[麻布, 綿布]販売(店).

toilettage /twalɛtaːʒ/ 男 ❶(ペットの)毛並みの手入れ. ❷ 部分的な修正.

*toilette /twalɛt/ トワレット 囡 ❶ 身支度;洗面, 化粧. 男性についても女性についても用いる. ▶ être à sa *toilette* 身支度[化粧]の最中である / faire sa *toilette* 身支度[化粧]をする;洗顔をする / Le chat fait sa *toilette*. 猫が顔を洗っている / faire un brin de *toilette* 急いで身支度する;簡単に化粧する.
❷(女性の)装い;着こなし. ▶ une *toilette* élégante エレガントな衣装 / être en grande *toilette* 盛装している / avoir le goût de la *toilette* おしゃれである / Elle porte bien la *toilette*. 彼女は着こなしがいい / parler *toilette* ファッションの話をする.
❸《複数で》トイレ, 便所. ▶ aller aux *toilettes* トイレに行く / Où sont les *toilettes*, s'il vous plaît? すみませんがトイレはどこでしょうか / *toilettes* publiques 公衆トイレ.

de toilette 身支度[化粧]用の;洗面[洗顔]用の. ▶ eau de *toilette* 化粧水 / serviette de *toilette* 洗面用タオル / cabinet de *toilette* 洗面所(多くはシャワー室も兼ねる) / trousse de *toilette* 洗顔[化粧]道具入れ.

faire la toilette de qc …を美しくする;に手を入れる. ▶ *faire la toilette* d'une voiture 自動車をきれいにする / *faire la toilette* d'un bébé 赤ん坊の体を洗う.

比較 トイレ
toilettes 化粧室の意で最も一般的. **lavabos** 洗面所の意で, toilettes とともに一般的に用いる. **cabinet(s) (d'aisances)** 児童語. **waters** または **W.-C.** 多少くだけた表現. **petit(s) coin(s)**, petit endroit くだけた婉曲表現.

toiletter /twalete/ 他動 〔ペット〕の毛並みを整える.

*toi-même /twamɛm/ トワメム 代《人称》君自身 (⇨ MÊME). ▶ Tu prétends *toi-même* qu'il a raison. 君自身も彼は正しいと主張しているじゃないか / par *toi-même* 君自身の力で.

toise /twaːz/ 囡 身長計.

toiser /twaze/ 他動〈*toiser qn*〉…を(軽蔑的, 挑戦的に)じろじろ見る.

toison /twazɔ̃/ 囡 ❶ 羊毛;(ラマ, アルパカなどの)毛. ❷ 語 ふさふさした髪の毛. ❸《ギリシア神話》*Toison d'or* 金羊毛: アルゴー船の一行が首領イアソンのもと, 手に入れた金色の羊の毛皮.

*toit /twa/ トワ 男 ❶ 屋根. ▶ *toit* 「de tuiles [d'ardoises] かわら[スレート]屋根. ❷ すみか, 家. ▶ avoir un *toit* 家がある / être sans *toit* 住む家がない / vivre sous le même *toit* 同じ屋根の下に暮らす / sous le *toit* de qn …の家に. ❸(列車, 自動車の)屋根, ルーフ. ▶ voiture à *toit* ouvrant オープンルーフの自動車.

crier [publier] qc sur les toits …を世間に言い触らす.

habiter sous les toits 屋根裏に住む.

le toit du monde 世界の屋根: ヒマラヤ, 特にエベレストを指す.

toiture /twatyːr/ 囡 屋根組み, (建物全体の)屋根.

Tokyoite /tɔkjɔit/ 图 東京の住民.

tôlard, arde /tolaːr, ard/ 图 ⇨ TAULARD.

tôle¹ /toːl/ 囡 鉄板, 鋼板. ▶ *tôle* étamée ブリキ板 / *tôle* galvanisée トタン板 / *tôle* ondulée 波形(鋼)板 / un toit en *tôle* トタン屋根.

tôle² /toːl/ 囡 ⇨ TAULE.

tôlée /tole/ 形《女性形のみ》neige *tôlée* アイスバーン.

tolérable /tɔlerabl/ 形 許容しうる;我慢できる. ▶ Son attitude insolente n'est pas *tolérable*. 彼(女)の無礼な態度は許せない.

tolérance /tɔlerɑ̃ːs/ 囡 ❶ 寛容, 寛大さ. ▶ faire preuve de *tolérance* à l'égard de qn …に対し寛大さを示す / la *tolérance* politique [religieuse] 政治[宗教]上の寛容 / *tolérance* zéro ゼロトレランス, 不寛容方式(細部まで罰則を定め, 違反があった場合には厳正に対処すること). ❷ 黙認, 許容事項. ▶ *tolérance* orthographique [grammaticale] 綴字(ぴ)法[文法]上の許容事項. ❸《医学》耐性. ❹(度量衡器, 工作物などの)公差, 許容範囲.

maison de tolérance (昔, 警察の監督下にあった公認の)娼家(ゃぅ), 売春宿.

tolérant, ante /tɔlerɑ̃, ɑ̃ːt/ 形 寛容な, 寛大な. ▶ mesure *tolérante* 寛大な措置 / être trop *tolérant* pour ses enfants 自分の子供に甘すぎる.

tolérer

tolérer /tɔlere/ ⑥ 他動 ❶ ＜*tolérer* qc // *tolérer* que +接続法＞〔好ましくないこと，規則に反すること〕を容認する；黙認する．▶ *tolérer* une erreur ミスに目をつぶる / On *tolère* le stationnement sur ce trottoir.（本当は違反なのだが）この歩道では駐車が黙認されている / On ne peut pas *tolérer* qu'il y ait tant de laisser-aller dans le travail.（=admettre）仕事がこんなにいいかげんに行われていることは許しがたい．❷ …に体が耐える；副作用を起こさない．▶ *tolérer*「un médicament [un traitement]薬［治療］に耐える．
— **se tolérer** 代動 互いに我慢する．

tôlerie /tolri/ 囡 板金製造［販売］業；板金［鉄板］工場；板金［鉄板］（製品）．

tôlier¹ /tolje/ 男 板金工．

tôlier², **ère** /tolje, ɛːr/ 名 ⇨ TAULIER.

tollé /tɔ(l)le/ 男 抗議［憤激］の叫び声，怒号．

toluène /tɔlɥɛn/ 男『化学』トルエン．

TOM《略語》(2003年前の) territoires d'outre-mer 海外領土．

tomate /tɔmat/ 囡 トマト．▶ salade de *tomates* トマトサラダ / jus de *tomate* トマトジュース / sauce *tomate* トマトソース, トマトケチャップ / *tomate* cerise プチトマト．
être rouge comme une tomate（怒り，羞恥(ﾁﾊﾞ)で）トマトのように真っ赤になる．

tombal, ale /tɔ̃bal/；(男複) **aux** /o/ 形 墓の．▶ pierre *tombale* 墓石 / inscriptions *tombales* 墓碑銘．

tombant, ante /tɔ̃bɑ̃, ɑ̃ːt/ 形 垂れた．▶ avoir des épaules *tombantes* なで肩である．
à la nuit tombante たそがれ時に（=à la tombée de la nuit）．

***tombe** /tɔ̃:b/ トンブ 囡 墓，墓穴；墓石．▶ creuser une *tombe* 墓穴を掘る / descendre un cercueil dans une *tombe* 棺(ﾋﾂｷﾞ)を墓に入れる / se recueillir devant [sur] la *tombe* de qn …の墓に参る．
descendre dans la tombe 文章 死ぬ．
être au bord de la tombe = *avoir déjà un pied dans la tombe* 棺桶(ｶﾝｵｹ)に片足を突っ込んでいる，死にかけている．
être muet [secret, silencieux] comme une tombe（墓石のように）沈黙している；口が堅い．
se retourner dans sa tombe（墓の中で寝返りを打つ→）〔死者が〕安眠できない；草葉の陰で泣く．
suivre qn dans la tombe …のあとを追って死ぬ．

tombé, e /tɔ̃be/ 形 ❶ 落ちた．▶ fruits *tombés* 落ちた果実．❷ ＜*tombé* en qc＞…に陥った，の状態にある．▶ une voiture *tombée* en panne 故障した車．❸ たまたまやって来た，転がり込んだ．❹『ラグビー』coup de pied *tombé* ドロップキック．
à la nuit tombée 夜更けに．
— **tombé** 男 ❶『スポーツ』（レスリングの）フォール．❷『バレエ』パ・トンベ．

tombeau /tɔ̃bo/（複）**x** 男 ❶ 墓碑，墓標；墓．▶ *tombeau* de famille 一族の墓(所) / dresser [élever] un *tombeau* à qn …の墓を建てる / ensevelir [enterrer] qn dans un *tombeau* …を埋葬する．❷ 文章 墓場のような場所；多くの死者を出した場所．▶ Cette pièce est un vrai *tombeau*. この部屋はまるで墓場のように陰気だ．❸ 文章 ＜le *tombeau* de qc＞ …の最後，終末．▶ C'est le *tombeau* de ses espérances. これで彼(女)の望みも絶たれた．❹『文学』『音楽』墓碑：偉大な人物の死を悼む詩，音楽作品．
à tombeau ouvert（死亡事故を起こしかねない）猛スピードで．
C'est un tombeau. あれは口の堅い人だ．
descendre au tombeau 死ぬ．
jusqu'au tombeau 死ぬまで．
suivre qn au tombeau …のあとを追うように死ぬ．

tombée /tɔ̃be/ 囡 暮れること．▶ à la *tombée*「de la nuit [du jour] たそがれ時に．

:tomber /tɔ̃be/ トンベ 自動

直説法現在	je tombe	nous tombons
	tu tombes	vous tombez
	il tombe	ils tombent
複合過去	je suis tombé(e)	
半過去	je tombais	
単純未来	je tomberai	単純過去 je tombai

《助動詞は être》❶ ❶ 倒れる，転ぶ；崩れる．▶ *tomber* par terre 地面に倒れる / *tomber*「de fatigue [de sommeil] 疲れて［眠くて］倒れそうだ / Elle *est tombée* en courant. 彼女は走っていて転んだ / Les murs *sont tombés*. 壁が倒れた［崩れた］．

❷ ＜*tomber* (de qc)＞（…から）落ちる，転落する．▶ *tomber* du haut d'un escalier 階段の上から落ちる / Le vase lui *est tombé* des mains. 花瓶が彼(女)の手から落ちた / Les feuilles *tombent* (des platanes).（プラタナスが）落葉する / un ruisseau qui *tombe* en cascade 滝となって流れ落ちる小川．

❸ 抜け落ちる．▶ Une de ses dents de lait *est tombée*. 彼(女)の乳歯が1本抜けた / Mes cheveux commencent à *tomber*. 私の髪は抜け始めた．

❹ 垂れる，垂れ下がる．▶ un peignoir qui *tombe* jusqu'aux chevilles くるぶしまで届くバスローブ / Ses cheveux lui *tombent*「jusqu'aux [sur les] épaules. 彼(女)の髪は肩まで[に]かかっている / épaules qui *tombent* なで肩．

❺〔雨などが〕降る；〔光が〕射す；〔雷などが〕落ちる；〔日が〕暮れる．▶ Le brouillard *tombe*. 霧が立ちこめる / La pluie *tombe*. 雨が降る / Le soleil *tombe* en plein sur la terrasse. テラスに日がさんさんと降り注いでいる / Le jour *tombe*. 日が暮れる / La nuit *tombe*. 夜になる /《非人称構文で》Il *tombe* de la neige. 雪が降る．

❻ 衰える，弱まる；質［評判］が落ちる．▶ Le vent *est tombé*. (=se calmer) 風が収まった / faire *tomber* les prix 値段を下げる / La température *est tombée* de quatre de-

grés.(=descendre) 気温が 4 度下がった / La conversation *tombe*. 会話がとだえる / Ce restaurant *est tombé* depuis le changement de chef. このレストランはシェフが代わってから質が落ちた.
❼ 失脚する;〔芝居などが〕失敗に終わる;〔町などが〕陥落する;〔戦争などで〕死ぬ. ▶ faire *tomber* le gouvernement 政府を倒す / Après deux mois de résistance, la ville *est tombée*. 2 か月の抵抗の末, その町は陥落した / *tomber* au champ d'honneur 名誉の戦死を遂げる / *tomber* sous les balles d'un tueur 殺人者の凶弾に倒れる.
❽ <*tomber* en [dans] qc>〔ある状態, 状況に〕陥る, なる. ▶ *tomber* en panne 故障する / *tomber* en poussière 粉微塵(みじん)になる / *tomber* en ruine 廃墟(きょ)と化す / *tomber* en syncope 失神する / *tomber* en disgrâce 不興を買う / *tomber* en enfance もうろくする / *tomber* dans l'oubli 忘れ去られる / *tomber* dans l'erreur 誤りに陥る / *tomber* dans un piège 罠(わな)に落ちる.
❾ <*tomber* + 属詞>〔ある状態に〕なる. ▶ *tomber* malade 病気になる / *tomber* amoureux de qn …に恋するようになる / *tomber* (raide) mort 急死する.
❷ ❶ <*tomber* + 時点>〔行事が〕…に当たる. ▶ Cette année, ton anniversaire *tombe* un dimanche. 今年君の誕生日は日曜日になるね / Les deux réunions *tombent* le même jour. 2 つの会議は同じ日にかち合う.
❷ <*tomber* sur qc/qn> たまたま…に当たる, 出くわす; を対象とする. ▶ Le choix *est tombé* sur elle. 彼女に白羽の矢が立った / Je *suis tombé* sur Paul dans la rue. 街で偶然ポールに出会った / La conversation *est tombée* sur cet article. 話がたまたまその記事に及んだ.
❸ <*tomber* sur qn> …に襲いかかる; を容赦なく非難する. ▶ La responsabilité *tombera* sur nous. = La responsabilité nous *tombera* dessus. 責任は我々の上にのしかかるだろう / Les malheurs *tombèrent* sur moi l'un après l'autre. 不幸が次々と私を襲った.
❹ <*tomber* + 場所> …に通じる. ▶ Cette rue *tombe* dans le Boulevard Saint-Michel. この道はサン=ミッシェル通りに通じている.
Ce n'est pas tombé dans l'oreille d'un sourd. 馬の耳に念仏ではなかった, ちゃんと理解して〔覚えておいて〕もらえた.
laisser tomber qn/qc (1) …を落とす. ▶ *laisser tomber* une montre 時計を落とす. (2) …を弱める. ▶ *laisser tomber* sa voix 声を下げる. (3) 話 …を見捨てる, 忘れる, への関心を失う. ▶ Elle *a laissé tomber* son mari pour un autre. 彼女は夫を捨てて別の男に走った / Laisse tomber, c'est pas important. ほっとけよ, たいしたことじゃないんだから.
Les bras m'en tombent. 驚いた; 疲れ果てた.
tomber à l'eau 水泡に帰する. ▶ Notre projet *est tombé à l'eau*. 我々の計画は失敗した.
tomber「à point [à propos, 話 *à pic]* タイミングがよい.

tomber aux pieds de qn …の足元にひれ伏す.
**tomber bien [mal]* (1) タイミングがよい[悪い]; 運がよい[悪い]; 都合がよい[悪い] ときに来る. ▶ Ça *tombe* bien. タイミングがいい / Tu *tombes* bien. いいときに来たね / Je *dois* justement partir. あいにくだが私はこれから出かけなければならない. (2)〔服が〕きれいなラインが出る[出ない].
tomber (bien) bas 低くなる, 下がる; もうろくする, 落ちぶれる. ▶ Il *est tombé* bien bas pour accepter une telle proposition. そんな申し入れを承諾するなんて, 彼もずいぶん落ちたものだ.
tomber dans les pommes 話 気絶する.
tomber des nues (不意を突かれて)びっくりする.
tomber de son haut (1) がっかりする. (2) びっくり仰天する.
tomber du ciel 青天の霹靂(へきれき)である.
tomber juste (1)〔計算などが〕ぴったり合う, 正確である; 端数が出ない. (2) 都合よく起こる.
tomber sous「la main [la dent, les yeux] たまたま手[口, 目]の(届く範囲)に入る. ▶ Attention! Le bébé mange tout ce qui lui *tombe* sous la dent. 気をつけなさい. 赤ん坊は口に入るものは何でも食べてしまいますよ / Cette photo *est tombée* sous les yeux de son père. この写真が偶然彼女の父親の目に触れた.
tomber sous le coup de la loi 法に触れる.
tomber sous le sens 明白である, 理解できる.
tomber sur「le dos [le poil] de qn 話 …に不意打ちを食らわせる.
tomber sur「un bec [un os] 話 思わぬ困難にぶつかる; 挫折(ざせつ)を味わう.
── 他動 《(助動詞は avoir)》 ❶ <相手>に勝つ, を倒す;(レスリングで)フォールする. ❷ *tomber* la veste 上着を脱ぐ.

tombereau /tɔ̃bro/ 《複》 **x** 男(後部を傾けて積み荷を落とすことのできる)荷車; ダンプカー; 車 1 台分の(積載)量.
des tombereaux どっさり. ▶ Des fruits, il y en a *des tombereaux*. 果物なら山ほどある.

tombeur /tɔ̃bœːr/ 男 ❶ (スポーツや政争の)勝利者. ❷ 女たらし (=*tombeur de femmes*).

tome /toːm; tɔm/ 男 (書物の)巻, 部. ▶ un ouvrage en trois *tomes* 3 巻本の第3部. 注 著者または出版者による内容上の区分で, 多くの場合, 製本上の巻 volume と一致する.

tom-pouce /tɔmpus/ 男 《単複同形》 話 ちび, 小人, 一寸法師 (=nain).

***ton**¹**, ta** /tɔ̃, ta トン, タ/; 《複》 **tes** /te テ/ 形 《所有》

男 性 単 数 ton	女 性 単 数 *ta
複 数 tes	
*母音または無音の h の前では ta の代わりに ton を用いる.	

(ton, tes は母音または無音の h の前ではリエゾンするが, その際 ton は鼻母音のまま発音するのが普通(例: ton ami /tɔ̃nami/).
君の, おまえの; 文章 汝(なんじ)の. ❶ 〔所有, 帰属, 関係, 行為主を示す〕▶ *ton* lit 君のベッド / *ton*

idée 君の考え / *tes* frères 君の兄弟たち / Prends *ta* douche. シャワーを浴びなさい. ❷《若干の動作名詞の前で行為の対象を示す》▶ Personne n'est venu à *ton* secours? だれひとり君を救いに来なかったのか. ❸《個人的習慣, 癖, 関心などを示す》▶ Tu as encore *ta* migraine? また例の頭痛かい / Comment va *ton* petit Nicolas? 君の(よく話題にする)ニコラ坊やは元気かい.

***ton**² /tɔ̃ トン/ 男 ❶ (声の)高さ, 調子; 抑揚, 声色. ▶ *ton* aigu [grave] 高い [低い] 調子 / un *ton* criard [nasillard, rauque] 金切り声 [鼻声, しわがれ声] / changement de *ton* 抑揚. ❷ 話しぶり, 口調, 語調. ▶ parler d'un *ton* calme 落ち着いた口調で話す / avoir un *ton* hautain 尊大な話し方をする / répliquer d'un *ton* brutal 乱暴な口調で言い返す / prendre un *ton* suppliant 懇願するような口調になる / parler sur un *ton* ferme 確固とした調子で話す. ❸ (文章などの)調子, 印象; 文体. ▶ un *ton* confidentiel 打ち明けるような調子. ❹ 文章 物腰, 態度; 雰囲気, 様子. ▶ avoir bon [mauvais] *ton* 上品な物腰をしている [品がない]. ❺ 色調, トーン. ▶ robe au *ton* clair 明るい色調のドレス / *tons* chauds [froids] 暖 [寒] 色. ❻【音楽】全音; 音高, ピッチ; 調; 旋法. ▶ *tons* et demi-*tons* 全音と半音 / sortir du *ton* 音を外す / *ton* de si bémol majeur 変ロ長調. ❼【音声】声調. ▶ langues à *ton* 声調語.

baisser le ton 語調を和らげる, 控えめになる.

changer de ton (1)【音楽】転調する. (2) 態度 [語気] を変える.

de bon [mauvais] ton 上品 [下品] な. ▶ des vêtements de bon *ton* 上品な服.

donner le ton (1)(オーケストラなどで楽器の調音のために) A 音を出す. (2) 範を示す, リードする.

être [se mettre] dans le ton (1) 〈音, 色が〉調和している [する]. (2) (周囲に)調子が合っている [を合わせる].

hausser [élever] le ton 声を荒立てる; 声 [音] を高める.

le prendre sur un ton + 形容詞 …な態度をとる [口を利く]. ▶ Ne *le* prenez pas *sur ce ton*. そんな(横柄な)口ぶりで言わないでください.

sur tous les tons ありとあらゆる語調で.

tonal, ale /tɔnal/;《複》**als** 形【音楽】調性の; 調の. ▶ musique *tonale* 調性音楽.

tonalité /tɔnalite/ 女 ❶ 音質, 音色. ▶ avoir une bonne *tonalité* 音色が良い. ❷ (受話器を外したときに聞こえる)発信音. ❸ 印象, 感じ. ▶ Ce roman a une *tonalité* triste. この小説には悲愴(ʦɑ̃)感がある. ❹ (音楽の)調, 調性. ❺ 色調, 基調色.

tond /tɔ̃/, **tondaient, tondais, tondait** /tɔ̃dɛ/ 活用 ⇨ TONDRE 59

tonde, tondent, tondes /tɔ̃:d/, **tondez** /tɔ̃de/ 活用 ⇨ TONDRE 59

tondeur, euse /tɔ̃dœːr, øːz/ 名 (動物や毛織物などの)剪毛(ʦɛ̃)工.

tondeuse /tɔ̃døːz/ 女 剪毛機, 刈り取り機; バリカン. ▶ *tondeuse* à gazon 芝刈り機.

tondi-, tondî- 活用 ⇨ TONDRE 59

tondre /tɔ̃:dr/ 59 他動

過去分詞 tondu	現在分詞 tondant
直説法現在 je tonds 複合過去 j'ai tondu	nous tondons 単純未来 je tondrai

❶ …を短く刈り込む, 剪毛(ʦɛ̃)する. ▶ *tondre* (la toison d')un mouton 羊の毛を刈る / une machine à *tondre* 剪毛機; バリカン / se faire *tondre* 髪を短く刈ってもらう / *tondre* le gazon 芝を刈る. ❷ 話 (税金, 高利などで)…を丸裸 [無一文] にする; 食い物にする. ▶ se faire *tondre* au poker ポーカーで負けて丸裸になる.

Il tondrait un œuf. 話 あいつはひどくけちだ.

tondre la laine sur le dos de qn 話 …を無一文 [丸裸] にする, 身ぐるみはぐ.

tondu, e /tɔ̃dy/ 形 (*tondre* の過去分詞)短く刈られた, 剪毛(ʦɛ̃)された. ▶ cheveux *tondus* 短く刈り込まれた髪. ― 名 髪を短く刈った人.

tonicité /tɔnisite/ 女 爽快(ʦɔ̃)さ, 刺激性.

tonifiant, ante /tɔnifjɑ̃, ɑ̃:t/ 形 活力 [刺激] を与える, 元気づける.

tonifier /tɔnifje/ 他動 …に活気を与える, を元気づける, 引き締める.

tonique¹ /tɔnik/ 形 ❶ 強壮にする; 刺激する, 元気づける. ▶ un froid sec et *tonique* 乾燥していて身の引き締まる寒さ / lotion *tonique* トニックローション / eau *tonique* トニック(ウォーター) / Sa présence a un effet *tonique* sur moi. あの人がいると私は張り切る. ❷ 元気な. ― 男 ❶ 強壮薬; 興奮 [刺激] 剤. ❷ トニックローション.

tonique² /tɔnik/ 形 ❶【言語】forme *tonique* des pronoms personnels 人称代名詞の強勢形 (例: moi, toi). ❷【音声】アクセントのある (↔atone). ▶ accent *tonique* 強さアクセント. ― 女【音楽】主音: 音階の第 1 音.

tonitruant, ante /tɔnitryɑ̃, ɑ̃:t/ 形 雷鳴のようにとどろく [響く]. ▶ une voix *tonitruante* 雷のような大声.

tonitruer /tɔnitrye/ 自動 (雷のような)大声で話す, わめき立てる; 大音響を立てる.

tonnage /tɔnaːʒ/ 男 ❶ (船舶の)積量, 容積トン数. ▶ *tonnage* brut [net] (=jauge) 総 [純] トン数. ❷ (1 つの港に出入りする [1 国が保有する] 船舶の)総トン数. ❸ (積み荷の)トン数; (トラックの)積載量.

tonnant, ante /tɔnɑ̃, ɑ̃:t/ 形 文章 雷鳴のような, とどろき渡る. ▶ parler d'une voix *tonnante* 雷のような大声で話す.

***tonne** /tɔn トン/ 女 ❶ トン(記号 t). ▶ vingt *tonnes* de matériel 20 トンの資材 / un camion de sept *tonnes* = un sept *tonnes* 7 トン積みトラック. ❷ 話 〈des *tonnes* de + 複数名詞〉莫大(ɑ̃)な量 [大量] の…. ▶ des *tonnes* de pomme de terre 大量のジャガイモ. ❸ 大樽(たる); 大樽 1 樽の量. ▶ acheter deux *tonnes* de vin ワインを 2 樽分買う.

en faire des tonnes 話 やり過ぎる.

***tonneau** /tɔno トノ/;《複》**x** 男 ❶ 樽(たる). ▶ vin au *tonneau* 樽入りワイン / mettre du vin en *tonneau* ワインを樽に詰める / fond de *tonneau* 樽底のワイン, まずいワイン / *tonneau* d'arrosage 撒水車. ❷ 樽1杯分の量. ❸ (曲技飛行の)横転;(自動車の)横転(事故). ▶ La voiture a fait plusieurs *tonneaux* sur la pente. 斜面で車は何度も横転した. ❹《海事》トン:船の容積を量る単位(2.83立方メートル). ▶ un paquebot de huit mille *tonneaux* 8000トンの客船 / Ce navire fait 300 *tonneaux*. この船は300トンだ.

C'est le tonneau des Danaïdes. (ダナイデスの(穴のあいた)樽だ→)果てしない仕事だ.

du même tonneau 諺 同種の;似たり寄ったりの.

tonnelet /tɔnlɛ/ 男 小さい樽(ᵂ).
tonnelier /tɔnəlje/ 男 樽(ᵂ)職人.
tonnelle /tɔnɛl/ 女 (庭園内の植物で覆われた)園亭.
tonnellerie /tɔnɛlri/ 女 樽(ᵂ)製造[販売]業;樽工場;(集合的に)樽類.

***tonner** /tɔne/ トネ/ 自動 ❶ 《非人称構文で》雷が鳴る. ▶ Il *tonne*. 雷が鳴っている. ❷ とどろく. ▶ Les canons *tonnent*. 砲声がとどろき渡る.
—— 間他動 *<tonner* contre qc/qn〉…に怒りをぶつける, を激しく糾弾する.

***tonnerre** /tɔnɛːr トネール/ 男 ❶ 雷鳴;雷. ▶ On entend le *tonnerre*. 雷が聞こえる / le fracas du *tonnerre* 落雷のとどろき / un grondement de *tonnerre* 雷のごろごろいう音 / Le *tonnerre* gronde. 雷鳴がとどろく / Le *tonnerre* est tombé près de chez moi.(=foudre) 私の家の近くに雷が落ちた. ❷ 〈un *tonnerre* de+無冠詞名詞〉雷のような…の音[声]. ▶ un *tonnerre* d'acclamations 割れるような喝采(ᵂ).

coup de tonnerre (1) 雷鳴. (2) 思いがけない事件, 突発事故, 青天の霹靂(ᵂ).

de tonnerre 雷鳴のような. ▶ une voix *de tonnerre* 雷のような声.

du tonnerre (de Dieu) 話 (1) すごい. ▶ une fille *du tonnerre* ものすごくかわいい娘. (2)《副詞的に》すごくよく.《Comment vont les affaires? — Ça marche *du tonnerre*.》「景気はどうだい」「上々だよ」

Tonnerre de Dieu! = Tonnerre! 《間投詞的に》(怒り, 脅迫を表わして)畜生, くそ, なにを.

tonsure /tɔ̃syːr/ 女 ❶《カトリック》剃髪(ᵂ):かつての聖職者の身分を示す髪型で, 頭頂部の毛髪が一部分あるいは環状に刈り取られていた. ▶ recevoir la *tonsure* 剃髪を受ける, 聖職に就く. ❷ 剃髪式. ❸ 話 (頭頂部の)円形はげ.
tonsuré, e /tɔ̃syre/ 形《カトリック》剃髪(ᵂ)した, 剃髪式を受けた. —— **tonsuré** 男 剃髪者.
tonsurer /tɔ̃syre/ 他動《カトリック》〖聖職(志願)者〗を剃髪(ᵂ)する.
tonte /tɔ̃t/ 女 ❶ (動物, 特に羊の)毛を刈ること;(刈り取った)羊毛. ❷ (芝生, 樹木, 生け垣などを)短く刈り込むこと.
tonton /tɔ̃tɔ̃/ 男 幼児語 おじさん, おじちゃん.
tonus /tɔnys/ 男 ❶ 活気, 活力. ▶ avoir du *tonus* 活気に満ちている, 精力的だ / manquer de *tonus* 活力に欠ける. ❷ 筋緊張, トーヌス:筋肉の軽い連続的緊張[収縮].

top /tɔp/ 男 ❶ 信号, 信号音;合図(音). ▶ Au quatrième *top*, il sera exactement midi. (ラジオで)ただ今より(4秒後に)正午の時報をお伝えします. ❷ (録音, 録画の)開始の合図, 信号.

donner le top 合図をする, ゴーサインを出す.

topaze /tɔpaːz/ 女《鉱物》トパーズ, 黄玉(ᵂ).
tope /tɔp/ 間投 (挑戦や申し出を受けて)よしきた, いいとも, 承知した.
toper /tɔpe/ 自動 (取引などに)同意する. ▶《命令形で, 間投詞的に》*Topons*[*Topez*] (là)! よろしい, これで話はまとまった.
topique /tɔpik/ 形《薬学》局所用の. ▶ médicament *topique* 局所薬.
—— 男 (内用, 外用)局所薬.
top niveau /tɔpnivo/ 男《単複同形》話 トップレベル, 最高, 極致.
topo /tɔpo/ 男 話 論述, 説明, 報告, スピーチ. ▶ faire un petit *topo* sur la culture japonaise 日本文化について一席ぶつ / C'est toujours le même *topo*. また同じことを言っている, 相変わらずいつもの話だ.
topo- 接頭「場所, 位置, 局所」の意.
topographe /tɔpɔgraf/ 男 地形[地誌]学者.
topographie /tɔpɔgrafi/ 女 地形;地形図.
topographique /tɔpɔgrafik/ 形 地形測量の;地形(図)の. ▶ carte *topographique* 地形図.
topologie /tɔpɔlɔʒi/ 女《数学》位相, トポロジー.
topologique /tɔpɔlɔʒik/ 形《数学》位相の, トポロジーの.
toponymie /tɔpɔnimi/ 女 ❶ (集合的に)(一地方, 一言語に属する)地名. ❷《言語》地名学.
toponymique /tɔpɔnimik/ 形《言語》地名学の;地名の.
toquade /tɔkad/, **tocade** 女 話 一時的な熱中, のぼせ上がり;気まぐれ. ▶ avoir une *toquade* pour une femme 女にうつつを抜かす.
toquard¹, arde /tɔkaːr, ard/ 形 ⇨ TOCARD¹.
toquard² /tɔkaːr/ 男 ⇨ TOCARD².
toque /tɔk/ 女 トーク, 縁なし帽;騎手帽. ▶ *toque* de cuisinier コック帽.
toqué, e /tɔke/ 形 ❶ 話 頭がおかしい. ▶ Cet homme est complètement *toqué*. この男, 完全にいかれている. ❷ 頭のおかしい人.
se toquer /s(ə)tɔke/ 代動 〈*se toquer* de qn/qc〉…に夢中になる, ほれ込む, 熱を上げる. ▶ Il s'est *toqué* d'une petite danseuse. 彼は若いダンサーに首ったけになった.
torche /tɔrʃ/ 女 たいまつ, トーチ. ▶ *torche* électrique (強力な)懐中電灯.

être transformé en torche vivante 火だるまになる.

torché, e /tɔrʃe/ 形 ❶ 話 よくできた, うまくいった. ▶ Ça, c'est bien *torché*! よくできている, 成功だ. ❷ ぞんざいな, 雑な.
—— **torchée** 女 殴打.
torcher /tɔrʃe/ 他動 ❶ …をふく, ぬぐう, きれいにする. ▶ *torcher* son assiette avec du pain パンで皿をぬぐって食べる / *torcher* le derrière d'un enfant (=nettoyer) 俗 子供の尻(ᵂ)をふく. ❷ 話 (仕事など)をぞんざいにかたづける.

— **se torcher** 代動 俗 ❶ 自分の…をふく. ▶ *se torcher* le derrière 自分の尻(㌧)をふく. ❷ ⟨*s'en torcher*⟩ …を無視する, 問題にしない. ▶ Des conseils? Je *m'en torche*. 忠告だって, 知ったことか(注 Je *m'en torche*. = Je m'en fiche).

torchère /tɔrʃɛːr/ 囡 大燭台(㌧);枝付き燭台.

torchis /tɔrʃi/ 男 荒壁土.

*****torchon** /tɔrʃɔ̃/ トルション/ 男 ❶ 布巾(㌧), 雑巾. ▶ donner un coup de *torchon* sur la table 食卓を布巾でふく / essuyer qc avec un *torchon* …を布巾でふく. ❷ くだらない[ぞんざいな]文章[原稿]. ❸ 低俗な新聞[雑誌].

coup de torchon (1) 粛清, 一掃;(警察の)手入れ. (2) 殴り合い, 乱闘.

Le torchon brûle. …(話題の夫婦, 友人などが)喧嘩(㌧)している, 不仲だ.

ne pas mélanger les torchons et les serviettes (雑巾とナプキンを混同しない→) 人や物をその身分や価値に応じて扱う.

torchonner /tɔrʃɔne/ 他動 ❶ 俗〔仕事〕をぞんざいにかたづける, いいかげんにする. ❷ …を布巾でふく.

tord /tɔːr/, **tordaient**, **tordais**, **tordait** /tɔrdɛ/ 活用 ⇨ TORDRE 60

tordant, ante /tɔrdɑ̃, ãːt/ 形 話 腹の皮がよじれるほどおかしい. (比較 ⇨ DRÔLE.

torde, tordent, tordes /tɔrd/ 活用 ⇨ TORDRE 60

tordi-, tordî-, tordiss- 活用 ⇨ TORDRE 60

*****tordre** /tɔrdr/ トルドル/ 60 他動

過去分詞 tordu	現在分詞 tordant
直説法現在 je tords	nous tordons
複合過去 j'ai tordu	単純未来 je tordrai

❶ …をねじる, よじる, 絞る;〔髪〕を編む. ▶ *tordre* le bras à qn …の腕をねじ上げる.
❷ …をねじ曲げる, ゆがめる. ▶ *tordre* une barre de fer 鉄の棒をねじ曲げる / Il *tordait* la bouche de douleur. 彼は痛みで口もとをゆがめていた.
❸〔胸, 腹など〕をきりきり痛ませる.

tordre le cou à qn 話 …の首を絞めて殺す.

— **se tordre** 代動 ❶ 体をねじ曲げる, 身をよじる. ▶ *se tordre* de douleur 苦痛に身をよじる / *se tordre* (de rire) 腹を抱えて笑う / Il y a de quoi *se tordre*. すごくおかしい.
❷ ⟨*se tordre* qc⟩ (自分の)〔手足など〕をくじく, 捻挫(㌧)する. 注 se は間接目的. ▶ Je *me suis tordu* la cheville. 私は足首を捻挫した.
❸ 曲がりくねる, ねじれる. ▶ Le pare-choc de la voiture *s'est tordu* au moment de la collision. その車のバンパーは衝突時にひん曲がった.

tordu, e /tɔrdy/ 形 (tordre の過去分詞)❶ ねじれた, ゆがんだ. ❷ 話 ひねくれた, 変な. ▶ avoir l'esprit *tordu* 変な考えを持っている.

— 名 奇人;頭のおかしい人.

tore /tɔːr/ 男 ❶〔数学〕(幾何学で)トーラス, 輪環面;輪環体. ❷〔建築〕(大)玉縁(㌧), トルス.

toréer /tɔree/ 自動 闘牛をする, 牛と闘う.

torero /tɔrero/ 男《スペイン語》闘牛士;《特に》マタドール.

torgnole /tɔrɲɔl/ 囡 殴打, 平手打ち.

tornade /tɔrnad/ 囡 ❶ 竜巻, 大旋風, トルネード. ▶ entrer comme une *tornade* 疾風のように(勢いよく)入ってくる. ❷ ⟨*tornade* de + 無冠詞名詞⟩ …の圧倒的な勢力.

torpeur /tɔrpœːr/ 囡 麻痺(㌧)(状態);けだるさ;無気力. ▶ tirer qn de sa *torpeur* 無気力な状態から…を抜け出させる.

torpide /tɔrpid/ 形 ❶ 文章 無気力な;麻痺させる, 無気力にさせる. ▶ une chaleur *torpide* けだるい暑さ. ❷〔医学〕病状などが〕横ばいの.

torpillage /tɔrpijaːʒ/ 男 ❶ 魚雷攻撃.
❷ (計画などの)阻止, 妨害.

torpille[1] /tɔrpij/ 囡〔魚類〕シビレエイ.

torpille[2] /tɔrpij/ 囡 魚雷;水雷.

torpiller /tɔrpije/ 他動 ❶ …を魚雷で攻撃する. ❷ …を破壊する, 陰険な仕方で阻止[妨害]する. ▶ *torpiller* un projet 計画をつぶす.

torpilleur /tɔrpijœːr/ 男 魚雷艇;(小型)駆逐艦.

torréfacteur /tɔrefaktœːr/ 男 ❶ (コーヒーなどの)焙煎(㌧)器, 焙(㌧)じ器. ❷ コーヒーを焙煎して売る人.

torréfaction /tɔrefaksjɔ̃/ 囡 (コーヒーなどの)焙煎(㌧), 焙(㌧)じ.

torréfier /tɔrefje/ 他動〔コーヒーなど〕を焙(㌧)じる, 炒(い)る.

*****torrent** /tɔrɑ̃/ トラン/ 男 ❶ 急流, 奔流. ▶ les *torrents* pyrénéens ピレネー山脈の急流.
❷ ⟨un *torrent* [des *torrents*] de + 無冠詞名詞⟩ …のほとばしり, 大量流出;氾濫(㌧). ▶ des *torrents* d'eau [de pluie] どしゃ降りの雨 / verser des *torrents* de larmes とめどなく涙を流す / un *torrent* d'injures ぽんぽん飛び出す悪口雑言.

Il pleut à torrents. 雨が滝のように降る.

torrentiel, le /tɔrɑ̃sjɛl/ 形 ❶ 急流の. ❷ 急流のような, おびただしく流れる. ▶ une pluie *torrentielle* 滝のような雨.

torrentueux, euse /tɔrɑ̃tɥø, øːz/ 形 文章 ❶ 流れの激しい, 急流の. ❷ 激動の. ▶ une vie *torrentueuse* 波瀾(㌧)の人生.

torride /tɔrid/ 形 酷熱の, 灼熱(㌧)の. ▶ climat *torride* 熱帯性気候.

tors, torse /tɔːr, tɔrs/ 形 ❶〔体の一部が〕曲がった, ゆがんだ;文章〔道などが〕曲がりくねった. ▶ jambes *torses* 湾曲した足. ❷ 撚(よ)った, ねじれた. ▶ colonne *torse*〔建築〕ねじれ柱.

torsade /tɔrsad/ 囡 ❶ 螺旋(㌧)状に撚(よ)ったもの, 撚り房. ▶ cheveux en *torsade* ねじり編みにした髪 / rideau à *torsades* 撚り房のついたカーテン. ❷ (編み物で)縄編み.

torsader /tɔrsade/ 他動 …を螺旋(㌧)状に撚(よ)る, 撚り合わせる.

torse /tɔrs/ 男 ❶ 上半身. ▶ se mettre *torse* nu 上半身裸になる. ❷〔彫刻〕トルソ(胴体だけの彫像).

bomber le torse ふんぞり返る, 威張る.

torsion /tɔrsjɔ̃/ 囡 ねじること, よじること;ねじれ,

よじれ.

*tort /tɔːr トール/ 男 ❶ 誤り, 間違い; 過ち, おちど.
▶ Il a eu le *tort* de trop parler. 彼はしゃべりすぎるというへまをした / Vous fumez beaucoup. C'est un *tort*. そんなにたばこを吸っては駄目ですよ / reconnaître ses *torts* 自分の非を認める.
❷ 損害, 迷惑. ▶ demander réparation d'un *tort* (=préjudice) 損害賠償を求める.

*à tort 間違って, 不正にも. ▶ soupçonner qn *à tort* …にあらぬ疑いをかける / être accusé *à tort* 無実の罪を着せられる.

à tort et à travers 軽率に, でたらめに, 分別なしに. ▶ parler *à tort et à travers* 口から出まかせを言う / dépenser *à tort et à travers* 無分別に金を使う.

à tort ou à raison 是非はともかく; むやみに, やたらに. ▶ Il est considéré comme savant, *à tort ou à raison*. 真偽のほどは分からないが, 彼は博識だと思われている.

*avoir tort 間違っている (↔avoir raison). ▶ Vous *avez tort*. あなたは間違っている / Les absents *ont* toujours *tort*. 諺 いない者はいつも悪者にされる. ◆**avoir tort** de + 不定詞 …するのは間違っている. ▶ Tu *as tort* de tant fumer. そんなにたばこを吸ってはいけないよ.

donner tort à qn (1) …を非難する. ▶ On lui *a donné tort*. 人々は彼(女)を非難した. (2) 〔物事が〕…の誤りを証明する. ▶ Les événements récents vous *ont donné tort*. 最近の出来事はあな(方)が間違っていたことを示している.

(être)〔dans son tort〕〔en tort〕 間違っている; 法に反している.

faire du tort à qn/qc …に損害を与える, 迷惑をかける, を侵害する. ▶ Cette mesure va *faire du tort aux* produits laitiers. この措置がとられると乳製品が打撃を受けるだろう / Ça ne *fait* (de) *tort à* personne. だれにも迷惑はかからない.

mettre qn dans son tort …に過ちを犯させる, を誤らせる.

torticolis /tɔrtikɔli/ 男〔痛みを伴う〕首のねじれ.
▶ avoir le *torticolis*〔寝違えて〕首や肩が痛い.

tortillard /tɔrtijaːr/ 男〔曲がりくねった路線を走る〕ローカル鉄道列車.

tortillement /tɔrtijmɑ̃/ 男 撚(よ)ること, ねじること; 捩れ, ねじれ.

tortiller /tɔrtije/ 他動 ❶ …を撚(よ)る, ねじる, ひねくる.〔▶ *tortiller* sa moustache ひげをひねる.
❷ 話〔食べ物を〕あっという間に平らげる.
— 自動 身をくねらせる. ▶ *tortiller* des hanches 腰を振る.

Il n'y a pas à tortiller. 話 ためらうことはない.

— **se tortiller** 代動 身をくねらせる, のたくる; もじもじする. ▶ *se tortiller* comme un ver ミミズのように身をよじる.

tortillon /tɔrtijɔ̃/ 男 ❶ ねじったもの. ▶ défaire les *tortillons* d'un papier de bonbon ボンボンの包み紙のねじりを解く. ❷〔荷物を頭に載せて運ぶための〕布をねじった輪形クッション.

tortionnaire /tɔrsjɔnɛːr/ 形 拷問の, 拷問用の. — 名 拷問する人.

tortue /tɔrty/ 女 ❶ カメ. ▶ *tortue* marine ウミガメ. ❷ のろまな人.

aller [marcher]〔à pas〕〔d'un pas〕de tortue〔亀のように〕のろのろ進む〔歩く〕.

Quelle tortue! = **C'est une vraie tortue!** なんてのろまなんだ.

tortueusement /tɔrtyøzmɑ̃/ 副 ❶ 曲がりくねって. ❷ 陰険に, ひねくれて.

tortueux, euse /tɔrtyø, øːz/ 形 ❶ 曲がりくねった. ▶ une rue *tortueuse* 曲がりくねった通り. ❷ ひねくれた, 回りくどい; 陰険な. ▶ une explication *tortueuse* 持って回った説明.

torturant, ante /tɔrtyrɑ̃, ɑ̃ːt/ 形 苦しめる, 責めさいなむ. ▶ un remords *torturant* 胸をさいなむ悔恨.

*torture /tɔrtyːr トルテュール/ 女 ❶ 拷問, 責め苦. ▶ infliger [faire subir] la *torture* à qn …を拷問にかける / parler sous la *torture* 拷問されて口を割る. ❷ 堪えがたい苦痛. ▶ les *tortures* de la jalousie 嫉妬(とう)の苦悶(もん).

mettre qn à la torture …を責めさいなむ; じりじりさせる.

se mettre (l'esprit) à la torture = **mettre son esprit à la torture**〔どうにかしようとして〕知恵を絞る;〔思い出そうと〕躍起になる.

torturer /tɔrtyre/ 他動 ❶ …を拷問にかける, 虐待する. ❷ …を苦しめる, 悩ませる. ▶ La faim le *torturait*. 飢えが彼をさいなんだ / L'enquêteur l'*a torturé* par ses questions incessantes. 調査員は次々と彼を質問責めにして悩ませた. 比較 ⇨ TOURMENTER. ❸ 文章 …をゆがめる, 歪曲(きょく)する. ▶ *torturer* un texte 文章の意味をゆがめる. — **se torturer** 代動 ❶ *se torturer*〔le cerveau〕〔l'esprit〕知恵を絞る. 注 se は間接目的. ❷ 自分を苦しめる.

torve /tɔrv/ 形〔目つきが〕険しい, おびえさせる.

*tôt /to ト/ 副 ❶(通常, 定刻より)早く, 早めに; 朝早く. ▶ se lever *tôt* 早起きする / arriver un peu *tôt* 少し早めに着く / le plus *tôt* possible = aussi *tôt* que possible できるだけ早く. ◆plus *tôt* 前に, 先に. ▶ deux jours plus *tôt* (その) 2 日前に.

❷〔非人称構文で, 形容詞的に〕〈Il est (trop) *tôt*「pour + 不定詞〔que + 接続法〕〉…には早い. ▶ Il est un peu *tôt* pour déjeuner. 昼食にはちょっと早すぎる.

*au plus tôt (1) できるだけ早く. ▶ Téléphonemoi *au plus tôt*. なるべく早く電話ください. (2) 早くとも. ▶ Je reviendrai demain soir *au plus tôt*. 私が帰ってくるのは早くとも明晩です.

avoir tôt fait de + 不定詞 たちまち…する. ▶ Il *a eu tôt fait de* s'en apercevoir. 彼はすぐにそれに気がついた.

Ce n'est pas trop tôt! 話（約束に遅れてきた相手などに対して）何をやっていたんだ, 遅いじゃないか.

Le plus tôt sera le mieux. 早ければ早いほどよい.

ne … pas plus tôt … que + 直説法 …するやいなや…である. ▶ Je *n'*étais *pas plus tôt* rentré *qu'*il fallut repartir. 私は帰宅するやまたすぐ出かけなければならなかった.

pas de si tôt そんなにすぐには…しない. ▶ Elle

total

ne viendra *pas de si tôt*. 彼女はそうすぐには来ないだろう.

*tôt ou tard /to(t)uta:r/ 遅かれ早かれ，いずれそのうちに.

*total, ale /tɔtal トタル/《男复 **aux** /o/》形
❶ 全体の, 全面的な; 完全な. ▶ dans une obscurité *totale* 真っ暗闇(%)の中で / Nous avons une confiance *totale* en lui. 我々は彼に全幅の信頼を寄せている. 比較 ⇨ ENTIER.
❷《数量面で》全部の, 総計の. ▶ prix *total* 合計金額 / La somme *totale* est de deux cents euros. 総額で200ユーロになる.
— **total**:《複》**aux** 男《多く単数で》全体, 総計, 総額. ▶ *total* de la population 総人口 / Ça vous fait un *total* de cinq cent vingt-sept euros. 総額527ユーロになります / faire le *total* 合計する.
au total 合計で; 結局. ▶ *Au total*, il vaut mieux attendre. 結局のところ, 待つ方がよい.
— 副《文頭で》結局, 要するに. ▶ *Total*, on n'a rien pu voir. 要するに何も見られなかった.
totale /tɔtal/ 女 子宮全摘手術.
C'est la totale! あんまりだ, ひどすぎる.
totalement /tɔtalmɑ̃/ 副 まったく, 完全に, すっかり.
totalisateur, trice /tɔtalizatœːr, tris/ 形 加算する, 総計する.
— **totalisateur** 男 加算器.
totalisation /tɔtalizasjɔ̃/ 女 総計, 合算.
totaliser /tɔtalize/ 他動 ❶ …を総計する.
❷ …という総計に達する. ▶ l'équipe qui *totalise* le plus grand nombre de points 最も得点の多いチーム.
totalitaire /tɔtalitɛːr/ 形 ❶ 全体主義の. ▶ Etat *totalitaire* 全体主義国家. ❷ 包括的な, 総括的な. ▶ vision *totalitaire* du monde 包括的な世界観.
totalitarisme /tɔtalitarism/ 男 ❶ 全体主義.
❷ 権威主義; 専横.
totalité /tɔtalite/ 女 全部, 全体; 全体性, 総体性. ▶ la *totalité* de ses biens 彼(女)の全財産 / dépenser la quasi-*totalité* de son salaire 給料をほとんど使ってしまう / lire un livre dans sa *totalité* 本を1冊全部読む.
en totalité 全体として, 完全に. ▶ accepter des conditions *en totalité* 条件を全面的に受け入れる.
totem /tɔtɛm/ 男 トーテム; トーテムポール.
totémique /tɔtemik/ 形 トーテムの; トーテミズムの. ▶ mât [poteau] *totémique* トーテムポール.
totémisme /tɔtemism/ 男 トーテミズム, トーテム信仰, トーテム組織.
toto /tɔto/ 男 俗 シラミ.
toton /tɔtɔ̃/ 男 (指で回す)小さい独楽(こま).
toubib /tubib/ 男 医者. 比較 ⇨ MÉDECIN.
toucan /tukɑ̃/ 男《鳥類》オオハシ.
touchant, ante /tuʃɑ̃, ɑ̃:t/ 形 心に触れる, 感動的な. ▶ une parole *touchante* ほろりとさせる言葉 / une scène *touchante* 胸を打つ場面.
— **touchant** 前 文章 …について, 関して. ▶ Il ne sait rien *touchant* cette affaire. 彼はこの件について何も知らない.

touche /tuʃ/ 女 ❶ (ピアノなどの)鍵(%); (機械の)スイッチ; (キーボードなどの)キー; (弦楽器の)指板. ▶ appuyer sur les *touches* d'un téléviseur テレビのチャンネル・スイッチを押す.
❷ (絵画の)タッチ, 筆触; 色彩効果, 配色. ▶ peindre à larges *touches* 大まかなタッチで描く / mettre une *touche* exotique [de gaité] (装飾, 装いなどに)エキゾチック[陽気]な趣を添える. ❸ 文章 文体, 筆遣い; (芸術家の)スタイル.
❹ 話 格好, 様子; 外観. ▶ Tu as une drôle de *touche*. 君の格好は滑稽(%)だよ.
❺《釣り》当たり, 食い. ▶ avoir une *touche* 当たりがある(⇨ 成句).
❻《スポーツ》(フェンシングで)突き; (ラグビーで)タッチライン (=ligne de *touche*). ▶ sortir en *touche* [ボールが]タッチラインを割る.
avoir la touche avec qn 話 (異性に)気に入られる, もてる.
avoir [faire] une touche 話 (異性の)気を引く, 気に入られる.
rester [être (mis)] sur la touche (1)《スポーツ》(交替要員で)試合に出ない. (2) 話 活動に加わらない, 取り残されている.
touche-à-tout /tuʃatu/ 名《不変》❶ なんにでも触る人(特に子供を指す). ❷ なんにでも手を出す人, なんでも屋.
*toucher[1] /tuʃe トゥシェ/ 他動

直説法現在	je touche	nous touchons
	tu touches	vous touchez
	il touche	ils touchent
複合過去	j'ai touché	半過去 je touchais
単純未来	je toucherai	単純過去 je touchai

❶ …に触る, 接触する. ▶ *toucher* qc du bout des doigts …に指先で触れる / *Touchez* ce tissu et vous verrez comme il est doux. この布地に触ってごらんになれば, どんなに柔らかいか分かります / Je lui *ai touché* l'épaule. 私は彼(女)の肩に手をやった / Ne me *touche* pas! 私に触らないで! / *toucher* le sol 〔飛行機が〕着地する / *toucher* le port 〔船が〕接岸する / *toucher* le fond 水底に足が届く, 背が立つ.
❷ …に命中する, を打つ. ▶ *toucher* la cible 的に当たる / Il *a été touché* par [d']une balle en plein cœur. 彼は心臓のど真ん中を撃たれた.
❸《金など》を受け取る. ▶ *toucher* son salaire 給料をもらう / *toucher* un chèque 小切手を受け取る / Il *touche* plus de dix mille francs par mois. 彼は月に1万フラン以上もらっている.
❹ …の心を打つ. ▶ Ses larmes m'ont *touché*.(=émouvoir) 彼(女)の涙に私は心を動かされた / Je *suis* très *touché* de [par] votre cadeau. プレゼントにたいへん恐縮しております / *toucher* qn profondément …を深く感動させる / *toucher* qn au vif …の痛いところを突く.
❺ …に関係する; 及ぶ. ▶ C'est un problème qui ne me *touche* en rien.(=regarder) この問題は私にはまったく関係ない / Le chômage *touche* bien des jeunes. 失業は若者の多くに及

んでいる / *toucher* qn de près …と近親関係にある.
❻〔建物などが〕接している. ▶ Sa maison *touche* l'église. 彼(女)の家は教会に隣接している.
❼ …と連絡をとる. ▶ *toucher* qn par téléphone …に電話でコンタクトをとる / Où peut-on vous *toucher*? どこでご連絡がとれますか.
ne pas toucher terre 地に足が着いていない.
Pas touche! 話 それに触るな;《形容詞句的に》手出しできない.
toucher du bois ⇨ BOIS¹.
toucher un mot de qc à qn 話 …に…について簡単に話す. ▶ Avant de décider, il faut lui en *toucher un mot*. 決める前に彼(女)にひとこと伝えておく必要がある.

— ***se toucher*** 間他動 〈*toucher* à qc/qn〉 ❶ …に手で触る. ▶ Le bébé *touche* à tout ce qu'il voit. 赤ん坊は目に入る物すべてに手で触れる / N'y *touche* pas!= *Pas touche!* 手を触れないで / Elle n'*avait* jamais *touché* à un volant. 彼女は自動車のハンドルを握ったことすらなかった.
❷〈金, 食べ物など〉に手をつける, の一部を使う. ▶ *toucher* à ses économies 貯金に手をつける / Elle n'*a* même pas *touché* au hors-d'œuvre. 彼女はオードブルにさえ手をつけなかった.
❸〔問題など〕に触れる, 言及する. ▶ Vous *touchez* là à une question délicate. そこが微妙な問題なのです.
❹ …に手を加える;を傷つける. ▶ Il vaut mieux ne pas *toucher* au texte. 原文には手を加えない方がよい / *toucher* à l'honneur de qn …の名誉を傷つける. ◆ *toucher* à qn …に暴力を振るう. ▶ Ne *touche* pas à mon copain! 私の友達には手を出すな.
❺ …に関係する. ▶ Ce problème *touche* aux fondements mêmes de la démocratie. この問題は民主主義の根幹にかかわっている.
❻〔建物などが〕接している. ▶ Sa maison *touche* à l'église. 彼(女)の家は教会に隣接している.
❼ 文章 …にさしかかる;達する. ▶ *toucher* à la cinquantaine 50歳にさしかかる / *toucher* au port [but] 港[目的地]にさしかかる[着く] / *toucher* à sa fin 終わる[終わろうとしている].
❽ 文章 …と紙一重だ. ▶ Ça *touche* à la folie. それはほとんど狂気の沙汰(ホ〆ヘ)だ.
ne pas avoir l'air d'y toucher 話 何食わぬ顔をする.
toucher à tout なんにでも手を出す. ▶ Il *touche à tout*, mais il abandonne tout de suite. 彼はなんにでも手を出すけどすぐにやめてしまう.

— ***se toucher*** 代動 ❶ 接し合う. ▶ Leurs maisons *se touchent*. 彼(女)らの家は隣り合っている. ❷(互いに)似ている. ❸ 話 手淫(ホ〆ハ)する.
Tu te touches (pas un peu)? 俗 夢でも見てるのか, しっかりしろ.

toucher² /tuʃe/ 男 ❶ 触覚;手触り. ❷(ピアノなどの)タッチ.
au toucher(手で)触れると. ▶ Le velours est doux *au toucher*. ビロードは手触りが柔らかい.

touffe /tuf/ 囡 茂み;房, 束. ▶ *touffe* d'herbe(s) 草むら / une *touffe* de cheveux 一房の髪.

touffu, e /tufy/ 形 ❶ 密生した, 生い茂った. ▶ un bois *touffu* 密生した森 / avoir une barbe *touffue* もじゃもじゃのあごひげを生やしている.
❷ ぎっしり詰まった;込み入った. ▶ un livre *touffu*(内容が)ごたごた盛りだくさんな本.

touiller /tuje/ 他動 話 …をかき混ぜる. ▶ *touiller* la salade サラダを混ぜる.

:toujours /tuʒuːr トゥジュール/ 副

❶ いつも, 常に, 絶えず;いつまでも, 永遠に. ▶ Elle vient *toujours* à cinq heures. 彼女はいつも5時に来る. ◆ **ne ... pas toujours** いつも[いつまでも]…とは限らない, 必ずしも…ではない(⇨ 語法). ▶ Il n'est pas *toujours* à la maison. 彼はいつも家にいるわけではない / 《Cet élève travaille bien? — Pas *toujours*.》「この生徒はよく勉強しますか」「いつもというわけではないですね」/ Ça ne durera pas *toujours*. それは永久に続くわけではない.
❷ 今もなお, 相変わらず. ▶ Elle habite *toujours* là? 彼女は今もそこに住んでいるのですか / Il est *toujours* le même. 彼は相変わらずだ. ◆ **ne ... toujours pas** 依然として[まだ]…でない(⇨ 語法). ▶ Il n'*a toujours* pas touché son salaire. 彼はまだ給料をもらっていない / 《L'avion n'est *toujours* pas arrivé?— Non, *toujours* pas.》「飛行機はまだ到着しないの」「うん, まだだ」
❸ とにかく, いずれにせよ, それでもやはり. 注 *toujours* が文頭に来ると多く主語と動詞は倒置する. ▶ Si je n'ai pas gagné beaucoup d'argent, *toujours* ai-je pu entretenir ma famille. たいした稼ぎではなかったが, とにかく家族は養ってきた.
C'est toujours ça (de pris). = ***C'est toujours autant ⌈de pris [de gagné⌉]***. 話 とにかくないよりよかった, それだけ得した. ▶ Tu as gagné dix euros à la loterie? Bah, *c'est toujours ça de pris*. 宝くじで10ユーロ当たったって, まあ, それでもないよりましだ.
comme toujours 相変わらず, いつものように.
depuis toujours ずっと以前から. ▶ Je la connais *depuis toujours*. 私は古くから彼女を知っている.
de toujours 常に変わらない. ▶ Ce sont des amis *de toujours*. 彼らは長年の友だ.
Il peut toujours courir ⌈se fouiller⌉! 話 何をしたってむだだよ.
pour toujours 永久に, 永遠に. ▶ Il a quitté le Japon *pour toujours*. 彼は日本を去った. 二度と帰って来ないだろう.
Toujours est-il que + 直説法 . とにかく…は事実である, いずれにせよ…である. ▶ J'ai fait de mon mieux. *Toujours est-il que* j'ai échoué au concours. 私はベストを尽くしたのだが, ともあれ選抜に漏れてしまった.
toujours plus ⌈moins⌉ + 形容詞 ますます多く[次第に少なく]…. ▶ Elle est *toujours plus* orgueilleuse. 彼女はますます高慢になっている.

<u>語法</u> 否定文中で, toujours の位置が pas の前かあとかによって, 文の意味が異なる. 〈**ne ... pas toujours**〉の toujours は「常に」の意味で, 全体が「常に…であるわけではない」という部分

Toulon

否定になる．一方，〈ne ... toujours pas〉の toujours は「今でも，相変わらず」の意味である．
・Il n'est pas *toujours* à la maison. 彼はしょっちゅう家にいるわけではない．
・Il n'est pas *toujours* pas à la maison.（彼のところに一度電話をしたら，その時彼はまだ帰宅していなかった．もう一度かけたが）彼はまだ家に帰っていない（←彼が家にいないという状態が相変わらず続いている）．

Toulon /tulɔ̃/ 固名 トゥーロン：Var 県の県庁所在地．

toulous*ain, aine* /tuluzɛ̃, ɛn/ 形 トゥールーズ Toulouse の．
— **Toulous*ain, aine*** 名 トゥールーズの人．

Toulouse /tulu:z/ 固名 トゥールーズ：Haute-Garonne 県の県庁所在地．

toundra /tundra/ 女 [地理] ツンドラ．

toupet /tupɛ/ 男 ❶（毛髪の）房；前髪．
❷ 話 厚かましさ，ずうずうしさ．▶ Quel *toupet*! なんて厚かましいんだ / Il a le *toupet* de me demander de l'argent. 私に金を無心するとは厚かましいやつだ．

toupie /tupi/ 女 独楽(こま)．▶ faire tourner une *toupie* 独楽を回す．
tourner comme une toupie (1) くるくる回る．(2) 意見をくるくる変える．

touque /tuk/ 女〈液体，粉末などの保存・運搬用の〉金属製容器，缶．▶ *touque* de pétrole 石油缶．

***tour**¹ /tu:r/ トゥール 女 ❶ 塔，タワー；櫓(やぐら)；鐘楼．▶ la *tour* Eiffel エッフェル塔 / les *tours* de Notre-Dame（パリの）ノートル・ダム大聖堂の鐘楼 / la *tour* penchée de Pise ピサの斜塔 / la *tour* de Londres ロンドン塔 / *tour* de lancement ロケットの発射台 / *tour* de contrôle 管制塔，コントロールタワー / *tour* de guet 物見櫓．
❷ 高層ビル；高層マンション．▶ la *tour* Montparnasse モンパルナス・ビル / les *tours* de la Défense デファンス地区の高層ビル群．
❸ 話（肥満型の）大男．❹《チェス》ルーク．
la tour de Babel バベルの塔．
tour d'ivoire 象牙(ぞうげ)の塔．展 現実から身を引いて，研究，制作などに打ち込む状態をいう．▶ s'enfermer dans sa *tour d'ivoire* 象牙の塔に閉じこもる．

tour² /tu:r/ 男 ❶ 旋盤；轆轤(ろくろ)．▶ un pommeau de canne travaillé au *tour* 旋盤で作られたステッキの握り．❷（修道院で，外部から物を入れるための）回転受付口．

***tour**³ /tu:r/ トゥール 男
英仏そっくり語
英 tour 旅行，ツアー．
仏 tour 1周，回転，順番．

❶ 1周，一巡，一回り．▶ faire le *tour* de piste〔ランナーなどが〕トラックを回る / le *Tour* de France ツール・ド・フランス，フランス一周自転車競走（毎年7月開催）．
❷ 回転．▶ le *tour* de la Terre sur elle-même 地球の自転 / *tour* d'un danseur ダンサーのターン / faire des *tours*〔川や道が〕曲がる / faire des *tours* et des détours〔道が〕曲りくねっている / donner un *tour* de clef 鍵(かぎ)を回す．
❸ 周囲(の長さ)；縁，輪郭．▶ avoir soixante centimètres de *tour* de taille ウエストが60センチある / *tour* de poitrine 胸囲 / *tour* de hanches ヒップ / un lac de cinq kilomètres de *tour* 周囲5キロの湖 / le *tour* du visage 顔の輪郭 / *tour* des yeux 目の縁．
❹《多く所有形容詞とともに》順番；(投票の)回．▶ attendre son *tour* 自分の順番を待つ /《A qui le *tour*? — A moi [C'est mon *tour*].》「だれの番ですか」「私の番です」/ Allons, ne vous bousculez pas, chacun (à) son *tour*! そんなに押し合わないで，順番だよ /《au premier [au deuxième] *tour* 第1回[第2回]投票で / scrutin à un *tour* 1回投票制．◆C'est le *tour* de qn de + 不定詞．…は…の番だ．▶ C'est ton *tour* de faire la cuisine. 今度は君が料理をする番だ．
❺ 業，芸当；策略．▶ *tours* de cartes（手品師の）カードさばき / un mauvais *tour* = 話 un *tour* de cochon（人を陥れる）汚いやり口，下劣な行為．
❻ 成り行き，様相，様子．▶ prendre un *tour* politique 政治的な様相を帯びる / Cela dépend du *tour* que vont prendre les événements. それは事件の成り行き次第だ．
❼ 言語表現，言い回し（= *tour* de phrase）．▶ user de *tours* équivoques 曖昧(あいまい)な言葉の遣い方をする．

à double tour 鍵を2重に回して；きっちりと．▶ fermer la porte *à double tour* 厳重に戸締まりをする．
à son tour 順番に；今度は彼(女)が．
à tour de bras 力いっぱいに；惜しみなく．▶ gifler qn *à tour de bras* を力いっぱい殴る．
à tour de rôle = *chacun son tour* 順番に．
avoir plus d'un tour dans son sac 話 海千山千である，抜け目がない．
C'est reparti pour un tour. また始まった．
en un tour de main またたく間に，造作なく．
***faire le tour de qc* (1) …を取り囲む．▶ Le mur *fait le tour* de la ville. 城壁が町を取り囲んでいる．(2) …を1周する；〔うわさなどが〕…に広まる．▶ *faire le tour du* monde 世界一周する / L'anecdote a *fait le tour* de la ville. そのエピソードは町に広まった．注 de qc の代わりに de qn も用いられる（例：faire le *tour* des invités 招待客と一人一人挨拶(あいさつ)して回る）．(3) …をひと通り検討する．▶ *faire le tour d'*une question 問題をざっと検討してみる．
faire trois petits tours (et s'en aller) 話 ほんの束の間いるだけで(去る)．
faire un tour ちょっと出かける，散歩する；(軽く)旅行して回る．▶ *faire un tour* en ville 町を一巡りする．
jouer [faire] un tour [des tours] à qn …をだます，…にいたずらをする．▶ Les élèves ont joué un *tour* à leur professeur. 生徒たちは先生にいたずらをした / jouer un mauvais *tour* à qn …にたちの悪いいたずらをする / Cela vous jouera des *tours*. そんなことをするとひどい目に遇うよ．

Le tour est (bien) joué. もう起こってしまったことだ；うまくひっかかった．
partir au quart de tour 〔エンジンなどが〕すぐにかかる；〔物事が〕スムーズにいく．
passer son tour 自分の番を譲る．
plus souvent qu'à son tour 題 必要以上に何度も． ▶ Il s'invite *plus souvent qu'à son tour*. 彼はやたらに押しかけてくる．
prendre des tours 〔エンジンが〕フル回転する．
***tour à tour** 交替で；次々に． ▶ Nous lisons *tour à tour*. 私たちは交互に読む．
tour de chant (歌の)リサイタル，独唱会．
tour de faveur (ひいきによる)優先権．
tour de force 力業；離れ業，神業．
tour de main 手先の器用さ；熟練，技巧．
tour de reins ぎっくり腰，腰痛．
tour d'esprit (ある人に固有の)物の見方；(事態などへの)反応の仕方．

Touraine /turɛn/ 固有 女 トゥレーヌ地方：フランス中部の旧州．

tourangeau, elle /turɑ̃ʒo, ɛl/；《男 複》**eaux** /o/ 形 トゥーレーヌ Touraine 地方の．
— **Tourangeau, elle**；《男複》**eaux** 名 トゥーレーヌ地方の人．

tourbe¹ /turb/ 女 古文章 (軽蔑すべき人々の)群れ，烏合(ごう)の衆．

tourbe² /turb/ 女 泥炭．

tourbeux, euse /turbø, øːz/ 形 泥炭を含んだ；泥炭質の．

tourbier, ère /turbje, ɛːr/ 形 泥炭の，泥炭を含有の． ▶ terrain *tourbier* 泥炭地．
— **tourbière** 女 泥炭層，泥炭鉱．

tourbillon /turbijɔ̃/ 男 ❶ (水，煙などの)渦，渦巻き；旋風． ▶ un *tourbillon* de vent つむじ風 / *tourbillons* marins 渦潮 / faire des *tourbillons* 渦を巻く． ❷ 急旋回． ▶ *tourbillon* d'une danse ダンスのターン． ❸《un *tourbillon* de + 複数名詞》…の目くるめくような動き． ▶ un *tourbillon* de feuilles mortes 激しく舞い散る枯れ葉． ❹ 文章 めまぐるしさ． ▶ le *tourbillon* de la vie moderne 現代生活のめまぐるしさ．

tourbillonnant, ante /turbijɔnɑ̃, ɑ̃ːt/ 形 ❶ 渦を巻く，旋回する． ❷ めまぐるしい．

tourbillonnement /turbijɔnmɑ̃/ 男 ❶ 渦巻くこと，旋回． ❷ めまぐるしさ，慌ただしさ．

tourbillonner /turbijɔne/ 自動 ❶ 渦を巻く，旋回する． ▶ La neige *tourbillonnait* dans le vent. 雪が風に舞っていた．
❷ 文章 〔想念などが〕渦巻く． ▶ Les idées *tourbillonnaient* dans sa tête. 彼(女)の脳裏をさまざまな思いが駆け巡っていた．

tourelle /turɛl/ 女 ❶ (建物に付属した)小塔，櫓．
❷ 軍事 砲塔．

touret /turɛ/ 男 ❶ 回転式研磨機；(宝石細工用)小磨(ろ)轆(ろ)． ❷ (ロープを巻き取る)ドラム，巻き胴；ボビン．

tourillon /turijɔ̃/ 男 回転支軸．

***tourisme** /turism/ トゥリスム 男 ❶ 観光，観光旅行，観光事業． ▶ faire du *tourisme* 観光旅行をする / office de *tourisme* 観光協会，観光局 / agence [bureau] de *tourisme* 旅行社，旅行代理店 / *tourisme* organisé ツアー旅行 / *tourisme* de masse 団体旅行 / *tourisme* sexuel 買春旅行 / *tourisme* vert グリーンツーリズム．
❷ avion [voiture] de *tourisme* 自家用機[車]．

***touriste** /turist/ トゥリスト 名 観光客，ツーリスト． ▶ Je ne suis pas à Paris pour affaires mais en *touriste*. 私がパリに来たのは商用ではなく観光です / classe *touriste* (飛行機，船の)ツーリストクラス(2等)．

touristique /turistik/ 形 観光(事業)の． ▶ guide *touristique* 観光案内人；観光ガイドブック / renseignements *touristiques* 観光情報(案内) / activités *touristiques* 観光事業 / menu *touristique* 観光客用のサービス定食 / une région *touristique* 観光地．

tourment /turmɑ̃/ 男 文章 ❶ (多く複数で)激しい苦しみ，苦悩． ▶ *tourments* de la jalousie 嫉妬(とう)の苦しみ．
❷ 心配，悩み；悩み[心配]の種． ▶ donner [causer] du *tourment* à qn …を悩ませる / Cet enfant paresseux est un *tourment* pour moi. この怠け者の子が私の頭痛の種だ．

tourmente /turmɑ̃ːt/ 女 文章 ❶ (社会的，政治的な)動乱，騒乱． ▶ *tourmente* révolutionnaire 革命の動乱． ❷ 嵐(あらし)，突風． ▶ une *tourmente* de neige 猛吹雪．

tourmenté, e /turmɑ̃te/ 形 ❶ 苦しんでいる．
❷ 激しい動きの，激動する． ▶ une période *tourmentée* 激動の時代 / mener une vie *tourmentée* 波瀾(らん)万丈の生涯を送る． ❸ 文章 起伏の多い，変化の多い． ▶ une côte *tourmentée* 入り組んだ海岸線． ❹ 文章 凝りすぎた，不自然な． ▶ décoration d'intérieur *tourmentée* 凝りに凝った室内装飾．

tourmenter /turmɑ̃te/ 他動 ❶ 文章 (肉体的，精神的に)…を苦しめる． ▶ Ses rhumatismes le *tourmentent* depuis des années. 彼は何年も前からリューマチで苦しんでいる / être *tourmenté* par les remords 後悔の念にさいなまれる． ❷ …を悩ませる，困らせる；にしつこく付きまとう． ▶ Cet élève *tourmente* la maîtresse de questions. あの生徒はうるさく質問して先生を困らせる．
— **se tourmenter** 代動 悩む，苦しむ． ▶ Ne *vous tourmentez* pas pour si peu. そんな些細(ささい)なことでくよくよするな．

tournage /turnaːʒ/ 男 ❶ (映画の)撮影． ▶ *tournage* en extérieur ロケーション / *tournage* en intérieur スタジオ撮影． ❷ 轆轤(ろくろ)かけ；旋盤加工．

tournailler /turnɑje/ 自動 話 (目的もなく)うろつく，うろうろする． ▶ *tournailler* autour de qn /qc …の周りをうろつく，につきまとう．

tournant, ante /turnɑ̃, ɑ̃ːt/ 形 ❶ 回転する． ▶ scène *tournante* 回り舞台 / fauteuil *tournant* 回転椅子(す)． ❷ 曲がりくねった，螺旋(らせん)の． ▶ rue *tournante* うねうねとくねった通り / escalier *tournant* 螺旋階段． ❸ 迂回(うかい)の；裏をかく． ▶ mouvement *tournant* 敵の後方を遮断する行動[作戦]． ❹ grève *tournante* 波状スト．

tournant /turnɑ̃/ 男 ❶ (道などの)曲がり角，カー

tourné

ブしている所. ▶ *tournant* en épingle à cheveux ヘアピンカーブ. ❷〔重大な〕転機, 転換期. ▶ Nous sommes à un *tournant* décisif de l'histoire. 私たちは歴史の重大な曲がり角に来ている / marquer un *tournant* 転機を画す.

attendre qn au tournant（…を曲がり角で待つ→）國 …に仕返しする機会を待つ.

avoir [rattraper, retrouver] qn au tournant〔次の機会に〕…に仕返しをする.

tourné, e /turne/ 形〔ソースなどが〕変質した, 酸っぱくなった. ▶ vin [lait] *tourné* 変質したワイン［牛乳］.

avoir l'esprit mal tourné 悪意に満ちた見方をする, つむじ曲がりだ.

bien [mal] tourné (1) 格好のよい［不格好な］. ▶ une jeune fille à la taille *bien tournée* スタイルのいい娘. (2)〔文章などが〕うまく［まずく〕表現された. ▶ une lettre *bien tournée* 見事に書かれた手紙.

tourne-à-gauche /turnagoʃ/ 男〔単複同形〕レンチ, スパナ; タップ;（のこぎり用の）目立て器.

tournebouler /turnəbule/ 他動 話 …を動転させる, 度を失わせる.

tournebroche /turnəbrɔʃ/ 男 ロースト用回転器.

tourne-disque /turnədisk/ 男 レコードプレーヤ.

tournedos /turnədo/ 男 牛ヒレ肉の切り身.

tournée /turne/ 女 ❶ 巡回; 出張, 巡業, ツアー. ▶ la *tournée* d'un facteur 郵便配達人の受け持ち区域配達 / une *tournée* d'inspection 視察旅行 / une troupe de théâtre en *tournée* à l'étranger 海外公演中の劇団. ◆ faire la *tournée* de ＋ 複数名詞 …を巡回する, 渡り歩く; 周遊旅行する. ▶ faire la *tournée* des capitales européennes ヨーロッパ各国の首都巡りをする. ❷ 國（カフェなどで）のおごり. ▶ payer [offrir] une *tournée* 皆に酒をおごる / C'est ma *tournée*. それは私のおごりだ.

faire la tournée des grands-ducs 國 豪遊する.

recevoir [donner] une tournée 國 ぶん殴られる［ぶん殴る］.

tourner /turne/ トゥルネ/

直説法現在	je tourne	nous tournons
	tu tournes	vous tournez
	il tourne	ils tournent
複合過去	j'ai tourné	半過去 je tournais
単純未来	je tournerai	単純過去 je tournai

他動 ❶ ❶ …の向きを変える. ▶ *tourner* son fauteuil vers la cheminée 椅子(☆)を暖炉の方に向ける / *tourner* les yeux vers [sur] qn/qc …に目を向ける / Un bruit énorme lui a fait *tourner* la tête. ものすごい物音が彼(女)を振り向かせた / *tourner* et retourner sa casquette entre ses mains 手の中で帽子をこね回す.
❷〔ページ〕をめくる. ▶ *tourner* les pages d'une partition 譜面のページをめくる.
❸〔問題など〕をさまざまな角度から検討する. ▶ *tourner* et retourner un problème 問題をあらゆる角度から検討する.
❹ ＜*tourner* qc/qn en qc＞ …を…に変える. ▶ *tourner* qc en plaisanterie …をちゃかす / *tourner* qn/qc「en ridicule [en dérision]」…を笑い物にする, ばかにする.
❺ ＜*tourner* qc vers [contre] qc/qn＞〔思考, 感情など〕を…に振り向ける. ▶ *tourner* ses pensées vers qn …のことについて考えを巡らせる / *tourner* sa colère contre qn …に怒りをぶちまける.

❷ ❶ …を回転させる, 回す. ▶ *tourner* la clef dans la serrure 鍵(☆)穴に鍵を入れて回す / *tourner* la poignée de la porte ドアのノブを回す.
❷〔材料など〕をかき混ぜる. ▶ *tourner* la salade（＝remuer）サラダを混ぜ合わせる / *tourner* son café コーヒーをかき混ぜる.
❸ …を回避する. ▶ *tourner* un obstacle 障害を避けて通る / *tourner* une difficulté 困難を回避する / *tourner* une loi 法に触れないようにうまく立ち回る.
❹〔角〕を曲がる. ▶ *tourner* le coin de la rue 通りの角を曲がる.
❺〔映画〕を撮影する. ▶ *tourner* un film 映画を撮影する.
❻〔言葉など〕を巧みに操る. ▶ Il *tourne* bien ses lettres. 彼は巧みに手紙を書く.

tourner la tête à qn (1) …を酔わせる, …に目を回させる. ▶ Le vin me *tourne la tête* facilement. 私はワインですぐ酔う. (2) …を夢中にさせる. ▶ Cette jeune fille lui *a tourné la tête*. 彼はあの女の子に夢中だ.

tourner「le cœur [l'estomac] à qn …の胸をむかつかせる, 吐き気を催させる.

tourner le dos à qn/qc ➪ DOS.

tourner「le sang [les sangs] à qn 國 …を動転させる, どぎまぎさせる.

tourner qc「en bien [en mal] …を好意的に［悪意に］解釈する.

── :**tourner** 自動 ❶ ❶ 回転する. ▶ une danseuse qui *tourne* sur elle-même 独楽(☆)のようにくるくると回るバレリーナ / Ce manège *tourne* très vite. この回転木馬はとても速く回る.
❷ ＜*tourner* autour de qc/qn＞ …の周りを回る, 旋回する (➪ 成句);〔話題などが〕に集中する, を巡る. ▶ L'avion *a tourné* plusieurs fois autour de l'aéroport avant d'atterrir. 飛行機は着陸する前に数回飛行場の周りを回った / La conversation *a tourné* autour de cette question. 会話はその問題を巡って行われた.
❸ 歩き回る; 巡回する, 巡業する. ▶ un représentant qui *tourne* dans une région 地方を回るセールスマン / une troupe de théâtre qui *tourne* à l'étranger（＝faire une tournée）海外巡業をする劇団.
❹ 作動する, 動く. ▶ L'usine *tourne* à plein régime. 工場はフル回転で稼働している / Ce moteur ne *tourne* pas régulièrement. このエンジンは規則正しく回転しない.
❺〔係などが〕交替で仕事をする. ▶ Dans toutes

les villes, les médecins *tournent* pour assurer la garde du dimanche. どこの町でも, 医者は日曜の当番を交替でやっている.
❻ (映画に)出る, 映画を撮影する. ▶ Cette actrice *a tourné* dans de nombreux films. この女優はたくさんの映画に出演している.

❷❶ 方角を変える, 曲がる, カーブする. ▶ Au premier feu, vous *tournerez* à droite. 最初の信号を右に曲がってください.
❷ ⟨tourner en [à] qc⟩ …になる, 変わる. ▶ Le temps *a tourné* à la pluie. 天気は雨模様になってきた / Ça risque de faire *tourner* la discussion en bagarre. それだと議論が殴り合いになる恐れがある.
❸〔ワイン, 牛乳, ソースなどが〕酸化する, 腐敗する.

avoir la tête qui tourne 目が回る.
Ça [*Tout*] *tourne.* めまいがする.
La tête lui tourne. 彼(女)はめまいを起こしている; 思い上がっている.
Le cœur lui tourne. 吐き気がする. 注 lui は各人称に変化させて用いる.
tourner autour de qn …の周りをうろうろする, に取り入ろうとする. ▶ Il *tourne autour d'*elle depuis longtemps. 彼はずっと前から彼女につきまとっている.
tourner autour du pot 話 ためらう, ぐずぐずする; 遠回しな言い方をする.
tourner à vide 空回りする.
tourner bien うまく行く.
tourner court 不意に中断[挫折(ざせつ)]する.
tourner de l'œil 話 気絶する.
tourner mal (1)〔事態などが〕まずいことになる. (2)〔人が〕素行が悪くなる. ▶ Il *a mal tourné* à la suite du divorce de ses parents. 両親が離婚してから彼の素行は悪くなった.

— **se tourner** 代動 ❶ 向きを変える, 振り向く. ▶ *se tourner* à gauche [droite] 左[右]を向く / *se tourner* vers la porte ドアの方を向く / *se tourner* et se retourner dans son lit ベッドで何度も寝返りを打つ.
❷ ⟨*se tourner* vers qn⟩ …に助けを求める. ▶ *se tourner* vers Dieu 神にすがる.
❸ ⟨*se tourner* vers qc⟩ …に関心を抱く, の道に進む. ▶ *se tourner* vers une question ある問題に関心を持つ / *se tourner* vers l'enseignement 教職を目指す.
❹ 文章 ⟨*se tourner* contre qn⟩ …に敵対する. ▶ *se tourner* contre ses alliés de la veille 昨日の友と対立する.
de quelque côté qu'on se tourne どちらを向いても, どんな立場に立とうとも.
ne plus savoir de quel côté se tourner 立場を決めかねている.

tournesol /turnəsɔl/ 男 【植物】ヒマワリ.
tourneur, euse /turnœːr, øːz/ 名 旋盤工, 轆轤(ろくろ)工.
tournevis /turnəvis/ 男 ねじ回し, ドライバー.
tournicoter /turnikɔte/ 自動 話 うろつく, うろうろする.
tourniquer /turnike/ 自動 話 ❶ (わけもなく)うろつく, うろうろする; さまよう. ❷ ⟨*tourniquer* autour de qn/qc⟩ …につきまとう; の回りをうろつく.

tourniquet /turnike/ 男 ❶ 回転木戸, 回転ドア. ▶ passer dans un *tourniquet* 回転ドアを通る. ❷ スプリンクラー. ❸ (絵はがき, ネクタイなどの)回転式陳列台, 回転スタンド.
tournis /turni/ 男 話 めまい (=vertige). ▶ avoir le *tournis* めまいがする / donner le *tournis* à qn …にめまいを起こさせる.
tournoi /turnwa/ 男 ❶ トーナメント, 勝ち抜き戦. 比較 ⇨ COMPÉTITION. ❷ 文章 競争, 試合.
tournoiement /turnwamā/ 男 回転, 旋回; 渦巻き.
tournoyant, ante /turnwajā, āːt/ 形 くるくる回る, 旋回する; 渦を巻く.
tournoyer /turnwaje/ 10 自動 くるくる回る, 旋回する. ▶ Des feuilles mortes *tournoyaient* en tombant. 落ち葉がひらひらと舞い落ちた / faire *tournoyer* qc …をくるくる回す.
tournure /turnyːr/ 女 ❶ (情勢などの)成り行き, 展開 (=tour). ▶ La situation a pris une mauvaise [meilleure] *tournure*. 状況は悪化[好転]した.
❷ (物の)外観, 様子, 体裁. ▶ Repeinte, la façade a une autre *tournure*. 塗り替えられて建物の正面は見違えるようになった.
❸ 言い回し, 表現 (=*tournure* de phrase). ▶ C'est une *tournure* vieillie [fautive]. その言い回しは古風[誤用]だ.
❹ (固有の)物の見方 (=*tournure* d'esprit). ▶ avoir une drôle de *tournure* d'esprit 妙な見方をする, 物の見方が変だ.
prendre tournure 形が整ってくる; でき上がりつつある. ▶ Ce projet *prenait tournure*. その計画は次第に具体化してきた.
tour-opérateur /turɔperatœːr/ 男 (おもにパック旅行を扱う)旅行業者.
Tours /tuːr/ 固有 トゥール: Indre-et-Loire 県の県庁所在地.
tourte /turt/ 女 ❶ トゥルト: 野菜, 肉, 果物などのパイ包み焼き. ❷ 古・話 ばか, とんま.
tourteau /turto/ 《複》×男 (飼料, 肥料に用いる果実, 種子などを丸く固めた)搾りかす.
tourtereau /turtəro/ː《複》×男 ❶【鳥類】キジバトの雛(ひな). ❷《複数で》話 若いカップル, 恋人たち.
tourterelle /turtərɛl/ 女【鳥類】キジバト.
tourtière /turtjɛːr/ 女【料理】タルト型.
Toussaint /tusɛ̃/ 女 (カトリックで)諸聖人(の祝日); (プロテスタントで)万聖節(11月1日).
***tousser** /tuse/ トゥセ 自動 ❶ 咳(せき)をする. ▶ *tousser* à cause d'un rhume 風邪を引いて咳が出る. ❷ (わざと)咳払いをする. ▶ *tousser* pour donner un signal 合図に咳払いをする.
❸ 話〔エンジンが〕(空転して)咳のような音を出す.
Tonton, pourquoi tu tousses? (おじさん, なぜそんなに咳をするの→)これは一体どういうつもりなのか, どうしろって言うんですか.

tousseur, euse /tusœːr, øːz/ 形, 名 話 よく咳(せき)をする(人).
toussotement /tusɔtmā/ 男 軽い咳(せき); 軽い咳払い.

toussoter

toussoter /tusɔte/ 〖自動〗何度も軽い咳(ﾞ)をする; 軽く咳払いをする.

*tout, toute /tu, tut トゥー, トゥット/; 〖複〗**tous, toutes**

(tout は形容詞, 代名詞, 副詞のとき, 母音および無音の h の前でリエゾンして /tut/; tous は形容詞のときは /tu/ と発音するが, 母音および無音の h の前でリエゾンして /tuz/, 代名詞のときは /tus/; toute, toutes は副詞でも用いられる)

男性単数 tout	女性単数 toute
男性複数 tous	女性複数 toutes

― 形〖不定〗〈tout + 定冠詞[所有形容詞, 指示形容詞] + 名詞〉すべての…, 全体.
〈tout un [une] + 名詞〉…全部, 多くの….
〈tout + 無冠詞名詞〉どんな…でも.
〈tous [toutes] les (+ 数詞) + 名詞〉…ごとに.
― 代〖不定〗〖単数で〗すべて.
〈複数で〉すべての人[物]; 皆.
― 副まったく, 非常に.
― 男全体, 総体.

形〖不定〗❶〖定冠詞, 所有形容詞, 指示形容詞を伴って〗❶〖複数で〗すべての, 全部の. ▶ J'ai invité *tous* mes amis. 私は友人全員を招待した / J'en ai assez de *toutes* ces histoires. こうした話はみなうんざりだ / 〖部分否定〗*Tous* les étudiants n'ont pas répondu à cette question. 学生が皆その質問に答えたわけではない.
❷〖単数で〗…全体の, 中の, すべての. ▶ *toute* cette ville この町全体 / *toute* la journée 一日中 / *tout* le monde すべての人々 / C'est là *toute* la question. そこにすべての問題がある, それこそが問題だ / J'ai *tout* mon temps. 私には時間がたっぷりある.
❸〖単数で〗まったくの. ▶ C'est *tout* le portrait de son père. (父親の完全な肖像だ→)父親にうり二つだ.
❹〈tous [toutes] les (+ 数詞) + 名詞〉…ごとに, 毎…. ▶ *tous* les jours 毎日 / une fois *tous* les ans 年に1度 / *toutes* les trois heures 3時間おきに / *tous* les dix mètres 10メートルごとに.
❺〈*tous* [*toutes*] (les) + 数詞〉…ともに, …全部. ▶ *Tous* (les) trois avaient tort. 3人とも間違っていた / Je les aime *toutes* (les) deux. 私は彼女たち2人とも好きだ. 注5以上の数詞では les を省略できない.

❷〖不定冠詞 un, une を伴って〗❶…全部, まるごと. ▶ *toute* une nuit まる一晩 / Cet artisan est héritier de *toute* une tradition. この職人は1つの伝統をそっくり継承している.
❷〖誇張して〗まったくの, まるでひとつの. ▶ C'est *toute* une affaire. それはまったくたいへんな問題[大仕事]だ / C'est *tout* un roman. まるで小説のようだ.

❸〖無冠詞名詞を伴って〗❶〖単数で〗どんな…でも,

あらゆる. ▶ *Tout* homme aspire au bonheur. 人はだれでも幸福を願っている / Pour *tout* renseignement, téléphonez à qn/qc. お問い合わせはすべて…にお電話ください / de *toute* façon いずれにせよ, ともかく / 〖部分否定〗*Toute* vérité n'est pas bonne à dire. 真実ならなんでも言ってよいわけではない. ◆*tout(e) autre* ほかのだれでも[なんでも]. ▶ *Tout* autre dirait la même chose. ほかのだれでも同じことを言うだろう.
❷〖単数で〗〖抽象名詞を伴って〗このうえない, 完全な. ▶ avoir *toute* liberté まったく自由である / un tableau de *toute* beauté 非常に美しい絵 / en *toute* franchise 極めて率直に / à *toute* vitesse 全速力で.
❸〈pour *tout* + 単数名詞〉唯一の…として. ▶ Il n'a eu qu'un sourire pour *toute* récompense. 彼は唯一の報酬として微笑をもらっただけだった.
❹〖複数で〗〖おもに成句的表現で〗すべての, あらゆる. ▶ La voiture roulait *tous* feux éteints. 車はまったくの無灯火で走っていた / rompre *toutes* relations あらゆる関係を絶つ / à *tous* égards あらゆる点で.
❺〖複数で〗〖文章〗〖列挙された名詞を受けて〗すべての. ▶ Il se souvient de Rome, Florence, Venise, *toutes* villes qu'il a visitées avec elle. ローマ, フィレンツェ, ベネチアなど, 彼女と一緒に訪れたすべての町を彼は思い出す.
❻〖省略的用法〗▶ un hôtel *tout* confort 近代設備の整ったホテル(=un hôtel qui a tout le confort).

❹〖指示代名詞を伴って〗❶〈*tout* ceci [cela, ça]〉これら[あれら]すべて. ▶ Je connais *tout* cela. 私はそんなことはみな知っている.
❷〈*tout* ce qui [que, dont] …〉…するすべて. ▶ C'est *tout* ce que je sais. 私の知っているのはそれだけです.
❸〈「*tous* ceux [*toutes* celles] qui [que, dont] …〉…するすべての人. ▶ *Tous* ceux qui ont vu ce spectacle ont applaudi. その芝居を見た人はみな拍手した.

❺〖固有名詞を伴って〗❶〈*tout* + 作家名[作品名]〉…の全作品, 全巻. ▶ lire *tout* Racine ラシーヌの全作品を読む / lire *tout* les Misérables 「レ・ミゼラブル」全巻を読み通す. 注作品名の前では普通 tout は不変. ただし〈定冠詞 + 女性単数名詞〉の作品名の前では女性形 toute になることがある.
❷〈*tout* + 都市名〉…の町全体の, の住民全体. ▶ De ma fenêtre, je vois *tout* Paris. 私の部屋の窓からはパリの町全体が見える / *Tout* Lyon a vu ce spectacle. リヨン中の人々がその芝居を見た. ◆(le) *Tout-* + 都市名〖集合的に〗…の名士たち. ▶ Il fait partie du *Tout*-Paris. 彼はパリの名士の一人である.

❻〖同格〗全体的に, 完全に(=entièrement). ▶ 〈àとともに〉Elle était *toute* à son travail. 彼女は完全に仕事に打ち込んでいた / 〈deとともに〉une vie pleine de soucis et de malheurs 心配事や不幸でいっぱいの生活 / 〈enとともに〉Elle est habillée *toute* en noir. 彼女は黒ずくめの服

装をしている．注 代名詞との混同を避けるためこの意味では複数形は使われない(⇨ 代 ② ②).
C'est tout un. それは同じことだ．
Et ... dans tout ça? それで…はどうなっているのだ．
somme toute 要するに，結局．
Tout ça pour ça? そんなにやって結果はそれだけか．

tout ce qu'il y a de ＋ 無冠詞複数名詞［形容詞］…のすべて．注 動詞は一般に単数．▶ *Tout ce qu'il y a de* professeurs ′est venu ［sont venus］. 教師という教師が皆やってきた／*Tout ce qu'il y a d*'intéressant dans ce livre est là. この本でいちばんおもしろいのはそこだ．

tout ce qu'il y a de plus ＋ 形容詞 話 非常に…．注 形容詞は一般に不変．▶ Elles sont *tout ce qu'il y a de* plus gentil ［gentilles］. 彼女たちはとても親切だ．

— ‡**tout**; 《複》***tous*** /tus/, ***toutes*** 代《不定》❶《単数で》❶すべて，すべてのもの，なんでも．▶ *Tout* va bien. すべて順調だ／Le temps efface *tout*. 時はすべてを消し去る／Il est capable de *tout*. 彼はどんなことでもやりかねない．◆(un peu) de *tout* なんでも(少しずつ)．▶ Il mange de *tout*. 彼はなんでも食べる．注 (1) tout が直接目的語の場合，複合時制では一般に助動詞と過去分詞の間に入る(例: Il a *tout* expliqué. 彼はすべてを説明した). (2) tout が不定詞の目的語の場合は，一般に不定詞の直前に入る．また間接目的語の人称代名詞とともに用いる場合は，それより前に来る(例: Il faut *tout* lui dire. すべてを彼(女)に言わねばならない).
❷《列挙された名詞を受けて》すべての物［人］．▶ Sa femme, ses enfant, ses amis, *tout* l'exaspère. 彼の妻も子供たちも友人も，みんなが彼をいらだたせる．
❷《複数で》❶すべての人［物］．▶ J'ai écrit à plusieurs amis. *Tous* m'ont répondu. 私は何人かの友人に手紙を出した．全員が返事をくれた／Elle m'a montré trois robes: *toutes* m'ont plu. 彼女は私にドレスを3着見せてくれたがみんな私の気に入った．
❷《人称代名詞の同格》皆，すべて．▶ Nous mourrons *tous*. 我々は皆死ぬ運命にある／Ce sont *tous* mes livres. これらは全部私の本だ／Ces films, je les ai *tous* vus. これらの映画は全部見た／nous *tous* 我々全員／Elles sont *toutes* vêtues de noir. 彼女たちは全員黒い服を着ている(注 形容詞〈⇨ 形 ⑥〉との混同に注意．形容詞なら数の一致はなく「彼女は黒ずくめの服装をしている」の意).

à tout faire なんにでも役立つ，万能の．
à tout prendre 結局．
avoir tout de qn まったく…に似ている．▶ Tu as *tout du* clown. 君はまったくの道化師だね．
Ce n'est pas tout. そればかりではない．
Ce n'est pas tout (que) de ＋ 不定詞 …するだけでは十分ではない(＝Ce n'est pas assez de ＋ 不定詞). ▶ *Ce n'est pas tout de* s'amuser, il faut travailler. 遊んでいるだけでは駄目だ，仕事をしなければ．
*****C'est tout.*** ＝ ***Voilà tout.*** それで全部だ，それだ，それでおしまいだ．
C'est tout ou rien. すべてか無かだ．
comme tout 非常に(＝extrêmement). ▶ Il est gentil *comme tout*. 彼はたいへん親切だ．
en tout (1) あらゆる点で，完全に(＝complètement). ▶ une histoire conforme *en tout* à la réalité 事実と完全に合致した話．(2) 全部で(＝au total).
en tout et pour tout /ātutepurtu/ 全部合わせて(やっと)．▶ *En tout et pour tout*, je n'ai gagné que cinq cents euros. すべてひっくるめても私の稼いだのは500ユーロにしかならない．
Tous pour un, un pour tous. みんなは一人のために，一人はみんなのために(「三銃士」から)．
Tout est là. すべてはそこにある；それが肝心だ．
Tout mais pas ça. これだけはやめてくれ．

— ‡**tout** 副 (子音および有音の h で始まる女性形容詞の前では性数の変化をして toute(s) となる．それ以外は不変) ❶ まったく，非常に．❶《形容詞を修飾して》▶ Il est *tout* jeune ［Ils sont *tout* jeunes］. 彼［彼ら］はとても若い／Elle est ′*tout* étonée ［*toute* contente］. 彼女は非常に驚いている［非常に満足している］／Elles sont *tout* heureuses. 彼女たちはとても幸福だ／Elles sont *toutes* contentes. 彼女たちはとても満足している(注 「彼女たちは全員満足している」の意味にもなり得る．その場合 toutes が強く読まれる)．／une voiture *toute* neuve 真新しい車／la ville *tout* entière 町全体．◆*tout* autre まったく別の．▶ C'est une *tout* autre affaire. それはまったく別の問題だ．
❷《副詞，形容詞句，副詞句を修飾して》▶ *tout* près すぐ近くに／*tout* simplement ただ単に／*tout* droit まっすぐに／être *tout* en sueur 汗びっしょりである／*tout* au loin ずっと遠くで／*tout* au contraire まったく反対に／Elle était ′*tout* à son travail ［habillée *tout* en noir］. 彼女は仕事に打ち込んでいた［黒ずくめの服装をしていた］(注 発音上は形容詞と区別がつかないが，形容詞なら女性単数形では e がつく．⇨ 形 ⑥).
❸《形容詞的用法の名詞を修飾して》Elle est *tout* yeux *tout* oreilles. 彼女は全身を目と耳にしている［一心に注意を傾けている］．
❷《ジェロンディフを修飾して》❶《同時性の強調》…しながら．▶ Elle tricotait *tout* en regardant la télévision. 彼女はテレビを見ながら編み物をしていた．❷《対立，譲歩》…ではあるが．▶ *Tout* en étant riche, il est très avare. 彼は金持ちなのに非常にけちだ．
❸〈***tout*** ＋ 形容詞［名詞，副詞］＋ ***que*** ＋ 直説法/接続法〉❶《譲歩》いかに…でも．▶ *Toute* riche qu'elle soit, elle ne peut pas acheter le bonheur. 彼女がいかに金持ちでも，幸福を買うことはできない．
❷《対立》…ではあるが．▶ *Tout* malade qu'il était, il est allé la voir. 彼は病気だったのに，彼女に会いに行った．

*****tout à coup*** ＝ ***tout d'un coup*** 突然，急に(⇨ COUP).
*****tout à fait*** まったく，完全に(⇨ FAIT²).
*****tout à l'heure*** さっき；もうすぐ(⇨ HEURE).

tout-à-l'égout

tout à vous 《(手紙の末尾で)》敬具.

tout comme まったく同じように；《文末で》…も同然だ(⇨ COMME).

— ****tout*** 男 (複数は touts となるが使用は稀) ❶ 全体, 総体. ▶ le *tout* et la partie 全体と部分 / Je vous donne le *tout* pour mille euros. 全部を1000ユーロでお譲りします / Ces livres forment un *tout*. これらの本は(集まって)1つのまとまりを成している.

❷ 最も重要なこと. ▶ Le *tout* est「de réussir [qu'il réussisse]. 要は成功することだ[彼が成功することだ]. ❸《ゲーム》mon *tout* (言葉当て遊び charade で)全体.

avoir le tout pour soi. 諺 成功するのに必要なものをすべて備えている.

Ce n'est pas le tout. まだ完全ではない, それだけではない.

Ce n'est pas le tout de + 不定詞. …では十分ではない.

*du tout 《否定の強調》まったく…ではない. ▶《省略文》《Vous y croyez, vous?— *Du tout*.》「あなたはそれを信じますか」「いや, 全然」

◆(*ne* ...) *pas* [*plus*] *du tout* 全然［もはやまったく］…ない. ▶ Je *ne* comprends *pas* [*plus*] *du tout*. 私には全然［もう全然］分からない.

◆(*ne* ...) *rien du tout* まったく何も…ない. ▶ Je *n*'entends *rien du tout*. 私にはまったく何も聞こえない.

du tout au tout /dytutotu/ (変化などについて) すっかり, 完全に (=complètement). ▶ Elle a changé *du tout au tout*. 彼女はすっかり変わった.

jouer [***risquer***] ***le tout pour le tout*** (すべてを手に入れるためにすべてを賭ける →)一か八(ばち)か勝負する.

On ne peut pas tout avoir. 諺 (良いことの)何もかもというわけにはいかない.

tout-à-l'égout /tutalegu/ 男《単複同形》汚水排水装置：水洗便所などの排水も雨水も一緒に直接下水から川に流すシステム.

toute-épice /tutepis/; 《複》 ~-*s*-~*s* 女 オールスパイス：フトモモ科の木の実から採る香辛料.

*toutefois /tutfwa トゥトフォワ/ 副 しかしながら；ただし. ▶ Ce n'est pas grave, *toutefois* vous devez faire attention. たいしたことではありません, でも気をつけてください / Attendez-moi jusqu'à six heures à la gare, si *toutefois* cela ne vous dérange pas. 6時まで駅で私を待っていてください, ただしお差し支えなければの話ですが.

toute-puissance /tutpɥisɑ̃s/ 女《単数形のみ》❶ 絶対権力(者), 至上権. ❷《神学》(神の)全能.

toutou /tutu/ 男 幼児語 わんわん, わんちゃん.

suivre qn comme un toutou 諺 小犬みたいに…につきまとう；の言いなりになる.

Tout-Paris /tupari/ 男《単数形のみ》(集合的に) パリの名士, パリのお歴々.

tout-petit /tupti/ 男 幼児；赤ん坊.

tout-puissant, toute-puissante /tupɥisɑ̃, tutpɥisɑ̃:t/;《複》~-~*s, ~es-~es* 形 ❶ 絶対的権力を有する；全能の. ▶ un monarque *tout-puissant* 絶対君主.

❷ 強力な, 抗しがたい. — 名 絶対権力者.

— **Tout-Puissant** 男 全能の神.

tout-terrain /tutɛrɛ̃/;《不変》男 オフロード車.
— 形 オフロードの.

tout-venant /tuvnɑ̃/ 男《単数形のみ》❶ ありきたりのもの；(だれからでも)その場に居合わせている人. ▶ Les habits sont du *tout-venant*. この服はありふれたものだ. ❷ 原炭, 粗炭.

toux /tu/ 女 咳(せき). ▶ avoir des quintes de *toux* 咳の発作を起こす / *toux* grasse 痰(たん)咳 / *toux* sèche 空咳.

toxicité /tɔksisite/ 女《医学》毒性.

toxico- 接頭「毒」の意.

toxicodépendance /tɔksikɔdepɑ̃dɑ̃:s/ 女 薬物依存症.

toxicologie /tɔksikɔlɔʒi/ 女 毒物学.

toxicologique /tɔksikɔlɔʒik/ 形 毒物学の.

toxicologue /tɔksikɔlɔg/ 名 毒物学者.

toxicomane /tɔksikɔman/ 形 薬物[麻薬]中毒に陥った. — 名 薬物[麻薬]中毒患者.

toxicomanie /tɔksikɔmani/ 女 薬物[麻薬]中毒.

toxine /tɔksin/ 女 ❶ 毒素. ❷ 文章 毒, 毒物.

toxique /tɔksik/ 男《物》毒物；毒性.
— 形 有毒の, 毒性の. ▶ gaz *toxique* 有毒ガス.

TP 男《複》《略語》travaux pratiques 実習, 演習.

trac /trak/ 男 (緊張して)上がること, 気後れ.
▶ avoir le *trac* 上がる.

traçabilité /trasabilite/ 女 トレーサビリティ, 追跡可能性.

traçage /trasa:ʒ/ 男 線引き, 作図；地割り.

traçant, ante /trasɑ̃, ɑ̃:t/ 形 ❶《植物学》〔根や茎が〕地下を這(は)う.

❷ balle *traçante* = obus *traçant* 曳光(えいこう)弾.

tracas /traka/ 男 (日常的な)気苦労, 煩わしさ.
▶ *tracas* domestiques 家事の気苦労[煩わしさ] / se donner bien du *tracas* 気苦労する.

tracasser /trakase/ 他動 …を悩ます, 悩ませる. ▶ Ses ennuis d'argent le *tracassent*. 金のことで彼は悩んでいる.

— **se tracasser** 代動 心配する, 気をもむ.

tracasserie /trakasri/ 女《多く複数で》煩わしさ, 心配事. ▶ *tracasseries* administratives 役所の手続きの煩わしさ.

tracassier, ère /trakasje, ɛ:r/ 形 〔些細(ささい)なことで〕煩わしい, うるさい. — 名 口うるさい人.

*trace /tras トラス/ 女 ❶ 足跡, 轍(わだち). ▶ *traces* de pas sur la neige 雪の上の足跡 / suivre un gibier à la *trace* 獲物の足跡をたどる.

❷ (病気, 出来事などの)跡；痕跡(こんせき), 形跡. ▶ *traces* de brûlure やけどの跡 / *traces* de sang 血痕 / *trace* de coup 殴られた跡 / garder [porter, conserver] les *traces* de qc …の跡をとどめる / disparaître sans laisser de *traces* 跡形もなく消える.

❸ (心の)刻印, 印象. ▶ une aventure qui a laissé des *traces* profondes en lui 彼の心に深く刻み込まれた出来事.

❹（文明などの）跡, 遺跡. ▶ retrouver des *traces* d'une civilisation disparue 失われた文明の遺物を見つける.
❺〈*trace* de + 無冠詞名詞〉微量の…; ちょっとした…. ▶ *traces* de poison ごく少量の毒物.
❻〖スキー〗*trace* directe 直滑降.
être sur la trace de qn/qc …のしっぽをつかんでいる, を発見する一歩手前である.
suivre「la trace [les traces] de qn = aller [marcher] sur les traces de qn …の足跡をたどる, を手本にする, まねる.

tracé /trase/ 男 ❶ 図面, 設計図; 路線(図). ▶ faire le *tracé* d'une nouvelle route 新しい道路の図面を引く. ❷ 道筋, 川筋; 海岸線. ❸〔文字, デッサンの〕輪郭.

tracer /trase/ ① 他動 ❶〔線〕を引く;〔図形〕を描く. ▶ *tracer* une (ligne) droite 直線を引く / *tracer* un plan 図面を引く. ❷〔道など〕をつける;〔道路〕の線引きをする. ▶ *tracer* une route à travers un parterre 花壇に道を作る. ❸〈*tracer* qc (à qn)〉〈(…に)〔状況など〕を描写する, 説明する.
tracer「le chemin [la voie] à qn …に従うべき忠告を与える, 模範を示す.
── 自動 ❶ 俗 急ぐ, 速く走る. ❷〔根や茎が〕横に這(は)う.

traceur, euse /trasœːr, øːz/ 男 製図工.
── 形 跡を残す, 尾を引く. ▶ balle *traceuse* 曳光(えいこう)弾.
── **traceur** 男 ❶〖物理〗〖原子力〗追跡子, トレーサー. ❷ プロッター.

trachée /traʃe/ 女〖解剖〗気管.
trachéen, enne /trakeɛ̃, ɛn/ 形 気管の.
trachéite /trakeit/ 女 気管炎.
trachéotomie /trakeɔtɔmi/ 女〖医学〗気管切開(術).
trachome /trakoːm/ 男〖医学〗トラコーマ.
tract /trakt/ 男《英語》(宣伝用の)びら, ちらし.
tractation /traktasjɔ̃/ 女(多く複数で)闇(やみ)取引, 裏工作.
tracté, e /trakte/ 形 ❶〔火砲が〕〔牽引(けんいん)車で〕牽引された. ❷(トラクターで)牽引された.
tracter /trakte/ 他動(自動車やトラクターなどで)…を牽引(けんいん)する.
tracteur /traktœːr/ 男 トラクター; 牽引車.
traction /traksjɔ̃/ 女 ❶(車などを)引くこと; 牽引(けんいん). ▶ *traction* électrique 電気機関車による牽引. ❷〖自動車〗*traction* avant [arrière] 前輪[後輪]駆動(車). ❸〖物理〗〖金属〗引っ張り(力). ❹ 懸垂, 腕立て伏せ.
tractoriste /traktɔrist/ 名 トラクターの運転手.
trade-union /trɛdynjɔ̃/ 男 / 女《英語》(英国の職種別)労働組合.

***tradition** /tradisjɔ̃/ 女 ❶ 伝統, しきたり, 慣習. ▶ maintenir [respecter] la *tradition* 伝統を守る[重んじる] / rompre avec la *tradition* 伝統を破る / *tradition* régionale 地方の習わし / *tradition* familiale 家族の習慣 / par *tradition* 伝統に従って. ◆être「de *tradition* [une *tradition*] 伝統[しきたり]である. ▶ Les vacances à la mer étaient de [une] *tradition* dans sa famille. 彼(女)の家では海辺でバカンスを過ごすのが習わしであった.
❷ 伝承, 言い伝え, 伝説. ▶ *tradition* populaire 民間伝承 / *tradition* orale 言い伝え.

traditionalisme /tradisjɔnalism/ 男 伝統主義.
traditionaliste /tradisjɔnalist/ 形 伝統主義の. ── 名 伝統主義者.
traditionnel, le /tradisjɔnɛl/ 形 ❶ 伝統の, 伝承に基づく. ▶ fêtes *traditionnelles* 昔から伝わる祭り. ❷ 慣例の, 恒例の; お決まりの. ▶ la *traditionnelle* parade du 14 [quatorze] Juillet (フランス)革命記念日恒例のパレード.
traditionnellement /tradisjɔnɛlmɑ̃/ 副 伝統的に; 慣例どおりに.
traduc*teur, trice* /tradyktœːr, tris/ 名 翻訳家, 訳者. ▶ *traducteur*-interprète 翻訳家兼通訳. ── **traducteur** 男 ❶〖サイバネティックス〗変換器. ❷〖情報〗翻訳ルーチン, コンパイラー.

***traduction** /tradyksjɔ̃/ トラデュクスィョン/ 女 ❶ 翻訳. ▶ *traduction* littérale [mot à mot] 逐語訳, 直訳 / *traduction* fidèle 原文に忠実な訳 / *traduction* libre 意訳 / *traduction* simultanée 同時通訳 / *traduction* automatique (コンピュータによる)機械翻訳 / faire une *traduction* 翻訳する.
❷ 訳書, 訳本. ▶ acheter une *traduction* de Shakespeare シェークスピアの翻訳書を買う.

***traduire** /tradɥiːr/ トラデュイール/ 70 他動

過去分詞 traduit	現在分詞 traduisant
直説法現在 je traduis	nous traduisons
複合過去 j'ai traduit	単純未来 je traduirai

❶ …を翻訳する. ▶ *traduire* un livre de l'anglais en français ある本を英語からフランス語に訳す / *traduire* un auteur ある著者の作品を翻訳する / Ce roman a été *traduit* en plusieurs langues. この小説は数か国語に翻訳された.
❷ …を表現する. ▶ *traduire* ses émotions en paroles 自分の感動を言葉で表わす.
❸〔物が〕…を示す, 表われである. ▶ Son regard *traduisait* son inquiétude. 彼(女)の眼差(まな)しから不安が読み取れた.
❹〖法律〗…を召喚する. ▶ *traduire* qn en justice …を裁判所に出頭させる.
── **se traduire** 代動 ❶〈*se traduire* (par qc)〉(…で)表現される;(…となって)現れる. ▶ La joie *se traduit* sur son visage. 喜びが彼(女)の顔に表われている. ❷ Ce poème ne *se traduit* pas. この詩は訳せない.
traduis, traduit /tradɥi/ 活用 ⇨ TRADUIRE 70
traduis- 活用 ⇨ TRADUIRE 70
traduisible /tradɥizibl/ 形(しばしば否定的表現で)翻訳できる. ▶ Ce jeu de mots n'est guère *traduisible*. このしゃれはほとんど翻訳不可能だ.

***trafic** /trafik/ トラフィック/ 男 ❶ 不正取引, 密売; 麻薬密売. ▶ faire *trafic* d'armes 武器の密売をする / faire *trafic* de son honneur 名声を悪用

する / *trafic* d'influence 収賄 / *trafic* d'esclaves 奴隷貿易 / *trafic* de drogue 麻薬密売. 比較 ⇨ COMMERCE.

❷ 話 怪しげな振る舞い；たくらみ． ▶ Qu'est-ce que c'est que tout ce *trafic*-là? 一体全体これはなんのたくらみだ．

❸ 交通(量)；輸送(量). ▶ *trafic* maritime 海上交通 / *trafic* ferroviaire 鉄道輸送.

traficoter /trafikɔte/ 自動 話 闇(ｽ)取引をする，不正をする．
── 他動 話〖怪しげなこと〗をやる，たくらむ．

trafiquant, ante /trafikɑ̃, ɑ̃:t/ 名〖軽蔑して〗悪徳商人，密売人．

trafiquer /trafike/ 自動 不正取引をする，密売をする；麻薬を密売する．
── 間他動 文章 ⟨*trafiquer* de qc⟩…を不正に利用する，から不当な利益を得る． ▶ *trafiquer* de son influence 職権を乱用する．
── 他動 話 ❶〖製品などに〗不正な細工をする，ごまかす． ▶ *trafiquer* un vin ワインに混ぜ物をする． ❷ …を不正に取引する． ❸ 話〖怪しげなこと〗をやる，たくらむ．
── **se trafiquer** 代動 話 起こる，生じる．

*__tragédie__ /traʒedi/ トラジェディ 女 ❶（文学ジャンルとしての）悲劇；悲劇作品 (↔comédie). 注 特に古典悲劇を指し，近代では comédie の対語としては drame が用いられる． ▶ *tragédies* grecques ギリシャ悲劇 / les *tragédies* de Racine ラシーヌの悲劇. ❷ 悲劇的事件，惨劇． ▶ Cet accident est une *tragédie*. この事故は悲劇だ．

tragédien, enne /traʒedjɛ̃, ɛn/ 名 悲劇俳優．

tragi-comédie /traʒikɔmedi/ 女 ❶〖文学〗悲喜劇． ❷ 悲喜こもごもの状況，(人生の)悲劇．

tragi-comique /traʒikɔmik/ 形 ❶〖文学〗悲喜劇の． ❷ 悲喜こもごもの．

*__tragique__ /traʒik/ トラジック 形 ❶（文学ジャンルとしての）悲劇の． ▶ auteur *tragique* 悲劇作家．
❷ 悲劇的な，悲惨な；悲痛な． ▶ être dans une situation *tragique* 悲惨な境遇にある / Il a eu une fin *tragique*. 彼は悲劇的な最期を遂げた / Ce n'est pas *tragique*. 話 それはたいしたことではない．
── 男 ❶ 悲劇作家． ❷（文学ジャンルとしての）悲劇． ❸ 悲劇的なこと，深刻さ；悲惨． ▶ prendre qc au *tragique* …を深刻に受け取る / tourner au *tragique* 悲劇的な様相を帯びる．

tragiquement /traʒikmɑ̃/ 副 悲劇的に；悲惨に． ▶ mourir *tragiquement* 悲劇的な最期を遂げる．

*__trahir__ /trai:r/ トライール 他動

直説法現在	je trahis	nous trahissons
	tu trahis	vous trahissez
	il trahit	ils trahissent

❶ …を裏切る，に背く． ▶ *trahir* un ami 友を裏切る / *trahir* la confiance de qn …の信頼に背く / *trahir* les intérêts de qn …の利益に反することをする / *trahir* sa promesse 約束を破る．
❷ …を露呈する，漏らす；の本心を暴露する． ▶ *trahir* un secret (=révéler) 秘密を漏らす / Ses pleurs l'*ont trahi*. 涙が彼の心の内をはからずも明らかにした．
❸ …を曲げて伝える． ▶ *trahir* la pensée de qn …の考えをゆがめて伝える / Le traducteur *a trahi* l'auteur. 翻訳者は著者を忠実に訳さなかった． ❹〖能力などが〗…を見捨てる；〖事態が〗…を失望させる． ▶ Ses forces le *trahissent*. 彼は（やる気はあるのに）力がついていかない / Les résultats *ont trahi* ses espoirs. 結果は彼(女)の望みを裏切るものだった．
── **se trahir** 代動 ❶ 本心を漏らす，内面をあらわにする． ▶ Il *s'est trahi* par cette question. 彼はその質問で本心をのぞかせた．
❷〖内面にあるものが〗あらわになる． ▶ Sa colère *se trahissait* par le ton de sa voix. 彼(女)が怒っているのが声の調子で分かった．

*__trahison__ /traizɔ̃/ トライゾン 女 ❶ 裏切り，背くこと；不貞． ▶ commettre une *trahison* 裏切る / haute *trahison* 国家反逆罪；大統領の特別背任（罪）． ❷ 歪曲(ﾜｲｷｮｸ)，曲解．

*__train__ /trɛ̃/ トラン 男

❶ ❶ 列車，電車，汽車． ▶ *train* de Paris パリ行き［パリ発］の列車 / *train* pour Paris パリ行きの列車 / manquer [rater] son *train* 列車に乗り遅れる / prendre le *train* 列車に乗っていく / prendre le *train* de 10h 40 10時40分の電車に乗る / monter dans le *train* 列車に乗り込む / descendre du *train* 列車から降りる / voyager「par le [en] *train* 鉄道で旅行する / *train* à grande vitesse フランス新幹線, 超高速列車（略 TGV）/ *train* de voyageurs 旅客列車 / *train* de marchandises 貨物列車 / *train* direct 直通列車 / *train* express 急行列車 / *train* omnibus 普通列車 / *train* rapide 特急列車 / *train* d'intérêt local ローカル列車 / *train* de banlieue 郊外電車 / *train* express régional 地方急行列車（略: TER）．
❷ 列；行列． ▶ *train* de péniches derrière un remorqueur 引き船につながれた平底船の列 / *train* de bois いかだ / *train* spatial スペーストレーン．
❸（法的，行政的な）一連の措置． ▶ un *train* de mesures fiscales 一連の税制措置．
❹（連動する機械の）一組み，装置． ▶ *train* de pneus（車1台分の）一組みのタイヤ / *train* d'atterrissage（飛行機の）着陸装置．
❺ *train* avant [arrière]（自動車の）前部［後部］車輪部．
❻（四つ足動物の）半躯(ﾊﾝｸ)；俗（人間の）尻(ｼﾘ)． ▶ le *train* de derrière 後半躯．

❷ ❶（人，馬，乗り物の）速度，歩調，ペース． ▶ Le *train* est rapide. ペースが速い / accélérer [ralentir] le *train* ペースを速める［遅くする］．
❷（仕事などの）進み具合，(物事の)進行の仕方． ▶ Au *train* où il va, il n'aura jamais fini. あの調子では彼はいつまでたっても終わらない / à ce *train*-là この調子なら．

à fond de train = *à un train d'enfer* 全速力で，猛スピードで．

aller bon train (1) 速く進む. (2) 〔物事が〕調子よく運ぶ.
aller son petit train (1) ゆっくりと規則正しく進む. (2) 落ち着いて行動する, ゆったりと構える.
au [du] train où vont les choses この調子でいくと, この分だと.
avoir un train de retard 話 時流に乗り遅れている.
en train (1) 元気な; 快活な. ▶ Je ne suis pas *en train* ce matin. 今朝はどうも調子がよくない. ◆***mettre qn en train*** …をやる気にさせる; 楽しい気分にする. ▶ Je vais sortir. Cela me *mettra en train*. ちょっと出かけてこよう. そうすればまた元気が出るだろう. (2) 進行中の. ▶ Le travail est *en train*. 仕事はすでに始まっている / *mettre* un travail *en train* 仕事に着手する.
*être en train de + 不定詞 (1) …しているところである, しつつある. ▶ Il *est en train de* lire. 彼は読書の最中です. (2) 〈否定形で〉…する気じゃない. ▶ Elle n'*est* pas *en train de* s'amuser. 彼女は今遊ぶような気分ではない.
mener grand train 豪勢な暮らしをする.
mener qn/qc bon train …をせきたてる; 急がせる. ▶ *mener bon train des* négociations 交渉の成立を急ぐ.
mise en train 仕事の下準備, 着手.
prendre le train en marche 途中から参加する, 便乗する.
suivre le train ペースについていく.
train de maison 古風〈集合的に〉家の使用人, 召し使い; 暮らし向き.
train de vie (収入面から見た) 生活の仕方, 暮らしぶり, 生活水準. ▶ réduire son *train de vie* 生活水準を下げる.

traînage /tʀɛnaːʒ/ 男 そり [トロッコ] による輸送.
traînailler /tʀɛnaje/ 自動 ⇨ TRAÎNASSER.
traînant, ante /tʀɛnɑ̃, ɑ̃ːt/ 形 ❶ 話し方などが〕だらだらした, 退屈な. ▶ un ton *traînant* 一本調子の語調. ❷ 引きずる. ▶ une robe *traînante* 裾(ま)が地面を引きずるドレス.
traînard, arde /tʀɛnaːʀ, aʀd/ 名 ❶ 落伍(らくご)者; 落伍兵. ❷ 仕事が遅い人, のろま. ── 形 だらだらした, のろのろした.
traînasser /tʀɛnase/, **traînailler** /tʀɛnaje/ 自動 ❶ ぐずぐずする, だらだら長引く. ❷ うろつく, ぶらぶらする. ❸ 〔声が〕間延びする.
traîne /tʀɛn/ 女 (服の) 引き裾(そ). ▶ une robe de mariée à *traîne* 引き裾のウエディングドレス.
à la traîne (1) 遅れて, 落伍(らくご)して. ▶ Dans sa classe il est toujours *à la traîne*. 彼はクラスでいつもびりである. (2) 放置したままで, 乱雑に. ▶ laisser les dossiers *à la traîne* 書類をかたづけずにほったらかしにしておく.
traîneau /tʀɛno/ 男 ;〈複〉 **x** 男 そり.
traînée /tʀɛne/ 女 ❶ 細長い跡 [筋], 帯状のもの. ▶ une *traînée* de sang 点々と続く血の跡 / la *traînée* lumineuse d'une comète 彗星(すいせい)の輝く尾.
comme une traînée de poudre 急速に, 見る見るうちに. ▶ se répandre *comme une traînée de poudre* 〔うわさ, ニュースなどが〕あっという間に広まる.
traînement /tʀɛnmɑ̃/ 男 ❶ (足などを) 引きずること; 引きずる音. ❷ (声などを) 長く伸ばすこと.
*traîner /tʀene/ トレネ 他動
[英仏そっくり語] 英 to train 訓練する. 仏 traîner 引っ張る, 引きずる.
❶ …を引く, 引っ張る, 引きずる. ▶ un cheval *traînant* une charrette 荷車を引く馬 / *traîner* une table près de la fenêtre テーブルを窓の近くまで引きずっていく.
❷ …を連れて行く; 無理に引っぱっていく. ▶ Elle *traîne* partout ses enfants. 彼女はどこに出かけるのにも子供たちを連れていく.
❸ …を持ち歩く, 身につけている. ▶ *traîner* un vieux manteau 着古したコートを後生大事に着る.
❹ 〔病気や苦しいこと〕に(長く)耐える. ▶ Elle *traîne* cette maladie depuis des années. 彼女は長年この病気を患っている.
❺ …を長引かせる, 引き延ばす. ▶ *traîner* les choses en longueur 事態を長引かせる / *traîner* 「sa voix [ses mots]」 ゆっくりと話す.
Qu'est-ce qu'il traîne! 話 彼はなんてぐずだ.
traîner 「la jambe [la patte]」 片足を引きずる; どうにか歩く.
traîner la semelle 惨めな暮らしをする.
traîner les pieds (1) 足を引きずって歩く. (2) いやいやする.
traîner qn dans la boue …を泥にまみれさせる; 侮辱する.
── 自動 ❶ 引きずる, 垂れ下がる. ▶ Vos lacets *traînent* par terre. 靴ひもがほどけていますよ.
❷ 散らばっている, 散乱している. ▶ Des vêtements *traînent* sur une chaise. 服が椅子(いす)の上に散らかっている / Ne laisse pas *traîner* tes jouets! おもちゃを出しっぱなしにして!
❸ ぐずぐずする, 遅れる. ▶ *traîner* en chemin 道草を食う / *traîner* dans un travail 仕事がはかどらない.
❹ 長引く; 〔音が〕間延びする. ▶ faire *traîner* qc …を長引かせる / Ce procès *traîne* depuis des années. この訴訟はもう何年もだらだらと長引いている / Ça ne va pas *traîner*. 話 すぐに終わるだろう.
❺ 消えずに残る, 漂う. ▶ Des nuées transparentes *traînent* dans le ciel. 薄雲が空にたなびいている / vieilles notions qui *traînent* dans les livres scolaires 教科書にまだ残っている古い概念 [知識].
❻ どこにでもある, 陳腐である. ▶ une idée qui *traîne* partout 陳腐な考え. ❼ うろつく, ぶらつく. ▶ *traîner* dans les rues 街をうろつく.
── **se traîner** 代動 ❶ 這(は)う. ▶ L'enfant *se traîne* avant de marcher. 子供は歩く前にはいはいする. ❷ やっと思いで歩く, のろのろと進む. ❸ いやいや行く. ❹ だらだらと長引く. ▶ La journée *se traîne*. 一日が長い.

traîne-savates /tʀɛnsavat/ 名〈不変〉話 浮浪者; 暇でぶらぶらしている人.
traîneur, euse /tʀɛnœːʀ, øːz/ 名 暇でぶらぶ

training

らしている人.

training /treniŋ/ 《英語》❶ トレーニング, 練習 (=entraînement). ❷トレーニングウエア；《複数で》トレーニングシューズ. ❸『心理』自律訓練法 (=*training* autogène).

train-train /trɛ̃trɛ̃/ 男《単数形のみ》話 (仕事や習慣の) 単調な繰り返し. ▸ continuer [suivre] le *train-train* de la vie quotidienne 平凡な日々の生活を続けていく.

traire /trɛːr/ 68 他動 《直説法単純過去, 接続法半過去は用いない》(過去分詞 trait, 現在分詞 trayant) …(の乳)を搾る. ▸ *traire* (le lait d')une vache 牛の乳を搾る.

trais /trɛ/ 活用 ⇨ TRAIRE 68

*__trait__*¹ /trɛ/ 男 ❶ 線, 描線；輪郭. ▸ faire [tirer, tracer] un *trait* 線を引く / le *trait* d'un profil 横顔の輪郭 / dessin au *trait* 線描 / *trait* d'union ハイフン (⇨ TRAIT D'UNION).

❷《複数で》顔立ち, 表情. ▸ avoir des *traits* réguliers [fins] 整った [ほっそりした] 顔立ちをしている / avoir les *traits* tirés 疲れているようだ.

❸ 特徴, 特性. ▸ *trait* caractéristique 特徴 / *trait* dominant [essentiel] 主要な [本質的な] 特徴 / *traits* communs 共通点 / *trait* de caractère 性格上の特徴. 比較 ⇨ CARACTÈRE.

❹《*trait* de + 無冠詞名詞》…を示す行為 [言動]. ▸ *trait* «de générosité [de bravoure] 寛大な [勇敢な] 行為 / *trait* de génie 天才的なひらめき / *trait* d'esprit 機知に富んだ言葉.

❺ 矢, 投げ槍(ヤリ)；古風 (矢を) 射ること, (投げ槍を) 投げること. ▸ armes de *trait* 飛び道具.

❻ (矢のような) 辛辣(シンラツ)な言葉, 毒舌. ▸ *traits* blessants とげのある言葉. ❼ うまい表現; 表現法. ▸ un *trait* brillant きらりと光る表現.

❽ 牽引(ケンイン)；(馬車, 荷車などの) 引き綱. ▸ cheval de *trait* 輓馬(バンバ), 駄馬.

❾『音楽』急速な華々しいパッセージ.

à grands traits 大ざっぱに. ▸ raconter à grands *traits* 大づかみに語る.

à longs traits ごくごくと. ▸ boire à longs *traits* がぶがぶ飲む.

avoir trait à qc …に関係 [関連] する. ▸ les problèmes *ayant trait à* la paix et à la sécurité en Europe ヨーロッパの平和と安全にかかわる問題.

__d'un (seul) trait__ 一気に, 立て続けに. ▸ vider [sécher] un verre *d'un trait* グラスを一気に飲み干す.

__filer [partir] comme un trait__ 古風 矢のように飛び出す [突っ走る].

forcer le trait 誇張する.

sous les traits de qn …の姿で, …として. ▸ peindre qn *sous les traits d'*un personnage subalterne …を卑小な人物として描く.

tirer un trait sur qc …を抹消する；断念する. ▸ *tirer un trait sur* le passé 過去を水に流す / *tirer un trait sur* un projet 計画を断念する.

trait de lumière 一条の光.

trait pour trait 忠実に, 正確に. ▸ reproduire [copier] *trait pour trait* 丹念に複製 [複写] する.

比較 線
trait 一回一回の書く動作とともに考えられた線. したがって短くとぎれた線であることが多い. **ligne** 書く動作とは切り離して考えられた線. 通常の「線」にはこちらを用いることが多い.

trait² /trɛ/ 活用 ⇨ TRAIRE 68

traitable /trɛtabl/ 形 ❶ 扱いやすい；加工しやすい. ❷ 文章 (人が) 御しやすい.

traitant, ante /trɛtɑ̃, ɑ̃ːt/ 形 ❶ médecin *traitant* 主治医. ❷ shampooing *traitant* トリートメント・シャンプー.

trait d'union /trɛdynjɔ̃/;《複》~s ~ 男 ❶ 連結符, トレデュニオン, ハイフン (-). ❷ 仲介役, 橋渡し. ▸ servir de *trait-d'union* entre deux groupes opposés 敵対する 2 つのグループの仲介役を務める.

traite /trɛt/ 女 ❶ 手形. ▸ tirer une *traite* sur qn …に手形を振り出す / payer une *traite* 手形を支払う. ❷ (休止なしの) 行程, 道のり. ▸ faire une longue *traite* 長い行程を休まずに行く. ❸ 交易, 売買. ▸ *traite* des êtres humains 人身売買 / *traite* ˮdes nègres [des Noirs]ˮ 黒人奴隷売買. ❹ 搾乳.

__d'une (seule) traite = tout d'une traite__ 一気に, 休むことなく. ▸ boire sa bière *d'une seule traite* 一息にビールを飲み干す.

__tirer une traite sur l'avenir__ 未来 [将来] を当てにする.

__traité__ /trɛte/ トレテ/ 男 ❶ 条約. ▸ *traité* de paix 平和条約 / *traité* de commerce 通商条約 / *traité* de Maastricht マーストリヒト条約 / *traité* de Versailles ベルサイユ条約 / conclure [signer, ratifier, dénoncer] un *traité* 条約を締結 [調印, 批准, 破棄] する. ❷ 概論, 論説. ▸ *traité* de philosophie 哲学概論.

__traitement__ /trɛtmɑ̃/ トレトマン/ 男 ❶ 待遇, 取り扱い. ▸ recevoir [jouir d'] un *traitement* de faveur 優遇される / infliger [subir] de mauvais *traitements* à qn …を虐待する [虐待を受ける].

❷ 治療, 手当て. ▸ suivre un *traitement* 治療を受ける / *traitement* d'urgence = premier *traitement* 応急処置 / *traitement* de choc ショック療法.

❸ (特に公務員の) 俸給, 月給. ▸ toucher un *traitement* 俸給を受ける. 比較 ⇨ RÉMUNÉRATION.

❹ 処置, 処理；加工. ▸ *traitement* des données データ処理 / *traitement* de texte ワープロ / *traitement* des déchets radioactifs 放射性廃棄物の処理.

❺ (問題などの) 処置, 対策. ▸ demander un *traitement* spécial 特別な対応を求める.

__traiter__ /trɛte/ トレテ/ 他動 ❶〖人〗を遇する, 取り扱う. ▸ *traiter* mal les prisonniers de guerre 捕虜たちを虐待する / *traiter* qn d'égal à égal …を自分と対等に扱う. ◆ *traiter* qn en [comme] + 名詞 …のように扱いする. ▸ *traiter* qn en camarade …を仲間扱いする / *traiter* qn comme un chien 犬のように扱う, 冷遇する.

❷《*traiter* qn/qc de + 属詞》…を…呼ばわりす

る，…扱いする．▶ *traiter* son mari d'imbécile 自分の夫をばか呼ばわりする / *traiter* qn de tous les noms …を罵倒(ﾊﾞ)する．

❸ 〔テーマ〕を取り扱う；**論じる**．▶ *traiter* une question à fond 問題を徹底的に論じる．

❹ 〔病気，病人〕を**治療する**，の処置をする．▶ *traiter* un malade 病人を治療する / *traiter* un cancer par les rayons 放射線で癌(ｶﾞﾝ)を治療する．

❺ 〔商売，外交など〕の交渉をする；を取り決める．▶ *traiter* une grosse affaire 大きな取引の交渉をする / *traiter* la paix 和平交渉をする．

❻ 〔物〕を加工する，**処理する**．▶ *traiter* le lait par la pasteurisation 牛乳を低温殺菌法で処理する．❼ 〔文章〕 〔客など〕を供応する，もてなす．

— 間動 <*traiter* de qc> 〔人，著作など〕…について論じる，を取り扱う．▶ Ce livre *traite* de la philosophie zen. この本は禅の哲学を取り扱っている．

— 自動 <*traiter* (avec qn)> (…と)交渉する，取り決めをする．▶ Il refuse de *traiter* avec vous. 彼はあなた(方)と交渉するのを拒んでいる．

— **se traiter** 代動 ❶ <*se traiter* de + 属詞>(相手を)…呼ばわりし合う．▶ Ils *se sont traités* d'idiots. 彼らは互いに相手をうすのろ呼ばわりした．❷ 取り扱われる；取引される．▶ Le problème *s'est traité* facilement en une heure. その問題はあっさりと1時間で論じられた．

traiteur /tretœ:r/ 男 仕出し屋，総菜屋．

traître, traîtresse /tretr, tretres/ 名 裏切り者，謀反人；不実な人．注 女性形は稀で，冗談や文章語などの場合に限られる．

en traître 卑劣なやり方で．▶ attaquer [prendre] qn *en traître* …をだまし討ちにする．

— 形 ❶ <*traître* (à qc)> (…に対して)裏切りを働いた，背信の．注 女性についても男性形を用いる．▶ Elle a été déclarée *traître* à sa patrie. 彼女は売国奴として告発された．

❷ (見かけに反して)危険な，油断のならない．▶ un cheval *traître* 見かけに反して気の荒い馬 / vin *traître* 口当たりのよいわりに悪酔いする酒．

pas un traître mot (de qc) (…について)全然 [ひとことも] …ない．▶ Il n'a *pas* dit *un traître mot*. 彼はひとこともしゃべらなかった．

traîtreusement /tretrøzmɑ̃/ 副 文章 卑劣なやり方で，陰険に．

traîtrise /tretri:z/ 女 卑劣さ；裏切り；裏切り行為．▶ prendre qn par *traîtrise* …をだまし討ちにする / C'est une infâme *traîtrise*. これは汚い裏切りだ．

trajectographie /traʒɛktɔgrafi/ 女 (宇宙船，ミサイルなどの)軌道計算．

trajectoire /traʒɛktwa:r/ 女 弾道；軌道．▶ *trajectoire* d'une planète 惑星の軌道．

***trajet** /traʒɛ トラジェ/ 男 道のり，行程；道筋．▶ faire le *trajet* en voiture 車で行く / effectuer [faire] le *trajet* de Paris à Rome パリからローマへ行く / Il a une heure de *trajet* pour se rendre à son bureau. 彼は通勤に1時間かかる / C'est sur mon *trajet*. それは私の行く道筋にある / pendant le *trajet* 道すがら，道中．比較 ⇨ ITINÉRAIRE.

tralala /tralala/ 男 話 派手；気取り．▶ se marier en grand *tralala* 派手な結婚式を挙げる．

— 間投 おやおや，あらまあ (喜び，不信，嘲笑(ﾁｮｳｼｮｳ)などを表わす)．

tram /tram/ 男 《英語》話 路面電車 (=tramway)．

trame /tram/ 女 ❶ 緯(ﾖｺ)糸．▶ un tapis usé jusqu'à la *trame* 糸目が見えるほどすり切れた絨毯(ｼﾞｭｳﾀﾝ)．❷ (物事の)骨組み，つながり；内容．▶ la *trame* d'un récit 物語のプロット．

tramer /trame/ 他動 ❶ …を織る．❷ …をたくらむ．▶ *tramer* un complot 陰謀をたくらむ．

— **se tramer** 代動 たくらまれる．▶ 《非人称構文で》Il *se trame* ici quelque horreur. ここで何か恐ろしいことが画策されている．

tramontane /tramɔ̃tan/ 女 (地中海沿岸に吹く)北風；(アルプス，ピレネー山脈を越えて吹き下ろす)山風．

trampoline /trɑ̃pɔlin/ 女／男 《英語》トランポリン．

tramway /tramwɛ/ 男 《英語》路面電車．

tranchage /trɑ̃ʃaʒ/ 男 切断；《特に》木材を単板に切ること．

tranchant, ante /trɑ̃ʃɑ̃, ɑ̃:t/ 形 ❶ よく切れる，鋭利な；鋭い，鮮やかな．▶ un couteau *tranchant* よく切れるナイフ / couleurs *tranchantes* 鮮烈な色彩．❷ 断定的な，有無を言わせない．▶ affirmer d'un ton *tranchant* きっぱりと断言する．

— **tranchant** 男 刃；刃状のもの．▶ le *tranchant* d'un couteau ナイフの刃．

à double tranchant = à deux tranchants もろ刃の；相反する効果をもたらす．▶ argument *à double tranchant* もろ刃論法，ジレンマ．

***tranche** /trɑ̃ʃ トランシュ/ 女 ❶ 薄切り，1切れ，薄片．▶ une *tranche* de pain パン1切れ / une *tranche* de jambon ハム1切れ / une *tranche* de vie 人生の一断面 / couper en *tranches* très minces なるべく薄く切る / Une *tranche* de steak, s'il vous plaît. (肉屋で)ステーキ1枚ください．

❷ 部分，1区分；1工程．▶ élèves répartis dans les classes par *tranches* d'âge 年齢区分によってクラス分けされた生徒 / la deuxième *tranche* du programme architectural 建設計画の第2期分 / *tranches* d'imposition du revenu 《税制》 (累進課税による)所得税の税率区分 / diviser les nombres en *tranches* de trois chiffres 数字を3桁ごとに区切る．

❸ 縁，へり；《書籍の》小口．▶ livre doré sur *tranches* 三方金装本．❹ (牛の)腿(ﾓﾓ)中肉．

s'en payer une tranche 話 大いに楽しむ．

tranché, e /trɑ̃ʃe/ 形 ❶ 他とはっきり区別される，明確な，際立った．▶ des couleurs *tranchées* くっきりした色彩．

❷ 断定的な，きっぱりとした．▶ avoir des opinions bien *tranchées* 確固とした意見を持つ．

tranchée /trɑ̃ʃe/ 女 ❶ 溝，堀；切り通し．❷ 塹壕(ｻﾞﾝｺﾞｳ)．▶ guerre des *tranchées* 塹壕戦．

***trancher** /trɑ̃ʃe トランシェ/ 他動 ❶ …を切る，切断する．▶ *trancher* une corde 綱を切る / tran-

cher la tête à qn …の首をはねる / *trancher* du jambon ハムを薄切りにする / machine à *trancher* スライサー. 比較 ⇨ COUPER.
❷ …に決着をつける, を決断する. ▶ *trancher* une difficulté 困難な問題に決着をつける / *trancher* un différend 紛争を解決する.
— 自動 ❶〈*trancher* (sur qc)〉(…について)決断を下す, 断言する. ❷〈*trancher* sur [avec] qc〉…と対照をなす, 際立つ. ▶ un rouge qui *tranche* sur un fond noir 黒い背景にくっきり浮き出ている赤.

trancher dans le vif 非常手段に訴える, 断固たる手を打つ.

tranchet /trɑ̃ʃɛ/ 男 カッター; 切り出しナイフ.
tranchoir /trɑ̃ʃwaːr/ 男 ❶(肉用の)まな板;(チーズを切るための)小盆. ❷ 刃物, 包丁.
:**tranquille** /trɑ̃kil/ トランキル 形 ❶ 静かな, 穏やかな. ▶ habiter (dans) un quartier *tranquille* (=calme) 閑静な地区に住んでいる / mer *tranquille* 穏やかな海 / se tenir *tranquille* おとなしくしている / Les enfants, restez *tranquilles*!(=sage) 子供たち, おとなしくしていなさい. 比較 ⇨ CALME.
❷ 安らかな, 安心した. ▶ mener une vie *tranquille* 平穏な生活を送る / avoir l'esprit *tranquille* 心が安らかである / avoir la conscience *tranquille* 良心にやましいところがない / Soyez *tranquille*, tout ira bien. 安心してください, すべてうまく行くでしょう / Ce soir, ils pourront dormir *tranquilles*. 今夜は彼らも安心して眠れるだろう. ◆laisser qn/qc *tranquille* …をそっとしておく. ▶ Laisse-moi *tranquille*. (からかわれたり, 煩わしいことを言われたときに)ほうっておいてよ / Laisse ça *tranquille*. それはほうっておけ.
❸ 話〈être *tranquille* (que +直説法)〉(…を)確信する. ▶ Vous pouvez être *tranquille* qu'il n'est pas chez lui à cette heure-ci. 大丈夫, 彼はこの時間には家にいない.

être tranquille comme Baptiste ばかみたいにおとなしい; 泰然自若としている.

un père tranquille 平穏無事を好む人.

***tranquillement** /trɑ̃kilmɑ̃/ トランキルマン 副 ❶ 静かに, 平穏に; 心配なしに. ▶ vivre *tranquillement* 平穏に暮らす. ❷ 冷静に. ▶ discuter *tranquillement* 冷静に議論する.

tranquillisant, ante /trɑ̃kilizɑ̃, ɑ̃ːt/ 形 安心させる. ▶ une nouvelle *tranquillisante* 安堵(あんど)の知らせ / un médicament *tranquillisant* 精神安定剤. — **tranquillisant** 男 トランキライザー, 精神安定剤.

tranquilliser /trɑ̃kilize/ 他動 …を安心させる; 〔心〕を鎮める. ▶ Cette idée me *tranquillise*. そう考えると安心する.
— **se tranquilliser** 代動 安心する, ほっとする. ▶ *Tranquillisez-vous*, tout ira bien. 御安心ください, 万事うまくいきますよ.

tranquillité /trɑ̃kilite/ 女 静けさ, 穏やかさ. ▶ la *tranquillité* de la mer 海の穏やかさ / la *tranquillité* de l'esprit 心の安らぎ / troubler la *tranquillité* publique 公共の安寧を乱す / *tranquillité* matérielle 経済的安心.

en toute tranquillité 平穏に, 安心して.

trans- 接頭 (別形 tran-, tra-) ❶「…を横切って」の意. ▶ *trans*sibérien シベリア横断の.
❷「…を超えて」の意. ▶ *trans*cendant 超越的な. ❸「移行, 変化」を表わす. ▶ *trans*port 運搬 / *trans*former 変形する.

transaction /trɑ̃zaksjɔ̃/ 女 ❶《多く複数で》商取引, 株式取引. ▶ *transactions* financières 金融取引. ❷ 和解, 妥協.

transactionnel, le /trɑ̃zaksjɔnɛl/ 形 示談 〔和解〕による. ▶ un arrangement *transactionnel* 和解による決着.

transafricain, aine /trɑ̃zafrikɛ̃, ɛn/ 形 アフリカ横〔縦〕断の. ▶ chemin de fer *transafricain* アフリカ縦断鉄道.

transalpin, ine /trɑ̃zalpɛ̃, in/ 形 ❶(イタリアから見て)アルプス山脈の向こう側の. ▶ la Gaule *transalpine* (ローマから見て)アルプスのかなたのガリア, ガリア本土. ❷ アルプス横断の. ▶ le tunnel *transalpin* du Mont-Blanc モン=ブラン-アルプス横断トンネル. ❸ イタリアの. ▶ restaurant *transalpin* イタリアレストラン.

transat /trɑ̃zat/ (transatlantique の略)男 話 デッキチェア. — 女 競 大西洋横断ヨットレース.

transatlantique /trɑ̃zatlɑ̃tik/ 形 大西洋横断の. ▶ course *transatlantique* 大西洋横断ヨットレース. — 男 ❶ 大西洋定期船. ❷ デッキチェア.

transbahuter /trɑ̃sbayte/ 他動〔荷物, 家具など〕を運ぶ, 移す.

transbordement /trɑ̃sbɔrdəmɑ̃/ 男 (乗客, 貨物の)積み換え.

transborder /trɑ̃sbɔrde/ 他動〔乗客〕を(別の船, 列車に)乗り換えさせる;〔貨物〕を積み換える.

transbordeur /trɑ̃sbɔrdœːr/ 男 ❶ pont à *transbordeur* =《同格的に》pont *transbordeur* 渡し浮き橋. ❷ フェリーボート.

transcendance /trɑ̃sɑ̃dɑ̃ːs/ 女 ❶ 卓越(性), 優越(性). ❷〖哲学〗超越(性). ▶ *transcendance* de Dieu 神の超越性.

transcendant, ante /trɑ̃sɑ̃dɑ̃, ɑ̃ːt/ 形 ❶ 卓越した. ▶ un esprit *transcendant* 卓越した精神(の持ち主) / Il n'a rien de *transcendant*. 彼は極めて凡庸である. ❷〖哲学〗超越的な, 日常的経験の世界を超えた.

transcendantal, ale /trɑ̃sɑ̃dɑ̃tal/;《男複》**aux** /o/ 形〖哲学〗先験的な, 超越論的な. ▶ idéalisme *transcendantal* 先験的観念論.

transcender /trɑ̃sɑ̃de/ 他動 …を超越する.
— **se transcender** 代動 自己の限界を乗り越える.

transcodage /trɑ̃skɔdaːʒ/ 男 ❶ コード変換. ❷〖テレビ〗映像信号方式の変換.

transcoder /trɑ̃skɔde/ 他動 ❶ …をコード変換する. ❷〖テレビの映像信号〗を方式変換する.

transconteneur /trɑ̃skɔ̃tnœːr/ 男 大型コンテナ; 海上コンテナ.

transcontinental, ale /trɑ̃skɔ̃tinɑtal/; 《男複》**aux** /o/ 形 大陸横断の.

transcription /trɑ̃skripsjɔ̃/ 女 ❶ 転写, 書き写すこと. ▶ la *transcription* d'un document 書類の転写〔写し〕. ❷(他の字母, 他の表記法への)

書き換え. ▶ *transcription* phonétique 音声転写. ❸〖音楽〗編曲；編作. ❹〖法律〗登記. ❺ *transcription* génétique〖生物〗遺伝情報の転写.

transcrire /trɑ̃skri:r/ 78 他動(過去分詞 transcrit, 現在分詞 transcrivant) ❶ …を書き写す；書き換える. ▶ *transcrire* un texte grec en caractères latins ギリシア文字のテキストをラテン文字で書き直す. ❷〔話された言葉〕を文字化する. ▶ *transcrire* une conversation enregistrée sur cassette カセットテープに録音された会話をおこす. ❸〖音楽〗を編曲［編作］する.

transcris, transcrit /trɑ̃skri/ 活用 ⇨ TRANSCRIRE 78

transcriv- 活用 ⇨ TRANSCRIRE 78

transe /trɑ̃:s/ 女 ❶(多く複数で)激しい恐怖, 不安. ▶ J'étais dans les *transes* en attendant le résultat de l'examen. 私は試験の結果が出るまで不安でしかたなかった. ❷(霊媒の)トランス状態, 霊の乗り移った状態.
être［*entrer*］*en transe* 非常に興奮して我を忘れた状態にある［なる］.

transept /trɑ̃sɛpt/ 男〖英語〗(教会の身廊に直交する)交差廊, トランセプト.

transfèrement /trɑ̃sfɛrmɑ̃/ 男 ❶ 移転. ❷〖法律〗(囚人の)移送.

transférer /trɑ̃sfere/ 6 他動 ❶ …を移す, 移転する. ▶ *transférer* un prisonnier 囚人を移送する / *transférer* une somme d'un compte à un autre ある口座から他の口座へある金額を移す / Le siège de cette entreprise *sera transféré* à Strasbourg. この会社の本社はストラスブールに移転される. ❷ …の顔を輝かせる.

transfert /trɑ̃sfɛ:r/ 男 ❶ 移転, 移動. ▶ le *transfert* de la capitale 遷都 / le *transfert* d'un joueur de football サッカー選手の移籍 / un *transfert* d'argent 送金 / *transfert* d'appel 電話転送サービス / *transfert* de populations 住民の強制移動 / *tranfert* d'embryon 受精卵の子宮への移植. ❷(財産, 権利などの)移転, 譲渡. ❸〖心理〗〖精神分析〗転移.

transfiguration /trɑ̃sfigyrasjɔ̃/ 女 文章 ❶(表情の)輝かしい変化. ❷〖カトリック〗キリストの御変容；御変容の祝日(8月6日).

transfigurer /trɑ̃sfigyre/ 他動 文章 ❶ …を変容させる, 変貌(ぼう)させる；(よい方に)変化させる. ▶ Cette épreuve l'a *transfiguré*. この試練が彼を生まれ変わらせた. ❷ …の顔を輝かせる. ▶ Le bonheur l'a *transfigurée*. 幸福が彼女の顔を輝かせた.
— *se transfigurer* 代動 文章 ❶ 変容する, 変貌する. ❷ 顔つきが変わる.

transfo /trɑ̃sfo/ 男(transformateur の略)変圧器, トランス.

transformable /trɑ̃sfɔrmabl/ 形 変形できる, 位置を変えうる.

transformateur /trɑ̃sfɔrmatœ:r/ 男 ❶ 変圧器. 注 transfo と略す. ❷ 加工業者.

transformation /trɑ̃sfɔrmasjɔ̃/ 女 ❶ 変化；変形；変革. ▶ la *transformation* des matières premières 原料の加工 / faire des *transformations* dans un appartement アパルトマンを改造する / la *transformation* de la chrysalide en papillon さなぎから蝶(ちょう)への変態 / Quelle *transformation* depuis qu'il est marié! 彼は結婚してからなんと変わったのだろう. ❷〖電気〗変圧.

transformationnel, le /trɑ̃sfɔrmasjɔnɛl/ 形〖言語〗変形の, 変換の. ▶ grammaire *transformationnelle* 変形文法.

*****transformer** /trɑ̃sfɔrme/ トランスフォルメ 他動 ❶ …を変える. ▶ *transformer* une maison 家をリフォームする / *transformer* une matière première 原料を加工する / *transformer* la société 社会を変革する / *transformer* un essai〖ラグビー〗トライをコンバートする. / *transformer* un terrain vague en jardin public 空き地を公園にする.
❷〔人〕をよい方に変える；元気にする. ▶ Ces quelques jours de vacances *l'ont transformé*. この数日の休暇で彼は元気になった.
— *****se transformer** 代動 ❶ 変化する, 変貌(ぼう)する. ▶ Ce quartier *s'est* totalement *transformé* en quelques années. 数年でこの界隈(かいわい)はすっかり変わってしまった.
❷ <*se transformer* en qc> …に変化する, 変態する. ▶ La chenille *se transforme* en papillon. 青虫は蝶(ちょう)に変わる.

transformisme /trɑ̃sfɔrmism/ 男〖生物学〗生物変移論：生物の種は少しずつ変化するとする説.

transformiste /trɑ̃sfɔrmist/ 形〖生物学〗生物変移論(者)の. — 名 生物変移論者.

transfrontalier, ère /trɑ̃sfrɔ̃talje, ɛ:r/ 形 国境をはさんだ, 国境を越えた.

transfuge /trɑ̃sfy:ʒ/ 男 脱走兵.
— 名 転向者；変節者.

transfuser /trɑ̃sfyze/ 他動 …を体内に注入する. ▶ *transfuser* du sang à un blessé 負傷者に輸血する.

transfusion /trɑ̃sfyzjɔ̃/ 女 輸血.

transgénique /trɑ̃sʒenik/ 形 遺伝子組み換えの. ▶ maïs *transgénique* 遺伝子組み換えトウモロコシ.

transgresser /trɑ̃sgrese/ 他動〔規則, 法律〕に背く, 違反する.

transgression /trɑ̃sgresjɔ̃/ 女 違反. ▶ *transgression* de la loi 法律違反.

transhumance /trɑ̃zymɑ̃:s/ 女 移牧：アルプス地方で, 羊の群れを夏の間山地に放牧すること.

transhumant, ante /trɑ̃zymɑ̃, ɑ̃:t/ 形〔羊の群れなどが〕山へ移動する.

transhumer /trɑ̃zyme/ 自動〔羊などの群れが〕夏の間山へ牧草を食べに行く.
— 他動〔羊などの群れ〕を山へ移動させる.

transi, e /trɑ̃zi/ 形(transir の過去分詞) ❶ 凍えた, 麻痺(ひ)した. ▶ Je suis *transi* de froid. 寒くて凍えそうだ. ❷ 文章(恐怖などに)すくんだ.
amoureux［*amant*］*transi* (恋人の前でおどおどする)ひどく内気な恋人.

transiger /trɑ̃ziʒe/ 2 自動 ❶ < *transiger* (avec qn sur qc) > (…と…について)和解する, 折り合う. ▶ Au début, ils ne s'entendaient pas sur le prix ; mais finalement ils *ont* *transigé*. 彼らは最初は値段で折り合わなかったが、結局互いに妥協した.

❷ ⟨*transiger* sur qc⟩ …について譲る, 妥協する. ▶ Il ne *transige* pas sur l'honneur. 名誉にかかわることでは彼は一歩も譲らない.

❸ ⟨*transiger* avec qc⟩ …をごまかす. ▶ *transiger* avec sa conscience 良心を曲げる.

transir /trãziːr/ 他動〈直説法現在, 複合時制, 不定形以外は用いられない〉文章 …を凍えさせる, ぞくっとさせる. ▶ Un froid glacial nous *transit*. 凍えような寒さが身に染みる.

transistor /trãzistɔːr/ 男《英語》トランジスタ; トランジスタラジオ.

transit /trãzit/ 男 ❶ (商品, 貨物などの) 免税通過. ▶ marchandises en *transit* 通過貨物. ❷ トランジット: 飛行機や船舶が目的地に到着するまでに一時寄航 [寄港] すること. ▶ passagers en *transit* トランジットの乗客.

transitaire /trãzitɛːr/ 形 免税通過の. ▶ pays *transitaire* 免税通過国.
― 男〖商法〗通過貨物取扱業者.

transiter /trãzite/ 他動 (貨物, 商品など) を免税で通過させる. ― 自動 (トランジットで) 通過する.

transitif, ive /trãzitif, iːv/ 形〖文法〗動詞が〕他動の;〔文法的機能が〕他動詞的な (↔intransitif). ▶ verbe *transitif* 他動詞.
― **transitif** 男 他動詞.

transition /trãzisjɔ̃/ 女 ❶ 文章 移り変わり, 変遷, 変移; 過渡的段階. ▶ une brusque *transition* du chaud au froid 暑さから寒さへの急激な移り変わり. ❷ (話題や動作を変える際の) つなぎ方, つなぎ部分. ▶ un orateur qui connaît l'art des *transitions* 話の進め方を心得ている弁士.

de transition 一時的な. ▶ période *de transition* 過渡期 / gouvernement *de transition* 臨時政府.

sans transition 一挙に, いきなり.

transitivement /trãzitivmã/ 副〖文法〗他動的に, 他動詞的に.

transitivité /trãzitivite/ 女〖文法〗(動詞の) 他動性.

transitoire /trãzitwaːr/ 形 一時的な, 臨時の. ▶ une mesure *transitoire* 暫定的処置.

translation /trãslasjɔ̃/ 女 ❶ 文章 (公式の) 移動, 移転. ▶ la *translation* d'un tribunal 裁判所の移転. ❷〖法律〗(財産や土地などの) 譲渡. ❸〖数学〗平行移動.

translucide /trãslysid/ 形 半透明の, 曇った.
translucidité /trãslysidite/ 女 半透明.

transmet, transmets /trãsmɛ/ 活用 ⇨ TRANSMETTRE 65

transmetteur /trãsmɛtœːr/ 男 ❶ 送信 [発信] 器. ❷ 神経伝達物質.

*****transmettre** /trãsmɛtr/ トランスメトル 65 他動

過去分詞 transmis	現在分詞 transmettant

直説法現在	je transmets	nous transmettons
複合過去	j'ai transmis	
単純未来	je transmettrai	

❶ …を伝える, 伝達する. ▶ *transmettre* un message à qn …に伝言する / *transmettre* un ordre 命令を伝達する / *Transmettez* mes amitiés à votre mari. ご主人によろしく / Vous lui *transmettrez* ces documents. この資料を彼 (女) に渡してください / *transmettre* le ballon ボールをパスする.

❷ (物理現象など) を伝える, 伝播(ぱん)する. ▶ corps qui *transmettent* l'électricité 電気を伝える物体.

❸ (病気など) を伝染させる, 移す. ▶ Il a *transmis* la rougeole à son frère. 彼ははしかを弟に移した / un parasite qui *transmet* une maladie ある病気を媒介する寄生虫.

❹ …を譲り渡す; 受け継がせる. ▶ *transmettre* un héritage 遺産を譲渡する / *transmettre* un nom 名前を受け継がせる / Sa mère lui a *transmis* le goût de la nature.(=donner) 彼 (女) は自然に親しむ心を母親から受け継いだ.
― *se transmettre* 代動 ❶ 伝わる, 伝播する. ▶ Les sons *se transmettent* par l'air. 音は空気によって伝わる. ❷ (病気が) 移る. ▶ Cette maladie *se transmet* facilement. この病気は移りやすい. ❸ 譲渡される.

transmigration /trãsmigrasjɔ̃/ 女 輪廻(ね), 転生.

transmiss-, transmi-, transmî- 活用 ⇨ TRANSMETTRE 65

transmissibilité /trãsmisibilite/ 女 伝えられること, 伝達可能性.

transmissible /trãsmisibl/ 形 ❶ 伝達しうる; 譲渡可能な. ▶ pensée difficilement *transmissible* 非常に伝えにくい思想. ❷ 遺伝する; 伝染する. ▶ maladie *transmissible* 伝染病 / maladie sexuellement *transmissible* 性感染症.

transmission /trãsmisjɔ̃/ 女 ❶ (情報などの) 伝達. ▶ la *transmission* d'un message 伝言 / la *transmission* de pensée テレパシー (=télépathie) / la *transmission* par fibre optique 光ファイバー伝送 / la *transmission* en direct d'un match de rugby ラグビーの試合の生中継.

❷ (物理現象の) 伝播(ぱん). ▶ la *transmission* de la lumière 光の伝播.

❸ 譲渡; 相続. ▶ la *transmission* des pouvoirs 権限の委譲 / la *transmission* de père en fils du patrimoine 財産の世襲相続.

❹ (形質の) 遺伝; 病気の伝染.

❺〖機械〗〖自動車〗動力伝達装置. ▶ *transmission* automatique オートマチック・トランスミッション. ❻ 〈複数で〉(軍隊の) 通信隊. ▶ centre de *transmissions* 通信基地.

transmit, transmît /trãsmi/, **transmîtes** /trãsmit/ 活用 ⇨ TRANSMETTRE 65

transmutation /trãsmytasjɔ̃/ 女 変質; 変換. ▶ *transmutation* nucléaire 〖物理〗核の転換.

transnational, ale /trãsnasjonal/; 〈男複〉**aux** /o/ 形 超国家的な, 国際的な.

transparaître /trãsparɛtr/ 50 自動 〈過去分詞 transparu, 現在分詞 transparaissant〉 ❶ 透けて見える. ▶ La lune *transparaît* derrière la brume. 霧の後ろに月が透けて見える. ❷〔感情が〕

表に出る. ▶ L'angoisse *transparaît* sur son visage. 彼(女)の表情に不安の色が浮かぶ.

transparence /trɑ̃sparɑ̃:s/ 囡 ❶ 透き通っていること, 透明さ. ▶ la *transparence* de l'eau 水の透明度 / *transparence* du teint 透き通るような顔の白さ. ❷ 明瞭(%%), 明白; 公開. ▶ la *transparence* d'un texte 文章の明快さ / la *transparence* des transactions 取引がガラス張りであること. ❸『情報』〔機能が〕利用者に気づかれないこと.

par transparence 透かしによって. ▶ voir qc *par transparence* …が透けて見える.

transparent, ente /trɑ̃sparɑ̃, ɑ̃:t/ 形 ❶ 透明な; 透き通るような. ▶ eau *transparente* 透き通った水 / peau *transparente* 抜けるように白い肌 / porcelaine *transparente* 透き通るほど薄手の磁器 / papier *transparent* トレーシングペーパー. ❷ 意味のはっきりしている, 明白な; 包み隠しのない. ▶ texte *transparent* 意味の明白な文章 / comptabilité *transparente* 明朗会計. ❸『情報』〔機能が〕利用者に気づかれない, 透過的な, トランスペアレントな.

T'es pas transparent. 話 そこに立たれると邪魔だ, 見えないよ.

— 男 OHPシート.

transpercer /trɑ̃spɛrse/ 1 他動 ❶ …を貫く; 突き刺す. ▶ *transpercer* qn d'un coup d'épée …の体に剣を突き通す / La balle lui *a transpercé* l'intestin. 弾が彼(女)の腸を貫通した / La douleur *transperce* mon cœur. 私は苦しみにさいなまれている. ❷ …に染み通る. ▶ La pluie *a transpercé* mes vêtements. 雨が服に染みとおった.

transpiration /trɑ̃spirasjɔ̃/ 囡 発汗. ▶ être en *transpiration* 汗びっしょりである, 汗まみれである.

transpirer /trɑ̃spire/ トランスピレ/ 自動 ❶ 汗をかく; (汗のように)水滴を出す. ▶ *transpirer* des paumes 手のひらに汗をかく / *transpirer* à grosses gouttes 大粒の汗をかく. ❷ 話 <*transpirer* sur qc>…にてこずる, 悪戦苦闘する. ▶ Il *a transpiré* sur ses devoirs. 彼は宿題に汗だくだった. ❸ 露見する, 明るみに出る. ▶ Rien n'*a transpiré* de ce projet. その計画はまったく表に出なかった.

transplant /trɑ̃splɑ̃/ 男『外科』移植組織, 移植臓器, 移植体.

transplantation /trɑ̃splɑ̃tasjɔ̃/ 囡 ❶(植物の)植え替え;『外科』移植 (=greffe). ▶ *transplantation* cardiaque 心臓移植 / *transplantation* rénale 腎臓(%%)移植. ❷ 移住, 移転. ▶ la *transplantation* des ruraux dans des zones urbaines 農村居住者の都市部への移住.

transplanté, e /trɑ̃splɑ̃te/ 形 ❶ 移植された. ❷ 移住した.

transplanter /trɑ̃splɑ̃te/ 他動 ❶ …を移植する. ▶ *transplanter* un jeune arbre 若木を植え替える / *transplanter* un organe 臓器移植をする. ❷ …を移住させる, 移転させる.

— **se transplanter** 代動 移住する, 移転する.

transport /trɑ̃spɔ:r/ トランスポール/ 男 ❶ 運送, 運搬;《複数で》交通[運輸]手段. ▶ *transport* d'un blessé en ambulance 救急車による負傷者の運搬 / *transport* des marchandises [voyageurs] 貨物[乗客]輸送 / moyen de *transport* 輸送[交通]手段 / frais de *transport* 運送費 / le ministère des *Transports* 運輸省 / *transport* aérien 空輸 / les *transports* en commun 公共交通機関 / entreprise de *transports* 運送会社. ❷ 輸送艇; 輸送車. ▶ *transport* de troupes 兵員輸送船. ❸《しばしば複数で》文章 激情. ▶ des *transports* de joie 大喜び. ❹『情報』〔ソフトウェアの〕移植.

┌─────────────────────────┐
│ 語法 乗り物をめぐって(前置詞に注意)
└─────────────────────────┘

⑴ *à* とともに
• faire une promenade à bicyclette [pied, cheval] 自転車[徒歩, 馬]で散歩する.

⑵ *en* とともに
• aller [voyager] en voiture [train, bus, bateau, avion] 車[列車, バス, 船, 飛行機]で行く[旅行する].

⑶ *par* とともに
• aller [voyager] par le train 列車で行く[旅行する].

◆ 物を航空便・船便で送る場合は, それぞれ par avion, par bateau を用いる. expédier [envoyer à qn, faire parvenir à qn] qc par avion [bateau] …を航空便[船便]で発送する[…に送る].

transportable /trɑ̃spɔrtabl/ 形 運ぶことができる.

transporté, e /trɑ̃spɔrte/ 形 ❶ <*transporté* (de qc)> (ある感情のために)我を忘れた. ▶ un enfant *transporté* de joie うれしくて有頂天になっている子供. ❷ 運搬された, 輸送された.

transporter /trɑ̃spɔrte/ トランスポルテ/ 他動 ❶ …を運ぶ, 輸送する. ▶ *transporter* un blessé en ambulance 救急車でけが人を運ぶ / *transporter* des marchandises en camion 商品をトラックで輸送する. ❷ …を移す, 移し変える. ▶ *transporter* un fait divers sur la scène 三面記事を戯曲化する. ❸ (想像上で) …を…に行った気にさせる. ▶ Cette musique nous *transporte* dans un autre monde. この音楽は私たちを別世界に連れていってくれる. ❹ 文章 <*transporter* qn (de qc)>…を(ある感情で)興奮させる. ▶ Cette nouvelle m'*a transporté* de joie. その知らせで私は有頂天になった.

— **se transporter** 代動 ❶ 赴く, 移動する. ▶ Le procureur *s'est transporté* sur les lieux du crime. 検事は事件現場に赴いた. ❷ (想像上で遠い場所や時代に)身を置く. ▶ *Transportez-vous* à Pékin. あなた(方)は北京にいるのだと想像してごらんなさい.

transporteur /trɑ̃spɔrtœ:r/ 男 ❶ 運送業者. ▶ *transporteur* routier トラック運送業者. ❷ 運搬船. ▶ *transporteur* de pétrole タンカー (=pétrolier). ❸ コンベヤ. ▶ *transporteur* à bande ベルトコンベヤ.

transposable /trăspozabl/ 形 順序を変えられる; 移し換えられる.

transposer /trăspoze/ 他動 ❶ …の順序を変える. ▶ *transposer* les mots d'une phrase 文の語順を入れ換える. ❷ …を移し換える. ▶ *transposer* un best-seller à l'écran ベストセラーを映画化する. ❸ 【音楽】…を移調する.

transposition /trăspozisjɔ̃/ 女 ❶ (順序の)置き換え, 入れ換え. ❷ 転換. ▶ Cette pièce est une *transposition* moderne d'une légende populaire. この戯曲は民衆に伝わる伝説を現代風にアレンジしたものだ / la *transposition* d'une nouvelle de Maupassant à la télévision モーパッサンの短編小説のテレビドラマ化. ❸ 【音楽】移調.

transsaharien, enne /trā(s)saarjɛ̃, ɛn/ 形 サハラ砂漠横断の.

transsexualisme /trā(s)sɛksɥalism/ 男 【精神医学】性別倒錯: 異性になりたがる, または異性であると思い込む傾向.

transsexuel, le /trā(s)sɛksɥɛl/ 形 【精神医学】性別倒錯の. ― 名 性転換者.

transsibérien, enne /trā(s)siberjɛ̃, ɛn/ 形 シベリア横断の. ― **Transsibérien** 男 シベリア横断鉄道.

transsubstantiation /trā(s)sypstɑ̃sjasjɔ̃/ 女 【カトリック】実体変化: 聖体の秘跡で, パンとぶどう酒がキリストの肉と血に変わること.

transsuder /trăssyde/ 自動 文章 浸透する.

transvaser /trăsvɑze/ 他動 [液体]を他の容器に移し換える.

transversal, ale /trăsvɛrsal/; (男複) **aux** /o/ 形 ❶ 横断する, 横の. ▶ coupe *transversale* et coupe longitudinale 横断面と縦断面 / quitter une avenue et s'engager dans une rue *transversale* 大通りを出て, それと交差する道に入る. ❷ 分野を越えた.

transversalement /trāsvɛrsalmɑ̃/ 副 横断して, 横に, 水平に.

trapèze /trapɛːz/ 男 ❶ 台形. ▶ en (forme de) *trapèze* 台形の. ❷ ぶらんこ. ▶ *trapèze* volant 空中ぶらんこ.

trapéziste /trapezist/ 名 空中ぶらんこ乗り.

trapézoïdal, ale /trapezoidal/; (男 複) **aux** /o/ 形 台形の, 梯(は)形の.

trappe /trap/ 女 ❶ (獣の)罠(わな), 落とし穴. ▶ un animal pris dans une *trappe* 罠にかかった動物. ❷ (床や天井の)揚げ板, 撥げ戸, 揚げぶた. ▶ ouvrir une *trappe* et descendre dans la cave 揚げ板を開けて地下貯蔵庫に降りる.

trappiste /trapist/ 男 トラピスト会修道士.

trapu, e /trapy/ 形 ❶ (人が)太って背の低い; (物が)どっしりとした. ▶ un homme *trapu* ずんぐりした男. ❷ よくできる. ▶ Il est *trapu* en maths. 彼は数学に強い. ❸ (問題などが)難しい, 手ごわい.

traquenard /traknaːr/ 男 罠(わな), 策略. ▶ tomber dans un *traquenard* 罠にはまる / un examen plein de *traquenards* 落とし穴のたくさんある試験.

traquer /trake/ 他動 …を包囲する; 追い詰める; (記者がスターなど)を追いかけ回す. ▶ *traquer* un animal (狩りで)動物を追い詰める / un homme *traqué* par la police 警察に追い詰められた男.

trash /traʃ/ 形 (不変)(英語)低俗な,

trauma /troma/ 男 ❶ 【医学】外傷. ❷ 【精神分析】(心的)外傷.

traumatique /tromatik/ 形 ❶ 【医学】外傷性の. ▶ choc *traumatique* 外傷性ショック. ❷ 【精神分析】la névrose *traumatique* 外傷神経症.

traumatisant, ante /tromatizɑ̃, ɑ̃ːt/ 形 ❶ 心を激しく揺さぶる, 極めてショッキングな. ▶ une expérience *traumatisante* あとあとまで尾を引くつらい経験. ❷ 【医学】【精神分析】(身体的, 心的な)外傷を引き起こす.

traumatiser /tromatize/ 他動 ❶ 【医学】【精神医学】…に(身体的, 心的な)外傷を与える. ❷ …を激しく動揺させる. ▶ Cette nouvelle l'a *traumatisé*. この知らせは彼に大きなショックを与えた.

traumatisme /tromatism/ 男 ❶ 【医学】外傷性傷害. ❷ 【精神分析】*traumatisme* psychique (心的)外傷 (=trauma). ❸ 激しいショック.

traumatologie /tromatɔlɔʒi/ 女 外傷学.

:**travail** /travaj トラヴァイユ/; (複) **aux** /o/ 男

[英仏そっくり語]
英 travel 旅行.
仏 travail 仕事, 勉強.

❶ 仕事, 労働; 勉強. ▶ être au *travail* 仕事[勉強]中である / se mettre au *travail* 仕事[勉強]に取りかかる / *travail* manuel 手仕事 / le *travail* à la chaîne 流れ作業 / *travail* intellectuel 知的作業; 頭脳労働 / groupe de *travail* 作業部会 / vêtements de *travail* 仕事着, 作業服 / avoir du *travail* やらなければならない仕事[勉強]がある / Au *travail*! 仕事にかかれ, 仕事しよう.

❷ 職; 職務; 職場 (=lieu de *travail*). ▶ être sans *travail* 失業中である / chercher du [un] *travail* à Tokyo 東京で働き口を探す / être en arrêt de *travail* 休職中である / aller au *travail* 仕事[職場]に行く / *travail* bien payé 給料のいい仕事 / *travail* payé à l'heure 時間給の仕事 / *travail* à plein temps フルタイムの仕事 / *travail* à temps partiel パートタイムの仕事 / «Qu'est-ce que vous faites comme *travail*? — Je suis dentiste.» 「お仕事はなんですか」「歯医者です」 比較 ⇨ EMPLOI.

❸ 労働; 《集合的に》労働者. ▶ *travail* et capital 労働と資本 / lieu de *travail* 職場 / heures de *travail* 労働時間 / *travail* à domicile 在宅労働 / *travail* (au) noir 非合法の就労 / contrat de *travail* 労働契約 / accident du *travail* 労働災害 / conflit du *travail* 労働争議 / carte de *travail* (外国人の)労働許可証 / le ministère du *Travail* 労働省 / la Confédération générale du *travail* 労働総同盟(略 CGT).

❹ (複数で)工事, 作業. ▶ «Ralentir, *travaux*!»「工事中, 徐行」 / *travaux* publics 公共[土木]事業 / grands *travaux* 国家的大事業

/ «Pendant les *travaux*, le magasin restera ouvert.»「工事中も営業」/ *travaux* d'approche 奔走, 裏工作 / *travaux* ménagers [domestiques] 家事(労働) / *travaux* dirigés (大学の)演習(略 TD) / *travaux* pratiques 実験(略 TP) / *travaux* d'intérêt général (罰則の代わりの)社会奉仕.

❺《多く複数で》研究, 業績; 研究論文, 著作. ▶ les *travaux* de Pasteur パスツールの業績 / se livrer à des *travaux* scientifiques 学術研究に専念する.

❻ 仕事ぶり; できばえ, 仕上がり. ▶ une dentelle d'un *travail* soigné 入念に仕上げたレース編み / un *travail* bâclé [mal fait] ぞんざいな仕事 / C'est du *travail* 「d'amateur [de professionnel]」これは素人芸「プロの手並み」だ / C'est du beau *travail*!《皮肉で》見事なできだ.

❼ 作用, 力; 変化, 変質. ▶ le *travail* de la fermentation 発酵作用 / le *travail* de l'inconscient 無意識の作用.

❽ 陣痛, 産みの苦しみ; 分娩(蕊). ▶ femme en *travail* 分娩中の妊婦 / salle de *travail* 分娩室.

❾《複数で》(議会などの)審議, 討議.

Et voilà le travail! 話 = *Tu vois le travail?* 話 これで完璧, 最高のできだ;《反語で》最悪の結果だ.

travail 「*de Romain* [*d'Hercule, de Titan*]」非常な力業; 大きな努力を必要とする仕事.

travaux forcés(昔の)徒刑(現在は10年以上の禁固).

比較 仕事
travail, boulot《くだけた表現》ともに最も広く用いられ, (1)「職業, 職種」(2)「職, 雇用」(3)「なすべき仕事」のすべての意味を含む. (1)については **profession**, (2)については **emploi** が当てはまり, (3)の意味ではほかに **tâche, besogne, corvée** などが用いられる. tâche は「任務, 使命」の意. besogne は仕事のつらさやつまらなさを強調する場合の語. corvée は besogne とほぼ同義だが, これより意味が強い. ⇨ EMPLOI.

travaillé, e /traваje/ 形 ❶ 細工を施した; 入念に仕上げられた. ▶ un style extrêmement *travaillé* 非常に練り上げられた文体. ❷ 労働に当てられた. ▶ le nombre d'heures *travaillées* 就業時間数.

*travailler /travaje/ トラヴァイエ/

直説法現在	je travaille	nous travaillons
	tu travailles	vous travaillez
	il travaille	ils travaillent
複合過去	j'ai travaillé	
半過去	je travaillais	
単純未来	je travaillerai	
単純過去	je travaillai	

自動 ❶ 仕事をする, 働く. ▶ Papa *travaille*. お父さんは仕事中だ / Elle *travaille* beaucoup. 彼女はよく働く / *travailler* dur 一生懸命働く / *travailler* comme「un cheval [un bœuf]」馬車馬のように働く / *travailler* trente cinq heures par semaine 週に35時間働く / *travailler* dans un bureau 会社勤めをする / *travailler* en usine 工場に勤める / *travailler* chez Renault ルノーに勤める / *travailler* dans l'édition 出版関係の仕事をする / *travailler* au noir 闇(ﾔﾐ)仕事をする / *travailler* à son (propre) compte 仕事で独立する.

❷ 勉強する. ▶ Cesse de jouer et va *travailler*! 遊びはやめにして勉強しなさい / un enfant qui *travaille* bien à l'école よく勉強する学校の成績がよい子供. 比較 ⇨ ETUDIER.

❸ 活動する, 機能する. ▶ faire *travailler* ses muscles 筋肉を使う / L'imagination des enfants *travaille* d'une manière intense. 子供の想像力は非常に活発に作用する / faire *travailler* sa tête = 話 faire *travailler* sa matière grise 頭を働かせる, 脳みそを絞る / faire *travailler* son argent (=fructifier) 金を運用して利益を上げる. ◆ *travailler* pour [contre] qn/qc …に有利に[不利に]働く. ▶ Le temps *travaille* pour [contre] nous. 時間は私たちの味方だ[に不利に働いている].

❹(企業などが)営業する. ▶ un magasin qui *travaille* pour une clientèle de touristes étrangers 外国人観光客を相手に商売している店 / *travailler* à perte 赤字で営業する.

❺ 練習する, 訓練する. ▶ un trapéziste qui *travaille* sans filet 安全ネットなしで練習する空中ぶらんこ乗り.

❻ 変形する, ゆがみを生じる. ▶ une planche de bois qui *a travaillé* (熱, 湿気などで)変形した板. ❼ 〔酒, パン生地などが〕発酵する.

── 他動 ❶ 〔学科〕を勉強する; 〔楽器, スポーツの技など〕を練習する. ▶ *travailler* le français [les mathématiques] (学科としての)フランス語[数学]を勉強する / *travailler* son piano ピアノの練習をする / *travailler* une sonate de Mozart モーツァルトのソナタを練習する / un joueur de tennis qui *travaille* son revers バックハンドの練習をするテニスプレイヤー.

❷ …に手を加える. ▶ *travailler* une matière première 原料を加工する / *travailler* la terre 土地を耕す / *travailler* son style 文章を練り上げる / *travailler* la pâte 生地をこねる.

❸ …に働きかける, 影響を与える. ▶ *travailler* l'opinion publique 世論を動かす.

❹〔心配などが〕…を悩ませる, 苦しめる. ▶ Cette idée le *travaille*. その考えが彼の頭から離れない / Ses rhumatismes le *travaillent*. 彼はいつものリューマチに悩まされている.

❺ 殴る. ▶ Un flic m'a *travaillé*. お巡りがおれを殴った / *travailler* son adversaire au corps (ボクシングで)ボディを攻める.

travailler qn au corps 話 …にうるさくせがむ.

── 間他動《*travailler* à qc/不定詞》…しようと努力する, に専念する. ▶ Il *travaille* à un exposé qu'il doit faire le mois prochain. 彼は来月に予定されている研究発表の準備に専念している.

*travailleur, euse /travajœ:r, ø:z/ トラヴァイユール, トラヴァイユーズ/ 名 ❶ 労働者, 勤労者. ▶ *travailleurs* manuels [intellectuels] 肉体

[知的]労働者 / *travailleurs* étrangers [immigrés] 外国人 [移民] 労働者 / *travailleur* en situation irrégulière 不法労働者.
❷ 働き者, 勤勉な人. ▶ C'est un grand [gros] *travailleur*. あの人はたいへんな働き者だ.
❸ *travailleuse* familiale ホームヘルパー.
❹ *travailleur* social ソーシャルワーカー.
── 形 ❶ 勤勉な, 働き者の. ▶ élève *travailleur* 勤勉な生徒. ❷ [文章] 労働者の, 労働階級の. ▶ les masses *travailleuses* 労働者大衆.

> 比較 労働者
> **travailleur** 最も一般的. **ouvrier** 工場などの賃金労働者. **employé** 事務職などに携わる者. **cadre** 管理職. **artisan** 手仕事をする自営の職人. **main-d'œuvre** 一企業, 一国内の賃金労働者を集合的に表わす.

travaillisme /travajism/ 男 (英国の)労働党の政策.
travailliste /travajist/ 名 (英国の)労働党員.
── 形 (英国の)労働党の.
travaux /travo/ 男複 travail の複数形.
travée /trave/ 女 ❶ 2本の柱の間. ❷ 椅子(ぃす)[机]の列. ▶ être assis dans la première *travée* d'une église 教会の最前列に座る.
traveller's check /travlœr(s)ʃek/《英語》
traveller's chèque 男 トラベラーズチェック.
travelo /travlo/ 男 女装したゲイ.
travers /travɛːr/ 男 些細(さき)な欠点; 奇癖. ▶ Chacun a ses qualités et ses *travers*. 人にはそれぞれ長短がある.
à tort et à travers でたらめに, いいかげんに. ▶ parler *à tort et à travers* 口から出任せを言う.
*à travers (qc) (…を)横切って, 越えて; 通じて, 介して. ▶ *à travers* champs 野原を横切って / voyager *à travers* le monde 世界各地を旅行して回る / Les vitres sont très sales, on ne voit pas bien *à travers*. 窓ガラスがとても汚れているので向こう側がよく見えない / *à travers* les siècles 何世紀にもわたって / sentir le froid *à travers* ses vêtements 寒さが服を通り抜けて伝わってくる / l'histoire du Japon de l'après-guerre vue *à travers* le cinéma 映画を通して見た戦後日本の歴史. 注 regarder le paysage par la fenêtre (窓から外の景色を見る)の場合には *à travers* は使えない. à travers qc は qc が通過の障害となる場合に使用される(例: regarder le paysage *à travers* le rideau カーテン越しに外の風景を見る).
au travers de qc …を通して, 介して. ▶ *Au travers de* la brume, on aperçoit l'église. 霧の向こうに教会が見える.
*de travers (1) 斜めに, はすに. ▶ planter un clou *de travers* 釘(くぎ)を斜めに打ち込む / Votre cravate est *de travers*. ネクタイが曲がっています よ / avoir l'esprit *de travers* 根性が曲がっている / regarder qn *de travers* …を悪意のこもった目で見る. (2) 間違って, 下手に. ▶ répondre *de travers* 的外れの返事をする / comprendre *de travers* 誤解する / aller *de travers* [物事が]うまくいかない.
en travers (de qc) (…に対して)横に, 交差し

て. ▶ scier une planche *en travers* 板をのこぎりで横に切る / une voiture mise *en travers* de la route 道を横向きにふさいでいる自動車.
passer au [à] travers (1) 通り抜ける, 貫通する. ▶ La maison est vieille, le vent *passe au travers*. 家が古くて風が吹き抜ける. (2) 難を逃れる, うまく切り抜ける. ▶ Elle a couru de grands dangers, mais elle *est passée au travers*. 大きな危険を冒したが, 彼女はなんとか切り抜けた.
passer「au travers de [à travers] qc 話 (危険, 罰など)を免れる; 乗り越える. ▶ *passer à travers* tous les contrôles あらゆる検査の目をかいくぐる.
prendre (qc) de travers (…を)曲解する; (…に)いらだつ. ▶ Elle *prend* tout *de travers*. 彼女はなんでも悪いようにとる.
「se mettre [se jeter] en travers de qc (計画など)に反対する, を邪魔[妨害]する.
traversable /travɛrsabl/ 形 [川や道路などが] 渡れる, 横断できる.
traverse /travɛrs/ 女 ❶ 近道. ▶ prendre un chemin de *traverse* 近道を行く. ❷《建築》横梁(ょこばり). ❸《鉄道》枕木(まくらぎ).
traversée /travɛrse/ 女 ❶ (水路または空路で海や川を)渡ること. ▶ la *traversée* de l'Atlantique en paquebot [en avion] 大型客船 [飛行機] での大西洋横断.
❷ 横断, 通過. ▶ la *traversée* de la France en automobile 自動車によるフランス横断.
*traverser /travɛrse/ トラヴェルセ 他動 ❶ …を渡る; 横切る, 通過する. ▶ *traverser* la rue 道路を横断する / *traverser* un pont 橋を渡る / *traverser* une foule 人込みをくぐり抜ける / La Seine *traverse* Paris. セーヌ川はパリを貫流している / 《目的語なしに》Attention aux piétons qui *traversent*! 通行する歩行者に注意!
❷ …を貫通する, 突き抜ける, 染み込む. ▶ Ce tunnel *traverse* les Alpes. このトンネルはアルプスを貫通している / La pluie *a traversé* la chemise. 雨がシャツに染み通った / La balle lui *a traversé* les poumons. 弾丸は彼(女)の肺を貫通した.
❸ [ある時期, 情勢]を生きる; 経験する. ▶ *traverser* une mauvaise période 悪い時期を生きる.
traverser l'esprit [考えなどが]頭をよぎる, 思い浮かぶ. ▶ Un souvenir lui *a traversé l'esprit*. ある思い出が彼(女)の胸をよぎった.
traversier, ère /travɛrsje, ɛːr/ 形 ❶ 横の, 横切る. ▶ rue *traversière* 近道; 横道 / barque *traversière* 渡し船. ❷ flûte *traversière* (コンサート用の)大型フルート.
traversin /travɛrsɛ̃/ 男 (寝台用の)長枕(ながまくら).
travesti, e /travɛsti/ 形 (travestir の過去分詞) 変装した, 扮装(ふんそう)した. ▶ bal *travesti* 仮装舞踏会 / acteur *travesti* (特に)女装した男優.
── 男 (特に)女装したゲイの男.
travestir /travɛstiːr/ 他動 ❶ <travestir A en B> A を B に変装させる, 仮装させる. ❷ ゆがめる, 曲げる. ▶ *travestir* la pensée de qn …の考えをゆがめる. ── **se travestir** 代動 変装する

travestissement /travɛstismɑ̃/ 男 ❶ 変装, 仮装; 仮装衣装. ❷ 歪曲(ホミェュ). ▶ *travestissement* de la vérité 真実の歪曲.

traviole /travjɔl/ 男《《不変》(次の句で)》 *de traviole* 話 斜めに; すねて.

trayeur, euse /trɛjœːr, øːz/ 名 乳を搾る人. — **trayeuse** 女 搾乳器, ミルカー.

trébuchant, ante /trebyʃɑ̃, ɑ̃ːt/ 形 ❶ よろめく, ふらつく. ▶ une démarche *trébuchante* よろめく足どり. ❷ espèces sonnantes et *trébuchantes*(ふざけて)現金.

trébucher /trebyʃe/ 自動 ❶ 〈*trébucher* sur [contre] qc〉…につまずく, よろめく. ▶ *trébucher* contre une pierre 石につまずく / *trébucher* sur une marche 階段につまずく.
❷ 〈*trébucher*(sur qc)〉(困難などに)つまずく, (難しくて)苦労する. ▶ *trébucher* sur quelques mots difficiles いくつかの難しい単語につまずく.

trébuchet /trebyʃɛ/ 男 ❶ (小鳥などの)罠(ネッ). ❷ (宝石細工商, 両替商の使った)小さな秤(ネォゥ).

tréfilage /trefilaːʒ/ 男《金属》線引き, 伸線.

tréfiler /trefile/ 他動〔金属〕を線引きする, 伸線する.

trèfle /trɛfl/ 男 ❶ クローバー. ▶ *trèfle* à quatre feuilles 四つ葉のクローバー.
❷ (トランプの)クラブ. ▶ as de *trèfle* クラブのエース / jouer *trèfle* クラブのカードを出す.
❸ クローバー形のもの. ▶ échangeur en *trèfle*(高速道路の)クローバー形インターチェンジ.

tréfonds /trefɔ̃/ 男 文章 奥底, 内奥. ▶ être ému jusqu'au *tréfonds* de l'âme 心底心を動かされる.

treillage /trɛjaːʒ/ 男 ❶ 格子造り, 格子細工, 格子模様. ❷ ブドウ栽培の棚仕立て.

treillager /trɛjaʒe/ [2] 他動 …に格子をつける; を網〔金網〕で囲む.

treille /trɛj/ 女 ❶ ブドウ棚; 棚仕立てのブドウ. ❷《ふざけて》le jus de la *treille* ワイン.

treillis¹ /trɛji/ 男(木, 鉄の)格子, 金網.

treillis² /trɛji/ 男(麻の)粗布, ズック; ジーンズ, デニム. ▶ pantalon de *treillis* デニムのズボン.
❷ 作業服; 戦闘服.

treillisser /trɛjise/ 他動 …に格子をつける, を格子造りにする; に金網を巡らす.

:treize /trɛːz トレーズ/ 形《数》《不変》❶《名詞の前で》13 の. ▶ un garçon de *treize* ans 13 歳の少年. ❷《おもに名詞のあとで序数詞として》13 番目の. ▶ vendredi *treize* 13 日の金曜日 / la page *treize* 13 ページ / Louis XIII ルイ 13 世.
— **:treize** 男《単複同形》❶ (数字の) 13. ❷《le treize》13 日, 13 番, 13 号.
être à treize 食卓に 13 人いる, 不吉である.
treize à la douzaine 話(1 ダースの値段で 13 個→)望むだけの量, たっぷり. ▶ Prends autant que tu veux, il y en a *treize à la douzaine*. 欲しいだけ持っていっていいよ, いくらでもあるから.

***treizième** /trɛzjɛm トレズィエム/ 形 ❶ **13 番目の**. ▶ Sur trente élèves, il est *treizième* en français. 彼のフランス語は 30 人中 13 番だ. ❷ 13 分の 1 の. — 名 13 番目の人〔物〕.
— 男 ❶ 13 分の 1. ❷《le treizième》(パリの)第 13 区.

treizièmement /trɛzjɛmmɑ̃/ 副 13 番目に.

tréma /trema/ 男《文法》トレマ, 分音符(号) (¨): e, i, u の上につけて, 先行する母音とは独立して発音することを示す.

tremblant, ante /trɑ̃blɑ̃, ɑ̃ːt/ 形 震える; 揺れる. ▶ voix *tremblante* 震え声 / Elle était *tremblante* de peur. 彼女は恐怖に身を震わせていた.

tremblé, e /trɑ̃ble/ 形 震える. ▶ écriture *tremblée* 震えた筆跡 / son *tremblé* 震音; トレモロ.

***tremblement** /trɑ̃bləmɑ̃ トランブルマン/ 男 震え, 震動. ▶ le *tremblement* de la main 手の震え / Elle a parlé avec un *tremblement* dans la voix. 彼女は震える声で話した / S'il y a un camion qui passe, ça provoque le *tremblement* des vitres. トラックが通ると, 窓ガラスががたがた震える / *tremblement* de froid 寒さによる震え.
(et) tout le tremblement 話 (同種のものの)その他もろもろ, その他大勢. ▶ une campagne avec des blés, des bois, des vignes, *tout le tremblement* 麦畑, 林, ブドウ畑などなどの続く平野.

***tremblement de terre** 地震 (=séisme). ▶ Il y a eu un violent *tremblement de terre* cet après-midi. 今日の午後, 大きな地震があった.

***trembler** /trɑ̃ble トランブレ/ 自動 ❶ 震える, 揺れる, 震動する. ▶ *trembler* de froid 寒さに身震いする / *trembler* de colère 怒りに震える / *trembler* de peur 恐怖におののく / J'ai les jambes qui *tremblent*. 私は足が震えている / Le feuillage *tremble* sous la brise. 葉がそよ風にそよぐ / Son voix *tremblait* légèrement. 彼(女)の声はかすかに震えていた / La terre *a* encore *tremblé* dans cette région. あの地方でまた地震があった.
❷ 心配する. ▶ Elle *tremble* pour son fils qui passe un examen aujourd'hui. 彼女は今日試験を受けている息子が心配でならない. ◆ *trembler* 「de / 不定詞〔que + 接続法〕…を心配する, 恐れる. 訳し方以下は虚辞の ne を伴う. ▶ J'ai *tremblé* toute la journée qu'un accident ne se produise. 事故でも起きはしまいかと, 一日中びくびくしていた.

trembler comme une feuille (恐怖で)激しく身震いする, がたがた震える.

tremblotant, ante /trɑ̃blɔtɑ̃, ɑ̃ːt/ 形 かすかに震える.

tremblote /trɑ̃blɔt/ 女 話 震え.
avoir la tremblote 震える, ぞくぞくする.

tremblotement /trɑ̃blɔtmɑ̃/ 男 かすかな [細かい] 震え.

trembloter /trɑ̃blɔte/ 自動 かすかに震える.

trémie /tremi/ 女 漏斗(ʒぅ)型の流入口〔投入口〕, ホッパー.

trémière /tremjɛːr/ 形《女性形のみ》〔植物〕 rose *trémière* タチアオイ.

trémolo /tremɔlo/ 男 ❶《音楽》トレモロ.

trémoussement

❷《感情の高ぶった》震え声.

trémoussement /tremusmɑ̃/ 男《細かく不規則な》身動き,《小刻みに》体を揺すること.

se trémousser /s(ə)tremuse/ 代動 体を揺する. ▶ un enfant qui *se trémousse* sur sa chaise 椅子(ﾔ)に腰かけてそわそわしている子供.

trempage /trɑ̃paːʒ/ 男《液体に》浸すこと;《特に》洗濯物のつけおき.

trempe /trɑ̃ːp/ 女 ❶《金属》焼き入れ; 急冷; クエンチ. ▶ un couteau de bonne *trempe* よい焼き入れのナイフ. ❷《精神的, 知的》強固さ;《強い》性質, タイプ. ▶ Un homme de sa *trempe* ne se laissera jamais faire. あの強い人だから, 決していいようにされたりしないだろう / avoir la *trempe* d'un homme politique 政治家の器である…. ❸ 話 しごき. ▶ flanquer une bonne *trempe* à qn …にたっぷり焼きを入れる.

trempé, e /trɑ̃pe/ 形 ❶ ぬれた. ▶ un visage *trempé* de larmes 涙にぬれた顔 / être *trempé* 「jusqu'aux os [comme une soupe]」ずぶぬれになる. ❷〔性格などが〕鍛えられた, 強固な. ▶ un caractère bien *trempé* 筋金入りの性格. ❸〔金属などが〕焼き入れ〔強化〕された.

*****tremper** /trɑ̃pe/ トランペ 他動 ❶〈tremper qc (dans qc)〉…を《液体に》浸す. ▶ *tremper* sa tartine dans son café パン《切れ》をコーヒーに浸す / *tremper* ses lèvres dans une boisson 飲み物にくちびるを浸す, 飲み物を飲む, 味見する. ❷ …をぬらす. ▶ La pluie a *trempé* sa chemise. 雨で彼《女》のシャツがぐしょぬれになった. ❸ 文章〔人, 性格を〕鍛える, 強くする. ❹〔金属を〕焼き入れする;〔ガラスに〕急冷強化処理を行う.

tremper son vin ワインを水で割る.

— 自動 ❶ 〈tremper (dans qc)〉《…に》浸る, つかる. ▶ faire *tremper* le linge 汚れた衣類をつける. ❷ 〈tremper dans qc〉…に荷担する. ▶ *tremper* dans un complot 陰謀の片棒を担ぐ.

— **se tremper** 代動 ❶ さっと水浴びする, 軽く一風呂あびる. ❷〈se *tremper* qc (dans qc)〉《自分の》…を《…に》浸す, つける. 注 se は間接目的. ▶ *se tremper* les pieds dans la cuvette 足を洗面器にひたす.

trempette /trɑ̃pɛt/ 女 faire *trempette*《海や川で》さっと水浴びをする.

tremplin /trɑ̃plɛ̃/ 男 ❶ 踏み切り板;《飛び込みの》飛び板;《スキーの》ジャンプ台. ❷《目的達成の》踏み台, 手段. ▶ Cet événement lui a servi de *tremplin* pour arriver au pouvoir. この事件は彼《女》が権力を握るための足がかりとなった.

trentaine /trɑ̃tɛn/ 女 ❶〈une *trentaine* de + 無冠詞複数名詞〉《約》30の…. ▶ une *trentaine* de personnes 30人ばかり. ❷《la trentaine》30歳《代》.

Trente /trɑ̃ːt/ 固名 トレント: イタリア北東部の町.

*****trente** /trɑ̃ːt/ トラーント 形《数》《不変》❶《名詞の前で》30の. ▶ Elle a *trente* ans. 彼女は30歳だ. ❷《おもに名詞のあとで序数詞として》30番目の. ▶ la page *trente* 30ページ / les années *trente* 1930年代.

— *****trente** 男《単複同形》❶《数字の》30. ❷《le trente》30日, 30番, 30号. ▶ le *trente* mai 5月30日 / Il habite au *trente*. 彼は30番地に住んでいる. ❸《テニス》サーティ.

être [se mettre] sur son trente(-)et(-)un おめかしする.

trentenaire /trɑ̃tnɛːr/ 形 30年続いている.

trente-six /trɑ̃tsis/ 形《数》《不変》❶ 36の; 36番目の. ❷ 話 たくさんの.

— 男《単複同形》36;《le trente-six》36番, 36号.

tous les trente-six du mois 話 めったに…ない. ▶ Il voit son fils *tous les trente-six du mois*. 彼はめったに息子に会わない.

trentième /trɑ̃tjɛm/ 形 ❶ 30番目の. ❷ 30分の1の. — 名 30番目の人〔物〕. — 男 30分の1.

trépan /trepɑ̃/ 男《頭蓋(ﾞﾝ)骨用の》穿孔(ﾞﾝ)器;《岩石, 木材用の》穿孔機, 鑿岩(ﾞﾝ)機.

trépanation /trepanasjɔ̃/ 女《外科》開頭《術》.

trépaner /trepane/ 他動《外科》〔患者に〕開頭手術を施す.

trépas /trepɑ/ 男 文章 死. ▶ passer de vie à *trépas* 死ぬ.

trépassé, e /trepase/ 形 文章 他界した.

— 名 文章 死者, 故人. ▶ fête [jour] des *Trépassés*《カトリック》死者の記念日《11月2日》.

trépasser /trepɑse/ 自動 文章《助動詞は avoir, 状態を表わすときは être》他界する, 逝く.

trépidant, ante /trepidɑ̃, ɑ̃ːt/ 形 ❶ 小刻みに揺れる. ❷ 慌ただしい. ▶ mener une vie *trépidante* 慌ただしい生活を送る.

trépidation /trepidasjɔ̃/ 女 ❶ 小刻みな揺れ. ▶ la *trépidation* d'un wagon 客車の小刻みな揺れ. ❷ 慌ただしさ, 喧噪(ﾞﾝ). ▶ la *trépidation* de la vie urbaine 都会生活の慌ただしさ.

trépider /trepide/ 自動 小刻みに震える, 揺れる.

trépied /trepje/ 男 三脚台; 三脚の家具.

trépignement /trepiɲmɑ̃/ 男 足を踏み鳴らすこと.

trépigner /trepiɲe/ 自動《感情の高まりから》足を踏み鳴らす, 地団駄を踏む. ▶ un enfant qui *trépigne* de joie devant un cadeau プレゼントに小躍りして喜ぶ子供.

:**très** /trɛ/ トレ/

《絶対最上級》非常に, たいへん. ❶《形容詞〔句〕を修飾して》▶ C'est *très* bon. とてもおいしい / une situation *très* difficile 非常に困難な状況 / une écharpe *très* à la mode 今大流行のスカーフ / un article *très* bon marché とても安い商品 / Je suis *très* en colère. 私はとても怒っている / Il n'est pas *très* au courant de la situation. 彼はさほどよく事情に通じているわけではない / Je suis *très*, *très* content. 話 実に満足です / C'est un écrivain français *très* connu au Japon. それは日本で非常によく知られているフランスの作家です.

❷《形容詞的に用いられた名詞の前で》Elle est *très* femme. 彼女はとても女らしい / Ils sont *très* amis 彼らはとても仲がいい.

❸《副詞〔句〕を修飾して》▶ Elle parle *très* bien le français. 彼女はフランス語をとても上手に

話す / arriver très tard 非常に遅く着く / Il me reste très peu de temps. 私にはほとんど時間がない / Très bien. (相手の話を受けて)よし分かった / A très bientôt. 話 近いうちに(また).

❹《動詞句中の無冠詞名詞を修飾して》▶ Il fait très chaud [froid]. とても暑い[寒い] / J'ai très faim. 私は腹ぺこだ / J'ai très soif. 私はとても喉(2)が渇いた / J'ai très peur. 私はとてもこわい.

❺ 話《単独で》▶ «Etes-vous satisfait?—Très.»「満足しましたか」「たいへん」/ «Vous avez bien dormi?—Non, pas très.»「よく眠れましたか」「いいえ、あんまり」

***trésor** /trezɔːr/ トレゾール/ 男 ❶ 宝, 宝物. ▶ un chercheur de trésor(s) 宝探しをする人, トレジャーハンター / une chasse [course] au trésor 宝探し / garder qc comme un trésor …を後生大事に持っている[しまっておく] / L'Ile au Trésor「宝島」(スティーブンソンの小説).

❷ 貴重なもの、大切なもの. ▶ Cet ami est pour elle un véritable trésor. あの友達は彼女にとってかけがえのない人だ / mon trésor 私のいとしい人[子] (愛情表現).

❸《〈un trésor [des trésors] de + 無冠詞名詞〉多くの貴重な…, 限りない…, …の宝庫》▶ des trésors「de dévouement [d'imagination]」限りない献身[想像力]. ❹《複数で》(美術品などの)逸品(国家, 都市などに属する)富;(自然の)恵み. ▶ les trésors de l'art italien イタリア美術の至宝 / les trésors de la mer 海の幸, 海産物 / trésor de guerre 軍資金.

❺《多く le Trésor》国庫 (=Trésor public). ▶ bons du Trésor (短期)国債.

❻《le trésor》(教会などの)宝物庫, 古文書庫.

❼《辞書などの書名で》宝典.

trésorerie /trezɔrri/ 女 ❶ 財務局; 財務行政. ▶ avoir des difficultés de trésorerie 資金繰りが苦しい. ❷ 流動資本.

trésorier, ère /trezɔrje, ɛːr/ 名 ❶ 会計係, 出納係. ❷ trésorier-payeur général 県出納長.

tressage /tresaːʒ/ 男 編むこと;編み方.

tressaillement /tresajmɑ̃/ 男 身震い. ▶ avoir [éprouver] un tressaillement d'espérance 希望に身を震わせる.

tressaillir /tresajiːr/ 17 自動《過去分詞 tressailli, 現在分詞 tressaillant》(感情の高まりで)身震いする. ▶ tressaillir de joie うれしくてぞくぞくする / tressaillir de peur 恐怖におののく / tressaillir au moindre bruit ちょっとした物音にもびくつく.

tressautement /tresotmɑ̃/ 男 文章 ❶ 身震い, びくっとすること. ❷ (急激な)震動, 動揺.

tressauter /tresote/ 自動 ❶ (不意のこと, 恐怖などで)びくっとする. ▶ La sonnerie brusque du réveil m'a fait tressauter. 突然目覚まし時計が鳴ったので私は跳び上がった. ❷ 激しく揺れる.

tresse /tres/ 女 ❶ 三つ編み. ▶ se faire des tresses 髪を三つ編みにする / une petite fille qui a deux tresses dans le dos 2本のお下げ髪を背中に垂らしている女の子. ❷(三つ編みの)組みひも, 飾りひも.

tresser /trese/ 他動 ❶ …を三つ編みにする. ▶ tresser ses cheveux 髪を三つ編みにする. ❷ …を編む、編んで作る. ▶ tresser une guirlande avec des coquelicots ヒナゲシの花で花輪を編む.
tresser des couronnes à qn …を称揚する, 褒めたたえる.

tréteau /treto/; 複 x 男 ❶ (テーブル, 陳列台などを支える)架台. ❷《複数で》大道芝居の舞台; 大道芝居小屋.

treuil /trœj/ 男 ウインチ, 巻上機[装置].

treuiller /trœje/ 他動 …をウインチ[ホイスト]で昇降させる.

trêve /trɛːv/ 女 ❶ 休戦, (争いの)中断. ▶ établir [conclure] une trêve 休戦協定を結ぶ / Trêve de Dieu「歴史」神の休戦(中世の教会による特定日の戦闘禁止). ❷ (苦痛, 困難などの)休止, 休息. ▶ s'accorder une trêve ひと息入れる.
faire trêve à qc …を中断する, 停止する.
ne pas avoir [laisser] de trêve〔戦争などが〕絶え間なく続く.
sans trêve 休みなく;絶えず.
trêve de qc …はもうたくさんだ, やめよう. ▶ Trêve de plaisanteries! 冗談はやめにしよう.

tri /tri/ 男 ❶ 選別;分類, 整理. ▶ faire un tri parmi qc …を選別[分類]する. ❷ (郵便物の)仕分け(作業員). ▶ le tri des lettres 手紙の区分け / bureau de tri 区分局. ❸『情報』ソート.

tri- 接頭「3」の意.

triage /trijaːʒ/ 男 ❶ 選別, 仕分け. ▶ le triage des graines 種子のえり分け / le triage du linge à laver 洗濯物の仕分け.
❷『鉄道』gare de triage 操車場.

trial /trijal/; 複 als 男《英語》(オートバイの)トライアル(競技).

*****triangle** /trijɑ̃ːgl/ トリヤーングル/ 男 ❶ 3角形;3角形の物. ▶ triangle isocèle 2等辺3角形 / triangle équilatéral 正3角形 / triangle rectangle 直角3角形 / en triangle 三角形の / le triangle des Bermudes バーミューダ三角水域.
❷『音楽』トライアングル.

triangulaire /trijɑ̃gylɛːr/ 形 ❶ 3角形の. ❷ 3者間の;3国間の. ▶ élection triangulaire 三つどもえの選挙戦.

triangulation /trijɑ̃gylasjɔ̃/ 女 三角測量.

triathlon /trijatlɔ̃/ 男 トライアスロン.

triathlonien, enne /trijatlɔnjɛ̃, ɛn/ 名 トライアスロン選手.

tribal, ale /tribal/; (男複) als (または aux /o/) 形『民族学』部族の.

tribalisme /tribalism/ 男『民族学』部族社会制.

tribord /tribɔːr/ 男『海事』右舷(ば) (↔bâbord).

tribu /triby/ 女 ❶ 部族, 種族. ❷《皮肉に》大家族. ▶ Il est arrivé avec toute sa tribu. 彼は一族郎党を引き連れてやって来た.

tribulations /tribylasjɔ̃/ 複《しばしば皮肉に》苦労, 試練. ▶ passer par toutes sortes de tribulations あらゆる種類の辛酸をなめる / Il n'est pas au bout de ses tribulations. 彼は苦労の種が尽きない.

tribun /tribœ̃/ 男 ❶ 大衆的な雄弁家; 扇動家. ❷ 古代ローマの護民官.

***tribunal** /tribynal/;《複》 *aux* /o/ 男 ❶ 裁判所, 法廷; 裁判. ▶ comparaître devant le *tribunal* 出廷する / porter une affaire devant les *tribunaux* 一件を裁判所に提訴する / prendre la voie des *tribunaux* 裁判沙汰(ざた)にする / *tribunal* administratif (地方)行政裁判所 / *tribunal* civil [criminel] 民事 [刑事] 裁判所 / *tribunal* de grande instance 大審裁判所（日本の地方裁判所に当たる）/ *tribunal* d'instance 小審裁判所（日本の簡易裁判所に当たる）/ *tribunal* judiciaire 司法裁判所 / *tribunal* pour enfants 少年裁判所 / *tribunal* militaire 軍事裁判所. ❷《集合的に》裁判官. ❸ 裁き. ▶ le *tribunal* de l'histoire 歴史の審判.

tribunat /tribyna/ 男《古代ローマ》護民官の職 [任期].

tribune /tribyn/ 女 ❶ 演壇. ▶ monter à la *tribune* 登壇する. ❷ (新聞, ラジオ, テレビの)討論会, 座談会, 論壇. ▶ la *tribune* libre d'un journal 新聞の寄稿欄. ❸ (議会の)特別席; (競技場などの)観覧席; (教会の)階廊席. ▶ le public entassé dans les *tribunes* 傍聴席に詰めかけた一般の人々. ❹ (教会階上の)オルガン演奏所.

tribut /triby/ 男 ❶ 貢ぎ, 貢ぎ物; 年貢, 税. ❷ 〖文章〗義務, 務め.

payer un lourd tribut à qc …の犠牲になる, 被害を受ける.

tributaire /tribytɛːr/ 形 ❶ ‹*tributaire* de qn/qc› …に依存している, 従属している. ▶ Les paysans sont *tributaires* du climat.(=dépendant) 農民は天候に左右される. ❷ ‹*tributaire* de qc›〔河川が〕…に流れ込む. ▶ L'Oise est *tributaire* de la Seine. オワーズ川はセーヌ川に流れ込む.

tricentenaire /trisɑ̃tnɛːr/ 男 300年祭.

tricéphale /trisefal/ 形 頭を3つ持った, 3頭の.

triche /triʃ/ 女〘話〙(賭(か)け事での)いかさま;《一般に》いんちき. ▶ C'est de la *triche*. いんちきだぞ.

tricher /triʃe/ 自動 ❶ (賭(か)け事で)いかさまをする. ▶ *tricher* aux cartes トランプでいんちきをする. ❷ 不正を働く, ごまかす. ▶ *tricher* à l'examen 試験でカンニングをする.

— 間接他動 ‹*tricher* sur qc› ❶ …をごまかす. ▶ *tricher* sur le poids 目方をごまかす. ❷〔素材などに〕手直しを加える.

tricherie /triʃri/ 女 ❶ (賭(か)け事での)いかさま. ❷ 不正, ごまかし.

tricheur, euse /triʃœːr, øːz/ 形, 名 (賭(か)け事で)いかさまをする(人), 不正をする(人).

trichine /triʃin/trikin/ 女〖医学〗旋毛虫.

trichromatique /trikromatik/ 形 (通常, 赤, 緑, 青の)三(原)色の.

trichromie /trikromi/ 女 (写真, テレビの)三(原)色法; 三色印刷.

tricolore /trikɔlɔːr/ 形 ❶〔国旗, 記章などが〕3色の;《特に》(フランス国旗の)青・白・赤の3色の, トリコロール. ▶ drapeau *tricolore* 三色旗(フランス国旗). ❷ (ジャーナリズム, スポーツなどで)フランスの. ▶ l'équipe *tricolore* フランスチーム. — **tricolores** 男複《スポーツなどの》フランスチーム. ▶ victoire des *tricolores* フランスチームの勝利.

tricorne /trikɔrn/ 男 (18世紀の)三角帽.

***tricot** /triko/ 男 ❶ 編み物; 編み布地, メリヤス. ▶ faire du *tricot* 編み物をする / apprendre le *tricot* 編み物を習う / points de *tricot* 編み目 / gilet en [de] *tricot* 編んだチョッキ. ❷ ニットウェア, メリヤス製品. ▶ mettre un *tricot* セーターを着る / *tricot* de peau [corps] (= maillot) (男性用)肌着, アンダーシャツ.

tricotage /trikɔtaːʒ/ 男 編むこと; 編み方.

***tricoter** /trikɔte/ 他動 …を編む. ▶ *tricoter* un chandail セーターを編む / *tricoter* de la laine 毛糸を編む. — 自動 ❶ 編み物をする. ▶ aiguille à *tricoter* 編み針 / machine à *tricoter* 編み機. ❷〘話〙足をばたばたと動かす.

tricoter des jambes 〘俗〙走る; 逃げる.

tricoteur, euse /trikɔtœːr, øːz/ 名 編み物をする人. — **tricoteuse** 女 (自動)編み機 (=machine à tricoter).

trictrac /triktrak/ 男〖ゲーム〗トリックトラック, バックギャモン.

tricycle /trisikl/ 男 3輪車.

trident /tridɑ̃/ 男 ❶ (魚を突く)三叉(さ)の銛(もり). ❷〖ギリシア・ローマ神話〗(海神ネプチューンの)三叉の矛.

tridimensionnel, le /tridimɑ̃sjɔnɛl/ 形 3次元の; 立体の.

trièdre /trijɛdr/ 男 3面体.

triennal, ale /trijenal/;《男複》*aux* /o/ 形 3年ごとの; 3年間続く. ▶ élection *triennale* 3年ごとの選挙 / plan *triennal* 3年計画.

***trier** /trije/ 他動 ❶ …を選別する. ▶ *trier* les meilleurs athlètes 優秀な選手を選抜する. ❷ …を分ける, 分類する. ▶ *trier* des papiers 書類を整理する / *trier* des données par ordre alphabétique データをアルファベット順にソートする.

trier qn/qc sur le volet …を厳選する.

Trieste /trijɛst/ 固有 トリエステ: イタリア北東部の都市.

trieur, euse /trijœːr, øːz/ 名 選別工; 選鉱夫. — **trieur** (自動)選別機; 選鉱機; 分類機.

trifouiller /trifuje/ 他動〘話〙〔書類など〕をかき回す; 〔機械など〕をいじり回す.

— 間接他動 ‹*trifouiller* dans qc› …をかき回して探す; いじり回す.

trigonométrie /trigɔnɔmetri/ 女〖数学〗三角法.

trigonométrique /trigɔnɔmetrik/ 形〖数学〗三角法の. ▶ fonction *trigonométrique* 三角関数.

trilatéral, ale /trilateral/;《男複》*aux* /o/ 形 3辺の, 3辺を持つ.

trilingue /trilɛ̃ːg/ 形 ❶ 3か国語で書かれた. ❷ 3か国語に通じた. — 名 3か国語を話す人.

trilobé, e /trilɔbe/ 形 ❶〖植物学〗3裂の. ❷〖建築〗〖美術〗三つ葉の飾り [三葉形]の.

trilogie /trilɔʒi/ 女 ❶ (演劇, 小説などの)三部作. ❷ 三つ組, 三つぞろい; 3人組.

trimarder /trimaʀde/ 自動 俗 各地を渡り歩く，放浪する．

trimbalage /tʀɛbalaːʒ/, **trimbalement** /tʀɛbalmɑ̃/ 男 話（厄介な物などを）持ち歩くこと；連れ回すこと．

trimbal(l)er /tʀɛbale/ 他動 話 …を持ち歩く；連れ回す．
Qu'est-ce qu'il trimbale! 俗 あいつ，ばかじゃないのか．
― **se trimbal(l)er** 代動 話 動き回る．▶ *se trimbal(l)er en voiture* 車を乗り回す．

trimer /tʀime/ 自動 話 汗水たらして働く，つらい仕事をする．

***trimestre** /tʀimɛstʀ/ トリメストル 男 ❶ 3か月，四半期．▶ *payer son loyer par trimestre* 3か月ごとに家賃を払う．❷（フランスの）学期．▶ premier *trimestre* 1学期（夏休み明けからクリスマス休暇まで）/ second *trimestre* 2学期（クリスマス休暇明けから復活祭休暇まで）/ troisième *trimestre* 3学期（復活祭休暇明けから夏休みまで）．❸（給料，年金など）3か月ごとの支給金．

trimestriel, le /tʀimɛstʀijɛl/ 形 ❶ 3か月間の；3か月ごとの．▶ *revue trimestrielle* 季刊誌．❷学期の．▶ *examen trimestriel* 学期末試験 / *bulletin trimestriel* 学期末成績表．

trimestriellement /tʀimɛstʀijɛlmɑ̃/ 副 3か月ごとに．

trimoteur /tʀimɔtœːʀ/ 男 3発機．▶ *trimoteur à réaction* 3発ジェット機．
― 形〔男性形のみ〕3つの発動機をつけた．▶ *avion trimoteur* 3発機．

tringle /tʀɛːgl/ 女（木製または金属製の）細い棒；カーテンレール（= *tringle à rideaux*）；洋服掛けのパイプ．▶ *tringle de commande* 制御棒（ぼう）．
se mettre la tringle (=ceinture) 話 何もなしで済ます；（特に）食べずに我慢する．

trinité /tʀinite/ 女 ❶（la Trinité）【神学】三位一体: 父 Père，子 Fils，聖霊 Saint-Esprit を，神の3つの位格 personne と見なすこと．❷（la Trinité）三位一体の祝日: 聖霊降臨祭のあとの最初の日曜日．❸ 3つで一体となるもの；3人組，トリオ．
à Pâques ou à la Trinité 話 いつの日にか，そのうちに；多分…ない．

trinôme /tʀinoːm/ 男【数学】3項式．

trinquer /tʀɛ̃ke/ 自動 ❶（グラスを触れ合わせて）乾杯する，祝杯を上げる．❷ 話 被害［迷惑］を受ける．▶ *Il n'a rien, mais sa moto a trinqué.* 彼は無事だが，バイクがやられた．

trio /tʀijo/ 男《イタリア語》❶【音楽】トリオ．▶ *trio pour piano, violon et violoncelle* ピアノ三重奏曲 / *trio vocal* 三重唱．
❷（しばしば軽蔑して）3人組，トリオ．

triolet /tʀijɔlɛ/ 男 ❶【音楽】3連符．❷【詩法】トリオレ：同一詩句が1・4・7行目にくる8行詩．

triomphal, ale /tʀijɔ̃fal/;〔男 複〕**aux** /o/ 形 ❶ 凱旋（がいせん）の，勝利の；華々しい．▶ *marche triomphale* 凱旋行進曲 / *recevoir un accueil triomphal* 熱狂的な歓迎を受ける / *Ce chanteur a fait une tournée triomphale aux Etats-Unis.* この歌手のアメリカ・コンサートツアーは大成功を収めた．❷ 話 勝ち誇った，得意気な．

triomphalement /tʀijɔ̃falmɑ̃/ 副 勝ち誇って，意気揚々と；熱狂的に．

triomphalisme /tʀijɔ̃falism/ 男 自信過剰．

triomphaliste /tʀijɔ̃falist/ 形，名 自信過剰の（人）．

triomphant, ante /tʀijɔ̃fɑ̃, ɑ̃ːt/ 形 ❶ 大勝利［大成功］を収めた．▶ *sortir triomphant d'une difficulté* 困難を見事に克服する．❷ 勝ち誇った，得意気な．▶ *Il a l'air triomphant.* 彼は得意顔だ．

triomphateur, trice /tʀijɔ̃fatœːʀ, tʀis/ 名 勝者；成功者．
― 形 ❶ 戦勝した，覇者となった．❷ 得意満面の．

***triomphe** /tʀijɔ̃ːf/ トリヨーンフ 男 ❶（華々しい）勝利，大勝利．▶ *remporter un véritable triomphe sur son adversaire* 敵に圧勝する / *air de triomphe* 勝ち誇った様子．❷ 大成功，大当たり．▶ *Son concert à Tokyo a été un triomphe.* 東京での彼（女）のコンサートは大成功だった．比較 ⇨ succès. ❸ 得意芸，お家芸．▶ *Son triomphe était le flamenco.* 彼（女）の十八番はフラメンコだった．❹【古代ローマ】凱旋（がいせん）式．▶ *arc de triomphe* 凱旋門．
en triomphe 勝ち誇って，意気揚々と．
faire un triomphe à qn …を褒めたたえる，に喝采（かっさい）を送る．
porter qn en triomphe（祝福のために）…を担ぎ上げて練り歩く．

triompher /tʀijɔ̃fe/ 自動 ❶ 大勝利を収める；大成功を収める．▶ *Ce parti a triomphé aux élections.* この党は選挙で圧勝した．❷ 支配的になる；確立する．❸ 勝ち誇る，得意になる．❹ 秀でる，優れる．▶ *Cet acteur triomphe dans les rôles tragiques.* この役者は悲劇が得意である．
― 間他動〈*triompher* de qn/qc〉…に打ち勝つ，を征服する．▶ *triompher de tous ses adversaires* あらゆる敵に打ち勝つ / *triompher d'une passion* 激情［欲情］を抑える．

trionyx /tʀijɔniks/ 男【動物】スッポン．

trip /tʀip/ 男《米語》❶ 幻覚剤の服用，幻覚状態，トリップ．❷ 陶酔状態．
C'est pas mon trip. それは自分の好みではない．

tripaille /tʀipaːj/ 女（動物の）はらわた；臓物．

triparti, e /tʀipaʀti/, **tripartite** /tʀipaʀtit/ 形 3つのものから成る，3者間の．▶ *gouvernement tripartite* 3党連立政府 / *pacte tripartite* 3国協定．

tripartisme /tʀipaʀtism/ 男【政治】3党連立体制．

tripartition /tʀipaʀtisjɔ̃/ 女 3等分，3分割．

tripatouillage /tʀipatujaːʒ/ 男《多く複数で》話（文章などの）改変；ごまかし．

tripatouiller /tʀipatuje/ 他動 ❶〔文言など〕を勝手に改変する．❷〔計算書など〕をごまかす．▶ *tripatouiller les chiffres* 数字を勝手に変える．❸ …をいじり回す．

tripe /tʀip/ 女《多く複数で》❶（動物の）腸；（特に食用動物の）もつ；臓物の料理．▶ *tripes à la mode de Caen* カーン風もつ料理．❷ 俗（人の）腸，腹．▶ *avoir mal aux tripes* 腹が痛い．❸

triperie

圖 心の奥底, 内心の感情.
avoir des tripes 腹がすわっている.
avoir la tripe républicaine 圖 骨の髄まで共和主義者である.
prendre qn aux tripes …を心底感動させる.

triperie /tripri/ 囡 臓物屋[店].
triphasé, e /trifaze/ 形【電気】三相(交流)の.
tripier, ère /tripje, ɛːr/ 图 臓物商[屋].
triple /tripl/ 形 ❶ 3 重の. ▶ *triple* menton 3 重あご / *triple* saut 三段跳び / jumeaux *triples* 3つ子. ❷ 3倍の. ▶ Son loyer est *triple* du mien. 彼(女)の家の家賃は私の3倍だ. ❸ 圖 たいへんな, 著しい. ▶ *triple* sot 大ばか / au *triple* galop 全速力で. ― 男 3倍. ▶ augmenter du *triple* 3倍に増える.

triplé, e /triple/ 图 ❶《複数で》3つ子. ❷ 3つ子の一人.
― **triplé** 男 ❶ (スポーツで) 3連勝, 3冠; (同一チームの) 3位までの独占; 3者同着. ❷【競馬】3連勝式.
triplement¹ /tripləmɑ̃/ 副 3倍に, 3重に.
triplement² /tripləmɑ̃/ 男 3倍[3重]にする[なる]こと.
tripler /triple/ 他動 …を3倍にする. ▶ *tripler* sa fortune 財産を3倍に殖やす.
― 自動 3倍になる.
triporteur /tripɔrtœːr/ 男 (商品配達用の) 3輪自転車, オート3輪.
tripot /tripo/ 男《軽蔑して》賭博(とばく)場.
tripotage /tripotaːʒ/ 男 圖 ❶ いじくり回すこと. ❷ 策略, 裏工作; 不正取引.
tripotée /tripote/ 囡 圖 ❶ 殴打. ▶ flanquer une *tripotée* à qn …をひっぱたく. ❷《une *tripotée* de ＋無冠詞複数名詞》たくさんの… ▶ avoir une *tripotée* d'enfants 子供がたくさんいる.
tripoter /tripote/ 他動 …をいじり回す; の体に触る. ▶ *tripoter* sa barbe ひげを盛んにひねる.
― 自動 ❶ かき回す. ▶ *tripoter* dans un tiroir 引き出しをひっかき回す. ❷〈*tripoter* (sur [dans, en] qc)〉(…に) 不正投機する, (…で) 不正にもうける.
tripoteur, euse /tripotœːr, øːz/ 图 圖 不正投機をする人; 山師, ペテン師; 策謀家.
triptyque /triptik/ 男 ❶【美術】3連祭壇画; 3面1組の絵. ❷ (小説, 絵画などの) 3部作.
trique /trik/ 囡 棍棒(こんぼう).
mener qn à la trique …を意のままに操る.
sec comme un coup de trique 圖 がりがりにやせた.
trisaïeul, e /trizajœl/;《男 複》**trisaïeuls** (または **trisaïeux** /trizajø/) 图 高祖父, 高祖母.

*****triste** /trist/ トリスト/ 形 ❶ 悲しい, 悲しそうな; 寂しい. ▶ une voix *triste* 沈んだ声 / avoir l'air *triste* 悲しそうにしている / Elle était *triste* de voir partir ses enfants. 彼女は子供たちが行ってしまうのを見るのがつらかった / Tu pars déjà; je suis *triste*. もう行ってしまうのね, 残念.
❷ 陰気な, 暗い; くすんだ. ▶ quartier *triste* うら寂しい界隈(かいわい) / couleur *triste* くすんだ色 / temps *triste* どんよりした天気 / Son appartement est *triste*. 彼(女)のアパルトマンは陰気だ / Il fait *triste*. 憂鬱な天気だ / Son caractère est plutôt *triste*. 彼(女)の性格はどちらかといえば暗い.
❸《ときに名詞の前で》痛ましい, 惨めな. ▶ une *triste* nouvelle 悲報 / avoir une *triste* fin 痛ましい最期を遂げる / Après l'accident, la voiture était dans un *triste* état. 事故のあと車は無残なありさまだった.
❹《名詞の前で》くだらない, 軽蔑すべき. ▶ une *triste* intention よからぬもくろみ.
avoir le vin triste 泣き上戸である.
avoir triste mine [***figure***] 顔色が悪い.
C'est triste la vie d'artiste! 圖 むなしいね (= C'est triste. 後半は意味のない語呂合わせ).
faire triste figure [***mine***] 浮かぬ顔をする; ぱっとしない.
Il est triste 「***de*** ＋ 不定詞 [***que*** ＋ 接続法]». 《非人称構文で》…は嘆かわしいことだ, 残念なことだ. ▶ *Il est triste de* devoir partir. 残念ですが出発しなければなりません.

tristement /tristəmɑ̃/ 副 ❶ 悲しんで; 悲しげに. ▶ sourire *tristement* 悲しげにほほえむ.
❷ 哀れに, 惨めに; 陰鬱(いんうつ)に.
❸《形容詞を修飾して》悲しいことに, 残念なことに. ▶ Il est *tristement* célèbre. 彼は悪行で名をはせている / C'est *tristement* vrai. 残念ながら事実です.

*****tristesse** /tristes/ トリステス/ 囡 ❶ 悲しみ, 悲嘆; 悲しい出来事. ▶ avoir un accès de *tristesse* 悲しみが急にこみ上げる / sourire avec *tristesse* 悲しげにほほ笑む / la plus grande *tristesse* de ma vie 私の生涯で最も悲しい出来事 / J'ai appris avec une grande *tristesse* la mort de votre mère. 御母堂が亡くなられたことを知って大変悲しく思います. ❷ 陰気さ, 憂鬱(ゆううつ).
tristounet, ette /tristune, et/ 形 圖 さびしげな, ぱっとしない.
trithérapie /triterapi/ 囡【医学】3種類の抗ウイルス剤を組み合わせたエイズ治療法.
triton /tritɔ̃/ 男 ❶ (Triton)【ギリシア神話】トリトン: 半身半魚の海の神. ❷【動物】イモリ. ❸【貝類】ホラガイ.
trituration /trityrasjɔ̃/ 囡 すりつぶすこと, 粉砕; 咀嚼(そしゃく).
triturer /trityre/ 他動 ❶ …をすりつぶす, 粉砕する; 咀嚼(そしゃく)する. ❷ …をもむ, こねる; いじり回す; 手荒に扱う. ❸ 〖世論など〗を強引的に支配する, 操作する. ― **se triturer** 代動 圖 *se triturer* «les méninges [la cervelle]» さんざん気をもむ, 骨折り損をする. 注 se は間接目的.
triumvir /trijɔmviːr/ 男《ラテン語》【古代ローマ】三頭政治家の一人.
triumvirat /trijɔmvira/ 男【古代ローマ】三頭政治(の期間).
trivial, ale /trivjal/;《男 複》**aux** /o/ 形 ❶ 下品な, 野卑な. ▶ une expression *triviale* 下品な表現 / un mot *trivial* 卑語. ❷ 古風／文章 平凡な, 陳腐な. ▶ un style *trivial* 通俗的な文体.
trivialement /trivjalmɑ̃/ 副 ❶ 下品に, 野卑

に. ❷ [古風]/[文章] 平凡に, 陳腐に.
trivialité /trivjalite/ 囡 ❶ 下品, 野卑; 下品 [野卑] な物言い. ❷ [古風]/[文章] 平凡, 陳腐; 陳腐な物 [言葉].
troc /trɔk/ 男 物々交換; 物々交換制. ▶ faire un *troc* avec qn …と物々交換をする. ▶ [比較] ⇨ COMMERCE.
troglodyte /trɔglɔdit/ 男 ❶ 穴居人. ❷ [鳥類] ミソサザイ.
trognon /trɔɲɔ̃/ 男 ❶ (野菜, 果物の) 芯(しん). ❷ [話] (愛情表現で) かわいい子.
jusqu'au trognon とことん, すっかり.
— 形 [男女同形] [話] かわいらしい.
Troie /trwa/ 固有 トロイア, トロイ: 小アジアの古代都市.
troïka /trɔika/ 囡 [ロシア語] ❶ トロイカ: ロシアの3頭立て馬そり. ❷ 三頭政治; 3人組, 3派連合.

trois /trwa/ トロワ/
形 [数] [不変]
❶ 《名詞の前で》3つの, 3人の. ▶ dix heures moins *trois* (minutes) 10 時 3 分前 / en [par] *trois* fois 3 回に分けて. ❷ 《おもに名詞のあとで序数的として》3 番目の, 第 3 の. ▶ acte *trois* 第三幕 / Ouvrez la page *trois*. 3 ページ目を開いてください. ❸ 《名詞の前で》わずかの. ▶ Nous n'étions que deux ou *trois*. 我々はほんの小勢だった.
en deux temps, trois mouvements すばやく, たちまち.
frapper les trois coups [演劇] 棒で床を 3 つたたく (開幕の合図).
les trois quarts de qc …の大半, ほとんどの….
▶ *les trois quarts du* temps たいていの場合.
— ***trois*** 男 (数, 数字の) 3; 3つ, 3人.
❷ 《le trois》3番, 3号; 3時, 3日.

trois étoiles /trwazetwal/, **trois-étoiles** 男 ❶ 某: 人名を伏せて 3 つ星(***)を使うときの呼称. ▶ Monsieur *trois* = M*** 某氏. ❷ (3 つ星の) 高級ホテル, 一流レストラン (⇨ ÉTOILE).
— 形 [不変] 〔ホテル, レストランなどが〕 3 つ星クラスの, 一流の.

trois-huit /trwaɥit/ 男 [単複同形] ❶ [音楽] 8 分の 3 拍子. ❷ 《複数で》8 時間交替制, 1 日 3 交替制.

troisième /trwazjɛm/ トロワズィエム/ 形 3 番目の, 第 3 の. ▶ à la *troisième* page 3 ページ目に / la *troisième* personne 第三者;[文法] 3人称 / le *troisième* âge (65-75歳の) 第三の人生, 老年期.
— 名 3番目の人 [物].
— 男 ❶ 《le troisième》4 階 (=troisième étage). ❷ 《le troisième》[話] (パリの) 第 3 区 (=troisième arrondissement). ❸ 3 分の 1 (=tiers). ▶ deux *troisièmes* 3分の 2.
— 囡 ❶ 第 3 学級 (=la classe de *troisième*): コレージュの最終学年.
❷ (自動車のギアの) 第 3 速, サード (ギヤ).

troisièmement /trwazjɛmmɑ̃/ トロワズィエムマン/ 副 第3に, 3番目に.

trois-quarts /trwaka:r/ 男 [単複同形] ❶ [音楽] (子供用の) 4分の3バイオリン. ❷ 七分丈のコート. ❸ [ラグビー] スリークォーターバック.

trois-quatre /trwakatr/ 男 [単複同形] [音楽] 4分の3拍子 (=mesure à *trois-quatre*).

trolley /trɔlɛ/ 男 [英語] [話] トロリーバス (=trolleybus).

trolleybus /trɔlɛbys/ 男 [英語] トロリーバス.

trombe /trɔ̃:b/ 囡 ❶ [気象] (水上の) 竜巻.
❷ *trombe* d'eau どしゃ降り.
comme une trombe = *en trombe* ものすごい勢いで.

trombine /trɔ̃bin/ 囡 [話] 顔.

trombone /trɔ̃bɔn/ 男 ❶ トロンボーン. ❷ トロンボーン奏者. ❸ (文房具の) クリップ.

tromboniste /trɔ̃bɔnist/ 名 トロンボーン奏者.

trompe /trɔ̃:p/ 囡 ❶ らっぱ; (自動車などの) 警笛. ▶ *trompe* de chasse 狩猟らっぱ / *trompe* de brume 霧笛. ❷ 象の鼻; (昆虫の) 吻(ふん), 吻管. ❸ [建築] トロンプ, 入隅迫持(せりもち).

trompe-l'œil /trɔ̃plœj/ 男 [単複同形] ❶ [美術] だまし絵: 実物と見間違う効果を意図して描かれた絵. ❷ 見せかけ, まやかし.

tromper /trɔ̃pe/ トロンペ/ [他動] ❶ …をだます. ▶ *tromper* qn dans un marché 取り引きで…をだます / *tromper* qn sur qc …について…をだます / se laisser *tromper* だまされる.
❷ 〈qn (avec qn)〉(…と通じて) …を裏切る, …に不貞を働く. ▶ *tromper* sa femme 妻を裏切る / un mari *trompé* 妻に浮気される夫.
❸ 〔物が〕…を欺く, 誤らせる. ▶ Ta mémoire peut te *tromper*. 君の記憶違いということもありうる / Cela ne *trompe* pas [personne]. それは [だれの目にも] 明らかだ.
❹ 〔監視, 追跡など〕を逃れる; …の監視 [追跡] を逃れる. ▶ *tromper* les regards de qn …の目を盗む / *tromper* un gardien 見張りの目をくらます.
❺ 〔物が期待, 見込みなど〕を裏切る, に反する. ▶ Ce fâcheux dénouement *a trompé* nos conjectures. この残念な結末は我々の予想を裏切るものだった. ❻ 〔欲求, 気分〕を紛らす. ▶ *tromper* sa faim 空腹を紛らす.

— ***se tromper*** [代動]

直説法	je me trompe	nous nous trompons
現在	tu te trompes	vous vous trompez
	il se trompe	ils se trompent

❶ 間違える, 誤る. ▶ Je *me suis trompé*. 間違えました / Tout le monde peut *se tromper*. 間違えはだれにでもある / *se tromper* dans un calcul 計算間違いをする / *se tromper* d'un euro en rendant la monnaie 釣り銭を1ユーロ間違える / *se tromper* en lisant 読み間違いをする. ◆ *se tromper* sur [quant à] qn/qc …に関して思い違いをする, 評価を誤る. ▶ Je *me suis trompé* sur「son compte [lui]. 彼のことを誤解していた; 彼はあんな人だとは思わなかった. ◆ ***se tromper de*** + 無冠詞名詞 …を取り違える, 間違える. ▶ *se tromper* de route 道を間違える / *se tromper* de date 日付けを間違える / *se tromper* de personne 人違いをする. ❷〈*se tromper* à qc〉

…に欺かれる, ごまかされる. ▶ Tout le monde *se trompe* à son air naïf. だれもが彼(女)の人のよさそうな様子にだまされる / Ne *vous* y *trompez* pas. 見かけにごまかされないでください. ❸ 欺き合う, だまし合う.

à moins que je ne me trompe* = *si je ne me trompe 私の思い違いでなければ.

à s'y tromper 見まがうぐらいに(似ている) (= à s'y méprendre). ▶ C'est *à s'y tromper*. (似ていて)見間違えるほどだ.

se tromper d'adresse (1) 行き先[あて先]を間違える. (2) 相手を間違える.

tromperie /trɔ̃pri/ 囡 欺瞞(ぎまん), ごまかし; 不貞; 〖刑法〗詐欺.

trompeter /trɔ̃pəte/ 4 他動 …を吹聴(ふいちょう)する, 言い触らす.

trompette /trɔ̃pɛt/ 囡 ❶ らっぱ; トランペット (= *trompette* à piston). ▶ jouer [sonner] de la *trompette* トランペットを吹く[らっぱを鳴らす]. ❷〖貝類〗ホラガイ. ❸〖植物〗*trompette* de méduce ラッパズイセン.

en trompette 反り返った. ▶ nez *en trompette* 高く反り返った鼻.

sans tambour ni trompette こっそり, ひそかに.
— 男 トランペット奏者 (= trompettiste); (軍隊の)らっぱ手.

trompettiste /trɔ̃petist/ 图 トランペット奏者, トランペッター.

trompeur, euse /trɔ̃pœːr, øːz/ 形 ❶〔物が〕人を欺く, 偽りの; 見せかけの, 惑わせる. ▶ une promesse *trompeuse* (= mensonger) 空約束 / images *trompeuses* 虚像.
❷〔人が〕うそつきの; 不実な.

À trompeur, trompeur et demi*. 諺 上には上がある.

trompeusement /trɔ̃pøzmɑ̃/ 副 文語 ごまかして, 偽って; 欺瞞(ぎまん)的に.

***tronc** /trɔ̃ トロン/ 男 ❶ (木の)幹. ▶ couper un *tronc* d'arbre 木の幹を切る. ❷ (人間, 動物の)胴体. ▶ *tronc* d'une statue 彫像の胴体. ❸ (教会の)献金箱. ❹ *tronc* de cône 円錐(すい)台.

homme [femme]-tronc (1) 手足のない人. (2) (受付嬢など)上半身しか見えない人.

tronc commun (1) (枝分かれしているものの)共通部分, 共通系. ▶ *tronc commun* d'une ligne d'autobus バス路線の幹線部. (2)〖教育〗共通学習期.

tronche /trɔ̃ːʃ/ 囡 俗〔軽んじて〕顔, 頭.

tronçon /trɔ̃sɔ̃/ 男 ❶ (筒切りにされた)一片; 丸木台. ▶ acheter un *tronçon* d'anguille ウナギの筒切りを1切れ買う. ❷ (道路, 鉄道などの)一区間 (= segment). ❸ (文章の)一部分.

tronconique /trɔ̃kɔnik/ 形 円錐(すい)台形の.

tronçonner /trɔ̃sɔne/ 他動 ❶ …を筒切りにする. 比較 ⇒ couper. ❷〔文章など〕を区切る.

tronçonneuse /trɔ̃sɔnøːz/ 囡〖機械〗金切り盤, 鋸(のこ)盤; チェーンソー.

trône /troːn/ 男 玉座; 王位, 王権; 権力の座. ▶ le *trône* royal 王座 / le *trône* pontifical 教皇座 / monter sur le *trône* 即位する / placer qn sur le *trône* …を王位に就かせる; 祭り上げる.

trôner /trone/ 自動 ❶ 〈trôner + 場所〉(上席)に鎮座する, どっかりと腰を下ろす; …で偉そうな顔をする. ▶ Le grand-père *trônait* dans un fauteuil du salon. 祖父は客間のひじ掛け椅子(す)にどっかと腰を下ろしていた. ❷ 〈*trôner* + 場所〉(物が)…にこれ見よがしに置かれている, 目立つ.

tronqué, e /trɔ̃ke/ 形 一部を切り取られた. ▶ une statue *tronquée* 頭, 手足の欠けた[トルソーになった]彫像 / une citation *tronquée* 文脈から切り離された引用 / cône *tronqué* 円錐(すい)台.

tronquer /trɔ̃ke/ 他動 ❶(悪い意味で)〔文章などの〕一部を削除する. ▶ *tronquer* le discours 演説の重要な所をはしょる. ❷ 古風 …の一部を切り取る.

***trop** /tro トロ/ (アクセントを受けないときには一般に /tro/, また母音あるいは無音の h の前ではリエゾンして /trop/ となる) 副

❶ あまりに, 過度に. (1)〔形容詞とともに〕▶ C'est *trop* cher. (値段が)高すぎる / Cette pièce est *trop* chauffée. この部屋は暖房が効きすぎている / C'est *trop* fort! それはひどすぎる; (食べ物の味などが)辛すぎる, きつすぎる / Ce problème est *trop* difficile à t'expliquer. この問題は難しくて君に説明できない. (2)〔副詞とともに〕▶ Il est *trop* tard. もう遅すぎる / *trop* peu 不十分に, あまりに少なく. (3)〔動詞とともに〕▶ Il s'estime *trop*. 彼は自分を過大評価している / J'ai *trop* mangé. 食べすぎた / Il travaille beaucoup *trop*. 彼はまったく働きすぎる. 注 動詞句とともに用いる場合もある(例: J'ai *trop* chaud. 暑くて我慢できない).

❷〈**trop de** + 無冠詞名詞〉あまりに多くの…, 過度の…. ▶ J'ai acheté *trop* d'oranges. 私はオレンジを買いすぎた / Tu fais *trop* de bruit. 君はうるさすぎる / *Trop* de gens ont été blessés. あまりに多くの人が負傷した.

❸〈**trop (de) … pour …**〉…にはあまりに…だ. ▶ Cette couleur est *trop* voyante pour son âge. この色は彼(女)の年齢には派手すぎる / C'est *trop* beau pour être vrai. あまりらしいので本当とは思えない / Il a *trop* menti pour qu'on le croie. 彼はよくうそをついたのでだれも彼のことを信じない.

❹〈多くの儀礼的表現や愛情表現で〉非常に, とても. ▶ Vous êtes *trop* aimable [bon]. 御親切にありがとうございます / Je suis *trop* heureux de vous voir. お目にかかれてうれしく思います.

❺〈否定的表現で〉あまり…でない. ▶ Je ne sais pas *trop*. あまりよくわからない / Il n'est pas *trop* satisfait du résultat. 彼はその結果にあまり満足していない /《Vous avez faim? — Pas *trop*.》「おなかがすいていますか」「それほどでもありません」.

❻〈名詞的に〉あまりに多くのもの, 過度, 過剰. ▶ Ne demandez pas *trop*. あまりに多くのものを求めるな.

❼ 語〈形容詞的に〉あまりの, やりすぎの. ▶ Il est *trop*, ce mec! あいつはあんまりだ.

C'en est trop. もうたくさんだ, もう我慢できない.

C'est trop. (賛辞や贈り物を受けた場合に)恐縮です, 分に存じます.

de [en] trop (1) 余分に, 余計に; 余分な

payer dix euros *de trop* 10ユーロ余分に払う / dire un mot *de trop* ひとこと多い / Cette remarque est *de trop*. その注意は不要である. (2)〔人が〕余計な, 邪魔な. ▶ Restez ici, vous n'êtes pas *de trop*. ここにいてください, ちっとも邪魔ではありませんから. (3) 俗 あまりに, 過度に. 注 この意味では de trop のみ. ▶ Tu travailles *de trop*. 働きすぎだよ.

ne (*pas*) *savoir trop* + 不定聞 いくら…しても しすぎることはない. ▶ savoir は一般に条件法. ▶ On ne saurait *trop* le souligner. そのことはいくら強調してもしすぎることはないだろう.

ne ... que trop (*de*) 十分すぎるほど. ▶ Cela n'a *que trop* duré. もううんざりだ.

par trop 文章 あまりに, 極端に.

Trop, c'est trop. たくさん, もうたくさんだ.

trope /trɔp/ 男〘レトリック〙転義, 比喩(ゲ).

trophée /trɔfe/ 男 ❶ 勝利[成功]の記念品. ▶ *trophée sportif* スポーツの賞杯(トロフィー, メダルなど) / *trophée de chasse* 狩猟の記念品(鹿の頭部など). ❷ 戦利品. ❸ 武具飾り, 武器文様.

tropic/al, ale /trɔpikal/; (男複) *aux* /o/ 形 熱帯の; 熱帯のような. ▶ région [zone] *tropicale* 熱帯地方 / chaleur *tropicale* 酷暑.

tropique /trɔpik/ 男 ❶〘天文〙〘地理〙回帰線. ▶ *tropique du Cancer* 北回帰線 / *tropique du Capricorne* 南回帰線. ❷〘複数で〙〘地理〙熱帯地方.
━━ 形 〘天文〙année *tropique* 回帰年.

tropisme /trɔpism/ 男 ❶〘生物学〙〘植物の〙屈性; 趣性(ショシ);〔固着生活をする動物の〕向性. ❷ 反応; 単純な反射運動.

trop-perçu /trɔpεrsy/ 男 余分に徴収された金, 過払い.

trop-plein /trɔplɛ̃/ 男 ❶ 過剰分, 余剰分. ❷ あふれ出るもの, 横溢(オウイツ). ▶ *trop-plein de vie* あり余る生命力. ❸〔あふれた水を流す〕排水装置; 放水口.

troquer /trɔke/ 他動 ❶ <*troquer* qc (contre qc)> …〈…と〉の物々交換をする. ▶ *troquer* du sel contre du blé 塩を小麦と交換する. ❷ <*troquer* qc contre [pour] qc> …を…に取り替える, 交換する. ▶ *troquer* ses culottes courtes contre des pantalons 半ズボンを長ズボンにはき替える.

troquet /trɔkε/ 男 俗〔安手の〕カフェ, 居酒屋.

trot /tro/ 男〘馬術〙速歩(ハヤアシ): pas と galop の中間の歩調.

au (*grand*) *trot* (1)〔馬が〕速歩で[の]. (2) 話 大急ぎで. ▶ mener une affaire *au* (*grand*) *trot* 速やかに事を運ぶ.

trotskiste /trɔtskist/, **trotskyste** 形 トロツキー Trotski (ロシアの革命家)の; トロツキズムの; トロツキストの.
━━ 名 トロツキー信奉者, トロツキスト.

trotte /trɔt/ 女 話〔徒歩での〕長い道のり. ▶ Il y a [Ça fait] une bonne *trotte* d'ici au village. ここからその村までは相当な道のりだ.

trotter /trɔte/ 自動 ❶ 小走りに走る;〔人が〕駆けずり回る, 奔走する. ▶ souris qui *trotte* ちょろちょろ動き回るネズミ. ❷ 活発に動く;〔考えなどが〕絶え ず現れる. ▶ faire *trotter* l'imagination 想像力をすばやく働かせる / un air qui me *trotte* par la tête 耳について離れないメロディー. ❸〔馬などが〕速足で走る;〔騎手が〕馬に速歩(ハヤアシ)をさせる.
━━ **se trotter** 代動 逃げ出す, 立ち去る.

trotteur, euse /trɔtœ:r, ø:z/ 形〔馬が〕速歩(ハヤアシ)の, 速歩を得意とする.
━━ 名 速歩馬, トロッター.

trotteuse /trɔtø:z/ 女〔時計の〕秒針.

trottiner /trɔtine/ 自動 ちょこちょこ歩く;〔馬が〕小刻みの速歩(ハヤアシ)をする.

trottoir /trɔtwa:r/ 男 ❶〔車道に沿った〕歩道. ▶ se promener sur les *trottoirs* 歩道で散歩する. ❷ *trottoir* roulant 動く歩道; ベルトコンベヤ.

faire le trottoir 話〔街娼が〕客を引く.

trou /tru/ 男 ❶ 穴, 孔; くぼみ; 裂け目. ▶ creuser un *trou* dans la terre 地面に穴を掘る / avoir un *trou* à sa chemise シャツに破れ目がある / *trou* d'une aiguille 針の穴 / faire un *trou* en un (ゴルフで)ホールインワンをする / Ce golf a dix-huit *trous*. このゴルフ場は18ホールある / *trous* de nez 鼻の穴.
❷ 欠落; すき間, 空白. ▶ avoir des *trous* de mémoire 記憶が欠落している, 度忘れする / Il y a un *trou* dans son raisonnement. 彼(女)の推論には飛躍がある / avoir un *trou* dans son emploi du temps スケジュールに空きがある / exercice à *trous* 穴埋め式の問題.
❸ 欠損, 赤字. ▶ Il y a un *trou* dans la comptabilité. 帳簿に使途不明金がある.
❹ 話 片田舎, 僻地(ヘキチ). ▶ habiter dans un *trou* perdu 辺鄙(ヘンピ)な所に住む.
❺ *trou* d'air〘航空〙エアポケット / *trou* noir〘天文〙ブラックホール / *trou* d'ozone オゾンホール.
❻ 俗 墓穴.
❼ 俗 豚箱. ▶ mettre qn au *trou* …を牢屋(ロウヤ)にぶち込む.

boucher un trou (1) 穴をふさぐ. (2) 欠員を補充する. (3) 借金を返す, 赤字を補填(ホテン)する. (4) 空き時間をつぶす.

faire [*créer*] *le trou* (1)(ラグビーで)敵のディフェンスを突破する. (2)(ボクシングなどで)組みついた2人を引き離す. (3)(競走で)他の走者を大きくリードする; 競争相手に差をつける.

faire son trou 出世する.

n'être jamais sorti de son trou 話 世間知らずである.

trou d'homme (ボイラー, タンクなどの)マンホール.

trou du cul 話 (1) 肛門. (2)(ののしって)馬鹿野郎.

trou normand (食事中に食欲増進のために飲む)アルコール類;〔特に〕カルヴァドス.

un petit trou pas cher 安上がりの行楽地.

troubadour /trubadu:r/ 男〘文学〙トルバドゥール: 12-14世紀南仏の吟遊詩人.

troublant, ante /trublɑ̃, ɑ̃:t/ 形 ❶ 困惑させる; 気にかかる. ▶ une question *troublante* 厄介な問題 / ressemblance *troublante* 酷似していること. ❷ 心を乱されるような, 悩殺的な.

trouble

***trouble¹** /trubl トルブル/ 形 ❶ 濁った；曇った；ぼやけた. ▶ eau *trouble* 濁った水 / vitre *trouble* 曇ったガラス窓 / regard *trouble* どんよりとした眼差(ᵉᵃ°ᵃˢⁱ)し.
❷ 怪しげな，いかがわしい. ▶ Il y a quelque chose de *trouble* dans sa vie. 彼(女)の生活には何かすっきりしないところがある.

avoir la vue trouble (1) 目がかすんでいる，物がぼやけて見える. (2) はっきりと分からない.
— 副 *voir trouble* 目がかすんでいる；はっきりと分からない.

*trouble² /trubl トルブル/ 男
> 英仏そっくり語
> 英 trouble 困難，問題，心配事.
> 仏 trouble 動揺，《複数で》騒乱，障害.

❶《心の》**動揺**，乱れ；困惑；文章《恋の》ときめき. ▶ éprouver un *trouble* 気分が落ち着かない / cacher son *trouble* 動揺を隠す / apaiser le *trouble* de qn …の不安を和らげる.
❷ 文章 混乱；不和；《複数で》**騒乱**，暴動. ▶ semer le *trouble* dans une famille 家庭に不和の種をまく / *troubles* politiques 政治的紛争 / réprimer des *troubles* 暴動を鎮圧する.
❸《多く複数で》《心身の》**障害**；変調. ▶ *troubles* digestifs 消化不良，胃腸障害 / *troubles* mentaux 精神障害 / *troubles* de la parole 言語障害 / *troubles* de la personnalité 人格障害.

troublé, e /truble/ 形 ❶ 不安な，動揺した；混乱した. ❷ 動乱の，波瀾(ᵇᵃʳᵃⁿ)の. ❸ 濁った；ぼんやりした. ❹ 邪魔された；《法律》侵害された.

trouble-fête /trubləfɛt/ 名《不変》《宴会や遊びなどで》座を白けさせる人.

*troubler /truble/ 他動 ❶ …を濁らせる；曇らせる. ▶ *troubler* l'eau 水を濁らせる.
❷〔秩序など〕を乱す，混乱させる. ▶ *troubler* l'ardre public 公共の秩序を乱す / *troubler* la paix des ménages 家庭の平和を乱す.
❸ …を邪魔する，妨げる. ▶ *troubler* le sommeil de qn …の安眠を妨げる.
❹〔人〕を動揺させる，不安にさせる；〔精神機能〕を乱す. ▶ Un soupçon la *troublait*. 1つの疑惑が彼女の心を悩ませていた.
❺〔人，心〕を魅了する，悩殺する.
— 代動 ***se troubler** ❶ 動揺する，狼狽(ᵒᵒᵇᵃⁱ)する. ▶ Ne *vous troublez* pas, gardez votre sang-froid. 慌てないで，落ち着いていなさい. ❷ 濁る；曇る. ▶ Ma vue *se trouble*. 目がかすむ. ❸ 文章 混乱する；鈍る.

troué, e /true/ 形 穴があいた；開口部のある.

trouée /true/ 女 ❶《柵(ˢᵃˡᵘ)，森などの》抜け道，抜け穴；雲間. ❷《軍事》突破口. ▶ faire une *trouée* 敵陣を突破する. ❸《山間の》隘路(ᵃⁱʳᵒ)，谷間.

*trouer /true/ 他動 ❶ …に穴をあける；の開口部となる. ▶ *trouer* un pneu タイヤをパンクさせる / *trouer* un vêtement 服に穴をあける / le mur que *troue* une petite porte 小さな戸口のついた壁. ❷ 文章〔光などが〕…を貫く. ▶ Un cri *troua* l'air. 叫び声が空気を引き裂いた.

Ça me troue! 俗 あきれた.

se faire trouer la peau 慣 撃ち殺される，風穴をあけられる.

trouillard, arde /trujaːr, ard/ 形 話 臆病(ᵒᵏᵘᵇʸᵒ)な，怖がりの.
— 名 臆病者.

trouille /truj/ 女 話 恐怖. ▶ avoir la *trouille* 怖がる，びくびくする.

*troupe /trup トルプ/ 女 ❶《軍隊の》**部隊**；《複数で》軍隊，軍団. ▶ *troupe* de choc 突撃部隊 / lever des *troupes* 徴兵する.
❷《集合的に》軍；《士官に対して》兵隊，兵. ▶ corps de *troupe* 軍団 / homme de *troupe* 兵士.
❸ 劇団，一座. ▶ la *troupe* de Molière モリエール一座 / jouer dans une *troupe* d'amateurs アマチュア劇団で演劇活動をする.
❹《集合的に》治安部隊，機動隊. ▶ jeter des pierres sur la *troupe* 機動隊に石を投げる.
❺ 一行，一団；《野生動物の》群れ. ▶ une *troupe* de touristes 観光客の一団 / une *troupe* de frelons スズメバチの群れ.

en troupe 一団になって；群れをなして. ▶ aller *en troupe* 大勢で行く.

*troupeau /trupo トルポ/《複》**x** 男 ❶《動物の》**群れ**；《特に》羊の群れ. 注 おもに家畜または反芻(ʰᵃⁿˢᵘᵘ)動物の群れをいう. ▶ un *troupeau* de buffles 水牛の群れ / garder le *troupeau* 羊の群れの番をする. ❷《悪い意味で》群衆，人の群れ.

troupier /trupje/ 男 古風 兵隊，兵士.
boire [fumer, jurer] comme un troupier やたらに酒を飲む〔たばこを吸う，ののしる〕.
— 形 le comique *troupier* 兵隊もの軽喜劇.

trousse /trus/ 女 道具入れ〔袋〕，用具ケース. ▶ *trousse* à outils 工具入れ / *trousse* de toilette 洗面具入れ / *trousse* d'écolier 学用品ケース / *trousse* de cartouches 弾薬入れ.

aux trousses de qn …を追い回して. ▶ La police est *aux trousses* d'un terroriste. 警察はテロリストを追跡している.

avoir qn à ses trousses …に追われる；をあとに従える. ▶ *avoir* la police *à ses trousses* 警察に追われている.

trousseau /truso/;《複》**x** 男 ❶《嫁入りや入寮のための》支度一式，身の回りの品. ❷《鍵(ᵏᵃᵍⁱ)の》束 (=*trousseau* de clefs).

trousser /truse/ 他動 ❶ 古風〔文章〔仕事など〕を手際よくかたづける，手早く終える. ▶ *trousser* une affaire 仕事をてきぱきとかたづける. ❷ 古風 / 文章〔衣服〕の裾(ˢᵘˢᵒ)をまくり上げる，〔袖(ˢᵒᵈᵉ)〕をたくし上げる. ▶ *trousser* sa jupe スカートの裾をからげる. ❸《料理》〔ロースト用などの鳥〕を糸でからげる.

trouvable /truvabl/ 形《多く否定的表現で》見いだせる，発見できる.

trouvaille /truvaːj/ 女 ❶ 思いがけない発見；掘り出し物. ▶ faire une *trouvaille* 掘り出し物を見つける. ❷ うまい表現〔着想〕；独創的な考え；《皮肉に》とっぴな思いつき.

trouvé, e /truve/ 形 見つけられた. ▶ enfant *trouvé*《施設などに保護された》子供, 捨て子 / objets *trouvés* 遺失物, 落し物.

bien trouvé 〔表現などが〕独創的な, 斬新な. ▶ une formule *bien trouvée* うまい言い方.

*trouver /truve トルヴェ/ 他動

直説法現在	je trouve	nous trouvons
	tu trouves	vous trouvez
	il trouve	ils trouvent
複合過去	j'ai trouvé	半過去 je trouvais
単純未来	je trouverai	単純過去 je trouvai

1 ⟨*trouver* qn/qc⟩ **❶** 〔捜〔探〕していた物，人〕を見つける，に出会う．▶ *trouver* un homme idéal 理想の男性を見つける / Je ne *trouve* plus ma clef. 鍵(⁂)が見つからない / Je ne l'*ai* pas *trouvée* chez elle. 家では彼女に会えなかった / Prenez la troisième rue à gauche, vous *trouverez* la poste au fond. 3つ目の角を左に曲がると突き当たりに郵便局がありますよ．◆ aller *trouver* qn …に会いに行く．

❷ …を手に入れる，入手する．▶ *trouver*「un emploi [du travail]」就職先〔仕事〕を見つける / ne pas pouvoir *trouver* le sommeil 眠れない / On *trouve* tout dans ce magasin. この店ではなんでも手に入る．◆ *trouver* ＋ 無冠詞名詞 ▶ *trouver* appui [assistance] auprès de qn …の助けを得る / *trouver* place dans qc …に場所を見つける．

❸ …を（偶然に）見つける，に出会う，出くわす．▶ *trouver* un chien abandonné dans un jardin 公園で捨て犬を見つける / *trouver* une erreur dans un texte テキストに間違いを見つける / *trouver* un(e) compatriote à l'étranger 外国で同国人に出会う / Il *a trouvé* un billet de dix euros par terre. 彼は10ユーロ紙幣を1枚拾った．

❹ …を発見する；考えつく．▶ *trouver* l'explication d'un phénomène ある現象の説明を見いだす / *trouver* la cause d'un accident 事故の原因を発見する / *trouver* les mots justes pour exprimer une idée ある考えを表現するのに適切な言葉を見つける．

❺ ⟨*trouver* à ＋ 不定詞⟩ …する方法を見つける，…する機会を得る．▶ *trouver* à gagner sa vie 生計を立てる道を見つける / *trouver* à redire à qc …に文句をつける，を非難する / Elle *a trouvé* à vendre sa vieille voiture. 彼女は使い古した車をなんとか売ることができた．

2 **❶** ⟨*trouver* qn/qc ＋ 属詞⟩…が…（の状態）なのに出くわす．▶ *trouver* la maison vide（帰ってきて）家が空っぽであることを発見する / *trouver* qn en train de pleurer …が泣いているのを見つける / Nous *avons trouvé* la porte fermée. 行ってみると扉は閉まっていた / Je l'*ai trouvé* au lit. 見ると彼はベッドで眠っていた．

❷ ⟨*trouver* qn/qc ＋ 属詞⟩ …を…と思う，判断する．▶ *trouver* son travail très dur 仕事をとてもつらいと思う / *trouver* qn gentil [intelligent, sympathique] …を親切だ〔賢い，感じがいい〕と思う / *trouver* son travail très dur 仕事をとてもつらいと思う / Ils les *a trouvées* fatiguées. 彼は彼女たちが疲れているようだと思った／《 Comment *trouvez*-vous le film ? — Je l'*ai trouvé* excellent. 》「この映画をどう思いますか」「最高だと思いました」 比較 ⇨ PENSER.

❸ ⟨*trouver* qc à qn/qc⟩ …に〔特徴など〕があると思う．▶ Je lui *trouve* bonne [mauvaise] mine. 彼(女)は顔色がいい〔悪い〕と思う / Je lui *trouve* beaucoup de défauts. 彼(女)には欠点がたくさんあると思う．◆ *trouver*「du plaisir [du bonheur, de la difficulté]」à ＋ 不定詞 …することに喜び〔幸福, 困難〕を感じる．▶ J'*ai trouvé* beaucoup de plaisir à lire ce livre. 私はこの本を実に楽しく読んだ．

❹ ⟨*trouver* que ＋ 直説法⟩…と思う，考える．注 主節が否定または疑問の場合 que 以下は接続法または直説法．▶ Je *trouve* que notre professeur est sympathique. 私たちの先生は感じのいい人だと思います / Je ne *trouve* pas que ce soit ridicule. そんなにおかしいとは思わない /《目的語なしに》Il a raison, vous ne *trouvez* pas? 彼は正しい，そう思いませんか / **Vous trouvez?** そう思います？

la trouver mauvaise [*saumâtre*] 話（相手の態度などが）気に食わない，我慢ならない．

Où avez-vous trouvé cela? 話 なんでそんなことを考えついたのですか．

trouver à qui parler 話 手ごわい相手に出会う．

trouver bon [*mauvais*]「de ＋ 不定詞 [que ＋ 接続法]」…をよい〔悪い〕と考える，に同意する〔しない〕．▶ Il *a trouvé* bon de nous écrire. 彼は私たちに手紙を書くのがよいと考えた．

trouver le temps long 時間を長く感じる；退屈する（＝s'ennuyer）．

— **:se trouver** 代動 **❶** 見いだされる，見つかる．▶ Cet ouvrage est épuisé, il ne *se trouve* plus en librairie. この本は絶版で書店では見つかりません．

❷ ⟨*se trouver* ＋ 場所⟩…にいる，ある．▶ Sa maison *se trouve* en dehors du village. 彼(女)の家は村外れにある / Où *se trouve* la rue de l'Université?（＝être）大学通りはどこにありますか / La barrière franchie, je *me suis trouvé* dans le jardin. 柵(⁂)を越えると庭に出た．

❸ ⟨*se trouver* ＋ 属詞⟩…（という状態）である；自分を…であると思う．▶ *se trouver* malheureux 自分を不幸だと思う / Il *se trouve* bien partout où il va. 彼はどこへ行ってもくつろげる / Comment *vous trouvez*-vous ce matin? 今朝の御気分はいかがですか / Elle *se trouve* mieux avec les cheveux longs. 彼女は自分にはロングヘアの方が似合うと思っている．

❹ ⟨*se trouver* ＋ 不定詞⟩ たまたま…する．▶ Il *se trouvait* être le frère aîné de mon ami Bernard. 彼は友人のベルナールのお兄さんだった．

❺ 《非人称構文で》⟨Il *se trouve* qn/qc⟩ …がいる，ある．▶ Il *se trouve* toujours des gens qui disent que … …と言う人はどこでもいるものだ．

❻ 《非人称構文で》⟨Il *se trouve* que ＋ 直説法⟩ たまたま…である．▶ Il *se trouve* que j'étais là, par hasard, et j'ai assisté à l'accident. 私はたまたまそこにいてその事故を目撃した / Il *s'est trouvé* qu'il avait menti. 彼がうそをついていたことが分かった．

❼ ⟨*se trouver* qc⟩ 自分に…を見つける. 注 se は間接目的. ▶ *se trouver* une maison à la campagne 田舎に家を見つける.
se trouver bien [*mal*] *de qc*/不定詞 …に満足している [不満である].
se trouver mal 気を失う (=s'évanouir).
si ça se trouve ひょっとして. ▶ Elle n'est pas venue aujourd'hui; *si ça se trouve*, elle est malade.(=peut-être) 彼女は今日来なかったけど, ひょっとしたら病気かもしれない.

trouvère /truvɛːr/ 男 トルヴェール: 12,13世紀の北仏のオイル語による吟遊詩人.

troyen, enne /trwajɛ̃, ɛn/ 形 トロイア Troie の. ── **Troyen, enne** 名 トロイアの人.

Troyes /trwa/ 固有 トロワ: Aube 県の県庁所在地.

truand /tryɑ̃/ 男 ごろつき, やくざ.

truander /tryɑ̃de/ 他動 …から盗む, だまし取る. ── 自動 ごまかす; 不正行為をする. ▶ *truander* à un examen 試験でカンニングする.

trublion /tryblijɔ̃/ 男 扇動家, アジテーター.

***truc** /tryk/ トリュック 男 ❶ 要領, こつ, 秘訣(ひけつ). ▶ C'est un bon *truc*. それはうまいやり方だ / Si vous avez un *truc* pour la faire venir, dites-le. 彼女をここに来させるうまい手があったら, 教えてください. ❷ 話 あれ, それ, あること. ▶ Qu'est-ce que c'est que ce *truc*? それはなあに / des *trucs* comme ça そんなようなもの. ❸ トリック, からくり, 仕掛け. ▶ *truc* de magie 魔術のトリック. ❹ 得意なこと. ▶ La cuisine c'est son *truc*. 料理は彼(女)の得意分野だ / Ce n'est pas mon *truc*. それは苦手だ / Chacun son *truc*. それぞれ得意なことがある.

trucage /tryka:ʒ/ 男 ⇨ TRUQUAGE.

truchement /tryʃmɑ̃/ 男 文章 仲介, 仲介者, 代弁者.
par le truchement de qn/qc …を介して, 通じて.

trucider /tryside/ 他動 話 …を殺す, 虐殺する.

truculence /trykylɑ̃:s/ 女 豪放, 大胆; 露骨.

truculent, ente /trykylɑ̃, ɑ̃:t/ 形 豪放磊落(らいらく)な; 大胆な, 露骨な. ▶ un personnage *truculent* 豪放な人物 / une plaisanterie *truculente* どぎつい冗談.

truelle /tryɛl/ 女 (左官用) 鏝(こて).

truffe /tryf/ 女 ❶ トリュフ, 西洋松露(しょうろ): 高級食用キノコ. ▶ foie gras aux *truffes* トリュフ入りフォアグラ. ❷ トリュフ型チョコレート (=*truffe* en chocolat). ❸ (犬や猫の) 鼻先; 話 団子鼻.

truffer /tryfe/ 他動 ❶ …にトリュフを加える [詰める]. ▶ *truffer* une dinde 七面鳥にトリュフを詰める. ❷ ⟨*truffer* qc de + 無冠詞複数名詞⟩ …に…を詰め込む, ちりばめる. ▶ *truffer* un discours de citations 演説の中にやたらに引用を挟む / un devoir *truffé* d'erreurs 間違いだらけの宿題.

truffier, ère /tryfje, ɛːr/ 形 ❶ トリュフの; トリュフを産する. ▶ une région *truffière* トリュフの産地. ❷ (犬や豚が) トリュフ採集用の.

truffière /tryfjɛːr/ 女 トリュフの取れる土地.

truie /trɥi/ 女 雌豚.

truisme /trɥism/ 男 自明の理.

truite /trɥit/ 女 《魚類》マス.

trumeau /trymo/; ⟨複⟩ **x** 男 ❶ 《建築》トリュモー, 窓間壁. ❷ PORTAIL 図. ❷ 窓間にある鏡 [飾り], 暖炉の上の鏡 [飾り]. ❸ (牛の) すね肉.

truquage /tryka:ʒ/, **trucage** 男 ❶ 《映画》トリック撮影, 特殊撮影. ❷ ごまかし, 不正.

truqué, e /tryke/ 形 ❶ いんちきの, ごまかしの. ▶ un combat de boxe *truqué* ボクシングの八百長試合 / élections *truquées* 不正選挙. ❷ 《映画》トリック撮影された. ▶ une scène *truquée* 特撮シーン.

truquer /tryke/ 他動 ❶ …をごまかす, に細工をする. ▶ *truquer* les cartes トランプに細工をする / *truquer* un dossier 書類を偽造する. ❷ 《映画》[シーン]をトリック撮影する.

truqueur, euse /trykœːr, øːz/ 名 ❶ ぺてん師, 偽造者. ❷ (映画などの) 特殊撮影技師. ── 形 ぺてんを働く.

trust /trœst/ 男 《英語》❶ 《経済》トラスト, 企業合同. ❷ (しばしば悪い意味で) 巨大企業.

truster /trœste/ 他動 ❶ …を独占する, 買い占める. ❷ 話 (賞, 地位など) を独り占めする.

tsar /tsaːr; dzaːr/ 男 ツァーリ, ツァー: ロシア皇帝やブルガリアの君主を指す言葉.

tsarisme /tsarism; dzarism/ 男 ツァーリズム, ロシア帝政, ロシア専制政治 (時代).

tsariste /tsarist; dzarist/ 形 ロシア帝政の. ── 名 ロシア帝政派の人.

tsé-tsé /tsetse/ 女 (単複同形) 《昆虫》ツェツェバエ (=mouche *tsé-tsé*).

T-shirt /tiʃœrt/ 男 《英語》⇨ TEE-SHIRT.

tsigane /tsigan/ 形, 名, 男 ⇨ TZIGANE.

tsunami /tsunami/ 男 《日本語》津波.

:tu¹ /ty/ テュ 代 (人称)
《2 人称単数の主語. 複数形は vous, 直接・間接目的語は te, 強勢形は toi》君は, おまえは, あなたは. ▶ *Tu* n'as pas tort. 君は間違っていない / *Tu* viens avec moi? 私と一緒に来ない.
注 ⑴ tu は家族, 友人などの親しい間柄や, 子供に対して用いられる. 丁寧な表現では相手が 1 人であっても vous を用いる.
⑵ くだけた会話では母音, 無音の h の前で t' となることがある (例: *T'es* fou. まったくどうかしているよ / *T'as* compris? 分かったの?).
⑶ 聖書の文体では tu が用いられる (普通, なんじと訳される). ⑷ 詩的文体では神や王などに対し tu を用いることがある (普通, 御身と訳される).
── 男 君 [おまえ] (という呼称). ▶ Je lui dis *tu* depuis l'enfance. 彼(女) とは子供のころから君僕の間柄だ.
être à tu et à toi avec qn 話 …ととても親しい間柄である.

tu², tue /ty/ 活用 se taire 73 の過去分詞.

tuant, ante /tyɑ̃, ɑ̃ːt/ 形 ❶ 骨の折れる, つらい. ▶ travail *tuant* きつい仕事. ❷ うんざりする, 耐えがたい. ▶ Il est *tuant*, ce gosse-là. この子ときたら本当にうるさい.

tub /tœb/ 男 《英語》❶ 浴槽. ❷ 入浴.

tuba /tyba/ 男 《音楽》チューバ.

tumultueusement

tubard, arde /tyba:r, ard/ 名 話 結核患者 (=tuberculeux). — 形 結核の.

*tube /tyb テュブ/ 男 ❶ 管, チューブ, パイプ. ▶ *tube* de verre ガラス管 / *tube* à essai 試験管 / *tube* fluorescent 蛍光管. ❷ (容器として用いる) チューブ; 筒型容器. ▶ un *tube* de dentifrice 歯磨き / *tube* d'aspirine アスピリンの入った筒型容器 / moutarde en *tube* チューブ入りのからし. ❸ 話 ヒット曲, ヒット・ナンバー. ❹ *tube* digestif 消化器官.
à pleins tubes 話 音量いっぱいに. ▶ mettre la radio *à pleins tubes* ラジオをがんがん鳴らす.

tubercule /tybɛrkyl/ 男 ❶〖植物学〗塊茎 (ジャガイモなど); 塊根 (ニンジンなど). ❷〖医学〗結節; 結核結節.

tuberculeux, euse /tybɛrkylø, ø:z/ 形 ❶ 結核性の; 結核にかかった. ▶ bacille *tuberculeux* 結核菌 / malade *tuberculeux* 結核症患者. ❷ 結節の. ▶ syphilides *tuberculeuses* 結節性梅毒. ❸〖植物学〗塊茎を持つ, 塊茎状の.
— 名 結核患者.

tuberculine /tybɛrkylin/ 女〖医学〗ツベルクリン.

tuberculose /tybɛrkylo:z/ 女〖医学〗結核, 結核症. ▶ *tuberculose* pulmonaire 肺結核(症).

tubereux, euse /tybɛrø, ø:z/ 形〖植物学〗塊茎状の (=tuberculeux). ▶ racine *tubéreuse* (ダリアなどの) 塊根.

tubulaire /tybylɛ:r/ 形 ❶ 管状の, 筒形の. ❷ 金属管製の. ▶ chaudière *tubulaire* 煙管ボイラー.

tubulé, e /tybyle/ 形 管状の, 筒状の口付きの.

tubulure /tybyly:r/ 女 (ガラス瓶, レトルトなどの) 管状の口, 短開管. ❷ 配管.

tué, e /tɥe/ 形 ❶ 殺された, 死んだ. ❷ 疲労困憊(ぱい)した, くたくたになった.
— 名 殺された人, 死者. ▶ les *tués* et les blessés 死傷者.

tue-mouches /tymuʃ/ 形 (不変) ❶ papier *tue-mouches* 蠅(はえ)取り紙. ❷ amanite *tue-mouches* ベニテングダケ.

*tuer /tɥe テュエ/ 他動

| 直説法現在 | je tue | nous tuons |
| 複合過去 | j'ai tué | 単純未来 je tuerai |

❶ …を殺す, 殺害する; (事故で) 死なせる. ▶ Je te *tue*. 殺してやる / *tuer* qn par le poison …を毒殺する / L'assassin l'*a tué* d'un coup de revolver. 殺人犯は彼をピストルで撃ち殺した / Elle *a été tuée* dans un accident. 彼女は事故で死んだ / se faire *tuer* dans un attentat テロで命を落とす /《目的語なしに》Tu ne *tueras* point.『聖書』なんじ殺すなかれ / poison qui *tue* 猛毒.
❷《物が》…の死因となる, 命を奪う. ▶ Cette bombe peut *tuer* cent mille personnes. この爆弾は一度に10万人もの命を奪うことができる.
❸ …を消滅させる; 弱める. ▶ L'industrie développée *a tué* certaines formes d'artisanat. 高度な産業はある種の職人仕事を消滅させた.
❹〔効果など〕を損なう, 台なしにする. ▶ Cette couleur *tue* les autres. この色はほかの色を殺してしまっている.
❺ 話 …を疲労困憊(ぱい)させる, 閉口させる. ▶ Ces escaliers me *tuent*. この階段には閉口だ.
❻ 話 …をひどく驚かせる, 狼狽(ばい)させる; 絶望させる. ▶ Cette nouvelle l'*a tué*. その知らせに彼は肝をつぶした.

Ce sont toujours les mêmes qui se font tuer. 話 犠牲になるのはいつも同じ人々だ.
être à tuer 殺してやりたいほど腹が立つ.
tuer 「*le temps* [*les heures*]」時間をつぶす.
tuer qc dans l'œuf …を芽のうちに摘み取る.

— ***se tuer** 代動 ❶ 自殺する; (事故で) 死ぬ. ▶ *se tuer* en voiture 自動車事故で死ぬ.
❷《*se tuer* à [de] qc》不定詞》健康を損なう, 疲労困憊する. ▶ *se tuer* de [au] travail 仕事で体をこわす.
❸《*se tuer* à + 不定詞》苦労して…する, …に骨を折る. ▶ Je *me tue* à vous le répéter. あなた(方)にはそれをうんざりするほど繰り返し言っている.
❹ 殺し合う;〔色, 風味などが〕相殺し合う.

tuerie /tyri/ 女 大量殺戮(りく), 虐殺.

tue-tête /tytɛt/《次の句で》
à tue-tête 副句 声を限りに; 大音響で. ▶ hurler *à tue-tête* 大声でがなりたてる.

tueur, tueuse /tɥœ:r, tɥø:z/ 名 人殺し, 殺人者; 殺し屋.

tuf /tyf/ 男 ❶〖地質〗凝灰岩. ❷ (人の心や社会の) 隠れた本質, 奥底. ▶ creuser jusqu'au *tuf* 本質まで掘り下げる.

*tuile /tɥil テュイル/ 女 ❶ 瓦(かわら); 屋根瓦. ▶ toit de *tuiles* 瓦屋根 / couvrir un toit de *tuiles* 屋根を瓦でふく. ❷話 (頭に瓦が落ちてくるような) 思いがけない災難. ▶ Ça, c'est une *tuile*! こりゃ, とんだ災難だ. ❸ 瓦の形をしたクッキー, テュイル.

tuilerie /tɥilri/ 女 ❶ 瓦(かわら)製造; 瓦製造所. ▶ le Jardin des *Tuileries* (パリの)チュイルリー公園.

tuilier, ère /tɥilje, ɛ:r/ 形 瓦(かわら)製造の.
— 名 瓦製造人.

tulipe /tylip/ 女 ❶〖植物〗チューリップ. ❷ チューリップ形のもの (グラス, ランプのかさなど).

Tulle /tyl/ 固有 テュール: Corrèze 県の県庁所在地.

tulle /tyl/ 男 チュール: ベールなどに用いる平織物.

tuméfaction /tymefaksjɔ̃/ 女〖医学〗腫脹(ちょう), 腫大: 身体の一部がはれ上がること.

tuméfié, e /tymefje/ 形 はれた, 膨れた, むくんだ.

tuméfier /tymefje/ 他動 …をはれさせる.
— **se tuméfier** 代動 はれる, むくむ.

tûmes /tym/ 活用 ⇨ SE TAIRE [73]

tumeur /tymœ:r/ 女〖医学〗腫瘍(よう). ▶ *tumeur* maligne 悪性腫瘍.

tumulte /tymylt/ 男 ❶ 騒ぎ, 喧噪(そう). ▶ La réunion se termina dans le *tumulte*. 会議は騒然たるうちに終わった / le *tumulte* d'une grande ville 大都会の騒々しさ. ❷ 文章 (心の) 動揺, 乱れ. ❸ 文章 (波, 嵐などの) ざわめき.

tumultueusement /tymyltɥøzmɑ̃/ 副 騒々しく, 騒然として; 混乱して.

tumultueux, euse /tymyltɥø, ø:z/ 形 [文章]
❶ 騒々しい、騒然たる. ▶ discussion *tumultueuse* 紛糾する討論 / foule *tumultueuse* 騒然たる群衆. ❷ 激しく揺れ動く、荒々しい. ▶ mer *tumultueuse* 荒れ狂う海. ❸ 波瀾(らん)に富んだ. ▶ vie *tumultueuse* 波瀾万丈の生涯.

tuner /tynɛ:r; tynœ:r/ 男〖英語〗チューナー.

tungstène /tœksten/ 男〖化学〗タングステン. ▶ filament en *tungstène* タングステンのフィラメント.

tunique /tynik/ 女 ❶ チュニック. (1) 腰またはひざ丈で筒型の女性用衣服. (2) [古] 詰め襟で丈の長い略式軍服. ❷ トゥニカ: 古代ギリシア・ローマで着用された貫頭衣. ❸〖解剖〗膜.

Tunisie /tynizi/ 固有 女 チュニジア: 首都 Tunis. ▶ en *Tunisie* チュニジアに［で, へ］.

tunisien, enne /tynizjɛ̃, ɛn/ 形 チュニジア Tunisie の.
— **Tunisien, enne** 名 チュニジア人.

*tunnel /tynɛl テュネル/ 男〖英語〗❶ トンネル; 地下道. ▶ creuser un *tunnel* トンネルを掘る / *tunnel* routier［ferroviqire］道路［鉄道］トンネル / *tunnel* sous la Manche 英仏海峡トンネル, ユーロトンネル. ❷ 長く苦しい期間, 苦境. ▶ arriver au bout du *tunnel* 長く苦しい時期をくぐり抜ける / la sortie du *tunnel* トンネルの出口, 困難の終わり.

turban /tyrbɑ̃/ 男 ターバン.

turbine /tyrbin/ 女〖機械〗タービン. ▶ *turbine* à gaz ガスタービン.

turbiner /tyrbine/ 自動 [話] 目まぐるしく働く; つらい仕事をする.

turbo /tyrbo/ 男〖自動車〗ターボチャージャー. **mettre le turbo** 懸命になる, 全力を出す.
— 形 [男女同形] ❶〖エンジン, 自動車などが〗ターボ付きの, ターボの. ▶ moteur *turbo* ターボエンジン. ❷〖話〗高速化された.

turbocompresseur /tyrbɔkɔ̃presœ:r/ 男 ❶〖機械〗ターボコンプレッサー. ❷〖自動車〗ターボチャージャー.

turbomoteur /tyrbɔmɔtœ:r/ 男 ターボエンジン, ガスタービン.

turboréacteur /tyrbɔreaktœ:r/ 男〖航空〗ターボジェットエンジン.

turbot /tyrbo/ 男〖魚類〗イシビラメ.

turbotrain /tyrbɔtrɛ̃/ 男〖鉄道〗ガスタービン動車, チュルボトラン.

turbulence /tyrbylɑ̃:s/ 女 ❶ 騒々しさ; [文章] 喧噪(けんそう), ざわめき. ▶ la *turbulence* d'un enfant 子供の騒がしさ / la *turbulence* des fêtes 祭りのざわめき. ❷〖物理〗乱流. ❸〖気象〗乱(気)流.

turbulent, ente /tyrbylɑ̃, ɑ̃:t/ 形 ❶ 騒がしい. ▶ enfant *turbulent* 騒々しい子供. ❷ [古風]/[文章] 騒ぎを好む. ❸〖物理〗écoulement *turbulent* 乱流.

turc, turque /tyrk/ 形 トルコ Turquie の; トルコ人の. ▶ café *turc* トルココーヒー(カップの底にコーヒー粉を沈殿させ, 上澄みを飲む) / bain *turc* トルコ風呂(蒸し風呂の一種).
— 名 ❶ (Turc) トルコ人. ❷ jeunes *turcs* (1908年の革命を推進した)青年トルコ党員;（組織, 政党内部などの)若手急進派.

fort comme un Turc 非常に力が強い.
tête de Turc 何かと笑い物になる人.
— **turc** 男 トルコ語.
— **turque** 女 ⟨à la *turque*⟩ トルコ風の, トルコ風に. ▶ être assis à la *turque* あぐらをかいて座る / cabinets à la *turque* (便座のない)トルコ式便所.

turf /tœrf/ 男〖英語〗競馬, 競馬界; 競馬場.

turfiste /tœrfist; tyrfist/ 名 競馬ファン.

Turin /tyrɛ̃/ 固有 トリノ: イタリア北西部の都市.

turlupiner /tyrlypine/ 他動 [話]〔物事が〕…を悩ます, 苦しめる.

turlututu /tyrlytyty/ 間投 ふん, ばかな (拒絶, 不信, 嘲笑(ちょうしょう)など).

turne /tyrn/ 女 [話] むさ苦しい部屋, あばら屋; 仕事場.

turpitude /tyrpityd/ 女 [文章] 卑劣, 破廉恥; 卑劣な[恥ずべき]言動.

turquerie /tyrkəri/ 女 (絵画や文学などにおける)トルコ風のもの, トルコ趣味; 東洋風の趣味.

Turquie /tyrki/ 固有 女 トルコ: 首都 Ankara. ▶ en *Turquie* トルコに［で, へ］.

turquoise /tyrkwa:z/ 女〖宝石〗トルコ石.
— 形 [不変] トルコ石色の, 青緑色の.
— 男 トルコ石色, 青緑色.

tus /ty/ 活用 ⇒ SE TAIRE 73

tut, tût /ty/, **tûtes** /tyt/ 活用 ⇒ SE TAIRE 73

tutélaire /tytelɛ:r/ 形 ❶〖法律〗後見の. ▶ gestion *tutélaire* 後見(管理). ❷〖国際〗puissance *tutélaire* 信託統治受託国. ❸ [文章] 守護する. ▶ dieu［déesse］*tutélaire* 守護神.

tutelle /tytɛl/ 女 ❶ 保護; (窮屈な)監視, 監督. ▶ être sous la *tutelle* des lois 法の保護下にある. ❷〖民法〗後見. ❸〖行政〗(国の地方公共団体に対する)行政監督. ▶ ministère de *tutelle* 監督省庁. ❹〖国際法〗信託統治. ▶ territoire sous *tutelle* 信託統治領.

tuteur, trice /tytœ:r, tris/ 名 ❶〖民法〗後見人. ▶ *tuteur* légal 法定後見人 / *tuteur* testamentaire 指定後見人. ❷ 後援者, 保護者. ❸ 学習指導者, チューター.
— **tuteur** 男 (植物の)添え木, 支柱.

tutoiement /tytwamɑ̃/ 男 (親しい間柄で) tu を用いて話すこと.

tutoyer /tytwaje/ 10 他動 (親しい間柄で)…と tu を用いて話す, 親しみを込めた口調で話す (↔vouvoyer). 注 tu の項目を参照. ▶ Je le *tutoie* depuis longtemps. 私は彼とはずっと前から君僕で話している.
— **se tutoyer** 代動 互いに tu を用いて話す.

tutti quanti /tutikwɑ̃ti/ 副句〖イタリア語〗話 (列挙を受けて)その他いろいろ, 等々.

tutu /tyty/ 男〖バレエ〗チュチュ.

tuyau /tɥijo/; (複) **x** 男 ❶ 管, パイプ, ホース. ▶ *tuyau* de caoutchouc ゴム管 / *tuyau* d'arrosage 散水用ホース / *tuyau* de gaz ガス管［ホース］/ *tuyau* d'incendie 消火用ホース. ❷ 円筒, 軸. ▶ le *tuyau* d'une pipe パイプの柄［ステム］. ❸ 話 (内密の)情報. ▶ J'ai un bon *tuyau* aux courses. (競馬の)レースについて耳寄りな情報がある / un *tuyau* percé［crevé］話 がせネタ.

dans les tuyaux 実行中の, 進行中の.
dire [raconter] qc dans le tuyau de l'oreille 囲 …をそっと耳打ちする.
tuyau de poêle (1)(ストーブから煙突までの)排煙管. (2) 囲 シルクハット.
tuyauter /tɥijote/ 他動 ❶〔シャツなど〕に筒形ひだをつける. ❷ 囲〈*tuyauter qn (sur qc)*〉〈…に関して〉…に情報を流す. ▶ Elle l'*a tuyauté* là-dessus. 彼女はその件について彼に情報を漏らした.
— **se tuyauter** 代動 囲 情報を得る.
tuyauterie /tɥijotri/ 囡 ❶〔集合的に〕〔建物内の〕配管, 管路. ❷〖音楽〗〔集合的に〕オルガンパイプ.
tuyère /tyjɛːr/ 囡 ❶〖航空〗〖宇宙航行〗ジェットノズル; 排気コーン. ❷〖金属〗〔溶鉱炉の〕羽口.
TVA 囡〔略語〕taxe à la valeur ajoutée 付加価値税.
tweed /twid/ 男〖英語〗〖織物〗ツイード.
twist /twist/ 男〖英語〗〖ダンス〗ツイスト.
tympan /tɛ̃pɑ̃/ 男 ❶ 鼓膜 (=membrane du *tympan*); 鼓室. ❷〖建築〗タンパン, テュンパヌム: 出入り口上部のアーチと楣(まぐさ)で囲まれた半円形の小壁.
briser [casser, crever] le tympan (à qn) (…の)耳をつんざく;〈…に〉大声で話す[どなる].
tympanique /tɛ̃panik/ 形〖解剖〗鼓室の.
***type** /tip ティップ/ 男 ❶ 型, 類型, タイプ. ▶ différents *types* de virus 様々なタイプのウイルス / Je n'aime pas ce *type* de film. 私はこの種の映画は嫌いだ. ◆ de [du] *type* + 形容詞〔無冠詞名詞〕…型[式]の, …タイプの. ▶ climat de *type* continental 大陸型気候 / un homme de *type* chef de famille 家長然とした男. 比較 ⇨ SORTE¹.
❷ 典型, 見本. ▶ Les Grecs ont créé un *type* de beauté. ギリシア人たちは美の典型を造り出した /《同格的に》un intellectuel *type* インテリの見本 / C'est l'erreur *type* à ne pas faire. これはしてはならない誤りの典型.
❸〔工業製品などの〕型式(たた), 型. ▶ un nouveau *type* de voiture 新型の自動車.
❹〔人種などの〕特徴. ▶ Il a le *type* oriental. 彼は東洋系の特徴を備えている, 彼は東洋人タイプだ.
❺ 囲〈le *type* de qn〉…の好みのタイプ. ▶ Ce n'est pas mon *type*. あの人は私の好みじゃない.
❻ 囲 男, やつ, 彼氏. ▶ bon [brave, chic] *type* いいやつ / C'est un drôle de *type*. あいつは変なやつだ / Elle est venue avec son *type*. 彼女は彼氏と来た. ❼〖印刷〗活字.
du [de] troisième type 第三の, 新しいタイプの. ▶ film *du troisième type* 新しいタイプの映画.
rencontres du troisième type 俗 第3種接近遭遇, 未知との遭遇.
typé, e /tipe/ 形 典型的な, 特徴的な; 型どおりの. ▶ une femme orientale très *typée* いかにも東洋人らしい女性.
typer /tipe/ 他動〔登場人物など〕を典型的に描く, 型にはめる.

typhique /tifik/ 形〖医学〗(発疹(はっしん))チフスの.
— 名 (発疹)チフス患者.
typhoïde /tifɔid/ 囡 腸チフス.
typhoïdique /tifɔidik/ 形〖医学〗腸チフスの.
typhon /tifɔ̃/ 男 台風.
typhus /tifys/ 男〖医学〗チフス;《特に》発疹(はっしん)チフス (=*typhus* exanthématique).
***typique** /tipik ティピック/ 形 ❶ 典型的な, 代表的な. ▶ C'est un cas *typique*. これは典型的なケースだ / un exemple *typique* 代表的な例. ◆ *typique de qc/qn* …の典型である, の特徴をよく示す. ▶ climat *typique* de la Méditerranée 地中海特有の気候.
❷〖音楽〗musique *typique* ラテン音楽.
typiquement /tipikmɑ̃/ 副 典型的に.
typo /tipo/ 囡 (typographie の略)活版印刷術.
— 名〔男女同形〕(typographe の略)植字工.
typo- 接頭 ❶「印刷」の意. ❷「型, 類型」の意.
typographe /tipɔgraf/ 名 植字工.
typographie /tipɔgrafi/ 囡 ❶ 活版印刷術. ❷ 植字, 組み版.
typographique /tipɔgrafik/ 形 ❶ 活版印刷の; 印刷上の. ▶ caractères *typographiques* 活字. ❷ 植字工の, 印刷工の.
typologie /tipɔlɔʒi/ 囡 類型学, 類型論. ▶ *typologie* des langues 言語類型論.
typologique /tipɔlɔʒik/ 形 類型学〔論〕の.
tyran /tirɑ̃/ 男 ❶ 専制君主, 暴君, 圧制者. ❷ 暴君的な人, 横暴な人. ▶ C'est un vrai *tyran*. あいつはまったく横暴だ. ❸〖鳥類〗タイランチョウ.
tyrannie /tirani/ 囡 ❶ 専制政治, 暴政, 圧政. ▶ lutter contre la *tyrannie* 暴政と戦う. ❷ 文章 横暴, 専横. ▶ se libérer de la *tyrannie* d'un mari 夫の横暴から逃れる. ❸ 強い圧力. ▶ la *tyrannie* des passions 情念の抗しがたい力.
tyrannique /tiranik/ 形 ❶ 専制政治の, 暴君的な. ▶ un chef d'Etat *tyrannique* 専制的国家元首 / régime *tyrannique* 専制的体制. ❷ 横暴な, 専横な. ▶ un père *tyrannique* 専横な父親. ❸ 文章 抗しがたい, 圧制的な. ▶ La mode, l'opinion sont *tyranniques*. 流行や世論には逆らえないものがある.
tyranniser /tiranize/ 他動 ❶ …に暴政を行う. ❷ …に横暴に[圧制的に]振る舞う; を虐げる. ▶ un père qui *tyrannise* ses enfants 子供を虐げる父親. ❸〔物が〕…に抗しがたい力を振るう. ▶ une mode qui *tyrannise* les gens 一世を風靡(ふうび)する流行.
Tyrol /tirɔl/ 固有 男 チロル: アルプス山脈東部の山岳地帯.
tyrolien, enne /tirɔljɛ̃, ɛn/ 形 チロル Tyrol の. ▶ chapeau *tyrolien* チロリアンハット.
— **Tyrolien, enne** 名 チロルの人.
— **tyrolienne** 囡〖音楽〗ヨーデル.
tzar /dzaːr, tsaːr/ 男 ⇨ TSAR.
tzigane /dzigan/, **tsigane** /tsigan/ 名 ジプシー, ロマ;《*Tziganes*》ジプシー民族.
— 形 ジプシーの. ▶ musique *tzigane* ジプシー音楽.
— 男 ジプシー語, ロマニー語.

U, u

U, u /y/ 男 ❶ フランス字母の第21字. ❷ U 字形（のもの）. ▶ cylindre en *U*　U 型シリンダー.

ubiquité /ybikɥite/ 女 同時に何か所にも現れうること; 遍在性. ▶ Il a le don d'*ubiquité*. 彼はどこにでも姿を現す.

ubuesque /ybyɛsk/ 形 (ジャリの喜劇の強欲な主人公)ユビュ王のような, 異様に滑稽(ぶ)な, 不条理極まる.

UDF 女《略語》Union pour la démocratie française フランス民主連合.

ufologie /yfɔlɔʒi/ 女 UFO 研究.

ukase /ykaːz/ 男 ❶ (帝政ロシアの)勅令. ❷ 専制的な決定; 至上命令.

Ukraine /ykrɛn/ 固有 女 ウクライナ共和国: 旧ソ連に属していた共和国.

ukrainien, enne /ykrɛnjɛ̃, ɛn/ 形 ウクライナ Ukraine 共和国の.
— **Ukrainien, enne** 名 ウクライナ人.

ulcération /ylserasjɔ̃/ 女《医学》潰瘍(ﾛ)形成; 潰瘍. ▶ *ulcérations* cancéreuses 癌(ﾝ)性潰瘍.

ulcère /ylsɛːr/ 男《医学》潰瘍(ﾛ). ▶ *ulcère* à [de] l'estomac 胃潰瘍.

ulcéré, e /ylsere/ 形 ❶ 深く傷ついた; 激しい恨みを抱いた. ❷《医学》潰瘍(ﾛ)にかかった.

ulcérer /ylsere/ ⑥ 他動 ❶ …を(精神的に)深く傷つける; に激しい恨みを抱かせる. ▶ Ce manque de confiance l'*a* profondément *ulcéré*. これほど信頼されていないことで彼はひどく傷ついた. ❷《医学》(器官)に潰瘍(ﾛ)を生じさせる.

ulcéreux, euse /ylserø, øːz/ 形《医学》潰瘍(ﾛ)の; 潰瘍にかかった.

ultérieur, e /ylterjœːr/ 形 後(ﾎ)の, その後の, 将来の. ▶ les générations *ultérieures* 後世 / La séance est reportée à une date *ultérieure*. 会議は後日に延期となった.

ultérieurement /ylterjœrmɑ̃/ 副 あとで, 後日, 追って.

ultimatum /yltimatɔm/ 男 ❶ 最後通牒(ﾁ). ▶ lancer [adresser, envoyer] un *ultimatum* 最後通牒を送る. ❷ 最終的［絶対的］要請.

ultime /yltim/ 形 (多く名詞の前で)最後の, 最終的な. ▶ une *ultime* tentative de solution pacifique 平和的解決を目指す最後の試み.

ultra /yltra/ 名, 形《男女同形》極右反動家(の).

ultra- 接頭「極端な, 超…, ウルトラ…」の意.

ultracourt, ourte /yltrakuːr, urt/ 形 ❶ 超短波の. ❷ 非常に短い. ▶ jupe *ultracourte* 超ミニのスカート.

ultramoderne /yltramɔdɛrn/ 形 超近代的な, 超現代的な, 最先端の.

ultramontain, aine /yltramɔ̃tɛ̃, ɛn/ 形 ❶《カトリック》教皇権至上主義者の. ❷《古文章》山のかなたの, アルプスのかなたの; (フランスから見て)アルプスの向こうに住む.
— 名《カトリック》教皇権至上主義者.

ultrasensible /yltrasɑ̃sibl/ 形 超高感度の; 過敏な. ▶ pellicule *ultrasensible* 超高感度フィルム.

ultrason /yltrasɔ̃/ 男 超音波.

ultraviolet, ette /yltravjɔlɛ, ɛt/ 形 紫外（線）の. ▶ rayons *ultraviolets* 紫外線.
— **ultraviolet** 男 紫外線(略 U.V.).

ululement /ylylmɑ̃/ 女 (ミミズクなどの)鳴き声.

ululer /ylyle/ 自動 (ミミズクなどが)鳴く.

Ulysse /ylis/ 固有 男《ギリシア神話》オデュッセウス, ユリシーズ: トロイア戦争時のギリシアの英雄.

UMP 女《略語》Union pour un mouvement populaire 国民運動連合(フランスの保守政党).

:un, une /œ̃, yn アン, ユヌ/;《複》**des** /de デ/
(un と des は, 母音または無音の h の前でリエゾンする. その際 un は鼻母音を保つ(例: un ami /œ̃nami/, des amis /dezami/))

— 不定冠詞《普通名詞の前で》ある, 1つの, 1人の.
《固有名詞の前で》…のような人; …家の一員.
— 形《数》(単位として) 1の.
— 代《不定》〈(l')*un*(e) de + 複数名詞〉…の一人［一つ］.

不定冠詞 語法 ⇨ ARTICLE. ❶《普通名詞の前で》❶ ある, 1つの, 1人の. ▶ C'est *un* livre. これは(1冊の)本です / Il a *une* voiture. 彼は車を(1台)持っています / *un* jour ある日 / Viens chez moi *un* dimanche. いつか日曜日に[日曜ならどの日でもいいから]家においでな.
注 (1) 職業, 身分, 国籍などを表わす属詞名詞には普通, 冠詞をつけない(例: Il est médecin. 彼は医者だ. ただし ce が主語のときは冠詞をつける(例: C'est *un* médecin. あの人は医者だ). また属詞の名詞が形容詞などで限定を受けるときも冠詞をつける(例: Il est *un* excellent médecin. 彼は優れた医者だ).
(2) 否定文中の動詞の直接目的語につく不定冠詞は de に変わる(例: Il n'a pas de voiture. 彼は車を持っていない). un のままは否定の強調で「1つ［1人］の…もない」の意味(⇨ 成句 pas un).
❷ …の**一種類**. ▶ roche qui contient *un* métal (ある種の)金属を含む岩石 / Le Chablis est *un* vin blanc sec. シャブリは辛口の白ワインだ.
❸《総称》…というものはどれ[だれ]も. ▶ *Une* définition doit être aussi simple que possible. 定義というものはできるだけ簡単であるべきだ.

❹《形容詞などとともに，様態の一種類を表わす》▶ *un* soleil éblouissant まばゆい太陽（⇔le soleil 太陽）/ Il a *une* forte personnalité. 彼は強烈な個性がある（注 Il a de la personnalité. 彼は個性がある）/ avec *une* extrême prudence 極めて慎重に / avec prudence 慎重に).

❺《感嘆, 強調》たいへんな; 真の. ▶ Il y a *une* foule! たいへんな人出だ / Celui-là, c'est *un* homme. やつこそ本物の男だ. ◆d'*un*(*e*) + 名詞 まさに…の. ▶ Cet enfant est d'*une* gentillesse! あの子は実に優しい / La robe est d'*un* réussi. そのドレスはすばらしい.

❷《固有名詞の前で》❶《称賛・軽蔑を込めた一般化》…のような人; かの…; …のやつ. ▶ Ce n'est pas facile de décrire *un* Malraux. マルローともあろう人の人間像を描くのは難しい / Je ne verrai plus *un* Leroux! ルルーのようなやつとは二度と会うものか.

❷《未知の人物を示す》…とかいう名の人. ▶ *Un* monsieur Dupont a téléphoné. デュポンさんとおっしゃる方から電話がありました.

❸《形容詞または関係詞節とともに, 一側面, 様態を示す》▶ C'est *un* Paris qu'ignorent les touristes. それは観光客が知らないパリである.

❹《比較》…のような人. ▶ C'est *un* Machiavel. あいつはマキャベリのような男［策謀家］だ.

❺《姓とともに》…家の一員. ▶ Ma femme est *une* Dupré. 私の妻はデュブレ家の出である.

❻《作品, 製品》▶ *un* Manet 1枚のマネの絵（=un tableau de Manet）/ *une* Renault 1台のルノー（=une voiture de Renault）. 注 不定冠詞は省略された名詞の性に一致する.

— *un, *une* 形《数》《単数形のみ》❶《名詞の前で》1つの. ▶ *un* mètre de long 長さ1メートル / *une* seule fois 1度だけ / des enfants de *un* à douze ans 1歳から12歳までの子供たち（注 数を強調する場合は前の語はエリジョンしない）/ *Un* café, s'il vous plaît. コーヒー1杯お願いします.

❷《おもに名詞のあとで序数詞として》第1の, 1番目の. ▶ leçon *un* 第1課 / page *un* 第1ページ. 注（1）普通，男性形を用いるが，ときに page une ともいう.（2）君主などの「1世」には必ず premier を用いる.

❸ 少しの, わずかな. ▶ en *un* instant 一瞬にして / dire *un* mot ひとこと言う.

❹《名詞のあと, または不定詞として》唯一の, 不可分の, 一体の. ▶ la République *une* et indivisible 唯一にして不可分の共和国（1793年のフランス共和国の呼称）.

— **un** 男《単数形のみ》（un の前ではエリジョン, リエゾンしない）❶（数, 数字の）1. ▶ *Un* et *un* font deux. 1足す1は2.

❷（le un）❶第1号;（芝居の）第1幕. ▶ Il habite au *un* de la rue Monge. 彼はモンジュ街1番地に住んでいる.

❸（さいころの）1つ目. 注 日付の「1日（ついたち）」には必ず premier を用いる.

— **une** 女《単数形のみ》（une の前ではエリジョン, リエゾンしない）❶（la une）(新聞の) 第1面;（テレビの）1チャンネル. ▶ Cet événement a fait la *une* du Monde. その事件は「ル・モンド」紙の第1面に出た.

❷ 1時; 1分.

— ***un, une** ;《複》**uns, unes** 代《不定》❶

❶〈(l') *un*(*e*) de + 複数名詞〉…の一人［一つ］. ▶ Je vous enverrai *un* de mes ouvriers. 私のところの工員の一人をお宅へやりましょう / L'*une* d'elles viendra. 彼女たちのうちの一人が来るだろう / Venise est *une* des plus belles villes du monde. ベネチアは世界で最も美しい都市の一つだ.

❷《多く関係詞節を伴って》（ある）人. ▶ *Une* qui était contente, c'était la petite. 喜んだのはおちびちゃんだった.

❷〈**l'un**(*e*) ... l'autre ... // les un(*e*)s ... les autres ...〉❶ 一方の人［もの］は…他方の人［もの］は…（⇨ AUTRE). ▶ L'*un* est riche, l'autre est pauvre.（2人のうち）1人は裕福で, もう1人は貧しい / l'*un* et l'autre 両方［2人］とも / l'*un* ou l'autre（2つ［2人］のうち）いずれか.

❷ 互いに［を］(⇨ AUTRE). ▶ Ils se sont dénoncés l'*un* l'autre. 彼らは互いに相手を告発し合った / Elles se sont dit bonjour l'*une* à l'autre. 彼女たちは互いにこんにちはと挨拶（あいさつ）を交わした.

A la une, à la deux, à la trois! 孟 いち, に, さん！（号令）.

C'est tout un. 同じことだ; たいしたことではない.

comme pas un. だれにもまして; だれよりもうまく. ▶ Il est paresseux *comme pas un*. 彼以上の怠け者はいない.

ne faire ni une ni deux 孟 ためらわない.

ne faire qu'un (*avec qn/qc*)（…と）一体である. ▶ Lui et son frère *ne font qu'un*. 彼と兄［弟］は一心同体である.

pas un**(*e*) 1人［1つ］として…ない. ▶ *Pas un* ne l'a applaudi. だれも彼に拍手を送らなかった / Il y a vingt pommes. *Pas une* de bonne! リンゴが20個あるが, 1個もいいのがない. ◆pas un***(*e*) + 名詞 1つ［1人］の…もない. ▶ Il n'y a *pas un* survivant. たった1人の生存者もいない.

plus d'un(*e*) 一人ならずの, かなりの人. 注 主語になると動詞は単数形. ▶ Cela a découragé *plus d'un*. それには一人ならずが落胆した. ◆ ***plus d'un***(*e*) + 名詞 一つ［一人］ならぬ…, かなりの…. ▶ *Plus d'une* écolière était contente. 喜んだ女生徒は1人や2人ではなかった.

sans un. 俗 一文無しで.

un(*e*) *à* [*par*] *un*(*e*)（順に）1つずつ, 1人ずつ. ▶ entrer *un à un* 1人ずつ入る.

un à zéro 孟（会話で相手から1本取ったときに）1対ゼロ！

un(*e*) *de ces* + 複数名詞（1）これらの…のうちの一つ. ▶ *un de ces* jours 近いうちに.（2）孟 すごい…, ひどい…. ▶ J'ai *une de ces* faims! ひどく腹が減った.

Une, deux! Une, deux!《号令で》いちに, いちに.

unanime /ynanim/ 形 ❶《多く複数で》〈人が〉全員同意見の. ▶ Les témoins sont *unanimes* sur ce point. 証人はこの点では全員一致している. ◆*unanime*(*s*) à [pour] + 不定詞 全員一致で…

unanimement

する. ▶ Le jury a été *unanime* à condamner l'accusé à un an de prison. 陪審員は被告に懲役1年の刑を宣告することで全員一致した. ❷〔意見, 票決などが〕全員一致の;〔行為が〕一斉の. ▶ une décision *unanime* 満場一致の決定 / rire *unanime* 満場の笑い.

unanimement /ynanimɑ̃/ 副 満場一致で; 全員そろって.

unanimisme /ynanimism/ 男《文学》ユナニミスム, 一体主義: 人間相互の結び付きから生まれる集団の一体的精神を表現しようとする文学理論. ジュール・ロマンによって提唱された.

unanimité /ynanimite/ 女 ❶ 全員〔満場〕一致. ▶ obtenir l'*unanimité* des suffrages 満票を獲得する. ❷（感情, 行動などの）一体性, 一体感.

à l'unanimité (de qn)（…の）満場一致で, 全員一致で. ▶ Ce projet de réforme a été adopté *à l'unanimité*. その改革案は満場一致で採択された.

underground /œndœrgraund; œdergr(a)und/《英語》形《不変》アングラの. ▶ presse [film] *underground* アングラ出版［映画］.
— 男《単複同形》アングラ（芸術）.

UNEF /ynef/ 女《略語》Union nationale des étudiants de France 全フランス学生連合, フランス全学連.

UNESCO /ynesko/ 女《略語》《英語》United Nations Educational, Scientific and Cultural Organization ユネスコ, 国連教育科学文化機関.

uni, unie /yni/ 形（unir の過去分詞）❶ 互いに結ばれた, 一つに結ばれた; 仲のよい. ▶ des cœurs *unis* par l'affection 愛情で結ばれた心 / une famille *unie* 仲むつまじい家族 / Organisation des Nations *Unies* 国際連合, 国連（略 ONU）.
◆ *uni* à [avec] qc …と結ばれた. ▶ courage *uni* à la persévérance 粘り強さを伴った勇気. ❷（各要素が）統一された, 統一をなす. ▶ présenter [opposer] un front *uni* 統一戦線を張る. ❸（表面が）滑らかな, 平坦な. ▶ un terrain *uni* 平らな土地. ❹ 単色の, 無地の. ▶ couleur *unie* 単色 / une cravate *unie* 無地のネクタイ. ❺ 文章 単調な, 平穏な. ▶ mener une vie tout *unie* 平々とした人生を送る.

unis comme les deux doigts de la main（2本の指のようにくっついた →）とても仲がよい.
— **uni** 男 無地の布地［生地］. ▶ Il ne porte que de l'*uni*. 彼は無地しか着ない.

uni- 接頭「単一の」の意.

UNICEF /ynisef/ 男《略語》《英語》United Nations International Children's Emergency Fund ユニセフ, 国連児童基金.

unicité /ynisite/ 女 単一性, 唯一性.

unicorne /ynikɔrn/ 形《動物学》角（つの）が1つの, 一角の.

unidimensionnel, le /ynidimɑ̃sjɔnɛl/ 形 1次元の.

unidirectionnel, le /ynidirɛksjɔnɛl/ 形 一方向の, 単一方向の.

unième /ynjɛm/ 形《10位, 100位などの数とともに複合数詞として》1番目の. ▶ cent *unième* /sɑ̃ynjɛm/ 101番目の.

unièmement /ynjɛmmɑ̃/ 副《10位, 100位などの数とともに複合数詞として》1番目に. ▶ vingt et *unièmement* /vɛ̃tynjɛmmɑ̃/ 21番目に.

unificateur, trice /ynifikatœːr, tris/ 形 統一［統合］する.

unification /ynifikasjɔ̃/ 女 統一, 統合.

unifié, e /ynifje/ 形 統一［統合］された.

unifier /ynifje/ 他動 …を統一［統合］する, 一体化［単一化］する. ▶ *unifier* un pays 国を統一する / *unifier* des programmes scolaires 学校教育のカリキュラムを一本化する.
— **s'unifier** 代動 統一［統合］される; 一体となる, 団結する.

*****uniforme** /ynifɔrm/ ユニフォルム/ 形 ❶ 皆同じような, 同形の. ▶ des maisons *uniformes* de la banlieue 同じ形をした郊外の家々. ❷ 一様な, 一定の; 規則正しい. ▶ une couleur *uniforme* むらのない色, 単一色 / un pouls *uniforme* 規則正しい脈拍 / Le train roule à une vitesse *uniforme*. 列車は一定の速度で走っている.
❸ 変化に乏しい, 単調な. ▶ un style *uniforme* 平板な文体 / mener une vie *uniforme* 単調な生活を送る.
— 男 ❶ 制服, ユニフォーム. ❷ 軍服. ▶ en *uniforme* 軍服で（↔ en civil）/ endosser [quitter] l'*uniforme* 軍務に就く［を辞す］/ le prestige de l'*uniforme* 軍隊の威光.

uniformément /ynifɔrmemɑ̃/ 副 ❶ 皆同じように, 画一的に; 一様に; 一定して. ▶ Ils sont vêtus *uniformément*. 彼らは皆同じような服装をしている. ❷ 変化に乏しく, 単調に. ▶ Le temps s'écoule *uniformément*. 時が事もなく流れてゆく.

uniformisation /ynifɔrmizasjɔ̃/ 女 画一化, 規格化.

uniformiser /ynifɔrmize/ 他動 …を一様［一律］にする; 画一化する. ▶ *uniformiser* les types de production 製品の規格を統一する.

uniformité /ynifɔrmite/ 女 ❶ 画一性, 類似性; 一様性; 一定性. ▶ *uniformité* des costumes 服装の画一性 / *uniformité* d'un mouvement 運動の等速性. ❷ 変化の乏しさ, 単調さ. ▶ l'*uniformité* de la vie quotidienne 日常生活の単調さ.

unilatéral, ale /ynilateral/;《男複》**aux** /o/ 形 ❶ 片側だけの. ▶ stationnement *unilatéral* 片側駐車. ❷ 一方的な; 偏った. ▶ décision *unilatérale* 一方的決定 / contrat [engagement] *unilatéral*《法律》（相手を拘束しない）片務契約.

unilatéralement /ynilateralmɑ̃/ 副 一方的に. ▶ décider qc *unilatéralement* 一方的に…を決定する.

unilatéralisme /ynilateralism/ 男 一国中心主義. ▶ Le premier ministre français a critiqué l'*unilatéralisme* américain. フランス首相はアメリカの一国中心主義を批判した.

unilingue /ynilɛ̃ːg/ 形 単一言語の; 単一言語を使用する（= monolingue）.

uniment /ynimɑ̃/ 副 文章 ❶ 規則正しく; 一様に, むらなく. ❷ *tout uniment* 率直に, ありのまま

に. ▶ dire tout *uniment* son avis 自分の意見を率直に述べる.

*union /ynjɔ̃ ユニョン/ 囡 ❶ 結び付き, つながり, 結合関係. ▶ *union* étroite 緊密な結び付き / *union* des couleurs 色の結合 / *union* mystique （魂の）神との一致 / *union* des efforts 努力の結集.

❷ 団結,（一致）協力；協調. ▶ resserrer l'*union* entre des ouvriers 労働者の団結を強化する / vivre en *union* avec qn …と協調して[仲よく]暮らす / *union* des forces de gauche 左翼の協調.

❸ 組合, 同盟, 連合；連邦. ▶ *union* des consommateurs 消費者組合[団体] / *union* de syndicats 労働組合連合 / Union européenne 欧州連合, EU / Union économique et monétaire 欧州経済通貨同盟 / Union africaine アフリカ同盟 / *union* douanière 関税同盟：相互に関税を廃止した国家群.

❹ 結婚（=*union* conjugale）. ▶ *union* libre 内縁関係, 同棲（どうせい）.

❺ trait d'*union* トレデュニオン, ハイフン.

L'union fait la force. 諺 団結は力なり.

unioniste /ynjɔnist/ 形 ❶（連合国家の統一を目標とする）統一主義の. ❷ Eclaireurs *unionistes* （プロテスタント系の）ボーイスカウト.

— 名 統一主義者.

*unique /ynik ユニク/ 形 ❶（ときに名詞の前で）唯一の. ▶ enfant *unique* 一人っ子 / fils [fille] *unique* 一人息子[娘] / son *unique* fils 彼（女）のたった一人の息子（注 名詞の前に置くと意味が強くなる）/ un chemin de fer à voie *unique* 単線の鉄道 / régime de parti *unique* 一党独裁体制 / C'est son *unique* souci. それが彼（女）の唯一の気がかりだ / cas *unique* 特異なケース. このCette rue est à sens unique. この通りは一方通行だ / cas *unique* 特異なケース.

❷ 統一的な. ▶ la solution *unique* à tous ces problèmes これらすべての問題に対する統一的解決策 / magasin à prix *unique* 均一価格の店 / monnaie *unique* 単一通貨 / marché *unique* 統一市場.

❸ 独自の, 特異な；卓越した, 比類のない. ▶ une œuvre *unique* 異色の作品 / un talent *unique* 傑出した才能 / destin *unique* 数奇な運命 / occasion *unique* またとない機会 / pièce *unique* 一点物.

❹ 話 奇妙な, 風変わりな. ▶ un type *unique* 風変わりな奴.

seul et unique ただ一つの.

*uniquement /ynikmɑ̃ ユニクマン/ 副 ただ, 単に, もっぱら, ひたすら. ▶ Il désire *uniquement* réussir. 彼はひたすら成功することだけを望んでいる / Pas *uniquement*. それだけではない.

*unir /yniːr ユニール/ 他動

| 直説法現在 j'unis | nous unissons |
| 複合過去 j'ai uni | 単純未来 j'unirai |

❶ …を結び付ける；一つにする；併せ持つ. ▶ Un vif sentiment les *unit*. 強い友情の絆（きずな）で彼らは結ばれている / *Unissons* nos forces 力を合わせよう. ◆ *unir* A à [et] B A を B に[と]結び付ける, A と B を一つにする. ▶ Cette ligne aérienne *unit* directement l'Europe à [et] l'Asie. この航空路はヨーロッパとアジアを直結している.

❷ …を団結させる, 同盟させる. ▶ *unir* deux pays 2 国を同盟させる.

❸ …を結婚させる. ▶ Un prêtre les *a unis*. 司祭が二人を結婚させた.

— **s'unir** 代動 ❶ 結び付く；一つになる. ▶ Ces deux fleuves *s'unissent* près de la mer. この 2 つの川は海の近くで合流する / Chez lui, la force *s'unit* à la douceur. 彼の中では強さと優しさが同居している.

❷ 団結する；連携する. ▶ *s'unir* pour atteindre un but 目的達成のために一致団結する / Prolétaires de tous les pays, *unissez-vous!* 万国の労働者よ, 団結せよ.

❸ 結婚する.

unisexe /yniseks/ 形〔服装, 髪形などが〕男女共用の, ユニセックスの.

unisson /ynisɔ̃/ 男〔音楽〕ユニゾン, 斉唱[奏].

à l'unisson (1) ユニゾンで. ▶ chanter [jouer] *à l'unisson* 斉唱[斉奏]する. (2) そろって, 一致して, 調和して. ▶ applaudir *à l'unisson* 一斉に拍手する / se mettre *à l'unisson* de qn …と同調する.

unitaire /yniteːr/ 形 ❶（特に政治上の）統一を目指す, 統一的な. ▶ politique *unitaire* 統合政策 / mouvement *unitaire* 統一運動.

❷ 単一物の, 単位の. ▶ prix *unitaire* 単価.

❸〔数学〕vecteur *unitaire* 単位ベクトル.

❹〔物理〕théorie du champ *unitaire* 統一場理論.

*unité /ynite ユニテ/ 囡 ❶ 単一性, 統一（性）, 一体性；調和, まとまり. ▶ l'*unité* et la pluralité 単一性と複数性 / *unité* de vues 見解の一致 / *unité* d'action（諸政党, 組合間の）統一行動原則 / *unité* dans la conduite 行動における一貫性 / une œuvre qui manque d'*unité* まとまりを欠く作品.

❷ 単位；《複数で》1 の位. ▶ Le mètre est l'*unité* de longueur. メートルは長さの単位である / l'*unité* monétaire 貨幣単位 / Le département est une *unité* administrative. 県は行政上の一単位である / *unité* de valeur（大学の）履修単位（略 UV）/ le chiffre des *unités* 1 の位の数.

❸（製品の）1 個；単品. ▶ prix à l'*unité* 単価 / vendre des billets à l'*unité* 切符をばら売りする.

❹〔軍事〕（兵站（へいたん）補給などの）単位, 部隊. ▶ grande *unité*（旅団以上の）大部隊.

❺ 設備；装置. ▶ les *unités* de production d'une usine 工場の生産部門設備.

❻〔情報〕*unité* centrale 中央処理装置.

❼〔演劇〕règle des trois *unités* 三単一の法則：フランスの古典劇で24時間以内に単一の場所で単一の筋を進行させなければならないという作劇上の原則.

univalve /ynivalv/ 形 単弁の, 単殻の.

univers

＊univers /univɛːr ユニヴェール/ 男 ❶《しばしば Univers》宇宙. ▶ les lois de l'*univers* 宇宙の法則 / l'auteur de l'*univers* 創造主, 神. ❷ 全世界, 全世界の人々. ▶ L'*univers* tout entier ne parle que de lui. 全世界が彼の話で持ちきりである. ❸ (心の) 世界; 領域, 活動の場. ▶ l'*univers* esthétique contemporain 現代美学の領域 / l'*univers* du rêve 夢の世界 / l'*univers* mathématique 数学の体系.

universalisation /ynivɛrsalizɑsjɔ̃/ 女 普及; 普遍化.

universaliser /ynivɛrsalize/ 他動 …を広く普及させる; を普遍化する. ▶ *universaliser* une idée ある思想を普及させる.
— **s'universaliser** 代動 普及する, 広まる; 一般化する.

universalité /ynivɛrsalite/ 女 ❶ 普遍性, 一般性. ▶ l'*universalité* d'une notion ある概念の普遍性. ❷ 文章 (知識, 能力の) 広範性, 多方面性.

universaux /ynivɛrso/ 男複 ❶《哲学》普遍概念. ❷《言語》普遍事象.

＊universel, le /ynivɛrsɛl ユニヴェルセル/ 形 ❶ 普遍的な, 一般的な; 万人の. ▶ valeur *universelle* 普遍的価値 / La langue du musicien est *universelle*. 音楽は万人の共通語だ / suffrage *universel* 普通選挙. ❷ (全) 世界の. ▶ paix *universelle* 世界平和 / histoire *universelle* 世界史 / exposition *universelle* 万国博覧会. ❸ 宇宙の. ▶ gravitation *universelle* 万有引力. ❹ あらゆる領域に通暁している. ▶ homme [esprit] *universel* 万能の人. ❺ なんにでも適用しうる, 万能の, 自在の. ▶ remède *universel* 万能薬 / clef *universelle* 自在スパナ. ❻《法律》包括の. ▶ communauté *universelle* 包括共通財産制. ❼《論理学》《哲学》全称の. ▶ proposition *universelle* 全称命題.
— **universel** 男 普遍. ▶ le particulier et l'*universel* 特殊と普遍.

universellement /ynivɛrsɛlmɑ̃/ 副 (全) 世界的に, 広く多くの人により; 普遍的に. ▶ un écrivain *universellement* connu 世界的に有名な作家.

universitaire /ynivɛrsitɛːr/ 形 大学の; 大学教育の, 大学生の, 大学教員の. ▶ cité *universitaire* 大学都市(学生寄宿舎の集まっている地区) / restaurant *universitaire* 学生食堂(注 話し言葉では resto U と略す).
— 名 大学教員.

＊université /ynivɛrsite ユニヴェルスィテ/ 女 (総合) 大学. ▶ *Université* Keio 慶応大学 / *Université* de Kyoto 京都大学 / un étudiant à l'*Université* de Grenoble グルノーブル大学の学生 / entrer à l'*université* 大学に入学する / faire ses études à l'*Université* de Lille リール大学で学ぶ / *université* populaire 市民大学; 公開講座.

univocité /ynivɔsite/ 女 (語などの) 一義性.

univoque /ynivɔk/ 形 [語, 命題などが] 一義の, 常に同じ意味を持つ (↔équivoque).

uppercut /ypɛrkyt/ 男《英語》《ボクシング》アッパーカット.

uranisme /yranism/ 男 (男性の) 同性愛.

uranium /yranjɔm/ 男《化学》ウラン.

Uranus /yranys/ 固有 男《天文》天王星.

urbain, aine /yrbɛ̃, ɛn/ 形 ❶ 都市の, 都会の (↔rural). ▶ transports *urbains* 都市交通 (機関) / concentration *urbaine* des populations 人口の都市集中化. ❷ 文章 洗練された, 垢(あか)抜けた.

urbanisation /yrbanizɑsjɔ̃/ 女 都市化, 都市開発; (人口の) 都市集中化.

urbanisé, e /yrbanize/ 形 都市化された, 市街化された, 都市開発された.

urbaniser /yrbanize/ 他動〔ある地域を〕都市化する, 市街化する; の都市開発をする.
— **s'urbaniser** 代動 都市化する; 都市開発が進む.

urbanisme /yrbanism/ 男 都市計画.

urbaniste /yrbanist/ 名 都市計画家. ▶《同格的に》un architecte *urbaniste* 都市計画建築家. — 形 都市計画の.

urbanité /yrbanite/ 女 ❶ (都会的な) 洗練された礼節, 優雅さ; 礼儀正しさ. ❷ 都会風.

urbi et orbi /yrbietɔrbi/ 副句《ラテン語》❶ 都 (ローマ) と世界に. 注 教皇が全カトリック信者に呼びかける際の言葉. ❷ どこでも, 万人に.

urée /yre/ 女《化学》尿素.

urémie /yremi/ 女 尿毒症.

urémique /yremik/ 形 尿毒症の.
— 名 尿毒症患者.

uretère /yrtɛːr/ 男《解剖》尿管.

urètre /yrɛtr/ 男《解剖》尿道.

urgence /yrʒɑ̃s/ 女 ❶ 緊急, 切迫. ▶ l'*urgence* d'une décision 至急の決断の必要. ❷ 急患. ▶ services des *urgences* (病院の) 急患[救急] 部門.
de toute urgence 大至急, 大急ぎで.
d'urgence (1) 緊急の. ▶ mesures *d'urgence* 応急措置 / état *d'urgence*《法律》緊急[非常] 事態 / aide *d'urgence* 緊急援助 / en cas *d'urgence* 緊急の場合には. (2) 早急に, 即刻. ▶ résoudre *d'urgence* un problème 問題を早急に解決する.
Il y a urgence. 事態は切迫している.

urgent, ente /yrʒɑ̃, ɑ̃ːt/ 形 緊急の, 切迫した, 急を要する. ▶ en cas *urgent* 緊急の場合には / prendre des mesures *urgentes* 応急措置を講ずる / Il est *urgent* d'appeler le médecin. 至急医者を呼ばなければならない.

urgentiste /yrʒɑ̃tist/ 名 緊急医.

urger /yrʒe/ 自動《3人称単数のみ》俗 急を要する. ▶ Dépêche-toi, ça *urge* ! 急ぎなさい, 事は急を要する.

urinaire /yrinɛːr/ 形《医学》尿の. ▶ appareil *urinaire* 泌尿器.

urinal /yrinal/; 《複》*aux* /o/ 男 尿器, 溲瓶

urine /yrin/ 囡 尿, 小便. ▶ analyse d'*urines* 尿分析 / évacuer l'*urine* 排尿する.

uriner /yrine/ 自動 排尿する, 小便をする (=俗 pisser). 囲 おもに医学用語として用いられる. ▶ envie [besoin] d'*uriner* 尿意.

urinoir /yrinwa:r/ 男 男子用公衆便所.

urique /yrik/ 形 ❶『化学』acide *urique* 尿酸. ❷『医学』calcul *urique* 尿酸結石.

urne /yrn/ 囡 ❶ 投票箱 (=*urne* électorale). ▶ aller [se rendre] aux *urnes* 投票に行く. ❷ 骨壺(ごつぼ)(=*urne* funéraire [cinéraire]). ❸ (古代の)水瓶(みずがめ), 壺.
bourrer les urnes 投票開始前に, 投票用紙を不正に投票箱に入れる.

uro- 接頭「尿」の意.

urologie /yrɔlɔʒi/ 囡 泌尿器科学.

urologue /yrɔlɔg/ 名 泌尿器科医.

URSS /yɛrɛsɛs/ 固有 囡『略語』ソビエト社会主義共和国連邦, ソ連: Union des républiques socialistes soviétiques の略. CEI (独立国家共同体)の旧称. ▶ en *URSS* ソ連に [で, へ].

urticaire /yrtikɛr/ 囡 ❶『医学』蕁麻疹(じんましん). ▶ donner de l'*urticaire* à qn …にじんましんを起こさせる, いらだたせる. ❷ 蕁麻疹体質.

urticant, ante /yrtikā, ā:t/ 形 ちくちく刺す, 発疹させる.

Uruguay /yrygɥɛ/ 固有 男 ウルグアイ: 首都 Montevideo. ▶ en *Uruguay* ウルグアイに [で, へ].

uruguayen, enne /yrygɥɛjɛ̃, ɛn/ 形 ウルグアイ Uruguay の.
— **Uruguayen, enne** 名 ウルグアイ人.

*****usage** /yza:ʒ/ ユザージュ 男 ❶ 使用, 利用, 行使. ▶ l'*usage* d'un outil 道具の使用 / l'*usage* de son influence 影響力の行使 / un livre corné par l'*usage* 使い込んで隅々が擦り切れた本 / garder qc pour son *usage* personnel …を自分用に取っておく.
❷ 用途, 使用法. ▶ le bon *usage* de l'argent 金の有効な使いみち / servir à divers *usages* いろいろな用途に使われる / Quel est l'*usage* de cette machine? この機械はなんの役に立つのですか.
❸ (酒やたばこの)飲用, 服用. ▶ *usage* immodéré de l'alcool 過度の飲酒.
❹ 慣例, 習慣, しきたり. ▶ C'est l'*usage*. それが習慣である / aller contre l'*usage* établi 既成の慣習に逆行する / entrer dans l'*usage* courant 慣例になる. 比較 ⇨ HABITUDE.
❺ 作法, 礼儀;〖複数で〗正しい作法. ▶ avoir l'*usage* du monde 文章 作法を心得ている / être conforme [contraire] aux *usages* 正統な作法にかなっている [反している].
❻ (言語の)使用, 用法;『言語』慣用. ▶ l'*usage* oral [écrit] 話し言葉[文章語]としての使用 / l'*usage* correct d'un mot 言葉の正しい使い方 / le bon *usage* 良い慣用, 正しい言葉の使い方.
❼ (器官の)機能. ▶ l'*usage* des sens 感覚機能 / perdre l'*usage* de la parole 口が利けなくなる.
❽『法律』使用権 (=droit d'usage).
à l'usage 使用により, 使っているうちに. ▶ Son français s'améliorera *à l'usage*. 彼(女)のフランス語は使っていれば進歩するだろう.
à l'usage de qc/qn = *à l'usage* + 形容詞 …が使用するための, …用に. ▶ des documents *à l'usage des étudiants* 学生用の資料 / *à son usage personnel* 自分専用の [に].
à usage「de + 無冠詞名詞[形容詞]」…用の. ▶ immeubles *à usage de bureaux* 事務所用ビル / établissement *à usage militaire* 軍事用施設 / médicament *à usage externe* [*interne*] 外用薬 [内用薬].
avoir l'usage de qc …を使う, …を使える.
C'est l'usage de + 不定詞. …するのがしきたり [習わし]である.
d'usage 習慣的な; 普通の; いつもの. ▶ formule *d'usage* 決まり文句 / comme il est *d'usage* 慣例に従って, いつものように.
en usage 使用されている; 現用の. ▶ mot *en usage* 現用語.
faire de l'usage 話 長持ちする.
faire usage de qc …を用いる, 行使する. ▶ *faire* bon [mauvais] *usage de qc* …を上手 [下手] に使う; 善用 [悪用] する.
hors d'usage 使われなくなった; 使用できない.

usagé, e /yzaʒe/ 形 よく使った, 使い古した. ▶ vêtements *usagés* 古着 / expression *usagée* 言い古された表現.

usager /yzaʒe/ 男 ❶ (公共サービスなどの)利用者; 使用者. ▶ les *usagers* du métro 地下鉄利用者. ❷ (言語の)使用者. ▶ les *usagers* du français フランス語使用者. ❸『民法』使用権者.

usant, ante /yzā, ā:t/ 形 消耗させる, ひどく疲れさせる. ▶ un travail *usant* ひどく疲れる仕事 / un enfant *usant* 世話の焼ける子供.

*****usé, e** /yze/ ユゼ/ 形 ❶ すり減った, 傷んだ; 使用済みの. ▶ chaussures *usées* すり減った靴 / veste *usée* jusqu'à la curde すっかりくたびれたジャケット / remplacer des pièces *usées* 消耗部品を取り替える / eaux *usées* 汚水.
❷ 言い古された, 月並の. ▶ une plaisanterie *usée* 古臭い冗談.
❸ やつれた, 衰弱した. ▶ Il est *usé*. 彼はやつれ切っている.
❹ 文章 (感情や関心などが)弱まった. ▶ une passion *usée* 冷めた情熱.
C'est usé! 話 それは役に立たない, つまらない.

*****user** /yze/ ユゼ/ 間他動 動 ❶ ‹*user* de qc›「手段, 方法, 言葉など」を用いる, 使う. 囲 多く抽象的なことがらについて用いられる. ▶ *user* d'un droit 権利を行使する / *user* de tous les expédients あらゆる方策を講じる / *user* de termes ambigus 曖昧(あいまい)な表現を用いる. 比較 ⇨ EMPLOYER.
❷ ‹en *user* avec qn + 様態›…に対して…のように振る舞う, 行動する. ▶ en *user* bien [mal] avec qn …を丁重に扱う [にひどい扱いをする].
— 他動 ❶ …をすり減らす; 駄目にする. ▶ Il *use* deux paires de chaussures par mois. 彼は月に2足靴を履きつぶす.
❷ …を消費する, 使い果たす. ▶ Ce poêle *use* beaucoup de charbon. このストーブときたら石炭

usinage

がいくらあっても足りない.

❸ …を消耗させる, 衰耗させる, 損なう. ▶ Le travail *l'a usé.* 彼は仕事でへばった / *user* sa santé par l'excès d'alcool 過度の飲酒で健康を損なう / *user*「la vue [les yeux]」視力を低下させる / Il nous *use*! 彼にはげんなりだ.

— ***s'user** 代動 ❶ すり減る, 傷む, 弱まる, 使い果たされる. ▶ Mes chaussures *se sont usées* très vite. 私の靴はすぐにすり減ってしまった / Les sentiments finissent par *s'user*. さまざまな感情もいつか冷めてしまう.

❷〈体力などが〉衰える. ▶ Il *s'est usé* au travail. 彼は仕事で健康を損なった.

❸〈*s'user* qc〉〈自分の…〉を衰耗させる. 注 se は間接目的. ▶ Elle *s'use* les yeux à trop lire. 彼女は本を読みすぎて目が悪くなってきている.

❹〈威信や勢力を〉徐々に失う.

usinage /yzinaːʒ/ 男〖機械〗加工.

⁚usine /yzin ユズィヌ/ 女 ❶ 工場. ▶ travailler dans une *usine* [en *usine*] 工場で働く / *usine* d'automobiles 自動車工場 / *usine* de montage 組み立て工場 / magasin d'*usine* アウトレットショップ / *usine* à gaz ガス工場;増築を重ね,入り組んだ建物,錯綜したもの.

❷ 喩 工場のような所;大量生産の場. ▶ Ce self est une véritable *usine*. このセルフ・サービス食堂はまるで工場のようだ / *usine* à rêves 夢を作る工場.

比較 **工場**
usine 最も一般的. fabrique 半製品を製品化する中規模の工場をいう. ただしこの意味でも usine が普通. atelier 工場の中の各部門を指す.

usiner /yzine/ 他動 ❶（工作機械で）…を加工する. ❷（工場で）…を製造する.

usinier, ère /yzinje, ɛːr/ 形 工場の;工場のある. ▶ ville *usinière* 工業都市.

usité, e /yzite/ 形〖語や表現などが〗よく使われる,現用の. ▶ mot peu *usité* 稀にしか使われない語.

***ustensile** /ystɑ̃sil ユスタンスィル/ 男 家庭用品;台所用具;道具. ▶ *ustensiles* de cuisine 調理道具 / *ustensiles* de jardinage 園芸用具. 比較 ⇨ INSTRUMENT.

usuel, le /yzɥɛl/ 形 日常的いる,よく使われる,慣例の. ▶ objets *usuels* 日用品 / locution *usuelle* 慣用句 / un procédé *usuel* 常套(ｼﾞｮｳﾄｳ)手段;（非人称構文で）Il est *usuel* de + 不定詞 …が通例である.

— **usuel** 男（図書館の開架室の）常備書:辞典,百科事典など.

usuellement /yzɥɛlmɑ̃/ 副 通常, 一般に.

usufruit /yzyfrɥi/ 男〖民法〗用益,用益権（=droit d'*usufruit*）: 他人の財を使用し,その利益を享受する権利. ▶ *usufruit* légal 法定用益権.

usufruitier, ère /yzyfrɥitje, ɛːr/ 形 用益権の;用益権者の. — 名 用益権者.

usuraire /yzyrɛːr/ 形 高利の,暴利の. ▶ faire un prêt *usuraire* 高利で貸し付ける.

usure¹ /yzyːr/ 女 ❶ 損耗,摩滅. ▶ l'*usure* des chaussures 靴の減り[傷み]/ résister à l'*usure* 持ちがよい, 長持ちする / l'*usure* des roches 岩石の浸食.

❷ 衰弱, 疲弊, 悪化. ▶ l'*usure* de la sensibilité 感受性の鈍磨 / guerre d'*usure*（敵の戦意喪失をねらう）神経戦.

avoir qn à l'usure 喩 …の体力を消耗させて降参させる,持久戦で…を参らせる.

usure² /yzyːr/ 女 ❶ 高利,暴利,高利貸し. ▶ prêter à *usure* 高利で貸す.

usurier, ère /yzyrje, ɛːr/ 名 高利貸し.

usurpateur, trice /yzyrpatœːr, tris/ 名 強奪者,横領者;詐称者;《特に》王位［権力］簒奪(ｻﾝﾀﾞﾂ)者.

— 形 文章 横領する;簒奪する.

usurpation /yzyrpasjɔ̃/ 女 ❶ 不当な取得,横領,（称号などの）詐称. ▶ *usurpation* du pouvoir souverain 王権の簒奪(ｻﾝﾀﾞﾂ). ❷〈*usurpation* sur qc〉…に対する侵害. ❸〖法律〗侵奪. ▶ *usurpation* de pouvoir（行政庁による司法権の）侵奪.

usurper /yzyrpe/ 他動〔権利,地位,財産など〕を（不当に）自分のものとする, 奪い取る, 横取りする;〔称号など〕を詐称する. ▶ *usurper* le trône 王位を簒奪(ｻﾝﾀﾞﾂ)する / *usurper* le titre de docteur en médecine 医学博士の称号を詐称する / *usurper* une réputation 不当に名声を得る.

— 間他動 文章〈*usurper* sur qc〉…を侵害する. ▶ *usurper* sur (les droits de) qn …の権利を侵害する.

ut /yt/ 男《単複同形》〖音楽〗 ❶ ド《階名唱法の》ド. ❷ *ut* majeur [mineur] ハ長調 [ハ短調].

utérin, ine /yterɛ̃, in/ 形 ❶〖医学〗子宮の. ❷〖法律〗同母異父の.

— 名 異父兄弟［姉妹］.

utérus /yterys/ 男〖解剖〗子宮.

⁚utile /ytil ユティル/ 形 ❶〈*utile* (à qn/qc)〉（…に）役立つ, 有用な, 有益な. ▶ renseignements [informations] *utiles* 有用な情報 / une réforme *utile* à la société 社会に有益な改革 / chercher à se rendre *utile* 人の役に立とうと努める / En quoi puis-je vous être *utile*？ どんなことでお役に立てるでしょうか / insectes *utiles* 益虫. ◆ *utile* à + 不定詞 …すると役に立つ. ▶ un livre *utile* à lire 読むためになるる書物. ◆《非人称構文で》Il est *utile* "de + 不定詞 [que + 接続法]". …するのに役に立つ.

❷ 有効な, 実効の. ▶「la charge [le poids]」*utile* d'un véhicule 車両の正味積載量 / le travail *utile* d'un moteur エンジンの有効仕事量.

en temps utile (1)〖法律〗有効期間内に. ▶ faire sa réclamation *en temps utile* 所定の期間内に請求を行う. (2) 適当なときに. ▶ Il vous fera signe *en temps utile*. 彼がころあいを見計らってあなた（方）に合図します.

utilement /ytilmɑ̃/ 副 有益に, 有意義に, 効果的に. ▶ employer *utilement* son temps 時間を有効に使う.

utilisable /ytilizabl/ 形 利用できる.

utilisateur, trice /ytilizatœːr, tris/ 名（機械, 設備などの）利用者, 使用者. ▶ un gros *utilisateur* d'électricité 電力の大口需要者.

— 形 ⟨*utilisateur* (de qc)⟩⟨…を⟩利用[使用]する.

*utilisation /ytilizasjɔ̃ ユティリザスィョン/ 女 利用, 活用, 使用. ▶ notice d'*utilisation* 使用説明書 / *utilisation* abusive 乱用.

*utiliser /ytilize ユティリゼ/ 他動 …を利用する, 活用する; 使用する. ▶ *utiliser* un instrument 道具を使う / J'*utilise* ma voiture pour aller au bureau. 会社に行くのに私は車を使う / produit facile à *utiliser* 使いやすい製品 / *utiliser* l'énergie nucléaire à des fins pacifiques 原子力を平和目的に利用する / *utiliser* un procédé malhonnête pour s'enrichir 金もうけに不正な方法を用いる. 比較 ⇨ EMPLOYER.

utilitaire /ytilitɛːr/ 形 ❶ 実用に即した, 実用向きの. ▶ articles *utilitaires* 実用品 / véhicule *utilitaire*（トラック, バスなどのような）営業用車.

❷《軽蔑して》実利的な; 打算的な. ▶ calculs *utilitaires* 損得の計算, 打算.

— 男 ❶ 営業用車. ❷《情報》ユーティリティソフト.

utilitarisme /ytilitarism/ 男《哲学》功利主義.
utilitariste /ytilitarist/ 形《哲学》功利主義の.
— 名《哲学》功利主義者.

*utilité /ytilite ユティリテ/ 女 ❶ 役に立つこと, 有用性. ▶ être (à qn) d'une grande *utilité*（…に）非常に役立つ / n'être d'aucune *utilité* = être sans *utilité* なんの役にも立たない / Cette méthode a son *utilité*. この方法はそれなりに使える.

❷ 利益, 都合のよさ. ▶ Il ne considère que son *utilité* personnelle. 彼は自分の便宜しか考えていない / *utilité* publique 公益性, 公共性 / association reconnue d'*utilité* publique 公益法人.

❸《経済》効用. ▶ *utilité* marginale 限界効用.
❹《複数で》《演劇》端役, ちょい役. ▶ jouer les *utilités* 端役を演じる.

utopie /ytɔpi/ 女 ❶ ユートピア, 理想郷; 理想国家, 理想社会. ❷ 実現不可能な考え, 夢物語, 幻想. ▶ Le désarmement total est, dans la situation actuelle, une pure *utopie*. 軍備の完全撤廃は現状ではまったくの夢物語だ.

utopique /ytɔpik/ 形 空想的な, 非現実的な; ユートピアの. ▶ socialisme *utopique* 空想的社会主義.

utopiste /ytɔpist/ 名 理想郷を夢見る人, 夢想家, 空想家. — 形 夢想家の, 空想家の.

Utrecht /ytrɛk(t)/ 固有 ユトレヒト: オランダ中部の古都.

UV[1] 女《略語》unité de valeur 履修単位.
UV[2] 男複《略語》ultraviolets 紫外線.

uv*al, ale* /yval/; ⟨男複⟩ *aux* /o/ 形 ブドウの, ブドウに関する. ▶ cure *uvale* ブドウ食療法（肥満, 痛風などの治療のための食餌(じ)療法）.

uvulaire /yvylɛːr/ 形 ❶《解剖》口蓋垂(なずち)の.
❷《音声》口蓋垂音の. ▶ r *uvulaire* 口蓋垂音の r. — 女《音声》口蓋垂(子)音.

V, v

V, v /ve/ 男 ❶ フランス字母の第22字.
❷ V字形(のもの). ▶ le *V* de la victoire 勝利のVサイン.

va[1] /va/ 間投 さあ, 本当に, まったく（激励, 脅しなど）. ▶ Courage, *va*! さあ元気を出して / Tu seras attrapé tôt ou tard, *va*! 君はいずれは捕まるよ, 本当に.

à la va-vite 話 大急ぎで, ぞんざいに.
Va donc! 俗《ののしって》ひどい. ▶ *Va donc*, eh, soiffard! この, 飲んだくれめ.
Va pour qc. 話 …について, 手を打とう. ▶ *Va pour* cent euros. 100ユーロで手を打とう.

va[2] /va/ 活用 ⇨ ALLER[1] Ⅴ

*vacance /vakɑ̃ːs ヴァカーンス/ 女
❶《複数で》❶ 休暇, バカンス. ▶ les grandes *vacances* = les *vacances* d'été 夏休み / *vacances* de Noël クリスマス休暇 / *vacances* de Pâques 復活祭の休暇 / *vacances* scolaires 学校の休み / les *vacances* d'hiver 冬休み / avoir cinq semaines de *vacances* 5週間の休暇がある / prendre ses *vacances* en juillet 7月に休暇を取る / passer ses *vacances* à la mer [à la montagne] バカンスを海[山]で過ごす / partir [aller] en *vacances* バカンスに出かける / entrer [être] en *vacances* 休暇に入る[休暇中である] / **Bonnes vacances!** よいバカンスを.

❷ 休息, 休養. ▶ avoir besoin de *vacances* 休養の必要がある / une lecture de *vacances* 肩の凝らない読み物.

❸《法律》（裁判所の）休廷期間.
❷ 欠員, 空席; 空白(期間). ▶ Il y a une *vacance* dans le personnel. スタッフに欠員がある / la *vacance* d'une chaire de faculté 大学教授ポストの空席.

vacancier, ère /vakɑ̃sje, ɛːr/ 名（海や山で）休暇を過ごす人, バカンス旅行者.
— 形 休暇の, バカンスの.

vac*ant, ante* /vakɑ̃, ɑ̃ːt/ 形 ❶ 欠員の, 空席の. ▶ un poste *vacant* 欠員のポスト, 空席.
❷《部屋などが》空いている. ▶ un logement *vacant* 空き家 / Il reste encore des places *vacantes*. まだ空いている席があります.

vacarme /vakarm/ 男 喧噪(けんそう), 大騒ぎ, 騒音.
▶ faire du *vacarme* 大騒ぎをする / un *vacarme* de camions トラックの騒音.

vacataire /vakatɛːr/ 形 自由契約の, フリーランスの. — 名 自由契約者, フリーランサー; フリーランス・ジャーナリスト.

vacation

vacation /vakasjɔ̃/ 女 ❶ (裁判所, 鑑定人の調査のための)所要時間; (弁護士, 鑑定人などの)報酬. ❷《複数で》(裁判所の)休廷期間. ▶ chambres des *vacations* 休廷部: 1974年以前に裁判所の休廷中に緊急の事件を審理した. ❸ 自由契約(の仕事).

vaccin /vaksɛ̃ ヴァクサン/ 男 ❶ ワクチン; 種痘. ▶ le *vaccin* antivariolique 痘瘡(とうそう)/ faire [inoculer] un *vaccin* à qn …にワクチン[予防]接種をする. ❷ <*vaccin* contre qc>…を免疫にするもの, 予防するもの. ▶ Il n'y a pas de *vaccin* contre la jalousie.(=remède) 嫉妬(とう)の予防薬はない.

vaccinal, ale /vaksinal/;《男 複》*aux* /o/ 形【医学】ワクチンの.

vaccination /vaksinasjɔ̃/ 女 ワクチン接種[注射, 投与];(特に)予防接種 (=*vaccination* préventive); 種痘. ▶ la *vaccination* contre la variole 天然痘の予防接種.

vaccine /vaksin/ 女 ❶ 牛痘; 馬痘. ❷【医学】種痘疹(しん): 種痘の副作用による皮膚の異常発疹(はっしん).

vacciné, e /vaksine/ 形 ❶ ワクチン接種[種痘]を受けた. ❷ 話 <*vacciné* contre qc>…に懲りた.
― 名 ワクチン接種済みの人.
être majeur et vacciné 責任の取れる大人である.

vacciner /vaksine/ 他動 ❶ <*vacciner* qn (contre qc)>…に(…の)ワクチン[予防]接種をする; 種痘をする. ▶ *vacciner* qn contre la poliomyélite …にポリオの予防接種をする / se faire *vacciner* 予防接種を受ける. ❷ 話 <*vacciner* qn contre qc>…を…に対して免疫にする, 懲り[避け]させる. ▶ Il est *vacciné* contre le mariage. 彼は結婚はもうこりごりだと思っている.

vachard, arde /vaʃa:r, ard/ 形 話 意地の悪い; 手厳しい.

:**vache** /vaʃ ヴァシュ/ 女 ❶ 雌牛. ▶ une *vache* laitière [à lait] 乳牛(➪ 成句) / traire les *vaches* 牛の乳を搾る / maladie de la *vache* folle 狂牛病, BSE (la vache folle とだけ言うこともある).
❷ 雌牛の肉; 雌牛の革, 牛革. ▶ un sac en *vache* 牛革のハンドバッグ.
❸ 意地悪[冷酷]な人間, 嫌なやつ. ▶ C'est une vieille [belle] *vache*. まったくひどいやつだ(注 男女ともに用いる) / Ne fais pas la *vache*. 意地悪するな.
❹《間投詞的に》畜生;《反語的に》すごい, さすが, やった. ▶ La *vache*, comme c'est bon! いけるぞ, こいつはうまい.
❺ 俗 警官. ❻ une *vache* à eau キャンプ用水入れ袋. ❼ la *vache* qui rit 商標 笑う牛(フランスのチーズのブランド).
à vaches (登山の)楽な. ▶ course *à vache(s)* 楽な登山コース.
comme une vache qui regarde passer le train 話 (通過列車を見送る牛のように→)ただぼけっとして.
coup de pied en vache (横蹴(げ)り→)裏切り行為. ▶ donner des coups (de pied) en *vache* 裏切うる, 卑劣な振る舞いをする.
Le plancher des vaches ➪ PLANCHER.
manger de la vache enragée ➪ ENRAGÉ.
parler français comme une vache espagnole 下手なフランス語を話す.
peau de vache 意地悪な人.
pleuvoir comme une vache qui pisse (牛の小便のように雨が降る→)俗 どしゃ降りである.
queue de vache(軽蔑して)赤毛の. ▶ des cheveux queue de *vache* 赤毛.
Une vache n'y trouverait pas son veau. 大混乱している.
vache à lait (乳牛→)話 金づる, かも.
vache dans un couloir 話 (通路の牛→)絶対当たる標的.
vaches grasses [*maigres*]【聖書】豊饒(ほうじょう)[窮乏]の時代; 好況[不況]期.
― 形 ❶ 話 意地悪な, 厳しい; 冷たい; 難しい; ついてない. ▶ être *vache* avec qn …につらく当たる / un problème *vache* 手に負えない難問 / Zut! c'est *vache*, il pleut! ちえっ, なんてことだ. 雨が降ってるぜ. ❷ 俗《un(e) *vache* (de) + 無冠詞名詞》すごい[すばらしい]…. ▶ une *vache* (de) moto かっこいいバイク.

vachement /vaʃmɑ̃/ 副 話 ものすごく, 非常に. ▶ Il fait *vachement* chaud cet été. 今年の夏はやけに暑い.

vacher, ère /vaʃe, ɛ:r/ 名 ❶ 牛飼い.
❷《軽蔑して》田舎者, 粗野な人.

vacherie /vaʃri/ 女 ❶ 話 意地悪; 嫌なこと, 不快. ▶ dire [faire] des *vacheries* 口汚くののしる [意地悪をする] / Quelle *vacherie* de temps! なんて嫌な天気なんだ. ❷ 牛小屋, 牛舎.

vacherin /vaʃrɛ̃/ 男 ヴァシュラン. (1)【チーズ】ジュラ山地で作られる軟質の熟成チーズ. (2)【菓子】パイの上にメレンゲを重ね, 真ん中にアイスクリームを入れたケーキ.

vachette /vaʃɛt/ 女 ❶ (雌の)子牛. ❷ 子牛革, カーフ.

vacillant, ante /vasijɑ̃, ɑ̃:t/ 形 ❶ ぐらぐらする, 揺れる. ▶ une démarche *vacillante* ふらふらした足どり, 千鳥足 / une lumière *vacillante* ちらつく光. ❷〔意識, 決意などが〕ぐらついた, はっきりしない. ▶ un esprit *vacillant* 優柔不断な[煮えきらない]人; 正気でない人.

vacillation /vasijasjɔ̃/ 女, **vacillement** /vasijmɑ̃/ 男 ❶ ぐらつき, よろめき, 揺らめき. ▶ la *vacillation* d'une lueur ほのかな光のちらつき. ❷ (心などの)迷い, 動揺; 優柔不断.

vaciller /vasije/ 自動 ❶ ぐらつく, よろめく; 揺らめく. ▶ *vaciller* sur ses jambes 足もとがぐらつく / une bougie qui *vacille* 揺らめくろうそく.
❷〔意志などが〕ぐらつく, 動揺する;〔能力などが〕衰える, 不確かになる. ▶ *vaciller* dans ses réponses 返答に迷う / Avec l'âge, notre mémoire *vacille*. 年を取ると記憶力が衰える.

va-comme-je-te-pousse /vakɔmʒtəpus/
《次の句で》
à la va-comme-je-te-pousse 副句 話 無定見に, なげやりに.

vacuité /vakɥite/ 女 空(くう); 空虚; 無意味. ▶ la

vacuité de ses propos 彼(女)の言葉の空虚[無意味]さ.

vade-mecum /vademekom/ 男《単複同形》《ラテン語》文章(常に携帯して使用する)手引き書, 便覧, 参考書.

vadrouille /vadruj/ 女 話 ❶ 散歩, そぞろ歩き. ❷《ふざけて》旅行; 出張.

vadrouiller /vadruje/ 自 話 (当てもなく)歩き回る, ぶらつく.

vadrouill*eur, euse* /vadrujœ:r, ø:z/ 名 話 (当てもなく)ぶらぶら歩く人.

va-et-vient /vaevjɛ̃/ 男《単複同形》❶ 往復運動. ▶ le *va-et-vient* d'un piston ピストンの往復運動.
❷ (人や物の)往復; 行き来, 往来. ▶ faire le *va-et-vient* entre les deux services 2つの部局を行ったり来たりする / le *va-et-vient* perpétuel d'un café カフェの絶え間ない人の出入り.
❸〖海事〗渡し綱, 引き揚げ〖運搬〗索.
❹〖電気〗2路スイッチ; 3路配線: 複数の異なった場所で点滅できるスイッチ.

vagab*ond, onde* /vagabɔ̃, ɔ̃:d/ 形 文章 ❶ 放浪する, さすらいの. ▶ peuples *vagabonds* 流浪の民 / mener une vie *vagabonde* 放浪の生活[人生]を送る. ❷ とりとめのない, 散漫な. ▶ imagination *vagabonde* とりとめのない空想 / avoir l'humeur *vagabonde* 気まぐれ[移り気]である.
― 名 浮浪者; 放浪者.

vagabondage /vagabɔ̃da:ʒ/ 男 ❶ 放浪(癖). ▶ avoir le goût du *vagabondage* 放浪癖がある. ❷〖刑法〗浮浪(罪). ❸ 文章 とりとめのなさ, 気まぐれ, 移り気. ▶ se livrer au *vagabondage* de sa fantaisie 空想の赴くに任せる.

vagabonder /vagabɔ̃de/ 自 ❶ 放浪する, さすらう. ▶ *vagabonder* à travers l'Europe ヨーロッパを放浪する. ❷ 文章 とりとめなく移り変わる. ▶ laisser son imagination *vagabonder* 奔放に想像を巡らす.

vagin /vaʒɛ̃/ 男 膣(ちつ).

vagin*al, ale* /vaʒinal/;《男複》***aux*** /o/ 形〖解剖〗膣(ちつ)の.

vagir /vaʒi:r/ 自 赤ん坊が泣く.

vagiss*ant, ante* /vaʒisɑ̃, ɑ̃:t/ 形 (*vagir* の現在分詞)〔赤ん坊が〕泣いている;〔声が〕か細い, 弱々しく悲しげな.

vagissement /vaʒismɑ̃/ 男 (赤ん坊の)泣き声.

vague¹ /vag/ ヴァグ 女 ❶ 波. ▶ Les *vagues* déferlent sur les côtes. 波が海辺に打ち寄せる / Les *vagues* se brisent. 波が砕ける / le bruit des *vagues* 波の音, 潮騒(しおさい) / un *vague* de fond 大波, 激浪(⇨成句).
❷ うねり;〔断続的な〕(波のように)押し寄せるもの. ▶ les *vagues* de la chevelure 波打つ髪 / la première *vague* des départs en vacances バカンスに出かける人々の第一波 / un *vague* de protestations 抗議の嵐(あらし) / Le bruit de la ville arrive par *vagues*. 都会の騒音が時折(途切れがちに)聞こえる.
❸〖気象〗*vague* de froid 寒波 / *vague* de chaleur 熱波.

「**être au [dans le] creux de la vague** 落ち込んでいる; スランプである.

faire des vagues 波風を立てる, 世間を騒がせる.

nouvelle vague 新傾向, 新世代, ヌーベル・バーグ: 特に1960年前後の若い映画人や小説家たち(の傾向)を指す. 《同格的に》films *nouvelle vague* ヌーベル・バーグの映画.

vague de fond (社会的, 精神的な)大変動, 激動;(世論などの圧倒的な)趨勢(すうせい).

比較 波
vague 最も一般的. **onde**《文章語》文学表現に使われるほか, 科学で「波動」をいうときにもこの語を用いる. **flots**《文章語》おもに文学表現で波そのものや, 比喩(ひゆ)的に海を指して用いられる. **houle** 波のうねりを集合的に表わす.

vague² /vag/ ヴァグ 形 ❶ 漠然とした, 曖昧(あいまい)な, 不明瞭な; かすかな. ▶ indications *vagues* 曖昧な指示 / inquiétude *vague* 漠然とした不安 / silhouette *vague* ぼんやりした影 / regard *vague* うつろな眼差(まな)し / regarder qc d'un air *vague* …をぼんやりと眺める / Je n'ai qu'une *vague* idée de ce que j'ai fait. 自分が何をしたのかよく分からない / Il a été très *vague* (dans sa réponse). 彼はイエスもノーともはっきり言わなかった.
❷《名詞の前で》どこかしらの, 何かの; 取るに足りない. ▶ Il travaille dans un *vague* bureau. 彼はどこかその辺の会社に勤めている / C'est un *vague* cousin à moi. あれは私の遠縁の者だ.
❸〔衣服などが〕ぴったりしていない, ゆったりした.
― 男 ❶ 中途半端; 不明確, 曖昧さ;〖絵画〗ぼかし. ▶ rester dans le *vague* 考えをはっきり言わない;〔物事が〕曖昧である / être dans le *vague* どう対処してよいか分からない.
❷ 虚空(こくう). ▶ regarder dans le *vague* ぼんやり空(くう)を見つめる, 視線が定まらない.

avoir du vague à l'âme もの憂い心持である, ばんやりしている; 気持ちがめいる.

vague³ /vag/ 形〔耕地, 建物が〕空いている. ▶ terrain *vague* 空き地.

vaguelette /vaglɛt/ 女 さざ波; 波紋.

vaguement /vagmɑ̃/ 副 曖昧(あいまい)に, 漠然と; かすかに, わずかに. ▶ comprendre *vaguement* de quoi il s'agit 何が問題なのかなんとなく分かる.

vaguemestre /vagmɛstr/ 男〖軍事〗郵便物担当下士官.

vaguer /vage/ 自 文章 さまよう, 彷徨(ほうこう)する. ▶ laisser *vaguer* son imagination とりとめもなく空想にふける.

vaillamment /vajamɑ̃/ 副 勇敢に, 勇ましく; くじけずに, 熱心に.

vaillance /vajɑ̃:s/ 女 勇気, 勇ましさ.

vaill*ant, ante* /vajɑ̃, ɑ̃:t/ 形 ❶ 文章 勇敢な, 雄々しい, 気丈な; 仕事熱心な. ▶ un *vaillant* soldat 勇敢な兵士 / une femme *vaillante* 気丈な女性. ❷ 元気いっぱいの, 頑健な.

ne pas avoir un sou vaillant 話 一文の金もない.

vain, vaine /vɛ̃, vɛn/ ヴァン, ヴェヌ 形 ❶ 効果のない, 徒労の, むだな. ▶ discussion *vaine* 不毛な議論 / faire de *vains* efforts むだ骨を折る /《非人称構文で》Il est *vain* de songer à

vaincre

cela. そんなことは考えてみてもむだだ. ❷ 文章 無意味な, 空虚な; 当てにならない. ▶ un vain mot 無意味な言葉 / un vain espoir /œvenespwaːr/ はかない望み, そら頼み. ❸ 文章 うぬぼれた; もったいぶった.

*__en vain__ むだに, むなしく. ▶ J'ai appelé plusieurs fois chez lui, mais *en vain*. 私は何度も彼の家に電話したが, むだだった / *En vain* chercha-t-il sa clef. 彼は鍵(を)を探したが見つからなかった (注 文章表現では文頭に置かれることがあり, その場合, 主語と動詞は倒置される).

*__vaincre__ /vɛ̃ːkr ヴァーンクル/ 85 他動

過去分詞 vaincu	現在分詞 vainquant
直説法現在 je vaincs	nous vainquons
複合過去 j'ai vaincu	単純未来 je vaincrai

❶ …を負かす, 打ち破る; しのぐ. ▶ *vaincre* l'ennemi 敵を打ち負かす / *vaincre* qn par son acharnement …に粘り勝ちする / *vaincre* qn en ardeur 熟意の点で…しのぐ /《目的語なしに》 La vérité *vaincra*. 真実は勝利するだろう.
❷ …を克服する, 征服する. ▶ *vaincre* sa paresse 怠け癖を克服する / *vaincre* la maladie 病気に打ち勝つ / *vaincre* un obstacle 障害を乗り越える / *vaincre* un sommet 初登頂に成功する.
— __se vaincre__ 代動 自分に打ち勝つ, 克己する.

__vaincs__ /vɛ̃/ 活用 ⇨ VAINCRE 85
__vaincu, e__ /vɛ̃ky/ 形 (vaincre の過去分詞) 負けた; 征服された. ▶ un pays *vaincu* 敗戦国 / s'avouer *vaincu* 負けを認める, 降参する / être *vaincu* d'avance 戦う前から戦意を喪失している.
— 名 敗者; 敗北主義者. ▶ une attitude de *vaincu* 打ちひしがれた [あきらめきった] 態度.

__vainement__ /vɛnmɑ̃/ 副 むだに, むなしく (=en vain).

__vainqu-__ 活用 ⇨ VAINCRE 85

*__vainqueur__ /vɛ̃kœːr ヴァンクール/ 男 勝利者, 戦勝者; 征服者. 注 女性についても用いる. ▶ le *vainqueur* d'une épreuve sportive スポーツの試合の勝者 / acclamer le *vainqueur* 勝者に拍手喝采(?)を送る / sortir *vainqueur* d'une guerre 戦勝国となる / le *vainqueur* de l'Everest エベレストの征服者.
— 形 《男女同形》勝利者の; 勝ち誇った. 注 女性名詞には victorieuse を用いるほうが普通. ▶ l'équipe *vainqueur* 勝利チーム / avoir un air *vainqueur* 勝ち誇った様子をしている, 得意満面である.

__vainqui-, vainquî-__ 活用 ⇨ VAINCRE 85
__vairon__ /vɛrɔ̃/ 形 《男性形のみ》《目が》虹彩(??)の周囲が白っぽい; 虹彩の色が左右で異なる.
— 男 ニシアブラハヤ: コイ科の小魚.
__vais__ /vɛ/ 活用 ⇨ ALLER¹ Ⅴ
__vaisseau__ /vɛso/ 男《複》x 男 ❶《大型の》船; 《特に》軍艦. 注 現在では軍艦や成句表現にしか用いられない. ▶ *vaisseau* de guerre 軍艦 / capitaine de *vaisseau* 海軍大佐 / *vaisseau* spatial [cosmique] 宇宙船 / *vaisseau* fantôme 幽霊船 / *vaisseau* du désert ラクダ. 比較 ⇨ BATEAU.
❷《大きな建物の》内部空間. ▶ le *vaisseau* d'une cathédrale 大聖堂の身廊.
❸《解剖》《生物学》《植物の》導管; 《生体内の》管, 脈管; 《特に》血管. ▶ *vaisseaux* sanguins 血管 / les *vaisseaux* lymphatiques リンパ管.

__brûler ses vaisseaux__ 背水の陣を敷く.
__vaisselier__ /vɛsəlje/ 男《地方の, 素朴で民芸風の》食器戸棚.
*__vaisselle__ /vɛsɛl ヴェセル/ 女 ❶《集合的に》食器 (類). ▶ *vaisselle* de faïence 陶器製の食器 / service de *vaisselle* 食器セット. ❷《食後の》汚れた食器; 食器洗い. ▶ faire [laver] la *vaisselle* 皿洗いをする; 食後の後かたづけをする / Elle n'a pas fini sa *vaisselle*. 彼女は皿洗いが終わっていない / *machine* à laver la vaisselle 食器洗い機.

__eau de vaisselle__ (1) 食器を洗ったあとの汚れ水. (2) 水っぽい飲み物.
__s'envoyer la vaisselle à la tête__ 語 激しく言い合う.

__val__ /val/;《複》__als__ (ときに __aux__ /o/) 男 谷, 渓谷. ▶ le *Val* de Loire ロアール渓谷.
__à val__ 谷底の方へ.
__par monts et par vaux__ ⇨ MONT.
__valable__ /valabl/ 形 ❶ 法的効力のある, 正式で; 有効な. 注 法律用語では普通 valide を用いる. ▶ un billet *valable* pour une semaine 1週間通用切符 / Ma carte d'identité n'est plus *valable*. 私の身分証明書は期限切れだ.
❷ 根拠のある, 納得できる. ▶ une excuse *valable* もっともな言い訳 / sans motif [raison] *valable* 正当な理由なしに.
❸ 価値のある, 立派な. 注 英語 valuable の影響. ▶ écrire une œuvre *valable* 優れた作品を書く.
❹ 資格のある. ▶ un interlocuteur *valable* 正規の交渉相手; 話の分かる人.
__valablement__ /valabləmɑ̃/ 副 ❶ 正式に, 正当に, 妥当に. ▶ être *valablement* autorisé 正式に許可される. ❷ 有効に, 納得のいくように.
__valaient, valais, valait__ /valɛ/ 活用 ⇨ VALOIR 38
__Val-de-Marne__ /valdəmarn/ 固有 男 ヴァル=ド=マルヌ県 [94]: パリ南東方.
__Val d'Isère__ /valdizɛːr/ 固有 男 ヴァル・ディゼール: アルプスのスキー場.
__Val-d'Oise__ /valdwaːz/ 固有 男 ヴァル=ドアーズ県 [95]: パリ北方.
__Valence__ /valɑ̃ːs/ 固有 ❶ ヴァランス: Drôme 県の県庁所在地. ❷《スペインの》ヴァレンシア.
__valence¹__ /valɑ̃ːs/ 女 ❶《化学》《物理》原子価; イオン価. ❷《心理》誘発性, 誘意性.
__valence²__ /valɑ̃ːs/ 女《単複同形》バレンシアオレンジ.
__valent__ /val/ 活用 ⇨ VALOIR 38
__valet__ /valɛ/ 男 ❶ 従僕, 召し使い; 雇い人. ▶ *valet* de chambre《屋敷の》召し使い, 下男; 《ホテルの》ルームボーイ / *valet* de pied《仕着せを着た》召し使い; 供の者, 従者 / *valet* de ferme 農場の雇い人, 作男 / *valet* d'écurie 厩(??)番, 馬丁. ❷《軽蔑して》卑屈な人, おべっか使い. ▶ les *valets* du pouvoir 権力におもねる人々 / avoir une

âme de *valet* 下男根性がある. ❸〖演劇〗*valet* de comédie 喜劇の下男役. ❹(トランプの)ジャック. ❺(1)(男性用)脚付き衣装掛け(=*valet* de nuit). (2)(指物師の使う)板止め(=*valet* de menuisier).

*valeur /valœːr/ ヴァルール/ 囡 ❶ 価値, 値打ち; 価格, 金額. ▶ avoir de la *valeur* 値打ちがある / Ce tableau a une *valeur* de cent mille euros. この絵は10万ユーロの価値がある / prendre de la *valeur* 価値が上がる, 値が出る / doubler de *valeur* 値が倍になる / estimer la *valeur* de qc …の価値を評価する / *valeur* d'échange 交換価値 / *valeur* d'usage 使用価値 / jugement de *valeur* 価値判断 / la taxe à la *valeur* ajoutée 付加価値税(略 TVA).

❷《多く複数で》有価証券(=*valeurs* mobilières); 株式, 手形. ▶ placer sa fortune en *valeurs* mobilières 財産を株に投資する.

❸(人の)価値, 値打ち; 能力, 才能; 有能な人. ▶ un homme de grande [peu de] *valeur* 優秀な[つまらない]人物(⇨ 成句). ◆ estimer [juger] qn à sa juste *valeur* …を正当に評価する.

❹ 重要性; 意味, 意義. ▶ accorder une grande *valeur* à l'opinion de qn …の意見を重視する / attacher de la *valeur* à un souvenir ある思い出を大切にする.

❺ 有効性; (法的)効力. ▶ la *valeur* d'une méthode ある方法の有効性 / un texte sans *valeur* 無効になった[死文化した]条文 / Ce contrat n'a aucune *valeur*. この契約は無効だ.

❻《多く複数で》(時代や社会における)価値, 価値観. ▶ système de *valeurs* 価値体系 / échelle des *valeurs* 価値の尺度 / les *valeurs* établies 既成の価値観.

❼ 数値, 値;〖ゲーム〗(カードなどの)強さ. ▶ *valeur* absolue [approchée, moyenne] 絶対[近似, 平均]値 / *valeur* numérique 数値.

❽(1) unité de *valeur* (大学の)履修単位(略 UV). (2)〖音楽〗音価: 音譜, 休符の長さ. (3)〖美術〗色価: 色調, 明暗の度合い.

**de (grande) valeur* (1) 高価な, 値打ちのある. ▶ objets de *valeur* 貴重品. (2) 有能な, 優れた.

être en valeur 引き立つ. ▶ Cette statue sera mieux *en valeur* en face de la fenêtre. この彫像は窓の正面に置くともっと映えるだろう.

la valeur de qc およそ…の量. ▶ ajouter *la valeur* d'un litre d'eau 約1リットルの水を加える.

**mettre qc/qn en valeur* (1) …を利用する, 活用する. ▶ *mettre en valeur* une région ある地方を開発する. (2) …を立派に見せる, 際立たせる, 強調する. ▶ savoir se *mettre en valeur* 自分の売り込み方を心得ている / mots *mis en valeur* dans une phrase 文中で強調された言葉.

mise en valeur (1) 開発, 利用. ▶ *mise en valeur* des ressources naturelles 天然資源の開発. (2) 際立たせること, 引き立て, 強調.

valeureux, euse /valœrø, øːz/ 形 文章 勇気のある.

valez /vale/ 活用 ⇨ VALOIR 38

validation /validasjɔ̃/ 囡 (契約, 書類, 選挙などを)法律上有効にすること, 有効と認めること; 有効になること, 認証.

valide /valid/ 形 ❶(法的に)有効な; 通用する. ▶ passeport *valide* 有効なパスポート. ❷ 健康な, 丈夫な(↔invalide).

valider /valide/ 他動 …を法律上有効にする; 有効と認める.

validité /validite/ 囡 ❶ 有効(性), 効力. ▶ la *validité* d'un acte 証書の効力 / la durée de *validité* d'un billet de chemin de fer 鉄道切符の有効期間. ❷ 正当性, 妥当性.

valiez /valje/, **valions** /valjɔ̃/ 活用 ⇨ VALOIR 38

*valise /valiːz/ ヴァリーズ/ 囡 ❶ 旅行かばん, スーツケース. ▶ bourrer [remplir] une *valise* スーツケースをぎゅうぎゅう詰めにする.

❷ *valise* diplomatique 外交用小荷物: 外交特権で税関検査を免れる.

con comme une valise (*sans poignée*) 俗 〔人が〕役立たずである.

faire [*sa valise* [*ses valises*] 旅行かばんに荷物を詰める; 旅行[引っ越し]の準備をする.

Pose tes valises(, t'es trop chargé). 話 君には荷が重いかな, 難しすぎるかな.

*vallée /vale/ ヴァレ/ 囡 ❶ 谷, 渓谷;(山岳地方の)低地, 谷間. ▶ Ce village est au fond de la *vallée*. この村は谷底にある. ❷ (大河の)流域. ▶ la *vallée* de la Loire ロワール川流域. ❸ *vallée* de larmes [misère] 涙[悲惨]の谷(この世のこと).

vallon /valɔ̃/ 男 小さな谷.

vallonné, e /valɔne/ 形 谷[起伏]の多い.

vallonnement /valɔnmɑ̃/ 男 (土地の)起伏.

valoche /valɔʃ/ 囡 話 旅行かばん, スーツケース.

*valoir /valwaːr/ ヴァロワール/ 38

過去分詞 valu	現在分詞 valant
直説法現在 je vaux	nous valons
tu vaux	vous valez
il vaut	ils valent
複合過去 j'ai valu	半過去 je valais
単純未来 je vaudrai	単純過去 je valus
接続法現在 je vaille	

自動 ❶(数量表現を伴って)…の値段である, 値打ちがある. ▶《Combien *vaut* cette montre? — Elle *vaut* mille euros.》「この時計はいくらですか」「1000ユーロです」/ *valoir* beaucoup [peu] たいへんな[二束三文の]値打ちである / *valoir* cher 値が張る.

❷ 価値がある, 意義がある; 効力がある. ▶ Tu ne sais pas ce que tu *vaux*. 君は自分の価値がわかっていない / Que *vaut* cet auteur? この作家はどの程度才能があるのか / On verra ce que *vaut* ce médicament. この薬の効き目が分かるだろう / prendre une chose pour ce qu'elle *vaut* (大げさに考えずに)ことをその価値相応に見る / L'inaction ne lui *vaut* rien. 無為は彼(女)を駄目にするだけだ; 何もしないと彼(女)の体はなまるだけだ(⇨ 成句).

Valois

❸《努力，苦労を示す名詞を伴って》…するだけの価値がある。▶ Ça *vaut* la peine. そうするだけの価値がある / Ce paysage *vaut* bien un détour. この景色は回り道をして見るだけの価値がある.

❹《基準を示す名詞を伴って》…と同じ価値 [効用] がある；に相当する。▶ Une blanche *vaut* deux noires. 二分音符は四分音符2個に相当する / Cette façon de faire en *vaut* bien une autre. このやり方は他と比べて見劣りしない.

❺ 話《数量表現を伴って》…の財産［収入］がある；を払って雇う値打ちがある。▶ Cet homme *vaut* plusieurs millions d'euros. あの男には数百万ユーロの財産がある；あの男ならば数百万ユーロもらってもうそではない.

❻ ⟨*valoir* pour qc/qn⟩…に適用される，関連する；有効である。▶ La loi *vaut* pour tout le monde. 法律はだれにでも当てはまる.

à valoir sur qc …の内金として。▶ verser un acompte de mille euros *à valoir sur* l'achat 買い物の内金として1000ユーロ支払う.

Ça vaut le coup. 話 やってみる価値がある；苦労のしがいがある。▶ *Ça* ne *vaut* pas *le coup* de se déranger. わざわざ出かけるほどのことではない.

Ça vaut [*vaudrait*] *mieux.* その方がいい.

Cela vaut [*beaucoup d'argent* [*de l'argent*]. これは高価な品である.

faire valoir (1) …を前面に打ち出す，主張する。▶ *faire valoir* un argument ある論拠を主張する。(2) …を有効に利用する，活用する。▶ *faire valoir* un bien [capital] 財［資本］を運用する / *faire valoir* une occasion 好機［チャンス］をものにする。(3) …を引き立たせる，よく見せる；《特に》…を売り込む，鼻にかける。▶ Cette robe *fait valoir* sa taille. このドレスは彼女のウエストを目立たせている / *faire valoir* sa marchandise 自分の商品を売り込む.

faire valoir qn …を引き立たせる；褒める。▶ une personne qui sert à *faire valoir* les autres 他人の引き立て役.

*Il vaut mieux [*Mieux vaut*] + 不定詞 [*que* + 接続法]《非人称構文で》…する方がいい。▶ *Il vaut mieux* se taire *que* de dire des bêtises. ばかなことを言うくらいなら黙っていた方がましだ / *Il vaudrait mieux que* vous refusiez. 断った方が得ですよ.

L'un vaut l'autre. どちらもたいしたことはない，どんぐりの背比べだ.

ne pas valoir cher〔物が〕無価値である；〔人が〕取るに足りない，つまらない.

ne pas valoir grand-chose たいした値段ではない；たいした意義はない。▶ Son dernier film ne *vaut pas grand-chose*. 彼(女)の映画の最新作はあまりよい出来ではない.

ne rien valoir (*pour qc/qn*)(…に)有害である；役に立たない。▶ Manger trop, ça *ne vaut rien pour* la santé. 食べ過ぎは健康に悪い.

rien qui vaille なんの価値［よいところ］もない。▶ Il ne fait *rien qui vaille*. 彼はためになることは何もしない；彼はろくでもないことをする / Cela ne me dit *rien qui vaille*. (いいことを何も示さない→)それは私を不安にさせる.

se faire valoir (1) 自分を引き立たせる，さすがであると納得させる。(2)《軽蔑して》やたらと自己宣伝をする，自分を鼻にかける.

vaille que vaille どうにかこうにか，やっとのことで。▶ Malgré une scolarité médiocre, il est entré à l'université *vaille que vaille*. 学校の成績はあまりぱっとしなかったが，彼はどうにかこうにか大学に入った.

*valoir la peine「*de* + 不定詞［*que* + 接続法］…してみる価値がある。▶ Ce film *vaut la peine d'*être vu [qu'on le voie]. この映画は一見の価値がある /《非人称構文で》Ça ne *vaut pas la peine d'*en parler. わざわざ話すまでもない / Faites ce voyage, il *en vaut la peine*. わざわざ出かけてみるだけの値打ちはあります. 注 文章語では la peine なしに用いられることがある（例: Cette expérience *vaut d'*être tentée. この実験はやってみるだけの価値がある）.

valoir mieux「*que qc* [*que de* + 不定詞]…よりよい，に勝る。▶ Elle ne *vaut pas mieux que* lui. 彼女も彼も似たり寄ったりだ / Ça *vaut mieux que de* se casser une jambe. 諺(足を折るよりましだ→)不幸中の幸いだ.

— 他動 ❶ ⟨*valoir* qc à qn⟩…に…をもたらす。▶ Ses activités antigouvernementales lui ont valu des années de prison. 彼(女)はその反政府活動ゆえに何年も監獄に入る羽目になった.

❷ ⟨*valoir* à qn de + 不定詞⟩…に…をもたらす. 注 不定詞は多く受動態。▶ C'est ce qui vous *a valu* d'être nommé au poste de président. そういう次第であなたが会長に任命されました.

— *se valoir* 代動 同じ価値がある，優劣がない。▶ Tous les métiers *se valent*. 職業に貴賎(きせん)はない / Ça *se vaut*. 話 よく似たことだ；それはどっこいどっこいだ.

Valois /valwa/ 固有 男 ❶ ヴァロア地方（パリ盆地北部）。❷ les *Valois* ヴァロア朝（フランスの王家）。❸ rue *Valois* ヴァロア通り（パリのフランス文化省の所在地）.

valons /valɔ̃/ 活用 ⇨ VALOIR 38

valorisant, ante /valɔrizɑ̃, ɑ̃:t/ 形 価値［評価］を高める.

valorisation /valɔrizasjɔ̃/ 女 ❶ 価値［評価］を高めること；有効化，活用。▶ la *valorisation* d'une région ある地域の開発［活性化］。❷《経済》価格［相場］の引き上げ［安定化］.

valoriser /valɔrize/ 他動 ❶ …の価値［評価］を高める；〔資格など〕を活用する；〔人〕に箔(はく)をつける。▶ Le projet d'un nouvel aéroport *a valorisé* les terrains en question. 新空港計画により問題の土地は値上がりした。❷《経済》〔価格，相場など〕を引き上げる，安定させる，維持する.

— *se valoriser* 代動 自分の価値［評価］を高める；自分を売り込む，持ち味を生かす.

valse /vals/ 女 ❶ ワルツ，円舞曲。▶ *valse* viennoise ウィンナワルツ / *valse* musette ヴァルス・ミュゼット：大衆的ワルツ / danser une *valse* ワルツを踊る。❷ 話 目まぐるしい変化；(役職などの)頻繁な交替。▶ la *valse* des étiquettes 目まぐるしい値札の付け替え / la *valse* des ministres 大臣職のたらい回し.

valse-hésitation /valsezitasjɔ̃/;《複》〜s-〜s 囡 閻 はっきりしない態度，優柔不断．

valser /valse/ 自動 ❶ ワルツを踊る．❷ 閻 目まぐるしく動く，揺れる，回る．❸ 閻 投げ出される，ほうり出される．

envoyer valser qc/qn 〔物〕を粗末に扱う，投げ捨てる；〔人〕に暇を出す，を追い払う．

faire valser l'argent 閻 金を湯水のように使う．

faire valser qn 閻 …を追い払う；他の部署に飛ばす．

— 他動 〔ワルツを〕踊る；…をワルツで踊る．

valseur, euse /valsœːr, øːz/ 名 ワルツを踊る人〔踊れる人〕．

valu, e /valy/ 活用 VALOIR 38 の過去分詞．

valu-, valû-, valuss- 活用 ⇨ VALOIR 38

valve /valv/ 囡 ❶ 弁，バルブ．▶ *valves* cardiaques 心臓の弁．❷〔2枚貝〕の殻．❸【電気】〔整流用〕電子管，バルブ，真空管．

valvule /valvyl/ 囡【解剖】〔リンパ管や静脈の〕弁．

vamp /vɑ̃ːp/ 囡《英語》閻 妖婦(ふ)，ヴァンプ．

vamper /vɑ̃pe/ 他動〔男〕を誘惑する，たらし込む．

vampire /vɑ̃piːr/ 男 ❶ 吸血鬼．❷〔文章〕殺人鬼；強欲非道な人．❸ 吸血こうもり，バンパイア．

vampiriser /vɑ̃pirize/ 他動〔人〕の生命力を吸い取る．

vampirisme /vɑ̃pirism/ 男 ❶〔文章〕強欲貪婪(らん)，過酷な搾取，他人を食いものにすること．❷【精神医学】ヴァンピリスム，吸血病．

van /vɑ̃/ 男《英語》〔自家用の〕ワンボックスカー，ワンボックスワゴン．

vandale /vɑ̃dal/ 名 ❶〔芸術，文化の〕無知で粗暴な破壊者．❷〔Vandale〕バンダル人：5世紀初頭にガリア，南スペイン，北アフリカに侵攻した古代ゲルマンの一部族．

vandalisme /vɑ̃dalism/ 男〔芸術品や文化財への〕心ない破壊行為．

vanille /vanij/ 囡 ❶【植物】バニラ（の実）．
❷ バニラエッセンス．▶ une glace à la *vanille* バニラアイスクリーム．

vanillé, e /vanije/ 形 バニラで香りをつけた．▶ chocolat *vanillé* バニラチョコレート．

vanillier /vanije/ 男 バニラの木．

*****vanité** /vanite/ ヴァニテ 囡 ❶ うぬぼれ，虚栄心；見え．▶ blesser qn dans sa *vanité* …のプライドを傷つける / satisfaire [flatter] la *vanité* de qn …の虚栄心を満足させる〔くすぐる〕/ être d'une *vanité* extraordinaire 非常に自尊心が強い / sans *vanité* 自慢ではないが．
❷〔文章〕むなしさ，空虚；はかないもの，虚飾．▶ la *vanité* de ses propos 彼（女）の話のむなしさ / les *vanités* de la vie mondaine この世のはかなさ / Vanité des *vanités*, et tout est *vanité*. 《聖書》空(くう)の空，すべては空なり．

sans vanité 自慢ではないが．

tirer vanité de qc …を自慢する．Il *tire vanité* de ses origines. 彼は家柄を鼻にかけている．

vaniteux, euse /vanitø, øːz/ 形 うぬぼれた，虚栄心の強い．▶ d'un air *vaniteux* うぬぼれた態度で，もったいぶって．

— 名 うぬぼれ〔虚栄心〕の強い人，見えっ張り．

vanne¹ /van/ 囡〔水門の〕扉，堰(せき)板；〔流量を調節する〕仕切り弁，制水弁．

ouvrir les vannes (à qc) (1) 水門を開ける．(2) 閻〔…を〕存分に使う；惜しまない．

vanne² /van/ 囡 閻 悪口，いやみ，当てこすり．
▶ envoyer un(e) *vanne* à qn …にいやみを言う．

vanné, e /vane/ 形 閻 疲れ果てた，へとへとの．

vanner /vane/ 他動 ❶〔穀物〕を箕(み)にかける，えり分ける．❷ 閻 …をへとへとに疲れさせる．

vannerie /vanri/ 囡 ❶ かご細工業．❷ かご製品，かご細工品．

Vannes /van/ 固有 ヴァンヌ：Morbihan 県の県庁所在地．

vannier /vanje/ 男 かご編み職人，かご細工師．

vantail /vɑ̃taj/;《複》*aux* /o/ 男【建築】扉，開き戸．

vantard, arde /vɑ̃taːr, ard/ 形 自慢ばかりする，ほら吹きの，ほら吹き．

— 名 自慢屋，ほら吹き．

vantardise /vɑ̃tardiːz/ 囡 自慢癖；自慢話，ほら話．▶ Il est d'une *vantardise* insupportable. 彼は鼻持ちならないうぬぼれ屋だ．

vanter /vɑ̃te/ 他動〔文章〕…を褒めそやす．▶ *vanter* les mérites de qn …の長所を褒めたたえる．

— **se vanter** 代動 ❶ 自慢する，大口をたたく，ほらを吹く．▶ C'est faux, elle *se vante*. うそだよ，彼女はほら話をしている．

❷〈*se vanter* de qc/不定詞〉…を自慢する，鼻にかける．▶ *se vanter* "de sa réussite [d'avoir réussi] 成功したことを鼻にかける / Il n'y a pas de quoi *se vanter*. 威張れた話ではない〔吹聴しない方がいい〕/ Et je *m'en vante*! そこが私の自慢だ．

❸〈*se vanter* de + 不定詞〉…できると自負する．▶ Il *s'était vanté* de gagner le match, mais il a perdu. 彼は試合に勝つと自信満々だったが敗退した．

C'est pas pour me vanter, mais ... 俗（あたり前のことをもったいぶって指摘して）こう言ってはなんだけど．▶ *C'est pas pour me vanter, mais* il pleut. あえて言わせてもらえばだね，雨だよ．

ne pas s'en vanter〔失敗，過失などを〕隠す，黙っている．▶ Il a fait une grosse faute, et il *ne s'en est pas vanté*. 彼は大失敗をやらかしたが隠していた．

sans me vanter 自慢ではないが．▶ *Sans me vanter*, je pense en être capable. 自慢じゃないが，私ならそれができると思う．

va-nu-pieds /vanypje/ 名 ホームレス，ルンペン．

vape /vap/ 囡 (*vapeur*¹ の略) 閻《複数で》〔ショック，麻薬による〕ぼうとした状態．

tomber dans les vapes 閻 気を失う，気絶する．

*****vapeur**¹ /vapœːr/ ヴァプール 囡 ❶ 蒸気．▶ machine à *vapeur* 蒸気機関 / locomotive à *vapeur* 蒸気機関車 / fer à *vapeur* スチームアイロン / bain de *vapeur* 蒸し風呂，サウナ / cuire à la *vapeur*〔料理で〕蒸す，ふかす．

❷〔大気中の〕水蒸気，湯気；霧，もや．▶ se brûler à [avec] la *vapeur* 湯気でやけどする / des

vapeur

nappes de *vapeur* au-dessus du lac 湖上にたなびくもや. ❸《複数で》[文章](頭を混乱させる)上気, のぼせ, めまい; ふさぎの虫. ▶ les *vapeurs* du vin 酩酊(%)(=ivresse) / avoir des [ses] *vapeurs* (顔が)ほてる, 目まいする; 気分が悪い.
  à toute vapeur 全速力で, 大急ぎで.
  renverser la vapeur (1)(蒸気の流れを変えて)機関に制動をかける. (2)方向転換する, 方針を一変させる.

vapeur² /vapœːr/ 男 (bateau à vapeur の略)汽船.

vaporeusement /vapɔrøzmɑ̃/ 副 [文章] ぼんやりと, かすかに; ふんわりと.

vaporeux, euse /vapɔrø, øːz/ 形 ❶ [文章] 靄(%)のかかった, 曇った, かすんだ. ▶ un ciel *vaporeux* 薄曇りの空. ❷ ふんわりした〔衣服が〕透けるような. ▶ cheveux *vaporeux* ふわっとした髪 / tissu *vaporeux* 透けるような薄地の布. ❸〔絵画〕lointain *vaporeux* ぼかして描かれた遠景.

vaporisateur /vapɔrizatœːr/ 男 霧吹き, スプレー. ▶ *vaporisateur* à parfum 香水スプレー.

vaporisation /vapɔrizasjɔ̃/ 女 ❶ 蒸発, 気化. ❷(殺虫剤などの)噴霧, 散布. ❸(ヘアスプレーなどの)吹きつけ, スプレー.

vaporiser /vapɔrize/ 他動 ❶〔液体を〕蒸発[気化]させる;(霧状にして)吹きつける, 噴霧する. ❷ …を(霧状の液体で)覆う. ▶ *vaporiser* ses cheveux avec de la laque 髪にヘアスプレーをかける.

vaquer /vake/ 自動 (官庁用語で)休む. ▶ Les cours *vaqueront* la semaine prochaine. 来週は休講になります.
  —— 間他動 ⟨*vaquer* à qc⟩ …に従事する, 励む. ▶ *vaquer* à son travail 仕事に精を出す.

Var /vaːr/ 固有 男 ❶ ヴァール県 [83]: フランス南部. ❷ ヴァール川: バラ山に発し地中海に注ぐ.

varan /varɑ̃/ 男 【動物】オオトカゲ.

varappe /varap/ 女 岩登り, ロック・クライミング.

varappeur, euse /varapœːr, øːz/ 名 クライマー, 登攀(%)者.

vareuse /varøːz/ 女 ❶(船員や漁師の)仕事着, 上っ張り, ジャンパー. ❷ ゆったりした軍服.

varia /varja/ 男複 (ラテン語)雑録集, 雑文集.

variabilité /varjabilite/ 女 ❶ 変わりやすさ, 可変性;(天候の)不順. ▶ la *variabilité* de la mode 流行の変わりやすさ. ❷【生物】変異性.

*****variable** /varjabl/ ヴァリアーブル/ 形 ❶ 変わりやすい, 不安定な. ▶ temps *variable* 変わりやすい天気 / Il a une humeur *variable*. 彼はお天気屋だ.
❷《多く複数名詞のあとで》変わる, 異なる, さまざまな. ▶ Cette année, les récoltes sont très *variables* selon les régions. 今年の収穫量は地方によって大きく異なる. 語法 ⇨ VARIER.
❸(用途に応じて)変えられる, 可変の. ▶ lentilles à foyer *variable* ズームレンズ.
❹〔言語〕〔語形が〕変化する, 屈折する. ▶ mot *variable* 変易語, 変化語.
—— 女 ❶【数学】【統計】変数, 変項. ❷【論理学】変項. ❸【経済】変動.

variance /varjɑ̃ːs/ 女 ❶【物理】(熱力学で)分散度. ❷【統計】分散.

variante /varjɑ̃ːt/ 女 ❶(作品などの)異文, 異本. ▶ édition critique d'une œuvre, accompagnée des *variantes* 異文をつけた校訂版. ❷ やや異なった形態, 焼き直し;【音楽】バリアント, 異稿.

variateur /varjatœːr/ 男【機械】un *variateur* de vitesse 変速機.

variation /varjasjɔ̃/ 女 ❶ 変化, 変動; 変遷, 推移. ▶ *variations* d'humeur 気分の変化 / la *variation* des prix 価格の変動 / la *variation* de la population 人口の変遷[推移]. ❷【音楽】変奏, 変奏曲. ▶ thème et *variations* 主題と変奏. ❸【バレエ】ヴァリアシオン: パ・ド・ドゥのソロ部分. ❹【生物学】変異. ▶ *variation* génétique 遺伝的変異.

varice /varis/ 女【医学】静脈瘤(%).

varicelle /varisel/ 女【医学】水痘.

*****varié, e** /varje/ ヴァリエ/ 形 ❶ 変化に富んだ, 多様な (↔monotone). ▶ paysage *varié* 変化に富んだ風景 / terrain *varié* 起伏に富んだ土地 / répertoire *varié* 幅広いレパートリー / programme de musique *variée* 歌謡バラエティーショー. ❷《複数名詞のあとで》さまざまな, 色々な, 種々雑多な. ▶ dimensions *variées* 大小さまざまなサイズ / hors-d'œuvre *variés* オードブルの盛り合わせ. 比較 ⇨ DIFFÉRENT.

*****varier** /varje/ ヴァリエ/ 自動 ❶〔物が〕変化する, 変わる; 異なる, さまざまである. ▶ Le temps *varie* très vite ces jours-ci. (=changer) ここ数日天候が目まぐるしく変わる / Les coutumes *varient* selon les pays. 習俗は国によってさまざまだ / Ce mot *varie* en genre et en nombre. この語は性数の変化をする / *varier* du simple au double 〔価格などが〕倍増する; 急激に増える.
❷〔人が〕意見 [態度] を変える. ▶ Je n'ai jamais *varié* à ce sujet. この件について私の見方は終始変わっていない.
❸〔複数の人が〕意見を異にする. ▶ Les opinions *varient* sur ce point. この点に関して意見はまちまちだ / Les médecins *varient* sur la greffe du cœur. 心臓移植については医師の間でも意見がまちまちだ.
—— 他動 ❶ …に変化をつける, 多様にする. ▶ *varier* les menus 献立に変化をつける / *varier* ses lectures いろいろなものを読む / *varier* les plaisirs 種々の娯楽を楽しむ;(皮肉に)次々に厄介事を抱え込む. ❷【音楽】…を変奏する.

*****variété** /varjete/ ヴァリエテ/ 女 ❶ 変化に富むこと (↔monotone), 変化; 種類の多いこと, 多様性; 相違. ▶ aimer la *variété* 変化を好む / manquer de *variété* 変化に乏しい / produire des vins d'une grande *variété* 多種多様なワインを産出する.
❷ 種類;【生物学】変種. ▶ *variété* de pomme リンゴの品種.
❸《複数で》バラエティーショー (=spectacles de *variétés*); 軽音楽. ▶ émission de *variétés* (テレビなどの)バラエティー番組 / un disque de *variétés* ポップスの音楽.
❹《複数で》雑録, 論叢(%);(新聞の)雑報. ▶ *Variétés* de Valéry ヴァレリーの「ヴァリエテ」

variole /varjɔl/ 囡 [医学] 痘瘡(とうそう), 天然痘.
variolique /varjɔlik/ 形 [医学] 痘瘡(とうそう)の.
variqueux, euse /varikø, ø:z/ 形, 名 [医学] 静脈瘤(りゅう)の(患者).
Varsovie /varsɔvi/ 固有 ワルシャワ：ポーランドの首都.
varsovien, enne /varsɔvjɛ̃, ɛn/ 形 ワルシャワ Varsovie の.
—— **Varsovien, enne** 名 ワルシャワの人.
vas /va/ 活用 ⇨ ALLER [1]
vas- 接頭 (vaso- の別形)「管, 血管」の意.
*__vase__ /vɑ:z ヴァーズ/ 男 ❶ 花瓶 (=*vase* à fleurs). ▶ *vase* en cristal クリスタルの花瓶 / *vase* à long col 首の長い花瓶 / mettre des fleurs dans un *vase* 花瓶に花を生ける.
❷ (美術品, 考古学資料としての)壺(つぼ), 甕(かめ), 瓶, 器. ▶ *vases* égyptiens エジプトの壺.
❸ *vase* de nuit (寝室用の)便器, 溲瓶(しびん).
❹ [物理] *vases* communicants 連通管, U 字管.
en vase clos 外部との接触を断って, 閉じこもって.
vaseline /vazlin/ 囡 《英語》[化学] ワセリン.
vaseliner /vazline/ 他動 …にワセリンを塗る.
vaseux, euse /vazø, ø:z/ 形 ❶ 話 気分がすぐれない, ぐったりした. ▶ Je me sens *vaseux* ce matin. 今朝は気分が悪い. ❷ 曖昧(あいまい)な, わけの分からない; 出来の悪い. ▶ un raisonnement *vaseux* わけの分からない理屈.
vaso- 接頭 (別形 vas-)「管, 血管」の意.
vasoconstricteur, trice /vazɔkɔ̃striktœ:r, tris/ 形 [医学] 血管収縮の.
—— **vasoconstricteur** 男 血管収縮薬.
vasodilatateur, trice /vazɔdilatatœ:r, tris/ 形 [医学] 血管拡張の.
—— **vasodilatateur** 男 血管拡張薬.
vasouiller /vazuje/ 自動 話 ❶ しどろもどろになる, もたつく. ▶ *a vasouillé* à l'oral. 彼は口頭試問でしどろもどろになった.
❷ [物事が] うまくいかない, 難行する.
vasque /vask/ 囡 ❶ (噴水の)受水盤;(泉水の)水盤. ❷ (卓上用の)飾り鉢, 水盤.
vassal, ale /vasal/; (男複) **aux** /o/ 名 ❶ (封建時代の)家臣, 下臣; 封臣. ❷ 隷属[従属]するもの, 配下.
—— 形 隷属[従属]した. ▶ pays *vassaux* 属国.
vassalité /vasalite/ 囡 ❶ [歴史] 封臣の身分;(封建的主従関係を封臣のあり方から表現して)封臣制. ❷ 隷属;(国家の)従属.
*__vaste__ /vast ヴァスト/ 形 《多く名詞の前で》❶ 広い, 広大な; 巨大な. ▶ *vaste* plaine 広大な平野 / *vaste* salle 大広間 / *vaste* édifice 巨大な建物. 比較 ⇨ GRAND.
❷ 〔衣服が〕ゆったりとした. ▶ porter un *vaste* manteau ゆったりとしたコートを着ている.
❸ 〔計画などが〕大規模な, 広範な;〔知識などが〕広範な. ▶ un *vaste* programme de rénovation 遠大な改革計画 / posséder de *vastes* connaissances 該博な知識を持っている / Ce thème est trop *vaste*. このテーマは広すぎる.
❹ 話 〔冗談などが〕ひどい, べらぼうな. ▶ C'est une *vaste* blague. そいつは大ぼらだ.

Vatican /vatikɑ̃/ 固有 男 バチカン市国. ▶ au *Vatican* バチカンに[で, へ].
vaticination /vatisinasjɔ̃/ 囡 予言, 予言術;《軽蔑して》御託宣.
vaticiner /vatisine/ 自動 文章 予言する, 神託を下す;《軽蔑して》御託宣を垂れる.
—— 他動 文章 …を予言する.
va-tout /vatu/ 男 《単複同形》(トランプなどで)あり金全部の賭(か)け.
jouer son va-tout 一か八(ばち)かやってみる, 最後の勝負を賭ける.
Vaucluse /vokly:z/ 固有 男 ヴォークリューズ県 [84]：フランス南部.
vauclusien, enne /voklyzjɛ̃, ɛn/ 形 ヴォークリューズ Vaucluse の.
—— **Vauclusien, enne** 名 ヴォークリューズの人.
vaudeville /vodvil/ 男 ❶ 軽喜劇, ボードビル. ❷ (歌とバレエの混じった)軽歌劇.
vaudevillesque /vodvilɛsk/ 形 ボードビルのような, 滑稽(こっけい)な.
vaudevilliste /vodvilist/ 名 ボードビル作者, 軽喜劇作者.
vaudou /vodu/ 男 ブードゥー教(の神)：西インド諸島およびハイチ島の黒人の宗教.
—— 形 《不変》ブードゥー教の.
vaudr- 活用 ⇨ VALOIR [38]
vau-l'eau /volo/ 《次の句で》
à vau-l'eau 副句 (船などが)流れるままに.
(s'en) aller à vau-l'eau 〔計画などが〕流れてしまう, 崩壊の一途をたどる.
vaurien, enne /vorjɛ̃, ɛn/ 名 悪がき, いたずらっ子; 腕白, お転婆.
vaut /vo/ 活用 ⇨ VALOIR [38]
vautour /votu:r/ 男 ❶ 禿鷹(はげたか). ❷ 強欲で冷酷な人; 高利貸し. ▶ fonds *vautour* ハゲタカファンド. ❸ タカ派, 武力解決派(↔colombe).
se vautrer /s(ə)votre/ 代動 ❶ …を転げ回る;に寝転ぶ, 寝そべる. ▶ *se vautrer* nonchalamment sur un canapé いかにもだらしなくソファーに身を投げ出す. ❷ 文章 〈*se vautrer* dans qc〉…にふける, おぼれる. ▶ *se vautrer* dans l'oisiveté 安逸をむさぼる.
vaux /vo/ 活用 ⇨ VALOIR [38]
va-vite /vavit/ 《次の句で》
à la va-vite 副句 話 大急ぎで, 大慌てで.
*__veau__ /vo ヴォー/; (複) **x** /vo/ 男 ❶ (生後1歳までの)子牛. ❷ 子牛の肉; 子牛の革, カーフ(スキン). ▶ escalope de *veau* 子牛の薄切り肉 / chaussures en *veau* retourné 子牛のスエード革製の靴.
❸ 話 うすのろ, ものぐさ. ❹ 話 遅い競走馬.
❺ 話 加速性[出足]の悪い車.
le veau d'or 黄金の子牛(像)：ヘブライ人が崇拝した金銭, 金力の象徴. ▶ adorer *le veau d'or* 金銭を崇拝する.
pleurer comme un veau おいおい泣く.
tuer le veau gras (家庭内の祝い事で)特別に御馳走(ちそう)をする, 祝宴を開く 注「ルカによる福音書」にある「放蕩(ほうとう)息子」の故事より.

vecteur

vecteur /vɛktœːr/ 男 ❶ 【数学】ベクトル. ▶ grandeur [direction, sens] d'un *vecteur* ベクトルの大きさ [方向]. ❷ 【生物学】(病原菌の) 媒介者, 保菌生物. ❸ 【軍事】(ミサイル, ロケット, 航空機など) 核運搬手段. ❹ 文章 (文化, 情報などの) 媒体.

vectoriel, le /vɛktɔrjɛl/ 形 ❶ 【数学】ベクトルの. ▶ espace *vectoriel* ベクトル空間. ❷ 【情報】processeur *vectoriel* ベクタプロセッサ: 演算処理用の高性能プロセッサ.

vécu, e /veky/ 形 (vivre¹ の過去分詞) 実際に体験された. ▶ histoire *vécue* 体験談, 実話 / expérience *vécue* 体験. ── **vécu** 男 体験.

vécu-, vécû-, vécuss- 活用 ⇨ VIVRE¹ 62

vedettariat /vədetarja/ 男 スターの地位, スターダム; スター気取り; スター化現象.

***vedette** /vədɛt/ 女《注 男性に対しても使う》❶ スター, 花形; 立て役者. ▶ une *vedette* du cinéma 映画スター / une *vedette* du football サッカー界の花形選手 / C'est une des *vedettes* de l'actualité. 彼(女)は現代を代表する大立者の1人だ / (同格的に) un mannequin *vedette* 売れっ子ファッションモデル / un produit *vedette* 人気製品. ❷ (名前が) 大見出しになること; 主役の座. ▶ avoir la *vedette* 主役を務める, 注目される / Les élections présidentielles tiennent la *vedette* dans les médias. 大統領選挙が現在マスコミの最大の関心事になっている. ❸ mot [terme] *vedette* (辞書の) 見出し. ❹ モーターボート; 端艇, ランチ; 【軍事】哨戒(しょうかい)艇.

en vedette 脚光を浴びた, 注目的となった; 大見出しの, 大きな字で書かれた. ▶ objet *en vedette* dans une vitrine ショーウインドーで目を引く品物 / Cette nouvelle a mis son auteur *en vedette*. この短編で作者は一躍有名になった / se mettre *en vedette* 注目を集める.

jouer les vedettes 偉ぶる.

vedettisation /vədetizasjɔ̃/ 女 スターにすること, スター化; スター視.

***végétal, ale** /veʒetal/ ヴェジェタル/; (男 複) **aux** /o/ 形 ❶ 植物の. ▶ le règne *végétal* 植物界 / terre *végétale* 腐植土. ❷ 植物からできた, 植物性の. ▶ huile *végétale* 植物油. ❸ 〔装飾などが〕植物をかたどった, 草木模様の. ── **végétal**: (複) **aux** 男 植物.

végétarien, enne /veʒetarjɛ̃, ɛn/ 形 菜食(主義)の, ベジタリアンの. ▶ restaurant *végétarien* ベジタリアンレストラン. ── 名 菜食主義者.

végétarisme /veʒetarism/ 男 菜食主義.

végétatif, ive /veʒetatif, iːv/ 形 ❶ 【生物学】植物の生長に関する. ▶ les organes *végétatifs* (植物の) 栄養器官 (根, 茎, 葉など) / multiplication *végétative* 栄養生殖, 無性生殖.
❷ 【医学】植物性の; 自律神経の. ▶ le système nerveux *végétatif* 自律神経系.
❸ (植物のように) 生きているだけの, 無為な. ▶ mener une vie *végétative* 無為な生活を送る.

végétation /veʒetasjɔ̃/ 女 ❶ 【植物学】植生: ある地域の植物の総体. ▶ Une *végétation* rare se développe sur les berges du lac. 湖畔には珍しい植生の発達が見られる / zone de *végétation* 植物帯. ❷ (複数で) 【医学】(皮膚, 粘膜の) 肥大増殖; (特に) アデノイド (=*végétations* adénoïdes).

végéter /veʒete/ 6 自動 ❶ 活気のない生活を送る; 細々と暮らす; ぱっとしない. ▶ *végéter* en province 田舎にくすぶる / Son entreprise *végète* depuis peu. 彼(女)の事業は最近伸び悩んでいる. ❷ 〔植物が〕十分に生育しない, 発育が悪い.

véhémence /veemɑ̃ːs/ 女 文章 (感情, 表現などの) 激しさ, 激列, 熱烈.

véhément, ente /veemɑ̃, ɑ̃ːt/ 形 文章 〔感情, 表現などが〕激しい, 熱烈な. ▶ un esprit *véhément* 激しやすい性質 (の人) / un orateur *véhément* 熱弁をふるう演説者.

véhémentement /veemɑ̃tmɑ̃/ 副 文章 激しく, 熱烈に. ▶ protester *véhémentement* 激しく抗議する.

véhiculaire /veikylɛːr/ 形 【言語】langue *véhiculaire* 媒介言語: 異なった言語の混在する地域で, 意思伝達のために使用する共通言語.

***véhicule** /veikyl/ ヴェイキュル/ 男 ❶ 車, 乗り物; 運搬 [交通] 手段. ▶ *véhicule* automobile 自動車 / *véhicule* utilitaire 営業車 / *véhicule* de tourisme 自家用車 / *véhicule* spatial 宇宙船 / *véhicule* prioritaire 優先車両 (救急車など). ❷ 伝達 [媒介] 手段; (伝染病などの) 媒体. ▶ Le langage est le *véhicule* de la pensée. 言語は思想を伝える媒体である.

véhiculer /veikyle/ 他動 ❶ …を (車などで) 運ぶ, 運搬する, 輸送する. ▶ Elle nous *a véhiculés* jusqu'à la gare. 彼女は私たちを駅まで送ってくれた. ❷ …の伝達手段となる; を媒介する. ▶ La langue *véhicule* des idées. 言語は思想を伝える. ── **se véhiculer** 代動 運ばれる.

***veille** /vɛj/ ヴェイユ/ 女 ❶ (la *veille*) 前日 (に); (祭日などの) 前夜, 前日. ▶ La neige tombait depuis la *veille*. 前日来雪が降り続いていた / la *veille* de Noël クリスマスイブ / la *veille* du jour de l'an 大晦日(おおみそか) / la *veille* au soir 前日の晩 (注 hier soir は「昨晩」の意).
❷ 目覚めていること, 覚醒(かくせい). ▶ entre la *veille* et le sommeil 夢うつつで.
❸ (多く複数で) 徹夜, 不眠. ▶ consacrer des *veilles* suivies à son étude 勉強のために徹夜を重ねる.
❹ 寝ずの番, 夜警. ▶ la *veille* d'un malade 病人の徹夜の看護 / prendre la *veille* 夜の見張りに立つ, 不寝番をする.

à la veille de qc …の直前に. ▶ la Russie *à la veille de* la révolution de 1917 [mil neuf cent dix-sept] 1917年の革命前夜のロシア.

à la veille de + 不定詞 まさに…しようとしている. ▶ J'étais *à la veille de* faire une grosse erreur. 私はもう少しでたいへんな間違いを犯すところだった.

Ce n'est pas demain la veille. 話 それはまだ先の話だ.

veillée /veje/ 女 ❶ (夕食後から就寝までの) 夜, 宵. ▶ passer la *veillée* à regarder la télévision 夕食後の時間をテレビを見て過ごす. ❷ 夜の集い, 夕食後の団欒(だんらん).

❸ 徹夜の看病; 通夜 (=une veillée funèbre).
veillée d'armes 重大事[試練]の前夜.

***veiller** /veje ヴェイエ/ 自動 ❶ 夜ふかしする, 徹夜する. ► Ma fille veille trop tard. うちの娘は夜ふかしが過ぎる. ❷ 不寝番をする; 見張り[警備]に当たる. ► veiller au chevet d'un malade 病人の枕(まくら)元で徹夜で看病する / La police veille à l'entrée. 警察が入り口で見張っている. ❸ (家族や友人と)夜の団欒(だんらん)をする, 夜の集いを持つ.
— 間他動 ❶ <veiller à qc/不定詞 // veiller à ce que + 接続法>…に気をつける, 留意する. ► veiller à la bonne marche d'une machine 機械がうまく作動するように見張る / Veillez à ce que tout soit en ordre. すべてきちんとかたづいているよう気をつける / Veille à éteindre le poêle avant de te coucher. 寝る前にストーブを消すのを忘れるな. ❷ <veiller sur qc/qn>…に気を配る, の面倒をみる. ► Veillez sur mes bagages. 荷物を見ててください.
veiller au grain 不測の事態に備える.
— 他動 …を徹夜で看病する; の通夜をする. ► Elle a veillé son fils malade toute la nuit. 彼女は病気の息子に夜通し付き添った / veiller un mort 故人の通夜をする.

veilleur /vejœːr/ 男 (銀行, 商店などの)夜警, (ホテルの)夜勤係 (=veilleur de nuit); 夜回り; 〖軍事〗哨兵(しょうへい).

veilleuse /vejøːz/ 女 ❶ 常夜灯, 豆ランプ. ❷ (ガス器具などの)種火, パイロットランプ. ❸ (複数で)(自動車の)スモールライト, 車幅灯.
Mets-la en veilleuse. 話 静かにしろ, 黙れ.
en veilleuse (1) 〔明かり, 火などが〕弱い, 小さい. ► mettre le gaz en veilleuse ガスの火を細くする. (2) 活動を抑えた. ► une usine en veilleuse 操業短縮を行っている工場 / Ils se sont mis en veilleuse. 彼らは経営を縮小した. ► (3) 保留した. mettre une question en veilleuse 問題に手をつけずにおく.

veinard, arde /vɛnaːr, ard/ 形, 名 話 好運の(人), ついている(人).

***veine** /vɛn ヴェヌ/ 女 ❶ 静脈; (複数で)血管. ► les veines et les artères 静脈と動脈. ❷ 木目, 石目; (太い)葉脈; (昆虫の)翅脈(しみゃく). ► les veines du marbre 大理石の縞(しま)模様. ❸ 鉱脈, 鉱層, 岩脈. ► une veine de houille 炭脈. ❹ (芸術的)感興, 霊感; (作品の)着想. ► L'âge a tari sa veine. 年を取って彼(女)のインスピレーションは枯渇した / la veine poétique 詩的感興. ❺ 話 幸運. ► avoir de la veine 運がいい, ついている / Il a la veine d'avoir réussi à l'examen. 彼は運よく試験に合格した / un coup de veine 僥倖(ぎょうこう), まぐれ当たり / Pas de veine! ついてないや / C'est bien ma veine. ついてない.
avoir du sang dans les veines 勇気[気力]がある.
être en veine (1) 霊感を受けている, 感興が湧(わ)いている. (2) 話 ついている.
être en veine de qc …の気持ちになっている. ► Il est en veine de bonté. 彼は優しくしようという気になっている.
ne pas avoir de sang dans les veines 臆病である.
s'ouvrir les veines 手首を切って自殺を図る.

veiné, e /vene/ 形 ❶ 静脈が浮き出た. ► bras veiné 青筋が浮いて見える腕. ❷ 木目[石目]のある. ❸ 鉱脈のある.

veiner /vene/ 他動 <veiner qc (de qc)>…に(…の)木目[石目]をつける.

veineux, euse /vɛnø, øːz/ 形 ❶ 静脈の. ► sang veineux 静脈血. ❷ 木目[石目]の多い.

veinure /vɛnyːr/ 女 木目[石目]模様.

vêlage /vela:ʒ/ 男 (牛の)出産, 分娩(ぶんべん).

vélaire /veleːr/ 形 〖音声〗軟口蓋の.
— 女 軟口蓋音 (/k/, /g/ など).

Velcro /vɛlkro/ 男 商標 マジックテープ.

vêlement /vɛlmɑ̃/ 男 (牛の)出産, 分娩(ぶんべん) (=vêlage).

vêler /vele/ 自動 〔牛が〕子を産む.

Vélib' /velib/ 男 vélo en libre-service パリで行われている, セルフサービス制の公営貸自転車.

vélin /velɛ̃/ 男 ❶ 犢皮(とくひ)紙: おもに死産の子牛の革でつくられる. ► un manuscrit sur vélin 犢皮紙に書かれた写本. ❷ 子牛革. ❸ ベラム紙 (=du papier vélin): 犢皮をまねた上質紙.

véliplanchiste /veliplɑ̃ʃist/ 名 ウインド・サーファー (=planchiste).

velléitaire /ve(l)leiteːr/ 形, 名 意志薄弱な(人), 優柔不断な(人).

velléité /veleite/ 女 《多く複数で》(実行に至らない)漠然とした意志[意欲], 軽い気持ち. ► Il a eu des velléités de résister. 彼は一応抵抗しようかと考えた.

***vélo** /velo ヴェロ/ 男 (vélocipède の略) 話 自転車 (=bicyclette); サイクリング. ► faire du vélo 自転車を乗り回す, サイクリングをする / aller à [en] vélo 自転車で行く / monter sur un vélo 自転車に乗る / vélo tout-terrain マウンテンバイク (略 VTT) / vélo de course 競技用自転車 / vélo d'appartement エアロバイク(健康用具).
C'est comme faire du vélo, ça ne s'oublie pas. 話 自転車と同じでこれは忘れない.

véloce /velɔs/ 形 文章 速い, 敏捷(びんしょう)な.

vélocipède /velɔsiped/ 男 (昔の)足蹴(けり)式自転車.

vélocité /velɔsite/ 女 (楽器演奏で)運指の速さ; 曲芸的な技術.

vélodrome /velɔdroːm/ 男 自転車競技場, 競輪場.

vélomoteur /velɔmɔtœːr/ 男 (排気量 125 cc 以下の)小型オートバイ.

véloski /veloski/ 男 スキー・ボブ.

***velours** /vəluːr ヴルール/ 男 ❶ ビロード, ベルベット. ► velours de coton 綿ビロード, 別珍 / velours de soie 絹[本]ビロード / velours côtelé コーデュロイ, コールテン / costume de velours ビロードのスーツ.
❷ 柔らかい[滑らかな]感触; (触覚, 味覚などに)快いもの. ► le velours de la peau 桃のような手触り / une peau de velours すべすべした肌 / faire des yeux de velours 《ふざけて》優しい目をする / C'est du velours. = C'est un vrai

velouté

velours. 口当たりがとてもいい, とびきりおいしい / 《同格的に》veau *velours* 子牛のスエード革.
aller [marcher] sur le velours 危険を冒さない; やすやすと事をなす.
à pas de velours 足音を立てずに.
faire (la) patte de velours (1)〔猫が〕爪(%)を隠す. (2)〔人が〕猫をかぶる.
jouer sur le velours (元金に手をつけず)もうけた金で賭(%)をする; 危険を冒さずにやってのける.
velouté, e /vəlute/ 形 ❶ ビロードのような, すべすべした; 柔らかな. ▶ avoir la peau *veloutée* すべすべした肌をしている / une lumière *veloutée* 柔らかな光. ❷ 口当たりのよい; とろりとした.
❸ ビロードのアップリケをした.
── *velouté* 男 ❶ ビロードのような感触, 滑らかさ; 口当たりのよさ; 心地よさ. ▶ le *velouté* de la peau 肌の滑らかさ / le *velouté* de l'éclairage 照明の柔らかさ. ❷〖料理〗(1) ブルーテスープ (= potage velouté): 生クリーム, 卵黄でとろみをつけたポタージュ. ▶ un *velouté* de tomates トマトのブルーテスープ. (2) ブルーテソース (= sauce velouté): フォン・ド・ヴォーをベースにしたホワイトソース.
velouter /vəlute/ 他動 ❶ …をビロード状〔仕上げ〕にする. ❷ …(の感触)を柔らかくする; (の味)をまろやかにする.
veloutine /vəlutin/ 女 綿フランネル, 綿ネル.
velu, e /vəly/ 形 毛深い, 毛むくじゃらの. ▶ bras *velu* 毛むくじゃらの腕.
velum 男 **vélum** 男 テント幕, 天幕.
velux /velyks/ 男 商標 天窓.
venaient, venais, venait /vənɛ/ 活用 ⇨ VENIR 28
venaison /vənɛzɔ̃/ 女 (鹿, イノシシなどの)野獣肉.
vénal, ale /venal/: (男複) **aux** /o/ 形 ❶ 金で動かされる, 金銭ずくの. ▶ un homme *vénal* 金で動く男 / une femme *vénale* 売春婦 / amour *vénal* 金銭ずくの愛. ❷〖歴史〗(官職などが)金で買える. ❸〖経済〗valeur *vénale* 市場〔換金〕価値.
vénalité /venalite/ 女 ❶ 金銭ずく, 買収されやすいこと; 金権体質. ❷〖歴史〗les *vénalité* des offices 官職売買, 売官制.
venant /vənɑ̃/ 男 〔次の句で〕
à tout venant だれにでも. ▶ Il parle *à tout venant*. 彼は相手構わず話しかける.
vend /vɑ̃/ 活用 ⇨ VENDRE 58
vendable /vɑ̃dabl/ 形 売りに出せる, 売れる.
vendaient, vendais, vendait /vɑ̃dɛ/ 活用 ⇨ VENDRE 58
*****vendange** /vɑ̃dɑ̃:ʒ/ 女 ❶ (ワイン用の)ブドウの収穫. ▶ faire 「la *vendange* [les *vendanges*]」ブドウの取り入れをする. ❷ (ワイン用に)収穫したブドウ. ▶ presser [fouler] la *vendange* 取り入れたブドウを搾る. ❸ (多く複数で)ブドウ収穫期.
vendanger /vɑ̃dɑ̃ʒe/ 2 他動〔ブドウ〕を摘み取る; 収穫する.
── 自動 ブドウの取り入れをする; ブドウを搾る.
vendangeur, euse /vɑ̃dɑ̃ʒœːr, øːz/ 名 ブドウ収穫人.
── **vendangeuse** 女 ブドウ収穫機.
vende /vɑ̃:d/ 活用 ⇨ VENDRE 58
Vendée /vɑ̃de/ 固有 女 ❶ ヴァンデ県 [85]: フランス西部. ❷ ヴァンデ川: フランス西部から大西洋に注ぐ.
vendéen, enne /vɑ̃deɛ̃, ɛn/ 形 ヴァンデ Vendée 県〔地方〕の. ── **Vendéen, enne** 名 ヴァンデ県〔地方〕の人.
vendémiaire /vɑ̃demjɛːr/ 男 バンデミエール, ぶどう月: フランス革命暦第1月. 現行暦では9から10月.
vendent, vendes /vɑ̃:d/ 活用 ⇨ VENDRE 58
vendetta /vɑ̃de(t)ta/ 女 《イタリア語》親族による復讐(%)〔仇討(%)ち〕.
*****vendeur, euse** /vɑ̃dœːr, øːz/ ヴァンドゥール, ヴァンドゥーズ 名 ❶ 店員, 販売員. ▶ une *vendeuse* de grand magasin デパートの女店員 / C'est un excellent *vendeur*. 彼は売り込みの名人だ. ❷ 売り手, 売り主, 譲渡人. 注 法律用語では女性形には venderesse を用いる. ▶ le *vendeur* et l'acheteur 売り手と買い手.
── 形 売り手の; 売る気のある, 販売促進の. ▶ les pays *vendeurs* de pétrole 石油の輸出国 / Il voulait m'acheter ma moto, mais je ne suis pas *vendeur*. 彼は私のバイクを欲しがっていたが, 私は売る気はない / une publicité *vendeuse* 販売促進広告.
vendi-, vendî-, vendiss- 活用 ⇨ VENDRE 58

:vendre /vɑ̃:dr/ ヴァーンドル/ 58 他動

過去分詞 vendu	現在分詞 vendant
直説法現在 je vends	nous vendons
tu vends	vous vendez
il vend	ils vendent
複合過去 j'ai vendu	半過去 je vendais
単純未来 je vendrai	単純過去 je vendis

❶ …を売る, 売却する; 販売する. ▶ *vendre* sa maison 家を売る / J'ai *vendu* mon terrain deux cents mille euros. 私は土地を20万ユーロで売った / Combien as-tu *vendu* ta moto? バイクはいくらで売ったの / *vendre* qc au détail …を小売りする / *vendre* qc en gros …を卸売りする / 《目的語なしに》*vendre* cher 高く売る / *vendre* à perte 買い値〔元値〕を切って売る / *vendre* en solde バーゲンで売る, 安売りする / *vendre* en réclame 特価で売る, 特売する / boutique qui *vend* bien 売れ行きのよい店. ◆à *vendre* 売り物の. ▶ 《A *vendre*》「売り出し中」/ maison à *vendre* 売り家 / Ce tableau n'est pas à *vendre*. この絵は売り物ではない.
❷〔考えなど〕を売り込む; 売り物にする. ▶ *vendre* son talent 才能を売り物にする.
❸〔魂など〕を売る, 売り渡す; 裏切る. ▶ *vendre* sa conscience 良心を売り渡す / *vendre* son silence 口止め料をもらう / *vendre* son complice à la police 共犯者を警察に密告する / *vendre* 「ses faveurs [ses charmes, son corps]」身を

売る，売春をする．
vendre chèrement sa vie 最後まで抵抗する，勇敢に戦った末に死ぬ．
vendre la peau de l'ours (*avant de l'avoir tué*) (=熊をしとめる前に皮を売る→)捕らぬ狸(た⁶)の皮算用．
vendre (*ses*) **père et mère** (父母を売る→)破廉恥極まりないことをする．注おもに条件法現在の形で用いる．

― **se vendre** 代動 ❶ 売られる，売れる；もてはやされる．▶ Cette voiture *se vend* bien. この自動車はよく売れる／écrivain qui *se vend* (bien) 売れっ子作家／《非人称構文で》Il *s'en est vendu* cinq cents exemplaires. その本［雑誌］は500部が売れた．❷ 身売りする；売春する．▶ Il *s'est vendu* à l'ennemi. 彼は敵に寝返った．❸ 互いに裏切り合う．❹ 自分を売り込む．▶ savoir *se vendre* 自分の売り込みかた知っている．

***vendredi** /vɑ̃dʀədi/ ヴァンドルディ／男 金曜日．▶ *vendredi* saint 聖金曜日：復活祭直前の金曜日でキリストの十字架上の死を記念する日．
vends /vɑ̃/ 活用 ⇨ VENDRE 58
vendu, e /vɑ̃dy/ 形 (vendre の過去分詞) ❶ 売られた，売却済みの．❷ 身を売った，買収された．▶ un député *vendu* 収賄［汚職］代議士．― 名 裏切り者，卑劣漢；《ののしって》恥知らず．▶ Tas de *vendus*! げす野郎どもめ．
venelle /vənɛl/ 女 路地．
vénéneux, euse /venenø, ø:z/ 形〔植物が〕有毒な；文章〔思想などが〕有害な，危険な．▶ champignons *vénéneux* 毒キノコ．
vénérable /venerabl/ 形 ❶ 文章 神聖な；尊敬［崇拝］に値する．▶ un lieu *vénérable* 神聖な土地／un *vénérable* vieillard 古老．❷《しばしば皮肉に》とても古い，長い年月を経た．▶ une automobile d'un âge *vénérable* 時代物の自動車．
vénération /venerɑsjɔ̃/ 女〔宗教的〕崇拝；尊敬，敬愛．▶ une idole qui est un objet de *vénération* 崇拝の対象となっている偶像／avoir de la *vénération* pour qn …を尊敬している／par *vénération* pour qn …への敬愛の念から／avec *vénération* うやうやしく，丁重に．
vénérer /venere/ 6 他動〔神聖なもの〕を崇拝するため，敬意に値する．▶ 文章…を尊敬する，尊ぶ．▶ *vénérer* un saint 聖人を崇拝する．
vénerie /vɛnʀi/ 女（騎馬，猟犬を使っての）狩猟，猟犬狩猟（=chasse à courre）．
vénérien, enne /venerjɛ̃, ɛn/ 形 性病の．▶ maladie *vénérienne* 性病．
veneur /vənœ:r/ 男〔猟犬を使って〕狩猟を行う人；狩猟係．▶ grand *veneur*〖料理〗ソースグランヴヌール（ペッパー風味のブラウンソース）．
venez /vəne/ 活用 ⇨ VENIR 28
Venezuela /venezɥela/ 固有 男 ベネズエラ：首都 Caracas．▶ au *Venezuela* ベネズエラに［で，へ］．
vénézuélien, enne /venezɥeljɛ̃, ɛn/ 形 ベネズエラ *Venezuela* の．
― **Vénézuélien, enne** 名 ベネズエラ人．
vengeance /vɑ̃ʒɑ̃:s/ 女 復讐(ふくしゅう)，報復，仕返し；懲罰．▶ exercer sa *vengeance* sur qn …に復讐する，仕返しする／méditer une *vengeance* 復讐を企てる／*vengeance* céleste［divine］天罰．
crier vengeance 報復を求める．
La vengeance est un plat qui se mange froid.〔諺〕(復讐は冷まして食べる料理である→)復讐にあせりは禁物．
tirer vengeance de qc/qn …の復讐をする，恨みを晴らす．▶ *tirer vengeance d'*une trahison 裏切りに仕返しする．

***venger** /vɑ̃ʒe/ 2 他動 ヴァンジェ／

過去分詞 vengé	現在分詞 vengeant
直説法現在 je venge	nous veng**e**ons
tu venges	vous vengez
il venge	ils vengent

❶〔人が〕…の復讐(ふくしゅう)をする，敵(かたき)を取る．▶ *venger* un affront 侮辱の仕返しをする／*venger* son père 父親のあだを討つ．
❷〈*venger* qn de qc〉〔出来事などが〕…に対する…の恨みを晴らす．▶ Son échec m'*a vengé* de ses méchancetés. 彼(女)の失敗で，意地悪された私の恨みは晴れた．
❸〔名誉など〕を回復する，挽回(ばんかい)する．▶ *venger* son honneur 名誉を回復する／*venger* sa mémoire 汚名を挽回する．

― ***se venger** 代動 ❶〈*se venger* (de qn)〉(…に)復讐する，(…への)恨みを晴らす．▶ *se venger* d'un ennemi 敵に復讐する／Je *me vengerai*! この仕返しはきっとするぞ．
❷〈*se venger* de qc〉…の仕返しをする，恨みを晴らす．▶ *se venger* d'une insulte 侮辱の仕返しをする．
❸〈*se venger* de qc (par qc)〉(…で)…の埋め合わせをする．▶ *se venger* d'une humiliation en s'en prenant à ses amis 侮辱された腹いせに友人たちに八つ当たりする．
❹〈*se venger* (de qc) sur qn〉(…の)恨みを晴らすために…につらく当たる．
❺ 復讐される．▶ Une telle insulte *se vengera*. こんな侮辱を受けては黙っていられない．
vengeur, eresse /vɑ̃ʒœ:r, vɑ̃ʒrɛs/ 名 復讐(ふくしゅう)者；制裁を加える者，懲罰者．― 形 復讐の；懲罰の，懲らしめる．▶ un article *vengeur* 報復記事／dieux *vengeurs* 懲らしめの神．
véniel, le /venjɛl/ 形 ❶〖神学〗〔罪が〕赦(ゆる)される．❷ 文章〔過ちが〕見逃せる，軽い．
veniez /vənje/ 活用 ⇨ VENIR 28
venimeux, euse /vənimø, ø:z/ 形 ❶〔特に動物が〕毒のある，有毒な．▶ serpent *venimeux* 毒蛇．❷ 毒気のある，悪意に満ちた，辛辣(しんらつ)な．▶ langue *venimeuse* 毒舌家／jeter un regard *venimeux* 敵意に満ちた眼差(まなざ)しを投げる．
venin /vənɛ̃/ 男 ❶〔蛇などの〕毒，毒液．▶ *venin* de scorpion サソリの毒／sérum contre les *venins* 抗毒血清．
❷ 毒気，悪意；中傷．▶ paroles pleines de *venin* 悪意に満ちた言葉，毒舌／jeter［cracher］son *venin* 毒づく．
venions /v(ə)njɔ̃/ 活用 ⇨ VENIR 28

venir

venir /v(ə)niːr ヴニール/ 28 自動

過去分詞 venu	現在分詞 venant
直説法現在	je viens / tu viens / il vient / nous venons / vous venez / ils viennent
単純未来	je viendrai / tu viendras / il viendra / nous viendrons / vous viendrez / ils viendront
半過去	je venais / tu venais / il venait / nous venions / vous veniez / ils venaient
複合過去	je suis venu(e) / tu es venu(e) / il est venu / elle est venue / nous sommes venu(e)s / vous êtes venu(e)(s) / ils sont venus / elles sont venues
命令法	viens venons venez

〔人，物が〕来る．
<*venir* + 不定詞>…しに来る．
〔現象が〕到来する，生ずる．
<*venir* de + 不定詞>…したばかりである．

「来て」のしぐさ

《助動詞は être》❶ ❶ 来る；(話し相手の方，話題の場所へ)行く． ▶ *Viens* vite. 早く来て / Elle *est venue* par le train. 彼女は列車でやって来た / Il ne *vient* jamais aux réunions. 彼は全然集まりに出てこない / Demain vous *viendrez* chez moi. 明日拙宅へおいでください / J'irai d'abord chez elle, ensuite je *viendrai* chez vous. まず彼女の家へ行き，それからお宅へ参ります / Je *viens*! 今行きます / On va au théâtre, tu *viens* avec nous? 芝居に行くけど，一緒に行くかい / 《非人称構文で》Il *vient* beaucoup de touristes dans cette ville. この町には観光客がたくさん来る．

❷ <*venir* de qc>…から来る，帰ってくる；の出である，出身である． ▶ Je *viens* du Japon. 私は日本から来ました / D'où *venez*-vous? ご出身はどちらですか / Ils *viennent* de Paris. 彼らはパリから来た / 《 Tu vas à la gare? — Non, j'en *viens*. 》「駅へ行くのかい」「いや，駅から帰ってきたところです」/ Le vent *vient* de l'ouest. 風が西から吹いている / Ce café *vient* du Brésil.(=provenir) このコーヒーはブラジル産です / Il *vient* d'une bonne famille.(=sortir, être issu) 彼は名門の出だ．

Je viens du Japon.

❸ <*venir* de qc/qn>…に由来する，から伝わる，を起源とする． ▶ Le mot alcool *vient* de l'arabe. アルコールという語はアラビア語に由来する / une information qui *vient* d'une source sûre 確かな筋からの情報 / De qui *vient* cette idée? それはだれの考えですか / Ce meuble magnifique me *vient* de ma grand-mère paternelle. このすばらしい家具は父方の祖母から来たものだ．

❹ 〔時，現象，状況が〕到来する；生じる． ▶ La nuit *vient* vite. 日暮れが早い / Un jour *viendra* où nous réussirons. いつか成功する日が来るだろう / Le moment du départ *est venu*. = Le moment *est venu* de partir. 出発の時が来た / La crise économique *est venue* brutalement. 経済危機は突然やって来た / prendre les événements comme ils *viennent* 事件を冷静に受け止める / 《非人称構文で》Il *vient* un orage. 嵐(あらし)がやって来る．

❺ <*venir* de qc>…から生ずる，に起因する． ▶ Ces troubles *viennent* du foie. これらの体の変調は肝臓に原因がある / D'où *vient* cette colère? 何が原因で怒るのですか． ◆ *venir* de ce que + 直説法 …ということに起因する，原因がある． ▶ Son malheur *vient* de ce qu'il n'a pas d'amis. 彼の不幸は友人がいないせいだ． ◆ D'où *vient* que + 直説法 ? なぜ…なのか (=pourquoi)． ▶ D'où *vient* qu'elle est toujours en retard? どうして彼女はいつも遅刻するのだろう． ◆ De là [D'où] *vient* que + 直説法. それが…の理由である，そういうわけで…なのだ．

❻ <*venir* à qn>〔生理現象などが〕…に生じる；〔考えなどが〕…に湧(わ)く，浮かぶ． ▶ Les larmes me *sont venues* aux yeux. 私は涙が出た / Ça ne me *viendrait* jamais à l'esprit. そんなことは思いもつかなかっただろう / La curiosité nous *est venue* de pousser plus loin l'exploration. 私たちの心には探検をもっと押し進めようという好奇心が湧いてきた / 《非人称構文で》Il ne m'*est* jamais *venu* à l'idée de la quitter. 彼女と別れようなどと思ったことは一度もない．

❼ (順位，序列などで)…の地位を占める，に位置する． ▶ *venir* en troisième position dans une course 競走で3位になる / ceux qui *viendront* après nous 私たちの後に来る人々；《特に》後世の

人々 / Pour moi, la famille *vient* d'abord et le travail ensuite. 私にとっては家庭が第一で, その次が仕事だ.
❽ ⟨*venir* à qc⟩ …に達する, 至る, 及ぶ. ▶ L'eau nous *venait* aux genoux. 水がひざまで来ていた / *venir* au pouvoir 政権の座に就く / *venir* à (la) maturité〔果実, 計画などが〕熟す / Votre fils me *vient* à l'épaule. 御子息の背丈は私の肩まであるりますね / La Forêt *vient* jusqu'à la route. (=s'étendre) 森は道路まで広がっている.
❾〔植物が〕生える, 生長する, 育つ (=pousser, croître). ▶ Dans ce pays, le seigle *vient* mieux que le blé. この国では小麦よりもライ麦がよく育つ.
❷《不定詞を伴って》❶⟨*venir* + 不定詞⟩…しに来る. ▶ Je *viens* voir M. Martin. マルタン氏に会いに来ました / Il *vient* me voir tous les jours. 彼は毎日私に会いに来る / *Viens* m'aider. 手伝いに来てくれ. 注 目的を強調するときには⟨*venir* pour + 不定詞⟩も用いられる(例: Nous *sommes venus* ici pour travailler. 私たちはここに仕事をするために来たのです).
❷⟨*venir* + 不定詞⟩〔物が〕…することになる, …する. ▶ Ces tableaux *sont venus* s'ajouter à la collection déjà importante de ce musée. これらの絵画は, この美術館の持っているすでに立派なコレクションに付け加えられることになった.
❸⟨*venir* à + 不定詞⟩たまたま…する. ▶ S'il *venait* à mourir, que deviendraient ses enfants? 彼が死ぬようなことにでもなったら, 子供たちはどうなるのだろう /《非人称構文で》s'il *venait* à passer quelqu'un その人がそのあたりを通りかかったとしたら.
❹《近接過去》⟨**venir de** + 不定詞⟩…したばかりである. 注 直説法現在と半過去で用いる (語法 ⇨ IMPARFAIT). ▶ Son livre *vient* de paraître. 彼(女)の本は刊行されたばかりだ / Je *viens* de recevoir de ses nouvelles. 私は彼(女)からの便りを受け取ったところだ / Quand je suis arrivé, elle *venait* (juste) de partir. 私が到着したとき, 彼女はちょうど出かけたところだった.

aller et venir 行ったり来たりする, うろうろする.
♦**ne faire qu'aller et venir** (何もせずに)うろうろしている, 動き回っている; すぐ戻ってくる.
à venir 来るべき, これからの, 未来の. ▶ les générations *à venir* 未来の世代 / La perspective est assez sombre pour les années *à venir*. 将来の見通しはかなり暗い.
Ça viendra. そのうちできるようになる.
Ça vient. 話(1)(人をせかして)まだかね, 急いでくれ. ▶ Ça *vient*, le café? コーヒーはまだですか / Alors *ça vient*? Ça fait une demi-heure que j'attends. まだかね, もう30分も待っているんだよ. (2)(物事が)形になる, できあがる. ▶ Alors ça *vient*, cet article? どう, 論文の方はできそうかい.
(**en**) **venir à qc** (問題, テーマなどに)取りかかる, 着手する, 取り組む. ▶ *Venons-en* à la conclusion. 結論に入ろう /*J'en viens* maintenant *au* problème principal. さて肝心な問題について始めます / pour *venir à* notre affaire 用件に入るに当たって.
*en venir à qc 不定詞 結局…になる, ついに…に至る. ▶ *en venir aux* mains 最後は殴り合いになる / Où voulez-vous *en venir*? 結局のところ何が言いたい[どうしたい]のですか / Ils *en sont venus* à se battre comme des chiffonniers. 彼らはついに激しい殴り合いを始めるに至った.
faire venir qn/qc (1)…を来させる, 呼ぶ. ▶ *faire venir* le médecin (かかりつけの)医者を呼ぶ. (2)…を注文する, 取り寄せる. ▶ *faire venir* un livre 本を注文する. (3)…を生じさせる.
laisser venir 成り行きを見守る, 事態を静観する.
venir au monde 生まれる (=naître).
Viens-y! 話《脅迫して》やるならなってみろ.
voir venir (*qc*) (*de loin*) (…を)ずっと前から予測する. ▶ On n'a rien vu venir. 前兆が見えなかった.
voir venir qn (話 **avec ses gros sabots**) …の考え[意図]を見抜く. ▶ Je te *vois venir*. 君の考えは見え見えだよ.
y venir (そこに達する→)話 最後には承諾する, 結局は受諾する. ▶ Vous *y venez*. とうとうあなたも折れましたね.

Venise /vəniːz/ 固名 ベネチア, ベニス.
vénitien, enne /venisjɛ̃, ɛn/ 形 ベネチア Venise の, ベニスの. ▶ blond *vénitien* ベネチアブロンド(赤みがかったブロンド) / peinture *vénitienne* ベネチア派の絵画 / lanterne *vénitienne* (蛇腹式の)提灯(ちょうちん) / store *vénitien* ベネチアンブラインド.
── **Vénitien, enne** 名 ベネチアの人.
venons /v(ə)nɔ̃/ 活用 ⇨ VENIR ㉘

***vent** /vɑ̃/ ヴァン/ 男

❶ 風. ▶ Il fait du *vent*. = Il y a du *vent*. 風がある / Le *vent* souffle. 風が吹く / Le *vent* tombe [se lève]. 風がやむ[起こる] / Le *vent* se calme. 風が静まる / marcher contre le *vent* 風に逆らって進む / roseaux qui tremblent au *vent* 風にそよぐ葦(あし) / *vent* du nord 北風 / *vent* fort 強風, *vent* faible 微風 / coup de *vent* 一陣の風 / moulin à *vent* 風車 / instrument à *vent* 管楽器.
❷ 大気, 空気. 注 次のような表現で用いられる. ▶ voler au *vent* 中空[風]に舞う / exposer qn/qc au *vent* …を風に当てる, 外気にさらす.
❸ (腸内の)ガス, 屁(へ). ▶ avoir des *vents* 腹にガスがたまる / faire [lâcher] un *vent* おならをする.
❹ 風向き, 雲行き, 形勢;(社会の)動向, 気運. ▶ voir de quel côté souffle le *vent* 成り行きを見守る, 事態を静観する / Le *vent* tourne. 風向きが変わる;事態が一変する / Le *vent* était à l'optimisme. 大勢は楽観論に傾いていた / Un *vent* de renouvellement souffle dans l'enseignement. 教育界に革新の気運が高まっている.
❺ 《du vent》空疎, 無価値;実体のないもの, 空約束. ▶ Tout ce qu'il dit [promet], c'est du *vent*. 彼の言うことはすべて空手形だ.
❻ 方位;方向, 方角. ▶ les quatre *vents* 四方位, 東西南北.
aller comme le vent とても早く進む.

vente

à tous les vents = *aux quatre vents* 四方八方に, 至る所に. ▶ jeter qc *à tous les vents* …をまき散らす, 四散させる / une maison ouverte *aux quatre vents* 風当たりの強い［吹きさらしの］家.

Autant en emporte le vent. 国(風にさらされて)あとには何も残らないだろう; そんな言葉［約束］は当てにならない. 注米国作家 M. ミッチェルの「風と共に去りぬ」の仏訳名.

au vent (1) 風上に. ▶ venir *au vent* 風上に進む. (2) 風に, 空中に. ▶ les cheveux *au vent* 髪を風になびかせて / le nez *au vent* 上の空で, ぼんやり; ぶらぶら.

avoir [il y a] du vent dans les voiles 国酔っ払っている, 千鳥足である.

avoir le vent debout [arrière] 向かい風［追い風］を受ける.

avoir le vent ʿen poupe [dans le dos, dans les voiles] 順風満帆である, 順調に運んでいる.

avoir vent de qc …を風の便りで知る, かぎつける. ▶ J'ai eu *vent* de ses intentions de départ. 私は彼(女)が出発する意向でいることを人づてに聞いた.

Bon vent! 国 (皮肉に)やれやれ, やっと厄介払いができた.

contre vents et marées 万難を排して, 是が非でも. ▶ Je le ferai *contre vents et marées*. 何がなんでもそうするつもりだ.

dans le vent 流行の; 現代的な. ▶ Les jeunes gens veulent toujours être *dans le vent*. 若者は常に流行［時代］に乗り遅れまいとする.

Du vent! 出て行け.

en coup de vent (1) 疾風(はやて)のように; 慌ただしく. (2) 国(髪が)乱れて. ▶ être coiffé *en coup de vent* 髪をいいかげんに結っている, ぼさぼさ頭である.

en plein vent 戸外で; 野ざらしの. ▶ théâtre *en plein vent* 野外劇場.

faire du vent 風を起こす, あおぐ. ▶ *faire du vent* avec un éventail 扇であおぐ. (2) 国大物ぶる, もったいぶる, 威張る.

prendre le vent (1)〔船が〕順風に帆をあげる. (2) 事態を静観する.

Quel bon vent vous amène? これはまたどうした風の吹き回しですか; いらっしゃいませ, ようこそ.

sous le vent 風下に.

tourner [virer] ʿà tous les vents [au moindre vent] (意見, 考えが)ちょっとしたことですぐに変わる, 影響されやすい, 無定見である.

***vente** /vɑ̃:t/ ヴァーント, 女 ❶ 販売; 売却. ▶ prix de *vente* 販売価格 / *vente* en gros 卸売り / *vente* au détail 小売り / *vente* à crédit 掛け売り / *vente* au comptant 現金売り / *vente* à tempérament 割賦［月賦］販売 / *vente* par correspondance 通信販売 (略 VPC) / *vente* en ligne インターネット販売 / service après-*vente* アフターサービス / *vente* de garage ガレージセール / chef［directeur］des *ventes* 販売部長 / *ventes* promotionnelles 在庫一掃セール, 特売.

❷ 売り上げ(高), 売れ行き. ▶ la promotion des *ventes* 売り上げの拡大, 販売促進 / avoir de la *vente*［店が］売り上げが多い, もうかっている / La *vente* va［ne va pas］bien. 売れ行きがよい［悪い］.

❸ 競売(会), 競り売り. ▶ salle des *ventes* 競売場 / *vente* de charité チャリティー・バザー / *vente* publique 公売 / *vente* aux enchères 競売 / assister à une *vente* オークションに参加する.

***en vente** 売りに出ている, 発売中の. ▶ *en vente* libre〔薬などが〕自由販売の / mettre qc *en vente* …を売りに出す, 発売する / La maison est *en vente* à deux cents mille euros. その家は20万ユーロで売りに出ている.

hors de vente 売れない; 非売品の.

point de vente 販売店, 店舗; 支店.

venté, e /vɑ̃te/ 形 風の強い, 吹きさらしの.

venter /vɑ̃te/ 非人称 風が吹く. ▶ Il *vente*. 風が吹く. 注 Il fait du vent. を用いるのが普通.

Qu'il pleuve ou qu'il vente … 雨が降ろうが風が吹こうと…, 何が起ころうと…, 何がなんでも….

venteux, euse /vɑ̃tø, ø:z/ 形 風がよく吹く.

ventilateur /vɑ̃tilatœ:r/ 男 ❶ 扇風機.

❷ 換気［通風］装置; 換気扇; 送風機;〔自動車〕冷却ファン.

ventilation¹ /vɑ̃tilasjɔ̃/ 女 換気, 通風.

ventilation² /vɑ̃tilasjɔ̃/ 女 ❶〔簿記〕振り分け;〔法律〕割合評価. ❷ 分類, グループ分け.

ventiler¹ /vɑ̃tile/ 他動 …を換気する, の通風をよくする. ▶ un local mal *ventilé* 換気の悪い部屋 / *ventiler* un moteur électrique モーターを冷却する.

ventiler² /vɑ̃tile/ 他動 ❶〔支出などを〕項目別に振り分ける. ❷ …を分類する, グループに分ける.

ventôse /vɑ̃to:z/ 男 バントーズ, 風月: フランス革命暦第6月. 現行暦では2月から3月.

ventouse¹ /vɑ̃tu:z/ 女 ❶〔医学〕吸角(きゅうかく), 吸い玉: 悪血を吸引するガラス製医療具. ❷(ヒルやタコの)吸盤. ❸(器具の)吸盤, 吸着器.

faire ventouse ぴったりくっつく, 付着する.

voiture ventouse 長時間駐車している車, 放置車.

ventouse² /vɑ̃tu:z/ 女 通気口, 空気取入口.

ventral, ale /vɑ̃tral/; (男複) **aux** /o/ 形 腹の, 腹面の. ▶ nageoires *ventrales* 腹びれ / parachute *ventral* 体の前面に装着するパラシュート.

***ventre** /vɑ̃:tr/ ヴァーントル, 男 ❶ 腹, 腹部. ▶ ʿse coucher［s'allonger］sur le *ventre* うつぶせになる / recevoir une balle dans le *ventre* 腹に弾丸を受ける / avoir［prendre］du *ventre* 腹が出ている［出る］/ avoir le *ventre* plat 腹が平らである / rentrer le *ventre* 腹を引っ込める / danse du *ventre* ベリーダンス / bas *ventre* 下腹部.

❷ (胃腸を指して)腹. ▶ avoir mal au *ventre* おなかが痛い / se remplir le *ventre* 腹を満たす / avoir le *ventre* creux［plein］空腹［満腹］である / avoir le *ventre* serré 便秘している.

❸ (母体の)腹; 胎内. ▶ un *ventre* de six mois 国 妊娠7か月のおなか / dès le *ventre* de sa mère 母親の胎内にいるときから.

❹(物の)腹部, 空洞部. ▶ le *ventre* d'une vase 花瓶の胴［ふくらんだ部分］.
❺〖物理〗(定常波の)腹：振幅が最大になる箇所.

*ÀA *plat ventre* (1) 腹這(ば)いで, うつぶせに. ▶ dormir *à plat ventre* うつぶせになって寝る. (2) ひれ伏して：卑屈に. ▶ se mettre *à plat ventre* devant qn …の前にひれ伏す：にぺこぺこする.

avoir du cœur au ventre 気力がある.
avoir la reconnaissance du ventre 話《皮肉に》食べさせてもらったことに恩義を感じる.
avoir les yeux plus gros［*grands*］*que le ventre* (1) 食べきれないほど皿に取る. (2) 分不相応なもくろみを立てる.
avoir ⌈*quelque chose*［*rien*］*dans le ventre* 何か(勇気, 個性, 才能, 奥の深さ)を秘めている［いない］. ▶ Il n'a *rien dans le ventre*. 彼には何をする気力もない.
courir ventre à terre 全速力で走る.
faire mal au ventre à qn …にひどく嫌悪感を催させる. ▶ Ça me *fait mal au ventre*. そいつはひどくむかつく.
le ventre mou de qn/qc …の弱点.
marcher［*passer*］*sur le ventre de qn* …を踏みつける；踏み台にする.
mettre［*remettre*］*du cœur au ventre à qn* …に…を勇気づける, 力を与える.
savoir［*voir*］*ce qu'il y a dans le ventre* 彼の腹の内［本音］を知る.
Ventre affamé n'a pas d'oreilles. 諺(空腹に耳なし→)空腹時にはどんな言葉も耳に入らない.

ventrée /vɑ̃tre/ 囡 腹いっぱいの食べ物；たらふく食べる食事. ▶ prendre［se mettre, se flanquer］une bonne *ventrée* (de qc) (…を)たらふく食べる.

ventriculaire /vɑ̃trikyle:r/ 形〖解剖〗心室の；脳室の.
ventricule /vɑ̃trikyl/ 男〖解剖〗心室；脳室.
ventriloque /vɑ̃trilɔk/ 形 腹話術のできる.
——名 腹話術師.
ventriloquie /vɑ̃trilɔki/ 囡 腹話術.
ventripotent, ente /vɑ̃tripɔtɑ̃, ɑ̃:t/ 形話 布袋(ほてい)腹の, 腹が突き出た.
ventru, e /vɑ̃try/ 形 ❶腹の出た, 太鼓腹の. ❷ (物が)膨らみのある.
venu, e /v(ə)ny/ 形 (venir の過去分詞) ❶ <le premier + 名詞 + *venu*> なん［だれ］でもよい….
▶ entrer dans le premier café *venu* 行き当たりばったりで最初のカフェに入る.
❷ <bien［mal］*venu*> 発育のよい(悪い)；出来映えのよい(悪い). ▶ un enfant［arbre］mal *venu* 発育の悪い子供［樹木］.
❸ 文章 <bien［mal］*venu*> 時宜を得た［得ない］. ▶ un hôte mal *venu* 歓迎されざる客. ◆ être mal *venu* de + 不定詞 …するにふさわしくない, する資格がない. ▶ Paul serait mal *venu* de se plaindre. ポールには不平を言う資格はないだろう / (非人称構文で) Il serait mal *venu* de lui poser cette question. 彼(女)にその質問をするのはお門違いだろう.
——名 来た人. ▶ un nouveau *venu* 新参者 / le dernier *venu* 最後に来た人；どうでもいい人. ◆ le premier *venu* 最初に来た人；だれでも. ▶ Le premier *venu* pourra le remplacer. だれでも彼の代わりは務まるだろう.

venue /vəny/ 囡 ❶ 来ること, 到来. ▶ attendre la *venue* de qn …の来るのを待つ / La *venue* du printemps est proche. 春の到来は近い / allées et *venues* 行き来, 往来 / lors de ma *venue* au monde 私が生まれた時. ❷ 発育［生育］ぶり；(作品などの)出来映え. ▶ un arbre d'une bonne *venue* 生育のよい木 / Sa toile est d'une belle *venue*. 彼(女)の油絵は立派な出来映えだ.

Vénus /venys/ 固有 ❶〖ローマ神話〗ウェヌス, ビーナス：愛と美の女神. ❷〖天文〗金星.
vêpres /vɛpr/ 囡複〖カトリック〗晩課, 夕べの祈り.

*ver /vɛ:r ヴェール/ 男 ❶ (うじ, ミミズ, 回虫のような)虫；青虫, 毛虫. ▶ *ver* de terre ミミズ / *ver* luisant ツチボタルの雌：ホタル(＝luciole) / *ver* à soie カイコ / *ver* solitaire さなだ虫(⇨ 成句) / un meuble mangé aux *vers* 虫に食われた家具. ❷ 文章 (俗信で, 死体を食うという)虫.
❸〖情報〗ワーム.

avoir le ver solitaire いつも空腹である；絶えず食べている.
Le ver est dans le fruit. (虫は果実の中にいる→)崩壊の芽は内部にある.
nu comme un ver 話 素っ裸の.
⌈*se tortiller*［*se tordre*］*comme un ver* (ミミズのように)しきりに体をくねらせる.
tirer les vers du nez à qn 話 …から巧みに秘密を聞き出す；にかまをかける.

véracité /verasite/ 囡 ❶ (報告, 話などの)真実性. ❷ 正確さ, 忠実さ, 正直さ. ▶ raconter avec *véracité* 正直に物語る.
véranda /verɑ̃da/ 囡 ベランダ, 縁側.
verbal, ale /vɛrbal/；(男複) *aux* /o/ 形 ❶ 口頭の. ▶ promesse *verbale* 口約束 / rapport *verbal* (学会での)口頭発表 / location *verbale* 契約書なしの賃貸借.
❷ 言葉の, 言葉による；字面の. ▶ violence *verbale* 言葉の暴力 / explication purement *verbale* (中身とは関係ない)字義のみの解釈.
❸〖文法〗動詞の, 動詞的な. ▶ adjectif *verbal* 動詞的形容詞：形容詞として用いられる現在分詞.
❹〖国際法〗note *verbale* (外交官と外務大臣の間で交わされる正式の署名のない)口上書.
verbalement /vɛrbalmɑ̃/ 副 ❶ 口頭で. ▶ donner son accord *verbalement* 口頭で同意する. ❷ 言葉で. ▶ s'exprimer *verbalement* 自分の考えを言葉で表わす.
verbalisation /vɛrbalizasjɔ̃/ 囡 調書をとること, 調書作成.
verbaliser /vɛrbalize/ 自動 調書を作成する. ▶ *verbaliser* contre un chasseur sans permis 密猟者から調書をとる.
—— 他動〔感情, 苦痛, 考えなど〕を言葉で表現する；《目的語なしに》感情［痛み］を口に出して言う.
verbalisme /vɛrbalism/ 男 (内容よりも)言葉の偏重；駄弁.
*verbe /vɛrb ヴェルブ/ 男 ❶〖文法〗動詞. ▶ *verbe* transitif 他動詞 / *verbe* transitif indi-

rect 間接他動詞 / *verbe* intransitif 自動詞 / *verbe* pronominal 代名動詞 / *verbe* irrégulier 不規則動詞 / conjuguer un *verbe* 動詞を活用させる.
❷ 文章 言語, 表現, 言葉. ▶ un *verbe* poétique 詩的言語 / la magie du *verbe* 言葉の魔力.
❸ 口調, 語調. ▶ avoir le *verbe* haut 大声で話す; 高飛車に決めつける. ❹《Verbe》『神学』御(ぉん)言葉; キリスト(=le Fils).

verbeusement /vɛrbøzmɑ̃/ 副 文章 回りくどく, 冗長に.

verb*eux*, *euse* /vɛrbø, ø:z/ 形 回りくどい話し方をする; おしゃべりな; 〔文章, 話などが〕冗長な.

verbiage /vɛrbja:ʒ/ 男 駄弁, むだ口; 饒舌(じょう).

verbosité /vɛrbozite/ 女 (話し方が)回りくどいこと; 冗長, 冗漫.

verdâtre /vɛrdɑ:tr/ 形 緑がかった, くすんだ緑色の; (肌の色などが)青白い.

verdeur /vɛrdœ:r/ 女 ❶ (熟していない果物, ワインの)酸味, 渋み. ❷ (老人の)若々しさ. ❸ (言葉遣いの)大胆さ, 奔放さ; 辛辣(しんら)さ.

verdict /vɛrdikt/ 男 〔英語〕 ❶ 『法律』(陪審員の)評決. ▶ prononcer [rendre] un *verdict* 評決を下す / *verdict* de culpabilité = *verdict* positif 有罪の評決 / *verdict* d'acquittement = *verdict* négatif 無罪の評決. ❷ (権威のある)判断, 意見. ▶ le *verdict* des électeurs 有権者の下す審判.

verdir /vɛrdi:r/ 自動 ❶ 緑色になる; 緑の草〔葉〕に覆われる. ❷ (恐怖などで)真っ青になる.
— 他動 …を緑色にする.

verdissement /vɛrdismɑ̃/ 男 文章 緑色になること.

verdoiement /vɛrdwamɑ̃/ 男 文章 (草木, 野原などが)青々とすること, 一面の緑になること.

verdoy*ant*, *ante* /vɛrdwajɑ̃, ɑ̃:t/ 形 〔草木, 野原などが〕青々とした.

verdoyer /vɛrdwaje/ 10 自動 文章 〔草木, 野原などが〕緑に色づく, 一面の緑になる.

verdure /vɛrdy:r/ 女 ❶ (草木の)緑; (緑色の)植物, 草木, 緑葉. ▶ une colline couverte de *verdure* 緑に覆われた丘 / rideau de *verdure* (木立の)緑のカーテン / tapis de *verdure* (芝生の)緑の絨毯(じゅう) / théâtre de *verdure* 緑の劇場, 野外劇場. ❷ 図 生野菜, 青物.

véreux, *euse* /verø, ø:z/ 形 ❶ 〔果物などが〕虫の食った. ▶ fruits *véreux* 虫に食われた果物. ❷ (道徳的に)堕落した, 腐敗した; 不法行為を行う. ▶ politicien *véreux* 腐敗した政治家. ❸ 怪しい, 怪しげな. ▶ affaires *véreuses* いかがわしい商売.

verge /vɛrʒ/ 女 ❶ (昔の体罰用の)たたき棒, むち. ❷ 陰茎, ペニス.
donner des verges pour se faire fouetter [*battre*] (相手に)攻撃の武器を与える, やぶへびになる.

vergé, *e* /vɛrʒe/ 形 ❶ papier *vergé* 簀(す)の目線入りの紙. ❷ 〔布が〕糸むら〔染めむら〕のある.

verger /vɛrʒe/ 男 果樹園.

vergeté, *e* /vɛrʒəte/ 形 〔肌が〕(むちで打たれたように)縞(しま)のできた.

vergette /vɛrʒɛt/ 女 ❶ 小さい棒, 小さいむち. ❷『紋章』パレット, 縦縞(たてじま).

verglacé, *e* /vɛrglase/ 形 雨氷(うひょう)の張った.

verglacer /vɛrglase/ 非人称 雨氷(うひょう)が張る.

verglas /vɛrgla/ 男 雨氷(うひょう).

véridique /veridik/ 形 ❶ 真実の, 正確な. ▶ récit *véridique* 実話. ❷ 文章 うそをつかない, 正直な.

véridiquement /veridikmɑ̃/ 副 ありのままに, 正直に, 正確に.

vérifiable /verifjabl/ 形 確かめられる, 検証できる.

vérifica*teur*, *trice* /verifikatœ:r, tris/ 形 検査の. — 名 検査官. ▶ *vérificateur* des douanes 税関の検査官.
— 男 *vérificateur* orthographique スペルチェッカー.

vérifica*tif*, *ive* /verifikatif, i:v/ 形 文章 検査を可能にする, 検査に役立つ.

vérification /verifikasjɔ̃/ 女 ❶ 検査, 審査; 確認. ▶ *vérification* d'identité 身元確認 / *vérification* d'écritures 筆跡鑑定 / *vérification* de comptes 会計検査 / après *vérification* 確認後に. ❷ 検証, 実証. ▶ *vérification* d'une hypothèse par les faits 事実による仮説の立証.

*****vérifier** /verifje/ ヴェリフィエ/ 他動 ❶ …を確かめる. ▶ *vérifier* un calcul 計算を確かめる / *vérifier* l'identité de qn …が本人かどうかを確かめる / *vérifier* une nouvelle ニュースの真偽を確かめる / *vérifier* un témoignage 証言の裏付けをとる / *vérifier* une adresse dans son agenda 住所を手帳を見て確かめる. ◆*vérifier* que + 直説法 // *vérifier* + 間接疑問節 ▶ Tu *vérifieras* qu'il y a bien dix billets de cent euros. ちゃんと100ユーロ札が10枚あることを確かめてくれ / *vérifier* si la porte est fermée à clef ドアに鍵(かぎ)がかかっているかどうかを確認する. 比較 ⇨ EXAMINER.
❷ 〔仮説, 理論など〕の正しさを実証〔立証〕する. ▶ Les faits *ont vérifié* mes soupçons. 事実は私の憶測が正しかったと証明してくれた.
❸ …を検査する. ▶ *vérifier* un moteur エンジンを点検する.
— **se vérifier** 代動 立証される, 確認される. ▶ Mes pressentiments *se sont vérifiés*. 予感が的中した.

vérin /verɛ̃/ 男 ジャッキ.

*****véritable** /veritabl/ ヴェリタブル/ 形 ❶《ときに名詞の前で》本当の, 真実の, 実際の. ▶ une histoire *véritable* 実話 / les auteurs *véritables* du complot 陰謀の真の首謀者 / Quel est son nom *véritable*? 彼(女)の本名はなんですか / se montrer sous son jour *véritable* 真の姿を現す. ❷〔素材が〕本物の. ▶ cuir *véritable* 本革.
❸《多くは名詞の前で》本物の, 正真正銘の, その名にふさわしい. ▶ un *véritable* ami 真の友, 親友 / le *véritable* amour まことの愛 / C'est une *véritable* canaille. あいつはまったくのごろつきだ / (誇張して) Cette maison est une *véritable* caserne. この家はまるで兵舎みたいに大きくて殺風景だ. 比較 ⇨ VRAI.

véritablement /veritabləmɑ̃/ 副 ❶ 本当に, 実際に. ▶ Est-il *véritablement* diplômé? 彼は本当に資格があるのですか. ❷ 非常に, 実に, まったく. ▶ C'est *véritablement* délicieux. これは実においしい. ❸《文脈で》実のところ.

***vérité** /verite ヴェリテ/ 囡 ❶ 真実, 真相; 真実性, 正しさ. ▶ dire [cacher] la *vérité* 本当のことを言う [隠す] / reconnaître la *vérité* 真実を認める / connaître la *vérité* sur une affaire 事件の真相を知っている / Ce que j'ai dit est「la pure [l'entière] *vérité*. 私の言ったことはまったくの真実です / la *vérité* vraie 正真正銘の真実 / la *vérité* toute nue 赤裸々な真実 / La *vérité* de mon témoignage sera démontrée. 私の証言が真実であることが証明されるだろう / *vérité* historique 歴史的事実, 史実 / La *vérité*, c'est que je n'en sais rien. 本当のところ私は何も知らないのです.
❷ 真理. ▶ *vérité* matérielle （事実に符合する）実質的真理 / *vérités* éternelles 永遠の真理 / *vérités* premières 基本的真理; 分かりきったこと.
❸ 真実味, 迫真性, リアリティー; 真の性質. ▶ un portrait d'une grande *vérité* 実物そっくりの肖像 / le cinéma-*vérité*（現実のリアルな表現を目指す）シネマ・ヴェリテ. ❹ 率直, 誠実. ▶ un accent [air] de *vérité* 本物らしい論調 [様子].

A chacun sa vérité. 諺 人それぞれに真理あり.
à la vérité 実は, 実を言うと. ▶ Il est intelligent, mais, *à la vérité*, il manque un peu de courage. 彼は頭はよいが, 実のところ, やる気に欠けている.
dire à qn ses (quatre) vérités …にものをずけずけ言う, 歯に衣を着せずに言う.
*en vérité (1) 確かに, 本当に. ▶ *En vérité*, je n'ai rien vu. 本当に私は何も見ていない. (2) 実を言うと (=à la vérité).
Il n'y a que la vérité qui blesse. 諺 真実ほど耳に痛いものはない.
La vérité sort de la bouche des enfants. 諺 真実は子供の口から漏れる.
minute [quart d'heure] de vérité 決定的瞬間, 正念場.
Toute vérité n'est pas bonne à dire. 諺 すべての真実が言うのに適しているわけではない.
Vérité au deçà des Pyrénées, erreur au delà. (ピレネー山脈のこちら側では真実でも, 向こうでは誤り→) 所変われば真理も変わる.

verlan /vɛrlɑ̃/ 男 逆さ言葉（例: laisse tomber → laisse béton ほうっておいてくれ. café → féca コーヒー）.
vermeil, le /vɛrmɛj/ 形 鮮紅色の, 朱色の. ▶ teint *vermeil* 血色のよい顔 / lèvres *vermeilles* 真っ赤な唇. — **vermeil** 男 金めっきした銀.
vermicelle /vɛrmisɛl/ 男 バーミセリ, 細長いスープ用パスタ.
vermiculé, e /vɛrmikyle/ 形 虫食い形紋飾のある.
vermiculure /vɛrmikylyːr/ 囡 虫食い形紋飾.
vermifuge /vɛrmifyːʒ/ 形 虫下しの, 駆虫の.
— 男 虫下し, 駆虫薬.
vermillon /vɛrmijɔ̃/ 男 ❶ 朱砂（しゅさ）, 辰砂（しんしゃ）.
❷ 鮮紅色; 朱, 緋（ひ）色, バーミリオン.
— 形《不変》鮮紅色の; 朱の, 緋色の. ▶ des robes *vermillon* 真っ赤なドレス.
vermine /vɛrmin/ 囡 ❶《集合的》(ノミ, シラミなどの) 害虫. ❷ 社会のダニ, 人間のくず.
vermisseau /vɛrmiso/ 《複》**x** 男 ❶ (ミミズや幼虫などの) 小虫; 蛆（うじ）虫. ❷ 虫けら同然の存在.
vermoulu, e /vɛrmuly/ 形 ❶ [木材が] 虫に食われた, 虫食いの. ❷ 古臭い, 古めかしい, 時代遅れの.
vermoulure /vɛrmulyːr/ 囡 ❶ (木材の) 虫食い (跡). ❷ (虫食い跡から出る) 木くず.
vermouth /vɛrmut/ 男 ベルモット酒. 注 一般には Martini, Cinzano, Campari などの商品名で呼ばれる.
vernaculaire /vɛrnakylɛːr/ 形 ❶ その地方 [国] 固有の. ▶ nom *vernaculaire*（動植物種の）通称名, 俗称. ❷【言語】langue *vernaculaire* 現地語, 土着語.
vernal, ale /vɛrnal/; 《男複》**aux** /o/ 形 春の. ▶ point *vernal* 春分点.
verni, e /vɛrni/ 形 (vernir の過去分詞) ❶ ニス [エナメル, マニキュア] を塗った; 光沢のある. ▶ plancher *verni* ニスを塗った床板 / cuir *verni* エナメル革. ❷ 運のよい. — 名 運のよい人, 好運児.
vernir /vɛrniːr/ 他動 …にニス [エナメル, マニキュア, 釉薬（ゆうやく）] を塗る.
— **se vernir** 代動 *se vernir* les ongles 爪（つめ）にマニキュアを塗る. 注 se は間接目的.
vernis /vɛrni/ 男 ❶ ニス, 釉薬（ゆうやく）; エナメル; マニキュア液 (=*vernis* à ongles). ❷ うわべの飾り [知識]. ▶ Il a un *vernis* de littérature. 彼にあるのは上っ面な文学的知識だ. ❸【植物】ウルシ類.
vernissage /vɛrnisaːʒ/ 男 ❶ ニスの塗布;【陶芸】施釉（せゆう）, 釉（うわぐすり）掛け. ❷ 展覧会の初日;（一般公開に先立つ）展覧会の特別招待, ヴェルニサージュ.
vernissé, e /vɛrnise/ 形 ❶ 釉薬（ゆうやく）のかかった. ▶ tuile *vernissée* 釉薬瓦（がわら）. ❷ 艶（つや）のある.
vernisser /vɛrnise/ 他動 〔陶器など〕に釉薬（ゆうやく）をかける.
vernisseur, euse /vɛrnisœːr, øːz/ 名 ニスを塗る人; 釉（うわぐすり）掛け職人.
vérole /verɔl/ 囡 ❶ 話 梅毒 (=syphilis). ❷ la petite *vérole* 天然痘 (=variole).
vérolé, e /verɔle/ 形, 名 話 梅毒にかかった (人). ❷ あばたのある (人).
Vérone /verɔn/ 固有 ヴェローナ: イタリア北部の町.
véronique[1] /verɔnik/ 囡【植物】クワガタソウ.
véronique[2] /verɔnik/ 囡 ベロニカ: 闘牛士が両足を静止させたままケープをゆっくり振って, 牛をあしらう技.
verra /vɛ(r)ra/ 活用 ⇨ VOIR 31
verrai- 活用 ⇨ VOIR 31
verras /vɛra/ 活用 ⇨ VOIR 31
***verre** /vɛːr ヴェール/
❶ ガラス; 板ガラス. ▶ pot en *verre* ガラス壺（つぼ） / œil de *verre* 義眼 / fibre de *verre* グラスファイバー / papier de *verre* 紙やすり / *verre* à vi-

tre 窓ガラス / *verre* dépoli すりガラス / *verre* blanc（普通の）透明ガラス / *verre* armé 網入りガラス / laine de *verre* グラスウール / mettre une photo sous *verre* 写真をガラスの写真立てに入れる. ❷ グラス, コップ；ガラス容器. ▶ *verre* à pied 脚付きグラス / *verre* à vin ワイングラス / un petit *verre*＝un *verre* à liqueur リキュールグラス / remplir [vider] son *verre* グラスを満たす [飲み干す] / lever son *verre* à la santé de qn …の健康を祝して乾杯する. ❸ グラス 1 杯（の量）；1 杯の酒. ▶ boire un *verre* d'eau 水をコップに 1 杯飲む / un petit *verre*（小さなグラスで飲む）リキュール / boire [prendre] un *verre* 1 杯やる / offrir un *verre* à qn …に一杯ごちそうする. ❹ レンズ；《複数で》めがね. ▶ porter des *verres*（＝lunettes）めがねをかけている / *verres* fumés サングラス；スモークガラス / *verre* grossissant 拡大レンズ / *verres* de contact コンタクトレンズ.
avoir un verre dans le nez 酔っている.
maison de verre ガラス張りの家［企業］，秘密のない家［企業］.
Qui casse les verres les paie. 諺（コップを割った者が弁償する→）まいた種は刈らねばならぬ.
se briser [se casser] comme (du) verre ガラスのように壊れやすい.
se noyer dans un verre (d'eau)（コップ 1 杯の水の中でおぼれる→）小さなことですぐくじける.
souple comme un verre de lampe（ランプの火屋(ほや)のように柔らかい→）《反語的に》堅苦しい.
verre à moutarde（1）ガラスのカラシ容器（使用後はコップとして使われることがある）.（2）安物のコップ.

verrerie /vɛri/ 囡 ❶ ガラス製造；ガラス産業. ❷ ガラス工場. ❸ ガラス（製品）販売（店）. ❹《集合的に》ガラス製品；ガラス製品売り場. ▶ rayon de *verrerie* ガラス製品売り場.
verrez /vɛ(r)re/ 活用 ⇨ VOIR ③1
verrier /vɛrje/ 男 ❶ ガラス工, ガラス職人. ▶《同格的に》un ouvrier *verrier* ガラス工. ❷ ステンドグラス職人.
verrière /vɛrjɛːr/ 囡 ❶ ガラス屋根；大きなガラスの壁. ❷ ステンドグラス.
verriez /vɛ(r)rje/ 活用 ⇨ VOIR ③1
verrions /vɛ(r)rjɔ̃/, **verrons, verront** /vɛ(r)rɔ̃/ 活用 ⇨ VOIR ③1
verroterie /vɛrɔtri/ 囡《集合的に》彩色ガラス製品. ▶ un collier de *verroterie* ガラスの首飾り.
verrou /vɛru/ 男 ❶ 差し錠, ラッチ, 閂(かんぬき). ▶ fermer [pousser] le *verrou* 差し錠をかける / tirer le *verrou* 差し錠を外す / *verrou* de sûreté（外から鍵で開けられる）安全ラッチ. ❷（銃尾の）遊底.
sous les verrous 監禁状態に. ▶ mettre [tenir] qn *sous les verrous* …を閉じ込める, 投獄する / être *sous les verrous* 監禁されている, 獄中にある.
verrouillage /vɛruja:ʒ/ 男 ❶ 差し錠をかけること, 鎖錠. ❷（銃尾の）遊底の閉鎖. ❸《軍事》（要路の）閉塞(へいそく)作戦.

verrouiller /vɛruje/ 他動 ❶ …に差し錠をかける；をロックする. ▶ *verrouiller* une porte 戸を差し錠で閉める. ❷ …を閉じ込める, 監禁［投獄］する. ❸ …を封鎖する. ▶ *verrouiller* les frontières 国境を閉鎖する. ❹ …の芽を摘む, 発展を妨げる. ― **se verrouiller** 代動 閉じこもる.
verrue /vɛry/ 囡 ❶ いぼ. ❷ 文章 美観を損なうもの；汚点.
***vers**¹ /vɛr ヴェール/（語尾の s はリエゾンしない（例：*vers* elle /vɛrel/））前 ❶ …の方へ. ▶ La voiture roule *vers* Paris. 車はパリの方へ向かっている / se tourner *vers* qn/qc …の方を振り向く / Il dirigea son regard *vers* elle. 彼は彼女の方へ視線を向けた / C'est un pas *vers* la paix. これは平和への一歩だ.

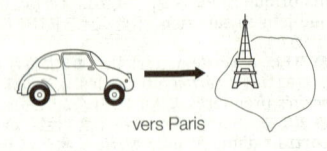

vers Paris

❷ …の方角に. ▶ *Vers* le nord, il y a un village. 北の方に村が 1 つある.
❸ …のあたりで, の近くで. ▶ Nous nous sommes arrêtés *vers* Fontainebleau. 我々はフォンテーヌブロー付近で休んだ.
❹ …のころに. ▶ hier *vers* onze heures 昨日 11 時ごろに / *vers* le 10 [dix] juillet 7 月 10 日ごろ / *vers* trente ans 30 歳のころ / *vers* la fin de la soirée パーティーの終わりごろに.
***vers**² /vɛːr ヴェール/ 男 ❶ 詩句；詩の 1 行. ▶ le troisième *vers* d'un quatrain 4 行詩の第 3 行 / *vers* réguliers [libres] 定型［自由］詩 / *vers* blanc 無韻詩句. 比較 ⇨ POÈME. ❷《多く複数で》詩；韻文. ▶ composer [faire, écrire] des *vers* 詩を書く / une œuvre en *vers* 韻文作品.
versaillais, aise /vɛrsajɛ, ɛːz/ 形 ヴェルサイユ Versailles の. ― **Versaillais, aise** 图 ヴェルサイユの人.
Versailles /vɛrsɑːj/ 固有 ヴェルサイユ：Yvelines 県の県庁所在地. ヴェルサイユ宮殿がある.
versant /vɛrsɑ̃/ 男 ❶（山, 谷の）斜面. ▶ *versant* nord [sud] 北［南］斜面. ❷（物事の）側面.
versatile /vɛrsatil/ 形 意見が変わりやすい；移り気な. ▶ un caractère *versatile* 気まぐれな性格.
versatilité /vɛrsatilite/ 囡 意見の変わりやすさ；移り気.
verse /vɛrs/ 囡《農業》（風雨, 病害による作物の）倒伏.
à verse どしゃ降りの. ▶ Il pleuvait *à verse*. どしゃ降りの雨だった.
versé, e /vɛrse/ 形 文章 *versé* en [dans] qc …に精通した, 通暁した.
Verseau /vɛrso/ 固有 男《天文》水瓶(みずがめ)（座）.
versement /vɛrsəmɑ̃/ 男 払い込み, 振り込み；支払い額. ▶ s'acquitter en plusieurs *versements* 数回分割で返済する.

*verser /vɛrseヴェルセ/ 他動 ❶〔液体など〕をつぐ, 注ぐ. ▶ *verser* du vin dans un verre グラスにワインをつぐ / *Verse*-moi à boire. 私に飲み物をついでくれ.
❷ …をまき散らす, 振りまく. ▶ *verser* des gravillons sur une route 道路に砂利をまく / *verser* de la farine en pluie dans le lait 牛乳の中に小麦粉を振る.
❸ …を支払う; 払い込む. ▶ *verser* une pension à qn …に年金を支給する / *verser* de l'argent sur son compte 金を口座に振り込む.
❹〈*verser* qn dans qc〉…を…に配属する. ▶ On l'a *versé* dans l'infanterie. 彼は歩兵隊に配属された.
❺〈*verser* qc à [dans] qc〉…を…に添付する. ▶ *verser* un document au dossier 資料を書類に添付する.
❻〔乗り物など〕をひっくり返す, 横倒しにする.
verser des larmes [*pleurs*] 泣く.
verser le sang (*de qn*) …を殺傷する.
verser son sang 血を流す, 死ぬ.
── 自動 ❶ 転覆する, ひっくり返る. ▶ La voiture a *versé* dans le fossé. 車は溝に突っ込んでひっくり返った. ❷〈*verser* dans qc〉…に陥る, 同調する(=tomber). ▶ Son roman *verse* dans le mélo. 彼(女)の小説はメロドラマに流れる傾向がある.
── **se verser** 代動 自分に注ぐ. ▶ *se verser* du champagne シャンパンを自分でつぐ.

verset /vɛrsɛ/ 男 ❶〔聖書などの〕節.❷〖詩法〗ヴェルセ: 一呼吸をリズム単位とした詩の一節.

verseur /vɛrsœːr/ 形〔男性形のみ〕注ぐための. ▶ bec *verseur* 注ぎ口 / bouchon *verseur* 注ぎ口付きの栓 / panier *verseur* ワインバニエ.

verseuse /vɛrsøːz/ 女〔取っ手がまっすぐな〕コーヒーポット.

versicolore /vɛrsikɔlɔːr/ 形 多色の; 色合いが変化する.

versificateur, trice /vɛsifikatœːr, tris/ 名 ❶ 詩人, 作詩家. ❷〔軽蔑して〕へぼ詩人.

versification /vɛrsifikasjɔ̃/ 女 ❶ 作詩法, 詩法. ❷〔各人に特有な〕詩法.

versifier /vɛrsifje/ 自動 詩を書く[作る].
── 他動〔散文〕を韻文にする. ▶ *versifier* un conte 短い物語を韻文で書く.

version /vɛrsjɔ̃/ 女 ❶〔学校での, 外国語から自国語への〕翻訳練習(↔thème). ▶ faire une *version* anglaise 英語を自国語に訳する(練習をする).
❷〖映画〗…版. ▶ *version* originale 原語版(略 VO /veo/) / *version* doublée 吹き替え版 / voir un film américain en *version* française アメリカ映画をフランス語吹き替え版で見る.
❸〔事実についての〕解釈(の仕方), 説明. ▶ Il y a différentes *versions* de cet accident. この事故についてはさまざまな解釈がある. 名詞 + *version* + 形容詞〔人名〕…の解釈による…. ▶ le libéralisme *version* hexagonale フランス流自由主義.
❹ 異本. ▶ On possède sept *versions* de la Chanson de Roland.(=variante)「ロランの歌」には7つの異本がある.
❺〔聖書などの〕翻訳(版). ▶ *version* des Septante 70人訳ギリシア語聖書.
❻〖情報〗(ソフトウェアなどの)バージョン.

vers-libriste /vɛrlibrist/ 名 ❶ 自由詩運動賛成者. ❷ 近代自由詩法の詩人. ── 形 ❶ 自由詩運動の. ❷ 近代自由詩法による詩作の.

verso /vɛrso/ 男(紙などの)裏面(↔recto). Voir au *verso*. 裏面を見よ.

versus /vɛrsys/ 前《ラテン語》…対…, …に対する; 対して. 注 特に vs と略した形で用いられる(例: neuf vs vieux 新対旧).

*vert, verte /vɛːr, vɛrt ヴェール, ヴェルト/ 形
❶ 緑(色)の. ▶ les yeux *verts* 緑色の目 / salade *verte* サラダ菜; グリーンサラダ / thé *vert* 緑茶 / sauce *verte*〖料理〗グリーンソース(香草入りマヨネーズ) / une robe *vert* émeraude エメラルドグリーンのドレス(注 他の形容詞, 名詞とともに, 複合形容詞として用いられる場合は不変).
❷〔顔色が〕蒼白(ﾊﾟ)な. ▶ Il était *vert* de peur. 彼は恐怖に青ざめていた.
❸〔果物などが〕熟していない, 青臭い. ▶ poires *vertes* 熟れていない洋梨 / blé *vert* 青い麦 / vin *vert* (酸味の強い)未熟なワイン.
❹ 生の, 乾燥していない; 未加工の. ▶ bois *vert* 生木 / légumes *verts* 生野菜 / café *vert* (焙煎(ﾊﾞ)していない)生のコーヒー.
❺〔ときに名詞の前で〕〔老人が〕若々しい. ▶ un vieillard encore *vert* まだかくしゃくとした老人.
❻〔多く名詞の前で〕〔ことばが〕厳しい, 荒々しい; 下卑た. ▶ recevoir une *verte* réprimande 厳しい叱責(ﾀ)を受ける / la langue *verte* 隠語.
❼ 自然の中の, 田舎の; 環境保護の; 農業の. ▶ classe *verte* 野外教室, 林間学校 / station *verte* (認可を受けた)リゾート村 / l'Europe *verte* ヨーロッパ農業共同体 / révolution *verte* 農業の革命(発展途上国の農業の技術革新) / espaces *verts* 緑地帯 / parti *vert* 緑の党 / lessive *verte* 環境にやさしい洗剤 / tourisme *vert* グリーンツーリズム / énergie *verte* グリーンエネルギー /〔副詞的に〕voter *vert* 緑の党に投票する.
❽ numéro *vert* フリーダイヤル.
❾ billet *vert* ドル紙幣. 注 紙幣の色から.
avoir les doigts verts 園芸が得意である.
en dire [*voir*] *de*(*s*) *vertes et de*(*s*) *pas mûres* ひどいことを言う[嫌な目に遭う].
Ils sont trop verts. それら(ブドウ)は青すぎる. 注 手にはいらないものに関して言う負け惜しみ.
feu vert (1) 青信号. ▶ passer au *feu vert* 青信号を渡る. (2) 行動開始の許可[指示]. ▶ avec le *feu vert* du siège 本部の承認を受けて / donner [obtenir] le *feu vert* (à qc) (…に)ゴーサインを出す[もらう].
les petits hommes verts 火星人.
── ***vert** 男 ❶ 緑色; 緑色染料[顔料]. ▶ Le feu passe au *vert*. 信号が青に変わる / *vert* foncé 濃い緑 / *vert* pomme 青りんご色 / *vert* épinard (ホウレンソウの)暗緑色 / *vert* bouteille (瓶の色に似た)濃緑色. ❷〔複数で〕環境保護派, 緑の党. ▶ les *Verts* 緑の党.

vert-de-gris

mettre un cheval au vert 馬を放牧する.
se mettre au vert 話 田舎で休養する.

vert-de-gris /vɛʀdəgʀi/ 男 緑青(ろくしょう).
— 形《不変》緑青色の.

vert-de-grisé, e /vɛʀdəgʀize/ 形 緑青(ろくしょう)が吹いた; 緑青色の.

vertébral, ale /vɛʀtebʀal/;《男 複》**aux** /o/ 形【解剖】脊椎(せきつい)の.

vertèbre /vɛʀtɛbʀ/ 女 椎骨(ついこつ).

vertébré, e /vɛʀtebʀe/ 形 脊椎(せきつい)のある.
— **vertébrés** 男複 脊椎動物(門).

vertement /vɛʀtəmɑ̃/ 副 激しく, 厳しく. ▶ reprendre [tancer] *vertement* 厳しくしかりつける.

***vertical, ale** /vɛʀtikal/;《男複》**aux** /o/ 形 ❶ 垂直の, 鉛直の(↔horizontal). ▶ ligne *verticale* 垂直線 / plan *vertical* 垂直面. ❷ 縦の; 直立の. ▶ station *verticale* de l'homme 人間の直立姿勢. ❸ 階層的をなす. ▶ organisation *verticale* 縦型階層制組織.
— **verticale** 女 鉛直線; 垂直.
à la verticale 垂直に; 垂直に. ▶ une falaise *à la verticale* 切り立った断崖(だんがい).

verticalement /vɛʀtikalmɑ̃/ 副 垂直に, 鉛直に, まっすぐに.

verticalité /vɛʀtikalite/ 女 垂直(性), 鉛直(性).

vertige /vɛʀtiːʒ/ 男 ❶ めまい, 目のくらみ. ▶ avoir「un *vertige* [des *vertiges*]〕(疲労や病気で)めまいがする, くらくらする / avoir le *vertige* (高い所に上がって)目がくらむ. ❷ 眩惑, 惑乱, 目くるめく陶酔. ▶ éprouver le *vertige* du succès 成功に酔いしれる.
à donner le vertige 目がくらむほどの.

vertigineusement /vɛʀtiʒinøzmɑ̃/ 副 ❶ 目がくらむほどに. ❷ 話 相当に, 著しく.

vertigineux, euse /vɛʀtiʒinø, øːz/ 形〔高さ, 速さなどが〕目がくらむほどの, 気が遠くなるような. ▶ un rythme *vertigineux* 目が回るほど速いテンポ. ❷ 狂乱の; 極端な. ▶ une augmentation *vertigineuse* des loyers 家賃の高騰.

vertigo /vɛʀtigo/ 男 話 めまい.

***vertu** /vɛʀty/ ヴェルテュ 女 ❶ 徳; 美徳, 徳性, 徳行; 善行. ▶ pratiquer la *vertu* 徳を行う / la *vertu* de modestie 謙譲の美徳 / parer qn de toutes les *vertus* …を数々の美点を備えた人だと褒める.
❷〔女性の〕貞節. ▶ être d'une *vertu* farouche 身持ちが堅い / femme de petite *vertu* 古 貞操観念に欠ける女.
❸ 効力, 効果; 力; メリット. ▶ *vertu* magique 魔力 / Cette plante a la *vertu* de calmer la douleur. この植物には鎮痛効果がある / la *vertu* réparatrice du temps すべてを癒(い)やす時間の力 / les *vertus* de l'économie libérale 自由主義経済の利点.
❹【神学】les quatre *vertus* cardinales 四枢要徳(賢明, 正義, 剛毅(ごうき), 節制) / les trois *vertus* théologales 三対神徳(信, 望, 愛).
avoir de la vertu 話〔皮肉に〕立派である. ▶ Vous *avez* bien *de la vertu* pour l'accepter comme époux. 彼を夫に選ぶとはあなたもえらいものだ.
en vertu de qc …によって, の結果として; に従って, の名において. ▶ en *vertu* d'une loi 法の名において / *en vertu de* quoi どうして, なぜ / *En vertu de* cet accord aérien, une liaison directe a été établie entre Paris et Tokyo. その航空協定によってパリ-東京間の直行便が開設された.
faire de nécessité vertu（必要を徳とする→）しなければならないことなら, つらいことでも進んでする.

vertueusement /vɛʀtɥøzmɑ̃/ 副 文章 ❶ 高潔に, 徳にのっとって. ❷ 操正しく.

vertueux, euse /vɛʀtɥø, øːz/ 形 ❶ 文章 徳のある, 有徳の, 立派な. ▶ un cœur *vertueux* 高潔な心 / une conduite *vertueuse* 立派な行い. ❷〔女性が〕貞節な, 貞淑な. ▶ une épouse *vertueuse* 貞淑な妻. ❸《名詞の前で》徳義心からく(皮肉に)御立派な. ▶ une *vertueuse* indignation 義憤; 有徳者ぶった憤慨.

verve /vɛʀv/ 女 ❶〔話, 文章などの〕精彩, 生気; 才気（煥発(かんぱつ)〕. ▶ la *verve* d'un chansonnier 寄席芸人のお洒落な話術 / exercer sa *verve* contre qn …にまくし立てる. ❷〔芸術的〕想像力, 霊感, 感興.
être en verve（話, 文章などで）いつもよりも興に乗っている, 一段とさえている.

verveine /vɛʀvɛn/ 女 ❶【植物】クマツヅラ属. ❷ ヴェルヴェーヌ〔クマツヅラ〕のハーブティー. ❸ クマツヅラのリキュール.

verveux, euse /vɛʀvø, øːz/ 形 文章 ❶ 才気あふれる, 精彩のある. ❷ 熱気ある, 白熱した. ▶ discussions *verveuses* 熱気あふれる議論.

vésicule /vezikyl/ 女 ❶【生物学】小胞, 小嚢(のう);〔細胞〕の液胞. ▶ *vésicule* biliaire 胆嚢. ❷【医学】小水疱(すいほう). ❸【植物学】小気嚢, 小気胞.

Vesoul /vəzu(l)/ 固有 ヴズール: Haute-Saône 県の県庁所在地.

vespéral, ale /vɛspeʀal/;《男 複》**aux** /o/ 形 文章 夕暮れの, 晩の.
— **vespéral**:《複》**aux** 男【カトリック】晩課集.

vesse /vɛs/ 女 俗 透かしっ屁(へ).

vesse-de-loup /vɛsdəlu/《複》~s-~-~ 女【菌類】ホコリタケ属.

vessie /vesi/ 女 ❶【解剖】膀胱(ぼうこう). ❷（動物の膀胱やゴムで作った）袋. ❸【動物学】*vessie* natatoire（魚の）浮き袋.
prendre des vessies pour des lanternes（膀胱をランタンと取り違える→）ひどい間違いをする.

Vesta /vɛsta/ 固有 女【ローマ神話】ウェスタ: かまどの火を司る女神.

vestale /vɛstal/ 女 ❶【古代ローマ】(ウェスタ女神に仕える)巫女(みこ). ❷ 文章（多くふざけて）純潔〔貞潔〕このうえなき女性.

***veste** /vɛst/ ヴェスト 女 上着, ジャケット（日本語で言う「ベスト」はフランス語では gilet）. ▶ enlever sa *veste* 上着を脱ぐ / sortir en *veste*（コートを着ずに）上着のままで出かける / *veste* droite [croisée] シングル〔ダブル〕の上着 / *veste* de complet 背広の上着 / *veste* de tailleur 婦人用テイラードの上着 / *veste* de sport スポーツジャケット / *veste* d'intérieur 室内用上着.

remporter* [*ramasser, prendre*] *une veste 〔話〕しくじる, 失敗する.

retourner sa veste 〔話〕急に意見を変える, 豹変(ひょうへん)する.

tailler une veste à qn 陰で…の悪口を言う.

tomber la veste 〔話〕上着を脱いで楽になる.

vestiaire /vɛstjɛːr/ 男 ❶ (劇場などの)クローク. ▶ laisser [déposer] son manteau au *vestiaire* クロークにコートを預ける. ❷ 《集合的に》 (クロークに預けた)携帯品. ▶ réclamer son *vestiaire* クロークの品物を出してもらう. ❸ ロッカー; 《多く複数で》更衣室; 楽屋. ❹ 衣装部屋, 衣装置き場. ❺ 《集合的に》 (個人の)持ち衣装全体. 比較 ⇨ VÊTEMENT.

Au vestiaire! 〔話〕(下手な役者, 演奏家に対して)引っ込め.

laisser au vestiaire 捨てる, 置きっ放しにする, 置き忘れる.

vestibule /vɛstibyl/ 男 玄関; 玄関広間[ホール].

vestige /vɛstiːʒ/ 男 ❶ (破壊の)跡; 《多く複数で》遺跡, 残存物[者]. ▶ les *vestiges* d'un ancien temple grec 古代ギリシア神殿の遺跡. ❷ 名残. ▶ les *vestiges* d'un amour éteint 消え失せた恋の名残の品々.

vestimentaire /vɛstimɑ̃tɛːr/ 形 衣服の.

veston /vɛstɔ̃/ 男 ❶ (スーツ, タキシードの)上着. ▶ complet-*veston* 三つ揃(ぞろ)い, スリーピーススーツ.

vêt /vɛ/, **vête** /vɛt/ 活用 ⇨ VÊTIR 22

✱vêtement /vɛtmɑ̃/ ヴェトマン 男 ❶ 《複数で》衣服, 衣料, 《特に》(下着も含めて)服 (◆sous-vêtement). ▶ mettre ses *vêtements* 服を身に着ける / acheter des *vêtements* chauds pour l'hiver 冬用に暖かい衣類を買う / *vêtements* de femme 婦人服 / *vêtements* d'homme 紳士服 / *vêtements* d'été 夏服 / *vêtements* d'hiver 冬服 / *vêtements* de sport スポーツウェア / *vêtements* de ville タウンウェア / *vêtements* de bébé ベビーウェア / *vêtements* de travail 仕事着 / *vêtements* de tous les jours 普段着.
❷ 《集合的に》服飾, アパレル. ▶ industrie du *vêtement* アパレル産業.
❸ (個々の)服; 《特に》上着; コート.

比較 **衣服**
個別に衣服を指す場合には **vêtement** が普通. **habit** 改まった表現で, 単独では燕尾(えんび)服を指す. **costume, tenue, habillement** 身につけている服装全体を指す表現. costume は全体が組みになった衣服(スーツ, 制服など). tenue は形容詞や〈de + 名詞〉を伴って, 着こなしの様子を示す場合に用いる. habillement も着こなしの様子を示すほか, 産業や家計の分類上での「衣料」を表わす. 1人の人が持っている衣服全体を集合的に指す場合には **affaires** が普通. ただしこの語は「身の回り品」の意で, 小物なども含む. **garde-robe, vestiaire** 衣服だけを表わすが, 両者とも多少古風な表現である.

vêtent, vêtes /vɛt/ 活用 ⇨ VÊTIR 22

vétéran /veterɑ̃/ 男 ❶ 古参兵, 老兵; 退役軍人. ❷ 熟練者, ベテラン.

vétérinaire /veterinɛːr/ 形 獣医(学)の. ▶ art [médecine] *vétérinaire* 獣医学.
— 名 獣医.

vêtez /vɛte/ 活用 ⇨ VÊTIR 22

vêti-, vêtî-, vêtiss- 活用 ⇨ VÊTIR 22

vétille /vetij/ 女 取るに足りないこと. ▶ ergoter sur des *vétilles* つまらないことに難癖をつける.

vétilleux, euse /vetijø, øːz/ 形 文章 ❶ つまらないことにけちをつける, 口うるさい. ❷ 〔理論など が〕煩瑣(はんさ)な, ごたまぜの.

vêtîmes /vɛtim/, **vêtions** /vɛtjɔ̃/ 活用 ⇨ VÊTIR 22

vêtir /vetiːr/ 22 (過去分詞 vêtu, 現在分詞 vêtant) 他動 文章 …に服を着せる. ▶ *vêtir* une mariée de sa toilette de noce 新婦に花嫁衣装を着せる. — ***se vêtir*** 代動 文章 服を着る. ▶ savoir bien *se vêtir* 着こなしが上手である.

veto /veto/ 男 《単複同形》《ラテン語》 話 ❶ 《法律》拒否権. ▶ *veto* populaire 国民の拒否(権)

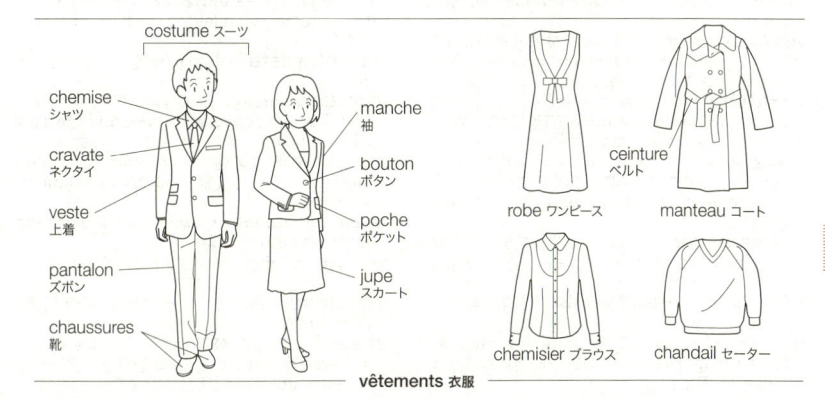

---

vêtements 衣服

- costume スーツ
  - chemise シャツ
  - cravate ネクタイ
  - veste 上着
  - pantalon ズボン
  - chaussures 靴
- manche 袖
- bouton ボタン
- poche ポケット
- jupe スカート
- robe ワンピース
- ceinture ベルト
- manteau コート
- chemisier ブラウス
- chandail セーター

(国民が法案を国民投票に付す権利[制度])/ le droit de *veto* du président (議会に対する)大統領拒否権. ❷ 拒絶, 反対. ▶ mettre son *veto* à une décision ある決定に反対する.

vêts /vɛ/, **vêtons** /vɛtɔ̃/ 活用 ⇨ VÊTIR 22

*****vêtu, e** /vety ヴェテュ/ 形 (vêtir の過去分詞) ❶ (…の)服装である; 着ている. ▶ Il est *vêtu* d'un manteau gris. 彼は灰色のコートを着ている / être bien [mal] *vêtu* きちんとした[ひどい]格好をしている / *vêtu* de neuf 新調の服を着た / chaudement *vêtu* 暖かい服を着た / *vêtu* de bleu 青い服を着た. ◇文章 ⟨*vêtu* de qc⟩…で覆われた. ▶ un poussin *vêtu* de duvet jaune 黄色い産毛に包まれたひよこ.

vétuste /vetyst/ 形 古くなった, 老朽化した; 古く使用不能な. ▶ un bâtiment *vétuste* 老朽化した建物.

vétusté /vetyste/ 女 文章 老朽化. ▶ la *vétusté* d'une construction 建物の老朽化.

*****veuf, veuve** /vœf, vœːv ヴフ, ヴーヴ/ 形 ❶ 配偶者を亡くした, やもめの. ▶ homme *veuf* 男やもめ / femme *veuve* 寡婦 / Il est *veuf* de deux femmes. 彼は奥さんに 2 度死に別れた.

❷ 話 (一時的に)配偶者と別れている, 単身の. ▶ Ce soir, je suis *veuf*, ma femme est sortie. 女房が出かけて, 今夜は独り身だ. ― 名 やもめ; 男やもめ; 寡婦; 未亡人. ▶ *veuve* de guerre 戦争未亡人 / la *veuve* Dupont デュポン未亡人.

défenseur de la veuve et de l'orphelin (皮肉に)弱者の味方(弁護士のこと).

veuill- 活用 ⇨ VOULOIR¹ 49
veule /vøl/ 形 無気力な, やる気がない.
veulent /vœl/ 活用 ⇨ VOULOIR¹ 49
veulerie /vølri/ 女 文章 無気力さ; だらしなさ.
veut /vø/ 活用 ⇨ VOULOIR¹ 49
veuvage /vœvaːʒ/ 男 ❶ やもめ暮らし.
❷ 話 (一時的)単身生活.
veux /vø/ 活用 ⇨ VOULOIR¹ 49

vexant, ante /vɛksɑ̃, ɑ̃ːt/ 形 癪(しゃく)に障る, 不愉快な; 感情[自尊心]を傷つける. ▶ Je n'ai rien su répondre, c'est *vexant*! 何も言い返せなかった, いまいましい / paroles *vexantes* 頭に来る言葉.

vexation /vɛksasjɔ̃/ 女 ❶ 自尊心を傷つけること; 侮辱, 屈辱. ▶ essuyer des *vexations* 侮辱を受ける. ❷ 文章 虐待, 嫌がらせ.

vexatoire /vɛksatwaːr/ 形 むごい, 抑圧的な. ▶ une mesure *vexatoire* 苛酷(かこく)な措置.

vexer /vɛkse/ 他動 …の気を悪くさせる, の自尊心[感情]を傷つける. ▶ Je l'*ai vexé* sans le vouloir. そのつもりではないのに彼を傷つけてしまった / Il est *vexé* de n'avoir pas réussi. 彼はうまくいかなかったので頭に来ている.

— **se vexer** 代動 傷つく, 腹を立てる. ▶ Il *se vexe* pour un rien [d'un rien]. 彼はつまらないことに腹を立てる.

VF 女 (略語) version française (外国映画の)フランス語吹き替え版.

via /vja/ 前 …を通して, 経由で(の). ▶ aller de Paris à Alger *via* Marseille パリからマルセイユ経由でアルジェに行く.

viabiliser /vjabilize/ 他動 [土地]に諸施設(電気, 上下水道, 道路など)を整備する. ▶ un lotissement *viabilisé* 施設整備済み分譲地.

viabilité¹ /vjabilite/ 女 ❶ (特に新生児の)生存能力; 生存率. ❷ 持続性; 発展性; 実現性. ▶ *viabilité* d'une affaire 事業の発展性.

viabilité² /vjabilite/ 女 ❶ (道路の)通行可能状態. ❷ (ガス, 水道, 電気などの)用地整備工事.

viable /vjabl/ 形 ❶ 生育[生活]力のある.
❷ 存続[実現]する見込みのある. ▶ un projet *viable* 実現可能な計画.

viaduc /vjadyk/ 男 (鉄道・道路用の)陸橋, 高架橋, 鉄橋. ▶ *viaduc* de Millau ミヨーの鉄橋(南フランスにある, 世界一高い鉄橋).

viager, ère /vjaʒe, ɛːr/ 形 終身の. ▶ rente *viagère* 終身年金.

— **viager** 男 終身年金. ▶ mettre son bien en *viager* 財産を終身年金に変換する.

:viande /vjɑ̃ːd ヴィヤーンド/

❶ 肉, 食肉. 注 ふつう獣肉, 鳥肉, 特に boucherie の肉(牛, 子牛, 羊肉など)を指し, 魚肉は含まない. ▶ manger de la *viande* 肉を食べる / *viande* de bœuf 牛肉 / *viande* tendre [dure] 柔らかい[固い]肉 / *viande* hachée ひき肉 / faire griller de la *viande* 肉を焼く / *viande* bien cuite よく焼けたウェルダンの肉 / *viande* à point ミディアムの肉 / *viande* saignante レアの肉 / *viande* bleue レアよりさらにレアの肉 / *viande* rouge 赤身の肉(牛肉, 馬肉, 羊肉など) / *viande* blanche 白身の肉(豚肉, 子牛肉, 鶏肉など) / *viande* noire 狩猟肉 / plats de *viande* 肉料理.

❷ 俗 人体, 体. ▶ sac à *viande* 寝袋; ベッド; シーツ / Amène ta *viande*. こっちに来い.

viatique /vjatik/ 男 ❶ 《カトリック》臨終の聖体拝領. ❷ 文章 頼りになるもの, 心の支え.

vibrant, ante /vibrɑ̃, ɑ̃ːt/ 形 ❶ 震動する, 震える. ▶ cordes *vibrantes* 震える弦. ❷ よく響く, 鳴り響く. ▶ une voix *vibrante* 響き渡る声. ❸ 激情的な; 感情のこもった. ▶ un discours *vibrant* 心に訴える演説. ❹ 《音声》consonne *vibrante* 震え音. ― **vibrante** 女 《音声》震え音.

vibraphone /vibrafɔn/ 男 《音楽》ビブラフォン, バイブラフォン.

vibraphoniste /vibrafɔnist/ 名 ビブラフォン奏者.

vibration /vibrasjɔ̃/ 女 ❶ 震え; 揺れ. ▶ *vibration* d'une voix 声の震え / *vibration* de l'air [de la lumière] 大気[光]の揺らめき, 陽炎(かげろう). ❷ 《多く複数で》振動. ▶ les *vibrations* d'un moteur エンジンの振動 / *vibrations* lumineuses 光の振動.

avoir de bonnes [mauvaises] vibrations 周囲とうまく溶け合う[浮いている].

vibrato /vibrato/ 男 《イタリア語》《音楽》ビブラート.

vibratoire /vibratwaːr/ 形 振動の, 振動による, 振動に関する.

vibrer /vibre/ 自動 ❶ 振動する; 振動音を立てる. ▶ faire *vibrer* un diapason 音叉(おんさ)を振動させる / vitre qui *vibre* びりびり震える窓ガラス.

❷〔声などが〕震える.▶ Sa voix *vibrait* d'émotion. 彼(女)の声は感動で震えていた. ❸ 感動する.▶ *vibrer* aux paroles de l'orateur 演説者の言葉に感動する.

vibreur /vibrœːr/ 男 振動板；バイブレーター；ブザー.

vibrion /vibrijɔ̃/ 男 ❶〖細菌〗ビブリオ.▶ *vibrion* cholérique コレラ菌. ❷ 話 動揺している人.

vibrionner /vibrijone/ 自動 話 休みなく動き回る.

vibrisse /vibris/ 女 鼻毛.

vicaire /vikɛːr/ 男〖カトリック〗❶ (聖堂区の)助任司祭 (= *vicaire* de paroisse). ❷ 代理職.▶ *vicaire* de Jésus-Christ ローマ教皇.

vicariat /vikarja/ 男〖カトリック〗助任司祭の職[任期].

***vice** /vis/ ヴィス/ 男 ❶ 悪徳.▶ le *vice* et la vertu 悪徳と美徳. ❷ 不品行, 悪行；放埓(ほうらつ)な生活をする. ❸ 悪癖, 悪習.▶ *vice* de boire 飲酒癖 / Le bavardage est son *vice*. おしゃべりは彼(女)の悪い癖だ. ❹ 変わった趣味, 悪趣味.▶ Mettre un chapeau pareil, c'est du *vice*. そんな帽子をかぶるなんて悪趣味だ. ❺ 性的倒錯.▶ *vices* contre nature 変態性欲. ❻ 欠陥, 不備；〖法律〗瑕疵(かし).▶ *vice* de fabrication 製造上の欠陥 / *vice* de construction (建物などの)建造上の欠陥 / *vice* de forme 形式的瑕疵, 書式の不備. ❼〖医学〗*vice* de conformation 発生異常, 奇形.

avoir du vice 話 悪賢い, 狡猾(こうかつ)である.
L'oisiveté [*La paresse*] *est mère de tous les vices*. 諺 無為[怠惰]は諸悪の根源だ.
Pauvreté n'est pas vice. 諺 貧乏は悪ならず.

vice- 接頭「代理, 副, 次」の意.

vice-amiral /visamiral/; 〈複〉 aux /o/ 男 海軍中将.

vicennal, ale /visenal/; 〈男複〉 aux /o/ 形 20年続く；20年ごとの.▶ plan économique *vicennal* 経済20か年計画.

vice-présidence /visprezidɑ̃ːs/ 女 副大統領[副総裁, 副会長, 副議長]の職.

vice-président, ente /visprezidɑ̃, ɑ̃ːt/ 名 ❶ 副大統領, 副総裁；(コンセイユ・デタの)副議長, 副院長.▶ *vice-président* des Etats-Unis 合衆国副大統領. ❷ 副社長, 副会長.

vice-roi /visrwa/ 男 (王や皇帝に委任されて, 領土の一部を統治した)副王, 総督.

vice-versa /vis(e)versa/, **vice versa** 副句 (ラテン語)逆に, 反対に.▶ Je le remplace pendant ses congés et *vice-versa*. 彼の休暇中は私が代理を務め, 私の休暇中はその逆になります.

Vichy /viʃi/ 固有 ヴィシー：フランス中部の温泉地. 第2次大戦中, 対独協力政府があった.

vichy /viʃi/ 男 ❶〖繊維〗ヴィシー：格子柄や縞(しま)柄の綿布. ❷ ヴィシー水：ヴィシー産のミネラルウォーター.

vichyssois, oise /viʃiswa, waːz/ 形 ❶ ヴィシー Vichy の. ❷ ヴィシー政府の.
―― 名 ❶《Vichyssois》ヴィシーの人. ❷〖歴史〗ヴィシー政府支持者, ヴィシー派.

viciation /visjasjɔ̃/ 女 文章 汚染, 腐敗.

vicié, e /visje/ 形 ❶ 汚れた.▶ air *vicié* 汚染された空気. ❷ 欠陥のある；〖法律〗無効になった.

vicier /visje/ 他動 ❶ …を損なう；退廃させる；〔空気など〕を汚す. ❷〖法律〗…を瑕疵(かし)あるものにする, 無効にする.

vicieusement /visjøzmɑ̃/ 副 ❶ よこしまに, みだらに. ❷ 不完全に, 間違って.

vicieux, euse /visjø, øːz/ 形 ❶ 悪徳の；不品行な；放埓(ほうらつ)な；(性的に)倒錯した.▶ siècle *vicieux* 腐敗した世紀 / désir *vicieux* みだらな欲望. ❷ 話 悪趣味の；風変わりな.▶ Il faut être *vicieux* pour aimer ces romans. 変人でもなければこんな小説は好きになれない. ❸ (動物が)扱いにくい. ❹ 欠陥[不備]のある；間違った.▶ contrat *vicieux* 不備のある契約. ❺〖スポーツ〗〔ショットなどが〕相手の裏をかく.▶ balle *vicieuse* ひねくれた球 / coup *vicieux* フェイントショット.

cercle vicieux 循環論法；悪循環, 堂々巡り.
―― 名 ❶ 品行の悪い人, 放蕩者；性的倒錯者, 変質者. ❷ 変人, ひねくれ者.

vicinal, ale /visinal/; 〈男複〉 aux /o/ 形〖行政〗chemin *vicinal* 村道, 村と村を結ぶ道.

vicissitudes /visisityd/ 女複 文章 変遷；(人生などの)浮き沈み, 有為変転；〈特に〉不幸.▶ les *vicissitudes* du destin 運命の浮き沈み.

vicomte /vikɔ̃ːt/ 男 子爵.

vicomtesse /vikɔ̃tes/ 女 ❶ 女性の子爵. ❷ 子爵夫人.

victimaire /viktimɛːr/ 形 犠牲者の.

***victime** /viktim ヴィクティム/ 女 ❶ 犠牲者, 被害者；死傷者.▶ *victimes* d'un attentat テロの犠牲者 / *victimes* du sida エイズ患者 / Cet accident a fait trois *victimes*. その事故で3人の死傷者が出た / se poser en *victime* 被害者として振る舞う. ◆〈形容詞的に〉(être) *victime* de qc …を被る, にさらされる.▶ être *victime* d'une apoplexie 卒中の発作に襲われる / être *victime* de la curiosité du monde 世間の好奇の的になる / alpiniste *victime* de son inexpérience 未経験が災いして遭難した登山家 / mourir *victime* du devoir 殉職する. ❷ (神にささげられん)いけにえ, 犠牲.▶ *victimes* humaines 人身御供(ごくう).

victimisation /viktimizasjɔ̃/ 女 犠牲者扱いすること.

victimiser /viktimize/ 他動 …を犠牲者扱いする.

***victoire** /viktwaːr ヴィクトワール/ 女 ❶ 勝利；戦勝.▶ remporter une brillante *victoire* 輝かしい勝利を収める / fêter une *victoire* 勝利を祝う / fête nationale de la *victoire* (de 1918 [mil neuf cent dix-huit])第1次大戦戦勝記念日(11月11日). ❷《Victoire》勝利の女神(像).

chanter [*crier*] *victoire* 凱歌(がいか)をあげる.
victoire à la Pyrrhus 引き合わない[犠牲の大きすぎる]勝利. 由来 前3世紀エペイロス王ピュロスが, しばしばローマ軍と戦い, 多大な犠牲のもとに勝利したことから.

victoria /viktɔrja/ 女《英語》❶ 2人乗りの無蓋

victorieusement

(...) 4輪馬車. ❷〖植物〗オオオニバス.

victorieusement /viktɔrjøzmɑ̃/ 副 勝利を収めて; 勝ち誇って; 成功裏に; 首尾よく.

victorieux, euse /viktɔrjø, ø:z/ 形 戦勝した; 勝利の. ▶ équipe *victorieuse* 勝利チーム / sortir *victorieux* d'une dispute 口論に勝つ / avoir un air *victorieux* 勝ち誇った態度をしている.

victuailles /viktɥɑ:j/ 女複 食糧.

vidage /vidɑ:ʒ/ 男 ❶ 空(から)にする [なる] こと. ❷ 話 (好ましくない人物の)追放, 厄介払い.

vidange /vidɑ̃:ʒ/ 女 ❶ (容器などを)空(から)にすること. ▶ *vidange* d'un réservoir タンクのくみ出し / *vidange* d'un fossé 溝さらい. ❷(車の)オイル交換. ❸ 排水孔(う), 排水用側溝; 排水装置. ▶ la *vidange* d'un lavabo 洗面所の排水栓. ❹《複数で》汚水, 屎尿(しょう), 汚物 (=matières de *vidange*). ▶ traitement chimique des *vidanges* 汚水［屎尿］の化学処理.

en vidange (1) 半ば空になった. (2) オイル交換中の.

vidanger /vidɑ̃:ʒe/ [2] 他動 ❶（タンクなどを）空(から)にする, さらう. ❷（汚水など）をくみ出す, 排出する. ▶ *vidanger* l'huile d'un moteur エンジンのオイルを抜く.

*vide /vid/ ヴィド/ 形 ❶ 空(から)の, 何も入っていない. ▶ bouteille *vide* 空き瓶 / avoir l'estomac [le ventre] *vide* 空腹である.

❷〔場所が〕すいている, 人のいない;〔部屋が〕家具付きでない. ▶ La salle était *vide*. 会場は空っぽだった / rue *vide* 人気のない通り / un appartement *vide* 家具なしアパルトマン; 空きアパルトマン.

❸〔時間が〕あいている; 暇な. ▶ passer une journée *vide* 所在ない一日を過ごす.

❹ 内容のない, 空虚な. ▶ propos *vides* 空疎な話 / une existence *vide* むなしい生活.

❺〈*vide* de + 無冠詞名詞〉…がない, を欠いた. ▶ mots *vides* de sens 無意味な言葉 / un regard *vide* d'expression 表情のない目つき.

❻〔表面が〕飾りなどのない. ▶ mur *vide* むき出しの壁.

avoir ⌈*la tête* [*la mémoire, l'esprit*] *vide* (疲労や衝撃で)頭が空っぽである, ぼうっとしている.

les mains vides 手ぶらで; 何の収穫もなく. ▶ rentrer *les mains vides* 手ぶらで［収穫なしに］帰る.

— 男 ❶ (le *vide*)虚空, 空(くう); 空中, 高所空間. ▶ regarder dans le *vide* 空を見つめる / se pencher au-dessus du *vide* 宙に身を乗り出す / avoir peur du *vide* 高い所が怖い.

❷ すき間, 空隙(くうげき), 空白. ▶ Il y a un *vide* dans la bibliothèque. 本棚に空きがある / un *vide* de mémoire 記憶の空白部.

❸ 欠落, 不足; 空席, 欠員. ▶ combler les *vides* dans sa direction 重役の欠員を埋める.

❹ 虚無(感), むなしさ. ▶ le *vide* de l'existence 生活のむなしさ / Son départ fait un grand *vide*. 彼(女)が去ってぽっかり穴があいたような感じだ.

❺（時間の）あき, 暇. ▶ avoir un *vide* dans son emploi du temps スケジュールにあきがある.

❻ 真空. ▶ emballage sous *vide* 真空包装.

à vide (1) 空で, 荷を積まずに. ▶ L'autobus est parti *à vide*. バスは空のまま発車した. (2) 空転して. Il raisonne *à vide*. 彼の思考は空回りしている / passage *à vide* (活動の)空回り / tourner *à vide* 空転する.

faire le vide autour de qn …を孤立させる. ▶ *faire le vide autour de* soi 人を遠ざける.

faire le vide (*dans son esprit*) 何も考えないようにする, 頭を空っぽにする.

parler dans le vide 聞く者がいない状態で話す; 当てのないことを言う.

promettre dans le vide 空約束をする.

vidé, e /vide/ 形 ❶ 空(から)になった, 空っぽの. ▶ tiroir *vidé* 空の引き出し. ❷〔魚や鳥が〕臓物［はらわた］を抜かれた. ▶ poissons *vidés* はらわたを取った魚. ❸ 話（知的, 精神的に）能力をなくした, 枯渇した; 疲れきった.

vidéaste /videast/ 名 ビデアスト, ビデオ作家.

vide-grenier /vidgrənje/;〖副〗～-～s 男 ガレージセール.

vidéo /video/ 形 (不変)ビデオの; テレビ映像の. ▶ bande *vidéo* ビデオテープ / caméra *vidéo* ビデオカメラ / jeu *vidéo* テレビゲーム.

— 女 ❶ ビデオ技術. ❷ ビデオ映画. ❸ 映像周波数; 映像.

vidéocassette /videokasɛt/ 女 ビデオカセット.

vidéoclip /videoklip/ 男 ビデオクリップ, プロモーションビデオ.

vidéoconférence /videokɔ̃ferɑ̃:s/ 女 テレビ電話会議.

vidéofréquence /videofrekɑ̃:s/ 女 映像周波数.

vidéophone /videofɔn/ 男 ⇨ VISIOPHONE.

vide-ordures /vidɔrdy:r/ 男 ダストシュート.

vidéosurveillance /videosyrvɛjɑ̃:s/ 女 ビデオカメラによる監視.

vidéothèque /videotɛk/ 女 ❶ ビデオ作品のコレクション. ❷ ビデオライブラリー. ❸ ビデオカセット収納庫.

vide-poches /vidpɔʃ/ 男 ❶ 小物入れ. ❷（自動車の）ドアポケット; シートポケット.

*vider /vide/ ヴィデ/ 他動 ❶ …を空(から)にする, あける. ▶ *vider* une boîte 箱を空にする / *vider* une bouteille 1 瓶飲み干す. ◆ *vider* qc dans [sur] qc …の中身を…に移し換える [ぶちまける]. ▶ *vider* son sac sur la table テーブルに袋の中身をあける / *vider* le reste du vin dans la carafe 残ったワインをカラフに移す.

❷〔場所〕をあける, 空にする; 立ち退く. ▶ *vider* un appartement アパルトマンの家具を取り払う; アパルトマンを引き払う / La pluie *a vidé* les rues. 雨で街頭から人通りが途絶えた.

❸〈*vider* qc de qc/qn〉〔容器, 場所など〕から〈中身〉を取り出す. ▶ *vider* une maison de ses occupants 家から居住者を追い出す.

❹〈*vider* qc (de qc)〉〈中身〉を（容器から）取り出す; 捨てる. ▶ *vider* le contenu d'une boîte 箱から中身を取り出す / aller *vider* les ordures ごみを捨てに行く.

❺ …の臓物を抜く. ▶ *vider* un poisson 魚の内

らわたを抜く.
❻〖事件など〗を解決する. ▶ *vider* un débat 論争に決着をつける.
❼…をへとへとにさせる,疲労困憊(ﾊﾟｲ)させる. ▶ Ce travail l'*a vidé*. この仕事で彼はくたくたになった.
❽ 話〈*vider* qn (de qc)〉…を(…から)追い払う,追い出す,首にする. ▶ se faire *vider* お払い箱になる.
vider 「*le plancher* [*les lieux*]」立ち去る.
vider son sac = *vider son cœur* 胸のうちを打ち明ける,洗いざらい言う.
— **se vider** 代動 ❶ 中身がなくなる,空になる. ▶ La bouteille *s'est vidée*. 瓶は空になった. ◆ *se vider* de qn/qc …がなくなる. ▶ La ville *s'est vidée* de ses touristes. 町から観光客がいなくなった. ❷ 流れ出る,排出される.
videur /vidœːr/ 男 (ナイトクラブの)用心棒.
vidure /vidyːr/ 女 ❶ (魚や鳥の)臓物,はらわた. ❷《複数で》ごみ,汚物.

*__vie__ /vi ヴィ/ 女

❶ 生命,生. ▶ être en *vie* 生きている / être sans *vie* 死んでいる/息絶えている / revenir à la *vie* 生き返る,意識を取り戻す / donner la *vie* à qn …を産む;助命する / sauver la *vie* à qn …の命を救う / ôter la *vie* à qn …の命を奪う / risquer la *vie* 生命を危険にさらす / ne pas donner signe de *vie* 生死不明である;音信不通である / une question de *vie* ou de mort 死活問題 / avoir droit de *vie* ou de mort 生殺与奪の権を持つ / assurance sur la *vie* = assurance-*vie* 生命保険 / lutte pour la *vie* 生存競争 / être entre la *vie* et la mort 生死の境をさまよっている.

❷ 一生,生涯,人生;寿命;伝記. ▶ Il a habité ici toute sa *vie*. 彼は生涯を通じてここに住んだ / sa *vie* durant 終生,生涯 / écrire une *vie* de Bach バッハの生涯[伝記]を書く / (durée de) *vie* moyenne 平均寿命.

❸ 生活,暮らしぶり;生き方. ▶ la *vie* quotidienne 日常生活 / niveau de *vie* 生活水準 / mener une *vie* monotone 単調な生活を送る / changer de *vie* 生活を変える;素行を改める / *vie* simple 簡素な暮らし / mener la grande *vie* 贅沢(ｻﾞｲ)な暮らしをする / mode de *vie* 暮らしぶり.

❹ 生活費,家計. ▶ gagner sa *vie* 生計を立てる / coût de la *vie* 生活費 / La *vie* est chère au Japon. 日本は物価が高い.

❺《la vie》実生活,実社会,世間. ▶ Elle ne connaît rien de la *vie*. 彼女はまったくの世間知らずである.

❻ 生気,活気,生命感. ▶ une œuvre qui manque de *vie* 精彩を欠いた作品 / un marché plein de *vie* 活気に満ちた市場 / Ce petit garçon est plein de *vie*. この男の子は元気一杯だ.

❼《カトリック》cette *vie* = la *vie* terrestre 現世 / l'autre *vie* = la *vie* future [éternelle, immortelle] 来世.

à la vie (et) à la mort 生涯を通じて,永遠に.
à vie 終身の,終生の. ▶ membre *à vie* 終身会員 / emploi *à vie* 終身雇用.
avoir la vie dure 頑固である,しぶとい;根強い.
▶ Les préjugés *ont la vie dure*. 偏見はなかなかなくならない.
Ce n'est pas une vie! 話 こんな生活は耐えられない,こんなのはたまらない.
**C'est la vie!* 話 (あきらめを表わして)人生とはそうしたものだ,仕様がない.
*de la vie 《否定的表現で》決して(…ない). ▶ «Vous acceptez?—Jamais *de la vie*.»「承諾なさいますか」「断じてしません」
*de sa vie 注 sa は各人称に変化させて用いる. (1) 生涯にかかわる. ▶ faire la rencontre *de sa vie* 人生を決定するような出会いをする / homme [femme] *de sa vie* 生涯の男性[女性]. (2)《否定的表現で》決して(…ない). ▶ *De ma vie*, je n'ai vu chose pareille! こんなものを見たのは生まれて初めてだ.
faire la vie 話 ふしだらな暮らしをする.
faire la vie à qn 話 …に喧嘩(ｹﾝｶ)を売る,文句を言う.
faire sa vie 思いどおりに生きる.
Il y va de la vie. 人の命にかかわる問題だ.
mener la vie dure à qn = *rendre la vie impossible* [*intenable*] *à qn* …を不愉快な目に遭わせる,苦しめる.
pour la vie 終生,一生の間. ▶ amis *pour la vie* 終生の友.
refaire sa vie 人生をやり直す;再婚する.
Tant qu'il y a de la vie, il y a de l'espoir. 話 生きている限り希望はある.
vivre sa vie 好きなように生きる.
vieil /vjɛj/ vieux の男性第2形.
***vieillard** /vjɛjaːr ヴィエイヤール/ 男 ❶ (男の)老人,年寄り. ▶ *vieillard* décrépit よぼよぼの老人. ❷《多く複数で》老人,高齢者. ▶ asile [hospice] de *vieillards* 老人ホーム (比較 ⇨ HÔPITAL) / assistance aux *vieillards* 老人扶助(無資産で65歳以上の人を対象とする). ❸ (精神的に)年寄りじみた人,老成した人.

比較 **老人**
vieillard 単独で「老人」の概念を示す最も普通の語だが,ときに軽蔑的なニュアンスを持つことがあるため,日常的な会話では **vieux monsieur, vieille dame** が無難な言い方. ジャーナリズムなどでは **personne âgée** を使うのが普通.
vieux, vieille vieillard よりもさらにくだけた表現で,丁寧さに欠ける. ⇨ VIEUX語法

vieille /vjɛj/ vieux の女性形.
vieillerie /vjɛjri/ 女 ❶ 古物,古道具;古着. ▶ un tas de *vieilleries* がらくたの山. ❷ 古臭い考え;時代遅れの作品. ❸《ふざけて》老い,老化.
***vieillesse** /vjɛjɛs ヴィエイエス/ 女 ❶ 老年,老齢. ▶ avoir une *vieillesse* heureuse 幸せな老後を送る / allocations de *vieillesse* 老齢手当 / bâton de *vieillesse* 老いの杖(ﾂｴ)柱,老後の頼りとなるもの / atteindre la *vieillesse* 老境に達する.
❷ 老化,老衰;老い. ▶ *vieillesse* 「de l'esprit [du corps]」精神[肉体]の老化 / mourir de *vieillesse* 老衰で死ぬ.
❸《集合的に》老人. ▶ aide à la *vieillesse* 老人

vieilli

扶助 / politique de la *vieillesse* 老人政策. ❹ 古さ；老朽化. ▶ *vieillesse* d'une maison 家の古さ. ❺ assurance *vieillesse* 老齢保険；退職後の生活保障保険.

vieilli, e /vjeji/ 形 (vieillir の過去分詞) ❶ 年取った, 老けた. ❷ 経験を積んだ, 古参の. ❸ 古臭くなった, 廃れかけた.

*vieillir /vjeji:r ヴィエイール/

直説法現在	je vieillis	nous vieillissons
	tu vieillis	vous vieillissez
	il vieillit	ils vieillissent

自動 ❶ 年を取る, 老ける；高齢化する. ▶ J'ai vieilli. 私は年を取った / savoir *vieillir* 上手に年を取る. ❷ 古くなる, 老朽化する；廃れる, 時代遅れになる. ▶ L'immeuble *a* bien *vieilli*. この建物はずいぶん古くなった / Ce film ne *vieillit* pas. この映画はいまだに古くならない. ❸ 老後を過ごす. ▶ *vieillir* dans son pays 郷里［故国］で老後を送る. ❹ (仕事, 習慣などを)長年続ける. ▶ *vieillir* dans un métier ある仕事に長年携わる. ❺〔ワインなどが〕熟成する. ▶ laisser［faire］*vieillir* le vin ワインを熟成させる.

vieillir bien [*mal*] (1) 年のわりには元気である［年齢以上に老け込む］. (2) 新しい状態を保つ［ひどく傷む］. (3)〔ワインが〕寝かされて味がよくなる［味が落ちる］.

— 他動 ❶ …を老けさせる, 老けて見せる；古臭くさせる. ▶ Les soucis l'*ont vieilli* prématurément. 彼は心労で早く老けた. ❷ …を実際より年上に見る. ▶ Vous me *vieillissez* de cinq ans. あなた(方)は私を実際より 5 歳上に見ている.

— **se vieillir** 代動 ❶ 自分を老けて見せる. ❷ 自分を実際よりも年上に言う.

vieillissant, ante /vjejisɑ̃, ɑ̃:t/ 形 ❶ 老け始めた；高齢化してゆく. ❷ 古くなってきた, 廃れ始めた.

vieillissement /vjejismɑ̃/ 男 ❶ 年を取ること, 老化, 加齢；高齢化. ▶ *vieillissement* d'une population 人口の高齢化 / *vieillissement* de l'esprit 精神の老化. ❷ 古臭くなること, 時代遅れになること. ❸〔ワインなどの〕熟成. ▶ *vieillissement* forcé (ワインの) 人工熟成.

vieillot, otte /vjejo, ɔt/ 形 話 古ぼけた, 古めかしい.

vielle /vjɛl/ 女 《音楽》 *vielle* à roue ハーディ・ガーディ：鍵盤(けんばん)付き擦弦楽器の一種.

viendr- ⇨ VENIR 28

Vienne[1] /vjɛn/ 固有 ❶ ウィーン：オーストリアの首都. ▶ congrès de *Vienne* ウィーン会議：ナポレオン戦争の戦後処理のために開かれた国際会議(1814-15). ❷ ヴィエンヌ：リヨン南方の都市.

Vienne[2] /vjɛn/ 固有 女 ❶ ヴィエンヌ県［86］：フランス中西部. ❷ ヴィエンヌ川：ロアール川支流.

vienne, viennent, viennes /vjɛn/ 活用 ⇨ VENIR 28

viennois, oise /vjɛnwa, wa:z/ 形 ❶ ウィーンの. ▶ café *viennois* ウィンナコーヒー. ❷ ヴィエンヌ Vienne (リヨン南方の)の.

— **Viennois, oise** 名 ❶ ウィーンの人. ❷ ヴィエンヌの人.

viennoiserie /vjɛnwazri/ 女 ウィーン風の菓子パン (クロワッサン, ブリオッシュなど).

viens, vient /vjɛ̃/ 活用 ⇨ VENIR 28

vierge /vjɛrʒ/ 形 ❶ 処女の, 純潔の；童貞の. ▶ fille *vierge* 処女 / garçon *vierge* 童貞. ❷ 無垢(く)の；手付かずの, 未使用の. ▶ cahier *vierge* 未使用のノート / huile *vierge* バージンオイル / neige *vierge* 新雪. ❸ 未開拓の. ▶ forêt *vierge* (熱帯の)原生林 / terre *vierge* 処女地. ❹ 〈*vierge* de (tout) + 無冠詞名詞〉…で汚されていない, を免れた. ▶ une réputation *vierge* de toute critique 無傷の評判. ❺ casier judiciaire *vierge* 空白の前科欄；前科がないこと.

— 女 ❶ 処女, 生娘. ❷《la *Vierge*》《カトリック》聖母マリア (=la Sainte *Vierge*, la *Vierge* Mère). ❸《多く *Vierge*》(絵, 彫刻の)聖母マリア像. ❹《*Vierge*》《天文》乙女(座).

Viêt-nam /vjɛtnam/ 固有 男 ベトナム：首都 Hanoï. ▶ au *Viêt-nam* ベトナムに［で, へ］.

vietnamien, enne /vjɛtnamjɛ̃, ɛn/ 形 ベトナム Viêt-nam の.

— **Vietnamien, enne** 名 ベトナム人.

— **vietnamien** 男 ベトナム語.

:vieux, vieille /vjø, vjɛj/ ヴュー, ヴィエイユ/

男性単数 vieux	女性単数 vieille
男性第 2 形 vieil	
男性複数 vieux	女性複数 vieilles

*vieil は母音または無音の h で始まる男性名詞の前で用いる.

形 《多く名詞の前で》 ❶ 年老いた, 高齢の. ▶ un *vieux* monsieur 老紳士 (比較 ⇨ VIEILLARD) / un *vieil* homme 年老いた男 / une *vieille* dame 老婦人 / un *vieux* chien 老犬 / se faire *vieux* 老いる / un pays *vieux* 高齢化社会の国 (注 un *vieux* pays は「歴史の古い国」⇨ 語法) / Il est *vieux* pour son âge. 彼は年にしては老けている / se sentir *vieux* 年をとったように感じる /《副詞的に》vivre *vieux* 長生きする / s'habiller *vieux* 年寄りじみた服を着る.

❷ 古い, 歳月を経た. ▶ un *vieux* château 古い城 / une *vieille* ville 古い町 / le *vieux* monde［continent］旧世界［旧大陸］, ヨーロッパ / un texte *vieux* de près d'un siècle 約 100 年前の文献 / vin *vieux* 年代物のワイン. 比較 ⇨ ANCIEN.

❸ 古くからの, 長年の. ▶ être de *vieux* mariés 長年の夫婦である / Jean est un *vieil* ami à moi. ジャンは私の古い友人です (注 un ami *vieux* は「年老いた友人」⇨ 語法) / les *vieux* habitués d'un café カフェの古くからの常連 / une *vieille* tradition 昔からの伝統 / une *vieille* question 昔からある問題.

❹ 年上の, 年長の；(相対的に)年のいった. ▶

Mon cousin a quinze ans, il est plus *vieux* que moi de trois ans.(=âgé) いとこは15歳で, 私より3歳年上です / Il est assez *vieux* pour arrêter de travailler. 彼はもう年なので, 引退してもいいころだ.

❺ 老練な, 経験豊かな. ▶ un *vieux* soldat 古参兵 / être *vieux* dans le métier その道のプロである / une *vieille* fille オールドミス / un *vieux* garçon 中年の独身男性.

❻ 昔の, かつての, 以前の. ▶ le *vieux* Paris 昔のパリ / le bon *vieux* temps 古きよき時代 / le *vieux* Lyon リヨンの旧市街 / les *vieux* quartiers de Toulouse トゥールーズの旧市街 / Ma nouvelle voiture est plus confortable que la *vieille*. 今度の車は前の車より快適だ.

❼ 使い古しの, 古びた; 使い物にならない. ▶ une *vieille* bagnole ぽんこつ車 / un *vieux* mot 古語, 現在使われない語 / Je ne peux plus mettre cette robe, elle est trop *vieille*. もうあのワンピースは着られない, 古すぎるんだもの. ❽ 古色を帯びた, くすんだ. ▶ vieil or くすんだ金色.

les vieux jours 老年. ▶ sur *ses vieux jours* 晩年に.

vieux comme Hérode [*Adam, Mathusalem, le monde*] 非常に高齢の; 甚だ古い.

vieux jeu 形動(不変)時代遅れの, 古臭い. ▶ des idées *vieux jeu* 時代遅れの考え.

語法 vieux は名詞の前では「古くからの, 昔からの」, 名詞のあとでは「年取った, 老いた, 古い」という意味になる.
• mon *vieil* ami Jean-Yves 私の古くからの友人ジャン＝イーヴ.
• un *ami* très *vieux* 年老いた1人の友人.

── 名 ❶ 老人, 年寄り; じいさん, ばあさん(⇨ 語法). ▶ être pieux comme une *vieille* ばあさんのように信心深い / un petit *vieux* 圕 おじいちゃん. 比較 ⇨ VIEILLARD.

❷ 圕 年長者; 古株. ❸ 圕 (多く所有形容詞とともに)おやじ, おふくろ; (複数で)両親.

❹ 圕 (mon) *vieille* [(ma) *vieille*] (年齢に無関係に親愛の呼びかけで)ねえ君. 注 男性に対しても女性形が用いられることがある. ▶ Comment ça va, mon *vieux* ? おい, 元気かい.

un vieux de la vieille 圕 古つわもの, ベテラン.

語法 「老人」というと「老いた」という形容詞 vieux があるせいか, les vieux と言ってしまいがちであるが, les vieux は丁寧さに欠ける表現. les vieillards についても同様である.
たとえばテレビやラジオなどの公共の場で,「フランスの老人は幸せではない」という発言をする場合, En France *les vieux* sont malheureux. とは決して言わない. これは En France, *les personnes âgées* sont malheureuses. と言う.
⇨ VIEILLARD 比較

── **vieux** 男 古いもの. ▶ faire du neuf avec du *vieux* 古いものから新しいものを作り出す.

prendre [*recevoir*] *un coup de vieux* 圕 急に老け込む; 急に変わる.

*****vif, vive** /vif, vi:v ヴィフ, ヴィーヴ/ 形 ❶ 生き生きした, 活発な. ▶ un enfant *vif* 元気のいい子供 / regard *vif* 生き生きした / marcher d'un pas *vif* 軽快な足どりで歩く.

❷ 明敏な, 利発な. ▶ avoir un esprit *vif* 頭の回転が速い; 才気煥発(%)である / *vive* imagination 活発な想像力.

❸ 激しい, 強烈な; 強い; 厳しい. ▶ une *vive* douleur 激痛 / une *vive* discussion 白熱した議論 / Il fait un *vif* froid. 非常に厳しい寒さである / à mon *vif* regret 本当に残念ですが / éprouver un intérêt très *vif* pour la peinture 絵画に非常に強い関心がある.

❹ 激しやすい, 怒りっぽい; 激昂(%)した. ▶ avoir un tempérament *vif* 気性が激しい / Je regrette d'avoir été aussi *vif*. 私はあんなにかっとしたことを後悔している.

❺〔光, 色などが〕強烈な, 鮮明な, きつい. ▶ lumière *vive* まぶしい光 / jaune *vif* 鮮やかな黄色.

❻ 新鮮な, 清らかな, 清涼な. ▶ air *vif* すがすがしい空気 / eau *vive* 清水; 清流.

❼ 鋭い, 鋭角の. ▶ arêtes *vives* d'une roche 鋭くとがった岩角 / angle *vif* 鋭角.

❽ むき出しの, 露出した. ▶ pierres *vives* 露出した岩石.

❾〔慣用表現で〕生きている. ▶ être brûlé *vif* 火あぶりの刑に処せられる / être enterré *vif* 生き埋めにされる / haie *vive* 生け垣.

❿〔音楽〕生き生きとした, 活発な. ▶ rythmes [mouvements] *vifs* テンポの速いリズム〔楽章〕.

être plus mort que vif (恐怖で)生きた心地がしない, 怖くてたまらない.

── 男 ❶ 生身. ❷ 核心. ❸ ありのままの[生きた] 現実. ❹〔民法〕生存者. ▶ donation entre *vifs* 生前贈与. ❺〔釣り〕生き餌(ˤ).

à vif 肉が現れている, むき出しの. ▶ plaie *à vif* 口の開いた傷 / avoir 「les nerfs [la sensibilité] *à vif* 神経過敏になっている, 気が立っている.

couper [*tailler, trancher*] *dans le vif* (1) 生身を切り, 患部を切開する. (2) 荒療治をする, 断固とした処置をとる.

entrer dans le vif「*du sujet* [*de la question*] 問題の核心に触れる.

piquer [*atteindre, toucher*] *qn au vif* …の痛いところを突く; 自尊心を傷つける, を怒らせる. ▶ Sa remarque m'*a piqué au vif*. 彼[女]の指摘は私の痛いところをついた.

sur le vif 現場で(の), 実際の物を前にして; ありのままに. ▶ études *sur le vif* 実地研究, フィールドワーク / un enregistrement pris *sur le vif* 生の録音.

vigie /viʒi/ 女 ❶〔海事〕(船上の)見張り; 見張り所. ▶ être en *vigie* 見張りをする / homme de *vigie* 見張り員. ❷〔鉄道〕監視室.

vigilance /viʒilɑ̃s/ 女 用心, 警戒; 監視. ▶ redoubler de *vigilance* 警戒を強める / tromper la *vigilance* 監視の裏をかく.

vigilant, ante /viʒilɑ̃, ɑ̃:t/ 形 注意深い, 警戒怠りない; 細心の, 周到な. ▶ un observateur *vigilant* (=attentif) 注意深い観察者.

vigile[1] /viʒil/ 女〔カトリック〕(主要祝日の)前日, 前夜. ▶ *vigile* de Noël クリスマスの前夜, クリスマスイブ.

vigile[2] /viʒil/ 男 (官公庁, 工場などの)警備員.

vigne

*vigne /viɲ/ ヴィーニュ 囡 ❶ ブドウ(ブドウの実は raisin). ▶ cultiver la *vigne* ブドウを栽培する / pays de *vignes* ブドウの産地 / pied de *vigne* ブドウの株 (=cep) / plant de *vigne* ブドウの苗 (=cépage). ❷ ブドウ畑[園]. ▶ les *vignes* de Bourgogne ブルゴーニュのブドウ畑. ❸ *vigne* vierge ツタ, 野ブドウ.
être dans les vignes(*du Seigneur*) 文章 酔っ払っている.

vigneron, onne /viɲrɔ̃, ɔn/ 图 ブドウ栽培者, ブドウ園経営者. — 形 ブドウ栽培の.

vignette /viɲɛt/ 囡 ❶ (写本, 美術・工芸品などを飾る)ブドウづる装飾模様[枠組み]. ❷ (漫画の)各コマ. ❸ 商標; レッテル, ラベル. ❹ 〖税制〗納税済証紙. ▶ *vignette* automobile [auto] (フロントガラスにはる)自動車の納税済証紙. ❺ 〖薬学〗 (医薬品の箱にはられている)医療費払い戻し請求用証紙.

vignoble /viɲɔbl/ 男 ❶《多く複数で》ブドウ畑[園]; (ブドウ畑の)ブドウ. ▶ pays de *vignobles* ブドウの産地. ❷《集合的に》(一地方, 一国の)ブドウ畑. ▶ le *vignoble* bordelais ボルドー地方のブドウ畑.

vigogne /vigɔɲ/ 囡 ❶〖動物〗ビクーナ, ビクーニャ. ❷〖繊維〗ビクーニャの毛; ビクーニャ織物.

vigoureusement /vigurøzmɑ̃/ 副 ❶ 力強く, たくましく. ▶ taper *vigoureusement* 力いっぱいたたく. ❷ 強烈に, 激しく. ▶ protester *vigoureusement* 強く抗議する. ❸ 鮮明に, くっきりと.

*vigoureux, euse /vigurø, øːz/ ヴィグルー, ヴィグルーズ/ 形 ❶ 力強い, たくましい, 頑健な. ▶ des bras *vigoureux* たくましい腕 / un cheval *vigoureux* 頑強な馬 / un arbre *vigoureux* 生命力の強い木 / Mon grand-père est encore *vigoureux* pour son âge. 私の祖父は年齢の割には丈夫だ. 比較 ➪ FORT. ❷ 強烈な, 強力な. ▶ une attaque *vigoureuse* 猛攻 / un dessin *vigoureux* 力強いデッサン / élever une *vigoureuse* protestation 激しい抗議の声をあげる.

vigueur /vigœːr/ 囡 ❶ 力強さ, 活力, 体力, 生命力. ▶ être dans toute la *vigueur* de la jeunesse 若い活力をみなぎらせている / être sans *vigueur* 生気がない / *vigueur* de(s) muscles 筋肉のたくましさ / *vigueur* de la forêt 森の生命力. ❷ (感情, 行動, 表現などの)力強さ, 激しさ. ▶ *vigueur* de la touche タッチの力強さ / répondre avec *vigueur* 猛然と反駁(読く)する. ❸ 効力, 有効性.
en vigueur (1)〖法令が〗有効な. ▶ loi *en vigueur* 現行法 / entrer *en vigueur* 〖法律が〗効力を発生する. (2)〖習慣などが〗現に行われている.

VIH 男 (略語) virus d'immunodéficience humaine 人免疫不全ウイルス(英語 HIV).

vil, vile /vil/ 形 文章 卑しい, 下劣な. ▶ *vil* flatteur 卑屈なおべっか使い / action *vile* 卑劣な行い.
à vil prix 安値で.

vilain, aine /vilɛ̃, ɛn/ 形《名詞の前で》❶ 醜い, 見苦しい, 不快な. ▶ *vilains* habits 不格好な服 / Elle n'est pas *vilaine*. 彼女は結構きれいだ.
❷ 汚い, 下劣な; 下品な. ▶ *vilains* mots 下品な言葉 / avoir de *vilaines* pensées いやらしいことを考える.
❸〖子供が〗聞き分けのない, 行儀の悪い. ▶ Qu'il est *vilain*! なんて聞き分けのない子なんでしょう / C'est très *vilain* de mentir. (子供に向かって)うそをつくのはとてもいけないことですよ.
❹〖病気などが〗たちの悪い, 危険な. ▶ une *vilaine* toux たちの悪い咳(読) / une *vilaine* blessure ひどい傷 / jouer un *vilain* tour à qn …に悪さ[いたずら]をする.
❺〖天候などが〗嫌な, うっとうしい. ▶ *vilain* temps 嫌な天気.
— 图 いたずらっ子, 悪い子.
— **vilain** 副 話 Il fait *vilain*. 嫌な天気だ.
— 男 不愉快なこと. 口論(になっ), 騒動. ▶ Ça va faire du *vilain*. 面倒なことになるぞ / tourner au *vilain* まずいことになる.

vilainement /vilɛnmɑ̃/ 副 卑劣に, 下劣に.

vilebrequin /vilbrəkɛ̃/ 男 ❶ ハンドドリル. ❷〖機械〗クランク軸, クランクボール.

vilement /vilmɑ̃/ 副 文章 卑しく, 下劣に.

vilenie /vilni/ 囡 ❶ 卑劣な言動. ▶ commettre une *vilenie* 卑劣な行いをする. ❷ 卑劣, 下劣.

vilipender /vilipɑ̃de/ 他動 文章 …をけなす, 嘲弄(ちょうろう)する.

*villa /villa/ ヴィラ/ 囡《イタリア語》❶ (庭付きの美しい)一軒家; 別荘. ▶ une petite *villa* de banlieue 郊外の瀟洒(しょうしゃ)な一戸建て. 比較 ➪ MAISON. ❷ 別荘地の私道.

:village /vilaːʒ/ ヴィラージュ/ 男 ❶ 村, 村落; 田舎. ▶ un petit *village* isolé 人里離れた小さな村 / revenir au [dans son] *village* 故郷の村へ帰る / *village* global グローバルビレッジ, 世界村.
❷ <*village* de + 無冠詞名詞>(ある施設などを中心に形成された)…村. ▶ *village* de toile テント村 / *village* de vacances バカンス村 /《他の名詞と多くハイフン(-)で結び付いて》*village*-hôtel ホテル村. ❸《集合的に》村民. ▶ la risée du *village* 村中の笑い物.

villageois, oise /vilaʒwa, waːz/ 图 村人, 村民.
— 形 村の, 田舎の; 村人の. ▶ fête *villageoise* 村祭り.

:ville /vil/ ヴィル/ 囡

❶ 都市, 都会, 町; (行政上の)市. ▶ la *ville* de Paris パリ市 / hôtel de *ville* 市役所 / grande *ville* 大都市 / *ville* moyenne 中都市 / petite *ville* 小都市 / centre de la *ville* = centre-*ville* 町の中心, 都心 / *ville* industrielle [commerçante, universitaire] 工業[商業, 大学]都市 / *ville* d'eau(x) 温泉町 / *ville* nouvelle ニュータウン / la *Ville* lumière 光の都(パリ) / la *Ville* rose バラ色の都(トゥールーズ) / *Villes* saintes 聖都(エルサレム, メッカ, ローマなど) / la *Ville* éternelle 永遠の都(ローマ).
❷ (都市の)一部, 地区. ▶ la vieille *ville* et les nouveaux quartiers 旧市街と新興地区 / *ville* basse 下町 / *ville* haute 山の手.

❸ 都会生活. ▶ Je préfère la *ville* à la campagne. 私は田舎より都会の方が好きだ / le bruit de la *ville* 都会の喧噪(けん) / habits [vêtements] de *ville* 外出着, タウンウエア, 町着; (夜会服に対して)平服.

❹《集合的に》都市の住民, 市民. ▶ Toute la *ville* en parle. 町中でそのうわさでもちきりだ.

__en ville__ (1)町で[に]; 町心で[に]. ▶ vivre [habiter] *en ville* 都市で暮らす[都会に住む] / aller *en ville* 町へ出る. (2) 外出して, 外で. ▶ dîner *en ville* レストランで夕食をとる; よそで御馳走(ちそう)になる. ▶ (郵便物の表記で)「持参便」(略 EV).

<u>比較</u> **都市, 町**
ville 町村規模から大都市までを広く指す. **cité** (改まった表現)おもに大都市を指す. **municipalité** (官庁用語)規模にかかわらず地方自治体を指す正式名称.

ville-champignon /vilʃɑ̃piɲɔ̃/;《複》~s-~s 囡 (キノコのように)急成長した都市, 新興都市.

ville-dortoir /vildɔrtwa:r/;《複》~s-~s 囡 ベッドタウン. ⇨ CITÉ-DORTOIR.

villégiature /vi(l)leʒjatyːr/ 囡 ❶ 田舎や保養地に滞在すること; 保養, 避寒. ▶ aller en *villégiature* dans sa maison de campagne 田舎の別荘に静養に行く. ❷ 田舎の保養地.

villégiaturer /vi(l)leʒjatyre/ 自 古風 田舎[保養地]に逗留(とうりゅう)する; 保養に出かける.

ville-satellite /vilsatɛ(l)lit/;《複》~s-~s 囡 衛星都市.

villosité /vi(l)lozite/ 囡 毛で覆われていること.

__vin__ /vɛ̃ ヴァン/

❶ ぶどう酒, ワイン. ▶ boire du *vin* ワインを飲む / servir du *vin* ワインをつぐ / déguster du *vin* ワインを試飲する / *vin* rouge [blanc, rosé] 赤 [白, ロゼ] ワイン / *vin* sec [doux] 辛口 [甘口] ワイン / frapper le *vin* ワインを冷やす / couper [baptiser] le *vin* ワインを水で割る / grand *vin* 有名産地のワイン, 銘酒 / *vin* de table テーブルワイン.

❷ 酒. ▶ *vin* de palme ヤシ酒 / *vin* de fruits 果実酒.

avoir le vin gai [*triste, mauvais*] 笑い [泣き, 怒り] 上戸である.

cuver son vin (休息や睡眠で)酔いを覚ます.

être entre deux vins ほろ酔い加減である.

être pris de vin 酔っている.

mettre de l'eau dans son vin (ワインに水を加える→)主張を和らげる, 態度を軟化させる, 控え目になる.

Quand le vin est tiré, il faut le boire. 諺 (酒が抜かれたら飲まねばならぬ→)乗りかかった船, 毒を食らわば皿まで.

sac à vin 酔っ払い, 大酒飲み.

tenir bien le vin 酒に強い.

vin d'honneur (1)乾杯用のワイン. (2)(ある人のための)小宴, 宴会, 歓迎会.

vinage /vina:ʒ/ 男 (ブドウ汁, ワインへの)アルコール添加.

__vinaigre__ /vinɛgr ヴィネーグル/ 男 ❶ 酢, 食酢, ビネガー; ワイン酢 (=*vinaigre* de vin). ❷ 酸っぱくなったワイン. ❸ 話 縄跳びの早回し. ▶ sauter au *vinaigre* 早回しで縄跳びをする.

faire vinaigre 俗 急ぐ.

On ne prend pas les mouches avec du vinaigre. 諺 (酢でハエは捕まえられない→)厳しいだけでは人の心はつかめない.

tourner au vinaigre (1) ワインが酸っぱくなる. (2) 悪化する; 険悪になる.

vinaigré, e /vinegre/ 形 酢で味をつけた; 酢漬けの.

vinaigrer /vinegre/ 他動 …に酢で味をつける. ▶ Elle *a* trop *vinaigré* la salade. 彼女はサラダに酢を利かせすぎた.

vinaigrerie /vinɛgrəri/ 囡 酢醸造所; 酢の醸造 [販売].

vinaigrette /vinɛgrɛt/ 囡 (酢, 油, 塩, 胡椒(こしょう)などで作る)フレンチドレッシング.

vinaigrier /vinɛgrije/ 男 ❶ 酢の製造人 [販売人]. ❷ (酢入れの)小瓶.

vinasse /vinas/ 囡 話 安ワイン.

Vincennes /vɛ̃sɛn/ 固有 ヴァンセンヌ: パリ東郊. 南に森が広がる.

vindas /vɛ̃da(:)s/ 男 [機械] ウインチ.

vindicatif, ive /vɛ̃dikatif, iːv/ 形, 名 復讐(ふくしゅう)心の強い(人), 執念深い(人).

vindicte /vɛ̃dikt/ 囡 文章 ❶ 処罰.
❷ *vindicte* publique 社会的制裁;《法律》公訴. ▶ désigner qn à la *vindicte* publique …が犯罪者であると公に知らせる.

vineux, euse /vinø, øːz/ 形 ❶ 赤ワイン色の, ワインレッドの. ▶ couleur *vineuse* ワインレッド. ❷ ワインの香り [味] のする. ▶ haleine *vineuse* 酒臭い息. ❸ アルコール分の強い.

__vingt__ /vɛ̃ ヴァン/ (母音または無音の h の前, および 22 から 29 までは /vɛ̃t/ (例: vingt et un /vɛ̃teœ̃/, vingt-deux /vɛ̃tdø/)) 形《数》《不変》❶《名詞の前で》20 の. ▶ *vingt* euros 20ユーロ.

❷《おもに名詞のあとで序数詞として》20 番目の. ▶ page *vingt* 20ページ / les années *vingt* 1920年代. ❸《名詞の前で》多数の. ▶ Je ne vais pas le répéter *vingt* fois. 何度も言いません.

vingt ans 20歳; 若いころ. ▶ Il n'a plus *vingt ans*. 彼はもう若くない.

Vingt-deux! 俗 気をつけろ (⇨ VINGT-DEUX).

vingt-quatre heures sur vingt-quatre 一日中.

— *__vingt__* 男 (単複同形) ❶ 20; (le vingt) 20 日 [番, 分, 番地, 号室]. ▶ habiter au *vingt* de la rue Monge モンジュ街20番地に住んでいる / Nous sommes le *vingt* juin. 今日は6月20日です. ❷ (学校のテストの)20点満点. ▶ avoir dix-sept sur *vingt* 20点満点で17点取る.

vingtaine /vɛ̃tɛn/ 囡 ❶ 20; 約 20. ❷〈une *vingtaine* de + 無冠詞複数名詞〉約20の…. ▶ une *vingtaine* de personnes 約20人.

vingt-deux /vɛ̃tdø/ 間投 話 気をつけろ, 注意しろ, 危ない. ▶ *Vingt-deux*, voilà les flics! やばい, お巡りだ.

__vingtième__ /vɛ̃tjɛm ヴァンティエム/ 形 ❶20番目の. ▶ le *vingtième* siècle 20世紀 / se classer *vingtième* sur cinquante 50人中20番になる.

vingtièmement

❷ 20分の1の.
— 图 20番目(の人[物]).
— 男 ❶ 20分の1. ❷ 21階(=vingtième étage); (パリの)第20区(=vingtième arrondissement). ▶ Mon bureau est au *vingtième* étage. 私のオフィスは21階にある.

vingtièmement /vɛ̃tjɛmmɑ̃/ 副 20番目に.

vini- 接頭「ワイン」の意.

vinicole /vinikɔl/ 形 ブドウ栽培の; ワイン醸造の. ▶ région *vinicole* ワイン産地.

vinifère /vinifɛːr/ 形 ブドウを産する.

vinification /vinifikasjɔ̃/ 女 ❶ ワイン醸造. ❷ (ブドウ果汁の)アルコール発酵.

vînmes /vɛ̃:m/ 活用 ⇨ VENIR 28

vinss-, vin-, vîn- 活用 ⇨ VENIR 28

vinyle /vinil/ 男 ❶ 〖化学〗ビニール. ▶ chlorure de *vinyle* 塩化ビニール. ❷ LP レコード.

vioc /vjɔk/ 形, 名 ⇨ VIOQUE.

viol /vjɔl/ 男 ❶ 強姦(ごうかん)(罪). ❷ (規則などの)違反, 侵犯; 不法侵入.

violacé, e /vjɔlase/ 形 紫がかった. ▶ nez *violacé* (寒さや酒のため)紫色になった鼻.
— **violacées** 女複〖植物〗紫科.

se violacer /səvjɔlase/ 1 代動 紫色になる, 紫がかる.

violateur, trice /vjɔlatœːr, tris/ 名 (法律などの)違反者; (不法)侵入者; 冒瀆(ぼうとく)者.

violation /vjɔlasjɔ̃/ 女 (法律, 約束などの)違反; (権利などの)侵害; 不法侵入. ▶ *violation* de la loi 法律の違反(公判官による法律誤用などによるもの) / *violation* de domicile 住居侵入 / *violation* du secret professionnel 職業上の秘密漏洩(ろうえい).

viole /vjɔl/ 女〖音楽〗ビオール: 15-18世紀に用いられたフレット付きの擦弦楽器の総称. ▶ *viole* de gambe ビオラ・ダ・ガンバ (チェロの前身).

violemment /vjɔlamɑ̃/ 副 荒々しく, 乱暴に; 激しく.

__violence__ /vjɔlɑ̃ːs/ ヴィヨラーンス 女 ❶ 暴力; 《多く複数で》暴力行為. ▶ avoir recours à la *violence* 暴力に訴える / user de *violence* 暴力を用いる / subir des *violences* 暴力を受ける / conquérir [prendre] par la *violence* 力ずくで手に入れる / *violence* conjugale 夫婦間暴力 / *violence* domestique 家庭内暴力 / *violence* verbale 言葉による暴力 / *violence* urbaine 都市暴力 / film de *violence* バイオレンス映画 / acte de *violence* 暴力行為. ❷ 激しさ, 荒々しさ, 強烈さ. ▶ parler avec *violence* 語気を荒らげて話す / la *violence* de la tempête 嵐(あらし)の猛威 / la *violence* des passions 情熱の激しさ.

faire une douce violence à qn 話 (ためらっている人に)巧みに同意させる.

faire violence à qc …を曲解する. ▶ *faire violence* à la loi 法律を都合よく解釈する.

faire violence à qn …に無理強いをする.

se faire une douce violence 話 (本心を偽って)嫌がるふりをする, 内心では喜んで承諾する.

se faire violence 自制する, 嫌なことがまんしてやる. ▶ *se faire violence* pour dominer sa colère 怒りをぐっとこらえる.

__violent, ente__ /vjɔlɑ̃, ɑ̃ːt/ ヴィヨラン, ヴィヨラーント/ 形 ❶ 粗暴な, 乱暴な. ▶ action *violente* 暴力行為 / caractère *violent* 粗暴な性格.

❷ 激烈な, 強烈な. ▶ vent *violent* 激しい風 / remèdes *violents* 劇薬 / faire de *violents* efforts がむしゃらに努力する.

❸ 話 ひどい. ▶ C'est un peu *violent*! それはあんまりだ. ❹ mort *violente* (事故や殺人による)非業の死 (↔mort naturelle).

— 名 粗暴な人.

violenter /vjɔlɑ̃te/ 他動 ❶〔女性〕を強姦(ごうかん)する. ❷ 文章〔解釈など〕を歪曲(わいきょく)する, こじつける.

violer /vjɔle/ 他動 ❶〔法律, 規則など〕に違反する, を犯す. ▶ *violer* la constitution 憲法に違反する / *violer* un secret 秘密をもらす.

❷ …に(無理やり)侵入する; を冒瀆(ぼうとく)する. ▶ *violer* le domicile de qn …の住居に不法侵入する. ❸〔女性〕を強姦(ごうかん)する.

violer les consciences (1) 人の秘密に立ち入る. (2) 無理に意見を押しつける.

violet, ette /vjɔlɛ, ɛt/ 形 紫色の, スミレ色の.
— **violet** 男 紫色, スミレ色.

violette /vjɔlɛt/ 女 ❶〖植物〗スミレ. ❷ スミレの香水. ❸ bois de *violette* 紫檀(したん).

violeur /vjɔlœːr/ 男 強姦(ごうかん)者.
— **violeur, euse** /vjɔlœːr, øːz/ 名 (法律などの)違反者; 侵害者; (聖地などの)冒瀆(ぼうとく)者.

__violon__ /vjɔlɔ̃/ ヴィヨロン 男 ❶ バイオリン. ▶ jouer du *violon* バイオリンを弾く / gratter [racler] du *violon* バイオリンをキーキー鳴らす / sonate pour *violon* バイオリンソナタ. ❷ バイオリン奏者(=violoniste). ▶ le premier *violon* d'un orchestre コンサートマスター(管弦楽団の第1バイオリンの首席奏者). ❸ 話 (弦が鉄格子に似ていることから)留置場, 豚箱.

accorder ses violons 同意する.

Accordez vos violons! (お互いの)意見をまとめてください.

aller plus vite que les violons 早く行きすぎる, 急ぎすぎる.

violon d'Ingres (画家のアングルが玄人はだしのバイオリン奏者であったことから)(芸術家の)余技; (一般人の)芸術的な余技, 技芸.

violoncelle /vjɔlɔ̃sɛl/ 男 チェロ.

violoncelliste /vjɔlɔ̃selist/ 名 チェロ奏者.

violoneux /vjɔlɔnø/ 男 ❶ 村の(祭りの)バイオリン弾き. ❷ 下手なバイオリン弾き.

violoniste /vjɔlɔnist/ 名 バイオリン奏者.

vioque /vjɔk/, **vioc** 形 年取った, 老いた.
— 名 話 ❶ 年寄り. ❷《所有形容詞または定冠詞とともに》(父母);《複数で》両親.

vipère /vipɛːr/ 女 ❶〖動物〗クサリヘビ: クサリヘビ亜科の毒ヘビの総称(マムシなど).

❷ 意地の悪い人, 腹黒い人; 陰険な中傷家.

langue de vipère 毒舌家.

nid de vipères (1) 悪党の巣窟(そうくつ). (2) 内輪でいがみ合う集団[家族].

noeud de vipères (巣の中の)まむしのからみ合い.

vipereau /vip(ə)ro/; 《複》**x** 男 クサリヘビの子.

vipérin, ine /viperɛ̃, in/ 形 ❶ クサリヘビの, クサリヘビに似た. ❷ langue *vipérine* 毒舌.

*virage /viraːʒ/ 男 ❶ (車などの)方向転換. ▶ faire un *virage* à droite 右に曲がる / amorcer [manquer] un *virage* カーブを切り始める [切り損なう].
❷ (道路などの)コーナー, カーブ. ▶ aborder un *virage* コーナーにさしかかる / prendre un *virage* カーブを切る / accélérer [freiner] dans un *virage* カーブで加速 [減速] する.
❸ (思想, 政策などの)転換. ▶ parti qui amorce un *virage* à droite 右旋回し始めた政党 / faire un *virage* à 180 degrés (意見などを)180度変える / Il n'a pas su prendre le *virage*. 彼は新しい状況に適応できなかった.
❹〖写真〗調色. ❺〖化学〗(指示薬の)変色. ❻〖医学〗(ツベルクリン反応の)陽転. ❼〖水泳〗〖スキー〗ターン.

virago /virago/ 女《ラテン語》(態度が荒々しく横柄な)男勝りの女.

vir*al*, *ale* /viral/;《男複》**aux** /o/ 形 ❶〖医学〗ウイルスの, ウイルスによる. ▶ hépatite *virale* ウイルス性肝炎. ❷〖情報〗コンピュータウイルスの. ▶ attaque *virale* ウイルス攻撃 / protection *virale* ウイルス対策. ❸ marketing *viral* バイラルマーケティング(消費者間の口コミ宣伝によるマーケティング).

virée /vire/ 女 ❶ 話 散歩, 小旅行. ❷ (喫茶店, ダンスホールなどの)はしご.

virement /virmɑ̃/ 男 (口座の)振替;(手形の)交換;(費目の)流用, 転換. ▶ *virement* bancaire [postal] 銀行 [郵便] 振替 / paiement par *virement* 振り込み支払い.

virent /viːr/ 活用 ⇨ VOIR ③

virer /vire/ 自動 ❶ 回る, 回転する. ▶ *virer* en dansant 踊りながらくるくる回る.
❷ (船, 車, 飛行機などが)方向転換する, 曲がる. ▶ *virer* à [sur sa] droite 右折する.
❸ 態度 [意見] を変える, 方針転換する.
❹ 変質する;変色する.
❺〖写真〗(薬品で)色調が変わる, 調色される.
❻〖医学〗(ツベルクリン反応が)陽転する.

virer de bord (1)〖海事〗船首を回す, 半回転する. (2) (特に政治的な)意見を変える.
─ 他動 ❶〖ある金額〗を振り込む, 振り替える. ▶ *Virez* la somme à mon compte. その金額を私の口座に振り込んでください.
❷ 話 …を追い払う;解雇する. ▶ Il s'est fait *virer* de son boulot. 彼は仕事を首になった.
❸〖写真〗〖印画〗を調色する.

virer sa cuti 話 (1)〖医学〗(ツベルクリン反応で)陽転する. (2) 自由になる. (3) 意見 [態度] を一変する.
─ 間他動〈*virer* à qc〉…に変質する;変色する. ▶ un papier de tournesol qui *vire* au rouge 赤変するリトマス試験紙 / *virer* à l'aigre (変質して)酸っぱくなる / Elle *a viré* à un conformisme total. 彼女はまったく体制順応型になってしまった.

virevolte /virvɔlt/ 女 ❶ 半回転, 急回転.
❷ (運命などの)急変, 一変;(意見, 態度の)豹変(ひょう), 転向.

virevolter /virvɔlte/ 自動 ❶ (くるっと)半回転する;くるくる回る. ❷ 話 うろうろする, あちこち動き回る. ❸ 意見 [態度] を豹変(ひょう)させる.

virgin*al*, *ale* /virʒinal/;《男複》**aux** /o/ 形 ❶ 処女の(ような). ❷ 文章 汚れのない, 純白の. ▶ blanc *virginal* 純白.

virginité /virʒinite/ 女 ❶ 処女 [童貞] であること, 処女性. ❷ 文章 純真, 清らかさ, 無垢(く).
rendre [***refaire***] ***une virginité à qn*** …に純真さ [名誉, 評判] を取り戻させる.

virgule /virgyl/ 女 ❶ ヴィルギュル, コンマ (,). ▶ mettre une *virgule* コンマを打つ.
❷〖数学〗小数点. 注 フランスでは小数点はコンマで表わす(例: 0,8 [*zéro virgule huit*]).
ne pas changer une virgule à un texte 原文のコンマ1つ変えない, 原文のままにしておく.

vir*il*, *e* /viril/ 形 ❶ 男の;男性的な, 力強い. ▶ un caractère *viril* 男性的な性格 / une résolution *virile* 断固たる決断. 比較 ⇨ MASCULIN.
❷ 成年男子の. ▶ âge *viril* 成年.
❸ (男性が)(正常な)性欲を持った.

virilement /virilmɑ̃/ 副 男らしく, 力強く.

viriliser /virilize/ 他動 …を男性的にする, 男っぽくする. ▶ Ses cheveux courts la *virilisent*. 彼女は髪が短くて男みたいだ.

virilité /virilite/ 女 ❶ 男であること;男らしさ, 力強さ. ▶ manquer de *virilité* 男らしくない.
❷ (男の)生殖能力;性的能力.

virole /virɔl/ 女 (先端の)きせ金具, はめ輪;(杖(っえ), 傘などの)石突き. ▶ *virole* d'un couteau ナイフの柄のはめ輪.

virologie /virɔlɔʒi/ 女〖医学〗ウイルス学.

virologiste /virɔlɔʒist/, **virologue** /virɔlɔg/ 名 ウイルス学者 [専門家].

virtualité /virtɥalite/ 女 文章 潜在性, 潜在能力.

virtu*el*, *le* /virtɥɛl/ 形 ❶ 文章 潜在的な;事実上の. ▶ le marché *virtuel* d'un produit ある製品の潜在的市場 / banqueroute *virtuelle* 事実上の破産.
❷ (1)〖光学〗image *virtuelle* 虚像. (2)〖物理〗仮想的な. (3)〖情報〗mémoire *virtuelle* 仮想記憶 / réalité *virtuelle* 仮想現実, バーチャルリアリティ / musée *virtuel* (インターネット上の)バーチャル美術館.
─ 男 潜在性, 仮想性, バーチャル.

virtuellement /virtɥɛlmɑ̃/ 副 ❶ 潜在的に;おそらく. ▶ Vous êtes *virtuellement* admis. あなた(方)は実質上合格したのと同じだ.
❷ 話 表向きは, 原則として.

virtuose /virtɥoːz/ 名 ❶ (音楽の)名手, 名演奏家. ▶ *virtuose* du piano ピアノの巨匠.
❷ (一般的に)名人, 達人.
─ 形 技巧に優れた, 見事な.

virtuosité /virtɥozite/ 女 ❶ (芸術家の)優れた技巧, 名人技 [芸]. ❷ (軽蔑して)単なる技巧. ▶ C'est de la *virtuosité* pure. 技巧に走っているだけで深みがない.

virulence /virylɑ̃ːs/ 女 ❶ 辛辣(らっ)さ, 激しさ. ▶ *virulence* d'une critique 批評の辛辣さ.
❷ (病原菌などの)毒性, 発病力.

virul*ent*, *ente* /virylɑ̃, ɑ̃ːt/ 形 ❶ 辛辣(らっ)

な；敵意に満ちた. ▶ une satire *virulente* 辛辣な風刺. ❷［細菌が］有毒［有害］な, 毒性のある.
virus /virys/ 男 ❶［医学］ウイルス. ▶ *virus* du sida エイズウイルス. ❷（精神的な）害毒, 病的な［過度の］趣味. ▶ Il a le *virus* de la musique. 彼は音楽熱に取りつかれている. ❸［情報］*virus* informatique コンピュータウイルス.
***vis**[1] /vis ヴィス/ 女 ❶ ねじ釘（ぎ）, ビス；ボルト. ▶ *vis* à bois 木ねじ / pas de *vis* ねじのピッチ / serrer [desserrer] une *vis* ねじを締める[緩める].
　❷ 螺旋（ちん）階段 (=escalier à [en] *vis*).
　donner un tour de vis (1) ねじを締める. (2) 話 一層の引き締めをする, より厳しい措置をとる.
　serrer la vis à qn 話 …の自由を制限する, を厳しく扱う.
vis[2] /vi/ 活用 ⇨ VIVRE[1] 62 ; VOIR 31
visa /viza/ 男 ❶（パスポートの）入国査証, ビザ. ▶ demander un *visa* pour la Chine 中国入国のビザを申請する. ❷ 検印, 証印；(認証の)署名. ▶ *visa* de censure（映画などの）検閲済印証.

***visage** /vizaːʒ ヴィザージュ/ 男

❶ 顔, 顔立ち. ▶ Il a un beau *visage*. 彼はハンサムだ / *visage* allongé 面長の顔 / *visage* rond 丸顔 / *visage* maigre [en lame de couteau] やせた[やせこけた]顔 / soins du *visage* 美顔術 / frapper qn au *visage* …の横っ面を張る.
❷（表情としての）顔, 顔色, 顔つき. ▶ *visage* expressif [ouvert] 表情豊かな[明るい]顔 / montrer [révéler] son vrai *visage* 本当の姿を見せる, 本性を現す / se composer un *visage*（状況に適した）もっともらしい顔つきをする /「se peindre [se lire] sur le *visage* 顔に出る[表情で読み取れる].
❸（顔で区別される）人. ▶ un *visage* connu [inconnu] 顔見知りの［知らない］人 / un *visage* nouveau 初めて見る顔［人］, 新顔 / mettre un nom sur un *visage* 人の顔を見て名前を思い出す. ❹ 文章（物の）姿, 様相, 面. ▶ le vrai *visage* des Etats-Unis アメリカの真の姿 / homme à deux *visages* 裏表のある男.

わる. (2) 様変わりする, 変身する.
faire bon visage à qn …を愛想よく迎える.
sans visage 正体不明の, 得体の知れない.
trouver visage de bois（訪問先の）戸が閉まっている, 留守に訪ねる.

　比較　**顔**
　visage, figure ほぼ同義だが, *visage* のほうが多少改まった表現. したがって *casser la figure à qn* (…の顔を殴る) のようなくだけた表現には *figure* を用い, Elle a un très beau *visage*. (彼女はとても美しい顔をしている) のように相手を褒める場合には *visage* を使う傾向がある. **face** 改まった表現で, 客観的・科学的に顔を見る場合に用いることが多い. **physionomie** 人柄, 気質などを表わすものとしての顔立ち.

visagisme /vizaʒism/ 男 商標 美顔術.
visagiste /vizaʒist/ 名 商標 美顔術師, 美顔エステティシャン.
vis-à-vis /vizavi/ 副 古風 向かい合って. ▶ Dans le train, ils étaient assis *vis-à-vis*. 列車内で彼らは向かい合った席に座っていた.
***vis-à-vis de qn/qc** (1) …と向かい合って, の正面に. ▶ Il s'est assis *vis-à-vis* de moi. 彼は私の正面に着席した / *vis-à-vis* l'un de l'autre = l'un *vis-à-vis* de l'autre 互いに向かい合って. (2) …に対して；と比べて. ▶ avoir une attitude très dure *vis-à-vis* des autres 他人に対して非常に厳しい態度をとる / Mon savoir est nul *vis-à-vis* du sien. 私の知識なんか彼(女)のに比べれば無に等しい. (3) …について, 関して. ▶ être responsable *vis-à-vis* de l'administration 経営面の責任がある.
── 男 ❶ 向かい合い, 差し向かい. ▶ être en *vis-à-vis* 向かい合っている. ❷（食卓, 乗り物などで）向かいの人；（ダンスやトランプの）パートナー；（交渉などの）相手. ▶ Son *vis-à-vis* restait muet. 彼(女)の前に座った人は黙ったままだった. ❸（建築物などの）向かい側にある物. ▶ immeuble sans *vis-à-vis* 正面に何も建っていない建物.
viscéral, ale /viseral/；(男複) **aux** /o/ 形
❶［解剖］内臓の. ❷［感情などが］根深い, 理屈抜きの, 本能的な. ▶ une jalousie *viscérale* 根深い嫉妬（とっ）.
viscéralement /viseralmɑ̃/ 副 心底から；根本的に.
viscère /viseːr/ 男（多く複数で）内臓；臓物.
viscosité /viskozite/ 女 ❶ 粘着性；［物理］粘性, 粘度. ▶ *viscosité* d'une huile オイルの粘度. ❷（表面の）ぬめり, ねばねば. ▶ la *viscosité* d'un poisson 魚のぬるぬるした感触.
visé, e /vize/ 形 (viser[1] の過去分詞) ❶ ねらいをつけられた. ❷ 適用された.
visée /vize/ 女 ❶ ねらい；照準. ▶ ligne de *visée* 照準線. ❷（多く複数で）目的, 意図, 野心. ▶ avoir de hautes *visées* 大望を抱く / avoir des *visées* sur qn/qc …に対して野心[下心]を持つ, ねらいを定める.
***viser**[1] /vize/ 他動 ❶ …にねらいをつける, 照準を定める. ▶ *viser* qn avec un fusil 銃で…をねらう.
❷［地位など］を得ようとする；目指す, ねらう. ▶ *vi-*

à visage découvert 素顔で；率直に.
à visage humain 人間尊重の, 人間の顔をした.
avoir bon visage 血色［顔色］がよい.
changer de visage (1) 顔色を変える, 表情が変

ser la gloire 栄光を求める / *viser* l'effet 効果をねらう / *viser* le même objectif 目的を同じくする.

❸ …に適用される；を対象とする. ▶ Cette mesure *vise* tous les contribuables. この措置がすべての納税者に適用される / se sentir *visé* 自分のことを言われているような気がする.

❹ 俗 …を見る. ▶ *Vise* un peu cette bagnole! ちょっとあのおんぼろ車を見てみろよ.

── 間他動 ⟨*viser* à qc⟩ 不定詞 …をねらう，目指す.
▶ *viser* au cœur 心臓をねらう / *viser* à plaire 気に入られようとする.

── 自動 ❶（銃などで）ねらう. ▶ *viser* juste 正確にねらう. ❷ 目指す. ▶ *viser* haut 大望を抱く.

viser² /vize/ 他動〔パスポート〕に査証する；…に証印を押す.

viseur /vizœːr/ 男（カメラの）ファインダー；（銃砲の）照準装置.

visibilité /vizibilite/ 女 ❶ 目に見えること；可視性. ❷ 視界. ▶ bonne *visibilité* 良好な視界 / virage sans *visibilité* 見通しの利かないカーブ / pilotage sans *visibilité*〔計器〕飛行.

***visible** /vizibl/ ヴィズィブル/ 形 ❶ 目に見える；可視の. ▶ une étoile *visible* à l'œil nu 肉眼で見える星.

❷ 目につく，目立つ；明白な. ▶ avec un plaisir *visible* 喜びの色をありありと見せて / Sa déception était *visible*. 彼(女)の落胆は明らかだった/《非人称構文で》Il est *visible* que + 直説法. …なのは明らかである.

❸ 面会できる；話〔服装などが整っていて〕人前に出られる. ▶ Ma mère n'est pas *visible* ce matin. 母は今朝はどなたにもお会いしません.

❹《多く否定的表現で》見る価値のある.
── 男 文章 目に見えるもの〔世界〕.

visiblement /viziblɔmɑ̃/ 副 目に見えて，はっきりと；明らかに. ▶ Elle est *visiblement* vieillie. 彼女は目に見えて老け込んだ.

visière /vizjɛːr/ 女 ❶（帽子の）庇(ひさし)；サンバイザー. ▶ mettre sa main en *visière*（光を避けるために）片手を目の上にかざす.

❷（かぶとの）眉庇(まびさし)；（ヘルメットの）シールド.

rompre en visière à〔*avec*〕*qn/qc* 文章 …に真正面から反対〔攻撃〕すし，を激しく批判する.

visioconférence /vizjɔkɔ̃ferɑ̃ːs/ 女 テレビ会議.

*visi**on** /vizjɔ̃ ヴィズィヨン/ 女 ❶ 視覚，視力；見えること. ▶ organes de *vision* 視覚器官 / troubles de la *vision* 視覚障害 / avoir une *vision* nette [indistincte] de qc …がはっきりと[ぼんやりと]見える.

❷ 見ること；見たこと；光景. ▶ Cette *vision* d'horreur l'a bouleversé. 彼は恐ろしい光景を見て気が動転した.

❸（物の）見方，理解，解釈. ▶ *vision* du monde 世界観 / *vision* des choses 物の見方 / une *vision* réaliste de la situation 状況についての現実的な見方.

❹ 見通し，展望，ビジョン. ▶ avoir une *vision* très claire de l'avenir 未来について非常にはっきりした見通しがある / *vision* globale 全体を見通したビジョン.

❺ イメージ，心象；《多く複数で》幻，幻影.

avoir des visions 話 (1) 幻を見る. (2) 勘違いする. (3) 荒唐無稽(こうとうむけい)なことを言う.

visionnaire /vizjɔnɛːr/ 形 ❶ 幻影を見る；幻想[妄想]を抱く. ❷ 文章 予見[予言]能力のある.
── 名 ❶ 幻影を見る人；妄想家. ❷ 天啓[霊感]を受けた人，予言者，見神者. ❸ 先見の明のある人.

visionner /vizjɔne/ 他動〔フィルムなど〕をビューアーでチェックする；〔映画など〕を試写して見る.

visiophone /vizjɔfɔn/, **vidéophone** /videɔfɔn/ 男 テレビ電話.

visitation /vizitasjɔ̃/ 女〔カトリック〕聖母のエリザベツ訪問. ▶ fête de la *Visitation* 聖母マリア訪問の祝日（7月2日）.

*****visite** /vizit ヴィズィット/ 女 ❶ 訪問. ▶ rendre *visite* à qn = faire une *visite* à qn …を訪問する / avoir [recevoir] la *visite* de qn …の訪問を受ける / être en *visite* chez qn …を訪問中である / être [se rendre] en *visite* officielle + 場所 …を公式訪問中である[公式訪問する] / *visite* de politesse 表敬訪問 / *visite* de condoléances 弔問 / carte de *visite* 名刺.

❷ 訪問者. ▶ avoir une *visite* 来客がある / On a sonné, c'est une *visite*. ベルが鳴った，だれかお客さんだ / recevoir des *visites* 来客がある.

❸ 見物，見学，旅行. ▶ *visite* d'un musée 美術館の見学 / *visite* d'une ville en autocar 観光バスによる市内見物 / *visite* guidée ガイド付き見学.

❹ 検査，点検，臨検；巡視，視察. ▶ *visite* de douane 税関検査 / *visite* des navires 船舶の臨検 / *visite* domiciliaire 家宅捜査.

❺（入院患者，受刑者などへの）面会，見舞い. heure des *visites* 面会時間 / *visites* interdites 面会禁止[謝絶]. ❻ 往診（= *visite* à domicile）；回診；検診（= *visite* médicale）. ▶ heure de la *visite* 往診[回診]時間 / passer [aller] à la *visite* 検診を受ける.

❼〔情報〕ウェブサイトを閲覧すること，訪問. ▶ compteur de *visites* 訪問カウンター.

droit de visite (1)〔国際法〕〔海法〕（外国商船に対する）立ち入り権. (2)〔民法〕（離婚によって別居中の子供などに対する）面会権.

rendre une [*sa*] *visite à qn* …に答礼の訪問をする.

*****visiter** /vizite ヴィズィテ/ 他動

英仏そっくり語
英 to visit（人・場所を）訪れる.
仏 visiter（場所を）訪れる.

❶（場所）を訪問する；見物する，見学する；視察する（「人を訪れる」は rendre visite à qn）. ▶ *visiter* la France フランスを訪れる / *visiter* une ville 市内を見物する / *visiter* le château de Versailles ヴェルサイユ宮殿を見学する / Il m'a fait *visiter* son laboratoire. 彼は自分の実験室を私に案内してくれた / *visiter* une maison（買う前に）家を検分する.

❷ …を（詳細に）調べる，点検する；（念入りに）探す.
▶ *visiter* des bagages（税関で）手荷物を検査する / *visiter* un navire 船舶を臨検する.

visiteur

❸ …を見舞いに行く，慰問する；往診する．▶ *visiter* un malade 病人を見舞う／*visiter* les indigents 貧窮者を慰問する．
❹ …に空き巣に入る，をかき回す．▶ *visiter* un coffre-fort 金庫を荒らす．❺《情報》*visiter* un site ウェブサイトを訪問する，アクセスする．

visit*eur*, *euse* /vizitœːr, øːz/ 图 ❶ 見物客，見学者；観光客．▶ Paris attire de nombreux *visiteurs*. (=touriste) パリは多くの観光客を引きつける．❷ 訪問者，来客；面会人；見舞い客．▶ un *visiteur* inattendu 不意の来客．❸ 検査官，調査員，点検係．▶ *visiteur* des douanes 税関の検査官．❹ (ボランティアとしての) 訪問 [慰問] 者．▶ *visiteur* de prison 刑務所慰問者．❺ (職業としての) 訪問員，外交員．▶ *visiteur* médical (医師向けに薬品を販売する) プロパー／《同格的に》 infirmière *visiteuse* 派遣看護婦．
❻《スポーツ》ビジター．

vison /vizɔ̃/ 图 ❶《動物》ミンク．❷ ミンクの毛皮；語 ミンクのコート．

visqu*eux*, *euse* /viskø, øːz/ 形 ❶〔液体などが〕粘りのある，粘着性の．▶ huile de moteur *visqueuse* 粘りけのあるエンジンオイル．
❷〔表面などが〕ねばねばした，べとついた．▶ peau *visqueuse* de l'anguille ウナギのぬるぬるした皮．❸ 気持ちの悪い，いやらしい．▶ un personnage *visqueux* いやらしい人物．

vissage /visaːʒ/ 男 ❶ ねじによる固定，ねじ留め．❷ 厳しい締めつけ，容赦しない扱い．

viss*é*, *e* /vise/ 形 ❶ ねじで固定された．❷ 語 不動の，固定された．▶ être [rester] *vissé* sur sa chaise 椅子(ﾔ)にくぎづけになっている．

visser /vise/ 他動 ❶ …をねじで固定する．▶ *visser* une plaque sur une porte ドアに金属板をビス留めする．❷ …を(回して)締める．▶ *visser* un couvercle ふたを締める／《目的語なしに》*visser* 'à fond [à bloc]' 完全に締める．❸ 語〈*visser* qn〉…を厳しく扱う [監視する]．▶ *visser* un élève 生徒に手加減しない．
— **se visser** 代動 ねじで締まる．

visserie /visri/ 女《集合的に》ねじ類．

visualisation /vizɥalizasjɔ̃/ 女 ❶ 視覚化；映像化．❷《情報》ディスプレーに表示すること．

visualiser /vizɥalize/ 他動 ❶ …を目に見えるようにする，視覚化する；を映像化する．
❷《情報》…をディスプレーに表示する．

visu*el*, *le* /vizɥɛl/ 形 ❶ 視覚の．▶ acuité *visuelle* 視力／champ *visuel* 視野／image *visuelle* 視像．❷ 視覚による．▶ enseignement *visuel* 視覚教育／mémoire *visuelle* 視覚による記憶．❸〔人が〕視覚型の．
— 图 視覚型人間．
— **visuel** 男《情報》ディスプレー装置．

visuellement /vizɥɛlmɑ̃/ 副 視覚によって．▶ constater qc *visuellement* …を目で見て確かめる．

vit /vi/ 活用 ⇨ VIVRE¹ 62；VOIR 31
vît /vi/ 活用 ⇨ VOIR 31

vit*al*, *ale* /vital/；《男複》 **aux** /o/ 形 ❶ 生命の．▶ activité *vitale* 生命活動．
❷ 生命維持に不可欠な．▶ espace *vital* 生活空間／(salaire) minimum *vital* 最低生活賃金．
❸ 死活にかかわる，極めて重要な．▶ question *vitale* 死活問題／《非人称構文で》 Il est *vital* de prendre une décision rapide. なんとしても早急に決断を下す必要がある．

vitalité /vitalite/ 女 ❶ 生命力，活力，活気．▶ un enfant plein de *vitalité* 元気いっぱいの子供．❷ (企業などの) バイタリティー，ダイナミズム；成長力，生産力．

vitamine /vitamin/ 女《英語》ビタミン．

vitamin*é*, *e* /vitamine/ 形 ビタミン入りの．

:vite /vit/ 副

❶ 速く．▶ marcher *vite* 速く歩く／parler *vite* 早口で話す／comprendre *vite* 理解が速い／La jeunesse passe bien *vite*. 青春はたちまち過ぎ去る．❷ すばやく；急いで，早く．▶ s'habiller *vite* 手早く身繕いをする／faire *vite* 急ぐ／**Vite, vite!** 早く，早く／Et plus vite que ça! ぐずぐずするな／**Pas si vite!** そんなにあわてないで．
❸ すぐに，間もなく．▶ Ce sera *vite* terminé. じきに終わるだろう．

aller vite (1) 速く行く，走る．(2)(行動が) 軽率である；行き過ぎている．

au plus vite = *le plus vite possible* できるだけ早く．

avoir vite fait de + 不定詞 すぐに…してしまう．▶ Elle *a eu [aura] vite fait de* recouvrer son calme. 彼女はすぐに平静を取り戻した [取り戻すだろう]．注 この表現は過去形または未来形で多く用いられる．

C'est vite dit. 語 それは言い過ぎでしょう，それはどうかな．

Il comprend vite, mais il faut lui expliquer longtemps. 語 彼は飲み込みが悪い．

Il faut le dire vite! 語 それはどうかな，賛成しかねる．

vite fait すぐに．

vite fait, bien fait 語 さっと，たちどころに．

——〔走者などが〕〔車などが〕スピードの出る．▶ le coureur le plus *vite* du monde (=rapide) 世界一速いランナー．

vîtes /vit/ 活用 ⇨ VOIR 31

:vitesse /vites/ 女 ❶ 速さ，速度，速力，スピード；すばやさ，急速．▶ rouler à très grande *vitesse*〔車が〕猛スピードで疾走する／faire de la *vitesse*〔車などを〕飛ばす／prendre de la *vitesse* スピードを上げる／avoir une *vitesse* de deux cents kilomètres à l'heure 時速200キロのスピードが出る／A quelle *vitesse* ce train roule-t-il? この列車はどれくらいのスピードがでますか／*vitesse* instantanée 瞬間速度／*vitesse* moyenne 平均速度／excès de *vitesse* スピード違反／train à grande *vitesse* フランス新幹線 (略 TGV)／coureur de *vitesse* 短距離ランナー，スプリンター．

❷ (車の) ギヤ．▶ boîte de *vitesses* ギヤボックス／première [seconde, troisième, quatrième] *vitesse* ロー [セカンド，サード，トップ] (ギヤ)／changer de *vitesse* ギヤチェンジする．

à deux vitesses (二速の→) 二重構造の，格差の

ある. ▶ société *à deux vitesses* 格差社会 / Europe *à deux vitesses*（EU など）の二段階統合方式.
à petite vitesse ゆっくりと.
à toute [*à pleine*] *vitesse* 全速力で；あっと言う間に. ▶ finir un travail *à toute vitesse* 大急ぎで仕事を終える.
en perte de vitesse (1) 失速状態の. (2) じり貧の, 落ち目の. ▶ industrie *en perte de vitesse* 斜陽産業.
en quatrième vitesse（ギヤをトップに入れて→）[話] 全速力で, できるだけ早く.
en vitesse [話] できるだけ早く, 大急ぎで. ▶ préparer le déjeuner *en vitesse* 大急ぎで昼食の支度をする.
Il ne faut pas confondre vitesse et précipitation. 急ぐのとあわてるのを取り違えてはいけない, 拙速は禁物.
passer à la vitesse supérieure スピード［パワー］アップする.
prendre [*gagner*] *qn de vitesse* …を追い越す, 出し抜く.

viti- 接頭「ブドウ」の意.
viticole /vitikɔl/ 形 ブドウ栽培の；ワイン醸造の. ▶ une région *viticole* ワイン産地.
viticul*teur*, *trice* /vitikyltœːr, tris/ 名 ブドウ栽培者.
viticulture /vitikylty:r/ 女 ブドウ栽培.
vitrage /vitra:ʒ/ 男 ❶《集合的に》(建物全体の)ガラス. ❷ ガラス格子, ガラス壁. ❸ (ガラス窓用の)薄いカーテン（=rideau de *vitrage*）. ❹ ガラスの取り付け.
vitrail /vitraj/；《複》**aux** /o/ 男 ❶ ステンドグラス. ❷ (le *vitrail*) ステンドグラス製造法.
***vitre** /vitr/ ヴィトル/ 女 ❶ ガラス, 板ガラス, 窓ガラス. ▶ faire [laver] les *vitres* 窓ガラスをふく［洗う］.
❷ (車, 列車の)ガラス窓, 車窓. ▶ *vitre* avant d'une voiture 車のフロントガラス.
casser les vitres (1) 激怒する. (2) 物議をかもす；ひんしゅくを買う. ▶ Ça ne *casse* pas *les vitres.* 大騒ぎするほどのことではない, ごくありふれたことだ.
vitr*é*, *e* /vitre/ 形 ❶ ガラスのはまった. ❷〖解剖〗corps *vitré*（眼球の）硝子体（ﾘｯ）.
vitrer /vitre/ 他動〈窓など〉に板ガラスをはめる, をガラス張りにする.
vitrerie /vitrəri/ 女 ❶ 板ガラス製造［販売］業. ❷《集合的に》板ガラス.
vitr*eux*, *euse* /vitrø, ø:z/ 形 ❶ ガラス状の；ガラスに似た. ❷ 艶（ﾂﾔ）［生気］のない, 曇った. ▶ un œil [regard] *vitreux* どんよりした目つき.
vitrier /vitrije/ 男 ガラス屋.
vitrification /vitrifikasjɔ̃/ 女 ❶ ガラス化, 透化, 透化ガラス化. ❷ 透明樹脂塗装.
vitrifier /vitrifje/ 他動 ❶ …をガラス化［透化］する, 非結晶（構造）化する. ❷〔床など〕に透明樹脂塗料を塗る.
***vitrine** /vitrin ヴィトリヌ/ 女 ❶ ショーウインドー, 陳列窓. ▶ lécher [faire] les *vitrines* ウインドーショッピングをする / mettre qc en *vitrine*〔商品など〕をショーウインドーに陳列する.

❷ (ショーウインドーの)ガラス.
❸ (ショーウインドーの)陳列品, 展示品. ▶ une belle *vitrine* 美しい陳列品 / faire une *vitrine*（ショーウインドーに）陳列品を飾り付ける.
❹ (美術品, 貴重品などを収納する)ガラスケース, ショーケース, 陳列棚.
vitriol /vitrijɔl/ 男 ❶ 濃硫酸；硫酸塩. ▶ *vitriol* d'argile ミョウバン / *vitriol* blanc 硫酸亜鉛.
❷ 文章 辛辣（ﾗﾂ）な言葉, 毒舌. ▶ une critique au *vitriol* 辛辣な批評.
vitrioler /vitrijɔle/ 他動 …に硫酸を加える；〔人の顔〕に硫酸をかける.
Vittel /vitel/ 固有 ヴィテル：ロレーヌ地方の温泉地.
vitupération /vityperasjɔ̃/ 女《多く複数で》文章 非難；罵倒（ﾊﾞﾄ）, ののしり.
vitupérer /vitypere/ 6 自他動〈*vitupérer* contre qn/qc〉…を激しく非難する.
—— 他動 文章 …を激しく非難する, ののしる.
vivable /vivabl/ 形 ❶ 住みやすい, 居心地のよい. ▶ un logement *vivable* 住み心地のよい住居. ❷《多く否定的表現で》付き合いやすい. ▶ Cet homme n'est pas *vivable.* あの男とはやっていけない［付き合いかねる］. ❸《多く否定的表現で》［状況などが］耐えられる, 我慢できる.
vivace¹ /vivas/ 形 ❶〖植物学〗多年生の. ▶ plante *vivace* 多年生植物.
❷ 根強い, 執拗（ｼｭｳ）な. ▶ une tradition *vivace* 根強い伝統 / une haine *vivace* 根深い恨み.
vivace² /vivatʃe/ 形《不変》(イタリア語)〖音楽〗ビバーチェ, 快活な, 生き生きした. ▶ allegro *vivace* アレグロ・ビバーチェ.
vivacité /vivasite/ 女 文章 ❶ 活発さ, 活気；敏捷（ｼｮｳ）さ；鋭敏さ. ▶ la *vivacité* des mouvements 動作の機敏さ / la *vivacité* d'esprit 頭の回転の早さ / avoir de la *vivacité* dans les yeux 目が生き生きと輝いている. ❷ 激しさ, 猛烈さ；辛辣（ﾗﾂ）さ. ▶ répondre à qn avec *vivacité* …に激しく言い返す. ❸ (色などの)鮮明さ, 鮮烈さ；(空気の)身を切るような冷たさ.
vivaient, vivais, vivait /vivε/ 活用 ⇨ VIVRE¹ 62
viv*ant*, *ante /vivɑ̃, ɑ̃:t/ ヴィヴァン, ヴィヴァーント/ 形 ❶ 生きている, 命のある. ▶ Elle est encore *vivante.* 彼女はまだ生きている / un être *vivant* 生物 / être enterré *vivant* 生き埋めにされる / revenir *vivant* de la guerre 生きて戦争から戻る.
❷ 生き生きした, 活発な, 活気のある, 溌剌（ﾊﾂ）とした. ▶ un enfant très *vivant* とても元気な子 / un œil *vivant* 生き生きとした眼差（ｻﾞｼ）し / un quartier *vivant* にぎやかな界隈（ｶｲ）.
❸ 生きているような；生き写しの. ▶ Les personnages de ce tableau sont *vivants.* この絵の人物は生きているようだ / Cet enfant est le portrait *vivant* de sa mère. この子は母親に生き写しだ.
❹ 生きた人間による, 生身の. ▶ une encyclopédie *vivante* 生き字引.
❺ 生き延びている, 存続している；現用の. ▶ langue *vivante* 現用言語, 現用語 / Son souvenir reste toujours *vivant.* 彼(女)の思い出は今も生

vivat

きている.
— **vivant** 男《多く複数で》生きている人, 生者 (↔ mort). ▶ les *vivants* et les morts 生者と死者.
bon vivant 楽天家；享楽主義者, 美食家.
du vivant de qn …の存命中に. ▶ *du vivant de* mon grand-père 私の祖父の存命中に / *de son vivant* 彼(女)の存命中に.
vivat /viva/ 間投 万歳 (=bravo).
— **vivats** 男複 歓声, 万歳.
vive¹ /viːv/ 間投 万歳. ▶ *Vive* la France! フランス万歳!
vive² /viːv/ 活用 ⇨ VIVRE¹ 62
vivement /vivmɑ̃/ 副 ❶ 活発に, 勢いよく；すばやく, 敏捷(びんしょう)に. ▶ mener *vivement* une affaire 仕事をてきぱきとかたづける. ❷ 文章 激しく, 猛烈に；怒気を含んで. ▶ répliquer *vivement* 激しく口答えする. ❸ 文章 強烈に, 鮮明に；切実に. ▶ désirer *vivement* 切望する / Nous vous remercions *vivement*. 心から御礼申し上げます.
— 間投 ❶ 早く, さっさと.
❷ 話 〈*vivement* qc // *vivement* que + 接続法〉早く…にならないかなあ […してくれたらなあ]. ▶ *Vivement* les vacances! 早くバカンスにならないかなあ / *Vivement* qu'il s'en aille! あいつ, さっさと行ってくれればいいのに.
vives, vivent /viːv/, **vivez** /vive/ 活用 ⇨ VIVRE¹ 62
viveur, euse /vivœːr, øːz/ 名 古風 道楽者, 遊蕩(ゆうとう)児, 遊び人.
vivi- 接頭「生きている, 生体の」の意.
vivier /vivje/ 男 ❶ (魚, 甲殻類の)養殖池；生け簀(す). ❷ (人格, 思想などの)育成の場.
viviez /vivje/ 活用 ⇨ VIVRE¹ 62
vivifiant, ante /vivifjɑ̃, ɑ̃ːt/ 形 生気 [活気] を与える, 生き生きさせる.
vivifier /vivifje/ 他動 …を活気づける, 元気にする.
vivions /vivjɔ̃/ 活用 ⇨ VIVRE¹ 62
vivipare /vivipaːr/ 形《生物学》胎生の.
— 男 胎生生物.
vivisection /viviseksjɔ̃/ 女 生体解剖.
vivons /vivɔ̃/ 活用 ⇨ VIVRE¹ 62
vivoter /vivɔte/ 自動 ❶ 細々と暮らす, 辛うじて生きる. ❷ どうにか存続する.

*****vivre**¹ /viːvr ヴィーヴル/ 62

過去分詞 vécu		現在分詞 vivant
直説法現在	je vis	nous vivons
	tu vis	vous vivez
	il vit	ils vivent
複合過去	j'ai vécu	半過去 je vivais
単純未来	je vivrai	単純過去 je vécus
接続法現在	je vive	

自動 ❶ 生きる, 生きている, 生存する. ▶ Le chat est blessé, mais il *vit* encore. その猫は傷ついたがまだ生きている / la joie de *vivre* 生きる喜び.
◆*vivre* + 期間 ▶ *vivre* longtemps [vieux] 長生きする / Elle *vivra* centenaire. 彼女は100歳まで生きるだろう / les années qu'il *a vécu* 彼が生きた歳月 (注 この場合 les années は状況補語なので過去分詞は不変). ◆*vivre* + 時代 ▶ Il *a vécu* au XIXᵉ [dix-neuvième] siècle. 彼は19世紀に生きた.
❷ 〔物が〕存続する, 生き続ける. ▶ Son souvenir *vit* en nous. 彼(女)の思い出は私たちの心の中で生きている / Cette coutume *vit* encore dans les campagnes. その習慣はまだ田舎では生き続けている.
❸ 暮らす, 生活する, 住む. ▶ Il *vit* à Paris.(=habiter) 彼はパリに住んでいる / *vivre* 'à la campagne [en ville] 田舎 [町] に住む / *vivre* heureux 幸せに暮らす / *vivre* en paix 平穏に暮らす / *vivre* avec qn …と暮らす / *vivre* pauvrement 細々と暮らす / *vivre* largement 豊かに暮らす / *vivre* à deux 2人で暮らす / *vivre* seul 独り暮らしをする.
❹ 〈*vivre* de qc〉…で生計を立てる；を糧にして生きる. ▶ *vivre* de ses rentes 年金で暮らす / *vivre* de son piano ピアノで生計を立てる / L'homme ne *vit* pas seulement de pain. 人はパンだけで生きるのではない.
❺《多く savoir, apprendre とともに》世間の常識をわきまえて行動する, 行儀作法をわきまえる. ▶ savoir *vivre* 世間のしきたりを心得ている；社交術にたけている / art de *vivre* 処世術.

apprendre à vivre à qn (1) …に世間の常識を教える. (2) …を厳しくたしなめる.
avoir de quoi vivre 生活していけるだけの稼ぎがある, 生計の手だてがある.
avoir vécu 廃れた, 終わった. ▶ Cette mode *a vécu*. この流行は廃れた. (2) 充実した人生を過ごした, 豊かな人生経験を積んだ. ▶ un homme qui *a vécu* 充実した人生を送ってきた男.
***facile [difficile] à vivre** 付き合いやすい [にくい]. ▶ C'est une personne *difficile à vivre*. あれは気難しい人だ.
faire vivre qn (1) …を生き長らえさせる, の命をのばす. (2) …を養う. ▶ Il *fait vivre* ses parents. 彼は両親を養っている.
Il faut bien vivre. 話 生きるためには仕方がない, 背に腹は代えられない.
ne plus [pas] vivre 気が気でない, 心配だ.
Qui vive? だれか(歩哨(ほしょう)の誰何(すいか)).
se laisser vivre 気ままに暮らす.
vivre au pays 故郷に暮らす.
vivre bien [mal] 裕福な [貧乏な] 暮らしをする.
vivre d'amour et d'eau fraîche 恋に夢中になって生活をないがしろにする.

— 他動 ❶〔人生〕を生きる, 送る. ▶ Il *a vécu* une vie tranquille. 彼は平穏な生涯を送った.
❷ 〔時, 時代〕を過ごす, 送る. ▶ *vivre* des jours heureux 幸せな日々を過ごす / les moments difficiles que nous *avons vécus* 私たちが過ごした苦難の時(注 les moments difficiles は vivre の直接目的なので過去分詞も性数一致させる).
❸ …を体験する, 味わう；感じる. ▶ Elle *a* très mal *vécu* son divorce. 彼女は離婚によって深い傷を負った.

❹ …を実践する. ▶ *vivre* sa foi 信仰に生きる.
vivre sa vie 生活を楽しむ, 気ままに暮らす.

vivre² /viːvr/ 男 ❶《複数で》食べ物, 食糧. ▶ *vivres* de réserve 非常食 / prendre [avoir] des *vivres* pour un mois 1か月分の食糧を仕入れる. ❷ le *vivre* et le couvert 食と住, 食べ物と宿.

couper les vivres à qn …に生活費の支給［金銭的援助］をやめる.

vivrier, ère /vivrije, ɛːr/ 形 食糧生産の. ▶ cultures *vivrieres* 食糧栽培.

vlan /vlɑ̃/, **v'lan** 間投 バタン, ボカッ, バシッ(すばやい動作, 特に投打, ドアの開閉の音).

VO 女《略語》version originale (外国映画で, 吹き替えせずに上映される)オリジナル版.

vocable /vɔkabl/ 男 ❶《言語》語, 言葉. ▶ *vocables* étrangers 外国語の単語 / créer un *vocable* nouveau 新語を造る. ❷《カトリック》(聖人の)守護. ▶ église sous le *vocable* de saint Pierre 聖ペテロにささげられた教会.

***vocabulaire** /vɔkabylɛːr/ ヴォキャビュレール/ 男 ❶ 語彙(ぃ), ボキャブラリー; 言葉遣い. ▶ avoir un *vocabulaire* riche [pauvre] 語彙が豊かである［貧しい］/ enrichir [étendre] son *vocabulaire* 自分の語彙を豊かにする / *vocabulaire* à la mode 流行語 / *vocabulaire* de jeunes 若者言葉 / Quel *vocabulaire*! なんてひどい言葉遣いなんだ. ❷ 専門用語. ▶ *vocabulaire* technique [médical] 技術［医学］用語. ❸ 基本語辞典, 簡約辞典; 専門用語辞典. ▶ *vocabulaire* français-anglais 仏英基本語辞典 / *vocabulaire* de la gastronomie 料理用語辞典.

voc*al,* **ale** /vɔkal/;《男複》**aux** /o/ 形 ❶ 発声の, 声の. ▶ cordes *vocales* 声帯. ❷ 歌の. ▶ musique *vocale* (↔instrumental) 声楽.

vocalement /vɔkalmɑ̃/ 副 声に出して, 口頭で. ▶ prier *vocalement* 声に出して祈る.

vocalique /vɔkalik/ 形《音声》母音の. ▶ alternance *vocalique* 母音交替.

vocalisation /vɔkalizasjɔ̃/ 女 ❶ 母音の発声. ❷《音楽》ボカリーズ, 母音唱法. ❸《音声》(子音要素の)母音化.

vocalise /vɔkaliːz/ 女《音楽》ボカリーズ, 母音唱法: 歌詞や音名を用いず, 1つの母音で行う発声練習, またによる楽曲.

vocaliser /vɔkalize/ 自動 ❶《音楽》ボカリーズ［母音唱法］で歌う. ❷ 話 大げさに話す.

vocalisme /vɔkalism/ 男《音声》(言語の)母音組織.

vocatif /vɔkatif/ 男《言語》❶ 呼格: 呼びかけ, また直接の話しかけを表現する格. ❷ (名詞の格変化がない言語における)呼びかけ語.

vocation /vɔkasjɔ̃/ 女 ❶ (生来の)好み, 性向; 適性. ▶ avoir la *vocation* de l'enseignement 教えることに向いている / suivre sa *vocation* 好きな仕事に就く. ❷ 使命, 役割. ❸ 神のお召し, 召命.

avoir vocation à [pour] qc/不定詞 …の資格がある, に向いている. ▶ Il n'a pas *vocation à* devenir chef de parti. 彼は党首になる器ではない.

vociferation /vɔsiferasjɔ̃/ 女《多く複数で》怒号, どなり声. ▶ pousser des *vocifērations* どなる.

vociférer /vɔsifere/ 6 自動〈*vociférer*(contre qn)〉(…に)どなる, どなりちらす, がなる.
—— 他動《罵言》(雑言など)をわめく, がなる.

vodka /vɔdka/ 女 ウォッカ.

***vœu** /vø ヴー/;《複》**x** 男 ❶ 誓い, 誓約; (神への)誓願, 立願. ▶ prononcer ses *vœux* 誓いを立てる / Il fait le *vœu* de ne jamais céder. 彼は決して譲歩しまいと心に誓っている / *vœux* de religion 修道の誓い / faire *vœu* de pauvreté 清貧の誓いをたてる.
❷ (強い)願い, 願望. ▶ faire un *vœu* 願いごとをする / *vœux* irréalisables 実現不可能な願い / Je fais le *vœu* qu'il revienne. 私は彼が戻って来ることを願っている / combler les *vœux* de qn …の願いを満たす / Nos *vœux* ont été exaucés. 我々の願いはかなえられた / J'appelle de mes *vœux* une véritable démocratie. 私は真の民主主義の到来を願っている.
❸《複数で》祈願, 祝福. ▶ **Tous mes vœux!** ご多幸を / Meilleurs *vœux* pour la nouvelle année. 新年おめでとう / carte de *vœux* 年賀状.
❹ (諮問機関などの)勧告, 請願. ▶ émettre des *vœux* 勧告を出す.

vogue /vɔg/ 女 流行; 人気. ▶ la *vogue* des cheveux longs ロングヘアーの流行 / connaître une *vogue* 人気を博する.

en vogue 流行の (=à la mode), 評判の. ▶ écrivain *en vogue* 流行作家 / chanson très *en vogue* 大流行しているシャンソン.

voguer /vɔge/ 自動 文章 漕(こ)いで進む; 航行する. ▶ Nous *voguions* vers l'Amérique. 我々はアメリカに向かって航海していた.

Vogue la galère!(ガレー船を漕げ→)なるようになれ (=advienne que pourra).

***voici** /vwasi ヴォワシ/ 前
⇨ VOILÀ 注

❶《注意を喚起して》ここに…がある, これが…である; ここに…が来る. ▶ *Voici* une porte. ほらここにドアがあるよ / Vous voulez des pommes? En *voici* (une). リンゴが欲しければここに(1個)ありますよ / Me *voici*. 私はここにいますよ; 来ましたよ / *Voici* la pluie. ほら雨だ［雨が降り出した］/ *Voici* la fête de Noël qui arrive. いよいよクリスマスだ /《voilà と対置して》*Voici* mes enfants et voilà ma femme. ここにいるのが私の子供たちで, あそこにいるのが妻です. ◆*voici* venir qn/qc もうすぐ…がやってくる. ▶ *Voici* venir le printemps. ほらもう春がやってくる.

❷〈人称代名詞 + *voici* + 属詞［場所］〉…は…である［にいる］(=voilà). ▶ Nous *voici* tranquilles. もう安心だ / Nous *voici* au siècle de la technologie. 私たちはテクノロジーの時代に生きている.

❸〈*voici* que + 直説法〉《状況の変化を示して》ほら…だ, もうすぐ…だ (=voilà). 注 que 以下の主語と動詞が倒置されることがある. ▶ *Voici* que ˈla nuit tombe [tombe la nuit]. 日が暮れたよ, ほら夜になるよ.

voie

❹《話の導入》以下が…である，…は次のとおりである．▶ *Voici* les résultats. 結果は次のとおりです / *Voici* ce qu'il m'a dit:《laissez-le faire, on verra après》. 彼は私にこう言った，「あいつにやらせておけ，あとで分かるさ」と．◆*voici* + 間接疑問節 ▶ *Voici* comment il faut faire. 次のようにすればいいのです．

❺ …の前に (=voilà, il y a). ▶ Il est parti *voici* seulement une heure. 彼はほんの1時間前に出かけました．◆*voici* + 時間表現 +que + 直説法 …してから…になる．▶ *Voici* deux ans que j'habite ici. ここに住んで2年になります．

Nous y voici. 注 nous は各人称に変化させて用いる．(1)《目的地に》やっと着いた；(待っていたことが)とうとう来た．(2) いよいよ本題に入る，問題の核心に近づいた．

que voici (1) ここにある［いる］．▶ Monsieur Suzuki *que voici* pense que … こちらにいらっしゃる鈴木さんは … と考えています．(2) 以下の．▶ Elle m'a raconté l'histoire *que voici*. 彼女は次のような話をしてくれた．

*voie¹ [vwa ヴォワ] 囡 ❶ 道，道路；車線．▶ *voie* privée 私道 / *voie* publique 公道 / *voie* express（市街地の）高速道路 / *voies* de communication（道路，鉄道，運河などの）交通路 / route à trois *voies* 3車線道路 / *voie* réservée aux autobus バス専用車線．

❷ 交通路；交通手段．▶ *voie* maritime 海上航路，海路；船便 / *voie* terrestre 陸路；陸上輸送 / par *voie* aérienne 航空便で (=par avion).

❸《進むべき》道，方向，進路．▶ trouver sa *voie* 自分の進むべき道を見いだす / être「dans la [en] bonne *voie* 順調に進行している，成功の見込みがある / montrer la *voie* à qn …に進路を示す / prendre une *voie* nouvelle 新たな道をとる，方針転換する / la *voie* de l'honneur 栄誉への道．

❹ 手段，方法；経路．▶ prendre [utiliser] des *voies* détournées pour obtenir qc …を得るために間接的な手段をとる / par la *voie* la plus simple いちばん簡単な方法で / par (la) *voie* diplomatique 外交ルートを通じて，外交的手段によって / par *voie* de négociations 話し合いによって．

❺【鉄道】線路 (=*voie* ferrée)；(駅の)番線；軌道．▶ *voie* unique 単線 / la *voie* 1 1番線 / Le train est annoncé sur la *voie* 2. 列車は2番線に入るとアナウンスされている．

❻《古代の舗装路》道，街道．▶ les *voies* romaines (古代) ローマの街道．

❼ *voie* d'eau (1) 水路．(2)《事故などによる船体の》浸水口．❽【解剖】管，道．▶ *voies* digestives 消化管 / par la *voie* buccale [orale] 経口の．

❾ *Voie* lactée 銀河，天の川．

❿【法律】訴訟 de droit 裁判所による救済，訴訟 / *voie* de fait 暴力行為．

*en voie「de + 無冠詞名詞 [de +不定詞] …の途中にある，しつつある．▶ pays en *voie* de développement 発展途上国 / L'inflation est *en voie* de se résoudre. インフレが解消しつつある．

La voie est libre. (1) 通行できる；すいている．(2) 自由に振る舞える，邪魔者はいない．

mettre qn sur la voie …に手がかりを与える．

montrer la voie 先駆者［草分け］となる，先鞭(べん)をつける．

ouvrir [préparer, frayer] la voie à qn/qc …への道を開く；の前例を作る．

par voie de conséquence したがって，その結果．

voie de garage (1)【鉄道】留置線．(2) 話 見込みのない地位［仕事］；棚上げの状態．▶ ranger [mettre] qc/qn sur une *voie de garage*〔人〕を閑職に追いやる；〔計画など〕を棚上げにする．

voie², voient, voies [vwa/] 活用 ⇨ VOIR ③1

*voilà /vwala ヴォワラ/ 前

注 voilà と voici はともに前置詞，副詞，動詞，指示詞の機能を兼ねる．原則として，voici は話者に近いものや現在これからなされることを，voilà は遠いものや現在までになされたことを指す．ただし今日では両者が対置されたとき以外その区別は曖昧(あいまい)になり，特に日常語では voilà が多用される傾向にある．

❶ ❶《注意を喚起して》そこに…がある，あれが［これが］…である；そこ［ここ］に…が来る．▶ *Voilà* mes parents. これが私の両親です / *Voilà* le CD que vous cherchiez. はい，これがお探しになっていた CD です / Vous voulez des pêches? En *voilà* (une). 桃が欲しければここに（1個）ありますよ / Le *voilà* qui arrive. ほら，彼がやって来た / Ah! vous *voilà* enfin, on vous attendait. ああ，やっといらっしゃいましたね，お待ちしておりました / *Voilà* la fin de l'été. もう夏も終わりです /《voici と対置して遠くを示し》Voici mon bureau et *voilà* le sien. これが私の机で，あっちが彼(女)のです /《名詞なしで》*Voilà* pour vous.（ボーイなどに）これ取っておいて；（店員がお客に品物を差し出して）はいどうぞ．

❷〈人称代名詞 + **voilà** + 属詞［場所］〉…は…である［にいる］(=voici). ▶ Les *voilà* partis. やっと彼らは出かけた / Le *voilà* chef incontesté de l'opposition. 彼は今や押しも押されもせぬ野党のリーダーだ / Nous *voilà* à la gare. さあ駅に着いた．

❸〈*voilà* que + 直説法〉《状況の変化を示して》ほら…だ，もうすぐ…だ (=voici). 注 この表現では que 以下の主語と動詞が倒置されることがある．▶ Tiens, *voilà* qu'il pleut. おや，雨が降ってきた / Tout était calme; soudain, *voilà* qu'on entend un cri perçant. 辺りは静まり返っていた．と突然，鋭い叫び声が聞こえた．

❹《話のまとめ，導入》以上［以下］が…である．▶ *Voilà* les résultats. 結果は今述べた［次の］とおりです /《voici と対置して》*Voilà* ce qu'il m'a raconté et voici ce que j'en pense. 以上が彼が話してくれたことで，それについて私は次のように考えます．◆*voilà* + 間接疑問節 ▶ *Voilà* comment il faut se comporter. こういうふうに行動すればよいのです / *Voilà* pourquoi je n'ai pas voté pour lui. そういうわけで私は彼に投票しなかったのです．

❺ これこそ…だ．▶ *Voilà* bien les Français! これぞまさしくフランス人というものだ / *Voilà* qui est bien. それはよかったですね．

❻ …前に (=voici, il y a). ▶ Elle est partie *voilà* une heure. 彼女は1時間前に出かけました. ◆*voilà* + 時間表現 +*que* 直説法 …してから…になる; …前から…である. ▶ *Voilà* deux ans que j'habite ici. ここに住んで2年になります.
❷《間投詞的に》❶ はい, ただいま(返答). ▶ «Monsieur, un demi!— *Voilà, voilà,* j'arrive.»「すみません, 生ビールを1杯」「はい, はい, ただいま」
❷ ほら, それが(論点を強調する虚辞). ▶ *Voilà,* quand on fait l'imbécile, on a des ennuis. ほら, ばかなことするから困ったことになるんだ.
❸ 以上のとおり, ということです(話の締めくくり); そのとおりです(同意). ▶ Et *voilà,* c'est ainsi que je suis venue toute seule au Japon. というわけで私は日本に1人でやって来ることになったのです.
Ah! Voilà! ああ, そうだったんですか, なるほど.
en veux-tu(,) en voilà たっぷり, いくらでも. ▶ trouver des champignons *en veux-tu en voilà* たっぷりキノコ狩りをする.
En voilà assez! もうたくさんだ.
en voilà qc これぞまさしく…だ; なんたる…だ. ▶ *En voilà* un imbécile! なんてばかなやつだ / *En voilà* une histoire! まったくなんて話だ.
(Ne) voilà-t-il pas que + 直説法 話 地域 驚いたことに….
Nous voilà bien! これはえらいこと[困ったこと]になった.
Nous y voilà. 注 nous は各人称に変化させて用いる. (1)(目的地に)やっと着いた; (待っていたこと)がとうとう来た. (2)いよいよ本題に入る, 問題の核心に近づいた.
Voilà ce que c'est que de + 不定詞 …するとこういうことになる. ▶ *Voilà ce que c'est que de* désobéir. 言うことを聞かないからそんなことになるのだ.
Voilà tout. これですべてです, それだけです.
**voile*¹ /vwal ヴォワル/ 男 ❶ ベール, 覆い, 幕. ▶ *voile* de deuil (服喪用の)黒いベール / porter le *voile* ベールをかぶっている / *voile* islamique イスラム教徒の女性がかぶるベール.
❷ ボイル: 縒(*よ*)りの強い糸を張った粗い薄地の平織物. ▶ *voile* de soie ボイルシルク.
❸ 覆い隠すもの, ベール; 外見. ▶ un léger *voile* de brume 薄靄(*もや*)のベール / mettre un *voile* devant ses sentiments 文章 胸の内を隠す.
❹〖写真〗かぶり: 光が入ってネガの一部分が黒くなること. ❺〖医学〗*voile* au poumon 肺陰影のかげ. ❻〖解剖〗〖音声〗*voile* du palais 口蓋(*こうがい*)帆.
jeter [mettre] un voile sur qc 文章 …を隠しておく; 言及しない.
lever le voile de qc …を明らかにする; 暴露する.
prendre le voile 文章 修道女になる.
sans voile(s) 包み隠さずに, 率直に.
soulever un coin du voile 秘密をかいま見せる.
sous le voile de qc …に隠れて, を口実に.
*voile*² /vwal/ 女 ❶ 帆. ▶ bateau à *voiles* 帆船 / planche à *voile* ウインド・サーフィン / naviguer à la *voile* 帆走する / hisser les *voiles* 帆を上げる. ❷ 帆船 (=voilier); 帆船航行; 帆船競技. ▶ école de *voile* 帆船[ヨット]スクール / faire de la *voile* ヨットを走らせる, セーリングする. ❸〖航空〗vol à *voile* (グライダーの)滑空飛行.
avoir du vent dans les voiles 話 (酔って)ふらつく, 千鳥足になる.
avoir le vent dans les voiles 順風満帆である; 万事うまくいっている.
faire voile vers qc …に向けて航行する.
mettre à la voile 出航の準備をする.
mettre les voiles 俗 逃げ出す, 立ち去る.
*voile*³ /vwal/ 男 ❶ (板の)反り, たわみ. ❷ (車輪の)ゆがみ, ひずみ.
*voilé*¹, *e* /vwale/ 形 ❶ 幕をかけられた; ベールで覆われた. ▶ femme *voilée* 顔をベールで隠した女. ❷ 不明瞭な, ぼんやりした, 曖昧(*あいまい*)な. ▶ faire une allusion *voilée* à qc …をほのめかす / en termes *voilés* 遠回しに, 婉曲に. ❸ 曇った, ぼんやりした. ▶ ciel *voilé* 曇り空 / voix *voilées* かすれた声. ❹〖写真〗une photo *voilée* かぶりのある写真.
*voilé*², *e* /vwale/ 形 反った; ゆがんだ.
*voiler*¹ /vwale/ 他動 ❶ 文章 …にベール[幕]をかける, をベル[薄布]で包み隠す. ▶ *voiler* une statue 立像を幕で覆う. ❷ 文章 …を隠す; 曇らせる, ぼかす. ▶ chercher à *voiler* son chagrin 悲しみを押し隠そうとする / Un brouillard *voilait* les sommets. 寄せ山脈ではかすんでいた. ❸〖写真〗〖感光材料〗をかぶらせる.
— *se voiler* 代動 ❶ ベールをかぶる. ❷ 隠れる; 曇る. ▶ Le ciel *se voile.* 空が曇る. ❸ 〔声が〕張りを失う, かすれる; 〔目が〕かすむ.
se voiler la face (しばしば皮肉に)(恥ずかしさ, 不快感, 恐怖などから)顔を覆う.
*voiler*² /vwale/ 他動 …をゆがめる; 反らせる.
— *se voiler* 代動 ゆがむ, 反る, たわむ.
voilette /vwalɛt/ 女 (婦人帽につける)ベール.
voilier /vwalje/ 男 帆船; ヨット. ▶ grands *voiliers* 大型帆船 / *voilier* de plaisance レジャーヨット / course de *voiliers* ヨット競技.
*voilure*¹ /vwaly:r/ 女 ❶(集合的に)帆. ❷(初期の飛行機やグライダーの)翼.
*voilure*² /vwaly:r/ 女 反り, ゆがみ.
***voir** /vwa:r ヴォワール/ 31

過去分詞 vu	現在分詞 voyant
直説法現在 je vois	nous voyons
tu vois	vous voyez
il voit	ils voient
複合過去 j'ai vu	半過去 je voyais
単純未来 je verrai	単純過去 je vis
接続法現在	

他動 ❶ ❶ …を見る, が見える. ▶ Je ne *vois* rien sans lunettes. 私はめがねなしでは何も見えない / De nos fenêtres, on *voit* la mer. 私たちの部屋の窓から海が見える / J'ai *vu* ça dans le journal. 私はそれを新聞で見ました / Elle a beau regarder, elle ne le *voit* pas dans la foule. 彼女は一生懸命に目を凝らすけれど, 群衆の中に彼の

voir

姿は見えない / 《目的語なしに》*voir* bien [mal] 目がよく見える[見えない] / *voir* trouble ぼやけて見える / Je ne *vois* pas clair. はっきり見えない.

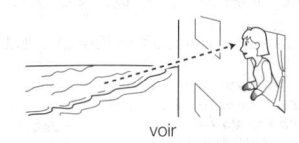

voir

❷ …を**目撃する**, **体験する**. ▶ la génération qui *a vu* la guerre 戦争を体験した世代 / un homme qui *a* beaucoup *vu* 経験豊かな男 / Je n'*ai* jamais *vu* ça. そんなものは今まで見たことがない, こんなことは初めてだ /《場所, 時などを示す名詞を主語にして擬人的に》pays qui *a vu* plusieurs révolutions 何回も革命のあった国.

❸ …を**想像する**, 思い描く. ▶ don de *voir* l'avenir 未来を予見する能力 / *voir* qn/qc en rêve …を夢の中で見る / Je *vois* ma future maison en France. 私は将来フランスに住もうと思っている.

❹ 〈*voir* qn/qc + 不定詞 // *voir* qn/qc + 属詞[関係詞節, 現在分詞]〉…が…するのを[であるのを]見る, 目撃する, 想像する. ▶ Je *vois* Paul venir. ポールがやってくるのが見える (⇨ 成句 *voir* venir qn) / Je l'*ai vu* partir. 私は彼が立ち去るのを見た / Quand je l'*ai vue* si malade, j'ai appelé le médecin. 彼女の具合がひどく悪かったので, 私は医者を呼んだ / Je le *vois* qui vient. 彼が来るのが見える / Je ne la *vois* pas vivant seule dans une campagne. 彼女が田舎で一人暮らしをしている姿など想像もつかない. ◆ *voir* qn (comme [en]) + 属詞 …を…として思い描く. 注 属詞は多く職業を表わす名詞. ▶ Je ne le *vois* pas en médecin. 彼が医者だなんて想像できない.

注 (1) 複合過去形での voir の過去分詞は, 不定詞の主語がそれに先行する場合は性数変化する (例: la femme que j'*ai vue* sortir 出かけるのを私が見た女性). しかし不定詞の目的語がそれに先行する場合は無変化 (例: la femme que j'*ai vu* renverser par une voiture 車にはねられるのを私が見た女性. la femme à renverser の目的語).

(2) 属詞, 不定詞などを従える voir は「見る」という本来の意味が薄れ, 一種の助動詞のようになっていることがある (例: Je voudrais la *voir* heureuse. 彼女が幸せであってほしい / Son père la *voyait* avocat ou médecin. 彼女の父は彼女に弁護士か医者になってほしいと思っていた).

❺ …を**見物する**, 訪れる. ▶ *voir* un film 映画を見る / *voir* un match de tennis テニスの試合を見る / *voir* 「une ville [un pays]」 ある町 [国] を訪れる / *Voir* Naples et mourir. ナポリを見て死ね. ◆ à *voir* 見て, 見るべき. ▶ Cela fait plaisir à *voir*. それは見ていて楽しい / un spectacle intéressant à *voir* 見ておもしろい催し物 / C'est (une chose) à *voir*. それは一見の価値がある (⇨ 成句 C'est à *voir*.)

❻ …を見いだす, 認める. ▶ Je ne *vois* rien à dire. 何も言うべきことが浮かばない / si vous n'y *voyez* pas d'inconvénient もしあなた(方)がよろしければ [に不都合がなければ]. ◆ *voir* qc à qn …に[は]…がある[を持っている]と思う. ▶ Je lui *vois* un grand défaut. 彼(女)には大きな欠点がある. ◆ *voir* qn/qc en [dans] qn/qc …を…とみなす, を…と見なす. ▶ Elle *voyait* en lui un ami. 彼女は彼を友人と見なしていた.

❷ ❶ …に**会う**, 面会する; と交際する; [医者に] 診てもらう. ▶ Venez me *voir* chez moi. 私の家に(会いに) 来てください / Ça fait longtemps que je n'*ai* pas *vu* François. フランソワにはもうずいぶん長いこと会っていない / Va le *voir* médecin! 医者に診てもらいなさい /《 Tu *vois* toujours Sophie?—Non, c'est fini. Je ne la *vois* plus. 》「ソフィとはまだ付き合っているの」「いや, もうおしまいだ」, 終わりだ.

❸ ❶ 〈*voir* qc // *voir* que + 直説法〉…を**理解する**, が分かる. ▶ Vous *voyez* ce que je veux dire? 私の言っている意味がお分かりですか / Il *a vu* qu'il s'était trompé de chemin. 彼は道を間違えたことに気づいた /《目的語なしに》Ah! je *vois*! ああ, 分かった (⇨ 成句). ◆ *voir* + 間接疑問節 …か分かる, 判断する. ▶ C'est à vous de *voir* s'il est compétent. 彼に能力があるかどうか判断するのはあなた (方)です.

❷ …を**調べる**, 検討する; [患者を] 診る. ▶ *voir* un dossier 書類を調べる / *voir* un malade 病人を診察する / *Voir* [*Voyez*] p. 123. 123ページ参照 / Il faut *voir* cela de plus près. それをもっと子細に検討する必要がある /《目的語なしに》Il ne sait pas *voir*. 彼には観察眼がない. ◆ aller [venir] *voir* si + 直説法 …かどうか確かめに行く[来る]. ▶ Je viens *voir* si mes photos sont prêtes. 写真ができているかどうか見に来ました. 比較 ⇨ EXAMINER.

❸ …を**考える**, 考慮する. ▶ Il faut *voir* ensemble ce qu'on peut faire. どうしたらいいのか一緒に考えなければいけない /《目的語なしに》Il connaît votre façon de *voir* à ce sujet. 彼はこの問題に対するあなた(方)の考え方を分かっています.

❹ 〈目的語なしに命令形のあとで意味を強める〉 ▶ Écoute *voir*. まあ聞けよ / Regarde *voir* ce qu'il a fait. ちょっと見てくれよ, 彼のやらかしたことったら.

***Allez* [*Va*] *voir* là-bas si j'y suis.** 話 あっちに行ってくれ.

***avoir assez vu* qn** …にはうんざりだ.

***avoir quelque chose à voir avec* qn/qc** …と関係がある.

C'est à voir. (1) それは一見の価値がある. (2) それは検討してみなければ分からない; 今後の成り行き次第だ.

en avoir vu bien d'autres もっとつらいことを経験している, それくらいのことでは驚かない.

en avoir vu (plus d'une) これまでずいぶんつらい目に遭っている.

***en faire voir à* qn** …をひどい目に遭わせる.

en voir 「de belles [de bleues, de toutes les couleurs, de(s) vertes et de(s) pas mûres] 話 ひどい目に遭う.

être à voir 見る価値がある. ▶ Ce film *est*

voir

voir. この映画は見るべきだ.
faire voir qc …を見せる; 示す (=montrer). ▶ Il m'a *fait voir* sa collection de livres anciens. 彼は古書のコレクションを見せてくれた / *faire voir* son talent de chanteur 歌の才能を見せる.
Il faut le voir pour le croire. 〘話〙 とうてい信じられない.
Je l'ai vu, de mes yeux vu. 〘話〙 ほんとにこの目で見たんですよ.
*Je vois. ああなるほど [分かった].
Je voudrais (**bien**) ***vous y voir!*** 〘話〙 あなたが私の立場でも同じようなことをすると思いますか.
laisser voir qc …を見せる, のぞかせる; 〔感情など〕を隠し切れない. ▶ Le rideau à moitié ouvert *laissait voir* un intérieur coquet. 半ば開いたカーテンからしゃれた室内がのぞいていた / *laisser voir* son trouble 動揺を隠せない.
*n'avoir rien à voir avec [*dans*] *qc* …とはなんの関係もない. ▶ Je *n'ai rien à voir dans* cette affaire. この件には私はなんのかかわりもない / Cela *n'a rien à voir*. それはなんの関係もないことだ.
ne pas [*plus*] ***pouvoir voir qn/qc*** (*en peinture*) 〘話〙 …には耐えられない, が大嫌いだ.
ne voir que par les yeux de qn …の考えに盲従する.
n'y voir que [*du feu* [*du bleu*, *du brouillard*] 何も気づかない, 何も分からない.
On aura tout vu! それはひどすぎる, あんまりだ.
On va voir ce qu'on va voir. // ***Tu vas voir ce que tu vas voir.*** // ***Vous allez voir ce que vous allez voir.*** (1) こいつは見物だ, すごいことが始まる. (2) 目にもの見せてくれる, どうなるか見ていろ.
On verra (*après*). あとで考えよう, 考えておこう.
On verra (*bien*). 今に分かるよ, まあ見ていよう.
pour voir 試しに. ▶ Essaie un peu *pour voir*. 試しにちょっとやってみるだろう.
Qu'est-ce qu'il ne faut pas voir! 〘話〙 なんてこった, ひどいじゃないか.
Que vois-je? これはいったいどうしたことか.
Qui vivra verra. 時がたてば分かるだろう.
se faire bien [*mal*] ***voir*** (*de qn*) (…に) よく [悪く] 思われる.
se faire voir (1) 姿を見せる. ▶ Elle *se fait voir* partout. 彼女はどこにでも顔を出す. (2) 〘話〙 Va *te* [Allez *vous*] *faire voir* (chez les Grecs)! とっとと消えうせろ.
Tu vois ce que je vois? 〘話〙 自分の目が信じられない, 夢じゃあるまいか.
voir clair dans qc = ***y voir clair*** …をはっきり理解する. ▶ Afin d'*y voir* plus *clair*, nous avons fait appel à un spécialiste. 事の次第をより正確に把握するために, 私たちは専門家を呼んだ.
voir du pays 旅行する.
voir grand 大きなことをもくろむ.
voir le jour 生まれる; 現れる, 日の目を見る.
voir loin (1) 遠くが見える. ▶ Les rapaces *voient loin*. 猛禽(きん)類は遠目が利く. (2) 洞察力がある, 先見の明がある.
voir qc d'ici …がありありと目に浮かぶ. ▶ Je *vois d'ici* ton jardin fleuri d'hibiscus. 私にはハイビスカスの花が咲いている君の庭が目に見えるようだ / Tu *vois* ça *d'ici*. そんなことは考えれば分かるだろう.
voir sur qc …に面している. ▶ Cette maison *voit sur* un jardin public. この家は公園に面している.
voir venir qc 《ときに目的語なしに》〔事態〕の成り行きを見守る 〔待つ〕. ▶ Il faut *voir venir*. 待たなければいけない.
voir venir qn (1) …が来るのが見える. (2) …の魂胆を見抜く. ▶ Je te *vois venir*. 君の考えは見え見えだ.
「***vois-tu*** [*tu vois*, *voyez-vous*, *vous voyez*] 《挿入句的》そうでしょう, 分かりますか, ほらね. ▶ Ce qui est beau, *vois-tu*, c'est d'être simple. 美しいということ, それはねえ, 簡素だということだね.
Vous m'en voyez ravi. (しばしば皮肉に) そのことをとてもうれしく思います.
Vous n'avez encore rien vu. これからが見物(もの)です.
*Voyons! こら, さあさあ (たしなめ, 激励など). ▶ Un peu de calme, *voyons*! ちょっと静かにしなさいよ / Du courage, *voyons*! さあ, 元気を出して.
Voyons voir! 〘話〙 どれどれ, さてさて. 注 これから真剣に検討するという場合に使われる.
y voir 目が見える. ▶ Il *n'y voit* pas très bien. 彼は目がよく見えない.
y voir clair ⇨ voir clair dans qc.
── 自動詞 《*voir à* + 不定詞 / *voir à ce que* + 直説法》…するように努める, 注意する. ▶ Nous *verrons* à vous contenter. 御満足いただけるように努めましょう / *Voyez* à ce que tout soit en place. すべてきちんとかたづいているようにしなさい. ◆Il faudrait *voir* à + 不定詞 …するように (注意) しなくては. ▶ Il faudrait *voir* à te dépêcher. 君, 急がなくては.

── **se voir** 代動 ❶ 自分の姿を見る. ▶ *se voir* dans la glace 鏡の中の自分の姿を見る.

❷ 〈*se voir* + 属詞〉自分が…だと思う, 想像する. ▶ Elle *se voyait* déjà avocate avant de réussir au concours final. 最終試験に受かる前から彼女はもう弁護士になったつもりでいた. ◆*se voir* + 不定詞 // *se voir* + 現在分詞 ▶ Je *me vois* mal habiter [habitant] à Paris. 自分がパリに住むなんて想像がつかない / Je *me vois* bien prendre quelques mois de vacances. 数か月の休みを取りたい.

❸ お互いに会う; 出会う; 付き合う. ▶ On *se verra* demain. 明日会いましょう / amants qui *se voient* en cachette 密会する愛人たち / Ils ne *se voient* plus. 彼らはもう付き合っていない.

❹ 〔物が〕見られる; 見受けられる. ▶ coutume qui *se voit* encore à la campagne 今でも田舎で見受けられる慣習 / film qui *se voit* avec plaisir 〘話〙 楽しく見られる映画.

❺ 《助動詞的に》…される, (という状態) である (= être, se trouver). ▶ Elle *s'est vue* contrainte de partir. 彼女には出かざるを得なかった / Elle est fière de *se voir* admirée de tant de monde. 彼女はたくさんの人から褒められて得意

voire

になっている. ◆*se voir* + 不定詞 + (qc)(自分の…を)…される. ▶ Elle *s'est vu* refuser l'entrée du club. 彼女はそのクラブの入会を断られた (注 se は不定詞の間接目的).
Cela ne s'est jamais vu. そんなことはこれまで一度もなかったことだ.
*Cela [話 Ça] se voit. それは見てとれる, それとはっきり分かる.
Cela se voit comme le nez au milieu de la figure. それはあまりにも明白だ.
Tu (ne) t'es pas vu! 話(自分を鏡で見たことがないんだろう…)自分のことを棚に上げてよく言うよ.

voire /vwa:r/ 副 文章 その上, さらに. ▶ plusieurs mois, *voire* plusieurs années 何か月も, いや何年も.

voirie /vwari/ 女 ❶(集合的に)道路;(海路, 空路を含めた)交通路. ❷ 道路管理;(役所の)道路課. ▶ service de *voirie* 道路管理;道路清掃;ごみの収集. ❸ ごみ捨て場.

vois /vwa/ 活用 ⇨ VOIR 31

***voisin, ine** /vwazɛ̃, in/ ヴォザン, ヴォワズィーヌ/ 形 ❶ 隣の, 隣接した, 近くの. ▶ la ville *voisine* 隣町 / les régions *voisines* de l'équateur 赤道付近の地域.
❷(時間的に)接近した, 近い. ▶ les années *voisines* de 1870 [mil huit cent soixante-dix] 1870年前後の年.
❸ 似た, 類似の. ▶ Nous avons des idées *voisines*. 私たちは似た考えを持っている. ◆*voisin* de qc …に似た. ▶ véhicule *voisin* de la bicyclette 自転車に似た乗り物.
❹⟨*voisin* de + 数量表現⟩約…, …ほど. ▶ Cette école assure un placement *voisin* de cent pour cent à ses anciens élèves. この学校は卒業生にほぼ100パーセントの就職を保証する.
— 名 ❶ 隣人, 隣の人, 近くの人. ▶ Nous sommes *voisins*. 私たちはご近所同志だ / le *voisin* de droite 右隣 / gêner ses *voisins* par le bruit 騒音で近所に迷惑をかける / *voisin* de palier 同じ階の隣人 / *voisin* du dessus [dessous] 上の階 [下の階] の人 / *voisin* de table 同じテーブルを囲んでいる人. ❷ 近隣の住民;隣国.
❸ 仲間, 同胞;他人.
en voisin 気安く, 気軽に.

voisinage /vwazinaʒ/ 男 ❶ 近所, 近隣;近さ. ▶ enfants du *voisinage* (=quartier) 近所の子供たち / se trouver au *voisinage* de qc …の近くに位置する. ❷ 近所付き合い, 隣人関係. ▶ être [vivre] en bon *voisinage* avec qn …と隣人として仲よくする[暮らす] / relations [rapports] de bon *voisinage* 善隣関係. ❸(集合的に)隣人, 近くの人々. ❹ 文章(時間的)近さ. ▶ au *voisinage* de l'hiver 冬の間近に.

voisiner /vwazine/ 自動 ❶ ⟨*voisiner* avec qc[qn]⟩…と隣り合う[似ている[いる].
❷ 古風 文章 近所付き合いをにする.

voit /vwa/ 活用 ⇨ VOIR 31

***voiture** /vwaty:r ヴォワテュール/ 女 ❶ 自動車;(特に)乗用車. ▶ conduire une *voiture* 車を運転する / garer sa *voiture* 車を駐車する / prendre sa *voiture* pour aller au travail 車に乗って仕事に行く / *voiture* automatique オートマチック車 / *voiture* de tourisme 乗用車 / *voiture* de location レンタカー / *voiture* d'occasion 中古車 / monter dans une *voiture* 車に乗り込む / voyager en *voiture* 車で旅行する / faire de la *voiture* ドライブする / Elle est morte dans un accident de *voiture*. 彼女は交通事故で亡くなった.
❷ 客車 (=wagon). ▶ *voiture* de première [seconde] classe 1 [2] 等車 / Nos places de train sont dans la *voiture* trois. 私たちの座席は3号車です / *voiture* de tête 先頭車両 / *voiture* de queue 最後尾車両.
❸(自動車以外の)車;馬車 (=*voiture* à cheval). ▶ *voiture* à bras 手押し車 / *voiture* d'enfant 乳母車 / *voiture* d'infirme = 話 petite *voiture* 車椅子(ケ).
En voiture! 御乗車ください(発車の合図).
se ranger des voitures 話(悪事から)足を洗う, 堅気になる.

voiture-balai /vwaty:rbalɛ/;⟨複⟩〜*s*-〜*s* 女(自転車レースで途中棄権した選手を拾う)収容車.

voiture-bar /vwaty:rba:r/;⟨複⟩〜*s*-〜*s* 女 軽食堂車, ビュッフェ車.

voiture-lit /vwaty:rli/;⟨複⟩〜*s*-〜*s* 女 寝台車.

voiturer /vwatyre/ 他動 ⟨qc⟩…を車で運ぶ[送る]. ▶ *voiturer* des tonnes de marchandises 大量の商品を車で運ぶ / se faire *voiturer* 車で送ってもらう.

voiture-restaurant /vwaty:rrɛstɔrɑ̃/;⟨複⟩〜*s*-〜*s* 女 食堂車.

voiturette /vwatyrɛt/ 女 ❶ 小さな車. ❷(排気量49-125cc の)超小型自動車.

***voix** /vwɑ ヴォワ/ 女 ❶ 声, 音声;発声能力. ▶ Il a une belle *voix*. 彼は美声だ / une *voix* hésitante おずおずした声 / une *voix* nasillarde 鼻声 / à *voix* haute = à haute voix 大声で / à mi-*voix* = à voix basse 小声で / parler d'une *voix* forte 大きな声で話す / baisser la *voix* 声を低める / élever sa *voix* 声を荒らげる / avoir la *voix* aiguë [grave] かん高い[低い]声をしている / *voix* d'homme 男の声 / *voix* de femme 女の声 / avoir des larmes dans la *voix* 涙声である / être à portée de (la) *voix* 声の届く範囲にいる / Il a la *voix* rauque. 彼の声はしゃがれている.
❷ 声音, 歌声;声部. ▶ *voix* de fausset 裏声 / avoir la *voix* fausse [juste] 調子外れに[正確に]歌う / une *voix* de basse バスの声 / chœur à *voix* mixtes 混声合唱.
❸(動物の)鳴き声, 叫び. ▶ une *voix* de rossignol (=chant) ナイチンゲールのさえずり / la *voix* d'un chien (=cri) 犬のほえ声.
❹(の)意見, 意見;発言権. ▶ selon la *voix* officielle 公式見解によれば / écouter la *voix* du peuple 国民の声に耳を傾ける / avoir *voix* consultative (投票権はないが)陪席発言権がある / Des *voix* s'élèvent contre la guerre en Irak. イラク戦争に反対の声が上がっている.
❺ 票, 投票. ▶ donner sa *voix* à qn (=suf-

frage) …に票を投じる / perdre [gagner] des *voix* 〔候補者が〕票を失う［増やす］/ mettre qc aux *voix* …を票決にかける / La motion est adoptée par cinquante *voix* pour et dix *voix* contre. 動議は賛成50票, 反対10票で可決された / majorité des *voix* (投票の)多数.
❺(内心, 天などの)声. ▶ la *voix* de la conscience 良心の声 / la *voix* de Dieu 神の声.
❼ 文語 音;(楽器の)音, 響き. ▶ la *voix* du vent dans les arbres 木々の間を通る風の音.
❽〘言語〙態. ▶ *voix* active [passive] 能動［受動］態.

avoir de la voix (1) 力強い声をしている. (2) 声が歌に向いている.
de vive voix 口頭で. ▶ énoncer qc *de vive voix* …を口頭で述べる.
entendre des voix 幻聴がする.
être en voix 〔歌い手が〕声の調子がよい.
être [*rester*] *sans voix* (心の動揺で)声が出ない, ぐうの音もない.
faire la grosse voix (子供に対して)声を荒らげる, しかる.
parler par la voix de qn …に伝えてもらう.
Voix du peuple, voix de Dieu. 諺 民の声は神の声.

*__vol__¹ /vɔl/ ヴォル 男 ❶ 飛行; 飛行便, フライト. ▶ *vol* Paris-Londres パリ·ロンドン便 / *vol* de nuit 夜間飛行 / *vol* spatial 宇宙飛行 / *vol* charter チャーター便 / être à deux heures de *vol* 飛行機で2時間の距離である / Le *vol* 35 [trente-cinq] pour New York est retardé [annulé]. ニューヨーク行35便は遅れている［欠航になった］.
❷(鳥, 虫などが)飛ぶこと, 飛翔; 飛翔距離. ▶ *vol* des abeilles ミツバチの飛翔.
❸(鳥, 虫などの)群れ, 大群. ▶ *vol* d'oiseaux migrateurs 渡り鳥の一団.

au vol (1) 飛んでいるところを, 空中で. ▶ tirer un oiseau *au vol* 飛ぶ鳥を撃つ / attraper une balle *au vol* ボールを空中でキャッチする. (2) すばやく. ▶ prendre le bus *au vol* (走り始めた)バスに飛び乗る / saisir une occasion *au vol* チャンスをぱっとつかむ.
à vol d'oiseau (1) 直線［最短］距離で. ▶ Il n'y a que trois kilomètres *à vol d'oiseau*. 最短距離で3キロしかない. (2) 上空から見て, 鳥瞰(ちょうかん)して. ▶ perspective *à vol d'oiseau* 鳥瞰図.
de haut vol (1) 〔鳥などが〕高い所を飛ぶ. (2) 大規模な, スケールの大きい, 大物の.
en (*plein*) *vol* 飛んでいる, 飛行中の. ▶ un oiseau *en vol* 飛んでいる鳥.
prendre son vol (1) 飛び立つ; 立ち去る. (2) 文語 飛躍する, 頭角を現す, 昇進する.
vol à voile 〘航空〙(グライダーの)ソアリング, 滑空.

*__vol__² /vɔl/ ヴォル 男 ❶ 盗み, 窃盗; 盗難. ▶ commettre un *vol* 盗みを犯す / être victime d'un *vol* 盗みの被害にあう / être soupçonné de *vol* 盗みの疑いをかけられる / *vol* à main armée 強盗 / *vol* avec effraction 押し込み強盗 / dispositif de sécurité contre le *vol* 防犯装置, 泥棒よけ / assurance contre le *vol* 盗難保険. ❷ 法外な値段(を吹っかけること), 暴利(をむさぼること), 詐欺. ▶ Cent euros, ce repas, c'est du *vol*! こんな食事が100ユーロだって, こりゃもう詐欺だ.

volage /vɔlaːʒ/ 形 移り気な, 気まぐれな; 浮気な, 不実な.
volaille /vɔlaːj/ 女 ❶ (la volaille)《集合的に》家禽(かきん). ❷ 家禽; 家禽の肉. ▶ manger de la *volaille* 鳥肉を食べる.
volailler, ère /vɔlaje, ɛːr/ 名 家禽(かきん)商.
volant¹, ante /vɔlɑ̃, ɑ̃ːt/ 形 ❶ 飛ぶ, 飛ぶことができる. ▶ poisson *volant* トビウオ / tapis *volant* 空飛ぶ絨毯(じゅうたん) / objet *volant* non identifié 未確認飛行物体, UFO (略 ovni). ❷〔物が〕移動可能な (=mobile); 持ち運びの楽な. ▶ camp *volant* 移動キャンプ, 仮設野営地 / pont *volant* 仮設橋 / feuille *volante* ルーズリーフ.

personnel volant (1)〘航空〙飛行要員. (2)(必要に応じて部署を代える)代理専門要員.

*__volant__² /vɔlɑ̃/ ヴォラン 男 ❶(自動車の丸い)ハンドル, ステアリングホイール (=*volant* de direction); ハンドルさばき. 注 オートバイなどのハンドルは guidon という. ▶ prendre [tenir] le *volant* = se mettre au *volant* ハンドルを握る, 車を運転する / tourner le *volant* ハンドルを切る / as du *volant* 一流ドライバー / donner un brusque coup de *volant* 急ハンドルを切る.
❷(バドミントンの)羽根, シャトルコック; バドミントン.
❸ 裾(すそ)飾り, フリル.
❹(飛行機の)クルー, 搭乗員.

volant de sécurité (1) 安全装置. (2) 余剰資金.
volatil, e /vɔlatil/ 形 ❶ 揮発性の, 気化しやすい. ▶ matières *volatiles* 揮発性物質 / mémoire non *volatile* 〘情報〙不揮発性メモリー. ❷ 流動的な, 変わりやすい. ▶ cours *volatils* 変動の大きい相場.
volatile /vɔlatil/ 男 家禽(かきん); 鶏.
volatilisation /vɔlatilizasjɔ̃/ 女 気化, 蒸発, 揮発 (=vaporisation).
volatiliser /vɔlatilize/ 他動 ❶ …を気化［蒸発］させる (=vaporiser). ❷ 話〈*volatiliser* qc (à qn)〉(…から)…をくすねる, 抜き取る.
— *se volatiliser* 代動 ❶ 気化［蒸発］する. ❷ 話 消えうせる, なくなる.
volatilité /vɔlatilite/ 女 ❶ 揮発性. ❷〘金融〙ボラティリティ(株価などの変動率の大きさ).
vol-au-vent /vɔlovɑ̃/ 男〘単複同形〙〘料理〙ヴォ·ロ·ヴァン: パイ皮のケースにソースであえた肉, 魚, マッシュルームなどを詰めた料理.

*__volcan__ /vɔlkɑ̃/ ヴォルカン 男 ❶ 火山. ▶ *volcan* actif [en activité] 活火山 / *volcan* dormant 休火山 / *volcan* éteint 死火山 / cratère d'un *volcan* 噴火口. ❷ 気性の激しい人, 癇癪(かんしゃく)持ち. ❸ 差し迫った危険. ▶ être sur un *volcan* 一触即発の状態である.

volcanique /vɔlkanik/ 形 ❶ 火山の. ▶ bouche *volcanique* 噴火口. ❷ 激しい, 激烈な. ▶ une femme au tempérament *volcanique* 気性の激しい女.
volcanisme /vɔlkanism/ 男 火山活動.
volcanologie /vɔlkanɔlɔʒi/ 女 火山学.

volcanologique

volcanologique /vɔlkanɔlɔʒik/ 形 火山学の.
volcanologue /vɔlkanɔlɔg/ 名 火山学者.
volé, e /vɔle/ 形 盗まれた. ▶ voiture *volée* 盗難車. ── 名 盗難の被害者.

volée /vɔle/ 女 ❶ 〔文章〕（鳥などが）飛ぶこと；（鳥が一飛びする）飛翔（ひしょう）距離. ▶ donner la *volée* à un oiseau 鳥を放してやる.
❷〈une *volée* de + 無冠詞複数名詞〉（鳥）の群れ；（人）の群れ. ▶ une *volée* de moineaux スズメの大群.
❸ 一斉射撃. ▶ une *volée* de flèches 次々に射られた矢 / une *volée* d'obus 一斉砲撃.
❹ めった打ち, 連打. ▶ recevoir une (bonne) *volée* こっぴどく殴られる.
❺〖スポーツ〗（テニスなどの）ボレー.

à la volée (1) 空中で, 飛んでいるところを. ▶ attraper une balle *à la volée* 球を空中で捕る. (2) すばやく, すぐさま. (3) 力いっぱい, 激しく. ▶ fermer la porte *à la volée* ドアを力いっぱい閉める.

à toute volée 力いっぱい, 強く, 激しく.

de haute volée (1) 一流の；スケールの大きい. ▶ un filou *de haute volée* 極め付きのぺてん師. (2) 身分の高い, 生まれのいい.

prendre sa volée 飛び立つ；巣立つ；独立する.

voler[1] /vɔle/ ヴォレ/ 自動 ❶ 飛ぶ, 飛行する. ▶ *voler* sans escale de Paris à New York パリからニューヨークまでノンストップで飛行する / Les hirondelles *volent* bas. ツバメは低く飛ぶ.
❷（空中に）舞う. ▶ faire *voler* la poussière ほこりを舞い上げる.
❸〔言葉, うわさなどが〕飛び交う, 飛ぶように伝わる. ▶ Cette nouvelle *volait* de bouche en bouche. その知らせはあっと言う間に広まっていった.
❹ 飛ぶように走る. ▶ *voler* au secours de qn …を助けに飛んでいく / *voler* dans les bras de qn …の腕に飛び込む.
❺〔時間が〕速く過ぎ去る. ▶ Le temps *vole*. 時は飛ぶように過ぎる.

Ça vole bas. 話 (話題などが)低級である, レベルが低い.

On entendrait voler une mouche. ハエの飛ぶのが聞こえそうなほど静かだ.

voler de ses propres ailes 独り立ちする, 自立する.

voler en éclats 砕け散る, 木っ端みじんになる；瓦解（がかい）する, 解体する.

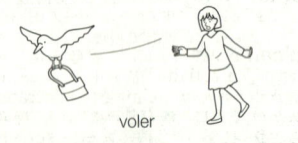

voler

voler[2] /vɔle/ ヴォレ/ 他動 ❶〈*voler* qc (à qn)〉（…から）…を盗む, 泥棒する. ▶ *voler* de l'argent à qn …から金を盗む / se faire *voler* son portefeuille 財布を盗まれる / On m'a *volé* mon sac. バッグを盗まれた /〈目的語なしに〉*voler* à main armée 強盗を働く.
❷〈*voler* qc (à qn/qc)〉（…から）…を盗用する, 不当に入手する, 剽窃（ひょうせつ）する. ▶ *voler* un titre 肩書をかたる / *voler* des idées à un auteur (=prendre) ある著者の着想を盗用する.
❸〈*voler* qn (sur qc)〉（…に関して）…をだます, から法外な金を取る. ▶ *voler* les clients 客からぼる.
❹ 話 《おもに受動態の否定形で》…の期待を裏切る. ▶ Ce CD est bon, on n'*est* pas *volé*. このCDはいい, 期待どおりだ.

ne pas l'avoir volé 話 十分それに値する, それは当然の報いだ. ▶ Cette punition, tu *ne l'as pas volée*. あなたがこんな罰を受けるのも自業自得だ.

Qui vole un œuf vole un bœuf. 諺 (卵を盗む者は牛も盗む→) 一度盗みを働いた者はまた盗みを繰り返す.

se faire voler comme dans un bois 話 身ぐるみはがれる.

volet /vɔlɛ/ 男 ❶ (ガラス戸の内側の) 扉, 内戸 [扉]；（窓や戸の）よろい戸, 雨戸；シャッター. ▶ *volet* roulant 巻き上げ戸, ロールシャッター / ouvrir [fermer] les *volets* よろい戸を開ける [閉める].
❷（折り畳みの利く）面；（一連のものの）一部分, 一面. ▶ les trois *volets* d'un permis de conduire 運転免許証の3つ折りの面 / le troisième *volet* d'une trilogie 3部作の第3部.
❸〖航空〗フラップ, 下げ翼.

trier qn/qc sur le volet …をえりすぐる.

voleter /vɔlte/ 4 自動 ❶〔小鳥, 蝶（ちょう）などが〕ひらひら飛び回る. ❷〔文章〕風に舞う, はためく.

voleur, euse /vɔlœ:r, ø:z/ ヴォルール, ヴォルーズ/ 名 ❶ 泥棒, 盗人, 盗賊. ▶ arrêter un *voleur* 泥棒を逮捕する / *voleur* de grand chemin 追いはぎ / *voleur* par effraction 押し込み強盗 / *voleur* à la tire すり / *voleur* d'enfant 子供の誘拐犯人 / **Au** *voleur*! 泥棒! / crier au *voleur* 泥棒だと叫ぶ. ❷ 悪徳商人.

jouer (au gendarme et) au voleur (2組に分かれて) 泥棒ごっこをする.

── 形 盗癖のある；ぼる. ▶ un commerçant *voleur* 吹っかける商人.

volière /vɔljɛ:r/ 女 ❶ 大きな鳥かご；鳥小屋, 鳥の飼育場. ❷ 話 おしゃべりのたまり場.

volitif, ive /vɔlitif, i:v/ 形〖哲学〗意志 [意欲] に関する.

volley-ball /vɔlɛbo:l/, **volley** /vɔlɛ/ 男《英語》バレーボール.

volleyeur[1]**, euse** /vɔlejœ:r, ø:z/ 名 バレーボールの選手.

volleyeur[2]**, euse** /vɔlejœ:r, ø:z/ 名〖テニス〗ボレーの得意な人, ネットプレーヤー.

***volontaire** /vɔlɔ̃tɛ:r/ ヴォロンテール/ 形 ❶ 自由意志による, 自発的な；故意の, 任意の. ▶ acte *volontaire* 自発的行為 / contribution *volontaire* 自ら進んでする協力, ボランティア活動 / mort *volontaire* 自死.
❷ 意志の強い, 確固たる. ▶ un homme *volontaire* 毅然（きぜん）とした人物 / avoir un regard *volontaire* 意志の強そうな目つきをする.

── 名 志願者, ボランティア. ▶ On demande une *volontaire* pour faire ce travail. この仕

事のためにボランティアの女性を1名募集している.
volontaire (désigné) d'office 話 (志願する者がいない場合に上から決められた「志願兵」→)(ボランティアではなく)専任職員.
— 名《軍》志願兵 (=engagé volontaire).

volontairement /vɔlɔ̃tɛrmɑ̃/ 副 ❶ 自分の意志で, 自発的に; 故意に, わざと. ▶ se dénoncer *volontairement* 進んで自首する. ❷ 任意に, 強制されずに.

volontariat /vɔlɔ̃tarja/ 男 志願兵役.

volontarisme /vɔlɔ̃tarism/ 男 主意主義: 意志によって現実の流れを変えうると考える態度.

volontariste /vɔlɔ̃tarist/ 形 主意主義(者)の, ボランタリズムの; ボランタリストの.
— 名 主意主義者; ボランタリスト.

*****volonté** /vɔlɔ̃te/ 女 ❶ 意志, 意志力, 意欲. ▶ avoir de la *volonté* 意志が強固である / avoir une *volonté* de fer 鉄のような意志を持つ / faire un effort de *volonté* 意志の力を振り絞る / manquer de *volonté* 意欲に欠ける. ◆*volonté* de + 無冠詞名詞 …の意志, …欲. ▶ *volonté* d'indépendance 独立の意志. ◆*volonté* de + 不定詞 …したいという意志 [意欲]. ▶ avoir la *volonté* de réussir ぜひとも成功したいと思う.
❷ 意向, 意図. ▶ imposer sa *volonté* à qn …に自分の意向を押しつける / respecter les *volontés* de qn …の意向を尊重する / les dernières *volontés* de qn …の死に際の望み; 遺言 / *volonté* générale 総意.
❸ (複数で) 気まぐれ, わがまま. ▶ Il semble que ses *volontés* soient des lois. 彼(女)の気まぐれが御無理ごもっともで通っているようだ.
avec la meilleure volonté du monde どんなに頑張っても. 注 遺憾を示す文章の前に置かれる.
à volonté (1) 好きなように, 好きなだけ. ▶ vin *à volonté* (レストランなどで)ワイン飲み放題. (2) 随意に, 好きに. ▶ Un bon acteur sait pleurer ou rire *à volonté*. 名優は泣くも笑うも意のままにこなす.
bonne volonté (1) やる気, 熱意. ▶ Il met de la *bonne volonté* à faire son travail. 彼は仕事にやる気を出している. (2) 善意, 好意. ▶ Elle a abusé de ma *bonne volonté*. 彼女は私の善意を裏切った / les *bonnes volontés* 進んで事に当たる人々; 善意の人々 / *Les Hommes de bonne volonté*「善意の人々」(ジュール・ロマンの小説).
faire les quatre volontés de qn …の言いなりになる.
mauvaise volonté やる気のなさ. ▶ mettre de la *mauvaise volonté* à travailler いやいや働く.

*****volontiers** /vɔlɔ̃tje/ 副 ❶ 喜んで, 心から. ▶ J'irai *volontiers* vous voir. 喜んでおうかがいします /《Voulez-vous aller au cinéma?—Très *volontiers*.》「映画に行きませんか」「喜んで」.
❷ 容易に; 生まれつき; とかく. ▶ Il reste *volontiers* des heures sans parler. 彼は何時間黙っていても平気な性分だ / Il est *volontiers* pessimiste. 彼はどうかするとすぐ悲観的になる.

volt /vɔlt/ 男 ボルト: 電圧単位.

voltage /vɔltaːʒ/ 男 電圧 (=tension).

voltaire /vɔltɛːr/ 男 ヴォルテール椅子(ʏ) (=fauteuil *Voltaire*): 王政復古期の, 座が低く, 背は高く少し湾曲したひじ掛け椅子.

voltairien, enne /vɔltɛrjɛ̃, ɛn/ 形 ヴォルテール Voltaire の; ヴォルテール主義の.
— 名 ヴォルテール主義者; ヴォルテール研究家.

volte-face /vɔltəfas/ 女 (単複同形) ❶ (反対方向に)体の向きを変えること; 反転, 逆転. ❷ (意見, 態度の)急変, 豹変(ʊːʊ); 転向, 変節.
faire volte-face (1) くるりと振り向く, 半回転する. (2) 豹変する, 手のひらを返す.

voltige /vɔltiːʒ/ 女 ❶ 馬上曲芸.
❷ (空中ぶらんこ, 綱渡りなどの)空中曲芸.
❸ アクロバット飛行 (=*voltige* aérienne).
❹ 知的曲芸, 軽業的推論.

voltiger /vɔltiʒe/ [2] 自動 ❶ 飛び回る; ひらひらと飛ぶ. ❷ 翻る, はためく.

voltigeur, euse /vɔltiʒœːr, øːz/ 名 軽業師; 曲芸飛行パイロット.

voltmètre /vɔltmɛtr/ 男 電圧計.

volubile /vɔlybil/ 形 ❶ おしゃべりな, 饒舌(ʤㅋʊ)な. ❷《植物学》(茎などが)巻きつく.

volubilis /vɔlybilis/ 男《植物》ヒルガオ.

volubilité /vɔlybilite/ 女 おしゃべり, 饒舌(ʤㅋʊ).
▶ parler avec *volubilité* ぺらぺらしゃべる.

volucompteur /vɔlykɔ̃tœːr/ 男 商標 ボリュコンター: ガソリンスタンドで用いる給油ポンプ. 給油量と金額が同時に表示される.

*****volume** /vɔlym/ ヴォリュム 男 ❶ 体積, 容量, かさ. ▶ le *volume* d'un solide ある立体の体積 / diminuer [augmenter] de *volume* 容量が減る[増える].
❷ 総量, 量; 音量; 水量. ▶ le *volume* de la production 生産総量 / le *volume* des importations 輸入量 / *volume*「de trafic [de circulation] 交通量 / Sa voix manque de *volume*. 彼(女)は声量がない / augmenter [baisser] le *volume* de la télévision テレビのボリュームを上げる[下げる].
❸ (書物の)巻, 冊. ▶ dictionnaire en six *volumes* 全6巻の辞書.
❹《美術》立体感, 量感; 立体. ▶ les *volumes* d'un dessin デッサンの立体感.
faire du volume 場所をとる, かさばる.

volumétrique /vɔlymetrik/ 形 体積[容積]測定の. ▶ analyse *volumétrique* 容量分析 (=volumétrie).

volumineux, euse /vɔlyminø, øːz/ 形 ❶ 容積が大きい; かさばる, 場所ふさぎの. ▶ un paquet *volumineux* かさばる荷物. 比較 ⇨ GRAND.
❷ (本などが)分厚い, 大部の.

volupté /vɔlypte/ 女 ❶ 逸楽, 快感. ▶ s'adonner à la *volupté* 悦楽にふける. ❷ (精神的, 審美的な)喜び, 楽しみ. ▶ Il écoute cette musique avec *volupté*. 彼はうっとりとこの音楽を聞いている.

voluptueusement /vɔlyptɥøzmɑ̃/ 副 快楽に浸って, 心地よさそうに.

voluptueux, euse /vɔlyptɥø, øːz/ 形 ❶ 快楽を好む, 享楽的な;《特に》好色な.
❷ 官能をそそる, 扇情的な.
— 名 享楽主義者; 好色な人.

volute

volute /vɔlyt/ 囡 ❶《建築》(イオニア式の柱頭の) 渦巻き装飾. ❷ 渦巻き状のもの. ▶ des *volutes* de fumée 煙の渦巻き.

en volute 螺旋(s)状の, 渦巻き状の.

vomi, e /vɔmi/ 形 (vomir の過去分詞) 吐き出された, 嘔吐(を)された.

vomi /vɔmi/ 男 話 へど, げろ.

vomir /vɔmiːr/ 他動 ❶ …を吐く, 戻す. ▶ *vomir* du sang 血を吐く. ❷〔激しい言葉など〕を吐く, 浴びせかける. ▶ *vomir* des injures ののしりの言葉を吐く. ❸ …を毛嫌いする. ▶ Elle *vomit* ce type de personnage. 彼女はああいう人物を毛嫌いしている. ❹ 文章 …を噴出する, 吐き出す. ▶ Le métro *a vomi* des flots de gens pressés. 急ぐ人の波が地下鉄からあふれ出た.

— 自動 吐く, 戻す. ▶ avoir envie de *vomir* 吐き気がする, むかつく.

être à vomir 吐き気を催す, 虫ずが走る.

— 自動 *vomir* sur [contre] qc/qn …にありとあらゆる悪態をつく.

vomissement /vɔmismɑ̃/ 男 吐くこと, 嘔吐(を); へど. ▶ *vomissements* de sang 吐血.

vomissure /vɔmisyːr/ 囡 へど, 吐瀉(と)物.

vomit*if, ive* /vɔmitif, iːv/ 形 ❶《医学》催吐性の. ❷ へどが出るほど嫌な, むかつくような.

— **vomitif** /vɔmitif/ 男 吐剤.

vont /vɔ̃/ 活用 ⇨ ALLER[1] Ⅴ

vorace /vɔras/ 形 むさぼり食う, がつがつした; 貪欲(ぎ)な. ▶ Ce chien est *vorace*. この犬は食い意地が張っている / un appétit *vorace* ものすごい食欲 / un usurier *vorace* 強欲な高利貸し.

voracement /vɔrasmɑ̃/ 副 文章 がつがつと, むさぼるように.

voracité /vɔrasite/ 囡 文章 がつがつしていること, 貪食(だ).

vos /vo/ votre の複数形.

Vosges /voːʒ/ 固有 囡複 ❶ ヴォージュ県 [88]: フランス北東部. ❷ ヴォージュ山地. ❸ Place des *Vosges* ヴォージュ広場: パリのマレー地区の一角.

vosgien, enne /vɔʒjɛ̃, ɛn/ 形 ヴォージュ Vosges 山脈[県, 地方]の.

— **Vosgien, enne** 名 ヴォージュ県[地方]の人.

votant, ante /vɔtɑ̃, ɑ̃ːt/ 名 投票者; 有権者, 選挙人.

***vote** /vɔt/ 男 ❶ 票; 票決, 投票. ▶ donner son *vote* à qn …に票を入れる / l'unanimité des *votes* 満票, 全会一致 / procéder au *vote* 票決を行う / droit de *vote* 投票[選挙]権 / *vote* blanc [nul] 白票[無効票] / bureau de *vote* 投票所 / bulletin de *vote* 投票用紙 / compter les *votes* favorables [défavorables] à un projet de loi ある法案の賛成[反対]票を数える.

❷ 投票方法, 選挙方法; 採決方法. ▶ *vote* à main levée 挙手による採決 / *vote* secret 無記名投票 / *vote* direct du corps électoral 直接選挙.

❸ 採択, 可決. ▶ *vote* d'une loi 法案の採択.

***voter** /vɔte/ ヴォテ / 自動 ❶ 投票する. ▶ *voter* à main levée 挙手による投票をする.

❷(投票により)意見を表明する. ▶ *voter* pour [contre] une motion 動議に賛成[反対]投票する / *voter* conservateur 保守に票を投じる / *voter* à gauche [droite] 左翼[右翼]に投票する / *voter* utile 死に票にならないように投票する / *voter* blanc 白票を投じる / *voter* Durand デュランド候補に投票する.

— 他動 …を採択する; 可決する; 議決する. ▶ *voter* un projet de loi 法案を採択する.

voter des deux mains 諸手(き)をあげて賛成する.

votif, ive /vɔtif, iːv/ 形 奉納の.

****votre** /vɔtr ヴォトル / ; (複) **vos** /vo ヴォ/ 形《所有》(2人称単数・複数)

あなたの; あなた方の, 君たちの. ❶《所有, 帰属, 関係, 行為主を示す》▶ *votre* chambre あなた(方)の部屋 / *votre* mari お宅の御主人 / *votre* banque あなた(方)の取引先の銀行 / *Vos* papiers, s'il vous plaît. 身分証明書を見せてください / On attendait *votre* arrivée. あなた(方)の到着をお待ちしていました.

❷《若干の動作名詞の前で行為の対象を示す》▶ Je suis enchanté(e) de faire *votre* connaissance. あなた(方)にお会いできてうれしく存じます.

❸《個人的習慣, 癖, 関心などを示す》▶ Vous avez toujours *votre* migraine? 相変わらず例の頭痛ですか / *votre* petit André あなた(方)のアンドレ坊や / A bientôt. *Votre* Paul. 《手紙の末尾で》それではまた, あなた(方)のポールより.

❹《尊称》▶ *Votre* Majesté 陛下 / *Votre* Excellence 閣下.

A *votre* santé! (あなた[皆さん]の健康のために→)乾杯!

A *votre* service. (お礼に答えて)お安い御用です, どういたしまして.

***vôtre** /voːtr ヴォートル / 代《所有》(定冠詞とともに)あなた(方)のもの; 君たちのもの. ▶《所有形容詞 votre, vos + 名詞》に代わる代名詞. 所有されるものの性数に応じて変化する. ▶ Ma robe est moins jolie que la *vôtre*. 私のドレスはあなたのほどきれいではない / J'ai reçu la *vôtre* du 5 mars. 《おもに商業文で》3月5日付のお手紙拝受いたしました (注 la *vôtre* = votre lettre) / A la (bonne) *vôtre*! あなた(方)の健康を祝して乾杯 (=A votre santé!).

— 男《les vôtres》あなた(方)の身内[仲間, 同僚]. ▶ Mes amitiés aux *vôtres*. 御家族の皆様によろしく / Je suis des *vôtres*. 私はあなた(方)の仲間です.

y mettre du vôtre 貢献する. ▶ Il faut que vous *y mettiez du vôtre*. あなた(方)も協力しなければならない.

— 形《所有》文章《属詞として》あなた(方)の, 君たちの. ▶ Considérez ma maison comme *vôtre*. 私の家を御自宅とお考えください / Amicalement [Bien] *vôtre*. 《手紙の末尾で》敬具.

voucher /vuʃɛːr/ 男《英語》バウチャー: パッケージ・ツアーでの, 各種サービス利用引換券.

voudr- 活用 ⇨ VOULOIR[1] 49

vouer /vwe/ 他動 ❶《*vouer* qc à qn/qc》…に〔ある感情〕を誓う; 抱き続ける. ▶ Elle m'*a voué*

une amitié éternelle. 彼女は私に永遠の友情を誓った.
❷ ⟨vouer qc à qc⟩〔時間, 能力など〕を…に投入する, ささげる. ▶ vouer son existence à un travail ある仕事に生涯をささげる.
❸《特に受動態で》⟨vouer qn/qc à qc/不定詞⟩…を…に運命づける, と定める. ▶ Ce projet était voué à l'échec. その計画は失敗する定めにあった / une maison vouée à la démolition 取り壊されることになっている家.
— **se vouer** 代動 ⟨se vouer à qn/qc⟩…に身をささげる; 没頭する.

*vouloir¹ /vulwaːr ヴロワール/ ㊼

直説法現在	je veux	nous voulons
	tu veux	vous voulez
	il veut	ils veulent
複合過去	j'ai voulu	半過去 je voulais
単純未来	je voudrai	単純過去 je voulus
接続法現在	je veuille	条件法現在 je voudrais
命令法	veuille veuillons veuillez	

— 他動 ⟨vouloir qc/qn⟩…が欲しい.
⟨vouloir + 不定詞⟩…したい.
⟨vouloir que + 接続法⟩…であってほしい.
⟨Voulez-vous [Veux-tu] + 不定詞⟩…してください.
⟨vouloir bien …⟩…に同意する.
— 間他動 ⟨en vouloir à qn⟩…を恨む.

他動 ❶ …したい; であってほしい.
(1)⟨**vouloir** + 不定詞⟩…したい. 注 不定詞の主語は主節の主語に一致する. ▶ Je veux savoir ce qui s'est passé. 私は何が起こったのか知りたい / Je ne veux pas la voir aujourd'hui. 今日は彼女に会いたくない / Elle n'a pas voulu vous insulter. 彼女はあなた(方)を侮辱するつもりではなかった /《条件法で, 丁寧に》Je voudrais vous voir seul. あなたと2人きりでお会いしたいのですが. 注 vouloir が過去時制との関係からでなく, 単独で半過去になると,「…したかったが, そうしなかった [そうすることはできない]」の意味になる(例: Je voulais manger du poisson ce soir. Mais tant pis, si la poissonnerie est fermée. 今晩は魚が食べたかったが, 魚屋が休みでは仕方がない).
(2)⟨**vouloir que** + 接続法⟩…であってほしい, してほしい. 注 従属節の主語は主節の主語と異なる. ▶ Je veux qu'il vienne immédiatement. 彼にすぐ来てもらいたい / Qu'est-ce que vous vouliez que j'y fasse? どうしろと言うのですか /《条件法で, 語気を緩和して》Je voudrais qu'il soit plus énergique. 彼にはもっと精力的になってほしい.
(3)《目的語なしに》▶ Cela n'allait pas comme il voulait. それは彼の望みどおりには行かなかった / Pour réussir, il faut vouloir. 成功するためにはまずその意志を持たなければならない / Vouloir, c'est pouvoir. やろうと思えばできる, 精神一到何事か成らざらん.
❷ …が欲しい, を望む, 求める.

(1)⟨vouloir qc/qn⟩ ▶ Nous voulons la paix. 我々は平和を望んでいる / Qu'est-ce que tu veux pour ton anniversaire? 誕生日のプレゼントには何が欲しいですか /《Voulez-vous du café? — Je veux bien, merci. 》「コーヒーはいかがですか」「ええ, いただきます」/ Je ne te veux plus comme collaborateur. 私はもはや君を協力者として必要とはしない /《条件法で, 丁寧に》Je voudrais un kilo de pommes. リンゴを1キロください.
(2)⟨vouloir qc à qn⟩…に…を望む. ▶ vouloir du bien [du mal] à qn …によい [悪い] ことが起こるように願う, の幸福 [不幸] を望む.
(3)⟨vouloir + 金額 + de qc⟩…の代金として…を要求する. ▶ Il veut dix mille euros de ce tableau. 彼はその絵に1万ユーロの値をつけている.
(4)⟨vouloir qc de qn⟩…に…を期待する, 要求する. ▶ Que voulez-vous de moi? 私に何を求めていらっしゃるのですか / Je veux de toi plus de fermeté. あなたにはもっと毅然(きぜん)としたところがあってほしい.
(5)⟨vouloir qc/qn + 属詞⟩…が…であることを望む. ▶《Comment voulez-vous votre viande? — Je la veux saignante. 》「お肉はどのようにいたしましょうか」「レアでお願いします」/《条件法で, 語気を緩和して》Je te voudrais plus heureuse. あなたにはもっと幸せになってもらいたい.
❸《多く bien を伴って》…に同意する, を承諾する. ▶ Demandez-lui s'il veut venir avec moi. 私と一緒に来てくれるかどうか彼に聞いてください / Si vous (le) voulez bien, nous irons nous promener. よろしければ散歩に行きましょう / Tu veux bien qu'on aille au cinéma? 映画に行きましょうか / Je vous serais reconnaissant de bien vouloir + 不定詞.《手紙などでの丁寧な依頼表現で》…していただければ幸いです. ◆ Voulez-vous [Veux-tu, Voudriez-vous, Voudras-tu, Veuillez-vous] + 不定詞 ? …してください. ▶ Voulez-vous me prêter ce livre? この本を私に貸してくださいますか / Voudriez-vous venir ce soir? 今夜おいでいただけないでしょうか / Veux-tu (bien) te taire? 黙りなさい. ◆ Veuillez + 不定詞. …してくださいますよう. ▶ Veuillez agréer, Monsieur, l'expression de mes sentiments distingués.《手紙の末尾で》敬具.
❹《多く bien を伴って》…を認める. ▶ Je veux bien m'être trompé, mais je n'en suis en rien responsable. 間違えたことは認めるが, その責任は私にはない / Je veux bien qu'ils soient de bonne foi. 彼が誠実であることは認める.
❺ …と主張する, 断言する. ▶ Le patron veut absolument avoir raison. ボスは絶対自分が正しいと主張している / Il veut que je sois dans l'erreur. 彼は私が間違ったのだと主張している.
❻《多く否定的表現で》〔物が〕…しようとする. ▶ Cette tache ne veut pas partir. この染みはなかなか取れない / Le feu n'a pas voulu prendre. 火はどうしてもつかなかった.
❼〔物が〕…を必要とする, …しなければならない. ▶ Ce morceau de piano veut être joué avec légèreté. このピアノ曲は軽快に演奏されなければ

vouloir

らない / L'usage *veut* qu'on laisse un pourboire au garçon. ボーイにチップを置くのが習わしである.

*<i>comme</i>「<i>tu veux</i> [<i>vous voulez</i>] お好きなように, どちらでも. ▶ «On va le voir demain ou après-demain ? — *Comme tu veux*.»「彼に会いに行くのは明日にしようか, それともあさってにしようか」「君の好きなように」/ C'est *comme vous voulez*. お好きなように.

Dieu veuille que +〔接続法〕どうか…になりますように.

faire de qn (*tout*) *ce qu'on veut* …を思いのままにする. ▶ Elle *fait de lui ce qu'elle veut*. 彼女は彼を思いのまま操っている.

Je veux!〖俗〗そうとも, もちろん.

Quand ça veut bien. 可能なときに.

Que veux-tu [*Que voulez-vous, Qu'est-ce que tu veux, Qu'est-ce que vous voulez*]*?* どうしようと言うんですか, 仕方ないではありませんか. ▶ *Que voulez-vous* que je vous dise? なんと言えばいいんですか / *Que voulez-vous* que j'y fasse? どうすればいいんですか.

qu'il le veuille ou non いやがおうでも. 注 *il* は各人称に変化させて用いる.

sans le vouloir 意識せずに, うっかりと. ▶ Excusez-moi, j'ai fait ça *sans le vouloir*. すみません, わざとしたのではありません.

si (*l'*)*on veut*〔譲歩〕そう言ってもいいが. ▶ C'est un succès, *si l'on veut*, mais … それはまあ成功と言ってもいいだろうが….

si「*tu veux* [*vous voulez*]（1) お望みなら, よろしければ. ▶ Partez, *si vous voulez*. 出かけたいならどうぞ出かけてください.（2) そう言ってもいい, あるいはこう言った方がよければ, たとえば. ▶ Elle est belle, *si tu veux*, mais elle a l'air froid. 彼女はきれいかもしれないが, 冷たい感じがする.

Si vous voulez bien +〔不定詞〕もしよかったら…してください. ▶ *Si vous voulez bien* me suivre. よろしければ私の後について来てください.

Tu l'as voulu [*Vous l'avez voulu*]. あなたがそれを望んだのですよ, 自業自得です.

*vouloir dire〔物が〕意味する;〔人が〕言いたいと思う, 主張する. ▶ Que *veut dire* ce mot? この単語はどういう意味ですか / Je ne comprends pas ce que tu *veux dire*. 君が何を言いたいのか分からない / Qu'est-ce que cela [ça] *veut dire*? それはどういう意味ですか.

── *vouloir*〔間他動〕❶（多く否定的表現で）<*vouloir* de qc/qn>…を欲する, 受け入れる. ▶ Je ne *veux* pas de tes excuses. 君の弁解は必要ありません / Personne ne *veut* de lui comme camarade. だれも彼を仲間にしたがらない.

❷ <*en vouloir à qn*> …を恨む. ▶ Tu m'en *veux* encore? まだ私を恨んでいるのかい / Ne m'en veux pas trop si je te dérange. 君の邪魔になっても悪く思わないでくれ（注 この場合命令形は veux, voulez が普通だが, 丁寧な表現では veuille, veuillez も用いられる）. ◆*en vouloir à qn de* + 不定詞複合形 …したことで…を恨む. ▶ Elle t'en *veux* de ne pas l'avoir prévenue. 彼女は君が前もって言っておかなかったのを恨んでいる.

❸〔古風〕<*en vouloir* à qc> …をねらう, に関心を持つ. ▶ Il en *veut* à mon argent. 彼は私の金をねらっている.

en veux-tu(,) *en voilà* たっぷりと, 十分に.

en vouloir 張り切る. ▶ Il *en veut*. 彼は張り切っている[ファイトがある].

── *se vouloir*〔代動〕❶ <*se vouloir* + 属詞> 自分が…であることを望む, でありたいと願う. ▶ Elle *se veut* originale. 彼女は独創的でありたいと望んでいる. ❷ <*s'en vouloir* de qc/〔不定詞〕> …のことで自分をとがめる, 後悔する. ▶ Il *s'en veut* de son étourderie. 彼は自分の軽率さを悔やんでいる.

Je m'en voudrais! 私はご免だ.

vouloir² /vulwa:r/〔男〕〔文章〕意志, 意欲, 意図. ▶ le *vouloir* divin 神の意志 / bon *vouloir* 熱意, やる気 (=bonne volonté) / mauvais *vouloir* 熱意のなさ, やる気のなさ (=mauvaise volonté).

voulu, e /vuly/〔形〕(*vouloir*¹ の過去分詞）❶ 必要な, 要求された. ▶ présenter les documents *voulus* 必要な書類を提出する / arriver au moment *voulu* ちょうどよい時に到着する. ❷ 故意の, 意図的な. ▶ C'est *voulu*.〖話〗わざとやったんだ, 仕組まれたことだ.

voulu-, voulû-, vouluss- 活用 ⇨ VOULOIR¹ [49]

***vous** /vu ヴ―/〔代〕(人称)《2人称単数・複数》《丁寧な呼び方で》あなた；あなた方；《tu の複数として》君たち

❶ ❶〔主語〕《特定の相手》あなた（方）は, 君たちは. ▶ Comment allez-*vous*? 御機嫌いかがですか / Jacques et toi, *vous* partirez tout de suite. ジャックと君はただちに出発しなさい.

❷〔不特定の主語, 人間一般を指して〕▶ Sa maison? *Vous* diriez un château. 彼（女）の家ですか, まるでお城みたいですよ / A cette époque, *vous* avez plein de touristes à Paris. この時期パリには観光客が大勢います.

❷《目的語》❶《直接目的語》あなた（方）を, 君たちを. ▶ Je *vous* ai vu hier, devant la gare. 昨日駅前であなたをお見かけしました / Je *vous* invite tous les deux. 君たちを2人とも招待します.

❷《間接目的語》あなた（方）に, 君たちに. ▶ Il *vous* téléphonera ce soir. 今晩あなたに彼が電話するはずです / Je vais *vous* préparer un café. あなた（方）にコーヒーを用意いたしましょう / L'addition, s'il *vous* plaît. お勘定お願いします.

❸《再帰代名詞》▶ Comment *vous* appelez-vous? あなた（方）のお名前は / Vous *vous* écrivez souvent? あなた方はよく手紙をやりとりするのですか.

❹《注意を引くための虚辞的用法》▶ Il *vous* avait l'air très fâché. 彼がひどく怒った様子をしていたことがあります.

注 目的語の vous は, ときに不特定の主語(on など）を受けることがある（例: Quoi qu'on lui propose, il *vous* répond toujours «non». 彼には何を提案してみても, 返事はいつも「否」だ).

❸《強勢形》❶《主語・目的語の明示, 強調, あるいは省略文で》▶ Je vais bien, merci. Et *vous*?

おかげさまで元気です. で, あなた(方)は / Il vient nous voir, *vous* et moi. 彼はあなた(方)と私に会いに来ます.

❷《前置詞, 比較・制限の que, 類似の comme のあとで》▶ Je passerai chez *vous* demain. 明日お宅にうかがいます / Y a-t-il quelqu'un parmi *vous* qui parle allemand? 皆さんのうちでだれかドイツ語が話せる方はいますか / C'est à *vous* de décider. 決めるのはあなた方 [] / Il est plus jeune que *vous*. 彼はあなた(方)より若い.

❸《属詞》▶ C'est *vous* qui l'avez dit. そう言ったのはあなた(方)だ [方です].

❹《呼びかけで》▶ Restez ici, *vous* tous. 皆さん, ここにいてください.

comme vous et moi どこにでもいるように [な]; 普通に [な].

de vous à moi 2 人だけ [ここだけ] の話だが.

dire vous à qn …に vous を用いて話す, 丁寧 [他人行儀] な口を利く.

vous autres (他との区別を強調して)あなた方, 君たち.

vous-même /vumεm/ 代《人称》あなた自身; あなた方自身 (⇨ MÊME). ▶ Apprenez cela *vous-même*. それは自分たちで習得しなさい.

voussure /vusy:r/ 囡《建築》(ボールトなどの)曲線; アーチ形, アーチ刳(り)形.

voûte /vut/ 囡 ❶《建築》ボールト, 穹窿(ほう): アーチをもとにした曲面天井の総称. ▶ *voûte* en berceau [d'arête] 半円筒 [交差] ボールト. ❷ 円天井の形をしたもの. ▶ une *voûte* d'arbres (=berceau) 緑の天蓋(総)(頭上を覆う木の葉のトンネル). ◆en *voûte* 穹窿形の, 円天井形の. ❸ 詩語 空. ❹《解剖》*voûte* du palais 硬口蓋.

la clef de voûte (体制などの)かなめ, 中枢.

voûté, e /vute/ 形 ❶ 背が曲がった. ❷《建築》ボールト架構の.

voûter /vute/ 他動 ❶《建築》…にボールトを架ける. ▶ *voûter* une cave 地下室をボールト天井にする. ❷ …の背を曲げる.

— **se voûter** 代動(背中, 腰が)曲がる.

vouvoiement /vuvwamɑ̃/ 男 相手に vous を用いて話すこと (↔tutoiement).

vouvoyer /vuvwaje/ 10 他動 …に vous を用いて話す (↔ tutoyer).

***voyage** /vwaja:ʒ/ 男

英仏そっくり語
英 voyage 航海.
仏 voyage 旅行.

❶ 旅, 旅行; 移動. ▶ être en *voyage* 旅行中である / partir en *voyage* 旅に出る / faire un *voyage* en Europe ヨーロッパへ旅行する / *voyage* d'affaires 仕事のための旅行, 出張 / *voyage* de noces 新婚旅行 / *voyage* organisé ツアー [団体]旅行 / *voyage* en voiture 自動車旅行 / agence de *voyages* 旅行代理店 / sacs de *voyage* 旅行かばん, スーツケース / chèques de *voyage* トラベラーズチェック / *Voyage* au bout de la nuit 『夜の果ての旅』(セリーヌの小説).

❷(人, 乗り物などの)往復. ▶ faire trois *voyages* pour transporter les matériaux 資材を運ぶために 3 往復する.

❸(麻薬による)幻覚状態, トリップ.

Bon voyage! (旅に出る人に向かって)行ってらっしゃい, お元気で, 御無事に.

le grand voyage 死出の旅.

les gens du voyage (サーカスなどの)旅芸人; 放浪の民.

ne pas être déçu du voyage 話 無駄骨 [無駄足] にはならない;《反語で》無駄骨 [無駄足] になる.

valoir le voyage わざわざ行ってみる価値がある, 必見の地である. ▶ Ce château est un peu loin d'ici, mais il *vaut le voyage*. その城はここから少し遠いけれど, 行ってみる価値はある.

語法 **voyage** をうまく使う

voyage という語は往々にして「旅, 旅行」という意味に固定しがちだが, 実際には単なる「移動」を表わすときにも頻繁に使用される.

- Il me faut une heure et demie pour aller à mon travail. Mais les trains que je prends ne sont jamais bondés. Je peux toujours être assise. Le voyage n'est pas trop fatigant. 仕事に行くには 1 時間半かかるが, 電車は全然混まないし, いつも座れる. 通うのはそうたいへんではない.
- Je dois transporter tous ces livres à la bibliothèque. Mais le chariot n'est pas très grand. Je suis donc obligé de faire plusieurs voyages. ここにある本を全部図書館に持っていかなければならないが, 台車はあまり大きくないし, 何回か行ったり来たりしなければならないだろう.

***voyager** /vwajaʒe ヴォワヤジェ/ 2 自動

過去分詞 voyagé	現在分詞 voyageant

直説法現在	je voyage	nous voyageons
	tu voyages	vous voyagez
	il voyage	ils voyagent

❶ 旅行する, 旅をする. ▶ *voyager* à l'étranger 外国 [海外] 旅行する / *voyager* en avion 飛行機で旅をする / *voyager* en première classe 1 等車 [ファーストクラス] で旅行する.

❷《セールスマンが》商用の旅をする, 出張する. ▶ *voyager* pour une maison de prêt-à-porter 既製服メーカーのセールスをして回る.

❸《物が》運送される; 移動する. ▶ Ces vins *voyagent* mal [bien]. このワインは輸送が利かない [に耐えられる].

***voyageur, euse** /vwajaʒœ:r, ø:z ヴォワヤジュール, ヴォワヤジューズ/ 图 ❶ 旅客, 旅行者, 乗客. ▶ les *voyageurs* de première classe 1 等車 [ファーストクラス] の乗客 / train de *voyageurs* 旅客列車 / Les *voyageurs* pour Paris, en voiture! パリ行きの皆様, 御乗車ください.

❷ 旅行家, 探検家. ▶ récits des grands *voyageurs* 大旅行家たちの紀行文.

❸(顧客の家を回る)外交員, セールスマン.

— 形 旅(行)をする; 旅好きの. ▶ pigeon *voya-*

voyageur-kilomètre

geur 伝書鳩(ﾊﾞﾄ).

voyageur-kilomètre /vwajaʒœrkilɔmɛtr/《複》~**s**-~**s** 男 旅客キロ：輸送量を示す単位の一つ．旅客の数に輸送距離を乗じたもの．

voyagiste /vwajaʒist/ 名 旅行業者，ツアーオペレーター．

voyaient, voyais, voyait /vwajɛ/ 活用 ⇨ VOIR 31

voyance /vwajɑ̃:s/ 女 (心霊術などにおける)透視能力，千里眼．

voyant, ante /vwajɑ̃, ɑ̃:t/ 形 ❶ 目立つ，人目を引く．▶ une robe *voyante* 派手なドレス．❷ 仮:) 目の見える．
— 名 ❶ 目の見える人．❷ 透視者，千里眼の人．
— **voyant** 男 標示ランプ，警告灯；(機械内部の動作を見るための)のぞき窓．▶ *voyant* d'essence ガソリン切れ警告灯 / *voyant* d'alerte 警告信号．
— **voyante** 女 女占い師．

*****voyelle** /vwajɛl/ ヴォワイエル 女 ❶ 母音．▶ *voyelles* orales 口母音 / *voyelles* nasales 鼻母音 / *voyelles* ouvertes [fermées] 開[閉]母音．
❷ 母音字(a, e, i, o, u, y など)．

voyeur, euse /vwajœ:r, ø:z/ 名 (他人の性行為等を)のぞき見する人，出歯亀．

voyeurisme /vwajœrism/ 男 のぞき趣味．

voyez /vwaje/, **voyiez** /vwajje/, **voyions** /vwajjɔ̃/, **voyons** /vwajɔ̃/ 活用 ⇨ VOIR 31

voyou /vwaju/ 男 ❶ (街でたむろする)不良少年，ちんぴら．❷ やくざ，ならず者，ごろつき．▶ Etat-*voyou* ならず者国家．
— 形 (男女同形) ちんぴらの，不良の．▶ Elle est un peu *voyou*. あの娘は少しいかれている．

VPC 女《略語》vente par correspondance 通信販売．

vrac /vrak/《次の句で》
en vrac 副句 (1) 乱雑に．▶ poser des livres *en vrac* 本を乱雑に置く．(2) 包装[梱包(ﾎﾟｳ)]なしで，ばら荷で．▶ charger les grains *en vrac* 穀物をばら積みする．(3) 目方で．▶ acheter du thé *en vrac* 量り売りの紅茶を買う．

*****vrai, vraie** /vrɛ/ ヴレ 形

❶《名詞のあとで》真の，真実の，正しい（↔faux）．▶ Cette information était *vraie*. その情報は正しかった / C'est la vérité *vraie*. これはまさしく真実だ / **C'est *vrai*?** 本当ですか / Ce n'est pas *vrai*. = 話 **C'est pas *vrai*.** うそでしょう，そんなばかな．
❷《名詞の前または後で》本当の，実在の；現実の．▶ une histoire *vraie* 本当にあった話，実話．
❸《名詞の前で》本物の，正真正銘の．▶ de *vraies* perles 本物の真珠 / C'est une *vraie* rousse. 彼女は生まれながらの赤毛である / un *vrai* Renoir 本物のルノワールの絵 / C'est un *vrai* problème. それは本当に問題だ / un *vrai* con 正真正銘の馬鹿者．
❹《名詞のあとで》(芸術において)迫真の，リアルな．▶ un romancier qui peint des caractères *vrais* 真実味にあふれた人間を描く小説家．
❺《名詞の前で》最もふさわしい，ぴったりの．▶ C'est le *vrai* moyen. それが最善のやり方だ．

aussi vrai que + 直説法 話《文頭で》(以下のことは)…と同様に本当のように．▶ *Aussi vrai qu*'on est ici, on l'a vu voler le portefeuille de cette dame. 我々がここにいるのと同じように，彼がその婦人の財布を盗むのを見たのも本当のように．

Cela est [C'est] si vrai que + 直説法 . それだから…である．

il est vrai = c'est vrai《挿入句として》確かに，そのとおり．▶ Ils se disputent souvent, *c'est vrai*, mais malgré tout ils s'aiment bien. 確かによく喧嘩(ｹﾝｶ)もするが，でも結局彼らは愛し合っている．

Il est [c'est] vrai que + 直説法 . …は本当だ(が)，確かに…だ(が)．注 前に言ったことに弁解じみた説明を加えたり，次の言葉に制限を加えたりするのに多く用いられる．▶ *Il est vrai que* je suis arrivé en retard, mais ce n'est pas ma faute. 遅刻したのは事実ですが，私が悪いのではないのです．

Il n'en est pas moins vrai que + 直説法 . …ではいえ…に変わりはない．

N'est-il pas vrai? = 話 Pas vrai? そうでしょう(=N'est-ce pas?)．▶ C'est bien ennuyeux, *n'est-il pas vrai*? とっても退屈ですね．

un vrai + 固有名詞 (1) 本物の…の作品．▶ *un vrai* Matisse マチスの本物(の絵)．(2) …の再来．▶ C'est *un vrai* don Juan. 彼はドンファンの再来だ．

vrai de vrai 話 正真正銘の，混じり気なしの．▶ J'y suis allée toute seule, *vrai de vrai*. 私は1人でそこに行ったのよ，絶対うそじゃないわ．

vrai faux (1) 〔絵などが〕偽物と認定された．(2) 偽物だが本物らしい．(3) *vrai faux* passeport 諜報員が使う偽造パスポート．

Ya que ça de vrai! 話 それだけは確かだ[おろそかにできない]．

— **vrai** 男 (le vrai) ❶ 真実．▶ Il sait reconnaître le *vrai* du faux. 彼は真偽を見分けることができる．❷ 事実，現実(性)．▶ Il y a du *vrai* dans ce qu'il dit. 彼が言っていることには真実が含まれている．

être dans le vrai 道理にかなっている，正しい．
pour de vrai 話 本気で，本当に．▶ C'est *pour de vrai* ou pour de rire? まじめなの，それとも冗談なの．

— 副 ❶ 本当に．▶ dire *vrai* 正しいことを言う；もっともである．❷ 話《文頭で》本当に，まったく．注 挿入句としても用いる．▶ *Vrai*! Ce qu'on a pu se marrer! (笑い転げて) ああなんて傑作なんだ．

*****à vrai dire = à dire vrai** 実は，本当を言うと．

比較 正しい，本当の．
vrai 〔真実，本物〕であると判断できるすべてに対して，最も広く用いられる．**véritable** 名詞のあとに置かれる場合は vrai と同義，名詞の前に置かれる場合は誇張用法で「…同然のもの」という意味になることが多い．**exact** 事実，現実にいっちすること．**correct** 規則や習慣に一致していること．**juste** 良識や倫理の「正義」に一致していること．**authentique** 作品や書類などが「本物」であること．

*****vraiment** /vrɛmɑ̃/ ヴレマン 副 ❶ 実際に，本当

に. ▶ **Vraiment?** 本当ですか / une nation *vraiment* démocratique 真に民主的な国家 / En a-t-il *vraiment* besoin?(=réellement) 彼はそれが本当に必要なのですか.
❷《形容詞，副詞の前で》**非常に**，ものすごく. ▶ un prix *vraiment* trop élevé 法外な値段 / Il parle *vraiment* bien français. 彼はものすごくうまくフランス語を話す.
❸ 実に，まったく. ▶ Je ne sais *vraiment* pas. 分からないよ，本当に / *Vraiment*, il exagère! あいつときたら本当に大げさなんだから.
Pas vraiment. いやそれほどでも. ▶《Tu as aimé ce film?—*Pas vraiment.*》「この映画気に入ったかい」「いや大して」

vraisemblable /vrɛsɑ̃blabl/ 形 本当らしい，もっともらしい，ありそうな. ▶ une hypothèse *vraisemblable* 真実らしく思える仮説 /《非人称構文で》Il est *vraisemblable* qu'il sera élu. 彼は十中八九当選するだろう. — 男 本当らしさ.

vraisemblablement /vrɛsɑ̃blabləmɑ̃/ 副 たぶん，おそらく.

vraisemblance /vrɛsɑ̃blɑ̃:s/ 女 本当らしさ，真実らしさ，信憑(ぴょう)性.
selon toute vraisemblance おそらく，十中八九.

vrille /vrij/ 女 ❶〘植物学〙(ブドウ，エンドウマメなどの)巻きひげ. ❷ ねじれ錐(ぎり)，ドリル. ❸ 螺旋(らせん). ▶ escalier en *vrille* 螺旋階段. ❹〘航空〙錐揉(きりも)み. ▶ descente en *vrille* 錐揉み降下.

vrillé, e /vrije/ 形 〘植物学〙巻きひげのある. ❷〔糸などが〕よじれた，ねじれた.

vriller /vrije/ 他動 …にねじれ錐(ぎり)で穴をあける；を突き刺す.
— 自動 ❶〔飛行機が〕錐揉(きりも)みしながら下降〔上昇〕する. ❷〔糸が〕よじれる，ねじれる.

vrombir /vrɔ̃bi:r/ 自動〔虫，エンジンなどが〕ぶんぶん音を立てる，うなる.

vrombissant, ante /vrɔ̃bisɑ̃, ɑ̃:t/ 形 ぶんぶん音を立てる.

vrombissement /vrɔ̃bismɑ̃/ 男 ❶(エンジンの)うなる音，爆音. ❷(虫の)羽音.

vs /vɛrsys/ 前〔略語〕versus 対，…に対して.

VTT〔略語〕vélo tout terrain マウンテンバイク.

vu¹, vue /vy/ 形 (voir の過去分詞) ❶ 見られた. ▶ Elle a tout observé sans être *vue*. 彼女は人から見られることなくすべてを観察した. ❷〈bien [mal] *vu*〉よく〔悪く〕思われている. ▶ Il est bien *vu* de son patron. 彼は社長の受けがいい.
❸ 理解された；検討された.
Bien vu! あなたのお見通しどおりだ.
C'est bien vu? = *Vu?* 話 分かったか.
C'est tout vu. 話 それはもう済んだことだ，決まったことだ.
ni vu ni connu 話 だれにも気づかれずに，ひそかに.
Pas vu pas pris. 話 ばれなければつかまらない.
— **vu** 男 見ること.
au vu de qc = *sur le vu de qc* …を見ると，を調査すると.
au vu et au su de qn …の目の前で. ▶ *au vu et au su de* tout le monde 公然と.
C'est du déjà vu. それは別に新しいことではない.
C'est du jamais vu. 前代未聞だ.

vu² /vy/ 前 ❶ …を見て，を考慮に入れて，かんがみて. ▶ *Vu* les circonstances, il vaut mieux attendre. 状況から考えて待った方がいい / *vu* l'article 351 [trois cent cinquante-et-un] du Code pénal 刑法第351条に基づいて.
❷ 古風〈*vu que* + 直説法〉…なので，であるから. ▶ *Vu* qu'il était tard, nous avons abandonné la promenade. 時間が遅かったので，私たちは散歩をやめることにした.

***vue** /vy/ 女
❶ 視覚；視力；目. ▶ avoir une bonne [mauvaise] *vue* 目がいい〔悪い〕/ avoir la *vue* basse [courte] 近視である / Ma *vue* baisse. 私は視力が落ちた / Une lumière trop forte fatigue la *vue*. 強すぎる光は目を疲れさせる / organes de la *vue* 視覚器官 / troubles de la *vue* 視覚障害 / perdre la *vue* 失明する.
❷ 視線，眼差(まなざ)し. ▶ jeter [porter] la *vue* sur qc/qn …に視線を投げかける〔向ける〕/ détourner la *vue* de qc …から目を背ける /〈s'offrir [s'exposer, se présenter] à la *vue* de qn〉…の視野に入る，の目に映る.
❸〈la *vue* de qc/qn〉…を見ること. ▶ La *vue* du sang le rend malade. 彼は血を見ると気分が悪くなる / Elle a rougi à ma *vue*. 私を見て彼女は赤くなった.
❹ 眺め，眺望，見晴らし. ▶ chambre avec *vue* 眺めのよい部屋 / De cette hauteur on a une très belle *vue* sur la ville. この丘の上から見る町の眺めは実に美しい / On a de la *vue*. いい眺めだ. ◆avoir *vue* sur qc〔部屋などが〕…に面している，が見える. ▶ un bel appartement qui a *vue* sur la Seine セーヌ川が見える美しいアパルトマン.
❺ (物の見える)面，角度，相. ▶ *vue* de face [côté] 正面〔側面〕(図) / *vue* en plan [coupe] 平面〔断面〕(図).
❻ (町や建物，風景などの)絵；写真；風景画. ▶ une *vue* aérienne 航空写真 / J'ai reçu une *vue* de Paris. 私はパリの絵はがきを受け取った / prise de *vue(s)*〔映画の〕撮影；(撮影された)シーン.
❼ 見方，考え方，見解，意見. ▶ avoir une *vue* claire de la situation actuelle 現状を明確に把握している / divergence de *vues* 見解の相違 / procéder à un échange de *vues* 意見交換を行う.
❽《複数で》意図；計画，ねらい. ▶ Ce n'est pas dans mes *vues*. それは私の目的〔計画〕には入っていない. ◆avoir *vue* sur qn/qc …に目〔ねらい〕をつける. ▶ J'ai des *vues* sur lui pour la direction de l'affaire. 私は仕事の管理者として彼に目をつけている.
❾ 洞察力. ▶ avoir bonne *vue* 洞察力がある / homme à la *vue* bornée 視野の狭い人.
à courte vue 近視眼的な，短期的な. ▶ une politique *à courte vue* 近視眼的な政策.
à la vue de qn/qc (1) …を見て. (2) …の見ている所で.

vulgaire

à la vue de tous 公衆の面前で, 公然と.

à perte de vue 見渡す限りに; 延々と(⇨ PERTE).

*****à première vue*** 一見したところ. ▶ *A première vue*, cette proposition paraît désintéressée. 一見, この提案は公平なように見える.

avoir des vues sur qn …に目をつける.

avoir qc en vue …を考える, 計画している; 当てにする. ▶ Il n'*a en vue* que ses intérêts. 彼は自分の利益しか頭にない.

avoir qn en vue (ある仕事に使おうとして)…に目をつける. ▶ Je n'*ai* personne *en vue* pour ce poste. この職を任せられる人が見当たらない.

à vue (1) 見えたまま, 見ながら. ▶ changement *à vue* (舞台の)明転, 観客に見える状態での場面転換;(状況などの)急変 / garder qn *à vue* …を厳重に監視する. (2) (計器, 道具を使わずに)目だけで. ▶ voler *à vue* 有視界飛行をする / dessin *à vue* 自在画, スケッチ. (3) (手形などの)一覧払いの.

à vue de nez 話 およそ, 見たところ. ▶ De là au village en question, il y a un kilomètre, *à vue de nez*. そこから問題の村までは, およそ1キロある.

à vue d'œil (1) 見る見るうちに, 急速に. ▶ Cet enfant grandit *à vue d'œil*. この子はどんどん大きくなる. (2) 一目見た限りでは; おおよその検討で. ▶ évaluer une distance *à vue d'œil* 距離を目測する.

de vue 目で見て. ▶ Je ne la connais que *de vue*. 私は彼女の顔を知っているだけだ.

en mettre plein la vue à qn 話 …の目をくらませる, を眩惑(ゲンワク)する; 圧倒する.

*****en vue*** (1) (肉眼で)見える; よく見えるところに; 近くに. ▶ L'aéroport est *en vue*. L'atterrissage est imminent. 空港が見えてきた. 着陸はもうすぐだ / tableaux placés bien *en vue* よく目立つところに置かれた絵. (2) すぐに, 目前に. ▶ La fin de la guerre était *en vue*. 戦争の終結は間近だった. (3) 注目される, 重要な; 著名な. ▶ avoir une position très *en vue* 重要な地位に就いている / Il cherche toujours à se mettre *en vue*. 彼はいつも目立とうとする.

*****en vue de qc*** 不定詞 …のために, を目指して. ▶ travailler *en vue de* l'examen 試験を目指して勉強する / Il est venu *en vue de* nous aider. 彼は私たちを助けにやって来た.

hors de vue 見えないところに. ▶ L'avion était déjà *hors de vue*. 飛行機はすでに視界から消えていた.

perdre qn/qc de vue …を見失う; に関心をなくす; と疎遠になる(⇨ PERDRE).

*****point de vue*** 視点, 見地. ⇨ POINT DE VUE.

seconde [double] vue 千里眼, 透視力; 慧眼(ケイガン).

vue de l'esprit 現実性のない考え, 空理空論. C'est une *vue de l'esprit*. それは机上の空論だ.

vue d'ensemble 全体像.

vulgaire /vylgɛːr/ 形 ❶ 下品な, 下卑た, 卑俗な. ▶ mot *vulgaire* 下品な言葉 / manières *vulgaires* 粗野な物腰. ❷ 一般に広まっている, 通俗の. ▶ opinion *vulgaire* 俗説 / nom *vulgaire* (動植物などの)俗称 / langue *vulgaire* 俗語. ❸ 普通の, 平凡な. ▶ un esprit *vulgaire* 凡庸な精神. ❹ 《名詞の前で》どこにでもある, 単なる, ありふれた.
— 男 ❶ 下品, 卑俗, 野卑. ▶ tomber dans le *vulgaire* 下品になる, 卑俗に陥る.
❷ 《le vulgaire》古/文章 庶民, 大衆; 下層民.

vulgairement /vylgɛrmɑ̃/ 副 ❶ 下品に, 野卑に. ▶ se tenir *vulgairement* à table 食卓で下品に振る舞う. ❷ 一般に, 通常; 俗に.

vulgarisateur, trice /vylgarizatœːr, tris/ 名 (知識, 習慣などの)普及者.
— 形 (専門的知識を)大衆に知らせる, 普及させる.

vulgarisation /vylgarizasjɔ̃/ 女 大衆化, 通俗化, 普及. ▶ un ouvrage de *vulgarisation* 一般向けに書かれた本, 入門書 / *vulgarisation* scientifique 通俗科学入門 / la *vulgarisation* des ordinateurs コンピュータの普及.

vulgariser /vylgarize/ 他動 ❶ 〔知識, 言葉など〕を普及させる, 一般化[大衆化]する.
❷ …を下品にする, 卑俗にする.
— **se vulgariser** 代動 ❶ 普及する, 大衆化する. ❷ 下品になる, 卑俗になる.

vulgarisme /vylgarism/ 男 誤用表現, 卑俗語.

vulgarité /vylgarite/ 女 下品さ, 卑俗. ▶ la *vulgarité* de son langage 彼(女)の言葉遣いの下品さ.

vulnérabilité /vylnerabilite/ 女 文章 傷つきやすさ, もろさ; 脆弱(ゼイジャク)性.

vulnérable /vylnerabl/ 形 傷つきやすい, 弱い, もろい. ▶ position *vulnérable* 弱い立場 / La fatigue me rend *vulnérable* à toutes les maladies. 疲労のため私はどんな病気に対しても抵抗力を失っている.

vulvaire /vylvɛːr/ 形 〖解剖〗外陰部の.

vulve /vylv/ 女 〖解剖〗外陰部: 女性の外性器.

vumètre /vymɛtr/ 男 (テープレコーダなどの)音量指示計, VU計.

W, w

W, w /dublǝve/ 男 フランス字母の第23字.
*wagon /vagɔ̃ ヴァゴン/ 男《英語》❶（鉄道の）車両; 貨車, 客車. ▶ *wagon* de marchandises 貨車 / *wagon* de voyageurs 客車 / *wagon* frigorifique 冷凍貨車 / *wagon* de première classe 1等車. 注 鉄道用語では wagon は貨車のみを指し, 客車は voiture という.
❷貨車1台分（の量）; 話 たくさん, 大量. ❸話 大型自動車.
en faire un wagon [*des wagons*] 話 誇張する.
raccrocher des wagons 話 会話を再開する.
wagon-citerne /vagɔ̃sitɛrn/; (複) ～s-～s 男（鉄道の）タンク車.
wagon-lit /vagɔ̃li/; (複) ～s-～s 男 豪華寝台列車 [寝台車]: 日本の個室寝台車に当たる.
wagonnet /vagɔnɛ/ 男 トロッコ; トロッコ1杯分の積載量.
wagon-restaurant /vagɔ̃rɛstɔrɑ̃/; (複) ～s-～s 男 食堂車.
walkman /wɔkman/ 男 商標 ウォークマン (=baladeur).
Wallis-et-Futuna /walisefutuna/ 固有 ワリス・エ・フトゥナ: フランスの海外領土で, 南西太平洋にある諸島.
wallo*n, onne* /walɔ̃, ɔn/ 形 ワロン地方 Wallonie の; ワロン語の; ワロン人の.
— **Wallo*n, onne*** 名 ワロン人.
— **wallon** 男 ワロン語: ベルギー南部のフランス語方言.
Wallonie /walɔni/ 固有 女 ワロン地方: ベルギー南部のフランス語圏.
wasabi /wazabi/ 男《日本語》わさび.
water-ballast /watɛrbalast/ 男《英語》《海事》バラストタンク.
watergang /watɛrgɑ̃:g/ 男（オランダの）排水路, 小運河.
water-polo /watɛrpolo/ 男《英語》《スポーツ》ウォーターポロ, 水球.
waters /watɛ:r/ 男複 便所, 化粧室, トイレ. ▶ aller aux *waters* トイレに行く. 比較 ⇨ TOILETTE.
watt /wat/ 男 ワット（記号 W）: 電力単位.
wattheure /watœ:r/ 男 ワット時: 仕事, エネルギーなどの単位. Wh と略す.
W-C /vese/ 男複 便所. 注 英語 water-closet の略. 比較 ⇨ TOILETTE.
web /wɛb/ 男《情報》ウェブ.
webcam /wɛbkam/ 女 ウェブカメラ.
webmestre /wɛbmɛstr/ 名《情報》ウェブマスター（ウェブサイト管理者）.
week-end /wikɛnd/ 男《英語》週末, ウイークエンド. ▶ Nous allons à la campagne tous les *week-ends*. 週末ごとに我々は田舎に行く / Bon *week-end* ! よい週末を / partir pour le weekend=partir en weekend 話 週末の旅行に出かける.
western /wɛstɛrn/ 男《英語》❶《映画》西部劇, ウエスタン. ❷話 大活劇.
wharf /warf/ 男《英語》（波止場の）埠頭（ふとう）, 桟橋.
whisky /wiski/; (複) ***whiskys*** （または ***whiskies***） 男《英語》ウイスキー; （特に）スコッチウイスキー (=*whisky* écossais).
whist /wist/ 男《英語》《カード》ホイスト: 英国起源のカードゲームでブリッジの前身.
white-spirit /wajtspirit/; (複) ～-～s 男《英語》ホワイトスピリット, 白油.

X, x

X, x /iks/ 男 ❶フランス字母の第24字. ❷明言できない人や事物を示す文字. ▶ Monsieur *X* X氏, 某氏 / pendant *x* années 幾年かの間 / porter plainte contre *X* X氏名不詳のまま提訴する / accoucher sous *X*（匿名で出産する→）匿名のまま生まれたばかりの子供の養育権を放棄する / enfant né sous *X* 誕生時に母親が養育権を放棄した子供 / film（classé）*X* ポルノ映画. ❸ X 形（のもの）. ▶ Les deux routes font un *X*. その2本の道路はX字に交差している. ❹ 理科学校 (= Ecole Polytechnique); (un X) 理科学校の学生 [卒業生] (= polytechnicien). ❺《生物》chromosome *X* X染色体. ❻ rayons *X* X線.
xéno- 接頭「外国」の意.
xénophobe /ksenɔfɔb/ 形 外国(人)嫌いの.
— 名 外国(人)嫌いの人.
xénophobie /ksenɔfɔbi/ 女 外国(人)嫌い.
xérès /gzeres; keres; kseres/ 男 ヘレス産白ワイン, シェリー酒 (= Jerez).
xérographie /kserɔgrafi/ 女 商標《印刷》ゼログラフィー: 乾式コピーの一方法.
xylophone /ksilɔfɔn/ 男《音楽》シロフォン, 木琴.

Y, y

Y, y¹ /igrek/ 男 ❶ フランス字母の第25字.
❷ Y 字形(のもの).

*y² /i イ/ 副
❶《à をはじめ dans, en, sur, chez など場所を表わす前置詞を伴った名詞, 代名詞の代用》そこに, そこへ, そこで. ▶ «Allez-vous à Paris?—Oui, j'y vais.» (=à Paris)「パリへいらっしゃるのですか」「はい, 行きます」/ Cette maison, j'y demeure depuis trente ans.(=dans cette maison) 私はこの家に30年前から住んでいる. 注 y は aller の単純未来形, 条件法現在形の前では省略されるか là-bas に変わる(例: «Irez-vous à Paris?—Oui, j'irai (là-bas).»「パリに行かれるのですか」「はい, 行きます」.
❷《動詞句を作る》▶ y voir clair はっきり見える[理解する] / n'y pouvoir rien どうすることもできない / s'y connaître (en qc) (…に) 精通している / s'y prendre 振る舞う.

*Ça y est. これでよし; そらきた. ⇨ ÇA¹.
*il y a … …がある. ⇨ IL Y A.
il y va de ⇨ ALLER¹.
J'y suis, j'y reste. 私はてこでも動かないぞ(マクマオン元帥の言葉). 私はだれにも会わない.
n'y être pour rien それにはまったく関係がない.
Je n'y suis pour rien. 私はなんの関係もない.
Y a pas! 俗 どうしようもない(= Y a pas à chier!); 確かだ(= Y a pas à dire!);「だって」じゃない, 黙って従え(= Y a pas de «mais»!).
y compris ⇨ COMPRIS.
y être (1) 在宅している, 家にいる. ▶ Je n'y suis pour personne. 私はだれにも会わない. (2) 分かる, 理解する. ▶ Ah! j'y suis. ああ, 分かった / Vous y êtes. そのとおり.
y être pour「quelque chose [beaucoup]」 それにはいくらか関係がある[非常に貢献している].
— 代《副詞的代名詞は中性代名詞と呼ばれ, 〈à+名詞[代名詞, 不定詞, 節]〉の代用で, 物, 事柄を受ける》❶《à + 名詞[代名詞]の代用》それに, それを. ▶ «Avez-vous répondu à cette lettre?—Oui, j'y ai répondu.»「その手紙に返事を出しましたか」「はい, 出しました」/ Il y a beaucoup de voitures dans la rue; prenez-y garde.(=aux voitures) 道は車が多いから気をつけてください. 注 y で受けるのは普通, 物に限られ, 人を受ける場合は〈à + 人称代名詞強勢形〉を用いる. しかし, se fier, penser など一部の動詞とともに稀に人を受けることがある.
❷《à + 不定詞 の代用》そのことに, そのことを. ▶ «Avez-vous persuadé vos parents?—J'y ai renoncé.» (=à les persuader)「御両親を説得しましたか」「それはあきらめました」注 一部の間接他動詞で de + 不定詞 を受けることがある(例:

«Pouvez-vous lui remettre ce dossier? —Je n'y manquerai pas.» (=de remettre ce dossier)「彼(女)にこの書類を渡してくれますか」「必ず渡します」.
❸《前文の内容を受けて》そのことに, そのことを (=à cela). ▶ Il a plu alors que personne ne s'y attendait. だれも予期していなかったのに雨が降った / Vous avez un rendez-vous à deux heures; pensez-y bien. 2時に約束があります. そのことを忘れないでください / N'y pensez plus. そのことはもうやめなさい.
❹《à 以外の前置詞 + 名詞の代用, 特別の表現で》▶ N'y comptez pas.(=sur cela) そのことを当てにしないでください.
注 (1) 語順は〈主語 + 代名詞 + (ne) + 目的語人称代名詞 + y + en + (pas)〉(例: Je vous y conduirai. あなた(方)をそこに御案内しましょう / Il n'y en a plus. それはもうない).
(2) 肯定命令文では〈動詞 + 目的語人称代名詞 + y + en〉の順にハイフン (-) でつなぐ(例: Menez-les-y. 彼らをそこへ連れていきなさい). ただし, 第1群規則動詞と aller の2人称単数の直後に y が付くと, 語尾に s がついて, リエゾンが行われる(例: Penses-y /pɑ̃szi/. そのことを考えなさい; Vas-y /vazi/! それゆけ).

y³ /i/ 代 ❶ (il の俗語的表現》▶ Y peut pas. 彼にはできない (=Il ne peut pas).
❷《疑問, 感嘆を表わす小辞: 主語の倒置を避ける手段となり, il 以外の主語とともにも用いる》▶ C'est-y vrai? それは本当かい.

†**yacht** /jɔt/ 男《英語》ヨット. ▶ yachts de croisière 大型ヨット, 巡洋ヨット.
†**yachting** /jɔtiŋ/ 男《英語》ヨットの操縦[航海].
†**ya(c)k** /jak/ 男《英語》《動物》ヤク.
†**Yankee** /jɑ̃ki/《英語》名《多く軽蔑して》ヤンキー, 米国人;《特に》アングロ・サクソン系アメリカ人.
— **yankee** 形 ヤンキーの.
†**yaourt** /jauːr/, **yogourt** /jɔguːr/ 男 ヨーグルト. ▶ yaourt aux fruits フルーツヨーグルト / yaourt nature プレーンヨーグルト / yaourt à boire 飲むヨーグルト.
avoir du yaourt dans la tête 頭がからっぽだ.
†**yaourtière** /jaurtjɛːr/ 女《家庭用の》ヨーグルトメーカー, ヨーグルト製造器.
†**yard** /jard/ 男《英語》ヤード: 英米の長さの単位 (0.9144m).
†**Yémen** /jemɛn/ 固有 男 イエメン: 首都 Sanaa.
▶ au Yémen イエメンに[で, へ].
†**yéménite** /jemenit/ 形 イエメン Yémen の.
— **Yéménite** 名 イエメン人.
†**yen** /jɛn/ 男《日本語》円. ▶ yen fort [faible] 円高[安] / la flambée du yen 円の急騰.
yeux /jø/ œil の複数形.

†**yé-yé** /jeje/, †**yéyé** 名《不変》古風 イエイエ歌手、イエイエ族: 1960年代にフランスでアメリカ文化に影響された若者たち。

†**yiddish** /jidiʃ/ 《英語》男《単数形のみ》イディッシュ語: おもに東欧のユダヤ人や、この地方出身のユダヤ移民によって用いられる言語。
— 形《不変》イディッシュ(語)の.

†**yod** /jɔd/ 男《音声》ヨッド: 半母音 /j/.

†**yoga** /jɔga/ 男《単数形のみ》ヨーガ.

†**yogourt** /jɔgu:r/ 男 ベルギー スイス カナダ ヨーグルト. ⇨ YAOURT.

Yonne /jɔn/ 固有 男 ❶ヨンヌ県 [89]: ブルゴーニュ地方北西部. ❷ヨンヌ川: セーヌ川支流.

†**yougoslave** /jugɔsla:v/ 形 (旧)ユーゴスラビアの, Yougoslavie の.
— **Yougoslave** 名 (旧)ユーゴスラビア人.

Yougoslavie /jugɔslavi/ 固有 女 (旧)ユーゴスラビア. ▶ l'ex-*Yougoslavie* 旧ユーゴスラビア.

†**youp** /jup/ 間投 それ, さあ(きびきびした動きを表わすかけ声).

†**youpi** /jupi/ 間投 わあっ, わあい(興奮を表わす叫び).

†**yo-yo** /jojo/ 男《単複同形》商標 ヨーヨー. ▶ jouer au *yo-yo* ヨーヨーをする / Le yen joue au *yo-yo*. 円の相場が上下する.

Yvelines /ivlin/ 固有 女複 イヴリーヌ県 [78]: パリ西方.

Z , z

Z, z /zɛd/ 男 フランス字母の第26字.

Zaïre /zai:r/ 固有 男 ザイール: 首都 Kinshasa. ▶ au *Zaïre* ザイールに [で, へ].

zakouski /zakuski/ 男複《料理》ザクースカ: ロシア料理の前菜. サラダ, 魚の薫製, キャビアなど.

Zambie /zãbi/ 固有 女 ザンビア: 首都 Lusaka. ▶ en *Zambie* ザンビアに [で, へ].

zapper /zape/ 自動 ❶ (リモコンで)テレビのチャンネルを次々変える. ❷ 次々に変える. ▶ *zapper* d'une idée à l'autre. 考えをころころ変える.
— 他動 …を飛ばす, 抜かす, さぼる. ▶ *zapper* le petit-déjeuner 朝食を抜く / *zapper* un cours 講義をさぼる.

zappette /zapɛt/ 女 テレビのリモコン.

zappeur, euse /zapœ:r, ø:z/ 名 テレビチャンネルを絶えず切り替える人; 移り気な人.
— 男 テレビのリモコン.

zapping /zapiŋ/ 男 テレビのチャンネルを次々に変えること.

zarbi /zarbi/ 形 話 奇妙な, おかしな.

zèbre /zɛbr/ 男 ❶ シマウマ. ❷ 話 (変な)やつ. ▶ un drôle de *zèbre* おかしなやつ.
courir [*filer*] *comme un zèbre* (シマウマのように)速く走る.

zébré, e /zebre/ 形 縞(½)のある, 筋のついた.

zébrer /zebre/ 6 他動 …に縞(½)模様をつける.

zébrure /zebry:r/ 女 縞(½). ▶ *zébrures* du tigre トラの縞模様.

zébu /zeby/ 男《動物》コブウシ.

zélateur, trice /zelatœ:r, tris/ 名 文章 (熱狂的な)支持者, 擁護者, 信奉者.

zèle /zɛl/ 男 熱中, 熱意, 熱心. ▶ travailler avec *zèle* 熱心に働く / mettre son *zèle* à convaincre ses parents 熱心に親を説得する / *zèle* pour qn/qc …に対する熱情 [熱意].
faire du zèle 話 《軽蔑して》熱中しすぎる; いかにも熱心そうにする.
grève du zèle 順法闘争.

zélé, e /zele/ 形, 名 熱心な(人), 献身的な(人).

zen /zɛn/ 男《日本語》禅.
— 形《不変》冷静な, 泰然自若とした. ▶ rester *zen* 泰然自若としている / 《間投詞的に》 *Zen*! 落ちつけ.

zénith /zenit/ 男 ❶《天文》天頂, 天文天頂. ❷ 頂点, 絶頂, ピーク.
être au zénith (*de qc*) = *être à son zénith* (…の)絶頂(期)にある. ▶ Il *est* maintenant *au zénith de* sa gloire. 彼は今, 栄光の絶頂にある.

zéphyr /zefi:r/ 男 ❶《ギリシア神話》(Zéphyr) ゼフィロス: 西風の神. ❷ 詩語 そよ風.

*****zéro** /zero/ ゼロ/ 男 ❶ ゼロ, 零. ▶ Deux cents s'écrit avec un deux suivi de deux *zéros*. 200は2のあとに0を2つ書く / remettre le compteur à *zéro* カウンターをゼロに戻す; ご破算にする.

ゼロのしぐさ

❷ 零度. ▶ dix degrés au-dessous de *zéro* 零下10度 / *zéro* absolu 絶対零度(−273.15℃).
❸ 零点. ▶ avoir un *zéro* en mathématiques 数学で零点を取る / Le professeur lui a mis un *zéro*. 教師は彼(女)に零点をつけた / *zéro* pointé 付点つき零点(これがあると落第) / *zéro* de conduite 操行点ゼロ. ❹ 話 無; 無価値, 無能. ▶ partir de *zéro* ゼロから出発する / C'est un *zéro* en orthographe. あいつはつづりからきし駄目だ /《Faire ce boulot?—*Zéro* (pour la question)! 》「この仕事するかい」「とんでもない」
avoir le moral à zéro = *être à zéro* 話 元気がない, ふさぎ込んでいる.
compter pour zéro ものの数に入らない.
degré zéro (指標のない)ゼロ状態, 零度.

▶ le *degré zéro* de la politique 政治の不在状態 / *Le Degré zéro de l'écriture*「零度のエクリチュール」(ロラン・バルトの評論).
les avoir à zéro 話 ひどく怖がる.
réduire qc à zéro …を無に帰する.
repartir de [à] zéro ゼロからやり直す, 出直す.
Zéro pour moi. 話 (自分のしたことは) 全然だめだ, 無価値だ.
— 形 (数)(不変)(名詞の前で) ゼロの. ▶ Le train part à *zéro* heure dix minutes. 列車は0時10分発です / Il a fait *zéro* faute à sa dictée. 彼は書き取りで1つの間違いもしなかった / gagner par trois buts à *zéro* (サッカーの試合で) 3対0で勝つ / croissance *zéro* ゼロ成長 / risque *zéro* ゼロリスク / tolérance *zéro* ゼロトレランス方式.

zeste /zɛst/ 男 ❶ (柑橘(かんきつ)類の) 外皮; 外皮の一片. ❷ (クルミの) 内皮. ❸ <un *zeste* de + 抽象名詞> ほんのわずかの…. ▶ parler avec un *zeste* d'accent du Midi かすかに南仏訛(なまり)で話す.

Zeus /dzøːs/ 固有 男【ギリシア神話】ゼウス: 最高神, 天界の主神.

zézaiement /zezɛmɑ̃/ 男 シュー音発音不全: /s/ を /z/, /ʃ/ を /s/ と発音する欠陥や癖.

zézayer /zezeje/ 12, **zozoter** /zɔzɔte/ 自動 シュー音発音不全の発音をする.

zibeline /ziblin/ 女 ❶【動物】クロテン. ❷ クロテンの毛皮, セーブル.

zieuter /zjøte/, **zyeuter** 他動 俗 …を見る, 眺める.

zigouiller /ziguje/ 他動 俗 …を殺す, 消す, 始末する. ▶ se faire *zigouiller* 殺される.

zigzag /zigzag/ 男 ジグザグ. ▶ marcher en *zigzag* ジグザグに [千鳥足で] 歩く / Le chemin de montagne fait des *zigzags*. 山道はジグザグに曲がりくねっている.

zigzaguer /zigzage/ 自動 ジグザグに進む; ジグザグになる.

zinc /zɛ̃ːg/ 男 ❶ 亜鉛. ❷ 話 (酒場の) カウンター, 小さなカフェ [バー]. ▶ boire un verre sur le *zinc* カウンターで一杯やる. ❸ 話 飛行機.

zingage /zɛ̃gaːʒ/ 男 亜鉛めっき.

zingueur /zɛ̃gœːr/ 男 亜鉛めっき工.

zinnia /zinja/ 男【植物】ヒャクニチソウ (百日草), ジニア.

zinzin /zɛ̃zɛ̃/ 男 話 ❶ (物をちゃんとした名で呼ばずに) あれ, そこにあるやつ. ❷ 音のうるさい機械 [楽器]. ❸ 機関投資家.
— 形 (不変) 話 頭が少々おかしい.

zip /zip/ 男 商標 ジッパー.

zipper /zipe/ 他動【服など】にジッパーをつける.

zircon /zirkɔ̃/ 男【鉱物】ジルコン.

zizanie /zizani/ 女 古 毒麦.
semer la zizanie 不和の種をまく.

zizi /zizi/ 男 話 おちんちん.

zodiaque /zɔdjak/ 男【天文】黄道帯, 獣帯. ▶ signes du *zodiaque* 黄道十二宮, 十二星座 (星占いに使われる).

zombi(e) /zɔ̃bi/ 男 ❶ ゾンビ. ❷ 話 生ける屍(しかばね), 腑(ふ)抜けの. ❸ (他人の) 操り人形.

zonage /zonaːʒ/ 男【都市計画】ゾーニング, 地域制: 地域を用途に応じて住宅地帯, 工場地帯などに区画設定すること.

zonard, arde /zonaːr, ard/ 名 話 貧民街の住民; 不良, はみだし者.

*****zone** /zoːn/ ゾーヌ 女 ❶ 地帯; 地域, 地区. ▶ *zone* tempérée [tropicale] 温 [熱] 帯地方 / *zone* littorale 沿岸地方 / *zone* de chasse 狩猟地域 / *zone* résidentielle [industrielle] 住宅 [工業] 地域 / *zone* démilitarisée 非武装地帯 / *zone* d'environnement protégé 環境保護区域 / *zone* bleue 駐車時間制限区域 / *zone* franche (国境の) 無関税地区 / *zone* d'éducation prioritaire 教育優先地区 (略 ZEP).
❷ 領域, 範囲. ▶ pays qui est dans la *zone* d'influence des Etats-Unis アメリカの勢力圏内にある国 / *zone* euro ユーロ圏 / *zone* monétaire 通貨圏 / *zone* de recherche 研究分野.
❸ (la zone) 貧民街, スラム, 場末.
C'est la zone. 話 すさんでいる, 荒れている.
de seconde [troisième] zone 二 [三] 流の.
mettre la zone 混乱させる.

zoner /zone/ 他動 …を区画分けする.
— 自動 大都市近郊でアウトローの暮らしをする; ほっつき歩く, ぶらぶらする, 徘徊する.

*****zoo** /zoː/ ゾォ 男 (*jardin zoologique* の略) 動物園. ▶ aller au *zoo* 動物園に行く.

zoologie /zɔɔlɔʒi/ 女 動物学.

zoologique /zɔɔlɔʒik/ 形 動物学の; 動物の. ▶ jardin [parc] *zoologique* 動物園.

zoologiste /zɔɔlɔʒist/ 名 動物学者.

zoom /zum/ 男 (米語) ズームレンズ, ズーム; ズーミング. ▶ prendre des photos au *zoom* ズームで写真を取る.

zoomer /zume/ 自動 ズームする.

zoophile /zɔɔfil/ 形 動物好きの, 動物愛護の.
— 名 動物好き, 動物愛護者.

zoroastrien, enne /zɔrɔastrjɛ̃, ɛn/ 形 ゾロアスター (教) の. — 名 ゾロアスター教徒.

zoroastrisme /zɔrɔastrism/ 男 ゾロアスター教.

zou /zu/ 間投 南仏 さあさあ, それ, 早く.

zouave /zwaːv/ 男 ❶ ズワーヴ兵: 昔のフランス軍アルジェリア歩兵. ❷ 話 変わった男.
faire le zouave (1) おどける, ふざける; 目立ちたがる. (2) 空威張りする.

zozoter /zɔzɔte/ 自動 話 ⇨ ZÉZAYER.

ZUP /zyp/ 女 (略 語) zone à urbaniser en priorité 優先市街化地区.

Zurich /zyrik/ 固有 チューリッヒ: スイスの都市.

zurichois, oise /zyrikwa, waːz/ 形 チューリッヒ Zurich の.
— **Zurichois, oise** 名 チューリッヒの人.

zut /zyt/ 間投 話 ちぇっ, 畜生, いまいましい (くやしさ, 怒り, いらだちなど). ▶ *Zut !* j'ai perdu mon stylo. ちぇっ, ペンをなくしてしまった / *Zut* alors ! くそっ.

zyeuter /zjøte/ 他動 ⇨ ZIEUTER.

zzz /zzz/ 間投 ぶーん, ずー, ぐうぐう.

付　　録

1562–1565 ……………数字と記号
1566–1591 …………和仏インデックス
1592–1593 …………………接辞
1594 ……………………固有名詞
1595–1631 ………………動詞活用表

数字と記号

基数詞

0	zéro	20	vingt	60	soixante
1	un(e)	21	vingt et un(e)	61	soixante et un(e)
2	deux	22	vingt-deux	62	soixante-deux
3	trois	23	vingt-trois	70	soixante-dix
4	quatre	24	vingt-quatre	71	soixante et onze
5	cinq	25	vingt-cinq	72	soixante-douze
6	six	26	vingt-six	80	quatre-vingts
7	sept	27	vingt-sept	81	quatre-vingt-un(e)
8	huit	28	vingt-huit	82	quatre-vingt-deux
9	neuf	29	vingt-neuf	83	quatre-vingt-trois
10	dix	30	trente	90	quatre-vingt-dix
11	onze	31	trente et un(e)	91	quatre-vingt-onze
12	douze	32	trente-deux	92	quatre-vingt-douze
13	treize	33	trente-trois	93	quatre-vingt-treize
14	quatorze	40	quarante	94	quatre-vingt-quatorze
15	quinze	41	quarante et un(e)	95	quatre-vingt-quinze
16	seize	42	quarante-deux	96	quatre-vingt-seize
17	dix-sept	50	cinquante	97	quatre-vingt-dix-sept
18	dix-huit	51	cinquante et un(e)	98	quatre-vingt-dix-huit
19	dix-neuf	52	cinquante-deux	99	quatre-vingt-dix-neuf

100	cent	201	deux cent un(e)
101	cent un(e)	202	deux cent deux
102	cent deux	210	deux cent dix
110	cent dix	270	deux cent soixante-dix
117	cent dix-sept	300	trois cents
120	cent vingt	1.000	mille
121	cent vingt et un(e)	1.001	mille un(e)
122	cent vingt-deux	1.002	mille deux
130	cent trente	2.000	deux mille
140	cent quarante	10.000（1万）	dix mille
150	cent cinquante	20.000（2万）	vingt mille
160	cent soixante	100.000（10万）	cent mille
170	cent soixante-dix	1.000.000（100万）	un million
180	cent quatre-vingts	1.000.000.000（10億）	un milliard
200	deux cents	1.000.000.000.000（1兆）	un billion

❶ quatre-vingts (80) の vingt と200以上を表す cent には s が付く．ただし，次の場合は s は付かない．
・81や90, 201などのように端数がある場合．
・mille (1000) の前．
・序数詞の代わりをする場合．

❷ mille には s は付かない．

❸ 3桁ごとの区切りは point (.) もしくはスペースで表す．例：10.000/10 000

❹ million は名詞なので「100万の～」は un million de ... と言う．milliard, billion も同様に使う．

小数

0,1	zéro virgule un
0,01	zéro virgule zéro un
3,14	trois virgule quatorze
4,456	quatre virgule quatre cent cinquante-six
5,1238	cinq virgule un deux trois huit

❶小数点は virgule (,) で表す.
❷小数点以下3位までは2桁もしくは3桁の数として読み, それ以降は数字を1つずつ読む.

序数詞

1er, 1ère	premier, première	16^e	seizième
2^e	deuxième	17^e	dix-septième
3^e	troisième	18^e	dix-huitième
4^e	quatrième	19^e	dix-neuvième
5^e	cinquième	20^e	vingtième
6^e	sixième	21^e	vingt et unième
7^e	septième	22^e	vingt-deuxième
8^e	huitième	23^e	vingt-troisième
9^e	neuvième	30^e	trentième
10^e	dixième	31^e	trente et unième
11^e	onzième	80^e	quatre-vingtième
12^e	douzième	100^e	centième
13^e	treizième	101^e	cent unième
14^e	quatorzième	200^e	deux centième
15^e	quinzième	1.000^e	millième

分数

$\frac{1}{2}$	un demi	$\frac{1}{5}$	un cinquième
$\frac{1}{3}$	un tiers	$1\frac{3}{4}$	un trois quarts
$\frac{2}{3}$	deux tiers	$\frac{1}{20}$	un vingtième
$\frac{1}{4}$	un quart	$\frac{7}{30}$	sept sur trente
$\frac{3}{4}$	trois quarts		

❶分母が5以上の場合は序数詞を用いる.
❷分母が大きい場合は sur を用いる. ただし分子が1のときは序数詞を用いる.

日付

6月1日	le 1er juin	5月23日	le 23 mai
3月11日	le 11 mars	8月9日木曜日	le jeudi 9 août

年号

1958年	mille neuf cent cinquante-huit dix-neuf cent cinquante-huit	16世紀	le XVIe (seizième) siècle
2008年	deux mille huit	21世紀	le XXIe (vingt et unième) siècle

時刻

2時だ.	Il est deux heures.	6時10分前	six heures moins dix
3時10分	trois heures dix	7時15分前	sept heures moins le quart
4時半	quatre heures et demie	正午	midi
5時15分	cinq heures et quart	深夜12時	minuit

温度

気温が25度ある. Il fait vingt-cinq (degrés).
マイナス3度だ. Il fait moins trois (degrés).
30℃　trente degrés Celsius
−20℃　moins vingt degrés Celsius
私の体温は36度5分だ. J'ai trente-six cinq (de température).
彼女は37度2分の熱がある. Elle a trente-sept deux (de fièvre).

電話番号

・番号を2桁ごとに区切って読む.
01-75-23-69-48　zéro un soixante-quinze vingt-trois soixante-neuf quarante-huit

ユーロ

1 euro は100 centimes.

0,1€	dix centimes	2,75€	deux euros soixante-quinze
0,25€	vingt-cinq centimes	20€	vingt euros
1€	un euro	100€	cent euros
1,50€	un euro cinquante	1.000€	mille euros
2€	deux euros	1.000.000€	un million d'euros

その他

10ページ	page dix	第2場	scène 2
80ページ	page quatre-vingt	ベネディクト16世	Benoît XVI (seize)
200ページ	page deux cent	ナポレオン1世	Napoléon Ier (premier)
第3章	le chapitre trois	3つ星レストラン	un restaurant trois étoiles
第1幕	acte I (un)	4歳の女の子	une fille de quatre ans

ローマ数字

1	I	14	XIV	70	LXX
2	II	15	XV	80	LXXX
3	III	16	XVI	90	XC
4	IV	17	XVII	100	C
5	V	18	XVIII	200	CC
6	VI	19	XIX	300	CCC
7	VII	20	XX	400	CD
8	VIII	21	XXI	500	D
9	IX	22	XXII	600	DC
10	X	30	XXX	1000	M
11	XI	40	XL	2000	MM
12	XII	50	L	2008	MMVIII
13	XIII	60	LX		

句読点

.	point	?	point d'interrogation	《　》	guillemets
,	virgule	!	point d'exclamation	—	tiret
;	point-virgule	…	points de suspension	[ ]	crochets
:	deux-points	( )	parenthèses	{ }	accolades

綴り記号

´	accent aigu
`	accent grave
ˆ	accent circonflexe
¸	cédille
¨	tréma
-	trait d'union
'	apostrophe

音楽記号

♩	noire
♪	croche
♯	dièse
♭	bémol
♮	bécarre

トランプ

♥	cœur
♣	trèfle
♠	pique
♦	carreau

数学の記号

+	plus
−	moins
÷	divisé par
×	multiplié par
=	égal
≠	est différent de
⟨	est inférieur à
⟩	est supérieur à

その他の記号

～	tilde		§	paragraphe
@	arobase		_	trait bas
#	dièse		μ	micro
$	dollar		£	livre
%	pour cent		|	barre verticale
∧	accent circonflexe		°	degré
&	esperluette		/	slash
*	astérisque		\	antislash

数式

$4+5=9$	Quatre plus cinq font neuf.	a^2	a au carré
$3-2=1$	Trois moins deux font un.	a^3	a au cube
$2\times 3=6$	Deux multiplié par trois font six.	a^n	a puissance n
$20\div 5=4$	Vingt divisé par cinq font quatre.	10^n	10 puissance n
$2x+1=5$	$2x$ plus un égale cinq.	$\sqrt{a}$	racine carrée de a

顔文字

:-)	うれしい	:-|	真剣	:-P	舌を出す
:-))	とてもうれしい	:'-(	涙目	:-O	びっくり
:-(	悲しい	:-*	キス		
:-((	とても悲しい	;-)	ウィンク		

メールの省略フランス語

@+	à plus tard	cpg	c'est pas grave	rafR	rien à faire
@2m1	à demain	dsl	désolé	svp	s'il vous plaît
bi1to	bientôt	jt'M	je t'aime	5pa	sympa
bjr	bonjour	mr6	merci		
bsr	bonsoir	koi29	quoi de neuf		

和仏インデックス

《注意》 1．この和仏インデックスは，本文項目，囲み語法などへの手がかりとして設けたものである．
2．⇨のあとの語法は本文語法欄，比較は本文比較欄を示す．
3．原則として，形容詞・名詞は男性単数形で，動詞は不定詞で示した．

あ

あい 愛, 愛情 amour, affection ⇨ 比較/愛する aimer ⇨ 語法
あいさつ 挨拶する saluer qn
あいず 合図 signal, signe/ …に合図する faire signe à qn (de + 不定詞).
アイスクリーム glace.
あいだ …の間 pendant, durant, au cours de, espace, intervalle/ 2週間の間をおいて à deux semaines d'intervalle/ 1時と2時の間に entre une heure et deux.
あいて 相手 partenaire/ 競争相手 rival, adversaire ⇨ 比較
あう¹ 会う voir qn, rencontrer qn/ 自動車事故に遭う avoir un accident de voiture.
あう² 合う(適合する) convenir à qn/（調和する) être en harmonie avec qc, aller bien (avec)/（意見が合う) être du même avis, être [tomber] d'accord.
あお 青 bleu/（信号の) vert/（顔色の) 青い《人が主語》être pâle, avoir mauvaise mine.
あか 赤 rouge/ 赤くなる rougir, devenir rouge/ 赤字 déficit.
あかり 明かり lumière ⇨ 比較/ 明かりをつける[消す] allumer [éteindre] la lumière.
あがる (気温, 物価が) 上がる monter, augmenter/（緊張する) être tendu, 図 avoir le trac.
あかるい (部屋が) 明るい clair/（陽気な) gai.
あき 秋 automne.
あきらめる 計画を諦める abandonner un projet.
あくしゅ 握手 poignée de main/ 握手する serrer la main de [à] qn.
あける 窓を開ける ouvrir une fenêtre.
あげる 2階に上げる monter qc au premier étage/, 頭を上げる lever la tête/ 価格を上げる augmenter le prix /（与える) donner qc à qn.
あさ 朝 matin/ 朝御飯 petit déjeuner.
あさい 浅い peu profond.
あさって après-demain.
あし 足 pied/ 脚 jambe ⇨ 比較 /（動物の）patte/ 足音 le bruit des pas.
あじ 味 goût/ 味わう goûter ⇨ 比較
あした demain/ またあした à demain
あずける …を…に預ける déposer qc chez qn, confier qc à qn.

あせ 汗 transpiration, sueur/ 汗をかく transpirer, suer.
あそこに [で] là-bas.
あそぶ 遊ぶ jouer, s'amuser.
あたえる 与える donner ⇨ 比較
あたたかい 暖かい, 温かい(気候が) doux, tempéré /（衣服が) chaud /（水が) tiède.
あたま 頭 tête/ 頭が痛い avoir mal à la tête/ 頭がいい [悪い] être intelligent [bête].
あたらしい 新しい nouveau ⇨ 比較
あちら là-bas/ 道路のあちら側に de l'autre côté de la rue.
あつい¹ 厚い épais/ 厚さ épaisseur.
あつい² 暑い, 熱い chaud / 蒸し暑い天気 temps lourd/ 暑さ chaleur.
あっか 悪化 aggravation/ 悪化する s'aggraver.
あつめる 集める(人を) réunir, rassembler/（物を) ramasser /（切手を) faire collection de timbres.
あと あとに [で] après, dans ⇨ 語法
アドバイス conseil
あに 兄 frère aîné, grand frère/ 義兄 beau-frère.
あね 姉 sœur aînée, grande sœur/ 義姉 belle-sœur.
アパート appartement/（一間の) studio.
あぶない 危ない dangereux/（有害な) nocif.
あまい 甘い sucré/（親が) 「ne pas être sévère [être faible] pour qn.
あめ 雨 pluie
あやまる 謝る demander pardon à qn, s'excuser
あらう 洗う laver, nettoyer/（体を) se laver /（手を) se laver les mains.
あらし 嵐 orage, tempête
あらためる 改める changer, modifier/（改善する) améliorer /（直す) corriger.
あらわす 表わす exprimer, signifier, vouloir dire, manifester, montrer.
あらわれる 現れる apparaître, surgir.
ありうる あり得る possible ⇨ 比較
ありがとう merci
ある¹ 或る un, certain.
ある² ある il y a, exister, être, se trouver.
あるく 歩く marcher/ 歩いて行く aller à pied.
あわてる 慌てる se précipiter/ 慌てて avec précipitation.
あんしん 安心する être rassuré

あんぜん 安全 sécurité/ 安全な sûr.
あんない （町を）案内する guider [piloter] qn.

い

い 胃 estomac.
いう 言う dire/（話す）parler ⇨ 語法
いえ 家 maison ⇨ 比較, famille/ …の家で[に] chez qn.
いがい¹ …以外 excepté [sauf, à part] qc.
いがい² 意外な inattendu, imprévu.
いがく 医学 médecine/ 医学の médical.
いきいき 生き生きした animé, vivant.
いきる 生きる vivre.
いく 行く aller, se rendre, partir.
いくつ combien de/（年齢が）quel âge/ いくつかの différent ⇨ 比較, quelques ⇨ 語法, plusieurs.
いけん 意見 avis, opinion ⇨ 比較
いご 以後 à partir de, depuis, dans ⇨ 語法
いじ 維持 maintien/ 維持する maintenir.
いしき 意識 conscience/ 意識的に consciemment/ 意識する être conscient de.
いしゃ 医者 médecin ⇨ 比較
いじょう 異常な anormal, bizarre.
いす 椅子 chaise ⇨ 比較
いずれ いずれまた à bientôt
いぜん¹ 以前 autrefois, avant ⇨ 語法
いぜん² 依然 toujours ⇨ 語法, encore ⇨ 語法
いそがしい 忙しい être occupé [débordé].
いそぐ 急ぐ se dépêcher/ 急いでいる être pressé / 急いで vite, rapidement.
いぞん …に依存する dépendre de qn/qc.
いたい …が痛い avoir mal à qc.
いためる 炒める faire sauter [revenir] qc.
いちがつ 1月 janvier.
いちご 苺 fraise.
いちじ 一時的な provisoire, temporaire.
いちど 一度 une fois/ 一度も…ない pas une seule fois, ne … jamais.
いちにち 1日 un jour, une journée/ 一日中 toute la journée (⇨ pendant 語法).
いちねん 1年 un an, une année/ 一年中 toute l'année (⇨ pendant 語法).
いちば 市場 marché ⇨ 比較
いちばん 1番で受かる être reçu (le) premier / いちばん若い先生 le plus jeune professeur.
いつ quand/ いつから à partir de quand.
いつか un jour, un jour ou l'autre.
いっかい 1階 le rez-de-chaussée.
いっかげつ 1か月（間）(pendant) un mois.
いっしゅ 一種 une sorte [espèce] de.
いっしゅうかん 1週間（pendant）une semaine.
いっしょう 一生 toute sa vie (durant).
いっしょうけんめい 一生懸命に…する faire beaucoup d'efforts pour + 不定詞
いっつい 一対の une paire de.
いっとう 一等賞 le premier prix.

いっぱい コップ1杯の水 un verre d'eau/（たくさん）plein ⇨ 比較
いっぱん 一般の ordinaire, commun.
いっぽう 一方では d'une part/ 一方的に unilatéralement.
いつまで jusqu'à quand/ いつまでに avant quand [quelle date] (⇨ avant 語法).
いつも toujours/ いつものように comme d'habitude.
いと 意図 intention
いどう 移動 déplacement/ 移動する se déplacer.
いとこ 従兄弟, 従姉妹 cousin, cousine.
いなか 田舎 campagne ⇨ 比較
いぬ 犬 chien/ 犬小屋 niche.
いのる 祈る prier, faire une prière.
いはん 違反 infraction/（法に）違反する violer.
いふく 衣服 vêtement ⇨ 比較
いま¹ 居間 salle de séjour.
いま² 今 maintenant, en ce moment, actuellement, à l'heure actuelle/ 今から…前に depuis.
いみ 意味 sens ⇨ 比較
イメージ image.
いもうと 妹 petite sœur/ 義妹 belle-sœur.
いやな 嫌な abominable ⇨ 比較
いらい 以来 depuis.
いらいらする s'énerver.
いりぐち 入り口 entrée.
いる （家に）居る rester à la maison.
いれる 入れる mettre, introduire.
いろ 色 couleur.
いろいろ いろいろな différent ⇨ 比較, divers.
いわ 岩 roche ⇨ 比較
いわう 祝う fêter, célébrer, féliciter ⇨ 比較
いんさつ 印刷する imprimer/ 印刷物 imprimés.
いんしょう 印象 impression.
インターチェンジ échangeur.
インフルエンザ grippe.
インフレ inflation.

う

うえ 上に sur, au-dessus de, en haut de.
ウエスト taille.
うかぶ 浮かぶ flotter/（心に）venir à l'esprit de qn.
うけつけ 受付 réception, guichet, accueil.
うけとり 受け取り reçu, quittance.
うけとる 受け取る recevoir, réceptionner.
うごく 動く bouger, se remuer/（機械が）marcher, fonctionner.
うさぎ lapin, lièvre.
うし 牛 vache, bœuf, taureau/ 子牛 veau.
うしなう 失う perdre/（気を）s'évanouir.
うしろ 後ろに derrière/ 後ろを向く se retourner.
うすい 薄い（厚さが）mince /（色が）clair, peu foncé/（味が）peu épicé, peu relevé, léger.
うそ mensonge/ うそをつく mentir.

うた 歌 chanson ⇨ 比較, chant/ 歌う chanter.
うたがい 疑い doute, soupçon/ …を疑う douter de qc, douter que + 接続法.
うち 内 dedans, intérieur.
うちゅう 宇宙 univers/ 宇宙船 vaisseau spatial / 宇宙飛行士 cosmonaute, astronaute.
うつ 打つ frapper ⇨ 比較
うつくしい 美しい beau ⇨ 比較
うつす¹ (写真を)写す prendre une photo/ 書き写す recopier/ 模写する copier.
うつす² 移す déplacer.
うで 腕 bras/ 腕が上がる faire des progrès.
うま 馬 cheval/ 雌馬 jument/ 子馬 poulain.
うまれる 生まれる naître, venir au monde.
うみ 海 mer ⇨ 比較
うむ (子供を)産む accoucher de qn, mettre un enfant au monde / (結果を)生む produire [engendrer] qc.
うら 裏 envers, revers/ 裏返す retourner.
うる 売る vendre/ 売れる se vendre.
うれしい être content [heureux, ravi]「de qc [que + 接続法].
うわぎ 上着 veste, veston.
うわさ bruit, rumeur.
うん 運 chance
うんてん 運転 conduite/ 運転する conduire/ 運転手 conducteur ⇨ 比較
うんどう 運動 mouvement / (スポーツ) sport, exercice physique.

え

え 絵 peinture ⇨ 比較
えいが 映画《1本》film/《総称》cinéma/ 映画館 cinéma ⇨ 比較/ 映画監督 réalisateur.
えいきょう 影響 influence.
えいぎょう 営業時間 heures d'ouverture.
えいご 英語 anglais/ 英国 Angleterre.
エイズ sida.
えいよう 栄養がある nourrissant.
えがく 描く(絵を) dessiner, peindre/ (心に)「se figurer [s'imaginer] qc/ (描写する) décrire.
えき 駅 gare ⇨ 比較/ (地下鉄の) station.
エスカレーター escalier roulant, escalator.
えび 海老 crevette, langouste, homard.
エプロン tablier.
えらぶ 選ぶ choisir [sélectionner] qn/qc, opter pour/ (選挙で) élire qn.
える 得る avoir, obtenir ⇨ 比較, gagner.
エレベーター ascenseur.
えんき (…を後日に[別の日に])延期する reporter [remettre] qc à「plus tard [un autre jour].
エンジン moteur.
えんそう 演奏する interpréter, jouer.
えんちょう 延長する prolonger.
えんぴつ 鉛筆 crayon/ 鉛筆削り taille-crayon.
えんりょ 遠慮深い réservé, discret, modeste.

お

おいかける 追いかける courir après.
おいしい bon, délicieux, exquis.
おいつく 追いつく rattraper.
おいぬく 追い抜く dépasser.
おいはらう 追い払う chasser.
おう …の責任を負う assumer [prendre] la responsabilité de qc.
おうだん 横断する traverser/ 横断歩道 passage clouté.
おうふく 往復切符 billet aller et retour.
おおい 多い beaucoup ⇨ 語法
おおきい 大きい grand ⇨ 比較/ 大きくなる grandir, se développer/ 大きくする agrandir.
おおぜい 大勢 beaucoup de monde.
おかしい drôle ⇨ 比較
おきる 起きる se lever/ (事件が) ⇨ おこる¹.
おく¹ …の奥に au fond de qc.
おく² 置く mettre, poser, placer, installer.
おくりもの 贈り物 cadeau, présent.
おくる 送る envoyer, expédier, faire parvenir / (人を) accompagner, ramener.
おくれる 遅れる être en retard/ 遅れて着く arriver en retard.
おこす 起こす(眠っている人を) réveiller ⇨ 比較 / (事故を) provoquer, causer.
おこなう 行う effectuer ⇨ 比較
おこる¹ (事件が)起こる avoir lieu, se produire.
おこる² 怒る se mettre en colère.
おさまる (風が)治まる se calmer/ (解決する) s'arranger.
おじ oncle.
おじいさん お祖父さん grand-père / (老人) vieillard.
おしえる 教える enseigner ⇨ 比較
おしゃべり bavardage/ おしゃべりをする bavarder.
おしゃれな élégant ⇨ 比較
おす 押す appuyer sur.
おせじ お世辞を言う dire des compliments.
おせん 汚染 pollution/ 汚染された pollué.
おそい (時間が)遅い tard/ (緩慢な) lent.
おそらく sans doute.
おそれ 恐れ peur ⇨ 比較
おそれる 恐れる craindre ⇨ 比較
おそろしい 恐ろしい terrible, horrible, effrayant, effroyable, épouvantable, affreux.
おちつく 落ち着く se calmer/ (場所に) s'installer.
おちる 落ちる tomber/ (試験に) échouer à/ (人気が) baisser/ (速度が) diminuer.
おっと 夫 mari, époux.
おと 音 son/ (騒音, 雑音) bruit.
おとうと 弟 petit frère/ 義弟 beau-frère.
おとこ 男 homme/ 男の masculin ⇨ 比較
おとす …を落とす laisser tomber qc.

おととい avant-hier.
おととし il y a deux ans.
おとな 大人 adulte, grande personne.
オードブル hors-d'œuvre.
おどる 踊る danser.
おどろく 驚く s'étonner/ 驚き étonnement ⇨ 行為 7 / 驚いた étonné ⇨ 比較
おなじ 同じ même, identique.
おのおの 各々 chaque.
おば tante.
おばあさん お祖母さん grand-mère /（老女）vieille femme.
おはよう Bonjour! ⇨ 行為 1
おぼえる …を覚える apprendre qc [à + 不定詞] /（暗記する）apprendre qc par cœur.
おめでとう Félicitations!
おもい 重い lourd/（病気が）grave/ 重さ poids ⇨ 比較 / 重い責任 grande responsabilité.
おもいで 思い出 souvenir.
おもう 思う penser ⇨ 比較
おもしろい intéressant ⇨ 語法
おや 両親 les parents.
およぐ 泳ぐ nager/ 泳ぎ natation.
おる 折る（棒などを）casser/（骨を）se casser un os/（紙を）plier/ 折り紙を折る faire des pliages.
おろす 降ろす descendre, baisser.
おわり 終わり fin, terme, bout/ 終わる se terminer, finir, prendre fin.
おんがく 音楽 musique ⇨ 語法
おんど 温度 température.
おんな 女 femme/ 女友達 amie.

か

かい¹ 会 ⇨ しゅうかい.
かい² 階 étage.
かい³ 貝 coquillage.
がい 害(損害) dégâts/ 害する nuire à/（感情を）se fâcher.
かいが 絵画 peinture ⇨ 比較
かいがい 海外で[に] à l'étranger.
かいかく 改革 réforme/ 改革する améliorer, réformer.
かいぎ 会議 réunion ⇨ 比較
かいけつ 解決 solution/ 問題を解決する résoudre [régler] un problème.
かいけん 会見 entrevue, interview/ 記者会見 conférence de presse.
かいごう 会合 réunion.
がいこう 外交 diplomatie/ 外交官 diplomate/ 外交関係 relations diplomatiques.
がいこく 外国(一国) pays étranger/《総称》l'étranger.
かいさん （国会の）解散 dissolution/（国会を）解散する dissoudre/（人々が）se séparer.
かいしゃ 会社 entreprise ⇨ 比較 / 会社員 employé.

かいしゅう 回収 récupération/ 回収する récupérer, ramasser.
がいしゅつ 外出 sortie/ 外出する sortir.
かいすうけん 10枚つづりの回数券 un carnet de dix tickets.
かいせつ 解説する commenter.
かいぜん 改善 amélioration/ 改善する améliorer.
かいだん 階段 escalier.
かいとう 回答 réponse/ 回答する répondre à.
がいとう¹ …に該当する correspondre à qc.
がいとう² 街頭で dans la rue.
かいにゅう …に介入する intervenir dans qc.
がいねん 概念 concept, idée ⇨ 比較, 語法
かいはつ 開発する exploiter/（新製品を）mettre au point/ 開発途上国 pays en voie de développement.
かいふく 回復する（意識を）reprendre connaissance /（健康を）se rétablir, se remettre /（秩序を）rétablir l'ordre.
かいほう …を解放する libérer [mettre en liberté] qn.
かいもの 買い物 achat ⇨ 比較 / 買い物をする faire des courses.
かいやく（契約を）解約する annuler un contrat.
かいりょう 改良 amélioration/ 改良する améliorer, perfectionner.
かいわ 会話 conversation.
かう¹ 買う acheter/（自分のために）s'acheter.
かう² 飼う élever/（犬を）avoir un chien.
かえす 返す rendre, restituer/（金を）rembourser/ 送り返す renvoyer.
かえる¹ 帰る revenir ⇨ 語法
かえる² 変える changer, modifier, transformer.
かえる³ 換える changer, échanger.
かお 顔 visage ⇨ 比較 / 顔が広い avoir beaucoup de relations/ 顔をつぶす perdre la face.
かおり 香り parfum, odeur ⇨ 比較
かがく¹ 自然[人文, 社会]科学 sciences naturelles [humaines, sociales].
かがく² 化学 chimie/ 化学者 chimiste.
かがみ 鏡 miroir, glace.
かがやく 輝く briller ⇨ 比較
かかる¹（時間が）Ça prend du temps; Il faut + 時間 /（金が）coûter/（金の）coûteux, cher.
かかる²（病気に）罹る être atteint d'une maladie / souffrir d'une maladie.
かぎ 鍵 clef, clé/ …に鍵をかける fermer qc à clef.
かぎる 限る limiter, borner, restreindre.
かく 書く écrire/（絵を）描く peindre, dessiner.
かぐ 家具 meuble/ 家具付きの meublé.
かくじつ 確実な certain, sûr.
がくしゅう 学習する apprendre, étudier ⇨ 比較
かくしん …を確信する être sûr「de + 不定詞 [que + 直説法].

かくす 隠す cacher ⇨ 比較
がくせい 学生 étudiant, élève ⇨ 比較
かくにん 確認 confirmation / 確認する confirmer, vérifier.
がくひ 学費 frais d'études.
かくれる 隠れる se cacher, se dissimuler.
かけ 賭け pari / 賭ける parier, faire un pari.
かけい 家計 budget familial / 家計簿 livre de comptes.
かげき 過激な radical / 過激派 extrémiste.
かける¹ 欠ける《物が主語》manquer, faire défaut.
かける² 掛ける accrocher, suspendre, pendre.
かこ 過去 passé / 過去の passé, du passé.
かさ 雨傘 parapluie / 日傘 parasol.
かざる 飾る décorer.
かし 菓子 (ケーキ) gâteau, patisserie / (飴(あめ)) bonbon.
かじ¹ 火事 incendie, feu.
かじ² 家事 tâches ménagères, travaux domestiques.
かす 貸す prêter ⇨ 比較
ガス gaz.
かぜ¹ 風 vent ⇨ 比較
かぜ² 風邪 rhume, froid, grippe / 風邪を引く attraper la grippe.
かぞえる 数える compter.
かぞく 家族 famille / 家族の familial.
ガソリン essence / ガソリンスタンド station-service, poste d'essence.
かたち 形 forme, figure.
かたづける ranger, mettre qc en ordre / 食卓をかたづける débarrasser la table.
かち 価値 ⇨ ねうち
かつ 勝つ (人に) vaincre / (試合に) gagner.
がっき 楽器 instrument de musique.
がっこう 学校 école ⇨ 比較
かって 勝手に à son gré, librement.
かっぱつ 活発な actif, animé, vif.
かつよう 活用する exploiter, utiliser, tirer parti de, profiter de.
かてい¹ 家庭 famille, foyer / 家庭を持つ se marier, fonder une famille.
かてい² 過程 processus / …の過程で au cours de qc.
かてい³ 仮定 hypothèse.
かなしい 悲しい triste ⇨ 比較
かならず 必ず(ぜひ) absolument, à tout prix / (間違いなく) sans faute, à coup sûr / (必然的に) inévitablement, nécessairement.
かね 金 argent ⇨ 比較 / 金持ち riche.
かのう 可能な possible ⇨ 比較 / 可能性 possibilité.
かばん serviette / (学童の) cartable / (旅行用) valise.
かべ 壁 mur.
がまん 我慢強い patient, endurant.
かみ¹ 紙 papier / 紙1枚 une feuille de papier.

かみ² 髪 cheveu / (髪全体) chevelure / 髪型 coiffure.
かみ³ 神 (キリスト教の) Dieu.
かみそり rasoir / 電気かみそり rasoir électrique.
カメラ appareil (de) photo.
かも 鴨 canard.
かもつ 貨物 marchandises.
かよう¹ (病院に)通う aller régulièrement à l'hôpital.
かよう² 火曜 mardi.
から 空の vide / (中が) creux / …を空にする vider qc.
…から (場所, 時間) de, depuis, à partir de.
からい 辛い piquant, épicé, relevé.
ガラス verre / 窓ガラス vitre, carreau.
からだ 体 corps / 体が大きい [小さい] être grand [petit].
かりる (金などを)借りる emprunter qc à qn / 賃借する louer qc / …円借りている devoir + 金額 + à qn / 力を借りる demander l'aide de qn / 知恵を借りる demander conseil à qn.
かるい 軽い léger / (病気が) peu grave, bénin.
かろう 過労 excès de travail, surmenage.
かわ 川 rivière / 小川 ruisseau / 大河 fleuve.
がわ 側 côté / …の向こう側に de l'autre côté de qc / …の向かい側に en face de qc.
かわいい mignon, petit, joli.
かわいそう …をかわいそうに思う avoir pitié de qn, plaindre qn.
かわく¹ (喉(のど)が)渇く avoir soif.
かわく² 乾く sécher.
かわせ 為替 mandat / 郵便為替 mandat postal.
かわり (の)代わり en échange de, à la place de, au lieu de.
かわる¹ 代わる remplacer ⇨ 比較
かわる² 変わる ⇨ へんか.
がん 癌 cancer / 発癌性の cancérigène.
がんか 眼科 (service d')ophtalmologie.
かんがえ 考え opinion ⇨ 比較, pensée ⇨ 比較 / 考える penser, réfléchir.
かんかく 感覚 sens, sensation.
かんけい 関係 relation, rapport, liaison, lien.
がんこ 頑固な têtu ⇨ 比較
かんごし 看護師 infirmier.
かんさつ 観察 observation / 観察する observer.
かんじ 感じがいい sympathique.
かんしゃ 感謝する remercier.
かんしゅう 観衆 public, spectateurs.
がんしょ 願書を出す présenter son dossier de candidature.
かんじる 感じる sentir, ressentir, éprouver.
かんしん¹ 感心する admirer
かんしん² 関心 ⇨ きょうみ.
かんせい 完成 achèvement / 完成する achever.
かんぜん 完全な parfait.
かんそう¹ 感想 impression, avis / 感想を言う donner son avis.
かんそう² 乾燥した sec / 乾燥させる (faire) sécher

かんそうき /乾燥機 machine à faire sécher le linge.
かんたん¹ 簡単な(容易な) facile/(単純な) simple/簡単にする faciliter, simplifier.
かんたん² 感嘆する admirer.
かんちょう 官庁 administration/（当局）les autorités.
かんづめ 缶詰 boîte de conserve.
かんどう 感動する être ému.
かんぱい 乾杯する porter un toast.
がんばる 頑張る faire beaucoup d'efforts.
がんぼう 願望 souhait, vœu, désir.
かんりょう 官僚 bureaucrate, haut fonctionnaire/官僚的な bureaucratique.

き

き 気が合う bien s'entendre/気が変わる changer d'idée/気を失う s'évanouir, perdre connaissance/…に気をつける faire attention à qn/qc /気になる《物が主語》préoccuper qn.
きえる 消える(火、明かりが) s'éteindre/(疑いが) se dissiper/(物がなくなる) disparaître.
きおく 記憶 mémoire/記憶する mémoriser, retenir.
きおん 気温 température.
きかい¹ 機械 appareil, machine ⇨ 比較
きかい² 機会 occasion/機会均等 l'égalité des chances.
きがえる 着替える se changer.
きかん 期間 période, délai, durée, terme.
きぎょう 企業 entreprise ⇨ 比較
きく¹ (薬が)効く être efficace.
きく² 聞く écouter ⇨ 語法 /(尋ねる) demander qc à qn.
きぐ 器具 instrument ⇨ 比較
きけん 危険な dangereux, risqué, périlleux.
きげん¹ 期限 date limite, délai/最終期限 dernier délai/(カードなどが)期限が切れた périmé.
きげん² 機嫌がいい［悪い］être de bonne [mauvaise] humeur/御機嫌いかが Comment ça va?
きこう 気候 climat/(温暖な) climat doux [tempéré].
きこえる 聞こえる entendre (⇨ écouter 語法)/(物が) s'entendre.
きし 岸(川) rive, bord ⇨ 比較
きじ 記事 article.
ぎじゅつ 技術 technique, art/技術者 ingénieur /技術革新 innovations technologiques.
きじゅん 基準 norme, critère.
キス baiser/(頬に)軽い小さな bise/…(の額)にキスする embrasser qn (sur le front) ⇨ 比較
きず 傷 blessure, plaie/かすり傷 égratignure, écorchure/腕に傷を負う être blessé au bras.
きずく 築く bâtir, construire, édifier.
きせい 規制する contrôler, réglementer.
きせつ 季節 saison/季節の saisonnier.
きせる 服を着せる habiller.

きそ 基礎 base, fondement/（建物の）fondations.
きそく 規則 règle ⇨ 比較 /規則正しい生活 vie réglée.
きた 北 nord ⇨ 語法
きたい 期待する espérer/(…に) attendre qc de qn, compter sur qn/qc.
きたない 汚い sale, malpropre, crasseux.
きちょう 貴重な précieux, de valeur.
きづく (…に) 気づく remarquer qc [que + 直説法], s'apercevoir「de qc [que + 直説法].
きって 切手 timbre(-poste)/100円切手 timbre à cent yens.
きっと certainement, sûrement.
きっぷ 切符 billet ⇨ 比較
きにいる (人の)気に入る plaire à qn/(好きである) aimer.
きねん …の記念に en souvenir de qc/記念する commémorer/記念日 anniversaire.
きのう¹ 昨日 hier.
きのう² 機能 fonction/機能的な fonctionnel.
きびしい 厳しい sévère, dur, strict.
きぶん 気分がいい［悪い］se sentir bien [mal].
きぼう 希望 espoir, espérance, souhait, désir /…を希望する espérer + 不定詞 [que + 直説法]
きほん 基本の fondamental, essentiel, élémentaire, rudimentaire.
きみょう 奇妙な bizarre ⇨ 比較
ぎむ 義務 devoir ⇨ 比較
きめる 決める décider qc [de + 不定詞], se décider à + 不定詞, déterminer, fixer.
きもち 気持ち sentiment, état d'âme/気持のよい agréable.
きゃく 客(招待客) invité/(訪問客) visiteur /(店の) client;《集合的》clientèle/(乗客) voyageur, passager/(観客) spectateur.
ぎゃく 逆 contraire, inverse/(…と)逆に au contraire (de qn/qc), à l'inverse (de qn /qc)/…とは逆に contrairement à qn/qc/逆にする renverser ⇨ 比較
キャンセルする (予約を) annuler sa réservation.
きゅう 急な brusque, subit, soudain/(坂が) raide, escarpé/急に soudain, soudainement, subitement, tout à coup.
きゅうか 休暇 vacances, congé.
きゅうきゅうしゃ 救急車 ambulance.
きゅうけい 休憩 repos/(学校の) récréation /(劇場の) entracte/休憩する se reposer.
きゅうじつ 休日 jour de congé.
きゅうりょう 給料 salaire, rémunération ⇨ 比較

きょう 今日 aujourd'hui.
きょういく 教育 enseignement/教育学 science de l'éducation/教育する enseigner ⇨ 比較
きょうかい 教会 église ⇨ 比較
きょうかしょ 教科書 manuel, livre scolaire.
きょうぎ 競技 compétition ⇨ 比較

きょうし 教師 enseignant, professeur ⇨ 語法
きょうしつ 教室 salle (de cours).
きょうそうあいて ⇨ あいて.
きょうちょう 強調する souligner, insister sur, accentuer.
きょうつう（に）共通の commun (à).
きょうみ 興味 intérêt/興味深い intéressant ⇨ 語法/関心を持つ s'intéresser à.
きょうりょく 協力 collaboration/…に協力する collaborer à qc [avec qn].
きょか 許可 autorisation, permission/許可する permettre ⇨ 比較
きょひ 拒否 refus/拒否する refuser, rejeter.
きらう 嫌う détester ⇨ 比較
きり 霧 brouillard ⇨ 比較
きる¹ 切る couper ⇨ 比較
きる² 着る s'habiller ⇨ 比較
きれい きれいな joli, beau /（清潔な）propre, pur.
ぎろん 議論 discussion ⇨ 比較/…について…と議論する discuter sur qc avec qn.
きんえん「禁煙」（表示）《 Défense de fumer 》/禁煙車 voiture non-fumeurs.
きんがく 金額 somme d'argent.
きんがん 近眼 myopie/近眼である être myope.
ぎんこう 銀行 banque/銀行員 employé de banque.
きんし 禁止する interdire, défendre/「駐車禁止」（表示）《 Stationnement interdit 》/禁じられた interdit, défendu ⇨ 比較
きんじょ 近所の人 voisin/近所の子供たち enfants du voisinage.
きんべん 勤勉な travailleur, sérieux.
きんゆう 金融政策 politique financière/金融市場 marché financier.
きんよう 金曜 vendredi.

く

く 区 arrondissement.
くいしんぼう 食いしん坊 gourmand ⇨ 比較
くうき 空気 air /（雰囲気）atmosphère, ambiance.
くうこう 空港 aéroport.
くうふく 空腹である avoir faim.
くがつ 9月 septembre.
くさい 臭い puant, infect /（…が）sentir mauvais, puer.
くさる 腐る pourrir, se gâter, se décomposer.
くすり 薬 médicament /（錠剤）cachet /（総称・比喩）remède.
くずれる 崩れる s'effondrer, s'écrouler /（形が）se déformer /（天気が）se gâter.
くだもの 果物 fruit.
くだる（坂を）下る descendre une côte.
くち 口 bouche /（動物の）gueule.
くつ 靴 chaussure, soulier /（1足の）une paire de chaussures /（ブーツ）bottes/靴を脱ぐ se déchausser.
くつした 靴下 chaussette /（1足の）une paire de chaussettes.
くつろぐ se mettre à l'aise, se détendre.
くに 国 pays ⇨ 比較
くばる 配る distribuer/目を配る avoir l'œil sur qn/qc.
くび 首 cou /（うなじ）nuque/首にする renvoyer [licencier] qn, mettre qn à la porte.
くも 雲 nuage.
くもり 曇り temps nuageux [couvert].
くらい 暗い sombre/暗くなる Il fait nuit/暗くならないうちに avant qu'il ne fasse nuit.
くらす 暮らす vivre/幸せに暮らす vivre heureux.
くらべる（AとBを）比べる comparer A avec [à] B/…と比べて「par rapport à [à côté de, en comparaison de] qn/qc.
クリスマス Noël/メリークリスマス Joyeux Noël!/クリスマスツリー arbre de Noël.
くるしみ 苦しみ peine ⇨ 比較
くるしめる …を苦しめる faire souffrir qn, tourmenter qn ⇨ 比較
クレジット …をクレジットで買う acheter qc à crédit.
くれる（日が）暮れる Le soleil se couche; La nuit tombe.
くろ 黒 noir.
くろう 苦労する se donner beaucoup de mal [peine] /（苦しむ）souffrir beaucoup.
くわしい 詳しい détaillé/…を詳しく説明する expliquer qc en détail.
くんれん 訓練 entraînement/訓練する entraîner.

け

けいかく 計画 projet ⇨ 比較/…を計画する projeter [organiser] qc.
けいかん 警官 agent de police, policier ⇨ 比較
けいき 景気 situation économique/景気がいい[悪い] Les affaires vont bien [mal].
けいけん 経験 expérience/経験がある avoir de l'expérience/経験が足りない manquer d'expérience.
けいこう 傾向 tendance/…の傾向がある avoir tendance à + 不定詞.
けいざい 経済 économique/経済成長 croissance économique/経済制裁 sanctions économiques/経済封鎖 embargo.
けいさつ 警察 police/警察を呼ぶ appeler la police.
けいさん 計算 calcul/計算する calculer.
けいたいでんわ 携帯電話 téléphone portable.
けいやく 契約（書）contrat/…と契約を結ぶ passer un contrat avec qn.
けいゆ 経由で via, en passant par.
けが blessure/手にけがをする「se blesser [se faire mal] à la main/けが人 blessé.

けしき 景色 paysage, vue, panorama.
けしょう 化粧 maquillage/ 化粧をする se maquiller, faire sa toilette/ 化粧品 produits de beauté.
けす 消す(火, 明かりを) éteindre/ (文字を) effacer/ (削除する) supprimer.
けつあつ 血圧 tension (artérielle).
けつえき 血液 ⇨ ち.
けっか 結果 résultat ⇨ 比較
けっきょく 結局 en fin de compte, au bout du compte, finalement, après tout, enfin.
けっこん 結婚 mariage, noces/ …と結婚する se marier avec qn/ 結婚生活 vie conjugale.
けっしん 決心 décision, résolution / 決心する prendre une décision, prendre la décision de + 不定詞, se décider à + 不定詞.
けっせき 欠席 absence/ 欠席する être absent, ne pas assister à.
けってい 決定 décision/ …を決定する décider de + 不定詞/ 決定的な décisif.
げつよう 月曜 lundi.
げり 下痢 diarrhée/ 下痢をする avoir la diarrhée, 腸 être dérangé.
けんおかん 嫌悪感を起こさせる dégoûter ⇨ 比較
げんかん 玄関 entrée, vestibule.
げんき 元気である aller bien, se porter bien, être en forme.
げんきん 現金 argent liquide.
げんご 言語 langue ⇨ 比較
けんこう 健康 santé/ 健康である être en bonne santé.
けんさ 検査 examen, contrôle.
げんざい 現在まで jusqu'à présent/ 現在の actuel ⇨ 比較
げんじつ 現実 réalité/ 現実の réel.
けんせつ 建設 construction / 建設する construire.
けんとう 検討 examen/ 検討する examiner, étudier.

こ

ご 語 mot, langue ⇨ 比較
こい¹ 濃い(色が) foncé, sombre/ (味が) fort.
こい² 恋 amour/ (熱烈な) passion/ 恋人 ami, petit ami, amant ⇨ 比較 /…に恋している être amoureux de qn.
コインランドリー laverie automatique.
コインロッカー consigne automatique.
こうい 行為 acte ⇨ 比較
こううん 幸運 chance/ 幸運に恵まれる avoir de la chance.
こうえん¹ 公園 jardin public ⇨ 比較
こうえん² 講演 conférence/ 講演する faire [donner] une conférence.
こうか 効果 effet/ 効果的な efficace.
こうかい¹ 公開の ouvert au public/ 公開する publier, rendre public.
こうかい² 後悔する avoir des remords/ …したことを後悔する regretter [se reprocher] d'avoir fait qc.
こうがい¹ 公害 pollution.
こうがい² 郊外 banlieue.
ごうかく 合格する(試験に) réussir à un examen / (大学入試に) être reçu [admis] au concours d'entrée d'une université.
こうかん 交換 échange / 交換する échanger, faire un échange.
こうぎ 抗議 protestation/ 抗議する protester.
こうきしん 好奇心 curiosité.
こうきょう 公共の public/ 公共機関 service public.
こうこう 高校 lycée.
こうこく 広告 publicité.
こうしゅう 公衆の public/ 公衆電話 cabine téléphonique/ 公衆の面前で en public.
こうしょう 交渉 négociations.
こうじょう 工場 usine ⇨ 比較
ごうじょう 強情な têtu ⇨ 比較
こうしん 更新 renouvellement/ 更新する renouveler, reconduire.
こうせい 構成する constituer, composer, former, organiser.
こうそく 高速道路 autoroute.
こうたい 交代で à tour de rôle, tour à tour.
こうつう 交通機関 moyens de transport/ 交通事故 accident de la circulation/ 交通渋滞 embouteillage.
こうとう 口頭の oral/ 口頭で de vive voix.
こうどう 行動 conduite, comportement, action, acte ⇨ 比較 / 行動する se comporter, se conduire, agir ⇨ 比較
こうふん 興奮 excitation, exaltation/ 興奮する s'exciter, s'exalter.
こうへい 公平な juste, équitable.
こうほ 候補(者) candidat.
ごうほうてき 合法的な légal.
こえる 越える passer, dépasser, aller au-delà de qc.
こおり 氷 glace/ (飲み物に入れる) glaçon.
ごかい 誤解 malentendu, quiproquo / 誤解する se tromper / …を誤解する comprendre mal qc, se méprendre sur qc.
ごがつ 5月 mai.
こぎって 小切手 chèque.
こくさいてき 国際的な international/ 国際結婚 mariage mixte / 国際化 internationalisation.
こくせき 国籍 nationalité.
こくみん 国民 peuple ⇨ 比較
こくりつ 国立の d'Etat, national.
こくれん 国連 l'Organisation des Nations Unies = l'ONU
こころ 心 âme ⇨ 比較 / 心から de tout (son) cœur.
こころみる 試みる essayer de + 不定詞, faire

l'essai de qc.
こしょう 故障 panne / 故障する tomber en panne / 故障している être en panne.
こす 越す passer ⇨ 比較
こせい 個性 personnalité.
こっかい 国会 parlement / 国民議会(下院) Assemblée nationale / 元老院(上院) Sénat.
こづかい 小遣い argent de poche.
こっきょう 国境 frontière.
こっけい 滑稽な drôle ⇨ 比較
こと …ということ le fait que ⇨ 語法
ことし 今年 cette année.
ことば 言葉 langue ⇨ 比較
こども 子供 enfant.
ことわる 断る refuser.
コネ piston / コネで par piston.
このあいだ この間 l'autre jour, il y a quelques jours.
このごろ ces jours-ci / (最近) récemment ⇨ 語法

こまる 困る être ennuyé [gêné] / …を困らせる ennuyer [embarrasser, gêner] qn.
ごみ 家庭ごみ ordures ménagères.
こむ (乗り物が)混んだ bondé, plein / (満員) complet.
ゴム caoutchouc.
こむぎ 小麦 blé / 小麦粉 farine (de blé).
こめ 米 riz / 米作り culture du riz.
こよう 雇用 emploi, embauche / …を雇用する employer [embaucher] qn.
これまで jusqu'à présent.
ころ 1時ごろ vers une heure / そのころ à cette époque-là, en ce temps-là / クリスマスのころ aux environs de Noël.
ころぶ 転ぶ tomber, culbuter.
こわす 壊す (家などを) démolir, détruire / (体を) avoir des ennuis de santé / (破損する) casser, abîmer, briser.
こんげつ 今月 ce mois / 今月中に dans le courant de ce mois, avant la fin de ce mois.
こんご 今後は désormais, dorénavant.
こんしゅう 今週 cette semaine / 今週中に dans le courant de la semaine.
コンタクトレンズ verre de contact.
こんだて 献立 menu ⇨ 比較
こんど 今度(この度) cette fois(-ci) / (次回) la prochaine fois / 今度の日曜日 dimanche prochain / また今度 A bientôt, A un de ces jours.
こんどう (AとBを)混同する confondre A avec B.
コンドーム préservatif.
こんなん 困難 difficulté / 困難な difficile.
こんにち 今日(では) aujourd'hui, de nos jours, actuellement / 今日まで jusqu'à aujourd'hui.
こんばん 今晩 ce soir.
コンピュータ ordinateur.

さ

さ 差 différence / 年齢の差 différence d'âge.
さいかい 再会 retrouvailles / 再会する revoir, retrouver.
さいがい 災害 désastre naturel, calamité / 災害救助 secours aux sinistrés.
さいご 最後 fin, terme / 最後の dernier, final, ultime / 最後に en dernier lieu, à la fin, enfin.
ざいさん 財産 bien ⇨ 比較
さいじつ 祭日 jour férié.
さいしょ 最初 début, commencement / 最初は[に] au début, au départ, d'abord, dans un premier temps, pour commencer / 最初の premier, initial.
さいしん 最新の tout nouveau / 最新の流行 la dernière mode / 最新の技術 technique de pointe.
サイズ (衣服の) taille / (靴, 帽子の) pointure.
さいのう 才能 talent.
さいふ 財布 porte-monnaie / (札入れ) portefeuille.
さいよう 採用する adopter / (雇う) engager [embaucher] qn.
さか 坂 côte, pente / (上り) montée / (下り) descente.
さがす 捜す, 探す chercher / 捜し求める rechercher.
さかな 魚 poisson / 魚屋 poissonnerie.
さがる (水位, 気温, 熱が)下がる baisser, descendre, tomber.
さき 先の précédent ⇨ 比較
さぎょう 作業 travail / 作業服 vêtement de travail.
さく 咲く (草木が) fleurir / (花が) s'épanouir.
さくねん 昨年 l'année dernière, l'an dernier.
さくぶん 作文 rédaction ⇨ 比較
さくや 昨夜 hier soir, la nuit dernière.
さくら 桜(の木) cerisier.
さげる 下げる baisser / (熱を) faire tomber la fièvre.
さす 指す indiquer, marquer, désigner.
ざせき 座席 place, siège.
さそう …を…に誘う inviter qn à + 不定詞, proposer à qn de + 不定詞.
ざつ 雑な仕事 travail bâclé [peu soigné].
ざっし 雑誌 revue, magazine.
さつじん 殺人 meurtre, homicide, assassinat.
さっそく 早速 tout de suite, sur-le-champ.
さとう 砂糖 sucre.
さびしい (人が)寂しい triste / (場所が) triste, isolé, reculé.
さべつ 差別 discrimination / 差別的な discriminatoire.
さまざまな différent ⇨ 比較
さます (他人の目を)覚ます réveiller qn / (自分の

目を) se réveiller.
さむい 寒い froid/寒がりの frileux/寒さ froid.
さよう 作用 action/作用する agir sur/…の作用で sous l'action de qc.
さようなら Au revoir!
さら 皿 assiette/（大皿）plat/皿を洗う faire la vaisselle.
さわぐ 騒ぐ faire du bruit [tapage], s'agiter/（生徒が教室で）faire du chahut.
さわる …に触る toucher (à) qc.
さんか 参加 participation/…に参加する participer à qc (⇨ assister 語法).
さんがつ 3月 mars.
さんぎょう 産業 industrie/産業革命 révolution industrielle.
ざんぎょう 残業 heures supplémentaires/残業をする faire des heures supplémentaires.
さんしょう …を参照する se référer à qc.
さんせい¹ …に賛成する approuver qn, partager l'avis de qn/…に賛成である être pour qc, être d'accord avec qn.
さんせい² 酸性 acide/酸性雨 pluie acide.
さんぶつ 産物 produit.
さんぽ 散歩 promenade/散歩する se promener, faire une promenade, faire un tour.

し

し¹ 市 ville, municipalité/市の municipal.
し² 詩 poème ⇨ 比較.
しあい 試合 match, partie, compétition ⇨ 比較.
ジー・エヌ・ピー（GNP）Produit National Brut.
じいん 寺院 temple (⇨ église 比較).
しお 塩 sel/塩が効きすぎている être trop salé.
しかく 資格(能力) compétence/…する資格がある être compétent [qualifié] pour + 不定詞.
じかく 自覚 conscience/…を自覚する avoir [prendre] conscience de qc.
しかし mais, pourtant, cependant.
しがつ 4月 avril.
じかん 時間 temps/…する時間がある avoir le temps de + 不定詞/時間がかかる Il faut du temps pour + 不定詞.
しき 四季 les quatre saisons/四季を通じて pendant toute l'année.
じき 時期 période, époque ⇨ 比較.
しきゅう¹ 子宮 utérus.
しきゅう² 至急の urgent.
しけん 試験 examen/…を試験する tester qc, faire l'essai de qc/試験管 éprouvette.
じけん 事件 événement ⇨ 比較.
じこ 事故 accident, incident.
じこく 時刻 heure/列車の時刻表 les horaires des trains.
しごと 仕事 travail, emploi ⇨ 比較.
じさつ 自殺 suicide/自殺する se suicider.
しじ¹ 支持 soutien/…を支持する soutenir qn/qc, appuyer qn/qc.
しじ² 指示 indication, instructions/指示する indiquer, désigner/（命令する）donner l'ordre de + 不定詞.
しじょう 市場 marché ⇨ 比較.
じしょく 辞職 démission/辞職する démissionner, donner sa démission.
じしん¹ 自信がある avoir confiance en soi, être sûr de soi-même.
じしん² 地震 tremblement de terre, séisme.
しずか 静かな calme ⇨ 比較/静かに calmement, tranquillement, sans faire de bruit.
しずむ 沈む(太陽が) se coucher/（船が）couler, sombrer.
した 下に sous, au-dessous de, en bas de.
じだい 時代 âge, époque ⇨ 比較.
したがう 従う(あとについていく) suivre/（命令に）suivre, se conformer à.
したしい 親しい友 ami intime.
じだん 示談にする (s')arranger à l'amiable.
しちがつ 7月 juillet.
しつぎょう 失業 chômage/失業率 taux de chômage/失業者 chômeur.
じつぎょうか 実業家 homme d'affaires, industriel/実業界 le monde des affaires.
しつけ éducation/しつけのよい［悪い］être bien [mal] élevé.
じっけん 実験 expérience/実験する faire une expérience/核実験を行う procéder à un essai nucléaire.
じつげん 実現 réalisation/実現する réaliser.
じっこう 実行 exécution/実行する exécuter, mettre qc en pratique, mettre qc à exécution.
じっさい 実際には en fait ⇨ 語法.
しっそ 質素な modeste, simple/（食事が）frugal/質素に暮らす vivre simplement.
しっぱい 失敗 échec, insuccès, 固fiasco/失敗する échouer à, essuyer un échec.
しつぼう 失望 déception.
しつもん 質問 question/質問する poser une question.
じつよう 実用的な pratique, commode.
じつりょく 実力 ⇨ ちから.
しつれい 失礼 manque de politesse/失礼な impoli/失礼! Pardon [Excusez-moi]!
してい 指定する indiquer, fixer/指定席 place réservée.
してき¹ 私的な privé, personnel/私的に à titre privé [personnel], personnellement.
してき² 指摘 remarque, observation/…を指摘する indiquer [signaler, faire remarquer] qc.
してん 支店 succursale.
じてんしゃ 自転車 bicyclette, vélo (⇨ transport 語法).
しどう 指導 direction/…を指導する diriger qn/qc/指導者 leader, dirigeant/指導的な役割を

担う jouer un rôle prépondérant.
じどうしゃ 自動車 voiture.
じにん 辞任 démission/辞任する démissionner.
しぬ 死ぬ mourir/死んだ mort/死 mort.
しばふ 芝生 gazon, pelouse.
しばらい 支払い paiement/支払う payer ⇨ 語法
しばらく pendant quelques instants/しばらく前から depuis quelque temps.
しびれる 手がしびれる avoir la main engourdie.
しぼう 脂肪 graisse/脂肪質の gras.
しま 島 île/小島 îlot/島の insulaire.
しみ 染み tache/油の染み tache d'huile.
じみ 地味な sobre, discret.
しみん 市民 citoyen/(都市の住民) habitant.
じむ 事務 travail de bureau/事務員 employé de bureau.
しめきり 締め切り(日) date limite/申し込みの締め切り la dernière limite pour l'inscription.
しめす 示す montrer ⇨ 比較
しめった 湿った humide.
しめる 閉める fermer.
じめん 地面 sol, terre ⇨ 比較
しや 視野 champ visuel, vue, perspective/視野が広い avoir「un esprit ouvert [une perspective très large].
しゃいん 社員 employé.
じゃがいも pomme de terre.
しゃくしょ 市役所 mairie.
じゃぐち 蛇口 robinet.
しゃくやにん 借家人 locataire (↔propriétaire).
しゃしん 写真 photo.
しゃちょう 社長 président-directeur général = PDG, 国patron.
シャツ (ワイシャツ) chemise/(下着) maillot de corps.
じゃま 邪魔する déranger, gêner/お邪魔しました Excusez-moi de vous avoir dérangé.
ジャム confiture.
しゃれい 謝礼 honoraires.
シャワー douche/シャワーを浴びる prendre une douche, se doucher.
シャンプー shampooing/シャンプーする faire un shampooing.
じゆう 自由 liberté/自由な libre, indépendant/自由席 place non-réservée.
しゅう 週 semaine.
じゅういちがつ 11月 novembre.
しゅうかい 集会 meeting, réunion ⇨ 比較
じゅうがつ 10月 octobre.
しゅうかん 習慣 habitude ⇨ 比較/…する習慣がある avoir l'habitude de + 不定詞
しゅうかんし 週刊誌 hebdomadaire.
じゅうきょ 住居 maison ⇨ 比較
しゅうきょう 宗教 religion/宗教の religieux.
じゅうぎょういん 従業員 employé/《集合的》personnel.
しゅうしゅう 収集 ramassage, collection/収集する collectionner.

しゅうしょく 就職する trouver un emploi.
じゅうたい 渋滞 embouteillage ⇨ 比較
じゅうだい 重大な important ⇨ 比較/重大な責任 grosse [lourde] responsabilité.
じゅうたく 住宅 logement.
しゅうだん 集団 groupe, collectivité/集団生活 vie collective.
しゅうちゅう 集中(人口の) concentration/(権力,事務の) centralisation/集中する se concentrer.
じゅうにがつ 12月 décembre.
しゅうにゅう 収入 revenu.
しゅうまつ 週末 week-end.
じゅうみん 住民 habitant, population/住民運動 mouvement d'habitants/住民税 impôts locaux.
じゅうような 重要な ⇨ だいじ.
しゅうり 修理 réparation/修理する réparer ⇨ 比較
じゅぎょう 授業 cours ⇨ 比較/授業料 frais de cours [scolarité].
じゅけん …の受験に成功[失敗]する réussir [échouer] au concours d'entrée de qc.
しゅじゅつ 手術 opération, intervention chirurgicale/…の手術を受ける se faire opérer de qc.
しゅしょう 首相 le Premier ministre.
しゅだい 主題 sujet.
しゅちょう 主張する affirmer [soutenir, prétendre] que + 直説法
しゅっけつ 出血 hémorragie/出血する saigner, perdre du sang.
しゅっさん 出産 accouchement/出産する accoucher (de qn).
しゅつじょう 出場 participation/…に出場する participer à qc.
しゅっしん 出身である(国, 地方などの) être (originaire) de/(…校の) avoir fait ses études à + 学校名
しゅっせい 出生 naissance/出生率(taux de) natalité.
しゅっせき …に出席する participer à qc, assister à qc ⇨ 語法, être présent.
しゅっちょう 出張する se déplacer pour son travail/(公的に) partir en mission/(商用で) faire un voyage d'affaires.
しゅっぱつ 出発 départ/出発する partir.
しゅっぱん 出版 publication/出版業界 l'édition/出版する éditer, publier.
しゅと 首都 capitale.
しゅふ 主婦 ménagère, femme au foyer.
しゅみ 趣味(ホビー) passe-temps, violon d'Ingres/(審美眼) goût.
じゅみょう 寿命が長い vivre longtemps/平均寿命 espérance de vie, la durée moyenne de la vie humaine.
しゅよう 腫瘍 tumeur.
じゅよう 需要 demande, besoin.

しゅるい 種類 espèce, sorte ⇨ 比較
じゅん アルファベット順に par ordre alphabétique／順に à tour de rôle.
しゅんかん 瞬間 moment ⇨ 比較
じゅんちょう 順調である se passer bien.
じゅんび 準備 préparation／準備する préparer ⇨ 比較
しよう 使用 emploi, utilisation／使用法 mode d'emploi／使用料 prix de location／使用する utiliser, se servir de.
しょうか 消化 digestion／消化器 appareil digestif／消化する digérer.
しょうが gingembre.
しょうかい 紹介 présentation／紹介する présenter／自己紹介する se présenter.
しょうがい 障害 obstacle／障害者 handicapé ⇨ 比較
しょうがつ 正月(新年) le Nouvel An／(元旦) le Jour de l'An.
しょうがっこう 小学校 école primaire.
じょうきゃく 乗客 passager, voyageur.
じょうけん 条件 condition／労働条件 conditions de travail.
じょうし 上司 supérieur.
じょうしき 常識 sens commun, bon sens.
じょうしゃ 列車に乗車する monter dans un train／(列車, メトロ, バスの)乗車券 billet.
じょうじゅん 5月の上旬に au début du mois de mai, début mai.
しょうすう 少数の peu de ⇨ 語法
しょうたい 招待 invitation／招待する inviter ⇨ 行為26
じょうたい 状態 état, condition, situation.
しょうだく …を承諾する accepter qc [de + 不定詞], consentir à qc／不定詞
じょうたつ 上達する faire des progrès.
しょうてん 商店 magasin, boutique／商店街 quartier commerçant.
しょうどく 消毒する désinfecter.
しようにん 使用人 employé de maison, domestique ⇨ 比較
しょうにん 承認する(国, 政府を) reconnaître／(案を) approuver.
しょうばい 商売 commerce ⇨ 比較
しょうひ 消費 consommation／消費者 consommateur／消費税 taxe sur la consommation.
じょうひん 上品な élégant, de bon goût.
じょうぶ 丈夫な solide, robuste／(健康である) être en bonne santé, être bien portant.
じょうほう 情報 information, renseignement／情報を得る se renseigner sur qc／情報を与える informer qn ⇨ 比較／情報処理する informatiser／情報産業 l'industrie informatique.
しょうめいしょ 証明書 certificat, attestation.
しょく 職 emploi ⇨ 比較
しょくぎょう 職業 profession.
しょくじ 食事 repas／食事を取る prendre un repas.

しょくどう 食堂 restaurant ⇨ 比較
しょくば 職場 (で) (sur son) lieu de travail.
しょくひ 食費 frais de nourriture.
しょくぶつ 植物 plante／植物の végétal.
しょくよく 食欲 appétit.
しょくりょうひん 食料品 produits alimentaires.
しょとく 所得 revenu.
しょほうせん 処方箋 ordonnance.
しょめい 署名 signature／署名する signer.
しょるい 書類 papiers, dossier.
しらせる 知らせる informer ⇨ 比較
しらべる 調べる examiner ⇨ 比較
しりつ¹ 市立の municipal.
しりつ² 私立の privé／私立校 école privée.
しる 知る savoir ⇨ 語法
しろ¹ 白 blanc.
しろ² 城 château.
じんけん 人権 les droits de l'homme.
しんごう 信号 feu／赤信号 feu rouge.
じんこう 人口 population.
しんこく 申告 déclaration／申告する déclarer.
しんしつ 寝室 chambre, salle ⇨ 語法
しんじる 信じる croire.
しんせん 新鮮な frais.
しんぞう 心臓 cœur／心臓の cardiaque／心臓発作 crise cardiaque
しんだい 寝台 lit／(列車の) couchette.
しんだん 診断 diagnostic／診断書 certificat médical.
しんねん 新年 le Nouvel An／新年おめでとう Je vous souhaite une bonne année.
しんぱい 心配 inquiétude, souci／心配する s'inquiéter.
しんぽ 進歩 progrès／進歩する faire des progrès, avancer.
しんよう …を信用する faire confiance à qn/qc.
しんりょう 診療 consultation／診療所 clinique／診察する consulter.

す

す 酢 vinaigre.
すいか 西瓜 pastèque.
すいせん …を推薦する recommander qn/qc.
すいそく 推測 supposition／推測する supposer, faire des suppositions.
すいちょく 垂直な perpendiculaire, vertical.
すいどう 水道の水 eau courante [du robinet].
すいみん 睡眠 sommeil／睡眠をとる dormir.
すいよう 水曜 mercredi.
すえつける …を据えつける installer qc.
スカート jupe.
スカーフ foulard.
すき 好きである aimer ⇨ 語法
すくない 少ない (数が) peu nombreux／(量が) peu abondant (⇨ peu 語法).
すくなくとも 少なくとも au moins, du moins ⇨ 語法

すぐに tout de suite, aussitôt, immédiatement, sans tarder, sur-le-champ/ すぐ行きます J'arrive.
すぐれた 優れた brillant ⇨ 比較
スケジュール emploi du temps, programme.
すこし 少し un peu/ 少しずつ peu à peu, petit à petit.
すごす 過ごす(時を) passer/ (度を) dépasser les bornes.
すずしい 涼しい frais.
すすむ …の方に進む se diriger vers qc, (s')avancer vers qc/ (進歩する) progresser, avancer, faire des progrès.
すすめる …に…を勧める conseiller qc à qn, conseiller à qn de + 不定詞, recommander qc à qn, recommander à qn de + 不定詞/ お勧めは何ですか Qu'est-ce que vous recommandez?
スーツ costume/ (婦人用の) tailleur.
ずつう 頭痛 mal de tête/ 頭痛がする avoir mal à la tête.
スーツケース valise.
ステーキ bifteck, steak/ (レア) saignant/ (ミディアム) à point/ (ウェルダン) bien cuit.
すてきな excellent, remarquable, admirable, 話 formidable, épatant.
すてる 捨てる jeter/ (放棄する) abandonner.
ストッキング bas/ パンティーストッキング collant.
すねる bouder, faire la tête.
スパイス épice.
スーパーマーケット supermarché, hypermarché.
すばらしい admirable ⇨ 比較
スープ soupe, potage, bouillon.
スプーン cuiller.
すべる 滑る glisser/ 滑るから気をつけて Attention, ça glisse.
スポークスマン porte-parole.
ズボン pantalon/ (ショートパンツ) short.
すみません Pardon, Je suis désolé; Excusez-moi.
すむ¹ 住む habiter.
すむ² 済む finir, se terminer, s'achever.
スリッパ pantoufle.
する (行う) faire ⇨ 語法, effectuer.
するどい 鋭い aigu.
すわる 座る s'asseoir.

せ

せ 背 taille/ 背が高い [低い] être grand [petit].
せい 私のせいじゃない Ce n'est pas ma faute.
ぜい 税 impôt ⇨ 比較
せいかい 政界 le monde [milieu] politique.
せいかく¹ 性格 caractère (⇨ nature 比較)/ よい [悪い] 性格である avoir bon [mauvais] caractère.
せいかく² 正確な exact, précis, juste, correct/ (時間に) ponctuel.
せいかつ 生活 vie/ 日常生活 la vie quotidienne/ 学生生活 la vie estudiantine.
ぜいかん 税関 douane.
せいきゅう 請求 demande, réclamation/ 請求する demander, réclamer/ 請求書 facture.
せいけつ 清潔な propre.
せいこう 成功 succès ⇨ 比較/ …に成功する réussir à + 不定詞.
せいさく 制作 fabrication/ 制作する faire, fabriquer, confectionner.
せいさん 生産 production/ 生産する produire/ 生産者 producteur/ 生産物 produit.
せいじ 政治 politique.
せいしき 正式の officiel/ (適法の) légal/ (正しい) correct.
せいしん 精神 âme ⇨ 比較
せいじん 成人 adulte/ 成人病 maladies de l'âge adulte/ 成人する arriver à l'âge adulte.
せいせき 成績(結果) résultat/ (点) note.
せいぞう 製造 fabrication, production/ 製造業 l'industrie manufacturière.
せいちょう 成長 croissance, développement/ 成長する(子供が) grandir/ (経済が) se développer.
せいと 生徒 élève ⇨ 比較
せいねん 青年 jeune homme/ 《集合的》les jeunes gens, la jeunesse.
せいねんがっぴ 生年月日 date de naissance.
せいのう 性能 qualité, performance.
せいひん 製品 article, produit.
せいよう 西洋 Occident.
せいり¹ (女性の)生理 règles.
せいり² 整理 rangement/ 整理する ranger.
せかい 世界 le monde/ 世界情勢 la situation internationale/ 世界平和 la paix mondiale.
せき¹ 席 place, siège.
せき² 咳 toux/ 咳をする tousser.
せきにん 責任 responsabilité/ 責任がある être responsable de qc/ 責任者 responsable.
せきゆ 石油 pétrole.
セーター pull(-over), tricot.
せっけん 石鹸 savon/ (化粧石鹸) savonnette.
せつぞく 接続 contact/ (乗り物の) correspondance.
せつび 設備 équipement, installation.
せつめい 説明 explication/ (注釈) commentaire/ 説明する expliquer.
せつやく …の節約をする faire des économies de + 無冠詞名詞.
せなか 背中 dos.
せまい 狭い étroit, exigu/ (了見が) borné.
せみ 蟬 cigale.
セルフサービス self-service.
せん 線 ligne, trait ⇨ 比較
せんきょ 選挙 élection/ 選挙の électoral/ 選挙人 électeur/ 選挙権 droit de vote/ 選挙区 circonscription électorale.
せんさい 繊細な délicat ⇨ 比較

せんざい 洗剤 lessive, détergent.
せんじつ 先日 l'autre jour.
ぜんじつ 前日 la veille.
せんしゅう 先週 la semaine dernière.
せんす 扇子 éventail.
せんせい 先生 professeur ⇨ 語法
せんそう 戦争 guerre ⇨ 比較
ぜんたい 全体の entier ⇨ 比較
せんたく 洗濯 lessive/ 洗濯する faire la lessive.
せんでん 宣伝 publicité/ 宣伝をする faire la publicité de.
ぜんりょく 全力を尽くす faire tout son possible pour + 不定詞, faire de son mieux.

そ

そう 沿う longer/ …に沿って歩く marcher le long de qc.
ぞう 像(彫像) statue/ (胸像) buste.
そうおん 騒音 bruit, vacarme, fracas.
ぞうか 増加 augmentation, accroissement/ 増加する augmenter, se multiplier/ 増加中である être en augmentation.
そうかい 総会 assemblée générale.
そうがく 総額 somme totale [globale].
そうご 相互の mutuel, réciproque.
そうごう 総合的な global, synthétique.
そうさ¹ 操作 opération/ (自動車の) manœuvre / 操作する manipuler, manœuvrer, opérer.
そうさ² 捜査 enquête/ …について捜査する faire une enquête sur qc, enquêter sur qc.
そうじ 掃除 ménage, nettoyage/ 掃除する faire le ménage/ 掃除機 aspirateur.
そうしき 葬式 obsèques.
そうぞう 創造 création/ 創造する créer.
そうぞうしい 騒々しい bruyant.
そうだん 相談する(助言を求める) demander conseil à qn ⇨ 行為 3
そうち 装置 dispositif, machine ⇨ 比較
そうべつ 送別会 repas [réunion] d'adieu.
そうりょう 送料 port/ 着払いで送る envoyer qc en port dû.
ぞくする …に属する appartenir à qn/qc.
そくたつ 速達で par exprès.
そしき 組織 organisation/ (団体) groupe/ 組織する organiser, former.
そしょう 訴訟 procès/ 訴訟を起こす intenter un procès.
そだてる 育てる(子供を) élever des enfants / (植物を) cultiver/ (才能を) cultiver [développer] un talent/ (養う) nourrir.
そつぎょう 卒業 finir [terminer] ses études / 卒業式 cérémonie de la remise des diplômes.
そっちょく 率直に franchement/ 率直に話す parler franchement [à cœur ouvert].
そと 外 l'extérieur, le dehors/ 外は寒い Il fait froid dehors/ 戸外で en plein air.

そなえる …に備える se préparer à qc/不定詞/ …に備えて en prévision [vue] de qc.
そのうえ en [de] plus, en outre.
そのうち d'ici [quelques jours [peu]], sous peu, bientôt, un de ces jours.
そのとおり そのとおりです C'est tout à fait ça; C'est bien ça; Vous avez raison.
そのとき その時 alors, à ce moment-là.
そば そばに[で] à côté [près, auprès, à proximité] de.
そら 空 ciel.
そる 剃る raser/ (ひげを) se raser.
それから ensuite, (et) puis, après cela.
そん 損失 perte/ 損害 dégâts, dommages.
そんけい …を尊敬する avoir 「de l'estime [du respect] pour qn.
そんざい 存在 existence/ 存在する exister.

た

たい 鯛 daurade.
たいいく 体育 éducation physique / 体育館 gymnase.
たいおう 対応 correspondance/ 対応する correspondre à, être équivalent à.
たいおん 体温 température/ 体温計 thermomètre (médical).
たいがい 大概 généralement, en général, d'habitude.
だいがく 大学 université/ 国立 [私立]大学 université 「d'Etat [privée].
たいざい 滞在 séjour/ …に滞在する séjourner [rester, faire un séjour] à + 場所.
たいさく 対策 mesure, disposition/ …のために対策を取る prendre des mesures pour + 不定詞.
だいじ 大事な important/ (貴重な) précieux/ 大事なこと l'essentiel, l'important.
たいしつ 体質 nature, constitution.
たいしゅう 大衆 le grand public, les masses populaires.
たいしょく 退職 retraite/ (辞職) démission/ 退職する quitter son emploi.
たいそう 体操 gymnastique.
だいたい 大体 à peu près, en grande partie / (一般に) en général, pour la plupart.
だいたすう 大多数の la plupart de.
だいたん 大胆な audacieux, hardi.
たいど 態度 attitude, les manières.
たいとう 対等に sur un pied d'égalité.
だいどころ 台所 cuisine.
だいひょう 代表者 représentant/ 代表する représenter/ 代表的な représentatif.
たいふう 台風 typhon.
たいへん たいへんな(ゆゆしい) grave, sérieux/ (なみはずれた) extraordinaire, remarquable.
たいよう 太陽 soleil.
ダイヤル cadran/ ダイヤルを回す composer [faire]

un numéro.
たいりつ 対立 opposition, antagonisme/ …と…について対立する s'opposer à qn sur qc.
たいりょく 体力 force physique/ 体力がある être résistant.
たえる 耐える supporter, endurer.
たおす 倒す faire tomber qn/ （負かす）vaincre [battre] qn.
タオル serviette, serviette éponge.
たかい 高い（高さが）haut/ （値段が）cher/ （背が）grand/ 高い熱がある avoir「une forte [beaucoup de] fièvre.
たくさん beaucoup ⇨ 語法 / たくさん食べる manger beaucoup.
タクシー taxi/ タクシーに乗る prendre un taxi.
たこ 蛸 pieuvre, poulpe.
たしかな 確かな sûr, certain.
たすけ 助け aide, assistance, secours.
たずねる¹ ⇨ きく².
たずねる² 訪ねる（場所を）visiter qc/ （人を）aller voir qn, rendre visite à qn.
たたかい 戦い guerre ⇨ 比較
ただ seulement/ 唯一の seul, unique.
ただしい 正しい correct, exact, juste.
ただちに 直ちに immédiatement.
たつ¹ 立つ, 立ち上がる se lever/ 立っている être debout.
たつ² 発つ partir/ 東京を発つ quitter Tokyo.
たつ³ （時間が）経つ passer, s'écouler.
たつ⁴ 断つ couper, rompre/ 外交関係を断つ rompre les relations diplomatiques/ （やめる）cesser qc [de + 不定詞], se priver de qc [de + 不定詞].
たっする 目的を達する atteindre son but.
たてまえ 建て前 principe.
たてもの 建物 bâtiment, immeuble.
たてる 建てる construire.
たね 種（種子）graine/ （果実の）pépin.
たのしい 楽しい agréable, réjouissant, gai.
たのむ …に…することを頼む demander à qn de faire qc.
たぶん 多分 peut-être, sans doute, probablement.
たべる 食べる manger/ 食べ物 aliment, nourriture.
たまご 卵 œuf/ 卵の黄身 jaune d'œuf/ 目玉焼き œuf sur le plat/ ゆで卵 œuf dur.
だます tromper, faire marcher/ （…に）だまされる se faire avoir (par qn).
たまねぎ 玉葱 oignon.
だまる 黙る se taire/ 黙らせる faire taire/ 黙って en silence, sans mot dire.
ためす 試す essayer/ 運を試す tenter sa chance / （試練にかける）mettre qn/qc à l'épreuve.
たよる 頼る avoir recours à, recourir à.
だらしない だらしない服装で en tenue négligée [débraillée]/ だらしない生活 vie déréglée.
たりる 足りる suffire, être suffisant.

だんたい 団体 groupe, association, organisation/ 団体交渉 négociations collectives.
だんだん progressivement, petit à petit, peu à peu.
たんぱくしつ 蛋白質 protéine.
だんぼう 暖房 chauffage/ 暖房がよくきいている être bien chauffé.

ち

ち 血 sang/ 手から血が出る saigner de la main.
ちい 地位 situation, position/ 社会的地位の高い人 personne haut placée.
ちいさい 小さい petit.
ちか¹ 地下 sous-sol/ 地下の souterrain/ 地下道 passage souterrain.
ちか² 地価 le prix des terrains.
ちかい 近い proche/ いちばん近い道 le chemin le plus court/ 近くに près de.
ちがい 違い différence/ 違う différent.
ちかごろ ces temps-ci, récemment ⇨ 語法
ちかづく 近づく approcher ⇨ 比較
ちかてつ 地下鉄 métro.
ちかみち 近道 raccourci.
ちから 力 force ⇨ 比較
ちきゅう 地球 la Terre, le globe.
ちこく 遅刻する être [arriver] en retard.
ちしき 知識 connaissance.
ちず 地図（町の）plan/ （国の）carte/ （地図帳）atlas.
チーズ fromage.
ちせい 知性 intelligence ⇨ 比較
ちち 父 père/ 父の paternel.
ちほう 地方（田舎）province/ （地域）région.
ちゃ 茶 thé/ 緑茶 thé vert/ 1杯の茶 une tasse de thé/ 茶を飲む prendre du thé.
チャンス chance.
ちゅうい 注意 attention/ 注意を引く attirer l'attention de/ 体に注意する prendre soin de soi-même/ （忠告）conseil, remarque/ 注意する faire des remarques.
ちゅうがっこう 中学校 collège, école secondaire.
ちゅうこ 中古 d'occasion.
ちゅうしゃ 駐車 stationnement/ 駐車場 parking/ 駐車する《人・車が主語》stationner/ 《人が主語》garer sa voiture, se garer.
ちゅうじゅん 5月の中旬 vers le milieu du mois de mai, à la mi-mai.
ちゅうしょく 昼食 déjeuner/ 昼食を取る prendre le déjeuner.
ちゅうしん 中心 centre/ 中心の central.
ちゅうぜつ（妊娠）中絶 avortement/ 中絶する se faire avorter.
ちゅうもく …に注目する fixer les yeux sur qc, prêter attention à qc/ …は注目に値する Il est à noter que + 直説法.
ちゅうもん 注文 commande/ 注文する comman-

ちょう 腸 intestin/ 大腸 le gros intestin.
ちょうこう (病気の)兆候 symptôme.
ちょうさ 調査 enquête/ …について調査する faire une enquête sur qc.
ちょうしょ 長所 qualité.
ちょうしょく 朝食 petit déjeuner.
ちょうわ 調和 harmonie/ …と調和する être en harmonie avec qc.
ちょきん 貯金 économies/ 貯金する faire des économies.
ちりょう 病人を治療する soigner un malade.

つ

ついて (関して) sur, à propos de, au sujet de/ その点について sur ce point [sujet].
ついに enfin, finalement, en fin de compte/ ついに…する finir par + 不定詞.
つうか¹ 通過する passer/ (電車が駅を) ne pas s'arrêter à une gare.
つうか² 通貨 monnaie/ 通貨の monétaire.
つうじる …に通じる(つながる) conduire [mener] à qc/ (伝わる) se faire comprendre, être compris/ (精通する) être fort [versé] dans qc, s'y connaître à [en] qc.
つかう 使う utiliser, employer ⇨ 比較
つかむ prendre ⇨ 比較
つかれ 疲れ fatigue/ 疲れる se fatiguer/ 疲れている être fatigué ⇨ 比較
つき 月 lune.
つきあう …と付き合う fréquenter qn, avoir des relations avec qn.
つぎの 次の(現在から見て) prochain/ (過去から見て) suivant/ (以下の) suivant/ 次に ensuite, puis, en second lieu.
つく 着く (到着する) arriver ⇨ 比較/ (席に) s'asseoir/ (食卓に) se mettre à table.
つくえ 机 bureau, tableau.
つくる 作る faire ⇨ 比較
つける 付ける(点火する・スイッチを入れる) allumer.
つごう …にとって都合がいい [悪い] convenir [ne pas convenir] à qn.
つづく 続く continuer ⇨ 比較
つつむ 包む envelopper, mettre qc en paquet, empaqueter.
つとめ 勤め(勤務) travail / (職務) fonction / (義務) devoir.
つま 妻 femme, épouse (⇨ époux 比較).
つまらない inintéressant, ennuyeux, fastidieux/ (無価値の) sans valeur, insignifiant.
つめたい 冷たい froid, frais/ 冷たい飲み物 boisson rafraîchissante.
つゆ 梅雨 la saison des pluies.
つよい 強い fort ⇨ 比較
つらい 辛い pénible, dur, rude.
つりあい 釣り合い équilibre/ 釣り合いのとれた bien équilibré, bien proportionné.

て

て 手 main/ 手の甲 le dos de la main/ 手のひら la paume de la main.
てあて 手当て(治療) soins/ 病人の手当てをする soigner un malade/ (報酬) allocation, prime.
ていあん 提案 proposition/ 提案する proposer / 和平の提案 proposition de paix.
ていか 低下 diminution ⇨ 比較
ていき 定期券 carte d'abonnement.
ていきあつ 低気圧 dépression, cyclone.
ていきょう 提供 offre/ 提供する offrir, fournir / (臓器などの)提供者 donneur.
ていこう 抵抗 résistance/ …に抵抗する résister à qc.
ていしゅつ 提出する présenter, remettre, soumettre.
ていしょく 定食 menu à prix fixe/ 日替わり定食 plat du jour.
ていせい 訂正 rectification, correction/ 訂正する corriger, rectifier.
ていど 程度 degré/ (水準) niveau / 損害の程度 l'étendue des dégâts/ ある程度 dans une certaine mesure.
ていねい 丁寧な(人が) poli, courtois/ (仕事が) soigné/ (人が入念な) soigneux, méticuleux.
ていねん 定年 retraite/ 定年になる être à la retraite.
ていりゅうじょ 停留所 gare ⇨ 比較
てき 敵 ennemi, adversaire ⇨ 比較
できごと 出来事 événement ⇨ 比較
てきど 適度に avec modération, sans excès.
てきとう 適当な家 maison convenable/ 適当な方法 méthode appropriée/ 適当な値段 prix modéré/ 適当な時に au moment voulu.
できる pouvoir ⇨ 比較
でぐち 出口 sortie, issue.
てちょう 手帳 carnet/ (日記式の) agenda.
てつ 鉄 fer/ 鉄鋼 acier/ 鉄鋼業 sidérurgie.
てつだう 手伝う aider/ 手伝いましょうか Je peux vous aider?
てつづき 手続き formalité/ (法律上の) procédure.
てにいれる 手に入れる obtenir ⇨ 比較
でむかえる 出迎える accueillir, recevoir.
デモ manifestation / デモ行進する manifester, descendre dans la rue.
てんいん 店員 employé, vendeur.
てんき 天気 temps.
でんき 電気 électricité/ 電気の électrique.
てんごく 天国 paradis.
てんし 天使 ange.
でんち 電池 pile.
でんとう 電灯 lumière.
てんらんかい 展覧会 exposition.
でんわ 電話 téléphone/ …に電話する téléphoner à qn, appeler qn, donner un coup 「de télé-

phone [de fil] à qn／電話番号 numéro de téléphone.

と

とい 問い question, interrogation／…に…のことで問い合わせる demander à qn des renseignements sur qc.
トイレ toilettes ⇨ 比較／トイレットペーパー papier hygiénique.
どうい 同意 accord, approbation, consentement／…に同意する consentir à qc, approuver qn/qc, être d'accord avec qn.
どういたしまして Je vous en prie.
とういつ 統一 unité／統一化 unification／ドイツの再統一 la réunification allemande.
とうき 陶器 poterie, faïence.
どうき 動機 motif, mobile, motivation.
どうぐ 道具 instrument ⇨ 比較
とうけい 統計 statistique.
とうし 投資 investissement, placement.
とうじ 当時 alors, à cette époque-là.
どうじ 同時 en même temps, simultanément, à la fois.
とうじしゃ 当事者 intéressé.
とうじょう 登場する entrer, entrer en scène, apparaître.
どうじょう …に同情する avoir pitié de qn.
とうたつ 到達する arriver ⇨ 比較
とうちゃく 到着 arrivée／到着する arriver ⇨ 比較
どうにゅう 導入する introduire.
どうぶつ 動物 animal ⇨ 比較
どうみゃく 動脈 artère／動脈硬化 artériosclérose.
とうよう 東洋 Orient.
どうろ 道路 route (⇨ chemin 比較)
とうろん 討論 discussion／…について討論する discuter de [sur] qc.
とおい 遠い éloigné ⇨ 比較／パリから遠いところに住む habiter loin de Paris.
とおす 通す laisser [faire] passer／（入れる）faire entrer.
ときどき de temps en temps, de temps à autre, quelquefois, parfois.
とく （問題を）解く résoudre un problème.
とくい …を得意にする être fier de qc／（学科が）得意だ être fort en qc.
どくしん 独身の(人) célibataire.
どくせん 独占 monopole, monopolisation／独占する monopoliser.
とくちょう 特徴 caractère ⇨ 比較
とくに 特に surtout, en particulier.
とくはいん 特派員 correspondant, envoyé.
どくりつ 独立 indépendance／独立した indépendant／独立する devenir indépendant, accéder à l'indépendance.
とし¹ 年 âge／（暦の）année／年取った âgé, vieux／年を取る vieillir／年が明ける [暮れる] L'année commence [finit].
とし² 都市 ville ⇨ 比較
としょかん 図書館 bibliothèque.
としより 年寄り personne âgée (⇨ vieux 語法)
とち 土地 terre ⇨ 比較
とちゅう 途中で en chemin, à mi-chemin.
とつぜん 突然 soudain, tout à [d'un] coup, brusquement.
とどく …に届く (達する) atteindre qc, arriver à qc／60に手が届く friser [approcher de] la soixantaine／（水中で）足が届く avoir pied.
となり 隣の voisin, d'à côté.
どのくらい combien／どのくらいの combien de.
とびこむ 飛び込む（水に）plonger [se jeter, sauter] dans l'eau／（実業界に）se lancer dans le monde des affaires.
とぶ 飛ぶ voler／飛び立つ s'envoler.
とまる¹ 止まる(停止する) s'arrêter, être arrêté, ne pas marcher／（ガスが）être coupé.
とまる² （ホテルに）泊まる loger [coucher, descendre] dans un hôtel.
ともだち 友達 ami ⇨ 比較
どよう 土曜 samedi.
ドライバー chauffeur (⇨ conducteur 比較).
とり 鳥 oiseau.
とりかえる 取り替える changer／AをBと取り替える échanger A contre B, remplacer A par B, substituer B à A.
とりかかる 取り掛かる commencer ⇨ 比較, procéder à qc.
とりけす 取り消す（予約を）annuler la réservation／（契約を）résilier [annuler] un contrat.
とりひき 取引 commerce ⇨ 比較
どりょく 努力 effort／努力する faire des efforts／努力家 homme d'effort, grand travailleur.
とる 取る prendre／（つかむ）saisir.
ドレス robe.
ドレッシング sauce vinaigrette.

な

ナイフ couteau.
ないよう 内容 contenu／（形式に対して）fond／（題材）matière, sujet.
ナイロン nylon.
なおす 直す réparer⇨ 比較／（病気を）治す guérir／（間違いを）corriger, rectifier／（変換する）convertir.
なか …と仲がいい [悪い] s'entendre bien [mal] avec qn, être en bons [mauvais] termes avec qn.
ながい 長い long, allongé／長さ longueur／長い間 (pendant) longtemps／長い目で見れば à long terme.
ながし 流し台 évier.
なかま 仲間 camarade, ami ⇨ 比較
ながれる 流れる（液体が）couler, s'écouler／（時

な

- なく¹ 泣く pleurer / 涙を流す verser des larmes.
- なく² 鳴く (鳥・虫が) chanter / (猫が) miauler ⇨ 図 p. 884
- なげく …を嘆く se plaindre de qc.
- なげる 投げる jeter ⇨ 比較
- なこうど 仲人 intermédiaire / 仲人をする arranger un mariage.
- なし 梨 poire.
- なす 茄子 aubergine.
- なつ 夏 été.
- なべ 鍋 (柄付き) casserole / (耳付き) cocotte, fait-tout.
- なま 生の cru / (新鮮な) frais / 生放送 émission en direct.
- なまえ 名前 nom.
- なみいか 並以下の médiocre ⇨ 比較
- なめらか 滑らかな lisse / (文体が) coulant / 滑らかな声 voix douce [veloutée].
- なる 鳴る (時計・電話が) sonner / 雷が鳴る Il tonne; Le tonnerre gronde.
- なれる …に慣れる「s'habituer [s'accoutumer, se faire] à qc, se familiariser avec qn/qc.

に

- におい odeur ⇨ 比較
- にがい 苦い amer / 口の中が苦い avoir la bouche amère / 苦い経験 expérience amère.
- にがつ 2月 février.
- にぎやか 賑やかな (活気のある) animé / (陽気な) gai, joyeux / 賑やかな笑い声 éclats de rire.
- にく 肉 viande / (肉屋) boucherie.
- にげる 逃げる s'enfuir ⇨ 比較
- にし 西 ouest.
- にじ 虹 arc-en-ciel.
- にちじょう 日常の quotidien / 日常生活 la vie quotidienne.
- にちよう 日曜 dimanche.
- にちようひん 日用品 article de consommation courante.
- にっちゅう 日中は pendant la journée.
- にばんめ 二番目の second ⇨ 比較
- にもつ 荷物 bagages.
- にゅういん 入院 hospitalisation / 入院させる hospitaliser qn / 入院中である être hospitalisé.
- にゅうがく 大学に入学する entrer dans une université / 入学試験 concours d'entrée.
- にる¹ …に似る ressembler à qn, tenir de qn.
- にる² 煮る (faire) cuire / (ゆでる) faire bouillir / とろ火で煮る (faire) mijoter.
- にんしん 妊娠 grossesse / 妊娠している être enceinte / 妊娠中絶 avortement.
- にんじん 人参 carotte.
- にんにく ail.

ぬ

- ぬう 縫う coudre.
- ぬく 抜く (追い越す) dépasser.
- ぬぐ 脱ぐ enlever, ôter / 《目的語なしに》se déshabiller / (靴を) se déchausser.
- ぬの 布 tissu, étoffe.

ね

- ねうち 値打ち valeur / 値打ちがある avoir de la valeur / …する値打ちがある Ça vaut la peine de + 不定詞 / 値打ちのない sans valeur.
- ねがい 願い souhait, vœu / 願う souhaiter, désirer, aspirer à qc.
- ねぎ 葱 poireau.
- ネクタイ cravate / 蝶(ちょう)ネクタイ nœud papillon.
- ねこ 猫 chat.
- ねだん 値段 prix ⇨ 比較
- ねつ 熱 (体温) fièvre / 熱がある avoir de la fièvre / 熱 (温度) chaleur.
- ねっちゅう …に熱中する se passionner pour qc / (没頭する) s'absorber dans qc.
- ねぼう 寝坊する faire la grasse matinée.
- ねむる 眠る dormir ⇨ 語法 / 眠い avoir sommeil.
- ねる 寝る se coucher ⇨ 語法, aller au lit / 寝ている être (déjà) au lit, dormir.
- ねんがじょう 年賀状 carte de Nouvel An.
- ねんざ 捻挫 entorse / 足を捻挫する se faire une entorse au pied, se fouler le pied.
- ねんれい 年齢 âge.

の

- のういっけつ 脳溢血 hémorragie cérébrale.
- のうそん 農村 campagne, zone rurale.
- のうみん 農民 paysan ⇨ 比較
- のうりょく 能力 capacité, compétence / …の能力がある être compétent en [dans] qc / …する能力がある être capable de + 不定詞
- のぞく …を除く (除去する) enlever qc / (消去する) supprimer qc / …を除いて excepté [sauf] qc.
- のぞむ 望む vouloir.
- ノック ノックする frapper à la porte.
- のど 喉 gorge / 喉が乾く avoir soif / 喉が痛い avoir mal à la gorge.
- のびる (会が) 延びる se prolonger / (延期する) être reporté [remis] à plus tard.
- のみみず ⇨ みず
- のむ 飲む boire, prendre / (スープを) manger.
- のり 糊 colle.
- のる 乗る (バス・列車に) prendre / (自転車・馬に) monter.

は

- は¹ 葉 feuille.
- は² 歯 dent / 歯医者 dentiste / 歯ブラシ brosse à

dents/ 虫歯 dent cariée/ 歯磨き dentifrice/ 歯を磨く se brosser les dents.
はい 肺 poumon/ 肺炎 pneumonie.
パイ tarte/ アップルパイ tarte aux pommes.
ばいきん 黴菌 microbe.
ハイキング randonnée, excursion.
ハイジャック détournement d'avion/ ハイジャックされた飛行機 avion détourné.
はいたつ 配達する(宅配する) livrer qc à domicile/ (配る) distribuer.
はいる 入る(部屋に) entrer dans qc/ (入り込む) pénétrer dans qc/ (加入する) adhérer à qc, s'inscrire à qc.
はえる 生える pousser.
ばかげた absurde ⇨ 比較
ばかな sot ⇨ 比較
はかる 計る(長さ・広さを) mesurer/ (重さを) peser/ (体温を) prendre la température.
はく¹ 吐く(食べ物を) vomir [rendre] qc/ 血を吐く cracher du sang.
はく² 靴を履く mettre ses chaussures.
はく³ 掃く balayer, donner un coup de balai.
はくしゅ 拍手 applaudissements/ …に拍手する applaudir qn/qc.
はげた 禿げた chauve.
バケツ seau.
はげます …を(…するように)励ます encourager qn (à + 不定詞), remonter le moral à qn.
はけん 派遣する envoyer.
バーゲン soldes/ バーゲン商品 article «en soldes [soldé]».
はこぶ …を運ぶ transporter [porter] qn/qc/ (物事が) marcher, aller.
はさん 破産 faillite, ruine / 破産する faire faillite, se ruiner.
はし¹ 箸 baguette.
はし² 橋 pont.
はじまる 始まる commencer, débuter/ (戦争などが) éclater, se déclencher/ 始まり commencement ⇨ 比較/ 始める commencer ⇨ 比較
はじめ 初め commencement ⇨ 比較/ 初めの premier, initial/ 初めに au commencement, au début/ (まず) d'abord.
ばしょ 場所 endroit ⇨ 語法, place.
はしる 走る courir.
パソコン ordinateur personnel, PC.
バター beurre.
はちがつ 8月 août.
はっきり clairement, distinctement.
はっくつ 発掘する déterrer ⇨ 比較
はつげん 発言 intervention/ 発言する prendre la parole, parler, intervenir.
はっこう 発行する(出版する) publier, éditer, faire paraître.
はっしゃ 発車 départ/ 発車する partir, démarrer/ 発車時刻 heure de départ.
はっそう 発送 envoi, expédition/ 発送する envoyer, expédier.

はったつ 発達 développement, progrès/ 発達する(経済など) se développer/ (技術など) faire des progrès.
はってん 発展 développement/ 発展する se développer.
はて 果て bout.
はで 派手な voyant, jeune/ 服装の派手な être habillé d'une manière trop voyante [jeune].
はな¹ 花 fleur.
はな² 鼻 nez.
はなしかける …に話しかける parler à qn, aborder qn ⇨ 比較
はなす 話す parler ⇨ 語法
はは 母 mère/ 母(方)の maternel/ 義母 belle-mère.
はやい¹ 早い時間に de bonne heure/ 早起きである être matinal/ 早く家に帰る rentrer tôt à la maison/ なるべく早く le plus tôt possible.
はやい² 速い rapide/ 速く rapidement, vite, promptement/ 速さ vitesse.
はやし 林 bois ⇨ 比較
はら 腹 ventre.
はらいもどし 払い戻し remboursement/ 払い戻しがきく se faire rembourser (⇨ rembourser 語法).
はらう 払う(金を) payer ⇨ 語法
はる 春 printemps.
はれ 晴れ beau temps/ 晴れている Il fait beau./ (空が) s'éclaircir.
ハンガー porte-manteau, cintre.
ばんぐみ 番組 émission, programme.
はんざい 犯罪 crime ⇨ 比較
はんたい 反対の contraire, opposé, inverse/ 反対する être contre, s'opposer à.
はんだん 判断する juger.
ハンドバッグ sac à main.
はんぶん 半分 moitié/ 半分の demi.

ひ

ひ 火 feu/ 火をつける allumer le feu.
ひあたり 日当たりがいい bien ensoleillé.
ひえる 冷える(お茶が) refroidir, devenir froid/ (天候が) Il fait froid/ (足が) avoir froid aux pieds/ (人間関係が) être en froid.
ひがい 被害 dégâts ⇨ 比較/ 被害をもたらす causer [provoquer] des dégâts.
ひがし 東 est/ 東に向かう se diriger vers l'est.
ひかり 光 lumière ⇨ 比較
ひかる 光る briller ⇨ 比較
ひきうける …を引き受ける prendre qc à sa charge, se charger de qc.
ひきおこす 引き起こす(事件を) causer, provoquer/ (議論を) donner lieu à.
ひきかえす 引き返す revenir sur ses pas, retourner (⇨ revenir 語法).
ひきだす お金を引き出す retirer de l'argent.
ひきつける 引き付ける(魅了する) séduire, attirer

/（人を）引き付けるような séduisant, attirant.
ひきわたす 引き渡す（包みを）remettre/（犯罪者を）remettre, livrer.
ひく 引く tirer.
ひくい 低い（高さが）bas/（程度などが）petit, médiocre.
ひげ（口ひげ）moustache/（あごひげ）barbe ⇨ 行為 40 / ひげをそる se raser.
ひこうき 飛行機 avion.
ひざ 膝 genou.
びしょくか 美食家 gourmet（⇨ gourmand 比較）．
ビタミン vitamine/ ビタミン入りの vitaminé.
ひつよう 必要（包みを）nécessité/ 必要な nécessaire/ …が必要である il faut qc [que + 接続法], avoir besoin de qn/qc.
びっくりする s'étonner de qc, être étonné [surpris]「de qc [que + 接続法].
ひっこし 引っ越し déménagement/ 引っ越す（行く）déménager/（来る）emménager.
ひと 人 homme ⇨ 語法
ひどい abominable.
ひときれ 一切れ une tranche/ 一切れのハム une tranche de jambon.
ひとじち 人質 otage/ …を人質に取る prendre qn en otage.
ひとどおり 人通りの多い道 une rue fréquentée [animée].
ひなん 避難する se réfugier, s'abriter.
ひのいり 日の入り le coucher du soleil.
ひので 日の出 le lever du soleil.
ひびく 響く résonner, retentir/（…に影響する）influer sur qn/qc, exercer une influence sur qn/qc.
ひふ 皮膚 peau.
ひま …する暇がある avoir le temps de + 不定詞 / 暇である être libre, avoir du temps libre / 暇なときに à ses moments perdus.
ひやけ 日焼けした bronzé, bruni.
ひよう 費用 frais/ 交通費 frais de transport / …の費用で aux frais de qn.
びよういん 美容院 salon de coiffure.
びょういん 病院 hôpital ⇨ 比較
びょうき 病気 maladie/ 病気である être malade ⇨ 行為 11 / 病人 malade.
ひらく 開く（包みを）ouvrir un paquet /（窓を）ouvrir une fenêtre /（展覧会を）faire [organiser] une exposition /（コンサートを）donner un concert /（店を）ouvrir un magasin.
ひらめ 平目 sole.
ひりょう 肥料 engrais.
ひる 昼 le jour/ 昼も夜も jour et nuit/ 昼間は pendant la journée/ 昼食 déjeuner.
ビル immeuble, building.
ピル pilule (anticonceptionnelle).
ひれい 比例 proportion/ 比例した proportionnel à/ 比例して en [à] proportion de/ 比例代表制 la représentation proportionnelle.

ひろい 広い grand ⇨ 比較
ひろう 疲労 ⇨ つかれ
ひろがる 広がる s'étendre/（幅が）s'élargir/（伝播する）se répandre.
ビロード velours.
ひろば 広場 place ⇨ 語法 ENDROIT
ひんけつ 貧血 anémie.
びんせん 便箋 papier à lettres.

ふ

ファスナー fermeture éclair.
ファッション mode/ ファッションデザイナー (grand) couturier/ ファッションモデル mannequin.
ふあん 不安 inquiétude ⇨ 比較 / 不安な inquiétant, alarmant / …が不安である être inquiet de qc/不定詞．
フィルム pellicule ⇨ 比較
ふうけい 風景 paysage.
ふうぞく 風俗 mœurs, coutume.
ふうとう 封筒 enveloppe/ …を封筒に入れる mettre qc dans une enveloppe.
ふうふ 夫婦 ménage, couple.
ふうん 不運 malchance, malheur, infortune, manque de chance.
ふえる 増える augmenter, s'accroître, se multiplier.
フォーク fourchette.
ふかい¹ 深い profond.
ふかい² 不快な désagréable, déplaisant/ …に不快感を与える donner à qn une impression désagréable.
ふかくじつ 不確実な incertain, peu sûr/ 不確実性 incertitude.
ふかのう 不可能な impossible/ 不可能性 impossibilité.
ふきげん 不機嫌 mauvaise humeur/ 不機嫌である être de mauvaise humeur / 不機嫌な hargneux, renfrogné.
ふきそく 不規則な irrégulier.
ふきょう 不況 marasme, dépression.
ぶきよう 不器用な maladroit, malhabile.
ふく¹ 拭く essuyer/ 手を拭く s'essuyer la main.
ふく² 服 vêtement ⇨ 比較 / 服を着る s'habiller / 服を脱ぐ se déshabiller/ 立派な服をしている être bien habillé [mis].
ふくざつ 複雑な compliqué, complexe.
ふくし 公共の福祉 le bien-être public/ 福祉国家 Etat providence/ 社会福祉 œuvres sociales, assistance publique [sociale].
ふくつう 腹痛 mal de ventre, douleur intestinale, colique.
ふざい 不在 absence/ 不在の；不在者 absent.
ぶじ 無事である être en vie/ 事故にあって無事である sortir indemne [sain et sauf] d'un accident/ 無事に sain et sauf, sans accident.
ふしぎ 不思議な mystérieux/（奇妙な）étrange, bizarre ⇨ 比較

ふじん 婦人 femme, dame.
ふせぐ 防ぐ(守る) défendre, protéger/ (予防する) prévenir, empêcher.
ふそく 不足 manque, insuffisance, défaut, pénurie, carence, déficience/ 不足の《物が主語》manquer, faire défaut, être insuffisant/ 《人が主語》manquer de qc.
ぶた 豚 cochon, porc ⇨ 比較
ふだん 普段 d'habitude, habituellement.
ふちゅうい 不注意 manque d'attention/ 不注意で par mégarde [inadvertance].
ぶっか 物価 les prix, le coût de la vie/ パリは物価が高い La vie est chère à Paris/ 物価指数 indice des prix.
ふつかよい 二日酔いである 俗 avoir la gueule de bois.
ぶどう (実) raisin/ (木) vigne.
ふどうさんや 不動産屋 agence immobilière.
ふとる 太る grossir/ 太った gros, fort.
ふね 船 bateau ⇨ 比較
ぶぶん 部分 partie ⇨ 比較
ふへい 不平を言う se plaindre (「de qc [que + 接続法]).
ふみきり 踏切 passage à niveau.
ふゆ 冬 hiver.
フライ friture/ 魚のフライ poisson frit/ …をフライにする faire frire qc.
フライパン poêle.
ブラウス chemisier.
ブランデー eau-de-vie, brandy.
ふる¹ 降る(雨が) Il pleut.
ふる² 振る agiter ⇨ 比較
プール piscine/ 室内プール piscine couverte.
ふるい 古い ancien ⇨ 比較
ふるまう 振る舞う agir ⇨ 比較
ブレーキ frein/ ブレーキをかける freiner.
ふろ 風呂(浴室) salle de bains/ 風呂に入る prendre un bain.
フロント (ホテルの) réception.
ふんいき 雰囲気 atmosphère ⇨ 比較
ぶんがく 文学 littérature.
ふんすい 噴水 jet d'eau.
ふんそう 紛争 conflit.
ぶんつう 文通 correspondance/ …と文通する correspondre avec qn.
ぶんぼうぐ 文房具 articles de bureau/ 文房具店 papeterie.
ぶんや 分野 domaine/ 専門分野 spécialité.

へ

へいえき 兵役 service militaire.
へいかい 閉会の辞 discours de clôture/ 閉会する clore [lever] la séance.
へいき 兵器 arme/ 核兵器 armes nucléaires.
へいきん 平均 moyenne/ 平均して en moyenne.
へいこう 平衡 équilibre/ 平衡感覚 le sens de l'équilibre.
へいさ 閉鎖 fermeture/ 閉鎖的な fermé, replié sur soi-même.
へいじつ 平日に en semaine.
へいぼん 平凡な banal, ordinaire, médiocre.
へいわ 平和 paix/ 平和に en paix, paisiblement/ 平和運動 mouvement pacifiste.
へた 下手な maladroit, mauvais/ 下手なフランス語 mauvais français/ 歌が下手だ ne pas bien chanter.
べっそう 別荘 résidence secondaire.
べっびん 別便で sous pli séparé.
へや 部屋 salle ⇨ 語法
へらす 減らす diminuer, réduire.
へん 変な bizarre ⇨ 比較
べん 便 selles, matières fécales, excréments.
へんか 変化 changement, transformation/ (変動) variation/ 変化する changer, évoluer, se transformer, se modifier, varier/ (悪い方に) s'altérer.
べんきょうする 勉強する travailler, étudier ⇨ 比較
へんこう 変更 changement, modification/ 変更する changer, modifier.
べんじょ 便所 toilettes, waters, cabinets, W.-C., 俗 petit coin.
へんそう 返送 renvoi/ …を返送する renvoyer [retourner] qc.
べんぴ 便秘 constipation/ 便秘する être constipé.

ほ

ほいくじょ 保育所 crèche.
ぼうえい 防衛 défense/ 防衛力 force de défense.
ぼうえき 貿易 commerce extérieur/ 貿易の自由化 libéralisation des échanges commerciaux/ 貿易収支 balance commerciale.
ぼうがい 妨害する faire obstacle à/ …が…するのを妨害する empêcher qn de + 不定詞/ 安眠を妨害する troubler le sommeil de qn.
ほうき¹ 箒 balai/ 箒で掃除する donner un coup de balai.
ほうき² 放棄 abandon/ …を放棄する abandonner qc, renoncer à qc.
ほうこう 方向 direction, sens, orientation/ …の方向に行く aller 「dans la direction de [du côté de] qc/ 方向感覚 le sens de l'orientation.
ほうこう¹ 膀胱 vessie/ 膀胱炎 cystite.
ほうこう² 暴行 violence, agression/ …に暴行を加える faire violence à qn, agresser qn.
ほうこく 報告 compte rendu, rapport/ 報告する rapporter à.
ぼうし 帽子 chapeau.
ほうしゃのう 放射能 radioactivité/ 放射能汚染 pollution [contamination] radioactive.
ほうしゅう 報酬 rémunération ⇨ 比較

ほうしん 方針(原則) principe/ (やり方) politique/ 方針を変える changer de politique.
ほうそう 放送(番組) émission, programme/ 放送する diffuser [passer] qc/ 生放送 émission en direct.
ほうたい 包帯 pansement.
ほうふうう 暴風雨 tempête.
ほうほう 方法 méthode, moyen ⇨ 比較
ほうもん 訪問 visite/ 訪問する(人を) aller voir qn, rendre visite à qn/ (施設を) visiter qc / 日本を公式訪問する se rendre au Japon en visite officielle.
ほうりつ 法律 loi/ 法 droit.
ぼうりょく 暴力 violence/ 暴力に訴える recourir à la violence.
ホウレンソウ épinard.
ほけん 保険 assurance/ 保険に入る prendre une assurance/ …に保険をかける assurer qc/ 保険会社 compagnie d'assurances.
ほこうしゃ 歩行者 piéton / 歩行者天国 rue [zone] piétonnière.
ほし 星 étoile.
ほしょう 補償 indemnisation/ 補償金 indemnités.
ほそい 細い mince, fin.
ほぞん 保存 conservation/ 保存が利く「se garder [se conserver] bien/ 保存する conserver, garder.
ほたてがい 帆立貝 coquille Saint-Jacques.
ほっさ 発作 crise, attaque, accès/ 発作を起こす être pris d'une crise.
ほっする 欲する vouloir.
ホッチキス agrafeuse.
ほっとう …に没頭する「s'absorber [se plonger] dans qc.
ホテル hôtel ⇨ 比較
ほどう 歩道 trottoir/ 歩道橋 passerelle.
ほめる …を褒める louer qn, dire du [beaucoup de] bien de qn, faire l'éloge de.
ほん 本 livre.
ほんき 本気の sérieux / …を本気にする prendre qn/qc au sérieux / 本気で sérieusement, pour de bon.
ほんとう 本当の vrai ⇨ 比較 / 本当に vraiment.

ま

まいあさ 毎朝 tous les matins, chaque matin.
まいしゅう 毎週 toutes les semaines, chaque semaine.
まいにち 毎日 tous les jours, chaque jour.
まいねん 毎年 tous les ans, chaque année.
まいばん 毎晩 tous les soirs, chaque soir.
マウス souris.
まえ¹ (時間的に)前に il y a/ (以前に) avant, autrefois, auparavant/ (以前から) depuis longtemps/ (空間的に)前に devant.
まえ² 前の précédent ⇨ 比較

まえもって 前もって à l'avance, d'avance, par avance, préalablement, au préalable.
まかせる …を…に任せる confier qc à qn/ (人に) s'en remettre à qn/ 運を天に任せる s'abandonner à la Providence/ …に一切を任せる donner carte blanche à qn.
まがる 右[左]に曲がる tourner à droite [gauche]/ 二番目の道を左に曲がる prendre la deuxième rue à gauche/ (湾曲する) se courber.
まきちらす 撒き散らす répandre ⇨ 比較
まける …に負ける être battu par qn/ 試合に負ける perdre 「le match [la partie]/ 誘惑に負ける succomber à la tentation / (値段を) faire une remise [réduction].
まじめ 真面目な sérieux, sincère/ まじめ(本気)だ ne pas plaisanter, être sérieux/ まじめに sérieusement, sincèrement, honnêtement.
まじわる 交わる(交差する) se croiser, se couper / (交際する) avoir des relations avec qn.
まず 先ず (tout) d'abord, en premier lieu, premièrement, avant tout, pour commencer.
まずい 不味い mauvais, pas bon/ (食べられない) immangeable/ (飲めない) imbuvable / …するのはまずい (具合が悪い) Il n'est pas bon [raisonnable] de + 不定詞./ それはまずい Ça tombe mal.
マスコミ les médias.
まずしい 貧しい pauvre ⇨ 比較, 語法
まだ encore, toujours ⇨ 語法
まち 町 ville ⇨ 比較
まちあわせ 待ち合わせ rendez-vous/ …と待ち合わせがある avoir rendez-vous avec qn ⇨ 行為 50
まちがい 間違い erreur.
まったん 末端 bout / 末端価格 prix à la revente.
まで (時間)朝から晩まで du matin au soir/ 今まで jusqu'à maintenant, jusqu'à présent, jusqu'ici/ いつまで jusqu'à quand/ (場所)東京からパリまで de Tokyo à [jusqu'à] Paris.
までに avant ⇨ 語法
まなぶ 学ぶ étudier ⇨ 比較
まにあう 間に合う arriver à temps.
まねく 招く inviter/ …をパーティーに招く inviter qn à une soirée.
まもる 守る(保護する) défendre, protéger, préserver/ (遵守する) respecter/ 約束を守る tenir sa promesse.
まよう 道に迷う se perdre.
まんせい 慢性の chronique.
まんぞく 満足 satisfaction, contentement/ 満足する être satisfait de.
まんぷく 満腹である avoir bien mangé, être repu.

み

みあい 見合い結婚 mariage arrangé.

みうしなう …を見失う perdre qc de vue.
みえる 見える voir.
みかける 見かける apercevoir.
みかた 見方 façon [manière] de voir, point de vue.
みかん 蜜柑 mandarine, clémentine.
みごと 見事な admirable ⇨ 比較
みこん 未婚の célibataire, non-marié/ 未婚の母 mère célibataire.
みじかい 短い court/ 短い時間 moment ⇨ 比較
みじたく 身支度をする faire sa toilette.
みず 水 eau/ (飲み水) eau potable.
みせ 店 magasin ⇨ 比較
みせる 見せる montrer ⇨ 比較
みたす 満たす remplir/ (…を満足させる) satisfaire qn/qc, contenter qn/ 条件を満たす remplir les conditions.
みだす 乱す troubler/ 平和と秩序を乱す troubler la paix et l'ordre.
みち 道 chemin ⇨ 比較
みちじゅん 道順 itinéraire ⇨ 比較
みつもり 見積り devis/ 見積りをする faire [établir] un devis.
みなす …を…と見なす considérer [regarder] qn/qc comme「qn/qc [形容詞]」.
みなみ 南 sud.
みにくい 醜い laid ⇨ 比較
みぶんしょうめい 身分証明書 carte [pièce] d'identité.
みまう 見舞う(病人を) aller voir qn.
みみ 耳 oreille.
みやげ 土産 souvenir, cadeau.
みる 見る voir, regarder.
みんしゅく 民宿 auberge, pension de famille.

む

むえき 無益な inutile.
むかい 向かいの d'en face/ 向かいの家 la maison d'en face/ …の向かいに en face de qc.
むかう (場所に)向かう se diriger vers qc, partir pour qc/ 快方に向かう aller mieux, être en voie de guérison.
むかえる …を迎える accueillir [recevoir] qn/ 新年を迎えて à l'occasion du Nouvel An.
むかし 昔の vieux, ancien, d'autrefois/ 昔から depuis longtemps/ 昔話 vieux conte/ 昔なじみ vieil ami, vieille connaissance (⇨ vieux 語法).
むかんしん …に無関心である être indifférent à qc.
むく …の方を向く se tourner vers [du côté de] qc/ 上[下]を向く regarder en haut [bas]/ (面する) donner sur/ 南向きである être exposé au sud.
むこう 道向こうで(あちら) là-bas/ 道の向こう側に de l'autre côté de la rue.
むしあつい 蒸し暑い Il fait lourd.

むずかしい 難しい difficile, dur/ 困難 difficulté.
むちゅう …に夢中である être fou de qn/qc, se passionner pour qc/ 夢中で本を読んでいる être plongé [absorbé] dans la lecture.
むり 無理だ C'est impossible/ 無理な計画 un projet impossible [irréalisable]/ 無理を言う demander l'impossible/ 無理をする faire l'impossible.
むりょう 無料の gratuit/ 無料で gratuitement, à titre gracieux [gratuit].

め

め 目 œil (複数 yeux)/ 目がいい avoir une bonne vue/ 目に見える visible (à l'œil nu)/ (本などに)目を通す jeter un coup d'œil sur qc, parcourir qc.
めいし 名刺 carte de visite.
めいせい 名声 réputation, renommée/ 名声を博する jouir d'une grande renommée.
めいぶつ 名物 spécialité.
めいれい 命令 ordre, consigne/ 命令する donner des ordres/ (…に…を) ordonner qc à qn/ (…に…することを) donner l'ordre de + 不定詞, dire [ordonner] à qn de + 不定詞.
めいわく …に迷惑をかける déranger qn, causer des ennuis à qn, gêner qn.
メーカー fabricant/ (商標) marque.
めがね 眼鏡 lunettes/ 眼鏡をかける[はずす] mettre [enlever, ôter] ses lunettes/ 眼鏡をかけている porter des lunettes.
めざめる 目覚める se réveiller ⇨ 比較
メーター compteur.
メニュー menu ⇨ 比較
めんえき …に対して免疫になっている être immunisé contre qc.
めんきょ 免許証(自動車の) permis de conduire/ 免許を取る passer son permis.
めんぜい 免税 exonération d'impôts/ …を免税にする détaxer qc/ 免税価格 prix hors-taxe/ 免税品 article détaxé.
めんせつ 面接 entrevue/ …と面接する avoir une entrevue avec qn.

も

もうちょう 盲腸炎(虫垂炎) appendicite.
もうふ 毛布 couverture.
もくてき 目的 but ⇨ 比較
もくひょう 目標 but ⇨ 比較
もくよう 木曜 jeudi.
もけい 模型 maquette, modèle.
もちいる 用いる ⇨ つかう.
もちぬし 持ち主 propriétaire.
もちもの 持ち物(所持品) affaires/ 持ち物を整理する ranger ses affaires.
もちろん bien sûr, évidemment.
もてなす accueillir [recevoir] qn / (手厚く)

もとめる 求める vouloir, désirer.
ものがたり 物語 histoire ⇨ 比較
もよう 模様(図柄) dessin, motif.
もよおし 催し manifestation /(式典) cérémonie /催し物 spectacle.
もらう recevoir /(給料を) recevoir son salaire /髪を切ってもらう se faire couper les cheveux.
もり 森 bois ⇨ 比較
もんだい 問題 problème, question /問題を解決する résoudre un problème.
もんぶかがくしょう 文部科学省 le ministère de l'Education, de la Culture, des Sports, des Sciences et de la Technologie.

や

やおや 八百屋(人) marchand de légumes.
やがい 野外で en plein air.
やかん bouilloire.
やぎ 山羊(雌) chèvre, (雄) bouc.
やく¹ 役 fonction, poste /(劇の) rôle /…の役に立つ[立たない] être utile [inutile] à qc.
やく² (料理で)…を焼く faire griller [cuire, rôtir] qc.
やくしょ 役所 l'Administration.
やくそく 約束 promesse, parole, engagement /約束がある avoir un rendez-vous /…と会う約束をする donner [fixer] un rendez-vous avec qn /…に…を約束する promettre à qn qc [de + 不定詞].
やさい 野菜 légume.
やすい 安い pas cher, bon marché.
やすむ 休む se reposer /(休暇を取る) prendre des vacances /(欠席する) être absent, ne pas être là /(寝る) se coucher, aller au lit.
やせる maigrir /やせた maigre.
やちん 家賃 loyer.
やっきょく 薬局 pharmacie.
やね 屋根 toit, toiture.
やぬし 家主 propriétaire.
やぶる 破る (紙を) déchirer /(窓ガラスを) briser, casser /(規則を) violer /約束を破る ne pas tenir sa promesse /(負かす) battre.
やま 山 montagne ⇨ 比較
やめる¹ 止める arrêter, cesser /(終了する) terminer /計画をやめる abandonner [renoncer à] un projet.
やめる² 辞める(仕事を) démissionner de ses fonctions /(ポストを退く) quitter son poste.
やわらかい 柔らかい (肉が) tendre /柔らかな光 lumière douce /柔らかな髪 cheveux souples /柔らかなベッド lit mou.

ゆ

ゆ 湯 eau chaude.

ゆうがい 有害な nuisible, nocif /…に有害である être nuisible à qc, nuire à qc.
ゆうき 勇気 courage /勇気づける encourager.
ゆうこう¹ 友好関係 relations amicales [d'amitié] /友好的な amical.
ゆうこう² 有効な efficace /(切符などが使える) valable, valide.
ゆうしょく 夕食 dîner /夕食を取る dîner, prendre le dîner.
ゆうそう 郵送する envoyer qc par la poste.
ゆうびん 郵便 courrier /郵便を受け取る recevoir du courrier /郵便局 poste, bureau de poste /郵便番号 code postal /郵便配達員 facteur.
ゆうめい 有名な célèbre.
ゆうり 有利な avantageux pour, favorable à.
ゆうりょう 有料の payant /有料道路 route à péage.
ゆき 雪 neige /雪国 pays de neige /雪だるま bonhomme de neige.
ゆきさき 行き先 destination.
ゆしゅつ 輸出 exportation /輸出する exporter.
ユースホステル auberge de jeunesse.
ゆでる 茹でる faire cuire qc à l'eau /茹でたジャガイモ pommes de terre cuites à l'eau.
ゆにゅう 輸入 importation /輸入する importer.
ゆび 指 doigt /(足の) orteil.
ゆめ 夢 rêve ⇨ 比較
ユーモア humour /ユーモアがある avoir de l'humour.
ゆるす (…に…することを)許す permettre à qn de + 不定詞, autoriser qn à + 不定詞 /(容赦する) excuser qn/qc, pardonner qc à qn.
ゆれ 揺れ tremblement.
ユーロ (通貨単位) euro.

よ

よあけ 夜明け aube, aurore, le point du jour /夜明けに à l'aube, au point du jour.
よい bon /…する方がよい Il vaut mieux + 不定詞 /…するのがいちばんよい Le mieux, c'est de + 不定詞.
よう 酔う (成功に) s'enivrer de son succès /(酒で)圖 se soûler /(車に) avoir mal au cœur, être malade /酔っている être ivre.
ようい 用意 préparation /用意をする préparer ⇨ 比較 /(支度) préparatifs /旅行の用意をする faire ses préparatifs de voyage /用意ができている être prêt (à + 不定詞).
ようき 陽気な gai, joyeux.
ようきゅう 要求 demande, réclamation /(当然の権利としての) revendication /(要請) exigence.
ようじ 用事がある être occupé /たくさん用事がある avoir beaucoup à faire /(人に)用事がある avoir affaire à qn /用事で pour affaires.
ようじん 用心する (信用しない) se méfier de /(注意する) prendre des précautions, faire at-

tention à/用心深い prudent.
ようす 様子 apparence, air, aspect/病人の様子(状態) l'état du malade.
ようするに 要するに bref, en un mot.
ようせい 養成する former.
ようちえん 幼稚園 école maternelle.
ようてん 要点 point essentiel [important].
ようひん 台所用品 ustensiles de cuisine.
ようやく 要約 résumé/要約する résumer/要約すると en résumé.
よか 余暇 loisir, temps libre.
よき 予期する prévoir, s'attendre à/予期しなかった inattendu, imprévu/…を予期して en prévision de qc.
よこぎる 横切る traverser.
よごれる 汚れる se salir, se tacher/汚れた sale/(汚染された) pollué.
よさん 予算 budget.
よそう 予想 pronostics, prévision/予想する pronostiquer, prévoir.
よてい 予定 plan, programme, projet/…する予定である compter + 不定詞, avoir l'intention de + 不定詞.
よなか 夜中に en pleine nuit.
よぼう 予防 prévention/(病気・事故を)予防する prévenir qc/予防注射 vaccination.
よやく 予約(席・ホテルの) réservation/(新聞・雑誌の) abonnement/(出版物の) souscription/部屋を予約する réserver une chambre/(病院で)予約する prendre rendez-vous (pour + 日付).
よる 夜 nuit/夜になる Il fait nuit/夜が明ける Le soleil se lève/夜がふける Il se fait tard; La nuit est déjà bien avancée.
よろん 世論 l'opinion publique/世論調査 sondage d'opinion.
よわい 弱い faible ⇨ 比較

ら

らいげつ 来月 le mois prochain.
らいしゅう 来週 la semaine prochaine.
らいねん 来年 l'an prochain, l'année prochaine.
らく 楽な(安楽な) confortable, agréable/楽に à l'aise, à son aise/(容易な)楽な仕事 travail facile [peu fatigant]/楽に facilement, aisément, sans peine.
ラッシュアワー (に) aux heures 「d'affluence [de pointe].
らん 欄(新聞などの) colonne, rubrique/(記入用紙) case.
らんざつ 乱雑な désordonné, en désordre.

り

りえき 利益(儲け) bénéfice, profit, gain/利益をあげる faire des bénéfices/…から利益を得る tirer profit de qc/…の利益のために au profit de qn, dans l'intérêt de qn.
りかい 理解 compréhension/理解する comprendre, voir/理解できる compréhensible/理解のある compréhensif.
りがい 利害 intérêt/利害を共にする avoir des intérêts communs.
りこん 離婚 divorce/離婚する divorcer (avec [d'avec] qn).
りし 利子 intérêt.
りつ 率(百分率) pourcentage.
リビング salle de séjour.
りゅうがく フランスに留学する aller en France pour faire [poursuivre] ses études.
りゅうこう 流行 mode/流行の à la mode, en vogue/流行を追う suivre la mode/流行に遅れる être en retard sur la mode.
りゅうざん 流産 fausse couche/流産する faire une fausse couche.
りゅうつう 流通(貨幣の) circulation/(商品の) distribution/流通機構 circuit de distribution.
リュックサック sac à dos.
りよう 利用 usage, utilisation/…を利用する utiliser qc, profiter de qc.
りょうがえ 両替 change/両替する(細かくする) faire de la monnaie, changer/1万円をユーロにする changer dix mille yens en euros.
りょうきん 料金 prix ⇨ 比較, tarif/(費用) frais.
りょうしき 良識 bon sens/良識を示す faire preuve de bon sens.
りょうしゅうしょ 領収書 reçu, quittance.
りょうり 料理 cuisine ⇨ 比較/料理を作る faire la cuisine/料理が上手だ être (un) bon cuisinier/(一品料理) plat.
りょひ 旅費 frais de voyage.
りれきしょ 履歴書 curriculum vitae.
りんじ 臨時 provisoire/(一時的な) temporaire/(特別な) extraordinaire, exceptionnel/臨時列車 train supplémentaire.
リンパ腺 ganglion lymphatique.

る

るい 類のない unique au monde, sans pareil.
るす 留守である être absent, ne pas être là, ne pas être à la maison/留守にする s'absenter de chez soi/留守中に pendant son absence.

れ

れい 礼(感謝) remerciement, reconnaissance/…について礼を言う remercier qn de [pour] qc.
れいがい 例外 exception/例外的な exceptionnel.
れいぎ 礼儀 politesse, convenances/礼儀正しい

poli, courtois / 礼儀正しく poliment / 礼儀を欠く manquer de politesse.
れいぞうこ 冷蔵庫 réfrigérateur ⇨ 比較
れいとう 冷凍 congélation / …を冷凍する congeler qc / 冷凍庫 congélateur / 冷凍食品 aliments surgelés.
れいぼう 冷房 climatisation / (部屋を)冷房する climatiser / クーラー climatiseur / 冷房を入れる mettre le climatiseur en marche.
レインコート imperméable, 圈 imper.
れきし 歴史 histoire ⇨ 語法
レジャー loisirs.
レストラン restaurant ⇨ 比較
レポート rapport / (作文) composition / (小論文) dissertation.
レモン citron / (生の)レモンジュース citron pressé.
レンジ (料理用の) cuisinière / 電子レンジ four à micro-ondes.
れんしゅう 練習 (スポーツ) entraînement / (勉強) exercice / (演劇など団体の) répétition / 練習する(スポーツで) s'entraîner / (勉強で) faire des exercices / (演劇・音楽で) répéter.
れんそう …を連想させる faire penser à qn/qc / 連想によって par association d'idées.
れんたい 連帯 solidarité.
レンタカー voiture louée [de location] / レンタカーを借りる louer une voiture.
レントゲン (写真) radiographie, radio / 胸のレントゲンを取る faire à qn une radio des poumons.
れんらく …と連絡を取る prendre contact avec qn / 電話で連絡を取る joindre qn par téléphone.

ろ

ろうご 老後に備える assurer sa vieillesse.
ろうじん 老人 personne âgée, vieillard (⇨ vieux 語法).
ろうどう 労働 travail / 労働時間の短縮 diminution du temps de travail / 労働者 travailleur ⇨ 比較 / 労働組合 syndicat (ouvrier) / 労働運動 mouvement ouvrier / 労働条件 conditions de travail.
ろうひ 浪費 gaspillage / …を浪費する gaspiller qc / 時間を浪費する perdre son temps.
ろくがつ 6月 juin.
ロビー (ホテルなどの)ロビー hall.
ろんぎ 論議 discussion, débat / 論議を呼ぶ provoquer [donner lieu à] 「une discussion [un débat] / 論議の的になる faire l'objet 「d'une discussion [d'un débat].
ろんぶん 論文 (卒業, 修士) mémoire / (博士) thèse.

わ

ワイシャツ chemise / ワイシャツ姿で en bras de chemise.
わいろ 賄賂 pot-de-vin, dessous de table / 賄賂を贈る corrompre qn avec un dessous de table / 賄賂を受ける toucher un pot-de-vin.
ワイン vin.
わかい[1] 若い jeune / 若さ jeunesse / 若者 jeune ⇨ 比較
わかい[2] 和解 réconciliation / 和解する se réconcilier avec qn.
わかす お湯を沸かす faire bouillir de l'eau.
わかれ 別れ séparation / 別れる quitter, laisser / (恋人と) rompre avec qn / (離婚) divorcer.
わかれる 分かれる se diviser en + 数字表現 / 道が2つに分かれる bifurquer.
わく 沸く(湯が) bouillir.
ワクチン vaccin.
わける …を…(の数)に分ける diviser qc en + 数字表現 / (分離する) séparer qc de [d'avec] qc / (分配する) répartir, partager / (分類する)…をアルファベット順に分ける classer qc par ordre alphabétique.
わすれる …を忘れる oublier qc [que + 直説法] / (置き忘れる) oublier [laisser] qc.
わだい 話題 sujet de conversation.
わたす …に…を渡す remettre [donner] qc à qn.
わびる 詫びる ⇨ あやまる.
わらい 笑い rire / (微笑) sourire / 笑い顔 visage souriant / 笑い話 histoire amusante.
わらう 笑う rire / 微笑 sourire / どっと笑う éclater de rire / 声をたてて笑う rire aux éclats.
わりあい 割合 proportion, pourcentage / 割合に relativement.
わりびき 割引 remise, réduction.
わりまし 割増し majoration / 割増し金 supplément.
わる 割る(壊す) casser, briser / (分割する) diviser qc en + 数字表現 / (薄める) étendre.
わるい 悪い mauvais ⇨ 比較
わんぱく 腕白な polisson, espiègle / 腕白小僧 polisson, coquin.

付 接尾辞

名詞を作る	名詞 +	-age	…の状態, 集合；…の産出物	esclav*age* 隷属. feuill*age* 茂った葉
		-aie	…園, 林	oliver*aie* オリーブ園. chên*aie* ナラ林
		-ain(e)	…の人	Améric*ain* アメリカ人
		-aire	…をする人	bibliothéc*aire* 図書館員
		-ais(e)	…の人	Franç*ais* フランス人. Japon*ais* 日本人
		-ard(e)	…の人	campagn*ard* 田舎の人
		-at	…の職, 身分, 集団	artisan*at* 職人仕事,《集合的に》職人
		-eau(x) / -elle	(指小辞)	chevr*eau* 子ヤギ. ru*elle* 路地
		-éen(ne) / -en(ne)	…の人	Europ*éen* ヨーロッパ人. lyc*éen* 高校生
		-elet(te) / -et(te)	(指小辞)	maisonn*ette* 小さな家
		-er / -ier	…の木	orang*er* オレンジの木. poir*ier* ナシの木
		-eron	…を営む人	forg*eron* 鍛冶屋
		-erie	…屋(店舗, 職業)	poissonn*erie* 魚屋
		-esse	(男から女を作る)	maît*resse* 女主人, 女教師
		-ie	…の身分, 政体；…の仕事場	chevaler*ie* 騎士道. boulanger*ie* パン屋
		-ier	…屋さん(主人)	poisson*ier* 魚屋の主人
		-ière	…屋の奥さん[女性店主]	poisson*nière* 魚屋の奥さん[女将]
		-ier / -ière	…の器	sucr*ier* 砂糖入れ. soup*ière* スープ鉢
		-ien(ne)	…の専門家；…の人	coméd*ien* 俳優. Paris*ien* パリっ子
		-iste	…の専門家, 主義者, 愛好家	chim*iste* 化学者
		-isme	…主義, 愛好	rac*isme* 人種差別(主義)
		-ois(e)	…の人	Chin*ois* 中国人
	動詞 +	-age	…すること[もの]	bavard*age* おしゃべり
		-ant(e)	…する人[もの]	calm*ant* 鎮痛剤
		-ataire	…する人	destin*ataire* 受取人
		-ation / -ition	…すること, したこと	améliora*tion* 改善, 改良
		-ence	…すること	prefér*ence* えり好み
		-erie	…すること	moquer*ie* あざけり
		-eur, -euse	…する人[機械]	chant*eur* 歌手. arros*euse* 散水車
		-ment	…すること, したこと	étonne*ment* 驚き
		-oir / -oire	…する道具[場所]	arros*oir* じょうろ
		-teur, -trice	…する人	expédi*teur* 差出人
		-ure	…すること[手段]	brûl*ure* やけど
	形容詞 +	-ance	…であること	élég*ance* 優美
		-ence	…であること[職務]	urg*ence* 緊急
		-erie	…であること	fourb*erie* ずるさ
		-esse	…であること	fin*esse* 細さ, 繊細, 絶妙
		-eur	…であること	douc*eur* 甘さ, 優しさ
		-(e)té	…であること[もの]	propre*té* 清潔
		-ie	…であること[身分, 政体]	malad*ie* 病気
		-ise	…であること[職務]	bêt*ise* 愚かさ
		-isme	…主義	scept*isme* 懐疑主義
			…にかかわる活動[職業]	urban*isme* 都市計画
			…であること	parallél*isme* 平行状態
		-ité	…であること	égal*ité* 等しいこと, 平等
		-(i)tude	…であること	exac*titude* 正確さ
	数詞 +	-aine	約…	diz*aine* 約10
		-algie	「痛み」の意	céphal*algie* 頭痛
		-archie	「支配, 政体」の意	mon*archie* 君主制, 君主国
		-cide	「殺すこと」の意	sui*cide* 自殺
		-crate / -cratie	「統治, 支配」の意	aristo*crate* 貴族
		-gramme	「文字, 書かれたもの」の意	télé*gramme* 電報
		-graphe / -graphie	「書くこと」の意	bio*graphe* 伝記作家. bio*graphie* 伝記
		-logie	「学問」の意	psycho*logie* 心理学

形容詞を作る	その他	-logue / -logiste	「学者」の意	psycho*logue* 心理学者
		-mètre / -métrie	「…計, 測定」の意	baro*mètre* 気圧計
		-phage / -phagie	「…を食べる」の意	anthropo*phagie* 食人
		-phile / -philie	「…好き」の意	anglo*phile* イギリス好きの人
		-phobe / -phobie	「…嫌い」の意	anglo*phobie* イギリス嫌い
		-phone / -phonie	「音, 声, 話す」の意	télé*phone* 電話
		-scope / -scopie	「観察, 検査」の意	micro*scope* 顕微鏡
		-vore	「…を食べる」の意	carni*vore* 肉食動物
	名詞 +	-able	…を与える; …性の	confort*able* 快適な
		-aire	…的な, …の	exempl*aire* 模範になる
		-ain(e)	…国[地方]の, に属する	améric*ain* アメリカの
		-ais(e)	…国[地方]の	franç*ais* フランスの. japon*ais* 日本の
		-al(e), -aux	…に関する	mondi*al* 世界の
		-é(e)	…を有する	dent*é* 歯の生えた. sens*é* 良識のある
		-éen(ne)	…に属する	europ*éen* ヨーロッパの
		-el(le)	…に関する, …性の	sensationn*el* 大評判になる
		-esque	…風の	roman*esque* 小説じみた
		-eux, -euse	…性の, …的な, …の	nombr*eux* 多数の
		-ible	…を与える; …性の	pén*ible* 苦痛を与える
		-ien(ne)	…の; …国[地方]の	freud*ien* フロイトの. paris*ien* パリの
		-ier, -ière	…を生じる, もたらす; …の	fruit*ier* 果実をつける
		-if, -ive	…の性質を持つ	malad*if* 病弱な
		-in(e)	…の性質を持つ	enfant*in* 子供っぽい
		-ique	…の	atom*ique* 原子の
		-oire	…の	opérat*oire* 手術の, 操作の
		-ois(e)	…国[地方]の	chin*ois* 中国の
		-u(e)	…を有する	point*u* とがった
	動詞 +	-able	…されうる, しやすい	mange*able* 食べられる
		-ant(e)	…している	brill*ant* 輝く
		-eux, -euse	…する性質を持つ	oubli*eux* 忘れっぽい
		-ible	…されうる, しやすい	exig*ible* 要求できる
	形容詞 +	-âtre	…色がかった	blanch*âtre* 白っぽい
		-elet(te)	…ぎみの, 少し…の	aigr*elet* やや酸っぱい
		-ichon(ne)	…ぎみの, 少し…の	pâl*ichon* ちょっと青白い
	数詞 +	-aire	…歳の, …年の	cent*enaire* 100年を経た
		-ième	…番目の	deux*ième* 2番目の
	その他	-fère	「…を持つ, 生じる」の意	mammi*fère* 乳房のある
		-fuge	「…を避ける」の意	calori*fuge* 断熱の
		-gène	「…を[から]生じる」の意	patho*gène* 病原の
		-morphe	「…の形の」の意	a*morphe* 無定形の
		-phage	「…を食べる」の意	anthropo*phage* 人食いの
		-phile	「…好きの」の意	anglo*phile* イギリスびいきの
		-phobe	「…嫌いの」の意	anglo*phobe* イギリス嫌いの
		-vore	「…を食べる」の意	omni*vore* 雑食性の
動詞を作る	名詞 +	-er / -ier	…する	arbitr*er* 仲裁する, étudi*er* 研究する
	形容詞 +	-er		calm*er* 鎮める
		-fier / -ifier	…にする[なる]	solid*ifier* 固める
		-iser		génér*aliser* 一般化する
		-ir		grand*ir* 大きくなる
	動詞 +	-iller	（反復・指小を表わす）	saut*iller* ぴょんぴょん跳ぶ
		-onner		tât*onner* 手探りする
副詞を作る	おもに形容詞女性形 +	-ment	…のように	réelle*ment* 現実に

固有名詞（人名）

*はフランスにかかわる人名

Aristote /aristɔt/ アリストテレス
Augustin /ɔgystɛ̃/ (saint) アウグスティヌス
Bach /bak/ (Johann Sebastian, Jean-Sébastien) バッハ
*****Balzac** /balzak/ (Honoré de) バルザック
*****Baudelaire** /bodlɛːr/ (Charles) ボードレール
Beethoven /betɔven/ (Ludwig van) ベートーベン
Bergson /bɛrksɔn/ (Henri) ベルクソン
Bouddha /buda/ (le) 仏陀(ぶっだ), 釈迦牟尼(しゃかむに)
*****Calvin** /kalvɛ̃/ (Jean) カルヴァン
Camus /kamy/ (Albert) カミュ
César /sezaːr/ (Jules) カエサル, シーザー
*****Cézanne** /sezan/ (Paul) セザンヌ
*****Chagall** /ʃagal/ (Marc) シャガール
Charlemagne /ʃarləmaɲ/ カール大帝, シャルルマーニュ
Chopin /ʃɔpɛ̃/ (Frédéric) ショパン
*****Cocteau** /kɔkto/ (Jean) コクトー
Confusius /kɔ̃fysjys/ 孔子
Copernic /kɔpɛrnik/ (Nicolas) コペルニクス
*****Corneille** /kɔrnɛj/ (Pierre) コルネイユ
Curie /kyri/ (Marie) キュリー夫人
Dante Alighieri /dɑ̃taligjeri/ ダンテ
Darwin /darwin/ (Charles) ダーウィン
*****Debussy** /dəbysi/ (Claude) ドビュッシー
Degas /dəgɑ/ (Edgar) ドガ
*****de Gaulle** /dəgoːl/ (Charles) ドゴール
*****Delacroix** /dəlakrwa/ (Eugène) ドラクロワ
Descartes /dekart/ (René) デカルト
*****Diderot** /didro/ (Denis) ディドロ
Edison /edisɔn/ (Thomas) エディソン
Einstein /ajnʃtajn/ (Albert) アインシュタイン
*****Fabre** /fɑːbr/ (Jean Henri Casimir) ファーブル
*****Flaubert** /flobɛːr/ (Gustave) フロベール
*****Foucault** /fuko/ (Michel) フーコー
Freud /frœːd/ (Sigmund) フロイト
Galilée /galile/ (Galileo) ガリレイ
Gaudi /gaudi/ (Antonio) ガウディ
*****Godard** /gɔdaːr/ (Jean-Luc) ゴダール
Goethe /gøːt/ (Johann Wolfgang von) ゲーテ
Hegel /egɛl/ (Georg Wilhelm Friedrich) ヘーゲル
Hitler /itlɛːr/ (Adolf) ヒトラー
Homère /ɔmɛːr/ ホメロス
*****Hugo** /ygo/ (Victor Marie) ユゴー
*****Jeanne d'Arc** /ʒandark/ (sainte) ジャンヌ・ダルク
Jésus-Christ /ʒezykri/ イエス・キリスト
Jung /juŋ/ (Carl Gustav) ユング
Kant /kɑ̃ːt/ (Immanuel) カント
*****La Fontaine** /lafɔ̃tɛn/ (Jean de) ラ・フォンテーヌ
*****Le Corbusier** /ləkɔrbyzje/ ル・コルビュジエ
Léonard de Vinci /leɔnardəvɛ̃si/ レオナルド・ダ・ヴィンチ
*****Louis XIV** /lwikatɔrz/ ルイ14世
Luther /lytɛːr/ (Martin) ルター
Mahomet /maɔme/, **Muhammad** /mua(m)mad/ マホメット, ムハンマド
*****Manet** /mane/ (Edouard) マネ
Mao Zedong, **Mao Tsé-Toung** /maotsedɔ̃ːg/ 毛沢東
Marx /marks/ (Karl) マルクス
*****Matisse** /matis/ (Henri) マチス
Michel-Ange /mikelɑ̃ːʒ/ ミケランジェロ
Moïse /mɔiːz/ 【聖書】モーセ
*****Molière** /mɔljɛːr/ モリエール
*****Monet** /mɔne/ (Claude) モネ
*****Montaigne** /mɔ̃tɛɲ/ (Michel Eyquem de) モンテーニュ
*****Montesquieu** /mɔ̃teskjø/ (Charles de Secondat) モンテスキュー
Mozart /mɔzaːr/ (Wolfgang Amadeus) モーツァルト
*****Napoléon Ier**, **Napoléon Bonaparte** /napoleɔ̃prəmje, bɔnapart/ ナポレオン1世
Newton /njutɔn/ (sir Isaac) ニュートン
Nietzsche /nitʃ/ (Friedrich Wilhelm) ニーチェ
*****Pascal** /paskal/ (Blaise) パスカル
*****Pasteur** /pastœːr/ (Louis) パストゥール
Platon /platɔ̃/ プラトン
*****Proust** /prust/ (Marcel) プルースト
*****Rabelais** /rablɛ/ (François) ラブレー
*****Racine** /rasin/ (Jean) ラシーヌ
*****Renoir** /rənwaːr/ (Auguste) ルノアール
*****Rimbaud** /rɛ̃bo/ (Arthur) ランボー
*****Rousseau** /ruso/ (Jean-Jacques) ルソー
*****Sartre** /sartr/ (Jean-Paul) サルトル
Saussure /sosyːr/ (Ferdinand de) ソシュール
Shakespeare /ʃɛkspiːr/ (William) シェークスピア
Socrate /sɔkrat/ ソクラテス
*****Stendhal** /stɛ̃dal/ スタンダール
*****Toulouse-Lautrec** /tuluzlotrɛk/ (Henri de) トゥールーズ=ロートレック
*****Utrillo** /ytrijo/ (Maurice) ユトリロ
Van Gogh /vɑ̃gɔg/ (Vincent) ヴァン・ゴッホ
*****Verlaine** /vɛrlɛn/ (Paul) ヴェルレーヌ
*****Voltaire** /vɔltɛːr/ (François Marie Arouet) ヴォルテール
Weber /vebɛːr/ (Max) ウェーバー

動詞活用表

色で表示された動詞の活用形の発音を無料でダウンロードできます．詳しくは小学館外国語辞典のウェブサイト「小学館ランゲージワールド」（www.l-world.shogakukan.co.jp）をご覧下さい．

Ⅰ avoir	基本動詞・助動詞
Ⅱ être	基本動詞・助動詞
Ⅲ laver	第1群規則動詞
Ⅳ finir	第2群規則動詞
Ⅴ aller	基本動詞
Ⅵ faire	基本動詞
aimer	倒置形
être aimé	受動態
tomber	êtreを助動詞とする動詞
se laver	代名動詞

- acheter [5]
- acquérir [27]
- appuyer [11]
- assaillir [17]
- asseoir [41]
- battre [64]
- boire [86]
- bouillir [24]
- bruire [54]
- céder [6]
- choir [36]
- clore [74]
- conclure [57]
- conduire [70]
- connaître [50]
- coudre [83]
- courir [23]
- couvrir [16]
- craindre [79]
- croire [67]
- croître [52]
- cueillir [18]
- devoir [44]
- déchoir [34]
- dépecer [8]
- dire [75]
- dormir [20]
- envoyer [13]
- extraire [68]
- échoir [35]
- écrire [78]
- faillir [25]
- falloir [40]
- foutre [66]
- frire [56]
- fuir [15]
- gésir [29]
- haïr [14]
- interdire [76]
- jeter [4]
- joindre [81]
- lire [72]
- manger [2]
- maudire [77]
- mener [3]
- mettre [65]
- moudre [84]
- mourir [26]
- mouvoir [46]
- naître [51]
- noyer [10]
- nuire [71]
- ouïr [30]
- paître [53]
- payer [12]
- peindre [80]
- perdre [60]
- placer [1]
- plaire [73]
- pleuvoir [47]
- pourvoir [33]
- pouvoir [48]
- prendre [87]
- prévaloir [39]
- prévoir [32]
- protéger [7]
- rapiécer [9]
- recevoir [45]
- répondre [59]
- résoudre [82]
- rire [55]
- rompre [61]
- savoir [37]
- seoir [43]
- servir [21]
- sortir [19]
- suffire [69]
- suivre [63]
- surseoir [42]
- vaincre [85]
- valoir [38]
- vendre [58]
- venir [28]
- vêtir [22]
- vivre [62]
- voir [31]
- vouloir [49]

付 **Ⅰ avoir** 基本動詞・助動詞

INDICATIF 直説法	
現在	複合過去
j' ai	j' ai eu
tu as	tu as eu
il a	il a eu
nous avons	n. avons eu
vous avez	v. avez eu
ils ont	ils ont eu
半過去	大過去
j' avais	j' avais eu
tu avais	tu avais eu
il avait	il avait eu
nous avions	n. avions eu
vous aviez	v. aviez eu
ils avaient	ils avaient eu
単純過去	前過去
j' eus	j' eus eu
tu eus	tu eus eu
il eut	il eut eu
nous eûmes	n. eûmes eu
vous eûtes	v. eûtes eu
ils eurent	ils eurent eu
単純未来	前未来
j' aurai	j' aurai eu
tu auras	tu auras eu
il aura	il aura eu
nous aurons	n. aurons eu
vous aurez	v. aurez eu
ils auront	ils auront eu

SUBJONCTIF 接続法	
現在	過去
j' aie	j' aie eu
tu aies	tu aies eu
il ait	il ait eu
nous ayons	n. ayons eu
vous ayez	v. ayez eu
ils aient	ils aient eu
半過去	大過去
j' eusse	j' eusse eu
tu eusses	tu eusses eu
il eût	il eût eu
nous eussions	n. eussions eu
vous eussiez	v. eussiez eu
ils eussent	ils eussent eu

CONDITIONNEL 条件法	
現在	過去
j' aurais	j' aurais eu
tu aurais	tu aurais eu
il aurait	il aurait eu
nous aurions	n. aurions eu
vous auriez	v. auriez eu
ils auraient	ils auraient eu

IMPERATIF 命令法	PARTICIPE 分詞
現在 aie ayons ayez	現在 ayant
過去 aie eu ayons eu ayez eu	過去 eu 複合形 ayant eu

（注）直・現, 接・現で不規則な語尾が現れる.

動詞活用解説

例：laver

*倒置形・受動態および代名動詞の形については aimerおよびse laverで例示した活用表を参照.

Ⅰ-1 動詞の取りうる形を表で示したのが上の動詞活用表である. avoirからse laverまでの表では, 基本的な動詞と, 他の無数の同型の「例」としての価値を持つ規則動詞について, 右のすべての形を網羅的に掲げてある. ①〜⑧⑦の表では, 枠内の形のみを横に配列してある.

不定詞		単純時制			複合時制		
不定詞	直説法	現在	je lave	直説法	複合過去	j'ai	lavé
laver		半過去	je lavais		大過去	j'avais	lavé
		単純過去	je lavai		前過去	j'eus	lavé
現在分詞		単純未来	je laverai		前未来	j'aurai	lavé
lavant	接続法	現在	je lave	接続法	過去	j'aie	lavé
		半過去	je lavasse		大過去	j'eusse	lavé
過去分詞	条件法	現在	je laverais	条件法	過去	j'aurais	lavé
lavé	命令法	現在	lave	命令法	過去	aie	lavé

II être 基本動詞・助動詞

INDICATIF 直説法

現在	複合過去
je suis	j' ai été
tu es	tu as été
il est	il a été
nous sommes	n. avons été
vous êtes	v. avez été
ils sont	ils ont été

半過去	大過去
j' étais	j' avais été
tu étais	tu avais été
il était	il avait été
nous étions	n. avions été
vous étiez	v. aviez été
ils étaient	ils avaient été

単純過去	前過去
je fus	j' eus été
tu fus	tu eus été
il fut	il eut été
nous fûmes	n. eûmes été
vous fûtes	v. eûtes été
ils furent	ils eurent été

単純未来	前未来
je serai	j' aurai été
tu seras	tu auras été
il sera	il aura été
nous serons	n. aurons été
vous serez	v. aurez été
ils seront	ils auront été

SUBJONCTIF 接続法

現在	過去
je sois	j' aie été
tu sois	tu aies été
il soit	il ait été
nous soyons	n. ayons été
vous soyez	v. ayez été
ils soient	ils aient été

半過去	大過去
je fusse	j' eusse été
tu fusses	tu eusses été
il fût	il eût été
nous fussions	n. eussions été
vous fussiez	v. eussiez été
ils fussent	ils eussent été

CONDITIONNEL 条件法

現在	過去
je serais	j' aurais été
tu serais	tu aurais été
il serait	il aurait été
nous serions	n. aurions été
vous seriez	v. auriez été
ils seraient	ils auraient été

IMPERATIF 命令法 / PARTICIPE 分詞

IMPERATIF 命令法	PARTICIPE 分詞
現在 sois / soyons / soyez	現在 étant
過去 aie été / ayons été / ayez été	過去 été (不変)
	複合形 ayant été

(注) 直・現, 接・現で不規則な語尾が現れる.

I-2 複合時制の構成

時の助動詞(avoir または être の単純時制)＋**過去分詞**

		時の助動詞	複合時制	すべての他動詞 例:laver	若干の自動詞 例:tomber	すべての代名動詞 例:se laver
直説法	現在		複合過去	j'ai lavé	je suis tombé(e)	je me suis lavé(e)
	半過去		大過去	j'avais lavé	j' étais tombé(e)	je m' étais lavé(e)
	単純過去		前過去	j'eus lavé	je fus tombé(e)	je me fus lavé(e)
	単純未来		前未来	j'aurai lavé	je serai tombé(e)	je me serai lavé(e)
接続法	現在		過去	j'aie lavé	je sois tombé(e)	je me sois lavé(e)
	半過去		大過去	j'eusse lavé	je fusse tombé(e)	je me fusse lavé(e)
条件法	現在		過去	j'aurais lavé	je serais tombé(e)	je me serais lavé(e)
命令法	現在		過去	aie lavé	sois tombé(e)	

付 III **laver** 第1群規則動詞

INDICATIF 直説法

現在	複合過去
je lave	j' ai lavé
tu laves	tu as lavé
il lave	il a lavé
nous lavons	n. avons lavé
vous lavez	v. avez lavé
ils lavent	ils ont lavé

半過去	大過去
je lavais	j' avais lavé
tu lavais	tu avais lavé
il lavait	il avait lavé
nous lavions	n. avions lavé
vous laviez	v. aviez lavé
ils lavaient	ils avaient lavé

単純過去	前過去
je lavai	j' eus lavé
tu lavas	tu eus lavé
il lava	il eut lavé
nous lavâmes	n. eûmes lavé
vous lavâtes	v. eûtes lavé
ils lavèrent	ils eurent lavé

単純未来	前未来
je laverai	j' aurai lavé
tu laveras	tu auras lavé
il lavera	il aura lavé
nous laverons	n. aurons lavé
vous laverez	v. aurez lavé
ils laveront	ils auront lavé

SUBJONCTIF 接続法

現在	過去
je lave	j' aie lavé
tu laves	tu aies lavé
il lave	il ait lavé
nous lavions	n. ayons lavé
vous laviez	v. ayez lavé
ils lavent	ils aient lavé

半過去	大過去
je lavasse	j' eusse lavé
tu lavasses	tu eusses lavé
il lavât	il eût lavé
nous lavassions	n. eussions lavé
vous lavassiez	v. eussiez lavé
ils lavassent	ils eussent lavé

CONDITIONNEL 条件法

現在	過去
je laverais	j' aurais lavé
tu laverais	tu aurais lavé
il laverait	il aurait lavé
nous laverions	n. aurions lavé
vous laveriez	v. auriez lavé
ils laveraient	ils auraient lavé

IMPERATIF 命令法 / PARTICIPE 分詞

IMPERATIF 命令法	PARTICIPE 分詞
現在 lave / lavons / lavez	現在 lavant
過去 aie lavé / ayons lavé / ayez lavé	過去 lavé
	複合形 ayant lavé

I-3 単純時制の構成
各時制の語幹＋各時制の人称語尾

具体的な各形態は次節以下で解説し，ここでは語幹の関係を図示しておく．3グループに大別され，太枠内の形(全部で5，6個)が基本型をなす．

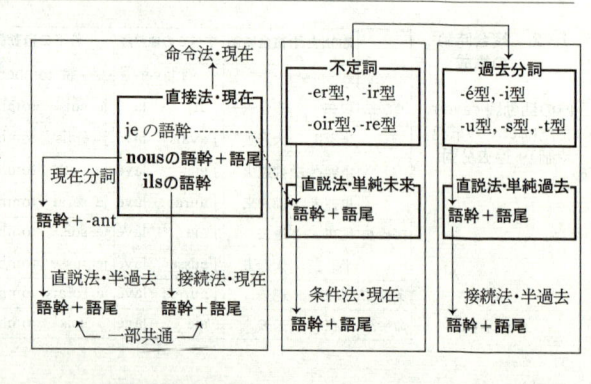

命令法・現在
直接法・現在
jeの語幹
nousの語幹＋語尾
ilsの語幹
現在分詞
語幹＋-ant
直説法・半過去
語幹＋語尾
接続法・現在
語幹＋語尾
――一部共通――

不定詞
-er型, -ir型
-oir型, -re型
直説法・単純未来
語幹＋語尾
条件法・現在
語幹＋語尾

過去分詞
-é型, -i型
-u型, -s型, -t型
直説法・単純過去
語幹＋語尾
接続法・半過去
語幹＋語尾

Ⅳ **finir** 第2群規則動詞

INDICATIF 直 説 法	
現在	複合過去
je finis	j' ai fini
tu finis	tu as fini
il finit	il a fini
nous finissons	n. avons fini
vous finissez	v. avez fini
ils finissent	ils ont fini
半過去	大過去
je finissais	j' avais fini
tu finissais	tu avais fini
il finissait	il avait fini
nous finissions	n. avions fini
vous finissiez	v. aviez fini
ils finissaient	ils avaient fini
単純過去	前過去
je finis	j' eus fini
tu finis	tu eus fini
il finit	il eut fini
nous finîmes	n. eûmes fini
vous finîtes	v. eûtes fini
ils finirent	ils eurent fini
単純未来	前未来
je finirai	j' aurai fini
tu finiras	tu auras fini
il finira	il aura fini
nous finirons	n. aurons fini
vous finirez	v. aurez fini
ils finiront	ils auront fini

SUBJONCTIF 接 続 法	
現在	過去
je finisse	j' aie fini
tu finisses	tu aies fini
il finisse	il ait fini
nous finissions	n. ayons fini
vous finissiez	v. ayez fini
ils finissent	ils aient fini
半過去	大過去
je finisse	j' eusse fini
tu finisses	tu eusses fini
il finît	il eût fini
nous finissions	n. eussions fini
vous finissiez	v. eussiez fini
ils finissent	ils eussent fini

CONDITIONNEL 条 件 法	
現在	過去
je finirais	j' aurais fini
tu finirais	tu aurais fini
il finirait	il aurait fini
nous finirions	n. aurions fini
vous finiriez	v. auriez fini
ils finiraient	ils auraient fini

IMPERATIF 命令法	PARTICIPE 分詞
現在 finis finissons finissez	現在 finissant
過去 aie fini ayons fini ayez fini	過去 fini 複合形 ayant fini

Ⅱ-1 直説法・現在の語幹

語幹には1種(全人称共通), 2種, 3種の3タイプがある

	1種のタイプ 例: laver	2種のタイプ 例: mener	3種のタイプ 例: venir	
	je lav- -e tu lav- -es il lav- -e	je mèn- -e tu mèn- -es il mèn- -e	je vien- -s tu vien- -s il vien- -t	1人称単数 **je** の語幹 (しばしば直説法・単純未来の語幹に現れる)
	nous lav- -ons vous lav- -ez	nous men- -ons vous men- -ez	nous ven- -ons vous ven- -ez	1人称複数 **nous** の語幹 (＝直説法・半過去の語幹)
	ils lav- -ent	ils mèn- -ent	ils vienn- -ent	3人称複数 **ils** の語幹 (接続法・現在の主要語幹)

付 Ⅴ **aller**

INDICATIF 直説法	
現在	複合過去
je vais tu vas il va nous allons vous allez ils vont	je suis allé(e) tu es allé(e) il est allé n. sommes allé(e)s v. êtes allé(e)(s) ils sont allés
半過去	大過去
j' allais tu allais il allait nous allions vous alliez ils allaient	j' étais allé(e) tu étais allé(e) il était allé n. étions allé(e)s v. étiez allé(e)(s) ils étaient allés
単純過去	前過去
j' allai tu allas il alla nous allâmes vous allâtes ils allèrent	je fus allé(e) tu fus allé(e) il fut allé n. fûmes allé(e)s v. fûtes allé(e)(s) ils furent allés
単純未来	前未来
j' irai tu iras il ira nous irons vous irez ils iront	je serai allé(e) tu seras allé(e) il sera allé n. serons allé(e)s v. serez allé(e)(s) ils seront allés

SUBJONCTIF 接続法	
現在	過去
j' aille tu ailles il aille nous allions vous alliez ils aillent	je sois allé(e) tu sois allé(e) il soit allé n. soyons allé(e)s v. soyez allé(e)(s) ils soient allés
半過去	大過去
j' allasse tu allasses il allât nous allassions vous allassiez ils allassent	je fusse allé(e) tu fusses allé(e) il fût allé n. fussions allé(e)s v. fussiez allé(e)(s) ils fussent allés
CONDITIONNEL 条件法	
現在	過去
j' irais tu irais il irait nous irions vous iriez ils iraient	je serais allé(e) tu serais allé(e) il serait allé n. serions allé(e)s v. seriez allé(e)(s) ils seraient allés

IMPERATIF 命令法	PARTICIPE 分詞
現在 va allons allez 過去 sois allé(e) soyons allé(e)s soyez allé(e)(s)	現在 allant 過去 allé 複合形 étant allé

(注) 語源の異なる3系統の語幹 vai-, v(a)- /all- /i- を持つ.
　　直・現で不規則な語尾が現れる.

Ⅱ-2 直説法・現在の人称語尾 単数人称に, -e, -es, -e 型 /-s, -s, -t 型の2つがある. -s, -s, -t 型の変形に, -s, -s, -□型(語幹末 -d, -t, -c の場合. 例:prendre), -x, -x, -t 型(例:pouvoir) がある. 極端に不規則な avoir, être, aller, faire は例外.

例: laver　　　　例: venir　　　　　　　　　例: prendre　　　例: pouvoir

-e	je lave	je viens		-s	je prends	je peu*x*
-es	tu laves	tu viens		-s	tu prends	tu peu*x*
-e	il lave	il vient		-t	il prend□	il peu*t*
-ons	⇐ nous lavons	nous venons	⇒	-ons	nous pren*ons*	nous pouv*ons*
-ez	vous lavez	vous venez		-ez	vous pren*ez*	vous pouv*ez*
-ent	ils lavent	ils viennent		-ent	ils prenn*ent*	ils peuv*ent*

Ⅵ faire

INDICATIF 直説法			
現在		複合過去	
je	fais	j' ai	fait
tu	fais	tu as	fait
il	fait	il a	fait
nous	faisons	n. avons	fait
vous	faites	v. avez	fait
ils	font	ils ont	fait
半過去		大過去	
je	faisais	j' avais	fait
tu	faisais	tu avais	fait
il	faisait	il avait	fait
nous	faisions	n. avions	fait
vous	faisiez	v. aviez	fait
ils	faisaient	ils avaient	fait
単純過去		前過去	
je	fis	j' eus	fait
tu	fis	tu eus	fait
il	fit	il eut	fait
nous	fîmes	n. eûmes	fait
vous	fîtes	v. eûtes	fait
ils	firent	ils eurent	fait
単純未来		前未来	
je	ferai	j' aurai	fait
tu	feras	tu auras	fait
il	fera	il aura	fait
nous	ferons	n. aurons	fait
vous	ferez	v. aurez	fait
ils	feront	ils auront	fait

SUBJONCTIF 接続法			
現在		過去	
je	fasse	j' aie	fait
tu	fasses	tu aies	fait
il	fasse	il ait	fait
nous	fassions	n. ayons	fait
vous	fassiez	v. ayez	fait
ils	fassent	ils aient	fait
半過去		大過去	
je	fisse	j' eusse	fait
tu	fisses	tu eusses	fait
il	fît	il eût	fait
nous	fissions	n. eussions	fait
vous	fisssiez	v. eussiez	fait
ils	fissent	ils eussent	fait

CONDITIONNEL 条件法			
現在		過去	
je	ferais	j' aurais	fait
tu	ferais	tu aurais	fait
il	ferait	il aurait	fait
nous	ferions	n. aurions	fait
vous	feriez	v. auriez	fait
ils	feraient	ils auraient	fait

IMPERATIF 命令法	PARTICIPE 分詞
現在 fais 　　 faisons 　　 faites 過去 aie　　fait 　　 ayons　fait 　　 ayez　 fait	現在　　faisant 過去　　fait 複合形 ayant fait

(注) 直・現で不規則な語尾が現れる.

Ⅱ-3 命令法・現在

原則：**直説法・現在の対応する人称と同形**. ただし, 直説法・現在の語尾が -e,-es,-e 型の動詞と aller は, tu に対する命令で**語尾の -s を落とす**（en,y の前では落さない）.

　例外:avoir,être,savoir,vouloir（接続法・現在と同じ語幹）.

例:laver　直説法・現在

tu	laves	→
nous	lavons	→
vous	lavez	→

命令法・現在
Lave□!
(Laves-en!)
Lavons!
Lavez!

Ⅱ-4 接続法・現在

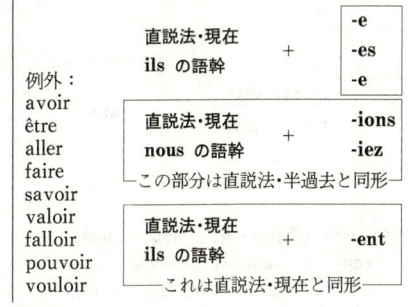

例外：
avoir
être
aller
faire
savoir
valoir
falloir
pouvoir
vouloir

直説法・現在 ils の語幹	+	-e -es -e

直説法・現在 nous の語幹	+	-ions -iez

—この部分は直説法・半過去と同形—

直説法・現在 ils の語幹	+	-ent

—これは直説法・現在と同形—

aimer 倒置形

INDICATIF 直 説 法			
現 在		複合過去	
aimé-	je	ai-	je aimé
aimes-	tu	as-	tu aimé
aime-t-	il	a-t-	il aimé
aimons-	nous	avons-	n. aimé
aimez-	vous	avez-	v. aimé
aiment-	ils	ont-	ils aimé
半過去		大過去	
aimais-	je	avais-	je aimé
aimais-	tu	avais-	tu aimé
aimait-	il	avait-	il aimé
aimions-	nous	avions-	n. aimé
aimiez-	vous	aviez-	v. aimé
aimaient-	ils	avaient-	ils aimé
単純過去		前過去	
aimai-	je	eus-	je aimé
aimas-	tu	eus-	tu aimé
aima-t-	il	eut-	il aimé
aimâmes-	nous	eûmes-	n. aimé
aimâtes-	vous	eûtes-	v. aimé
aimèrent-	ils	eurent-	ils aimé
単純未来		前未来	
aimerai-	je	aurai-	je aimé
aimeras-	tu	auras-	tu aimé
aimera-t-	il	aura-t-	il aimé
aimerons-	nous	aurons-	n. aimé
aimerez-	vous	aurez-	v. aimé
aimeront-	ils	auront-	ils aimé

SUBJONCTIF 接 続 法			
半過去		大過去	
aimassé-	je	eussé-	je aimé
aimasses-	tu	eusses-	tu aimé
aimât-	il	eût-	il aimé
aimassions-	nous	eussions-	n. aimé
aimassiez-	vous	eussiez-	v. aimé
aimassent-	ils	eussent-	ils aimé

CONDITIONNEL 条 件 法			
現 在		過 去	
aimerais-	je	aurais-	je aimé
aimerais-	tu	aurais-	tu aimé
aimerait-	il	aurait-	il aimé
aimerions-	nous	aurions-	n. aimé
aimeriez-	vous	auriez-	v. aimé
aimeraient-	ils	auraient-	ils aimé

II - 5 現在分詞

直説法・現在 nous の語幹 + -ant

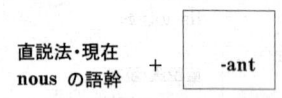

例: venir (直説法・現在 nous venons)
ven- + -ant ⇒ venant
　　例外: avoir, être, savoir.

II - 6 直説法・半過去

直説法・現在 nous の語幹 + -ais / -ais / -ait / -ions / -iez / -aient

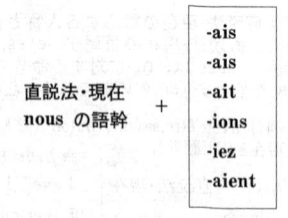

例外: être のみ (j'étais, ...).

être aimé 受動態

INDICATIF 直説法	
現在	複合過去
je suis aimé(e)	j' ai été aimé(e)
tu es aimé(e)	tu as été aimé(e)
il est aimé	il a été aimé
n. sommes aimé(e)s	n. avons été aimé(e)s
v. êtes aimé(e)(s)	v. avez été aimé(e)(s)
ils sont aimés	ils ont été aimés
半過去	大過去
j' étais aimé(e)	j' avais été aimé(e)
tu étais aimé(e)	tu avais été aimé(e)
il était aimé	il avait été aimé
n. étions aimé(e)s	n. avions été aimé(e)s
v. étiez aimé(e)(s)	v. aviez été aimé(e)(s)
ils étaient aimés	ils avaient été aimés
単純過去	前過去
je fus aimé(e)	j' eus été aimé(e)
tu fus aimé(e)	tu eus été aimé(e)
il fut aimé	il eut été aimé
n. fûmes aimé(e)s	n. eûmes été aimé(e)s
v. fûtes aimé(e)(s)	v. eûtes été aimé(e)(s)
ils furent aimés	ils eurent été aimés
単純未来	前未来
je serai aimé(e)	j' aurai été aimé(e)
tu seras aimé(e)	tu auras été aimé(e)
il sera aimé	il aura été aimé
n. serons aimé(e)s	n. aurons été aimé(e)s
v. serez aimé(e)(s)	v. aurez été aimé(e)(s)
ils seront aimés	ils auront été aimés

SUBJONCTIF 接続法	
現在	過去
je sois aimé(e)	j' aie été aimé(e)
tu sois aimé(e)	tu aies été aimé(e)
il soit aimé	il ait été aimé
n. soyons aimé(e)s	n. ayons été aimé(e)s
v. soyez aimé(e)(s)	v. ayez été aimé(e)(s)
ils soient aimés	ils aient été aimés
半過去	大過去
je fusse aimé(e)	j' eusse été aimé(e)
tu fusses aimé(e)	tu eusses été aimé(e)
il fût aimé	il eût été aimé
n. fussions aimé(e)s	n. eussions été aimé(e)s
v. fussiez aimé(e)(s)	v. eussiez été aimé(e)(s)
ils fussent aimés	ils eussent été aimés

CONDITIONNEL 条件法	
現在	過去
je serais aimé(e)	j' aurais été aimé(e)
tu serais aimé(e)	tu aurais été aimé(e)
il serait aimé	il aurait été aimé
n. serions aimé(e)s	n. aurions été aimé(e)s
v. seriez aimé(e)(s)	v. auriez été aimé(e)(s)
ils seraient aimés	ils auraient été aimés

IMPERATIF 命令法	
現在 sois aimé(e)	過去 aie été aimé(e)
soyons aimé(e)s	ayons été aimé(e)s
soyez aimé(e)(s)	ayez été aimé(e)(s)

PARTICIPE 分詞	
現在 étant aimé(e)(s)	複合形 ayant été aimé(e)(s)

II‐7 直説法・単純未来

語幹は不定詞の末尾の -r, または -re を取り去ったものであることが多いが，不規則な語幹をとるものも少なくない．

直説法・単純未来の語幹 + -rai / -ras / -ra / -rons / -rez / -ront

語尾はほぼ avoir の直説法・現在に r- を加えた形．

II‐8 条件法・現在

直説法・単純未来の語幹 + -rais / -rais / -rait / -rions / -riez / -raient

語尾は直説法・半過去の語尾に r- を加えた形．

tomber être を助動詞とする動詞

INDICATIF 直説法	
現在	複合過去
je tombe tu tombes il tombe nous tombons vous tombez ils tombent	je suis tombé(e) tu es tombé(e) il est tombé n. sommes tombé(e)s v. êtes tombé(e)(s) ils sont tombés
半過去	大過去
je tombais tu tombais il tombait nous tombions vous tombiez ils tombaient	j'étais tombé(e) tu étais tombé(e) il était tombé n. étions tombé(e)s v. étiez tombé(e)(s) ils étaient tombés
単純過去	前過去
je tombai tu tombas il tomba nous tombâmes vous tombâtes ils tombèrent	je fus tombé(e) tu fus tombé(e) il fut tombé n. fûmes tombé(e)s v. fûtes tombé(e)(s) ils furent tombés
単純未来	前未来
je tomberai tu tomberas il tombera nous tomberons vous tomberez ils tomberont	je serai tombé(e) tu seras tombé(e) il sera tombé n. serons tombé(e)s v. serez tombé(e)(s) ils seront tombés

SUBJONCTIF 接続法	
現在	過去
je tombe tu tombes il tombe nous tombions vous tombiez ils tombent	je sois tombé(e) tu sois tombé(e) il soit tombé n. soyons tombé(e)s v. soyez tombé(e)(s) ils soient tombés
半過去	大過去
je tombasse tu tombasses il tombât nous tombassions vous tombassiez ils tombassent	je fusse tombé(e) tu fusses tombé(e) il fût tombé n. fussions tombé(e)s v. fussiez tombé(e)(s) ils fussent tombés

CONDITIONNEL 条件法	
現在	過去
je tomberais tu tomberais il tomberait nous tomberions vous tomberiez ils tomberaient	je serais tombé(e) tu serais tombé(e) il serait tombé n. serions tombé(e)s v. seriez tombé(e)(s) ils seraient tombés

IMPERATIF 命令法	PARTICIPE 分詞
現在 tombe 　　 tombons 　　 tombez 過去 sois tombé(e) 　　 soyons tombé(e)s 　　 soyez tombé(e)(s)	現在 tombant 過去 tombé 複合形 étant tombé(e)(s)

Ⅱ-9 不定詞　語尾の形は 4 種.

-**er** 型　第 1 群規則動詞　　例：laver
（直説法・現在の語幹に変
形の現れるものを含む）　例：placer, etc.
および aller.

-**ir** 型 { 第 2 群規則動詞　例：finir
　　　　 および不規則動詞　例：sortir, etc.

-**oir** 型 } 第 3 群不規則動詞　例：voir, etc.
-**re** 型 　　　　　　　　　　　例：connaître, etc.

Ⅱ-10 過去分詞

原則：不定詞の語尾を変形する.

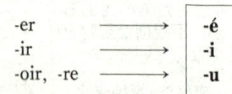

-er ⟶ **-é**
-ir ⟶ **-i**
-oir, -re ⟶ **-u**

例外も多い.

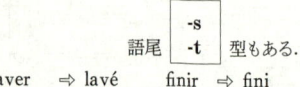

語尾 **-s** / **-t** 型もある.

例：laver ⇒ lavé　　finir ⇒ fini
　　venir ⇒ venu　　voir ⇒ vu
　　prendre ⇒ pris　 dire ⇒ dit, etc.

se laver 代名動詞

INDICATIF 直説法	
現在	複合過去
je me lave	je me suis lavé(e)
tu te laves	tu t' es lavé(e)
il se lave	il s' est lavé
n. nous lavons	n. n. sommes lavé(e)s
v. vous lavez	v. v. êtes lavé(e)(s)
ils se lavent	ils se sont lavés
半過去	大過去
je me lavais	je m' étais lavé(e)
tu te lavais	tu t' étais lavé(e)
il se lavait	il s' était lavé
n. nous lavions	n. n. étions lavé(e)s
v. vous laviez	v. v. étiez lavé(e)(s)
ils se lavaient	ils s' étaient lavés
単純過去	前過去
je me lavai	je me fus lavé(e)
tu te lavas	tu te fus lavé(e)
il se lava	il se fut lavé
n. nous lavâmes	n. n. fûmes lavé(e)s
v. vous lavâtes	v. v. fûtes lavé(e)(s)
ils se lavèrent	ils se furent lavés
単純未来	前未来
je me laverai	je me serai lavé(e)
tu te laveras	tu te seras lavé(e)
il se lavera	il se sera lavé
n. nous laverons	n. n. serons lavé(e)s
v. vous laverez	v. v. serez lavé(e)(s)
ils se laveront	ils se seront lavés

SUBJONCTIF 接続法	
現在	過去
je me lave	je me sois lavé(e)
tu te laves	tu te sois lavé(e)
il se lave	il se soit lavé
n. n. lavions	n. n. soyons lavé(e)s
v. v. laviez	v. v. soyez lavé(e)(s)
ils se lavent	ils se soient lavés
半過去	大過去
je me lavasse	je me fusse lavé(e)
tu te lavasses	tu te fusses lavé(e)
il se lavât	il se fût lavé
n. n. lavassions	n. n. fussions lavé(e)s
v. v. lavassiez	v. v. fussiez lavé(e)(s)
ils se lavassent	ils se fussent lavés

CONDITIONNEL 条件法	
現在	過去
je me laverais	je me serais lavé(e)
tu te laverais	tu te serais lavé(e)
il se laverait	il se serait lavé
n. n. laverions	n. n. serions lavé(e)s
v. v. laveriez	v. v. seriez lavé(e)(s)
ils se laveraient	ils se seraient lavés

IMPERATIF 命令法	PARTICIPE 分詞
現在 lave-toi lavons-nous lavez-vous	現在 se lavant 過去 lavé 複合形 s'étant lavé(e)(s)

II-11 直説法・単純過去

語幹は原則的には**過去分詞**と同形だが,例外も多い.

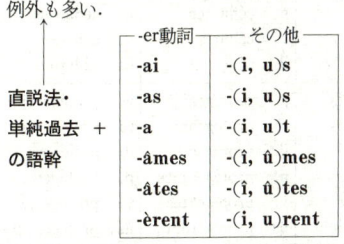

直説法・ 単純過去 + の語幹	-er動詞	その他
	-ai	-(i, u)s
	-as	-(i, u)s
	-a	-(i, u)t
	-âmes	-(î, û)mes
	-âtes	-(î, û)tes
	-èrent	-(i, u)rent

II-12 接続法・半過去

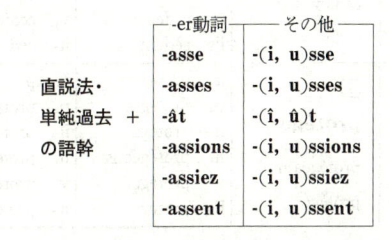

直説法・ 単純過去 + の語幹	-er動詞	その他
	-asse	-(i, u)sse
	-asses	-(i, u)sses
	-ât	-(î, û)t
	-assions	-(i, u)ssions
	-assiez	-(i, u)ssiez
	-assent	-(i, u)ssent

不定詞 現在分詞 過去分詞	直説法			
	現在	半過去	単純過去	単純未来
① **placer** placer plaçant placé	je place tu places il place n. plaçons v. placez ils placent	je plaçais tu plaçais il plaçait n. placions v. placiez ils plaçaient	je plaçai tu plaças il plaça n. plaçâmes v. plaçâtes ils placèrent	je placerai tu placeras il placera n. placerons v. placerez ils placeront
② **manger** mangeant mangé	je mange tu manges il mange n. mangeons v. mangez ils mangent	je mangeais tu mangeais il mangeait n. mangions v. mangiez ils mangeaient	je mangeai tu mangeas il mangea n. mangeâmes v. mangeâtes ils mangèrent	je mangerai tu mangeras il mangera n. mangerons v. mangerez ils mangeront
③ **mener** menant mené	je mène tu mènes il mène n. menons v. menez ils mènent	je menais tu menais il menait n. menions v. meniez ils menaient	je menai tu menas il mena n. menâmes v. menâtes ils menèrent	je mènerai tu mèneras il mènera n. mènerons v. mènerez ils mèneront
④ **jeter** jetant jeté	je jette tu jettes il jette n. jetons v. jetez ils jettent	je jetais tu jetais il jetait n. jetions v. jetiez ils jetaient	je jetai tu jetas il jeta n. jetâmes v. jetâtes ils jetèrent	je jetterai tu jetteras il jettera n. jetterons v. jetterez ils jetteront
⑤ **acheter** achetant acheté	j' achète tu achètes il achète n. achetons v. achetez ils achètent	j' achetais tu achetais il achetait n. achetions v. achetiez ils achetaient	j' achetai tu achetas il acheta n. achetâmes v. achetâtes ils achetèrent	j' achèterai tu achèteras il achètera n. achèterons v. achèterez ils achèteront
⑥ **céder** cédant cédé	je cède tu cèdes il cède n. cédons v. cédez ils cèdent	je cédais tu cédais il cédait n. cédions v. cédiez ils cédaient	je cédai tu cédas il céda n. cédâmes v. cédâtes ils cédèrent	je céderai tu céderas il cédera n. céderons v. céderez ils céderont
⑦ **protéger** protégeant protégé	je protège tu protèges il protège n. protégeons v. protégez ils protègent	je protégeais tu protégeais il protégeait n. protégions v. protégiez ils protégeaient	je protégeai tu protégeas il protégea n. protégeâmes v. protégeâtes ils protégèrent	je protégerai tu protégeras il protégera n. protégerons v. protégerez ils protégeront

条件法	接続法		命令法	注記
現在	現在	半過去	現在	
je placerais tu placerais il placerait n. placerions v. placeriez ils placeraient	je place tu places il place n. placions v. placiez ils placent	je plaçasse tu plaçasses il plaçât n. plaçassions v. plaçassiez ils plaçassent	place plaçons placez	-cerで終わる動詞. /s/音を保つためにa, oの前でcをçとつづる.
je mangerais tu mangerais il mangerait n. mangerions v. mangeriez ils mangeraient	je mange tu manges il mange n. mangions v. mangiez ils mangent	je mangeasse tu mangeasses il mangeât n. mangeassions v. mangeassiez ils mangeassent	mange mangeons mangez	-gerで終わる動詞. /ʒ/音を保つためにa, oの前でgをgeとつづる.
je mènerais tu mènerais il mènerait n. mènerions v. mèneriez ils mèneraient	je mène tu mènes il mène n. menions v. meniez ils mènent	je menasse tu menasses il menât n. menassions v. menassiez ils menassent	mène menons menez	-e+子音+erで終わる動詞. 直·現, 接·現, 命では/(ə)/と/ɛ/の母音交替があり, 強語幹では/ɛ/音を表わすためèとつづる.
je jetterais tu jetterais il jetterait n. jetterions v. jetteriez ils jetteraient	je jette tu jettes il jette n. jetions v. jetiez ils jettent	je jetasse tu jetasses il jetât n. jetassions v. jetassiez ils jetassent	jette jetons jetez	-eler, -eterで終わる動詞の大部分. 強語幹では/ɛ/音を表わすためl, tを重ねてつづる.
j' achèterais tu achèterais il achèterait n. achèterions v. achèteriez ils achèteraient	j' achète tu achètes il achète n. achetions v. achetiez ils achètent	j' achetasse tu achetasses il achetât n. achetassions v. achetassiez ils achetassent	achète achetons achetez	-eler, -eterで終わる動詞のうち, ③ menerと同じ活用をするもの.
je céderais tu céderais il céderait n. céderions v. céderiez ils céderaient	je cède tu cèdes il cède n. cédions v. cédiez ils cèdent	je cédasse tu cédasses il cédât n. cédassions v. cédassiez ils cédassent	cède cédons cédez	-é+子音+erで終わる動詞. 直·現, 接·現, 命では語幹末母音が閉音節のとき/e/と/ɛ/の母音交替があり, つづり字はè. 単·末, 条·現ではéのままで/ɛ/.
je protégerais tu protégerais il protégerait n. protégerions v. protégeriez ils protégeraient	je protège tu protèges il protège n. protégions v. protégiez ils protègent	je protégeasse tu protégeasses il protégeât n. protégeassions v. protégeassiez ils protégeassent	protège protégeons protégez	-égerで終わる動詞. ② mangerと ⑥ céderの複合型.

不定詞 現在分詞 過去分詞	直説法 現在	半過去	単純過去	単純未来
⑧ **dépecer** dépeçant dépecé	je dépèce tu dépèces il dépèce n. dépeçons v. dépecez ils dépècent	je dépeçais tu dépeçais il dépeçait n. dépecions v. dépeciez ils dépeçaient	je dépeçai tu dépeças il dépeça n. dépeçâmes v. dépeçâtes ils dépecèrent	je dépècerai tu dépèceras il dépècera n. dépècerons v. dépècerez ils dépèceront
⑨ **rapiécer** rapiéçant rapiécé	je rapièce tu rapièces il rapièce n. rapiéçons v. rapiécez ils rapiècent	je rapiéçais tu rapiéçais il rapiéçait n. rapiécions v. rapiéciez ils rapiéçaient	je rapiéçai tu rapiéças il rapiéça n. rapiéçâmes v. rapiéçâtes ils rapiécèrent	je rapiécerai tu rapiéceras il rapiécera n. rapiécerons v. rapiécerez ils rapiéceront
⑩ **noyer** noyant noyé	je noie tu noies il noie n. noyons v. noyez ils noient	je noyais tu noyais il noyait n. noyions v. noyiez ils noyaient	je noyai tu noyas il noya n. noyâmes v. noyâtes ils noyèrent	je noierai tu noieras il noiera n. noierons v. noierez ils noieront
⑪ **appuyer** appuyant appuyé	j' appuie tu appuies il appuie n. appuyons v. appuyez ils appuient	j' appuyais tu appuyais il appuyait n. appuyions v. appuyiez ils appuyaient	j' appuyai tu appuyas il appuya n. appuyâmes v. appuyâtes ils appuyèrent	j' appuierai tu appuieras il appuiera n. appuierons v. appuierez ils appuieront
⑫ **payer** payant payé	(a) je paie tu paies il paie n. payons v. payez ils paient (b) je paye tu payes il paye n. payons v. payez ils payent	je payais tu payais il payait n. payions v. payiez ils payaient	je payai tu payas il paya n. payâmes v. payâtes ils payèrent	je paierai tu paieras il paiera n. paierons v. paierez ils paieront je payerai tu payeras il payera n. payerons v. payerez ils payeront
⑬ **envoyer** envoyant envoyé	j' envoie tu envoies il envoie n. envoyons v. envoyez ils envoient	j' envoyais tu envoyais il envoyait n. envoyions v. envoyiez ils envoyaient	j' envoyai tu envoyas il envoya n. envoyâmes v. envoyâtes ils envoyèrent	j' enverrai tu enverras il enverra n. enverrons v. enverrez ils enverront

条件法	接続法		命令法	注記
現在	現在	半過去	現在	
je dépècerais tu dépècerais il dépècerait n. dépècerions v. dépèceriez ils dépèceraient	je dépèce tu dépèces il dépèce n. dépecions v. dépeciez ils dépècent	je dépeçasse tu dépeçasses il dépeçât n. dépeçassions v. dépeçassiez ils dépeçassent	dépèce dépeçons dépecez	①placerと③me-nerの複合型.
je rapiécerais tu rapiécerais il rapiécerait n. rapiécerions v. rapiéceriez ils rapiéceraient	je rapièce tu rapièces il rapièce n. rapiécions v. rapiéciez ils rapiècent	je rapiéçasse tu rapiéçasses il rapiéçât n. rapiéçassions v. rapiéçassiez ils rapiéçassent	rapièce rapiéçons rapiécez	①placerと⑥céderの複合型.
je noierais tu noierais il noierait n. noierions v. noieriez ils noieraient	je noie tu noies il noie n. noyions v. noyiez ils noient	je noyasse tu noyasses il noyât n. noyassions v. noyassiez ils noyassent	noie noyons noyez	-oyer, -uyerで終わる動詞. 発音されないeの前ではyがiとなる. ⑬envoyerは例外.
j' appuierais tu appuierais il appuierait n. appuierions v. appuieriez ils appuieraient	j' appuie tu appuies il appuie n. appuyions v. appuyiez ils appuient	j' appuyasse tu appuyasses il appuyât n. appuyassions v. appuyassiez ils appuyassent	appuie appuyons appuyez	
je paierais tu paierais il paierait n. paierions v. paieriez ils paieraient	je paie tu paies il paie n. payions v. payiez ils paient	je payasse tu payasses il payât n. payassions v. payassiez ils payassent	paie payons payez	-ayerで終わる動詞. 2通りの活用を持つ. (a)は⑩noyerと同じ活用. (b)は⑪laverと同じ-er型規則活用. -eyerで終わる動詞は(b)の-er型規則活用のみ.
je payerais tu payerais il payerait n. payerions v. payeriez ils payeraient	je paye tu payes il paye n. payions v. payiez ils payent		paye payons payez	
j' enverrais tu enverrais il enverrait n. enverrions v. enverriez ils enverraient	j' envoie tu envoies il envoie n. envoyions v. envoyiez ils envoient	j' envoyasse tu envoyasses il envoyât n. envoyassions v. envoyassiez ils envoyassent	envoie envoyons envoyez	直・単未, 条・現で㉛voirに似た特殊な語幹enver-をとる. 他は⑩noyerと同じ活用.

不定詞 現在分詞 過去分詞	直説法			
	現　在	半過去	単純過去	単純未来
[14] **haïr** haïssant haï	je　hais tu　hais il　hait n.　haïssons v.　haïssez ils　haïssent	je　haïssais tu　haïssais il　haïssait n.　haïssions v.　haïssiez ils　haïssaient	je　haïs tu　haïs il　haït n.　haïmes v.　haïtes ils　haïrent	je　haïrai tu　haïras il　haïra n.　haïrons v.　haïrez ils　haïront
[15] **fuir** fuyant fui	je　fuis tu　fuis il　fuit n.　fuyons v.　fuyez ils　fuient	je　fuyais tu　fuyais il　fuyait n.　fuyions v.　fuyiez ils　fuyaient	je　fuis tu　fuis il　fuit n.　fuîmes v.　fuîtes ils　fuirent	je　fuirai tu　fuiras il　fuira n.　fuirons v.　fuirez ils　fuiront
[16] **couvrir** couvrant couvert	je　couvre tu　couvres il　couvre n.　couvrons v.　couvrez ils　couvrent	je　couvrais tu　couvrais il　couvrait n.　couvrions v.　couvriez ils　couvraient	je　couvris tu　couvris il　couvrit n.　couvrîmes v.　couvrîtes ils　couvrirent	je　couvrirai tu　couvriras il　couvrira n.　couvrirons v.　couvrirez ils　couvriront
[17] **assaillir** assaillant assailli	j'　assaille tu　assailles il　assaille n.　assaillons v.　assaillez ils　assaillent	j'　assaillais tu　assaillais il　assaillait n.　assaillions v.　assailliez ils　assaillaient	j'　assaillis tu　assaillis il　assaillit n.　assaillîmes v.　assaillîtes ils　assaillirent	j'　assaillirai tu　assailliras il　assaillira n.　assaillirons v.　assaillirez ils　assailliront
[18] **cueillir** cueillant cueilli	je　cueille tu　cueilles il　cueille n.　cueillons v.　cueillez ils　cueillent	je　cueillais tu　cueillais il　cueillait n.　cueillions v.　cueilliez ils　cueillaient	je　cueillis tu　cueillis il　cueillit n.　cueillîmes v.　cueillîtes ils　cueillirent	je　cueillerai tu　cueilleras il　cueillera n.　cueillerons v.　cueillerez ils　cueilleront
[19] **sortir** sortant sorti	je　sors tu　sors il　sort n.　sortons v.　sortez ils　sortent	je　sortais tu　sortais il　sortait n.　sortions v.　sortiez ils　sortaient	je　sortis tu　sortis il　sortit n.　sortîmes v.　sortîtes ils　sortirent	je　sortirai tu　sortiras il　sortira n.　sortirons v.　sortirez ils　sortiront
[20] **dormir** dormant dormi	je　dors tu　dors il　dort n.　dormons v.　dormez ils　dorment	je　dormais tu　dormais il　dormait n.　dormions v.　dormiez ils　dormaient	je　dormis tu　dormis il　dormit n.　dormîmes v.　dormîtes ils　dormirent	je　dormirai tu　dormiras il　dormira n.　dormirons v.　dormirez ils　dormiront

条件法	接続法		命令法	注記
現在	現在	半過去	現在	
je haïrais tu haïrais il haïrait n. haïrions v. haïriez ils haïraient	je haïsse tu haïsses il haïsse n. haïssions v. haïssiez ils haïssent	je haïsse tu haïsses il haït n. haïssions v. haïssiez ils haïssent	hais haïssons haïssez	直・現, 命の単数人称で語幹はhai- /ɛ/ となる. 他はⅣfinirと同じ. ただし直・単過・1[2]・複および接・半過去・3・単でiに^ はつかない.
je fuirais tu fuirais il fuirait n. fuirions v. fuiriez ils fuiraient	je fuie tu fuies il fuie n. fuyions v. fuyiez ils fuient	je fuisse tu fuisses il fuît n. fuissions v. fuissiez ils fuissent	fuis fuyons fuyez	直・現/半過去,接・現,命で弱語幹がfuy- となる.
je couvrirais tu couvrirais il couvrirait n. couvririons v. couvririez ils couvriraient	je couvre tu couvres il couvre n. couvrions v. couvriez ils couvrent	je couvrisse tu couvrisses il couvrît n. couvrissions v. couvrissiez ils couvrissent	couvre couvrons couvrez	直・現/半過去,接・現,命はⅢlaver（-er型規則活用）と同じ.
j' assaillirais tu assaillirais il assaillirait n. assaillirions v. assailliriez ils assailliraient	j' assaille tu assailles il assaille n. assaillions v. assailliez ils assaillent	j' assaillisse tu assaillisses il assaillît n. assaillissions v. assaillissiez ils assaillissent	assaille assaillons assaillez	過去分詞以外は⑯couvrirと同じ活用.
je cueillerais tu cueillerais il cueillerait n. cueillerions v. cueilleriez ils cueilleraient	je cueille tu cueilles il cueille n. cueillions v. cueilliez ils cueillent	je cueillisse tu cueillisses il cueillît n. cueillissions v. cueillissiez ils cueillissent	cueille cueillons cueillez	直・単過, 接・半過, 過去分詞以外はⅢlaverと同じ. saillirはⅣfinirと同じ活用をすることもある.
je sortirais tu sortirais il sortirait n. sortirions v. sortiriez ils sortiraient	je sorte tu sortes il sorte n. sortions v. sortiez ils sortent	je sortisse tu sortisses il sortît n. sortissions v. sortissiez ils sortissent	sors sortons sortez	-tir, -mir, -virで終わる動詞の大部分. 直・現, 命の単数人称で語幹末子音が落ちる.
je dormirais tu dormirais il dormirait n. dormirions v. dormiriez ils dormiraient	je dorme tu dormes il dorme n. dormions v. dormiez ils dorment	je dormisse tu dormisses il dormît n. dormissions v. dormissiez ils dormissent	dors dormons dormez	

不定詞 現在分詞 過去分詞	直説法 現在	半過去	単純過去	単純未来
21 **servir** servant servi	je sers tu sers il sert n. servons v. servez ils servent	je servais tu servais il servait n. servions v. serviez ils servaient	je servis tu servis il servit n. servîmes v. servîtes ils servirent	je servirai tu serviras il servira n. servirons v. servirez ils serviront
22 **vêtir** vêtant vêtu	je vêts tu vêts il vêt n. vêtons v. vêtez ils vêtent	je vêtais tu vêtais il vêtait n. vêtions v. vêtiez ils vêtaient	je vêtis tu vêtis il vêtit n. vêtîmes v. vêtîtes ils vêtirent	je vêtirai tu vêtiras il vêtira n. vêtirons v. vêtirez ils vêtiront
23 **courir** courant couru	je cours tu cours il court n. courons v. courez ils courent	je courais tu courais il courait n. courions v. couriez ils couraient	je courus tu courus il courut n. courûmes v. courûtes ils coururent	je courrai tu courras il courra n. courrons v. courrez ils courront
24 **bouillir** bouillant bouilli	je bous tu bous il bout n. bouillons v. bouillez ils bouillent	je bouillais tu bouillais il bouillait n. bouillions v. bouilliez ils bouillaient	je bouillis tu bouillis il bouillit n. bouillîmes v. bouillîtes ils bouillirent	je bouillirai tu bouilliras il bouillira n. bouillirons v. bouillirez ils bouilliront
25 **faillir** faillant failli	je faux tu faux il faut n. faillons v. faillez ils faillent	je faillais tu faillais il faillait n. faillions v. failliez ils faillaient	je faillis tu faillis il faillit n. faillîmes v. faillîtes ils faillirent	je faillirai tu failliras il faillira n. faillirons v. faillirez ils failliront
26 **mourir** mourant mort	je meurs tu meurs il meurt n. mourons v. mourez ils meurent	je mourais tu mourais il mourait n. mourions v. mouriez ils mouraient	je mourus tu mourus il mourut n. mourûmes v. mourûtes ils moururent	je mourrai tu mourras il mourra n. mourrons v. mourrez ils mourront
27 **acquérir** acquérant acquis	j' acquiers tu acquiers il acquiert n. acquérons v. acquérez ils acquièrent	j' acquérais tu acquérais il acquérait n. acquérions v. acquériez ils acquéraient	j' acquis tu acquis il acquit n. acquîmes v. acquîtes ils acquirent	j' acquerrai tu acquerras il acquerra n. acquerrons v. acquerrez ils acquerront

条件法	接続法		命令法	注 記
現　在	現　在	半過去	現　在	
je servirais tu servirais il servirait n. servirions v. serviriez ils serviraient	je serve tu serves il serve n. servions v. serviez ils servent	je servisse tu servisses il servît n. servissions v. servissiez ils servissent	sers servons servez	19 20と同じ
je vêtirais tu vêtirais il vêtirait n. vêtirions v. vêtiriez ils vêtiraient	je vête tu vêtes il vête n. vêtions v. vêtiez ils vêtent	je vêtisse tu vêtisses il vêtît n. vêtissions v. vêtissiez ils vêtissent	vêts vêtons vêtez	語幹末子音tは直・現, 命の単数人称でつづり字上残る. 直・現・単数人称の語尾は -s, -s, -(ゼロ型).
je courrais tu courrais il courrait n. courrions v. courriez ils courraient	je coure tu coures il coure n. courions v. couriez ils courent	je courusse tu courusses il courût n. courussions v. courussiez ils courussent	cours courons courez	直・現, 命の単数人称で語幹末子音r /r/は発音上も保たれる. 直・単過, 接・半過で語幹はcour(u)-.
je bouillirais tu bouillirais il bouillirait n. bouillirions v. bouilliriez ils bouilliraient	je bouille tu bouilles il bouille n. bouillions v. bouilliez ils bouillent	je bouillisse tu bouillisses il bouillît n. bouillissions v. bouillissiez ils bouillissent	bous bouillons bouillez	直・現, 命の単数人称で語幹末の -ill-/j/ が落ちる.
je faillirais tu faillirais il faillirait n. faillirions v. failliriez ils failliraient	je faille tu failles il faille n. faillions v. failliez ils faillent	je faillisse tu faillisses il faillît n. faillissions v. faillissiez ils faillissent		直・現・単数人称で語幹は fau- となる（語幹末子音が子音の前で母音化した結果). 語尾は -x, -x, -t 型.
je mourrais tu mourrais il mourrait n. mourrions v. mourriez ils mourraient	je meure tu meures il meure n. mourions v. mouriez ils meurent	je mourusse tu mourusses il mourût n. mourussions v. mourussiez ils mourussent	meurs mourons mourez	語幹は直・現, 接・現, 命で meur-/mour-, 直・単過, 接・半過で mour(u)-.
j' acquerrais tu acquerrais il acquerrait n. acquerrions v. acquerriez ils acquerraient	j' acquière tu acquières il acquière n. acquérions v. acquériez ils acquièrent	j' acquisse tu acquisses il acquît n. acquissions v. acquissiez ils acquissent	acquiers acquérons acquérez	語幹は直・現, 接・現, 命で acquier- [acquièr-]/acquér-, 直・単未, 条・現で acquer-.

不定詞 現在分詞 過去分詞	直説法			
	現在	半過去	単純過去	単純未来
28 **venir** venant venu	je viens tu viens il vient n. venons v. venez ils viennent	je venais tu venais il venait n. venions v. veniez ils venaient	je vins tu vins il vint n. vînmes v. vîntes ils vinrent	je viendrai tu viendras il viendra n. viendrons v. viendrez ils viendront
29 **gésir** gisant	je gis tu gis il gît n. gisons v. gisez ils gisent	je gisais tu gisais il gisait n. gisions v. gisiez ils gisaient		
30 **ouïr** oyant ouï	j' ois tu ois il oit n. oyons v. oyez ils oient	j' oyais tu oyais il oyait n. oyions v. oyiez ils oyaient	j' ouïs tu ouïs il ouït n. ouïmes v. ouïtes ils ouïrent	j' oirai tu oiras il oira n. oirons v. oirez ils oiront j' ouïrai tu ouïras il ouïra n. ouïrons v. ouïrez ils ouïront
31 **voir** voyant vu	je vois tu vois il voit n. voyons v. voyez ils voient	je voyais tu voyais il voyait n. voyions v. voyiez ils voyaient	je vis tu vis il vit n. vîmes v. vîtes ils virent	je verrai tu verras il verra n. verrons v. verrez ils verront
32 **prévoir** prévoyant prévu	je prévois tu prévois il prévoit n. prévoyons v. prévoyez ils prévoient	je prévoyais tu prévoyais il prévoyait n. prévoyions v. prévoyiez ils prévoyaient	je prévis tu prévis il prévit n. prévîmes v. prévîtes ils prévirent	je prévoirai tu prévoiras il prévoira n. prévoirons v. prévoirez ils prévoiront
33 **pourvoir** pourvoyant pourvu	je pourvois tu pourvois il pourvoit n. pourvoyons v. pourvoyez ils pourvoient	je pourvoyais tu pourvoyais il pourvoyait n. pourvoyions v. pourvoyiez ils pourvoyaient	je pourvus tu pourvus il pourvut n. pourvûmes v. pourvûtes ils pourvurent	je pourvoirai tu pourvoiras il pourvoira n. pourvoirons v. pourvoirez ils pourvoiront

条件法	接続法		命令法	注 記
現　　在	現　　在	半　過　去	現　在	
je viendrais tu viendrais il viendrait n. viendrions v. viendriez ils viendraient	je vienne tu viennes il vienne n. venions v. veniez ils viennent	je vinsse tu vinsses il vînt n. vinssions v. vinssiez ils vinssent	viens venons venez	語幹は直・現, 接・現, 命でvien(n)-/ven-, 直・単未, 条・現でviend-, 直・単過, 接・半過でvin-.
				直・現/半過, 現在分詞以外は用いられない.
j' oirais tu oirais il oirait n. oirions v. oiriez ils oiraient j' ouïrais tu ouïrais il ouïrait n. ouïrions v. ouïriez ils ouïraient	j' oie [oye] tu oies [oyes] il oie [oye] n. oyions v. oyiez ils oient [oyent]	j' ouïsse tu ouïsses il ouït n. ouïssions v. ouïssiez ils ouïssent	ois oyons oyez	不定詞, 命と過去分詞以外は古用. 語幹は直・現でoi-/oy- または単一語幹oy-. またⅣ finirと同じ活用をすることもある.
je verrais tu verrais il verrait n. verrions v. verriez ils verraient	je voie tu voies il voie n. voyions v. voyiez ils voient	je visse tu visses il vît n. vissions v. vissiez ils vissent	vois voyons voyez	語幹は直・現, 接・現, 命でvoi-/voy-, 直・単未, 条・現でver-, 直・単過, 接・半過でvi-.
je prévoirais tu prévoirais il prévoirait n. prévoirions v. prévoiriez ils prévoiraient	je prévoie tu prévoies il prévoie n. prévoyions v. prévoyiez ils prévoient	je prévisse tu prévisses il prévît n. prévissions v. prévissiez ils prévissent	prévois prévoyons prévoyez	直・単未, 条・現以外は㉛ voirと同じ活用.
je pourvoirais tu pourvoirais il pourvoirait n. pourvoirions v. pourvoiriez ils pourvoiraient	je pourvoie tu pourvoies il pourvoie n. pourvoyions v. pourvoyiez ils pourvoient	je pourvusse tu pourvusses il pourvût n. pourvussions v. pourvussiez ils pourvussent	pourvois pourvoyons pourvoyez	直・単過, 接・半過以外は㉜ prévoirと同じ活用.

不定詞 現在分詞 過去分詞	直説法 現在	半過去	単純過去	単純未来
③④ **déchoir** déchu	je déchois tu déchois il déchoit n. déchoyons v. déchoyez ils déchoient		je déchus tu déchus il déchut n. déchûmes v. déchûtes ils déchurent	je déchoirai tu déchoiras il déchoira n. déchoirons v. déchoirez ils déchoiront
③⑤ **échoir** échéant échu	il échoit [échet] ils échoient [échéent]		il échut ils échurent	il échoira [écherra] ils échoiront [écherront]
③⑥ **choir** chu	je chois tu chois il choit ils choient		je chus tu chus il chut n. chûmes v. chûtes ils churent	je choirai tu choiras il choira n. choirons v. choirez ils choiront
③⑦ **savoir** sachant su	je sais tu sais il sait n. savons v. savez ils savent	je savais tu savais il savait n. savions v. saviez ils savaient	je sus tu sus il sut n. sûmes v. sûtes ils surent	je saurai tu sauras il saura n. saurons v. saurez ils sauront
③⑧ **valoir** valant valu	je vaux tu vaux il vaut n. valons v. valez ils valent	je valais tu valais il valait n. valions v. valiez ils valaient	je valus tu valus il valut n. valûmes v. valûtes ils valurent	je vaudrai tu vaudras il vaudra n. vaudrons v. vaudrez ils vaudront
③⑨ **prévaloir** prévalant prévalu	je prévaux tu prévaux il prévaut n. prévalons v. prévalez ils prévalent	je prévalais tu prévalais il prévalait n. prévalions v. prévaliez ils prévalaient	je prévalus tu prévalus il prévalut n. prévalûmes v. prévalûtes ils prévalurent	je prévaudrai tu prévaudras il prévaudra n. prévaudrons v. prévaudrez ils prévaudront
④⓪ **falloir** fallu	il faut	il fallait	il fallut	il faudra

条件法	接続法		命令法	注記
現在	現在	半過去	現在	
je déchoirais tu déchoirais il déchoirait n. déchoirions v. déchoiriez ils déchoiraient	je déchoie tu déchoies il déchoie n. déchoyions v. déchoyiez ils déchoient	je déchusse tu déchusses il déchût n. déchussions v. déchussiez ils déchussent		③③pourvoirと同じ活用をする欠如動詞. 直・半過, 命, 現在分詞は用いられない.
il échoirait ils échoiraient	il échoie ils échoient	il échût ils échissent		③③pourvoirと同じ活用をする欠如動詞. 不定詞, 過去分詞, 直・現・3人称以外は稀.
je choirais tu choirais il choirait n. choirions v. choiriez ils choiraient		il chût		③③pourvoirと同じ活用をする欠如動詞. 多く不定詞で用いられ, 直・現 / 単過, 過去分詞以外は稀.
je saurais tu saurais il saurait n. saurions v. sauriez ils sauraient	je sache tu saches il sache n. sachions v. sachiez ils sachent	je susse tu susses il sût n. sussions v. sussiez ils sussent	sache sachons sachez	直・現・3・複の語幹sav-は直・現・1[2]・複の影響. 語幹は接・現, 命で特殊形sach-, 直・単未, 条・現で①avoirに似た形sau-となる.
je vaudrais tu vaudrais il vaudrait n. vaudrions v. vaudriez ils vaudraient	je vaille tu vailles il vaille n. valions v. valiez ils vaillent	je valusse tu valusses il valût n. valussions v. valussiez ils valussent		直・現・単数人称の語幹はvau-, 語尾は-x, -x, -t型. 接・現の強語幹は特殊な形vaill-, 直・単未, 条・現の語幹はvaud-となる.
je prévaudrais tu prévaudrais il prévaudrait n. prévaudrions v. prévaudriez ils prévaudraient	je prévale tu prévales il prévale n. prévalions v. prévaliez ils prévalent	je prévalusse tu prévalusses il prévalût n. prévalussions v. prévalussiez ils prévalussent		接・現で特殊な語幹が現れないこと以外は㊳valorと同じ活用.
il faudrait	il faille	il fallût		非人称動詞. 語幹末で, l が重なる以外は㊳valorと同じ活用.

不定詞 現在分詞 過去分詞	直 説 法			
	現 在	半 過 去	単 純 過 去	単 純 未 来
㊶ (a) **asseoir** (a) asseyant (b) assoyant (b) assis	j' assieds tu assieds il assied n. asseyons v. asseyez ils asseyent j' assois tu assois il assoit n. assoyons v. assoyez ils assoient	j' asseyais tu asseyais il asseyait n. asseyions v. asseyiez ils asseyaient j' assoyais tu assoyais il assoyait n. assoyions v. assoyiez ils assoyaient	j' assis tu assis il assit n. assîmes v. assîtes ils assirent	j' assiérai tu assiéras il assiéra n. assiérons v. assiérez ils assiéront j' assoirai tu assoiras il assoira n. assoirons v. assoirez ils assoiront
㊷ **surseoir** sursoyant sursis	je sursois tu sursois il sursoit n. sursoyons v. sursoyez ils sursoient	je sursoyais tu sursoyais il sursoyait n. sursoyions v. sursoyiez ils sursoyaient	je sursis tu sursis il sursit n. sursîmes v. sursîtes ils sursirent	je surseoirai tu surseoiras il surseoira n. surseoirons v. surseoirez ils surseoiront
㊸ **seoir** séant [seyant] sis	il sied ils siéent	il seyait ils seyaient		il siéra ils siéront
㊹ **devoir** devant dû dus	je dois tu dois il doit n. devons v. devez ils doivent	je devais tu devais il devait n. devions v. deviez ils devaient	je dus tu dus il dut n. dûmes v. dûtes ils durent	je devrai tu devras il devra n. devrons v. devrez ils devront
㊺ **recevoir** recevant reçu	je reçois tu reçois il reçoit n. recevons v. recevez ils reçoivent	je recevais tu recevais il recevait n. recevions v. receviez ils recevaient	je reçus tu reçus il reçut n. reçûmes v. reçûtes ils reçurent	je recevrai tu recevras il recevra n. recevrons v. recevrez ils recevront
㊻ **mouvoir** mouvant mû mus	je meus tu meus il meut n. mouvons v. mouvez ils meuvent	je mouvais tu mouvais il mouvait n. mouvions v. mouviez ils mouvaient	je mus tu mus il mut n. mûmes v. mûtes ils murent	je mouvrai tu mouvras il mouvra n. mouvrons v. mouvrez ils mouvront

条　件　法	接　続　法		命　令　法	注　記
現　在	現　在	半　過　去	現　在	
j' assiérais tu assiérais il assiérait n. assiérions v. assiériez ils assiéraient	j' asseye tu asseyes il asseye n. asseyions v. asseyiez ils asseyent	j' assisse tu assisses il assît n. assissions v. assissiez ils assissent	assieds asseyons asseyez	(a)直・現で語幹はas-sied-（dは語源的つづりで発音しない）/ assey-．直・現・3・複の語幹assey-は直・現・1[2]・複の影響．
j' assoirais tu assoirais il assoirait n. assoirions v. assoiriez ils assoiraient	j' assoie tu assoies il assoie n. assoyions v. assoyiez ils assoient		assois assoyons assoyez	(b)語幹変化を少なくした形(a)より口語的な形．不定形以外でも -oi- の前に e を加えてつづることがある．
je surseoirais tu surseoirais il surseoirait n. surseoirions v. surseoiriez ils surseoiraient	je sursoie tu sursoies il sursoie n. sursoyions v. sursoyiez ils sursoient	je sursisse tu sursisses il sursît n. sursissions v. sursissiez ils sursissent	sursois sursoyons sursoyez	直・単未，条・現で -oi- の前に e が入る以外は 41 (b)asseoir と同じ活用．
il siérait ils siéraient	il siée ils siéent			3人称のみで用いる欠如動詞．seoir[1]（座っている）では現在分詞はséantのみ．また，seoir[2]（ふさわしい）では過去分詞は用いない．
je devrais tu devrais il devrait n. devrions v. devriez ils devraient	je doive tu doives il doive n. devions v. deviez ils doivent	je dusse tu dusses il dût n. dussions v. dussiez ils dussent	dois devons devez	直・現，接・現，命で語幹は doi(v)-/-dev-．直・単未，条・現の語幹はdev-．過去分詞は男性単数形のみ ˆ をつける．
je recevrais tu recevrais il recevrait n. recevrions v. recevriez ils recevraient	je reçoive tu reçoives il reçoive n. recevions v. receviez ils reçoivent	je reçusse tu reçusses il reçût n. reçussions v. reçussiez ils reçussent	reçois recevons recevez	o, uの前で /s/ 音を保つため ç とつづること，過去分詞に ˆ がつかないこと以外は 44 devoir と同じ活用．
je mouvrais tu mouvrais il mouvrait n. mouvrions v. mouvriez ils mouvraient	je meuve tu meuves il meuve n. mouvions v. mouviez ils meuvent	je musse tu musses il mût n. mussions v. mussiez ils mussent	meus mouvons mouvez	過去分詞は男性単数形のみ ˆ をつける．ただしémouvoir, promouvoirでは過去分詞に ˆ をつけない．

不定詞 現在分詞 過去分詞	直説法			
	現　在	半過去	単純過去	単純未来
㊼ **pleuvoir** pleuvant plu	il　pleut	il　pleuvait	il　plut	il　pleuvra
㊽ **pouvoir** pouvant pu	je　peux [puis] tu　peux il　peut n.　pouvons v.　pouvez ils　peuvent	je　pouvais tu　pouvais il　pouvait n.　pouvions v.　pouviez ils　pouvaient	je　pus tu　pus il　put n.　pûmes v.　pûtes ils　purent	je　pourrai tu　pourras il　pourra n.　pourrons v.　pourrez ils　pourront
㊾ **vouloir** voulant voulu	je　veux tu　veux il　veut n.　voulons v.　voulez ils　veulent	je　voulais tu　voulais il　voulait n.　voulions v.　vouliez ils　voulaient	je　voulus tu　voulus il　voulut n.　voulûmes v.　voulûtes ils　voulurent	je　voudrai tu　voudras il　voudra n.　voudrons v.　voudrez ils　voudront
㊿ **connaître** connaissant connu	je　connais tu　connais il　connaît n.　connaissons v.　connaissez ils　connaissent	je　connaissais tu　connaissais il　connaissait n.　connaissions v.　connaissiez ils　connaissaient	je　connus tu　connus il　connut n.　connûmes v.　connûtes ils　connurent	je　connaîtrai tu　connaîtras il　connaîtra n.　connaîtrons v.　connaîtrez ils　connaîtront
51 **naître** naissant né	je　nais tu　nais il　naît n.　naissons v.　naissez ils　naissent	je　naissais tu　naissais il　naissait n.　naissions v.　naissiez ils　naissaient	je　naquis tu　naquis il　naquit n.　naquîmes v.　naquîtes ils　naquirent	je　naîtrai tu　naîtras il　naîtra n.　naîtrons v.　naîtrez ils　naîtront
52 **croître** croissant crû/cru, crus	je　croîs tu　croîs il　croît n.　croissons v.　croissez ils　croissent	je　croissais tu　croissais il　croissait n.　croissions v.　croissiez ils　croissaient	je　crûs tu　crûs il　crût n.　crûmes v.　crûtes ils　crûrent	je　croîtrai tu　croîtras il　croîtra n.　croîtrons v.　croîtrez ils　croîtront
53 **paître** paissant pu	je　pais tu　pais il　paît n.　paîssons v.　paissez ils　paissent	je　paissais tu　paissais il　paissait n.　paissions v.　paissiez ils　paissaient		je　paîtrai tu　paîtras il　paîtra n.　paîtrons v.　paîtrez ils　paîtront

条件法	接続法		命令法	注記
現在	現在	半過去	現在	
il pleuvrait	il pleuve	il plût		㊻mouvoirと同型の活用をする非人称動詞. 文章語では比喩的な意味で3人称複数形をとることがある. 現在分詞も比喩的な意味でのみ用いる.
je pourrais tu pourrais il pourrait n. pourrions v. pourriez ils pourraient	je puisse tu puisses il puisse n. puissions v. puissiez ils puissent	je pusse tu pusses il pût n. pussions v. pussiez ils pussent		語幹は直・現, 命でpeu(v)-/pouv-. 直・単未, 条・現でpour-, 接・現でpuiss-. 直・現・1・単puisは文章語. ただし倒置形は常にpuis-je.
je voudrais tu voudrais il voudrait n. voudrions v. voudriez ils voudraient	je veuille tu veuilles il veuille n. voulions v. vouliez ils veuillent	je voulusse tu voulusses il voulût n. voulussions v. voulussiez ils voulussent	veuille[veux] veuillons[voulons] veuillez[voulez]	語幹は直・現, 命でveu(l)-/voul-. 直・単未, 条・現でvoud-. 接・現の強語幹と命はveuill-. 稀に直・現と同じ形を命令法に用いて強い意思を表わす.
je connaîtrais tu connaîtrais il connaîtrait n. connaîtrions v. connaîtriez ils connaîtraient	je connaisse tu connaisses il connaisse n. connaissions v. connaissiez ils connaissent	je connusse tu connusses il connût n. connussions v. connussiez ils connussent	connais connaissons connaissez	-aître, -oîtreで終わる動詞. 直・現と命の単数人称で語幹末のss/s/が落ちる. tの前でiをîとつづる. recroîtreの過去分詞はrecrû.
je naîtrais tu naîtrais il naîtrait n. naîtrions v. naîtriez ils naîtraient	je naisse tu naisses il naisse n. naissions v. naissiez ils naissent	je naquisse tu naquisses il naquît n. naquissions v. naquissiez ils naquissent	nais naissons naissez	直・現と命の単数人称で語幹末のss/s/が落ちる. ㊿connaîtreに似た活用. 直・単過, 条・半過は特殊な語幹naqu(i)-をとる.
je croîtrais tu croîtrais il croîtrait n. croîtrions v. croîtriez ils croîtraient	je croisse tu croisses il croisse n. croissions v. croissiez ils croissent	je crûsse tu crûsses il crût n. crûssions v. crûssiez ils crûssent	croîs croissons croissez	㊿connaîtreと同じ活用. ただし(67)croireとの区別のためtの前以外でもi, uに^がつく.
je paîtrais tu paîtrais il paîtrait n. paîtrions v. paîtriez ils paîtraient	je paisse tu paisses il paisse n. paissions v. paissiez ils paissent		pais paissons paissez	㊿connaîtreと同じ活用の欠如動詞. 複合時制は用いられない. 過去分詞は鷹狩りの用語としてのみ用いる.

不定詞 現在分詞 過去分詞	直説法 現在	半過去	単純過去	単純未来
54 **bruire** bruissant bruit	il bruit ils bruissent	il bruissait [bruyait] ils bruissaient [bruyaient]		
55 **rire** riant ri	je ris tu ris il rit n. rions v. riez ils rient	je riais tu riais il riait n. riions v. riiez ils riaient	je ris tu ris il rit n. rîmes v. rîtes ils rirent	je rirai tu riras il rira n. rirons v. rirez ils riront
56 **frire** frit	je fris tu fris il frit			je frirai tu friras il frira n. frirons v. frirez ils friront
57 **conclure** concluant conclu	je conclus tu conclus il conclut n. concluons v. concluez ils concluent	je concluais tu concluais il concluait n. concluions v. concluiez ils concluaient	je conclus tu conclus il conclut n. conclûmes v. conclûtes ils conclurent	je conclurai tu concluras il conclura n. conclurons v. conclurez ils concluront
58 **vendre** vendant vendu	je vends tu vends il vend n. vendons v. vendez ils vendent	je vendais tu vendais il vendait n. vendions v. vendiez ils vendaient	je vendis tu vendis il vendit n. vendîmes v. vendîtes ils vendirent	je vendrai tu vendras il vendra n. vendrons v. vendrez ils vendront
59 **répondre** répondant répondu	je réponds tu réponds il répond n. répondons v. répondez ils répondent	je répondais tu répondais il répondait n. répondions v. répondiez ils répondaient	je répondis tu répondis il répondit n. répondîmes v. répondîtes ils répondirent	je répondrai tu répondras il répondra n. répondrons v. répondrez ils répondront
60 **perdre** perdant perdu	je perds tu perds il perd n. perdons v. perdez ils perdent	je perdais tu perdais il perdait n. perdions v. perdiez ils perdaient	je perdis tu perdis il perdit n. perdîmes v. perdîtes ils perdirent	je perdrai tu perdras il perdra n. perdrons v. perdrez ils perdront

条件法	接続法		命令法	注記
現在	現在	半過去	現在	
	il bruisse ils bruissent			不定形以外はⅣ finir と同じ活用をする欠如動詞. 活用形が欠けているところは bruisser で代用させる.
je rirais tu rirais il rirait n. ririons v. ririez ils riraient	je rie tu ries il rie n. riions v. riiez ils rient	je risse tu risses il rît n. rissions v. rissiez ils rissent	ris rions riez	すべての活用形で同一の語幹 ri- をとる. 直・半過, 接・現 nous riions の発音は/rijjɔ̃/.
je frirais tu frirais il frirait n. fririons v. fririez ils friraient			fris	過去分詞以外は55 rire と同じ活用をする欠如動詞. 活用形が欠けているところは faire frire で代用させる.
je conclurais tu conclurais il conclurait n. conclurions v. concluriez ils concluraient	je conclue tu conclues il conclue n. concluions v. concluiez ils concluent	je conclusse tu conclusses il conclût n. conclussions v. conclussiez ils conclussent	conclus concluons concluez	すべての活用形で同一の語幹 conclu- をとる. 同型動詞 inclure の過去分詞は inclus, occlure の過去分詞は occlus.
je vendrais tu vendrais il vendrait n. vendrions v. vendriez ils vendraient	je vende tu vendes il vende n. vendions v. vendiez ils vendent	je vendisse tu vendisses il vendît n. vendissions v. vendissiez ils vendissent	vends vendons vendez	-andre, -endre, -ondre, -erdre, -ordre で終わる動詞. 87 prendre は例外. 全活用形でつづり上同一の語幹をとる. ただし直・現, 命の単数人称では語幹末の d は発音しない. 直・現・単の語尾は -s, -s, -(ゼロ) 型. 直・単過, 接・半過では語幹は vend(i)-, répond(i)-, perd(i)-. 欠如動詞 ardre, sourdre もこれに準じる.
je répondrais tu répondrais il répondrait n. répondrions v. répondriez ils répondraient	je réponde tu répondes il réponde n. répondions v. répondiez ils répondent	je répondisse tu répondisses il répondît n. répondissions v. répondissiez ils pépondissent	réponds répondons répondez	
je perdrais tu perdrais il perdrait n. perdrions v. perdriez ils perdraient	je perde tu perdes il perde n. perdions v. perdiez ils perdent	je perdisse tu perdisses il perdît n. perdissions v. perdissiez ils perdissent	perds perdons perdez	

不定詞 現在分詞 過去分詞	直説法			
	現在	半過去	単純過去	単純未来
[61] **rompre** rompant rompu	je romps tu romps il rompt n. rompons v. rompez ils rompent	je rompais tu rompais il rompait n. rompions v. rompiez ils rompaient	je rompis tu rompis il rompit n. rompîmes v. rompîtes ils rompirent	je romprai tu rompras il rompra n. romprons v. romprez ils rompront
[62] **vivre** vivant vécu	je vis tu vis il vit n. vivons v. vivez ils vivent	je vivais tu vivais il vivait n. vivions v. viviez ils vivaient	je vécus tu vécus il vécut n. vécûmes v. vécûtes ils vécurent	je vivrai tu vivras il vivra n. vivrons v. vivrez ils vivront
[63] **suivre** suivant suivi	je suis tu suis il suit n. suivons v. suivez ils suivent	je suivais tu suivais il suivait n. suivions v. suiviez ils suivaient	je suivis tu suivis il suivit n. suivîmes v. suivîtes ils suivirent	je suivrai tu suivras il suivra n. suivrons v. suivrez ils suivront
[64] **battre** battant battu	je bats tu bats il bat n. battons v. battez ils battent	je battais tu battais il battait n. battions v. battiez ils battaient	je battis tu battis il battit n. battîmes v. battîtes ils battirent	je battrai tu battras il battra n. battrons v. battrez ils battront
[65] **mettre** mettant mis	je mets tu mets il met n. mettons v. mettez ils mettent	je mettais tu mettais il mettait n. mettions v. mettiez ils mettaient	je mis tu mis il mit n. mîmes v. mîtes ils mirent	je mettrai tu mettras il mettra n. mettrons v. mettrez ils mettront
[66] **foutre** foutant foutu	je fous tu fous il fout n. foutons v. foutez ils foutent	je foutais tu foutais il foutait n. foutions v. foutiez ils foutaient		je foutrai tu foutras il foutra n. foutrons v. foutrez ils foutront
[67] **croire** croyant cru	je crois tu crois il croit n. croyons v. croyez ils croient	je croyais tu croyais il croyait n. croyions v. croyiez ils croyaient	je crus tu crus il crut n. crûmes v. crûtes ils crurent	je croirai tu croiras il croira n. croirons v. croirez ils croiront

条件法	接続法		命令法	注 記
現 在	現 在	半 過 去	現 在	
je romprais tu romprais il romprait n. romprions v. rompriez ils rompraient	je rompe tu rompes il rompe n. rompions v. rompiez ils rompent	je rompisse tu rompisses il rompît n. rompissions v. rompissiez ils rompissent	romps rompons rompez	直・現・単の語尾が -s, -s, -tとなること を除けば58 vendre と同じ活用.
je vivrais tu vivrais il vivrait n. vivrions v. vivriez ils vivraient	je vive tu vives il vive n. vivions v. viviez ils vivent	je vécusse tu vécusses il vécût n. vécussions v. vécussiez ils vécussent	vis vivons vivez	直・現,命の単数人称 で語幹末のvが落ち る.直・単過,接・半過,過 去分詞は特殊な語幹 véc(u)-.直・現の単 数人称は31 voirの直・ 単過と同一のつづり.
je suivrais tu suivrais il suivrait n. suivrions v. suivriez ils suivraient	je suive tu suives il suive n. suivions v. suiviez ils suivent	je suivisse tu suivisses il suivît n. suivissions v. suivissiez ils suivissent	suis suivons suivez	直・単過,接・半過, 過去分詞以外は62 vivreと同じ活用.直・ 現・1・単はⅡ êtreの 直・現・1・単と同一の つづりになる.
je battrais tu battrais il battrait n. battrions v. battriez ils battraient	je batte tu battes il batte n. battions v. battiez ils battent	je battisse tu battisses il battît n. battissions v. battissiez ils battissent	bats battons battez	直・現と命の単数人称 でつづり字上,語幹末 のtが1つ落ちる. 発音上は/t/は脱落. 語尾は-s, -s,-(ゼロ) 型.直・単過,接・半過 で語幹はbatt(i)-.
je mettrais tu mettrais il mettrait n. mettrions v. mettriez ils mettraient	je mette tu mettes il mette n. mettions v. mettiez ils mettent	je misse tu misses il mît n. missions v. missiez ils missent	mets mettons mettez	過去分詞および直・単 過,接・半過で語幹が mi-となること以外は 64 battreと同じ活 用.
je foutrais tu foutrais il foutrait n. foutrions v. foutriez ils foutraient	je foute tu foutes il foute n. foutions v. foutiez ils foutent		fous foutons foutez	直・現,命の単数人称 で語幹末のtが落ち る. 64 battreに似た 活用.
je croirais tu croirais il croirait n. croirions v. croiriez ils croiraient	je croie tu croies il croie n. croyions v. croyiez ils croient	je crusse tu crusses il crût n. crussions v. crussiez ils crussent	crois croyons croyez	直・現,接・現,命で 語幹はcroi-/croy-. 直・単過・1[2]・複と 接・半過・3・単は 52 croîtreと同一のつ づりになる.

不定詞　現在分詞　過去分詞	直説法			
	現在	半過去	単純過去	単純未来
68 **extraire** extrayant extrait	j' extrais tu extrais il extrait n. extrayons v. extrayez ils extraient	j' extrayais tu extrayais il extrayait n. extrayions v. extrayiez ils extrayaient		j' extrairai tu extrairas il extraira n. extrairons v. extrairez ils extrairont
69 **suffire** suffisant suffi	je suffis tu suffis il suffit n. suffisons v. suffisez ils suffisent	je suffisais tu suffisais il suffisait n. suffisions v. suffisiez ils suffisaient	je suffis tu suffis il suffit n. suffîmes v. suffîtes ils suffirent	je suffirai tu suffiras il suffira n. suffirons v. suffirez ils suffiront
70 **conduire** conduisant conduit	je conduis tu conduis il conduit n. conduisons v. conduisez ils conduisent	je conduisais tu conduisais il conduisait n. conduisions v. conduisiez ils conduisaient	je conduisis tu conduisis il conduisit n. conduisîmes v. conduisîtes ils conduisirent	je conduirai tu conduiras il conduira n. conduirons v. conduirez ils conduiront
71 **nuire** nuisant nui	je nuis tu nuis il nuit n. nuisons v. nuisez ils nuisent	je nuisais tu nuisais il nuisait n. nuisions v. nuisiez ils nuisaient	je nuisis tu nuisis il nuisit n. nuisîmes v. nuisîtes ils nuisirent	je nuirai tu nuiras il nuira n. nuirons v. nuirez ils nuiront
72 **lire** lisant lu	je lis tu lis il lit n. lisons v. lisez ils lisent	je lisais tu lisais il lisait n. lisions v. lisiez ils lisaient	je lus tu lus il lut n. lûmes v. lûtes ils lurent	je lirai tu liras il lira n. lirons v. lirez ils liront
73 **plaire** plaisant plu	je plais tu plais il plaît n. plaisons v. plaisez ils plaisent	je plaisais tu plaisais il plaisait n. plaisions v. plaisiez ils plaisaient	je plus tu plus il plut n. plûmes v. plûtes ils plurent	je plairai tu plairas il plaira n. plairons v. plairez ils plairont
74 **clore** closant clos	je clos tu clos il clôt ils closent			je clorai tu cloras il clora n. clorons v. clorez ils cloront

条件法	接続法		命令法	注 記
現在	現在	半過去	現在	
j' extrairais tu extrairais il extrairait n. extrairions v. extrairiez ils extrairaient	j' extraie tu extraies il extraie n. extrayions v. extrayiez ils extraient		extrais extrayons extrayez	直・現, 接・現, 命で語幹はextrai-/extray-. 直・単過／前過, 接・半過／大過は用いない. braireは不定詞と直説法の各3人称以外は稀.
je suffirais tu suffirais il suffirait n. suffirions v. suffiriez ils suffiraient	je suffise tu suffises il suffise n. suffisions v. suffisiez ils suffisent	je suffisse tu suffisses il suffît n. suffissions v. suffissiez ils suffissent	suffis suffisons suffisez	直・現と命の複数人称, 直・半過, 接・現で語幹末子音sが現れる. circoncireの過去分詞はcirconcis, confireの過去分詞はconfit.
je conduirais tu conduirais il conduirait n. conduirions v. conduiriez ils conduiraient	je conduise tu conduises il conduise n. conduisions v. conduisiez ils conduisent	je conduisisse tu conduisisses il conduisît n. conduisissions v. conduisissiez ils conduisissent	conduis conduisons conduisez	直・現と命の複数人称, 直・半過, 接・現でおよび直・単過, 接・半過で語幹末子音sが現れる.
je nuirais tu nuirais il nuirait n. nuirions v. nuiriez ils nuiraient	je nuise tu nuises il nuise n. nuisions v. nuisiez ils nuisent	je nuisse tu nuisses il nuisît n. nuisissions v. nuisissiez ils nuisissent	nuis nuisons nuisez	過去分詞以外は70と同じ. 同型動詞luire, reluireの直・単過・単数人称と3・複には別形je luis [reluis]…, ils luisent [reluisent]がある.
je lirais tu lirais il lirait n. lirions v. liriez ils liraient	je lise tu lises il lise n. lisions v. lisiez ils lisent	je lusse tu lusses il lût n. lussions v. lussiez ils lussent	lis lisons lisez	直・現と命の複数人称, 直・半過, 接・現で語幹末子音sが現れる.
je plairais tu plairais il plairait n. plairions v. plairiez ils plairaient	je plaise tu plaises il plaise n. plaisions v. plaisiez ils plaisent	je plusse tu plusses il plût n. plussions v. plussiez ils plussent	plais plaisons plaisez	直・現・3・単でiがîとなるほかは72 lireと同じ活用. 同型動詞taireの直・現・3・単でiにˆはつかない
je clorais tu clorais il clorait n. clorions v. cloriez ils cloraient	je close tu closes il close n. closions v. closiez ils closent		clos	直・現・複数人称, 接・現で語幹末子音sが現れる. 直・現・3・単でoがôとなる. 直・単過／前過, 接・半過／大過は用いない.

不定詞 現在分詞 過去分詞	直 説 法			
	現 在	半 過 去	単 純 過 去	単 純 未 来
75 **dire** disant dit	je dis tu dis il dit n. disons v. dites ils disent	je disais tu disais il disait n. disions v. disiez ils disaient	je dis tu dis il dit n. dîmes v. dîtes ils dirent	je dirai tu diras il dira n. dirons v. direz ils diront
76 **interdire** interdisant interdit	j' interdis tu interdis il interdit n. interdisons v. interdisez ils interdisent	j' interdisais tu interdisais il interdisait n. interdisions v. interdisiez ils interdisaient	j' interdis tu interdis il interdit n. interdîmes v. interdîtes ils interdirent	j' interdirai tu interdiras il interdira n. interdirons v. interdirez ils interdiront
77 **maudire** maudissant maudit	je maudis tu maudis il maudit n. maudissons v. maudissez ils maudissent	je maudissais tu maudissais il maudissait n. maudissions v. maudissiez ils maudissaient	je maudis tu maudis il maudit n. maudîmes v. maudîtes ils maudirent	je maudirai tu maudiras il maudira n. maudirons v. maudirez ils maudiront
78 **écrire** écrivant écrit	j' écris tu écris il écrit n. écrivons v. écrivez ils écrivent	j' écrivais tu écrivais il écrivait n. écrivions v. écriviez ils écrivaient	j' écrivis tu écrivis il écrivit n. écrivîmes v. écrivîtes ils écrivirent	j' écrirai tu écriras il écrira n. écrirons v. écrirez ils écriront
79 **craindre** craignant craint	je crains tu crains il craint n. craignons v. craignez ils craignent	je craignais tu craignais il craignait n. craignions v. craigniez ils craignaient	je craignis tu craignis il craignit n. craignîmes v. craignîtes ils craignirent	je craindrai tu craindras il craindra n. craindrons v. craindrez ils craindront
80 **peindre** peignant peint	je peins tu peins il peint n. peignons v. peignez ils peignent	je peignais tu peignais il peignait n. peignions v. peigniez ils peignaient	je peignis tu peignis il peignit n. peignîmes v. peignîtes ils peignirent	je peindrai tu peindras il peindra n. peindrons v. peindrez ils peindront
81 **joindre** joignant joint	je joins tu joins il joint n. joignons v. joignez ils joignent	je joignais tu joignais il joignait n. joignions v. joigniez ils joignaient	je joignis tu joignis il joignit n. joignîmes v. joignîtes ils joignirent	je joindrai tu joindras il joindra n. joindrons v. joindrez ils joindront

条件法	接続法		命令法	注 記
現　在	現　在	半過去	現　在	
je dirais tu dirais il dirait n. dirions v. diriez ils diraient	je dise tu dises il dise n. disions v. disiez ils disent	je disse tu disses il dît n. dissions v. dissiez ils dissent	dis disons dites	直・現・2・複と命・2・複で③être, ⑩faireと同じ例外的な語尾 -tes が現れる.
j' interdirais tu interdirais il interdirait n. interdirions v. interdiriez ils interdiraient	j' interdise tu interdises il interdise n. interdisions v. interdisiez ils interdisent	j' interdisse tu interdisses il interdît n. interdissions v. interdissiez ils interdissent	interdis interdisons interdisez	直・現・2・複と命・2・複の語尾が -ez となる以外は⑮dire と同じ活用.
je maudirais tu maudirais il maudirait n. maudirions v. maudiriez ils maudiraient	je maudisse tu maudisses il maudisse n. maudissions v. maudissiez ils maudissent	je maudisse tu maudisses il maudît n. maudissions v. maudissiez ils maudissent	maudis maudissons maudissez	不定形, 過去分詞は⑮direと同型だがそれ以外は⑩finirと同じ活用.
j' écrirais tu écrirais il écrirait n. écririons v. écririez ils écriraient	j' écrive tu écrives il écrive n. écrivions v. écriviez ils écrivent	j' écrivisse tu écrivisses il écrivît n. écrivissions v. écrivissiez ils écrivissent	écris écrivons écrivez	直・現と命の複数人称/半過/単過, 接・現/半過で語幹末子音 v が現れる（直・現, 命の単数人称では落ちる）.
je craindrais tu craindrais il craindrait n. craindrions v. craindriez ils craindraient	je craigne tu craignes il craigne n. craignions v. craigniez ils craignent	je craignisse tu craignisses il craignît n. craignissions v. craignissiez ils craignissent	crains craignons craignez	-aindre, -eindre, -oindre で終わる動詞. 直・単末, 条・現以外の時制で語幹末子音 d が落ち, 代わりに -gn- が現れる. ただし, 直・現, 命の単数人称では -gn- は現れない.
je peindrais tu peindrais il peindrait n. peindrions v. peindriez ils peindraient	je peigne tu peignes il peigne n. peignions v. peigniez ils peignent	je peignisse tu peignisses il peignît n. peignissions v. peignissiez ils peignissent	peins peignons peignez	
je joindrais tu joindrais il joindrait n. joindrions v. joindriez ils joindraient	je joigne tu joignes il joigne n. joignions v. joigniez ils joignent	je joignisse tu joignisses il joignît n. joignissions v. joignissiez ils joignissent	joins joignons joignez	

不定詞 現在分詞 過去分詞	直 説 法			
	現 在	半 過 去	単 純 過 去	単 純 未 来
82 **résoudre** résolvant (1) résolu (2) résous	je résous tu résous il résout n. résolvons v. résolvez ils résolvent	je résolvais tu résolvais il résolvait n. résolvions v. resolviez ils résolvaient	je résolus tu résolus il résolut n. résolûmes v. résolûtes ils résolurent	je résoudrai tu résoudras il résoudra n. résoudrons v. résoudrez ils résoudront
83 **coudre** cousant cousu	je couds tu couds il coud n. cousons v. cousez ils cousent	je cousais tu cousais il cousait n. cousions v. cousiez ils cousaient	je cousis tu cousis il cousit n. cousîmes v. cousîtes ils cousirent	je coudrai tu coudras il coudra n. coudrons v. coudrez ils coudront
84 **moudre** moulant moulu	je mouds tu mouds il moud n. moulons v. moulez ils moulent	je moulais tu moulais il moulait n. moulions v. mouliez ils moulaient	je moulus tu moulus il moulut n. moulûmes v. moulûtes ils moulurent	je moudrai tu moudras il moudra n. moudrons v. moudrez ils moudront
85 **vaincre** vainquant vaincu	je vaincs tu vaincs il vainc n. vainquons v. vainquez ils vainquent	je vainquais tu vainquais il vainquait n. vainquions v. vainquiez ils vainquaient	je vainquis tu vainquis il vainquit n. vainquîmes v. vainquîtes ils vainquirent	je vaincrai tu vaincras il vaincra n. vaincrons v. vaincrez ils vaincront
86 **boire** buvant bu	je bois tu bois il boit n. buvons v. buvez ils boivent	je buvais tu buvais il buvait n. buvions v. buviez ils buvaient	je bus tu bus il but n. bûmes v. bûtes ils burent	je boirai tu boiras il boira n. boirons v. boirez ils boiront
87 **prendre** prenant pris	je prends tu prends il prend n. prenons v. prenez ils prennent	je prenais tu prenais il prenait n. prenions v. preniez ils prenaient	je pris tu pris il prit n. prîmes v. prîtes ils prirent	je prendrai tu prendras il prendra n. prendrons v. prendrez ils prendront

条件法	接続法		命令法	注記
現　在	現　在	半 過 去	現　在	
je résoudrais tu résoudrais il résoudrait n. résoudrions v. résoudriez ils résoudraient	je résolve tu résolves il résolve n. résolvions v. résolviez ils résolvent	je résolusse tu résolusses il résolût n. résolussions v. résolussiez ils résolussent	résous résolvons résolvez	直・現の複数人称，半過，接・現，命の複数人称で語幹がrésolv-．「分解する，変える」の意味では過去分詞(2)も可．absoudre, dissoudreでは(2)のみ．
je coudrais tu coudrais il coudrait n. coudrions v. coudriez ils coudraient	je couse tu couses il couse n. cousions v. cousiez ils cousent	je cousisse tu cousisses il cousît n. cousissions v. cousissiez ils cousissent	couds cousons cousez	直・現と命の単数人称でつづり字上，語幹末子音dが保たれる．上記と直・単末，条・現以外では語幹末子音83ではs，84ではlが現れる．直・現・単数人称の語尾は-s, -s, -（ゼロ）型．
je moudrais tu moudrais il moudrait n. moudrions v. moudriez ils moudraient	je moule tu moules il moule n. moulions v. mouliez ils moulent	je moulusse tu moulusses il moulût n. moulussions v. moulussiez ils moulussent	mouds moulons moulez	
je vaincrais tu vaincrais il vaincrait n. vaincrions v. vaincriez ils vaincraient	je vainque tu vainques il vainque n. vainquions v. vainquiez ils vainquent	je vainquisse tu vainquisses il vainquît n. vainquissions v. vainquissiez ils vainquissent	vaincs vainquons vainquez	直・現と命の単数人称，直・単末，条・現，過去分詞以外で語幹末の/k/音をquとつづる．直・現・単数人称の語尾は-s, -s, -（ゼロ）型．
je boirais tu boirais il boirait n. boirions v. boiriez ils boiraient	je boive tu boives il boive n. buvions v. buviez ils boivent	je busse tu busses il bût n. bussions v. bussiez ils bussent	bois buvons buvez	直・現，接・現，命では語幹はboi(v)-/buv-となる．
je prendrais tu prendrais il prendrait n. prendrions v. prendriez ils prendraient	je prenne tu prennes il prenne n. prenions v. preniez ils prennent	je prisse tu prisses il prît n. prissions v. prissiez ils prissent	prends prenons prenez	直・現，接・現，命で語幹はprend-/prenn-/pren-．直・現・単数人称の語尾は-s, -s, -（ゼロ）型．直・単，接・半過，過去分詞の語幹はpri-．

小学館 プログレッシブ仏和辞典 第2版

1993年1月1日　初版　　　発行
2008年3月3日　第2版第1刷発行

編者代表　大賀正喜（おおがまさよし）
発行者　　大澤　昇

発行所　〔郵便番号　101-8001〕
　　　　東京都千代田区一ツ橋2－3－1

株式会社 小学館

電話 編集 (03) 3230-5169
　　 販売 (03) 5281-3555

印刷所　凸版印刷株式会社
製本所　株式会社 若林製本工場

©Shogakukan 1993, 2008

本書の一部あるいは全部を無断で複製・転載することは、法律で認められた場合を除き、著作者および出版者の権利の侵害となります。あらかじめ小社あて許諾を求めてください。

Ⓡ〈日本複写権センター委託出版物〉
本書の全部または一部を無断で複写（コピー）することは、著作権法上での例外を除き、禁じられています。本書からの複写を希望する場合は、日本複写権センター(☎03-3401-2382)にご連絡ください。

造本には、じゅうぶん注意しておりますが、万一、落丁・乱丁などの不良品がありましたら、「小学館制作局」(☎0120-336-340)あてにお送りください。送料小社負担にてお取り替えいたします。（電話受付は土・日・祝日を除く9:30～17:30です）

★本辞典の表紙は地球環境に配慮した素材を使用しています。

★小学館外国語辞典のホームページ「小学館ランゲージワールド」
http://www.l-world.shogakukan.co.jp/

Printed in Japan　ISBN978-4-09-515222-6

PA

Bd. Périphérique
Bd. Berthier
Bd. Gouvion St-Cyr
Bd. Pereire
Pl. du Mal-Juin
Bd. des
Bd. Maleshe
Bd.

Palais des Congrès
Pl. de la Porte Maillot
Av. des Ternes
17
Parc Monceau
Av. de la Grande Armée
Av. Mac-Mahon
Av. Niel
Av. Hoche
Av. de Friedland
Av. de Malakoff
Av. Foch
Arc de Triomphe
Pl. du Maréchal de Lattre de Tassigny
Place Victor Hugo
8
Av. Kléber
Av. des Champs-Élysées
Palais de l'Élysé
Bois de Boulogne
Av. Victor Hugo
Rue de la Pompe
Av. Raymond Poincaré
Av. d'Iéna
Av. George V
Av. Marceau
Av. Montaigne
Musée Galliera
Grand Palais
Petit Palais
Plac de l Concord
Lac Inférieur
Bd. Lannes
Musée Guimet
Musée d'Art Moderne de la Ville de Paris
Pont Alexandre III
Palais de Chaillot
Jardins du Trocadéro
Palais de Tokyo
Tour Eiffel
Assemblée Nationale (Palais Bourbon)
Pont d'Iéna
Musée du Quai Branly
Jardin du Ranelagh
R. de Passy
16
Champ de Mars
Av. Rapp
Av. Bosquet
7
Hôtel des Invalides
Hippodrome d'Auteuil
Av. de la Motte Picquet
Place Vauban
Maison de Radio France
R. de la Fédération
Av. de Suffren
Bd. de Grenelle
Av. de la Motte
Av. Duquesne
École Militaire
Av. de Ségur
UNESCO
Av. de Breteuil
Bd. des Invalides
R.
R. de Sèvres
Bd. Suchet
Pont Mirabeau
Rue Linois
Av. Émile Zola
Rue des Entrepreneurs
R. de la Croix Nivert
Bd. Garibaldi
15
Bd. Exelmans
Av. de Versailles
La Seine
Rue Balard
Rue de la Convention
Rue Lecourbe
R. de Vaugirard
Gare Montparnasse
Bd. Pasteur
R. de Vouillé

N W E S
0 500 1000m